AF861699

COLLECTION LES CODES RF

Groupe Revue Fiduciaire

Le Nouveau Code du Travail Annoté

32e ÉDITION

À jour au JO du 7 mars 2012

Bernadette Lardy-Pélissier, Jean Pélissier,
Benjamin Marcelis, Agnès Roset, Lysiane Tholy

Groupe Revue Fiduciaire - 100, rue La Fayette - 75485 Paris Cedex 10
www.GroupeRF.com

Attention

la photocopie tue le livre

Nous alertons nos lecteurs sur la menace que représente pour l'avenir de l'écrit, tout particulièrement dans les domaines du droit et de la gestion, le développement massif du « photocopillage ».

Le code de la propriété intellectuelle interdit en effet, expressément, la photocopie à usage collectif sans autorisation des ayants droit. Or, cette pratique s'est développée dans de nombreux cabinets, entreprises, administrations, organisations professionnelles et établissements d'enseignement, provoquant une baisse notable des achats de livres et de revues au point que la possibilité même de créer des œuvres nouvelles et de les faire éditer est aujourd'hui menacée.

Le code de la propriété intellectuelle n'autorisant, aux termes de l'article L. 122-5, 2° et 3° al., d'une part, que les « copies ou reproductions strictement réservées à l'usage privé du copiste et non destinées à une utilisation collective» et, d'autre part, que les analyses et courtes citations dans un but d'exemple et d'illustration, « toute représentation ou reproduction intégrale ou partielle faite sans le consentement de l'auteur ou de ses ayants droit ou ayants cause est illicite » (art. L. 122-4).

Cette représentation ou reproduction, par quelque procédé que ce soit, constituerait donc une contrefaçon sanctionnée par les articles L. 335-2 et suivants du code de la propriété intellectuelle.

© Groupe Revue Fiduciaire - 2012
100, rue La Fayette - 75485 Paris Cedex 10

Dépôt légal mars 2012 - ISBN 978-2-7579-0382-7

Achevé d'imprimer sur les presses de l'imprimerie Vic Services, 34, quai de l'Aisne, 93500 Pantin - mars 2012

Table générale

Pages

Modifications du code du travail intervenues depuis le 1er mars 2012 (date du JO) VII

Les textes de la codification XII

La nouvelle codification XIII

Rapport au Président de la République relatif à l'ordonnance du 12 mars 2007 XIV

Ordonnance 2007-329 du 12 mars 2007 XVIII

Décret 2008-244 du 7 mars 2008 XX

Circulaire DGT 2008/05 du 8 avril 2008 XXII

Réflexions sur la nouvelle codification XXVI

Pour un accès facile à l'article recherché XXVIII

Présentation du code XXIX

Principales abréviations XXX

TABLE ANALYTIQUE XXXI

TABLE DE RÉFÉRENCE DES ARTICLES DU CODE LXIX

Du fait de la présentation adoptée (voir p. XXIX), les articles réglementaires ne se suivent pas toujours dans leur ordre numérique. Pour trouver rapidement un article, reportez-vous à la table de référence qui vous indique la page où il figure.

Note sur la réforme de l'administration territoriale de l'État CXIV

TEXTE DU CODE :

Partie I 3

Partie II 511

Partie III 1003

Partie IV 1345

Partie V 1831

Partie VI 2087

Partie VII 2323

Partie VIII 2461

TABLE ANALYTIQUE DES TEXTES NON CODIFIÉS 2541

TEXTES NON CODIFIÉS 2547

ANNEXE : CONVENTIONS INTERNATIONALES DU TRAVAIL 2658

TABLE ALPHABÉTIQUE 2661

MODIFICATIONS DU CODE DU TRAVAIL intervenues depuis le 1er mars 2012 (date du JO)

Décret n° 2012-285 du 29 février 2012

relatif à la répartition des sièges des représentants des personnels non médicaux au comité d'hygiène, de sécurité et des conditions de travail des établissements visés à l'article 2 de la loi n° 86-33 du 9 janvier 1986 portant dispositions statutaires relatives à la fonction publique hospitalière (JO 1er mars)

....

Art. 1. - À la première phrase de l'article R. 4615-10 du code du travail, les mots : « des commissions paritaires consultatives départementales » sont remplacés par les mots : « du comité technique d'établissement ».

Art. 2. - L'article R. 4615-11 du même code est ainsi modifié :

1° Au deuxième alinéa, les mots : « des commissions paritaires consultatives départementales » sont remplacés par les mots : « du comité technique d'établissement » ;

2° Après le deuxieme alinéa, il est inséré l'alinéa suivant :

« Au sein de l'Assistance publique-hôpitaux de Paris, les sièges aux comités d'hygiène, de sécurité et des conditions de travail institués dans les groupements d'hôpitaux, les hôpitaux ou les pôles d'intérêt commun sont attribués proportionnellement au nombre de voix recueillies par les organisations syndicales lors de l'élection du comité technique d'établissement local. » ;

3° La première phrase du troisième, devenu quatrième alinéa, est ainsi rédigée :

« Lorsqu'il n'existe pas de comité technique d'établissement ou lorsque aucune candidature n'a été déposée lors des élections au comité technique d'établissement, les représentants sont élus par l'ensemble du personnel au scrutin uninominal à un tour. »

....

Texte adopté n° 871
Assemblée nationale (session ordinaire de 2011-2012)
29 février 2012

PROPOSITION DE LOI
relative à la simplification du droit
et à l'allègement des démarches administratives
(Texte définitif)

(*Extraits*)

TITRE Ier

DISPOSITIONS RELATIVES À LA SIMPLIFICATION DU DROIT DES ENTREPRISES

Chapitre Ier – Simplification de la vie statutaire des entreprises

....

Art. 26. - I. – La loi n° 78-763 du 19 juillet 1978 portant statut des sociétés coopératives ouvrières de production est ainsi modifiée :

....

III. – L'article L. 3323-3 du code du travail est complété par un alinéa ainsi rédigé :

« Toutefois, les accords de participation conclus au sein des sociétés coopératives ouvrières de production peuvent prévoir l'emploi de la totalité de la réserve spéciale de participation en parts sociales ou en comptes courants bloqués. Les mêmes accords peuvent stipuler que, en cas d'emploi de la réserve spéciale de participation en comptes courants bloqués, les associés qui sont employés dans l'entreprise sont en droit, nonobstant l'article L. 225-128 du code de commerce, d'affecter leur créance à la libération de parts sociales qui restent soumises à la même indisponibilité. »

....

Chapitre II – Vie sociale des entreprises

....

Art. 41. - ....

II. – A. – La sous-section 1 de la section 3 du chapitre Ier du titre II du livre II de la première partie du code du travail est complétée par un article L. 1221-12-1 ainsi rédigé :

« Art. L. 1221-12-1. – Sont tenus d'adresser les déclarations préalables à l'embauche par voie électronique les employeurs relevant du régime général de sécurité sociale qui ont accompli plus de 1500 déclarations préalables à l'embauche au cours de l'année civile précédente.

« Le non-respect de cette obligation entraîne l'application d'une pénalité fixée à 0,5 % du plafond mensuel de la sécurité sociale par salarié, recouvrée et contrôlée selon les règles, garanties et sanctions relatives au recouvrement des cotisations de sécurité sociale. Les pénalités dues au titre d'une année civile sont versées au plus tard à la première date d'exigibilité des cotisations de sécurité sociale de l'année suivante. »

B. – Le A entre en vigueur le 1er janvier 2012.

C. – Au premier alinéa de l'article L. 1221-12-1 du code du travail, le nombre : « 1500 » est remplacé par le nombre : « 500 » à compter du 1er janvier 2013.

....

Art. 43. - Le code du travail est ainsi modifié :

1° À la première phrase du premier alinéa de l'article L. 1233-34 et au premier alinéa des articles L. 1233-61, L. 1235-10 et L. 6331-17, les mots : « dix salariés ou plus » sont remplacés par les mots : « au moins dix salariés » ;

2° Aux articles L. 1233-21 et L. 1233-28, au premier alinéa des articles L. 1233-38 et L. 1233-46, aux 2° et 3° de l'article L. 1233-58, au 5° de l'article L. 2325-35, au premier alinéa de l'article L. 3142-8, aux articles L. 6121-3 et L. 6122-2, au premier alinéa de l'article L. 6322-47, au dernier alinéa de l'article L. 6323-3, au premier alinéa de l'article L. 6331-9, à la fin du 1° de l'article L. 6331-38, à l'article L. 6331-64 et au 2° des articles L. 6332-19 et L. 6332-20, les mots : « de dix salariés et plus » sont remplacés par les mots : « d'au moins dix salariés » ;

3° À l'article L. 1232-8, au premier alinéa de l'article L. 1453-4, à la fin de l'article L. 2312-1 et à l'article L. 2312-2, les mots : « de onze salariés et plus » sont remplacés par les mots : « d'au moins onze salariés » ;

4° À la fin du premier alinéa de l'article L. 1311-2 et aux articles L. 5212-1 et L. 5212-4, les mots : « vingt salariés et plus » sont remplacés par les mots : « au moins vingt salariés » ;

5° À l'article L. 2322-4 et à la fin de l'article L. 2344-6, les mots : « cinquante salariés ou plus » sont remplacés par les mots : « au moins cinquante salariés » ;

6° Au premier alinéa de l'article L. 2142-1-1 et aux premier et dernier alinéas de l'article L. 2143-3, les mots : « de cinquante salariés ou plus » sont remplacés par les mots : « d'au moins cinquante salariés » ;

7° Aux premier et dernier alinéas de l'article L. 2143-5, les mots : « de cinquante salariés chacun ou plus » sont remplacés par les mots : « d'au moins cinquante salariés chacun » ;

8° Au premier alinéa des articles L. 1233-30 et L. 2312-5, à la fin de l'article L. 2322-1, à l'article L. 2363-11, à la première phrase de l'article L. 3322-2 et à la fin du 3° de l'article L. 6332-7, les mots : « cinquante salariés et plus » sont remplacés par les mots : « au moins cinquante salariés » ;

9° Au premier alinéa de l'article L. 1221-7, à la seconde phrase du deuxième alinéa de l'article L. 1226-10, à l'article L. 1233-8, au second alinéa de l'article L. 1233-32, à la première phrase du premier alinéa de l'article L. 1233-34, à la fin du 3° de l'article L. 1233-58, au premier alinéa de l'article L. 1233-61, à la première phrase du premier alinéa de l'article L. 1233-87, au premier alinéa des articles L. 1235-10 et L. 2313-16, à la fin du 2° de l'article L. 2315-1, à l'article L. 2322-2, à la seconde phrase de l'article L. 3322-2, à la fin du premier alinéa de l'article L. 4611-1, à la première phrase de l'article L. 4611-2, au premier alinéa de l'article L. 6331-12, à la première phrase du premier alinéa de l'article L. 6331-31 et à la seconde phrase du deuxième alinéa de l'article L. 6332-3-1, les mots : « de cinquante salariés et plus » sont remplacés par les mots : « d'au moins cinquante salariés » ;

10° Au premier alinéa de l'article L. 2325-14, les mots : « de cent cinquante salariés et plus » sont remplacés par les mots : « d'au moins cent cinquante salariés » ;

11° Aux articles L. 2341-1 et L. 2341-2, les mots : « cent cinquante salariés et plus » sont remplacés par les mots : « au moins cent cinquante salariés » ;

12° Au premier alinéa des articles L. 2325-26 et L. 2325-34 et aux articles L. 3142-89, L. 6322-7 et L. 6322-54, les mots : « de deux cents salariés et plus » sont remplacés par les mots : « d'au moins deux cents salariés » ;

13° Au premier alinéa de l'article L. 2142-8, les mots : « de plus de » sont remplacés par les mots : « d'au moins » ;

14° À la fin de l'article L. 4631-1, les mots : « deux cent cinquante salariés et plus » sont remplacés par les mots : « au moins deux cent cinquante salariés » ;

15° Au premier alinéa de l'article L. 2242-15, aux articles L. 2242-19 et L. 2242-20 et au premier alinéa des articles L. 2323-50, L. 2323-51, L. 2323-55, L. 2323-56, L. 2323-57, L. 2323-61, L. 2325-27, L. 2325-38 et L. 4614-15, les mots : « de trois cents salariés et plus » sont remplacés par les mots : « d'au moins trois cents salariés » ;

16° Aux articles L. 2242-19 et L. 2242-20, la seconde occurrence des mots : « trois cents salariés et plus » est remplacée par les mots : « au moins trois cents salariés » ;

17° À l'article L. 2328-2, les mots : « plus de » sont remplacés par les mots : « au moins » ;

18° Au premier alinéa de l'article L. 1233-71, au second alinéa de l'article L. 2142-8, à la fin du 2° de l'article L. 2143-16 et au premier alinéa de l'article L. 2325-23, les mots : « de mille salariés et plus » sont remplacés par les mots : « d'au moins mille salariés » ;

19° Au premier alinéa de l'article L. 2341-1, les mots : « mille salariés et plus » sont remplacés par les mots : « au moins mille salariés » ;

20° À la fin du 5° de l'article L. 4614-3, les mots : « 1 500 salariés et plus » sont remplacés par les mots : « au moins mille cinq cents salariés » ;

21° Au premier alinéa de l'article L. 2143-5, les mots : « de deux mille salariés et plus » sont remplacés par les mots : « d'au moins deux mille salariés » ;

22° Au premier alinéa de l'article L. 2143-4, à la fin du 1° de l'article L. 2143-16 et à la première phrase du premier alinéa de l'article L. 4613-4, les mots : « de cinq cents salariés et plus » sont remplacés par les mots : « d'au moins cinq cents salariés » ;

23° À la fin du 2° de l'article L. 2143-13, les mots : « cinq cents salariés » sont remplacés par les mots : « quatre cent quatre-vingt-dix-neuf salariés » ;

24° À la fin du 3° du même article L. 2143-13, les mots : « de plus de cinq cents salariés » sont remplacés par les mots : « d'au moins cinq cents salariés » ;

25° À l'article L. 2327-5, les mots : « plus de cinq cents salariés » sont remplacés par les mots : « au moins cinq cents salariés » ;

26° À l'avant-dernier alinéa de l'article L. 2324-11, à la fin du 2° et au 3° de l'article L. 2325-6 et à la fin du second alinéa de l'article L. 2325-9, les mots : « de cinq cent un salariés et plus » sont remplacés par les mots : « d'au moins cinq cent un salariés ».

Art. 44. - La section 1 du chapitre Ier du titre IV du livre II de la deuxième partie du même code est complétée par un article L. 2241-2-1 ainsi rédigé :

« Art. L. 2241-2-1. – Lorsque le salaire minimum national professionnel des salariés sans qualification au sens du 4° du II de l'article L. 2261-22 est inférieur au salaire minimum interprofessionnel de croissance, les organisations liées par une convention de branche ou, à défaut, par des accords professionnels se réunissent pour négocier sur les salaires.

« À défaut d'initiative de la partie patronale dans les trois mois, la négociation s'engage dans les quinze jours suivant la demande d'une organisation syndicale de salariés représentative au sens de l'article L. 2231-1. »

Art. 45. - La section 1 du chapitre II du titre II du livre Ier de la troisième partie du même code est complétée par un article L. 3122-6 ainsi rédigé :

« Art. L. 3122-6. – La mise en place d'une répartition des horaires sur une période supérieure à la semaine et au plus égale à l'année prévue par un accord collectif ne constitue pas une modification du contrat de travail.

« Le premier alinéa ne s'applique pas aux salariés à temps partiel. »

Art. 46. - Le chapitre II du titre II du livre II de la première partie du même code est complété par une section 4 ainsi rédigée :

« Section 4 – **Télétravail**

« Art. L. 1222-9. – Sans préjudice de l'application, s'il y a lieu, des dispositions du présent code protégeant les travailleurs à domicile, le télétravail désigne toute forme d'organisation du travail dans laquelle un travail qui aurait également pu être exécuté dans les locaux de l'employeur est effectué par un salarié hors de ces locaux de façon régulière et volontaire en utilisant les technologies de l'information et de la communication dans le cadre d'un contrat de travail ou d'un avenant à celui-ci.

« Le télétravailleur désigne toute personne salariée de l'entreprise qui effectue soit dès l'embauche, soit ultérieurement du télétravail tel que défini au premier alinéa.

« Le refus d'accepter un poste de télétravailleur n'est pas un motif de rupture du contrat de travail.

« Le contrat de travail ou son avenant précise les conditions de passage en télétravail et les conditions de retour à une exécution du contrat de travail sans télétravail.

« À défaut d'accord collectif applicable, le contrat de travail ou son avenant précise les modalités de contrôle du temps de travail.

« Art. L. 1222-10. – Outre ses obligations de droit commun vis-à-vis de ses salariés, l'employeur est tenu à l'égard du salarié en télétravail :

« 1° De prendre en charge tous les coûts découlant directement de l'exercice du télétravail, notamment le coût des matériels, logiciels, abonnements, communications et outils, ainsi que de la maintenance de ceux-ci ;

« 2° D'informer le salarié de toute restriction à l'usage d'équipements ou outils informatiques ou de services de communication électronique et des sanctions en cas de non-respect de telles restrictions ;

« 3° De lui donner priorité pour occuper ou reprendre un poste sans télétravail qui correspond à ses qualifications et compétences professionnelles et de porter à sa connaissance la disponibilité de tout poste de cette nature ;

« 4° D'organiser chaque année un entretien qui porte notamment sur les conditions d'activité du salarié et sa charge de travail ;

« 5° De fixer, en concertation avec lui, les plages horaires durant lesquelles il peut habituellement le contacter.

« Art. L. 1222-11. – En cas de circonstances exceptionnelles, notamment de menace d'épidémie, ou en cas de force majeure, la mise en œuvre du télétravail peut être considérée comme un aménagement du poste de travail rendu nécessaire pour permettre la continuité de l'activité de l'entreprise et garantir la protection des salariés. Les conditions et les modalités d'application du présent article sont définies par décret en Conseil d'État. »

Art. 47. - L'article L. 1226-4 du même code est complété par un alinéa ainsi rédigé :

« En cas de licenciement, le préavis n'est pas exécuté et le contrat de travail est rompu à la date de notification du licenciement. Le préavis est néanmoins pris en compte pour le calcul de l'indemnité mentionnée à l'article L. 1234-9. Par dérogation à l'article L. 1234-5, l'inexécution du préavis ne donne pas lieu au versement d'une indemnité compensatrice. »

Art. 48. - À la première phrase du dernier alinéa de l'article L. 1332-2 du même code, les mots : « d'un jour franc » sont remplacés par les mots : « de deux jours ouvrables ».

Art. 49. - Le premier alinéa de l'article L. 3133-3 du même code est ainsi rédigé :

« Le chômage des jours fériés ne peut entraîner aucune perte de salaire pour les salariés totalisant au moins trois mois d'ancienneté dans l'entreprise ou l'établissement. »

Art. 50. - I. – Le premier alinéa de l'article L. 3141-3 du même code est ainsi modifié :

1° Les mots : « qui justifie avoir travaillé chez le même employeur pendant un temps équivalent à un minimum de dix jours de travail effectif » sont supprimés ;

2° Sont ajoutés les mots : « effectif chez le même employeur ».

II. – Le présent article s'applique pour chaque salarié présent à l'effectif de l'entreprise, à compter du premier jour du troisième mois suivant la publication de la présente loi au *Journal officiel*.

Art. 51. - I. – Afin de réduire le nombre de données figurant sur le bulletin de paie mentionné à l'article L. 3243-2 du code du travail et de mettre en œuvre la déclaration sociale nominative mentionnée à l'article L. 133-5-3 du code de la sécurité sociale, les dispositions réglementaires relatives à la définition des éléments nécessaires au calcul des cotisations et contributions des régimes obligatoires de protection sociale, notamment pour la détermination de leur assiette, assises sur les rémunérations et gains de travailleurs salariés ou assimilés ainsi que de ceux servant au calcul des droits à prestations de sécurité sociale en espèces font l'objet, au plus tard le 1er janvier 2013, d'une harmonisation en collaboration avec les organismes chargés de la gestion des régimes mentionnés au II du présent article.

II. – Les instances chargées de la gestion du régime d'assurance chômage et des régimes de protection sociale complémentaire relevant du chapitre Ier du titre II du livre IX du code de la sécurité sociale ou institués en application de l'article L. 911-1 du même code mettent en œuvre les dispositions utiles pour qu'au 1er janvier 2015 au plus tard les conventions ou accords qui sont négociés par les partenaires sociaux dans leur champ tiennent compte de l'harmonisation des définitions prévue au I du présent article.

III. – Dans les conditions prévues à l'article 38 de la Constitution, le Gouvernement est autorisé à prendre par ordonnance, dans un délai de trente-six mois à compter de la promulgation de la présente loi, les mesures complétant celles prises en application des I et II du présent article qui sont nécessaires pour adopter une définition unique des éléments pris en compte pour le calcul des cotisations de sécurité sociale et contributions sociales et des droits à prestations en espèces.

Le projet de loi ratifiant cette ordonnance est déposé au plus tard le dernier jour du troisième mois suivant la publication de l'ordonnance.

Art. 52. - Au deuxième alinéa de l'article L. 3332-10 du code du travail, le mot : « précédente » est remplacé par les mots : « de versement ».

Art. 53. - L'article L. 4121-3 du même code est complété par un alinéa ainsi rédigé :

« Lorsque les documents prévus par les dispositions réglementaires prises pour l'application du présent article doivent faire l'objet d'une mise à jour, celle-ci peut être moins fréquente dans les entreprises de moins de onze salariés, sous réserve que soit garanti un niveau équivalent de protection de la santé et de la sécurité des travailleurs, dans des conditions fixées par décret en Conseil d'État après avis des organisations professionnelles concernées. »

Art. 54. - Le premier alinéa de l'article L. 4311-1 du même code est complété par les mots : « et assurent, le cas échéant, la protection des animaux domestiques, des biens ainsi que de l'environnement ».

Art. 55. - Le dernier alinéa de l'article L. 8113-7 du même code est ainsi rédigé :

« Avant la transmission au procureur de la République, l'agent de contrôle informe la personne visée au procès-verbal des faits susceptibles de constituer une infraction pénale ainsi que des sanctions encourues. »

Art. 56. - Au septième alinéa de l'article L. 8241-2 du même code, après le mot : « travail », sont insérés les mots : « ou un poste équivalent ».

Chapitre III – Soutien au développement des entreprises

Art. 57. - L'article L. 2135-2 du code du travail est ainsi modifié :

1° Le *a* est complété par une phrase ainsi rédigée :

« L'article L. 823-2 du code de commerce n'est pas applicable lorsque les ressources de l'ensemble constitué par les syndicats professionnels et leurs unions et les associations de salariés ou d'employeurs et les personnes morales qu'ils contrôlent ne dépassent pas, à la clôture d'un exercice, le seuil mentionné à l'article L. 2135-6 du présent code ; »

2° La seconde phrase du *b* est complétée par les mots : « , sauf lorsque les ressources de l'ensemble constitué par les syndicats professionnels et leurs unions et les associations de salariés ou d'employeurs et les personnes morales qu'ils contrôlent ne dépassent pas, à la clôture d'un exercice, le seuil mentionné au même article L. 2135-6 ».

....

TITRE II

DISPOSITIONS RELATIVES À LA SIMPLIFICATION DU DROIT DE PLUSIEURS SECTEURS D'ACTIVITÉ DÉTERMINÉS

Chapitre Ier – Simplification du droit dans le secteur agricole

....

Art. 79. - Le 3° des articles L. 3312-3 et L. 3332-2 du code du travail est complété par la référence : « ou à l'article L. 321-5 du code rural et de la pêche maritime ».

....

Délibéré en séance publique,
à Paris, le 29 février 2012.

Le Président,
Signé : Bernard ACCOYER

Les textes de la codification

Loi n° 2004-1343 du 9 décembre 2004 de simplification du droit, art. 84 (JO 10 ; rectif. JO 2 mars 2005).

Loi n° 2006-1770 du 30 décembre 2006 pour le développement de la participation et de l'actionnariat salarié et portant diverses dispositions d'ordre économique et social, art. 57 (JO 31 ; rectif. JO 20 janvier 2007).

Ordonnance n° 2007-329 du 12 mars 2007 relative au code du travail (partie législative) (JO 13).

Décision du Conseil constitutionnel n° 2007-561 DC du 17 janvier 2008 (JO 22).

Loi n° 2008-67 du 21 janvier 2008 ratifiant l'ordonnance n° 2007-329 du 12 mars 2007 relative au code du travail (partie législative) (JO 22).

Décret n° 2008-243 du 7 mars 2008 relatif à certaines dispositions réglementaires du code du travail (JO 12).

Décret n° 2008-244 du 7 mars 2008 relatif au code du travail (partie réglementaire) (JO 12).

La nouvelle codification

*Issu d'une seconde codification après celle de 1973, le « **nouveau code du travail** » est entré en vigueur le 1er mai 2008.*

Le souci d'adapter le code du travail à l'état actuel du droit, de lui restituer une lisibilité et une cohérence que plusieurs strates de réformes avaient progressivement opacifiées, celui d'y intégrer des textes importants jusqu'alors non codifiés et d'en faire migrer d'autres dont la place était plus appropriée dans d'autres codes, en bref d'en faciliter l'accès et la compréhension à ses utilisateurs, ont guidé les acteurs de cette nouvelle codification (voir rapport au Président de la République relatif à l'ordonnance 2007-329 du 12 mars 2007 figurant p. VII).

L'accessibilité et l'intelligibilité de la loi avaient d'ailleurs été posées par le Conseil constitutionnel dans sa décision 99-421 DC du 16 décembre 1999 comme les objectifs que devait servir la recodification.

Le changement opéré par cette nouvelle codification et cette réécriture voulue à droit constant ne va cependant pas sans bousculer repères, habitudes d'utilisation et de recherches dans une matière abondante et déjà complexe.

*Le « **Nouveau Code du Travail Annoté** », s'est donné pour objectif d'accompagner l'utilisateur dans cette nouvelle géographie du code en mettant à sa disposition tous les outils facilitant un accès direct et simplifié aux textes législatifs et réglementaires.*

• Sa présentation originale a été préservée ; elle rapproche le plus possible les articles réglementaires (R, R, D) des articles législatifs, plaçant ainsi sous chaque article de loi ses modalités d'application. Le codificateur a d'ailleurs adopté ce parti pris pour la partie réglementaire en fusionnant les articles en R, R* et D.*

• Des textes « périphériques », non codifiés, en lien étroit avec le droit du travail, sont rapportés – ou simplement mentionnés – dans une partie intitulée « Textes non codifiés », située à la fin du code.

• Les notes détaillées figurant sous les articles législatifs et réglementaires qui constituent une des richesses du Nouveau Code du Travail Annoté sont un véritable support pour leur application et leur interprétation.

• La table de référence, indispensable compte tenu de la présentation adoptée par le Nouveau Code du Travail Annoté, indique en début d'ouvrage la page où se situe l'article recherché.

• Les tables analytique et alphabétique permettent de se repérer avec plus d'aisance dans le nouveau plan du code et dans sa nouvelle numérotation.

• La mention de plusieurs études et commentaires sur la nouvelle codification, sur l'évaluation du changement opéré et sur l'appréciation des atouts mais aussi des difficultés, risques ou inquiétudes qu'une telle entreprise a pu ou pourra susciter, complète utilement la connaissance de ce nouveau dispositif et aide à mieux en appréhender les incidences.

Rapport au Président de la République relatif à l'ordonnance n° 2007-329 du 12 mars 2007 relative au code du travail

(partie législative) (JO 13)

Monsieur le Président,

L'article 57 de la loi n° 2006-1770 du 30 décembre 2006 pour le développement de la participation de l'actionnariat salarié et portant diverses dispositions d'ordre économique et social habilite le Gouvernement, dans les conditions prévues par l'article 38 de la Constitution, à procéder par ordonnance à l'adaptation des dispositions législatives du code du travail à droit constant, afin d'y inclure les dispositions de nature législative qui n'ont pas été codifiées, d'améliorer le plan du code et de remédier, le cas échéant, aux erreurs ou insuffisances de codification.

Les dispositions codifiées sont celles en vigueur au moment de la publication de l'ordonnance, sous la seule réserve de modifications qui seraient rendues nécessaires pour assurer le respect de la hiérarchie des normes et la cohérence rédactionnelle des textes ainsi rassemblés, harmoniser l'état du droit, remédier aux éventuelles erreurs et abroger les dispositions, codifiées ou non, devenues sans objet.

En outre, le Gouvernement peut, le cas échéant, étendre l'application des dispositions codifiées à Mayotte, à Saint-Pierre-et-Miquelon, à la Nouvelle-Calédonie, à la Polynésie française, aux Terres australes et antarctiques françaises et aux îles Wallis et Futuna avec les adaptations nécessaires.

La présente ordonnance procède donc, sous les réserves susmentionnées, à une nouvelle codification à droit constant.

Les raisons ayant conduit à l'adoption d'un nouveau code

L'actuel code, issu de la loi n° 73-4 du 2 janvier 1973 relative au code du travail, a fait l'objet, depuis, de très nombreux et substantiels ajouts et modifications qui ont eu un impact direct sur sa logique, sa structure et son contenu. En effet, l'intervention du législateur dans le domaine du travail et de la santé au travail n'a cessé de s'étendre, en raison notamment de l'évolution de l'organisation du travail et des techniques, de l'apparition de nouveaux risques et de l'apport du droit communautaire. Les mêmes constats peuvent être opérés en matière d'emploi et de formation professionnelle.

Le code du travail a ainsi progressivement perdu en cohérence et en clarté. Alors qu'il régit les rapports quotidiens entre employeurs et salariés et, en cela, constitue l'instrument juridique le plus fréquemment utilisé, l'actuel code du travail ne répond plus qu'imparfaitement à l'objectif de valeur constitutionnelle d'accessibilité et d'intelligibilité de la loi consacré par le Conseil constitutionnel.

C'est à ces insuffisances, préjudiciables à une application effective du droit du travail et au développement du dialogue social, que la présente ordonnance a pour objet de remédier.

Le périmètre du nouveau code

L'articulation entre le code du travail et d'autres codes n'est pas simple aujourd'hui. Les difficultés ne tiennent pas tant à des chevauchements qu'à l'éclatement de dispositions entre plusieurs codes. Des choix de frontière ont donc dû être faits.

Le principe retenu est de maintenir ou d'accueillir dans le nouveau code du travail les dispositions générales et, en conséquence, de transférer les dispositions particulières à certains secteurs d'activité ou à certaines catégories professionnelles dans les codes spécifiques. La mise en œuvre de ce principe recentre le code du travail sur son objet principal tout en permettant aux codes spécifiques d'accueillir les dispositions en matière de droit du travail qui en relèvent.

Sont ainsi principalement concernés :

– le code de l'action sociale et des familles pour ce qui concerne les assistants maternels, assistants familiaux, et éducateurs et aides familiaux dont le statut est, par ailleurs, régi par ce même code ;

– le code minier pour ce qui concerne les salariés des mines et carrières ;

– le code rural, qui contient déjà un livre VII consacré aux dispositions sociales ;

– le code de la sécurité sociale dans lequel les dispositions figurant actuellement dans le code du travail et relevant du régime des cotisations sociales ont été intégrées et dont, réciproquement, les dispositions relevant de la relation de travail (titres simplifiés de travail) sont codifiées dans le code du travail.

Dans le même esprit, les dispositions ayant vocation à figurer dans les futurs codes de l'énergie, de la fonction publique et des transports ne sont pas reprises dans le code du travail et sont maintenues temporairement dans un ancien code du travail.

Le plan du code

L'article 1er et l'annexe 1 de l'ordonnance modifient le code du travail en substituant huit parties aux neuf livres qui composent l'actuelle partie législative, passant ainsi d'une numérotation de trois à quatre chiffres. Cette organisation multiplie les possibilités de créer des subdivisions et permet ainsi, dans une perspective de long terme, d'accueillir plus aisément de nouvelles dispositions. Un tel choix s'impose car la dimension actuelle du code, organisé en livres, aboutit à un plan hypertrophié.

La logique « utilisateurs » (employeurs, salariés, délégués syndicaux, membres des institutions représentatives du personnel) a été privilégiée pour l'élaboration du plan. Elle conduit à regrouper dans des blocs homogènes des dispositions jusqu'alors éparses. En outre, ajoutée au soin particulier accordé à l'intitulé des subdivisions, cette logique aboutit à un plan plus détaillé que l'actuel et facilite ainsi l'accès à la règle de droit.

La première partie (Les relations individuelles de travail) comprend cinq livres. Le livre Ier rassemble les principes essentiels gouvernant les relations individuelles de travail. Le livre II est consacré au contrat de travail. Il réunit toutes les règles relatives aux différents types de contrats de travail déclinées depuis la formation du contrat jusqu'à sa rupture, en particulier celles relatives au licenciement pour motif personnel et au licenciement pour motif économique. Le livre III comprend les dispositions relatives au règlement intérieur et au droit disciplinaire. Le livre IV regroupe les dispositions relatives à la résolution des litiges et au conseil de prud'hommes. Enfin, le livre V traite des dispositions relatives à l'outre-mer.

La deuxième partie (Les relations collectives de travail) est consacrée aux rapports collectifs de travail dans l'entreprise et couvre plus généralement le « dialogue social ». Elle réunit quatre livres actuellement éloignés les uns des autres dans le code du travail et participe à la création d'un livre V entièrement consacré aux salariés protégés. Le livre Ier accueille les dispositions relatives aux syndicats professionnels. Le livre II rassemble les règles relatives à la négociation collective et aux conventions et accords collectifs de travail. Le livre III traite des institutions représentatives du personnel. Le livre IV (Les salariés protégés) réunit les dispositions d'articles actuellement épars du code du travail relatifs à la protection contre le licenciement des salariés titulaires d'un mandat. Il s'agit d'une création par rapport au code actuel car il n'existe pas à ce jour de liste légale des catégories de salariés protégés au titre d'un mandat. Le livre V réunit les dispositions relatives aux conflits collectifs. Le livre VI rassemble les dispositions relatives à l'outre-mer.

La troisième partie (Durée du travail, salaire, intéressement, participation et épargne salariale) est constituée de quatre livres. Elle rassemble les dispositions figurant respectivement dans les livres Ier, II et IV de l'actuel code. Le caractère hybride de ces dispositions a donc conduit à les regrouper dans une partie distincte. Le livre Ier rassemble les dispositions qui régissent la durée du travail, les repos et les congés. Les dispositions particulières, applicables aux départements du Bas-Rhin, du Haut-Rhin et de la Moselle ont été codifiées. Le livre II est consacré au salaire et aux avantages divers. Sont, en particulier, codifiées dans ce livre les dispositions de la loi n° 78-49 du 18 janvier 1978 relative à la mensualisation et à la procédure conventionnelle. Les dispositions relatives à la protection du salaire ont fait l'objet d'une attention particulière en ce qui concerne la présentation des règles de garantie accordées aux salariés lors d'une procédure de sauvegarde, de redressement ou de liquidation judiciaire. Le livre III est consacré à l'intéressement, à la participation et à l'épargne salariale. Le livre IV intègre les dispositions relatives à l'outre-mer.

La quatrième partie (Santé et sécurité au travail) reprend les dispositions « hygiène, sécurité et conditions de travail », qui figurent dans le titre III du livre II (Réglementation du travail) de l'actuel code, parmi d'autres dispositions consacrées aux « conditions du travail » (durée du travail, travail de nuit) et aux « repos et congés ». La création d'une partie exclusivement consacrée à la santé et à la sécurité au travail répond aux enjeux majeurs que revêtent ces questions dans le monde du travail. Sa configuration est construite de telle sorte que la future partie réglementaire puisse recevoir un nombre important de textes actuellement non codifiés. Cette partie est constituée de huit livres. Le livre Ier rassemble les dispositions générales contenant notamment les principes généraux de prévention. Le livre II regroupe les dispositions applicables aux lieux de travail. Le livre III recueille les dispositions applicables aux équipements de travail et aux moyens de protection. Le livre IV est consacré aux dispositions applicables à certains risques d'exposition. Le livre V rassemble les dispositions applicables à certaines activités ou opérations. Le livre VI intègre les institutions et organismes de prévention. Le livre VII réunit les règles spécifiques applicables en matière de contrôle. Le livre VIII traite des dispositions relatives à l'outre-mer.

La cinquième partie (L'emploi) rassemble l'essentiel des dispositions figurant dans le livre III (Placement et emploi) de l'actuel code, à l'exception, toutefois, de celles relatives au licenciement économique, qui sont désormais placées dans le livre II (Le contrat de travail) de la première partie (Les relations individuelles de travail). La cinquième partie est ainsi constituée de cinq livres. Le livre Ier rassemble les dispositifs en faveur de l'emploi. Le livre II regroupe les dispositions applicables à certaines catégories de travailleurs (travailleurs handicapés et travailleurs étrangers). Le livre III est consacré au service public de l'emploi et au placement. Le livre IV intègre les dispositions applicables aux demandeurs d'emploi. Enfin, le livre V accueille les dispositions relatives à l'outre-mer.

La sixième partie (La formation professionnelle tout au long de la vie) rassemble non seulement les dispositions de l'actuel livre IX (De la formation professionnelle continue dans le cadre de la formation professionnelle tout au long de la vie) mais aussi celles relatives à l'apprentissage figurant en tête de l'actuel livre Ier (Conventions relatives au travail). En effet, la formation professionnelle tout au long de la vie comportant une formation initiale et des formations ultérieures (article L. 900-1 de l'actuel code), le choix a été fait d'en placer les dispositions dans cette partie. Elle est constituée de cinq livres. Le livre Ier contient les principes généraux et l'organisation institutionnelle de la formation professionnelle. Le livre II est consacré à l'apprentissage. Le livre III regroupe les dispositions relatives à la formation professionnelle continue. Le livre IV reçoit les dispositions relatives à la validation des acquis de l'expérience. Le livre V traite des dispositions relatives à l'outre-mer.

La septième partie (Dispositions applicables à certaines professions et activités) reprend la majeure partie des dispositions contenues dans le livre VII actuel, à l'exclusion de celles qui, compte tenu du périmètre du nouveau code, peuvent être accueillies dans des codes spécialisés. Le livre Ier regroupe les journalistes professionnels, les professions du spectacle, de la publicité et de la mode. Les dispositions relatives aux professions du spectacle, de la publicité et de la mode reprennent les dispositions actuelles relatives aux artistes du spectacle et aux mannequins et intègrent celles relatives au travail des enfants dans le spectacle vivant, la publicité et la mode, contenues dans l'actuel livre II, ainsi que celles du livre VI actuel relatives aux activités d'entrepreneur de spectacles vivants à titre occasionnel. En outre, dans ce livre Ier, est codifiée la majeure partie des dispositions de l'ordonnance n° 45-2339 du 13 octobre 1945 relative aux spectacles. Le livre II rassemble les dispositions relatives aux concierges et employés d'immeubles à usage d'habitation, aux employés de maison, et incorpore, en outre, les dispositions des articles L. 129-1 et suivants régissant des activités de services à la personne. Le livre III rassemble les dispositions relatives à l'exercice de professions ou activités professionnelles de nature commerciale et se caractérisant par un certain degré d'autonomie (voyageurs, représentants ou placiers, gérants de succursales et conjoints salariés du chef d'entreprise). Le livre IV regroupe les dispositions applicables aux travailleurs à domicile. Le livre V est consacré aux dispositions relatives à l'outre-mer.

La huitième partie (Contrôle de l'application de la législation du travail) rassemble les dispositions du livre VI actuel consacrées au contrôle, à l'exclusion de celles relatives aux obligations des employeurs qui sont distribuées dans les autres parties au plus près des dispositions de même nature, et celles régissant le travail illégal. Le livre Ier est consacré à l'inspection du travail. Le livre II contient les dispositions relatives à la lutte contre le travail illégal. Il rassemble l'ensemble des situations constitutives de l'exercice de travail illégal actuellement dispersées dans des livres et titres différents (marchandage et prêt illicite de main-d'œuvre dans le livre Ier, travail dissimulé dans le titre II du livre III et emploi d'étrangers sans titre dans le titre IV de ce même livre). Le livre III regroupe les dispositions relatives à l'outre-mer.

Traitement des articles

Le traitement donné aux articles du nouveau code du travail procède du souci de rendre la plus lisible possible la règle de droit.

L'actuel code se caractérise par des articles souvent longs qui nuisent à leur compréhension.

Les travaux de codification ont privilégié le choix de rédiger des articles courts sur le principe d'une idée par article, en distinguant les règles de forme des règles de fond, les principes des dérogations. Il a par conséquent été procédé à de nombreuses scissions dont il convient de préciser que, si elles ont conduit à une augmentation du nombre des articles, celle-ci ne se traduit pas par une augmentation du nombre de caractères du code.

S'agissant des renvois d'articles, qui aggravent souvent leurs difficultés de compréhension, seuls les renvois strictement nécessaires ont été conservés. Dans ce cas, ils ont été qualifiés de manière à renforcer la lisibilité de l'article dans lequel ils figurent.

En ce qui concerne la rédaction des articles, les travaux ont pris en compte l'ensemble des préconisations formulées par le Guide pour l'élaboration des textes législatifs et réglementaires élaboré conjointement par le Conseil d'État et les services du Premier ministre. Les termes ambigus ou désuets ont été abandonnés au profit de termes actuels (par exemple, le « délai-congé » est remplacé par le « préavis »). Le vocabulaire a été uniformisé, de sorte que des mots différents utilisés pour nommer une même notion ou réalité soient remplacés par un même terme (substitution du mot : « employeur » aux mots : « chef d'entreprise », « chef d'établissement » ou « entrepreneur », par exemple). Enfin, des conventions d'écriture ont été adoptées, conduisant par exemple à remplacer les différentes formes impératives par l'usage de l'indicatif présent.

De nombreux articles de définitions ont été introduits dans le nouveau code du travail afin de clarifier certaines notions ou situations juridiques complexes. Ainsi, en matière de travail temporaire (première partie), a été créé un article définissant la relation triangulaire entre le salarié temporaire, l'entreprise de travail temporaire et le client utilisateur. Cet article définit, en outre, le contrat de mise à disposition et le contrat de mission, mettant ainsi un terme à la confusion existant dans le code actuel. De même, a été créé un article définissant la notion de « jeune travailleur » pour les dispositions relatives à la durée du travail, au travail de nuit et aux repos et congés qui leur sont applicables (troisième partie).

La technique de l'article de renvoi à des dispositions contenues dans d'autres codes a été utilisée tantôt à des fins de simple information (nouveaux articles L. 6121-1 et L. 6121-2 renvoyant, respectivement, aux articles L. 214-12 et L. 214-13 du code de l'éducation, alors que l'ancien code du travail les reproduisaient en code suiveur), tantôt afin d'assurer la sécurité juridique de l'utilisateur (nouveaux articles L. 2411-9 et L. 2411-16, concernant la procédure d'autorisation de licenciement, dans le premier cas, du salarié membre du conseil d'administration d'une mutuelle, union ou fédération et renvoyant à l'article L. 114-24 du code de la mutualité, et, dans le second cas, du représentant des salariés en cas de sauvegarde, de redressement ou de liquidation judiciaire et renvoyant à l'article L. 662-4 du code de commerce).

Les champs d'application

Les travaux de codification ont permis de clarifier le champ d'application de chacun des différents livres de l'actuel code. Les dispositions définissant ce champ sont désormais placées autant que possible dans le titre Ier de chacun des livres composant les huit parties de sorte que, ces définitions apparaissant ainsi bien distinctement, l'utilisateur du code puisse plus aisément déterminer si les dispositions contenues dans le livre lui sont applicables. Néanmoins, il a été parfois nécessaire de placer des dispositions à des niveaux inférieurs pour tenir compte de différences dans les champs d'application, soit dans le sens d'une extension, soit dans celui d'une restriction.

Les dispositions relatives aux départements du Bas-Rhin, du Haut-Rhin et de la Moselle

Les dispositions du droit local relatives aux départements du Bas-Rhin, du Haut-Rhin et de la Moselle ont été codifiées dès lors qu'existent déjà dans le code du travail des dispositions de même nature applicables aux autres départements de métropole. Il en est ainsi par exemple des dispositions de droit local relatives aux jours fériés en raison de l'existence de l'actuel article L. 222-1.

Les dispositions relatives à l'outre-mer

Alors que, dans le code actuel, les dispositions relatives à l'outre-mer sont rassemblées dans un livre unique (livre VIII), le parti a été retenu pour le nouveau code du travail de les placer dans un livre créé à la fin de chacune des huit parties. Outre le fait que cette méthode se justifie au regard du faible nombre de dispositions codifiées, elle présente aussi l'avantage de les rapprocher de celles applicables à la métropole auxquelles elles renvoient.

Le plan adopté au sein de chacun des livres désigne plus clairement le champ d'application territorial des dispositions codifiées. En effet, d'une part, la majeure partie des articles codifiés concerne les départements d'outre-mer et Saint-Pierre-et-Miquelon. Ces collectivités sont régies par le principe de l'assimilation législative, la partie métropolitaine du code s'y applique de plein droit sous réserve d'exclusions ou d'adaptations faisant l'objet de dispositions expresses. Celles-ci sont, dès lors, codifiées comme « dispositions particulières » dans un titre consacré aux adaptations propres à ces territoires. D'autre part, les quelques dispositions concernant Mayotte, Wallis et Futuna et les Terres australes et antarctiques françaises sont codifiées dans un titre consacré à ces territoires.

Les dispositions ainsi codifiées reprennent les dispositions existant dans l'actuel code. Un toilettage complet de l'ensemble de ces dispositions sera effectué à la faveur d'une ordonnance ad hoc compte tenu de l'ampleur d'une telle tâche.

Points particuliers

Les travaux de codification ont permis de mettre fin à l'existence de certaines incohérences, telles que celles résultant des dispositions de l'article L. 432-4-2 introduit en 1993 en vue de simplifier les obligations des entreprises de moins de trois cent salariés. Cet article remplace les obligations de consultations semestrielles, prévues par les articles L. 432-1-1, L. 432-3-1, L. 432-4, L. 432-4-1 et L. 212-4-5, par une consultation unique annuelle. Or, ces articles n'ayant pas été modifiés en conséquence, il subsistait une complexité importante de lecture et de compréhension de ces dispositions. Le nouveau code, en supprimant toutes les références aux obligations implicitement abrogées, met fin à ces difficultés.

Les dispositions pénales ont été réécrites conformément à la rédaction adoptée pour le code pénal entré en vigueur le 1er mars 1994 et placées dans des subdivisions spécifiques, au plus près des dispositions de fond qu'elles sanctionnent.

Ont été abrogées dans le code les dispositions qui sont apparues inutiles, obsolètes, transitoires ou incompatibles avec l'état du droit, notamment le droit communautaire. Au titre des articles tombés en désuétude, est abrogé l'article L. 121-2 de l'actuel code qui prévoit que le contrat de travail est exempt de timbre et d'enregistrement. S'agissant des dispositions incompatibles avec le droit communautaire, les dispositions réglementant le travail des femmes, en dehors des cas visant à protéger les femmes enceintes ou allaitantes, ont été abrogées.

Présentation de l'ordonnance

L'article 1er prévoit que les dispositions annexées à la présente ordonnance constituent désormais la partie législative du code du travail.

L'article 2 prévoit la mise à jour des dispositions que le nouveau code reprend en tant que code suiveur d'autres codes.

L'article 3 prescrit le remplacement simultané des références des textes et lois abrogés par l'article 5 par les références correspondantes dans le nouveau code du travail.

L'article 4 prévoit des conditions particulières d'application de certaines dispositions du nouveau code du travail qui n'avaient pas vocation à être codifiées compte tenu notamment de leur caractère transitoire. Il en est ainsi par exemple du montant de la participation des employeurs de moins de dix salariés au financement de la formation professionnelle continue, fixé à 0,40 % entre le 1er janvier et le 31 décembre 2004.

Les articles 5 à 11 organisent l'insertion des dispositions de l'actuel code du travail dans le code de l'action sociale et des familles, le code minier, le code rural, le code de la sécurité sociale et le code du travail applicable à Mayotte.

L'article 12 abroge les dispositions de la partie législative de l'actuel code du travail et celles des lois codifiées pour la première fois dans le nouveau code du travail. Il prévoit en outre le maintien en vigueur des dispositions législatives reclassées en partie réglementaire dans l'hypothèse où la codification de cette partie ne serait pas achevée le 1er mars 2008, afin d'éviter tout vide juridique.

L'article 13 maintient en vigueur les dispositions de la partie législative de l'actuel code du travail non reprises dans le nouveau code du travail, dans l'attente de leur codification à venir dans d'autres codes.

L'article 14 prévoit que les dispositions de la présente ordonnance entreront en vigueur en même temps que la partie réglementaire et au plus tard le 1er mars 2008.

L'article 15 est l'article d'exécution.

Tel est l'objet de la présente ordonnance que nous avons l'honneur de soumettre à votre approbation.

* *
*

Ordonnance n° 2007-329 du 12 mars 2007 relative au code du travail

(partie législative) (JO 13), ratifiée par loi 2008-67 du 21 janvier 2008 (JO 22), rapportée dans « Le nouveau code du travail annoté », éd. 2008.

....

Art. 12. – I. - Sont abrogées, sous réserve de l'article 13, les dispositions de la partie législative du code du travail dans sa rédaction issue de la loi 73-4 du 2 janvier 1973 relative au code du travail ainsi que des textes qui l'ont complétée ou modifiée.

II. - Sont abrogées les dispositions suivantes :

1° Les cinq premiers alinéas de l'article L. 133-5-3 du code de la sécurité sociale ;

2° Les cinq premiers alinéas, le septième, le huitième et le neuvième alinéas de l'article L. 133-5-5 du code de la sécurité sociale ;

3° L'article 1er de l'ordonnance n° 84 du 16 août 1892 sur les jours fériés applicable aux départements du Bas-Rhin, du Haut-Rhin et de la Moselle ;

4° Les articles 6, 41 a, 41 b, 105 a, 105 b, 105 c, 105 d, 105 e, 105 f, 105 g, 105 i et 133 a du code professionnel local applicable aux départements du Bas-Rhin, du Haut-Rhin et de la Moselle ;

5° Les articles 616, 621, 622 et 629 du code civil local applicable aux départements du Bas-Rhin, du Haut-Rhin et de la Moselle ;

6° Les articles 59, 63 et 66 du code de commerce local applicable aux départements du Bas-Rhin, du Haut-Rhin et de la Moselle ;

7° Les articles 1er, 1-1, 4, 5, 8 deuxième alinéa, 10 et 11 de l'ordonnance n° 45-2339 du 13 octobre 1945 relative aux spectacles ;

8° Les cinq premiers alinéas de l'article 19, ainsi que les articles 20, 21, 22, 23 24, 25 et 28 de l'ordonnance n° 67-830 du 27 septembre 1967 relative à l'aménagement des conditions de travail en ce qui concerne le régime des conventions collectives, le travail des jeunes et les titres restaurant ;

9° Le I de l'article 64 de la loi de finances pour 1975 n° 74-1129 du 30 décembre 1974 ;

10° Les articles 1er, 2, 3, 4 et 5 de la loi n° 76-463 du 31 mai 1976 relative à l'accession à la propriété ;

11° La loi n° 78-49 du 19 janvier 1978 relative à la mensualisation et à la procédure conventionnelle ;

12° L'article 26 de l'ordonnance n° 82-41 du 16 janvier 1982 relative à la durée du travail et aux congés payés ;

13° Les trois premiers alinéas du II de l'article 5 de la loi n° 82-600 du 13 juillet 1982 relative à l'indemnisation des victimes de catastrophes naturelles ;

14° Le premier alinéa de l'article 93 de la loi n° 82-652 du 29 juillet 1982 relative à la communication audiovisuelle ;

15° Les articles 1er à 4 de la loi n° 82-684 du 4 août 1982 relative à la participation des employeurs au financement des transports publics urbains et des chèques-transports ;

16° Les articles 1er à 4 de la loi n° 82-939 du 4 novembre 1982 relative à la contribution exceptionnelle de solidarité en faveur des travailleurs privés d'emploi ;

17° L'article 18 de la loi n° 83-635 du 13 juillet 1983 portant modification du code du travail et du code pénal en ce qui concerne l'égalité professionnelle entre les femmes et les hommes ;

18° Les articles 29 et 30 de la loi n° 83-675 du 26 juillet 1983 relative à la démocratisation du secteur public ;

19° L'article 18 de la loi n° 87-572 du 23 juillet 1987 modifiant le titre Ier du code du travail et relative à l'apprentissage ;

20° Le V de l'article 9 de la loi n° 98-657 du 29 juillet 1998 relative à la lutte contre les exclusions ;

21° L'article 8 de la loi n° 99-944 du 15 novembre 1999 relative au pacte civil de solidarité ;

22° Le II de l'article 30 de la loi n° 2000-37 du 19 janvier 2000 relative à la réduction négociée du temps de travail ;

23° L'article 1er de la loi n° 2005-296 du 31 mars 2005 portant réforme de l'organisation du temps de travail dans l'entreprise ;

24° L'article 20 de la loi n° 2005-843 du 26 juillet 2005 portant diverses mesures de transposition du droit communautaire à la fonction publique ;

25° Le VIII de l'article 96 de la loi n° 2005-882 du 2 août 2005 en faveur des petites et moyennes entreprises ;

26° Les articles 1er, 2 et 3 de l'ordonnance n° 2005-893 du 2 août 2005 relative au contrat de travail « nouvelles embauches ».

III. - Sont abrogés l'article R. 250-1 et les deux premiers alinéas de l'article R. 250-2 du code du travail.

IV. - L'abrogation des dispositions prévue aux I à III prend effet à la date d'entrée en vigueur de la partie réglementaire du nouveau code du travail pour ce qui concerne les articles, alinéas, phrases ou mots mentionnés à l'annexe 2 de la présente ordonnance.

Note **L'annexe II est rapportée au JO du 13 mars 2007, p. 37291.**

Art. 13. – Nonobstant les dispositions de l'article 1er, *demeurent en vigueur*, dans leur rédaction en vigueur à la date de la publication de la présente ordonnance, les dispositions suivantes de la partie législative du code du travail :

1° Les dispositions de l'article L. 143-11-7, en tant qu'elles s'appliquent aux marins mentionnés à l'article L. 742-6 ;

2° Les dispositions de l'article L. 143-11-9, en tant qu'elles s'appliquent aux marins mentionnés à l'article L. 742-6 ;

3° Les articles L. 148-2 et L. 148-3, ainsi que l'article L. 154-3, en tant qu'il s'applique aux infractions aux dispositions de ces deux articles ;

4° La deuxième phrase du troisième alinéa de l'article L. 212-4-4 ;

5° Les articles L. 212-18 et L. 212-19 ;

6° L'article L. 213-11 ;

7° L'article L. 220-3 ;

8° Le second alinéa de l'article L. 221-1 ;

9° L'article L. 321-13 ;

10° Les articles L. 323-2 (modifié par L. 2010-123 du 9 févr. 2010, JO 10), L. 323-4-1, L. 323-8-6-1 (modifié par L. 2010-123 du 9 févr. 2010, JO 10, Ord. 2010-420 du 27 avr. 2010, JO 30, L. 2010-1657 du 29 déc. 2010, JO 30, L. 2011-901 du 28 juil. 2011, JO 30) ;

11° En tant qu'ils s'appliquent aux collectivités et organismes mentionnés à l'article L. 323-2, les quatre premiers alinéas de l'article L. 323-5, le premier alinéa de l'article L. 323-8, les articles L. 323-8-7 et L. 323-8-8, le cinquième alinéa de l'article L. 323-21 et l'article L. 323-34 ;

12° Le neuvième alinéa de l'article L. 342-3 et le dixième alinéa de ce même article en tant qu'il s'applique aux entreprises de transport ;

13° L'article L. 351-13, en tant qu'il s'applique aux personnes mentionnées aux 1° et 2° de ce même article ;

14° L'article L. 353-2 ;

15° Les articles L. 471-1 à L. 471-3 ;

16° Le cinquième alinéa de l'article L. 620-10 ;

17° Les articles L. 713-1 et L. 713-2 ;

18° L'article L. 742-1, les II à IV de l'article L. 742-1-1 et les articles L. 742-2 à L. 743-2 ;

19° Les articles L. 800-4 et L. 800-5 en tant qu'ils concernent la Nouvelle-Calédonie et la Polynésie française ;

20° Le douzième alinéa de l'article L. 812-1 ;

21° Les articles L. 970-1 à L. 970-6 ;

22° Le deuxième alinéa de l'article L. 981-4.

Note Voir Annexe II, note sous « Codification prévue dans le code des transports ».

(Ord. 2008-697 du 11 juil. 2008, art. 1er, IV, JO 16) « **Art. 13-1.** – Les dispositions du 12° de l'article 13 de la présente ordonnance ne sont pas applicables à Saint-Pierre-et-Miquelon. »

Art. 14. – Les dispositions de la présente ordonnance entrent en vigueur le 1er mai 2008.

Art. 14-1. – La présente ordonnance est applicable à Mayotte, aux Terres australes et antarctiques françaises et aux îles Wallis et Futuna en tant qu'elle abroge des dispositions applicables dans ces collectivités.

....

* *

*

Décret n° 2008-244 du 7 mars 2008 relatif au code du travail

(partie réglementaire) (JO 12)
rapporté dans « Le nouveau code du travail annoté », éd. 2008.

....

Art. 9. – I. – Sont abrogées, sous réserve de l'article 10 les dispositions de la partie réglementaire du code du travail dans sa rédaction issue du décret n° 73-1048 du 15 novembre 1973 fixant la partie réglementaire du code du travail ainsi que les textes qui l'ont complétée ou modifiée.

II. – Sont abrogées les dispositions suivantes :

1° Les articles R. 133-10, R. 133-11, R. 133-16, R. 133-17, D. 133-6, D. 133-7, D. 133-10 et D. 133-13 du code de la sécurité sociale ;

2° Le décret du 2 mars 1905 portant règlement d'administration publique relatif au contrôle de l'inspection du travail dans les établissements de l'État, soumis à la loi du 12 juin 1893 ;

3° Le décret n° 65-48 du 8 janvier 1965 portant règlement d'administration publique pour l'exécution des dispositions du livre II du Code du travail (titre II – Hygiène et sécurité des travailleurs) en ce qui concerne les mesures particulières de protection et de salubrité applicables aux établissements dont le personnel exécute des travaux du bâtiment, des travaux publics et tous autres travaux concernant les immeubles ;

4° Les articles 1er et 3 à 15-2 du décret n° 67-1165 du 22 décembre 1967 relatif aux titres-restaurant ;

5° Les articles 1er, premier à cinquième alinéas, 2 à 7 du décret n° 82-835 du 30 septembre 1982 relatif à l'application de la prise en charge par les employeurs des trajets domicile-travail ;

6° Le décret n° 85-682 du 4 juillet 1985 relatif à l'organisme professionnel de prévention du bâtiment et des travaux publics ;

7° L'article 1er du décret n° 87-947 du 26 novembre 1987 fixant les conditions d'application du chapitre Ier de l'ordonnance n° 86-1134 du 21 octobre 1986 modifiée relative à l'intéressement et à la participation des salariés aux résultats de l'entreprise et à l'actionnariat des salariés aux entreprises publiques dont le personnel est soumis pour les conditions de travail à un statut législatif ou réglementaire ;

8° Le décret n° 91-451 du 14 mai 1991 relatif à la prévention des risques liés au travail sur des équipements comportant des écrans de visualisation ;

9° Les articles ***(D. 2009-289 du 13 mars 2009, JO 15)*** « 4 » à 8 du décret n° 94-1166 du 28 décembre 1994 relatif à l'organisation des services déconcentrés du travail, de l'emploi et de la formation professionnelle ;

10° Le I de l'annexe au décret n° 95-607 du 6 mai 1995 fixant la liste des prescriptions réglementaires que doivent respecter les travailleurs indépendants ainsi que les employeurs lorsqu'ils exercent directement une activité sur un chantier de bâtiment ou de génie civil ;

11° Le décret n° 97-213 du 11 mars 1997 relatif à la coordination de la lutte contre le travail illégal ;

12° Le décret n° 97-331 du 10 avril 1997 relatif à la protection de certains travailleurs exposés à l'inhalation de poussières siliceuses sur leurs lieux de travail ;

13° Les articles 2 à 6 du décret n° 97-954 du 17 octobre 1997 relatif au développement d'activités pour l'emploi des jeunes ;

14° Les articles 1er et 2 du décret n° 98-252 du 1er avril 1998 relatif à la déclaration unique d'embauche ;

15° Les articles 1er à 8 du décret n° 99-107 du 18 février 1999 relatif aux entreprises d'insertion ;

16° Le décret n° 99-108 du 18 février 1999 relatif aux associations intermédiaires ;

17° Le décret n° 99-275 du 12 avril 1999 relatif aux fonds départementaux pour l'insertion ;

18° Les articles 1er à 8 et 10 du décret n° 2000-609 du 29 juin 2000 pris pour l'application des articles 4 et 10 de l'ordonnance n° 45-2339 du 13 octobre 1945 relative aux spectacles ;

19° Les articles 1er à 7 du décret n° 2002-374 du 20 mars 2002 portant application de l'article L. 12-10-1 du code du travail, à l'exception de la première phrase du quatrième alinéa de l'article 5 ;

20° Le décret n° 2005-894 du 2 août 2005 relatif à l'allocation forfaitaire ;

21° L'article 3 du décret n° 2006-1033 du 22 août 2006 relatif à la création de la direction générale du travail au ministère de l'emploi, de la cohésion sociale et du logement ;

22° Le décret n° 2007-175 du 9 février 2007 relatif au chèque-transport ;

23° Le décret n° 2007-279 du 2 mars 2007 instituant un Conseil national de l'inspection du travail ;

24° Les articles 1er à 3 de l'arrêté du 8 octobre 1990 fixant la liste des travaux pour lesquels il ne peut être fait appel aux salariés sous contrat de travail à durée déterminée ou aux salariés des entreprises de travail temporaire ;

25° L'arrêté du 27 juin 1991 fixant la liste des travaux pour lesquels il ne peut être fait appel aux salariés sous contrat de travail à durée déterminée ou aux salariés des entreprises de travail temporaire ;

26° Les articles 1er, deuxième alinéa, 2 à 6 de l'arrêté du 26 avril 1996 pris en application de l'article R. 237-1 du code du travail et portant adaptation de certaines règles de sécurité applicables aux opérations de chargement et de déchargement effectuées par une entreprise extérieure ;

27° L'arrêté du 14 mai 1996 relatif aux règles techniques que doivent respecter les entreprises effectuant des activités de confinement et de retrait d'amiante ;

28° L'article 1er de l'arrêté du 4 juillet 1996 relatif à l'extension aux établissements agricoles visés à l'article L. 231-1 du code du travail de l'arrêté du 26 avril 1996 pris en application de l'article R. 237-1 du code du travail et portant adaptation de certaines règles de sécurité applicables aux opérations de chargement et de déchargement effectuées par une entreprise extérieure ;

29° L'arrêté du 9 février 2006 fixant la liste des dépenses déductibles de la contribution annuelle prévue à l'article L. 323-8-2 du code du travail.

Art. 10. – Nonobstant les dispositions de l'article 1er, demeurent en vigueur, dans leur rédaction à la date de publication du présent décret, les dispositions suivantes de la partie réglementaire du code du travail :

1° Les articles R. 212-12, R. 213-11, R. 221-18 à R. 221-26, R. 233-89-1 (second alinéa), R. 233-89-1-1 (troisième alinéa), R. 241-1-8 [abrogé par décret 2008-1503 du 30 décembre 2008, JO 31], R. 342-12 [modifié par décret 2008-1503 du 30 décembre 2008, JO 31], R. 713-1 à R. 713-14, R. 742-1 à R. 742-39 [dont R. 742-3, R. 742-4, R. 742-8-9 à 8-13 modifiés par décret 2008-1503 du 30 décembre 2008, JO 31 et R. 742-22 abrogé par le même décret], R. 743-2 à R. 743-12, D. 141-7, D. 212-17, D. 220-4 (second alinéa), D. 741-1 à D. 741-8, ***(D. 2009-289 du 13 mars 2009, JO 15)*** « D. 742-3 à D. 742-11, » D. 743-1 à D. 743-8, D. 744-1 à D. 744-3, D. 981-4 ;

2° L'article R. 261-7, en tant qu'il s'applique aux infractions aux dispositions de l'article L. 213-11 du code du travail maintenu en vigueur par l'article 13 de l'ordonnance n° 2007-329 du 12 mars 2007 relative au code du travail (partie législative) ;

3° Le III de l'article R. 322-7, en tant qu'il concerne l'allocation de préretraite progressive ;

4° Les articles R. 351-22, premier à cinquième alinéas à R. 351-24, en tant qu'ils s'appliquent aux marins-pêcheurs et aux ouvriers dockers occasionnels ;

5° L'article R. 364-2 [modifié par décret 2008-1503 du 30 décembre 2008, JO 31], en tant qu'il s'applique aux infractions aux dispositions de l'article R. 342-12 ;

6° L'article D. 212-12, en tant qu'il exclut les entreprises de transport soumises au contrôle technique du ministère des transports ;

7° Les articles R. 351-15-1 à R. 351-15-4 et R. 351-36-1 sont maintenus en vigueur jusqu'au 31 décembre 2008.

Art. 11. – Les dispositions du présent décret entrent en vigueur le 1er mai 2008.

Art. 12. – Le présent décret est applicable à Mayotte, aux Terres australes et antarctiques françaises et aux îles Wallis et Futuna en tant qu'il abroge des dispositions applicables dans ces collectivités.

....

Circulaire DGT 2008/05 du 8 avril 2008 relative à l'entrée en vigueur du nouveau code du travail

L'ordonnance n° 2007-329 du 12 mars 2007, ratifiée par la loi n° 2008- 67 du 21 janvier 2008, et les décrets n°s 2008- 243 (décret en conseil des ministres) et 2008-244 (décret en Conseil d'État) du 7 mars 2008 ont procédé à la recodification du code du travail. La présente circulaire a pour objet d'expliciter les conséquences de l'entrée en vigueur du nouveau code du travail au 1er mai 2008.

1° Organisation du code. Le nouveau code du travail est organisé en deux parties législative et réglementaire. La partie législative contient tous les articles précédés de la lettre « L ». La partie réglementaire contient dans un ensemble désormais unique les articles précédés de la lettre R, R* et D, correspondant aux dispositions relevant respectivement de décrets en Conseil d'État, conseil des ministres et décret simple.

2° Conséquences de l'entrée en vigueur. Les dispositions du nouveau code du travail entrant en vigueur le 1er mai 2008, celles de l'ancien code du travail et celles issues d'autres codes désormais intégrées dans le code du travail ainsi que celles ayant été codifiées pour la première fois (cf. annexe I à la présente circulaire) sont abrogées à la même date, sous réserve des dispositions de l'article 13 de l'ordonnance du 12 mars 2007 et de l'article 10 du décret n° 2008-244 du 7 mars 2008 (cf. § 3).

Il y a dès lors lieu, à compter de cette date, de viser exclusivement les nouvelles références des articles du code du travail dans les lettres d'observation, décisions, procès verbaux et, de manière générale, dans tout courrier ou document nouveau faisant référence à un article de ce code.

S'agissant toutefois des décisions individuelles et des procès verbaux reposant sur des demandes, des événements ou des faits antérieurs au 1er mai, il convient, dans un souci de lisibilité et de compréhension, de rédiger ces actes en faisant référence à la fois à l'ancien et au nouveau texte selon la formule *« L'article L ... de code du travail (ancien) devenu L ... du code du travail (nouveau) »*. Cette formule rédactionnelle devra être adoptée systématiquement jusqu'au 1er juillet 2008. Au-delà de cette date, il y aura lieu d'apprécier, au cas par cas, l'utilité de maintenir la référence aux deux articles en ayant le souci d'assurer la meilleure compréhension du document.

En tout état de cause, il convient de rappeler que la recodification du code du travail s'étant opérée à droit constant, la citation de la seule ancienne ou nouvelle référence à un article est sans effet juridique sur la légalité d'un acte dès lors que la règle de fond utilisée est la bonne.

3° Dispositions anciennes maintenues en vigueur. L'article 13 de l'ordonnance du 12 mars 2007 et l'article 10 du décret n° 2008-244 du 7 mars 2008 maintiennent en vigueur certaines dispositions de l'ancien code du travail qui n'ont pas été codifiées dans le nouveau code, soit parce qu'elles renvoient à des dispositifs qui n'existent plus mais dont certains publics peuvent encore bénéficier, soit parce qu'elles ont vocation à être codifiées prochainement dans un nouveau code à paraître. Il s'agit plus particulièrement du code des transports et du code de l'énergie (liste des articles en annexe II de la présente circulaire). Ces articles resteront en vigueur jusqu'à leur codification dans le code concerné.

Ces articles sont désignés comme *« non repris »* dans les tables de correspondance. Ils doivent être cités sous leur appellation antérieure *(« Article L ... du code du travail (ancien) »*.

Pour celles de ces dispositions éventuellement soumises à sanction pénale, l'article de pénalité a également été maintenu en vigueur par les articles 13 et 10 précités, en tant qu'il s'applique aux dispositions non reprises en cause. C'est donc cet article de pénalité qui doit être cité à l'appui de la procédure dans le procès verbal.

4° Dispositions ayant été transférées dans un autre code. La liste des articles ayant été intégrés dans un autre code est annexée à la présente circulaire (annexe III). Il s'agit :
- du code de l'action sociale et des familles ;
- du code de l'éducation ;
- du code minier ;
- du code rural ;
- du code de la sécurité sociale ;
- du code du sport ;
- du code du travail applicable à Mayotte.

Lorsque les dispositions ainsi transférées sont soumises à sanction pénale, l'article de pénalité a également été transféré. Les agents de contrôle habilités à relever ces infractions le restent sur le fondement de l'article L. 8112-1 du nouveau code, aux termes duquel les inspecteurs du travail et les contrôleurs du travail, par l'intermédiaire de l'article L. 8112-5, veillent à l'application et constatent les infractions aux dispositions du code du travail mais aussi aux autres dispositions légales relatives au régime du travail.

5° Outils d'accompagnement. Des tables de correspondance permettant de passer des anciens aux nouveaux articles et inversement sont parues dans Legifrance. Des tables sont également accessibles par l'intermédiaire du logiciel Codacod sur l'Internet ministériel, sur Mintranet et sur l'intranet SITERE.

Le logiciel Codit, accessible en ligne sur les mêmes sites, permet quant à lui de retrouver une disposition par mot-clé.

6° Actions à entreprendre. Il vous appartient d'engager des réunions d'information avec les partenaires économiques et sociaux locaux (service public de l'emploi, chambres consulaires…) et de vous associer, le cas échéant, aux initiatives et demandes de communication des partenaires sociaux. À cet effet, un support d'intervention est mis à votre disposition sur le Mintranet et vous pouvez vous appuyer, pour l'ensemble de ces formations, sur les formateurs relais présents dans votre région.

Il est demandé aux services du ministère du Travail de prendre l'attache des parquets généraux et des parquets afin de sensibiliser les magistrats aux incidences de la recodification. Un travail est d'ores et déjà engagé par la Direction des Affaires Criminelles et des Grâces, au ministère de la Justice, afin d'actualiser la codification NATINF. La réécriture des articles de pénalité dans le nouveau code aura pour effet de faciliter la qualification des infractions et par conséquent le travail des parquets lors de l'engagement des poursuites.

Enfin, vous recevrez rapidement un document sous forme de questions/réponses qui vous permettra de répondre aux principales questions posées par les travaux de recodification.

Vous voudrez bien signaler les observations qu'appellerait de votre part, la mise en application de la présente circulaire.

....

Annexe I […]

Annexe II

Liste des articles maintenus en vigueur dans l'attente de leur codification

Codification prévue dans le code des transports
L. 143-11-7 alinéas 1 à 6 (créances salariales, en ce qu'elles concernent le code des transports)
L. 143-11-9 (créances salariales, en ce qu'elles concernent le code des transports)
L. 148-2 (économats)
L. 148-3 (économats)
L. 212-4-4 alinéa 3 phrase 2 (travail à temps partiel)
L. 212-18 (durée du travail)
L. 212-19 (durée du travail)
L. 213-11 (travail de nuit)
L. 220-3 (repos quotidien)
L. 342-3 alinéa 9 (détachement)
L. 351-13 alinéas 2 et 3 (allocation de solidarité spécifique)
L. 742-1 (contrat de travail des marins)
L. 742-1-1 II à IV (inspection du travail maritime)
L. 742-5 (santé et sécurité au travail sur les navires)
L. 742-12 (aptitude des marins)
L. 743-1, L. 743-2 (personnels des ports)
L. 981-4 alinéa 2 (contrat de professionnalisation)
R. 212-12 (attributions ITT en durée du travail)
R. 221-18 à R. 221-26 (repos des personnels de navigation intérieure)
R. 241-1-8 [abrogé par décret 2008-1503 du 30 décembre 2008, JO 31] (attribution ministre transport pour services de santé)
R. 742-1 à R. 742-39 [dont R. 742-3, R. 742-4, R. 742-8-9 à 8-13 modifiés par décret 2008-1503 du 30 décembre 2008, JO 31 et R. 742-22 abrogé par le même décret] (marins)
R. 743-2 à R. 743-12 (personnels des entreprises de manutention des ports)
D. 212-17 (contrôle durée du travail)
D. 220-4, second alinéa (dérogation repos quotidien)
D. 741-1 à D. 741-8 (congés des intermittents des transports)
D. 743-1 à D. 743-8 (personnels des entreprises de manutention des ports)
D. 744-1 à D. 744-3 (personnels établissements portuaires : heures supplémentaires)
D. 981-4 (professionnalisation des marins)

Codification prévue dans le code des transports
L'article R. 261-7, en tant qu'il s'applique aux infractions des dispositions de l'article L. 213-11 du code du travail maintenu en vigueur par l'article 13 de l'ordonnance n° 2007-329 du 12 mars 2007 relative au code du travail (partie législative)
Les articles R. 351-22, premier à cinquième alinéa à R. 351-24, en tant qu'ils s'appliquent aux marins-pêcheurs et aux ouvriers dockers occasionnels
L'article D. 212-12, en tant qu'il exclut les entreprises de transport soumises au contrôle technique du ministère des transports.

Note Cette codification a été faite, pour la partie législative, par l'ordonnance 2010-1307 du 28 octobre 2010 (JO 3 nov.) modifée par l'ordonnance 2011-204 du 24 février 2011 (JO 25).

Sont abrogés, sous réserve des dispositions des articles 9 et 16, la dernière phrase du troisième alinéa de l'article L. 212-4-4, les articles L. 212-18, L. 212-19, L. 213-11, L. 220-3, le deuxième alinéa de l'article L. 221-1, le neuvième alinéa de l'article L. 342-3 et le dixième alinéa de ce même article, les premier et deuxième alinéas de l'article L. 351-13 en tant qu'ils concernent les dockers, l'article L. 742-1, les II à IV de l'article L. 742-1-1, les articles L. 742-2 à L. 742-12, les articles L. 743-1 et L. 743-2 et le deuxième alinéa de l'article L. 981-4 du code du travail (ordonnance 2010-1307 du 28 octobre 2010 relative à la partie législative du code des transports, art. 7, 9°, JO 3 nov.).

Est et demeure abrogé le I de l'article L. 742-1-1 du code du travail (ordonnance 2010-1307 précitée, art. 8, 1°).

L'abrogation des dispositions mentionnées à l'article 7 de l'ordonnance précitée ne prendra effet qu'à compter de la publication des dispositions réglementaires du code des transports en ce qui concerne la deuxième phrase de l'article L. 742-2 du code du travail (ordonnance 2010-1307 précitée, art. 9, 5°).

Codification prévue dans le code de l'énergie
L. 713-1 et L. 713-2 (industries électriques et gazières)
R. 713-1 à R. 713-14 (accords dans industries électrique et gazière)

Note Cette codification a été faite, pour la partie législative, par l'ordonnance 2011-504 du 9 mai 2011 (JO 10).

Sont abrogés, sous réserve des dispositions des articles 6 et 12, les articles L. 713-1 et L. 713-2 CT (ancien).

Annexe III

Liste des dispositions transférées dans un autre code

Code de l'action sociale et des familles
L. 773-1 à L. 773-29
L. 774-1 et L. 774-2
D. 773-5 à D. 773-20
D. 773-2-1 CDT à D. 773-2-7

Code de l'éducation
L. 786 (intermittent enseignement supérieur)
L. 231-2-2 (commissions d'hygiène et de sécurité)

Code du travail de Mayotte
L. 830-1 alinéa 1 (Agence nationale pour l'emploi)

Code minier
L. 712-1 à L. 712-34 (délégué mineur et délégué permanent de surface)
L. 791-1 (pénalité mines et carrières)
L. 791-2 (pénalité délégué mineur)

Code minier
L. 791-3 (pénalité délégué mineur)
R. 711-1 à R. 711-5 (conditions de travail)
R. 711-6 à R. 711-13 (santé et sécurité au travail)
R. 712-1 à R. 712-69 (délégués mineurs)
R. 791-1 à R. 791-3 (pénalités)
D. 711-1 à D. 711-20 (santé et sécurité au travail
D. 712-1 à D. 712-6 (délégués mineurs)

Code rural
L. 122-3-18 (contrat de vendanges)
L. 122-3-19 (contrat de vendanges)
L. 122-3-20 (contrat de vendanges)
L. 231-2-1 II (commissions paritaires d'hygiène, de sécurité et des conditions de travail en agriculture)
L. 231-1-2
L. 231-1-3
L. 231-12 IV (arrêt de travaux en milieu forestier)
L. 231-13 (travaux forestiers)
L. 231-14 (travaux en hauteur dans les arbres)
L. 263-11 alinéa 1 et alinéas 3 et 4 (dispositions pénales, en ce qu'elles concernent l'agriculture)
L. 324-11-3 (lutte contre le travail illégal)
L. 411-18 (syndicats)
L. 523-2 alinéa 3 (conflits collectifs)
L. 611-6 (inspection du travail agriculture)
L. 611-12-1 (inspection du travail agriculture)
L. 721-20
L. 721-21
L. 952-4 alinéa 5 (déclaration fiscale)
L. 953-3 (participation au financement de la formation professionnelle continue)
L. 992-1 (formation professionnelle continue)
R. 523-17 à R. 523-25 (Commission de conciliation en agriculture)
R. 524-14 (Procédure de médiation dans les professions agricoles)
R. 231-25 à R. 231-31 (Commission nationale d'hygiène, de sécurité et des conditions de travail agriculture)
R. 232-13 à R. 232-13-9 (Dispositions particulières à l'utilisation des lieux de travail dans les établissements agricoles)
R. 235-2-12, alinéa 2
R. 620-5
R. 721-12
R. 953-10 à R. 953-14
D. 950-7 et D. 950-8
R. 962-2
R. 963-5

Code de la sécurité sociale
L. 128-1 alinéa 5 (chèque emploi associatif)
L. 129-12 (chèque emploi-service universel)
L. 322-13 (embauche dans les zones de redynamisation urbaine et zone de revitalisation rurale)
L. 620-9 (GUSO)
R. 128-2 alinéa 3, R. 128-3 I, R. 128-4, R. 128-5 III à VII, R. 128-6, R. 128-7 (Chèque-emploi associatif)
D. 129-1 alinéa 1, D. 129-2 à 129-6, D. 129-12 (Chèque emploi service universel)
R. 620-6 alinéa 1, R. 620-6-4, R. 620-6-5 (GUSO)

Réflexions sur la nouvelle codification

• **Réflexions sur la recodification du droit du travail.** *Revue de droit du travail* – Décembre 2006 – Études – 362 par Alexandre Fabre, Docteur en droit et Manuela Grévy, Maître de conférences à l'Université Paris I (ISST).

• **La recodification du code du travail à la peine.** *Semaine sociale Lamy*, Actualités, n° 1296, 26 février 2007, p. 2.

• **La décodification du droit du travail.** Emmanuel Dockès, Professeur à l'Université Lyon 2, Institut d'Études du Travail de Lyon, CRDS. Libres propos *Droit social* n° 4, avril 2007, p. 388.

• **Le droit constant n'existe pas : l'exemple du nouveau code du travail.** Hervé Moysan, Docteur en droit, Directeur de la rédaction législation, LexisNexis. Actualites. Libres propos, 185. *La semaine juridique* – Édition sociale n° 15, 11 avril 2007, p. 3.

• **Le nouveau code du travail et la doctrine : l'art et la manière.** Christophe Radé, Professeur à l'Université Montesquieu – Bordeaux IV, membre du comite des experts de la Commission de recodification du code du travail. Libres propos. *Droit social* n° 5, mai 2007, p. 513.

• **Les enjeux de la recodification du code du travail.** *Droit social* n° 5, mai 2007, p. 517, par Jean-Denis Combrexelle, Directeur général du travail et Hervé Lanouziere, Directeur départemental du travail, en charge de la mission de recodification au sein de la direction générale du travail.

• **Le « nouveau code du travail », une réussite?** Une réponse adaptée à un besoin manifeste. *Revue de droit du travail* – Juin 2007 – Controverse – 356 par Jean-Denis Combrexelle, Directeur général du travail.

• **Ni indignité, ni excès d'honneur.** *Revue de droit du travail* – Juin 2007 – Controverse – 358 par Antoine Jeammaud, Professeur à l'Université Lumière Lyon 2 et Antoine Lyon-Caen, Professeur à l'Université Paris X Nanterre.

• **À la découverte du nouveau code. Le contrat de travail.** *Revue de droit du travail* – Septembre 2007 – Actualités – 495 par Alexandre Fabre.

• **À la découverte du nouveau code. La rupture du contrat de travail à durée déterminée.** *Revue de droit du travail* – Octobre 2007 – Actualités – 559 par Alexandre Fabre.

• **À la découverte du nouveau code. La négociation collective. Les conventions et accords collectifs de travail.** *Revue de droit du travail* – Novembre 2007 – Actualités – 631 par Cyril Wolmark, Maître de conférences à l'Université Paris X Nanterre.

• **La recodification vue de l'intérieur.** *Semaine sociale Lamy* – Forum réflexions – n° 1336 – 14 janvier 2008, p. 7 par Jacques Barthélémy, Avocat conseil en droit social, membre du comite d'experts de la mission de recodification.

• **À la découverte du nouveau code. Pouvoirs et libertés.** *Revue de droit du travail* – Janvier 2008 – Actualités – 9 par Manuela Grévy, Maître de conférences à l'Université Paris I (Institut des sciences sociales du travail).

• **À la découverte du nouveau code. Le temps de travail.** *Revue de droit du travail* – Février 2008 – Actualités – 73 par Alexandre Fabre.

• **Code du travail de l'inconstance du droit constant.** *Revue de droit du travail* – Février 2008 – Actualités – 68 par Frédéric Guiomard.

• **À la découverte du nouveau code. Santé et sécurité.** *Revue de droit du travail* – Mars 2008 – Actualités – 145 par Alexandre Fabre.

• **À la découverte du nouveau code. Formation professionnelle tout au long de la vie.** *Revue de droit du travail* – Avril 2008 – Actualités – 217 par Marie-José Gomez-Mustel.

• **Recodification ou décodification du droit du travail? Le conseil constitutionnel tranche...** *Droit social* n° 4, Avril 2008, p. 424 par Valérie Bernaud, Maître de conférences à l'Université d'Avignon, membre du GERJC – Institut Louis Favoreu – CNRS, UMR 6201.

• **Études et commentaires le point sur ... Le code du travail nouveau est arrivé.** *Recueil Dalloz* 2008 n° 18, p. 1214 par Christophe Radé, Professeur à l'Université Montesquieu-Bordeaux IV, expert auprès de la Commission de recodification du code du travail.

• **Étude doctrine un nouveau code du travail.** *La semaine juridique* – Édition sociale n°s 18-19-20 – 29 avril 2008, p. 12 par Bernard Teyssié, Professeur à l'Universite Panthéon-Zssas (Paris II), Président honoraire de l'université.

• **Étude doctrine. L'étrange codification d'un accord collectif : le hold-up de l'ANI sur la mensualisation.** *La semaine juridique* – Édition sociale n°s 18-19-20 – 29 avril 2008, p. 15, par Patrick Morvan, Professeur à l'Université Panthéon-Assas (Paris II).

• **Étude doctrine. La recodification des dispositions relatives à la GPEC.** *La semaine juridique* – Édition sociale n°s 18-19-20 – 29 avril 2008, p. 17 par David Guillouet, Avocat, Docteur en droit, Cabinet Voltaire et Marc Desgranges, Avocat, Docteur en droit, Cabinet Voltaire.

• **Étude doctrine. La recodification des dispositions relatives au droit du licenciement pour motif économique.** *La semaine juridique* – Édition sociale n°s 18-19-20 – 29 avril 2008, p. 19, par Alexandre Barège, Docteur en droit, ATER, Université de Lille 2, membre du LEREDS et Bernard Bossu, Professeur à l'Université de Lille 2, Directeur du LEREDS.

• **Étude doctrine. La recodification des dispositions relatives à la procédure de licenciement pour motif personnel.** *La semaine juridique* – Édition sociale n°s 18-19-20 – 29 avril 2008, p. 22 par Pierre-Yves Verkindt, Professeur à l'Université de Lille 2.

• **Étude doctrine. La recodification des dispositions relatives aux institutions représentatives du personnel et aux salaries protégés.** *La semaine juridique* – Édition sociale n°s 18-19-20 – 29 avril 2008, p. 25, par Jean-Yves Kerbourc'h, Professeur à l'Université de Haute-Alsace.

• **Conséquences de l'entrée en vigueur du nouveau code du travail.** *Revue de droit du travail* – Mai 2008 – Actualités – 276 par Caroline Dechristé.

• **À la découverte du nouveau code. L'emploi.** *Revue de droit du travail* – Mai 2008 – Actualités – 281 par Jean-Paul Domergue, Directeur des affaires juridiques à l'UNÉDIC.

• **À la découverte du nouveau code. Litiges individuels du travail et conseils de prud'hommes.** *Revue de droit du travail* – Juin 2008 – Actualités – 353 par Évelyne Serverin, Directeur de recherche CNRS – IRERP – Paris X – Nanterre.

• **Études doctrine quand la volonté de codifier à droit constant est source d'inconstance. Le cas des employés de maison.** *La semaine juridique* – Édition sociale n° 49 – 2 décembre 2008, p. 18, par Daniel Boulmier, Maître de conférences, Institut régional du travail, Université Nancy 2.

Un véritable Guide :
la Table de Référence
pour un accès Facile à l'article recherché

Pour accéder directement à l'article recherché, utilisez la Table de référence

Le Code du travail annoté a choisi de regrouper sous les articles législatifs en **L** les articles réglementaires en **R** (décrets en Conseil d'État), **R*** (décrets en Conseil des ministres) et en **D** (décrets simples) qui en précisent l'application.

Pour un accès facile et rapide à l'article recherché, la « Table de référence » permet de retrouver instantanément à quelle page du code se trouve inséré chaque article, le système de présentation adopté conduisant en effet à ce que les articles réglementaires ne se suivent pas toujours dans leur ordre numérique.

Les articles pénaux sont matérialisés dans la « **Table de référence** » par une équerre rouge qui facilite leur recherche.

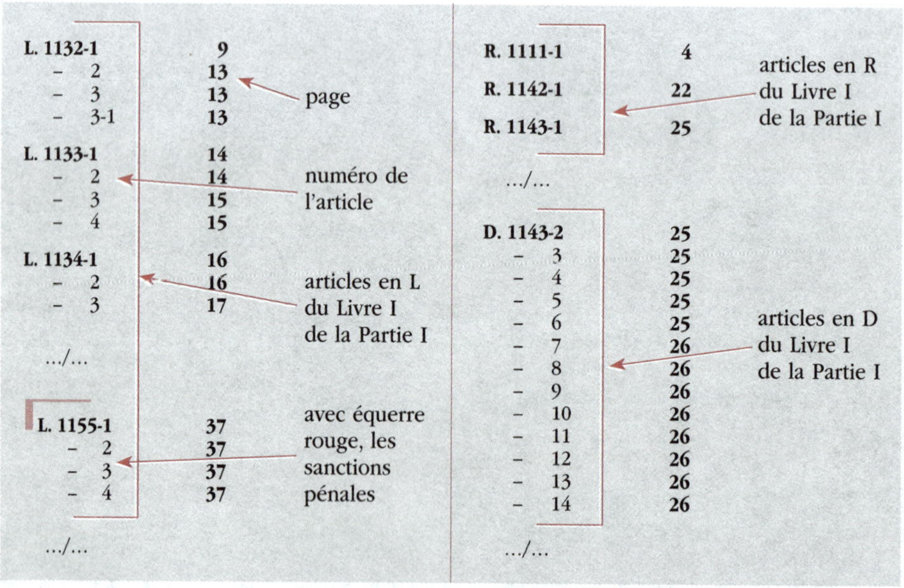

Présentation du code

Dans sa présentation officielle, le code du travail est organisé en deux parties : une partie législative, une partie réglementaire. La première contient tous les articles précédés de la lettre « L ». La seconde contient, dans un ensemble désormais unique, les articles précédés des lettres R, R* et D, correspondant aux dispositions relevant respectivement de décrets en Conseil d'État, en Conseil des ministres et de décrets simples.

Notre présentation. Plutôt que de séparer les parties législatives et réglementaires, nous avons choisi de préserver la présentation originale du code du travail annoté, qui consiste à rapprocher le plus possible les articles réglementaires des articles législatifs auxquels ils se rapportent.

- **Les articles en L** (dispositions législatives), maintenus à leur place normale compte tenu de la numérotation décimale retenue par le codificateur (L. 1111-1, L. 1111-2), sont suivis, s'il en existe et lorsque cela est possible, des articles en R, R* ou D (dispositions réglementaires) qui se rattachent directement à eux.
- **Les sanctions pénales** (articles en L, R ou D) sont placées à la fin de chaque chapitre, titre ou livre auquel elles se rapportent.
- **Sur le plan typographique :** d'une part, *des caractères différents* ont été choisis pour les dispositions législatives (articles en L) et pour les dispositions réglementaires (articles en R, R* et D) ; d'autre part, *un signe distinctif* (équerre rouge) signale les articles pénaux.

Mise à jour des textes. Les textes du « Nouveau code du travail annoté » qui modifient des articles légaux ou réglementaires figurent entre parenthèses, en caractères italiques gras, dans le corps même de l'article concerné.

Lorsque seule une partie d'un article est modifiée (alinéa, phrase ou groupe de mots), elle apparaît entre guillemets à la suite du texte qui en est à l'origine.

Lorsqu'une partie du code, telle que titre, chapitre, section, sous-section, paragraphe, est modifiée, le texte qui en est à l'origine figure entre parenthèses, en caractères italiques gras, au-dessus de cette partie.

Les articles abrogés sont indiqués entre crochets où figure la mention du texte qui les abroge.

Les précisions concernant l'entrée en vigueur d'un article et les dispositions transitoires figurent généralement dans les notes.

Textes non codifiés. Nous avons jugé nécessaire de rapporter ou de mentionner en fin de code un certain nombre de textes qui sont en rapport étroit avec le droit du travail et présentent donc un intérêt certain pour l'utilisateur.

Les notes. Des notes matérialisées par un tramé figurent sous un très grand nombre d'articles législatifs et réglementaires.

Elles constituent, en tenant compte des arrêts les plus récents de la Cour de cassation, du Conseil d'État et de la Cour de justice de l'Union européenne, un commentaire pratique des articles dont l'application ou l'interprétation soulèvent des problèmes ou des difficultés. Elles comportent également, sur des points controversés, complexes ou importants, le rappel de la position prise à leur égard par l'administration (circulaires ministérielles, réponses à des questions écrites) et renvoient éventuellement, pour de plus amples développements, à des revues spécialisées.

Les tables. Cette édition du « Nouveau code du travail annoté » est assortie de quatre tables :

- **Une table analytique** comportant *pour chaque chapitre* l'indication en gras de la racine numérique (1111, 1121) des articles en L, R, R* et/ou D qu'il comprend et de la page à laquelle ce chapitre débute.
- **Une table de référence, indispensable** dans le code du travail annoté, de couleur grise. Elle permet en effet de retrouver **instantanément** à quelle page du code se trouve inséré chaque article, le système de présentation qui a été adopté conduisant en effet à ce que **les articles réglementaires ne se suivent pas toujours dans leur ordre numérique**.

Les articles pénaux, placés le plus souvent en fin de chapitre, titre ou livre, sont matérialisés dans la table de référence par une équerre rouge qui facilite leur recherche.

- **Une table alphabétique** de couleur grise reposant sur le principe de *mots-clés.*

Principales abréviations

Act. Jur. CFDT	Actualité juridique CFDT
AJDA	Actualité juridique de droit administratif
AN	Assemblée nationale
BC	Bulletin des arrêts de la Cour de cassation (chambres civiles)
B. crim.	Bulletin des arrêts de la Cour de cassation (chambre criminelle)
BO TR (ou MT)	Bulletin officiel (ministère du Travail)
BS Lefebvre	Bulletin social Francis Lefebvre
C. constit.	Conseil constitutionnel
CA	Cour d'appel
CAA	Cour administrative d'appel
Cah. prud'h.	Cahiers prud'homaux
c. act. soc. et fam.	Code de l'action sociale et des familles
c. civ.	Code civil
c. com.	Code de commerce
c. pén.	Code pénal
c. rur. et pêche mar.	Code rural et de la pêche maritime
c. santé publ.	Code de la santé publique
c. séc. soc.	Code de la sécurité sociale
Cass. ass. plén.	Cour de cassation, assemblée plénière
Cass. civ.	Cour de cassation, chambre civile
Cass. com.	Cour de cassation, chambre commerciale
Cass. crim.	Cour de cassation, chambre criminelle
Cass. soc.	Cour de cassation, chambre sociale
CE	Conseil d'État
CEDH	Cour européenne des Droits de l'Homme
CESEDA	Code de l'entrée et du séjour des étrangers et du droit d'asile
CGI	Code général des impôts
Chron.	Chronique
Circ. min.	Circulaire ministérielle
CJCE	Cour de justice des Communautés européennes
CJUE	Cour de justice de l'Union européenne (depuis le 1.12.09)
Cons. prud'h.	Conseil de prud'hommes
CPC	Code de procédure civile
CSB	Cahiers sociaux du Barreau de Paris
CT	Code du travail
D.	Dalloz
Dr. Ouvr.	Droit Ouvrier
Dr. Soc.	Droit Social
FRS	Feuillet rapide social Francis Lefebvre
Gaz. Pal.	Gazette du Palais
JCP	Juris-classeur périodique / La semaine juridique
JO	Journal officiel
JOCE	Journal officiel des Communautés européennes
JOUE	Journal officiel de l'Union européenne (depuis le 1.02.03)
JS	Juri-Social
JS UIMM	Jurisprudence sociale de l'UIMM
JSL	Jurisprudence sociale Lamy
Lettre-circ.	Lettre-circulaire
LS	Liaisons sociales
rép. QE	Réponse à question écrite
RDT	Revue de droit du travail
Rec. Lebon	Recueil Lebon
RF	La Revue Fiduciaire
RJS	Revue de jurisprudence sociale Francis Lefebvre
RPDS	Revue pratique de droit social
Sén.	Sénat
SSL	Semaine sociale Lamy
TA	Tribunal administratif
TGI	Tribunal de grande instance
TI	Tribunal d'instance
TPS	Travail et Protection sociale
Trib. confl.	Tribunal des conflits

Pages

Table analytique

CHAPITRE PRÉLIMINAIRE. – Dialogue social **(1)** 2

PREMIÈRE PARTIE

LES RELATIONS INDIVIDUELLES DE TRAVAIL

LIVRE Ier

Dispositions préliminaires

TITRE Ier. – Champ d'application et calcul des seuils d'effectifs 3
CHAPITRE UNIQUE **(1111)** 3

TITRE II. – Droits et libertés dans l'entreprise 5
CHAPITRE UNIQUE **(1121)** 5

TITRE III. – Discriminations 8
CHAPITRE Ier. – Champ d'application **(1131)** 8
CHAPITRE II. – Principe de non-discrimination **(1132)** 9
CHAPITRE III. – Différences de traitement autorisées **(1133)** 14
CHAPITRE IV. – Actions en justice **(1134)** 16

TITRE IV. – Égalité professionnelle entre les femmes et les hommes 18
CHAPITRE Ier. – Champ d'application **(1141)** 19
CHAPITRE II. – Dispositions générales **(1142)** 19
CHAPITRE III. – Plan et contrat pour l'égalité professionnelle **(1143)** 24
Section unique. – Plan pour l'égalité professionnelle (L. 1143-1) 24
CHAPITRE IV. – Actions en justice **(1144)** 27
CHAPITRE V [Partie en D]. – Instances concourant à l'égalité professionnelle **(1145)** 28
CHAPITRE VI. – Dispositions pénales **(1146)** 31

TITRE V. – Harcèlements 31
CHAPITRE Ier. – Champ d'application **(1151)** 31
CHAPITRE II. – Harcèlement moral **(1152)** 32
CHAPITRE III. – Harcèlement sexuel **(1153)** 35
CHAPITRE IV. – Actions en justice **(1154)** 36
CHAPITRE V. – Dispositions pénales **(1155)** 37

TITRE VI. – Corruption 38
CHAPITRE UNIQUE **(1161)** 38

Pages

LIVRE II

Le contrat de travail

TITRE Ier. – Champ d'application 39
CHAPITRE UNIQUE **(1211)** 39

TITRE II. – Formation et exécution du contrat de travail 39
CHAPITRE Ier. – Formation du contrat de travail **(1221)** 39
Section 1. – Dispositions générales (L. 1221-1) 39
Section 2. – Recrutement (L. 1221-6) 45
Section 3. – Formalités à l'embauche et à l'emploi (L. 1221-10) 46
Section 4. – Période d'essai (L. 1221-19) 53
CHAPITRE II. – Exécution et modification du contrat de travail **(1222)** 60
Section 1. – Exécution du contrat de travail (L. 1222-1) 60
Section 2. – Modification du contrat de travail pour motif économique (L. 1222-6) 61
Section 3. – Modification du contrat de travail en cas d'accord de réduction du temps de travail (L. 1222-7) 62
CHAPITRE III. – Formation et exécution de certains types de contrats **(1223)** 63
Section 1. – Contrat de travail nouvelles embauches [Abrogée] 63
Section 2. – Contrat de mission à l'exportation (L. 1223-5) 63
CHAPITRE IV. – Transfert du contrat de travail **(1224)** 64
CHAPITRE V. – Maternité, paternité, adoption et éducation des enfants **(1225)** 81
Section 1. – Protection de la grossesse et de la maternité (L. 1225-1) 81
Section 2. – Congé de paternité (L. 1225-35) 90
Section 3. – Congés d'adoption (L. 1225-37) 91
Section 4. – Congés d'éducation des enfants (L. 1225-47) 92
Section 5. – Sanctions (L. 1225-70) 98
Section 6. – Dispositions d'application (L. 1225-72) 99
CHAPITRE VI. – Maladie, accident et inaptitude médicale **(1226)** 99
Section 1. – Absences pour maladie ou accident (L. 1226-1) 99
Section 2. – Inaptitude consécutive à une maladie ou un accident non professionnel. – Maladie grave (L. 1226-2) 102
Section 3. – Accident du travail ou maladie professionnelle (L. 1226-6) 107
Section 4. – Dispositions particulières aux départements de la Moselle, du Bas-Rhin et du Haut-Rhin (L. 1226-23) 124
CHAPITRE VII. – Dispositions pénales **(1227)** 124

TITRE III. – Rupture du contrat de travail à durée indéterminée 125
CHAPITRE Ier. – Dispositions générales **(1231)** 125
CHAPITRE II. – Licenciement pour motif personnel **(1232)** 129
Section 1. – Cause réelle et sérieuse (L. 1232-1) 129
Section 2. – Entretien préalable (L. 1232-2) 134
Section 3. – Notification du licenciement (L. 1232-6) 140
Section 4. – Conseiller du salarié (L. 1232-7) 145
CHAPITRE III. – Licenciement pour motif économique **(1233)** 148
Section 1. – Champ d'application (L. 1233-1) 148
Section 2. – Dispositions communes (L. 1233-2) 149
Section 3. – Licenciement de moins de dix salariés dans une même période de trente jours (L. 1233-8) 169
Section 4. – Licenciement de dix salariés ou plus dans une même période de trente jours (L. 1233-21) 173
Section 5. – Licenciement économique dans le cadre d'un redressement ou d'une liquidation judiciaire (L. 1233-58) 186

Pages

Section 6. – Accompagnement social et territorial des procédures de licenciement (L. 1233-61) 190
Section 7. – Mesures d'adaptation (L. 1233-91) 207

CHAPITRE IV. – Conséquences du licenciement **(1234)** 208
Section 1. – Préavis et indemnité de licenciement (L. 1234-1) 208
Section 2. – Documents remis par l'employeur (L. 1234-19) 221

CHAPITRE V. – Contestations et sanctions des irrégularités du licenciement **(1235)** 229
Section 1. – Dispositions communes (L. 1235-1) 229
Section 2. – Licenciement pour motif économique (L. 1235-7) 238

CHAPITRE VI. – Rupture de certains types de contrats **(1236)** 242
Section 1. – Contrat de travail nouvelles embauches [Abrogée] 242
Section 2. – Contrat de mission à l'exportation (L. 1236-7) 243
Section 3. – Contrat conclu pour la durée d'un chantier (L. 1236-8) 243

CHAPITRE VII. – Autres cas de rupture **(1237)** 243
Section 1. – Rupture à l'initiative du salarié (L. 1237-1) 243
Section 2. – Retraite (L. 1237-4) 248
Section 3. – Rupture conventionnelle (L. 1237-11) 253

CHAPITRE VIII. – Dispositions pénales **(1238)** 257

TITRE IV. – Contrat de travail à durée déterminée 257

CHAPITRE Ier. – Champ d'application **(1241)** 257

CHAPITRE II. – Conclusion et exécution du contrat **(1242)** 257
Section 1. – Conditions de recours (L. 1242-1) 257
Section 2. – Fixation du terme et durée du contrat (L. 1242-7) 266
Section 3. – Période d'essai (L. 1242-10) 269
Section 4. – Forme, contenu et transmission du contrat (L. 1242-12) 270
Section 5. – Conditions d'exécution du contrat (L. 1242-14) 272
Section 6. – Information sur les postes à pourvoir (L. 1242-17) 273

CHAPITRE III. – Rupture anticipée, échéance du terme et renouvellement du contrat **(1243)** 274
Section 1. – Rupture anticipée du contrat (L. 1243-1) 274
Section 2. – Échéance du terme du contrat et poursuite après échéance (L. 1243-5) 278
Section 3. – Renouvellement du contrat (L. 1243-13) 281

CHAPITRE IV. – Succession de contrats **(1244)** 281
Section 1. – Contrats successifs avec le même salarié (L. 1244-1) 281
Section 2. – Contrats successifs sur le même poste (L. 1244-3) 282

CHAPITRE V. Requalification du contrat **(1245)** 283

CHAPITRE VI. – Règles particulières de contrôle **(1246)** 286

CHAPITRE VII. – Actions en justice **(1247)** 286

CHAPITRE VIII. – Dispositions pénales **(1248)** 287

TITRE V. – Contrat de travail temporaire et autres contrats de mise à disposition 287

CHAPITRE Ier. – Contrat de travail conclu avec une entreprise de travail temporaire **(1251)** 287
Section 1. – Définitions (L. 1251-1) 287
Section 2. – Conditions de recours (L. 1251-5) 289
Section 3. – Contrat de mission (L. 1251-11) 293
Section 4. – Contrat de mise à disposition et entreprise de travail temporaire (L. 1251-42) 304
Section 5. – Actions en justice (L. 1251-59) 313
Section 6. – Dispositions applicables aux employeurs publics (L. 1251-60) 313
Section 7. – Portage salarial (L. 1251-64) 314

CHAPITRE II. – Contrat conclu avec une entreprise de travail à temps partagé **(1252)** 317

Pages

Section 1. – Définitions (L. 1252-1) 317
Section 2. – Contrat de travail à temps partagé (L. 1252-4) 318
Section 3. – Contrat de mise à disposition et entreprise de travail à temps partagé (L. 1252-10) 319
CHAPITRE III. – Contrats conclus avec un groupement d'employeurs **(1253)** 319
Section 1. – Groupement d'employeurs entrant dans le champ d'application d'une même convention collective (L. 1253-1) 319
Section 2. – Groupement d'employeurs n'entrant pas dans le champ d'application d'une même convention collective (L. 1253-17) 323
Section 3. – Groupement d'employeurs composé d'adhérents de droit privé et de collectivités territoriales (L. 1253-19) 327
CHAPITRE IV. – Dispositions pénales **(1254)** 329

TITRE VI. – Salariés détachés temporairement par une entreprise non établie en France 329
CHAPITRE Ier. – Dispositions générales **(1261)** 329
CHAPITRE II. – Conditions de détachement et réglementation applicable **(1262)** 330
Section 1. – Conditions de détachement (L. 1262-1) 330
Section 2. – Réglementation applicable (L. 1262-4) 331
CHAPITRE III. – Contrôle **(1263)** 333
CHAPITRE IV [Partie en R]. – Dispositions pénales **(1264)** 336

TITRE VII. – Chèques et titres simplifiés de travail 336
CHAPITRE Ier. – Chèque emploi-service universel **(1271)** 336
Section 1. – Objet et modalités de mise en œuvre (L. 1271-1) 336
Section 2. – Dispositions financières (L. 1271-9) 339
Section 3. – Contrôle (L. 1271-16) 340
Section 4. – Dispositions d'application (L. 1271-17) 340
CHAPITRE II. – Chèque-emploi associatif **(1272)** 345
CHAPITRE III. – Titre Emploi-Service Entreprise **(1273)** 347

LIVRE III

Le règlement intérieur et le droit disciplinaire

TITRE Ier. – Champ d'application 351
CHAPITRE UNIQUE **(1311)** 351

TITRE II. – Règlement intérieur 352
CHAPITRE Ier. – Contenu et conditions de validité **(1321)** 352
CHAPITRE II. – Contrôle administratif et juridictionnel **(1322)** 359
Section 1. – Contrôle administratif (L. 1322-1) 359
Section 2. – Contrôle juridictionnel (L. 1322-4) 361
CHAPITRE III [Partie en R]. – Dispositions pénales **(1323)** 361

TITRE III. – Droit disciplinaire 362
CHAPITRE Ier. – Sanction disciplinaire **(1331)** 362
CHAPITRE II. – Procédure disciplinaire **(1332)** 367
Section 1. – Garanties de procédure (L. 1332-1) 367
Section 2. – Prescription des faits fautifs (L. 1332-4) 373
CHAPITRE III. – Contrôle juridictionnel **(1333)** 375
CHAPITRE IV. – Dispositions pénales **(1334)** 378

Pages

LIVRE IV

La résolution des litiges
Le conseil de prud'hommes

TITRE Ier. – Attributions du conseil de prud'hommes 379
CHAPITRE Ier. – Compétence en raison de la matière **(1411)** 379
CHAPITRE II [Partie en R]. – Compétence territoriale **(1412)** 388

TITRE II. – Institution, organisation et fonctionnement 393
CHAPITRE Ier. – Dispositions générales **(1421)** 393
CHAPITRE II. – Institution **(1422)** 393
CHAPITRE III. – Organisation et fonctionnement **(1423)** 395
Section 1. – Sections (L. 1423-1) 395
Section 2. – Président et vice-président (L. 1423-3) 396
Section 3. – Difficultés de constitution et de fonctionnement (L. 1423-8) 400
Section 4. – Bureau de conciliation, bureau de jugement et formation de référé (L. 1423-12) 401
Section 5. – Dépenses du conseil de prud'hommes (L. 1423-14) 403
Section 6. – Dispositions d'application (L. 1423-16) 409

TITRE III. – Conseil supérieur de la prud'homie 409
CHAPITRE UNIQUE **(1431)** 409

TITRE IV. – Conseillers prud'hommes 411
CHAPITRE Ier. – Élection **(1441)** 411
Section 1. – Électorat et listes électorales (L. 1441-1) 412
Section 2. – Candidatures (L. 1441-16) 422
Section 3. – Scrutin (L. 1441-29) 425
CHAPITRE II. – Statut des conseillers prud'hommes **(1442)** 440
Section 1. – Formation (L. 1442-1) 440
Section 2. – Exercice du mandat (L. 1442-3) 442
Section 3. – Discipline et protection (L. 1442-11) 445
CHAPITRE III. – Dispositions pénales **(1443)** 447

TITRE V. – Procédure devant le conseil de prud'hommes 449
CHAPITRE Ier [Partie en R]. – Dispositions générales **(1451)** 449
CHAPITRE II [Partie en R]. – Saisine du conseil de prud'hommes et recevabilité des demandes **(1452)** 452
CHAPITRE III. – Assistance et représentation des parties **(1453)** 459
CHAPITRE IV. – Conciliation et jugement **(1454)** 462
Section 1. – Mise en état de l'affaire (L. 1454-1) 462
Section 2. – Départage (L. 1454-2) 463
CHAPITRE V [Partie en R]. – Référé **(1455)** 474
CHAPITRE VI. – Litiges en matière de licenciements pour motif économique **(1456)** 480
CHAPITRE VII. – Récusation **(1457)** 480

TITRE VI. – Voies de recours 482
CHAPITRE Ier [Partie en R]. – Appel **(1461)** 482
CHAPITRE II. – Pourvoi en cassation **(1462)** 488
CHAPITRE III [Partie en R]. – Opposition **(1463)** 492

TITRE VII. – Médiation 493
ANNEXE. – Siège et ressort des conseils de prud'hommes 493

Pages

LIVRE V

Dispositions relatives à l'outre-mer

TITRE Ier. – Dispositions générales 501
CHAPITRE UNIQUE **(1511)** 501

TITRE II. – Départements d'outre-mer, Saint-Barthélemy, Saint-Martin et Saint-Pierre-et-Miquelon 502
CHAPITRE Ier. – Dispositions générales **(1521)** 502
CHAPITRE II. – Chèque emploi-service universel et titre de travail simplifié **(1522)** 503
Section 1. – Chèque emploi-service universel (L. 1522-1) 503
Section 2. – Titre de travail simplifié (L. 1522-3) 503
CHAPITRE III [Partie en R]. – Le conseil de prud'hommes **(1523)** 507

TITRE III. – Mayotte, Wallis-et-Futuna et Terres australes et antarctiques françaises...... 508
CHAPITRE Ier. – Formation et exécution du contrat de travail **(1531)** 508
CHAPITRE II. – Rupture du contrat de travail à durée indéterminée **(1532)** 509

DEUXIÈME PARTIE
LES RELATIONS COLLECTIVES DE TRAVAIL

LIVRE Ier

Les syndicats professionnels

TITRE Ier. – Champ d'application 511
CHAPITRE UNIQUE **(2111)** 511

TITRE II. – Représentativité syndicale 512
CHAPITRE Ier. – Critères de représentativité **(2121)** 512
CHAPITRE II. – Syndicats représentatifs **(2122)** 515
Section 1. – Représentativité syndicale au niveau de l'entreprise et de l'établissement (L. 2122-1) 516
Section 2. – Représentativité syndicale au niveau du groupe (L. 2122-4) 521
Section 3. – Représentativité syndicale au niveau de la branche professionnelle (L. 2122-5) 521
Section 4. – Représentativité syndicale au niveau national et interprofessionnel (L. 2122-9) 523
Section 4 *bis*. – Mesure de l'audience des organisations syndicales concernant les entreprises de moins de onze salariés (L. 2122-10-1) 524
Section 5. – Dispositions d'application (L. 2122-11) 536

TITRE III. – Statut juridique, ressources et moyens 538
CHAPITRE Ier – Objet et constitution **(2131)** 538
CHAPITRE II. – Capacité civile **(2132)** 541
CHAPITRE III. – Unions de syndicats **(2133)** 545
CHAPITRE IV. – Marques syndicales **(2134)** 545
CHAPITRE V. – Ressources et moyens **(2135)** 546

Pages

Section 1. – Certification et publicité des comptes des organisations syndicales et professionnelles (L. 2135-1) 546
Section 2. – Mise à disposition des salariés auprès des organisations syndicales (L. 2135-7) 549
CHAPITRE VI. – Dispositions pénales **(2136)** 549

TITRE IV. – Exercice du droit syndical 550
CHAPITRE Ier – Principes **(2141)** 550
CHAPITRE II. – Section syndicale **(2142)** 557
Section 1. – Constitution (L. 2142-1) 557
Section 2. – Représentant de la section syndicale (L. 2142-1-1) 558
Section 3. – Cotisations syndicales (L. 2142-2) 562
Section 4. – Affichage et diffusion des communications syndicales (L. 2142-3) 562
Section 5. – Local syndical (L. 2142-8) 565
Section 6. – Réunions syndicales (L. 2142-10) 566
CHAPITRE III. – Délégué syndical **(2143)** 567
Section 1. – Conditions de désignation (L. 2143-1) 567
Section 2. – Mandat (L. 2143-9) 586
Section 3. – Exercice des fonctions (L. 2143-13) 589
Section 4. – Attributions complémentaires dans les entreprises de moins de trois cents salariés (L. 2143-22) 598
Section 5. – Conditions de désignation dérogatoire (L. 2143-23) 598
CHAPITRE IV. – Dispositions complémentaires relatives aux entreprises du secteur public **(2144)** 599
CHAPITRE V. – Formation économique, sociale et syndicale des salariés appelés à exercer des fonctions syndicales **(2145)** 599
CHAPITRE VI. – Dispositions pénales **(2146)** 600

LIVRE II

La négociation collective. – Les conventions et accords collectifs de travail

TITRE Ier. – Dispositions préliminaires 603
CHAPITRE UNIQUE. – Champ d'application **(2211)** 603

TITRE II. – Objet et contenu des conventions et accords collectifs de travail 604
CHAPITRE Ier. – Objet des conventions et accords **(2221)** 604
CHAPITRE II. – Contenu et durée des conventions et accords **(2222)** 604
Section 1. – Détermination du champ d'application des conventions et accords (L. 2222-1) 604
Section 2. – Détermination des thèmes de négociation (L. 2222-3) 605
Section 3. – Détermination de la durée des conventions et accords (L. 2222-4) 605
Section 4. – Détermination des modalités de renouvellement, révision et dénonciation (L. 2222-5) 606

TITRE III. – Conditions de négociation et de conclusion des conventions et accords collectifs de travail 606
CHAPITRE Ier. – Conditions de validité **(2231)** 606
Section 1. – Capacité à négocier (L. 2231-1) 606
Section 2. – Conditions de forme (L. 2231-3) 607
Section 3. – Notification et dépôt (L. 2231-5) 608
Section 4. – Opposition (L. 2231-8) 609
CHAPITRE II. – Règles applicables à chaque niveau de négociation **(2232)** 609

Pages

Section 1. – Accords interprofessionnels (L. 2232-1) 609
Section 2. – Conventions de branche et accords professionnels (L. 2232-5) 611
Section 3. – Conventions et accords d'entreprise ou d'établissement (L. 2232-11). 613
Section 4. – Conventions ou accords de groupe (L. 2232-30) 621
CHAPITRE III. – Conventions et accords de travail conclus dans le secteur public **(2233)** 622
CHAPITRE IV. – Commissions paritaires locales **(2234)** 623
CHAPITRE V. – Dispositions pénales. Néant 624

TITRE IV. – Domaines et périodicité de la négociation obligatoire 624
CHAPITRE Ier. – Négociation de branche et professionnelle **(2241)** 624
Section 1. – Négociation annuelle (L. 2241-1) 624
Section 2. – Négociation triennale (L. 2241-3) 625
Section 3. – Négociation quinquennale (L. 2241-7) 628
Section 4. – Dispositions communes à la négociation annuelle et à la négociation quinquennale (L. 2241-9) 628
CHAPITRE II. – Négociation obligatoire en entreprise **(2242)** 629
Section 1. – Modalités de la négociation obligatoire (L. 2242-1) 629
Section 2. – Négociation annuelle (L. 2242-5) 630
Section 3. – Négociation triennale (L. 2242-15) 635
CHAPITRE III. – Dispositions pénales **(2243)** 638

TITRE V. – Articulation des conventions et accords 638
CHAPITRE Ier. – Rapports entre conventions ou accords et lois et règlements **(2251)** 638
CHAPITRE II. – Rapports entre accords de branche ou professionnels et accords couvrant un champ territorial ou professionnel plus large **(2252)** 639
CHAPITRE III. – Rapports entre accords d'entreprise ou d'établissement et accords couvrant un champ territorial ou professionnel plus large **(2253)** 640
CHAPITRE IV. – Rapports entre conventions et accords collectifs de travail et contrat de travail **(2254)** 641

TITRE VI. – Application des conventions et accords collectifs 644
CHAPITRE Ier. – Conditions d'applicabilité des conventions et accords **(2261)** 644
Section 1. – Date d'entrée en vigueur (L. 2261-1) 644
Section 2. – Détermination de la convention collective applicable (L. 2261-2) 644
Section 3. – Adhésion (L. 2261-3) 646
Section 4. – Révision (L. 2261-7) 647
Section 5. – Dénonciation (L. 2261-9) 648
Section 6. – Mise en cause (L. 2261-14) 652
Section 7. – Extension et élargissement (L. 2261-15) 654
CHAPITRE II. – Effets de l'application des conventions et accords **(2262)** 662
Section 1. – Obligations d'exécution (L. 2262-1) 662
Section 2. – Information et communication (L. 2262-5) 663
Section 3. – Actions en justice (L. 2262-9) 664
CHAPITRE III. – Dispositions pénales **(2263)** 666

TITRE VII. – Commission nationale de la négociation collective 667
CHAPITRE Ier. – Missions **(2271)** 667
CHAPITRE II. – Organisation et fonctionnement **(2272)** 667

TITRE VIII. – Droit d'expression directe et collective des salariés 670
CHAPITRE Ier. – Dispositions communes **(2281)** 670

Pages

CHAPITRE II. – Entreprises et établissements du secteur public **(2282)** ... 675
CHAPITRE III. – Dispositions pénales **(2283)** ... 675

LIVRE III

Les institutions représentatives du personnel

TITRE Ier. – Délégué du personnel ... 676
CHAPITRE Ier. – Champ d'application **(2311)** ... 676
CHAPITRE II. – Conditions de mise en place **(2312)** ... 677
CHAPITRE III. – Attributions **(2313)** ... 682
Section 1. – Attributions générales (L. 2313-1) ... 682
Section 2. – Attributions particulières dans les entreprises de cinquante salariés et plus dépourvues de comité d'entreprise ou de comité d'hygiène, de sécurité et des conditions de travail (L. 2313-13) ... 686
CHAPITRE IV. – Nombre, élection et mandat **(2314)** ... 689
Section 1. – Nombre (L. 2314-1) ... 689
Section 2. – Élection (L. 2314-2) ... 690
Section 3. – Durée et fin du mandat (L. 2314-26) ... 724
CHAPITRE V. – Fonctionnement **(2315)** ... 726
Section 1. – Heures de délégation (L. 2315-1) ... 726
Section 2. – Déplacement et circulation (L. 2315-5) ... 729
Section 3. – Local et affichages (L. 2315-6) ... 729
Section 4. – Réunions (L. 2315-8) ... 730
CHAPITRE VI. – Dispositions pénales **(2316)** ... 732

TITRE II. – Comité d'entreprise ... 732
CHAPITRE Ier. – Champ d'application **(2321)** ... 733
CHAPITRE II. – Conditions de mise en place et de suppression **(2322)** ... 734
Section 1. – Conditions de mise en place (L. 2322-1) ... 734
Section 2. – Conditions de suppression (L. 2322-7) ... 740
CHAPITRE III. – Attributions **(2323)** ... 741
Section 1. – Attributions économiques (L. 2323-1) ... 741
Section 2. – Attributions en matière d'activités sociales et culturelles (L. 2323-83) ... 778
CHAPITRE IV. – Composition, élection et mandat **(2324)** ... 790
Section 1. – Composition (L. 2324-1) ... 790
Section 2. – Élection (L. 2324-3) ... 793
Section 3. – Durée et fin du mandat (L. 2324-24) ... 804
CHAPITRE V. – Fonctionnement **(2325)** ... 807
Section 1. – Dispositions générales (L. 2325-1) ... 807
Section 2. – Heures de délégation (L. 2325-6) ... 809
Section 3. – Déplacement et circulation (L. 2325-11) ... 812
Section 4. – Local (L. 2325-12) ... 812
Section 5. – Réunions (L. 2325-14) ... 813
Section 6. – Commissions (L. 2325-22) ... 819
Section 7. – Recours à un expert (L. 2325-35) ... 821
Section 8. – Subvention de fonctionnement (L. 2325-43) ... 827
Section 9. – Formation des membres du comité d'entreprise (L. 2325-44) ... 831
CHAPITRE VI. – Délégation unique du personnel **(2326)** ... 832
Section 1. – Mise en place (L. 2326-1) ... 832
Section 2. – Composition et élection (L. 2326-2) ... 833

Pages

Section 3. – Attributions et fonctionnement (L. 2326-3) 834
CHAPITRE VII. – Comité central d'entreprise et comités d'établissements **(2327)** 834
Section 1. – Conditions de mise en place (L. 2327-1) 834
Section 2. – Comité central d'entreprise (L. 2327-2) 835
Section 3. – Comités d'établissement (L. 2327-15) 842
CHAPITRE VIII. – Dispositions pénales **(2328)** 843

TITRE III. – Comité de groupe 844
CHAPITRE Ier. – Mise en place **(2331)** 844
CHAPITRE II. – Attributions **(2332)** 846
CHAPITRE III. – Composition, élection et mandat **(2333)** 847
CHAPITRE IV. – Fonctionnement **(2334)** 849
CHAPITRE V. – Dispositions pénales **(2335)** 850

TITRE IV. – Comité d'entreprise européen ou procédure d'information et de consultation dans les entreprises de dimension communautaire 850
CHAPITRE Ier. – Champ d'application et mise en place **(2341)** 852
CHAPITRE II. – Comité ou procédure d'information et de consultation institué par accord **(2342)** 855
Section 1. – Groupe spécial de négociation (L. 2342-1) 855
Section 2. – Comité d'entreprise européen institué par accord (L. 2342-9) 856
Section 3. – Procédure d'information et de consultation instituée par accord (L. 2342-11) 857
CHAPITRE III. – Comité institué en l'absence d'accord **(2343)** 858
Section 1. – Mise en place (L. 2343-1) 858
Section 2. – Attributions (L. 2343-2) 858
Section 3. – Composition (L. 2343-5) 859
Section 4. – Fonctionnement (L. 2343-7) 860
CHAPITRE IV. – Dispositions communes au groupe spécial de négociation et au comité institué en l'absence d'accord **(2344)** 861
Section 1. – Répartition des sièges (L. 2344-1) 861
Section 2. – Désignation, élection et statut des membres (L. 2344-2) 862
CHAPITRE V. – Suppression du comité **(2345)** 863
CHAPITRE VI. – Dispositions pénales **(2346)** 864

TITRE V. – Implication des salariés dans la société européenne et comité de la société européenne 864
CHAPITRE Ier. – Dispositions générales **(2351)** 865
CHAPITRE II. – Implication des salariés dans la société européenne par accord du groupe spécial de négociation **(2352)** 866
Section 1. – Groupe spécial de négociation (L. 2352-1) 866
Section 2. – Contenu de l'accord (L. 2352-16) 871
CHAPITRE III. – Comité de la société européenne et participation des salariés en l'absence d'accord **(2353)** 872
Section 1. – Comité de la société européenne (L. 2353-1) 872
Section 2. – Participation des salariés au conseil d'administration et de surveillance (L. 2353-28) 875
CHAPITRE IV. – Dispositions applicables postérieurement à l'immatriculation de la société européenne **(2354)** 876
CHAPITRE V. – Dispositions pénales **(2355)** 877

TITRE VI. – Implication des salariés dans la société coopérative européenne et comité de la société coopérative européenne 877

Pages

CHAPITRE Ier. – Dispositions générales **(2361)** ... 877

CHAPITRE II. – Implication des salariés dans la société coopérative européenne par accord du groupe spécial de négociation **(2362)** ... 878

Section 1. – Groupe spécial de négociation (L. 2362-1) ... 878

Section 2. – Contenu de l'accord (L. 2362-10) ... 880

CHAPITRE III. – Comité de la société coopérative européenne et participation des salariés en l'absence d'accord **(2363)** ... 883

Section 1. – Comité de la société coopérative européenne (L. 2363-1) ... 883

Section 2. – Participation des salariés au conseil d'administration et de surveillance (L. 2363-8) ... 885

Section 3. – Dispositions applicables aux sociétés coopératives européennes non soumises initialement à la constitution du groupe spécial de négociation (L. 2363-12) ... 885

Section 4. – Dispositions relatives à la participation des salariés à l'assemblée générale ou aux assemblées de section ou de branche (L. 2363-18) ... 886

CHAPITRE IV. – Dispositions applicables postérieurement à l'immatriculation de la société coopérative européenne **(2364)** ... 886

CHAPITRE V. – Dispositions pénales **(2365)** ... 887

TITRE VII. – Participation des salariés dans les sociétés issues de fusions transfrontalières ... 888

CHAPITRE Ier. – Dispositions générales **(2371)** ... 888

CHAPITRE II. – Participation des salariés dans la société issue d'une fusion transfrontalière par accord du groupe spécial de négociation **(2372)** ... 889

Section 1. – Groupe spécial de négociation (L. 2372-1) ... 889

Section 2. – Contenu de l'accord (L. 2372-6) ... 892

CHAPITRE III. – Comité de la société issue de la fusion transfrontalière et participation des salariés en l'absence d'accord **(2373)** ... 893

Section 1. – Comité de la société issue de la fusion transfrontalière (L. 2373-1) ... 893

Section 2. – Participation des salariés au conseil d'administration et de surveillance (L. 2373-4) ... 894

CHAPITRE IV. – Dispositions applicables postérieurement à l'immatriculation de la société issue de la fusion transfrontalière **(2374)** ... 895

CHAPITRE V. – Dispositions pénales **(2375)** ... 895

TITRE VIII. – Comité d'hygiène, de sécurité et des conditions de travail ... 896

CHAPITRE UNIQUE **(2381)** ... 896

LIVRE IV

Les salariés protégés

TITRE Ier. – Cas, durées et périodes de protection ... 897

CHAPITRE Ier. – Protection en cas de licenciement **(2411)** ... 897

Section 1. – Champ d'application (L. 2411-1) ... 916

Section 2. – Licenciement d'un délégué syndical ou d'un salarié mandaté (L. 2411-3) ... 918

Section 3. – Licenciement d'un délégué du personnel (L. 2411-5) ... 920

Section 4. – Licenciement d'un membre du comité d'entreprise (L. 2411-8) ... 923

Section 5. – Licenciement d'un membre du groupe spécial de négociation ou d'un membre du comité d'entreprise européen (L. 2411-11) ... 924

Section 6. – Licenciement d'un membre du groupe spécial de négociation, d'un représentant au comité de la société européenne, d'un représentant au comité de la société coopérative européenne ou d'un représentant au comité de la société issue d'une fusion transfrontalière (L. 2411-12) ... 924

Section 7. – Licenciement d'un représentant du personnel au comité d'hygiène, de sécurité et des conditions de travail (L. 2411-13) 924
Section 8. – Licenciement d'un représentant du personnel d'une entreprise extérieure au comité d'hygiène, de sécurité et des conditions de travail (L. 2411-14) 925
Section 9. – Licenciement d'un salarié membre d'une commission paritaire d'hygiène, de sécurité et des conditions de travail en agriculture (L. 2411-15) 926
Section 10. – Licenciement de salariés titulaires d'autres mandats de représentation (L. 2411-16) 926
Section 11. – Licenciement du conseiller du salarié (L. 2411-21) 927
Section 12. – Licenciement du conseiller prud'homme (L. 2411-22) 928

CHAPITRE II. – Protection en cas de rupture d'un contrat de travail à durée déterminée **(2412)** 931
Section 1. – Champ d'application (L. 2412-1) 931
Section 2. – Délégué syndical (L. 2412-2) 931
Section 3. – Délégué du personnel (L. 2412-3) 931
Section 4. – Membre du comité d'entreprise (L. 2412-4) 932
Section 5. – Membre du groupe spécial de négociation et membre du comité d'entreprise européen (L. 2412-5) 932
Section 6. – Membre du groupe spécial de négociation et représentant au comité de la société européenne, au comité de la société coopérative européenne ou au comité de la société issue de la fusion transfrontalière (L. 2412-6) 932
Section 7. – Représentant du personnel au comité d'hygiène, de sécurité et des conditions de travail (L. 2412-7) 933
Section 8. – Représentant du personnel d'une entreprise extérieure au comité d'hygiène, de sécurité et des conditions de travail (L. 2412-8) 933
Section 9. – Salarié membre d'une commission paritaire d'hygiène, de sécurité et des conditions de travail en agriculture (L. 2412-9) 933
Section 10. – Salarié mandaté (L. 2412-10) 933
Section 11. – Membre du conseil ou administrateur d'une caisse de sécurité sociale (L. 2412-11) 934
Section 12. – Représentant des salariés dans une chambre d'agriculture (L. 2412-12) 934
Section 13. – Conseiller prud'homme (L. 2412-13) 934

CHAPITRE III. – Protection en cas d'interruption ou de non-renouvellement d'une mission de travail temporaire **(2413)** 934

CHAPITRE IV. – Protection en cas de transfert partiel d'entreprise ou d'établissement **(2414)** 935

TITRE II. – Procédures d'autorisation applicables à la rupture ou au transfert du contrat 937

CHAPITRE Ier. – Demande d'autorisation et instruction de la demande **(2421)** 937
Section 1. – Procédure applicable en cas de licenciement (L. 2421-1) 937
Section 2. – Procédure applicable au salarié titulaire d'un contrat de travail à durée déterminée (L. 2421-7) 945
Section 3. – Procédure applicable en cas de transfert partiel d'entreprise ou d'établissement (L. 2421-9) 946
Section 4. – Procédure applicable en cas d'interruption ou de non-renouvellement d'une mission de travail temporaire (L. 2421-10) 947

CHAPITRE II. – Contestation de la décision administrative **(2422)** 947
Section 1. – Droit à réintégration dans l'emploi ou dans le mandat (L. 2422-1) 947
Section 2. – Indemnisation du préjudice (L. 2422-4) 952

Pages

TITRE III. – Dispositions pénales 954

CHAPITRE Ier. – Délégué syndical **(2431)** 954

CHAPITRE II. – Délégué du personnel **(2432)** 954

CHAPITRE III. – Membre du comité d'entreprise ou représentant syndical au comité d'entreprise **(2433)** 955

CHAPITRE IV. – Membre du groupe spécial de négociation, du comité d'entreprise européen, du comité de la société européenne, du comité de la société coopérative européenne ou du comité de la société issue de la fusion transfrontalière **(2434)** 955

CHAPITRE V. – Salarié membre du conseil d'administration ou de surveillance d'une entreprise du secteur public **(2435)** 956

CHAPITRE VI. – Conseiller du salarié **(2436)** 957

CHAPITRE VII. – Conseiller prud'homme **(2437)** 957

LIVRE V

Les conflits collectifs

TITRE Ier. – Exercice du droit de grève 958

CHAPITRE Ier. – Dispositions générales **(2511)** 958

CHAPITRE II. – Dispositions particulières dans les services publics **(2512)** 977

TITRE II. – Procédure de règlement des conflits collectifs 983

CHAPITRE Ier. – Dispositions générales **(2521)** 983

Section 1. – Champ d'application (L. 2521-1) 983

Section 2. – Principes (L. 2521-2) 984

CHAPITRE II. – Conciliation **(2522)** 984

Section 1. – Procédure de conciliation (L. 2522-1) 984

Section 2. – Commissions de conciliation (L. 2522-7) 985

Section 3. – Entreprises publiques et établissements publics industriels et commerciaux (L. 2522-8) 988

Section 4. – Dispositions d'application (L. 2522-13) 989

CHAPITRE III. – Médiation **(2523)** 989

Section 1. – Désignation du médiateur (L. 2523-1) 989

Section 2. – Procédure de médiation (L. 2523-4) 990

Section 3. – Dispositions d'application (L. 2523 10) 992

CHAPITRE IV. – Arbitrage **(2524)** 992

Section 1. – Arbitre (L. 2524-1) 992

Section 2. – Cour supérieure d'arbitrage (L. 2524-7) 993

Section 3. – Dispositions d'application (L. 2524-11) 996

CHAPITRE V. – Dispositions pénales **(2525)** 996

LIVRE VI

Dispositions relatives à l'outre-mer

TITRE Ier. – Dispositions générales 997

CHAPITRE UNIQUE **(2611)** 997

TITRE II. – Départements d'outre-mer, Saint-Barthélemy, Saint-Martin et Saint-Pierre-et-Miquelon 997

CHAPITRE Ier. – Dispositions générales **(2621)** 997

Pages

CHAPITRE II. – Négociation collective. – Conventions et accords collectifs de travail **(2622)** ... 998

CHAPITRE III. – Les conflits collectifs **(2623)** ... 998

TITRE III. – Mayotte, Wallis-et-Futuna et Terres australes et antarctiques françaises ... 1000

CHAPITRE Ier. – Négociation collective. – Conventions et accords collectifs de travail **(2631)** ... 1000

CHAPITRE II. – Institutions représentatives du personnel **(2632)** ... 1001

Section 1. – Comité central d'entreprise et comités d'établissement (L. 2632-1) ... 1001

Section 2. – Comité de groupe (L. 2632-2) ... 1001

TROISIÈME PARTIE

DURÉE DU TRAVAIL, SALAIRE, INTÉRESSEMENT, PARTICIPATION ET ÉPARGNE SALARIALE

LIVRE Ier

Durée du travail, repos et congés

TITRE Ier. – Champ d'application ... 1003

CHAPITRE UNIQUE **(3111)** ... 1003

TITRE II. – Durée du travail, répartition et aménagement des horaires ... 1005

CHAPITRE Ier. – Durée du travail **(3121)** ... 1005

Section 1. – Travail effectif, astreintes et équivalences (L. 3121-1) ... 1005

Section 2. – Durée légale et heures supplémentaires (L. 3121-10) ... 1017

Section 3. – Durées maximales de travail (L. 3121-33) ... 1026

Section 4. – Conventions de forfait (L. 3121-38) ... 1031

Section 5. – Dispositions d'application (L. 3121-52) ... 1040

CHAPITRE II. – Répartition et aménagement des horaires **(3122)** ... 1043

Section 1. – Répartition des horaires sur une période supérieure à la semaine et au plus égale à l'année (L. 3122-1) ... 1043

Section 2. – Aménagement des horaires (L. 3122-23) ... 1046

Section 3. – Travail de nuit (L. 3122-29) ... 1051

Section 4. – Dispositions d'application (L. 3122-46) ... 1057

CHAPITRE III. – Travail à temps partiel et travail intermittent **(3123)** ... 1058

Section 1. – Travail à temps partiel (L. 3123-1) ... 1058

Section 2. – Travail intermittent (L. 3123-31) ... 1074

CHAPITRE IV [Partie en R]. – Dispositions pénales **(3124)** ... 1076

TITRE III. – Repos et jours fériés ... 1077

CHAPITRE Ier. – Repos quotidien **(3131)** ... 1077

CHAPITRE II. – Repos hebdomadaire **(3132)** ... 1079

Section 1. – Principes (L. 3132-1) ... 1079

Section 2. – Dérogations (L. 3132-4) ... 1082

Section 3. – Décisions de fermeture (L. 3132-29) ... 1102

Section 4. – Procédure de référé de l'inspecteur du travail (L. 3132-31) ... 1106

Pages

CHAPITRE III. – Jours fériés **(3133)** 1108
Section 1. – Dispositions générales (L. 3133-1) 1108
Section 2. – Journée du 1er Mai (L. 3133-4) 1110
Section 3. – Journée de solidarité (L. 3133-7) 1112
CHAPITRE IV. – Dispositions particulières aux départements de la Moselle, du Bas-Rhin et du Haut-Rhin **(3134)** 1115
CHAPITRE V [Partie en R]. – Dispositions pénales **(3135)** 1118

TITRE IV. – Congés payés et autres congés 1119
CHAPITRE Ier. – Congés payés **(3141)** 1119
Section 1. – Droit au congé (L. 3141-1) 1119
Section 2. – Durée du congé (L. 3141-3) 1121
Section 3. – Prise des congés (L. 3141-12) 1131
Section 4. – Indemnités de congés (L. 3141-22) 1137
Section 5. – Caisses de congés payés (L. 3141-30) 1147
CHAPITRE II. – Autres congés **(3142)** 1154
Section 1. – Congés rémunérés (L. 3142-1) 1154
Section 2. – Congés non rémunérés (L. 3142-16) 1159
CHAPITRE III [Partie en R]. – Dispositions pénales **(3143)** 1180

TITRE V. – Compte épargne-temps 1181
CHAPITRE Ier. – Objet **(3151)** 1181
CHAPITRE II. – Mise en place **(3152)** 1181
CHAPITRE III. – Utilisation **(3153)** 1182
CHAPITRE IV. – Garantie et liquidation des droits **(3154)** 1183

TITRE VI. – Dispositions particulières aux jeunes travailleurs 1185
CHAPITRE Ier. – Définitions **(3161)** 1185
CHAPITRE II. – Durée du travail **(3162)** 1185
CHAPITRE III. – Travail de nuit **(3163)** 1186
CHAPITRE IV. – Repos et congés **(3164)** 1188
Section 1. – Repos quotidien (L. 3164-1) 1188
Section 2. – Repos hebdomadaire et dominical (L. 3164-2) 1188
Section 3. – Jours fériés (L. 3164-6) 1189
Section 4. – Congés annuels (L. 3164-9) 1190
CHAPITRE V [Partie en R]. – Dispositions pénales **(3165)** 1191

TITRE VII. – Contrôle de la durée du travail et des repos 1192
CHAPITRE Ier. – Contrôle de la durée du travail **(3171)** 1192
Section 1. – Information des salariés et affichages (L. 3171-1) 1192
Section 2. – Registres et documents obligatoires (L. 3171-2) 1192
Section 3. – Documents fournis à l'inspecteur du travail (L. 3171-3) 1192
Section 4. – Documents fournis au juge (L. 3171-4) 1193
CHAPITRE II. – Contrôle du repos hebdomadaire **(3172)** 1198
CHAPITRE III [Partie en R]. – Dispositions pénales **(3173)** 1199

LIVRE II

Salaire et avantages divers

TITRE Ier. – Champ d'application 1200
CHAPITRE UNIQUE **(3211)** 1200

Pages

TITRE II. – Égalité de rémunération entre les femmes et les hommes 1200
CHAPITRE Ier. – Principes **(3221)** 1201
CHAPITRE II. – Dispositions pénales **(3222)** 1208

TITRE III. – Détermination du salaire 1209
CHAPITRE Ier. – Salaire minimum interprofessionnel de croissance **(3231)** 1209
Section 1. – Champ d'application (L. 3231-1) 1210
Section 2. – Principes (L. 3231-2) 1210
Section 3. – Modalités de fixation (L. 3231-4) 1210
Section 4. – Minimum garanti (L. 3231-12) 1211
CHAPITRE II. – Rémunération mensuelle minimale **(3232)** 1215
Section 1. – Dispositions générales (L. 3232-1) 1215
Section 2. – Modalités de fixation (L. 3232-3) 1215
Section 3. – Allocation complémentaire (L. 3232-5) 1217
Section 4. – Remboursement par l'État (L. 3232-8) 1217
Section 5. – Dispositions d'application (L. 3232-9) 1218
CHAPITRE III [Partie en R]. – Dispositions pénales **(3233)** 1218

TITRE IV. – Paiement du salaire 1219
CHAPITRE Ier. – Dispositions générales **(3241)** 1219
CHAPITRE II. – Mensualisation **(3242)** 1220
CHAPITRE III. – Bulletin de paie **(3243)** 1221
CHAPITRE IV. – Pourboires **(3244)** 1227
CHAPITRE V. – Action en paiement et prescription **(3245)** 1228
CHAPITRE VI [Partie en R]. – Dispositions pénales **(3246)** 1231

TITRE V. – Protection du salaire 1231
CHAPITRE Ier. – Retenues **(3251)** 1231
CHAPITRE II. – Saisies et cessions **(3252)** 1234
CHAPITRE III. – Privilèges et assurance **(3253)** 1242
Section 1. – Dispositions générales (L. 3253-1) 1242
Section 2. – Privilèges et assurance en cas de procédure de sauvegarde, de redressement ou de liquidation judiciaire (L. 3253-2) 1242
Section 3. – Privilèges spéciaux (L. 3253-22) 1258
CHAPITRE IV. – Économats **(3254)** 1259
CHAPITRE V. – Dispositions pénales **(3255)** 1259

TITRE VI. – Avantages divers 1259
CHAPITRE Ier. – Frais de transport **(3261)** 1259
Section 1. – Champ d'application (L. 3261-1) 1259
Section 2. – Prise en charge des frais de transports publics (L. 3261-2) 1259
Section 3. – Prise en charge des frais de transports personnels (L. 3261-3) 1260
Section 4. – Dispositions d'application (L. 3261-5) 1260
CHAPITRE II. – Titres-restaurant **(3262)** 1263
Section 1. – Émission (L. 3262-1) 1264
Section 2. – Utilisation (L. 3262-4) 1264
Section 3. – Exonérations (L. 3262-6) 1265
Section 4. – Dispositions d'application (L. 3262-7) 1265
CHAPITRE III. – Chèques-vacances **(3263)** 1270

Pages

LIVRE III

Dividende du travail : intéressement, participation et épargne salariale

TITRE Ier. – Intéressement 1273
CHAPITRE Ier. – Champ d'application **(3311)** 1273
CHAPITRE II. – Mise en place de l'intéressement **(3312)** 1274
CHAPITRE III. – Contenu et régime des accords **(3313)** 1278
Section 1. – Contenu des accords (L. 3313-1) 1278
Section 2. – Régime des accords (L. 3313-3) 1278
CHAPITRE IV. – Calcul, répartition et distribution de l'intéressement **(3314)** 1281
Section 1. – Calcul de l'intéressement (L. 3314-1) 1281
Section 2. – Répartition de l'intéressement (L. 3314-5) 1284
Section 3. – Distribution de l'intéressement (L. 3314-8) 1285
CHAPITRE V. – Régime social et fiscal de l'intéressement **(3315)** 1286

TITRE II. – Participation aux résultats de l'entreprise 1287
CHAPITRE Ier. – Champ d'application **(3321)** 1287
CHAPITRE II. – Mise en place de la participation **(3322)** 1288
Section 1. – Mise en place dans l'entreprise (L. 3322-1) 1288
Section 2. – Mise en place dans la branche (L. 3322-9) 1290
CHAPITRE III. – Contenu et régime des accords **(3323)** 1291
Section 1. – Contenu des accords (L. 3323-1) 1291
Section 2. – Régime des accords (L. 3323-4) 1294
CHAPITRE IV. – Calcul et gestion de la participation **(3324)** 1299
Section 1. – Calcul de la réserve spéciale de participation (L. 3324-1) 1299
Section 2. – Répartition de la réserve spéciale de participation (L. 3324-5) 1303
Section 3. – Règles de disponibilité des droits des salariés (L. 3324-10) 1306
Section 4. – Paiement et déblocage anticipé (L. 3324-11) 1308
Section 5. – Affectation à un plan d'épargne salariale (L. 3324-12) 1309
CHAPITRE V. – Régime social et fiscal de la participation **(3325)** 1310
CHAPITRE VI. – Contestations et sanctions **(3326)** 1311

TITRE III. – Plans d'épargne salariale 1313
CHAPITRE Ier. – Champ d'application **(3331)** 1313
CHAPITRE II. – Plan d'épargne d'entreprise **(3332)** 1313
Section 1. – Conditions de mise en place (L. 3332-1) 1313
Section 2. – Versements (L. 3332-10) 1315
Section 3. – Composition et gestion du plan (L. 3332-15) 1318
Section 4. – Augmentation de capital (L. 3332-18) 1322
Section 5. – Indisponibilité des sommes, déblocage anticipé et liquidation (L. 3332-25) 1323
Section 6. – Régime social et fiscal (L. 3332-27) 1324
Section 7. – Dispositions d'application (L. 3332-28) 1325
CHAPITRE III. – Plan d'épargne interentreprises **(3333)** 1325
CHAPITRE IV. – Plan d'épargne pour la retraite collectif **(3334)** 1327
Section 1. – Mise en place (L. 3334-1) 1327
Section 2. – Versements (L. 3334-6) 1328
Section 3. – Composition et gestion du plan (L. 3334-11) 1329
Section 4. – Indisponibilité, déblocage anticipé et délivrance des sommes (L. 3334-14) 1329
Section 5. – Dispositions d'application (L. 3334-16) 1330
CHAPITRE V. – Transferts **(3335)** 1332

Pages

TITRE IV. – Dispositions communes 1333
CHAPITRE Ier. – Représentation et information des salariés **(3341)** 1333
Section 1. – Participation aux assemblées générales des actionnaires de la société (L. 3341-1) 1333
Section 2. – Formation économique, financière et juridique des représentants des salariés (L. 3341-2) 1333
Section 3. – Information des représentants du personnel (L. 3341-5) 1334
Section 4. – Information des salariés (L. 3341-6) 1334
CHAPITRE II. – Conditions d'ancienneté **(3342)** 1335
CHAPITRE III. – Versements sur le compte épargne-temps **(3343)** 1336
CHAPITRE IV. – Mise en place dans un groupe d'entreprises et dans les entreprises dépourvues d'épargne salariale **(3344)** 1336
Section 1. – Mise en place dans un groupe d'entreprises (L. 3344-1) 1336
Section 2. – Entreprises dépourvues de dispositif d'épargne salariale (L. 3344-3) 1337
CHAPITRE V. – Dépôt et contrôle de l'autorité administrative **(3345)** 1337
Section 1. – Dépôt (L. 3345-1) 1337
Section 2. – Contrôle de l'autorité administrative (L. 3345-2) 1338
CHAPITRE VI . – Conseil d'orientation de la participation, de l'intéressement, de l'épargne salariale et de l'actionnariat salarié **(3346)** 1338

LIVRE IV

Dispositions relatives à l'outre-mer

TITRE Ier. – Dispositions générales 1340
CHAPITRE UNIQUE **(3411)** 1340

TITRE II. – Départements d'outre-mer, Saint-Barthélemy, Saint-Martin et Saint-Pierre-et-Miquelon 1340
CHAPITRE Ier. – Dispositions générales **(3421)** 1340
CHAPITRE II. – Durée du travail, repos et congés **(3422)** 1340
CHAPITRE III. – Salaire et avantages divers **(3423)** 1340
Section 1. – Salaire minimum de croissance (L. 3423-1) 1340
Section 2. – Rémunération mensuelle minimale (L. 3423-5) 1341

TITRE III. – Mayotte, Wallis-et-Futuna et Terres australes et antarctiques françaises 1344
CHAPITRE UNIQUE. – Intéressement, participation et épargne salariale **(3431)** 1344

QUATRIÈME PARTIE
SANTÉ ET SÉCURITÉ AU TRAVAIL

LIVRE Ier

Dispositions générales

TITRE Ier. – Champ et dispositions d'application 1345
CHAPITRE UNIQUE **(4111)** 1345
Section 1. – Champ d'application (L. 4111-1) 1345
Section 2. – Dispositions d'application (L. 4111-6) 1348

Pages

TITRE II. – Principes généraux de prévention 1348
CHAPITRE Ier. – Obligations de l'employeur **(4121)** 1349
CHAPITRE II. – Obligations des travailleurs **(4122)** 1358

TITRE III. – Droits d'alerte et de retrait 1360
CHAPITRE Ier. – Principes **(4131)** 1360
CHAPITRE II. – Conditions d'exercice des droits d'alerte et de retrait **(4132)** 1363

TITRE IV. – Information et formation des travailleurs 1364
CHAPITRE Ier. – Obligation générale d'information et de formation **(4141)** 1364
CHAPITRE II. – Formations et mesures d'adaptation particulières **(4142)** 1368
CHAPITRE III. – Consultation des représentants du personnel **(4143)** 1368

TITRE V. – Dispositions particulières à certaines catégories de travailleurs 1369
CHAPITRE Ier. – Champ d'application **(4151)** 1369
CHAPITRE II. – Femmes enceintes, venant d'accoucher ou allaitant **(4152)** 1370
CHAPITRE III. – Jeunes travailleurs **(4153)** 1373
Section 1. – Âge d'admission (L. 4153-1) 1373
Section 2. – Travaux interdits (L. 4153-8) 1377
Section 3. – Travaux réglementés (L. 4153-9) 1381
CHAPITRE IV. – Salariés titulaires d'un contrat de travail à durée déterminée et salariés temporaires **(4154)** 1383
Section 1. – Travaux interdits (L. 4154-1) 1383
Section 2. – Obligations particulières d'information et de formation (L. 4154-2) 1385

LIVRE II

Dispositions applicables aux lieux de travail

TITRE Ier. – Obligations du maître d'ouvrage pour la conception des lieux de travail 1386
CHAPITRE Ier. – Principes généraux **(4211)** 1386
CHAPITRE II [Partie en R]. – Aération et assainissement **(4212)** 1388
CHAPITRE III [Partie en R]. – Éclairage, insonorisation et ambiance thermique **(4213)** 1388
CHAPITRE IV [Partie en R]. – Sécurité des lieux de travail **(4214)** 1390
CHAPITRE V [Partie en R]. – Installations électriques des bâtiments et de leurs aménagements **(4215)** 1394
CHAPITRE VI [Partie en R]. – Risques d'incendies et d'explosions et évacuation **(4216)** .. 1396
CHAPITRE VII [Partie en R]. – Installations sanitaires, restauration **(4217)** 1401

TITRE II. – Obligations de l'employeur pour l'utilisation des lieux de travail 1401
CHAPITRE Ier. – Principes généraux **(4221)** 1401
CHAPITRE II [Partie en R]. – Aération, assainissement **(4222)** 1402
CHAPITRE III [Partie en R]. – Éclairage, ambiance thermique **(4223)** 1405
CHAPITRE IV [Partie en R]. – Sécurité des lieux de travail **(4224)** 1407
CHAPITRE V [Partie en R]. – Aménagement des postes de travail **(4225)** 1410
CHAPITRE VI [Partie en R]. – Installations électriques **(4226)** 1411
CHAPITRE VII [Partie en R]. – Risques d'incendies et d'explosions et évacuation **(4227)** 1414
CHAPITRE VIII [Partie en R]. – Installations sanitaires, restauration et hébergement **(4228)** 1421

Pages

LIVRE III

Équipements de travail et moyens de protection

TITRE Ier. – Conception et mise sur le marché des équipements de travail et des moyens de protection 1426

CHAPITRE Ier. – Règles générales **(4311)** 1426

Section 1. – Principes (L. 4311-1) 1426

Section 2. – Dispositions d'application (L. 4311-7) 1427

CHAPITRE II [Partie en R]. – Règles techniques de conception **(4312)** 1431

CHAPITRE III. – Procédures de certification de conformité **(4313)** 1433

CHAPITRE IV. – Procédure de sauvegarde **(4314)** 1446

ANNEXES 1447

TITRE II. – Utilisation des équipements de travail et des moyens de protection 1470

CHAPITRE Ier. – Règles générales **(4321)** 1470

Section 1. – Principes (L. 4321-1) 1470

Section 2. – Dispositions d'application (L. 4321-4) 1471

CHAPITRE II [Partie en R]. – Maintien en état de conformité **(4322)** 1471

CHAPITRE III [Partie en R]. – Mesures d'organisation et conditions d'utilisation des équipements de travail et des équipements de protection individuelle **(4323)** 1472

CHAPITRE IV [Partie en R]. – Utilisation des équipements de travail non soumis à des règles de conception lors de leur première mise sur le marché **(4324)** 1486

LIVRE IV

Prévention de certains risques d'exposition

TITRE Ier. – Risques chimiques 1493

CHAPITRE Ier. – Mise sur le marché des substances et mélanges **(4411)** 1494

Section 1. – Mesures générales et dispositions d'application (L. 4411-1) 1494

Section 2. – Fabrication, importation et vente (L. 4411-3) 1494

CHAPITRE II. – Mesures de prévention des risques chimiques **(4412)** 1502

TITRE II. – Prévention des risques biologiques 1526

CHAPITRE Ier. – Dispositions générales **(4421)** 1526

CHAPITRE II [Partie en R]. – Principes de prévention **(4422)** 1527

CHAPITRE III [Partie en R]. – Évaluation des risques **(4423)** 1527

CHAPITRE IV [Partie en R]. – Mesures et moyens de prévention **(4424)** 1528

CHAPITRE V [Partie en R]. – Information et formation des travailleurs **(4425)** 1530

CHAPITRE VI [Partie en R]. – Surveillance médicale **(4426)** 1531

CHAPITRE VII [Partie en R]. – Déclaration administrative **(4427)** 1532

TITRE III. – Prévention des risques d'exposition au bruit 1533

CHAPITRE Ier. – Dispositions générales **(4431)** 1533

CHAPITRE II [Partie en R]. – Principes de prévention **(4432)** 1534

CHAPITRE III [Partie en R]. – Évaluation des risques **(4433)** 1535

CHAPITRE IV [Partie en R]. – Mesures et moyens de prévention **(4434)** 1536

CHAPITRE V [Partie en R]. – Surveillance médicale **(4435)** 1537

Pages

CHAPITRE VI [Partie en R]. – Information et formation des travailleurs **(4436)** 1538
CHAPITRE VII [Partie en R]. – Dérogations **(4437)** 1538

TITRE IV. – Prévention des risques d'exposition aux vibrations mécaniques 1539
CHAPITRE Ier. – Dispositions générales **(4441)** 1539
CHAPITRE II [Partie en R]. – Principes de prévention **(4442)** 1539
CHAPITRE III [Partie en R]. – Valeurs limites d'exposition **(4443)** 1540
CHAPITRE IV [Partie en R]. – Évaluation des risques **(4444)** 1540
CHAPITRE V [Partie en R]. – Mesures et moyens de prévention **(4445)** 1541
CHAPITRE VI [Partie en R]. – Surveillance médicale **(4446)** 1542
CHAPITRE VII [Partie en R]. – Information et formation des travailleurs **(4447)** 1542

TITRE V. – Prévention des risques d'exposition aux rayonnements 1543
CHAPITRE Ier. – Prévention des risques d'exposition aux rayonnements ionisants **(4451)** 1543
CHAPITRE II [Partie en R]. – Prévention des risques d'exposition aux rayonnements optiques artificiels **(4452)** 1563
CHAPITRE III. – Prévention des risques d'exposition aux champs électromagnétiques **(4453)** 1568

TITRE VI. – Autres risques 1568
CHAPITRE Ier [Partie en R]. – Prévention des risques en milieu hyperbare **(4461)** 1568

LIVRE V

Prévention des risques liés à certaines activités ou opérations

TITRE Ier. – Travaux réalisés dans un établissement par une entreprise extérieure 1579
CHAPITRE Ier. – Dispositions générales **(4511)** 1579
CHAPITRE II [Partie en R]. – Mesures préalables à l'exécution d'une opération **(4512)** 1581
CHAPITRE III [Partie en R]. – Mesures à prendre pendant l'exécution des opérations **(4513)** 1584
CHAPITRE IV [Partie en R]. – Rôle des institutions représentatives du personnel **(4514)** 1586
CHAPITRE V [Partie en R]. – Dispositions particulières aux opérations de chargement et de déchargement **(4515)** 1587

TITRE II. – Installations nucléaires de base et installations susceptibles de donner lieu à des servitudes d'utilité publique 1589
CHAPITRE Ier. – Champ d'application **(4521)** 1589
CHAPITRE II. – Coordination de la prévention **(4522)** 1589
CHAPITRE III. – Comité d'hygiène, de sécurité et des conditions de travail **(4523)** 1589
Section 1. – Attributions particulières (L. 4523-1) 1589
Section 2. – Composition (L. 4523-6) 1591
Section 3. – Fonctionnement (L. 4523-7) 1591
Section 4. – Formation des représentants (L. 4523-10) 1591
Section 5. – Comité élargi (L. 4523-11) 1591
CHAPITRE IV. – Comité interentreprises de santé et de sécurité au travail **(4524)** .. 1595

Pages

CHAPITRE V. – Dispositions particulières en matière d'incendie et de secours **(4525)** 1596

CHAPITRE VI. – Dispositions particulières en cas de danger grave et imminent et droit de retrait **(4526)** 1596

TITRE III. – Bâtiment et génie civil 1597

CHAPITRE Ier. – Principes de prévention **(4531)** 1597

CHAPITRE II. – Coordination lors des opérations de bâtiment et de génie civil **(4532)** 1598

Section 1. – Déclaration préalable (L. 4532-1) 1598

Section 2. – Mission de coordination et coordonnateur en matière de sécurité et de protection de la santé (L. 4532-2) 1599

Section 3. – Plan général de coordination en matière de sécurité et de protection de la santé (L. 4532-8) 1608

Section 4. – Plan particulier de sécurité et de protection de la santé (L. 4532-9) .. 1610

Section 5. – Collège interentreprises de sécurité, de santé et des conditions de travail (L. 4532-10) 1613

Section 6. – Interventions ultérieures sur l'ouvrage (L. 4532-16) 1616

Section 7. – Travaux d'extrême urgence (L. 4532-17) 1617

Section 8. – Dispositions d'application (L. 4532-18) 1617

CHAPITRE III [Partie en R]. – Prescriptions techniques applicables avant l'exécution des travaux **(4533)** 1618

CHAPITRE IV [Partie en R]. – Prescriptions techniques de protection durant l'exécution des travaux **(4534)** 1619

CHAPITRE V. – Dispositions applicables aux travailleurs indépendants **(4535)** 1636

TITRE IV. – Autres activités et opérations 1639

CHAPITRE Ier. – Manutention des charges **(4541)** 1639

CHAPITRE II [Partie en R]. – Utilisation d'écrans de visualisation **(4542)** 1641

CHAPITRE III [Partie en R]. – Interventions sur les équipements élévateurs et installés à demeure **(4543)**. 1643

CHAPITRE IV [Partie en R]. – Opérations sur les installations électriques et dans leur voisinage. 1647

LIVRE VI

Institutions et organismes de prévention

TITRE Ier. – Comité d'hygiène, de sécurité et des conditions de travail 1649

CHAPITRE Ier. – Règles générales **(4611)** 1649

Section 1. – Conditions de mise en place (L. 4611-1) 1650

Section 2. – Dispositions d'application (L. 4611-8) 1652

CHAPITRE II. – Attributions **(4612)** 1652

Section 1. – Missions (L. 4612-1) 1652

Section 2. – Consultations obligatoires (L. 4612-8) 1654

Section 3. – Rapport et programme annuels (L. 4612-16) 1656

CHAPITRE III. – Composition et désignation **(4613)** 1657

CHAPITRE IV. – Fonctionnement **(4614)** 1667

Section 1. – Présidence et modalités de délibération (L. 4614-1) 1667

Section 2. – Heures de délégation (L. 4614-3) 1668

Section 3. – Réunions (L. 4614-7) 1669

Section 4. – Recours à un expert (L. 4614-12) 1672

Section 5. – Formation (L. 4614-14) 1677

Pages

CHAPITRE V [Partie en R]. – Comité d'hygiène, de sécurité et des conditions de travail dans certains établissements de santé, sociaux et médico-sociaux **(4615)**.... 1680

TITRE II. – Services de santé au travail 1684

CHAPITRE Ier. – Champ d'application **(4621)**........ 1685

CHAPITRE II. – Missions et organisation **(4622)**........ 1686

Section 1. – Principes (L. 4622-1)........ 1686

Section 2. – Services de santé au travail interentreprises (L. 4622-7)........ 1687

Section 3. – Dispositions d'application (L. 4622-17)........ 1689

CHAPITRE III. – Personnels concourant aux services de santé au travail **(4623)**.... 1707

Section unique. – Médecin du travail (L. 4623-1)........ 1707

CHAPITRE IV. – Actions et moyens des membres des équipes pluridisciplinaires de santé au travail (L. 4624-1)........ 1727

CHAPITRE V. – Surveillance médicale de catégories particulières de travailleurs **(4625)** 1756

CHAPITRE VI [Partie en D]. – Services de santé au travail des établissements de santé, sociaux et médico-sociaux **(4626)**........ 1762

TITRE III. – Service social du travail 1767

CHAPITRE Ier. – Mise en place et missions **(4631)**........ 1767

CHAPITRE II [Partie en D]. – Organisation et fonctionnement **(4632)**........ 1767

TITRE IV. – Institutions et personnes concourant à l'organisation de la prévention....... 1769

CHAPITRE Ier [Partie en R]. – Conseil d'orientation sur les conditions de travail et comités régionaux de la prévention des risques professionnels **(4641)**........ 1769

CHAPITRE II. – Agence nationale pour l'amélioration des conditions de travail **(4642)**........ 1777

Section 1. – Missions (L. 4642-1)........ 1777

Section 2. – Composition (L. 4642-2)........ 1777

Section 3. – Dispositions d'application (L. 4642-3)........ 1777

CHAPITRE III. – Organismes et commissions de santé et de sécurité **(4643)**........ 1781

Section 1. – Organismes professionnels de santé, de sécurité et des conditions de travail (L. 4643-1)........ 1781

Section 2. – Commissions de santé et de sécurité (L. 4643-4)........ 1782

LIVRE VII

Contrôle

TITRE Ier. – Documents et affichages obligatoires........ 1790

CHAPITRE UNIQUE **(4711)**........ 1790

TITRE II. – Mises en demeure et demandes de vérifications........ 1791

CHAPITRE Ier. – Mises en demeure **(4721)**........ 1791

Section 1. – Mises en demeure du directeur départemental du travail, de l'emploi et de la formation professionnelle [Direccte] (L. 4721-1)........ 1791

Section 2. – Mises en demeure de l'inspecteur du travail et du contrôleur du travail (L. 4721-4)........ 1792

CHAPITRE II. – Demandes de vérifications, d'analyses et de mesures **(4722)**........ 1795

CHAPITRE III. – Recours **(4723)**........ 1800

CHAPITRE IV [Partie en R]. – Organismes de mesures et de vérifications **(4724)**... 1801

TITRE III. – Mesures et procédures d'urgence........ 1804

CHAPITRE Ier. – Arrêts temporaires de travaux ou d'activité **(4731)**........ 1804

CHAPITRE II. – Procédures de référé **(4732)**........ 1807

Pages

TITRE IV. – Dispositions pénales 1808
CHAPITRE Ier. – Infractions aux règles de santé et de sécurité **(4741)** 1808
Section 1. – Infractions commises par l'employeur ou son délégataire (L. 4741-1) 1808
Section 2. – Infractions commises par une personne autre que l'employeur ou son délégataire (L. 4741-9) 1826
Section 3. – Dispositions particulières aux personnes morales (L. 4741-11) 1827
CHAPITRE II. – Infractions aux règles de représentation des salariés **(4742)** 1828
CHAPITRE III. – Infractions aux règles concernant le travail des jeunes et des femmes enceintes, venant d'accoucher ou allaitant **(4743)** 1828
CHAPITRE IV. – Opérations de bâtiment et de génie civil **(4744)** 1828
CHAPITRE V. – Infractions aux règles relatives à la médecine du travail **(4745)** 1828

LIVRE VIII

Dispositions relatives à l'outre-mer

TITRE Ier. – Dispositions générales 1829
CHAPITRE UNIQUE **(4811)** 1829

TITRE II. – Dispositions particulières aux départements d'outre-mer, Saint-Barthélemy, Saint-Martin et à Saint-Pierre-et-Miquelon 1829
CHAPITRE Ier. – Dispositions générales **(4821)** 1829
CHAPITRE II. – Services de santé au travail **(4822)** 1829

TITRE III. – Dispositions relatives à Mayotte, à Wallis-et-Futuna et aux Terres australes et antarctiques françaises 1830
CHAPITRE UNIQUE **(4831)** 1830

CINQUIÈME PARTIE

L'EMPLOI

LIVRE Ier

Les dispositifs en faveur de l'emploi

TITRE Ier. – Politique de l'emploi 1831
CHAPITRE Ier. – Objet **(5111)** 1832
CHAPITRE II. – Instances concourant à la politique de l'emploi **(5112)** 1833
Section unique. – Conseil national de l'emploi (L. 5112-1) 1833

TITRE II. – Aides au maintien et à la sauvegarde de l'emploi 1838
CHAPITRE Ier. – Aides à l'adaptation des salariés aux évolutions de l'emploi et des compétences **(5121)** 1838
Section 1. – Aide au développement de l'emploi et des compétences (L. 5121-1). 1838
Section 2. – Aide à l'élaboration d'un plan de gestion prévisionnelle des emplois et des compétences (L. 5121-3) 1839

Pages

Section 3. – Aide aux actions de formation pour l'adaptation des salariés (L. 5121-4) 1840
Section 4. – Aide au remplacement des salariés en formation [Abrogée] 1842
Section 5. – Dispositions d'application (L. 5121-7) 1842

CHAPITRE II. – Aides aux salariés en chômage partiel **(5122)** 1842
Section 1. – Allocation spécifique de chômage partiel (L. 5122-1) 1843
Section 2. – Allocations complémentaires de chômage partiel (L. 5122-2) 1848
Section 3. – Régime social et fiscal des allocations (L. 5122-4) 1851
Section 4. – Dispositions d'application (L. 5122-5) 1851

CHAPITRE III. – Aides aux actions de reclassement et de reconversion professionnelle **(5123)** 1852

CHAPITRE IV. – Dispositions pénales **(5124)** 1861

TITRE III. – Aides à l'insertion, à l'accès et au retour à l'emploi 1862

CHAPITRE Ier. – Accompagnement personnalisé pour l'accès à l'emploi **(5131)** 1863
Section 1. – Objet et conventions (L. 5131-1) 1863
Section 2. – Plan local pluriannuel pour l'insertion et l'emploi (L. 5131-2) 1863
Section 3. – Accompagnement des jeunes vers l'emploi (L. 5131-3) 1864
Section 4. – Dispositions d'application (L. 5131-7) 1868

CHAPITRE II. – Insertion par l'activité économique **(5132)** 1868
Section 1. – Objet (L. 5132-1) 1868
Section 2. – Conventions (L. 5132-2) 1869
Section 3. – Mise en œuvre des actions d'insertion par l'activité économique (L. 5132-4) 1869
Section 4. – Dispositions d'application (L. 5132-16) 1883

CHAPITRE III. – [Prime de retour à l'emploi] et aide personnalisée de retour à l'emploi 1884
Section 1. – Prime de retour à l'emploi [Abrogée] 1884
Section 2. – Aide personnalisée de retour à l'emploi (L. 5133-8) 1885
Section 3. – Aide à l'embauche des seniors (L. 5133-11) 1886

CHAPITRE IV. – Contrats de travail aidés **(5134)** 1887
Section 1. – Contrat emploi-jeune (L. 5134-1) 1887
Section 1-1. – Contrat unique d'insertion (L. 5134-19-1) 1892
Section 2. – Contrat d'accompagnement dans l'emploi (L. 5134-20) 1896
Section 3. – Contrat d'avenir [Abrogée] 1906
Section 4. – Contrat jeune en entreprise 1906
Section 5. – Contrat initiative-emploi (L. 5134-65) 1907
Section 6. – Contrat insertion-revenu minimum d'activité [Abrogée] 1913
Section 7. – Contrat relatif aux activités d'adultes-relais (L. 5134-100) 1913

CHAPITRE V. – Dispositions pénales 1917

TITRE IV. – Aides à la création d'entreprise 1917

CHAPITRE Ier. – Aides à la création ou à la reprise d'entreprise **(5141)** 1917
Section 1. – Exonération de charges sociales (L. 5141-1) 1919
Section 2. – Avance remboursable (L. 5141-2) 1921
Section 3. – Maintien d'allocations (L. 5141-3) 1922
Section 4 – Financement d'actions de conseil, de formation et d'accompagnement (L. 5141-5) 1923
Section 5. – Dispositions d'application (L. 5141-6) 1924

CHAPITRE II. – Contrat d'appui au projet d'entreprise **(5142)** 1925

LIVRE II

Dispositions applicables à certaines catégories de travailleurs

TITRE Ier. – Travailleurs handicapés 1927
CHAPITRE Ier. – Objet des politiques en faveur de l'emploi des personnes handicapées **(5211)** 1928
CHAPITRE II. – Obligation d'emploi des travailleurs handicapés, mutilés de guerre et assimilés **(5212)** 1929
Section 1. – Champ d'application (L. 5212-1) 1929
Section 2. – Obligation d'emploi (L. 5212-2) 1929
Section 3. – Modalités de mise en œuvre de l'obligation (L. 5212-6) 1932
Section 4. – Bénéficiaires de l'obligation d'emploi (L. 5212-13) 1938
Section 5. – Actions en justice (L. 5212-16) 1939
Section 6. – Dispositions d'application (L. 5212-17) 1939
CHAPITRE III. – Reconnaissance et orientation des travailleurs handicapés **(5213)** 1939
Section 1. – Reconnaissance de la qualité de travailleur handicapé (L. 5213-1) 1939
Section 2. – Réadaptation, rééducation et formation professionnelle (L. 5213-3) 1942
Section 3. – Orientation en milieu professionnel (L. 5213-6) 1944
Section 4. – Autres orientations (L. 5213-20) 1955
Section 5. – Actions en justice (L. 5213-21) 1956
Section 6. – Dispositions d'application (L. 5213-22) 1956
CHAPITRE IV. – Institutions et organismes concourant à l'insertion professionnelle des handicapés **(5214)** 1956
Section 1 A. – Pilotage des politiques en faveur de l'emploi des personnes handicapées (L. 5214-1 A) 1956
Section 1. – Fonds de développement pour l'insertion professionnelle des handicapés (L. 5214-1) 1957
Section 1 *bis*. – Organismes de placement spécialisés dans l'insertion professionnelle des personnes handicapées (L. 5214-3-1) 1958
Section 2. – Actions en justice (L. 5214-4) 1959
Section 3. – Dispositions d'application (L. 5214-5) 1959
CHAPITRE V. – Dispositions pénales **(5215)** 1959

TITRE II. – Travailleurs étrangers 1960
CHAPITRE Ier. – Emploi d'un salarié étranger **(5221)** 1960
Section 1. – Accords internationaux (L. 5221-1) 1961
Section 2. – Introduction d'un travailleur étranger (L. 5221-2) 1961
Section 3. – Conditions d'exercice d'une activité salariée (L. 5221-5) 1962
CHAPITRE II. – Interdictions **(5222)** 1973
CHAPITRE III. – Office français de l'immigration et de l'intégration **(5223)** 1974
Section 1. – Missions et exercice des missions (L. 5223-1) 1974
Section 2. – Statut, organisation et fonctionnement (L. 5223-2) 1975
Section 3. – Ressources (L. 5223-6) 1979
CHAPITRE IV. – Dispositions pénales **(5224)** 1980

LIVRE III

Service public de l'emploi et placement

TITRE Ier. – Le service public de l'emploi 1981
CHAPITRE Ier. – Missions et composantes du service public de l'emploi **(5311)** 1981
CHAPITRE II. – Placement et accompagnement des demandeurs d'emploi **(5312)** 1982
CHAPITRE III. – Maisons de l'emploi **(5313)** 1992
CHAPITRE IV. – Missions locales pour l'insertion professionnelle et sociale des jeunes **(5314)** 1994

Pages

TITRE II. – Placement 1997

CHAPITRE Ier. – Principes **(5321)** 1997

CHAPITRE II. – Rôle des collectivités territoriales **(5322)** 1998

CHAPITRE III. – Contrôle **(5323)** 2000

CHAPITRE IV. – Dispositions pénales **(5324)** 2001

TITRE III. – Diffusion et publicité des offres et demandes d'emploi 2001

CHAPITRE Ier. – Interdictions **(5331)** 2001

CHAPITRE II. – Conditions de publication et de diffusion des offres d'emploi **(5332)** 2002

CHAPITRE III. – Contrôle **(5333)** 2003

CHAPITRE IV. – Dispositions pénales **(5334)** 2003

LIVRE IV

Le demandeur d'emploi

TITRE Ier. – Droits et obligations du demandeur d'emploi 2004

CHAPITRE Ier. – Inscription du demandeur d'emploi et recherche d'emploi **(5411)** 2004

Section 1. – Inscription sur la liste des demandeurs d'emploi (L. 5411-1) 2004

Section 2. – Recherche d'emploi (L. 5411-6) 2006

Section 3. – Représentation du demandeur d'emploi (L. 5411-9) 2010

Section 4. – Dispositions d'application (L. 5411-10) 2010

CHAPITRE II. – Radiation de la liste des demandeurs d'emploi **(5412)** 2011

CHAPITRE III. – Dispositions pénales **(5413)** 2013

TITRE II. – Indemnisation des travailleurs involontairement privés d'emploi 2013

CHAPITRE Ier. – Dispositions générales **(5421)** 2014

CHAPITRE II. – Régime d'assurance **(5422)** 2016

Section 1. – Conditions et modalités d'attribution de l'allocation d'assurance (L. 5422-1) 2016

Section 2. – Financement de l'allocation d'assurance (L. 5422-9) 2020

Section 3. – Obligations d'assurance et de déclaration des rémunérations (L. 5422-13) 2021

Section 4. – Modalités de recouvrement et de contrôle des contributions (L. 5422-15) 2022

Section 5. – Accords relatifs à l'assurance chômage (L. 5422-20) 2023

CHAPITRE III. – Régime de solidarité **(5423)** 2026

Section 1. – Allocations (L. 5423-1) 2026

Section 2. – Financement des allocations (L. 5423-24) 2034

Section 3. – Dispositions d'application (L. 5423-33) 2036

CHAPITRE IV. – Régimes particuliers **(5424)** 2036

Section 1. – Dispositions particulières à certains salariés (L. 5424-1) 2036

Section 2. – Entreprises du bâtiment et des travaux publics privées d'emploi par suite d'intempéries (L. 5424-6) 2039

Section 3. – Professions de la production cinématographique, de l'audiovisuel ou du spectacle (L. 5424-20) 2046

CHAPITRE V. – Maintien des droits au revenu de remplacement du demandeur indemnisé **(5425)** 2049

Section 1. – Cumul d'un revenu de remplacement avec d'autres revenus (L. 5425-1) 2049

Section 2. – Prime forfaitaire pour reprise d'activité (L. 5425-3) 2051

Section 3. – Exercice d'une activité bénévole (L. 5425-8) 2052

Pages

Section 4. – Exercice d'une activité d'intérêt général (L. 5425-9) 2052
CHAPITRE VI. – Contrôle et sanctions **(5426)** 2053
Section 1. – Agents chargés du contrôle de la recherche d'emploi (L. 5426-1) 2053
Section 2. – Réduction, suspension ou suppression du revenu de remplacement (L. 5426-2) 2053
Section 3. – Pénalité administrative (L. 5426-5) 2056
Section 4. – Répétition des prestations indues (L. 5426-8-1) 2057
Section 5. – Dispositions d'application (L. 5426-9) 2058
CHAPITRE VII. – Organismes gestionnaires du régime d'assurance chômage **(5427)** 2058
Section 1. – Gestion confiée à des organismes de droit privé par voie d'accord ou de convention (L. 5427-1) 2058
Section 2. – Gestion confiée à un établissement public en l'absence de convention (L. 5427-7) 2060
Section 3. – Dispositions communes (L. 5427-10) 2061
CHAPITRE VIII. – Dispositions financières **(5428)** 2062
CHAPITRE IX. – Dispositions pénales **(5429)** 2062

LIVRE V

Dispositions relatives à l'outre-mer

TITRE Ier. – Dispositions générales 2064
CHAPITRE UNIQUE **(5511)** 2064

TITRE II. – Départements d'outre-mer, Saint-Barthélemy, Saint-Martin et Saint-Pierre-et-Miquelon 2064
CHAPITRE Ier. – Dispositions générales **(5521)** 2064
CHAPITRE II. – Dispositifs en faveur de l'emploi **(5522)** 2066
Section 1. – Aides à l'insertion, à l'accès et au retour à l'emploi (L. 5522-1) 2069
Section 2. – Aides à la création d'entreprise (L. 5522-21) 2080
Section 3. – Dispositions pénales (L. 5522-28) 2084
CHAPITRE III. – Dispositions applicables à certaines catégories de travailleurs **(5523)** 2084
CHAPITRE IV. – Le demandeur d'emploi **(5524)** 2086
Section 1. – Allocation de retour à l'activité [Abrogée] 2086
Section 2. – Dispositions d'adaptation (L. 5524-10) 2086

TITRE III. – Mayotte, Wallis-et-Futuna et Terres australes et antarctiques françaises 2086
CHAPITRE UNIQUE **(5531)** 2086

SIXIÈME PARTIE

LA FORMATION PROFESSIONNELLE TOUT AU LONG DE LA VIE

LIVRE Ier

Principes généraux et organisation institutionnelle de la formation professionnelle

TITRE Ier. – Principes généraux 2089
CHAPITRE Ier. – Objectifs et contenu de la formation professionnelle **(6111)** 2089

Pages

CHAPITRE II. – Égalité d'accès à la formation **(6112)** 2092
Section 1. – Égalité d'accès entre les femmes et les hommes (L. 6112-1) 2092
Section 2. – Égalité d'accès des personnes handicapées et assimilées (L. 6112-3). 2093

TITRE II. – Rôle des régions, de l'État et des institutions de la formation professionnelle 2093
CHAPITRE Ier. – Rôle des régions **(6121)** 2093
CHAPITRE II. – Rôle de l'État **(6122)** 2094
CHAPITRE III. – Institutions de la formation professionnelle **(6123)** 2095
Section 1. – Conseil national de la formation professionnelle tout au long de la vie (L. 6123-1) 2095
Section 2. – Délégué à l'information et à l'orientation (L. 6123-3) 2103

LIVRE II

L'apprentissage

TITRE Ier. – Dispositions générales 2104
CHAPITRE UNIQUE **(6211)** 2104

TITRE II. – Contrat d'apprentissage 2106
CHAPITRE Ier. – Définition et régime juridique **(6221)** 2106
CHAPITRE II. – Contrat de travail et conditions de travail **(6222)** 2107
Section 1. – Formation, exécution et rupture du contrat de travail (L. 6222-1) 2107
Section 2. – Conditions de travail de l'apprenti (L. 6222-23) 2119
Section 3. – Présentation et préparation aux examens (L. 6222-34) 2123
Section 3 *bis*. – Carte d'étudiant des métiers (L. 6222-36-1) 2124
Section 4. – Aménagements en faveur des personnes handicapées (L. 6222-37) ... 2124
Section 5. – Médiateur consulaire (L. 6222-39) 2126
CHAPITRE III. – Obligations de l'employeur **(6223)** 2126
Section 1. – Organisation de l'apprentissage (L. 6223-1) 2126
Section 2. – Engagements dans le cadre de la formation (L. 6223-2) 2129
Section 3. – Maître d'apprentissage (L. 6223-5) 2130
Section 4. – Dispositions d'application (L. 6223-9) 2132
CHAPITRE IV. – Enregistrement du contrat **(6224)** 2132
CHAPITRE V. – Procédures d'opposition, de suspension et d'interdiction de recrutement **(6225)** 2135
Section 1. – Opposition à l'engagement d'apprentis (L. 6225-1) 2135
Section 2. – Suspension de l'exécution du contrat et interdiction de recrutement (L. 6225-4) 2137
Section 3. – Dispositions d'application (L. 6225-8) 2138
CHAPITRE VI. – Entreprises de travail temporaire **(6226)** 2138
CHAPITRE VI [Partie en R]. – Dispositions pénales **(6226)** 2139

TITRE III. – Centres de formation d'apprentis et sections d'apprentissage 2140
CHAPITRE Ier. – Missions des centres de formation d'apprentis **(6231)** 2140
CHAPITRE II. – Création de centres de formation d'apprentis et de sections d'apprentissage **(6232)** 2141
Section 1. – Création de centres de formation d'apprentis (L. 6232-1) 2141
Section 2. – Création de sections d'apprentissage et d'unités de formation par apprentissage (L. 6232-6) 2143
Section 3. – Dispositions d'application (L. 6232-11) 2145

Pages

CHAPITRE III. – Fonctionnement des centres de formation d'apprentis et des sections d'apprentissage **(6233)** 2145
Section 1. – Ressources (L. 6233-1) 2145
Section 2. – Personnel (L. 6233-3) 2146
Section 3. – Fonctionnement pédagogique des centres de formation d'apprentis (L. 6233-8) 2151
Section 4. – Dispositions d'application (L. 6233-10) 2154
CHAPITRE IV. – Dispositions pénales **(6234)** 2154

TITRE IV. – Financement de l'apprentissage 2154
CHAPITRE Ier. – Taxe d'apprentissage **(6241)** 2154
Section 1. – Principes (L. 6241-1) 2154
Section 2. – Versements libératoires (L. 6241-4) 2156
Section 3. – Affectation des fonds (L. 6241-10) 2158
Section 4. – Dispositions d'application (L. 6241-12) 2159
CHAPITRE II. – Organismes collecteurs de la taxe d'apprentissage **(6242)** 2159
CHAPITRE III. – Aides à l'apprentissage **(6243)** 2162
Section 1. – Indemnité compensatrice forfaitaire (L. 6243-1) 2162
Section 2. – Exonération de charges salariales (L. 6243-2) 2163
Section 3. – Dispositions d'application (L. 6243-4) 2164
CHAPITRE IV. – Dispositions pénales **(6244)** 2165

TITRE V. – Inspection et contrôle de l'apprentissage 2165
CHAPITRE Ier. – Inspection de l'apprentissage **(6251)** 2165
CHAPITRE II. – Contrôle **(6252)** 2168
Section 1. – Contrôle des centres de formation d'apprentis (L. 6252-1) 2168
Section 2. – Contrôle administratif et financier (L. 6252-4) 2169
Section 3. – Sanctions (L. 6252-10) 2170
Section 4. – Dispositions d'application (L. 6252-13) 2171
CHAPITRE III. – Dispositions pénales. Néant 2171

TITRE VI. – Dispositions particulières aux départements de la Moselle, du Bas-Rhin et du Haut-Rhin 2171
CHAPITRE UNIQUE **(6261)** 2171

LIVRE III

La formation professionnelle continue

TITRE Ier. – Dispositions générales 2175
CHAPITRE Ier. – Objet de la formation professionnelle continue **(6311)** 2175
CHAPITRE II. – Accès à la formation professionnelle continue **(6312)** 2175
CHAPITRE III. – Catégories d'actions de formation **(6313)** 2176
CHAPITRE IV. – Droit à l'information, à l'orientation et à la qualification professionnelles **(6314)** 2178
CHAPITRE V. – Bilan d'étape professionnel et passeport orientation et formation **(6315)** 2179

TITRE II. – Dispositifs de formation professionnelle continue 2180
CHAPITRE Ier. – Formations à l'initiative de l'employeur et plan de formation **(6321)** 2180

Pages

Section 1. – Obligations de l'employeur et plan de formation (L. 6321-1) 2180
Section 2. – Régimes applicables aux heures de formation (L. 6321-2) 2181
Section 3. – Actions de formation du salarié occupant un emploi saisonnier (L. 6321-13) 2184
Section 4. – Secteur public (L. 6321-16) 2184
CHAPITRE II. – Formations à l'initiative du salarié **(6322)** 2184
Section 1. – Congé individuel de formation (L. 6322-1) 2184
Section 2. – Congé de bilan de compétences (L. 6322-42) 2195
Section 3. – Autres congés (L. 6322-53) 2199
Section 4. – Formations se déroulant en dehors du temps de travail (L. 6322-64) 2202
CHAPITRE III. – Droit individuel à la formation **(6323)** 2203
Section 1. – Conditions d'ouverture (L. 6323-1) 2203
Section 2. – Modalités de mise en œuvre (L. 6323-5) 2204
Section 3. – Rémunération et protection sociale (L. 6323-13) 2205
Section 4. – Prise en charge des frais de formation (L. 6323-16) 2205
Section 5. – Portabilité du droit individuel à la formation (L. 6323-17) 2206
CHAPITRE IV. – Périodes de professionnalisation **(6324)** 2208
Section 1. – Objet et conditions d'ouverture (L. 6324-1) 2208
Section 2. – Déroulement des périodes de professionnalisation (L. 6324-7) 2209
CHAPITRE V. – Contrats de professionnalisation **(6325)** 2210
Section 1. – Objet et conditions d'ouverture (L. 6325-1) 2212
Section 2. – Formation et exécution du contrat (L. 6325-5) 2213
Section 3. – Salaire et durée du travail (L. 6325-8) 2214
Section 4. – Durée et mise en œuvre des actions de professionnalisation (L. 6325-11) 2214
Section 5. – Exonération de cotisations sociales (L. 6325-16) 2215
Section 6. – Entreprises de travail temporaire (L. 6325-23) 2217
CHAPITRE VI. – Préparation opérationnelle à l'emploi **(6326)** 2221

TITRE III. – Financement de la formation professionnelle continue 2222
CHAPITRE Ier. – Participation des employeurs au développement de la formation professionnelle continue **(6331)** 2222
Section 1. – Obligation de financement (L. 6331-1) 2223
Section 2. – Employeurs de moins de dix salariés (L. 6331-2) 2223
Section 3. – Employeurs de dix salariés et plus (L. 6331-9) 2225
Section 4. – Dispositions applicables à certaines catégories d'employeurs (L. 6331-35) 2236
CHAPITRE II. – Organismes collecteurs agréés **(6332)** 2245
Section 1. – Dispositions générales (L. 6332-1) 2245
Section 2. – Fonds d'assurance-formation (L. 6332-7) 2256
Section 3. – Organismes agréés au titre de la professionnalisation et du droit individuel à la formation (L. 6332-14) 2262
Section 4. – Fonds paritaire de sécurisation des parcours professionnels (L. 6332-18) 2267
Section 5. – Information de l'État (L. 6332-23) 2273
CHAPITRE III. – Dispositions pénales. Néant 2274

TITRE IV. – Stagiaire de la formation professionnelle 2274
CHAPITRE Ier. – Rémunération du stagiaire **(6341)** 2274
Section 1. – Financement des stages rémunérés par l'État ou la région (L. 6341-1). 2274
Section 2. – Montant de la rémunération (L. 6341-7) 2277
Section 3. – Remboursement des frais de transport (L. 6341-9) 2281

Pages

Section 4. – Prêts au stagiaire (L. 6341-10) 2282
Section 5. – Règlement des litiges (L. 6341-11) 2282
Section 6. – Dispositions d'application (L. 6341-12) 2282

CHAPITRE II. – Protection sociale du stagiaire **(6342)** 2282
Section 1. – Affiliation à un régime de sécurité sociale (L. 6342-1) 2282
Section 2. – Prise en charge des cotisations par l'État ou la région (L. 6342-2) 2283
Section 3. – Droits aux prestations (L. 6342-4) 2283
Section 4. – Règlement des litiges (L. 6342-6) 2283
Section 5. – Dispositions d'application (L. 6342-7) 2283

CHAPITRE III. – Conditions de travail du stagiaire **(6343)** 2284

TITRE V. – Organismes de formation 2284

CHAPITRE Ier. – Déclaration d'activité **(6351)** 2285
Section 1. – Principes généraux (L. 6351-1 A) 2285
Section 2. – Régime juridique de la déclaration d'activité (L. 6351-1) 2285

CHAPITRE II. – Fonctionnement **(6352)** 2288
Section 1. – Personnels (L. 6352-1) 2288
Section 2. – Règlement intérieur (L. 6352-3) 2289
Section 3. – Obligations comptables (L. 6352-6) 2289
Section 4. – Bilan pédagogique et financier (L. 6352-11) 2289
Section 5. – Publicité (L. 6352-12) 2290

CHAPITRE III. – Réalisation des actions de formation **(6353)** 2294
Section 1. – Convention de formation entre l'acheteur de formation et l'organisme de formation (L. 6353-1) 2294
Section 2. – Contrat de formation entre une personne physique et un organisme de formation (L. 6353-3) 2296
Section 3. – Obligations vis-à-vis du stagiaire (L. 6353-8) 2297

CHAPITRE IV. – Sanctions financières **(6354)** 2297

CHAPITRE V. – Dispositions pénales **(6355)** 2298

TITRE VI. – Contrôle de la formation professionnelle continue 2301

CHAPITRE Ier. – Objet du contrôle et fonctionnaires de contrôle **(6361)** 2301
Section 1. – Objet du contrôle (L. 6361-1) 2301
Section 2. – Agents de contrôle (L. 6361-5) 2302
Section 3. – Dispositions d'application (L. 6361-6) 2302

CHAPITRE II. – Déroulement des opérations de contrôle **(6362)** 2303
Section 1. – Accès aux documents et justifications à apporter (L. 6362-1) 2303
Section 2. – Procédure (L. 6362-8) 2305
Section 3. – Sanctions (L. 6362-12) 2305
Section 4. – Dispositions d'application (L. 6362-13) 2306

CHAPITRE III. – Constatation des infractions et dispositions pénales **(6363)** 2307
Section 1. – Constatation des infractions (L. 6363-1) 2307
Section 2. – Dispositions pénales (L. 6363-2) 2307

LIVRE IV

Validation des acquis de l'expérience

TITRE Ier. – Objet de la validation des acquis de l'expérience et régime juridique 2308

CHAPITRE Ier. – Objet de la validation des acquis de l'expérience **(6411)** 2308

CHAPITRE II. – Régime juridique **(6412)** 2308

Pages

TITRE II. – Mise en œuvre de la validation des acquis de l'expérience 2311

CHAPITRE Ier. – Garanties **(6421)** 2311

CHAPITRE II. – Congé pour validation des acquis de l'expérience **(6422)** 2312

Section 1. – Conditions d'ancienneté (L. 6422-1) 2312

Section 2. – Durée du congé (L. 6422-3) 2312

Section 3. – Conditions de prise en charge et rémunération (L. 6422-6) 2312

Section 4. – Dispositions d'application (L. 6422-10) 2313

LIVRE V

Dispositions relatives à l'outre-mer

TITRE Ier. – Dispositions générales 2315

CHAPITRE UNIQUE **(6511)** 2315

TITRE II. – Départements d'outre-mer, Saint-Barthélemy, Saint-Martin et Saint-Pierre-et-Miquelon 2315

CHAPITRE Ier. – Dispositions générales **(6521)** 2315

CHAPITRE II. – L'apprentissage **(6522)** 2318

CHAPITRE III. – La formation professionnelle continue **(6523)** 2319

Section 1. – Financement de la formation professionnelle continue (L. 6523-1) 2319

Section 2. – Parrainage (L. 6523-3) 2319

Section 3. – Stagiaire de la formation professionnelle (L. 6523-6) 2319

Section 4. – Dispositions d'adaptation (L. 6523-7) 2320

CHAPITRE IV. – Validation des acquis de l'expérience **(6524)** 2321

SEPTIÈME PARTIE

DISPOSITIONS PARTICULIÈRES À CERTAINES PROFESSIONS ET ACTIVITÉS

LIVRE Ier

Journalistes professionnels, professions du spectacle, de la publicité et de la mode

TITRE Ier. – Journalistes professionnels 2323

CHAPITRE Ier. – Champ d'application et définitions **(7111)** 2323

Section 1. – Champ d'application (L. 7111-1) 2323

Section 2. – Définitions (L. 7111-3) 2323

Section 3. – Carte d'identité professionnelle (L. 7111-6) 2327

Section 4. – Représentation professionnelle (L. 7111-7) 2327

CHAPITRE II. – Contrat de travail **(7112)** 2333

Section 1. – Présomption de salariat (L. 7112-1) 2333

Section 2. – Rupture du contrat (L. 7112-2) 2334

CHAPITRE III. – Rémunération **(7113)** 2338

CHAPITRE IV. – Dispositions pénales **(7114)** 2339

Pages

TITRE II. – Professions du spectacle, de la publicité et de la mode 2339
CHAPITRE Ier. – Artistes du spectacle **(7121)** 2339
Section 1. – Champ d'application (L. 7121-1) 2339
Section 2. – Définitions (L. 7121-2) 2339
Section 3. – Contrat de travail (L. 7121-3) 2340
Section 4. – Rémunération (L. 7121-8) 2343
Section 5. – Placement (L. 7121-9) 2344
Section 6. – Dispositions pénales (L. 7121-15) 2349
CHAPITRE II. – Entreprises de spectacles vivants **(7122)** 2349
Section 1. – Activité d'entrepreneur de spectacles vivants titulaires d'une licence (L. 7122-1) 2349
Section 2. – Activité d'entrepreneur de spectacles vivants à titre occasionnel (L. 7122-19) 2356
Section 3. – Guichet unique pour le spectacle vivant (L. 7122-22) 2356
CHAPITRE III. – Mannequins et agences de mannequins **(7123)** 2360
Section 1. – Mannequins (L. 7123-1) 2360
Section 2. – Agences de mannequins (L. 7123-11) 2362
Section 3. – Dispositions d'application (L. 7123-23) 2364
Section 4. – Dispositions pénales (L. 7123-24) 2370
CHAPITRE IV. – Enfants dans le spectacle, les professions ambulantes, la publicité et la mode **(7124)** 2371
Section 1. – Autorisation individuelle (L. 7124-1) 2371
Section 2. – Dérogations pour l'emploi d'enfants par des agences de mannequins agréées (L. 7124-4) 2371
Section 3. – Conditions de travail des enfants (L. 7124-6) 2372
Section 4. – Interdictions (L. 7124-13) 2372
Section 5. – Dispositions d'application (L. 7124-21) 2373
Section 6. – Dispositions pénales (L. 7124-22) 2379

LIVRE II

Concierges et employés d'immeubles à usage d'habitation, employés de maison et services à la personne

TITRE Ier. – Concierges et employés d'immeubles à usage d'habitation 2382
CHAPITRE Ier. – Dispositions générales **(7211)** 2382
Section 1. – Champ d'application et définitions (L. 7211-1) 2382
Section 2. – Dispositions d'application (L. 7211-4) 2384
CHAPITRE II. – Contrat de travail **(7212)** 2385
CHAPITRE III. – Congés payés **(7213)** 2386
CHAPITRE IV [Partie en R]. – Surveillance médicale **(7214)** 2388
CHAPITRE V. – Litiges **(7215)** 2391
CHAPITRE VI [Partie en R]. – Dispositions pénales **(7216)** 2392

TITRE II. – Employés de maison 2392
CHAPITRE Ier. – Dispositions générales **(7221)** 2392
CHAPITRE II [Partie en R]. – Dispositions pénales **(7222)** 2395

TITRE III. – Activités de services à la personne 2396
CHAPITRE Ier. – Champ d'application **(7231)** 2396
CHAPITRE II. – Déclaration et agrément des organismes et mise en œuvre des activités **(7232)** 2398

Pages

Section 1. – Déclaration et agrément des organismes (L. 7232-1) 2398
Section 2. – Mise en œuvre des activités (L. 7232-6) 2404
Section 3. – Dispositions d'application (L. 7232-7) 2404
CHAPITRE III. – Dispositions financières **(7233)** 2405
Section 1. – Frais de gestion et mesures fiscales et sociales (L. 7233-1) 2405
Section 2. – Aide financière en faveur des salariés, du chef d'entreprise ou des dirigeants sociaux (L. 7233-4) 2405
CHAPITRE IV. – Agence nationale des services à la personne **(7234)** 2408

LIVRE III

Voyageurs, représentants ou placiers, gérants de succursales

TITRE Ier. – Voyageurs, représentants et placiers 2413
CHAPITRE Ier. – Champ d'application et définitions **(7311)** 2413
Section 1. – Champ d'application (L. 7311-1) 2413
Section 2. – Définitions (L. 7311-3) 2415
CHAPITRE II. – Accès à la profession **(7312)** 2421
CHAPITRE III. – Contrat de travail **(7313)** 2421
Section 1. – Présomption de salariat (L. 7313-1) 2421
Section 2. – Conclusion et exécution du contrat de travail (L. 7313-5) 2422
Section 3. – Rémunération et congés (L. 7313-7) 2425
Section 4. – Rupture du contrat de travail (L. 7313-9) 2427
Section 5. – Litiges (L. 7313-18) 2435
CHAPITRE IV. – Dispositions pénales. Néant 2435
TITRE II. – Gérants de succursales 2435
CHAPITRE Ier. – Dispositions générales **(7321)** 2435
CHAPITRE II. – Gérants non salariés des succursales de commerce de détail alimentaire **(7322)** 2441

LIVRE IV

Travailleurs à domicile

TITRE Ier. – Dispositions générales 2446
CHAPITRE Ier. – Champ d'application et dispositions d'application **(7411)** 2446
CHAPITRE II. – Définitions **(7412)** 2446
CHAPITRE III. – Mise en œuvre **(7413)** 2449
TITRE II. – Rémunération et conditions de travail 2451
CHAPITRE Ier. – Fourniture et livraison des travaux **(7421)** 2451
CHAPITRE II. – Conditions de rémunération **(7422)** 2452
Section 1. – Salaires (L. 7422-1) 2452
Section 2. – Frais d'atelier et frais accessoires (L. 7422-11) 2456
CHAPITRE III. – Règlement des litiges **(7423)** 2457
CHAPITRE IV. – Santé et sécurité au travail **(7424)** 2457

LIVRE V

Dispositions relatives à l'outre-mer

TITRE Ier. – Dispositions générales 2459
CHAPITRE UNIQUE **(7511)** 2459

Pages

TITRE II. – Départements d'outre-mer, Saint-Barthélemy, Saint-Martin et Saint-Pierre-et-Miquelon 2459
CHAPITRE Ier. – Dispositions générales **(7521)** 2459
CHAPITRE II [Partie en D]. – Journalistes professionnels **(7522)** 2459

HUITIÈME PARTIE

CONTRÔLE DE L'APPLICATION DE LA LÉGISLATION DU TRAVAIL

LIVRE Ier

Inspection du travail

TITRE Ier. – Compétences et moyens d'intervention 2461
CHAPITRE Ier. – Répartition des compétences entre les différents départements ministériels. Néant 2461
CHAPITRE II. – Compétence des agents **(8112)** 2461
Section 1. – Inspecteurs du travail (L. 8112-1) 2461
Section 2. – Contrôleurs du travail (L. 8112-5) 2465
CHAPITRE III. – Prérogatives et moyens d'intervention **(8113)** 2467
Section 1. – Droit d'entrée dans les établissements (L. 8113-1) 2467
Section 2. – Droit de prélèvement (L. 8113-3) 2468
Section 3. – Accès aux documents (L. 8113-4) 2469
Section 4. – Recherche et constatation des infractions (L. 8113-7) 2470
Section 5. – Secret professionnel (L. 8113-10) 2473
CHAPITRE IV. – Dispositions pénales **(8114)** 2474

TITRE II. – Système d'inspection du travail 2476
CHAPITRE Ier [Partie en D et R]. – Échelon central **(8121)** 2476
CHAPITRE II [Partie en R]. – Services déconcentrés **(8122)** 2479
CHAPITRE III. – Appui à l'inspection du travail **(8123)** 2480
Section 1. – Médecin inspecteur du travail (L. 8123-1) 2480
Section 2. – Ingénieurs de prévention (L. 8123-4) 2482
Section 3. – Missions spéciales temporaires confiées à des médecins et ingénieurs (L. 8123-6) 2482

LIVRE II

Lutte contre le travail illégal

TITRE Ier. – Définition 2483
CHAPITRE UNIQUE **(8211)** 2483

TITRE II. – Travail dissimulé 2483
CHAPITRE Ier. – Interdictions **(8221)** 2483
Section 1. – Dispositions générales (L. 8221-1) 2483
Section 2. – Travail dissimulé par dissimulation d'activité (L. 8221-3) 2485
Section 3. – Travail dissimulé par dissimulation d'emploi salarié (L. 8221-5) 2487
Section 4. – Règles applicables à la diffusion d'annonces (L. 8221-7) 2491
Section 5. – Dispositions d'application (L. 8221-8) 2491

Pages

CHAPITRE II. – Obligations et solidarité financière des donneurs d'ordre et des maîtres d'ouvrage **(8222)** 2492
CHAPITRE III. – Droits des salariés **(8223)** 2496
CHAPITRE IV. – Dispositions pénales **(8224)** 2498

TITRE III. – Marchandage 2501
CHAPITRE Ier. – Interdiction **(8231)** 2501
CHAPITRE II. – Obligations et solidarité financière du donneur d'ordre **(8232)** 2502
CHAPITRE III. – Actions en justice **(8233)** 2504
CHAPITRE IV. – Dispositions pénales **(8234)** 2504

TITRE IV. – Prêt illicite de main-d'œuvre 2505
CHAPITRE Ier. – Interdiction **(8241)** 2505
CHAPITRE II. – Actions en justice **(8242)** 2508
CHAPITRE III. – Dispositions pénales **(8243)** 2508

TITRE V. – Emploi d'étrangers sans titre de travail 2509
CHAPITRE Ier. – Interdictions **(8251)** 2509
CHAPITRE II. – Droits du salarié étranger **(8252)** 2510
CHAPITRE III. – Contribution spéciale **(8253)** 2514
CHAPITRE IV. – Solidarité financière du donneur d'ordre **(8254)** 2518
CHAPITRE V. – Actions en justice **(8255)** 2521
CHAPITRE VI. – Dispositions pénales **(8256)** 2521

TITRE VI. – Cumuls irréguliers d'emplois 2523
CHAPITRE Ier. – Interdictions et dérogations **(8261)** 2523
Section 1. – Interdictions (L. 8261-1) 2523
Section 2. – Dérogations (L. 8261-3) 2524
CHAPITRE II [Partie en R]. – Dispositions pénales **(8262)** 2525

TITRE VII. – Contrôle du travail illégal 2525
CHAPITRE Ier. – Compétence des agents **(8271)** 2525
Section 1. – Dispositions communes (L. 8271-1) 2525
Section 2. – Travail dissimulé (L. 8271-7) 2528
Section 3. – Marchandage (L. 8271-14) 2530
Section 4. – Prêt illicite de main-d'œuvre (L. 8271-16) 2530
Section 5. – Emploi d'étrangers sans titre de travail (L. 8271-17) 2530
Section 6. – Dispositions d'application (L. 8271-20) 2531
CHAPITRE II. – Sanctions administratives **(8272)** 2531
CHAPITRE III [Partie en D]. – Coordination interministérielle de la lutte contre le travail illégal **(8273)** 2535

LIVRE III

Dispositions relatives à l'outre-mer

TITRE Ier. – Dispositions générales 2536
CHAPITRE UNIQUE **(8311)** 2536

TITRE II. – Départements d'outre-mer, Saint-Barthélemy, Saint-Martin et Saint-Pierre-et-Miquelon 2536

Pages

CHAPITRE Ier. – Dispositions générales **(8321)** 2536
CHAPITRE II [Partie en D]. – Inspection du travail **(8322)** 2536
CHAPITRE III. – Lutte contre le travail illégal **(8323)** 2537
Section 1. – Travail dissimulé (L. 8323-1) 2537
Section 2. – Emploi d'étrangers sans titre de travail (L. 8323-2) 2537

TITRE III. – Mayotte, Wallis-et-Futuna et Terres australes et antarctiques françaises 2538
CHAPITRE UNIQUE **(8331)** 2538

Table de référence

Une table alphabétique figure en fin d'ouvrage à la page 2661

Première partie

LIVRE I

Article	Page
L. 1	**2**
– 2	**2**
– 3	**2**
L. 1111-1	**3**
– 2	**3**
– 3	**5**
L. 1121-1	**5**
L. 1131-1	**8**
L. 1132-1	**9**
– 2	**13**
– 3	**13**
– 3-1	**13**
– 4	**13**
L. 1133-1	**14**
– 2	**14**
– 3	**15**
– 4	**15**
L. 1134-1	**16**
– 2	**16**
– 3	**17**
– 4	**17**
– 5	**17**
L. 1141-1	**19**
L. 1142-1	**19**
– 2	**22**
– 3	**22**
– 4	**22**
– 5	**23**
– 6	**23**
L. 1143-1	**24**
– 2	**25**
– 3	**25**
L. 1144-1	**27**
– 2	**28**
– 3	**28**
L. 1146-1	**23**
– 2	**23**
– 3	**24**
L. 1151-1	**31**
L. 1152-1	**32**
– 2	**33**
– 3	**34**
– 4	**34**
– 5	**35**
– 6	**35**
L. 1153-1	**35**
– 2	**35**
– 3	**36**
– 4	**36**
– 5	**36**
– 6	**36**
L. 1154-1	**36**
– 2	**37**
L. 1155-1	**37**
– 2	**37**
– 3	**37**
– 4	**37**
L. 1161-1	**38**
R. 1111-1	**4**
R. 1142-1	**22**
R. 1143-1	**25**
D. 1143-2	**25**
– 3	**25**
– 4	**25**
– 5	**25**
– 6	**25**
– 7	**26**
– 8	**26**
– 9	**26**
– 10	**26**
– 11	**26**
– 12	**26**
– 13	**26**
– 14	**26**
– 15	**26**
– 16	**27**
– 17	**27**
– 18	**27**
D. 1145-1	**29**
– 2	**29**
– 3	**29**
– 4	**29**
– 5	**29**
– 6	**29**
– 7	**29**
D. 1145-8	**30**
– 9	**30**
– 10	**30**
– 11	**30**
– 12	**30**
– 13	**30**
– 14	**30**
– 15	**30**
– 16	**31**
– 17	**31**
– 18	**31**
– 19	**31**

LIVRE II

Article	Page
L. 1211-1	**39**
L. 1221-1	**39**
– 2	**42**
– 3	**43**
– 4	**44**
– 5	**44**
– 6	**45**
– 7	**45**
– 8	**45**
– 9	**45**
– 10	**46**
– 11	**46**
– 12	**46**
– 13	**49**
– 14	**50**
– 15	**50**
– 16	**50**
– 17	**51**
– 18	**52**
– 19	**54**
– 20	**55**
– 21	**55**
– 22	**56**
– 23	**56**
– 24	**57**
– 25	**58**
– 26	**59**
L. 1222-1	**60**
– 2	**60**
– 3	**61**
– 4	**61**
– 5	**61**
– 6	**61**
– 7	**62**
– 8	**62**
L. 1223-5	**63**
– 6	**63**
– 7	**63**
L. 1224-1	**64**
– 2	**76**
– 3	**78**
– 3-1	**80**
– 4	**80**
L. 1225-1	**81**
– 2	**82**
– 3	**82**
– 4	**82**
– 5	**83**
– 6	**83**
– 7	**84**
– 8	**84**
– 9	**85**
– 10	**85**
– 11	**85**
– 12	**85**
– 13	**85**
– 14	**86**
– 15	**86**
– 16	**86**
– 17	**86**
– 18	**87**
– 19	**87**
– 20	**87**
– 21	**88**
– 22	**88**
– 23	**88**
– 24	**88**
– 25	**88**
– 26	**89**
– 27	**89**
– 28	**89**
– 29	**89**
– 30	**89**
– 31	**90**
– 32	**90**
– 33	**90**
– 34	**90**
– 35	**90**
– 36	**91**
– 37	**91**
– 38	**91**
– 39	**91**
– 40	**91**
– 41	**91**
– 42	**92**
– 43	**92**

Article	Page
L. 1225-44	**92**
– 45	**92**
– 46	**92**
– 47	**92**
– 48	**93**
– 49	**94**
– 50	**94**
– 51	**94**
– 52	**95**
– 53	**95**
– 54	**95**
– 55	**95**
– 56	**95**
– 57	**95**
– 58	**96**
– 59	**96**
– 60	**96**
– 61	**96**
– 62	**96**
– 63	**97**
– 64	**97**
– 65	**97**
– 66	**97**
– 67	**98**
– 68	**98**
– 69	**98**
– 70	**98**
– 71	**98**
– 72	**99**
L. 1226-1	99
– 1-1	**102**
– 2	**102**
– 3	**105**
– 4	**105**
– 4-1	**106**
– 4-2	**106**
– 4-3	**106**
– 5	**106**
– 6	**107**
– 7	**107**
– 8	**109**
– 9	**110**
– 10	**112**
– 11	**116**
– 12	**117**
– 13	**118**
– 14	**119**
– 15	**121**
– 16	**122**
– 17	**122**
– 18	**122**
– 19	**123**
– 20	**123**
– 21	**123**
– 22	**124**
– 23	**124**
– 24	**124**
L. 1227-1	124
L. 1231-1	**125**
– 2	**127**
– 3	**127**

Article	Page
L. 1231-4	**127**
– 5	**127**
– 6	**129**
L. 1232-1	**129**
– 2	**134**
– 3	**137**
– 4	**138**
– 5	**140**
– 6	**140**
– 7	**145**
– 8	**145**
– 9	**145**
– 10	**145**
– 11	**145**
– 12	**146**
– 13	**146**
– 14	**146**
L. 1233-1	**148**
– 2	**149**
– 3	**149**
– 4	**159**
– 4-1	**165**
– 5	**166**
– 6	**169**
– 7	**169**
– 8	**169**
– 9	**170**
– 10	**170**
– 11	**171**
– 12	**171**
– 13	**171**
– 14	**171**
– 15	**171**
– 16	**171**
– 17	**172**
– 18	**172**
– 19	**172**
– 20	**173**
– 21	**173**
– 22	**173**
– 23	**174**
– 24	**174**
– 25	**174**
– 26	**175**
– 27	**175**
– 28	**175**
– 29	**177**
– 30	**177**
– 31	**177**
– 32	**177**
– 33	**177**
– 34	**177**
– 35	**178**
– 36	**178**
– 37	**178**
– 38	**178**
– 39	**179**
– 40	**179**
– 41	**179**
– 42	**179**
– 43	**179**
– 44	**180**
– 45	**180**

Article	Page
L. 1233-46	**182**
– 47	**183**
– 48	**183**
– 49	**183**
– 50	**183**
– 51	**183**
– 52	**184**
– 53	**185**
– 54	**185**
– 55	**185**
– 56	**185**
– 57	**186**
– 58	**186**
– 59	**186**
– 60	**189**
– 61	**190**
– 62	**195**
– 63	**195**
– 64	**195**
– 65	**196**
– 66	**196**
– 67	**197**
– 68	**198**
– 69	**198**
– 70	**199**
– 71	**199**
– 72	**199**
– 72-1	**200**
– 73	**200**
– 74	**200**
– 75	**200**
– 76	**200**
– 77	**202**
– 78	**203**
– 79	**203**
– 80	**203**
– 81	**203**
– 82	**203**
– 83	**203**
– 84	**204**
– 85	**204**
– 86	**204**
– 87	**204**
– 88	**204**
– 89	**205**
– 90	**205**
– 91	**207**
L. 1234-1	**208**
– 2	**211**
– 3	**211**
– 4	**212**
– 5	**212**
– 6	**215**
– 7	**215**
– 8	**216**
– 9	**216**
– 10	**219**
– 11	**219**
– 12	**219**
– 13	**220**
– 14	**221**
– 15	**221**
– 16	**221**

Article	Page
L. 1234-17	**221**
– 17-1	**221**
– 18	**221**
– 19	**221**
– 20	**224**
L. 1235-1	**229**
– 2	**231**
– 3	**232**
– 4	**233**
– 5	**236**
– 6	**238**
– 7	**238**
– 8	**238**
– 9	**239**
– 10	**239**
– 11	**240**
– 12	**241**
– 13	**241**
– 14	**242**
– 15	**242**
– 17	**242**
L. 1236-7	**243**
– 8	**243**
L. 1237-1	**243**
– 2	**247**
– 3	**248**
– 4	**248**
– 5	**249**
– 5-1	**251**
– 6	**251**
– 7	**252**
– 8	**252**
– 9	**252**
– 10	**253**
– 11	**253**
– 12	**254**
– 13	**254**
– 14	**255**
– 15	**256**
– 16	**256**
L. 1238-1	**148**
– 2	**207**
– 3	**207**
– 4	**207**
– 5	**207**
L. 1241-1	**257**
L. 1242-1	**258**
– 2	**260**
– 3	**264**
– 4	**265**
– 5	**265**
– 6	**265**
– 7	**266**
– 8	**267**
– 9	**268**
– 10	**269**
– 11	**269**
– 12	**270**

Article	Page
L. 1242-13	**271**
– 14	**272**
– 15	**272**
– 16	**272**
– 17	**273**
L. 1243-1	**274**
– 2	**276**
– 3	**277**
– 4	**277**
– 5	**278**
– 6	**278**
– 7	**278**
– 8	**278**
– 9	**279**
– 10	**279**
– 11	**280**
– 12	**280**
– 13	**281**
L. 1244-1	**281**
– 2	**282**
– 3	**282**
– 4	**282**
L. 1245-1	**283**
– 2	**285**
L. 1246-1	**286**
L. 1247-1	**286**
L. 1248-1	**273**
– 2	**273**
– 3	**273**
– 4	**273**
– 5	**273**
– 6	**273**
– 7	**273**
– 8	**273**
– 9	**281**
– 10	**281**
– 11	**283**
L. 1251-1	**287**
– 2	**287**
– 3	**289**
– 4	**289**
– 5	**289**
– 6	**289**
– 7	**291**
– 8	**291**
– 9	**291**
– 10	**292**
– 11	**293**
– 12	**293**
– 13	**294**
– 14	**294**
– 15	**294**
– 16	**295**
– 17	**296**
– 18	**296**
– 19	**297**
– 20	**297**
– 21	**297**
– 22	**298**
L. 1251-23	**298**
– 24	**299**
– 25	**299**
– 26	**299**
– 27	**300**
– 28	**300**
– 29	**300**
– 30	**300**
– 31	**300**
– 32	**300**
– 33	**301**
– 34	**301**
– 35	**302**
– 36	**302**
– 37	**302**
– 38	**302**
– 39	**303**
– 40	**303**
– 41	**304**
– 42	**304**
– 43	**305**
– 44	**306**
– 45	**306**
– 46	**306**
– 47	**307**
– 48	**307**
– 49	**308**
– 50	**308**
– 51	**309**
– 52	**309**
– 53	**309**
– 54	**312**
– 55	**312**
– 56	**312**
– 57	**312**
– 58	**313**
– 59	**313**
– 60	**313**
– 61	**314**
– 62	**314**
– 63	**314**
– 64	**314**
L. 1252-1	**317**
– 2	**318**
– 3	**318**
– 4	**318**
– 5	**318**
– 6	**318**
– 7	**318**
– 8	**318**
– 9	**318**
– 10	**319**
– 11	**319**
– 12	**319**
– 13	**319**
L. 1253-1	**319**
– 2	**320**
– 3	**320**
– 6	**321**
– 7	**321**
– 8	**321**
– 9	**321**
L. 1253-10	**322**
– 11	**322**
– 12	**322**
– 13	**322**
– 14	**322**
– 15	**322**
– 16	**322**
– 17	**323**
– 18	**323**
– 19	**327**
– 20	**328**
– 21	**328**
– 22	**328**
– 23	**328**
L. 1254-1	**315**
– 2	**315**
– 3	**316**
– 4	**316**
– 5	**316**
– 6	**316**
– 7	**316**
– 8	**316**
– 9	**316**
– 10	**316**
– 11	**316**
– 12	**316**
– 13	**328**
L. 1261-1	**329**
– 2	**329**
– 3	**329**
L. 1262-1	**330**
– 2	**330**
– 3	**330**
– 4	**331**
– 5	**331**
L. 1263-1	**333**
– 2	**333**
L. 1271-1	**336**
– 2	**337**
– 3	**337**
– 4	**337**
– 5	**337**
– 6	**338**
– 7	**338**
– 8	**338**
– 9	**339**
– 10	**339**
– 11	**339**
– 12	**339**
– 13	**340**
– 14	**340**
– 15	**340**
– 15-1	**340**
– 16	**340**
– 17	**340**
L. 1272-1	**345**
– 2	**345**
– 3	**345**
– 4	**345**
– 5	**346**
L. 1273-1	**347**
– 2	**348**
– 3	**348**
– 4	**348**
– 5	**348**
– 6	**348**
– 7	**348**
R. 1221-1	**46**
– 2	**47**
– 3	**47**
– 4	**47**
– 5	**47**
– 6	**47**
– 7	**48**
– 8	**48**
– 9	**48**
– 12	**48**
– 13	**48**
– 14	**48**
– 15	**49**
– 16	**49**
– 17	**49**
D. 1221-23	**49**
– 24	**50**
– 25	**50**
R. 1221-26	**50**
D. 1221-27	**50**
– 28	**51**
– 29	**51**
– 30	**51**
– 31	**51**
R. 1221-32	**51**
– 33	**51**
– 34	**52**
– 35	**52**
D. 1222-1	**61**
R. 1225-1	**81**
– 2	**83**
– 3	**81**
– 4	**86**
D. 1225-4-1	**88**
R. 1225-5	**90**
– 6	**90**
– 7	**90**
D. 1225-8	**90**
R. 1225-9	**91**
– 10	**91**
– 11	**91**
– 12	**94**
– 13	**94**
– 14	**97**
– 15	**97**
D. 1225-16	**97**
– 17	**97**
R. 1225-18	**98**
– 19	**98**

Article	Page
D. 1226-1	101
– 2	101
– 3	101
– 4	101
– 5	101
– 6	101
– 7	101
– 8	102
R. 1226-9	116
R. 1227-1	60
– 2	60
– 3	60
– 4	60
– 5	99
– 6	99
– 7	60
R. 1231-1	129
R. 1232-1	135
– 2	139
– 3	140
D. 1232-4	146
– 5	147
– 6	147
– 7	147
– 8	147
– 9	147
– 10	147
– 11	147
– 12	147
R. 1233-1	169
– 2	173
D. 1233-3	173
– 4	183
– 5	183
R. 1233-6	183
– 7	183
D. 1233-8	184
R. 1233-9	184
D. 1233-10	184
– 11	185
– 12	
– 13	186
– 14	185
R. 1233-15	189
– 16	189
– 17	200
– 18	200
– 19	200
– 20	200
– 21	200
– 22	201
– 23	201
– 24	201
– 25	201
– 26	201
R. 1233-27	201
– 28	201
– 29	201
– 30	202
– 31	202
– 32	202
– 33	202
– 34	202
– 35	202
– 36	202
D. 1233-37	205
– 38	205
– 39	205
– 40	205
– 41	205
– 42	206
– 43	206
– 44	206
– 45	206
– 46	206
– 47	206
– 48	206
R. 1234-1	216
– 2	218
– 4	218
– 5	219
D. 1234-6	223
– 7	227
– 8	227
R. 1234-9	227
– 10	229
– 11	229
– 12	229
R. 1235-1	234
– 2	235
– 4	235
– 5	235
– 6	235
– 7	235
– 8	235
– 9	236
– 10	236
– 11	236
– 12	236
– 13	236
– 14	236
– 15	236
– 16	236
– 17	236
D. 1235-18	239
– 19	239
– 20	239
D. 1237-1	253
– 2	253
– 2-1	250
R. 1237-3	256
R. 1238-1	207
R. 1238-2	207
– 3	229
– 5	207
– 6	207
– 7	229
D. 1242-1	263
– 2	264
– 3	264
– 4	266
– 5	266
– 6	268
– 7	269
D. 1243-1	279
R. 1245-1	285
D. 1247-1	286
– 2	287
D. 1251-1	290
– 2	293
– 3	304
R. 1251-4	307
– 5	307
– 6	307
– 7	307
– 8	308
– 9	308
– 10	308
– 11	309
– 12	309
– 13	309
– 14	310
– 15	310
– 16	310
– 17	310
– 18	310
– 19	310
– 20	310
– 21	311
– 22	311
– 23	311
– 24	311
– 25	311
– 26	311
– 27	311
– 28	312
– 29	312
– 30	312
– 31	312
D. 1251-32	313
– 33	313
D. 1253-1	321
– 2	321
– 3	321
– 4	323
– 5	323
– 6	323
– 7	324
– 8	324
– 9	324
D. 1253-10	324
– 11	324
R. 1253-12	324
– 13	324
– 14	325
– 15	325
– 16	325
– 17	325
– 18	325
– 19	325
– 20	325
– 21	325
– 22	326
– 23	326
– 24	326
– 25	326
– 26	326
– 27	326
– 28	326
– 29	326
– 30	326
– 31	326
– 32	326
– 33	326
– 34	327
– 35	327
– 36	327
– 37	327
– 38	327
– 39	327
– 40	327
– 41	327
– 42	327
– 43	328
– 44	328
R. 1254-1	316
– 2	317
– 3	317
– 4	317
– 5	317
– 6	317
– 7	317
– 8	328
– 9	328
R. 1261-1	330
– 2	330
R. 1262-1	331
– 2	331
– 3	331
– 4	332
– 5	332
– 6	332
– 7	332
– 8	332
– 9	332
– 10	332
– 11	333
– 12	333
– 13	333
– 14	333
– 15	333

Article	Page
R. 1262-16	**333**
– 17	**333**
– 18	**333**
R. 1263-1	**334**
– 2	**334**
– 3	**334**
– 4	**334**
– 5	**335**
– 6	**335**
– 7	**335**
– 8	**335**
– 9	**335**
– 10	**335**
– 11	**335**
R. 1264-1	**336**
– 2	**336**
– 3	**336**
D. 1271-1	**338**
– 2	**338**
– 3	**338**
– 4	**338**
– 5	**339**
– 6	**341**
– 7	**341**
– 8	**341**
– 9	**341**
– 10	**341**
– 11	**341**
– 12	**341**
– 13	**342**
– 14	**342**
– 15	**342**
– 16	**342**
– 17	**342**
– 18	**342**
– 19	**343**
– 20	**343**
– 21	**343**
– 22	**343**
– 23	**343**
– 24	**343**
– 25	**343**
– 26	**343**
– 27	**344**
– 28	**344**
– 29	**344**
– 30	**344**
– 31	**344**
– 32	**344**
– 33	**345**
D. 1272-1	**346**
– 2	**346**
– 3	**346**
R. 1272-4	**346**
D. 1272-5	**346**
– 6	**347**
– 7	**347**
– 8	**347**
– 9	**347**
– 10	**347**
D. 1273-1	**349**
– 2	**349**
– 3	**349**
– 4	**349**
– 5	**349**
– 6	**349**
– 6-1	**350**
– 7	**350**
– 8	**350**
– 9	**350**

LIVRE III

Article	Page
L. 1311-1	**351**
– 2	**351**
L. 1321-1	**352**
– 2	**355**
– 3	**355**
– 4	**357**
– 5	**358**
– 6	**359**
L. 1322-1	**359**
– 2	**360**
– 3	**360**
– 4	**361**
L. 1331-1	**362**
– 2	**365**
L. 1332-1	**367**
– 2	**367**
– 3	**371**
– 4	**373**
– 5	**375**
L. 1333-1	**375**
– 2	**376**
– 3	**378**
L. 1334-1	**367**
R. 1321 1	**354**
– 2	**358**
– 3	**358**
– 4	**358**
– 5	**352**
R. 1322-1	**360**
R. 1323-1	**361**
R. 1332-1	**370**
– 2	**371**
– 3	**371**
– 4	**375**

LIVRE IV

Article	Page
L. 1411-1	**379**
– 2	**384**
– 3	**386**
– 4	**387**
– 5	**388**
L. 1411-6	**388**
L. 1421-1	**393**
L. 1422-1	**393**
– 2	**394**
– 3	**394**
L. 1423-1	**395**
– 2	**395**
– 3	**396**
– 4	**397**
– 5	**397**
– 6	**397**
– 7	**397**
– 8	**400**
– 9	**400**
– 10	**400**
– 11	**400**
– 12	**401**
– 13	**401**
– 14	**403**
– 15	**403**
– 16	**409**
L. 1431-1	**409**
– 2	**409**
L. 1441-1	**412**
– 2	**412**
– 3	**412**
– 4	**413**
– 5	**413**
– 6	**413**
– 7	**413**
– 8	**416**
– 9	**416**
– 10	**416**
– 11	**416**
– 12	**416**
– 13	**416**
– 14	**420**
– 15	**421**
16	**422**
– 17	**422**
– 18	**422**
– 19	**423**
– 20	**423**
– 21	**423**
– 22	**423**
– 23	**423**
– 24	**423**
– 25	**423**
– 26	**423**
– 27	**423**
– 28	**423**
– 29	**425**
– 30	**425**
– 31	**425**
– 32	**425**
– 33	**426**
– 34	**429**
– 35	**429**
– 36	**437**
– 37	**437**
L. 1441-38	**437**
– 39	**438**
– 40	**438**
L. 1442-1	**440**
– 2	**441**
– 3	**442**
– 4	**442**
– 5	**442**
– 6	**442**
– 7	**443**
– 8	**443**
– 9	**443**
– 10	**443**
– 11	**445**
– 12	**445**
– 13	**445**
– 14	**446**
– 15	**446**
– 16	**446**
– 17	**446**
– 18	**446**
– 19	**447**
L. 1443-1	**447**
– 2	**448**
– 3	**448**
L. 1453-1	**459**
– 2	**459**
– 3	**459**
– 4	**459**
L. 1454-1	**462**
– 2	**463**
– 3	**463**
– 4	**463**
L. 1456-1	**480**
L. 1457-1	**480**
L. 1462-1	**488**
R. 1412-1	**388**
– 2	**393**
– 3	**393**
– 4	**393**
– 5	**393**
R. 1422-1	**394**
– 2	**394**
– 3	**394**
– 4	**394**
R. 1423-1	**395**
– 2	**395**
– 3	**396**
– 4	**396**
– 5	**396**
– 6	**396**
– 7	**396**
– 8	**396**
– 9	**396**
– 10	**396**
– 11	**397**

Article	Page
R. 1423-12	397
– 13	398
– 14	398
– 15	398
– 16	398
– 17	398
– 18	398
– 19	398
– 20	398
– 21	398
– 22	398
– 23	399
– 24	399
– 25	399
– 26	399
– 27	399
– 28	399
– 29	399
– 30	399
– 31	400
– 32	401
– 33	400
– 34	401
– 35	401
– 36	401
– 37	401
– 38	401
– 39	401
– 40	401
– 41	402
– 42	402
– 43	402
– 44	402
– 45	402
– 46	402
– 47	402
– 48	402
– 49	402
– 50	402
– 51	403
– 52	403
– 53	404
– 54	404
– 55	404
D. 1423-56	405
– 57	405
– 58	405
– 59	405
– 60	405
– 61	405
– 62	406
– 63	406
– 63-1	406
– 64	406
– 65	406
– 66	407
– 66-1	407
– 67	407
– 68	408
– 69	408
– 70	408
– 71	408
D. 1423-72	408
– 73	408
– 74	409
– 75	409
R. 1431-1	409
– 2	409
– 3	409
– 4	410
– 5	410
– 6	410
– 7	410
– 8	410
– 9	410
– 10	411
– 11	411
– 12	411
– 13	411
– 14	411
– 15	411
– 16	411
R. 1441-1	413
– 2	413
– 3	413
– 4	413
– 5	414
– 6	414
– 7	414
– 8	414
– 9	414
– 10	415
– 11	415
– 12	415
– 13	415
– 14	415
– 15	415
– 16	415
– 17	415
– 18	415
– 19	415
– 20	416
D. 1441-21	417
– 22	417
– 23	417
R. 1441-24	417
D. 1441-25	417
– 26	417
– 27	417
– 28	417
– 29	417
R. 1441-30	418
– 31	418
– 32	418
– 33	418
– 34	419
– 35	419
D. 1441-36	419
– 37	419
– 38	419
D. 1441-39	419
– 40	419
– 41	419
– 42	419
– 44	419
– 45	419
– 46	420
– 47	420
R. 1441-48	420
– 49	420
– 50	420
– 51	421
– 52	421
– 53	421
– 54	421
– 55	421
– 56	421
– 57	422
– 58	422
– 59	422
– 60	422
– 61	422
– 62	423
D. 1441-63	423
R. 1441-64	423
D. 1441-65	424
– 66	424
– 67	424
R. 1441-68	424
– 69	424
– 70	424
– 71	424
– 72	424
– 73	425
– 74	425
– 75	425
– 76	425
D. 1441-77	426
– 78	426
– 79	426
– 80	426
R. 1441-81	426
D. 1441-82	426
– 83	426
– 84	427
– 85	427
– 86	427
– 87	427
– 88	427
– 89	427
– 90	427
– 91	427
– 92	427
– 93	427
– 94	427
R. 1441-95	427
D. 1441-96	428
D. 1441-97	428
– 98	428
– 99	428
– 100	428
– 101	428
– 102	428
– 103	429
– 104	429
– 105	430
– 106	430
– 107	430
– 108	430
– 109	430
– 110	430
– 111	430
– 112	430
– 113	430
– 114	431
– 115	431
– 116	431
– 117	431
– 118	431
– 119	431
– 120	431
– 121	431
– 122	431
– 123	432
– 124	432
– 125	432
– 126	432
– 127	432
– 128	432
– 129	432
– 130	433
– 131	433
– 132	433
– 133	433
– 134	433
– 135	433
– 136	433
– 137	433
– 138	433
– 139	433
– 140	433
– 141	434
– 142	434
– 143	434
– 144	434
– 145	434
– 146	434
– 147	434
R. 1441-148	434
D. 1441-149	435
– 150	435
– 151	435
– 152	435
– 153	435
– 154	435
– 155	435
– 156	435
– 157	436

Article	Page
D. 1441-158	**436**
– 159	**436**
– 160	**436**
– 161	**436**
– 162	**436**
– 163	**436**
– 164	**437**
– 165	**437**
R. 1441-166	**437**
– 167	**437**
– 168	**437**
– 169	**438**
– 170	**438**
– 171	**439**
– 172	**439**
– 173	**439**
– 174	**439**
– 175	**439**
– 176	**439**
– 177	**439**
D. 1442-1	**440**
R. 1442-2	**440**
D. 1442-3	**440**
– 4	**440**
– 5	**441**
– 6	**441**
– 7	**441**
– 8	**441**
– 9	**441**
– 10	**441**
– 11	**443**
– 12	**444**
– 13	**444**
– 14	**444**
– 15	**444**
– 16	**444**
– 17	**444**
– 18	**444**
– 19	**445**
– 20	**445**
– 21	**446**
– 22	**446**
– 23	**446**
– 24	**446**
– 25	**447**
– 26	**447**
– 27	**447**
– 28	**447**
R. 1443-1	**448**
– 2	**448**
– 3	**448**
R. 1451-1	**449**
– 2	**451**
– 3	**451**
R. 1452-1	**452**
– 2	**452**
– 3	**453**
– 4	**453**
– 5	**453**
– 6	**453**
R. 1452-7	**457**
– 8	**457**
R. 1453-1	**460**
– 2	**460**
– 3	**462**
– 4	**462**
R. 1454-1	**463**
– 2	**464**
– 3	**464**
– 4	**465**
– 5	**465**
– 6	**465**
– 7	**465**
– 8	**465**
– 9	**465**
– 10	**466**
– 11	**466**
– 12	**466**
– 13	**467**
– 14	**467**
– 15	**468**
– 16	**468**
– 17	**469**
– 18	**469**
– 19	**470**
– 20	**471**
– 21	**471**
– 22	**471**
– 23	**471**
– 24	**472**
– 25	**472**
– 26	**472**
– 27	**473**
– 28	**473**
– 29	**473**
– 30	**474**
– 31	**474**
– 32	**474**
R. 1455-1	**474**
– 2	**474**
– 3	**475**
– 4	**475**
– 5	**475**
– 6	**476**
– 7	**477**
– 8	**478**
– 9	**478**
– 10	**479**
– 11	**479**
R. 1456-1	**480**
– 2	**480**
– 3	**480**
– 4	**480**
– 5	**480**
R. 1457-1	**482**
– 2	**482**
R. 1461-1	**482**
– 2	**488**
R. 1462-1	**490**
R. 1462-2	**491**
D. 1462-3	**492**
R. 1463-1	**492**
R. 1471-1	**493**
– 2	**493**

LIVRE V

Article	Page
L. 1511-1	**501**
L. 1521-1	**502**
– 2	**502**
– 3	**503**
– 4	**503**
L. 1522-1	**503**
– 2	**503**
– 3	**504**
– 4	**504**
– 5	**504**
– 6	**504**
– 7	**504**
– 8	**504**
– 9	**504**
– 10	**504**
– 11	**505**
– 12	**505**
L. 1531-1	**508**
– 2	**508**
– 3	**508**
L. 1532-1	**509**
R. 1522-1	**505**
– 2	**505**
– 3	**505**
– 4	**505**
– 5	**505**
– 6	**506**
– 7	**506**
– 8	**506**
– 9	**506**
– 10	**506**
– 11	**506**
– 12	**506**
– 13	**507**
– 14	**507**
– 15	**507**
– 16	**507**
– 17	**507**
R. 1523-1	**507**
– 2	**507**
– 3	**507**
– 4	**508**
– 5	**508**

DEUXIÈME PARTIE

LIVRE I

Article	Page
L. 2111-1	**511**
L. 2111-2	**511**
L. 2121-1	**512**
– 2	**515**
L. 2122-1	**516**
– 2	**520**
– 3	**521**
– 4	**521**
– 5	**521**
– 6	**522**
– 7	**522**
– 8	**523**
– 9	**523**
– 10	**523**
– 10-1	**524**
– 10-2	**524**
– 10-3	**524**
– 10-4	**524**
– 10-5	**524**
– 10-6	**525**
– 10-7	**525**
– 10-8	**525**
– 10-9	**525**
– 10-10	**525**
– 10-11	**525**
– 11	**536**
– 12	**537**
– 13	**538**
L. 2131-1	**538**
– 2	**539**
– 3	**540**
– 4	**541**
– 5	**541**
– 6	**541**
L. 2132-1	**541**
– 2	**541**
– 3	**541**
– 4	**544**
– 5	**544**
– 6	**545**
L. 2133-1	**545**
– 2	**545**
– 3	**545**
L. 2134-1	**545**
– 2	**546**
L. 2135-1	**546**
– 2	**548**
– 3	**548**
– 4	**548**
– 5	**548**
– 6	**548**
– 7	**549**
– 8	**549**
L. 2136-1	**549**
– 2	**550**
L. 2141-1	**550**
– 2	**550**
– 3	**550**

Article	Page
L. 2141-4	551
– 5	551
– 6	552
– 7	552
– 8	553
– 9	555
– 10	555
– 11	557
– 12	557
L. 2142-1	557
– 1-1	558
– 1-2	560
– 1-3	561
– 1-4	562
– 2	562
– 3	562
– 4	562
– 5	563
– 6	564
– 7	565
– 8	565
– 9	566
– 10	566
– 11	567
L. 2143-1	568
– 2	570
– 3	570
– 4	576
– 5	577
– 6	578
– 7	579
– 8	581
– 9	586
– 10	587
– 11	588
– 12	589
– 13	589
– 14	591
– 15	591
– 16	592
– 17	592
– 18	596
– 19	596
– 20	596
– 21	598
– 22	598
– 23	598
L. 2144-1	599
– 2	599
L. 2145-1	599
– 2	600
– 3	600
– 4	600
L. 2146-1	600
– 2	601
R. 2121-1	515
– 2	515
*R. 2122-1	537
*R. 2122-2	537
– 3	537
– 4	537
– 5	537
R. 2122-8	525
– 9	525
– 10	526
– 11	526
– 12	526
– 13	526
– 14	526
– 15	527
– 16	527
– 17	527
– 18	527
– 19	527
– 20	527
– 21	527
– 22	528
– 23	528
– 24	528
– 25	528
– 26	528
– 27	528
– 28	529
– 29	529
– 30	529
– 31	529
– 32	529
– 33	529
– 34	529
– 35	529
– 36	529
– 37	529
– 38	530
– 39	530
– 40	530
– 41	530
– 42	530
– 43	530
– 44	530
– 45	530
– 46	531
– 47	531
– 48	531
– 49	531
– 50	531
– 51	531
– 52	531
– 53	531
– 54	531
– 55	531
– 56	532
– 57	532
– 58	532
– 59	532
– 60	532
– 61	532
– 62	533
– 63	533
– 64	533
– 65	533
– 66	533
R. 2122-67	533
– 68	533
– 69	533
– 70	533
– 71	534
– 72	534
– 73	534
– 74	534
– 75	534
– 76	534
– 77	534
– 78	534
– 79	534
– 80	534
– 81	534
– 82	535
– 83	535
– 84	535
– 85	535
– 86	535
– 87	535
– 88	535
– 89	535
– 90	535
– 91	535
– 92	536
– 93	536
– 94	536
– 95	536
– 96	536
– 97	536
– 98	536
D. 2122-6	537
– 7	537
R. 2131-1	541
D. 2135-1	546
– 2	546
– 3	546
– 4	547
– 5	548
– 6	548
– 7	547
– 8	547
– 9	547
R. 2143-1	574
– 2	575
– 3	576
D. 2143-4	581
R. 2143-5	585
– 6	588
R. 2145-1	600
– 2	600
R. 2146-1	601
– 2	601
– 3	602
– 4	602
– 5	602
LIVRE II	
L. 2211-1	603
L. 2221-1	604
– 2	604
– 3	604
L. 2222-1	604
– 2	605
– 3	605
– 4	605
– 5	606
– 6	606
L. 2231-1	606
– 2	607
– 3	607
– 4	607
– 5	608
– 6	608
– 7	608
– 8	609
– 9	609
L. 2232-1	609
– 2	609
– 2-1	610
– 3	611
– 4	611
– 5	611
– 6	611
– 7	612
– 8	613
– 9	613
– 10	613
– 11	613
– 12	613
– 13	615
– 14	616
– 16	616
– 17	617
– 18	618
– 19	618
– 20	618
– 21	619
– 22	619
– 23	619
– 24	619
– 25	620
– 26	620
– 27	620
– 27-1	620
– 28	620
– 29	621
– 30	621
– 31	621
– 32	621
– 33	621
– 34	621
– 35	622
L. 2233-1	622
– 2	623
– 3	623

Article	Page
L. 2234-1	623
– 2	623
– 3	623
L. 2241-1	624
– 2	624
– 3	625
– 4	625
– 5	626
– 6	626
– 7	628
– 8	628
– 9	628
– 10	629
– 11	629
– 12	629
L. 2242-1	629
– 2	630
– 3	630
– 4	630
– 5	630
– 5-1	631
– 6	632
– 7	632
– 8	633
– 9	633
– 9-1	634
– 10	634
– 11	634
– 12	634
– 13	634
– 14	635
– 15	635
– 16	637
– 18	637
– 19	637
– 20	637
L. 2243-1	638
– 2	638
L. 2251-1	638
L. 2252-1	639
L. 2253-1	640
– 2	641
– 3	641
– 4	641
L. 2254-1	641
L. 2261-1	644
– 2	644
– 3	646
– 4	646
– 5	647
– 6	647
– 7	647
– 8	647
– 9	648
– 10	649
– 11	650
– 12	650
– 13	651

Article	Page
L. 2261-14	652
– 14-1	654
– 15	654
– 16	656
– 17	656
– 18	657
– 19	657
– 20	658
– 21	658
– 22	658
– 23	660
– 24	660
– 25	660
– 26	660
– 27	661
– 28	661
– 29	661
– 30	661
– 31	661
L. 2262-1	662
– 2	662
– 3	662
– 4	662
– 5	663
– 6	663
– 7	663
– 8	663
– 9	664
– 10	665
– 11	665
– 12	666
L. 2263-1	666
L. 2271-1	667
L. 2272-1	667
– 2	667
L. 2281-1	670
– 2	670
– 3	673
– 4	673
– 5	673
– 6	673
– 7	673
– 8	674
– 9	674
– 10	674
– 11	674
– 12	674
L. 2282-1	675
– 2	675
– 3	675
L. 2283-1	674
– 2	674
R. 2231-1	608
D. 2231-2	608
– 3	608
– 4	608
– 5	608

Article	Page
D. 2231-6	608
– 7	609
– 8	609
R. 2231-9	609
R. 2232-1	612
D. 2232-2	614
– 3	615
– 4	615
R. 2232-5	615
D. 2232-6	615
– 7	615
– 8	620
– 9	620
D. 2241-1	624
R. 2241-2	624
D. 2241-3	625
– 4	625
– 5	626
– 6	626
– 7	625
– 8	626
R. 2241-9	627
R. 2242-1	630
– 2	631
– 3	632
– 4	632
– 5	632
– 6	632
– 7	632
– 8	632
R. 2261-1	659
D. 2261-2	659
D. 2261-3	657
– 4	657
R. 2261-5	660
D. 2261-6	660
– 7	661
R. 2261-8	661
D. 2261-9	658
R. 2261-10	658
D. 2261-11	658
– 12	658
– 13	662
R. 2262-1	663
– 2	663
– 3	663
– 4	663
– 5	663
R. 2263-1	666

Article	Page
R. 2263-2	666
– 3	666
– 4	666
– 5	666
R. 2271-1	667
R. 2272-1	668
– 2	668
– 3	668
– 4	668
– 5	668
– 6	668
– 7	668
– 8	668
– 9	668
– 10	669
– 11	669
– 12	669
– 13	669
– 14	669
R. 2282-1	675
LIVRE III	
L. 2311-1	676
L. 2312-1	677
– 2	679
– 3	679
– 4	679
– 5	679
– 6	680
– 7	680
– 8	680
L. 2313-1	682
– 2	684
– 3	685
– 4	685
– 5	685
– 6	685
– 7	685
– 8	686
– 9	686
– 10	686
– 11	686
– 12	686
– 13	686
– 14	687
– 15	687
– 16	688
L. 2314-1	689
– 2	690
– 3	691
– 3-1	693
– 4	696
– 5	696
– 6	696
– 7	697
– 8	697
– 9	697
– 10	698

Article	Page
L. 2314-11	698
– 12	700
– 13	700
– 14	701
– 15	701
– 16	704
– 17	706
– 18	706
– 18-1	706
– 19	707
– 20	708
– 21	708
– 22	711
– 23	711
– 24	715
– 25	719
– 26	724
– 27	724
– 28	725
– 29	725
– 30	725
– 31	726
L. 2315-1	726
– 2	728
– 3	728
– 4	729
– 5	729
– 6	729
– 7	729
– 8	730
– 9	730
– 10	731
– 11	731
– 12	731
L. 2316-1	732
L. 2321-1	733
L. 2322-1	734
– 2	734
– 3	734
– 4	734
– 5	738
– 6	739
– 7	740
L. 2323-1	741
– 2	742
– 3	742
– 4	742
– 5	743
– 6	743
– 7	745
– 8	745
– 9	746
– 10	746
– 11	746
– 12	746
– 13	746
– 14	747
– 15	747
– 16	748
– 17	748
L. 2323-18	748
– 19	748
– 20	749
– 21	750
– 22	750
– 23	750
– 24	750
– 25	750
– 26	751
– 27	751
– 28	752
– 29	752
– 30	752
– 31	752
– 32	752
– 33	753
– 34	754
– 35	754
– 36	754
– 37	754
– 38	755
– 39	755
– 40	755
– 41	756
– 42	756
– 43	756
– 44	757
– 45	757
– 46	757
– 47	758
– 48	760
– 49	760
– 50	760
– 51	761
– 52	762
– 53	762
– 54	762
– 55	762
– 56	763
– 57	763
– 58	766
– 60	767
– 61	767
– 62	767
– 63	768
– 64	768
– 65	768
– 66	768
– 67	768
– 68	769
– 69	769
– 70	769
– 71	770
– 72	775
– 73	776
– 74	776
– 75	776
– 76	776
– 77	776
– 78	776
– 79	777
– 80	778
– 81	778
– 82	778
L. 2323-83	778
– 84	780
– 85	780
– 86	781
– 87	783
L. 2324-1	790
– 2	791
– 3	793
– 4	793
– 4-1	793
– 5	794
– 6	794
– 7	794
– 8	794
– 9	794
– 10	794
– 11	795
– 12	795
– 13	796
– 14	797
– 15	798
– 16	798
– 17	799
– 17-1	799
– 18	799
– 19	800
– 20	802
– 21	802
– 22	802
– 23	803
– 24	804
– 25	805
– 26	805
– 27	806
– 28	806
L. 2325-1	807
– 2	808
– 3	809
– 4	809
– 5	809
– 6	809
– 7	811
– 8	811
– 9	812
– 10	812
– 11	812
– 12	812
– 13	813
– 14	813
– 15	815
– 16	815
– 17	816
– 18	816
– 19	817
– 20	818
– 21	818
– 22	819
– 23	819
– 24	819
– 25	819
– 26	819
– 27	820
L. 2325-28	820
– 29	820
– 30	820
– 31	820
– 32	820
– 33	821
– 34	821
– 35	821
– 36	823
– 37	823
– 38	825
– 39	826
– 40	826
– 41	827
– 42	827
– 43	827
– 44	831
L. 2326-1	832
– 2	833
– 3	834
L. 2327-1	834
– 2	835
– 3	836
– 4	837
– 5	838
– 6	838
– 7	838
– 8	839
– 9	840
– 10	840
– 11	840
– 12	840
– 13	841
– 14	841
– 15	842
– 16	842
– 17	843
– 18	843
– 19	843
L. 2328-1	843
– 2	843
L. 2331-1	844
– 2	845
– 3	845
– 4	846
– 5	846
– 6	846
L. 2332-1	846
– 2	847
L. 2333-1	847
– 2	847
– 3	848
– 4	848
– 5	849
– 6	849
L. 2334-1	849
– 2	850
– 3	850
– 4	850

Article	Page
L. 2335-1	**850**
L. 2341-1	**852**
– 2	**852**
– 3	**852**
– 4	**852**
– 5	**853**
– 6	**853**
– 7	**853**
– 8	**854**
– 9	**854**
– 10	**854**
– 11	**854**
L. 2342-1	**855**
– 2	**855**
– 3	**855**
– 4	**855**
– 5	**855**
– 6	**856**
– 7	**856**
– 8	**856**
– 9	**856**
– 10	**857**
– 10-1	**857**
– 10-2	**857**
– 11	**857**
– 12	**857**
L. 2343-1	**858**
– 2	**858**
– 3	**858**
– 4	**859**
– 5	**859**
– 6	**859**
– 7	**860**
– 8	**860**
– 9	**860**
– 10	**860**
– 11	**860**
– 12	**860**
– 13	**860**
– 14	**860**
– 15	**861**
– 16	**861**
– 17	**861**
– 18	**861**
– 19	**861**
L. 2344-1	**861**
– 2	**862**
– 3	**862**
– 4	**862**
– 5	**863**
– 6	**863**
– 7	**863**
– 8	**863**
– 9	**863**
L. 2345-1	**863**
– 2	**864**
L. 2346-1	**864**
L. 2351-1	**865**
– 2	**865**
L. 2351-3	**865**
– 4	**865**
– 5	**865**
– 6	**865**
– 7	**865**
L. 2352-1	**866**
– 2	**866**
– 3	**866**
– 4	**867**
– 5	**867**
– 6	**867**
– 7	**868**
– 8	**868**
– 9	**869**
– 10	**869**
– 11	**869**
– 12	**869**
– 13	**869**
– 14	**870**
– 15	**870**
– 16	**871**
– 17	**871**
– 18	**871**
– 19	**871**
– 20	**871**
L. 2353-1	**872**
– 2	**872**
– 3	**872**
– 4	**872**
– 5	**873**
– 6	**873**
– 7	**873**
– 8	**873**
– 9	**873**
– 10	**873**
– 11	**873**
– 12	**873**
– 13	**873**
– 14	**873**
– 15	**873**
– 16	**874**
– 17	**874**
– 18	**874**
– 19	**874**
– 20	**874**
– 21	**874**
– 22	**874**
– 23	**874**
– 24	**874**
– 25	**875**
– 26	**875**
– 27	**875**
– 28	**875**
– 29	**875**
– 30	**875**
– 31	**876**
– 32	**876**
L. 2354-1	**876**
– 2	**876**
– 3	**876**
– 4	**876**
L. 2355-1	**877**
L. 2361-1	**877**
– 2	**878**
– 3	**878**
– 4	**878**
– 5	**878**
– 6	**878**
L. 2362-1	**878**
– 2	**879**
– 3	**879**
– 4	**879**
– 5	**879**
– 6	**879**
– 7	**879**
– 8	**880**
– 9	**880**
– 10	**880**
– 11	**880**
– 12	**880**
L. 2363-1	**883**
– 2	**884**
– 3	**884**
– 4	**884**
– 5	**884**
– 6	**884**
– 7	**884**
– 8	**885**
– 9	**885**
– 10	**885**
– 11	**885**
– 12	**885**
– 13	**886**
– 14	**886**
– 15	**886**
– 16	**886**
– 17	**886**
– 18	**886**
– 19	**886**
L. 2364-1	**886**
– 2	**887**
– 3	**887**
– 4	**887**
– 5	**887**
L. 2365-1	**887**
L. 2371-1	**888**
– 2	**888**
– 3	**888**
– 4	**888**
– 5	**888**
L. 2372-1	**889**
– 2	**889**
– 3	**889**
– 4	**891**
– 5	**891**
– 6	**892**
– 7	**893**
– 8	**893**
L. 2373-1	**893**
– 2	**893**
– 3	**894**
– 4	**894**
– 5	**894**
– 6	**894**
– 7	**894**
– 8	**895**
L. 2374-1	**895**
– 2	**895**
– 3	**895**
– 4	**895**
L. 2375-1	**895**
L. 2381-1	**896**
– 2	**896**
R. 2312-1	**680**
– 2	**726**
– 3	**726**
R. 2313-1	**687**
– 2	**687**
– 3	**689**
R. 2314-1	**689**
– 2	**689**
– 3	**690**
– 4	**697**
– 5	**697**
– 6	**700**
– 7	**701**
– 8	**710**
– 9	**710**
– 10	**710**
– 11	**710**
– 12	**710**
– 13	**710**
– 14	**710**
– 15	**710**
– 16	**710**
– 17	**711**
– 18	**711**
– 19	**711**
– 20	**711**
– 21	**711**
– 22	**718**
– 23	**719**
– 24	**719**
– 25	**719**
– 26	**720**
– 27	**720**
– 28	**722**
– 29	**723**
– 30	**724**
R. 2322-1	**739**
– 2	**741**
R. 2323-1	**752**
– 2	**753**
– 3	**754**
– 4	**754**

Article	Page
D. 2323-5	755
– 6	756
– 7	756
R. 2323-7-1	756
R. 2323-8	759
– 9	759
D. 2323-9-1	760
R. 2323-10	761
– 11	763
– 12	764
D. 2323-12-1	766
R. 2323-13	768
– 14	769
– 15	769
– 16	769
– 17	770
– 18	778
– 19	778
– 20	783
– 21	785
– 22	786
– 23	786
– 24	786
– 25	786
– 26	786
– 27	787
– 28	787
– 29	787
– 30	787
– 31	788
– 32	788
– 33	788
– 34	788
– 35	788
– 37	789
– 38	789
– 39	789
– 40	790
– 41	790
– 42	790
R. 2324-1	790
– 2	802
– 3	797
– 4	800
– 5	800
– 6	800
– 7	800
– 8	800
– 9	801
– 10	801
– 11	801
– 12	801
– 13	801
– 14	801
– 15	801
– 16	801
– 17	801
– 18	802
R. 2324-19	802
– 20	802
– 21	803
– 22	803
– 23	803
– 24	803
– 25	804
R. 2325-1	808
– 2	817
– 3	818
– 4	819
– 5	820
– 6	820
– 7	825
– 8	832
R. 2326-1	833
D. 2327-1	837
– 2	837
R. 2327-3	839
– 4	841
– 5	839
– 6	840
R. 2331-1	845
– 2	845
– 3	845
– 4	846
R. 2332-1	848
D. 2332-2	847
R. 2333-1	850
R. 2343-1	860
R. 2344-1	862
– 3	863
R. 2345-1	864
D. 2351-1	866
D. 2352-1	866
– 2	866
– 3	866
– 4	866
R. 2352-5	867
D. 2352-6	868
– 7	868
– 8	868
– 9	868
– 10	868
– 11	868
– 12	869
– 13	869
– 14	870
– 15	870
– 16	870
R. 2352-17	870
– 18	870
R. 2352-19	871
D. 2353-1	872
– 2	872
R. 2353-3	872
– 4	875
– 5	875
R. 2354-1	877
D. 2361-1	878
D. 2362-1	880
– 2	880
– 3	881
– 4	881
R. 2362-5	881
D. 2362-6	881
– 7	881
– 8	881
– 9	881
– 10	882
– 11	882
– 12	882
– 13	882
– 14	882
– 15	882
– 16	883
R. 2362-17	883
– 18	883
– 19	883
D. 2363-1	884
– 2	884
R. 2363-3	884
– 4	885
– 5	885
R. 2364-1	887
D. 2371-1	888
D. 2372-1	889
– 2	889
– 3	889
– 4	889
R. 2372-5	890
D. 2372-6	890
– 7	890
– 8	890
– 9	890
– 10	890
– 11	890
– 12	891
– 13	891
– 14	892
– 15	892
– 16	892
R. 2372-17	892
– 18	892
R. 2372-19	892
D. 2373-1	893
– 2	893
R. 2373-3	894
– 4	894
– 5	894

LIVRE IV

Article	Page
L. 2411-1	916
– 2	917
– 3	918
– 4	919
– 5	920
– 6	920
– 7	921
– 8	923
– 9	923
– 10	923
– 11	924
– 12	924
– 13	924
– 14	925
– 15	926
– 16	926
– 17	926
– 18	927
– 19	927
– 20	927
– 21	927
– 22	928
L. 2412-1	931
– 2	931
– 3	931
– 4	932
– 5	932
– 6	932
– 7	933
– 8	933
– 9	933
– 10	933
– 11	934
– 12	934
– 13	934
L. 2413-1	934
L. 2414-1	935
L. 2421-1	937
– 2	939
– 3	940
– 4	945
– 5	945
– 6	945
– 7	945
– 8	946
– 9	946
– 10	947
L. 2422-1	947
– 2	950

Article	Page
L. 2422-3	950
– 4	952
L. 2431-1	954
L. 2432-1	954
L. 2433-1	955
L. 2434-1	955
– 2	956
– 3	956
– 4	956
L. 2435-1	956
L. 2436-1	957
L. 2437-1	957
R. 2411-1	925
R. 2421-1	938
– 2	939
– 3	939
– 4	939
– 5	939
– 6	939
– 7	939
– 8	940
– 9	941
– 10	942
– 11	943
– 12	944
– 13	944
– 14	944
– 15	944
– 16	945
– 17	947
R. 2422-1	950
LIVRE V	
L. 2511-1	958
L. 2512-1	977
– 2	980
– 3	982
– 4	982
– 5	982
L. 2521-1	983
– 2	984
L. 2522-1	984
– 2	984
– 3	985
– 4	985
– 5	985
– 6	985
– 7	985
– 8	988
– 9	988
– 10	988
– 11	988
– 12	988
L. 2522-13	989
L. 2523-1	989
– 2	989
– 3	989
– 4	990
– 5	990
– 6	990
– 7	990
– 8	990
– 9	990
– 10	992
L. 2524-1	992
– 2	992
– 3	992
– 4	992
– 5	993
– 6	993
– 7	993
– 8	993
– 9	993
– 10	994
– 11	996
L. 2525-1	996
– 2	996
R. 2521-1	984
R. 2522-1	985
– 2	985
– 3	986
– 4	986
– 5	986
– 6	986
– 7	986
– 8	986
– 9	986
– 10	986
– 11	987
– 12	987
– 13	987
– 14	987
– 15	987
– 16	987
– 17	987
18	987
– 19	987
– 20	988
– 21	988
– 22	988
– 23	988
R. 2523-1	989
– 2	989
– 3	989
– 4	989
– 5	990
– 6	990
– 7	990
– 8	991
– 9	991
– 10	991
– 11	991
– 12	991
– 13	991
R. 2523-14	991
– 15	991
– 16	991
– 17	992
– 18	992
– 19	992
– 20	992
R. 2524-1	993
– 2	994
– 3	994
– 4	994
– 5	994
– 6	994
– 7	994
– 8	994
– 9	994
– 10	994
– 11	994
– 12	994
– 13	995
– 14	995
– 15	995
– 16	995
– 17	995
– 18	995
– 19	995
– 20	995
– 21	996
– 22	996
R. 2525-1	996
– 2	996
LIVRE VI	
L. 2611-1	997
L. 2621-1	997
L. 2622-1	998
– 2	998
L. 2623-1	998
L. 2631-1	1000
L. 2632-1	1001
– 2	1001
D. 2621-1	997
– 2	998
D. 2622-1	998
– 2	998
R. 2623-1	998
– 2	998
– 3	999
– 4	999
– 5	999
– 6	999
– 7	999
– 8	999
– 9	999
– 10	999
– 11	999
R. 2623-12	999
– 13	999
– 14	1000
– 15	1000
– 16	1000
– 17	1000
– 18	1000
– 19	1000
TROISIÈME PARTIE	
LIVRE I	
L. 3111-1	1003
– 2	1003
L. 3121-1	1005
– 2	1007
– 3	1009
– 4	1009
– 5	1011
– 6	1012
– 7	1012
– 8	1013
– 9	1014
– 10	1017
– 11	1018
– 11-1	1019
– 15	1020
– 16	1020
– 20	1020
– 21	1020
– 22	1020
– 23	1024
– 24	1024
– 25	1024
– 33	1026
– 34	1027
– 35	1028
– 36	1029
37	1029
– 38	1033
– 39	1035
– 40	1035
– 41	1036
– 42	1036
– 43	1036
– 44	1039
– 45	1039
– 46	1039
– 47	1039
– 48	1040
– 52	1040
– 53	1041
– 54	1041
L. 3122-1	1044
– 2	1044
– 3	1045
– 4	1045
– 5	1046
– 23	1047

Article	Page
L. 3122-24	1048
– 25	1048
– 26	1048
– 27	1048
– 28	1051
– 29	1051
– 30	1052
– 31	1052
– 32	1052
– 33	1052
– 34	1053
– 35	1054
– 36	1054
– 37	1055
– 38	1055
– 39	1055
– 40	1055
– 41	1055
– 42	1056
– 43	1056
– 44	1056
– 45	1057
– 46	1057
– 47	1057
L. 3123-1	1058
– 2	1059
– 3	1059
– 4	1059
– 5	1060
– 6	1060
– 7	1061
– 8	1061
– 9	1062
– 10	1062
– 11	1063
– 12	1065
– 13	1065
– 14	1066
– 15	1068
– 16	1069
– 17	1069
– 18	1070
– 19	1071
– 20	1071
– 21	1071
– 22	1072
– 23	1072
– 24	1072
– 29	1073
– 30	1074
– 31	1074
– 32	1075
– 33	1075
– 34	1075
– 35	1075
– 36	1075
– 37	1076
L. 3131-1	1077
– 2	1078
L. 3132-1	1079
– 2	1079
– 3	1080
L. 3132-3-1	1082
– 4	1082
– 5	1083
– 6	1083
– 7	1084
– 8	1084
– 9	1084
– 10	1084
– 11	1085
– 12	1085
– 13	1091
– 14	1092
– 15	1092
– 16	1092
– 17	1093
– 18	1093
– 19	1093
– 20	1094
– 22	1096
– 23	1096
– 24	1097
– 25	1097
– 25-1	1098
– 25-2	1099
– 25-3	1099
– 25-4	1100
– 25-5	1100
– 25-6	1100
– 26	1101
– 27	1101
– 28	1102
– 29	1102
– 30	1106
– 31	1106
L. 3133-1	1108
– 2	1110
– 3	1110
– 4	1110
– 5	1110
– 6	1111
– 7	1112
– 8	1113
– 10	1114
– 11	1114
– 12	1114
L. 3134-1	1115
– 2	1115
– 3	1115
– 4	1115
– 5	1116
– 6	1116
– 7	1116
– 8	1117
– 9	1117
– 10	1117
– 11	1117
– 12	1117
– 13	1117
– 14	1118
– 15	1118
L. 3141-1	1119
L. 3141-2	1120
– 3	1121
– 4	1127
– 5	1127
– 6	1129
– 7	1129
– 8	1129
– 9	1130
– 10	1130
– 11	1131
– 12	1131
– 13	1131
– 14	1133
– 15	1133
– 16	1134
– 17	1134
– 18	1135
– 19	1136
– 20	1137
– 21	1137
– 22	1137
– 23	1142
– 24	1142
– 25	1143
– 26	1143
– 27	1145
– 28	1145
– 29	1146
– 30	1147
– 31	1148
L. 3142-1	1154
– 2	1156
– 3	1156
– 3-1	1156
– 4	1156
– 5	1156
– 6	1156
– 7	1157
– 8	1157
– 9	1157
– 10	1157
– 11	1157
– 12	1157
– 13	1158
– 14	1158
– 15	1158
– 16	1159
– 17	1159
– 18	1160
– 19	1160
– 20	1160
– 21	1160
– 22	1160
– 23	1161
– 24	1161
– 25	1161
– 26	1161
– 27	1161
– 28	1161
– 29	1161
– 30	1161
– 31	1161
– 32	1162
L. 3142-33	1162
– 34	1162
– 35	1163
– 36	1163
– 37	1163
– 38	1163
– 39	1163
– 40	1163
– 41	1163
– 42	1164
– 43	1164
– 44	1164
– 45	1164
– 46	1164
– 47	1165
– 48	1165
– 49	1165
– 50	1165
– 51	1166
– 52	1166
– 53	1166
– 54	1166
– 55	1167
– 56	1168
– 57	1168
– 58	1168
– 59	1168
– 60	1168
– 61	1168
– 62	1168
– 63	1169
– 64	1169
– 64-1	1169
– 65	1169
– 66	1169
– 67	1170
– 68	1170
– 69	1170
– 70	1170
– 71	1170
– 72	1171
– 73	1171
– 74	1172
– 75	1172
– 76	1172
– 77	1172
– 78	1172
– 79	1172
– 80	1172
– 81	1172
– 82	1173
– 83	1173
– 84	1173
– 85	1174
– 86	1174
– 87	1174
– 88	1174
– 89	1174
– 90	1174
– 91	1175
– 92	1175
– 93	1175
– 94	1175
– 95	1175

Article	Page
L. 3142-96	1176
– 97	1176
– 98	1177
– 99	1177
– 100	1178
– 101	1178
– 102	1178
– 103	1178
– 104	1178
– 105	1179
– 106	1179
– 107	1179
– 108	1179
– 109	1179
– 110	1179
– 111	1179
– 112	1179
– 113	1180
– 114	1180
– 115	1180
– 116	1180
L. 3151-1	1181
L. 3152-1	1181
– 2	1182
– 3	1182
L. 3153-1	1182
– 2	1183
– 3	1183
L. 3154-1	1183
– 2	1183
– 3	1184
L. 3161-1	1185
L. 3162-1	1185
– 2	1186
– 3	1186
L. 3163-1	1186
– 2	1187
– 3	1188
L. 3164-1	1188
– 2	1188
– 3	1189
– 4	1189
– 5	1189
– 6	1189
– 7	1190
– 8	1190
– 9	1190
L. 3171-1	1192
– 2	1192
– 3	1192
– 4	1193
L. 3172-1	1198
– 2	1198
R. 3121-1	1013
– 2	1018
D. 3121-7	1025
– 8	1025
– 9	1025
– 10	1025
– 11	1025
– 12	1026
– 13	1026
– 14	1026
– 14-1	1020
– 15	1027
– 16	1028
– 17	1028
– 18	1028
– 19	1028
R. 3121-20	1029
– 21	1029
– 22	1029
– 23	1030
– 24	1030
– 25	1030
– 26	1030
– 27	1030
– 28	1031
R. 3122-1	1046
– 2	1048
– 3	1048
– 4	1049
– 5	1050
– 6	1050
– 7	1050
D. 3122-7-1	1050
– 7-2	1050
– 7-3	1050
R. 3122-8	1052
– 9	1053
– 10	1053
– 11	1053
– 12	1053
– 13	1053
– 14	1053
– 15	1054
– 16	1054
– 17	1054
– 18	1056
– 19	1056
– 20	1056
– 21	1056
– 22	1056
D. 3123-1	1059
R. 3123-2	1059
D. 3123-3	1060
– 4	1075
R. 3124-1	1041
– 2	1041
– 3	1041
– 4	1042
– 5	1076
– 6	1042
– 7	1042
R. 3124-8	1076
– 9	1076
– 10	1076
– 11	1042
– 13	1042
– 15	1057
– 16	1188
D. 3131-1	1078
– 2	1078
– 3	1078
– 4	1078
– 5	1078
– 6	1078
– 7	1079
R. 3132-1	1083
– 2	1084
– 3	1084
– 4	1084
– 5	1085
– 6	1091
– 7	1091
– 8	1091
– 9	1092
– 10	1093
– 11	1093
– 12	1093
– 13	1093
– 14	1094
– 15	1094
– 16	1096
– 17	1096
– 19	1098
– 20	1098
– 21	1101
– 22	1106
– 23	1106
D. 3132-24	1107
D. 3133-1	1111
R. 3134-1	1116
– 2	1117
– 3	1116
– 4	1118
D. 3134-5	1118
R. 3135-1	1079
– 2	1107
– 3	1115
– 4	1118
– 5	1191
– 6	1199
D. 3141-1	1120
– 2	1120
R. 3141-3	1125
D. 3141-4	1125
– 5	1133
– 6	1134
– 7	1142
– 8	1142
D. 3141-9	1148
– 10	1148
– 11	1148
– 12	1148
– 13	1150
– 14	1150
– 15	1151
– 16	1151
– 17	1151
– 18	1151
R. 3141-19	1151
D. 3141-20	1151
– 21	1151
– 22	1151
– 23	1151
– 24	1151
– 25	1151
– 26	1152
– 27	1152
– 28	1152
– 29	1152
– 30	1152
– 31	1153
– 32	1153
– 33	1153
– 34	1153
– 35	1153
– 36	1154
– 37	1154
R. 3142-1	1158
– 2	1158
– 3	1159
– 4	1159
– 5	1159
D. 3142-5-1	1156
– 6	1160
– 7	1160
– 8	1160
– 8-1	1160
– 9	1161
– 10	1162
– 11	1162
– 12	1162
– 13	1162
– 14	1163
– 15	1163
– 16	1163
– 17	1164
R. 3142-18	1164
– 19	1165
D. 3142-20	1165
– 21	1165
R. 3142-22	1165
– 23	1165
D. 3142-24	1165
R. 3142-25	1166
– 26	1166
– 27	1167

Article	Page
R. 3142-28	1167
– 29	1167
– 30	1167
– 31	1167
– 32	1167
– 33	1167
– 34	1167
D. 3142-35	1169
– 36	1169
– 37	1169
– 38	1169
– 39	1171
– 40	1171
– 41	1173
– 42	1173
– 43	1173
– 44	1173
– 45	1174
– 46	1174
– 47	1175
– 48	1175
– 49	1177
– 50	1177
– 51	1177
– 52	1177
– 53	1177
R. 3143-1	1154
– 2	1180
– 3	1180
– 4	1180
D. 3154-1	1184
– 2	1184
– 3	1184
– 4	1184
– 5	1184
– 6	1185
R. 3163-1	1187
– 2	1187
– 3	1187
– 4	1187
– 5	1187
– 6	1187
R. 3164-1	1189
– 2	1190
– 3	1190
R. 3165-1	1186
– 2	1186
– 3	1191
– 4	1191
– 5	1191
– 6	1191
– 7	1191
D. 3171-1	1195
– 2	1195
– 3	1195
– 4	1195
– 5	1195
– 7	1195

Article	Page
D. 3171-8	1195
– 9	1196
R. 3171-9-1	1196
D. 3171-10	1197
– 11	1197
– 12	1197
– 13	1197
– 14	1197
– 15	1197
– 16	1197
– 17	1198
R. 3172-1	1198
– 2	1198
– 3	1199
– 4	1199
– 5	1199
– 6	1199
– 7	1199
– 8	1199
– 9	1199
R. 3173-1	1198
– 2	1198
– 3	1198
– 4	1198

LIVRE II

Article	Page
L. 3211-1	1200
L. 3221-1	1201
– 2	1201
– 3	1202
– 4	1203
– 5	1206
– 6	1206
– 7	1207
– 8	1208
– 9	1208
– 10	1208
L. 3222-1	1208
– 2	1209
L. 3231-1	1210
– 2	1210
– 3	1210
– 4	1210
– 5	1211
– 6	1211
– 7	1211
– 8	1211
– 9	1211
– 10	1211
– 11	1211
– 12	1211
L. 3232-1	1215
– 2	1215
– 3	1215
– 4	1217
– 5	1217
– 6	1217

Article	Page
L. 3232-7	1217
– 8	1217
– 9	1218
L. 3241-1	1219
L. 3242-1	1220
– 2	1221
– 3	1221
– 4	1221
L. 3243-1	1221
– 2	1221
– 3	1225
– 4	1226
– 5	1226
L. 3244-1	1227
– 2	1228
L. 3245-1	1228
L. 3251-1	1231
– 2	1232
– 3	1233
– 4	1233
L. 3252-1	1234
– 2	1234
– 3	1234
– 4	1235
– 5	1235
– 6	1235
– 7	1235
– 8	1235
– 9	1235
– 10	1235
– 11	1236
– 12	1236
– 13	1236
L. 3253-1	1242
– 2	1242
– 3	1243
– 4	1243
– 5	1244
– 6	1244
– 7	1246
– 8	1246
– 9	1251
– 10	1251
– 11	1251
– 12	1251
– 13	1252
– 14	1252
– 15	1252
– 16	1253
– 17	1253
– 18	1254
– 18-1	1254
– 18-2	1254
– 18-3	1255
– 18-4	1255
– 18-5	1255
– 18-6	1255
– 18-7	1255

Article	Page
L. 3253-18-8	1255
– 18-9	1255
– 19	1256
– 20	1257
– 21	1258
– 22	1258
– 23	1258
L. 3254-1	1259
– 2	1259
L. 3255-1	1259
L. 3261-1	1259
– 2	1259
– 3	1260
– 4	1260
– 5	1260
L. 3262-1	1264
– 2	1264
– 3	1264
– 4	1264
– 5	1264
– 6	1265
– 7	1265
L. 3263-1	1270
D. 3211-1	1200
R. 3221-1	1208
– 2	1208
R. 3222-1	1209
– 2	1209
– 3	1209
*R. 3231-1	1212
* – 2	1212
D. 3231-3	1212
*R. 3231-4	1212
D. 3231-5	1212
– 6	1212
*R. 3231-7	1214
D. 3231-8	1214
– 9	1214
– 10	1214
– 11	1214
– 12	1214
– 13	1214
– 14	1215
– 15	1215
R. 3231-16	1215
*R. 3231-17	1215
R. 3232-1	1217
– 2	1217
– 3	1217
– 4	1218
– 5	1218

Article	Page
R. 3232-6	1218
– 7	1218
– 8	1218
– 9	1218
– 10	1218
R. 3233-1	1219
R. 3241-1	1219
R. 3243-1	1223
– 2	1224
– 3	1225
– 4	1225
– 5	1225
– 6	1225
R. 3244-1	1228
– 2	1228
R. 3246-1	1231
– 2	1231
– 3	1231
– 4	1231
R. 3252-1	1236
– 2	1236
– 3	1237
– 4	1237
– 5	1237
– 6	1237
– 7	1237
– 8	1237
– 9	1237
– 10	1237
– 11	1238
– 12	1238
– 13	1238
– 14	1238
– 15	1238
– 16	1238
– 17	1238
– 18	1238
– 19	1238
– 20	1238
– 21	1238
– 22	1239
– 23	1239
– 24	1239
– 25	1239
– 26	1239
– 27	1239
– 28	1239
– 29	1239
– 30	1239
– 31	1240
– 32	1240
– 33	1240
– 34	1240
– 35	1240
– 36	1240
– 37	1240
– 38	1240
R. 3252-39	1241
– 40	1241
– 41	1241
– 42	1241
– 43	1241
– 44	1241
– 45	1241
– 46	1241
– 47	1241
– 48	1241
– 49	1241
D. 3253-1	1243
– 2	1251
– 3	1251
R. 3253-4	1252
D. 3253-5	1253
R. 3253-6	1257
R. 3255-1	1234
R. 3261-1	1260
– 2	1261
– 3	1261
– 4	1261
– 5	1261
– 6	1261
– 7	1261
– 8	1261
– 9	1261
– 10	1262
– 11	1262
– 12	1262
– 13	1262
– 14	1262
– 15	1262
R. 3261-16	1262
R. 3262-1	1265
– 2	1265
– 3	1265
– 4	1265
– 5	1266
– 6	1266
– 7	1266
– 8	1266
– 9	1266
– 10	1266
– 11	1266
– 12	1266
– 13	1266
– 14	1266
– 15	1267
– 16	1267
– 17	1267
– 18	1267
– 19	1267
– 20	1267
– 21	1267
– 22	1267
– 23	1267
R. 3262-24	1267
– 25	1268
– 26	1268
– 27	1268
– 28	1268
– 29	1268
– 30	1268
– 31	1268
– 32	1269
– 33	1269
– 34	1269
– 35	1269
– 36	1269
– 37	1269
– 38	1270
– 39	1270
– 40	1270
– 41	1270
– 42	1270
– 43	1270
– 44	1270
– 45	1270
R. 3262-46	1270
LIVRE III	
L. 3311-1	1273
L. 3312-1	1274
– 2	1274
– 3	1275
– 4	1275
– 5	1276
– 6	1277
– 7	1277
– 8	1277
L. 3313-1	1278
– 2	1278
– 3	1278
– 4	1279
L. 3314-1	1281
– 2	1281
– 3	1284
– 4	1284
– 5	1284
– 6	1285
– 7	1285
– 8	1285
– 9	1285
– 10	1285
L. 3315-1	1286
– 2	1286
– 3	1286
– 4	1286
– 5	1286
L. 3321-1	1287
– 2	1288
L. 3322-1	1288
– 2	1288
L. 3322-3	1289
– 4	1289
– 5	1289
– 6	1289
– 7	1290
– 8	1290
– 9	1290
L. 3323-1	1291
– 2	1292
– 3	1292
– 4	1294
– 5	1296
– 6	1297
– 7	1297
– 8	1298
– 9	1298
– 10	1298
L. 3324-1	1299
– 2	1300
– 3	1300
– 4	1301
– 5	1303
– 6	1304
– 7	1304
– 8	1305
– 9	1305
– 10	1306
– 11	1308
– 12	1309
L. 3325-1	1310
– 2	1310
– 3	1311
– 4	1311
L. 3326-1	1311
– 2	1312
L. 3331-1	1313
L. 3332-1	1313
– 2	1314
– 3	1314
– 4	1314
– 5	1314
– 6	1314
– 7	1314
– 8	1315
– 9	1315
– 10	1315
– 11	1316
– 12	1316
– 13	1316
– 14	1317
– 15	1318
– 16	1318
– 17	1319
– 17-1	1320
– 18	1322
– 19	1322
– 20	1322
– 21	1322
– 22	1322
– 23	1323

Article	Page
L. 3332-24	1323
– 25	1323
– 26	1324
– 27	1324
– 28	1325
L. 3333-1	1325
– 2	1325
– 3	1325
– 4	1326
– 5	1326
– 6	1326
– 7	1326
– 8	1326
L. 3334-1	1327
– 2	1327
– 3	1328
– 4	1328
– 5	1328
– 5-1	1328
– 6	1328
– 7	1328
– 8	1328
– 9	1329
– 10	1329
– 11	1329
– 12	1329
– 13	1329
– 14	1329
– 15	1330
– 16	1330
L. 3335-1	1332
– 2	1332
L. 3341-1	1333
– 2	1333
– 3	1333
– 4	1334
– 5	1334
– 6	1334
– 7	1334
– 8	1335
L. 3342-1	1335
L. 3343-1	1336
L. 3344-1	1336
– 2	1337
– 3	1337
L. 3345-1	1337
– 2	1338
– 3	1338
– 4	1338
L. 3346-1	1338
R. 3311-1	1274
– 2	1274
– 3	1274
D. 3311-4	1274
R. 3312-1	1277
– 2	1277

Article	Page
D. 3313-1	1279
– 2	1279
– 3	1279
– 4	1279
– 5	1280
– 6	1280
– 7	1280
– 7-1	1280
– 8	1280
– 9	1280
– 10	1280
– 11	1280
D. 3314-1	1285
– 2	1285
R. 3314-3	1285
– 4	1285
R. 3321-1	1288
D. 3321-2	1288
R. 3322-1	1289
– 2	1289
D. 3323-1	1295
– 2	1295
– 3	1295
– 4	1295
R. 3323-5	1295
– 6	1295
D. 3323-7	1296
– 8	1296
R. 3323-9	1298
– 10	1299
– 11	1299
D. 3323-12	1291
– 13	1291
– 14	1291
– 15	1291
– 16	1291
– 17	1291
– 18	1291
D. 3324-1	1301
– 2	1301
– 3	1301
– 4	1302
– 5	1302
– 6	1302
R. 3324-7	1302
D. 3324-8	1302
– 9	1303
– 10	1305
– 11	1306
– 12	1306
– 13	1306
– 14	1306
– 15	1306
R. 3324-16	1306

Article	Page
D. 3324-17	1309
– 18	1309
– 19	1309
– 20	1309
– 21	1310
R. 3324-21-1	1307
D. 3324-21-2	1307
R. 3324-22	1307
– 23	1308
– 24	1308
D. 3324-25	1292
– 26	1292
– 27	1292
– 28	1292
– 29	1292
– 30	1293
– 31	1293
– 32	1293
– 33	1293
– 34	1293
– 35	1293
– 36	1293
– 37	1293
– 38	1293
– 39	1294
– 40	1294
– 41	1308
– 42	1308
– 43	1309
– 44	1309
D. 3325-1	1311
– 2	1311
– 3	1311
– 4	1311
– 5	1311
– 6	1311
– 7	1311
R. 3326-1	1312
R. 3331-1	1313
D. 3331-2	1313
– 3	1313
R. 3332-1	1313
– 2	1313
– 3	1313
– 4	1315
– 5	1315
– 6	1315
– 7	1315
– 8	1316
– 9	1317
D. 3332-9-1	1317
R. 3332-10	1317
– 11	1317
– 12	1317
– 13	1317

Article	Page
R. 3332-14	1320
– 15	1320
– 16	1320
– 17	1320
– 18	1320
– 19	1320
– 20	1320
– 21	1321
– 21-1	1321
D. 3332-21-2	1321
R. 3332-21-3	1321
– 21-4	1321
– 21-5	1321
– 22	1321
– 23	1321
– 24	1323
– 25	1323
– 26	1323
– 27	1323
– 28	1324
– 29	1324
– 30	1324
– 31	1325
– 32	1325
R. 3333-1	1326
– 2	1327
– 3	1327
– 4	1327
– 5	1327
R. 3334-1	1330
– 1-1	1330
– 1-2	1330
– 1-3	1331
– 2	1331
– 3	1331
D. 3334-3-1	1331
– 3-2	1331
R. 3334-4	1331
– 5	1331
D. 3335-1	1332
– 2	1332
– 3	1333
D. 3341-1	1333
– 2	1333
– 3	1333
– 4	1333
R. 3341-5	1334
– 6	1335
D. 3342-1	1336
D. 3345-1	1337
– 2	1337
– 3	1337
– 4	1337
– 5	1337
D. 3346-1	1339

Article	Page
D. 3346-2	**1339**
– 3	**1339**
– 4	**1339**
– 5	**1339**
– 6	**1339**
– 7	**1339**
LIVRE IV	
L. 3411-1	**1340**
L. 3421-1	**1340**
L. 3422-1	**1340**
L. 3423-1	**1340**
– 2	**1341**
– 3	**1341**
– 4	**1341**
– 5	**1341**
– 6	**1341**
– 7	**1341**
– 8	**1342**
– 9	**1342**
L. 3431-1	**1344**
R. 3423-1	**1342**
– 2	**1342**
– 3	**1342**
– 4	**1342**
– 5	**1342**
– 6	**1342**
– 7	**1343**
– 8	**1343**
– 9	**1343**
D. 3423-10	**1343**
R. 3423-11	**1343**
QUATRIÈME PARTIE	
LIVRE I	
L. 4111-1	**1345**
– 2	**1345**
– 3	**1346**
– 4	**1346**
– 5	**1348**
– 6	**1348**
L. 4121-1	**1349**
– 2	**1353**
– 3	**1353**
– 3-1	**1355**
– 4	**1357**
– 5	**1357**
L. 4122-1	**1358**
– 2	**1359**
L. 4131-1	**1360**
– 2	**1362**
– 3	**1362**
– 4	**1363**
L. 4132-1	**1363**
– 2	**1363**
– 3	**1363**
– 4	**1364**
– 5	**1364**
L. 4141-1	**1364**
– 2	**1364**
– 3	**1365**
– 4	**1365**
L. 4142-1	**1368**
– 2	**1368**
– 3	**1368**
– 4	**1368**
L. 4143-1	**1368**
L. 4151-1	**1369**
L. 4152-1	**1370**
– 2	**1370**
L. 4153-1	**1373**
– 2	**1374**
– 3	**1374**
– 4	**1375**
– 5	**1375**
– 6	**1375**
– 7	**1375**
– 8	**1377**
– 9	**1381**
L. 4154-1	**1383**
– 2	**1385**
– 3	**1385**
– 4	**1385**
R. 4121-1	**1354**
– 2	**1354**
– 3	**1354**
– 4	**1354**
D. 4121-5	**1356**
– 6	**1357**
– 7	**1357**
– 8	**1357**
– 9	**1357**
D. 4132-1	**1363**
– 2	**1363**
R. 4141-1	**1365**
– 2	**1366**
– 3	**1366**
– 3-1	**1366**
– 4	**1366**
– 5	**1366**
– 6	**1366**
– 7	**1366**
– 8	**1366**
– 9	**1367**
– 10	**1367**
– 11	**1367**
– 12	**1367**
– 13	**1367**
– 14	**1367**
R. 4141-15	**1367**
– 16	**1367**
– 17	**1368**
– 18	**1368**
– 19	**1368**
– 20	**1368**
R. 4143-1	**1369**
– 2	**1369**
R. 4152-1	**1370**
– 2	**1370**
D. 4152-3	**1370**
– 4	**1370**
– 5	**1370**
– 6	**1370**
– 7	**1371**
– 8	**1371**
– 9	**1371**
– 10	**1371**
– 11	**1371**
– 12	**1371**
R. 4152-13	**1371**
– 14	**1371**
– 15	**1371**
– 16	**1372**
– 17	**1372**
– 18	**1372**
– 19	**1372**
– 20	**1372**
– 21	**1372**
– 22	**1372**
– 23	**1372**
– 24	**1372**
– 25	**1372**
– 26	**1372**
– 27	**1372**
– 28	**1372**
D. 4152-29	**1373**
D. 4153-1	**1375**
– 2	**1375**
– 3	**1375**
– 4	**1375**
– 5	**1376**
R. 4153-6	**1376**
D. 4153-7	**1376**
R. 4153-8	**1376**
– 9	**1376**
– 10	**1376**
– 11	**1376**
– 12	**1376**
D. 4153-13	**1376**
– 14	**1376**
– 15	**1377**
– 16	**1377**
– 17	**1377**
– 18	**1377**
– 19	**1377**
D. 4153-20	**1377**
– 21	**1377**
– 22	**1377**
– 23	**1378**
– 24	**1378**
– 25	**1378**
– 26	**1378**
– 27	**1378**
– 28	**1379**
– 29	**1379**
– 30	**1379**
– 31	**1379**
– 32	**1379**
– 33	**1379**
– 34	**1379**
– 35	**1380**
– 36	**1380**
– 37	**1380**
– 38	**1380**
– 39	**1380**
– 40	**1380**
– 41	**1381**
– 42	**1381**
– 43	**1381**
R. 4153-44	**1381**
D. 4153-45	**1381**
– 46	**1382**
– 47	**1382**
– 48	**1382**
– 49	**1382**
D. 4154-1	**1383**
– 2	**1384**
– 3	**1384**
– 4	**1384**
R. 4154-5	**1384**
D. 4154-6	**1385**
LIVRE II	
L. 4211-1	**1386**
– 2	**1386**
L. 4221-1	**1401**
R. 4211-1	**1386**
– 2	**1386**
– 3	**1387**
– 4	**1387**
– 5	**1387**
R. 4212-1	**1388**
– 2	**1388**
– 3	**1388**
– 4	**1388**
– 5	**1388**
– 6	**1388**
– 7	**1388**
R. 4213-1	**1389**
– 2	**1389**
– 3	**1389**
– 4	**1389**

Article	Page
R. 4213-5	1389
– 6	1389
– 7	1389
– 8	1390
– 9	1390
R. 4214-1	1390
– 2	1390
– 3	1390
– 4	1390
– 5	1390
– 6	1390
– 7	1390
– 8	1390
– 9	1391
– 10	1391
– 11	1391
– 12	1391
– 13	1391
– 14	1391
– 15	1391
– 16	1391
– 17	1391
– 18	1392
– 19	1392
– 20	1392
– 21	1392
– 22	1392
– 23	1392
– 24	1392
– 25	1392
– 26	1393
– 27	1393
– 28	1393
R. 4215-1	1394
– 2	1394
– 3	1394
– 4	1394
– 5	1394
– 6	1394
– 7	1395
– 8	1395
– 9	1395
– 10	1395
– 11	1395
– 12	1395
– 13	1395
– 14	1395
– 15	1395
– 16	1395
– 17	1395
R. 4216-1	1396
– 2	1396
– 3	1397
– 4	1397
– 5	1397
– 6	1397
– 7	1397
– 8	1397
– 9	1397
– 10	1398
– 11	1398
– 12	1398
R. 4216-13	1398
– 14	1398
– 15	1398
– 16	1398
– 17	1398
– 18	1398
– 19	1399
– 20	1399
– 21	1399
– 22	1399
– 23	1399
– 24	1399
– 25	1399
– 26	1400
– 27	1400
– 28	1400
– 29	1400
– 30	1400
– 31	1400
– 32	1400
– 33	1401
– 34	1401
R. 4217-1	1401
– 2	1401
R. 4221-1	1402
R. 4222-1	1402
– 2	1402
– 3	1402
– 4	1402
– 5	1403
– 6	1403
– 7	1403
– 8	1403
– 9	1403
– 10	1403
– 11	1403
– 12	1403
– 13	1403
– 14	1404
– 15	1404
– 16	1404
– 17	1404
– 18	1404
– 19	1404
– 20	1404
– 21	1404
– 22	1404
– 23	1405
– 24	1405
– 25	1405
– 26	1405
R. 4223-1	1405
– 2	1405
– 3	1405
– 4	1406
– 5	1406
– 6	1406
– 7	1406
– 8	1406
– 9	1406
– 10	1406
R. 4223-11	1406
– 12	1406
– 13	1406
– 14	1407
– 15	1407
R. 4224-1	1407
– 2	1407
– 3	1407
– 4	1407
– 5	1407
– 6	1407
– 7	1407
– 8	1407
– 9	1408
– 10	1408
– 11	1408
– 12	1408
– 13	1408
– 14	1408
– 15	1408
– 16	1408
– 17	1409
– 17-1	1409
– 17-2	1409
– 18	1409
– 19	1409
– 20	1409
– 21	1409
– 22	1409
– 23	1409
– 24	1409
R. 4225-1	1410
– 2	1410
– 3	1410
– 4	1410
– 5	1410
– 6	1410
– 7	1411
– 8	1411
R. 4226-1	1411
– 2	1411
– 3	1411
– 4	1412
– 5	1412
– 6	1412
– 7	1412
– 8	1412
– 9	1412
– 10	1412
– 11	1413
– 12	1413
– 13	1413
– 14	1413
– 15	1413
– 16	1413
– 17	1413
– 18	1414
– 19	1414
– 20	1414
– 21	1414
R. 4227-1	1414
R. 4227-2	1414
– 3	1414
– 4	1415
– 5	1415
– 6	1415
– 7	1415
– 8	1415
– 9	1415
– 10	1415
– 11	1415
– 12	1415
– 13	1415
– 14	1416
– 15	1416
– 16	1416
– 17	1416
– 18	1416
– 19	1416
– 20	1416
– 22	1416
– 23	1417
– 24	1417
– 25	1417
– 26	1417
– 27	1417
– 28	1417
– 29	1417
– 30	1417
– 31	1417
– 32	1417
– 33	1417
– 34	1418
– 35	1418
– 36	1418
– 37	1418
– 38	1418
– 39	1418
– 40	1419
– 41	1419
– 42	1419
– 43	1419
– 44	1419
– 45	1419
– 46	1419
– 47	1419
– 48	1420
– 49	1420
– 50	1420
– 51	1420
– 52	1420
– 53	1420
– 54	1420
– 55	1421
– 56	1421
– 57	1421
R. 4228-1	1421
– 2	1421
– 3	1421
– 4	1421
– 5	1421
– 6	1421
– 7	1422
– 8	1422

Article	Page
R. 4228-9	**1422**
– 10	**1422**
– 11	**1422**
– 12	**1422**
– 13	**1422**
– 14	**1423**
– 15	**1423**
– 16	**1423**
– 17	**1423**
– 18	**1423**
– 19	**1423**
– 20	**1423**
– 21	**1424**
– 22	**1424**
– 23	**1424**
– 24	**1424**
– 25	**1424**
– 26	**1424**
– 27	**1424**
– 28	**1425**
– 29	**1425**
– 30	**1425**
– 31	**1425**
– 32	**1425**
– 33	**1425**
– 34	**1425**
– 35	**1425**
– 36	**1425**
– 37	**1425**
LIVRE III	
L. 4311-1	**1426**
– 2	**1426**
– 3	**1426**
– 4	**1426**
– 5	**1427**
– 6	**1427**
– 7	**1427**
L. 4313-1	**1433**
L. 4314-1	**1446**
L. 4321-1	**1470**
– 2	**1470**
– 3	**1470**
– 4	**1471**
– 5	**1471**
R. 4311-1	**1428**
– 2	**1428**
– 3	**1428**
– 4	**1428**
– 4-1	**1428**
– 4-2	**1429**
– 4-3	**1429**
– 4-4	**1429**
– 4-5	**1429**
– 4-6	**1429**
– 5	**1429**
– 6	**1430**
– 7	**1430**
– 8	**1430**
– 9	**1430**
– 10	**1431**

Article	Page
R. 4311-11	**1431**
– 12	**1431**
– 13	**1431**
R. 4312-1	**1432**
– 1-1	**1432**
– 1-2	**1432**
– 2	**1432**
– 3	**1432**
– 4	**1432**
– 5	**1432**
– 6	**1433**
– 7	**1433**
– 8	**1433**
– 9	**1433**
R. 4313-1	**1434**
– 2	**1434**
– 3	**1434**
– 4	**1434**
– 5	**1434**
– 6	**1434**
– 7	**1435**
– 8	**1435**
– 9	**1435**
– 10	**1435**
– 11	**1435**
– 12	**1435**
– 13	**1435**
– 14	**1435**
– 15	**1436**
– 16	**1436**
– 17	**1436**
– 18	**1436**
– 19	**1437**
– 20	**1437**
– 21	**1437**
– 22	**1437**
– 23	**1437**
– 24	**1437**
– 25	**1437**
– 26	**1437**
– 27	**1437**
– 28	**1437**
– 29	**1438**
– 30	**1438**
– 31	**1438**
– 32	**1438**
– 33	**1438**
– 34	**1438**
– 35	**1438**
– 36	**1438**
– 37	**1439**
– 38	**1439**
– 39	**1439**
– 40	**1439**
– 41	**1439**
– 42	**1439**
– 43	**1439**
– 44	**1439**
– 45	**1440**
– 46	**1440**
– 47	**1440**

Article	Page
R. 4313-48	**1440**
– 49	**1440**
– 50	**1440**
– 51	**1440**
– 52	**1440**
– 53	**1440**
– 54	**1440**
– 55	**1441**
– 56	**1441**
– 57	**1441**
– 58	**1441**
– 59	**1441**
– 60	**1441**
– 61	**1441**
– 62	**1441**
– 63	**1441**
– 64	**1442**
– 65	**1442**
– 66	**1442**
– 67	**1442**
– 68	**1442**
– 69	**1442**
– 70	**1442**
– 71	**1442**
– 72	**1442**
– 73	**1442**
– 74	**1442**
– 75	**1443**
– 76	**1443**
– 77	**1443**
– 78	**1443**
– 79	**1444**
– 80	**1444**
– 81	**1444**
– 82	**1444**
– 83	**1445**
– 84	**1445**
– 85	**1445**
– 86	**1445**
– 87	**1445**
– 88	**1445**
– 89	**1445**
– 90	**1445**
– 91	**1445**
– 92	**1446**
– 93	**1446**
– 94	**1446**
– 95	**1446**
R. 4314-1	**1446**
– 2	**1446**
– 3	**1447**
– 4	**1447**
– 5	**1447**
– 6	**1447**
R. 4321-1	**1470**
– 2	**1470**
– 3	**1470**
– 4	**1471**
– 5	**1471**
– 6	**1471**
R. 4322-1	**1471**
– 2	**1471**

Article	Page
R. 4322-3	**1471**
R. 4323-1	**1472**
– 2	**1472**
– 3	**1472**
– 4	**1472**
– 5	**1472**
– 6	**1472**
– 7	**1472**
– 8	**1473**
– 9	**1473**
– 10	**1473**
– 11	**1473**
– 12	**1473**
– 13	**1473**
– 14	**1473**
– 15	**1473**
– 16	**1473**
– 17	**1473**
– 18	**1474**
– 19	**1474**
– 20	**1474**
– 21	**1474**
– 22	**1474**
– 23	**1475**
– 24	**1475**
– 25	**1475**
– 26	**1475**
– 27	**1475**
– 28	**1475**
– 29	**1476**
– 30	**1476**
– 31	**1476**
– 32	**1476**
– 33	**1476**
– 34	**1476**
– 35	**1476**
– 36	**1476**
– 37	**1476**
– 38	**1476**
– 39	**1476**
– 40	**1477**
– 41	**1477**
– 42	**1477**
– 43	**1477**
– 44	**1477**
– 45	**1477**
– 46	**1477**
– 47	**1477**
– 48	**1477**
– 49	**1477**
– 50	**1478**
– 51	**1478**
– 52	**1478**
– 53	**1478**
– 54	**1478**
– 55	**1478**
– 56	**1478**
– 57	**1478**
– 58	**1479**
– 59	**1479**
– 60	**1479**
– 61	**1479**
– 62	**1480**

Article	Page
R. 4323-63	**1480**
– 64	**1480**
– 65	**1480**
– 66	**1480**
– 67	**1480**
– 68	**1480**
– 69	**1481**
– 70	**1481**
– 71	**1481**
– 72	**1481**
– 73	**1481**
– 74	**1481**
– 75	**1481**
– 76	**1482**
– 77	**1482**
– 78	**1482**
– 79	**1482**
– 80	**1482**
– 81	**1482**
– 82	**1482**
– 83	**1482**
– 84	**1482**
– 85	**1482**
– 86	**1482**
– 87	**1482**
– 88	**1483**
– 89	**1483**
– 90	**1483**
– 91	**1483**
– 92	**1483**
– 93	**1483**
– 94	**1483**
– 95	**1483**
– 96	**1484**
– 97	**1484**
– 98	**1484**
– 99	**1484**
– 100	**1484**
– 101	**1484**
– 102	**1484**
– 103	**1484**
– 104	**1484**
– 105	**1485**
– 106	**1485**
– 107	**1485**
– 108	**1485**
– 109	**1485**
R. 4324-1	**1486**
– 2	**1487**
– 3	**1487**
– 4	**1487**
– 5	**1487**
– 6	**1487**
– 7	**1487**
– 8	**1487**
– 9	**1487**
– 10	**1488**
– 11	**1488**
– 12	**1488**
– 13	**1488**
– 14	**1488**
– 15	**1488**
– 16	**1488**
R. 4324-17	**1488**
– 18	**1488**
– 19	**1488**
– 20	**1489**
– 21	**1489**
– 22	**1489**
– 23	**1489**
– 24	**1489**
– 25	**1489**
– 26	**1489**
– 27	**1490**
– 28	**1490**
– 29	**1490**
– 30	**1490**
– 31	**1490**
– 32	**1490**
– 33	**1490**
– 34	**1490**
– 35	**1490**
– 36	**1490**
– 37	**1490**
– 38	**1491**
– 39	**1491**
– 40	**1491**
– 41	**1491**
– 42	**1491**
– 43	**1491**
– 44	**1491**
– 45	**1491**
– 46	**1491**
– 47	**1492**
– 48	**1492**
– 49	**1492**
– 50	**1492**
– 51	**1492**
– 52	**1492**
– 53	**1492**
LIVRE IV	
L. 4411-1	**1494**
– 2	**1494**
– 3	**1494**
– 4	**1495**
– 5	**1495**
– 6	**1495**
– 7	**1496**
L. 4412-1	**1502**
L. 4421-1	**1526**
L. 4431-1	**1533**
L. 4441-1	**1539**
L. 4451-1	**1543**
– 2	**1543**
L. 4453-1	**1568**
R. 4411-1	**1496**
– 2	**1496**
– 3	**1496**
– 4	**1497**
– 5	**1497**
– 6	**1497**
R. 4411-42	**1498**
– 43	**1498**
– 44	**1498**
– 45	**1498**
– 46	**1498**
– 47	**1498**
– 48	**1499**
– 49	**1499**
– 50	**1499**
– 51	**1499**
– 52	**1499**
– 53	**1499**
– 54	**1499**
– 56	**1499**
– 60	**1500**
– 61	**1500**
– 62	**1500**
– 64	**1500**
– 65	**1500**
– 69	**1500**
– 70	**1500**
– 71	**1500**
– 72	**1501**
– 73	**1501**
– 74	**1501**
– 75	**1501**
– 76	**1501**
– 77	**1501**
– 78	**1501**
– 79	**1502**
– 80	**1502**
– 81	**1502**
– 82	**1502**
– 83	**1502**
– 84	**1502**
R. 4412-1	**1502**
– 2	**1503**
– 3	**1503**
– 4	**1503**
– 5	**1503**
– 6	**1503**
– 7	**1504**
– 8	**1504**
– 9	**1504**
– 10	**1504**
– 11	**1504**
– 12	**1504**
– 13	**1504**
– 14	**1504**
– 15	**1504**
– 16	**1504**
– 17	**1505**
– 18	**1505**
– 19	**1505**
– 20	**1505**
– 21	**1505**
– 22	**1505**
– 23	**1505**
– 24	**1506**
– 25	**1506**
– 26	**1506**
– 27	**1506**
– 28	**1506**
R. 4412-29	**1507**
– 30	**1507**
– 31	**1507**
– 32	**1507**
– 33	**1507**
– 34	**1507**
– 35	**1507**
– 36	**1507**
– 37	**1507**
– 38	**1508**
– 39	**1508**
– 44	**1508**
– 45	**1509**
– 46	**1509**
– 47	**1509**
– 48	**1509**
– 49	**1509**
– 50	**1509**
– 51	**1509**
– 51-1	**1509**
– 51-2	**1509**
– 52	**1510**
– 53	**1510**
– 54	**1510**
– 55	**1510**
– 56	**1510**
– 57	**1510**
– 59	**1511**
– 60	**1511**
– 61	**1511**
– 62	**1511**
– 63	**1511**
– 64	**1511**
– 65	**1511**
– 66	**1512**
– 67	**1512**
– 68	**1512**
– 69	**1512**
– 70	**1512**
– 71	**1512**
– 72	**1512**
– 73	**1513**
– 74	**1513**
– 75	**1513**
– 76	**1513**
– 77	**1513**
– 78	**1513**
– 79	**1513**
– 80	**1513**
– 82	**1514**
– 83	**1514**
– 84	**1514**
– 85	**1514**
– 86	**1514**
– 87	**1514**
– 88	**1514**
– 89	**1515**
– 90	**1515**
– 91	**1515**
– 92	**1515**
– 93	**1515**
– 94	**1515**
– 95	**1515**

Article	Page
R. 4412-96	1515
– 97	1516
– 98	1516
– 99	1516
– 100	1516
– 101	1516
– 102	1516
– 103	1516
– 104	1516
– 105	1516
– 106	1516
– 107	1517
– 108	1517
– 109	1517
– 110	1517
– 111	1517
– 112	1517
– 113	1517
– 114	1517
– 115	1517
– 116	1518
– 117	1518
– 118	1518
– 119	1518
– 120	1518
– 121	1518
– 122	1518
– 123	1518
– 124	1519
– 125	1519
– 126	1519
– 127	1519
– 128	1519
– 129	1520
– 130	1520
– 131	1520
– 132	1520
– 133	1520
– 134	1520
– 135	1520
– 136	1520
– 137	1521
– 138	1521
– 139	1521
– 140	1521
– 141	1521
– 142	1521
– 143	1521
– 144	1521
– 145	1522
– 146	1522
– 147	1522
– 148	1522
– 149	1522
– 150	1524
– 151	1524
– 152	1524
– 154	1525
– 155	1525
– 156	1525
– 157	1525
– 158	1525

Article	Page
R. 4412-159	1525
– 160	1525
– 161	1526
– 162	1526
– 163	1526
– 164	1526
R. 4421-1	1526
– 2	1526
– 3	1527
– 4	1527
R. 4422-1	1527
R. 4423-1	1527
– 2	1527
– 3	1527
– 4	1527
R. 4424-1	1528
– 2	1528
– 3	1528
– 4	1528
– 5	1528
– 6	1529
– 7	1529
– 8	1529
– 9	1529
– 10	1529
R. 4425-1	1530
– 2	1530
– 3	1530
– 4	1530
– 5	1530
– 6	1530
– 7	1530
R. 4426-1	1531
– 2	1531
– 3	1531
– 4	1531
– 5	1531
– 6	1531
– 7	1531
– 8	1531
– 9	1531
– 10	1532
– 11	1532
– 12	1532
– 13	1532
R. 4427-1	1532
– 2	1532
– 3	1532
– 4	1532
– 5	1532
R. 4431-1	1533
– 2	1533
– 3	1534
– 4	1534
R. 4432-1	1534
– 2	1534
– 3	1534

Article	Page
R. 4433-1	1535
– 2	1535
– 3	1535
– 4	1535
– 5	1535
– 6	1535
– 7	1535
R. 4434-1	1536
– 2	1536
– 3	1536
– 4	1536
– 5	1536
– 6	1536
– 7	1536
– 8	1537
– 9	1537
– 10	1537
R. 4435-1	1537
– 2	1537
– 3	1537
– 4	1537
– 5	1537
R. 4436-1	1538
R. 4437-1	1538
– 2	1538
– 3	1538
– 4	1538
R. 4441-1	1539
– 2	1539
R. 4442-1	1539
– 2	1540
R. 4443-1	1540
– 2	1540
R. 4444-1	1540
– 2	1540
– 3	1540
– 4	1540
– 5	1540
– 6	1541
– 7	1541
R. 4445-1	1541
– 2	1541
– 3	1541
– 4	1541
– 5	1542
– 6	1542
R. 4446-1	1542
– 2	1542
– 3	1542
– 4	1542
R. 4447-1	1542
R. 4451-1	1544
– 2	1544
– 3	1544
– 4	1544
– 5	1544
– 6	1544

Article	Page
R. 4451-7	1544
– 8	1545
– 9	1545
– 10	1545
– 11	1545
– 12	1545
– 13	1546
– 14	1546
– 15	1546
– 16	1546
– 17	1546
– 18	1547
– 19	1547
– 20	1547
– 21	1547
– 22	1547
– 23	1547
– 24	1547
– 25	1548
– 26	1548
– 27	1548
– 28	1548
– 29	1548
– 30	1548
– 31	1549
– 32	1549
– 33	1549
– 34	1549
– 35	1549
– 36	1549
– 37	1549
– 38	1550
– 39	1550
– 40	1550
– 41	1550
– 42	1550
– 43	1550
– 44	1550
– 45	1550
– 46	1550
– 47	1551
– 48	1551
– 49	1551
– 50	1551
– 51	1551
– 52	1551
– 53	1551
– 54	1551
– 55	1552
– 56	1552
– 57	1552
– 58	1552
– 59	1552
– 60	1552
– 61	1552
– 62	1552
– 63	1552
– 64	1553
– 65	1553
– 66	1553
– 67	1553
– 68	1553
– 69	1553
– 70	1553

Article	Page
R. 4451-71	**1553**
– 72	**1554**
– 73	**1554**
– 74	**1554**
– 75	**1554**
– 76	**1554**
– 77	**1554**
– 78	**1554**
– 79	**1555**
– 80	**1555**
– 81	**1555**
– 82	**1555**
– 83	**1555**
– 84	**1555**
– 85	**1556**
– 86	**1556**
– 87	**1556**
– 88	**1556**
– 89	**1556**
– 90	**1556**
– 91	**1556**
– 92	**1556**
– 93	**1557**
– 94	**1557**
– 95	**1557**
– 96	**1557**
– 97	**1557**
– 98	**1557**
– 99	**1557**
– 100	**1558**
– 101	**1558**
– 102	**1558**
– 103	**1558**
– 104	**1558**
– 105	**1558**
– 106	**1558**
– 107	**1558**
– 108	**1558**
– 109	**1559**
– 110	**1559**
– 111	**1559**
– 112	**1559**
– 113	**1559**
– 114	**1559**
– 115	**1560**
– 116	**1560**
– 117	**1560**
– 118	**1560**
– 119	**1560**
– 120	**1560**
– 121	**1560**
– 122	**1560**
– 123	**1560**
– 124	**1560**
– 125	**1561**
– 126	**1561**
– 127	**1561**
– 128	**1561**
– 129	**1561**
– 130	**1561**
– 131	**1561**
– 132	**1561**
– 133	**1562**
R. 4451-134	**1562**
– 135	**1562**
– 136	**1562**
– 137	**1562**
– 138	**1562**
– 139	**1562**
– 140	**1562**
– 141	**1562**
– 142	**1563**
– 143	**1563**
– 144	**1563**
R. 4452-1	**1563**
– 2	**1564**
– 3	**1564**
– 4	**1564**
– 5	**1564**
– 6	**1564**
– 7	**1564**
– 8	**1564**
– 9	**1565**
– 10	**1565**
– 11	**1565**
– 12	**1565**
– 13	**1565**
– 14	**1565**
– 15	**1565**
– 16	**1566**
– 17	**1566**
– 18	**1566**
– 19	**1566**
– 20	**1566**
– 21	**1566**
– 22	**1566**
– 23	**1567**
– 24	**1567**
– 25	**1567**
– 26	**1567**
– 27	**1567**
– 28	**1567**
– 29	**1567**
– 30	**1567**
– 31	**1567**
R. 4461-1	**1568**
– 2	**1568**
– 3	**1568**
– 4	**1569**
– 5	**1569**
– 6	**1569**
– 7	**1570**
– 8	**1570**
– 9	**1570**
– 10	**1570**
– 11	**1571**
– 12	**1571**
– 13	**1571**
– 14	**1571**
– 15	**1571**
– 16	**1571**
– 17	**1571**
– 18	**1572**
– 19	**1572**
– 20	**1572**
R. 4461-21	**1572**
– 22	**1572**
– 23	**1572**
– 24	**1573**
– 25	**1573**
– 26	**1573**
– 27	**1573**
– 28	**1573**
– 29	**1574**
– 30	**1574**
– 31	**1575**
– 32	**1575**
– 33	**1575**
– 34	**1575**
– 35	**1576**
– 36	**1576**
– 37	**1576**
– 38	**1576**
– 39	**1576**
– 40	**1576**
– 41	**1576**
– 42	**1576**
– 43	**1577**
– 44	**1577**
– 45	**1577**
– 46	**1577**
– 47	**1577**
– 48	**1577**
– 49	**1578**
LIVRE V	
L. 4511-1	**1579**
L. 4521-1	**1589**
L. 4522-1	**1589**
– 2	**1589**
L. 4523-1	**1589**
– 2	**1589**
– 3	**1590**
– 4	**1590**
– 5	**1590**
– 6	**1591**
– 7	**1591**
– 8	**1591**
– 9	**1591**
– 10	**1591**
– 11	**1591**
– 12	**1591**
– 13	**1592**
– 14	**1592**
– 15	**1592**
– 16	**1592**
– 17	**1592**
L. 4524-1	**1595**
L. 4525-1	**1596**
L. 4526-1	**1596**
L. 4531-1	**1598**
– 2	**1598**
– 3	**1598**
L. 4532-1	**1598**
– 2	**1599**
– 3	**1600**
– 4	**1600**
– 5	**1600**
– 6	**1600**
– 7	**1600**
– 8	**1608**
– 9	**1610**
– 10	**1613**
– 11	**1614**
– 12	**1614**
– 13	**1614**
– 14	**1614**
– 15	**1614**
– 16	**1616**
– 17	**1617**
– 18	**1617**
L. 4535-1	**1636**
L. 4541-1	**1639**
R. 4511-1	**1580**
– 2	**1580**
– 3	**1580**
– 4	**1580**
– 5	**1580**
– 6	**1580**
– 7	**1580**
– 8	**1580**
– 9	**1580**
– 10	**1580**
– 11	**1581**
– 12	**1581**
R. 4512-1	**1581**
– 2	**1581**
– 3	**1581**
– 4	**1581**
– 5	**1581**
– 6	**1581**
– 7	**1582**
– 8	**1583**
– 9	**1583**
– 10	**1583**
– 11	**1583**
– 12	**1583**
– 13	**1583**
– 14	**1583**
– 15	**1584**
– 16	**1584**
R. 4513-1	**1584**
– 2	**1584**
– 3	**1584**
– 4	**1584**
– 5	**1584**
– 6	**1584**
– 7	**1585**
– 8	**1585**
– 9	**1585**
– 10	**1585**
– 11	**1585**
– 12	**1585**
– 13	**1585**

Article	Page
R. 4514-1	**1586**
– 2	**1586**
– 3	**1586**
– 4	**1586**
– 5	**1586**
– 6	**1587**
– 7	**1587**
– 7-1	**1587**
– 8	**1587**
– 9	**1587**
– 10	**1587**
R. 4515-1	**1587**
– 2	**1588**
– 3	**1588**
– 4	**1588**
– 5	**1588**
– 6	**1588**
– 7	**1588**
– 8	**1588**
– 9	**1588**
– 10	**1588**
– 11	**1588**
R. 4523-1	**1590**
– 2	**1590**
– 3	**1590**
– 4	**1590**
– 4-1	**1591**
– 5	**1592**
– 6	**1592**
– 7	**1593**
– 8	**1593**
– 9	**1593**
– 10	**1593**
– 11	**1593**
– 12	**1593**
– 13	**1593**
– 14	**1594**
– 15	**1594**
– 16	**1594**
– 17	**1594**
R. 4524-1	**1595**
– 2	**1595**
– 3	**1595**
– 4	**1595**
– 5	**1595**
– 6	**1595**
– 7	**1595**
– 8	**1596**
– 9	**1596**
– 10	**1596**
R. 4532-1	**1599**
– 2	**1599**
– 3	**1599**
– 4	**1600**
– 5	**1601**
– 6	**1601**
– 7	**1601**
– 8	**1601**
– 9	**1601**
– 10	**1601**
– 11	**1601**
R. 4532-12	**1602**
– 13	**1602**
– 14	**1602**
– 15	**1603**
– 16	**1603**
– 17	**1603**
– 18	**1603**
– 19	**1603**
– 20	**1603**
– 21	**1603**
– 22	**1603**
– 23	**1604**
– 24	**1604**
– 25	**1604**
– 26	**1604**
– 27	**1605**
– 28	**1605**
– 29	**1605**
– 30	**1605**
– 31	**1606**
– 32	**1606**
– 33	**1606**
– 34	**1606**
– 35	**1607**
– 36	**1607**
– 37	**1607**
– 38	**1608**
– 39	**1608**
– 40	**1608**
– 41	**1608**
– 42	**1608**
– 43	**1608**
– 44	**1609**
– 45	**1609**
– 46	**1609**
– 47	**1609**
– 48	**1609**
– 49	**1609**
– 50	**1609**
– 51	**1610**
– 52	**1610**
– 53	**1610**
– 54	**1610**
– 55	**1610**
– 56	**1611**
– 57	**1611**
– 58	**1611**
– 59	**1611**
– 60	**1611**
– 61	**1611**
– 62	**1611**
– 63	**1611**
– 64	**1612**
– 65	**1612**
– 66	**1612**
– 67	**1612**
– 68	**1612**
– 69	**1612**
– 70	**1612**
– 71	**1613**
– 72	**1613**
– 73	**1613**
– 74	**1613**
– 75	**1613**
R. 4532-76	**1613**
– 77	**1614**
– 78	**1614**
– 79	**1614**
– 80	**1614**
– 81	**1614**
– 82	**1615**
– 83	**1615**
– 84	**1615**
– 85	**1615**
– 86	**1615**
– 87	**1615**
– 88	**1615**
– 89	**1615**
– 90	**1615**
– 91	**1616**
– 92	**1616**
– 93	**1616**
– 94	**1616**
– 95	**1616**
– 96	**1616**
– 97	**1616**
– 98	**1617**
R. 4533-1	**1618**
– 2	**1619**
– 3	**1619**
– 4	**1619**
– 5	**1619**
– 6	**1619**
– 7	**1619**
R. 4534-1	**1619**
– 2	**1620**
– 3	**1620**
– 4	**1620**
– 5	**1620**
– 6	**1620**
– 7	**1620**
– 8	**1620**
– 9	**1620**
– 10	**1620**
– 11	**1620**
– 12	**1620**
– 13	**1620**
– 14	**1621**
– 15	**1621**
– 16	**1621**
– 17	**1621**
– 18	**1621**
– 19	**1621**
– 20	**1621**
– 21	**1621**
– 22	**1621**
– 23	**1622**
– 24	**1622**
– 25	**1622**
– 26	**1622**
– 27	**1622**
– 28	**1622**
– 29	**1622**
– 30	**1622**
– 31	**1622**
– 32	**1623**
R. 4534-33	**1623**
– 34	**1623**
– 35	**1623**
– 36	**1623**
– 37	**1623**
– 38	**1623**
– 39	**1623**
– 40	**1623**
– 41	**1623**
– 42	**1623**
– 43	**1624**
– 44	**1624**
– 45	**1624**
– 46	**1624**
– 47	**1624**
– 48	**1624**
– 49	**1624**
– 50	**1624**
– 51	**1624**
– 52	**1624**
– 53	**1624**
– 54	**1625**
– 55	**1625**
– 56	**1625**
– 57	**1625**
– 58	**1625**
– 59	**1625**
– 60	**1625**
– 61	**1625**
– 62	**1625**
– 63	**1625**
– 64	**1625**
– 65	**1626**
– 66	**1626**
– 67	**1626**
– 68	**1626**
– 69	**1626**
– 70	**1626**
– 71	**1626**
– 72	**1626**
– 73	**1626**
– 74	**1626**
– 75	**1626**
– 76	**1626**
– 77	**1627**
– 78	**1627**
– 79	**1627**
– 80	**1627**
– 81	**1627**
– 82	**1627**
– 83	**1627**
– 84	**1627**
– 85	**1627**
– 86	**1627**
– 87	**1627**
– 88	**1627**
– 89	**1628**
– 90	**1628**
– 91	**1628**
– 92	**1628**
– 93	**1628**
– 94	**1628**
– 95	**1628**
– 96	**1628**

Article	Page
R. 4534-97	**1628**
– 98	**1628**
– 99	**1629**
– 100	**1629**
– 101	**1629**
– 102	**1629**
– 103	**1629**
– 104	**1629**
– 105	**1629**
– 106	**1629**
– 107	**1629**
– 108	**1630**
– 109	**1630**
– 110	**1630**
– 111	**1630**
– 112	**1630**
– 113	**1630**
– 114	**1630**
– 115	**1630**
– 116	**1631**
– 117	**1631**
– 118	**1631**
– 119	**1631**
– 120	**1631**
– 121	**1631**
– 122	**1631**
– 123	**1632**
– 124	**1632**
– 125	**1632**
– 126	**1632**
– 127	**1632**
– 128	**1632**
– 129	**1633**
– 130	**1633**
– 131	**1633**
– 132	**1633**
– 133	**1633**
– 134	**1633**
– 135	**1633**
– 136	**1633**
– 137	**1634**
– 138	**1634**
– 139	**1634**
– 140	**1634**
– 141	**1634**
– 142	**1634**
– 142-1	**1634**
– 143	**1634**
– 144	**1635**
– 145	**1635**
– 146	**1635**
– 147	**1635**
– 148	**1635**
– 149	**1635**
– 150	**1635**
– 151	**1635**
– 152	**1635**
– 153	**1635**
– 154	**1635**
– 155	**1635**
– 156	**1636**

Article	Page
R. 4535-1	**1636**
– 2	**1636**
– 3	**1636**
– 4	**1637**
– 5	**1637**
– 6	**1637**
– 7	**1637**
– 8	**1637**
– 9	**1638**
– 10	**1638**
– 11 (1)	**1638**
– 12	**1638**
R. 4541-1	**1639**
– 2	**1639**
– 3	**1639**
– 4	**1639**
– 5	**1640**
– 6	**1640**
– 7	**1640**
– 8	**1640**
– 9	**1640**
– 10	**1640**
– 11	**1640**
R. 4542-1	**1641**
– 2	**1641**
– 3	**1641**
– 4	**1641**
– 5	**1641**
– 6	**1642**
– 7	**1642**
– 8	**1642**
– 9	**1642**
– 10	**1642**
– 11	**1642**
– 12	**1642**
– 13	**1642**
– 14	**1642**
– 15	**1642**
– 16	**1643**
– 17	**1643**
– 18	**1643**
– 19	**1643**
R. 4543-1	**1643**
– 2	**1644**
– 3	**1644**
– 4	**1644**
– 5	**1644**
– 6	**1644**
– 7	**1644**
– 8	**1644**
– 9	**1644**
– 10	**1644**
– 11	**1644**
– 12	**1644**
– 13	**1645**
– 14	**1645**
– 15	**1645**
– 16	**1645**

Article	Page
R. 4543-17	**1645**
– 18	**1645**
– 19	**1645**
– 20	**1645**
– 21	**1645**
– 22	**1646**
– 23	**1646**
– 24	**1646**
– 25	**1646**
– 26	**1646**
– 27	**1646**
– 28	**1646**
R. 4544-1	**1647**
– 2	**1647**
– 3	**1647**
– 4	**1647**
– 5	**1647**
– 6	**1648**
– 7	**1648**
– 8	**1648**
– 9	**1648**
– 10	**1648**
LIVRE VI	
L. 4611-1	**1650**
– 2	**1650**
– 3	**1651**
– 4	**1651**
– 5	**1651**
– 6	**1651**
– 7	**1651**
– 8	**1652**
L. 4612-1	**1652**
– 2	**1653**
– 3	**1653**
– 4	**1653**
– 5	**1653**
– 6	**1654**
– 7	**1654**
– 8	**1654**
– 8-1	**1655**
– 9	**1655**
– 10	**1655**
– 11	**1655**
– 12	**1655**
– 13	**1655**
– 14	**1655**
– 15	**1655**
– 16	**1656**
– 17	**1656**
– 18	**1657**
L. 4613-1	**1657**
– 2	**1662**
– 3	**1662**
– 4	**1663**
L. 4614-1	**1667**
– 2	**1667**

Article	Page
L. 4614-3	**1668**
– 4	**1668**
– 5	**1668**
– 6	**1668**
– 7	**1669**
– 8	**1670**
– 9	**1670**
– 10	**1671**
– 11	**1671**
– 12	**1672**
– 13	**1674**
– 14	**1678**
– 15	**1678**
– 16	**1678**
L. 4621-1	**1685**
L. 4622-1	**1686**
– 2	**1686**
– 3	**1686**
– 4	**1686**
– 5	**1687**
– 6	**1687**
– 7	**1687**
– 8	**1687**
– 9	**1688**
– 10	**1688**
– 11	**1688**
– 12	**1688**
– 13	**1688**
– 14	**1688**
– 15	**1688**
– 16	**1689**
– 17	**1689**
L. 4623-1	**1707**
– 2	**1708**
– 3	**1708**
– 4	**1708**
– 5	**1708**
– 5-1	**1710**
– 5-2	**1710**
– 5-3	**1711**
– 6	**1711**
– 7	**1711**
– 8	**1711**
L. 4624-1	**1727**
– 2	**1732**
– 3	**1732**
– 4	**1733**
L. 4625-1	**1756**
– 2	**1756**
L. 4631-1	**1767**
– 2	**1767**
L. 4642-1	**1777**
– 2	**1777**
– 3	**1777**
L. 4643-1	**1781**

(1) La même numérotation a été utilisée pour des articles différents. Deux articles R. 4535-11 figurent p. 1638, l'un concernant le « risque hyperbare », l'autre les « risques électriques ».

Article	Page
L. 4643-2	**1781**
– 3	**1781**
– 4	**1782**
R. 4612-1	**1654**
– 2	**1654**
– 2-1	**1654**
– 3	**1656**
– 4	**1656**
– 5	**1656**
– 5-1	**1656**
– 6	**1656**
– 7	**1657**
– 8	**1657**
– 9	**1657**
R. 4613-1	**1663**
– 2	**1664**
– 3	**1664**
– 4	**1664**
– 5	**1664**
– 6	**1665**
– 7	**1665**
– 8	**1665**
– 9	**1666**
– 10	**1666**
– 11	**1666**
– 12	**1667**
R. 4614-1	**1667**
– 2	**1671**
– 3	**1671**
– 4	**1672**
– 5	**1672**
– 6	**1675**
– 7	**1675**
– 8	**1676**
– 9	**1676**
– 11	**1676**
– 12	**1676**
– 13	**1676**
– 14	**1677**
– 15	**1677**
– 16	**1677**
– 17	**1677**
– 18	**1677**
– 19	**1677**
– 20	**1677**
– 21	**1678**
– 22	**1678**
– 23	**1678**
– 24	**1678**
– 25	**1678**
– 26	**1679**
– 27	**1679**
– 28	**1679**
– 29	**1679**
– 30	**1679**
– 31	**1679**
– 32	**1679**
– 33	**1679**
– 34	**1679**
– 35	**1679**
– 36	**1680**
R. 4615-1	**1680**
– 2	**1680**
– 3	**1680**
– 4	**1680**
– 5	**1681**
– 6	**1681**
– 7	**1681**
– 8	**1681**
– 9	**1681**
– 10	**1681**
– 11	**1681**
– 12	**1682**
– 13	**1682**
– 14	**1682**
– 15	**1682**
– 16	**1682**
– 17	**1682**
– 18	**1682**
– 19	**1683**
– 20	**1683**
– 21	**1683**
R. 4621-1	**1685**
D. 4622-1	**1690**
– 2	**1690**
– 3	**1690**
R. 4622-4	**1690**
D. 4622-5	**1690**
– 6	**1690**
– 7	**1691**
– 8	**1691**
– 9	**1691**
– 10	**1691**
– 11	**1691**
– 12	**1691**
– 13	**1691**
– 14	**1691**
– 15	**1691**
R. 4622-16	**1691**
D. 4622-17	**1692**
– 18	**1692**
– 19	**1692**
– 20	**1692**
– 21	**1692**
– 22	**1692**
– 23	**1692**
– 24	**1693**
R 4622-25	**1693**
D. 4622-26	**1693**
– 27	**1693**
– 28	**1693**
– 29	**1693**
– 30	**1693**
R. 4622-31	**1694**
D. 4622-32	**1694**
– 33	**1694**
– 34	**1694**
– 35	**1694**
D. 4622-36	**1694**
– 37	**1695**
– 38	**1695**
– 39	**1695**
R. 4622-40	**1695**
D. 4622-41	**1695**
– 42	**1695**
– 43	**1695**
– 44	**1696**
– 45	**1696**
– 46	**1696**
– 47	**1696**
– 48	**1696**
– 49	**1696**
– 50	**1697**
– 51	**1697**
– 52	**1697**
– 53	**1697**
– 54	**1697**
– 55	**1697**
– 56	**1697**
– 57	**1697**
– 58	**1697**
– 59	**1697**
– 60	**1697**
– 61	**1698**
– 62	**1698**
– 63	**1698**
– 64	**1698**
– 65	**1698**
– 66	**1698**
– 67	**1698**
– 68	**1698**
– 69	**1698**
– 70	**1699**
– 71	**1699**
– 72	**1699**
– 73	**1699**
– 74	**1699**
– 75	**1699**
– 76	**1699**
R. 4623-1	**1711**
– 2	**1712**
– 3	**1713**
– 4	**1713**
– 5	**1713**
– 6	**1713**
– 7	**1714**
– 8	**1714**
– 9	**1714**
– 10	**1714**
– 11	**1714**
– 12	**1714**
– 13	**1715**
– 14	**1715**
– 15	**1715**
– 16	**1715**
– 17	**1715**
– 18	**1716**
– 19	**1716**
– 20	**1716**
– 21	**1716**
R. 4623-22	**1716**
– 23	**1716**
– 24	**1716**
– 25	**1717**
– 26	**1717**
– 27	**1717**
– 28	**1718**
– 29	**1718**
– 30	**1718**
– 31	**1718**
– 32	**1718**
– 33	**1718**
– 34	**1718**
– 35	**1718**
– 36	**1718**
– 37	**1719**
– 38	**1719**
– 39	**1719**
– 40	**1719**
– 41	**1719**
– 42	**1719**
– 43	**1719**
– 44	**1719**
– 45	**1720**
– 46	**1720**
– 47	**1720**
– 48	**1720**
– 49	**1720**
– 50	**1720**
– 51	**1720**
– 52	**1721**
– 53	**1721**
– 54	**1721**
– 55	**1721**
– 56	**1721**
R. 4624-1	**1733**
– 2	**1733**
– 3	**1734**
– 4	**1734**
– 5	**1734**
– 6	**1734**
– 7	**1734**
– 8	**1734**
– 9	**1734**
– 10	**1736**
– 11	**1737**
– 12	**1737**
– 13	**1737**
– 14	**1738**
– 15	**1738**
– 16	**1738**
– 17	**1738**
– 18	**1738**
– 19	**1739**
– 20	**1739**
– 21	**1739**
– 22	**1742**
– 23	**1742**
– 24	**1743**
– 25	**1743**
– 26	**1744**
– 27	**1744**
– 28	**1744**

Article	Page
R. 4624-29	**1744**
– 30	**1744**
– 31	**1744**
– 32	**1746**
D. 4624-33	**1747**
– 34	**1747**
– 35	**1747**
– 36	**1747**
– 37	**1747**
– 38	**1747**
– 39	**1747**
– 40	**1747**
– 41	**1747**
– 42	**1747**
– 43	**1748**
– 44	**1748**
– 45	**1748**
– 46	**1748**
– 47	**1748**
– 48	**1749**
– 49	**1749**
– 50	**1749**
D. 4625-1	**1757**
– 2	**1757**
– 3	**1757**
– 4	**1757**
– 5	**1757**
– 6	**1758**
– 7	**1758**
R. 4625-8	**1758**
– 9	**1758**
– 10	**1758**
– 11	**1758**
– 12	**1758**
D. 4625-13	**1758**
– 14	**1759**
– 15	**1759**
– 16	**1759**
– 17	**1759**
– 18	**1759**
– 19	**1759**
– 20	**1759**
– 21	**1759**
D. 4626-1	**1762**
– 2	**1763**
– 3	**1763**
– 4	**1763**
– 5	**1763**
– 6	**1763**
– 7	**1763**
– 8	**1763**
R. 4626-9	**1763**
– 10	**1763**
– 11	**1764**
– 12	**1764**
– 13	**1764**
– 14	**1764**
– 15	**1764**
– 16	**1764**
– 17	**1764**
– 18	**1764**
R. 4626-19	**1764**
– 20	**1765**
– 21	**1765**
– 22	**1765**
– 23	**1765**
– 24	**1765**
– 25	**1765**
– 26	**1765**
– 27	**1765**
– 28	**1765**
– 29	**1765**
– 30	**1766**
– 31	**1766**
D. 4626-32	**1766**
– 33	**1766**
– 34	**1766**
– 35	**1766**
D. 4631-1	**1767**
D. 4632-1	**1767**
– 2	**1767**
– 3	**1768**
– 4	**1768**
– 5	**1768**
– 6	**1768**
– 7	**1768**
– 8	**1768**
– 9	**1768**
– 10	**1768**
– 11	**1768**
R. 4641-1	**1769**
– 2	**1770**
– 3	**1770**
– 4	**1770**
D. 4641-5	**1770**
– 6	**1771**
R. 4641-7	**1771**
D. 4641-8	**1771**
R. 4641-9	**1771**
D. 4641-10	**1772**
R. 4641-11	**1772**
D. 4641-12	**1772**
R. 4641-13	**1772**
D. 4641-14	**1772**
– 15	**1772**
R. 4641-16	**1773**
D. 4641-17	**1773**
– 18	**1773**
R. 4641-19	**1773**
D. 4641-20	**1774**
– 21	**1774**
R. 4641-22	**1774**
D. 4641-23	**1774**
– 24	**1774**
R. 4641-30	**1775**
– 31	**1775**
D. 4641-32	**1775**
– 33	**1776**
– 34	**1776**
R. 4641-35	**1776**
D. 4641-36	**1776**
– 37	**1776**
– 38	**1776**
– 39	**1776**
– 40	**1776**
R. 4642-1	**1777**
– 2	**1777**
– 3	**1778**
– 4	**1778**
– 5	**1779**
– 6	**1779**
– 7	**1779**
– 8	**1779**
– 9	**1779**
– 10	**1779**
– 11	**1779**
– 12	**1779**
– 13	**1779**
– 14	**1779**
– 15	**1780**
– 16	**1780**
– 17	**1780**
– 18	**1780**
– 19	**1780**
– 20	**1780**
– 21	**1780**
– 22	**1780**
– 23	**1780**
– 24	**1780**
– 25	**1780**
– 26	**1781**
– 27	**1781**
– 28	**1781**
– 29	**1781**
R. 4643-1	**1782**
– 2	**1782**
– 3	**1782**
– 4	**1783**
– 5	**1783**
– 6	**1783**
– 7	**1783**
– 8	**1783**
– 9	**1783**
– 10	**1783**
– 11	**1783**
– 12	**1784**
– 13	**1784**
– 14	**1784**
– 15	**1784**
– 16	**1784**
– 17	**1784**
– 18	**1784**
R. 4643-19	**1784**
– 20	**1784**
– 21	**1784**
– 22	**1785**
– 23	**1785**
– 24	**1785**
– 25	**1785**
– 26	**1785**
– 27	**1785**
– 28	**1785**
– 29	**1785**
– 30	**1785**
– 31	**1786**
– 32	**1786**
– 33	**1786**
– 34	**1786**
– 35	**1786**
– 36	**1786**
– 37	**1786**
– 38	**1786**
– 39	**1787**
– 40	**1787**
– 41	**1787**
– 42	**1787**
LIVRE VII	
L. 4711-1	**1790**
– 2	**1790**
– 3	**1790**
– 4	**1790**
– 5	**1790**
L. 4721-1	**1791**
– 2	**1792**
– 3	**1792**
– 4	**1792**
– 5	**1793**
– 6	**1793**
– 7	**1794**
– 8	**1794**
L. 4722-1	**1795**
– 2	**1796**
L. 4723-1	**1800**
– 2	**1801**
L. 4731-1	**1804**
– 2	**1805**
– 3	**1805**
– 4	**1805**
– 5	**1805**
– 6	**1805**
L. 4732-1	**1807**
– 2	**1807**
– 3	**1807**
– 4	**1807**
L. 4741-1	**1808**
– 2	**1824**
– 3	**1824**
– 4	**1824**
– 5	**1824**
– 6	**1825**

Article	Page
L. 4741-7	1825
– 8	1825
– 9	1826
– 10	1826
– 11	1827
– 12	1827
– 13	1828
– 14	1828
L. 4742-1	1683
L. 4743-1	1373-1382
– 2	1382
L. 4744-1	1387
– 2	1387-1617
– 3	1617
– 4	1617
– 5	1617
– 6	1618
– 7	1618
L. 4745-1	1726
D. 4711-1	1790
– 2	1791
– 3	1791
R. 4721-1	1792
– 2	1792
– 3	1792
– 4	1793
– 5	1793
– 6	1794
– 7	1795
– 8	1795
– 9	1795
– 10	1795
– 11	1795
– 12	1795
R. 4722-1	1796
– 2	1796
– 3	1796
– 4	1796
– 5	1796
– 6	1797
– 7	1797
– 8	1797
– 9	1797
– 10	1798
– 11	1798
– 12	1798
– 13	1798
– 14	1798
– 15	1798
– 16	1798
– 17	1798
– 18	1798
– 19	1798
– 20	1798
– 20-1	1799
– 21	1799
– 21-1	1799
– 22	1799
R. 4722-23	1799
– 24	1799
– 26	1799
– 27	1799
– 28	1799
– 29	1800
– 30	1800
R. 4723-1	1800
– 2	1801
– 3	1801
– 4	1801
– 5	1801
– 6	1801
R. 4724-1	1801
– 2	1802
– 3	1802
– 4	1802
– 6	1802
– 7	1802
– 8	1802
– 9	1802
– 10	1803
– 11	1803
– 12	1803
– 13	1803
– 14	1803
– 15	1803
– 15-1	1803
– 15-2	1804
– 16	1804
– 17	1804
– 18	1804
– 19	1804
R. 4731-1	1805
– 2	1805
– 3	1806
– 4	1806
– 5	1806
– 6	1806
– 7	1806
– 8	1806
– 9	1806
– 10	1806
– 11	1806
– 12	1806
– 13	1807
– 14	1807
– 15	1807
R. 4741-1	1357-1825
– 1-1	1358-1825
– 2	1795-1825
– 3	1791-1825
– 3-1	1826
– 4	1618-1826
– 5	1618-1826
R. 4743-1	1373
– 2	1373
– 3	1383
– 4	1383
– 5	1383
R. 4743-6	1383
– 7	1383
R. 4745-1	1726
– 2	1727
– 3	1727
– 4	1727

LIVRE VIII

Article	Page
L. 4811-1	1829
L. 4821-1	1829
L. 4822-1	1829
L. 4831-1	1830
R. 4822-1	1829

CINQUIÈME PARTIE

LIVRE I

Article	Page
L. 5111-1	1832
– 2	1832
– 3	1832
L. 5112-1	1833
– 1-1	1834
– 2	1834
L. 5121-1	1838
– 2	1838
– 3	1839
– 4	1840
– 5	1840
– 7	1842
L. 5122-1	1843
– 2	1848
– 3	1849
– 4	1851
– 5	1851
L. 5123-1	1852
– 2	1852
– 3	1852
– 4	1852
– 5	1853
– 6	1853
– 8	1853
– 9	1853
L. 5124-1	1861
L. 5131-1	1863
– 2	1863
– 3	1864
– 4	1865
– 5	1867
– 6	1867
– 7	1868
– 8	1868
L. 5132-1	1868
L. 5132-2	1869
– 3	1869
– 4	1869
– 5	1869
– 6	1872
– 7	1873
– 8	1874
– 9	1874
– 10	1874
– 11	1874
– 11-1	1874
– 13	1875
– 14	1875
– 15	1879
– 15-1	1879
– 15-2	1883
– 16	1883
– 17	1884
L. 5133-8	1885
– 9	1885
– 10	1885
– 11	1886
L. 5134-1	1887
– 2	1887
– 3	1888
– 4	1888
– 5	1888
– 6	1888
– 7	1888
– 8	1888
– 9	1889
– 10	1890
– 11	1890
– 12	1890
– 13	1890
– 14	1890
– 15	1890
– 16	1891
– 17	1891
– 18	1891
– 19	1891
– 19-1	1892
– 19-2	1893
– 19-3	1893
– 19-4	1893
– 19-5	1893
– 20	1898
– 21	1898
– 21-1	1898
– 22	1898
– 23	1899
– 23-1	1899
– 23-2	1899
– 24	1901
– 25	1901
– 25-1	1901
– 26	1901
– 27	1902
– 28	1902
– 28-1	1902
– 29	1902
– 30	1903

Article	Page
L. 5134-30-1	1903
– 30-2	1903
– 31	1904
– 32	1905
– 33	1905
– 34	1905
– 65	1907
– 66	1907
– 66-1	1908
– 67	1908
– 67-1	1908
– 67-2	1908
– 68	1908
– 69	1910
– 69-1	1911
– 69-2	1911
– 70	1911
– 70-1	1911
– 70-2	1911
– 71	1911
– 72	1911
– 72-1	1912
– 72-2	1912
– 73	1913
– 100	1913
– 101	1914
– 102	1915
– 103	1915
– 104	1915
– 105	1916
– 106	1916
– 107	1916
– 108	1916
– 109	1917
L. 5141-1	1919
– 2	1921
– 3	1922
– 4	1923
– 5	1923
– 6	1924
L. 5142-1	1925
– 2	1925
– 3	1925
R. 5111-1	1832
– 2	1832
– 3	1832
– 4	1833
– 5	1833
– 6	1833
R. 5112-1	1834
– 2	1834
– 3	1834
– 4	1835
– 5	1835
– 11	1835
– 12	1835
– 13	1835
– 14	1835
– 15	1836
– 16	1836
– 17	1836
R. 5112-18	1837
– 19	1837
– 20	1837
– 21	1838
– 22	1838
– 23	1838
D. 5112-24	1838
D. 5121-1	1838
– 2	1839
– 3	1839
– 4	1839
– 5	1839
– 6	1839
– 7	1839
– 8	1839
– 9	1840
– 10	1840
– 11	1840
– 12	1840
– 13	1840
R. 5121-14	1840
– 15	1840
– 16	1841
– 17	1841
– 18	1841
– 19	1841
– 20	1841
– 21	1841
– 22	1841
– 23	1841
– 24	1841
– 25	1842
R. 5122-1	1845
– 2	1845
– 3	1845
– 4	1845
– 5	1845
– 6	1845
– 7	1845
– 8	1845
– 9	1846
– 10	1846
– 11	1847
– 12	1847
D. 5122-13	1847
R. 5122-14	1847
– 15	1847
– 16	1847
– 17	1847
– 18	1847
– 19	1847
– 20	1847
– 21	1847
– 22	1848
– 23	1848
– 24	1848
– 25	1848
– 26	1848
– 27	1848
– 28	1848
R. 5122-29	1848
D. 5122-30	1849
– 32	1849
– 33	1849
– 34	1849
– 35	1849
– 36	1849
– 37	1849
– 38	1849
– 39	1849
– 40	1849
– 41	1850
– 42	1850
– 43	1850
– 44	1850
– 45	1850
– 46	1850
– 47	1851
– 48	1851
– 49	1851
– 50	1851
– 51	1851
R. 5123-1	1853
– 2	1853
– 3	1854
D. 5123-4	1854
R. 5123-5	1854
– 6	1854
– 7	1854
– 8	1855
– 9	1855
– 10	1855
– 11	1855
– 12	1855
– 13	1857
– 14	1857
– 15	1857
– 16	1857
– 17	1857
– 18	1857
– 19	1857
– 20	1857
– 21	1857
– 22	1857
– 23	1858
– 24	1858
– 25	1858
– 26	1858
– 27	1858
– 28	1858
– 29	1858
– 30	1859
– 31	1859
– 32	1859
– 33	1860
– 34	1860
– 35	1861
– 36	1861
– 37	1861
– 38	1861
– 39	1861
– 40	1861
R. 5123-41	1861
R. 5131-1	1863
– 2	1863
– 3	1863
– 4	1864
– 5	1864
– 6	1864
– 7	1865
– 8	1865
– 9	1865
– 10	1865
D. 5131-11	1866
– 12	1866
– 13	1866
– 14	1866
– 15	1866
– 16	1866
– 17	1866
– 18	1867
– 19	1867
– 20	1867
– 21	1867
– 22	1867
– 23	1867
– 24	1867
– 25	1867
– 26	1868
– 27	1868
R. 5132-1	1870
– 2	1870
– 3	1871
– 4	1871
– 5	1871
– 6	1871
– 7	1871
– 8	1871
– 9	1871
– 10	1871
D. 5132-10-1	1871
– 10-2	1872
– 10-3	1872
– 10-4	1872
– 10-5	1872
R. 5132-11	1875
– 12	1876
– 13	1876
– 14	1876
– 15	1876
– 16	1876
– 17	1877
– 18	1877
– 19	1877
– 20	1877
– 21	1877
– 22	1877
– 23	1877
– 24	1877
– 25	1877
– 26	1877
D. 5132-26-1	1878

Article	Page
D. 5132-26-2	**1878**
– 26-3	**1878**
– 26-4	**1878**
– 26-5	**1878**
– 27	**1880**
R. 5132-28	**1880**
– 29	**1881**
D. 5132-30	**1881**
– 31	**1881**
R. 5132-32	**1881**
– 33	**1881**
D. 5132-34	**1881**
R. 5132-35	**1881**
– 36	**1882**
– 37	**1882**
– 38	**1882**
– 39	**1882**
– 40	**1882**
– 41	**1882**
– 42	**1882**
– 43	**1882**
D. 5132-43-1	**1882**
– 43-2	**1883**
– 43-3	**1883**
– 43-4	**1883**
– 43-5	**1883**
R. 5132-44	**1884**
– 45	**1884**
– 46	**1884**
– 47	**1884**
R. 5133-1	**1884**
– 2	**1884**
– 3	**1884**
– 4	**1884**
– 5	**1885**
– 6	**1885**
– 7	**1885**
– 8	**1885**
– 9	**1885**
– 10	**1885**
– 11	**1886**
– 12	**1886**
– 13	**1886**
– 14	**1886**
– 15	**1886**
– 16	**1886**
– 17	**1886**
D. 5134-1	**1887**
– 2	**1888**
– 3	**1888**
– 4	**1889**
– 5	**1889**
– 6	**1889**
– 7	**1890**
– 8	**1892**
– 9	**1892**
– 10	**1892**
– 11	**1892**
D. 5134-12	**1892**
– 13	**1892**
– 14	**1894**
R. 5134-15	**1894**
– 16	**1894**
– 17	**1894**
– 18	**1895**
– 19	**1895**
– 20	**1895**
– 21	**1895**
– 22	**1895**
– 23	**1896**
– 24	**1896**
D. 5134-25	**1896**
R. 5134-26	**1899**
– 27	**1899**
– 28	**1899**
– 29	**1900**
– 30	**1900**
– 31	**1900**
– 32	**1900**
– 33	**1900**
– 34	**1900**
– 35	**1900**
– 36	**1902**
– 37	**1900**
– 38	**1901**
– 39	**1901**
– 40	**1903**
D. 5134-41	**1903**
R. 5134-42	**1904**
– 43	**1904**
– 44	**1904**
– 45	**1904**
– 46	**1904**
– 47	**1904**
D. 5134-48	**1905**
R. 5134-49	**1905**
– 50	**1905**
D. 5134-50-1	**1905**
– 50-2	**1905**
– 50-3	**1906**
– 50-4	**1906**
– 50-5	**1906**
– 50-6	**1906**
– 50-7	**1906**
– 50-8	**1906**
R. 5134-51	**1908**
– 52	**1909**
– 53	**1909**
– 54	**1909**
– 55	**1909**
– 56	**1909**
– 57	**1909**
– 58	**1909**
– 59	**1909**
– 60	**1910**
– 61	**1910**
R. 5134-62	**1910**
– 63	**1912**
D. 5134-64	**1912**
R. 5134-65	**1912**
– 66	**1912**
– 67	**1912**
– 68	**1913**
– 69	**1913**
– 70	**1913**
D. 5134-145	**1914**
– 146	**1914**
– 147	**1914**
– 148	**1914**
– 149	**1914**
– 150	**1915**
– 151	**1915**
– 152	**1915**
– 153	**1915**
– 154	**1915**
– 155	**1916**
– 156	**1916**
– 157	**1916**
– 158	**1916**
– 159	**1917**
– 160	**1917**
R. 5141-1	**1918**
– 2	**1918**
– 3	**1918**
– 4	**1919**
– 5	**1919**
– 6	**1919**
– 7	**1920**
– 8	**1920**
– 9	**1920**
– 10	**1920**
– 11	**1920**
– 12	**1921**
– 13	**1921**
– 14	**1921**
– 15	**1921**
– 16	**1921**
– 17	**1921**
– 18	**1921**
– 19	**1921**
– 20	**1922**
– 21	**1922**
– 22	**1922**
– 23	**1922**
– 24	**1922**
– 25	**1922**
– 26	**1922**
– 27	**1922**
– 28	**1923**
– 29	**1923**
– 30	**1923**
– 31	**1924**
– 32	**1924**
– 33	**1924**
– 34	**1924**
R. 5142-1	**1925**
R. 5142-2	**1925**
– 3	**1926**
– 4	**1926**
– 5	**1926**
– 6	**1926**
LIVRE II	
L. 5211-1	**1928**
– 2	**1928**
– 3	**1928**
– 4	**1928**
– 5	**1929**
L. 5212-1	**1929**
– 2	**1929**
– 3	**1930**
– 4	**1930**
– 5	**1930**
– 6	**1932**
– 7	**1932**
– 8	**1933**
– 9	**1934**
– 10	**1934**
– 11	**1934**
– 12	**1937**
– 13	**1938**
– 14	**1938**
– 15	**1939**
– 16	**1939**
– 17	**1939**
L. 5213-1	**1939**
– 2	**1939**
– 3	**1942**
– 4	**1942**
– 5	**1942**
– 6	**1944**
– 7	**1945**
– 8	**1945**
– 9	**1946**
– 10	**1946**
– 11	**1946**
– 12	**1946**
– 13	**1950**
– 14	**1951**
– 15	**1951**
– 16	**1952**
– 17	**1952**
– 18	**1952**
– 19	**1952**
– 20	**1955**
– 21	**1956**
– 22	**1956**
L. 5214-1 A	**1956**
– 1 B	**1957**
– 1	**1957**
– 1-1	**1957**
– 2	**1957**
– 3	**1957**
– 3-1	**1958**
– 4	**1959**
– 5	**1959**

Article	Page
L. 5215-1	1959
L. 5221-1	1961
– 2	1961
– 3	1961
– 4	1961
– 5	1962
– 6	1962
– 7	1962
– 8	1962
– 9	1963
– 11	1963
L. 5222-1	1973
– 2	1973
L. 5223-1	1974
– 2	1975
– 3	1975
– 4	1975
– 5	1976
– 6	1979
L. 5224-1	1973
– 2	1974
– 3	1974
– 4	1974
D. 5211-1	1928
– 2	1928
– 3	1929
– 4	1929
– 5	1929
– 6	1929
R. 5212-1	1930
– 1-1	1931
– 2	1931
D. 5212-3	1930
R. 5212-4	1931
– 5	1932
– 6	1932
– 7	1932
– 8	1932
– 9	1933
– 10	1933
– 11	1933
– 12	1933
– 13	1933
– 14	1934
– 15	1934
– 16	1934
– 17	1934
– 18	1934
D. 5212-19	1935
– 20	1935
– 21	1935
– 22	1935
– 23	1935
– 24	1935
– 25	1936
– 26	1936
– 27	1937
D. 5212-28	1937
– 29	1937
R. 5212-30	1937
– 31	1938
R. 5213-1	1940
– 2	1940
– 3	1940
– 4	1940
– 5	1941
– 6	1941
– 7	1941
– 8	1941
– 9	1942
– 10	1943
– 11	1943
– 12	1943
– 13	1943
– 14	1943
D. 5213-15	1943
– 16	1943
– 17	1943
– 18	1943
– 19	1944
– 20	1944
– 21	1944
R. 5213-22	1944
– 23	1944
– 24	1944
– 25	1944
– 26	1944
– 27	1941
– 28	1941
– 29	1941
– 30	1941
– 31	1942
– 32	1947
– 33	1947
– 34	1947
– 35	1947
– 36	1947
– 37	1947
– 38	1947
– 39	1947
– 40	1948
– 41	1948
– 42	1948
– 43	1948
– 44	1948
– 45	1948
– 46	1949
– 47	1949
– 48	1949
– 49	1949
– 50	1949
– 51	1949
– 52	1949
D. 5213-53	1949
– 54	1950
– 55	1950
– 56	1950
– 57	1950
D. 5213-58	1950
– 59	1950
– 60	1950
– 61	1950
R. 5213-62	1952
– 63	1953
– 64	1953
– 65	1953
– 66	1953
– 67	1953
– 68	1953
– 69	1953
– 70	1953
– 71	1953
– 72	1953
– 73	1953
– 74	1954
– 75	1954
– 76	1954
D. 5213-77	1954
– 78	1954
– 79	1954
– 80	1954
– 81	1955
– 82	1955
– 83	1955
– 84	1955
– 85	1955
– 86	1955
R. 5213-87	1956
R. 5214-1	1959
– 19	1958
– 20	1958
– 21	1958
– 22	1958
– 23	1958
R. 5215-1	1959
R. 5221-1	1964
– 2	1964
– 3	1964
– 4	1965
– 5	1965
– 6	1966
– 7	1966
– 8	1966
– 8-1	1966
– 9	1966
– 10	1966
– 11	1966
– 12	1967
– 14	1967
– 15	1967
– 16	1967
– 17	1967
– 18	1967
– 19	1967
– 20	1967
– 21	1969
– 22	1969
– 23	1969
R. 5221-24	1969
– 25	1969
– 26	1970
– 27	1970
– 28	1970
– 29	1970
– 30	1970
– 31	1970
– 31-1	1970
– 32	1971
– 33	1971
– 34	1971
– 35	1971
– 36	1971
– 41	1972
– 42	1972
– 43	1972
– 44	1972
– 45	1972
– 46	1972
– 47	1972
– 48	1972
– 49	1973
– 50	1973
R. 5223-1	1975
– 2	1975
– 3	1975
– 4	1976
– 5	1976
– 6	1976
– 7	1976
– 8	1976
– 9	1976
– 10	1976
– 11	1977
– 12	1977
– 13	1977
– 14	1977
– 15	1977
– 16	1977
– 17	1977
– 18	1977
– 19	1977
– 20	1977
– 21	1977
– 22	1977
– 23	1977
– 24	1977
– 25	1978
– 26	1978
– 27	1978
– 28	1978
– 29	1978
– 30	1978
– 31	1978
– 32	1978
– 33	1979
– 34	1979
– 35	1979
– 36	1980
– 37	1980
– 38	1980
– 39	1980

Article	Page
R. 5224-1	1973

LIVRE III

Article	Page
L. 5311-1	1981
– 2	1981
– 3	1981
– 4	1981
– 6	1982
L. 5312-1	1982
– 2	1983
– 3	1983
– 4	1984
– 5	1984
– 6	1984
– 7	1985
– 8	1985
– 9	1985
– 10	1986
– 11	1986
– 12	1986
– 12-1	1986
– 13	1987
– 13-1	1987
– 14	1987
L. 5313-1	1992
– 2	1993
– 3	1993
– 5	1993
L. 5314-1	1994
– 2	1994
– 3	1995
– 4	1995
L. 5321-1	1997
– 2	1997
– 3	1998
L. 5322-1	1998
– 2	1998
– 3	1998
– 4	1998
L. 5323-1	2000
L. 5324-1	2001
L. 5331-1	2001
– 2	2001
– 3	2001
– 4	2002
– 5	2002
– 6	2002
L. 5332-1	2002
– 2	2002
– 3	2003
– 4	2003
– 5	2003
L. 5333-1	2003
– 2	2003
L. 5334-1	2002
R. 5311-1	1984
– 2	1984
– 3	1984
R. 5312-1	1987
– 2	1987
– 3	1987
– 4	1987
– 5	1988
– 6	1988
– 7	1988
– 8	1989
– 9	1989
– 10	1989
– 11	1989
– 12	1989
– 13	1989
– 14	1989
– 15	1989
– 16	1989
– 17	1990
– 18	1990
– 19	1990
– 20	1990
– 21	1990
– 22	1990
– 23	1990
– 24	1990
– 25	1991
– 26	1991
– 27	1991
– 28	1991
– 29	1991
– 30	1991
– 31	1991
– 32	1992
– 33	1992
– 34	1992
– 35	1992
– 36	1992
– 37	1992
R. 5313-1	1993
– 2	1993
– 3	1993
– 4	1994
– 5	1994
– 6	1994
– 7	1994
– 8	1994
D. 5314-0	1995
R. 5314-1	1995
– 2	1995
– 3	1995
– 4	1995
– 5	1995
D. 5314-6	1996
– 7	1996
– 8	1996
D. 5314-9	1996
– 10	1996
– 11	1996
– 12	1996
R. 5322-1	1998
– 2	1998
– 3	1998
– 4	1999
– 5	1999
– 6	1999
R. 5323-1	1999
– 2	1999
– 3	1999
– 4	1999
– 5	1999
– 6	1999
– 7	2000
– 8	2000
– 9	2000
– 10	2000
– 11	2000
– 12	2000
– 13	2000
– 14	2000
R. 5324-1	2001
R. 5332-1	2003
– 2	2003
R. 5334-1	2003

LIVRE IV

Article	Page
L. 5411-1	2004
– 2	2004
– 3	2004
– 4	2005
– 5	2005
– 6	2006
– 6-1	2007
– 6-2	2008
– 6-3	2008
– 6-4	2008
– 7	2008
– 9	2010
– 10	2010
L. 5412-1	2011
– 2	2012
L. 5413-1	2011
L. 5421-1	2014
– 2	2015
– 3	2015
– 4	2016
L. 5422-1	2016
– 2	2017
– 3	2018
– 4	2019
– 5	2019
– 6	2020
L. 5422-7	2020
– 8	2020
– 9	2020
– 10	2020
– 11	2021
– 12	2021
– 13	2021
– 14	2021
– 15	2022
– 16	2022
– 20	2023
– 21	2024
– 22	2024
– 23	2026
– 24	2026
L. 5423-1	2027
– 2	2027
– 3	2027
– 4	2027
– 5	2027
– 6	2027
– 8	2030
– 9	2030
– 10	2031
– 11	2031
– 12	2031
– 13	2031
– 14	2031
– 24	2034
– 25	2035
– 26	2035
– 27	2035
– 28	2035
– 29	2035
– 30	2035
– 31	2035
– 32	2035
– 33	2036
L. 5424-1	2036
– 2	2037
– 3	2038
– 4	2038
– 5	2038
– 6	2039
– 7	2039
– 8	2040
– 9	2040
– 10	2040
– 11	2040
– 12	2040
– 13	2040
– 14	2040
– 15	2041
– 16	2041
– 17	2041
– 18	2041
– 19	2041
– 20	2046
– 21	2046
L. 5425-1	2049
– 2	2049
– 3	2051

Article	Page
L. 5425-5	2051
– 6	2051
– 7	2051
– 8	2052
– 9	2052
L. 5426-1	2053
– 2	2053
– 5	2056
– 6	2057
– 7	2057
– 8	2057
– 8-1	2057
– 8-2	2057
– 8-3	2058
– 9	2058
L. 5427-1	2058
– 2	2059
– 3	2059
– 4	2059
– 5	2059
– 6	2060
– 7	2060
– 8	2060
– 9	2060
– 10	2061
L. 5428-1	2062
L. 5429-1	2062
– 2	2063
– 3	2063
R. 5411-1	2005
– 2	2005
– 3	2005
– 4	2006
– 5	2006
– 6	2006
– 7	2006
– 8	2006
– 9	2009
– 10	2009
– 11	2009
– 12	2009
– 14	2009
– 15	2010
– 16	2010
– 17	2010
– 18	2011
R. 5412-1	2012
– 2	2012
– 4	2012
– 5	2012
– 6	2013
– 7	2013
– 8	2013
R. 5421-2	2016
– 3	2016
R. 5422-1	2018
– 2	2018
R. 5422-3	2020
– 4	2020
– 5	2021
– 6	2022
– 7	2022
– 8	2022
– 9	2022
– 16	2026
– 17	2026
R. 5423-1	2028
– 2	2028
– 3	2028
– 4	2028
– 5	2028
– 6	2029
– 8	2029
– 9	2029
– 12	2029
– 13	2029
– 14	2029
– 15	2029
– 16	2030
– 17	2030
– 18	2031
– 19	2031
– 20	2031
– 21	2031
– 23	2032
– 24	2032
– 25	2032
– 26	2032
– 27	2032
– 28	2032
– 29	2032
– 30	2032
– 31	2032
– 32	2032
– 33	2033
– 34	2033
– 35	2033
– 36	2033
– 37	2033
D. 5423-38	2033
– 39	2033
– 40	2033
R. 5423-41	2033
– 42	2033
– 43	2033
– 44	2033
– 45	2034
– 46	2034
– 47	2034
– 48	2035
– 49	2035
– 50	2035
– 51	2036
– 52	2036
R. 5424-1	2038
– 2	2038
– 3	2038
– 4	2039
R. 5424-5	2039
– 6	2039
D. 5424-7	2041
– 8	2041
– 9	2042
– 10	2042
– 11	2042
– 12	2042
– 13	2042
– 14	2042
– 15	2042
– 16	2042
– 17	2042
– 18	2042
– 19	2042
– 20	2043
– 21	2043
– 22	2043
– 23	2043
– 24	2043
– 25	2043
– 26	2043
– 27	2043
– 28	2043
– 29	2044
– 30	2044
– 31	2044
– 32	2044
– 33	2044
– 34	2044
– 35	2044
– 36	2044
– 37	2044
– 38	2044
– 39	2044
– 40	2045
– 41	2045
– 42	2045
– 43	2045
– 44	2045
– 45	2045
– 46	2046
– 47	2046
– 48	2046
– 49	2046
– 50	2047
– 51	2047
– 52	2047
– 53	2047
– 54	2047
– 55	2047
– 56	2048
– 57	2048
– 58	2048
– 59	2048
– 60	2048
– 61	2048
– 62	2048
– 63	2048
– 64	2049
– 65	2049
R. 5425-1	2050
– 2	2050
R. 5425-3	2050
– 4	2050
– 5	2050
– 6	2050
– 7	2051
– 8	2051
– 9	2051
– 10	2051
– 14	2051
– 15	2051
– 16	2052
– 17	2052
– 19	2052
– 20	2052
R. 5426-1	2053
– 2	2053
– 3	2054
– 6	2055
– 7	2055
– 8	2055
– 9	2055
– 10	2056
– 11	2056
– 13	2056
– 14	2056
– 15	2057
– 16	2057
– 17	2057
R. 5427-1	2060
D. 5427-2	2060
– 3	2060
– 4	2060
– 5	2061
– 6	2061
– 7	2061
– 8	2061
– 9	2061
– 10	2061
– 11	2061
– 12	2061
– 13	2061
– 14	2061
– 15	2061
R. 5429-1	2063
– 2	2063
– 3	2063
LIVRE V	
L. 5511-1	2064
L. 5521-1	2064
L. 5522-1	2069
– 2	2069
– 2-1	2069
– 2-2	2070
– 2-3	2070
– 5	2071
– 6	2072
– 6-1	2072

Article	Page
L. 5522-7	**2073**
– 8	**2073**
– 9	**2073**
– 10	**2073**
– 11	**2073**
– 12	**2075**
– 13	**2075**
– 13-1	**2075**
– 13-2	**2076**
– 13-3	**2076**
– 13-4	**2076**
– 13-5	**2076**
– 14	**2076**
– 15	**2076**
– 16	**2076**
– 17	**2077**
– 18	**2078**
– 19	**2079**
– 20	**2079**
– 21	**2080**
– 22	**2081**
– 23	**2081**
– 24	**2081**
– 25	**2081**
– 26	**2081**
– 27	**2081**
L. 5522-28	**2084**
L. 5523-1	**2084**
– 2	**2084**
– 3	**2084**
L. 5524-10	**2086**
L. 5531-1	**2086**
R. 5521-1	**2064**
– 2	**2064**
– 3	**2064**
– 4	**2065**
D. 5521-5	**2065**
R. 5521-6	**2065**
D. 5521-7	**2065**
– 8	**2065**
– 9	**2065**
– 10	**2066**
R. 5521-11	**2066**
– 12	**2066**
– 13	**2066**
– 14	**2066**
D. 5522-1	**2071**
– 2	**2071**
– 3	**2071**
– 4	**2071**
– 5	**2071**
– 6	**2071**
– 7	**2071**
– 8	**2071**
– 9	**2071**
– 10	**2071**
– 11	**2071**
R. 5522-11-1	**2070**
– 11-2	**2070**
– 12	**2072**
– 13	**2073**
– 14	**2073**
– 16	**2073**
– 17	**2074**
– 18	**2074**
– 18-1	**2074**
– 18-2	**2074**
– 18-3	**2074**
– 19	**2074**
– 20	**2075**
– 21	**2075**
– 22	**2075**
– 23	**2075**
– 23-1	**2075**
– 23-2	**2075**
– 23-3	**2075**
– 24	**2077**
– 25	**2077**
– 26	**2077**
– 26-1	**2077**
– 27	**2077**
– 28	**2077**
– 29	**2077**
– 30	**2078**
– 31	**2078**
– 32	**2078**
– 34	**2078**
D. 5522-35	**2078**
– 36	**2078**
R. 5522-37	**2079**
– 38	**2079**
– 39	**2079**
– 40	**2079**
D. 5522-41	**2079**
R. 5522-42	**2079**
– 43	**2079**
D. 5522-44	**2079**
R. 5522-45	**2080**
– 46	**2080**
– 47	**2080**
– 48	**2080**
– 49	**2080**
– 50	**2080**
– 51	**2080**
– 52	**2080**
D. 5522-53	**2080**
R. 5522-54	**2081**
– 55	**2081**
– 56	**2081**
– 57	**2081**
– 58	**2081**
– 59	**2082**
– 60	**2082**
– 61	**2082**
– 62	**2082**
R. 5522-63	**2082**
– 64	**2082**
– 65	**2082**
– 66	**2082**
– 67	**2082**
– 68	**2082**
D. 5522-69	**2083**
– 70	**2083**
R. 5522-71	**2083**
– 72	**2083**
D. 5522-73	**2083**
R. 5522-74	**2083**
– 75	**2083**
– 76	**2083**
– 77	**2083**
– 78	**2083**
– 79	**2083**
– 80	**2083**
– 81	**2083**
– 82	**2083**
R. 5523-1	**2084**
– 2	**2084**
– 3	**2085**
– 4	**2085**
– 5	**2085**
– 6	**2085**
– 7	**2085**
– 8	**2085**
– 9	**2085**
– 10	**2085**
– 11	**2085**
– 12	**2085**
– 13	**2085**
– 14	**2085**
– 15	**2085**
R. 5531-1	**2086**

Sixième partie

LIVRE I

Article	Page
L. 6111-1	**2089**
– 2	**2089**
– 3	**2089**
– 4	**2089**
– 5	**2090**
L. 6112-1	**2092**
– 2	**2092**
– 3	**2093**
L. 6121-1	**2093**
– 2	**2093**
– 3	**2094**
L. 6122-1	**2094**
– 2	**2094**
L. 6122-3	**2094**
– 4	**2094**
L. 6123-1	**2095**
– 2	**2097**
– 3	**2103**
– 4	**2103**
– 5	**2103**
R. 6111-1	**2090**
– 2	**2091**
– 3	**2091**
– 4	**2091**
– 5	**2092**
D. 6112-1	**2092**
D. 6122-1	**2095**
– 2	**2095**
– 3	**2095**
– 4	**2095**
– 5	**2095**
– 6	**2095**
R. 6123-1	**2096**
– 1-1	**2096**
– 1-2	**2096**
– 1-3	**2096**
– 1-4	**2097**
D. 6123-2	**2097**
– 3	**2097**
– 4	**2097**
– 5	**2097**
– 6	**2098**
– 7	**2098**
– 8	**2098**
– 9	**2098**
– 10	**2098**
– 11	**2098**
– 12	**2098**
– 13	**2098**
– 14	**2099**
– 15	**2099**
– 16	**2099**
– 17	**2099**
– 18	**2099**
– 19	**2099**
– 20	**2099**
– 21	**2100**
– 22	**2100**
– 23	**2100**
– 24	**2100**
– 25	**2100**
– 26	**2100**
– 27	**2100**

LIVRE II

Article	Page
L. 6211-1	**2104**
– 2	**2105**
– 3	**2105**
– 4	**2105**
– 5	**2105**
L. 6221-1	**2106**

Article	Page
L. 6222-1	2107
– 2	2108
– 3	2108
– 4	2108
– 5	2109
– 5-1	2109
– 6	2110
– 7	2110
– 8	2111
– 9	2111
– 10	2111
– 11	2111
– 12	2111
– 12-1	2112
– 13	2112
– 14	2112
– 15	2115
– 16	2115
– 17	2115
– 18	2115
– 19	2118
– 20	2118
– 21	2118
– 22	2119
– 22-1	2119
– 23	2119
– 24	2120
– 25	2120
– 26	2120
– 27	2120
– 28	2121
– 29	2121
– 30	2122
– 31	2122
– 32	2122
– 33	2123
– 34	2123
– 35	2123
– 36	2124
– 36-1	2124
– 37	2124
– 38	2125
– 39	2126
L. 6223-1	2126
– 2	2129
– 3	2129
– 4	2129
– 5	2130
– 6	2130
– 7	2130
– 8	2130
– 9	2132
L. 6224-1	2132
– 2	2132
– 3	2132
– 4	2133
– 6	2133
– 7	2133
– 8	2134
L. 6225-1	2135
– 2	2135
– 3	2136
L. 6225-4	2137
– 5	2137
– 6	2138
– 7	2138
– 8	2138
L. 6226-1	2138
L. 6231-1	2140
– 2	2140
– 3	2140
– 4	2140
– 4-1	2140
– 5	2140
L. 6232-1	2141
– 2	2141
– 3	2141
– 4	2141
– 5	2141
– 6	2143
– 7	2143
– 8	2143
– 9	2144
– 10	2144
– 11	2145
L. 6233-1	2145
– 2	2145
– 3	2146
– 4	2147
– 5	2147
– 6	2147
– 7	2147
– 8	2151
– 9	2151
– 10	2154
L. 6234-1	2154
– 2	2154
L. 6241-1	2154
– 2	2154
– 4	2156
– 5	2157
– 6	2157
– 7	2157
– 10	2158
– 11	2158
– 12	2159
L. 6242-1	2159
– 2	2159
– 3	2159
– 4	2159
– 5	2159
– 6	2159
L. 6243-1	2162
– 2	2163
– 3	2164
– 4	2164
L. 6244-1	2165
L. 6251-1	2165
L. 6252-1	2168
– 2	2168
– 3	2168
– 4	2169
– 4-1	2169
– 5	2169
– 6	2169
– 7	2170
– 8	2170
– 9	2170
– 10	2170
– 11	2170
– 12	2170
– 13	2171
L. 6261-1	2171
– 2	2171
D. 6211-1	2105
– 2	2106
– 3	2106
– 4	2106
– 5	2106
R. 6211-6	2106
D. 6222-1	2108
R. 6222-2	2110
– 3	2110
– 4	2110
– 5	2110
– 6	2112
– 7	2112
– 8	2113
– 9	2113
– 10	2113
– 11	2113
– 12	2113
– 13	2113
– 14	2113
– 15	2113
– 16	2114
– 17	2114
– 18	2114
D. 6222-19	2114
– 19-1	2114
– 20	2114
R. 6222-21	2118
– 22	2118
– 23	2118
– 24	2120
– 25	2120
D. 6222-26	2121
– 27	2121
– 28	2121
– 29	2122
– 30	2122
– 31	2122
– 32	2122
– 33	2122
D. 6222-34	2122
– 35	2122
R. 6222-36	2122
– 37	2123
– 38	2123
– 39	2123
– 40	2123
– 40-1	2123
– 41	2124
D. 6222-42	2124
– 43	2124
– 44	2124
R. 6222-45	2125
– 46	2125
– 47	2125
– 48	2125
– 49	2125
– 50	2125
– 51	2125
– 52	2125
– 53	2125
– 54	2126
– 55	2126
– 56	2126
– 57	2126
– 58	2126
R. 6223-1	2127
– 2	2127
– 4	2127
– 5	2127
– 6	2127
– 7	2127
– 8	2127
– 9	2128
– 10	2128
– 11	2128
– 12	2128
– 13	2128
– 14	2128
– 15	2128
– 16	2128
– 17	2128
– 18	2129
– 19	2129
– 20	2129
– 21	2129
– 22	2130
– 23	2130
– 24	2130
– 25	2131
– 26	2131
– 27	2131
– 28	2131
– 29	2131
– 30	2131
– 31	2132
R. 6224-1	2134
– 4	2134
– 6	2134
– 10	2135

Article	Page
R. 6224-11	2135
– 12	2135
R. 6225-1	2136
– 2	2136
– 3	2136
– 4	2136
– 5	2136
– 6	2136
– 7	2137
– 8	2137
– 9	2137
– 10	2138
– 11	2138
– 12	2138
R. 6226-1	2139
– 2	2139
– 3	2139
– 4	2139
– 5	2139
– 6	2139
– 7	2139
– 8	2139
– 9	2140
– 10	2140
R. 6231-1	2140
R. 6232-1	2141
– 2	2142
– 3	2142
– 4	2142
– 5	2142
– 6	2142
– 7	2142
– 8	2142
– 9	2142
– 10	2142
– 11	2143
– 12	2143
– 13	2143
– 14	2143
– 15	2143
– 16	2143
D. 6232-17	2144
R. 6232-18	2144
– 19	2144
– 20	2144
– 21	2144
– 22	2145
– 23	2145
– 24	2145
D. 6232-25	2145
R. 6233-1	2146
– 2	2146
– 3	2146
– 4	2146
– 5	2146
– 6	2146
– 7	2146
– 8	2146

Article	Page
R. 6233-9	2146
– 10	2146
– 11	2146
– 12	2147
– 13	2147
– 14	2148
– 15	2148
– 16	2148
– 17	2148
– 18	2148
– 19	2148
– 20	2148
– 21	2148
– 22	2148
– 23	2148
– 24	2149
– 25	2149
– 26	2149
– 27	2149
– 28	2149
– 29	2149
– 31	2149
– 32	2149
– 33	2149
– 34	2149
– 35	2149
– 36	2150
– 37	2150
– 38	2150
– 39	2150
– 40	2150
– 41	2150
– 42	2150
– 43	2150
– 44	2150
– 45	2151
– 46	2151
– 47	2151
– 48	2151
– 49	2151
– 50	2151
– 51	2151
D. 6233-51-1	2151
R. 6233-52	2152
– 53	2152
– 54	2152
– 55	2152
– 56	2152
– 57	2152
– 58	2152
– 59	2153
– 60	2153
– 61	2153
– 62	2153
D. 6233-63	2153
– 64	2153
– 65	2153
R. 6241-1	2155
– 2	2155
– 3	2155

Article	Page
R. 6241-4	2155
– 5	2155
– 6	2155
– 7	2155
D. 6241-8	2155
– 9	2156
R. 6241-10	2156
D. 6241-12	2156
R. 6241-18	2157
– 19	2157
– 20	2158
– 21	2158
– 22	2158
– 23	2158
– 24	2158
– 25	2158
– 26	2158
R. 6242-1	2160
– 2	2160
– 3	2160
– 4	2160
– 5	2160
– 6	2160
– 7	2160
– 8	2160
– 9	2160
– 10	2160
– 11	2160
– 12	2161
– 13	2161
– 14	2161
– 15	2161
– 16	2161
– 17	2162
– 18	2162
– 19	2162
– 20	2162
– 21	2162
– 22	2162
– 23	2162
– 24	2162
R. 6243-1	2163
– 2	2163
– 4	2163
D. 6243-5	2164
R. 6243-6	2164
R. 6251-1	2165
– 2	2165
– 3	2166
– 4	2166
– 5	2166
– 6	2166
– 7	2166
– 8	2166
– 9	2166
– 10	2167
– 11	2167

Article	Page
R. 6251-12	2167
– 13	2167
– 14	2167
– 15	2167
– 16	2167
– 17	2167
– 18	2168
– 19	2168
R. 6252-1	2168
– 2	2168
– 3	2168
– 4	2168
– 5	2169
– 6	2169
– 7	2170
– 8	2170
R. 6261-1	2171
– 2	2171
– 3	2171
– 4	2171
– 5	2171
– 6	2172
– 7	2172
– 8	2172
– 9	2172
– 10	2172
– 11	2172
– 12	2173
– 13	2173
– 14	2173
– 15	2173
– 16	2173
– 17	2173
– 18	2174
– 19	2174
– 20	2174
– 21	2174
– 22	2174
– 23	2174
– 24	2174
– 25	2174
LIVRE III	
L. 6311-1	2175
L. 6312-1	2175
– 2	2175
L. 6313-1	2176
– 2	2176
– 3	2177
– 4	2177
– 5	2177
– 6	2177
– 7	2177
– 8	2177
– 9	2177
– 10	2177
– 11	2177
– 12	2178
L. 6314-1	2178

Article	Page
L. 6314-2	2178
L. 6315-1	2179
– 2	2179
L. 6321-1	2180
– 2	2181
– 6	2182
– 7	2182
– 8	2182
– 10	2183
– 11	2184
– 12	2184
– 13	2184
– 14	2184
– 15	2184
– 16	2184
L. 6322-1	2184
– 2	2185
– 3	2185
– 4	2185
– 5	2185
– 6	2185
– 7	2186
– 8	2186
– 9	2186
– 10	2187
– 11	2187
– 12	2188
– 13	2188
– 14	2188
– 15	2189
– 16	2189
– 17	2189
– 18	2189
– 19	2189
– 20	2189
– 21	2190
– 22	2190
– 23	2190
– 24	2190
– 25	2191
– 27	2191
– 28	2192
– 29	2192
– 30	2192
– 31	2192
– 32	2192
– 33	2192
– 34	2193
– 35	2193
– 36	2193
– 37	2194
– 38	2194
– 39	2194
– 40	2194
– 41	2194
– 41-1	2194
– 42	2195
– 43	2195
– 44	2195
– 45	2195
– 46	2195
– 47	2195
L. 6322-48	2195
– 49	2195
– 50	2195
– 51	2196
– 52	2196
– 53	2199
– 54	2200
– 55	2200
– 56	2200
– 57	2200
– 58	2200
– 59	2201
– 60	2201
– 61	2201
– 62	2201
– 63	2201
– 64	2202
L. 6323-1	2203
– 2	2203
– 3	2204
– 5	2204
– 6	2204
– 7	2204
– 8	2204
– 9	2204
– 10	2204
– 11	2205
– 12	2205
– 13	2205
– 14	2205
– 15	2205
– 16	2205
– 17	2206
– 18	2207
– 19	2207
– 20	2208
– 21	2208
L. 6324-1	2208
– 2	2208
– 3	2208
– 4	2208
– 5	2209
– 5-1	2209
– 6	2209
– 7	2209
– 8	2210
– 9	2210
– 10	2210
L. 6325-1	2212
– 1-1	2212
– 2	2212
– 3	2212
– 4	2213
– 4-1	2213
– 5	2213
– 6	2213
– 6-1	2213
– 6-2	2214
– 7	2214
– 8	2214
– 9	2214
– 10	2214
L. 6325-11	2214
– 12	2215
– 13	2215
– 14	2215
– 14-1	2215
– 15	2215
– 16	2215
– 17	2216
– 18	2216
– 19	2216
– 20	2216
– 21	2216
– 22	2217
– 23	2217
– 24	2217
L. 6326-1	2221
– 2	2221
– 3	2221
L. 6331-1	2223
– 2	2224
– 3	2224
– 6	2224
– 8	2225
– 9	2225
– 10	2226
– 11	2227
– 12	2227
– 13	2227
– 14	2227
– 15	2228
– 16	2229
– 17	2229
– 18	2229
– 19	2230
– 20	2231
– 21	2231
– 22	2232
– 23	2232
– 24	2232
– 25	2232
– 26	2232
– 27	2233
– 28	2233
– 29	2233
– 30	2233
– 31	2234
– 32	2234
– 33	2236
– 34	2236
– 35	2236
– 36	2237
– 37	2237
– 38	2237
– 39	2237
– 40	2238
– 41	2238
– 42	2238
– 43	2238
– 44	2238
– 45	2238
– 46	2239
– 47	2239
– 48	2239
L. 6331-49	2240
– 50	2240
– 51	2240
– 52	2240
– 53	2241
– 54	2242
– 55	2242
– 56	2243
– 57	2243
– 58	2243
– 59	2243
– 60	2244
– 61	2244
– 62	2244
– 63	2244
– 64	2244
L. 6332-1	2245
– 1-1	2246
– 1-2	2246
– 2	2246
– 2-1	2246
– 3	2250
– 3-1	2250
– 4	2250
– 5	2250
– 5-1	2250
– 6	2255
– 7	2256
– 8	2257
– 9	2258
– 10	2258
– 11	2258
– 12	2258
– 13	2261
– 14	2262
– 15	2263
– 16	2263
– 17	2263
– 18	2267
– 19	2268
– 20	2269
– 21	2269
– 22	2270
– 22-1	2270
– 22-2	2270
– 23	2273
– 24	2273
L. 6341-1	2274
– 2	2274
– 3	2274
– 4	2274
– 5	2275
– 6	2275
– 7	2278
– 8	2278
– 9	2281
– 10	2282
– 11	2282
– 12	2282
L. 6342-1	2282
– 2	2283
– 3	2283

Article	Page
L. 6342-4	2283
– 5	2283
– 6	2283
– 7	2283
L. 6343-1	2284
– 2	2284
– 3	2284
– 4	2284
L. 6351-1 A	2285
– 1	2285
– 2	2286
– 3	2286
– 4	2286
– 5	2286
– 6	2286
– 7	2286
– 7-1	2286
– 8	2286
L. 6352-1	2288
– 2	2289
– 3	2289
– 4	2289
– 5	2289
– 6	2289
– 7	2289
– 8	2289
– 9	2289
– 10	2289
– 11	2289
– 12	2290
– 13	2290
L. 6353-1	2294
– 2	2295
– 3	2296
– 4	2296
– 5	2296
– 6	2296
– 7	2296
– 8	2297
– 9	2297
L. 6354-1	2297
– 3	2297
L. 6355-1	2298
– 2	2298
– 3	2298
– 4	2298
– 5	2298
– 6	2298
– 7	2298
– 8	2299
– 9	2299
– 10	2299
– 11	2299
– 12	2299
– 13	2299
– 14	2299
– 15	2299
– 16	2299
– 17	2299

Article	Page
L. 6355-18	2299
– 19	2300
– 20	2300
– 21	2300
– 22	2300
– 23	2300
– 24	2300
L. 6361-1	2301
– 2	2301
– 3	2302
– 4	2302
– 5	2302
– 6	2302
L. 6362-1	2303
– 2	2303
– 3	2304
– 4	2304
– 5	2304
– 6	2304
– 7	2304
– 7-1	2304
– 7-2	2304
– 7-3	2305
– 8	2305
– 9	2305
– 10	2305
– 11	2305
– 12	2305
– 13	2306
L. 6363-1	2307
L. 6363-2	2307
D. 6312-1	2176
D. 6314-1	2178
D. 6321-1	2181
R. 6321-2	2181
D. 6321-3	2181
R. 6321-4	2182
D. 6321-5	2183
– 6	2183
– 7	2183
– 8	2183
– 9	2183
– 10	2183
R. 6322-1	2185
– 2	2185
– 3	2187
– 4	2187
– 5	2187
– 6	2187
– 7	2187
– 8	2187
– 9	2188
– 10	2188
– 11	2188
– 12	2190
– 13	2190

Article	Page
R. 6322-14	2191
– 15	2191
– 16	2191
– 17	2191
– 18	2191
– 19	2191
– 20	2192
D. 6322-21	2192
R. 6322-22	2193
– 23	2193
– 24	2193
– 25	2193
– 26	2193
– 27	2193
D. 6322-28	2194
– 29	2194
– 30	2194
– 31	2194
R. 6322-32	2196
– 33	2196
– 34	2196
– 35	2196
– 36	2197
– 37	2197
– 38	2197
– 39	2197
– 40	2197
– 41	2197
– 42	2197
– 43	2197
– 44	2197
– 45	2198
– 46	2198
– 47	2198
– 48	2198
– 49	2198
– 50	2198
– 51	2198
– 52	2198
– 53	2198
– 54	2198
– 55	2199
– 56	2199
– 57	2199
– 58	2199
– 59	2199
– 60	2199
– 61	2199
– 62	2199
– 63	2199
– 64	2200
– 65	2200
– 66	2200
– 67	2201
– 68	2201
– 69	2201
– 70	2202
– 71	2202
– 72	2202
– 73	2202
– 74	2202

Article	Page
R. 6322-75	2202
– 76	2202
– 77	2202
– 78	2202
D. 6322-79	2203
D. 6323-1	2203
– 2	2205
– 3	2204
D. 6324-1	2208
– 1-1	2209
– 2	2210
– 3	2210
– 4	2210
– 5	2210
– 6	2210
D. 6325-1	2217
D. 6325-2	2217
D. 6325-4	2217
– 5	2217
– 6	2218
– 7	2218
– 8	2218
– 9	2218
– 10	2218
– 11	2218
– 12	2218
– 13	2218
– 14	2219
– 15	2219
– 16	2219
– 17	2219
– 18	2219
– 19	2219
– 19-1	2219
R. 6325-20	2219
– 21	2219
D. 6325-22	2220
– 23	2220
– 24	2220
– 25	2220
– 26	2220
– 27	2220
– 28	2220
– 29	2221
R. 6331-1	2223
– 2	2224
– 9	2226
D. 6331-10	2227
R. 6331-11	2229
– 12	2228
– 13	2230
– 14	2230
– 15	2231
– 16	2231
– 17	2231
– 18	2231
– 19	2231

Article	Page
R. 6331-20	2232
– 21	2232
– 22	2232
– 23	2232
D. 6331-24	2232
– 25	2232
R. 6331-26	2233
– 27	2233
– 28	2233
– 29	2234
– 30	2234
– 32	2235
– 33	2235
– 34	2235
– 35	2236
– 36	2237
– 37	2237
– 38	2238
– 39	2236
– 40	2238
– 41	2238
– 42	2238
– 43	2237
– 44	2238
– 45	2239
– 46	2239
– 47	2240
– 48	2241
– 49	2241
– 50	2241
– 51	2241
– 52	2242
– 53	2242
– 54	2242
R. 6332-1	2247
– 2	2247
– 3	2247
– 4	2247
– 5	2247
– 6	2247
– 7	2248
– 8	2248
– 9	2248
– 11	2248
– 12	2248
– 13	2248
– 14	2248
– 15	2248
– 16	2249
– 17	2249
– 18	2249
– 19	2249
– 20	2249
– 21	2250
– 22	2250
– 23	2251
– 24	2251
– 25	2251
– 26	2251
– 27	2251
– 28	2251
– 29	2251
R. 6332-30	2252
– 31	2252
– 32	2252
– 33	2252
– 34	2252
– 35	2252
– 36	2252
– 37	2253
– 37-1	2253
– 37-2	2254
– 37-3	2254
– 37-4	2254
– 37-5	2254
– 37-6	2254
– 38	2254
– 39	2254
– 40	2254
– 41	2254
– 42	2254
– 43	2255
– 44	2255
– 45	2255
– 46	2261
– 47	2261
– 50	2261
– 52	2261
– 53	2262
– 54	2262
– 55	2262
– 56	2262
– 57	2257
– 58	2257
– 60	2257
– 61	2257
– 62	2258
– 63	2258
– 64	2259
– 65	2259
– 66	2259
– 67	2259
– 68	2260
– 69	2260
– 70	2260
– 71	2260
– 72	2260
– 73	2260
– 74	2260
– 75	2260
– 76	2260
– 77	2260
– 78	2263
– 79	2264
– 80	2264
– 81	2264
– 83	2264
– 84	2264
– 85	2264
– 86	2265
D. 6332-87	2265
– 88	2265
– 89	2265
– 90	2265
– 91	2265
– 92	2265
D. 6332-93	2265
– 94	2265
R. 6332-94-1	2265
D. 6332-95	2266
R. 6332-96	2266
– 97	2266
– 98	2266
– 99	2266
– 100	2267
– 101	2267
– 103	2267
– 104	2271
– 104-1	2271
– 105	2271
– 106	2271
D. 6332-106-1	2271
R. 6332-106-2	2271
– 106-3	2272
– 107	2272
D. 6332-107-1	2272
R. 6332-108	2272
– 109	2272
– 110	2273
– 110-1	2273
– 111	2273
– 112	2273
– 113	2273
– 114	2273
R. 6341-1	2275
– 2	2275
– 3	2275
– 4	2275
– 5	2275
– 6	2276
– 7	2276
– 8	2276
– 9	2276
– 10	2276
– 11	2276
– 12	2276
– 13	2276
– 14	2277
– 15	2277
– 16	2277
– 17	2277
– 18	2277
– 19	2277
– 20	2277
– 21	2277
– 22	2277
D. 6341-23	2278
R. 6341-24	2278
– 25	2278
D. 6341-26	2278
R. 6341-27	2279
– 28	2279
R. 6341-29	2279
– 30	2279
– 31	2279
– 32	2279
– 33	2279
– 34	2279
– 35	2280
– 36	2280
– 37	2280
– 38	2280
– 39	2280
– 40	2280
– 41	2280
– 42	2280
– 43	2281
– 44	2281
– 45	2281
– 46	2281
– 47	2281
– 48	2281
– 49	2281
– 50	2281
– 51	2282
– 52	2282
– 53	2282
R. 6342-1	2283
– 2	2283
– 3	2284
– 4	2284
R. 6351-1	2287
– 2	2287
– 3	2287
– 4	2287
– 5	2287
– 6	2288
– 6-1	2288
– 7	2288
– 8	2288
– 9	2288
– 10	2288
– 11	2288
D. 6351-12	2288
R. 6352-1	2290
– 2	2290
– 3	2290
– 4	2290
– 5	2290
– 6	2291
– 7	2291
– 8	2291
– 9	2291
– 10	2291
– 11	2291
– 12	2291
– 13	2291
– 14	2291
– 15	2291
D. 6352-16	2291
– 17	2291
– 18	2292

Article	Page
R. 6352-19	2292
– 20	2292
– 21	2292
– 22	2292
– 23	2292
– 24	2292
D. 6352-25	2292
– 26	2292
R. 6352-27	2293
D. 6352-28	2293
– 29	2293
– 30	2293
– 31	2293
– 32	2293
– 33	2293
– 34	2293
R. 6352-35	2293
D. 6352-36	2293
– 37	2294
– 38	2294
– 39	2294
– 40	2294
R. 6353-1	2295
– 2	2296
R. 6361-1	2302
– 2	2303
D. 6361-3	2303
– 4	2303
R. 6362-1	2306
– 1-1	2306
– 1-2	2306
– 1-3	2306
– 2	2306
– 3	2306
– 4	2306
– 5	2306
– 6	2306
– 7	2307
– 8	2307
– 9	2307
R. 6363-1	2307

LIVRE IV

Article	Page
L. 6411-1	2308
L. 6412-1	2308
L. 6421-1	2311
– 2	2311
– 3	2311
– 4	2311
L. 6422-1	2312
– 2	2312
– 3	2312
– 4	2312
– 5	2312
– 6	2312
L. 6422-7	2312
– 8	2312
– 9	2313
– 10	2313
R. 6412-1	2311
R. 6422-1	2313
– 2	2313
– 3	2313
– 4	2313
– 5	2313
– 6	2313
– 7	2313
D. 6422-8	2313
R. 6422-9	2314
– 10	2314
– 11	2314
– 12	2314
– 13	2314

LIVRE V

Article	Page
L. 6511-1	2315
L. 6521-1	2315
L. 6522-1	2318
– 2	2318
L. 6523-1	2319
– 2	2319
– 3	2319
– 4	2319
– 5	2319
– 6	2319
– 7	2320
L. 6524-1	2321
R. 6521-1	2315
D. 6521-2	2316
– 3	2316
– 4	2316
– 5	2316
– 6	2316
– 7	2316
– 8	2317
– 9	2317
– 10	2317
– 11	2317
– 12	2317
– 13	2317
– 14	2317
– 15	2317
R. 6521-16	2317
D. 6521-17	2318
D. 6522-1	2318
– 2	2318
– 3	2318
R. 6523-1	2320
– 2	2320
– 3	2320
– 4	2320
– 5	2320
– 6	2320
– 7	2320
– 8	2320
D. 6523-9	2321
R. 6523-10	2321
– 11	2321
– 12	2321
– 13	2321
– 14	2321

SEPTIÈME PARTIE

LIVRE I

Article	Page
L. 7111-1	2323
– 2	2323
– 3	2323
– 4	2326
– 5	2326
– 5-1	2327
– 6	2327
– 7	2327
– 8	2328
– 9	2328
– 10	2328
L. 7112-1	2333
– 2	2334
– 3	2335
– 4	2335
– 5	2337
L. 7113-1	2338
– 2	2338
– 3	2339
– 4	2339
L. 7114-1	2332
L. 7121-1	2339
– 2	2339
– 3	2340
– 4	2341
– 5	2342
– 6	2342
– 7	2342
– 7-1	2343
– 8	2343
– 9	2344
– 10	2344
– 11	2344
– 12	2344
– 13	2344
– 14	2345
L. 7121-15	2349
– 16	2349
L. 7121-17	2349
L. 7122-1	2349
– 2	2350
– 3	2350
– 4	2350
– 5	2350
– 6	2350
– 7	2350
– 8	2350
– 9	2350
– 10	2350
– 11	2351
– 12	2351
– 13	2351
– 14	2351
– 15	2351
L. 7122-16	2355
– 17	2355
– 18	2355
L. 7122-19	2356
– 20	2356
– 21	2356
– 22	2357
– 23	2357
– 24	2357
– 25	2357
– 26	2357
– 27	2357
– 28	2358
L. 7123-1	2360
– 2	2360
– 3	2360
– 4	2361
– 4-1	2361
– 5	2361
– 6	2361
– 7	2361
– 8	2361
– 9	2362
– 10	2362
– 11	2362
– 12	2362
– 13	2362
– 14	2362
– 15	2363
– 17	2363
– 18	2363
– 19	2363
– 20	2363
– 21	2364
– 22	2364
– 23	2364
L. 7123-24	2370
– 25	2370
– 26	2370
– 28	2370
– 29	2371
– 30	2371
– 31	2371

Article	Page
L. 7123-32	2371
L. 7124-1	2371
– 2	2371
– 3	2371
– 4	2371
– 5	2372
– 6	2372
– 7	2372
– 8	2372
– 9	2372
– 10	2372
– 11	2372
– 12	2372
– 13	2372
– 14	2373
– 15	2373
– 16	2373
– 17	2373
– 18	2373
– 19	2373
– 20	2373
– 21	2373
L. 7124-22	2379
– 23	2379
– 24	2379
– 25	2379
– 26	2379
– 27	2380
– 28	2380
– 29	2380
– 30	2380
– 31	2380
– 32	2380
– 33	2381
– 34	2381
– 35	2381
R. 7111-1	2329
– 2	2329
– 3	2329
– 4	2329
– 5	2329
– 6	2329
– 7	2329
– 8	2329
– 9	2329
– 10	2330
– 11	2330
– 12	2330
– 13	2330
– 14	2330
– 15	2330
– 16	2330
– 17	2330
– 18	2330
– 19	2331
– 20	2331
– 21	2331
– 22	2331
– 23	2331
– 24	2331

Article	Page
R. 7111-25	2331
– 26	2331
– 27	2332
– 28	2332
– 29	2332
– 30	2332
– 31	2332
– 32	2332
– 33	2332
– 34	2332
– 35	2332
D. 7112-1	2335
– 2	2336
– 3	2336
– 4	2337
– 5	2337
– 6	2337
R. 7121-1	2345
– 2	2345
– 3	2345
– 4	2345
– 5	2346
– 6	2346
D. 7121-7	2346
– 8	2346
D. 7121-28	2346
– 29	2346
– 30	2347
– 31	2347
– 32	2347
– 33	2347
– 34	2347
– 35	2347
– 36	2347
– 37	2347
– 38	2347
– 39	2348
– 40	2348
– 41	2348
– 42	2348
– 43	2348
– 44	2348
– 45	2348
– 46	2348
– 47	2348
– 48	2348
– 49	2349
R. 7121-50	2349
– 51	2349
– 52	2349
D. 7122-1	2351
R. 7122-2	2351
– 3	2352
– 4	2352
– 5	2352
– 6	2352
– 7	2352
– 8	2352
– 9	2352

Article	Page
R. 7122-10	2353
– 11	2353
– 12	2353
– 13	2353
– 14	2353
– 15	2353
– 16	2354
– 17	2354
– 18	2354
– 19	2354
– 20	2354
– 21	2354
– 22	2354
– 23	2354
D. 7122-24	2354
– 25	2354
R. 7122-26	2356
– 27	2356
– 28	2356
– 29	2358
– 30	2358
– 31	2358
– 32	2358
– 33	2358
– 34	2359
– 35	2359
– 36	2359
– 37	2359
– 38	2359
– 39	2359
R. 7122-40	2355
– 41	2355
– 42	2356
– 43	2356
R. 7123-1	2364
– 2	2364
– 3	2364
– 4	2364
– 5	2364
– 6	2365
– 7	2365
– 8	2365
R.* 7123-9	2365
R. 7123-10	2365
– 10-1	2365
– 10-2	2366
– 11	2366
– 12	2366
– 12-1	2366
– 13	2366
– 14	2366
– 15	2367
– 16	2367
– 17	2367
– 17-1	2367
– 18	2367
– 19	2367
– 20	2368
– 21	2368
– 22	2368

Article	Page
R. 7123-23	2368
– 25	2368
– 26	2368
– 27	2368
– 28	2368
– 29	2369
– 30	2369
– 31	2369
– 32	2369
– 33	2369
– 34	2369
– 35	2369
– 36	2369
– 37	2369
– 38	2370
– 39	2370
– 40	2370
– 41	2370
R. 7124-1	2373
– 2	2374
– 3	2374
– 4	2374
– 5	2374
– 6	2374
– 7	2374
– 8	2375
– 9	2375
– 10	2375
– 11	2375
– 12	2375
– 13	2375
– 14	2375
– 15	2376
– 16	2376
– 17	2376
– 18	2376
– 19	2376
– 20	2376
– 21	2377
– 22	2377
– 23	2377
– 24	2377
– 25	2377
– 26	2377
– 27	2377
– 28	2377
– 29	2378
– 30	2378
– 30-1	2378
– 30-2	2378
– 31	2378
– 32	2378
– 33	2378
– 34	2378
– 35	2378
– 36	2378
– 37	2379
– 38	2379

LIVRE II

Article	Page
L. 7211-1	2382
– 2	2382
– 3	2383

Article	Page
L. 7211-4	2384
L. 7212-1	2385
– 2	2386
L. 7213-1	2386
– 2	2386
– 3	2387
– 4	2387
– 5	2387
– 6	2387
– 7	2387
L. 7215-1	2391
L. 7221-1	2392
– 2	2392
L. 7231-1	2396
– 2	2396
L. 7232-1	2398
– 1-1	2398
– 1-2	2398
– 2	2399
– 5	2399
– 6	2404
– 7	2404
– 8	2404
– 9	2405
L. 7233-1	2405
– 2	2405
– 4	2405
– 5	2406
– 6	2406
– 7	2406
– 8	2406
– 9	2406
L. 7234-1	2408
R. 7212-1	2386
R. 7213-1	2387
– 2	2387
– 3	2387
– 4	2387
– 5	2387
– 6	2388
– 7	2388
– 8	2388
– 9	2388
– 10	2388
– 11	2388
– 12	2388
– 13	2388
– 14	2388
R. 7214-1	2389
– 2	2389
– 3	2389
– 4	2389
– 5	2389
– 6	2389
– 7	2389
– 8	2389
– 9	2389
R. 7214-10	2389
– 11	2389
– 12	2390
– 13	2390
– 14	2390
– 15	2390
– 16	2390
– 17	2390
– 18	2390
– 19	2390
– 20	2390
– 21	2390
R. 7215-1	2391
– 2	2391
– 3	2391
R. 7216-1	2391
– 2	2391
– 3	2391
– 4	2391
– 5	2391
– 6	2391
– 7	2391
– 8	2391
– 9	2391
R. 7221-1	2395
– 2	2395
R. 7222-1	2395
D. 7231-1	2396
– 2	2397
R. 7232-1	2399
– 2	2399
– 3	2399
– 4	2400
– 5	2400
– 6	2400
– 7	2400
– 8	2401
– 9	2401
– 10	2401
– 11	2401
– 12	2401
– 13	2402
– 14	2402
– 15	2402
– 16	2402
– 17	2402
– 18	2402
– 19	2402
– 20	2403
– 21	2403
– 22	2403
– 23	2403
– 24	2404
D. 7233-1	2406
– 2	2407
– 3	2407
– 4	2407
– 5	2407
– 6	2407
D. 7233-7	2407
– 8	2408
– 9	2408
– 10	2408
– 11	2408
R. 7233-12	2408
D. 7234-1	2408
– 2	2408
– 3	2409
– 4	2409
– 5	2409
– 6	2409
– 7	2409
– 8	2409
– 9	2410
– 10	2410
– 11	2410
– 12	2410
– 13	2410
– 14	2410
– 15	2411
– 16	2411
– 17	2411
– 18	2411
– 19	2411
– 20	2411
– 21	2411
– 22	2411
– 24	2412
– 25	2412
– 26	2412
– 27	2412
LIVRE III	
L. 7311-1	2413
– 2	2414
– 3	2415
L. 7312-1	2421
L. 7313-1	2421
– 2	2421
– 3	2421
– 4	2422
– 5	2422
– 6	2422
– 7	2425
– 8	2426
– 9	2427
– 10	2427
– 11	2427
– 12	2428
– 13	2428
– 14	2433
– 15	2433
– 16	2433
– 17	2433
– 18	2435
L. 7321-1	2435
– 2	2437
– 3	2440
– 4	2440
– 5	2440
L. 7322-1	2441
– 2	2442
– 3	2444
– 4	2444
– 5	2445
– 6	2445
D. 7313-1	2426
D. 7322-1	2445
LIVRE IV	
L. 7411-1	2446
– 2	2446
L. 7412-1	2446
– 2	2449
– 3	2449
L. 7413-1	2449
– 2	2450
– 3	2450
– 4	2450
L. 7421-1	2451
– 2	2452
L. 7422-1	2453
– 2	2453
– 3	2453
– 4	2454
– 5	2454
– 6	2454
– 7	2455
– 8	2455
– 9	2455
– 10	2456
– 11	2456
– 12	2456
L. 7423-1	2457
– 2	2457
L. 7424-1	2457
– 2	2458
– 3	2458
R. 7413-1	2450
– 2	2450
– 3	2450
– 4	2451
R. 7413-5	2451
R. 7421-1	2451
– 2	2451
– 3	2452
R. 7421-4	2452
R. 7422-1	2453
– 2	2453
– 3	2454
– 4	2454
– 5	2454
– 6	2454

Article	Page
R. 7422-7	2455
– 8	2455
– 9	2455
– 10	2456
– 11	2456
– 12	2456
– 13	2456
R. 7422-14	2457
– 15	2457
– 16	2457
– 17	2457
R. 7423-1	2457
– 2	2457
R. 7424-1	2458
– 2	2458
LIVRE V	
L. 7511-1	2459
L. 7521-1	2459
D. 7522-1	2459
HUITIÈME PARTIE	
LIVRE I	
L. 8112-1	2461
– 2	2464
– 3	2464
– 4	2464
– 5	2465
L. 8113-1	2467
– 2	2468
– 3	2468
– 4	2469
– 5	2469
– 6	2469
– 7	2470
– 8	2473
– 9	2473
– 10	2473
– 11	2473
L. 8114-1	2474
– 2	2475
– 3	2476
L. 8123-1	2480
– 2	2481
– 3	2481
– 4	2482
– 5	2482
– 6	2482
R. 8111-1	2465
– 8	2465
– 9	2465
– 10	2465
– 11	2466
– 12	2466
R. 8112-1	2466
– 2	2466
– 3	2466
– 4	2466
– 5	2467
– 6	2467
R. 8113-1	2468
D. 8113-2	2470
– 3	2470
R. 8113-4	2473
– 5	2473
– 6	2474
– 7	2474
– 8	2474
D. 8113-9	2473
R. 8114-1	2476
– 2	2476
D. 8121-1	2476
– 2	2477
– 3	2477
– 4	2477
– 5	2477
– 6	2477
– 7	2477
– 8	2477
– 9	2477
– 10	2477
– 11	2477
– 12	2478
R. 8121-13	2478
– 14	2478
R. 8122-1	2479
– 2	2480
– 3	2480
– 4	2480
R. 8123-1	2481
D. 8123-2	2481
– 3	2481
– 4	2481
– 5	2481
R. 8123-6	2481
– 7	2481
– 8	2482
– 9	2482
LIVRE II	
L. 8211-1	2483
L. 8221-1	2483
– 2	2485
– 3	2485
– 4	2486
– 5	2487
– 6	2490
– 6-1	2491
– 7	2491
– 8	2491
L. 8222-1	2492
– 2	2492
– 3	2493
– 4	2493
– 5	2493
– 6	2494
– 7	2494
L. 8223-1	2496
– 2	2497
– 3	2497
L. 8224-1	2498
– 2	2499
– 3	2499
– 4	2500
– 5	2500
– 5-1	2500
– 6	2500
L. 8231-1	2501
L. 8232-1	2502
– 2	2503
– 3	2503
L. 8233-1	2504
L. 8234-1	2504
– 2	2504
– 3	2505
L. 8241-1	2505
– 2	2507
L. 8242-1	2508
L. 8243-1	2508
– 2	2508
– 3	2508
L. 8251-1	2509
– 2	2510
L. 8252-1	2510
– 2	2510
– 3	2511
– 4	2511
L. 8253-1	2514
– 2	2515
– 3	2515
– 4	2515
– 5	2516
– 7	2516
L. 8254-1	2518
– 2	2518
– 2-1	2519
– 2-2	2519
– 3	2519
– 4	2519
L. 8255-1	2521
L. 8256-1	2521
– 2	2521
L. 8256-3	2522
– 4	2522
– 5	2522
– 6	2522
– 7	2522
– 7-1	2523
– 8	2523
L. 8261-1	2523
– 2	2523
– 3	2524
L. 8271-1	2525
– 1-1	2525
– 1-2	2526
– 1-3	2526
– 2	2526
– 3	2526
– 4	2526
– 5	2526
– 6	2527
– 6-1	2527
– 6-2	2527
– 7	2528
– 8	2528
– 8-1	2528
– 9	2529
– 10	2529
– 12	2529
– 13	2529
– 14	2530
– 15	2530
– 16	2530
– 17	2530
– 18	2531
– 19	2531
– 20	2531
L. 8272-1	2531
– 2	2532
– 3	2532
– 4	2532
R. 8221-1	2487
– 2	2491
– 3	2491
R. 8222-1	2492
– 2	2494
– 3	2494
D. 8222-4	2494
– 5	2494
– 6	2495
– 7	2495
– 8	2495
D. 8223-1	2497
– 2	2497
– 3	2498
R. 8224-1	2500
D. 8232-1	2503
D. 8233-1	2504

Article	Page
D. 8233-2	2504
R. 8234-1	2505
R. 8242-1	2508
– 2	2508
R. 8252-1	2512
– 2	2512
– 4	2513
– 5	2513
– 6	2513
– 7	2513
– 8	2513
– 9	2513
– 10	2514
– 11	2514
– 12	2514
– 13	2514
R. 8253-1	2516
– 2	2516
– 3	2516
– 5	2516
R. 8253-6	2516
– 7	2516
– 8	2516
– 9	2516
– 10	2517
– 11	2517
– 13	2517
– 14	2517
– 15	2517
– 16	2517
– 17	2517
– 18	2518
– 19	2518
– 20	2518
– 21	2518
– 22	2518
– 23	2518
– 24	2518
D. 8254-1	2519
– 2	2519
– 3	2520
– 4	2520
– 5	2520
D. 8254-6	2520
– 7	2520
– 9	2520
– 10	2520
– 11	2520
– 12	2521
– 13	2521
– 14	2521
R. 8256-1	2523
D. 8261-1	2524
– 2	2524
R. 8262-1	2525
– 2	2525
D. 8271-1	2525
D. 8272-1	2533
– 2	2533
– 3	2533
– 4	2533
– 5	2534
– 6	2534
R. 8272-7	2534
– 8	2534
– 9	2535
– 10	2535
– 11	2535
LIVRE III	
L. 8311-1	2536
L. 8321-1	2536
L. 8323-1	2537
– 2	2537
L. 8323-3	2537
L. 8331-1	2538
D. 8322-1	2536
R. 8322-2	2536
R. 8323-1	2537

Note sur la réforme de l'administration territoriale de l'État

L'année 2010 a vu la mise en œuvre d'une profonde réorganisation de l'administration territoriale de l'État. Cette réforme structurelle de grande ampleur découlant de l'initiative de révision générale des politiques publiques (RGPP) engagée en juillet 2007 concerne les préfectures et l'ensemble des services régionaux et départementaux déconcentrés de l'État.

Les textes législatifs ne présentent pas eux-mêmes de modifications. Celles-ci ont en effet un caractère réglementaire (C. Constit. décision 93-174 du 6 avril 1993, JO 8 ; 17 janvier 2008, n° 2007-561, JO 22) et procèdent de plusieurs décrets intervenus au cours des derniers mois pour les différentes administrations visées.

Cette réforme n'est pas entrée en application à une date unique et de manière uniforme sur l'ensemble du territoire national. Certains décrets comportent des dispositions transitoires du point de vue de l'organisation administrative et des textes applicables. Aujourd'hui, la mise en place des nouvelles directions de l'administration déconcentrée de l'État est effective dans toutes les régions, y compris la région Île-de-France et les régions d'outre-mer. Les références des différents décrets sont mentionnées dans la présente édition du Code du Travail Annoté afin de rendre compte du droit applicable en métropole et outre-mer.

1 – Une nouvelle répartition des compétences entre le préfet de région et les préfets de département.

Le décret 2010-146 du 16 février 2010 modifié (JO 17) modifiant le décret 2004-374 du 29 avril 2004 relatif aux pouvoirs des préfets et à l'organisation et à l'action des services de l'État dans les régions et départements définit les missions incombant au préfet de région et aux préfets de département. Le préfet de région est responsable de l'exécution des politiques de l'État dans la région. À l'exception des actions d'inspection de la législation du travail, il a autorité sur les chefs de services déconcentrés à l'échelon régional, auxquels il peut déléguer sa signature dans les matières relevant de leurs attributions, et sur les préfets de département. Le préfet de département met en œuvre les politiques nationales et communautaires.

2 – Huit nouvelles directions régionales et deux ou trois directions départementales interministérielles.

a) Huit entités sont constituées au niveau régional et se substituent progressivement aux directions et services régionaux existants :

- la *direction régionale des entreprises, de la concurrence, de la consommation, du travail et de l'emploi (DIRECCTE)*, regroupe 8 directions ou services : direction régionale et directions départementales du travail, de l'emploi et de la formation professionnelle, direction régionale de l'industrie, de la recherche et de l'environnement (missions de développement industriel et de métrologie), direction régionale de la concurrence, de la consommation et de la répression des fraudes, direction régionale du commerce extérieur, délégation régionale au commerce et à l'artisanat, délégation régionale au tourisme, correspondant régional du service central de l'intelligence économique (décret 2009-1377 du 10 novembre 2009 modifié, JO 13, rapporté dans les « Textes non codifiés » ; décret 2010-687 du 24 juin 2010 modifié, JO 25, relatif à l'organisation et aux missions des services de l'État dans la région et les départements d'Île-de-France, notamment art. 2 et 38). Pour l'outre-mer, le décret 2010-1582 du 17 décembre 2010 modifié (JO 18) relatif à l'organisation et aux missions des services de l'État dans les départements et les régions d'outre-mer, à Mayotte et à Saint-Pierre-et-Miquelon définit l'organisation et les missions des directions des entreprises, de la concurrence, de la consommation, du travail et de l'emploi [DIECCTE] (art. 6 à 9) et de la direction de cohésion sociale, du travail, de l'emploi et de la population à Saint Pierre et Miquelon (art. 18 à 20) ;
- la *direction régionale de l'environnement, de l'aménagement et du logement (DREAL)* regroupe la direction régionale de l'équipement, la direction régionale de l'environnement et la direction régionale de l'industrie, de la recherche et de l'environnement (missions de contrôle et de sécurité des activités industrielles) (décret 2009-235 du 27 février 2009, modifié, JO 28) ;
- *la direction régionale de la jeunesse et des sports et de la cohésion sociale (DRJSCS)* regroupe la direction régionale de la jeunesse et des sports, les services de la direction régionale de l'action sanitaire et sociale en charge des missions de cohésion sociale, la direction régionale de l'agence nationale pour la cohésion sociale et l'égalité des chances (décret 2009-1540 du 10 décembre 2009 modifié, JO 12) ;

- *la direction régionale de l'alimentation, de l'agriculture et de la forêt (DRAAF)* dont le champ de compétences est étendu à l'égard des filières agricoles et agroalimentaires (décret 2010-429 du 29 avril 2010, JO 30) ;

- *la direction régionale des finances publiques (DRFIP)* issue de la fusion des services de la trésorerie générale et de la direction des services fiscaux (décret 2009-707 du 16 juin 2009 modifié, JO 18) ;

- le *rectorat*, dont les attributions ne sont pas modifiées ;

- l'*agence régionale de santé (ARS)*, établissement public de l'État à caractère administratif, issu de la loi 2009-879 du 21 juillet 2009 (JO 22, art. 116 et s. ; décrets 2010-336 et 2010-338 du 31 mars 2010, JO 1er avril ; décret 2010-344 du 31 mars 2010 modifié, JO 1er avril, art. 370, réservant les situations de l'Île-de-France et de l'outre-mer), regroupe les services de la direction régionale et des directions départementales des affaires sanitaires et sociales en charge des missions sanitaires et médico-sociales, l'agence régionale d'hospitalisation, le groupement régional de santé publique, l'union régionale des caisses d'assurance maladie et la caisse régionale d'assurance maladie pour la partie de ses compétences transférées.

En Île-de-France, sont créées par le décret 2010-687 du 24 juin 2010 modifié (JO 25) des directions régionales et interdépartementales de l'hébergement et du logement (art. 5 à 7), de l'équipement et de l'aménagement (art. 8 à 12), de l'environnement et de l'énergie (art. 13 à 17), de l'alimentation, de l'agriculture et de la forêt (art. 18 à 20).

b) Les directions régionales des entreprises, de la concurrence, de la consommation, du travail et de l'emploi (DIRECCTE), comprennent *3 pôles* (entreprises, emploi et économie; politique du travail ; concurrence, consommation, répression des fraudes et métrologie) et des *unités territoriales* (se substituant aux anciennes directions départementales du travail, de l'emploi et de la formation professionnelle).

c) Au plan départemental, sous réserve des organisations particulières applicables en Île-de-France (décret 2010-687 précité, art. 21) et outre-mer (décret 2010-1582 précité), deux ou trois directions interministérielles sont mises en place (décret 2009-1484 du 3 décembre 2009 modifié, JO 4) :
- la *direction départementale des territoires* ou, dans les départements du littoral, la *direction départementale des territoires et de la mer* ;
- la *direction départementale de la cohésion sociale et de la protection des populations* unique ;
- ou la *direction départementale de la cohésion sociale* et la *direction départementale de la protection des populations* dans les départements figurant sur la liste annexée au décret.

Depuis le 1er janvier 2010, sont supprimées les directions, services et unités dont les compétences ont été transférées aux nouvelles directions départementales interministérielles.

3 - Changement de terminologie.

Dans l'ensemble des dispositions réglementaires en vigueur, les références aux directions régionales et aux directions départementales du travail, de l'emploi et de la formation professionnelles et à leurs directeurs sont remplacées par des références respectivement aux directions régionales des entreprises, de la concurrence, de la consommation, du travail et de l'emploi et à leurs directeurs (décret 2009-1377 du 10 novembre 2009 modifié, art. 11, JO 13 ; pour l'outre mer, voir décret 2010-1582 du 17 décembre 2010 modifié, JO 18, relatif à l'organisation et aux missions des services de l'État dans les départements et les régions d'outre-mer, à Mayotte et à Saint-Pierre-et-Miquelon, art. 36).

Sous réserve des organisations particulières applicables en Île de-France (décret 2010-687 du 24 juin 2010 précité, art. 41, 47, 48) et à Saint-Pierre-et-Miquelon (décret 2010-1582 précité, art. 36 VIII), dans l'ensemble des dispositions réglementaires en vigueur, les références aux directions régionales de l'industrie, de la recherche et de l'environnement (développement industriel et métrologie), aux directions régionales de la concurrence, de la consommation et de la répression des fraudes, aux directions régionales du commerce extérieur, aux délégations régionales au commerce et à l'artisanat, aux directions régionales au tourisme et à leurs directeurs ou délégués sont remplacées par des références aux directions régionales des entreprises, de la concurrence, de la consommation, du travail et de l'emploi et à leurs directeurs ou, pour l'outre-mer, aux directions des entreprises, de la concurrence, de la consommation, du travail et de l'emploi et à leurs directeurs.

Au sein de commissions à caractère consultatif, les représentants des anciennes directions sont remplacés par un ou par des représentants (lorsque la commission comporte une proportion fixe de représentants de l'administration de l'État) de la direction régionale des entreprises, de la concurrence, de la consommation, du travail et de l'emploi (décret 2009-1377 modifié, art. 12 ; décret 2010-687 modifié, art. 39 et 45 ; décret 2010-1582 modifié, art. 24).

Texte du code du travail

CHAPITRE PRÉLIMINAIRE

Dialogue social

Note Ces articles résultent de la loi du 31 janvier 2007 dite de « modernisation du dialogue social ». Sur cette nouvelle approche, J-Fr. Cesaro, « Commentaire de la loi du 31 janvier 2007 de modernisation du dialogue social », *JCP* éd. S 2009, p. 1117 ; N. Maggin-Germain « Sur le dialogue social », *Dr. Soc.* 2007, p. 798 ; P-H Antonmattei « Négociation collective : une bonne nouvelle et une mauvaise », *Dr. Soc.* 2007, p. 459. Voir également « La place des partenaires sociaux dans l'élaboration des réformes. Premier bilan de l'application des articles L. 1 et s. du code du travail », *Dr. Soc.* 2010, pp. 489 et s.

Le Sénat et l'Assemblée nationale ont chacun adopté un protocole organisant, à titre expérimental, la consultation des partenaires sociaux préalablement à l'examen des propositions de loi relatives aux relations individuelles et collectives du travail, l'emploi et la formation professionnelle (rép. QE 55248, JO AN 18 mai 2010, p. 5609).

Art. L. 1. Tout projet de réforme envisagé par le Gouvernement qui porte sur les relations individuelles et collectives du travail, l'emploi et la formation professionnelle et qui relève du champ de la négociation nationale et interprofessionnelle fait l'objet d'une concertation préalable avec les organisations syndicales de salariés et d'employeurs représentatives au niveau national et interprofessionnel en vue de l'ouverture éventuelle d'une telle négociation.

À cet effet, le Gouvernement leur communique un document d'orientation présentant des éléments de diagnostic, les objectifs poursuivis et les principales options.

Lorsqu'elles font connaître leur intention d'engager une telle négociation, les organisations indiquent également au Gouvernement le délai qu'elles estiment nécessaire pour conduire la négociation.

Le présent article n'est pas applicable en cas d'urgence. Lorsque le Gouvernement décide de mettre en œuvre un projet de réforme en l'absence de procédure de concertation, il fait connaître cette décision aux organisations mentionnées au premier alinéa en la motivant dans un document qu'il transmet à ces organisations avant de prendre toute mesure nécessitée par l'urgence.

Art. L. 2. Le Gouvernement soumet les projets de textes législatifs et réglementaires élaborés dans le champ défini par l'article L. 1, au vu des résultats de la procédure de concertation et de négociation, selon le cas, à la Commission nationale de la négociation collective, au ***(L. 2008-126 du 13 févr. 2008, art. 16, JO 14)*** « Conseil national » de l'emploi ou au Conseil national de la formation professionnelle tout au long de la vie, dans les conditions prévues respectivement aux articles L. 2271-1, L. 5112-1 et L. 6123-1.

Art. L. 3. Chaque année, les orientations de la politique du Gouvernement dans les domaines des relations individuelles et collectives du travail, de l'emploi et de la formation professionnelle, ainsi que le calendrier envisagé pour leur mise en œuvre sont présentés pour l'année à venir devant la Commission nationale de la négociation collective. Les organisations mentionnées à l'article L. 1 présentent, pour leur part, l'état d'avancement des négociations interprofessionnelles en cours ainsi que le calendrier de celles qu'elles entendent mener ou engager dans l'année à venir. Le compte rendu des débats est publié.

Chaque année, le Gouvernement remet au Parlement un rapport faisant état de toutes les procédures de concertation et de consultation mises en œuvre pendant l'année écoulée en application des articles L. 1 et L. 2, des différents domaines dans lesquels ces procédures sont intervenues et des différentes phases de ces procédures.

PREMIÈRE PARTIE

LES RELATIONS INDIVIDUELLES DE TRAVAIL

LIVRE Ier

DISPOSITIONS PRÉLIMINAIRES

TITRE Ier

CHAMP D'APPLICATION ET CALCUL DES SEUILS D'EFFECTIFS

CHAPITRE UNIQUE

Art. L. 1111-1. Les dispositions du présent livre sont applicables aux employeurs de droit privé ainsi qu'à leurs salariés.

Elles sont également applicables au personnel des personnes publiques employé dans les conditions du droit privé, sous réserve des dispositions particulières ayant le même objet résultant du statut qui régit ce personnel.

Note L'alinéa 2 de cet article énonce clairement que dès lors que des membres du personnel des personnes publiques sont employés dans des conditions de droit privé, les dispositions du code du travail leur sont applicables (pour ex., voir CE 9 octobre 2002, n° 233596, *RJS* 1/03 n° 95).

Art. L. 1111-2. Pour la mise en œuvre des dispositions du présent code, les effectifs de l'entreprise sont calculés conformément aux dispositions suivantes :

1° Les salariés titulaires d'un contrat de travail à durée indéterminée à temps plein et les travailleurs à domicile sont pris intégralement en compte dans l'effectif de l'entreprise ;

2° Les salariés titulaires d'un contrat de travail à durée déterminée, les salariés titulaires d'un contrat de travail intermittent, les salariés mis à la disposition de l'entreprise par une entreprise extérieure *(L. 2008-789 du 20 août 2008, art. 3, JO 21)* « qui sont présents dans les locaux de l'entreprise utilisatrice et y travaillent depuis au moins un an, ainsi que » les salariés temporaires, sont pris en compte dans l'effectif de l'entreprise à due proportion de leur temps de présence au cours des douze mois précédents. Toutefois, les salariés titulaires d'un contrat de travail à durée déterminée et les salariés mis à disposition par une entreprise extérieure, y compris les salariés temporaires, sont exclus du décompte des effectifs lorsqu'ils remplacent un salarié absent ou dont le contrat de travail est suspendu, notamment du fait d'un congé de maternité, d'un congé d'adoption ou d'un congé parental d'éducation ;

3° Les salariés à temps partiel, quelle que soit la nature de leur contrat de travail, sont pris en compte en divisant la somme totale des horaires inscrits dans leurs contrats de travail par la durée légale ou la durée conventionnelle du travail.

Note En application de cet article, les salariés d'entreprises de travail temporaire sont pris en compte dans le calcul des effectifs de l'entreprise temporaire et de l'entreprise utilisatrice (voir également note sous L. 1251-54 et note sous les articles L. 4612-1 et L. 4613-1 quant à leur éligibilité au CHSCT de l'entreprise de travail temporaire) ;

de même, sauf dispositions législatives contraires, les travailleurs mis à la disposition d'une entreprise sont inclus dans le calcul des effectifs s'ils sont intégrés de façon étroite et permanente à la communauté de travail que cette entreprise constitue (cass. soc. 28 février 2007, n° 06-60.171, BC V n° 34 ; *RJS* 5/07 n° 636 et 10/07, chron. H. Guyader ; *SSL* 2007 n° 1298, p. 12, note F. C.). La Cour de cassation avait jugé le 1er avril 2008 (n° 07-60.287, BC V n° 77) que les salariés mis à la disposition d'un établissement en exécution de contrats de sous-traitance ou de prestations de services devaient être pris en compte dans le calcul des effectifs et avaient nécessairement la qualité d'électeurs à condition de remplir les conditions posées par la loi.

Mais la loi 2008-789 du 20 août 2008 a modifié ces exigences ; elles portent, d'une part, sur la présence dans les locaux de l'entreprise et, d'autre part, sur la condition d'ancienneté dans l'entreprise utilisatrice qui a été fixée à une année au moins.

Dans trois arrêts datés du 13 novembre 2008, la Cour de cassation a précisé ce qu'est une intégration étroite et permanente à la communauté de travail.

Les salariés mis à disposition doivent être présents dans les locaux de l'entreprise utilisatrice et y travailler depuis une certaine durée, partageant ainsi des conditions de travail en partie communes et susceptibles de générer des intérêts communs (cass. soc. 13 novembre 2008, n° 07-60.434, BC V n° 219, n° 07-60.465, BC V n° 218 ; n° 08-60.331, BC V n° 220 ; *SSL* 2008 n° 1375, dossier spécial, avis J. Duplat, p. 5 et obs. A. Lyon-Caen « À la recherche des travailleurs mis à disposition » ; *SSL* 2009 n° 1400, dossier spécial « Les salariés mis à disposition à nouveau dans le débat »).

Le fait que des salariés mis à disposition aient choisi d'exercer leur droit de vote dans leur entreprise d'origine en application de l'article L. 2314-18-1 n'exclut pas leur prise en compte dans l'effectif de l'entreprise utilisatrice (cass. soc. 19 janvier 2011, n° 10-60.296, BC V n° 27 ; *RJS* 4/11 n° 337 ; *JCP* éd. S 2011, 1172, note Y. Pagnerre).

La solution sera différente si les salariés ne sont pas mis à la disposition de la société utilisatrice de façon exclusive et ne se rendent dans les locaux de celle-ci que ponctuellement (cass. soc. 14 avril 2010, n° 09-60.367, BC V n° 99 ; *Dr. Soc.* 2010, p. 720, obs. L. Pécaut-Rivolier).

Voir également notes sous L. 2314-18-1 et L. 2324-17-1 relativement aux conditions d'électorat et d'éligibilité des salariés mis à disposition.

• S'agissant de la détermination des effectifs en vue de la désignation des délégués syndicaux et de l'élection des représentants du personnel, voir note sous articles L. 2312-8 et L. 4611-1.

• Une ordonnance 2005-892 du 2 août 2005 avait exclu les jeunes de moins de vingt-six ans du calcul des effectifs du personnel de l'entreprise. Le Conseil d'État a jugé que la comptabilité des effectifs instaurée par ce texte soulevait une difficulté sérieuse justifiant une question préjudicielle à la Cour de justice des Communautés européennes sur la conformité aux directives 98/59 du 20 juillet 1998 et 2002/14 du 11 mars 2002 (CE 19 octobre 2005, nos 283471, 283892, *RJS* 12/05 n° 1240). Il a alors suspendu l'application de l'ordonnance (CE 23 novembre 2005, n° 286440, *RJS* 1/06 n° 74). Puis, la Cour de justice des Communautés européennes a jugé que les directives 2002/14/CE du 11 mars 2002 relatives à l'information et à la consultation des travailleurs et la directive 98/59/CE du 20 juillet 1998 concernant les licenciements collectifs s'opposent à une réglementation nationale qui exclut, fût-ce temporairement, une catégorie déterminée de travailleurs du nombre de travailleurs employés (CJCE 18 janvier 2007, aff. C-385/05, rec. p. I-611 ; *Dr. Ouvr.* 2007, p. 197, M. Bonnechère ; *D.* 2007, p. 776, note V. Bonnin ; *JCP* éd. S 2007, 1082, note B. Gauriau). Retenant l'interprétation donnée par la CJCE, le Conseil d'État a annulé pour excès de pouvoir l'ordonnance (CE 6 juillet 2007 nos 283892, 284472, 284555, 284718, *RJS* 10/07 n° 1099 ; *JCP* éd. S, 1572, note B. Gauriau).

• Lorsque le calcul des effectifs aboutit à un nombre décimal, aucune disposition de ce texte ne prévoit de l'arrondir au nombre entier supérieur (cass. soc. 17 juin 2009, n° 08-60.594, *RJS* 8-9/09 n° 729).

Art. R. 1111-1. En application de l'article L. 1111-2, les salariés mis à disposition par une entreprise de travail temporaire, un groupement d'employeurs ou une association intermédiaire ne sont pas pris en compte pour le calcul des effectifs de l'entreprise utilisatrice pour l'application des dispositions légales relatives à la formation professionnelle continue et à la tarification des risques accident du travail et maladie professionnelle qui se réfèrent à une condition d'effectif.

Art. L. 1111-3. Ne sont pas pris en compte dans le calcul des effectifs de l'entreprise :

1° Les apprentis ;

2° Les titulaires d'un contrat initiative-emploi, pendant la durée de la convention prévue à l'article L. 5134-66 ;

(Abrogé par L. 2008-1249 du 1er déc. 2008, art. 18, JO 3, en vigueur au 01.01.2010) « 3° Les titulaires d'un contrat insertion-revenu minimum d'activité, pendant la durée de la convention prévue à l'article L. 5134-75 » ;

4° Les titulaires d'un contrat d'accompagnement dans l'emploi ***(L. 2008-1249 du 1er déc. 2008, art. 18, JO 3, en vigueur au 01.01.2010)*** « pendant la durée de la convention mentionnée à l'article L. 5134-19-1 » ;

(Abrogé par L. 2008-1249 du 1er déc. 2008, art. 18, JO 3, en vigueur au 01.01.2010) « 5° Les titulaires d'un contrat d'avenir » ;

6° Les titulaires d'un contrat de professionnalisation jusqu'au terme prévu par le contrat lorsque celui-ci est à durée déterminée ou jusqu'à la fin de l'action de professionnalisation lorsque le contrat est à durée indéterminée.

Toutefois, ces salariés sont pris en compte pour l'application des dispositions légales relatives à la tarification des risques d'accidents du travail et de maladies professionnelles.

Note Cet article énonce plusieurs cas d'exclusion de travailleurs du calcul des effectifs. L'arrêt de la CJCE en date du 18 janvier 2007, précité, invite cependant à réfléchir sur de telles exclusions au regard de l'interprétation faite de la directive 2002/14/CE. Le Conseil constitutionnel a jugé que l'exclusion de certaines catégories de salariés visés par cet article est constitutionnelle (Cons. constit. 29 avril 2011, n° 2011-122 QPC). Cependant, le tribunal d'instance de Marseille a jugé que l'exclusion de ces salariés du décompte des effectifs n'est pas conforme au droit communautaire (TI Marseille, 7 juillet 2011, n° 11-10002408, « Salariés ineffectifs », J. Porta, *Dr. Ouvr.* 2011, p. 714). La loi 2008-1249 du 1er décembre 2008 (JO 3) a abrogé, à compter du 1er janvier 2010, les dispositions de cet article qui concernaient les contrats d'insertion-revenu minimum d'activité (CIRMA), les contrats d'accompagnement dans l'emploi et les contrats d'avenir.

Sur la prise en compte des bénéficiaires d'un contrat emploi-solidarité pour fixer le taux de cotisation d'accidents du travail d'une commune, voir cass. soc. 19 novembre 1998, n° 97-10.758, *RJS* 4/99 n° 562.

TITRE II

DROITS ET LIBERTÉS DANS L'ENTREPRISE

CHAPITRE UNIQUE

Art. L. 1121-1. Nul ne peut apporter aux droits des personnes et aux libertés individuelles et collectives de restrictions qui ne seraient pas justifiées par la nature de la tâche à accomplir ni proportionnées au but recherché.

Note Les articles L. 1121-1 et L. 1321-3, 2° concernant le règlement intérieur posent la même interdiction. A. Jeammaud, « Le droit collectif du travail », études offertes à H. Sinay, pp. 352 et 353 ; J-Y Frouin (*CSB* avril 1998, pp. 127 et s.).

Voir article Ph. Waquet « Libertés et contrat de travail », *RJS* 5/09, p. 347.

Le principe posé par cet article a une portée générale ; il est opposable aussi bien aux stipulations contenues dans une convention collective qu'à celles insérées dans un contrat individuel de travail. Une circulaire DRT 93-10 du 15 mars 1993 a commenté ce texte en insistant sur le fait que cette protection profite aux candidats à l'emploi comme aux salariés.

• Chartes d'éthique et codes de conduite. L'arrêt du 8 décembre 2009 (n° 08-17.191, BC V n° 276 ; *SSL* 2009 n° 1425, p. 6, avis B. Aldigé, rapport M-L Morin, *RJS* 2/10, p. 104) s'est prononcé sur la validité de clauses insérées dans un code de conduite des affaires. Les juges rappellent que les salariés jouissent, dans l'entreprise et hors de celle-ci, de la liberté d'expression ; des restrictions peuvent être apportées à cette liberté si, et seulement si, elles sont justifiées par la nature de la tâche à accomplir et proportionnées au but recherché. En l'espèce, les informations présentant un caractère confidentiel ne faisaient pas l'objet de définition précise, de sorte qu'il était impossible de vérifier si les restrictions posées répondaient aux exigences posées par la loi.

À la suite de cette décision, la CNIL a annoncé le 27 janvier 2010 la modification des modalités de contrôle des systèmes d'alerte professionnelle, le régime d'autorisation unique devant désormais être limité aux dispositifs d'alerte correspondant à une obligation législative ou réglementaire de droit français visant à l'établissement de procédures de contrôle interne dans les domaines financier, comptable, bancaire et de lutte contre la corruption.

• Clauses de mobilité. Dans un arrêt du 12 janvier 1999 (n° 96-40.755, BC V n° 7 ; *RJS* 2/99 n° 151), la chambre sociale de la Cour de cassation juge que la clause de mobilité avec changement de domicile n'est valable qu'à la condition d'être indispensable pour l'entreprise et proportionnée au but recherché ; dans ce litige, la Cour de cassation visait seulement l'article 8 de la Convention européenne de sauvegarde des droits de l'homme et des libertés fondamentales, car l'article L. 1121-1 CT n'était pas encore applicable au moment des faits.

Un employeur ne peut imposer au salarié l'obligation de fixer sa résidence à proximité de son lieu de travail, même en présence d'une clause de mobilité ; une telle obligation constitue une modification de son contrat de travail que le salarié peut refuser (cass. soc. 15 mai 2007, n° 06-41.277, BC V n° 74 ; *RDT* 2007, CH 449, obs. V. Bonnin).

La clause faisant obligation à un avocat salarié de fixer son domicile au lieu d'implantation du cabinet est illicite (cass. soc. 12 juillet 2005, n° 04-13.342, BC V n° 241 ; *RJS* 10/05 n° 1048 ; *Dr. Soc.* 2005, p. 1037, note J. Barthélémy). Mais, la Cour de cassation juge qu'« une mutation géographique ne constitue pas en elle-même une atteinte à la liberté fondamentale du salarié quant au libre choix de son domicile et, si elle peut priver de cause réelle et sérieuse le licenciement du salarié qui la refuse lorsque l'employeur la met en œuvre dans des conditions exclusives de la bonne foi contractuelle, elle ne justifie pas la nullité du licenciement » (cass. soc. 28 mars 2006, n° 04-41.016, BC V n° 126 ; *RJS* 6/06 n° 690). Dans un arrêt du 14 octobre 2008 (n° 07-40.523, BC V n° 192), la Cour de cassation a apprécié la mise en œuvre de la clause de mobilité en considération de l'article L. 1121-1.

Les juges devront vérifier que la mise en œuvre d'une telle clause ne porte pas atteinte au droit du salarié à une vie personnelle et familiale et si une telle atteinte peut être justifiée par la tâche à accomplir et proportionnée au but recherché (*SSL* 2008, n° 1373, note FC).

• Clauses d'exclusivité. La Cour de cassation vise également l'article L. 120-2 [L. 1121-1] pour limiter le champ d'application des clauses d'exclusivité : « La clause par laquelle un salarié s'engage à consacrer l'exclusivité de son activité à un employeur porte atteinte à la liberté du travail ; elle n'est valable que si elle est indispensable à la protection des intérêts légitimes de l'entreprise, et si elle est justifiée par la nature de la tâche à accomplir et proportionnée au but recherché ; il en résulte que la clause d'un contrat de travail par laquelle un salarié s'engage à travailler pour un employeur à titre exclusif et à temps partiel ne peut lui être opposée » (cass. soc. 11 juillet 2000, n° 98-40.143, BC V n° 276 ; *RJS* 11/00 n° 1155 ; *Dr. Soc.* 2000 p. 1141, obs. J. Mouly ; 25 février 2004, n° 01-43.392, BC V n° 64 ; *RJS* 5/04 n° 624 : la nullité de la clause n'a pas pour effet d'entraîner la requalification du contrat de travail à temps partiel en contrat de travail à temps complet, mais elle permet au salarié d'obtenir réparation du préjudice ayant résulté pour lui de cette clause illicite). Dans un arrêt du 16 septembre 2009, la Cour de cassation a posé les conditions de licéité d'une clause d'autorisation préalable pour une autre activité professionnelle qui était insérée dans un contrat de travail à temps partiel.

• Clauses d'indivisibilité. De la même façon, la clause d'indivisibilité des engagements de deux salariés ne produit effet que si elle est justifiée par la nature du travail à accomplir et proportionnée au but poursuivi, et si la poursuite du second contrat de travail est rendue impossible par la rupture du premier (cass. soc. 12 juillet 2005, n° 03-45.394, BC V n° 244 ; *RJS* 10/05 n° 941 ; *Dr. Soc.* 2005, p. 1045, obs. J. Savatier). Sur la question de l'utilité et de la licéité de cette clause, voir note J. Mouly sous CA Paris, 18e ch. E, n° 06/6984, 30 novembre 2007, *JCP* éd. S 2008, 1492.

• **Clauses de non-concurrence.** L'article L. 120-2 [L. 1121-1] est également visé par la Cour de cassation pour imposer une contrepartie financière à l'obligation de non-concurrence (cass. soc. 10 juillet 2002, n° 00-45.135, BC V n° 239 ; *SSL* n° 1085 p. 10 ; *D.* 2002 SC 3111). Une convention collective ne peut déroger à la loi pour interdire au salarié de bénéficier d'une contrepartie financière en cas de faute grave (cass. soc. 4 juin 2008, n° 04-40.609, BC V n° 123 ; *RJS* 8-9/08 n° 892). Lorsqu'une clause du contrat minore la contrepartie financière en cas de licenciement pour faute grave, la clause de minoration doit être réputée non écrite, mais la présence de cette clause n'invalide pas l'obligation de non-concurrence (cass. soc. 8 avril 2010, n° 08-43.056, BC V n° 92 ; *RJS* 6/10 n° 512).

• **Vie privée.** Par application de cet article, il est jugé que « le salarié a droit, même au temps et au lieu de travail, au respect de l'intimité de sa vie privée ; que celle-ci implique en particulier le secret des correspondances ; que l'employeur ne peut dès lors sans violation de cette liberté fondamentale prendre connaissance des messages personnels émis par le salarié et reçus par lui grâce à un outil informatique mis à sa disposition pour son travail et ceci même au cas où l'employeur aurait interdit une utilisation non professionnelle de l'ordinateur » (cass. soc. 2 octobre 2001, n° 99-42.942, BC V n° 291 ; *RJS* 12/01 n° 1394). L'ouverture des fichiers personnels d'un salarié n'est, en principe, possible qu'en présence du salarié ou celui-ci étant dûment appelé (cass. soc. 17 mai 2005, n° 03-40.017, BC V n° 165 ; *RJS* 8-9/05 n° 799 ; 17 juin 2009, n° 08-40.274, BC V n° 153 ; *RJS* 8-9/09 n° 743). Cette solution s'applique également pour des documents sur support papier (cass. soc. 18 octobre 2006, n° 04-48.025, BC V n° 308 ; *RJS* 1/07 n° 7). Il en va autrement lorsque l'ouverture de ces fichiers est justifiée par un « risque ou événement particulier » (même arrêt et cass. soc. 17 juin 2009, précité : un simple incident de sécurité ne saurait suffire). Un risque particulier peut résulter de ce que l'employeur avait des motifs légitimes de suspecter des actes de concurrence déloyale (cass. soc. 23 mai 2007, n° 05-17.818, BC V n° 84 ; *RJS* 8-9/07 n° 909 ; *RDT*, octobre 2007, CH, 590, R. de Quenaudon ; en l'espèce, les juges ont énoncé que « le respect de la vie personnelle du salarié ne constitue pas en lui-même un obstacle à l'application des dispositions de l'article 145 du NCPC » ; l'employeur avait obtenu du président du tribunal de grande instance, sur requête, une ordonnance autorisant un huissier de justice à accéder aux données de l'ordinateur mis par l'entreprise à la disposition du salarié). Il appartient au juge de constater que les mesures qu'il ordonne procèdent d'un motif légitime et sont nécessaires à la protection des droits de la partie qui les a sollicitées (cass. soc. 10 juin 2008, n° 06-19.229, BC V n° 129 ; *RJS* 8-9/08 n° 866 ; *RDT*, octobre 2008, CH, 602, A. Varnek : l'employeur craignait que l'ordinateur mis à la disposition de la salariée ait été utilisé pour favoriser des actes de concurrence déloyale). Les dossiers et fichiers créés par un salarié grâce à un ordinateur mis à sa disposition par son employeur pour l'exécution de son travail sont présumés avoir un caractère professionnel de sorte que l'employeur peut y avoir accès hors sa présence, sauf si le salarié les a identifiés comme étant personnels (cass. ch. mixte 18 mai 2007, n° 05-40.803, BC n° 3 ; *RJS* 7/07 n° 810). Les connexions établies par un salarié sur des sites internet pendant son temps de travail sont, dans ces conditions, présumées avoir un caractère professionnel (cass. soc. 9 juillet 2008, n° 06-45.800, BC V n° 150 ; *RJS* 11/08 n° 1071).

Voir K. Garcia, « Le droit du travail et la famille », *Dr. Soc.* 2009, p. 12.

• **Liberté d'expression.** Le salarié jouit de sa liberté d'expression, dans l'entreprise et en dehors de celle-ci : « sauf abus, le salarié jouit, dans l'entreprise et en dehors de celle-ci, de sa liberté d'expression à laquelle seules des restrictions justifiées par la nature de la tâche à accomplir et proportionnées au but recherché peuvent être apportées » (cass. soc. 22 juin 2004, n° 02-42.446, BC V n° 175 ; *RJS* 11/04 n° 1120). L'envoi de plusieurs courriers à l'employeur, qui ne contenaient aucun propos injurieux, diffamatoires ou excessifs ne caractérise pas un abus de la liberté d'expression du salarié et ne constitue pas une cause réelle et sérieuse de licenciement (cass. soc. 2 mai 2001, n° 98-45.532, BC V n° 142 ; *RJS* 7/01 n° 832 ; 10 novembre 2009, n° 08-43.065). Des critiques, même vives, concernant la nouvelle organisation proposée par la direction, exprimées par un cadre salarié de haut niveau lors d'une réunion du comité de direction, ne constituent pas une cause réelle et sérieuse de licenciement (cass. soc. 14 décembre 1999, n° 97-41.995, BC V n° 488 ; *RJS* 2/00 n° 192). Il en va différemment si le salarié met en cause, publiquement et à plusieurs reprises, la compétence et la légitimité des nouveaux dirigeants sociaux (cass. soc. 12 juin 2007 n° 05-45.333, *RJS* 8-9/07 n° 912). La participation d'un salarié à une manifestation publique en dehors du temps de travail constitue une liberté collective et l'employeur ne peut justifier un licenciement pour ce motif en invoquant le trouble créé dans l'entreprise sans caractériser en quoi, compte tenu de la fonction du salarié et de la nature de l'entreprise, la seule relation de travail pouvait justifier cette interdiction (cass. soc. 23 mai 2007 n° 05-41.374, BC V n° 82 ; *RDT* 2007, Ch. p. 587, note Th. Aubert-Monpeyssen). Cf. J-E Ray, « Droit du travail et TIC » (*Dr. Soc.* 2007, p. 140). Voir également cass. soc. 8 décembre 2009, n° 08-17.191, précité dans la rubrique Chartes d'éthique et codes de conduite.

Sur l'exercice abusif de la liberté d'expression, voir cass. soc. 21 septembre 2011, n° 09-72.054, *RJS* 11/11 n° 858).

S'agissant de l'expression religieuse et de la laïcité dans l'entreprise, voir avis du 1er septembre 2011 du Haut Conseil de l'intégration et *RDT*, novembre 2011, CH, 643, R. de Quenaudon. Voir aussi « Le respect de la liberté religieuse dans l'entreprise », *RDT*, janvier 2012, ET, 17, Ch. Mathieu.

• **La tenue vestimentaire du salarié** au travail peut faire l'objet d'injonctions ou d'interdictions de l'employeur si elles sont justifiées par la nature de la tâche à accomplir (cass. soc. 6 novembre 2001, n° 99-43.988, BC V n° 337 ; *RJS* 1/02 n° 8 : interdiction justifiée du port d'un survêtement faite à une salariée d'une agence immobilière, en contact avec la clientèle). « Convient-il d'interdire le port de signes religieux dans l'entreprise », Ph. Waquet et C. Wolmark, *RDT* 2009, controverse p. 485. Voir également CA Versailles 23 novembre 2006 (n° 05-5149, *RJS* 6/07 n° 697, s'agissant du port du voile islamique pour une salariée en contact avec la clientèle d'un laboratoire d'analyses médicales). Sur l'obligation de port de l'uniforme, cass. soc. 3 juin 2009, n° 08-40.346 : port non obligatoire pour des salariés dont les fonctions ne les appelaient pas à être en contact avec la clientèle, même occasionnellement (*RJS* 8-9/09 n° 683).

• **Contrôle de l'activité du salarié.** L'utilisation d'un système de géolocalisation pour assurer le contrôle de la durée du travail n'est pas justifiée lorsque le salarié est libre d'organiser son activité selon un horaire préalablement fixé par l'employeur (cass. soc. 3 novembre 2011, n° 10-18.036, *RJS* 1/12 n° 4 ; *Dr. Soc.* 2012, p. 61, J-E Ray). Voir aussi note sous art. L. 1235-1.

• Pour mieux assurer la protection des droits des personnes et des libertés individuelles et collectives, le législateur a instauré une *procédure d'alerte* permettant aux délégués du personnel de saisir immédiatement l'employeur (voir *infra* art. L. 2313-2).

Voir également la note sous l'article L. 1132-1 CT.

TITRE III

DISCRIMINATIONS

CHAPITRE Ier

Champ d'application

Art. L. 1131-1. Les dispositions du présent titre sont applicables aux employeurs de droit privé ainsi qu'à leurs salariés.

Elles sont également applicables au personnel des personnes publiques employé dans les conditions du droit privé.

CHAPITRE II

Principe de non-discrimination

Art. L. 1132-1. Aucune personne ne peut être écartée d'une procédure de recrutement ou de l'accès à un stage ou à une période de formation en entreprise, aucun salarié ne peut être sanctionné, licencié ou faire l'objet d'une mesure discriminatoire, directe ou indirecte, ***(L. 2008-496 du 27 mai 2008, art. 6, JO 28)*** « telle que définie à l'article 1er de la loi n° 2008-496 du 27 mai 2008 portant diverses dispositions d'adaptation au droit communautaire dans le domaine de la lutte contre les discriminations, » notamment en matière de rémunération, au sens de l'article L. 3221-3, de mesures d'intéressement ou de distribution d'actions, de formation, de reclassement, d'affectation, de qualification, de classification, de promotion professionnelle, de mutation ou de renouvellement de contrat en raison de son origine, de son sexe, de ses mœurs, de son orientation sexuelle, de son âge, de sa situation de famille ou de sa grossesse, de ses caractéristiques génétiques, de son appartenance ou de sa non-appartenance, vraie ou supposée, à une ethnie, une nation ou une race, de ses opinions politiques, de ses activités syndicales ou mutualistes, de ses convictions religieuses, de son apparence physique, de son nom de famille ou en raison de son état de santé ou de son handicap.

Note

• La loi 2004-1486 du 30 décembre 2004 (JO 31) avait créé une Haute Autorité de lutte contre les discriminations et pour l'égalité ; la Halde a supprimé l'exception de l'inaptitude constatée par le médecin du travail. Cette suppression souligne la volonté de consacrer l'égalité des droits et des chances, y compris pour les salariés inaptes. La Halde dispose de nouvelles prérogatives qui lui ont été reconnues par la loi 2006-396 du 31 mars 2006 (JO 2 avril). Y. Mayaud « La Halde, une trop haute autorité » (*Dr. Soc.* 2007, p. 930 ; « une autorité toujours plus forte », *SSL* 2009 n° 1401 ; G. Loiseau, « La Halde : quelle autorité ? », *Dr. Soc.* 2009, p. 142, P. Henriot, « La Halde et les droits de la défense, *SSL* n° 1452, p. 9). À noter que les recommandations de la Halde ne sont pas susceptibles de recours pour excès de pouvoir (CE 13 juillet 2007, 3 arrêts, dont n° 297742, *SSL* n° 1319, p. 5). La Halde a la faculté de présenter des observations portées à la connaissance des parties dès lors que celles-ci peuvent répliquer par écrit et oralement à ces observations (cass. soc. 2 juin 2010, n° 08-40.628, BC V n° 124 ; *SSL* n° 1452, p. 8, extraits du rapport de J. Chauviré). La Halde a publié une délibération suggérant de retenir l'adresse comme autre critère de discrimination prohibé dans le code du travail (délib. 2011-121 du 18 avril 2011, *LS* n° 15843).

Les prérogatives de la Halde ont été transférées au Défenseur des droits au 1er mai 2011 (loi organique 2011-333 du 29 mars 2011, rapportée dans Textes non codifiés, Lutte contre les discriminations).

La loi 2006-340 du 24 mars 2006 vise également les discriminations relatives aux mesures d'intéressement et aux distributions d'actions et a ajouté un nouveau motif de discrimination : la grossesse.

La loi 2008-496 du 27 mai 2008 (JO 28) porte diverses dispositions d'adaptation au droit communautaire dans le domaine de la lutte contre les discriminations. Elle est applicable en Nouvelle-Calédonie, en Polynésie française, dans les îles Wallis et Futuna et dans les Terres australes et antarctiques françaises dans toutes les matières que la loi organique ne réserve pas à la compétence de leurs institutions (art. 10).

Les dispositions non codifiées de cette loi qui définissent notamment les notions de « discrimination directe et indirecte » sont rapportées en fin de code dans les « Textes non codifiés ».

La loi 2011-2012 du 29 décembre 2011 (JO 30) relative au renforcement de la sécurité sanitaire du médicament et des produits de santé (art. 43) a introduit dans le code de la santé publique un article L. 5312-4-2, rapporté dans les textes non codifiés, rubrique « Lutte contre les discriminations », créant un statut protecteur pour les personnes signalant les effets indésirables ou secondaires suspectés de produits à finalité sanitaire destinés à l'homme.

Voir article M-Th. Lanquetin, « Discriminations : la loi d'adaptation au droit communautaire du 27 mai 2008 », *Dr. Soc.* 2008, p. 778 ; M. Miné, « Discriminations : une transposition laborieuse », *RDT* 2008, p. 532 et p. 741 ; F. Champeaux, « Les dernières avancées », *SSL* 2008 n° 1355, p. 2.

Le décret 2008-1344 du 17 décembre 2008 (JO 19) a créé un label en matière de promotion de la diversité et de prévention des discriminations dans le cadre de la gestion des ressources humaines et a mis en place une commission de labellisation.

• **Définition de la discrimination.** La loi 2008-496 du 27 mai 2008 définit la discrimination directe et la discrimination indirecte. La *discrimination directe* consiste à traiter une personne de manière moins favorable qu'une autre ne l'est, ne l'a été ou ne l'aura été dans une situation comparable et pour un motif prohibé.

Constitue une *discrimination indirecte* une disposition, un critère ou une pratique neutre en apparence mais susceptible d'entraîner, pour des motifs discriminatoires, un désavantage particulier pour des personnes par rapport à d'autres, à moins que cette disposition, ce critère ou cette pratique ne soit objectivement justifié par un but légitime et que les moyens pour réaliser ce but ne soient nécessaires et appropriés.

Voir « À propos de la notion de discrimination indirecte », le rapport de H. Gosselin, *RJS* 7/09, p. 533.

La Cour de cassation a reconnu l'existence d'une *mesure discriminatoire indirecte* en raison de l'état de santé du salarié (cass. soc. 9 janvier 2007, n° 05-43.962, BC V n° 1 ; *RDT* 2007, p. 245, note M. Miné, à propos du mode de décompte des jours d'absence pour maladie et donc du mode de calcul de la rémunération).

La Cour de cassation a jugé qu'il n'y avait pas de discrimination indirecte, en raison de l'âge, dans une espèce où était posée la question du plafonnement d'une indemnité conventionnelle de licenciement, à partir de la prise en compte de l'ancienneté limitée à douze ans (cass. soc. 30 avril 2009, n° 07-43.945, BC V n° 118 ; *RJS* 7/09 n° 600 ; rapport de H. Gosselin, *RDT*, septembre 2009, CH, 519, note K. Berthou).

Voir article X. Lagarde, « Variations sur l'actualité jurisprudentielle des discriminations autres que syndicales », *SSL* n° 1312, p. 7.

• **Étendue du principe.** Sur une discrimination à l'embauche, le conseil de prud'hommes est compétent alors même qu'aucun contrat de travail n'avait été conclu (cass. soc. 20 décembre 2006, n° 06-40.662, BC V n° 404 ; *RJS* 3/07 n° 397 : en l'espèce, il s'agissait d'une discrimination raciale).

La violation de cet article n'est pas sanctionnée pénalement, mais les articles 225-1 et 225-2 c. pén. incriminent la plupart des discriminations visées par cet article.

• *Discrimination à l'embauche.* Le refus d'embaucher « des gens de couleur » constitue un délit de discrimination raciale à l'embauche. Ce délit est caractérisé par la pérennité de pratiques consistant à ne pas recruter des commis de race noire (CA Paris 17 octobre 2003, 11e ch., n° 03-387, *RJS* 2/04 n° 171). L'article 225-2-3 c. pén. réprime le fait de subordonner une offre d'emploi à une condition discriminatoire (cass. crim. 23 juin 2009, n° 07-85.109, BC V n° 126 ; *RJS* 10/09 n° 819). La chambre criminelle établit une distinction entre le délit d'offre d'emploi discriminatoire au sens de l'article 225-2, 5° c. pén., délit ici retenu, et le délit du refus d'embauche prévu par l'article 225-2, 3° c. pén. ; en l'espèce, condamnation de salariés d'agences d'intérim et d'un groupe ainsi que des sociétés qui les emploient pour avoir organisé un recrutement excluant des candidats d'origine étrangère). La CJCE condamne toute discrimination à l'embauche alors même qu'il n'existe aucun plaignant soutenant avoir été victime d'une telle discrimination (CJCE 10 juillet 2008, aff. C-54/07, rec. p. I-5187 ; *RJS* 11/08 n° 1136, note H. Tissandier : en l'espèce, l'employeur avait déclaré publiquement qu'il ne recruterait pas des salariés ayant une certaine origine ethnique ou raciale).

Voir également K. Berthou, « La preuve des discriminations à l'embauche en raison de l'origine », *RDT*, novembre 2010, ET, 635.

• *Discrimination et période d'essai.* Les dispositions de cet article sont applicables à la période d'essai (cass. soc. 16 février 2005, n° 02-43.402, BC V n° 52 ; *RJS* 5/05 n° 469). Voir cependant l'interprétation restrictive qui avait été retenue par la Cour de cassation de l'article L. 122-25-2 [L. 1225-1] s'agissant de la rupture de l'essai d'une salariée en état de grossesse (cass. soc. 21 décembre 2006, n° 05-44.806, BC V n° 415, article F. Géa, « Rupture de l'essai et maternité : d'un dialogue à l'autre. À propos de l'arrêt Portolano (*SSL* 2007 n° 1290) ». Cet arrêt était antérieur à la loi sur l'égalité salariale du 23 mars 2006 qui énonce un nouveau motif de discrimination, à savoir « l'état de grossesse ».

• Diversité des motifs de discrimination. Sur les discriminations en raison de l'âge, J-Ph. Lhernould, *RJS* 7/07 p. 595 et *RJS* 4/10, p. 257 et M. Mercat-Bruns, *RDT* 2007, p. 360 et *RDT* 2010, p. 587.

« La liberté religieuse dans l'entreprise », Halde 2009-117 du 6 avril 2009, *SSL* 2009 n° 1396, p. 6 ; Fr. Gaudu, « La religion dans l'entreprise », *Dr. Soc.* 2010, p. 65.

Discriminations dans l'évolution de carrière et de rémunération des salariés en raison de leurs activités syndicales. Les juges du fond doivent appliquer cet article dès l'instant que la discrimination en raison de l'activité syndicale est invoquée, même si l'article n'est pas lui-même spécialement invoqué (cass. soc. 4 décembre 2001, n° 99-43.231, *RJS* 2/02 n° 197). En présence d'une disparité de traitement non contestée, il appartient au juge de vérifier si l'employeur peut justifier d'éléments objectifs, étrangers à l'exercice d'un mandat syndical (cass. soc. 28 septembre 2004, n° 03-42.624, BC V n° 227 ; *RJS* 1/05 n° 55). Sur la question de l'avancement d'un salarié, délégué syndical, retardé par rapport à d'autres salariés (cass. soc. 27 juin 2007, n° 06-42.084, *RJS* 10/07 n° 1111 ; 24 septembre 2008, n° 06-46.179, BC V n° 187 ; *RJS* 11/08 n° 1107 s'agissant d'une limitation de la progression de rémunération).

Mais, en l'absence de toute constatation d'une différence de traitement concomitante à l'activité syndicale d'un salarié, le seul refus de prendre en charge certains de ses déplacements ne peut constituer à lui seul un trouble manifestement illicite au regard de l'interdiction des mesures discriminatoires (cass. soc. 29 juin 2005, n° 04-43.165, *RJS* 10/05 n° 999).

De la disposition selon laquelle « aucune personne ne peut être sanctionnée en raison de son *état de santé* », la Cour de cassation déduit que le fait pour un salarié de quitter son poste de travail en raison de son état de santé afin de consulter un médecin sans avoir obtenu l'autorisation de son supérieur hiérarchique ne constitue pas, en soi, une faute de nature à justifier le licenciement (cass. soc. 3 juillet 2001, n° 99-41.738, BC V n° 244 ; *RJS* 10/01 n° 1133). La justification du retard de carrière par des absences pour maladie se heurte à la prohibition de la discrimination à raison de l'état de santé du salarié (cass. soc. 28 janvier 2010, n° 08-44.486, BC V n° 26 ; *RJS* 4/10 n° 335). Un changement d'affectation décidé en raison de l'état de santé du salarié présente un caractère discriminatoire (cass. soc. 30 mars 2011, n° 09-71.542, BC V n° 81 ; *RJS* 6/11 n° 517 ; *SSL* n° 1490, note A. Marcon et Fr. Champeaux). Enfin, si un accord collectif peut tenir compte des absences pour le paiement d'une prime, c'est à la condition que toutes les absences, hormis celles légalement assimilées à un temps de travail effectif, entraînent les mêmes conséquences sur son attribution. Heurte la prohibition de la discrimination à raison de l'état de santé du salarié et n'est donc pas opposable au salarié la disposition d'un accord d'entreprise mettant en place, pour l'attribution d'une prime, un système d'abattements par suite des seules absences pour maladie (cass. soc. 11 janvier 2012 n° 10-23.139, *LS* Jurisp. n° 17/2012 du 24/01/12).

La *notion de handicap* a donné lieu à une définition posée par la CJCE dans un arrêt du 11 juillet 2006 (aff. C-13/05). La définition donnée par l'article L. 5213-1 y correspond largement. La CJCE a prohibé une discrimination par association visant « quiconque se trouve discriminé parce qu'associé à une personne » en l'espèce handicapée (CJCE 17 juillet 2008, aff. C-303/06, rec. p. I-5603 ; JOUE C 223/6 du 30.08.2008 ; *RJS* 11/08, p. 883, chron. M. Le Barbier-Le-Bris).

Pour une illustration d'une discrimination en raison de la *situation de famille*, voir cass. soc. 10 février 1999, n° 96-42.998, BC V n° 61 ; *RJS* 3/99 n° 363.

Sur *l'apparence physique*, la cour d'appel d'Orléans s'est prononcée le 21 juin 2007 (*RDT* 2008, chron. p. 106, obs. K. Berthou). Plus récemment, dans un arrêt du 11 janvier 2012 (n° 10-28.213, *LS* Bref n° 16025 du 24/01/12), la Cour de cassation a approuvé une cour d'appel qui avait déclaré nul le licenciement d'un salarié, chef de rang dans un restaurant, prononcé en raison de son refus d'enlever ses boucles d'oreilles durant le service, alors qu'il était un homme, un tel motif tiré de l'apparence physique du salarié, rapportée à son sexe étant, en l'absence de toute justification objective, discriminatoire.

Une salariée licenciée en raison essentiellement du fait qu'elle subit un traitement de fécondation *in vitro* peut se prévaloir de la protection contre la *discrimination fondée sur le sexe* prohibée par la directive 76/207/CEE (CJCE 26 février 2008, aff. C-506/06, rec. p. I-1017 ; *JSL* 2008 n° 230, p. 14, J-Ph. Lhernould). Cette solution peut être reprise en droit interne sur le fondement de l'article L. 1132-1.

L'offre d'emploi subordonnée à une condition de *nationalité* est constitutive d'une discrimination prohibée (cass. crim. 20 janvier 2009, n° 08-83.710, B. crim. n° 19 ; *RJS* 4/09 n° 311). Cette décision est fondée sur l'article 225-2, 5° c. pén.

Sur une discrimination à raison de la consonance étrangère du *patronyme*, voir cass. crim. 30 septembre 2008, n° 07-87.734, B. crim. n° 199 ; *RDT* 2009, p. 109, obs. P. Eckly.

Le fait pour un employeur d'exiger d'un salarié qu'il change son prénom d'origine étrangère pour un prénom français constitue une discrimination à raison de *l'origine* et l'accord du salarié ne suffit pas à valider une pratique discriminatoire (cass. soc. 10 novembre 2009, n° 08-42.286, BC V n° 245 ; *RJS* 1/10 n° 4 ; *RDT* mars 2010, CH, 169, Th. Aubert-Monpeyssen). De même, le fait pour une directrice de cafétaria d'avoir refusé d'engager une employée de restauration en lui indiquant qu'elle ne faisait pas confiance aux maghrébines caractérise une discrimination raciale (cass. soc. 18 janvier 2012, n° 10-16.926, *LS* Jurispr. n° 23/2012 du 31/01/12).

Selon le Défenseur des droits, le fait de réserver des emplois saisonniers aux enfants du personnel caractérise une discrimination fondée sur la *situation de famille* (délib. Halde 31 janvier 2011, communiqué du 18 mai 2011).

Sur l'*âge*, voir note sous L. 1133-2 et Y. Leroy « La discrimination fondée sur l'âge : un principe général encore fragile », *RJS* 12/10, p. 799.

Sur l'*orientation sexuelle*, voir J-Ph. Lhernould « La discrimination en raison de l'orientation sexuelle. Essai de synthèse en attendant Römer... », *RJS* 4/11, p. 261 et CA Paris, 15 décembre 2010, n° 09-2814, *RJS* 4/11 n° 294.

• Cet article ne prohibe que certaines discriminations. Une différence de traitement entre salariés d'une même entreprise ne constitue pas en elle-même une discrimination illicite au sens de l'article L. 122-45 [L. 1132-1] (cass. soc. 18 janvier 2006, n° 03-45.422, BC V n° 17 ; *Dr. Soc.* 2006, p. 449, obs. Ch. Radé, *RDT* 2006, 38, obs. H. Tissandier). La disparité de traitement s'apprécie au regard de salariés placés dans une situation comparable, ce qui n'implique pas l'identité des tâches accomplies par les salariés mis en comparaison (cass. soc. 5 mai 2011, n° 09-43.175, *RJS* 7/11 n° 575).

Cependant, l'existence d'une discrimination n'implique pas nécessairement une comparaison avec la situation d'autres salariés (cass. soc. 29 juin 2011, n° 10-14.067, *RJS* 10/11 n° 746 : l'employeur n'avait pas fourni de travail au salarié pendant de longues périodes). Cet article n'interdit pas de façon générale à l'employeur de sanctionner différemment des salariés qui ont commis des fautes identiques (cass. soc. 15 mai 1991, 2 arrêts , n°s 89-42.270, 89-40.380, BC V n° 236 (1er arrêt) ; *Dr. Soc.* 1991, p. 624, rapp. Waquet, concl. Franck ; *CSB* 1991 A. 43 : « Dans l'exercice de son pouvoir d'individualisation des mesures disciplinaires et dans l'intérêt de l'entreprise », l'employeur peut « sanctionner différemment des salariés qui ont participé à une même faute » ; cass. soc. 29 janvier 1992, 2 arrêts, n°s 89-44.501, 89-41.940, BC V n° 50 (1er arrêt) ; *RJS* 3/92 n° 283 ; 1er février 1995, n° 91-44.908, BC V n° 45 ; *RJS* 3/95 n° 233 ; 17 décembre 1996, n° 95-41.858, BC V n° 445 ; *RJS* 1/97 n° 85 ; 14 mai 1998, n° 96-41.755, BC V n° 250 ; *Dr. Soc.* 1998, p. 709, obs. A. Jeammaud ; *RJS* 6/98 n° 735).

Une inégalité de traitement entre des salariés peut être justifiée lorsqu'elle repose sur des raisons objectives pertinentes, étrangères à toute discrimination prohibée et proportionnées à l'objectif légitimement poursuivi par les États contractants et qui, en l'espèce, concernait la création d'un pôle d'excellence scientifique international (cass. soc. 17 avril 2008, n° 06-45.270, BC V n° 95 ; *RJS* 6/08 n° 675 ; *SSL* 2008 n° 1354, p. 12 ; 9 novembre 2005, n° 03-47.720, BC V n° 312 ; *Dr. Soc.* 2006, p. 221, obs. A. Jeammaud ; *RJS* 2/06 n° 210 : indemnité d'expatriation versée au profit de salariés étrangers). La Cour de cassation a jugé, en l'espèce, qu'il n'y avait pas de discrimination en raison de la nationalité. Mais, selon la Halde, il y a là une discrimination (délib. 2007-272, 22 octobre 2007 ; voir art. H. Tissandier, *SSL* n° 1328, p. 2).

La jurisprudence n'applique pas strictement cet article. Il n'est pas applicable « lorsque le salarié, qui a été engagé pour accomplir une tâche impliquant qu'il soit en communion de pensée et de foi avec son employeur, méconnaît les obligations résultant de cet engagement » (cass. soc. 20 novembre 1986, n° 84-43.243, BC V n° 555 ; *Dr. Soc.* 1987, p. 379, 2e esp., obs. J. Savatier ; *JCP* éd. G 1987.II. 20798, note Th. Revet ; CA Toulouse 17 août 1995, *RJS* 3/96 n° 247 : licenciement justifié d'un surveillant rituel de confession juive pour avoir entretenu des relations avec une femme mariée).

Si un salarié ne peut être licencié pour le seul motif tiré de ses mœurs ou de ses convictions religieuses, « il peut être procédé à un licenciement dont la cause objective est fondée sur le comportement du salarié qui, compte tenu de la nature de ses fonctions et de la finalité propre de l'entreprise, a créé un trouble caractérisé au sein de cette dernière » (cass. soc. 17 avril 1991, n° 90-42.636, BC V n° 201 ; *Dr. Soc.* 1991, p. 489, obs. J. Savatier). Ainsi, une employée musulmane peut-elle être licenciée au motif qu'elle garde un foulard sur son visage lorsqu'elle est en contact avec la clientèle (CA Paris 16 mars 2001, n° 99/31302, *RJS* 11/01 n° 1252).

Art. L. 1132-2. Aucun salarié ne peut être sanctionné, licencié ou faire l'objet d'une mesure discriminatoire mentionnée à l'article L. 1132-1 en raison de l'exercice normal du droit de grève.

Note Un salarié gréviste ne peut être licencié ou sanctionné, à raison d'un fait commis à l'occasion de la grève à laquelle il participe, que si ce fait est constitutif d'une faute lourde (cass. soc. 16 décembre 1992, n° 91-41.215, BC V n° 592 ; *Dr. Soc.* 1993, p. 293, obs. J. Savatier ; *RJS* 2/93 n° 174). Voir également la note sous l'article L. 2511-1.

Est discriminatoire l'attribution par l'employeur d'une prime aux salariés selon qu'ils ont participé ou non à un mouvement de grève (cass. soc. 1er juin 2010, n° 09-40.144, BCV n° 119 ; *Dr. Soc.* 2010, p. 998, obs. Ch. Radé).

Art. L. 1132-3. Aucun salarié ne peut être sanctionné, licencié ou faire l'objet d'une mesure discriminatoire pour avoir témoigné des agissements définis aux articles L. 1132-1 et L. 1132-2 ou pour les avoir relatés.

Art. L. 1132-3-1. ***(L. 2011-939 du 10 août 2011, art. 9, JO 11)*** Aucun salarié ne peut être sanctionné, licencié ou faire l'objet d'une mesure discriminatoire mentionnée à l'article L. 1132-1 en raison de l'exercice des fonctions de juré ou de citoyen assesseur.

Art. L. 1132-4. Toute disposition ou tout acte pris à l'égard d'un salarié en méconnaissance des dispositions du présent chapitre est nul.

Note Cet article prévoit la nullité de plein droit de toute disposition ou tout acte contraire aux dispositions relatives au principe de non-discrimination. Les licenciements prononcés en violation de cet article sont annulés (cass. soc. 4 juin 2002, n° 00-42.873, BC V n° 192 ; *RJS* 8-9/02 n° 964 ; 26 mai 2004, n° 02-41.325, BC V n° 139 ; *RJS* 8-9/04 n° 903, 1re espèce : nullité du licenciement prononcé pour inaptitude à la suite d'un seul examen médical ne portant pas mention d'un danger immédiat ; cass. soc. 20 septembre 2006, n° 05-40.241, BC V n° 275 ; *RDT*, décembre 2006, CH, 385, G. Pignarre : nullité du licenciement prononcé pour une inaptitude n'ayant pas été constatée, conformément aux exigences de l'article R. 241-51-1 [R. 4624-21], à l'issue de deux examens espacés d'un délai minimum de deux semaines ; cass. soc. 10 avril 1991, n° 89-40.216, *CSB* 1991 A. 28 : nullité du licenciement d'un syndicaliste en raison de ses activités syndicales ; voir note sous article L. 2141-5 pour les discriminations syndicales ; cass. soc. 23 novembre 1999, n° 98-41.376, BC V n° 450 ; *RJS* 1/00 n° 33 : le juge des référés peut ordonner la réintégration d'une salariée licenciée en raison de son refus persistant d'accepter de nouvelles tâches que l'employeur entendait lui imposer pour pallier les perturbations que ses arrêts de travail avaient entraînées dans le bon fonctionnement de l'entreprise).

La mise à la retraite avant l'âge requis par une convention collective constitue un licenciement nul. Un licenciement fondé exclusivement sur l'âge est nul (CA Paris 27 janvier 2004, n° 03-36026, *RJS* 6/04 n° 686). La Cour de cassation a opéré un revirement de jurisprudence le 21 décembre 2006 en décidant qu'« aucun salarié ne peut être licencié en raison de son âge et que toute disposition ou tout acte contraire à l'égard d'un salarié est nul » (n° 3139, *RJS* 3/07 n° 326, avis. J. Duplat, *RJS* 3/07, p. 223). La rupture du contrat de travail ne peut être justifiée que par une cause réelle et sérieuse indépendante de l'âge du salarié (cass. soc. 6 décembre 1995, n° 92-40.389, BC V n° 331 ; *RJS* 1/96 n° 18).

Une mise à la retraite constitue un licenciement nul lorsque le salarié ne bénéficie pas d'une retraite à taux plein et que la seule cause de rupture invoquée par l'employeur est l'âge du salarié (cass. soc. 21 décembre 2006, n° 05-12.816, BC V n° 412 ; *RDT* 2007, p. 238, note I. Desbarrats). Voir cependant les dispositions originales concernant les pilotes de transport aérien public (article X. Vincent, *Dr. Soc.* 2007, p. 761), l'arrêt du 11 mai 2010, n° 08-45.307, *SSL* n° 1448, p. 10 et la note sous l'article L. 1133-2.

Lorsqu'un salarié fait l'objet d'une mesure discriminatoire, il pourra prétendre à des dommages-intérêts ; le juge peut également ordonner à l'employeur une réparation en nature (cass. soc. 23 juin 2004, n° 02-41.011, BC V n° 181 ; *RJS* 11/04 n° 1163). Si la discrimination a eu pour effet un ralentissement de carrière, il est possible d'envisager une reconstitution de celle-ci avec obligation d'attribuer une rémunération correspondant à la classification résultant d'un reclassement fixé par le juge (cass. soc. 24 février 2004, n° 01-46.499).

La victime d'un licenciement nul qui ne demande pas sa réintégration a droit à plusieurs indemnités : d'une part, aux indemnités de rupture, c'est-à-dire à l'indemnité compensatrice de préavis et à l'indemnité légale ou conventionnelle de licenciement, d'autre part, à une indemnité réparant l'intégralité du préjudice résultant du caractère illicite du licenciement et au moins égale à celle prévue par l'article L. 1235-3 CT (cass. soc. 5 juin 2001, n° 99-41.186, BC V n° 211 ; *RJS* 8-9/01 n° 1009 ; 27 juin 2000, n° 98-43.439, BC V n° 250 ; *RJS* 9-10/00 n° 937). Le salarié a droit, en toute hypothèse, à ces indemnités (cass. soc. 21 septembre 2005, n° 03-44.855, BC V n° 262 ; *RJS* 12/05 n° 1163). Un salarié ayant moins de deux ans d'ancienneté aura droit à l'indemnité égale au moins à un mois de salaire prévue par l'article L. 1235-2 (cass. soc. 2 juin 2004, n° 02-41.045, BC V n° 153 ; *RJS* 8-9/04 n° 903, 2e espèce). L'indemnité compensatrice de préavis est intégralement due bien que le salarié, irrégulièrement licencié, n'ait pas été en état d'exécuter un préavis (cass. soc. 5 juin 2001, n° 99-41.186, précité).

CHAPITRE III

Différences de traitement autorisées

Art. L. 1133-1. ***(L. 2008-496 du 27 mai 2008, art. 6, JO 28)*** L'article L. 1132-1 ne fait pas obstacle aux différences de traitement, lorsqu'elles répondent à une exigence professionnelle essentielle et déterminante et pour autant que l'objectif soit légitime et l'exigence proportionnée.

Note Voir les annotations sous l'article L. 1132-1.

Art. L. 1133-2. ***(L. 2008-496 du 27 mai 2008, art. 6, JO 28)*** « Les différences de traitement fondées sur l'âge ne constituent pas une discrimination lorsqu'elles sont objectivement et raisonnablement justifiées par un but légitime, notamment par le souci de préserver la santé ou la sécurité des travailleurs, de favoriser leur insertion professionnelle, d'assurer leur emploi, leur reclassement ou leur indemnisation en cas de perte d'emploi, et lorsque les moyens de réaliser ce but sont nécessaires et appropriés. »

Ces différences peuvent notamment consister en :

1° L'interdiction de l'accès à l'emploi ou la mise en place de conditions de travail spéciales en vue d'assurer la protection des jeunes et des travailleurs âgés ;

2° La fixation d'un âge maximum pour le recrutement, fondée sur la formation requise pour le poste concerné ou la nécessité d'une période d'emploi raisonnable avant la retraite.

Note Les articles L. 1133-1, 2 et 3 sont devenus respectivement les articles L. 1133-2, 3 et 4 avec la loi 2008-496 du 27 mai 2008, art. 6 (JO 28).

Les dispositions de cet article reprennent celles de la directive 2000/78/CE du 27 novembre 2000, voir Code annoté européen du travail, 5e éd. 2010, pp. 476 et s. L'arrêt Mangold rendu par la CJCE le 22 novembre 2005 (aff. C-144/04, rec. p. I-9981) fait de la non-discrimination en fonction de l'âge un principe général de droit communautaire (*RDT*, 2006, 133, S. Robin-Olivier ; *SSL* 2006, n° 1266, « Âge et discriminations dans l'accès à l'emploi », P. Rodière ; J-Ph. Lhernould, *RJS* 3/07 ; M. Mercat-Bruns *RDT* 2007, p. 360 précités sous art. L. 1132-1) ; Fr. Michéa « Le traitement judiciaire du critère discriminatoire de l'âge, *Dr. Soc.* 2010, p. 1060.

Un arrêt du 16 octobre 2007, rendu par la CJCE (aff. C-411/05, rec. p. I-8531 ; JOUE C 297/6 du 8.12.2007) fait référence au fait que les mesures de mise à la retraite justifiées par un objectif d'emploi ne constituent pas des discriminations interdites par la directive (*SSL* n° 1338, Actualité de droit social communautaire, par S. Laulom et *SSL* n° 1432, p. 5).

Des différences de traitement fondées sur l'âge peuvent être objectivement et raisonnablement justifiées par des objectifs légitimes de politiques de l'emploi, du marché du travail et de la formation professionnelle (CJCE 5 mars 2009, aff. C-388/07, rec. p. I-1569 ; JOUE C 102/6 du 1.05.2009 ; *RDT* juin 2009, CH, 385, M. Schmitt ; *RJS* 6/09, p. 443, chron. M. Le Barbier Le Bris). Pour des illustrations, voir CJUE 12 janvier 2010, aff. C-229/08 (recrutement des pompiers) et C-341/08 (exercice de la profession de dentiste conventionné), et CJUE 19 janvier 2010, aff. C-555/07 (interdiction d'une réglementation réservant un traitement moins favorable aux salariés entrés au service d'un employeur avant l'âge de 25 ans). Voir aussi l'article de E. Bribosia et T. Bombois, « Interdiction de la discrimination en raison de l'âge : du principe, de ses exceptions et de quelques hésitations..., Réflexions autour des arrêts Wolf, Petersen et Kücükdeveci de la Cour de justice de l'Union européenne », *RTD eur.* janv.-mars 2011, p. 41.

Deux arrêts rendus par la chambre sociale de la Cour de cassation le 11 mai 2010 (nos 08-43.681 et 08-45.307, BC V n° 105 ; *RJS* 7/10 n° 582 ; *SSL* n° 1448, p. 9, note M. Hautefort) font une application directe de la directive 2000/78/CE du 27 novembre 2000. Il appartient au juge de vérifier que des différences de traitement fondées sur l'âge sont objectivement et raisonnablement justifiées par un objectif légitime, soit au regard des politiques de l'emploi, soit en considération de la spécificité de l'activité et du métier (en l'espèce, pilote d'avion). Voir également *RDT* 2010, CH, 587, M. Mercat-Bruns, art. précité).

La généralité des motifs invoqués par la SNCF pour justifier la mise à la retraite d'un agent à 55 ans ne permet pas de considérer qu'il y avait là un objectif légitime pouvant justifier cette décision (cass. soc. 16 février 2011, n° 10-10.465, BC V n° 50 ; *RJS* 5/11 n° 477 ; *RDT* avril 2011, CH, 241, Fl. Debord).

Art. L. 1133-3. Les différences de traitement fondées sur l'inaptitude constatée par le médecin du travail en raison de l'état de santé ou du handicap ne constituent pas une discrimination lorsqu'elles sont objectives, nécessaires et appropriées.

Note L'inaptitude constatée par le médecin du travail ne constituera pas une discrimination à condition toutefois que les différences de traitement qui peuvent en résulter se fondent sur des éléments objectifs, nécessaires et appropriés. De même, les mesures prises en faveur des handicapés ne constituent pas une discrimination à condition qu'elles soient appropriées. L'article L. 5213-6 précise que le refus de prendre les mesures appropriées qui s'imposent peut être constitutif d'une discrimination au sens de l'article L. 1133-2 (devenu L. 1133-3) CT.

Art. L. 1133-4. Les mesures prises en faveur des personnes handicapées et visant à favoriser l'égalité de traitement, prévues à l'article L. 5213-6 ne constituent pas une discrimination.

CHAPITRE IV

Actions en justice

Art. L. 1134-1. Lorsque survient un litige en raison d'une méconnaissance des dispositions du chapitre II, le candidat à un emploi, à un stage ou à une période de formation en entreprise ou le salarié présente des éléments de fait laissant supposer l'existence d'une discrimination directe ou indirecte ***(L. 2008-496 du 27 mai 2008, art. 6, JO 28)*** « telle que définie à l'article 1er de la loi n° 2008-496 du 27 mai 2008 portant diverses dispositions d'adaptation au droit communautaire dans le domaine de la lutte contre les discriminations ».

Au vu de ces éléments, il incombe à la partie défenderesse de prouver que sa décision est justifiée par des éléments objectifs étrangers à toute discrimination.

Le juge forme sa conviction après avoir ordonné, en cas de besoin, toutes les mesures d'instruction qu'il estime utiles.

Note La loi du 16 novembre 2001 a modifié les règles de preuve en matière de discrimination. Désormais, le salarié, le stagiaire ou le candidat à un emploi n'a plus à supporter la charge de la preuve lorsqu'il invoque la nullité d'un acte discriminatoire. Il a pour seule obligation de présenter au juge des éléments de fait laissant supposer l'existence d'une discrimination. Il appartient à la partie défenderesse (employeur, chef de l'entreprise d'accueil du stagiaire ou recruteur) de prouver que sa décision est justifiée par des éléments objectifs étrangers à toute discrimination.

L'opportunité de recourir à des mesures d'instruction est laissée à l'appréciation souveraine des juges du fond (cass. soc. 4 février 2009, n° 07-42.697, BC V n° 33 ; *RJS* 4/09 n° 314). Selon la CJUE, le salarié ne dispose pas de droit spécifique pour accéder à des informations détenues par le défendeur (CJUE 21 juillet 2011, aff. C-104/10, *RJS* 11/11, p. 755, chron. A. Gardin).

L'existence d'une discrimination n'implique pas nécessairement une comparaison avec la situation d'autres salariés. Il appartient aux juges du fond de rechercher si les éléments de fait fournis par le salarié laissent supposer l'existence d'une discrimination directe ou indirecte (cass. soc. 10 novembre 2009, n° 07-42.849, BC V n° 246 ; *RJS* 1/10 n° 6, *Dr. Soc.* 2010, p. 112, obs. Ch. Radé). Il appartient au juge d'examiner dans leur ensemble les éléments qui lui ont été fournis. L'appréciation du juge doit être globale et les éléments produits par le salarié ne doivent pas être analysés isolément les uns des autres (cass. soc. 29 juin 2011, n° 10-15.792, *RJS* 10/11 n° 748).

Art. L. 1134-2. Les organisations syndicales représentatives au niveau national, au niveau départemental ***(Ord. 2008-205 du 27 févr. 2008, JO 1er mars)*** « ou de la collectivité » dans les départements d'outre-mer ***(Ord. 2008-205 du 27 févr. 2008, JO 1er mars)*** « , à Saint-Barthélemy et à Saint-Martin », ou dans l'entreprise peuvent exercer en justice toutes les actions résultant de l'application des dispositions du chapitre II.

Elles peuvent exercer ces actions en faveur d'un candidat à un emploi, à un stage ou une période de formation en entreprise, ou d'un salarié, dans les conditions prévues par l'article L. 1134-1.

L'organisation syndicale n'a pas à justifier d'un mandat de l'intéressé. Il suffit que celui-ci ait été averti par écrit de cette action et ne s'y soit pas opposé dans un délai de quinze jours à compter de la date à laquelle l'organisation syndicale lui a notifié son intention d'agir.

L'intéressé peut toujours intervenir à l'instance engagée par le syndicat.

Note Dès lors que les lettres adressées aux salariés mentionnent expressément que le syndicat entend exercer une action en justice en leur nom, en raison d'une discrimination dont ils sont victimes, la demande de dommages et intérêts formée par ce syndicat est recevable (cass. soc. 3 mars 2009, n° 07-44.676, *RJS* 5/09 n° 450).

Art. L. 1134-3. Les associations régulièrement constituées depuis cinq ans au moins pour la lutte contre les discriminations ou œuvrant dans le domaine du handicap peuvent exercer en justice toutes actions résultant de l'application des dispositions du chapitre II.

Elles peuvent exercer ces actions en faveur d'un candidat à un emploi, à un stage ou une période de formation en entreprise ou d'un salarié dans les conditions prévues à l'article L. 1134-1, sous réserve de justifier d'un accord écrit de l'intéressé.

L'intéressé peut toujours intervenir à l'instance engagée par l'association et y mettre un terme à tout moment.

Note La loi reconnaît aux associations le droit d'agir en justice aux lieu et place des handicapés victimes de discriminations. Ce droit est subordonné à deux conditions : l'association doit œuvrer dans le domaine du handicap et justifier d'un accord écrit de l'intéressé. Ce dernier peut toujours intervenir personnellement à l'instance engagée, il peut aussi décider d'y mettre un terme à tout moment.

Art. L. 1134-4. Est nul et de nul effet le licenciement d'un salarié faisant suite à une action en justice engagée par ce salarié ou en sa faveur, sur le fondement des dispositions du chapitre II, lorsqu'il est établi que le licenciement n'a pas de cause réelle et sérieuse et constitue en réalité une mesure prise par l'employeur en raison de cette action en justice. Dans ce cas, la réintégration est de droit et le salarié est regardé comme n'ayant jamais cessé d'occuper son emploi.

Lorsque le salarié refuse de poursuivre l'exécution du contrat de travail, le conseil de prud'hommes lui alloue :

1° Une indemnité ne pouvant être inférieure aux salaires des six derniers mois ;

2° Une indemnité correspondant à l'indemnité de licenciement prévue par l'article L. 1234-9 ou par la convention ou l'accord collectif applicable ou le contrat de travail.

L'article L. 1235-4, relatif au remboursement ***(L. 2008-126 du 13 févr. 2008, art. 16, JO 14)*** « à l'institution mentionnée à l'article L. 5312-1, pour le compte de l'organisme mentionné à l'article L. 5427-1, » des indemnités de chômage payées au salarié en cas de licenciement fautif, est également applicable.

Art. L. 1134-5. ***(L. 2008-561 du 17 juin 2008, JO 18)*** L'action en réparation du préjudice résultant d'une discrimination se prescrit par cinq ans à compter de la révélation de la discrimination.

Ce délai n'est pas susceptible d'aménagement conventionnel.

Les dommages et intérêts réparent l'entier préjudice résultant de la discrimination, pendant toute sa durée.

Note Le point de départ de ce délai est la connaissance des faits par le salarié s'estimant victime d'une discrimination. L'article 2232 c. civ. précise que le délai de la prescription extinctive est de vingt ans à compter du jour de la naissance du droit. Voir article V. Delnaud, « Prescription et discrimination », *D.* 2008, p. 2533.

Si la prescription interdit la prise en compte de faits de discrimination couverts par elle, elle n'interdit pas au juge, pour apprécier la réalité de la discrimination subie au cours de la période non prescrite, de procéder à des comparaisons avec d'autres salariés engagés dans des conditions identiques de diplôme et de qualification à la même date que l'intéressé, celle-ci fût-elle antérieure à la période non prescrite (cass. soc. 4 février 2009, n° 07-42.697, cité sous l'article L. 1134-1).

L'action engagée sur le fondement des articles 1382 et 1383 c. civ. pour des faits relatifs à un refus d'embauche discriminatoire et antérieurs à la loi du 27 juin 2008 est soumise à la prescription décennale de l'article 2270-1 c. civ. alors applicable (cass. soc. 5 juillet 2011, n° 10-30.752, *RJS* 10/11 n° 747).

TITRE IV
ÉGALITÉ PROFESSIONNELLE ENTRE LES FEMMES ET LES HOMMES

Note Les dispositions figurant dans ce titre résultent des lois 83-635 du 13 juillet 1983 (JO 14), 89-488 du 10 juillet 1989 (JO 14) et 89-531 du 2 août 1989 (JO 4) qui avaient, en partie, pour objet de mettre la législation française en harmonie avec la directive 76/207/CEE du 9 février 1976 relative à la mise en œuvre du principe de l'égalité de traitement entre les hommes et les femmes en ce qui concerne l'accès à l'emploi, à la formation professionnelle et les conditions de travail (JOCE L 39 du 14.02.1976).

La loi du 13 juillet 1983, portant modification du code du travail et du code pénal en ce qui concerne l'égalité professionnelle entre les hommes et les femmes, avait modifié et complété les dispositions du code du travail relatives à l'égalité de rémunération entre les hommes et les femmes (voir note sous art. L. 3221-2), institué un conseil supérieur de l'égalité professionnelle entre les femmes et les hommes.

La loi 2008-496 du 27 mai 2008 (JO 28) a transposé la directive 2006/54/CE du 5 juillet 2006 (« Code annoté européen du travail », *Groupe Revue Fiduciaire*, éd. 2010, p. 484).

Sur l'obligation de négocier en matière d'égalité professionnelle entre les hommes et les femmes, voir articles L. 2242-5 à 7 et leur note.

• **Droit communautaire.** En matière d'égalité de traitement entre hommes et femmes, sont notamment intervenues :
– la directive 79/7/CEE du Conseil du 19 décembre 1978 relative à la mise en œuvre progressive du principe de l'égalité de traitement entre hommes et femmes en matière de sécurité sociale ;
– la directive 2006/54/CE du Conseil du 5 juillet 2006 relative à la mise en œuvre du principe de l'égalité des chances et de l'égalité de traitement entre hommes et femmes en matière d'emploi et de travail qui a eu pour objet la refonte de plusieurs directives traitant de ces questions (voir « Code annoté européen du travail », *Groupe Revue Fiduciaire*, éd. 2010, pp. 484 et s.).

• **Conventions internationales.** La convention sur l'élimination de toutes les formes de discrimination à l'égard des femmes, ouverte à la signature à New York le 14 mars 1980, est entrée en vigueur à l'égard de la France le 13 janvier 1984 (décret 84-193 du 12 mars 1984, JO 20). La convention 156 de l'OIT du 22 juin 1981 concernant l'égalité des chances et de traitement pour les travailleurs des deux sexes a été ratifiée par la France par une loi du 30 décembre 1988 (JO 3 janv. 1989).

• Voir aussi, à propos de l'égalité entre hommes et femmes, *Dr. Soc.* 1992, p. 386 : « Maastricht : consolidation ou remise en cause des principes en matière d'égalité professionnelle », M-Th. Lanquetin et H. Masse-Dessen ; Mélanges, H. Sinay : « De la discrimination indirecte entre travailleurs masculins et féminins », M-Th. Lanquetin ; *RTDE* 1992, pp. 1 et s. : « L'égalité de traitement entre les hommes et les femmes dans la jurisprudence de la CJCE : un univers en expansion », M. Darmon et S-G Huglo ; *Dr. Soc.* 1995, p. 435 : « La preuve de la discrimination : l'apport du droit communautaire », M-Th. Lanquetin ; « La résolution contentieuse des discriminations en droit du travail », H. Masse-Dessen ; « La poursuite et la répression pénales des discriminations en droit du travail », P. Guerder ; *Dr. Soc.* 1996, p. 494 : « De l'égalité des chances. À propos de l'arrêt Kalanke », M-Th. Lanquetin ; *RTDE* 1996, p. 281 : « Expression du discours dualiste de l'égalité », L. Charpentier ; *RJS* 7/96 p. 490 : « Égalité professionnelle entre les hommes et les femmes », communication de la Commission des Communautés européennes ; *Dr. Soc.* 1998, pp. 688 et s. : « Commentaire de la directive 97/80 du 15 décembre 1997 » ; *Dr. Ouvr.* 1998, pp. 1 et s. : « Le nouveau regard des juges français sur l'égalité professionnelle entre les femmes et les hommes » ; « La directive du 15 décembre 1997 et la charge de la preuve... », J-J Serret, *in* « L'égalité entre les hommes et les femmes », *Cahiers du centre d'études européennes de l'Université J. Moulin*, novembre 1999, pp. 64 et s.

G. Auzero, « L'application du principe d'égalité de traitement dans l'entreprise », *Dr. Soc.* 2006, p. 822 ; I. Meyrat, « L'égalité de traitement à la croisée des chemins », *RDT* 2008, p. 648.

M. Véricel « Égalité professionnelle entre les femmes et les hommes : les propositions du rapport Grévy », *RDT* 2009, p. 594.

CHAPITRE Ier

Champ d'application

Art. L. 1141-1. Les dispositions du présent titre sont applicables aux employeurs de droit privé ainsi qu'à leurs salariés.

Elles sont également applicables au personnel des personnes publiques employé dans les conditions du droit privé.

CHAPITRE II

Dispositions générales

Art. L. 1142-1. Sous réserve des dispositions particulières du présent code, nul ne peut :

1° Mentionner ou faire mentionner dans une offre d'emploi le sexe ou la situation de famille du candidat recherché. Cette interdiction est applicable pour toute forme de publicité relative à une embauche et quels que soient les caractères du contrat de travail envisagé ;

2° Refuser d'embaucher une personne, prononcer une mutation, résilier ou refuser de renouveler le contrat de travail d'un salarié en considération du sexe, de la situation de famille ou de la grossesse sur la base de critères de choix différents selon le sexe, la situation de famille ou la grossesse ;

3° Prendre en considération du sexe ou de la grossesse toute mesure, notamment en matière de rémunération, de formation, d'affectation, de qualification, de classification, de promotion professionnelle ou de mutation.

Note • La loi 2006-340 du 23 mars 2006 (JO 24) a intégré dans ce texte de nouvelles dispositions relatives à la situation de famille ou à la grossesse.

• Par « dispositions particulières » il faut entendre les dispositions légales et réglementaires actuellement en vigueur concernant la protection de la maternité et de l'adoption et celles concernant le travail des femmes.

• S'agissant de l'égalité de rémunération entre les hommes et les femmes, voir note sous les articles L. 3221-2 et s.

• **Accès à l'emploi**

– *Règles générales.* Ne s'est pas rendu coupable d'infraction aux dispositions du code pénal l'employeur qui, pour recruter un psychologue devant participer à la formation d'éducateurs spécialisés, retient, à diplômes équivalents, de préférence à celle d'une femme, la candidature d'un homme qui, lui-même éducateur spécialisé, avait acquis de l'expérience dans cette profession. La réponse maladroite faite à la candidate évincée ne suffisait pas à démontrer l'existence d'une volonté de discrimination sexiste de la part de l'employeur (cass. crim. 17 janvier 1984, *JS* 1984 F 40).

La directive communautaire relative à l'égalité professionnelle entre hommes et femmes n'impose pas qu'une discrimination fondée sur le sexe lors de l'accès à l'emploi doive être sanctionnée par l'obligation imposée à l'employeur, auteur de la discrimination, de conclure un contrat de travail avec le candidat discriminé (CJCE 10 avril 1984, aff. 14/83, rec. p. 1891).

Le principe d'un contrôle juridictionnel effectif consacré par l'article 6 de la directive 76/207/CEE du Conseil, du 9 février 1976, s'oppose à ce qu'un effet de preuve irréfragable, excluant tout pouvoir de contrôle du juge, soit reconnu à un certificat d'une autorité nationale affirmant qu'il est satisfait aux conditions requises pour déroger au principe d'égalité de traitement entre hommes et femmes aux fins de la protection de la sécurité publique. La disposition de l'article 6, selon laquelle toute personne qui s'estime lésée par une discrimination entre hommes et femmes doit disposer d'un recours juridictionnel effectif, peut être invoquée par des particuliers à l'encontre d'un État membre qui n'en assurerait pas l'entière application dans son ordre juridique interne ; des discriminations fondées sur le sexe, opérées pour des raisons tendant à protéger la sécurité publique, doivent être examinées à la lumière des dérogations au principe d'égalité de traitement entre hommes et femmes prévues par la directive 76/207/CEE (CJCE 15 mai 1986, aff. 222/84, rec. p. 1651).

Viole le principe d'égalité de traitement édicté par la directive du 9 février 1976 l'employeur qui refuse d'engager une femme enceinte en raison des conséquences possibles, dommageables pour lui, d'un tel engagement, peu important qu'aucun candidat masculin ne se soit présenté pour le poste à pourvoir (CJCE 4 décembre 1990, aff. C-177/88, rec. p. I-3941 ; *CSB* 1991 A. 2 ; voir également CJCE 8 novembre 1990, *RTDE* 1991, pp. 443 et 691). Un employeur ne peut refuser d'engager une femme enceinte pour un emploi à durée indéterminée au motif qu'une interdiction légale de travail attachée à cet état fait obstacle, pour la durée de sa grossesse, à ce qu'elle occupe, dès le départ, cet emploi (CJCE 3 février 2000, aff. C-207/98, rec. p. I-549 ; *RJS* 5/00 n° 602). S'oppose à la directive 76/207/CEE une législation nationale qui ne reconnaît pas à un travailleur féminin en congé de maternité les mêmes droits que ceux reconnus à d'autres lauréats d'un même concours de recrutement et reportant la date d'entrée en fonction d'un fonctionnaire à la fin de son congé de maternité (CJCE 16 février 2006, aff. C-294/04, rec. p. I-1513).

Une réglementation nationale accordant automatiquement la priorité, à qualification égale, aux candidats féminins dans les secteurs où les femmes sont sous-représentées viole les dispositions de la directive (CJCE 17 octobre 1995, aff. C-450/93, rec. p. I-3051 ; *RJS* 7/96, p. 495 ; *RTDE* 1996, pp. 429 et s.). Dans cette décision, la CJCE souligne d'abord que le principe de l'égalité de traitement implique « l'absence de toute discrimination fondée sur le sexe soit directement soit indirectement », ensuite que la dérogation au droit individuel à la non-discrimination permise par l'article 2 § 4 de la directive est d'interprétation stricte ; une réglementation nationale qui garantit la priorité absolue et inconditionnelle aux femmes lors d'une nomination ou d'une promotion va au-delà d'une promotion de l'égalité des chances et dépasse les limites de l'exception prévue à l'article 2, § 4 (voir cass. soc. 18 décembre 2007, n° 06-45.132, BC V n° 215 ; *Dr. Soc.* 2008, p. 246, obs. Ch. Radé et note sous l'article L. 1142-3).

Mais, dans un arrêt du 11 novembre 1997, la Cour de justice décide que les mesures d'action positive en faveur des femmes, autres que des quota rigides, sont autorisées par le droit communautaire (CJCE 11 novembre 1997, aff. C-409/95, rec. p. I-6363 ; *RJS* 3/98 n° 391).

– *Entreprises nationalisées.* L'article 5 de la directive du Conseil du 9 février 1976 peut être invoqué en vue d'obtenir des dommages-intérêts à l'encontre d'un organisme qui, quelle que soit sa forme juridique, a été chargé, en vertu d'un acte de l'autorité publique, d'accomplir, sous le contrôle de cette dernière, un service d'intérêt public et qui dispose, à cet effet, de prérogatives exorbitantes du droit commun (CJCE 12 juillet 1990, aff. C-188/89, rec. p. I-3313 ; *CSB* 1990 S. 153).

– *Accès aux emplois dans la fonction publique.* A manqué aux obligations qui lui incombaient en vertu du traité CEE la France qui a maintenu des systèmes de recrutements distincts en fonction du sexe, non justifiés par la directive du 9 février 1976 précitée, en ce qui concerne le personnel de direction et le personnel technique et de formation professionnelle des services extérieurs de l'administration pénitentiaire (CJCE 30 juin 1988, aff. 318/86, rec. p. 3559 ; *CSB* 1988, p. 55).

• **Exécution du contrat.** *Promotion.* La Cour de cassation a d'abord jugé que l'absence qui fait obstacle à la notation n'entraîne pas une discrimination prohibée fondée sur le sexe, dès lors que toute absence d'un homme comme d'une femme entraîne les mêmes effets (cass. soc. 30 mars 1994, n° 90-43.645, BC V n° 117 ; *Dr. Soc.* 1994, p. 561 : en l'espèce, une femme avait été absente en raison d'un congé maternité). La CJCE a jugé, dans un arrêt du 30 avril 1998, aff. C-136/95 (rec. p. I-2011 ; *RJS* 6/98 n° 800), que les articles 2 et 5 de la directive du 9 février 1976 s'opposent à une réglementation nationale qui prive une femme du droit d'être notée et, par voie de conséquence, de bénéficier d'une promotion professionnelle en raison de son absence de l'entreprise pour un congé maternité. La Cour de cassation a donc retenu une solution opposée à celle qu'elle avait adoptée le 30 mars 1994 : l'article L. 123-1 [L. 1141-1] CT, résultant de la transposition de la directive du 9 février 1976, fait obstacle à l'application de l'article 31 de la convention collective nationale du personnel des organismes de sécurité en cas d'absence d'une femme en raison d'un congé maternité (cass. soc. 16 juillet 1998, n° 90-41.231, BC V n° 392 ; *RJS* 10/98 n° 1171 ;

CSB 1998 A. 42). Voir aussi cass. soc. 16 décembre 2008, n° 06-45.262, BC V n° 249 ; *RJS* 3/09 n° 227 ; *Dr. Soc.* 2009, p. 363, obs. Ch. Radé ; *RDT*, juin 2009, CH, 382, M. Miné, une salariée pour laquelle une promotion a été envisagée par l'employeur ne peut se voir refuser celle-ci en raison de la survenance d'un congé de maternité.

– *Travail à temps partiel.* La disposition selon laquelle les durées de pratique professionnelle pour différents emplois de la classification doivent, en cas de travail à temps partiel, être majorées à due concurrence de la réduction du temps de travail, n'est pas constitutive d'une discrimination, même indirecte, entre hommes et femmes (cass. soc. 9 avril 1996, n° 92-41.103, BC V n° 146 ; *CSB* 1996 A. 44).

– *Accès aux places de crèche.* Une discrimination positive en faveur des femmes est admissible lorsqu'elle a pour but de lutter contre une sous-représentation importante des femmes au sein de l'organisme concerné et à condition que les hommes assumant seuls la garde de leurs enfants aient accès au système de garderie aux mêmes conditions que les femmes (CJCE 19 mars 2002, aff. C-476/99, rec. p. I-2891 ; *RJS* 7/02 n° 913).

– *Travail le dimanche.* La règle fixant au dimanche le repos hebdomadaire a été prise dans le seul intérêt des travailleurs, hommes ou femmes, et constitue un avantage social ; dès lors, son application n'est pas de nature à entraîner une discrimination directe ou indirecte au détriment des uns ou des autres (cass. crim. 10 janvier 1995, n° 94-80.365, *RJS* 4/95 n° 388).

• **Licenciement.** L'article 5, § 1, de la directive 76/207/CEE du Conseil en date du 9 février 1976 doit être interprété en ce sens qu'une disposition conventionnelle fixant un âge égal pour le licenciement des employés masculins et féminins dans le cadre d'un licenciement collectif qui entraîne l'octroi d'une pension de retraite anticipée, alors que l'âge normal de l'admission à la retraite est différent pour les hommes et les femmes, ne constitue pas une discrimination fondée sur le sexe interdite par le droit communautaire (CJCE 26 février 1986, aff. 152/84, rec. p. 723).

L'article 5, § 1, de la directive 76/207/CEE doit être interprété en ce sens qu'une politique générale de licenciement, impliquant le licenciement d'une femme au seul motif qu'elle a atteint ou dépassé l'âge auquel elle a droit à une pension d'État, et qui est différent pour les hommes et pour les femmes en vertu de la législation nationale, constitue une discrimination fondée sur le sexe interdite par cette directive.

L'article 5, § 1, de la directive 76/207/CEE du Conseil, du 9 février 1976, relative à l'interdiction de toute discrimination fondée sur le sexe en ce qui concerne les conditions de travail, y compris les conditions de licenciement, peut être invoqué à l'encontre d'une autorité de l'État agissant en qualité d'employeur pour écarter l'application de toute disposition nationale non conforme audit article 5 § 1 (CJCE 26 février 1986, aff. 152/84, rec. p. 723).

Sous réserve des dispositions du droit national prises en application de l'article 2, § 3, de la directive du 9 février 1976, les dispositions combinées des articles 5, § 1 et 2, § 1, de ladite directive ne s'opposent pas aux licenciements qui sont la conséquence d'absences dues à une maladie qui trouve son origine dans la grossesse ou l'accouchement (CJCE 8 novembre 1990, aff. C-179/88, rec. p. I-3979 ; *CSB* 1991 A. 3).

L'article 2, § 2, de la directive 76/207 qui prévoit une dérogation au principe de l'égalité de traitement à l'égard des activités professionnelles ne s'applique qu'à l'accès à l'emploi ; il ne s'applique pas aux conditions d'exercice de l'emploi lorsqu'il est indistinctement accessible aux hommes et aux femmes (cass. soc. 15 juin 1999, n° 96-45.464, BC V n° 284 ; *RJS* 8-9/99 n° 1053 : les conditions de rupture du contrat de travail des danseuses et des danseurs au corps de ballet de l'Opéra de Paris doivent être identiques).

– *Prestations d'invalidité.* L'article 4, § 1, de la directive du Conseil du 19 décembre 1978 doit être interprété en ce sens qu'il s'oppose à ce que, dans le cadre d'une législation nationale garantissant un minimum social aux assurés atteints d'une incapacité de travail, une disposition introduise une exception à ce principe à l'égard des assurés ayant précédemment travaillé à temps partiel et limite le montant de l'allocation au salaire antérieurement perçu, lorsque cette mesure frappe un nombre beaucoup plus élevé de femmes que d'hommes, à moins que ladite législation ne soit justifiée par des facteurs objectifs et étrangers à toute discrimination fondée sur le sexe (CJCE 13 décembre 1989, aff. C-102/88, rec. p. I-4311 ; *CSB* 1990 S. 38).

Art. L. 1142-2. ***(L. 2008-496 du 27 mai 2008, art. 6, JO 28)*** « Lorsque l'appartenance à l'un ou l'autre sexe répond à une exigence professionnelle essentielle et déterminante et pour autant que l'objectif soit légitime et l'exigence proportionnée, les interdictions prévues à l'article L. 1142-1 ne sont pas applicables. »

Un décret en Conseil d'État détermine, après avis des organisations d'employeurs et de salariés représentatives au niveau national, la liste des emplois et des activités professionnelles pour l'exercice desquels l'appartenance à l'un ou l'autre sexe constitue la condition déterminante. Cette liste est révisée périodiquement.

Art. R. 1142-1. Les emplois et activités professionnelles pour l'exercice desquels l'appartenance à l'un ou l'autre sexe constitue la condition déterminante sont les suivants :

1° Artistes appelés à interpréter soit un rôle féminin, soit un rôle masculin ;

2° Mannequins chargés de présenter des vêtements et accessoires ;

3° Modèles masculins et féminins.

Art. L. 1142-3. Est nulle toute clause d'une convention ou d'un accord collectif de travail ou d'un contrat de travail qui réserve le bénéfice d'une mesure quelconque, à un ou des salariés, en considération du sexe.

Toutefois, ces dispositions ne sont pas applicables lorsque cette clause a pour objet l'application des dispositions relatives :

1° À la protection de la grossesse et de la maternité, prévues aux articles L. 1225-1 à L. 1225-28 ;

2° À l'interdiction d'emploi prénatal et postnatal, prévues à l'article L. 1225-29 ;

3° À l'allaitement, prévues aux articles L. 1225-30 à L. 1225-33 ;

4° À la démission de la salariée en état de grossesse médicalement constaté, prévues à l'article L. 1225-34 ;

5° Au congé de paternité, prévues aux articles L. 1225-35 et L. 1225-36 ;

6° Au congé d'adoption, prévues aux articles L. 1225-37 à L. 1225-45.

Note L'article 19, non codifié, de la loi du 13 juillet 1983, modifié par la loi du 10 juillet 1989, précise que : « Les dispositions des articles L. 1142-1, 2 et 3 (anciennement articles L. 123-1 et 2 CT) ne font pas obstacle à l'application des usages, des clauses des contrats de travail, des conventions collectives ou accords collectifs, en vigueur à la date de promulgation de la présente loi, qui ouvrent des droits particuliers pour les femmes.

« Toutefois, les employeurs, les organisations d'employeurs et les organisations de salariés mettront, par la négociation collective, les clauses visées à l'alinéa précédent et qui ne constituent pas des mesures prises en application de l'article L. 1142-4 (anciennement art. L. 123-3 CT) en conformité avec les dispositions des articles L. 123-1 et L. 123-2 [L. 1142-1, 2 et 3] de ce code dans un délai de deux ans. Ces négociations auront pour objectif l'harmonisation dans le progrès et le respect des droits et garanties acquis par les femmes. »

Voir circ. DRT 96/12 du 30 décembre 1996 relative à l'application du principe d'égalité professionnelle entre les femmes et les hommes dans les conventions collectives (BO TR 97/2, p. 37 ; *LS* n° 7595, 24 janvier 1997).

Voir également les mesures prévues par l'article L. 2261-22.

Est contraire au principe communautaire d'égalité de traitement entre travailleurs masculins et féminins une disposition accordant une priorité absolue et inconditionnelle à certaines catégories de femmes (divorcées et non remariées), à l'exclusion des hommes (divorcés et non remariés) dans la même situation (cass. soc. 18 décembre 2007, n° 06-45.132, BC V n° 215 ; *RJS* 3/08 n° 319 ; en l'espèce, le statut de la RATP réservait aux femmes le bénéfice de l'inopposabilité des limites d'âge pour l'accès au statut d'agent permanent de la RATP).

Un congé attribué aux mères salariées doit être attribué aux pères salariés dans les mêmes conditions (CJUE 30 septembre 2010, aff. C-104/09).

Art. L. 1142-4. Les dispositions des articles L. 1142-1 et L. 1142-3 ne font pas obstacle à l'intervention de mesures temporaires prises au seul bénéfice des femmes visant à établir l'égalité des chances entre les femmes et les hommes, en particulier en remédiant aux inégalités de fait qui affectent les chances des femmes.

Ces mesures résultent :

1° Soit de dispositions réglementaires prises dans les domaines du recrutement, de la formation, de la promotion, de l'organisation et des conditions de travail ;

2° Soit de stipulations de conventions de branches étendues ou d'accords collectifs étendus ;

3° Soit de l'application du plan pour l'égalité professionnelle entre les femmes et les hommes.

Note Voir circ. DRT 96/12 du 30 décembre 1996, précitée. De telles mesures peuvent être déterminées dans le cadre de la négociation annuelle obligatoire sur les salaires (voir art. L. 2242-5 et s.).

Art. L. 1142-5. Il incombe à l'employeur de prendre en compte les objectifs en matière d'égalité professionnelle entre les femmes et les hommes dans l'entreprise et les mesures permettant de les atteindre :

1° Dans les entreprises dépourvues de délégué syndical ;

2° Dans les entreprises non soumises à l'obligation de négocier en application des articles ***(L. 2008-789 du 20 août 2008, art. 9, JO 21)*** « L. 2232-21 et L. 2232-24 » ;

3° Dans les entreprises non couvertes par une convention ou un accord de branche étendu relatif à l'égalité salariale entre les femmes et les hommes.

Art. L. 1142-6. ***(L. 2008-496 du 27 mai 2008, art. 6, JO 28)*** Le texte des articles 225-1 à 225-4 du code pénal est affiché dans les lieux de travail ainsi que dans les locaux ou à la porte des locaux où se fait l'embauche.

[Sanctions pénales]

Art. L. 1146-1. Le fait de méconnaître les dispositions relatives à l'égalité professionnelle entre les femmes et les hommes, prévues par les articles L. 1142-1 et L. 1142-2, est puni d'un emprisonnement d'un an et d'une amende de 3750 €.

La juridiction peut également ordonner, à titre de peine complémentaire, l'affichage du jugement aux frais de la personne condamnée dans les conditions prévues à l'article 131-35 du code pénal et son insertion, intégrale ou par extraits, dans les journaux qu'elle désigne. Ces frais ne peuvent excéder le montant maximum de l'amende encourue.

Note • Si l'article 225-2 c. pén. vise, comme l'article L. 1142-1 CT, les discriminations sexuelles ou liées à la situation de famille en ce qui concerne le refus d'embauche, le licenciement, l'offre d'emploi, la demande de stage ou la période de formation en entreprise, l'article L. 1142-1 CT établit une liste plus détaillée des actes discriminatoires prohibés dans l'entreprise (mutation, résiliation ou refus de renouveler un contrat de travail, mesures affectant la rémunération, la formation, l'affectation, la qualification, la classification, la promotion professionnelle ou une mutation).

Une harmonisation de ces deux textes est souhaitable sur le plan des actes incriminés comme sur le plan des peines. Celles prévues par l'article 225-2 c. pén., qui sanctionnent certains comportements identiques, sont tout à fait différentes (trois ans d'emprisonnement et 45000 € d'amende). Ces sanctions ont été aggravées par la loi 2004-204 du 9 mars 2004 (elles étaient auparavant de deux ans d'emprisonnement et 30000 € d'amende). Voir notamment, en ce sens, É. Fortis, « Sur les incidences de la réforme du code pénal sur le droit du travail » (*Dr. Soc.* 1993, pp. 884 et s.).

• La responsabilité pénale des personnes morales a été retenue en matière de discrimination (c. pén. art. 225-4).

Art. L. 1146-2. Les dispositions des articles 132-58 à 132-62 du code pénal, relatives à l'ajournement du prononcé de la peine, sont applicables en cas de poursuites pour infraction aux dispositions des articles L. 1142-1 et L. 1142-2, sous réserve des mesures particulières suivantes :

1° L'ajournement comporte injonction à l'employeur de définir, après consultation du comité d'entreprise ou, à défaut, des délégués du personnel, et dans un délai déterminé, les mesures propres à assurer dans l'entreprise en cause le rétablissement de l'égalité professionnelle entre les femmes et les hommes ;

2° L'ajournement peut également comporter injonction à l'employeur d'exécuter dans le même délai les mesures définies.

La juridiction peut ordonner l'exécution provisoire de sa décision.

Note En application des dispositions des articles L. 1146-2 et 3, faculté est laissée au juge d'ajourner le prononcé de la peine et de prononcer une dispense de peine si son injonction d'avoir à fixer et, éventuellement, à réaliser certaines mesures propres à restaurer l'égalité entre les femmes et les hommes dans l'entreprise a été suivie d'effet.

Art. L. 1146-3. À l'audience de renvoi et au vu des mesures définies et, le cas échéant, exécutées par l'employeur, la juridiction apprécie s'il y a lieu de prononcer une dispense de peine.

Toutefois, lorsque le délai prévu au 2° de l'article L. 1146-2 n'a pas été respecté, la juridiction peut prononcer un nouvel et dernier ajournement et donner un nouveau délai au prévenu pour exécuter l'injonction.

CHAPITRE III

Plan et contrat pour l'égalité professionnelle

SECTION UNIQUE. Plan pour l'égalité professionnelle

Art. L. 1143-1. Pour assurer l'égalité professionnelle entre les femmes et les hommes, les mesures visant à établir l'égalité des chances prévues à l'article L. 1142-4 peuvent faire l'objet d'un plan pour l'égalité professionnelle négocié dans l'entreprise.

Ces mesures sont prises au vu notamment du rapport sur la situation comparée des femmes et des hommes prévu à l'article L. 2323-57.

Note • L'article 18, non codifié, de la loi du 13 juillet 1983 énonce que « les actions réalisées au titre des plans mentionnés à l'article L. 123-4 [L. 1143-1] CT par des entreprises ou des groupements d'entreprises, notamment en matière de formation, de promotion ou d'organisation du travail, peuvent bénéficier d'une aide financière de l'État lorsqu'elles constituent des actions exemplaires pour la réalisation de l'égalité professionnelle entre les femmes et les hommes ».

• Le rapport annuel prévu par l'article L. 2323-57 CT qui concerne la situation comparée des conditions générales d'emploi et de formation des femmes et des hommes dans l'entreprise doit être transmis à l'inspecteur du travail et communiqué à tout salarié qui en fait la demande.

Aux termes de l'article. L. 225-82-1 c. com., issu de la loi 2011-103 du 27 janvier 2011 relative à la représentation équilibrée des femmes et des hommes au sein des conseils d'administration et de surveillance et à l'égalité professionnelle, « le conseil de surveillance délibère annuellement sur la politique de la société en matière d'égalité professionnelle et salariale. Dans les sociétés devant établir le rapport sur la situation comparée des conditions générales d'emploi et de formation des femmes et des hommes dans l'entreprise prévu à l'article L. 2323-57 du code du travail et dans celles qui mettent en œuvre un plan pour l'égalité professionnelle entre les femmes et les hommes visé par l'article L. 1143-1 du même code, il délibère sur cette base ».

Voir également la circulaire SDFE/DGT/DGEFP du 19 avril 2007 (JO 17 mai) concernant l'application de la loi 2006-340 du 23 mars 2006 relative à l'égalité salariale entre les femmes et les hommes.

Art. L. 1143-2. Si, au terme de la négociation, aucun accord n'est intervenu, l'employeur peut mettre en œuvre le plan pour l'égalité professionnelle, sous réserve d'avoir préalablement consulté et recueilli l'avis du comité d'entreprise, ou, à défaut, des délégués du personnel.

Art. L. 1143-3. Le plan pour l'égalité professionnelle s'applique, sauf si l'autorité administrative s'y oppose, dans des conditions déterminées par voie réglementaire.

[Dispositions réglementaires]

SECTION 1. Convention d'étude

Art. R. 1143-1. Toute entreprise de moins de trois cents salariés peut conclure avec l'État une convention lui permettant de recevoir une aide financière afin de faire procéder à une étude portant sur :

1° Sa situation en matière d'égalité professionnelle ;

2° Les mesures à prendre pour rétablir l'égalité des chances entre les femmes et les hommes.

Art. D. 1143-2. La convention d'étude est conclue après avis du comité d'entreprise ou, à défaut, des délégués du personnel s'il en existe.

Art. D. 1143-3. La convention d'étude fixe :

1° L'objet, le contenu, le délai de réalisation et les conditions de diffusion de l'étude ;

2° Le montant de l'aide financière de l'État.

Art. D. 1143-4. Pour chaque convention, l'aide financière de l'État est au plus égale à 70 % des frais d'intervention hors taxe du consultant chargé de l'étude.

Elle ne peut excéder 10 700 €.

Art. D. 1143-5. Le comité d'entreprise ou, à défaut, les délégués du personnel sont consultés sur l'étude réalisée dans les conditions prévues à l'article R. 1143-1 et les suites à lui donner.

L'étude est également communiquée aux délégués syndicaux.

L'étude et les avis recueillis sont communiqués au ***(D. 2009-1377 du 10 nov. 2009, JO 13 ; D. 2010-687 du 24 juin 2010, JO 25 ; voir D. 2010-1582 du 17 déc. 2010, JO 18, pour outre-mer)*** « directeur régional des entreprises, de la concurrence, de la consommation, du travail et de l'emploi ».

SECTION 2. Plan pour l'égalité professionnelle

Art. D. 1143-6. Le ***(D. 2009-1377 du 10 nov. 2009, JO 13 ; D. 2010-687 du 24 juin 2010, JO 25 ; voir D. 2010-1582 du 17 déc. 2010, JO 18, pour outre-mer)*** « directeur régional des entreprises, de la concurrence, de la consommation, du travail et de l'emploi » peut s'opposer, en application de l'article L. 1143-3, au plan pour l'égalité professionnelle. Il émet un avis écrit et motivé dans un délai de deux mois suivant la date de sa saisine.

SECTION 3. ***(D. 2011-1830 du 6 déc. 2011, JO 8)*** « Contrat pour la mixité des emplois et l'égalité professionnelle entre les femmes et les hommes »

Note

• Le décret 2011-1830 du 6 décembre 2011 simplifie les modalités d'utilisation des aides de l'État aux entreprises qui s'impliquent en matière d'égalité professionnelle en fusionnant les dispositifs concernant le contrat pour l'égalité professionnelle et le contrat pour la mixité des emplois.

• Les contrats pour l'égalité professionnelle conclus avant la date d'entrée en vigueur du décret 2011-1830 du 6 décembre 2011 (JO 8) continuent de produire leurs effets jusqu'à leur terme.

Art. L. 1143-3.

Sous-section 1. **Conclusion et objet du contrat**

Art. D. 1143-7. Un ***(D. 2011-1830 du 6 déc. 2011, JO 8)*** « contrat pour la mixité des emplois et l'égalité professionnelle entre les femmes et les hommes », ouvrant droit à l'aide financière de l'État prévue à la sous-section 2, est conclu entre l'État et l'employeur, après avis des organisations syndicales de salariés représentatives au plan national ***(D. 2011-1830 du 6 déc. 2011, JO 8)*** « implantées dans l'entreprise si elles existent ».

Art. D. 1143-8. Le ***(D. 2011-1830 du 6 déc. 2011, JO 8)*** « contrat pour la mixité des emplois et l'égalité professionnelle entre les femmes et les hommes » ne peut intervenir qu'après :

1° Soit la conclusion d'un accord collectif de travail comportant des actions exemplaires en faveur de l'égalité professionnelle entre les femmes et les hommes ;

2° Soit l'adoption d'un plan pour l'égalité professionnelle ;

(D. 2011-1830 du 6 déc. 2011, JO 8) « 3° Soit l'adoption d'une ou plusieurs mesures en faveur de la mixité des emplois. »

Art. D. 1143-9. Le ***(D. 2011-1830 du 6 déc. 2011, JO 8)*** « contrat pour la mixité des emplois et l'égalité professionnelle entre les femmes et les hommes » précise :

1° L'objet et la nature des engagements souscrits par l'employeur ;

2° Le montant de l'aide de l'État et ses modalités de versement ;

3° Les modalités d'évaluation et de contrôle de la réalisation des engagements souscrits.

Art. D. 1143-10. Les engagements souscrits par l'employeur dans le ***(D. 2011-1830 du 6 déc. 2011, JO 8)*** « contrat pour la mixité des emplois et l'égalité professionnelle entre les femmes et les hommes » doivent avoir pour but de contribuer significativement à la mise en place de l'égalité professionnelle entre les femmes et les hommes dans l'entreprise ***(D. 2011-1830 du 6 déc. 2011, JO 8)*** « ou l'établissement, ou de contribuer à développer la mixité des emplois, » par l'adoption de mesures de sensibilisation, ***(D. 2011-1830 du 6 déc. 2011, JO 8)*** « d'embauche, » de formation, de promotion et d'amélioration des conditions de travail.

Art. D. 1143-11. Le ***(D. 2011-1830 du 6 déc. 2011, JO 8)*** « contrat pour la mixité des emplois et l'égalité professionnelle entre les femmes et les hommes » est conclu au nom de l'État par le préfet de région.

Si son champ d'application excède le cadre régional, le contrat est conclu par le ministre chargé des droits des femmes.

Sous-section 2. **Aide financière de l'État**

Art. D. 1143-12. La participation financière de l'État aux dépenses directement imputables à la réalisation du ***(D. 2011-1830 du 6 déc. 2011, JO 8)*** « contrat pour la mixité des emplois et l'égalité professionnelle entre les femmes et les hommes », déduction faite de la taxe sur la valeur ajoutée, est calculée dans la limite maximale d'un pourcentage variable selon la nature et le contenu des actions :

1° 50 % du coût d'investissement en matériel lié à la modification de l'organisation et des conditions de travail ;

2° 30 % des dépenses de rémunération exposées par l'employeur pour les salariés bénéficiant d'actions de formation au titre et pendant la durée de la réalisation du plan pour l'égalité professionnelle. Sont exclues de l'aide éventuelle les augmentations de rémunérations, quelles qu'en soient les modalités, acquises par les salariés du fait de la réalisation du plan ;

3° 50 % des autres coûts.

Art. D. 1143-13. ***(D. 2011-1830 du 6 déc. 2011, JO 8)*** Pour le bénéfice de l'aide financière, les actions en faveur des salariés sous contrat à durée déterminée et des salariés intérimaires sont prises en compte lorsque leur contrat, ou la durée de leur mission, est d'une durée supérieure ou égale à six mois.

Art. D. 1143-14. L'aide de l'État prévue à l'article ***(D. 2011-1830 du 6 déc. 2011, JO 8)*** « D. 1143-12 » n'est pas cumulable avec une aide publique ayant un objet identique.

Art. D. 1143-15. En cas de non-respect du ***(D. 2011-1830 du 6 déc. 2011, JO 8)*** « contrat pour la mixité des emplois et l'égalité professionnelle entre les femmes et les hommes » par l'entreprise, l'aide de l'État fait l'objet d'un ordre de reversement.

Sous-section 3. Suivi et évaluation

Art. D. 1143-16. Le comité d'entreprise ou, à défaut, les délégués du personnel sont régulièrement informés de l'exécution des engagements souscrits par l'employeur dans le ***(D. 2011-1830 du 6 déc. 2011, JO 8)*** « contrat pour la mixité des emplois et l'égalité professionnelle entre les femmes et les hommes ».

Art. D. 1143-17. Le compte rendu de l'exécution des engagements souscrits par l'employeur dans le ***(D. 2011-1830 du 6 déc. 2011, JO 8)*** « contrat pour la mixité des emplois et l'égalité professionnelle entre les femmes et les hommes » est adressé au ***(D. 2009-1377 du 10 nov. 2009, JO 13 ; D. 2010-687 du 24 juin 2010, JO 25 ; voir D. 2010-1582 du 17 déc. 2010, JO 18, pour outre-mer)*** « directeur régional des entreprises, de la concurrence, de la consommation, du travail et de l'emploi » et au ***(D. 2009-1484 du 3 déc. 2009, JO 4)*** « directeur départemental de la cohésion sociale et de la protection des populations ou directeur départemental de la cohésion sociale ».

Art. D. 1143-18. Au terme du ***(D. 2011-1830 du 6 déc. 2011, JO 8)*** « contrat pour la mixité des emplois et l'égalité professionnelle entre les femmes et les hommes », une évaluation des engagements souscrits et des mesures concrètes mises en œuvre est réalisée sous la responsabilité de l'employeur signataire du contrat.

Cette évaluation est transmise au ***(D. 2009-1377 du 10 nov. 2009, JO 13 ; D. 2010-687 du 24 juin 2010, JO 25 ; voir D. 2010-1582 du 17 déc. 2010, JO 18, pour outre-mer)*** « directeur régional des entreprises, de la concurrence, de la consommation, du travail et de l'emploi » et au ***(D. 2009-1484 du 3 déc. 2009, JO 4)*** « directeur départemental de la cohésion sociale et de la protection des populations ou directeur départemental de la cohésion sociale ».

CHAPITRE IV

Actions en justice

Art. L. 1144-1. Lorsque survient un litige relatif à l'application des dispositions des articles L. 1142-1 et L. 1142-2, le candidat à un emploi, à un stage ou à une période de formation ou le salarié présente des éléments de fait laissant supposer l'existence d'une discrimination, directe ou indirecte, fondée sur le sexe, la situation de famille ou la grossesse.

Au vu de ces éléments, il incombe à la partie défenderesse de prouver que sa décision est justifiée par des éléments objectifs étrangers à toute discrimination.

Le juge forme sa conviction après avoir ordonné, en cas de besoin, toutes les mesures d'instruction qu'il estime utiles.

Note La loi 2006-340 du 23 mars 2006 (JO 24) a intégré dans ce texte de nouvelles dispositions relatives à la situation de famille et à la grossesse.

Preuve de la discrimination. La Cour de justice des Communautés européennes a dégagé des règles originales de preuve de la discrimination. Lorsqu'un nombre plus élevé de femmes ou d'hommes que les travailleurs de l'autre sexe se voit appliquer une règle défavorable, il existe une présomption de discrimination qu'il appartient à l'employeur de renverser (CJCE 13 mai 1986, aff. 170/84, rec. p. 1607). Cette règle est appliquée alors même que les salaires ont été fixés par convention collective (CJCE 27 octobre 1993, aff. C-127/92, rec. p. I-5535), même lorsque les hommes et les femmes n'exercent pas la même profession (même décision). Pour renverser la présomption, l'employeur doit établir que la différence de traitement est objectivement justifiée (CJCE 13 mai 1986, aff. 170/84, précité, voir aussi *Dr. Soc.* 1988, p. 806, M-Th. Lanquetin ; CJCE 30 novembre 1993, aff. C-189/91, rec. p. I-6185 ; CJCE 27 octobre 1993, aff. C-127/92, rec. p. I-5535).

La directive 97/80/CE du 15 décembre 1997, refondue dans la directive 2006/54/CE du 5 juillet 2006, a consacré cette solution jurisprudentielle. La loi du 16 novembre 2001 a transposé la directive en droit français. Désormais, la victime d'une discrimination ne supporte plus la charge de la preuve ; elle doit seulement présenter des éléments de fait laissant supposer l'existence d'une discrimination directe ou indirecte.

Art. L. 1144-2. Les organisations syndicales représentatives au niveau national ou dans l'entreprise peuvent exercer en justice toutes actions résultant de l'application des articles L. 3221-2 à L. 3221-7, relatifs à l'égalité de rémunération entre les femmes et les hommes.

Elles peuvent exercer ces actions en faveur d'un candidat à un emploi, à un stage ou à une période de formation ou d'un salarié.

L'organisation syndicale n'a pas à justifier d'un mandat de l'intéressé. Il suffit que celui-ci ait été averti par écrit de cette action et ne s'y soit pas opposé dans un délai de quinze jours à compter de la date à laquelle l'organisation syndicale lui a notifié son intention d'agir.

L'intéressé peut toujours intervenir à l'instance engagée par le syndicat.

Art. L. 1144-3. Est nul et de nul effet le licenciement d'un salarié faisant suite à une action en justice engagée par ce salarié ou en sa faveur sur le fondement des dispositions relatives à l'égalité professionnelle entre les femmes et les hommes lorsqu'il est établi que le licenciement n'a pas de cause réelle et sérieuse et constitue en réalité une mesure prise par l'employeur en raison de cette action en justice. Dans ce cas, la réintégration est de droit et le salarié est considéré comme n'ayant jamais cessé d'occuper son emploi.

Lorsque le salarié refuse de poursuivre l'exécution du contrat de travail, le conseil des prud'hommes lui alloue :

1° Une indemnité ne pouvant être inférieure aux salaires des six derniers mois ;

2° Une indemnité correspondant à l'indemnité de licenciement prévue par l'article L. 1234-9 ou par la convention ou l'accord collectif applicable ou le contrat de travail.

L'article L. 1235-4, relatif au remboursement ***(L. 2008-126 du 13 févr. 2008, art. 16, JO 14)*** « à l'institution mentionnée à l'article L. 5312-1, pour le compte de l'organisme mentionné à l'article L. 5427-1, » des indemnités de chômage payées au salarié en cas de licenciement fautif est également applicable.

Note Dans un arrêt du 22 septembre 1998 (aff. C-185/97, rec. p. I-5199 ; *RJS* 11/98 n° 1426), la Cour de justice des Communautés européennes juge que la directive 76/207/CEE du 9 février 1976 n'a pas pour seul effet d'obliger les États à prendre les mesures pour protéger les travailleurs contre les licenciements qui seraient une conséquence d'une plainte formulée au niveau de l'entreprise ou à une action en justice visant à faire respecter l'égalité de traitement (art. 7 de la directive) ; elle oblige également les États membres à introduire dans leur ordre juridique interne les mesures nécessaires pour assurer une protection juridictionnelle au travailleur dont l'employeur refuse, après la cessation des relations de travail, de fournir des références, en réaction à une action en justice introduite en vue de faire respecter le principe de l'égalité de traitement (art. 6 de la directive).

La chambre sociale de la Cour de cassation a fait application de cet article dans l'arrêt Harba (28 novembre 2000, n° 97-43.715, BC V n° 395 ; *RJS* 2/01 n° 165) : est nul le licenciement prononcé à la suite d'une action en justice engagée par un salarié sur le fondement des dispositions relatives à l'égalité professionnelle entre hommes et femmes (en l'espèce, la salariée avait été licenciée pour insuffisance professionnelle six mois après avoir saisi le conseil de prud'hommes d'un rappel de salaires ; la cour d'appel avait estimé que le grief d'insuffisance professionnelle n'était pas établi). Mais la nullité du licenciement ne peut pas être demandée pour une discrimination salariale si celle-ci ne résulte pas d'une atteinte à l'égalité professionnelle entre les femmes et les hommes (cass. soc. 20 février 2008, n° 06-40.615, BC V n° 38 ; *RJS* 5/08 n° 545).

CHAPITRE V

Instances concourant à l'égalité professionnelle

[Le présent chapitre ne comprend pas de dispositions législatives.]

[Dispositions réglementaires]

SECTION UNIQUE. Conseil supérieur de l'égalité professionnelle entre les femmes et les hommes

Note Les dispositions réglementaires (art. D. 1145-1 à 19) instituant le Conseil supérieur de l'égalité professionnelle entre les femmes et les hommes sont prorogées pour une durée de cinq ans (décret 2009-624 du 6 juin 2009, JO 7).

Sous-section 1. Missions

Art. D. 1145-1. Le Conseil supérieur de l'égalité professionnelle entre les femmes et les hommes participe à la définition et à la mise en œuvre de la politique menée en matière d'égalité professionnelle entre les femmes et les hommes.

Art. D. 1145-2. Le Conseil supérieur est consulté :

1° Sur les projets de lois et de décrets ayant pour objet d'assurer l'égalité professionnelle entre les femmes et les hommes ;

2° Sur les textes relatifs à des conditions particulières de travail propres à l'un ou l'autre sexe.

Art. D. 1145-3. Une synthèse annuelle des évaluations des engagements souscrits et des mesures mises en œuvre dans le cadre d'un contrat pour l'égalité professionnelle, prévue à l'article D. 1143-19, est présentée par ***(D. 2010-95 du 25 janv. 2010, JO 26)*** « la direction générale de la cohésion sociale » au Conseil supérieur.

Art. D. 1145-4. Le Conseil supérieur peut procéder à des études et à des recherches, susciter ou favoriser des initiatives et faire des propositions tendant à améliorer l'égalité professionnelle entre les femmes et les hommes.

Art. D. 1145-5. Le Conseil supérieur établit un rapport annuel d'activité qui est rendu public.

Art. D. 1145-6. Tous les deux ans, le ministre chargé des droits des femmes adresse au Conseil supérieur un rapport faisant l'état de l'égalité professionnelle entre les femmes et les hommes et mentionnant les suites données aux avis émis par le conseil.

Ce rapport comporte, en particulier :

1° Un bilan des activités menées en matière d'égalité professionnelle entre les femmes et les hommes par :

a) L' ***(D. 2008-1010 du 29 sept. 2008, art. 7, JO 30)*** « institution mentionnée à l'article L. 5312-1 du code du travail » ;

b) L'Association nationale pour la formation professionnelle des adultes ;

c) L'Agence nationale pour l'amélioration des conditions de travail ;

d) Les services d'inspection du travail ;

2° Un compte rendu des travaux réalisés sur l'égalité professionnelle entre les femmes et les hommes par la Commission nationale de la négociation collective en application du 8° de l'article L. 2271-1.

Au vu du rapport qui lui est adressé, le Conseil supérieur émet un avis rendu public.

Sous-section 2. Composition

Art. D. 1145-7. Le Conseil supérieur de l'égalité professionnelle entre les femmes et les hommes comprend :

1° Sept représentants de l'État, dont :

a) Le ministre chargé des droits des femmes ou son représentant, président ;

b) Le ministre chargé du travail ou son représentant, vice-président ;

c) Le ministre chargé de l'emploi ou son représentant, vice-président ;

d) Le ministre chargé de la formation professionnelle ou son représentant, vice-président ;

e) Le directeur de l'action sociale ;

f) Le directeur général de la forêt et des affaires rurales du ministère chargé de l'agriculture ;
g) Le directeur général de l'enseignement scolaire au ministère de l'éducation nationale ;

2° Trois directeurs d'établissement public :
a) Le directeur de l' ***(D. 2008-1010 du 29 sept. 2008, art. 7, JO 30)*** « institution mentionnée à l'article L. 5312-1 du code du travail » ;
b) Le directeur de l'Agence nationale pour l'amélioration des conditions de travail ;
c) Le directeur de l'Association nationale pour la formation professionnelle des adultes ;

3° Neuf représentants des salariés désignés sur proposition des organisations syndicales représentatives au niveau national, à raison de :
a) Trois représentants sur proposition de la Confédération générale du travail (CGT) ;
b) Deux représentants sur proposition de la Confédération française démocratique du travail (CFDT) ;
c) Deux représentants sur proposition de la Confédération générale du travail-Force ouvrière (CGT-FO) ;
d) Un représentant sur proposition de la Confédération française de l'encadrement-Confédération générale des cadres (CFE-CGC) ;
e) Un représentant sur proposition de la Confédération française des travailleurs chrétiens (CFTC) ;

4° Neuf représentants des employeurs, à raison de :
a) Cinq membres désignés sur proposition du Mouvement des entreprises de France (MEDEF), parmi lesquels un représentant au titre des entreprises moyennes et petites ;
b) Un membre désigné après consultation du MEDEF représentant les entreprises publiques ;
c) Un membre désigné sur proposition de la Confédération générale des petites et moyennes entreprises (CGPME) ;
d) Un membre représentant les professions agricoles désigné sur proposition de la Fédération nationale des syndicats d'exploitants agricoles (FNSEA) et de la Confédération nationale de la mutualité, de la coopération et du crédit agricoles (CNMCCA) ;
e) Un membre représentant les employeurs artisans désigné sur proposition de l'Union professionnelle artisanale (UPA) ;

5° Neuf personnalités désignées en raison de leur compétence ou de leur expérience, notamment dans la vie associative.

Art. D. 1145-8. Les organisations d'employeurs et de salariés mentionnées aux 3° et 4° de l'article D. 1145-7 proposent, en même temps que des membres titulaires et en nombre égal, des membres suppléants.

Art. D. 1145-9. Les représentants titulaires et suppléants des employeurs et des salariés ainsi que les personnes désignées en raison de leur compétence sont nommés au Conseil supérieur pour une durée de trois ans par arrêté du ministre chargé des droits des femmes.

Art. D. 1145-10. Le mandat des membres du Conseil supérieur est renouvelable.

En cas de décès, de démission ou de perte de leur mandat, les membres sont remplacés pour la période restant à courir.

Art. D. 1145-11. Un membre suppléant ne peut assister aux séances du Conseil supérieur ou de ses commissions qu'en cas d'absence du membre titulaire.

Art. D. 1145-12. Les fonctions de membre du Conseil supérieur ne sont pas rémunérées.

Des frais de déplacement et de séjour peuvent être alloués aux membres du Conseil ainsi qu'aux personnes mentionnées à l'article D. 1145-17, dans les conditions fixées par arrêté conjoint du ministre chargé des droits des femmes et du ministre chargé du budget.

Sous-section 3. Organisation et fonctionnement

Art. D. 1145-13. Le Conseil supérieur de l'égalité professionnelle entre les femmes et les hommes est placé auprès des ministres chargés des droits des femmes, du travail, de l'emploi et de la formation professionnelle.

Art. D. 1145-14. Le Conseil supérieur élabore son règlement intérieur.

Art. D. 1145-15. Le Conseil supérieur constitue en son sein une commission permanente qui prépare les travaux du conseil et qui peut être consultée, en cas d'urgence, en ses lieu et place.

La commission permanente est présidée par le président du Conseil supérieur ou son représentant et comprend :

1° Cinq membres du Conseil supérieur, choisis parmi les membres mentionnés aux 1° et 2° de l'article D. 1145-7 ;

2° Cinq membres du Conseil supérieur représentant les salariés, choisis parmi les membres mentionnés au 3° de ce même article ;

3° Cinq membres du Conseil supérieur représentant les employeurs, choisis parmi les membres mentionnés au 4° de ce même article ;

4° Cinq membres du Conseil supérieur, choisis parmi les personnalités désignées en raison de leur compétence mentionnées au 5° de ce même article.

Art. D. 1145-16. Les membres de la commission permanente et leurs suppléants sont désignés pour trois ans, sur proposition du Conseil supérieur, par arrêté du ministre chargé des droits des femmes.

Art. D. 1145-17. Le Conseil supérieur peut constituer des commissions spécialisées et des groupes de travail pour l'étude des questions relevant de sa compétence.

Les membres du Conseil supérieur représentant les employeurs et les salariés peuvent se faire assister d'un expert de leur choix dans ces formations.

Les commissions spécialisées et les groupes de travail peuvent s'adjoindre toute personne qualifiée dans les matières étudiées par eux.

Art. D. 1145-18. Le secrétariat du Conseil supérieur est assuré par les services relevant du ministre chargé des droits des femmes.

Art. D. 1145-19. Le Conseil supérieur se réunit au moins une fois par an, sur convocation de son président ou à la demande de la majorité de ses membres.

La commission permanente se réunit au moins deux fois par an dans les mêmes conditions.

L'ordre du jour du Conseil supérieur et celui de la commission permanente sont fixés par le président. Sauf cas d'urgence, l'ordre du jour est adressé aux intéressés quinze jours avant la date de la réunion.

CHAPITRE VI

Dispositions pénales

Les articles législatifs ont été insérés à la fin du chapitre auquel ils se rapportent.

TITRE V

HARCÈLEMENTS

CHAPITRE Ier

Champ d'application

Art. L. 1151-1. Les dispositions du présent titre sont applicables aux employeurs de droit privé ainsi qu'à leurs salariés.

Elles sont également applicables au personnel des personnes publiques employé dans les conditions du droit privé.

Note Sur « La prohibition légale du harcèlement », B. Lardy-Pélissier, *RJS* 3/06, chron. p. 191 ; H. Masse-Dessen et P. Adam, « Le harcèlement : périls et vertus d'une prohibition », *RDT* 2007, controverse p. 8.

Un accord national interprofessionnel sur le harcèlement et la violence au travail a été conclu le 26 mars 2010 et étendu par un arrêté du 23 juillet 2010 (JO 31). Cet accord prévoit des mesures de prévention, d'identification et de gestion des problèmes de harcèlement et de violence au travail. Il a transposé l'accord-cadre européen du 26 avril 2007 (voir *SSL* n° 1441, p. 3 ; « Code annoté européen du travail », *Groupe Revue Fiduciaire*, éd. 2010, pp. 532 et s.).

CHAPITRE II

Harcèlement moral

Art. L. 1152-1. Aucun salarié ne doit subir les agissements répétés de harcèlement moral qui ont pour objet ou pour effet une dégradation de ses conditions de travail susceptible de porter atteinte à ses droits et à sa dignité, d'altérer sa santé physique ou mentale ou de compromettre son avenir professionnel.

Note

• Notion de harcèlement

Voir *SSL* n° 1482, 7 mars 2011, dossier spécial « Les mutations du harcèlement moral ».

Des agissements répétés. Le harcèlement moral se caractérise par la conjonction et la répétition de certains faits laissés à l'appréciation souveraine des juges du fond ; en l'espèce, ces faits avaient été générateurs d'un état dépressif médicalement constaté (cass. soc. 27 octobre 2004, n° 04-41.008, BC V n° 267 ; *Dr. Soc.* 2005, p. 100, obs. Cl. Roy-Loustaunau ; 29 juin 2005, n° 03-44.055, *RJS* 10/05 n° 949 ; cass. crim. 6 septembre 2006, n° 05-87.134 ; cass. soc. 16 avril 2008, n° 06-41.999, BC V n° 86 ; *RJS* 6/08 n° 672 : plusieurs mises en garde et avertissements irréguliers ayant entraîné une dégradation des conditions de travail). Les qualités professionnelles d'un salarié n'excusent pas les actes de harcèlement qu'il a pu commettre (CE 23 juillet 2010, n° 313685).

Cependant, des faits constitutifs de harcèlement moral peuvent se dérouler sur une brève période (cass. soc. 26 mai 2010, n° 08-43.152, BC V n° 111 ; *SSL* n° 1449, note F. Pelletier ; *RJS* 8-9/10 n° 690).

L'attitude « répétitive » constitutive de violences morales et psychologiques adoptée par un employeur à l'égard d'un salarié permet à ce dernier de rompre son contrat de travail et d'en imputer la rupture à l'employeur (cass. soc. 26 janvier 2005, n° 02-47.296, BC V n° 23 ; *RJS* 4/05 n° 339 ; cet arrêt ne faisait pas référence au harcèlement moral, les faits dont avait été victime le salarié étant antérieurs à la loi du 17 janvier 2002).

Ne peut s'analyser en agissements répétés constitutifs de harcèlement moral une décision de l'employeur de rétrograder un salarié, peu important que l'employeur ait maintenu par divers actes sa décision malgré les protestations réitérées du salarié (cass. soc. 9 décembre 2009, n° 07-45.521, BC V n° 280 ; *RJS* 2/10 n° 148).

Engage sa responsabilité personnelle à l'égard de ses subordonnés le salarié qui leur fait subir intentionnellement des agissements répétés de harcèlement moral (cass. soc. 21 juin 2006, n° 05-43.914, BC V n° 223 ; *RJS* 8-9/06, p. 670, rapp. L. Leblanc ; *RDT*, octobre 2006, CH, 245, P. Adam).

Une dégradation des conditions de travail. Une situation stressante dans l'entreprise ne doit pas être confondue avec le harcèlement moral (TGI Paris, n° 0206301288, 31e ch. correct., *RJS* 1/03 n° 5). Mais des méthodes de gestion mises en œuvre par un supérieur hiérarchique peuvent caractériser un harcèlement moral (cass. soc. 10 novembre 2009, n° 07-45.321, BC V n° 247 ; *Dr. Soc.* 2010, p. 109, obs. Ch. Radé ; *RDT*, janvier 2010, CH, 39, Fr. Géa ; *RJS* 1/10 n° 8 : méthodes de gestion ayant pour objet ou pour effet d'entraîner une dégradation des conditions de travail susceptibles de porter atteinte aux droits et à la dignité du salarié, d'altérer sa santé physique ou mentale ou de compromettre son avenir professionnel ; en l'espèce, des pressions continuelles, des reproches incessants, la mise à l'écart d'un salarié et un mépris affiché ; 19 janvier 2011, n° 09-67.463, *RJS* 4/11 n° 292 : critiques brutales et vexantes faites en public à une salariée).

Si la simple possibilité d'une dégradation des conditions de travail suffit à consommer le délit de harcèlement moral (cass. crim. 6 décembre 2011, n° 10-82.266, *LS* Bref n° 16016 du 11/01/2012), le harcèlement moral n'est pas constitué lorsque le salarié n'est pas personnellement victime d'une dégradation de ses conditions de travail (cass. soc. 20 octobre 2010, n° 08-19.748, BC V n° 242 ; *RJS* 1/11 n° 10 : en l'espèce, les agissements du chef de bureau avaient été subis par d'autres salariés et ils n'avaient pas eu d'incidence directe sur les conditions de travail du salarié qui se prétendait victime de harcèlement moral).

Caractérise le harcèlement moral le fait pour un employeur de proposer au salarié des postes incompatibles avec les préconisations du médecin du travail et de lui avoir imposé de manière répétée des tâches ayant eu pour effet de provoquer de nombreux arrêts de travail (cass. soc. 28 janvier 2010, n° 08-42.616, BC V n° 27 ; *RJS* 4/10 n° 336).

Avec ou sans lien hiérarchique. Le délit de harcèlement moral n'est pas subordonné à l'existence d'un pouvoir hiérarchique ; le fait que la personne poursuivie soit le subordonné de la victime est donc indifférent à la caractérisation de l'infraction (cass. crim. 6 décembre 2011, n° 10-82.266, *LS* Bref n° 16016 du 11/01/2012).

• Contrôle du juge

« Sur le contrôle par la Cour de cassation de la qualification juridique de harcèlement moral », J-Y Frouin (*RJS* 10/05, chron. p. 671). Il appartient aux juges du fond de rechercher si les éléments invoqués par le salarié sont établis et s'ils sont de nature à faire présumer un harcèlement moral (cass. soc. 24 septembre 2008, n° 06-45.579, BC V n° 175 ; 29 septembre 2011, n° 10-12.722, *RJS* 12/11 n° 934 : production par la salariée d'une lettre de licenciement de la supérieure hiérarchique, auteur des faits, dont les termes permettaient de présumer l'existence d'un harcèlement) ; il leur appartient aussi de tenir compte de l'ensemble des éléments établis par le salarié (cass. soc. 24 septembre 2008, n° 06-45.747, BC V n° 175 ; *RJS* 11/08 n° 1170 ; 25 janvier 2011, n° 09-42.766, BC V n° 30 ; *RJS* 4/11 n° 314). La Cour de cassation marque ainsi sa volonté d'exercer désormais un contrôle de qualification du harcèlement moral (voir Ph. Waquet, *SSL* 2008 n° 1368, p. 11 et le rapport A. Martinel, p. 5 ; P. Adam, *Dr. Ouvr.* 2008, p. 545 ; *RDT* 2008, p. 745, note G. Pignarre).

Le harcèlement moral est constitué indépendamment de la volonté de son auteur ; il n'est donc pas nécessaire de démontrer une intention de nuire (cass. soc. 10 novembre 2009, n° 08-41.497, BC V n° 248 ; *RJS* 1/10 n° 7).

• Lorsqu'un employeur a commis des faits de harcèlement moral ayant contribué à l'apparition d'une affection justifiant des arrêts de travail pour maladie, le salarié licencié pour ce motif n'ayant pu exécuter son préavis peut néanmoins prétendre au versement d'une indemnité compensatrice de préavis, l'inexécution du préavis étant imputable à l'employeur (cass. soc. 20 septembre 2006, n° 05-41.385, BC V n° 274 ; *RJS* 11/06 n° 1174).

• Lorsque le harcèlement moral a été reconnu comme maladie professionnelle, le salarié peut demander à l'employeur des dommages-intérêts pour le préjudice subi correspondant à la période antérieure à la prise en charge de son affection par la sécurité sociale (cass. soc. 15 novembre 2006, n° 05-41.489, BC V n° 338 ; *JSL* n° 201, 12 décembre 2006, p. 20, J-E Tourreil).

• Le conseil de prud'hommes de Limoges a été amené à se prononcer sur une question de harcèlement du fait d'un salarié appartenant à une entreprise extérieure mais travaillant dans les locaux. Il a considéré que l'employeur n'avait pas commis de manquement à ses obligations ; voir sur ce jugement les observations critiques de J. Mouly (Cons. prud'h. Limoges 25 juin 2010, *JCP* éd. S 2010, 1429, note J. Mouly).

• Voir « Les mesures de lutte contre le harcèlement moral », B. Lapérou-Schneider, *Dr. Soc.* 2002, p. 313. « À propos du contrôle de la Cour de cassation sur les décisions judiciaires en matière de harcèlement moral », J. Savatier, *Dr. Soc.* 2009, p. 57 ; « Harcèlement moral : la nouvelle donne », H. Gosselin, *SSL* 2009 n° 1417, p. 7.

Art. L. 1152-2. Aucun salarié ne peut être sanctionné, licencié ou faire l'objet d'une mesure discriminatoire, directe ou indirecte, notamment en matière de rémunération, de formation, de reclassement, d'affectation, de qualification, de classification, de promotion professionnelle, de mutation ou de renouvellement de contrat pour avoir subi ou refusé de subir des agissements répétés de harcèlement moral ou pour avoir témoigné de tels agissements ou les avoir relatés.

Note Le salarié qui relate des faits de harcèlement moral ne peut être licencié pour ce motif, sauf mauvaise foi, laquelle ne peut résulter de la seule circonstance que les faits énoncés ne sont pas établis (cass. soc. 10 mars 2009, n° 07-44.092, BC V n° 66 ; avis J. Duplat, *SSL* n° 1394, p. 11 ; *RJS* 6/09 n° 497 ; *RDT* 2009, CH, 453, P. Adam ; 27 octobre 2010, n° 08-44.446, *RJS* 1/11 n° 11 ; 19 octobre 2011, n° 10-16.444, *RJS* 1/12 n° 6).

Art. L. 1152-3. Toute rupture du contrat de travail intervenue en méconnaissance des dispositions des articles L. 1152-1 et L. 1152-2, toute disposition ou tout acte contraire est nul.

Note Le licenciement prononcé à l'encontre d'un salarié pour avoir subi ou refusé de subir des agissements répétés de harcèlement moral est nul (cass. soc. 29 juin 2011, n° 09-69.444, *RJS* 10/11 n° 749 : en l'espèce, le comportement reproché à la salariée était une réaction au harcèlement moral dont elle était victime). À noter cependant que le juge judiciaire ne peut annuler le licenciement d'un salarié protégé victime d'un harcèlement ; il peut seulement lui accorder une indemnisation (cass. soc. 15 novembre 2011, 3 arrêts, n°s 10-18.417, 10-30.463, 10-10.687, *JSL* n° 313, 3 janvier 2012, pp. 12 et s., J-E Tourreil ; *Dr. Soc.* 2012, pp. 103 et s., obs. Ch. Radé).

Un employeur ne peut se prévaloir de la perturbation qu'une absence prolongée du salarié a pu causer au fonctionnement de l'entreprise pour le licencier alors que cette absence prolongée était la conséquence du harcèlement moral dont ce salarié avait été l'objet. Un tel licenciement doit être déclaré nul (cass. soc. 11 octobre 2006, n° 04-48.314, BC V n° 301 ; *RDT*, janvier 2007, CH, 30, E. Dockès ; *RJS* 12/06 n° 1272).

Sur la nullité d'un licenciement prononcé pour inaptitude et causé par un harcèlement moral, voir CA Poitiers, 29 janvier 2008, n° 06/01707, *RDT* 2008, p. 605, note G. Pignarre ; *RJS* 4/08 n° 414, 2e espèce.

Le grief tiré de la relation des agissements de harcèlement moral par le salarié emporte à lui seul la nullité de plein droit du licenciement (cass. soc. 10 mars 2009, n° 07-44.092, précité ; *RDT*, juin 2009, CH, 376, B. Lardy-Pélissier).

Art. L. 1152-4. L'employeur prend toutes dispositions nécessaires en vue de prévenir les agissements de harcèlement moral.

Note L'employeur est tenu envers ses salariés d'une obligation de sécurité de résultat, notamment en matière de harcèlement moral ; l'absence de faute de sa part ne peut l'exonérer de sa responsabilité (cass. soc. 21 juin 2006, n° 05-43.914, cité sous l'article L. 1152-1 ; cass. soc. 21 février 2007, n° 05-41.741, *RJS* 5/07 n° 547). Manque à son obligation de résultat l'employeur dont un salarié est victime sur le lieu de travail d'agissements de harcèlement moral ou sexuel exercés par l'un de ses salariés, quand bien même il aurait pris des mesures en vue de faire cesser ces agissements (cass. soc. 3 février 2010, n° 08-44.019, BC V n° 30 ; *RJS* 4/10 n° 348, 2e espèce ; 29 juin 2011, n° 09-69.444, cité sous art. L. 1152-3).

L'employeur doit également répondre des agissements des personnes qui exercent, de fait ou de droit, une autorité sur les salariés (cass. soc. 1er mars 2011, n° 09-69.616, BC V n° 53 ; *RJS* 5/11 n° 390 ; *Dr. Soc.* 2011, p. 599, obs. Ch. Radé : en l'espèce, l'auteur du harcèlement était un prestataire extérieur et n'avait aucun lien hiérarchique ni n'exerçait aucun pouvoir disciplinaire sur la salariée).

Il n'entre pas dans les pouvoirs du juge d'ordonner la modification ou la rupture du contrat de travail du salarié auquel sont imputés des agissements de harcèlement moral, à la demande d'autres salariés, tiers à ce contrat (cass. soc. 1er juillet 2009, n° 07-44.482, BC V n° 167 ; *SSL* 2009 n° 1410, p. 8, rapport J-M Béraud ; *RDT* 2009, p. 585, note P. Adam).

Art. L. 1152-5. Tout salarié ayant procédé à des agissements de harcèlement moral est passible d'une sanction disciplinaire.

Note Des faits de harcèlement (dénigrement et humiliation d'un supérieur hiérarchique envers ses subordonnés) sont constitutifs d'une faute grave que ne peuvent excuser l'ancienneté et les résultats de ce salarié (cass. soc. 28 juin 2006, n° 05-40.990, BC V n° 231 ; *RJS* 11/06 n° 1144). Ce dernier aurait dû impérativement en être prévenu.

Est sans cause réelle et sérieuse le licenciement d'un salarié, auteur de harcèlement sexuel et moral, la procédure de licenciement ayant été engagée tardivement en raison de l'abstention fautive de l'employeur (cass. soc. 29 juin 2011, n° 09-70.902, *RJS* 10/11 n° 750).

Art. L. 1152-6. Une procédure de médiation peut être mise en œuvre par toute personne de l'entreprise s'estimant victime de harcèlement moral ou par la personne mise en cause.

Le choix du médiateur fait l'objet d'un accord entre les parties.

Le médiateur s'informe de l'état des relations entre les parties. Il tente de les concilier et leur soumet des propositions qu'il consigne par écrit en vue de mettre fin au harcèlement.

Lorsque la conciliation échoue, le médiateur informe les parties des éventuelles sanctions encourues et des garanties procédurales prévues en faveur de la victime.

CHAPITRE III

Harcèlement sexuel

Art. L. 1153-1. Les agissements de harcèlement de toute personne dans le but d'obtenir des faveurs de nature sexuelle à son profit ou au profit d'un tiers sont interdits.

Note • Le harcèlement suppose la répétition d'agissements (CA Paris 2 octobre 1996, n° 02/4178, Cordier). Quelques auteurs prétendent qu'un acte isolé pourrait constituer un harcèlement (Cl. Roy-Loustaunau, *Dr. Soc.* 1995, p. 547 ; A. Martin-Serf, *Dr. Soc.* 2001, p. 612), mais cette interprétation est contraire à la définition du mot harcèlement. Si l'acte isolé est grave, il tombera sous le coup d'une autre incrimination (c. pén. art. 222-27). La preuve d'un harcèlement sexuel peut être rapportée au moyen de messages téléphoniques écrits ou SMS (cass. soc. 23 mai 2007, n° 06-43.209, BC V n° 85 ; *RDT*, septembre 2007, CH, 530, R. de Quénaudon).

• Le fait pour un salarié d'abuser de son pouvoir hiérarchique dans le but d'obtenir des faveurs sexuelles constitue un harcèlement sexuel, même si les agissements ont lieu en dehors du temps et du lieu de travail (cass. soc. 11 janvier 2012, n° 10-12.930). En effet, bien que survenus en dehors du travail, le salarié ne peut soutenir que ses agissements relèvent de sa vie personnelle lorsqu'ils ont été commis à l'encontre de personnes avec lesquelles il était en contact en raison de son travail (voir cass. soc. 19 octobre 2011, n° 09-72.672, *RJS* 1/12 n° 7, s'agissant d'un salarié ayant poursuivi de ses assiduités plusieurs collègues en leur envoyant des messages électroniques tendancieux et en tenant des propos déplacés lors de soirées organisées après la travail).

• La loi 2002-73 du 17 janvier 2002 a supprimé l'exigence selon laquelle le harcèlement ne pouvait résulter que du seul comportement d'une personne ayant autorité sur le salarié.

Art. L. 1153-2. Aucun salarié, aucun candidat à un recrutement, à un stage ou à une période de formation en entreprise ne peut être sanctionné, licencié ou faire l'objet d'une mesure discriminatoire, directe ou indirecte, notamment en matière de rémunération, de formation, de reclassement, d'affectation, de qualification, de classification, de promotion professionnelle, de mutation ou de renouvellement de contrat pour avoir subi ou refusé de subir des agissements de harcèlement sexuel.

Note La salariée contre laquelle ont été engagées des poursuites disciplinaires à la suite des accusations de harcèlement sexuel qu'elle avait portées contre son chef de service a droit à des dommages-intérêts alors même qu'elle n'a fait l'objet d'aucune sanction (cass. soc. 27 janvier 1993, n° 91-45.777, BC V n° 26 ; *RJS* 4/93 n° 395).

Les juges du fond ne peuvent prononcer de manière automatique l'annulation d'un licenciement sans avoir préalablement constaté que la salariée avait été licenciée pour avoir subi ou refusé de subir des agissements de harcèlement (cass. soc. 20 avril 2005, n° 03-41.916, BC V n° 149 ; *RJS* 7/05 n° 707). La Cour de cassation exerce un contrôle de qualification des faits du harcèlement sexuel (cass. soc. 24 septembre 2008, n° 06-46.517, BC V n° 177 ; *RJS* 12/08 n° 1154), ne l'abandonnant plus à l'application souveraine des juges du fond.

Art. L. 1153-3. Aucun salarié ne peut être sanctionné, licencié ou faire l'objet d'une mesure discriminatoire pour avoir témoigné des agissements de harcèlement sexuel ou pour les avoir relatés.

Art. L. 1153-4. Toute disposition ou tout acte contraire aux dispositions des articles L. 1153-1 à L. 1153-3 est nul.

Art. L. 1153-5. L'employeur prend toutes dispositions nécessaires en vue de prévenir les agissements de harcèlement sexuel.

Note De cette obligation, on peut déduire que l'employeur doit muter ou sanctionner le harceleur. À noter également que le CHSCT peut lui proposer des actions de prévention en matière de harcèlement sexuel et moral (voir art. L. 4612-3).

Art. L. 1153-6. Tout salarié ayant procédé à des agissements de harcèlement sexuel est passible d'une sanction disciplinaire.

Note Le harcèlement sexuel constitue nécessairement une faute grave (cass. soc. 5 mars 2002, n° 00-40.717, BC V n° 83 ; *RJS* 5/02 n° 528), même si les faits de harcèlement sexuel ont eu lieu hors du lieu et du temps de travail dès lors qu'ils concernent un(e) collègue de travail (cass. soc. 19 octobre 2011, n° 09-72.672, *RJS* 1/12 n° 7).

CHAPITRE IV

Actions en justice

Art. L. 1154-1. Lorsque survient un litige relatif à l'application des articles L. 1152-1 à L. 1152-3 et L. 1153-1 à L. 1153-4, le candidat à un emploi, à un stage ou à une période de formation en entreprise ou le salarié établit des faits qui permettent de présumer l'existence d'un harcèlement.

Au vu de ces éléments, il incombe à la partie défenderesse de prouver que ces agissements ne sont pas constitutifs d'un tel harcèlement et que sa décision est justifiée par des éléments objectifs étrangers à tout harcèlement.

Le juge forme sa conviction après avoir ordonné, en cas de besoin, toutes les mesures d'instruction qu'il estime utiles.

Note Cet article ne saurait s'appliquer à des faits antérieurs à la loi du 17 janvier 2002 ayant introduit les dispositions relatives au harcèlement moral (cass. soc. 13 juillet 2005, n° 03-44.980, BC V n° 248 ; *RJS* 11/05 n° 1087).

Le salarié n'est tenu que d'apporter des éléments permettant de présumer l'existence d'un harcèlement moral (cass. soc. 30 avril 2009, n° 07-43.219, BC V n° 120 ; *RJS* 7/09 n° 625).

La charge de la preuve d'un harcèlement moral ne pèse pas sur le salarié (cass. soc. 10 novembre 2009, n° 08-41.497, BC V n° 248 ; *Dr. soc.* 2010, p. 110, obs. ch. Radé ; *RDT* 2010, CH, 39, Fr. Géa). Et, le harcèlement moral est constitué indépendamment de l'intention de son auteur (cass. soc. 10 novembre 2009, n° 07-45.321, BC V n° 247 ; C. Leborgne-Ingelaere, *JCP* éd. S 2010, 1125, 2e espèce).

Art. L. 1154-2. Les organisations syndicales représentatives dans l'entreprise peuvent exercer en justice toutes les actions résultant des articles L. 1152-1 à L. 1152-3 et L. 1153-1 à L. 1153-4.

Elles peuvent exercer ces actions en faveur d'un salarié de l'entreprise dans les conditions prévues par l'article L. 1154-1, sous réserve de justifier d'un accord écrit de l'intéressé.

L'intéressé peut toujours intervenir à l'instance engagée par le syndicat et y mettre fin à tout moment.

CHAPITRE V

Dispositions pénales

Art. L. 1155-1. Le fait de porter ou de tenter de porter atteinte à l'exercice régulier des fonctions de médiateur, prévu à l'article L. 1152-6, est puni d'un emprisonnement d'un an et d'une amende de 3750 €.

Art. L. 1155-2. Les faits de harcèlement moral et sexuel, définis aux articles L. 1152-1 et L. 1153-1, sont punis d'un emprisonnement d'un an et d'une amende de ***(L. 2010-769 du 9 juil. 2010, art. 35, JO 10)*** « 15000 € ».

La juridiction peut également ordonner, à titre de peine complémentaire, l'affichage du jugement aux frais de la personne condamnée dans les conditions prévues à l'article 131-35 du code pénal et son insertion, intégrale ou par extraits, dans les journaux qu'elle désigne. Ces frais ne peuvent excéder le montant maximum de l'amende encourue.

Note L'amende prévue par l'alinéa 1er de cet article est désormais alignée sur celle du code pénal.

Art. L. 1155-3. Les dispositions des articles 132-58 à 132-62 du code pénal relatives à l'ajournement du prononcé de la peine sont applicables dans le cas de poursuites pour infraction aux dispositions des articles L. 1152-1 et L. 1153-1.

La juridiction peut ordonner l'exécution provisoire de sa décision.

Art. L. 1155-4. À l'audience de renvoi, la juridiction apprécie s'il y a lieu de prononcer une dispense de peine.

(L. 2007-1598 du 13 nov. 2007, JO 14)

TITRE VI

CORRUPTION

CHAPITRE UNIQUE

Art. L. 1161-1. Aucune personne ne peut être écartée d'une procédure de recrutement ou de l'accès à un stage ou à une période de formation en entreprise, aucun salarié ne peut être sanctionné, licencié ou faire l'objet d'une mesure discriminatoire, directe ou indirecte, notamment en matière de rémunération, de formation, de reclassement, d'affectation, de qualification, de classification, de promotion professionnelle, de mutation ou de renouvellement de contrat pour avoir relaté ou témoigné, de bonne foi, soit à son employeur, soit aux autorités judiciaires ou administratives, de faits de corruption dont il aurait eu connaissance dans l'exercice de ses fonctions.

Toute rupture du contrat de travail qui en résulterait, toute disposition ou tout acte contraire est nul de plein droit.

En cas de litige relatif à l'application des deux premiers alinéas, dès lors que le salarié concerné ou le candidat à un recrutement, à un stage ou à une période de formation en entreprise établit des faits qui permettent de présumer qu'il a relaté ou témoigné de faits de corruption, il incombe à la partie défenderesse, au vu de ces éléments, de prouver que sa décision est justifiée par des éléments objectifs étrangers aux déclarations ou au témoignage du salarié. Le juge forme sa conviction après avoir ordonné, en cas de besoin, toutes les mesures d'instruction qu'il estime utiles.

Note Ce texte, issu de la loi 2007-1598 du 13 novembre 2007 (JO 14), organise la protection des candidats à un recrutement, un stage ou une formation ainsi que des salariés ayant relaté ou témoigné des faits de corruption dont ils auraient eu connaissance dans l'exercice de leurs fonctions. Cette protection se traduit par la nullité des mesures prises par l'employeur à l'encontre de ces personnes pour ces motifs.

L'alinéa 1er de cet article souligne que les témoignages doivent avoir été faits de bonne foi.

L'alinéa 3 donne à la partie défenderesse la possibilité de prouver que sa décision reposait sur des éléments objectifs étrangers aux déclarations ou témoignages à l'origine de la mesure discriminatoire, directe ou indirecte, qui en était résultée.

Sur les questions relatives aux chartes d'éthique et autres alertes professionnelles, voir notamment Ph. Waquet, *SSL* n° 1328, p. 9, également I. Desbarats, *RDT* 2008, p. 39 (à propos d'un jugement du TGI de Nanterre du 19 octobre 2007) ainsi que le rapport P-H Antonmattei et Ph. Vivien, *Dr. Soc.* 2007, p. 522.

LIVRE II

LE CONTRAT DE TRAVAIL

TITRE Ier

CHAMP D'APPLICATION

CHAPITRE UNIQUE

Art. L. 1211-1. Les dispositions du présent livre sont applicables aux employeurs de droit privé ainsi qu'à leurs salariés.

Elles sont également applicables au personnel des personnes publiques employé dans les conditions du droit privé, sous réserve des dispositions particulières ayant le même objet résultant du statut qui régit ce personnel.

TITRE II

FORMATION ET EXÉCUTION DU CONTRAT DE TRAVAIL

CHAPITRE Ier

Formation du contrat de travail

SECTION 1. Dispositions générales

Art. L. 1221-1. Le contrat de travail est soumis aux règles du droit commun. Il peut être établi selon les formes que les parties contractantes décident d'adopter.

Note • **Notion de contrat de travail.** L'article L. 1221-1 CT ne définit pas le contrat de travail. La jurisprudence a dû pallier la carence du législateur.

Lien de subordination. Pour qu'un contrat soit qualifié contrat de travail, il faut qu'une personne (le salarié) accepte de fournir une prestation de travail au profit d'une autre personne (l'employeur) en se plaçant dans un état de subordination juridique vis-à-vis de cette dernière, moyennant une rémunération.

Le lien de subordination se traduit par le droit pour l'employeur de donner des ordres et par l'obligation pour le salarié de les exécuter. Souvent, l'employeur donne des ordres concernant l'exécution même du travail et contrôle l'accomplissement de ses instructions (cass. soc. 22 mars 1989, n° 86-15.938, BC V n° 237 ; *RJS* 5/89 n° 454 : enquêteurs d'une entreprise de police privée qui doivent se conformer aux consignes données ; cass. soc. 31 octobre 1989, n° 87-13.376, BC V n° 624 ; *RJS* 12/89 n° 906). Mais l'existence d'un lien de subordination juridique n'est pas incompatible avec une indépendance technique dans l'exécution de la prestation (cass. soc. 30 janvier 1980, n° 78-41.036, BC V n° 91, médecin d'un dispensaire ; cass. soc. 15 novembre 1990, n° 87-19.018, *RJS* 1/91 n° 81, médecins et infirmiers apportant leur concours à une société d'assurances ; cass. ass. plén. 4 mars 1983, n° 81-11.647, BC n° 3 : professeur qui donne des cours dans une école privée ; cass. soc. 21 décembre 1989, n° 87-13.358, *RJS* 2/90 n° 152 : moniteur de ski ; cass. soc. 29 mars 1994, n° 90-40.832, BC V n° 108 ; *RJS* 5/94 n° 517 : médecin anesthésiste astreint à des sujétions découlant des règles d'organisation de la clinique).

Les juges ont d'abord retenu la qualification contrat de travail lorsque la prestation de travail était fournie dans le cadre d'un « service organisé » par le cocontractant et sous sa direction (voir notamment cass. ass. plén. 4 mars 1983, n° 81-11.647 et cass. soc. 29 mars 1994, n° 90-40.832, précités). La Cour de cassation a ensuite jugé que la fourniture de la prestation de travail dans un service organisé ne constitue qu'un indice de subordination lorsque l'employeur détermine unilatéralement les conditions d'exécution du travail (cass. soc. 13 novembre 1996, n° 94-13.187, BC V n° 386 ; *RJS* 12/96 n° 1320 ; *Dr. Soc.* 1996, p. 1067, note J-J Dupeyroux).

Une définition du lien de subordination est donnée par le même arrêt : « Le lien de subordination est caractérisé par l'exécution d'un travail sous l'autorité d'un employeur qui a le pouvoir de donner des ordres et des directives, d'en contrôler l'exécution et de sanctionner les manquements de son subordonné. » Cette définition est reprise mot pour mot dans des arrêts ultérieurs : cass. soc. 23 avril 1997, n° 94-40.909, BC V n° 142 ; *RJS* 6/97 n° 645 ; 29 avril 2009, n° 07-45.509, *RJS* 7/09 n° 597 (les porteurs de bagages ne sont pas les subordonnés de l'aéroport de Paris) ; 25 octobre 2011, n° 10-18.327, *RJS* 1/12 n° 85, 3e espèce. La chambre sociale de la Cour de cassation prend cependant quelques libertés avec cette définition lorsqu'elle estime nécessaire de faire bénéficier du statut de salariés des travailleurs qui se trouvent dans un état de subordination économique sans être dans un état de subordination juridique (cass. soc. 19 décembre 2000, n° 98-40.572, BC V n° 437 ; *RJS* 3/01 n° 275 : les locataires de véhicules équipés taxis voient leur contrat de location requalifié en contrat de travail alors que le loueur ne fixait ni le lieu de travail, ni la durée du travail, ni l'horaire de travail). Le règlement dit « participants » à une émission de téléréalité n'exclut pas l'existence d'un contrat de travail dès lors qu'est caractérisée l'exécution d'un travail subordonné (cass. soc. 3 juin 2009, n° 08-40.981, BC V n° 141 ; *Dr. Soc.* 2009, pp. 780 et s., D. Allix et obs. J-J D ; *RDT* septembre 2009, CH, 507, G. Auzero ; *JSL* n° 258, 30 juin 2009, p. 9, M. Hautefort). Par ailleurs, lorsqu'un joueur de rugby amateur est tenu, sous peine de sanctions, conformément au règlement interne du club et la charte des droits et des devoirs du joueur, de participer aux activités sportives, de suivre les consignes données lors des entraînements et de respecter le règlement du club, et perçoit des sommes en contrepartie du temps passé dans les entraînements et les matches, la convention liant le club au joueur est un contrat de travail, peu important que ce dernier exerce en parallèle une activité professionnelle à temps complet (cass. soc. 28 avril 2011, n° 10-15.573, BC V n° 100 ; *RDT*, juin 2011, CH, 370, G. Auzero ; *RJS* 7/11 n° 571 ; *JCP* éd. S 2011, 1362, note C. Puigelier).

Les faux indépendants. L'existence d'un contrat de travail ne dépend ni de la volonté exprimée par les parties ni de la dénomination de la convention, mais des conditions de fait dans lesquelles est exercée l'activité des travailleurs (cass. soc. 19 janvier 1983, n° 81-10.483, BC V n° 22 : négociateurs travaillant pour une agence immobilière ; « quelle que soit la qualification donnée au contrat les liant à l'agence immobilière », ces contrats doivent être considérés comme des contrats de travail à partir d'une analyse des données de fait ; cass. crim. 29 octobre 1985, n° 84-95.559, B. crim. n° 335 : salariés présentés comme des artisans sous-traitants ; cass. soc. 23 janvier 1997, n° 94-40.099, *RJS* 3/97 n° 245 : requalification d'un « contrat de prestation de services », entre un joueur de hockey sur glace et une association sportive, en contrat de travail ; 12 juillet 2005, n° 03-45.394, BC V n° 244 ; *RJS* 10/05 n° 941). Ce principe est repris dans de nombreux arrêts (cass. soc. 15 mars 2006, n° 04-47.379, BC V n° 110 ; *Dr. Soc.* 2006, p. 695, obs. J. Savatier ; 3 juin 2009, n° 08-40.981, précité ; 28 avril 2011, n° 10-15.573, précité ; 30 novembre 2011, n° 11-10.688).

Contrat de travail et mandat social. Il est toujours possible de cumuler un contrat de travail et un mandat social dans deux entreprises différentes (cass. soc. 25 février 1988, n° 84-42.619, BC V n° 136).

Il n'y a pas d'incompatibilité légale entre les fonctions de salarié et celles de président du conseil d'administration (cass. soc. 19 février 1986, n° 83-42.005, BC V n° 10). Depuis la loi du 11 février 1994, dite « loi Madelin », le cumul d'un contrat de travail et d'un mandat au conseil d'administration est possible alors même que le contrat de travail n'a pas une antériorité d'au moins deux ans par rapport à la nomination comme administrateur.

La même loi autorise le cumul des fonctions de membre du conseil de surveillance avec l'existence d'un contrat de travail. Sur ces cumuls, voir P. Fieschi-Vivet, *RJS* 7/94, pp. 487 et s.

Un gérant majoritaire d'une SARL ne peut pas être salarié de la société (cass. soc. 8 octobre 1980, n° 79-12.125, BC V n° 714 ; *D.* 1981, 257, note Y. Reinhard). Un gérant minoritaire d'une SARL ne sera pas considéré comme salarié malgré l'existence d'un contrat de travail apparent lorsque les fonctions salariales invoquées par l'intéressé se confondent avec l'exercice du mandat social (cass. soc. 21 octobre 1998, n° 96-41.958, *RJS* 12/98 n° 1561). S'agissant des gérants égalitaires de SARL, voir « Retour sur la possibilité pour le gérant égalitaire de SARL de cumuler mandat social et contrat de travail », J-C Pagnucco, *RDT*, juillet/août 2011, CH, 433.

En l'absence de convention contraire, le contrat de travail d'un salarié devenu mandataire social et qui a cessé d'être lié à la société par un lien de subordination est suspendu pendant le temps où il est mandataire (cass. soc. 26 avril 2000, n° 97-44.241, BC V n° 152 ; *RJS* 6/00 n° 743 ; *Dr. Soc.* 2000, p. 771, obs. J. Mouly ; 22 septembre 2011, n° 09-72.637, *JCP* éd. S 2011, 1499, note C. Puigelier).

La révocation du mandat de directeur général n'a pas d'incidence sur le contrat de travail (cass. soc. 14 juin 2000, n° 97-45.852, BC V n° 229 ; *RJS* 9-10/00 n° 1022).

Contrat de travail et convention de stage. Si les juges peuvent requalifier en contrat de travail une convention de stage, l'accomplissement de tâches professionnelles sous l'autorité de l'entreprise d'accueil n'entraîne pas à lui seul une telle requalification ; celle-ci ne peut intervenir que si les conditions requises par la convention de stage en entreprise n'avaient pas été remplies (cass. soc. 17 octobre 2000, n° 98-40.986, BC V n° 336 ; *RJS* 12/00 n° 1214). Le dépassement du terme, décidé d'un commun accord, d'une convention de stage ne modifie pas le rapport fondamental de maître à élève et n'entraîne pas la requalification de la convention de stage en contrat de travail (cass. soc. 14 novembre 2000, n° 98-42.551, *RJS* 2/01 n° 157).

Se rend coupable du délit d'obtention abusive, de la part d'une personne en situation de dépendance, de services insuffisamment rétribués par rapport au travail accompli le directeur d'un hôtel qui a employé, dans le cadre d'un stage obligatoire, trois personnes, sept nuits sur sept, en contrepartie d'une faible rémunération (cass. crim. 3 décembre 2002, n° 02-81.453, B. crim. n° 215 ; *RJS* 3/03 n° 373).

Sur les stages en entreprise ne relevant ni de la formation professionnelle tout au long de la vie ni de l'article L. 4153-1 CT, voir articles L. 612-8 à 13 c. éduc. issus de la loi 2011-893 du 28 juillet 2011 (JO 29).

Contrat de travail et emploi dans la fonction publique. Un fonctionnaire peut cumuler les qualités de fonctionnaire et de salarié ; « le fonctionnaire mis à la disposition d'un organisme de droit privé et qui accomplit un travail pour le compte de celui-ci dans un rapport de subordination se trouve lié à cet organisme par un contrat de travail » (cass. ass. plén. 20 décembre 1996, n° 92-40.641, BC n° 10 ; *CSB* 1997 A. 20 ; *RJS* 3/97 n° 244 ; cass. soc. 1er juillet 1998, n° 96-17.076, BC V n° 356 ; *RJS* 8-9/98 n° 1033 : enseignant recruté par l'État, mis à la disposition d'un organisme de droit privé ; cass. soc. 27 juin 2000, n° 97-43.536, BC V n° 251 ; *RJS* 9-10/00 n° 1016) ; cette solution est retenue alors même que le fonctionnaire, mis à disposition, continue à percevoir son traitement de la fonction publique. Ce fonctionnaire salarié peut saisir le conseil de prud'hommes d'une demande d'indemnités à la suite de son licenciement par l'organisme privé (cass. soc. 27 juin 2000, n° 97-43.536, précité). De façon générale, un fonctionnaire ou un agent public, mis à la disposition d'un organisme de droit privé pour accomplir un travail pour le compte de celui-ci et sous sa direction, est lié à cet organisme par un contrat de travail (cass. soc. 15 juin 2010, nos 09-69.453 et 08-44.238, BC V nos 139 et 133 ; *RJS* 8-9/10 n° 706 ; voir aussi cass. soc. 14 décembre 2011, n° 09-43.150).

Emploi subordonné dans un service public administratif. Depuis une décision rendue le 25 mars 1996 par le Tribunal des conflits, il n'y a plus de distinction à faire entre les agents contractuels travaillant pour le compte d'un service public administratif qu'ils participent ou ne participent pas à l'exécution même du service public ou selon que leur contrat comporte ou ne comporte pas des conditions exorbitantes du droit commun. « Les personnels non statutaires travaillant pour le compte d'un service public à caractère administratif sont des agents contractuels de droit public, quel que soit leur emploi. » (Trib. confl. 25 mars 1996, n° 03000, BC n° 6 ; *Dr. Soc.* 1996, p. 735). La chambre sociale de la Cour de cassation a déjà eu l'occasion d'appliquer cette règle (cass. soc. 9 juillet 1996, n° 93-44.699, BC V n° 275 ; *CSB* 1996 A. 55). Pour les cas où il y a transfert d'une entité économique reprise par une personne publique gérant un service public administratif : voir annotation sous l'article L. 1224-3.

Contrat de travail dans une entreprise publique à statut. Lorsque le code du travail ne précise pas si les règles qu'il pose s'appliquent dans les entreprises publiques, le Conseil d'État décide que les statuts de l'entreprise publique peuvent poser des règles différentes de celles du code du travail. Il n'en va autrement que lorsqu'en établissant une règle, le législateur ne fait qu'« énoncer un principe général du droit du travail applicable aux entreprises publiques dont le personnel est doté d'un statut réglementaire et qui n'est pas incompatible avec les nécessités de la mission de service public » (CE 1er juillet 1988, n° 66405, *Dr. Soc.* 1988, pp. 779 et s. ; 2 octobre 2002, n° 227868, *RJS* 1/03 n° 94 : cet arrêt érige en principe général du droit l'obligation de reclassement du salarié déclaré inapte. Curieusement, la Cour de cassation ne tient pas compte de cette interprétation dans un arrêt rendu le 28 octobre 2003, n° 01-42.612, BC V n° 260 ; *RJS* 1/04 n° 124). Lorsque le code du travail prévoit expressément que ses dispositions s'appliquent dans les entreprises publiques, la Cour de cassation juge qu'une disposition statutaire contraire à une disposition du code du travail doit cependant être appliquée lorsque l'ensemble des dispositions statutaires concernant la question en litige (en l'espèce, les congés payés annuels) sont globalement plus favorables que les dispositions légales (cass. soc. 17 juillet 1996, n° 95-41.745, BC V n° 296 ; *CSB* 1996 A. 56).

Contrat de travail et communauté religieuse. Si les ecclésiastiques ne sont pas, en général, considérés comme les salariés des congrégations auxquelles ils appartiennent (cass. ass. plén. 8 janvier 1993, n° 87-20.036, BC n° 2 ; *RJS* 2/93 n° 180 ; voir aussi, s'agissant des pasteurs des églises et œuvres cultuelles relevant de la Fédération protestante de France, cass. soc. 12 juillet 2005, n° 03-43.354, BC V n° 243 ; *RJS* 11/05 n° 1069 ; 28 avril 2011, n° 09-72.721), les autres personnes participant aux activités d'une communauté seront considérées comme salariés si les critères habituels du contrat de travail sont réunis ; la nature spirituelle de leur engagement n'est pas pris en compte (cass. soc. 29 octobre 2008, n° 07-44.766, BC V n° 206 ; *RJS* 1/09 n° 1). Par ailleurs, l'engagement religieux d'une personne n'est susceptible d'exclure l'existence d'un contrat de travail que pour les activités qu'elle accomplit pour le compte et au bénéfice d'une congrégation ou d'une association cultuelle légalement établie (cass. soc. 20 janvier 2010, n° 08-42.207, BC V n° 15 ; *JSL* n° 272, 25 février 2010, p. 20, J-E Tourreil ; *RDT*, mars 2010, CH, 162, J. Couard ; *RJS* 4/10 n° 303 ; *JCP* éd. S 2010, 1137, note G. Vachet ; *Dr. Soc.* 2010, pp. 623 et s., J. Savatier : possibilité d'un contrat de travail entre une religieuse et une association privée de fidèles).

Contrat de travail et bénévolat. Si, dans le cadre d'une association, les membres adhérents de celle-ci peuvent accomplir, sous l'autorité du président de l'association ou de son délégataire, un travail destiné à la réalisation de l'objet social, en ne percevant, le cas échéant, que le strict remboursement des frais exposés par eux, et ceci sans relever des dispositions du code du travail, la seule signature d'un contrat dit « de bénévolat » entre une association et une personne n'ayant pas la qualité de sociétaire n'exclut pas l'existence d'un contrat de travail, dès l'instant que les conditions en sont remplies (cass. soc. 29 janvier 2002, n° 99-42.697, BC V n° 38 ; *RJS* 4/02 n° 387 ; *Dr. Soc.* 2002, p. 499, note J. Savatier).

• **Preuve de l'existence d'un contrat.** La preuve de l'existence et de l'exécution d'un contrat de travail incombe à la partie demanderesse (cass. soc. 3 juillet 1991, n° 88-40.107). En présence d'un contrat de travail apparent, il incombe à celui qui invoque son caractère fictif d'en rapporter la preuve (cass. soc. 18 décembre 2000, n° 98-41.178, 1er moyen, BC V n° 425 ; 23 mars 2011, n° 09-70.416, *JSL* n° 299, 16 mai 2011, p. 26).

• **Formalisme du contrat.** Sont obligatoirement constatés par écrit les contrats d'apprentissage, les contrats à durée déterminée, les contrats de travail temporaire, les contrats à temps partiel, les contrats passés par les groupements d'employeurs, les contrats des médecins du travail et ceux pour lesquels la convention collective applicable impose un écrit.

Art. L. 1221-2. ***(L. 2008-596 du 25 juin 2008, JO 26)*** « Le contrat de travail à durée indéterminée est la forme normale et générale de la relation de travail. »

Toutefois, ***(L. 2008-596 du 25 juin 2008, JO 26)*** « le contrat de travail peut » comporter un terme fixé avec précision dès sa conclusion ou résultant de la réalisation de l'objet pour lequel il est conclu dans les cas et dans les conditions mentionnés au titre IV relatif au contrat de travail à durée déterminée.

Art. L. 1221-3. Le contrat de travail établi par écrit est rédigé en français.

Lorsque l'emploi qui fait l'objet du contrat ne peut être désigné que par un terme étranger sans correspondant en français, le contrat de travail comporte une explication en français du terme étranger.

Lorsque le salarié est étranger et le contrat constaté par écrit, une traduction du contrat est rédigée, à la demande du salarié, dans la langue de ce dernier. Les deux textes font également foi en justice. En cas de discordance entre les deux textes, seul le texte rédigé dans la langue du salarié étranger peut être invoqué contre ce dernier.

L'employeur ne peut se prévaloir à l'encontre du salarié auquel elles feraient grief des clauses d'un contrat de travail conclu en méconnaissance du présent article.

Note La directive communautaire du 14 octobre 1991, transposée en droit français par le décret 94-761 du 31 août 1994 (JO 2 sept.) faisait obligation aux États membres d'adopter, avant le 1er juillet 1993, les dispositions législatives, réglementaires et administratives nécessaires pour sa mise en application ou de s'assurer que les partenaires sociaux ont mis en place les dispositions nécessaires par voie d'accord (directive 91/533/CEE du 14 octobre 1991, JOCE L 288 du 18.10.1991, art. 9). Elle faisait notamment obligation à l'employeur de remettre au salarié, lié par un contrat à durée indéterminée ou à durée déterminée, dans les deux mois suivant la date d'embauche, un ou plusieurs documents écrits (contrat de travail écrit, lettre d'engagement ou autres documents écrits) comportant des éléments d'information sur les éléments essentiels du contrat.

L'information porte au moins sur les éléments suivants :
- l'identité des parties ;
- le lieu de travail. À défaut de lieu de travail fixe ou prédominant, le principe que le travailleur est occupé à divers endroits ainsi que le siège ou, le cas échéant, le domicile de l'employeur ;
- le titre, le grade, la qualité ou la catégorie d'emploi en lesquels le travailleur est occupé, ou la caractérisation ou la description sommaire du travail ;
- la date de début du contrat ou de la relation de travail ;
- s'il s'agit d'un contrat ou d'une relation de travail temporaire, la durée prévisible du contrat ou de la relation de travail ;
- la durée du congé payé auquel le travailleur a droit ou, si cette indication est impossible au moment de la délivrance de l'information, les modalités d'attribution et de détermination de ce congé ;
- la durée des délais de préavis à observer par l'employeur et le travailleur en cas de cessation du contrat ou de la relation de travail, ou, si cette indication est impossible au moment de la délivrance de l'information, les modalités de détermination de ces délais de préavis ;
- le montant de base initial, les autres éléments constitutifs ainsi que la périodicité de versement de la rémunération à laquelle le travailleur a droit ;
- la durée de travail journalière ou hebdomadaire normale du travailleur ;
- le cas échéant, la mention des conventions collectives et/ou accords collectifs régissant les conditions de travail du travailleur ou, s'il s'agit de conventions collectives conclues en dehors de l'entreprise par des organes ou institutions paritaires particuliers, la mention de l'organe compétent ou de l'institution paritaire compétente au sein duquel/de laquelle elles ont été conclues.

Une circulaire du Premier ministre en date du 19 mars 1996 (JO 20) précise que c'est le lieu de conclusion et non celui de l'exécution du contrat qui importe : un contrat conclu sur le territoire français doit être rédigé en français, même s'il est exécuté à l'étranger ; inversement, un contrat signé à l'étranger n'est pas assujetti à cet article, même s'il doit être exécuté totalement ou partiellement sur le territoire français.

S'agissant des contrats conclus en France, deux cas sont à distinguer :
- 1er cas. Contrat conclu avec un ressortissant français pour être exécuté sur le territoire français. Le contrat doit être rédigé en français ; si l'emploi ne peut être désigné que par un terme étranger sans correspondant en français, le contrat de travail doit comporter une explication en français du terme étranger.

– 2e cas. Contrat conclu avec un ressortissant étranger pour être exécuté sur le territoire français. Les mêmes règles sont applicables ; en outre, le salarié étranger peut demander que soit établie dans sa langue une traduction du contrat ; les deux textes font également foi en justice, mais, en cas de discordance entre eux, seul le texte rédigé dans la langue du salarié étranger peut être invoqué contre ce dernier. Il semble que la demande de traduction puisse être formulée à tout moment pendant l'exécution du contrat, que le choix du traducteur appartienne au seul employeur et que ce soit à ce dernier qu'incombe le coût de la traduction.

Art. L. 1221-4. Les procédures d'enchères électroniques inversées étant interdites en matière de fixation du salaire, tout contrat de travail stipulant un salaire fixé à l'issue d'une telle procédure est nul de plein droit.

Art. L. 1221-5. Toute clause attributive de juridiction incluse dans un contrat de travail est nulle et de nul effet.

Note • **Droit interne.** Les clauses attributives de juridiction dans un contrat de travail sont prohibées de façon absolue (cass. soc. 25 mars 1963, BC IV n° 293), sans qu'il y ait de distinction à opérer suivant qu'elles portent sur la nature ou sur le siège de la juridiction choisie (cass. soc. 9 mai 1962, BC IV n° 420).

Sur l'inapplicabilité d'une clause compromissoire, voir note sous l'article L. 1411-4.

• **Contrat de travail international.** Une clause attributive de compétence incluse dans un contrat de travail international exécuté en France ne peut faire échec aux dispositions impératives de l'article R. 1412-1 CT applicables dans l'ordre international (cass. soc. 29 septembre 2010, n° 09-40.688, BC V n° 204 ; *RJS* 12/10 n° 972 ; *Dr. Soc.* 2011, p. 212, obs. P. Chaumette ; *JCP* éd. S 2011, 1036, note J-Ph. Tricoit). En revanche, la clause attributive de compétence, incluse dans un contrat conclu entre un salarié français et une société étrangère pour être exécuté à l'étranger (hors de l'Union européenne), et désignant expressément la juridiction étrangère, est valide, exclut l'application de l'article R. 1412-1 CT, et emporte renonciation du salarié au bénéfice des dispositions de l'article 14 c. civ. (cass. soc. 30 janvier 1991, n° 87-42.086, BC V n° 41 ; voir aussi cass. soc. 21 janvier 2004, n° 01-44.215, BC V n° 24 ; *RJS* 4/04 n° 441). À noter que lorsque le contrat de travail international exécuté à l'étranger (hors de l'Union européenne) ne comporte pas de clause attributive de juridiction, le salarié de nationalité française peut toujours invoquer l'article 14 c. civ. (cass. soc. 9 juillet 1996, n° 93-41.549, BC V n° 266 ; *RJS* 10/96 n° 1075).

Sur la clause compromissoire insérée dans un contrat de travail international exécuté en France, voir note sous l'article R. 1412-1.

• **Traités internationaux**

– *La convention concernant la compétence judiciaire et l'exécution des décisions en matière civile et commerciale du 27 septembre 1968 (CEE)* a été remplacée, depuis le 1er mars 2002, par un règlement (CE) 44/2001 du Conseil du 22 décembre 2000, JOCE L 12 du 16.01.2001 (« Code annoté européen du travail », *Groupe Revue fiduciaire*, éd. 2010, pp. 139 et s.). Ce règlement contient, dans ses articles 18 et s., des règles particulières de compétence en matière de contrats individuels de travail :

- art. 19. Un employeur ayant son domicile sur le territoire d'un État membre peut être attrait :
1) devant les tribunaux de l'État membre où il a son domicile, ou
2) dans un autre État membre :
a) devant le tribunal du lieu où le travailleur accomplit habituellement son travail ou devant le tribunal du dernier lieu où il a accompli habituellement son travail, ou
b) lorsque le travailleur n'accomplit pas ou n'a pas accompli habituellement son travail dans un même pays, devant le tribunal du lieu où se trouve ou se trouvait l'établissement qui a embauché le travailleur ;

- art. 20. 1. L'action de l'employeur ne peut être portée que devant les tribunaux de l'État membre sur le territoire duquel le travailleur a son domicile.

2. Les dispositions de la présente section ne portent pas atteinte au droit d'introduire une demande reconventionnelle devant le tribunal saisi de la demande originaire conformément à la présente section ;

- art. 21. Il ne peut être dérogé aux dispositions de la présente section que par des conventions attributives de juridiction :
1) postérieures à la naissance du différend, ou
2) qui permettent au travailleur de saisir d'autres tribunaux que ceux indiqués à la présente section.
Sur les conditions de validité des conventions attributives de juridiction prévues par ce règlement, voir cass. soc. 17 décembre 1997, n° 94-45.445, BC V n° 456 ; *RJS* 3/98 n° 353 ; 14 novembre 2000, n° 98-41.959, BC V n° 371 ; *RJS* 3/01 n° 331).

SECTION 2. **Recrutement**

Art. L. 1221-6. Les informations demandées, sous quelque forme que ce soit, au candidat à un emploi ne peuvent avoir comme finalité que d'apprécier sa capacité à occuper l'emploi proposé ou ses aptitudes professionnelles.

Ces informations doivent présenter un lien direct et nécessaire avec l'emploi proposé ou avec l'évaluation des aptitudes professionnelles.

Le candidat est tenu de répondre de bonne foi à ces demandes d'informations.

Note • Cette protection intervient quel que soit le mode de recrutement du candidat, direct ou indirect. La loi 92-1446 du 31 décembre 1992 (JO 1er janv. 1993) est applicable aussi bien aux conseils en recrutement qu'aux employeurs qui recrutent directement (en ce sens, circ. DRT 93-10 du 15 mars 1993).

Les deux conditions posées par cet article sont cumulatives. Toutes les informations demandées doivent répondre à la fois à la condition de finalité et à la condition de lien nécessaire avec l'emploi. À titre d'exemple, la circulaire précitée indique qu'il ne peut être demandé au candidat ou au salarié des renseignements sur son état de santé, sur sa vie sexuelle, sur son logement, sur la profession des parents ou du conjoint, sur ses loisirs...

• Voir aussi Délibération CNIL 2002-17 du 21 mars 2002, portant adoption d'une recommandation relative à la collecte et au traitement d'informations nominatives lors d'opérations de recrutement (JO 16 juil.).

Art. L. 1221-7. Dans les entreprises de cinquante salariés et plus, les informations mentionnées à l'article L. 1221-6 et communiquées par écrit par le candidat à un emploi ne peuvent être examinées que dans des conditions préservant son anonymat.

Les modalités d'application du présent article sont déterminées par décret en Conseil d'État.

Art. L. 1221-8. Le candidat à un emploi est expressément informé, préalablement à leur mise en œuvre, des méthodes et techniques d'aide au recrutement utilisées à son égard.

Les résultats obtenus sont confidentiels.

Les méthodes et techniques d'aide au recrutement ou d'évaluation des candidats à un emploi doivent être pertinentes au regard de la finalité poursuivie.

Note L'obligation de pertinence imposée par l'alinéa 3 a pour objet d'éviter le recours à des techniques peu fiables de recrutement ou d'évaluation.

Art. L. 1221-9. Aucune information concernant personnellement un candidat à un emploi ne peut être collectée par un dispositif qui n'a pas été porté préalablement à sa connaissance.

SECTION 3. Formalités à l'embauche et à l'emploi

Sous-section 1. Déclaration préalable à l'embauche

Art. L. 1221-10. L'embauche d'un salarié ne peut intervenir qu'après déclaration nominative accomplie par l'employeur auprès des organismes de protection sociale désignés à cet effet.

L'employeur accomplit cette déclaration dans tous les lieux de travail où sont employés des salariés.

Note Le salarié peut obtenir les informations relatives à la déclaration préalable à l'embauche le concernant. Voir art. L. 8223-2.

Art. L. 1221-11. Le non-respect de l'obligation de déclaration préalable à l'embauche, constaté par les agents mentionnés à l'article L. 8271-7, entraîne une pénalité dont le montant est égal à trois cents fois le taux horaire du minimum garanti prévu à l'article L. 3231-12.

Art. L. 1221-12. Un décret en Conseil d'État détermine :

1° Les conditions dans lesquelles la déclaration préalable à l'embauche est réalisée ;

2° Les modalités de recouvrement de la pénalité prévue à l'article L. 1221-11.

Note Un arrêté du 21 octobre 2011 (JO 1er nov.) fixe les modèles d'imprimés à utiliser pour l'application de l'article L. 1221-12 CT pour les salariés relevant du régime de protection sociale agricole.

[Dispositions réglementaires]

Déclaration préalable à l'embauche

Note Le 1er août 2011, fusionnent les dispositifs « déclaration préalable à l'embauche » et « déclaration unique d'embauche » au sein d'une déclaration préalable à l'embauche rénovée.

Le décret 2011-681 du 16 juin 2011 (JO 18) regroupe ainsi les déclarations devant être effectuées par l'employeur à l'occasion de l'embauche d'un salarié au sein d'une déclaration préalable à l'embauche dont la portée est étendue. Les modalités d'accomplissement de la déclaration sont simplifiées et actualisées. Elle est envoyée en priorité par voie électronique (notamment au moyen d'un téléphone connecté à Internet).

Pour effectuer la déclaration, se connecter sur *www.net-entreprises.fr*.

Voir « La déclaration préalable à l'embauche. La simplicité d'une idée vieille de 30 ans, la jeunesse d'un vingtième anniversaire », V. Ravoux et Y. Rebouillat, *Dr. Soc.* 2011, p. 1190.

Mentions obligatoires *(D. 2011-681 du 16 juin 2011, JO 18, entrée en vigueur le 01.08.2011)* « et portée de la déclaration »

Art. R. 1221-1. La déclaration préalable à l'embauche comporte les mentions suivantes :

1° Dénomination sociale ou nom et prénoms de l'employeur, code APE, adresse de l'employeur, numéro du système d'identification du répertoire des entreprises et de leurs établissements ***(D. 2011-681 du 16 juin 2011, JO 18, entrée en vigueur le 01.08.2011)*** « ainsi que le service de santé au travail dont l'employeur dépend s'il relève du régime général de sécurité sociale » ;

2° Nom, prénoms, ***(D. 2011-681 du 16 juin 2011, JO 18, entrée en vigueur le 01.08.2011)*** « sexe », date et lieu de naissance du salarié ainsi que son numéro national d'identification s'il est déjà immatriculé à la sécurité sociale ;

3° Date et heure d'embauche ;

4° *(D. 2011-681 du 16 juin 2011, JO 18, entrée en vigueur le 01.08.2011)* « Nature, durée du contrat ainsi que durée de la période d'essai éventuelle pour les contrats à durée indéterminée et les contrats à durée déterminée dont le terme ou la durée minimale excède six mois ;

5° Lorsqu'il s'agit de l'embauche d'un salarié agricole, les données nécessaires au calcul par les caisses de mutualité sociale agricole des cotisations dues pour l'emploi de salariés agricoles, à l'affiliation de ces mêmes salariés aux institutions mentionnées à l'article L. 727-2 du code rural et de la pêche maritime et à l'organisation de l'examen médical d'embauche prévu à l'article R. 717-14 du même code. »

Art. R. 1221-2. *(D. 2011-681 du 16 juin 2011, JO 18, entrée en vigueur le 01.08.2011)* Au moyen de la déclaration préalable à l'embauche, l'employeur accomplit les déclarations et demandes suivantes :

1° L'immatriculation de l'employeur au régime général de la sécurité sociale, s'il s'agit d'un salarié non agricole, prévue à l'article R. 243-2 du code de la sécurité sociale ;

2° L'immatriculation du salarié à la caisse primaire d'assurance maladie prévue à l'article R. 312-4 du code de la sécurité sociale ou, s'il s'agit d'un salarié agricole, à la caisse de mutualité sociale agricole prévue à l'article R. 722-34 du code rural et de la pêche maritime ;

3° L'affiliation de l'employeur au régime d'assurance chômage prévue à l'article R. 5422-5 du présent code ;

4° La demande d'adhésion à un service de santé au travail, s'il s'agit d'un salarié non agricole, prévu à l'article L. 4622-7 du présent code ;

5° La demande d'examen médical d'embauche, prévu à l'article R. 4624-10 du présent code, ou, s'il s'agit d'un salarié agricole, à l'article R. 717-14 du code rural et de la pêche maritime ;

6° La déclaration destinée à l'affiliation des salariés agricoles aux institutions prévues à l'article L. 727-2 du code rural et de la pêche maritime.

Organisme destinataire

Art. R. 1221-3. *(D. 2011-681 du 16 juin 2011, JO 18, entrée en vigueur le 01.08.2011)* La déclaration préalable à l'embauche est adressée par l'employeur :

1° Soit à l'organisme de recouvrement des cotisations du régime général de sécurité sociale dans le ressort territorial duquel est situé l'établissement devant employer le salarié ;

2° Soit, s'il s'agit d'un salarié relevant du régime de la protection sociale agricole, à la caisse de mutualité sociale agricole du lieu de travail de ce salarié.

Art. R. 1221-4. *(D. 2011-681 du 16 juin 2011, JO 18, entrée en vigueur le 01.08.2011)* La déclaration préalable à l'embauche est adressée au plus tôt dans les huit jours précédant la date prévisible de l'embauche.

Transmission

Art. R. 1221-5. *(D. 2011-681 du 16 juin 2011, JO 18, entrée en vigueur le 01.08.2011)* La déclaration préalable à l'embauche est effectuée par voie électronique.

À défaut d'utiliser la voie électronique, la déclaration est effectuée au moyen d'un formulaire fixé par arrêté des ministres chargés du travail et de la sécurité sociale, ainsi que, lorsque la déclaration concerne un salarié relevant du régime de protection sociale agricole, du ministre chargé de l'agriculture.

L'employeur adresse ce formulaire, signé par lui, à l'organisme mentionné à l'article R. 1221-3 par télécopie ou par lettre recommandée avec demande d'avis de réception.

Lorsqu'il est transmis par télécopie, l'employeur conserve l'avis de réception émis par l'appareil et le document qu'il a transmis jusqu'à réception du document prévu à l'article R. 1221-7.

Lorsqu'il est transmis par lettre recommandée avec avis de réception, celle-ci est envoyée au plus tard le dernier jour ouvrable précédant l'embauche, le cachet de la poste faisant foi. L'employeur conserve un double de la lettre et le récépissé postal jusqu'à réception du document prévu à l'article R. 1221-7.

L'indisponibilité de l'un des moyens de transmission mentionnés ci-dessus n'exonère pas l'employeur de son obligation de déclaration par l'un des autres moyens.

Art. R. 1221-6. *(D. 2011-681 du 16 juin 2011, JO 18, entrée en vigueur le 01.08.2011)* Lorsque la déclaration est effectuée par voie électronique par un employeur relevant du régime général de sécurité sociale préalablement inscrit à un service d'authentification, la formalité est réputée accomplie au moyen de la fourniture du numéro d'identification de l'établissement employeur, du numéro national d'identification du salarié s'il est déjà immatriculé à la sécurité sociale et s'il a déjà fait l'objet d'une déclaration préalable à l'embauche dans un délai fixé par arrêté ainsi que des mentions prévues aux 3° et 4° de l'article R. 1221-1.

Note Le délai mentionné à cet article est fixé à quatorze mois (arrêté du 19 juillet 2011, JO 27).

Preuve de la déclaration préalable à l'embauche

Art. R. 1221-7. ***(D. 2011-681 du 16 juin 2011, JO 18, entrée en vigueur le 01.08.2011)*** « L'organisme destinataire adresse à l'employeur un document accusant réception de la déclaration et mentionnant les informations enregistrées, dans les cinq jours ouvrables suivant celui de la réception du formulaire de déclaration. »

À défaut de contestation par l'employeur des informations figurant sur ce document, dans le délai de deux jours ouvrables suivant la réception de celui-ci, le document ***(D. 2011-681 du 16 juin 2011, JO 18, entrée en vigueur le 01.08.2011)*** « constitue une preuve » de la déclaration.

Art. R. 1221-8. L'employeur conserve l'avis de réception jusqu'à ***(D. 2011-681 du 16 juin 2011, JO 18, entrée en vigueur le 01.08.2011)*** « l'accomplissement de la déclaration prévue par l'article R. 243-14 du code de la sécurité sociale pour les salariés non agricoles et par l'article R. 741-2 du code rural et de la pêche maritime pour les salariés agricoles ».

Documents à remettre au salarié

Art. R. 1221-9. Lors de l'embauche du salarié, l'employeur lui fournit ***(D. 2011-681 du 16 juin 2011, JO 18, entrée en vigueur le 01.08.2011)*** « une copie de la déclaration préalable à l'embauche ou de l'accusé de réception ».

(D. 2011-681 du 16 juin 2011, JO 18, entrée en vigueur le 01.08.2011) « Cette obligation de remise est considérée comme satisfaite dès lors que le salarié dispose d'un contrat de travail écrit, accompagné de la mention de l'organisme destinataire de la déclaration. »

Contrôle et sanctions administratives

Art. R. 1221-12. Sur toute demande des agents de contrôle mentionnés à l'article L. 8271-7, l'employeur :

1° Présente l'avis de réception de la déclaration préalable à l'embauche ***(D. 2011-681 du 16 juin 2011, JO 18, entrée en vigueur le 01.08.2011)*** « s'il est encore tenu de le conserver en application de l'article R. 1221-8 » ;

2° Communique, tant qu'il n'a pas reçu l'avis de réception, les éléments leur permettant de vérifier qu'il a bien procédé à la déclaration préalable à l'embauche du salarié.

Art. R. 1221-13. La pénalité prévue à l'article L. 1221-11 en cas de non-respect de l'obligation de déclaration préalable à l'embauche est recouvrée selon les modalités et dans les conditions fixées :

1° Dans les secteurs autres que le secteur agricole, à l'article ***(D. 2011-681 du 16 juin 2011, JO 18, entrée en vigueur le 01.08.2011)*** « R. 243-19 » du code de la sécurité sociale ;

2° Dans le secteur agricole, à l'article L. 725-3 du code rural ***(Ord. 2010-462 du 6 mai 2010, JO 7)*** « et de la pêche maritime ».

(D. 2011-681 du 16 juin 2011, JO 18, entrée en vigueur le 01.08.2011)

Obligations de l'organisme destinataire

Art. R. 1221-14. L'organisme mentionné à l'article R. 1221-3 communique les renseignements portés sur la déclaration préalable à l'embauche à chaque administration, service, organisme ou institution concerné par l'une ou l'autre des déclarations ou demandes prévues à l'article R. 1221-2, selon leurs compétences respectives.

Ces destinataires finaux sont seuls compétents pour apprécier la validité des déclarations et informations transmises les concernant.

Art. R. 1221-15. Les modalités de la transmission mentionnée à l'article R. 1221-14 sont fixées par voie de conventions passées :

1° Soit par l'Agence centrale des organismes de sécurité sociale avec :
a) Le ministre chargé du travail ;
b) L'institution mentionnée à l'article L. 5312-1 ;
c) La Caisse nationale de l'assurance maladie des travailleurs salariés ;
d) La Caisse nationale d'assurance vieillesse des travailleurs salariés ;
2° Soit par la caisse centrale de la Mutualité sociale agricole avec :
a) Le ministre chargé du travail ;
b) L'institution mentionnée à l'article L. 5312-1 ;
c) Les institutions de retraite complémentaire et de prévoyance mentionnées à l'article L. 727-2 du code rural et de la pêche maritime.

Ces conventions prévoient les modalités de rémunération du service rendu par l'organisme ou la caisse mentionné à l'article R. 1221-3.

Art. R. 1221-16. L'organisme mentionné à l'article R. 1221-3 conserve les données qui y sont portées pendant un délai de six mois suivant la date de leur réception pour les besoins des administrations, services, organismes ou institutions concernés.

Art. R. 1221-17. L'organisme mentionné à l'article R. 1221-3 transmet à l'institution mentionnée à l'article L. 5312-1 du code du travail les informations suivantes portées sur la déclaration préalable à l'embauche :
1° Les éléments d'identification de l'employeur ;
2° La date d'embauche du salarié, son sexe et sa date de naissance ;
3° La nature et la durée du contrat de travail ;
4° La durée de la période d'essai.

Sous-section 2. Registre unique du personnel

Art. L. 1221-13. Un registre unique du personnel est tenu dans tout établissement où sont employés des salariés, ***(L. 2011-893 du 28 juil. 2011, art. 27, JO 29)*** « indépendamment du registre des conventions de stage mentionné à l'article L. 612-13 du code de l'éducation ».

Les noms et prénoms de tous les salariés sont inscrits dans l'ordre des embauches. Ces mentions sont portées sur le registre au moment de l'embauche et de façon indélébile.

Les indications complémentaires à mentionner sur ce registre, soit pour l'ensemble des salariés, soit pour certaines catégories seulement, sont définies par voie réglementaire.

Note

• Le cadre légal de l'obligation de tenue du registre du personnel est non pas l'entreprise mais l'établissement (cass. crim. 29 septembre 1992, n° 91-86.851, B. crim. n° 292 ; *JCP* éd. E 1993.II.385, note O. Godard) ; est toutefois visé l'établissement défini à l'article L. 3111-1 où se trouve l'employeur ou son délégataire (cass. crim. 17 janvier 1995, n° 93-850.78, B. crim. n° 23 ; *JCP* éd. G 1995.II.22476, note O. Godard).

• Sur les questions pouvant se poser sur la portée de l'obligation de tenue du registre unique du personnel (mentions rectificatives, présentation et délai de conservation, date d'exigibilité, travailleurs étrangers occupés sur les chantiers et autres lieux de travail distincts, de l'établissement), voir circulaire DRT 90-16 du 27 juillet 1990.

Art. D. 1221-23. Les indications complémentaires portées sur le registre unique du personnel pour chaque salarié, mentionnées au troisième alinéa de l'article L. 1221-13, sont les suivantes :
1° La nationalité ;
2° La date de naissance ;
3° Le sexe ;
4° L'emploi ;
5° La qualification ;
6° Les dates d'entrée et de sortie de l'établissement ;
7° Lorsqu'une autorisation d'embauche ou de licenciement est requise, la date de cette autorisation ou, à défaut, la date de la demande d'autorisation ;
8° Pour les travailleurs étrangers assujettis à la possession d'un titre autorisant l'exercice d'une activité salariée, le type et le numéro d'ordre du titre valant autorisation de travail ;

9° Pour les travailleurs titulaires d'un contrat de travail à durée déterminée, la mention « contrat à durée déterminée » ;

10° Pour les salariés temporaires, la mention « salarié temporaire » ainsi que le nom et l'adresse de l'entreprise de travail temporaire ;

11° Pour les travailleurs mis à disposition par un groupement d'employeurs, la mention « mis à disposition par un groupement d'employeurs » ainsi que la dénomination et l'adresse de ce dernier ;

12° Pour les salariés à temps partiel, la mention « salarié à temps partiel » ;

13° Pour les jeunes travailleurs titulaires d'un contrat d'apprentissage ou de professionnalisation, la mention « apprenti » ou « contrat de professionnalisation ».

Note S'agissant des travailleurs étrangers occupés sur des « chantiers ou autres lieux de travail distincts », les dispositions de l'article D. 1221-13 (ancien art. R. 620-3) impliquent seulement que peut être exigée, sur chacun des lieux de travail distincts du siège de l'entreprise, la présentation des copies des titres de travail (et non du registre) des étrangers qui s'y trouvent. Cette obligation s'ajoute, sans s'y substituer, à l'obligation de tenue, au siège de l'établissement, du registre unique du personnel, avec ses caractéristiques propres aux travailleurs étrangers (inscription du type et numéro d'ordre des titres, tenue des copies des titres en annexe au registre). Elle pèse sur l'employeur ou son préposé (circ. du 27 juillet 1990 précitée). Le fait que les titres de travail des étrangers soient conservés au siège social de l'entreprise pour des raisons de sécurité ne dispense pas l'employeur d'en tenir copie sur le chantier à la disposition de l'inspecteur du travail notamment (cass. crim. 9 novembre 1993, n° 92-86.101, *RJS* 3/94 n° 286).

Présentation du registre : aucun texte ne faisant obligation à l'inspecteur du travail de remettre une réquisition écrite au chef d'entreprise, le registre du personnel [en l'espèce, il s'agissait du registre des étrangers dont la tenue était alors exigée] doit être présenté à toute réquisition de l'inspecteur (cass. crim. 13 novembre 1985, n° 85-91.196, B. crim. n° 353).

Art. D. 1221-24. La copie des titres autorisant l'exercice d'une activité salariée des travailleurs étrangers est annexée au registre unique du personnel et tenue à la disposition des délégués du personnel et des fonctionnaires et agents chargés de veiller à l'application du présent code et du code de la sécurité sociale sur chaque chantier ou lieu de travail distinct de l'établissement pour ceux des ressortissants étrangers qui y sont employés, y compris en cas de recours à un support de substitution.

Art. D. 1221-25. Les mentions relatives à des événements postérieurs à l'embauche sont portées sur le registre unique du personnel au moment où ceux-ci surviennent.

Art. R. 1221-26. Les mentions portées sur le registre unique du personnel sont conservées pendant cinq ans à compter de la date à laquelle le salarié a quitté l'établissement.

Art. L. 1221-14. Il peut être dérogé à la tenue du registre unique du personnel, pour tenir compte du recours à d'autres moyens, notamment informatiques, dans les conditions prévues à l'article L. 8113-6.

Art. D. 1221-27. Lorsque l'employeur recourt à un support de substitution pour la tenue du registre unique du personnel, les exigences des articles D. 8113-2 et D. 8113-3 sont applicables.

Dans ce cas, l'employeur adresse à l'inspection du travail l'avis des délégués du personnel prévu à l'article L. 2313-6.

Art. L. 1221-15. Le registre unique du personnel est tenu à la disposition des délégués du personnel et des fonctionnaires et agents chargés de veiller à l'application du présent code et du code de la sécurité sociale.

Sous-section 3. Autres formalités

Art. L. 1221-16. Dans certains établissements ou professions, définis par voie réglementaire, l'employeur informe le service public de l'emploi de toute embauche ou rupture du contrat de travail.

Note Pour l'application de cet article, est intervenu un arrêté du 27 février 1987.

Il précise que les employeurs ne sont pas soumis aux obligations de déclaration mensuelle des mouvements de main-d'œuvre lorsque les contrats de travail sont conclus pour une durée maximum de 1 mois, non susceptible d'être prorogée. Cette dérogation ne s'applique pas aux contrats conclus à titre d'essai.

Voir également arrêtés du 15 octobre 1997 (JO 31) et du 12 décembre 2001 (JO 26) modifié par arrêté du 6 juin 2007 (JO 28 juin) relatifs à l'informatisation des déclarations mensuelles des mouvements de main-d'œuvre complétés par l'arrêté du 18 juillet 2006 (JO 3 août) modifié par arrêté du 6 juin 2007 (JO 28 juin) relatif à l'élargissement des destinataires et à l'extension des finalités du traitement des déclarations mensuelles des mouvements de main-d'œuvre et abrogeant l'arrêté du 4 juillet 2006 (JO 14) relatif au même objet.

Art. D. 1221-28. Les dispositions de la présente sous-section sont applicables aux entreprises et établissements de cinquante salariés et plus.

Note La sous-section visée à cet article est celle de la partie réglementaire concernant le relevé mensuel des contrats de travail.

Art. D. 1221-29. Dans les huit premiers jours de chaque mois, l'employeur adresse ***(D. 2010-1334 du 8 nov. 2010, JO 10, entrée en vigueur le 01.01.2011)*** « à la direction de l'animation de la recherche, des études et des statistiques (DARES) », le relevé des contrats de travail conclus ou rompus au cours du mois précédent.

Cette disposition ne s'applique pas au contrat de travail à durée déterminée conclu pour une durée maximum d'un mois non renouvelable.

Art. D. 1221-30. Le relevé mensuel des contrats de travail contient les mentions suivantes :

1° Le nom et l'adresse de l'employeur ;

2° La nature de l'activité de l'entreprise ;

3° Les nom, prénoms, nationalité, date de naissance, sexe, emploi et qualification des salariés dont le contrat de travail a été conclu ou rompu ;

4° La date d'effet des contrats de travail ou de leur rupture avec, en cas de licenciement pour motif économique, l'indication de la nature de ce motif.

Art. D. 1221-31. Sur demande expresse des services chargés du contrôle de l'emploi, l'employeur communique l'adresse des salariés dont le contrat de travail a été conclu ou rompu, mentionnés au 3° de l'article D. 1221-30.

Art. L. 1221-17. Outre la déclaration préalable à l'embauche prévue à l'article L. 1221-10, une déclaration préalable est effectuée :

1° Lorsqu'un établissement, ayant cessé d'employer du personnel pendant six mois au moins, se propose d'en employer à nouveau ;

2° Lorsqu'un établissement employant du personnel change d'exploitant ;

3° Lorsqu'un établissement employant du personnel est transféré dans un autre emplacement ou s'il fait l'objet d'extension ou de transformation entraînant une modification dans les activités industrielles et commerciales.

Art. R. 1221-32. La déclaration préalable prévue à l'article L. 1221-17 est accomplie par l'employeur.

Dans le cas prévu au 2° de ce même article, la déclaration est accomplie par le nouvel employeur, par lettre recommandée adressée à l'inspection du travail.

Le récépissé de la lettre est présenté par l'employeur sur demande de l'inspection du travail à la première visite de celle-ci.

Note La déclaration visée au 1er alinéa peut être souscrite auprès des centres de formalités des entreprises (décret 96-650 du 19 juillet 1996, JO 23, abrogé et repris aux articles R. 123-1 à 30 c. com.).

Art. R. 1221-33. La déclaration préalable précise :

1° Celui des cas prévus à l'article L. 1221-17 auquel elle répond ;

2° Le nom et l'adresse du déclarant ;
3° L'emplacement de l'établissement ;
4° La nature exacte des industries ou des commerces exercés.

Art. R. 1221-34. En cas d'expatriation du salarié d'une durée supérieure à un mois, le document remis par l'employeur au salarié mentionne également :
1° La durée de l'expatriation ;
2° La devise servant au paiement de la rémunération ;
3° Les avantages en espèces et en nature liés à l'expatriation ;
4° Les conditions de rapatriement du salarié.

Est considéré comme expatrié, au sens du présent article, le salarié exerçant son activité professionnelle dans un ou plusieurs États autres que la France et dont le contrat de travail est soumis à la législation française.

Note Les articles R. 1221-34 et 35 sont les articles R. 1221-10 et 11 anciens qui ont été renumérotés par le décret 2011-681 du 16 juin 2011, JO 18, entrée en vigueur le 01.08.2011.

Art. R. 1221-35. La modification d'une ou plusieurs des informations mentionnées à l'article ***(D. 2011-681 du 16 juin 2011, JO 18, entrée en vigueur le 01.08.2011)*** « R. 1221-34 » fait l'objet d'un document remis par l'employeur au salarié au plus tard un mois après la date de la prise d'effet de cette modification.

Art. L. 1221-18. ***(L. 2007-1786 du 19 déc. 2007, art. 16, V, JO 21)*** Tout employeur de personnel salarié ou assimilé est tenu d'adresser à l'organisme chargé du recouvrement des cotisations et contributions sociales dont il relève, au plus tard le 31 janvier de chaque année, une déclaration indiquant le nombre de salariés partis en préretraite ou placés en cessation anticipée d'activité au cours de l'année civile précédente, leur âge et le montant de l'avantage qui leur est alloué. Cette déclaration indique également le nombre de mises à la retraite d'office à l'initiative de l'employeur intervenant dans les conditions des articles L. 1237-5 à L. 1237-10 et le nombre de salariés âgés de ***(L. 2008-1330 du 17 déc. 2008, art. 90, JO 18)*** « cinquante-cinq ans et plus licenciés ou ayant bénéficié de la rupture conventionnelle mentionnée à l'article L. 1237-11 » au cours de l'année civile précédant la déclaration.

Le défaut de production, dans les délais prescrits, de cette déclaration entraîne une pénalité dont le montant est égal à six cents fois le taux horaire du salaire minimum de croissance. Cette pénalité est recouvrée par l'organisme chargé du recouvrement des cotisations et contributions sociales dont relève l'employeur. Son produit est affecté à la Caisse nationale d'assurance vieillesse des travailleurs salariés.

Le modèle de déclaration est fixé par arrêté conjoint du ministre chargé de la sécurité sociale et du ministre chargé de l'emploi.

L'obligation de déclaration mentionnée au premier alinéa ne s'applique qu'aux employeurs dont au moins un salarié ou assimilé est parti en préretraite ou a été placé en cessation anticipée d'activité ***(L. 2008-1330 du 17 déc. 2008, art. 90, JO 18)*** « ou a été mis en retraite à l'initiative de l'employeur au cours de l'année civile précédente ainsi qu'aux employeurs dont au moins un salarié âgé de cinquante-cinq ans ou plus a été licencié ou a bénéficié de la rupture conventionnelle mentionnée à l'article L. 1237-11 au cours de l'année civile précédente ».

Note • Les dispositions de cet article entrent en vigueur en même temps que celles de l'ordonnance 2007-329 du 12 mars 2007 relative au code du travail (partie législative). Elles sont applicables aux avantages versés à compter du 11 octobre 2007.

Par dérogation au précédent alinéa, la contribution sur les avantages versés aux anciens salariés qui bénéficiaient d'un avantage de préretraite ou de cessation anticipée d'activité antérieurement au 11 octobre 2007 demeure régie par le II de l'article L. 137-10 c. séc. soc. et le III de l'article 17 de la loi 2003-775 du 21 août 2003 précitée dans leur rédaction en vigueur au 10 octobre 2007 (loi 2007-1786 précitée, art. 16, VII).

• Un arrêté du 31 décembre 2008 (JO 13 janv. 2009) fixe le modèle du formulaire « Déclaration de départ de salariés, soit à 55 ans au moins dans le cadre d'un licenciement ou d'une rupture conventionnelle, soit en cas de préretraite d'entreprise ou de mise à la retraite d'office ».

• La déclaration visée à cet article est maintenant intégrée à la déclaration annuelle des données sociales (art. L. 133-5-4 c. séc. soc.).

(L. 2008-596 du 25 juin 2008, JO 26)

SECTION 4. **Période d'essai**

Note La loi 2008-596 livre pour la première fois une définition de la période d'essai (art. L. 1221-20) ; elle en fixe la durée et elle institue également un délai de prévenance lorsqu'il est mis fin à la période d'essai. Voir J-Y Frouin, « La période d'essai après la loi du 25 juin 2008 », *RJS* 6/10, pp. 419 et s. ; J. Mouly, « Une innovation ambiguë : la réglementation de la période d'essai », *Dr. Soc.* 2008, p. 288 ; article collectif « Variations sur la période d'essai », *RDT* 2008, pp. 515 et s. ; A. Mazeaud « Un nouveau droit de la formation du contrat de travail dans la perspective de la modernisation du marché du travail », *Dr. Soc.* 2008, pp. 626 et s.

Essai

• *La période d'essai doit être distinguée du test professionnel.* Le test professionnel, à la différence de la période d'essai, n'implique pas que l'intéressé soit placé dans des conditions normales d'emploi (cass. soc. 4 janvier 2000, n° 97-41.154, BC V n° 4 ; *Dr. Soc.* 2000, p. 550, obs. J. Mouly ; voir aussi cass. soc. 16 septembre 2009, n° 07-45.485, *LS* Jurispr. n° 213/2009 du 19/10/09).

• *Elle doit également être distinguée du stage professionnel.* Un stage effectué en vue d'une promotion professionnelle, en cours d'exécution du contrat de travail, ne constitue pas une période d'essai (cass. soc. 14 novembre 1990, n° 88-42.542, BC V n° 552). Mais un stage d'un an prévu dans le contrat d'embauche en application de la convention collective doit être assimilé à une période d'essai dans la mesure où il est expressément prévu que la rupture du contrat décidée par l'employeur au cours de la première année ne serait pas assujettie aux règles du licenciement (cass. soc. 8 janvier 1997, n° 93-40.291, BC V n° 9 ; *CSB* 1997, p. 149).

La Cour de cassation a d'abord décidé que le stage professionnel et la période d'essai pouvaient, selon les circonstances, être nettement distincts ou au contraire être confondus (cass. soc. 29 novembre 1978, n° 77-40.359, BC V n° 806 : le stage préalable était assimilable, en l'espèce, à la période d'essai ; cass. soc. 4 mars 1970, n° 69-40.078, BC V n° 157 : le stage de formation précède l'engagement à l'essai ; en la circonstance, le stage de formation n'avait pas été institué dans l'intention de prolonger par un moyen détourné la durée maximale de la période d'essai). Mais, partant de l'affirmation selon laquelle la période d'essai se situe au commencement de l'exécution du contrat de travail, elle juge désormais que la période de formation est incluse dans la période d'essai alors même que la formation est une formation théorique, dispensée hors de l'entreprise par un organisme indépendant (cass. soc. 24 octobre 1997, n° 94-45.275, BC V n° 333 ; *Dr. Soc.* 1997, p. 1092, obs. Cl. Roy-Loustaunau ; dans le même sens, cass. soc. 25 février 1997, n° 94-45.381, BC V n° 84 ; *CSB* 1997, p. 149 : le séminaire de formation constituant l'exécution du contrat de travail est inclus dans la période d'essai). Cependant, si l'exécution du stage est une condition du recrutement, le stage n'est pas compris dans la période d'essai (cass. soc. 1er février 2000, n° 97-41.908, *RJS* 3/00 n° 246 ; 24 octobre 2001, n° 99-45.068, *RJS* 1/02 n° 3).

• *Essai et période probatoire.* Aucune période d'essai ne peut être imposée au salarié au cours de l'exécution du contrat de travail, notamment en cas de changement d'employeur par suite d'un transfert d'entreprise, dès lors que le même contrat se poursuit (cass. soc. 31 mars 1998, n° 95-44.889, BC V n° 185 ; *RJS* 5/98 n° 571). De même, si le salarié refuse de passer au service d'un nouvel employeur par l'effet de l'article L. 122-12, al. 2, l'employeur initial qui accepte de le garder à son service ne peut pas lui imposer une clause d'essai, même si de nouvelles fonctions sont attribuées à ce salarié (cass. soc. 26 mai 1998, n° 96-40.536, BC V n° 275 ; *RJS* 7/98 n° 821).

En cours d'exécution du contrat, les parties peuvent seulement prévoir une période probatoire en cas de modification du contrat. Au cours de cette période, le salarié peut être replacé dans ses fonctions antérieures, mais l'employeur ne peut pas rompre le contrat en éludant les règles du licenciement. Cette prohibition des clauses d'essai s'applique même lorsque le changement de fonctions donne lieu à la conclusion d'un nouveau contrat ; la période d'essai qui serait stipulée dans le second contrat est assimilée à une période probatoire « dont la rupture a pour effet de replacer le salarié dans ses fonctions antérieures » (cass. soc. 30 mars 2005, 3 arrêts, n°s 02-46.103, 02-46.338 et 03-41.797, BC V n°s 107, 108 et 109 ; *RJS* 6/05 n° 594 ; chron. J-Y Frouin, *RJS* 6/05, p. 423 ; avis de l'avocat général J. Duplat, *SSL* n° 1210, p. 5 ; J. Pélissier, Panorama « Droit du travail », *D.* 2005, pp. 2501 et s.). Dans un arrêt du 23 mars 2011, la Cour de cassation a énoncé qu'en présence de contrats de travail successifs conclus entre les mêmes parties, la période d'essai stipulée dans le dernier contrat n'est licite qu'à la condition que ce contrat ait été conclu pour pourvoir un emploi différent de celui des précédents contrats (cass. soc. 23 mars 2011, n° 09-69.349, *JSL* n° 299, 16 mai 2011, p. 26 ; voir aussi cass. soc. 28 septembre 2005, n° 03-47.214, BC V n° 273 ; *RJS* 12/05 n° 1164). Par ailleurs, la Cour de cassation a jugé qu'un avenant au contrat, stipulant une période probatoire pour l'exercice de nouvelles fonctions, mettait nécessairement fin à la période d'essai qui avait été insérée dans le contrat (cass. soc. 20 octobre 2010, n° 08-42.805, BC V n° 240 ; *RJS* 1/11 n° 2 ; *JCP* éd. S 2010, 1507, note C. Puigelier).

Art. L. 1221-19. Le contrat de travail à durée indéterminée peut comporter une période d'essai dont la durée maximale est :

1° Pour les ouvriers et les employés, de deux mois ;

2° Pour les agents de maîtrise et les techniciens, de trois mois ;

3° Pour les cadres, de quatre mois.

Note

Voir article J. Mouly « Sur le caractère impératif de la durée des nouvelles périodes d'essai », *SSL* n° 1351, p. 61.

Il faut noter que l'ANI du 11 janvier 2008 sur la modernisation du marché du travail fixe, dans son article 4, des durées minimales, ce que la loi 2008-596 n'a pas repris.

Durée de la période d'essai (avant la loi 2008-596 du 25 juin 2008)

• La durée de la période d'essai peut être fixée librement par les parties dans les limites imposées par la convention collective. Lorsqu'une convention collective prévoit la durée d'une période d'essai, les parties ne peuvent convenir d'une durée plus longue (cass. soc. 18 juin 1997, n° 94-43.985, BC V n° 229 ; *RJS* 8-9/97 n° 945 ; 30 juin 1999, n° 97-42.942, BC V n° 317 ; *JSL* n° 44 19 octobre 1999 p. 32) ; elles peuvent, en revanche, convenir d'une durée plus courte (cass. soc. 20 janvier 1999, n° 96-44.677, *RJS* 4/99 n° 469). De façon générale, lorsque la convention collective prévoit une période d'essai et que le contrat individuel de travail ne déroge pas expressément à cette clause conventionnelle, les juges considèrent que la clause conventionnelle d'essai s'applique (cass. soc. 13 mars 1990, n° 87-44.804, *RJS* 5/90 n° 346). Mais si la convention collective soumet l'existence de la période d'essai à certaines conditions relatives à la conclusion du contrat, l'employeur qui n'a pas respecté ces conditions ne peut pas invoquer, à l'encontre du salarié, les règles de l'essai (cass. soc. 11 décembre 1991, n° 88-41.638, BC V n° 569 ; *RJS* 2/92 n° 117, 1re espèce : défaut d'envoi d'une lettre d'embauche précisant les clauses essentielles du contrat alors que la convention collective imposait cet envoi ; cass. soc. 7 janvier 1992, n° 88-42.293, BC V n° 6 ; *RJS* 2/92 n° 117, 2e espèce : un employeur qui ne respecte pas la clause conventionnelle lui imposant de notifier par écrit au salarié la durée de l'essai ne peut pas invoquer la clause conventionnelle d'essai).

À défaut de dispositions conventionnelles, les parties sont, en principe, libres de fixer contractuellement la durée de l'essai, mais cette liberté a une limite : la durée de l'essai doit être proportionnée avec le temps nécessaire pour éprouver un salarié de la catégorie du salarié concerné (cass. soc. 7 janvier 1992, n° 88-45.393, *RJS* 3/92 n° 244). Souvent, les usages locaux ou professionnels permettront de déterminer si la durée de l'essai fixée par le contrat est ou n'est pas excessive (cass. soc. 21 décembre 1977, n° 76-40.685, BC V n° 727 : période d'essai hors de proportion avec le temps nécessaire pour tester l'employé, contraire aux usages pratiqués dans la région et la profession ; cass. soc. 9 juin 1988, n° 85-43.146, BC V n° 348 : salarié embauché en qualité de livreur, d'abord par contrats à durée déterminée d'une durée de six jours et treize jours, puis par contrat à durée indéterminée comportant une période d'essai de trois mois).

• Sauf disposition conventionnelle ou contractuelle contraire, toute période d'essai, qu'elle soit exprimée en jours, en semaines ou en mois, se décompte de manière calendaire (cass. soc. 28 avril 2011, 2 arrêts, n°s 09-72.165 et 09-40.464, BC V n° 101 ; *JSL* n° 301, 17 juin 2011, p. 15, J-E Tourreil ; *RJS* 7/11 n° 582 ; *RDT*, juillet/août 2011, CH, 435, S. Tournaux ; voir aussi cass. soc. 29 juin 2005, n° 02-45.701, BC V n° 220 ; *RJS* 10/05 n° 944 ; *JCP* éd. S 2005, 1172, note B. Gauriau).

• La durée de la période ne peut inclure des périodes de suspension du contrat de travail (par exemple, fermeture de l'entreprise en raison des congés annuels : cass. soc. 27 novembre 1985, n° 82-42.581, BC V n° 560 ; maladie du salarié : cass. soc. 18 janvier 1989, n° 85-43.505, BC V n° 36 ; épreuve de sélection du service national et jours de congé : cass. soc. 26 octobre 1999, n° 97-43.266, *RJS* 12/99 n° 1436). Sa prolongation ne peut être limitée aux seuls jours ouvrables (cass. soc. 14 novembre 1990, n° 87-42.795, BC V n° 551 ; *CSB* 1990 A. 58, 1re espèce).

• Les dispositions propres à la computation des délais de procédure ne s'appliquent pas au calcul de la durée d'une période d'essai (cass. soc. 15 mars 2006, n° 04-44.544, BC V n° 103 ; *RJS* 5/06 n° 516, 1re espèce ; *JCP* éd. S 2006, 1379, note J-Y Frouin).

• Est déraisonnable, au regard de la finalité de la période d'essai et de l'exclusion des règles du licenciement durant cette période, une période d'essai dont la durée, renouvellement inclus, atteint un an (cass. soc. 11 janvier 2012, n° 10-17.945, *LSQ* n° 16024 du 23 janv. 2012 ; voir aussi cass. soc. 4 juin 2009, n° 08-41.359, BC V n° 146 ; *JCP* éd. S 2009, 1335, note J. Mouly ; *RJS* 8-9/09 n° 679 ; *JSL* n° 260, 29 juillet 2009, p. 24, N. Gardair-Rérolle ; *RDT*, octobre 2009, CH, 579, S. Tournaux, énonçant qu'est déraisonnable, au regard de la finalité de la période d'essai et de l'exclusion des règles du licenciement durant cette période, la durée d'un an de stage prévu par une convention collective).

Art. L. 1221-20. La période d'essai permet à l'employeur d'évaluer les compétences du salarié dans son travail, notamment au regard de son expérience, et au salarié d'apprécier si les fonctions occupées lui conviennent.

Art. L. 1221-21. La période d'essai peut être renouvelée une fois si un accord de branche étendu le prévoit. Cet accord fixe les conditions et les durées de renouvellement.

La durée de la période d'essai, renouvellement compris, ne peut pas dépasser :

1° Quatre mois pour les ouvriers et employés ;

2° Six mois pour les agents de maîtrise et techniciens ;

3° Huit mois pour les cadres.

Note **Renouvellement de l'essai (avant la loi 2008-596 du 25 juin 2008)**

• Le renouvellement de la période d'essai ne peut résulter que d'un accord exprès des parties intervenu au cours de la période initiale (cass. soc. 23 janvier 1997, n° 94-44.357, BC V n° 33 ; *RJS* 3/97 n° 248 ; 10 janvier 2001, n° 97-45.164, BC V n° 4 ; *RJS* 3/01 n° 280) et exige une manifestation de volonté claire et non équivoque du salarié ne pouvant être déduite de la seule apposition de sa signature sur un document établi par l'employeur (cass. soc. 25 novembre 2009, n° 08-43.008, BC V n° 265 ; *JSL* n° 269, 18 janvier 2010, p. 18, M-Ch. Haller ; *RJS* 2/10 n° 142 ; *JCP* éd. S 2010, 1041, note X. Carsin ; voir aussi cass. soc. 15 mars 2006, n° 04-46.406, BC V n° 104 ; *RJS* 5/06 n° 516, 3e espèce, s'agissant de la signature d'un salarié apposée sur un document d'évaluation adressé par l'évaluateur à l'employeur). En revanche, sous réserve des modalités spécifiques prévues par certaines conventions collectives, l'accord exprès du salarié peut être donné par courrier électronique à condition que l'accord y soit exprimé dans des termes clairs et non équivoques (rép. QE 88607, JO AN 1er mars 2011, p. 2088). À noter que l'accord exprès est nécessaire même si les dispositions conventionnelles prévoient une simple information du salarié (cass. soc. 12 juillet 2010, n° 09-41.875, *JSL* n° 286, 27 octobre 2010, p. 24).

• Lorsque la convention collective ne prévoit pas la possibilité de renouveler la période d'essai, la clause du contrat de travail prévoyant son renouvellement est nulle (cass. soc. 30 mars 1995, n° 91-44.079, BC V n° 117 ; *RJS* 8-9/95 n° 863) quand bien même la durée totale de la période d'essai renouvelée n'excéderait pas la durée maximale prévue par la convention collective (cass. soc. 25 février 2009, n° 07-40.155, BC V n° 50 ; *JCP* éd. S 2009, 1158, note J. Mouly ; *RJS* 5/09 n° 409).

• L'engagement du salarié devient définitif à l'issue de la première période d'exécution de l'essai lorsque le renouvellement de l'essai a été notifié verbalement au salarié alors que la convention collective prévoit que l'employeur doit notifier par écrit à l'intéressé les motifs de la reconduction de l'essai (cass. soc. 31 janvier 1995, n° 91-42.862, BC V n° 44 ; *RJS* 3/95 n° 203).

• La durée de la période d'essai initialement fixée par les parties ne peut excéder celle prévue par la convention collective et les parties ne peuvent stipuler dès l'origine une durée supérieure en y ajoutant la durée de la prolongation ou du renouvellement éventuellement permis par la convention collective (cass. soc. 17 juillet 1996, n° 93-43.864, *RJS* 8-9/96 n° 889 ; voir aussi cass. soc. 17 janvier 1995, n° 91-43.011, *Dr. Soc.* 1995, p. 188).

• Ne constitue pas un renouvellement de la période d'essai, celle incluse dans un contrat avec une société d'un groupe, quand bien même ce contrat ferait suite à un précédent contrat, conclu avec une autre société du même groupe, qui contenait déjà une période d'essai (cass. soc. 20 octobre 2010, n° 08-40.822, BC V n° 239 ; *RJS* 1/11 n° 1 ; *JCP* éd. S 2011, 1041, note A. Barège : la clause d'essai stipulée dans le second contrat est valable).

Art. L. 1221-22. Les durées des périodes d'essai fixées par les articles L. 1221-19 et L. 1221-21 ont un caractère impératif, à l'exception :
- de durées plus longues fixées par les accords de branche conclus avant la date de publication de la loi n° 2008-596 du 25 juin 2008 portant modernisation du marché du travail ;
- de durées plus courtes fixées par des accords collectifs conclus après la date de publication de la loi n° 2008-596 du 25 juin 2008 précitée ;
- de durées plus courtes fixées dans la lettre d'engagement ou le contrat de travail.

Note Les stipulations des accords de branche conclus avant la publication de la loi 2008-596 du 25 juin 2008 (JO 26) et fixant des durées d'essai plus courtes que celles déterminées par l'article L. 1221-19 restent en vigueur jusqu'au 30 juin 2009 (loi 2008-596 précitée, art. 2, II).

Art. L. 1221-23. La période d'essai et la possibilité de la renouveler ne se présument pas. Elles sont expressément stipulées dans la lettre d'engagement ou le contrat de travail.

Note **Existence d'une période d'essai (avant la loi du 25 juin 2008).** L'essai est une dérogation au principe selon lequel la convention est normalement conclue à titre définitif : il en résulte que c'est celui qui se prévaut de l'existence d'un essai qui doit en rapporter la preuve (cass. soc. 5 juin 1990, n° 86-45.066, *CSB* 1990 S. 117).

La période d'essai ne se présume pas : pour pouvoir invoquer l'existence d'une période d'essai, il est nécessaire qu'il y ait une stipulation expresse de la convention collective ou du contrat de travail. Un document interne à l'entreprise ne saurait être assimilé à une convention collective et ne peut instaurer une période d'essai opposable au salarié (cass. soc. 6 juin 2001, n° 99-43.929, *RJS* 8-9/01 n° 981).

Une période d'essai ne peut pas être instituée par un usage (cass. soc. 23 novembre 1999, n° 97-43.022, BC V n° 448 ; *Dr. Soc.* 2000, p. 204, note J. Mouly).

• Une clause d'essai peut être introduite dans un contrat de travail, alors même que ce contrat est conclu en fin d'apprentissage entre l'ancien maître d'apprentissage et l'ancien apprenti (cass. soc. 4 mars 1992, n° 88-44.217, BC V n° 150 ; *RJS* 4/92 n° 403).

Une période d'essai d'un mois ne peut être valablement stipulée dans un engagement à durée déterminée conclu le 1er mars 1998 lorsque le salarié embauché a, en 1997, exercé les mêmes fonctions au profit du même employeur (cass. soc. 26 février 2002, n° 00-40.749, BC V n° 78 ; *RJS* 5/02 n° 539 ; *Dr. Soc.* 2002, p. 993).

• La période d'essai contractuellement prévue par une lettre d'engagement existe, peu important que le contrat conclu ensuite n'y fasse plus référence (cass. soc. 23 mars 2011, n° 09-67.487).

• Un salarié est soumis à une période d'essai dès lors que la convention collective applicable prévoit que tout contrat de travail comporte une période d'essai sans exiger que la lettre d'embauche la mentionne (cass. soc. 22 juin 1994, n° 91-41.653, BC V n° 208 ; *RJS* 8-9/94 n° 962).

Lorsque le contrat de travail ne fait pas mention de l'existence d'une période d'essai, l'employeur ne peut se prévaloir de la période d'essai instituée de manière obligatoire par la convention collective que si le salarié a été informé, au moment de son engagement, de l'existence d'une convention collective applicable et mis en mesure d'en prendre connaissance (cass. soc. 18 juillet 2001, n° 99-44.729, *RJS* 11/01 n° 1244 ; 29 mars 1995, n° 91-44.562, BC V n° 112 ; *RJS* 5/95 n° 538) ; il en est de même en cas d'absence de contrat de travail écrit (cass. soc. 25 mars 1998, n° 96-40.496, BC V n° 173 ; *RJS* 5/98 n° 561 ; 23 avril 1997, n° 94-42.525, BC V n° 143 ; *RJS* 6/97 n° 648 ; *Dr. Soc.* 1997, p. 641).

La disposition conventionnelle est inopposable au salarié lorsque l'employeur n'a pas affiché sur les lieux du travail l'avis indiquant qu'il tenait à la disposition du personnel un exemplaire de la convention collective (cass. soc. 6 juillet 1994, n° 91-41.370, BC V n° 225 ; *RJS* 8-9/94 n° 1023). En outre, l'affichage des modalités de consultation de la convention collective dans les locaux de l'entreprise ne vaut pas information de l'existence de la convention (cass. soc. 15 septembre 2010, n° 09-42.277, BC V n° 180 ; *RJS* 11/10 n° 828).

Dans les cas où la convention collective prévoit un essai obligatoire tout en précisant que le contrat de travail doit être conclu par écrit et qu'il doit contenir une clause d'essai, l'absence de clause contractuelle relative à l'essai conduit les juges à décider qu'il n'y a pas d'essai (cass. soc. 27 mars 1996, n° 92-44.740, *RJS* 5/96 n° 510 ; 5 juin 1996, n° 94-42.263, BC V n° 228 ; *RJS* 7/96 n° 766).

• Plus délicate est la question de savoir comment doit s'appliquer la clause d'une convention collective se bornant à fixer, sans autre précision, la durée de la période d'essai. Dans un arrêt du 19 octobre 1977 (n° 76-40.049, BC V n° 544), la Cour de cassation avait considéré qu'en présence d'une convention collective stipulant seulement que « la durée de la période d'essai est fixée à trois mois », et en l'absence de toute indication à cet égard dans la lettre d'embauche, une cour d'appel avait à bon droit déclaré la clause de la convention collective applicable en l'absence de tout accord contraire y dérogeant. Mais elle a pris une autre position dans un arrêt du 15 novembre 1989 (n° 86-41.430, BC V n° 661 ; *Dr. Ouvr.* 1991, p. 99 ; *CSB* 1990 A. 2), affirmant qu'on ne peut opposer une période d'essai à un salarié dans la mesure où la convention collective applicable ne prévoit pas que « tout engagement comporte une période d'essai et que celle-ci n'est pas envisagée par le contrat de travail » et, dans un arrêt du 18 mars 1992 (n° 88-44.518, BC V n° 190), décidant que la seule référence à la convention collective prévoyant une période d'essai ne suffit pas à apporter la preuve qu'elle ait été convenue (dans le même sens, cass. soc. 2 mars 1994, n° 91-41.324, *RJS* 4/94 n° 374, 2e espèce).

• La non-conformité de la clause relative à la période d'essai aux dispositions de la convention collective n'entraîne pas la nullité du contrat de travail mais a seulement pour effet de ramener la période d'essai à la durée fixée par ladite convention (cass. soc. 4 avril 1979, n° 77-41.234, BC V n° 321).

Période d'essai interprofessionnelle. L'accord national interprofessionnel (ANI) du 11 janvier 2008 avait institué une période d'essai interprofessionnelle (art. 4). La durée maximale de cet essai varie de 1 à 4 mois (période renouvelable une fois par accord de branche étendu).

Art. L. 1221-24. En cas d'embauche dans l'entreprise ***(L. 2011-893 du 28 juil. 2011, art. 28, JO 29)*** « dans les trois mois suivant l'issue » du stage intégré à un cursus pédagogique réalisé lors de la dernière année d'études, la durée de ce stage est déduite de la période d'essai, sans que cela ait pour effet de réduire cette dernière de plus de la moitié, sauf accord collectif prévoyant des stipulations plus favorables. ***(L. 2011-893 du 28 juil. 2011, art. 28, JO 29)*** « Lorsque cette embauche est effectuée dans un emploi en correspondance avec les activités qui avaient été confiées au stagiaire, la durée du stage est déduite intégralement de la période d'essai.

Lorsque le stagiaire est embauché par l'entreprise à l'issue d'un stage d'une durée supérieure à deux mois, au sens de l'article L. 612-11 du code de l'éducation, la durée de ce stage est prise en compte pour l'ouverture et le calcul des droits liés à l'ancienneté. »

Art. L. 1221-25. Lorsqu'il est mis fin, par l'employeur, au contrat en cours ou au terme de la période d'essai définie aux articles L. 1221-19 à L. 1221-24 ou à l'article L. 1242-10 pour les contrats stipulant une période d'essai d'au moins une semaine, le salarié est prévenu dans un délai qui ne peut être inférieur à :

1° Vingt-quatre heures en deçà de huit jours de présence ;
2° Quarante-huit heures entre huit jours et un mois de présence ;
3° Deux semaines après un mois de présence ;
4° Un mois après trois mois de présence.

La période d'essai, renouvellement inclus, ne peut être prolongée du fait de la durée du délai de prévenance.

Note

Rupture en cours d'essai

Avant la loi 2008-596 du 25 juin 2008

• En principe, les règles du licenciement ne sont pas applicables lorsque l'employeur rompt le contrat en cours d'essai. Le contrat à l'essai peut donc être rompu sans préavis, sauf stipulation conventionnelle prévoyant un délai de préavis. Lorsqu'il y a dans le contrat une clause prévoyant un délai de préavis, l'employeur doit notifier la décision de rupture au cours de la période d'essai ; il n'est pas nécessaire que le préavis prenne fin avant le terme de la période d'essai (cass. soc. 11 octobre 2000, n° 98-45.170, *RJS* 12/00 n° 1215) ; si le délai de préavis n'est pas respecté, le salarié peut prétendre à une indemnité compensatrice (même arrêt). Après avoir jugé que la date de la rupture est celle de la présentation de la lettre de rupture à son destinataire (cass. soc. 17 octobre 2000, n° 98-42.581, BC V n° 332 ; *RJS* 12/00 n° 1240), la Cour de cassation juge actuellement que « la rupture d'un contrat de travail se situe à la date où l'employeur a manifesté sa volonté d'y mettre fin, c'est-à-dire au jour de l'envoi de la lettre recommandée notifiant la rupture » (cass. soc. 11 mai 2005, n° 03-40.650, BC V n° 159 ; 26 septembre 2006, n° 05-44.670, BC V n° 287 ; *Dr. Soc.* 2006, p. 1193, obs. J. Savatier).

• Les règles relatives au licenciement n'étant pas applicables pendant la période d'essai, les femmes enceintes ne peuvent pas invoquer, pendant cette période, les règles protégeant les femmes en état de grossesse contre le licenciement (cass. soc. 21 décembre 2006, n° 05-44.806, BC V n° 415 ; *RJS* 3/07 n° 325 ; *Dr. Soc.* 2007, p. 356, obs. J. Savatier ; 15 janvier 1997, n° 94-43.755, BC V n° 17 ; *CSB* 1997, A. 23). Mais si une salariée rapporte la preuve que la rupture de l'essai a eu pour cause son état de grossesse, l'employeur sera condamné pour rupture abusive (application de l'article L. 1225-1 CT). Depuis que l'article L. 1132-1 prohibe expressément la discrimination en raison de la grossesse, la salariée dont l'essai est rompu pour un tel motif obtiendra la nullité de la rupture d'essai par application de l'article L. 1132-4. La Cour de cassation affirme très nettement que les articles L. 1132-1 et s. (ancien art. L. 122-45) s'appliquent à la période d'essai (cass. soc. 16 février 2005, n° 02-43.402, BC V n° 52 ; *RJS* 5/05 n° 469).

• Durant la période d'essai, chacune des parties dispose en principe d'un droit de résiliation unilatéral, sans avoir à alléguer de motif (cass. soc. 20 octobre 2010, n° 08-40.822, BC V n° 239 ; *RJS* 1/11 n° 1 ; *JCP* éd. S 2011, 1041, note A. Barège).

• La liberté de rompre le contrat de travail connaît cependant plusieurs limites. Le droit de rompre l'essai ne doit pas dégénérer en abus. La rupture est abusive lorsqu'elle intervient pour un motif non inhérent à la personne du salarié (cass. soc. 20 novembre 2007, n° 06-41.212, BC V n° 194 ; *JSL* n° 223, 11 décembre 2007,

p. 11, M-Ch. Haller ; *RJS* 2/08 n° 134 ; *JCP* éd. S 2008, 1215, note C. Leborgne-Ingenaere). Ainsi, l'employeur ne peut invoquer ni les conditions climatiques (cass. soc. 15 décembre 2010, n° 09-42.273, *JCP* éd. S 2011, 1282, note Fr. Bousez), ni le refus par le salarié de modifications de son contrat de travail (cass. soc. 10 décembre 2008, n° 07-42.445, BC V n° 246 ; *JSL* n° 247, 14 janvier 2009, p. 12, M-Ch. Haller ; *RJS* 2/09 n° 132 ; *Dr. Soc.* 2009, p. 235, obs. G. Couturier ; *JCP* éd. S 2009, 1123, note D. Everaert-Dumont), ni la suppression du poste occupé par le salarié (cass. soc. 30 novembre 2011, n° 10-30.535). Les juges retiennent l'abus du droit de rompre en relevant la légèreté blâmable de l'employeur qui met très rapidement fin à l'essai en l'absence de faute grossière du salarié (cass. soc. 17 juillet 1996, n° 93-46.494, BC V n° 289 ; *RJS* 8-9/96 n° 892 ; 5 mai 2004, n° 02-41.224, BC V n° 123 ; *RJS* 7/04 n° 792) ; ils n'hésitent pas à considérer qu'il y a précipitation inhabituelle pour interrompre la période d'essai et abus du droit alors que la décision de rupture a été prise après vingt-huit jours de travail (cass. soc. 22 novembre 1995, n° 92-43.036, *RJS* 1/96 n° 2, 2e espèce). L'abus du droit est retenu chaque fois que l'appréciation des qualités professionnelles n'a pas pu être réalisée (par exemple, cass. soc. 18 juin 1996, n° 92-44.891, BC V n° 247 ; *RJS* 8-9/96 n° 891 : rupture abusive lorsque l'employeur rompt le contrat pendant une période de suspension de contrat en raison de la maladie du salarié alors que la période d'essai a été renouvelée pendant cette suspension et que le travail n'a pas été repris). Il en est de même lorsqu'il apparaît que la rupture du contrat ne peut pas être motivée par le manque de qualités professionnelles (cass. soc. 9 octobre 1996, n° 93-45.668, BC V n° 318 ; *RJS* 11/96 n° 1148).

De façon encore plus radicale, la Cour de cassation décide, malgré la rédaction de l'article L. 1231-1, al. 2, d'appliquer les règles du licenciement dans quelques cas particuliers. Elle a d'abord jugé que les salariés, victimes d'un accident du travail en cours d'essai, bénéficiaient des règles de protection contre la résiliation du contrat de travail (cass. soc. 25 février 1997, n° 93-40.185, BC V n° 80 ; *Dr. Soc.* 1997, p. 409, obs. Cl. Roy-Loustaunau ; *RJS* 4/97, n° 371 ; 12 mai 2004, n° 02-44.325, BC V n° 132 ; *RJS* 7/04 n° 808 : la résiliation du contrat de travail pendant la période provoquée par un accident du travail est nulle, même si elle intervient pendant la période d'essai).

Plus récemment, la chambre sociale de la Cour de cassation a jugé que « les dispositions légales qui assurent une protection exceptionnelle et exorbitante du droit commun à certains salariés, en raison du mandat ou des fonctions qu'ils exercent dans l'intérêt de l'ensemble des travailleurs, s'appliquent à la rupture du contrat de travail à l'initiative de l'employeur pendant la période d'essai » (cass. soc. 26 octobre 2005, deux arrêts, nos 03-44.585 et 03-44.751, BC V n° 306 ; *RJS* 1/06, p. 9, rapport M-L Morin et n° 63). Un employeur doit donc solliciter l'autorisation de l'inspecteur du travail lorsqu'il entend rompre le contrat de travail, même en période d'essai, d'un médecin du travail, d'un conseiller du salarié, d'un représentant du personnel, d'un représentant syndical, d'un conseiller prud'homal (cass. soc. 22 septembre 2010, n° 09-40.968, BC V n° 191 ; *LS* Bref n° 15702 du 4/10/10 ; *RJS* 12/10 n° 981 ; *Dr. Soc.* 2010, p. 1268, obs. L. Pécaut-Rivolier).

Enfin, l'employeur doit respecter la procédure disciplinaire lorsqu'il invoque un motif disciplinaire pour mettre fin à l'essai (cass. soc. 10 mars 2004, n° 01-44.750, BC V n° 80 ; *RJS* 6/04 n° 646).

Depuis la loi 2008-596 du 25 juin 2008

En cas de rupture de la période d'essai, l'employeur doit respecter un délai de prévenance. Le manquement de l'employeur à cette obligation constitue une irrégularité causant nécessairement un préjudice au salarié (CA Amiens 5e ch. soc., 1er juin 2010, n° 09/04831, *RJS* 1/11 n° 3, 1re espèce). Cette irrégularité ouvre droit au profit du salarié à une indemnité compensatrice correspondant au préavis non effectué (CA Amiens 5e ch. soc., 13 octobre 2010, n° 10/00613, *RJS* 1/11 n° 3, 2e espèce) et ne peut être sanctionné que par l'allocation de dommages-intérêts (CA Bordeaux ch. soc. B, 21 octobre 2010, n° 09/06360, *RJS* 1/11 n° 3, 3e espèce). Voir aussi « Rupture de la période d'essai et non-respect du délai de prévenance : quelle sanction pour l'employeur ? », J-P Schmitt, *JSL* n° 305, 5 septembre 2011, p. 14.

Art. L. 1221-26. Lorsqu'il est mis fin à la période d'essai par le salarié, celui-ci respecte un délai de prévenance de quarante-huit heures. Ce délai est ramené à vingt-quatre heures si la durée de présence du salarié dans l'entreprise est inférieure à huit jours.

Art. R. 1227-1. Le fait de ne pas procéder à la déclaration préalable à l'embauche, prévue à l'article L. 1221-10, dans les conditions déterminées aux articles R. 1221-1 à R. 1221-6, est puni de l'amende prévue pour les contraventions de la cinquième classe.

Art. R. 1227-2. Est puni de l'amende prévue pour les contraventions de la quatrième classe le fait :

1° De contrevenir aux dispositions de l'article ***(D. 2011-681 du 16 juin 2011, JO 18, entrée en vigueur le 01.08.2011)*** « R. 1221-9 relatives à la remise d'une copie de la déclaration préalable à l'embauche ou de l'accusé de réception » au salarié ou, à défaut, de ne pas délivrer au salarié de contrat écrit accompagné de la mention de l'organisme destinataire de la déclaration préalable d'embauche ;

(D. 2011-681 du 16 juin 2011, JO 18, entrée en vigueur le 01.08.2011) « 2° De ne pas présenter à toute réquisition des agents de contrôle mentionnés à l'article L. 8271-7 l'avis de réception prévu par l'article R. 1221-7 s'il est encore tenu de le conserver en application de l'article R. 1221-8 ou, tant qu'il n'a pas reçu cet avis, de ne pas leur communiquer les éléments leur permettant de vérifier qu'il a procédé à la déclaration préalable à l'embauche du salarié, en méconnaissance des dispositions de l'article R. 1221-12. »

Art. R. 1227-3. Le fait de ne pas informer le service public de l'emploi d'une embauche ou de la rupture d'un contrat de travail, en méconnaissance des dispositions de l'article L. 1221-16 et de l'arrêté pris pour son application, est puni de l'amende prévue pour les contraventions de la quatrième classe.

Art. R. 1227-4. Le fait de ne pas fournir les renseignements prévus aux articles ***(D. 2009-289 du 13 mars 2009, JO 15)*** « D. 1221-30 et D. 1221-31 », relatifs au relevé mensuel des contrats de travail, est puni de l'amende prévue pour les contraventions de la quatrième classe.

Art. R. 1227-7. Est puni de l'amende prévue pour les contraventions de la quatrième classe le fait de méconnaître les dispositions :

(D 2009-289 du 13 mars 2009, JO 15) « 1° » Des articles L. 1221-13 et L. 1221-15, D. 1221-23 à R. 1221-26, relatives au registre unique du personnel ;

(D 2009-289 du 13 mars 2009, JO 15) « 2° » Des articles L. 1221-17 et R. 1221-32 à R. 1221-33, relatives aux autres cas de déclaration préalable.

Cette amende est appliquée autant de fois qu'il y a de personnes employées dans des conditions susceptibles d'être sanctionnées au titre des dispositions de cet article.

CHAPITRE II

Exécution et modification du contrat de travail

SECTION 1. Exécution du contrat de travail

Art. L. 1222-1. Le contrat de travail est exécuté de bonne foi.

Note L'employeur manque à l'exécution de bonne foi du contrat de travail en supprimant un avantage lié à la fonction du salarié et en mettant celui-ci dans l'impossibilité de travailler (cass. soc. 10 mai 2006, n° 05-42.210, BC V n° 169 ; *Dr. Soc.* 2006, p. 803, obs. J. Savatier : suppression du transport du domicile au lieu de travail de très bonne heure ; résiliation judiciaire prononcée à la demande du salarié). Voir article Ch. Vigneau « L'impératif de bonne foi dans l'exécution du contrat de travail », *Dr. Soc.* 2004, p. 704.

Art. L. 1222-2. Les informations demandées, sous quelque forme que ce soit, à un salarié ne peuvent avoir comme finalité que d'apprécier ses aptitudes professionnelles.

Ces informations doivent présenter un lien direct et nécessaire avec l'évaluation de ses aptitudes.

Le salarié est tenu de répondre de bonne foi à ces demandes d'informations.

Note Voir note sous L. 1221-6 relative au recrutement.

Art. L. 1222-3. Le salarié est expressément informé, préalablement à leur mise en œuvre, des méthodes et techniques d'évaluation professionnelles mises en œuvre à son égard.

Les résultats obtenus sont confidentiels.

Les méthodes et techniques d'évaluation des salariés doivent être pertinentes au regard de la finalité poursuivie.

Art. L. 1222-4. Aucune information concernant personnellement un salarié ne peut être collectée par un dispositif qui n'a pas été porté préalablement à sa connaissance.

Art. L. 1222-5. L'employeur ne peut opposer aucune clause d'exclusivité pendant une durée d'un an au salarié qui crée ou reprend une entreprise, même en présence de stipulation contractuelle ou conventionnelle contraire. Toutefois, cette interdiction ne s'applique pas à la clause d'exclusivité prévue par l'article L. 7313-6 pour les voyageurs, représentants ou placiers.

Lorsqu'un congé pour la création ou la reprise d'entreprise est prolongé dans les conditions prévues à l'article L. 3142-82, les dispositions du premier alinéa s'appliquent jusqu'au terme de la prolongation.

Le salarié reste soumis à l'obligation de loyauté à l'égard de son employeur.

Art. D. 1222-1. Le délai d'un an pendant lequel l'employeur ne peut opposer la clause d'exclusivité prévue à l'article L. 1222-5 court à compter :

1° Soit de l'inscription du salarié au registre du commerce et des sociétés ou au répertoire des métiers ;

2° Soit de sa déclaration de début d'activité professionnelle agricole ou indépendante.

SECTION 2. Modification du contrat de travail pour motif économique

Art. L. 1222-6. Lorsque l'employeur envisage la modification d'un élément essentiel du contrat de travail pour l'un des motifs économiques énoncés à l'article L. 1233-3, il en fait la proposition au salarié par lettre recommandée avec avis de réception.

La lettre de notification informe le salarié qu'il dispose d'un mois à compter de sa réception pour faire connaître son refus.

À défaut de réponse dans le délai d'un mois, le salarié est réputé avoir accepté la modification proposée.

Note • Le délai d'un mois prévu au deuxième alinéa expire à minuit le jour du mois suivant qui porte le même quantième que le jour de la réception de la lettre recommandée contenant la proposition de modification (cass. soc. 3 mars 2009, n° 07-42.850, *RJS* 6/09 n° 499 ; *JCP* éd. S 2009, 1305, note L. Drai). L'inobservation par l'employeur du délai d'un mois, qui constitue une période de réflexion destinée à permettre au salarié de prendre parti sur la proposition de modification en mesurant les conséquences de son choix, prive de cause réelle et sérieuse le licenciement fondé sur le refus par le salarié de la modification de son contrat de travail (cass. soc. 10 décembre 2003, nos 01-44.745, BC V n° 313 et 01-40.225, BC V n° 312 ; *RJS* 2/04 n° 174).

L'employeur peut renoncer à la modification du contrat avant la fin du délai accordé au salarié et le refus de ce dernier de reprendre le travail ne rend pas la rupture imputable à l'employeur (cass. soc. 5 mars 1997, n° 94-42.188, BC V n° 96 ; *RJS* 4/97, n° 376).

• Seule une réponse expresse et positive, ou le silence gardé par le salarié pendant plus d'un mois, vaut acceptation de la modification proposée par l'employeur ; une réponse dilatoire ou conditionnelle, telle qu'une demande de prorogation, constitue une réponse négative (cass. avis 6 juillet 1998, n° 09820011, BC n° 9 ; *RJS* 8-9/98 n° 959) ; en outre, le silence du salarié vaut acceptation, même en présence d'une clause prévoyant le contraire (cass. soc. 18 mai 2004, n° 01-46.164).

Dans l'exercice de son pouvoir souverain d'appréciation d'une stipulation ambiguë, une cour d'appel a pu estimer que le salarié qui avait donné son accord tout en envisageant la possibilité d'engager toute procédure utile pour le respect de ses intérêts n'a pas consenti à la modification de son contrat de travail (cass. soc. 14 janvier 2003, n° 00-45.269, *RJS* 3/02 n° 317).

En cas de refus par le salarié, l'employeur ne peut que poursuivre le contrat de travail aux conditions initiales ou diligenter une procédure de licenciement (cass. soc. 26 juin 2001, n° 99-42.489, BC V n° 229 ; *RJS* 10/01 n° 1117).

• L'employeur qui n'a pas respecté les formalités prescrites par l'ancien article L. 321-1-2 [L. 1222-6] CT ne peut se prévaloir ni d'un refus ni d'une acceptation de la modification du contrat par le salarié (cass. soc. 25 janvier 2005, n° 02-41.819, BC V n° 18 ; *RJS* 4/05 n° 344 ; 27 mai 2009, n° 06-46.293, BC V n° 137 ; *JCP* éd. S 2009, 1338, note P. Morvan ; *RJS* 8-9/09 n° 689).

• Une proposition de modification des contrats de travail faite par l'administrateur judiciaire est soumise aux dispositions de l'article L. 1222-6 et ne peut renvoyer à une réponse des salariés sous huit jours (cass. soc. 28 novembre 2000, n° 98-42.852, BC V n° 393 ; *RJS* 2/01 n° 169). En revanche, les dispositions de cet article (ancien article L. 321-1-2) ne sont pas applicables lorsque l'employeur propose un reclassement au salarié en vue d'éviter son licenciement résultant de la suppression de son emploi (cass. soc. 13 avril 1999, n° 97-41.934, BC V n° 170 ; *RJS* 6/99 n° 793 ; *Dr. Soc.* 1999, p. 639, obs. G. Couturier ; 27 novembre 2001, n° 99-41.723, BC V n° 359 ; *Dr. Soc.* 2002, p. 221, obs. J. Mouly).

SECTION 3. **Modification du contrat de travail en cas d'accord de réduction du temps de travail**

Art. L. 1222-7. La seule diminution du nombre d'heures stipulé au contrat de travail en application d'un accord de réduction de la durée du travail ne constitue pas une modification du contrat de travail.

Note • Les dispositions de cet article sont applicables aux salariés mentionnés à l'article L. 713-1 du code rural (loi du 19 janvier 2000, art. 33, VI) et aux marins salariés des entreprises d'armement maritime (loi 2002-73 du 17 janvier 2002, art. 203, JO 18).

• La loi du 19 janvier 2000 n'a pas posé en principe que la réduction effective de la durée du travail à 35 heures dans l'entreprise devait s'accompagner d'un maintien de salaire au bénéfice des salariés (cass. soc. 16 décembre 2005, n° 03-40.888, BC V n° 369).

Art. L. 1222-8. Lorsqu'un ou plusieurs salariés refusent une modification de leur contrat de travail résultant de l'application d'un accord de réduction de la durée du travail, leur licenciement est un licenciement qui ne repose pas sur un motif économique. Il est soumis aux dispositions relatives à la rupture du contrat de travail pour motif personnel.

Note Ce texte est applicable à tout licenciement résultant d'un accord de réduction du temps de travail, que celui-ci ait été conclu en application de la loi du 13 juin 1998 ou de celle du 19 janvier 2000, à condition que les stipulations de l'accord soient conformes aux dispositions de cette dernière (cass. soc. 15 mars 2006, n° 03-48.027, BC V n° 107, arrêt n° 1 ; *RJS* 5/06 n° 579).

La lettre de licenciement doit comporter l'indication de l'accord de réduction du temps de travail. À défaut, le licenciement est dépourvu de cause réelle et sérieuse (cass. soc. 15 mars 2006, n° 04-40.504, BC V n° 107, arrêt n° 2 ; *RJS* 5/06 n° 580).

En revanche, lorsque la réduction du temps de travail dans l'entreprise a été mise en œuvre unilatéralement par l'employeur, le licenciement d'un salarié prononcé en raison de son refus de la modification de la rémunération proposée constitue un licenciement pour motif économique (cass. soc. 15 mars 2006, n° 05-42.946, BC V n° 107, arrêt n° 4 ; *RJS* 5/06 n° 581).

La seule modification de la structure de rémunération résultant d'un accord de réduction du temps de travail consistant, sans changer le taux horaire, à compenser la perte consécutive à la réduction du nombre d'heures travaillées par l'octroi d'une indemnité différentielle ne constitue pas une modification du contrat de travail dès lors que le montant de la rémunération est maintenu (cass. soc. 5 avril 2006, n° 04-45.537, BC V n° 138 ; *RDT*, septembre 2006, CH, 188, note H. Tissandier; *RJS* 6/06 n° 741).

CHAPITRE III

Formation et exécution de certains types de contrats

[SECTION 1. **Contrat de travail nouvelles embauches.** Abrogée par loi 2008-596 du 25 juin 2008, art. 9, JO 26.]

Note • Voir « La vie contentieuse du contrat nouvelles embauches après son abrogation », R. Dalmasso, *RDT*, mai 2011, CH, 327.

• Les contrats « nouvelles embauches » en cours à la date de publication de la loi 2008-596 du 25 juin 2008 (JO 26) sont requalifiés en contrats à durée indéterminée de droit commun dont la période d'essai est fixée par voie conventionnelle ou, à défaut, à l'article L. 1221-19 CT (loi 2008-596 précitée, art. 9, II).

Dans un arrêt du 1er juillet 2008 (n° 07-44.124, BC V n° 146 ; *RJS* 10/08 n° 1016, rapport J-M Béraud, p. 775), la Cour de cassation a jugé que l'ordonnance ayant institué ce type de contrat était contraire aux dispositions de la convention n° 158 de l'OIT ; par voie de conséquence, la rupture du contrat de travail restait soumise aux règles d'ordre public du code du travail.

SECTION 2. Contrat de mission à l'exportation

Art. L. 1223-5. Un accord collectif de branche ou d'entreprise détermine les contrats de travail conclus pour la réalisation d'une mission à l'exportation accomplie en majeure partie hors du territoire national, dont la rupture à l'initiative de l'employeur à la fin de la mission n'est pas soumise aux dispositions relatives au licenciement économique.

Art. L. 1223-6. L'accord collectif de branche ou d'entreprise prévoyant la mise en place du contrat de mission à l'exportation fixe notamment :

1° Les catégories de salariés concernés ;

2° La nature des missions à l'exportation concernées ainsi que leur durée minimale, qui ne peut pas être inférieure à six mois ;

3° Les contreparties en termes de rémunération et d'indemnité de licenciement accordées aux salariés, sans que cette indemnité puisse être inférieure au montant de l'indemnité légale de licenciement attribué à due proportion du temps sans condition d'ancienneté et quel que soit l'effectif de l'entreprise ;

4° Les garanties en termes de formation pour les salariés concernés ;

5° Les mesures indispensables au reclassement des salariés.

S'il s'agit d'un accord collectif de branche, il fixe également la taille et le type d'entreprises concernées.

Art. L. 1223-7. Les dispositions en matière de protection sociale de la branche ou de l'entreprise sont applicables au bénéficiaire du contrat de mission à l'exportation.

CHAPITRE IV

Transfert du contrat de travail

Art. L. 1224-1. Lorsque survient une modification dans la situation juridique de l'employeur, notamment par succession, vente, fusion, transformation du fonds, mise en société de l'entreprise, tous les contrats de travail en cours au jour de la modification subsistent entre le nouvel employeur et le personnel de l'entreprise.

Note Le principe du maintien des contrats de travail pour « tout transfert d'entreprise, d'établissement ou de partie d'entreprise ou d'établissement à un autre employeur, résultant d'une cession conventionnelle ou d'une fusion » figure dans une directive 2001/23/CE du 12 mars 2001, JOCE L 82 du 22.03.2001 (« Code annoté européen du travail », *Groupe Revue Fiduciaire*, éd. 2010, pp. 260 et s.) qui reprend et codifie l'ensemble des dispositions des directives 77/187/CEE du 14 février 1977 et 98/50/CEE du 29 juin 1998.

• L'article L. 1224-1 est un texte d'ordre public qui s'impose aux salariés comme aux chefs d'entreprise (cass. soc. 26 septembre 1990, n° 87-41.092, BC V n° 392 ; 28 mai 1997, n° 94-43.561, *RJS* 8-9/97 n° 952). Le refus du nouvel employeur de fournir du travail au salarié constitue un trouble manifestement illicite qu'il convient de faire cesser. Le contrat de travail se poursuit de plein droit et le salarié peut donc obtenir sa réintégration (cass. soc. 5 juillet 2006, n° 05-44.127, *RJS* 10/06 n° 1030). La démission de salariés avant la cession d'un fonds de commerce ne peut faire échec aux dispositions de cet article dès lors qu'ils ont continué d'exercer leurs fonctions au service du nouvel employeur (cass. soc. 12 février 1991, n° 88-41.519, BC V n° 59 ; *RJS* 3/91 n° 311). Il ne peut être dérogé aux effets de l'article L. 1224-1 par des conventions particulières subordonnant le changement d'employeur à l'accord préalable du salarié (cass. soc. 20 avril 2005, n° 03-42.096, *RJS* 7/05 n° 712). La clause de la convention de cession d'une entité économique autonome, qui ne prévoit que la reprise d'une partie des salariés, est contraire aux dispositions d'ordre public de l'article L. 1224-1, sans qu'en soit affectée entre les parties la validité de la convention de cession (cass. ch. mixte 7 juillet 2006, n° 04-14.788, BC n° 5 ; *RJS* 11/06 n° 1154, 1re espèce).

L'employeur n'est pas tenu d'informer les salariés sur la date, le motif ou les conséquences juridiques, économiques et sociales d'un transfert, l'article 7, al. 6 de la directive 2001/23/CE du 12 mars 2001 n'ayant pas fait l'objet d'une transposition en droit interne (cass. soc. 18 novembre 2009, n° 08-43.397, BC V n° 256 ; *RJS* 2/10, p. 91, chron. J-Ph. Lhernould ; *JCP* éd. S 2010, 1047, note P. Morvan ; *Dr. Soc.* 2010, 245, obs. A. Mazeaud).

Voir les articles de A. Supiot, « Les salariés ne sont pas à vendre. En finir avec l'envers de l'article L. 122-12, al. 2 », *Dr. Soc.* 2006, p. 264 ; P. Bailly, « À propos de deux applications controversées de l'article L. 122-12, alinéa 2, du code du travail », *RJS* 2/07, chron. p. 115 ; Y. Chagny et P. Rodière, « Faut-il reconnaître au salarié la faculté de refuser le transfert de son contrat de travail ? », *RDT*, avril 2007, CO, 216.

• L'article L. 1224-1 déroge à l'effet relatif des contrats ; le nouvel employeur ne saurait prétendre être un tiers aux contrats conclus par le précédent employeur (cass. soc. 13 juin 1990, n° 86-45.216, BC V n° 273).

• L'article L. 1224-1 est applicable à tous les contrats en cours au jour de la modification : contrats à durée déterminée, contrats d'apprentissage (cass. soc. 28 mars 1996, n° 93-40.716, BC V n° 125).

Le contrat de travail qui lie un salarié à une entreprise ne prend pas nécessairement fin lorsque ce salarié devient, par l'effet d'une succession, coïndivisaire de l'entreprise (cass. soc. 12 février 1991, n° 87-44.671, BC V n° 60 ; *RJS* 3/91 n° 307).

• L'article L. 1224-1 n'est pas applicable aux salariés passés au service d'une société qu'ils ont constituée à l'occasion de leur licenciement pour motif économique, consécutif à la liquidation judiciaire de l'employeur (cass. soc. 3 mai 2011, n° 09-70.813, *RJS* 7/11 n° 580 ; *Dr. Soc.* 2011, p. 865, obs. A. Mazeaud).

• L'article L. 1224-1 est inapplicable aux employés de maison (cass. soc. 5 décembre 1989, n° 86-43.165, BC V n° 695 ; *RJS* 2/90 n° 91) ; il est inapplicable également à une personne liée à un établissement public à caractère administratif par un contrat d'agent non titulaire de droit public (cass. soc. 16 juin 2010, n° 09-66.916, *RJS* 10/10 n° 722).

• Voir « Actualité du droit des transferts d'entreprise », P. Bailly et J-Ph. Lhernould, *JCP* éd. S 2011, 1319 et 1345.

A. TRANSFERT CONVENTIONNEL DES CONTRATS DE TRAVAIL ET APPLICATION VOLONTAIRE DE L'ARTICLE L. 1224-1

• **Transfert conventionnel**. Plusieurs conventions collectives de branche ont été conclues et étendues pour organiser le transfert des contrats de travail d'un employeur à un autre dans des situations où l'article L. 1224-1 CT ne s'applique pas (secteurs de la manutention ferroviaire, de la restauration collective, de la propreté, de la sécurité).

– Sur l'interprétation de ces clauses conventionnelles, voir cass. soc. 12 juillet 1999, n° 97-42.338, BC V n° 348 ; *RJS* 10/99 n° 1231, à propos de la convention collective des entreprises de nettoyage de locaux : si le transfert des contrats suppose que le marché ait le même objet et concerne les mêmes locaux, la garantie d'emploi n'est pas subordonnée à des conditions de forme et de durée du contrat conclu par le nouveau prestataire ni à l'étendue des prestations ; voir aussi cass. soc. 11 mars 2003, n° 01-40.863, BC V n° 95 ; *RJS* 5/03 n° 575, à propos de la convention collective des entreprises de prévention et de sécurité : lorsque l'accord prévoit une procédure d'information individuelle et préalable au profit des salariés de l'entreprise sortante, cette procédure constitue une garantie de fond ; son inobservation a pour effet de rendre sans cause réelle et sérieuse le licenciement motivé par le seul refus du salarié de passer au service du nouveau titulaire du marché.

– Il n'appartient pas au salarié de démontrer qu'il remplit les conditions requises par l'accord collectif pour bénéficier du transfert de son contrat de travail (cass. soc. 13 octobre 2010, n° 09-67.458, BC V n° 233 ; *RJS* 12/10 n° 903). Il incombe à l'entreprise sortante d'en apporter la preuve ; en outre, lorsque cette dernière a communiqué à l'entreprise entrante les éléments requis par l'accord, il appartient au juge d'apprécier si l'éventuelle insuffisance des éléments fournis rendait impossible l'organisation de la reprise effective du marché ; enfin, en l'absence de disposition conventionnelle réglant les conséquences de l'inobservation par l'entreprise entrante de ses obligations, l'entreprise sortante est tenue de maintenir la rémunération des salariés concernés par ce transfert tant que leur contrat de travail n'a pas été repris par le nouveau prestataire (cass. soc. 30 novembre 2010, n° 09-40.386, *RJS* 2/11 n° 102 ; *JCP* éd. S 2011, 1079, note E. Jeansen).

– L'inobservation, par l'employeur entrant, des dispositions de la convention collective applicable fait obstacle aux transferts des contrats de travail au nouvel employeur et le salarié dont le contrat a été rompu par l'employeur sortant peut demander à ce dernier réparation de son préjudice (cass. soc. 2 décembre 2009, n° 08-43.722, BC V n° 273 ; *RJS* 2/10 n° 157 ; *JSL* n° 272, 25 février 2010, p. 28, N. Gardair-Rérolle ; *Dr. Soc.* 2010, p. 350, obs. A. Mazeaud ; *RDT*, mars 2010, CH, 166, A. Fabre ; *JCP* éd. S 2010, 1112, note A. Martinon).

Par ailleurs, lorsque l'entrepreneur entrant doit reprendre une certaine proportion du personnel transférable et que des salariés compris dans cette proportion ont refusé de changer d'employeur, il n'est pas tenu de faire de nouvelles propositions, mais s'il décide de compléter le nombre des salariés transférés, il doit choisir en priorité des salariés transférables (cass. soc. 3 novembre 2011, n° 10-11.820, *RJS* 1/12 n° 11).

– Lorsqu'une société a perdu un marché de nettoyage et que celui-ci n'a pas été pour autant dévolu à une autre entreprise, cette dernière n'ayant fait qu'exécuter des missions ponctuelles, le contrat de travail de la salariée affectée au chantier ne lui a pas été transmis ; dans ces conditions, la société ayant perdu le marché ne pouvait refuser de considérer que le contrat de travail se poursuivait avec elle (cass. soc. 12 juillet 2006, n° 04-45.395, BC V n° 262 ; *RJS* 11/06 n° 1154).

• **Application volontaire**. Les parties peuvent également convenir d'une application volontaire de l'article L. 122-12, al. 2 [L. 1224-1] CT (cass. soc. 17 mars 1993, n° 90-41.996, BC V n° 88 ; *RJS* 4/93 n° 377). Tel est le cas lorsqu'un nouveau concessionnaire appose sa signature sur un cahier des charges l'obligeant à reprendre le personnel (cass. soc. 14 novembre 1995, n° 94-41.255) ou lorsque des sociétés sous-traitantes reconnaissent leur qualité d'employeur en convoquant les salariés pour leur trouver une nouvelle affectation (cass. soc. 2 avril 1996, n° 94-40.673).

• Nécessité d'obtenir l'accord exprès du salarié. Lorsque les conditions d'application de l'article L. 1224-1 ne sont pas réunies, à savoir en cas de transfert conventionnel ou d'application volontaire, le transfert du contrat de travail du salarié ne peut s'opérer qu'avec son accord exprès (cass. soc. 2 avril 1998, n° 96-40.383, *RJS* 5/98 n° 572 ; 22 juin 2011, n° 10-30.043, *RJS* 10/11 n° 751), lequel ne peut résulter de la seule poursuite de son contrat chez le nouvel employeur (cass. soc. 10 octobre 2006, n° 04-46.134, BC V n° 294 ; *RJS* 1/07 n° 13 ; *RDT*, décembre 2006, CH, 391, Ph. Waquet ; *JSL* n° 200, 28 novembre 2006, p. 20, J-E Tourreil). La procédure relative à la modification du contrat de travail pour motif économique prévue par l'article L. 1222-6 ne s'applique pas au cas de changement d'employeur résultant du transfert d'un service ou de sa gestion à un tiers (cass. soc. 8 avril 2009, n° 08-41.046, BC V n° 104 ; *RJS* 6/09 n° 498 ; *Dr. Soc.* 2009, p. 813, A. Mazeaud ; *JCP* éd. S 2009, 1339, note P. Morvan).

– Ce principe ayant été édicté dans le seul intérêt du salarié, ce dernier peut seul en invoquer la méconnaissance (cass. soc. 10 avril 2008, n° 06-45.836, *RJS* 6/08 n° 644 ; *JCP* éd. S 2008, 1436, note P. Morvan).

– Sur cette question, voir notamment « Application conventionnelle de l'article L. 122-12 et accord du salarié : plaidoyer pour un revirement », P. Morvan, *JCP* éd. S 2006, 1964.

B. CONDITIONS D'APPLICATION DES DISPOSITIONS DE L'ARTICLE L. 1224-1

Après avoir donné une interprétation très extensive de cet article, la Cour de cassation avait adopté une solution plus rigoureuse. L'assemblée plénière jugea le 15 novembre 1985 que la modification de la situation juridique de l'employeur, au sens de cet article, ne pouvait résulter de la seule perte d'un marché (*Dr. Soc.* 1986, p. 1, concl. G. Picca). Puis, la chambre sociale de la Cour de cassation, revenant sur le principe posé par l'arrêt Goupy en 1934, jugea que cet article ne pouvait s'appliquer que s'il existait un lien de droit entre les employeurs successifs (cass. soc. 12 juin 1986, 3 arrêts, n°s 84-43.448, 84-43.601 et 85-43.194, BC V n° 299 ; *Dr. Soc.* 1986, p. 605, concl. G. Picca ; *D.* 1986.461). Mais, sous l'influence de la Cour de justice des Communautés européennes (CJCE), la Cour de cassation a dû opérer un nouveau revirement de jurisprudence.

• Non-exigence d'un lien de droit. L'exigence d'un lien de droit ne pouvait être maintenue, au regard notamment d'une décision rendue par la CJCE le 10 février 1988. Saisie d'une question d'interprétation de la directive 77/187/CEE, la CJCE s'exprimait en termes clairs : « Lorsque le cessionnaire ayant qualité de chef d'entreprise, au terme d'un contrat de concession, perd cette qualité et qu'un tiers l'acquiert en vertu d'un nouveau contrat de concession conclu avec le propriétaire, l'opération qui en résulte est susceptible de rentrer dans le champ d'application de la directive… pour autant que l'entité économique garde son identité, ce qui est notamment le cas lorsque, comme en l'espèce, l'exploitation de l'entreprise est poursuivie sans interruption par le nouveau concessionnaire » (aff. 324/86, rec. p. 739 ; *Dr. Soc.* 1988, p. 455, concl. M. Darmon, note G. Couturier ; dans le même sens, CJCE 7 mars 1996, aff. C-171/94 et C-172/94, rec. p. I-1253 ; *RJS* 5/96 n° 625 : la directive est applicable dans toutes les hypothèses de changement, dans le cadre des relations contractuelles, de la personne physique ou morale responsable de l'exploitation de l'entreprise ; CJCE 11 mars 1997, aff. C-13/95, rec. p. I-1259 ; *RJS* 6/97 n° 770 ; *Dr. Soc.* 1997, p. 728 : pour que la directive s'applique, il n'est pas nécessaire qu'il existe des relations contractuelles directes entre le cédant et le cessionnaire).

Le 16 mars 1990, l'assemblée plénière devait se prononcer sur le champ d'application de cet article. Elle opérait un revirement de jurisprudence en excluant l'exigence d'un lien de droit. Dans deux arrêts, l'assemblée plénière de la Cour de cassation précise que « les articles premier et trois de la directive du 14 février 1977 du Conseil des Communautés européennes et cet article s'appliquent, même en l'absence d'un lien de droit entre les employeurs successifs, à tout transfert d'une entité économique conservant son identité et dont l'activité est poursuivie ou reprise » (cass. ass. plén. 16 mars 1990, n°s 86-40.686 et 89-45.730, BC n° 4 ; *Dr. Soc.* 1990, p. 399, concl. H. Dontenwille, notes G. Couturier et X. Prétot ; *D.* 1990, 305, note A. Lyon-Caen). Depuis, la Cour de cassation affirme dans toutes ses décisions que cet article s'applique même en l'absence de lien de droit entre les employeurs concernés dès lors qu'il y a transfert d'une entité économique ayant conservé son identité et dont l'activité a été poursuivie ou reprise (par exemple : cass. soc. 22 juin 1993, n° 90-44.639, *RJS* 8-9/93 n° 845).

L'application de l'article paraît essentiellement subordonnée au transfert d'une entité économique.

• **Le transfert d'une entité économique.** La notion d'entité économique n'est définie ni par la loi ni par la jurisprudence. La directive européenne du 12 mars 2001 donne en revanche d'utiles précisions ; l'entité économique doit être entendue « comme un ensemble organisé de moyens, en vue de la poursuite d'une activité économique, que celle-ci soit essentielle ou accessoire » (art. 1er, 1b). Elle confirme l'orientation de la jurisprudence française qui distingue l'entité économique de la simple « activité économique » et qui affirme que l'existence d'une entité économique suppose, outre l'activité, des moyens propres, corporels ou incorporels, permettant de poursuivre cette activité.

– Une branche ou un secteur d'activité d'une entreprise peuvent constituer une entité économique autonome. Tel est le cas d'une activité de menuiserie exercée par une société de manière autonome et distincte de ses autres activités de production et de distribution de graines (cass. soc. 12 décembre 1990, n° 86-40.065, BC V n° 651 ; *RJS* 2/91 n° 157) ; de même, le portefeuille d'une agence immobilière comprenant des mandats de gestion d'appartements, de garages et de copropriétés constitue une entité économique autonome (cass. soc. 23 septembre 1992, n° 91-40.313, BC V n° 474 ; *RJS* 11/92 n° 1228). Il y a également transfert d'une entité économique en cas de :
- reprise par une société de la totalité de l'activité de distribution de ses propres produits jusque-là assurée par une filiale (cass. soc. 10 octobre 1990, n° 87-40.716, BC V n° 437) ;
- transfert d'une même activité hôtelière se poursuivant dans les mêmes lieux (cass. soc. 27 juin 1990, n° 87-40.224, BC V n° 318 ; *RJS* 2/91 n° 152) ;
- cession d'un rayon de boucherie équipé pour la vente (cass. soc. 26 septembre 1990, n° 86-40.813, BC V n° 388 ; *CSB* 1990, p. 264) ;
- reprise de la représentation d'une marque et de la clientèle y afférente, par la société propriétaire de la marque (cass. soc. 13 avril 1999, n° 96-44.254, BC V n° 169 ; *RJS* 6/99 n° 794 ; 12 novembre 2008, n° 07-43.256, *RJS* 1/09 n° 13).

Un cabinet d'avocats constitue une entité économique autonome, le transfert de tous les dossiers du cabinet entraînant celui de la totalité de la clientèle qui constituait l'élément essentiel de cette entité (cass. soc. 25 septembre 2007, n° 06-41.892, *JCP* éd. S 2007, 1853, note L. Drai ; *RJS* 12/07 n° 1246 ; 12 mars 2008, n° 06-46.090, *RJS* 5/08 n° 517). En revanche, la cession de la distribution des produits d'une marque ne constitue pas un transfert d'entité économique lorsque le cédant conserve son propre circuit de distribution et continue à commercialiser ses produits sous une nouvelle marque (cass. soc. 20 octobre 1993, 2 arrêts, nos 92-41.670 et 92-41.667, *RJS* 12/93 n° 1180).

Sur la cession d'une structure créée artificiellement sans activité économique antérieure, voir cass. soc. 3 mars 2009, n° 07-44.653, *RJS* 5/09 n° 412.

– Le transfert partiel d'activité peut s'accompagner d'un transfert partiel de contrat de travail lorsque le salarié travaille pour le compte des diverses unités de l'entreprise (cass. soc. 22 juin 1993, n° 90-44.705, BC V n° 171 ; *RJS* 8-9/93 n° 844 ; 9 mars 1994, n° 92-40.916, BC V n° 83 ; 2 mai 2001, n° 99-41.960, BC V n° 145 ; *Dr. Soc.* 2001, p. 769, obs. G. Couturier ; 28 septembre 2011, n° 09-70.689). Mais le contrat de travail est totalement transféré quand il s'exécutait pour l'essentiel dans le secteur qui a fait l'objet du transfert (cass. soc. 10 janvier 1995, n° 91-45.280, *RJS* 2/95 n° 108) ; cette solution s'impose alors même que le salarié avait continué à exécuter des tâches dans un secteur encore exploité par la société cédante (cass. soc. 30 mars 2010, n° 08-42.065, BC V n° 78 ; *RJS* 6/10 n° 489, 1re espèce). Voir aussi A. Mazeaud, « L'affectation des salariés pour partie à l'entité transférée (art. L. 1224-1 CT) », *Dr. Soc.* 2009, p. 265.

– Dans un arrêt rendu le 16 mars 1990, l'assemblée plénière affirme que « l'article L. 122-12 [L. 1224-1] CT n'est pas applicable dans le cas de la seule perte d'un marché » (n° 85-44.518, BC n° 3 ; voir aussi cass. soc. 13 mai 2009, n° 08-40.368, *RJS* 7/09 n° 606), ce qui avait déjà été jugé dans un précédent arrêt de l'assemblée plénière le 15 novembre 1985, n° 82-40.301, BC n° 7 (*Dr. Soc.* 1986, p. 1, concl. G. Picca, note G. Couturier). La chambre sociale confirme cette solution dans des espèces concernant des changements de prestataires de services (cass. soc. 26 septembre 1990, nos 86-42.396 et 87-40.518 BC V nos 389 et 390) ; s'agissant d'un marché public, la chambre sociale a jugé qu'« à elle seule, l'exécution d'un marché de prestations de services par un nouveau titulaire ne réalise pas le transfert d'une entité économique ayant conservé son identité et dont l'activité est poursuivie ou reprise » (cass. soc. 6 novembre 1991, n° 90-21.437, BC V n° 473 ; *RJS* 12/91 n° 1293 ; *Dr. Soc.* 1992, p. 186, rapport Ph. Waquet ; *D.* 1991, 292). La rédaction d'un hebdomadaire, n'étant pas un service distinct disposant de ses propres moyens, ne constitue pas une entité économique autonome (cass. soc. 19 février 1992, n° 90-45.319, BC V n° 94 ; *RJS* 4/92 n° 408). Mais un marché peut constituer une entité économique et son transfert peut donner lieu à l'application de l'article L. 1224-1 (cass. soc. 6 novembre 1991, n° 90-21.437, précité ; 21 juillet 1993, n° 91-43.543, *RJS* 11/93 n° 1070 – qui concerne un cas de reprise en gestion directe d'une activité de restauration ; cass. soc. 24 septembre 2002, n° 00-44.923, *RJS* 12/02 n° 1356).

– La distinction entre l'activité économique et l'entité économique a semblé menacée par la position adoptée par la CJCE ; celle-ci a en effet jugé que les travaux de nettoyage exécutés par une seule employée au sein d'un établissement bancaire et confiés par contrat à une entreprise extérieure relevaient de la directive 77/187/CEE du 14 février 1977 (CJCE 14 avril 1994, aff. C-392/92, rec. p. I-1311 ; *RJS* 5/94 n° 630 ; *D.* 1994, 533, note B. Chauvet ; *Dr. Soc.* 1994, p. 931, P. Pochet : la CJCE refusait ainsi de tenir compte de plusieurs éléments importants pour statuer sur l'existence d'une entité économique : la circonstance que l'activité était assurée avant le transfert par une seule employée, l'absence de transfert d'éléments d'actifs, le fait que l'activité transférée ne constituait pour l'entreprise cédante qu'une activité accessoire sans rapport nécessaire avec son objet social ; elle affirmait, en revanche, dans cette même décision que le maintien de l'identité de l'entité économique « résultait notamment de la poursuite effective ou de la reprise par le nouveau chef d'entreprise des mêmes activités économiques ou d'activités analogues »).

La chambre sociale de la Cour de cassation, malgré la position adoptée par la CJCE, a maintenu nettement une distinction entre la simple activité économique et l'entité économique : l'absence de transfert des moyens d'exploitation d'une activité autorise les juges du fond à considérer que la succession dans l'exécution d'un marché de prestation de services n'est pas assimilable au transfert d'une entité économique autonome (cass. soc. 13 décembre 1995, n° 94-40.816, *Dr. Soc.* 1996, p. 429, obs. A. Mazeaud).

Cette résistance de la Cour de cassation se trouve aujourd'hui pleinement justifiée. La CJCE a, en effet, modifié son interprétation et distingue à son tour l'entité économique de l'activité économique. Dans l'arrêt du 11 mars 1997 (aff. C-13/95, précité), la CJCE a affirmé qu'« une entité ne saurait être réduite à l'activité dont elle est chargée. Son identité ressort également d'autres éléments tels que le personnel qui la compose, son encadrement, l'organisation de son travail, ses méthodes d'exploitation ou encore, le cas échéant, les moyens d'exploitation à sa disposition » (point 15). Elle en déduit que la reprise d'un marché de nettoyage de locaux ne constitue un transfert d'entité économique que si elle s'accompagne soit d'une cession entre les entrepreneurs d'éléments d'actifs, corporels ou incorporels, significatifs, soit d'une reprise par le nouvel entrepreneur d'une partie essentielle des effectifs en termes de nombre et de compétence, que son prédécesseur affectait à l'exécution de son contrat (point 23). Dans le même sens (CJCE 25 janvier 2001, aff. C-172/99, rec. p. I-745 ; *RJS* 5/01 n° 690), la Cour de justice a précisé que l'entité économique « ne saurait être réduite à l'activité dont elle est chargée. Son identité ressort également d'autres éléments tels que le personnel qui la compose, son encadrement, l'organisation de son travail ou encore, le cas échéant, les moyens d'exploitation à sa disposition » (point 34) ; « dans un secteur tel que le transport régulier par autobus, où les éléments corporels contribuent de manière importante à l'exercice de l'activité, l'absence de transfert à un niveau significatif de l'ancien au nouveau titulaire du marché de tels éléments, qui sont indispensables au bon fonctionnement de l'entité, doit conduire à considérer que cette dernière ne conserve pas son identité » (point 42).

Le rapprochement entre la jurisprudence de la CJCE et celle de la Cour de cassation est maintenant achevé ; pour la chambre sociale de la Cour de cassation comme pour la CJCE, le transfert d'une entité économique peut avoir lieu en l'absence de tout transfert de locaux ou de matériel. Depuis 1997, la CJCE juge que la reprise volontaire par le nouvel employeur d'une partie essentielle des effectifs que le précédent employeur affectait à l'exécution de l'activité suffit pour soumettre le transfert de l'activité aux règles du transfert de l'entité économique (CJCE 11 mars 1997, aff. C-13/95, précité ; 10 décembre 1998, aff. C-127/96, rec. p. I-8179 ; *RJS* 2/99 n° 315 ; 24 janvier 2002, aff. C-51/00, rec. p. I-969 ; *RJS* 4/02, n° 511). D'une façon plus générale, la CJCE décide que l'importance respective à accorder aux différents critères de l'existence d'un transfert d'une entité économique au sens de la directive varie nécessairement en fonction de l'activité exercée, voire des méthodes de production ou d'exploitation utilisées dans l'entreprise ou l'établissement (CJCE 20 novembre 2003, aff. C-340/01, rec. p. I-14023 ; JOUE C 7/12 du 10.1.2004 ; *RJS* 4/04 n° 474 ; 11 mars 1997, aff. C-13/95, précité, point 18).

– En 2002, la Cour de cassation a jugé que « le changement de concessionnaire exclusif de la vente de véhicules automobiles d'une marque entraîne le transfert d'une entité économique autonome » (cass. soc. 11 juin 2002, n° 01-43.051, BC V n° 197 ; *RJS* 8-9/02 n° 947 : en l'espèce, il n'y avait eu, entre les concessionnaires successifs, ni transfert de local ni cession d'un stock de véhicules et de pièces de rechange ; 12 février 2003, n° 00-46.187, *RJS* 4/03 n° 418). Elle a jugé également (cass. soc. 24 septembre 2002, n° 00-44.923, précité) que les conditions du transfert d'une entité économique sont réalisées dès lors que l'activité d'animation promotionnelle, qui exigeait un personnel propre, s'était poursuivie sous une direction nouvelle avec la plus grande partie du personnel qualifié spécialement affecté à celle-ci par le précédent employeur. En outre, elle a décidé que « la reprise de la commercialisation des produits d'une marque et de la clientèle qui y est attachée entraîne en principe le transfert d'une entité économique autonome qui poursuit un objectif propre, conserve son identité et dont l'activité est poursuivie ou reprise » (cass. soc. 14 mai 2003, n° 01-40.597, *Dr. Soc.* 2003, p. 1130, obs. J. Mouly). Il importe peu que le changement de concessionnaire ait eu lieu avant qu'il ne se soit vu attribuer officiellement le droit de distribuer les produits sur un secteur par le constructeur (cass. soc. 11 juin 2008, n° 07-41.394, *RJS* 8-9/08 n° 868). Dès lors que la cession ne porte pas seulement sur un ensemble immobilier, mais s'accompagne de la reprise du service de gardiennage et d'entretien ainsi que des contrats nécessaires à l'exploitation d'une résidence, il y a bien transfert d'un ensemble organisé de personnes et d'éléments corporels et incorporels permettant l'exercice d'une activité économique poursuivant un objectif propre (cass. soc. 14 février 2007, n° 04-47.110, BC V n° 22 ; *RJS* 4/07 n° 411 ; *Dr. Soc.* 2007, p. 549, rapport P. Bailly et note A. Mazeaud).

– Pour la Cour de cassation, caractérise le transfert d'une entité économique autonome la reprise par une association d'une autre association pour continuer à assurer dans une même région une mission de promotion et de diffusion musicale, et ayant bénéficié d'un transfert de subventions versées auparavant à la précédente association. Cette activité similaire s'adressait, en outre, au même public (cass. soc. 14 décembre 2005, n° 03-47.993, *RJS* 2/06 n° 171).

– Le transfert des moyens d'exploitation nécessaires à la poursuite de l'activité de l'entité peut être indirect (cass. soc. 24 novembre 2009, n° 08-44.148, BC V n° 264 ; *RJS* 2/10 n° 155 : en l'espèce, la société avait repris, pour la gestion d'un service de restauration, des éléments d'exploitation nécessaires et significatifs appartenant à une clinique, éléments que celle-ci avait mis à la disposition de prestataires successifs).

– L'existence d'une entité économique autonome, dont il appartient aux juges du fond de rechercher les éléments constitutifs, est indépendante des règles d'organisation et de gestion du service au sein duquel s'exerce l'activité économique (cass. soc. 10 octobre 2006, n° 04-43.453, BC V n° 296 ; *RDT*, décembre 2006, CH, 391, Ph. Waquet ; *RJS* 12/06 n° 1250 ; en l'espèce, l'activité concernée relevait d'un marché d'intérêt national).

– Une entité économique transférée conserve son autonomie dès lors que les pouvoirs accordés aux responsables de cette entité, au sein des structures d'organisation du cédant, demeurent, au sein des structures du cessionnaire, en substance, inchangés (CJUE 29 juillet 2010, aff. C-151/09, JOUE C 246/6 du 11.9.2010 ; *JCP* éd. S 2010, 1430, note E. Jeansen ; *JSL* n° 286, 27 octobre 2010, p. 16, J-Ph. Lhernould ; *RJS* 12/10, pp. 807 et s., chron. P. Morvan (I. A.) et n° 997).

En cas de perte de l'autonomie organisationnelle de l'entité économique, la directive s'applique « à condition que le lien fonctionnel entre les différents facteurs de production transférés soit maintenu et qu'il permette au cessionnaire d'utiliser ces derniers aux fins de poursuivre une activité économique identique ou analogue » (CJCE 12 février 2009, aff. C-466/07, rec. p. I-803 ; *RJS* 6/09 n° 593, p. 439, note J-Ph. Lhernould).

– À noter que dans un arrêt du 6 septembre 2011, la Cour de justice de l'Union européenne a précisé que la reprise, par une autorité publique d'un État membre, du personnel employé par une autre autorité publique, constitue un transfert d'entreprise relevant de la directive 77/187/CEE du 14 février 1977, lorsque ledit personnel est constitué d'un ensemble structuré d'employés qui sont protégés en tant que travailleurs en vertu du droit interne de cet État membre (CJUE 6 septembre 2011, aff. C-108/10, *JCP* éd. S 2011, 1444, note E. Jeansen ; *RJS* 12/11, pp. 815 et s., chron. H. Tissandier (A.) ; RDT, décembre 2011, CH, 701, Fr. Géa).

• *Le transfert d'une entité économique conservant son identité.* L'article L. 1224-1 ne s'applique pas à une société d'autocars succédant à un précédent exploitant si elle assure le transport du personnel d'une entreprise avec ses propres cars (cass. soc. 12 décembre 1990, n° 85-41.924, BC V n° 652). De même, la substitution à la fourniture de plats préparés par un traiteur extérieur d'un service de restauration intérieure assuré par un atelier d'apprentissage professionnel destiné aux travailleurs handicapés et encadrés par des éducateurs spécialisés modifie la nature et l'objet de l'entité économique (cass. soc. 12 juillet 2010, n° 09-41.403, BC V n° 164 ; *RJS* 10/10 n° 723).

– La cession globale d'unités de production ordonnée par le juge commissaire en application de l'article 155 de la loi du 25 janvier 1985 entraîne de plein droit le transfert d'une entité économique autonome conservant son identité (cass. soc. 27 octobre 1999, n° 97-43.194, BC V n° 415 ; *RJS* 12/99 n° 1439 : les contrats de travail des salariés travaillant dans une unité ayant fait l'objet d'une cession globale sont donc maintenus en application de l'article L. 1224-1). De même, la cession de l'entreprise en redressement judiciaire en application des articles 81 et 82 de la loi du 25 janvier 1985 entraîne de plein droit le transfert d'une entité économique autonome conservant son identité (cass. soc. 6 juillet 1999, n° 97-42.231, BC V n° 322 ; *RJS* 8-9/99 n° 1027).

– L'entité économique conserve son identité en cas de location-gérance si le fonds de commerce est toujours exploitable et fait retour de plein droit au bailleur (cass. soc. 11 mai 1999, n° 97-42.026, BC V n° 210 ; 20 mars 2011, n° 99-41.392, BC V n° 98 ; *RJS* 6/01 n° 726) ; cependant, si le fonds de commerce est devenu inexploitable, il ne peut y avoir transfert d'une entité économique conservant son identité (cass. soc. 7 novembre 1990, n° 88-45.196, BC V n° 519).

– « La reprise par une commune d'une entité économique conservant son identité, sous la forme d'un service public industriel et commercial, entraîne l'application des dispositions de l'article L. 1224-1 », s'agissant d'un service de distribution d'eau potable et d'assainissement (cass. soc. 7 octobre 1992, 2 arrêts, n°s 89-45.712 et 89-41.823, BC V n°s 499 et 500 ; *CSB* 1992 A. 52).

• **Poursuite ou reprise de l'activité.** L'article L. 1224-1 est applicable dans le cas où la même entité économique comprenant comme éléments d'exploitation les locaux et les marques poursuit la même activité malgré une suspension de quelques jours (cass. soc. 13 juin 1990, n° 86-44.114, BC V n° 276 ; *RJS* 1990 n° 554 ; 20 octobre 1994, n° 93-43.499, *Dr. Soc.* 1995, p. 57 : les licenciements prononcés avant cession de l'entité économique sont nuls lorsque l'activité de celle-ci a été poursuivie par le cessionnaire après une courte suspension) ou une interruption de quelques semaines (cass. soc. 19 janvier 2011, n° 09-72.317, *RJS* 4/11 n° 297) ; l'interruption de l'activité pendant 6 mois et le fait que le cessionnaire modifie les conditions d'exploitation ne peuvent faire échec à l'application de l'article L. 1224-1, le contrat de travail du salarié employé sur une station d'élevage étant toujours en cours au jour où la société avait pris la gestion de cette station après la vente de celle-ci (cass. soc. 10 octobre 1990, n° 87-42.175, *RJS* 2/91 n° 159) ; l'interruption pendant 5 mois de l'activité de l'entreprise postérieurement à sa liquidation judiciaire ne fait pas échec à l'application de l'article L. 1224-1 (cass. soc. 28 mai 1997, n° 94-44.644, BC V n° 195 ; *RJS* 10/97 n° 1071 ; 25 juin 1996, n° 93-43.951, *RJS* 10/96 n° 1017).

L'article L. 1224-1 est applicable aux salariés travaillant dans des unités de production cédées à un repreneur dans le cadre d'une liquidation judiciaire dès lors qu'il y a eu transfert d'une entité économique conservant son identité et dont l'activité a été poursuivie, peu important l'interruption temporaire de l'activité (cass. soc. 8 juillet 1992, n° 90-42.590, BC V n° 446 ; *RJS* 8-9/92 n° 964, 3e espèce).

– Lorsque l'activité reprise constitue un service public à caractère industriel ou commercial, l'article L. 1224-1 est applicable (cass. soc. 7 avril 1998, n° 96-43.063, BC V n° 200 ; *RJS* 5/98 n° 569 : en cas de reprise d'un abattoir privé par une commune, le transfert des contrats de travail s'impose, car la loi du 8 juillet 1965 relative à la gestion des abattoirs publics départementaux et municipaux a fait des abattoirs publics des services publics à caractère industriel et commercial). De même, la reprise d'une exploitation agricole par une personne privée, investie d'une mission de service public, est soumise à l'article L. 1224-1 (cass. soc. 2 mars 1999, n° 97-40.444, BC V n° 86 ; *RJS* 4/99 n° 478 : reprise par une Safer).

• Cas particulier des opérations d'externalisation. La tendance des entreprises à externaliser certains services de fabrication, de distribution ou d'entretien soulève la question du changement d'employeur des salariés affectés à un service externalisé. L'originalité de ces situations tient à ce que les salariés concernés, au lieu d'invoquer l'application de l'article L. 1224-1, prétendent que l'opération d'externalisation n'entre pas dans les prévisions de cet article. Leurs craintes sont compréhensibles ; en quittant une entreprise importante, attribuant des avantages sociaux par voie de convention collective et une certaine stabilité d'emploi, ils deviennent souvent les salariés d'une petite structure offrant beaucoup moins de garanties et d'avantages collectifs. Aussi saisissent-ils les tribunaux pour faire juger que l'article L. 1224-1 est inapplicable à l'opération d'externalisation. La Cour de cassation recherche si l'activité externalisée constitue une entité économique autonome ; si la réponse est positive, elle applique l'article L. 1224-1 (cass. soc. 2 mars 1999, n° 97-20.535, *RJS* 4/99 n° 479 ; 28 juin 2000, n° 98-43.692, *RJS* 12/00 n° 1225 ; 23 janvier 2002, n° 99-46.245, *RJS* 5/02 n° 533) ; si elle est négative, elle en écarte l'application (cass. soc. 18 juillet 2000, n° 98-18.037, BC V n° 285 ; *Dr. Soc.* 2000, pp. 845 et s., G. Couturier ; 19 juillet 2000, n° 98-42.506, *RJS* 11/00 n° 1064). Mais le contrat confiant à une entreprise la gestion de marchandises remises en dépôt dans des locaux et avec les moyens appartenant à une autre entreprise ne caractérise pas le transfert d'une entité économique autonome (cass. soc. 10 juillet 2007, n° 06-41.158, *RDT*, octobre 2007,CH, 582, Ph. Waquet). Dans le cadre de cette jurisprudence, la Cour de cassation, faisant application de dispositions législatives particulières, avait décidé qu'une entité économique, comme une clinique, ne peut pas être scindée en plusieurs entités économiques (cass. soc. 24 octobre 2000, n° 97-45.944, BC V n° 342 ; 29 juin 2005, n° 02-46.119, *RJS* 12/05 n° 1170). Le 27 mai 2009, la chambre sociale de la Cour de cassation a opéré un revirement de jurisprudence (n° 08-40.393, BC V n° 138 ; *RJS* 8-9/09 n° 687 ; *RDT*, juillet/août 2009, CH, 446, P. Bailly). Elle juge que « l'existence d'une entité économique autonome est indépendante des règles d'organisation, de fonctionnement et de gestion du service exerçant une activité économique ». Cette solution s'inscrit dans le droit fil de la jurisprudence communautaire (voir notamment CJCE 20 novembre 2003, aff. C-340/01, précité).

• Contestation de l'application de l'article L. 1224-1. Le comité d'entreprise, concerné de manière immédiate par le changement d'employeur au regard de ses attributions économiques et sociales, peut valablement contester devant le juge l'application de cet article (CA Paris, 10 novembre 2005, 18e ch. C, n° 04/10978).

C. LICENCIEMENT AVANT LA MODIFICATION JURIDIQUE

– Avant même que le changement de chef d'entreprise ne soit devenu effectif, un licenciement pouvait être prononcé par le cédant compte tenu de la réorganisation à laquelle le futur employeur avait d'ores et déjà décidé de procéder (cass. soc. 8 juin 1979, n° 77-41.597, BC V n° 502 ; 31 janvier 1980, n° 78-40.988, BC V n° 97 ; 18 mars 1982, n° 80-40.355, BC V n° 184). Cette possibilité était admise à condition qu'elle ne constitue pas une fraude aux droits des salariés.

Voir « Les licenciements antérieurs au transfert de l'entreprise. Pour dissiper quelques malentendus », J. Mouly, *Dr. Soc.* 2007, p. 534.

La Cour de cassation donne désormais une interprétation plus protectrice des intérêts des salariés. Si elle continue à affirmer que « les dispositions de l'article L. 122-12 [L. 1224-1] CT ne font pas obstacle à des licenciements pouvant intervenir antérieurement à la cession pour des raisons économiques ou techniques impliquant une suppression d'emploi », elle décide que « l'intention manifestée par le cessionnaire de poursuivre seul l'exploitation ne saurait constituer pour le cédant une cause légitime de rupture du contrat de travail d'un salarié employé dans l'entreprise transférée » (cass. soc. 17 juillet 1990, 2 arrêts, nos 86-40.155 et 87-40.867, BC V n° 372 ; *RJS* 8-9/90 n° 650 ; 27 juin 1995, n° 94-40.359, BC V n° 217 ; *RJS* 10/95 n° 1013 ; 9 avril 2002, n° 00-41.958). Le licenciement d'un salarié par le cédant, en fraude de ses droits au regard de cet article, au prétexte d'une cessation d'activité, est privé d'effet ; le salarié est en droit d'obtenir la poursuite de son contrat de travail qui n'avait jamais été rompu avec le nouvel employeur (cass. soc. 15 février 2006, n° 04-43.923, BC V n° 67 ; *RJS* 5/06 n° 533) ; à noter que si l'obligation de réintégration est assortie d'une astreinte, celle-ci ne se transmet pas au nouvel employeur, une astreinte ne pouvant être liquidée qu'à l'encontre de la personne condamnée à en supporter la charge (cass. soc. 1er février 2011, n° 09-68.162, *RJS* 5/11 n° 396). De façon plus générale, il est décidé que l'accord du cédant et du cessionnaire pour faire échec aux dispositions de cet article ne constitue pas une cause de licenciement (cass. soc. 10 mai 1999, n° 96-45.250, BC V n° 201 ; *RJS* 6/99 n° 797 ; 20 juin 2000, n° 98-40.539, *RJS* 12/00 n° 1228).

– En cas de collusion frauduleuse entre l'ancien et le nouvel employeur, il y a lieu à condamnation solidaire des deux employeurs au paiement de dommages et intérêts (cass. soc. 14 février 2007, n° 04-47.110, BC V n° 22 ; *RJS* 4/07 n° 474 ; 12 novembre 2008, n° 07-42.069, *RJS* 1/09 n° 16 ; 13 mai 2009, n° 08-41.434, *RJS* 7/09 n° 611).

Même en l'absence de collusion frauduleuse, le cédant et le cessionnaire peuvent être condamnés *in solidum* au paiement des dommages-intérêts réparant le préjudice résultant du licenciement (cass. soc. 12 avril 2005, n° 03-41.399, *RJS* 6/05 n° 603 : le cédant en notifiant le licenciement économique et le cessionnaire en refusant de poursuivre le contrat après le transfert de l'entité économique ont, par leur action commune, contribué à l'entier préjudice subi par le salarié par suite de la perte de son emploi ; voir aussi cass. soc. 19 janvier 2011, n° 09-72.317, *RJS* 4/11 n° 297).

La Cour de cassation a ouvert une option au salarié licencié à l'occasion du transfert d'une entité économique et que l'employeur cessionnaire refuse de maintenir dans son emploi aux conditions fixées par le contrat de travail ; le licenciement étant privé d'effet, le salarié peut soit demander au repreneur la poursuite du contrat de travail illégalement rompu, soit demander à l'auteur du licenciement illégal la réparation du préjudice en résultant (cass. soc. 20 mars 2002, n° 00-41.651, BC V n° 94 ; *RJS* 6/02 n° 656 ; *Dr. Soc.* 2002, p. 516, A. Mazeaud ; *D.* 2003 chron. 14, G. Pignarre ; 28 janvier 2004, n° 01-47.356, BC V n° 28 ; *RJS* 4/04 n° 383 ; 23 février 2005, n° 03-41.855, *RJS* 5/05 n° 483 ; 19 janvier 2011, n° 09-72.317, précité) ; l'employeur ayant cédé l'entité économique et condamné à réparer le préjudice résultant du licenciement illicite peut appeler en garantie l'entreprise cessionnaire qui a contribué au préjudice subi par les salariés du fait de la perte de leur emploi (cass. soc. 20 mars 2002, n° 00-41.651, précité). Lorsque le salarié décide de poursuivre l'auteur du licenciement illicite, celui-ci sera condamné pour licenciement sans cause réelle et sérieuse (même arrêt).

En tout état de cause, si le salarié licencié à l'occasion du transfert de l'entité économique dont il relève peut exiger du cessionnaire qu'il l'indemnise des conséquences de la perte de son emploi, c'est à la condition que celui-ci ait refusé la poursuite du contrat de travail en cours au jour du transfert (cass. soc. 28 septembre 2011, n° 10-30.020, *RJS* 12/11 n° 941 ; voir aussi cass. soc. 16 décembre 2008, n° 07-43.862, *RJS* 2/09 n° 142).

Mais, lorsque le cessionnaire informe le salarié, avant l'expiration du préavis, de son intention de poursuivre, sans modification, le contrat de travail, le changement d'employeur s'impose au salarié (cass. soc. 11 mars 2003, n° 01-40.842, BC V n° 86 ; *RJS* 5/03 n° 573 ; 4 mai 2011, n° 10-15.393, *RJS* 7/11 n° 581). Le salarié ne peut, dans cette hypothèse, demander des dommages-intérêts ni à l'employeur cédant (le licenciement étant sans effet) ni à l'employeur cessionnaire qui est prêt à exécuter le contrat de travail. Un salarié licencié pour motif économique à l'occasion de la résiliation du contrat de location-gérance d'un fonds de commerce dont l'exploitation est ensuite poursuivie ne peut être privé du droit de demander réparation du préjudice que lui cause la perte de son emploi que si le contrat de travail s'est effectivement poursuivi avec le nouvel employeur malgré le licenciement ou s'il a refusé l'offre de poursuite de son contrat de travail faite par le repreneur avant l'expiration du délai de préavis faisant suite au licenciement (cass. soc. 17 octobre 2006, n° 03-47.938, *RJS* 1/07 n° 18).

– Le plan de cession d'une société mise en règlement judiciaire doit prévoir le nombre de licenciements à intervenir avant la cession ainsi que les catégories professionnelles concernées. À défaut de ces mentions, le licenciement notifié au salarié par l'administrateur judiciaire est sans effet (cass. soc. 10 juillet 2001, n° 99-44.466, BC V n° 254 ; *RJS* 10/01 n° 1118 ; 12 juin 2007, n° 05-45.669, *RDT*, septembre 2007, CH, 522, Ph. Waquet) ; il ne peut prévoir le licenciement de tous les salariés et la reprise ultérieure de certains d'entre eux seulement, les licenciements prononcés antérieurement sont de nul effet (cass. soc. 30 juin 1992, n° 90-44.057, BC V n° 427 ; *RJS* 8-9/92 n° 964, 1re espèce) ; le licenciement de salariés prononcé hors de toute fraude ayant pris effet en application d'un plan de cession, le nouvel employeur peut conclure avec ceux-ci un contrat à durée déterminée (cass. soc. 30 juin 1992, n° 89-40.132, BC V n° 430 ; *RJS* 8-9/92 n° 964, 2e espèce).

Il n'est dérogé aux effets de cet article qu'à la condition que le jugement arrêtant le plan de cession prévoie des licenciements et réponde aux exigences de l'article 64 du décret du 27 décembre 1985 (cass. soc. 7 novembre 2007, n° 06-41.208, *RDT*, janvier 2008, CH, 36, Ph. Waquet).

Seuls des licenciements économiques prononcés en vertu d'une autorisation donnée par le juge-commissaire, au cours de la période d'observation, ou conformément aux prévisions du jugement arrêtant le plan de redressement de l'entreprise, peuvent faire obstacle aux effets de cet article, en cas de cession d'une entité économique autonome (cass. soc. 22 mars 2006, n° 04-43.334, *RJS* 6/06 n° 695).

Les licenciements pour motif économique prévus par le plan de redressement d'une société mise en redressement judiciaire, arrêté par le tribunal de commerce, sont opposables à tous (cass. soc. 23 juin 1993, n° 91-40.730, *RJS* 8-9/93 n° 861 ; 9 juillet 2008, n° 06-40.945, BC V n° 156 ; *RJS* 10/08 n° 974). Le VRP licencié par l'administrateur judiciaire en application du plan de cession ne peut obtenir de l'acquéreur de l'entreprise le paiement de commissions sur des commandes exécutées après la cession ; le licenciement ayant eu lieu avant la cession, l'article L. 122-12, al. 2 [L. 1224-1] ne s'applique pas (cass. soc. 14 mai 1997, n° 94-43.678, *RJS* 6/97 n° 661).

– Lorsque le juge-commissaire ordonne la liquidation judiciaire d'une société et autorise le mandataire liquidateur à céder le fonds de commerce de cette société, les licenciements prononcés par le mandataire liquidateur antérieurement à la cession du fonds sont sans effet dès lors que la cession a entraîné le transfert d'une entité économique autonome dont l'activité a été poursuivie (cass. soc. 20 janvier 1998, n° 95-40.812, BC V n° 16 ; *RJS* 3/98 n° 280 ; *Dr. Soc.* 1998, p. 1022, chron. M. Henry, p. 1019 ; 27 octobre 1999, n° 97-43.194, BC V n° 415 ; *RJS* 12/99 n° 1439 ; 3 avril 2001, n° 98-44.778, BC V n° 113 ; *RJS* 6/01 n° 725,1re espèce ; 24 septembre 2002, n° 00-41.643, *RJS* 12/02 n° 1359). Pour que la solution soit autre, il faut que le juge-commissaire ait autorisé le licenciement pendant la période d'observation ou que le tribunal de commerce l'ait autorisé dans le plan de cession ou de continuation de l'entreprise.

– Le simple maintien des contrats de travail avec le cessionnaire pour l'exécution du préavis n'entraîne pas application de cet article (cass. soc. 6 novembre 1991, n° 90-40.798, BC V n° 475 ; *RJS* 12/91 n° 1296). Mais si, après le licenciement du salarié par le cédant de l'entité économique, le cessionnaire embauche ce salarié, le licenciement est sans effet (cass. soc. 26 octobre 1994, n° 93-43.521, *Dr. Soc.* 1995, p. 55, obs. H. Blaise : le salarié ne peut pas obtenir d'indemnités de licenciement de l'entrepreneur qui l'avait licencié avant de céder son fonds de commerce ; dans le même sens, cass. soc. 28 mai 1997, n° 94-43.561, *RJS* 8-9/97 n° 952).

– Le droit des salariés à la priorité de réembauche subsiste après le licenciement ou la rupture du contrat de travail, en cas de modification dans la situation juridique de l'employeur (cass. soc. 26 février 1992, n° 88-43.891, BC V n° 128 ; *RJS* 4/92 n° 412 ; 5 février 2002, n° 99-46.345, BC V n° 52 ; *RJS* 4/02 n° 397 ; 9 juillet 2008, n° 06-40.945, précité).

D. LE SORT DES CONTRATS DE TRAVAIL APRÈS TRANSFERT

• **Maintien des contrats de travail.** Le transfert du contrat de travail en cas de cession d'entreprise ne donne pas droit au salarié au maintien dans le logement de fonctions, mis à sa disposition par l'ancien employeur (cass. soc. 20 mars 1997, n° 95-17.470, BC V n° 119 ; *CSB* 1997 A. 36 ; *RJS* 6/97 n° 650 : logement dans un local qui n'est pas cédé au nouvel employeur ; l'ancien employeur n'est plus tenu de laisser le logement lui appartenant à la disposition du salarié après le transfert du contrat de travail ; il appartient à ce dernier, s'il estime que le contrat a été modifié, d'en tirer les conséquences à l'égard du nouvel employeur).

Le détachement d'un salarié dans une autre société au moment du transfert de l'entité économique ne fait pas échec au transfert du contrat de travail (cass soc.

14 mai 1997, n° 94-41.814, BC V n° 170 ; *RJS* 8-9/97 n° 951 ; *Dr. Soc.* 1997, p. 736, obs. A. Mazeaud : le travailleur reste le salarié de la société qui l'a embauché ; en cas de reprise du fonds de cette société par une autre entreprise, le travailleur détaché devient le salarié de l'acquéreur du fonds).

L'obligation de non-concurrence souscrite par un salarié se transmet avec le contrat de travail ; seul le nouvel employeur peut en demander l'exécution ; l'ancien employeur n'a aucune créance de non-concurrence à l'encontre de l'ancien salarié après le transfert d'entreprise (cass. soc. 15 octobre 1997, n° 95-42.454, BC V n° 318 ; *Dr. Soc.* 1997, p. 1095, obs. A. Mazeaud ; *RJS* 12/97, n° 1338, 4e espèce).

Le nouvel employeur est tenu de maintenir les conventions individuelles négociées avec le cédant ; il ne peut y mettre fin qu'avec l'accord des salariés concernés ou dans les conditions convenues avec lui (cass. soc. 27 mai 2009, n° 08-42.555, BC V n° 136 ; *RJS* 8-9/09 n° 688).

Ancienneté : le salarié dont le contrat subsiste avec le nouvel employeur conserve le bénéfice de l'ancienneté acquise au service du précédent (cass. soc. 18 décembre 1991, n° 88-43.550, BC V n° 590 ; *RJS* 2/92 n° 121 ; 4 octobre 1995, n° 93-46.181, BC V n° 261 ; *RJS* 11/95 n° 1116 ; 10 octobre 2000, n° 98-42189, BC V n° 315 ; *RJS* 12/00 n° 1227). Cette jurisprudence est conforme à la solution dégagée par la Cour de justice de l'Union européenne qui, dans un arrêt du 6 septembre 2011, a précisé que, lorsqu'un transfert au sens de la directive 77/187 conduit à l'application immédiate, aux travailleurs transférés, de la convention collective en vigueur auprès du cessionnaire et que les conditions de rémunération prévues par cette convention sont notamment liées à l'ancienneté, l'article 3 de cette directive s'oppose à ce que les travailleurs transférés subissent, par rapport à leur situation immédiatement antérieure au transfert, une régression salariale substantielle en raison du fait que leur ancienneté acquise auprès du cédant, équivalente à celle acquise par des travailleurs au service du cessionnaire, n'est pas prise en compte lors de la détermination de leur position salariale de départ auprès de ce dernier (CJUE 6 septembre 2011, aff. C-108/10, *JCP* éd. S 2011, 1444, note E. Jeansen ; *RJS* 12/11, pp. 815 et s., chron. H. Tissandier (A.) ; *RDT*, décembre 2011, CH, 701, Fr. Géa).

En cas de rupture, le nouvel employeur a la charge du versement des indemnités de rupture, compte tenu de l'ancienneté totale du salarié (cass. soc. 29 janvier 1981, n° 79-40.825, BC V n° 83).

Un salarié dont le contrat de travail est repris ne peut prétendre avoir été présent dans l'entreprise exploitée par le cessionnaire avant la date d'effet du transfert (cass. soc. 4 février 2009, n° 07-42.024, BC V n° 37 ; *RJS* 4/09 n° 352 : ce salarié n'a pu bénéficier des avantages d'un accord d'entreprise signé avant son arrivée dans celle-ci).

Classification : le nouvel employeur doit donner au salarié la classification qui lui est due en raison de son emploi et des règles posées par la convention collective (cass. soc. 4 avril 1990, n° 86-43.629, BC V n° 155 ; *RJS* 6/90 n° 460).

Primes : le droit à la prime du 13e mois ne naissant qu'au 31 décembre de l'année concernée, en cas de cession d'entreprise en cours d'année, le paiement de cette prime incombe en totalité à l'employeur du salarié à cette date (cass. soc. 30 mai 1980, n° 79-40.443, BC V n° 469 ; 11 mars 1992, n° 88-43.447, BC V n° 169 ; *RJS* 4/92 n° 410).

Régimes complémentaires : la cession d'un établissement laisse subsister les engagements pris au profit du personnel « cadres » dès lors que le nouvel employeur n'invoquait pas le principe de l'uniformité du régime complémentaire et du taux de cotisations pour tout le personnel bénéficiaire d'une même entreprise (cass. soc. 16 juillet 1987, n° 84-13.736, BC V n° 478).

L'adhésion donnée à une caisse de retraite par une entreprise subsiste au profit des salariés dont le contrat de travail se poursuit avec un nouvel employeur ; le second employeur n'est pas fondé à contester la validité du contrat de travail ayant lié un salarié à son précédent employeur, dans l'hypothèse d'un cumul avec un mandat social que détenait l'intéressé (cass. soc. 10 octobre 1990, n° 88-14.249, *CSB* 1990 p. 263).

Dès lors que le nouvel employeur maintient les salariés dans leur emploi, il doit cotiser au régime de retraite complémentaire au même taux pour les salariés transférés ;

un article de la convention collective nationale assurant le relèvement du taux de cotisations demeure valable en cas de cession d'entreprise et s'impose à la nouvelle société (cass. soc. 4 juillet 1990, n° 86-17.946, BC V n° 344 ; *RJS* 8-9/90 n° 736).

• Sur la mise en cause de la convention collective consécutive à une modification dans la situation juridique de l'employeur, voir note sous L. 2261-14.

• Sur la possibilité pour le cédant, après le transfert, de réintégrer ses anciens salariés, voir « Transfert d'entreprise : l'aménagement conventionnel de la reprise des salariés », M. Patin, *JCP* éd. S 2011, 1292.

• **Droit de licenciement du nouvel employeur.** Le licenciement économique des salariés attachés à l'entité transférée, prononcé à l'occasion du transfert, est privé d'effet (cass. soc. 2 février 2006, n° 04-41.089, *RJS* 4/06 n° 398). Le nouvel employeur doit continuer l'exécution des contrats de travail en cours au jour de la modification, mais il dispose du droit de rompre les contrats de travail (cass. soc. 9 novembre 1977, n° 76-40.133, BC V n° 606). Le nouvel employeur peut invoquer, à l'appui d'un licenciement, des négligences et manquements commis par le salarié dans la période précédant le transfert (cass. soc. 29 mai 1990, n° 87-40.151, BC V n° 242) ; s'il entend invoquer une faute disciplinaire commise par le salarié avant le transfert, il ne peut le faire que s'il ne s'est pas écoulé un délai de 2 mois depuis le jour où l'employeur (serait-ce l'employeur précédent) a eu connaissance des faits (cass. soc. 27 mai 2009, n° 06-46.293, BC V n° 137 ; *RJS* 8-9/09 n° 689). À noter que la clause obligeant le cessionnaire à exploiter l'activité durant au moins deux ans avec les salariés attachés à l'entité cédée, à peine de dommages-intérêts, n'a pas pour effet de priver l'employeur du pouvoir de prononcer des licenciements pour motif disciplinaire (cass. soc. 17 mai 2011, n° 09-43.003, *RJS* 7/11 n° 587 ; *JCP* éd. S 2011, 1401, note X. Vincent et L. Beljean).

• **La modification du contrat de travail.** L'application de l'article L. 1224-1 ne fait pas obstacle aux pouvoirs du nouvel employeur d'organiser ses services et d'affecter le personnel intégré au sein de l'entreprise (cass. soc. 8 mars 1995, n° 93-10.584, *Dr. Soc.* 1995, p. 508, obs. H. Blaise).

Le nouvel employeur peut convenir avec le salarié de nover le contrat en cours, immédiatement après le transfert d'entreprise (cass. soc. 17 septembre 2003, n° 01-43.687, BC V n° 232 ; *RJS* 12/03 n° 1368 ; *Dr. Soc.* 2003, p. 1132, obs. J. Mouly ; 14 avril 2010, n° 08-44.197). Mais la modification du contrat ne doit pas être frauduleuse : il en va ainsi d'une modification intervenant le jour même du transfert tendant à éluder les dispositions d'ordre public de l'article L. 1224-1 (cass. soc. 9 mars 2004, n° 02-42.140, *RJS* 6/04 n° 656 ; dans le même sens, cass. soc. 14 janvier 2004, n° 01-45.126, BC V n° 9 ; *RJS* 3/04 n° 288).

Sauf en cas de collusion frauduleuse, les modifications apportées par le cessionnaire aux contrats de travail des salariés passés à son service ne peuvent constituer un manquement du cédant à ses obligations (cass. soc. 13 mai 2009, n° 08-40.447, BC V n° 127 ; *RJS* 7/09 n° 612 ; 4 mai 2011, n° 10-30.646, *RJS* 711 n° 579).

Lorsque le salarié refuse la modification du contrat de travail, la rupture s'analyse en un licenciement (cass. soc. 18 novembre 1998, n° 97-43.072, BC V n° 494). Lorsque le cessionnaire n'est pas en mesure de maintenir les conditions antérieures, le salarié est en droit de s'opposer à une modification de son contrat. Il appartient alors au nouvel employeur soit de formuler de nouvelles propositions, soit d'engager une procédure de licenciement. À défaut, le salarié peut poursuivre la résiliation judiciaire du contrat, laquelle produit alors les effets d'un licenciement sans cause réelle et sérieuse (cass. soc. 30 mars 2010, n° 08-44.227, BC V n° 79 ; *RJS* 6/10 n° 489, 2e espèce ; *Dr. Soc.* 2010, p. 856, obs. A. Mazeaud).

Ce licenciement aura ou n'aura pas, selon les circonstances, une cause réelle et sérieuse. Les juges considèrent qu'il y a fraude à la loi lorsque la modification proposée a pour but de faire échec aux conséquences habituelles de l'article L. 1224-1 (cass. soc. 23 septembre 1992, n° 91-40.313, BC V n° 474 ; *RJS* 11/92 n° 1228 : conclusion d'un contrat à durée déterminée après le transfert ; cass. soc. 22 septembre 1993, n° 91-45.103, BC V n° 220 ; *RJS* 11/93 n° 1072 : licenciement après refus de conclure un nouveau contrat comportant une clause d'essai ; cass. soc. 20 octobre 1999, n° 97-43.008, BC V n° 388 ; *RJS* 12/99 n° 1440 : la proposition de déclassement faite au salarié avant même que le contrat de nettoyage des locaux qu'il venait de conclure ait été mis en application constitue un détournement de procédure destiné à faire échec aux dispositions de la convention collective nationale des entreprises de nettoyage des locaux relatives au transfert de plein droit des contrats de travail).

La volonté d'aligner la rémunération des salariés « transférés » sur celle des salariés de l'entreprise cessionnaire ne constitue pas une cause réelle et sérieuse de licenciement en cas de refus par ces salariés de la modification de leur contrat (cass. soc. 21 septembre 2005, n° 03-45.548, *RJS* 12/05 n° 1174).

E. DROITS ET OBLIGATIONS DU SALARIÉ

– Le refus du salarié de poursuivre son contrat de travail avec le nouvel employeur lors du transfert effectif d'une entité économique produit les effets d'une démission ; un tel refus doit être clairement établi et individuellement exprimé. Il ne peut se déduire d'une opposition collective des salariés (cass. soc. 10 octobre 2006, n° 04-40.325, BC V n° 295 ; *RJS* 12/06 n° 1251 ; *Dr. Soc.* 2006, p. 1191, obs. A. Mazeaud ; *RDT*, décembre 2006, CH, 390, Ph. Waquet : opposition collective des salariés au remplacement d'un concessionnaire de l'exploitation d'un service public par un autre).

– Si la convention collective applicable au nouvel employeur est substituée à celle qui régissait les rapports des salariés avec leur ancien employeur, seuls les salariés peuvent se prévaloir du maintien d'avantages acquis au titre de l'ancienne convention collective, le nouvel employeur ne pouvant faire valoir le caractère plus favorable de cette dernière pour certains avantages (cass. soc. 9 octobre 1990, n° 87-40.565, BC V n° 428 ; *RJS* 11/90 n° 903).

– Le nouvel employeur est tenu d'appliquer les usages et engagements unilatéraux pris par l'ancien employeur, mais seulement à l'égard des salariés dont le contrat était en cours au jour du transfert de l'entité économique autonome, ce qui exclut les salariés engagés postérieurement au transfert (cass. soc. 7 décembre 2005, n° 04-44.594, BC V n° 356 ; *RJS* 2/06 n° 172 ; voir aussi cass. soc. 11 janvier 2012, n° 10-14.614, *LS* Jurispr. n° 17/2012 du 24/01/12, énonçant que l'obligation à laquelle est légalement tenu le nouvel employeur, en cas de transfert d'une entité économique, de maintenir au bénéfice des salariés qui y sont rattachés les droits qu'ils tiennent d'un usage en vigueur au jour du transfert, justifie la différence de traitement qui en résulte par rapport aux autres salariés). La solution s'applique de la même manière lorsque la cession intervient dans le cadre d'une procédure collective (cass. soc. 22 janvier 2008, n° 06-43.534, *RJS* 3/08 n° 253), sans que les conditions prévues dans l'offre du repreneur retenue par le tribunal de commerce puissent y faire obstacle (cass. soc. 12 mars 2008, n° 06-45.147, BC V n° 59 ; *RJS* 5/08 n° 519). En cas d'application de l'article L. 122-12 [L. 1224-1], les salariés peuvent invoquer à l'encontre du nouvel employeur le bénéfice de l'engagement unilatéral pris par le précédent employeur ; le nouvel employeur ne peut mettre fin à cet engagement qu'à condition de prévenir individuellement les salariés et les institutions représentatives du personnel (cass. soc. 4 février 1997, n° 95-41.468, BC V n° 47 ; *Dr. Soc.* 1997, p. 416, obs. G. Couturier ; *RJS* 3/97 n° 256 ; 21 septembre 2005, n° 03-43.532, BC V n° 260 ; *RJS* 12/05 n° 1173).

– Les dispositions de l'article L. 1224-1 n'ont pas pour effet d'interdire au salarié licencié avant modification dans la situation juridique de l'employeur et qui a cessé son travail de considérer son contrat comme rompu (cass. soc. 16 janvier 1991, n° 87-42.084).

– Si le nouvel employeur s'est engagé par convention à supporter la charge des créances antérieures à la cession, les salariés peuvent s'en prévaloir comme d'une stipulation pour autrui en leur faveur ; cette solution est retenue dans le cas d'une cession intervenue dans le cadre d'une procédure de redressement judiciaire (cass. soc. 12 février 1992, n° 89-42.276, *RJS* 3/92 n° 255).

F. MANDATS DE REPRÉSENTATION DU PERSONNEL

Voir livre IV de la deuxième partie du code relatif aux salariés protégés, notamment la note introductive et les notes sous les articles L. 2414-1, L. 2421-9, L. 2422-1, L. 2422-2 et L. 2422-4.

Art. L. 1224-2. Le nouvel employeur est tenu, à l'égard des salariés dont les contrats de travail subsistent, aux obligations qui incombaient à l'ancien employeur à la date de la modification, sauf dans les cas suivants :

1° Procédure de sauvegarde, de redressement ou de liquidation judiciaire ;

2° Substitution d'employeurs intervenue sans qu'il y ait eu de convention entre ceux-ci.

Le premier employeur rembourse les sommes acquittées par le nouvel employeur, dues à la date de la modification, sauf s'il a été tenu compte de la charge résultant de ces obligations dans la convention intervenue entre eux.

Note Cet article est issu de la loi 83-528 du 28 juin 1983 (JO 29) portant mise en œuvre de la directive du Conseil des Communautés européennes du 14 février 1977 concernant le rapprochement des législations des États membres relatives au maintien des droits des travailleurs en cas de transfert d'entreprises, d'établissements ou de parties d'établissements.

• Le champ d'application de cet article est le même que celui de l'article L. 1224-1, excepté les deux cas suivants :

– *transfert d'entreprise intervenant dans le cadre d'une procédure de règlement judiciaire ou de liquidation de biens*. Les salariés sont, dans cette hypothèse, garantis du paiement d'une partie de leurs créances par le jeu du régime d'assurance des créances des salariés (AGS). Le secrétaire d'État auprès du ministre des Affaires sociales a précisé que « sont exonérés de l'obligation nouvelle non seulement la masse des créanciers en cas de poursuite de l'exploitation, mais aussi le repreneur, que la reprise s'effectue par location-gérance ou par rachat de l'entreprise ». Le nouvel employeur n'est tenu au paiement des congés payés que pour la période postérieure à la reprise des contrats de travail (cass. soc. 19 février 1992, n° 89-45.112, BC V n° 93 ; RJS 4/92 n° 411 ; 1er juillet 1992, n° 91-44.262, BC V n° 432 ; *RJS* 10/92 n° 1076 ; 18 novembre 1992, n° 90-44.392, *RJS* 1/93 n° 8). En revanche, il doit la totalité des primes de vacances et de fin d'année lorsque le droit à ces primes prend naissance postérieurement au transfert des contrats (cass. soc. 18 novembre 1992, n° 90-44.392, précité).

Le nouvel employeur ne peut être tenu au paiement de dommages-intérêts au titre d'un manquement aux obligations nées du contrat de travail antérieures à la modification dans la situation juridique de l'employeur intervenue dans le cadre d'une procédure collective (cass. soc. 2 février 2006, n° 04-40.474, BC V n° 54 ; *RJS* 5/06 n° 532).

Les obligations de l'entreprise cessionnaire en cas de résolution du plan de cession arrêté par le tribunal de commerce dans le cadre d'une procédure de redressement judiciaire sont précisées dans deux arrêts de la chambre sociale de la Cour de cassation (cass. soc. 8 juin 1999, 2 arrêts, nos 97-12.731 et 96-43.933, BC V nos 263 et 264 ; *RJS* 10/99 n° 1230 : le cessionnaire est tenu des obligations nées entre la date de l'adoption du plan de cession arrêté par le tribunal et celle de la résolution de celui-ci ; en revanche, les licenciements postérieurs à la résolution du plan de cession sont à la charge du cédant à qui le fonds avait fait retour).

– *substitution d'employeurs en dehors de toute convention entre eux*. La convention visée par cet article doit être relative au transfert de l'entreprise (cass. soc. 18 novembre 1992, n° 89-42.281, BC V n° 549 ; *RJS* 1/93 n° 9). Exemple récent d'absence de convention entre employeurs successifs : cass. soc. 24 septembre 2002, n° 00-44.923, *RJS* 12/02 n° 1356. En l'absence de convention particulière, le nouvel employeur, tenu de payer les créances salariales exigibles après le transfert des contrats de travail, peut obtenir le remboursement par l'ancien employeur pour la part correspondant au temps pendant lequel les salariés ont été au service de ce dernier (cass. com. 18 septembre 2007, n° 05-14.618, BC IV n° 198 ; *RJS* 12/07 n° 1249).

• L'article L. 1224-2 a pour objet de transmettre au cessionnaire les dettes que le cédant aurait gardées à l'égard des salariés (créances que les salariés auraient acquises à l'égard du cédant et qui seraient restées impayées : heures supplémentaires, primes, commissions, indemnités de congés payés pour la période antérieure au transfert, avantages divers…).

Le salarié, dont le contrat de travail s'est poursuivi dans le cadre du transfert d'une entité et qui entend obtenir l'exécution des obligations nées à la date du transfert, peut exercer son action aussi bien à l'encontre de l'ancien employeur que du nouveau (cass. soc. 13 novembre 2001, n° 99-42.467, *RJS* 1/02 n° 16). Dès lors, le salarié peut ne mettre en cause que le nouvel employeur, même si la créance invoquée est la conséquence d'un manquement du cédant aux obligations résultant du contrat de travail, (cass. soc. 14 mai 2008, n° 07-42.341, BC V n° 103 ; *RJS* 7/08 n° 759 ; *JCP* éd. S 2008, 1521, note A. Martinon). À l'inverse, l'article L. 1224-2 ne fait pas obstacle à ce que le salarié exerce son action en paiement directement à l'encontre de son ancien employeur (cass. soc. 3 avril 1991, n° 88-41.786, BC V n° 164 ; *RJS* 5/91 n° 561). Par ailleurs, le salarié pouvant agir indifféremment à l'encontre des deux employeurs successifs en paiement des salaires échus à la date de la modification dans leur situation juridique, ceux-ci sont tenus in solidum (cass. soc. 6 avril 2011, n° 10-16.391, BC V n° 91 ; *RJS* 6/11 n° 528 ; *JCP* éd. S 2011, 1327, note C. Puigelier).

Si l'obligation au paiement d'une indemnité de requalification d'un contrat à durée déterminée naît dès la conclusion de ce contrat en méconnaissance des exigences légales et pèse en conséquence sur l'employeur l'ayant conclu, cette circonstance ne fait pas obstacle à l'application de l'article L. 1224-2 ; dès lors, un salarié peut demander au nouvel employeur le paiement d'une indemnité de requalification au titre du contrat à durée déterminée conclu avec le premier employeur sauf le recours du nouvel employeur contre celui-ci (cass. soc. 16 mars 2011, n° 09-69.945, BC V n° 75 ; *LS* Jurispr. n° 66/2011 du 29 mars 2011 ; 7 novembre 2006, n° 05-41.723, BC V n° 324 ; *RJS* 1/07 n° 17).

Art. L. 1224-3. Lorsque l'activité d'une entité économique employant des salariés de droit privé est, par transfert de cette entité, reprise par une personne publique dans le cadre d'un service public administratif, il appartient à cette personne publique de proposer à ces salariés un contrat de droit public, à durée déterminée ou indéterminée selon la nature du contrat dont ils sont titulaires.

Sauf disposition légale ou conditions générales de rémunération et d'emploi des agents non titulaires de la personne publique contraires, le contrat qu'elle propose reprend les clauses substantielles du contrat dont les salariés sont titulaires, en particulier celles qui concernent la rémunération.

(L. 2009-972 du 3 août 2009, art. 24, JO 6) « En cas de refus des salariés d'accepter le contrat proposé, leur contrat prend fin de plein droit. La personne publique applique les dispositions relatives aux agents licenciés prévues par le droit du travail et par leur contrat. »

Note Cet article avait repris les dispositions de l'article 20 de la loi 2005-843 du 26 juillet 2005 portant diverses mesures de transposition du droit communautaire à la fonction publique.

– La reprise d'une activité par un service public administratif a longtemps été considérée comme exclusive de l'application de l'article L. 1224-1 ; par exemple, le rachat d'une clinique par un centre hospitalier, qui est un établissement public administratif : il n'y a pas continuation de la même entreprise, la première ayant cessé son activité (cass. soc. 7 février 1980, n° 78-41.168, BC V n° 115). De la même façon, l'article L. 1224-1 ne s'appliquait pas lorsque le service des eaux, de service privé devenait service communal, exploité en régie directe (cass. soc. 10 juillet 1995, 2 arrêts, n°s 93-46.569 et 94-40.608, *RJS* 8-9/95 n° 866). Cette jurisprudence était en contradiction avec celle de la Cour de justice des communautés européennes (CJCE) concernant l'application de la directive 77/187/CEE du 14 février 1977 (remplacée par la directive 2001/23/CE du 12 mars 2001). La CJCE jugeait en effet que la directive 77/187/CEE du Conseil était applicable en cas de reprise par une commune, personne morale de droit public agissant dans le cadre des règles spécifiques du droit administratif, des activités de publicité et d'information sur les services qu'elle offre au public, exercées jusqu'alors par une association sans but lucratif, personne morale de droit privé, pour autant que l'entité, cédée, conserve son identité (CJCE 26 septembre 2000, aff. C-175/99, rec. p. I-7755 ; *RJS* 1/01 n° 138 ; voir aussi CJUE 20 janvier 2011, aff. C-463/09, *RJS* 5/11 n° 486 et p. 358 (I. C.) chron. H. Tissandier ; *Dr. Soc.* 2011, p. 866, obs. A. Mazeaud, jugeant que la directive 2001/23/CE ne s'applique pas à une situation dans laquelle une commune, qui confiait le nettoyage de ses locaux à une entreprise privée, décide de mettre fin au contrat qui la liait à celle-ci et d'exercer elle-même l'activité de nettoyage desdits locaux en engageant à cette fin un nouveau personnel).

Dans trois arrêts rendus le 25 juin 2002, la Cour de cassation a aligné sa jurisprudence sur celle de la CJCE : « la seule circonstance que le cessionnaire soit un établissement public à caractère administratif lié à son personnel par des rapports de droit public ne peut suffire à caractériser une modification dans l'identité de l'entité économique transférée » (cass. soc. 25 juin 2002, n° 01-43.467, BC V n° 209 et n°s 01-43.468 et 01-43.500, *RJS* 10/02 n° 1078 ; *Dr. Soc.* 2002, p. 1013, obs. A. Mazeaud ; *D.* 2002 SC 3117, obs. B. Lardy-Pélissier ; dans le même sens, cass. soc. 14 janvier 2003, n° 01-43.676, BC V n° 3 ; *Dr. Soc.* 2003, p. 437, obs. A. Mazeaud ; 17 décembre 2003, n° 02-44.358, BC V n° 318 ; *Dr. Soc.* 2004, p. 321, obs. Ph. Waquet). Le Conseil d'État a également décidé qu'il y a maintien de la relation de travail lorsque l'activité d'une entité économique employant des salariés de droit privé est reprise par une personne publique gérant un service public administratif (CE 22 octobre 2004, n° 245154, *JSL* n° 157, 7 décembre 2004, p. 15, J-E Tourreil ; *RJS* 1/05 n° 12 ; *Dr. Soc.* 2005, p. 37, concl. E. Glaser). Il appartient à celle-ci soit de maintenir le contrat de droit privé des intéressés, soit de leur proposer un contrat de droit public reprenant les clauses substantielles de leur ancien contrat, dans la mesure où des dispositions législatives ou réglementaires n'y font pas obstacle (CE 22 octobre 2004, n° 245154, précité). En revanche, les salariés dont le contrat est maintenu n'ont aucun droit à être titularisés ; si la personne publique entend titulariser le bénéficiaire de l'article L. 1224-1, elle n'est pas obligée de prendre en compte, lors de la titularisation, la situation et la carrière antérieure de l'intéressé (même arrêt).

Toutefois, la Cour a énoncé que si les dispositions de l'article L. 1224-1 impose le maintien des contrats de travail en cours y compris dans le cas où l'entité économique transférée constitue un service public administratif dont la gestion, jusqu'ici assurée par une personne privée, est reprise par une personne morale de droit public normalement liée à son personnel par des rapports de droit public, elles n'ont pas pour effet de transformer la nature juridique des contrats de travail en cause, qui demeure des contrats de droit privé tant que le nouvel employeur public n'a pas placé les salariés dans un régime de droit public (cass. soc. 23 novembre 2005, n° 03-45.439, BC V n° 339 ; *RJS* 1/06 n° 12 ; 12 juin 2007, n° 05-44.337, BC V n° 96 ; *RJS* 8-9/07 n° 91 ; *Dr. Soc.* 2007, p. 1056, obs. A. Mazeaud).

Dès lors une loi du 26 juillet 2005 a précisé, dans son article 20, que la personne publique cessionnaire doit proposer aux salariés un contrat de droit public reprenant autant que possible les clauses substantielles du contrat de travail en cours [voir chronique J-B Cottin, « Transfert d'une entité économique autonome vers un service public administratif », *RJS* 1/06, p. 3 ; A. Mazeaud, « Reprise d'une entité économique par une personne publique dans le cadre d'un service public administratif (art. 20 de la loi du 26 juillet 2005) », *Dr. Soc.* 2006, p. 383 ; C. Wolmark, « Le sort des contrats de travail en cas de reprise en gestion directe d'un service public administratif », *RDT,* septembre 2006, ET, 159].

Le nouvel employeur, personne morale de droit public, est tenu, dès la reprise de l'activité, de continuer à rémunérer les salariés transférés dans les conditions prévues par leur contrat de droit privé jusqu'à ce que ceux-ci acceptent le contrat de droit public qui leur sera proposé ou jusqu'à leur licenciement, s'ils le refusent (cass. soc. 1er juin 2010, n° 09-40.679, BC V n° 120 ; *RJS* 8-9/10 n° 643).

Un salarié est fondé à prendre acte de la rupture du contrat de travail aux torts du nouvel employeur ; ce dernier n'avait pas licencié le salarié qui avait refusé d'accepter la modification de son contrat de travail qu'il lui avait notifiée (cass. soc. 16 décembre 2008, n° 07-43.419, *RJS* 3/09 n° 229).

La CJCE a précisé les effets de la directive en cas de transfert d'entreprise d'une personne morale de droit privé à l'État dans un arrêt du 11 novembre 2004 : la directive ne s'oppose pas à ce que l'État, en tant que nouvel employeur, procède à une réduction du montant de la rémunération des travailleurs concernés aux fins de se conformer aux règles nationales en vigueur relatives aux employés publics. Cette baisse de rémunération constitue toutefois une modification du contrat de travail ; si cette modification n'est pas acceptée par le salarié, il y a résiliation du contrat à l'initiative de l'employeur (CJCE 11 novembre 2004, aff. C-425/02, rec. p. I-10823 ; JOUE C 6/9 du 8.01.2005 ; *RJS* 3/05 n° 324).

Dans un avis rendu le 21 mai 2007, le Conseil d'État a décidé que la reprise de la rémunération antérieure n'est légalement possible que si elle n'excède pas manifestement celle qu'il appartiendrait à l'autorité administrative compétente de fixer compte tenu des fonctions exercées, du niveau de qualification et de rémunération pour des agents de l'État exerçant des fonctions analogues (CE 21 mai 2007, avis, n° 299307, *Rec. Lebon*, p. 214 ; *Dr. Soc.* 2007, p. 969, concl. Fr. Séners).

D'une part, si le licenciement d'un salarié qui refuse un contrat de droit public doit être prononcé dans les conditions prévues par le code du travail, le refus de changer de statut opposé par le salarié repris constitue à lui seul une cause de licenciement ; d'autre part, la cause particulière de rupture du contrat de travail prévue par l'article L. 1224-3 CT ne relève pas des dispositions de ce code applicables aux licenciements pour motif économique (cass. soc. 30 septembre 2009, n° 08-40.846, BC V n° 212 ; *RJS* 12/09 n° 899 ; voir aussi cass. soc. 2 décembre 2009, n° 07-45.304, BC V n° 270 ; *RJS* 2/10 n° 153).

Si le contentieux relatif à un arrêté de titularisation relève évidemment de la compétence des juridictions administratives, la rupture du contrat de travail décidée par la personne publique relève de la compétence du juge judiciaire (Trib. confl. 19 janvier 2004, n° 3393, *RJS* 5/04 n° 506 : l'application de cet article n'a pas pour effet de « transformer la nature juridique des contrats de travail en cause, qui demeurent des contrats de droit privé tant que le nouvel employeur public n'a pas placé les salariés dans un régime de droit public » ; cass. soc. 23 novembre 2005, n° 03-45.439, précité ; Trib. confl. 14 février 2005, n° 05-03.441, BC n° 4 ; *RJS* 8-9/05 n° 805 ; 16 décembre 2008, n° 07-44.093, *RJS* 2/09 n° 137, 1re espèce). Cependant, le juge judiciaire ne peut, sans violer le principe de la séparation des pouvoirs, se prononcer sur la conformité d'un contrat de droit public aux dispositions de l'article L. 1224-3 (cass. soc. 1er juin 2010, n° 09-40.679, précité).

Lorsqu'un service public administratif disparaît, la reprise de son activité par un organisme de droit privé n'entraîne pas le transfert d'une entité économique conservant son identité : l'article L. 1224-1 ne s'applique pas (cass. soc. 1er décembre 1993, n° 91-41.602, BC V n° 295 ; *RJS* 1/94, p. 19, concl. Y. Chauvy ; *CSB* 1994 A. 7). Cette solution est compatible avec l'interprétation de la directive communautaire. La CJCE décide en effet que le bénéfice de la directive ne peut être invoqué que par les personnes qui, dans l'État membre concerné, sont protégées en tant que travailleurs au titre de la législation nationale en matière de droit du travail (CJCE 14 septembre 2000, aff. C-343/98, rec. p. I-6659 ; *RJS* 12/00 n° 1308).

Art. L. 1224-3-1. ***(L. 2009-972 du 3 août 2009, art. 25, JO 6)*** Sous réserve de l'application de dispositions législatives ou réglementaires spéciales, lorsque l'activité d'une personne morale de droit public employant des agents non titulaires de droit public est reprise par une personne morale de droit privé ou par un organisme de droit public gérant un service public industriel et commercial, cette personne morale ou cet organisme propose à ces agents un contrat régi par le présent code.

Le contrat proposé reprend les clauses substantielles du contrat dont les agents sont titulaires, en particulier celles qui concernent la rémunération.

En cas de refus des agents d'accepter le contrat proposé, leur contrat prend fin de plein droit. La personne morale ou l'organisme qui reprend l'activité applique les dispositions de droit public relatives aux agents licenciés.

Note À propos de cet article, voir « Reprise de l'activité d'une personne morale de droit public employant des agents non titulaires de droit public par une personne morale de droit privé », A. Mazeaud, *Dr. Soc.* 2011, p. 367.

Art. L. 1224-4. Un décret en Conseil d'État détermine les modalités d'application des articles L. 1224-1 et L. 1224-2.

CHAPITRE V

Maternité, paternité, adoption et éducation des enfants

SECTION 1. Protection de la grossesse et de la maternité

Sous-section 1. Embauche, mutation et licenciement

Art. L. 1225-1. L'employeur ne doit pas prendre en considération l'état de grossesse d'une femme pour refuser de l'embaucher, pour rompre son contrat de travail au cours d'une période d'essai ou, sous réserve d'une affectation temporaire réalisée dans le cadre des dispositions des articles L. 1225-7, L. 1225-9 et L. 1225-12, pour prononcer une mutation d'emploi.

Il lui est en conséquence interdit de rechercher ou de faire rechercher toutes informations concernant l'état de grossesse de l'intéressée.

Note

• Toute discrimination liée à l'état de grossesse tombe sous le coup des sanctions pénales de l'article 225-1 c. pén.

• **Embauche.** L'interdiction faite à l'employeur de rechercher ou faire rechercher des informations sur l'état de grossesse concerne essentiellement les mentions qui pourraient, à cet égard, figurer dans les « questionnaires d'embauche » et les fiches médicales établies par le médecin du travail à l'issue de la visite médicale d'embauche.

Voir également, sur le refus d'embauche, l'article L. 1142-1.

• **Licenciement.** Pour la CJCE, les articles 2 § 1 et 5 § 1 de la directive 76/207/CEE du 9 février 1976 s'opposent au licenciement d'une salariée fondé essentiellement sur le fait qu'elle a subi un traitement de fécondation *in vitro* (CJCE 26 février 2008, aff. C-506/06, rec. p. I-1017 ; JOUE C 92/7 du 12.04.2008 ; *RJS* 6/08, p. 499, II. A., note E. Lafuma ; *RDT*, mai 2008, CH, 313, C. Kouchner ; *JCP* éd. S 2008, 1321, note A. Moriceau ; *JSL* n° 230, 27 mars 2008, p. 14, J-Ph. Lhernould). Si la résiliation du contrat de travail d'une salariée enceinte pendant une période d'essai est interdite lorsqu'elle est motivée par l'état de grossesse de l'intéressée, elle reste possible pour un motif tenant, par exemple, à l'insuffisance professionnelle. Les dispositions de l'article L. 1225-4 n'étant pas applicables pendant la période d'essai, le licenciement d'une femme enceinte pendant une telle période ne saurait être considéré comme nul (cass. soc. 2 février 1983, n° 79-41.754, BC V n° 74). Est fondée la décision d'un employeur (ETT) mettant fin au contrat d'une salariée à l'issue d'une période d'essai pour un motif directement lié à l'essai (insuffisance professionnelle) et alors que l'employeur ne pouvait connaître l'état de grossesse de l'intéressée (cass. soc. 8 novembre 1983, n° 81-41.785, BC V n° 546).

Voir article A. Gardin « Maternité et éducation des enfants », *RJS* 11/09, p. 727.

Art. R. 1225-1. Pour bénéficier de la protection de la grossesse et de la maternité, prévue aux articles L. 1225-1 et suivants, la salariée remet contre récépissé ou envoie par lettre recommandée avec avis de réception à son employeur un certificat médical attestant son état de grossesse et la date présumée de son accouchement ou la date effective de celui-ci, ainsi que, s'il y a lieu, l'existence et la durée prévisible de son état pathologique nécessitant un allongement de la période de suspension de son contrat de travail.

Note

L'envoi d'un certificat médical attestant son état de grossesse ne constitue pas une formalité substantielle (cass. soc. 9 juillet 2008, n° 07-41.927, BC V n° 152 ; *RJS* 10/08 n° 988). Pour que la salariée enceinte puisse bénéficier de la protection légale, il suffit d'établir que l'employeur en avait eu connaissance, ce que la salariée pourra prouver par tous moyens (voir, par exemple, cass. soc. 20 juin 1995, n° 91-44.952, BC V n° 202 ; *RJS* 8-9/95 n° 880).

Art. R. 1225-3. Pour l'application des dispositions du présent chapitre, les formalités sont réputées accomplies au jour de l'expédition de la lettre recommandée avec avis de réception.

Art. L. 1225-2. La femme candidate à un emploi ou salariée n'est pas tenue de révéler son état de grossesse, sauf lorsqu'elle demande le bénéfice des dispositions légales relatives à la protection de la femme enceinte.

Art. L. 1225-3. Lorsque survient un litige relatif à l'application des articles L. 1225-1 et L. 1225-2, l'employeur communique au juge tous les éléments de nature à justifier sa décision.

Lorsqu'un doute subsiste, il profite à la salariée enceinte.

Art. L. 1225-4. Aucun employeur ne peut rompre le contrat de travail d'une salariée lorsqu'elle est en état de grossesse médicalement constaté et pendant l'intégralité des périodes de suspension du contrat de travail auxquelles elle a droit au titre du congé de maternité, qu'elle use ou non de ce droit, ainsi que pendant les quatre semaines suivant l'expiration de ces périodes.

Toutefois, l'employeur peut rompre le contrat s'il justifie d'une faute grave de l'intéressée, non liée à l'état de grossesse, ou de son impossibilité de maintenir ce contrat pour un motif étranger à la grossesse ou à l'accouchement. Dans ce cas, la rupture du contrat de travail ne peut prendre effet ou être notifiée pendant les périodes de suspension du contrat de travail mentionnées au premier alinéa.

Note Voir chron. A. Gardin, « Maternité et rupture du contrat de travail », *RJS* 12/07, p. 975.

• **Notion de faute grave non liée à l'état de grossesse.** L'employeur ne peut rompre le contrat de travail d'une salariée enceinte que s'il justifie d'une faute grave commise par l'intéressée et si une telle faute n'est pas liée à l'état de grossesse de la salariée.

Exemples de fautes graves non liées à l'état de grossesse.

– *Fautes graves justifiant le licenciement.* Cass. soc. 28 mars 1996, n° 93-40.437 (injures grossières proférées à l'encontre de l'employeur) ; cass. soc. 9 décembre 1998, n° 96-43.068, *RJS* 4/99 n° 503 (salariée qui appose un paraphe sur un document permettant d'obtenir un complément de prestations et qui laisse ainsi croire que c'est l'employeur qui a signé). Il appartient aux juges du fond, en cas de faute grave invoquée par l'employeur, de caractériser un manquement dépourvu de lien avec l'état de grossesse de la salariée rendant impossible son maintien dans l'entreprise (cass. soc. 18 avril 2008, n° 06-46.119, BC V n° 98 ; *RJS* 7/08 n° 773).

– *Absence de faute grave.* La seule absence de justification de la prolongation d'un arrêt de travail ne constitue pas une faute grave lorsque l'employeur ne peut ignorer la raison de cette prolongation (cass. soc. 24 octobre 1996, n° 93-46.158, *RJS* 12/96 n° 1260) ; le seul fait du retard de la salariée dans l'envoi d'un certificat médical ne suffit pas à caractériser une faute grave (cass. soc. 12 mars 1997, n° 94-42.382, *CSB* 1997 S. 113).

Exemple de faute grave liée à l'état de grossesse. Cass. soc. 19 décembre 1990, n° 87-45.298, BC V n° 682, s'agissant d'une absence injustifiée de quinze jours d'une salariée dont l'employeur connaissait l'état de grossesse.

• **Motif étranger à la grossesse, à l'accouchement ou à l'adoption**

– C'est à l'employeur qu'il appartient d'apporter la preuve de l'impossibilité de maintenir le contrat. N'apporte pas la preuve de l'impossibilité de maintenir le contrat l'employeur qui se contente d'alléguer la suppression de l'emploi d'une salariée, engagée en qualité de garde d'enfant, du fait de la scolarisation de deux enfants concernés (cass. soc. 8 avril 2009, n° 08-40.011, *RJS* 6/09 n° 581).

– L'existence d'un motif économique au licenciement ne caractérise pas, à elle seule, l'impossibilité visée à l'article L. 1225-4 CT dans laquelle se trouve l'employeur de maintenir le contrat de travail de la salariée (cass. soc. 6 janvier 2010, n° 08-44.626, *RJS* 3/10 n° 255 ; 21 mai 2008, n° 07-41.179, BC V n° 110 ; *RJS* 8-9/08 n° 887 ; 19 novembre 1997, n° 94-42.540, BC V n° 382 ; *RJS* 1/98 n° 24 ; 31 octobre 1996, n° 93-45.019, *RJS* 11/96 n° 1168 ; 25 octobre 1995, n° 92-42.547, *RJS* 1/96 n° 17).

Même si l'employeur justifie de l'impossibilité de maintenir le contrat de travail pour un motif étranger à la grossesse, à l'accouchement ou à l'adoption, la résiliation du contrat ne peut prendre effet ou être signifiée pendant la période de suspension du contrat résultant du congé de maternité. Un licenciement prononcé dans ces conditions est un licenciement nul (cass. soc. 19 mars 2008, n° 07-40.599, BC V n° 69 ; *RJS* 5/08 n° 541 ; *RDT*, juin 2008, CH, 383, note H. Tissandier ; *JCP* éd. S 2008, 1306, note C. Puigelier ; *Dr. Soc* 2008, p. 880, obs. J. Savatier). La salariée aura droit à une indemnité réparant intégralement le préjudice subi et qui ne peut être inférieure à 6 mois de salaire.

Le remplacement définitif d'une salariée pendant son congé de maternité constitue une mesure préparatoire à son licenciement ; celui-ci sera déclaré nul même s'il a été prononcé après le congé (cass. soc. 15 septembre 2010, n° 08-43.299, BC V n° 182 ; *RJS* 11/10 n° 841). Cette solution reprend celle d'un arrêt de la CJCE ; l'article 10 de la directive 92/85 du 19 octobre 1992 interdisant de prendre des mesures préparatoires au licenciement avant l'échéance de la période de protection (CJCE 11 octobre 2007, aff. C-460/06, Rec. p. I-8511 ; *RJS* 2/08, p. 103, chron. E. Lafuma et « Code annoté européen du travail », *Groupe Revue Fiduciaire*, éd. 2010, p. 694).

• Pendant les 4 semaines suivant l'expiration des périodes de suspension du contrat de travail, l'employeur peut licencier une salariée pour faute grave non liée à l'état de grossesse ou pour impossibilité de maintenir le contrat pour un motif étranger à la grossesse ou à l'accouchement (cass. soc. 17 février 2010, n° 06-41.392, BC V n° 49 ; *RDT*, mai 2010, CH, 290, note D. Gardes ; *RJS* 5/10 n° 422 ; *JSL* n° 275, 19 avril 2010, p. 11, M-Ch. Haller ; *JCP* éd. S 2010, 1230, note A. Martinon ; en l'espèce, il s'agissait d'un licenciement pour faute grave).

• **Le motif autorisant exceptionnellement le licenciement doit figurer explicitement dans la lettre de licenciement.** Le licenciement d'une salariée enceinte est nul dès lors que la lettre de licenciement ne mentionne pas expressément l'un des motifs exigés par l'article L. 1225-4 CT (cass. soc. 21 janvier 2009, n° 07-41.841, BC V n° 22 ; *RJS* 4/09 n° 339 : en l'espèce, suppression d'un emploi dans le cadre d'un plan de cession ; 24 octobre 2000, n° 98-41.937, BC V n° 343 ; *RJS* 12/00 n° 1245). Cette solution semble contestable ; elle repose en effet sur une confusion entre les règles qui régissent la motivation du licenciement et celles qui concernent l'appréciation par le juge du caractère des motifs invoqués. En motivant le licenciement par un motif économique, l'employeur répond aux exigences de l'article L. 1233-16 CT ; le juge devrait ensuite apprécier si ce motif économique rend impossible le maintien du contrat de travail et non pas prononcer automatiquement la nullité.

Art. L. 1225-5. Le licenciement d'une salariée est annulé lorsque, dans un délai de quinze jours à compter de sa notification, l'intéressée envoie à son employeur, dans des conditions déterminées par voie réglementaire, un certificat médical justifiant qu'elle est enceinte.

Ces dispositions ne s'appliquent pas lorsque le licenciement est prononcé pour une faute grave non liée à l'état de grossesse ou par impossibilité de maintenir le contrat pour un motif étranger à la grossesse ou à l'accouchement.

Note

• Les dispositions de cet article ne sont pas applicables à la rupture en période d'essai (cass. soc. 21 décembre 2006, n° 05-44.806, BC V n° 415 ; *RJS* 3/07 n° 325 ; *Dr. Soc.* 2007, p. 356, obs. J. Savatier).

• Le délai de quinze jours prévu par ce texte court à compter du jour où le licenciement a été effectivement porté à la connaissance de la salariée (cass. soc. 8 juin 2011, n° 10-17.022, *RJS* 8-9/11 n° 680 ; *JCP* éd. S 2011, 1388, note S. Brissy).

• Une offre de réintégration proposée deux mois après la notification de l'état de grossesse a été jugée tardive, ce qui ouvre droit pour la salariée, outre les salaires qu'elle aurait perçus pendant la période couverte par la nullité, aux indemnités de rupture et à une indemnité au moins égale à six mois de salaire (cass. soc. 6 octobre 2010, n° 08-43.171, *RJS* 12/10 n° 928, 1re espèce).

Art. R. 1225-2. En cas de licenciement, le certificat médical justifiant que la salariée est enceinte, prévu à l'article L. 1225-5, est adressé par lettre recommandée avec avis de réception.

Art. L. 1225-6. Les dispositions des articles L. 1225-4 et L. 1225-5 ne font pas obstacle à l'échéance du contrat de travail à durée déterminée.

Sous-section 2. Changements temporaires d'affectation

§ 1. Nécessité médicale

Art. L. 1225-7. La salariée enceinte peut être affectée temporairement dans un autre emploi, à son initiative ou à celle de l'employeur, si son état de santé médicalement constaté l'exige.

En cas de désaccord entre l'employeur et la salariée ou lorsque le changement intervient à l'initiative de l'employeur, seul le médecin du travail peut établir la nécessité médicale du changement d'emploi et l'aptitude de la salariée à occuper le nouvel emploi envisagé.

L'affectation dans un autre établissement est subordonnée à l'accord de l'intéressée.

L'affectation temporaire ne peut excéder la durée de la grossesse et prend fin dès que l'état de santé de la femme lui permet de retrouver son emploi initial.

Le changement d'affectation n'entraîne aucune diminution de rémunération.

Note

• Mutation temporaire

– Il ressort des dispositions de l'alinéa 1er de cet article qu'une mutation temporaire n'est possible (à la demande de la salariée enceinte ou sur décision de l'employeur) que si l'état de santé de l'intéressée, médicalement constaté (éventuellement par le médecin du travail), l'exige.

– Il résulte, semble-t-il, des dispositions combinées des alinéas 1 et 2 de l'article L. 1225-7 que si le médecin du travail estime que l'état de santé de la salariée enceinte ne justifie pas une mutation de poste, l'employeur ne peut y procéder, ce qui constituerait une infraction aux dispositions de l'article L. 1225-7 pénalement sanctionnable (art. R. 1227-5) et pourrait être considéré comme une modification unilatérale des conditions essentielles du contrat de travail.

• Intervention du médecin du travail :

– au titre de l'article L. 1225-7, la saisine du médecin du travail ne s'impose qu'en cas de désaccord entre la salariée et l'employeur ou si la mutation résultait d'une initiative de l'employeur ; le médecin du travail n'est juge, aux termes mêmes de l'alinéa 2 de cet article, que de la nécessité médicale d'un changement d'emploi et de l'aptitude médicale de la salariée enceinte d'occuper le nouvel emploi ;
– au titre de l'article L. 4624-1 envisagé, le médecin du travail est habilité à proposer de lui-même la transformation du poste de travail d'une salariée enceinte ou la mutation de l'intéressée à un autre poste. Voir la note sous l'article L. 4624-1.

• L'expression « la date retenue par le médecin... » renvoie ici au médecin auquel s'est adressée la salariée pour faire reconnaître son état de grossesse.

• Rémunération. Désormais, il n'y a plus à distinguer selon que le changement temporaire d'affectation résulte d'une demande de l'employeur ou de la salariée. Celle-ci a toujours droit au maintien de la rémunération antérieure à la mutation.

Lorsqu'un changement d'affectation de la salariée en état de grossesse est nécessaire, l'employeur doit rémunérer cette salariée pendant la période où celle-ci est en arrêt de travail dans l'attente d'un nouvel emploi (cass. soc. 17 décembre 1997, n° 94-44.833, *RJS* 2/98 n° 176 ; 19 janvier 1999, n° 96-44.976, BC V n° 28 ; *RJS* 3/99 n° 368).

Outre le maintien de son salaire de base, la salariée affectée provisoirement sur un autre poste en raison de sa grossesse a droit aux éléments de rémunération ou aux primes qui se rattachent à son statut professionnel (CJUE 1er juillet 2010, aff. C-471/08, JOUE C 234/9 du 28.8.2010 ; *RJS* 10/10, n° 819, 1re espèce et p. 650, chron. A. Gardin ; *JCP* éd. S 2010, 1388, 2e espèce, E. Jeansen).

Art. L. 1225-8. Lorsque la salariée reprend son travail à l'issue du congé de maternité et si pendant sa grossesse elle a fait l'objet d'un changement d'affectation dans les conditions prévues au présent paragraphe, elle est réintégrée dans l'emploi occupé avant cette affectation.

§ 2. Travail de nuit

Art. L. 1225-9. La salariée en état de grossesse médicalement constaté ou ayant accouché, qui travaille de nuit dans les conditions déterminées à l'article L. 3122-31, est affectée sur sa demande à un poste de jour pendant la durée de sa grossesse et pendant la période du congé postnatal.

Elle est également affectée à un poste de jour pendant la durée de sa grossesse lorsque le médecin du travail constate par écrit que le poste de nuit est incompatible avec son état. Cette période peut être prolongée pendant le congé postnatal et après son retour de ce congé pour une durée n'excédant pas un mois lorsque le médecin du travail constate par écrit que le poste de nuit est incompatible avec son état.

L'affectation dans un autre établissement est subordonnée à l'accord de la salariée.

Le changement d'affectation n'entraîne aucune diminution de la rémunération.

Art. L. 1225-10. Lorsque l'employeur est dans l'impossibilité de proposer un autre emploi à la salariée travaillant de nuit, il lui fait connaître par écrit, ainsi qu'au médecin du travail, les motifs qui s'opposent à cette affectation.

Le contrat de travail de la salariée est alors suspendu jusqu'à la date du début du congé légal de maternité et éventuellement durant la période complémentaire qui suit la fin de ce congé en application de l'article L. 1225-9.

La salariée bénéficie d'une garantie de rémunération pendant la suspension du contrat de travail, composée de l'allocation journalière prévue à l'article L. 333-1 du code de la sécurité sociale et d'une indemnité complémentaire à la charge de l'employeur, calculée selon les mêmes modalités que celles prévues à l'article L. 1226-1, à l'exception des dispositions relatives à l'ancienneté.

Art. L. 1225-11. Les dispositions du présent paragraphe ne font pas obstacle à l'application des dispositions des articles :

1° L. 1225-4, relatif à la protection contre la rupture du contrat de travail d'une salariée en état de grossesse médicalement constaté ;

2° L. 1225-17, relatif au congé de maternité ;

3° L. 1225-29, relatif à l'interdiction d'emploi postnatal et prénatal ;

4° L. 1226-2, relatif à l'inaptitude consécutive à une maladie ou un accident non professionnel constatée par le médecin du travail ;

5° L. 4624-1, relatif aux mesures individuelles pouvant être proposées par le médecin du travail.

§ 3. Exposition à des risques particuliers

Note Les articles L. 1225-12 à L. 1225-15 sont issus de l'ordonnance 2001-173 du 22 février 2001 (JO 24) relative à la transposition de la directive 92/85/CEE du 19 octobre 1992 concernant la mise en œuvre de mesures visant à promouvoir l'amélioration de la sécurité et de la santé des travailleuses enceintes, accouchées ou allaitantes au travail.

Art. L. 1225-12. L'employeur propose à la salariée qui occupe un poste de travail l'exposant à des risques déterminés par voie réglementaire un autre emploi compatible avec son état :

1° Lorsqu'elle est en état de grossesse médicalement constaté ;

2° Lorsqu'elle a accouché, compte tenu des répercussions sur sa santé ou sur l'allaitement, durant une période n'excédant pas un mois après son retour de congé postnatal.

Art. L. 1225-13. La proposition d'emploi est réalisée au besoin par la mise en œuvre de mesures temporaires telles que l'aménagement de son poste de travail ou son affectation dans un autre poste de travail. Elle prend en compte les conclusions écrites du médecin du travail et les indications qu'il formule sur l'aptitude de la salariée à exercer l'une des tâches existantes dans l'entreprise.

Ces mesures temporaires n'entraînent aucune diminution de la rémunération.

Art. L. 1225-14. Lorsque l'employeur est dans l'impossibilité de proposer un autre emploi à la salariée, il lui fait connaître par écrit, ainsi qu'au médecin du travail, les motifs qui s'opposent à cette affectation temporaire.

Le contrat de travail de la salariée est alors suspendu jusqu'à la date du début du congé de maternité et, lorsqu'elle a accouché, durant la période n'excédant pas un mois prévue au 2° de l'article L. 1225-12.

La salariée bénéficie d'une garantie de rémunération pendant la suspension du contrat de travail, composée de l'allocation journalière prévue à l'article L. 333-1 du code de la sécurité sociale et d'une indemnité complémentaire à la charge de l'employeur, selon les mêmes modalités que celles prévues par les dispositions mentionnées à l'article L. 1226-1, à l'exception des dispositions relatives à l'ancienneté.

Art. R. 1225-4. Pour bénéficier de la garantie de rémunération prévue au troisième alinéa de l'article L. 1225-14 et lorsque les conditions de ce même article sont remplies, la salariée doit avoir occupé un poste de travail l'ayant exposée à l'un des risques suivants :

1° Agents toxiques pour la reproduction de catégorie 1 ou 2 ;

2° Produits antiparasitaires dont l'étiquetage indique qu'ils peuvent provoquer des altérations génétiques héréditaires ou des malformations congénitales et produits antiparasitaires classés cancérogènes et mutagènes ;

3° Benzène ;

4° Plomb métallique et ses composés ;

5° Virus de la rubéole ou toxoplasme ;

6° Travaux en milieu hyperbare dès lors que la pression relative maximale ***(D. 2011-45 du 11 janv. 2011, JO 13)*** « est supérieure à 100 hectopascals ».

Art. L. 1225-15. Les dispositions du présent paragraphe ne font pas obstacle à l'application des articles :

1° L. 1225-4, relatif à la protection contre la rupture du contrat de travail d'une salariée en état de grossesse médicalement constaté ;

2° L. 1226-2, relatif à l'inaptitude consécutive à une maladie ou un accident non professionnel constatée par le médecin du travail ;

3° L. 4624-1, relatif aux mesures individuelles pouvant être proposées par le médecin du travail.

Sous-section 3. Autorisations d'absence et congé de maternité

Art. L. 1225-16. La salariée bénéficie d'une autorisation d'absence pour se rendre aux examens médicaux obligatoires prévus par l'article L. 2122-1 du code de la santé publique dans le cadre de la surveillance médicale de la grossesse et des suites de l'accouchement.

Ces absences n'entraînent aucune diminution de la rémunération et sont assimilées à une période de travail effectif pour la détermination de la durée des congés payés ainsi que pour les droits légaux ou conventionnels acquis par la salariée au titre de son ancienneté dans l'entreprise.

Note Dans le cadre de l'assistance médicale à la procréation, aux termes de l'article L. 1244-5 c. santé publ. issu de la loi 2011-814 du 7 juillet 2011 (JO 8) relative à la bioéthique, « la donneuse [d'ovocytes] bénéficie d'une autorisation d'absence de son employeur pour se rendre aux examens et se soumettre aux interventions nécessaires à la stimulation ovarienne et au prélèvement ovocytaire. Lorsque la donneuse est salariée, l'autorisation est accordée dans les conditions prévues au second alinéa de l'article L. 1225-16 CT ».

Art. L. 1225-17. La salariée a le droit de bénéficier d'un congé de maternité pendant une période qui commence six semaines avant la date présumée de l'accouchement et se termine dix semaines après la date de celui-ci.

À la demande de la salariée et sous réserve d'un avis favorable du professionnel de santé qui suit la grossesse, la période de suspension du contrat de travail qui commence avant la date présumée de l'accouchement peut être réduite d'une durée maximale de trois semaines. La période postérieure à la date présumée de l'accouchement est alors augmentée d'autant.

Lorsque la salariée a reporté après la naissance de l'enfant une partie du congé de maternité et qu'elle se voit prescrire un arrêt de travail pendant la période antérieure à la date présumée de l'accouchement, ce report est annulé et la période de suspension du contrat de travail est décomptée à partir du premier jour de l'arrêt de travail. La période initialement reportée est réduite d'autant.

Note **Congé maternité anticipé.** Les femmes dont la grossesse pathologique est liée à l'exposition *in utero* au diéthylstilbestrol bénéficient d'un congé de maternité à compter du premier jour de leur arrêt de travail (loi 2004-1370 du 20 décembre 2004, art. 32, JO 21).

Voir « Le congé de maternité à la lumière des réformes du 23 mars 2006 et du 5 mars 2007 », *JCP* éd. S 2007, 1712, Fr. Dumont.

Art. L. 1225-18. Lorsque des naissances multiples sont prévues, la période de congé de maternité varie dans les conditions suivantes :

1° Pour la naissance de deux enfants, cette période commence douze semaines avant la date présumée de l'accouchement et se termine vingt-deux semaines après la date de l'accouchement. La période de suspension antérieure à la date présumée de l'accouchement peut être augmentée d'une durée maximale de quatre semaines. La période de vingt-deux semaines postérieure à l'accouchement est alors réduite d'autant ;

2° Pour la naissance de trois enfants ou plus, cette période commence vingt-quatre semaines avant la date présumée de l'accouchement et se termine vingt-deux semaines après la date de l'accouchement.

Art. L. 1225-19. Lorsque, avant l'accouchement, la salariée elle-même ou le foyer assume déjà la charge de deux enfants au moins ou lorsque la salariée a déjà mis au monde au moins deux enfants nés viables, le congé de maternité commence huit semaines avant la date présumée de l'accouchement et se termine dix-huit semaines après la date de celui-ci.

À la demande de la salariée et sous réserve d'un avis favorable du professionnel de santé qui suit la grossesse, la période de suspension du contrat de travail qui commence avant la date présumée de l'accouchement peut être réduite d'une durée maximale de trois semaines. La période postérieure à la date présumée de l'accouchement est alors augmentée d'autant.

Lorsque la salariée a reporté après la naissance de l'enfant une partie du congé de maternité et qu'elle se voit prescrire un arrêt de travail pendant la période antérieure à la date présumée de l'accouchement, ce report est annulé et la période de suspension du contrat de travail est décomptée à partir du premier jour de l'arrêt de travail. La période initialement reportée est réduite d'autant.

La période de huit semaines de congé de maternité antérieure à la date présumée de l'accouchement peut être augmentée d'une durée maximale de deux semaines. La période de dix-huit semaines postérieure à la date de l'accouchement est alors réduite d'autant.

Note Le deuxième alinéa de cet article est issu de la loi 2007-293 du 5 mars 2007 (JO 6) réformant la protection de l'enfance. La possibilité de reporter le congé prénatal après la naissance de l'enfant suppose un avis préalable et favorable du médecin qui suit la grossesse de la salariée.

Art. L. 1225-20. Lorsque l'accouchement intervient avant la date présumée, le congé de maternité peut être prolongé jusqu'au terme, selon le cas, des seize, vingt-six, trente-quatre ou quarante-six semaines de suspension du contrat auxquelles la salariée a droit, en application des articles L. 1225-17 à L. 1225-19.

Art. L. 1225-21. Lorsqu'un état pathologique est attesté par un certificat médical comme résultant de la grossesse ou de l'accouchement, le congé de maternité est augmenté de la durée de cet état pathologique dans la limite de deux semaines avant la date présumée de l'accouchement et de quatre semaines après la date de celui-ci.

Art. L. 1225-22. Lorsque l'enfant est resté hospitalisé jusqu'à l'expiration de la sixième semaine suivant l'accouchement, la salariée peut reporter à la date de la fin de l'hospitalisation tout ou partie du congé auquel elle peut encore prétendre.

Art. L. 1225-23. Lorsque l'accouchement intervient plus de six semaines avant la date prévue et exige l'hospitalisation postnatale de l'enfant, le congé de maternité est prolongé du nombre de jours courant de la date effective de l'accouchement au début des périodes de congé de maternité mentionnées aux articles L. 1225-17 à L. 1225-19.

Art. L. 1225-24. Le congé de maternité entraîne la suspension du contrat de travail. La salariée avertit l'employeur du motif de son absence et de la date à laquelle elle entend y mettre fin.

La durée de ce congé est assimilée à une période de travail effectif pour la détermination des droits que la salariée tient de son ancienneté.

Note

• Dans le cadre d'un congé-maternité, la suspension du contrat prend fin à l'expiration des délais prévus aux articles L. 1225-17 et s. CT (cass. soc. 29 septembre 2004, n° 02-42.461, BC V n° 239). Après un congé de maternité, la salariée bénéficie d'un examen de reprise de travail par le médecin du travail (voir article R. 4624-21).

• **Rémunération de la salariée**. La salariée en congé de maternité a droit à une rémunération équivalente au salaire moyen qu'elle a perçu au cours d'une période de référence antérieure au début dudit congé, à l'exclusion de l'indemnité pour astreinte (CJUE 1er juillet 2010, aff. C-194/08, JOUE C 234/4 du 28.8.2010 ; *RJS* 10/10 n° 819, 2e espèce et p. 650 (I. B.), chron. A. Gardin).

• **Notation pendant le congé maternité.** Une femme absente de l'entreprise en raison d'un congé maternité a droit à la notation annuelle qui peut entraîner une promotion alors même qu'elle ne remplit pas la condition de six mois de présence dans l'entreprise, posée par la convention collective pour ouvrir droit à la notation (CJCE 30 avril 1998, aff. C-136/95, Rec. p. I-2011 ; *RJS* 6/98 n° 800).

Art. D. 1225-4-1. La salariée avertit son employeur, en application du premier alinéa de l'article L. 1225-24, par lettre recommandée avec avis de réception ou remise contre récépissé.

Art. L. 1225-25. À l'issue du congé de maternité, la salariée retrouve son précédent emploi ou un emploi similaire assorti d'une rémunération au moins équivalente.

Note

À l'issue de son congé de maternité, la salariée doit retrouver son précédent emploi ou un emploi similaire assorti d'une rémunération au moins équivalente. Il en résulte que la réintégration doit se faire en priorité dans le précédent emploi (cass. soc. 25 mai 2011, n° 09-72.556, *RJS* 8-9/11 n° 681 : dans cette affaire, le poste occupé par la salariée antérieurement à son congé maternité avait été, le jour même de son retour de congé, confié à sa remplaçante suivant un nouveau contrat à durée déterminée).

La salariée n'ayant plus, à son retour, les fonctions d'encadrement qu'elle exerçait auparavant peut prendre acte de la rupture de son contrat de travail ; cette rupture produira les effets d'un licenciement sans cause réelle et sérieuse (cass. soc. 3 février 2010, n° 08-40.338, BC V n° 33 ; *RJS* 4/10 n° 337 ; 3 novembre 2010, n° 09-67.928).

Mais, l'employeur n'est pas tenu de maintenir le montant moyen des commissions perçues par le salarié avant son départ en congé maternité, dès lors que ce montant n'était pas fixé par le contrat et dépendait de la seule activité professionnelle de la salariée (cass. soc. 10 décembre 2008, n° 07-44.113, *RJS* 2/09 n° 150, 2e espèce).

Une salariée enceinte qui, pour des raisons totalement indépendantes de son état, et avec son accord, est affectée dans un établissement autre que celui où elle exerçait ses fonctions ne peut, à l'issue de son congé de maternité, prétendre être réintégrée dans l'emploi qu'elle occupait avant sa mutation, en invoquant à cet effet les dispositions de cet article. En effet, ces dispositions légales prévoyant que la salariée enceinte qui a fait l'objet d'un changement d'affectation doit, à l'issue de son congé de maternité, être réintégrée dans l'emploi qu'elle occupait initialement ne visent que la salariée qui a fait l'objet d'un changement temporaire d'activité, dans les conditions prévues à l'article L. 1225-1, en raison de son état de santé pendant sa grossesse (cass. soc. 9 avril 1987, n° 84-42.411, BC V n° 208).

Art. L. 1225-26. En l'absence d'accord collectif de branche ou d'entreprise déterminant des garanties d'évolution de la rémunération des salariées pendant le congé de maternité et à la suite de ce congé au moins aussi favorables que celles mentionnées dans le présent article, cette rémunération, au sens de l'article L. 3221-3, est majorée, à la suite de ce congé, des augmentations générales ainsi que de la moyenne des augmentations individuelles perçues pendant la durée de ce congé par les salariés relevant de la même catégorie professionnelle ou, à défaut, de la moyenne des augmentations individuelles dans l'entreprise.

Cette règle n'est pas applicable aux accords collectifs de branche ou d'entreprise conclus antérieurement à l'entrée en vigueur de la loi n° 2006-340 du 23 mars 2006 relative à l'égalité salariale entre les femmes et les hommes.

Note Une circulaire SDFE/DGT/DGEFP du 19 avril 2007 (JO 17 mai) a précisé les modalités de mise en œuvre de la garantie d'augmentation de salaire pour les salariées en congé de maternité et à l'issue de ce congé. L'appréciation des augmentations est effectuée au niveau de l'entreprise.

Art. L. 1225-27. La salariée qui reprend son activité à l'issue d'un congé de maternité a droit à un entretien avec son employeur en vue de son orientation professionnelle.

Art. L. 1225-28. En cas de décès de la mère au cours du congé de maternité, le père peut suspendre son contrat de travail pendant une période de dix semaines au plus à compter du jour de la naissance de l'enfant.

L'intéressé avertit son employeur du motif de son absence et de la date à laquelle il entend mettre fin à la suspension de son contrat de travail. Le père bénéficie alors de la protection contre le licenciement prévue aux articles L. 1225-4 et L. 1225-5.

La suspension du contrat de travail peut être portée à dix-huit ou vingt-deux semaines dans les cas prévus à l'article L. 331-6 du code de la sécurité sociale.

Sous-section 4. Interdiction d'emploi prénatal et postnatal

Art. L. 1225-29. Il est interdit d'employer la salariée pendant une période de huit semaines au total avant et après son accouchement.

Il est interdit d'employer la salariée dans les six semaines qui suivent son accouchement.

Sous-section 5. Dispositions particulières à l'allaitement

Art. L. 1225-30. Pendant une année à compter du jour de la naissance, la salariée allaitant son enfant dispose à cet effet d'une heure par jour durant les heures de travail.

Note Les heures accordées aux mères pour allaiter leurs enfants ne sont pas considérées comme du travail effectif. Une convention ou un accord collectif peut prévoir qu'elles seront rémunérées par l'employeur (rép. QE 29, JO AN 9 août 1993, p. 2478).

Art. L. 1225-31.

Art. R. 1225-5. L'heure prévue à l'article L. 1225-30 dont dispose la salariée pour allaiter son enfant est répartie en deux périodes de trente minutes, l'une pendant le travail du matin, l'autre pendant l'après-midi.

La période où le travail est arrêté pour l'allaitement est déterminée par accord entre la salariée et l'employeur.

À défaut d'accord, cette période est placée au milieu de chaque demi-journée de travail.

Art. R. 1225-6. La période de trente minutes est réduite à vingt minutes lorsque l'employeur met à la disposition des salariées, à l'intérieur ou à proximité des locaux affectés au travail, un local dédié à l'allaitement.

Art. L. 1225-31. La salariée peut allaiter son enfant dans l'établissement.

Art. L. 1225-32. Tout employeur employant plus de cent salariées peut être mis en demeure d'installer dans son établissement ou à proximité des locaux dédiés à l'allaitement.

Art. R. 1225-7. Les caractéristiques du local dédié à l'allaitement, prévu à l'article L. 1225-32, figurent aux articles R. 4152-13 et suivants.

Art. L. 1225-33. Un décret en Conseil d'État détermine, suivant l'importance et la nature des établissements, les conditions d'application de la présente sous-section.

Sous-section 6. Démission

Art. L. 1225-34. La salariée en état de grossesse médicalement constaté peut rompre son contrat de travail sans préavis et sans devoir d'indemnité de rupture.

SECTION 2. Congé de paternité

Art. L. 1225-35. Après la naissance de son enfant et dans un délai déterminé par décret, le père salarié bénéficie d'un congé de paternité de onze jours consécutifs ou de dix-huit jours consécutifs en cas de naissances multiples.

Le congé de paternité entraîne la suspension du contrat de travail.

Le salarié qui souhaite bénéficier du congé de paternité avertit son employeur au moins un mois avant la date à laquelle il envisage de le prendre, en précisant la date à laquelle il entend y mettre fin.

Note Le congé de paternité est ouvert, à raison de l'existence d'un lien de filiation juridique, au père de l'enfant (cass. civ., 2e ch., 11 mars 2010, n° 09-65.853, BC II n° 57 ; *RDT*, septembre 2010, CH, 521, M-L Cros-Courtial ; *SSL* n° 1441, p. 9, note M. Hautefort).

Pendant la durée du congé, le salarié bénéficie d'une indemnité journalière versée par la caisse de sécurité sociale dans la limite du plafond de la sécurité sociale. Si la rémunération du salarié est supérieure au plafond, l'employeur n'a pas l'obligation de verser un complément, sauf stipulations conventionnelles contraires (rép. QE 19503, JO AN 11 août 2003, p. 6273).

Le congé de paternité peut désormais être ouvert pour la naissance d'un enfant né sans vie ou pour un enfant né mort et viable (arrêté 9 janvier 2008, JO 11).

Art. D. 1225-8. Le congé de paternité est pris dans les quatre mois suivant la naissance de l'enfant.

Le congé peut être reporté au-delà des quatre mois dans l'un des cas suivants :

1° L'hospitalisation de l'enfant. Le congé est pris dans les quatre mois qui suivent la fin de l'hospitalisation ;

2° Le décès de la mère. Le congé est pris dans les quatre mois qui suivent la fin du congé dont bénéficie le père en application de l'article L. 1225-28.

Note Le report du congé à l'initiative de l'employeur n'est pas pris en considération par la CPAM qui refuse de payer les indemnités journalières de sécurité sociale hors des deux cas visés par cet article (cass. civ., 2e ch., 10 novembre 2009, n° 08-19.510, BC II n° 265 ; *RJS* 1/10 n° 87).

Art. L. 1225-36. À l'issue du congé de paternité, le salarié retrouve son précédent emploi ou un emploi similaire assorti d'une rémunération au moins équivalente.

SECTION 3. Congés d'adoption

Art. L. 1225-37. Le salarié à qui l'autorité administrative ou tout organisme désigné par voie réglementaire confie un enfant en vue de son adoption a le droit de bénéficier d'un congé d'adoption d'une durée de dix semaines au plus à dater de l'arrivée de l'enfant au foyer. Ce congé peut précéder de sept jours consécutifs, au plus, l'arrivée de l'enfant au foyer.

Le congé d'adoption est porté à :

1° Dix-huit semaines lorsque l'adoption porte à trois ou plus le nombre d'enfants dont le salarié ou le foyer assume la charge ;

2° Vingt-deux semaines en cas d'adoptions multiples.

Art. R. 1225-9. Le congé d'adoption bénéficie au salarié qui s'est vu confier un enfant par le service départemental d'aide sociale à l'enfance, l'Agence française de l'adoption ou tout autre organisme français autorisé pour l'adoption.

Art. L. 1225-38. Le congé d'adoption suspend le contrat de travail.

Pendant la suspension, les parents salariés bénéficient de la protection contre le licenciement prévue aux articles L. 1225-4 et L. 1225-5. L'application de ces articles ne fait pas obstacle à l'échéance du contrat de travail à durée déterminée.

Art. L. 1225-39. Le licenciement d'un salarié est annulé lorsque, dans un délai de quinze jours à compter de sa notification, l'intéressé envoie à son employeur, dans des conditions déterminées par voie réglementaire, une attestation justifiant l'arrivée à son foyer, dans un délai de quinze jours, d'un enfant placé en vue de son adoption. Cette attestation est délivrée par l'autorité administrative ou par l'organisme autorisé pour l'adoption qui procède au placement.

Ces dispositions ne s'appliquent pas lorsque le licenciement est prononcé pour une faute grave non liée à l'adoption ou par impossibilité de maintenir le contrat de travail pour un motif étranger à l'adoption.

Art. R. 1225-10. L'attestation justifiant l'arrivée d'un enfant, mentionnée à l'article L. 1225-39, est délivrée par le président du Conseil général.

Art. R. 1225-11. Le salarié avertit son employeur, en application de l'article L. 1225-39, du premier alinéa de l'article L. 1225-42 et de l'article L. 1225-46, par lettre recommandée avec avis de réception ou remise contre récépissé.

Art. L. 1225-40. Lorsque la durée du congé d'adoption est répartie entre les deux parents, l'adoption d'un enfant par un couple de parents salariés ouvre droit à onze jours supplémentaires de congé d'adoption ou à dix-huit jours en cas d'adoptions multiples.

La durée du congé ne peut être fractionnée qu'en deux périodes, dont la plus courte est au moins égale à onze jours.

Ces deux périodes peuvent être simultanées.

Art. L. 1225-41. Le salarié titulaire de l'agrément mentionné aux articles L. 225-2 et L. 225-17 du code de l'action sociale et des familles bénéficie du congé d'adoption lorsqu'il adopte ou accueille un enfant en vue de son adoption par décision de l'autorité étrangère compétente, à condition que l'enfant ait été autorisé, à ce titre, à entrer sur le territoire national.

Art. L. 1225-42. Le salarié avertit l'employeur du motif de son absence et de la date à laquelle il entend mettre fin à la suspension de son contrat de travail.

La durée du congé d'adoption est assimilée à une période de travail effectif pour la détermination des droits que le salarié tient de son ancienneté.

Note Voir art. R. 1225-11 figurant sous art. L. 1225-39.

Art. L. 1225-43. À l'issue du congé d'adoption, le salarié retrouve son précédent emploi ou un emploi similaire assorti d'une rémunération au moins équivalente.

Art. L. 1225-44. En l'absence d'accord collectif de branche ou d'entreprise déterminant des garanties d'évolution de la rémunération des salariés, pendant le congé d'adoption et à la suite de ce congé, au moins aussi favorables que celles mentionnées dans le présent article, cette rémunération, au sens de l'article L. 3221-3, est majorée, à la suite de ce congé, des augmentations générales ainsi que de la moyenne des augmentations individuelles perçues pendant la durée de ce congé par les salariés relevant de la même catégorie professionnelle ou, à défaut, de la moyenne des augmentations individuelles dans l'entreprise.

Cette règle n'est pas applicable aux accords collectifs de branche ou d'entreprise conclus antérieurement à l'entrée en vigueur de la loi n° 2006-340 du 23 mars 2006 relative à l'égalité salariale entre les femmes et les hommes.

Art. L. 1225-45. Toute stipulation d'une convention ou d'un accord collectif de travail comportant en faveur des salariées en congé de maternité un avantage lié à la naissance s'applique de plein droit aux salariés en congé d'adoption.

Art. L. 1225-46. Tout salarié titulaire de l'agrément mentionné aux articles L. 225-2 et L. 225-17 du code de l'action sociale et des familles a le droit de bénéficier d'un congé d'adoption internationale et extra-métropolitaine non rémunéré lorsque, en vue de l'adoption d'un enfant, il se rend à l'étranger ou dans un département d'outre-mer, une collectivité d'outre-mer ou en Nouvelle-Calédonie, depuis un département métropolitain, un autre département d'outre-mer ou depuis ***(Ord. 2008-205 du 27 févr. 2008, JO 1er mars)*** « Saint-Barthélemy, Saint-Martin ou » Saint-Pierre-et-Miquelon.

Le droit au congé est ouvert pour une durée maximale de six semaines par agrément.

Le salarié informe son employeur au moins deux semaines avant son départ du point de départ et de la durée envisagée du congé.

Le salarié a le droit de reprendre son activité initiale lorsqu'il interrompt son congé avant la date prévue.

À l'issue de son congé, le salarié retrouve son précédent emploi ou un emploi similaire assorti d'une rémunération au moins équivalente.

Note Voir art. R. 1225-11 figurant sous art. L. 1225-39.

SECTION 4. Congés d'éducation des enfants

Sous-section 1. Congé parental d'éducation et passage à temps partiel

Art. L. 1225-47. Pendant la période qui suit l'expiration du congé de maternité ou d'adoption, tout salarié justifiant d'une ancienneté minimale d'une année à la date de naissance de son enfant, adopté ou confié en vue de son adoption, ou de l'arrivée au foyer d'un enfant qui n'a pas encore atteint l'âge de la fin de l'obligation scolaire a le droit :

1° Soit au bénéfice d'un congé parental d'éducation durant lequel le contrat de travail est suspendu ;

2° Soit à la réduction de sa durée de travail, sans que cette activité à temps partiel puisse être inférieure à seize heures hebdomadaires.

Note • Une directive 96/34/CE du 3 juin 1996 modifiée (JOCE L 145 du 19 juin) met en œuvre l'accord-cadre du 14 décembre 1995 sur le congé parental. Un nouvel accord-cadre prévoyant l'amélioration du congé parental d'éducation a été conclu le 18 juin 2009 par les partenaires sociaux européens. La directive 2010/18/UE du 8 mars 2010 porte application de cet accord-cadre révisé. La clause 6 prévoit la possibilité, pour les travailleurs, de demander, à leur retour d'un congé parental, l'aménagement de leur horaire et/ou de leur rythme de travail pendant une période déterminée. Voir « Code annoté européen du travail », *Groupe Revue Fiduciaire*, éd. 2010, p. 450.

• **Champ d'application.** Quelle que soit la taille de l'entreprise, tout salarié qui justifie d'une ancienneté minimale d'une année à la date de la naissance de son enfant ou de l'arrivée au foyer d'un enfant adopté n'ayant pas atteint l'âge de la fin de l'obligation scolaire a droit au congé parental. La règle s'applique aux employés de maison comme aux autres salariés (cass. soc. 19 novembre 2003, n° 01-43.456, BC V n° 291 ; *RJS* 2/04 n° 270). Il n'est pas interdit à l'employeur de prononcer la résiliation du contrat de travail pour un motif indépendant du congé parental pendant la période de suspension du congé parental (cass. soc. 18 octobre 1989, n° 87-45.724, BC V n° 602).

Le bénéfice d'un congé parental d'éducation ne fait pas obstacle aux règles protectrices de la maternité ; l'employeur ne peut pas licencier une salariée enceinte en l'absence de faute grave ou de l'impossibilité où il se trouve pour un motif étranger à la grossesse de maintenir le contrat de travail (art. L. 1225-4) alors même que cette salariée est en période de congé parental (cass. soc. 11 février 2004, n° 01-43.574, BC V n° 47 ; *RJS* 4/04 n° 426 ; voir aussi CJCE 20 septembre 2007, aff. C-116/06, rec. p. I-7643 ; *RJS* 12/07, chron. p. 998, M. Le Barbier-Le Bris). Sur le licenciement d'une salariée en congé parental d'éducation, voir cass. soc. 13 décembre 2007, n° 06-46.302, BC V n° 211 ; *RDT*, février 2008, chron. p. 96, note A. Gardin ; *RJS* 2/08 n° 180 ; *JCP* éd. S 2008, 1220, note P-Y Verkindt.

La naissance de jumeaux n'ouvre droit qu'à un seul congé parental (CJUE 16 septembre 2010, aff. C-149/10, JOUE C 301/3 du 6.11.2010 ; *RJS* 1/11 n° 81 et pp. 6 et s., chron. A. Gardin).

• **Activité à temps partiel.** À défaut d'accord des parties, la fixation des horaires relève du pouvoir de direction de l'employeur (cass. soc. 4 juin 2002, n° 00-42.262, BC V n° 189 ; *RJS* 8-9/02 n° 993).

Art. L. 1225-48. Le congé parental d'éducation et la période d'activité à temps partiel ont une durée initiale d'un an au plus. Ils peuvent être prolongés deux fois pour prendre fin au plus tard au terme des périodes définies aux deuxième et troisième alinéas, quelle que soit la date de leur début.

Le congé parental d'éducation et la période d'activité à temps partiel prennent fin au plus tard au troisième anniversaire de l'enfant.

En cas d'adoption d'un enfant de moins de trois ans, le congé parental et la période d'activité à temps partiel prennent fin à l'expiration d'un délai de trois ans à compter de l'arrivée au foyer de l'enfant.

Lorsque l'enfant adopté ou confié en vue de son adoption est âgé de plus de trois ans mais n'a pas encore atteint l'âge de la fin de l'obligation scolaire, le congé parental et la période d'activité à temps partiel ne peuvent excéder une année à compter de l'arrivée au foyer.

Note D'une durée initiale de 1 an, le congé d'éducation (ou l'activité à temps partiel) ne suit pas obligatoirement le congé de maternité (ou d'adoption). Il peut être prolongé deux fois, exceptionnellement trois, en cas d'accident, de maladie ou de handicap graves de l'enfant. Il ne peut être prolongé au-delà du troisième (exceptionnellement du quatrième) anniversaire de l'enfant ou, en cas d'adoption, à l'expiration d'un délai de 3 ou 4 ans à compter de l'arrivée au foyer de l'enfant. La mère (ou le père) peut bénéficier d'un congé d'éducation lors de chaque naissance même dans l'hypothèse où, déjà en congé, il sollicite un second congé pour une nouvelle naissance (rép. QE 77847, JO AN 3 mars 1986, p. 835).

Art. L. 1225-49. En cas de maladie, d'accident ou de handicap graves de l'enfant appréciés selon des modalités définies par décret en Conseil d'État, le congé parental et la période d'activité à temps partiel prennent fin au plus tard une année après les dates limites définies à l'article L. 1225-48.

Art. R. 1225-12. Pour l'application de l'article L. 1225-49 :

1° La gravité de la maladie ou de l'accident est constatée par un certificat médical qui atteste également que l'état de l'enfant rend nécessaire la présence d'une personne auprès de lui pendant une période déterminée ;

2° Le handicap grave de l'enfant est établi dès lors que ce handicap ouvre droit à l'allocation d'éducation spéciale prévue à l'article L. 541-1 du code de la sécurité sociale.

Art. L. 1225-50. Le salarié informe son employeur du point de départ et de la durée de la période pendant laquelle il entend bénéficier soit d'un congé parental d'éducation, soit d'une réduction de sa durée du travail.

Lorsque cette période suit immédiatement le congé de maternité ou le congé d'adoption, le salarié informe l'employeur au moins un mois avant le terme de ce congé. Dans le cas contraire, l'information est donnée à l'employeur deux mois au moins avant le début du congé parental d'éducation ou de l'activité à temps partiel.

Note Le non-respect des conditions de délai prévues à l'article L. 1225-50 ne rend pas la demande de congé irrecevable (cass. soc. 18 juin 2002, n° 00-41.361, *RJS* 11/02 n° 1244).

Lorsque le salarié opte pour une réduction de sa durée de travail, la fixation de l'horaire de travail, à défaut d'accord des parties, relève du pouvoir de direction de l'employeur ; néanmoins, le refus du salarié d'accepter les horaires proposés n'est pas constitutif d'une faute grave dès lors que la proposition de l'employeur n'est pas compatible avec des obligations familiales impérieuses (cass. soc. 1er avril 2003, n° 00-41.873, BC V n° 125 ; *RJS* 6/03 n° 768).

Art. R. 1225-13. Les informations et demandes motivées prévues aux articles L. 1225-50 à L. 1225-52 sont adressées à l'employeur par lettre recommandée avec avis de réception ou remise contre récépissé.

Note L'obligation faite au salarié d'informer son employeur, par lettre recommandée avec demande d'avis de réception, du point de départ et de la période pendant laquelle il entend bénéficier du congé parental d'éducation n'est pas une condition du droit au bénéfice du congé (cass. soc. 10 juin 2003, n° 01-42.887, *RJS* 8-9/03 n° 1030).

Art. L. 1225-51. Lorsque le salarié entend prolonger ou modifier son congé parental d'éducation ou sa période d'activité à temps partiel, il en avertit l'employeur au moins un mois avant le terme initialement prévu et l'informe de son intention soit de transformer le congé parental en activité à temps partiel, soit de transformer l'activité à temps partiel en congé parental.

Toutefois, pendant la période d'activité à temps partiel ou à l'occasion des prolongations de celle-ci, le salarié ne peut pas modifier la durée du travail initialement choisie sauf accord de l'employeur ou lorsqu'une convention ou un accord collectif de travail le prévoit expressément.

Note Le non-respect des conditions prévues à l'article L. 1225-51 ne rend pas irrecevable la demande de transformation du congé parental en activité à temps partiel (cass. soc. 1er juin 2004, n° 02-43.151, BC V n° 145 ; *RJS* 8-9/04 n° 932).

Art. L. 1225-52. En cas de décès de l'enfant ou de diminution importante des ressources du foyer, le salarié a le droit :

1° S'il bénéficie du congé parental d'éducation, soit de reprendre son activité initiale, soit d'exercer son activité à temps partiel dans la limite de la durée initialement prévue par le contrat de travail ;

2° S'il travaille à temps partiel pour élever un enfant, de reprendre son activité initiale et, avec l'accord de l'employeur, d'en modifier la durée.

Le salarié adresse une demande motivée à l'employeur un mois au moins avant la date à laquelle il entend bénéficier de ces dispositions.

Art. L. 1225-53. Le salarié en congé parental d'éducation ou qui travaille à temps partiel pour élever un enfant ne peut exercer par ailleurs aucune activité professionnelle autre que les activités d'assistance maternelle définies par le titre II du livre IV du code de l'action sociale et des familles.

Art. L. 1225-54. La durée du congé parental d'éducation est prise en compte pour moitié pour la détermination des droits que le salarié tient de son ancienneté.

Art. L. 1225-55. À l'issue du congé parental d'éducation ou de la période de travail à temps partiel ou dans le mois qui suit la demande motivée de reprise de l'activité initiale mentionnée à l'article L. 1225-52, le salarié retrouve son précédent emploi ou un emploi similaire assorti d'une rémunération au moins équivalente.

Note • C'est seulement lorsque l'emploi qu'il occupait n'est plus disponible qu'un emploi similaire peut être proposé au salarié à la fin du congé parental (cass. soc. 27 octobre 1993, n° 90-40.226, BC V n° 253 ; *Dr. Soc.* 1993, p. 963).

Un emploi similaire doit s'entendre d'un emploi comportant la même rémunération, la même qualification, mais aussi des responsabilités similaires (cass. soc. 17 février 2010, n° 08-44.127, *JSL* n° 276, 30 avril 2010, p. 27).

• A droit à des dommages-intérêts la salariée qui, de retour d'un congé parental d'éducation, s'est vu attribuer un poste présentant, à son détriment, de sensibles différences, peu important à cet égard que l'intéressée, qui avait vainement, à deux reprises, demandé à reprendre son emploi, eût occupé le poste qui lui avait été proposé à son retour dans l'entreprise (cass. soc. 1er juillet 1985, n° 83-40.755, BC V n° 386).

• **Licenciement du remplaçant.** Est justifié le licenciement de la personne qui avait été engagée en vue de remplacer une salariée en congé parental d'éducation (cass. soc. 19 décembre 1990, n° 88-40.494, *CSB* 1991 S. 24).

Art. L. 1225-56. Au cours du congé parental d'éducation ou d'une période d'activité à temps partiel pour élever un enfant, le salarié a le droit de suivre, à son initiative, une action de formation du même type que celles définies au 10° de l'article L. 6313-1.

Pendant cette période, il n'est pas rémunéré.

Il bénéficie de la législation de sécurité sociale relative à la protection en matière d'accidents du travail et de maladies professionnelles prévue à l'article L. 6342-5 pour les stagiaires de la formation professionnelle.

Art. L. 1225-57. Le salarié qui reprend son activité initiale à l'issue du congé parental d'éducation a droit à un entretien avec son employeur en vue de son orientation professionnelle.

Art. L. 1225-58. Le salarié bénéficiant d'un congé parental d'éducation ou exerçant son activité à temps partiel pour élever un enfant bénéficie de plein droit du bilan de compétences mentionné à l'article L. 6313-1, dans les conditions d'ancienneté mentionnées à l'article L. 1225-47.

Art. L. 1225-59. Le salarié reprenant son activité initiale bénéficie d'un droit à une action de formation professionnelle, notamment en cas de changement de techniques ou de méthodes de travail.

Le salarié peut également bénéficier de ce droit avant l'expiration de la période pendant laquelle il entendait bénéficier d'un congé parental d'éducation ou d'une période d'activité à temps partiel. Dans ce cas, il est mis fin au congé parental d'éducation ou à l'exercice d'une activité à temps partiel pour élever un enfant.

Note Le salarié reprenant son activité a droit à une action de formation professionnelle en cas de changement de technique ou de méthodes de travail et cette formation doit être adaptée à l'emploi dans lequel le salarié est réintégré (cass. soc. 11 mars 2009, n° 07-41.821, BC V n° 72 ; *RJS* 5/09 n° 444).

Si l'insuffisance professionnelle du salarié est constatée après son retour de congé parental d'éducation, les juges doivent rechercher si celle-ci ne s'explique pas par l'absence de formation professionnelle, due en cas de changement de techniques ou de méthodes de travail, avant de déclarer le licenciement justifié par une cause réelle et sérieuse (cass. soc. 29 octobre 2002, n° 00-40.630, *RJS* 1/03 n° 51).

Art. L. 1225-60. Les salariés mentionnés à la présente section ne sont pas pris en compte dans les 2 % de salariés prévus aux articles L. 6322-7 et L. 6322-8 pouvant être simultanément absents au titre du congé individuel de formation.

Sous-section 2. Congé pour enfant malade et congé de présence parentale

§ 1. Congé pour enfant malade

Art. L. 1225-61. Le salarié bénéficie d'un congé non rémunéré en cas de maladie ou d'accident, constatés par certificat médical, d'un enfant de moins de seize ans dont il assume la charge au sens de l'article L. 513-1 du code de la sécurité sociale.

La durée de ce congé est au maximum de trois jours par an. Elle est portée à cinq jours si l'enfant est âgé de moins d'un an ou si le salarié assume la charge de trois enfants ou plus âgés de moins de seize ans.

Note Les mentions de l'avis d'arrêt de travail établi par le médecin pour les besoins de l'obtention d'un congé pour enfant malade ne sont pas couvertes par le secret médical (cass. soc. 12 mai 2010, n° 09-40.997 ; un employeur peut demander confirmation de la période d'absence au médecin).

§ 2. Congé de présence parentale

Art. L. 1225-62. Le salarié dont l'enfant à charge au sens de l'article L. 513-1 du code de la sécurité sociale et remplissant l'une des conditions prévues par l'article L. 512-3 du même code est atteint d'une maladie, d'un handicap ou victime d'un accident d'une particulière gravité rendant indispensables une présence soutenue et des soins contraignants bénéficie, pour une période déterminée par décret, d'un congé de présence parentale.

Le nombre de jours de congés dont peut bénéficier le salarié au titre du congé de présence parentale est au maximum de trois cent dix jours ouvrés. Aucun de ces jours ne peut être fractionné.

La durée initiale du congé est celle définie dans le certificat médical mentionné à l'article L. 544-2 du code de la sécurité sociale. Cette durée fait l'objet d'un nouvel examen selon une périodicité définie par décret.

(L. 2011-525 du 17 mai 2011, art. 42, JO 18) « Au-delà de la période déterminée au premier alinéa, le salarié peut à nouveau bénéficier d'un congé de présence parentale, en cas de rechute ou de récidive de la pathologie de l'enfant au titre de laquelle un premier congé a été accordé, dans le respect des dispositions du présent article et des articles L. 1225-63 à L. 1225-65. »

Note Le salarié, en congé de présence parentale, bénéficie d'une l'allocation journalière de présence parentale, servie par les organismes débiteurs de prestations familiales.

Art. R. 1225-15. Pour l'application de l'article L. 1225-62, la particulière gravité de la maladie, de l'accident ou du handicap ainsi que la nécessité d'une présence soutenue et de soins contraignants sont attestées par un certificat médical.

Ce certificat précise la durée prévisible de traitement de l'enfant.

Art. D. 1225-16. La période maximale pendant laquelle un salarié peut pour un même enfant et par maladie, accident ou handicap bénéficier des jours de congé de présence parentale est fixée à trois ans.

Art. D. 1225-17. Tous les six mois, la durée initiale de la période au cours de laquelle le salarié bénéficie du droit à congé de présence parentale fait l'objet d'un nouvel examen qui donne lieu à un certificat médical, tel que prévu à l'article R. 1225-15 et qui est adressé à l'employeur.

En cas de prolongation au-delà de la durée du congé de présence parentale prévu antérieurement, les conditions de prévenance de l'employeur prévues à l'article L. 1225-63 s'appliquent.

Art. L. 1225-63. Le salarié informe l'employeur de sa volonté de bénéficier du congé de présence parentale au moins quinze jours avant le début du congé.

Chaque fois qu'il souhaite prendre un ou plusieurs jours de congé, il en informe l'employeur au moins quarante-huit heures à l'avance.

Art. R. 1225-14. Au moins quinze jours avant le début du congé de présence parentale, le salarié informe son employeur par lettre recommandée avec avis de réception ou remise contre récépissé de sa volonté de bénéficier de ce congé. Il joint un certificat médical.

Art. L. 1225-64. À l'issue du congé de présence parentale, le salarié retrouve son précédent emploi ou un emploi similaire assorti d'une rémunération au moins équivalente.

En cas de décès de l'enfant ou de diminution importante des ressources du foyer, le salarié qui a accompli la formalité prévue à l'article L. 1225-52 retrouve son précédent emploi ou un emploi similaire assorti d'une rémunération au moins équivalente.

Art. L. 1225-65. La durée du congé de présence parentale est prise en compte pour moitié pour la détermination des droits que le salarié tient de son ancienneté.

Sous-section 3. Démission pour élever un enfant

Art. L. 1225-66. Pour élever son enfant, le salarié peut, sous réserve d'en informer son employeur au moins quinze jours à l'avance, rompre son contrat de travail à l'issue du congé de maternité ou d'adoption ou, le cas échéant, deux mois après la naissance ou l'arrivée au foyer de l'enfant, sans être tenu de respecter le délai de préavis, ni de devoir de ce fait d'indemnité de rupture.

Note

- Pour élever son enfant, le salarié peut, à sa convenance, démissionner ou demander un congé parental d'éducation, aucune disposition légale n'imposant le choix prioritaire du congé parental (cass. soc. 11 décembre 1990, n° 87-41.216, BC V n° 630 ; *CSB* 1991 S. 27).
- La salariée démissionnaire, dispensée de respecter le délai de préavis, n'a droit à aucune indemnité de préavis (cass. soc. 18 juin 1997, n° 94-44.466, BC V n° 227 ; *RJS* 8-9/97 n° 969).

Art. R. 1225-18. Le salarié informe son employeur de sa démission, en application de l'article L. 1225-66, par lettre recommandée avec avis de réception ou remise contre récépissé.

Il adresse à l'employeur sa demande de réembauche, en application de l'article L. 1225-67, par lettre recommandée avec avis de réception ou remise contre récépissé.

Art. L. 1225-67. Dans l'année suivant la rupture de son contrat, le salarié peut solliciter sa réembauche.

Le salarié bénéficie alors pendant un an d'une priorité de réembauche dans les emplois auxquels sa qualification lui permet de prétendre.

L'employeur lui accorde, en cas de réemploi, le bénéfice de tous les avantages qu'il avait acquis au moment de son départ.

Art. R. 1225-19. Les propositions d'embauche par priorité faites par l'employeur conformément à l'article L. 1225-67 sont adressées au salarié par lettre recommandée avec avis de réception.

Le refus par le salarié de ces propositions est adressé à l'employeur dans la même forme.

Art. L. 1225-68. Le salarié réembauché dans l'entreprise en application de l'article L. 1225-67 bénéficie d'un droit à une action de formation professionnelle, notamment en cas de changement de techniques ou de méthodes de travail.

Art. L. 1225-69. Les salariés mentionnés à la présente sous-section ne sont pas pris en compte dans les 2 % de salariés prévus aux articles L. 6322-7 et L. 6322-8 pouvant être simultanément absents au titre du congé individuel de formation.

SECTION 5. Sanctions

Art. L. 1225-70. Toute convention contraire aux articles L. 1225-1 à L. 1225-28 et L. 1225-35 à L. 1225-69, relatifs à la maternité, la paternité, l'adoption et l'éducation des enfants est nulle.

Art. L. 1225-71. L'inobservation par l'employeur des dispositions des articles L. 1225-1 à L. 1225-28 et L. 1225-35 à L. 1225-69 peut donner lieu à l'attribution de dommages et intérêts au profit du bénéficiaire, en plus de l'indemnité de licenciement.

Lorsque, en application des dispositions du premier alinéa, le licenciement est nul, l'employeur verse le montant du salaire qui aurait été perçu pendant la période couverte par la nullité.

Note

• **Champ d'application.** La réparation prévue par le deuxième alinéa de cet article n'est subordonnée à aucune condition d'ancienneté de la salariée ou d'effectifs dans l'entreprise (cass. soc. 30 octobre 1991, n° 89-40.248). Viole l'article L. 1225-4, al. 2 la cour d'appel qui déboute une salariée de sa demande en paiement de salaire, en application de cet article, au motif qu'elle ne pouvait se prévaloir de la nullité de son licenciement alors que la cour d'appel avait relevé que le licenciement de la salariée avait été notifié pendant la période de protection prévue par les articles L. 1225-17 à L. 1225-23 (cass. soc. 3 octobre 1991, n° 87-44.294).

• **Effets de la nullité du licenciement.** Lorsque son licenciement est nul, la salariée a droit à réintégration dans son emploi ou, à défaut, dans un emploi équivalent (cass. soc. 30 avril 2003, n° 00-44.811, BC V n° 152 ; *Dr. Soc.* 2003, p. 827, B. Gauriau ; *D.* 2004, 178, obs. B. Lardy-Pélissier ; *RJS* 7/03 n° 869).

• **Cumul de sanctions.** Lorsque le licenciement d'une salariée est nul, si cette dernière demande sa réintégration, elle a droit au paiement d'une somme correspondant à la réparation de la totalité du préjudice subi au cours de la période qui s'est écoulée entre son licenciement et sa réintégration, dans la limite du montant des salaires dont elle a été privé (cass. soc. 30 septembre 2010, n° 08-44.340, *RJS* 12/10 n° 928, 2e espèce).

La salariée, dont le licenciement est nul et qui ne demande pas sa réintégration, a droit, d'une part, aux indemnités de rupture, d'autre part, à une indemnité réparant intégralement le préjudice résultant du caractère illicite du licenciement, dont le montant est souverainement apprécié par les juges du fond dès lors qu'il est au moins égal à celui prévu par l'article L. 1235-3 CT (cass. soc. 9 octobre 2001, n° 99-44.353, BC V n° 314 ; *RJS* 12/01 n° 1468 ; 19 mars 2008, n° 07-40.599, BC V n° 69 ; *RJS* 5/08 n° 541 ; *RDT*, juin 2008, CH, 383, H. Tissandier ; *JCP* éd. S 2008, 1306, note C. Puigelier ; *Dr. Soc.* 2008, p. 880, obs. J. Savatier).

• **Refus de la salariée d'être réintégrée.** La salariée ayant refusé la réintégration proposée par l'employeur en exécution d'un jugement du conseil de prud'hommes a droit à une indemnisation dans la limite des salaires non perçus pour la période comprise entre le licenciement et la date de son refus, mais pas pour la période postérieure à ce refus dès lors qu'elle s'est abstenue de reprendre sa prestation de travail (cass. soc. 17 février 2010, n° 08-45.640, BC V n° 42 ; *RJS* 5/10 n° 424 ; *Dr. Soc.* 2010, p. 591, obs. Ch. Radé).

• La salariée dont le contrat a été rompu en cours d'essai en considération de son état de grossesse a droit aux dommages-intérêts prévus par l'alinéa 1er de cet article mais ne peut pas prétendre au paiement des salaires prévu à l'alinéa 2, qui ne sanctionne que la violation des dispositions des articles L. 1225-4 et s. non applicables à la rupture en période d'essai (cass. soc. 15 janvier 1997, n° 94-43.755, BC V n° 17 ; *CSB* 1997 A. 23).

La nullité du licenciement fondée sur l'article L. 1132-1 lui ouvre droit désormais aussi au paiement des salaires qui auraient été perçus pendant la période couverte par la nullité, que la salariée demande ou non sa réintégration.

SECTION 6. **Dispositions d'application**

Art. L. 1225-72. Un décret en Conseil d'État détermine les modalités d'application des articles L. 1225-1 à L. 1225-28 et L. 1225-35 à L. 1225-69 ainsi que le régime des sanctions applicables à l'employeur qui méconnaît leurs dispositions.

Art. R. 1227-5. Est puni des amendes prévues pour les contraventions de la cinquième classe le fait de méconnaître les dispositions :

1° Des articles L. 1225-1 à L. 1225-28 ainsi que celles des articles R. 1225-1, R. 1225-3, R. 1225-4, R. 1225-11, relatives à la protection de la grossesse et de la maternité ;

2° Des articles L. 1225-35 et L. 1225-36, relatives au congé de paternité ;

3° Des articles L. 1225-37 à L. 1225-45, relatives au congé d'adoption ;

4° Des articles L. 1225-47 à L. 1225-52 et L. 1225-55, relatives au congé parental et au passage à temps partiel pour l'éducation d'un enfant ;

5° Des articles L. 1225-66 et L. 1225-67, relatives à la démission pour élever un enfant.

La récidive de la contravention prévue au présent article est réprimée conformément aux articles 132-11 et 132-15 du code pénal.

Art. R. 1227-6. Le fait de méconnaître les dispositions des articles L. 1225-29 à L. 1225-33, relatives à l'interdiction d'emploi prénatal et postnatal ainsi qu'à l'allaitement, est puni de l'amende prévue pour les contraventions de la cinquième classe, prononcée autant de fois qu'il y a de salariés concernés par l'infraction.

La récidive de la contravention prévue au présent article est réprimée conformément aux articles 132-11 et 132-15 du code pénal.

En cas de pluralité de contraventions entraînant les peines de la récidive, l'amende est appliquée autant de fois qu'il a été relevé de nouvelles infractions.

CHAPITRE VI

Maladie, accident et inaptitude médicale

SECTION 1. **Absences pour maladie ou accident**

Art. L. 1226-1. Tout salarié ayant ***(L. 2008-596 du 25 juin 2008, JO 26)*** « une année » d'ancienneté dans l'entreprise bénéficie, en cas d'absence au travail justifiée par l'incapacité résultant de maladie ou d'accident constaté par certificat médical et contre-visite s'il y a lieu, d'une indemnité complémentaire à l'allocation journalière prévue à l'article L. 321-1 du code de la sécurité sociale, à condition :

1° D'avoir justifié dans les quarante-huit heures de cette incapacité ;

2° D'être pris en charge par la sécurité sociale ;

3° D'être soigné sur le territoire français ou dans l'un des autres États membres de la Communauté européenne ou dans l'un des autres États partie à l'accord sur l'Espace économique européen.

Ces dispositions ne s'appliquent pas aux salariés travaillant à domicile, aux salariés saisonniers, aux salariés intermittents et aux salariés temporaires.

Un décret en Conseil d'État détermine les formes et conditions de la contre-visite mentionnée au premier alinéa.

Le taux, les délais et les modalités de calcul de l'indemnité complémentaire sont déterminés par voie réglementaire.

Note • Cet article intègre dans le code des dispositions de l'article 7 figurant dans l'accord national interprofessionnel du 10 décembre 1977 sur la mensualisation et reprises par la loi 78-49 du 19 janvier 1978.

La loi 2008-596 du 25 juin 2008 a abaissé la condition d'ancienneté de trois ans à une année.

• La loi dite de mensualisation a subordonné l'indemnité complémentaire à une contre-visite, laissée à l'appréciation de l'employeur. Le médecin diligenté par l'employeur auprès du salarié est choisi par l'employeur. Le salarié qui refuse cette contre-visite n'encourt aucune sanction disciplinaire, son refus ne pouvant être considéré comme une faute (cass. soc. 27 juin 2000, n° 98-40.952, BC V n° 249). Mais si le médecin contrôleur estime que le salarié peut reprendre le travail, l'employeur peut interrompre le paiement de l'indemnité complémentaire (cass. soc. 4 mai 1999, n° 96-44.294, BC V n° 192).

• ***Contre-visite patronale et indemnisation de la sécurité sociale.*** La loi 2009-1646 du 24 décembre 2009 (JO 27) généralise le dispositif expérimenté dans certaines caisses jusqu'au 31 décembre 2009 (loi 2007-1786 du 19 décembre 2007, art. 103, 1° ; décret 2008-552 du 11 juin 2008). En cas de contre-visite médicale patronale concluant à l'absence de justification de l'arrêt de travail ou faisant état de l'impossibilité d'examiner le salarié, le médecin mandaté par l'employeur transmet son rapport au service du contrôle médical de la caisse dans un délai maximal de 48 heures (loi précitée, art. 90-I ; art. L. 315-1 c. séc. soc.). Au vu de ce rapport, le service du contrôle médical de la caisse a une seule alternative : procéder à un nouvel examen (ce nouvel examen est de droit si le rapport a fait état de l'impossibilité de procéder à l'examen de l'assuré) ou demander à la caisse de suspendre le paiement des indemnités journalières. Le décret 2010-957 du 24 août 2010 (JO 26) a précisé la procédure de suspension des indemnités journalières ainsi que les modalités de versement de ces indemnités en cas de nouvel arrêt de travail consécutif à une décision de suspension desdites indemnités. Si la suspension des IJSS est demandée, l'assuré social en est informé. Dans un délai de 10 jours décompté à partir de la réception de l'information, l'assuré pourra contester la suspension, en demandant à sa CPAM d'être examiné par le service du contrôle médical, qui dispose de 4 jours pour répondre sur le versement des prestations. Cette mesure concernera les IJSS maladie, mais également celles versées en cas d'accident du travail ou de maladie professionnelle (art. L. 433-1 renvoyant à art. L. 323-6 modifié et D. 315-4 c. séc. soc.).

Lutte contre les arrêts de travail successifs non justifiés. Lorsque certains arrêts de travail jugés non justifiés par le service du contrôle médical de la sécurité sociale donnent lieu à une suspension des IJSS, il arrive que certains assurés sociaux se fassent prescrire un nouvel arrêt de travail, ce qui permet la reprise du versement des IJSS. La loi généralise le dispositif expérimenté par certaines caisses jusqu'au 31 décembre 2009 (loi 2007-1786 du 19 décembre 2007, art. 103, 2°). Ainsi, une personne ayant fait l'objet d'une suspension d'indemnités journalières de sécurité sociale se voyant prescrire un nouvel arrêt de travail, dans un délai de 10 jours francs à compter d'une décision de suspension des indemnités journalières de sécurité sociale, n'a pas automatiquement droit aux indemnités journalières. La reprise du versement des indemnités est subordonnée à l'avis du contrôle médical, rendu dans un délai de 4 jours francs à compter de la date de réception de l'avis d'arrêt de travail (loi art. 90-II ; art. L. 323-7 et D. 323-4 c. séc. soc.).

• Lorsque le certificat médical d'arrêt de travail porte la mention « sortie libre », l'employeur doit être informé (par le salarié) des horaires et de l'adresse où pourront s'effectuer les contre-visites (cass. soc. 4 février 2009, n° 07-43.430, BC V n° 32 ; *RJS* 4/09 n° 348 ; *RDT,* mai 2009, CH, 301, M. Véricel ; *JCP* éd. S 2009, 1238, note Th. Lahalle).

• Ne constitue pas une faute grave la seule absence de justification des prolongations de l'arrêt de travail, même à la demande de l'employeur, si celui-ci a été informé par la remise d'un certificat médical initial du salarié malade (cass. soc. 17 mars 2010, n° 08-43.414, *RJS* 6/10 n° 501).

Art. D. 1226-1. L'indemnité complémentaire prévue à l'article L. 1226-1 est calculée selon les modalités suivantes :

1° Pendant les trente premiers jours, 90 % de la rémunération brute que le salarié aurait perçue s'il avait continué à travailler ;

2° Pendant les trente jours suivants, deux tiers de cette même rémunération.

Note *Calcul de la retenue sur salaire correspondant au délai de carence.* La retenue de salaire doit correspondre au temps exact de la cessation de travail, le délai de carence conventionnel étant sans incidence sur les modalités de calcul de la retenue sur la rémunération (cass. soc. 26 janvier 2011, n° 08-45.204, BC V n° 41 ; *RJS* 4/11 n° 328 ; *JCP* éd. S 2011, 1166, note C. Puigelier ; *JSL* n° 297, 13 avril 2011, p. 24).

Art. D. 1226-2. Les durées d'indemnisation sont augmentées de dix jours par période entière de cinq ans d'ancienneté en plus de la durée ***(D. 2008-716 du 18 juil. 2008, JO 19)*** « d'une année » requise à l'article L. 1226-1, sans que chacune d'elle[s] puisse dépasser quatre-vingt-dix jours.

Art. D. 1226-3. Lors de chaque arrêt de travail, les durées d'indemnisation courent à compter du premier jour d'absence si celle-ci est consécutive à un accident du travail ou à une maladie professionnelle, à l'exclusion des accidents de trajet.

(D. 2008-716 du 18 juil. 2008, JO 19) « Toutefois, dans tous les autres cas, le délai d'indemnisation court au-delà de sept jours d'absence. »

Note Le décret 2008-716 du 18 juillet 2008 a réduit la durée de carence de 10 à 7 jours et a augmenté les durées d'indemnisation dans les conditions prévues par l'article D. 1226-2, étant précisé qu'il faut ajouter aux 5 ans d'ancienneté une année au lieu de trois antérieurement.

Art. D. 1226-4. Pour le calcul des indemnités dues au titre d'une période de paie, il est tenu compte des indemnités déjà perçues par l'intéressé durant les douze mois antérieurs, de telle sorte que si plusieurs absences pour maladie ou accident ont été indemnisées au cours de ces douze mois, la durée totale d'indemnisation ne dépasse pas celle applicable en application des articles D. 1226-1 et D. 1226-2.

Art. D. 1226-5. Sont déduites de l'indemnité complémentaire les allocations que le salarié perçoit de la sécurité sociale et des régimes complémentaires de prévoyance, mais en ne retenant dans ce dernier cas que la part des prestations résultant des versements de l'employeur.

Art. D. 1226-6. Lorsque les indemnités de la sécurité sociale sont réduites du fait, notamment, de l'hospitalisation ou d'une sanction par la caisse du non-respect de son règlement intérieur, elles sont réputées servies intégralement pour le calcul de l'indemnité complémentaire.

Art. D. 1226-7. La rémunération à prendre en considération pour le calcul de l'indemnité complémentaire est celle correspondant à l'horaire pratiqué pendant l'absence du salarié dans l'établissement ou partie d'établissement.

Toutefois, si l'horaire des salariés a été augmenté par suite de l'absence du salarié, cette augmentation n'est pas prise en considération pour la fixation de la rémunération.

Art. D. 1226-8. L'ancienneté prise en compte pour la détermination du droit à l'indemnité complémentaire s'apprécie au premier jour de l'absence.

Art. L. 1226-1-1. ***(L. 2010-1594 du 20 déc. 2010, art. 84, II, JO 21)*** Le contrat de travail d'un salarié atteint d'une maladie ou victime d'un accident non professionnel demeure suspendu pendant les périodes au cours desquelles il suit les actions mentionnées à l'article L. 323-3-1 du code de la sécurité sociale dans les conditions prévues à ce même article.

SECTION 2. Inaptitude consécutive à une maladie ou un accident non professionnel. – Maladie grave

Sous-section 1. Inaptitude consécutive à une maladie ou un accident non professionnel

Art. L. 1226-2. Lorsque, à l'issue des périodes de suspension du contrat de travail consécutives à une maladie ou un accident non professionnel, le salarié est déclaré inapte par le médecin du travail à reprendre l'emploi qu'il occupait précédemment, l'employeur lui propose un autre emploi approprié à ses capacités.

Cette proposition prend en compte les conclusions écrites du médecin du travail et les indications qu'il formule sur l'aptitude du salarié à exercer l'une des tâches existantes dans l'entreprise.

L'emploi proposé est aussi comparable que possible à l'emploi précédemment occupé, au besoin par la mise en œuvre de mesures telles que mutations, transformations de postes de travail ou aménagement du temps de travail.

Note Cet article, introduit par la loi 92-1446 du 31 décembre 1992 (JO 10 janvier 1993), consacre une solution dégagée par la jurisprudence sur le fondement de l'article L. 241-10-1 [L. 4624-1] CT (cass. soc. 8 juillet 1992, n° 88-45.802, BC V n° 447 ; *RJS* 8-9/92 n° 973) selon laquelle l'employeur devait rechercher, en tenant compte des propositions du médecin du travail, si le salarié devenu inapte à occuper son poste pouvait être affecté à un autre poste dans l'entreprise, adapté à ses aptitudes physiques. Il est commenté dans la circulaire 93-11 du 17 mars 1993 (BO MT 93/10 du 5 juin 1993, p. 61), complétée par la circulaire DRT 94-13 du 21 novembre 1994 (BO MT 95/2, p. 35). La loi du 31 décembre 1992, d'ordre public, est immédiatement applicable au contrat de travail en cours, même si l'inaptitude du salarié a été déclarée antérieurement à son entrée en vigueur ; le délai de 1 mois court, dans cette hypothèse, de la date d'entrée en vigueur de cette loi (cass. soc. 19 mai 1998, n° 95-45.637, BC V n° 263 ; *RJS* 7/98 n° 847).

• Fin de la suspension du contrat de travail. Seule la visite de reprise met fin à la suspension du contrat de travail (cass. soc. 6 avril 1999, n° 96-45.056, BC V n° 157 ; *RJS* 5/99 n° 659 ; *Dr. Soc.* 1999, p. 562, note J. Savatier ; voir note sous R. 4624-21). Dès lors que le médecin du travail a déclaré un salarié inapte à tenir son emploi lors des visites de reprise, la période de suspension du contrat de travail prend fin, peu important que le salarié ait continué à bénéficier d'un arrêt de travail de son médecin traitant (cass. soc. 6 avril 1999, n° 96-45.056, précité ; 19 janvier 2005, n° 03-41.904, BC V n° 9 et n° 03-41.479, BC V n° 8 ; *RJS* 3/05 n° 267).

• Déclaration d'inaptitude

– Avis d'inaptitude à la reprise du travail. La déclaration par le médecin du travail de l'inaptitude du salarié à reprendre l'emploi qu'il occupait précédemment ne doit pas être confondue avec une déclaration par le médecin du travail d'inaptitude à la reprise du travail ; cette dernière a pour seul effet de différer la reprise du travail et ne peut être invoquée par l'employeur pour justifier un licenciement en raison de l'inaptitude du salarié (cass. soc. 18 novembre 1992, n° 90-44.500, *Dr. Soc.* 1993, p. 59 ; *CSB* 1993 A. 6).

– Classement d'un salarié en invalidité de la deuxième catégorie. Ce classement, réalisé par un médecin conseil de la sécurité sociale, ne saurait être assimilé à l'avis d'inaptitude délivré par le médecin du travail ; l'employeur, qui n'envisage pas de

licencier pour inaptitude un salarié classé en invalidité de la deuxième catégorie, n'a pas à prendre l'initiative d'un examen par le médecin du travail du salarié qui n'a pas demandé à reprendre le travail ; il ne peut donc pas être condamné à payer un salaire à ce salarié au motif qu'il n'a été ni licencié ni reclassé (cass. soc. 18 juillet 1996, n° 97-17.860, BC V n° 298 ; *Dr. Soc.* 1996, p. 972 ; *RJS* 10/96 n° 1035).

– *L'examen médical en cours de suspension du contrat.* L'examen médical visé par cet article ne doit pas être confondu avec l'examen qui peut avoir lieu préalablement à la reprise du travail, à la demande du salarié, du médecin traitant ou du médecin conseil des organismes de sécurité sociale, pour faciliter la recherche de mesures de reclassement (art. R. 4624-23). Ce dernier examen ne fait pas courir le délai de 1 mois prévu par cet article. La Cour de cassation fait nettement la distinction entre l'examen pratiqué par le médecin du travail en application des articles R. 4624-21 et 22 CT et celui pratiqué en application de l'article R. 4624-23 ; seul l'examen pratiqué en application de l'article R. 4624-21 constitue une visite de reprise. Cette visite, dont l'initiative appartient normalement à l'employeur, peut aussi être sollicitée par le salarié soit auprès de son employeur, soit auprès du médecin du travail, en avertissant l'employeur de cette demande (cass. soc. 12 novembre 1997, n° 94-40.912, BC V n° 366 ; *RJS* 12/97 n° 1359 ; *Dr. Soc.* 1998, p. 113, note J. Savatier). Ne sera pas qualifiée de visite de reprise la visite effectuée par le médecin du travail, à l'initiative du salarié, sans que l'employeur en ait été averti (cass. soc. 4 février 2009, n° 07-44.498, BC V n° 38 ; *RJS* 4/09 n° 333 ; 26 janvier 2011, n° 09-65.715, *JSL* n° 295, 10 mars 2011, p. 26). En pareille hypothèse, la décision d'inaptitude prise par le médecin du travail ne s'impose pas à l'employeur (cass. soc. 20 janvier 2010, n° 08-44.240, *RJS* 4/10 n° 333). Le salarié qui refuse de se soumettre à une visite commet une faute qui peut constituer une cause réelle et sérieuse de licenciement (cass. soc. 17 octobre 2000, n° 97-45.286, *RJS* 1/01 n° 33).

– *Articulation des articles L. 1226-2 et L. 4624-1 CT.* Certains auteurs ont pu s'interroger sur l'articulation entre ces deux articles (J-Y Frouin, « La protection de l'emploi des salariés victimes d'une maladie ou d'un accident », *RJS* 12/95 p. 773). En réalité, ils sont complémentaires : l'article L. 1226-2 CT institue l'obligation pour l'employeur de proposer un poste de remplacement à un salarié devenu inapte à tenir l'emploi pour lequel il a été engagé, en tenant compte des conclusions du médecin du travail, tandis que l'article L. 4624-1 CT, à portée plus générale, habilite le médecin du travail à proposer des mutations ou des transformations de poste, justifiées par l'âge ou l'état de santé des salariés, en précisant les obligations de l'employeur et les possibilités de recours contre l'avis du médecin du travail (voir note sous art. L. 4624-1 CT).

• L'inaptitude peut être constatée par le médecin du travail pendant une période d'essai (CE 17 juin 2009, n° 314729, *Dr. Soc.* 2009, pp. 941 et s. note Y. Struillou et p. 1137, obs. P. Chaumette ; *RDT*, janvier 2010, CH, 30, M. Véricel ; *JSL* n° 266, 25 novembre 2009, p. 19, M-Ch. Haller).

• Obligation de proposer un poste de reclassement. Cet article institue l'obligation pour l'employeur de reclasser le salarié devenu inapte à tenir l'emploi qu'il occupait avant la maladie ou l'accident sans prévoir la sanction en cas de violation de cette obligation. L'obligation de reclassement s'impose à l'employeur quelle que soit la durée du contrat, indéterminée ou déterminée (cass. soc. 8 juin 2005, n° 03-44.913, BC V n° 193 ; *RJS* 8-9/05 n° 830). En cas de manquement à cette obligation, il appartient au juge de rechercher si celui-ci est constitutif d'une faute grave (cass. soc. 26 novembre 2008, n° 07-40.802, BC V n° 230 ; *RJS* 2/09 n° 166). Lire également J. Savatier, « Aptitude et inaptitude au travail – Chronique de jurisprudence », *Dr. Soc.* 2009, p. 257.

L'employeur, tenu d'une obligation de sécurité de résultat en matière de protection de la santé des salariés, doit prendre en considération les recommandations émises par le médecin du travail (cass. soc. 19 décembre 2007, n° 06-43.918, BC V n° 216 ; *JSL* n° 226, 28 janvier 2008, p. 14, M-Ch. Haller ; *RJS* 3/08 n° 295, 1re espèce : en l'espèce, il s'agissait d'un avis d'aptitude avec réserves) ; il ne peut ajouter aux restrictions émises par le médecin du travail (cass. soc. 20 janvier 2010, n° 08-44.322, *RJS* 4/10 n° 334).

Le classement d'un salarié en invalidité 2e catégorie est sans incidence sur l'obligation de reclassement du salarié inapte qui incombe à l'employeur (cass. soc. 9 juillet 2008, n° 07-41.318, BC V n° 151 ; *RJS* 10/08 n° 982 ; *JCP* éd. S 2008, 1507, note P-Y Verkindt ; *Dr. Soc.* 2008, p. 1138, obs. J. Savatier).

L'obligation de reclassement des salariés devenus inaptes à occuper leur emploi pour des raisons médicales est devenue un principe général du droit pour le Conseil d'État (CE 26 février 2007, n° 276863, *Dr. Soc.* 2007, p. 962, concl. Ch. Devys).

Le point de départ de l'obligation de reclassement est la seconde visite de reprise (cass. soc. 6 janvier 2010, n° 08-44.177, BC V n° 1 ; *RJS* 3/10 n° 252 ; voir aussi cass. soc. 21 septembre 2011, n° 10-13.403).

En ce qui concerne le contenu de l'obligation qui pèse sur l'employeur, la Cour de cassation précise que les possibilités de reclassement doivent être recherchées, non seulement dans l'entreprise au sein de laquelle travaille le salarié devenu inapte mais également dans toutes les entreprises du groupe auquel appartient l'entreprise dont les activités, l'organisation et le lieu d'exploitation permettent d'effectuer la mutation de tout ou partie du personnel (cass. soc. 9 janvier 2008, n° 06-44.407 : si l'entreprise appartient à un groupe à rayonnement mondial, il faut chercher les postes de reclassement y compris, en l'espèce, dans des entreprises situées aux États-Unis ; 18 avril 2000, n° 98-40.754, *RJS* 6/00 n° 660 ; 19 mai 1998, n° 96-41.265, BC V n° 264 ; *RJS* 7/98 n° 846 ; 16 novembre 2011, n° 10-20.126). L'employeur doit rechercher une possibilité de reclassement du salarié, même lorsque le médecin du travail a déclaré le salarié inapte à tout emploi dans l'entreprise et a conclu à l'impossibilité de son reclassement au sein de celle-ci (cass. soc. 7 juillet 2004, n° 02-43.141, BC V n° 197 ; *RJS* 10/04 n° 1028, 2e espèce et n° 02-45.350, BC V n° 198 ; *RJS* 10/04 n° 1028, 3e espèce ; 16 septembre 2009, n° 08-42.212, BC V n° 185 ; *Dr. Soc.* 2009, p. 1190, note J. Savatier ; *JCP* éd. S 2009, 1523, note P-Y Verkindt ; *RJS* n° 11/09 n° 848).

Seules les recherches de reclassement compatibles avec les conclusions du médecin du travail émises au cours de la visite de reprise peuvent être prises en considération pour apprécier le respect par l'employeur de son obligation de reclassement (cass. soc. 26 novembre 2008, n° 07-44.061, BC V n° 231 ; *RJS* 2/09 n° 164 ; *Dr. Soc.* 2009, p. 257, chron. J. Savatier ; 20 janvier 2010, n° 08-44.322, précité).

Il appartient à l'employeur de justifier, tant au niveau de l'entreprise que du groupe auquel elle appartient, des démarches précises qu'il a effectuées pour parvenir au reclassement (cass. soc. 6 janvier 2010, n° 08-44.177, précité).

Le reclassement doit être recherché parmi les emplois disponibles. La Cour de cassation juge que « l'employeur ne peut être tenu d'imposer à un autre salarié une modification de son contrat de travail à l'effet de libérer son poste pour le proposer en reclassement à un salarié » (cass. soc. 15 novembre 2006, n° 05-40.408, BC V n° 339 ; *RDT*, février 2007, p. 96, obs. J-Y Frouin ; *Dr. Soc.* 2007, p. 106, obs. G. Couturier ; *RJS* 1/07 n° 45).

La sanction de la violation de l'obligation de chercher un poste de reclassement consistera soit dans l'obligation de payer au salarié son salaire habituel lorsqu'un licenciement n'est pas intervenu dans le mois qui suit la date de l'examen médical de reprise, soit dans la condamnation de l'employeur pour licenciement sans cause réelle et sérieuse.

• **Acceptation par le salarié du poste de reclassement.** L'acceptation du poste de reclassement est dépourvue de toute portée dès lors qu'elle intervient avant la visite de reprise (cass. soc. 28 mars 2006, n° 04-44.895).

• **Refus par le salarié du poste de reclassement**

– Le refus par un salarié du poste de reclassement proposé par l'employeur dès lors que la proposition de reclassement entraîne une modification du contrat de travail n'est pas abusif (cass. soc. 14 juin 2000, n° 98-42.882, BC V n° 228 ; *RJS* 7-8/00 n° 790 ; *Dr. Soc.* 2000, p. 1026, obs. J. Savatier) et ne constitue pas en soi une cause réelle et sérieuse de licenciement (cass. soc. 9 avril 2002, n° 99-44.678, BC V n° 121 ; *RJS* 7/02 n° 807). Voir aussi note sous l'article L. 1226-10 sur le refus par un salarié d'un poste de reclassement.

Le refus par un salarié déclaré inapte à son poste, d'une proposition de reclassement n'implique pas, à lui seul, le respect de son obligation par l'employeur, auquel il appartient d'établir qu'il ne dispose d'aucun autre poste compatible avec l'état de santé de ce salarié (cass. soc. 3 novembre 2011, n° 10-20.236).

Il appartient à l'employeur de tirer les conséquences, du refus du salarié soit en formulant de nouvelles propositions de reclassement, soit en procédant au licenciement de l'intéressé aux motifs de l'inaptitude et de l'impossibilité de reclassement (cass. soc. 26 janvier 2011, n° 09-43.193, BC V n° 32 ; *RJS* 4/11 n° 286 ; *JCP* éd. S 2011, 1150, note D. Corrignan-Carsin).

Voir autour du rapport Gosselin de février 2007, « Aptitude et inaptitude au travail : diagnostic et perspectives », la controverse de E. Lafuma, J-Ph. Lhernould, H. Tissandier et H. Gosselin, *RDT* 2007, p. 496.

Art. L. 1226-3. Le contrat de travail du salarié déclaré inapte peut être suspendu pour lui permettre de suivre un stage de reclassement professionnel.

Art. L. 1226-4. Lorsque, à l'issue d'un délai d'un mois à compter de la date de l'examen médical de reprise du travail, le salarié déclaré inapte n'est pas reclassé dans l'entreprise ou s'il n'est pas licencié, l'employeur lui verse, dès l'expiration de ce délai, le salaire correspondant à l'emploi que celui-ci occupait avant la suspension de son contrat de travail.

Ces dispositions s'appliquent également en cas d'inaptitude à tout emploi dans l'entreprise constatée par le médecin du travail.

Note **• Obligation de rémunérer le salarié ni reclassé ni licencié**

– *Point de départ du droit à salaires.* Le délai d'un mois visé par cet article ne court qu'à partir de la date du second examen médical prévu à l'article R. 241-51 [R. 4624-31] CT (cass. soc. 10 juillet 2002, n° 00-42.912, *RJS* 10/02 n° 1109 : lorsque le médecin du travail déclare le salarié inapte à son emploi à l'issue d'un unique examen médical, le délai d'un mois n'a pu commencer à courir ; cass. soc. 28 janvier 1998, n° 95-44.301, BC V n° 39 ; *RJS* 3/98 n° 307 ; *Dr. Soc.* 1998, p. 276, obs. J. Savatier ; 10 novembre 1998, n° 96-44.067, BC V n° 482 ; *Dr. Soc.* 1999, p. 189, obs. J. Savatier).

– *Délai.* Le délai d'un mois ne peut être ni prorogé ni suspendu peu important que le médecin du travail soit conduit à préciser son avis après la seconde visite (cass. soc. 25 mars 2009, n° 07-44.748, BC V n° 84 ; *JCP* éd. S 2009, 1287, obs. Fr. Dumont ; *RJS* 6/09 n° 507 ; *JSL* n° 254, 29 avril 2009, p. 23 ; voir aussi cass. soc. 26 janvier 2011, n° 08-44.583, *LS* Jurispr. n° 39/2011 du 22 février 2011). Ce délai n'est donc pas suspendu par le recours exercé par le salarié devant l'inspecteur du travail (cass. soc. 26 janvier 2011, n° 09-43.139, *JSL* n° 296, 24 mars 2011, p. 27 ; *JCP* éd. S 2011, 1215). Mais lorsque l'inaptitude du salarié à son poste de travail est constatée régulièrement dans le cadre d'un seul examen constatant que le maintien du salarié à ce poste entraîne un danger immédiat pour la santé ou la sécurité de l'intéressé ou celle de tiers, le délai d'un mois à l'issue duquel l'employeur, à défaut de reclassement ou de licenciement du salarié, doit reprendre le paiement des salaires court à compter de cet examen unique (cass. soc. 6 février 2008, n° 06-45.551, BC V n° 31 ; *RJS* 4/08 n° 413 ; *JCP* éd. S 2008, 1204, note P-Y Verkindt) ; en outre, dans ce cas, le salarié doit reprendre le paiement des salaires à l'issue du délai d'un mois après cette visite, peu important le refus par l'autorité administrative de l'autorisation de licenciement et celui du salarié de se rendre à une nouvelle visite de reprise, ce dernier refus n'entraînant pas une nouvelle suspension du contrat de travail (cass. soc. 22 juin 2011, n° 09-72.767, *RJS* 10/11 n° 777).

– *Montant du salaire.* Le montant des sommes que doit verser l'employeur en application de l'article L. 1226-4 CT est fixé forfaitairement au montant du salaire correspondant à l'emploi que le salarié occupait avant la suspension du contrat de travail ; les prestations de sécurité sociale et de prévoyance ne peuvent être déduites des sommes dues à l'intéressé (cass. soc. 16 février 2005, n° 02-43.792, BC V n° 51 ; *RJS* 5/05 n° 504).

– *Droit d'option du salarié.* Le salarié ni reclassé ni licencié peut soit se prévaloir de la poursuite du contrat de travail et solliciter la condamnation de l'employeur au paiement des salaires, soit faire constater la rupture du contrat de travail pour manquement de l'employeur à cette obligation ; cette rupture s'analyse alors en un licenciement sans cause réelle et sérieuse (cass. soc. 11 juillet 2000, n° 98-45.471, BC V n° 271 ; *RJS* 11/00 n° 1080 ; *Dr. Soc.* 2000, p. 923, obs. J. Savatier ; 29 septembre 2004, n° 02-43.746, BC V n° 233 ; *RJS* 12/04 n° 1273).

Le salarié peut à la fois demander la résiliation du contrat pour manquement de l'employeur à son obligation de reprendre le paiement du salaire et réclamer un tel paiement jusqu'à la date de la rupture (cass. soc. 14 décembre 2011, n° 10-14.251).

Lorsqu'un salarié a été licencié en raison de son inaptitude et de son impossibilité de reclassement, le défaut de règlement des salaires ne prive pas le licenciement déjà prononcé de cause réelle et sérieuse, mais le salarié peut demander le solde de rémunération à payer et la réparation du préjudice en résultant pour lui (cass. soc. 20 septembre 2006, n° 05-42.930, BC V n° 271 ; *RJS* 11/06 n° 1172 ; *JCP* éd. S 2006, 1861, note P-Y Verkindt ; *JSL* n° 198, 24 octobre 2006, p. 17, M-Ch. Haller ; *Dr. Soc.*

2006, p. 1117, J. Savatier (8°) ; *RDT*, décembre 2006, CH, 383, B. Lardy-Pélissier et J. Pélissier ; 24 juin 2009, n° 07-45.006, *RJS* 10/09 n° 786).

– *Absence de droit d'option de l'employeur.* Il n'y a pas d'option pour l'employeur entre l'obligation de reclassement et l'obligation de verser les salaires. L'employeur doit prioritairement chercher un poste de reclassement et ce n'est qu'en cas d'impossibilité de reclassement qu'il peut soit licencier, soit reprendre le paiement des salaires. La reprise de paiement des salaires ne le dispense pas de l'obligation de proposer un poste de reclassement (cass. soc. 3 mai 2006, n° 04-40.721, BC V n° 159 ; *RDT* 2006, p. 93, obs. B. Lardy-Pélissier ; *Dr. Soc.* 2006, p. 802, obs. J. Savatier ; *RJS* 7/06 n° 830 ; 26 janvier 2011, n° 09-43.139, précité).

– *Indemnité de licenciement.* La loi et la circulaire ne donnent aucune indication sur la solution qu'il convient d'adopter lorsque le salarié refuse, sans motif valable, l'emploi de reclassement proposé par l'employeur. Le refus, à le supposer abusif, peut-il priver le salarié de l'indemnité de licenciement ? La jurisprudence répond par la négative lorsque l'inaptitude a une origine professionnelle (cass. soc. 19 juillet 1994, n° 90-41.362, BC V n° 242 ; *RJS* 8-9/94 n° 975), mais rien n'interdit aux juges d'adopter des solutions différentes en tenant compte de l'origine de l'inaptitude.

• **Nullité des accords de rupture et des transactions conclus en cas d'inaptitude.** Les dispositions des articles L. 1226-2 et 4 excluent la possibilité, pour l'employeur et le salarié déclaré inapte, de signer une rupture d'un commun accord du contrat de travail qui aurait pour effet d'éluder l'obligation de reclassement ou de paiement du salaire (cass. soc. 12 février 2002, n° 99-41.698, BC V n° 66 ; *RJS* 4/02 n° 423 ; 29 juin 1999, n° 97-40.426, BC V n° 315 ; *RJS* 8-9/99 n° 1050, 2e espèce : la convention, conclue pour faire échec à l'application de ces dispositions, est nulle, quelle que soit sa nature juridique, comme ayant un objet illicite).

Art. L. 1226-4-1. ***(L. 2008-596 du 25 juin 2008, JO 26)*** En cas de licenciement prononcé dans le cas visé à l'article L. 1226-4, les indemnités dues au salarié au titre de la rupture sont prises en charge soit directement par l'employeur, soit au titre des garanties qu'il a souscrites à un fonds de mutualisation.

La gestion de ce fonds est confiée à l'association prévue à l'article L. 3253-14.

Note Voir notamment l'article de P-Y Verkindt, « Le licenciement pour inaptitude médicale », *Dr. Soc.* 2008, p. 941. L'auteur relève l'ambiguïté de la formule insérée dans cet article visant « les indemnités dues au salarié au titre de la rupture » alors que l'article 13 de l'ANI du 11 janvier 2008 sur la modernisation du marché du travail visait les indemnités de rupture.

La mutualisation du coût de la rupture ne concerne que les ruptures pour inaptitude d'origine non professionnelle.

Art. L. 1226-4-2. ***(L. 2011-525 du 17 mai 2011, art. 49, JO 18)*** Les dispositions visées à l'article L. 1226-4 s'appliquent également aux salariés en contrat de travail à durée déterminée.

Art. L. 1226-4-3. ***(L. 2011-525 du 17 mai 2011, art. 49, JO 18)*** La rupture du contrat à durée déterminée prononcée en cas d'inaptitude ouvre droit, pour le salarié, à une indemnité dont le montant ne peut être inférieur à celui de l'indemnité prévue à l'article L. 1234-9. Cette indemnité de rupture est versée selon les mêmes modalités que l'indemnité de précarité prévue à l'article L. 1243-8.

Sous-section 2. Maladie grave

Art. L. 1226-5. Tout salarié atteint d'une maladie grave au sens du 3° et du 4° de l'article L. 322-3 du code de la sécurité sociale bénéficie d'autorisations d'absence pour suivre les traitements médicaux rendus nécessaires par son état de santé.

SECTION 3. Accident du travail ou maladie professionnelle

Sous-section 1. Champ d'application

Art. L. 1226-6. Les dispositions de la présente section ne sont pas applicables aux rapports entre un employeur et son salarié victime d'un accident du travail ou d'une maladie professionnelle, survenu ou contractée au service d'un autre employeur.

Note En principe, un salarié ne peut pas bénéficier de la protection spécifique aux victimes d'accident du travail dès lors qu'il connaît une rechute d'un accident du travail survenu alors qu'il était au service d'un précédent employeur (cass. soc. 27 octobre 1993, n° 89-44.348, BC V n° 254 ; *RJS* 12/93 n° 1249).

Cet article n'est pas applicable lorsqu'un salarié passe au service d'un nouvel employeur en application de l'article L. 1224-1 ; le nouvel employeur doit respecter les garanties offertes par la loi aux victimes d'accident du travail (cass. soc. 9 juillet 1992, n° 91-40.015, *RJS* 8-9/92 n° 974 ; 20 janvier 1993, n° 91-41.500, BC V n° 14).

Le salarié peut prétendre au bénéfice de la protection des victimes d'accident du travail dès lors qu'il existe un lien de causalité entre la rechute de l'accident du travail initial survenu chez un précédent employeur et les conditions de travail du salarié ou tout autre événement inhérent à ses fonctions au service du nouvel employeur (cass. soc. 9 juin 2010, n° 09-40.253, BC V n° 130 ; *JSL* n° 284, 29 septembre 2010, p. 25 ; *JCP* éd. S 2010, 1443, note A. Martinon ; *RJS* 8-9/10 n° 663, 2e espèce ; 16 février 1999, n° 97-42.903, BC V n° 71 ; *RJS* 4/99 n° 501 ; *Dr. Soc.* 1999, p. 538, obs. J. Savatier). Mais il appartient au salarié de se prévaloir de ce lien de causalité (cass. soc. 19 mars 2008, n° 07-40.295, *RJS* 6/08 n° 660).

L'accord conclu dans le cadre d'une perte de marché de services qui prévoit et organise la reprise de tout ou partie des contrats de travail ne constitue pas une application volontaire de l'article L. 122-12, al. 2 [L. 1224-1] CT ; il ne peut à lui seul, sauf clause contraire, faire échec aux dispositions de l'article L. 122-32-10 [L. 1226-6] (cass. soc. 14 mars 2007, n° 05-43.184, BC V n° 47 ; *RJS* 5/07 n° 584, rapport J-M Béraud, p. 405 ; *Dr. Soc.* 2007, p. 777, obs. A. Mazeaud). En revanche, dans ce cas, le nouvel employeur doit faire bénéficier le salarié des dispositions relatives à l'inaptitude d'origine non professionnelle (cass. soc. 29 novembre 2011, n° 10-30.728, *LSQ* n° 15995 du 13 déc. 2011).

Sous-section 2. Suspension du contrat et protection contre la rupture

Art. L. 1226-7. Le contrat de travail du salarié victime d'un accident du travail, autre qu'un accident de trajet, ou d'une maladie professionnelle est suspendu pendant la durée de l'arrêt de travail provoqué par l'accident ou la maladie.

Le contrat de travail est également suspendu pendant le délai d'attente et la durée du stage de réadaptation, de rééducation ou de formation professionnelle que doit suivre l'intéressé, conformément à l'avis de la commission des droits et de l'autonomie des personnes handicapées mentionnée à l'article L. 146-9 du code de l'action sociale et des familles. Le salarié bénéficie d'une priorité en matière d'accès aux actions de formation professionnelle.

(L. 2010-1594 du 20 déc. 2010, art. 84, II, JO 21) « Le contrat de travail est également suspendu pendant les périodes au cours desquelles le salarié suit les actions mentionnées à l'article L. 323-3-1 du code de la sécurité sociale dans les conditions prévues à ce même article, en application du quatrième alinéa de l'article L. 433-1 du même code. »

La durée des périodes de suspension est prise en compte pour la détermination de tous les avantages légaux ou conventionnels liés à l'ancienneté dans l'entreprise.

Note • **Notion d'accident du travail.** Le juge n'est pas lié par la décision d'un organisme de sécurité sociale quant à la détermination du lien de causalité entre un arrêt de travail et un accident du travail (cass. soc. 9 juin 2010, n° 09-41.040, BC V n° 131 ; *RJS* 8-9/10 n° 663, 1re espèce ; *JCP* éd. S 2010, 1442, note A. Martinon ; 31 mars 1993, n° 89-40.711,

BC V n° 104 ; *RJS* 5/93 n° 507 : le juge peut refuser d'appliquer les articles L. 1226-7 et s. à un salarié dont l'arrêt de travail est pris en charge par la sécurité sociale au titre de la législation sur les accidents du travail). Mais les juges décident à bon droit qu'un employeur ne peut pas licencier un salarié pendant la période d'arrêt de travail lorsque le salarié l'a informé du recours qu'il exerçait contre la décision de la caisse primaire d'assurance maladie refusant la prise en charge de l'arrêt de travail au titre de la législation sur les accidents du travail (cass. soc. 8 novembre 1995, n° 92-41.786, *CSB* 1996 A. 7). En revanche, il ne peut être reproché à un employeur de licencier un salarié lorsque, à la date du licenciement, il avait connaissance de la décision de la caisse primaire d'assurance maladie refusant de prendre en charge une maladie professionnelle, d'une part, et qu'il n'avait pas été avisé d'un quelconque recours du salarié contre cette décision, d'autre part (cass. soc. 13 décembre 1995, n° 92-44.867 ; dans le même sens, cass. soc. 21 novembre 1995, n° 92-41.944, *CSB* 1996, p. 21).

Un accident qui se produit à un moment où le salarié ne se trouve plus sous la subordination de l'employeur constitue un accident du travail dès lors que le salarié établit qu'il est survenu par le fait du travail (cass. civ. 2ᵉ ch., 22 février 2007, n° 05-13.771, BC II n° 54 ; *RDT* 2007, p. 307, B. Lardy-Pélissier : en l'espèce, le salarié avait tenté de mettre fin à ses jours pendant une période de suspension de son contrat de travail due à un syndrome anxio-dépressif dépendant lui-même de la dégradation continue des relations de travail et du comportement de l'employeur).

• **Maladie professionnelle.** Pour l'application des articles L. 1226-7 et s. CT, le juge prud'homal n'est pas lié par les décisions des caisses de sécurité sociale en ce qui concerne la qualification de maladie professionnelle, même si en pratique les juges y attachent une grande importance (cass. soc. 8 juin 1994, n° 90-43.689, BC V n° 188 ; *RJS* 7/94 n° 856).

La Cour de cassation décide qu'il faut se référer aux dispositions en matière de sécurité sociale pour savoir si une maladie peut être qualifiée de « maladie professionnelle » au sens de l'article L. 1226-7 (cass. soc. 21 mars 1996, n° 92-41.019, BC V n° 108 ; *RJS* 5/96 n° 532 : il était établi que la salariée souffrait d'un asthme d'origine professionnelle provoqué par l'inhalation de la ouate synthétique utilisée dans l'entreprise ; la cour d'appel avait décidé qu'il n'y avait pas lieu de se référer aux dispositions édictées en matière de sécurité sociale et avait fait bénéficier la salariée des dispositions des articles L. 1226-7, L. 1226-10 et s. CT. Son arrêt est cassé au motif que « seules les affections visées par l'article L. 461-1-1 c. séc. soc., alors applicable, peuvent ouvrir droit à l'application des mesures protectrices prévues par le code du travail pour les victimes de maladie professionnelle »).

• **Accident de trajet.** Les dispositions spécifiques prévues en cas d'accident du travail ou de maladie professionnelle ne sont pas applicables au salarié victime d'un accident de trajet (cass. soc. 16 septembre 2009, n° 08-41.879, BC V n° 186 ; *RJS* 11/09 n° 849).

• **Notion de « délai d'attente ».** Le délai d'attente s'entend de celui qui s'écoule entre la décision de la commission d'accorder le bénéfice d'un stage et la date d'exécution de celui-ci (cass. soc. 10 octobre 1990, n° 87-41.027, BC V n° 435 ; *RJS* 11/90 n° 847).

• **Notion de période de suspension.** Cette période ne prend fin que lorsque le salarié a été déclaré médicalement apte à reprendre son emploi par le médecin du travail et non par le médecin conseil de la sécurité sociale (cass. soc. 29 mai 1991, n° 87-44.926, BC V n° 273).

La période de suspension du contrat prend fin lors de la visite de reprise par le médecin du travail et non à la date de consolidation (cass. soc. 16 mai 2000, n° 98-42.942, BC V n° 180 ; *RJS* 7-8/00 n° 792 ; 9 juin 1994, n° 91-42.808, *CSB* 1994, p. 296), ni à la date de reprise d'activité lorsque celle-ci est antérieure à celle de la visite de reprise (cass. soc. 12 mars 2002, n° 99-42.934, BC V n° 88 ; *RJS* 6/02 n° 671).

La visite de reprise met fin à la suspension du contrat alors même que le médecin du travail déclare le salarié apte à reprendre le travail dans le cadre d'un mi-temps thérapeutique (cass. soc. 26 octobre 1999, n° 97-41.314, BC V n° 410 ; *RJS* 12/99 n° 1457 ; *Dr. Soc.* 2000 p. 115, obs. J. Savatier). Le seul fait pour le salarié de saisir la Commission technique d'orientation et de reclassement professionnel après la visite du médecin du travail autorisant la reprise du travail n'a pas pour effet d'entraîner une nouvelle suspension du contrat de travail, celle-ci ne pouvant résulter que de l'avis de la commission de soumettre le salarié à un stage de réadaptation, de rééducation ou de formation professionnelle (cass. soc. 27 mars 1991, n° 87-42.718, BC V n° 155 ; *RJS* 5/91 n° 566).

Salarié justiciable de l'assurance invalidité. Les dispositions des articles L. 1226-7 et s. ne sont pas applicables à un salarié dont le classement par la sécurité sociale dans la deuxième catégorie des invalides n'était pas la conséquence de la maladie professionnelle dont il était atteint (cass. soc. 2 juillet 1987, n° 84-43.611).

• **Incidences d'une absence non justifiée.** Si l'employeur considère que l'absence d'un salarié n'est plus justifiée par l'accident du travail dont l'intéressé a été victime, il ne peut considérer le salarié comme démissionnaire mais doit mettre en œuvre la procédure de licenciement de droit commun, ou se conformer aux dispositions prévues aux articles L. 1226-8 et s. CT (cass. soc. 7 janvier 1992, n° 88-43.203, BC V n° 4 ; *RJS* 2/92 n° 129).

• **Incidence d'une absence pour maladie.** Dans une espèce où un salarié, dont le contrat de travail était suspendu à la suite d'un accident du travail, avait été convoqué à un entretien en vue de son licenciement, c'est à bon droit que les juges du fond ont condamné l'employeur au versement des indemnités de rupture prévues en faveur des salariés victimes d'un accident du travail, la lettre de convocation à l'entretien ayant été adressée au salarié le 28 décembre, date à laquelle il était encore dans une période de suspension de contrat pour accident du travail, peu important, dès lors, l'absence postérieure de 3 jours pour maladie qui ne pouvait avoir pour effet de placer le salarié hors du champ d'application de ce texte (cass. soc. 5 mars 1987, n° 84-43.477).

• **Prise en compte des périodes de suspension du contrat.** L'article L. 1226-7, al. 3 prévoit la prise en compte de la durée des périodes de suspension résultant d'un accident du travail pour la détermination de l'ancienneté ; il n'assimile point cette période à une durée de travail effectif pour le calcul des congés payés. La durée du congé annuel payé doit être appréciée au regard des dispositions de l'article L. 3141-5 (voir note sous cet article). Voir, pour la détermination du montant d'une prime conventionnelle, cass. soc. 12 décembre 1990, n° 87-43.110, BC V n° 650 ; *RJS* 2/91 n° 148.

Art. L. 1226-8. Lorsque, à l'issue des périodes de suspension définies à l'article L. 1226-7, le salarié est déclaré apte par le médecin du travail, il retrouve son emploi ou un emploi similaire assorti d'une rémunération au moins équivalente.

Les conséquences de l'accident ou de la maladie professionnelle ne peuvent entraîner pour l'intéressé aucun retard de promotion ou d'avancement au sein de l'entreprise.

Note **Durée de la suspension.** La suspension du contrat ne prend fin qu'avec la visite médicale de reprise (cass. soc. 26 octobre 1999, n° 97-41.314, BC V n° 410 ; *RJS* 12/99 n° 1457 ; *Dr. Soc.* 2000, p. 115, obs. J. Savatier). Si le salarié reprend son travail en l'absence d'examen médical de reprise alors que celui-ci est obligatoire, le régime protecteur continue à s'appliquer (cass. soc. 28 février 2006, n° 05-41.555, BC V n° 87 ; *RJS* 5/06 n° 555 ; *JSL* 28 mars 2006, p. 21 ; *Dr. Soc.* 2006, p. 514, note J. Savatier et p. 653, note S. Bourgeot et M. Blatman).

• Concernant les visites obligatoires de reprise du travail après un arrêt de travail consécutif à un accident du travail ou une maladie professionnelle, voir l'article R. 4624-21.

Droit du salarié déclaré apte à retrouver son emploi. La déclaration d'aptitude du salarié au poste de travail occupé avant la suspension de son contrat de travail emporte, pour le salarié, le droit à la réintégration dans son emploi ; ce n'est que dans le cas où cet emploi n'existe plus, ou n'est plus vacant, que la réintégration peut avoir lieu dans un emploi équivalent comportant le même niveau de rémunération, la même qualification et les mêmes perspectives de carrière que l'emploi initial (cass. soc. 24 mars 2010 n° 09-40.339, BC V n° 72 ; *RJS* 6/10 n° 505 ; *JSL* n° 279, 16 juin 2010, p. 15, B. Ballouhey ; *JCP* éd. S 2010, 1287, note D. Everaert-Dumont ; 22 octobre 1997, n° 94-44.706, BC V n° 324, *RJS* 12/97 n° 1360).

• L'emploi proposé est un emploi similaire, malgré le changement du lieu de travail, lorsque le contrat de travail contenait une clause de mobilité (cass. soc. 31 octobre 1996, n° 93-43.779, BC V n° 369 ; *RJS* 11/96 n° 1166).

• Le refus de réintégrer le salarié dans son emploi au jour de la reprise du travail fixée par le médecin du travail vaut licenciement à cette date et entraîne les sanctions prévues à l'article L. 1226-15 CT alors même que l'employeur a engagé quelques jours plus tard une procédure de licenciement pour motif économique (cass. soc. 12 novembre 1996, n° 93-44.863, BC V n° 371 ; *RJS* 12/96 n° 1256).

• Est assimilé à un refus de réintégration le comportement de l'employeur qui propose à la salariée, le jour de la reprise du travail, un changement de poste de travail en le motivant par son insuffisance professionnelle ; le licenciement de la salariée qui refuse la modification de son emploi n'est pas seulement un licenciement sans cause réelle et sérieuse ; il s'agit d'un licenciement prononcé en violation de l'article L. 1226-8 et sanctionné par l'article L. 1226-15 (cass. soc. 14 février 1996, n° 93-40.052, BC V n° 56 ; *RJS* 3/96 n° 267).

• L'avis du médecin du travail s'impose aux parties. L'employeur ne saurait déduire des réserves, même importantes, émises par le médecin du travail une inaptitude du salarié à exercer ses fonctions (cass. soc. 28 janvier 2010, n° 08-42.616, BC V n° 27 ; *RJS* 4/10 n° 336). En cas de difficulté ou de désaccord sur la portée de cet avis, le salarié ou l'employeur peuvent exercer le recours prévu par l'article L. 4624-1 (cass. soc. 10 novembre 2009, n° 08-42.674, BC V n° 253 ; *JCP* éd. S 2010, 1009, note P-Y Verkindt ; *RJS* 1/10 n° 30 ; voir également note sous art. L. 4624-1).

Art. L. 1226-9. Au cours des périodes de suspension du contrat de travail, l'employeur ne peut rompre ce dernier que s'il justifie soit d'une faute grave de l'intéressé, soit de son impossibilité de maintenir ce contrat pour un motif étranger à l'accident ou à la maladie.

Note **Résiliation et engagement de la procédure de licenciement.** L'article L. 1226-9 prohibe la résiliation du contrat de travail ; il n'interdit pas l'engagement d'une procédure de licenciement au cours de la période de suspension (cass. soc. 17 janvier 1996, n° 92-42.031, BC V n° 14 ; *RJS* 3/96 n° 285 ; 13 février 1996, n° 92-42.717, *RJS* 4/96 n° 395 : le licenciement notifié après la fin de la période de suspension ne peut pas être annulé au motif que la procédure de licenciement a été engagée pendant la suspension du contrat).

En l'absence de faute grave du salarié ou d'une impossibilité pour l'employeur de maintenir le contrat, le licenciement prononcé pendant la période de suspension provoquée par un accident du travail, quand bien même il serait intervenu après l'entretien préalable, est nul en raison de l'origine professionnelle de l'accident (cass. soc. 8 octobre 1991, n° 89-45.513, BC V n° 398 ; *RJS* 11/91 n° 1190 ; dans le même sens, cass. soc. 10 mai 1995, n° 91-45.527, BC V n° 150 ; *RJS* 6/95 n° 640). Est nul le licenciement survenu au cours d'une suspension du contrat de travail suite à un accident du travail sans qu'ait eu lieu la visite de reprise et pour un motif autre que ceux prévus à l'article L. 1226-9 (cass. soc. 17 février 2010, n° 08-45.120, *RJS* 5/10 n° 419 ; voir aussi cass. soc. 21 septembre 2011, n° 10-15.741, *RJS* 11/11 n° 868).

La notification du licenciement en cours de suspension entraîne la nullité de celui-ci, alors même qu'elle reportait les effets de la rupture à une date postérieure à la fin de la suspension (cass. soc. 5 juin 1996, n° 92-44.140, BC V n° 222 ; *RJS* 8-9/96 n° 915). Lorsque la lettre de licenciement a été envoyée au salarié avant qu'il ne soit victime d'un accident du travail, la circonstance que cette lettre ne lui soit parvenue qu'au cours de la période de suspension de son contrat de travail consécutive à l'accident n'a pas pour conséquence de rendre nul le licenciement prononcé dont l'effet était reporté à l'expiration de la période de suspension (cass. ass. plén. 28 janvier 2005, n° 01-45.924, BC n° 1 ; *RJS* 4/05 n° 373 ; *Dr. Soc.* 2005, p. 581, obs. G. Couturier ; *D.* 2005, p. 2502, B. Lardy-Pélissier).

• **Période d'essai.** En l'absence de faute grave du salarié ou d'une impossibilité pour l'employeur de maintenir le contrat, la résiliation du contrat prononcée pendant la période de suspension provoquée par un accident du travail, quand bien même elle serait intervenue pendant la période d'essai, est nulle en raison de l'origine professionnelle de l'accident (cass. soc. 12 mai 2004, n° 02-44.325, BC V n° 132 ; *RJS* 7/04 n° 808).

• **Résiliation amiable du contrat.** Au cours de la période de suspension consécutive à un accident du travail, l'employeur ne peut faire signer au salarié une rupture d'un commun accord : une telle résiliation est frappée de nullité (cass. soc. 4 janvier 2000, n° 97-44.566, BC V n° 3 ; *RJS* 2/00 n° 168 ; *Dr. Soc.* 2000, p. 350). La même solution paraît devoir être retenue pour les ruptures conventionnelles.

• **Mise à la retraite.** Une mise à la retraite décidée par l'employeur est nulle si elle intervient au cours des périodes de suspension consécutives à un accident du travail ou à une maladie professionnelle (cass. soc. 7 mars 2007, n° 05-42.279, BC V n° 42 ; *RJS* 5/07 n° 585 ; 27 janvier 2009, n° 07-45.290, *RJS* 4/09 n° 335).

• **Caractère professionnel de l'accident ou de la maladie**

– N'est pas fondé l'arrêt de cour d'appel déboutant un salarié licencié de sa demande de paiement de dommages-intérêts, alors que le caractère professionnel de l'accident, dont l'intéressé avait été victime, avait été reconnu par décision de justice passée en force de chose jugée et que les juges d'appel n'ont pas reconnu que l'intéressé avait commis une faute grave (cass. soc. 19 décembre 1991, n° 91-42.201).

– Il appartient au juge de rechercher si l'accident invoqué par le salarié constitue ou non un accident du travail, eu égard, notamment, s'agissant d'un VRP, au secteur d'activité de l'intéressé et à ses jours habituels de prospection (cass. soc. 23 janvier 1992, n° 88-44.498).

– Voir note sous art. L. 1226-7, Notion d'accident du travail.

– *Connaissance par l'employeur de l'origine professionnelle de l'affection.* Lorsque l'employeur connaît l'origine professionnelle de l'accident dont a été victime un salarié, il doit appliquer les règles protectrices de l'article L. 1226-9, peu important que, le jour du licenciement, il ait été informé d'un refus de prise en charge au titre du régime des accidents du travail ou des maladies professionnelles (cass. soc. 29 juin 2011, n° 10-11.699, *RJS* 10/11 n° 779 ; *JCP* éd. S 2011, 1443, note P-Y Verkindt ; *JSL* n° 306, 27 septembre 2011, p. 15, J-E Tourreil).

• **Motif non lié à l'accident du travail.** En l'absence de faute grave, l'employeur ne peut faire état de l'impossibilité où il se trouve de maintenir le contrat pour un motif non lié à l'accident qu'en justifiant de circonstances indépendantes du comportement du salarié (cass. soc. 25 octobre 1990, n° 87-44.080, BC V n° 497). La nécessité du remplacement du salarié constitue un motif lié à l'accident qui, en application de l'article L. 1226-9 CT, ne peut justifier la résiliation du contrat de travail (cass. soc. 13 novembre 1990, n° 87-42.893, BC V n° 543 ; *RJS* 12/90 n° 953, 2e espèce). Ayant relevé qu'un salarié, victime d'un accident du travail, avait été licencié au cours de la suspension de son contrat au motif que son arrêt de travail, depuis l'accident, laissait entrevoir une inaptitude définitive aux fonctions qu'il exerçait, une cour d'appel a décidé à bon droit que le motif invoqué, qui ne mettait pas la société dans l'impossibilité de maintenir le contrat de travail pour un motif inhérent au fonctionnement de l'entreprise, n'était pas indépendant de l'accident et a condamné l'employeur au versement de l'indemnité de préavis, de l'indemnité spéciale de licenciement et de dommages-intérêts (cass. soc. 22 mai 1991, n° 88-43.085).

• **Faute grave.** En l'absence de faute grave commise pendant la période de suspension, l'employeur ne peut pas, même après l'expiration de la période de suspension, licencier le salarié pour faute. Le licenciement prononcé irrégulièrement est nul (cass. soc. 8 janvier 2003, n° 01-40.388, BC V n° 1 ; *RJS* 3/03 n° 338 ; 26 janvier 2011, n° 09-42.117, *JSL* n° 296, 24 mars 2011, p. 27).

– Si le fait de travailler pour le compte d'autrui ou pour son propre compte pendant la période de suspension du contrat peut constituer une faute grave (cass. soc. 21 mai 1996, n° 95-40.032, *RJS* 7/96 n° 782), le fait d'effectuer une réparation sur son véhicule personnel, dans les locaux de l'entreprise et avec l'autorisation de son supérieur hiérarchique direct, a été jugé comme non constitutif d'une faute grave (cass. soc. 14 mai 1998, n° 96-41.867, BC V n° 254 ; *RJS* 7/98 n° 848 ; *Dr. Soc.* 1998, p. 715, obs. A. Jeammaud).

– Le comportement du salarié faisant obstacle de façon réitérée à un examen du médecin du travail constitue une faute grave (cass. soc. 29 novembre 2006, n° 04-47.302, BC V n° 361 ; *RJS* 2/07 n° 213 ; *Dr. Soc.* 2007, p. 248, obs. J. Savatier ; *JSL* n° 203, 16 janvier 2007, p. 22 ; *JCP* éd. S 2007, 1039, note P-Y Verkindt ; *RDT*, mars 2007, CH, 167, G. Auzero).

• **Notion d'impossibilité de maintenir le contrat.** Faute pour l'employeur d'avoir fait procéder à une visite de reprise du salarié arrêté pendant au moins 8 jours à la suite d'un accident du travail, l'employeur ne peut le licencier pour faute, car le contrat est demeuré suspendu. Le licenciement est nul si le motif invoqué dans la lettre de licenciement ne peut caractériser une faute grave (cass. soc. 13 juillet 2010, n° 09-40.984, BC V n° 175 ; *RJS* 10/10 n° 752 : motif trop vague pour être matériellement vérifiable). L'existence d'une cause économique ne constitue pas habituellement une impossibilité pour l'employeur, au sens de l'article L. 1226-9, de maintenir le contrat de travail d'un salarié victime d'un accident du travail (cass. soc. 21 novembre 2000, n° 98-42.509, BC V n° 381 ; *RJS* 1/01 n° 35, 1re espèce ; 26 septembre 2007, n° 06-43.156, *RJS* 12/07 n° 1274). Il en est de même de l'autorisation donnée par le juge-commissaire et des critères de l'ordre des licenciements qui ne suffisent pas à caractériser une telle impossibilité (cass. soc. 25 mai 2011, n° 09-69.641, *RJS* 8-9/11 n° 677). L'impossibilité de maintenir le contrat n'est caractérisée, en cas de suppression pour motif économique de l'emploi, que si le reclassement du salarié n'est pas possible (cass. soc. 21 janvier 2009, n° 07-41.347, *RJS* 4/09 n° 336). En revanche, la cessation d'activité, si elle est réelle, autorise la rupture du contrat de travail due à un accident du travail pendant la suspension de celui-ci (cass. soc. 15 mars 2005, n° 03-43.038, BC V n° 87 ; *Dr. Soc.* 2005, p. 695, obs. J. Savatier ; *RJS* 6/05 n° 622).

La fin d'un chantier caractérise une impossibilité de maintenir le contrat pour un motif étranger à l'accident du travail (cass. soc. 8 avril 2009, n° 07-42.942, BC V n° 103 ; *RJS* 6/09 n° 521).

Sous-section 3. Inaptitude consécutive à un accident du travail ou à une maladie professionnelle

Art. L. 1226-10. Lorsque, à l'issue des périodes de suspension du contrat de travail consécutives à un accident du travail ou à une maladie professionnelle, le salarié est déclaré inapte par le médecin du travail à reprendre l'emploi qu'il occupait précédemment, l'employeur lui propose un autre emploi approprié à ses capacités.

Cette proposition prend en compte, après avis des délégués du personnel, les conclusions écrites du médecin du travail et les indications qu'il formule sur l'aptitude du salarié à exercer l'une des tâches existant dans l'entreprise. ***(L. 2009-1437 du 24 nov. 2009, art. 9, JO 25)*** « Dans les entreprises de cinquante salariés et plus, le médecin du travail formule également des indications sur l'aptitude du salarié à bénéficier d'une formation destinée à lui proposer un poste adapté. »

L'emploi proposé est aussi comparable que possible à l'emploi précédemment occupé, au besoin par la mise en œuvre de mesures telles que mutations, transformations de postes ou aménagement du temps de travail.

Note

• **Champ d'application.** Les dispositions de l'article L. 1226-10 sont applicables aux concierges et employés d'immeubles à usage d'habitation (cass. soc. 30 juin 1994, n° 89-41.654, BC V n° 224 ; *RJS* 10/94 n° 1212) ainsi qu'aux marins (cass. ass. plén. 7 mars 1997, n° 95-40.169, BC n° 2 ; *RJS* 4/97 n° 491). Elles sont applicables aux contrats de travail en cours, même si la maladie professionnelle a été déclarée antérieurement à la mise en vigueur de la loi du 31 décembre 1992 (cass. soc. 12 novembre 1997, n° 94-43.839, BC V n° 365 ; *RJS* 12/97 n° 1361 ; *Dr. Soc.* 1998, p. 113, note J. Savatier).

Elles sont applicables pendant la période d'essai (cass. soc. 25 février 1997, n° 93-40.185, BC V n° 80 ; *Dr. Soc.* 1997, p. 409, obs. Cl. Roy-Loustaunau ; *RJS* 4/97 n° 371).

Les dispositions législatives protectrices des victimes d'accident du travail ne font pas obstacle à ce qu'un salarié déclaré inapte prenne acte de la rupture du contrat de travail en raison de faits qu'il reproche à son employeur (cass. soc. 21 janvier 2009, n° 07-41.822, BC V n° 18 ; *RJS* 4/09 n° 338 ; *Dr. Soc.* 2009, p. 492, obs. J. Savatier : en l'espèce, la rupture produisait les effets d'une démission).

• Obligation de reclassement pesant sur l'employeur

– Primauté de l'obligation de reclassement. Un employeur ne peut pas licencier pour motif économique un salarié déclaré inapte par le médecin du travail à tenir son emploi ; il doit respecter les obligations résultant de l'article L. 1226-10 CT (cass. soc. 14 mars 2000, n° 98-41.556, BC V n° 103 ; *RJS* 5/00 n° 526).

– Propositions de reclassement. L'emploi proposé doit être, non pas équivalent, mais aussi comparable que possible à l'emploi précédemment occupé et donc, éventuellement, être un poste de catégorie inférieure (cass. soc. 17 février 2010, n° 08-44.298, *RJS* 5/10 n° 435). L'obligation de reclassement concerne en principe les emplois existants dans l'entreprise que l'employeur peut être amené à modifier pour les rendre compatibles avec l'aptitude du salarié. Les possibilités de reclassement doivent être recherchées non seulement dans l'entreprise où travaillait précédemment le salarié mais aussi dans toutes les entreprises du groupe dont les activités, l'organisation ou le lieu d'exploitation permettent d'effectuer la permutation de tout ou partie du personnel (cass. soc. 24 octobre 1995, n° 94-40.188, BC V n° 283 ; *Dr. Soc.* 1996, p. 94 ; *RJS* 12/95 n° 1240 ; 15 février 2011, n° 09-67.354, *RJS* 5/11 n° 418).

L'employeur peut proposer un poste impliquant un déménagement du salarié (cass. soc. 12 octobre 2011, n° 10-15.316, *LSQ* n° 15961 du 21 octobre 2011).

Lorsque le salarié est de nouveau en arrêt de travail, l'employeur doit rechercher, après le nouvel avis d'inaptitude, les possibilités de reclassement ; il ne peut valablement faire état des recherches effectuées quelques mois auparavant à la suite d'un précédent avis d'inaptitude (cass. soc. 22 février 2000, n° 97-41.827, BC V n° 68 ; *RJS* 4/00 n° 398).

– Refus par le salarié du poste de reclassement. Ne peut être fautif ni constituer en soi une cause réelle et sérieuse de licenciement le refus par le salarié du poste de reclassement proposé par l'employeur en application de l'article L. 1226-10 lorsque la proposition de reclassement emporte modification du contrat de travail et il appartient à l'employeur de tirer les conséquences du refus du salarié, soit en formulant de nouvelles propositions de reclassement, soit en procédant au licenciement de l'intéressé au motif de l'impossibilité du reclassement (cass. soc. 12 octobre 2011, n° 10-21.333, *JSL* n° 310, 30 novembre 2011, p. 16, J-E Tourreil ; voir aussi cass. soc. 15 juillet 1998, n° 95-45.362, BC V n° 380 ; *RJS* 10/98 n° 1208).

N'est pas abusif le refus du salarié d'accepter le reclassement qui lui a été proposé et qui avait pour effet d'entraîner la diminution de son salaire (cass. soc. 25 avril 1990, n° 87-43.589, BC V n° 187 ; *RJS* 6/90, n° 472). Le fait d'avoir accepté un poste de reclassement, puis de le refuser peu de temps après, ne suffit pas à donner au refus un caractère abusif lorsque celui-ci est fondé sur un déclassement professionnel et une diminution de salaire (cass. soc. 7 juillet 1993, n° 90-40.770, *RJS* 8-9/93 n° 863). En revanche, est abusif le refus d'un poste spécialement aménagé avec l'accord du médecin du travail et avec maintien du salaire (cass. soc. 7 décembre 1994, n° 90-40.840, BC V n° 330 ; *CSB* 1995 A. 11 ; *RJS* 1/95 n° 16). Le refus sans motif légitime par un salarié, fût-il protégé, d'un poste approprié à ses capacités et comparable à l'emploi précédemment occupé peut revêtir un caractère abusif et entraîner la privation du bénéfice des indemnités spécifiques de rupture de l'article L. 1226-14 (cass. soc. 20 février 2008, n° 06-44.867, BC V n° 40 ; *RJS* 5/08 n° 540, 2e espèce ; 25 mai 2011, n° 09-71.543, *RJS* 10/11 n° 781).

Le caractère abusif du refus du salarié ne dispense pas l'employeur de l'obligation mise à sa charge par le premier alinéa de l'article L. 1226-11 CT ; celui-ci doit payer le salaire correspondant à l'emploi tenu par le salarié avant la suspension du contrat s'il n'a ni licencié ni reclassé le travailleur à l'issue du délai de 1 mois à compter de la date du second examen de la visite de reprise (cass. soc. 7 décembre 1999, n° 97-43.775, BC V n° 471 ; *RJS* 1/00 n° 36).

Le refus par le salarié d'un poste proposé par l'employeur dans le cadre de son obligation de reclassement n'implique pas à lui seul le respect par celui-ci de cette obligation et il lui appartient d'établir qu'il ne dispose d'aucun autre poste compatible avec l'inaptitude du salarié ainsi que de faire connaître par écrit les motifs qui s'opposent au reclassement avant de procéder au licenciement (cass. soc. 30 novembre 2010, n° 09-66.687, BC V n° 271 ; *Dr. Soc.* 2011, p. 215, obs. Fr. Favennec-Héry ; *JSL* n° 292, 27 janvier 2011, p. 18, J-E Tourreil ; *RJS* 2/11 n° 128 ; JCP éd. S 2011, 1440, note A. Barège).

– *Acceptation par le salarié du poste de reclassement.* L'acceptation par le salarié d'un nouveau poste de travail – non conforme aux prescriptions du médecin du travail ou non identique à celui qu'il occupait avant l'accident – ne saurait résulter de la seule poursuite d'activité par l'intéressé (cass. soc. 5 décembre 1989, n° 86-44.529, *CSB* 1990 S. 9).

L'acceptation par le salarié d'un nouvel emploi entraîne la novation des obligations contractuelles. Cependant, si le salarié a des difficultés à tenir son nouvel emploi, l'employeur doit rechercher s'il peut proposer un autre emploi mieux adapté à l'aptitude actuelle du salarié (cass. soc. 10 janvier 1991, n° 88-40.461, *RJS* 3/91 n° 368, 1re espèce ; 22 janvier 1991, n° 87-44.321, BC V n° 31 ; *RJS* 3/91 n° 320).

• **Rôle du médecin du travail.** Un problème d'articulation se pose avec les dispositions concernant la médecine du travail et plus précisément avec l'article L. 4624-1. On peut, semble-t-il, considérer que le rôle du médecin du travail s'inscrit dans le cadre, plus général, de l'article L. 4624-1, l'article L. 1226-10 précisant sa mission en ce qui concerne le reclassement des accidentés du travail et lui imposant de formuler des « conclusions écrites » comportant des indications sur les « tâches » que le salarié, devenu inapte à reprendre son précédent emploi, est susceptible de remplir dans l'entreprise.

La loi 2009-1437 du 24 novembre 2009 (JO 25) accroît les facultés de proposition du médecin du travail ; il peut, en effet, formuler désormais des indications sur l'aptitude du salarié à bénéficier d'une formation destinée à lui proposer un poste adapté. Cette faculté n'existe cependant que pour les salariés travaillant dans des entreprises d'au moins 50 salariés.

La déclaration d'inaptitude (ou d'aptitude) que doit faire le médecin du travail à l'issue de la période de suspension du contrat doit normalement intervenir à la demande de l'employeur mais la visite de reprise peut également être sollicitée par le salarié auprès du médecin du travail, en avertissant l'employeur de cette demande (cass. soc. 12 novembre 1997, n° 94-43.839, précité).

Les propositions de reclassement que l'employeur est tenu de faire ne peuvent l'être valablement que sur la base de conclusions écrites (et non sur accord verbal) dudit médecin (cass. soc. 11 juin 1987, n° 84-43.871, BC V n° 381) et, en cas de carence du médecin du travail, il appartient à l'employeur de les solliciter (cass. soc. 23 octobre 2001, n° 99-40.126, *RJS* 1/02 n° 28).

Si, pour des raisons tenant à l'aptitude physique du salarié, il apparaît à l'employeur que le reclassement proposé par le médecin du travail n'est pas possible, il lui appartient de solliciter à nouveau l'avis du médecin du travail (cass. soc. 3 octobre 1991, n° 86-41.933, BC V n° 390 ; *RJS* 11/91 n° 1191). La même solution s'impose lorsque le salarié conteste la compatibilité du poste auquel il est affecté avec les recommandations du médecin du travail (cass. soc. 6 février 2008, n° 06-44.413, BC V n° 33 ; *RDT* avril 2008, CH, 232, J. Lévy-Amsallem ; *JCP* éd. S 2008, 1185, note P-Y Verkindt ; *RJS* 4/08 n° 440 ; *JSL* n° 229, 12 mars 2008, p. 11, J-E Tourreil).

L'avis du médecin ne s'impose à l'employeur qu'en ce qui concerne l'inaptitude à l'emploi que le salarié occupait précédemment ; cet avis ne dispense l'employeur ni de consulter les délégués du personnel ni de rechercher une possibilité de reclassement au sein de l'entreprise, au besoin par la mise en œuvre de mesures telles que mutations, transformations de postes ou aménagement du temps de travail (cass. soc. 23 octobre 2001, n° 99-40.126, précité ; 29 mai 1991, n° 88-43.114, BC V n° 272 ; *Dr. Soc.* 1991, p. 663, concl. Y. Chauvy).

Ayant constaté que les avis successifs d'inaptitude physique émis par le médecin du travail étaient consécutifs à l'accident du travail dont l'intéressé avait été victime, la cour d'appel a décidé à bon droit que, peu important que le dernier avis n'ait pas été donné à l'issue d'une nouvelle période de suspension, l'employeur était tenu de s'y conformer et, en conséquence, de proposer au salarié un emploi approprié à ses capacités (cass. soc. 5 février 1992, n° 88-42.785, BC V n° 68).

• **Inaptitude dont l'origine est partiellement liée à un accident du travail ou à une maladie professionnelle.** Les règles protectrices applicables aux victimes d'un accident du travail ou d'une maladie professionnelle s'appliquent dès lors que l'inaptitude du salarié, quel que soit le moment où elle est constatée ou invoquée, a, au moins partiellement, pour origine cet accident ou cette maladie et que l'employeur avait connaissance de cette origine professionnelle au moment du licenciement (cass. soc. 9 juin 2010, n° 09-41.040, BC V n° 131 ; *RJS* 8-9/10 n° 663, 1re espèce ; *JCP* éd. S

2010, 1442, note A. Martinon ; 10 juillet 2002, n° 00-40.436, BC V n° 237 ; *RJS* 10/02 n° 1110 ; 9 mai 1995, n° 91-44.918, BC V n° 148 ; *RJS* 6/95 n° 639).

• **Consultation des délégués du personnel.** La consultation des délégués du personnel constitue une exigence dont l'omission rend le licenciement illicite et entraîne la sanction civile édictée par l'article L. 1226-15 CT (cass. soc. 2 octobre 2001, n° 99-45.346, BC V n° 295 ; *RJS* 12/01 n° 1420 ; 13 décembre 1995, n° 92-44.490, *RJS* 3/96 n° 268). L'avis des délégués doit être recueilli avant que la procédure de licenciement d'un salarié inapte à son emploi en conséquence d'un accident du travail ou d'une maladie professionnelle ne soit engagée (cass. soc. 8 avril 2009, n° 07-44.307, BC V n° 109 ; *RJS* 6/09 n° 524 ; *JCP* éd. S 2009, 1441, 1re espèce, note P-Y Verkindt ; 28 avril 2011, n° 09-71.658, *RJS* 7/11 n° 600). La sanction prévue à l'article L. 1226-15 est encourue lorsque l'employeur consulte les délégués alors que le salarié n'a fait l'objet que du premier des deux examens médicaux exigés par l'article R. 241-51-1 [R. 4624-31] CT (cass. soc. 15 octobre 2002, n° 99-44.623, BC V n° 310 ; *RJS* 1/03 n° 27 ; 16 février 2005, n° 03-40.721, BC V n° 56 ; *RJS* 5/05 n° 507 ; *Dr. Soc.* 2005, p. 580, obs. J. Savatier ; 8 avril 2009, n° 07-44.307, précité). Mais lorsque le salarié refuse l'emploi de reclassement qui lui est proposé, l'employeur peut proposer un autre emploi de reclassement sans avoir à consulter une nouvelle fois les délégués du personnel (cass. soc. 3 juillet 2001, n° 98-43.326, *RJS* 10/01 n° 1134). Il en va de même si le salarié concerné est un salarié protégé (cass. soc. 21 septembre 2011, n° 10-30.129, *RJS* 11/11 n° 869). L'avis des délégués du personnel doit être recueilli après la déclaration d'inaptitude et avant toute proposition d'un poste de reclassement approprié aux capacités du salarié (cass. soc. 28 octobre 2009, n° 08-42.804, BC V n° 235 ; *RJS* 1/10 n° 33). À défaut, le licenciement sera déclaré sans cause réelle et sérieuse. La sanction est encourue en l'absence de délégués du personnel dès lors que leur mise en place était obligatoire en application de l'article L. 2312-2 CT et qu'aucun procès-verbal de carence n'avait été établi (cass. soc. 22 mars 2000, n° 98-41.166, BC V n° 119 ; *RJS* 5/00 n° 525 ; 23 septembre 2009, n° 08-41.685, BC V n° 192 ; *RJS* 12/09 n° 921 ; 28 avril 2011, n° 09-71.658, précité). L'avis des délégués du personnel ne suffit pas à lui seul à légitimer la recherche de reclassement qui s'impose à l'employeur (cass. soc. 26 octobre 2010, n° 09-40.972, *JSL* nos 289-290, 23 décembre 2010, p. 34). La consultation d'un représentant d'une organisation syndicale ne saurait remplacer la consultation des délégués du personnel (cass. soc. 21 février 1990, n° 88-42.125, BC V n° 72 ; *RJS* 4/90 n° 284).

Si une entreprise compte des établissements distincts, seuls les délégués du personnel de l'établissement dans lequel travaillait le salarié accidenté doivent être consultés (cass. soc. 13 novembre 2008, n° 07-41.512, BC V n° 222 ; *RJS* 1/09 n° 33).

L'article L. 1226-10 n'impose pas à l'employeur de recueillir collectivement l'avis des délégués du personnel au cours d'une réunion (cass. soc. 29 avril 2003, n° 00-46.477, BC V n° 144 ; *RJS* 7/03 n° 870). L'employeur doit fournir aux délégués toutes les informations nécessaires (cass. soc. 13 juillet 2004, n° 02-41.046, BC V n° 209 ; *RJS* 11/04 n° 1138 ; *Dr. Soc.* 2004, p. 1037, obs. B. Gauriau ; 26 janvier 2011, n° 09-72.284, *RJS* 4/11 n° 321).

Malgré les dispositions de l'article L. 4523-2 CT, la Cour de cassation décide que l'employeur n'est pas tenu de consulter le comité d'hygiène, de sécurité et des conditions de travail dans le cadre de la mise en œuvre de l'obligation de reclassement des victimes d'un accident du travail ou d'une maladie professionnelle (cass. soc. 26 mars 1996, n° 93-40.325, *RJS* 6/96 n° 667). Cette solution est discutable dans la mesure où cet article prévoit que le CHSCT doit être consulté sur les mesures prises en vue de faciliter la remise au travail des victimes d'accident du travail, notamment sur l'aménagement des postes de travail.

Lorsqu'il existe une délégation unique du personnel, l'employeur doit consulter les délégués du personnel en tant que tels et non pas le comité d'entreprise (cass. soc. 18 novembre 2003, n° 01-44.235, BC V n° 288 ; *Dr. Soc.* 2004, p. 218, obs. J. Savatier ; *RJS* 2/04 n° 199 ; 25 février 2009, n° 07-42.412, *RJS* 5/09 n° 428).

• **Impossibilité pour l'employeur de proposer un emploi.** Cette situation, qui permet à l'employeur de prononcer sans abus le licenciement du salarié, doit trouver application dans le cas où le salarié a été déclaré inapte par le médecin du travail à exercer une tâche quelconque dans l'entreprise et, *a fortiori*, lorsqu'il a été déclaré dans l'impossibilité absolue de reprendre une activité professionnelle quelconque.

Art. L. 1226-11.

Art. R. 1226-9. La transformation d'un poste réalisée en application de l'article L. 1226-10 peut donner lieu à attribution de l'aide financière prévue à l'article L. 5213-10.

Art. L. 1226-11. Lorsque, à l'issue d'un délai d'un mois à compter de la date de l'examen médical de reprise du travail, le salarié déclaré inapte n'est pas reclassé dans l'entreprise ou s'il n'est pas licencié, l'employeur lui verse, dès l'expiration de ce délai, le salaire correspondant à l'emploi que celui-ci occupait avant la suspension de son contrat de travail.

Ces dispositions s'appliquent également en cas d'inaptitude à tout emploi dans l'entreprise constatée par le médecin du travail.

Note

• Sur l'application des dispositions de cet article aux salariés en contrat à durée déterminée, voir art. L. 1226-20 ; sur une telle application, antérieurement à l'entrée en vigueur de la loi 2011-525 du 17 mai 2011, voir cass. soc. 25 mai 2011, n° 10-10.515, *JSL* n° 303, 13 juillet 2011, p. 12, M. Hautefort ; *RJS* 8-9/11 n° 679.

• **Absence conjuguée de reclassement et de licenciement.** Le salarié qui, un mois après l'examen de reprise du travail, n'est ni licencié ni reclassé a droit au salaire correspondant à l'emploi qu'il occupait avant l'accident de travail ou la maladie professionnelle. Les sommes reçues par le salarié au titre d'une pension d'invalidité ne doivent pas être déduites des salaires dus (cass. soc. 22 octobre 1996, n° 94-43.691, BC V n° 336 ; *RJS* 12/96 n° 1255 ; 9 janvier 2008, n° 06-41.174 : en l'absence d'une disposition expresse en ce sens, les juges du fond ne peuvent opérer aucune réduction sur le montant des sommes que l'employeur doit verser au salarié et qui est fixé forfaitairement au montant du salaire correspondant à l'emploi que celui-ci occupait avant la suspension du contrat de travail).

Le droit à rémunération n'est acquis qu'à l'expiration d'un délai d'un mois commençant à courir à la date de l'examen médical de reprise ; ce délai court à compter du second des deux examens prévus à l'article R. 241-51-1 [R. 4624-31] CT (cass. soc. 4 juin 1998, n° 95-45.311, BC V n° 297 ; *RJS* 8-9/98 n° 977 ; 4 mai 1999, n° 98-40.959, BC V n° 184 ; *RJS* 6/99 n° 815 ; 19 mars 2008, n° 06-44.734, BC V n° 68 ; *RJS* 6/08 n° 664 ; *JCP* éd. S 2008, 1333, note P-Y Verkindt). La délivrance d'un nouvel arrêt de travail, après que le salarié a été déclaré inapte, ne peut avoir pour conséquence juridique d'ouvrir une nouvelle période de suspension du contrat de travail et de tenir en échec le régime juridique applicable à l'inaptitude (cass. soc. 9 juin 2010, n° 09-40.553, *RJS* 8-9/10 n° 662). Ce délai n'est pas suspendu par le recours exercé devant l'inspecteur du travail (cass. soc. 28 janvier 2004, n° 01-46.913, BC V n° 31 ; *RJS* 4/04 n° 401 ; 4 mai 1999, n° 98-40.959, précité). Il ne l'est pas non plus par la demande d'autorisation de licencier un salarié protégé effectuée auprès de l'inspection du travail (cass. soc. 18 janvier 2000, n° 97-44.939, BC V n° 26 ; *RJS* 3/00 n° 272).

Le salarié, qui, après la visite de reprise, n'a plus droit aux indemnités journalières de la sécurité sociale, ne peut pas obtenir, en l'absence de travail, une rémunération de l'employeur (cass. soc. 4 juin 1998, n° 95-41.832, BC V n° 299 ; *RJS* 7/98 n° 856) ; cette solution est contestée par certains auteurs : M-C Amauger-Lattes et B. Lardy-Pélissier, « Les conséquences de l'inaptitude », *Rev. jur. des barreaux* (*D.* 1999, n° 58, p. 122).

Lorsque l'employeur ne reprend pas le paiement des salaires à l'expiration du délai d'un mois, le salarié peut, au lieu d'exiger en justice ce paiement, faire juger que la carence de l'employeur constitue une rupture du contrat de travail qui doit s'analyser en un licenciement sans cause réelle et sérieuse (cass. soc. 4 mai 1999, n° 97-40.547, BC V n° 185 ; *RJS* 6/99 n° 816).

Les dispositions de l'article L. 1226-11 excluent la possibilité, pour l'employeur et le salarié déclaré inapte, de signer une rupture d'un commun accord du contrat de travail qui aurait pour effet d'éluder l'obligation de reprendre le paiement du salaire (cass. soc. 29 juin 1999, n° 96-44.160, BC V n° 304 ; *RJS* 8-9/99 n° 1050, 1re espèce).

• **Rétablissement de l'indemnité journalière.** Cette indemnité peut être rétablie pendant le délai d'un mois mentionné par l'article L. 1226-11 CT lorsque la victime ne peut percevoir aucune rémunération liée à son activité salariée.

Cette nouvelle disposition, inscrite à l'article L. 433-1, 5e al. c. séc. soc., résulte de la loi 2008-1330 du 17 décembre 2008 de financement de la sécurité sociale pour 2009. Elle ne s'applique pas en cas d'inaptitude consécutive à une maladie ou un accident non professionnel.

• **Indemnité temporaire d'inaptitude.** Le salarié victime d'un accident du travail ou d'une maladie professionnelle peut, sous certaines conditions, percevoir une indemnité temporaire pendant le délai d'un mois visé par l'article L. 1226-11. Elle peut être versée aux salariés déclarés inaptes à compter du 1er juillet 2010 (art. L. 433-1, 5° al. et D. 433-6 c. séc. soc.).

• **Salarié exécutant un congé individuel de formation.** L'exécution d'un congé individuel de formation par un salarié déclaré inapte à son poste de travail suspend le contrat de travail et les obligations prévues par l'article L. 1226-11 CT. Par suite, c'est à bon droit qu'une cour d'appel a décidé que le salarié inapte, parti en congé individuel de formation, ne pouvait prétendre au versement de son salaire par l'employeur, pendant cette période (cass. soc. 16 mars 2011, n° 09-69.945, BC V n° 75 ; *RJS* 5/11 n° 419 ; *JSL* n° 299, 16 mai 2011, p. 13, J-E Tourreil).

Art. L. 1226-12. Lorsque l'employeur est dans l'impossibilité de proposer un autre emploi au salarié, il lui fait connaître par écrit les motifs qui s'opposent au reclassement.

L'employeur ne peut rompre le contrat de travail que s'il justifie soit de son impossibilité de proposer un emploi dans les conditions prévues à l'article L. 1226-10, soit du refus par le salarié de l'emploi proposé dans ces conditions.

S'il prononce le licenciement, l'employeur respecte la procédure applicable au licenciement pour motif personnel prévue au chapitre II du titre III.

Note • Voir « La rupture pour inaptitude », J-Y Frouin, *Dr. Soc.* 2012, p. 22.

• **Notification des motifs s'opposant au reclassement.** L'employeur est tenu, dans tous les cas, de faire connaître par écrit les motifs qui s'opposent au reclassement, peu important que le médecin du travail ait déclaré qu'il n'y avait pas de poste vacant dans l'entreprise (cass. soc. 9 mai 1990, n° 86-41.874, BC V n° 211 ; *CSB* 1990 S. 107). Cette formalité doit être accomplie avant que soit engagée la procédure de licenciement (cass. soc. 27 novembre 1990, n° 88-41.971).

Dès lors qu'il apparaît qu'à la suite d'un accident du travail, un salarié (ingénieur), déclaré par le médecin du travail « inapte à un poste à plein temps comportant des déplacements et apte à un travail de synthèse et de réflexion », a exprimé sa volonté de ne reprendre aucune activité dans l'entreprise, l'employeur n'est pas tenu de proposer un reclassement à l'intéressé ou de faire connaître par écrit les motifs s'opposant à celui-ci (cass. soc. 14 novembre 1990, n° 87-45.859).

L'absence de notification écrite des motifs s'opposant au reclassement de l'accidenté n'expose pas l'employeur aux sanctions prévues par l'article L. 1226-15 (cass. soc. 4 janvier 1990, n° 86-40.740, BC V n° 3 ; 13 octobre 1993, n° 89-43.657, *RJS* 11/93 n° 1093). Le salarié peut seulement prétendre à la réparation du préjudice subi (cass. soc. 9 mai 1990, n° 86-41.874, BC V n° 211 ; *RJS* 6/90 n° 471 ; 18 novembre 2003, n° 01-43.710, BC V n° 286 ; *RJS* 2/04 n° 198) ; un tel préjudice existe nécessairement (cass. soc. 19 janvier 1993, n° 89-41.780, *RJS* 3/93 n° 249). Cette indemnité ne peut se cumuler avec celle qui sanctionne l'irrégularité de fond résultant de la violation par l'employeur des règles particulières applicables aux salariés victimes d'un accident du travail ou d'une maladie professionnelle (cass. soc. 23 octobre 2001, n° 99-40.126, *RJS* 1/02 n° 28. Voir art. L. 1226-15).

La question de l'information du salarié sur les motifs qui s'opposent au reclassement est nécessairement dans le débat lorsque le juge est saisi sur le fondement de l'article L. 1226-15 CT (cass. soc. 8 juillet 2003, n° 01-43.394, BC V n° 219 ; *RJS* 10/03 n° 1151 : le juge doit examiner la régularité de cette information, même si le salarié ne l'a pas expressément demandé).

• **Motivation du licenciement.** Ne constitue pas l'énoncé d'un motif précis de licenciement l'inaptitude physique du salarié, sans mention de l'impossibilité de reclassement (cass. soc. 9 avril 2008, n° 07-40.356, BC V n° 83 ; *RDT*, 2008, 378, F. Héas ; *RJS* 7/08 n° 771, 1re espèce).

• **Preuve de l'impossibilité du reclassement.** C'est à l'employeur qu'il appartient d'administrer cette preuve, de simples affirmations ou allégations étant insuffisantes.

Ne justifie pas de l'impossibilité de reclassement l'employeur qui, après avoir aménagé le service du salarié pendant les 2 semaines suivant la reprise du travail, prétend ne plus pouvoir le faire (cass. soc. 21 novembre 1990, n° 87-41.668, *CSB* 1991 S. 15). Justifie d'une telle impossibilité l'employeur qui ne peut réaménager le poste de l'accidenté, compte tenu de la spécificité de ce poste, des interdictions médicales, et qui a soumis une liste de postes vacants au médecin du travail, lequel a estimé qu'aucun d'eux ne pouvait convenir à l'intéressé (cass. soc. 6 février 1990, n° 87-40.854).

• **Remboursement des allocations de chômage.** Les dispositions de l'article L. 1235-4 CT prévoyant le remboursement des indemnités de chômage ne sont applicables qu'au licenciement sans cause réelle et sérieuse et non au licenciement prononcé en violation des règles particulières aux victimes d'accident du travail ou de maladie professionnelle édictées par les articles L. 1226-8, et L. 1226-11 et 12 CT (cass. soc. 16 octobre 1991, n° 89-40.481, BC V n° 413 ; *RJS* 11/91 n° 1192).

Sous-section 4. Indemnités et sanctions

Art. L. 1226-13. Toute rupture du contrat de travail prononcée en méconnaissance des dispositions des articles L. 1226-9 et L. 1226-18 est nulle.

Note

• **Nullité du licenciement.** En cas de nullité du licenciement :

a) l'employeur est tenu de réintégrer le salarié si celui-ci en fait la demande (cass. soc. 11 juillet 2001, n° 99-42.902, BC V n° 263 ; *RJS* 10/01 n° 1135 ; 25 février 1998, n° 95-44.019, BC V n° 102 ; *RJS* 4/98 n° 451) ;
b) le salarié n'est pas tenu d'accepter une offre de réintégration ;
c) lorsque le salarié ne demande pas sa réintégration, il a droit à plusieurs indemnités dans les conditions indiquées ci-dessous dans la rubrique « Réintégration du salarié », dernier paragraphe ;
d) lorsque le salarié ne sollicite pas sa réintégration, la résiliation, bien qu'elle soit nulle, prend effet à la date à laquelle elle est intervenue (cass. soc. 12 novembre 1997, n° 93-43.987, *RJS* 12/97 n° 1358 : le contrat ne se poursuit pas au-delà de la rupture de fait par l'employeur ; le salarié ne peut donc pas obtenir une indemnité de départ à la retraite, prévue par le statut du personnel des Aéroports de Paris).

• **Réintégration du salarié.** Doit être cassé l'arrêt de cour d'appel déboutant un salarié, licencié pendant une période de suspension de son contrat de travail due à un accident du travail, de ses demandes fondées sur l'article L. 1226-15 en vue d'obtenir sa réintégration ou, à défaut, une indemnité égale à douze mois de salaire, au motif qu'il n'y avait pas lieu d'appliquer les dispositions de cet article mais le droit commun de la responsabilité. « La nullité qui frappe la résiliation du contrat de travail prononcée au cours de la période de suspension en méconnaissance des dispositions de l'article L. 122-32-2 [L. 1226-9] ne peut avoir pour effet de faire échapper l'employeur aux conséquences de son refus d'offrir au salarié un emploi à l'issue de cette période » (cass. soc. 19 mars 1987, n° 84-40.399, BC V n° 169).

– Il ne peut être reproché à un salarié victime d'un accident du travail, dont la résiliation du contrat de travail, prononcée en méconnaissance des dispositions de l'article L. 1226-9 CT, est nulle, de ne pas avoir exercé son droit à être réintégré (cass. soc. 27 mai 1987, n° 84-45.063).

– Si la résiliation du contrat de travail, prononcée en méconnaissance des dispositions de l'article L. 1226-9, est nulle, le salarié auquel l'employeur a notifié la rupture des relations contractuelles n'a pas l'obligation d'accepter une offre de réintégration ultérieure ; par voie de conséquence, le refus opposé, en l'espèce, par l'intéressé de reprendre son travail ne pouvait le rendre responsable de la rupture de son contrat de travail (cass. soc. 9 février 1989, n° 86-45.078).

– Un salarié licencié en violation des dispositions de l'article L. 1226-9 par un employeur qui annule par la suite le licenciement ne peut se voir imposer une réintégration qu'il n'accepte pas (cass. soc. 13 novembre 1991, n° 88-42.486, BC V n° 488). Lorsque le salarié ne demande pas sa réintégration, il a droit, en toute hypothèse, outre les indemnités de rupture, à une indemnité réparant l'intégralité du préjudice résultant du caractère illicite du licenciement et au moins égale à six mois de salaire (cass. soc. 2 juin 2004, n° 02-41.045, BC V n° 153 ; *RJS* 8-9/04 n° 903, 2e espèce ; 6 octobre 2010, n° 09-42.283, BC V n° 216 ; *RJS* 12/10 n° 925).

Voir également note sous l'article L. 1226-9.

• **Calcul des indemnités de licenciement et de préavis.** Doit être cassé l'arrêt de cour d'appel qui, pour le calcul de telles indemnités, tient compte de toutes les périodes de suspension du contrat de travail, y compris celles motivées par la maladie, alors qu'aux termes mêmes de l'article L. 1226-7, les durées des périodes de suspension, qui doivent être prises en compte pour le calcul de tous les avantages légaux ou conventionnels liés à l'ancienneté, sont uniquement celles qui résultent d'un accident du travail ou d'une maladie professionnelle (cass. soc. 26 septembre 1990, n° 88-42.270, BC V n° 395 ; *CSB* 1990 S. 161).

Il ne saurait être reproché à un employeur d'avoir prononcé un licenciement en méconnaissance des dispositions de l'article L. 1226-9 lorsqu'il est établi que celui-ci n'a été avisé que postérieurement au licenciement d'un arrêt de travail du salarié en raison d'une rechute d'accident du travail (cass. soc. 26 juin 1986, n° 83-43.481, BC V n° 337 ; 3 avril 1990, n° 87-41.566, *CSB* 1990 A. 30 ; 8 janvier 1992, n° 87-43.978, BC V n° 9).

• **Dommages-intérêts.** En l'absence d'une visite de reprise du travail par le médecin du travail, qui aurait mis fin à la suspension du contrat de travail, le salarié ne peut prétendre qu'à des dommages-intérêts en réparation du préjudice subi, en application de l'article L. 1226-9 CT (cass. soc. 30 janvier 1991, n° 87-41.967, BC V n° 47).

Art. L. 1226-14. La rupture du contrat de travail dans les cas prévus au deuxième alinéa de l'article L. 1226-12 ouvre droit, pour le salarié, à une indemnité compensatrice d'un montant égal à celui de l'indemnité compensatrice de préavis prévue à l'article L. 1234-5 ainsi qu'à une indemnité spéciale de licenciement qui, sauf dispositions conventionnelles plus favorables, est égale au double de l'indemnité prévue par l'article L. 1234-9.

Toutefois, ces indemnités ne sont pas dues par l'employeur qui établit que le refus par le salarié du reclassement qui lui est proposé est abusif.

Les dispositions du présent article ne se cumulent pas avec les avantages de même nature prévus par des dispositions conventionnelles ou contractuelles en vigueur au 7 janvier 1981 et destinés à compenser le préjudice résultant de la perte de l'emploi consécutive à l'accident du travail ou à la maladie professionnelle.

Note

• **Indemnité compensatrice.** L'indemnité prévue par cet article n'a pas la nature d'une indemnité compensatrice de préavis (cass. soc. 4 décembre 2001, n° 99-44.677, BC V n° 370 ; *RJS* 2/02 n° 167 ; 12 octobre 2011, n° 10-18.904, *JSL* nos 311-312, 21 décembre 2011, p. 33). Le paiement de cette indemnité par l'employeur n'a pas pour effet de reculer la date de cessation du contrat de travail (cass. soc. 15 juin 1999, n° 97-15.328, BC V n° 283 ; *RJS* 8-9/99 n° 1052 ; *Dr. Soc.* 1999, p. 1105, obs. J. Savatier : la date de cessation du contrat est celle de la notification du licenciement). Dès lors, le salarié licencié a droit à l'indemnisation du chômage dès la notification du licenciement (dir. Unédic 01-00 du 14 janvier 2000). Peut être rattachée à cette analyse la solution selon laquelle les indemnités journalières versées par la sécurité sociale ne doivent pas être déduites de l'indemnité due par l'employeur (cass. soc. 18 mai 1999, n° 97-40.699, BC V n° 217 ; *RJS* 6/99 n° 812 ; *Dr. Soc.* 1999, p. 845, obs. J. Savatier) ; celle-ci exclut au moins implicitement la qualification « salaires » donnée à l'indemnité compensatrice de préavis.

L'indemnité compensatrice a le caractère d'une créance superprivilégiée.

Il résulte des articles L. 1226-10 et 14 et L. 1234-1 et 5 que l'employeur est tenu de verser au salarié, déclaré par le médecin du travail inapte à reprendre, à l'issue des périodes de suspension provoquées par un accident du travail ou une maladie professionnelle, l'emploi occupé précédemment, et dont le contrat de travail a été rompu, une indemnité compensatrice d'un montant égal à celui de l'indemnité prévue à l'article L. 1234-[5] et non à celui prévu par la convention collective (cass. soc. 26 janvier 2011, n° 09-68.544, BC V n° 31 ; *RJS* 4/11 n° 320 ; *JSL* n° 295, 10 mars 2011, p. 23).

En revanche, le salarié a droit à l'indemnité compensatrice, même lorsqu'il refuse d'effectuer son préavis dans un poste compatible avec son état de santé au sein d'une entreprise qui n'est pas son employeur (cass. soc. 7 mai 1996, n° 92-41.529, *RJS* 6/96 n° 670).

L'article L. 5213-9, qui a pour but de doubler la durée du délai-congé en faveur des salariés handicapés, n'est pas applicable à l'indemnité compensatrice prévue par l'article L. 1226-14 (cass. soc. 10 mars 2009, n° 08-42.249, BC V n° 64 ; *RJS* 5/09 n° 429).

• Indemnité spéciale de licenciement

L'indemnité spéciale de licenciement n'est due que si le reclassement du salarié déclaré inapte s'est révélé impossible ou en cas de refus non abusif par le salarié inapte de l'emploi proposé (cass. soc. 8 avril 2009, n° 07-45.234, BC V n° 106 ; *RDT*, juillet/août 2009, CH, 444, H. Guyader ; *RJS* 6/09 n° 522 ; 28 avril 2011, n° 09-68.134, *RJS* 7/11 n° 606).

– *Ancienneté du salarié.* L'article L. 1226-14, qui fixe le montant de l'indemnité spéciale de licenciement, ne prévoit aucune condition de durée minimale d'emploi, la référence faite à l'article L. 1234-9 concernant exclusivement le montant de l'indemnité instituée par cet article et non sa condition d'attribution ; peut donc prétendre à l'indemnité spéciale tout salarié ayant moins de 2 ans d'ancienneté dans l'entreprise (cass. soc. 10 novembre 1988, n° 86-41.100, BC V n° 589).

– *Montant de l'indemnité.* La règle de doublement de l'indemnité de licenciement prévue à l'article L. 1226-14 CT ne vise, à défaut de dispositions conventionnelles plus favorables, que l'indemnité légale prévue par l'article L. 1234-9 du même code, et non l'indemnité conventionnelle de licenciement (cass. soc. 22 février 2000, n° 98-40.137, *RJS* 4/00 n° 399 ; 22 janvier 1992, n° 89-40.147, BC V n° 28 ; *RJS* 3/92 n° 276).

Les dispositions du 1er alinéa impliquent qu'une comparaison soit faite entre l'indemnité légale doublée et l'indemnité conventionnelle éventuellement prévue.

– *Mise à la retraite.* Lorsque la rupture du contrat de travail d'un salarié déclaré par le médecin du travail inapte à son emploi en conséquence d'un accident du travail ou d'une maladie professionnelle prend la forme d'une mise à la retraite prononcée en conformité avec les dispositions légales ou conventionnelles, elle ouvre droit pour le salarié non reclassé dans l'entreprise à l'indemnité spéciale de licenciement (cass. soc. 29 janvier 2002, n° 99-41.028, BC V n° 37 ; *RJS* 4/02 n° 424 ; 4 juin 1998, n° 95-41.832, BC V n° 299 ; *RJS* 7/98 n° 856).

• Refus du salarié. N'est pas abusif un refus fondé sur une diminution de salaire (cass. soc. 25 avril 1990, n° 87-43.589, BC V n° 187 ; *RJS* 6/90 n° 472 ; 7 juillet 1993, n° 90-40.770, *RJS* 8-9/93 n° 863). Le fait d'accepter de nouvelles fonctions avant de refuser ce nouveau poste de travail ne rend pas nécessairement abusif le refus (cass. soc. 25 octobre 1994, n° 90-44.652, *RJS* 12/94 n° 1367 ; 7 juillet 1993, n° 90-40.770, précité).

En revanche, est abusif le refus de plusieurs propositions de poste susceptibles de convenir au salarié (cass. soc. 27 mars 1991, n° 87-42.718, BC V n° 155 ; *RJS* 5/91 n° 566) ; est également abusif le refus que le salarié justifie uniquement par son état de santé alors que le poste offert correspond aux suggestions faites par le médecin du travail (cass. soc. 19 juillet 1994, n° 90-41.362, BC V n° 242 ; *RJS* 8-9/94 n° 975). La Cour de cassation a donné une définition du refus abusif : « Est abusif le refus du salarié, sans motif légitime, d'un poste approprié à ses capacités et comparable à l'emploi précédemment occupé » (cass. soc. 7 mai 1996, n° 92-42.572, BC V n° 178 ; *RJS* 6/96 n° 668).

Effet d'un refus abusif. Le refus abusif de reclassement ne rend pas le salarié responsable de la rupture (cass. soc. 26 mars 1996, n° 93-40.624, *RJS* 6/96 n° 669), mais il lui fait perdre le bénéfice des indemnités spéciales prévues par l'article L. 1226-14 (cass. soc. 20 février 2008, n° 06-44.867, BC V n° 40 ; *RJS* 5/08 n° 540, 2e esp.) ; le salarié conserve le droit à l'indemnité légale de licenciement prévue par l'article L. 1234-9 (cass. soc. 19 juillet 1994, n° 90-41.362, précité ; 7 décembre 1994, n° 90-40.840, BC V n° 330 ; 26 mars 1996, n° 93-40.624, précité).

• Cumul des indemnités de l'article L. 1226-14 avec l'indemnité de licenciement sans cause réelle et sérieuse. Lorsqu'un salarié est licencié en raison d'une inaptitude consécutive à une maladie professionnelle qui a été jugée imputable à une faute inexcusable de l'employeur, il a droit à une indemnité réparant la perte de son emploi due à cette faute de l'employeur.

Les juges apprécient souverainement les éléments à prendre en compte pour fixer le montant de cette indemnisation à laquelle ne fait pas obstacle la réparation spécifique afférente à la maladie professionnelle ayant pour origine la faute inexcusable de l'employeur (cass. soc. 17 mai 2006, n° 04-47.455, BC V n° 176 ; *RJS* 8-9/06 n° 941 ; 26 janvier 2011, n° 09-41.342, *RJS* 4/11 n° 361).

Art. L. 1226-15. Lorsqu'un licenciement est prononcé en méconnaissance des dispositions relatives à la réintégration du salarié déclaré apte, prévues à l'article L. 1226-8, le tribunal saisi peut proposer la réintégration du salarié dans l'entreprise, avec maintien de ses avantages acquis.

Il en va de même en cas de licenciement prononcé en méconnaissance des dispositions relatives au reclassement du salarié déclaré inapte prévues aux articles L. 1226-10 à L. 1226-12.

En cas de refus de réintégration par l'une ou l'autre des parties, le tribunal octroie une indemnité au salarié. Cette indemnité ne peut être inférieure à douze mois de salaires. Elle se cumule avec l'indemnité compensatrice et, le cas échéant, l'indemnité spéciale de licenciement prévues à l'article L. 1226-14.

Lorsqu'un licenciement est prononcé en méconnaissance des dispositions du troisième alinéa de l'article L. 1226-12, il est fait application des dispositions prévues par l'article L. 1235-2 en cas d'inobservation de la procédure de licenciement.

Note

L'indemnité minimale de douze mois de salaire s'applique, quelles que soient la taille de l'entreprise et/ou l'ancienneté du salarié. Cette indemnité doit être calculée en fonction de la rémunération brute dont le salarié aurait bénéficié (cass. soc. 8 juillet 2003, n° 00-21.862, BC V n° 218 ; *RJS* 10/03 n° 1151).

– L'article L. 1226-15 CT n'est pas applicable lorsque, en méconnaissance des dispositions de l'article L. 1226-9, l'employeur, au cours de la suspension du contrat de travail provoquée par un accident du travail ou une maladie professionnelle, prononce la résiliation de ce contrat (cass. soc. 26 novembre 2008, n° 07-42.403, BC V n° 234 ; *RJS* 2/09 n° 167; 15 février 1995, *RJS* 3/95 n° 225 ; 9 mai 1990, *RJS* 6/90 n° 470). Appréciant souverainement le préjudice subi par le salarié congédié, les juges du fond peuvent donc en fixer le montant à une somme inférieure à celle prévue à l'article L. 1226-15 (cass. soc. 18 janvier 1995, n° 91-42.161, BC V n° 33 ; *RJS* 3/95 n° 319).

– Lorsque l'accident du travail survient pendant le préavis de démission, les articles L. 1226-8 et L. 1226-10 et s. ne s'appliquent pas ; l'employeur n'a pas l'obligation, à défaut de reclassement, de licencier le salarié inapte. En l'absence de requalification de la démission en licenciement, il n'y a pas lieu de faire application de la sanction prévue par cet article (cass. soc. 15 février 2006, n° 04-42.822, BC V n° 68 ; *RJS* 5/06 n° 556).

– A violé les dispositions de l'article L. 122-32-7 [L. 1226-15] la cour d'appel qui condamne, pour licenciement abusif et non au titre de cet article, un employeur ayant licencié un accidenté du travail à une indemnité égale à 6 mois de salaire après avoir relevé que le salarié avait été déclaré par le médecin du travail partiellement inapte à reprendre son emploi et que l'employeur aurait dû proposer au salarié, compte tenu des conclusions écrites du médecin de travail, un autre emploi compatible avec ses aptitudes et aussi comparable que possible avec celui qu'il occupait avant l'accident (cass. soc. 15 octobre 1987, n° 85-40.427, BC V n° 571).

– Lorsque l'employeur n'a pas respecté les règles de procédure édictées par les articles L. 1232-2 et s. CT, les juges doivent faire application des dispositions prévues à l'article L. 1235-2, quels que soient l'effectif de l'entreprise ou l'ancienneté du salarié (cass. soc. 21 mai 1996, n° 92-43.824, BC V n° 192 ; *RJS* 7/96 n° 784). En revanche, si l'irrégularité consiste à ne pas avoir consulté les délégués du personnel, ce sont les sanctions prévues par l'article L. 1226-15 qui doivent être appliquées (cass. soc. 13 décembre 1995, n° 92-44.490, *RJS* 3/96 n° 268).

– L'omission de la formalité substantielle de consultation des délégués du personnel et la méconnaissance par l'employeur des dispositions relatives au reclassement du salarié déclaré inapte ne peuvent être sanctionnées que par une seule et même indemnité au titre de l'article L. 1226-15 (cass. soc. 16 décembre 2010, n° 09-67.446, BC V n° 299 ; *RJS* 2/11 n° 129 ; *JCP* éd. S 2011, 1186, note B. Bossu).

– Un salarié ne peut obtenir deux fois réparation d'un même préjudice. Il ne peut cumuler l'indemnité due en application de l'article L. 1226-15 et celle réparant l'intégralité du préjudice résultant du caractère illicite et au moins égale à l'indemnité prévue par l'article L. 1234-9. Il ne peut obtenir que le montant de l'indemnité la plus élevée (cass. soc. 30 juin 2010, n° 09-40.347, BC V n° 154 ; *RJS* 10/10 n° 795 ; *JCP* éd. S 2011, 1031, note P-Y Verkindt : en l'espèce, le salarié, investi d'un mandat professionnel, avait été licencié sans l'autorisation administrative nécessaire et en méconnaissance des règles applicables aux victimes d'accident du travail).

Art. L. 1226-16. Les indemnités prévues aux articles L. 1226-14 et L. 1226-15 sont calculées sur la base du salaire moyen qui aurait été perçu par l'intéressé au cours des trois derniers mois s'il avait continué à travailler au poste qu'il occupait avant la suspension du contrat de travail provoquée par l'accident du travail ou la maladie professionnelle.

Pour le calcul de ces indemnités, la notion de salaire est définie par le taux personnel, les primes, les avantages de toute nature, les indemnités et les gratifications qui composent le revenu.

Note

• L'indemnité spéciale de licenciement peut aussi être calculée sur la base du salaire moyen des 12 mois précédant le licenciement par application de l'article 5 de l'accord national interprofessionnel du 10 décembre 1997 sur la mensualisation (cass. soc. 1er juin 1999, n° 97-40.218, BC V n° 253 ; *RJS* 7/99 n° 914).

L'indemnité pour intempéries est destinée à compenser, dans une certaine limite, la perte de salaire subie par le salarié durant une période d'intempéries et constitue un élément du revenu de l'intéressé (cass. soc. 17 octobre 1990, n° 88-41.104, BC V n° 475 ; *RJS* 12/90 n° 956, 2e espèce).

• En cas de rechute donnant lieu à une nouvelle suspension liée à l'accident ou à la maladie, le salaire de référence doit être calculé, sauf dispositions conventionnelles plus favorables, sur la base du salaire moyen des trois derniers mois avant la nouvelle période de suspension du contrat de travail due à cette rechute (cass. soc. 28 septembre 2011, n° 10-17.845, *RJS* 12/11 n° 968 ; *JCP* éd. S 2011, 1547, note B. Gauriau).

Art. L. 1226-17. En cas de procédure de sauvegarde, de redressement ou de liquidation judiciaire, les dispositions relatives aux créances salariales mentionnées aux articles L. 3253-15, L. 3253-19 à L. 3253-21 sont applicables au paiement des indemnités prévues aux articles L. 1226-14 et L. 1226-15.

Note

• Voir note sous art. L. 1224-2.

• Le régime de l'AGS (voir note sous art. L. 3253-6) est étendu à l'indemnité compensatrice égale à l'indemnité de préavis, à l'indemnité spéciale de licenciement, à l'indemnité minimale de 12 mois de salaire et à l'indemnité de rupture du contrat à durée déterminée.

• La loi du 7 janvier 1981 a étendu aux indemnités qu'elle institue les privilèges sur les meubles et sur les immeubles (prévus par les articles 2101 et 2104 c. civ.).

Sous-section 5. Salarié titulaire d'un contrat de travail à durée déterminée

Art. L. 1226-18. Lorsque le salarié victime d'un accident ou d'une maladie professionnelle est titulaire d'un contrat de travail à durée déterminée, l'employeur ne peut rompre le contrat au cours des périodes de suspension du contrat que s'il justifie soit d'une faute grave de l'intéressé, soit d'un cas de force majeure.

Art. L. 1226-19. Les périodes de suspension du contrat de travail consécutives à un accident du travail ou à une maladie professionnelle ne font pas obstacle à l'échéance du contrat de travail à durée déterminée.

Toutefois, lorsque ce contrat comporte une clause de renouvellement, l'employeur ne peut, au cours des périodes de suspension, refuser le renouvellement que s'il justifie d'un motif réel et sérieux, étranger à l'accident ou à la maladie. À défaut, il verse au salarié une indemnité correspondant au préjudice subi, qui ne peut être inférieure au montant des salaires et avantages que le salarié aurait reçus jusqu'au terme de la période de renouvellement prévue au contrat.

Note La suspension du contrat ne fait pas obstacle à l'échéance du terme. Lorsque le contrat comporte une clause de renouvellement, le refus de renouvellement qui intervient avant que le salarié ne soit victime d'un accident du travail produit ses effets sans que l'employeur ait à justifier d'un motif réel et sérieux (cass. soc. 12 février 2002, n° 00-41.222, BC V n° 61 ; *RJS* 5/02 n° 559).

Art. L. 1226-20. Lorsque le salarié est titulaire d'un contrat à durée déterminée, les dispositions des deuxième et troisième alinéas de l'article L. 1226-12 et des articles L. 1226-14 à L. 1226-16, relatives aux conditions de licenciement d'un salarié victime d'un accident du travail ou d'une maladie professionnelle, ne sont pas applicables.

Si l'employeur justifie de son impossibilité de proposer un emploi, dans les conditions prévues aux articles L. 1226-10 et L. 1226-11, au salarié déclaré inapte titulaire d'un tel contrat ou si le salarié refuse un emploi offert dans ces conditions, l'employeur est en droit de ***(L. 2011-525 du 17 mai 2011, art. 49, JO 18)*** « procéder à la rupture » du contrat.

(L. 2011-525 du 17 mai 2011, art. 49, JO 18) « Les dispositions visées aux articles L. 1226-10 et L. 1226-11 s'appliquent également aux salariés en contrat de travail à durée déterminée.

La rupture du contrat ouvre droit, pour le salarié, à une indemnité dont le montant ne peut être inférieur au double de celui de l'indemnité prévue à l'article L. 1234-9. Cette indemnité de rupture est versée selon les mêmes modalités que l'indemnité de précarité prévue à l'article L. 1243-8. »

Note L'action en résolution judiciaire ne peut pas être exercée par l'employeur lorsque l'inaptitude à l'emploi est la conséquence d'un accident ou d'une maladie non professionnelle (avis cass. soc. 29 avril 2002, n° 02-00001, BC n° 3 ; *RJS* 8-9/02 n° 966 et p. 707, obs. S. Bourgeot).

Les dommages-intérêts versés par l'employeur à l'occasion de la rupture anticipée d'un contrat à durée déterminée sont assujettis à la CGS et à la CRDS (cass. civ., 2e ch., 7 juin 2006, n° 04-10.326, BC II n° 150).

S'agissant d'un salarié titulaire d'un contrat emploi-jeune, déclaré inapte à la suite d'un accident du travail ou d'une maladie professionnelle, l'employeur, qui est dans l'impossibilité de le reclasser et souhaite rompre le contrat, ne peut que demander la résiliation judiciaire du contrat de travail (cass. soc. 18 avril 2008, n° 06-43.846, BC V n° 97 ; *RJS* 7/08 n° 772).

Art. L. 1226-21. Lorsque le salarié est déclaré apte à l'issue des périodes de suspension, la rupture du contrat de travail à durée déterminée par l'employeur en méconnaissance des dispositions de l'article L. 1226-8 ouvre droit à une indemnité correspondant au préjudice subi. Cette indemnité ne peut être inférieure au montant des salaires et avantages qu'il aurait reçus jusqu'au terme de la période en cours de validité de son contrat.

Art. L. 1226-22.

Il en va de même pour un salarié déclaré inapte en cas de rupture par l'employeur en méconnaissance des dispositions des articles L. 1226-10 et L. 1226-11 ou du deuxième alinéa de l'article L. 1226-20.

Art. L. 1226-22. En cas de procédure de sauvegarde, de redressement ou de liquidation judiciaire, les dispositions relatives aux créances salariales mentionnées aux articles L. 3253-15, L. 3253-19 à L. 3253-21 sont applicables au paiement des indemnités prévues aux articles L. 1226-20 et L. 1226-21.

Note Voir note sous art. L. 1226-17.

SECTION 4. Dispositions particulières aux départements de la Moselle, du Bas-Rhin et du Haut-Rhin

Art. L. 1226-23. Le salarié dont le contrat de travail est suspendu pour une cause personnelle indépendante de sa volonté et pour une durée relativement sans importance a droit au maintien de son salaire.

Toutefois, pendant la suspension du contrat, les indemnités versées par un régime d'assurances sociales obligatoire sont déduites du montant de la rémunération due par l'employeur.

Art. L. 1226-24. Le commis commercial qui, par suite d'un accident dont il n'est pas fautif, est dans l'impossibilité d'exécuter son contrat de travail a droit à son salaire pour une durée maximale de six semaines.

Pendant cette durée, les indemnités versées par une société d'assurance ou une mutuelle ne sont pas déduites du montant de la rémunération due par l'employeur. Toute stipulation contraire est nulle.

Est un commis commercial le salarié qui, employé par un commerçant au sens de l'article L. 121-1 du code de commerce, occupe des fonctions commerciales au service de la clientèle.

CHAPITRE VII

Dispositions pénales

Art. L. 1227-1. Le fait pour un directeur ou un salarié de révéler ou de tenter de révéler un secret de fabrication est puni d'un emprisonnement de deux ans et d'une amende de 30 000 €.

La juridiction peut également prononcer, à titre de peine complémentaire, pour une durée de cinq ans au plus, l'interdiction des droits civiques, civils et de famille prévue par l'article 131-26 du code pénal.

Les articles réglementaires ont été insérés à la fin de chacun des chapitres auxquels ils se rapportent.

TITRE III

RUPTURE DU CONTRAT DE TRAVAIL À DURÉE INDÉTERMINÉE

CHAPITRE Ier

Dispositions générales

Art. L. 1231-1. Le contrat de travail à durée indéterminée peut être rompu à l'initiative de l'employeur ou du salarié ***(L. 2008-596 du 25 juin 2008, JO 26)*** « , ou d'un commun accord, » dans les conditions prévues par les dispositions du présent titre.

Ces dispositions ne sont pas applicables pendant la période d'essai.

Note **Résiliation judiciaire du contrat à durée indéterminée.** L'employeur qui peut rompre le contrat à durée indéterminée d'un salarié en respectant la procédure prévue par les anciens articles L. 122-4 et s. [L. 1231-1 et s.] CT a-t-il également la faculté de demander la résiliation judiciaire du contrat ? Jusqu'à un arrêt rendu le 9 mars 1999, la chambre sociale de la Cour de cassation consacrait largement le droit pour l'employeur d'obtenir la résolution judiciaire du contrat à durée indéterminée (cass. soc. 31 janvier 1979, n° 77-40.984, BC V n° 93 ; 3 avril 1979, n° 77-41.665, BC V n° 309 ; *Dr. Soc.* 1980, p. 47, note A. Jeammaud) ; cette action était recevable dès lors qu'elle était fondée sur l'inexécution par l'une des parties de ses obligations, même si celle-ci ne présentait pas le caractère d'une faute grave (cass. soc. 9 avril 1987, n° 84-42.621, BC V n° 209 ; *D.* 1987.437, note J. Mouly). Cette jurisprudence permettait curieusement à un employeur d'éluder les conséquences légales d'un licenciement lorsque le salarié n'avait pas commis de faute grave (perte du droit à l'indemnité de licenciement).

La Cour de cassation a opéré un revirement de jurisprudence (cass. soc. 9 mars 1999, n° 96-41.734, BC V n° 108 ; *RJS* 4/99 n° 505 ; cass. soc. 30 mai 2000, n° 98-40.085, BC V n° 210 ; *RJS* 7-8/00 n° 844 ; cass. soc. 13 mars 2001, n° 98-46.411, BC V n° 89 ; *RJS* 5/01 n° 596). « L'employeur qui dispose du droit de résilier unilatéralement un contrat de travail à durée indéterminée par la voie du licenciement n'est pas recevable, hors les cas où la loi en dispose autrement, à demander la résolution judiciaire dudit contrat. » La demande en résiliation judiciaire vaut licenciement (cass. soc. 5 juillet 2005, n° 03-45.058, BC V n° 232 ; *RJS* 10/05 n° 971 : le licenciement sera sans cause réelle et sérieuse en raison du défaut de lettre de licenciement). Cette irrecevabilité de la demande de l'employeur est retenue alors même qu'il s'agit d'une demande reconventionnelle (cass. soc. 29 juin 2005, n° 03-41.966, BC V n° 224 ; *RJS* 10/05 n° 961 ; 3 novembre 2005, n° 03-43.345, BC V n° 308 ; *RJS* 1/06 n° 39).

Le salarié peut, en revanche, obtenir la résiliation judiciaire du contrat de travail lorsque l'employeur ne respecte pas ses obligations contractuelles (CA Grenoble 30 avril 2001, *RJS* 11/01 n° 1245 : sanction de harcèlement moral). Un représentant du personnel (et plus généralement tout salarié protégé) peut, comme tout salarié, poursuivre la résiliation judiciaire de son contrat de travail aux torts de l'employeur (cass. soc. 16 mars 2005, n° 03-40.251, BC V n° 94). La Cour de cassation a récemment étendu la possibilité pour les personnes protégées d'obtenir la résiliation judiciaire de leur contrat de travail ; elle décide désormais que la résiliation judiciaire peut être prononcée non seulement en raison de la violation par l'employeur de ses obligations contractuelles, mais aussi en raison des violations par celui-ci des règles concernant l'exercice du mandat de représentant du personnel (cass. soc. 27 mai 2009, n° 08-42.555, BC V n° 136 ; *RJS* 8-9/09 n° 688).

La résiliation judiciaire, prononcée à l'initiative du salarié et aux torts de l'employeur, produit les effets d'un licenciement dépourvu d'une cause réelle et sérieuse (cass. soc. 30 octobre 2007, n° 06-44.187, *RJS* 2/08 n° 175 ; 20 janvier 1998, n° 95-43.350, BC V n° 21 ; *D.* 1998 p. 350, note Ch. Radé ; *RJS* 3/98 n° 286 ; Droit de l'emploi, *D.* 1999 n° 2935) ; les juges doivent donc, pour déterminer le montant des dommages-intérêts sanctionnant la résiliation judiciaire, rechercher si le salarié remplissait les conditions d'octroi de l'indemnité minimale de six mois de salaires prévue par l'article L. 1235-3 (cass. soc. 7 juillet 2004, n° 02-45.088, *RJS* 10/04 n° 1033). Outre l'indemnité de licenciement sans cause réelle et sérieuse, le salarié a droit aux autres indemnités de rupture : indemnité légale ou conventionnelle de licenciement et indemnités compensatrices de préavis et de congés payés ; mais il n'a pas droit à l'indemnité prévue en cas de non-respect de la procédure de licenciement : cass. soc. 20 octobre 2010, n° 08-70.433, BC V n° 241 ; *RJS* 1/11 n° 35.

La prise d'effet de la résiliation judiciaire ne peut être fixée qu'à la date de la décision judiciaire la prononçant dès lors qu'à cette date le salarié est toujours au service de son employeur (cass. 11 janvier 2007, n° 05-40.626, BC V n° 6 ; *D.* 2007.913, note J. Pélissier ; 19 juin 2008, n° 07-40.875).

Lorsque, après une demande en résiliation judiciaire présentée par le salarié, l'employeur licencie le salarié, le juge doit d'abord rechercher si la demande en résiliation judiciaire est fondée. Si elle l'est, le licenciement est sans effet. La date d'effet de la résiliation judiciaire est, dans ce cas, fixée à la date de l'envoi de la lettre de licenciement (cass. soc. 13 décembre 2007, n° 06-45.220, *SSL* 2008 n° 1337, p. 19). Si la demande de résiliation judiciaire n'est pas fondée, le juge recherchera si le licenciement a une cause réelle et sérieuse (cass. soc. 16 février 2005, n° 02-46.649, BC V n° 54 ; 5 avril 2005, n° 02-46.634, BC V n° 122 ; 22 mars 2006, n° 04-43.933, BC V n° 121 ; *RDT* 2006, p. 25, obs. J. Pélissier ; 7 novembre 2006, n°s 04-45.427 et 05-41.509). Au contraire, si le salarié prend acte de la rupture du contrat après avoir introduit une demande en résiliation judiciaire, la prise d'acte produit immédiatement ses effets et il n'y a plus lieu de statuer sur la demande de résiliation judiciaire introduite auparavant (cass. soc. 31 octobre 2006, 2 arrêts, n°s 04-46.280 et 04-48.234, BC V n° 321 ; *RDT*, janvier 2007, CH, 28, T. Grumbach et J. Pélissier ; 15 mars 2006, n° 05-41.376, BC V n° 108 ; *RDT* 2006, p. 24, obs. J. Pélissier). De même, lorsque le salarié prend sa retraite avant que le juge ait statué sur la demande en résiliation judiciaire qu'il avait présentée, cette demande devient sans objet (cass. soc. 13 juillet 2010, n° 08-43.852).

Résiliation d'un commun accord. Avant la reconnaissance légale de la rupture conventionnelle, la Cour de cassation jugeait qu'une convention intervenue en dehors de tout vice du consentement, consacrant la rupture immédiate du contrat de travail, était licite et présentait un caractère obligatoire pour les parties qui l'avaient signée (cass. soc. 5 mars 1986, n° 83-40.233, BC V n° 60). Encore fallait-il que l'accord de rupture ne se présente pas en même temps comme une transaction, l'acte étant, dans ce cas, frappé de nullité (cass. soc. 12 novembre 1997, n° 94-44.507, BC V n° 376 ; *RJS* 12/97, n° 1414 ; 26 octobre 1999, n° 97-42.846, BC V n° 411 ; *Dr. Soc.* 2000, p. 183 ; *RJS* 12/99 n° 1461). Constituait une résiliation amiable la rupture du contrat de travail pour motif économique résultant d'un départ volontaire dans le cadre d'un accord collectif (cass. soc. 2 novembre 2005, n° 02-44.721, *RJS* 1/06 n° 19). Étaient en revanche illicites les accords de rupture conclus entre le chef d'entreprise et une personne protégée (cass. soc. 2 décembre 1992, n° 91-42.326, BC V n° 578 ; *Dr. Soc.* 1993, p. 155 ; 17 mars 1993, n° 89-44.738, *LS* lég. soc. n° 6851, p. 6 : « Les salariés protégés ne peuvent, en signant une transaction antérieure au licenciement, renoncer par avance aux dispositions d'ordre public instituées pour protéger leur mandat » ; cass. soc. 14 octobre 1997, n° 94-43.623, *RJS* 11/97 n° 1257 ; cass. crim. 4 février 1992, n° 90-82.330, B. crim. n° 50 ; *RJS* 10/92 n° 1129). De façon exceptionnelle, la résiliation amiable du contrat de travail d'un salarié investi d'un mandat syndical était admise à la double condition qu'elle soit intervenue dans le cadre d'un accord collectif mis en œuvre après consultation du comité d'entreprise et que l'inspecteur du travail ait préalablement autorisé la rupture du contrat (cass. soc. 27 mars 2007, n° 05-45.310, BC V n° 58). Étaient également illicites les accords de rupture destinés à faire échec aux règles spéciales protégeant les salariés déclarés inaptes par le médecin du travail lors de la visite de reprise (cass. soc. 29 juin 1999, n° 96-44.160, BC V n° 304 ; *RJS* 8-9/99 n° 1050 ; 12 février 2002, n° 99-41.698, BC V n° 66 ; *RJS* 4/02 n° 423).

Si une convention de rupture était conclue après que la décision de licenciement ait été prise contre le salarié, elle n'emportait pas la rupture amiable du contrat de travail ; c'était une transaction à la condition que la convention comporte des concessions réciproques (cass. soc. 3 avril 1990, n° 86-45.189, BC V n° 153 ; *CSB* 1990 A. 32). Elle pouvait alors être conclue par une personne protégée (cass. crim. 4 février 1992, n° 90-82.330, précité ; cass. soc. 10 janvier 1995, n° 90-42.943, *RJS* 2/95 n° 137 ; 5 février 2002, n° 99-45.861, BC V n° 54 ; *RJS* 4/02 n° 457).

Les juges auront à déterminer si cette résiliation amiable est ou non compatible avec la résiliation conventionnelle visée aux articles L. 1237-11 et s. Dans un arrêt rendu le 26 octobre 2010, à l'occasion d'un plan de départs volontaires, la Cour de cassation consacre la licéité des accords de rupture amiable, intervenus après la mise en application de la loi du 25 juin 2008 (cass. soc. 26 octobre 2010, n° 09-15.187, BC V n° 245 ; *RJS* 1/11 n° 28 : les plans de départs volontaires accompagnés d'un plan de sauvegarde de l'emploi seraient illicites si les ruptures amiables n'étaient pas reconnues licites ; les ruptures conventionnelles sont, en effet, incompatibles avec un PSE (art. L. 1237-16).

L'accord national interprofessionnel du 11 janvier 2008 sur la modernisation du marché du travail organise une rupture conventionnelle de type original (art. 12). Cette rupture est soumise à des conditions particulières (notamment, possibilité de rétractation pendant un délai de quinze jours suivant la signature de l'accord, homologation de l'accord par le directeur départemental du travail) et produit des effets spécifiques (droit pour le salarié à des indemnités de rupture et aux allocations du régime d'assurance chômage). Une loi du 25 juin 2008 reprend les dispositions de cet accord. Les articles L. 1237-11 et s. CT sont consacrées à la « rupture conventionnelle » : voir *infra*.

Rupture du contrat avant tout commencement d'exécution. Un contrat de travail peut être conclu en reportant le début d'exécution à une date ultérieure. La circonstance que le contrat de travail a été rompu par l'employeur avant tout commencement d'exécution ne retire pas à cette rupture le caractère d'un licenciement (cass. soc. 12 juillet 2006, n° 04-48.182, BC V n° 246).

Essai. Voir *supra* article L. 1221-19 et s.

Art. L. 1231-2. Les dispositions du présent titre ne dérogent pas aux dispositions légales assurant une protection particulière à certains salariés.

Note Les diverses formalités (prévues par les art. L. 1232-3 et s. et les articles R correspondants) doivent être observées concurremment avec celles que d'autres dispositions ont instituées en faveur, notamment, des représentants du personnel, des victimes d'accident du travail et en vue de la protection de la maternité.

Art. L. 1231-3. Les dispositions du présent titre sont applicables lorsque le salarié est lié à plusieurs employeurs par des contrats de travail.

Art. L. 1231-4. L'employeur et le salarié ne peuvent renoncer par avance au droit de se prévaloir des règles prévues par le présent titre.

Note L'interdiction de renoncer par avance au droit de se prévaloir des règles du licenciement rend sans effet la clause de durée maximale des relations de travail introduite dans un contrat à durée indéterminée (cass. soc. 16 février 1994, n° 91-45.745, BC V n° 57 ; *RJS* 4/94 n° 372), la clause de résiliation automatique insérée dans le contrat de travail d'époux pour le cas où l'un des deux contrats serait rompu (cass. soc. 12 juillet 2005, n° 03-45.394, BC V n° 244 ; *RJS* 10/05 n° 941 ; 18 novembre 1998, n° 97-42.854, BC V n° 496 ; *Dr. Soc.* 1999, p. 192) ainsi que la renonciation à l'indemnité compensatrice de préavis préalablement à la notification du licenciement (cass. soc. 18 mai 1999, n° 97-40.686, *RJS* 10/99 n° 1251). Par ailleurs, les parties ne peuvent prévoir qu'à défaut de permettre le reclassement d'un autre salarié sur son poste, le départ du salarié sera assimilé à une démission (cass. soc. 25 janvier 2012, n° 10-26.887).

La Cour de cassation fait référence à cet article pour juger que la signature d'un contrat à durée déterminée est sans effet lorsque le contrat à durée indéterminée est toujours en cours d'exécution (cass. soc. 25 mars 2009, n° 06-46.330, BC V n° 87 ; *RJS* 6/09 n° 497).

Art. L. 1231-5. Lorsqu'un salarié engagé par une société mère a été mis à la disposition d'une filiale étrangère et qu'un contrat de travail a été conclu avec cette dernière, la société mère assure son rapatriement en cas de licenciement par la filiale et lui procure un nouvel emploi compatible avec l'importance de ses précédentes fonctions en son sein.

Si la société mère entend néanmoins licencier ce salarié, les dispositions du présent titre sont applicables.

Le temps passé par le salarié au service de la filiale est alors pris en compte pour le calcul du préavis et de l'indemnité de licenciement.

Note Les dispositions de cet article précisent que, dans le cas où une société met un de ses salariés à la disposition d'une filiale étrangère, un lien subsiste entre cette société et le salarié, même si un contrat de travail est conclu entre ce salarié et la filiale ; ce lien se traduit, en cas de licenciement par la filiale, par des obligations incombant à la société mère : rapatriement en France et fourniture d'un nouvel emploi compatible avec l'importance des précédentes fonctions de l'intéressé ; en cas de congédiement intervenant à l'initiative de la société mère, le temps passé au service de la filiale entre en compte pour le calcul du préavis et de l'indemnité de licenciement.

Rapport « société mère/filiale étrangère ». La notion de « filiale » est laissée à l'appréciation de l'autorité judiciaire. L'article L. 1231-5 (ancien art. L. 122-14-8) CT ne saurait recevoir application lorsque l'une des deux sociétés en cause n'a aucune participation financière dans l'autre et ne se trouve pas dans une position dominante à l'égard de cette dernière (cass. soc. 23 janvier 1991, n° 88-44.649).

Rapport « société mère/salarié ». Cet article ne subordonne pas son application au maintien d'un contrat de travail entre le salarié et la société mère (cass. soc. 13 novembre 2008, n° 07-41.700, BC V n° 214, arrêt n° 1 ; *RJS* 1/09, pp. 19 et s., rapport H. Gosselin ; voir aussi cass. soc. 30 mars 2011, n° 09-70.306, BC V n° 82 ; *RJS* 6/11 n° 558, s'agissant d'un salarié initialement embauché par un contrat à durée déterminée arrivé à son terme avant la conclusion du contrat avec la filiale). En outre, le seul fait que le salarié n'ait pas, avant son détachement, exercé des fonctions effectives au service de l'employeur qui l'a détaché ne dispense pas celui-ci de son obligation d'assurer son rapatriement à la fin du détachement et de le reclasser dans un autre emploi en rapport avec ses compétences (cass. soc. 7 décembre 2011, n° 09-67.367, 1re branche du 1er moyen, *LS* Bref n° 15998 du 16/12/11). Enfin, l'obligation de reclassement à la charge de la société mère ne concernant que les relations entre celle-ci et le salarié qu'elle met à disposition, peu importe que le contrat conclu entre ce dernier et la filiale ait été soumis au droit étranger (cass. soc. 30 mars 2011, n° 09-70.306, précité).

Rapport « filiale étrangère/salarié ». Le salarié doit avoir été lié à la filiale par un contrat de travail à durée indéterminée et avoir fait l'objet d'un licenciement de la part de la filiale. La Cour de cassation applique cependant les dispositions de l'article L. 1231-5 CT, alors même qu'il n'y a pas eu licenciement du salarié par la filiale, dès lors que celle-ci a cédé son fonds à une société tierce (cass. soc. 13 novembre 2008, n° 06-42.583, BC V n° 214 ; *RJS* 1/09 n° 68, 2e espèce : en application du droit argentin, le contrat du salarié avait été transféré à la société reprenant le fonds de commerce ; la Cour de cassation juge « que la cession par la filiale argentine… de son fonds à une société tierce, mettait fin *ipso facto* au contrat de travail liant M. Hernandez à la filiale argentine et qu'il s'en déduisait qu'il appartenait à la société mère… de prendre l'initiative du rapatriement du salarié et de lui proposer un reclassement »).

Obligation de rapatriement. Cette obligation n'est pas subordonnée à une demande expresse du salarié congédié (cass. soc. 6 juillet 1982, n° 80-41.092, BC V n° 451). Est fondé l'arrêt de cour d'appel condamnant une société mère à verser à un salarié, licencié par l'une de ses filiales et par elle-même, une indemnité pour frais de séjour à l'étranger, la société mère n'ayant pu apporter la preuve, qui lui incombait, que le retard mis par elle à assurer le rapatriement de l'intéressé ne lui était pas imputable (cass. soc. 5 mai 1982, n° 80-40.481, BC V n° 274). Voir également s'agissant d'un salarié qui avait attendu plus d'un an pour solliciter son rapatriement sans que la société l'ait mis en demeure de prendre une décision à cet égard (cass. soc. 16 janvier 1991, n° 87-42.368).

Obligation de réembauchage. Cette obligation n'est pas subordonnée à une demande expresse du salarié congédié (cass. soc. 6 juillet 1982 n° 80-41.092, précité).

Le fait qu'un salarié licencié ait reçu des indemnités de rupture de la filiale ne suffit pas à décharger la société mère de l'obligation de procurer un nouvel emploi à l'intéressé (cass. soc. 4 décembre 1985, n° 83-41.913, BC V n° 569). La société mère qui ne fait pas une proposition « sérieuse » au salarié licencié par sa filiale sera considérée comme n'ayant pas proposé à l'intéressé de le réembaucher (cass. soc. 24 novembre 1983, *JS* 1984 F 19).

Licenciement par la société mère. La société mère ne peut pas justifier le licenciement qu'elle prononce par les motifs qui ont servi de cause au licenciement décidé par la filiale ; les deux licenciements successifs doivent avoir chacun leur propre cause (cass. soc. 18 mai 1999, n° 96-45.439, BC V n° 216 ; *RJS* 10/99 n° 1311 : la cause réelle et sérieuse du licenciement prononcé par la société mère doit concerner des faits intéressant cette entreprise ; dans un sens voisin, cass. soc. 30 mars 1999, n° 97-40.544, BC V n° 141 ; *RJS* 5/99 n° 754). La société qui licencie un salarié congédié par sa filiale « reste tenue à l'égard du salarié de toutes les obligations résultant tant du contrat de travail initial que du contrat conclu avec la filiale » (24 novembre 1983, précité).

En ce qui concerne le paiement des indemnités de rupture, voir : a) s'agissant de l'indemnité compensatrice de préavis et de l'indemnité de licenciement : cass. soc. 4 décembre 1985 précité, précisant que, si la société mère doit verser à l'intéressé des indemnités en tenant compte de son ancienneté acquise au service de la filiale, le salarié « ne saurait cependant prétendre, pour une même période de travail, cumuler les indemnités versées à ce titre par la filiale qui l'a licencié avec celles qu'il pourrait obtenir à la suite de son congédiement par la société mère » (dans le même sens, cass. soc. 20 janvier 1993, n° 89-43.873, *RJS* 2/93 n° 125) et b) s'agissant uniquement de l'indemnité compensatrice de préavis (cass. soc. 15 novembre 1989, n° 86-43.866, BC V n° 660 ; *CSB* 1990 A. 10 : un salarié est licencié par une filiale qui lui verse une indemnité compensatrice de préavis ; licencié ensuite par la société mère, c'est à bon droit que cette dernière est condamnée à verser une indemnité de préavis, « les deux indemnités étant afférentes à des licenciements distincts et s'appliquant à des périodes différentes »).

Art. L. 1231-6. Un décret en Conseil d'État détermine les modalités d'application du présent chapitre.

Art. R. 1231-1. Lorsque les délais prévus par les dispositions légales du présent titre expirent un samedi, un dimanche ou un jour férié ou chômé, ils sont prorogés jusqu'au premier jour ouvrable suivant.

CHAPITRE II

Licenciement pour motif personnel

SECTION 1. Cause réelle et sérieuse

Art. L. 1232-1. *(L. 2008-596 du 25 juin 2008, JO 26)* Tout licenciement pour motif personnel est motivé dans les conditions définies par le présent chapitre.

Il est justifié par une cause réelle et sérieuse.

Note • **Notion de cause réelle et sérieuse.** La notion de caractère réel et sérieux du licenciement s'applique à tous les licenciements, quelles que soient la taille de l'entreprise et l'ancienneté du salarié.

Alors que la notion de cause réelle et sérieuse joue un rôle capital dans le droit du licenciement, elle n'est définie ni par la loi ni par la jurisprudence. Il est par ailleurs interdit aux cocontractants ou aux acteurs sociaux d'en imposer une définition.

Absence de définition légale. Le texte légal ne donnant aucune précision sur le sens des qualificatifs « réel » et « sérieux », les interprètes se reportent habituellement aux travaux parlementaires qui ont précédé le vote de la loi du 13 juillet 1973. « La cause est réelle si elle présente un caractère d'objectivité, ce qui exclut les préjugés et les convenances personnelles. La cause réelle peut être, par exemple, une faute, une inaptitude professionnelle ou une réorganisation de l'entreprise. » (JO AN 23 mai 1973, p. 1445, col. 2). La cause réelle est d'abord une cause « objective », « indépendante de la bonne ou de la mauvaise humeur de l'employeur » (JO AN 30 mai 1973, p. 1619, col. 2) ; elle doit être « existante et exacte » (rapport AN n° 352, p. 46). L'exigence d'une cause « exacte » signifie que le juge ne doit pas seulement vérifier que les faits allégués par l'employeur comme cause de licenciement existent ; il doit également rechercher si d'autres faits évoqués par le salarié ne sont pas la véritable cause du licenciement (cass. soc. 28 avril 1994, n° 90-45.687, *Dr. Soc.* 1994, p. 719 : motif invoqué par l'employeur : introduction d'un tiers dans l'entreprise ; véritable motif, évoqué par le salarié : participation à une grève licite ; cass. soc. 23 octobre 1991, n° 88-44.099, BC V n° 427 ; *CSB* 1991 A. 63).

Quant à la cause sérieuse, il s'agirait d'« une cause revêtant une certaine gravité qui rend impossible, sans dommages pour l'entreprise, la continuation du travail et qui rend nécessaire le licenciement » (JO AN 30 mai 1973, p. 1619, col. 2).

Le flou jurisprudentiel. Depuis décembre 1985, la Cour de cassation ne contrôle plus les qualifications « cause réelle et sérieuse » données par les juges du fond. Pour des raisons qui ne sont pas toujours convaincantes, la chambre sociale de la Cour de cassation a décidé de ne plus exercer son contrôle sur l'opération juridique de qualification, ouvrant ainsi la voie à une pluralité de jurisprudences régionales (sur le bien-fondé de cette jurisprudence, voir *Dr. Soc.* 1986, pp. 185 et s.). Au juge du fond d'« user des pouvoirs qu'il tient de l'article L. 1232-1 CT en décidant que le licenciement procède (ou ne procède pas) d'une cause répondant aux exigences de ce texte » (cass. soc. 18 décembre 1986, *Dr. Soc.* 1987, p. 89, concl. av. gén. G. Picca ; 21 janvier 1987, n° 83-44.546, BC V n° 31 ; *Dr. Soc.* 1987, p. 357, J. Savatier ; 16 juillet 1987, n° 84-45.880, BC V n° 489), la Cour de cassation décidant seulement que « la réalité et le sérieux du motif de licenciement s'apprécient au jour où la décision de rompre le contrat de travail est prise par l'employeur » (cass. soc. 5 janvier 1999, n° 96-44.356, *RJS* 2/99 n° 166 : un licenciement pour désorganisation de l'entreprise en raison d'une absence prolongée n'a pas de cause réelle et sérieuse lorsqu'il est prononcé à un moment où le salarié a repris son travail).

Le désengagement de la Cour de cassation n'est cependant pas total. La volonté de garder un certain contrôle sur l'interprétation de la loi tout en affirmant la souveraineté des juges du fond pour apprécier la réalité et le sérieux de la cause du licenciement conduit la Cour de cassation à rendre des arrêts dont la cohérence n'est pas toujours aisément saisissable.

Si, dans certains cas, le contrôle exercé par la Cour de cassation ne porte pas sur le caractère réel et sérieux de la cause du licenciement, dans d'autres situations, le contrôle de la Cour de cassation a bien, semble-t-il, cet objet.

1. Le contrôle de la qualification du licenciement doit être nettement distingué du contrôle du caractère réel et sérieux de la cause du licenciement. La Cour de cassation contrôle la qualification « licenciement économique » ou « licenciement disciplinaire » donnée par les juges du fond. Elle vérifie si la cause alléguée par l'employeur est bien une cause économique au sens donné à cette expression par l'article L. 1233-3 CT (voir note sous cet article). De même, elle vérifie que la cause du licenciement est, ou n'est pas, une faute du salarié pour déterminer si ce licenciement doit ou non être soumis au régime du licenciement disciplinaire (cass. soc. 21 janvier 1992, n° 90-46.104, BC V n° 17).

2. La Cour de cassation est également amenée à exercer son contrôle sur le caractère illicite de la cause du licenciement. Elle veille à ce que les textes légaux interdisant le licenciement de grévistes en l'absence de faute lourde, d'une salariée en état de grossesse, de la victime d'un accident du travail ou d'une maladie professionnelle pendant la période de suspension du contrat de travail, d'un salarié « en raison de son origine, de son sexe, de ses mœurs, de sa situation de famille, de son appartenance à une ethnie, une nation ou une race, de ses opinions politiques, de ses activités syndicales… » soient correctement appliqués (cass. soc. 22 janvier 1992, n° 90-44.249, BC V n° 19 ; 12 janvier 1993, *Dr. Soc.* 1993, p. 187 : l'absence du salarié consécutive à des arrêts de travail provoqués par un accident du travail ne peut constituer une cause de licenciement). De même, la Cour de cassation vérifiera que les juges du fond prononcent bien la nullité des licenciements effectués en violation des libertés publiques (cass. soc. 28 avril 1988, n° 87-41.804, BC V n° 257 : l'exercice de la liberté d'expression ne peut être une cause licite de licenciement ; cass. soc. 14 décembre 1999, n° 97-41.995, BC V n° 488 ; *RJS* 2/00 n° 158 : la liberté d'expression et de critique d'un cadre de haut niveau ne peut constituer une cause réelle et sérieuse).

De même encore, elle pose en principe que les comportements de la vie privée (ou personnelle) du salarié doivent être distingués des actes de la vie professionnelle au regard de la cause réelle et sérieuse.

Un motif tiré de la vie personnelle du salarié ne peut, en principe, justifier un licenciement disciplinaire, sauf s'il constitue un manquement de l'intéressé à une obligation de son contrat de travail (cass. soc. 3 mai 2011, n° 09-67.464, *RJS* 7/11 n° 588 : le licenciement *disciplinaire* d'un salarié qui s'était vu retirer son permis de conduire à la suite d'infractions au code de la route commises en dehors de l'exécution de son contrat de travail est dépourvu de cause réelle et sérieuse ; déjà en ce sens, cass. soc. 17 avril 1991, n° 90-42.636, BC V n° 201 ; 22 janvier 1992, n° 90-42.517, BC V n° 30).

Mais un fait de la vie personnelle du salarié peut être une cause réelle et sérieuse de licenciement lorsqu'il entraîne un trouble objectif dans le fonctionnement de l'entreprise (cass. soc. 16 septembre 2009, n° 08-41.837, *RJS* 11/09 n° 842).

Il n'est pas toujours aisé de distinguer la vie personnelle de la vie professionnelle du salarié ; ce n'est pas parce que les faits sont commis à l'extérieur des locaux de l'entreprise et en dehors du temps de travail qu'ils ne peuvent pas se rattacher à la vie professionnelle (cass. soc. 6 février 2002, n° 99-45.418, *RJS* 4/02 n° 410 : coups et blessures au domicile d'un salarié à l'encontre d'un autre salarié qui venait récupérer un véhicule de l'entreprise ; cass. soc. 25 janvier 2006, n° 04-44.918, BC V n° 26 ; *JCP* éd. G 2006.II.10049, note B. Bossu : une salariée, cadre dans une banque, est licenciée [à juste titre selon la Cour de cassation] en raison de sa participation à un vol et à un trafic de voitures, perpétrés dans le cadre de sa vie personnelle ; cass. soc. 10 décembre 2008, n° 07-41.820, BC V n° 245 ; *RJS* 2/09 n° 163 : des propos injurieux, tenus par le salarié en dehors de ses lieu et temps de travail, concernant sa supérieure hiérarchique, sont considérés comme se rattachant à la vie de l'entreprise ; cass. soc. 18 mai 2011, n° 10-11.907, *RJS* 8-9/11 n° 669 : un vol commis en dehors des heures de travail avec un camion de l'entreprise se rattache à la vie professionnelle ; cass. soc. 19 octobre 2011, n° 09-72.672, *RJS* 1/12 n° 7 : des propos à caractère sexuel à l'égard de personnes avec lesquelles l'intéressé est en contact en raison de son travail ne relèvent pas de sa vie personnelle, même s'ils sont tenus en dehors du temps de travail ; ils justifient un licenciement).

Sur l'évolution de la jurisprudence en ce domaine, lire J. Mouly, « Le licenciement du salarié pour des faits relevant de sa vie personnelle : le retour discret de la perte de confiance », *Dr. Soc.* 2006, pp. 839 et s.

Cette jurisprudence concernant la vie personnelle des salariés, à la différence des précédentes, ne porte ni sur la licéité de la cause du licenciement ni sur la nullité de celui-ci, mais sur l'absence ou l'existence d'une cause réelle et sérieuse. Elle constitue une première entorse au principe selon lequel la Cour de cassation ne contrôle plus la qualification « cause réelle et sérieuse ».

3. La Cour de cassation contrôle le caractère objectif de la cause du licenciement pour motif personnel. Après avoir jugé, pendant plus de dix ans, que la perte de confiance constituait une cause réelle et sérieuse de licenciement (cass. soc. 26 juin 1980, n° 79-40.859, BC V n° 573 ; 17 décembre 1987, *JS UIMM* 1988, p. 49), la Cour de cassation décide qu'« un licenciement pour une cause inhérente à la personne doit être fondé sur des éléments objectifs ; que la perte de confiance alléguée par l'employeur ne constitue pas en soi un motif de licenciement » (cass. soc. 29 novembre 1990, n° 87-40.184, BC V n° 597 ; *D.* 1991 p. 190, note J. Pélissier ; 9 janvier 1991, n° 89-43.918, BC V n° 1 ; *Dr. Soc.* 1992, p. 38 ; 25 juin 1991, n° 88-42.737, BC V n° 324 ; *RJS* 10/91 n° 1081 ; 14 janvier 1998, n° 96-40.165, BC V n° 14 ; *RJS* 3/98 n° 292 ; 6 octobre 1999, n° 97-42.884, *RJS* 11/99 n° 1355). Elle précise que « la perte de confiance de l'employeur ne peut jamais constituer en tant que telle une cause de licenciement, même quand elle repose sur des éléments objectifs ; seuls ces éléments objectifs peuvent constituer une cause de licenciement » (cass. soc. 29 mai 2001, n° 98-46.341, BC V n° 183 ; *RJS* 8-9/01 n° 999).

De cette nouvelle jurisprudence, il résulte que :

a) le licenciement d'un salarié ne peut plus être justifié par le comportement d'un de ses proches (cass. soc. 29 novembre 1990, n° 87-40.184 et 9 janvier 1991, n° 89-43.918, précités ; cass. soc. 12 janvier 1993, *Dr. Soc.* 1993, p. 187 : les agissements du fils du salarié ne peuvent pas constituer une cause de licenciement : en l'espèce, le fils, qui vivait chez son père, était représentant pour une société concurrente de celle qui employait le père et prospectait dans le même secteur géographique que le père ; cass. soc. 27 mai 1998, n° 96-41.276, BC V n° 283 ; *RJS* 10/98 n° 1185 ; 21 mars 2000, n° 98-40.130, BC V n° 113 ; *RJS* 5/00 n° 509 ; 23 juin 2004, n° 01-43.606, *RJS* 10/04 n° 1006) ; la cause du licenciement doit tenir au comportement du salarié lui-même ; cass. soc. 21 septembre 2006, n° 05-41.155, BC V n° 285 ; *RDT*, novembre 2006, CH, 314, E. Dockès : le seul risque d'un conflit d'intérêts ne peut constituer une cause réelle et sérieuse de licenciement ;

b) la cause du licenciement ne peut pas reposer sur de simples soupçons (cass. soc. 25 juin 1991, n° 88-42.737, précité ; 16 mai 1991, n° 89-42.299, *RJS* 7/91 n° 825) ; elle ne peut tenir qu'à un fait objectif imputable au salarié (la Cour de cassation admet cependant certaines exceptions à ce principe : cass. soc. 14 janvier 1992, n° 91-40.757, *RJS* 4/92 n° 419 – soupçons étayés au moment du licenciement par deux expertises, infirmés ensuite par une contre-expertise ; cass. soc. 12 mars 1991, n° 88-43.051, BC V n° 120 ; *Dr. Soc.* 1991, p. 633, note J. Savatier – licenciement d'un salarié relaxé par la cour d'appel, justifié dans la mesure où la presse avait fait un large écho à la condamnation du salarié en première instance) ; il devrait en résulter qu'un employeur ne peut pas licencier un salarié au seul motif qu'une entreprise cliente refuse de laisser travailler dans ses propres locaux ce salarié ; voir cependant, en sens contraire, CA Paris, 22e ch. C, 17 janvier 1997, *RJS* 10/97 n° 1074, avec la note critique ;

c) la mésentente entre un salarié et tout ou partie du personnel ne peut constituer une cause de licenciement que si elle repose objectivement sur des faits imputables au salarié licencié (cass. soc. 9 novembre 2004, n° 02-42.938, *RJS* 1/05 n° 19 ; 27 novembre 2001, n° 99-45.163, BC V n° 360) ;

d) la Cour de cassation déroge elle-même à la règle qu'elle a posée selon laquelle elle ne contrôle pas la qualification « cause réelle et sérieuse ».

La même tendance à reprendre, au moins dans une certaine mesure, le contrôle de la cause réelle et sérieuse se manifeste à propos des licenciements pour insuffisance des résultats. La Cour de cassation décide que « la seule insuffisance de résultats ne peut, en soi, constituer une cause de licenciement » ; les juges du fond doivent vérifier que les objectifs définis étaient raisonnables et compatibles avec le marché (cass. soc. 30 mars 1999, n° 97-41.028, BC V n° 143 ; *RJS* 5/99 n° 641) et que les mauvais résultats procèdent soit d'une insuffisance professionnelle, soit d'une faute imputable au salarié (cass. soc. 3 octobre 2007, n° 06-42.121 ; 18 mai 2005, n° 03-40.579, *RJS* 8-9/05 n° 819). Lorsque les objectifs sont très difficiles à atteindre compte tenu des conditions d'exploitation du magasin (cass. soc. 3 février 1999, n° 97-40.606, BC V n° 56 ; *RJS* 3/99 n° 351) ou d'une conjoncture difficile (cass. soc. 4 avril 2001, n° 99-41.651, *RJS* 6/01 n° 729), les juges du fond peuvent, dans l'exercice de leur pouvoir d'appréciation, décider que le licenciement ne procède pas d'une cause réelle et sérieuse. Lorsque l'objectif est un chiffre d'affaires pour l'année civile, l'employeur ne peut reprocher au salarié, le 31 août, l'insuffisance de ses résultats par une projection de ceux-ci à la fin de l'année (cass. soc. 29 septembre 2009, n° 07-45.722, *RJS* 12/09 n° 906 ; 2 mars 2011, n° 08-44.977, BC V n° 55 ; *RJS* 5/11 n° 393).

Ces garanties étant données au salarié, la Cour de cassation décide que les objectifs peuvent être définis unilatéralement par l'employeur dans le cadre de son pouvoir de direction (cass. soc. 22 mai 2001, n° 99-41.838, BC V n° 180 ; *RJS* 8-9/01 n° 998 ; 2 mars 2011, n° 08-44.977, précité).

4. La Cour de cassation contrôle quelquefois le caractère sérieux de la cause du licenciement :
a) elle décide que, pendant la période de suspension du contrat de travail, seuls les actes de déloyauté peuvent constituer une cause réelle et sérieuse. Les obligations du salarié étant suspendues, l'employeur ne peut pas invoquer des actes commis par celui-ci pendant la période de suspension pour justifier un licenciement (cass. soc. 12 octobre 2011, n° 10-16.649, *RJS* 12/11 n° 964 ; *JCP* éd. S 2012, 1027, note B. Bossu ; 4 juin 2002, n° 00-40.894, BC V n° 191 ; *RJS* 8-9/02 n° 963 ; 21 mars 2000, n° 97-44.370, BC V n° 115 ; *RJS* 5/00 n° 524 ; *Dr. Soc.* 2000, p. 648 ; 16 juin 1998, n° 96-41.558, BC V n° 323). Il n'en va autrement que si l'acte commis constitue un acte de déloyauté vis-à-vis de l'employeur, l'obligation de loyauté continuant à produire tous ses effets malgré la suspension (arrêts précités) ;
b) elle précise que le remplacement définitif d'un salarié absent en raison d'une maladie ou d'un accident non professionnel doit intervenir dans un délai raisonna-

ble après le licenciement, délai que les juges du fond apprécient souverainement en tenant compte des spécificités de l'entreprise et de l'emploi concerné, ainsi que des démarches faites par l'employeur en vue d'un recrutement (cass. soc. 10 novembre 2004, n° 02-45.156, BC V n° 283 ; *RJS* 1/05 n° 30) ;
c) elle juge que l'unique cession gratuite à des clients de produits d'infime valeur marchande n'est pas une cause sérieuse de licenciement (cass. soc. 21 mars 2002, n° 00-40.776, *RJS* 6/02 n° 664) ;
d) elle juge que l'insuffisance de résultats ne peut constituer en soi une cause de licenciement (cass. soc. 12 février 2002, n° 99-42.878, BC V n° 65 ; *RJS* 5/02 n° 543 : les juges doivent rechercher s'il y a soit insuffisance professionnelle, soit faute imputable au salarié ; voir *supra* 3 d).

5. La Cour de cassation n'hésite pas à contrôler le caractère réel et sérieux de la cause économique du licenciement : contrôle de la réalité d'une suppression d'emploi (cass. soc. 5 avril 1995, 2 arrêts, n°s 93-42.690 et 93-43.866, BC V n° 123 ; *Dr. Soc.* 1995, p. 487, chron. G. Lyon-Caen, pp. 489 et s., comm. Ph. Waquet, pp. 482 et s. : la réalité de la suppression d'emploi est examinée au niveau de l'entreprise), contrôle de la réalité des difficultés économiques (cass. soc. 12 mai 1998, 2 arrêts, n°s 95-44.100 et 96-40.370, BC V n° 245), contrôle du bien-fondé de la réorganisation de l'entreprise (cass. soc. 1er avril 1992, n° 90-44.697, BC V n° 223 ; 5 avril 1995, 2 arrêts, n°s 93-42.690 et 93-43.866, précités), contrôle de l'impossibilité du reclassement du salarié (cass. soc. 1er avril 1992, n° 89-43.494, BC V n° 228 ; *RJS* 5/92 n° 598, 1re espèce ; 30 septembre 1997, n° 94-43.898, BC V n° 290 ; *RJS* 11/97 n° 1222), contrôle du lien de causalité entre les difficultés économiques et la nécessité du licenciement (cass. soc. 26 mars 1992, n° 91-41.274).

• Interdiction des définitions contractuelles ou conventionnelles de la cause réelle et sérieuse. Aucune clause du contrat de travail ne peut valablement décider qu'une circonstance quelconque constituera une cause réelle et sérieuse de licenciement (cass. soc. 14 novembre 2000, n° 98-42.371, BC V n° 367 ; *RJS* 1/01 n° 22 : arrêt rendu à propos d'une clause d'objectif, la non-réalisation de l'objectif à concurrence de 20 % de l'objectif annuel pendant deux trimestres consécutifs étant contractuellement retenue comme une cause de rupture du contrat). Seul le juge peut apprécier, dans le cadre des pouvoirs qu'il tient de l'article L. 1235-1 CT, si les faits invoqués par l'employeur dans la lettre de licenciement peuvent caractériser une cause réelle et sérieuse de licenciement. De la même façon, une clause de convention collective ne peut pas imposer au juge une définition de la cause réelle et sérieuse (cass. soc. 13 octobre 2004, n° 02-45.285, BC V n° 256 ; *RJS* 12/04 n° 1260 ; 6 mai 1998, n° 96-40.951, BC V n° 229 ; *RJS* 6/98 n° 720). Elle peut, en revanche, prévoir que certaines situations ne constitueront pas des causes réelles et sérieuses de licenciement.

• Possibilité de limiter conventionnellement les causes réelles et sérieuses de licenciement. Les dispositions légales relatives à la résiliation par l'employeur du contrat de travail n'interdisent pas aux partenaires sociaux de limiter à des causes qu'ils énumèrent le pouvoir de licencier de l'employeur (cass. soc. 29 septembre 2009, n° 07-43.431, BC V n° 208 ; *RJS* 12/09 n° 907 ; 25 octobre 2005, n° 02-45.158, BC V n° 301 ; *Dr. Soc.* 2006, p. 110, obs. J. Savatier ; 14 octobre 1997, n° 97-40.033, BC V n° 310 ; *Dr. Soc.* 1997, p. 1100 ; *RJS* 11/97 n° 1229 ; 28 février 1996, n° 94-40.561, *RJS* 4/96 n° 390 ; 3 février 1993, n° 91-42.409, BC V n° 33 ; *Dr. Soc.* 1993, p. 301). Le licenciement prononcé pour un motif autre que ceux conventionnellement prévus n'est pas nul mais seulement dépourvu de cause réelle et sérieuse en l'absence de disposition conventionnelle prévoyant expressément la nullité dans une telle hypothèse (cass. soc. 25 mars 2009, n° 07-44.748, BC V n° 84 ; *RJS* 6/09 n° 507 ; 25 octobre 2005, n° 02-45.158, précité ; 14 octobre 1997, n° 97-40.033, précité).

• Clause de garantie d'emploi. Le licenciement prononcé en violation d'une clause de garantie d'emploi n'est pas nécessairement un licenciement sans cause réelle et sérieuse ; les juges du fond doivent apprécier le caractère réel et sérieux des motifs invoqués par l'employeur dans la lettre de licenciement (cass. soc. 13 novembre 2008, n° 07-42.640, BC V n° 215 ; *RJS* 1/09 n° 3). Le salarié licencié en violation de la clause de garantie d'emploi a droit à une indemnité forfaitaire minimale correspondant aux salaires qu'il aurait dû percevoir jusqu'à la fin de la période de garantie d'emploi (cass. soc. 27 octobre 1998, n° 95-43.308, BC V n° 455 ; 2 février 1999, n° 96-40.773, BC V n° 49). À cette indemnité, s'ajoutent l'indemnité de préavis et celle de licenciement sans cause réelle et sérieuse lorsque le salarié peut y prétendre (cass. soc. 13 novembre 2008, n° 07-42.640, précité).

SECTION 2. **Entretien préalable**

Art. L. 1232-2. L'employeur qui envisage de licencier un salarié le convoque, avant toute décision, à un entretien préalable.

La convocation est effectuée par lettre recommandée ou par lettre remise en main propre contre décharge. Cette lettre indique l'objet de la convocation.

L'entretien préalable ne peut avoir lieu moins de cinq jours ouvrables après la présentation de la lettre recommandée ou la remise en main propre de la lettre de convocation.

Note • **Champ d'application.** L'employeur doit suivre la procédure de licenciement non seulement lorsqu'il prend l'initiative de rompre le contrat de travail mais aussi lorsqu'il le considère comme rompu du fait du salarié et qu'il prend acte de cette rupture (cass. soc. 25 juin 2003, 2 arrêts, n°s 01-40.235 et 01-41.150, BC V n° 208 ; *Dr. Soc.* 2003, p. 814, avis de l'avocat général P. Lyon-Caen ; « Les grands arrêts de droit du travail », *D.* 2008 n° 87 ; 13 janvier 2004, n° 01-44.853, BC V n° 5 ; *RJS* 4/04 n° 388, 1re espèce) ; à défaut, la rupture s'analyse en un licenciement sans cause réelle et sérieuse (arrêts précités).

En principe, tous les salariés, quels que soient leur ancienneté, le motif de leur licenciement et la taille de l'entreprise, bénéficient désormais d'un entretien préalable ; il existe cependant quelques exceptions. La plus générale concerne les salariés compris dans un licenciement économique de dix ou de plus de dix salariés intervenant dans une entreprise où existe un comité d'entreprise ou des délégués du personnel. La seconde exception est propre aux assistantes maternelles ; l'assistante maternelle, employée par un particulier, n'a pas droit à un entretien préalable lorsque le particulier décide de retirer l'enfant qui lui était confié (cass. soc. 16 juin 1998, n° 95-45.592, BC V n° 327 ; *RJS* 8-9/98 n° 1085). Enfin, lorsque la rupture du contrat résulte du décès de l'employeur, les héritiers n'ont pas à suivre la procédure de licenciement (rép. QE 13910, JO AN 9 juin 2003, p. 4482).

– Un employeur, qui avait envisagé de procéder à un licenciement pour motif économique de plus de dix salariés et mis en œuvre la procédure correspondante, n'est pas tenu de convoquer à un entretien préalable individuel les quatre salariés finalement licenciés (cass. soc. 26 janvier 1994, n° 92-41.512, BC V n° 30 ; *Dr. Soc.* 1994, p. 274 ; *CSB* 1994 S. 43).

– La circonstance que le salarié est malade ne saurait dispenser l'employeur de le convoquer pour l'entretien, même s'il s'agit d'une maladie de longue durée (cass. soc. 24 janvier 1985, n° 82-42.991, BC V n° 59).

– Une brève incarcération du salarié (une journée) qui, de surcroît, avait cessé lors du congédiement ne peut dispenser l'employeur de convoquer l'intéressé à un entretien préalable (cass. soc. 9 octobre 1980, n° 78-41.567, BC V n° 725). L'employeur doit respecter la procédure de licenciement, même lorsque l'incarcération du salarié est de plus longue durée (CA Paris, 18e ch., 11 juillet 1991, E. nguyen c/ Sté AGF), ce qui laisse entendre que le salarié peut se faire représenter à l'entretien (déjà, en ce sens, CA Bourges 23 avril 1976, *Dr. Ouvr.* 1977, p. 148 ; CA Montpellier, 27 juin 1985, Escudero c/ Sté Sobéa).

– Dès lors qu'un entretien (14 octobre) n'a été suivi d'aucune sanction et qu'une mesure de licenciement pour des faits postérieurs à cet entretien intervient par la suite (29 octobre), l'employeur était tenu de convoquer le salarié à un nouvel entretien (cass. soc. 7 novembre 1990, n° 88-44.361).

• **Convocation du salarié**

Caractère général de l'obligation. L'employeur qui envisage de licencier un salarié est toujours obligé de convoquer celui-ci à un entretien lorsque la procédure de licenciement individuel est applicable, à l'exception, toutefois, du licenciement d'une assistante maternelle travaillant pour le compte d'un particulier. La notification d'une mise à pied pour faute, même si elle est qualifiée de grave, n'est pas de nature à suppléer au défaut de convocation à l'entretien préalable (cass. soc. 16 juin 1983, *JS* 1983 SJ 142). Le caractère prétendument légitime d'un licenciement – le salarié congédié avait, par écrit, reconnu avoir commis les fautes qui lui étaient reprochées et que son licenciement était justifié – ne saurait dispenser l'employeur d'observer la procédure de l'entretien préalable (cass. soc. 9 avril 1987, n° 84-40.461, BC V n° 204).

Formes requises. Depuis l'intervention de la loi du 30 décembre 1986 précitée, cette convocation peut être faite par lettre recommandée ou par lettre remise en main propre. La circulaire ministérielle du 4 octobre 1989 précise que la remise en main propre contre décharge garantit la bonne réception en temps utile de la convocation par le salarié et évite les litiges issus des délais de réception de la lettre recommandée.

La convocation peut également être réalisée par voie d'huissier (cass. soc. 30 mars 2011, n° 09-71.412, BC V n° 83 ; *RJS* 6/11 n° 511) ou par l'envoi d'une lettre par Chronopost qui permet de justifier des dates d'expédition et de réception de la lettre (cass. soc. 8 février 2011, n° 09-40.027, BC V n° 45 ; *RJS* 4/11 n° 309).

Destination de la lettre de convocation. Une salariée ne saurait se prévaloir de son absence (congés payés passés hors du lieu de résidence habituel) lors de la présentation à son domicile d'une lettre recommandée la convoquant à un entretien préalable (cass. soc. 5 mars 1987, *JS* 1987 NB 55). Une lettre de convocation à un entretien préalable peut valablement être adressée à un salarié à sa résidence de vacances (cass. soc. 24 octobre 1989, Mimouni c/ SA Drôme Provence, en l'espèce lettre adressée au Maroc).

Délais. Depuis l'ordonnance du 24 juin 2004 (art. 2), il n'y a plus à faire de distinction entre les entreprises employeurs selon qu'elles sont ou non dotées d'institutions représentatives du personnel. Désormais, un délai de cinq jours ouvrables doit toujours être respecté entre la présentation de la lettre de convocation et l'entretien. Il convient cependant de préciser que, lorsque, après une convocation régulière, le salarié a demandé le report de l'entretien, aucun délai n'est imposé à l'employeur pour l'envoi d'une seconde convocation (cass. soc. 24 novembre 2010, n° 09-66.616, BC V n° 267 ; *RJS* 2/11 n° 115).

La computation du délai de cinq jours ouvrables doit être faite en appliquant les règles fixées par les articles 641 et 642 NCPC (cass. soc. 11 octobre 2005, n° 02-45.927 ; 9 juin 1999, n° 97-41.349, BC V n° 273 ; *RJS* 7/99 n° 905). Le jour de présentation de la lettre n'est pas compté dans le délai (cass. soc. 20 février 2008, n° 06-40.949, BC V n° 41 ; 20 décembre 2006, n° 04-47.853, BC V n° 396).

Le délai de cinq jours après la présentation de la lettre recommandée doit être respecté, même si l'employeur a averti le salarié par fax de la date de l'entretien avant la présentation de cette lettre (cass. soc. 13 septembre 2006, n° 04-45.698, BC V n° 267).

Le salarié ne saurait renoncer à ce délai de cinq jours ouvrables (cass. soc. 28 juin 2005, n° 02-47.128, BC V n° 215 ; *RJS* 10/05 n° 967).

Lorsque le licenciement a un caractère disciplinaire, la convocation à un entretien doit être adressée dans les deux mois qui suivent la connaissance par l'employeur des fautes commises par le salarié (application de l'ancien article L. 122-44 concernant la procédure disciplinaire : cass. soc. 15 mai 1991, n° 89-44.735, *CSB* 1991 B. 71 ; 28 juin 1990, n° 88-43.674, BC V n° 327 ; *RJS* 8-9/90 n° 663 ; 13 juillet 1993, n° 91-42.964, BC V n° 202 ; *RJS* 10/93 n° 985 ; *Dr. Soc.* 1993, p. 877 ; 17 janvier 1996, n° 92-42.031, BC V n° 14 ; *RJS* 3/96 n° 285 : ces arrêts précisent que la maladie ou l'accident du salarié n'entraîne ni la suspension ni l'interruption du délai de deux mois).

Art. R. 1232-1. La lettre de convocation prévue à l'article L. 1232-2 indique l'objet de l'entretien entre le salarié et l'employeur.

Elle précise la date, l'heure et le lieu de cet entretien.

Elle rappelle que le salarié peut se faire assister pour cet entretien par une personne de son choix appartenant au personnel de l'entreprise ou, en l'absence d'institutions représentatives dans l'entreprise, par un conseiller du salarié.

Note

• **Objet de l'entretien.** La convocation doit contenir l'indication non équivoque qu'un licenciement est envisagé et l'absence d'une telle mention doit entraîner la condamnation, fût-elle de principe, de l'employeur (cass. soc. 31 octobre 1989, n° 87-40.309, *RJS* 12/89 n° 921 ; 20 février 1991, n° 88-42.574, BC V n° 84). Mais il n'est pas nécessaire que la lettre de convocation à l'entretien mentionne les motifs qui font envisager le licenciement (cass. soc. 19 décembre 2007, n° 06-44.592, *RJS* 2/08 n° 159 : les droits de la défense sont respectés dès lors que le salarié a le droit d'être assisté au cours de l'entretien et qu'il peut se défendre contre les griefs formulés par l'employeur au cours de cet entretien ; les dispositions de l'article 7 de la convention 158 de l'OIT sont respectées).

• **Lieu de l'entretien.** L'article L. 1232-2 (ancien art. L. 122-14) n'exige pas que l'entretien préalable se déroule sur les lieux du travail ; une convocation au siège de l'entreprise est valable [cass. soc. 28 janvier 2005, n° 02-45.971, BC V n° 38 ; *Dr. Soc.* 2005, p. 476 ; 3 octobre 1995, n° 94-40.995, *Dr. Soc.* 1995, p. 933 ; 24 janvier 1996, n° 92-45.287, *RJS* 3/96 n° 261 : le salarié obtiendra le remboursement des frais de transport s'il en apporte la justification ; dans le même sens, cass. soc. 28 janvier 2005, n° 02-45.971, précité. En l'absence de précision légale ou réglementaire, la Cour de cassation décide que « le lieu de l'entretien préalable est en principe celui où s'exécute le travail ou celui du siège social de l'entreprise » ; lorsque l'employeur fixe l'entretien en un autre lieu, il faut qu'il puisse justifier ce choix (cass. soc. 9 mai 2000, n° 97-45.294, BC V n° 171 ; *RJS* 6/00 n° 650)].

Lorsque l'entretien préalable au licenciement a eu lieu dans un local technique vitré et situé au milieu du centre commercial, avec fenêtres ouvertes et convocation manifeste de plusieurs salariés pour écouter cet entretien, ceci constitue une mise en scène constitutive de procédés vexatoires : le salarié a droit à des dommages-intérêts supplémentaires, non compris dans l'indemnité pour licenciement sans cause réelle et sérieuse (CA Paris, 21e ch. A, 12 septembre 2007, n° 06-1603).

• **Date et heure.** Sous réserve des exigences relatives aux questions de délais à respecter entre la présentation de la lettre recommandée de convocation et le jour de l'entretien, l'employeur est-il libre de fixer le jour et l'heure de celui-ci ? Peut-il fixer l'entretien pendant une période de congés payés, pendant un jour de repos, un jour de travail en dehors des heures travaillées ? Les textes n'apportent aucune réponse à ces questions. La Cour de cassation juge que la convocation du salarié à l'entretien préalable en dehors du temps de travail ne constitue pas une irrégularité de procédure, mais le salarié peut prétendre à la réparation du préjudice subi (cass. soc. 7 avril 2004, n° 02-40.359, BC V n° 110 ; *RJS* 6/04 n° 670 : dans l'affaire rapportée, il est jugé que le salarié ne peut prétendre à aucune indemnisation, car le temps passé à l'entretien a été rémunéré).

L'absence de mention de l'heure sur la lettre de convocation à l'entretien préalable rend la procédure irrégulière (cass. soc. 27 septembre 2007, n° 05-45.592, *RJS* 12/07 n° 1266).

• **Assistance du salarié.** La lettre doit obligatoirement mentionner que le salarié peut se faire assister par un membre du personnel de l'entreprise ou, lorsque l'entreprise ne comporte pas d'institution représentative du personnel, par un conseiller extérieur à l'entreprise. Dans ce dernier cas, elle doit contenir l'adresse des services où la liste des conseillers est tenue à la disposition des salariés (inspection du travail et mairie). Si la lettre de convocation ne mentionne que l'adresse de l'inspection du travail, à l'exclusion de celle de la mairie où la liste des conseillers peut être consultée, cela entraîne pour le salarié un préjudice devant être indemnisé par l'attribution d'une indemnité qui ne peut être supérieure à un mois de salaire (cass. soc. 29 avril 2003, n° 01-41.364, BC V n° 145 ; *RJS* 7/03 n° 860).

La rédaction de l'article R. 1232-1 CT subordonne le droit à l'assistance d'un conseiller extérieur à l'entreprise à l'exécution du contrat de travail dans une entreprise : les employés de maison ne peuvent donc pas invoquer le droit à l'assistance d'un conseiller (cass. soc. 4 juin 1998, n° 95-44.693, BC V n° 302 ; *RJS* 10/98 n° 1305). Par ailleurs, l'ancien article L. 122-14 [R. 1232-1] visant l'absence de représentation du personnel dans l'entreprise, la Cour de cassation en déduit qu'un salarié ne peut pas invoquer le droit à l'assistance d'un conseiller au motif qu'aucune institution représentative du personnel n'existe dans l'établissement où il travaille, alors qu'il existe une représentation du personnel dans l'entreprise (cass. soc. 5 mars 1997, n° 94-43.042, *CSB* 1997 S. 88 ; cass. soc. 26 novembre 1996, n° 95-42.457, BC V n° 404 ; *Dr. Soc.* 1997, p. 200). De même, le salarié ne peut pas se faire assister par un conseiller extérieur à l'entreprise lorsqu'il existe une représentation du personnel au sein de l'UES dont fait partie l'entreprise employeur (cass. soc. 21 septembre 2005, n° 03-44.810, BC V n° 263 ; *Dr. Soc.* 2006, p. 105, obs. J. Savatier). Lorsque l'employeur relève d'une unité économique et sociale, il doit mentionner que le salarié peut se faire assister par une personne de son choix appartenant au personnel de l'UES (cass. soc. 8 juin 2011, n° 10-14.650, *RJS* 8-9/11 n° 672 : procédure irrégulière car la lettre de convocation à l'entretien mentionnait que l'intéressé ne pourrait se faire assister que par une personne appartenant obligatoirement au personnel de l'entreprise).

Pour la Cour de cassation, il existe une représentation du personnel au sens de l'article R. 1232-1 CT dès lors qu'un délégué syndical est présent dans l'entreprise (cass. soc. 19 février 2002, n° 00-40.657, BC V n° 68 ; *Dr. Soc.* 2002, p. 1078).

• **Sanctions.** Le défaut des mentions essentielles devant figurer dans la lettre de convocation (en l'espèce, absence des mentions concernant l'objet de l'entretien et la possibilité, pour le salarié, de se faire assister par une personne de son choix) doit entraîner l'application automatique de la sanction, fût-elle de principe, prévue à l'article L. 1235-2 (ancien art. L. 122-14-4) CT en cas de procédure irrégulière (cass. soc. 5 juillet 1978, n° 77-40.086, BC V n° 558 ; voir aussi cass. soc. 3 mai 1978, n° 77-40.129, BC V n° 318 ; 31 octobre 1989, n° 87-40.309, *RJS* 12/89 n° 921).

Art. L. 1232-3. Au cours de l'entretien préalable, l'employeur indique les motifs de la décision envisagée et recueille les explications du salarié.

Note **Présence du salarié.** Le salarié n'est pas obligé de répondre à la convocation de l'employeur, l'entretien est prévu dans le seul intérêt du salarié ; ce dernier ne commet aucune faute s'il préfère ne pas bénéficier de cette règle procédurale (cass. soc. 15 mai 1991, n° 89-44.670, BC V n° 235 ; *RJS* 6/91 n° 740 ; 28 novembre 2001, n° 99-46.031, *RJS* 2/02 n° 157) ; l'absence du salarié en raison de son état de santé n'oblige pas l'employeur à procéder à une nouvelle convocation (cass. soc. 26 mai 2004, n° 02-40.681, *RJS* 8-9/04 n° 898 ; 7 octobre 1997, n° 94-44.306, *RJS* 11/97 n° 1223).

Représentation. La loi ne prévoit pas la représentation de l'employeur ou du salarié au cours de l'entretien. La jurisprudence admet que l'employeur peut se faire représenter.

Pour que l'entretien conserve sa signification, il serait indispensable que le représentant de l'employeur ait qualité pour décider du maintien dans l'emploi ou du licenciement du salarié convoqué ; la Cour de cassation ne pose pourtant pas cette exigence (cass. soc. 14 juin 1994, n° 92-45.072, *CSB* 1994 A. 42 ; *RJS* 7/94 n° 851 : « la faculté de représenter l'employeur à l'entretien préalable n'est pas réservée au seul délégataire du pouvoir de prononcer le licenciement » ; cass. soc. 14 mai 1987, n° 83-46.073, BC V n° 332). Mais une personne étrangère à l'entreprise ne peut pas recevoir valablement mandat pour procéder à l'entretien et notifier le licenciement (cass. soc. 26 mars 2002, n° 99-43.155, BC V n° 105 ; *RJS* 6/02 n° 669 ; voir aussi cass. soc. 7 décembre 2011, n° 10-30.222, *LS* Jurispr. n° 253/2011 du 27/12/11).

La représentation de l'employeur étant admise dans le silence de la loi, la représentation du salarié doit être admise dans les mêmes conditions (en ce sens, CA Paris, 18e ch., 11 juillet 1991 ; CA Bourges 23 avril 1976, *Dr. Ouvr.* 1977, p. 148 ; CA Montpellier 27 juin 1985, cités dans la note sous art. L. 1232-2, rubrique : Champ d'application, Incarcération).

Assistance de l'employeur. La question de savoir si l'employeur peut se faire assister était controversée (voir notamment J. Pélissier, « Le nouveau droit du licenciement »). Deux arrêts de la Cour de cassation ont apporté une réponse à cette question. Dans un premier arrêt, la Cour de cassation admet que l'employeur peut se faire accompagner, sauf s'il est prouvé qu'une telle situation fait grief au salarié (cass. soc. 11 janvier 1984, *JS* 1984 F 41). Dans une espèce où l'employeur s'était fait assister par deux personnes, la Cour de cassation a estimé qu'il n'y avait pas lieu de reprendre la procédure, en faisant observer que les deux assistants étant les supérieurs hiérarchiques du salarié concerné, leur présence devait permettre une discussion approfondie, et que le salarié, qui avait pour sa part renoncé à se faire assister, n'avait, lors de l'entretien, élevé aucune contestation ni fait aucune réserve sur son déroulement (cass. soc. 7 mars 1985, *JS* 1985 F 46). Ce droit à l'assistance de l'employeur connaît plusieurs limites :

– lors de l'entretien préalable au licenciement, l'employeur ne peut se faire assister que par une personne appartenant au personnel de l'entreprise (cass. soc. 20 juin 1990, n° 87-41.118, BC V n° 302 ; 2 avril 1996, n° 93-42.689, *CSB* 1996 A. 38 ; 27 mai 1998, n° 96-40.741, BC V n° 284 ; *RJS* 7/98 n° 839 ; 28 octobre 2009, n° 08-44.241, BC V n° 234 ; *RJS* 1/10 n° 28 : irrégularité de la procédure au motif que l'employeur était assisté par son fils, actionnaire de la société employeur salarié du groupe, ancien salarié de la société. La Cour de cassation décide, dans cet arrêt, que l'appartenance au personnel de l'entreprise doit être entendue strictement ; 30 mars

2011, n° 09-71.412, BC V n° 83 ; *RJS* 6/11 n° 511 : la présence d'un huissier au cours de l'entretien constitue une irrégularité de procédure) ;
– l'assistance de l'employeur par plusieurs personnes ne doit pas transformer en enquête l'entretien préalable (cass. soc. 10 janvier 1991, n° 88-41.404, BC V n° 5 ; *RJS* 3/91 n° 325) et détourner celle-ci de son objet (cass. soc. 11 février 2009, n° 07-43.056 ; *RJS* 5/09 n° 420) ;
– l'employeur ne peut pas se faire assister par un délégué du personnel lorsqu'il existe un différend important entre ce délégué et le salarié convoqué à l'entretien (cass. soc. 21 juin 2011, n° 10-11.690, *RJS* 11/11 n° 863).

Déroulement de l'entretien. L'employeur (ou son représentant) doit, notamment, lors de l'entretien, faire connaître au salarié le ou les motifs du licenciement envisagé ; si cette « formalité » n'a pas été accomplie, une cour d'appel ne peut débouter un salarié licencié de ses demandes d'indemnité au seul motif que l'employeur a régulièrement fait état des causes du congédiement dans la lettre d'énonciation des motifs du licenciement (cass. soc. 28 mai 1997, n° 94-42.835, BC V n° 196 ; *RJS* 7/97 n° 801 ; 14 novembre 1985, n° 82-42.582, BC V n° 538). Si l'employeur licencie le salarié pour des faits postérieurs à l'entretien préalable, il doit, avant de notifier le licenciement, organiser un nouvel entretien (cass. soc. 30 mars 1994, n° 89-43.716, BC V n° 113 ; *RJS* 6/94 n° 677). Mais le fait de ne pas avoir évoqué, au cours de l'entretien, la cause présentée dans la lettre de licenciement comme la cause de celui-ci n'empêche pas le juge de décider que ce grief peut constituer une cause réelle et sérieuse (cass. soc. 28 mai 1997, n° 94-42.835, précité).

Les propos tenus par le salarié en cours d'entretien ne peuvent pas constituer, sauf abus, une cause de licenciement (cass. soc. 19 juin 1991, n° 89-40.843, BC V n° 310 et 27 juin 1991, n° 89-44.020, *RJS* 8-9/91 n° 959 ; cass. soc. 21 juin 1994, n° 92-45.133, *Dr. Soc.* 1994, p. 804).

Il est interdit d'enregistrer l'entretien à l'insu de l'autre partie ; la violation de cette interdiction constitue le délit d'atteinte à la vie privée (cass. crim. 16 janvier 1990, n° 89-83.075, B. crim. n° 25 ; *RJS* 4/90 n° 277).

L'entretien doit être mené dans une langue compréhensible par l'employeur et par le salarié ; à défaut, il doit être fait appel à un interprète accepté par les deux parties (cass. soc. 8 janvier 1997, n° 95-41.085, BC V n° 4 ; *CSB* 1997 A. 17 ; *Dr. Soc.* 1997, p. 317).

L'entretien revêt un caractère strictement individuel ; il est exclu que le salarié soit entendu en présence de collègues contre lesquels il est également envisagé de prononcer une mesure de licenciement, quand bien même les faits reprochés seraient identiques (cass. soc. 23 avril 2003, n° 01-40.817, BC V n° 138 ; *RJS* 7/03 n° 861 ; *Dr. Soc.* 2003, p. 777, obs. Fr. Favennec-Héry).

Art. L. 1232-4. Lors de son audition, le salarié peut se faire assister par une personne de son choix appartenant au personnel de l'entreprise.

Lorsqu'il n'y a pas d'institutions représentatives du personnel dans l'entreprise, le salarié peut se faire assister soit par une personne de son choix appartenant au personnel de l'entreprise, soit par un conseiller du salarié choisi sur une liste dressée par l'autorité administrative.

La lettre de convocation à l'entretien préalable adressée au salarié mentionne la possibilité de recourir à un conseiller du salarié et précise l'adresse des services dans lesquels la liste de ces conseillers est tenue à sa disposition.

Note

Assistance du salarié. Le salarié peut (il s'agit d'une simple faculté) se faire assister, ceci dans tous les cas, c'est-à-dire qu'il y ait ou non des institutions représentatives du personnel dans l'entreprise, par une personne de son choix appartenant à l'entreprise (mais pas nécessairement à l'établissement). Un salarié peut se faire assister par une personne qui est également convoquée à un entretien aux fins de licenciement (CE 16 juin 1995, n° 145728, *RJS* 8/95 n° 914).

Dans les entreprises dépourvues d'institutions représentatives du personnel, le choix du salarié peut se porter sur une personne extérieure à l'entreprise inscrite sur une liste départementale (art. L. 1232-7). La circulaire 91-16 du 5 septembre 1991 (non publiée au JO) relative à l'assistance du salarié lors de l'entretien préalable au licenciement a apporté, à cet égard, les précisions suivantes : « Il convient de considérer qu'une entreprise est dépourvue d'institutions représentatives du personnel lorsqu'il n'existe dans cette entreprise ni comité d'entreprise, ni délégués syndicaux, ni délégués du personnel, ni comité d'hygiène, de sécurité et des conditions de travail. La présence d'institutions représentatives du personnel devant s'apprécier, aux termes des articles L. 122-14 et L. 122-14-1 CT, au niveau de l'entreprise et non de l'établissement, on admettra que l'entreprise est pourvue d'institutions représentatives du personnel dès lors qu'une de ces institutions est présente dans un ou plusieurs établissements, même si tel n'est pas le cas de l'établissement dans lequel le salarié concerné travaille. Dans ce cas, en effet, le salarié pourra avoir recours à l'assistance d'un représentant du personnel d'un autre établissement et notamment du siège de l'entreprise. »

Cette interprétation ministérielle a été adoptée par les magistrats, à propos du sens qu'il convient de donner à l'expression « institutions représentatives du personnel » (cass. soc. 19 février 2002, n° 00-40.657, BC V n° 68 ; *RJS* 5/02 n° 547) ; interprétation discutable, car les délégués syndicaux ne sont pas des représentants du personnel et leur présence dans l'entreprise ne devrait pas faire échec au droit des salariés de se faire assister par un conseiller. Elle a été également retenue en ce qui concerne l'absence de représentation du personnel au niveau de l'établissement ; celle-ci ne suffit pas, à elle seule, à ouvrir droit à l'assistance d'un conseiller ne faisant pas partie du personnel de l'entreprise. Seule l'absence de représentants du personnel au niveau de l'entreprise ouvre ce droit (cass. soc. 26 novembre 1996, n° 95-42.457, BC V n° 404 ; *Dr. Soc.* 1997, p. 200).

La lettre de convocation est irrégulière si elle précise seulement que le salarié peut se faire assister par une personne extérieure à l'entreprise en raison de l'absence de représentants du personnel ; elle doit, en outre, indiquer que le salarié peut se faire assister par une personne de son choix appartenant au personnel de l'entreprise (cass. soc. 6 février 2001, n° 98-43.597, BC V n° 44 ; *RJS* 4/01 n° 423).

La procédure est irrégulière lorsque la lettre de convocation ne précise pas l'adresse des services dans lesquels la liste des conseillers peut être consultée ; cette irrégularité ouvre au salarié le droit à une indemnité maximale d'un mois de salaire (art. L. 1235-2 ; cass. soc. 2 juin 2004, n° 01-45.906, *RJS* 8-9/04 n° 889). Le salarié a droit à cette indemnité alors même qu'il s'est fait assister par un conseiller lors de l'entretien (cass. soc. 21 janvier 2009, n° 07-42.985, BC V n° 16 ; *RJS* 4/09 n° 329).

Est régulière la procédure préalable de licenciement dès lors qu'il apparaît que l'absence, pendant l'entretien, de la personne que le salarié souhaitait avoir pour assistant n'était pas due à une interdiction ou à une intervention dissuasive de l'employeur (cass. soc. 5 juin 1985, n° 84-43.023, BC V n° 325).

Rémunération de l'assistant appartenant à l'entreprise. Dans un arrêt du 12 février 1991, la Cour de cassation précise que le droit, reconnu au salarié par l'article L. 122 14 [L. 1232-4], de se faire assister lors de l'entretien préalable au licenciement par un autre salarié de l'entreprise implique que ce dernier ne doit, du fait de l'assistance qu'il prête, subir aucune perte de rémunération (cass. soc. 12 février 1991, n° 87-45.259, BC V n° 61 ; *RJS* 3/91 n° 323). La formule utilisée par la Cour de cassation laisse entendre, d'une part, que l'assistant ne recevra aucune « rémunération » si l'entretien a lieu en dehors de son horaire de travail (il ne subit en effet aucune perte de salaire du fait de l'assistance), d'autre part, qu'il a droit à une rémunération non seulement pour le temps de l'entretien mais aussi pour le temps de son déplacement si l'un et l'autre se situent pendant son horaire de travail. L'assistant du salarié a également droit au remboursement des frais de déplacement et de repas qu'il expose, peu important qu'il soit délégué syndical et qu'un accord d'entreprise attribue à chaque organisation syndicale une somme forfaitaire annuelle destinée à couvrir les frais de déplacement (cass. soc. 3 mars 2004, n° 01-43.579, *RJS* 5/04 n° 525).

Règles conventionnelles de procédure. Voir note sous art. L. 1332-2.

Art. R. 1232-2. Le salarié qui souhaite se faire assister, lors de l'entretien préalable à son licenciement, par un conseiller du salarié communique à celui-ci la date, l'heure et le lieu de l'entretien.

Le salarié informe l'employeur de sa démarche.

Art. R. 1232-3. Le conseiller du salarié confirme au salarié sa venue ou lui fait connaître immédiatement et par tous moyens qu'il ne peut se rendre à l'entretien.

Note La circulaire précitée du 5 septembre 1991 précise que le conseiller du salarié peut « intervenir, demander des explications à l'employeur, compléter celles du salarié et présenter des observations. Son rôle est strictement limité à cette seule fonction d'assistance et de conseil »

Art. L. 1232-5. Un décret en Conseil d'État détermine les modalités d'application de la présente section.

SECTION 3. Notification du licenciement

Art. L. 1232-6. Lorsque l'employeur décide de licencier un salarié, il lui notifie sa décision par lettre recommandée avec avis de réception.

Cette lettre comporte l'énoncé du ou des motifs invoqués par l'employeur.

Elle ne peut être expédiée moins de deux jours ouvrables après la date prévue de l'entretien préalable au licenciement auquel le salarié a été convoqué.

Un décret en Conseil d'État détermine les modalités d'application du présent article.

Note **Représentation de l'employeur.** L'article L. 1232-6, comme les articles L. 1232-2 et 3 relatifs à l'entretien, ne font référence qu'à l'employeur. C'est l'employeur qui convoque le salarié à un entretien (art. L. 1232-2) ; c'est l'employeur qui indique, au cours de l'entretien, les motifs qui font envisager le licenciement (art. L. 1232-3) ; c'est l'employeur qui notifie la décision de licenciement (art. L. 1232-6). Aucun de ces textes n'envisage la représentation de l'employeur.

Désignation d'un représentant. La Cour de cassation a admis, de façon assez libérale, la possibilité d'une représentation. En dehors des cas où les statuts de la personne morale employeur précisent les règles de la délégation de pouvoir, il est admis que le représentant de la personne morale peut déléguer son pouvoir. Logiquement, cette délégation de pouvoir devrait être donnée uniquement à un salarié de l'entreprise (en ce sens, cass. soc. 26 mars 2002, n° 99-43.155, BC V n° 105 ; *RJS* 6/02 n° 669 ; 7 décembre 2011, n° 10-30.222, *LS* Jurispr. n° 253/2011 du 27/12/11). Cette exigence ne semble pas toujours être imposée ; ainsi la Cour de cassation a-t-elle jugé que le directeur des ressources humaines de la société mère pouvait recevoir mandat aux fins de procéder à l'entretien préalable et au licenciement d'un salarié employé par une filiale alors qu'il n'est pas précisé qui est le mandant (cass. soc. 23 septembre 2009, n° 07-44.200, BC V n° 191 ; *RJS* 12/09 n° 898 : les salariés de la filiale n'étant pas les salariés de la société mère, seul le directeur de la société filiale devrait pouvoir donner valablement délégation pour licencier les salariés de cette filiale). La Cour de cassation entend, de façon large, l'appartenance à l'entreprise ; elle juge qu'un travailleur temporaire n'est pas une personne étrangère à l'entreprise au sein de laquelle il effectue une mission ; il peut ainsi valablement convoquer un salarié à un entretien et signer la lettre de licenciement (cass. soc. 2 mars 2011, n° 09-67.237, BC V n° 57 ; *RJS* 5/11 n° 406).

Par ailleurs, la délégation de pouvoir n'est pas soumise à des modalités rigoureuses. Il n'est pas nécessaire que la délégation de pouvoir soit donnée par écrit (cass. soc. 23 septembre 2009, n° 07-44.200, précité) ; il n'est pas non plus nécessaire qu'elle indique expressément qu'elle emporte pouvoir de licencier au nom de l'employeur : le pouvoir reconnu à un salarié « de représenter l'employeur dans toutes les actions liées à la gestion des ressources humaines emporte pouvoir de licencier » (cass. soc. 29 septembre 2010, n° 09-42.296, BC V n° 206 ; RJS 12/10 n° 950).

Lorsque les statuts de la personne morale déterminent avec précision les conditions de la délégation de pouvoir, les délégations qui sont réalisées sans respecter ces conditions sont privées d'effet et les licenciements prononcés sont irréguliers (cass. soc. 4 avril 2006, n° 04-47.677, BC V n° 134 ; cass. soc. 7 novembre 2007, n° 06-42.417). Cette solution semble être remise en cause par un arrêt récent de la Cour de cassation selon lequel une ratification, postérieure à la notification du licenciement, par le personne représentant l'employeur validerait le licenciement notifié par une personne n'ayant pas le pouvoir de licencier au moment où l'acte de licenciement a été notifié (cass. ch. mixte 19 novembre 2010, n° 10-30.215, BC n° 2).

Une question particulière a donné lieu à controverse et à des décisions statuant en sens opposé. Il s'agit des licenciements notifiés par un DRH dans une société par actions simplifiée (SAS). Plusieurs cours d'appel ont jugé, par application de l'article L. 227-6 c. com., que, dans les SAS, seul le président de la société ou, si les statuts le prévoient, un directeur général ou un directeur général délégué dont la nomination est soumise à publicité, peuvent notifier un licenciement ; un DRH n'a pas qualité pour prononcer un licenciement (CA Versailles, 5e ch., 24 septembre 2009, n° 08-02615 et 6 mai 2010, n° 09-0075 ; CA Paris, 2e ch., 3 décembre 2009, n° 09-05422 et 1er juillet 2010, n° 09-09613). Dans deux arrêts rendus en chambre mixte, la Cour de cassation a censuré cette interprétation. Elle affirme de façon péremptoire que « si, (selon l'article L. 227-6 c. com.), la société par actions simplifiée est représentée à l'égard des tiers par son président et, si ses statuts le prévoient, par un directeur général ou un directeur général délégué dont la nomination est soumise à publicité, cette règle n'exclut pas la possibilité, pour ces représentants légaux, de déléguer le pouvoir d'effectuer des actes déterminés tel que celui d'engager ou de licencier les salariés de l'entreprise » (cass. ch. mixte 19 novembre 2010, 2 arrêts, n° 10-10.095 et n° 10-30.215, BC n° 1 et n° 2 ; *SSL* 2010 n° 1469, p. 11, com. P. Henriot pp. 6 et s. ; G. Auzero et N. Ferrier, « La délégation du pouvoir de licencier dans les SAS », *RJS* 2/10, p. 83 et s.). Le premier arrêt affirme de nouveau que la délégation du pouvoir de licencier est valable même si elle n'est pas donnée par écrit et qu'elle peut même être tacite et découler des fonctions du salarié qui conduit la procédure de licenciement. Le second arrêt va encore plus loin en décidant, de façon contestable, que le licenciement notifié par une personne sans pouvoir au moment du licenciement peut être efficacement ratifié par le représentant de la société employeur plusieurs mois après la notification du licenciement. Il est assez curieux que l'employeur puisse valider a posteriori un licenciement prononcé irrégulièrement et priver, par l'effet de sa seule volonté, le salarié des droits nés à son profit au moment du licenciement.

Sanctions d'un licenciement prononcé par une personne n'ayant pas le pouvoir de licencier. Lorsque le signataire de la lettre de licenciement n'a pas le pouvoir de licencier, les juges hésitent entre l'annulation du licenciement (cass. soc. 29 avril 2009, n° 08-40.128, *LS* Jurispr. n° 102/2009 du 12/05/09 ; 13 septembre 2005, n° 02-47.619) ou la condamnation de l'employeur pour licenciement sans cause réelle et sérieuse (cass. soc. 30 septembre 2010, n° 09-40.114, BC V n° 208 ; *JCP* éd. E 2010, 1997, note Fr. Duquesne ; 7 décembre 2011, n° 10-30.222, précité). La logique juridique incite à privilégier la première solution (G. Auzero, « L'exercice du pouvoir de licencier », *Dr. Soc.* 2010, pp. 292 et s.). Mais, comme il est mentionné plus haut, l'une ou l'autre de ces sanctions pourrait être mise en échec par une régularisation postérieure de l'employeur (cass. ch. mixte 19 novembre 2010, nos 10-10.095 et 10-30.215, précités).

Forme de la notification. Le licenciement doit être notifié par lettre recommandée avec demande d'avis de réception. Cette formalité est obligatoire pour tout licenciement, mais il ne s'agit pas d'une formalité substantielle. La Cour de cassation a admis que la lettre recommandée pouvait valablement être remplacée par un exploit d'huissier, procédé présentant « une meilleure garantie pour toutes les parties » (cass. soc. 8 novembre 1978, n° 77-40.249, BC V n° 746) ou par une remise en main propre (cass. soc. 16 juin 2009, n° 08-40.722, BC V n° 149 ; *RJS* 8-9/09 n° 702 ; 16 décembre 2009, n° 08-42.922, *RJS* 3/10 n° 249). Un conseil de prud'hommes peut valablement condamner un employeur à remettre à un salarié qu'il a congédié une lettre de licenciement dans les formes légales (recommandée avec demande d'avis de réception) (cass. soc. 28 novembre 1989, n° 87-40.857).

Obligation d'énoncer les motifs. L'employeur a toujours l'obligation de mentionner dans la lettre de licenciement les motifs du licenciement. Cette obligation pèse sur lui quels que soient le motif du licenciement (tenant à la personne du salarié ou économique), l'ancienneté du salarié ou la taille de l'entreprise. Des dispositions contractuelles, conventionnelles ou statutaires ne peuvent pas en dispenser l'employeur (cass. soc. 12 janvier 2011, n° 09-41.904, BC V n° 16 ; *RJS* 3/11 n° 221). Exceptionnellement, cette obligation ne pèse pas sur l'employeur qui retire à une assistante maternelle la garde d'un enfant (cass. soc. 8 avril 2009, n° 07-43.868, BC V n° 112 ; *RJS* 6/09 n° 579).

Portée de la mention des motifs. La Cour de cassation juge que « la lettre de licenciement fixe les limites du litige » (cass. soc. 19 juin 1991, n° 89-40.843, BC V n° 310 ; *RJS* 8-9/91 n° 959). Elle s'oppose donc à ce que l'employeur invoque des motifs non indiqués dans cette lettre (cass. soc. 14 octobre 1993, n° 92-42.227, BC V n° 235 ; *RJS* 11/93 n° 1084 ; *Dr. Soc.* 1993, p. 967 : l'employeur ayant seulement invoqué un motif économique dans la lettre de licenciement, la cour d'appel n'a pas à examiner le motif disciplinaire invoqué ultérieurement par l'employeur ; cass. soc. 22 janvier 1998, n° 95-41.496, BC V n° 28 ; *RJS* 3/98 n° 291 ; 16 mars 1999, n° 96-45.247, BC V n° 115 ; *RJS* 5/99 n° 649 : la lettre mentionnant la faute lourde du salarié sans énoncer aucun fait, le licenciement est sans cause réelle et sérieuse).

La Cour de cassation interprète strictement cette obligation d'énoncer les motifs du licenciement. Ainsi, l'employeur qui licencie un salarié en absence prolongée doit-il invoquer expressément dans la lettre de licenciement non seulement la nécessité du remplacement du salarié absent mais aussi l'existence de perturbations dans le fonctionnement de l'entreprise résultant de cette absence. À défaut, le licenciement sera déclaré sans cause réelle et sérieuse (cass. soc. 19 octobre 2005, n° 03-46.847, BC V n° 294 ; *Dr. Soc.* 2006, p. 109, obs. J. Savatier). En revanche, l'employeur peut invoquer devant le juge tous les motifs mentionnés dans la lettre de licenciement, même ceux qui n'auraient pas été évoqués au cours de l'entretien (cass. soc. 28 juin 2000, n° 98-43.070, *RJS* 9-10/00 n° 927 ; 28 mai 1997, n° 94-42.835, BC V n° 196 ; *RJS* 7/97 n° 801 ; 18 mai 1995, n° 94-40.153, *RJS* 8-9/95 n° 874).

Si le juge doit s'en tenir au motif énoncé dans la lettre de licenciement, il n'est pas lié par la qualification donnée aux faits par l'employeur (cass. soc. 16 juin 1993, n° 91-45.102, *Dr. Soc.* 1993, p. 772 ; 30 juin 1993, n° 91-44.825, *Dr. Soc.* 1993, p. 771 ; 22 mars 1995, n° 93-45.121, *RJS* 5/95 n° 499). Cependant, lorsque l'employeur motive le licenciement par une faute grave du salarié, le juge ne peut retenir la cause réelle et sérieuse que si le fait allégué par l'employeur est un fait fautif (cass. soc. 27 octobre 2004, n° 02-41.187, BC V n° 268 ; *RJS* 1/05 n° 32 : « motivé par une faute grave..., le licenciement présentait un caractère disciplinaire et ne pouvait être justifié que par une faute du salarié » ; le licenciement prononcé à la suite du refus par le salarié d'un poste aménagé en raison de son inaptitude est sans cause réelle et sérieuse, car ce refus n'est pas fautif).

La règle selon laquelle la lettre de licenciement fixe les limites du litige interdit à l'employeur seul d'invoquer devant le juge des motifs de licenciement autres que ceux mentionnés dans la lettre. Le salarié licencié peut en revanche toujours soutenir devant le juge que le véritable motif de licenciement est autre que celui présenté par l'employeur dans la lettre de licenciement ; le juge recherchera quelle est la cause exacte du licenciement (cass. soc. 23 novembre 1999, n° 97-44.667, *RJS* 1/00 n° 27 ; cass. soc. 26 mai 1998, n° 96-41.062, BC V n° 276 ; *RJS* 7/98 n° 840).

Pluralité de motifs. À condition de respecter les règles de procédure applicables à chaque cause de licenciement, l'employeur peut invoquer dans la lettre de licenciement des motifs différents de rupture, inhérents à la personne du salarié, dès lors qu'ils procèdent de faits distincts. Après avoir écarté un des motifs énoncés dans la lettre (faute grave), les juges du fond peuvent retenir l'autre motif pour déclarer le licenciement justifié (cass. soc. 23 septembre 2003, n° 01-41.478, BC V n° 242 ; *Dr. Soc.* 2003, p. 1119, A. Cristau ; *D.* 2004 SC 102, obs. M-C Amauger-Lattes ; *RJS* 11/03 n° 1260, avis Av. gén. J. Duplat, pp. 863 et s. ; cass. soc. 6 juillet 2004, n° 02-41.578). Bien que cet arrêt semble réserver la possibilité d'énoncer plusieurs motifs aux situations où ces motifs sont tous inhérents à la personne du salarié, aucune raison juridique ne s'oppose à ce que la même solution soit retenue lorsque coexistent un motif économique et un motif personnel, découlant de faits indépendants (en ce sens, M-C Amauger-Lattes, *D.* 2004 SC 102 ; A. Cristau, *Dr. Soc.* 2003, p. 1119 ; « Les grands arrêts de droit du travail », *D.* 2004, p. 387).

Lorsque l'employeur invoque un motif économique et un motif personnel pour justifier le licenciement, le juge doit rechercher celui qui a été la cause première et déterminante du licenciement et apprécier le bien-fondé du licenciement au regard de cette seule cause (cass. soc. 3 avril 2002, n° 00-42.583, *RJS* 6/02 n° 697).

Absence d'énonciation de motifs. Le défaut total d'énonciation des motifs ou l'imprécision des motifs invoqués *équivaut à une absence de motif de licenciement* (cass. soc. 29 novembre 1990, n° 88-44.308, BC V n° 598 ; *CSB* 1991 A. 4).

La chambre sociale de la Cour de cassation a eu l'occasion de réaffirmer à plusieurs reprises la règle qu'elle entend faire respecter : l'absence de motif dans la lettre de licenciement équivaut à une absence de cause réelle et sérieuse (cass. soc. 20 janvier 1993, n° 91-41.931, BC V n° 17 ; *RJS* 3/93 n° 259 ; 21 septembre 1993, n° 91-43.705, *RJS* 11/93 n° 1083 ; 12 janvier 1994, n°s 92-42.745, 92-42.827, 92-43.521, BC V n° 2 et n° 92-43.580, *RJS* 2/94 n° 137, 4 arrêts) ; il en est ainsi même lorsque c'est le salarié qui a demandé que la cause du licenciement ne soit pas mentionnée dans la lettre modifiant celui-ci (cass. soc. 10 janvier 1995, n° 92-44.800, BC V n° 19 ; *RJS* 2/95 n° 114) ou lorsque celui-ci a reconnu expressément, avant l'envoi de la lettre de licenciement, la réalité des fautes qui lui sont reprochées et qui motivent le licenciement (cass. soc. 19 mars 1998, n° 96-40.391, BC V n° 161 ; *RJS* 5/98 n° 583). L'Assemblée plénière a, dans un arrêt du 27 novembre 1998, confirmé cette jurisprudence (cass. ass. plén. 27 novembre 1998, n° 96-44.358, BC n° 7 ; *Dr. Soc.* 1999, p. 19, concl. M. Joinet ; *RJS* 1/99 n° 23).

L'indication du motif de licenciement dans la lettre de convocation à l'entretien ne saurait remplacer la mention du motif dans la lettre de licenciement (cass. soc. 12 janvier 1994, 3 arrêts, n°s 92-42.745, 92-42.827 et 92-43.521, BC V n° 2 ; *RJS* 2/94 n° 137 ; 30 novembre 1994, n° 93-40.368, BC V n° 317 ; *Dr. Soc.* 1995, p. 61 ; 18 mai 1995, n° 94-40.153, *RJS* 8-9/95 n° 874 ; cass. ass. plén. 27 novembre 1998, 3 arrêts, n°s 97-40.423, BC n° 6 et n°s 96-40.199 et 96-44.358, BC n° 7 ; *RJS* 1/99 n° 23). Cependant, lorsqu'une copie de la lettre de convocation, mentionnant les motifs faisant envisager le licenciement, est annexée à la lettre notifiant le licenciement, la chambre sociale de la Cour de cassation juge que la lettre de convocation fait partie intégrante de la lettre de licenciement et que celle-ci énonce donc les motifs de licenciement (cass. soc. 2 décembre 1998, n° 96-44.363, *RJS* 1/99 n° 23). De même, la référence dans la lettre de licenciement à des correspondances antérieures ne vaut pas énonciation des motifs (cass. soc. 31 mai 1995, n° 93-44.719, BC V n° 171 ; *Dr. Soc.* 1995, p. 677, obs. H. Blaise ; 7 octobre 1997, n° 94-44.306, *RJS* 11/97 n° 1223), mais la référence, dans la lettre de licenciement, aux faits contenus dans un procès-verbal des services vétérinaires à l'encontre du salarié responsable de la boucherie vaut indication du motif de licenciement (cass. soc. 11 juin 1996, n° 93-42.778, *RJS* 11/96 n° 1162). De façon plus générale, il est admis que la lettre de licenciement, renvoyant à une annexe jointe à la lettre, est une lettre motivée dans la mesure où l'annexe fait état de motifs précis (cass. soc. 10 octobre 2000, n° 98-40.496, *RJS* 12/00 n° 1241).

Énonciation de motifs matériellement vérifiables. La Cour de cassation a d'abord assimilé l'imprécision des motifs invoqués à l'absence d'énonciation de motifs (cass. soc. 29 novembre 1990, n° 88-44.308, BC V n° 598 ; *CSB* 1991 A. 4 : « L'employeur n'avait énoncé dans la lettre de notification du licenciement, prononcé à titre disciplinaire, aucun motif précis, ce qui équivalait à une absence de motifs » ; cass. soc. 20 octobre 1994, n° 93-40.504, *Dr. Soc.* 1995, p. 60 ; 5 octobre 1994, n° 92-45.105, BC V n° 257 ; *RJS* 11/94 n° 1257, 2e espèce ; 21 juin 1994, n° 93-41.093, *RJS* 10/94 n° 1125, 2e espèce : licenciement en raison de la conjoncture économique : motif imprécis ; cass. soc. 29 juin 1994, n° 93-43.526, *RJS* 8-9/94 n° 971 : licenciement pour suppression de poste : le motif est imprécis ; il aurait fallu préciser les motifs économiques ou de changement de technologie à l'origine de cette suppression de poste).

Puis la Cour de cassation a atténué la portée du principe qu'elle avait posé. Elle juge que la lettre de licenciement mentionne un motif suffisamment précis lorsqu'elle indique les griefs adressés au salarié sans en préciser la date (cass. soc. 7 mars 1995, 2 arrêts, nos 93-43.415 et 93-43.596, *RJS* 4/95 n° 366 ; 15 octobre 2002, n° 00-44.954, *RJS* 12/02 n° 1377), l'insuffisance des résultats obtenus par le salarié (cass. soc. 13 décembre 1994, n° 93-43.945, BC V n° 339 ; *RJS* 4/95 n° 365), l'insuffisance professionnelle (cass. soc. 4 octobre 1994, n° 92-45.161, *CSB* 1995 A. 4 ; 26 octobre 1995, n° 94-42.217, *RJS* 12/95 n° 1238 ; 23 mai 2000, n° 98-42.064, BC V n° 194, rectifié par cass. soc. 18 juillet 2000, *RJS* 7-8/00 n° 783), les indélicatesses commises par le salarié (cass. soc. 3 mai 1995, n° 93-46.012, BC V n° 140 ; *RJS* 7/95 n° 767 ; *Dr. Soc.* 1995, p. 676, note H. Blaise). Mais elle juge que « les difficultés relationnelles » sont des termes trop généraux qui ne permettent pas de contrôler la cause du licenciement (cass. soc. 25 juin 1997, n° 95-42.451, BC V n° 236 ; *RJS* 10/97 n° 1077), que la lettre indiquant que le salarié ne remplit pas la tâche qui lui a été confiée est insuffisamment motivée (cass. soc. 7 janvier 1998, n° 95-41.371, *CSB* 1998 A. 20), ou encore que le motif « absence prolongée gênant le bon fonctionnement du service » manque de précision (cass. soc. 5 juin 2001, n° 99-41.603, BC V n° 209 ; *JSL* 13 septembre 2001, p. 22 : il faut préciser que cette absence rend nécessaire le remplacement définitif du salarié, sinon le licenciement sera réputé sans cause réelle et sérieuse ; dans un arrêt du 10 novembre 2004, la Cour de cassation juge que la lettre de licenciement est suffisamment motivée lorsqu'elle mentionne la nécessité du remplacement du salarié absent en raison de son état de santé ; il appartient aux juges du fond de vérifier que le remplacement a été définitif : cass. soc. 10 novembre 2004, n° 02-45.187, *RJS* 1/05 n° 31). De même, la référence à une faute lourde (cass. soc. 16 mars 1999, n° 96-45.247, BC V n° 115 ; *RJS* 5/99 n° 649), à une incompatibilité d'humeur (cass. soc. 4 février 1998, n° 95-41.982), à une mésentente sans autre précision (cass. soc. 5 février 2002, n° 99-44.383, BC V n° 50 ; *RJS* 4/02 n° 409), au non-respect de la hiérarchie (cass. soc. 31 mars 1999, n° 96-40.448), à de graves négligences (cass. soc. 5 juillet 2000, n° 98-42.889, *RJS* 9-10/00 n° 929), à un comportement déloyal (cass. soc. 10 mai 2001, n° 99-40.128 ; BC V n° 161 ; *RJS* 7/01 n° 850), à une inaptitude au poste occupé sans indication de la nature physique ou professionnelle de l'inaptitude invoquée (cass. soc. 20 février 2002, n° 99-40.527, BC V n° 72 ; *RJS* 5/02 n° 551) ne constitue pas l'énonciation d'un motif suffisamment précis ou « matériellement vérifiable ». Enfin, n'est pas motivée la lettre de licenciement qui se borne à évoquer le retrait de l'agrément nécessaire pour occuper un poste sans préciser les faits à l'origine de ce retrait, peu important à cet égard que des règles statutaires imposent le licenciement du salarié s'étant vu retirer son agrément (cass. soc. 12 janvier 2011, n° 09-41.904, BC V n° 16 ; *RJS* 3/11 n° 221).

Dans plusieurs décisions, la chambre sociale de la Cour de cassation substitue à l'exigence de « motif précis » celle de « motif matériellement vérifiable » ; « la lettre de licenciement qui énonce des griefs matériellement vérifiables répond aux conditions exigées par l'ancien article L. 122-14-2 CT » (cass. soc. 14 mai 1996, n° 94-45.499, BC V n° 189 ; *RJS* 6/96 n° 664 et n° 93-40.279, *RJS* 6/96 n° 664 ; 5 juillet 2000, n° 98-42.889, précité ; 23 mai 2000, n° 98-42.064, BC V n° 194 ; *RJS* 7-8/00 n° 783 ; 10 mai 2001, n° 99-40.128, BC V n° 161 ; *RJS* 7/01 n° 850).

Par ailleurs, ce qui importe, c'est l'énonciation de griefs dans la lettre de licenciement et non pas la qualification juridique qui leur est donnée par l'employeur pour savoir si le licenciement a une cause réelle et sérieuse (cass. soc. 30 septembre 1997, n° 94-45.474, *RJS* 11/97 n° 1228 : l'employeur avait licencié pour insuffisance professionnelle en mentionnant dans la lettre les fautes commises par le salarié ; le licenciement doit être requalifié en licenciement disciplinaire, mais les juges ne peuvent pas condamner l'employeur pour absence de cause réelle et sérieuse au motif que la cause de licenciement n'est pas l'insuffisance professionnelle ; ils doivent rechercher si les fautes mentionnées dans la lettre de licenciement sont de nature à justifier un licenciement).

Office du juge. Même si le moyen tiré du défaut de motivation de la lettre de licenciement n'a pas été soulevé par le salarié devant les juges du fond, il est nécessairement dans le débat. Il appartient donc aux juges de rechercher, au besoin d'office, en respectant le principe du contradictoire, si la lettre de licenciement énonce le ou les motifs du licenciement (cass. soc. 26 mai 1999, n° 97-40.803, BC V n° 235 ; *RJS* 7/99 n° 906).

Mentions des droits à la formation. L'employeur doit informer le salarié, s'il y a lieu, dans la lettre de licenciement, de la possibilité de demander pendant le préavis à bénéficier d'une action de bilan de compétence, de validation des acquis de l'expérience ou de formation (cass. soc. 2 juin 2010, n° 09-41.409, BC V n° 127 ; *RJS* 8-9/10 n° 695 : le salarié a droit à des dommages-intérêts lorsque la lettre de licenciement ne mentionne pas les droits du salarié à formation ; dans le même sens, cass. soc. 17 février 2010, n° 08-45.382, *RJS* 5/10 n° 458).

Point de départ du délai-congé. Si la rupture du contrat de travail se situe à la date d'envoi de la lettre recommandée avec demande d'avis de réception notifiant le licenciement, le préavis ne court qu'à compter de la date de présentation de cette lettre (cass. soc. 7 novembre 2006, n° 05-42.323, BC V n° 327).

Délai. Si, pour la notification du licenciement, la loi exige l'observation d'un délai minimal variant (un, quatre, sept, douze ou quinze jours) selon le motif (personnel ou économique) du licenciement, elle n'a fixé aucun délai maximal. Doit être rejeté le pourvoi fondé sur le motif qu'une lettre de licenciement était illégale pour avoir été envoyée plus d'un mois après l'entretien préalable, alors que l'article L. 122-14-1 [L. 1232-6] CT ne fixe aucun délai maximal entre l'entretien préalable et la lettre de licenciement (cass. soc. 24 janvier 1991, n° 89-40.263). Toutefois, s'il s'agit d'un licenciement prononcé pour motif disciplinaire, il y a lieu d'appliquer l'article L. 122-41 [L. 1332-2] CT ; la lettre de licenciement ne peut pas être adressée plus d'un mois après l'entretien préalable (cass. soc. 7 juillet 1998, n° 96-40.487, BC V n° 368 ; *RJS* 10/98 n° 1218 ; 4 mai 1995, n° 93-41.440, *RJS* 6/95 n° 630 ; 16 mars 1995, n° 90-41.213, BC V n° 90 ; *RJS* 5/95 n° 498 : le caractère tardif de la sanction prive le licenciement de cause).

Absence de notification dans les formes requises. Lorsque l'employeur manifeste sa volonté de licencier sans notifier le licenciement par lettre recommandée, le contrat de travail est rompu ; « malgré son irrégularité, le licenciement verbal a pour effet de rompre le contrat de travail » (cass. soc. 12 mars 1992, n° 90-44.174, *RJS* 4/92 n° 425 ; 30 septembre 1992, n° 88-44.080, *CSB* 1992 A. 49). Mais, en l'absence de lettre notifiant le licenciement, celui-ci sera considéré comme sans cause réelle et sérieuse (cass. soc. 23 juin 1998, n° 96-41.688, *RJS* 8-9/98 n° 971 ; 29 mars 1995, n° 92-43.380, *CSB* 1995 S. 84). Par ailleurs, une transaction conclue après notification par lettre simple ou par la remise en main propre n'a pas de valeur juridique (cass. soc. 18 février 2003, n° 00-42.948, BC V n° 61 ; *RJS* 5/03 n° 604).

SECTION 4. Conseiller du salarié

Art. L. 1232-7. Le conseiller du salarié est chargé d'assister le salarié lors de l'entretien préalable au licenciement dans les entreprises dépourvues d'institutions représentatives du personnel.

Il est inscrit sur une liste arrêtée par l'autorité administrative après consultation des organisations représentatives d'employeurs et de salariés au niveau national, dans des conditions déterminées par décret.

La liste des conseillers comporte notamment le nom, l'adresse, la profession ainsi que l'appartenance syndicale éventuelle des conseillers. Elle ne peut comporter de conseillers prud'hommes en activité.

Note Voir note sous article L. 1232-4.

Art. L. 1232-8. Dans les établissements de onze salariés et plus, l'employeur laisse au salarié investi de la mission de conseiller du salarié le temps nécessaire à l'exercice de sa mission dans la limite d'une durée qui ne peut excéder quinze heures par mois.

Art. L. 1232-9. Le temps passé par le conseiller du salarié hors de l'entreprise pendant les heures de travail pour l'exercice de sa mission est assimilé à une durée de travail effectif pour la détermination de la durée des congés payés, du droit aux prestations d'assurances sociales et aux prestations familiales ainsi qu'au regard de tous les droits que le salarié tient du fait de son ancienneté dans l'entreprise.

Ces absences sont rémunérées par l'employeur et n'entraînent aucune diminution des rémunérations et avantages correspondants.

Note Une circulaire DRT 2000-4 du 10 avril 2000 (BO TR 2000/19 du 20 octobre 2000) précise que lorsque le conseiller du salarié est victime d'un accident de trajet à l'occasion de l'exercice de sa mission, la direction départementale du travail, de l'emploi et de la formation professionnelle doit rembourser à l'employeur de ce conseiller le complément de salaire versé en application de l'accord national interprofessionnel du 10 décembre 1977, d'une convention collective de branche ou de l'accord d'entreprise. Ce remboursement est effectué selon les modalités qui président au remboursement des rémunérations des conseillers du salarié.

Art. L. 1232-10. Un décret détermine les modalités d'indemnisation du conseiller du salarié qui exerce son activité professionnelle en dehors de tout établissement ou dépend de plusieurs employeurs.

Art. L. 1232-11. Les employeurs sont remboursés par l'État des salaires maintenus pendant les absences du conseiller du salarié pour l'exercice de sa mission ainsi que des avantages et des charges sociales correspondants.

Art. L. 1232-12. L'employeur accorde au conseiller du salarié, sur la demande de ce dernier, des autorisations d'absence pour les besoins de sa formation. Ces autorisations sont délivrées dans la limite de deux semaines par période de trois ans suivant la publication de la liste des conseillers sur laquelle il est inscrit.

Les dispositions des articles L. 3142-7 à L. 3142-12, L. 3142-14 et L. 3142-15, relatives au congé de formation économique, sociale et syndicale, sont applicables à ces autorisations.

Art. L. 1232-13. Le conseiller du salarié est tenu au secret professionnel pour toutes les questions relatives aux procédés de fabrication.

Il est tenu à une obligation de discrétion à l'égard des informations présentant un caractère confidentiel et données comme telles par l'employeur.

Toute méconnaissance de cette obligation peut entraîner la radiation de l'intéressé de la liste des conseillers par l'autorité administrative.

Art. L. 1232-14. L'exercice de la mission de conseiller du salarié ne peut être une cause de rupture du contrat de travail.

Le licenciement du conseiller du salarié est soumis à la procédure d'autorisation administrative prévue par le livre IV de la deuxième partie.

Note La protection accordée au conseiller du salarié est indépendante de l'accomplissement de missions dont la mise en œuvre ne lui appartient pas (cass. soc. 14 janvier 2003, n° 00-45.883, BC V n° 4 ; *Dr. Soc.* 2003, p. 445, obs. Fr. Duquesne).

La protection du conseiller court à compter du jour où la liste est arrêtée par le préfet indépendamment des formalités de publicité (cass. soc. 22 septembre 2010, 2 arrêts, n°s 09-41.173 et 08-45.227, BC V n°s 192 et 190 ; *RJS* 11/10 n° 864). Ces arrêts opèrent un revirement de jurisprudence.

Le conseiller du salarié est désigné pour une période de trois ans (art. D. 1232-6 ; cass. soc. 19 juin 2007, n° 05-46.017, BC V n° 106 ; *RJS* 8-9/07 n° 933). La période de protection accordée au conseiller du salarié prend désormais fin au terme de la période de trois ans en cours au jour de son licenciement ou douze mois après la cessation de ses fonctions, à condition qu'il les ait exercées au moins pendant un an (cass. soc. 19 juin 2007, n° 05-46.017, précité).

La nouvelle rédaction du code du travail ne reprenant pas les termes de la rédaction antérieure, un employeur prétendait que le conseiller du salarié ne bénéficiait d'une protection particulière que pendant la période où il était conseiller et qu'il n'était plus protégé après la cessation de sa fonction. La Cour de cassation rejette cette prétention : « sauf dispositions expresses contraires, la recodification est intervenue à droit constant. Il en résulte que s'appliquent au conseiller du salarié les dispositions de l'article L. 2411-33 CT relative à la protection d'un délégué syndical » (cass. soc. 27 janvier 2010, n° 08-44.376, BC V n° 22 ; *RJS* 4/10 n° 322 : le conseiller ayant exercé ses fonctions plus de douze mois, il ne peut être licencié sans autorisation administrative pendant les douze mois suivant la cessation de ses fonctions).

Art. D. 1232-4. La liste des conseillers du salarié est préparée par le ***(D. 2009-1377 du 10 nov. 2009, JO 13 ; D. 2010-687 du 24 juin 2010, JO 25 ; voir D. 2010-1582 du 17 déc. 2010, JO 18, pour outre-mer)*** « directeur régional des entreprises, de la concurrence, de la consommation, du travail et de l'emploi », après consultation des organisations d'employeurs et de salariés représentatives au niveau national siégeant à la Commission nationale de la négociation collective, dont les observations sont présentées dans le délai d'un mois.

Les conseillers du salarié sont choisis en fonction de leur expérience des relations professionnelles et de leurs connaissances du droit social.

Ils exercent leurs fonctions à titre gratuit.

Note L'article L. 1232-7 précise que ces listes ne peuvent comporter de conseillers prud'hommes en activité. Il ressort par ailleurs de l'article D. 1232-7 (ancien art. D. 122-5) que « des fonctionnaires en activité » (ex. : inspecteur du travail, contrôleur du travail) peuvent au contraire être inscrits sur lesdites listes.

Art. D. 1232-5. La liste des conseillers du salarié est arrêtée dans chaque département par le préfet et publiée au recueil des actes administratifs de la préfecture.

Elle est tenue à la disposition des salariés dans chaque section d'inspection du travail et dans chaque mairie.

Note La liste des conseillers pouvant être consultée tant en préfecture qu'à l'inspection du travail et en mairie, les inscriptions sur cette liste sont opposables à tous (cass. soc. 14 janvier 2003, n° 00-45.883, BC V n° 4 : l'employeur d'un conseiller ne peut pas prétendre utilement qu'il ne connaissait pas cette fonction du salarié pour échapper à une condamnation sanctionnant un licenciement irrégulier).

Voir note sous article L. 1232-4.

Art. D. 1232-6. La liste des conseillers du salarié est révisée tous les trois ans.

Elle peut être complétée à tout moment si nécessaire.

Art. D. 1232-7. Les frais de déplacement et de séjour hors de leur résidence supportés par les médiateurs, les experts et les personnes qualifiées, pour l'accomplissement de leur mission, leur sont remboursés dans les conditions prévues par la réglementation en vigueur pour les fonctionnaires de l'État.

Art. D. 1232-8. Le conseiller du salarié qui a réalisé au moins quatre interventions au cours de l'année civile peut bénéficier d'une indemnité forfaitaire annuelle dont le montant est fixé par arrêté conjoint des ministres chargés du budget et du travail.

Art. D. 1232-9. L'employeur est remboursé mensuellement par l'État des salaires maintenus en application des dispositions de l'article L. 1232-9 ainsi que de l'ensemble des avantages et des charges sociales correspondant qui lui incombent.

Lorsque l'horaire de travail est supérieur à la durée légale, la charge des majorations pour heures supplémentaires est répartie entre l'État et l'employeur. Cette répartition est réalisée proportionnellement au temps passé par le conseiller du salarié respectivement au sein de son entreprise et dans l'exercice de sa fonction d'assistance.

Ce remboursement est réalisé au vu d'une demande établie par l'employeur et contresignée par le conseiller du salarié mentionnant l'ensemble des absences de l'entreprise ayant donné lieu à maintien de la rémunération ainsi que les autres éléments nécessaires au calcul des sommes dues. Cette demande de remboursement est accompagnée d'une copie du bulletin de paie correspondant ainsi que des attestations des salariés bénéficiaires de l'assistance.

En cas d'employeurs multiples, il est produit autant de demandes de remboursement qu'il y a d'employeurs ayant maintenu des salaires.

Art. D. 1232-10. Par dérogation aux dispositions de l'article D. 1232-9, le conseiller du salarié rémunéré uniquement à la commission est indemnisé directement dans les conditions prévues par le présent article.

Pour chaque heure passée entre 8 heures et 18 heures dans l'exercice des fonctions de conseiller, le conseiller du salarié rémunéré uniquement à la commission perçoit une indemnité horaire égale à 1/1 900 des revenus professionnels déclarés à l'administration fiscale l'année précédente.

À cet effet, l'intéressé produit copie de sa déclaration d'impôts ainsi qu'une attestation de revenus délivrée par le ou les employeurs.

Art. D. 1232-11. Le salarié qui exerce son activité professionnelle en dehors de tout établissement, à l'exception des salariés mentionnés à l'article D. 1232-10, a droit à ce que les heures passées à l'exercice des fonctions de conseiller du salarié entre 8 heures et 18 heures soient considérées, en tout ou partie, comme des heures de travail et payées comme telles par l'employeur.

Ce dernier est remboursé intégralement dans les conditions prévues à l'article D. 1232-9.

Art. D. 1232-12. Le conseiller du salarié peut être radié de la liste par le préfet, dans les conditions prévues à l'article L. 1232-13.

Art. L. 1238-1. Le fait de porter ou de tenter de porter atteinte à l'exercice régulier des fonctions de conseiller du salarié, notamment par la méconnaissance des articles L. 1232-8 à L. 1232-12 et L. 1232-14, est puni d'un emprisonnement d'un an et d'une amende de 3750 €.

CHAPITRE III

Licenciement pour motif économique

Note • Les dispositions insérées dans ce chapitre, issues de la loi 75-5 du 3 janvier 1975 relative aux licenciements pour cause économique, ont été profondément modifiées par les lois 86-797 et 86-1320 du 3 juillet 1986 (JO 4), 30 décembre 1986 (JO 31), 89-549 du 2 août 1989 (JO 8), 92-722 du 29 juillet 1992 (JO 30), 93-121 du 27 janvier 1993 (JO 30), 93-1313 du 20 décembre 1993 (JO 21), 2002-73 du 17 janvier 2002 (JO 18, avec décision C. constit. 2001-455 DC du 12 janvier 2002), enfin, par la loi 2005-32 du 18 janvier 2005 (JO 19, avec décision C. constit. 2004-509 DC du 13 janvier 2005).

• Le cadre communautaire est défini par la directive 98/59/CE du Conseil du 20 juillet 1998 relative aux licenciements collectifs (JOCE 12 août) qui a codifié la directive 75/129/CEE du 17 février 1975 complétée par la directive 92/56/CEE du 24 juin 1992 (voir Code annoté européen du travail, *Groupe Revue fiduciaire*, éd. 2010, p. 290). Un arrêt de la CJCE du 15 février 2007 (aff. C-270/05, rec. p. I-1499) précise la notion d'établissement visée par la directive.

• Parmi les études d'ensemble consacrées à ce sujet, on citera notamment : F. Favennec-Héry, « Rupture du contrat de travail pour motif économique et droit du licenciement », *JCP* éd. S 2008 n° 28, p. 14 ; B. Boubli, « Trente ans après, un nouveau visage du licenciement économique », *Dr. Soc.* 2007, p. 293 ; Ph. Waquet : « Emploi et profit », *RJS* 5/06, p. 351 ; « Les restructurations », n° spécial, *Dr. Soc.* mars 2006 ; D. Balmary, « Le licenciement économique : du contrôle à la négociation », *Dr. Soc.* 2004, p. 272 ; B. Boubli, « La sauvegarde de la compétitivité de l'entreprise », *Dr. Soc.* 2004, p. 1094 ; F. Favennec-Héry, « Licenciement économique : du contrôle *a priori* à la responsabilité *a posteriori* de l'entreprise », *RJS* 4/02, p. 287 ; M-C Escande-Varniol, « La Cour de cassation et l'intérêt de l'entreprise », *RJS* 4/00, p. 260 ; D. Balmary, « Le droit du licenciement économique est-il vraiment un droit favorable à l'emploi ? », *Dr. Soc.* 1998, p. 131 ; A. Philbert, « Le droit prétorien du licenciement économique », *Dr. Soc.* 1998, p. 35 ; M. Henry, « La notion du motif économique », *Dr. Soc.* 1995, p. 551 ; J. Pélissier, « La cause économique du licenciement », chron. *RJS* 8-9/92 analysant la distinction entre la cause qualificative et la cause justificative du licenciement.

Voir également circulaire DGEFP/DRT 2005-47 du 30 décembre 2005 (BO TR 2006/2) relative à l'anticipation et à l'accompagnement des restructurations et instruction DGEFP n° 12 du 30 juillet 2008 relative au rôle de l'État en matière de restructurations (*LS* du 2 septembre 2008, n° 15187, p. 1).

SECTION 1. Champ d'application

Art. L. 1233-1. Les dispositions du présent chapitre sont applicables dans les entreprises et établissements privés de toute nature ainsi que, sauf dispositions particulières, dans les entreprises publiques et les établissements publics industriels et commerciaux.

Note **Employés de maison.** Le licenciement d'un employé de maison, même s'il repose sur un motif étranger à sa personne, n'est pas soumis aux dispositions concernant les licenciements pour motif économique (cass. soc. 18 février 1998, n° 95-44.721, BC V n° 94 ; *RJS* 4/98 n° 539 ; *Dr. Soc.* 1998, p. 459, note J. Savatier).

Personnels des services des ambassades et des services diplomatiques d'un État. Les règles régissant le licenciement pour motif économique ne sont pas applicables aux licenciements des personnels des services administratifs et techniques des ambassades et services diplomatiques des États étrangers (cass. soc. 13 novembre 2008, n° 07-41.411, BC V n° 216 ; *RJS* 1/09 n° 28).

SECTION 2. Dispositions communes

Sous-section 1. Cause réelle et sérieuse

Art. L. 1233-2. ***(L. 2008-596 du 25 juin 2008, JO 26)*** Tout licenciement pour motif économique est motivé dans les conditions définies par le présent chapitre.

Il est justifié par une cause réelle et sérieuse.

Note Le défaut de cause réelle et sérieuse de licenciement ne lui enlève pas sa nature juridique de licenciement économique ; le salarié est alors fondé à prétendre au bénéfice des mesures d'accompagnement prévues par le plan social (cass. soc. 14 février 2007, n° 05-40.504, BC V n° 25 ; *RJS* 5/07 n° 580).

Il appartient aux juges du fond d'apprécier la réalité et le sérieux des difficultés économiques (cass. soc. 6 février 1996, n° 92-43.732, *CSB* suppl. au n° 83, sept.-oct. 1996, p. 61 ; 12 mai 1998, 2 arrêts, nos 95-44.100 et 96-40.370, BC V n° 245 ; *RJS* 6/98 n° 712). Pour apprécier le caractère réel et sérieux des licenciements pour motif économique, le juge doit se placer au moment de la notification de leur licenciement aux salariés (cass. soc. 30 mars 2010, n° 09-40.068, BC V n° 83 ; *RDT*, juin 2010, CH, 372, Fr. Géa). Ainsi, doit être cassé l'arrêt qui s'est borné à énoncer que la baisse du chiffre d'affaires d'une société suffisait à justifier dans son principe le licenciement économique prononcé (cass. soc. 12 décembre 1991, n° 90-44.762, BC V n° 579 ; 6 juillet 1999, n° 97-41.036, BC V n° 327 ; *RJS* 10/99 n° 1236).

Sous-section 2. Définition du motif économique

Art. L. 1233-3. Constitue un licenciement pour motif économique le licenciement effectué par un employeur pour un ou plusieurs motifs non inhérents à la personne du salarié résultant d'une suppression ou transformation d'emploi ou d'une modification, refusée par le salarié, d'un élément essentiel du contrat de travail, consécutives notamment à des difficultés économiques ou à des mutations technologiques.

Les dispositions du présent chapitre sont applicables à toute rupture du contrat de travail ***(L. 2008-596 du 25 juin 2008, JO 26)*** « , à l'exclusion de la rupture conventionnelle visée aux articles L. 1237-11 et suivants, » résultant de l'une des causes énoncées au premier alinéa.

Note • **Définition.** La loi du 2 août 1989 a introduit pour la première fois une définition du licenciement économique. Le Conseil constitutionnel a déclaré non conformes à la Constitution les dispositions votées par le législateur en 2001 (C. constit. 2001-455 DC du 12 janvier 2002, JO 18).

La Cour de cassation a progressivement tracé les contours de la notion de licenciement pour motif économique. Les conditions relatives à la suppression d'emploi, à la transformation d'emploi ou à la modification substantielle du contrat (« élément matériel » du licenciement pour motif économique) et celles ayant trait aux difficultés économiques, aux mutations technologiques ou à la réorganisation destinée à sauvegarder la compétitivité de l'entreprise (« élément causal ») doivent être cumulativement remplies (cass. soc. 4 février 1997, n° 94-19.798, BC V n° 48 ; 13 juillet 1999, n° 97-42.939, *RJS* 11/99 n° 1360). Les licenciements ont une cause économique réelle et sérieuse lorsqu'il est établi que la réorganisation de l'entreprise, qui entraîne des suppressions d'emplois, est nécessaire à la sauvegarde de la compétitivité de l'entreprise ou du secteur d'activité du groupe auquel elle appartient. Dès lors que les juges du fond reconnaissent que cette condition est remplie dans les trois hypothèses de réorganisation envisagées initialement par l'employeur, il ne leur appartient pas de contrôler le choix effectué par l'employeur entre plusieurs solutions possibles (cass. ass. plén. 8 décembre 2000, n° 97-44.219, BC n° 11 ; *Dr. Soc.* 2001, p. 126, concl. Ph. de Caigny, note A. Cristau ; *RJS* 2/01 n° 180, chron. P-H Antonmattei, p. 95 ; *CSB* 2001 A. 15 ; *D.* 2001, p. 1125, note J. Pélissier ; *JCP* éd. G 2001.II.10498, note Fr. Duquesne ; *Dr. Soc.* 2001, p. 417, A. Jeammaud et M. Le Friant ; *RJS* 7/01, p. 567, chron. Ph. Waquet. Voir également cass. soc. 8 novembre 2005, n° 03-45.035, *CSB*

2006 S. 92 ; 20 juin 2007, 3 arrêts, n°s 06-41.437, 06-41.438 et 05-45.924, *RDT* 2007, chron. p. 585, obs. A. Fabre ; 8 juillet 2009, n° 08-40.046, BC V n° 173 ; *RJS* 10/09 n° 776).

Lire également A. Fabre, « Actualité de la motivation du licenciement économique », *RDT* 2011, p. 439 ; D. Baugard, « La qualification de motif économique », *RDT* 2009, p. 510.

• **Motif inhérent ou non inhérent à la personne.** En cas de coexistence d'un motif économique et d'un motif personnel, il convient de rechercher celui qui a été la cause première et déterminante, et d'apprécier le bien-fondé du licenciement au regard de cette seule cause (cass. soc. 3 avril 2002, n° 00-42.583, *RJS* 6/02 n° 697 ; J. Duplat, *RJS* 11/03 p. 863 ; A. Cristau, *Dr. Soc.* 2003, p. 1119). Ne constitue pas un licenciement pour motif économique le licenciement essentiellement fondé sur l'âge du salarié, élément inhérent à sa personne (cass. soc. 24 avril 1990, n° 88-43.555, BC V n° 181) ; sur l'insuffisance professionnelle (cass. soc. 21 juillet 1994, n° 92-42.764, *SSL* 1994, n° 713 ; 14 mai 1996, n° 93-40.447, BC V n° 188), sur une insuffisance de résultats (cass. soc. 26 octobre 1999, n° 97-43.613, BC V n° 408 ; *RJS* 12/99 n° 1447), sur l'inaptitude physique (cass. soc. 17 février 1994, n° 90-45.411, *Dr. Ouvr.* 1994, p. 349 ; 29 avril 1998, n° 96-40.582, BC V n° 213 ; 14 novembre 2000, n° 98-45.371, BC V n° 368 ; *RJS* 1/01 n° 24 ; *Dr. Soc.* 2001, p. 202), sur l'inaptitude professionnelle invoquée par l'employeur pour refuser aux salariés la possibilité d'occuper les emplois modifiés par la mutation technologique de l'entreprise (cass. soc. 12 décembre 1991, n° 90-46.002, BC V n° 578 ; 30 novembre 1994, n° 93-42.864 ; *a contrario*, voir cass. soc. 15 octobre 1992, n° 91-43.632, BC V n° 513) ou sur la circonstance que le salarié ne remplit plus les conditions légales pour occuper les fonctions (cass. soc. 3 juin 1998, n° 96-40.016, BC V n° 295 ; *RJS* 10/98 n° 1186 ; 3 février 2004, n° 01-44.448, *RJS* 4/04 n° 389).

Le licenciement consécutif au refus d'une mutation décidée à la suite d'un désaccord avec le président de la société repose sur un motif inhérent à la personne du salarié et n'est pas justifié par un motif économique (cass. soc. 2 juin 1993, n° 91-41.010, chron. *CSB* 1993, p. 277).

En revanche, le fait que le salarié se soit proposé pour être inclus dans la mesure de licenciement collectif à la place d'un autre salarié n'a pas pour effet de lui conférer le rôle d'auteur d'une mesure décidée par l'employeur (cass. soc. 18 mars 1992, n° 88-40.923, BC V n° 191).

Le défaut de cause réelle et sérieuse du licenciement n'enlève pas à celui-ci sa nature juridique de licenciement pour motif économique, même si sa véritable cause est d'ordre personnel (cass. soc. 8 juillet 2009, n° 08-42.914, *RJS* 11/09 n° 846).

Le caractère frauduleux de licenciements notifiés pour motif personnel alors que la cause réelle est économique affecte la validité des transactions ensuite conclues ; faute de procéder d'une cause immorale, il ne fait pas obstacle à la restitution par les salariés des sommes perçues en exécution des transactions annulées (cass. soc. 10 novembre 2009, n° 08-43.805, BC V n° 251 ; *RJS* 1/10 n° 35).

• **Suppression d'emploi.** La suppression d'emploi doit être effective ; tel n'est pas le cas lorsque le salarié se trouve remplacé dans l'emploi occupé ou dans un emploi de même nature (cass. soc. 4 novembre 1992, n° 91-41.278, *CSB* 1992 A. 54 ; 22 février 1995, n° 93-44.074, BC V n° 67 ; 27 février 1997, n° 94-40.095, *CSB* 1997 S. 93 ; 8 décembre 2004, n° 02-44.045, BC V n° 320 ; *CSB* 2005 S. 105), notamment lorsque l'employeur entend remplacer les contrats à durée indéterminée par des contrats à durée déterminée (cass. soc. 12 février 1997, n° 95-41.694, BC V n° 58 ; *RJS* 3/97 n° 265 ; *CSB* 1997 A. 25 ; 16 octobre 1997, n° 95-41.318, BC V n° 320 ; *RJS* 12/97 n° 1348). Encore faut-il que les emplois pourvus soient de même nature et de même niveau (cass. soc. 19 novembre 1992, n° 90-40.937 ; 12 janvier 1993, n° 90-40.769). Mais il y a bien suppression d'emploi en cas de fermeture d'un établissement en France et de transfert de l'activité sur d'autres sites, notamment à l'étranger (cass. soc. 5 avril 1995, n°s 93-42.690 et 93-43.866, cités *infra* « niveau d'appréciation du motif »). La suppression d'emploi peut également résulter d'un recours à la sous-traitance (cass. soc. 12 janvier 1994, n° 92-41.687).

N'est pas justifié par un motif économique le licenciement de deux salariés exerçant les mêmes tâches, alors qu'en réalité un seul emploi est supprimé (cass. soc. 25 février 1992, n° 90-40.712, BC V n° 121 ; 23 septembre 1992, n° 90-41.237, BC V n° 471).

Lorsque le salarié a été maintenu dans l'entreprise plusieurs mois après le licenciement et au-delà du terme du préavis, le juge a pu décider que les difficultés économiques n'imposaient pas la suppression de l'emploi du salarié (cass. soc. 17 mars 1998, n° 96-40.644, BC V n° 145 ; *RJS* 5/98 n° 579). La seule mention de l'impossibilité de maintenir le poste de reclassement dans lequel le salarié a été affecté après la suppression de son poste ne constitue pas en elle-même une cause économique de licenciement (cass. soc. 9 octobre 2002, n° 00-44.868, *RJS* 12/02 n° 1375).

Le poste n'est pas supprimé lorsqu'un autre salarié est affecté aux fonctions exercées par le salarié licencié, peu important qu'il ait été salarié de la société mère (cass. soc. 16 janvier 2001, n° 98-44.461, BC V n° 11 ; *RJS* 3/01 n° 292 ; *Dr. Soc.* 2001, p. 559). En revanche, la suppression d'un poste, même si elle s'accompagne de la répartition des tâches accomplies par le salarié licencié entre les salariés demeurés dans l'entreprise, est une suppression d'emploi (cass. soc. 29 janvier 1992, n° 91-42.128, BC V n° 51 ; *CSB* 1992 A. 16 ; 2 juin 1993, n° 90-44.956, BC V n° 155 ; 29 novembre 1995, n° 94-40.345, *CSB* suppl. au n° 83, sept.-oct. 1996, p. 63). Dans le cadre de la réorganisation de l'entreprise, un salarié peut être affecté au poste de travail précédemment occupé par un salarié licencié en application des critères déterminant l'ordre des licenciements (cass. soc. 29 juin 1994, n° 92-44.466, BC V n° 216 ; 13 juin 1996, n° 93-43.298, BC V n° 237 ; *RJS* 7/96 n° 776). En supprimant le poste de secrétaire salarié et en faisant assurer cette fonction par des collaborateurs bénévoles, l'employeur procède bien à la suppression d'un emploi salarié (cass. soc. 7 octobre 1992, n° 88-45.522, BC V n° 502) ; il en est de même lorsque la fonction, précédemment assurée par un salarié, est confiée à l'un des associés (cass. soc. 10 mars 1993, n° 90-43.523, *RJS* 5/93 n° 495), au conjoint (cass. soc. 20 janvier 1998, n° 94-45.094, BC V n° 19 ; *RJS* 3/98 n° 288) ou épisodiquement à des « extras » (cass. soc. 17 mai 1994, n° 92-44.301, *RJS* 7/94 n° 848 ; 10 janvier 1995, n° 92-43.222, BC V n° 20 ; *RJS* 2/95 n° 168).

La mise à la retraite résultant de la mise en œuvre d'un plan social qui supprimait 25 emplois doit être assimilée à un licenciement pour suppression d'emploi (cass. soc. 18 avril 2000, n° 97-45.434, BC V n° 142 ; *RJS* 6/00 n° 652 ; *Dr. Soc.* 2000, p. 790 ; 2 novembre 2005, n° 03-46.325, *RJS* 1/06 n° 30).

Est fondé le licenciement notifié au terme d'un congé parental lorsque le poste a été supprimé dans le cadre d'une réorganisation décidée dans l'intérêt de l'entreprise pendant la période où la salariée se trouvait en congé parental (cass. soc. 13 juillet 1993, n° 91-41.989, *RJS* 10/93 n° 994). Dans le même sens, sur un refus d'une salariée à temps partiel de reprendre ses fonctions à plein temps, voir cass. soc. 24 novembre 1998, n° 96-41.740, BC V n° 512 ; *RJS* 1/99 n° 133.

Est sans cause réelle et sérieuse le licenciement résultant de la suppression sans motif objectif d'un emploi spécifiquement féminin et donc fondé sur le sexe de la salariée, alors qu'il résulte de l'article L. 122-45 [L. 1132-1] CT qu'aucun salarié ne peut être licencié en raison de son sexe (cass. soc. 9 juin 1998, n° 96-40.390, BC V n° 311 ; *RJS* 7/98 n° 834).

Voir également « Ruptures conventionnelles et suppressions d'emplois pour motif économique : possibilité offerte par la loi ou fraude à la loi ? », *RDT*, juin 2010, CH, 369, A. Fabre. « Ruptures conventionnelles et licenciements collectifs », *RJS* 5/11, chron. p. 347, G. Couturier ; « Ruptures conventionnelles et droit du licenciement économique : un rapport à décrypter », *RDT* avril 2011, ET, 226, J-M Béraud ; « Ruptures conventionnelles assujetties au droit du licenciement économique », *SSL* n° 1484, p. 7, J. Pélissier ; « Les ruptures conventionnelles pour motif économique », *Dr. Soc.* 2011, p. 681, G. Loiseau.

• **Transformation d'emploi.** A un motif économique le licenciement d'une employée administrative dont l'emploi a été transformé en raison de l'informatisation de l'entreprise et qui n'a pu s'adapter aux nouvelles exigences technologiques afférentes à cet emploi, ni aux autres postes qui lui ont été proposés (cass. soc. 15 octobre 1992, n° 91-43.632, BC V n° 513 ; *CSB* 1992 A. 50 ; 9 juillet 1997, n° 94-43.709, BC V n° 262 ; *RJS* 8-9/97 n° 959, transformation d'un emploi de secrétaire-dactylographe en un emploi de secrétaire de direction ; 16 décembre 1997, n° 95-41.816, *RJS* 2/98 n° 155, transformation d'emplois affectés à la vente de produits informatiques en emplois de techniciens de programmation exigeant une formation de base compatible avec l'exploitation et le développement de ce nouveau créneau). Doit être cassé l'arrêt qui condamne l'employeur alors que les nouvelles activités de celui-ci avaient nécessité la réorganisation du poste qui requérait de nouvelles compétences et une disponibilité accrue, ce dont il résultait que la modification substantielle des conditions de travail de ce salarié était consécutive à une réorganisation décidée dans l'intérêt de l'entreprise (cass. soc. 11 juillet 1994, n° 93-40.665, *Gaz. Pal.* 1994 pan. 186).

S'agissant du licenciement de deux salariés pour motif économique, c'est à bon droit qu'après avoir relevé que l'employeur invoquait leur inaptitude professionnelle pour leur refuser la possibilité d'occuper les emplois modifiés par la mutation technologique de l'entreprise, une cour d'appel a décidé que ces licenciements avaient été prononcés pour un motif inhérent à la personne du salarié et condamné en conséquence l'employeur au paiement de dommages-intérêts pour licenciement sans cause réelle et sérieuse (cass. soc. 12 décembre 1991, n° 90-46.002, BC V n° 578).

• **Modification du contrat de travail.** Le licenciement consécutif à un refus du salarié d'accepter une modification de son contrat de travail a une nature économique lorsque cette modification a une cause économique, peu important les motifs du refus (cass. soc. 12 octobre 2004, n° 02-42.980, *RJS* 12/04 n° 1248). La rupture du contrat de travail, résultant du refus par le salarié d'une modification substantielle de son contrat, imposée par l'employeur pour un motif non inhérent à sa personne, constitue un licenciement économique (cass. soc. 9 octobre 1991, n° 89-45.295, BC V n° 399 ; *CSB* 1992 A. 9 ; 1er avril 1992, n° 90-44.697, BC V n° 223 ; 21 octobre 1992, n° 89-44.667, BC V n° 514 ; *CSB* 1992 A. 55 ; 9 mai 2006, n° 04-46.271, *RJS* 7/06 n° 821). Si la modification substantielle est consécutive à des difficultés économiques, le licenciement résultant du refus du salarié est justifié et procède d'une cause réelle et sérieuse (mêmes arrêts). Le fait que, devant le refus du salarié d'accepter une réduction de son temps de travail, l'employeur l'ait remplacé par un autre salarié occupant le même emploi avec une rémunération moindre est sans incidence à cet égard (cass. soc. 12 décembre 1991, n° 90-45.032, BC V n° 580).

Sur l'abandon par la Cour de cassation de la notion de « modification substantielle », voir Ph. Waquet, « La modification du contrat de travail et le changement des conditions de travail », *RJS* 12/96 p. 791.

Le refus d'une modification du contrat de travail ne constitue pas une cause de licenciement. Il appartient au juge de rechercher si la modification du contrat de travail proposée au salarié et refusée par celui-ci est consécutive à des difficultés économiques, à des mutations technologiques ou à une réorganisation de l'entreprise nécessaire à la sauvegarde de sa compétitivité (cass. soc. 14 mai 1997, n° 94-43.712, BC V n° 177 ; *RJS* 6/97 n° 657 ; 14 octobre 1997, n° 94-43.752, *RJS* 11/97 n° 1224 ; 11 janvier 2006, n° 04-46.201, *RJS* 3/06 n° 322, comm. J-Y Frouin, p. 187 ; *CSB* 2006 A. 12 ; *Dr. Soc.* 2006, p. 138, note J-E Ray) et si l'employeur n'a pas omis d'énoncer dans la lettre de licenciement les motifs rendant, selon lui, nécessaire la modification, en l'occurrence, l'augmentation de la durée hebdomadaire du travail de la salariée (cass. soc. 20 octobre 1998, n° 96-40.614, BC V n° 433 ; *RJS* 12/98 n° 1445 ; 24 novembre 1998, n° 96-41.740, précité). Tel n'est pas le cas d'une réorganisation du régime des rémunérations justifiée par la seule volonté de réaliser des bénéfices plus importants (cass. soc. 26 novembre 1996, n° 93-44.811, BC V n° 406 ; *RJS* 3/97 n° 266 ; 20 janvier 1998, n° 95-41.680) ou d'une modification du statut des représentants dictée par le désir d'augmenter les profits et de remettre en cause une situation acquise jugée trop favorable aux salariés (cass. soc. 30 septembre 1997, n° 94-43.733, BC V n° 291 ; *RJS* 11/97 n° 1297).

Autres exemples : cass. soc. 17 décembre 1992, n° 91-45.694, *RJS* 3/93 n° 260 ; 28 avril 2000, n° 98-40.904, *CSB* 2000 S. 329 : réduction de l'horaire de travail ; 14 décembre 1993, n° 91-45.736, *CSB* 1994 S. 27 : harmonisation des conditions de rémunération en raison de graves difficultés de l'entreprise ; 26 janvier 1994, n° 92-41.507, BC V n° 28 : réorganisation des rémunérations à la suite d'une reprise pour supprimer les différences entre deux établissements industriels identiques et rendre les coûts de fabrication comparables à ceux des concurrents ; 9 mars 1994, n° 91-44.433 : alignement de la rémunération de salariés repris en application de l'article L. 122-12 [L. 1224-1] ; 29 mars 1994, n° 92-41.318 : mutation ; 6 avril 1994, n° 92-44.943 : nouvelle qualification ; 19 octobre 1994, n° 93-40.557, *RJS* 12/94 n° 1360 : souci d'améliorer la rentabilité de l'entreprise et d'assurer, par une réorganisation des indemnités de déplacement, sa compétitivité ; 5 avril 1995, nos 93-42.690 et 93-43.866, cités *infra* « niveau d'appréciation du motif » : dénonciation d'usages et réduction des salaires par référence à des difficultés dans le secteur d'activité du groupe auquel appartient l'entreprise ; 3 décembre 1996, 2 arrêts, nos 95-17.352 et 95-20.360, BC V n° 411 ; *RJS* 1/97 n° 24 : transfert du lieu de travail dans le cadre d'une restructuration des services ; 10 décembre 1996, n° 94-40.300, BC V n° 430 : réorganisation de l'entreprise pour la sauvegarde de sa compétitivité ; 7 mai 1998, n° 94-42.115 : réorganisation assortie de l'offre de deux activités à mi-temps sur deux magasins ; 27 octobre 1998, n° 96-41.104 : modification du mode de rémunération des attachés commerciaux pour sauvegarder la compétitivité de l'entreprise ; 11 décembre 2001, n° 99-42.906, BC V n° 376 ; *RJS* 3/02 n° 265 : réaménagement d'un horaire de travail fondé sur l'intérêt du service offert au public par une association ; 17 octobre 2006, n° 04-41.088, *RJS* 12/06 n° 1266 : modification du lieu de travail.

La mise à disposition d'un salarié n'entraîne pas, en soi, une modification de son contrat de travail. D'une part, les salariés continuant à dépendre de leur employeur quant à leurs droits, leur rémunération, la gestion de leur carrière et de leur emploi, et le pouvoir disciplinaire à leur égard continuant à être exercé par le responsable hiérarchique du pouvoir de nomination, d'autre part, le lieu, la qualification, la rémunération, la durée du travail des salariés n'étant pas modifiés, une cour d'appel a pu décider que la constitution d'un syndicat inter-hospitalier n'entraînait aucune modification du contrat de travail des salariés (cass. soc. 1er avril 2003, n° 02-14.680, BC V n° 128 ; *RJS* 6/03 n° 708 ; *Dr. Soc.* 2003, p. 663).

Un transfert d'activité et de personnel au sein de la région parisienne ne donne pas lieu à la mise en œuvre d'un plan de sauvegarde de l'emploi, la mention du lieu de travail dans le contrat de travail ayant valeur d'information, à moins qu'il ne soit stipulé par une clause claire et précise que le salarié exécutera son travail exclusivement dans ce lieu (cass. soc. 21 janvier 2004, n° 02-12.712, BC V n° 26 ; *RJS* 3/04 n° 301 ; *Dr. Soc.* 2004, p. 380, note B. Gauriau).

Lorsque la baisse du chiffre d'affaires alléguée par l'employeur n'est pas établie, le refus d'accepter une transformation du contrat de travail en contrat à temps partiel ne peut constituer une cause de licenciement (cass. soc. 2 juin 1993, n° 90-45.947, BC V n° 154).

L'apparition de nouvelles difficultés économiques ne peut justifier le licenciement économique d'un salarié à raison du refus de la proposition de modification de son contrat de travail qui lui avait été faite quatorze mois plus tôt (cass. soc. 2 octobre 2001, n° 99-43.999, BC V n° 293 ; *RJS* 11/01 n° 1261 ; *Dr. Soc.* 2001, p. 1123).

Lorsqu'une prime est due en vertu d'un usage ou d'un engagement unilatéral de l'employeur, elle n'est pas incorporée aux contrats de travail et la dénonciation de l'usage ou de l'engagement unilatéral de l'employeur n'emporte aucune modification de ces contrats (cass. soc. 13 février 1996, n° 93-42.309, BC V n° 53 ; *LS* législ. soc. 1996, n° 7424 ; Ph. Waquet, « Du nouveau et des précisions sur la dénonciation par l'employeur d'un usage d'entreprise ou d'un engagement unilatéral », *SSL* 1996, pp. 3 et s.). Sur l'ambiguïté de la rupture du contrat de travail résultant de la contestation par un salarié protégé de la dénonciation d'un usage, voir chron. D. Chelle et X. Prétot, *RJS* 11/95, pp. 703 et s.
Voir également note sous art. L. 1222-6.

• **Difficultés économiques.** Seules des difficultés économiques sérieuses justifient un licenciement économique. Le motif est apprécié à la date de la rupture du contrat de travail (cass. soc. 26 février 1992, n° 90-41.247, BC V n° 130 ; 29 novembre 1995, n° 94-40.576, *CSB* suppl. au n° 83, sept.-oct. 1996, p. 64) ; encore faut-il que l'employeur n'ait pas connu la situation obérée de l'entreprise lors de l'engagement du salarié (cass. soc. 26 février 1992, n° 90-40.364, *RJS* 4/92 n° 422 ; 1er mars 1994, n° 92-42.124, *RJS* 4/94 n° 385). Mais le choix fait par l'employeur de racheter le fonds de commerce au sein duquel travaillait le salarié, dont le contrat s'est poursuivi en application de l'article L. 122-12 [L. 1224-1] CT, ne lui interdit pas de procéder à un licenciement pour motif économique et ne caractérise pas une légèreté blâmable (cass. soc. 8 novembre 2005, n° 03-45.035, *CSB* 2006 S. 92). Le juge peut se fonder sur des faits postérieurs au licenciement pour apprécier le caractère réel et sérieux des motifs invoqués à la date où il a été prononcé (cass. soc. 29 avril 1997, n° 94-42.422 ; 13 mai 1997, n° 94-42.539, *CSB* 1997, p. 224 ; 26 mars 2002, n° 00-40.898, BC V n° 106 ; *RJS* 6/02 n° 665 ; *CSB* 2002 S. 270 ; 16 mars 2004, n° 02-41.356, *RJS* 5/04 n° 523). Voir également soc. 30 mars 2010, n° 09-40.068, cité sous la note de l'article L. 1233-2.

Un simple ralentissement d'activité dans certains secteurs ne constitue pas un motif économique de licenciement (cass. soc. 22 février 1994, n° 92-41.891).

S'il est exact qu'en principe la preuve du motif économique n'incombe pas spécialement à l'employeur, l'absence de production des documents que celui-ci est tenu de fournir au comité d'entreprise permet au juge de déduire que les licenciements n'avaient pas de cause économique (cass. soc. 28 février 2001, n° 98-44.370, *RJS* 5/01 n° 585).

Sont de nature à caractériser le motif économique du licenciement une suppression ou une diminution de l'activité de l'entreprise, la nécessité d'une diminution des coûts (cass. soc. 7 novembre 1990, n° 89-45.671 ; 29 mai 1991, n° 88-41.911) ou des difficultés financières (cass. soc. 12 décembre 1991, n° 90-45.847, BC V n° 581 : pertes financières et sous-emploi de certains équipements ; 30 septembre 1997, n° 94-45.385, BC V n° 298 ; *RJS* 11/97 n° 1227 et 13 janvier 1998, n° 95-45.014, : surendettement bancaire constant et baisse du chiffre d'affaires ; 26 janvier 2005, n° 02-44.138, *RJS* 4/05 n° 361 : charges financières compromettant durablement les résultats ; 17 octobre 2006, n° 04-44.948, *RJS* 12/06 n° 1262 : difficultés économiques d'un organisme de formation résultant de la diminution persistante des inscriptions).

En revanche, la seule baisse d'activité et le résultat déficitaire de l'atelier où était affecté le salarié (cass. soc. 26 octobre 1999, n° 98-41.521, BC V n° 405 ; *Dr. Soc.* 2000, p. 214 ; *CSB* 1999 S. 551), le seul objectif d'économiser ou de réduire les coûts salariaux sans référence à des difficultés financières (cass. soc. 22 octobre 1991, n° 90-41.680 ; 15 décembre 1998, n° 96-44.571, *RJS* 2/99 n° 177 ; 9 décembre 2003, n° 01-46.228, *Dr. Soc.* 2004, p. 210), la seule réduction des frais fixes sur un site d'une filiale d'un groupe international (cass. soc. 12 juin 2001, n° 99-41.571, BC V n° 214 ; *RJS* 8-9/01 n° 1001), la seule perte d'un marché (cass. soc. 8 juin 2005, n° 03-41.410, *RJS* 8-9/05 n° 822), la seule cessation d'une partie des activités de l'entreprise (cass. soc. 29 juin 2005, n° 03-43.664, *RJS* 10/05 n° 964), les difficultés d'un établissement (cass. soc. 26 octobre 2005, n° 03-41.972, *RJS* 2/06 n° 180, comm. Ph. Waquet, p. 87), le constat d'un profit dégagé dans le secteur d'activité de l'entreprise et l'absence d'éléments apportés par l'employeur tendant à établir une menace sur ce secteur (cass. soc. 9 mai 2006, n° 05-40.554, *RJS* 7/06 n° 822) ne permettent pas de conclure au motif économique du licenciement. Il en est de même du coût élevé du travail d'un salarié lorsque la situation financière de l'entreprise permet d'en assurer la charge (cass. soc. 24 avril 1990, n° 88-43.703, BC V n° 182 ; *RJS* 1990 n° 481 ; 16 mars 1994, n° 92-43.094, BC V n° 95 ; 7 octobre 1998, n° 96-43.107, BC V n° 405 ; *RJS* 11/98 n° 1350). Une délocalisation à l'étranger, dictée par des incitations financières et fiscales attractives, obéit à des facteurs étrangers à ceux prévus par cet article (cass. soc. 18 septembre 2007, n° 06-42.401, *RDT*, nov. 2007, CH, 654, Ph. Waquet). Mais il appartient au juge qui constate une expansion du chiffre d'affaires de rechercher si la modification des contrats proposée ne procède pas du souci d'améliorer la rentabilité de l'entreprise et d'assurer sa compétitivité vis-à-vis des entreprises concurrentes (cass. soc. 19 octobre 1994 n° 93-40.557, précité ; voir aussi cass. soc. 5 avril 1995, n°s 93-42.690 et 93-43.866, cités infra « niveau d'appréciation du motif »). S'il n'est pas exigé que la situation financière de l'entreprise soit catastrophique, encore faut-il que la suppression d'emploi soit consécutive à des difficultés économiques, des mutations technologiques ou à une réorganisation effectuée pour sauvegarder la compétitivité de l'entreprise ou d'un secteur d'activité du groupe auquel elle appartient (cass. soc. 9 juillet 1997, n° 95-43.722, BC V n° 261 ; *RJS* 8-9/97 n° 960 ; 29 mai 2001, n° 99-41.930, *RJS* 8-9/01 n° 1002 ; 23 juin 2009, n° 07-45.668, BC V n° 161 ; *RJS* 10/09 n° 772).

Les difficultés économiques ou financières invoquées ne doivent pas résulter d'une attitude frauduleuse (cass. soc. 13 janvier 1993, n° 91-45.894, BC V n° 9 ; 12 janvier 1994, n° 92-43.191, *RJS* 2/94 n° 134) ou d'une faute de l'employeur (cass. soc. 26 janvier 1994, n° 92-43.616, BC V n° 26). Mais l'erreur du chef d'entreprise dans l'appréciation du risque inhérent à tout choix de gestion ne caractérise pas à elle seule la légèreté blâmable (cass. soc. 14 décembre 2005, n° 03-44.380, BC V n° 365 ; *RJS* 2/06 n° 185 ; *CSB* 2006 A. 14).

La nécessité pour l'employeur de régulariser la situation du salarié au regard de la législation du travail ne constitue pas en soi une cause économique de licenciement (cass. soc. 1er avril 1992, n° 88-45.399, BC V n° 227 ; 3 juin 1998, n° 96-40.016, précité). La requalification de contrats à durée déterminée en contrats à durée indéterminée pour dépassement de la durée maximale autorisée ne constitue pas une cause économique de licenciement (cass. soc. 17 décembre 2002, n° 00-43.609, BC V n° 391 ; *CSB* 2003 S. 129).

Sur la nécessité d'un motif propre à la société mère et nécessairement distinct de celui ayant provoqué le licenciement par la filiale en cas de mise à disposition de cette dernière, voir cass. soc. 20 juin 2000, n° 98-42.126, BC V n° 236 ; *RJS* 9-10/00 n° 919.

• **Licenciement économique et durée du travail.** Aux termes de l'article 44 de la convention collective nationale des entreprises de l'industrie et des commerces en gros des viandes, « il ne peut y avoir de licenciement collectif dans un service, pour raison économique d'ordre conjoncturel, si l'horaire moyen de travail effectif dans ce service est supérieur à quarante heures ». Après avoir relevé, d'une part, qu'un salarié avait été licencié dans le cadre d'un licenciement pour motif économique et, d'autre part, que, dans le service employant ce salarié, l'horaire hebdomadaire moyen de travail était supérieur à 40 heures, une cour d'appel a exactement décidé que le licenciement de l'intéressé ne procédait pas d'une cause économique (cass. soc. 16 décembre 1997, n° 94-43.112, BC V n° 444).

Un accord de réduction collective du temps de travail, destiné à éviter les licenciements prévus dans le cadre d'un licenciement collectif pour motif économique, ne s'impose au salarié dont le contrat de travail est modifié par une réduction du temps de travail que si le licenciement économique collectif est justifié par une cause économique (cass. soc. 5 juillet 2005, n° 02-47.576, BC V n° 234 ; *RJS* 11/05 n° 1101).

Les dispositions de l'article 30-II de la loi du 19 janvier 2000 qualifiant de licenciement individuel ne reposant pas sur un motif économique le licenciement consécutif au refus par un ou plusieurs salariés d'une modification de leur contrat de travail, proposée en application d'un accord de réduction de la durée du travail, sont applicables à tout licenciement résultant d'un accord de réduction du temps de travail, que celui-ci ait été conclu en application de la loi du 13 juin 1998 ou de celle du 19 janvier 2000 (deux arrêts : cass. soc. 15 mars 2006, n° 04-41.935, BC V n° 107 ; *RJS* 5/06 n° 578 et n° 03-48.027, BC V n° 107 ; *RJS* 5/06 n° 579). En revanche, le licenciement prononcé en raison du refus par un salarié de la modification de sa rémunération proposée, non en application d'un accord collectif, mais par suite d'une mise en œuvre unilatérale dans l'entreprise de la réduction du temps de travail à 35 heures, constitue un licenciement pour motif économique (cass. soc. 15 mars 2006, n° 05-42.946, BC V n° 107 ; *RJS* 5/06 n° 581 ; *CSB* 2006 S. 315 ; sur une procédure collective, voir cass. soc. 23 avril 2006, n° 04-17.524, BC V n° 179 ; *RJS* 8-9/06 n° 955).

• **Mutations technologiques.** Le recours nouveau à des moyens modernes de reportage (cass. soc. 19 décembre 1990, n° 89-42.242, BC V n° 687), les mutations technologiques et les innovations en matière de gestion (cass. soc. 19 juin 1991, n° 90-40.361 ; 9 juillet 1997, n° 95-43.722, précité), l'informatisation d'une agence ou de certains services (cass. soc. 15 mars 1994, n° 92-43.612), l'introduction de nouvelles technologies (cass. soc. 2 juin 1993, n° 90-44.956, BC V n° 155), la mise en œuvre d'un nouveau logiciel informatique (cass. soc. 17 mai 2006, n° 04-43.022, *RJS* 8-9/06 n° 934) constituent des motifs économiques justifiant certaines suppressions d'emploi. L'introduction d'une technologie informatique nouvelle comportant une incidence sur l'emploi constitue une cause économique de licenciement alors même que la compétitivité de l'entreprise ne serait pas menacée (cass. soc. 9 octobre 2002, n° 00-44.069, *RJS* 12/02 n° 1373). C'est par une appréciation souveraine échappant au contrôle de la Cour de cassation qu'une cour d'appel a estimé que le simple changement d'un progiciel ou d'un logiciel ne constitue pas une innovation technologique en tant que telle au sens de l'article L. 1233-3 (cass. soc. 13 mai 2003, n° 00-46.766, *RJS* 10/03 n° 1135).

• **Fermeture de l'entreprise.** La cessation d'activité de l'entreprise, quand elle n'est pas due à une faute de l'employeur ou à sa légèreté blâmable, constitue un motif économique de licenciement (cass. soc. 16 janvier 2001, n° 98-44.647, BC V n° 10 ; *RJS* 3/01 n° 294 ; *Dr. Soc.* 2001, p. 413, note J. Savatier ; *JCP* éd. G. II.10557, note T. Lamarche ; 30 octobre 2002, n° 00-43.624, *RJS* 1/03 n° 18 ; 28 février 2006, n° 03-47.880, BC V n° 89 ; *RJS* 5/06 n° 650 ; *CSB* 2006 S. 267 ; 8 juillet 2009, n° 08-41.644, *RJS* 10/09 n° 773). Est dépourvu de cause réelle et sérieuse le licenciement fondé sur des difficultés économiques résultant d'agissements de l'employeur qui avait, en connaissance de cause, conduit à la liquidation forcée par la commission de contrôle des banques (cass. soc. 10 juillet 2002, n° 00-41.491, *RJS* 11/02 n° 1216) ou qui avait agi avec une légèreté blâmable en matière de sécurité dont étaient résultées la fermeture administrative de l'établissement et la cessation d'activité de l'entreprise (cass. soc. 10 mai 2005, n° 03-40.620, *RJS* 7/05 n° 720). La cessation définitive de l'activité de la société, décidée de manière précipitée malgré les bons résultats qu'elle avait réalisés, procède d'une légèreté blâmable privant les licenciements de cause réelle et sérieuse (cass. soc. 28 octobre 2008, n° 07-41.984, *RJS* 1/09 n° 24). Mais la fermeture d'un bâtiment pour des raisons de sécurité ne constitue pas un motif économique (cass. soc. 26 novembre 2003, n° 01-41.622, *RJS* 3/04 n° 300).

Une cour d'appel, qui a fait ressortir que la fermeture de l'établissement n'était pas justifiée par la nécessité de sauvegarder la compétitivité de l'entreprise, a pu décider que le licenciement ne reposait pas sur une cause économique (cass. soc. 16 mars 2004, n° 01-44.477, *RJS* 6/04 n° 667 ; 14 décembre 2005, n° 04-40.396, *RJS* 2/06 n° 181).

À l'occasion de litiges concernant la fermeture de filiales, la Cour de cassation a apporté les précisions suivantes :
– si, en cas de fermeture définitive et totale de l'entreprise, le juge ne peut, sans méconnaître l'autonomie de ce motif de licenciement, déduire la faute ou la légèreté blâmable de l'employeur de la seule absence de difficultés économiques ou, à l'inverse, déduire l'absence de faute de l'existence de telles difficultés, il ne lui est pas interdit de prendre en compte la situation économique de l'entreprise pour apprécier le comportement de l'employeur. Ainsi, lorsqu'il s'avère que la baisse d'activité de la filiale est imputable à des décisions du groupe, que la décision de fermeture a été prise par le groupe, non pas pour sauvegarder sa compétitivité, mais afin de réaliser des économies et d'améliorer sa propre rentabilité, au détriment de la stabilité de l'emploi dans l'entreprise concernée, le juge peut en déduire que l'employeur a agi avec une légèreté blâmable et que les licenciements étaient dépourvus de cause réelle et sérieuse (cass. soc. 1er février 2011, n° 10-30.045, BC V n° 42 ; *RJS* 4/11 n° 305) ;
– dans l'hypothèse où le salarié a pour coemployeurs des entités faisant partie d'un même groupe, la cessation d'activité de l'une d'elles ne peut constituer une cause économique de licenciement qu'à la condition d'être justifiée par des difficultés économiques, par une mutation technologique ou par la nécessité de sauvegarder la compétitivité du secteur d'activité du groupe dont elles relèvent (cass. soc. 18 janvier 2011, n° 09-69.199, BC V n° 23 ; *RJS* 3/11 n° 207 ; *JCP* éd. S 2011, 1065, P. Morvan ; *Dr. Soc.* 2011, p. 372, « La fermeture d'une filiale : les recours des salariés licenciés », G. Couturier ; « Cessation d'activité : l'immixtion du juge est-elle excessive ?, *RDT* mai 2011, CO, 285, L. Drai et C. Pares).

L'employeur qui a interrompu son activité sans la cesser de manière définitive agit avec une légèreté blâmable en prononçant le licenciement de la salariée (cass. soc. 9 mars 2004, n° 01-46.780, *RJS* 6/04 n° 667 ; 21 mars 2006, n° 03-47.824, *CSB* 2006 S. 311).

La fermeture d'une agence a la nature juridique d'un licenciement économique (cass. soc. 29 janvier 2003, n° 00-44.962, *RJS* 4/03 n° 437 ; *CSB* 2003 S. 168). La cessation d'activité consécutive à une inondation (cass. soc. 15 février 1995, n° 91-43.905, *RJS* 4/95 n° 371) ou à un incendie (cass. soc. 27 juin 2000, n° 98-42.555, *RJS* 9-10/00 n° 940) peut être invoquée comme une cause économique de licenciement. La fermeture temporaire d'un hôtel pour travaux ne constitue pas une cessation d'activité de l'entreprise (cass. soc. 15 octobre 2002, n° 01-46.240, BC V n° 311 ; *RJS* 12/02 n° 1452 ; *CSB* 2003 S. 27 ; *Dr. Soc.* 2002, p. 1156 ; 22 mars 2005, n° 02-46.226, *RJS* 6/05 n° 618). Seule une cessation complète de l'activité de l'employeur peut constituer en elle-même une cause économique de licenciement ; une cessation partielle ne justifie un licenciement qu'en cas de difficultés économiques, de mutation technologique ou de réorganisation de l'entreprise nécessaire (cass. soc. 10 octobre 2006, n° 04-43.453, BC V n° 296 ; *RJS* 12/06 n° 1250).

Voir « Causes (économiques) enchevêtrées », *RDT*, mai 2010, CH, 297, Fr. Géa.

La fermeture d'une ligne aérienne, consécutive au non-renouvellement de la concession, ne constitue pas en soi un motif économique de licenciement d'un pilote (cass. soc. 11 juin 2002, n° 00-42.233, BC V n° 199 ; *RJS* 8-9/02 n° 954).

Est insuffisamment motivée la lettre de licenciement qui se borne à faire état de la fermeture d'un établissement, et non d'une cessation d'activité de l'entreprise, sans préciser l'incidence de cette décision de l'employeur sur le contrat de travail ou l'emploi du salarié licencié (cass. soc. 29 octobre 2003, n° 01-44.000, *RJS* 1/04 n° 21). Répond aux exigences légales de motivation la lettre de licenciement énonçant pour cause de rupture des contrats de travail la dissolution de l'association dont il se déduisait la suppression de tous les postes de travail (cass. soc. 29 mai 2002, n° 00-41.939, *RJS* 8-9/02 n° 959). S'en tenant à bon droit aux termes de la lettre de licenciement qui n'invoquait pas une cessation d'activité, une cour d'appel a pu décider que le seul fait de vendre le fonds de commerce ne constituait pas une cause économique de licenciement (cass. soc. 10 juillet 2002, n° 00-41.721, *RJS* 10/02 n° 1100).

• **Réorganisation de l'entreprise.** La réorganisation de l'entreprise constitue un motif économique autonome de licenciement. La lettre de licenciement, qui fait mention du refus d'une modification du contrat de travail consécutive à une réorganisation de l'entreprise, dont il appartient au juge de vérifier qu'elle était destinée à sauvegarder sa compétitivité, est suffisamment motivée (cass. soc. 24 septembre 2002, n° 00-44.007, BC V n° 275 ; *RJS* 12/02 n° 1378 ; 2 février 2006, n° 03-48.228, *RJS* 4/06 n° 408 ; 11 juillet 2006, n° 04-47.240, *RJS* 10/06 n° 1049). En l'absence de difficultés économiques ou de mutations technologiques invoquées dans la lettre de licenciement, la réorganisation qui y est mentionnée ne constitue pas l'énoncé d'une cause économique dès lors que l'employeur ne se prévaut pas de la nécessité de sauvegarder la compétitivité de l'entreprise (cass. soc. 16 décembre 2008, n° 07-41.953, BC V n° 252 ; *RDT* 2009, CH, 103, J-Y Frouin ; *Dr. Soc.* 2009, p. 243, obs. G. Couturier). Le juge doit rechercher si la restructuration est décidée pour sauvegarder la compétitivité de l'entreprise (cass. soc. 27 mai 2009, n° 08-40.925, *RJS* 8-9/09 n° 698 : refus par le salarié d'une modification de son contrat de travail consécutive à une nouvelle organisation du travail entraînant une surcharge de travail liée, notamment, à la mise en place d'un nouveau logiciel ; or, l'employeur ne prétendait pas que cette réorganisation résultait d'une mutation technologique ; cass. soc. 17 octobre 1995, n° 94-41.081, *CSB* suppl. au n° 83, sept.-oct. 1996, p. 62 ; 23 novembre 1999, n° 97-42.979, BC V n° 454 ; *RJS* 1/00 n° 77 ; 30 novembre 1999, n° 97-41.008, *RJS* 1/00 n° 22 : modification du mode de rémunération des salariés procédant de la seule recherche d'une meilleure organisation en l'absence de difficultés économiques et d'impératifs de sauvegarde de compétitivité ; 1er décembre 1999, n° 98-42.746, BC V n° 466 ; *RJS* 2/00 n° 159 ; *CSB* 2000 S. 85 ; *Dr. Soc.* 2000, p. 212 : réorganisation dans le seul but de supprimer des emplois permanents ; 15 janvier 2003, n° 00-44.793, *RJS* 3/03 n° 327 ; 29 janvier 2003, n° 00-44.962, *RJS* 4/03 n° 428 : regroupement d'activités dans une situation économique prospère et en l'absence de menace sur la compétitivité ; 13 mai 2003, n° 00-46.766, *RJS* 10/03 n° 1135 ; *CSB* 2003 A. 41 : centralisation en Angleterre du service informatique au nom de l'intérêt général de l'entreprise, sans référence à la sauvegarde de la compétitivité ; 24 juin 2003, n° 01-42.713, *RJS* 10/03 n° 1135 ; 13 septembre 2006, n° 05-41.665, *RJS* 11/06 n° 1161 ; *CSB* 2007 S. 21 : recherche d'une amélioration des marges qui étaient positives ; 17 octobre 2006, n° 04-41.088, *RJS* 12/06 n° 1266 : modification du lieu d'exercice de l'activité) ou d'un secteur d'activité de l'entreprise ou du groupe auquel elle appartient (cass. soc. 5 avril 1995, nos 93-42.690 et 93-43.866, cités *infra* « niveau d'appréciation du motif » ; 9 juillet 1997, n° 95-43.722, précité ; 17 décembre 2002, n° 00-45.621, BC V n° 392 ; *RJS* 3/03 n° 327 ; *Dr. Soc.* 2003, p. 342 : suppression d'un site jugée non nécessaire à la sauvegarde de la compétitivité du secteur de l'entreprise). Le juge qui retient que la suppression d'emploi consécutive à la réorganisation obéit au souci de préservation de la compétitivité de l'entreprise doit caractériser l'existence d'une menace pesant sur celle-ci (cass. soc. 31 mai 2006, n° 04-47.376, BC V n° 200 ; 4 juillet 2006, n° 04-46.261, *RJS* 10/06 n° 1043). Voir P. Lokiec, « Les juges et le contrôle de la sauvegarde de la compétitivité », *SSL* 2007, n° 1334, p. 6 ; B. Boubli et P. Lokiec, « Quel contrôle judiciaire de la compétitivité de l'entreprise ? », *RDT*, avril 2008, controverse p. 218.

Il n'appartient pas aux juges « de contrôler le choix effectué par l'employeur » entre plusieurs solutions possibles (cass. ass. plén. 8 décembre 2000, n° 97-44.219, BC n° 11 ; *D.* 2001, p. 1125, note J. Pélissier ; *Dr. Soc.* 2001, p. 126, concl. Ph. de Caigny et p. 133, note A. Cristau). Le juge ne peut se substituer à l'employeur quant au choix qu'il effectue dans la mise en œuvre d'une réorganisation (cass. soc. 8 juillet 2009, n° 08-40.046, BC n° 173 ; *RJS* 10/09 n° 776 ; 24 mars 2010. n° 09-40.444, *RJS* 6/10 n° 494).

Mais constitue un motif économique la réorganisation pour prévenir des difficultés économiques à venir liées à des évolutions technologiques et leurs conséquences sur l'emploi, sans être subordonnées à l'existence de difficultés économiques à la date du licenciement (cass. soc. 11 janvier 2006, 2 arrêts, nos 04-46.201 et 05-40.977, BC V n° 10 ; *RJS* 3/06 n° 322 et chron. J-Y Frouin, p. 187 ; chron. Ph. Waquet : « Emploi et profit », *RJS* 5/06, p. 351 ; *D.* 2006, 1013, note J. Pélissier ; *Dr. Soc.* 2006, p. 138, note J-E Ray). La nouvelle organisation mise en place, qui procède d'une gestion prévisionnelle des emplois destinée à prévenir des difficultés économiques à venir et leurs conséquences sur l'emploi, a pu être jugée nécessaire à la sauvegarde de la compétitivité de l'entreprise et du secteur d'activité du groupe auquel elle appartient (cass. soc. 21 novembre 2006, n° 05-40.656, BC V n° 349 ; *RJS* 2/07 n° 205 ; *Dr. soc.* 2007, p. 114, note G. Couturier).

Une réorganisation de l'entreprise liée aux prescriptions d'une autorité de tutelle ne constitue pas en soi une cause économique de licenciement (cass. soc. 17 octobre 2006, n° 04-43.201, *RJS* 12/06 n° 1265 ; *CSB* 2007 S. 63).

Le changement d'activité du magasin et le manque d'expérience de la salariée relativement à la nouvelle activité ne constituent pas une cause économique de licenciement (cass. soc. 10 mai 2000, n° 98-42.869, *RJS* 6/00 n° 645).

• **Niveau d'appréciation du motif économique.** Si la réalité de la suppression, de la transformation d'emploi ou de la modification substantielle du contrat de travail est examinée au niveau de l'entreprise (cass. soc. 8 janvier 1998, n° 95-43.606 ; 16 janvier 2001, n° 98-44.461, BC V n° 11 ; *RJS* 3/01 n° 292 ; 26 octobre 2005, n° 03-41.972, *RJS* 2/06 n° 180, comm. Ph. Waquet, p. 87), les difficultés économiques doivent être appréciées au niveau de l'entreprise si elle ne fait pas partie d'un groupe (cass. soc. 7 octobre 1998, n° 96-43.107, BC V n° 405), ou au regard du secteur d'activité du groupe auquel appartient l'entreprise concernée ; lorsqu'elle n'est pas liée à des difficultés économiques ou à des mutations technologiques, une réorganisation ne peut constituer un motif économique que si elle est effectuée pour sauvegarder la compétitivité du secteur d'activité (cass. soc. 5 avril 1995, 2 arrêts, n°s 93-42.690 et 93-43.866, BC V n° 123 ; *RJS* 5/95 n° 497 et concl. de l'avocat général Y. Chauvy : « L'appréciation du motif économique du licenciement dans les groupes de sociétés : pour un cadre territorial français » ; *CSB* 1995 chron. p. 173 ; *D.* 1995, 503, note M. Keller ; *JCP* éd. G 1995.II.22443, note G. Picca ; *Dr. Soc.* 1995, p. 482, note Ph. Waquet ; 7 avril 2004, n° 01-42.882, *CSB* 2004 S. 272 ; 23 mars 2005, n° 03-40.015, *RJS* 6/05 n° 614 ; 11 mai 2005, n° 03-41.382, *CSB* 2005 S. 323). Il n'y a pas lieu de réduire le groupe ou son secteur d'activité aux sociétés ou entreprises situées sur le territoire national (cass. soc. 12 juin 2001, 2 arrêts, n°s 99-41.571 et 99-41.839, BC V n°s 214 et 215 ; *RJS* 8-9/01 n° 1001 ; *Dr. Soc.* 2001, p. 894) ou européen (cass. soc. 10 décembre 2003, 2 arrêts, n°s 01-47.332 et 02-40.293, *RJS* 2/04 n° 187 ; 21 septembre 2005, n° 03-47.065). Voir également 15 mai 1991, n° 89-44.928, BC V n° 238 ; 25 juin 1992, n° 90-41.244, BC V n° 420 ; 19 novembre 1992, n° 91-45.774, BC V n° 562 ; 2 avril 1996, n° 94-41.673, *RJS* 5/96 n° 525 ; 14 janvier 2004, n° 01-45.020, *RJS* 3/04 n° 298). Il en est de même pour la fermeture d'un magasin (cass. soc. 7 avril 1998, n° 95-41.672, BC V n° 203 ; *RJS* 5/98 n° 580) ; la réalité des difficultés économiques doit être appréciée en fonction de l'activité de l'ensemble des magasins exploités par l'employeur (cass. soc. 17 juin 1992, n° 89-42.769, BC V n° 403 ; 16 octobre 1997, n° 95-41.378, *RJS* 12/97 n° 1349).

Il appartient à l'employeur de produire les éléments permettant de déterminer l'étendue du secteur d'activité du groupe dont relève l'entreprise (cass. soc. 4 mars 2009, n° 07-42.381, BC V n° 57 ; *RDT* mai 2009, CH, 306, J-Y Frouin ; *SSL* 2009 n° 1391, p. 12, extraits du rapport de J. Chauviré et note F.C. ; *SSL* 2009 n° 1411, p. 12, note H. Guyader).

• **Départs volontaires et négociés.** Cet article avait été complété par la loi 92-722 du 29 juillet 1992 (JO 30) afin d'éviter le contournement des obligations s'imposant aux employeurs par la pratique de l'appel aux départs « volontaires » ; il avait conforté la solution dégagée par les juges en 1991 (cass. soc. 10 avril 1991, n° 89-18.485, BC V n° 179 ; *CSB* 1991 A. 39). La Cour de cassation avait énoncé que l'inobservation des prescriptions légales par l'employeur constitue, dans ce cas, un trouble manifestement illicite fondant la compétence du juge des référés (cass. soc. 22 février 1995, n° 92-11.566, BC V n° 68 ; *JCP* éd. G 1995.II.22433, concl. de l'avocat général Y. Chauvy).

Sur l'imputabilité de la rupture à l'employeur dans le cadre des mesures d'aide au départ instituées dans une entreprise, voir cass. soc. 1er février 1995, n° 90-45.998, *CSB* 1995 S. 72 ; 18 avril 2000, n° 97-45.434, cité *supra* « Suppression d'emploi » ; 26 juin 2001, n° 98-45.835, *RJS* 10/01 n° 1125 ; 10 juillet 2001, n° 99-44.695, *RJS* 10/01 n° 1126 ; 19 avril 2005, n° 03-48.407, *RJS* 7/05 n° 724.

La mise à la retraite, s'inscrivant dans le cadre d'une réduction des effectifs motivée par des raisons économiques, doit être assimilée à un licenciement pour suppression d'emploi et ouvre droit à l'indemnité conventionnelle de licenciement inscrite dans le plan social (cass. soc. 2 novembre 2005, n° 03-46.325, *RJS* 1/06 n° 30). En revanche, si la rupture du contrat de travail pour un motif économique est soumise, pour sa mise en œuvre, aux dispositions sur le licenciement économique, il n'en résulte pas que toute rupture d'un contrat de travail procédant d'un motif économique entraîne les effets d'un licenciement ; ainsi, le départ volontaire à la retraite dans le cadre d'un plan social constitue une rupture à l'initiative du salarié et n'ouvre pas droit à l'indemnité conventionnelle de licenciement (cass. soc. 25 juin 2002, n° 00-18.907, BC V n° 214 ; *RJS* 10/02 n° 1154 ; *CSB* 2002 S. 373 ; *Dr. Soc.* 2002, p. 1023), ni à l'indemnité de licenciement mentionnée à l'article L. 761-5 [L. 7112-3] CT (cass. soc. 9 juillet 2003, n° 01-43.298, *RJS* 10/03 n° 1161).

Les dispositions des articles L. 1233-3 et s. CT sont applicables à toute rupture des contrats de travail reposant sur un motif économique, peu important que les emplois soient supprimés par voie de départ volontaire ; seules les mesures de gestion prévisionnelle des emplois qui n'impliquent pas la rupture des contrats de travail sont exclues du champ d'application de ces textes (cass. soc. 4 avril 2006, n° 04-48.055, *RJS* 6/06 n° 709).

La rupture d'un contrat de travail pour motif économique peut résulter d'un départ volontaire dans le cadre d'un accord collectif mis en œuvre après consultation du comité d'entreprise. Cette rupture constitue une résiliation amiable du contrat de travail (cass. soc. 2 décembre 2003, n° 01-46.540, BC V n° 309 ; *RJS* 2/04 n° 179 ; *CSB* 2004 A. 18 ; 7 décembre 2004, n° 02-44.248, *RJS* 2/05 n° 134 ; 13 septembre 2005, n° 04-40.135, BC V n° 252 ; *RJS* 11/05 n° 1083 ; *Dr. Soc.* 2005, p. 1059, obs. G. Couturier ; 2 novembre 2005, n° 02-44.721, *RJS* 1/06 n° 19 ; 22 février 2006, n° 04-42.464, *RJS* 5/06 n° 601). Le salarié concerné par un projet de licenciement pour motif économique n'est pas privé de la faculté de proposer à son employeur une rupture amiable de son contrat de travail, s'il estime y avoir intérêt (cass. soc. 2 décembre 2003, n° 01-46.176, BC V n° 308 ; *CSB* 2004 A. 18 ; *Dr. Soc.* 2004, p. 318). Mais le refus par les salariés de la modification de leur contrat de travail proposée par l'employeur en exécution d'un accord collectif prévoyant le licenciement de ceux qui s'opposeraient à ladite modification n'implique pas de la part des intéressés la volonté de résilier leurs contrats de travail par un commun accord (cass. soc. 10 janvier 2006, n° 03-44.640, *RJS* 3/06 n° 328). Les salariés licenciés pour motif économique sont recevables à contester la cause de leur licenciement, peu important que ces licenciements n'aient été notifiés qu'à ceux qui avaient exprimé l'intention de quitter l'entreprise (cass. soc. 5 décembre 2006, n° 04-46.155, *RJS* 2/07 n° 207).

Sur l'entrave au fonctionnement régulier du comité d'entreprise en cas de départs négociés selon un plan d'ensemble, voir cass. crim. 28 septembre 1993, n° 92-86.615, *RJS* 2/94 n° 138 ; sur l'inobservation de la procédure de licenciement caractérisant l'infraction réprimée par l'article L. 1238-2, voir cass. crim. 20 septembre 1994, n° 93-83.930, *RJS* 2/95 n° 117, 2e espèce et 29 novembre 1994, n° 93-81.321, B. crim. n° 385 ; *RJS* 2/95 n° 117, 1re espèce ; *CSB* 1995 A. 10.

Les indemnités versées à titre de dommages-intérêts aux salariés démissionnaires n'échappent aux cotisations sociales que si, pour chacun des salariés, la rupture du contrat de travail a été provoquée par l'employeur et si les sommes versées ont pour seul objet de réparer le préjudice né de la perte de leur emploi (cass. soc. 6 janvier 1998, n° 94-21.159, BC V n° 1 ; *RJS* 3/98 n° 362 ; *JCP* éd. G 1998.II.10054, note Y. Saint-Jours ; 23 mai 2000, n° 97-42.444, BC V n° 198 ; *RJS* 9-10/00 n° 992).

Sur la question de savoir si les départs volontaires ont un motif économique, voir art. G. Couturier, *Dr. soc.* 2007, p. 978 ; P. Morvan, « Libérer le départ volontaire pour motif économique », *Dr. Soc.* 2005, p. 59 ; G. Couturier et J. Pélissier, « Le volontariat chasse-t-il le reclassement ? », *SSL* 2009, n° 1407 ; I. Meyrat, « Le régime du licenciement économique à l'épreuve des plans de départs volontaires », *Dr. Ouvr.* 2009, p. 543 ; P. Bailly, « Du motif économique aux départs volontaires », dossier spécial, synthèse de jurisprudence *SSL* 2009, n° 1385 ; Fr. Favennec-Héry, « Les plans de départs volontaires autonomes », *JCP* éd. S 2010, 1384 ; Fr. Favennec-Héry, « Les plans de départ volontaire », *Dr. Soc.* 2011, p. 622 ; P-H Antonmattei, « Le plan des départs volontaires mérite mieux », *RJS* 5/11, chron. p. 353.

Sous-section 3. **Obligations d'adaptation et de reclassement**

Art. L. 1233-4. Le licenciement pour motif économique d'un salarié ne peut intervenir que lorsque tous les efforts de formation et d'adaptation ont été réalisés et que le reclassement de l'intéressé ne peut être opéré dans l'entreprise ou dans les entreprises du groupe auquel l'entreprise appartient.

Le reclassement du salarié s'effectue sur un emploi relevant de la même catégorie que celui qu'il occupe ou sur un emploi équivalent ***(L. 2010-499 du 18 mai 2010, JO 19)*** « assorti d'une rémunération équivalente ». À défaut, et sous réserve de l'accord exprès du salarié, le reclassement s'effectue sur un emploi d'une catégorie inférieure.

Art. L. 1233-4.

Les offres de reclassement proposées au salarié sont écrites et précises.

Note • Voir J. Chauviré, « L'obligation de reclassement dans le licenciement pour motif économique », *SSL* n° 1477, p. 6 ; S. Frossard, « Les contextes de l'obligation de reclassement », *Dr. Soc.* 2010, p. 959 ; J-E Ray, « Devoirs d'adaptation et obligations de reclassement », *Dr. Soc.* 2008, p. 949 ; F. Géa, « Licenciement pour motif économique : l'obligation générale de reclassement », *RJS* 7-8/00, p. 511 ; G. Couturier, « Vers un droit du reclassement ? », *Dr. Soc.* 1999, p. 497 ; F. Héas, « Les obligations de reclassement en droit du travail », *Dr. Soc.* 1999, p. 504 ; B. Lardy-Pélissier, « L'obligation de reclassement », *D.* 1998, chron. p. 399. Voir également M. Del Sol, « L'obligation prétorienne de reclassement en matière de licenciement économique : esquisse d'un régime juridique », *JCP* éd. E 1995.I.498 ; B. Boubli, « Réflexions sur l'obligation de reclassement en matière de licenciement pour motif économique », *RJS* 3/96, p. 131.

• **Recherche de reclassement.** Le moyen relatif à l'obligation de reclassement est nécessairement dans le débat portant sur la cause économique du licenciement (cass. soc. 6 décembre 2000, n° 98-45.644, *RJS* 2/01 n° 179 ; 4 décembre 2002, n° 00-44.510, *RJS* 3/03 n° 172). Avant tout licenciement pour motif économique, l'employeur doit rechercher et proposer aux salariés les postes disponibles dans l'ensemble de l'entreprise (cass. soc. 22 février 1995, n° 93-43.404, BC V n° 66 ; *RJS* 6/95 n° 633 ; 7 juillet 1998, n° 96-41.565, BC V n° 370 ; *RJS* 8-9/98 n° 966). Les recherches de reclassement ne portent que sur des emplois disponibles ; des emplois maintenus pour les besoins de la liquidation des contrats d'assurance en cours ne sont pas des emplois disponibles (cass. soc. 15 juin 2010, n° 08-70.391, BC V n° 135 ; *RJS* 8-9/10 n° 651). L'employeur est astreint à une obligation de reclassement dans l'entreprise (cass. soc. 5 mars 1996, n° 92-44.246, BC V n° 83 ; *RJS* 4/96 n° 432 ; 26 novembre 1996, n° 95-40.517, *RJS* 1/97 n° 18 ; 21 octobre 1998, n° 96-43.347 ; 13 janvier 1999, n° 97-40.245), en France ou à l'étranger (cass. soc. 9 février 2000, n° 97-44.023, *RJS* 3/00 n° 261) et dans le groupe, sauf si l'employeur justifie que la législation locale applicable aux salariés étrangers ne permet pas un reclassement (cass. soc. 4 décembre 2007, n° 05-46.073, BC V n° 204 ; *RJS* 2/08 n° 158, 2e espèce) (voir *infra*). Cette obligation de reclassement individuel à l'égard de chaque salarié s'impose à l'employeur quel que soit le nombre de licenciements envisagés, sans préjudice de l'application des dispositions des articles L. 321-4 et L. 321-4-1 (anciens) CT quand les conditions en sont réunies (cass. soc. 9 janvier 2002, n° 00-40.437, *RJS* 3/02 n° 277).

Sauf fraude, les possibilités de reclassement s'apprécient au plus tard à la date du licenciement (cass. soc. 1er juin 2010, n° 09-40.421, BC V n° 121 ; *RJS* 8-9/10 n° 652 ; *Dr. Soc.* 2010, p. 995, obs. G. Couturier). Mais, les possibilités de reclassement doivent être recherchées jusqu'à la date du licenciement (cass. soc. 28 septembre 2011, n° 10-23.703, *RDT*, novembre 2011, CH, 637, Fr. Géa ; *RJS* 12/11 n° 955). L'employeur n'a pas à proposer au salarié un poste de reclassement devenu disponible après la date d'envoi de la lettre de licenciement ; dans un tel cas, il ne peut lui être reproché d'avoir manqué à son obligation de reclassement (cass. soc. 22 septembre 2011, n° 10-11.876, *RJS* 11/11 n° 862).

L'employeur doit réaliser tous les efforts de formation et d'adaptation des salariés à l'évolution de leur emploi. Ce devoir a été mis en exergue par un arrêt Expovit du 25 février 1992 (n° 89-41.634, BC V n° 122 ; *D.* 1992, som. p. 294, note A. Lyon-Caen). Voir note *infra* sous la rubrique « Efforts de formation et d'adaptation ».

• **Emploi de même catégorie ou emploi équivalent.** L'existence d'un plan social, qui a notamment pour objet de prévoir des mesures de reclassement, ne démontre pas à elle seule que l'employeur a respecté son obligation de reclassement à l'égard des salariés contestant leur licenciement (cass. soc. 31 mars 1998, n° 96-40.748, BC V n° 188 ; *RJS* 5/98 n° 578 ; 16 décembre 1998, n° 96-41.989, BC V n° 560 ; *RJS* 2/99 n° 178 ; *Dr. Soc.* 1999, p. 196 ; 13 avril 1999, n° 97-40.732, *RJS* 5/99 n° 643 ; 26 mars 2002, n° 00-40.898, BC V n° 106 ; *RJS* 6/02 n° 665 ; 12 mai 2009, n° 08-41.400, *LS* Jurispr. n° 172/2009 du 24-25/08/09).

Il appartient à l'employeur de rechercher s'il existe des possibilités de reclassement, prévues ou non dans le plan social, et de proposer aux salariés dont le licenciement est envisagé des emplois disponibles de même catégorie (cass. soc. 27 octobre 1998, n° 96-42.843, BC V n° 458 ; *RJS* 12/98 n° 1457) ; à défaut, il doit leur proposer des emplois de catégorie inférieure, fût-ce par voie de modification de leurs contrats de travail (cass. soc. 8 avril 1992, n° 89-41.548, BC V n° 258 ; 19 novembre 1992, n° 91-45.156, BC V n° 563 ; 18 février 1998, n° 95-45.502, BC V n° 88 ; 18 novembre 1998, n° 96-42.991, BC V n° 499 ; *RJS* 1/99 n° 74 ; *Dr. Soc.* 1999, p. 101 ; 15 mai 2001, n° 98-44.330, *RJS* 8-9/01 n° 1003, 25 novembre 2009, n° 08-42.755, BC V n° 267 ; *RJS* 2/10 n° 163).

L'employeur ne peut limiter ses recherches et propositions de reclassement en fonction de la volonté de ses salariés, exprimée à sa demande et par avance, en dehors de toute proposition concrète (cass. soc. 4 mars 2009, n° 07-42.381, BC V n° 57 ; *RDT* mai 2009, CH, 306, J-Y Frouin ; *SSL* 2009 n° 1391, p. 11). Il doit avoir examiné sérieusement toutes les possibilités correspondant aux capacités et à l'expérience du salarié (cass. soc. 12 juillet 2006, n° 04-44.714, *RJS* 10/06 n° 1045, 2e espèce). L'offre d'adhésion à une convention FNE de préretraite progressive constitue une proposition de reclassement (cass. soc. 6 juin 2000, n° 98-41.457, BC V n° 214 ; *RJS* 7-8/00 n° 781 ; *Dr. Soc.* 2000, p. 1031). Sur l'absence de proposition d'un poste à temps plein à un salarié à temps partiel, voir cass. soc. 13 mai 1992, n° 91-40.734, BC V n° 299 ; *RJS* 6/92 n° 725.

Dès lors que la société aurait pu proposer au salarié des emplois de même nature existant dans d'autres régions et pour lesquels elle recrutait du personnel, le licenciement n'est pas justifié par un motif économique (cass. soc. 22 janvier 1992, n° 89-41.242, BC V n° 31). En se bornant à faire état d'une liste de postes vacants qui concernait des emplois distincts de celui occupé par le salarié, sans lui faire aucune proposition de reclassement, ni prévoir son adaptation à l'un des emplois disponibles, l'employeur n'a pas satisfait à son obligation (cass. soc. 6 juillet 1999, n° 96-45.665, BC V n° 333).

• **Offres de reclassement écrites, précises, concrètes et personnalisées.** L'employeur doit adresser à chacun des salariés dont le licenciement est envisagé des offres de reclassement écrites et précises (cass. soc. 20 septembre 2006, n° 04-45.703, BC V n° 276 ; *RJS* 11/06 n° 1163 ; *CSB* 2007 A. 3 ; *Dr. Soc.* 2006, p. 115, note G. Couturier ; 13 mai 2009, n° 07-43.893, *RJS* 7/09 n° 621 : propositions identiques pour des postes à l'étranger adressées à l'ensemble des salariés, sans préciser le montant exact de la rémunération) ; elles doivent être concrètes et personnalisées (cass. soc. 7 juillet 2004, 2 arrêts, nos 02-42.289 et 02-44.613, *RJS* 10/04 n° 1017 ; 7 décembre 2005, n° 03-45.012, *RJS* 3/06 n° 324). L'obligation de reclassement appelle une proposition individualisée, au-delà de la seule information du personnel par voie d'affichage sur des possibilités de reclassement dans les sociétés du groupe assortie d'une invitation à prendre contact avec la société mère (cass. soc. 12 mars 2003, n° 00-46.700, *RJS* 5/04 n° 585 ; 18 janvier 2005, n° 02-46.737, *RJS* 3/05 n° 259 ; 29 juin 2005, n° 03-45.519, *RJS* 10/05 n° 965 ; 13 juillet 2010, n° 09-42.839, *RJS* 10/10, n° 737). L'employeur doit procéder à un examen individuel des possibilités de reclassement de chaque salarié et ne peut seulement prévoir de diffuser la liste des postes disponibles au sein du groupe sur son site intranet, d'adresser une liste des salariés dont le licenciement est envisagé à toutes les succursales du groupe et de proposer les services d'un bureau de placement, sans aucune proposition personnelle (cass. soc. 26 septembre 2006, n° 05-43.841, BC V n° 288 ; *RJS* 11/06 n° 1166 ; 19 janvier 2011, n° 09-43.522, *RJS* 4/11 n° 308). L'envoi du *curriculum vitae* à un cabinet de recrutement ne peut être considéré comme suffisant (cass. soc. 18 juin 2003, n° 00-46.262, *CSB* 2003 S. 374). L'allégation des efforts réalisés pour permettre le reclassement ne peut suppléer l'absence d'offres écrites et précises adressées par l'employeur à chaque salarié dont le reclassement est possible ; un tel manquement rend le licenciement sans cause réelle et sérieuse (cass. soc. 6 mars 2007, n° 05-40.156, *RJS* 5/07 n° 568).

La méconnaissance de l'obligation individuelle de reclassement prévue par l'article L. 1233-4 CT n'est pas sanctionnée par la nullité de la procédure de licenciement et l'obligation de réintégration qui en résulterait (cass. soc. 26 février 2003, n° 01-41.030, BC V n° 70 ; *RJS* 5/03 n° 589 ; *CSB* 2003 S. 239).

Si l'employeur est en droit de proposer un même poste à plusieurs salariés, les offres de reclassement doivent être personnalisées (cass. soc. 19 janvier 2011, n° 09-42.736, *RJS* 4/11 n° 307).

• **Niveau d'appréciation de la recherche de reclassement.** La recherche des possibilités de reclassement doit s'apprécier au sein de la société lorsqu'elle comporte plusieurs établissements (cass. soc. 16 mars 1994, n° 92-41.078 ; 9 février 2000, n° 97-44.023, précité) ou à l'intérieur du groupe auquel appartient l'employeur, parmi les entreprises dont les activités, l'organisation ou le lieu d'exploitation leur permettent d'effectuer la permutation de tout ou partie du personnel (cass. soc. 25 juin 1992, n° 90-41.244, BC V n° 420 ; 19 novembre 1992, n° 91-45.744, BC V n° 562 ; 5 avril 1995, n°s 93-42.690 et 93-43.866, cités sous l'article L. 1233-3 ; 23 mai 1995, n° 93-46.142, *RJS* 7/95 n° 765 ; 12 décembre 1995, n° 94-41.765, BC V n° 342 ; *Dr. Soc.* 1996, p. 199 ; 2 avril 1996, n° 94-41.673, *RJS* 5/96 n° 525 ; 31 mars 1998, n° 96-40.748, précité), même s'il n'existe pas de lien de dépendance financière entre les diverses activités de l'employeur (cass. soc. 10 décembre 2002, n° 00-46.518, *RJS* 3/03 n° 171) et même si certaines de ces entreprises sont situées à l'étranger, dès l'instant que la législation applicable localement n'empêche pas l'emploi de salariés étrangers (cass. soc. 7 octobre 1998, n° 96-42.812, BC V n° 407 ; *RJS* 11/98 n° 1352 ; 30 mars 1999, n° 97-40.304, *RJS* 5/99 n° 644 ; 27 avril 2000, n° 98-42.521, *CSB* 2000 S. 330). L'existence d'un groupe s'apprécie à la date du licenciement (cass. soc. 2 février 2006, n° 03-47.480 ; 1er juin 2010, n° 09-40.421, BC V n° 121 ; *JCP* éd. E 2010, 1949, S. Béal et Cl. Terrenoire : à la date du licenciement, la société qui avait procédé à des licenciements économiques n'était pas intégrée à un groupe, l'opération de cession n'ayant pas été encore réalisée).

L'obligation de reclassement ne s'étend pas, sauf disposition conventionnelle le prévoyant, à d'autres entreprises ne relevant pas d'un même groupe (cass. soc. 15 juin 2010, n° 08-70.391, BC V n° 135 ; *RJS* 8-9/10 n° 651).

Le licenciement économique prononcé par l'un des coemployeurs, chacun d'eux doit en supporter les conséquences, notamment au regard de l'obligation de reclassement (cass. soc. 28 septembre 2011, n° 10-12.278, *RJS* 12/11 n° 929). Il n'est pas nécessaire de constater l'existence d'un rapport de subordination individuel de chacun des salariés de la filiale avec la société mère. La qualité de coemployeurs se révèle par une confusion d'intérêts, d'activités et de direction entre deux sociétés, par exemple entre une société mère et sa filiale (voir arrêt précité).

La dépendance économique existant entre des firmes n'est pas de nature à caractériser un lien de subordination juridique entre les sociétés actionnaires et les salariés (cass. soc. 18 octobre 1995, n° 93-19.180, *CSB* 1996 A. 6). La seule détention d'une partie du capital n'implique pas en soi la possibilité d'effectuer entre les sociétés la permutation du personnel et ne caractérise pas l'existence d'un groupe au sein duquel le reclassement doit s'effectuer (cass. soc. 27 octobre 1998, n° 96-40.626, BC V n° 459 ; *RJS* 12/98 n° 1456 ; 28 avril 2000, n° 98-40.155, *CSB* 2000 S. 328 ; 10 février 2009, n° 07-45.712 : absence d'organisation et de gestion commune des sociétés, *RDT*, juin 2009, CH, 377, Y. Chagny). Sur un exemple de permutation du personnel entre plusieurs sociétés conduisant à retenir l'existence d'un groupe au regard de l'obligation de reclassement, voir cass. soc. 5 octobre 1999, n° 97-41.838, BC V n° 368 ; *RJS* 11/99 n° 1356 ; *Dr. Soc.* 1999, p. 1112 ; 31 janvier 2001, n° 98-43.897, *Dr. Soc.* 2001, p. 565 ; 20 novembre 2002, n° 00-42.962, *CSB* 2003 S. 80 : ensemble d'associations indépendantes ; 29 janvier 2003, n° 00-44.882, BC V n° 27 ; *RJS* 4/03 n° 455 : obligation contractuelle de déplacement attestant d'une organisation permettant la permutabilité du personnel entre des sociétés dans lesquelles le gérant a des intérêts personnels. Sur des possibilités de permutation de personnel entre sociétés filiales d'une société en exécution d'un plan de redressement judiciaire, voir cass. soc. 18 novembre 2003, n° 01-44.671, *RJS* 1/04 n° 18 ; *CSB* 2004 S. 81.

Voir Fr. Favennec-Héry, « L'extinction de la relation de travail dans les groupes », *Dr. Soc.* 2010, p. 762.

• **Étendue de l'obligation de reclassement.** L'employeur doit exécuter loyalement son obligation de reclassement, ce qui n'est pas le cas lorsqu'un poste qui aurait pu être offert au salarié dans l'une des sociétés du groupe a été pourvu par un recrutement extérieur alors que le processus de licenciement était en cours (cass. soc. 7 avril 2004, n° 01-44.191, BC V n° 114 ; *RJS* 6/04 n° 666 ; *CSB* 2004 S. 273).

Le licenciement économique d'un salarié ne peut intervenir, en cas de suppression d'emploi, que si le reclassement de l'intéressé dans l'entreprise et, le cas échéant, dans le groupe n'est pas possible (cass. soc. 19 février 1992, n° 90-46.107, BC V n° 100 ; 1er avril 1992, n° 89-43.494, BC V n° 228 ; 1er décembre 1993, n° 92-40.760, *RJS* 1/94 n° 13 ; 8 juillet 1998, n° 96-42.736, *RJS* 10/98 n° 1189 : existence d'un poste dans un autre établissement pourvu par recrutement extérieur ; 17 mars 1999, n° 97-40.515, BC V n° 127 ; *RJS* 5/99 n° 666 ; 7 juillet 1999, n° 97-43.190, *RJS* 10/99 n° 1239 ; 27 octobre 1999, n° 97-43.951, *RJS* 12/99 n° 1449 ; 30 novembre 1999, n° 97-41.431, BC V n° 464 ; *RJS* 1/00 n° 115 ; *CSB* 2000 S. 84 : révocation d'un mandat social confié à l'intéressé dans une filiale ; 15 mars 2000, n° 98-40.151, *RJS* 6/00 n° 653 : emplois disponibles non proposés aux salariés après un refus de mutation des intéressés ; 24 octobre 2000, n° 98-41.192, BC V n° 344 ; *RJS* 12/00 n° 1249 ; 19 décembre 2000, n° 98-42.919, BC V n° 435 ; *RJS* 3/01 n° 371 : salarié expatrié ; 10 juillet 2002, n° 00-42.343, *RJS* 11/02 n° 1217 : recherche en vain, à défaut d'emploi convenant au salarié ; 12 juillet 2004, n° 02-40.312, *RJS* 10/04 n° 1010 : capacités du salarié ne lui permettant pas d'occuper un emploi autre qu'administratif ; 26 janvier 2005, n° 03-40.020, *RJS* 4/05 n° 362 et 5 décembre 2006, n° 04-48.800, *RJS* 2/07 n° 206 : recours, de manière habituelle et en nombre, à des travailleurs intérimaires).

L'employeur ne peut limiter ses offres en fonction de la volonté présumée des salariés de les refuser (cass. soc. 24 juin 2008, n° 06-45.870, BC V n° 138 ; *RJS* 10/08 n° 968 ; *RDT*, oct. 2008, CH, 598, J-Y Frouin ; *Dr. Soc.* 2009, p. 116, note G. Couturier : les salariés ayant refusé, pour des raisons personnelles et familiales, des propositions de reclassement à Paris, l'employeur n'avait pas jugé utile de leur proposer des postes disponibles à l'étranger ; 22 juin 2011, n° 09-73.035, *RJS* 10/11 n° 765) ou encore limiter ses recherches en fonction de la volonté exprimée des salariés en dehors de toute proposition concrète (cass. soc. 4 mars 2009, n° 07-42.381, précité).

Lorsqu'une procédure de licenciement pour motif économique est engagée simultanément dans plusieurs entreprises d'un même groupe, si des salariés d'entreprises différentes se trouvent en concurrence sur des postes de reclassement disponibles dans l'une ou l'autre entreprise du groupe, priorité est donnée, à qualification comparable, aux salariés de l'entreprise au sein de laquelle des postes se trouvent disponibles (cass. soc. 11 décembre 2001, n° 99-44.291, BC V n° 379 ; *RJS* 2/02 n° 155 ; *Dr. Soc.* 2002, p. 222).

Les « offres valables d'emploi » prévues dans le plan n'étant destinées qu'à assurer la reconversion professionnelle des salariés, hors de l'entreprise et du groupe, après leur licenciement, l'inobservation de ce dispositif par l'employeur, qui a par ailleurs recherché et proposé aux intéressés toutes les possibilités de reclassement dans l'entreprise et dans le groupe, n'est pas de nature à caractériser un manquement à son obligation de reclassement (cass. soc. 21 novembre 2006, n° 05-40.656, *RJS* 2/07 n° 205).

Lorsque le plan social a prévu une priorité dans la proposition et l'attribution de postes offerts au reclassement au profit des salariés âgés de plus de cinquante ans, le juge doit rechercher si l'employeur s'est trouvé dans l'impossibilité d'appliquer au salarié cette priorité ou si les salariés auxquels ces postes ont été attribués remplissaient également la condition d'âge (cass. soc. 14 janvier 2004, n° 02-46.678, BC V n° 11 ; *RJS* 3/04 n° 296 ; *CSB* 2004 S. 170).

Dans le cadre de son obligation de reclassement, l'employeur ne peut être tenu de proposer à un salarié une mesure de préretraite à l'effet de libérer son poste pour le proposer en reclassement à un autre salarié (cass. soc. 28 novembre 2000, n° 98-46.140, *RJS* 2/01 n° 227).

• **Refus du reclassement par le salarié.** La proposition d'une modification du contrat de travail, que le salarié peut refuser, ne dispense pas l'employeur de son obligation de reclassement (cass. soc. 30 septembre 1997, n° 94-43.898, BC V n° 290 ; *RJS* 11/97 n° 1222 ; 12 mai 1998, n° 96-40.645 ; 7 mars 2000, n° 98-40.659, BC V n° 88 ; *RJS* 4/00 n° 377 ; 14 décembre 2005, n° 04-40.396, *RJS* 2/06 n° 181). Il en était de même pour la convention de conversion (cass. soc. 19 mars 1998, n° 95-44.024, BC V n° 163 ; 2 décembre 1998, n° 96-43.663, *RJS* 1/99 n° 92).

Constitue une mesure de reclassement licite la mise en situation de recherche de reclassement pendant une période déterminée avec dispense d'activité et maintien de la rémunération dès lors que, pendant cette période, l'employeur remplit son obligation de recherche de reclassement et que le plan prévoit les mesures nécessaires à cet effet (cass. soc. 14 février 2007, n° 05-45.887, BC V n° 24 ; *JCP* éd. S 2007, 1539, note P. Morvan).

Le salarié est en droit de refuser les mesures de reclassement proposées par l'employeur (cass. soc. 29 janvier 2003, n° 00-46.322, BC V n° 28 ; *RJS* 4/03 n° 436 ; *CSB* 2003 S. 239). Ne satisfait pas à son obligation de reclassement l'employeur qui a proposé au salarié une offre de reclassement unique que celui-ci était en droit de refuser (cass. soc. 22 novembre 2006, n° 04-42.497).

Si, pour des raisons familiales, la salariée refuse un poste, l'employeur est fondé à limiter ses recherches de poste de reclassement au périmètre géographique résultant du souhait de la salariée de ne pas s'éloigner de son domicile (cass. soc. 13 novembre

2008, n° 06-46.227, BC V n° 217 ; *RJS* 1/09 n° 25). L'employeur a satisfait à son obligation de reclassement s'il a pu justifier de l'absence de poste disponible en rapport avec les compétences de la salariée après avoir fait des recherches dans ce périmètre géographique.

• **Chronologie des offres de reclassement.** L'employeur doit justifier de tentatives de reclassement avant la notification du licenciement (cass. soc. 27 octobre 1998, n° 96-45.517, BC V n° 453 ; *RJS* 12/98 n° 1458 ; 30 mars 1999, n° 97-41.265, BC V n° 146 ; *RJS* 5/99 n° 645 ; *Dr. Soc.* 1999, p. 635 ; 10 mai 1999, n° 97-40.060, BC V n° 203 ; *RJS* 6/99 n° 802 : mandataire liquidateur ; 26 mai 1999, n° 96-44.387, *RJS* 7/99 n° 904 ; 19 janvier 2011, n° 09-43.522, *RJS* 4/11 n° 308). Il n'est pas débiteur de l'obligation de reclassement à une date antérieure à l'apparition de la cause du licenciement (cass. soc. 21 juin 2006, n° 03-43.517, *CSB* 2006 S. 474).

Ne remplit pas son obligation de reclassement l'employeur qui prononce les licenciements avant l'expiration du délai qu'il a imparti aux salariés pour faire connaître leur acceptation ou leur refus de ses propositions de reclassement (cass. soc. 24 avril 2003, n° 01-42.131, *RJS* 7/04 n° 859) ou qui se borne à adresser, le jour de la convocation à l'entretien préalable, une lettre aux responsables du groupe auquel appartient la société, sans attendre leur réponse avant de prendre la décision de licencier (cass. soc. 20 octobre 1999, n° 97-43.539, *CSB* 2000 S. 40 ; 21 mars 2001, n° 99-43.108, *RJS* 5/01 n° 584). Le délai de réflexion laissé aux salariés pour se prononcer sur les mesures de reclassement « constitue une garantie de fond dont le non-respect par l'employeur emporte méconnaissance de son obligation de reclassement et prive le licenciement de cause réelle et sérieuse » (cass. soc. 16 mai 2007, n° 05-44.085, *RDT*, juillet/août 2007, CH, 455, Ph. Waquet).

Une proposition de réembauchage postérieure au licenciement est sans incidence sur l'obligation de reclassement qui s'exécute avant le licenciement. Une cour d'appel, qui a relevé qu'un employeur n'avait pas proposé, à titre de reclassement avant le licenciement, un emploi disponible dans l'entreprise, emploi équivalent à celui occupé par le salarié, a légalement justifié sa décision de déclarer le licenciement dépourvu de cause réelle et sérieuse (cass. soc. 25 septembre 2002, n° 00-42.879, BC V n° 278).

En l'absence de respect de l'obligation de reclassement particulière prévue par la convention collective, le licenciement est dépourvu de cause réelle et sérieuse (cass. soc. 2 mai 2001, n° 98-44.945, BC V n° 146 ; *RJS* 7/01 n° 895 ; 28 mai 2008, n° 06-46.009, BC V n° 116 ; *RJS* 8-9/08 n° 877 : les dispositions conventionnelles étendaient le périmètre de reclassement afin de favoriser celui-ci à l'extérieur de l'entreprise).

Le salarié licencié pour motif économique, suite à son refus de la modification de son contrat de travail, qui n'a contesté à aucun moment l'énonciation de la lettre de licenciement relative à l'impossibilité de son reclassement ne peut proposer devant la Cour de cassation un moyen incompatible avec la thèse qu'il a développée devant les juges du fond (cass. soc. 7 décembre 2005, n° 04-41.882, BC V n° 358 ; *RJS* 2/06 n° 187).

Le reclassement ne peut être envisagé que dans un emploi compatible avec les capacités et la compétence du salarié (cass. soc. 24 octobre 1995, n° 94-40.203, *CSB* 1996 B. 19). Une offre d'emploi, effectuée dans le cadre d'un plan social, à un salarié qui avait précédemment fait l'objet d'un reclassement dans l'entreprise à la suite d'une déclaration d'inaptitude par le médecin du travail doit être compatible avec l'aptitude physique de l'intéressé (cass. soc. 17 mai 2000, n° 98-40.595, BC V n° 189 ; *RJS* 7-8/00 n° 784).

• **Efforts de formation, d'adaptation et d'accompagnement.** Sur l'obligation pour l'employeur d'assurer l'adaptation des salariés à leur poste de travail et de veiller au maintien de leur capacité à occuper un emploi, voir cass. soc. 23 octobre 2007, n° 06-40.950, BC V n° 171 ; *RDT*, janvier 2008, CH, 33, A. Fabre ; *Dr. Ouvr.* 2008, p. 296, note B. Lardy-Pélissier. L'employeur, tenu d'exécuter de bonne foi le contrat de travail, a le devoir d'assurer l'adaptation des salariés à une évolution de leur emploi et, consécutivement, de saisir toute possibilité de reclassement dans des emplois compatibles avec leurs capacités (cass. soc. 25 février 1992, n° 89-41.634, BC V n° 122 ; 23 septembre 1992, n° 90-44.466, BC V n° 472 ; 17 mai 1994, n° 93-41.566, *Dr. Ouvr.* 1995, p. 172 ; 19 octobre 1994, n° 92-41.583, BC V n° 279 ; *Dr. Soc.* 1995, p. 64 : refus par l'employeur d'une courte formation ; 17 février 1998, n° 95-45.261, BC V n° 86 ; *RJS* 4/98 n° 434 ; 7 décembre 2005, n° 03-45.012, *RJS* 3/06 n° 324). Il lui appartient d'établir qu'il ne dispose d'aucun poste susceptible d'être offert au salarié licencié ou que celui-ci est inapte à s'adapter (cass. soc. 19 novembre 1992, n° 90-45.970, BC V n° 564 ; 24 mars 1993, n° 89-41.284, *CSB* 1993 p. 282 ; 20 octobre 1998, n° 96-42.952), aux nouvelles exigences techniques (cass. soc. 15 octobre 1992, n° 91-43.632, BC V n° 513 ; 3 mai 1994, n° 92-44.421, *RJS* 6/94 n° 675), ou à l'industrialisation de la production jusqu'alors artisanale (cass. soc. 4 février 1998, n° 95-41.390, *RJS* 4/98 n° 434), malgré l'effort d'adaptation tenté au cours de l'année précédente (cass. soc. 9 juillet 1997, 94-43.709, BC V n° 262).

Le licenciement est dépourvu de cause réelle et sérieuse si l'employeur ne justifie pas de l'impossibilité d'affecter la salariée au poste disponible moyennant une formation permettant son adaptation à un nouvel emploi (cass. soc. 28 mai 2008, n° 06-45.572, BC V n° 115 ; *RJS* 8-9/08 n° 873).

Il appartient à l'employeur, tenu d'exécuter de bonne foi son obligation de reclassement, de proposer des postes accessibles ou rendus accessibles par des mesures d'accompagnement aux salariés dont le licenciement est envisagé (cass. soc. 29 mai 2002, n° 00-40.475, *RJS* 8-9/02 n° 956).

Si l'employeur a l'obligation d'assurer l'adaptation des salariés à l'évolution de leur emploi, en leur donnant au besoin une formation complémentaire, il ne peut lui être imposé de leur délivrer une qualification nouvelle leur permettant d'accéder à un poste disponible de catégorie supérieure (cass. soc. 17 mai 2006, n° 04-43.022, *RJS* 8-9/06 n° 934 ; *CSB* 2006 A. 55), en considérant, notamment, la formation et l'expérience requises (cass. soc. 12 juillet 2006, n° 04-45.578, BC V n° 247 ; *RJS* 10/06 n° 1073). Sur le cas d'un cadre dont la formation permettait l'adaptation à d'autres emplois (cass. soc. 20 octobre 1998, n° 95-45.018) ; à l'inverse, sur un reclassement impossible, le salarié n'étant pas en mesure, même avec une formation adéquate, d'occuper des fonctions pour lesquelles il n'avait pas les compétences requises (cass. soc. 7 juillet 1999, n° 97-42.194, *RJS* 10/99 n° 1239 ; 21 juin 2000, n° 98-43.742, *RJS* 9-10/00 n° 923 ; 3 avril 2001, n° 99-42188, BC V n° 114 ; *RJS* 6/01 n° 731 : il ne peut être imposé à l'employeur d'assurer la formation initiale qui fait défaut au salarié).

« En l'absence de disposition expresse en ce sens, et la nullité ne se présumant point, la méconnaissance de l'obligation d'adaptation [inscrite dans la loi de modernisation sociale (art. 108)] ne pourra pas être sanctionnée par la nullité de la procédure de licenciement et l'obligation de réintégration qui en résulterait » (C. constit. 2001-455 DC du 12 janvier 2002, JO 18).

Art. L. 1233-4-1. ***(L. 2010-499 du 18 mai 2010, JO 19)*** Lorsque l'entreprise ou le groupe auquel elle appartient est implanté hors du territoire national, l'employeur demande au salarié, préalablement au licenciement, s'il accepte de recevoir des offres de reclassement hors de ce territoire, dans chacune des implantations en cause, et sous quelles restrictions éventuelles quant aux caractéristiques des emplois offerts, notamment en matière de rémunération et de localisation.

Le salarié manifeste son accord, assorti le cas échéant des restrictions susmentionnées, pour recevoir de telles offres dans un délai de six jours ouvrables à compter de la réception de la proposition de l'employeur. L'absence de réponse vaut refus.

Les offres de reclassement hors du territoire national, qui sont écrites et précises, ne sont adressées qu'au salarié ayant accepté d'en recevoir et compte tenu des restrictions qu'il a pu exprimer. Le salarié reste libre de refuser ces offres. Le salarié auquel aucune offre n'est adressée est informé de l'absence d'offres correspondant à celles qu'il a accepté de recevoir.

Note La loi 2010-499 du 18 mars 2010 vise à préciser les conditions d'offres de reclassement hors du territoire national. Une circulaire DGT 03 du 15 mars 2011 précise la procédure à suivre (*SSL* n° 1486, p. 2). Voir Fr. Géa, « Reclassement à l'étranger : les apports contrastés de la circulaire du 15 mai 2011 », *RDT* 2011, p. 374 ; S. Niel, « Où en est-on sur le reclassement groupe ? », *SSL* n° 1465, pp. 17 et s. ; D. Corrignan-Carsin faisant un commentaire de la loi, *JCP* éd. E 2010, 1970.

Sous-section 4. **Critères d'ordre des licenciements**

Art. L. 1233-5. Lorsque l'employeur procède à un licenciement collectif pour motif économique et en l'absence de convention ou accord collectif de travail applicable, il définit les critères retenus pour fixer l'ordre des licenciements, après consultation du comité d'entreprise ou, à défaut, des délégués du personnel.

Ces critères prennent notamment en compte :

1° Les charges de famille, en particulier celles des parents isolés ;

2° L'ancienneté de service dans l'établissement ou l'entreprise ;

3° La situation des salariés qui présentent des caractéristiques sociales rendant leur réinsertion professionnelle particulièrement difficile, notamment celle des personnes handicapées et des salariés âgés ;

4° Les qualités professionnelles appréciées par catégorie.

Note Le principe est le suivant :

– s'il y a une convention ou un accord collectif applicable dans l'établissement, les règles édictées par cette convention quant à l'ordre des licenciements doivent être suivies (cass. soc. 28 octobre 1997, n° 94-44.177, BC V n° 346 ; *RJS* 12/97 n° 1354) ;

– en l'absence de disposition conventionnelle applicable, il appartient à l'employeur d'établir, à l'occasion de chaque licenciement collectif, les critères d'ordre des licenciements après consultation du comité d'entreprise ou, à défaut, des délégués du personnel. L'obligation de consultation des représentants du personnel est satisfaite alors même que ceux-ci se sont refusés à formuler un avis (cass. soc. 18 février 1998, n° 95-42.172, BC V n° 93 ; *RJS* 4/98 n° 440).

• L'employeur n'est tenu de mettre en œuvre les dispositions de l'article L. 1233-5 que lorsqu'un licenciement pour motif économique est décidé, et non lorsqu'il se borne à prévoir la mise en préretraite ou le reclassement des salariés occupés dans les services qu'il entend supprimer (cass. soc. 3 décembre 1996, n° 94-22.163, BC V n° 410 ; *RJS* 1/97 n° 23, concl. P. Lyon-Caen, p. 14 ; 10 mai 1999, n° 96-19.828, BC V n° 202 ; *JCP* éd. G 2000.II.10230, note Fr. Duquesne ; *RJS* 6/99 n° 806 : appel au volontariat pour le travail à mi-temps, une mobilité interne ou un départ). Il en est de même lorsque la réduction d'effectif envisagée ne doit se réaliser, selon le plan social, qu'au moyen d'accords de rupture négociés conclus avec les seuls salariés souhaitant quitter volontairement l'entreprise, à l'exclusion de tout licenciement économique (cass. soc. 12 juillet 2004, n° 02-19.175, *RJS* 10/04 n° 1014). Mais, dès lors que l'employeur lui a notifié un licenciement pour motif économique, le salarié peut invoquer une violation de l'ordre des licenciements (cass. soc. 13 janvier 2009, n° 07-44.398, BC V n° 5 ; *Dr. Soc.* 2009, p. 376, obs. G. Couturier : en l'espèce, une salariée avait accepté une convention de préretraite d'entreprise, inscrite dans un plan de sauvegarde de l'entreprise).

• Le respect de l'ordre des licenciements est apprécié au moment de l'engagement de la procédure et non à l'expiration du congé de conversion (cass. soc. 12 juillet 1994, n° 91-43.855, BC V n° 233). Mais l'ordre des licenciements n'est dressé qu'au moment où les licenciements, qui sont seulement envisagés dans le plan social, sont décidés et mis en œuvre (cass. soc. 7 octobre 1998, n° 96-40.424, BC V n° 404 ; *RJS* 11/98 n° 1356).

• **Cadre d'appréciation.** Les critères relatifs à l'ordre des licenciements s'apprécient dans le cadre de l'entreprise (cass. soc. 9 mai 2006, n° 04-45.880). Un employeur ne peut limiter l'application de ces critères aux seuls salariés de l'établissement concernés par les suppressions d'emplois (cass. soc. 10 février 2010, n° 08-41.109, *RJS* 4/10 n° 321). Une direction peut décider d'appliquer les critères d'ordre des licenciements au niveau de l'UES ; dans cette hypothèse, elle se doit de respecter l'engagement qu'elle a pris et ne peut donc faire d'exception en écartant telle ou telle entreprise composant l'UES (cass. soc. 19 janvier 2011, n° 09-41.171, *JSL* n° 295, 10 mars 2011, p. 27).

Il convient d'apprécier le respect des critères retenus pour fixer l'ordre des licenciements par référence aux catégories d'emplois et aux fonctions réellement exercées (cass. soc. 30 juin 1993, n° 91-43.426, BC V n° 188 ; 21 juin 1994, n° 93-40.670). Le juge doit rechercher si l'ordre des licenciements a été respecté dans la catégorie professionnelle dont relevait le salarié au sens de la convention collective (cass. soc.

16 mars 2005, n° 02-45.753, BC V n° 93). Le respect des critères retenus pour fixer l'ordre des licenciements doit s'apprécier au sein de la catégorie des chefs de service lorsqu'il s'agit de salariés seuls dans leur catégorie professionnelle (cass. soc. 2 avril 2008, n° 07-40.571, *RJS* 6/08 n° 654 : s'agissant d'un chef comptable). S'il ne peut être fait grief à l'employeur de n'avoir pas respecté l'ordre des licenciements lorsque les emplois supprimés sont les seuls de la catégorie à laquelle appartiennent les salariés licenciés (cass. soc. 22 janvier 1992, n° 89-44.361 ; 8 juin 1999, n° 97-40.739, *RJS* 7/99 n° 909 ; 1er avril 2003, n° 01-41.775, *RJS* 7/03 n° 863) ou lorsque le licenciement concerne tous les salariés de l'entreprise appartenant à la même catégorie professionnelle (cass. soc. 27 mai 1997, n° 95-42.419, *Dr. Soc.* 1997, p. 744 ; 14 janvier 2003, n° 00-45.700, *RJS* 3/03 n° 330), celui-ci doit tenir compte des critères définis lorsque les salariés dont le licenciement est décidé parce que leur service est supprimé sont polyvalents (cass. soc. 30 juin 1992, n° 89-44.094). Il importe peu que, dans le cadre de la réorganisation de l'entreprise, un autre salarié ait été affecté au poste occupé par le salarié licencié en application de l'ordre des licenciements (cass. soc. 29 juin 1994, n° 92-44.466, BC V n° 216 ; 13 juin 1996, n° 93-43.298, BC V n° 237). De manière générale, en cas de suppression d'un service, les critères relatifs à l'ordre des licenciements fixés en accord avec le comité d'entreprise s'appliquent à l'ensemble du personnel de l'entreprise (cass. soc. 24 mars 1993, n° 90-42.002, BC V n° 97 ; *CSB* 1993 A. 34 ; 13 février 1997, n° 95-16.648, BC V n° 63 ; *Dr. Soc.* 1997, p. 249 ; *Dr. Ouvr.* 1997, p. 94 ; 1er décembre 1998, n° 96-43.980, *RJS* 1/99 n° 27). La catégorie professionnelle qui sert de base à l'établissement de l'ordre des licenciements concerne l'ensemble des salariés qui exercent dans l'entreprise des fonctions de même nature supposant une formation professionnelle commune, sans qu'il puisse être opéré de distinction, au sein de chaque catégorie, entre les salariés à temps plein et ceux à temps partiel (cass. soc. 3 mars 1998, n° 95-41.610, BC V n° 113 ; *RJS* 4/98 n° 548 ; 7 juillet 1998, n° 96-45.014, *RJS* 10/98 n° 1196).

Sur l'établissement de tableaux fixant l'ordre des licenciements par localité en application de la convention collective des banques, voir cass. soc. 22 mars 1995, 2 arrêts, nos 92-41.280 et 91-20.003, *RJS* 5/95 n° 501 ; 27 janvier 1998, n° 96-12.123, BC V n° 33.

• **Détermination des critères.** L'employeur peut privilégier l'un des critères arrêtés pour fixer l'ordre des licenciements, mais il doit prendre en compte l'ensemble de ceux-ci (cass. soc. 8 avril 1992, n° 89-40.739, BC V n° 259 ; 20 janvier 1993, n° 91-42.032, BC V n° 18 ; 14 janvier 1997, n° 95-44.366, BC V n° 16 ; *Dr. Soc.* 1997, p. 159, concl. P. Lyon-Caen ; *CSB* 1997 A. 18 ; 27 octobre 1999, n° 97-43.130, BC V n° 419 ; *RJS* 12/99 n° 1453 ; 21 mars 2002, n° 00-40.899, *RJS* 7/02 n° 797 ; 2 mars 2004, n° 01-44.084, *RJS* 5/04 n° 528). Le handicap du salarié, de nature à rendre la réinsertion professionnelle plus difficile, constitue l'un des critères mentionnés par l'article L. 1233-5 (cass. soc. 11 octobre 2006, n° 04-47.168, BC V n° 302 ; *RJS* 12/06 n° 1268). L'employeur, qui se borne à prendre en considération l'âge des salariés et les sanctions antérieurement prononcées contre eux, ne respecte pas l'ordre des licenciements qui, en l'absence de convention ou accord collectif applicable, doit prendre en compte les critères édictés par la loi (cass. soc. 3 décembre 1992, n° 91-41.990). Mais l'employeur peut, sauf détournement de procédure, tenir compte des sanctions disciplinaires pour apprécier les qualités professionnelles des salariés dans la limite de la prescription prévue par l'article L. 1332-5 ; toutefois, ceci ne doit pas constituer le seul critère d'évaluation mis en œuvre par l'employeur (cass. soc. 19 mai 2010, n° 09-40.103, *RJS* 7/10 n° 591). L'employeur ne peut se fonder sur le seul niveau des diplômes obtenus par les salariés pour effectuer un choix entre ceux-ci (cass. soc. 17 mars 1993, n° 91-42.118, *RJS* 5/93 n° 501).

Le juge doit examiner la situation des autres salariés de même catégorie ainsi que l'ensemble des critères, et non seulement l'âge et l'ancienneté (cass. soc. 1er avril 2003, n° 01-41.773, *RJS* 7/03 n° 863).

L'ordre des licenciements n'est pas respecté lorsque le seul critère retenu a été le refus d'acceptation de la modification des conditions de rémunération exigée par le cessionnaire (cass. soc. 6 juillet 1999, n° 97-40.055, BC V n° 329 ; *RJS* 10/99 n° 1241).

• Le juge ne peut substituer son appréciation à celle de l'employeur sur la valeur professionnelle du salarié (cass. soc. 21 février 1990, n° 87-41.824, BC V n° 81 ; 3 février 1993, n° 89-41.908, *RJS* 3/93 n° 262). En revanche, il pourrait être amené à se prononcer sur un détournement de pouvoir allégué par le salarié (cass. soc. 4 décembre

1991, n° 89-45.937, BC V n° 552 ; 16 décembre 1992, n° 90-44.871, BC V n° 598 ; *CSB* 1993 p. 283). En tout état de cause, il appartient à l'employeur de communiquer au juge, en cas de contestation, les éléments objectifs sur lesquels il s'est appuyé pour arrêter son choix entre les salariés (cass. soc. 14 mai 1987, n° 83-43.059 ; 30 juin 1993 n° 91-43.426, précité ; 13 octobre 1993, n° 91-45.025, *CSB* 1993 p. 284 : moindre aptitude non établie ; 15 juin 1994, n° 93-41.269, *Dr. Soc.* 1994, p. 809 : moindre qualification professionnelle non établie ; 29 juin 1994, n° 92-44.756, BC V n° 217 ; *CSB* 1994 A. 43 ; 26 novembre 1996, n° 94-42.161, BC V n° 405 ; 19 mars 1998, n° 95-45.541, BC V n° 164 ; *Dr. Soc.* 1998, p. 563 ; 16 septembre 2003, n° 01-40.349, *RJS* 11/03 n° 1267 : affirmations ou appréciations générales ; 9 décembre 2003, n° 01-46.243, *Dr. Soc.* 2004, p. 209 : compétence professionnelle). Le juge doit vérifier si les notes attribuées aux différents critères l'ont été sur la base d'éléments objectifs (cass. soc. 3 avril 2002, n° 00-42.053, *RJS* 7/02 n° 797). Si la méconnaissance par l'employeur de son obligation d'informer préalablement les salariés des techniques et méthodes d'évaluation qu'il met en œuvre à leur égard peut justifier l'allocation de dommages-intérêts, elle n'est pas de nature à caractériser une inobservation des critères d'ordre des licenciements dès lors que l'appréciation des qualités professionnelles repose sur des critères objectifs et vérifiables (cass. soc. 21 novembre 2006, n° 05-40.656, BC V n° 349 ; *RJS* 2/07 n° 205). Pour la cour d'appel de Paris, le critère de l'aptitude professionnelle « doit reposer sur des éléments objectifs dont la preuve doit être rapportée par l'employeur » (CA Paris, 18e ch. C, 11 septembre 2008, n° 07/04491, *SSL* 2008 n° 1369, p. 15, note F.C).

• La suppression d'emplois et la nécessité de respecter des critères retenus pour fixer l'ordre des licenciements peuvent constituer l'impossibilité de maintenir le contrat de travail, pour un motif non lié à l'accident, d'un salarié dont le contrat est suspendu à la suite d'un accident du travail ou d'une maladie professionnelle. Cette impossibilité doit s'apprécier à la date de la rupture et il appartient au juge de s'assurer que le choix du salarié n'a pas été motivé par une réduction de ses capacités physiques consécutives à l'accident (cass. soc. 25 mai 1993, 2 arrêts, nos 90-44.451 et 91-43.515, BC V n° 146 ; *RJS* 7/93 n° 737 ; 13 juillet 1993, n° 90-43.973, *RJS* 10/93 n° 972 ; 16 mars 1994, n° 89-43.586, BC V n° 93). Voir également note sous l'article L. 1226-9.

• **Sanctions.** L'inobservation des règles relatives à l'ordre des licenciements n'a pas pour effet de priver le licenciement de cause réelle et sérieuse (cass. soc. 20 janvier 1998, n° 96-40.930, BC V n° 20 ; *CSB* 1998 A. 21 ; *RJS* 3/98 n° 296 ; 26 janvier 1999, n° 97-40.463, BC V n° 39 ; *RJS* 3/99 n° 353 ; *CSB* 1999 A. 23 ; *Dr. Soc.* 1999, p. 530 ; 5 décembre 2006, n° 04-48.800, *RJS* 2/07 n° 206). Elle constitue pour le salarié une illégalité qui entraîne un préjudice pouvant aller jusqu'à la perte injustifiée de son emploi et qui doit être intégralement réparé selon son étendue (cass. soc. 23 avril 1997, n° 94-42.629, BC V n° 144 ; *RJS* 6/97 n° 713 ; 30 mars 1999, n° 97-40.695, BC V n° 145 ; 12 mars 2003, n° 98-44.682, *RJS* 5/03 n° 592 ; 5 décembre 2006, n° 04-47.822). Ce préjudice n'est pas réparé par l'allocation d'un franc symbolique (cass. soc. 6 juillet 1999, n° 97-40.055, précité).

L'obligation de rembourser à l'Assédic les allocations de chômage versées au salarié licencié ne concerne pas le cas de violation de l'ordre des licenciements (cass. soc. 23 mars 1994, n° 91-43.735, BC V n° 104 ; *CSB* 1994 A. 29 ; 14 janvier 1997, n° 95-44.366, précité).

Il ne peut être alloué au salarié licencié sans cause économique, en plus de l'indemnité réparant l'intégralité du préjudice subi par suite de la perte injustifiée de son emploi, des dommages-intérêts pour inobservation de l'ordre des licenciements (cass. soc. 7 octobre 1998, n° 96-43.067, BC V n° 406 ; *JCP* éd. E 1999, p. 229, note J. Pouget ; 5 octobre 1999, n° 98-41.384, BC V n° 366 ; *RJS* 11/99 n° 1361 ; *Dr. Soc.* 2000, p. 121). Le moyen tiré de l'obligation d'établir et respecter les critères de l'ordre des licenciements est dans le débat quand le juge statue sur le licenciement économique (cass. soc. 10 mai 1999, n° 97-40.901, *RJS* 6/99 n° 805). En demandant une indemnité pour licenciement sans cause réelle et sérieuse, le salarié demande implicitement la réparation du préjudice résultant d'un licenciement prononcé en violation de l'ordre des licenciements (cass. soc. 27 octobre 1998, n° 96-42.493, BC V n° 456 ; *RJS* 12/98 n° 1462).

• La disposition, insérée dans le plan de sauvegarde de l'emploi et prévoyant que lorsque les deux membres d'un couple travaillent dans l'entreprise, il ne pourra pas y avoir de licenciement des deux, ne constitue pas simplement un critère d'ordre des licenciements. Dès lors, l'inobservation de cette obligation prive le licenciement de cause réelle et sérieuse (cass. soc. 3 décembre 2008, n° 07-42.473, *RJS* 2/09 n° 161).

• Alors même qu'une autorisation administrative a été accordée à l'employeur par l'inspecteur du travail, il n'appartient qu'au juge judiciaire d'apprécier la mise en œuvre des critères retenus pour fixer l'ordre des licenciements (cass. soc. 11 décembre 2001, n° 99-44.994, BC V n° 380 ; *RJS* 2/02 n° 202 ; 10 décembre 2003, n° 01-47.147, *RJS* 2/04 n° 195 ; 27 octobre 2004, n° 02-46.935, BC V n° 270 ; *RJS* 2/05 n° 179 ; *CSB* 2005 A. 5). Le contrôle administratif ne peut s'exercer sur l'ordre des licenciements, sauf preuve de discrimination (CE 29 décembre 2000, n° 206918, *RJS* 4/01 n° 475 : s'agissant de représentants du personnel).

• Le salarié qui a adhéré à une convention de conversion est recevable à contester l'ordre des licenciements (cass. soc. 17 juin 1997, n° 95-43.162, BC V n° 222 ; *Dr. Soc.* 1997, p. 694, concl. P. Lyon-Caen ; *RJS* 7/97 n° 852 ; *CSB* 1997 A. 42 ; 10 février 1998, n° 95-42.315, BC V n° 78 ; 17 mars 1998, n° 96-41.226, BC V n° 146 ; *RJS* 5/98 n° 627 ; *Dr. Soc.* 1998, p. 560, note J. Savatier ; 27 octobre 1999, n° 97-43.130, précité). La Cour de cassation a décidé que le salarié ayant adhéré à une convention de reclassement personnalisé est recevable à contester l'ordre des licenciements (cass. soc. 5 mars 2008, n° 07-41.694, *RJS* 5/08 n° 580 ; cass. avis 7 avril 2008, n° 0080002, BC n° 2 ; *RJS* 6/08 n° 702).

• Voir également Ph. Waquet, *Dr. Soc.* 1994, p. 677 ; H-J Legrand, « L'ordre des licenciements ou l'identification du salarié atteint par une suppression d'emploi », *Dr. Soc.* 1995, p. 243 ; P-Y Verkindt, « La question de l'ordre des licenciements », *Dr. Soc.* 1996, p. 26 et « L'ordre des licenciements », *RJS* 12/97, p. 811 ; D. Jacotot, « Choix et respect des critères de l'ordre des licenciements », *D.* 1999, 12.

Art. R. 1233-1. Le salarié qui souhaite connaître les critères retenus pour fixer l'ordre des licenciements adresse sa demande à l'employeur, en application des articles L. 1233-17 et L. 1233-43, par lettre recommandée avec avis de réception ou remise contre récépissé, avant l'expiration d'un délai de dix jours à compter de la date à laquelle il quitte effectivement son emploi.

L'employeur fait connaître les critères qu'il a retenus pour fixer l'ordre des licenciements, en application de l'article L. 1233-5, par lettre recommandée avec avis de réception ou remise contre récépissé, dans les dix jours suivant la présentation ou [de] la remise de la lettre du salarié.

Ces délais ne sont pas des délais francs. Ils expirent le dernier jour à vingt-quatre heures.

Note Le manquement de l'employeur à son obligation d'indiquer au salarié qui le demande les critères d'ordre des licenciements cause nécessairement au salarié un préjudice distinct de celui réparant l'absence de cause réelle et sérieuse (cass. soc. 24 septembre 2008, n° 07-42.200, BC V n° 178 ; *RJS* 12/08 n° 1176 ; *RDT*, décembre 2008, CH, 739, J-Y Frouin). Voir note sous l'article L. 1233-17.

Art. L. 1233-6. Les critères retenus par la convention et l'accord collectif de travail ou, à défaut, par la décision de l'employeur ne peuvent établir une priorité de licenciement à raison des seuls avantages à caractère viager dont bénéficie un salarié.

Art. L. 1233-7. Lorsque l'employeur procède à un licenciement individuel pour motif économique, il prend en compte, dans le choix du salarié concerné, les critères prévus à l'article L. 1233-5.

SECTION 3. Licenciement de moins de dix salariés dans une même période de trente jours

Sous-section 1. Procédure de consultation des représentants du personnel propre au licenciement collectif

Art. L. 1233-8. L'employeur qui envisage de procéder à un licenciement collectif pour motif économique de moins de dix salariés dans une même période de trente jours réunit et consulte le comité d'entreprise dans les entreprises de cinquante salariés et plus, les délégués du personnel dans les entreprises de moins de cinquante salariés, dans les conditions prévues par la présente sous-section.

Art. L. 1233-9.

Note Pour apprécier le nombre de licenciements envisagés par l'employeur, le juge doit tenir compte du projet tel qu'il est définitivement présenté : en l'espèce, six licenciements résultant d'un projet de déplacement du service commercial s'ajoutaient aux neuf licenciements initialement prévus (cass. soc. 10 juillet 2001, n° 99-43.330, BC V n° 256 ; *RJS* 11/01 n° 1278 ; *CSB* 2001 S. 498 ; voir également cass. soc. 6 mars 2001 et 25 juin 2003, n° 01-43.717, BC V n° 207 et n° 01-46.479, BC V n° 206).

Les conditions déterminant la consultation des institutions représentatives du personnel s'apprécient au niveau de l'entreprise ou de l'établissement concerné par les mesures de licenciement économique au moment où la procédure de licenciement collectif est engagée (cass. soc. 16 janvier 2008, n° 06-46.313, BC V n° 8 ; *RDT*, avril 2008, CH, 236, Ph. Waquet ; en l'espèce, la requête en reconnaissance d'une unité économique et sociale était intervenue après la consultation des délégués du personnel). C'est au niveau de l'entreprise qu'il dirige que doivent être vérifiées les conditions d'effectif et de nombre des licenciements imposant l'établissement et la mise en œuvre d'un tel plan (cass. soc. 28 janvier 2009, n° 07-45.481, BC V n° 26 ; *RDT*, avril 2009, CH, 233, J-Y Frouin ; *Dr. Soc.* 2009, p. 497, obs. J. Savatier ; *D.* 2009, 2135, note B. Lardy-Pélissier : en l'espèce, l'effectif du GIE ayant constitué une unité économique et sociale était supérieur à cinquante salariés).

S. Vernac, « L'information et la consultation des représentants des travailleurs lors de la restructuration d'un groupe. À propos de l'arrêt CJCE du 10 septembre 2009 », *RDT*, mai 2010, ET, 285.

Art. L. 1233-9. Dans les entreprises dotées d'un comité central d'entreprise, l'employeur réunit le comité central et le ou les comités d'établissements intéressés dès lors que les mesures envisagées excèdent le pouvoir du ou des chefs d'établissement concernés ou portent sur plusieurs établissements simultanément.

Note Dans les entreprises à établissements multiples, l'employeur est tenu de consulter le comité central d'entreprise en cas de licenciement collectif, dès lors que la mesure envisagée excède le pouvoir du ou des chefs d'établissement concernés ou vise plusieurs établissements simultanément (cass. soc. 27 mai 1997, n° 95-17.264, *RJS* 7/97 n° 805).

Art. L. 1233-10. L'employeur adresse aux représentants du personnel, avec la convocation à la réunion prévue à l'article L. 1233-8, tous renseignements utiles sur le projet de licenciement collectif.

Il indique :

1° La ou les raisons économiques, financières ou techniques du projet de licenciement ;

2° Le nombre de licenciements envisagé ;

3° Les catégories professionnelles concernées et les critères proposés pour l'ordre des licenciements ;

4° Le nombre de salariés, permanents ou non, employés dans l'établissement ;

5° Le calendrier prévisionnel des licenciements ;

6° Les mesures de nature économique envisagées.

Note • La notion de catégorie professionnelle, qui sert de base à l'établissement de l'ordre des licenciements, fait référence à la convention collective (cass. soc. 16 mars 2005, n° 02-45.753, BC V n° 93) et concerne l'ensemble des salariés qui exercent au sein de l'entreprise des fonctions de même nature supposant une formation professionnelle commune (cass. soc. 13 février 1997, n° 95-16.648, BC V n° 63 ; *Dr. Soc.* 1997, p. 249 ; *Dr. Ouvr.* 1997, p. 94).

• Lors de la consultation du comité d'entreprise sur un projet de licenciement collectif, l'employeur n'est pas tenu de lui faire connaître la liste nominative des salariés dont le licenciement est envisagé (cass. soc. 16 décembre 1992, n° 90-44.871, BC V n° 598).

Sous-section 2. Procédure à l'égard des salariés

§ 1. Entretien préalable

Art. L. 1233-11. L'employeur qui envisage de procéder à un licenciement pour motif économique, qu'il s'agisse d'un licenciement individuel ou inclus dans un licenciement collectif de moins de dix salariés dans une même période de trente jours, convoque, avant toute décision, le ou les intéressés à un entretien préalable.

La convocation est effectuée par lettre recommandée ou par lettre remise en main propre contre décharge. Cette lettre indique l'objet de la convocation.

L'entretien préalable ne peut avoir lieu moins de cinq jours ouvrables après la présentation de la lettre recommandée ou la remise en main propre de la lettre de convocation.

Art. L. 1233-12. Au cours de l'entretien préalable, l'employeur indique les motifs de la décision envisagée et recueille les explications du salarié.

Art. L. 1233-13. Lors de son audition, le salarié peut se faire assister par une personne de son choix appartenant au personnel de l'entreprise.

Lorsqu'il n'y a pas d'institutions représentatives du personnel dans l'entreprise, le salarié peut se faire assister soit par une personne de son choix appartenant au personnel de l'entreprise, soit par un conseiller du salarié choisi sur une liste dressée par l'autorité administrative.

La lettre de convocation à l'entretien préalable adressée au salarié mentionne la possibilité de recourir à un conseiller et précise l'adresse des services où la liste des conseillers est tenue à la disposition des salariés.

Art. L. 1233-14. Un décret en Conseil d'État détermine les modalités d'application du présent paragraphe.

§ 2. Notification du licenciement

Art. L. 1233-15. Lorsque l'employeur décide de licencier un salarié pour motif économique, qu'il s'agisse d'un licenciement individuel ou inclus dans un licenciement collectif de moins de dix salariés dans une même période de trente jours, il lui notifie le licenciement par lettre recommandée avec avis de réception.

Cette lettre ne peut être expédiée moins de sept jours ouvrables à compter de la date prévue de l'entretien préalable de licenciement auquel le salarié a été convoqué.

Ce délai est de quinze jours ouvrables pour le licenciement individuel d'un membre du personnel d'encadrement mentionné au 2° de l'article L. 1441-3.

Art. L. 1233-16. La lettre de licenciement comporte l'énoncé des motifs économiques invoqués par l'employeur.

Elle mentionne également la priorité de réembauche prévue par l'article L. 1233-45 et ses conditions de mise en œuvre.

Note La lettre de licenciement fixe les limites du litige (cass. soc. 5 octobre 1999, n° 98-41.384, BC V n° 366 ; *RJS* 11/99 n° 1361). La qualification que l'employeur a donnée au licenciement s'impose à lui ; lorsque le licenciement a été prononcé pour un motif économique, le juge ne peut lui substituer un motif de licenciement personnel (cass. soc. 21 mars 2007, n° 05-45.060, BC V n° 53 ; *RJS* 5/07 n° 573). La lettre doit comporter, non seulement l'énonciation des difficultés économiques, des mutations technologiques ou de la réorganisation de l'entreprise, mais également l'énonciation des incidences de ces éléments sur l'emploi ou le contrat de travail du salarié licencié (cass. soc. 19 février 2002, n°s 00-40.576 et 00-40.605, *RJS* 6/02 n° 670 ; 11 juin 2002, 2 arrêts, n°s 00-40.214 et 00-40.625, BC V n°s 200 et 201 ; *RJS* 8-9/02 n° 960 ; *Dr. Soc.* 2002, p. 1022 ; 24 avril 2003, n° 00-44.653, *RJS* 7/03 n° 864 ; 29 octobre 2003, n° 01-44.000, *RJS* 1/04 n° 21 ; 13 septembre 2006, n° 05-42.584. Voir également cass. soc. 10 janvier 2006, n° 03-44.640, *RJS* 3/06 n° 328). Le motif d'« inadaptation au poste de travail » ne répond pas aux exigences de la loi (cass. soc. 1er mars 2000, n° 97-45.591, *RJS* 4/00 n° 393). La lettre de licenciement qui fait état d'une suppression d'emploi consécutive à une réorganisation de l'entreprise est suffisamment motivée (cass. soc. 21 décembre 2006, n° 05-43.886, *RJS* 3/07 n° 321). Sur l'énonciation du motif économique dans la lettre de licenciement, voir note sous les art. L. 1232-6 et L. 1233-3.

Lorsque la rupture du contrat de travail résulte de l'acceptation par le salarié d'une convention de reclassement personnalisé, la priorité de réembauche doit être mentionnée dans le document écrit énonçant le motif économique de la rupture du contrat ; elle doit donc être portée à la connaissance du salarié au plus tard au moment de son acceptation (cass. soc. 30 novembre 2011, n° 10-21.678, *LS* Bref n° 15991 du 7/12/11 ; *RDT*, janvier 2012, CH, 34, A. Fabre). Le juge n'a pas à apprécier le caractère réel et sérieux du motif économique de la rupture dès lors que la lettre énonçant ce motif n'a été adressée au salarié que postérieurement à son acceptation de la convention de reclassement personnalisé (arrêt précité).

La lettre de licenciement doit énoncer des faits précis et matériellement vérifiables, ce qui n'est pas le cas lorsqu'elle fait simplement état d'une baisse d'activité (cass. soc. 16 février 2011, n° 09-72.172, BC V n° 49 ; *RJS* 5/11 n° 410).

Sur le défaut de mention de la priorité de réembauchage dans la lettre de licenciement, voir note sous l'article L. 1233-45.

Art. L. 1233-17. Sur demande écrite du salarié, l'employeur indique par écrit les critères retenus pour fixer l'ordre des licenciements.

Note L'employeur est tenu, à la demande écrite du salarié, de lui communiquer par écrit les critères retenus. L'absence de réponse de l'employeur à la demande du salarié l'invitant à lui préciser les critères relatifs à l'ordre des licenciements pour motif économique, laissant le salarié dans l'ignorance du motif réel de son licenciement, prive celui-ci de cause réelle et sérieuse (cass. soc. 23 janvier 1996, n° 94-40.443, BC V n° 23 ; *RJS* 3/96 n° 263 ; *CSB* 1996 A. 16 ; *Dr. Soc.* 1996, p. 483, note J. Savatier ; *JCP* éd. E 1996.II.802, note G. Picca) ; la Cour de cassation a opéré un revirement de jurisprudence (cass. soc. 20 janvier 1998, n° 96-40.930, précité ; 26 janvier 1999, n° 97-40.463, cité sous l'article L. 1233-5). Le manquement de l'employeur à son obligation d'indiquer au salarié qui le demande les critères retenus constitue une irrégularité qui cause nécessairement à celui-ci un préjudice distinct de celui réparant l'absence de cause réelle et sérieuse (cass. soc. 24 septembre 2008, n° 07-42.200, BC V n° 178 ; *RJS* 12/08 n° 1177) que le juge doit réparer en fonction de son étendue (cass. soc. 12 décembre 2001, n° 00-41.057, *RJS* 2/02 n° 159 ; 24 juin 2003, n° 01-41.932, *RJS* 10/03 n° 1143 : 2 février 2006, n° 03-45.443, BC V n° 57 ; *RJS* 4/06 n° 420 ; *CSB* 2006 S. 227). Le fait pour un salarié de ne pas user de la faculté qui lui est ouverte par cet article de demander à l'employeur les critères retenus pour fixer l'ordre des licenciements ne le prive pas de la possibilité de se prévaloir de l'inobservation de ces critères et de demander réparation du préjudice, pouvant aller jusqu'à la perte injustifiée de son emploi qui en résulte (cass. soc. 19 novembre 1997, n° 95-42.016, BC V n° 385 ; *RJS* 3/98 n° 296 ; 30 mars 1999, n° 97-40.695, précité ; 18 mai 2004, n° 02-41.179, *RJS* 7/04 n° 803 ; *CSB* 2004 S. 329).

Art. L. 1233-18. Un décret en Conseil d'État détermine les modalités d'application du présent paragraphe.

Sous-section 3. Information de l'autorité administrative

Art. L. 1233-19. L'employeur qui procède à un licenciement collectif pour motif économique de moins dix salariés dans une même période de trente jours informe l'autorité administrative du ou des licenciements prononcés.

Art. D. 1233-3. En cas de licenciement pour motif économique de moins de dix salariés dans une même période de trente jours, l'employeur informe par écrit le ***(D. 2009-1377 du 10 nov. 2009, JO 13 ; D. 2010-687 du 24 juin 2010, JO 25 ; voir D. 2010-1582 du 17 déc. 2010, JO 18, pour outre-mer)*** « directeur régional des entreprises, de la concurrence, de la consommation, du travail et de l'emploi » des licenciements prononcés dans les huit jours de l'envoi des lettres de licenciement aux salariés concernés.

L'employeur précise :

1° Son nom et son adresse ;

2° La nature de l'activité et l'effectif de l'entreprise ou de l'établissement ;

3° Les nom, prénoms, nationalité, date de naissance, sexe, adresse, emploi et qualification du ou des salariés licenciés ;

4° La date de la notification des licenciements aux salariés concernés.

Art. R. 1233-2. Les attributions conférées au ***(D. 2009-1377 du 10 nov. 2009, JO 13 ; D. 2010-687 du 24 juin 2010, JO 25 ; voir D. 2010-1582 du 17 déc. 2010, JO 18, pour outre-mer)*** « directeur régional des entreprises, de la concurrence, de la consommation, du travail et de l'emploi » par les articles D. 1233-3 et D. 1233-8 à D. 1233-14 sont exercées dans les branches d'activité échappant à sa compétence par les fonctionnaires chargés du contrôle de la procédure de licenciement pour motif économique dans ces branches.

Art. L. 1233-20. Le procès-verbal de la réunion des délégués du personnel consultés sur un projet de licenciement collectif pour motif économique est transmis à l'autorité administrative.

SECTION 4. Licenciement de dix salariés ou plus dans une même période de trente jours

Sous-section 1. Dispositions générales

§ 1. Modalités spécifiques résultant d'un accord

Art. L. 1233-21. Un accord d'entreprise, de groupe ou de branche peut fixer, par dérogation aux règles de consultation des instances représentatives du personnel prévues par le présent titre et par le livre III de la deuxième partie, les modalités d'information et de consultation du comité d'entreprise applicables lorsque l'employeur envisage de prononcer le licenciement économique de dix salariés ou plus dans une même période de trente jours.

Note Les dispositions de cet article sont applicables aux procédures de licenciement engagées à compter de la date de promulgation de la loi 2005-32 du 18 janvier 2005.

Une procédure de licenciement est réputée engagée à la première des dates suivantes :
- celle à laquelle est effectuée la convocation à l'audition prévue à l'article L. 1232-2 du même code ;
- celle à laquelle est effectuée la première convocation aux consultations des représentants du personnel. Voir P-H Antonmattei, « Accords de méthode, génération 2005 : la positive attitude », *Dr. Soc.* 2005, p. 399 ; « Les restructurations », n° spécial, *Dr. Soc.* mars 2006 ; T. Grumbach, « Monopole syndical, contenu et négociation des accords de méthode », *Dr. Soc.* 2006, p. 325.

Art. L. 1233-22. L'accord prévu à l'article L. 1233-21 fixe les conditions dans lesquelles le comité d'entreprise :

1° Est réuni et informé de la situation économique et financière de l'entreprise ;

2° Peut formuler des propositions alternatives au projet économique à l'origine d'une restructuration ayant des incidences sur l'emploi et obtenir une réponse motivée de l'employeur à ses propositions.

L'accord peut organiser la mise en œuvre d'actions de mobilité professionnelle et géographique au sein de l'entreprise et du groupe.

Il peut déterminer les conditions dans lesquelles l'établissement du plan de sauvegarde de l'emploi prévu à l'article L. 1233-61 fait l'objet d'un accord et anticiper le contenu de celui-ci.

Art. L. 1233-23. L'accord prévu à l'article L. 1233-21 ne peut déroger :

1° À l'obligation d'effort de formation, d'adaptation et de reclassement incombant à l'employeur prévue à l'article L. 1233-4 ;

2° Aux règles générales d'information et de consultation du comité d'entreprise prévues aux articles L. 2323-2, L. 2323-4 et L. 2323-5 ;

3° À la communication aux représentants du personnel des renseignements prévus aux articles L. 1233-31 à L. 1233-33 ;

4° Aux règles de consultation applicables lors d'un redressement ou d'une liquidation judiciaire, prévues à l'article L. 1233-58.

Art. L. 1233-24. Toute action en contestation visant tout ou partie d'un accord prévu à l'article L. 1233-21 doit être formée, à peine d'irrecevabilité, avant l'expiration d'un délai de trois mois à compter de la date du dépôt de l'accord prévu à l'article L. 2231-6.

Ce délai est porté à douze mois pour un accord qui détermine ou anticipe le contenu du plan de sauvegarde de l'emploi prévu à l'article L. 1233-61.

Note Le plan de sauvegarde de l'emploi ne peut se confondre avec l'accord de méthode. Le fait que le délai de contestation de l'accord de méthode soit venu à expiration n'interdit pas la contestation du plan par les représentants du personnel (CA Toulouse, 4e ch., n° 08-02569, *RDT* 2009, p. 309, note A. Fabre ; *SSL* 2009 n° 1386, p. 11, note F.C.).

§ 2. Modifications du contrat de travail donnant lieu à dix refus ou plus

Art. L. 1233-25. Lorsqu'au moins dix salariés ont refusé la modification d'un élément essentiel de leur contrat de travail, proposée par leur employeur pour l'un des motifs économiques énoncés à l'article L. 1233-3 et que leur licenciement est envisagé, celui-ci est soumis aux dispositions applicables en cas de licenciement collectif pour motif économique.

Note • Voir Ch. Radé, « Feu la jurisprudence Framatome et Majorette (à propos de l'article 73 de la loi du 18 janvier 2005) », *Dr. Soc.* 2005, p. 386 ; Y. Chagny, « La jurisprudence Framatome-Majorette : les derniers feux ? », *Dr. Soc.* 2005, p. 556 ; B. Gauriau, « La jurisprudence dite « Framatome et Majorette » ne doit-elle pas être abandonnée ? », *Dr. Soc.* 2004, p. 375. Voir également H-J Legrand, « Modification collective des contrats de travail et licenciement collectif », *Dr. Ouvr.* 1996, p. 404.

• **Jurisprudence antérieure à la loi 2005-32 du 18 janvier 2005.** L'obligation de réunir et consulter le comité d'entreprise et d'établir et mettre en œuvre un plan social, est applicable à toute rupture de contrats de travail résultant d'une cause économique, y compris celle qui doit être envisagée lorsqu'est proposée une modification d'un élément essentiel du contrat de travail dans le cadre d'une réorganisation (cass. soc. 3 décembre 1996, 2 arrêts, nos 95-17.352 et 95-20.360, BC V n° 411 ; *RJS* 1/97 n° 24, concl. P. Lyon-Caen, p. 12 ; *Dr. Soc.* 1997, p. 18, rapport Ph. Waquet ; *CSB* 1997 p. 59, note A. Philbert).

Dès lors que la décision de transférer le siège social conduit à proposer à plus de dix salariés la modification de leur contrat de travail et, par suite, à envisager la rupture de leur contrat pour motif économique, l'employeur est tenu d'établir et de mettre en œuvre un plan social, l'établissement de celui-ci après que plus de dix salariés ont refusé la proposition de modification ne pouvant avoir pour effet de régulariser la procédure (cass. soc. 6 mars 2001, n° 98-46.479, BC V n° 71 ; *RJS* 5/01 n° 586 ; *Dr. Soc.* 2001, p. 562 ; cass. soc. 10 juillet 2001, n° 99-43.330, cité sous art. L. 1233-8 et 18 juin 2003, n° 00-46.283, *RJS* 8-9/03 n° 1000 ; 25 juin 2003, nos 01-43.717 et 01-46.479, BC V nos 207 et 206 ; *RJS* 10/03 n° 1146 ; *CSB* 2003 A. 51 ; *Dr. Soc.* 2003, p. 1024 ; 28 février 2007, n° 05-42.367, *RJS* 5/07 n° 579).

• Si l'employeur, qui envisage de procéder, dans une même période de 30 jours, au licenciement ou à la rupture du contrat de travail pour motif économique d'au moins dix salariés, est tenu de consulter le comité d'entreprise en lui soumettant notamment un plan social, le projet qui consiste à rechercher parmi les salariés ceux qui seraient candidats à des mesures n'entraînant pas la rupture du contrat de travail, telles que temps partiel indemnisé, congé sans solde indemnisé, préretraite progressive, mise en disponibilité, constitue une mesure de gestion prévisionnelle du personnel qui ne donne lieu qu'à la consultation du comité d'entreprise prévue par l'article L. 2323-6 CT. Dès lors, c'est à bon droit qu'une cour d'appel, qui a constaté qu'aucune proposition de modification du contrat de travail n'avait été formulée, a décidé que le projet « emploi pour 1996 » d'une société d'informatique n'avait pas à être soumis à la procédure prévoyant une consultation spécifique et un plan social (cass. soc. 12 janvier 1999, n° 97-12.662, BC V n° 17 ; *RJS* 2/99 n° 158 ; *JCP* éd. G 1999.II.10071, note G. Picca ; *CSB* 1999 A. 16 ; *Dr. Ouvr.* 1999, p. 427, note Y. Chauvy).

§ 3. Licenciements successifs

Art. L. 1233-26. Lorsqu'une entreprise ou un établissement assujetti à la législation sur les comités d'entreprise a procédé pendant trois mois consécutifs à des licenciements économiques de plus de dix salariés au total, sans atteindre dix salariés dans une même période de trente jours, tout nouveau licenciement économique envisagé au cours des trois mois suivants est soumis aux dispositions du présent chapitre.

Note Sur les conditions de mise en œuvre de ces dispositions en cas de licenciements répétés et l'intervention du juge des référés, voir TGI Paris, ord. de référé 27 octobre 1993, obs. A. Philbert, *CSB* 1993 A. 62 ; voir également chron. V. Stulz, *SSL* 1996, n° 774, p. 3.

Art. L. 1233-27. Lorsqu'une entreprise ou un établissement assujetti à la législation sur les comités d'entreprise a procédé au cours d'une année civile à des licenciements pour motif économique de plus de dix-huit salariés au total, sans avoir été tenu de présenter de plan de sauvegarde de l'emploi en application de l'article L. 1233-26 ou de l'article L. 1233-28, tout nouveau licenciement économique envisagé au cours des trois premiers mois de l'année civile suivante est soumis aux dispositions du présent chapitre.

Sous-section 2. **Procédure de consultation des représentants du personnel**

§ 1. Réunions des représentants du personnel

Art. L. 1233-28. L'employeur qui envisage de procéder à un licenciement collectif pour motif économique de dix salariés ou plus dans une même période de trente jours réunit et consulte, selon le cas, le comité d'entreprise ou les délégués du personnel, dans les conditions prévues par le présent paragraphe.

Note • A. Lyon-Caen, « La procédure au cœur du droit du licenciement pour motif économique », *Dr. Ouvr.* 2002, p. 161 ; J-Ph. Lhernould, « Actualité de la jurisprudence communautaire », *RJS* 7/05, p. 503.

C'est au niveau de l'entreprise ou de l'établissement concerné par les mesures de licenciement économique envisagées, au moment où la procédure de licenciement collectif est engagée, que s'apprécient les conditions déterminant la consultation des instances représentatives du personnel et l'élaboration d'un plan de sauvegarde de l'emploi (cass. soc. 16 janvier 2008, n° 06-46.313, BC V n° 8 ; *RDT* 2008, CH 236, Ph. Waquet : en l'espèce, la date de la requête en reconnaissance de l'UES déterminait la solution à retenir qui imposait la consultation des délégués du personnel). Dès lors qu'existe dans l'entreprise un comité d'entreprise, l'employeur doit le réunir et le consulter, peu important que l'effectif de l'entreprise soit passé en dessous du seuil de cinquante salariés (cass. soc. 12 juillet 2010, n° 09-14.192, BC V n° 165 ; *RJS* 10/10 n° 738, 2e espèce).

• La consultation du comité d'entreprise sur les mesures de nature à affecter le volume et la structure des effectifs prévue par l'article L. 2323-6 et la consultation du comité sur un projet de licenciement collectif pour motif économique prévue par cet article constituent deux procédures distinctes qui doivent être respectées l'une et l'autre. La jurisprudence considérait que la consultation simultanée du comité sur un projet de fermeture d'établissement et de licenciement collectif était nulle si la décision de fermeture d'un établissement avait été préalablement arrêtée par l'employeur (cass. soc. 17 juin 1997, n° 95-18.904, BC V n° 223 ; *RJS* 8-9/97 n° 990, rapport J-Y Frouin, p. 592 ; *CSB* 1997 A. 43). Selon la CJCE, la procédure de consultation doit être déclenchée au moment où a été adoptée une décision stratégique ou commerciale contraignant à envisager des licenciements (CJCE 10 septembre 2009, aff. C-44/08, *RJS* 12/09, p. 785, obs. Fr. Kessler ; *JCP* éd. S 2009, 1493, note E. Jeansen). Le même arrêt se prononce sur la question de savoir sur qui pèse l'obligation d'informer et de consulter au sein d'un groupe. Consulté sur un projet de licenciement collectif des salariés d'un établissement et sur le projet de fermeture de cet établissement, le comité d'entreprise doit disposer, conformément aux dispositions de l'article L. 2323-4 CT, d'un délai d'examen suffisant, et le chef d'entreprise n'est pas fondé à opposer au comité le délai mentionné à l'article L. 1233-35 applicable à la seule procédure de licenciement pour motif économique (cass. soc. 16 avril 1996, n° 93-20.228, BC V n° 165 ; *RJS* 5/96 n° 560, concl. R. Kessous, p. 311 ; *Dr. Soc.* 1996, p. 489, note A. Lyon-Caen). Voir également G. Bélier et H-J Legrand, « Le livre III du code du travail : loi spéciale ou loi résiduelle ? », *Dr. Soc.* 1996, p. 932 ; M. Cohen, « Les deux procédures de consultation du comité d'entreprise », *Dr. Soc.* 1999, p. 591.

L'irrégularité de la procédure consultative permet seulement d'obtenir la suspension de la procédure de licenciement, tant qu'elle n'est pas achevée par la notification des licenciements ou, à défaut, la réparation du préjudice subi à ce titre (cass. soc. 11 janvier 2007, n° 05-10.350, BC V n° 5 ; *RJS* 3/07 n° 323 ; voir également note sous L. 1233-61).

• Le projet qui consiste à rechercher parmi les salariés ceux qui seraient candidats à des mesures n'entraînant pas la rupture du contrat de travail, telles que temps partiel indemnisé, congé sans solde indemnisé, préretraite progressive, mise en disponibilité, constitue une mesure de gestion prévisionnelle du personnel qui ne donne lieu qu'à la consultation prévue par l'article L. 432-1 [L. 2323-6] CT (cass. soc. 12 janvier 1999, cité dans note sous l'article L. 1233-25 ; cass. soc. 4 avril 2006, n° 04-48.055, *RJS* 6/06 n° 709). La proposition de dispense d'activité jusqu'à l'âge de la retraite adressée à l'ensemble des salariés intéressés remplissant des conditions d'âge, dans le cadre d'une gestion prévisionnelle des emplois, n'impliquant pas la rupture des contrats pour motif économique, l'employeur n'est pas tenu de mettre en œuvre la procédure d'information-consultation. Ces mesures d'aménagement de fin de carrières envisagées afin de résorber un sureffectif n'ont pas la même cause économique que les propositions de départs volontaires faites l'année suivante après la prise de contrôle du groupe et en raison de la réorganisation de l'entreprise (cass. soc. 12 juillet 2004, n° 02-19.175, *RJS* 10/04 n° 1014). Bien qu'elle n'ait pas pris la forme de licenciements pour motif économique, une politique de réduction des effectifs doit, en application de l'article L. 2323-6 CT, être soumise à la consultation du comité d'entreprise soit lors de sa mise en place initiale, soit à l'occasion de ses phases successives (cass. crim. 4 novembre 1997, n° 96-84.594, B. crim. n° 370 ; *RJS* 4/98 n° 487).

• L'employeur qui envisage de supprimer des emplois pour motif économique est tenu de respecter les dispositions d'ordre public des articles L. 1233-3 et s. CT, peu important que ces emplois ne soient supprimés que par la voie de départs volontaires ; l'inobservation de la procédure n'entraîne pas la nullité de la rupture du contrat de travail, mais ouvre au salarié le droit de demander réparation du préjudice subi (cass. soc. 5 mai 2004, n° 02-40.702, *RJS* 7/04 n° 802).

• Lorsque le comité est informé et consulté, par application de l'article L. 2323-6 CT, notamment sur une mesure de nature à affecter le volume ou la structure des effectifs, l'information et la consultation doivent porter sur l'ensemble des salariés de l'entreprise (cass. soc. 3 décembre 1996, n° 94-22.163, BC V n° 410 ; *RJS* 1/97 n° 23).

• En l'absence de modification du projet de compression des effectifs soumis au comité central d'entreprise, sa consultation est entachée d'irrégularité lorsqu'il apparaît qu'à la fin de l'exercice, le nombre de salariés concernés est supérieur au plan annoncé (cass. soc. 2 mars 1999, n° 97-13.115, BC V n° 90 ; *RJS* 4/99 n° 495 ; *CSB* 1999 A. 32).

• L'avancement du calendrier d'un plan de restructuration échelonné dans le temps impose l'information et la consultation préalables du comité d'établissement (cass. crim. 19 septembre 2006, n° 05-86.668, B. crim. n° 229 ; *Dr. Soc.* 2006, p. 1197, obs. Fr. Duquesne).

Art. L. 1233-29. Dans les entreprises ou établissements employant habituellement moins de cinquante salariés, l'employeur réunit et consulte les délégués du personnel.

Ces derniers tiennent deux réunions, séparées par un délai qui ne peut être supérieur à quatorze jours.

Art. L. 1233-30. Dans les entreprises ou établissements employant habituellement cinquante salariés et plus, l'employeur réunit et consulte le comité d'entreprise.

Il peut procéder à ces opérations concomitamment à la mise en œuvre de la procédure de consultation prévue par l'article L. 2323-15.

Le comité d'entreprise tient deux réunions séparées par un délai qui ne peut être supérieur à :

1° Quatorze jours lorsque le nombre des licenciements est inférieur à cent ;

2° Vingt et un jours lorsque le nombre des licenciements est au moins égal à cent et inférieur à deux cent cinquante ;

3° Vingt-huit jours lorsque le nombre des licenciements est au moins égal à deux cent cinquante.

Une convention ou un accord collectif de travail peut prévoir des délais plus favorables aux salariés.

Lorsqu'il n'existe pas de comité d'entreprise et qu'un procès-verbal de carence a été transmis à l'inspecteur du travail, le projet de licenciement est soumis aux délégués du personnel.

Art. L. 1233-31. L'employeur adresse aux représentants du personnel, avec la convocation à la première réunion, tous renseignements utiles sur le projet de licenciement collectif.

Il indique :

1° La ou les raisons économiques, financières ou techniques du projet de licenciement ;

2° Le nombre de licenciements envisagé ;

3° Les catégories professionnelles concernées et les critères proposés pour l'ordre des licenciements ;

4° Le nombre de salariés, permanents ou non, employés dans l'établissement ;

5° Le calendrier prévisionnel des licenciements ;

6° Les mesures de nature économique envisagées.

Art. L. 1233-32. Outre les renseignements prévus à l'article L. 1233-31, dans les entreprises de moins de cinquante salariés, l'employeur adresse aux représentants du personnel les mesures qu'il envisage de mettre en œuvre pour éviter les licenciements ou en limiter le nombre et pour faciliter le reclassement du personnel dont le licenciement ne pourrait être évité.

Dans les entreprises de cinquante salariés et plus, l'employeur adresse le plan de sauvegarde de l'emploi concourant aux mêmes objectifs.

Art. L. 1233-33. L'employeur met à l'étude, dans les délais prévus aux articles L. 1233-39 et L. 1233-41 pour l'envoi des lettres de licenciement, les suggestions formulées par le comité d'entreprise relatives aux mesures sociales proposées et leur donne une réponse motivée.

§ 2. Assistance d'un expert-comptable

Art. L. 1233-34. Dans les entreprises de cinquante salariés et plus, lorsque le projet de licenciement concerne dix salariés ou plus dans une même période de trente jours, le comité d'entreprise peut recourir à l'assistance d'un expert-comptable en application de l'article L. 2325-35. Le comité prend sa décision lors de la première réunion prévue à l'article L. 1233-30.

Art. L. 1233-35.

L'expert-comptable peut être assisté par un expert technique dans les conditions prévues à l'article L. 2325-41.

Note Sur la désignation d'un expert comptable par le comité central d'entreprise, voir note sous l'article L. 2325-35. La carence du comité central d'entreprise ne peut priver le comité d'établissement concerné par le projet de licenciement du droit d'être assisté par un expert comptable (cass. soc. 25 janvier 1995, n° 92-13.546, BC V n° 37 ; *CSB* 1995 A. 16). Il en va différemment lorsque le comité central d'entreprise a décidé, au terme d'un vote régulier, de ne pas faire appel à un expert comptable (CA Lyon, 12 décembre 1996, *RJS* 1/97 n° 26). Le rapport déposé par l'expert comptable dans le cadre d'une précédente procédure d'information-consultation déclarée nulle, faute par l'employeur d'avoir fourni les informations nécessaires à la consultation, ne constituant pas un document susceptible d'éclairer le comité, celui-ci a le droit de désigner à nouveau un expert comptable pour être éclairé sur la pertinence du projet qui lui est soumis (cass. soc. 8 juillet 1997, n° 95-13.177, BC V n° 256 ; *RJS* 10/97 n° 1109).

Art. L. 1233-35. Lorsqu'il recourt à l'assistance d'un expert-comptable, le comité d'entreprise tient une deuxième réunion au plus tôt le vingtième et au plus tard le vingt-deuxième jour après la première.

Il tient une troisième réunion dans un délai courant à compter de sa deuxième réunion. Ce délai ne peut être supérieur à :

1° Quatorze jours lorsque le nombre de licenciements est inférieur à cent ;

2° Vingt et un jours lorsque le nombre de licenciements est au moins égal à cent et inférieur à deux cent cinquante ;

3° Vingt-huit jours lorsque le nombre de licenciements est au moins égal à deux cent cinquante.

Une convention ou un accord collectif de travail peut prévoir des délais plus favorables aux salariés.

§ 3. Consultation du comité central d'entreprise

Art. L. 1233-36. Dans les entreprises dotées d'un comité central d'entreprise, l'employeur consulte le comité central et le ou les comités d'établissement intéressés dès lors que les mesures envisagées excèdent le pouvoir du ou des chefs d'établissement concernés ou portent sur plusieurs établissements simultanément. Dans ce cas, le ou les comités d'établissement tiennent leurs deux réunions respectivement après la première et la deuxième réunion du comité central d'entreprise tenues en application de l'article L. 1233-30.

Si la désignation d'un expert-comptable est envisagée, elle est effectuée par le comité central d'entreprise, dans les conditions prévues au paragraphe 2. Dans ce cas, le ou les comités d'établissement tiennent leurs deux réunions respectivement après la deuxième et la troisième réunion du comité central d'entreprise tenues en application de l'article L. 1233-35.

Art. L. 1233-37. Lorsque le comité central d'entreprise recourt à l'assistance d'un expert-comptable, les dispositions des articles L. 1233-40, L. 1233-50 et L. 1233-55 ne s'appliquent pas.

Sous-section 3. Procédure à l'égard des salariés

§ 1. Entretien préalable

Art. L. 1233-38. Lorsque l'employeur procède au licenciement pour motif économique de dix salariés ou plus dans une même période de trente jours et qu'il existe un comité d'entreprise ou des délégués du personnel dans l'entreprise, la procédure d'entretien préalable au licenciement ne s'applique pas.

Un décret en Conseil d'État détermine les modalités d'application du présent article.

Note En principe, tous les salariés, quels que soient leur ancienneté, le motif de leur licenciement et la taille de l'entreprise, bénéficient d'un entretien préalable. Cet article fait état d'une exception qui concerne les salariés compris dans un licenciement économique de dix salariés ou plus intervenant dans une entreprise où existe un comité d'entreprise ou des délégués du personnel. Un employeur, qui avait envisagé de procéder à un licenciement pour motif économique de plus de dix salariés et mis en œuvre la procédure correspondante, n'est pas tenu de convoquer les quatre salariés, finalement licenciés, à un entretien préalable individuel (cass. soc. 26 janvier 1994, n° 92-41.512, BC V n° 30 ; *Dr. Soc.* 1994, p. 274 ; *CSB* 1994 S. 43).

Toutefois, l'entretien préalable s'impose pour les salariés bénéficiaires d'une protection particulière au titre d'un mandat. Voir note sous l'article R. 2421-8 ; CE 28 septembre 2005, n° 266023).

§ 2. Notification du licenciement

Art. L. 1233-39. L'employeur notifie au salarié le licenciement pour motif économique par lettre recommandée avec avis de réception.

La lettre de notification ne peut être adressée avant l'expiration d'un délai courant à compter de la notification du projet de licenciement à l'autorité administrative.

Ce délai ne peut être inférieur à :

1° Trente jours lorsque le nombre des licenciements est inférieur à cent ;

2° Quarante-cinq jours lorsque le nombre des licenciements est au moins égal à cent et inférieur à deux cent cinquante ;

3° Soixante jours lorsque le nombre des licenciements est au moins égal à deux cent cinquante.

Une convention ou un accord collectif de travail peut prévoir des délais plus favorables aux salariés.

Art. L. 1233-40. Lorsque le comité d'entreprise recourt à l'assistance d'un expert-comptable, les délais d'envoi des lettres de licenciement prévus à l'article L. 1233-39 courent à compter du quatorzième jour suivant la notification du projet de licenciement à l'autorité administrative prévue à l'article L. 1233-46.

Art. L. 1233-41. L'autorité administrative peut réduire le délai de notification des licenciements aux salariés, prévu à l'article L. 1233-39, ou tout autre délai prévu par convention ou accord collectif de travail, lorsqu'un accord collectif portant sur les conditions de licenciement, notamment sur les mesures prévues à l'article L. 1233-32, a été conclu à l'occasion du projet de licenciement ou lorsque l'entreprise applique les dispositions préexistantes d'une convention ou d'un accord collectif ayant ce même objet.

Toutefois, ce délai accordé ne peut être inférieur à celui dont dispose l'autorité administrative pour effectuer les vérifications prévues à l'article L. 1233-53.

Art. L. 1233-42. La lettre de licenciement comporte l'énoncé des motifs économiques invoqués par l'employeur.

Elle mentionne également la priorité de réembauche prévue par l'article L. 1233-45 et ses conditions de mise en œuvre.

Note Voir note sous l'art. L. 1233-3, notamment la rubrique « Réorganisation de l'entreprise » et l'arrêt du 16 décembre 2008, n° 07-41.953, BC V n° 252 ; *Dr. Soc.* 2009, p. 243, obs. G. Couturier ; *RDT*, février 2009, CH, 103, J-Y Frouin.

Art. L. 1233-43. Sur demande écrite du salarié, l'employeur indique par écrit les critères retenus pour fixer l'ordre des licenciements.

Art. L. 1233-44. Un décret en Conseil d'État détermine les modalités d'application des premier et deuxième alinéas de l'article L. 1233-39 et des articles L. 1233-42 et L. 1233-43.

§ 3. Priorité de réembauche

Art. L. 1233-45. Le salarié licencié pour motif économique bénéficie d'une priorité de réembauche durant un délai d'un an à compter de la date de rupture de son contrat s'il en fait la demande au cours de ce même délai.

Dans ce cas, l'employeur informe le salarié de tout emploi devenu disponible et compatible avec sa qualification. En outre, l'employeur informe les représentants du personnel des postes disponibles et affiche la liste de ces postes.

Le salarié ayant acquis une nouvelle qualification bénéficie également de la priorité de réembauche au titre de celle-ci, s'il en informe l'employeur.

Note

• **Champ d'application.** La priorité de réembauche ne s'applique pas aux employés de maison. Voir cass. soc. 8 juillet 1992, n° 91-40.915, au regard du champ d'application de l'accord national interprofessionnel du 10 février 1969, instaurant la priorité d'embauchage avant l'inscription de celle-ci dans le code du travail par la loi du 2 août 1989.

• Les dispositions relatives à la priorité de réembauche ne sont applicables qu'aux licenciements prononcés pour motif économique (cass. soc. 14 mai 1996, n° 93-40.447, BC V n° 188 ; *RJS* 6/96 n° 665 ; *JCP* éd. G 1996.II.22722), mais le sont à toutes les ruptures de contrat pour motif économique (cass. soc. 10 mai 1999, n° 96-19.828, BC V n° 202 ; *RJS* 6/99 n° 806 : salarié ayant accepté un départ volontaire ; 13 septembre 2005, n° 04-40.135, BC V n° 252 ; *RJS* 11/05 n° 1083 ; *Dr. Soc.* 2005, p. 1059, obs. G. Couturier), avec une exception : l'adhésion à une convention d'allocations spéciales du FNE (cass. soc. 26 janvier 2000, n° 98-42.964, BC V n° 41 ; *CSB* 2000 S. 187). Le défaut de cause réelle et sérieuse du licenciement ne lui enlève pas sa nature juridique de licenciement pour motif économique (cass. soc. 13 avril 1999, n° 96-45.028, BC V n° 171 ; *RJS* 5/99 n° 711 ; *JCP* éd. G 1999.II.10153, note M. Rousseau ; 30 novembre 1999, n° 97-41.431, BC V n° 464 ; *RJS* 1/00 n° 115). Cette mesure bénéficie au salarié qui a adhéré à une convention de conversion (cass. soc. 2 octobre 1997, n° 95-43.470 ; 27 octobre 1999, n° 97-43.180, BC V n° 417 ; *RJS* 12/99 n° 1495), ainsi qu'à celui qui a été licencié pour avoir refusé un poste modifié (cass. soc. 20 janvier 1998, n° 95-42.177, *RJS* 3/98 n° 346). La lettre de licenciement ou le document écrit adressé au salarié qui énonce le motif économique doit mentionner la priorité de réembauche (cass. soc. 27 octobre 1999, n° 97-43.180, BC V n° 417 ; *RJS* 12/99 n° 1495).

• **Bénéficiaires.** La priorité de réembauche ne s'impose à l'employeur qu'à partir du moment où le salarié a demandé à en bénéficier (cass. soc. 30 mars 1999, n° 97-41.265, BC V n° 146 ; *RJS* 5/99 n° 645 ; 9 juin 1999, n° 97-41.762, *RJS* 7/99 n° 954). La demande n'est pas soumise à des conditions de forme (cass. soc. 6 mai 2003, n° 01-42.155, *CSB* 2003 S. 339).

• L'exercice du droit à la priorité de réembauche n'est pas subordonné à la condition que le postulant n'ait pas trouvé un autre emploi (cass. soc. 21 novembre 1990, n° 88-42.385, BC V n° 575 ; 3 mai 1995, n° 93-46.288, *RJS* 6/95 n° 637 ; 5 mars 2002, n° 00-41.429, BC V n° 85 ; *RJS* 5/02 n° 605), ou n'ait pas déjà refusé une proposition (cass. soc. 14 mai 1996, n° 93-41.754, *CSB* 1996 S. 94) ou une mutation avant son licenciement (cass. soc. 15 mai 2002, n° 00-41.441, *RJS* 7/02 n° 867).

• Le salarié ayant adhéré à une convention de reclassement personnalisé bénéficie d'une priorité de réembauche (cass. soc. 30 novembre 2011, 2 arrêts, n°s 09-43.183 et 10-21.678, *LS* Bref n° 15991 du 7/12/11 ; *RDT*, janvier 2012, CH, 34, A. Fabre) ; cette solution devrait s'appliquer au contrat de sécurisation professionnelle.

• **Modalités d'application.** La priorité de réembauche s'exerce dans le cadre de l'entreprise (cass. soc. 6 avril 1994, n° 92-41.782, BC V n° 134) ou d'une autre société du groupe qui recrute sur un poste commun (cass. soc. 10 juillet 2001, n° 99-43.024, BC V n° 253 ; *RJS* 10/01 n° 1128).

• Le droit des salariés, licenciés pour motif économique et qui ont demandé à bénéficier de la priorité de réembauche, s'exerce à l'égard de l'entreprise et subsiste en cas de reprise de l'entité économique par un autre employeur (cass. soc. 26 février 1992, n° 88-43.891, BC V n° 128 ; 9 janvier 2002, n° 99-44.996, *CSB* 2002 S. 114 ; 5 février 2002, n° 99-46.345, BC V n° 52 ; *RJS* 4/02 n° 397 ; *Dr. Soc.* 2002, p. 561 ; 30 octobre 2002, n° 00-41.920, *RJS* 1/03 n° 13), peu important que cette demande ait été faite auprès de l'auteur du licenciement (cass. soc. 20 juin 2002, n° 00-42.506, *RJS* 10/02 n° 1102) ou que la cession soit intervenue après le licenciement (cass. soc. 9 juillet 2008, n° 06-40.945, BC V n° 156 ; *RDT*, nov. 2008, CH, 664, J-Y Frouin). Seuls peuvent bénéficier de l'article L. 1224-1 CT, pour la mise en œuvre de la priorité de réembauche auprès du repreneur, les salariés qui étaient affectés à l'entité transférée (cass. soc. 5 mars 2002, n° 00-41.429, précité).

• Il incombe à l'employeur d'informer le salarié licencié pour motif économique, ayant manifesté le désir d'user de la priorité de réembauche, de tous les postes disponibles et compatibles avec sa qualification ; dès lors, il lui appartient d'apporter la preuve qu'il a satisfait à son obligation soit parce qu'il a proposé les postes disponibles, soit parce qu'il a justifié de l'absence de tels postes (cass. soc. 23 juin 2009, n° 07-44.640, BC V n° 162 ; *RJS* 10/09 n° 820). L'employeur doit proposer tout emploi devenu disponible à tous les salariés ayant demandé à bénéficier de la priorité de réembauche (cass. soc. 25 octobre 2011, n° 10-24.727, *RJS* 1/12 n° 21) ; en cas de pluralité de candidatures, l'employeur a la liberté de choisir celui ou celle qui lui paraît correspondre le mieux au profil souhaité.

• La priorité de réembauche ne peut s'exercer que lorsque l'employeur procède à des embauches (cass. soc. 6 juillet 1999, n° 97-40.546, BC V n° 334 ; *RJS* 8-9/99 n° 1113 : proposition « en interne » aux salariés de l'entreprise ; 15 mai 2002, n° 00-41.441, précité : engagement pour une durée indéterminée de salariés dont les contrats à durée déterminée étaient expirés). Sur une violation de la priorité de réembauche pour un poste pourvu par un salarié d'une autre société du groupe, voir cass. soc. 12 février 1992, n° 89-41.645, *RJS* 3/92 n° 269 ; en sens contraire, CA Lyon 19 décembre 1997, *RJS* 10/98 n° 1258.

• Du recours systématique à des intérimaires, avant et après les licenciements, pour un nombre d'heures correspondant à l'emploi de plusieurs salariés, il résulte que des postes étaient disponibles et que l'employeur n'avait satisfait ni à son obligation de reclassement ni à la priorité de réembauche (cass. soc. 1er mars 2000, n° 98-46.233, BC V n° 82 ; *RJS* 4/00 n° 395 ; *Dr. Soc.* 2000, p. 559 ; 7 février 2007, n° 05-41.623, *RJS* 4/07 n° 429 : après le licenciement économique d'un rédacteur en chef, l'employeur avait fait appel à de nombreux pigistes, dont l'un pour un travail à temps complet).

• Les emplois momentanément vacants, du fait de l'indisponibilité de leurs titulaires, ne sont pas disponibles au sens de cet article (cass. soc. 26 novembre 1997, n° 95-44.308, *RJS* 2/98 n° 193 : cas de congé de maternité) ; dès lors, un employeur n'a pas à proposer le remplacement temporaire des salariés en cours de congés payés aux salariés bénéficiaires de la priorité de réembauche (cass. soc. 17 juin 1992, n° 91-45.458, BC V n° 404), ni le remplacement temporaire, pendant deux mois, d'un salarié absent (cass. soc. 17 décembre 1992, n° 91-45.560, *RJS* 3/93 n° 263 ; 12 décembre 1995, n° 94-40.827, BC V n° 343 ; *Dr. Soc.* 1996, p. 200 ; *CSB* 1996 A. 23 ; en sens contraire, cass. soc. 9 décembre 1997, n° 95-41.539). À propos d'embauches temporaires liées à l'arrêt momentané d'une chaîne n'ayant pas pour objet de pourvoir des postes devenus disponibles : cass. soc. 21 octobre 1998, n° 96-43.056, BC V n° 444 ; *RJS* 12/98 n° 1525. Mais l'obligation d'information n'est pas limitée à la création d'un emploi identique à celui occupé par le salarié au moment du licenciement (cass. soc. 6 avril 1994, n° 92-42.259, *CSB* 1994 B. 130), ni aux emplois pourvus par des contrats à durée indéterminée (cass. soc. 26 janvier 1994, n° 92-43.839, BC V n° 31 ; *Dr. Soc.* 1994, p. 277).

• Pour condamner un employeur à verser une indemnité pour non-respect de la priorité de réembauche, il incombe au juge de préciser en quoi l'emploi pourvu par embauchage était compatible avec le niveau de qualification atteint par le salarié licencié au terme du stage de formation qu'il avait suivi dans le cadre de la convention de conversion (cass. soc. 30 juin 1992, n° 91-41.881, BC V n° 431). Sur des emplois d'agent de sécurité et de techniciens de maintenance jugés non compatibles avec la qualification de secrétaire administratif du salarié licencié : cass. soc. 27 octobre 1998, n° 96-45.005, BC V n° 460 ; *RJS* 12/98 n° 1524.

L'employeur, lorsque plusieurs salariés ont demandé à bénéficier de la priorité de réembauche, n'a pas à suivre un ordre déterminé et peut choisir ses collaborateurs en fonction de l'intérêt de l'entreprise, sauf à communiquer au juge, en cas de contestation, les éléments objectifs sur lesquels il s'est appuyé pour arrêter son choix (cass. soc. 2 décembre 1998, n° 96-44.416, BC V n° 531 ; *RJS* 1/99 n° 88).

• Le délai d'un an court à compter de l'expiration du délai de préavis, que celui-ci soit ou non travaillé (cass. soc. 21 juillet 1993, n° 90-42.389, *RJS* 8-9/93 n° 858 ; 27 novembre 2001, n° 99-44.240, BC V n° 362 ; *RJS* 2/02 n° 161 ; *CSB* 2002 S. 81 ; *Dr. Soc.* 2002, p. 224 ; 28 février 2006, n° 03-47.860, *RJS* 6/06 n° 710). Sur la diffusion d'une offre plus d'un an après alors que la nécessité de pourvoir le poste était connue avant cette échéance, voir cass. soc. 6 avril 1994, n° 92-42.108, *RJS* 5/94 n° 535.

• Le reçu pour solde de tout compte ne vaut renonciation du salarié que pour les sommes dues au moment de la rupture et non pour ses droits futurs éventuels tels que l'exercice de la priorité de réembauche (cass. soc. 6 avril 1994, n° 92-41.782, BC V n° 134). De même, en signant une transaction ne comportant pas de mention expresse, le salarié ne peut avoir renoncé à la priorité de réembauche (cass. soc. 14 mai 1997, n° 94-44.690, *RJS* 10/97 n° 1091 ; 29 novembre 2000, n° 98-43.518, *RJS* 2/01 n° 198 ; 28 février 2006, n° 03-47.860, précité).

• **Sanctions.** Il y a condamnation de l'employeur pour violation de la priorité de réembauche lorsque celui-ci n'a pas proposé à un salarié licencié pour motif économique un emploi de même niveau que celui antérieurement occupé par ce salarié et compatible avec ses compétences (cass. soc. 6 juin 2007, n° 06-41.001, *RJS* 8-9/07 n° 936). Le défaut de mention de la priorité de réembauche dans la lettre de licenciement caractérise la faute de l'employeur, entraîne nécessairement un préjudice, fût-il de principe, pour le salarié et justifie l'allocation d'une indemnité pour non-respect des dispositions de l'article L. 1233-42 (cass. soc. 30 mars 1993, n° 91-42.266, *RJS* 5/93 n° 502 ; 16 décembre 1997, 2 arrêts, n°s 96-44.294 et 94-42.089, BC V n° 442 ; *RJS* 1/98 n° 80 ; *JCP* éd. G 1998.II.10064, note D. Corrignan-Carsin ; 28 mars 2000, n° 97-43.923, *RJS* 5/00 n° 516 ; 16 mars 2004, n° 02-40.633, *RJS* 5/04 n° 529 : fermeture d'établissement ; 15 juin 2004, n° 02-40.178, *RJS* 10/04 n° 1026 : liquidation). S'il est établi, en outre, que l'omission de mentionner dans la lettre de licenciement la priorité de réembauche a empêché le salarié d'en bénéficier, l'indemnité spéciale de deux mois prévue par l'article L. 1235-13 est due (cass. soc. 16 décembre 1997, 2 arrêts, n°s 96-44.294 et 94-42.089, précité ; 7 mai 1998, n° 94-42.115, *RJS* 6/98 n° 772). Le préjudice consécutif à un licenciement sans cause réelle et sérieuse est distinct de celui résultant du non-respect de la priorité de réembauche et les réparations sont cumulables (cass. soc. 5 octobre 1995, n° 94-40.093, *RJS* 3/96 n° 265 ; 13 mai 1997, n° 95-41.135, *RJS* 8-9/97 n° 965 ; 3 février 1998, n° 95-42.914, BC V n° 57 ; *RJS* 3/98 n° 299).

• Pour des études d'ensemble, voir D. Corrignan-Carsin, chron. *RJS* 10/94 et *RJS* 12/00, p. 783 ; E. Micou, « Les modalités d'application des priorités de réembauchage », *JCP* éd. G 1995.I.3875 ; J. Savatier, « La disponibilité d'un emploi en vue d'une réintégration, d'un reclassement ou d'une priorité d'embauche », *Dr. Soc.* 1999, p. 146.

Sous-section 4. **Information et intervention de l'autorité administrative**

Note Voir art. R. 1233-2 figurant sous art. L. 1233-19.

§ 1. Information de l'autorité administrative

Art. L. 1233-46. L'employeur notifie à l'autorité administrative tout projet de licenciement pour motif économique de dix salariés ou plus dans une même période de trente jours.

Lorsque l'entreprise est dotée de représentants du personnel, la notification est faite au plus tôt le lendemain de la date prévue pour la première réunion prévue aux articles L. 1233-29 et L. 1233-30.

La notification est accompagnée de tout renseignement concernant la convocation, l'ordre du jour et la tenue de cette réunion.

Art. L. 1233-47. La liste des salariés dont il est envisagé de rompre le contrat de travail est transmise à l'autorité administrative dans des conditions déterminées par décret en Conseil d'État.

Art. L. 1233-48. L'ensemble des informations communiquées aux représentants du personnel lors de leur convocation aux réunions prévues par les articles L. 1233-29 et L. 1233-30 est communiqué simultanément à l'autorité administrative.

L'employeur lui adresse également les procès-verbaux des réunions. Ces procès-verbaux comportent les avis, suggestions et propositions des représentants du personnel.

Art. L. 1233-49. Lorsque l'entreprise est dépourvue de comité d'entreprise ou de délégués du personnel et est soumise à l'obligation d'établir un plan de sauvegarde de l'emploi, ce plan ainsi que les informations destinées aux représentants du personnel mentionnées à l'article L. 1233-31 sont communiqués à l'autorité administrative en même temps que la notification du projet de licenciement. En outre, le plan est porté à la connaissance des salariés par voie d'affichage sur les lieux de travail.

Art. L. 1233-50. Lorsque le comité d'entreprise recourt à l'assistance d'un expert-comptable, l'employeur le mentionne dans la notification du projet de licenciement faite à l'autorité administrative. Il informe cette dernière de la date de la deuxième réunion du comité d'entreprise. Il lui transmet également les modifications éventuelles du projet de licenciement à l'issue de la deuxième et de la troisième réunion.

Art. L. 1233-51. Lorsque le projet de licenciement donne lieu à consultation du comité central d'entreprise, l'autorité administrative du siège de l'entreprise est informée de cette consultation et, le cas échéant, de la désignation d'un expert-comptable.

Art. D. 1233-4. La notification du projet de licenciement prévue à l'article L. 1233-46 est adressée au ***(D. 2009-1377 du 10 nov. 2009, JO 13 ; D. 2010-687 du 24 juin 2010, JO 25 ; voir D. 2010-1582 du 17 déc. 2010, JO 18, pour outre-mer)*** « directeur régional des entreprises, de la concurrence, de la consommation, du travail et de l'emploi » par lettre recommandée.

Outre les renseignements prévus au troisième alinéa de l'article précité, la notification précise :

1° Le nom et l'adresse de l'employeur ;

2° La nature de l'activité et l'effectif de l'entreprise ou de l'établissement ;

3° Le nombre des licenciements envisagés ;

4° Le cas échéant, les modifications qu'il y a lieu d'apporter aux informations déjà transmises en application de l'article L. 1233-31 ;

5° En cas de recours à un expert-comptable par le comité d'entreprise, mention de cette décision et date de la deuxième réunion du comité d'entreprise prévue par l'article L. 1233-35.

Art. D. 1233-5. Les informations et documents destinés aux représentants du personnel prévus aux articles L. 1233-48 et L. 1235-10 sont adressés simultanément au ***(D. 2009-1377 du 10 nov. 2009, JO 13 ; D. 2010-687 du 24 juin 2010, JO 25 ; voir D. 2010-1582 du 17 déc. 2010, JO 18, pour outre-mer)*** « directeur régional des entreprises, de la concurrence, de la consommation, du travail et de l'emploi ».

Les informations et documents destinés au comité central d'entreprise, en application de l'article L. 1233-51, sont adressés au ***(D. 2009-1377 du 10 nov. 2009, JO 13 ; D. 2010-687 du 24 juin 2010, JO 25 ; voir D. 2010-1582 du 17 déc. 2010, JO 18, pour outre-mer)*** « directeur régional des entreprises, de la concurrence, de la consommation, du travail et de l'emploi » du siège.

Art. R. 1233-6. À l'issue de la deuxième réunion des représentants du personnel prévue aux articles L. 1233-29 et L. 1233-30, l'employeur communique au ***(D. 2009-1377 du 10 nov. 2009, JO 13 ; D. 2010-687 du 24 juin 2010, JO 25 ; voir D. 2010-1582 du 17 déc. 2010, JO 18, pour outre-mer)*** « directeur régional des entreprises, de la concurrence, de la consommation, du travail et de l'emploi » :

1° Les nom, prénoms, nationalité, date de naissance, sexe, adresse, emploi et qualification du ou des salariés dont le licenciement est envisagé ;

2° Les modifications qui ont pu être apportées au calendrier prévisionnel des licenciements, au plan de sauvegarde de l'emploi, aux mesures prévues à l'article L. 1233-32 ainsi qu'au calendrier de leur mise en œuvre.

Art. R. 1233-7. Lorsque le comité d'entreprise recourt à l'assistance d'un expert-comptable, l'employeur adresse au ***(D. 2009-1377 du 10 nov. 2009, JO 13 ; D. 2010-687 du 24 juin 2010, JO 25 ; voir D. 2010-1582 du 17 déc. 2010, JO 18, pour outre-mer)*** « directeur régional des entreprises, de la concurrence, de la consommation, du travail et de l'emploi », à l'issue de la deuxième réunion, les modifications qui ont pu être apportées au projet de licenciement telles que définies au 2° de l'article R. 1233-6.

Il n'adresse les informations prévues au 1° de l'article précité qu'à l'issue de la troisième réunion du comité d'entreprise prévue au deuxième alinéa de l'article L. 1233-35, avec les modifications éventuelles apportées au projet de licenciement lors de celle-ci.

Art. D. 1233-8. La demande de réduction du délai prévue à l'article L. 1233-41, avant l'expiration duquel les lettres de licenciement ne peuvent être envoyées aux salariés intéressés, est adressée, par lettre recommandée, au ***(D. 2009-1377 du 10 nov. 2009, JO 13 ; D. 2010-687 du 24 juin 2010, JO 25 ; voir D. 2010-1582 du 17 déc. 2010, JO 18, pour outre-mer)*** « directeur régional des entreprises, de la concurrence, de la consommation, du travail et de l'emploi » au plus tôt en même temps que la notification du projet de licenciement prévue à l'article L. 1233-46.

La demande fait référence à la convention ou l'accord collectif de travail invoqué et précise :

1° La réduction de délai demandée ;

2° Celles des stipulations de cette convention ou de cet accord que l'employeur s'engage à appliquer ainsi que la description de leur mise en œuvre. Une copie de ces stipulations est jointe à la demande.

Le ***(D. 2009-1377 du 10 nov. 2009, JO 13 ; D. 2010-687 du 24 juin 2010, JO 25 ; voir D. 2010-1582 du 17 déc. 2010, JO 18, pour outre-mer)*** « directeur régional des entreprises, de la concurrence, de la consommation, du travail et de l'emploi » dispose pour statuer du délai prévu à l'article L. 1233-54 ou, au minimum, d'un délai de sept jours non renouvelable à compter de la date de réception de la demande de réduction du délai. La décision est notifiée à l'employeur par lettre recommandée.

En l'absence de décision prise dans le délai prévu au présent article, la demande est réputée rejetée.

Art. R. 1233-9. Lorsqu'il n'existe dans l'entreprise ni comité d'entreprise ni délégués du personnel, les informations mentionnées à l'article L. 1233-31, le plan de sauvegarde de l'emploi et les renseignements prévus au 1° de l'article R. 1233-6 sont adressés au ***(D. 2009-1377 du 10 nov. 2009, JO 13 ; D. 2010-687 du 24 juin 2010, JO 25 ; voir D. 2010-1582 du 17 déc. 2010, JO 18, pour outre-mer)*** « directeur régional des entreprises, de la concurrence, de la consommation, du travail et de l'emploi » en même temps que la notification du projet de licenciement prévue à l'article L. 1233-46.

Art. D. 1233-10. En cas d'absence de délégués du personnel ou de comité d'entreprise, par suite d'une carence constatée dans les conditions prévues aux articles L. 2314-5 et L. 2324-8, l'employeur joint à la notification du projet de licenciement le procès-verbal de carence établi conformément à ces articles.

§ 2. Intervention de l'autorité administrative

Art. L. 1233-52. En l'absence de plan de sauvegarde de l'emploi au sens de l'article L. 1233-61, alors que l'entreprise est soumise à cette obligation, l'autorité administrative constate et notifie cette carence à l'entreprise dès qu'elle en a eu connaissance et au plus tard dans les huit jours suivant la notification du projet de licenciement prévue à l'article L. 1233-46.

Note

• **Constat de carence**. La nature et la portée de l'intervention du directeur départemental du travail, de l'emploi et de la formation professionnelle sont précisées par la circulaire du ministre du Travail Cab. 93-1 du 29 janvier 1993 (JO 13 févr.) : le constat de carence, qui constitue une décision administrative devant être motivée et susceptible de recours, doit conduire l'employeur à reprendre la procédure ; le non-respect de l'obligation de plan social entraîne la nullité de la procédure qui peut être prononcée par le tribunal de grande instance, statuant en formation de référé, ou par le conseil de prud'hommes, en l'absence d'intervention administrative.

Pour une interprétation contraire de la nature du constat de carence, voir TA Lyon 20 septembre 1994, n° 94-01.358, *RJS* 12/94 n° 1364.

Pour la Cour de cassation, le constat de carence dressé par l'administration du travail n'a pas valeur de décision (cass. soc. 16 avril 1996, n° 94-11.660, BC V n° 164) ; le juge judiciaire est seul compétent pour se prononcer sur l'obligation pour l'employeur d'établir un plan social ainsi que pour en apprécier la réalité et la régularité, que l'autorité administrative ait ou non, en l'absence de plan social, constaté la carence de l'employeur (cass. soc. 3 décembre 1996, 2 arrêts, n°s 95-17.352 et 95-20.360, BC V n° 411).

Voir également CA Caen, 22 septembre 1994, *RJS* 11/94 n° 1258 : l'absence de plan social constatée par l'autorité administrative empêche l'employeur de demander judiciairement la continuation de la procédure.

Voir X. Prétot, « Licenciement collectif pour motif économique : reclassement des salariés et contrôle de l'administration », *RJS* 2/93 et « Le constat de carence du plan social par l'autorité administrative », *RJS* 4/95 ; « Les plans sociaux », *Dr. Soc.* n° spécial, mai 1994.

Art. D. 1233-11. Le délai dont dispose le ***(D. 2009-1377 du 10 nov. 2009, JO 13 ; D. 2010-687 du 24 juin 2010, JO 25 ; voir D. 2010-1582 du 17 déc. 2010, JO 18, pour outre-mer)*** « directeur régional des entreprises, de la concurrence, de la consommation, du travail et de l'emploi » pour notifier le constat de carence prévu à l'article L. 1233-52 court à compter de la date de réception de la notification du projet de licenciement.

Art. D. 1233-14. Une copie du constat de carence prévu à l'article L. 1233-52 est simultanément envoyée par lettre simple au comité d'entreprise ou à défaut aux délégués du personnel de l'entreprise concernée.

Art. L. 1233-53. L'autorité administrative vérifie que :

1° Les représentants du personnel ont été informés, réunis et consultés conformément aux dispositions légales et conventionnelles en vigueur ;

2° Les obligations relatives à l'élaboration des mesures sociales prévues par l'article L. 1233-32 ou par des conventions ou accords collectifs de travail ont été respectées ;

3° Les mesures prévues à l'article L. 1233-32 seront effectivement mises en œuvre.

Art. D. 1233-12. Le délai dont dispose le ***(D. 2009-1377 du 10 nov. 2009, JO 13 ; D. 2010-687 du 24 juin 2010, JO 25 ; voir D. 2010-1582 du 17 déc. 2010, JO 18, pour outre-mer)*** « directeur régional des entreprises, de la concurrence, de la consommation, du travail et de l'emploi » pour procéder aux vérifications prévues à l'article L. 1233-53 court à compter :

1° Soit de la date d'envoi de la notification du projet de licenciement ;

2° Soit, en cas de recours à un expert-comptable par le comité d'entreprise, du lendemain de la deuxième réunion de ce dernier prévue à l'article L. 1233-35.

Art. L. 1233-54. L'autorité administrative dispose, pour procéder aux vérifications et adresser son avis, d'un délai courant à compter de la date de notification du projet de licenciement de :

1° Vingt et un jours lorsque le nombre des licenciements est inférieur à cent ;

2° Vingt-huit jours lorsque le nombre des licenciements est au moins égal à cent et inférieur à deux cent cinquante ;

3° Trente-cinq jours lorsque ce nombre est au moins égal à deux cent cinquante.

Lorsqu'il existe une convention ou un accord collectif de travail, ce délai ne peut être inférieur au délai conventionnel séparant les deux réunions de représentants du personnel, prévu à l'article L. 1233-30, augmenté de sept jours.

Art. L. 1233-55. Lorsque le comité d'entreprise recourt à l'assistance d'un expert-comptable, le délai accordé à l'autorité administrative pour effectuer les vérifications et adresser son avis court à compter du lendemain de la deuxième réunion du comité d'entreprise. Il expire au plus tard quatre jours avant l'expiration du délai d'envoi des lettres de licenciement mentionné à l'article L. 1233-39.

Art. L. 1233-56. Lorsque l'autorité administrative relève une irrégularité de procédure au cours des vérifications qu'elle effectue, elle adresse à l'employeur un avis précisant la nature de l'irrégularité constatée. Elle envoie simultanément copie de ses observations au comité d'entreprise ou, à défaut, aux délégués du personnel.

L'employeur répond aux observations de l'autorité administrative et adresse copie de sa réponse aux représentants du personnel. Si cette réponse intervient après le délai d'envoi des lettres de licenciement prévu à l'article L. 1233-39, celui-ci est reporté jusqu'à la date d'envoi de la réponse à l'autorité administrative. Les lettres de licenciement ne peuvent être adressées aux salariés qu'à compter de cette date.

Art. L. 1233-57. L'autorité administrative peut présenter toute proposition pour compléter ou modifier le plan de sauvegarde de l'emploi, en tenant compte de la situation économique de l'entreprise.

Ces propositions sont formulées avant la dernière réunion du comité d'entreprise. Elles sont communiquées à l'employeur et au comité d'entreprise ou, à défaut, aux délégués du personnel.

En l'absence de représentants du personnel, ces propositions ainsi que la réponse motivée de l'employeur à celles-ci, qu'il adresse à l'autorité administrative, sont portées à la connaissance des salariés par voie d'affichage sur les lieux de travail.

Note S'agissant des cellules de reclassement, voir note sous art. R. 5123-3.

Art. D. 1233-13. Le ***(D. 2009-1377 du 10 nov. 2009, JO 13 ; D. 2010-687 du 24 juin 2010, JO 25 ; voir D. 2010-1582 du 17 déc. 2010, JO 18, pour outre-mer)*** « directeur régional des entreprises, de la concurrence, de la consommation, du travail et de l'emploi » adresse les pièces suivantes à l'employeur par lettre recommandée :

1° Le constat de carence établi en application de l'article L. 1233-52 ;

2° L'avis écrit mentionné à l'article L. 1233-56 ;

3° Les propositions prévues à l'article L. 1233-57.

Ces courriers peuvent être remplacés par une remise contre récépissé daté et signé par l'employeur. Si l'employeur refuse cette remise, il en est fait mention sur le reçu.

SECTION 5. Licenciement économique dans le cadre d'un redressement ou d'une liquidation judiciaire

Art. L. 1233-58. En cas de redressement ou de liquidation judiciaire, l'employeur, l'administrateur ou le liquidateur, selon le cas, qui envisage des licenciements économiques, réunit et consulte le comité d'entreprise ou, à défaut, les délégués du personnel dans les conditions prévues à l'article L. 2323-15 ainsi qu'aux articles :

1° L. 1233-8, pour un licenciement collectif de moins de dix salariés ;

2° L. 1233-29, premier alinéa, pour un licenciement de dix salariés ou plus dans une entreprise de moins de cinquante salariés ;

3° L. 1233-30, premier, deuxième et huitième alinéas, pour un licenciement de dix salariés ou plus dans une entreprise de cinquante salariés et plus ;

4° L. 1233-31 à L. 1233-33, L. 1233-48 et L. 1233-63, relatifs à la nature des renseignements et au contenu des mesures sociales adressés aux représentants du personnel et à l'autorité administrative ;

5° L. 1233-49, L. 1233-61 et L. 1233-62, relatifs au plan de sauvegarde de l'emploi.

Art. L. 1233-59. Les délais prévus à l'article L. 1233-15 pour l'envoi des lettres de licenciement prononcé pour un motif économique ne sont pas applicables en cas de redressement ou de liquidation judiciaire.

Un décret en Conseil d'État détermine les modalités d'application du présent article.

Note • Voir chron. H. Tissandier, « L'incidence de l'appartenance d'une entreprise en difficulté à un groupe de sociétés », *JSL* 2009 n° 262, p. 4 ; Ch. et J-Y Frouin, « La sanction de l'insuffisance du plan de sauvegarde de l'emploi établi dans le cadre d'une procédure collective », *RJS* 4/06, p. 251 ; P. Morvan, « Le contrôle judiciaire des licenciements pour motif économique prononcés au cours d'une procédure collective », *Dr. Soc.* 1998, p. 442 ; Y. Chagny, « La situation des salariés de l'entreprise en difficulté : le sort des contrats de travail », *RJS* 11/99 p. 819.

• Les licenciements ne peuvent être autorisés par le juge-commissaire, décidés par le tribunal de commerce dans le cadre du plan de continuation ou de cession ou prononcés par le liquidateur qu'après consultation des instances de représentation du personnel et information de l'autorité administrative (art. L. 1233-60). L'administrateur qui ne procède pas à une véritable consultation du comité d'entreprise avant de procéder à des licenciements pendant la période d'observation engage sa responsabilité (cass. crim. 28 novembre 1995, n° 93-85.808, B. crim. n° 361 ; *CSB* 1996 A. 22).

Conformément aux dispositions de l'article L. 2325-35 CT, le comité d'entreprise peut se faire assister d'un expert-comptable et dispose, pour émettre son avis, d'un délai d'examen suffisant (cass. soc. 7 juillet 1998, n° 96-21.205, BC V n° 371 ; *RJS* 8-9/98 n° 973).

Doit être cassé l'arrêt de cour d'appel qui a déclaré recevables les constitutions de partie civile de salariés licenciés fondées sur le défaut de consultation du comité d'entreprise sur deux offres de reprise partielle, le défaut de réunion et de consultation du comité n'étant pas susceptible d'entraîner un préjudice personnel et direct pour les salariés de l'entreprise (cass. crim. 3 décembre 1996, n° 95-84.647, B. crim. n° 441 ; *RJS* 5/97 n° 563). Sur l'indemnisation du préjudice causé à chaque salarié par la consultation d'un comité irrégulièrement composé, voir cass. soc. 3 mars 1998, n° 95-45.201, cité *infra*.

• Lorsque l'ordonnance du juge-commissaire autorisant des licenciements est devenue définitive, le caractère économique du motif de licenciement ne peut plus être contesté (cass. soc. 9 juillet 1996, n° 93-41.877, BC V n° 268 ; *RJS* 8-9/96 n° 912 ; 5 mai 1998, n° 95-40.171, BC V n° 217 ; *RJS* 6/98 n° 713 ; *CSB* 1998 A. 39 ; 26 juin 2001, n° 99-43.078, *RJS* 11/01 n° 1277). En cas d'ordonnance du juge-commissaire fixant le nombre des salariés dont le licenciement est autorisé, les activités et les catégories professionnelles concernées, le conseil de prud'hommes demeure compétent pour statuer, dans le cadre de cette ordonnance et au regard de la situation individuelle des salariés licenciés, sur les demandes formées par ces derniers contre leur employeur (cass. soc. 3 octobre 1989, n° 88-42.835, BC V n° 559 ; *CSB* 1990 A. 1 ; 6 mars 1990, n° 89-40.028, BC V n° 92 ; 3 mars 1998, n° 95-45.201, BC V n° 112 ; *RJS* 4/98 n° 439 ; *CSB* 1998 A. 12 ; *D.* 1998 J. 418, note P. Bailly). Il appartient au juge prud'homal de rechercher si l'employeur a respecté son obligation de reclassement (cass. soc. 12 janvier 1999, n° 96-41.756, BC V n° 11 ; *RJS* 2/99 n° 186 ; 8 juin 1999, n° 96-44.811, BC V n° 268 ; *RJS* 7/99 n° 908 ; 28 avril 2000, n° 98-40.282, *CSB* 2000 S. 332).

L'ordonnance du juge-commissaire n'a pas à dresser la liste nominative des salariés licenciés qu'il appartient à l'administrateur judiciaire de désigner, sous le contrôle du juge prud'homal ; la liste nominative établie par le juge-commissaire est dépourvue d'effet (cass. soc. 27 octobre 1998, n° 95-42.220, BC V n° 452 ; *RJS* 1/99 n° 25 ; *Dr. Soc.* 1999 p. 203 ; 16 mars 1999, n° 96-44.843, BC V n° 116 ; *RJS* 5/99 n° 650 ; 14 décembre 1999, n° 98-41.520, BC V n° 483 ; *RJS* 4/00 n° 379 ; 5 octobre 2004, n° 02-42.111, *RJS* 12/04 n° 1269). Si la procédure d'entretien préalable peut être engagée avant la décision d'autorisation du juge-commissaire, la notification du licenciement avant celle-ci est prématurée et appelle réparation (cass. soc. 18 juin 1997, n° 96-40.273, *RJS* 8-9/97 n° 964, 1re espèce et 18 juin 1997, n° 96-40.279, BC V n° 226 ; *RJS* 8-9/97 n° 964, 2e espèce ; 18 juillet 2000, n° 98-42.929, *RJS* 11/00 n° 1072).

• L'énonciation précise du motif économique s'impose même lorsque les licenciements sont prononcés à la suite d'un jugement de redressement judiciaire (cass. soc. 18 novembre 1998, n° 96-42.378, BC V n° 500 ; *RJS* 1/99 n° 26 ; 12 janvier 1999, n° 96-43.354, *RJS* 4/99 n° 491). L'ouverture du redressement judiciaire n'est pas une cause de rupture des contrats de travail (cass. soc. 5 octobre 1999, n° 96-40.746, BC V n° 367 ; *RJS* 11/99 n° 1359) et le prononcé de la liquidation judiciaire n'entraîne pas, en soi, leur rupture (cass. soc. 3 avril 2001, n° 99-41.537, *RJS* 6/01 n° 744). La lettre de licenciement adressée aux salariés d'une entreprise en redressement judiciaire ne peut se borner à faire état d'une cause économique, mais doit se référer, selon le cas, soit à l'ordonnance du juge-commissaire ayant autorisé l'administrateur à procéder à des licenciements pour motif économique qui présentent un caractère urgent, inévitable et indispensable, pendant la période d'observation (cass. ass. plén. 24 janvier 2003, n° 00-41.741, BC n° 1 ; *RJS* 4/03 n° 435 ; 19 mars 2003, n° 01-44.376, BC V n° 104 ; *CSB* 2003 S. 275), soit au jugement qui, arrêtant le plan de cession, prévoit des licenciements (cass. soc. 16 décembre 2003, n° 01-45.803, *RJS* 2/04 n° 194 ; 11 octobre 2005, n° 04-41.956, *RJS* 12/05 n° 1191). La lettre se bornant à renvoyer à un jugement qui ne prévoyait aucun licenciement économique ne caractérise pas un motif suffisamment précis (cass. soc. 29 mai 2002, n° 00-41.965, *RJS* 8-9/02 n° 958 ; 10 juillet 2002, n° 00-42.340, BC V n° 242 ; *RJS* 11/02 n° 1220). En revanche, la lettre de licenciement émanant de l'administrateur est suffisamment motivée dès lors qu'elle vise l'ordonnance du juge-commissaire autorisant les licenciements (cass. soc. 5 mai 1998, n° 95-40.171, précité ; 9 février 1999, n° 97-41.422, *RJS* 4/99 n° 492). Il en est de même de la lettre de licenciement émanant du mandataire judiciaire liquidateur dès lors qu'elle vise le jugement de liquidation en application duquel il est procédé au licenciement (cass. soc. 2 mars 2004, n° 02-41.932, BC V n° 67 ; *RJS* 5/04 n° 530 ; 8 juin 2005, n° 04-41.596 et 14 juin 2005, n° 04-40.647, *RJS* 8-9/05 n° 824).

• Une proposition de modification des contrats de travail faite par l'administrateur judiciaire est soumise aux dispositions de l'article L. 1222-6 CT et ne peut renvoyer à une réponse des salariés sous huit jours (cass. soc. 28 novembre 2000, n° 98-42.852, BC V n° 393 ; *RJS* 2/01 n° 169).

• Les licenciements prévus par le plan de redressement arrêté par le tribunal de commerce, conformément à l'article 63 de la loi du 25 janvier 1985, sont opposables à tous (cass. soc. 23 juin 1993, n° 91-40.730, *RJS* 8-9/93 n° 861 ; 4 juillet 2006, n° 04-43.976, *RJS* 10/06 n° 1050). Le tribunal qui prononce la résolution du plan de cession peut limiter les effets de cette résolution ; il peut maintenir les actes passés par les administrateurs judiciaires en exécution du jugement arrêtant le plan. Dès lors, la validité des licenciements économiques ne peut être contestée (cass. soc. 9 juillet 2008, n° 06-40.945, BC V n° 156 ; *RJS* 10/08 n° 974). Le plan ne peut toutefois prévoir le licenciement de tous les salariés et la reprise ultérieure de certains d'entre eux par le cessionnaire, les contrats de travail subsistant, pour ces derniers, par le seul effet de la loi (cass. soc. 30 juin 1992, n° 90-44.057, BC V n° 427 ; *RJS* 8-9/92 n° 964, 1re espèce ; 1er décembre 1993, n° 92-40.821, *CSB* 1994 S. 30). Le jugement arrêtant le plan de cession partielle doit indiquer le nombre des licenciements autorisés ainsi que les activités et catégories professionnelles concernées (cass. soc. 10 juillet 2001, n° 99-44.466, BC V n° 254 ; *RJS* 10/01 n° 1118 ; 1er octobre 2003, n° 02-10.013, *RJS* 12/03 n° 1369). À défaut, les licenciements prononcés sont dépourvus de cause réelle et sérieuse (cass. soc. 11 octobre 2005, n° 03-43.097, *RJS* 12/05 n° 1190 ; 12 juin 2007, n° 05-45.669, *RJS* 8-9/07 n° 935). Lorsque le plan de cession approuvé par le tribunal de commerce autorise un certain nombre de licenciements pour motif économique, seuls ces licenciements peuvent être prononcés (cass. soc. 3 février 1998, n° 95-44.921, BC V n° 58 ; *RJS* 3/98 n° 294 ; 20 juin 2002, n° 00-42.506, *RJS* 10/02 n° 1102). L'inobservation du délai imparti à l'administrateur judiciaire pour notifier les licenciements prévus dans le jugement qui arrête le plan de cession constitue une irrégularité de forme et n'a pas pour consé-quence de priver d'effet l'autorisation de licenciement contenue dans le jugement et d'entacher les licenciements de nullité (cass. soc. 12 juillet 2005, n° 03-43.680, *RJS* 10/05 n° 968 ; 21 septembre 2005, n° 04-40.529, BC V n° 267 ; *RJS* 11/05 n° 1096).

Pas plus que la cession globale des unités de production (cass. soc. 3 avril 2001, 2 arrêts ; 1re espèce, n° 98-44.778, BC V n° 113 ; 2e espèce, n° 99-40.841, BC V n° 119 ; *RJS* 6/01 n° 725), la décision du juge-commissaire d'autoriser la cession d'éléments d'actif n'est de nature à faire échec aux dispositions de l'article L. 1224-1 CT (cass. soc. 20 janvier 1998, n° 95-40.812, BC V n° 16 ; *RJS* 3/98 n° 280 ; 31 mars 1998, n° 92-41.395, BC V n° 181 ; 21 octobre 1998, n° 96-42.116, BC V n° 440 ; *RJS* 12/98 n° 1451 ; 24 octobre 2006, n° 04-45.673, BC V n° 316 ; *RJS* 2/07 n° 195) et ne peut prévoir le licenciement des salariés non repris (cass. soc. 27 novembre 2001, n° 99-43.380, BC V n° 358 ; *RJS* 3/02 n° 290). Sur une situation de fraude caractérisée, les salariées licenciées ayant été immédiatement remplacées dans leurs emplois, voir cass. soc. 2 juin 2004, n° 02-47.257, *RJS* 8-9/04 n° 899 ; 8 décembre 2004, n° 02-44.080, *RJS* 2/05 n° 142. Le liquidateur qui notifie un licenciement privé d'effet, étant intervenu en méconnaissance de l'article L. 1224-1 CT, engage sa responsabilité à l'égard du cessionnaire, tenu de poursuivre l'exécution du contrat de travail (cass. soc. 24 février 2004, n° 01-11.446, *CSB* 2004 A. 36). Mais, lorsque le cessionnaire est à l'origine de la rupture des contrats de travail, il doit garantir la société cédante des indemnités mises à sa charge en réparation de préjudices résultant de licenciements dépourvus d'effets (cass. soc. 4 juillet 2006, n° 04-45.466, *RJS* 10/06 n° 1029, 2e espèce). La clause de cession d'une entité économique autonome qui ne prévoit que la reprise d'une partie des salariés, contraire aux dispositions d'ordre public de l'article L. 1224-1, doit être réputée non écrite, sans qu'en soit affectée entre les parties la validité de la convention de cession (cass. ch. mixte, 7 juillet 2006, n° 04-14.788, BC n° 5 ; *RJS* 10/06 n° 1029 ; *Dr. Soc.* 2006, p. 1064, obs. A. Mazeaud). Voir P. Bailly, « À propos de deux applications controversées de l'article L. 1224-1 (anciennement art. L. 122-12, al. 2 du code du travail) », *RJS* 2/07, p. 115.

Il appartient au juge prud'homal de rechercher si l'administrateur judiciaire a satisfait à l'obligation de reclassement (cass. soc. 10 mai 1999, n° 96-44.647, BC V n° 204 ; *RJS* 6/99 n° 804 ; 20 octobre 1999, n° 97-43.539, *CSB* 2000 S. 38). Dans le même sens, pour le mandataire liquidateur : cass. soc. 10 mai 1999, n° 97-40.060, BC V n° 203 ; *RJS* 6/99 n° 802 et 18 novembre 2003, n° 01-44.671, *RJS* 1/04 n° 18 ; CE 3 mai 2006, n° 277079, *RJS* 7/06 n° 866.

Le juge prud'homal demeure compétent pour vérifier le respect par l'employeur des critères définis pour fixer l'ordre des licenciements (cass. soc. 8 avril 1992, n° 89-43.288, BC V n° 260 ; 27 novembre 2001, n° 99-43.380, précité ; 15 mai 2002, n° 99-45.990, *RJS* 7/02 n° 796). L'ordre des licenciements n'est pas respecté lorsque le seul critère retenu a été le refus d'acceptation de la modification des conditions de rémunération exigée par le cessionnaire (cass. soc. 6 juillet 1999, n° 97-40.055, BC V n° 329 ; *RJS* 10/99 n° 1241).

Voir note sous l'article L. 1233-5.

• **Plan social.** L'action en annulation du plan social formée par un syndicat relève de la compétence du juge civil de droit commun et non du tribunal de commerce (cass. soc. 14 octobre 1997, n° 96-18.876, BC V n° 312 ; *RJS* 12/97 n° 1353 ; *JCP* 1998 p. 424, note F. Duquesne).

Si la nullité des licenciements n'est pas légalement encourue à l'occasion d'une procédure de redressement ou de liquidation judiciaire, l'insuffisance du plan social au regard des exigences des articles L. 1233-61 et s. CT prive de cause réelle et sérieuse les licenciements économiques ensuite prononcés (cass. soc. 2 février 2006, n° 05-40.037, BC V n° 58 ; *RJS* 4/06 n° 412, 1re espèce ; chron. Ch. et J-Y Frouin précitée, p. 251 ; *CSB* 2006 A. 36 ; 13 juin 2006, n° 04-44.733, *RJS* 8-9/06 n° 938).

Art. L. 1233-60. En cas de redressement ou de liquidation judiciaire, l'employeur, l'administrateur ou le liquidateur, selon le cas, informe l'autorité administrative avant de procéder à des licenciements pour motif économique, dans les conditions prévues aux articles L. 631-17, L. 631-19 (II), L. 641-4, dernier alinéa, L. 641-10, troisième alinéa, et L. 642-5 du code de commerce.

Art. R. 1233-15. L'employeur, l'administrateur ou le liquidateur, selon le cas, informe le ***(D. 2009-1377 du 10 nov. 2009, JO 13 ; D. 2010-687 du 24 juin 2010, JO 25 ; voir D. 2010-1582 du 17 déc. 2010, JO 18, pour outre-mer)*** « directeur régional des entreprises, de la concurrence, de la consommation, du travail et de l'emploi » en application de l'article L. 1233-60, avant l'envoi des lettres de licenciement.

Il précise :

1° Le nom et l'adresse de l'employeur ;

2° La nature de l'activité de l'entreprise ou de l'établissement ;

3° Le nombre de salariés employés dans l'entreprise ou établissement ;

4° La date à laquelle a été prononcé le jugement de redressement ou de liquidation judiciaire ;

5° Les nom, prénoms, nationalité, date de naissance, sexe, adresse, emploi et qualification du ou des salariés dont le licenciement est envisagé ;

6° Les mesures prises pour éviter les licenciements ou en limiter le nombre et pour faciliter le reclassement des salariés dont le licenciement ne peut être évité ;

7° Le calendrier prévisionnel des licenciements.

Art. R. 1233-16. L'employeur, l'administrateur ou le liquidateur, selon le cas, transmet au ***(D. 2009-1377 du 10 nov. 2009, JO 13 ; D. 2010-687 du 24 juin 2010, JO 25 ; voir D. 2010-1582 du 17 déc. 2010, JO 18, pour outre-mer)*** « directeur régional des entreprises, de la concurrence, de la consommation, du travail et de l'emploi » le procès-verbal de la réunion des représentants du personnel prévue à l'article L. 1233-58, dès qu'il a été procédé à la consultation.

Art. L. 1233-61.

SECTION 6. Accompagnement social et territorial des procédures de licenciement

Sous-section 1. Plan de sauvegarde de l'emploi

Art. L. 1233-61. Dans les entreprises de cinquante salariés et plus, lorsque le projet de licenciement concerne dix salariés ou plus dans une même période de trente jours, l'employeur établit et met en œuvre un plan de sauvegarde de l'emploi pour éviter les licenciements ou en limiter le nombre.

Ce plan intègre un plan de reclassement visant à faciliter le reclassement des salariés dont le licenciement ne pourrait être évité, notamment celui des salariés âgés ou présentant des caractéristiques sociales ou de qualification rendant leur réinsertion professionnelle particulièrement difficile.

Note

• **Champ d'application.** C'est l'entreprise, non l'établissement (cass. soc. 7 mai 2003, n° 01-42.379, *RJS* 7/03 n° 862) ou le groupe, qui constitue le niveau d'appréciation pour l'établissement d'un plan social (cass. soc. 26 février 2003, n° 01-41.030, BC V n° 70 ; *RJS* 5/03 n° 589).

• **Calcul des effectifs.** Il y a lieu de tenir compte des seuls effectifs de l'entreprise dans laquelle est revendiquée la mise en œuvre du plan social (cass. soc. 30 juin 2004, n° 02-42.672, BC V n° 186 ; *RJS* 10/04 n° 1015 ; *CSB* 2004 S. 387). L'effectif de l'entreprise rendant obligatoire l'établissement d'un plan de sauvegarde de l'emploi s'apprécie à la date de l'engagement de la procédure de licenciement (cass. soc. 13 juillet 2010, n° 09-65.182, *RJS* 10/10 n° 738, 1re espèce). L'effectif à prendre en compte pour déterminer s'il faut établir un plan de sauvegarde de l'emploi correspond aux salariés relevant des établissements de la société située en France, en vertu du principe de territorialité de la loi française (cass. soc. 23 septembre 2008, n° 07-42.862, BC V n° 171 ; *RJS* 12/08 n° 1181 ; *SSL* 2008 n° 1371, p. 12).

Des ruptures conventionnelles, s'inscrivant dans un projet global et concerté de réduction des effectifs, doivent être prises en compte pour apprécier s'il y a lieu d'établir un plan de sauvegarde de l'emploi (cass. soc. 9 mars 2011, n° 10-11.581, BC V n° 70 ; *RJS* 5/11 n° 408 et chron. G. Couturier, p. 347 ; *RDT*, avril 2011, ET, 226, J-M Béraud ; *SSL* 2011 n° 1484, p. 7, note J. Pélissier ; *JCP* éd. S 2011, 1200, note Fr. Favennec-Héry).

Lorsqu'elles entraînent la rupture du contrat de travail, les préretraites mises en œuvre en raison de difficultés économiques sont également prises en compte pour déterminer si un plan de sauvegarde de l'emploi est obligatoire (cass. soc. 1er février 2011, n° 09-70.121, *RJS* 4/11 n° 311).

Dans un arrêt du 13 janvier 2010 (n° 08-15.776, BC V n° 5 ; *Dr. Soc.* 2010, p. 474, obs. G. Couturier ; *RJS* 3/10 n° 247), la Cour de cassation rappelle que l'obligation de reclasser les salariés dont le licenciement est envisagé et d'établir un plan de sauvegarde de l'emploi n'incombe qu'à l'employeur ; il s'en déduit qu'une société relevant du même groupe que l'employeur n'est pas, en cette qualité, débitrice d'une obligation de reclassement à l'égard des salariés concernés et n'a donc pas à répondre des conséquences d'une insuffisance des mesures de reclassement prévues dans le plan de sauvegarde.

• *Niveau d'appréciation des effectifs.* Par un arrêt du 16 novembre 2010 (n° 09-69.485, BC V n° 258 ; *RDT*, février 2011, CH, 112, E. Peskine ; *Dr. Soc.* 2011, p. 105, obs. L. Pécaut-Rivolier), la Cour de cassation décide qu'il faut rechercher à quel niveau la décision de supprimer des effectifs a été prise ; dès lors que des licenciements économiques ont été décidés au niveau de la « direction commune » des entreprises constituant une UES, c'est à ce niveau que doit s'élaborer le plan de sauvegarde de l'emploi. L'échelonnement de « petits licenciements » montrait, en outre, une volonté frauduleuse visant à contourner l'obligation légale de mise en place d'un plan de sauvegarde de l'emploi. La même solution est reprise dans un arrêt du 9 mars 2011, n° 10-11.581, préicté. Ces arrêts viennnent nettement relativiser la solution qu'avait retenue la Cour de cassation le 29 janvier 2009 (n° 07-45.481, BC V n° 26 ; *RDT*, avril 2009, CH, 233, J-Y Frouin et D. 2009, p. 2135, obs. critiques B. Lardy-Pélissier).

Voir aussi G. Couturier, « Le licenciement collectif dans une unité économique et sociale », *Dr. Soc.* 2011, p. 175.

Voir également « Plan de sauvegarde de l'emploi et groupe de sociétés », chron. G. Auzero (*SSL* 2009 n° 1416, p. 6) et extraits du jugement du TGI de Péronne, 18 août 2009, n° 07-00856 ; chron. P. Morvan, *JCP* éd. S 2009, 1489 ; S. Béal et P. Klein, « Plan de sauvegarde de l'emploi et reclassement dans le groupe : le rôle des fonds d'investissement », *JCP* éd. S 2010, 1308.

• **Contenu.** Le plan social adressé aux représentants du personnel doit comporter un plan de reclassement comprenant des mesures de nature à éviter les licenciements ou à en limiter le nombre, indépendamment des conventions de conversion, des préretraites FNE, des primes de départ et des dispositions concernant la priorité de réembauchage ; ces mesures doivent être précises et concrètes (cass. soc. 13 février 1997, n° 95-16.648, BC V n° 63 ; *Dr. Soc.* 1997, p. 249, concl. de Caigny, note G. Couturier ; *Dr. Ouvr.* 1997, p. 94 ; 28 mars 2000, n° 98-40.228, BC V n° 132 ; *RJS* 5/00 n° 519 ; *Dr. Soc.* 2000, p. 600 ; *D.* 2001 J. 35, note A. Cristau ; 11 mars 2003, n° 01-45.467, BC V n° 89 ; *RJS* 5/03 n° 590 ; *CSB* 2003 A. 39 ; 24 janvier 2006, n° 04-45.936, *RJS* 4/06 n° 411 ; 28 juin 2006, n° 04-44.599, *RJS* 10/06 n° 1052), afin que les représentants du personnel puissent formuler leurs avis, suggestions et propositions en toute connaissance de cause (cass. soc. 10 juin 1997, n° 95-19.818, BC V n° 216 ; *RJS* 10/97 n° 1107).

Ne répond pas aux exigences de la loi « le plan social » qui, en ce qui concerne le reclassement interne des salariés, ne comporte aucune indication sur le nombre, la nature et la localisation des emplois qui peuvent leur être proposés à l'intérieur du groupe, parmi les entreprises dont les activités, l'organisation ou le lieu d'exploitation leur permettent d'effectuer la permutation de tout ou partie du personnel (cass. soc. 17 mai 1995, n° 94-10.535, BC V n° 159 ; *Dr. Soc.* 1995, p. 570, conclusions P. Lyon-Caen ; *CSB* 1995 A. 35 ; *JCP* éd. G 1995.II.22461, note Y. Saint-Jours ; *D.* 1995 p. 436, note G. Couturier ; 10 juin 1997, n° 95-19.818, précité ; 25 novembre 1997, n° 96-11.101, BC V n° 402 ; *RJS* 1/98 n° 17 ; 18 novembre 1998, n° 96-15.974, BC V n° 502 ; *RJS* 1/99 n° 30 ; *Dr. Soc.* 1999, p. 98 ; 12 janvier 1999, n° 96-22.279, BC V n° 18 ; *CSB* 1999 A. 16 ; *RJS* 2/99 n° 185 ; 7 juillet 2004, n° 02-42.289, *RJS* 10/04 n° 1017 ; *CSB* 2004 S. 388 ; 24 janvier 2006, n° 04-41.341, *RJS* 4/06 n° 418).

Ne répond pas non plus aux exigences de la loi un plan se bornant à instaurer une cellule de reclassement dont la mission est l'évaluation des compétences, l'information et l'aide des salariés dans leurs démarches auprès des organismes sociaux (cass. soc. 11 octobre 2006, n° 04-47.950, BC V n° 304 ; *RJS* 12/06 n° 1277) ou un plan se bornant, d'une part, à prévoir une commission chargée de centraliser les postes vacants au sein des deux groupes auxquels la société appartient, de mettre en relation les compétences et les offres et d'offrir un conseil à la rédaction de *curriculum vitae* et, d'autre part, à renvoyer les salariés à la consultation d'une liste de postes disponibles (cass. soc. 28 novembre 2006, n° 04-48.798, BC V n° 355 ; *RJS* 2/07 n° 211), ou encore un plan ne contenant aucune indication sur le nombre, la nature et la localisation des emplois disponibles dans le groupe (cass. soc. 10 juillet 2007, n° 05-45.553, *RJS* 10/07 n° 1042).

Il appartient au juge de rechercher si, en dehors de reclassements impliquant pour des salariés anciens un déplacement dans une autre région et se traduisant par une modification du contrat de travail, l'employeur ne pouvait pas prendre d'autres mesures telles que réduction de la durée du travail, passage au temps partiel ou développement d'activités nouvelles, comme le soutenait le comité d'entreprise (cass. soc. 28 mars 2000, n° 98-21.870, BC V n° 131 ; *RJS* 5/00 n° 520 ; *Dr. Soc.* 2000, p. 600 ; 23 janvier 2002, n° 00-14.521, BC V n° 29 ; *Dr. Soc.* 2002, p. 670 ; *RJS* 4/02 n° 417).

Sur des plans de reclassement correctement présentés, voir cass. soc. 10 mai 1999, n° 96-19.828, BC V n° 202 ; *RJS* 6/99 n° 806 ; 20 octobre 1999, n° 98-41.337, BC V n° 387 ; 9 février 2000, n° 98-12.143, BC V n° 62 ; *RJS* 3/00 n° 269 ; 23 juin 2004, n° 02-13.686, *RJS* 10/04 n° 1022 et n° 02-18.049, *RJS* 10/04 n° 1020 ; 5 décembre 2006, n° 04-47.465, *RJS* 2/07 n° 210.

La pertinence du plan social doit être appréciée en fonction des moyens dont dispose l'entreprise (cass. soc. 30 septembre 1997, n° 94-45.385, BC V n° 298 ; *RJS* 11/97 n° 1227 ; 12 novembre 1997, n° 95-16.947, BC V n° 368 ; *RJS* 1/98 n° 17 ; *CSB* 1998 A. 21) et le groupe auquel elle est éventuellement intégrée (cass. soc. 18 novembre 1998, n° 96-22.343, BC V n° 501 ; *RJS* 1/99 n° 29 ; *Dr. Soc.* 1999, p. 99 ; 9 mai 2000, n° 98-20.588, BC V n° 172 ; *RJS* 6/00 n° 655 ; *CSB* 2000 S. 331 ; *Dr. Soc.* 2000, p. 789 ; 13 avril 2010, n° 09-40.230).

Voir également note sous art. L. 1235-10.

À noter que les dispositions qui figuraient au dernier alinéa de l'ancien article L. 321-4-1, prévoyant que la validité du plan de sauvegarde de l'emploi est appréciée au regard des moyens dont dispose l'entreprise, l'unité économique et sociale ou le groupe, ont été reportées à l'article L. 1235-10, al. 2 CT. Le juge n'est pas lié par les appréciations portées sur ce point par le juge-commissaire et le tribunal de commerce (cass. soc. 2 février 2006, n° 05-40.037, BC V n° 58 ; *RJS* 4/06 n° 412, 1re espèce).

La pertinence du plan de sauvegarde de l'emploi doit être appréciée en fonction de l'ensemble des mesures qu'il contient et en tenant compte de la procédure d'actualisation des offres d'emploi qu'il prévoit ; constitue une mesure de reclassement licite la mise en situation de recherche de reclassement pendant une période déterminée avec dispense d'activité et maintien de la rémunération dès lors que, pendant cette période, l'employeur remplit son obligation de recherche de reclassement et que le plan prévoit les mesures nécessaires à cet effet (cass. soc. 14 février 2007, n° 05-45.887, BC V n° 24 ; *RJS* 5/07 n° 578 ; *D.* 2007 AJ 660, note A. Fabre).

Les dispositions d'un plan social peuvent se cumuler avec celles d'un accord collectif, sauf si elles ont le même objet, auquel cas ne s'appliquent que les dispositions les plus favorables aux salariés (cass. soc. 23 juin 1999, n° 95-41.745, BC V n° 296 ; *RJS* 8-9/99 n° 1045 ; 26 janvier 2000, n° 98-42.964, BC V n° 41 ; *RJS* 3/00 n° 267 ; *CSB* 2000 S. 186 ; *Dr. Soc.* 2000, p. 392, note G. Couturier). Le plan social ne peut déroger aux dispositions plus favorables de la convention collective, même si les mesures qu'il contient ont été adoptées avec l'accord du comité d'entreprise (cass. soc. 13 juillet 1993, n° 90-43.532, BC V n° 204).

Si le plan social peut contenir des mesures réservées à certains salariés, c'est à la condition que tous les salariés de l'entreprise placés dans une situation identique puissent bénéficier de l'avantage ainsi accordé et que les règles déterminant les conditions d'attribution de cet avantage soient préalablement définies et contrôlables (cass. soc. 10 juillet 2001, n° 99-40.987, BC V n° 255 ; *RJS* 11/01 n° 1279 ; *CSB* 2001 S. 497 ; *Dr. Soc.* 2001, p. 1012 ; 12 juillet 2010, n° 09-15.182, BC V n° 166 ; *RJS* 10/10 n° 739 ; *SSL* n° 1465, pp. 14 et s., note Fr. Aknin : mesures d'incitation aux départs volontaires réservées aux salariés d'un seul établissement). L'employeur ne peut traiter différemment des salariés qui se trouvent dans la même situation au regard d'un avantage qu'à la condition que des raisons objectives et pertinentes justifient cette différence de traitement (cass. soc. 13 mai 2009, n° 07-45.356, *SSL* 2009 n° 1402, p. 6, note P. Bailly). Le plan social s'applique à tous les salariés appartenant aux catégories professionnelles concernées par le projet de licenciement pour motif économique (cass. soc. 29 mai 2002, n° 00-41.862, *RJS* 8-9/02 n° 962). *A contrario*, sur une indemnisation complémentaire constituant la contrepartie d'un travail spécifique ou d'une contrainte supplémentaire et non l'octroi d'un avantage, voir cass. soc. 12 juin 2001, n° 99-41.936, BC V n° 216 ; *RJS* 8-9/01 n° 1006.

Un salarié peut prétendre au bénéfice des indemnités accordées par le plan à chaque salarié concerné en compensation de l'arrêt des activités industrielles (cass. soc. 11 juin 2008, n° 07-40.414, BC V n° 132 ; *RJS* 8-9/08 n° 881 ; *JCP* éd. S 2008, 1495, note D. Everaert-Dumont ; *Dr. Soc.* 2008, p. 1144, obs. G. Couturier ; en l'espèce, le salarié effectivement concerné par la procédure de licenciement économique avait démissionné avant la notification du licenciement. Ce départ faisait suite à une proposition de formation et d'engagement externe).

La différence du montant des indemnités additionnelles prévues par deux plans sociaux successifs, justifiée et résultant d'accords collectifs distincts, constitue une différence de traitement reposant sur des raisons objectives et étrangères à toute discrimination prohibée (cass. soc. 10 décembre 2003, n° 01-47.147, *RJS* 2/04 n° 195).

Le plan social n'a pas à contenir la liste des salariés à licencier ; l'ordre des licenciements n'est dressé qu'au moment où ceux qui sont seulement envisagés dans le plan social sont décidés et mis en œuvre ; il n'existe pas de délai pour prononcer les licenciements à partir du moment où le plan social est définitif (cass. soc. 7 octobre 1998, n° 96-40.424, BC V n° 404 ; *RJS* 11/98 n° 1356).

La prise d'acte de la rupture du contrat de travail par un salarié concerné par une procédure de suppression d'emplois pour raisons économiques, lorsqu'elle est justifiée par l'absence ou l'insuffisance du plan de sauvegarde de l'emploi que l'employeur est tenu d'établir, produit les effets d'un licenciement nul (cass. soc. 25 janvier 2012, n° 10-23.516, *LS* Bref n° 16032 du 2/02/12).

• **Sanction de la nullité.** Voir également note sous l'article L. 1235-10. Dès lors que le plan présenté par l'employeur au comité d'entreprise ne permet pas, faute de précisions sur les catégories professionnelles concernées, de déterminer si les postes de reclassement offerts étaient de nature à permettre un reclassement efficace et qu'au surplus, les mesures de reclassement externe apparaissent illusoires, la cour d'appel a pu décider que le plan social était nul et prononcer la nullité de la procédure suivie (cass. soc. 13 février 1997, n° 95-16.648, précité ; 10 juin 1997, n° 95-19.818, n° 96-15.974, précité ; 18 novembre 1998, précité). Si le plan social présenté au comité d'entreprise peut être modifié et amélioré dans son contenu au cours des réunions du comité d'entreprise, la procédure de consultation doit être entièrement reprise si, le plan initial proposé étant nul, l'employeur est amené à établir un plan social entièrement nouveau (cass. soc. 16 avril 1996, n° 94-11.660, BC V n° 164 ; *RJS* 5/96 n° 530, et concl. R. Kessous, p. 313 ; *Dr. Soc.* 1996, p. 490 ; 18 décembre 2000, n° 98-41.952, *RJS* 3/01 n° 298 ; *Dr. Soc.* 2001, p. 324 ; 10 février 2004, n° 02-40.182, BC V n° 45 ; *RJS* 4/04 n° 399 ; *CSB* 2004 S. 201).

La contestation du plan social par un syndicat professionnel peut s'exercer même après l'avis émis par le comité d'entreprise (cass. soc. 6 juillet 1999, n° 97-22.488, BC V n° 330 ; *RJS* 10/99 n° 1244).

Le contrôle du plan social exercé par le juge à la demande du comité d'entreprise ne conduit pas celui-ci à se prononcer sur la cause réelle et sérieuse des licenciements économiques projetés (cass. soc. 12 novembre 1996, n° 94-21.994, BC V n° 372 ; *RJS* 12/96 n° 1250 ; 2 mars 1999, n° 97-15.625, *RJS* 4/99 n° 497).

• Voir également, sur le sujet, M. Véricel, « Le plan de sauvegarde de l'emploi, acte normatif original », *Dr. Soc.* 2005, p. 976 ; G. Couturier, « Des limites aux nullités de l'article L. 321-4-1 CT », *Dr. Soc.* 2003, p. 726 ; Fr. Duquesne, « Le TGI face aux licenciements économiques collectifs », *Dr. Soc.* 2002, p. 606 ; Fr. Géa, « Le plan social : un acte normateur », *D.* 2000.550 ; Ph. Waquet, « La jurisprudence de la Cour de cassation sur les plans sociaux », *LS* Jurispr. 1999, n° 647 ; P-H Antonmattei, « La nullité du licenciement pour motif économique consécutive à la nullité du plan social », *RJS* 3/97, chron. p. 155.

• **Mise en œuvre du plan de sauvegarde de l'emploi** (anciennement dénommé plan social). Dès lors que son poste est affecté par la restructuration, un salarié qui avait antérieurement consenti à un départ volontaire ne peut être exclu du bénéfice du plan social qui prévoit une incitation aux départs volontaires (cass. soc. 10 juillet 1995, n° 94-40.477, BC V n° 241 ; 11 octobre 2005, n° 03-44.985, *RJS* 12/05 n° 1192). Rejetant le pourvoi formé contre la cour d'appel de Versailles (1er avril 2009, n° 09-01005, *RDT* 2009, p. 380, note A. Fabre ; *SSL* n° 1407, p. 11, obs. G. Couturier et J. Pélissier ; voir également la controverse de M-L Dufresne-Castets et Y. Tarasewicz, *RDT* 2009, p. 282), la Cour de cassation énonce qu'un plan de reclassement n'est pas nécessaire dès lors que le plan de réduction des effectifs au moyen de départs volontaires exclut tout licenciement pour atteindre les objectifs assignés en termes de suppressions d'emplois (cass. soc. 26 octobre 2010, n° 09-15.187, BC V n° 245 ; *RJS* 1/11 n° 28 ; *SSL* n° 1465, pp. 6 et s., note Fr. Champeaux ; rapport P. Bailly, pp. 8 et s. et chronique E. Dockès, p. 11). Mais un plan de reclassement interne doit être intégré au plan de sauvegarde de l'emploi lorsque le projet de réduction d'effectifs implique la suppression de l'emploi de salariés qui ne veulent ou ne peuvent quitter l'entreprise dans le cadre du plan de départs volontaires, le maintien de ces salariés dans l'entreprise supposant nécessairement en ce cas un reclassement dans un autre emploi (cass. soc. 25 janvier 2012, n° 10-23.516, précité).

• Le litige opposant les salariés à leur ancien employeur, relatif aux engagements qu'il aurait pris dans le cadre du plan social, relève de la compétence du juge prud'homal (cass. soc. 23 février 1994, n° 92-43.927, BC V n° 69 ; 31 octobre 2000, n° 98-44.122, BC V n° 356 ; *RJS* 1/01 n° 78). Sur la responsabilité de l'employeur qui, après avoir laissé croire au salarié que les financements nécessaires à la réalisation de son projet professionnel lui étaient accordés, lui a notifié un refus, fondé sur des motifs non établis (cass. soc. 30 novembre 2004, n° 02-45.106, *RJS* 2/05 n° 144).

• La mise en œuvre d'un accord collectif dont les salariés tiennent leurs droits ne peut être subordonnée à la conclusion de contrats individuels de transaction (cass. soc. 5 avril 2005, n° 04-44.626, BC V n° 124 ; *RJS* 6/05 n° 620). Les accords signés par les salariés dans ces conditions sont nuls (cass. soc. 14 juin 2006, n° 04-48.157, *RJS*

10/06 n° 1053). Un plan de sauvegarde de l'emploi ne peut prévoir la substitution des mesures destinées à favoriser le reclassement par une indemnisation subordonnée à la conclusion d'une transaction emportant renonciation à toute contestation ultérieure de ces mesures (cass. soc. 20 novembre 2007, n° 06-41.410, BC V n° 195 ; *RDT* 2008, CH, 101, A. Fabre).

• Astreint à une obligation de renseignement de bonne foi, l'employeur est tenu de réparer le préjudice subi par des salariés licenciés induits en erreur sur le régime fiscal d'une indemnité de départ prévue dans le plan social (cass. soc. 2 avril 1996, n° 93-42.084, *RJS* 5/96 n° 513, 1re espèce). Il appartient à l'employeur d'informer loyalement les salariés des risques que peuvent présenter les emplois de reclassement proposés (cass. soc. 6 juin 2007, n° 06-41.001, *RJS* 8-9/07 n° 936 : l'employeur connaissait la situation très obérée de la société dans laquelle un reclassement externe avait été proposé au salarié).

• Les engagements pris par l'employeur de sauvegarder des emplois en application d'un plan social doivent être exécutés de bonne foi ; en ne donnant pas suite à la proposition de salariés volontaires pour travailler à temps partiel qui aurait permis l'application de l'une des mesures prévues dans le plan social afin de limiter les licenciements, l'employeur a commis une faute, causant aux salariés licenciés un préjudice résultant de la perte d'une chance de conserver leur emploi (cass. soc. 6 mai 1998, n° 95-45.464, BC V n° 231 ; *RJS* 6/98 n° 715). Le licenciement découlant de la violation de l'obligation de reclassement que constitue le non-respect du plan social est dépourvu de cause réelle et sérieuse (cass. soc. 6 juin 2000, n° 98-42.860, BC V n° 219 ; *RJS* 7-8/00 n° 786 ; *Dr. Soc.* 2000, p. 1032). L'employeur qui prive un salarié de la préretraite progressive prévue par le plan social à laquelle il pouvait prétendre agit avec une légèreté blâmable, en sorte que le licenciement est sans cause réelle et sérieuse (cass. soc. 10 juillet 2001, n° 99-43.024, BC V n° 253 ; *RJS* 10/01 n° 1128 ; *Dr. Soc.* 2001, p. 1125). L'employeur ne peut revenir sur un engagement unilatéral que si celui-ci a été pris pour une durée indéterminée ; tel n'est pas le cas de l'engagement pris dans le cadre du plan social à l'égard des salariés qui ont opté pour l'adhésion à une convention du FNE, l'employeur étant engagé jusqu'à la cessation des effets de cette dernière (cass. soc. 4 avril 1990, n° 86-42.626, BC V n° 161). Sur l'appréciation par le juge de la portée des engagements pris par l'employeur, voir cass. soc. 19 décembre 1990, n° 88-41.363, BC V n° 681 ; 23 septembre 1992, n° 90-41.372, *RJS* 11/92 n° 1283 ; 23 février 1994, n° 92-42.896, BC V n° 67 ; 27 mai 1998, n° 95-41.395 ; 12 juin 2001, n° 99-43.329, BC V n° 218 ; *RJS* 8-9/01 n° 1054 ; *Dr. Soc.* 2001, p. 897 ; 15 mai 2002, n° 00-41.441, *RJS* 7/02 n° 867 (priorité d'embauche pendant trois ans). La rémunération du salarié doit être maintenue en l'absence de refus de deux offres d'emploi prévues par le plan social (cass. soc. 30 septembre 2003, n° 01-42.303, *CSB* 2003 S. 449).

• La prime de création d'entreprise prévue par le plan social, destinée à aider les salariés licenciés à se reclasser, relève de la garantie de l'AGS (cass. soc. 30 avril 2003, n° 00-46.820, BC V n° 150 ; *RJS* 7/04 n° 886).

• L'indemnité versée par l'employeur au salarié qui accepte de quitter volontairement l'entreprise dans le cadre d'un plan social a la nature de dommages-intérêts compensant le préjudice subi par le salarié né de la rupture de son contrat de travail et doit, en conséquence, être exonérée de cotisations de sécurité sociale (cass. soc. 12 novembre 2003, n° 01-43.013, BC V n° 281 ; *CSB* 2004 S. 80).

• Un salarié est recevable à exercer une action oblique à l'encontre de l'État, action prévue par l'article 1166 c. civ. en se prévalant des engagements souscrits par l'État envers son employeur, à la condition d'établir que ces engagements n'ont pas été exécutés (CE 20 octobre 2000, n° 192851, *RJS* 2/01 n° 185). La juridiction administrative est seule compétente pour connaître des litiges soulevés à l'initiative des salariés par l'exécution de la convention par laquelle le ministre de l'Économie, des Finances et de l'Industrie accorde à une entreprise en difficulté une subvention pour la mise en place du plan social (Trib. confl. 23 octobre 2000, n° 3208, *RJS* 5/01 n° 587 ; *Dr. Soc.* 2001, p. 101, concl. R. Schwartz).

• Un plan social établi dans le cadre d'un licenciement économique collectif ne peut priver un salarié en disponibilité de son droit à réintégration (cass. soc. 10 mai 1995, n° 91-40.480, *RJS* 6/95 n° 659).

• **Rapports entre la gestion prévisionnelle de l'emploi et des compétences et le plan de sauvegarde de l'emploi.** Voir note sous l'art. L. 2242-15 et l'arrêt du 30 septembre 2009 (n° 07-20.525, BC V n° 217 ; *RJS* 12/09 n° 915 ; *SSL* 2009 n° 1416, p. 11, *RDT* décembre 2009, p. 715, note Fr. Géa). La GPEC n'est pas une étape préalable aux procédures de licenciements collectifs et aux plans de sauvegarde de l'emploi ; cette solution figure désormais dans l'accord national interprofessionnel du 14 novembre 2008 sur la GPEC (voir Textes non codifiés à la fin de l'ouvrage).

Art. L. 1233-62. Le plan de sauvegarde de l'emploi prévoit des mesures telles que :

1° Des actions en vue du reclassement interne des salariés sur des emplois relevant de la même catégorie d'emplois ou équivalents à ceux qu'ils occupent ou, sous réserve de l'accord exprès des salariés concernés, sur des emplois de catégorie inférieure ;

2° Des créations d'activités nouvelles par l'entreprise ;

3° Des actions favorisant le reclassement externe à l'entreprise, notamment par le soutien à la réactivation du bassin d'emploi ;

4° Des actions de soutien à la création d'activités nouvelles ou à la reprise d'activités existantes par les salariés ;

5° Des actions de formation, de validation des acquis de l'expérience ou de reconversion de nature à faciliter le reclassement interne ou externe des salariés sur des emplois équivalents ;

6° Des mesures de réduction ou d'aménagement du temps de travail ainsi que des mesures de réduction du volume des heures supplémentaires réalisées de manière régulière lorsque ce volume montre que l'organisation du travail de l'entreprise est établie sur la base d'une durée collective manifestement supérieure à trente-cinq heures hebdomadaires ou 1600 heures par an et que sa réduction pourrait préserver tout ou partie des emplois dont la suppression est envisagée.

Art. L. 1233-63. Le plan de sauvegarde de l'emploi détermine les modalités de suivi de la mise en œuvre effective des mesures contenues dans le plan de reclassement prévu à l'article L. 1233-61.

Ce suivi fait l'objet d'une consultation régulière et détaillée du comité d'entreprise ou, à défaut, des délégués du personnel.

L'autorité administrative est associée au suivi de ces mesures.

Art. L. 1233-64. Les maisons de l'emploi peuvent participer, dans des conditions fixées par voie de convention avec les entreprises intéressées, à la mise en œuvre des mesures relatives au plan de sauvegarde de l'emploi.

(L. 2011-893 du 28 juil. 2011, art. 41, JO 29)

Sous-section 2. Contrat de sécurisation professionnelle

Note

• Le contrat de sécurisation professionnelle (CSP) fusionne et remplace, depuis le 1er septembre 2011, la convention de reclassement personnalisé (CRP) et le contrat de transition professionnelle (CTP). Ce contrat a pour objet l'organisation et le déroulement d'un parcours de retour à l'emploi du salarié licencié comprenant des mesures d'accompagnement renforcé et personnalisé, ainsi que des périodes de formation et de travail (art. L. 1233-65 à L. 1233-70 CT ; convention du 19 juillet 2011 relative au CSP, agréée par arrêté du 6 octobre 2011, JO 21. La convention est entrée en vigueur le 1er septembre 2011 et produira ses effets jusqu'au 31 décembre 2013).

Voir circulaire Unédic 2011-36 du 9 décembre 2011 précisant les modalités de mise en œuvre du CSP, notamment les conditions d'accès à ce contrat, la procédure de proposition, les droits et obligations du salarié qui l'accepte ainsi le calcul de la participation financière de l'employeur.

Voir aussi D. Baugard, « Le contrat de sécurisation professionnelle », *RDT* 2011, p. 570.

L'employeur de moins de 1 000 salariés doit proposer un CSP à chaque salarié qu'il envisage de licencier pour motif économique (art. L. 1233-66 CT ; conv. du 19 juillet 2011 relative au CSP, art. 5 § 2) :
- lors de l'entretien préalable en cas de licenciement individuel ou de « petit » licenciement collectif (moins de 10 salariés en 30 jours) ;
- à l'issue de la dernière réunion du comité d'entreprise en cas de « grand » licenciement collectif (10 salariés ou plus en 30 jours).

Le salarié dispose de 21 jours pour accepter ou refuser le CSP à partir de la remise de la proposition.

Pour les salariés dont le licenciement est soumis à autorisation (ex. : élus du comité d'entreprise, délégués du personnel, etc.), ce délai est prolongé jusqu'au lendemain de la date de notification à l'employeur de la décision de l'inspection du travail (conv. du 19 juillet 2011 relative au CSP, art. 5 § 1).

• « Jusqu'à l'entrée en vigueur des dispositions conventionnelles et réglementaires d'application de l'article 41 de la présente loi, la convention de reclassement personnalisé et le contrat de transition professionnelle restent applicables selon les modalités en vigueur à la date de promulgation de la présente loi, sous réserve des stipulations des accords collectifs conclus en application de l'article L. 1233-68 CT dans sa rédaction antérieure à la présente loi.

Les organismes collecteurs paritaires agréés pour recevoir les contributions des entreprises au financement des contrats ou des périodes de professionnalisation et du droit individuel à la formation peuvent affecter des ressources collectées à ce titre aux mesures de formation mises en œuvre dans le cadre de conventions de reclassement personnalisé ou de contrats de transition professionnelle. Le fonds paritaire de sécurisation des parcours professionnels mentionné à l'article L. 6332-18 CT peut contribuer au financement de ces mesures de formation » (loi 2011-893 du 28 juillet 2011, art. 44, IV).

Les articles 41 et 44 de la loi 2011-893 précitée ne s'appliquent pas à Mayotte.

« Un accord conclu et agréé dans les conditions prévues à la section 5 du chapitre II du titre II du livre IV de la cinquième partie du code du travail peut prévoir l'expérimentation de modalités particulières d'accompagnement dans le parcours de retour à l'emploi dans les bassins d'emploi qu'il détermine et pour des personnes ayant perdu leur emploi suite à l'échéance d'un contrat à durée déterminée, d'une mission de travail temporaire ou d'un chantier au sens de l'article L. 1236-8 du même code. Ces modalités peuvent notamment comprendre les mesures mentionnées à l'article L. 1233-65 du même code, des périodes de formation et des périodes de travail effectuées dans les conditions définies au 3° de l'article L. 1233-68 dudit code.

Cet accord, conclu pour une durée maximale de trois ans, détermine les conditions dans lesquelles l'expérimentation est évaluée avant son terme. Cette évaluation est communiquée au Parlement. » (loi 2011-893, art. 43).

Art. L. 1233-65. Le contrat de sécurisation professionnelle a pour objet l'organisation et le déroulement d'un parcours de retour à l'emploi, le cas échéant au moyen d'une reconversion ou d'une création ou reprise d'entreprise.

Ce parcours débute par une phase de prébilan, d'évaluation des compétences et d'orientation professionnelle en vue de l'élaboration d'un projet professionnel. Ce projet tient compte, au plan territorial, de l'évolution des métiers et de la situation du marché du travail.

Ce parcours comprend des mesures d'accompagnement, notamment d'appui au projet professionnel, ainsi que des périodes de formation et de travail.

Art. L. 1233-66. Dans les entreprises non soumises à l'article L. 1233-71, l'employeur est tenu de proposer, lors de l'entretien préalable ou à l'issue de la dernière réunion des représentants du personnel, le bénéfice du contrat de sécurisation professionnelle à chaque salarié dont il envisage de prononcer le licenciement pour motif économique.

À défaut d'une telle proposition, l'institution mentionnée à l'article L. 5312-1 propose le contrat de sécurisation professionnelle au salarié. Dans ce cas, l'employeur verse à l'organisme chargé de la gestion du régime d'assurance chômage mentionné à l'article L. 5427-1 une contribution égale à deux mois de salaire brut, portée à trois mois lorsque son ancien salarié adhère au contrat de sécurisation professionnelle sur proposition de l'institution mentionnée au même article L. 5312-1.

Cette contribution, dont le montant est déterminé par l'institution mentionnée audit article L. 5312-1, est recouvrée par les organismes chargés du recouvrement mentionnés au troisième alinéa de l'article L. 5427-1 selon les règles et sous les garanties et sanctions mentionnées au premier alinéa de l'article L. 5422-16. Les données nécessaires au recouvrement sont transmises entre l'institution et les organismes. Les modalités d'application du présent alinéa sont définies par décret en Conseil d'État.

Note

• « Le recouvrement de la contribution due par l'employeur en cas de non-proposition du contrat de sécurisation professionnelle, ainsi que des versements à sa charge au titre du financement de ce contrat, prévus respectivement aux articles L. 1233-66 et L. 1233-69 CT, est effectué par l'institution mentionnée à l'article L. 5312-1 du même code, pour le compte de l'organisme gestionnaire du régime d'assurance chômage mentionné à l'article L. 5427-1 dudit code jusqu'à une date fixée par décret et au plus tard le 1er janvier 2013. La contribution et les versements exigibles avant la date mentionnée à la phrase précédente continuent à être recouvrés, à compter de cette date, par l'institution mentionnée ci-dessus selon les règles, garanties et sanctions en vigueur à la date de promulgation de la présente loi » (loi 2011-893 du 28 juillet 2011, art. 44, III).

• Dans les conditions prévues à cet article, l'employeur est tenu de proposer à chaque salarié dont il envisage de prononcer le licenciement pour motif économique le bénéfice d'un contrat de sécurisation professionnelle, qui est conclu avec Pôle emploi ou un opérateur de placement mentionné à l'article L. 5321-1 ou, pour les salariés des établissements implantés dans les bassins d'emploi de Charleville-Mézières, Montbéliard, Morlaix, Saint-Dié-des-Vosges, Toulon, Valenciennes et Vitré, avec la filiale de l'Association nationale pour la formation professionnelle des adultes dénommée SG-CTP. Cette disposition cesse de plein droit dès la mise en œuvre des marchés relatifs au contrat de sécurisation professionnelle conclus par Pôle emploi avec certains opérateurs de placement (arrêté du 1er septembre 2011, JO 23).

Art. L. 1233-67. L'adhésion du salarié au contrat de sécurisation professionnelle emporte rupture du contrat de travail. Toute contestation portant sur la rupture du contrat de travail ou son motif se prescrit par douze mois à compter de l'adhésion au contrat de sécurisation professionnelle. Ce délai n'est opposable au salarié que s'il en a été fait mention dans la proposition de contrat de sécurisation professionnelle.

Cette rupture du contrat de travail, qui ne comporte ni préavis ni indemnité compensatrice de préavis ouvre droit à l'indemnité prévue à l'article L. 1234-9 et à toute indemnité conventionnelle qui aurait été due en cas de licenciement pour motif économique au terme du préavis ainsi que, le cas échéant, au solde de ce qu'aurait été l'indemnité compensatrice de préavis en cas de licenciement et après défalcation du versement de l'employeur représentatif de cette indemnité mentionné au 10° de l'article L. 1233-68. Les régimes social et fiscal applicables à ce solde sont ceux applicables aux indemnités compensatrices de préavis.

Après l'adhésion au contrat de sécurisation professionnelle, le bénéficiaire ne peut se prévaloir des articles L. 6323-17 et L. 6323-18. La somme correspondant au solde du nombre d'heures acquises au titre du droit individuel à la formation multiplié par le montant forfaitaire mentionné au deuxième alinéa de l'article L. 6332-14 est affectée au financement des mesures du contrat de sécurisation professionnelle.

Pendant l'exécution du contrat de sécurisation professionnelle, le salarié est placé sous le statut de stagiaire de la formation professionnelle.

Le contrat de sécurisation professionnelle peut comprendre des périodes de travail réalisées dans les conditions prévues au 3° de l'article L. 1233-68, sans que cela ait pour effet de modifier son terme.

Art. L. 1233-68.

Note La Cour de cassation avait jugé, dans le cadre de la législation antérieure, que l'adhésion du salarié à une convention de reclassement personnalisé entraîne nécessairement renonciation de sa part à la proposition de reclassement qui lui a été faite (cass. soc. 9 février 2010, n° 08-45.045 ; 28 septembre 2011, n° 10-14.691, *RJS* 12/11 n° 955).

Art. L. 1233-68. Un accord conclu et agréé dans les conditions prévues à la section 5 du chapitre II du titre II du livre IV de la cinquième partie définit les modalités de mise en œuvre du contrat de sécurisation professionnelle, notamment :

1° Les conditions d'ancienneté pour en bénéficier ;

2° Les formalités afférentes à l'adhésion au contrat de sécurisation professionnelle et les délais de réponse du salarié à la proposition de l'employeur ;

3° La durée du contrat de sécurisation professionnelle et les modalités de son éventuelle adaptation aux spécificités des entreprises et aux situations des salariés intéressés, notamment par la voie de périodes de travail effectuées pour le compte de tout employeur, à l'exception des particuliers, dans le cadre des contrats de travail à durée déterminée prévus à l'article L. 1242-3, renouvelables une fois par dérogation à l'article L. 1243-13, et des contrats de travail temporaire prévus à l'article L. 1251-7 ;

4° Le contenu des mesures mentionnées à l'article L. 1233-65 ainsi que les modalités selon lesquelles elles sont financées, notamment au titre du droit individuel à la formation, et mises en œuvre par l'un des organismes assurant le service public de l'emploi, y concourant ou y participant mentionnés aux articles L. 5311-2 à L. 5311-4 ;

5° Les dispositions permettant d'assurer la continuité des formations engagées durant le contrat de sécurisation professionnelle ;

6° Les modalités de reprise éventuelle du contrat de sécurisation professionnelle après son interruption du fait d'une reprise d'emploi ;

7° Les obligations du bénéficiaire du contrat de sécurisation professionnelle et les conditions dans lesquelles le contrat peut être rompu, en cas de manquement à ces obligations, à l'initiative des organismes chargés de la mise en œuvre des mesures mentionnées au 4° ;

8° Le montant de l'allocation et, le cas échéant, des incitations financières au reclassement servies au bénéficiaire par l'institution mentionnée à l'article L. 5312-1 pour le compte de l'organisme chargé de la gestion du régime d'assurance chômage mentionné à l'article L. 5427-1, ainsi que les conditions de suspension, d'interruption anticipée et de cumul de cette allocation avec d'autres revenus de remplacement ;

9° Les conditions dans lesquelles les règles de l'assurance chômage s'appliquent aux bénéficiaires du contrat de sécurisation professionnelle, en particulier les conditions d'imputation de la durée d'exécution du contrat sur la durée de versement de l'allocation d'assurance mentionnée à l'article L. 5422-1 ;

10° Les conditions dans lesquelles participent au financement des mesures prévues au 4° :

a) L'organisme chargé de la gestion du régime d'assurance chômage mentionné à l'article L. 5427-1 ;

b) Les employeurs, par un versement représentatif de l'indemnité compensatrice de préavis dans la limite de trois mois de salaire majoré de l'ensemble des cotisations et contributions obligatoires afférentes, et par un versement au titre des droits acquis par le bénéficiaire en application de l'article L. 6323-1 et non utilisés.

À défaut d'accord ou d'agrément de cet accord, les modalités de mise en œuvre et de financement du contrat de sécurisation professionnelle sont déterminées par décret en Conseil d'État.

Art. L. 1233-69. L'employeur contribue au financement du contrat de sécurisation professionnelle par :

1° Un versement représentatif de l'indemnité compensatrice de préavis dans la limite de trois mois de salaire majoré de l'ensemble des cotisations et contributions obligatoires afférentes ;

2° Un versement au titre des droits acquis par le bénéficiaire en application de l'article L. 6323-1 et non utilisés.

Ces versements, dont le montant est déterminé par l'institution mentionnée à l'article L. 5312-1, sont recouvrés par les organismes chargés du recouvrement mentionnés au troisième alinéa de l'article L. 5427-1 selon les règles et sous les garanties et sanctions mentionnées au premier alinéa de l'article L. 5422-16. Les données nécessaires au recouvrement sont transmises entre l'institution et les organismes. Les modalités d'application du présent alinéa sont définies par décret en Conseil d'État.

Les organismes collecteurs paritaires agréés pour recevoir les contributions des entreprises au financement des contrats ou des périodes de professionnalisation et du droit individuel à la formation peuvent affecter des ressources collectées à ce titre aux mesures de formation prévues à l'article L. 1233-65.

Le fonds paritaire de sécurisation des parcours professionnels mentionné à l'article L. 6332-18 peut contribuer au financement de ces mesures de formation.

Les régions peuvent contribuer au financement de ces mesures de formation dans le cadre de la programmation inscrite dans le contrat de plan régional de développement des formations professionnelles mentionné à l'article L. 214-13 du code de l'éducation.

(L. 2011-1978 du 28 déc. 2011, art. 88, JO 29) « L'État peut contribuer au financement des dépenses engagées dans le cadre du contrat de sécurisation professionnelle. »

Art. L. 1233-70. Une convention pluriannuelle entre l'État et des organisations syndicales de salariés et d'employeurs représentatives au niveau national et interprofessionnel détermine les modalités de l'organisation du parcours de retour à l'emploi mentionné à l'article L. 1233-65 et de la mise en œuvre, du suivi et de l'évaluation des mesures qu'il comprend. Cette convention détermine notamment les attributions des représentants territoriaux de l'État dans cette mise en œuvre et les modalités de désignation des opérateurs qui en sont chargés.

Une convention pluriannuelle entre l'État et l'organisme chargé de la gestion du régime d'assurance chômage mentionné à l'article L. 5427-1 détermine les modalités de financement du parcours de retour à l'emploi mentionné à l'article L. 1233-65 et des mesures qu'il comprend. Une annexe financière est négociée annuellement entre l'État et l'organisme chargé de la gestion du régime d'assurance chômage mentionné à l'article L. 5427-1.

À défaut de ces conventions, les dispositions qu'elles doivent comporter sont déterminées par décret en Conseil d'État.

Sous-section 3. Congé de reclassement

Art. L. 1233-71. Dans les entreprises ou les établissements de mille salariés et plus, ainsi que dans les entreprises mentionnées à l'article L. 2331-1 et celles mentionnées à l'article L. 2341-4, dès lors qu'elles emploient au total au moins mille salariés, l'employeur propose à chaque salarié dont il envisage de prononcer le licenciement pour motif économique un congé de reclassement qui a pour objet de permettre au salarié de bénéficier d'actions de formation et des prestations d'une cellule d'accompagnement des démarches de recherche d'emploi.

La durée du congé de reclassement ne peut excéder neuf mois.

Ce congé débute, si nécessaire, par un bilan de compétences qui a vocation à permettre au salarié de définir un projet professionnel et, le cas échéant, de déterminer les actions de formation nécessaires à son reclassement. Celles-ci sont mises en œuvre pendant la période prévue au premier alinéa.

L'employeur finance l'ensemble de ces actions.

Art. L. 1233-72. Le congé de reclassement est pris pendant le préavis, que le salarié est dispensé d'exécuter.

Lorsque la durée du congé de reclassement excède la durée du préavis, le terme de ce dernier est reporté jusqu'à la fin du congé de reclassement.

Art. L. 1233-72-1.

Le montant de la rémunération qui excède la durée du préavis est égal au montant de l'allocation de conversion mentionnée au 3° de l'article L. 5123-2. Les dispositions des articles L. 5123-4 et L. 5123-5 sont applicables à cette rémunération.

Art. L. 1233-72-1. *(L. 2011-893 du 28 juil. 2011, art. 42, JO 29)* Le congé de reclassement peut comporter des périodes de travail durant lesquelles il est suspendu. Ces périodes de travail sont effectuées pour le compte de tout employeur, à l'exception des particuliers, dans le cadre de contrats de travail à durée déterminée tels que prévus à l'article L. 1242-3, renouvelables une fois par dérogation à l'article L. 1243-13, ou de contrats de travail temporaire tels que prévus à l'article L. 1251-7. Au terme de ces périodes, le congé de reclassement reprend, sans excéder son terme initial.

Art. L. 1233-73. Les partenaires sociaux peuvent, dans le cadre d'un accord national interprofessionnel, prévoir une contribution aux actions engagées dans le cadre du congé de reclassement.

Art. L. 1233-74. Les maisons de l'emploi peuvent participer, dans des conditions fixées par voie de convention avec les entreprises intéressées, à la mise en œuvre des mesures relatives au congé de reclassement.

Art. L. 1233-75. Les dispositions de la présente sous-section ne sont pas applicables aux entreprises en redressement ou en liquidation judiciaire.

Art. L. 1233-76. Un décret en Conseil d'État détermine les modalités d'application des articles L. 1233-71 à L. 1233-73.

§ 1. Proposition du congé de reclassement

Art. R. 1233-17. L'employeur informe et consulte le comité d'entreprise ou les délégués du personnel sur les conditions de mise en œuvre du congé de reclassement lors des réunions prévues aux articles L. 1233-8, en cas de licenciement de moins de dix salariés dans une même période de trente jours, et L. 1233-28, en cas de licenciement de dix salariés ou plus dans une même période de trente jours.

Art. R. 1233-18. Lorsque l'employeur établit un plan de sauvegarde de l'emploi, les conditions de mise en œuvre du congé de reclassement sont fixées dans ce plan.

Lorsqu'il n'est pas tenu d'établir ce plan, l'employeur adresse aux représentants du personnel un document précisant les conditions de mise en œuvre du congé de reclassement, avec les renseignements prévus aux articles L. 1233-10, en cas de licenciement de moins de dix salariés dans une même période de trente jours, L. 1233-31 et L. 1233-32, en cas de licenciement de dix salariés ou plus dans une même période de trente jours.

Art. R. 1233-19. Lors de l'entretien préalable prévu à l'article L. 1233-11, en cas de licenciement de moins de dix salariés dans une même période de trente jours, l'employeur informe le salarié des conditions de mise en œuvre du congé de reclassement.

Lorsque l'employeur n'est pas tenu de convoquer les salariés à cet entretien, en cas de licenciement de dix salariés ou plus dans une même période de trente jours, il les informe, à l'issue de la dernière réunion du comité d'entreprise ou des délégués du personnel, des conditions de mise en œuvre du congé de reclassement.

Art. R. 1233-20. Dans la lettre de notification du licenciement prévue aux articles L. 1233-15, en cas de licenciement de moins de dix salariés dans une même période de trente jours, et L. 1233-39, en cas de licenciement de dix salariés ou plus dans une même période de trente jours, l'employeur propose au salarié le bénéfice du congé de reclassement.

Art. R. 1233-21. Le salarié dispose d'un délai de huit jours à compter de la date de notification de la lettre de licenciement pour informer l'employeur qu'il accepte le bénéfice du congé de reclassement.

L'absence de réponse dans ce délai est assimilée à un refus.

§ 2. Mise en œuvre du congé de reclassement

Art. R. 1233-22. En cas d'acceptation par le salarié du bénéfice du congé de reclassement, celui-ci débute à l'expiration du délai de réponse prévu à l'article R. 1233-21.

Art. R. 1233-23. Le congé de reclassement permet au salarié de bénéficier des prestations d'une cellule d'accompagnement des démarches de recherche d'emploi et d'actions de formation destinées à favoriser son reclassement professionnel.

Pendant ce congé, le salarié peut également faire valider les acquis de son expérience ou engager les démarches en vue d'obtenir cette validation.

Art. R. 1233-24. La cellule d'accompagnement des démarches de recherche d'emploi assure :

1° Une fonction d'accueil, d'information et d'appui au salarié dans ses démarches de recherche d'emploi ;

2° Un suivi individualisé et régulier du salarié ;

3° Les opérations de prospection et de placement de nature à assurer le reclassement du salarié.

Art. R. 1233-25. Les prestations proposées par la cellule d'accompagnement sont accomplies soit par un prestataire choisi par l'employeur, soit par des salariés de l'entreprise désignés par l'employeur.

Art. R. 1233-26. La cellule d'accompagnement doit disposer des moyens nécessaires pour lui permettre de remplir sa mission.

Un ou plusieurs salariés peuvent lui apporter leur concours, après accord de l'employeur.

Art. R. 1233-27. Lorsque le salarié accepte le bénéfice du congé de reclassement, un entretien d'évaluation et d'orientation est accompli par la cellule d'accompagnement. Cet entretien a pour objet de déterminer le projet professionnel de reclassement du salarié ainsi que ses modalités de mise en œuvre.

À l'issue de cet entretien, la cellule d'accompagnement remet à l'employeur et au salarié un document précisant le contenu et la durée des actions nécessaires en vue de favoriser le reclassement.

Lorsque l'entretien d'évaluation et d'orientation n'a pas permis de définir un projet professionnel de reclassement, la cellule d'accompagnement informe le salarié qu'il peut bénéficier du bilan de compétences prévu par l'article L. 1233-71 et réalisé selon les modalités prévues par les articles R. 1233-35 et R. 6322-35. Ce bilan a pour objet d'aider le salarié à déterminer et approfondir son projet professionnel de reclassement et prévoit, en tant que de besoin, les actions de formation nécessaires à la réalisation de ce projet ainsi que celles permettant au salarié de faire valider les acquis de son expérience. Lorsque sont proposées de telles actions, l'organisme chargé de réaliser le bilan de compétences communique à la cellule d'accompagnement les informations relatives à leur nature, à leur durée et à leur mise en œuvre. Au vu de ces informations, la cellule établit le document prévu au deuxième alinéa.

Art. R. 1233-28. Au vu du document remis par la cellule d'accompagnement à l'employeur et au salarié, conformément au deuxième alinéa de l'article R. 1233-27, l'employeur précise dans un document :

1° Le terme du congé de reclassement ;

2° Les prestations de la cellule d'accompagnement dont il peut bénéficier ;

3° Selon les cas, la nature précise des actions de formation ou de validation des acquis de son expérience, ainsi que le nom des organismes prestataires de ces actions ;

4° L'obligation de donner suite aux convocations qui lui sont adressées par la cellule d'accompagnement ;

5° La rémunération versée pendant la période du congé de reclassement excédant la durée du préavis ;

6° Les engagements du salarié pendant le congé de reclassement et les conditions de rupture de ce congé définies aux articles R. 1233-34 et R. 1233-36.

Art. R. 1233-29. Le document prévu à l'article R. 1233-28 est établi en double exemplaire dont l'un est remis au salarié.

Chaque exemplaire est revêtu de la signature du salarié et de l'employeur préalablement à la réalisation des actions prévues dans le cadre du congé de reclassement.

Art. R. 1233-30. Le salarié dispose d'un délai de huit jours pour signer le document prévu à l'article R. 1233-28 à compter de la date de sa présentation.

Si, à l'issue de ce délai, le document n'a pas été signé, l'employeur notifie au salarié la fin du congé de reclassement par lettre recommandée avec avis de réception. Si le préavis est suspendu, la date de présentation de cette lettre fixe le terme de la suspension du préavis.

Art. R. 1233-31. L'employeur fixe la durée du congé de reclassement entre quatre et neuf mois. La durée fixée peut être inférieure à quatre mois sous réserve de l'accord exprès du salarié.

Lorsque le salarié suit une action de formation ou de validation des acquis de l'expérience, la durée du congé de reclassement ne peut être inférieure à la durée de ces actions dans la limite de neuf mois.

Art. R. 1233-32. Pendant la période du congé de reclassement excédant la durée du préavis, le salarié bénéficie d'une rémunération mensuelle à la charge de l'employeur.

Le montant de cette rémunération est au moins égal à 65 % de sa rémunération mensuelle brute moyenne soumise aux contributions mentionnées à l'article L. 5422-9 au titre des douze derniers mois précédant la notification du licenciement.

Il ne peut être inférieur à un salaire mensuel égal à 85 % du produit du salaire minimum de croissance prévu à l'article L. 3231-2 par le nombre d'heures correspondant à la durée collective de travail fixée dans l'entreprise.

Il ne peut non plus être inférieur à 85 % du montant de la garantie de rémunération versée par l'employeur en application des dispositions de l'article 32 de la loi n° 2000-37 du 19 janvier 2000 relative à la réduction négociée du temps de travail.

Chaque mois, l'employeur remet au salarié un bulletin précisant le montant et les modalités de calcul de cette rémunération.

Art. R. 1233-33. Pendant la durée du congé de reclassement, le salarié suit les actions définies dans le document prévu à l'article R. 1233-28 et participe aux actions organisées par la cellule d'accompagnement.

Art. R. 1233-34. Lorsque le salarié s'abstient, sans motif légitime, de suivre les actions mentionnées à l'article R. 1233-33 ou de se présenter aux entretiens auxquels il a été convoqué par la cellule d'accompagnement, l'employeur lui notifie, par lettre recommandée avec avis de réception ou remise contre récépissé, une mise en demeure de suivre les actions prévues ou de donner suite aux convocations qui lui ont été adressées.

L'employeur précise dans ce courrier que si le salarié ne donne pas suite à la mise en demeure dans un délai fixé par celle-ci, le congé de reclassement sera rompu.

Si, à l'issue de ce délai, le salarié n'a pas donné suite à la mise en demeure, l'employeur lui notifie la fin du congé de reclassement par lettre recommandée avec avis de réception.

Si le préavis est suspendu, la date de présentation de cette lettre fixe le terme de la suspension du préavis.

Art. R. 1233-35. Le bilan de compétences mis en œuvre dans le cadre d'un congé de reclassement est réalisé après la conclusion d'une convention tripartite dans les conditions prévues aux articles R. 6322-32 et suivants.

Le modèle de cette convention est défini par arrêté du ministre chargé de l'emploi.

Art. R. 1233-36. Si le salarié retrouve un emploi pendant son congé de reclassement, il en informe l'employeur par lettre recommandée avec avis de réception ou remise contre récépissé. Il précise la date à laquelle prend effet son embauche.

Cette lettre est adressée à l'employeur avant l'embauche.

La date de présentation de cette lettre fixe la fin du congé de reclassement et, si le préavis est suspendu, le terme de sa suspension.

Sous-section 4. **Congé de mobilité**

Art. L. 1233-77. Dans les entreprises mentionnées au premier alinéa de l'article L. 1233-71, un congé de mobilité peut être proposé au salarié par l'employeur qui a conclu un accord collectif relatif à la gestion prévisionnelle des emplois et des compétences.

Le congé de mobilité a pour objet de favoriser le retour à un emploi stable par des mesures d'accompagnement, des actions de formation et des périodes de travail.

Note Les modalités du congé de mobilité ont été précisées par la circulaire DGEFP 2007/15 du 7 mai 2007.

Art. L. 1233-78. Les périodes de travail du congé de mobilité peuvent être accomplies au sein ou en dehors de l'entreprise qui a proposé le congé.

Elles peuvent prendre soit la forme d'un contrat de travail à durée indéterminée, soit celle d'un contrat de travail à durée déterminée conclu en application du 1° de l'article L. 1242-3 dans une limite fixée par l'accord collectif. Dans ce dernier cas, le congé de mobilité est suspendu et reprend à l'issue du contrat pour la durée du congé restant à courir.

Art. L. 1233-79. Le congé de mobilité est pris pendant le préavis, que le salarié est dispensé d'exécuter.

Lorsque la durée du congé de mobilité excède la durée du préavis, le terme de ce dernier est reporté jusqu'à la fin du congé de mobilité.

Art. L. 1233-80. L'acceptation par le salarié de la proposition de congé de mobilité emporte rupture du contrat de travail d'un commun accord des parties à l'issue du congé.

Art. L. 1233-81. L'acceptation par le salarié de la proposition de congé de mobilité dispense l'employeur de l'obligation de lui proposer le congé de reclassement.

Art. L. 1233-82. L'accord collectif détermine :

1° La durée du congé de mobilité ;

2° Les conditions que doit remplir le salarié pour en bénéficier ;

3° Les modalités d'adhésion du salarié à la proposition de l'employeur et les engagements des parties ;

4° L'organisation des périodes de travail, les conditions auxquelles il est mis fin au congé et les modalités d'accompagnement des actions de formation envisagées ;

5° Le niveau de la rémunération versé pendant la période du congé qui excède le préavis ;

6° Les conditions d'information des institutions représentatives du personnel ;

7° Les indemnités de rupture garanties au salarié, qui ne peuvent être inférieures aux indemnités légales et conventionnelles dues en cas de licenciement pour motif économique.

Note Une lettre-circulaire de l'ACOSS du 8 mars 2007 (2007-04) est venue préciser le régime social de la rémunération versée pendant le congé de mobilité, en distinguant la période du préavis de celle qui excède la durée du préavis.

Art. L. 1233-83. Le montant de la rémunération qui excède la durée du préavis est au moins égal au montant de l'allocation prévue au 3° de l'article L. 5123-2.

Cette rémunération est soumise dans la limite des neuf premiers mois du congé, au même régime de cotisations et contributions sociales que celui de l'allocation versée au bénéficiaire du congé de reclassement prévue au troisième alinéa de l'article L. 1233-72, à laquelle elle est assimilée.

Sous-section 5. Revitalisation des bassins d'emploi

Note Voir notamment circulaires DGEFP/DGTPE/DGE/DATAR 2005-42 du 12 décembre 2005 (BO TR 2006/01) relative à la mise en œuvre de l'obligation instituée à l'article L. 321-17 [L. 1233-84] CT, DGEFP/DRT 2005-47 du 30 décembre 2005 (BO TR 2006/02) relative à l'anticipation et à l'accompagnement des restructurations, instruction DGEFP n° 12 du 30 juillet 2008 relative au rôle de l'État dans l'accompagnement des restructurations, le reclassement des salariés licenciés et la revitalisation des bassins d'emploi (BO MT 2008/10 du 30 octobre 2008).

Art. L. 1233-84.

Art. L. 1233-84. Lorsqu'elles procèdent à un licenciement collectif affectant, par son ampleur, l'équilibre du ou des bassins d'emploi dans lesquels elles sont implantées, les entreprises mentionnées à l'article L. 1233-71 sont tenues de contribuer à la création d'activités et au développement des emplois et d'atténuer les effets du licenciement envisagé sur les autres entreprises dans le ou les bassins d'emploi.

Ces dispositions ne sont pas applicables dans les entreprises en redressement ou en liquidation judiciaire.

Art. L. 1233-85. Une convention entre l'entreprise et l'autorité administrative, conclue dans un délai de six mois à compter de la notification prévue à l'article L. 1233-46, détermine, le cas échéant sur la base d'une étude d'impact social et territorial prescrite par l'autorité administrative, la nature ainsi que les modalités de financement et de mise en œuvre des actions prévues à l'article L. 1233-84.

La convention tient compte des actions de même nature éventuellement mises en œuvre par anticipation dans le cadre d'un accord collectif relatif à la gestion prévisionnelle des emplois et des compétences ou prévues dans le cadre du plan de sauvegarde de l'emploi établi par l'entreprise. Lorsqu'un accord collectif de groupe, d'entreprise ou d'établissement prévoit des actions de telle nature, assorties d'engagements financiers de l'entreprise au moins égaux au montant de la contribution prévue à l'article L. 1233-86, cet accord tient lieu, à la demande de l'entreprise, de la convention prévue au présent article entre l'entreprise et l'autorité administrative, sauf opposition de cette dernière motivée et exprimée dans les deux mois suivant la demande.

Art. L. 1233-86. Le montant de la contribution versée par l'entreprise ne peut être inférieur à deux fois la valeur mensuelle du salaire minimum de croissance par emploi supprimé. Toutefois, l'autorité administrative peut fixer un montant inférieur lorsque l'entreprise est dans l'incapacité d'assurer la charge financière de cette contribution.

En l'absence de convention signée ou d'accord collectif en tenant lieu, les entreprises versent au Trésor public une contribution égale au double du montant prévu au premier alinéa.

Art. L. 1233-87. Lorsqu'un licenciement collectif effectué par une entreprise de cinquante salariés et plus non soumise à l'obligation de proposer un congé de reclassement affecte, par son ampleur, l'équilibre du ou des bassins d'emploi dans lesquels elle est implantée, l'autorité administrative, après avoir, le cas échéant, prescrit une étude d'impact social et territorial prenant en compte les observations formulées par l'entreprise concernée, intervient pour faciliter la mise en œuvre d'actions de nature à permettre le développement d'activités nouvelles et atténuer les effets de la restructuration envisagée sur les autres entreprises dans le ou les bassins d'emploi. L'autorité administrative intervient en concertation avec les organismes participant ou concourant au service public de l'emploi mentionnés aux articles L. 5311-2 et suivants et, le cas échéant, avec la ou les maisons de l'emploi.

L'entreprise et l'autorité administrative définissent d'un commun accord les modalités selon lesquelles l'entreprise prend part, le cas échéant, à ces actions, compte tenu notamment de sa situation financière et du nombre d'emplois supprimés.

Les dispositions du deuxième alinéa ne sont pas applicables aux entreprises en redressement ou en liquidation judiciaire.

Art. L. 1233-88. Les actions prévues aux articles L. 1233-84 et L. 1233-87 sont déterminées après consultation des collectivités territoriales intéressées, des organismes consulaires et des partenaires sociaux membres de la commission paritaire interprofessionnelle régionale.

Leur exécution fait l'objet d'un suivi et d'une évaluation, sous le contrôle de l'autorité administrative, selon des modalités définies par décret. Ce décret détermine également les conditions dans lesquelles les entreprises dont le siège n'est pas implanté dans le bassin d'emploi affecté par le licenciement collectif contribuent aux actions prévues.

Art. L. 1233-89. Les procédures prévues à la présente sous-section sont applicables indépendamment des autres procédures prévues par le présent chapitre.

Art. L. 1233-90. Les maisons de l'emploi peuvent participer, dans des conditions fixées par voie de convention avec les entreprises intéressées, à la mise en œuvre des mesures relatives à la revitalisation des bassins d'emploi.

§ 1. Revitalisation par les entreprises soumises à l'obligation de proposer le congé de reclassement

Art. D. 1233-37. Le préfet conclut la convention prévue à l'article L. 1233-85 et assure le suivi et l'évaluation des actions prévues aux articles L. 1233-84 et L. 1233-87.

Art. D. 1233-38. Lorsqu'une entreprise mentionnée à l'article L. 1233-71 procède à un licenciement collectif, le ou les préfets dans le ou les départements du ou des bassins d'emploi concernés lui indiquent, dans un délai ***(D. 2011-1071 du 7 sept. 2011, JO 9)*** « de trois mois » à compter de la notification du projet de licenciement prévue à l'article L. 1233-46, après avoir recueilli ses observations, si elle est soumise à l'obligation de revitalisation des bassins d'emploi instituée à l'article L. 1233-84.

À cet effet, ils apprécient si ce licenciement affecte, par son ampleur, l'équilibre du ou des bassins d'emploi concernés en tenant notamment compte du nombre et des caractéristiques des emplois susceptibles d'être supprimés, du taux de chômage et des caractéristiques socio-économiques du ou des bassins d'emploi et des effets du licenciement sur les autres entreprises de ce ou ces bassins d'emploi.

Ils peuvent également demander à l'entreprise de réaliser, dans un délai d'un mois, une étude d'impact social et territorial. ***(D. 2011-1071 du 7 sept. 2011, JO 9)*** « La réalisation de cette étude n'a pas pour effet de proroger le délai mentionné au premier alinéa. »

Art. D. 1233-39. L'entreprise informe dans un délai d'un mois à compter de la notification de la décision prévue à l'article D. 1233-38, le ou les préfets dans le ou les départements concernés si elle entend satisfaire à cette obligation par la voie d'une convention signée avec l'État ou par celle d'un accord collectif.

Dans ce dernier cas, l'entreprise leur transmet également la copie de cet accord, son récépissé de dépôt et l'ensemble des informations, notamment financières, permettant d'évaluer la portée des engagements y figurant.

Lorsque le siège de l'entreprise n'est pas situé dans le ou les bassins d'emploi concernés, elle désigne, en outre, une personne chargée de la représenter devant le ou les préfets dans le ou les départements.

Art. D. 1233-40. La convention mentionnée à l'article L. 1233-85 comporte notamment :

1° Les limites géographiques du ou des bassins d'emploi affectés par le licenciement collectif et concernés par les mesures qu'elle prévoit ;

2° Les mesures permettant la création d'activités, le développement des emplois et l'atténuation des effets du licenciement envisagé sur les autres entreprises dans le ou les bassins d'emploi concernés, ainsi que, pour chacune d'entre elles, les modalités et les échéances de mise en œuvre et le budget prévisionnel et, le cas échéant, le ou les noms et raisons sociales des organismes, établissements ou sociétés chargés pour le compte de l'entreprise de les mettre en œuvre et les financements qui leur sont affectés ;

3° La durée d'application de la convention qui ne peut dépasser trois ans, sauf circonstances particulières ;

4° Le montant de la contribution de l'entreprise par emploi supprimé et le nombre d'emplois supprimés au sens de l'article D. 1233-43 ;

5° Les modalités de suivi et d'évaluation des mesures mises en œuvre.

Art. D. 1233-41. Les mesures engagées avant la signature de la convention peuvent être prises en compte dans le cadre de cette dernière lorsqu'elles contribuent à la création d'activités, au développement des emplois et permettent d'atténuer les effets du licenciement envisagé sur les autres entreprises dans le ou les bassins d'emploi affectés par le licenciement.

Les mesures envisagées sous la forme de l'octroi d'un prêt aux mêmes fins sont valorisées à hauteur d'un coût prévisionnel tenant compte du coût de gestion du prêt, du coût du risque et du coût de l'accès au financement. Cette valorisation ne peut dépasser 30 % des sommes engagées.

Les mesures envisagées au même titre sous la forme de la cession d'un bien immobilier sont valorisées à hauteur de la différence entre la valeur de marché du bien, déterminée après avis des services fiscaux, et sa valeur de cession.

Art. D. 1233-42. Pour le suivi et l'évaluation de la mise en œuvre de revitalisation des bassins d'emploi, il est institué un comité présidé par le ou les préfets dans le ou les départements concernés, associant l'entreprise, les collectivités territoriales intéressées, les organismes consulaires et les partenaires sociaux membres de la ou des commissions paritaires interprofessionnelles régionales concernées.

Le comité se réunit au moins une fois par an, sur la base du bilan, provisoire ou définitif, transmis préalablement par l'entreprise au ou aux préfets et justifiant de la mise en œuvre de son obligation.

Le bilan définitif évalue notamment l'impact sur l'emploi des mesures mises en œuvre et comprend les éléments permettant de justifier le montant de la contribution de l'entreprise aux actions prévues.

Art. D. 1233-43. Pour le calcul de la contribution instituée à l'article L. 1233-84, le nombre d'emplois supprimés est égal au nombre de salariés licenciés figurant sur la liste mentionnée à l'article L. 1233-47, duquel est déduit le nombre de salariés dont le reclassement, dans l'entreprise ou dans le groupe auquel elle appartient, est acquis sur le ou les bassins d'emploi affectés par le licenciement collectif, à l'issue de la procédure de consultation des représentants du personnel prévue aux articles L. 1233-8 et L. 1233-9, en cas de licenciement de moins de dix salariés dans une même période de trente jours, et L. 1233-28 à L. 1233-30, en cas de licenciement de dix salariés ou plus dans une même période de trente jours.

Lorsque le ou les préfets dans le ou les départements concernés estiment, après avoir recueilli l'avis du comité départemental d'examen des problèmes de financement des entreprises compétent ou du comité interministériel de restructuration industrielle, que l'entreprise est dans l'incapacité d'assurer la charge financière de la contribution instituée à l'article L. 1233-84, ils peuvent en diminuer le montant.

Art. D. 1233-44. En l'absence de convention signée dans le délai prévu à l'article L. 1233-85 ou d'accord collectif de travail en tenant lieu, le préfet du département où est situé l'établissement qui procède au licenciement établit un titre de perception pour la contribution prévue au deuxième alinéa de l'article L. 1233-87.

Le préfet transmet ce titre au trésorier-payeur général qui en assure le recouvrement.

§ 2. Revitalisation par les entreprises non soumises à l'obligation de proposer le congé de reclassement

Art. D. 1233-45. Lorsqu'une entreprise mentionnée à l'article L. 1233-87 procède à un licenciement collectif, le ou les préfets dans le ou les départements du ou des bassins d'emploi concernés apprécient si ce licenciement affecte, par son ampleur, l'équilibre de ce ou ces bassins d'emploi en tenant notamment compte du nombre et des caractéristiques des emplois susceptibles d'être supprimés, du taux de chômage et des caractéristiques socio-économiques du ou des bassins d'emploi et des effets du licenciement sur les autres entreprises de ce ou ces bassins d'emploi et le lui indiquent.

Dans ce cas, l'entreprise désigne, lorsque son siège n'est pas situé dans le ou les bassins d'emploi concernés, une personne chargée de la représenter devant le ou les préfets.

Art. D. 1233-46. Le ou les préfets, dans un délai de six mois à compter de la notification prévue à l'article L. 1233-46, et dans les conditions et selon les modalités prévues par les articles L. 1233-87 et L. 1233-88, définissent les actions mises en œuvre pour permettre le développement d'activités nouvelles et atténuer les effets de la restructuration envisagée sur les autres entreprises dans le ou les bassins d'emploi.

Art. D. 1233-47. Une convention conclue entre le ou les préfets du ou des départements intéressés et l'entreprise détermine les modalités de la participation, le cas échéant, de celle-ci aux actions mise[s] en œuvre.

Le volume de cette participation est pris en compte pour l'attribution des aides aux actions de reclassement et de reconversion professionnelle prévues à l'article L. 5123-1.

Art. D. 1233-48. Au plus tard trois ans après la notification des licenciements prévue à l'article L. 1233-46, le ou les préfets réunissent le comité de suivi dans les conditions et selon les modalités prévues à l'article D. 1233-42.

SECTION 7. Mesures d'adaptation

Art. L. 1233-91. Des décrets en Conseil d'État peuvent déterminer les mesures d'adaptation nécessaires à l'application des dispositions relatives au licenciement pour motif économique dans les entreprises tenues de constituer un comité d'entreprise ou des organismes en tenant lieu en vertu soit de dispositions légales autres que celles figurant dans le code du travail, soit de stipulations conventionnelles.

[Sanctions pénales]

Art. L. 1238-2. Le fait de procéder à un licenciement sans accomplir les consultations des délégués du personnel prévues à l'article L. 1233-29 et du comité d'entreprise prévues aux articles L. 1233-30, L. 1233-34 et L. 1233-35, est puni d'une amende de 3750 €, prononcée autant de fois qu'il y a de salariés concernés par l'infraction.

Art. L. 1238-3. Le fait de ne pas respecter le délai d'envoi des lettres de licenciement prévu à l'article L. 1233-39 est puni d'une amende de 3750 €, prononcée autant de fois qu'il y a de salariés concernés par l'infraction.

Art. L. 1238-4. Le fait de procéder à un licenciement sans le notifier à l'autorité administrative dans les conditions prévues à l'article L. 1233-46 est puni d'une amende de 3750 €, prononcée autant de fois qu'il y a de salariés concernés par l'infraction.

Art. L. 1238-5. En cas de redressement ou de liquidation judiciaire, le fait pour l'employeur, l'administrateur ou le liquidateur de ne pas respecter les dispositions des articles L. 1233-58 et L. 1233-60 est puni d'une amende de 3750 €, prononcée autant de fois qu'il y a de salariés concernés par l'infraction.

Art. R. 1238-1. Le fait de méconnaître les dispositions des articles L. 1233-5 à L. 1233-7, relatives aux critères d'ordre des licenciements, est puni de l'amende prévue pour les contraventions de la quatrième classe.

Note Aucun texte ne prévoit que la responsabilité des personnes morales peut être engagée à l'occasion de cette contravention (cass. crim. 18 avril 2000, n° 99-85.183, B. crim. n° 153 ; *Dr. Soc.* 2000, p. 794).

Art. R. 1238-2. Le fait de procéder à un licenciement collectif pour motif économique de moins de dix salariés dans une même période de trente jours sans informer l'autorité administrative du ou des licenciements prononcés, en méconnaissance des dispositions de l'article L. 1233-19 ***(D. 2009-289 du 13 mars 2009, JO 15)*** « ou sans mentionner dans son information les renseignements prévus à l'article D. 1233-3 », est puni de l'amende prévue pour les contraventions de la quatrième classe.

Note Voir note sous article R. 1238-1.

[Art. R. 1238-4. Abrogé par décret 2009-289 du 13 mars 2009, JO 15.]

Art. R. 1238-5. Le fait de méconnaître les dispositions des articles D. 1233-4 à D. 1233-10, relatives à l'information de l'autorité administrative lors d'un licenciement pour motif économique de dix salariés et plus dans une même période de trente jours, est puni de l'amende prévue pour les contraventions de la quatrième classe.

Art. R. 1238-6. Le fait de méconnaître les dispositions des articles R. 1233-15 et R. 1233-16, relatives au licenciement économique dans le cadre d'un redressement ou d'une liquidation judiciaire, est puni de l'amende prévue pour les contraventions de la quatrième classe.

CHAPITRE IV

Conséquences du licenciement

SECTION 1. Préavis et indemnité de licenciement

Sous-section 1. Préavis et indemnité compensatrice de préavis

Art. L. 1234-1. Lorsque le licenciement n'est pas motivé par une faute grave, le salarié a droit :

1° S'il justifie chez le même employeur d'une ancienneté de services continus inférieure à six mois, à un préavis dont la durée est déterminée par la loi, la convention ou l'accord collectif de travail ou, à défaut, par les usages pratiqués dans la localité et la profession ;

2° S'il justifie chez le même employeur d'une ancienneté de services continus comprise entre six mois et moins de deux ans, à un préavis d'un mois ;

3° S'il justifie chez le même employeur d'une ancienneté de services continus d'au moins deux ans, à un préavis de deux mois.

Toutefois, les dispositions des 2° et 3° ne sont applicables que si la loi, la convention ou l'accord collectif de travail, le contrat de travail ou les usages ne prévoient pas un préavis ou une condition d'ancienneté de services plus favorable pour le salarié.

Note

• **Ancienneté de services requise.** La période de suspension du contrat de travail n'entre pas en compte pour la détermination de l'ancienneté (*infra* art. L. 1234-8 CT ; cass. soc. 16 septembre 2009, n° 08-41.999, *RJS* n° 11/09 n° 852). Si le salarié n'est pas ou n'est plus en période d'essai et a moins de six mois d'ancienneté, la durée du préavis résulte de la convention collective et, à défaut, des usages pratiqués dans la localité et la profession. Ainsi, la durée du préavis ne résulte de l'usage qu'en l'absence de convention collective et la convention l'emporte sur l'usage plus favorable pour le travailleur (cass. soc. 25 avril 1979, Demarchez c/ Paris ; voir aussi cass. soc. 10 janvier 1979, Sté Vichy Sport Vacances c/ Faivre). Il appartient au salarié qui invoque un usage d'apporter la preuve de son existence (cass. soc. 7 mars 1985, Bouvard c/ SARL Dieutegard).

Si le salarié a une ancienneté de services continus chez l'employeur comprise entre six mois et moins de deux ans ou au moins égale à deux ans, il a droit à un préavis respectivement d'un mois ou de deux mois. Toutefois, si le contrat de travail, la convention collective ou les usages conduisent soit à un préavis plus favorable pour le travailleur, soit à une condition d'ancienneté de services plus courte, il doit être fait application au salarié de ce régime plus avantageux. Dans cette hypothèse, il n'y a plus, pour la détermination de la durée du délai-congé auquel le salarié peut prétendre, prééminence de la convention collective sur l'usage. C'est la solution la plus avantageuse qui doit être retenue. Mais une incertitude demeure sur le point de savoir, en cas de concours de dispositions plus favorables résultant à la fois, mais pour partie, de la convention collective et de l'usage, laquelle a primauté. La jurisprudence de la Cour de cassation est, à cet égard, d'une approche difficile. Voir, s'agissant de l'application des usages locaux suivant lesquels le point de départ du préavis est le premier jour du mois suivant le licenciement, cass. ass. plén. 22 juin 1966, BC p. 122 intervenu dans le cadre de la législation antérieure, cass. soc. 9 février 1978, n° 76-40.420, BC V n° 96 et surtout cass. soc. 14 juin 1989, n° 86-43.643, BC V n° 442 ; *CSB* 1989 A. 38 avec observations. Dans cet arrêt, la Cour de cassation a considéré qu'en l'absence d'une disposition conventionnelle fixant le point de départ du délai-congé, l'usage local de report au premier jour du mois suivant, plus favorable que le régime légal, devait être appliqué. La date d'appréciation de l'ancienneté pour la détermination de la durée du préavis est celle à laquelle la lettre recommandée notifiant le licenciement a été présentée, pour la première fois, au salarié (cass. soc. 28 juin 1989, n° 85-45.172, *CSB* 1989 B. 83 ; 9 octobre 1990, n° 89-43.316, BC V n° 424 ; 19 janvier 1994, n° 89-41.245, BC V n° 14 ; *CSB* 1994 A. 11 ; *RJS* 3/94 n° 250).

• **Point de départ du préavis.** Le point de départ du délai-congé est la date de première présentation de la lettre recommandée de licenciement, cette date constituant le premier jour d'exécution du préavis (cass. soc. 15 novembre 1990, n° 89-41.746, BC V n° 558 ; 16 juin 1993, n° 90-43.010, *SSL* 1993 n° 656 ; 7 novembre 2006, n° 05-42.323, BC V n° 327 ; *RJS* 2/07 n° 217).

Le contrat individuel, la convention collective ou l'usage peuvent prévoir que le préavis débutera à une date postérieure à la notification du licenciement, par exemple le premier jour du mois suivant (cass. soc. 9 février 1978, n° 76-40.420, précité).

Lorsqu'il apparaît qu'un salarié licencié a eu effectivement connaissance du point de départ de son préavis (mention figurant dans une lettre simple lui signifiant son licenciement qu'il avait bien reçue), l'intéressé ne saurait se prévaloir de défaut de notification du licenciement dans les formes légales (lettre recommandée) pour contester le point de départ du préavis (cass. soc. 19 mars 1987, Rengard c/ Synd. copropriétaires du cap de la Cride).

Le droit au préavis naissant le jour où le licenciement est notifié, ce sont les dispositions légales et conventionnelles en vigueur ce jour-là qui déterminent les droits du salarié ; sauf clause contraire expresse, les dispositions intervenues au cours de la période de préavis sont sans incidence sur l'étendue de ces droits (cass. soc. 19 janvier 1994, n° 89-41.245, BC V n° 14 ; *CSB* 1994 A. 11 ; *RJS* 3/94 n° 250).

Une prolongation de préavis peut être décidée d'un commun accord entre les parties sans qu'il en résulte un nouveau contrat de travail succédant à l'ancien (cass. soc. 11 janvier 1984, *JS* 1984, F 45).

• **Le délai de préavis est un délai préfix.** Le délai de préavis est habituellement présenté comme un délai préfix. Il ne comporte, en l'absence de convention contraire expresse, ni suspension ni interruption ; l'échéance du terme n'est reculée ni pour cause d'accident ou de maladie survenant au cours du délai de préavis (cass. soc. 13 novembre 1967, BC IV n° 717 ; 6 novembre 1975, n° 74-40.520, BC V n° 516 ; 28 juin 1989, n° 86-42.931, BC V n° 473 ; *CSB* 1989 B. 82) ni pour fait de grève (cass. soc. 3 octobre 1968, BC IV n° 409). Le caractère préfix du préavis a été clairement réaffirmé dans un arrêt du 21 janvier 2003, n° 01-40.529, BC V n° 10 ; *RJS* 4/03 n° 446.

Toutefois, le préavis est suspendu dans plusieurs circonstances. Il est suspendu par les congés payés pris postérieurement au licenciement dans le cas d'un accord des parties ou si les dates en avaient été fixées antérieurement au licenciement (cass. soc. 22 juin 1994, n° 90-45.861, *RJS* 8-9/94 n° 978 ; mais l'employeur et le salarié peuvent se mettre d'accord pour que ce dernier prenne ses congés payés pendant le préavis sans que la prise de congés suspende le préavis : cass. ass. plén. 5 mars 1993, n° 88-45.233, BC n° 7 ; *JCP* 1993.II.450, note Y. Saint-Jours ; *Dr. Soc.* 1993, p. 459).

Le préavis est également suspendu lorsque le salarié est victime d'un accident du travail en cours de préavis (cass. soc. 18 juillet 1996, n° 93-43.581, BC V n° 299 ; *Dr. Soc.* 1996, p. 982 ; *RJS* 10/96 n° 1040 : le préavis est suspendu pendant la durée de l'arrêt de travail provoqué par l'accident).

• **Preuve de la faute grave.** La charge de la preuve de la faute grave incombe dans tous les cas à l'employeur. L'aveu du salarié ne peut porter que sur des faits. La qualification « faute grave » donnée à ces faits appartient au juge seul (cass. soc. 13 juin 2001, n° 99-42.674, BC V n° 222 ; *RJS* 8-9/01 n° 997 : le juge doit apprécier si les faits doivent être qualifiés de faute grave, indépendamment de la qualification qu'avait pu donner le salarié dans une lettre adressée à l'employeur). La preuve de la faute grave privative de l'indemnité compensatrice de préavis incombe à l'employeur qui, débiteur de cette indemnité, prétend en être libéré (cass. soc. 21 novembre 1984, *JS* 1985, NB). Voir aussi cass. soc. 14 mai 1987, n° 84-44.672 156 et 6 mai 1987, *JS* 1987 SJ 193. S'il subsiste un doute concernant l'un des griefs invoqués par l'employeur ayant licencié un salarié pour faute grave, ce doute doit profiter à ce dernier (cass. soc. 11 décembre 1986, *JS* 1987 F 6).

• **Notion de faute grave.** Le code du travail ne donne aucune définition de la faute grave. Selon la Cour de cassation, « La faute visée aux anciens articles L. 122-6, L. 122-8 et L. 122-9 CT résulte d'un fait ou d'un ensemble de faits imputables au salarié qui constituent une violation des obligations découlant du contrat de travail ou des relations de travail d'une importance telle qu'elle rend impossible le maintien du salarié dans l'entreprise pendant la durée du préavis » (cass. soc. 26 février 1991, n° 88-44.908, BC V n° 97 ; *RJS* 4/91 n° 448 ; 7 mars 1991, n° 89-40.620). Dans une formule plus ramassée et plus récente, la chambre sociale de la Cour de cassation décide que « la faute grave est celle qui rend impossible le maintien du salarié dans l'entreprise » (cass. soc. 27 septembre 2007, n° 06-43.867, BC V n° 146 ; *RDT*, novembre 2007, CH, 650, G. Auzero ; 29 janvier 2008, n° 06-43.501, *RJS* 4/08 n° 385 ; 29 avril 2009, n° 07-45.590, *RJS* 7/09 n° 620).

Pour qualifier la faute grave, il incombe aux juges du fond :
– de relever le ou les faits constituant pour le salarié licencié une violation des obligations découlant de son contrat de travail ou des relations de travail, seuls susceptibles d'être retenus en ce domaine. La Cour de cassation admet cependant, à titre exceptionnel, que des fautes sans caractère professionnel puissent être qualifiées de fautes graves ; tel est le cas « lorsque le comportement de l'intéressé, compte tenu de ses fonctions et de la finalité propre de l'entreprise, a créé un trouble caractérisé au sein de cette dernière » (cass. soc. 20 novembre 1991, n° 89-44.605, BC V n° 512 ; *RJS* 1/92 n° 3 : vol commis par un agent de surveillance en dehors du temps et du lieu de travail ; dans le même sens, CA Paris 12 mars 1992, *RJS* 7/92 n° 850) ; tel est également le cas lorsque, pendant la suspension du contrat, le salarié manque à son devoir de loyauté (cass. soc. 25 juin 2002, n° 00-44.001, BC V n° 211 ; *RJS* 10/02 n° 1094) ;
– puis d'apprécier, sous le contrôle de la Cour de cassation, si le ou lesdits faits étaient de nature à rendre impossible le maintien du salarié dans l'entreprise.

La Cour de cassation exerce un contrôle rigoureux sur ce dernier point, cassant, d'une part, les décisions de cour d'appel qui se bornent à relever une faute grave sans préciser en quoi elle ne permettait pas le maintien du salarié dans l'entreprise pendant la durée du préavis, et n'hésitant pas, d'autre part, à décider elle-même que tel ou tel type de comportement est ou n'est pas de nature à rendre impossible ce maintien dans l'entreprise (cass. soc. 13 juillet 2005, n° 03-46.504 : l'absence d'une journée ne constitue pas une faute grave ; cass. soc. 2 juillet 1992, n° 91-42.598, *RJS* 10/92 n° 1089 : un acte d'insubordination ne caractérise pas nécessairement une faute grave).

La Cour de cassation a été également amenée à préciser que :
– seule la faute personnelle peut être constitutive d'une faute grave (cass. soc. 22 novembre 1990, Leclerc c/ Debrock) ;
– l'employeur qui fait exécuter le préavis se prive du droit d'invoquer la faute grave (cass. soc. 12 juillet 2005, n° 03-41.536 ; 15 mai 1991, n° 87-42.473, BC V n° 237) mais le seul fait que, tout en notifiant une rupture avec effet immédiat, il décide de verser au salarié une somme équivalant à l'indemnité compensatrice de préavis ne le prive pas du droit de l'invoquer (cass. soc. 2 février 2005, n° 02-45.748, BC V n° 42 ; *RJS* 4/05 n° 359 ; en sens contraire, cass. soc. 23 novembre 2010, n° 09-42.285, *JSL* n° 292, 27 janvier 2011 p. 25, s'agissant d'un salarié auquel l'employeur avait accordé un préavis qu'il l'avait dispensé d'effectuer) ;
– la faute grave étant celle qui rend impossible le maintien du salarié dans l'entreprise, les juges ne peuvent pas retenir cette qualification lorsque l'employeur a tardé à engager une procédure de licenciement après avoir eu connaissance des faits fautifs dans la mesure où aucune vérification de ces faits n'était nécessaire (cass. soc. 24 octobre 2000, n° 98-42.779, *RJS* 12/000 n° 1235 ; dans le même sens, à propos de la faute grave autorisant la rupture avant le terme convenu d'un contrat à durée déterminée : cass. soc. 6 octobre 2010, n° 09-41.294, BC V n° 214 ; *RJS* 12/10 n° 909, la rupture du contrat de travail doit intervenir dans un délai restreint après que l'employeur a eu connaissance de faits allégués dès lors qu'aucune vérification n'est nécessaire) ; cependant, le fait pour l'employeur de laisser s'écouler un court délai avant de déclencher la procédure de licenciement ne retire pas à la faute son caractère de gravité lorsque le contrat de travail est suspendu au moment où la faute est commise (cass. soc. 25 juin 2002, n° 00-44.001, BC V n° 211 ; *RJS* 10/02 n° 1094) ;
– le refus par le salarié d'une modification des conditions de travail constitue, en principe, une faute grave (cass. soc. 10 juillet 1996, n° 93-41.137, BC V n° 278 ; *Dr. Soc.* 1996, p. 976 ; *CSB* 1996 A. 62).

• **Situation des parties pendant le préavis.** Le contrat de travail, avec ses obligations réciproques, subsiste pendant la période du préavis et il doit donc continuer à recevoir une exécution normale ; un travail différent de celui pour lequel le salarié avait été engagé ou des conditions différentes d'emploi ne peuvent lui être imposés (cass. ass. plén. 18 novembre 1994, n° 90-44.754, BC n° 6 ; cass. soc. 16 février 1999, n° 96-45.594, BC V n° 72 ; *RJS* 4/99 n° 477 ; 5 octobre 1999, n° 97-42.302, BC V n° 364 ; *RJS* 11/99 n° 1370), sauf s'il n'en résulte pas une modification substantielle des conditions de travail (cass. soc. 5 juillet 1982, n° 79-42.434, BC V n° 443 ; 1er décembre 1982, *JS*

1983 F 17). S'il y a modification du contrat de travail, le salarié se trouve autorisé à cesser immédiatement son travail et est en droit de prétendre au paiement de l'indemnité compensatrice de préavis (cass. soc. 5 octobre 1999, n° 97-42.302, précité). Il en est de même si l'employeur n'a pas indiqué au salarié qu'il exécuterait son préavis dans le cadre de la situation antérieure à la modification substantielle de ses conditions de travail (cass. soc. 3 mai 1990, n° 87-45.582, *CSB* 1990 S. 108) ; les agissements fautifs de l'employeur conduisant le salarié à cesser d'exécuter son préavis ne doivent pas priver le salarié d'un avantage qu'il aurait reçu (prime de fin d'année) s'il avait continué à travailler jusqu'à l'expiration du préavis (cass. soc. 10 décembre 1987, CCAL c/ Ferandes).

La faute grave commise par le salarié au cours de l'exécution du préavis a pour seul effet d'interrompre celui-ci ; elle ne prive pas le salarié de l'indemnité de licenciement, car celle-ci prend naissance à la date de la notification du congé (cass. soc. 28 juin 1989, n° 86-40.764, *Cah. prud'h.* 1990, n° 2, p. 43 ; 10 juin 2003, n° 01-41.710, *RJS* 8-9/03 n° 1006). De même, la faute lourde commise par le salarié pendant le préavis ne fait perdre à celui-ci ni son droit à l'indemnité de licenciement ni son droit à l'indemnité compensatrice de congés payés (cass. soc. 23 octobre 1991, n° 88-43.008, BC V n° 430 ; *Dr. Soc.* 1991, p. 957 ; 27 janvier 1993, n° 90-44.757, *SSL* 1993 n° 643, p. 20).

Le salarié n'a, en principe, droit au salaire que pour autant qu'il reste à la disposition de son employeur et qu'il exécute sa prestation de travail (cass. soc. 11 juillet 2000, n° 98-45.471, BC V n° 271 ; *RJS* 11/00 n° 1080 : un salarié déclaré inapte à son emploi en conséquence d'une maladie non professionnelle ne peut prétendre au paiement d'une indemnité compensatrice de préavis ; cass. soc. 28 septembre 2004, n° 02-40.471, *RJS* 12/04 n° 1329 ; 17 janvier 2006, n° 03-48.262, *RJS* 4/06 n° 432 ; 24 juin 2009, n° 08-42.618, BC V n° 164 ; *RJS* 10/09 n° 785). Cependant, l'indemnité compensatrice de préavis est due au salarié inapte dont le licenciement est dépourvu de cause réelle et sérieuse en raison du manquement de l'employeur à son obligation de reclassement consécutive à l'inaptitude (cass. soc. 24 juin 2009, n° 08-42.618, précité ; 6 février 2008, n° 06-44.898 ; *RJS* 4/08 n° 411 ; 26 novembre 2002, n° 00-41.633, BC V n° 354 ; *RJS* 2/03 n° 178 ; *Dr. Soc.* 2003, p. 237, obs. Ch. Radé). De façon plus générale, l'employeur est tenu au paiement d'une indemnité compensatrice de préavis lorsque l'inexécution du préavis par le salarié lui est imputable ; ainsi, lorsque le licenciement est prononcé pour absence prolongée et que le préavis n'est pas exécuté, le salarié a droit à l'indemnité compensatrice de préavis du fait que l'absence ayant motivé le licenciement et rendant impossible l'exécution du préavis avait été causée par le harcèlement moral de l'employeur (cass. soc. 20 septembre 2006, n° 05-41.385, BC V n° 274). Lorsque le salarié licencié refuse d'exécuter le préavis, il doit à l'employeur une indemnité compensatrice ; l'obligation de respecter le délai-congé s'impose, en effet, aux deux parties au contrat, sans qu'il y ait lieu de tenir compte de celui qui a pris l'initiative de la rupture (cass. soc. 18 juin 2008, n° 07-42.161, BC V n° 135 ; *RJS* 8-9/08 n° 889).

Le salarié peut user des deux heures de liberté prévues par l'usage pour la recherche d'un emploi pendant la période de préavis correspondant à celle qui est fixée par la convention collective ou, à défaut, par les usages (cass. soc. 21 février 1974, n° 73-40.014, BC V n° 136) et tant qu'il n'a pas trouvé un nouvel engagement ; mais s'il n'use pas de cette faculté d'absence, il ne peut prétendre à une indemnité compensatrice (cass. soc. 13 novembre 1975, n° 74-40.522, BC V n° 535), sauf si la convention collective en dispose autrement (cass. soc. 3 mai 1994, n° 92-43.472, *RJS* 8-9/94 n° 979). Si l'employeur refuse d'accorder ces deux heures pour recherche d'emploi, le salarié ne peut obtenir une indemnité que s'il établit en justice le préjudice que lui a causé ce refus (cass. soc. 3 février 1993, n° 89-42.436, *CSB* 1993 A. 21).

• **Dispense de travail accordée par l'employeur.** Voir note sous art. L. 1234-5.

Art. L. 1234-2. Toute clause d'un contrat de travail fixant un préavis d'une durée inférieure à celui résultant des dispositions de l'article L. 1234-1 ou une condition d'ancienneté de services supérieure à celle énoncée par ces mêmes dispositions est nulle.

Art. L. 1234-3. La date de présentation de la lettre recommandée notifiant le licenciement au salarié fixe le point de départ du préavis.

Art. L. 1234-4.

Note Si la rupture du contrat de travail se situe à la date d'envoi de la lettre recommandée avec demande d'avis de réception notifiant le licenciement, le préavis ne court qu'à compter de la date de présentation de cette lettre (cass. soc. 7 novembre 2006, n° 05-42.323, BC V n° 327).

Art. L. 1234-4. L'inexécution du préavis de licenciement n'a pas pour conséquence d'avancer la date à laquelle le contrat prend fin.

Note Le contrat continue à produire ses effets jusqu'à l'expiration du délai-congé bien que la prestation de travail ne soit pas fournie. Il en résulte plusieurs conséquences. En dehors de celles qui sont expressément mentionnées dans les articles L. 1234-5 et L. 1234-6, il faut relever celles qui sont relatives à la faute grave.

Faute grave ou lourde du salarié. La Cour de cassation considérait que la faute commise par le salarié au cours de la période de dispense de préavis justifiait la condamnation à remboursement des indemnités compensatrices de préavis et de congés payés et de l'indemnité de licenciement qui avaient été versées à la date de cessation des fonctions (cass. soc. 18 juin 1981, n° 79-40.921, BC V n° 570). Elle est revenue sur cette position dans un arrêt du 23 mai 1984 (n° 82-40.993, BC V n° 222 ; dans le même sens, cass. soc. 7 mai 1987, n° 84-42.811). La faute grave commise par le salarié au cours de la période de dispense de travail prive celui-ci de l'indemnité compensatrice de préavis, seulement pour le délai-congé restant à courir (CA Aix-en-Provence 30 novembre 1987 et CA Paris 18 février 1988, cités dans *RJS* 3/91 n° 327).

Certificat de travail. Le certificat de travail devant être délivré à l'expiration du contrat de travail, il résulte des dispositions relatives à la dispense de préavis que la remise ne peut en être effectuée au salarié dispensé de préavis à la date où il quitte effectivement son emploi, mais seulement à celle où expire son contrat de travail. Sur les difficultés pratiques en résultant et les moyens de les pallier, voir note sous l'article L. 1234-19.

Prestations de sécurité sociale et de chômage. Au regard de ces prestations, la date de cessation du contrat est celle de l'expiration théorique du préavis. De façon originale, mais très compréhensible en pleine crise de l'emploi, la Cour de cassation juge que le salarié est délié, pendant la période où il est dispensé de l'exécution du préavis, de l'obligation de loyauté qui lui interdit normalement de travailler pour le compte d'un concurrent de son employeur (cass. soc. 27 novembre 1991, n° 88-43.917, BC V n° 531 ; *CSB* 1992 S. 15).

Art. L. 1234-5. Lorsque le salarié n'exécute pas le préavis, il a droit, sauf s'il a commis une faute grave, à une indemnité compensatrice.

L'inexécution du préavis, notamment en cas de dispense par l'employeur, n'entraîne aucune diminution des salaires et avantages que le salarié aurait perçus s'il avait accompli son travail jusqu'à l'expiration du préavis, indemnité de congés payés comprise.

L'indemnité compensatrice de préavis se cumule avec l'indemnité de licenciement et avec l'indemnité prévue à l'article L. 1235-2.

Note • **Inobservation de l'obligation de préavis par l'employeur.** Elle ouvre droit à une indemnité compensatrice égale au montant du salaire brut, assujetti au paiement par l'employeur des cotisations sociales, que le salarié aurait reçu s'il avait travaillé pendant la durée du délai-congé (cass. soc. 15 novembre 1990, n° 89-41.746, BC V n° 558), incluant les primes et indemnités dues ou versées aux salariés de l'entreprise pendant cette période (cass. soc. 6 février 1967, BC IV n° 121 ; 6 mars 1969, BC V n° 167 ; 11 juin 1975, n° 74-40.339, BC V n° 319 ; 14 mai 1984, n° 82-40.195, BC V n° 187 ; 7 mai 1986, n° 85-41.659, BC V n° 206 ; 29 janvier 2003, n° 00-44.882, BC V n° 27 ; *RJS* 4/03 n° 449) autres que celles représentatives de frais (cass. soc. 9 juin 1983, n° 81-40.891, BC V n° 319 ; 18 octobre 1990, Trudelle c/ Netter). Les indemnités journalières d'assurance maladie perçues par le salarié pendant la période de préavis doivent être déduites de l'indemnité compensatrice de préavis (cass. soc. 27 novembre 1991, n° 87-42.750, BC V n° 532 ; 3 mars 1994, n° 90-43.023, *RJS* 4/94 n° 401). Elle présente un caractère forfaitaire et est donc indépendante du préjudice réellement subi. En particulier, le fait que le salarié aurait été hors d'état d'exécuter la totalité du préavis est sans influence sur le montant de l'indemnité (cass. soc. 9 octobre 2001, n° 99-43.518, BC V n° 308 ; *RJS* 12/01 n° 1423 : salarié malade pendant le délai-congé ; 8 février 2000, n° 97-45.553, *RJS* 3/00 n° 273 : salarié incarcéré ; 12 mars 1991, n° 89-40.708, BC V n° 124 ; *RJS* 4/91 n° 457 : chauffeur frappé d'une suspension de permis de conduire ; 12 mars 1991, n° 87-40.348, BC V n° 124 ; *RJS* 4/91 n° 457 : salarié malade).

Le salarié qui a été déclassé à un niveau correspondant à une durée de préavis inférieure et qui a refusé ce déclassement peut prétendre à une indemnité compensatrice correspondant à la durée de préavis attachée à son niveau antérieur (cass. soc. 3 mars 1988, n° 85-40.686).

• **Inobservation de l'obligation de préavis par le salarié.** Le salarié qui refuse de fournir sa prestation de travail pendant le délai-congé alors qu'il n'a pas été dispensé d'exécuter son obligation sera condamné à verser à l'employeur une indemnité égale aux salaires qu'il aurait reçus s'il avait continué à travailler jusqu'à l'expiration du préavis (cass. soc. 29 mars 1995, n° 91-44.584, *RJS* 5/95 n° 506).

• **La dispense de préavis par l'employeur.** Elle peut être constitutive d'un abus de droit de l'employeur s'il y a, dans le fait de donner effet immédiat au congédiement du salarié, une attitude de brutalité, de légèreté ou de méfiance susceptible de causer un préjudice au salarié, notamment en permettant aux tiers de présumer l'existence d'une faute.

Hormis ces cas, l'employeur a le droit de dispenser unilatéralement le salarié de l'exécution du préavis, à condition, évidemment, de respecter les droits ouverts au profit de ce dernier par l'ancien article L. 122-8 (cass. soc. 8 mars 2000, n° 99-43.091, BC V n° 92 ; *RJS* 4/00 n° 402 : « la dispense par l'employeur de l'exécution du travail pendant le délai-congé ne doit entraîner jusqu'à l'expiration de ce délai aucune diminution des salaires et avantages que le salarié aurait reçus s'il avait accompli son travail » ; en l'espèce, l'affirmation du droit du salarié au maintien de l'avantage en nature constitué par la mise à disposition d'un véhicule de fonction pour usage professionnel et personnel). Le salarié dispensé d'exécuter le préavis a la faculté d'entrer pendant la durée du délai-congé au service d'une entreprise, fût-elle concurrente de son ancien employeur (cass. soc. 26 mars 1997, n° 94-44.035, *Dr. Soc.* 1997, p. 538 ; 19 janvier 1994, n° 92-42.239, *Dr. Soc.* 1994, p. 269). Si le salarié est lié par une clause de non-concurrence, la date de début de l'obligation de non-concurrence et la date d'exigibilité de la contrepartie financière de cette obligation est celle du départ effectif du salarié de l'entreprise (cass. soc. 22 juin 2011, n° 09-68.762, *RJS* 10/11 n° 788). Il a droit à l'indemnité compensatrice de préavis, même dans le cas où il aurait été, en raison de son état de santé, dans l'incapacité d'accomplir son préavis (cass. soc. 15 décembre 1993, n° 90-43.514, BC V n° 314 ; *RJS* 1/94 n° 27) ou dans celui où il commettrait une faute grave (cass. soc. 9 mai 2000, n° 97-45.294, BC V n° 171 ; 10 juin 2003, n° 01-41.710, *RJS* 8-9/03 n° 1006) ou lourde (cass. soc. 22 mai 2002, n° 00-40.446, BC V n° 173 ; *RJS* 8-9/02 n° 968) en cours de préavis. Il a droit au paiement d'une prime d'assiduité pour la période de préavis bien qu'il ne soit pas présent au travail pendant cette période (cass. soc. 27 juin 2001, n° 98-45.711, *RJS* 10/01 n° 1136). L'employeur ne peut priver le salarié du bénéfice des jours de RTT auxquels celui-ci aurait pu prétendre s'il avait travaillé durant le préavis (cass. soc. 8 avril 2009, n° 07-44.068, BC V n° 114 ; *RJS* 6/09 n° 527).

En cas de dispense d'exécution du préavis, l'indemnisation de celui-ci est acquise au salarié (cass. soc. 27 juin 2001, n° 98-45.711, précité). La Cour de cassation en déduit que le décès du salarié en cours de préavis est sans effet sur le montant de l'indemnité compensatrice (cass. soc. 26 novembre 2002, n° 00-41.764, *RJS* 2/03 n° 181).

La dispense de préavis doit résulter d'une manifestation de volonté non équivoque de l'employeur (cass. soc. 17 janvier 1979, n° 77-41.140, BC V n° 45 ; 10 avril 1991, n° 87-44.893) et ne peut par exemple résulter d'une attestation portant la mention « libre de tout engagement » délivrée à une salariée à une date où l'intéressée n'avait pas terminé son préavis (cass. soc. 3 décembre 1987, n° 85-41.564, BC V n° 700 ; 10 novembre 1993, n° 90-40.008, *RJS* 12/93 n° 1199). Le salarié est en droit de se prévaloir du refus initial par l'employeur d'accepter de le dispenser de l'exécution du préavis (cass. soc. 20 juin 1990, n° 87-41.136, BC V n° 304).

En cas de litige, la preuve de la dispense de préavis doit être apportée par le salarié (cass. soc. 11 janvier 1984, *JS* 1984 SJ 78 ; 22 mai 1991, n° 88-42.568). L'employeur n'est pas tenu de verser une indemnité compensatrice de préavis à un salarié qui n'a pas offert de fournir la prestation de travail y afférente (cass. soc. 14 janvier 1987, n° 85-42.937).

Si l'employeur a le droit de dispenser le salarié de préavis, aucune obligation de dispense de préavis ne pèse sur lui en raison du fait que le salarié ne peut exécuter le préavis en raison d'une déclaration d'inaptitude à tenir son emploi (cass. soc. 17 janvier 2006, n° 03-48.262, *RJS* 4/06 n° 432) ; le contrat de travail prenant fin à l'expiration du préavis (même non travaillé), le salarié ne peut pas reprocher à l'employeur d'avoir attendu l'expiration de celui-ci pour lui remettre l'attestation destinée à l'Assédic (cass. soc. 20 septembre 2006, n° 05-44.259 ; 17 janvier 2006, n° 03-48.262, précité).

• **Inexécution du préavis décidée d'un commun accord.** De l'accord donné par un employeur à une salariée pour que ses fonctions cessent cinq jours après son licenciement, il résulte que le délai-congé n'a pas été accompli, non en raison d'une dispense d'exécution par une décision unilatérale de l'employeur qui n'eût pas fait perdre à l'intéressée le droit à l'indemnité compensatrice de préavis, mais par suite d'un accord des parties, valablement intervenu après le licenciement et ayant nécessairement entraîné la rupture immédiate du contrat avec renonciation réciproque et sans indemnité au délai-congé (cass. soc. 22 novembre 1979, Sté AMC c/ Mordant). Dans un arrêt du 28 janvier 2005, la chambre sociale de la Cour de cassation réaffirme de la façon la plus nette que l'employeur ne doit pas une indemnité compensatrice de préavis lorsque l'inexécution du préavis résulte du commun accord des parties (cass. soc. 28 janvier 2005, n° 03-47.403, BC V n° 37).

• **Droit à l'indemnité compensatrice de préavis en cas de nullité du licenciement.** Le salarié qui est dans l'impossibilité d'effectuer le préavis a droit à l'indemnité compensatrice de préavis lorsque le licenciement est nul, peu important les motifs de la rupture (cass. soc. 30 mars 2005, n° 03-41.518, BC V n° 112 ; *RJS* 6/05 n° 621 ; 2 juin 2004, n° 02-41.045, BC V n° 153 ; *RJS* 8-9/04 n° 903, 2e espèce).

L'indemnité compensatrice de préavis, versée en cas de licenciement nul, ne peut pas être diminuée du montant des indemnités journalières pour maladie (cass. soc. 10 mai 2006, n° 04-40.901, BC V n° 173).

• **Droit à l'indemnité compensatrice de préavis, malgré la conclusion d'une convention de reclassement personnalisé, lorsque le licenciement ne repose pas sur une cause économique réelle et sérieuse.** L'adhésion du salarié à une convention de reclassement personnalisé ne le prive pas du droit d'en contester le motif économique. Si les juges retiennent que le licenciement ne repose pas sur une cause réelle et sérieuse, ils peuvent en déduire que le salarié ayant adhéré à une convention de reclassement personnalisé a droit à une indemnité de préavis tenant compte des sommes perçues au titre de cette convention (cass. soc. 19 janvier 2011, n° 09-43.522, *RJS* 4/11 n° 308).

• **Montant de l'indemnité compensatrice.** Le salarié, dispensé de préavis, peut prétendre à tous les éléments de rémunération (sauf les indemnités compensatrices de frais professionnels) liés au maintien de son contrat jusqu'à l'expiration de la date théorique de préavis, notamment pour les primes liées à une condition de présence pendant la période de préavis (prime de vacances, cass. soc. 9 juin 1983, n° 81-40.891, BC V n° 319 ; prime d'intéressement, cass. soc. 31 mai 2000, n° 98-42.448, *RJS* 7-8/00 n° 798 ; 28 janvier 1998, n° 95-42.250, BC V n° 42 ; *RJS* 3/98 n° 312). Si la rémunération du salarié est composée d'une partie fixe et d'une partie proportionnelle aux résultats obtenus, les juges doivent rechercher le chiffre d'affaires annuel réalisé afin de prendre en compte, le cas échéant, la régularisation des commissions effectuées en fin d'année dont le salarié aurait bénéficié (cass. soc. 2 mars 2011, n° 09-67.025, *RJS* 5/11 n° 421). Les heures supplémentaires doivent être prises en compte dans la base de calcul de l'indemnité compensatrice de préavis dans la mesure où elles constituaient un élément stable et constant de la rémunération sur lequel il était en droit de compter (cass. soc. 20 avril 2005, n° 04-45.683, BC V n° 151 ; *Dr. Soc.* 2005, p. 933, obs. Ch. Radé).

Le salaire à payer est « le salaire brut, assujetti au paiement par l'employeur des cotisations sociales, que le salarié aurait reçu s'il avait travaillé pendant la durée du délai-congé » (cass. soc. 21 février 1990, n° 85-43.285, BC V n° 79 ; *RJS* 4/90 n° 290 ; 12 janvier 1994, n° 92-40.472, *RJS* 2/94 n° 143). Lorsque le salarié a été privé de la possibilité d'exécuter son préavis en raison du manquement de l'employeur, les indemnités de préavis se cumulent avec les indemnités journalières éventuellement perçues de la sécurité sociale (cass. soc. 9 juillet 2008, n° 06-44.240, BC V n° 154 ; *RJS* 10/08 n° 992).

Le salarié a droit aux augmentations de salaires qui prennent effet pendant le délai-congé (cass. soc. 5 mai 1988, n° 85-45.224, *Cah. prud'h.* 1989, 46). En revanche, il ne peut pas invoquer le bénéfice de droits nouveaux résultant de l'entrée en vigueur d'une convention collective, d'un texte légal ou réglementaire pendant le délai-congé : le droit au préavis naît à la date où le licenciement est notifié et ce sont les dispositions légales ou conventionnelles en vigueur à cette date qui déterminent les droits du salarié (cass. soc. 19 janvier 1994, n° 89-41.245, BC V n° 14 ; *RJS* 3/94 n° 250).

À noter qu'une clause du contrat de travail qui prévoit une réduction ou une suppression de certains éléments de la rémunération pendant la durée du préavis est illicite, comme contraire aux dispositions de l'article L. 122-8 [L. 1234-5] qui sont d'ordre public (cass. soc. 6 décembre 1990, n° 88-44.578, *CSB* 1991 S. 30).

Le salarié licencié, qui a demandé à être dispensé de l'exécution du préavis et qui a ainsi renoncé au revenu qu'il aurait dû percevoir de son employeur pendant cette période, ne peut pas prétendre au revenu de remplacement dont le versement incombe à l'Assédic entre la date de fin de contrat et la date de la fin théorique de son préavis (cass. soc. 28 juin 2008, n° 07-15.478, BC V n° 142 ; *RJS* 10/08 n° 1017).

• **L'indemnité compensatrice de congés payés.** La Cour de cassation jugeait que cette indemnité n'était pas due pour la période de préavis non effectuée, en cas de dispense de préavis par l'employeur (cass. soc. 12 octobre 1978, n° 77-41.175, BC V n° 667). Pour battre en brèche cette jurisprudence que le ministère du Travail n'avait cessé de contester, la loi du 3 janvier 1985 portant diverses dispositions d'ordre social a modifié l'ancien article L. 122-8. L'actuel article L. 1234-5 spécifie que la dispense de préavis ne doit entraîner « aucune diminution des salaires et avantages que le salarié aurait perçus s'il avait accompli son travail jusqu'à l'expiration du préavis, indemnité de congés payés comprise ».

Art. L. 1234-6. En cas d'inexécution totale ou partielle du préavis résultant soit de la fermeture temporaire ou définitive de l'établissement, soit de la réduction de l'horaire de travail habituellement pratiqué dans l'établissement en deçà de la durée légale de travail, le salaire à prendre en considération est calculé sur la base de la durée légale ou conventionnelle de travail applicable à l'entreprise, lorsque le salarié travaillait à temps plein, ou de la durée du travail fixée dans son contrat de travail lorsqu'il travaillait à temps partiel.

Note **Mise en chômage partiel.** Afin de mettre en échec la jurisprudence de la Cour de cassation selon laquelle, en cas de chômage partiel total, l'employeur cessait d'être tenu à payer une indemnité compensatrice de préavis dans la mesure où l'entreprise n'exerçait plus aucune activité (cass. soc. 26 juin 1985, *JS* 1985 F 88), la loi du 13 janvier 1989 portant diverses mesures d'ordre social a ajouté une disposition à l'ancien article L. 122-8 selon laquelle une indemnité compensatrice de préavis doit être versée en cas d'inexécution totale ou partielle du délai-congé résultant de la fermeture de l'établissement ou d'une réduction de l'horaire de travail, sur la base de la durée légale ou conventionnelle de travail applicable à l'entreprise. Cette disposition est désormais intégrée dans l'article L. 1234-6.

Art. L. 1234-7. La cessation de l'entreprise ne libère pas l'employeur de l'obligation de respecter le préavis.

Note À la différence de l'ancien article L. 122-12, al. 1er qu'il remplace, l'article L. 1234-7 ne mentionne plus l'exception de la force majeure. Mais cette exception est reprise dans le nouvel article L. 1234-12.

Art. L. 1234-8. Les circonstances entraînant la suspension du contrat de travail, en vertu soit de dispositions légales, soit d'une convention ou d'un accord collectif de travail, soit de stipulations contractuelles, soit d'usages, ne rompent pas l'ancienneté du salarié appréciée pour la détermination de la durée du préavis prévue aux 2° et 3° de l'article L. 1234-1.

Toutefois, la période de suspension n'entre pas en compte pour la détermination de la durée d'ancienneté exigée pour bénéficier de ces dispositions.

Note • Toute circonstance entraînant suspension du contrat de travail (maladie, accident, grève, rappel sous les drapeaux, chômage saisonnier, etc.) est considérée comme n'interrompant pas l'ancienneté du salarié, mais la période de suspension n'est pas, en principe, prise en compte pour le calcul de l'ancienneté (cass. soc. 10 décembre 2002, n° 00-46.542, *RJS* 2/03 n° 180 ; 10 février 1999, n° 95-43.561, BC V n° 64 ; *RJS* 3/99 n° 390 ; 4 juin 1987, n° 84-43.787, BC V n° 364).

La loi du 7 janvier 1981 relative à la protection de l'emploi des salariés victimes d'un accident du travail et les lois du 5 janvier 1988 et du 4 février 1995 ont toutefois apporté des exceptions à cette règle : la période de suspension du contrat due à un accident du travail ou à une maladie professionnelle et à un congé de maternité ou d'adoption entre en compte dans le calcul de la durée d'ancienneté du salarié au regard de tous les avantages légaux ou conventionnels dont il peut bénéficier. De même, la durée de divers autres absences et congés légaux est assimilée totalement ou partiellement à une période de travail effectif pour la détermination des droits que le salarié tient de son ancienneté (par exemple, absence des conseillers prud'hommes pour l'exercice de leurs fonctions, congé de formation économique, sociale et syndicale, congé parental d'éducation pris en compte pour moitié).

• La durée du congé annuel payé entre en compte dans le calcul de l'ancienneté du travailleur (cass. soc. 6 novembre 1969, BC V n° 585). Elle est assimilée à une période de travail effectif (art. L. 3141-5).

Sous-section 2. Indemnité de licenciement

Art. L. 1234-9. Le salarié titulaire d'un contrat de travail à durée indéterminée, licencié alors qu'il compte ***(L. 2008-596 du 25 juin 2008, JO 26)*** « une année » d'ancienneté ininterrompue au service du même employeur, a droit, sauf en cas de faute grave, à une indemnité de licenciement.

Les modalités de calcul ***(L. 2008-596 du 25 juin 2008, JO 26)*** « de cette indemnité » sont fonction de la rémunération brute dont le salarié bénéficiait antérieurement à la rupture du contrat de travail. Ce taux et ces modalités sont déterminés par voie réglementaire.

Art. R. 1234-1. L'indemnité de licenciement prévue à l'article L. 1234-9 ne peut être inférieure à une somme calculée par année de service dans l'entreprise et tenant compte des mois de service accomplis au-delà des années pleines.

Note L'indemnité légale minimum de licenciement est due à tout salarié lié par un contrat de travail à durée indéterminée et licencié, sauf pour faute grave, alors qu'il compte une année d'ancienneté ininterrompue au service du même employeur (avant la loi du 25 juin 2008, le salarié devait avoir deux ans d'ancienneté pour avoir droit à l'indemnité légale de licenciement).

Le droit à l'indemnité de licenciement naît à la date où le licenciement est notifié (cass. soc. 11 janvier 2006, n° 03-44.461, BC V n° 9 ; *RJS* 3/06 n° 336) et plus précisément à la date où l'employeur manifeste, par l'envoi de la lettre recommandée prévue par l'article L. 1232-6 (ancien art. L. 122-14-1) CT, la volonté de résilier le contrat de travail (cass. soc. 11 janvier 2007, n° 04-45.250, BC V n° 3 ; 26 septembre 2007, n° 06-43.033, BC V n° 135 ; 6 février 2008, n° 06-45.219, *RJS* 4/08 n° 421). Ce sont les dispositions légales ou conventionnelles en vigueur à cette date qui déterminent les droits du salarié (cass. soc. 11 janvier 2006, n° 03-44.461, 11 janvier 2007, n° 04-45.250 et 26 septembre 2007, n° 06-43.033, précités).

• **Faute grave ou lourde.** La Cour de cassation a donné une nouvelle définition de la faute grave : la faute grave est celle qui rend impossible le maintien du salarié dans l'entreprise (cass. soc. 27 septembre 2007 n° 06-43.867, BC V n° 146 ; *RDT* 2007 p. 650, obs. G. Auzero ; *RJS* 12/07 n° 1261).

Le salarié qui commet une faute grave, ou même une faute lourde, au cours de l'exécution de son préavis ne saurait être privé de son droit à l'indemnité de licenciement qui prend naissance à la date de notification du congé, même si son exigibilité est reportée à la fin du préavis (cass. soc. 5 avril 1990, n° 87-45.570, BC V n° 176 ; *CSB* 1990 A. 29 ; 3 juillet 1990, n° 87-40.219, BC V n° 333 ; 4 octobre 1990, n° 88-43.274).

La faute grave révélée après notification de la rupture du contrat de travail et commise antérieurement ne peut entraîner la perte du droit à l'indemnité de licenciement qui naît à la date du licenciement (cass. soc. 7 mars 1990, n° 86-45.685, BC V n° 99 ; *CSB* 1990 A. 28).

Il n'est pas interdit aux parties d'adopter une disposition plus favorable au salarié que celle de la loi en matière d'indemnité de licenciement ; la clause qui autorise le versement d'une indemnité de licenciement en cas de faute grave ne fait pas obstacle au droit de licenciement reconnu à l'employeur (cass. soc. 4 juillet 1990, n° 87-40.433, BC V n° 347).

• **Maladie prolongée et inaptitude définitive.** La Cour de cassation, revenant sur sa jurisprudence antérieure, considère dorénavant que la résiliation par l'employeur du contrat de travail du salarié indisponible durant une longue période pour maladie (cass. soc. 21 avril 1988, deux arrêts, n°s 85-42.177 et 85-43.403, BC V n° 250 ; 19 mai 1988, n° 85-43.817, *CSB* 1988 A. 6 ; 11 décembre 1990, n° 87-45.325, BC V n° 634) ou devenu définitivement et totalement inapte à exécuter son contrat de travail (cass. soc. 29 novembre 1990, n° 87-43.243, BC V n° 600 ; *RJS* 1/91 n° 11) s'analyse en un licenciement qui ouvre droit à l'indemnité légale de licenciement ou, si elle est plus favorable au salarié et si les clauses de la convention ne l'excluent pas, à l'indemnité conventionnelle de licenciement. Il suffit, pour que l'indemnité conventionnelle soit due, qu'elle soit applicable au profit de tout salarié licencié, peu important que la convention collective ne qualifie pas de licenciement la rupture du contrat notifié au salarié en longue maladie (cass. soc. 30 janvier 1991, n° 87-43.954, *RJS* 4/91 n° 443).

• **Notion d'ancienneté ininterrompue de services.** Sur la notion d'ancienneté ininterrompue, voir note sous l'art. L. 1234-8.

L'existence du droit à l'indemnité de licenciement étant établie, l'évaluation du montant de celle-ci est faite en tenant compte de l'ancienneté à l'expiration du contrat, c'est-à-dire à l'expiration normale du préavis, même s'il y a eu dispense de l'exécuter (cass. soc. 27 février 1991, n° 88-45.512, *RJS* 4/91 n° 451 ; 24 janvier 1991, n° 89-41.038, BC V n° 39 ; *JS UIMM* 1992, 96).

• **Montant.** En cas de chômage partiel dans la période précédant le licenciement, la Cour de cassation considère que la rémunération servant de base au calcul de l'indemnité de licenciement est celle que les salariés auraient perçue s'ils n'avaient pas été au chômage partiel (cass. soc. 27 février 1991, n° 88-42.705, BC V n° 102 ; *CSB* 1991 S. 59 ; 24 novembre 1993, n° 89-43.679, *Dr. Soc.* 1994, p. 51).

Lorsque le salarié reprend le travail, à la suite d'une maladie, dans le cadre d'un mi-temps thérapeutique et qu'il est ensuite licencié pour inaptitude physique et impossibilité de reclassement, le montant de l'indemnité de licenciement est calculé sur la base des salaires effectivement perçus et non pas sur celle des salaires qu'il aurait perçus s'il n'avait pas travaillé dans le cadre de ce mi-temps (cass. soc. 25 janvier 2011, n° 09-66.453, *RJS* 4/11 n° 318).

L'indemnité de licenciement doit être calculée sur la base de la rémunération brute, solution un moment contestée par la Cour de cassation (cass. soc. 9 mai 1983, n° 80-42.042, BC V n° 243) mais confirmée par la loi interprétative 84-575 du 9 juillet 1984.

Les dispositions légales ou conventionnelles intervenues au cours de la période de préavis ne peuvent, sauf clause expresse contraire, diminuer ou augmenter la quotité de ces droits (cass. soc. 19 janvier 1994, n° 89-41.245, BC V n° 14 ; *RJS* 3/94 n° 250), puisque le droit à l'indemnité naît au jour de la notification du licenciement.

• **Révision de l'indemnité.** Lorsque le montant de l'indemnité de licenciement est fixé par la convention collective, les juges ne peuvent pas le réduire au motif qu'il serait excessif (cass. soc. 14 mai 1987, n° 85-41.349, BC V n° 320 ; 22 février 1995, n° 93-44.268, BC V n° 65 ; *RJS* 6/95 n° 644 ; *Dr. Soc.* 1995, p. 479, obs. J. Savatier). Il en est de même lorsque le montant de l'indemnité de licenciement est fixé par le règlement intérieur de l'entreprise et résulte donc d'un engagement unilatéral de l'employeur envers les salariés (cass. soc. 26 mai 1999, n° 96-43.614, BC V n° 236 ; *RJS* 7/99 n° 916).

Ils peuvent, en revanche, réduire le montant d'une indemnité contractuelle de licenciement lorsqu'ils le trouvent excessif au regard du préjudice subi par le salarié (cass. soc. 22 juin 2011, n° 09-68.762, *RJS* 10/11 n° 788 ; 20 décembre 2006, n° 05-43.409, *RJS* 3/07 n° 332 ; 21 septembre 2005, n° 03-45.827, *RJS* 12/05 n° 1203 ; 17 mars 1998, n° 95-43.411, BC V n° 142 ; *RJS* 5/98 n° 590).

• **Bénéficiaires.** Le droit à l'indemnité de licenciement prenant naissance au jour de la notification du licenciement, peuvent prétendre au versement les héritiers du salarié licencié, décédé en cours de préavis (cass. soc. 1er février 1983, n° 80-41.766, BC V n° 61).

• **Régimes fiscal et social.** Voir Dictionnaire Social ou Dictionnaire Paye, *Groupe Revue Fiduciaire*, éd. 2012 « Indemnités de rupture – régimes social et fiscal ».

Art. R. 1234-2. ***(D. 2008-715 du 18 juil. 2008, JO 19)*** L'indemnité de licenciement ne peut être inférieure à un cinquième de mois de salaire par année d'ancienneté, auquel s'ajoutent deux quinzièmes de mois par année au-delà de dix ans d'ancienneté.

Note Le décret du 18 juillet 2008 double le montant de l'indemnité légale de licenciement en tenant compte des dispositions de l'accord national interprofessionnel du 11 janvier 2008 sur la modernisation du marché du travail (art. 11).

[**Art. R. 1234-3.** Abrogé par décret 2008-715 du 18 juillet 2008, JO 19.]

Note Selon l'accord précité, l'indemnité de licenciement pour motif économique a été remplacée par l'indemnité de rupture interprofessionnelle unique, dont le montant est identique.

Art. R. 1234-4. Le salaire à prendre en considération pour le calcul de l'indemnité de licenciement est, selon la formule la plus avantageuse pour le salarié :

1° Soit le douzième de la rémunération des douze derniers mois précédant le licenciement ;

2° Soit le tiers des trois derniers mois. Dans ce cas, toute prime ou gratification de caractère annuel ou exceptionnel, versée au salarié pendant cette période, n'est prise en compte que dans la limite d'un montant calculé à due proportion.

Note **Montant.** Le salaire à retenir est le salaire moyen des trois derniers mois, en n'excluant de la rémunération effectivement touchée par le salarié que les éléments correspondant soit à des gratifications à caractère aléatoire ou temporaire, soit à des remboursements de frais (circ. TE 67/36 du 1er septembre 1967 ; cass. soc. 29 mai 1991, n° 87-44.297). Pour les années incomplètes au-delà de deux, il faut verser un complément d'indemnité *prorata temporis* (cass. soc. 8 janvier 1987, n° 84-43.345, BC V n° 9 ; 18 avril 1991, n° 89-41.755).

À l'occasion de litiges concernant l'inclusion de l'indemnité compensatrice de préavis dans la base de calcul de l'indemnité de licenciement, la Cour de cassation a incidemment précisé que le calcul se fait « sur les douze ou sur les trois derniers mois précédant le licenciement » (cass. soc. 11 mars 2009, n° 07-42.209, *LS* Jurispr. n° 113/2009 du 26/05/09 ; voir aussi cass. soc. 11 mars 2009, n° 07-40.146, *JCP* éd. S 2009, 1318, note Fr. Dumont).

En cas de chômage partiel dans la période précédant le licenciement, la Cour de cassation considère que la rémunération servant de base au calcul de l'indemnité de licenciement est celle que les salariés auraient perçue s'ils n'avaient pas été au chômage partiel (cass. soc. 27 février 1991, n° 88-42.705, BC V n° 102 ; *CSB* 1991 S. 59 ;

24 novembre 1993, n° 89-43.679, *Dr. Soc.* 1994, p. 51). Lorsqu'il s'agit de temps réduit indemnisé de longue durée (TRILD), la réglementation précise que les conventions conclues par l'État avec les entreprises ou les organismes professionnels (ou interprofessionnels) doivent prévoir qu'en cas de licenciement du salarié soit au cours de l'application de la convention, soit à l'issue de celle-ci, les indemnités de licenciement et de préavis sont calculées sur la base de la rémunération due au titre de l'activité normale du salarié (art. D. 322-21).

L'indemnité de licenciement doit être calculée sur la base de la rémunération brute, solution un moment contestée par la Cour de cassation (cass. soc. 9 mai 1983, n° 80-42.042, BC V n° 243) mais confirmée par la loi interprétative 84-575 du 9 juillet 1984.

Les dispositions légales ou conventionnelles intervenues au cours de la période de préavis ne peuvent, sauf clause expresse contraire, diminuer ou augmenter la quotité de ces droits (cass. soc. 19 janvier 1994, n° 89-41.245, BC V n° 14 ; *RJS* 3/94 n° 250), puisque le droit à l'indemnité naît au jour de la notification du licenciement.

Art. R. 1234-5. L'indemnité de licenciement ne se cumule pas avec toute autre indemnité de même nature.

Note Mais l'indemnité de licenciement se cumule avec l'indemnité due en cas de violation d'une clause de garantie d'emploi (cass. soc. 4 mars 2008, n° 06-45.221, BC V n° 44 ; *RJS* 5/08 n° 585).

Art. L. 1234-10. La cessation de l'entreprise ne libère pas l'employeur de l'obligation de verser, s'il y a lieu, l'indemnité de licenciement prévue à l'article L. 1234-9.

Note À la différence de l'article L. 122-12, al. 1er qu'il est censé reprendre, l'article L. 1234-10 ne prévoit pas que la règle est écartée lorsque la cessation de l'entreprise résulte d'un cas de force majeure (voir note sous art. L. 1234-7). Mais cette exception est affirmée dans l'article L. 1234-12.

Art. L. 1234-11. Les circonstances entraînant la suspension du contrat de travail, en vertu soit de dispositions légales, soit d'une convention ou d'un accord collectif de travail, soit de stipulations contractuelles, soit d'usages, ne rompent pas l'ancienneté du salarié appréciée pour la détermination du droit à l'indemnité de licenciement.

Toutefois, la période de suspension n'entre pas en compte pour la détermination de la durée d'ancienneté exigée pour bénéficier de ces dispositions.

Note Voir note sous art. L. 1234-8.

Sous-section 3. Cas de force majeure

Art. L. 1234-12. La cessation de l'entreprise pour cas de force majeure libère l'employeur de l'obligation de respecter le préavis et de verser l'indemnité de licenciement prévue à l'article L. 1234-9.

Note Cet article reprend l'exception qui était initialement intégrée dans l'article L. 122-12, al. 1er prévoyant le maintien de l'indemnité de licenciement et de l'indemnité compensatrice de préavis en cas de cessation de l'entreprise.

L'employeur est seul juge des circonstances qui le conduisent à cesser son activité ; aucune disposition légale ne l'oblige à maintenir en activité l'entreprise à seule fin d'assurer à son personnel la stabilité de l'emploi, dès lors qu'il observe les règles édictées par le code du travail (cass. soc. 31 mai 1956, *D.* 1958.21, note Levasseur ; *JCP* 1956.II.9397, note Esmein ; 3 janvier 1958, *D.* 1958.97).

Art. L. 1234-13.

La cessation d'activité d'une entreprise peut être due à un cas de force majeure, mais elle ne constitue pas, par elle-même, un cas de force majeure dispensant l'employeur de respecter le préavis (cass. soc. 2 décembre 1970, n° 69-40.596, BC V n° 679 ; 24 avril 1980, n° 78-41.601, BC V n° 353).

Constituent des cas de force majeure des faits présentant un caractère imprévisible et insurmontable et entraînant une impossibilité absolue de continuer l'exécution des contrats de travail. Les salariés sont alors privés du droit au paiement des indemnités de rupture. Exemples de cas de force majeure :
– incendie détruisant totalement l'entreprise (cass. soc. 2 mai 1978, n° 77-40.406, BC V n° 313 ; 19 mars 1987, n° 85-41.562 ; 27 avril 1989, n° 86-41.217, *CSB* 1989 S. 69) ;
– incendie d'origine criminelle ayant rendu l'entreprise inexploitable, dès lors que n'était pas établie une insuffisance de la protection d'accès aux locaux reprochée à l'employeur (cass. soc. 20 décembre 1989, n° 86-45.181, *RJS* 2/90 n° 97) ;
– incendie ayant entraîné la fermeture du seul centre de production de l'entreprise (cass. soc. 5 avril 2006, n° 04-46.439) ;
– cyclone dévastant entièrement une exploitation (cass. crim. 4 janvier 1984, n° 83-90.022, B. crim. n° 6) ;
– le « fait du prince », décision administrative ou acte d'un gouvernement rendant l'exécution du contrat de travail impossible. La politique du gouvernement gabonais exigeant le remplacement des ressortissants étrangers par des nationaux gabonais et s'imposant à l'employeur (cass. soc. 31 mai 1990, n° 88-42.851, *CSB* 1990 A. 44) ;
– le non-renouvellement d'une autorisation administrative d'exploitation pour le jeu de la roulette dans un casino mettant l'employeur dans l'impossibilité absolue d'exécuter les contrats de travail en raison d'une cause qui lui était étrangère (cass. soc. 31 octobre 1989, n° 86-44.655, *JS UIMM* 1990, p. 136).

Ne constituent pas des cas de force majeure :
– le décès de l'employeur. Le salarié percevra les indemnités de préavis et de licenciement auxquelles il peut prétendre en application des articles L. 122-8 et L. 122-9 (cass. soc. 24 février 1983, n° 80-41.779, BC V n° 117 ; 5 décembre 1989, n° 86-43.165, BC V n° 695 ; *RJS* 1990 n° 91) ; le décès du président du conseil d'administration dans une société anonyme (cass. soc. 3 octobre 1973, n° 72-40.494, BC V n° 464) ;
– un incendie, lorsque la fermeture des locaux a été limitée à deux mois (durée des travaux de réparation) (cass. soc. 2 février 1994, n° 90-42.104, BC V n° 37 ; *RJS* 3/94 n° 247) ou lorsque l'employeur a gardé plusieurs salariés à son service après le sinistre et les a licenciés trois mois plus tard (cass. soc. 22 janvier 1991, n° 87-44.057 ; 5 février 1992, n° 88-45.650) ou lorsque la viabilité de l'entreprise n'a pas été durablement compromise (cass. soc. 14 mai 1996, n° 93-41.051) ;
– l'inondation d'une usine par une rivière sortant régulièrement de son lit (cass. soc. 19 mai 1988, n° 86-41.948, BC V n° 297) ;
– l'expropriation de l'immeuble dans lequel est exploité le fonds de commerce (cass. soc. 22 juin 1994, n° 89-44.891, BC V n° 203 ; *RJS* 8-9/94 n° 977) ;
– l'arrêt d'un chantier de plantation sur décision de la direction départementale de l'équipement en raison de la sécheresse (cass. soc. 17 mai 2000, n° 98-40.092) ;
– le passage d'un cyclone qui n'entraîne qu'un arrêt d'activité partiel et de courte durée (cass. soc. 19 juillet 2000, n° 98-44.575) ;
– la réduction d'activité d'une entreprise en raison d'une baisse de la demande de la clientèle (cass. soc. 6 février 2001, n° 98-42.679) ;
– une décision administrative refusant le bénéfice d'une dérogation à une interdiction légale de cumul d'activités (cass. soc. 4 février 1987, n° 84-40.142, BC V n° 54) ; l'interdiction édictée par une autorité administrative de continuer l'exploitation d'une carrière autorisée à titre précaire et révocable (cass. soc. 21 janvier 1987, n° 84-41.232, BC V n° 28).

Art. L. 1234-13. Lorsque la rupture du contrat de travail à durée indéterminée résulte d'un sinistre relevant d'un cas de force majeure, le salarié a droit à une indemnité compensatrice d'un montant égal à celui qui aurait résulté de l'application des articles L. 1234-5, relatif à l'indemnité compensatrice de préavis, et L. 1234-9, relatif à l'indemnité de licenciement.

Cette indemnité est à la charge de l'employeur.

Note L'article L. 1234-13 est une reprise de l'ancien article L. 122-9-1, à cette différence près que l'article L. 122-9-1 ne contenait pas le second alinéa selon lequel « cette indemnité est à la charge de l'employeur ».

Sous-section 4. Dispositions particulières au secteur public

Art. L. 1234-14. Les dispositions des articles L. 1234-1, L. 1234-8, L. 1234-9 et L. 1234-11 sont applicables, dès lors que les intéressés remplissent les conditions prévues par ces articles :

1° Aux agents et salariés, autres que les fonctionnaires et les militaires, mentionnés à l'article L. 5424-1 ;

2° Aux salariés soumis au même statut légal que celui d'entreprises publiques.

Sous-section 5. Dispositions particulières aux départements de la Moselle, du Bas-Rhin et du Haut-Rhin

Art. L. 1234-15. Le salarié a droit à un préavis :

1° D'un jour lorsque sa rémunération est fixée par jour ;

2° D'une semaine lorsque sa rémunération est fixée par semaine ;

3° De quinze jours lorsque sa rémunération est fixée par mois ;

4° De six semaines lorsque sa rémunération est fixée par trimestre ou par période plus longue.

Art. L. 1234-16. Ont droit à un préavis de six semaines :

1° Les professeurs et personnes employées chez des particuliers ;

2° Les commis commerciaux mentionnés à l'article L. 1226-24 ;

3° Les salariés dont la rémunération est fixe et qui sont chargés de manière permanente de la direction ou la surveillance d'une activité ou d'une partie de celle-ci, ou ceux à qui sont confiés des services techniques nécessitant une certaine qualification.

Art. L. 1234-17. Pendant le préavis, l'employeur accorde au salarié qui le demande un délai raisonnable pour rechercher un nouvel emploi.

Art. L. 1234-17-1. Les dispositions de la présente sous-section s'appliquent à défaut de dispositions légales, conventionnelles ou d'usages prévoyant une durée de préavis plus longue. Elles s'appliquent également à la rupture du contrat de travail à durée indéterminée à l'initiative du salarié.

Sous-section 6. Dispositions d'application

Art. L. 1234-18. Un décret en Conseil d'État détermine les modalités d'application des articles L. 1234-1 à L. 1234-14.

SECTION 2. Documents remis par l'employeur

Sous-section 1. Certificat de travail

Art. L. 1234-19. À l'expiration du contrat de travail, l'employeur délivre au salarié un certificat dont le contenu est déterminé par voie réglementaire.

Note La rédaction de cet article diffère de la rédaction de l'ancien article L. 122-16-1 en ce qu'elle renvoie à un texte réglementaire les précisions concernant le contenu de cet acte et supprime les alinéas 2 et 3 de l'ancien article.

• Obligation de délivrance

– Il résulte de la combinaison des articles L. 1234-19 et L. 1234-4 que l'employeur n'est pas obligé de délivrer un certificat de travail au salarié dispensé d'effectuer le préavis avant la date d'expiration du contrat de travail. Toutefois, l'administration recommande l'une des deux solutions suivantes :

a) L'employeur délivre au salarié, sur demande de celui-ci, une attestation précisant que l'intéressé sera libéré de ses liens contractuels à la date correspondant à la fin légale du préavis et que, jusqu'à cette date, toute liberté lui est laissée d'occuper un autre emploi ;

b) Lorsque le salarié a trouvé un nouvel emploi à occuper avant la date légale de libération de ses liens contractuels, l'employeur lui remet, à sa demande, le certificat de travail portant comme date de cessation du contrat celle à laquelle l'intéressé désire être libéré.

– L'obligation de délivrance existe alors même qu'il n'y a eu qu'une représentation d'un spectacle (cass. soc. 13 mars 1996, n° 92-42.003, *CSB* 1996 B. 88).

– Le jugement prud'homal ordonnant la remise du certificat de travail est de plein droit exécutoire à titre provisoire et est rendu en dernier ressort, à moins qu'il ne le soit en premier ressort en raison du montant des autres demandes ; la délivrance, le cas échéant sous peine d'astreinte, du certificat de travail peut être ordonnée par le bureau de conciliation du conseil ou par la voie du référé prud'homal.

– En cas de liquidation de biens postérieure au licenciement d'un salarié, l'obligation de remettre le certificat de travail à ce salarié, dont le contrat n'avait pas continué avec la masse, ne peut incomber au syndic (cass. soc. 28 octobre 1981, n° 79-42.526, BC V n° 835).

Par contre, il entre dans les pouvoirs du syndic d'une société déclarée en liquidation de biens, en sa qualité de représentant du débiteur en liquidation des biens dessaisi de l'administration et de la disposition de son patrimoine, de délivrer à un salarié qu'il licencie le certificat de travail auquel il a droit (cass. soc. 26 mai 1988, n° 85-45.606, BC V n° 329).

– Dans les cas d'application de l'ancien article L. 122-12, al. 2, le nouvel employeur est tenu de délivrer, lors de l'expiration du contrat de travail, aux salariés passés à son service un certificat de travail portant comme date d'entrée celle de leur embauchage par la première entreprise (cass. soc. 8 janvier 1975, n° 73-40.595, BC V n° 1). Lorsque plusieurs employeurs se sont succédé à la tête de l'entreprise, seul le dernier est tenu de certifier des services du salarié (cass. soc. 24 novembre 1993, n° 89-42.648, BC V n° 286 ; *RJS* 1/94 n° 30).

Cette règle ne semble pas devoir s'appliquer dans le cas de mutation d'un salarié au sein d'un même groupe, dans la mesure où chacune des sociétés du groupe avait, à la fin de chaque période d'emploi, délivré un certificat régulier au salarié. La dernière société n'était pas tenue de délivrer un certificat faisant état de la totalité des services accomplis au sein du groupe (cass. soc. 7 février 1989, n° 85-42.219, *CSB* 1989 A. 13).

• **Modalités de la délivrance**

– Le certificat de travail est quérable et non portable (cass. soc. 22 mai 1975, n° 74-40.011, BC V n° 274 ; 24 janvier 1979, n° 77-40.266, BC V n° 75) ; la seule obligation de l'employeur est d'établir ce certificat et de le tenir à la disposition du salarié (cass. soc. 3 juin 1982, n° 80-40.543). C'est au salarié demandeur qu'il appartient d'établir le défaut de remise du certificat de travail (cass. soc. 24 janvier 1979, n° 77-40.266, précité).

Si l'employeur a proposé à l'audience de conciliation de l'instance prud'homale la remise du certificat de travail au salarié demandeur, il a satisfait à ses obligations, en vertu du principe de la quérabilité du certificat (cass. soc. 3 juin 1982, n° 80-40.543, précité). Toutefois, la notification à l'employeur de la décision du juge portant condamnation à remise du certificat de travail rend le certificat portable (cass. soc. 26 mars 1981, n° 80-40.170, BC V n° 265 ; 17 janvier 1995, n° 91-43.908, BC V n° 26 ; *RJS* 4/95 n° 416 ; 12 novembre 2002, n° 01-40.047).

• **Contenu du certificat.** Voir *infra*, art. D. 1234-6.

• **Non-délivrance ou délivrance tardive**

– Le salarié qui réclame des dommages-intérêts pour retard dans la remise du certificat de travail doit justifier qu'il l'a réclamé et qu'il s'est heurté à l'inertie ou au refus de l'employeur (cass. soc. 22 mai 1975, n° 74-40.011, précité).

– Le préjudice subi par le salarié par suite du défaut de remise du certificat de travail ou par une remise tardive de cette pièce donne lieu à l'octroi de dommages-intérêts destinés à compenser, notamment, les tracas et frais en ayant résulté pour le salarié, les prestations de chômage et d'Assédic dont il a été privé, la difficulté de rechercher un nouvel emploi (cass. soc. 20 février 1974, Sté Trocme-Industries c/ Despagne ; 18 décembre 1978, n° 77-40.622, BC V n° 871).

Art. D. 1234-6. Le certificat de travail contient exclusivement les mentions suivantes :

1° La date d'entrée du salarié et celle de sa sortie ;

2° La nature de l'emploi ou des emplois successivement occupés et les périodes pendant lesquelles ces emplois ont été tenus.

(D. 2010-64 du 18 janv. 2010, JO 19) « 3° Le solde du nombre d'heures acquises au titre du droit individuel à la formation et non utilisées, y compris dans le cas défini à l'article L. 6323-17, ainsi que la somme correspondant à ce solde ;

4° L'organisme collecteur paritaire agréé compétent pour verser la somme prévue au 2° de l'article L. 6323-18. »

Note

Le salarié ne peut exiger que soient portées sur le certificat de travail d'autres mentions que celles obligatoires ; il n'est donc pas fondé à réclamer qu'y soit mentionnée la cause de la rupture (cass. soc. 2 février 1972).

L'employeur est tenu de porter sur le certificat de travail la date de l'entrée du salarié dans l'entreprise ; s'agissant d'un travailleur étranger, c'est cette date et non celle du visa du contrat de travail par la direction départementale du travail qui doit figurer (cass. soc. 18 octobre 1990, n° 88-43.652, BC V n° 488).

L'employeur est tenu de mentionner sur le certificat de travail l'emploi ou les divers emplois tenus par le salarié, la mention du seul classement hiérarchique étant insuffisante (cass. soc. 1er décembre 1971, n° 71-40029, BC V n° 699) ; toutefois, il n'est pas tenu de mentionner ceux qui correspondent à une activité exercée seulement de façon à la fois occasionnelle et irrégulière (cass. soc. 24 octobre 1974, Clairet c/ Lecot).

L'employeur doit indiquer sur le certificat de travail les périodes pendant lesquelles les emplois ont été occupés et un salarié ne pourrait prétendre qu'il ne soit pas fait mention d'un congé sans solde dont il a bénéficié (cass. soc. 12 juin 1981, n° 79-40.980, BC V n° 534).

En cas de contrats successifs à durée déterminée dont l'ensemble constituait un contrat à durée indéterminée, le certificat de travail qui mentionne le début et la fin de chacune des périodes de travail correspondant aux contrats qui s'étaient succédé doit être considéré comme régulier (cass. soc. 2 juillet 1985, *JS* 1985 SJ 249).

La mention, dans le certificat de travail, de l'existence d'une clause de non-concurrence liant le salarié est illicite (cass. soc. 4 mars 1992, n° 88-41.014, BC V n° 152 ; *CSB* 1992 S. 67 ; *RJS* 4/92 n° 442).

La formule « libre de tout engagement » :

– n'a pas pour effet de délier le salarié dont le contrat de travail est expiré de son obligation de non-concurrence (cass. soc. 24 octobre 1979, n° 78-40.150, BC V n° 773 ; 19 juin 1991, n° 86-45.504, BC V n° 311 ; 25 octobre 1995, n° 93-45.442, *RJS* 1/96 n° 22) ;

– ne peut être considérée comme constituant, de la part du salarié qui a accepté un certificat la contenant, une renonciation au bénéfice de l'indemnité stipulée en sa faveur en contrepartie d'une clause de non-concurrence (cass. soc. 29 avril 1969, BC V n° 274) ;

– constate l'expiration régulière du contrat de travail (cass. soc. 24 octobre 1960, BC n° 928 ; 26 février 1970, n° 69-40.191, BC V n° 149), sans toutefois signifier que les parties étaient d'accord sur les conditions de la rupture, notamment en matière de préavis (cass. soc. 23 octobre 1947, BC III n° 42), ni être suffisante pour établir sans équivoque que l'employeur a entendu renoncer au paiement d'une indemnité compensatrice du préavis prévu par la convention collective et non exécuté par le salarié (cass. soc. 2 février 1978, n° 76-41.004, BC V n° 82 ; 29 mai 1985, *JS* 1985 SJ 250).

Sous-section 2. Reçu pour solde de tout compte

Art. L. 1234-20. ***(L. 2008-596 du 25 juin 2008, JO 26)*** Le solde de tout compte, établi par l'employeur et dont le salarié lui donne reçu, fait l'inventaire des sommes versées au salarié lors de la rupture du contrat de travail.

Le reçu pour solde de tout compte peut être dénoncé dans les six mois qui suivent sa signature, délai au-delà duquel il devient libératoire pour l'employeur pour les sommes qui y sont mentionnées.

Note

• Reçu pour solde de tout compte

Avant la réforme du 17 janvier 2002, le reçu pour solde de tout compte avait non seulement un effet probatoire, mais aussi un effet libératoire. Sur les précisions concernant l'effet libératoire, voir éditions antérieures.

• *Effet libératoire.* La loi du 17 janvier 2002 avait supprimé l'effet libératoire du reçu pour solde de tout compte. La loi du 25 juin 2008 le rétablit. Cet effet libératoire ne vaut que pour les sommes mentionnées dans le reçu lorsque celui-ci n'a pas été dénoncé par le salarié dans les six mois qui suivent sa signature.

• *Effet probatoire du reçu*

– Le reçu régulièrement dénoncé a la valeur d'un reçu des sommes qui y figurent (cass. soc. 11 janvier 1984, *Cah. prud'h.* 1984.86).

– La signature d'un reçu pour solde de tout compte ne constitue pas, de la part du salarié, une volonté claire et non équivoque de démissionner (cass. soc. 9 juillet 2002, n° 00-44.417 ; 10 avril 2002, n° 00-43.546).

Transaction

• *Licéité*

– La possibilité pour l'employeur de faire signer un reçu pour solde de tout compte ne met pas obstacle à la conclusion entre l'employeur et le salarié d'un accord transactionnel régi par les articles 2044 à 2058 c. civ. (cass. soc. 18 mai 1953, *Dr. Soc.* 1953, p. 602 ; 13 novembre 1959, *JCP* 1960.II.11450, note G-H Camerlynck).

– La transaction est valablement conclue alors même qu'elle porte sur des droits ayant un caractère d'ordre public lorsque ces droits sont déjà nés (cass. soc. 3 juin 1981, n° 79-41.887, BC V n° 520 : un salarié peut valablement renoncer à un droit qui a déjà pris naissance, « nonobstant le caractère d'ordre public des règles relatives au licenciement pour cause économique ou d'un délégué syndical » ; dans le même sens, cass. crim. 4 février 1992, n° 90-82.330, B. crim. n° 50 ; *RJS* 10/92 n° 1129 ; voir cependant cass. soc. 1er juin 1994, n° 93-40.040, *Dr. Soc.* 1994, p. 788). En revanche, la mise en œuvre d'un accord collectif dont les salariés tiennent leurs droits ne peut être subordonnée à la conclusion de contrats individuels de transaction (cass. soc. 5 avril 2005, n° 04-44.626, BC V n° 124 : la « transaction » signée par le salarié pour bénéficier des droits prévus par la convention collective est sans effet).

– La transaction peut être annulée lorsqu'il y a erreur sur la personne ou sur l'objet de la contestation (art. 2053 c. civ.). Doit être annulée la transaction conclue sur la croyance commune des parties que le licenciement pour inaptitude ouvre seulement droit à l'indemnité légale de licenciement ; l'erreur commise porte sur l'objet de la contestation et affecte la validité de la transaction (cass. soc. 24 novembre 1998, n° 95-43.523, BC V n° 515 ; *Dr. Soc.* 1999, p. 358, chron. A. Jeammaud, pp. 351 et s. ; *RJS* 2/99 n° 197). Doit également être annulée pour absence d'objet certain une transaction contenant des dispositions contradictoires concernant l'obligation de reclassement du salarié (cass. soc. 18 mai 1999, n° 97-40.439, BC V n° 222 ; *RJS* 7/99 n° 917).

– La transaction est annulée en raison du caractère frauduleux de licenciements notifiés pour motifs personnels alors que la cause réelle en est économique ; le caractère frauduleux des licenciements affecte la validité des transactions ensuite conclues (cass. soc. 10 novembre 2009, n° 08-43.805, BC V n° 251 ; *RJS* 1/10 n° 35).

– L'annulation de la transaction ôte à celle-ci tout effet ; en particulier, le salarié doit restituer à l'employeur l'indemnité transactionnelle qu'il a perçue. La Cour de cassation refuse d'appliquer la règle « *nemo auditur* ... » qui ferait échec à la demande de remboursement présentée par l'employeur au motif que le caractère frauduleux ne procède pas d'une cause immorale (cass. soc. 10 novembre 2009, n° 08-43.805, précité).

– La transaction ne doit pas être confondue avec un accord de rupture du contrat ; elle ne peut être valablement conclue qu'une fois que la rupture du contrat de travail est intervenue et est définitive (cass. soc. 16 juillet 1997, n° 94-42.283, BC V n° 278 ; *RJS* 10/97 n° 1089 ; 29 mai 1996, n° 92-45.115, BC V n° 215 ; *CSB* 1996 A. 48 ; *RJS* 7/96 n° 789 ; 15 janvier 1997, n° 93-44.010, BC V n° 22 ; *Dr. Soc.* 1997, p. 419, obs. J. Pélissier ; 21 mars 2000, 2 arrêts, n°s 97-45.550 et 97-44.310, *RJS* 5/00 n° 528 ; 9 mai 2001, n° 98-42.615, *RJS* 8-9/01 n° 996 ; 5 février 2002, n° 99-45.861, BC V n° 54 ; *RJS* 4/02 n° 457). Les arrêts précisent que le licenciement doit être notifié dans les formes légales préalablement à la conclusion de la transaction (cass. soc. 18 mai 1999, n° 97-40.686, *RJS* 10/99 n° 1251) ou que la transaction ne peut être conclue qu'une fois la rupture devenue définitive par la réception par le salarié de la lettre de licenciement (cass. soc. 20 mai 1997, n° 95-41.202, *CSB* 1997 A. 41 ; dans le même sens, cass. soc. 20 décembre 2006, n° 05-44.071). La transaction est valable, même si elle est signée avant l'expiration du délai de réflexion accordé au salarié à qui est proposé une convention de reclassement personnalisé, dès lors qu'elle intervient après la notification du licenciement. Peu importe que le contrat de travail ne soit rompu définitivement qu'à l'expiration de ce délai de réflexion (cass. soc. 31 mai 2011, n° 10-14.313, *RJS* 8-9/11 n° 685). Cette solution devrait être appliquée à la conclusion d'un contrat de sécurisation professionnelle (CSP), le CSP étant destiné à remplacer la convention de reclassement personnalisé. Dans un arrêt rendu le 14 juin 2006, la chambre sociale de la Cour de cassation précise que « la transaction (...) ne peut être valablement conclue par le salarié licencié que lorsqu'il a eu connaissance effective des motifs du licenciement par la réception de la lettre de licenciement prévue à l'article L. 122-14-1 du code du travail » (cass. soc. 14 juin 2006, n° 04-43.123, BC V n° 215 ; *RDT*, septembre 2006, CH, 172, B. Lardy-Pélissier) ; ainsi, la transaction conclue après la présentation de la lettre recommandée mais avant que le salarié l'ait effectivement retirée est nulle. *A fortiori*, la transaction conclue en l'absence de notification préalable du licenciement par lettre recommandée avec demande d'avis de réception est nulle (cass. soc. 18 février 2003, n° 00-42.948, BC V n° 61 ; *RJS* 5/03 n° 604 ; 24 janvier 2007, n° 05-42.135, BC V n° 10 : l'envoi d'une feuille blanche par lettre recommandée avec accusé de réception ne vaut évidemment pas notification du licenciement). La Cour de cassation a ainsi abandonné la solution qu'elle avait retenue jusqu'en 1996, selon laquelle la transaction pouvait être valablement conclue en cours de contrat, pendant le préavis (cass. soc. 5 janvier 1984, n° 82-12.589, BC V n° 6) ou même avant la notification du licenciement (cass. soc. 28 octobre 1992, n° 89-44.953, BC V n° 520 ; *Dr. Soc.* 1992, p. 1003).

– La nullité de la transaction signée par un salarié non protégé, avant la notification du licenciement, est une nullité relative (cass. soc. 6 avril 2004, n° 02-41.630, *RJS* 6/04 n° 687 ; cass. soc. 28 mai 2002, n° 99-43.852, BC V n° 182 ; *RJS* 8-9/02 n° 970 : l'employeur ne peut pas s'en prévaloir) ; elle se prescrit par cinq ans (cass. soc. 6 avril 2004, n° 02-41.630, précité ; cass. soc. 14 janvier 2003, n° 00-41.880, BC V n° 6 ; *Dr. Soc.* 2003, p. 441, obs. J. Mouly). En revanche, la nullité d'une transaction signée par un salarié investi de fonctions représentatives est une nullité absolue ; l'employeur peut utilement l'invoquer et obtenir le remboursement des sommes versées (cass. soc. 10 juillet 2002, n° 00-40.301, BC V n° 249 ; *RJS* 11/02 n° 1255).

– La transaction par laquelle le salarié renonce à contester le contenu d'un plan de sauvegarde de l'emploi pour obtenir une indemnité ou le bénéfice de mesures prévues par le plan est nulle (cass. soc. 14 juin 2006, n° 04-48.157 ; 20 novembre 2007, n° 06-41.410, BC V n° 195 ; *SSL* 2008 n° 1367, p. 10).

• *Qualification*

– La transaction est un contrat par lequel les parties terminent une contestation née ou préviennent une contestation à naître, en se consentant des concessions réciproques.

Il est admis que l'acte juridique doit être qualifié de transaction, alors même que les concessions de l'une et de l'autre partie sont de valeur inégale (cass. soc. 17 mars 1982, n° 80-40.455, BC V n° 180 ; 13 mai 1992, n° 89-40.844, BC V n° 307 ; 5 janvier 1994, n° 89-40.961, BC V n° 1 ; *RJS* 2/94 n° 148). La concession de chaque partie doit cependant être « appréciable » (cass. soc. 19 février 1997, n° 95-41.207, BC V n° 74 ; *CSB* 1997 A. 29 ; *RJS* 4/97 n° 410) ; une indemnité forfaitaire transactionnelle de 5000 F revêt un caractère « dérisoire » et ne constitue pas une véritable concession de la part de l'employeur (cass. soc. 28 novembre 2000, n° 98-43.635, BC V n° 399 ; *RJS* 2/01 n° 197 : la transaction est déclarée nulle) ; autre exemple du caractère dérisoire de l'indemnité transactionnelle (cass. soc. 28 avril 2011, n° 09-68.134, *RJS* 7/11 n° 606).

Les juges du fond doivent caractériser les concessions consenties par chacune des parties avant de retenir la qualification de transaction (cass. soc. 20 juin 1995, n° 92-40.194, BC V n° 201). Certes, ils ne peuvent pas, pour se prononcer sur la validité de la transaction, se livrer à un examen des preuves et rechercher si les prétentions des parties sont justifiées (cass. soc. 14 juin 2000, n° 97-45.065, BC V n° 230 ; *RJS* 9-10/00 n° 946 ; 21 mai 1997, n° 95-45.038, BC V n° 185 ; *Dr. Soc.* 1997, p. 745, obs. G. Couturier), mais ils doivent rechercher eux-mêmes, à partir des faits mentionnés par les parties, s'il y a effectivement concessions réciproques. Par exemple, en constatant que le motif de licenciement avancé par l'employeur est l'insuffisance professionnelle du salarié, ils relèveront que le licenciement n'est pas un licenciement pour faute grave et que l'employeur doit normalement au salarié l'indemnité de licenciement et un préavis. Si la convention des parties oblige l'employeur à verser au salarié une somme inférieure au montant cumulé de l'indemnité de licenciement et de l'indemnité de préavis, il apparaît que l'employeur n'a fait aucune concession et que la convention n'est pas une transaction (cass. soc. 27 mars 1996, n° 92-40.448, BC V n° 124 ; *CSB* 1996 A. 40 ; *Dr. Soc.* 1996, p. 741 ; *RJS* 5/96 n° 541 ; 18 février 1998, n° 95-42.500, BC V n° 95 ; *RJS* 4/98 n° 457 ; *Dr. Soc.* 1998, p. 402, obs. J. Savatier ; 6 avril 1999, n° 96-43.467, BC V n° 162 ; *RJS* 5/66 n° 662). De la même façon, si les juges constatent que la lettre de licenciement ne mentionne aucun motif de licenciement, ils doivent en conclure que le licenciement est sans cause réelle et sérieuse et que l'employeur n'a fait aucune concession, l'indemnité transactionnelle à sa charge étant inférieure à l'indemnité légale sanctionnant le défaut de cause réelle et sérieuse (cass. soc. 27 février 1996, n° 92-44.997, *CSB* 1996 A. 40 ; 13 octobre 1999, n° 97-42.027, BC V n° 381 ; *RJS* 11/99 n° 1373 ; 23 janvier 2001, n° 98-41.992, BC V n° 21 ; *RJS* 4/01 n° 439). Jugé également que le fait pour un employeur de dispenser le salarié qu'il licencie de l'exécution d'un préavis, sans pour autant lui verser d'indemnité compensatrice, ne constitue pas, de sa part et à lui seul, une concession de nature à rendre valable la transaction (cass. soc. 23 avril 1997, n° 94-40.349, *RJS* 6/97 n° 689).

La transaction ne peut pas porter sur l'imputabilité de la rupture, laquelle conditionne l'existence de concessions réciproques (cass. soc. 16 juillet 1997, n° 94-42.283, BC V n° 278 ; *Dr. Soc.* 1997, p. 977 ; *RJS* 10/97 n° 1089).

• *Effets*

– La transaction, valablement intervenue, ne peut, à la différence du reçu pour solde de tout compte, être dénoncée ; elle rend irrecevable toute action ultérieure du salarié fondée sur l'exécution ou la rupture du contrat (cass. soc. 22 juin 1977, n° 75-40.679, BC V n° 21 ; 16 février 1978, n° 76-40.889, BC V n° 118). Toutefois, une convention portant transaction ne peut être opposée par l'un des contractants que s'il en a respecté les conditions ; dans le cas contraire, l'autre partie peut demander au juge d'en prononcer la résolution (cass. soc. 7 juin 1989, n° 86-43.012, BC V n° 428 ; 30 janvier 1996, n° 92-45.050, *SSL* 1996, n° 781, p. 16).

– L'indemnité transactionnelle, versée par l'employeur au salarié en réparation du préjudice causé par la rupture du contrat de travail, a, en principe, la nature de dommages-intérêts et n'est pas assujettie aux cotisations de sécurité sociale (cass. soc. 28 avril 1986, n° 84-13.246, BC V n° 182 ; 8 février 1989, n° 86-11.022, BC V n° 104 ; *D.* 1990, 339 ; 10 février 1994, n° 91-19.783, BC V n° 53 ; *RJS* 7/94 n° 899). Cette interprétation a été remise en cause. Il est d'abord précisé que les juges doivent rechercher si l'indemnité, présentée comme globale et forfaitaire, n'englobe pas des éléments de rémunération soumis à cotisations sociales (cass. soc. 30 juin 1994, n° 92-14.952, BC V n° 222 ; *Dr. Soc.* 1994, p. 809). Plus récemment, la Cour de cassation a jugé que lorsque l'indemnité transactionnelle forfaitaire comprend des éléments de rémunération, la délivrance d'un bulletin de paie détaillant les sommes versées est obligatoire pour l'employeur (cass. soc. 16 juin 1998, n° 96-41.768, BC V n° 324 ; *RJS* 8-9/98 n° 984). L'indemnité compensatrice de préavis et de congés payés, les arriérés de salaires que fera apparaître ce bulletin seront évidemment assujettis à cotisations de sécurité sociale.

– La portée de la transaction nécessite l'interprétation de la volonté des signataires qui doit être réalisée à la lumière des articles 2048 et 2049 c. civ. (art. 2048 : « Les transactions se renferment dans leur objet : la renonciation qui y est faite à tous droits, actions et prétentions ne s'entend que de ce qui est relatif au différend qui y a donné lieu » ; art. 2049 : « Les transactions ne règlent que les différends qui s'y trouvent compris... »).

La chambre sociale de la Cour de cassation, respectant l'esprit et la lettre de l'article 2048 c. civ., limitait la portée de la transaction rédigée en termes généraux aux questions se rattachant au litige à l'origine de la transaction (cass. soc. 14 mai 1997, n° 94-44.690, *RJS* 10/97 n° 1091). Mais la Cour de cassation, siégeant en assemblée plénière, a décidé de donner une large portée aux transactions rédigées en termes généraux (cass. ass. plén. 4 juillet 1997, n° 93-43.375, BC n° 10 ; *Dr. Soc.* 1997, p. 978, obs. G. Couturier ; *RJS* 10/97 n° 1090 ; *D.* 1998 J. 101, note Boulmier : une transaction conclue pour régler un litige relatif au paiement d'une indemnité de non-concurrence peut faire échec à une demande concernant une prime d'intéressement lorsque le salarié a renoncé, dans la transaction, à toutes réclamations de quelque nature qu'elles soient, relatives tant à l'exécution qu'à la rupture de son contrat de travail). Tout en respectant la solution adoptée en assemblée plénière, la chambre sociale en limite la portée lorsque les termes utilisés dans la transaction le permettent. Ainsi décide-t-elle que les clauses contractuelles destinées à trouver application postérieurement à la rupture du contrat de travail ne sont pas, sauf dispositions expresses contraires, affectées par la transaction intervenue pour régler les conséquences du licenciement ; dès lors, une clause de non-concurrence n'entre pas dans le champ d'une transaction ne faisant aucune référence à celle-ci (cass. soc. 6 mai 1998, n° 96-40.234, BC V n° 228 ; *D.* 1999 SC 42, obs. S. Frossard ; 1er mars 2000, n° 97-43.471, *RJS* 4/00 n° 404 ; dans le même sens, cass. com. 18 avril 2000, n° 98-14.785, *RJS* 11/00 n° 1084).

– La lettre de licenciement de grévistes, adressée en exécution d'une transaction valablement conclue, ne peut pas être invoquée par les grévistes pour obtenir la nullité du licenciement au motif que la lettre ne motive pas le licenciement par une faute lourde du salarié. La transaction prévoyait expressément que l'employeur enverrait une lettre de licenciement sans évoquer la faute lourde du gréviste qui était mentionnée dans la lettre de licenciement notifiée avant la transaction (cass. soc. 16 février 1994, n° 92-44.101, *CSB* 1994 A. 32).

– Les parties peuvent toujours saisir la juridiction prud'homale d'une action en contestation d'une transaction quand bien même elle aurait été constatée dans un procès-verbal dressé par le bureau de conciliation (cass. soc. 29 septembre 2010, n° 09-42.084, BC V n° 207 ; *RJS* 12/10 n° 976, 1re espèce).

Art. D. 1234-7. Le reçu pour solde de tout compte est établi en double exemplaire. Mention en est faite sur le reçu.

L'un des exemplaires est remis au salarié.

Note Le reçu pour solde de tout compte, qui n'a pas été rédigé en double exemplaire ou dont l'un des deux exemplaires n'a pas été remis au salarié, ne produit aucun effet (cass. soc. 16 juillet 1997, n° 94-41.938, BC V n° 273 ; *Dr. Soc.* 1997, p. 973 ; *RJS* 10/97 n° 1088).

Art. D. 1234-8. Le reçu pour solde de tout compte est dénoncé par lettre recommandée.

Attestation d'assurance chômage

Art. R. 1234-9. L'employeur délivre au salarié, au moment de l'expiration ou de la rupture du contrat de travail, les attestations et justifications qui lui permettent d'exercer ses droits aux prestations mentionnées à l'article L. 5421-2 et transmet ***(D. 2011-138 du 1er févr. 2011, JO 3)*** « sans délai » ces mêmes attestations ***(D. 2008-1010 du 29 sept. 2008, art. 7, JO 30)*** « à l'institution mentionnée à l'article L. 5312-1 ».

(D. 2011-138 du 1er févr. 2011, JO 3, entrée en vigueur le 01.01.2012) « Les employeurs de dix salariés et plus effectuent cette transmission à Pôle emploi par voie électronique, sauf impossibilité pour une cause qui leur est étrangère, selon des modalités précisées par un arrêté du ministre chargé de l'emploi.

Art. L. 1234-20.

L'effectif des salariés est celui de l'établissement au 31 décembre de l'année précédant l'expiration ou la rupture du contrat de travail. Pour les établissements créés en cours d'année, l'effectif est apprécié à la date de leur création. »

Note • Depuis le 1er janvier 2012, les employeurs de 10 salariés et plus doivent adresser à Pôle Emploi un exemplaire de l'attestation d'assurance chômage mais obligatoirement sous forme électronique, sauf impossibilité pour une cause qui leur est étrangère. Voir sur ce point circulaire Unédic 2011-9 du 15 février 2011.

La transmission dématérialisée de cette attestation est opérée : 1° Soit par dépôt de fichier provenant du logiciel de paie de l'employeur ; 2° Soit par saisie en ligne, par l'employeur sur le site internet de Pôle emploi (*www.pole-emploi.fr*). Lorsque l'employeur procède à la transmission par dépôt de fichier, celui-ci s'effectue : 1° Soit par internet via le protocole de transfert de fichier sécurisé SFTP ou via le site Net entreprise du groupement d'intérêt public « Modernisation des déclarations sociales » (*www.net-entreprise.fr*) ; 2° Soit par un réseau privé virtuel (VPN).

En retour de la transmission de l'attestation par dépôt de fichier, Pôle emploi délivre à l'employeur : 1° Un accusé de réception de chaque fichier ; 2° Un compte rendu de chaque attestation incluse dans le fichier déposé, précisant que l'attestation est conforme à la norme pour les déclarations dématérialisées de données sociales. L'employeur est informé, le cas échéant, des anomalies ou données manquantes dans l'attestation transmise. En retour de la transmission de l'attestation par dépôt de fichier ou par saisie en ligne, Pôle emploi délivre à l'employeur l'attestation à remettre au salarié, constituée à partir des données transmises.

Une attestation peut être corrigée par l'employeur par la transmission dématérialisée d'une nouvelle attestation (arrêté du 14 juin 2011, JO 22).

• Sur l'attestation délivrée par les entreprises de portage salarial, voir note sous article L. 1251-64.

• La non-remise à un salarié des documents Assédic lui permettant de s'inscrire au chômage entraîne nécessairement pour lui un préjudice qui doit être réparé (cass. soc. 19 mai 1998, n° 97-41.814, BC V n° 266 ; *RJS* 7/98 n° 865 ; 20 janvier 1999, n° 96-45.042, *RJS* 3/99 n° 369 ; 19 avril 2000, n° 98-41.205, *RJS* 6/00 n° 667 : absence de mention d'un licenciement). Il en est de même d'une remise tardive (cass. soc. 4 février 2004, n° 01-46.994, *CSB* 2004 S. 129). Il importe peu que le salarié ait attendu pour faire la demande ou qu'il n'apporte pas la preuve d'un préjudice (cass. soc. 13 février 2007, n° 04-48.754). L'employeur doit remettre les documents nécessaires à la détermination exacte des droits du salarié (cass. soc. 23 juin 1999, n° 97-40.861, *RJS* 10/99 n° 1276 : convention de conversion). Voir également rép. QE 1330, JO AN 17 novembre 1997, p. 4075 ; rép. QE 28514, JO AN 5 juillet 1999, p. 4149, sur la saisine de la commission paritaire de l'Assédic ; rép. QE 35567, JO AN 21 février 2000, p. 1167.

• L'employeur doit faire figurer sur l'attestation le motif exact de la rupture du contrat de travail, tel qu'il ressort de la prise d'acte du salarié qui n'est pas une démission (cass. soc. 27 septembre 2006, n° 05-40.414, BC V n° 290 ; *RJS* 12/06 n° 1275 ; *Dr. Soc.* 2006, p. 1195, obs. J. Savatier).

• L'obligation de remettre une attestation Assédic est quérable (cass. soc. 5 octobre 2004, n° 02-44.487, *RJS* 12/04 n° 1280).

• L'attestation délivrée par l'employeur n'est qu'un document de preuve non créateur de droit. Lorsqu'il existe une contestation sérieuse sur le montant du salaire, il appartient au tribunal d'instance ou de grande instance de surseoir à statuer en renvoyant le salarié à attraire l'employeur devant le conseil de prud'hommes (cass. soc. 22 février 2000, n° 98-16.492, BC V n° 73 ; *RJS* 4/00 n° 405).

• L'attestation destinée à l'Assédic ne doit pas contenir les motifs d'ordre personnel qui sont à l'origine de la rupture du contrat de travail ; le comportement abusif de l'employeur à cet égard justifie la réparation du préjudice, distinct de celui résultant du licenciement, subi par le salarié (cass. soc. 8 octobre 1992, n° 91-43.638, *RJS* 11/92 n° 1256).

• Dans le cadre d'une procédure de redressement judiciaire simplifiée, le représentant des créanciers n'est pas débiteur ès qualités de l'obligation de délivrer une attestation Assédic (cass. soc. 8 octobre 2003, n° 01-45.654, *RJS* 12/03 n° 1395).

Art. R. 1234-10. Un modèle d'attestation est établi par ***(D. 2008-1010 du 29 sept. 2008, art. 7, JO 30)*** « l'organisme gestionnaire du régime d'assurance chômage ».

Art. R. 1234-11. Les entreprises de travail temporaire, pour leurs salariés titulaires d'un contrat de mission, et les associations intermédiaires, pour leurs salariés embauchés en contrat de travail à durée déterminée en vue d'être mis à disposition, peuvent ne remettre les attestations et justifications mentionnées à l'article R. 1234-9 que sur demande du salarié, à la condition que le contrat de travail mentionne le droit pour le salarié d'obtenir sans délai ces documents dès le jour d'expiration du contrat.

Art. R. 1234-12. Pour les entreprises de travail temporaire, les relevés mensuels des contrats de mission, prévus à l'article L. 1251-46, tiennent lieu d'attestation pour leurs salariés qui en sont titulaires, sous réserve de la production, par leur employeur, des informations complémentaires figurant dans le modèle d'attestation prévu à l'article R. 1234-10.

Art. R. 1238-3. Le fait de ne pas délivrer au salarié un certificat de travail, en méconnaissance des dispositions de l'article L. 1234-19, est puni de l'amende prévue pour les contraventions de la quatrième classe.

Art. R. 1238-7. Le fait de méconnaître les dispositions des articles R. 1234-9 à R. 1234-12, relatives à l'attestation d'assurance chômage, est puni de l'amende prévue pour les contraventions de la cinquième classe.

CHAPITRE V

Contestations et sanctions des irrégularités du licenciement

SECTION 1. Dispositions communes

Art. L. 1235-1. En cas de litige, le juge, à qui il appartient d'apprécier la régularité de la procédure suivie et le caractère réel et sérieux des motifs invoqués par l'employeur, forme sa conviction au vu des éléments fournis par les parties après avoir ordonné, au besoin, toutes les mesures d'instruction qu'il estime utiles.

Si un doute subsiste, il profite au salarié.

Note

• **Preuve du licenciement.** C'est à la partie qui invoque un congédiement d'en rapporter la preuve (cass. soc. 6 novembre 1985, Jolivet c/ Enoch ; 14 juin 1989, n° 86-42.423 ; 3 avril 1990, n° 87-42.703). Une telle preuve peut se trouver administrée par une attestation destinée à l'Assédic dans laquelle l'employeur avait mentionné que le salarié concerné avait été licencié (cass. soc. 27 septembre 1989, n° 85-41.500).

Le licenciement notifié ne peut pas être rétracté unilatéralement par l'employeur ; celui-ci ne peut revenir sur le licenciement qu'il a prononcé qu'avec l'accord du salarié (cass. soc. 12 mai 2004, n° 02-41.173, *RJS* 7/04 n° 801 ; 7 juillet 1999, n° 97-43.403, *RJS* 10/99 n° 1240 ; 19 février 1992, n° 88-43.020, BC V n° 96 ; *RJS* 4/92 n° 416).

La Cour de cassation assimile au licenciement l'action en justice exercée par l'employeur tendant à faire prononcer la rupture du contrat de travail à durée indéterminée (cass. soc. 22 février 2000, n° 97-41.333, BC V n° 69 ; *Dr. Soc.* 2000, p. 441, note J. Mouly).

• **Preuve du caractère réel et sérieux du licenciement.** Les règles en matière d'établissement de la preuve s'appliquent, s'agissant de tous les licenciements individuels ou collectifs, aux litiges portant sur la régularité de la procédure suivie et sur le caractère réel et sérieux du motif du licenciement.

Charge de la preuve. L'administration de la preuve, dans tous les cas de licenciement, en ce qui concerne la régularité de la procédure suivie et le caractère réel et sérieux des motifs du licenciement, est l'œuvre commune de chacune des deux parties et du juge qui forme sa conviction au vu des éléments fournis par chaque partie et, au besoin, par des enquêtes ou des expertises ; il peut, à bon droit, refuser toutes mesures d'instruction complémentaires qui lui seraient demandées par l'une ou l'autre des parties au litige, ou ne pas prendre l'initiative d'en ordonner s'il s'estime suffisamment informé ou s'il a la conviction qu'elles seraient inutiles (cass. soc. 28 mars 1979, Langlois c/ Sté Saveco et 12 janvier 1984, *JS* 1984 SJ 75), ou encore lorsque le plaideur qui demande la mesure d'instruction n'a pas jusque-là contribué à la recherche de la preuve (cass. soc. 20 novembre 1980, *Dr. Ouvr.* 1982, p. 156 ; CA Lyon 19 novembre 1974, *Dr. Ouvr.* 1976, p. 41).

À de très nombreuses reprises, la Cour de cassation a été amenée à rappeler que « si la charge de la preuve du caractère réel et sérieux des motifs du licenciement ne pèse pas sur l'employeur, il incombe à celui-ci d'alléguer des faits précis sur lesquels il fonde le licenciement » (cass. soc. 24 septembre 1987, n° 85-41.581).

Le juge ne doit pas limiter sa recherche de l'exactitude et du sérieux de la cause du licenciement à l'analyse des motifs allégués par l'employeur. Il doit également vérifier si le motif, prétendument véritable selon les dires du salarié, est ou n'est pas réel et sérieux (cass. soc. 23 octobre 1991, 88-44.099, BC V n° 427 ; *CSB* 1991 A. 63 ; 28 avril 1994, n° 90-45.687, *Dr. Soc.* 1994, p. 719 ; 10 avril 1996, n° 93-41.755, BC V n° 149 ; *CSB* 1996 p. 210 ; *RJS* 5/96 n° 527 ; 26 mai 1998, n° 96-41.062, BC V n° 276 ; *RJS* 7/98 n° 840).

Par ailleurs, la Cour de cassation a précisé que les enregistrements des comportements des salariés à l'aide de moyens audiovisuels à l'insu des intéressés (cass. soc. 20 novembre 1991, n° 88-43.120, BC V n° 519 ; *CSB* 1992 A. 4) ou les comptes rendus de filature (cass. soc. 15 mai 2002, n° 00-42.885, *RJS* 7/02 n° 782 ; 22 mai 1995, n° 93-44.078, BC V n° 164 ; *RJS* 7/95 n° 757) constituent un mode de preuve illicite. De façon plus générale, la chambre sociale de la Cour de cassation juge que l'employeur ne peut pas mettre en œuvre un dispositif de surveillance clandestin et à ce titre déloyal (cass. soc. 18 mars 2008, n° 06-45.093, BC V n° 64 ; *RJS* 6/08 n° 647 : vérification par deux salariés, agissant au nom de l'employeur, qui se rendent dans un restaurant, se présentent comme clients et qui constatent qu'un salarié de l'entreprise travaille dans ce restaurant pendant son temps de travail dans l'entreprise ; le procédé est jugé déloyal).Mais les images captées par un système de vidéosurveillance peuvent constituer un moyen de preuve licite dès lors que les salariés ont été informés du dispositif avant sa mise en place (cass. soc. 15 mai 2001, n° 99-42.219, BC V n° 167) et que le comité d'entreprise, ou à défaut les délégués du personnel, ont été informés et consultés sur celui-ci avant sa mise en œuvre (cass. soc. 7 juin 2006, n° 04-43.866, BC V n° 206). Voir aussi cass. soc. 10 janvier 2012, n° 10-23.482, s'agissant de l'utilisation illicite comme mode de preuve des enregistrements d'un système de vidéosurveillance installé sur le site d'une société cliente.

En revanche, un salarié peut produire en justice pour assurer sa défense dans le procès qui l'oppose à l'employeur les documents de l'entreprise dont il a connaissance à l'occasion de l'exercice de ses fonctions (cass. soc. 30 juin 2004, n° 02-41.720, BC V n° 187 ; *RJS* 10/04 n° 1009 ; 2 décembre 1998, n° 96-44.258, BC V n° 535 ; *RJS* 1/99 n° 17). La chambre criminelle de la Cour de cassation, qui qualifiait de vol la photocopie de documents de l'entreprise réalisée en vue d'être produite en justice, décide maintenant que le vol n'est pas constitué lorsqu'un salarié reproduit sans l'autorisation de l'employeur des documents de l'entreprise dont il a connaissance à l'occasion de ses fonctions et qui sont strictement nécessaires à l'exercice des droits de sa défense (cass. crim. 11 mai 2004, n° 03-85.521, B. crim. n° 117 ; *RJS* 8-9/04 n° 887, 1re espèce).

La Cour de cassation admet la production en justice d'une attestation établie par la personne ayant assisté le salarié au cours de l'entretien (salarié de l'entreprise ou conseiller extérieur) : cass. soc. 12 février 2002, n° 99-45.634, *RJS* 5/02 n° 549 ; 27 mars 2001, n° 98-44.666, BC V n° 108 ; *RJS* 6/01 n° 732 ; en cas de fausse attestation délibérée, l'assistant s'expose à une sanction pénale (cass. crim. 26 mars 2002, n° 01-84.215, *RJS* 7/02 n° 795 : délit d'établissement d'une attestation faisant état de faits matériellement inexacts).

Risque de la preuve. Déjà prévue, en matière disciplinaire, la règle selon laquelle le « doute » du juge profite au salarié a été introduite par la loi du 8 août 1989 dans le domaine du licenciement ; elle s'applique à tous les licenciements, qu'ils soient inhérents à la personne du salarié ou prononcés pour un motif économique. Si, « en fin de parcours », le juge estime qu'il ne lui est pas possible d'avoir une certitude, il devra décider, en application de la nouvelle règle, que le licenciement est dépourvu de cause réelle et sérieuse. Le Conseil constitutionnel a reconnu la constitutionnalité de cette nouvelle règle : ces dispositions « qui ont pour but d'assurer, selon des règles identiques, le contrôle juridictionnel des conditions légales du licenciement ne sont en rien contraires au principe d'égalité des citoyens devant la loi... ».

• **Notion de cause réelle et sérieuse.** Voir note sous art. L. 1232-1.

• **Autorité de la chose jugée au pénal.** La décision de relaxe du tribunal correctionnel s'impose au juge prud'homal ; les faits de vol allégués par l'employeur pour justifier le licenciement ne peuvent pas constituer une cause réelle et sérieuse si le juge répressif a décidé que l'élément matériel de l'infraction de vol n'était pas établi (cass. soc. 20 mars 1997, n° 94-41.918, BC V n° 120 ; 12 mars 1991, n° 88-43.153, BC V n° 122 ; *Dr. Soc.* 1991, p. 632). Mais lorsque la décision de relaxe rendue par le tribunal correctionnel fait l'objet d'un appel de la seule partie civile, la cour d'appel, qui ne peut pas prononcer une peine, est tenue d'apprécier et de qualifier les faits en vue de condamner, s'il y a lieu, le prévenu relaxé à des dommages-intérêts (cass. crim. 22 octobre 1997, n° 96-85.970, B. crim. n° 345). L'arrêt d'appel qui déclare établis les faits de vol dans de telles circonstances a l'autorité de la chose jugée : le licenciement pour vol a une cause réelle et sérieuse, malgré la décision de relaxe, si la cour d'appel déclare les faits de vol établis (cass. soc. 6 juillet 1999, n° 96-40.882, BC V n° 325).

Art. L. 1235-2. Si le licenciement d'un salarié survient sans que la procédure requise ait été observée, mais pour une cause réelle et sérieuse, le juge impose à l'employeur d'accomplir la procédure prévue et accorde au salarié, à la charge de l'employeur, une indemnité qui ne peut être supérieure à un mois de salaire.

Note

Champ d'application

• Les sanctions prévues à cet article ne s'appliquent pas :
– aux licenciements prononcés par des employeurs occupant habituellement moins de onze salariés (art. L. 1235-5) ; il appartient au juge de rechercher, sans pouvoir faire reposer la charge de la preuve sur le salarié, si l'employeur occupe au moins onze salariés (cass. soc. 24 janvier 1991, n° 89-40.272). Les salariés qui sont dirigeants de l'entreprise doivent être pris en compte dans le calcul des effectifs (cass. soc. 18 janvier 1995, n° 91-41.070, BC V n° 30 ; *RJS* 3/95 n° 223) ;
– aux licenciements de salariés ayant moins de deux années d'ancienneté dans l'entreprise (art. L. 1235-5) ; l'ancienneté s'apprécie à la date d'envoi de la lettre recommandée de licenciement (cass. soc. 26 septembre 2006, n° 05-43.841, BC V n° 288 ; *RDT*, décembre 2006, CH, 386, B. Reynès ; *Dr. Soc.* 2006, p. 1193, obs. J. Savatier).

Sanctions des irrégularités de procédure

• Le juge ne peut sanctionner les irrégularités de procédure que s'il considère le licenciement comme motivé par une cause réelle et sérieuse (cass. soc. 25 mai 1976, n° 75-40.337, BC V n° 312 ; 24 janvier 1996, n° 92-42.805, BC V n° 27 ; *CSB* 1996 A. 29). Si le licenciement n'est pas fondé sur une cause réelle et sérieuse, les irrégularités de procédure ne peuvent pas être sanctionnées ; seules sont applicables les sanctions prévues en cas de licenciement irrégulier pour des raisons de fond (réintégration ou indemnité au moins égale à six mois de salaire).

L'absence de sanctions des irrégularités procédurales lorsque le licenciement a une cause réelle et sérieuse ne concerne que les irrégularités de procédure au regard des articles L. 1232-2 et s. ; l'inobservation de règles procédurales imposées par la convention collective applicable dans l'entreprise ouvre au salarié droit à indemnité, alors même que le licenciement n'a pas de cause réelle et sérieuse (cass. soc. 1er juin 1994, n° 92-42.295, BC V n° 184 ; *RJS* 7/94 n° 854) ; de même, la violation de la procédure disciplinaire ouvre droit à indemnité, même lorsque le licenciement n'a pas de cause réelle et sérieuse (cass. soc. 26 mai 1993, n° 88-42.314).

L'indemnité pour irrégularité de procédure de licenciement se cumule avec l'indemnité accordée au titre de la nullité du licenciement ; l'article L. 1235-2 est, dans ce cas, inapplicable. La solution est une conséquence du principe de la réparation intégrale du préjudice en cas de nullité (cass. soc. 23 janvier 2008, n° 06-42.919, BC V n° 20 ; *RJS* 4/08 n° 405).

• En demandant, en application de l'ancien article L. 122-14-4, une indemnité pour licenciement sans cause réelle et sérieuse, le salarié congédié « invoque le maximum de droits auxquels il peut prétendre en application de cet article » et doit donc obtenir, le cas échéant, une indemnité pour irrégularité de procédure (voir notamment cass. soc. 14 décembre 1983, n° 81-40.924, BC V n° 618 ; 17 octobre 1984, *JS* 1985 SJ 7 ; 5 décembre 1985, *JS* 1986 SJ 42).

• Toute inobservation ou irrégularité se produisant à un stade quelconque de la procédure est sanctionnable, sauf si elle a été régularisée par l'employeur ou si elle est due au fait du salarié congédié (cass. soc. 26 juin 1985, *JS* 1985, SJ 272). Mais l'absence d'entretien préalable ne prive pas d'efficacité la rupture du contrat de travail (cass. soc. 24 janvier 1990, n° 89-60.019, BC V n° 27).

• Obligation d'accomplir la procédure prévue

– Le juge n'est pas tenu d'imposer à l'employeur d'accomplir la procédure si le salarié ne l'a pas expressément demandé (cass. soc. 16 novembre 1976, Bareille c/ Caisse rég. de Crédit agricole de l'Ariège).

– Un conseil de prud'hommes peut valablement condamner un employeur à remettre à un salarié qu'il a congédié une lettre de licenciement dans les formes légales – recommandée avec demande d'avis de réception (cass. soc. 28 novembre 1989, n° 87-40.857, *CSB* 1990 S. 7).

– Le juge du fond qui sanctionne l'irrégularité formelle d'un licenciement par l'octroi de l'indemnité prévue à l'ancien article L. 122-14-4 peut, à bon droit, estimer inutile d'ordonner l'accomplissement de la procédure si cette formalité lui apparaît sans intérêt, compte tenu des circonstances de fait propres à l'espèce qui lui est soumise (cass. soc. 16 mai 1978, n° 76-41.106, BC V n° 199).

– Le juge des référés qui prescrit l'accomplissement de la procédure ne peut ordonner la réintégration du salarié irrégulièrement licencié (cass. soc. 29 juin 1978, n° 77-11.788, BC V n° 540).

– Un licenciement prononcé sans qu'ait été respectée la procédure préliminaire n'est pas nul et une cour d'appel ne peut, du seul fait de l'irrégularité de procédure, condamner l'employeur à payer au salarié ses salaires jusqu'à régularisation de la procédure (cass. soc. 15 novembre 1979, n° 78-40.331, BC V n° 855).

• Indemnité due au salarié

– La sanction de violation des formes du licenciement est encourue du seul fait de l'inobservation des règles sans que le salarié ait à justifier d'un préjudice (cass. soc. 22 février 1990, n° 87-45.762).

– La Cour de cassation juge depuis plusieurs années que la sanction consistant en l'octroi d'une indemnité au salarié peut n'être que de principe (cass. soc. 23 octobre 1991, n° 88-43.235, BC V n° 429 ; *Dr. Soc.* 1991, p. 956). Elle a confirmé cette jurisprudence (cass. soc. 5 mars 2002, n° 00-41.453, BC V n° 84 ; *RJS* 5/02 n° 552 : un franc symbolique) alors que, à propos de l'application de l'article L. 1235-5 (ancien article L. 122-14-5) CT, elle décide maintenant que « le non-respect de la procédure entraîne nécessairement un préjudice dont la réparation n'est pas assurée par l'allocation d'un franc symbolique » (cass. soc. 11 mars 1998, n° 96-41.350, BC V n° 136 ; *CSB* 1998, A. 31).

Art. L. 1235-3. Si le licenciement d'un salarié survient pour une cause qui n'est pas réelle et sérieuse, le juge peut proposer la réintégration du salarié dans l'entreprise, avec maintien de ses avantages acquis.

Si l'une ou l'autre des parties refuse, le juge octroie une indemnité au salarié. Cette indemnité, à la charge de l'employeur, ne peut être inférieure aux salaires des six derniers mois. Elle est due sans préjudice, le cas échéant, de l'indemnité de licenciement prévue à l'article L. 1234-9.

Note **Champ d'application.** Voir note sous art. L. 1235-2.

• Absence de réintégration imposée. En cas de licenciement qui n'est pas fondé sur une cause réelle et sérieuse, le tribunal peut proposer la réintégration du salarié à condition, notamment, que celui-ci l'ait demandée, mais il n'est jamais tenu de le faire. La cour d'appel peut proposer la réintégration, même si le premier juge ne l'a pas fait. Si la réintégration est proposée, elle ne peut devenir effective que dans la mesure où l'employeur et le travailleur l'acceptent l'un et l'autre (cass. soc. 29 janvier 1981, n° 79-41.038, BC V n° 80 ; cass. soc. 6 mai 1982, n° 81-12.007, BC V n° 280). En cas de refus par l'un ou l'autre, l'indemnité octroyée par le tribunal ne peut être inférieure aux salaires des six derniers mois (cass. soc. 6 juillet 1988, Boschini c/ SA Infrafor-Cofor).

• **Indemnité minimale.** Le licenciement sans cause réelle et sérieuse est sanctionné, à défaut de réintégration, par le versement, à la charge de l'employeur, d'une indemnité qui ne peut être inférieure aux salaires des six derniers mois. La Cour de cassation précise qu'il s'agit des salaires bruts et non des salaires nets (cass. soc. 22 juin 1993, n° 91-43.560, BC V n° 175 ; *Dr. Soc.* 1993, p. 774 ; 13 juillet 2004, n° 03-43.780, BC V n° 207 ; *RJS* 10/04 n° 1025). La détermination du montant des dommages-intérêts dus au salarié licencié sans cause réelle et sérieuse est évaluée souverainement par les juges du fond (cass. soc. 22 janvier 1987, *JS* 1987 NB 15). Le fait, pour un salarié, de réclamer une somme inférieure à celle à laquelle il a droit en application de l'ancien article L. 122-14-4 n'indique pas de sa part la reconnaissance d'un motif réel et sérieux de licenciement (cass. soc. 11 octobre 1990, n° 87-40.277, BC V n° 460).

• **Cumul de sanctions.** Si le cumul de sanctions (pour irrégularité de fond et pour irrégularité de forme) est interdit, rien n'empêche le salarié de demander, à titre principal, en se fondant sur l'absence de cause réelle et sérieuse de licenciement, sa réintégration dans l'entreprise ou une indemnité pour licenciement sans cause réelle et sérieuse et, à titre subsidiaire, une indemnité pour licenciement irrégulier en la forme pour le cas où l'existence d'une cause réelle et sérieuse serait retenue par le juge.

En revanche, peuvent se cumuler une indemnité pour licenciement sans cause réelle et sérieuse et des dommages-intérêts pour licenciement abusif (cass. soc. 22 juillet 1986 et trois autres arrêts cités dans *JS* 1986, F 73 ; 12 mars 1987, n° 84-41.002, BC V n° 147 ; 7 mars 1991, n° 89-41.352, BC V n° 114 : circonstances de la rupture vexatoires en raison de la brutalité du licenciement ; 2 avril 1987, *JS* 1987 NB 69 : préjudice moral et financier causé au salarié licencié sans cause réelle et sérieuse ; 5 décembre 1995, n° 92-42.878, *CSB* 1996 B. 35). De même, sont admis le cumul d'une indemnité sanctionnant l'absence de cause réelle et sérieuse et d'une indemnité sanctionnant la violation d'une procédure conventionnelle (cass. soc. 1er juin 1994, n° 92-42.295, BC V n° 184 ; *RJS* 7/94 n° 854 ; *Dr. Soc.* 1994, p. 800) ainsi que le cumul d'une indemnité sanctionnant l'absence de cause réelle et sérieuse avec une indemnité sanctionnant la perte d'une chance (cass. soc. 31 mai 2011, n° 09-71.350, *RJS* 8-9/11 n° 731 : perte de la chance de pouvoir bénéficier de l'avantage retraite applicable dans l'entreprise).

Par ailleurs, est licite le cumul de dommages-intérêts accordés pour inobservation de la procédure de licenciement et d'une indemnité destinée à réparer non pas l'absence de cause réelle et sérieuse, mais le préjudice résultant des circonstances abusives du licenciement (cass. soc. 23 mars 1989, n° 85-43.577).

Art. L. 1235-4. Dans les cas prévus aux articles L. 1235-3 et L. 1235-11, le juge ordonne le remboursement par l'employeur fautif aux organismes intéressés de tout ou partie des indemnités de chômage versées au salarié licencié, du jour de son licenciement au jour du jugement prononcé, dans la limite de six mois d'indemnités de chômage par salarié intéressé.

Ce remboursement est ordonné d'office lorsque les organismes intéressés ne sont pas intervenus à l'instance ou n'ont pas fait connaître le montant des indemnités versées.

Note

• **Remboursement des indemnités de chômage**

– Le remboursement des indemnités de chômage est une peine privée accessoire ; il en résulte que l'employeur ne peut pas imputer sur ce remboursement les sommes qu'il a versées à l'Assédic au titre des conventions de conversion (deux mois de préavis) (cass. soc. 12 juin 2001, n° 99-41.571, BC V n° 214 ; *SSL* 25 juin 2001, p. 12).

– La loi du 30 décembre 1986 a apporté une double limite au remboursement des indemnités de chômage par l'employeur : 1) le juge peut ordonner le remboursement de tout ou partie seulement des indemnités versées au salarié licencié ; 2) le remboursement s'effectue dans la limite maximale de six mois d'indemnisation.

– Le remboursement des indemnités de chômage est dû dans l'hypothèse du licenciement sans cause réelle et sérieuse. Elle joue aussi bien s'il s'agit d'un licenciement individuel ou d'un licenciement collectif et ceci, quelle que soit la nature du licenciement (inhérent à la personne du salarié ou pour motif économique). Il est également dû en application de l'article L. 1235-11 lorsque la procédure de licenciement collectif est nulle.

Il ne s'applique pas au licenciement prononcé en violation des règles particulières aux victimes d'accident du travail ou de maladie professionnelle édictées par l'article L. 1226-9 CT (cass. soc. 16 octobre 1991, n° 89-40.481, BC V n° 413 ; *CSB* 1991 A. 59), ni en cas de violation de l'ordre des licenciements (cass. soc. 23 mars 1994, n° 91-43.735, BC V n° 104 ; *Dr. Soc.* 1994, p. 711), ni en cas d'irrégularité de la procédure de licenciement individuel (cass. soc. 26 mars 1980, n° 78-41.369, BC V n° 298).

Le droit de l'Assédic d'obtenir le remboursement des indemnités de chômage payées à un travailleur licencié n'est pas, en principe, subordonné à d'autres conditions que la condamnation, par le même juge, de l'employeur fautif au versement d'une indemnité pour licenciement sans cause réelle et sérieuse (cass. soc. 14 mai 1987, n° 84-43.881). La Cour de cassation décide cependant qu'un employeur peut éviter l'obligation de rembourser les allocations de chômage s'il établit que ces allocations ont été payées indûment (cass. soc. 9 mars 1994, n° 91-21.926, BC V n° 86 ; *RJS* 5/94 n° 537).

L'Assédic est réputée être partie au litige opposant l'employeur au salarié licencié sans cause réelle et sérieuse ; le remboursement des indemnités de chômage doit être ordonné d'office par la juridiction saisie, même lorsque l'Assédic n'a présenté aucune demande. L'Assédic peut intervenir en cause d'appel alors même qu'elle n'a présenté aucune demande de remboursement en première instance (cass. soc. 7 décembre 1994, n° 91-42.507 ; 16 mars 1995, n° 93-44.201).

Lorsque le salarié se désiste de son instance, il convient de distinguer deux situations : si le salarié se désiste en première instance, le jugement ne peut pas ordonner le remboursement des indemnités de chômage à l'Assédic qui était intervenue à l'instance (cass. soc. 14 janvier 1982, n° 79-42.492, BC V n° 25). Si le salarié ou l'employeur se désiste au cours de la procédure d'appel, ce désistement dessaisit la cour d'appel du litige mais la condamnation prononcée en première instance au bénéfice de l'Assédic produit tous ses effets (cass. soc. 16 juillet 1987, n° 84-45.944, BC V n° 517) ; lorsque l'Assédic est intervenue dans l'instance d'appel, le désistement du salarié du chef de sa demande de dommages-intérêts pour licenciement sans cause réelle et sérieuse n'a pas dessaisi la cour d'appel du litige opposant l'Assédic à l'employeur (cass. soc. 18 juillet 2001, n° 99-45.534, BC V n° 279 ; *SSL* 30 juillet 2001, p. 12). De la même façon, si une transaction est conclue entre le salarié et l'employeur au cours de la procédure d'appel, celle-ci n'est pas opposable à l'Assédic : cet organisme peut invoquer les dispositions du jugement ordonnant le remboursement par l'employeur des allocations de chômage versées au salarié (cass. soc. 7 juin 1995, n° 91-43.234, BC V n° 188 ; *RJS* 8-9/95 n° 876). Dans le cas où le juge de première instance a condamné l'employeur à verser au salarié une indemnité en raison de l'absence de cause réelle et sérieuse mais a omis d'ordonner le remboursement des indemnités de chômage au profit de l'Assédic, le désistement d'instance de l'employeur ou du salarié en appel ne prive pas l'Assédic de la possibilité de faire réparer par le conseil de prud'hommes l'omission de statuer dont était affecté le jugement (cass. soc. 7 juin 1995, n° 91-43.042, BC V n° 189 ; *RJS* 8-9/95 n° 876).

Le délai de recours de l'Assédic contre une décision statuant à son égard en application de l'ancien article L. 122-14-4 CT ne court qu'à compter de la date à laquelle la décision lui a été régulièrement notifiée, conformément aux dispositions des articles L. 516-42 (ancien) CT et 680 NCPC (cass. soc. 27 février 1991, n° 89-40.499, BC V n° 107 ; *RJS* 4/91 n° 454).

Art. R. 1235-1. Lorsque le jugement ordonnant ***(D. 2008-1010 du 29 sept. 2008, art. 7, JO 30)*** « d'office » le remboursement par l'employeur fautif de tout ou partie des allocations de chômage, prévu à l'article L. 1235-4, est exécutoire, ***(D. 2008-1010 du 29 sept. 2008, art. 7, JO 30)*** « l'institution mentionnée à l'article L. 5312-1, pour le compte de l'organisme gestionnaire du régime d'assurance chômage prévu à l'article L. 5427-1 » peut poursuivre leur recouvrement devant le tribunal d'instance du domicile de l'employeur. ***(D. 2008-1010 du 29 sept. 2008, art. 7, JO 30)*** « Tout autre juge se déclare d'office incompétent. »

Lorsque le licenciement est jugé comme ne résultant pas d'une faute grave ou lourde, une copie du jugement est transmise à ***(D. 2008-1010 du 29 sept. 2008, art. 7, JO 30)*** « l'institution mentionnée à l'article L. 5312-1 », dans les conditions prévues à l'article R. 1235-2.

Art. R. 1235-2. Lorsqu'un conseil de prud'hommes a ordonné d'office le remboursement des allocations de chômage, le greffier du conseil de prud'hommes, à l'expiration du délai d'appel, adresse à ***(D. 2008-1010 du 29 sept. 2008, art. 7, JO 30)*** « l'institution mentionnée à l'article L. 5312-1 » une copie certifiée conforme du jugement en précisant si ce dernier a fait ou non l'objet d'un appel.

La copie certifiée conforme du jugement est adressée par lettre simple ***(D. 2008-1010 du 29 sept. 2008, art. 7, JO 30)*** « à la direction générale de cette institution ».

Lorsque le remboursement des allocations de chômage a été ordonné d'office par une cour d'appel, le greffier de cette juridiction adresse à ***(D. 2008-1010 du 29 sept. 2008, art. 7, JO 30)*** « l'institution susmentionnée », selon les formes prévues au deuxième alinéa, une copie certifiée conforme de ***(D. 2008-1010 du 29 sept. 2008, art. 7, JO 30)*** « l'arrêt ».

[Art. R. 1235-3. Abrogé par décret 2008-1010 du 29 septembre 2008, art. 7, JO 30.]

Note Cet article a été abrogé par le décret 2008-1010 du 29 septembre 2008, art. 7, JO 30 (entrée en vigueur à la date de la première réunion du conseil d'administration de l'institution visée à l'article L. 5312-1, soit le 19 décembre 2008).

Art. R. 1235-4. ***(D. 2008-1010 du 29 sept. 2008, art. 7, JO 30)*** « La demande en recouvrement » est formée par simple requête remise ou adressée au greffe.

(D. 2008-1010 du 29 sept. 2008, art. 7, JO 30) « Elle indique la dénomination et l'adresse de l'institution mentionnée à l'article L. 5312-1, et la dénomination, la forme et le siège social de l'organisme gestionnaire du régime d'assurance chômage pour le compte duquel cette dernière agit. Elle indique également la dénomination, la forme et le siège social de l'employeur si ce dernier est une personne morale, ainsi que l'organe qui le représente légalement. Si l'employeur est une personne physique, elle indique ses noms, prénoms, profession et adresse. »

Elle précise le montant des allocations dont le remboursement a été ordonné.

La copie certifiée conforme de la décision et un relevé de compte individuel de l'allocataire sont joints à la demande.

Art. R. 1235-5. Au vu des documents produits à l'appui de ***(D. 2008-1010 du 29 sept. 2008, art. 7, JO 30)*** « la demande en recouvrement », le juge rend une ordonnance portant injonction de payer. La requête et l'ordonnance sont conservées au greffe, à titre de minute.

Les documents produits sont provisoirement conservés au greffe.

Art. R. 1235-6. Une copie certifiée conforme de la requête et de l'ordonnance est notifiée à l'employeur par le greffier, par lettre recommandée avec avis de réception.

Art. R. 1235-7. L'employeur peut s'opposer à l'ordonnance portant injonction de payer, en formant opposition devant le tribunal d'instance qui a rendu l'ordonnance.

L'opposition est formée dans le mois qui suit la notification de l'ordonnance.

Toutefois, si la notification n'a pas été adressée, l'opposition est recevable jusqu'à l'expiration du délai d'un mois suivant le premier acte signifié à personne ou, à défaut, suivant la première mesure d'exécution ayant pour effet de rendre indisponibles en tout ou partie les biens de l'employeur.

Art. R. 1235-8. À peine de nullité, la notification de l'ordonnance informe l'employeur qu'il doit payer à ***(D. 2008-1010 du 29 sept. 2008, art. 7, JO 30)*** « l'institution » le montant des allocations versées, sauf à former opposition s'il a à faire valoir des moyens de défense.

Sous la même sanction, la notification de l'ordonnance :

1° Indique le délai dans lequel l'opposition doit être formée, le tribunal devant lequel elle doit être portée et les formes selon lesquelles elle doit être faite ;

2° Avertit l'employeur qu'il peut prendre connaissance au greffe des documents produits par ***(D. 2008-1010 du 29 sept. 2008, art. 7, JO 30)*** « l'institution », et qu'à défaut d'opposition dans le délai indiqué il ne peut plus contester la créance et peut être contraint de la payer par toutes voies de droit.

Art. R. 1235-9. L'opposition est formée au greffe soit par déclaration contre récépissé, soit par lettre recommandée.

Art. R. 1235-10. Le greffier convoque l'employeur et *(D. 2008-1010 du 29 sept. 2008, art. 7, JO 30)* « l'institution » par lettre recommandée avec avis de réception quinze jours au moins avant la date de l'audience.

Art. R. 1235-11. Si aucune des parties ne se présente, le tribunal d'instance constate l'extinction de l'instance. Celle-ci rend non avenue l'ordonnance portant injonction de payer.

Art. R. 1235-12. Le tribunal d'instance statue sur l'opposition quel que soit le montant des allocations dont le remboursement a été réclamé. Le jugement du tribunal se substitue à l'ordonnance portant injonction de payer.

Le tribunal statue à charge d'appel lorsque le montant de la demande excède le taux de sa compétence en dernier ressort.

Art. R. 1235-13. Si, dans son opposition, l'employeur prétend que le remboursement des indemnités de chômage a été ordonné dans un cas où cette mesure est exclue par la loi, le tribunal d'instance renvoie l'affaire à la juridiction qui a statué aux fins d'une rétractation éventuelle du jugement sur ce point. La rétractation ne peut en aucun cas remettre en question la chose jugée entre l'employeur et le travailleur licencié, ni l'appréciation portée par la juridiction sur l'absence de cause réelle et sérieuse du licenciement.

Le greffier du tribunal d'instance transmet aussitôt le dossier de l'affaire à cette juridiction.

Le greffier de la juridiction qui a statué convoque *(D. 2008-1010 du 29 sept. 2008, art. 7, JO 30)* « l'institution mentionnée à l'article L. 5312-1 » et l'employeur, selon le cas, devant le bureau de jugement du conseil de prud'hommes ou devant la chambre sociale de la cour d'appel, quinze jours au moins à l'avance, par lettre recommandée avec avis de réception.

La juridiction qui a statué se prononce sur l'ensemble du litige résultant de l'opposition et est habilitée à liquider la somme due par l'employeur à l'institution.

La décision prononcée sur la demande de rétractation est mentionnée sur la minute et sur les expéditions du jugement.

L'auteur d'une demande dilatoire ou abusive de rétractation peut être condamné à une amende civile de 15 euros à 1 500 euros.

Art. R. 1235-14. En l'absence d'opposition dans le mois qui suit la notification de l'ordonnance portant injonction de payer, quelles que soient les modalités de la notification, ou en cas de désistement de l'employeur qui a formé opposition, *(D. 2008-1010 du 29 sept. 2008, art. 7, JO 30)* « l'institution » peut demander l'apposition sur l'ordonnance de la formule exécutoire.

L'ordonnance produit tous les effets d'un jugement contradictoire. Elle n'est pas susceptible d'appel.

Art. R. 1235-15. La demande tendant à l'apposition de la formule exécutoire est formée au greffe soit par déclaration, soit par lettre simple.

Art. R. 1235-16. Les documents produits par *(D. 2008-1010 du 29 sept. 2008, art. 7, JO 30)* « l'institution » et conservés provisoirement au greffe lui sont restitués sur sa demande dès l'opposition ou au moment où l'ordonnance est revêtue de la formule exécutoire.

Art. R. 1235-17. En cas de pourvoi en cassation dirigé contre une décision qui a condamné un employeur pour licenciement sans cause réelle et sérieuse en application des dispositions de l'article L. 1235-3, la cassation du chef de la décision qui emporte condamnation au profit du salarié atteint le chef de la décision qui ordonne d'office le remboursement des indemnités de chômage.

Art. L. 1235-5. Ne sont pas applicables au licenciement d'un salarié de moins de deux ans d'ancienneté dans l'entreprise et au licenciement opéré dans une entreprise employant habituellement moins de onze salariés, les dispositions relatives :

1° Aux irrégularités de procédure, prévues à l'article L. 1235-2 ;
2° À l'absence de cause réelle et sérieuse, prévues à l'article L. 1235-3 ;
3° Au remboursement des indemnités de chômage, prévues à l'article L. 1235-4.

Le salarié peut prétendre, en cas de licenciement abusif, à une indemnité correspondant au préjudice subi.

Toutefois, en cas de méconnaissance des dispositions des articles L. 1232-4 et L. 1233-13, relatives à l'assistance du salarié par un conseiller, les dispositions relatives aux irrégularités de procédure prévues à l'article L. 1235-2 s'appliquent même au licenciement d'un salarié ayant moins de deux ans d'ancienneté et au licenciement opéré dans une entreprise employant habituellement moins de onze salariés.

Note **Principe.** Les sanctions prévues par les articles L. 1235-2 et L. 1235-3 en cas de violation des règles de procédure ou de licenciement sans cause réelle et sérieuse ne sont applicables ni aux salariés ayant moins de deux ans d'ancienneté dans l'entreprise ni aux salariés licenciés par un employeur occupant moins de onze salariés.

Pour le calcul de l'ancienneté, il convient de se placer à la date d'envoi de la lettre recommandée, avec demande d'avis de réception, de licenciement (cass. soc. 26 septembre 2006, n° 05-43.841, BC V n° 288 ; *RDT*, décembre 2006, CH, 386, B. Reynès) ou à la date de notification de la prise d'acte de rupture (cass. soc. 7 décembre 2011, n° 10-14.156, *RJS* 2/12 n° 130). Les périodes de suspension d'exécution du contrat sont prises en compte dans le calcul de l'ancienneté (même arrêt). Seule l'ancienneté résultant du contrat de travail en cours est à prendre en considération, à l'exclusion de contrats antérieurs exécutés pour le compte du même employeur (cass. soc. 27 mai 1992, n° 89-40.297, BC V n° 352 ; *RJS* 7/92 n° 860).

L'appréciation de l'effectif habituel doit se faire au jour du licenciement (cass. soc. 27 mai 1992, n° 89-42.593, BC V n° 346 ; *CSB* 1992 A. 43). Il appartient à l'employeur de démontrer qu'il occupe habituellement moins de onze salariés s'il entend échapper aux sanctions prévues à l'article L. 122-14-4 [L. 1235-2] (cass. soc. 18 avril 2000, n° 97-44.925, BC V n° 145 ; *RJS* 6/00 n° 658).

• À défaut de sanctions spécifiques, les juges accorderont aux salariés, victimes d'irrégularités, une indemnité calculée en fonction du préjudice subi. Aucun minimum ou maximum ne limite la liberté d'appréciation du juge.

• Pour la Cour de cassation, un licenciement ne reposant pas sur une cause réelle et sérieuse est « abusif » au sens de l'article L. 122-14-5 – actuellement article L. 1235-3 (cass. soc. 9 mars 1993, n° 91-44.452, BC V n° 83 ; *Dr. Soc.* 1993, p. 338 : « en retenant que le licenciement de la salariée ne procédait pas d'une cause réelle et sérieuse, les juges du fond en ont exactement déduit qu'il était abusif au sens de l'article L. 122-14-5 CT »).

• De la même façon, un licenciement prononcé en violation des règles de procédure peut être considéré comme abusif (cass. soc. 30 mai 1990, n° 88-41.329, BC V n° 255, *D.* 1990, 539, note J-P Karaquillo).

• Lorsque le licenciement est prononcé en violation des règles de procédure et en l'absence de cause réelle et sérieuse, l'indemnité due au salarié est calculée en fonction du préjudice subi, « préjudice résultant aussi bien de l'irrégularité du licenciement pour vice de forme que de fond » (cass. soc. 30 mai 1990, n° 88-41.329, précité). A légalement justifié sa décision un conseil de prud'hommes qui a accordé à un salarié, ayant moins de 2 ans d'ancienneté, à titre de dommages-intérêts, une somme pour licenciement sans cause réelle et sérieuse et une autre somme pour non-respect de la procédure (cass. soc. 28 janvier 1998, n° 95-43.914, BC V n° 44).

Exception. La nouvelle rédaction de l'article L. 1235-5 précise que lorsque les règles de procédure prévues aux articles L. 1232-4 et L. 1233-13, relatives à l'assistance du salarié par un conseiller, ont été violées, le conseil des prud'hommes doit imposer à l'employeur d'accomplir la procédure prévue et accorder au salarié, à la charge de l'employeur, une indemnité qui ne pourra pas être supérieure à un mois, alors même que le salarié a moins de deux ans d'ancienneté dans l'entreprise ou que celle-ci emploie moins de onze salariés (déjà, en ce sens, avant la nouvelle codification : cass. soc. 19 juillet 1995, n° 91-44.832, BC V n° 249 ; *CSB* 1995 A. 41 ; *Dr. Soc.* 1995, p. 934 ; *RJS* 10/95 n° 1015).

C'est dans l'hypothèse où le licenciement était à la fois irrégulier en la forme et dépourvu de cause réelle et sérieuse que la portée de l'exception introduite par la loi du 18 janvier 1991 a posé une difficulté d'interprétation. Dans un premier temps, la Cour de cassation a jugé (voir notamment cass. soc. 26 juin 2001, n° 99-40.900, BC V n° 233) que c'était l'ensemble des dispositions de l'ancien article L. 122-14-4 qui devaient être appliquées (condamnation de l'employeur au versement d'une indemnité au moins égale à six mois de salaire). La Cour de cassation a modifié sa jurisprudence : « lorsque, en l'absence de représentants du personnel dans l'entreprise, la règle relative à l'assistance du salarié par un conseiller n'a pas été respectée, la sanction prévue par l'ancien article L. 122-14-4, al. 1er CT, instituant une indemnité qui ne peut être supérieure à un mois de salaire en cas d'inobservation de la procédure, est applicable aux salariés ayant moins de deux ans d'ancienneté dans l'entreprise ou ayant été licenciés par un employeur qui occupe habituellement moins de onze salariés, qu'il s'agisse ou non d'un licenciement pour une cause réelle et sérieuse ». La cour suprême précise que lorsque le licenciement est sans cause réelle et sérieuse, ces salariés ont droit, en outre, à la réparation du préjudice en résultant, selon les dispositions de l'ancien article L. 122-14-5, al. 2 du même code (cass. soc. 5 février 2003, n° 01-01.672, BC V n° 41 ; 10 juin 2003, n° 01-40.808, BC V n° 191 ; *Dr. Soc.* 2003, p. 895, obs. Ph. Waquet). La nouvelle rédaction de l'article L. 1235-5 consacre implicitement cette dernière jurisprudence.

Art. L. 1235-6. Un décret en Conseil d'État détermine les modalités d'application de la présente section.

SECTION 2. Licenciement pour motif économique

Sous-section 1. Délais de contestation

Art. L. 1235-7. Toute action en référé portant sur la régularité de la procédure de consultation des instances représentatives du personnel est introduite, à peine d'irrecevabilité, dans un délai de quinze jours suivant chacune des réunions du comité d'entreprise.

Toute contestation portant sur la régularité ou la validité du licenciement se prescrit par douze mois à compter de la dernière réunion du comité d'entreprise ou, dans le cadre de l'exercice par le salarié de son droit individuel à contester la régularité ou la validité du licenciement, à compter de la notification de celui-ci. Ce délai n'est opposable au salarié que s'il en a été fait mention dans la lettre de licenciement.

Note Voir chronique L. Marquet de Vasselot, « L'action en référé portant sur la régularité de la consultation du comité d'entreprise », *RJS* 12/06, p. 915.

La lettre de licenciement doit bien mentionner le délai de douze mois durant lequel le salarié peut contester la régularité ou la validité de son licenciement (cass. soc. 23 mars 2011, n° 09-42.973).

Selon le tribunal de grande instance de Créteil, la question de savoir si l'employeur est tenu d'engager une négociation sur la gestion prévisionnelle des emplois et des compétences avant d'engager la procédure d'information et de consultation du comité d'entreprise est une contestation de fond et n'est donc pas visée par le délai de prescription de quinze jours prévu par cet article (TGI Créteil 29 novembre 2006, *RJS* 4/07 n° 461, 1re espèce).

Le délai de douze mois visé par l'alinéa 2 de cet article n'est applicable qu'aux contestations susceptibles d'entraîner la nullité de la procédure de licenciement pour motif économique (absence ou insuffisance du plan de sauvegarde de l'emploi). Les contestations sur la cause réelle et sérieuse du licenciement échappent à ce délai abrégé (cass. soc. 15 juin 2010, n° 09-65.062, BC V n° 134 ; *RJS* 8-9/10 n° 657 ; *SSL* n° 1451, p. 15, note F. C. ; *Dr. Soc.* 2010, p. 996, obs. G. Couturier). Le 16 juillet 2010, la Cour de cassation a jugé que ce délai de douze mois n'entre pas en contrariété avec les droits et libertés garantis par la Constitution, refusant de renvoyer cette question de constitutionnalité au Conseil constitutionnel (cass. ass. plén., QPC, 16 juillet 2010, 2 arrêts, nos 10-40.015 et 10-40.018).

Sous-section 2. Actions en justice des organisations syndicales

Art. L. 1235-8. Les organisations syndicales de salariés représentatives peuvent exercer en justice toutes les actions résultant des dispositions légales ou conventionnelles régissant le licenciement pour motif économique d'un salarié, sans avoir à justifier d'un mandat de l'intéressé.

Le salarié en est averti, dans des conditions prévues par voie réglementaire, et ne doit pas s'y être opposé dans un délai de quinze jours à compter de la date à laquelle l'organisation syndicale lui a notifié son intention.

À l'issue de ce délai, l'organisation syndicale avertit l'employeur de son intention d'agir en justice.

Le salarié peut toujours intervenir à l'instance engagée par le syndicat.

Note Voir note sous art. L. 2132-3 CT.

Art. D. 1235-18. Lorsqu'une organisation syndicale a l'intention d'exercer une action en justice en faveur d'un salarié, en application de l'article L. 1235-8, elle l'en avertit par lettre recommandée avec avis de réception.

Si le salarié ne s'y est pas opposé, l'organisation syndicale avertit l'employeur dans les mêmes formes de son intention d'agir en justice.

Note Sur l'absence d'exigences relatives à la désignation de la juridiction saisie et à la jonction à l'acte de saisine de la copie des lettres d'information des salariés et des accusés de réception, voir CA Versailles, 28 juin 1996, *RJS* 12/96 n° 1253.

Art. D. 1235-19. La lettre recommandée avec avis de réception adressée au salarié indique la nature et l'objet de l'action envisagée par l'organisation syndicale représentative.

Elle mentionne en outre :

1° Que l'action est conduite par l'organisation syndicale qui pourra exercer elle-même les voies de recours contre le jugement ;

2° Que le salarié peut, à tout moment, intervenir dans l'instance engagée par l'organisation syndicale ou mettre un terme à cette action ;

3° Que le salarié peut faire connaître à l'organisation syndicale son opposition à l'action envisagée dans un délai de quinze jours à compter de la date de réception.

Art. D. 1235-20. Passé le délai prévu au 3° de l'article D. 1235-19, l'acceptation tacite du salarié est réputée acquise.

Sous-section 3. Éléments à communiquer au juge

Art. L. 1235-9. En cas de recours portant sur un licenciement pour motif économique, l'employeur communique au juge tous les éléments fournis aux représentants du personnel en application du chapitre III ou, à défaut de représentants du personnel dans l'entreprise, tous les éléments fournis à l'autorité administrative en application de ce même chapitre.

Un décret en Conseil d'État détermine les modalités d'application du présent article.

Sous-section 4. Sanction des irrégularités

Art. L. 1235-10. Dans les entreprises de cinquante salariés et plus, lorsque le projet de licenciements concerne dix salariés ou plus dans une même période de trente jours, la procédure de licenciement est nulle tant que le plan de reclassement des salariés prévu à l'article L. 1233-61 et s'intégrant au plan de sauvegarde de l'emploi n'est pas présenté par l'employeur aux représentants du personnel, qui doivent être réunis, informés et consultés.

La validité du plan de sauvegarde de l'emploi est appréciée au regard des moyens dont dispose l'entreprise ou l'unité économique et sociale ou le groupe.

Le premier alinéa n'est pas applicable aux entreprises en redressement ou liquidation judiciaires.

Note **Sanction de la nullité.** Voir également note sous l'article L. 1233-61. La procédure de licenciement est nulle et de nul effet tant qu'un plan visant au reclassement des salariés s'intégrant au plan social n'est pas présenté par l'employeur aux représentants du personnel ; il en résulte que la nullité qui affecte le plan social s'étend à tous les actes subséquents et en particulier aux licenciements prononcés par l'employeur (cass. soc. 13 février 1997, n° 96-41.874, BC V n° 64 ; *Dr. Soc.* 1997, p. 249, note G. Couturier ; *Dr. Ouvr.* 1997, p. 94 ; *RJS* 3/97 n° 269 ; *D.* 1997 p. 171, note A. Lyon-Caen ; *JCP* éd. G 1997.II.22843, note F. Gaudu ; 19 mars 2002, n° 00-41.614, *RJS* 7/02 n° 801 ; *CSB* 2002 A. 35 ; 3 juillet 2003, n° 01-44.522, BC V n° 214 ; *RJS* 10/03 n° 1141).

Selon la cour d'appel de Paris, « le défaut de cause économique constitue une illégalité qui vicie, en amont, la procédure de licenciement collectif » ; elle en déduit la nullité de la procédure (CA Paris 12 mai 2011, n° 11-1547, *RJS* 11/11 n° 864 ; *Dr. Ouvr.* 2011, p. 537, note A. Lyon-Caen ; *SSL* n° 1509, p. 10, note G. Couturier « Nullités du licenciement : les audaces de la cour d'appel de Paris »). Cet arrêt a été frappé de pourvoi.

• L'irrégularité de la procédure consultative permet seulement d'obtenir la suspension de la procédure de licenciement ; la nullité de la procédure de licenciement économique ne peut être encourue lorsque la suspension n'a pas été demandée avant son achèvement par la notification des licenciements ou, à défaut, la réparation du préjudice subi à ce titre, dans les termes de l'article L. 1235-12 (cass. soc. 11 janvier 2007, n° 05-10.350, BC V n° 5 ; *RJS* 3/07 n° 323).

La nullité de la procédure de licenciement n'est pas encourue en raison de l'insuffisance d'un plan social établi à l'occasion d'une procédure de redressement ou de liquidation judiciaires (cass. soc. 2 février 2006, n° 05-40.037, BC V n° 58 ; *RJS* 4/06 n° 412, 1re espèce, comm. Ch. et J-Y Frouin, p. 251). Lorsque la nullité des licenciements n'est pas légalement encourue, l'insuffisance du plan social prive de cause réelle et sérieuse les licenciements économiques prononcés (même arrêt).

Art. L. 1235-11. Lorsque le juge constate que le licenciement est intervenu alors que la procédure de licenciement est nulle, conformément aux dispositions du premier alinéa de l'article L. 1235-10, il peut ordonner la poursuite du contrat de travail ou prononcer la nullité du licenciement et ordonner la réintégration du salarié à la demande de ce dernier, sauf si cette réintégration est devenue impossible, notamment du fait de la fermeture de l'établissement ou du site ou de l'absence d'emploi disponible.

Lorsque le salarié ne demande pas la poursuite de son contrat de travail ou lorsque la réintégration est impossible, le juge octroie au salarié une indemnité à la charge de l'employeur qui ne peut être inférieure aux salaires des douze derniers mois.

Note Dans le délai de prescription (cass. soc. 28 mars 2000, n° 98-40.228, BC V n° 132 ; 7 avril 2004, n° 02-40.725, BC V n° 113 ; *RJS* 6/04 n° 673 ; *CSB* 2004 S. 270), les salariés licenciés pour motif économique ont un droit propre à faire valoir que leur licenciement est nul (cass. soc. 20 mars 2001, n° 99-41.041, BC V n° 99 ; *RJS* 5/01 n° 588 ; *CSB* 2001 S. 323 ; *Dr. Soc.* 2001, p. 561 ; 2 mai 2001, n° 99-41.960, BC V n° 145 ; *RJS* 7/01 n° 854 ; *Dr. Soc.* 2001, p. 769 ; 20 mars 2002, 2 arrêts, nos 00-42.077 et 00-42.078, *CSB* 2002 A. 35 ; 28 novembre 2006, n° 04-48.798, BC V n° 355 ; *RJS* 2/07 n° 211 : l'employeur ne peut opposer au salarié le fait qu'il lui a proposé des mesures individuelles de reclassement).

Les salariés protégés dont le licenciement a été autorisé par l'inspecteur du travail peuvent contester la validité du plan social devant la juridiction judiciaire et lui demander d'en tirer les conséquences légales (cass. soc. 25 juin 2003, n° 01-43.717, BC V n° 207 ; 22 juin 2004, n° 01-44.558, *RJS* 10/04 n° 1068 ; 20 octobre 2004, n° 02-43.909, *CSB* 2005 S. 33).

L'absence ou l'insuffisance de plan social et de mesures de reclassement constitue un trouble manifestement illicite qui justifie l'intervention de la formation des référés du conseil de prud'hommes à la demande des salariés concernés pour voir ordonner la réintégration dans un emploi équivalent si la réintégration dans leur emploi est devenue matériellement impossible (cass. soc. 12 novembre 1996, n° 92-44.905, BC V n° 375 ; *RJS* 12/96 n° 1249 ; 13 février 1997, n° 96-41.874, cité sous l'article L. 1235-10). Si les salariés licenciés pour motif économique ont un droit propre à faire valoir que leur licenciement est nul au regard des dispositions de l'ancien article L. 321-4-1 CT, les salariés qui n'ont pas fait l'objet d'une mesure de licenciement économique sont sans intérêt à agir en nullité de la procédure de licenciement collectif pour motif économique en cours sur le fondement des mêmes dispositions (cass. soc. 15 janvier 2003, n° 00-45.644, BC V n° 8 ; *RJS* 3/03 n° 333 ; *CSB* 2003 S. 170). À défaut d'identité des parties, une décision rendue sur la demande du comité d'entreprise n'a pas d'autorité à l'égard de la demande formée par les salariés (cass. soc. 30 mars 1999, n° 97-41.013, BC V n° 144 ; *RJS* 5/99 n° 654 ; *Dr. Soc.* 1999, p. 593, note G. Couturier). Sur les nullités sanctionnant l'insuffisance du plan de reclassement, G. Couturier, *Dr. Soc.* 2005, p. 847.

Le salarié dont le licenciement est nul et qui demande sa réintégration a droit au paiement d'une somme correspondant à la réparation de la totalité du préjudice subi au cours de la période qui s'est écoulée entre son licenciement et sa réintégration, dans la limite du montant des salaires dont il a été privé, déduction faite des revenus qu'il a pu tirer d'une autre activité professionnelle pendant la période correspondante et du revenu de remplacement qui a pu lui être servi pendant la même période (cass. soc. 3 juillet 2003, n° 01-44.522, BC V n° 214 ; *RJS* 10/03 n° 1141). Ce qui a été versé au-delà du préjudice ouvre droit à répétition (cass. soc. 12 février 2008, n° 07-40.413, BC V n° 34 ; *RJS* 4/08 n° 404).

Le salarié dont le licenciement est nul et qui ne demande pas sa réintégration a droit, d'une part, aux indemnités de rupture, d'autre part, à une indemnité réparant intégralement le préjudice résultant du caractère illicite du licenciement, dont le montant est souverainement apprécié par les juges du fond, dès lors qu'il est au moins égal à celui prévu par l'ancien article L. 122-14-4 devenu L. 1235-3 CT (cass. soc. 6 mars 2001, n° 98-46.479, BC V n° 71 ; 10 février 2004, n° 02-40.182, BC V n° 45 ; *RJS* 4/04 n° 399 ; *CSB* 2004 S. 201 ; 24 janvier 2006, n° 04-41.341, *RJS* 4/06 n° 418). La réintégration du salarié dont le licenciement est nul étant matériellement impossible en raison d'actes de concurrence déloyale, le juge apprécie le préjudice ayant résulté du caractère illicite du licenciement en allouant une indemnité d'un montant au moins égal à celui prévu par l'article L. 1235-3 [art. L. 122-14-4 ancien] CT (cass. soc. 25 juin 2003, n°s 01-43.717, BC V n° 207 et 01-46.479, BC V n° 206).

Ayant constaté que la société avait cessé définitivement son activité et que ses actifs industriels avaient été vendus et ayant ainsi fait ressortir que l'entreprise avait disparu, la cour d'appel a pu en déduire que la réintégration, demandée dans les seuls emplois que les salariés occupaient dans cette entreprise avant leurs licenciements, était devenue matériellement impossible [cass. soc. 15 juin 2005, n° 03-48.094, BC V n° 202 ; *RJS* 8-9/05 n° 826 ; voir également G. Couturier, « L'impossibilité de réintégrer (sur l'art. 77-V de la loi de programmation pour la cohésion sociale) », *Dr. Soc.* 2005, p. 403].

L'obligation de réintégration ne s'étend pas au groupe auquel appartient l'employeur (cass. soc. 15 février 2006, n° 04-43.282, BC V n° 69 ; *RJS* 4/06 n° 416 ; *CSB* 2006 A. 28 ; *Dr. Soc.* 2006, p. 570, obs. M. Grévy ; *Dr. Ouvr.* 2006, p. 351, obs. B. Lardy-Pélissier).

Art. L. 1235-12. En cas de non-respect par l'employeur des procédures de consultation des représentants du personnel ou d'information de l'autorité administrative, le juge accorde au salarié compris dans un licenciement collectif pour motif économique une indemnité à la charge de l'employeur calculée en fonction du préjudice subi.

Note En posant le principe de la réparation intégrale du préjudice, la Cour de cassation a admis le cumul de l'indemnité pour inobservation de la procédure de licenciement avec l'indemnité accordée au titre de la nullité du licenciement (cass. soc. 23 janvier 2008, n° 06-42.919, BC V n° 20 ; *RJS* 4/08 n° 405).

Art. L. 1235-13. En cas de non-respect de la priorité de réembauche prévue à l'article L. 1233-45, le juge accorde au salarié une indemnité qui ne peut être inférieure à deux mois de salaire.

Note • **Indemnité pour non-respect de la priorité de réembauche.** Il s'agit d'une indemnité légale minimale (deux mois de salaire) dont le montant peut être augmenté par le juge si le salarié a subi un préjudice particulier.

Le préjudice consécutif à un licenciement sans cause réelle et sérieuse est distinct de celui résultant du non-respect de la priorité de réembauchage et les réparations sont cumulables (cass. soc. 5 octobre 1995, n° 94-40.093, *RJS* 3/96 n° 265 ; 13 mai 1997, n° 95-41.135, *RJS* 8-9/97 n° 965).

Voir également note sous art. L. 1233-16.

Art. L. 1235-14. Ne sont pas applicables au licenciement d'un salarié de moins de deux ans d'ancienneté dans l'entreprise et au licenciement opéré par un employeur employant habituellement moins de onze salariés, les dispositions relatives à la sanction :

1° De la nullité du licenciement, prévues à l'article L. 1235-11 ;

2° Du non-respect de la procédure de consultation des représentants du personnel et d'information de l'autorité administrative, prévues à l'article L. 1235-12 ;

3° Du non-respect de la priorité de réembauche, prévues à l'article L. 1235-13.

Le salarié peut prétendre, en cas de licenciement abusif, à une indemnité correspondant au préjudice subi.

Art. L. 1235-15. Est irrégulière toute procédure de licenciement pour motif économique dans une entreprise où le comité d'entreprise ou les délégués du personnel n'ont pas été mis en place alors qu'elle est assujettie à cette obligation et qu'aucun procès-verbal de carence n'a été établi.

Le salarié a droit à une indemnité à la charge de l'employeur qui ne peut être inférieure à un mois de salaire brut, sans préjudice des indemnités de licenciement et de préavis.

Note L'irrégularité de la procédure de licenciement peut être prononcée lorsque aucune instance de représentation du personnel n'existait dans l'entreprise et que l'employeur n'avait pas établi de procès-verbal de carence. Mais, lorsque l'employeur a produit un procès-verbal de carence dont la validité n'a pas été contestée dans un délai de quinze jours à compter duquel les parties intéressées en avaient eu connaissance, la sanction prévue par cet article ne sera pas appliquée (cass. soc. 6 juin 2007, n° 06-42.444, BC V n° 94 ; *Dr. Soc.* 2007, p. 999, note P-Y Verkindt).

La seule intervention du représentant des salariés dans la procédure de licenciement, en l'absence de comité d'entreprise ou de délégué du personnel, ne couvre pas l'irrégularité de procédure du fait du défaut de mise en place de ces institutions sans qu'un procès-verbal de carence ait été établi (cass. soc. 23 septembre 2008, n° 06-45.528, BC V n° 170 ; *RJS* 12/08 n° 1178 : en l'espèce, la procédure s'inscrivait dans le cadre d'un redressement judiciaire).

[**Art. L. 1235-16.** Abrogé par loi 2011-893 du 28 juillet 2011, art. 44, JO 29.]

Art. L. 1235-17. Un décret en Conseil d'État détermine les modalités d'application des articles L. 1235-11 à L. 1235-14.

CHAPITRE VI

Rupture de certains types de contrats

[SECTION 1. **Contrat de travail nouvelles embauches.** Abrogée par loi 2008-596 du 25 juin 2008, art. 9, JO 26.]

Note Les contrats « nouvelles embauches » en cours à la date de publication de la loi 2008-596 du 25 juin 2008 (JO 26) sont requalifiés en contrats à durée indéterminée de droit commun dont la période d'essai est fixée par voie conventionnelle ou, à défaut, à l'article L. 1221-19 CT (loi 2008-596 précitée, art. 9, II).

SECTION 2. Contrat de mission à l'exportation

Art. L. 1236-7. La rupture à l'initiative de l'employeur du contrat de mission à l'exportation prévu à l'article L. 1223-5 est soumise aux dispositions du chapitre II relatives au licenciement pour motif personnel.

SECTION 3. Contrat conclu pour la durée d'un chantier

Art. L. 1236-8. Le licenciement qui, à la fin d'un chantier, revêt un caractère normal selon la pratique habituelle et l'exercice régulier de la profession, n'est pas soumis aux dispositions du chapitre III relatives au licenciement pour motif économique, sauf dérogations déterminées par convention ou accord collectif de travail.

Ce licenciement est soumis aux dispositions du chapitre II relatives au licenciement pour motif personnel.

Note

• Cet article, introduit par la loi du 31 décembre 1986, avalise la jurisprudence qui s'était établie, dans le cadre de la législation de 1975, en ce qui concerne les licenciements pour fin de chantier. Ces licenciements n'étant pas des licenciements pour motif économique, toute la procédure aménagée par la loi du 13 juillet 1973 modifiée doit être suivie en ce qui les concerne.

À noter que des dispositions conventionnelles spécifiques concernent les licenciements pour fin de chantier dans les travaux publics (accord national du 29 octobre 1986) et le bâtiment (accord paritaire national du 26 juin 1989).

• La validité du licenciement prononcé en raison de la survenance de la fin d'un chantier est subordonnée à l'existence, dans le contrat de travail ou la lettre d'embauche, d'une clause précisant que le contrat est conclu pour un ou plusieurs chantiers déterminés (cass. soc. 22 novembre 2000, n° 98-43.741, *Dr. Soc.* 2001, p. 239 ; 2 juin 2004, n° 01-46.891, *CSB* 2004 S. 330).

• L'achèvement d'un chantier constitue une cause de licenciement si le contrat a été conclu pour la durée d'un chantier et ce, même si la durée estimée mentionnée dans le contrat de travail de celui-ci a été dépassée (cass. soc. 15 novembre 2006, n° 04-48.672, BC V n° 342).

• Nonobstant l'arrêt de travail pour maladie du salarié, l'achèvement du chantier constitue une cause de licenciement si le contrat a été conclu pour la durée du chantier et il incombe au juge de rechercher si les tâches pour lesquelles le salarié a été embauché étaient terminées (cass. soc. 12 février 2002, n° 99-41.239, BC V n° 64 ; *RJS* 4/02 n° 411 ; 2 juin 2004, n° 01-46.891, précité ; 16 novembre 2005, n° 04-44.743, *RJS* 2/06 n° 184).

CHAPITRE VII
Autres cas de rupture

SECTION 1. Rupture à l'initiative du salarié

Sous-section 1. Démission

Art. L. 1237-1. En cas de démission, l'existence et la durée du préavis sont fixées par la loi, ou par convention ou accord collectif de travail.

En l'absence de dispositions légales, de convention ou accord collectif de travail relatifs au préavis, son existence et sa durée résultent des usages pratiqués dans la localité et dans la profession.

Un décret en Conseil d'État détermine les modalités d'application du présent article.

Note • **Notion de démission.** La loi ne donne pas de définition précise de la démission.

La Cour de cassation décide que « la démission est un acte unilatéral par lequel le salarié manifeste de façon claire et non équivoque sa volonté de mettre fin au contrat de travail » (cass. soc. 9 mai 2007, n° 05-40.315, BC V n° 70 ; *RJS* 7/07 n° 823). Cette définition est incomplète dans la mesure où elle ne précise pas qu'il s'agit de la rupture d'un contrat de travail à durée indéterminée et qu'elle ne donne aucune indication sur les motifs de la décision du salarié. Le départ à la retraite et la prise d'acte de rupture du contrat par le salarié correspondent, aussi bien que la démission, à la définition retenue par la Cour de cassation. La différence entre ces actes tient au motif de la décision du salarié. Si le salarié décide unilatéralement de mettre fin au contrat pour faire liquider sa pension de retraite, cette décision est un départ à la retraite. Si la volonté de mettre fin au contrat résulte d'une mauvaise exécution du contrat par l'employeur de ses obligations contractuelles, le départ volontaire est une prise d'acte de rupture. Il n'y a démission que si la volonté de mettre fin au contrat résulte de convenances personnelles, que le salarié n'a d'ailleurs pas l'obligation de faire connaître à l'employeur.

L'initiative du salarié de rompre le contrat de travail ne peut être qualifiée de « démission » que si la volonté de rompre n'est pas équivoque (cass. soc. 7 février 1990, n° 87-45.340, BC V n° 48 ; *CSB* 1990 A. 20 : non-reprise du travail après un arrêt maladie ; dans le même sens, cass. soc. 24 juin 1992, n° 89-42.967, *RJS* 10/92 n° 1085 ; 20 octobre 1982, n° 80-41.215, BC V n° 559 : l'absence du salarié après l'expiration des congés payés n'est pas une démission ; 2 juillet 1992, n° 89-42.628, *RJS* 8-9/92 n° 970 : une salariée exprime par lettre qu'elle ne « retournera pas au magasin » ; il n'y a pas démission ; 2 février 1994, n° 90-42.879, *CSB* 1994 S. 41 : le salarié qui part en congé malgré les refus de l'employeur ne peut pas être considéré comme démissionnaire, faute d'une volonté claire et non équivoque de mettre fin au contrat de travail ; 30 novembre 1994, n° 93-42.770, *RJS* 1/95 n° 6 : démission d'un salarié qui ne sait ni lire ni écrire ; requalification en licenciement par les juges qui considèrent que la volonté du salarié est équivoque ; 24 janvier 1996, n° 92-43.868, BC V n° 26 ; *RJS* 3/96 n° 255 : l'absence prolongée d'un salarié ne constitue pas de sa part une volonté non équivoque de démissionner ; 10 juin 1997, n° 95-41.178, *RJS* 8-9/97 n° 955 : le refus par un salarié de continuer ou de reprendre le travail ne caractérise pas une démission claire et non équivoque ; 4 octobre 2000, n° 97-43.820, *RJS* 12/00 n° 1234 : absence d'un salarié fondée sur la croyance erronée qu'il bénéficiait d'un congé sabbatique ; 26 septembre 2002, n° 00-45.684, *RJS* 12/02 n° 1369 : lorsque la lettre de démission est rédigée par l'employeur et signée par le salarié qui se rétracte trois jours après la signature, il est jugé que le salarié n'a pas manifesté une volonté claire et non équivoque de démissionner).

Enfin, la volonté du salarié doit être sérieuse pour que la rupture du contrat soit une démission ; la décision de rompre prise dans un mouvement d'humeur n'est pas une démission (cass. soc. 13 mars 1986, *JS UIMM* 1987, p. 358) ; de même, la rétractation d'une démission écrite, le lendemain du jour où elle a été donnée, peut entraîner la requalification de la rupture en licenciement (cass. soc. 27 juin 1996, n° 94-45.400, *RJS* 10/96 n° 1023).

Si la cessation du travail par le salarié ne caractérise pas une démission claire et non équivoque, mais peut constituer une faute de nature à justifier son licenciement, l'employeur n'est pas tenu de procéder au licenciement ; à défaut d'un tel licenciement ou de toute autre manifestation de volonté équivalant à un licenciement, le contrat n'est pas rompu : le salarié ne peut donc obtenir aucune indemnité (cass. soc. 10 juin 1998, n° 96-41.880, *RJS* 8-9/98 n° 963).

Requalification de la démission en prise d'acte. « Lorsqu'un salarié démissionne en raison de faits qu'il reproche à son employeur, cette rupture constitue une prise d'acte et produit les effets soit d'un licenciement sans cause réelle et sérieuse, si les faits invoqués la justifiaient, soit, dans le cas contraire, d'une démission » (cass. soc. 25 juin 2003, n° 01-42.679, BC V n° 209 ; *D.* 2003, JC. 2396, note J. Pélissier ; *Dr. Soc.* 2003, p. 824, note G. Couturier et J-E Ray ; *RJS* 8-9/03 n° 994, note J-Y Frouin, p. 647 ; 15 mars 2006, n° 03-45.031, BC V n° 109).

Un salarié qui a démissionné pour convenance personnelle peut obtenir la requalification de sa démission en prise d'acte de rupture lorsqu'il résulte de circonstances antérieures ou contemporaines de la démission que celle-ci était équivoque à la date à laquelle elle a été donnée (cass. soc. 4 juin 2009, n° 07-45.239, *LS* Jurispr.

n° 168/2009 du 17-18/08/09 ; 9 mai 2007, 4 espèces, n°s 05-45.613, 05-40.518, 05-41.324, 05-40.315, BC V n° 70 ; J. Pélissier, « La remise en cause des démissions », *RJS* 7/07 pp. 591 et s. ; G. Auzero, *RDT* 2007, pp. 452 et s.). Mais la possibilité d'obtenir une requalification est d'autant plus grande qu'elle est demandée dans un délai assez bref après la « démission » (cass. soc. 9 juillet 2008, n° 07-41.857 ; *JCP* éd. S 2008, 1584, note S. Brissy : refus de requalification demandée deux ans après la démission ; 9 mai 2007, n° 05-40.518, BC V n° 70 : refus d'une requalification demandée plusieurs mois après la rupture). Le rôle ainsi attribué au délai entre la demande de requalification et la rupture est discutable (voir J. Pélissier, « La remise en cause des démissions », *RJS* 7/07, p. 593).

• **L'existence et la durée du préavis de démission.** Le préavis de démission ne peut pas être institué par le contrat individuel de travail, même dans les hypothèses où la clause contractuelle institue une durée de préavis réciproque, aussi bien pour les cas de démission que pour ceux de licenciement, plus longue que la durée légale ou conventionnelle du préavis de licenciement (cass. soc. 4 juin 1987, n° 84-43.954, BC V n° 356 ; *D.* 1988 somm. 103, obs. J. Pélissier : « à la différence de l'article L. 122-6 CT qui fixe, dans le cas de licenciement, des durées minimales de délai-congé que le contrat de travail peut valablement prolonger, l'article L. 122-5, relatif à la résiliation du contrat de travail à l'initiative du salarié, ne permet pas aux parties de stipuler une durée plus longue que celle résultant soit de la loi, soit de la convention collective, et, en l'absence de telles dispositions, des usages pratiqués dans la localité et la profession »). La Cour de cassation réaffirme, lorsque l'occasion lui en est fournie, qu'en l'absence de dispositions conventionnelles ou d'usages relatifs au préavis de démission, l'existence et la durée d'un préavis de démission ne peuvent résulter du seul contrat de travail (cass. soc. 3 février 1998, n° 94-44.503, BC V n° 59 ; *RJS* 3/98 n° 309).

La convention collective doit fixer elle-même la durée du préavis ; elle ne peut pas laisser au contrat de travail la possibilité d'augmenter la durée prévue par elle (cass. soc. 1er avril 1992, n° 90-43.999, BC V n° 222 ; *RJS* 5/92 n° 610). Mais le contrat de travail peut comporter des dispositions plus favorables que la convention collective et prévoir un délai-congé, en cas de démission du salarié, d'une durée inférieure à celle résultant de la convention collective (cass. soc. 19 juin 1996, n° 93-44.728, *RJS* 8-9/96 n° 920). En l'absence de convention collective applicable, il n'est pas possible d'appliquer par analogie une convention collective intéressant une branche d'activité voisine ou une catégorie professionnelle similaire pour imposer au salarié démissionnaire un préavis (cass. soc. 10 février 1993, n° 90-45.771, *CSB* 1993 B. 32).

Pour déterminer le point de départ du préavis, il convient de se référer à l'usage pratiqué dans la localité et la profession, concernant le mode de computation du préavis (cass. soc. 13 décembre 1989, n° 86-44.230, *CSB* 1990 S. 28).

Si un salarié démissionne en donnant un préavis plus long que le préavis conventionnel ou d'usage, l'employeur n'est pas tenu d'accepter l'exécution du contrat de travail jusqu'à la date de rupture fixée par le salarié (cass. soc. 1er juillet 2008, n° 07-40.109, BC V n° 143 ; *RDT*, oct. 2008, CH, 592, J. Pélissier). La durée de préavis de démission est fixée par la convention collective ou, à défaut, par les usages. Le salarié n'a pas le droit de modifier unilatéralement la durée du préavis conventionnel. Avant cet arrêt, la Cour de cassation imposait une solution opposée (cass. soc. 21 novembre 1984, n° 84-42.323, BC V n° 448 : « l'employeur qui ne pouvait se plaindre de ce que son salarié lui eût donné un préavis plus long que la convention collective ne l'y obligeait devait à celui-ci l'indemnité consécutive à la rupture anticipée dont il avait pris l'initiative » ; cass. soc. 2 février 1993, n° 89-44.334, *CSB* 1993 A. 20 ; 11 avril 1996, n° 93-40.789, BC V n° 153 ; *RJS* 6/96 n° 671).

• **L'exécution du préavis de démission.** Le préavis de démission s'impose à l'employeur comme au salarié. L'employeur peut cependant dispenser le salarié d'exécuter le préavis en lui versant les salaires dus pour la période de délai-congé. Le salarié dispensé de l'exécution du préavis n'est plus tenu à une obligation de loyauté envers son employeur (cass. soc. 26 mars 1997, n° 94-44.035, *Dr. Soc.* 1997, p. 538).

Le salarié démissionnaire doit exécuter le préavis, même s'il bénéficie d'une nouvelle embauche (cass. soc. 28 février 1979, n° 78-40.233, BC V n° 188). Le salarié qui n'exécute pas son préavis doit à l'employeur une indemnité forfaitaire, égale à la rémunération qu'il aurait perçue s'il avait travaillé pendant la durée du délai-congé (cass. soc. 9 mai 1990, n° 88-40.044, BC V n° 209 ; 29 mars 1995, n° 91-44.584, *RJS* 5/95 n° 506) ; l'indemnité due par le salarié s'entend du salaire de base sans déduction des cotisations de sécurité sociale versées du chef du salarié (cass. soc. 18 décembre 1986, n° 83-44.747, BC V n° 625 ; 29 mars 1995, n° 91-44.584, précité).

Lorsque le salarié est victime d'un accident du travail pendant le préavis de démission, les articles L. 1226-8 et L. 1226-10 CT ne s'appliquent pas (cass. soc. 15 février 2006, n° 04-42.822, BC V n° 68 ; *RJS* 5/06 n° 556 : le préavis est suspendu pendant la durée de l'arrêt de travail, mais l'employeur n'a pas l'obligation, à défaut de reclassement, de licencier le salarié qui a, antérieurement à l'accident, donné sa démission de manière non équivoque).

• **Droit à une indemnité contractuelle.** La clause contractuelle prévoyant le versement d'une indemnité au salarié démissionnaire n'est pas illicite (cass. soc. 19 juillet 1995, n° 92-41.678, *Dr. Soc.* 1995, p. 933).

• **Prise d'acte de la rupture du contrat par le salarié.** La prise d'acte de la rupture du contrat par le salarié ne doit pas être confondue avec la démission. En prenant acte de la rupture, le salarié considère que celle-ci est imputable à l'employeur, auteur de faits qui, selon lui, rendent impossible la continuation du contrat. Le salarié cesse de fournir sa prestation de travail et demandera ensuite à l'employeur, ou au juge en cas de refus de l'employeur, de lui accorder les droits reconnus au salarié licencié.

La prise d'acte constitue un mode de rupture original qui n'est pas, après l'analyse du juge, requalifiée en démission ou en licenciement. Elle produit, en revanche, selon que les faits invoqués par le salarié justifiaient ou non la rupture, les effets d'un licenciement sans cause réelle et sérieuse ou ceux d'une démission (cass. soc. 25 juin 2003, n° 01-42.679, précité). Lorsque les faits invoqués justifiaient la rupture, le salarié a droit à l'indemnité de préavis alors même qu'il avait demandé à l'employeur d'être dispensé d'exécuter un préavis (cass. soc. 20 janvier 2010, n° 08-43.471, BC V n° 17, arrêt n° 1 ; *RJS* 4/10 n° 318, 1re espèce : il s'agissait, en l'espèce, d'une démission requalifiée en prise d'acte). Il a également droit à l'indemnité de préavis et aux congés payés afférents lorsqu'il est en arrêt maladie au cours de la période de préavis (cass. soc. 20 janvier 2010, n° 08-43.476, BC V n° 17, arrêt n° 2 ; *RJS* 4/10 n° 318, 2e espèce).

La prise d'acte de la rupture opère immédiatement (cass. soc. 28 septembre 2011, n° 09-67.510, *RJS* 12/11 n° 948 ; 31 octobre 2006, nos 04-46.280 et 04-48.234, BC V n° 321 ; 4 février 2009, n° 07-44.142, *RJS* 4/09, n° 325 ; 30 juin 2010, n° 09-41.456, BC V n° 155 ; *RJS* 10/10 n° 730). Il s'ensuit qu'elle ne peut pas être rétractée (cass. soc. 14 octobre 2009, n° 08-42.878, BC V n° 221 ; *RDT* 2009, pp. 712 et s., obs. J. Pélissier ; Fr. Géa, « La rétractation de la prise d'acte », *SSL* 2009 n° 1418, pp. 7 et s.). Il s'ensuit également que l'employeur doit remettre au salarié un certificat de travail et une attestation Assédic dès que l'auteur de la prise d'acte en fait la demande (cass. soc. 4 juin 2008, n° 06-45.757, BC V n° 122 ; *SSL* 2008 n° 1365, p. 13). Mais si, plus tard, le juge du fond décide que la prise d'acte produit les effets d'une démission, le salarié pourra être condamné à payer à l'employeur une indemnité pour non-respect du préavis de démission (cass. soc. 2 juillet 2008, n° 07-42.299 ; *RJS* 12/08 n° 1169 ; 8 juin 2011, n° 09-43.208, *RJS* 8-9/11 n° 695).

Pour décider des effets de la prise d'acte par le salarié, le juge examine tous les manquements de l'employeur invoqués devant lui par le salarié, même si celui-ci ne les a pas mentionnés dans l'écrit de prise d'acte. Cet écrit, à la différence de la lettre de licenciement, ne fixe pas les limites du litige (cass. soc. 29 juin 2005, n° 03-42.804, BC V n° 223 ; *Dr. Soc.* 2005, p. 1058, obs. G. Couturier). Il appartient, en principe, au salarié d'établir l'existence des faits qu'il invoque pour justifier la prise d'acte. Il y a cependant un renversement de la charge de la preuve lorsque le salarié prend acte de la rupture au motif que l'employeur n'a pas adapté le poste de travail conformément aux recommandations du médecin du travail ; il appartient à l'employeur de justifier qu'il a procédé à une telle adaptation (cass. soc. 14 octobre 2009, n° 08-42.878, précité ; dans le même sens, cass. soc. 12 janvier 2011, n° 09-70.838, BC V n° 14 ; *RJS* 3/11 n° 231 : « il appartient à l'employeur, qui considère injustifiée la prise d'acte de la rupture par un salarié qui, étant victime d'un accident du travail, invoque une inobservation des règles de prévention et de sécurité, de démontrer que la survenance de cet accident est étrangère à tout manquement à son obligation de sécurité de résultat »). La Cour de cassation adopte cette solution au motif que l'employeur est, dans ce cas, tenu à une obligation de sécurité de résultat dont il doit assurer l'effectivité. Lorsque l'employeur est tenu à une obligation de sécurité de résultat, la violation de cette obligation aura toujours pour conséquence que la prise d'acte emportera les effets d'un licenciement sans cause réelle et sérieuse (cass. soc. 6 octobre 2010, n° 09-65.103, BC V n° 215 ; *RJS* 12/10 n° 940 : les juges du fond n'ont plus, dans ce cas, de pouvoir d'appréciation). De même, la prise d'acte de rupture entraînera toujours les effets d'un licenciement sans cause réelle et sérieuse lorsqu'elle fait suite à une modification unilatérale du contrat, imposée par l'employeur (cass. soc. 5 mai 2010, n° 07-45.409, BC V n° 102 ; *RJS* 7/10 n° 583). De même, la prise d'acte est toujours justifiée et entraîne les effets d'un licenciement sans cause réelle et sérieuse lorsque l'employeur impose un changement des conditions de travail à une personne protégée (cass. soc. 5 mai 2010, n° 08-44.895, *RJS* 7/10 n° 608).

Le salarié peut prendre acte de la rupture après avoir introduit une demande en résiliation judiciaire du contrat de travail. Cette « prise d'acte de la rupture par le salarié en raison des faits qu'il reproche à l'employeur entraîne la cessation immédiate du contrat de travail en sorte qu'il n'y a pas lieu de statuer sur la demande de résiliation judiciaire introduite auparavant » (cass. soc. 31 octobre 2006, 2 arrêts, n°s 04-46.280 et 04-48.234, BC V n° 321 ; *RDT*, janvier 2007, CH, 28, T. Grumbach et J. Pélissier ; dans le même sens, cass. soc. 15 mars 2006, n° 05-41.376, BC V n° 108 ; *RDT* 2006, p. 24). Le juge se prononcera sur la seule prise d'acte, en fondant cependant sa décision aussi bien sur les manquements de l'employeur invoqués à l'appui de la demande en résiliation judiciaire que sur ceux invoqués à l'appui de la prise d'acte (cass. soc. 31 octobre 2006, n°s 04-46.280 et 04-48.234, précités).

Le salarié peut également prendre acte de la rupture du contrat en cours de procédure de licenciement. Si, après avoir été convoqué à un entretien préalable au licenciement, il prend acte de la rupture avant que la décision de licenciement ne lui ait été notifiée, la prise d'acte rompt le contrat avant que le licenciement ne soit prononcé. Les juges doivent déterminer seulement les conséquences de la prise d'acte par le salarié, « peu importhe la convocation du salarié à un entretien préalable à un éventuel licenciement » (cass. soc. 28 juin 2006, n° 04-43.431, BC V n° 232 ; *RDT*, octobre 2006, CH, 240, J. Pélissier).

Un salarié protégé peut, comme les autres salariés, prendre acte de la rupture de son contrat de travail (cass. soc. 25 janvier 2006, n° 04-41.204, *RJS* 4/06 n° 472) ; la rupture du contrat intervenant dès la prise d'acte, l'inspecteur du travail doit se déclarer incompétent pour statuer sur une demande d'autorisation de licenciement présentée par l'employeur ultérieurement à la prise d'acte (CE 17 décembre 2008, n° 310889, *Rec. Lebon* p. 461 ; *RJS* 3/09 n° 261).

De la même façon, un salarié déclaré inapte à son emploi à la suite d'un accident du travail peut prendre acte de la rupture de son contrat de travail (cass. soc. 21 janvier 2009, n° 07-41.822, BC V n° 18 ; *RJS* 4/09 n° 338) ; cette rupture produit soit les effets d'un licenciement prononcé en violation de l'article L. 122-32-5, al. 1 et 4 (devenu L. 1226-10 à 12) CT lorsque les faits invoqués par le salarié la justifiaient, soit, dans le cas contraire, les effets d'une démission (même arrêt).

Lorsque le salarié prend acte de la rupture du contrat de travail, l'employeur engage sa responsabilité vis-à-vis du salarié s'il mentionne dans l'attestation destinée à l'Assédic, comme motif de rupture, la démission du salarié au lieu de la prise d'acte de rupture (cass. soc. 27 septembre 2006, n° 05-40.414, BC V n° 290 ; *RDT*, janvier 2007, CH, 26, J-P Domergue).

La Cour de cassation a admis l'existence d'une prise d'acte de troisième type en application d'une clause contractuelle : le salarié peut prendre acte de la rupture du contrat de travail, en l'absence de faute commise par l'employeur, sans que cette prise d'acte entraîne les effets d'une démission (cass. soc. 26 janvier 2011, n° 09-71.271, BC V n° 35 ; *RJS* 4/11 n° 287 ; *RDT*, mars 2011, CH, 175, J. Pélissier : la prise d'acte ne produit ni les effets d'un licenciement sans cause réelle et sérieuse ni ceux d'une démission ; elle entraîne une rupture imputable à l'employeur et ouvre droit, au profit du salarié, à une indemnité contractuelle de rupture).

Sous-section 2. **Rupture abusive du contrat**

Art. L. 1237-2. La rupture d'un contrat de travail à durée indéterminée à l'initiative du salarié ouvre droit, si elle est abusive, à des dommages et intérêts pour l'employeur.

En cas de litige, le juge se prononce conformément aux dispositions de l'article L. 1235-1.

Art. L. 1237-3.

Un décret en Conseil d'État détermine les modalités d'application du présent article.

Note **Rupture abusive du contrat par le salarié.** Lorsque le salarié prend l'initiative de la rupture et commet un abus dans l'exercice de son droit de résiliation unilatérale du contrat, le juge, à l'aide des éléments fournis tant par l'employeur que par le salarié, forme sa conviction, au besoin après toutes mesures d'instruction qu'il estime, et fixe, le cas échéant, les dommages-intérêts sans avoir de limite minimale ou maximale à respecter. La rupture abusive émanant du salarié implique un caractère fautif imprimé à la démission par les circonstances dont elle est entourée et par le préjudice causé à l'entreprise (voir notamment cass. soc. 19 juin 1959, n° 58-40.515, BC n° 779 ; 16 mars 1977, n° 75-40.446, BC V n° 193 ; 25 mai 1977, n° 76-40.303, BC V n° 343 ; 21 mars 1979, n° 77-41.547, BC V n° 254).

Art. L. 1237-3. Lorsqu'un salarié ayant rompu abusivement un contrat de travail conclut un nouveau contrat de travail, le nouvel employeur est solidairement responsable du dommage causé à l'employeur précédent dans les cas suivants :

1° S'il est démontré que le nouvel employeur est intervenu dans la rupture ;

2° Si le nouvel employeur a engagé un salarié qu'il savait déjà lié par un contrat de travail ;

3° Si le nouvel employeur a continué d'employer le salarié après avoir appris que ce dernier était encore lié à un autre employeur par un contrat de travail. Dans ce cas, sa responsabilité n'est pas engagée si, au moment où il a été averti, le contrat de travail abusivement rompu par le salarié était venu à expiration, soit s'il s'agit de contrats à durée déterminée par l'arrivée du terme, soit s'il s'agit de contrats à durée indéterminée par l'expiration du préavis ou si un délai de quinze jours s'était écoulé depuis la rupture du contrat.

Note Si un salarié a rompu abusivement son contrat de travail et a été embauché par un nouvel employeur, celui-ci encourt une responsabilité vis-à-vis de l'ancien employeur, dans les trois cas énoncés par l'article L. 1237-3.

Mais indépendamment de cette responsabilité, donc en dehors des cas énoncés par l'article L. 1237-3, le nouvel employeur peut être condamné à des dommages-intérêts au profit de l'ancien employeur pour débauchage de personnel, si ces manœuvres de débauchage revêtent le caractère de la concurrence déloyale (cass. civ. 23 octobre 1964, BC n° 641 ; cass. com. 10 mars 1975, n° 74-10.321, BC IV n° 73 ; 13 mai 1975, n° 74-12.007, BC IV n° 132 ; 16 juillet 1985, *JS* 1985 SJ 267).

SECTION 2. Retraite

Sous-section 1. Dispositions générales

Art. L. 1237-4. Les stipulations relatives au départ à la retraite des salariés prévues par une convention collective, un accord collectif de travail ou un contrat de travail sont applicables sous réserve qu'elles ne soient pas contraires aux dispositions légales.

Sont nulles toutes stipulations d'une convention ou d'un accord collectif de travail et d'un contrat de travail prévoyant une rupture de plein droit du contrat de travail d'un salarié en raison de son âge ou du fait qu'il serait en droit de bénéficier d'une pension de vieillesse.

Note – L'article L. 1237-4 CT n'envisage que la situation des salariés régis par une convention collective, un accord collectif de travail ou un contrat de travail, à l'exclusion des salariés soumis à des dispositions statutaires légales ou réglementaires ; une clause insérée dans le statut de la SNCF et autorisant celle-ci à liquider d'office la retraite de tout agent ayant atteint l'âge de 55 ans et ayant au moins 25 ans de service est licite (CA Paris, 18e ch., 28 novembre 1990, *RJS* 2/91 n° 284 ; dans le même sens, CE 22 février 1989, n° 69332, *D.* 1990 somm. 140 : les prescriptions du statut relatives à la mise à la retraite d'office de l'agent remplissant des conditions d'âge et de durée d'activité ne sont pas contraires à un principe général du droit et sont donc applicables malgré les dispositions de l'article L. 122-14-12 [L. 1237-4] ; CE 17 mars 1995, n° 107117, *RJS* 5/95 n° 583) ; les dispositions des articles L. 122-14-12 et L. 122-14-13 [L. 1237-4, 5 et s.] CT relatives au départ à la retraite ne sont pas applicables aux salariés d'Air France (cass. soc. 22 février 2000, n° 98-45.702, BC V n° 72 ; *Dr. Soc.* 2000, p. 665).

– Les dispositions de l'article L. 1237-4, al. 2 sont applicables aux marins en l'absence de loi particulière régissant leur mise à la retraite (cass. soc. 28 octobre 1997, n° 95-41.647, BC V n° 344 ; *RJS* 12/97 n° 1452, 2e espèce : sont nulles toute disposition d'un accord collectif de travail et toute clause d'un contrat de travail prévoyant une rupture de plein droit du contrat de travail d'un marin en raison de son âge).

– Les dispositions d'une convention collective prévoyant la rupture de plein droit du contrat de travail à l'âge de 65 ans tombent sous le coup de la nullité des clauses couperet.

– La nullité des clauses couperet est une nullité de protection ; elle ne peut être invoquée que par le salarié (cass. ass. plén. 6 novembre 1998, n° 97-41.931, BC n° 3 ; *RJS* 12/98 n° 1475). Cet arrêt opère un revirement de jurisprudence ; en 1995, la chambre sociale avait décidé que la nullité avait un caractère absolu et qu'elle pouvait être invoquée aussi bien par l'employeur que par un salarié (cass. soc. 15 mars 1995, n° 90-46.098, BC V n° 87 ; *RJS* 4/95 n° 370 ; 1er février 1995, n° 90-42.635, BC V n° 48 ; *RJS* 3/95 n° 226).

– En revanche, la clause garantissant à un salarié la stabilité de son emploi jusqu'à au moins 65 ans est licite ; elle oblige l'employeur à réparer le préjudice né d'une rupture prématurée du contrat de travail (cass. soc. 3 octobre 1991, n° 87-43.037, *CSB* 1991 A. 56). La rupture à l'initiative de l'employeur ne pouvant qu'être un licenciement tant que le salarié n'a pas atteint l'âge fixé par la convention collective, elle est sans cause réelle et sérieuse en l'absence de motif précis invoqué par l'employeur (cass. soc. 7 avril 1994, n° 90-43.465, BC V n° 139 ; *RJS* 5/94 n° 541 ; 18 janvier 1995, n° 91-42.344, BC V n° 31 ; *RJS* 3/95 n° 227).

Sous-section 2. **Mise à la retraite**

Art. L. 1237-5. La mise à la retraite s'entend de la possibilité donnée à l'employeur de rompre le contrat de travail d'un salarié ayant atteint l'âge mentionné au 1° de l'article L. 351-8 du code de la sécurité sociale ***(L. 2008-1330 du 17 déc. 2008, art. 90, JO 18)*** « sous réserve des septième à neuvième alinéas. »

Un âge inférieur peut être fixé, dans la limite de celui prévu au premier alinéa de l'article L. 351-1 du code de la sécurité sociale, dès lors que le salarié peut bénéficier d'une pension de vieillesse à taux plein au sens du code de la sécurité sociale :

1° Dans le cadre d'une convention ou d'un accord collectif étendu conclu avant le 1er janvier 2008 fixant des contreparties en termes d'emploi ou de formation professionnelle ;

(L. 2008-1330 du 17 déc. 2008, art. 90, JO 18) « 2° Pour les bénéficiaires d'une préretraite ayant pris effet avant le 1er janvier 2010 et mise en œuvre dans le cadre d'un accord professionnel mentionné à l'article L. 5123-6 ; »

3° Dans le cadre d'une convention de préretraite progressive conclue antérieurement au 1er janvier 2005 ;

4° Dans le cadre du bénéfice de tout autre avantage de préretraite défini antérieurement à la date de publication de la loi n° 2003-775 du 21 août 2003 portant réforme des retraites ***(L. 2008-1330 du 17 déc. 2008, art. 90, JO 18)*** « et ayant pris effet avant le 1er janvier 2010 ».

(L. 2008-1330 du 17 déc. 2008, art. 90, JO 18) « Avant la date à laquelle le salarié atteint l'âge fixé au 1° de l'article L. 351-8 du code de la sécurité sociale et dans un délai fixé par décret, l'employeur interroge par écrit le salarié sur son intention de quitter volontairement l'entreprise pour bénéficier d'une pension de vieillesse.

Art. L. 1237-5.

En cas de réponse négative du salarié dans un délai fixé par décret ou à défaut d'avoir respecté l'obligation mentionnée à l'alinéa précédent, l'employeur ne peut faire usage de la possibilité mentionnée au premier alinéa pendant l'année qui suit la date à laquelle le salarié atteint l'âge fixé au 1° de l'article L. 351-8 du code de la sécurité sociale.

(L. 2010-1330 du 9 nov. 2010, art. 27, JO 10) « La même procédure est applicable chaque année jusqu'au soixante-neuvième anniversaire du salarié. »

Note

• La loi du 21 août 2003 a apporté une première modification importante au droit de la mise à la retraite. Depuis cette loi, l'employeur ne peut plus, en principe, mettre à la retraite les salariés âgés de 60 à 65 ans, qui ont droit à une pension à taux plein.

La loi du 17 décembre 2008 limite encore plus le droit pour l'employeur de mettre le salarié à la retraite. Tant que le salarié n'a pas atteint l'âge de 70 ans, l'employeur ne peut pas mettre à la retraite un salarié qui a manifesté son intention de poursuivre son activité.

La loi 2010-1330 du 9 novembre 2010 portant réforme des retraites a relevé l'âge légal de départ en retraite et l'âge d'attribution automatique du taux plein, respectivement à 62 et 67 ans, ce qui a des conséquences sur la gestion du personnel (incidence sur certaines procédures de départ des salariés). Voir *RF*, FH 3373 du 18 novembre 2010.

Le dernier alinéa est applicable aux pensions prenant effet à compter du 1er juillet 2011 (loi 2010-1330, art. 118, II précitée).

• Le premier alinéa dans sa rédaction antérieure à la loi du 17 décembre 2008 a été déclaré conforme à la Constitution (C. constit. 2010-98, QPC, 4 février 2011, JO 5).

1. Anciennes dérogations permettant la mise à la retraite avant 65 ans. La loi Fillon du 21 août 2003 a permis aux partenaires sociaux de déroger, à certaines conditions, par convention ou accord collectif étendu, à l'interdiction de mise à la retraite avant 65 ans (J. Pélissier, « Âge et perte d'emploi », *Dr. Soc.* 2003, p. 1060). Cette possibilité de dérogation a été très largement utilisée (M-C Amauger-Lattes, « Du nouveau sur la rupture du contrat en vue du départ à la retraite du salarié », *RDT* février 2007, pp. 99 et s.). La loi de financement de la sécurité sociale pour 2007 a mis un terme à cette possibilité. Depuis le 1er janvier 2008, il est interdit de conclure des accords dérogeant à l'âge légal de mise à la retraite.

Quant aux accords conclus et étendus entre août 2003 et la publication de la loi du 21 décembre 2006, ils ont cessé de produire leurs effets au plus tard le 31 décembre 2009 (art. L. 1237-5-1).

2. Régimes particuliers. La mise à la retraite d'un salarié protégé doit être autorisée par l'inspecteur du travail (cass. soc. 10 décembre 2003, n° 01-43.876, BC V n° 314 ; *RJS* 2/04 n° 234 ; 13 novembre 2001, n° 99-45.389, *RJS* 1/02 n° 55 ; 5 mars 1996, n° 92-42.490, BC V n° 84 ; *Dr. Soc.* 1996, p. 537). Elle doit suivre la procédure prévue en cas de licenciement et, par conséquent, être précédée de l'entretien préalable prévu par l'article L. 1232-2 CT (CE 17 juin 2009, n° 304027, *RJS* 11/09 n° 868). Voir ci-après note sous Chapitre Ier du Titre Ier du Livre IV de la Partie 2.

– Les salariés de la RATP, dotés d'un statut particulier qui réglemente leur mise à la retraite, ne peuvent pas prétendre à l'application des dispositions de droit commun concernant la mise à la retraite (cass. soc. 29 octobre 1996, n° 92-42.046, *RJS* 12/96 n° 1332) ; la même solution est adoptée pour les agents de la SNCF et d'EDF-GDF (cass. soc. 21 juin 1995, n° 91-42.460, BC V n° 204 ; *RJS* 11/95 n° 1188 ; 22 octobre 1996, n° 94-43.319) et pour les salariés d'Air France (cass soc. 22 février 2000, n° 98-45.702, BC V n° 72 ; *Dr. Soc.* 2000, p. 665).

Les salariés de l'Opéra, qui sont exclusivement régis par les dispositions de leur régime spécial, ne relèvent pas de l'ancien article L. 122-14-13 CT (cass. soc. 16 juillet 1997, n° 94-42.760, BC V n° 274 ; *RJS* 10/97 n° 1173, 2e espèce).

3. Nullité. Est nulle la mise à la retraite décidée par l'employeur au cours des périodes de suspension du contrat de travail consécutives à un accident du travail ou à une maladie professionnelle (cass. soc. 27 janvier 2009, n° 07-45.290, *RJS* 4/09 n° 335).

Art. D. 1237-2-1. ***(D. 2008-1515 du 30 déc. 2008, JO 31)*** Le délai mentionné au septième alinéa de l'article L. 1237-5 est fixé à trois mois avant l'anniversaire du salarié.

Le délai mentionné au huitième alinéa du même article est fixé à un mois à compter de la date à laquelle l'employeur a interrogé le salarié.

Note Par dérogation au premier alinéa de cet article, la mise à la retraite d'office ne peut prendre effet au cours de l'année 2009 que si elle a été notifiée avant le 1er janvier 2009 ou si le salarié, interrogé par l'employeur au moins 3 mois avant la date d'effet de cette mise à la retraite, n'a pas, dans un délai d'un mois, manifesté son intention de poursuivre son activité (décret 2008-1515 précité, art. 2).

Art. L. 1237-5-1. À compter du 22 décembre 2006, aucune convention ou accord collectif prévoyant la possibilité d'une mise à la retraite d'office d'un salarié à un âge inférieur à celui fixé au 1° de l'article L. 351-8 du code de la sécurité sociale ne peut être signé ou étendu.

Les accords conclus et étendus avant le 22 décembre 2006, déterminant des contreparties en termes d'emploi ou de formation professionnelle et fixant un âge inférieur à celui mentionné au même 1°, dès lors que le salarié peut bénéficier d'une pension de vieillesse à taux plein et que cet âge n'est pas inférieur à celui fixé au premier alinéa de l'article L. 351-1 du même code, cessent de produire leurs effets au 31 décembre 2009.

Art. L. 1237-6. L'employeur qui décide une mise à la retraite respecte un préavis dont la durée est déterminée conformément à l'article L. 1234-1.

Note **Décision de mise à la retraite.** L'employeur ne peut décider seul de la mise à la retraite du salarié que si celui-ci a au moins 70 ans. La mise à la retraite d'un salarié qui a entre 65 et 70 ans est subordonnée à l'accord du salarié (art. L. 1237-5, al. 7 à 9). « La décision de l'employeur de mettre à la retraite un salarié n'a pas à être spécialement motivée » (cass. soc. 12 janvier 1993, n° 89-43.467, BC V n° 4 ; *Dr. Soc.* 1993, p. 185 ; 10 mars 1999, n° 97-40.059, *RJS* 4/99 n° 504). Mais la mise à la retraite ne peut être invoquée par l'employeur comme motif de rupture que si elle a été mentionnée dans la lettre de rupture (cass. soc. 9 mars 1999, n° 96-44.312, BC V n° 109 ; *RJS* 4/99 n° 504 ; *Dr. Soc.* 1999, p. 625, obs. J. Savatier : l'employeur qui ne motive la rupture des relations contractuelles que par l'arrivée du terme du dernier contrat à durée déterminée est condamné pour licenciement sans cause réelle et sérieuse lorsque le contrat de travail est requalifié en contrat à durée indéterminée, alors que les conditions de mise à la retraite étaient remplies).

– La mise à la retraite peut être décidée alors même que les conditions de mise à la retraite sont réunies depuis plusieurs années (cass. soc. 28 octobre 1997, n° 94-45.285, BC V n° 347 ; *RJS* 1/98 n° 20 : mise à la retraite d'un salarié de 70 ans). En revanche, un employeur ne peut pas mettre à la retraite un salarié qui avait déjà atteint, au moment de son engagement, l'âge permettant à l'employeur de le mettre à la retraite en application de l'article L. 1237-5 CT (cass. soc. 29 juin 2011, n° 09-42.165, *RJS* 10/11 n° 782).

– La mise à la retraite, décidée après que le salarié eut introduit une demande en résiliation judiciaire du contrat de travail, met fin au contrat de travail : la demande en résiliation devient sans objet (cass. soc. 12 avril 2005, n° 02-45.923, BC V n° 131 ; *Dr. Soc.* 2005, p. 844, note B. Gauriau).

– La mise à la retraite d'un salarié dont le contrat de travail est suspendu à la suite d'un accident du travail est nulle (cass. soc. 7 mars 2007, n° 05-42.279, BC V n° 42).

– La mise à la retraite peut être décidée après l'avis d'inaptitude délivré par le médecin du travail suite à un accident du travail, dès lors que les conditions légales et conventionnelles de mise à la retraite sont réunies ; dans ce cas, le salarié mis à la retraite bénéficie de l'indemnité spéciale de licenciement prévue à l'article L. 1226-14 CT (cass. soc. 29 janvier 2002, n° 99-41.028, BC V n° 37 ; *Dr. Soc.* 2002, p. 465).

– La mise à la retraite décidée à l'occasion de difficultés économiques ne doit pas être assimilée à un licenciement ; le salarié n'a pas droit à l'indemnité conventionnelle de licenciement (cass. soc. 18 mars 2008, n° 07-40.269, BC V n° 63 ; *Dict. permanent* 2008 n° 878, p. 2765 ; *SSL* 2008 n° 1356, p. 12 ; dans le même sens, cass. soc. 14 mai 2008, n° 06-45.158, *SSL* 2008 n° 1355, p. 15 ; la Cour de cassation avait antérieurement retenu une solution opposée : cass. soc. 18 avril 2000, n° 97-45.434, BC V n° 142 ; *RJS* 6/00 n° 652 ; 2 novembre 2005, n° 03-46.325, *RJS* 1/06 n° 30).

En revanche, en application de l'article L. 1233-3 CT, l'employeur qui envisage de mettre ses salariés à la retraite à l'occasion de difficultés économiques doit observer les dispositions relatives aux licenciements économiques en ce qui concerne la consultation des représentants du personnel et la mise en place d'un plan de sauvegarde de l'emploi (cass. soc. 14 mai 2008, n° 06-45.158, précité).

– C'est à la date d'expiration du contrat de travail qu'il convient d'apprécier si les conditions prévues par l'article L. 1237-5 CT sont réunies (cass. soc. 31 janvier 1996, n° 91-44.143, BC V n° 35 ; *RJS* 3/96 n° 271 ; *CSB* 1996 A. 33 : si, à l'expiration du préavis, le salarié peut bénéficier d'une pension de vieillesse à taux plein, la rupture du contrat constitue une mise à la retraite et non un licenciement).

Préavis

– Le salarié qui ne respecte pas le préavis de retraite ne perd pas pour autant son droit à l'indemnité de départ à la retraite (cass. soc. 13 février 1996, n° 92-40.704, BC V n° 52).

– L'inobservation par l'employeur d'un délai de préavis conventionnel n'a pas pour conséquence de transformer la mise à la retraite en un licenciement abusif ; la mise à la retraite est seulement reportée dans le temps de manière que le délai de préavis soit respecté (cass. soc. 18 juillet 2000, n° 97-44.215, BC V n° 293 ; *RJS* 11/00 n° 1095).

– Lorsque la convention collective ne fixe pas de préavis de mise à la retraite, le salarié doit bénéficier du préavis conventionnel de licenciement (cass. soc. 15 mai 2007, n° 05-45.234, BC V n° 77).

Art. L. 1237-7. La mise à la retraite d'un salarié lui ouvre droit à une indemnité de mise à la retraite au moins égale à l'indemnité de licenciement prévue à l'article L. 1234-9.

Art. L. 1237-8. Si les conditions de mise à la retraite ne sont pas réunies, la rupture du contrat de travail par l'employeur constitue un licenciement.

Note

Dans un premier temps, la Cour de cassation a jugé que la mise à la retraite, lorsque les conditions de mise à la retraite n'étaient pas réunies, constituait non seulement un licenciement mais aussi un licenciement sans cause réelle et sérieuse (cass. soc. 25 mars 1992, n° 90-45.494, BC V n° 213 ; *RJS* 5/92 n° 589 ; 16 juin 1998, n° 96-40.919, BC V n° 325 ; *RJS* 8-9/98 n° 981 ; 28 février 2006, n° 04-40.303, BC V n° 90 ; *Dr. Soc.* 2006, p. 692, obs. J. Savatier).

Elle juge maintenant que la mise à la retraite décidée alors que le salarié ne pouvait pas bénéficier d'une retraite à taux plein est un licenciement nul, car fondé exclusivement sur l'âge, motif prohibé par l'article L. 1132-1 (art. L. 122-45 ancien) CT (cass. soc. 21 décembre 2006, n° 05-12.816, BC V n° 412).

Sous-section 3. Départ volontaire à la retraite

Art. L. 1237-9. Tout salarié quittant volontairement l'entreprise pour bénéficier d'une pension de vieillesse a droit à une indemnité de départ à la retraite.

Le taux de cette indemnité varie en fonction de l'ancienneté du salarié dans l'entreprise. Ses modalités de calcul sont fonction de la rémunération brute dont il bénéficiait antérieurement. Ce taux et ces modalités de calcul sont déterminés par voie réglementaire.

Note

1. Le départ volontaire à la retraite d'un salarié protégé ne nécessite pas l'autorisation de l'inspecteur du travail (cass. soc. 11 février 2009, n° 07-44.909, *RJS* 4/09 n° 378).

2. Le salarié qui ne fait pas liquider sa pension de retraite ne peut pas demander l'indemnité de départ volontaire (cass. soc. 23 septembre 2009, n° 08-41.397, BC V n° 194 ; *RJS* 12/09 n° 922).

3. L'indemnité de départ en retraite versée au salarié qui quitte volontairement l'entreprise pour bénéficier du droit à une pension vieillesse constitue une rémunéra-

tion : elle est soumise aux règles de saisie prévues par le code du travail (cass. soc. 30 janvier 2008, n° 06-17.531, BC V n° 29 ; *RJS* 4/08 n° 417).

4. Le salarié qui prend acte de la rupture du contrat de travail alors que l'employeur lui propose un aménagement de sa fin de carrière et le remplace à son poste de direction peut invoquer les droits attachés à une mise à la retraite injustifiée (cass. soc. 30 septembre 1992, n° 89-45.590, BC V n° 487 ; *RJS* 11/92 n° 1234).

Art. D. 1237-1. Le taux de l'indemnité de départ en retraite prévue à l'article L. 1237-9 est au moins égal à :

1° Un demi-mois de salaire après dix ans d'ancienneté ;
2° Un mois de salaire après quinze ans d'ancienneté ;
3° Un mois et demi de salaire après vingt ans d'ancienneté ;
4° Deux mois de salaire après trente ans d'ancienneté.

Note Les conventions collectives peuvent prévoir une indemnité supérieure à l'indemnité légale (le salarié doit évidemment remplir les conditions prévues par l'accord pour avoir droit à l'indemnité conventionnelle. Ainsi un salarié qui part à la retraite avant 65 ans ne peut pas percevoir l'indemnité conventionnelle de départ à la retraite dès lors que la convention collective subordonne ce droit à une condition d'âge supérieur (65 ans) : cass. soc. 4 juillet 2007, n° 06-40.114, BC V n° 116.

Mais les acteurs sociaux ont décidé, par avenant à l'accord national interprofessionnel du 11 janvier 2008 rapporté dans « Textes non codifiés », que l'indemnité de rupture unique interprofessionnelle (dont le montant ne peut être inférieur à 1/5e de mois par année de présence) ne s'applique pas au départ à la retraite (avenant n° 4 du 18 mai 2009).

Art. D. 1237-2. Le salaire à prendre en considération pour le calcul de l'indemnité de départ en retraite est, selon la formule la plus avantageuse pour l'intéressé, soit le douzième de la rémunération des douze derniers mois précédant le départ à la retraite, soit le tiers des trois derniers mois.

Dans ce cas, toute prime ou autre élément de salaire annuel ou exceptionnel qui aurait été versé au salarié pendant cette période est pris en compte à due proportion.

Art. L. 1237-10. Le salarié demandant son départ à la retraite respecte un préavis dont la durée est déterminée conformément à l'article L. 1234-1.

(L. 2008-596 du 25 juin 2008, JO 26)

SECTION 3. Rupture conventionnelle

Art. L. 1237-11. L'employeur et le salarié peuvent convenir en commun des conditions de la rupture du contrat de travail qui les lie.

La rupture conventionnelle, exclusive du licenciement ou de la démission, ne peut être imposée par l'une ou l'autre des parties.

Elle résulte d'une convention signée par les parties au contrat. Elle est soumise aux dispositions de la présente section destinées à garantir la liberté du consentement des parties.

Note • Circ. DGT 2009-04 du 17 mars 2009 ; Circ. DGT 2008-11 du 22 juillet 2008 ; G. Auzero, « La rupture conventionnelle du contrat de travail : l'illusion de la sécurisation », RDT, septembre 2008, pp. 522 et s. Instruction DGT 2009-25 du 8 décembre 2009 relative au régime indemnitaire de la rupture conventionnelle d'un contrat à durée indéterminée. G. Couturier, « Les ruptures d'un commun accord », *Dr. Soc.* 2008, pp. 923 et s. ; J. Pélissier, « Modernisation de la rupture du contrat de travail », *RJS* 8-9/2008, pp. 679 et s. ; P. Lokiec, *SSL* 22 septembre 2008 n° 1367, p. 6 ; B. Gauriau, « L'exclusivité de la rupture conventionnelle », *Dr. Soc.* 2008, pp. 1065 et s ; G. Loiseau, *Dr. Soc.* 2010, pp. 297 et s.

• La jurisprudence avait antérieurement consacré la validité des ruptures d'un commun accord (cass. soc. 17 novembre 1982, n° 80-41.488, BC V n° 627 ; 29 mai 1996, n° 92-45.115, BC V n° 215 ; grands arrêts, 4e éd. n° 120) tout en prononçant la nullité des accords de rupture intervenus au cours des périodes de suspension consécutives à un accident du travail ou à une maladie professionnelle (cass. soc. 4 janvier 2000, n° 97-44.566, BC V n° 3 ; *Dr. Soc.* 2000, p. 350) ainsi que celle des accords ayant pour effet de priver le salarié de garanties spécifiques consacrées par la loi dans certaines situations (cass. soc. 29 juin 1999, n° 96-44.160, BC V n° 304 ; grands arrêts, 4e éd. n° 93 : nullité d'un accord ayant pour effet d'éluder les obligations résultant des articles L. 1226-2 et L. 1226-10 CT, anciens articles L. 122-24-4 et L. 122-32-5 visant les obligations de l'employeur en cas d'inaptitude du salarié). La jurisprudence subordonnait également la validité d'un tel accord à l'absence de litige entre les parties (cass. soc. 26 octobre 1999, n° 97-42.846, BC V n° 411), sauf dans les cas où l'accord de rupture est conclu à l'initiative du salarié (cass. soc. 21 janvier 2003, n° 00-43.568, BC V n° 11). Un arrêt de la cour d'appel de Rouen a refusé d'annuler une rupture conventionnelle alors qu'il existait un litige entre l'employeur et le salarié (CA Rouen 27 avril 2010, n° 09-4140, *RJS* 7/10 n° 595).

• Les juges ont à déterminer si la reconnaissance légale de la rupture conventionnelle met fin à la possibilité de rupture d'un commun accord, qui ne produit pas les mêmes effets. Dans un arrêt du 26 octobre 2010, la Cour de cassation consacre la compatibilité entre ces deux modes de rupture par consentement mutuel (cass. soc. 26 octobre 2010, n° 09-15.187, BC V n° 245 ; *RJS* 1/11 n° 28). Voir note sous l'article L. 1231-1, résiliation d'un commun accord.

Art. L. 1237-12. Les parties au contrat conviennent du principe d'une rupture conventionnelle lors d'un ou plusieurs entretiens au cours desquels le salarié peut se faire assister :

1° Soit par une personne de son choix appartenant au personnel de l'entreprise, qu'il s'agisse d'un salarié titulaire d'un mandat syndical ou d'un salarié membre d'une institution représentative du personnel ou tout autre salarié ;

2° Soit, en l'absence d'institution représentative du personnel dans l'entreprise, par un conseiller du salarié choisi sur une liste dressée par l'autorité administrative.

Lors du ou des entretiens, l'employeur a la faculté de se faire assister quand le salarié en fait lui-même usage. Le salarié en informe l'employeur auparavant ; si l'employeur souhaite également se faire assister, il en informe à son tour le salarié.

L'employeur peut se faire assister par une personne de son choix appartenant au personnel de l'entreprise ou, dans les entreprises de moins de cinquante salariés, par une personne appartenant à son organisation syndicale d'employeurs ou par un autre employeur relevant de la même branche.

Art. L. 1237-13. La convention de rupture définit les conditions de celle-ci, notamment le montant de l'indemnité spécifique de rupture conventionnelle qui ne peut pas être inférieur à celui de l'indemnité prévue à l'article L. 1234-9.

Elle fixe la date de rupture du contrat de travail, qui ne peut intervenir avant le lendemain du jour de l'homologation.

À compter de la date de sa signature par les deux parties, chacune d'entre elles dispose d'un délai de quinze jours calendaires pour exercer son droit de rétractation. Ce droit est exercé sous la forme d'une lettre adressée par tout moyen attestant de sa date de réception par l'autre partie.

Note **Montant de l'indemnité de rupture.** Voir instruction DGT 2009-25 du 8 décembre 2009. Par application de l'article 12 a de l'ANI du 11 janvier 2008 sur la modernisation du marché du travail, modifié par un avenant du 18 mai 2009 (lui-même applicable depuis le 17 juin 2009), l'indemnité de rupture conventionnelle ne peut être inférieure ni à l'indemnité légale de licenciement ni à l'indemnité conventionnelle de licenciement prévue par la convention collective applicable. Lorsque le salarié a moins d'une année d'ancienneté, il n'a pas droit, sauf disposition conventionnelle plus favorable, à une indemnité de licenciement. La cour d'appel de Montpellier en déduit que le montant de l'indemnité spécifique de rupture peut être égale à zéro (CA Montpellier 1er juin 2011, n° 10-6114, *RJS* 8-9/11 n° 683). La direction générale du travail est d'un avis différent (circ. DGT 2009-5 du 17 mars 2009 ; elle préconise une proratisation de l'indemnité en fonction du nombre de mois de présence (par exemple, après 7 mois d'ancienneté, on appliquera la formule : salaire brut mensuel × 1/5 × 7/12).

Délai de rétractation. Le délai de 15 jours débute le lendemain de la date de signature de la convention et se termine le quinzième jour suivant à minuit (circ. DGT 2008-11 du 22 juillet 2008). C'est seulement le lendemain que les parties peuvent adresser leur convention à l'administration pour homologation.

Art. L. 1237-14. À l'issue du délai de rétractation, la partie la plus diligente adresse une demande d'homologation à l'autorité administrative, avec un exemplaire de la convention de rupture. Un arrêté du ministre chargé du travail fixe le modèle de cette demande.

L'autorité administrative dispose d'un délai d'instruction de quinze jours ouvrables, à compter de la réception de la demande, pour s'assurer du respect des conditions prévues à la présente section et de la liberté de consentement des parties. À défaut de notification dans ce délai, l'homologation est réputée acquise et l'autorité administrative est dessaisie.

La validité de la convention est subordonnée à son homologation.

L'homologation ne peut faire l'objet d'un litige distinct de celui relatif à la convention. Tout litige concernant la convention, l'homologation ou le refus d'homologation relève de la compétence du conseil des prud'hommes, à l'exclusion de tout autre recours contentieux ou administratif. Le recours juridictionnel doit être formé, à peine d'irrecevabilité, avant l'expiration d'un délai de douze mois à compter de la date d'homologation de la convention.

Note

• Voir arrêté du 18 juillet 2008 (JO 19) modifié par arrêté du 28 juillet 2008 (JO 6 août) fixant les modèles de la demande d'homologation d'une rupture conventionnelle de contrat de travail à durée indéterminée rapporté dans les Textes non codifiés (Modernisation du marché du travail).

• L'homologation ne peut pas être accordée lorsque la demande est adressée avant l'expiration du délai de rétractation. Une seconde demande d'homologation après l'expiration du délai de rétractation ne peut donner lieu à homologation. La convention de rupture conventionnelle est nulle et la rupture produit les effets d'un licenciement sans cause réelle et sérieuse (CA Lyon 26 août 2011, n° 11-00551).

• La validité de la rupture conventionnelle n'est pas seulement subordonnée à son homologation. Elle l'est également au respect de toutes les règles relatives à la cause, à l'objet, à la capacité et au consentement des parties ; la rupture pourra ainsi être annulée pour vice du consentement (cass. soc. 30 novembre 2004, n° 03-41.757, BC V n° 303 : nullité en raison d'un harcèlement du salarié avant la conclusion de l'accord ; dans le même sens, CA Toulouse 3 juin 2011, n° 10-338, *RJS* 8-9/11 n° 682). La nullité pourra aussi être invoquée pour irrégularité de la procédure, en raison de l'existence d'un litige entre les parties (cass. soc. 11 février 2009, n° 08-40.095, BC V n° 43 ; *RJS* 4/09 n° 322 : arrêt rendu à propos d'une rupture amiable) ou en raison du caractère économique de la rupture (voir note sous art. L. 1237-16).

• La rupture conventionnelle annulée produit les effets d'un licenciement sans cause réelle et sérieuse (cons. prud'h. Les Sables d'Olonne 25 mai 2010, n° 09/00068, *RJS* 8-9/10 n° 665 : annulation d'une rupture conventionnelle ayant pour effet d'éluder l'obligation de reclassement après un accident du travail).

• Le conseil de prud'hommes a une compétence étendue à l'homologation d'une convention de rupture (CA Versailles 14 juin 2011, n° 10-01005, RJS 11/11 n° 871).

Art. R. 1237-3. ***(D. 2008-715 du 18 juil. 2008, JO 19)*** L'autorité administrative compétente pour l'homologation de la convention de rupture prévue à l'article L. 1237-14 est le ***(D. 2009-1377 du 10 nov. 2009, JO 13 ; D. 2010-687 du 24 juin 2010, JO 25 ; voir D. 2010-1582 du 17 déc. 2010, JO 18, pour outre-mer)*** « directeur régional des entreprises, de la concurrence, de la consommation, du travail et de l'emploi » du lieu où est établi l'employeur.

Art. L. 1237-15. Les salariés bénéficiant d'une protection mentionnés aux articles L. 2411-1 et L. 2411-2 peuvent bénéficier des dispositions de la présente section. Par dérogation aux dispositions de l'article L. 1237-14, la rupture conventionnelle est soumise à l'autorisation de l'inspecteur du travail dans les conditions prévues au chapitre Ier du titre Ier du livre IV, à la section 1 du chapitre Ier et au chapitre II du titre II du livre IV de la deuxième partie. Dans ce cas, et par dérogation aux dispositions de l'article L. 1237-13, la rupture du contrat de travail ne peut intervenir que le lendemain du jour de l'autorisation.

(L. 2011-867 du 20 juil. 2011, art. 6, JO 24) « Pour les médecins du travail, la rupture conventionnelle est soumise à l'autorisation de l'inspecteur du travail, après avis du médecin inspecteur du travail. »

Note Sur la rupture conventionnelle des salariés protégés, voir note sous Chapitre Ier, Titre Ier, Livre IV, Partie 2, au-dessus de L. 2411-1.

Art. L. 1237-16. La présente section n'est pas applicable aux ruptures de contrats de travail résultant :

1° Des accords collectifs de gestion prévisionnelle des emplois et des compétences dans les conditions définies par l'article L. 2242-15 ;

2° Des plans de sauvegarde de l'emploi dans les conditions définies par l'article L. 1233-61.

Note • Voir instruction DGT n° 2 du 23 mars 2010 relative à l'incidence d'un contexte économique difficile sur la rupture conventionnelle d'un contrat de travail à durée indeterminée. Voir également Fr. Favennec-Héry, « Rupture conventionnelle du contrat de travail : quel domaine ? », *SSL* 2008 n° 1360, pp. 12 et s.

• Ce texte ne prohibe pas les ruptures conventionnelles pour motif économique. L'article L. 1233-3 CT prévoit que les dispositions relatives au licenciement économique sont applicables à toute rupture du contrat de travail, à l'exclusion de la rupture conventionnelle visée aux articles L. 1237-11 et s., ce qui laisse entendre qu'il y a place pour des ruptures conventionnelles ayant une cause économique.

• Lorsqu'elles ont une cause économique et s'incrivent dans un processus de réduction des effectifs dont elles constituent la ou l'une des modalités, les ruptures conventionnelles doivent être prises en compte pour déterminer la procédure d'information et de consultation des représentants du personnel applicable ainsi que les obligations de l'employeur en matière de plan de sauvegarde de l'emploi (cass. soc. 9 mars 2011, n° 10-11.581, BC V n° 70 ; *SSL* 2011 n° 1484, p. 11 ; J. Pélissier, « Ruptures conventionelles assujetties au droit du licenciement économique », *SSL* 2011 n° 1484, pp. 7 et s. ; G. Couturier « Ruptures conventionnelles et licenciements collectifs », *RJS* 5/11, pp. 347 et s. ; rapport J-M Béraud, *RDT* 2011, pp. 226 et s.

Les ruptures conventionnelles pour motif économique risquent cependant d'être invalidées. L'accord national interprofessionnel du 11 janvier 2008 précise, en effet, dans son article 12, que les ruptures conventionnelles ne doivent pas porter atteinte aux procédures de licenciements collectifs engagées par l'entreprise (sur ce point, voir J. Pélissier, « La modernisation de la rupture du contrat de travail », *RJS* 8-9/2008, pp. 683 et 684). Le ministère du Travail enjoint d'ailleurs aux directions départementales du travail et de l'emploi de vérifier « que la rupture conventionnelle ne s'inscrit pas dans une démarche visant à contourner des procédures et garanties légales (périodes de protection de l'emploi, accident du travail, maladie professionnelle, maternité, maladie de droit commun ; procédures de rupture pour inaptitude médicale...) (circ. DGT 2008-11 du 22 juillet 2008, – 3. B L'instruction de la demande d'homologation).

CHAPITRE VIII

Dispositions pénales

Les articles législatifs et réglementaires ont été insérés à la fin des chapitres auxquels ils se rapportent.

TITRE IV

CONTRAT DE TRAVAIL À DURÉE DÉTERMINÉE

CHAPITRE Ier

Champ d'application

Art. L. 1241-1. Les dispositions du présent titre ne s'appliquent ni au contrat d'apprentissage ni au contrat de mission conclu avec une entreprise de travail temporaire.

CHAPITRE II

Conclusion et exécution du contrat

SECTION 1. Conditions de recours

Note Art. 6 de la loi de modernisation du marché du travail (2008-596 du 25 juin 2008, JO 26). Un contrat de travail à durée déterminée dont l'échéance est la réalisation d'un objet défini, d'une durée minimale de dix-huit mois et maximale de trente-six mois, peut être conclu pour le recrutement d'ingénieurs et de cadres, au sens des conventions collectives. Le recours à ce contrat est subordonné à la conclusion d'un accord de branche étendu ou, à défaut, d'un accord d'entreprise.

L'accord de branche étendu ou l'accord d'entreprise définit :

1° Les nécessités économiques auxquelles ces contrats sont susceptibles d'apporter une réponse adaptée ;

2° Les conditions dans lesquelles les salariés sous contrat à durée déterminée à objet défini bénéficient de garanties relatives à l'aide au reclassement, à la validation des acquis de l'expérience, à la priorité de réembauchage et à l'accès à la formation professionnelle continue et peuvent, au cours du délai de prévenance, mobiliser les moyens disponibles pour organiser la suite de leur parcours professionnel ;

3° Les conditions dans lesquelles les salariés sous contrat à durée déterminée à objet défini ont priorité d'accès aux emplois en contrat à durée indéterminée dans l'entreprise.

Ce contrat est régi par le titre IV du livre II de la première partie du code du travail, à l'exception des dispositions spécifiques fixées par le présent article.

Ce contrat prend fin avec la réalisation de l'objet pour lequel il a été conclu, après un délai de prévenance au moins égal à deux mois. Il peut être rompu par l'une ou l'autre partie, pour un motif réel et sérieux, au bout de dix-huit mois, puis à la date anniversaire de sa conclusion. Il ne peut pas être renouvelé. Lorsque, à l'issue du contrat, les relations contractuelles du travail ne se poursuivent pas par un contrat de travail à durée indéterminée, le salarié a droit à une indemnité d'un montant égal à 10 % de sa rémunération totale brute.

Le contrat à durée déterminée à objet défini est établi par écrit et comporte les clauses obligatoires pour les contrats à durée déterminée, sous réserve d'adaptations à ses spécificités, notamment :

1° La mention « contrat à durée déterminée à objet défini » ;

2° L'intitulé et les références de l'accord collectif qui institue ce contrat ;
3° Une clause descriptive du projet et mentionnant sa durée prévisible ;
4° La définition des tâches pour lesquelles le contrat est conclu ;
5° L'événement ou le résultat objectif déterminant la fin de la relation contractuelle ;
6° Le délai de prévenance de l'arrivée au terme du contrat et, le cas échéant, de la proposition de poursuite de la relation de travail en contrat à durée indéterminée ;
7° Une clause mentionnant la possibilité de rupture à la date anniversaire de la conclusion du contrat par l'une ou l'autre partie pour un motif réel et sérieux et le droit pour le salarié, lorsque cette rupture est à l'initiative de l'employeur, à une indemnité égale à 10 % de la rémunération totale brute du salarié.

Ce contrat est institué à titre expérimental pendant une période de cinq ans à compter de la publication de la présente loi.

À l'issue de cette période, le Gouvernement présentera au Parlement un rapport, établi après concertation avec les partenaires sociaux et avis de la Commission nationale de la négociation collective, sur les conditions d'application de ce contrat et sur son éventuelle pérennisation.

G. Couturier, « Le contrat de projet », *Dr. Soc.* 2008, pp. 300 et s. ; Cl. Roy-Loustaunau, « Le nouveau CDD : un mauvais projet », *Dr. Soc.* 2008, pp. 307 et s.

Sous-section 1. Cas de recours

Art. L. 1242-1. Un contrat de travail à durée déterminée, quel que soit son motif, ne peut avoir ni pour objet ni pour effet de pourvoir durablement un emploi lié à l'activité normale et permanente de l'entreprise.

Note La loi 2002-73 du 17 janvier 2002, art. 124 (JO 18) a complété l'alinéa 1er de l'ancien article L. 122-1 (actuel art. L. 1242-1) en précisant que la règle qu'il posait s'appliquait à tout contrat de travail, quel que soit son motif. En clair, les contrats conclus en application de l'article L. 1242-3 sont, comme les autres, susceptibles de requalification lorsqu'ils ont pour effet de pourvoir durablement un emploi lié à l'activité normale et permanente de l'entreprise. Il en est de même des contrats à durée déterminée à objet défini, visés à l'article 6 de la loi du 25 juin 2008.

Cette règle générale peut entraîner la qualification en contrat à durée indéterminée alors même que le contrat a été conclu, dans un des cas prévus par la loi, pour une durée déterminée.

• **Les contrats saisonniers.** Les contrats saisonniers sont des contrats à durée indéterminée lorsque la durée d'emploi coïncide avec la durée de l'ouverture de l'entreprise ; le contrat saisonnier est utilisé pour pourvoir durablement un emploi lié à l'activité normale et permanente de l'entreprise lorsqu'il est conclu pendant plusieurs saisons consécutives et il est requalifié par les juges en contrat à durée indéterminée (cass. soc. 22 janvier 1991, n° 87-45.139, BC V n° 30 ; *RJS* 3/91 n° 316 : la conclusion de deux contrats « saisonniers » correspondant à toute la durée d'ouverture de l'établissement – cinq mois par an – établit une relation de travail à durée indéterminée ; 6 juin 1991, n° 87-45.308, BC V n° 288 ; *RJS* 7/91 n° 817 : contrat d'un chef de rang pour la saison correspondant à la période d'activité de l'établissement, le contrat est qualifié de contrat à durée indéterminée ; 2 février 1994, n° 89-44.219, *Dr. Soc.* 1994, p. 372 : le salarié employé pendant plus de vingt ans pendant toutes les périodes d'activité de l'entreprise – remontées mécaniques dans une station de ski – est lié à l'employeur par une relation de travail d'une durée globale indéterminée ; dans le même sens, cass. soc. 13 décembre 1995, n° 92-42.713, *RJS* 2/96 n° 101 ; 7 avril 1998, n° 95-43.091, BC V n° 199 ; *Dr. Soc.* 1998, p. 802 : succession de contrats d'hôtesses et de stewards qui ont permis à Air Liberté d'employer des salariés tout au long de l'année, dans des emplois liés à l'activité normale et permanente de l'entreprise).

Mais les contrats saisonniers successifs ne peuvent pas être requalifiés en contrat à durée indéterminée si le salarié saisonnier n'est pas employé pendant toute la période d'ouverture ou de fonctionnement de l'entreprise (cass. soc. 15 octobre 2002, n° 00-41.759, BC V n° 306 ; *RJS* 12/02 n° 1362 ; 16 novembre 2004, n° 02-46.777, BC V n° 285 ; *Dr. Soc.* 2005, p. 98, obs. Cl. Roy-Loustaunau).

• **Les contrats d'usage.** La requalification par application de l'ancien article L. 122-1 [L. 1242-1] concernait également les contrats conclus dans certains secteurs d'activité où il est d'usage constant de ne pas recourir au contrat à durée indéterminée : cass. soc. 20 juillet 1994, n° 91-41.055, *CSB* 1994 A. 47 ; 8 mars 1994, n° 90-42.506, *CSB* 1994 B. 68 (contrats conclus dans l'hôtellerie avec un salarié en qualité d'extra pendant onze mois pour un nombre important d'heures chaque mois ; l'emploi est permanent et le contrat doit être requalifié contrat à durée indéterminée) ; 26 mai 1994, n° 90-43.840, *CSB* 1994 S. 116 ; *RJS* 7/94 n° 846 (contrats d'animateurs de centre de loisirs, conclus pendant plusieurs années avec les mêmes salariés ; ils sont requalifiés en contrat à durée indéterminée, car l'emploi est lié à l'activité normale et permanente du centre de loisirs) ; 18 janvier 1995, n° 91-41.771, *RJS* 3/95 n° 210 (contrat entre un centre d'expression corporelle et un professeur de danse pour la durée de l'année scolaire, renouvelé pendant six ans : requalification en contrat à durée indéterminée) ; 23 mai 1995, n° 92-43.085, BC V n° 166 ; *RJS* 7/95 n° 758 (le contrat d'une danseuse pour paraître dans un corps de ballet est lié non à un spectacle déterminé mais à l'activité normale et permanente de l'entreprise ; la salariée occupée sans interruption pendant sept ans obtient la requalification du contrat en contrat à durée indéterminée) ; 25 mars 1998, n° 95-41.466, BC V n° 172 ; *RJS* 5/98 n° 575 (doit être requalifié en contrat à durée indéterminée le contrat à durée déterminée d'un maître auxiliaire renouvelé d'année scolaire en année scolaire pendant huit ans sans interruption autre que celle correspondant à la durée des vacances scolaires, l'emploi occupé ne présentant plus un caractère temporaire).

La Cour de cassation a opéré un revirement de jurisprudence. Dans quatre arrêts rendus le 26 novembre 2003, tous publiés au bulletin, elle décide que les juges du fond doivent seulement rechercher, en ce qui concerne l'emploi des intéressés, s'il était ou non d'usage constant de ne pas recourir au contrat à durée indéterminée dans le secteur d'activité dont relevait l'employeur. Ils n'ont pas à tenir compte du nombre de renouvellements et du fait que le salarié occupait un emploi lié à l'activité normale et permanente (cass. soc. 26 novembre 2003, 4 arrêts, n°s 01-44.263, 01-44.381, 01-42.977 et 01-47.035, BC V n° 298 ; *RJS* 1/04 n° 9 ; dans le même sens, cass. soc. 4 février 2004, n° 01-45.010, *RJS* 6/04 n° 657 ; 25 mai 2005, n° 04-40.169, BC V n° 178 ; *RJS* 8-9/05 n° 847).

Nouveau revirement. Tenant compte de la position adoptée par la CJCE dans un arrêt du 4 juillet 2006 (aff. C-212/04, rec. p. I-6057 ; S. Laulom, *SSL* suppl. n° 1288, p. 1), la Cour de cassation impose désormais aux juges du fond « de vérifier que le recours à l'utilisation de contrats successifs est justifié par des raisons objectives qui s'entendent de l'existence d'éléments concrets établissant le caractère par nature temporaire de l'emploi (cass. soc. 23 janvier 2008, n° 06-44.197, BC V n° 16, arrêt n° 2 ; *RJS* 3/08 n° 256, 1re espèce : requalification en CDI de CDD successifs durant quatorze années scolaires d'un professeur d'éducation artistique ; 23 janvier 2008, n° 06-43.040, BC V n° 16, arrêt n° 1 ; *RJS* 3/08 n° 256, 2e espèce : requalification en CDI de CDD successifs d'un journaliste pigiste s'étalant sur dix-neuf ans ; 24 septembre 2008, n° 06-43.529, BC V n° 174 ; *RJS* 11/08 n° 1077 ; 26 mai 2010, n° 08-43.050, BC V n° 110 ; *RJS* 8-9/10 n° 644). La vérification opérée par le juge du fond sur le caractère, par nature temporaire, de l'emploi doit se faire *in concreto*. Le pouvoir d'appréciation du juge du fond est souverain (cass. soc. 26 mai 2010, n° 08-43.050, précité). La chambre criminelle de la Cour de cassation fait la même lecture des dispositions légales que la chambre sociale (cass. crim. 6 mai 2008, n° 06-82.366, B. crim. n° 105 ; *RJS* 8-9/08 n° 870 : CDD dans le secteur du déménagement ; la cour d'appel aurait dû préciser en quoi les emplois concernés présentaient par nature un caractère temporaire).

Cette nouvelle jurisprudence ne fait pas obstacle à la régularité du contrat à durée déterminée d'une très longue durée (19 ans) dans le secteur de l'édition phonographique (cass. soc. 4 février 2009, n° 08-40.184, BC V n° 31 ; *RJS* 4/09 n° 320).

• **Les contrats de remplacement.** Les dispositions de cet article (ancien article L. 122-1, al. 1er) sont invoquées pour requalifier en contrat à durée indéterminée des contrats successifs de remplacement de salariés absents lorsque, au cours de ces remplacements successifs, le salarié a conservé la même qualification et le même salaire (cass. soc. 4 décembre 1996, n° 93-41.891, BC V n° 414 ; *RJS* 1/97 n° 13 ; *CSB* 1997 A. 14 : 94 contrats successifs de remplacement pendant quatre ans ; dans le même sens, cass. soc. 16 juillet 1997, n° 94-42.398, BC V n° 270 ; *RJS* 10/97 n° 1073 ; 24 septembre 2003, n° 01-43.248 ; 29 septembre 2004, n° 02-43.249, BC V n° 232 ; *RJS* 12/04 n° 1251 ; 26 janvier 2005, n° 02-45.342, BC V n° 21 ; *RJS* 4/05 n° 350).

• **Contrat initiative-emploi.** Le contrat initiative-emploi conclu pour une durée de 24 mois n'est pas requalifié en contrat à durée indéterminée, même s'il a pour effet de pourvoir durablement un emploi lié à l'activité normale et permanente de l'entreprise (cass. soc. 18 novembre 2003, n° 01-46.408, BC V n° 284, rectifié par cass. soc. 2 décembre 2003, *RJS* 2/04 n° 245 : emploi de caissière ; cass. soc. 26 janvier 2005, n° 02-46.639, BC V n° 22 ; *Dr. Soc.* 2005, p. 467, obs. Cl. Roy-Loustaunau).

• **Associations intermédiaires.** Les contrats de travail conclus par les associations intermédiaires ne sont pas soumis aux dispositions des articles L. 1242-1 et s. régissant les contrats à durée déterminée. Ce sont des contrats à durée déterminée *sui generis* (cass. soc. 14 juin 2006, n° 05-40.995, BC V n° 213 ; *RJS* 8-9/06 n° 997).

Art. L. 1242-2. Sous réserve des dispositions de l'article L. 1242-3, un contrat de travail à durée déterminée ne peut être conclu que pour l'exécution d'une tâche précise et temporaire, et seulement dans les cas suivants :

1° Remplacement d'un salarié en cas :

a) D'absence ;

b) De passage provisoire à temps partiel, conclu par avenant à son contrat de travail ou par échange écrit entre ce salarié et son employeur ;

c) De suspension de son contrat de travail ;

d) De départ définitif précédant la suppression de son poste de travail après consultation du comité d'entreprise ou, à défaut, des délégués du personnel, s'il en existe ;

e) D'attente de l'entrée en service effective du salarié recruté par contrat à durée indéterminée appelé à le remplacer ;

2° Accroissement temporaire de l'activité de l'entreprise ;

3° Emplois à caractère saisonnier ou pour lesquels, dans certains secteurs d'activité définis par décret ou par convention ou accord collectif de travail étendu, il est d'usage constant de ne pas recourir au contrat de travail à durée indéterminée en raison de la nature de l'activité exercée et du caractère par nature temporaire de ces emplois ;

4° Remplacement d'un chef d'entreprise artisanale, industrielle ou commerciale, d'une personne exerçant une profession libérale, de son conjoint participant effectivement à l'activité de l'entreprise à titre professionnel et habituel ou d'un associé non salarié d'une société civile professionnelle, d'une société civile de moyens ou d'une société d'exercice libéral ;

5° Remplacement du chef d'une exploitation agricole ou d'une entreprise mentionnée aux 1° à 4° de l'article L. 722-1 du code rural ***(Ord. 2010-462 du 6 mai 2010, JO 7)*** « et de la pêche maritime », d'un aide familial, d'un associé d'exploitation, ou de leur conjoint mentionné à l'article L. 722-10 du même code dès lors qu'il participe effectivement à l'activité de l'exploitation agricole ou de l'entreprise.

Note

• **Preuve du motif de recours.** En cas de litige sur le motif de recours, il incombe à l'employeur de rapporter la preuve de la réalité du motif énoncé dans le contrat à durée déterminée (cass. soc. 15 septembre 2010, n° 09-40.473, BC V n° 179 ; *RJS* 11/10 n° 834 : lorsque le salarié conteste l'exactitude des motifs de recours figurant sur le contrat à durée déterminée, il appartient à l'employeur d'en rapporter la preuve).

• **Remplacement d'un salarié.** Le contrat à durée déterminée peut désormais être utilisé pour remplacer un salarié dans trois hypothèses très différentes.

– Dans la première, il s'agit de remplacer un salarié provisoirement absent (maladie, congés payés, maternité, congé parental…). Le salarié doit être recruté pour remplacer un salarié nommément désigné ; le contrat par lequel un travailleur est embauché pour remplacer tout membre du personnel absent en raison des congés annuels ou d'une maladie doit être requalifié en contrat à durée indéterminée (cass. soc. 24 février 1998, n° 95-41.420, BC V n° 98 ; *RJS* 4/98 n° 421). Le contrat est également requalifié lorsqu'il est conclu pour remplacer plusieurs salariés absents, simultanément ou successivement, alors même qu'il mentionne le nom et la qualification des différents salariés qui sont remplacés (cass. soc. 28 juin 2006, 2 arrêts, n°s 04-43.053 et 04-40.455, BC V n° 228 ; *RDT*, octobre 2006, CH, 237, G. Auzero : le contrat de travail à durée déterminée ne peut être conclu que pour le remplacement d'un seul salarié en cas d'absence ; *Dr. Soc.* 2007 p. 641, obs. Cl. Roy-Loustaunau ; cass. soc. 16 décembre 2010, n° 09-41.627, *RJS* 3/11 n° 212 ; 18 janvier 2012, n° 10-16.926, *LS* Jurispr. n° 23/2012 du 31/01/12).

En revanche, l'employeur n'est pas obligé d'affecter le salarié, recruté en remplacement, au poste qui était occupé par la personne absente ; le remplacement en cascade est autorisé (cass. soc. 22 novembre 1995, n° 91-44.480, BC V n° 308 ; *Dr. Soc.* 1996, p. 194, obs. J. Savatier ; *RJS* 1/96 n° 7 ; *CSB* 1996 A. 9 ; 25 mars 1997, n° 94-40.515, *RJS* 6/97 n° 663 ; 16 juillet 1997, n° 94-42.398, BC V n° 270 ; *RJS* 10/97 n° 1073 ; 15 octobre 2002, n° 00-40.623, BC V n° 305 ; *RJS* 12/02 n° 1361). L'employeur a également la possibilité de conclure un contrat à durée déterminée pour effectuer un remplacement partiel du salarié absent (cass. soc. 15 octobre 2002, n° 00-40.623, précité).

Par ailleurs, la Cour de cassation décide que la succession de contrats à durée déterminée pour remplacer divers salariés absents, nommément désignés, n'a pas pour effet d'établir une relation de travail indéterminée entre le salarié et l'employeur, alors même que la succession de contrats se prolonge pendant plusieurs années (cass. soc. 13 décembre 1995, n° 92-41.743, *RJS* 3/96 n° 253). Cependant, elle juge que le salarié, qui conserve la même qualification et le même salaire pendant quatre ans en remplaçant des salariés absents, occupe un emploi permanent de l'entreprise ; les contrats doivent être requalifiés en contrat à durée indéterminée (cass. soc. 4 décembre 1996, n° 93-41.891, BC V n° 414 ; *RJS* 1/97 n° 13 ; *CSB* 1997 A. 14 ; dans le même sens, cass. soc. 16 juillet 1997, n° 94-42.398, précité). De façon plus générale, la Cour de cassation décide que l'employeur ne peut recourir de façon systématique aux contrats à durée déterminée de remplacement pour faire face à un besoin structurel de main-d'œuvre (cass. soc. 28 janvier 2005, n° 02-45.342, BC V n° 21 ; *RJS* 4/05 n° 350).

– Dans la deuxième hypothèse, le contrat à durée déterminée permet de remplacer un salarié qui a quitté définitivement l'entreprise (à la suite, par exemple, d'une démission ou d'un licenciement). Dans cette dernière éventualité, le recours au contrat à durée déterminée n'est possible que dans deux situations particulières précisément définies : soit le poste de travail qui était occupé par le salarié ayant quitté définitivement l'entreprise est un poste qui doit être prochainement supprimé, soit l'embauche à durée déterminée est faite dans l'attente de l'entrée en service effective d'un salarié qui a déjà été embauché par contrat à durée indéterminée pour remplacer l'ancien salarié, mais qui n'est pas immédiatement disponible. La formulation du texte est nette ; elle n'autorise pas le recours au contrat à durée déterminée pour rechercher un salarié qui pourrait être engagé par un contrat à durée indéterminée (cass. soc. 9 mars 2005, n° 03-40.386, BC V n° 80 ; *RJS* 5/05 n° 485).

– Enfin, troisième hypothèse, le contrat à durée déterminée peut être utilisé pour compléter le travail fourni par un salarié à temps partiel lorsqu'un salarié à temps plein passe provisoirement à temps partiel (loi du 1er août 2003). Auparavant, la Cour de cassation prohibait de façon générale l'utilisation du contrat à durée déterminée afin de compléter le travail d'un salarié à temps partiel (cass. soc. 12 juillet 1999, n° 96-45.473, BC V n° 343 ; *RJS* 10/99 n° 1232).

• **Accroissement temporaire de l'activité de l'entreprise.** La formule légale est très générale. Il ne s'agit plus de surcroît « exceptionnel » d'activité. Tout surcroît d'activité, régulier ou irrégulier, habituel, occasionnel ou exceptionnel, ouvre l'accès aux contrats à durée déterminée. Cependant, l'ouverture d'un magasin procède de l'activité normale et permanente de l'entreprise. Elle ne peut justifier l'embauche en contrat à durée déterminée d'une caissière au motif d'un surcroît d'activité (cass. soc. 5 juillet 2005, n° 04-40.299 ; dans le même sens, à propos d'un responsable de magasin, cass. soc. 13 janvier 2009, n° 07-43.388, BC V n° 2 ; *RJS* 3/09 n° 231).

Par ailleurs, l'employeur n'est pas obligé d'affecter le salarié, recruté avec un contrat à durée déterminée, à des tâches directement liées à ce surcroît d'activité (cass. soc. 18 février 2003, n° 01-40.470, BC V n° 57 ; *RJS* 5/03 n° 576 ; *Dr. Soc.* 2003, p. 650, obs. Cl. Roy-Loustaunau).

La Cour de cassation tend à donner une interprétation étroite de la notion de variations cycliques d'activité. Des expositions temporaires présentées par la Réunion des musées nationaux, intervenant régulièrement à la même fréquence chaque année, sur les mêmes périodes annuelles, sur un même site et suivant un mode d'organisation identique, constituent une activité permanente, même si elle est intermittente ; elles ne peuvent pas être analysées, en elles-mêmes, comme un surcroît d'activité (cass. soc. 10 décembre 2008, n° 06-46.349, BC V n° 244 ; *SSL* 2008 n° 1380, pp. 7 et s.).

Si l'existence du cas de recours du contrat à durée déterminée doit être appréciée à la date de conclusion de celui-ci (cass. soc. 11 avril 1991, n° 87-41.349, BC V n° 184 ; *RJS* 6/91 n° 686), elle doit, en cas de renouvellement du contrat, être appréciée à la date de ce renouvellement (cass. soc. 1er février 2000, n° 97-44.952, BC V n° 46 ; *RJS* 3/00 n° 255).

• Notion d'emplois saisonniers. La distinction entre l'emploi saisonnier et l'accroissement temporaire d'activité présente un intérêt pratique : le contrat saisonnier, à la différence du contrat pour accroissement d'activité, n'ouvre pas droit à l'indemnité de fin de contrat. Pour la Cour de cassation, « le caractère saisonnier d'un emploi concerne des tâches normalement appelées à se répéter chaque année à des dates à peu près fixes, en fonction du rythme des saisons ou des modes de vie collectifs » (cass. soc. 17 septembre 2008, n° 07-42.463, BC V n° 163 ; *RJS* 12/08 n° 1168 ; 5 décembre 2007, n° 06-41.313, BC V n° 206 ; *RJS* 2/08 n° 145 ; 12 octobre 1999, n° 97-40.915, BC V n° 373 ; *RJS* 11/99 n° 1352).

Qualification en « contrat à durée déterminée ». Les contrats conclus pour la saison ou pour une partie de la saison sont des contrats à durée déterminée sous réserve :
– qu'ils aient un terme précis ou imprécis convenu lors de la conclusion du contrat (cass. soc. 2 mai 1967, BC IV n° 348) ;
– qu'ils ne soient pas conclus habituellement pour occuper les emplois pendant toute la période d'ouverture de l'entreprise (voir note sous art. L. 1242-1).

La faculté pour un employeur de conclure des contrats à durée déterminée successifs avec le même salarié afin de pourvoir un emploi saisonnier n'est assortie d'aucune limite, au-delà de laquelle s'instaurerait entre les parties une relation de travail globale à durée indéterminée (cass. soc. 26 octobre 2011, n° 09-43.205, *RJS* 1/12 n° 12 ; 15 octobre 2002, n° 00-41.759, BC V n° 306 ; *RJS* 12/02 n° 1362).

Contrats vendanges. Le « contrat vendanges » prévu par les articles L. 718-4 à L. 718-6 du code rural est un contrat saisonnier conclu en application de l'article L. 1242-2, 3° CT ; il doit, en application de l'article L. 1242-7, comporter un terme fixé avec précision dès sa conclusion ou, à défaut, une période minimale. En l'absence de ces indications, le contrat est requalifié en contrat à durée indéterminée (cass. soc. 6 octobre 2010, n° 09-65.346, BC V n° 213 ; *RJS* 12/10 n° 906).

• Emplois dans les secteurs d'activité définis par décret ou par voie de convention ou d'accord collectif étendu

Notion d'« usage constant ». La circulaire ministérielle du 30 octobre 1990 précise qu'il doit s'agir d'un usage ancien, bien établi et, par conséquent, admis comme tel dans la profession. L'usage invoqué ne pourrait résulter d'une simple décision ou d'une simple pratique d'un employeur.

Secteurs d'activité. C'est l'activité de l'entreprise et non celle du salarié qui peut permettre d'invoquer l'article L. 1242-2 ; un salarié engagé en qualité de formateur par une banque ne peut pas être engagé par un contrat à durée déterminée sur la base de cet article, car le secteur bancaire ne fait pas partie des secteurs énumérés (cass. soc. 25 février 1998, n° 95-44.048, BC V n° 99 ; *RJS* 4/98 n° 420). Il faut que l'activité principale de l'entreprise se situe dans un des secteurs visés pour qu'un contrat à durée déterminée puisse être conclu en raison de la nature de l'activité (même arrêt) ; également cass. soc. 27 septembre 2006, n° 04-47.663, BC V n° 289 ; *RDT*, janvier 2007, CH, 47, S. Nadal.

Caractère par nature temporaire de l'emploi. « Seuls les emplois par nature temporaires peuvent donner lieu à la conclusion de contrats à durée déterminée et non des enseignements dispensés de façon permanente dans un établissement sans autre interruption que celle des vacances scolaires » (cass. soc. 17 mars 1993, n° 89-43.328, *RJS* 5/93 n° 489 ; dans le même sens, cass. soc. 10 juin 1992, n° 88-44.433, BC V n° 374 ; *RJS* 8-9/92 n° 965 ; 26 mai 1993, n° 89-42.168, *RJS* 7/93 n° 725, 2e espèce ; 25 octobre 1995, n° 91-45.016, *RJS* 12/95 n° 1229 ; 23 janvier 2008, n° 06-44.197, BC V n° 16 ; *RJS* 3/08 n° 256, 1re espèce : le juge doit vérifier que le recours à l'utilisation de contrats à durée déterminée successifs est justifié par des raisons objectives qui s'entendent d'éléments concrets établissant le caractère par nature temporaire de l'emploi).

Les juges du fond doivent rechercher, par une appréciation souveraine, si, pour l'emploi concerné – et sauf si une convention collective prévoit, en ce cas, le recours à un contrat à durée indéterminée –, il est effectivement d'usage constant de ne pas recourir à un tel contrat. En cas de contestation, c'est à l'employeur de rapporter la preuve qu'il est d'usage constant dans le secteur d'activité concerné de ne pas recourir à un contrat à durée indéterminée pour un tel emploi (cass. soc. 20 septembre 2006, n° 05-41.883, BC V n° 269 ; *RJS* 11/06 n° 1155 ; 2 décembre 2009, n° 08-40.901, *JCP* éd. S 2010, 1100, note Fr. Bousez : l'usage des contrats à durée déterminée dans la restauration ne concerne pas l'emploi de maître d'hôtel).

Cependant, un enseignant peut être embauché avec un contrat à durée déterminée, alors même que la matière qu'il enseigne est dispensée chaque année, dans la mesure où l'embauche est faite pour une année scolaire en raison de la création d'une classe supplémentaire liée à un surcroît passager d'effectif (cass. soc. 9 avril 1996, n° 92-43.458, BC V n° 143 ; *Dr. Soc.* 1996, p. 634, obs. Cl. Roy-Loustaunau ; *RJS* 5/96 n° 517 : l'emploi a, dans ces conditions, un caractère temporaire).

Les emplois liés à l'organisation des enseignements ne peuvent être assimilés à des emplois par nature temporaires (cass. soc. 13 novembre 1990, n° 87-44.964, BC V n° 541).

• **Remplacement d'un chef d'entreprise.** Le remplacement partiel est autorisé selon la Cour de cassation (cass. soc. 26 novembre 2008, n° 07-41.751, BC V n° 229 ; *SSL* n° 1378, p. 15 ; *RDT* mars 2008, obs. G. Auzero). Mais l'assistance du nouveau chef d'entreprise (après une cession) par l'ancien chef d'entreprise ne peut pas être assimilée à un remplacement partiel. Les conditions de recours au contrat de travail à durée déterminée sont limitativement énumérées par la loi et sont d'ordre public (cass. soc. 16 février 2011, n° 09-43.072, *RJS* 5/11 n° 399 ; 20 octobre 2010, n° 08-42.524).

Art. D. 1242-1. En application du 3° de l'article L. 1242-2, les secteurs d'activité dans lesquels des contrats à durée déterminée peuvent être conclus pour les emplois pour lesquels il est d'usage constant de ne pas recourir au contrat à durée indéterminée en raison de la nature de l'activité exercée et du caractère par nature temporaire de ces emplois sont les suivants :

1° Les exploitations forestières ;

2° La réparation navale ;

3° Le déménagement ;

4° L'hôtellerie et la restauration, les centres de loisirs et de vacances ;

5° Le sport professionnel ;

6° Les spectacles, l'action culturelle, l'audiovisuel, la production cinématographique, l'édition phonographique ;

7° L'enseignement ;

8° L'information, les activités d'enquête et de sondage ;

9° L'entreposage et le stockage de la viande ;

10° Le bâtiment et les travaux publics pour les chantiers à l'étranger ;

11° Les activités de coopération, d'assistance technique, d'ingénierie et de recherche à l'étranger ;

12° Les activités d'insertion par l'activité économique exercées par les associations intermédiaires prévues à l'article L. 5132-7 ;

13° Le recrutement de travailleurs pour les mettre, à titre onéreux, à la disposition de personnes physiques, dans le cadre du 2° de l'article L. 7232-6 ;

14° La recherche scientifique réalisée dans le cadre d'une convention internationale, d'un arrangement administratif international pris en application d'une telle convention, ou par des chercheurs étrangers résidant temporairement en France ;

(D. 2009-1443 du 24 nov. 2009, JO 26) « 15° Les activités foraines. »

Note

• L'énumération des secteurs d'activité doit être interprétée strictement ; les présentations d'articles de mode ne peuvent pas être assimilées à un spectacle (cass. soc. 7 décembre 1994, n° 90-41.887, BC V n° 329 ; *RJS* 1/95 n° 3).

• Le contrat de travail conclu par un salarié avec une entreprise de travaux publics pour un chantier à l'étranger (10°) est, en principe, un contrat à durée indéterminée ; il n'en est autrement que si le contrat est expressément conclu pour une durée déterminée dans l'un des cas énumérés par l'article L. 1242-2 CT (cass. soc. 2 juin 2010, n° 09-41.416, BC V n° 126 ; *RJS* 8-9/10 n° 645).

• Dans les secteurs visés à l'article D. 1242-1, les contrats ne peuvent être à durée déterminée que si le recours à l'utilisation de contrats à durée déterminée successifs est justifié par des raisons objectives qui s'entendent de l'existence d'éléments concrets établissant le caractère par nature temporaire de l'emploi (cass. soc. 26 mai 2010, n° 08-43.050, BC V n° 110 ; *RJS* 8-9/10 n° 644 : l'énumération dans un accord collectif des emplois ayant un caractère par nature temporaire ne dispense pas le juge de son obligation de vérifier que, dans le litige qui lui est soumis, le recours à l'utilisation de contrats à durée déterminée successifs est justifié par des raisons objectives ; cass. soc. 30 novembre 2010, n° 09-68.609, BC V n° 269 ; *RJS* 2/11 n° 103).

Art. L. 1242-3. Outre les cas prévus à l'article L. 1242-2, un contrat de travail à durée déterminée peut être conclu :

1° Au titre de dispositions légales destinées à favoriser le recrutement de certaines catégories de personnes sans emploi ;

2° Lorsque l'employeur s'engage, pour une durée et dans des conditions déterminées par décret, à assurer un complément de formation professionnelle au salarié.

Note

• **Sur le 1°.** Les contrats à durée déterminée conclus en application de dispositions particulières destinées à favoriser l'embauchage de certaines catégories de demandeurs d'emploi échappent, au moins en partie, aux règles régissant normalement les contrats à durée déterminée. Ainsi, les contrats emploi-solidarité peuvent-ils, par exception au régime de droit commun des contrats à durée déterminée, être contractés pour des emplois liés à l'activité normale et permanente de l'employeur (cass. soc. 16 mars 1999, deux arrêts, n°s 97-40.271 et 97-40.768, BC V n° 113 ; *Dr. Soc.* 1999, pp. 560 et 561). Voir Cl. Roy-Loustaunau, « Tempête sur la requalification du contrat emploi-solidarité », *Dr. Soc.* 1999, pp. 553 et s. La même solution a été adoptée par le Conseil d'État (CE 23 juin 2004, n° 260945, *RJS* 11/04 n° 1179).

Sur un nouveau cas de CDD destiné à favoriser l'embauchage de certaines catégories de personnes sans emploi : « À propos du CDD senior », *RDT*, septembre 2006, CH, 168 ; M-C Amauger-Lattes ; décret 2006-1070 du 28 août 2006, JO 29 ; décret 2009-560 du 20 mai 2009 relatif au contenu et à la validation des accords et des plans d'action en faveur de l'emploi des salariés âgés ; décret 2010-1086 du 14 septembre 2010 aménageant les dispositions relatives au contrat à durée déterminée afin de favoriser le retour à l'emploi des salariés âgés des professions agricoles : validité du contrat à durée déterminée avec un demandeur d'emploi à qui il manque au maximum huit trimestres de cotisations, tous régimes confondus, pour bénéficier d'une retraite à taux plein. Ce contrat peut être conclu pour une durée maximale de 24 mois ; il ne peut pas être renouvelé (art. D. 718-4 et 5 du code rural et de la pêche maritime).

• **Sur le 2°.** Une distinction doit être établie en matière de rupture des contrats de travail à durée déterminée, entre les contrats conclus dans les cas mentionnés à l'article L. 1242-2 et les contrats destinés à assurer un complément de formation professionnelle (art. L. 1242-3) (voir rép. QE 2866, JO Sén. 16 décembre 1993, p. 2420).

Art. D. 1242-2. Tout employeur, à l'exception des professions agricoles, peut conclure un contrat de travail à durée déterminée, en application du 1° de l'article L. 1242-3, avec une personne âgée de plus de 57 ans inscrite depuis plus de trois mois comme demandeur d'emploi ou bénéficiant d'une convention de reclassement personnalisé afin de faciliter son retour à l'emploi et de lui permettre d'acquérir des droits supplémentaires en vue de la liquidation de sa retraite à taux plein.

Note

Durée du contrat. Voir art. D. 1242-6 figurant sous art. L. 1242-9.

Art. D. 1242-3. En application du 2° de l'article L. 1242-3, un contrat de travail à durée déterminée peut être conclu lorsque l'employeur s'engage à assurer un complément de formation professionnelle aux :

1° Candidats effectuant un stage en vue d'accéder à un établissement d'enseignement ;

2° Élèves ou anciens élèves d'un établissement d'enseignement effectuant un stage d'application ;
3° Étrangers venant en France en vue d'acquérir un complément de formation professionnelle ;
4° Bénéficiaires d'une aide financière individuelle à la formation par la recherche ;
5° Salariés liés par un contrat de rééducation professionnelle au sens des dispositions de l'article L. 5213-3 ou des textes relatifs à la rééducation professionnelle des victimes d'accidents du travail et des assurés sociaux.

Note *Durée du contrat.* Voir art. D. 1242-7 figurant sous art. L. 1242-9.

Art. L. 1242-4. À l'issue d'un contrat d'apprentissage, un contrat de travail à durée déterminée peut être conclu dans les cas mentionnés aux articles L. 1242-2 et L. 1242-3 et, en outre, lorsque l'apprenti doit satisfaire aux obligations du service national dans un délai de moins d'un an après l'expiration du contrat d'apprentissage.

Après liquidation de sa pension, un salarié peut conclure un contrat de travail à durée déterminée avec le même employeur, en application de l'article L. 1242-3, pour l'exercice des activités de tutorat définies au 8° de l'article L. 161-22 du code de la sécurité sociale. Un décret détermine la durée de ce contrat.

Sous-section 2. **Interdictions**

Art. L. 1242-5. Dans les six mois suivant un licenciement pour motif économique, il est interdit de conclure un contrat de travail à durée déterminée au titre d'un accroissement temporaire de l'activité, y compris pour l'exécution d'une tâche occasionnelle, précisément définie et non durable, ne relevant pas de l'activité normale de l'entreprise.

Cette interdiction porte sur les postes concernés par le licenciement dans l'établissement.

L'interdiction ne s'applique pas :
1° Lorsque la durée du contrat de travail n'est pas susceptible de renouvellement et n'excède pas trois mois ;
2° Lorsque le contrat est lié à la survenance dans l'entreprise, qu'il s'agisse de celle de l'entrepreneur principal ou de celle d'un sous-traitant, d'une commande exceptionnelle à l'exportation dont l'importance nécessite la mise en œuvre de moyens quantitativement ou qualitativement exorbitants de ceux que l'entreprise utilise ordinairement. Cette possibilité de recrutement est subordonnée à l'information et à la consultation préalables du comité d'entreprise, ou, à défaut, des délégués du personnel, s'il en existe.

Les dérogations prévues aux 1° et 2° n'exonèrent pas l'employeur de respecter la priorité de réembauche prévue à l'article L. 1233-45.

Note À la différence de l'article L. 122-2-1 qu'il remplace, l'article L. 1242-5 précise que les dérogations prévues n'exonèrent pas l'employeur de respecter la priorité de réembauche prévue (désormais) à l'article L. 1233-45.

Art. L. 1242-6. Outre les cas prévus à l'article L. 1242-5, il est interdit de conclure un contrat de travail à durée déterminée :
1° Pour remplacer un salarié dont le contrat de travail est suspendu à la suite d'un conflit collectif de travail ;
2° Pour effectuer certains travaux particulièrement dangereux figurant sur une liste établie par voie réglementaire, dans les conditions prévues à l'article L. 4154-1.

L'autorité administrative peut exceptionnellement autoriser une dérogation à cette interdiction dans des conditions déterminées par voie réglementaire.

Note • La Poste ne peut pas recourir à du personnel sous contrat de travail à durée déterminée pour faire obstacle à l'exercice du droit de grève de ses agents (cass. civ., 1re ch., 19 mai 1998, n° 97-13.916, BC I n° 182 ; *RJS* 8-9/98 n° 1081 : l'article 31 de la loi du 2 juillet 1990, qui autorise le recours à des agents contractuels de droit privé lorsque les exigences particulières de l'organisation de certains services le justifient, ne peut pas être invoqué pour faire échec au droit de grève reconnu aux agents publics comme aux salariés).

• En dehors de ces interdictions expressément visées à l'article L. 1242-6, il faut mentionner l'interdiction faite aux parties signataires d'un contrat de travail à durée indéterminée de conclure, en cours de contrat, un contrat à durée déterminée (cass. soc. 25 mars 2009, n° 06-46.330, BC V n° 87 ; *RJS* 6/09 n° 497).

Art. D. 1242-4. La liste des travaux particulièrement dangereux interdits au salarié titulaire d'un contrat de travail à durée déterminée, prévue aux articles L. 1242-6 et L. 4154-1, figure à l'article D. 4154-1.

Art. D. 1242-5. Les dérogations mentionnées au quatrième alinéa de l'article L. 1242-6 sont accordées par le ***(D. 2009-1377 du 10 nov. 2009, JO 13 ; D. 2010-687 du 24 juin 2010, JO 25 ; voir D. 2010-1582 du 17 déc. 2010, JO 18, pour outre-mer)*** « directeur régional des entreprises, de la concurrence, de la consommation, du travail et de l'emploi » dans les conditions prévues aux articles D. 4154-2 à D. 4154-6.

SECTION 2. Fixation du terme et durée du contrat

Art. L. 1242-7. Le contrat de travail à durée déterminée comporte un terme fixé avec précision dès sa conclusion.

Toutefois, le contrat peut ne pas comporter de terme précis lorsqu'il est conclu dans l'un des cas suivants :

1° Remplacement d'un salarié absent ;

2° Remplacement d'un salarié dont le contrat de travail est suspendu ;

3° Dans l'attente de l'entrée en service effective d'un salarié recruté par contrat à durée indéterminée ;

4° Emplois à caractère saisonnier ou pour lesquels, dans certains secteurs d'activité définis par décret ou par voie de convention ou d'accord collectif étendu, il est d'usage constant de ne pas recourir au contrat de travail à durée indéterminée en raison de la nature de l'activité exercée et du caractère par nature temporaire de ces emplois ;

5° Remplacement de l'une des personnes mentionnées aux 4° et 5° de l'article L. 1242-2.

Le contrat de travail à durée déterminée est alors conclu pour une durée minimale. Il a pour terme la fin de l'absence de la personne remplacée ou la réalisation de l'objet pour lequel il a été conclu.

Note

• **Terme fixé avec précision.** La Cour de cassation donne une interprétation rigoureuse de la notion de « terme fixé avec précision dès sa conclusion ». Elle a ainsi considéré qu'en l'état des dispositions d'un contrat de travail prévoyant son expiration à l'automatisation de la tâche confiée à un salarié (mise en place dans un parking de caisses à péage automatique), les juges du fond avaient exactement retenu que cette convention ne répondait pas aux exigences de l'article L. 122-1 ancien (cass. soc. 19 juin 1987, n° 84-45.379, BC V n° 400). De même, la fin de la commercialisation d'un programme immobilier, sans indication de date précise, ne constitue pas un « terme fixé avec précision » ; le contrat est requalifié en contrat de travail à durée indéterminée (cass. soc. 22 janvier 1992, n° 88-42.842, BC V n° 20 ; *RJS* 2/92 n° 123).

La Cour de cassation a d'abord jugé que le contrat n'a pas un terme fixé avec précision lorsqu'il contient une clause de résiliation unilatérale. Celle-ci confère au contrat une durée indéterminée, quelles que soient les précisions données sur l'échéance de celui-ci (cass. soc. 17 décembre 1987, n° 85-40.433, *BS Lefebvre* 2/88, n° 248 ; 22 décembre 1988, n° 85-42.209, *RJS* 2/89 n° 131 ; 27 mars 1991, n° 87-41.535, BC V n° 154 ; 17 janvier 1995, n° 91-43.883, *CSB* 1995, p. 306). Elle a cependant décidé, dans des arrêts plus récents concernant des contrats de sportifs professionnels, que la clause de résiliation unilatérale était nulle et que le contrat était un contrat à durée déterminée : cass. soc. 5 juillet 1995, n° 92-40.095, *D.* 1996, 280, note J. Mouly : la clause autorisant l'employeur comme le salarié à dénoncer le contrat d'entraîneur à la fin de chaque saison n'ôte pas au contrat sa qualification de contrat à durée déterminée ; la clause de dénonciation doit être considérée comme nulle par application de l'article L. 122-3-8 (cass. soc. 16 décembre 1998, n° 95-45.341, BC V n° 552 ; *Dr. Soc.* 1999, p. 397, obs. J-P Karaquillo).

• **Terme imprécis.** Le contrat de travail peut être conclu avec un terme imprécis dans quatre cas : contrat de remplacement d'un absent (le plus souvent, il s'agit du remplacement d'un salarié, mais il peut aussi s'agir du remplacement d'autres personnes : chef d'entreprise, d'exploitation agricole, d'une personne exerçant une profession libérale…, cas prévus par les paragraphes 4 et 5 de l'article L. 1242-2) ; contrat dans l'attente de l'entrée en service effective d'un salarié embauché par un contrat de travail à durée indéterminée ; contrat saisonnier ; contrat dans un secteur d'activité défini par décret ou accord collectif étendu.

Le contrat conclu pour remplacer un salarié pendant la durée de son absence prend fin non pas quand l'invalidité du salarié remplacé est constatée, mais lorsque le contrat de celui-ci est rompu (cass. soc. 17 décembre 1991, n° 88-42.342, BC V n° 586 ; *CSB* 1992 S. 32 ; comparer cass. soc. 24 mars 2004, n° 02-42.793, *RJS* 8-9/04 n° 890 : contrat conclu pour le remplacement d'une salariée absente pour cause de maladie et précisant que le contrat prendrait fin de plein droit au plus tard le soir de la reprise d'activité ; le contrat a pour terme la fin de l'absence de la salariée remplacée, même si celle-ci est postérieure à la fin de l'absence pour maladie : en l'espèce, l'absence avait été prolongée dans le cadre d'un congé-maternité). Le contrat de remplacement prend normalement fin au jour du décès du salarié remplacé. Cependant, si le salarié remplaçant est lui-même absent au jour du décès, la notification de la cessation du contrat « dans un délai raisonnable » après le décès met valablement fin au contrat à durée déterminée (cass. soc. 4 février 2009, n° 07-42.954, BC V n° 30 ; *RJS* 4/09 n° 321 : en l'espèce, notification quatre jours après le décès du salarié remplacé).

Ne constitue pas un terme même imprécis la publication intégrale des œuvres d'un auteur qui doit s'échelonner sur au moins neuf ans (cass. soc. 22 juin 1993, n° 90-43.398, *D.* 1993, p. 592, note Cl. Roy-Loustaunau : le contrat est, dans ces conditions, un contrat à durée indéterminée).

Dans les cas où les parties peuvent insérer un terme imprécis, elles peuvent, si elles le préfèrent, conclure le contrat en fixant un terme précis (cass. soc. 26 février 1991, n° 87-40.410, BC V n° 96 ; *CSB* 1991 S. 55, contrat de remplacement avec une date antérieure à celle prévue pour le retour du salarié absent).

• **Durée minimale.** Le contrat conclu avec un terme imprécis doit avoir une durée minimale. Si le contrat à terme imprécis ne comporte pas une durée minimale, il est réputé conclu pour une durée indéterminée (cass. soc. 28 septembre 2005, n° 03-44.757, *RJS* 12/05 n° 1179). Ainsi, le contrat conclu pour la durée d'un congé parental d'éducation doit-il être requalifié en contrat à durée indéterminée s'il ne mentionne pas de durée minimale (cass. soc. 29 octobre 1996, n° 92-44.837, BC V n° 356 ; *RJS* 12/96 n° 1239). En revanche, le contrat en remplacement d'une salariée pour la durée du congé maternité ne sera pas requalifié en contrat à durée indéterminée par défaut d'une mention de durée minimale, la loi fixant elle-même une durée minimale de ce congé (cass. soc. 16 juillet 1997, n° 94-42.398, BC V n° 270 ; *RJS* 10/97 n° 1073).

Art. L. 1242-8. La durée totale du contrat de travail à durée déterminée ne peut excéder dix-huit mois compte tenu, le cas échéant, du renouvellement intervenant dans les conditions prévues à l'article L. 1243-13.

Cette durée est réduite à neuf mois lorsque le contrat est conclu dans l'attente de l'entrée en service effective d'un salarié recruté par contrat à durée indéterminée ou lorsque son objet consiste en la réalisation des travaux urgents nécessités par des mesures de sécurité.

Elle est portée à vingt-quatre mois :

1° Lorsque le contrat est exécuté à l'étranger ;

2° Lorsque le contrat est conclu dans le cadre du départ définitif d'un salarié précédant la suppression de son poste de travail ;

3° Lorsque survient dans l'entreprise, qu'il s'agisse de celle de l'entrepreneur principal ou de celle d'un sous-traitant, une commande exceptionnelle à l'exportation dont l'importance nécessite la mise en œuvre de moyens quantitativement ou qualitativement exorbitants de ceux que l'entreprise utilise ordinairement. Dans ce cas, la durée initiale du contrat ne peut être inférieure à six mois et l'employeur doit procéder, préalablement aux recrutements envisagés, à la consultation du comité d'entreprise ou, à défaut, des délégués du personnel, s'il en existe.

Ces dispositions ne sont pas applicables au contrat de travail à durée déterminée conclu en application de l'article L. 1242-3.

Note

• **Durée maximale de 18 mois du contrat à terme précis.** La durée maximale de 18 mois ne peut pas être prolongée en raison de la fermeture annuelle de l'entreprise, même si une clause du contrat prévoit expressément que celui-ci sera suspendu pendant la période de fermeture de l'entreprise (cass. soc. 25 février 2004, n° 01-43.072, BC V n° 61 ; *RJS* 5/04 n° 511).

• **Renouvellement du contrat.** Le contrat de travail à terme précis peut être renouvelé une fois dans la limite de la durée maximale fixée par la loi.

• **Dérogations à la durée maximale de 18 mois.** La durée maximale est portée à 24 mois dans les trois cas visés à l'article L. 1242-8.

La durée maximale ne s'applique pas aux contrats conclus au titre du 3° de l'article L. 1242-2 (contrats conclus par des animateurs de radio, par des sportifs, des enseignants…) (cass. soc. 28 octobre 1997, n° 95-43.101, BC V n° 336 ; *D.* 1998, 126, note J. Mouly). La Cour de cassation procède ici par affirmation, sans apporter la moindre justification à la solution adoptée.

Elle ne s'applique pas en cas de recours à des contrats à durée déterminée de date à date successifs, avec le même salarié, pour couvrir une même absence (cass. soc. 8 février 2006, n° 04-41.279, BC V n° 63 ; *RJS* 4/06 n° 402, 1re espèce).

Des textes spéciaux fixent des durées maximales supérieures à 18 ou 24 mois. Le code de la santé publique (art. L. 6161-7, dernier alinéa) prévoit que les établissements de santé privés à but non lucratif admis à participer à l'exécution du service public hospitalier peuvent faire appel à des médecins en concluant avec eux des contrats pour une période égale au plus à quatre ans (cass. soc. 13 janvier 2004, n° 01-46.407, BC V n° 1 ; *RJS* 3/04 n° 290 ; 29 novembre 2006, n° 04-46.842, BC V n° 359 ; *RJS* 2/07 n° 199 : la règle est applicable à tous les praticiens médecins, peu important qu'ils n'aient pas la qualité de praticien hospitalier). Un décret 2000-871 du 1er septembre 2000 (JO 8), pris en application d'une loi 99-983 du 1er décembre 1999, prévoit que l'institut Max-Von-Laue–Paul-Langevin peut, en dérogation à l'article L. 122-1-2 (actuel L. 1242-8), conclure des contrats à durée déterminée d'une durée maximale de 5 ans pour recruter certains personnels scientifiques.

Art. L. 1242-9. Lorsque le contrat de travail à durée déterminée est conclu pour remplacer un salarié temporairement absent ou dont le contrat de travail est suspendu ou pour un remplacement effectué au titre des 4° et 5° de l'article L. 1242-2, il peut prendre effet avant l'absence de la personne à remplacer.

Note

Délai entre la prise d'effet du contrat de remplacement et l'absence du salarié remplacé. La loi ne précise pas la durée de ce délai. La cour d'appel de Toulouse a jugé que ce délai ne devait pas être supérieur au temps nécessaire pour la transmission des informations permettant de tenir le poste (CA Toulouse, 4e ch., sect. 2 soc., 7 mai 2009, n° 08-1780).

Art. D. 1242-6. Pour les salariés mentionnés aux 1° à 3° de l'article D. 1242-3, la durée maximale du contrat de travail à durée déterminée ne peut être supérieure à vingt-quatre mois.

Dans le cas mentionné au 2°, le contrat peut être conclu pour la durée du stage lorsque cette durée est fixée par voie réglementaire.

Pour les étrangers soumis au régime de l'autorisation de travail prévue à l'article R. 5221-1, la durée maximale du contrat est celle pour laquelle l'autorisation provisoire est accordée. Si l'autorisation est renouvelée, la durée maximale est prolongée d'autant et le terme du contrat peut être reporté autant de fois que l'autorisation est renouvelée.

Pour les salariés mentionnés au 4° de l'article D. 1242-3, la durée du contrat ne peut être supérieure à celle de la période donnant lieu au bénéfice de l'aide financière.

Art. D. 1242-7. Le contrat de travail à durée déterminée conclu pour le retour à l'emploi des salariés âgés, prévu à l'article D. 1242-2, peut être conclu pour une durée maximale de dix-huit mois.

Il peut être renouvelé une fois pour une durée déterminée qui, ajoutée à la durée du contrat initial, ne peut excéder trente-six mois.

SECTION 3. Période d'essai

Art. L. 1242-10. Le contrat de travail à durée déterminée peut comporter une période d'essai.

Sauf si des usages ou des stipulations conventionnelles prévoient des durées moindres, cette période d'essai ne peut excéder une durée calculée à raison d'un jour par semaine, dans la limite de deux semaines lorsque la durée initialement prévue au contrat est au plus égale à six mois et d'un mois dans les autres cas.

Lorsque le contrat ne comporte pas de terme précis, la période d'essai est calculée par rapport à la durée minimale du contrat.

Note

• Pour la détermination de la durée de la période d'essai, il est fait référence par priorité aux usages ou aux dispositions conventionnelles éventuellement applicables mais avec la restriction importante que ces usages ou dispositions conventionnelles ne peuvent recevoir application que s'ils prévoient des durées de période d'essai moindres que celles que fixe cet article.

Aucune circonstance exceptionnelle, due par exemple à la formation insuffisante du salarié, ne peut autoriser un employeur, en renouvelant la période d'essai, à lui donner une durée supérieure à la durée légale (cass. soc. 11 juin 1987, n° 84-41.299, BC V n° 377).

• La durée de la période d'essai exprimée en jours doit s'entendre comme étant déterminée en jours calendaires (cass. soc. 29 juin 2005, n° 02-45.701, BC V n° 220 ; *RJS* 10/05 n° 944 ; cette solution constitue un revirement de jurisprudence ; pour la solution antérieure, voir cass. soc. 21 février 1990, n° 87-40.175, BC V n° 76 ; *CSB* 1990 S. 33 ; 27 mars 1996, n° 94-43.040, *RJS* 6/96 n° 659). Lorsque la période d'essai est fixée en semaines ou en mois, elle se décompte en semaines civiles ou en mois calendaires, peu important le nombre de jours ouvrés ; par « semaine civile », il faut entendre toute période de sept jours consécutifs. Pour un contrat prenant effet le 28 décembre, l'essai de deux semaines s'achève le 10 janvier à minuit. La rupture intervenant le 11 janvier se situe après la période d'essai (cass. soc. 6 juillet 1994, n° 90-43.877, *RJS* 10/94 n° 1122).

• La durée de la période d'essai est fixée en fonction de la durée initiale du contrat, peu important l'existence d'une clause prévoyant une faculté de renouvellement du contrat (cass. soc. 28 mai 1991, n° 88-44.357, BC V n° 266 ; *RJS* 7/91 n° 818).

• L'employeur qui souhaite mettre fin à la période d'essai d'un CDD doit respecter un délai de prévenance ; ce délai est de 24 heures lorsque le salarié a été présent moins de 8 jours dans l'entreprise et de 48 heures lorsque le salarié a été présent entre 8 jours et un mois (art. L. 1221-25 CT). Le salarié qui rompt l'essai doit également respecter un délai de prévenance de 24 ou de 48 heures (art. L. 1221-26 CT).

Art. L. 1242-11. Ne sont pas applicables pendant la période d'essai les dispositions relatives :

1° À la prise d'effet du contrat prévue à l'article L. 1242-9 ;
2° À la rupture anticipée du contrat prévue aux articles L. 1243-1 à L. 1243-4 ;
3° Au report du terme du contrat prévu à l'article L. 1243-7 ;
4° À l'indemnité de fin de contrat prévue à l'article L. 1243-8.

Note La Cour de cassation décide cependant que la rupture du contrat à durée déterminée par l'employeur avant la prise de fonction du salarié ouvre droit, pour le salarié, aux dommages et intérêts prévus à l'article L. 1243-3 alors même que le contrat de travail prévoit une période d'essai et que celle-ci n'est pas achevée (cass. soc. 26 septembre 2002, n° 00-42.581, BC V n° 281 ; *RJS* 12/02 n° 1363 : la période d'essai n'ayant pas commencé à courir, faute de début d'exécution du contrat, les juges ne font pas application de l'article L. 122-3-9 (actuel L. 1242-11).

SECTION 4. **Forme, contenu et transmission du contrat**

Art. L. 1242-12. Le contrat de travail à durée déterminée est établi par écrit et comporte la définition précise de son motif. À défaut, il est réputé conclu pour une durée indéterminée.

Il comporte notamment :

1° Le nom et la qualification professionnelle de la personne remplacée lorsqu'il est conclu au titre des 1°, 4° et 5° de l'article L. 1242-2 ;

2° La date du terme et, le cas échéant, une clause de renouvellement lorsqu'il comporte un terme précis ;

3° La durée minimale pour laquelle il est conclu lorsqu'il ne comporte pas de terme précis ;

4° La désignation du poste de travail en précisant, le cas échéant, si celui-ci figure sur la liste des postes de travail présentant des risques particuliers pour la santé ou la sécurité des salariés prévue à l'article L. 4154-2, la désignation de l'emploi occupé ou, lorsque le contrat est conclu pour assurer un complément de formation professionnelle au salarié au titre du 2° de l'article L. 1242-3, la désignation de la nature des activités auxquelles participe le salarié dans l'entreprise ;

5° L'intitulé de la convention collective applicable ;

6° La durée de la période d'essai éventuellement prévue ;

7° Le montant de la rémunération et de ses différentes composantes, y compris les primes et accessoires de salaire s'il en existe ;

8° Le nom et l'adresse de la caisse de retraite complémentaire ainsi que, le cas échéant, ceux de l'organisme de prévoyance.

Note • **Écrit et indication du motif.** Le contrat à durée déterminée ne peut comporter qu'un seul motif (cass. soc. 23 janvier 2008, n° 06-41.536, BC V n° 17 ; *RJS* 4/08 n° 373 : le contrat à durée déterminée conclu pour deux périodes distinctes avec deux motifs différents doit être requalifié en contrat à durée indéterminée).

Un ordre de mission de l'employeur ne comportant pas la signature du salarié ne peut être assimilé à un contrat de travail écrit (cass. soc. 31 mai 2006, n° 04-47.656, BC V n° 195 ; *RDT* sept. 2006 p. 170, note G. Auzero).

L'absence d'écrit comportant le motif du contrat entraîne la requalification (cass. soc. 24 novembre 1998, n° 96-41.742, BC V n° 511 ; *Dr. Soc.* 1999, p. 84 ; 21 mai 1996, n° 92-43.874, BC V n° 190 ; *RJS* 7/96 n° 773), du moins lorsque celle-ci est invoquée par le salarié. Mais cette requalification a été édictée dans un souci de protection du salarié qui seul peut s'en prévaloir (cass. soc. 10 juillet 2002, n° 00-44.534, BC V n° 235 ; *RJS* 11/02 n° 1208 : en l'absence d'écrit, le salarié peut rapporter la preuve que le contrat conclu verbalement est à durée déterminée).

La présomption légale selon laquelle le contrat non écrit est un contrat à durée indéterminée s'applique aussi bien au contrat renouvelé qu'au contrat initial (cass. soc. 24 novembre 1998, n° 96-41.742, BC V n° 511 ; *Dr. Soc.* 1999, p. 84).

L'énonciation précise du motif, imposée par l'alinéa 1er, fixe les limites du litige au cas où la qualification du contrat se trouve contestée (cass. soc. 4 décembre 1996, n° 94-42.987, BC V n° 415 ; *Dr. Soc.* 1997, p. 90 ; *RJS* 2/97 n° 124) : le contrat à durée déterminée doit être requalifié en contrat à durée indéterminée lorsque le motif indiqué dans le contrat (surcroît exceptionnel d'activité) est inexact, alors même qu'un autre cas de recours au contrat à durée déterminée aurait valablement pu être invoqué (dans le même sens, cass. soc. 27 février 2002, n° 00-40.735, *RJS* 5/02 n° 539).

Lorsque le contrat est intitulé « contrat initiative-emploi », cette seule mention, qui fait référence aux dispositions de l'article L. 122-2 CT, suffit à satisfaire à l'exigence de définition précise du motif du contrat à durée déterminée (cass. soc. 17 octobre 2000, n° 97-45.439, BC V n° 326 ; *RJS* 12/00 n° 1272 ; *Dr. Soc.* 2000, p. 1140).

En revanche, un contrat aidé qui ne fait pas mention de sa spécificité et qui ne précise pas le motif de sa conclusion sera requalifié en contrat à durée indéterminée, alors même qu'une convention a été passée entre l'employeur et les pouvoirs publics (cass. soc. 4 janvier 2000, n° 97-44.100, BC V n° 47 ; *RJS* 2/00 n° 154 : en l'espèce, il s'agissait d'un contrat de retour à l'emploi ; 23 octobre 2001, n° 99-44.574, BC V n° 329 ; *RJS* 1/02 n° 17 : contrat initiative-emploi ; 11 février 2004, n° 02-40.744, BC V n° 46 ; *RJS* 4/04 n° 385).

La mention selon laquelle le contrat est conclu pour faire face à un accroissement temporaire d'activité constitue le motif précis exigé par l'article L. 122-3-1 (cass. soc. 28 septembre 2005, n° 04-44.823, BC V n° 271 ; *Dr. Soc.* 2006, p. 448). Mais le recours au contrat à durée déterminée d'usage ne dispense pas l'employeur d'établir un contrat écrit comportant la définition précise de son motif (cass. soc. 28 novembre 2006, n° 05-40.775, BC V n° 352 ; *RJS* 2/07 n° 198 : requalification des contrats d'une réalisatrice d'une émission de télévision ; le recours au CDD d'usage dans le spectacle s'applique à la branche de la production cinématographique et audiovisuelle, mais chaque contrat écrit doit préciser son motif).

C'est le contrat initial qui doit mentionner le motif précis du contrat ; l'indication du motif de recours au contrat à durée déterminée dans la lettre de prolongation du contrat ne fait pas échec à la requalification (cass. soc. 31 mai 2000, n° 98-41.812, *RJS* 9-10/00 n° 909).

• **Autres mentions.** La rédaction de l'article L. 1242-12 n'attache aucune conséquence à l'omission des autres mentions que doit également comporter le contrat écrit, au regard de la qualification du contrat. L'article L. 1245-1, qui prévoit la requalification du contrat à durée déterminée en contrat à durée indéterminée en cas de violation de certaines règles relatives aux contrats à durée déterminée, prévoit cependant que le contrat est réputé à durée indéterminée lorsqu'il est conclu en méconnaissance des dispositions de l'article L. 1242-12. Cette nouvelle rédaction peut engendrer des discussions d'interprétation dans la mesure où cette nouvelle référence n'établit aucune distinction entre l'alinéa 1er et les autres dispositions de l'article L. 1242-12 à la différence de l'article L. 122-3-13 (qu'il remplace) et qui précisait que la requalification ne visait que la violation de l'ancien article L. 122-3-1, al. 1er. Il ne semble pas que cette nouvelle rédaction entraînera un changement de jurisprudence. Celle-ci est d'ailleurs nuancée. Elle écarte la requalification lorsque la mention omise concerne l'essai ; l'absence de mention relative à l'essai signifie que le contrat ne contient pas de clause d'essai, alors même que le contrat renvoie à une convention collective qui prévoit expressément un essai d'un mois, mais le contrat reste qualifié de « contrat à durée déterminée » (cass. soc. 11 janvier 1994, n° 89-44.642, *RJS* 2/94 n° 130). De même, l'omission de la mention de la convention collective applicable ne peut entraîner la requalification du contrat à durée déterminée en contrat à durée indéterminée (cass. soc. 26 octobre 1999, n° 97-42.255, BC V n° 399 ; *RJS* 12/99 n° 1144 ; *Dr. Soc.* 2000, p. 202). En revanche, en l'absence d'une mention indiquant le nom et la qualification du salarié remplacé, le contrat est réputé conclu pour une durée indéterminée et l'employeur ne peut écarter la présomption légale ainsi instituée (dans le même sens, cass. soc. 1er juin 1999, n° 96-43.617, BC V n° 249 ; *RJS* 7/99 n° 898 ; 26 octobre 1999, n° 97-40.894, BC V n° 402 ; *RJS* 12/99 n° 1444 : dans cette affaire, seule la mention relative à la qualification du salarié remplacé faisait défaut ; 16 janvier 2002, n° 99-45.604, *RJS* 4/02 n° 401 ; 30 janvier 2002, n° 99-46.375, *RJS* 4/02 n° 402).

L'omission d'une mention relative à la rémunération n'entraîne pas la requalification (cass. soc. 16 février 2011, n° 09-67.607 qui casse CA Paris 5 mai 2009, 22e ch., n° 07-5418, *RJS* 11/09 n° 838 ; cass. soc. 20 mai 2009, n° 07-43.245).

La violation des dispositions du premier alinéa de cet article constitue, depuis la loi de modernisation sociale, une infraction pénale (art. L. 1248-6).

Art. L. 1242-13. Le contrat de travail est transmis au salarié, au plus tard, dans les deux jours ouvrables suivant l'embauche.

Art. L. 1242-14.

Note Lorsque le contrat de travail n'est pas rédigé ou transmis au salarié dans les deux jours suivant l'embauche, il est requalifié en contrat à durée indéterminée (cass. soc. 17 juin 2005, n° 03-42.596, BC V n° 203 ; *RJS* 8-9/05 n° 810 ; 13 mars 2002, n° 00-42.014, *RJS* 7/02 n° 791 ; 29 octobre 2008, n° 07-41.842, BC V n° 204 ; *RJS* 1/09 n° 17 : l'employeur dispose de deux jours pleins pour accomplir cette formalité ; le jour de l'embauche ne compte pas dans ce délai, non plus que le dimanche qui n'est pas un jour ouvrable). La transmission tardive pour signature équivaut à une absence d'écrit, entraînant requalification (cass. soc. 17 juin 2005, n° 03-42.596, précité).

La violation de cet article constitue une infraction pénale (art. L. 1248-7).

SECTION 5. Conditions d'exécution du contrat

Art. L. 1242-14. Les dispositions légales et conventionnelles ainsi que celles résultant des usages applicables aux salariés titulaires d'un contrat de travail à durée indéterminée s'appliquent également aux salariés titulaires d'un contrat à durée déterminée, à l'exception des dispositions concernant la rupture du contrat de travail.

Note La Cour de cassation a précisé que « les dispositions de cet article sont d'une portée générale et ne sauraient être mises en échec par une convention collective plus restrictive, les usages ou les conventions ne pouvant apporter aux salariés que des solutions plus favorables que celles fixées par les textes en vigueur et non l'inverse » (cass. crim. 14 mai 1985, *JS* 1986, F 4). Ainsi, une convention collective ne peut-elle exclure de son champ d'application ou de celui de certaines dispositions qu'elle contient les salariés liés par un contrat à durée déterminée. Toute clause d'exclusion est nulle.

Art. L. 1242-15. La rémunération, au sens de l'article L. 3221-3, perçue par le salarié titulaire d'un contrat de travail à durée déterminée ne peut être inférieure au montant de la rémunération que percevrait dans la même entreprise, après période d'essai, un salarié bénéficiant d'un contrat de travail à durée indéterminée de qualification professionnelle équivalente et occupant les mêmes fonctions.

Note La règle de l'égalité de rémunération s'applique à tous les salariés engagés par contrat à durée déterminée, qu'ils soient ou non soumis à une période d'essai ; il en résulte qu'elle s'applique dès le premier jour de leur engagement ; un salarié en période d'essai a donc droit à la rémunération due à un salarié sous contrat de travail à durée indéterminée de qualification équivalente et occupant les mêmes fonctions, après période d'essai (cass. soc. 17 décembre 1996, n° 94-41.460, BC V n° 444 ; *Dr. Soc.* 1997, p. 192, obs. J. Savatier ; *RJS* 1/97 n° 11). Mais l'égalité de rémunération suppose une qualification équivalente et l'occupation des mêmes fonctions. Le salarié qui ne remplace pas le salarié absent dans toutes ses fonctions ne peut pas prétendre à la même rémunération que le salarié remplacé (cass. soc. 15 octobre 2002, n° 00-40.623, BC V n° 305 ; *RJS* 12/02 n° 1361).

En application de la règle de l'égalité de rémunération, les juges doivent étendre aux titulaires de contrat à durée déterminée les avantages que les dispositions conventionnelles réservent aux salariés permanents de l'entreprise (cass. soc. 25 mars 1998, n° 96-45.688, *D.* act. soc. juin 1998, p. 4).

La violation de la règle d'égalité de rémunération est sanctionnée pénalement (art. L. 1248-8).

Art. L. 1242-16. Le salarié titulaire d'un contrat de travail à durée déterminée a droit à une indemnité compensatrice de congés payés au titre du travail effectivement accompli durant ce contrat, quelle qu'ait été sa durée, dès lors que le régime des congés applicable dans l'entreprise ne lui permet pas de les prendre effectivement.

Le montant de l'indemnité, calculé en fonction de cette durée, ne peut être inférieur au dixième de la rémunération totale brute perçue par le salarié pendant la durée de son contrat.

L'indemnité est versée à la fin du contrat, sauf si le contrat à durée déterminée se poursuit par un contrat de travail à durée indéterminée.

SECTION 6. Information sur les postes à pourvoir

Art. L. 1242-17. L'employeur porte à la connaissance des salariés titulaires d'un contrat de travail à durée déterminée la liste des postes à pourvoir dans l'entreprise par des contrats de travail à durée indéterminée lorsqu'un tel dispositif d'information existe déjà pour les salariés bénéficiant d'un contrat à durée indéterminée.

[Sanctions pénales]

Art. L. 1248-1. Le fait de conclure un contrat de travail à durée déterminée qui a pour objet ou pour effet de pourvoir durablement un emploi lié à l'activité normale et permanente de l'entreprise, en méconnaissance de l'article L. 1242-1, est puni d'une amende de 3750 €.

La récidive est punie d'une amende de 7500 € et d'un emprisonnement de six mois.

Art. L. 1248-2. Le fait de conclure un contrat de travail à durée déterminée pour un objet autre que celui prévu au premier alinéa de l'article L. 1242-2 ou en dehors des cas prévus à ce même article et à l'article L. 1242-3 est puni d'une amende de 3750 €.

La récidive est punie d'une amende de 7500 € et d'un emprisonnement de six mois.

Art. L. 1248-3. Le fait de méconnaître les dispositions des articles L. 1242-5 et L. 1242-6, relatives aux interdictions en matière de conclusion de contrat de travail à durée déterminée, est puni d'une amende de 3750 €.

La récidive est punie d'une amende de 7500 € et d'un emprisonnement de six mois.

Art. L. 1248-4. Le fait de conclure un contrat de travail à durée déterminée ne comportant pas un terme fixé avec précision dès sa conclusion, en méconnaissance de l'article L. 1242-7, est puni d'une amende de 3750 €.

Le fait pour l'employeur de conclure un tel contrat sans fixer de durée minimale, lorsqu'il ne comporte pas de terme précis, est puni de la même peine.

La récidive est punie d'une amende de 7500 € et d'un emprisonnement de six mois.

Art. L. 1248-5. Le fait de méconnaître les dispositions de l'article L. 1242-8, relatives à la durée du contrat de travail à durée déterminée, est puni d'une amende de 3750 €.

La récidive est punie d'une amende de 7500 € et d'un emprisonnement de six mois.

Art. L. 1248-6. Le fait de ne pas établir par écrit le contrat de travail à durée déterminée et de ne pas y faire figurer la définition précise de son motif, en méconnaissance du premier alinéa de l'article L. 1242-12, est puni d'une amende de 3750 €.

La récidive est punie d'une amende de 7500 € et d'un emprisonnement de six mois.

Art. L. 1248-7. Le fait de ne pas transmettre au salarié le contrat de travail à durée déterminée au plus tard dans les deux jours suivant l'embauche en méconnaissance de l'article L. 1242-13 est puni d'une amende de 3750 €.

La récidive est punie d'une amende de 7500 € et d'un emprisonnement de six mois.

Art. L. 1248-8. Le fait de verser au salarié titulaire d'un contrat de travail à durée déterminée une rémunération inférieure au montant de la rémunération que percevrait dans la même entreprise, après période d'essai, un salarié bénéficiant d'un contrat de travail à durée indéterminée de qualification professionnelle équivalente et occupant les mêmes fonctions en méconnaissance de l'article L. 1242-15 est puni d'une amende de 3750 €.

La récidive est punie d'une amende de 7500 € et d'un emprisonnement de six mois.

CHAPITRE III

Rupture anticipée, échéance du terme et renouvellement du contrat

SECTION 1. Rupture anticipée du contrat

Art. L. 1243-1. Sauf accord des parties, le contrat de travail à durée déterminée ne peut être rompu avant l'échéance du terme qu'en cas de faute grave, ***(L. 2011-525 du 17 mai 2011, art. 49, JO 18)*** « de force majeure ou d'inaptitude constatée par le médecin du travail ».

Note

• **Accord des parties.** L'accord des parties, qui peut entraîner la rupture du contrat à durée déterminée avant l'échéance, ne peut être réalisé qu'en cours de contrat. Les clauses insérées dans le contrat à durée déterminée pour mettre fin à celui-ci avant l'arrivée du terme sont nulles (cass. soc. 24 octobre 2000, n° 98-40.447, *RJS* 1/01 n° 18 ; 5 juillet 1995, n° 92-40.095, *D.* 1996 J. 280, note J. Mouly : « Le salarié ne peut par avance accepter la rupture du contrat par l'employeur pour d'autres causes que celles prévues par l'article L. 122-3-8 CT » ; 27 mai 1992, n° 89-41.704, BC V n° 342 ; *RJS* 8-9/92 n° 967 ; *JCP* éd. E 1992.II.397, note J. Mouly).

L'accord conclu par les parties en cours de contrat pour mettre fin à celui-ci n'entraînera la cessation des relations contractuelles que si la volonté des cocontractants de les faire cesser est « claire et non équivoque » (cass. soc. 21 mars 1996, n° 93-40.192, *RJS* 5/96 n° 522). La signature d'un reçu pour solde de tout compte ou l'acceptation d'un certificat de travail ne peuvent caractériser une rupture de commun accord (cass. soc. 11 juillet 2000, n° 98-45.046, *RJS* 9-10/00 n° 913).

L'accord de rupture qui a pour objet de mettre fin à une situation conflictuelle entre les parties doit être requalifiée en transaction ; celle-ci est nulle du fait qu'elle a été conclue avant la rupture du contrat (cass. soc. 25 mars 2009, n° 07-44.657, *RJS* 6/09 n° 504).

La rupture d'un commun accord a pour seul objet de mettre fin aux relations des parties ; elle ne constitue pas une transaction destinée à mettre fin à toute contestation née ou à naître résultant de la rupture définitive du contrat de travail (cass. soc. 16 mai 2000, n° 98-40.238, BC V n° 179 ; *RJS* 7-8/00 n° 778 ; *Dr. Soc.* 2000, p. 913). L'accord de rupture qui a pour objet de mettre fin à une situation conflictuelle entre les parties doit être requalifié en transaction ; celle-ci est nulle du fait qu'elle a été conclue avant la rupture du contrat (cass. soc. 25 mars 2009, n° 07-44.657, précité).

Cette rupture d'un commun accord n'obéit pas au régime de la rupture conventionnelle propre aux ruptures de contrats à durée indéterminée.

• **Force majeure.** Ne constituent des cas de force majeure ni la chute brutale de commandes résultant de la cessation d'activité d'un client (cass. soc. 30 juin 1988, n° 85-43.791, *CSB* 1988 S. 6), ni le manque de financement nécessaire à l'organisation d'un spectacle théâtral (cass. soc. 30 janvier 1996, n° 93-40.429, *Dr. Soc.* 1996, p. 422, obs. P.-H. Antonmattei), ni la suppression du poste du salarié remplacé (cass. soc. 26 mars 2002, n° 00-40.652, BC V n° 103 ; *RJS* 6/02 n° 658). Il en est de même du ralentissement ou même de la cessation d'activité d'une association pendant un certain temps (cass. soc. 10 janvier 1990, n° 87-43.366, *CSB* 1990 S. 22), de la mise en redressement judiciaire d'un club professionnel (cass. soc. 6 mai 1998, n° 96-40.867, BC V n° 235 ; *RJS* 6/98 n° 709 : la charte du football professionnel ne peut déroger aux dispositions d'ordre public de l'article L. 122-3-8 [L. 1243-1] CT que dans ses dispositions plus favorables aux salariés).

De même, ni l'insuffisance professionnelle du salarié (cass. soc. 10 juin 1992, n° 88-44.025, BC V n° 375 ; *RJS* 8-9/92 n° 966, 1re espèce), ni la maladie de celui-ci (cass. soc. 15 février 1995, n° 91-44.366, *RJS* 4/95 n° 357), ni son inaptitude physique (cass. soc. 20 mai 2009, n° 07-44.505, *RJS* 8-9/09 n° 709 ; cass. soc. 12 février 2003, n° 00-46.660, BC V n° 50 ; *RJS* 5/03 n° 597 ; 28 mars 2001, n° 99-41.626, *RJS* 7/01 n° 840 ; 12 juillet 1999, n° 97-41.131, BC V n° 344 ; *Dr. Soc.* 1999, p. 952, obs. J. Savatier) ne sauraient être assimilées à des cas de force majeure. Mais l'inaptitude du salarié, constatée par le médecin du travail, qu'elle ait ou non une origine professionnelle, peut justifier la rupture anticipée du contrat à durée déterminée (loi 2011-525 du 17 mai 2011, art. 49 ; voir *infra*).

Enfin, le retour anticipé du salarié remplacé ne constitue pas un cas de force majeure (cass. soc. 8 novembre 1995, n° 92-40.399, BC V n° 293 ; *CSB* 1996 A. 10).

• **Faute grave du salarié. Procédure.** La rupture anticipée pour faute grave d'un contrat de travail à durée déterminée est soumise aux dispositions de l'article L. 122-41 [L. 1332-1] CT applicables en matière disciplinaire (cass. soc. 10 juillet 2002, n° 00-40.530, *RJS* 11/02 n° 1209) ; l'employeur qui souhaite mettre fin à un tel contrat pour un tel motif doit convoquer le salarié à un entretien préalable (cass. soc. 27 juin 2001, n° 99-42.216, BC V n° 236 ; *RJS* 10/01 n° 1140 ; 11 avril 1996, n° 93-42.632, BC V n° 151 ; *RJS* 5/96 n° 523 ; 14 décembre 1995, n° 94-41.785, BC V n° 347 ; *CSB* 1996 A. 15 ; 20 novembre 1991, n° 88-41.265, BC V n° 509 ; *Dr. Soc.* 1992, p. 76 ; 5 mars 1987, n° 84-43.064, *JS UIMM* 1987, p. 320) ; la lettre de rupture ne peut être adressée au salarié qu'un jour franc après l'entretien préalable (cass. soc. 30 juin 1993, n° 92-40.008, BC V n° 189 ; *Dr. Soc.* 1993, p. 770) ; la lettre de rupture doit comporter le motif de celle-ci (cass. soc. 23 janvier 1997, n° 95-40.526, BC V n° 32 ; *Dr. Soc.* 1997, p. 314, obs. Cl. Roy-Loustaunau : à défaut, l'employeur est condamné pour rupture anticipée injustifiée alors même que le salarié aurait commis une faute lourde). L'irrégularité de procédure rend la sanction irrégulière ; le salarié dont le contrat a été rompu avant l'expiration du terme est en droit d'obtenir des dommages-intérêts pour rupture anticipée du contrat (cass. soc. 16 mars 1995, n° 91-44.553, *RJS* 5/95 n° 493 ; 23 janvier 1997, n° 95-40.526, précité).

Notion de faute grave. La Cour de cassation pose un principe : l'employeur qui donne un préavis au salarié à l'occasion d'une rupture anticipée du contrat à durée déterminée ne peut pas ensuite invoquer la faute grave de celui-ci (cass. soc. 10 novembre 1998, n° 97-43.911, *RJS* 2/99 n° 164). La jurisprudence fournit des exemples de fautes graves justifiant la rupture anticipée du contrat :
– refus, en présence d'autres salariés, d'exécuter une tâche habituelle (cass. soc. 8 janvier 1987, *JS* 1987 SJ 35) ;
– refus, pour un chef de rang, par deux fois, de préparer et de servir des coupes de glace à des clients de passage installés sur la terrasse du restaurant (cass. soc. 16 juillet 1987, *JS* 1987 NB 140) ;
– comportement d'un coopérant en Algérie qui avait giflé pendant un cours de dessin un étudiant algérien âgé de vingt et un ans (cass. soc. 26 novembre 1987, n° 84-44.803, BC V n° 680) ;
– comportement d'une salariée qui, après avoir reçu plusieurs avertissements à ce propos, avait désorganisé gravement la chaîne sur laquelle elle travaillait, ce qui avait eu pour effet d'affecter les résultats de l'entreprise (cass. soc. 19 juillet 1988, n° 85-46.121, BC V n° 463).

Exemples de fautes ne justifiant pas la rupture anticipée du contrat :
– le fait pour un salarié de refuser un accroissement de l'amplitude de l'horaire de nuit ne constitue pas une faute grave de nature à justifier la rupture anticipée du contrat de travail à durée déterminée (cass. soc. 7 septembre 2004, n° 02-42.657, BC V n° 223 ; *RJS* 11/04 n° 1125) ;
– inaptitude du salarié à suivre une formation théorique (cass. soc. 2 mars 1994, n° 89-42.778, BC V n° 38 ; *Dr. Soc.* 1994, p. 512 ; 8 juillet 1992, n° 88-42.647, *RJS* 8-9/92 n° 966, 2e espèce) ;
– mouvement de mauvaise humeur d'un salarié, ulcéré par une accusation de vol qu'il estimait injustifiée (cass. soc. 9 juillet 1987, *JS* 1987 SJ 230) ;
– agression d'une personne dans un lieu public, au cours des congés hebdomadaires, sans lien avec l'activité professionnelle du salarié (cass. soc. 3 décembre 1987, Sté Montagnes de l'Arc c/ Bosco) ;
– formateur ayant rencontré des difficultés avec les adolescents, manquant de pondération (cass. soc. 1er décembre 1988, n° 85-42.332, *CSB* 1989 B. 22) ;
– insuffisance professionnelle alléguée par l'employeur (cass. soc. 10 juin 1992, *JCP* éd. E 1992.II.379, note J. Mouly) ;
– refus d'effectuer une course pour des motifs tirés d'un dépassement de la durée du travail (cass. soc. 24 octobre 1990, n° 87-42.683, BC V n° 493) ;
– retard apporté à la justification d'une absence due à la maladie (cass. soc. 11 mai 1994, n° 91-40.971, *RJS* 6/94 n° 665).

De façon générale, une faute ne sera pas considérée comme grave lorsque l'employeur laisse le salarié exécuter sa prestation de travail pendant plusieurs jours après avoir eu connaissance de la faute commise (cass. soc. 19 novembre 1992, n° 92-40.578, BC V n° 561 ; *RJS* 1/93 n° 12 ; 30 juin 1993, n° 91-45.011, BC V n° 184).

• **Faute grave de l'employeur.** Le salarié peut, de sa propre autorité, rompre le contrat de travail à durée déterminée lorsque l'employeur a commis une faute grave (cass. soc. 29 novembre 2006, n° 04-48.655, BC V n° 360 ; *RDT*, mars 2007, CH, 169, D. Jacotot ; 23 janvier 2008, n° 05-41.070, BC V n° 18 ; *JCP* éd. S 2008, 1302, note F. Bousez ; 9 avril 2008, n° 06-46.003, *RDT*, juillet/août 2008, CH, 448, D. Jacotot).

La modification unilatérale du contrat à durée déterminée par l'employeur constitue, par nature, une faute grave (cass. soc. 12 janvier 2010, n° 08-43.128, *RJS* 3/10 n° 242).

La rupture anticipée du CDD qui intervient à l'initiative du salarié en l'absence de faute grave commise par l'employeur ouvre droit, pour ce dernier, à des dommages-intérêts correspondant au préjudice subi.

• **Résiliation judiciaire.** La résiliation judiciaire d'un contrat à durée déterminée était expressément prévue par l'article L. 1226-20 (ancien article L. 122-32-9) CT en cas d'inaptitude d'un salarié victime d'un accident du travail ou d'une maladie professionnelle (cass. soc. 23 mars 1999, n° 96-40.181, BC V n° 136 ; *RJS* 5/99 n° 703). La Cour de cassation avait refusé d'étendre cette solution au cas d'inaptitude résultant d'une maladie non professionnelle ou d'un accident de droit commun (avis cass. soc. 29 avril 2002, n° 02-00001, BC n° 3 ; *RJS* 8-9/02 n° 955 ; rapport Mme Bourgeot, *RJS* 8-9/02, p. 707). Après la réforme introduite par la loi du 17 mai 2011, la résiliation judiciaire à la suite d'une inaptitude d'origine professionnelle a été supprimée. Elle est remplacée par la rupture unilatérale de l'employeur (art. L. 1226-4-3 modifié).

La Cour de cassation a admis la résiliation judiciaire en cas de faute grave commise par l'un des cocontractants (cass. soc. 20 mars 1990, n° 87-41.418, BC V n° 121 ; *D.* 1991, p. 143, note J. Mouly) ; cette solution semble être remise en cause (cass. soc. 4 décembre 2001, n° 99-46.364, BC V n° 369 ; *RJS* 2/02 n° 149 : l'employeur devrait rompre unilatéralement le contrat de travail à durée déterminée en cas de faute grave du salarié et il ne serait pas recevable à demander la résiliation judiciaire).

De façon certaine, lorsqu'il n'existe ni faute grave ni force majeure, l'action en résiliation judiciaire introduite par l'employeur est irrecevable et son exercice s'analyse en une rupture anticipée du contrat de travail à durée déterminée (cass. soc. 15 juin 1999, n° 98-44.295, BC V n° 277 ; *Dr. Soc.* 1999, p. 837, obs. Cl. Roy-Loustaunau ; *D.* 1999, p. 623, note Ch. Radé).

Une clause résolutoire de plein droit en raison de la survenance d'un événement objectif et déterminé est considérée comme nulle, car n'entrant pas dans les prévisions de l'article L. 122-3-8 [L. 1243-1] CT (cass. soc. 11 mai 1988, n° 86-42.012, BC V n° 283 ; 10 juin 1992, *JCP* éd. E 1992.II.379, 2e espèce).

De même, la clause permettant à l'employeur de dénoncer le contrat avant son terme est nulle (cass. soc. 16 décembre 1998, n° 95-45.341, BC V n° 552 ; *RJS* 2/99 n° 165).

• **Inaptitude du salarié**. La loi de simplification du droit en date du 17 mai 2011 a, en son article 49, profondément modifié les règles de rupture des contrats à durée déterminée en cas d'inaptitude des salariés. Désormais, un contrat de travail à durée déterminée peut être unilatéralement rompu par l'employeur en raison de l'inaptitude du salarié, constatée par le médecin du travail, quelle que soit l'origine de l'inaptitude (art. L. 1243-1 CT), mais l'employeur doit tenter de reclasser le salarié avant de le licencier (art. L. 1226-4-2 nouveau et L. 1226-20 nouveau). Un mois après la déclaration d'inaptitude, l'employeur doit reprendre le versement du salaire s'il n'a ni reclassé le salarié ni rompu le contrat de travail (art. L. 1226-4-2 nouveau et L. 1226-20 nouveau). En cas de rupture, le salarié a droit à une indemnité qui ne peut être inférieure à l'indemnité légale de licenciement lorsque l'origine de l'inaptitude n'est pas professionnelle (art. L. 1226-4-3 nouveau) ou au double de cette indemnité lorsque l'inaptitude a une origine professionnelle (art. L. 1226-20 nouveau). Sur ce point, voir « Rupture anticipée du CDD pour inaptitude physique : une nouvelle immixtion des règles du CDI », J. Mouly, *JCP* éd. S 2011, 1497.

Art. L. 1243-2. Par dérogation aux dispositions de l'article L. 1243-1, le contrat de travail à durée déterminée peut être rompu avant l'échéance du terme à l'initiative du salarié, lorsque celui-ci justifie de la conclusion d'un contrat à durée indéterminée.

Sauf accord des parties, le salarié est alors tenu de respecter un préavis dont la durée est calculée à raison d'un jour par semaine compte tenu :

1° De la durée totale du contrat, renouvellement inclus, lorsque celui-ci comporte un terme précis ;

2° De la durée effectuée lorsque le contrat ne comporte pas un terme précis.

Le préavis ne peut excéder deux semaines.

Art. L. 1243-3. La rupture anticipée du contrat de travail à durée déterminée qui intervient à l'initiative du salarié en dehors des cas prévus aux articles L. 1243-1 et L. 1243-2 ouvre droit pour l'employeur à des dommages et intérêts correspondant au préjudice subi.

Art. L. 1243-4. La rupture anticipée du contrat de travail à durée déterminée qui intervient à l'initiative de l'employeur, en dehors des cas de faute grave, ***(L. 2011-525 du 17 mai 2011, art. 49, JO 18)*** « de force majeure ou d'inaptitude constatée par le médecin du travail », ouvre droit pour le salarié à des dommages et intérêts d'un montant au moins égal aux rémunérations qu'il aurait perçues jusqu'au terme du contrat, sans préjudice de l'indemnité de fin de contrat prévue à l'article L. 1243-8.

Toutefois, lorsque le contrat de travail est rompu avant l'échéance du terme en raison d'un sinistre relevant d'un cas de force majeure, le salarié a également droit à une indemnité compensatrice dont le montant est égal aux rémunérations qu'il aurait perçues jusqu'au terme du contrat. Cette indemnité est à la charge de l'employeur.

Note

La rupture anticipée d'un contrat à durée déterminée par un employeur qui n'a invoqué ni la force majeure, ni une faute grave du salarié, ni l'accord des parties engendre un préjudice qui peut entraîner, à titre de réparation, condamnation au versement d'une somme supérieure aux rémunérations que le salarié aurait perçues jusqu'au terme du contrat (cass. soc. 2 juillet 1985, Sté Circular Distributors France c/ Notorbartolo). Mais l'article L. 1243-4 fixe une réparation minimale forfaitaire : celle-ci ne peut subir aucune réduction au motif que le préjudice subi par le salarié serait peu important (cass. soc. 31 mars 1993, n° 89-43.708, BC V n° 103 ; *RJS* 5/93 n° 492 ; *Dr. Soc.* 1993, p. 596). Cette indemnité minimale est due par l'employeur alors même qu'il a rompu le contrat de travail avant tout commencement d'exécution (cass. soc. 12 mars 2002, n° 99-44.222, BC V n° 86 ; *RJS* 6/02 n° 659 ; 26 septembre 2002, n° 00-42.581, BC V n° 281 ; *RJS* 12/02 n° 1363).

La Cour de cassation apporte cependant de façon prétorienne une exception à cette règle légale. Elle décide que « l'inaptitude physique du salarié et l'impossibilité du reclassement de l'intéressé n'ouvrent pas droit au paiement des salaires restant à courir jusqu'au terme du contrat ni à l'attribution de dommages-intérêts compensant la perte de ceux-ci » (cass. soc. 20 mai 2009, n° 07-44.505, *RJS* 8-9/09 n° 709 ; 18 novembre 2003, n° 01-44.280, BC V n° 285 ; *RJS* 1/04 n° 12). Il en résulte que si l'employeur rompt le contrat de façon anticipée pour inaptitude, le salarié aura droit à des dommages-intérêts résultant du préjudice subi, mais ces dommages-intérêts ne tiendront pas compte des salaires qui n'ont pas été versés jusqu'à l'échéance du contrat (mêmes arrêts).

Les sommes allouées au salarié en application de l'article L. 1243-4 CT ont la nature de dommages-intérêts fixés par le juge ; les intérêts légaux courent donc de la date du jugement (cass. soc. 1er juillet 1998, n° 96-40.398, BC V n° 355 ; *RJS* 8-9/98 n° 961).

Les dommages-intérêts pour rupture anticipée d'un contrat de travail à durée déterminée ne peuvent se cumuler avec les indemnités de chômage servies par les Assédic au cours de la période courant de la rupture du contrat à l'échéance du terme de celui-ci (cass. soc. 14 janvier 1997, n° 95-13.044, BC V n° 15 ; *RJS* 2/97 n° 188 ; *Dr. Soc.* 1997, p. 315 ; 5 mars 1998, n° 96-11.315, *RJS* 4/98 n° 509).

Est considéré comme rupture anticipée ouvrant droit à dommages-intérêts le fait pour un employeur, qui avait embauché une salariée pour la durée de l'absence d'une employée victime d'un accident et jusqu'à la reprise définitive de celle-ci, d'avoir mis fin au contrat à la date à laquelle la salariée absente devait reprendre son activité mais ne l'avait pas effectivement reprise (cass. soc. 26 novembre 1987, n° 85-40.803, BC V n° 681).

Art. L. 1243-5.

En présence d'un contrat prévoyant que, dans le cas où un salarié ne donnerait pas satisfaction, ce contrat pourrait être annulé, c'est à bon droit, n'étant pas possible de déroger aux dispositions de l'article L. 122-3-8, qu'une cour d'appel a condamné l'employeur qui avait mis fin, de manière anticipée, au contrat sans qu'une faute grave ait été alléguée à l'encontre du salarié (cass. soc. 11 mai 1988, n° 86-42.012, BC V n° 283).

Le refus d'une modification substantielle d'un contrat à durée déterminée s'analyse en une rupture du fait de l'employeur qui, en l'absence de faute grave du salarié, revêt un caractère irrégulier (cass. soc. 18 juillet 1988, n° 85-44.230, *CSB* 1988 A. 11 ; 31 octobre 1996, n° 93-46.365, BC V n° 368 ; *Dr. Soc.* 1997, p. 92, obs. H. Blaise).

La formulation de l'article L. 1243-4 diffère de celle de l'ancien article L. 122-3-4-1. Ce dernier renvoyait à l'article L. 122-3-8 pour fixer le montant de l'indemnité compensatrice. Or, cet article prévoyait deux indemnités différentes selon que la rupture était le fait de l'employeur ou le fait du salarié. Le cas de force majeure ne pouvant être assimilé ni à une décision de l'employeur ni à une décision du salarié, l'interprétation du texte pouvait prêter à discussion. Le nouveau texte prévoit que l'indemnité a un montant égal aux rémunérations que le salarié aurait perçues jusqu'au terme du contrat. Il prévoit également que cette indemnité est à la charge de l'employeur et non plus à celle de l'AGS.

SECTION 2. Échéance du terme du contrat et poursuite après échéance

Art. L. 1243-5. Le contrat de travail à durée déterminée cesse de plein droit à l'échéance du terme.

Toutefois, ce principe ne fait pas obstacle à l'application des dispositions relatives à la rupture du contrat de travail à durée déterminée :
1° Des salariés victimes d'un accident du travail ou d'une maladie professionnelle, prévues à l'article L. 1226-19 ;
2° Des salariés titulaires d'un mandat de représentation mentionnés à l'article L. 2412-1.

Note Lorsqu'une prestation de travail commence le 31 décembre à 22 heures et se termine le 1er janvier à 5 heures, les juges du fond peuvent refuser de requalifier le contrat, qui prenait fin le 31 décembre, en contrat à durée indéterminée (cass. soc. 11 mars 2009, n° 07-44.549 ; *RJS* 5/09 n° 416).

Art. L. 1243-6. La suspension du contrat de travail à durée déterminée ne fait pas obstacle à l'échéance du terme.

Art. L. 1243-7. Lorsque le contrat de travail à durée déterminée est conclu pour remplacer un salarié temporairement absent ou dont le contrat de travail est suspendu ou pour un remplacement effectué au titre des 4° et 5° de l'article L. 1242-2, le terme du contrat initialement fixé peut être reporté jusqu'au surlendemain du jour où la personne remplacée reprend son emploi.

Art. L. 1243-8. Lorsque, à l'issue d'un contrat de travail à durée déterminée, les relations contractuelles de travail ne se poursuivent pas par un contrat à durée indéterminée, le salarié a droit, à titre de complément de salaire, à une indemnité de fin de contrat destinée à compenser la précarité de sa situation.

Cette indemnité est égale à 10 % de la rémunération totale brute versée au salarié.

Elle s'ajoute à la rémunération totale brute due au salarié. Elle est versée à l'issue du contrat en même temps que le dernier salaire et figure sur le bulletin de salaire correspondant.

Note L'indemnité de précarité, lorsqu'elle est perçue par le salarié à l'issue du contrat, lui reste acquise nonobstant une requalification ultérieure de ce contrat en contrat à durée indéterminée (cass. soc. 9 mai 2001, n° 98-44.090, BC V n° 153 ; *RJS* 7/01 n° 838, 2e espèce ; 30 mars 2005, n° 03-42.667, BC V n° 106 ; *RJS* 6/05 n° 606).

L'employeur, qui poursuit les relations contractuelles au-delà du terme du contrat à durée déterminée sans proposer au salarié un contrat à durée indéterminée pour un même emploi ou un emploi similaire, est tenu de verser l'indemnité de précarité d'emploi (cass. soc. 3 octobre 2007, n° 05-44.958, BC V n° 148 ; *RDT*, déc. 2007, CH, 721, B. Reynès : en l'espèce, la salariée obtient cumulativement l'indemnité de requalification et l'indemnité de précarité d'emploi). Prise à la lettre, la rédaction de l'arrêt rendu le 3 octobre 2007 ouvre droit à l'indemnité de précarité lorsque l'employeur a proposé au salarié un contrat à durée indéterminée pour un autre emploi et que le salarié a accepté cette proposition.

Art. D. 1243-1. Lorsque le salarié rompt son contrat de travail à durée déterminée avant l'échéance du terme, en application de l'article L. 1243-2, l'indemnité de fin de contrat prévue par l'article L. 1243-8 est calculée sur la base de la rémunération déjà perçue et de celle qu'il aurait perçue jusqu'au terme du contrat.

Note Les dispositions de cet article, qui prévoient le versement de l'indemnité de fin de contrat au salarié qui rompt son contrat à durée déterminée avant l'échéance du terme lorsqu'il justifie de la conclusion d'un contrat à durée indéterminée, sont, à notre sens, erronées. En effet, elles résultent de la recodification de l'ancien article D. 121-3 qui prévoyait : « En cas d'application du 2° alinéa de l'article L. 122-3-8, l'indemnité prévue par l'article L. 122-3-4 CT est calculée sur la base de la rémunération déjà perçue et de celle qu'il aurait perçue jusqu'au terme du contrat. » Or, la référence au 2e alinéa de l'article L. 122-3-8 qui, à l'origine, visait à préciser qu'en cas de rupture anticipée par l'employeur du contrat à durée déterminée, en l'absence de faute grave ou de force majeure, l'indemnité de fin de contrat se calcule sur la rémunération perçue par le salarié y compris celle qu'il aurait perçue jusqu'au terme du contrat, n'était plus adaptée depuis l'intervention de la loi 2002-73 du 17 janvier 2002. En effet, cette loi (art. 129) avait modifié l'enchaînement des alinéas de cet article en insérant, après le 1er alinéa, un nouvel alinéa relatif à la rupture anticipée du contrat à durée déterminée par le salarié justifiant d'une embauche sous contrat à durée indéterminée, sans que l'article D. 121-3 soit modifié en conséquence. Ainsi, selon nous, l'employeur n'est pas redevable de l'indemnité de fin de contrat en cas de rupture anticipée du contrat à durée déterminée par un salarié justifiant d'une embauche en contrat à durée indéterminée (circ. DRT 2002-8 du 2 mai 2002, § 3.1.3, BO TR 2002-11 du 20 juin 2002).

Art. L. 1243-9. En vue d'améliorer la formation professionnelle des salariés titulaires de contrat de travail à durée déterminée, une convention ou un accord collectif de branche étendu ou une convention ou un accord d'entreprise ou d'établissement peut également prévoir de limiter le montant de l'indemnité de fin de contrat à hauteur de 6 %, dès lors que des contreparties sont offertes à ces salariés, notamment sous la forme d'un accès privilégié à la formation professionnelle. Dans ce cas, la convention ou l'accord peut prévoir les conditions dans lesquelles ces salariés peuvent suivre, en dehors du temps de travail effectif, un bilan de compétences. Ce bilan de compétences est réalisé dans le cadre du plan de formation au titre de la participation des employeurs au financement de la formation professionnelle.

Art. L. 1243-10. L'indemnité de fin de contrat n'est pas due :

1° Lorsque le contrat est conclu au titre du 3° de l'article L. 1242-2 ou de l'article L. 1242-3, sauf dispositions conventionnelles plus favorables ;

2° Lorsque le contrat est conclu avec un jeune pour une période comprise dans ses vacances scolaires ou universitaires ;

3° Lorsque le salarié refuse d'accepter la conclusion d'un contrat de travail à durée indéterminée pour occuper le même emploi ou un emploi similaire, assorti d'une rémunération au moins équivalente ;

4° En cas de rupture anticipée du contrat due à l'initiative du salarié, à sa faute grave ou à un cas de force majeure.

Art. L. 1243-11.

Note Si l'indemnité de précarité n'est pas due à l'expiration d'un contrat d'usage (1°), le contrat qui n'est pas écrit ne peut pas être considéré comme contrat d'usage ; en conséquence, le salarié aura droit à l'indemnité de précarité (cass. soc. 28 septembre 2011, n° 09-43.385 ; *RJS* 12/11 n° 945).

Art. L. 1243-11. Lorsque la relation contractuelle de travail se poursuit après l'échéance du terme du contrat à durée déterminée, celui-ci devient un contrat à durée indéterminée.

Le salarié conserve l'ancienneté qu'il avait acquise au terme du contrat de travail à durée déterminée.

La durée du contrat de travail à durée déterminée est déduite de la période d'essai éventuellement prévue dans le nouveau contrat de travail.

Note • *Alinéa 1er*. La société qui laisse se poursuivre au-delà du terme le contrat d'un salarié suspendu en raison d'un accident du travail ne peut plus, après l'échéance du terme, mettre fin au contrat au cours de la période de suspension (cass. soc. 17 juin 1997, n° 95-42.718, *CSB* 1997 A. 44). Mais le simple fait, pour un employeur, de reverser au salarié les indemnités journalières de sécurité sociale au-delà du terme du contrat n'implique pas la volonté des parties de proroger le contrat (cass. soc. 17 octobre 2000, n° 98-44.407, *RJS* 12/00 n° 1232).

La transformation en contrat à durée indéterminée de la relation contractuelle qui se poursuit au-delà du terme opère, même si, ultérieurement, un nouveau contrat à durée déterminée est signé (cass. soc. 30 mars 2005, n° 03-42.667, BC V n° 106 ; *RJS* 6/05 n° 606 ; 20 septembre 2006, n° 04-43.068, BC V n° 270 ; *RJS* 11/06 n° 1157).

En revanche, la requalification n'opère pas lorsque le contrat à durée déterminée s'est poursuivi au-delà du terme en raison de l'obligation faite à l'employeur de respecter la procédure d'autorisation administrative de rupture du contrat de travail d'un salarié protégé (cass. soc. 20 juin 2000, n° 97-41.363, BC V n° 235 ; *RJS* 9-10/00 n° 972). Dans le cas où l'autorisation est refusée, le contrat à durée déterminée devient un contrat à durée indéterminée par application de l'ancien article L. 122-3-10 CT (même arrêt). Après la transformation du contrat en contrat à durée indéterminée, les parties ne peuvent pas utilement conclure un contrat à durée indéterminée avec clause d'essai ; la conclusion d'un tel contrat a pour seul objet d'éluder les conséquences légales de la situation née de la poursuite du contrat de travail ; la rupture qui intervient au cours du soi-disant essai est un licenciement (cass. soc. 12 avril 1995, n° 92-42.120, *RJS* 5/95 n° 495).

L'employeur qui entend poursuivre la relation contractuelle de travail à l'issue du contrat à durée déterminée peut proposer au salarié un engagement à durée indéterminée à des conditions différentes de celles qui avaient été retenues pour le contrat à durée déterminée (cass. soc. 9 février 1989, n° 86-40.772, BC V n° 110).

• *Alinéa 2*. Pour une illustration, voir cass. soc. 9 novembre 2011, n° 10-14.348.

• *Alinéa 3*. L'employeur ne peut pas éluder la règle selon laquelle la durée du contrat à terme doit être déduite de la période d'essai prévue dans un nouveau contrat, en laissant s'écouler deux jours entre la fin du contrat à durée déterminée et la conclusion d'un contrat à durée indéterminée ; la période d'essai d'un mois renouvelable ne peut pas être opposée à un salarié qui venait d'exécuter un contrat de travail à durée déterminée de deux mois (cass. soc. 2 décembre 1997, n° 95-41.374, BC V n° 413 ; *Dr. Soc.* 1998, p. 192, obs. Cl. Roy-Loustaunau).

Art. L. 1243-12. Par dérogation aux dispositions de l'article L. 1242-8 relatives à la durée du contrat, lorsqu'un salarié titulaire d'un contrat de travail à durée déterminée est exposé à des rayonnements ionisants et qu'au terme de son contrat cette exposition excède la valeur limite annuelle rapportée à la durée du contrat, l'employeur lui propose une prorogation du contrat pour une durée telle que l'exposition constatée à l'expiration de la prorogation soit au plus égale à la valeur limite annuelle rapportée à la durée totale du contrat.

Cette prorogation est sans effet sur la qualification du contrat à durée déterminée.

Un décret détermine la valeur limite utilisée pour les besoins du présent article.

Note Cet article a été introduit par l'ordonnance 2001-270 du 28 mars 2001 (JO 31) relative à la transposition de directives communautaires dans le domaine de la protection contre les rayonnements ionisants (voir notamment directives 90/641/EURATOM du 4 décembre 1990 et 96/29/EURATOM du 13 mai 1996, « Code annoté européen du travail », *Groupe Revue Fiduciaire*, éd. 2010, pp. 881 et s.). Ses dispositions s'appliquent aux contrats conclus après son entrée en vigueur.

SECTION 3. Renouvellement du contrat

Art. L. 1243-13. Le contrat de travail à durée déterminée est renouvelable une fois pour une durée déterminée.

La durée du renouvellement, ajoutée à la durée du contrat initial, ne peut excéder la durée maximale prévue à l'article L. 1242-8.

Les conditions de renouvellement sont stipulées dans le contrat ou font l'objet d'un avenant soumis au salarié avant le terme initialement prévu.

Ces dispositions ne sont pas applicables au contrat de travail à durée déterminée conclu en application de l'article L. 1242-3.

Note Le contrat de travail à terme précis peut être renouvelé une fois dans la limite de la durée maximale fixée par la loi. Le renouvellement du contrat a pour seul objet d'aménager le terme initial de la relation contractuelle ; il ne se confond pas avec la conclusion d'un nouveau contrat et n'autorise pas l'employeur à modifier unilatéralement le contrat (cass. soc. 1er février 2000, n° 97-44.100, BC V n° 47 ; *RJS* 5/00 n° 508).

Le renouvellement ne doit pas être confondu avec le report de terme des contrats de remplacement ou avec la conclusion de contrats successifs.

Le défaut de renouvellement du contrat d'une salariée enceinte ne tombe pas sous le coup de l'article 10 de la directive 92/85/CEE interdisant le licenciement d'une femme enceinte (CJCE 4 octobre 2001, aff. C-438/99, rec. p. I-6915 ; *RJS* 12/01 n° 1474), mais s'il est motivé par l'état de grossesse de la travailleuse, il constitue une discrimination directe fondée sur le sexe contraire aux articles 2, § 1, et 3, § 1 de la directive 76/207/CEE (même décision).

Art. L. 1248-9. Le fait de méconnaître les dispositions de l'article L. 1243-12, relatives à la prorogation du contrat de travail à durée déterminée d'un salarié exposé à des rayonnements ionisants, est puni d'une amende de 3750 €.

La récidive est punie d'une amende de 7500 € et d'un emprisonnement de six mois.

Art. L. 1248-10. Le fait de renouveler le contrat de travail à durée déterminée en méconnaissance de l'article L. 1243-13 est puni d'une amende de 3750 €.

La récidive est punie d'une amende de 7500 € et d'un emprisonnement de six mois.

CHAPITRE IV

Succession de contrats

SECTION 1. Contrats successifs avec le même salarié

Art. L. 1244-1. Les dispositions de l'article L. 1243-11 ne font pas obstacle à la conclusion de contrats de travail à durée déterminée successifs avec le même salarié lorsque le contrat est conclu dans l'un des cas suivants :

1° Remplacement d'un salarié absent ;

2° Remplacement d'un salarié dont le contrat de travail est suspendu ;

3° Emplois à caractère saisonnier ou pour lesquels, dans certains secteurs d'activité définis par décret ou par voie de convention ou d'accord collectif étendu, il est d'usage constant de ne pas recourir au contrat de travail à durée indéterminée en raison de la nature de l'activité exercée et du caractère par nature temporaire de ces emplois ;
4° Remplacement de l'une des personnes mentionnées aux 4° et 5° de l'article L. 1242-2.

Note

Trois contrats distincts, conclus successivement pour le remplacement de salariés temporairement absents et nommément désignés, constituent des contrats autonomes, dont la succession ne crée pas une relation de travail à durée indéterminée (cass. soc. 12 mars 1987, n° 85-43.256, BC V n° 142 ; *D.* 1988 somm. 97, obs. J. Pélissier). Mais la succession de contrats de remplacement peut entraîner une requalification en contrat à durée indéterminée : voir note sous art. L. 1242-1.

Art. L. 1244-2. Les contrats de travail à caractère saisonnier peuvent comporter une clause de reconduction pour la saison suivante.

Une convention ou un accord collectif de travail peut prévoir que tout employeur ayant occupé un salarié dans un emploi à caractère saisonnier lui propose, sauf motif réel et sérieux, un emploi de même nature, pour la même saison de l'année suivante. La convention ou l'accord en définit les conditions, notamment la période d'essai, et prévoit en particulier dans quel délai cette proposition est faite au salarié avant le début de la saison ainsi que le montant minimum de l'indemnité perçue par le salarié s'il n'a pas reçu de proposition de réemploi.

Pour calculer l'ancienneté du salarié, les durées des contrats de travail à caractère saisonnier successifs dans une même entreprise sont cumulées.

SECTION 2. Contrats successifs sur le même poste

Art. L. 1244-3. À l'expiration d'un contrat de travail à durée déterminée, il ne peut être recouru, pour pourvoir le poste du salarié dont le contrat a pris fin, ni à un contrat à durée déterminée ni à un contrat de travail temporaire, avant l'expiration d'un délai de carence calculé en fonction de la durée du contrat, renouvellement inclus. Ce délai de carence est égal :
1° Au tiers de la durée du contrat venu à expiration si la durée du contrat, renouvellement inclus, est de quatorze jours ou plus ;
2° À la moitié de la durée du contrat venu à expiration si la durée du contrat, renouvellement inclus, est inférieure à quatorze jours.

Les jours pris en compte pour apprécier le délai devant séparer les deux contrats sont les jours d'ouverture de l'entreprise ou de l'établissement concerné.

Note

• Voir circulaire ministérielle DRT 2002-8 du 2 mai 2002, BO TR 2002/11, p. 101.

• L'expression « jours d'ouverture » utilisée à l'alinéa 1er s'entend des jours d'activité de l'entreprise et ne se confond pas avec les jours d'ouverture aux clients ou aux fournisseurs (circ. min. du 2 mai 2002).

Art. L. 1244-4. Le délai de carence n'est pas applicable :
1° Lorsque le contrat de travail à durée déterminée est conclu pour assurer le remplacement d'un salarié temporairement absent ou dont le contrat de travail est suspendu, en cas de nouvelle absence du salarié remplacé ;
2° Lorsque le contrat de travail à durée déterminée est conclu pour l'exécution de travaux urgents nécessités par des mesures de sécurité ;
3° Lorsque le contrat de travail à durée déterminée est conclu pour pourvoir un emploi à caractère saisonnier ou pour lequel, dans certains secteurs d'activité définis par décret ou par voie de convention ou d'accord collectif étendu, il est d'usage

constant de ne pas recourir au contrat de travail à durée indéterminée en raison de la nature de l'activité exercée et du caractère par nature temporaire de cet emploi ;

4° Lorsque le contrat est conclu pour assurer le remplacement de l'une des personnes mentionnées aux 4° et 5° de l'article L. 1242-2 ;

5° Lorsque le contrat est conclu en application de l'article L. 1242-3 ;

6° Lorsque le salarié est à l'initiative d'une rupture anticipée du contrat ;

7° Lorsque le salarié refuse le renouvellement de son contrat, pour la durée du contrat non renouvelé.

Note • La Cour de cassation a donné une interprétation très libre à cet article en décidant que les dispositions de l'article L. 1244-3 ne s'opposaient pas à ce que le remplacement d'un salarié temporairement absent soit assuré par un même salarié engagé par contrats de date à date se succédant immédiatement les uns aux autres, alors que l'absence du salarié est ininterrompue (cass. soc. 26 février 1991, n° 87-40.410, BC V n° 96 ; *CSB* 1991 S. 55). L'alinéa 2 de cet article n'écarte pourtant les dispositions de l'alinéa 1er de l'article L. 1244-3 qu'en cas « de nouvelle absence » du salarié remplacé.

• Il n'existe pas de délai de carence entre deux contrats saisonniers mais un tel délai doit être respecté lorsque le contrat saisonnier succède à un contrat à durée déterminée pour surcroît d'activité (cass. soc. 10 mai 2006, n° 04-42.076, BC V n° 167 ; *RJS* 7/06 n° 814).

• Lorsque l'employeur avance qu'il peut conclure des contrats à durée déterminée successifs sans interruption sur un même poste, les juges ne peuvent pas le débouter sans examiner si son activité entre dans le domaine de l'action culturelle (cass. soc. 12 mars 1996, n° 92-41.966, BC V n° 89 ; *RJS* 4/96 n° 386) : l'article L. 1244-4 prévoit expressément que des contrats à durée déterminée peuvent être conclus sans interruption pour occuper le même poste dans les cas où il est d'usage constant, dans certains secteurs d'activité définis par décret, ou par voie de convention ou accord collectif étendu, de ne pas recourir au contrat de travail à durée indéterminée en raison de la nature de l'activité et de l'emploi exercé.

• Présente un caractère frauduleux le contrat à durée déterminée conclu, avant l'expiration d'une période égale au tiers de la durée du contrat précédent, avec une autre société du même groupe, le salarié effectuant le même travail, dans les mêmes locaux, sous les ordres du même chef de service (cass. soc. 7 avril 1998, n° 95-45.223, BC V n° 198 ; *RJS* 5/98 n° 576 : le contrat doit être qualifié « contrat à durée indéterminée »).

Art. L. 1248-11. Le fait de méconnaître les dispositions de l'article L. 1244-3, relatives à la succession de contrats sur un même poste, est puni d'une amende de 3 750 €.

La récidive est punie d'une amende de 7 500 € et d'un emprisonnement de six mois.

CHAPITRE V

Requalification du contrat

Art. L. 1245-1. Est réputé à durée indéterminée tout contrat de travail conclu en méconnaissance des dispositions des articles L. 1242-1 à L. 1242-4, L. 1242-6 à L. 1242-8, L. 1242-12, alinéa premier, L. 1243-11, alinéa premier, L. 1243-13, L. 1244-3 et L. 1244-4.

Note • Lorsqu'un contrat de travail à durée déterminée ne répondant pas aux conditions exigées se trouve requalifié « contrat à durée indéterminée », c'est à bon droit que les juges du fond, relevant que l'employeur n'avait justifié la rupture du contrat que par la seule échéance de son terme prétendu, ont décidé que la rupture était abusive ou ne procédait pas d'une cause réelle et sérieuse, et sont souverainement évalué le préjudice subi par le salarié (cass. soc. 13 novembre 1986, n° 83-44.744, BC V n° 518 ; 3 décembre 1987, n° 84-41.490, BC V n° 331 ; 3 juillet 1991, n° 87-44.773, BC V n° 338 ; *CSB* 1991 S. 133). Lorsque les juges du fond requalifient des contrats à durée déterminée successifs en contrat à durée indéterminée et déclarent les salariés titularisés, ceux-ci ont droit au paiement des salaires pour la période postérieure à la requalification tant que l'employeur n'a pas rompu le contrat ou que le salarié n'a pas obtenu la résiliation judiciaire de celui-ci (cass. soc. 19 mai 2004, n° 02-42.892, *RJS* 10/04 n° 1003).

• La requalification en contrat à durée indéterminée a également été imposée par la Cour de cassation à propos des contrats emploi-solidarité et des contrats emploi consolidé lorsque les conditions imposées par les anciens articles L. 322-4-8 et L. 322-4-8-1 n'ont pas été respectées (cass. soc. 30 novembre 2004, n° 01-45.613, BC V n° 305 ; *RJS* 2/05 n° 190), bien que ces articles ne renvoient pas à l'article L. 122-3-13 (actuel art. L. 1245-1). Elle a été également opérée à propos des contrats de qualification (aujourd'hui remplacés par les contrats de professionnalisation) lorsque l'employeur n'a pas rempli son obligation de formation (cass. soc. 28 juin 2006, n° 04-42.815, BC V n° 233, arrêt n° 2 ; *Dr. Soc.* 2006, p. 1044, obs. Cl. Roy-Loustaunau).

• Les dispositions prévues par les articles L. 1242-1 et s. relatives aux conditions de conclusion des contrats de travail à durée déterminée ayant été édictées dans un souci de protection du salarié, seul celui-ci peut se prévaloir de leur inobservation. L'employeur ne peut pas se prévaloir de l'inobservation des dispositions des ces articles L. 1242-1 et s. (cass. soc. 16 juillet 1987, n° 85-45.258, BC V n° 481 ; 13 février 1991, n° 87-44.303, BC V n° 70 ; *Dr. Soc.* 1991, p. 418, obs. J. Savatier ; 17 janvier 1996, n° 94-42.103, *RJS* 3/96 n° 252). Le juge ne peut pas d'office requalifier un contrat à durée déterminée irrégulier en contrat à durée indéterminée (cass. soc. 7 mai 1996, n° 93-42.061, *RJS* 6/96 n° 658 ; 19 mai 2010, n° 08-42.303, *RJS* 8-9/10 n° 647).

• La Cour de cassation avait décidé, à plusieurs reprises, que l'AGS pouvait se prévaloir des dispositions du code du travail pour demander la requalification du contrat de travail (cass. soc. 1er décembre 1993, n° 91-45.780, *RJS* 1/94 n° 8 ; 1er mars 1994, n° 92-44.669, *RJS* 4/94 n° 381 ; 12 novembre 1997, n° 95-42.247, BC V n° 361 ; *RJS* 12/97 n° 1341 ; 15 juin 1999, n° 96-43.750, BC V n° 278 ; *RJS* 8-9/99 n° 1028 : la requalification d'un contrat à durée déterminée en contrat à durée indéterminée, obtenue par l'AGS, est opposable à tous, y compris au salarié ; l'employeur peut ainsi bénéficier d'une requalification qu'il n'aurait pas pu faire prononcer lui-même).

Cette jurisprudence a été abandonnée. Dans un arrêt du 4 décembre 2002, la Cour de cassation décide que l'AGS n'est pas recevable, sauf fraude qu'il lui appartient de démontrer, à demander la requalification d'un contrat de travail à durée déterminée en contrat à durée indéterminée (n° 00-43.750, BC V n° 367 ; *Dr. Soc.* 2003, p. 287 ; dans le même sens, cass. soc. 11 décembre 2002, nos 01-40.126 et 01-40.425, *RJS* 2/03 n° 161 ; 7 avril 2004, n° 02-40.231, BC V n° 106 ; *RJS* 6/04 n° 659).

• L'employeur peut cependant solliciter et obtenir la requalification du contrat à durée déterminée en contrat à durée indéterminée lorsque le contrat ne contient pas, malgré les apparences, de terme (cass. soc. 20 octobre 2010, n° 08-42.527, *RJS* 1/11 n° 18 : contrat de chantier à durée déterminée requalifié en contrat à durée indéterminée à la demande de l'employeur ; cass. soc. 24 février 1998, n° 95-41.420, BC V n° 98 ; *RJS* 4/98 n° 421 ; 19 mai 1998, n° 95-45.575, BC V n° 267 ; *RJS* 7/98 n° 829 ; 22 juin 1993, *D.* 1993, p. 592, note Cl. Roy-Loustaunau ; 27 mars 1991, n° 87-41.535, BC V n° 154). De la même façon, le juge peut d'office requalifier le contrat lorsque la nature juridique du contrat est indécise (cass. soc. 19 mai 1998, n° 95-45.575, précité).

La Cour de cassation limite cependant la portée de cette solution. Lorsque le contrat a fixé un terme précis, l'insertion d'une clause de résiliation unilatérale n'entraîne plus la requalification du contrat en contrat à durée indéterminée ; la clause de résiliation est déclarée nulle (cass. soc. 16 décembre 1998, n° 95-45.341, BC V n° 552 ; *Dr. Soc.* 1999, p. 397, obs. J-P Karaquillo et p. 285, obs. Cl. Roy-Loustaunau). Mme Claude Roy-Loustaunau fait une distinction entre la clause de libération anticipée du contrat qui serait nulle et la clause de résiliation unilatérale qui entraînerait la requalification du contrat en contrat à durée indéterminée. Cette distinction n'est pas évidente : dans les deux situations, la rupture du contrat dépend de la seule volonté d'une des parties au contrat. Au surplus, la rédaction du motif de l'arrêt de cassation ne fait pas une telle distinction.

• Lorsque plusieurs contrats à durée déterminée sont requalifiés en contrat à durée indéterminée, la rupture du contrat s'analyse en un licenciement et le salarié ne peut prétendre qu'aux indemnités de rupture lui revenant à ce titre (cass. soc. 25 mai 2005, n° 03-43.146, BC V n° 175 ; *RJS* 8-9/05 n° 813).

Art. L. 1245-2. Lorsque le conseil de prud'hommes est saisi d'une demande de requalification d'un contrat de travail à durée déterminée en contrat à durée indéterminée, l'affaire est directement portée devant le bureau de jugement qui statue au fond dans un délai d'un mois suivant sa saisine.

Lorsque le conseil de prud'hommes fait droit à la demande du salarié, il lui accorde une indemnité, à la charge de l'employeur, ne pouvant être inférieure à un mois de salaire. Cette disposition s'applique sans préjudice de l'application des dispositions du titre III du présent livre relatives aux règles de rupture du contrat de travail à durée indéterminée.

Note • Les règles de procédure résultent d'une loi du 12 juillet 1990 ; elles ne s'appliquent qu'aux contrats conclus postérieurement à la publication de cette loi (cass. soc. 21 juin 1995, n° 92-40.813, BC V n° 209 ; *RJS* 8-9/95 n° 869). La saisine directe du bureau de jugement s'étend non seulement à la demande en paiement de l'indemnité qui est la conséquence de cette requalification, mais également à la demande en paiement des indemnités qui résultent de la rupture du contrat de travail (cass. soc. 2 mai 2000, n° 98-41.557, *RJS* 7-8/00 n° 776).

• L'indemnité de requalification naît dès la conclusion du contrat à durée déterminée en méconnaissance des exigences légales (cass. soc. 7 novembre 2006, n° 05-41.723, BC V n° 324 ; *Dr. Soc.* 2007, p. 246, obs. A. Mazeaud : en cas de transfert d'entreprise, l'indemnité est due par l'employeur ayant conclu le contrat).

• L'indemnité spécifique de requalification est due au salarié alors même que la demande en requalification d'un contrat initial irrégulier est intervenue à un moment où le contrat était devenu un contrat à durée indéterminée en raison de son exécution après l'échéance du terme (cass. soc. 3 mai 2000, n° 98-42.179, *RJS* 6/00 n° 637 ; 9 mars 1999, n° 96-41.586, BC V n° 102 ; *Dr. Soc.* 1999, p. 518, obs. Cl. Roy-Loustaunau ; 18 mai 2004, n° 01-45.622, *RJS* 7/04 n° 795).

• L'indemnité spécifique de requalification peut se cumuler avec les sommes dues au titre de salaires impayés (cass. soc. 24 juin 2003, n° 02-44.849, *RJS* 10/03 n° 1124). Elle ne peut être inférieure au dernier salaire mensuel perçu avant la saisine de la juridiction (cass. soc. 17 juin 2005, n° 03-44.900, BC V n° 204 ; *RJS* 8-9/05 n° 812). Lorsque le juge requalifie une succession de contrats de travail à durée déterminée conclus avec le même salarié en contrat de travail à durée indéterminée, il ne doit accorder qu'une seule indemnité de requalification (cass. soc. 25 mai 2005, n° 03-43.214, BC V n° 176 ; *RJS* 8-9/05 n° 813).

• L'octroi de cette indemnité n'est pas subordonné à la mise en œuvre préalable de la procédure de saisine directe du bureau de jugement (cass. soc. 4 février 2003, n° 00-43.558, BC V n° 36 ; *RJS* 4/03 n° 422).

• L'action indemnitaire exercée sur le fondement de l'article L. 1245-2 est soumise à la prescription trentenaire (cass. soc. 18 mai 2004, n° 01-45.622, précité).

• L'indemnité de requalification n'est pas due en cas de transformation d'un CDD régulier en CDI du fait de la poursuite de la relation contractuelle après l'échéance du terme (cass. soc. 22 mars 2006, n°s 04-48.264 et 04-45.411, deux arrêts, BC V n° 118 ; *RDT* 2006, p. 21, obs. J. Pélissier ; *D.* 2006, « Panorama droit du travail », p. 2002, obs. B. Reynès ; *Dr. Soc.* 2006, p. 796, obs. Cl. Roy-Loustaunau). Mais le fait que le contrat se soit poursuivi après l'arrivée de son terme ne fait pas échec à l'attribution d'une indemnité de requalification lorsque la demande en requalification s'appuie sur une irrégularité du contrat à durée déterminée initial ou de ceux qui lui ont fait suite (cass. soc. 5 décembre 2007, n° 06-41.313, BC V n° 206 ; *RJS* 2/08 n° 145 ; 29 juin 2011, n° 10-12.884, *RJS* 10/11 n° 797).

Art. R. 1245-1. Lorsqu'un conseil de prud'hommes est saisi d'une demande de requalification d'un contrat de travail à durée déterminée en contrat à durée indéterminée, en application de l'article L. 1245-2, sa décision est exécutoire de droit à titre provisoire.

CHAPITRE VI

Règles particulières de contrôle

Art. L. 1246-1. Dans les secteurs des spectacles, de l'action culturelle, de l'audiovisuel, de la production cinématographique et de l'édition phonographique, les agents de contrôle mentionnés à l'article L. 8112-1 ainsi que les agents du ***(Ord. 2009-901 du 24 juil. 2009, JO 25)*** « Centre national du cinéma et de l'image animée », des directions régionales des affaires culturelles, de l' ***(L. 2008-126 du 13 févr. 2008, JO 14)*** « institution mentionnée à l'article L. 5312-1 » et de l' ***(L. 2008-126 du 13 févr. 2008, JO 14)*** « organisme gestionnaire du régime d'assurance chômage » se communiquent réciproquement, sur demande écrite, tous renseignements et documents nécessaires à la recherche et à la constatation des infractions aux dispositions du 3° de l'article L. 1242-2 et, le cas échéant, ***(Ord. 2009-901 du 24 juil. 2009, JO 25)*** « des manquements aux dispositions mentionnées au 11° et des infractions aux dispositions mentionnées au 12° de l'article L. 421-1 du code du cinéma et de l'image animée ».

CHAPITRE VII

Actions en justice

Art. L. 1247-1. Les organisations syndicales représentatives dans l'entreprise peuvent exercer en justice toutes les actions qui résultent du présent titre en faveur d'un salarié, sans avoir à justifier d'un mandat de l'intéressé.

Le salarié en est averti dans des conditions déterminées par voie réglementaire et ne doit pas s'y être opposé dans un délai de quinze jours à compter de la date à laquelle l'organisation syndicale lui a notifié son intention.

Le salarié peut toujours intervenir à l'instance engagée par le syndicat et y mettre un terme à tout moment.

Note L'action syndicale est recevable alors même qu'elle est introduite avant que le salarié ait été averti. Si le salarié est averti le jour de l'introduction de l'instance et si un délai de plus de quinze jours s'est écoulé depuis la notification au salarié lorsque le conseil de prud'hommes s'est prononcé, la demande est recevable (cass. soc. 1er février 2000, n° 98-41.624, BC V n° 52 ; *Dr. Soc.* 2000, p. 519, obs. Cl. Roy-Loustaunau).

L'opposition d'un salarié à ce qu'une organisation syndicale exerce une action de substitution ne vaut pas renonciation du salarié au droit d'intenter l'action personnelle dont il est titulaire pour obtenir la requalification de ses contrats à durée déterminée en contrat à durée indéterminée (cass. soc. 12 février 2008, n° 06-45.397, BC V n° 36 ; *RJS* 4/08 n° 374). Dans le cadre de l'instance engagée par le salarié, le syndicat, qui avait dû se désister de son action de substitution, peut demander réparation du préjudice causé à l'intérêt collectif de la profession en application de l'article L. 2132-3 (ancien art. L. 411-11) CT (même arrêt).

Art. D. 1247-1. L'organisation syndicale qui exerce une action en justice en faveur d'un salarié, en application de l'article L. 1247-1, avertit ce dernier par lettre recommandée avec avis de réception.

La lettre indique la nature et l'objet de l'action envisagée par l'organisation syndicale représentative.

Elle mentionne en outre :

1° Que l'action est conduite par l'organisation syndicale qui peut exercer elle-même les voies de recours contre le jugement ;

2° Que le salarié peut, à tout moment, intervenir dans l'instance engagée par l'organisation syndicale ou mettre un terme à cette action ;

3° Que le salarié peut faire connaître à l'organisation syndicale son opposition à l'action envisagée dans un délai de quinze jours à compter de la date de réception.

Note L'action syndicale est recevable alors même qu'elle est introduite avant que le salarié ait été averti. Si le salarié est averti le jour de l'introduction de l'instance et si un délai de plus de quinze jours s'est écoulé depuis la notification au salarié lorsque le conseil de prud'hommes s'est prononcé, la demande est recevable (cass. soc. 1er février 2000, n° 98-41.624, BC V n° 52 ; *Dr. Soc.* 2000, p. 519, obs. Cl. Roy-Loustaunau).

Art. D. 1247-2. Passé le délai de quinze jours prévu au 3° de l'article D. 1247-1, l'acceptation tacite du salarié est réputée acquise.

CHAPITRE VIII

Dispositions pénales

Les textes législatifs ont été insérés à la fin des chapitres auxquels ils se rapportent.

TITRE V

CONTRAT DE TRAVAIL TEMPORAIRE ET AUTRES CONTRATS DE MISE À DISPOSITION

CHAPITRE Ier

Contrat de travail conclu avec une entreprise de travail temporaire

SECTION 1. Définitions

Art. L. 1251-1. Le recours au travail temporaire a pour objet la mise à disposition temporaire d'un salarié par une entreprise de travail temporaire au bénéfice d'un client utilisateur pour l'exécution d'une mission.

Chaque mission donne lieu à la conclusion :

1° D'un contrat de mise à disposition entre l'entreprise de travail temporaire et le client utilisateur, dit « entreprise utilisatrice » ;

2° D'un contrat de travail, dit « contrat de mission », entre le salarié temporaire et son employeur, l'entreprise de travail temporaire.

(L. 2009-972 du 3 août 2009, art. 21, JO 6) « Lorsque l'utilisateur est une personne morale de droit public, le présent chapitre s'applique, sous réserve des dispositions prévues à la section 6. »

Art. L. 1251-2. Est un entrepreneur de travail temporaire, toute personne physique ou morale dont l'activité exclusive est de mettre à la disposition temporaire d'entreprises utilisatrices des salariés qu'en fonction d'une qualification convenue elle recrute et rémunère à cet effet.

Note • **Notion d'activité exclusive.** La chambre criminelle de la Cour de cassation a été amenée à de nombreuses reprises à condamner certaines pratiques (filialisation, faux contrats de sous-traitance…) des ETT pour diversifier leurs activités ou échapper à d'autres contraintes de la réglementation sur le travail temporaire. C'est ainsi, par exemple, qu'elle a condamné :

– une personne ayant la maîtrise de deux sociétés, dont une ETT, et qui, sous couvert de ces deux personnes morales juridiquement distinctes, avait organisé une double activité de location de main-d'œuvre et de prestation de services (cass. crim. 15 février 1983, n° 82-91.077, B. crim. n° 56) ;

– le directeur régional d'une ETT qui avait recruté des travailleurs temporaires pour les mettre à la disposition de l'agence dont il était responsable « par le jeu de contrats divisant artificiellement sa personnalité juridique » (cass. crim. 11 juillet 1983, *JS* 1983 SJ 142) ;
– 4 dirigeants de société, dont une ETT, formant un ensemble économique unique, qui se livraient simultanément à des opérations de prêt de main-d'œuvre et de prestation de services. Si l'article L. 1251-2 (ancien article L. 124-1) n'interdit pas au représentant légal d'une ETT d'avoir d'autres occupations, ce texte trouve application lorsque la constitution de plusieurs sociétés n'a été, comme en l'espèce, qu'un artifice pour faire échec à ses prescriptions (cass. crim. 7 juin 1983, n° 82-93.194, B. crim. n° 173 ; dans le même sens, cass. crim. 12 décembre 1989, n° 89-80.494, *CSB* 1990 S. 50.

Mais ne constitue pas une activité secondaire prohibée par l'article L. 1251-2 (ancien article L. 124-1) la fourniture par une ETT, à des travailleurs temporaires mis à la disposition d'utilisateurs, des outils nécessaires à l'exécution de leur mission dès lors qu'il n'en résulte pour elle aucune source de profit distincte de son activité professionnelle (cass. crim. 15 décembre 1981, n° 79-93.008, B. crim. n° 333). Est par ailleurs fondé l'arrêt de cour d'appel relaxant les dirigeants communs à deux sociétés, poursuivis pour infraction à la législation sur le travail temporaire. Les juges d'appel ont en effet notamment relevé que les deux sociétés (ETT et entreprise de déménagement) avaient des activités complémentaires, que la preuve n'était pas rapportée que les deux sociétés formaient un ensemble économique et social, ni que la constitution de sociétés juridiquement distinctes avait eu pour but de tourner la loi (cass. crim. 27 mars 1984, *JS* 1984 F 67).

• **Responsabilité de l'entrepreneur de travail temporaire.** Est fondé l'arrêt de cour d'appel mettant hors de cause le directeur d'une ETT, prévenu d'homicide involontaire, après avoir constaté que le travailleur temporaire victime d'un accident mortel avait, en signant son contrat de travail, volontairement adhéré aux conditions de travail correspondantes, et que la cause directe du décès résidait dans la violation par l'utilisateur de règles d'hygiène et de sécurité du travail. En effet, « s'il est exact que l'entrepreneur de travail temporaire a une obligation générale de prudence dans le choix du travailleur intérimaire et doit s'assurer qu'il est apte au travail faisant l'objet de la mission, l'inobservation de ces devoirs, même si elle était établie en l'espèce, ne pourrait avoir un lien de causalité avec l'accident que s'il était démontré que celui-ci a trouvé son origine dans l'inexpérience ou l'imprudence de la victime, ce qui n'est nullement allégué » (cass. crim. 17 décembre 1985, *JS* 1986 SJ 68). Mais est fondé l'arrêt de cour d'appel déclarant une ETT entièrement responsable des dommages causés par un intérimaire au camion d'une société à la disposition de laquelle il avait été mis. En effet, les juges d'appel ont pris en considération la nature de l'emploi (chauffeur poids lourds), ont constaté que l'avarie du moteur avait été, à dire d'expert, causée par une faute grave de conduite « que n'aurait pas commise un professionnel digne de ce nom », ont relevé que, bien qu'ayant à l'esprit les lourdes responsabilités que comportait l'emploi de l'intérimaire, l'ETT ne s'était pas suffisamment renseignée sur la personnalité de l'intéressé « connu pour s'adonner à la boisson » et ont estimé que la faute de conduite du travailleur temporaire se rattachait directement à son comportement anormal et en ont déduit que l'ETT avait commis un manquement à son obligation contractuelle dans le choix du chauffeur, manquement qui était à l'origine du dommage et engageait sa responsabilité à l'égard de l'utilisateur (cass. soc. 18 mars 1986, *JS* 1986 SJ 106).

En l'absence de clause contractuelle concernant la responsabilité de l'entreprise de travail temporaire, les juges du fond appliqueront le principe affirmé par la Cour de cassation : « Toute entreprise de travail temporaire est tenue d'une obligation de prudence dans le recrutement du personnel qu'elle fournit. Si cette obligation est plus rigoureuse à l'égard du personnel appelé à exercer des fonctions de confiance ou de particulières responsabilités, elle n'en existe pas moins dans tous les cas » (cass. civ. 1re ch., 26 février 1991, n° 88-15.333, BC I n° 77).

Sur la responsabilité de l'entreprise de travail temporaire en cas d'accident du travail survenu dans l'entreprise, cass. soc. 11 décembre 1997, n° 96-11.454, BC V n° 437.

• **Conséquences de l'exclusivité.** Une entreprise de travail temporaire étant soumise à la règle d'exclusivité, elle ne peut avoir recours aux services de travailleurs indépendants ; les traducteurs travaillant pour le compte d'une entreprise de travail temporaire dans d'autres entreprises doivent donc être considérés comme des salariés et être assujettis au régime général des travailleurs salariés (cass. soc. 17 décembre 1992, n° 87-11.302, *RJS* 2/93 n° 210).

Art. L. 1251-3. Toute activité de travail temporaire s'exerçant en dehors d'une telle entreprise est interdite, sous réserve des dispositions relatives aux opérations de prêt de main-d'œuvre à but non lucratif autorisées par l'article L. 8241-2.

Art. L. 1251-4. Par dérogation au principe d'exclusivité prévu à l'article L. 1251-2, les entreprises de travail temporaire peuvent exercer :

1° Des activités de placement privé prévues à l'article ***(L. 2010-853 du 23 juil. 2010, art. 29, JO 24)*** « L. 5321-1 » ;

2° L'activité d'entreprise de travail à temps partagé.

SECTION 2. Conditions de recours

Sous-section 1. Cas de recours

Art. L. 1251-5. Le contrat de mission, quel que soit son motif, ne peut avoir ni pour objet ni pour effet de pourvoir durablement un emploi lié à l'activité normale et permanente de l'entreprise utilisatrice.

Note Des salariés intérimaires mis à la disposition d'une même société par diverses entreprises de travail temporaire pour effectuer différentes missions durant une période de dix ans ont saisi la juridiction prud'homale afin d'obtenir la requalification de ces contrats de travail temporaire en contrat de travail à durée indéterminée. Ayant constaté, d'une part, que la société bénéficiait d'une augmentation constante de sa production et, d'autre part, que les différents contrats de mission s'inscrivaient dans cet accroissement durable et constant de son activité, une cour d'appel a exactement décidé que ces contrats de travail temporaire, qui avaient pour effet de pourvoir durablement des emplois liés à l'activité normale et permanente de l'entreprise, devaient être requalifiés en contrat de travail à durée indéterminée (cass. soc. 21 janvier 2004, n° 03-42.754, BC V n° 27 ; *RJS* 3/04 n° 352).

Même si les contrats de mission successifs mentionnent un motif de recours qui est exact, le salarié peut obtenir la requalification de ces contrats en contrat à durée indéterminée lorsqu'il ressort de l'analyse des faits que ces missions d'intérim avaient eu pour effet de pourvoir durablement un emploi lié à l'activité normale et permanente de l'entreprise utilisatrice (cass. soc. 25 mars 2010, n° 08-45.358 : trente missions comprenant des interruptions pendant quatre ans). Voir note sous L. 1251-40.

Art. L. 1251-6. Sous réserve des dispositions de l'article L. 1251-7, il ne peut être fait appel à un salarié temporaire que pour l'exécution d'une tâche précise et temporaire dénommée « mission » et seulement dans les cas suivants :

1° Remplacement d'un salarié, en cas :

a) D'absence ;

b) De passage provisoire à temps partiel, conclu par avenant à son contrat de travail ou par échange écrit entre ce salarié et son employeur ;

c) De suspension de son contrat de travail ;

d) De départ définitif précédant la suppression de son poste de travail après consultation du comité d'entreprise ou, à défaut, des délégués du personnel, s'il en existe ;

e) D'attente de l'entrée en service effective d'un salarié recruté par contrat à durée indéterminée appelé à le remplacer ;

2° Accroissement temporaire de l'activité de l'entreprise ;

3° Emplois à caractère saisonnier ou pour lesquels, dans certains secteurs définis par décret ou par voie de convention ou d'accord collectif étendu, il est d'usage constant de ne pas recourir au contrat de travail à durée indéterminée en raison de la nature de l'activité exercée et du caractère par nature temporaire de ces emplois ;

4° Remplacement d'un chef d'entreprise artisanale, industrielle ou commerciale, d'une personne exerçant une profession libérale, de son conjoint participant effectivement à l'activité de l'entreprise à titre professionnel et habituel ou d'un associé non salarié d'une société civile professionnelle, d'une société civile de moyens ou d'une société d'exercice libéral ;

5° Remplacement du chef d'une exploitation agricole ou d'une entreprise mentionnée aux 1° à 4° de l'article L. 722-1 du code rural ***(Ord. 2010-462 du 6 mai 2010, JO 7)*** « et de la pêche maritime », d'un aide familial, d'un associé d'exploitation, ou de leur conjoint, mentionné à l'article L. 722-10 du même code dès lors qu'il participe effectivement à l'activité de l'exploitation agricole ou de l'entreprise.

Note

• Les modalités d'application de cet article ont été précisées par deux circulaires du 30 octobre 1990 et du 29 août 1992.

• L'absence d'un salarié qui autorise le recours à un contrat de travail temporaire s'entend aussi bien de l'absence du salarié de son poste habituel de travail que de l'absence de l'entreprise (cass. soc. 25 février 2009, n° 07-43.513, BC V n° 53 ; *RJS* 5/09 n° 482 : remplacement d'un salarié qui était détaché de son poste habituel pour être affecté comme formateur pendant un temps limité).

• Dans l'arrêt du 21 janvier 2004 précité sous l'article L. 1251-5, la Cour de cassation a précisé, de façon assez souple, la notion d'accroissement temporaire d'activité. Dans ce cas, le recours à des salariés intérimaires ne peut être autorisé que pour les besoins d'une ou plusieurs tâches résultant du seul accroissement temporaire de l'activité de l'entreprise, notamment en cas de variations cycliques de production, sans qu'il soit nécessaire ni que cet accroissement présente un caractère exceptionnel ni que le salarié recruté soit affecté à la réalisation même de ces tâches.

S'agissant du contrat à durée déterminée, elle avait déjà précisé, dans un arrêt du 18 février 2003, que la possibilité donnée à l'employeur de conclure un contrat à durée déterminée pour accroissement temporaire de l'activité de l'entreprise n'implique pas pour lui l'obligation d'affecter le salarié à des tâches directement liées à ce surcroît d'activité (n° 01-40.470, BC V n° 57 ; *JSL* n° 120, 25 mars 2003, p. 25 ; *RJS* 5/03 n° 576 ; *Dr. Soc.* 2003, p. 650, obs. Cl. Roy-Loustaunau).

• La liste des secteurs dans lesquels des contrats de travail temporaire peuvent être conclus est fixée par l'article D. 1251-1. Elle est identique à celle concernant les contrats à durée déterminée (exception faite du secteur des activités des associations intermédiaires, qui n'y figure pas). Mais, ainsi que le précise la circulaire, ce n'est pas le fait qu'un secteur d'activité soit mentionné dans la liste qui fonde à lui seul le droit de recourir au contrat de travail temporaire. Il est nécessaire qu'il y ait un usage constant, c'est-à-dire ancien, bien établi et par conséquent admis comme tel dans la profession. Cette liste peut être complétée par voie de convention ou d'accord collectif de travail étendu.

Art. D. 1251-1. En application du 3° de l'article L. 1251-6, les secteurs d'activité dans lesquels des contrats de mission peuvent être conclus pour les emplois pour lesquels il est d'usage constant de ne pas recourir au contrat de travail à durée indéterminée, en raison de la nature de l'activité exercée et du caractère par nature temporaire de ces emplois, sont les suivants :

1° Les exploitations forestières ;

2° La réparation navale ;

3° Le déménagement ;

4° L'hôtellerie et la restauration ;

5° Les centres de loisirs et de vacances ;

6° Le sport professionnel ;

7° Les spectacles, l'action culturelle, l'audiovisuel, la production cinématographique, l'édition phonographique ;

8° L'enseignement ;

9° L'information, les activités d'enquête et de sondage ;

10° L'entreposage et le stockage de la viande ;

11° Le bâtiment et les travaux publics pour les chantiers à l'étranger ;

12° Les activités de coopération, d'assistance technique, d'ingénierie et de recherche à l'étranger ;
13° La recherche scientifique réalisée dans le cadre d'une convention internationale, d'un arrangement administratif international pris en application d'une telle convention, ou par des chercheurs étrangers résidant temporairement en France ;
(D. 2008-1069 du 17 oct. 2008, JO 19) « 14° Les activités d'assistance technique ou logistique au sein d'institutions internationales ou de l'Union européenne pour la tenue de sessions, d'une durée limitée, prévues par les règlements de ces institutions ou par des traités. »

Note Les secteurs d'activité visés dans cet article sont des secteurs correspondant à l'activité principale de l'entreprise et non à celle du salarié (cass. soc. 25 février 1998, n° 95-44.048, BC V n° 99 ; *RJS* 4/98 n° 420).

L'activité d'architecte exercée par un employeur n'entre pas dans l'énumération visée par cet article ; il s'ensuit qu'un salarié dessinateur, employé par un architecte dans le cadre de missions de restauration de monuments historiques, l'a été en violation des dispositions de l'ancien article L. 124-2-1, 3° (cass. soc. 2 juin 2004, n° 01-45.906, *RJS* 8-9/04 n° 889).

Art. L. 1251-7. Outre les cas prévus à l'article L. 1251-6, la mise à disposition d'un salarié temporaire auprès d'une entreprise utilisatrice peut intervenir :
1° Lorsque la mission de travail temporaire vise, en application de dispositions légales ou d'un accord de branche étendu, à favoriser le recrutement de personnes sans emploi rencontrant des difficultés sociales et professionnelles particulières ;
2° Lorsque l'entreprise de travail temporaire et l'entreprise utilisatrice s'engagent, pour une durée et dans des conditions fixées par décret ou par accord de branche étendu, à assurer un complément de formation professionnelle au salarié ;
(L. 2011-893 du 28 juil. 2011, art. 7, JO 29) « 3° Lorsque l'entreprise de travail temporaire et l'entreprise utilisatrice s'engagent à assurer une formation professionnelle au salarié par la voie de l'apprentissage, en vue de l'obtention d'une qualification professionnelle sanctionnée par un diplôme ou un titre à finalité professionnelle enregistré au répertoire national des certifications professionnelles. Cette formation est dispensée pour partie dans l'entreprise utilisatrice et pour partie en centre de formation d'apprentis ou section d'apprentissage en application de l'article L. 6221-1. »

Note Cet article, issu de la loi 2005-32 du 18 janvier 2005 (JO 19), s'inscrit dans une série de mesures en faveur du retour à l'emploi des demandeurs d'emploi de longue durée et des bénéficiaires de minima sociaux. Voir arrêté du 28 novembre 2005 (modifié par arrêté du 21 décembre 2005, JO 29) portant extension de l'accord du 7 septembre 2005 relatif aux modalités de mise en œuvre des dispositions de l'ancien article L. 124-2-1-1 (actuel art. L. 1251-7) CT.

Art. L. 1251-8. Lorsque la mission porte sur l'exercice d'une profession médicale ou paramédicale réglementée, l'entreprise de travail temporaire vérifie que ce salarié est régulièrement autorisé à exercer.

Sous-section 2. **Interdictions**

Art. L. 1251-9. Dans les six mois suivant un licenciement pour motif économique, il est interdit de faire appel à un salarié temporaire au titre d'un accroissement temporaire de l'activité, y compris pour l'exécution d'une tâche occasionnelle, précisément définie et non durable, ne relevant pas de l'activité normale de l'entreprise utilisatrice.

Cette interdiction porte sur les postes concernés par le licenciement dans l'établissement.

L'interdiction ne s'applique pas :
1° Lorsque la durée du contrat de mission n'est pas susceptible de renouvellement et n'excède pas trois mois ;

2° Lorsque le contrat est lié à la survenance dans l'entreprise, qu'il s'agisse de celle de l'entrepreneur principal ou de celle d'un sous-traitant, d'une commande exceptionnelle à l'exportation dont l'importance nécessite la mise en œuvre de moyens quantitativement ou qualitativement exorbitants de ceux que l'entreprise utilise ordinairement. Cette possibilité de recrutement est subordonnée à l'information et à la consultation préalables du comité d'entreprise, ou, à défaut, des délégués du personnel, s'il en existe.

Les dérogations prévues aux 1° et 2° n'exonèrent pas l'employeur de respecter la priorité de réembauche prévue à l'article L. 1233-45.

Note Le dernier alinéa du nouvel article L. 1251-9 ne figurait pas dans l'article L. 124-2-7 qu'il remplace.

Art. L. 1251-10. Outre les cas prévus à l'article L. 1251-9, il est interdit de recourir au travail temporaire :

1° Pour remplacer un salarié dont le contrat de travail est suspendu à la suite d'un conflit collectif de travail ;

2° Pour effectuer certains travaux particulièrement dangereux figurant sur une liste établie par voie réglementaire, dans les conditions prévues à l'article L. 4154-1. L'autorité administrative peut exceptionnellement autoriser une dérogation à cette interdiction, dans des conditions déterminées par voie réglementaire ;

3° Pour remplacer un médecin du travail.

Note • **Conflit collectif.** L'interdiction du recours au travail temporaire en cas de grève existe depuis 1972 (loi d'origine) et a été reprise avec des formulations différentes par l'ordonnance de 1982 et la loi du 25 juillet 1985. La loi du 12 juillet 1990 a supprimé les mots « dans l'établissement utilisateur » qui suivaient les mots « par suite d'un conflit collectif du travail ».

Dès l'intervention de l'ordonnance de 1972, les termes plus précis retenus pour formuler l'interdiction permettaient de penser qu'il serait fait échec à la jurisprudence intervenue sous l'empire de l'ancienne législation qui autorisait l'utilisation de travailleurs temporaires pour le remplacement de grévistes dans la mesure où ils se trouvaient déjà en mission dans l'entreprise au moment du déclenchement de la grève (cass. crim. 2 décembre 1980, n° 80-90.149, B. crim. n° 330). Restait posée la question de savoir si seraient considérés illicites, ou au contraire licites, a) le fait de recourir à des travailleurs temporaires pour remplacer des travailleurs permanents eux-mêmes appelés à remplacer d'autres travailleurs permanents en grève, b) le fait de conclure un contrat de mission (surcroît d'activité) ou d'utiliser des intérimaires déjà présents dans l'entreprise pour faire accomplir par des travailleurs temporaires des tâches qui sont normalement celles des travailleurs permanents en grève et dont l'exécution aurait pu, par exemple, être transférée dans un autre secteur de l'entreprise. Les nouvelles dispositions concernant la durée et surtout la nécessaire description précise des missions semblaient toutefois devoir interdire de telles pratiques. Depuis l'intervention de la loi du 25 juillet 1985 précitée, compte tenu notamment de la rédaction utilisée à l'article L. 124-2 (actuel art. L. 1251-6), il semble bien qu'ont été levées définitivement toutes les incertitudes concernant les « glissements » de poste et les transferts d'activité (voir, à ce sujet : J. Deprez, « L'appel à des salariés de remplacement en cas de grève », *BS Fr. Lef.*, février 1986).

S'agissant des administrations publiques, on rappellera l'arrêt du 18 janvier 1980 du Conseil d'État (n° 07636, *D.* 1980 IR 302, obs. Delvolvé ; *JCP* éd. CI 1981. II.13477, note Zoller) annulant la décision du tribunal administratif qui avait admis la licéité du recours à des travailleurs temporaires par l'administration des P et T pour faire fonctionner un centre de tri postal provisoire, au motif que les intérimaires n'avaient servi qu'à résorber « un surcroît occasionnel d'activité » au sens de l'article L. 124-2 (ancien) et non à porter atteinte au droit de grève. On remarquera que l'annulation de ce jugement n'était pas fondée sur l'article L. 124-2 (ancien) mais sur la considération que l'administration ne s'était pas trouvée placée, par ces circonstances exceptionnelles, dans l'impossibilité de recourir à un recrutement immédiat d'agents publics. Le Conseil d'État précise qu'ayant obligation d'assurer, notamment en cas de grève, la continuité du service public et devant prendre toute mesure nécessaire à cet effet, une autorité administrative qui se trouve dans l'impossibilité d'opérer un recrutement temporaire immédiat d'agents publics est autorisée à recourir à du personnel fourni par une entreprise de travail temporaire. En revanche, le tribunal de grande instance de Caen juge que le recours par La Poste à des contrats à durée déterminée est illicite dès lors qu'il est précisé que ces contrats sont destinés à assurer le remplacement de fonctionnaires en grève (TGI Caen 5 février 1997, *Dr. Ouvr.* 1997, p. 143, note Miné) ; l'interdiction du recours au contrat à durée déterminée et au contrat de travail temporaire étant formulée dans les mêmes termes, la solution adoptée pour les contrats à durée déterminée vaut également pour les contrats de travail temporaire.

La Cour de cassation a adopté la même solution que le tribunal de grande instance de Caen (cass. civ., 1re ch., 19 mai 1998, n° 97-13.916, BC I n° 182 ; *RJS* 8-9/98 n° 1081 ; voir note sous art. L. 1242-6 CT).

Les travailleurs temporaires, mis à la disposition d'une entreprise utilisatrice avant que les travailleurs de celle-ci soient en grève, ont droit à une rémunération s'ils se tiennent à la disposition de l'entreprise utilisatrice, même si, en raison de l'occupation des locaux, ils ne peuvent pas fournir leur prestation de travail (cass. soc. 27 mai 1998, n° 96-42.303, BC V n° 280 ; *RJS* 7/98 n° 937).

• **Travaux particulièrement dangereux.** La dérogation exceptionnelle accordée par l'autorité administrative à l'interdiction de recourir au travail temporaire pour effectuer certains travaux particulièrement dangereux doit être préalable à l'affectation du salarié temporaire à l'un des travaux dont la liste est fixée à l'article D. 4154-1 CT (cass. soc. 30 novembre 2010, n° 08-70.390, BC V n° 270 ; *RJS* 2/11 n° 185).

Art. D. 1251-2. La dérogation prévue au 2° de l'article L. 1251-10 est accordée par le ***(D. 2009-1377 du 10 nov. 2009, JO 13 ; D. 2010-687 du 24 juin 2010, JO 25 ; voir D. 2010-1582 du 17 déc. 2010, JO 18, pour outre-mer)*** « directeur régional des entreprises, de la concurrence, de la consommation, du travail et de l'emploi ».

SECTION 3. Contrat de mission

Sous-section 1. Formation et exécution du contrat

§ 1. Fixation du terme et durée du contrat

Art. L. 1251-11. Le contrat de mission comporte un terme fixé avec précision dès la conclusion du contrat de mise à disposition.

Toutefois, le contrat peut ne pas comporter de terme précis lorsqu'il est conclu dans l'un des cas suivants :

1° Remplacement d'un salarié absent ;

2° Remplacement d'un salarié dont le contrat de travail est suspendu ;

3° Dans l'attente de l'entrée en service effective d'un salarié recruté par contrat à durée indéterminée ;

4° Emplois à caractère saisonnier ou pour lesquels, dans certains secteurs d'activité définis par décret ou par voie de convention ou d'accord collectif étendu, il est d'usage constant de ne pas recourir au contrat de travail à durée indéterminée en raison de la nature de l'activité exercée et du caractère par nature temporaire de ces emplois ;

5° Remplacement de l'une des personnes mentionnées aux 4° et 5° de l'article L. 1251-6.

Le contrat de mission est alors conclu pour une durée minimale. Il a pour terme la fin de l'absence de la personne remplacée ou la réalisation de l'objet pour lequel il a été conclu.

Art. L. 1251-12. La durée totale du contrat de mission ne peut excéder dix-huit mois compte tenu, le cas échéant, du renouvellement intervenant dans les conditions prévues à l'article L. 1251-35.

Cette durée est réduite à neuf mois lorsque le contrat est conclu dans l'attente de l'entrée en service effective d'un salarié recruté par contrat à durée indéterminée ou lorsque son objet consiste en la réalisation de travaux urgents nécessités par des mesures de sécurité.

Elle est portée à vingt-quatre mois :

1° Lorsque la mission est exécutée à l'étranger ;

2° Lorsque le contrat est conclu dans le cas du départ définitif d'un salarié précédant la suppression de son poste de travail ;

3° Lorsque survient dans l'entreprise, qu'il s'agisse de celle de l'entrepreneur principal ou de celle d'un sous-traitant, une commande exceptionnelle à l'exportation dont l'importance nécessite la mise en œuvre de moyens quantitativement ou qualitativement exorbitants de ceux que l'entreprise utilise ordinairement. Dans ce cas, la durée initiale du contrat ne peut être inférieure à six mois.

(L. 2011-893 du 28 juil. 2011, art. 7, JO 29) « Elle est portée à trente-six mois afin d'être égale à celle du cycle de formation effectué en apprentissage conformément à l'article L. 6222-7. »

Note La durée maximale de dix-huit mois s'apprécie mission par mission. Le dépassement de cette durée résultant de la succession de contrats de mission n'entraîne pas la requalification en contrat à durée indéterminée (cass. soc. 28 novembre 2007, n° 06-43.025).

Art. L. 1251-13. Lorsque le contrat de mission est conclu pour remplacer un salarié temporairement absent ou dont le contrat de travail est suspendu ou pour un remplacement effectué au titre des 4° et 5° de l'article L. 1251-6, il peut prendre effet avant l'absence de la personne à remplacer.

§ 2. Période d'essai

Art. L. 1251-14. Le contrat de mission peut comporter une période d'essai dont la durée est fixée par convention ou accord professionnel de branche étendu ou par convention ou accord d'entreprise ou d'établissement.

À défaut de convention ou d'accord, cette durée ne peut excéder :

1° Deux jours si le contrat est conclu pour une durée inférieure ou égale à un mois ;

2° Trois jours si le contrat est conclu pour une durée supérieure à un mois et inférieure ou égale à deux mois ;

3° Cinq jours si le contrat est conclu pour une durée supérieure à deux mois.

Note

• Lorsqu'un contrat de travail temporaire est conclu sans terme précis, la période d'essai doit être calculée sur la durée minimale fixée dans le contrat (circ. min. 30 octobre 1990).

• Lorsque le contrat à durée déterminée conclu de date à date contient une clause de renouvellement, l'existence de cette clause est sans incidence sur la durée de la période d'essai, calculée uniquement en fonction de la durée initialement prévue au contrat (cass. soc. 28 mai 1991, n° 88-44.357, BC V n° 266).

• **Durée maximale.** Tout essai impliquant l'exécution du contrat de travail, il s'ensuit que, si les durées de contrats auxquelles se réfère l'article L. 1251-14 se calculent normalement en mois calendaires, il n'en est pas de même des durées maximales des périodes d'essai fixées par ce texte, lesquelles, en raison de leur brièveté, doivent s'entendre comme étant déterminées en jours ouvrés (cass. soc. 25 janvier 1989, n° 86-40.668, BC V n° 74).

Art. L. 1251-15. La rémunération correspondant à la période d'essai ne peut être différente de celle qui est prévue par le contrat de mission.

§ 3. Contenu et transmission du contrat

Art. L. 1251-16. Le contrat de mission est établi par écrit.

Il comporte notamment :

1° La reproduction des clauses et mentions du contrat de mise à disposition énumérées à l'article L. 1251-43 ;

2° La qualification professionnelle du salarié ;

3° Les modalités de la rémunération due au salarié, y compris celles de l'indemnité de fin de mission prévue à l'article L. 1251-32 ;

4° La durée de la période d'essai éventuellement prévue ;

5° Une clause de rapatriement du salarié à la charge de l'entrepreneur de travail temporaire lorsque la mission s'effectue hors du territoire métropolitain. Cette clause devient caduque en cas de rupture du contrat à l'initiative du salarié ;

6° Le nom et l'adresse de la caisse de retraite complémentaire et de l'organisme de prévoyance dont relève l'entreprise de travail temporaire ;

7° La mention selon laquelle l'embauche du salarié par l'entreprise utilisatrice à l'issue de la mission n'est pas interdite.

Note

• **Caractéristiques du contrat.** Il s'agit d'un contrat obligatoirement écrit, conclu pour une période fixée avec précision (celle prévue dans le contrat de mise à disposition) qui prend normalement fin à l'échéance de son terme et sans que lui soient applicables les dispositions relatives à l'expiration des contrats à durée indéterminée.

• **Embauchage par l'utilisateur :**

– Sauf stipulations contraires qui pourraient figurer dans l'un ou l'autre des deux contrats qui lient l'ETT, d'une part, au travailleur temporaire et, d'autre part, à l'utilisateur, ce dernier ne peut embaucher un travailleur mis à sa disposition qu'à l'expiration de la mission de l'intéressé ; en cas d'embauchage en cours de mission, la responsabilité du travailleur temporaire et de l'utilisateur vis-à-vis de l'ETT pourrait être engagée sur la base des dispositions de l'article L. 1237-3.

– Un salarié, victime d'une rechute d'un accident du travail survenu au sein de la société auprès de laquelle il avait été mis à disposition en qualité de travailleur temporaire avant d'être engagé par elle, ne peut pas invoquer les dispositions protectrices des articles L. 1226-7 et s. CT ; l'accident initial s'est, en effet, produit à un moment où son employeur était l'entreprise de travail temporaire et non l'entreprise utilisatrice (cass. soc. 27 octobre 1993, n° 89-44.348, BC V n° 254 ; *RJS* 12/93 n° 1249).

• **Absence de contrat écrit.** L'obligation légale de conclure par écrit les contrats de travail temporaire constitue une prescription d'ordre public dont l'omission entraîne la nullité du contrat en tant que contrat de travail temporaire et impose de le considérer comme un contrat de travail de droit commun (cass. soc. 12 juin 1981, n° 79-41.037, BC V n° 558).

L'absence de signature du contrat de mission est assimilable à une absence de contrat écrit de mission ; le salarié peut donc agir en requalification du contrat contre l'entreprise de travail temporaire ; celle-ci deviendra liée au salarié par un contrat de travail de droit commun, à durée indéterminée (cass. soc. 13 décembre 2006, n° 05-44.956, BC V n° 385 ; *Dr. Soc.* 2007, p. 770, obs. Cl. Roy-Loustaunau ; 7 mars 2000, n° 97-41.463, BC V n° 90 ; *RJS* 5/00 n° 598). Mais cette requalification ne doit pas être prononcée lorsque le salarié, de mauvaise foi, refuse de signer le contrat de mission dans le seul but de pouvoir se prévaloir ultérieurement de son irrégularité (cass. soc. 15 novembre 2007, n° 06-43.096, *RJS* 2/08 n° 236 ; 24 mars 2010, n° 08-45.552, BC V n° 74 ; *RJS* 6/10 n° 572).

La remise tardive d'un contrat écrit de mission ne permet pas au salarié de faire valoir auprès de l'entreprise utilisatrice les droits afférents à un contrat de travail à durée indéterminée (cass. soc. 18 octobre 2006, n° 05-40.339, *RJS* 1/07 n° 126). Elle ne peut qu'entraîner la requalification du contrat conclu avec l'entreprise de travail temporaire.

• **Violation des règles sur le travail temporaire par une ETT.** Étant établi qu'une ETT a violé les règles du travail temporaire, est fondé l'arrêt de cour d'appel décidant que le contrat de travail liant cette ETT et un travailleur intérimaire est un contrat à durée indéterminée de droit commun (cass. soc. 22 juillet 1986, *JS* 1986 SJ 239 ; 19 avril 2000, n° 97-45.508, BC V n° 146 ; *RJS* 6/00 n° 754 : la requalification prévue par l'ancien article L. 124-7 entraînant la reconnaissance d'un contrat à durée indéterminée entre le travailleur temporaire et l'entreprise utilisatrice, elle ne fait pas obstacle à une demande de requalification en contrat à durée indéterminée avec l'entreprise de travail temporaire ; en l'espèce, le contrat de mission ne comportait pas la mention du terme de la mission ; cass. soc. 19 juin 2002, n° 00-41.354, BC V n° 208 ; *RJS* 11/02 n° 1311 : requalification en contrat à durée indéterminée avec l'entreprise de travail temporaire, le contrat de mission n'ayant pas été adressé au salarié dans les deux jours ouvrables suivant sa mise à disposition et ne mentionnant pas la qualification du salarié ; dans le même sens, cass. soc. 20 mai 2009, n° 07-44.755, BC V n° 134 ; *RJS* 8-9/09 n° 751 : le contrat de mission ne portait pas mention de la qualification du salarié ; le contrat est requalifié en contrat à durée indéterminée avec l'entreprise de travail temporaire, ce qui n'interdit pas au salarié de demander ultérieurement la requalification du contrat de travail temporaire en contrat à durée indéterminée avec l'entreprise utilisatrice).

• **Paiement de la prestation de services à l'ETT par un tiers.** Doit faire l'objet d'une compensation la créance des salaires dus au titre d'une mission et réglés par l'utilisateur, en raison de la défaillance de l'ETT, et dans laquelle ledit utilisateur était subrogé et les factures de mise à disposition du personnel payées à l'ETT par une société de recouvrement de créances contre quittance subrogative (cass. soc. 7 mai 1987, n° 85-13.266, BC V n° 294).

Doit être cassé le jugement d'un conseil de prud'hommes qui condamne une entreprise de travail temporaire à verser une « indemnité de préavis pour rupture de contrat » à un intérimaire au motif qu'après avoir été en dernier lieu lié par un contrat écrit du 3 au 11 janvier 1983, l'intéressé avait été ensuite maintenu à son poste jusqu'en mars 1983, « sans aucun additif à son contrat », devenu, de ce fait, à durée indéterminée. En se fondant, pour prononcer cette condamnation, sur l'ancien article L. 124-7 CT, lequel ne crée d'obligation qu'à l'égard de l'utilisateur, la juridiction prud'homale a faussement appliqué et donc violé ledit article (cass. soc. 12 mars 1987, n° 84-44.423).

Art. L. 1251-17. Le contrat de mission est transmis au salarié au plus tard dans les deux jours ouvrables suivant sa mise à disposition.

§ 4. Rémunération

Art. L. 1251-18. La rémunération, au sens de l'article L. 3221-3, perçue par le salarié temporaire ne peut être inférieure à celle prévue au contrat de mise à disposition, telle que définie au 6° de l'article L. 1251-43.

Le paiement des jours fériés est dû au salarié temporaire indépendamment de son ancienneté dès lors que les salariés de l'entreprise utilisatrice en bénéficient.

Note

• La société de travail temporaire qui a dû verser un solde de salaires à des travailleurs temporaires en raison des dispositions d'un accord d'entreprise applicable dans l'entreprise utilisatrice ne peut se retourner contre cette dernière qu'en établissant une faute à la charge de celle-ci ; en particulier, l'ETT doit justifier avoir mis l'entreprise utilisatrice en demeure de lui fournir des indications sur les primes auxquelles donnaient droit les accords d'entreprise (cass. soc. 4 décembre 1996, n° 94-18.701, BC V n° 422 ; *CSB* 1997 A. 12 ; *RJS* 1/97 n° 107). Si l'entreprise utilisatrice a fourni des renseignements tronqués, elle sera condamnée à rembourser à l'entreprise de travail temporaire le complément de salaires que celle-ci a dû verser (cass. soc. 30 mars 2005, n° 02-20.406, BC V n° 117 ; *RJS* 6/05 n° 687 ; *Dr. Soc.* 2005, p. 1044, obs. Cl. Roy-Loustaunau).

• Lorsque des missions successives se sont déroulées dans le cadre de 13 contrats sur 5 périodes séparées de périodes d'inactivité, le travailleur temporaire, qui a obtenu la requalification de ses contrats en contrat à durée indéterminée avec l'entreprise utilisatrice, peut obtenir des rappels de salaires au titre des périodes non travaillées dès lors qu'il n'a pas été établi qu'il avait travaillé pour d'autres employeurs durant les périodes intermédiaires et qu'il ne connaissait ses dates de début de mission qu'au fur et à mesure qu'il les effectuait de sorte qu'il avait dû se tenir à la disposition de l'entreprise utilisatrice (cass. soc. 10 novembre 2009, n° 08-40.088, BC V n° 254 ; *RJS* 1/10 n° 101 ; *JSL* n° 267/268, 15 décembre 2009, p. 11, J-E Tourreil).

• La circulaire du 30 octobre 1990 précise qu'il convient, au sens de cet article, d'entendre le terme « rémunération » comme excluant l'indemnité de fin de mission bien qu'elle soit qualifiée de « complément de salaire » et doive être prise en compte pour le calcul de l'indemnité compensatrice de congés payés.

• En payant une dette de salaire qui lui incombe en sa qualité d'employeur, une ETT n'agit pas en l'acquit de l'utilisateur dont elle n'est créancière que de prestations de services ; elle ne peut donc invoquer la subrogation légale pour la partie de sa créance correspondant aux salaires versés par elle et ne peut donc, en cas de liquidation des biens de l'utilisateur, être admise qu'à titre chirographaire pour la totalité de sa créance (cass. soc. 11 octobre 1979, n° 78-10.471, BC V n° 730).

Art. L. 1251-19. Le salarié temporaire a droit à une indemnité compensatrice de congé payé pour chaque mission qu'il effectue, quelle qu'en ait été la durée.

Le montant de l'indemnité est calculé en fonction de la durée de la mission et ne peut être inférieur au dixième de la rémunération totale brute perçue par le salarié pendant la mission. L'indemnité est versée à la fin de la mission.

Pour l'appréciation des droits du salarié, sont assimilées à un temps de mission :

1° Les périodes de congé légal de maternité et d'adoption ;

2° Les périodes, limitées à une durée ininterrompue d'un an, de suspension du contrat de mission pour cause d'accident du travail ou de maladie professionnelle ;

3° Les périodes pendant lesquelles un salarié est rappelé sous les drapeaux, à condition que le point de départ de ces périodes se place au cours d'une mission.

Note • **Périodes assimilées à une mission.** Bien que cette condition n'ait été prévue que pour les périodes de rappel sous les drapeaux (3°), il est nécessaire que le point de départ des périodes d'arrêt de travail consécutives à une grossesse ou à une adoption (1°) ou à un accident de travail (2°) se situe au cours d'une mission.

• **Modalités de paiement de l'indemnité compensatrice.** Quelle que soit, par ailleurs, la période de paiement des salaires, l'indemnité compensatrice de congé payé doit être versée à la date à laquelle la mission prend effectivement fin. La rémunération totale, base du calcul de l'indemnité compensatrice, comprend l'indemnité de fin de mission. Elle comprend également les primes et majorations diverses (majorations d'heures de nuit, majoration pour le travail du dimanche, prime d'équipe...), y compris celles qui sont exclues de l'assiette des congés payés en droit commun (primes de vacances, 13e et 14e mois...) : circ. 92/14 du 29 août 1992, question n° 61.

Art. L. 1251-20. Le salarié temporaire mis à la disposition d'une entreprise du bâtiment ou des travaux publics mentionnée à l'article L. 5424-6 a droit à une indemnité en cas d'arrêt de travail occasionné par les intempéries dès lors que les salariés de l'entreprise utilisatrice, employés sur le même chantier, en bénéficient.

Cette indemnité, calculée selon les modalités prévues aux articles L. 5424-6 à L. 5424-19, est versée par l'entreprise de travail temporaire et n'est soumise à aucune condition d'ancienneté du salarié.

Note Les indemnités accordées aux travailleurs du bâtiment et des travaux publics en cas d'intempéries n'ont pas le caractère de salaire ; elles ne doivent donc pas être prises en compte pour le calcul de l'indemnité de fin de mission (circ. du 29 août 1992).

§ 5. Conditions de travail

Art. L. 1251-21. Pendant la durée de la mission, l'entreprise utilisatrice est responsable des conditions d'exécution du travail, telles qu'elles sont déterminées par les dispositions légales et conventionnelles applicables au lieu de travail.

Art. L. 1251-22.

Pour l'application de ces dispositions, les conditions d'exécution du travail comprennent limitativement ce qui a trait :

1° À la durée du travail ;
2° Au travail de nuit ;
3° Au repos hebdomadaire et aux jours fériés ;
4° À la santé et la sécurité au travail ;
5° Au travail des femmes, des enfants et des jeunes travailleurs.

Note • Les travailleurs temporaires ne peuvent – sauf stipulation contraire dans la convention – bénéficier que des seules dispositions de la convention collective applicable au personnel permanent de l'utilisateur qui régissent les domaines limitativement énumérés dans cet article (durée du travail, travail de nuit…).

• Il résulte des dispositions combinées de cet article et de l'article L. 4121-1 que l'entreprise de travail temporaire et l'entreprise utilisatrice sont tenues, à l'égard des salariés mis à disposition, d'une obligation de sécurité de résultat dont elles doivent assurer l'effectivité, chacune au regard des obligations que les textes mettent à leur charge en matière de prévention des risques (cass. soc. 30 novembre 2010, n° 08-70.390, BC V n° 270 ; *RJS* 2/11 n° 185).

Art. L. 1251-22. Les obligations relatives à la médecine du travail sont à la charge de l'entreprise de travail temporaire.

Sauf lorsque cette dernière relève du régime agricole, le suivi médical des salariés est assuré par des services de santé au travail faisant l'objet d'un agrément spécifique.

Lorsque l'activité exercée par le salarié temporaire nécessite une surveillance médicale renforcée au sens de la réglementation relative à la santé au travail, les obligations correspondantes sont à la charge de l'entreprise utilisatrice.

Note • **Surveillance médicale des travailleurs temporaires**

– Surveillance médicale « normale ». Elle incombe à l'ETT et celle-ci commet une infraction aux dispositions de l'ancien article L. 241-10 faisant obligation à tout employeur de prendre en considération les avis du médecin du travail en omettant de signaler à un utilisateur l'avis d'inaptitude à tel ou tel emploi d'un salarié qu'elle met à sa disposition provisoire (cass. crim. 23 janvier 1979, n° 77-91.278, B. crim. n° 31).

– Surveillance médicale « spéciale ». Elle incombe à l'utilisateur. Voir, à ce sujet, cass. crim. 23 janvier 1979, n° 77-91.278, précité.

– Des modalités particulières de la médecine du travail pour les travailleurs temporaires figurent aux articles D. 4625-1 à 21, complétés par deux arrêtés ministériels des 14 et 15 octobre 1991 ; voir aussi circulaire d'application du 17 février 1992 (BO MT 92-6 du 5 avril 1992, p. 184), modifiée par circulaire DRT 2005-03 du 7 avril 2005 (BO TR 2005/05).

Art. L. 1251-23. Les équipements de protection individuelle sont fournis par l'entreprise utilisatrice.

Toutefois, certains équipements de protection individuelle personnalisés, définis par convention ou accord collectif de travail, peuvent être fournis par l'entreprise de travail temporaire.

Les salariés temporaires ne doivent pas supporter la charge financière des équipements de protection individuelle.

Note • **Équipements de protection individuelle.** Un accord d'interprétation conclu le 10 avril 1996 précise les modalités d'application de l'ancien article L. 124-4-6, 5e al. (BOCC 96-21 du 12 juillet 1996).

• **Responsabilité en cas d'accident du travail.** L'entreprise de travail temporaire est responsable vis-à-vis du salarié de la faute inexcusable commise par l'entreprise utilisatrice (cass. soc. 15 mai 1997, n° 95-18.160, *RJS* 10/97 n° 1177). La faute inexcusable de l'entreprise utilisatrice peut être retenue alors que le travailleur temporaire a commis une imprudence ; tel est le cas lorsque l'entreprise utilisatrice confie la conduite d'un engin à un salarié qui n'a pas la qualification appropriée, sans lui donner les consignes de conduite et de sécurité préconisées par le constructeur et sans le placer sous la surveillance d'un responsable de chantier (même arrêt).

Lorsque aucune faute n'est établie à l'encontre de l'employeur dans la survenance de l'accident imputable entièrement à la faute inexcusable de l'entreprise utilisatrice qui avait affecté le salarié intérimaire à une tâche autre que celle pour laquelle il avait été mis à sa disposition, l'entreprise utilisatrice doit relever et garantir l'employeur des conséquences financières résultant de la faute inexcusable tant en ce qui concerne la réparation complémentaire versée à la victime que le coût de l'accident du travail (cass. civ., 2e ch., 12 mars 2009, n° 08-11.735, BC II n° 73 ; *RJS* 6/09 n° 589).

Art. L. 1251-24. Les salariés temporaires ont accès, dans l'entreprise utilisatrice, dans les mêmes conditions que les salariés de cette entreprise, aux moyens de transport collectifs et aux installations collectives, notamment de restauration, dont peuvent bénéficier ces salariés.

Lorsque des dépenses supplémentaires incombent au comité d'entreprise, celles-ci lui sont remboursées suivant des modalités définies au contrat de mise à disposition.

Note Par application de l'alinéa 2 de cet article, la Cour de cassation juge que la rémunération versée aux travailleurs temporaires n'a pas à être incluse dans la masse salariale brute de l'entreprise utilisatrice servant de base de calcul de la subvention de fonctionnement et de la contribution patronale aux activités sociales et culturelles (cass. soc. 10 mars 2010, n° 08-21.529, BC V n° 57 ; *RJS* 5/10 n° 477).

§ 6. Information sur les postes à pourvoir

Art. L. 1251-25. L'entreprise utilisatrice porte à la connaissance des salariés temporaires la liste des postes à pourvoir dans l'entreprise par des contrats à durée indéterminée lorsqu'un tel dispositif d'information existe déjà pour les salariés bénéficiant d'un contrat à durée indéterminée.

Note Cet article a été introduit par la loi 2002-73 du 17 janvier 2002, art. 131 (JO 18).

Sous-section 2. Rupture anticipée, échéance du terme et renouvellement du contrat

§ 1. Rupture anticipée du contrat

Art. L. 1251-26. L'entreprise de travail temporaire qui rompt le contrat de mission du salarié avant le terme prévu au contrat lui propose, sauf faute grave de ce dernier ou cas de force majeure, un nouveau contrat de mission prenant effet dans un délai maximum de trois jours ouvrables.

Le nouveau contrat de mission ne peut comporter de modifications d'un élément essentiel en matière de qualification professionnelle, de rémunération, d'horaire de travail et de temps de transport.

À défaut, ou si le nouveau contrat de mission est d'une durée inférieure à celle restant à courir du contrat précédent, l'entrepreneur de travail temporaire assure au salarié une rémunération équivalente à celle qu'il aurait perçue jusqu'au terme du contrat, y compris l'indemnité de fin de mission.

Lorsque la durée restant à courir du contrat de mission rompu est supérieure à quatre semaines, les obligations du présent article peuvent être satisfaites au moyen de trois contrats successifs au plus.

Art. L. 1251-27.

Note La décision de l'entreprise utilisatrice de rompre le contrat de mise à disposition avant le terme de la mission du salarié intérimaire n'entraîne pas la rupture de plein droit du contrat de travail liant le salarié à l'entreprise de travail temporaire. Il en résulte qu'en l'absence de rupture anticipée du contrat de travail par l'entreprise de travail temporaire, celle-ci n'est pas tenue de proposer au salarié un nouveau contrat dans les conditions prévues par l'ancien article L. 124-5 CT (cass. soc. 9 juillet 2003, n° 01-41.326, BC V n° 230 ; *RJS* 11/03 n° 1328 ; *JSL* n° 134, 25 novembre 2003, p. 19).

Art. L. 1251-27. La rupture du contrat de mise à disposition ne constitue pas un cas de force majeure.

Art. L. 1251-28. La rupture anticipée du contrat de mission qui intervient à l'initiative du salarié ouvre droit pour l'entreprise de travail temporaire à des dommages et intérêts correspondant au préjudice subi.

Ces dispositions ne s'appliquent pas lorsque le salarié justifie de la conclusion d'un contrat de travail à durée indéterminée.

Sauf accord des parties, le salarié est alors tenu de respecter un préavis dont la durée est calculée à raison d'un jour par semaine, compte tenu :

1° De la durée totale du contrat, renouvellement inclus, lorsque celui-ci comporte un terme précis ;

2° De la durée accomplie lorsque le contrat ne comporte pas un terme précis.

Dans les deux cas, la durée totale du préavis ne peut être inférieure à un jour ni supérieure à deux semaines.

§ 2. Échéance du terme du contrat

Art. L. 1251-29. La suspension du contrat de mission du salarié ne fait pas obstacle à l'échéance de ce contrat.

Art. L. 1251-30. Le terme de la mission prévu au contrat de mise à disposition ou fixé par avenant à ce dernier peut être avancé ou reporté à raison d'un jour pour cinq jours de travail. Pour les missions inférieures à dix jours de travail, ce terme peut être avancé ou reporté de deux jours.

L'aménagement du terme de la mission ne peut avoir pour effet ni de réduire la durée de la mission initialement prévue de plus de dix jours de travail ni de conduire à un dépassement de la durée maximale du contrat de mission fixée par l'article L. 1251-12.

Art. L. 1251-31. Lorsque le contrat de mission est conclu pour remplacer un salarié temporairement absent ou dont le contrat de travail est suspendu ou pour un remplacement effectué au titre des 4° et 5° de l'article L. 1251-6, le terme de la mission initialement fixé peut être reporté jusqu'au surlendemain du jour où la personne remplacée reprend son emploi.

Art. L. 1251-32. Lorsque, à l'issue d'une mission, le salarié ne bénéficie pas immédiatement d'un contrat de travail à durée indéterminée avec l'entreprise utilisatrice, il a droit, à titre de complément de salaire, à une indemnité de fin de mission destinée à compenser la précarité de sa situation.

Cette indemnité est égale à 10 % de la rémunération totale brute due au salarié.

L'indemnité s'ajoute à la rémunération totale brute due au salarié. Elle est versée par l'entreprise de travail temporaire à l'issue de chaque mission effectivement accomplie, en même temps que le dernier salaire dû au titre de celle-ci, et figure sur le bulletin de salaire correspondant.

Note • **Compensation de la précarité.** Le principe ici posé est que si le salarié, à l'issue d'une mission de travail temporaire, ne bénéficie pas immédiatement d'un contrat à durée indéterminée avec l'utilisateur, il a droit, à titre de salaire, à une indemnité destinée à compenser la précarité de sa situation. Cette indemnité n'est pas due lorsqu'un contrat de travail a été conclu immédiatement avec l'entreprise utilisatrice. Lorsque la prise d'effet du contrat n'est pas concomitante avec sa signature, cette prise d'effet doit intervenir dans un délai raisonnable (cass. soc. 8 décembre 2004, n° 01-46.877, BC V n° 330 ; *RJS* 2/05 n° 239).

• **Rupture à l'initiative du salarié.** Cette mention correspond en tout point, semble-t-il, à la situation qui était antérieurement visée (« fait volontaire du salarié », cf. ancien art. L. 124-5), les événements indépendants de la volonté du salarié devant être considérés comme sans incidence en ce qui concerne le paiement de l'indemnité de précarité d'emploi.

• **Notion de faute grave.** Les critères dégagés en matière de licenciement pour déterminer la faute grave du salarié doivent, semble-t-il, être retenus en la matière.

• **Notion de force majeure.** On notera, à cet égard, que la rupture du contrat de mise à disposition, qui ne constitue pas un cas de force majeure au sens de l'article L. 124-5, doit également être sans incidence sur le paiement de l'indemnité de fin de mission.

• **Non-restitution de l'indemnité de précarité.** La requalification du contrat de travail temporaire en contrat de travail à durée indéterminée avec l'entreprise utilisatrice n'entraîne aucun effet vis-à-vis de l'entreprise de travail temporaire qui n'était pas partie au litige. Celle-ci ne peut donc pas obtenir la restitution de l'indemnité de précarité d'emploi qu'elle a versée alors même que le salarié a reçu de l'entreprise utilisatrice une indemnité compensatrice de préavis (cass. soc. 19 janvier 1999, n° 96-45.583, BC V n° 36 ; *RJS* 4/99 n° 605). De façon plus générale, dans une espèce où l'entreprise de travail temporaire avait été partie au litige, la Cour de cassation décide que l'indemnité de précarité, qui est destinée à compenser la précarité de la situation du salarié intérimaire, lui reste acquise nonobstant la requalification du contrat de travail temporaire en contrat de travail à durée indéterminée (cass. soc. 13 avril 2005, n° 03-41.967, BC V n° 139 ; *Dr. Soc.* p. 1038, obs. Cl. Roy-Loustaunau).

Art. L. 1251-33. L'indemnité de fin de mission n'est pas due :

1° Lorsque le contrat de mission est conclu au titre du 3° de l'article L. 1251-6 si un accord collectif étendu entre les organisations professionnelles d'employeurs et de salariés de la branche du travail temporaire, ou si une convention ou un accord conclu au sein d'entreprises ou d'établissements de cette branche le prévoit ;

2° Lorsque le contrat de mission est conclu dans le cadre de l'article L. 1251-57 ;

[3° ***Abrogé par L. 2008-1249 du 1er déc. 2008, art. 18, JO 3, en vigueur au 01.01.2010*** ;]

4° En cas de rupture anticipée du contrat à l'initiative du salarié, à sa faute grave ou en cas de force majeure.

Note **Notion de force majeure.** On notera, à cet égard, que la rupture du contrat de mise à disposition, qui ne constitue pas un cas de force majeure au sens de l'article L. 1251-26, doit également être sans incidence sur le paiement de l'indemnité de fin de mission.

Art. L. 1251-34. Par dérogation aux dispositions de l'article L. 1251-12 relatives à la durée maximale du contrat de mission, lorsqu'un salarié temporaire est exposé à des rayonnements ionisants et qu'au terme de son contrat de mission cette exposition excède la valeur limite annuelle rapportée à la durée du contrat, l'entreprise de travail temporaire lui propose, dans les conditions prévues au deuxième alinéa de l'article L. 1251-26, un ou plusieurs contrats prenant effet dans un délai maximum de trois jours ouvrables après l'expiration du contrat précédent, pour une durée telle que l'exposition constatée à l'expiration du ou des nouveaux contrats soit au plus égale à la valeur limite annuelle rapportée à la durée totale des contrats.

Un décret détermine la valeur limite utilisée pour les besoins du présent article.

§ 3. Renouvellement du contrat

Art. L. 1251-35. Le contrat de mission est renouvelable une fois pour une durée déterminée qui, ajoutée à la durée du contrat initial, ne peut excéder la durée maximale prévue à l'article L. 1251-12.

Les conditions de renouvellement sont stipulées dans le contrat ou font l'objet d'un avenant soumis au salarié avant le terme initialement prévu.

Sous-section 3. **Succession de contrats**

Art. L. 1251-36. À l'expiration d'un contrat de mission, il ne peut être recouru, pour pourvoir le poste du salarié dont le contrat a pris fin, ni à un contrat à durée déterminée ni à un contrat de mission, avant l'expiration d'un délai de carence calculé en fonction de la durée du contrat de mission, renouvellement inclus. Ce délai de carence est égal :

1° Au tiers de la durée du contrat de mission venu à expiration si la durée du contrat, renouvellement inclus, est de quatorze jours ou plus ;

2° À la moitié de la durée du contrat de mission venu à expiration si la durée du contrat, renouvellement inclus, est inférieure à quatorze jours.

Les jours pris en compte pour apprécier le délai devant séparer les deux contrats sont les jours d'ouverture de l'entreprise ou de l'établissement utilisateurs.

Art. L. 1251-37. Le délai de carence n'est pas applicable :

1° Lorsque le contrat de mission est conclu pour assurer le remplacement d'un salarié temporairement absent ou dont le contrat de travail est suspendu, en cas de nouvelle absence du salarié remplacé ;

2° Lorsque le contrat de mission est conclu pour l'exécution de travaux urgents nécessités par des mesures de sécurité ;

3° Lorsque le contrat de travail à durée déterminée est conclu pour pourvoir un emploi à caractère saisonnier ou pour lequel, dans certains secteurs d'activité définis par décret ou par voie de convention ou d'accord collectif étendu, il est d'usage constant de ne pas recourir au contrat de travail à durée indéterminée en raison de la nature de l'activité exercée et du caractère par nature temporaire de cet emploi ;

4° Lorsque le contrat est conclu pour assurer le remplacement de l'une des personnes mentionnées aux 4° et 5° de l'article L. 1251-6 ;

[5° ***Abrogé par L. 2008-1249 du 1er déc. 2008, art. 18, JO 3, en vigueur au 01.01.2010*** ;]

6° Lorsque le salarié est à l'initiative d'une rupture anticipée du contrat ;

7° Lorsque le salarié refuse le renouvellement de son contrat de mission, pour la durée du contrat non renouvelé.

Sous-section 4. **Embauche par l'entreprise utilisatrice à l'issue d'une mission**

Art. L. 1251-38. Lorsque l'entreprise utilisatrice embauche, après une mission, un salarié mis à sa disposition par une entreprise de travail temporaire, la durée des missions accomplies au sein de cette entreprise au cours des trois mois précédant le recrutement est prise en compte pour le calcul de l'ancienneté du salarié.

Cette durée est déduite de la période d'essai éventuellement prévue dans le nouveau contrat de travail.

Note Les dispositions de cet article impliquent que les fonctions exercées au cours de la mission et du contrat de travail ne soient pas différentes [cass. soc. 10 novembre 1993, n° 89-45.303, BC V n° 265 ; *RJS* 12/93 n° 1248 : un travailleur temporaire effectue une mission en qualité de chef d'équipe de 1er échelon (catégorie ouvriers) ; il est engagé à l'issue de la mission pour remplir des fonctions plus importantes (catégorie ETAM) ; le contrat de travail prévoit valablement une période d'essai sans tenir compte du travail en intérim].

Sous-section 5. Requalification du contrat

Art. L. 1251-39. Lorsque l'entreprise utilisatrice continue de faire travailler un salarié temporaire après la fin de sa mission sans avoir conclu avec lui un contrat de travail ou sans nouveau contrat de mise à disposition, ce salarié est réputé lié à l'entreprise utilisatrice par un contrat de travail à durée indéterminée.

Dans ce cas, l'ancienneté du salarié est appréciée en tenant compte du premier jour de sa mission au sein de cette entreprise. Elle est déduite de la période d'essai éventuellement prévue.

Note

• Un salarié peut demander la requalification du contrat de travail temporaire en contrat de travail à durée indéterminée alors que la mission est terminée (cass. soc. 25 mars 1997, n° 95-42.788, *RJS* 5/97 n° 628 ; 7 octobre 1998, n° 97-43.336, BC V n° 410 ; *RJS* 11/98 n° 1423 ; *Dr. Soc.* 1999, p. 87).

• La demande en requalification ne peut être dirigée qu'à l'encontre de l'entreprise utilisatrice lorsque le travailleur temporaire a continué à travailler dans l'entreprise utilisatrice au-delà de la durée de la mission ; elle ne peut pas l'être, dans ce cas, contre l'entreprise de travail temporaire (cass. soc. 17 juin 1998, n° 96-41.165, *RJS* 11/98 n° 1422). En revanche, les dispositions de l'ancien article L. 124-7 (actuel art. L. 1251-39) n'excluent pas la possibilité, pour le salarié, d'agir contre l'entreprise de travail temporaire lorsque les conditions, à défaut desquelles toute opération de prêt de main-d'œuvre est interdite, n'ont pas été respectées (cass. soc. 19 avril 2000, n° 97-45.508, BC V n° 146 ; *RJS* 6/00 n° 754) ; si le contrat de mission ne porte pas la mention du terme de la mission, le contrat qui lie l'entreprise de travail temporaire au salarié est soumis au droit commun (même arrêt).

• Lorsqu'un salarié a été mis à la disposition d'un ministère et qu'il demande la requalification de son contrat au motif que le travail s'est poursuivi au-delà du terme de sa mission et que l'emploi occupé correspondait à l'activité normale et permanente de cette administration, le litige relève de la compétence du juge administratif (Trib. confl. 2 mars 2009, n° 3674, *RJS* 5/09 n° 483).

Art. L. 1251-40. Lorsqu'une entreprise utilisatrice a recours à un salarié d'une entreprise de travail temporaire en méconnaissance des dispositions des articles L. 1251-5 à L. 1251-7, L. 1251-10 à L. 1251-12, L. 1251-30 et L. 1251-35, ce salarié peut faire valoir auprès de l'entreprise utilisatrice les droits correspondant à un contrat de travail à durée indéterminée prenant effet au premier jour de sa mission.

Note

• Un travailleur temporaire ne peut faire valoir auprès de l'utilisateur les droits afférents à un contrat à durée indéterminée que s'il y a violation des dispositions des anciens articles L. 124-2 à L. 124-2-4 ; en particulier, il ne peut pas obtenir cette requalification en invoquant une violation des dispositions de l'ancien article L. 124-3 (cass. soc. 19 juin 2002, n° 00-41.354, BC V n° 208 ; *RJS* 11/02 n° 1311 : le contrat de mise à disposition ne mentionnait pas la qualification du salarié remplacé), de l'ancien article L. 124-4 (cass. soc. 18 octobre 2006, n° 05-40.339, *RJS* 1/07 n° 126 : absence de remise du contrat de mission dans le délai légal) ou de l'article L. 1251-36 (cass. soc. 23 février 2005, n° 02-44.098, BC V n° 72 ; *Dr. Soc.* 2005, p. 685, obs. Cl. Roy-Loustaunau ; *RJS* 5/05 n° 586).

• Lorsqu'un utilisateur a recours à un salarié d'une entreprise de travail temporaire en violation caractérisée des dispositions des anciens articles L. 124-2 à L. 124-2-4, ce salarié peut faire valoir auprès de l'utilisateur les droits afférents à un contrat à durée indéterminée prenant effet au premier jour de sa première mission irrégulière. C'est à bon droit qu'une cour d'appel, qui a fait ressortir que les effets de la requalification remontaient au premier jour de la première mission irrégulière effectuée par le salarié auprès de l'entreprise utilisatrice, a décidé que la requalification du contrat devait intervenir à compter du point de départ de la première mission effectuée chez l'utilisateur (cass. soc. 21 janvier 2004, n° 03-42.754, BC V n° 27 ; *RJS* 3/04 n° 352, 1re espèce ; *LS* Jurispr. 2 février 2004, n° 849).

• Lorsque le salarié demande la requalification du contrat de travail en contrat à durée indéterminée avec l'entreprise utilisatrice, il n'a pas à rapporter la preuve qu'il exerce au sein de celle-ci des tâches participant à son activité normale et permanente ; c'est à l'entreprise utilisatrice qu'il incombe de rapporter la preuve de la réalité du motif énoncé dans le contrat (cass. soc. 28 novembre 2007, n° 06-44.843, BC V n° 202 ; *RJS* 2/08 n° 235).

• Lorsque des contrats de mission successifs sont requalifiés en contrat à durée indéterminée avec l'entreprise utilisatrice, celle-ci doit payer les salaires correspondant à des périodes d'inactivité entre les contrats de mission lorsque le salarié n'a pas travaillé pour d'autres employeurs durant les périodes intermédiaires et qu'il s'est tenu à la disposition de l'entreprise utilisatrice au cours de ces périodes (cass. soc. 10 novembre 2009, n° 08-40.088, BC V n° 254 ; *RJS* 1/10 n° 101 ; 9 décembre 2009, n° 08-41.737, BC V n° 282 ; *RJS* 2/10 n° 226 ; dans ce litige, la Cour de cassation casse l'arrêt rendu en appel au motif que les juges du fond avaient condamné l'employeur à payer les périodes non travaillées entre deux missions sans rechercher si la salariée s'était tenue à la disposition de l'entreprise en vue d'effectuer un travail).

• La requalification de contrats de travail temporaire en contrats à durée indéterminée avec l'entreprise utilisatrice fait de ces salariés des licenciés pour motif économique lorsque l'entreprise utilisatrice a procédé à un licenciement collectif et a mis un terme aux contrats de travail temporaire. La procédure de licenciement collectif étant le plus souvent achevée depuis plusieurs mois lorsque les travailleurs acquièrent en justice la qualité de salariés licenciés pour motif économique, ils n'obtiennent que l'indemnisation de la perte d'une chance d'avoir pu bénéficier du plan de sauvegarde de l'emploi établi par l'entreprise utilisatrice (cass. soc. 23 mars 2011, n° 09-69.418, *RJS* 6/11 n° 514).

Art. L. 1251-41. Lorsque le conseil de prud'hommes est saisi d'une demande de requalification d'un contrat de mission en contrat de travail à durée indéterminée, l'affaire est directement portée devant le bureau de jugement qui statue au fond dans le délai d'un mois suivant sa saisine.

Si le conseil de prud'hommes fait droit à la demande du salarié, il lui accorde une indemnité, à la charge de l'entreprise utilisatrice, ne pouvant être inférieure à un mois de salaire. Cette disposition s'applique sans préjudice de l'application des dispositions du titre III du présent livre relatives aux règles de rupture du contrat de travail à durée indéterminée.

Note Le salarié intérimaire qui a obtenu la requalification de la relation de travail en contrat de travail à durée indéterminée peut prétendre à une indemnité de préavis qui s'ajoute à l'indemnité de précarité (cass. soc. 15 mars 2006, n° 04-48.548, BC V n° 113 ; *RJS* 6/06 n° 784 ; 30 mars 2005, n° 02-45.410, BC V n° 116 ; *RJS* 6/05 n° 689, 1re espèce avec avis de l'avocat général J. Duplat, p. 427).

Art. D. 1251-3. La décision du conseil de prud'hommes saisi d'une demande de requalification d'un contrat de mission en contrat de travail à durée indéterminée, en application de l'article L. 1251-41, est exécutoire de droit à titre provisoire.

SECTION 4. Contrat de mise à disposition et entreprise de travail temporaire

Sous-section 1. Contrat de mise à disposition

Art. L. 1251-42. Lorsqu'une entreprise de travail temporaire met un salarié à la disposition d'une entreprise utilisatrice, ces entreprises concluent par écrit un contrat de mise à disposition, au plus tard dans les deux jours ouvrables suivant la mise à disposition.

Note **Absence de contrat écrit et nullité.** La prescription légale d'un contrat écrit – destinée à garantir qu'ont été observées les diverses conditions à défaut desquelles toute opération de main-d'œuvre est interdite – est d'ordre public et son omission entraîne la nullité absolue du contrat (cass. soc. 17 avril 1980, n° 78-14.349, BC V n° 318). L'entreprise de travail temporaire n'est donc pas en droit d'exiger le paiement des factures de fourniture de main-d'œuvre (cass. soc. 17 avril 1980, n° 78-14.349, précité). Elle peut, en revanche, obtenir le remboursement des rémunérations des salariés mis à disposition (cass. soc. 5 février 1992, n° 89-16.274, BC V n° 77 ; *RJS* 3/92 n° 372 ; 7 novembre 1995, n° 93-18.620, BC V n° 292 ; *Dr. Soc.* 1996, p. 195, obs. J. Savatier) et celui des charges sociales afférentes à ces rémunérations (cass. soc. 6 mai 1996, n° 94-12.705, *Dr. Soc.* 1996, p. 969) ; la fraude de l'entreprise de travail temporaire priverait cependant celle-ci de son droit à indemnisation (cass. soc. 6 mai 1996, n° 94-12.705, précité).

Art. L. 1251-43. Le contrat de mise à disposition établi pour chaque salarié comporte :

1° Le motif pour lequel il est fait appel au salarié temporaire. Cette mention est assortie de justifications précises dont, notamment, dans les cas de remplacement prévus aux 1°, 4° et 5° de l'article L. 1251-6, le nom et la qualification de la personne remplacée ou à remplacer ;

2° Le terme de la mission ;

3° Le cas échéant, la clause prévoyant la possibilité de modifier le terme de la mission dans les conditions prévues aux articles L. 1251-30 et L. 1251-31. Cette disposition s'applique également à l'avenant prévoyant le renouvellement du contrat de mise à disposition ;

4° Les caractéristiques particulières du poste de travail à pourvoir et, notamment si celui-ci figure sur la liste des postes présentant des risques particuliers pour la santé ou la sécurité des salariés prévue à l'article L. 4154-2, la qualification professionnelle exigée, le lieu de la mission et l'horaire ;

5° La nature des équipements de protection individuelle que le salarié utilise. Il précise, le cas échéant, si ceux-ci sont fournis par l'entreprise de travail temporaire ;

6° Le montant de la rémunération avec ses différentes composantes, y compris, s'il en existe, les primes et accessoires de salaire que percevrait dans l'entreprise utilisatrice, après période d'essai, un salarié de qualification professionnelle équivalente occupant le même poste de travail.

Note

• **Motif de la mission.** La mention du motif de recours invoqué doit être assortie de « justifications précises ». Des mentions laconiques « affaires urgentes » ou de simples références à l'un des cas de recours autorisé au travail temporaire ne peuvent tenir lieu des mentions exigées par la loi et il appartient, éventuellement, à l'ETT d'exiger de l'utilisateur les renseignements nécessaires à l'établissement d'un contrat régulier (cass. crim. 10 janvier 1986, Poutrel).

• **Remplacement en cascade.** Lorsqu'un intérimaire remplace, par glissement interne d'emploi, un salarié autre que celui effectivement absent, le contrat doit préciser les modalités de ce remplacement et mentionner le nom et la qualification du salarié absent (cass. crim. 9 octobre 1995, n° 94-81.715, B. crim. n° 298 ; *RJS* 1/96 n° 7).

• **Terme de la mission.** Lorsque la date d'achèvement de travaux pour la durée desquels a été engagé un salarié temporaire n'est pas précisée, le contrat conclu pour la durée du chantier est à bon droit considéré comme contrat à durée indéterminée (cass. soc. 19 juin 1990, n° 86-44.920, *CSB* 1990 S. 127).

• **Rémunération des travailleurs temporaires.** La circulaire ministérielle du 30 octobre 1990 précise que lorsqu'une réévaluation des salaires a lieu dans l'entreprise utilisatrice, celle-ci doit être répercutée dans la rémunération du salarié en cours de mission.

Lorsqu'une partie de la rémunération est versée eu égard à l'ancienneté du salarié, le salarié intérimaire n'en bénéficie qu'à la condition de remplir lui-même cette condition d'ancienneté (cass. soc. 20 avril 1989, n° 87-42.547, BC V n° 306 ; *D.* 1990 somm. 176, obs. A. Lyon-Caen).

Les travailleurs temporaires ont droit aux tickets-restaurant accordés aux salariés de l'entreprise utilisatrice (cass. soc. 14 février 2007, n° 05-42.037).

• **Responsabilité de l'ETT.** En ce qui concerne la responsabilité de l'ETT du fait des intérimaires et les clauses exonératoires de responsabilité, voir notamment cass. soc. 25 juin 1980, *JS* 1980 F 71 ; 29 janvier 1981, n° 79-10.621, BC V n° 98 ; 21 octobre

1982, n° 81-14.868, BC V n° 575 ; cass. civ. 26 février 1991, n° 88-15333, BC I n° 77 ; CA Paris 11 janvier 1994, *RJS* 3/94 n° 334.

• **Effet des irrégularités dans les rapports ETT–salarié.** Lorsqu'un entrepreneur de travail temporaire conclut avec un utilisateur un contrat qui méconnaît les exigences essentielles de la réglementation propre au travail temporaire, il se place en dehors du champ d'application de celle-ci ; il en résulte que le contrat le liant au salarié est soumis au droit commun, sans cependant qu'il puisse y avoir de cumul entre les indemnités de rupture et l'indemnité de précarité d'emploi (cass. soc. 21 mai 1985, *JS* 1985 SJ 290 ; 31 octobre 1989, n° 86-44.198, BC V n° 640 ; *CSB* 1989 A. 55).

• **Requalification et rupture abusive du contrat.** S'agissant d'un comptable mis à la disposition d'une entreprise utilisatrice pendant quatre ans, est fondé l'arrêt décidant que l'intéressé avait bénéficié d'un contrat à durée indéterminée au sein de l'entreprise utilisatrice et, retenant que la fausse apparence créée par l'ETT et l'utilisateur avait permis à cette dernière d'éluder les règles légales d'embauche et de licenciement du salarié, en ce qu'il en a exactement déduit que la rupture, intervenue au seul motif que le contrat de travail temporaire avait pris fin, revêtait un caractère fautif de nature à la rendre abusive (cass. soc. 25 janvier 1989, n° 86-40.708, BC V n° 75). Voir aussi, s'agissant d'une ETT et d'une entreprise utilisatrice condamnées pour délit de marchandage, cass. soc. 9 juin 1988, n° 85-41.810, BC V n° 357.

• **Irrégularités et sanctions pénales.** Est fondé l'arrêt condamnant un entrepreneur de travail temporaire (absence de mentions concernant les caractéristiques de la mission), les juges d'appel ayant constaté que si les contrats irréguliers ne concernaient que deux intérimaires, ils se rapportaient aux cinq missions qui leur avaient été confiées et représentaient cinq contrats d'embauche et cinq contrats de mise à disposition, soit au total dix contrats irréguliers (cass. crim. 2 octobre 1985, *JS* 1985, NB).

• **Délit de discrimination d'une société utilisatrice par refus d'embauche d'un intérimaire.** S'agissant d'une société utilisatrice qui avait refusé de renouveler la mission d'un intérimaire, par ailleurs délégué syndical, invoquant ses absences trop fréquentes et la désorganisation qui en résultait, la cour d'appel, pour retenir sa culpabilité, a retenu que son refus de confier une mission au salarié équivalait à un refus d'embauche au sens de l'article 225-2, 3° c. pén. et que ce refus avait été inspiré par des motifs discriminatoires, les absences étant liées à des activités syndicales. En l'état de ces motifs, la cour d'appel a légalement justifié sa décision. En effet, le refus par une société recourant aux services d'une entreprise de travail temporaire de conclure le contrat de mise à disposition prévu par l'ancien article L. 124-3 CT constitue un refus d'embauche au sens de l'article 225-2, 3° c. pén. dès lors qu'il fait obstacle à l'embauche, par l'entreprise de travail temporaire, du salarié visé dans le contrat (cass. crim. 2 septembre 2003, n° 02-86.048, B. crim. n° 148 ; *JSL* n° 133, 4 novembre 2003, p. 9).

Art. L. 1251-44. Toute clause tendant à interdire l'embauche par l'entreprise utilisatrice du salarié temporaire à l'issue de sa mission est réputée non écrite.

Sous-section 2. Entreprise de travail temporaire

§ 1. Règles de contrôle

Art. L. 1251-45. L'activité d'entrepreneur de travail temporaire ne peut être exercée qu'après déclaration faite à l'autorité administrative et obtention d'une garantie financière conformément à l'article L. 1251-49.

Une déclaration préalable est également exigée lorsqu'un entrepreneur de travail temporaire déplace le siège de son entreprise ou ouvre des succursales, agences ou bureaux annexes.

Toute entreprise de travail temporaire cessant ses activités en fait la déclaration à l'autorité administrative.

Art. L. 1251-46. L'entreprise de travail temporaire fournit le relevé des contrats de mission ***(L. 2008-126 du 13 févr. 2008, art. 16, JO 14)*** « à l'institution mentionnée à l'article

L. 5312-1 », notamment pour la vérification des droits des salariés au revenu de remplacement prévu à l'article L. 5421-2.

(L. 2008-126 du 13 févr. 2008, art. 16, JO 14) « Cette institution communique » les informations à l'autorité administrative pour l'exercice de ses missions de contrôle.

Art. L. 1251-47. Lorsqu'un entrepreneur de travail temporaire exerce son activité sans avoir accompli les déclarations prévues à l'article L. 1251-45 ou sans avoir obtenu la garantie financière prévue à l'article L. 1251-49 et qu'il en résulte un risque sérieux de préjudice pour le salarié temporaire, le juge judiciaire peut ordonner la fermeture de l'entreprise pour une durée qui ne peut excéder deux mois. Il est saisi par l'inspecteur du travail après que celui-ci a adressé à l'entrepreneur de travail temporaire une mise en demeure restée infructueuse.

Lorsque ces mesures entraînent le licenciement du personnel permanent, celui-ci a droit, en dehors de l'indemnité de préavis et de l'indemnité de licenciement, aux indemnités prévues aux articles L. 1235-2, L. 1235-3 ou L. 1235-5.

Art. L. 1251-48. Un décret en Conseil d'État détermine :

1° Le contenu et les modalités des déclarations prévues à l'article L. 1251-45 ainsi que le délai de leur présentation à l'autorité administrative ;

2° La nature des informations que doit comporter le relevé des contrats de mission prévu à l'article L. 1251-46 ainsi que la périodicité et les modalités de présentation de celui-ci.

Art. R. 1251-4. La déclaration préalable d'entreprise de travail temporaire prévue à l'article L. 1251-45 comporte les mentions suivantes :

1° L'indication de l'opération envisagée : création d'une entreprise de travail temporaire, ouverture d'une succursale, d'une agence ou d'un bureau annexe, déplacement du siège ou cessation d'activité ;

2° Le nom, le siège et le caractère juridique de l'entreprise ainsi que, le cas échéant, la localisation de la succursale, de l'agence ou du bureau annexe ;

3° La date d'effet de l'opération envisagée ;

4° Les nom, prénoms, domicile et nationalité des dirigeants de l'entreprise ou de la succursale ou de l'agence ou du bureau annexe intéressés ;

5° La désignation de l'organisme auquel l'entrepreneur de travail temporaire verse les cotisations de sécurité sociale ainsi que son numéro d'employeur ;

6° Les domaines géographiques et professionnel dans lesquels l'entreprise entend mettre des travailleurs temporaires à la disposition d'entreprises utilisatrices ;

7° Le nombre de salariés permanents que l'entreprise emploie ou envisage d'employer pour assurer le fonctionnement de ses propres services.

Art. R. 1251-5. La déclaration préalable est datée et signée par l'entrepreneur de travail temporaire.

Elle est adressée en deux exemplaires, sous pli recommandé, à l'inspection du travail dont relève le siège de l'entreprise. Elle est adressée dans les mêmes conditions à l'inspection du travail dont relève la succursale, l'agence ou le bureau annexe dont l'ouverture est prévue.

Art. R. 1251-6. L'inspecteur du travail, après s'être assuré de la conformité de la déclaration préalable avec les obligations prévues aux articles R. 1251-4 et R. 1251-5, en retourne un exemplaire visé à l'expéditeur dans un délai de quinze jours à compter de la réception.

L'entrée en activité de l'entreprise, de la succursale, de l'agence ou du bureau annexe ne peut précéder la réception du document mentionné au premier alinéa ou l'expiration du délai prévu par cet alinéa.

Art. R. 1251-7. Pour l'application de l'article L. 1251-46, l'entrepreneur de travail temporaire adresse, avant le 20 de chaque mois, à ***(D. 2008-1010 du 29 sept. 2008, art. 7, JO 30)*** « l'institution mentionnée à l'article L. 5312-1 », le relevé des contrats de mission conclus durant le ou les mois précédents et ayant pris fin ou en cours d'exécution durant le mois précédent.

Un relevé distinct est établi pour chaque établissement accueillant un ou des salariés mis à la disposition de l'entreprise.

(D. 2008-1010 du 29 sept. 2008, art. 7, JO 30) « l'institution mentionnée à l'article L. 5312-1 » du régime d'assurance chômage fournit aux ***(D. 2009-1377 du 10 nov. 2009, JO 13 ; D. 2010-687 du 24 juin 2010, JO 25 ; voir D. 2010-1582 du 17 déc. 2010, JO 18, pour outre-mer)*** « directions régionales des entreprises, de la concurrence, de la consommation, du travail et de l'emploi », dans les meilleurs délais, le relevé des contrats de mission.

Note Voir note sous article R. 1235-1.

Art. R. 1251-8. Le relevé des contrats de mission est conforme à un modèle fixé par arrêté du ministre chargé du travail.

Le relevé comporte pour chaque entreprise utilisatrice :

1° La raison sociale de l'entreprise, l'adresse et l'activité principale de l'établissement pour lequel travaille le salarié, l'adresse du lieu d'exécution de la mission si celle-ci diffère de l'adresse de l'établissement ainsi que, à titre facultatif, le numéro Siret ou, à défaut, le numéro Siren ;

2° Pour chaque salarié mis à la disposition de l'entreprise, les nom, prénom, numéro d'inscription au répertoire national d'identification des personnes physiques, code postal de la commune de résidence, nationalité, qualification professionnelle prévue dans le contrat de mission et, pour chaque mission accomplie par le salarié au cours du mois considéré, la date de début et la date de fin de cette mission si celle-ci s'est achevée au cours de ce mois ou pour chaque mission en cours d'exécution au cours du mois considéré, la date du début de cette mission.

Ce relevé comporte également, pour chaque salarié et aux fins de contrôle du droit au revenu de remplacement, le montant de la rémunération brute mensuelle figurant sur le bulletin de paie ou versée pour chaque mission.

Art. R. 1251-9. L'entreprise de travail temporaire affiche, dans chacun de ses établissements, un avis informant les salariés temporaires :

1° De la communication d'informations nominatives contenues dans les relevés de contrats de mission à l' ***(D. 2008-1010 du 29 sept. 2008, art. 7, JO 30)*** « institution mentionnée à l'article L. 5312-1 du code du travail » et au ***(D. 2009-1377 du 10 nov. 2009, JO 13 ; D. 2010-687 du 24 juin 2010, JO 25 ; voir D. 2010-1582 du 17 déc. 2010, JO 18, pour outre-mer)*** « directeur régional des entreprises, de la concurrence, de la consommation, du travail et de l'emploi » ;

2° Du droit d'accès prévu à l'article 34 de la loi n° 78-17 du 6 janvier 1978 que peuvent exercer les intéressés auprès de l'institution précitée et des directions [départementales] mentionnées au 1°.

Art. R. 1251-10. La fermeture de l'entreprise en application de l'article L. 1251-47 est ordonnée par le président du tribunal de grande instance.

§ 2. Garantie financière et défaillance de l'entreprise de travail temporaire

Art. L. 1251-49. L'entrepreneur de travail temporaire justifie, à tout moment, d'une garantie financière assurant, en cas de défaillance de sa part, le paiement :

1° Des salaires et de leurs accessoires ;

2° Des indemnités résultant du présent chapitre ;

3° Des cotisations obligatoires dues à des organismes de sécurité sociale ou à des institutions sociales ;

4° Des remboursements qui peuvent, le cas échéant, incomber aux employeurs à l'égard des organismes de sécurité sociale et institutions sociales dans les conditions prévues à l'article L. 244-8 du code de la sécurité sociale.

Note **Notion de « défaillance ».** Une ETT doit être regardée comme défaillante dès lors qu'elle fait l'objet d'une liquidation de biens (cass. soc. 7 mai 1987, n° 85-13.266, BC V n° 294).

Cotisations de sécurité sociale. Le versement de transport, recouvré par l'Urssaf pour le compte du syndicat des transports parisiens et non pour celui d'un organisme de sécurité sociale, ne constitue pas une cotisation de sécurité sociale. La société cautionnant l'entreprise de travail temporaire ne peut donc pas être condamnée au paiement du versement de transport (cass. soc. 10 décembre 1998, n° 97-13.628, BC V n° 547 ; *RJS* 2/99 n° 314).

Art. L. 1251-50. La garantie financière ne peut résulter que d'un engagement de caution pris par une société de caution mutuelle, un organisme de garantie collective, une compagnie d'assurances, une banque ou un établissement financier habilité à donner caution.

Elle est calculée en pourcentage du chiffre d'affaires annuel de l'entreprise intéressée.

Elle ne peut être inférieure à un minimum fixé annuellement par décret, compte tenu de l'évolution moyenne des salaires.

Art. L. 1251-51. L'entreprise de travail temporaire fournit à l'entreprise utilisatrice, sur sa demande, une attestation des organismes de sécurité sociale précisant sa situation au regard du recouvrement des cotisations dues à ces organismes.

Note « Si l'utilisateur est en droit de demander à l'entrepreneur de travail temporaire une attestation des organismes de sécurité sociale précisant sa situation à leur égard, la délivrance de ce document, que ceux-ci sont ainsi amenés à établir à bref délai sur la base des déclarations fournies par l'employeur, ne peut ni les priver du droit qu'ils tiennent de l'article L. 144 c. séc. soc. de vérifier l'exactitude de ces déclarations par des contrôles ultérieurs dont l'imprimé utilisé réserve d'ailleurs l'éventualité, ni faire obstacle à une substitution que les textes leur accordent sans restriction pour le recouvrement des cotisations dont ces contrôles, qui peuvent entraîner des investigations longues et complexes, auraient révélé l'exigibilité » (cass. soc. 19 février 1986, *JS* 1986 NB 26).

L'Urssaf est tenue, pour permettre l'information des entreprises utilisatrices, de faire état du montant et de l'objet des redressements, fussent-ils contestés (cass. soc. 5 janvier 1995, n° 92-19.823, BC V n° 3 ; *RJS* 2/95 n° 167).

Art. L. 1251-52. En cas de défaillance de l'entreprise de travail temporaire et d'insuffisance de la caution, l'entreprise utilisatrice est substituée à l'entreprise de travail temporaire pour le paiement des sommes qui restent dues aux salariés temporaires et aux organismes de sécurité sociale ou aux institutions sociales dont relèvent ces salariés, pour la durée de la mission accomplie dans l'entreprise.

Art. L. 1251-53. Les conditions d'application du présent paragraphe sont déterminées par décret en Conseil d'État.

Dispositions générales

Art. R. 1251-11. La garantie financière ne peut résulter, en application de l'article L. 1251-50, que d'un engagement de caution unique.

L'engagement ne peut être pris par un organisme de garantie collective que si celui-ci est agréé par les ministres chargés du travail et de l'économie.

Art. R. 1251-12. Le montant de la garantie financière est calculé, pour chaque entreprise de travail temporaire, en pourcentage du chiffre d'affaires hors taxes réalisé au cours du dernier exercice social, certifié par un expert-comptable dans les six mois de la clôture de l'exercice. Le chiffre d'affaires retenu pour le calcul de la garantie financière concerne exclusivement l'activité de travail temporaire.

Lorsque le dernier exercice social n'a pas une durée de douze mois, le chiffre d'affaires enregistré au cours de l'exercice est proportionnellement augmenté ou réduit pour être évalué sur douze mois.

Le montant de la garantie est réexaminé chaque année et peut être révisé à tout moment. Il ne doit pas être inférieur à 8 % du chiffre d'affaires, ni à un minimum fixé chaque année par décret, compte tenu de l'évolution moyenne des salaires.

Note Le montant minimum de la garantie financière exigée des ETT a été fixé, pour l'année 2012, à 114 506 € (décret 2011-1955 du 23 décembre 2011, JO 27).

Art. R. 1251-13. En cas d'absorption ou de fusion d'entreprises de travail temporaire, le montant de la garantie de l'entreprise ainsi formée ne peut être inférieur au montant des garanties cumulées de ces entreprises. En cas d'apport partiel d'actif, la garantie de l'entreprise bénéficiaire de l'apport est augmentée en fonction de l'augmentation du chiffre d'affaires résultant de cet apport.

En cas de scission d'une entreprise de travail temporaire, le montant de sa garantie est ventilé entre les entreprises issues de la scission, proportionnellement à leur chiffre d'affaires.

Art. R. 1251-14. L'entreprise de travail temporaire est en possession, pour chacun de ses établissements, d'une attestation de garantie délivrée par le garant.

L'attestation indique notamment le nom et l'adresse du garant, le montant, la date de prise d'effet et la date d'expiration de la garantie accordée.

L'attestation est tenue à la disposition de l'inspection du travail et des agents de contrôle des organismes de sécurité sociale et institutions sociales mentionnés à l'article L. 1251-49.

L'entreprise de travail temporaire adresse, dans un délai de dix jours à compter de l'obtention ou du renouvellement de la garantie financière, une copie de cette attestation à la ***(D. 2009-1377 du 10 nov. 2009, JO 13 ; D. 2010-687 du 24 juin 2010, JO 25 ; voir D. 2010-1582 du 17 déc. 2010, JO 18, pour outre-mer)*** « direction régionale des entreprises, de la concurrence, de la consommation, du travail et de l'emploi » ainsi qu'aux organismes de sécurité sociale et institutions sociales compétents pour chacun des établissements concernés.

Note Cet article (dern. al.) a été modifié par le décret 2008-1503 du 30 décembre 2008 (JO 31).

Art. R. 1251-15. Tous les documents concernant l'entreprise de travail temporaire, notamment les contrats de mise à disposition et les contrats de mission, mentionnent le nom et l'adresse de son garant ainsi que la référence à l'article L. 1251-49.

Ces indications, ainsi que les dates de prise d'effet et d'échéance de la garantie, sont affichées de manière visible dans chaque établissement.

Art. R. 1251-16. Un arrêté conjoint des ministres chargés du travail, de la sécurité sociale et de l'agriculture fixe les modèles des attestations prévues aux articles L. 1251-51 et R. 1251-14.

Dispositions particulières aux différents modes de garantie

Art. R. 1251-17. La garantie financière ne peut être accordée par des sociétés de caution mutuelle que si celles-ci ont pour objet unique de garantir les créances définies à l'article L. 1251-49.

Art. R. 1251-18. L'engagement de caution prévu à l'article R. 1251-11 ne peut être pris par un organisme de garantie collective agréé, une entreprise d'assurances, une banque ou un établissement financier habilité à donner caution que si l'organisme, l'entreprise, la banque ou l'établissement financier peut légalement exercer son activité en France.

Art. R. 1251-19. L'engagement de caution fait l'objet d'un contrat écrit précisant les conditions et le montant de la garantie accordée ainsi que les modalités du contrôle comptable que le garant peut exercer sur l'entreprise de travail temporaire.

Ce contrat prévoit la renonciation du garant, en cas de défaillance de l'entreprise de travail temporaire, au bénéfice de discussion prévu aux articles 2298 à 2301 du code civil.

Le contrat est tenu, au siège de l'entreprise de travail temporaire, à la disposition de l'inspecteur du travail et des agents de contrôle des organismes de sécurité sociale et des institutions sociales.

Mise en œuvre de la garantie

Art. R. 1251-20. L'entrepreneur de travail temporaire est considéré comme défaillant au sens de l'article L. 1251-52 lorsqu'à l'expiration d'un délai de quinze jours suivant la réception d'une mise en demeure, il n'a pas payé tout ou partie des dettes énumérées à l'article L. 1251-49.

La mise en demeure peut émaner soit d'un salarié, soit d'un organisme de sécurité sociale ou d'une institution sociale, dès lors que leurs créances sont certaines, liquides et exigibles. Elle est adressée par lettre recommandée avec avis de réception. Le garant est informé par le créancier, soit par lettre recommandée avec avis de réception, soit par lettre remise contre récépissé, de l'envoi de la mise en demeure.

L'entrepreneur de travail temporaire est également considéré comme défaillant lorsqu'il fait l'objet d'une procédure de sauvegarde, de redressement ou de liquidation judiciaire. Dans ce cas, le gérant est informé du jugement, dans les mêmes formes, par le mandataire judiciaire ou par le liquidateur.

Art. R. 1251-21. Dès la constatation de la défaillance de l'entrepreneur de travail temporaire, le titulaire de l'une des créances définies à l'article L. 1251-49 peut adresser au garant une demande de paiement par lettre recommandée avec avis de réception ou remise contre récépissé.

Lorsqu'une entreprise de travail temporaire fait l'objet d'une procédure de sauvegarde, de redressement ou de liquidation judiciaire, le mandataire judiciaire ou le liquidateur adresse au garant, dans un délai de dix jours à compter du prononcé du jugement et dans les formes prévues au premier alinéa, un relevé, visé par le juge commissaire, des salaires et cotisations impayés, précisant les droits de chacun des créanciers et éventuellement les sommes versées par ses soins.

Note À la possibilité de demander le paiement de leurs créances au garant de l'ETT s'ajoutent les garanties dont bénéficient, en application des articles L. 3253-1 et s. (anciens art. L. 143-7 et s.), les travailleurs temporaires pour le recouvrement de leurs créances de salaires sur le patrimoine de l'ETT.

La responsabilité du garant peut être mise en jeu dès l'instant où la défaillance de l'ETT est constatée alors que le régime d'assurances relatif à la garantie de créances des salariés (AGS) ne fonctionne qu'en cas de règlement judiciaire ou de liquidation de biens de l'ETT.

Art. R. 1251-22. Le garant paie les sommes dues dans les dix jours suivant la réception de la demande de paiement.

Lorsque le reliquat des paiements demandés excède le montant de la garantie financière, les créances de même nature sont réglées à due proportion de chacune des créances.

Art. R. 1251-23. Si le garant conteste l'existence, l'exigibilité ou le montant de la créance, le salarié ou l'organisme social peut l'assigner directement devant les juridictions compétentes.

Art. R. 1251-24. Le garant qui a payé les sommes définies à l'article L. 1251-49 est subrogé, à due concurrence, dans tous les droits des salariés, des organismes de sécurité sociale et des institutions sociales contre l'entrepreneur de travail temporaire.

Substitution de l'entreprise utilisatrice
en cas de défaillance de l'entreprise de travail temporaire

Art. R. 1251-25. La substitution de l'entreprise utilisatrice à l'entreprise de travail temporaire, prévue à l'article L. 1251-52, s'applique malgré toute convention contraire et en dépit des obligations d'assurance contre le risque de non-paiement qui résultent des dispositions des articles L. 3253-6 à L. 3253-21.

Note
- La substitution de l'utilisateur à l'ETT n'est que subsidiaire et ne joue qu'en cas d'insuffisance de la caution, mais elle s'opère de plein droit dès qu'a pu être constatée l'insuffisance de la caution, peu important que l'utilisateur ait versé tout ou partie des sommes dont il était redevable envers l'ETT défaillante.
- La demande faite à l'utilisateur pour obtenir le paiement des sommes restant dues ne peut être adressée au plus tôt qu'à l'expiration du délai de dix jours laissé au garant pour payer les sommes dues par l'ETT défaillante.

Art. R. 1251-26. Dans le cas prévu à l'article L. 1251-52, le salarié ou l'organisme de sécurité sociale ou l'institution sociale, ou, en cas de procédures de sauvegarde, de redressement ou de liquidation judiciaire, le mandataire judiciaire ou le liquidateur informe l'entreprise utilisatrice de l'insuffisance de la caution en lui adressant une demande de paiement des sommes restant dues par lettre recommandée avec avis de réception ou remise contre récépissé.

L'entreprise utilisatrice paie les sommes dues dans un délai de dix jours à compter de la réception de la demande.

Art. R. 1251-27. Les salariés, les organismes de sécurité sociale et les institutions sociales ont une action directe contre l'entreprise utilisatrice substituée, même lorsque celle-ci s'est acquittée en tout ou en partie des sommes qu'elle devait à l'entrepreneur de travail temporaire pour la mise à disposition des salariés.

Art. L. 1251-54.

Note L'action en justice du salarié doit être portée devant le conseil de prud'hommes, juge du contrat de travail.

Art. R. 1251-28. L'entreprise utilisatrice qui a payé les sommes définies à l'article L. 1251-49 qui restaient dues est subrogée, à due concurrence, dans tous les droits des salariés, des organismes de sécurité sociale ou des institutions sociales contre l'entrepreneur de travail temporaire.

Note Si un utilisateur est mis en règlement judiciaire ou en liquidation de biens avant d'avoir versé les sommes qu'il devait à une ETT pour la prestation de services qu'elle lui a fournie, il ne semble pas que cette dernière puisse se prévaloir, à l'égard de l'utilisateur, des privilèges des salariés (rép. QE 5995, JO AN 12 janvier 1974, p. 140).

Art. R. 1251-29. Lorsqu'un organisme de sécurité sociale poursuit à l'encontre de l'entreprise utilisatrice, substituée à un entrepreneur de travail temporaire en raison de l'insuffisance de la caution, le remboursement de prestations sociales pour défaut de versement des cotisations dues, la somme réclamée ne peut être supérieure au montant des cotisations dues pour les salariés mis à la disposition de l'entreprise utilisatrice par l'entrepreneur de travail temporaire.

Art. R. 1251-30. Lorsque l'engagement de caution dont bénéficie une entreprise de travail temporaire prend fin, pour quelque cause que ce soit, l'activité de cette entreprise ne peut être poursuivie que si elle a obtenu, dans les conditions prévues par le présent paragraphe, un autre engagement de caution, afin que le paiement des dettes définies à l'article L. 1251-49 soit garanti sans interruption.

Art. R. 1251-31. En cas de cessation de la garantie, le garant en informe dans un délai de trois jours à compter de la date à laquelle il en est informé, par lettre recommandée avec avis de réception, les ***(D. 2009-1377 du 10 nov. 2009, JO 13 ; D. 2010-687 du 24 juin 2010, JO 25 ; voir D. 2010-1582 du 17 déc. 2010, JO 18, pour outre-mer)*** « directions régionales des entreprises, de la concurrence, de la consommation, du travail et de l'emploi » ainsi que les organismes chargés du recouvrement des cotisations de sécurité sociale, dans la circonscription desquels sont situés le siège de l'entreprise de travail temporaire et chacun de ses établissements.

Note Cet article a été modifié par le décret 2008-1503 du 30 décembre 2008 (JO 31).

§ 3. Statut des salariés permanents et temporaires de l'entreprise de travail temporaire

Art. L. 1251-54. Pour calculer les effectifs d'une entreprise de travail temporaire, il est tenu compte :

1° Des salariés permanents de cette entreprise, déterminés conformément à l'article L. 1111-2 ;

2° Des salariés temporaires qui ont été liés à cette entreprise par des contrats de mission pendant une durée totale d'au moins trois mois au cours de la dernière année civile.

Art. L. 1251-55. Pour l'application aux salariés temporaires des dispositions légales qui se réfèrent à une condition d'ancienneté dans l'entreprise de travail temporaire, l'ancienneté s'apprécie en totalisant les périodes pendant lesquelles ces salariés ont été liés à l'entreprise de travail temporaire par des contrats de mission.

Art. L. 1251-56. Pour l'application des dispositions prévues au 1° de l'article L. 6322-63, la durée minimum de présence dans l'entreprise de travail temporaire des salariés temporaires s'apprécie en totalisant les périodes pendant lesquelles ces salariés ont été liés à leur employeur par des contrats de mission.

Art. L. 1251-57. Sans préjudice du principe d'exclusivité prévu par l'article L. 1251-2, sont assimilées à des missions les périodes consacrées par les salariés temporaires :

1° À des stages de formation, bilans de compétences ou actions de validation d'acquis de l'expérience. Ces périodes sont accomplies soit à l'initiative de l'employeur dans le cadre du plan de formation de l'entreprise, ***(L. 2011-893 du 28 juil. 2011, art. 7,***

JO 29) « du contrat d'apprentissage » ou du contrat de professionnalisation, soit à l'initiative du salarié dans le cadre d'un congé individuel de formation ou d'un congé de bilan de compétences ;

2° À des actions de formation en lien avec leur activité professionnelle dans les conditions prévues par convention ou accord collectif étendu ou par convention ou accord d'entreprise ou d'établissement.

Art. L. 1251-58. Les règles particulières au travail temporaire relatives à la représentation du personnel figurent au livre III de la deuxième partie.

Les règles particulières au travail temporaire relatives à la participation des salariés aux fruits de l'expansion des entreprises figurent au livre III de la troisième partie.

SECTION 5. Actions en justice

Art. L. 1251-59. Les organisations syndicales représentatives peuvent exercer en justice toutes les actions résultant de l'application du présent chapitre en faveur d'un salarié sans avoir à justifier d'un mandat de l'intéressé.

Le salarié est averti dans des conditions déterminées par voie réglementaire et ne doit pas s'y être opposé dans un délai de quinze jours à compter de la date à laquelle l'organisation syndicale lui a notifié son intention.

Le salarié peut toujours intervenir à l'instance engagée par le syndicat et y mettre un terme à tout moment.

Art. D. 1251-32. L'organisation syndicale qui exerce une action en justice en faveur d'un salarié, en application du deuxième alinéa de l'article L. 1251-59, avertit ce dernier par lettre recommandée avec avis de réception.

La lettre indique la nature et l'objet de l'action envisagée par l'organisation syndicale représentative.

Elle mentionne en outre :

1° Que l'action est conduite par l'organisation syndicale qui peut exercer elle-même les voies de recours contre le jugement ;

2° Que le salarié peut, à tout moment, intervenir dans l'instance engagée par l'organisation syndicale ou mettre un terme à cette action ;

3° Que le salarié peut faire connaître à l'organisation syndicale son opposition à l'action envisagée dans un délai de quinze jours à compter de la date de réception.

Art. D. 1251-33. Passé le délai de quinze jours prévu au 3° de l'article D. 1251-33, l'acceptation tacite du salarié est réputée acquise.

(L. 2009-972 du 3 août 2009, art. 21, JO 6)

SECTION 6. Dispositions applicables aux employeurs publics

Art. L. 1251-60. Les personnes morales de droit public peuvent faire appel aux salariés de ces entreprises pour des tâches non durables, dénommées missions, dans les seuls cas suivants :

1° Remplacement momentané d'un agent en raison d'un congé de maladie, d'un congé de maternité, d'un congé parental ou d'un congé de présence parentale, d'un passage provisoire en temps partiel, de sa participation à des activités dans le cadre d'une réserve opérationnelle, sanitaire, civile ou autre, ou de l'accomplissement du service civil ou national, du rappel ou du maintien sous les drapeaux ;

2° Vacance temporaire d'un emploi qui ne peut être immédiatement pourvu dans les conditions prévues par la loi n° 84-16 du 11 janvier 1984 portant dispositions statutaires relatives à la fonction publique de l'État, la loi n° 84-53 du 26 janvier 1984 portant dispositions statutaires relatives à la fonction publique territoriale et la loi n° 86-33 du 9 janvier 1986 portant dispositions statutaires relatives à la fonction publique hospitalière ;

3° Accroissement temporaire d'activité ;

4° Besoin occasionnel ou saisonnier.

Art. L. 1251-61.

Lorsque le contrat est conclu au titre des 1°, 3° et 4°, la durée totale du contrat de mission ne peut excéder dix-huit mois. Elle est réduite à neuf mois lorsque l'objet du contrat consiste en la réalisation de travaux urgents nécessités par des mesures de sécurité. Elle est portée à vingt-quatre mois lorsque la mission est exécutée à l'étranger.

Lorsque le contrat est conclu au titre du 2°, la durée totale du contrat de mission ne peut excéder douze mois. Elle est réduite à neuf mois si le contrat est conclu dans l'attente de la prise de fonctions d'un agent.

Le contrat de mission peut être renouvelé une fois pour une durée déterminée qui, ajoutée à la durée du contrat initial, ne peut excéder les durées prévues à l'alinéa précédent.

Art. L. 1251-61. Les salariés mis à disposition par une entreprise de travail temporaire auprès d'une personne morale de droit public sont soumis aux règles d'organisation et de fonctionnement du service où ils servent et aux obligations s'imposant à tout agent public. Ils bénéficient de la protection prévue par l'article 11 de la loi n° 83-634 du 13 juillet 1983 portant droits et obligations des fonctionnaires.

Il ne peut leur être confié de fonctions susceptibles de les exposer aux sanctions prévues aux articles 432-12 et 432-13 du code pénal.

Art. L. 1251-62. Si la personne morale de droit public continue à employer un salarié d'une entreprise de travail temporaire après la fin de sa mission sans avoir conclu avec lui un contrat ou sans nouveau contrat de mise à disposition, ce salarié est réputé lié à la personne morale de droit public par un contrat à durée déterminée de trois ans. Dans ce cas, l'ancienneté du salarié est appréciée à compter du premier jour de sa mission. Elle est déduite de la période d'essai éventuellement prévue.

Art. L. 1251-63. Les litiges relatifs à une mission d'intérim opposant le salarié et la personne publique utilisatrice gérant un service public administratif sont portés devant la juridiction administrative.

(L. 2008-596 du 25 juin 2008, JO 26)

SECTION 7. Portage salarial

Art. L. 1251-64. Le portage salarial est un ensemble de relations contractuelles organisées entre une entreprise de portage, une personne portée et des entreprises clientes comportant pour la personne portée le régime du salariat et la rémunération de sa prestation chez le client par l'entreprise de portage. Il garantit les droits de la personne portée sur son apport de clientèle.

Note Cet article tend à légaliser la pratique du portage salarial, traduisant le souhait émis par les acteurs sociaux dans l'accord national interprofessionnel de modernisation du marché du travail (art. 19 de l'accord). La loi du 25 juin 2008 prévoit qu'un accord national interprofessionnel étendu peut confier à une branche dont l'activité est considérée comme la plus proche du portage salarial la mission d'organiser par accord de branche étendu le portage salarial. Un accord de branche sur le portage salarial a été signé le 24 juin 2010. L'entrée en vigueur de cet accord est subordonnée à l'adoption des dispositions législatives et réglementaires nécessaires à son application et traduisant la volonté des partenaires sociaux (art. 17 de l'accord). Sur cet accord, voir A. Fabre : « Accord sur le portage salarial : la fin des incertitudes ? », *SSL* 2010 n° 1454, pp. 2 et s. ; *LS* n° 155/2010 du 6 août 2010 ; voir aussi rép. QE 93132, JO AN 22 février 2011, p. 1860.

La Cour de cassation a jugé que le contrat de portage ne peut pas mettre à la charge du salarié porté l'obligation de trouver lui-même le travail qu'il aura à fournir (cass. soc. 17 février 2010, n° 08-45.298, BC V n° 41 ; *D.* 2010, p. 799, note J. Mouly ; *RDT* 2010, pp. 292 et s., obs. J. Pélissier : « Le contrat de travail comporte pour l'employeur l'obligation de fournir du travail au salarié ».

Dans un autre arrêt rendu le même jour, la chambre sociale de la Cour de cassation juge que les parties au contrat de portage ne peuvent pas s'affranchir des règles légales régissant le travail à temps partiel (cass. soc. 17 février 2010, n° 08-40.671, BC V n° 41 ; *RJS* 4/10 n° 391, 2e espèce).

L'Unédic a décidé, à titre transitoire, d'indemniser les demandeurs d'emploi qui exerçaient leur activité professionnelle en portage salarial sous réserve qu'ils soient titulaires d'un contrat de portage salarial répondant aux critères fixés dans l'accord du 24 juin 2010. Une attestation, dont le modèle est établi par l'Unédic à partir des éléments d'information visés par ledit accord, doit être délivrée par les entreprises de portage salarial. Elle complète l'attestation employeur prévue à l'article R. 1234-9 CT permettant l'examen de la demande d'allocations de chômage (voir circulaire Unédic 2011-33 du 7 novembre 2011 concernant l'attestation relative au portage salarial).

Voir rapport de Ch. Lenoir et Fr. Schechter, « L'avenir et les voies de régulation du portage salarial ».

[Sanctions pénales]

Art. L. 1254-1. Le fait de méconnaître les dispositions relatives aux conditions d'exercice de l'activité de travail temporaire, prévues à l'article L. 1251-2, est puni d'une amende de 3750 €.

La récidive est punie d'un emprisonnement de six mois et d'une amende de 7500 €.

(L. 2011-525 du 17 mai 2011, art. 169, JO 18) « La juridiction peut prononcer, en outre, l'interdiction d'exercer l'activité d'entrepreneur de travail temporaire pour une durée de deux à dix ans. Lorsque cette mesure entraîne le licenciement du personnel permanent, celui-ci a droit, en dehors de l'indemnité de préavis et de l'indemnité de licenciement, aux indemnités prévues aux articles L. 1235-2, L. 1235-3 ou L. 1235-5. »

Note Est fondé l'arrêt de cour d'appel condamnant à une peine d'amende pour infraction à la législation sur le travail temporaire le directeur d'une ETT qui prétendait avoir délégué ses pouvoirs à la responsable d'une agence de l'ETT. Il résulte en effet des énonciations des juges d'appel que n'a pas été rapportée, en l'espèce, la preuve de l'existence d'une délégation, certaine et dépourvue d'ambiguïté, des pouvoirs du chef d'entreprise à un préposé possédant la compétence et l'autorité nécessaires pour en assumer l'exercice (cass. crim. 9 juillet 1985, *JS* 1985 F 90).

Art. L. 1254-2. Est puni d'une amende de 3750 €, le fait pour l'entrepreneur de travail temporaire :

1° De recruter un salarié temporaire en ayant conclu un contrat ne comportant pas les mentions prévues aux 1° et 3° de l'article L. 1251-16 ou comportant ces mentions de manière volontairement inexacte ou sans lui avoir transmis dans le délai prévu à l'article L. 1251-17 un contrat de mission écrit ;

2° De méconnaître les dispositions relatives à la rémunération minimale prévues au premier alinéa de l'article L. 1251-18 ;

3° De méconnaître l'obligation de proposer au salarié temporaire un ou des contrats dans les conditions prévues à l'article L. 1251-34 ;

4° De mettre un salarié temporaire à la disposition d'une entreprise utilisatrice sans avoir conclu avec celle-ci un contrat écrit de mise à disposition dans le délai prévu à l'article L. 1251-42 ;

5° D'exercer son activité sans avoir fait les déclarations prévues à l'article L. 1251-45 ;

6° D'exercer son activité sans avoir obtenu la garantie financière prévue à l'article L. 1251-49.

La récidive est punie d'un emprisonnement de six mois et d'une amende de 7500 €.

La juridiction peut prononcer en outre l'interdiction d'exercer l'activité d'entrepreneur de travail temporaire pour une durée de deux à dix ans. Les dispositions du deuxième alinéa de l'article L. 1251-47 sont applicables.

Art. L. 1251-64.

Art. L. 1254-3. Le fait pour l'utilisateur de conclure un contrat de mise à disposition ayant pour objet ou pour effet de pourvoir durablement un emploi lié à l'activité normale et permanente de l'entreprise, en méconnaissance de l'article L. 1251-5, est puni d'une amende de 3750 €.

La récidive est punie d'un emprisonnement de six mois et d'une amende de 7500 €.

Art. L. 1254-4. Le fait pour l'utilisateur de recourir à un salarié temporaire pour un objet autre que celui prévu au premier alinéa de l'article L. 1251-6 ou en dehors des cas mentionnés à ce même article est puni d'une amende de 3750 €.

La récidive est punie d'un emprisonnement de six mois et d'une amende de 7500 €.

Art. L. 1254-5. Le fait pour l'utilisateur de méconnaître les interdictions de recourir au travail temporaire, prévues aux articles L. 1251-9 et L. 1251-10, est puni d'une amende de 3750 €.

La récidive est punie d'un emprisonnement de six mois et d'une amende de 7500 €.

Art. L. 1254-6. Le fait pour l'utilisateur de méconnaître les dispositions relatives au terme du contrat, prévues à l'article L. 1251-11, est puni d'une amende de 3750 €.

La récidive est punie d'un emprisonnement de six mois et d'une amende de 7500 €.

Art. L. 1254-7. Le fait pour l'utilisateur de méconnaître les dispositions relatives à la durée de la mission, prévues à l'article L. 1251-12, est puni d'une amende de 3750 €.

La récidive est punie d'un emprisonnement de six mois et d'une amende de 7500 €.

Art. L. 1254-8. Le fait pour l'utilisateur de méconnaître les dispositions relatives aux conditions de renouvellement du contrat, prévues à l'article L. 1251-35, est puni d'une amende de 3750 €.

La récidive est punie d'un emprisonnement de six mois et d'une amende de 7500 €.

Art. L. 1254-9. Le fait pour l'utilisateur de méconnaître les dispositions relatives à la succession de contrats sur un même poste, prévues à l'article L. 1251-36, est puni d'une amende de 3750 €.

La récidive est punie d'un emprisonnement de six mois et d'une amende de 7500 €.

Art. L. 1254-10. Est puni d'une amende de 3750 € le fait pour l'utilisateur de recourir à un salarié temporaire :

1° Soit sans avoir conclu avec un entrepreneur de travail temporaire un contrat écrit de mise à disposition, dans le délai prévu à l'article L. 1251-42 ;

2° Soit en ayant omis de communiquer, dans le contrat de mise à disposition, l'ensemble des éléments de rémunération conformément au 6° de l'article L. 1251-43.

La récidive est punie d'un emprisonnement de six mois et d'une amende de 7500 €.

Art. L. 1254-11. Le fait de méconnaître, directement ou par personne interposée, l'interdiction d'exercer l'activité d'entrepreneur de travail temporaire prononcée par la juridiction en application du dernier alinéa de l'article L. 1254-2 est puni d'un emprisonnement de six mois et d'une amende de 6000 €.

Art. L. 1254-12. Dans tous les cas prévus à la présente section, la juridiction peut ordonner, à titre de peine complémentaire, l'affichage du jugement aux frais de l'entrepreneur de travail temporaire ou de l'utilisateur condamné, dans les conditions prévues à l'article 131-35 du code pénal, et son insertion, intégrale ou par extraits, dans les journaux qu'elle désigne. Ces frais ne peuvent excéder le montant maximum de l'amende encourue.

Art. R. 1254-1. Le fait de conclure un contrat de mission ne comportant pas les mentions prévues aux 2°, 4° et 5° de l'article L. 1251-16 est puni de l'amende prévue pour les contraventions de la troisième classe.

Art. R. 1254-2. Le fait, pour la personne responsable de la gestion des installations ou des moyens de transports collectifs dans l'entreprise utilisatrice, d'empêcher un salarié temporaire d'avoir accès, dans les mêmes conditions que les salariés de cette entreprise, à ces équipements collectifs, en méconnaissance des dispositions de l'article L. 1251-24, est puni de l'amende prévue pour les contraventions de la cinquième classe.

La récidive de la contravention prévue au présent article est réprimée conformément aux articles 132-11 et 132-15 du code pénal.

Art. R. 1254-3. Le fait de ne pas fournir à ***(D. 2008-1010 du 29 sept. 2008, art. 7, JO 30)*** « l'institution mentionnée à l'article L. 5312-1 », dans le délai prévu à l'article R. 1251-7, le relevé des contrats de mission, en méconnaissance des dispositions de l'article L. 1251-46, est puni de l'amende prévue pour les contraventions de la troisième classe.

Note Voir note sous l'article R. 1235-1.

Art. R. 1254-4. Le fait d'adresser à ***(D. 2008-1010 du 29 sept. 2008, art. 7, JO 30)*** « l'institution mentionnée à l'article L. 5312-1 » un relevé des contrats de mission non conforme aux prescriptions de l'article R. 1251-8 est puni de l'amende prévue pour les contraventions de la deuxième classe.

Note Voir note sous l'article R. 1235-1.

Art. R. 1254-5. Le fait de méconnaître les dispositions relatives à la possession, au contenu, à l'envoi et à la mise à disposition de l'attestation de garantie financière prévues par l'article R. 1251-14 est puni de l'amende prévue pour les contraventions de la deuxième classe.

Art. R. 1254-6. Le fait de ne pas faire figurer sur les documents concernant l'entreprise de travail temporaire, notamment sur les contrats de mise à disposition et les contrats de mission, le nom et l'adresse du garant ainsi que la référence à l'article L. 1251-49, en méconnaissance des dispositions du premier alinéa de l'article R. 1251-15 est puni de l'amende prévue pour les contraventions de la deuxième classe.

Le fait de méconnaître les dispositions relatives à l'affichage des informations sur la garantie financière prévu au second alinéa de l'article R. 1251-15, est puni de la même peine.

Art. R. 1254-7. Le fait de ne pas informer de la cessation de la garantie les ***(D. 2009-1377 du 10 nov. 2009, JO 13 ; D. 2010-687 du 24 juin 2010, JO 25 ; voir D. 2010-1582 du 17 déc. 2010, JO 18, pour outre-mer)*** « directions régionales des entreprises, de la concurrence, de la consommation, du travail et de l'emploi » ainsi que les organismes chargés du recouvrement des cotisations de sécurité sociale, en méconnaissance des dispositions de l'article R. 1251-31, est puni de l'amende prévue pour les contraventions de la deuxième classe.

Note Cet article a été modifié par le décret 2008-1503 du 30 décembre 2008 (JO 31).

CHAPITRE II

Contrat conclu avec une entreprise de travail à temps partagé

Note P-Y Verkindt, « Groupements d'employeurs et travail à temps partagé après la loi du 2 août 2005 en faveur des petites et moyennes entreprises », *Dr. Soc.* 2005, p. 1333.

SECTION 1. Définitions

Art. L. 1252-1. Le recours au travail à temps partagé a pour objet la mise à disposition d'un salarié par une entreprise de travail à temps partagé au bénéfice d'un client utilisateur pour l'exécution d'une mission.

Art. L. 1252-2.

Chaque mission donne lieu à la conclusion :

1° D'un contrat de mise à disposition entre l'entreprise de travail à temps partagé et le client utilisateur dit « entreprise utilisatrice » ;

2° D'un contrat de travail, dit « contrat de travail à temps partagé », entre le salarié et son employeur, l'entreprise de travail à temps partagé.

> *Note* P. Fadeuilhe, « Regard critique sur " l'entreprise de travail à temps partagé " », *SSL* 21 novembre 2005, pp. 6 et s.

Art. L. 1252-2. Est un entrepreneur de travail à temps partagé toute personne physique ou morale dont l'activité exclusive, nonobstant les dispositions de l'article L. 8241-1, est de mettre à disposition d'entreprises utilisatrices du personnel qualifié qu'elles ne peuvent recruter elles-mêmes en raison de leur taille ou de leurs moyens.

Les salariés mis à disposition le sont pour des missions qui peuvent être à temps plein ou à temps partiel.

> *Note* À la différence de ce qui existe pour les entreprises de travail temporaire et pour les groupements d'employeurs, la loi n'institue aucun contrôle, préalable à l'exercice de cette activité, par l'administration du travail.

Art. L. 1252-3. Les entreprises de travail temporaire peuvent exercer l'activité d'entreprise de travail à temps partagé.

SECTION 2. Contrat de travail à temps partagé

Art. L. 1252-4. Le contrat de travail à temps partagé est réputé être à durée indéterminée.

> *Note* C'est une différence importante avec le contrat de travail conclu entre une entreprise de travail temporaire et un salarié mis à disposition, contrat qui est alors un contrat à durée déterminée.

Art. L. 1252-5. Lorsque la mise à disposition du salarié s'effectue hors du territoire métropolitain, le contrat de travail à temps partagé contient une clause de rapatriement du salarié à la charge de l'entreprise de travail à temps partagé.

Cette clause devient caduque en cas de rupture du contrat de travail à l'initiative du salarié.

Art. L. 1252-6. La rémunération versée au salarié mis à disposition ne peut être inférieure à celle d'un salarié de niveau de qualification professionnelle identique ou équivalent occupant le même poste ou les mêmes fonctions dans l'entreprise utilisatrice.

Art. L. 1252-7. Pendant la durée de la mise à disposition, l'entreprise utilisatrice est responsable des conditions d'exécution du travail telles qu'elles sont déterminées par les dispositions légales et conventionnelles applicables au lieu de travail.

Art. L. 1252-8. Le salarié mis à disposition a accès dans l'entreprise utilisatrice aux moyens de transport collectifs et aux installations collectives, notamment de restauration, dont peuvent bénéficier les salariés de cette entreprise, dans les même conditions que ces derniers.

Lorsque des dépenses supplémentaires incombent au comité d'entreprise, celles-ci lui sont remboursées suivant des modalités définies au contrat de mise à disposition.

Art. L. 1252-9. La rupture du contrat de travail à temps partagé est réalisée selon les dispositions prévues au titre III, relatives aux règles de rupture du contrat de travail à durée indéterminée.

SECTION 3. **Contrat de mise à disposition et entreprise de travail à temps partagé**

Art. L. 1252-10. Le contrat de mise à disposition établi pour chaque salarié comporte :
1° Le contenu de la mission ;
2° La durée estimée de la mission ;
3° La qualification professionnelle du salarié ;
4° Les caractéristiques particulières du poste de travail ou des fonctions occupées ;
5° Le montant de la rémunération et ses différentes composantes.

Art. L. 1252-11. Toute clause tendant à interdire le recrutement du salarié mis à disposition par l'entreprise utilisatrice à l'issue de sa mission est réputée non écrite.

Art. L. 1252-12. L'entreprise de travail à temps partagé peut apporter à ses seules entreprises utilisatrices des conseils en matière de gestion des compétences et de la formation.

Art. L. 1252-13. L'entrepreneur de travail à temps partagé justifie, à tout moment, d'une garantie financière assurant, en cas de défaillance de sa part, le paiement :
1° Des salaires et de leurs accessoires ;
2° Des cotisations obligatoires dues à des organismes de sécurité sociale ou à des institutions sociales.

CHAPITRE III

Contrats conclus avec un groupement d'employeurs

Note

• Les dispositions figurant dans ce chapitre ont été introduites dans le code par :
– la loi 85-772 du 25 juillet 1985 portant diverses dispositions d'ordre social (JO 26) ;
– le décret 86-523 du 13 mars 1986 portant application des articles L. 127-1 à L. 127-7 [L. 1253-1 et s.] CT et relatif aux groupements d'employeurs (JO 16). Ces dispositions ont été modifiées successivement, notamment par les lois 87-588 du 30 juillet 1987 (JO 31), 93-1313 du 20 décembre 1993 (JO 21), commentée dans la circulaire DRT 94-6 du 20 mai 1994, 2000-37 du 19 janvier 2000 (JO 20), 2005-157 du 23 février 2005 (JO 24), 2005-882 du 2 août 2005 (JO 3), 2006-11 du 5 janvier 2006 (JO 6), 2009-1437 du 24 novembre2009 (JO 25), l'ordonnace 2010-462 du 6 mai 2010 (JO 7) et la loi 2011-893 du 28 juillet 2011 (JO 29).

• Ces dispositions instituent un mode de gestion du personnel pour les petites et moyennes entreprises (trois cents salariés au plus, sauf accord collectif, art. L. 1253-5) qui souhaitent y recourir. Un employeur peut être membre de deux groupements à la fois (art. L. 1253-4).

• Les dispositions de la loi du 20 décembre 1993 qui a créé les « groupements locaux d'employeurs » ont été abrogées par la loi 2000-37 du 19 janvier 2000, art. 27. Les groupements locaux d'employeurs constitués avant la date de publication de la loi du 19 janvier 2000 peuvent recevoir de nouvelles adhésions dans des conditions définies aux cinquième et sixième alinéas de l'article L. 127-1 [L. 1253-4 et L. 1253-5] CT (loi 2000-37 du 19 janvier 2000, art. 27, VII).

• Bibliographie : J. Dalichoux et P. Fadeuilhe, « Les groupements d'employeurs », éd. *Liaisons* 2008.

SECTION 1. **Groupement d'employeurs entrant dans le champ d'application d'une même convention collective**

Sous-section 1. **Objet**

Art. L. 1253-1. Des groupements de personnes entrant dans le champ d'application d'une même convention collective peuvent être constitués dans le but de mettre à la disposition de leurs membres des salariés liés à ces groupements par un contrat de travail. ***(L. 2009-1437 du 24 nov. 2009, art. 17, JO 25)*** « Cette mise à disposition peut avoir pour objet de permettre le remplacement de salariés suivant une action de formation prévue par le présent code. ».

Ils peuvent également apporter à leurs membres leur aide ou leur conseil en matière d'emploi ou de gestion des ressources humaines.

Ces groupements ne peuvent se livrer qu'à des opérations à but non lucratif.

Note La circulaire du 20 mai 1994 insiste sur le fait qu'un groupement d'employeurs ne peut en aucun cas mettre ses salariés à la disposition d'entreprises non membres du groupement. Elle rappelle également que les groupements d'employeurs ne peuvent effectuer que des opérations de prêt de main-d'œuvre à but non lucratif, ce qui les distingue nettement des entreprises de travail temporaire. L'article L. 127-1 [L. 1253-1] permet à des employeurs de se grouper en association pour mettre à la disposition de ses membres des salariés liés au groupement par un contrat de travail, à condition, toutefois, que l'activité du groupement ne porte pas atteinte aux dispositions législatives relatives à l'exercice de certaines professions (cass. crim. 19 mai 2004, n° 03-83.647, B. crim. n° 128 ; *RJS* 11/04 n° 1211: en l'espèce, il s'agissait de la profession d'expert-comptable protégée par l'ordonnance du 19 septembre 1945).

Sous-section 2. **Constitution et adhésion**

Art. L. 1253-2. Les groupements d'employeurs sont constitués sous l'une des formes suivantes :

1° Association régie par la loi du 1er juillet 1901 relative au contrat d'association ;

2° Société coopérative au sens de la loi n° 47-1775 du 10 septembre 1947 portant statut de la coopération et de la loi n° 83-657 du 20 juillet 1983 relative au développement de certaines activités d'économie sociale ;

3° Association régie par le code civil local ou coopérative artisanale dans les départements de la Moselle, du Bas-Rhin et du Haut-Rhin.

Note • Voir décret 2009-1410 du 17 novembre 2009 (JO 18) relatif aux groupements d'employeurs pour l'insertion et la qualification.

• Si l'association qui gère le groupement d'employeurs est admise au bénéfice d'une procédure de redressement ou de liquidation judiciaires, les salaires des salariés de ce groupement sont, en dernier ressort, garantis par l'AGS étant précisé que la solidarité financière instituée au sein d'un groupement d'employeurs concerne les seules dettes contractées par le groupement d'employeurs à l'égard de ses seuls salariés et des organismes créanciers de cotisations sociales. La responsabilité des membres ne pourra être engagée que dans le cas où le groupement lui-même serait défaillant. En revanche, le code du travail n'a pas entendu créer une solidarité financière entre les membres d'un groupement d'employeurs pour les dettes que ces membres pourraient contracter à raison des contrats de travail conclus avec leurs propres salariés. En effet, en cas de défaillance de l'un des membres du groupement d'employeurs, les autres membres ne sont pas solidairement responsables des dettes de ce membre concernant ses propres salariés. Dans une telle situation, c'est le dispositif de droit commun de l'assurance garantie des salaires qui trouvera à s'appliquer (rép. QE 4219, JO Sén. 24 avril 2003, p. 1396).

Art. L. 1253-3. Sauf si elles relèvent du titre II du livre V du code rural ***(Ord. 2010-462 du 6 mai 2010, JO 7)*** « et de la pêche maritime », les sociétés coopératives existantes ont la faculté de développer, au bénéfice exclusif de leurs membres, les activités mentionnées à l'article L. 1253-1. Dans ce cas, les dispositions du présent chapitre leur sont applicables, dans des conditions déterminées par décret en Conseil d'État.

Les coopératives d'utilisation de matériel agricole relevant du titre II du livre V du code rural ***(Ord. 2010-462 du 6 mai 2010, JO 7)*** « et de la pêche maritime » ont également la faculté de développer, au bénéfice exclusif de leurs membres, les activités mentionnées à l'article précité dans des conditions et limites relatives à leur masse salariale déterminées par décret.

[Art. L. 1253-4 et L. 1253-5. Abrogés par loi 2011-893 du 28 juillet 2011, art. 32 et 33 à compter du 1er novembre 2011, JO 29.]

Art. L. 1253-6. Lorsqu'un groupement d'employeurs se constitue, il en informe l'inspection du travail.

La liste des membres du groupement est tenue en permanence à la disposition de l'inspecteur du travail au siège du groupement.

Art. D. 1253-1. Pour l'application de l'article L. 1253-6, le groupement d'employeurs adresse à l'inspection du travail dont relève son siège social, dans le mois suivant sa constitution, les informations et documents suivants :

1° Le nom, le siège social et la forme juridique du groupement ;
2° Les noms, prénoms et domicile des dirigeants du groupement ;
3° Les statuts ;
4° Une copie de l'extrait de déclaration d'association publiée au *Journal officiel* de la République française ou, dans les départements du Haut-Rhin, du Bas-Rhin et de la Moselle, une copie de l'inscription au registre des associations ou le numéro d'immatriculation de la coopérative artisanale au registre du commerce et des sociétés ;
5° Une liste des membres du groupement comportant pour chacun d'eux :
a) Lorsqu'il s'agit d'une personne morale, son siège et l'adresse de ses établissements, ainsi que la nature de sa ou de ses activités ;
b) Lorsqu'il s'agit d'une personne physique, son adresse et, le cas échéant, le siège de l'entreprise au titre de laquelle elle adhère au groupement ainsi que la nature de la ou des activités et l'adresse des établissements ;
c) Le nombre de salariés qu'il occupe ;
6° La convention collective dans le champ d'application de laquelle entre le groupement.

Art. D. 1253-2. La note d'information, datée et signée par la personne habilitée à cet effet par le groupement d'employeurs, est adressée par lette recommandée avec avis de réception.

Art. D. 1253-3. Le groupement d'employeurs informe l'inspecteur du travail de toute modification apportée aux informations mentionnées aux 1° à 3°, aux *a* et *b* du 5° et au 6° de l'article D. 1253-1, dans un délai d'un mois suivant la modification.

Art. L. 1253-7. Les employeurs qui adhèrent à un groupement d'employeurs informent les institutions représentatives du personnel existant dans leur entreprise de la constitution et de la nature du groupement d'employeurs.

Art. L. 1253-8. Les membres du groupement sont solidairement responsables de ses dettes à l'égard des salariés et des organismes créanciers de cotisations obligatoires. ***(L. 2011-893 du 28 juil. 2011, art. 35 et 36, entrée en vigueur le 01.11.2011, JO 29)*** « Par dérogation, les statuts des groupements d'employeurs peuvent prévoir, sur la base de critères objectifs, des règles de répartition de ces dettes entre les membres du groupement, opposables aux créanciers. Ils peuvent également prévoir des modalités de responsabilité spécifiques pour les collectivités territoriales membres du groupement. »

Note Le groupement d'employeurs, auquel les salariés sont liés par des contrats de travail, est débiteur des sommes qui leur sont dues à ce titre. Mais, en cas de liquidation judiciaire de l'employeur, l'AGS doit faire l'avance des sommes nécessaires au règlement des créances résultant de la rupture des contrats de travail, peu important que les associés du groupement soient solidairement responsables du passif salarial, dès lors que le représentant des créanciers ne dispose pas des fonds nécessaires (cass. soc. 9 mars 2004, n° 02-41.851, BC V n° 74 ; *RJS* 5/04 n° 542 ; *SSL* 2004 n° 1189, p. 6, note P. Fadeuilhe).

Sous-section 3. Conditions d'emploi et de travail

Art. L. 1253-9. Les contrats de travail conclus par le groupement sont établis par écrit. Ils comportent notamment :
1° Les conditions d'emploi et de rémunération ;
2° La qualification professionnelle du salarié ;

3° La liste des utilisateurs potentiels ;
4° Les lieux d'exécution du travail.

(L. 2011-893 du 28 juil. 2011, art. 31, entrée en vigueur le 01.11.2011, JO 29) « Ils garantissent l'égalité de traitement en matière de rémunération, d'intéressement, de participation et d'épargne salariale entre le salarié du groupement et les salariés des entreprises auprès desquelles il est mis à disposition. »

Art. L. 1253-10. Les salariés du groupement bénéficient de la convention collective dans le champ d'application de laquelle le groupement a été constitué.

Art. L. 1253-11. Sans préjudice des conventions de branche ou des accords professionnels applicables aux groupements d'employeurs, les organisations professionnelles représentant les groupements d'employeurs et les organisations syndicales de salariés représentatives peuvent conclure des accords collectifs de travail.

Note Cet article a été modifié par la loi 2011-893 du 28 juillet 2011, art. 34, JO 29, entrée en vigueur le 01.11.2011.

Art. L. 1253-12. Pendant la durée de la mise à disposition, l'utilisateur est responsable des conditions d'exécution du travail telles qu'elles sont déterminées par les dispositions légales et conventionnelles applicables au lieu de travail.

Pour l'application de ces dispositions, les conditions d'exécution du travail comprennent limitativement ce qui a trait à :
1° La durée du travail ;
2° Le travail de nuit ;
3° Le repos hebdomadaire et les jours fériés ;
4° La santé et la sécurité au travail ;
5° Le travail des femmes, des enfants et des jeunes travailleurs ;
(L. 2011-893 du 28 juil. 2011, art. 37, entrée en vigueur le 01.11.2011, JO 29) « 6° L'exercice de la fonction de maître d'apprentissage définie à la section 3 du chapitre III du titre II du livre II de la sixième partie. »

Art. L. 1253-13. Les obligations relatives à la médecine du travail sont à la charge du groupement.

Lorsque l'activité exercée par le salarié mis à disposition nécessite une surveillance médicale renforcée au sens de la réglementation relative à la médecine du travail, les obligations correspondantes sont à la charge de l'utilisateur.

Art. L. 1253-14. Les salariés du groupement ont accès dans l'entreprise utilisatrice aux moyens collectifs de transport et aux installations collectives, notamment de restauration, dont peuvent bénéficier les salariés de l'entreprise utilisatrice, dans les mêmes conditions que ces derniers.

Art. L. 1253-15. Un salarié mis à disposition par un groupement d'employeurs peut bénéficier d'une délégation de pouvoir du chef d'entreprise de l'entreprise utilisatrice dans les mêmes conditions qu'un salarié de cette entreprise.

Sous-section 4. Actions en justice

Art. L. 1253-16. Les organisations syndicales représentatives dans l'entreprise utilisatrice ou dans le groupement peuvent exercer en justice les actions civiles nées en vertu des dispositions du présent chapitre en faveur des salariés du groupement.

Elles peuvent exercer ces actions sans avoir à justifier d'un mandat de l'intéressé pourvu que celui-ci ait été averti et n'ait pas déclaré s'y opposer.

Le salarié peut toujours intervenir à l'instance engagée par le syndicat.

SECTION 2. Groupement d'employeurs n'entrant pas dans le champ d'application d'une même convention collective

Art. L. 1253-17. Des personnes n'entrant pas dans le champ d'application de la même convention collective peuvent constituer un groupement d'employeurs à condition de déterminer la convention collective applicable à ce groupement.

Le groupement ainsi constitué ne peut exercer son activité qu'après déclaration auprès de l'autorité administrative qui peut s'opposer à l'exercice de cette activité dans des conditions déterminées par voie réglementaire.

Note Voir P. Fadeuilhe, « Groupement d'employeurs multisectoriel : détermination de la convention collective applicable », *BS Lefebvre* 06/04, p. 307.

Art. L. 1253-18. Sous réserve des dispositions particulières applicables aux groupements d'employeurs mentionnés à l'article L. 1253-17, les dispositions de la section 1 s'appliquent aux groupements d'employeurs n'entrant pas dans le champ d'application d'une même convention collective.

Note Sous l'effet conjugué de rapports parlementaires, notamment celui rédigé en avril 2001 par le sénateur R. Piras, d'expériences réussies et de prises en compte des avantages potentiels, le législateur, dans la loi 2005-157 du 23 février 2005 sur le développement des territoires ruraux (JO 24), a autorisé l'ouverture encadrée des groupements d'employeurs aux collectivités territoriales.

La loi d'orientation agricole 2006-11 du 5 janvier 2006 (JO 6) s'est également inscrite dans cette perspective. La portée de cette réforme va au-delà du domaine des groupements d'employeurs. Elle vise en effet à établir des passerelles sur un même territoire entre le secteur public et le secteur privé autour des questions ayant trait à l'emploi.

P. Fadeuilhe, « L'ouverture des groupements d'employeurs aux collectivités territoriales et à leurs établissements publics », *BS Lefebvre* 12/06, p. 673.

Sous-section 1. Déclaration

Art. D. 1253-4. La déclaration d'activité prévue à l'article L. 1253-17 est adressée au ***(D. 2009-1377 du 10 nov. 2009, JO 13 ; D. 2010-687 du 24 juin 2010, JO 25 ; voir D. 2010-1582 du 17 déc. 2010, JO 18, pour outre-mer)*** « directeur régional des entreprises, de la concurrence, de la consommation, du travail et de l'emploi » du département dans lequel le groupement d'employeurs a son siège social.

Lorsque le contrôle du respect de la législation du travail par les différents membres du groupement relève de plusieurs autorités administratives, la déclaration est adressée au ***(D. 2009-1377 du 10 nov. 2009, JO 13 ; D. 2010-687 du 24 juin 2010, JO 25 ; voir D. 2010-1582 du 17 déc. 2010, JO 18, pour outre-mer)*** « directeur régional des entreprises, de la concurrence, de la consommation, du travail et de l'emploi ».

Cette déclaration, datée et signée par la personne habilitée à cet effet par le groupement, est adressée par lette recommandée avec avis de réception.

Note Cet article a été modifié par le décret 2008-1510 du 30 décembre 2008 (JO 31).

Art. D. 1253-5. La déclaration d'activité du groupement d'employeurs comporte :

1° Les informations mentionnées aux articles D. 1253-1 ;

2° L'intitulé de la convention collective dans le champ d'application de laquelle entre chacun de ses membres ;

3° La convention collective qu'il souhaite appliquer ;

4° Le nombre et la qualification des salariés qu'il envisage d'employer.

Art. D. 1253-6. Le groupement d'employeurs informe le ***(D. 2009-1377 du 10 nov. 2009, JO 13 ; D. 2010-687 du 24 juin 2010, JO 25 ; voir D. 2010-1582 du 17 déc. 2010, JO 18, pour outre-mer)*** « directeur régional des entreprises, de la concurrence, de la consommation, du travail et de l'emploi » de toute modification apportée aux informations mentionnées aux articles D. 1253-1, dans un délai d'un mois à compter de la modification.

Le groupement adresse une nouvelle déclaration lorsqu'il envisage de changer de convention collective.

Sous-section 2. Opposition

Art. D. 1253-7. Lorsque la convention collective choisie par le groupement d'employeurs n'apparaît pas adaptée aux classifications professionnelles, aux niveaux d'emploi des salariés ou à l'activité des différents membres du groupement, ou lorsque les dispositions légales relatives aux groupements d'employeurs ne sont pas respectées au moment de la déclaration, l'autorité administrative dispose d'un délai d'un mois à compter de la réception de la déclaration pour notifier au groupement qu'elle s'oppose à l'exercice de son activité.

La notification est adressée par lettre recommandée avec avis de réception.

À défaut d'opposition notifiée dans le délai prévu au premier alinéa, le groupement peut exercer son activité.

Art. D. 1253-8. À tout moment, l'autorité administrative peut, par décision motivée, notifier son opposition à l'exercice de l'activité du groupement d'employeurs :

1° Lorsque cet exercice ne respecte pas les dispositions légales relatives aux groupements d'employeurs ;

2° Lorsque les stipulations de la convention collective choisie ne sont pas respectées ou lorsque celle-ci a été dénoncée ;

3° Lorsqu'il n'est plus satisfait aux conditions prévues au premier alinéa de l'article D. 1253-7.

Art. D. 1253-9. Lorsque le contrôle de l'application de la législation du travail par les différents membres du groupement d'employeurs relève de plusieurs autorités administratives, le ***(D. 2009-1377 du 10 nov. 2009, JO 13 ; D. 2010-687 du 24 juin 2010, JO 25 ; voir D. 2010-1582 du 17 déc. 2010, JO 18, pour outre-mer)*** « directeur régional des entreprises, de la concurrence, de la consommation, du travail et de l'emploi » ne peut s'opposer à l'exercice de l'activité du groupement qu'après avoir recueilli l'accord des autres autorités administratives compétentes.

Art. D. 1253-10. Le groupement d'employeurs est informé au préalable des motifs de l'opposition envisagée à la poursuite de son activité et invité à présenter ses observations dans un délai d'un mois suivant la réception de cet avis.

Art. D. 1253-11. La décision d'opposition fixe le délai dans lequel il cesse son activité. Ce délai ne peut être supérieur à trois mois.

La décision lui est notifiée par lettre recommandée avec avis de réception.

Sous-section 3. Recours administratif

Art. R. 1253-12. La décision d'opposition peut faire l'objet d'un recours auprès du ***(D. 2009-1377 du 10 nov. 2009, JO 13 ; D. 2010-687 du 24 juin 2010, JO 25 ; voir D. 2010-1582 du 17 déc. 2010, JO 18, pour outre-mer)*** « directeur régional des entreprises, de la concurrence, de la consommation, du travail et de l'emploi ».

Lorsque le contrôle du respect de la réglementation du travail par les membres du groupement relève de plusieurs autorités administratives, le recours est exercé auprès du ***(D. 2009-1377 du 10 nov. 2009, JO 13 ; D. 2010-687 du 24 juin 2010, JO 25 ; voir D. 2010-1582 du 17 déc. 2010, JO 18, pour outre-mer)*** « directeur régional des entreprises, de la concurrence, de la consommation, du travail et de l'emploi », qui prend sa décision après accord de ces autorités.

Note Les articles R. 1253-12 et 19 ont été modifiés par le décret 2008-1503 du 30 décembre 2008 (JO 31).

Art. R. 1253-13. Le recours prévu à l'article R. 1253-12 est formé dans un délai d'un mois à compter de la notification de la décision contestée.

La décision est notifiée au demandeur par lettre recommandée avec avis de réception dans un délai d'un mois à compter de la réception du recours.

À défaut de notification dans ce délai, le recours est réputé rejeté.

Groupement d'employeurs pour le remplacement de chefs d'exploitation agricole ou d'entreprises artisanales, industrielles ou commerciales ou de personnes physiques exerçant une profession libérale

Objet et adhésion

Art. R. 1253-14. Un groupement d'employeurs peut être constitué pour mettre des remplaçants à la disposition :

1° De chefs d'exploitations ou d'entreprises mentionnées aux 1° à 4° de l'article L. 722-1 du code rural ***(Ord. 2010-462 du 6 mai 2010, JO 7)*** « et de la pêche maritime » ;

2° Des chefs d'entreprises artisanales, industrielles ou commerciales ;

3° Des personnes physiques exerçant une profession libérale et des membres non salariés de leur famille travaillant sur l'exploitation ou dans l'entreprise et de leurs salariés.

Art. R. 1253-15. Le groupement d'employeurs mentionné à l'article R. 1253-14 a pour activité principale le remplacement des personnes mentionnées à cet article en cas :

1° Soit d'empêchement temporaire résultant de maladie, d'accident, de maternité ou de décès ;

2° Soit d'absences temporaires liées aux congés de toute nature, au suivi d'une action de formation professionnelle ou à l'exercice d'un mandat professionnel, syndical ou électif.

Art. R. 1253-16. L'activité principale du groupement d'employeurs représente au moins 80 % des heures de travail accomplies dans l'année civile par les salariés du groupement.

Art. R. 1253-17. Les personnes mentionnées à l'article R. 1253-14 dont l'exploitation, l'entreprise ou le local professionnel est situé dans le ressort géographique du groupement d'employeurs, tel que précisé dans les statuts, ont seules vocation à y adhérer.

Art. R. 1253-18. Seules les personnes mentionnées à l'article R. 1253-14 ayant adhéré au groupement peuvent bénéficier de la mise à disposition d'un salarié par ce dernier.

Agrément

§ 1. Demande d'agrément

Art. R. 1253-19. Le groupement d'employeurs adresse une demande d'agrément au ***(D. 2009-1377 du 10 nov. 2009, JO 13 ; D. 2010-687 du 24 juin 2010, JO 25 ; voir D. 2010-1582 du 17 déc. 2010, JO 18, pour outre-mer)*** « directeur régional des entreprises, de la concurrence, de la consommation, du travail et de l'emploi » du département dans lequel le groupement d'employeurs a son siège social.

Lorsque le contrôle du respect de la législation du travail par les différents membres du groupement relève de plusieurs autorités administratives, la déclaration est adressée au ***(D. 2009-1377 du 10 nov. 2009, JO 13 ; D. 2010-687 du 24 juin 2010, JO 25 ; voir D. 2010-1582 du 17 déc. 2010, JO 18, pour outre-mer)*** « directeur régional des entreprises, de la concurrence, de la consommation, du travail et de l'emploi ».

Art. R. 1253-20. Sont joints à la demande d'agrément, les renseignements et les documents énumérés aux 1° à 5° de l'article D. 1253-1 ainsi que la convention collective que le groupement d'employeurs envisage d'appliquer.

La demande d'agrément est datée et signée par la personne habilitée à cet effet par le groupement.

Elle est adressée dans le mois suivant sa constitution, par lettre recommandée avec avis de réception.

§ 2. Délivrance de l'agrément

Art. R. 1253-21. Pour être agréé, le groupement d'employeurs doit répondre aux conditions suivantes :

1° La convention collective qu'il entend appliquer doit être la mieux adaptée à l'activité de ses différents membres et aux emplois exercés par ses salariés ;

2° Ses statuts doivent définir la zone géographique d'exécution des contrats de travail des salariés qu'il envisage d'employer et prévoir que ces contrats contiendront des clauses prenant en compte les sujétions liées aux changements de lieux d'emploi et à la durée des missions de ces salariés.

Art. L. 1253-18.

Art. R. 1253-22. L'autorité administrative dispose d'un délai d'un mois suivant la réception de la demande d'agrément pour notifier sa décision au groupement d'employeurs. En cas de refus, la décision est motivée.

Cette notification est adressée par lettre recommandée avec avis de réception.

À défaut de notification dans le délai d'un mois suivant la réception de la demande, l'agrément est réputé refusé.

Art. R. 1253-23. Les organisations d'employeurs et de salariés représentatives dans le champ de la convention collective choisie sont informées par l'autorité administrative des agréments délivrés.

Art. R. 1253-24. Le groupement d'employeurs fait connaître ultérieurement à l'autorité administrative toute modification des informations mentionnées aux 1° à 3° de l'article D. 1253-1 dans un délai d'un mois suivant la modification.

Art. R. 1253-25. Le groupement d'employeurs tient en permanence à la disposition de l'autorité administrative tous les documents permettant à celle-ci de vérifier, pour chaque adhérent du groupement, les indications mentionnées au 5° de l'article D. 1253-1 et de connaître le motif, le lieu et la durée des interventions de chacun des salariés du groupement.

Ces justificatifs sont conservés pendant une durée minimale de cinq ans suivant l'année civile au cours de laquelle ils ont été établis, sous réserve des dispositions légales plus contraignantes.

Art. R. 1253-26. L'autorité administrative peut demander au groupement d'employeurs de choisir une autre convention collective lorsque celle qui est appliquée n'apparaît plus adaptée à l'activité des différents membres du groupement ou aux emplois exercés par les salariés, ou lorsque cette convention a cessé de produire effet.

§ 3. Retrait d'agrément

Art. R. 1253-27. L'autorité administrative peut mettre fin à l'agrément du groupement, par décision motivée :

1° Lorsque ne sont pas respectées les dispositions légales relatives aux groupements d'employeurs ;

2° Lorsque les stipulations de la convention collective choisie ne sont pas respectées ;

3° Lorsque le groupement ne donne pas suite à la demande de l'autorité administrative de choisir une nouvelle convention collective en application de l'article R. 1253-26.

Art. R. 1253-28. Le groupement d'employeurs est informé au préalable des motifs du projet de retrait de l'agrément et invité à présenter ses observations dans un délai d'un mois suivant la réception de l'avis.

Art. R. 1253-29. La décision de retrait d'agrément est notifiée au groupement d'employeurs par lettre recommandée avec avis de réception.

Le groupement cesse son activité dans un délai fixé par la décision de retrait. Ce délai ne peut dépasser trois mois.

§ 4. Recours hiérarchique

Art. R. 1253-30. Les décisions de délivrance d'agrément, de changement de convention collective et de retrait d'agrément du groupement d'employeurs peuvent faire l'objet d'un recours auprès de l'autorité mentionnée à l'article R. 1253-12 dans un délai d'un mois à compter de la notification de la décision contestée.

Art. R. 1253-31. L'autorité administrative saisie d'un recours dispose d'un délai de quinze jours pour prendre sa décision à compter de sa saisine.

Art. R. 1253-32. Lorsque le contrôle du respect de la réglementation du travail par les membres du groupement relève de plusieurs autorités administratives, la décision est prise par le ***(D. 2009-1377 du 10 nov. 2009, JO 13 ; D. 2010-687 du 24 juin 2010, JO 25 ; voir D. 2010-1582 du 17 déc. 2010, JO 18, pour outre-mer)*** « directeur régional des entreprises, de la concurrence, de la consommation, du travail et de l'emploi » après accord de ces autorités.

Art. R. 1253-33. La décision est notifiée au requérant par lettre recommandée avec avis de réception dans un délai d'un mois à compter de la réception du recours.

À défaut de notification dans ce délai, le recours est réputé rejeté.

Contrats de travail

Art. R. 1253-34. Dans les contrats de travail conclus par le groupement d'employeurs mentionnés à l'article R. 1253-14, la zone géographique d'exécution du contrat de travail vaut mention de la liste des utilisateurs potentiels.

Les contrats de travail prévoient des déplacements limités.

Groupements d'employeurs constitués au sein d'une société coopérative existante

Constitution

Art. R. 1253-35. La société coopérative qui entend développer l'activité de groupement d'employeurs prévue à l'article L. 1253-1 mentionne dans ses statuts, préalablement à son exercice effectif, cette activité ainsi que la responsabilité solidaire des associés pour les dettes qui en résulte à l'égard des salariés et des organismes créanciers de cotisations obligatoires.

Art. R. 1253-36. Les moyens de toute nature affectés au groupement d'employeurs constitué au sein d'une coopérative sont identifiés à l'intérieur de la société coopérative et la comptabilité afférente à ses opérations est séparée.

Art. R. 1253-37. La société coopérative déclare l'exercice d'une activité de groupement d'employeurs selon les modalités prévues aux articles D. 1253-1 à D. 1253-3.

Elle précise l'organisation qu'elle entend mettre en œuvre pour respecter les obligations de la présente section.

Conditions d'emploi et de travail

Art. R. 1253-38. La société coopérative peut recruter des salariés soit pour les affecter exclusivement à l'activité de groupement d'employeurs, soit pour les affecter à la fois à cette activité et à ses autres activités.

Art. R. 1253-39. Les dispositions des articles L. 1253-9 et L. 1253-10 s'appliquent au contrat de travail des salariés de la société coopérative dès lors qu'ils sont affectés, même partiellement, à l'activité de groupement d'employeurs.

Art. R. 1253-40. La société coopérative peut :

1° Mettre à la disposition de l'un des membres du groupement d'employeurs un des salariés qu'elle emploie qui n'est pas affecté à cette activité ;

2° Utiliser pour ses besoins propres un salarié affecté à l'activité de groupement d'employeurs.

Art. R. 1253-41. Dans les cas prévus à l'article R. 1253-40, l'employeur remet au salarié, par lettre recommandée ou par lettre remise contre récépissé, une proposition écrite d'avenant à son contrat de travail mentionnant la durée du changement d'affectation.

Cette lettre précise que le salarié dispose d'un délai de quinze jours à compter de sa réception pour faire connaître sa décision.

L'absence de réponse du salarié dans ce délai vaut refus de cette proposition.

L'employeur ne peut tirer aucune conséquence de ce refus sur la situation du salarié.

Art. R. 1253-42. Dans le cas d'une mise à disposition du salarié, prévue au 1° de l'article R. 1253-40, l'avenant comporte également les clauses prévues à l'article L. 1253-9.

SECTION 3. Groupement d'employeurs composé d'adhérents de droit privé et de collectivités territoriales

Art. L. 1253-19. Dans le but de favoriser le développement de l'emploi sur un territoire, des personnes de droit privé peuvent créer, avec des collectivités territoriales et leurs établissements publics, des groupements d'employeurs constitués sous la forme d'associations régies par la loi du 1er juillet 1901 relative au contrat d'association ou, dans les départements de la Moselle, du Bas-Rhin et du Haut-Rhin, d'associations régies par le code civil local ou de coopératives artisanales.

Art. L. 1253-20.

Les collectivités territoriales et leurs établissements publics ne peuvent constituer plus de la moitié des membres des groupements créés en application du présent article.

Art. L. 1253-20. ***(L. 2011-893 du 28 juil. 2011, art. 38, entrée en vigueur le 01.11.2011, JO 29)*** Les tâches confiées aux salariés du groupement mis à disposition d'une collectivité territoriale ne peuvent constituer l'activité principale du groupement. Le temps consacré par chaque salarié aux tâches effectuées pour le compte des collectivités territoriales adhérentes ne peut excéder, sur l'année civile, la moitié de la durée du travail contractuelle ou conventionnelle ou, à défaut, légale, calculée annuellement.

Art. L. 1253-21. Dans les conditions prévues au 8° de l'article 214 du code général des impôts, le groupement organise la garantie de ses dettes à l'égard des salariés et des organismes créanciers de cotisations obligatoires.

Art. L. 1253-22. Sous réserve des dispositions de la présente section, les dispositions des sections 1 et 2 s'appliquent aux groupements d'employeurs composés d'adhérents de droit privé et de collectivités territoriales.

Art. L. 1253-23. Un décret en Conseil d'État détermine les modalités de choix de la convention collective applicable au groupement ainsi que les conditions d'information de l'autorité administrative de la création du groupement.

Art. R. 1253-43. Lorsque les adhérents de droit privé du groupement d'employeurs comprenant des collectivités territoriales entrent dans le champ de la même convention collective, celle-ci s'applique au groupement constitué en application de l'article L. 1253-19.

Dans le cas contraire, tous les adhérents choisissent la convention collective qu'ils souhaitent voir appliquée par le groupement, sous réserve des dispositions de l'article D. 1253-7.

Art. R. 1253-44. La compétence de l'autorité administrative pour l'information prévue à l'article D. 1253-1 et la déclaration prévue aux articles D. 1253-4 et D. 1253-6 est appréciée en fonction des activités des seuls adhérents de droit privé.

[Sanctions pénales]

Art. L. 1254-13. Le fait de méconnaître les dispositions des articles L. 1253-1 à L. 1253-10 et L. 1253-17, est puni d'une amende de 3750 €.

La récidive est punie d'un emprisonnement de six mois et d'une amende de 7500 €.

La juridiction peut également ordonner, à titre de peine complémentaire, l'affichage du jugement aux frais de la personne condamnée, à la porte du siège du groupement et aux portes des entreprises utilisatrices, dans les conditions prévues à l'article 131-35 du code pénal, et son insertion, intégrale ou par extraits, dans les journaux qu'elle désigne. Ces frais ne peuvent excéder le montant maximum de l'amende encourue.

Art. R. 1254-8. Le fait, pour la personne responsable de la gestion des installations ou des moyens de transports collectifs dans l'entreprise utilisatrice, d'empêcher un salarié temporaire d'avoir accès, dans les mêmes conditions que les salariés de cette entreprise, à ces équipements collectifs, en méconnaissance des dispositions de l'article L. 1253-14, est puni de l'amende prévue pour les contraventions de la cinquième classe.

La récidive de la contravention prévue au présent article est réprimée conformément aux articles 132-11 et 132-15 du code pénal.

Art. R. 1254-9. Le fait, pour la personne mentionnée à l'article D. 1253-2 et au dernier alinéa de l'article D. 1253-4, de transmettre des informations inexactes ou de ne pas faire connaître leur modification dans le délai fixé à ces articles, est puni de l'amende prévue pour les contraventions de la deuxième classe.

CHAPITRE IV

Dispositions pénales

Les articles législatifs et réglementaires ont été insérés à la fin de chacun des chapitres auxquels ils se rapportent.

TITRE VI

SALARIÉS DÉTACHÉS TEMPORAIREMENT PAR UNE ENTREPRISE NON ÉTABLIE EN FRANCE

CHAPITRE Ier

Dispositions générales

Note Voir circ. DGT 2008/17 du 5 octobre 2008 (BO TR 2008/11 du 30 nov. 2008) relative au détachement transnational de travailleurs en France dans le cadre d'une prestation de services ; J-Ph. Lhernould, « La loi du 2 août 2005 et le détachement transnational des travailleurs », *Dr. Soc.* 2005, p. 1191 ; J-Ph. Lhernould, « La Cour de Justice continue de modeler le statut social du travailleur détaché », *RJS* 10/07, p. 786, traitant notamment du statut des intérimaires détachés dans un autre État membre et de la rédaction de documents dans la langue de l'État d'accueil ; G. Jazottes et M-C Amauger-Lattes, « Libre prestation de services et circulation des travailleurs : entre concurrence et droit social », *RJS* 11/2007, pp. 911 et s. ; E. Lafuma, « Droit de mener une action collective et liberté de prestation de services », *RJS* 3/08 p. 179 ; N. Moizard, « La directive 96/71 du 16 décembre 1996 concernant le détachement des travailleurs dans le cadre d'une prestation de services : un noyau dur protecteur ? », *Dr. Soc.* 2008 p. 866 ; J-Ph. Lhernould, « La Cour de Justice de l'UE est-elle antisociale ? », *RJS* 7/10, p. 507.

Voir directive 96/71/CE du 16 décembre 1996 modifiée, dans « Code annoté européen du travail », *Groupe Revue Fiduciaire*, éd. 2010, p. 1055 et résolution européenne n° 111 du 11 mai 2011 sur le détachement des travailleurs efectué dans le cadre d'une prestation de services.

Art. L. 1261-1. Les dispositions du présent titre sont applicables sous réserve, le cas échéant, de celles des traités, conventions ou accords régulièrement ratifiés ou approuvés et publiés, et notamment des traités instituant les communautés européennes ainsi que de celles des actes des autorités de ces communautés pris pour l'application de ces traités.

Note Selon l'article L. 322-1 CESEDA, pour exercer en France une activité professionnelle salariée, les étrangers doivent se conformer aux articles L. 311-13 et 14 de ce code ainsi qu'aux articles L. 1261-1, L. 5221-1 à 3, L. 5221-5, L. 5221-7, L. 5523-1 à 3 et L. 8323-2 CT.

Art. L. 1261-2. Les obligations et interdictions qui s'imposent aux entreprises françaises lorsqu'elles font appel à des prestataires de services, notamment celles relatives au travail illégal mentionnées à l'article L. 8211-1, s'appliquent dans les mêmes conditions lorsque les prestations de services sont réalisées par des entreprises établies hors de France détachant du personnel sur le territoire national, selon des modalités définies par décret en Conseil d'État.

Art. L. 1261-3. Est un salarié détaché au sens du présent titre tout salarié d'un employeur régulièrement établi et exerçant son activité hors de France et qui, travaillant habituellement pour le compte de celui-ci, exécute son travail à la demande de cet employeur pendant une durée limitée sur le territoire national dans les conditions définies aux articles L. 1262-1 et L. 1262-2.

Art. R. 1261-1. Les employeurs mentionnés aux articles L. 1262-1 et L. 1262-2 sont soumis, pour leurs salariés détachés, y compris les mannequins et les personnels artistiques et techniques des entreprises de spectacle, aux dispositions légales et aux stipulations conventionnelles dans les matières énumérées à l'article L. 1262-4, sous réserve des conditions ou modalités particulières d'application définies au chapitre II.

Art. R. 1261-2. Les conventions et accords de travail collectifs français étendus dont bénéficient les salariés employés par les entreprises établies en France exerçant une activité principale identique au travail accompli par les travailleurs détachés sur le territoire français s'appliquent à ces salariés.

CHAPITRE II

Conditions de détachement et réglementation applicable

SECTION 1. Conditions de détachement

Art. L. 1262-1. Un employeur établi hors de France peut détacher temporairement des salariés sur le territoire national, à condition qu'il existe un contrat de travail entre cet employeur et le salarié et que leur relation de travail subsiste pendant la période de détachement.

Le détachement est réalisé :

1° Soit pour le compte de l'employeur et sous sa direction, dans le cadre d'un contrat conclu entre celui-ci et le destinataire de la prestation établi ou exerçant en France ;

2° Soit entre établissements d'une même entreprise ou entre entreprises d'un même groupe ;

3° Soit pour le compte de l'employeur sans qu'il existe un contrat entre celui-ci et un destinataire.

Art. L. 1262-2. Une entreprise exerçant une activité de travail temporaire établie hors du territoire national peut détacher temporairement des salariés auprès d'une entreprise utilisatrice établie ou exerçant sur le territoire national, à condition qu'il existe un contrat de travail entre l'entreprise étrangère et le salarié et que leur relation de travail subsiste pendant la période de détachement.

Art. L. 1262-3. Un employeur ne peut se prévaloir des dispositions applicables au détachement de salariés lorsque son activité est entièrement orientée vers le territoire national ou lorsqu'elle est réalisée dans des locaux ou avec des infrastructures situées sur le territoire national à partir desquels elle est exercée de façon habituelle, stable et continue. Il ne peut notamment se prévaloir de ces dispositions lorsque son activité comporte la recherche et la prospection d'une clientèle ou le recrutement de salariés sur ce territoire.

Dans ces situations, l'employeur est assujetti aux dispositions du code du travail applicables aux entreprises établies sur le territoire national.

Note • « L'article L. 342-4 du code du travail (actuel art. L. 1262-3) est applicable aux entreprises de transport aérien au titre de leurs bases d'exploitation situées sur le territoire français. Une base d'exploitation est un ensemble de locaux ou d'infrastructures à partir desquels une entreprise exerce de façon stable, habituelle et continue une activité de transport aérien avec des salariés qui y ont le centre effectif de leur activité professionnelle. Au sens des dispositions qui précèdent, le centre de l'activité professionnelle d'un salarié est le lieu où, de façon habituelle, il travaille ou celui où il prend son service et retourne après l'accomplissement de sa mission » (c. aviation civile, art. R. 330-2-1, décret 2006-1425 du 21 novembre 2006, JO 23).

• Le salarié détaché par une entreprise établie au Royaume-Uni pour être mis temporairement à la disposition d'une société exerçant son activité en France n'accomplit pas habituellement son travail dans ce pays et l'article 6, § 2 a) de la Convention de Rome du 19 juin 1980 ne conduit pas à appliquer à la rupture du contrat de travail la loi française (cass. soc. 18 janvier 2011, n° 09-43.190, BC V n° 22 ; *RJS* 4/11 n° 376).

SECTION 2. Réglementation applicable

Art. L. 1262-4. Les employeurs détachant temporairement des salariés sur le territoire national sont soumis aux dispositions légales et aux stipulations conventionnelles applicables aux salariés employés par les entreprises de la même branche d'activité établies en France, en matière de législation du travail, pour ce qui concerne les matières suivantes :

1° Libertés individuelles et collectives dans la relation de travail ;

2° Discriminations et égalité professionnelle entre les femmes et les hommes ;

3° Protection de la maternité, congés de maternité et de paternité, congés pour événements familiaux ;

4° Conditions de mise à disposition et garanties dues aux salariés par les entreprises exerçant une activité de travail temporaire ;

5° Exercice du droit de grève ;

6° Durée du travail, repos compensateurs, jours fériés, congés annuels payés, durée du travail et travail de nuit des jeunes travailleurs ;

7° Conditions d'assujettissement aux caisses de congés et intempéries ;

8° Salaire minimum et paiement du salaire, y compris les majorations pour les heures supplémentaires ;

9° Règles relatives à la santé et sécurité au travail, âge d'admission au travail, emploi des enfants ;

10° Travail illégal.

Art. L. 1262-5. Un décret en Conseil d'État détermine :

1° Les conditions et modalités d'application des dispositions relevant des matières énumérées à l'article L. 1262-4 ;

2° Les conditions dans lesquelles des formalités déclaratives sont exigées des prestataires étrangers ;

3° Les dispenses de formalités dont ils bénéficient.

Maladie et accident

Art. R. 1262-1. Lorsque la durée du détachement en France est supérieure à un mois, les dispositions relatives aux absences pour maladie ou accident, prévues à l'article L. 1226-1, sont applicables aux salariés détachés.

Art. R. 1262-2. Lorsqu'un salarié détaché non affilié à un régime français de sécurité sociale est victime d'un accident du travail, une déclaration est envoyée à l'inspection du travail du lieu de survenance de cet accident, dans les quarante-huit heures, non compris les dimanches et les jours fériés, par lettre recommandée avec avis de réception.

Lorsque le salarié est détaché dans les conditions prévues au 3° de l'article L. 1262-1, cette déclaration est envoyée par l'employeur ou l'un de ses représentants.

S'il est détaché selon les modalités prévues aux 1° et 2° de l'article L. 1262-1, l'entreprise utilisatrice ou le donneur d'ordre accomplit la déclaration.

Droit d'expression

Art. R. 1262-3. Les dispositions relatives au droit d'expression, prévues par les articles L. 2281-1 à L. 2281-4, sont applicables aux salariés détachés dans les conditions prévues au 2° de l'article L. 1262-1.

Art. L. 1262-5.

Durée du travail, repos et congés

Art. R. 1262-4. Lorsque la durée du détachement en France est supérieure à un mois, les dispositions relatives au chômage des jours fériés, prévues à l'article L. 3133-3, sont applicables aux salariés détachés.

Art. R. 1262-5. Ne sont pas applicables aux salariés détachés les dispositions relatives :

1° Au congé de solidarité familiale, prévues par les articles L. 3142-16 à L. 3142-21 ;

2° Au congé de soutien familial, prévues par les articles L. 3142-22 à L. 3142-31 ;

3° Au congé de solidarité internationale, prévues par les articles L. 3142-32 à L. 3142-40 ;

4° Au congé de formation de cadres et d'animateurs pour la jeunesse, prévues par les articles L. 3142-43 à L. 3142-46 ;

5° Au congé mutualiste de formation, prévues par les articles L. 3142-47 à L. 3142-50 ;

6° Au congé de représentation, prévues par les articles L. 3142-51 à L. 3142-55 ;

7° Au compte épargne-temps, prévues par les articles L. 3151-1 à L. 3154-3.

Art. R. 1262-6. Les dispositions spécifiques relatives à la durée du travail et au repos qui figurent aux chapitres III et IV du titre premier du livre VII du code rural ***(Ord. 2010-462 du 6 mai 2010, JO 7)*** « et de la pêche maritime » sont applicables aux salariés détachés dans les entreprises qui exercent une activité mentionnée à l'article L. 713-1 de ce code.

Salaire

Art. R. 1262-7. Lorsque la durée du détachement en France est supérieure à un mois, les dispositions relatives à la mensualisation, prévues aux articles L. 3242-1 et L. 3242-2, sont applicables aux salariés détachés.

Art. R. 1262-8. Les allocations propres au détachement sont regardées comme faisant partie du salaire minimal.

Toutefois, les sommes versées à titre de remboursement des dépenses effectivement encourues à cause du détachement ainsi que les dépenses engagées par l'employeur du fait du détachement telles que les dépenses de voyage, de logement ou de nourriture en sont exclues et ne peuvent être mises à la charge du salarié détaché.

Santé au travail

Art. R. 1262-9. Sont applicables, sous réserve des dispositions des articles R. 1262-10 à R. 1262-15, les dispositions relatives :

1° À la prise en charge des dépenses afférentes aux services de santé au travail, prévue par l'article L. 4622-6 ;

2° À la constatation de l'aptitude médicale du salarié par le médecin du travail, prévue par l'article L. 4642-1 ;

3° Aux missions du médecin du travail, prévues par l'article R. 4623-1 ;

4° À l'action du médecin du travail sur le milieu de travail, prévue aux articles R. 4624-1 à D. 4624-46 ;

5° Aux examens médicaux périodiques, prévus par les articles R. 4624-16 à R. 4624-18 ;

6° À la surveillance médicale renforcée, prévue par les articles R. 4624-19 et R. 4624-20 ;

7° À l'examen médical de reprise du travail, prévu par les articles R. 4624-21 à R. 4624-24 ;

8° Aux examens complémentaires, prévus par les articles R. 4624-25 à R. 4624-27 ;

9° Au déroulement des examens médicaux prévus par les articles R. 4624-28 à R. 4624-30 ;

10° À la déclaration d'inaptitude médicale du salarié, prévue par les articles R. 4624-31 et R. 4624-32 ;

11° Au plan d'activité du médecin du travail, prévu par les articles D. 4624-33 à D. 4624-36 ;

12° À la fiche d'entreprise, prévue par les articles D. 4624-37 à D. 4624-41 ;

13° Au dossier médical et aux fiches médicales, prévus par les articles D. 4624-46 à D. 4624-49.

Dans les services de santé au travail, les établissements de santé, sociaux et médico-sociaux, les dispositions prévues par les articles R. 4623-1 à R. 4626-19, R. 4626-21, R. 4626-25 à D. 4626-32 sont applicables.

Dans les professions agricoles, les dispositions des articles R. 717-3 à R. 717-12, R. 717-15 à R. 717-30 du code rural ***(Ord. 2010-462 du 6 mai 2010, JO 7)*** « et de la pêche maritime » sont applicables.

Art. R. 1262-10. Le salarié détaché bénéficie des prestations d'un service de santé au travail, sauf si l'employeur, établi dans un État membre de l'Union européenne, partie à l'accord sur l'Espace économique européen ou dans la Confédération helvétique, prouve que ce salarié est soumis à une surveillance équivalente dans son pays d'origine.

Art. R. 1262-11. Dans les cas prévus aux 1° et 2° de l'article L. 1262-1 et à l'article L. 1262-2, l'entreprise utilisatrice ou le donneur d'ordre prend en charge l'organisation matérielle des obligations relatives à la santé au travail du salarié dans le cadre de son service de santé au travail.

Art. R. 1262-12. Dans le cas prévu au 3° de l'article L. 1262-1 et lorsque l'entreprise étrangère intervient pour le compte d'un particulier, celle-ci adhère au service de santé au travail interentreprises territorialement et professionnellement compétent.

Art. R. 1262-13. Le premier examen médical périodique a lieu avant la prise de poste.

Sont considérés comme examens périodiques, y compris le premier, les examens équivalents pratiqués dans un État membre de l'Union européenne, partie à l'accord sur l'Espace économique européen ou dans la Confédération helvétique.

Art. R. 1262-14. L'entreprise étrangère bénéficie de l'action du médecin du travail sur le milieu de travail.

Dans le cas prévu au 3° de l'article L. 1262-1 et lorsque l'entreprise intervient pour le compte d'un particulier, cette action n'a lieu que sur demande de l'entreprise étrangère.

Art. R. 1262-15. Dans les cas prévus aux 1° et 2° de l'article L. 1262-1 et à l'article L. 1262-2, les documents et informations transmis à l'employeur le sont également à l'entreprise utilisatrice ou au donneur d'ordre.

Travail temporaire

Art. R. 1262-16. Les dispositions du chapitre premier du titre V relatives au travail temporaire sont applicables aux salariés détachés dans le cadre d'une mise à disposition au titre du travail temporaire, à l'exception des articles L. 1251-32 et L. 1251-33 pour les salariés titulaires d'un contrat de travail à durée indéterminée dans leur pays d'origine.

Art. R. 1262-17. Pour l'application de l'obligation de garantie financière prévue aux articles L. 1251-49 et L. 1251-50, ***(D. 2009-289 du 13 mars 2009, JO 15)*** « alinéas 2 et 3 » à L. 1251-53 aux entreprises de travail temporaire qui détachent un salarié en France, la garantie assure le paiement aux salariés détachés, pendant toute la période de leur travail sur le territoire français, des salaires et de leurs accessoires, ainsi que des indemnités résultant du chapitre premier du titre V.

Art. R. 1262-18. Les garanties souscrites dans leur pays d'origine par les entreprises établies dans un État membre de l'Union européenne, partie à l'accord sur l'Espace économique européen ou dans la Confédération helvétique peuvent être regardées comme équivalentes à la garantie financière prévue à l'article R. 1262-17 si elles assurent la même protection aux salariés concernés.

CHAPITRE III

Contrôle

Art. L. 1263-1. Les agents de contrôle mentionnés à l'article L. 8112-1 et les autorités chargées de la coordination de leurs actions sont habilités à se communiquer réciproquement tous les renseignements et documents nécessaires pour faire appliquer les dispositions du présent titre.

Ils peuvent également communiquer ces renseignements et documents aux agents investis de pouvoirs analogues dans les États étrangers et aux autorités chargées de la coordination de leurs actions dans ces États.

Art. L. 1263-2. La nature des informations communicables et les conditions dans lesquelles est assurée la protection des données à caractère personnel sont précisées par décret en Conseil d'État.

Note Voir CJUE 7 octobre 2010, aff. C-515/08, note J-Ph. Lhernould, « Détachement transnational de travailleurs : détermination du pouvoir de contrôle a priori de l'État d'accueil », *RJS* 1/11 p. 12.

Art. L. 1263-2.

SECTION 1. **Dispositions communes**

Art. R. 1263-1. L'employeur établi hors de France présente sans délai, à la demande de l'inspection du travail du lieu où est accomplie la prestation :

1° Dans le cas où son entreprise est établie en dehors de l'Union européenne, le document attestant la régularité de sa situation sociale au regard d'une convention internationale de sécurité sociale ou, à défaut, l'attestation de fourniture de déclaration sociale émanant de l'organisme français de protection sociale chargé du recouvrement des cotisations sociales lui incombant et datant de moins de six mois ;

2° Le cas échéant, l'autorisation de travail permettant au ressortissant d'un État tiers d'exercer une activité salariée ;

3° Le cas échéant, le document attestant d'un examen médical dans le pays d'origine équivalent à celui prévu à l'article R. 1262-13 ;

4° Lorsque la durée du détachement est supérieure ou égale à un mois, les bulletins de paie de chaque salarié détaché ou tout document équivalent attestant de la rémunération et comportant les mentions suivantes :

a) Salaire minimum et paiement du salaire, y compris les majorations pour les heures supplémentaires ;

b) Période et horaires de travail auxquels se rapporte le salaire en distinguant les heures payées au taux normal et celles comportant une majoration ;

c) Congés et jours fériés, et éléments de rémunération s'y rapportant ;

d) Conditions d'assujettissement aux caisses de congés et intempéries, le cas échéant ;

e) S'il y a lieu, l'intitulé de la convention collective de branche applicable au salarié ;

5° Lorsque la durée du détachement est inférieure à un mois, tout document apportant la preuve du respect de la rémunération minimale.

Art. R. 1263-2. Les documents mentionnés à l'article R. 1263-1 sont traduits en langue française.

Pour les entreprises qui ne sont pas établies dans un État membre de l'Union européenne dont la monnaie est l'euro, les sommes sont converties en euros.

SECTION 2. **Déclaration de détachement**

Art. R. 1263-3. L'employeur qui détache un ou plusieurs salariés, dans les conditions prévues au 1° et au 3° de l'article L. 1262-1, adresse à l'inspection du travail du lieu où s'effectue la prestation, ou du premier lieu de l'activité si elle doit se poursuivre dans d'autres lieux, une déclaration comportant les éléments suivants :

1° Le nom ou la raison sociale ainsi que l'adresse de l'entreprise ou de l'établissement qui emploie habituellement le ou les salariés, la forme juridique de l'entreprise, les références de son immatriculation à un registre professionnel, l'activité principale de l'entreprise, l'identité du ou des dirigeants ;

2° L'adresse du ou des lieux successifs où doit s'accomplir la prestation, l'identité et l'adresse du représentant de l'entreprise en France pour la durée de la prestation, la date du début de la prestation et sa durée prévisible, l'activité principale exercée dans le cadre de la prestation, la nature du matériel ou des procédés de travail dangereux utilisés, le nom et l'adresse du donneur d'ordre ;

3° Les nom, prénom, date de naissance et nationalité du salarié détaché, la date de conclusion de son contrat de travail, sa qualification professionnelle, l'emploi qu'il occupe ainsi que le montant de sa rémunération brute mensuelle durant le détachement ;

4° Les heures auxquelles commence et finit le travail ainsi que les heures et la durée des repos des salariés détachés conformément aux dispositions des articles L. 3171-1, premier et deuxième alinéas, et L. 3171-2 ;

5° Le cas échéant, l'adresse du lieu d'hébergement collectif des salariés.

Art. R. 1263-4. Les employeurs qui détachent un ou plusieurs salariés, dans les conditions prévues au 2° de l'article L. 1262-1, adressent à l'inspection du travail du lieu où est accomplie la prestation, ou du premier lieu de l'activité si elle doit se poursuivre dans d'autres lieux, une déclaration comportant les éléments suivants :

1° Le nom ou la raison sociale, l'adresse ainsi que les liens de l'employeur avec l'entreprise ou l'établissement d'accueil du ou des salariés ;

2° Les nom, prénom, date de naissance et nationalité du salarié détaché, sa qualification professionnelle, le montant de sa rémunération brute mensuelle durant le détachement ;

3° L'objet, la durée prévisible et le lieu de réalisation de la mission.

Art. R. 1263-5. La déclaration obligatoire prévue *(D. 2009-289 du 13 mars 2009, JO 15)* « aux articles R. 1263-3 et R. 1263-4 » est accomplie avant le début de la prestation, par lettre recommandée avec avis de réception, par télécopie en langue française ou par transmission électronique.

Elle se substitue à l'ensemble des obligations de déclaration prévues par le présent code, hormis celles prévues au présent chapitre.

SECTION 3. Déclaration spécifique aux entreprises de travail temporaire

Art. R. 1263-6. Les entreprises de travail temporaire qui détachent un salarié sur le territoire français, dans les conditions prévues à l'article L. 1262-2, adressent à l'inspection du travail du lieu d'exécution de la mission du salarié détaché, ou du premier lieu de l'activité si elle doit se poursuivre dans d'autres lieux, une déclaration comportant les mentions suivantes :

1° Le nom ou la raison sociale et l'adresse de l'entreprise de travail temporaire, la forme juridique de l'entreprise, les références de son immatriculation à un registre professionnel, l'identité du ou des dirigeants, la désignation du ou des organismes auxquels l'entrepreneur de travail temporaire verse les cotisations de sécurité sociale ;

2° L'identité de l'organisme auprès duquel a été obtenue une garantie financière ou une garantie équivalente dans le pays d'origine ;

3° Les nom, prénom, date de naissance et nationalité du salarié mis à disposition, les dates prévisibles du début et de la fin de sa mission, sa qualification professionnelle, l'emploi qu'il occupe, le montant de sa rémunération brute mensuelle durant le détachement, l'adresse du ou des lieux successifs où s'effectue sa mission, la nature du matériel ou des procédés de travail dangereux utilisés ;

4° Le nom ou la raison sociale et l'adresse de l'entreprise utilisatrice ;

5° Les heures auxquelles commence et finit le travail ainsi que les heures et la durée des repos des salariés détachés conformément aux dispositions des articles L. 3171-1, premier et deuxième alinéas, et L. 3171-2 ;

6° Le cas échéant, l'adresse du lieu d'hébergement collectif des salariés.

Art. R. 1263-7. La déclaration prévue à l'article R. 1263-6 est accomplie avant la mise à disposition du salarié, par lettre recommandée avec avis de réception, par télécopie en langue française ou par transmission électronique.

Elle se substitue aux obligations résultant des articles L. 1251-45 et L. 1251-46 ainsi qu'à l'ensemble des obligations de déclaration prévues par le code du travail hormis celles prévues au présent chapitre.

Art. R. 1263-8. Outre les documents mentionnés aux articles R. 1263-1 et R. 1263-2, les entreprises de travail temporaire présentent à la demande de l'inspection du travail, un document attestant de l'obtention d'une garantie financière ou la preuve du respect des dispositions de garantie équivalente dans le pays d'origine ainsi que les documents comportant les mentions figurant aux articles L. 1251-16 et L. 1251-43.

Art. R. 1263-9. Les documents présentés à l'inspection du travail sont traduits en langue française.

Pour les entreprises qui ne sont pas établies dans un État membre de l'Union européenne dont la monnaie est l'euro, les sommes sont converties en euros.

SECTION 4. Surveillance et contrôle du travail détaché

Art. R. 1263-10. La surveillance et le contrôle des conditions de travail et d'emploi définies au présent titre et la coopération avec les administrations des autres États membres sont assurés par un bureau de liaison composé de l'administration chargée de la lutte contre le travail illégal et de celle chargée de la législation du travail.

Ce bureau de liaison répond aux demandes d'information des administrations étrangères et leur communique les informations lorsqu'il a connaissance de faits relatifs à d'éventuels manquements de l'entreprise aux obligations résultant du présent titre.

Art. R. 1263-11. Les agents de contrôle mentionnés au livre premier de la partie VIII peuvent communiquer à leurs homologues étrangers, directement ou par l'intermédiaire du bureau de liaison, tout renseignement et document nécessaires à la surveillance et au contrôle des conditions de travail et d'emploi des salariés détachés.

CHAPITRE IV

Dispositions pénales

[Le présent chapitre ne comprend pas de dispositions législatives.]

Art. R. 1264-1. Le fait, pour le dirigeant d'une entreprise non établie en France, de ne pas déclarer les salariés qu'il détache temporairement sur le territoire national pour l'accomplissement d'une prestation de services, dans le cadre d'un contrat d'entreprise, d'un contrat de mise à disposition au titre du travail temporaire ou de toute autre mise à disposition de salarié, est puni de l'amende prévue pour les contraventions de la quatrième classe.

Art. R. 1264-2. Le fait, pour le dirigeant d'une entreprise non établie en France, de ne pas déclarer un accident du travail dont est victime un salarié détaché est puni de l'amende prévue pour les contraventions de la quatrième classe.

Art. R. 1264-3. Le fait pour un employeur de ne pas présenter à l'inspection du travail les documents mentionnés aux articles R. 1263-1, R. 1263-3, R. 1263-6 et R. 1263-8 dans les conditions déterminées à ces articles est puni de l'amende prévue pour les contraventions de [la] troisième classe.

TITRE VII

CHÈQUES ET TITRES SIMPLIFIÉS DE TRAVAIL

CHAPITRE Ier

Chèque emploi-service universel

SECTION 1. Objet et modalités de mise en œuvre

Art. L. 1271-1. ***(L. 2011-525 du 17 mai 2011, art. 43, JO 18)*** « Le chèque emploi-service universel est un titre-emploi ou un titre spécial de paiement permettant à un particulier :

1° Soit de déclarer et, lorsqu'il comporte une formule de chèque régie par le chapitre Ier du titre III du livre Ier du code monétaire et financier, de rémunérer des salariés occupant des emplois entrant dans le champ des services à la personne mentionnés à l'article L. 7231-1 du présent code ou des assistants maternels agréés en application de l'article L. 421-1 du code de l'action sociale et des familles ; »

(L. 2010-853 du 23 juil. 2010, art. 31, JO 24) « 2° Soit d'acquitter tout ou partie du montant :

a) Des prestations de services fournies par les organismes agréés ou déclarés au titre des articles L. 7232-1 et L. 7232-1-1 du présent code ;

b) Dans les conditions et les limites fixées par décret, des prestations de services fournies par les organismes et établissements spécialisés mentionnés à l'article L. 1271-10 ;

c) Des prestations de services fournies par les organismes ou personnes mentionnés aux deux premiers alinéas de l'article L. 2324-1 du code de la santé publique ;

d) Des prestations de services fournies par les organismes ou les personnes organisant un accueil sans hébergement prévu au même article L. 2324-1 ;

e) Des prestations de services fournies par les personnes organisant un accueil des enfants scolarisés en école maternelle ou élémentaire limité aux heures qui précèdent ou suivent la classe ;

f) Des prestations d'aide à domicile délivrées à ses ascendants bénéficiaires de l'allocation personnalisée d'autonomie par des salariés ou des organismes de services à la personne ;

g) Des prestations de transport de voyageurs par taxi financées par les prestations sociales destinées spécifiquement aux personnes âgées ou à mobilité réduite. »

Note • Les alinéas 1 et 2 de cet article entrent en vigueur à une date fixée par décret et au plus tard le 1er janvier 2012. Pour les contrats de travail en cours à cette date, pour la période de référence en cours et par dérogation aux dispositions de l'article L. 3141-22 CT, le salarié a droit au moment de la prise des congés à une indemnité égale au dixième de la rémunération au sens du I du même article L. 3141-22 qu'il aura perçue entre la date d'entrée en vigueur des alinéas 1 et 2 de l'article L. 1271-1 CT et la fin de la période de référence en cours à cette date (loi 2011-525 précitée, art. 43).

• Voir circ. ANSP 1-2007 du 15 mai 2007, lettre-circ. ACOSS 2007-108 du 6 août 2007 (*LS* Législ. soc. n° 14942 du 3 septembre 2007 et plan 2 du développement des services à la personne, mars 2009, *LS* n° 15368 du 25 mai 2009).

• Sur les conditions d'ouverture du droit aux prestations maladie, maternité-invalidité et décès, voir art. R. 313-7 c. séc. soc. (décret 2008-1084 du 22 octobre 2008, JO 24).

• Les éléments de la prestation de compensation finançant des charges mentionnées à cet article peuvent être versés sous forme de chèque emploi-service universel, si le bénéficiaire ou son représentant légal en est d'accord (c. act. soc. et fam. art. R. 245-68).

Art. L. 1271-2. Lorsqu'il est utilisé en vue de déclarer un salarié, le chèque emploi-service universel ne peut être utilisé qu'avec l'accord de ce dernier, après l'avoir informé sur le fonctionnement de ce dispositif.

Note Cet article a été modifié par la loi 2011-525 du 17 mai 2011, art. 43, JO 18.

Art. L. 1271-3. Les règles relatives à la déclaration du chèque emploi-service universel et aux modalités de transmission aux salariés du document valant bulletin de paie au sens de l'article L. 3243-2 sont fixées par l'article L. 133-8 du code de la sécurité sociale ci-après reproduit :

« ***Art. L. 133-8.*** *Le chèque emploi-service universel prévu à l'article L. 1271-1 du code du travail comprend une déclaration en vue du paiement des cotisations et contributions sociales d'origine légale ou conventionnelle adressée à un organisme de recouvrement du régime général de sécurité sociale désigné par arrêté du ministre chargé de la sécurité sociale. Lorsque l'employeur bénéficie de l'allocation prévue au I de l'article L. 531-5, et par dérogation aux dispositions du présent alinéa, l'emploi doit être déclaré selon les modalités prévues à l'article L. 531-8.*

La déclaration prévue au premier alinéa peut être faite par voie électronique dans les conditions prévues à l'article L. 133-5.

À réception de la déclaration, l'organisme de recouvrement transmet au salarié une attestation d'emploi se substituant à la remise du bulletin de paie prévue à l'article L. 3243-2 du code du travail. »

Note Voir arrêté du 29 novembre 2005 (JO 6 déc.) désignant l'Urssaf de Saint-Étienne comme habilitée à gérer les déclarations et les paiements des particuliers employeurs utilisant le chèque emploi-service universel.

Art. L. 1271-4. La rémunération portée sur le chèque emploi-service universel inclut une indemnité de congés payés dont le montant est égal à un dixième de la rémunération brute. Pour l'appréciation des conditions d'ouverture de droits aux prestations sociales, le temps d'emploi effectif indiqué sur la déclaration est majoré à due proportion.

Le chèque emploi-service universel ne peut être utilisé pour la rémunération directe ou le paiement de prestations réalisées par des salariés qui consacrent tout ou partie de leur temps de travail à une activité contribuant à l'exercice de la profession de leur employeur ou de l'acheteur des prestations, et pour le compte de celui-ci.

Art. L. 1271-5. Pour les emplois dont la durée de travail n'excède pas huit heures par semaine ou ne dépasse pas quatre semaines consécutives dans l'année, l'employeur et le salarié qui utilisent le chèque emploi-service universel sont réputés satisfaire aux obligations mises à la charge de l'un ou de l'autre par les articles L. 1242-12 et L. 1242-13, pour un contrat de travail à durée déterminée, et L. 3123-14, pour un contrat de travail à temps partiel, ou par les articles L. 741-2 et L. 741-9 du code rural ***(Ord. 2010-462 du 6 mai 2010, JO 7)*** « et de la pêche maritime ».

Pour les emplois de durée supérieure, un contrat de travail est établi par écrit.

Note En l'absence de contrat écrit, l'employeur qui occupait la salariée plus de huit heures par semaine doit justifier la durée exacte du travail convenue, hebdomadaire ou mensuelle (cass. soc. 9 avril 2008, n° 06-41.596, BC V n° 84 ; *RJS* 6/08 n° 729). Voir sommaire de cet arrêt rapporté sous art. L. 7221-2.

Art. L. 1271-6. Un autre moyen de paiement peut être utilisé en remplacement du chèque ou du titre spécial de paiement, dans la limite des interdictions de paiement en espèces fixées par les articles L. 112-6 à L. 112-8 du code monétaire et financier.

Art. L. 1271-7. Les prestations sociales obligatoires ou facultatives ayant le caractère de prestations en nature destinées à couvrir tout ou partie du coût des services mentionnés au 1° ou au 2° de l'article L. 1271-1 peuvent être versées sous la forme du chèque emploi-service universel.

Art. L. 1271-8. Les personnes morales de droit public peuvent acquérir des chèques emploi-service universels préfinancés, dans les conditions prévues à l'article L. 1271-12, à un prix égal à leur valeur libératoire augmentée, le cas échéant, d'une commission.

Art. D. 1271-1. Le chèque emploi-service universel mentionne le nom :

1° Soit du tireur du chèque ;

2° Soit du bénéficiaire du titre spécial de paiement qui rémunère un service au moyen de ce titre.

Art. D. 1271-2. Les personnes publiques ainsi que les personnes privées chargées d'une mission de service public qui financent des chèques emploi-service universels pour les usagers du service peuvent, avec l'accord du bénéficiaire ou, si celui-ci ne peut être recueilli, avec l'accord de son représentant légal, décider que le chèque emploi-service universel est payable à une association ou entreprise de service dénommée, dès lors que l'incapacité du bénéficiaire à faire le choix d'un intervenant à son domicile est établie.

Dans ce cas, le chèque a la nature d'un titre spécial de paiement.

Note L'intervenant est défini comme la personne physique ou la structure assurant le service au profit du bénéficiaire.

Le bénéficiaire est défini comme étant la personne qui bénéficie du service et le rémunère au moyen du chèque emploi-service universel.

L'émetteur est défini comme étant la structure, soit établissement bancaire ou de crédit, soit une structure habilitée par l'État, autorisée à fabriquer et distribuer des chèques emploi-service universel.

Le financeur est la structure qui va financer totalement ou partiellement le CESU au profit de bénéficiaires (décret 2005-1360 du 3 novembre 2005, art. 2).

Art. D. 1271-3. En cas de nécessité urgente d'attribuer des prestations sociales ou de mettre en œuvre un service à la personne, l'organisme qui finance en tout ou partie le chèque emploi-service universel peut, à titre exceptionnel, utiliser un chèque non nominatif jusqu'à son attribution à son bénéficiaire.

Art. D. 1271-4. Un autre moyen de paiement peut être émis par les établissements de crédit, institutions ou services mentionnés à l'article L. 1271-9 en remplacement du chèque emploi-service universel ou du titre spécial de paiement.

Les organismes spécialisés habilités à émettre des titres spéciaux de paiement peuvent émettre un autre instrument de paiement prépayé et dématérialisé en remplacement du titre spécial de paiement.

Art. D. 1271-5. Le contenu du volet social de la déclaration du chèque emploi-service universel est fixé par l'article D. 133-18 du code de la sécurité sociale ci-après reproduit :

(D. 2008-413 du 28 avr. 2008, JO 30) *« Art. D. 133-19. » Le volet social du chèque emploi-service universel prévu à l'article L. 133-8 comporte les mentions suivantes :*

1° Mentions relatives à l'employeur :
a) Nom, prénom et adresse ;
b) Références bancaires ;

2° Mentions relatives au salarié :
a) Nom, nom d'époux et prénom ;
b) Numéro d'inscription au répertoire des personnes physiques ou date et lieu de naissance du salarié ;
c) Adresse ;

3° Mentions relatives à l'emploi et aux cotisations :
a) Nombre d'heures de travail effectuées ;
b) Période d'emploi ;
c) Salaires horaire et total nets versés ;
d) Option retenue pour le calcul des contributions et cotisations sociales : assiette forfaitaire ou réelle ;

4° Date et signature de l'employeur.

SECTION 2. Dispositions financières

Art. L. 1271-9. Le chèque emploi-service universel, lorsqu'il a la nature d'un chèque au sens du chapitre Ier du titre III du livre Ier du code monétaire et financier, est émis par les établissements de crédit ou les institutions ou services énumérés par l'article L. 518-1 du même code qui ont passé une convention avec l'État.

(L. 2011-525 du 17 mai 2011, art. 43, JO 18) « Lorsque ce titre-emploi ne comporte pas de formule de chèque, il est délivré par l'union de recouvrement des cotisations de sécurité sociale et d'allocations familiales territorialement compétente ou l'organisme de recouvrement du régime général de sécurité sociale mentionné à l'article L. 133-8 du code de la sécurité sociale. »

Art. L. 1271-10. Le chèque emploi-service universel, lorsqu'il a la nature d'un titre spécial de paiement, est émis par des organismes et établissements spécialisés ou les établissements, mentionnés à l'article L. 1271-9, qui ont été habilités dans des conditions déterminées par décret et qui en assurent le remboursement aux personnes mentionnées à l'article L. 1271-1.

Art. L. 1271-11. Tout émetteur de chèque emploi-service universel ayant la nature d'un titre spécial de paiement, qui n'est pas soumis aux dispositions des articles L. 312-4 à L. 312-18 du code monétaire et financier, se fait ouvrir un compte bancaire ou postal sur lequel sont obligatoirement versés, jusqu'à leur remboursement, les fonds perçus en contrepartie de la cession de ce titre, à l'exclusion de tout autre fonds.

Art. L. 1271-12. Le chèque emploi-service universel, lorsqu'il a la nature d'un titre spécial de paiement, peut être préfinancé en tout ou partie par une personne au bénéfice de ses salariés, agents, ayants droit, retraités, administrés, sociétaires ***(L. 2009-526 du 12 mai 2009, JO 13)*** « , adhérents ou assurés, ainsi que du chef d'entreprise ou, si l'entreprise est une personne morale, de son président, de son directeur général, de son ou ses directeurs généraux délégués, de ses gérants ou des membres de son directoire, dès lors que ce titre peut bénéficier également à l'ensemble des salariés de l'entreprise selon les mêmes règles d'attribution. ».

Dans ce cas, le titre de paiement comporte lors de son émission une valeur faciale qui ne peut excéder un montant déterminé par arrêté conjoint des ministres chargés du travail, de la sécurité sociale et de l'économie.

Art. L. 1271-13.

La personne qui assure le préfinancement de ces chèques peut choisir d'en réserver l'utilisation à certaines catégories de services au sein des activités mentionnées à l'article L. 1271-1.

Note Voir arrêté du 19 décembre 2007 (JO 27) fixant les caractéristiques et la valeur faciale maximale du chèque emploi-service universel ayant la nature d'un titre spécial de paiement et arrêté du 7 avril 2011 (JO 8) modifiant l'annexe de l'arrêté du 19 décembre 2007 précité.

Art. L. 1271-13. Le titre spécial de paiement est nominatif. Il mentionne le nom de la personne bénéficiaire.

Un décret peut prévoir les cas dans lesquels :

1° Le titre spécial de paiement est stipulé payable à une personne dénommée, notamment lorsqu'il est préfinancé par une personne publique ou une personne privée chargée d'une mission de service public ;

2° Le titre spécial de paiement n'est pas nominatif jusqu'à son attribution à son bénéficiaire, en cas d'urgence.

Art. L. 1271-14. Les caractéristiques du chèque emploi-service universel, en tant que titre spécial de paiement, sont déterminées par arrêté conjoint des ministres chargés du travail, de la sécurité sociale et de l'économie.

Art. L. 1271-15. Le chèque emploi-service universel est :

1° Soit encaissable auprès des établissements, institutions et services mentionnés à l'article L. 1271-9 ;

2° Soit remboursable auprès des organismes et établissements habilités mentionnés à l'article L. 1271-10.

Art. L. 1271-15-1. ***(L. 2010-853 du 23 juil. 2010, art. 31, JO 24)*** Dans des conditions fixées par décret, les émetteurs perçoivent de la part des personnes morales ou des entrepreneurs individuels rémunérés par chèque emploi-service universel une rémunération relative au remboursement de ces titres.

Par dérogation au premier alinéa, les émetteurs ne perçoivent aucune rémunération pour les prestations visées aux *c*, *d* et *e* du 2° de l'article L. 1271-1.

SECTION 3. Contrôle

Art. L. 1271-16. Les informations relatives aux personnes mentionnées au 1° de l'article L. 1271-1 rémunérées par les chèques emploi-service universels préfinancés dans les conditions définies à l'article L. 1271-12 sont communiquées à l'organisme ou à l'établissement chargé de leur remboursement à seule fin de contrôle du bon usage de ces titres.

Ces communications s'opèrent selon des modalités propres à garantir la confidentialité des données. Les personnes concernées sont informées de l'existence de ce dispositif de contrôle.

SECTION 4. Dispositions d'application

Art. L. 1271-17. Des décrets déterminent les modalités d'utilisation et de fonctionnement du chèque emploi-service universel, notamment :

1° Celles relatives à l'encaissement et au remboursement des chèques emploi-service universels et aux obligations de contrôle, de vérification et de vigilance des organismes et établissements émettant ceux qui ont la nature de titre spécial de paiement ;

2° Celles relatives aux chèques emploi-service universels préfinancés pour la rémunération de personnes ou le paiement de services mentionnés à l'article L. 421-1 du code de l'action sociale et des familles et aux deux premiers alinéas de l'article L. 2324-1 du code de la santé publique ;

3° Celles relatives aux chèques emploi-service universels préfinancés pour la rémunération de personnes mentionnées au 2° de l'article L. 722-20 du code rural ***(Ord. 2010-462 du 6 mai 2010, JO 7)*** « et de la pêche maritime » employées par des particuliers pour la mise en état et l'entretien de jardins ;

4° Celles relatives aux échanges d'information entre l'organisme de recouvrement habilité et les organismes ou établissements mentionnés à l'article L. 1271-10 ;

5° Celles relatives aux modalités de fonctionnement du compte prévu par l'article L. 1271-11.

[Dispositions réglementaires]

Titre spécial de paiement

Sous-section 1. Émission

Art. D. 1271-6. Le chèque emploi-service universel qui a la nature d'un titre spécial de paiement est dénommé « chèque emploi-service universel préfinancé ».

Art. D. 1271-7. Le chèque emploi-service universel préfinancé est émis sur support papier ou sous forme dématérialisée, conformément aux dispositions de l'article D. 1271-4.

Sous-section 2. Habilitation

Art. D. 1271-8. Pour émettre des chèques emploi-service universels ayant la nature de titre spécial de paiement, les organismes et établissements spécialisés ou les établissements mentionnés à l'article L. 1271-9 sont habilités par l'Agence nationale des services à la personne.

Art. D. 1271-9. L'habilitation des organismes et établissements porte sur :

1° L'émission des chèques emploi-service universels ;

2° Le remboursement des chèques emploi-service universels, dans les conditions prévues aux articles L. 1271-15, D. 1271-13 à D. 1271-18, ***(D. 2011-1133 du 20 sept. 2011, JO 22)*** « D. 1271-28 et D. 1271-29 » du présent code ainsi qu'à l'article D. 133-26 du code de la sécurité sociale :

a) Aux salariés occupant des emplois entrant dans le champ des services mentionnés à l'article L. 7231-1 du présent code ;

b) Aux organismes et personnes mentionnés au 2° de l'article L. 1271-1 du présent code ;

c) Aux assistants maternels agréés en application de l'article L. 421-1 du code de l'action sociale et des familles.

Art. D. 1271-10. L'habilitation nationale est délivrée, après avis de la Banque de France et de l'Agence centrale des organismes de sécurité sociale.

La décision d'habilitation ou de refus d'habilitation fait l'objet d'une notification écrite.

La liste des organismes et établissements habilités à émettre le chèque emploi-service universel préfinancé est publiée au Bulletin officiel du ministère chargé de l'emploi ***(D. 2011-415 du 15 avril 2011, JO 19)*** « et au Bulletin officiel du ministère chargé des services » ainsi que sur le site internet de l'Agence nationale des services à la personne.

Art. D. 1271-11. L'émetteur du chèque emploi-service universel préfinancé fait figurer de façon visible son numéro d'habilitation dans tout contrat ou accord conclu avec les personnes qui en assurent le préfinancement.

Art. D. 1271-12. L'émetteur du chèque emploi-service universel préfinancé habilité notifie à l'Agence nationale des services à la personne, par lettre recommandée avec avis de réception, toute modification substantielle qu'il souhaite apporter aux modalités et processus décrits dans son dossier de demande d'habilitation.

L'Agence nationale des services à la personne notifie à l'émetteur, par lettre recommandée avec avis de réception, sa décision d'acceptation ou de refus des modifications qui lui ont été communiquées. Sa décision est prise après avis de la Banque de France et de l'Agence centrale des organismes de sécurité sociale. La décision d'acceptation est publiée au Bulletin officiel du ministère chargé de l'emploi ***(D. 2011-415 du 15 avril 2011, JO 19)*** « et au Bulletin officiel du ministère chargé des services » ainsi que sur le site internet de l'Agence nationale des services à la personne.

Art. L. 1271-17.

En cas d'urgence motivée, l'émetteur habilité peut mettre en œuvre les modifications qu'il estime nécessaires, sans attendre la décision d'acceptation ou de refus de l'Agence nationale des services à la personne.

Art. D. 1271-13. Pour être habilité, l'émetteur se fait ouvrir un compte spécifique bancaire ou postal, conformément à l'article L. 1271-11, sur lequel sont versés, à l'exclusion de tous autres, les fonds perçus en contrepartie de la cession des titres. Le montant de ce compte, égal à la contre-valeur des titres spéciaux de paiement en circulation, garantit le remboursement aux intervenants des titres spéciaux de paiement valablement émis et utilisés. L'encours de cette contrepartie est de 300 000 € au moins. Le compte fait l'objet d'une dotation initiale à hauteur de ce montant au moins.

Un émetteur habilité est autorisé à ouvrir plusieurs de ces comptes dans un ou plusieurs établissements bancaires ou centres de chèques postaux, sous réserve que leur solde cumulé soit à tout moment supérieur au montant minimum. Il peut opérer des virements d'un compte spécifique à l'autre. Sous la responsabilité de l'émetteur, les sommes portées au crédit des comptes spécifiques de chèque emploi-service universel peuvent faire l'objet de placements temporaires sous réserve que leur montant demeure à tout moment immédiatement réalisable à leur valeur nominale initiale.

En cas de falsification, d'altération, de destruction ou de vol lors de l'expédition de chèques emploi-service universels, ce compte spécifique de réserve peut être utilisé sous condition de restauration de son montant, au plus tard sept jours francs après mobilisation de tout ou partie de celui-ci.

Art. D. 1271-14. Pour être habilité, l'émetteur tient une comptabilité appropriée permettant :

1° La vérification permanente de la liquidité de la contre-valeur des chèques emploi-service universels en circulation ;

2° Le contrôle permanent et la justification comptable de tous les flux financiers, à partir de l'émission jusqu'au remboursement.

Art. D. 1271-15. L'émetteur de chèques emploi-service universel ayant la nature de titre spécial de paiement s'engage à :

1° Constituer un réseau d'associations et d'entreprises affiliées recevant le chèque emploi-service universel en paiement de leurs prestations, couvrant l'ensemble du territoire national ;

2° Assurer la sécurité à toutes les étapes du processus prenant en compte les objectifs de sécurité définis par la Banque de France dans le cadre de sa mission de surveillance ;

3° Garantir la contre-valeur des titres valablement émis et utilisés à la personne assurant le service rémunéré par le chèque emploi-service universel ;

4° Vérifier que les assistants maternels sont agréés en application de l'article L. 421-3 du code de l'action sociale et des familles, que les associations ou les entreprises de services sont agréées en application de l'article L. 7232-1 ***(D. 2011-1133 du 20 sept. 2011, JO 22)*** « ou déclarées en application de l'article L. 7232-1-1 », que les organismes et personnes relevant des catégories mentionnées aux deux premiers alinéas de l'article L. 2324-1 du code de la santé publique ou de l'article L. 227-6 du code de l'action sociale et des familles, ont été créés et exercent régulièrement ;

5° Recueillir auprès des bénéficiaires particuliers employeurs l'attestation de la déclaration de leurs salariés ;

6° Conserver les informations relatives aux chèques emploi-service universels, y compris des fichiers de commande nominative, pendant une période de dix ans au-delà de l'année en cours. Passé ce délai, il peut être procédé à la destruction de celles-ci ;

7° Restituer les informations synthétiques, le cas échéant, à la demande des financeurs en vue notamment d'une information et du contrôle de l'administration fiscale et sociale ;

8° Mettre en place toutes dispositions propres à assurer la sécurité physique et financière des titres prépayés ;

9° Mettre en place un dispositif de contrôle interne visant à s'assurer de la maîtrise des risques.

Art. D. 1271-16. Pour être habilité, l'émetteur justifie de sa capacité à remplir les obligations prévues à l'article D. 1271-15.

Art. D. 1271-17. Le manquement à l'une des obligations prévues aux articles D. 1271-13 à D. 1271-15 peut donner lieu à une suspension ou un retrait d'habilitation par l'Agence nationale des services à la personne.

Art. D. 1271-18. Les organismes et établissements habilités à émettre le chèque emploi-service universel préfinancé, sur support papier ou sous forme dématérialisée, perçoivent une rémunération de la part des personnes physiques ou morales qui en assurent le préfinancement.

Art. D. 1271-19. L'émetteur habilité notifie sans délai à l'Agence nationale des services à la personne, par lettre recommandée avec avis de réception :

1° Tout rachat, reprise ou prise de contrôle par une ou plusieurs personnes tierces, la cession ou cessation de l'entreprise ou de l'activité au titre de laquelle l'organisme ou l'établissement est habilité ainsi que l'ouverture d'une procédure de sauvegarde, de redressement ou de liquidation judiciaire prévue au livre VI du code de commerce relatif aux difficultés des entreprises ;

2° Toute défaillance dans la mise en œuvre des engagements prévus à l'article D. 1271-15 dont la validation a permis la délivrance de l'habilitation ;

3° Les dispositions qu'il a prises pour garantir la continuité du remboursement des chèques emploi-service universel préfinancés émis par lui, en cas de suspension ou de retrait de l'habilitation, ou en cas d'arrêt de l'activité d'émission du chèque emploi-service universel préfinancé pour laquelle il est habilité.

Art. D. 1271-20. Afin d'apprécier les conditions de maintien de l'habilitation, l'Agence nationale des services à la personne peut, à tout moment, demander à l'émetteur habilité l'actualisation des pièces de son dossier de demande d'habilitation.

Art. D. 1271-21. Dans les cas prévus à l'article D. 1271-19, l'Agence nationale des services à la personne saisit pour avis la Banque de France et l'Agence centrale des organismes de sécurité sociale.

Avant de suspendre ou retirer l'habilitation, l'Agence nationale des services à la personne notifie son intention à l'émetteur habilité, par lettre recommandée avec avis de réception, et l'invite à faire connaître ses observations. Celui-ci dispose à cet effet d'un délai de quinze jours à compter de la date de réception de cette notification.

Les décisions de suspension ou de retrait de l'habilitation d'un émetteur sont publiées au Bulletin officiel du ministère chargé de l'emploi ***(D. 2011-415 du 15 avril 2011, JO 19)*** « et au Bulletin officiel du ministère chargé des services » ainsi que sur le site internet de l'Agence nationale des services à la personne.

Art. D. 1271-22. Le suivi et le contrôle de l'activité d'émission du chèque emploi-service universel préfinancé, au titre de laquelle les émetteurs sont habilités par l'Agence nationale des services à la personne, sont accomplis par celle-ci avec l'appui de la Banque de France et de l'Agence centrale des organismes de sécurité.

Art. D. 1271-23. Avant le 30 avril de chaque année, l'émetteur habilité du chèque emploi-service universel préfinancé transmet à l'Agence nationale des services à la personne ainsi qu'à la Banque de France, par lettre recommandée avec avis de réception :

1° Un rapport d'activité portant sur l'année civile d'émission écoulée. Ce rapport expose par ailleurs les perspectives d'activité de l'émetteur pour l'année en cours ;

2° Un rapport relatif à la sécurité des différents processus de traitement du chèque emploi-service universel préfinancé émis par lui, portant sur l'année civile d'émission écoulée. Ce rapport prend la forme d'une réponse à un questionnaire, fourni par la Banque de France aux émetteurs habilités au plus tard soixante jours avant la date limite de réponse.

Art. D. 1271-24. Avant le 30 juin de chaque année, l'émetteur habilité, autre qu'un établissement de crédit, transmet à l'Agence nationale des services à la personne, par lettre recommandée avec avis de réception, un rapport sur la gestion au cours de l'année civile d'émission écoulée des comptes bancaires spécifiques de garantie prévus par l'article L. 1271-11.

Art. D. 1271-25. S'il est constaté que l'émetteur habilité ne respecte pas les dispositions prévues au 1° de l'article D. 1271-13, l'habilitation peut être suspendue ou retirée sur décision de l'Agence nationale des services à la personne, après avis de la Banque de France.

Avant de suspendre ou retirer l'habilitation, l'Agence nationale des services à la personne notifie son intention à l'émetteur habilité, par lettre recommandée avec avis de réception, et l'invite à faire connaître ses observations. Celui-ci dispose à cet effet d'un délai de quinze jours à compter de la date de réception de cette notification.

La décision de suspension ou de retrait de l'habilitation d'un émetteur est publiée au Bulletin officiel du ministère chargé de l'emploi ***(D. 2011-415 du 15 avril 2011, JO 19)*** « et au Bulletin officiel du ministère chargé des services » ainsi que sur le site internet de l'Agence nationale des services à la personne.

Art. D. 1271-26. En cas de retrait de son habilitation à émettre le chèque emploi-service universel préfinancé, l'organisme ou l'établissement concerné cesse sans délai d'émettre le chèque emploi-service universel ayant la nature d'un titre spécial de paiement et de faire état de son habilitation, dans tous contacts, toute documentation financière ou commerciale et sur tous les supports de communication.

Il informe sans délai l'Agence nationale des services à la personne des mesures prises.

Art. D. 1271-27. L'Agence nationale des services à la personne et la Banque de France peuvent échanger toutes informations relatives au chèque emploi-service universel préfinancé, nécessaires à l'accomplissement de leurs missions respectives.

Autres dispositions financières

Art. D. 1271-28. Les émetteurs peuvent recourir à une structure commune pour procéder au traitement des chèques emploi-service universels en vue de leur remboursement. Par délégation des émetteurs, celle-ci est soumise aux mêmes obligations relatives au remboursement des intervenants affiliés.

Art. D. 1271-29. L'émetteur adresse ***(D. 2011-1133 du 20 sept. 2011, JO 22)*** « à la personne morale ou à l'entrepreneur individuel qui finance » en tout ou partie des chèques emploi-service universels une information à transmettre au bénéficiaire du chèque emploi-service universel relative à la déclaration de cotisations sociales (volet social) et à l'obligation préalable de se déclarer comme employeur avant toute embauche d'un salarié à domicile, le modèle d'attestation fiscale que l'entreprise doit adresser chaque année aux bénéficiaires de celle-ci et le modèle du bordereau leur permettant la tenue d'une comptabilité chèque à chèque.

Il adresse ***(D. 2011-1133 du 20 sept. 2011, JO 22)*** « à la personne morale ou à l'entrepreneur individuel » le modèle d'attestation de dépenses ***(D. 2011-1133 du 20 sept. 2011, JO 22)*** « qu'il doit » fournir chaque fin d'année à leurs clients.

(D. 2011-1133 du 20 sept. 2011, JO 22) « Dans le respect de la dérogation prévue au deuxième alinéa de l'article L. 1271-15-1 du code du travail, l'émetteur perçoit de la part des personnes morales ou entrepreneurs individuels assurant le service rémunéré par chèque emploi-service universel une rémunération relative au remboursement des chèques emploi-service universels.

Le taux de cette rémunération est proportionnel à la valeur faciale du chèque-emploi service. Elle peut varier en fonction du délai de remboursement pratiqué par l'émetteur et accepté contractuellement par le prestataire affilié.

Une partie de la rémunération peut être versée à la structure commune mentionnée à l'article D. 1271-28 par les émetteurs qui en sont membres. »

Art. D. 1271-30. L'organisme qui finance en tout ou partie des chèques emploi-service universels délivre chaque année au bénéficiaire des services rémunérés par les chèques emploi-service universels une attestation fiscale comprenant une information relative aux régimes fiscaux applicables.

Art. D. 1271-31. À la commande ou au plus tard à la livraison, l'organisme qui finance en tout ou partie un chèque emploi-service universel règle à l'émetteur la contre-valeur des titres spéciaux de paiement commandés, afin que celui-ci constitue dans le compte spécifique mentionné à l'article D. 1271-28 les provisions nécessaires pour en garantir le remboursement. L'émetteur est réputé disposer d'un mandat de gestion de ces fonds, dont il n'est pas propriétaire. Cependant, les intérêts de trésorerie produits par le compte spécial lui restent dus.

Le service de l'émetteur est réputé rendu à la remise des chèques emploi-service universels au financeur mentionné au premier alinéa ou à toute personne indiquée par ce dernier.

Dès lors que la remise des chèques emploi-service universels au financeur ou à toute autre personne indiquée par ce dernier est constatée, ni celui-ci, ni les bénéficiaires des services rémunérés par les chèques emploi-service universels ne peuvent faire jouer la responsabilité de l'émetteur en cas de vol ou de perte des chèques.

Art. D. 1271-32. Le réseau des intervenants est constitué des personnes mentionnées aux articles L. 1271-1, L. 7232-1, ***(D. 2011-1133 du 20 sept. 2011, JO 22)*** « L. 7232-1-1 et L. 7232-1-2 ».

Pour être affiliés au réseau, les intervenants ***(D. 2011-1133 du 20 sept. 2011, JO 22)*** « autorisés, agréés ou déclarés » adressent à l'émetteur ou à l'organisme chargé du remboursement, au plus tard lors de la première demande de remboursement, une attestation d'agrément ou d'autorisation ***(D. 2011-1133 du 20 sept. 2011, JO 22)*** « ou le récépissé de déclaration ».

Les retraits ou suspensions d'agrément ***(D. 2011-1133 du 20 sept. 2011, JO 22)*** « d'enregistrement, de déclaration » ou d'autorisation sont notifiés par l'Agence nationale des services à la personne à tous les émetteurs de chèques emploi-service universels habilités. La responsabilité des émetteurs en cas de remboursement de chèque emploi-service universel à de tels intervenants ne saurait être mise en cause tant que cette notification n'a pas été faite.

Une convention peut être conclue, le cas échéant, entre l'Agence nationale des services à la personne et les émetteurs en vue de dresser une liste unifiée des intervenants accessibles à tous.

(D. 2011-1133 du 20 sept. 2011, JO 22) « Les personnes morales et les entrepreneurs individuels » mentionnés aux articles L. 7232-1, ***(D. 2011-1133 du 20 sept. 2011, JO 22)*** « L. 7232-1-1 et L. 7232-1-2 » délivrent, à la fin de chaque année, une attestation de dépenses aux utilisateurs de chèque emploi-service universel.

Art. D. 1271-33. ***(D. 2011-1133 du 20 sept. 2011, JO 22)*** Les prestations de services mentionnées au *b* du 2° de l'article L. 1271-1 proposées aux bénéficiaires de chèques emploi-service universels par les organismes et établissements spécialisés mentionnés à l'article L. 1271-10 ont pour objet de faciliter la gestion et le fonctionnement des chèques emploi-service universels préfinancés. Ces prestations permettent notamment d'accéder à des services en ligne pour la gestion des comptes chèques emploi-service universels dématérialisés et de faciliter la mise en relation des particuliers avec leurs salariés ou leurs prestataires. Plus généralement, elles permettent d'améliorer les services rendus par les organismes et établissements mentionnés à l'article L. 1271-10.

Le montant de ces prestations est plafonné à 500 euros par an et par bénéficiaire. Il est revalorisé chaque année en fonction de la variation de l'indice des prix à la consommation.

CHAPITRE II

Chèque-emploi associatif

Art. L. 1272-1. Un chèque-emploi associatif peut être utilisé par :

1° Les associations à but non lucratif employant ***(L. 2008-350 du 16 avril 2008, JO 17)*** « neuf » salariés au plus ;

2° Les associations de financement électoral mentionnées à l'article L. 52-5 du code électoral quel que soit le nombre de leurs salariés.

Art. L. 1272-2. ***(L. 2011-525 du 17 mai 2011, art. 43, JO 18)*** Le chèque-emploi associatif permet de simplifier les déclarations et paiements des cotisations et contributions dues :

1° Au régime de sécurité sociale ou au régime obligatoire de protection sociale des salariés agricoles ;

2° Au régime d'assurance chômage ;

3° Aux institutions de retraites complémentaires et de prévoyance.

Lorsque ce titre-emploi comprend une formule de chèque, il peut être utilisé pour rémunérer le salarié.

Art. L. 1272-3. Le chèque-emploi associatif ne peut être utilisé qu'avec l'accord du salarié.

Il se substitue à la remise du bulletin de paie prévue par l'article L. 3243-2.

Note Le dernier alinéa de cet article, qui prévoyait que la rémunération portée sur le chèque-emploi associatif incluait l'indemnité de congés payés, a été supprimé par la loi 2011-525 du 17 mai 2011, art. 43, JO 18.

Art. L. 1272-4. Les associations utilisant le chèque-emploi associatif sont réputées satisfaire à l'ensemble des formalités liées à l'embauche et à l'emploi de leurs salariés. Il en va ainsi notamment des formalités suivantes :

1° La déclaration préalable à l'embauche, prévue par l'article L. 1221-10 ;

2° L'inscription sur le registre unique du personnel, prévue par l'article L. 1221-13 ;

3° L'établissement d'un contrat de travail écrit, l'inscription des mentions obligatoires et la transmission du contrat au salarié, prévu[e]s aux articles L. 1242-12 et L. 1242-13 pour les contrats de travail à durée déterminée ;

4° L'établissement d'un contrat de travail écrit et l'inscription des mentions obligatoires, prévu[e]s à l'article L. 3123-14, pour les contrats de travail à temps partiel ;

5° Les déclarations au titre de la médecine du travail et du régime des prestations du revenu de remplacement mentionnées à l'article L. 5421-2.

Art. L. 1272-5. ***(L. 2011-525 du 17 mai 2011, art. 43, JO 18)*** Le chèque-emploi associatif peut être émis et délivré par les établissements de crédit ou par les institutions ou services énumérés à l'article L. 518-1 du code monétaire et financier qui ont passé une convention avec l'État. Lorsque ce titre-emploi ne comprend pas de formule de chèque, il est délivré par les organismes de recouvrement du régime général de sécurité sociale mentionnés à l'article ***(L. 2011-1906 du 21 déc. 2011, art. 40, JO 22)*** « L. 133-8-4 » du code de la sécurité sociale.

Art. D. 1272-1. Le chèque-emploi associatif se compose :

1° D'un volet social ;

2° D'un volet d'identification du salarié ;

3° D'une formule de chèque émise et délivrée par les établissements de crédit, institutions ou services mentionnés à l'article L. 1272-5.

Art. D. 1272-2. Le chèque-emploi associatif peut être utilisé par toute association à but non lucratif qui remplit la condition d'effectifs prévue au 1° de l'article L. 1272-1.

Cette condition d'effectifs est remplie lorsque la durée annuelle totale du travail accomplie par le ou les salariés de l'association n'excède pas celle accomplie par ***(D. 2008-587 du 19 juin 2008, JO 21)*** « neuf » salariés employés à temps plein.

Elle s'apprécie chaque année par référence à l'année civile précédente. À défaut de cette référence, la déclaration sur l'honneur prévue au même article fait foi, sous réserve des contrôles opérés par l'organisme de recouvrement tels que prévus à l'article D. 133-14 du code de la sécurité sociale.

Note La durée annuelle du travail visée au deuxième alinéa correspond à 14463 heures (rép. QE 20154, JO AN 26 août 2008, p. 7460).

Art. D. 1272-3. Le chèque-emploi associatif ne peut être utilisé par une association pour l'emploi d'un salarié qui relève du guichet unique du spectacle vivant prévu par les dispositions de l'article L. 7122-22.

Art. R. 1272-4. Le contenu du volet social du chèque emploi-associatif est fixé par l'article D. 133-13-2 du code de la sécurité sociale ci-après reproduit :

« ***Art. D. 133-13-2.*** *Le volet social du chèque-emploi associatif prévu au 1° de l'article D. 1272-1 du code du travail comporte les mentions suivantes :*

1° Mentions relatives au salarié :

a) Nom et prénom ;

b) Numéro d'inscription au répertoire des personnes physiques et date de naissance ;

2° Mentions relatives à :

a) La rémunération et aux différents éléments qui la constituent ;

b) La période d'emploi ;

c) L'application, le cas échéant, d'une base forfaitaire pour le calcul des cotisations et contributions de sécurité sociale ;

3° La date de paiement du salaire et la signature de l'employeur. »

Art. D. 1272-5. Le volet d'identification du salarié prévu au 2° de l'article D. 1272-1 comporte les mentions suivantes :

1° Mentions relatives au salarié :

a) L'ensemble des mentions prévues à l'article R. 1221-1, relatif à la déclaration préalable à l'embauche ;

b) Le régime d'affiliation du salarié au régime général ou au régime agricole ;

2° Mentions relatives à l'emploi :

a) La date de fin d'emploi s'il s'agit d'un emploi à durée déterminée ;

b) La durée de la période d'essai ;

c) Le salaire prévu à l'embauche ;

d) La durée du travail ;
e) La nature et la catégorie d'emploi ;
f) La convention collective applicable ;
g) Le taux de cotisations accidents du travail et, le cas échéant, le taux prévoyance ;

3° Les signatures de l'employeur et du salarié.

Art. D. 1272-6. Une copie du volet d'identification du salarié est transmise par l'employeur au salarié dans les délais prévus par le présent code.

Art. D. 1272-7. Pour utiliser le chèque-emploi associatif, l'association formule, au préalable, une demande auprès d'un des établissements de crédit, institutions ou services mentionnés à l'article L. 1272-5.

Cette demande comporte les mentions suivantes :
1° Identification de l'association : titre (dénomination) et adresse du siège social ;
2° Numéro SIRET ;
3° Déclaration sur l'honneur du caractère non lucratif de l'activité de l'association ;
4° Déclaration sur l'honneur que l'association n'emploie pas un effectif de salariés supérieur au maximum autorisé ;
5° Autorisation de prélèvement automatique sur un compte bancaire.

Art. D. 1272-8. L'établissement, l'institution ou le service mentionné à l'article L. 1272-5 délivre un carnet de chèque-emploi associatif à l'association et communique, selon une périodicité au moins hebdomadaire, les informations recueillies lors de la demande d'adhésion à l'organisme mentionné à l'article D. 133-13-3 du code de la sécurité sociale.

Art. D. 1272-9. Le carnet de chèque-emploi associatif est attribué dans les conditions prévues pour la délivrance des chèques par le chapitre premier du titre III du livre premier du code monétaire et financier.

Art. D. 1272-10. I. Le recours au chèque-emploi associatif vaut :
1° Accomplissement des formalités prévues pour l'application des articles D. 4622-1 à D. 4622-4, relatifs aux services de santé au travail, et R. 4624-10 à R. 4624-14, relatifs à l'examen d'embauche ;
2° Déclaration auprès de l'ensemble des administrations ou organismes intéressés au titre des articles R. 1234-9 à R. 1234-12, relatifs à l'attestation d'assurance chômage, et R. 5422-5 à R. 5422-8, relatifs à l'obligation d'assurance contre le risque de privation d'emploi et à l'obligation pour l'employeur d'adresser à l'organisme gestionnaire de l'assurance chômage des déclarations.

II. Pour les associations relevant du régime agricole, le recours au chèque-emploi associatif vaut :
1° Déclaration auprès des administrations ou organismes intéressés au titre des dispositions du présent code mentionnées au 2° du I ;
2° Accomplissement des formalités prévues pour l'application des articles R. 717-1 et R. 717-14 du code rural ***(Ord. 2010-462 du 6 mai 2010, JO 7)*** « et de la pêche maritime ».

(L. 2008-776 du 4 août 2008, art. 55, JO 5, en vigueur au 01.04.09)

CHAPITRE III

Titre Emploi-Service Entreprise

Note

• Voir circ. Acoss 2009-45 du 16 avril 2009, *LS* n° 15438 du 11 septembre 2009.

• Sur le « titre emploi simplifié agricole », voir art. L. 712-1 et R. 712-12 et 13 c. rural et de la pêche maritime (décret 2010-314 du 22 mars 2010, JO 24).

Art. L. 1273-1. Toute entreprise, autre que celles mentionnées à l'article L. 7122-22 ou dont les salariés relèvent du régime des salariés agricoles, répondant aux conditions fixées à l'article L. 1273-2, peut adhérer à un service d'aide à l'accomplissement de ses obligations en matière sociale, proposé par l'organisme habilité par décret et dénommé « Titre Emploi-Service Entreprise ».

Art. L. 1273-2. Le « Titre Emploi-Service Entreprise » ne peut être utilisé qu'en France métropolitaine et par les entreprises :

1° Dont l'effectif n'excède pas neuf salariés, quelle que soit la durée annuelle d'emploi de ces salariés ;

2° Ou qui, quel que soit leur effectif, emploient des salariés dont l'activité dans la même entreprise n'excède pas la limite de cent jours, consécutifs ou non, ou de 700 heures de travail par année civile. Lorsque l'effectif de l'entreprise dépasse neuf salariés, le service "Titre Emploi-Service Entreprise" ne peut être utilisé qu'à l'égard de ces seuls salariés.

Art. L. 1273-3. Le recours au service « Titre Emploi-Service Entreprise » permet notamment à l'entreprise :

1° D'obtenir le calcul des rémunérations dues aux salariés en application du présent code et des stipulations des conventions collectives ainsi que de l'ensemble des cotisations et contributions créées par la loi et des cotisations et contributions conventionnelles rendues obligatoires par celle-ci ;

2° De souscrire, dans les conditions mentionnées à l'article L. 133-5 du code de la sécurité sociale, les déclarations obligatoires relatives aux cotisations et contributions sociales qui doivent être adressées aux organismes gérant les régimes mentionnés au même code, à l'institution mentionnée à l'article L. 5312-1 du présent code et, le cas échéant, aux caisses de congés payés mentionnées à l'article L. 3141-30 du même code.

Art. L. 1273-4. À partir des informations dont il dispose, l'organisme habilité pour recouvrer les cotisations et les contributions dues au titre de l'emploi du salarié délivre à l'employeur, pour remise au salarié, un bulletin de paie qui est réputé remplir les conditions prévues à l'article L. 3243-2. Par dérogation, un décret peut préciser les cas dans lesquels le bulletin de paie est délivré au salarié.

Art. L. 1273-5. L'employeur qui utilise le « Titre Emploi-Service Entreprise » est réputé satisfaire, par la remise au salarié et l'envoi à l'organisme habilité des éléments du titre emploi qui leur sont respectivement destinés, aux formalités suivantes :

1° Les règles d'établissement du contrat de travail, dans les conditions prévues par l'article L. 1221-1 ;

2° La déclaration préalable à l'embauche prévue par l'article L. 1221-10 ;

3° La délivrance d'un certificat de travail prévue à l'article L. 1234-19 ;

4° L'établissement d'un contrat de travail écrit, l'inscription des mentions obligatoires et la transmission du contrat au salarié, prévus aux articles L. 1242-12 et L. 1242-13 pour les contrats de travail à durée déterminée ;

5° L'établissement d'un contrat de travail écrit et l'inscription des mentions obligatoires, prévus à l'article L. 3123-14, pour les contrats de travail à temps partiel.

Art. L. 1273-6. L'employeur ayant recours au « Titre Emploi-Service Entreprise » peut donner mandat à un tiers en vue d'accomplir les formalités correspondantes.

Art. L. 1273-7. Les modalités d'application du présent chapitre sont déterminées par décret.

[**Art. R. 1273-1 à R. 1273-6.** Abrogés par décret 2009-343 du 27 mars 2009, JO 29, entrée en vigueur le 01.04.2009.]

(D. 2009-342 du 27 mars 2009, JO 29)

Note Les dispositions du présent décret s'appliquent aux employeurs qui adhèrent au service « titre emploi-service entreprise » à compter du 1er avril 2009. Ces dispositions s'appliquent à compter de la même date aux employeurs qui ont adhéré aux dispositifs mentionnés aux articles L. 133-5-3 et L. 133-5-5 c. séc. soc. dans leur rédaction antérieure à la loi 2008-776 du 4 août 2008 portant modernisation de l'économie, sans qu'ils aient à procéder à une nouvelle adhésion (décret 2009-342 précité, art. 5).

Art. D. 1273-1. L'employeur qui remplit les conditions prévues à l'article L. 1273-1 adhère au service "titre emploi-service entreprise" au moyen d'un formulaire de demande d'adhésion homologué par arrêté du ministre chargé de la sécurité sociale.

Il se procure ce formulaire auprès :

1° Soit de l'union de recouvrement des cotisations de sécurité sociale et d'allocations familiales dont il relève ;

2° Soit du centre national de traitement du titre emploi-service entreprise compétent pour le secteur professionnel auquel il appartient ;

3° Soit des tiers mentionnés à l'article D. 1273-8.

L'employeur transmet sa demande d'adhésion au centre national compétent pour le secteur professionnel auquel il appartient.

Note Voir arrêté du 4 juin 2009 (JO 19) et site Internet *www.letese.urssaf.fr*. Un arrêté du 12 février 2010 (JO 25) fixe le modèle du formulaire de demande d'adhésion au titre emploi-forains (modèle S2259a).

Art. D. 1273-2. L'effectif prévu au 1° de l'article L. 1273-2 s'apprécie au 31 décembre de l'année précédente.

Pour les entreprises créées postérieurement à cette date, l'effectif s'apprécie à la date à laquelle l'entreprise demande à bénéficier du titre emploi-service entreprise.

Art. D. 1273-3. Préalablement à l'utilisation du titre emploi-service entreprise, l'employeur remplit un volet d'identification du salarié, délivré par le centre national de traitement compétent pour le secteur professionnel auquel il appartient, et le renvoie à ce centre dans le délai prévu au premier alinéa de l'article R. 1221-5 du code du travail.

Le volet d'identification du salarié comporte les mentions suivantes :

1° Mentions relatives au salarié prévues aux 2° et 3° de l'article R. 1221-1, relatif à la déclaration préalable à l'embauche ;

2° Mentions relatives à l'emploi :

a) La nature du contrat de travail : contrat à durée indéterminée ou à durée déterminée, avec, dans ce cas, indication du motif de recours et de la date de fin de contrat ;

b) La durée du travail ;

c) La durée de la période d'essai ;

d) La catégorie d'emploi, la nature de l'emploi et, le cas échéant, le niveau d'emploi (niveau hiérarchique et coefficient) ;

e) L'intitulé de la convention collective applicable, le cas échéant ;

f) Le montant de la rémunération et de ses différentes composantes, y compris, s'il en existe, les primes et accessoires de salaire ;

g) Les particularités du contrat de travail s'il y a lieu ;

h) Le taux de la cotisation due au titre des accidents du travail et des maladies professionnelles si plusieurs taux sont applicables dans l'établissement ;

i) La pratique éventuelle d'un abattement sur l'assiette ou le taux des cotisations ;

j) Le taux de cotisation pour la prévoyance, s'il est spécifique au salarié ;

k) L'assujettissement au versement de transport s'il y a lieu ;

l) L'indication, le cas échéant, d'une première embauche dans l'établissement ;

3° Signature de l'employeur et du salarié.

Art. D. 1273-4. Une copie du volet d'identification du salarié est transmise sans délai par l'employeur au salarié.

Art. D. 1273-5. Si, lors de l'embauche, un contrat de travail a été signé dans les formes prévues aux articles L. 1221-1 à L. 1221-5 ainsi qu'aux articles L. 1242-12 et L. 1242-13, s'il s'agit d'un contrat de travail à durée déterminée, ou L. 3123-14 à L. 3123-16, s'il s'agit d'un contrat de travail à temps partiel, les clauses contenues dans ce contrat s'appliquent en lieu et place des mentions du volet d'identification du salarié.

Art. D. 1273-6. Le centre national compétent pour le secteur professionnel auquel appartient l'employeur lui adresse, pour le compte de l'organisme habilité pour recouvrer les cotisations et les contributions dues au titre de l'emploi du salarié, dans les trois jours ouvrés qui suivent la réception de la déclaration mensuelle prévue à l'article D. 133-6 du code de la sécurité sociale, le bulletin de paie à remettre au salarié. En outre, pour les salariés mentionnés au 2° de l'article L. 1273-2 du code du travail dont la période d'emploi n'excède pas trente et un jours calendaires, le bulletin de paie est adressé directement au salarié.

Ce bulletin de paie comporte les mentions prévues à l'article R. 3243-1 du code du travail.

Art. D. 1273-6-1. ***(D. 2009-1598 du 18 décembre 2009, JO 20)*** Le contenu du volet social du titre emploi-service entreprise est fixé par l'article D. 133-6-1 du code de la sécurité sociale.

Art. D. 1273-7. Le recours au titre emploi-service entreprise vaut, à l'égard des salariés employés au moyen de ce titre, respect des obligations qui incombent à l'employeur en matière de :

1° Formalités prévues par les articles D. 4622-1 à D. 4622-4, relatifs aux services de santé au travail, et R. 4624-10 à R. 4624-14, relatifs à l'examen d'embauche ;

2° Déclarations auprès de l'ensemble des administrations ou organismes intéressés au titre des articles R. 5422-5 à R. 5422-8, relatifs aux obligations d'assurance contre le risque de privation d'emploi et de déclaration des rémunérations ;

3° Déclaration auprès des administrations ou organismes intéressés au titre de l'article L. 3141-30, relatif aux caisses de congés payés ;

4° Déclarations auprès des administrations ou organismes intéressés mentionnés aux articles R. 243-10, R. 243-13, R. 243-14 et R. 312-4 du code de la sécurité sociale et à l'article 87 A du code général des impôts ;

5° Déclarations prescrites par les institutions mentionnées au livre IX du code de la sécurité sociale.

Art. D. 1273-8. Les tiers mentionnés à l'article L. 1273-6 ou les organismes qui les représentent peuvent conclure avec l'Agence centrale des organismes de sécurité sociale et le ministre chargé de la sécurité sociale une convention qui précise le rôle de ces tiers et fixe les obligations réciproques des parties.

(D. 2011-1220 du 29 sept. 2011, JO 1er oct.)

CHAPITRE IV

Employeurs non établis en France

Art. D. 1273-9. Les dispositions des articles D. 1273-1 et D. 1273-3 à D. 1273-8 sont applicables aux entreprises mentionnées au II de l'article L. 243-1-2 du code de la sécurité sociale, qui ont opté pour l'utilisation d'un titre-emploi. Les dispositions de l'article D. 1271-5 sont applicables aux autres employeurs mentionnés au II de l'article L. 243-1-2 précité, qui ont opté pour l'utilisation d'un titre-emploi.

LIVRE III

LE RÈGLEMENT INTÉRIEUR ET LE DROIT DISCIPLINAIRE

Note Les dispositions relatives au règlement intérieur et au droit disciplinaire résultent de la loi 82-689 du 4 août 1982 concernant les libertés des salariés dans l'entreprise. L'objectif était de limiter les contraintes « imposables aux salariés par le règlement intérieur » et de poser « les principes de base d'un droit disciplinaire général ». Ces textes ont fait l'objet d'une circulaire ministérielle DRT 5-83 du 15 mars 1983 et d'une circulaire DGT 2009-09 du 17 avril 2009.

TITRE Ier

CHAMP D'APPLICATION

CHAPITRE UNIQUE

Art. L. 1311-1. Les dispositions du présent livre sont applicables dans les établissements des employeurs de droit privé.

Elles s'appliquent également dans les établissements publics à caractère industriel et commercial.

Note **• Champ d'application**

Entreprises assujetties. Le texte s'applique à « tous les employeurs de droit privé » (notamment aux comités d'entreprise) ainsi qu'aux établissements publics à caractère industriel et commercial.

Une note ministérielle du 16 mai 1983 a précisé dans quelles conditions les dispositions relatives au règlement intérieur doivent s'appliquer en ce qui concerne les groupements d'intérêt économique, les établissements d'enseignement privé et lorsqu'il existe une unité économique et sociale entre plusieurs entreprises. Les établissements publics du culte (départements du Haut-Rhin, du Bas-Rhin et de la Moselle) ne sont pas soumis à l'obligation d'établir un règlement intérieur (CE 11 mars 1988, n° 76280).

Personnes assujetties. Si les dispositions d'un règlement intérieur concernant les sanctions et la procédure disciplinaire ne peuvent s'appliquer qu'aux salariés de l'entreprise, celles qui sont relatives à l'hygiène, la sécurité et la discipline générale peuvent concerner toute personne travaillant dans l'entreprise, qu'elle soit ou non liée par un contrat de travail avec l'employeur qui a établi le règlement intérieur. Le personnel intérimaire et le personnel des entreprises extérieures sont ainsi concernés (CE 1er juillet 1988, n° 81445 ; CE 12 novembre 1990, nos 95823, 95856, *RJS* 2/91 n° 174 ; *AJDA* 1991, p. 484, note X. Prétot).

Art. L. 1311-2. L'établissement d'un règlement intérieur est obligatoire dans les entreprises ou établissements employant habituellement vingt salariés et plus.

Des dispositions spéciales peuvent être établies pour une catégorie de personnel ou une division de l'entreprise ou de l'établissement.

Note **• Seuil d'effectifs.** Le seuil d'effectifs minimum, fixé à vingt salariés, s'apprécie au niveau de l'entreprise lorsque celle-ci comporte plusieurs établissements.

Notion d'occupation habituelle. S'agissant d'une question de fait et à défaut de dispositions légales précises, pour l'appréciation des effectifs, « le délai à retenir peut être généralement de six mois » (circ. min. DRT 5-83 du 15 mars 1983).

Décompte des salariés. Doivent être comptés pour une unité « tous les salariés liés par un contrat à durée déterminée ou indéterminée, même suspendu, y compris les travailleurs à domicile » (circ. min. du 15 mars 1983 précitée). Les travailleurs temporaires et les travailleurs à temps partiel doivent être décomptés au *prorata* de leur temps de travail (circ. min. du 15 mars 1983 précitée).

Voir notes sous articles L. 1111-2 et L. 1111-3.

• **Cadre d'établissement.** Un règlement intérieur unique peut être établi dans une entreprise comportant plusieurs établissements occupant chacun au moins 20 salariés, sauf si l'un d'eux ou plusieurs d'entre eux présentent des particularités nécessitant l'élaboration de dispositions propres à ce ou ces établissements (CE 5 juin 1987, n° 74480, *Dr. Soc.* 1987, p. 653 ; dans le même sens, CE 5 mai 1993, n°s 96676, 97011, *RJS* 7/93 n° 741).

• **Règlement intérieur facultatif.** Les règlements intérieurs mis en place dans les entreprises de moins de 20 salariés doivent respecter toutes les dispositions légales et réglementaires concernant le règlement intérieur (circ. min. du 15 mars 1983, précitée).

Art. R. 1321-5. Le règlement intérieur est établi dans les trois mois suivant l'ouverture de l'entreprise.

TITRE II

RÈGLEMENT INTÉRIEUR

CHAPITRE Ier

Contenu et conditions de validité

Art. L. 1321-1. Le règlement intérieur est un document écrit par lequel l'employeur fixe exclusivement :

1° Les mesures d'application de la réglementation en matière de santé et de sécurité dans l'entreprise ou l'établissement, notamment les instructions prévues à l'article L. 4122-1 ;

2° Les conditions dans lesquelles les salariés peuvent être appelés à participer, à la demande de l'employeur, au rétablissement de conditions de travail protectrices de la santé et de la sécurité des salariés, dès lors qu'elles apparaîtraient compromises ;

3° Les règles générales et permanentes relatives à la discipline, notamment la nature et l'échelle des sanctions que peut prendre l'employeur.

Note

• **Nature juridique du règlement intérieur.** Le règlement intérieur s'impose à tous les membres du personnel comme au chef d'entreprise, dès lors qu'il est régulièrement pris ; il constitue un acte réglementaire de droit privé (cass. soc. 25 septembre 1991, n° 87-42.396, BC V n° 381 ; *Dr. Soc.* 1992, p. 27). Dans un arrêt du 16 décembre 1992, la chambre sociale réaffirme que le règlement intérieur est un acte de droit privé et que le contrôle de légalité dévolu à l'inspecteur du travail ne saurait lui ôter sa nature pour le transformer en un acte administratif. Elle en déduit que la juridiction de droit commun de l'ordre judiciaire peut connaître d'une action principale en annulation d'une ou plusieurs clauses du règlement intérieur. Elle établit cependant une distinction entre les clauses modifiées à la suite d'une décision de l'inspecteur du travail et celles au sujet desquelles l'autorité administrative ne s'est pas prononcée ; seules ces dernières pourraient faire l'objet d'un recours en annulation devant le juge judiciaire (cass. soc. 16 décembre 1992, n° 90-14.337, BC V n° 602 ; *Dr. Soc.* 1993, pp. 267 et 271, chron. A. Jeammaud ; *D.* 1993, 334, note X. Prétot).

• **Contenu du règlement intérieur.** Le législateur de 1982 a impérativement limité le contenu du règlement intérieur à trois domaines précis. La circulaire ministérielle du 15 mars 1983 précitée, tout en rappelant que le législateur a entendu « limiter » le contenu du règlement intérieur, se montre, semble-t-il, plus « limitative » encore que le législateur pour en définir le contenu.

Aucune autre matière que celles qui sont limitativement visées par l'article L. 1321-1 ne peut figurer dans le règlement intérieur (s'agissant, par exemple, d'une clause prévoyant l'obligation pour les salariés d'effectuer des grands déplacements, cass. soc. 12 décembre 1990, n° 87-45.799, BC V n° 670 ; *RJS* 2/91 n° 176). Les dispositions du règlement intérieur qui consacrent des droits au profit du salarié sont la manifestation d'un engagement unilatéral de l'employeur qui lie juridiquement celui-ci tant qu'il n'a pas été dénoncé (cass. soc. 10 mars 2004, n° 03-40.505, BC V n° 76 ; *RJS* 5/04 n° 534 ; 26 mai 1999, n° 96-43.614, BC V n° 236 ; *RJS* 7/99 n° 916).

L'exclusion de ces clauses du règlement intérieur renvoie à leur éventuelle insertion dans une convention ou un accord collectif, ou encore dans un contrat de travail. Le fait d'apposer sa signature sur le règlement intérieur lors de son embauche ne manifeste pas, de la part du salarié, la volonté claire et non équivoque d'accepter l'intégration à son contrat de travail de la disposition du règlement intérieur relative au changement de lieu de travail (cass. soc. 2 octobre 1997, n° 95-43.086, *RJS* 11/97 n° 1236 ; 19 novembre 1997, n° 95-41.260, BC V n° 383 ; *RJS* 1/98 n° 35). De même, le fait que le contrat de travail se réfère à des dispositions du règlement intérieur prévoyant certains avantages pécuniaires n'a pas pour effet de contractualiser ces avantages (cass. soc. 10 mars 2004, n° 03-40.505, précité).

Un employeur n'a pas à dénoncer les règles relatives à l'ordre des licenciements figurant dans le règlement intérieur, celles-ci étant devenues caduques par l'effet de l'entrée en vigueur de la loi (cass. soc. 30 juin 1993, n° 90-42.920, BC V n° 187 ; *RJS* 10/93 n° 982). En revanche, il doit dénoncer l'engagement unilatéral consacré par un précédent règlement intérieur s'il entend être libéré de cet engagement (par exemple, celui de verser une indemnité de licenciement plus élevée que l'indemnité légale) ; l'adoption d'un nouveau règlement intérieur ne fait pas disparaître par elle-même l'engagement unilatéral contenu dans le règlement antérieur (cass. soc. 7 juillet 1998, n° 96-42.521, BC V n° 364 ; *Dr. Soc.* 1998, p. 954, obs. J. Savatier ; *RJS* 10/98 n° 1197 ; 10 janvier 1995, n° 93-42.020, BC V n° 21 ; *Dr. Soc.* 1995, p. 196 ; 23 mai 1995, n° 93-46.142, *RJS* 7/95 n° 765).

Santé et sécurité. Il s'agit essentiellement des consignes de sécurité (qui peuvent figurer en annexe au règlement), des règles fixant les conditions d'application de textes réglementaires (par exemple, utilisation d'une cantine), des obligations liées à la médecine du travail.

Les consignes de sécurité doivent être générales ; l'insertion d'une consigne d'incendie, dans le règlement intérieur, ne serait pas licite (CE 3 juin 1988, n°s 84401 et a.).

Des mesures de sécurité prévues dans des usines spécialisées dans le traitement et la fabrication de produits réputés dangereux peuvent même comporter certaines restrictions à l'exercice du droit de grève par les salariés (CE 12 novembre 1990, n°s 95823, 95856, *RJS* 2/91 n° 174 ; *AJDA* 1991, p. 484, note X. Prétot ; CE 29 décembre 1995, n° 159167, *RJS* 3/96 n° 282). Mais des dispositions d'un règlement intérieur réputant fautes graves ou lourdes l'occupation des locaux, l'installation de piquets de grève et la séquestration des personnes en cas de conflit collectif sont étrangères au champ d'application défini par cet article (CE 12 octobre 1992, n° 94398, *Dr. Soc.* 1993, p. 162, concl. G. Le Chatelier ; CE 21 octobre 1994, n° 137639, *RJS* 1/95 n° 25). Du rapprochement de ces deux décisions du Conseil d'État, il semble se dégager un principe (le règlement intérieur ne peut pas réglementer le droit de grève) et une exception (le règlement intérieur peut, en posant des règles de sécurité applicables à tout moment, édicter des obligations qui peuvent occasionnellement et indirectement limiter l'exercice du droit de grève).

Aux termes du règlement intérieur d'une société : « Le vestiaire ou l'armoire individuelle mis à la disposition des salariés pour leurs vêtements doit être conservé dans un constant état de propreté ; ceux-ci ne doivent l'utiliser que pour l'usage auquel il est destiné, un contrôle du respect de ces obligations pourra être effectué en présence de l'intéressé. Eu égard au fait que les établissements en cause utilisent pour leurs fabrications des matériels dangereux et des substances explosives, et compte tenu de ces risques, qui rendent nécessaires des mesures particulières en matière de sécurité, il a été jugé que ce règlement intérieur n'apportait pas de restrictions excessives au droit des personnes (CE 12 novembre 1990, n° 94778).

Une disposition qui se borne à formuler une recommandation invitant les salariés à la vigilance ne présente pas le caractère d'une mesure d'application de la réglementation en matière d'hygiène et de sécurité ; elle ne saurait donc figurer dans le règlement intérieur (CE 11 juillet 1990, n° 85416, *RJS* 10/90 n° 767 : en l'espèce, la clause litigieuse prévoyait que chaque salarié devait, par son comportement, préserver la sécurité des autres).

Les mesures d'application dans l'entreprise de la législation contre le tabagisme peuvent légalement figurer dans les clauses du règlement intérieur (CE 18 mars 1998, n° 162055, *RJS* 6/98 n° 733).

De même, la clause imposant le port obligatoire d'une tenue de chantier est justifiée, car elle concerne la sécurité des salariés (CE 16 décembre 1994, n° 112855, *RJS* 2/95 n° 128). Le port d'un badge d'identification peut être rendu obligatoire par un règlement intérieur lorsqu'il est justifié par la nécessité d'assurer la sécurité des personnes et des installations (CE 29 décembre 1995, n° 129747, *RJS* 3/96 n° 283).

Droit de la défense. Les garanties de procédure prévues en faveur des salariés par les articles L. 1332-1 à L. 1332-3 doivent figurer dans le règlement intérieur.

Établissements d'enseignement privé. Le règlement intérieur d'un établissement d'enseignement catholique peut exiger du personnel qu'il s'engage à respecter le caractère propre à l'établissement, à condition de préciser qu'il « ne saurait permettre qu'il soit porté atteinte à la liberté de conscience » et que les obligations en résultant doivent s'apprécier eu égard à la nature des fonctions de chacun (CE 20 juillet 1990, n° 85429, *Dr. Soc.* 1990, p. 862, concl. M. Pochard et CE 23 juillet 1993, n° 99391, *Dr. Soc.* 1993, p. 842, concl. M. Pochard).

Discipline. Le règlement intérieur doit comporter un ensemble de prescriptions (obligations, interdictions) nécessaire pour un fonctionnement normal de l'entreprise.

Sanctions. Dès lors que le règlement intérieur fixe les règles générales et permanentes relatives à la discipline, notamment la nature et l'échelle des sanctions que peut prendre l'employeur, une sanction ne peut être prononcée contre un salarié que si elle est prévue par ce règlement intérieur (cass. soc. 26 octobre 2010, n° 09-42.740, BC V n° 243 ; *RJS* 1/11 n° 39 ; *RDT*, décembre 2010, CH, 719, A. Fabre). L'employeur n'est pas tenu de définir chaque sanction ni d'établir une corrélation entre les fautes et les sanctions ; si une telle corrélation figure dans le règlement intérieur, elle ne lie pas le juge en cas de litige (cass. soc. 2 mai 2000, n° 97-44.091, BC V n° 159 ; *RJS* 6/00 n° 669 ; 9 octobre 1985, *JS* 1985, SJ 318). Lorsqu'une sanction ne peut être infligée que si elle figure dans le règlement intérieur, une sanction prévue par le règlement pourra s'appliquer à tel ou tel fait fautif non prévu dans celui-ci. L'employeur est tenu de se conformer aux prescriptions qui figurent dans le règlement intérieur dès lors qu'elles améliorent les garanties disciplinaires des salariés (cass. soc. 13 octobre 1993, n° 92-40.474, BC V n° 231 ; *RJS* 11/93 n° 1102).

Lorsque le règlement intérieur précise que le fait de laisser sans surveillance les personnes accueillies dans l'établissement peut donner lieu à un avertissement et que la répétition de cette faute ayant entraîné au moins deux sanctions peut entraîner un licenciement, un employeur ne peut pas licencier pour faute grave un éducateur qui n'a pas fait l'objet de sanctions antérieures et qui a laissé sans surveillance une personne accueillie. Le règlement intérieur limite, dans des situations de ce genre, le pouvoir disciplinaire de l'employeur (cass. soc. 17 décembre 1997, n° 94-43.237, BC V n° 453 ; *RJS* 2/98 n° 173).

Si la mise à pied, qui est une mesure de suspension temporaire du contrat de travail, peut figurer dans l'échelle des sanctions prévues par le règlement intérieur, ledit règlement doit en préciser la durée maximale (CE 21 septembre 1990, n°s 105247, 105317, *RJS* 12/90 n° 966).

La chambre sociale de la Cour de cassation a adopté la même solution que le Conseil d'État. Une mise à pied prévue par le règlement intérieur n'est licite que si ce règlement en précise la durée maximale (cass. soc. 26 octobre 2010, n° 09-42.740, précité).

Art. R. 1321-1. Le règlement intérieur est affiché à une place convenable et aisément accessible dans les lieux de travail ainsi que dans les locaux et à la porte des locaux où se fait l'embauche.

Art. L. 1321-2. Le règlement intérieur rappelle :

1° Les dispositions relatives aux droits de la défense des salariés définis aux articles L. 1332-1 à L. 1332-3 ou par la convention collective applicable ;

2° Les dispositions relatives aux harcèlements moral et sexuel prévues par le présent code.

Note Les dispositions relatives aux droits de la défense des salariés et celles relatives aux harcèlements moral et sexuel ont été isolées de celles plus générales prévues par l'article précédent.

Art. L. 1321-3. Le règlement intérieur ne peut contenir :

1° Des dispositions contraires aux lois et règlements ainsi qu'aux stipulations des conventions et accords collectifs de travail applicables dans l'entreprise ou l'établissement ;

2° Des dispositions apportant aux droits des personnes et aux libertés individuelles et collectives des restrictions qui ne seraient pas justifiées par la nature de la tâche à accomplir ni proportionnées au but recherché ;

3° Des dispositions discriminant les salariés dans leur emploi ou leur travail, à capacité professionnelle égale, en raison de leur origine, de leur sexe, de leurs mœurs, de leur orientation sexuelle, de leur âge, de leur situation de famille ou de leur grossesse, de leurs caractéristiques génétiques, de leur appartenance ou de leur non-appartenance, vraie ou supposée, à une ethnie, une nation ou une race, de leurs opinions politiques, de leurs activités syndicales ou mutualistes, de leurs convictions religieuses, de leur apparence physique, de leur nom de famille ou en raison de leur état de santé ou de leur handicap.

Note Une importante circulaire DGT 2008/22 du 19 novembre 2008 relative aux chartes éthiques, dispositifs d'alerte et au règlement intérieur propose des éléments d'appréciation des clauses présentes notamment dans « ces nouveaux instruments de gestion », R. de Quénaudon et M-J Gomez-Mustel, « bref commentaire » de cette circulaire, *RDT*, janvier 2009, CH, 38. Voir également I. Meyrat, « Les chartes éthiques sous contrôle du juge », *SSL* suppl. n° 1459.

Un avis du Haut Conseil à l'Intégration relève que l'exercice de la liberté religieuse au sein de l'entreprise est insuffisamment encadré par le code du travail (avis du 1er septembre 2011, *www.hci.gouv.fr*).

• **Place du règlement intérieur dans la hiérarchie des sources du droit.** Le règlement intérieur ne peut contenir de clauses contraires aux lois et règlements en vigueur et aux conventions et accords collectifs. Le juge doit écarter les clauses d'un règlement intérieur contraires à celles d'une convention collective applicable dans l'entreprise (cass. soc. 7 novembre 2006, n° 04-41.390, BC V n° 330 ; *Dr. Soc.* 2007, p. 364, obs. J. Savatier). L'inspecteur du travail tient de l'article L. 1322-1 le pouvoir d'exiger le retrait ou la modification de dispositions qui seraient contraires à une convention collective non étendue. Demeure la question de savoir quelle est la place des usages par rapport au règlement intérieur. La doctrine tend à considérer qu'il y a prééminence de l'usage sur le règlement intérieur.

La mise à pied ne figurant pas dans la convention collective applicable, l'introduction de cette sanction dans le règlement intérieur ne constitue pas une disposition nécessairement plus favorable aux salariés de l'entreprise ; par suite, en tant qu'elles mentionnent la mise à pied, les dispositions litigieuses sont contraires aux stipulations de la convention collective de travail et, de ce fait, aux prescriptions de l'article L. 122-35 [L. 1321-3] (CE 28 janvier 1991, n° 84586, *RJS* 3/91 n° 329).

Le règlement intérieur, régulièrement établi et déposé, s'impose à tout salarié, sans qu'il y ait à rechercher si, au moment de son embauchage, le document a été ou non porté à sa connaissance (cass. soc. 24 février 1971, n° 70-40.113, BC V n° 146 ; 4 mai 1977, n° 76-40.251, BC V n° 285). Mais un salarié n'est pas tenu d'observer une clause illicite, même s'il en a eu connaissance lors de son engagement (cass. soc. 10 juin 1982, n° 80-40.929, BC V n° 392).

• **Dispositions concernant le droit des personnes.** La disposition légale s'inspire de la jurisprudence Corona du Conseil d'État (1er février 1980, n° 06361 ; *Dr. Soc.*

1980, p. 310, concl. A. Bacquet) : sont illégales les dispositions d'un règlement intérieur portant atteinte aux droits de la personne lorsqu'elles excèdent par leur généralité l'étendue des sujétions que l'employeur peut légalement imposer en vue d'assurer la sécurité dans son entreprise. La circulaire ministérielle du 15 mars 1983 précitée donne une liste importante mais non exhaustive de clauses illégales. Pour le Conseil d'État, la soumission des salariés à l'alcootest peut être prévue dans un règlement intérieur si elle n'a pour objet que de faire cesser une situation dangereuse, et non de permettre à l'employeur de faire constater par ce moyen une éventuelle faute disciplinaire (CE 12 novembre 1990, n° 96721, *RJS* 2/91 n° 178). La Cour de cassation admet plus largement la licéité de la clause prévoyant le recours à l'alcootest : les dispositions du règlement intérieur autorisant un contrôle de l'alcoolémie des salariés sont licites à la double condition que, d'une part, les modalités du contrôle en permettent la contestation et que, d'autre part, eu égard à la nature du travail confié, l'état d'ébriété soit de nature à exposer les personnes ou les biens à un danger (cass. soc. 22 mai 2002, n° 99-45.878, BC V n° 176 ; *RJS* 11/02 n° 1233). Lorsque ces conditions sont respectées, l'employeur peut recourir à l'alcootest à la fin d'une journée de travail pour constater une faute disciplinaire (cass. soc. 24 février 2004, n° 01-47.000, BC V n° 60 ; *RJS* 5/04 n° 535). En revanche, l'interdiction faite à des caissières d'accepter le passage des clients membres de leur famille porte atteinte aux droits des personnes (CE 9 décembre 1994, n° 119233, *RJS* 2/95 n° 129).

L'obligation faite par l'employeur à ceux de ses salariés ayant des contacts avec le public de porter l'indication de leurs nom et prénom sur leurs vêtements ne se justifie que si l'employeur démontre qu'elle est liée à l'intérêt de la clientèle, à l'exercice de certaines fonctions ou à des nécessités en matière de sécurité (rép. QE 40574, JO AN 29 juillet 1991, p. 3041). De la même façon, l'obligation imposée aux salariés de porter une blouse blanche n'est admissible que si elle est justifiée par la nature de la tâche à accomplir et proportionnée au but recherché (cass. soc. 18 février 1998, n° 95-43.491, BC V n° 90 ; *RJS* 4/98 n° 461).

Une sujétion professionnelle peut figurer dans le règlement intérieur dès lors que cette restriction à la liberté du salarié est justifiée par la nature de la tâche à accomplir et proportionnée au but recherché (cass. soc. 13 janvier 2009, n° 07-43.282, BC V n° 3 ; *SSL* 2009 n° 1386, p. 12, note J-E Ray ; *RJS* 3/09 n° 225 : en l'espèce, interdiction était faite aux membres du personnel éducatif de recevoir à leur domicile des mineurs placés dans l'établissement spécialisé dans l'accueil de ce public).

• **Jurisprudence.** De très nombreux arrêts ont été rendus par les juridictions administratives.

Exemples de clauses licites. Les clauses rappelant les obligations des salariés en matière de médecine du travail, l'obligation de respecter les horaires de travail et les dates de congés annuels ; clause limitant l'épreuve de l'alcootest aux salariés manipulant des produits dangereux ou celle prévoyant qu'un alcootest est mis à la disposition du personnel qui souhaiterait l'utiliser ; clauses prescrivant le respect de l'horaire du travail jusqu'au remplacement effectif lorsqu'une présence continue est nécessaire et la présence au poste de travail aux heures fixées pour le début et la fin de celui-ci. Elles constituent des règles générales et permanentes de discipline au sens de l'article L. 122-34 [L. 1321-1] CT et peuvent, dès lors, figurer dans le règlement intérieur (CE 9 octobre 1987, n° 72220) ; est licite la clause d'un règlement intérieur faisant obligation à tout salarié d'avertir le chef d'entreprise de tout accident du travail, même bénin, survenu à lui-même ou à un autre salarié lorsqu'il en a été le témoin (CE 4 mai 1988, n°s 68032 et 68113) ; clause précisant que toute absence non justifiée dans les 48 heures pourra être considérée comme une faute si, après mise en demeure, la justification n'est pas fournie ou le travail repris (CE 4 mai 1988, n° 85178) ; clause prévoyant que les salariés doivent adopter, dans l'exercice de leurs fonctions, une tenue, un comportement et des attitudes qui respectent la liberté, la dignité de chacun ; clause concernant l'utilisation des véhicules de l'entreprise et fixant des règles de circulation à l'intérieur de l'entreprise (CE 9 octobre 1987, n° 72220) ; clause rappelant la responsabilité du chauffeur en cas d'accident pouvant entraîner des sanctions (CE 8 juin 1988, n° 86061) ; clause rappelant l'obligation du secret professionnel dans la banque (CE 3 juin 1988, n° 90846) ; clause soumettant à l'autorisation de la direction les quêtes et l'introduction d'appareils photographiques, caméras, magnétophones, ainsi que l'organisation dans l'enceinte de l'entreprise de paris et jeux (CE 9 octobre 1987, n° 72670).

Eu égard aux restrictions qu'elle apporte aux droits des personnes et aux libertés individuelles, la vérification par la direction de l'entreprise des objets éventuellement emportés par les salariés ne peut être légalement prévue par le règlement intérieur que si celui-ci précise, d'une part, qu'il ne sera procédé à une telle vérification qu'en cas de nécessité, notamment à la suite de disparitions de matériel, ou s'il existe des risques particuliers de vol dans l'entreprise, d'autre part, que le salarié sera averti de son droit de s'opposer à un tel contrôle et d'exiger la présence d'un témoin, enfin, que ce contrôle sera effectué dans des conditions préservant la dignité et l'intimité de la personne (CE 11 juillet 1990, n° 86022, *RJS* 10/90 n° 769).

Exemples de clauses illicites. Clause prévoyant que des conjoints ne peuvent être employés simultanément dans une entreprise, en raison de l'atteinte sérieuse qu'elle apporte au droit au mariage (cass. soc. 10 juin 1982, n° 80-40.929, BC V n° 392) ; clause prévoyant que la « prime exceptionnelle et révocable, versée aux salariés en début d'année pour récompenser leurs efforts, peut être réduite ou supprimée, en cas de retard ou d'absence (y compris les absences pour grève), en cas d'accident de la circulation, en cas de casse de matériel de la société, pour les fautes qui leur sont éventuellement imputables » ; une telle clause constituant la sanction de fautes professionnelles est contraire aux dispositions de l'article L. 1331-2 CT prohibant les amendes et autres sanctions pécuniaires, et contrevient aux dispositions de l'article L. 2511-1, al. 2 CT selon lesquelles l'exercice du droit de grève «… ne saurait donner lieu de la part de l'employeur à des discriminations en matière de rémunération et d'avantages sociaux » (CE 12 juin 1987, n° 81252) ; clause imposant au salarié de faire une déclaration écrite avant de se retirer d'une situation de travail qu'il juge dangereuse, une telle sujétion n'étant pas imposée par les textes (CE 12 juin 1987, n° 72388 ; *Dr. Soc.* 1987, p. 651) ; clause permettant à l'employeur de se faire ouvrir à tout moment vestiaires et armoires personnelles des salariés (CE 12 juin 1987, n° 72388, précité) ; clause prescrivant au salarié de prévenir la direction de tout changement dans sa situation individuelle et familiale, clause ne relevant pas de la discipline générale (TA Paris 12 février 1985, Sté Régie Presse) ; clause interdisant toute pression sur le personnel pour faire obstacle à la liberté du travail, le pouvoir disciplinaire de l'employeur ne lui conférant pas le droit de régler les relations des salariés entre eux (TA Marseille 17 octobre 1985, Sté Lincrusta) ; clause prévoyant l'obligation d'effectuer des heures supplémentaires et/ou de récupération, clause relevant de la convention collective ou du contrat de travail mais non du règlement intérieur (CE 9 octobre 1987, n° 72220) ; clause interdisant toute sortie pendant le travail, sauf autorisation qui doit obligatoirement être demandée (TA Paris 2 février 1987, *Dr. Soc.* 1987, p. 649) ; clause soumettant, dans les entreprises soumises à la loi de démocratisation du secteur public, la diffusion ou l'affichage de journaux, tracts, imprimés, brochures, etc. à l'autorisation de la direction (CE 9 octobre 1987, n° 72220) ; clause concernant le contrôle médical patronal des arrêts de travail pour maladie, clause qui ne relève pas des règles d'hygiène et de sécurité du travail (TA Montpellier 5 janvier 1987, Sté Midi Peintures) ; clause imposant au salarié de signaler tout symptôme pouvant laisser croire que lui-même ou un copréposé est atteint d'une maladie professionnelle (CE 4 mai 1988, n°s 68032, 68113) ; clause prévoyant la responsabilité, en cas d'accident, du salarié qui a omis de prévenir ses supérieurs des défaillances ou anomalies du matériel dont il a la charge (CE 4 mai 1988, n°s 68032, 68113) ; clause réputant fautes graves ou lourdes suivant leur gravité… et sous réserve de l'appréciation souveraine des tribunaux… « l'occupation des locaux de travail, l'installation de piquets de grève et la séquestration de personnes en cas de conflit collectif » : ces dispositions, qui visent des agissements susceptibles d'être perpétrés lors de l'exercice du droit de grève, sont étrangères au champ d'application du règlement intérieur (CE 12 octobre 1992, n° 94398, *Dr. Soc.* 1993, p. 162, concl. G. Le Chatelier) ; clause interdisant au personnel d'un hôtel d'utiliser les emplacements de stationnement appartenant au domaine public voisin de l'hôtel (cass. soc. 1er juin 1994, n° 91-40.695, *RJS* 7/94 n° 860) ; clause imposant à des employés de banque d'informer l'employeur des comptes bancaires qu'ils détiennent dans d'autres établissements bancaires (CE 3 octobre 1997, n° 144006, *RJS* 12/97 n° 1371).

Art. L. 1321-4. Le règlement intérieur ne peut être introduit qu'après avoir été soumis à l'avis du comité d'entreprise ou, à défaut, des délégués du personnel ainsi que, pour les matières relevant de sa compétence, à l'avis du comité d'hygiène, de sécurité et des conditions de travail.

Art. L. 1321-5.

Le règlement intérieur indique la date de son entrée en vigueur. Cette date doit être postérieure d'un mois à l'accomplissement des formalités de dépôt et de publicité.

En même temps qu'il fait l'objet des mesures de publicité, le règlement intérieur, accompagné de l'avis du comité d'entreprise ou, à défaut, des délégués du personnel et, le cas échéant, du comité d'hygiène, de sécurité et des conditions de travail, est communiqué à l'inspecteur du travail.

Ces dispositions s'appliquent également en cas de modification ou de retrait des clauses du règlement intérieur.

Note

• **Consultation des organismes de représentation du personnel.** Le texte prévoit la consultation obligatoire du comité d'entreprise ou du comité d'établissement ainsi que du comité d'hygiène, de sécurité et des conditions de travail pour les questions relevant de sa compétence. À défaut de comité d'entreprise, le chef d'entreprise devra consulter les délégués du personnel :
– la consultation est une formalité substantielle et son défaut entraîne la nullité du règlement (cass. soc. 4 juin 1969, BC n° 367 ; *Dr. Soc.* 1969, p. 515), indépendamment de la mise en jeu de sanctions pénales ;
– le refus, par le comité d'entreprise, d'approuver le règlement intérieur ne constitue pas, à lui seul, un motif suffisant pour entraîner la nullité de ses dispositions (rép. QE 9219, JO AN 18 janvier 1958, p. 139). Un règlement intérieur peut être appliqué sans l'accord du comité d'entreprise (cass. soc 16 octobre 1980, n° 79-13.894, BC V n° 752).

• **Communication à l'inspecteur du travail.** La carence de l'employeur dans l'accomplissement de la formalité de communication du règlement intérieur à l'inspecteur du travail ne prive pas le salarié de la possibilité de se prévaloir de ce règlement (cass. soc. 28 mars 2000, n° 97-43.411, BC V n° 136 ; *RJS* 5/00 n° 530).

• **Date d'entrée en vigueur.** Elle intervient dans un délai d'un mois après l'accomplissement des formalités de dépôt et de publicité.

La décision de l'inspecteur du travail peut intervenir à tout moment (art. L. 1322-1).

Art. R. 1321-2. Le règlement intérieur est déposé, en application du deuxième alinéa de l'article L. 1321-4, au greffe du conseil de prud'hommes du ressort de l'entreprise ou de l'établissement.

Art. R. 1321-3. Le délai prévu au deuxième alinéa de l'article L. 1321-4 court à compter de la dernière en date des formalités de publicité et de dépôt définies aux articles R. 1321-1 et R. 1321-2.

Art. R. 1321-4. Le texte du règlement intérieur est transmis à l'inspecteur du travail en deux exemplaires.

Art. L. 1321-5. Les notes de service ou tout autre document comportant des obligations générales et permanentes dans les matières mentionnées aux articles L. 1321-1 et L. 1321-2 sont, lorsqu'il existe un règlement intérieur, considérées comme des adjonctions à celui-ci. Ils sont, en toute hypothèse, soumis aux dispositions du présent titre.

Toutefois, lorsque l'urgence le justifie, les obligations relatives à la santé et à la sécurité peuvent recevoir application immédiate. Dans ce cas, ces prescriptions sont immédiatement et simultanément communiquées aux secrétaires du comité d'hygiène, de sécurité et des conditions de travail et du comité d'entreprise ainsi qu'à l'inspection du travail.

Note

Les notes de service relatives à la santé, à la sécurité et à la discipline générale sont soumises aux mêmes dispositions que le règlement intérieur (voir note sous art. L. 1311-2).

Des informations relatives aux communications téléphoniques personnelles des salariés avec l'extérieur touchant au fonctionnement d'un service général de l'entreprise ne comportent pas de règle générale et permanente de discipline ; dans ces conditions, la note de service ne peut être considérée comme une adjonction au règlement intérieur (CE 12 novembre 1990, n° 96721, *RJS* 2/91 n° 178).

Pour la chambre criminelle, une note de service imposant aux caissiers d'une entreprise de nettoyer leurs caisses ainsi qu'une partie de l'établissement constitue une adjonction au règlement intérieur et doit donc, avant sa mise en application, être soumise pour avis au comité d'entreprise et au comité d'hygiène, de sécurité et des conditions de travail (cass. crim. 26 juin 1990, n° 88-84.251, B. crim. n° 261 ; *CSB* 1990 A. 50).

Une note de service se présentant comme une simple modalité d'application du règlement intérieur n'a pas à être soumise à l'avis du comité d'établissement (cass. soc. 7 octobre 1992, n° 89-45.283, BC V n° 506 ; *RJS* 1992 n° 1257).

Le code de déontologie, imposant certaines obligations à une catégorie de personnel d'une banque, ne constitue pas une adjonction au règlement intérieur, mais une simple modalité d'application de celui-ci (ces obligations y figurant déjà) (cass. soc. 28 mai 2008, n° 07-15.744, BC V n° 120 ; *JCP* éd. S 2008, 1506, note A. Barège et B. Bossu ; *RJS* 8-9/08 n° 894).

La jurisprudence paraît, en ce domaine, essentiellement pragmatique.

Art. L. 1321-6. Le règlement intérieur est rédigé en français. Il peut être accompagné de traductions en une ou plusieurs langues étrangères.

Il en va de même pour tout document comportant des obligations pour le salarié ou des dispositions dont la connaissance est nécessaire pour l'exécution de son travail.

Ces dispositions ne sont pas applicables aux documents reçus de l'étranger ou destinés à des étrangers.

Note L'article L. 1321-6 reprend des dispositions figurant dans l'ancien article L. 122-39-1 et dans le dernier alinéa de l'article L. 122-35. On peut s'interroger sur l'exacte portée du dernier alinéa de l'article L. 1321-6 ainsi recomposé lorsqu'il énonce que « ces dispositions ne sont pas applicables aux documents... destinés à des étrangers ». Faut-il comprendre que l'exigence d'une rédaction en langue française du règlement intérieur ne s'imposerait plus nécessairement pour des étrangers? Cela paraît peu probable, mais la nouvelle rédaction de cet article laisse planer quelque ambiguïté.

Le non-respect de ces dispositions est puni d'une peine d'amende prévue pour les contraventions de la 4e classe. Les personnes morales peuvent être déclarées responsables pénalement de cette infraction (décret 95-240 du 3 mars 1995, art. 3 et 4, JO 5).

CHAPITRE II

Contrôle administratif et juridictionnel

Note La nouvelle présentation distingue entre contrôle administratif et contrôle juridictionnel. Ces deux types de contrôle étaient auparavant envisagés par un seul article (L. 122-37).

SECTION 1. Contrôle administratif

Art. L. 1322-1. L'inspecteur du travail peut à tout moment exiger le retrait ou la modification des dispositions contraires aux articles L. 1321-1 à L. 1321-3 et L. 1321-6.

Note • **Contrôle de l'inspecteur du travail.** L'inspecteur du travail peut à tout moment exiger le retrait ou la modification des dispositions qui seraient contraires aux dispositions légales, réglementaires ou conventionnelles applicables ou qui déborderaient du contenu limitatif du règlement intérieur (sur la notion de « contrôle à tout moment », voir circ. min. du 15 mars 1983, précitée). Les pouvoirs conférés à l'inspecteur du travail ne sont pas exclusifs de la compétence des juges de l'ordre judiciaire saisis à l'occasion d'un litige individuel.

La circulaire DGT 2009-09 du 17 avril 2009 précise que l'inspecteur du travail du siège social est seul compétent pour apprécier la validité du règlement intérieur.

Art. L. 1322-2.

• Dans le cas où un règlement intérieur unique peut être établi, seul l'inspecteur du travail dans le ressort duquel se trouve le siège social de l'entreprise est compétent pour exercer le contrôle prévu par cet article (CE 5 mai 1993, n°s 96676, 97011, *RJS* 7/93 n° 741).

Doit être rejetée la requête formée contre la décision d'un inspecteur du travail ayant demandé la modification de la clause d'un règlement intérieur concernant les sièges mis à la disposition de caissières. Il lui appartenait, en effet, de vérifier si la clause litigieuse était conforme à la règle d'hygiène fixée par le code du travail et, par suite, d'apprécier, sous le contrôle du juge de l'excès de pouvoir, si l'exécution du travail du personnel de caisse était ou non incompatible avec la station assise continue (CE 11 juillet 1990, n° 95476, *RJS* 10/90 n° 768).

Art. L. 1322-2. La décision de l'inspecteur du travail est motivée.

Elle est notifiée à l'employeur et communiquée, pour information, aux membres du comité d'entreprise ou, à défaut, aux délégués du personnel, ainsi qu'aux membres du comité d'hygiène, de sécurité et des conditions de travail pour les matières relevant de sa compétence.

Note Les décisions de l'inspecteur du travail (demandant une adjonction, un retrait ou une modification) doivent être motivées et communiquées aux instances qui ont été consultées (circ. min. du 15 mars 1983 précitée, précisée par la circ. DGT du 17 avril 2009). L'obligation de motivation s'étend à la décision du directeur régional et à celle du ministre saisi d'un recours hiérarchique contre la décision du directeur régional (CE 23 juillet 1993, n° 99391, *Dr. Soc.* 1993, p. 842, concl. M. Pochard).

Se rend coupable de deux contraventions à l'article L. 1322-2 l'employeur qui laisse affichés, non modifiés, deux exemplaires du règlement intérieur de l'entreprise comprenant, l'un, une clause dont la suppression avait été demandée par l'inspecteur du travail, et l'autre, une clause n'ayant pas été modifiée dans le sens indiqué par l'inspecteur (cass. crim. 1er décembre 1987, n° 84-94.455).

Art. L. 1322-3. La décision de l'inspecteur du travail peut faire l'objet d'un recours hiérarchique, dans des conditions déterminées par voie réglementaire.

La décision prise sur ce recours est notifiée à l'employeur et communiquée, pour information, aux membres du comité d'entreprise ou, à défaut, aux délégués du personnel, ainsi qu'aux membres du comité d'hygiène, de sécurité et des conditions de travail pour les matières relevant de sa compétence.

Note • Le recours peut émaner de l'employeur, des salariés ou de leurs représentants.

• La décision du directeur régional peut elle-même faire l'objet d'un recours hiérarchique devant le ministre du Travail et de l'Emploi (CE 18 mars 1998, n° 157607, *RJS* 6/98 n° 734 : la compétence du ministre est une application des principes généraux du droit) ; elle peut aussi faire l'objet d'un recours pour excès de pouvoir devant le tribunal administratif (circ. min. du 15 mars 1983 précitée).

• En cas de recours hiérarchique, la décision du directeur régional du travail et de l'emploi se substitue à celle de l'inspecteur du travail (TA Paris 6 octobre 1987, Sté Crédit Lyonnais). L'autorité saisie d'un recours hiérarchique (directeur régional ou ministre chargé du travail) peut demander que des modifications soient apportées au règlement intérieur sur des points qui n'ont pas été examinés par l'autorité inférieure (inspecteur du travail ou directeur régional) (CE 18 mars 1998, n° 157607, précité).

Art. R. 1322-1. Le recours hiérarchique prévu à l'article L. 1322-3 est formé devant le ***(D. 2009-1377 du 10 nov. 2009, JO 13 ; D. 2010-687 du 24 juin 2010, JO 25 ; voir D. 2010-1582 du 17 déc. 2010, JO 18, pour outre-mer)*** « directeur régional des entreprises, de la concurrence, de la consommation, du travail et de l'emploi », dans les deux mois suivant la notification de la décision de l'inspecteur du travail.

Note Le 2e alinéa de cet article a été abrogé par le décret 2008-1503 du 30 décembre 2008 (JO 31).

SECTION 2. Contrôle juridictionnel

Art. L. 1322-4. Lorsque, à l'occasion d'un litige individuel, le conseil de prud'hommes écarte l'application d'une disposition contraire aux articles L. 1321-1 à L. 1321-3 et L. 1321-6, une copie du jugement est adressée à l'inspecteur du travail et aux membres du comité d'entreprise ou, à défaut, aux délégués du personnel, ainsi qu'aux membres du comité d'hygiène, de sécurité et des conditions de travail pour les matières relevant de sa compétence.

Note **Compétence juridictionnelle.** Le Conseil d'État a précisé, dans l'arrêt Gantois du 12 juin 1987 (n° 72388 ; *Dr. Soc.* 1987, p. 651), que « lorsqu'il est saisi de conclusions tendant à l'annulation de décisions prises par les autorités administratives chargées de contrôler la conformité d'un règlement intérieur aux articles L. 122-34 et L. 122-35 CT, le juge administratif est compétent pour apprécier cette conformité, alors même que le règlement intérieur a été établi par un employeur qui n'est pas chargé de la gestion d'un service public et ne dispose d'aucune prérogative de puissance publique ». Le recours dirigé contre la décision de l'inspecteur du travail est un recours pour excès de pouvoir et ne peut aboutir qu'à l'annulation de la décision attaquée ou au rejet de la demande. Le juge administratif ne peut donc apprécier la légalité d'une nouvelle rédaction proposée (CE 8 juillet 1988, n°s 71484, 71542, *Rec. Lebon*, p. 1403).

Le règlement intérieur d'entreprise est un acte juridique de droit privé. Le contrôle de légalité dévolu à l'inspecteur du travail par l'article L. 1322-1 CT ne saurait lui ôter sa nature pour le transformer en un acte administratif. Il appartient aux juges de l'ordre judiciaire de connaître de la contestation qui s'élève sur la validité de ses dispositions ; l'article L. 1322-4 de ce code, qui reconnaît au conseil de prud'hommes la faculté, à l'occasion d'un litige individuel de travail, d'écarter une clause illicite du règlement intérieur, n'interdit pas à la juridiction de droit commun de l'ordre judiciaire (tribunal de grande instance) de connaître d'une action principale en annulation d'une ou de plusieurs clauses dudit règlement (cass. soc. 16 décembre 1992, n° 90-14.337, BC V n° 602 ; *Dr. Soc.* 1993, pp. 267 et 271, chron. A. Jeammaud ; *D.* 1993, 334, note X. Prétot). Le juge judiciaire peut ainsi écarter l'application de clauses d'un règlement intérieur contraires aux dispositions d'une convention collective ou d'un accord collectif applicable dans l'entreprise ou l'établissement (cass. soc. 7 novembre 2006, n° 04-41.390, cité sous art. L. 1321-3 CT ; en l'espèce, les clauses relatives à la saisine d'un conseil de discipline étaient contraires à un article de la convention collective nationale de la banque applicable).

Le tribunal compétent pour connaître des litiges relatifs à un règlement intérieur unique est celui dans le ressort duquel se trouve le siège de l'entreprise. La société ayant son siège social à Paris et ayant élaboré un règlement intérieur unique pour l'ensemble de ses établissements, le tribunal administratif compétent est celui de Paris (CE 5 mai 1993, n°s 96676, 97011, *RJS* 7/93 n° 741).

CHAPITRE III

Dispositions pénales

[Le présent chapitre ne comprend pas de dispositions législatives.]

Art. R. 1323-1. Le fait de méconnaître les dispositions des articles L. 1311-2 à L. 1322-4 et R. 1321-1 à R. 1321-5 relatives au règlement intérieur, est puni de l'amende prévue pour les contraventions de la quatrième classe.

TITRE III

DROIT DISCIPLINAIRE

CHAPITRE Ier

Sanction disciplinaire

Art. L. 1331-1. Constitue une sanction toute mesure, autre que les observations verbales, prise par l'employeur à la suite d'un agissement du salarié considéré par l'employeur comme fautif, que cette mesure soit de nature à affecter immédiatement ou non la présence du salarié dans l'entreprise, sa fonction, sa carrière ou sa rémunération.

Note • *Dispositif de réserve de sécurité nationale.* Aucun licenciement ou déclassement professionnel, aucune sanction disciplinaire ne peut être prononcé à l'encontre d'un réserviste en raison des absences résultant de l'application du dispositif de réserve de sécurité nationale.

Aucun établissement ou organisme de formation public ou privé ne peut prendre de mesure préjudiciable à l'accomplissement normal du cursus de formation entrepris par un étudiant ou un stagiaire en raison des absences résultant de l'application du même dispositif (code de la défense, art. L. 2171-5).

• **La sanction disciplinaire doit être prévue par le règlement intérieur.** Une sanction disciplinaire prononcée à l'encontre d'un salarié est manifestement illicite lorsqu'elle ne figure pas parmi celles prévues par le règlement intérieur (cass. soc. 26 octobre 2010, n° 09-42.740, BC V n° 243 ; *RJS* 1/11 n° 39 ; *RDT*, décembre 2010, CH, 719, A. Fabre). Le juge des référés ne dispose pas du pouvoir d'annuler la sanction illicite mais il peut ordonner les mesures qui s'imposent pour faire cesser le trouble manifestement illicite consécutif à cette mesure (même arrêt ; en l'espèce, réintégration sous astreinte dans les fonctions antérieures).

• **La sanction disciplinaire suppose l'existence d'une faute du salarié**

– *La mesure uniquement destinée à assurer la sécurité n'est pas une sanction disciplinaire.* Ne constitue pas une sanction disciplinaire le changement d'affectation d'un salarié consécutif au retrait de son habilitation à la conduite de certains véhicules dès lors qu'il a pour seul objet, conformément au règlement de sécurité de l'exploitation d'un système de transport public guidé, d'assurer la sécurité des usagers, du personnel d'exploitation et des tiers. En l'espèce, les juges avaient relevé que si le retrait de l'habilitation du salarié à la conduite des tramways et son affectation sur une ligne d'autobus étaient intervenus après qu'il eut conduit une rame à contresens de la circulation, aucune réprimande ne lui avait été adressée en raison de cet incident (cass. ass. plén. 6 janvier 2012, n° 10-14.688, *LS* Bref n° 16016 du 11/01/12).

– *Pluralité de faits fautifs.* L'employeur, informé de l'ensemble des faits reprochés au salarié et qui choisit de lui notifier un avertissement pour certains d'entre eux a ainsi épuisé son pouvoir disciplinaire. Il ne peut plus dès lors prononcer un licenciement pour des faits antérieurs à cette date (cass. soc. 16 mars 2010, n° 08-43.057, BC V n° 65 ; *RJS* 6/10 n° 513 ; *RDT*, juillet/août 2010, CH, 443, Y. Leroy).

– *La faute du salarié doit être distinguée de l'insuffisance professionnelle.* La Cour de cassation juge que « l'inadaptation du salarié à une technique nouvelle » ne constitue pas une faute professionnelle susceptible d'entraîner une sanction disciplinaire (cass. soc. 26 juin 1985, *JS* 1985 SJ 260). De la même manière, elle considère que le licenciement pour insuffisance professionnelle d'une employée de banque en cours de stage n'est pas un licenciement pour faute (cass. soc. 11 décembre 1986, n° 84-42.757, BC V n° 594), pas plus que celui d'un salarié, ayant trois mois d'ancienneté, en raison de la mauvaise qualité de son travail fourni par l'intéressé (cass. soc. 4 décembre 1986, n° 85-40.085, BC V n° 579). Voir aussi cass. soc. 25 octobre 1990, n° 88-42.563, BC V n° 506 ; *CSB* 1990 S. 176 ; 20 mars 1990, n° 88-41.769, BC V n° 122 ; *RJS* 5/90 n° 377 (le refus par un employeur de faire bénéficier un salarié d'un avancement au choix n'est pas une sanction disciplinaire). Lorsqu'un salarié est licencié pour un motif non disciplinaire, les dispositions d'une convention collective prévoyant des garanties particulières en cas de procédure disciplinaire ne s'appliqueront pas (cass. soc. 22 juin 2011, n° 09-42.697 ; *JCP* éd. S 2011, 1483, note M. d'Allende ; *RJS* 11/11 n° 860).

Quelquefois, cependant, l'insuffisance professionnelle s'accompagne d'un comportement fautif : la mesure prise alors à l'encontre du salarié est une sanction (cass. soc. 29 octobre 1998, n° 96-42.598, *RJS* 12/98 n° 1481 : efforts insuffisants dans l'accomplissement du travail ; la lettre de mise en garde est assimilée à une sanction dans la mesure où l'insuffisance des résultats est liée à un comportement fautif ; CA Paris 26 septembre 1984, Lagarrigue c/Air France : le retrait d'un tableau d'avancement est une sanction disciplinaire lorsqu'il résulte non seulement d'une insuffisance professionnelle mais aussi de fautes reprochées au salarié).

– *Ne constituent pas une faute* le fait pour un salarié de refuser d'exécuter un travail n'entrant pas dans ses attributions, même s'il ne s'agit que d'un travail ponctuel de quelques minutes (cass. soc. 28 mars 1995, n° 91-43.680, *Dr. Soc.* 1995, p. 505), le refus par le salarié d'une modification d'un élément essentiel du contrat, hormis le cas où il s'agit d'une sanction disciplinaire justifiée (cass. soc. 14 février 1995, n° 91-40.361, *Dr. Soc.* 1995, p. 268). La proposition d'un salarié de négocier financièrement son éventuel licenciement, hors l'utilisation de termes polémiques ou injurieux, ne constitue pas en soi un comportement fautif (cass. soc. 19 juin 2008, n° 07-40.939, BC V n° 137 ; *Dr. Soc.* 2009, p. 114, obs. G. Couturier).

– Un *fait de la vie personnelle* ne peut justifier un licenciement disciplinaire (cass. soc. 23 juin 2009, n° 07-45.256, BC V n° 160 ; *RJS* 10/09 n° 796 ; *JCP* éd. E 2009 n° 40, p. 15, note D. Corrignan-Carsin), sauf s'il constitue un manquement du salarié à une obligation découlant de son contrat de travail (cass. soc. 3 mai 2011, n° 09-67.464, *RJS* 7/11 n° 588). En principe, seules les fautes professionnelles peuvent justifier le prononcé d'une sanction disciplinaire : cass. soc. 26 septembre 2001, n° 99-43.636, *RJS* 12/01 n° 1413 ; 16 décembre 1997, n° 95-41.326, BC V n° 441 ; *RJS* 2/98 n° 141 (l'aide à séjour irrégulier d'un étranger ne peut constituer une faute disciplinaire) ; 14 mai 1997, n° 94-45.473, BC V n° 175 ; *RJS* 6/97 n° 758 ; 20 novembre 1991, n° 89-44.605, BC V n° 512 ; *RJS* 1/92 n° 3 : « Si, en principe, il ne peut être procédé au licenciement d'un salarié pour une cause tirée de sa vie privée, il en est autrement lorsque le comportement de l'intéressé, compte tenu de ses fonctions et de la finalité propre de l'entreprise, a créé un trouble caractérisé au sein de cette dernière » (licenciement d'un agent de surveillance justifié par le vol commis par ce dernier en dehors de son temps de travail dans un centre commercial, client de l'entreprise de gardiennage pour le compte de laquelle le salarié travaillait).

Un important arrêt rendu en chambre mixte par la Cour de cassation avait marqué un revirement en décidant qu'« un trouble objectif dans le fonctionnement de l'entreprise ne permet pas en lui-même de prononcer une sanction disciplinaire à l'encontre de celui par lequel il est survenu » (cass. ch. mixte 18 mai 2007 n° 05-40.803, BC n° 3 ; *D.* 2007, p. 2137, note J. Mouly ; *RJS* 7/07 n° 810 et p. 607, avis Cl. Mathon, avocat général). Il ne suffit plus, désormais, d'invoquer un trouble objectif dans le fonctionnement de l'entreprise pour pouvoir prononcer une sanction disciplinaire ; il faut apporter la preuve d'un manquement du salarié aux obligations résultant de son contrat. Cet arrêt marque une protection renforcée de la vie privée du salarié. La chambre sociale de la Cour de cassation, dans deux arrêts datés du 23 mai 2007 (n° 05-41.374, BC V n° 82 et n° 05-41.375), énonce que le trouble créé dans l'entreprise (participation d'un salarié à une manifestation publique) ne suffit pas à caractériser une faute ; il appartiendra aux juges du fond de caractériser en quoi la seule relation de travail pouvait justifier l'interdiction par l'employeur d'exercer une liberté collective en dehors du temps de travail (*JCP* éd. S 2007, 1510, note R. Vatinet).

La Cour de cassation retient désormais que l'employeur ne peut sanctionner que des faits commis par le salarié traduisant une méconnaissance de ses obligations découlant de son contrat de travail. Dès lors, le licenciement pour motif disciplinaire d'un salarié qui s'est vu retirer son permis de conduire à la suite d'infractions au code de la route commises en dehors de l'exécution de son contrat de travail est dépourvu de cause réelle et sérieuse. L'arrêt du 3 mai 2011 (n° 09-67.464, précité) reprend la solution déjà retenue par le Conseil d'État dans un arrêt du 15 décembre 2010 (n° 316856, *RDT*, février 2011, ET, 99, concl. G. Dumortier ; *RJS* 2/11 n° 158) et marque un revirement par rapport à la jurisprudence antérieure (cass. soc. 2 décembre

2003, n° 01-43.227, BC V n° 304 ; *RJS* 2/04 n° 181 ; le fait pour un chauffeur routier de conduire en état d'ivresse en dehors de son temps de travail se rattache à sa vie professionnelle) ; cass. soc. 21 janvier 1992, n° 91-40.259, *RJS* 3/92 n° 262 (inspecteur d'une compagnie d'assurances licencié pour avoir causé un accident de la circulation en conduisant sous l'empire d'un état alcoolique, en dehors du temps de travail : licenciement justifié) ; 1er avril 1992, n° 89-43.391, *RJS* 5/92 n° 576 (licenciement justifié d'un cadre qui gifle sa compagne à proximité de l'entreprise en dehors du temps de travail).

La distinction entre les faits de la vie professionnelle et ceux relevant de la vie personnelle n'est pas toujours aisée. Lorsque les faits ne sont pas commis pendant le temps de travail mais dans des locaux appartenant à l'entreprise, les juges décident le plus souvent que ces faits relèvent de la vie professionnelle et constituent une faute disciplinaire (cass. soc. 27 juin 2001, n° 99-45.121, *RJS* 11/01 n° 1251 ; 28 mars 2000, n° 97-43.823, BC V n° 127 ; *RJS* 5/00 n° 511 ; 12 janvier 1999, n° 96-43.705 ; *RJS* 2/99 n° 150). En revanche, le refus émanant d'un salarié absent pour maladie de se soumettre à une contre-visite médicale ne constitue pas une faute professionnelle susceptible d'entraîner une sanction disciplinaire (CA Paris 22 juin 1993, *RJS* 8-9/93 n° 867).

– *La faute « contractuelle »* peut, comme la faute « disciplinaire », justifier une sanction disciplinaire (cass. soc. 20 février 1991, n° 90-41.119, BC V n° 83 ; *Dr. Soc.* 1991, p. 474 ; 13 décembre 1989, n° 86-42.988, cité *SSL* 1990, p. 81 : faute involontaire). Mais la faute commise par un mandataire social ne peut être retenue comme faute professionnelle justifiant une sanction disciplinaire contre la même personne, en sa qualité de salarié, que si elle se rattache à l'exécution du contrat de travail (cass. soc. 4 février 1993, n° 91-41.913, *RJS* 5/93 n° 559). N'est pas fautif le refus du salarié de reprendre le travail tant qu'il ne serait pas payé des salaires dont il a été privé durant une mise à pied disciplinaire injustifiée (cass. soc. 23 juin 2009, n° 07-44.844, BC V n° 158 ; *RJS* 10/09 n° 798).

– Voir « La situation de l'employeur face à la faute grave commise par le salarié », Ch. Varin, *RDT* 2009, p. 639.

Le salarié dont le contrat de travail est suspendu pour maladie et qui reprend son travail avant d'avoir fait l'objet de la visite médicale de reprise est soumis au pouvoir disciplinaire de l'employeur (cass. soc. 16 novembre 2005, n° 03-45.000, BC V n° 323 ; *RJS* 2/06 n° 194).

• **La sanction disciplinaire suppose que la mesure prise par l'employeur affecte la présence du salarié dans l'entreprise, sa fonction, sa carrière ou sa rémunération** (cass. soc. 27 février 1985, n° 83-44.955, BC V n° 122). Le fait de demander à des salariés ayant commis une faute de rester chez eux, en maintenant leur rémunération, ne constitue pas une sanction disciplinaire, car cette mesure n'affecte pas la fonction des salariés, leur carrière et leur rémunération. Il est, en l'espèce, curieux que les juges n'aient pas relevé que cette mesure affectait la « présence » des salariés dans l'entreprise.

Le retrait temporaire du droit aux billets d'avion à tarif réduit est une sanction disciplinaire, car le bénéfice de ces billets présente pour les salariés un intérêt économique indiscutable et constitue un avantage de rémunération (cass. soc. 22 octobre 1996, n° 93-42.390, *RJS* 12/96 n° 1269 ; la cour d'appel de Paris avait retenu une solution opposée : CA Paris 28 mars 1984, Corbin c/ Air France ; 30 mai 1984, *Dr. Ouvr.* 1984, p. 471).

Les remarques faites par un agent de maîtrise, dépourvu de toute qualification pour exercer un pouvoir disciplinaire, constituent une simple constatation des faits et non une sanction disciplinaire (cass. soc. 4 mai 1995, n° 93-46.125, *RJS* 6/95 n° 648).

• **La sanction disciplinaire peut revêtir des formes très différentes.** Constitue une sanction disciplinaire, au sens de l'article L. 122-40 [L. 1331-1] CT, la décision prise par un employeur qui, après avoir accordé un détachement à une salariée, rétracte l'autorisation qu'il avait donnée en raison d'agissements considérés par lui comme fautifs (cass. soc. 10 avril 1991, n° 87-42.633, BC V n° 174 ; *RJS* 6/91 n° 704).

– Les reproches adressés par voie de courrier ou de courriel par un employeur à une salariée pour des faits qu'il estimait fautifs constituent des sanctions (cass. soc. 26 mai 2010, n° 08-42.893, *RJS* 11/10 n° 846). Les mises en garde contenues dans de tels documents constituant des sanctions, il s'ensuit que les mêmes faits ne peuvent être sanctionnés une seconde fois (cass. soc. 6 mars 2007, n° 05-43.698, *RJS* 7/07 n° 842).

– Dès lors que le changement d'affectation d'une salariée, qui avait eu pour effet de priver celle-ci d'une prime, a été décidé par l'employeur en raison de faits considérés par lui comme fautifs, il en résulte que la mutation, même si elle est par ailleurs justifiée par la nécessité d'un perfectionnement des connaissances de l'intéressée avant sa réaffectation dans l'emploi initial, constitue une sanction disciplinaire (cass. soc. 19 juin 1991, n° 87-45.597, BC V n° 308 ; *RJS* 8-9/91 n° 963, 2e espèce). Une mutation d'office peut être parfois décidée par l'employeur dans l'intérêt du service ; une telle mutation prévue par un statut réglementaire ne saurait, à elle seule, priver le juge de son pouvoir de la qualifier de sanction disciplinaire au regard du contexte dans lequel cette mutation a été décidée (cass. soc. 30 mai 2007, n° 06-40.599, *RJS* 8-9/07 n° 1001).

– La rupture anticipée pour faute grave d'un contrat à durée déterminée est une sanction disciplinaire ; l'employeur doit donc suivre la procédure disciplinaire, en convoquant le salarié à un entretien préalable (cass. soc. 20 novembre 1991, n° 88-41.265, BC V n° 509 ; *RJS* 1/92 n° 10 ; 16 mars 1995, n° 91-44.553, *RJS* 5/95 n° 493 ; 11 avril 1996, n° 93-42.632, BC V n° 151 ; *Dr. Soc.* 1996, p. 736 ; 1er octobre 1996, n° 93-44.102, *RJS* 11/96 n° 1154) et en lui notifiant par écrit les motifs de la rupture (cass. soc. 26 février 1992, 2 arrêts, nos 89-44.090 et 90-43.143, BC V n° 127 ; *RJS* 4/92 n° 413 : l'employeur ne peut invoquer devant le juge d'autres motifs que ceux mentionnés dans la lettre notifiant la rupture ; 23 janvier 1997, n° 95-40.526, BC V n° 32 ; *RJS* 3/97 n° 281 ; 4 juin 2008, n° 07-40.126, BC V n° 121 ; *JCP* éd. S 2008, 1518, note Fr. Bousez ; *RJS* 8-9/08 n° 872). L'inobservation des règles de procédure cause nécessairement au salarié un préjudice qu'il appartient aux juges de réparer (cass. soc. 13 novembre 2008, n° 07-40.784, BC V n° 213 ; *RJS* 2/09 n° 146).

Art. L. 1331-2. Les amendes ou autres sanctions pécuniaires sont interdites.

Toute disposition ou stipulation contraire est réputée non écrite.

Note

• **Position de l'administration** (circ. min. du 15 mars 1983, précitée). La retenue sur salaires effectuée à l'encontre d'un salarié qui a normalement effectué sa prestation de travail constitue une sanction pécuniaire ; la mise à pied disciplinaire ne constitue pas une telle sanction puisque, n'ayant pas effectué de travail, le salarié ne peut prétendre à un salaire. Les réductions de primes en raison des temps non travaillés et en fonction de leur durée sont licites dans la mesure où les mêmes règles sont appliquées, quel que soit le motif de l'absence.

Dans une note complémentaire, le ministre du Travail avait précisé que le temps mal travaillé pouvait aussi entraîner des réductions licites (réductions ou suppressions de primes en cas d'accidents de la circulation pour les chauffeurs, erreurs de caisse pour les caissiers, etc.), ne s'agissant pas à proprement parler de sanctions mais de la conséquence, en termes de complément de rémunération, de la non-réalisation de certains objectifs fixés par le contrat de travail.

• **Jurisprudence.** La jurisprudence établit une distinction selon que la diminution de la rémunération du salarié résulte ou non d'une modification du travail fourni.

Le principe est que la responsabilité pécuniaire d'un salarié à l'égard de son employeur ne peut résulter que d'une faute lourde (cass. soc. 11 avril 1996, n° 92-42.847, BC V n° 152 ; *RJS* 6/96 n° 674 ; 6 mai 2009, n° 07-44.485, BC V n° 126 ; *Dr. Soc.* 2009, p. 865, obs. Ch. Radé).

– ***La perte de rémunération correspond à un changement d'activité du salarié.*** Même si cette perte de rémunération survient à la suite d'une faute commise par le salarié, les juges considèrent que la sanction proprement dite est le changement apporté dans l'exécution du contrat de travail (mise à pied, déclassement, rétrogradation) et que la diminution du salaire n'est qu'une conséquence de la modification du contrat. Elle n'est pas, elle-même, une sanction et ne peut donc, *a fortiori*, être considérée comme une sanction pécuniaire. La Cour de cassation et le Conseil d'État ont adopté la même solution.

• *Pour la Cour de cassation* : cass. soc. 24 mars 1988, n° 86-41.600, BC V n° 203 (la rétrogradation disciplinaire assortie d'une diminution de salaire n'est pas une sanction pécuniaire) ; 20 avril 1989, n° 86-42.234, BC V n° 299 ; 22 janvier 1992, n° 88-43.050, BC V n° 27 ; *RJS* 3/92 n° 282 (dès lors que les attributions du salarié, après une rétrogradation, ont été modifiées avec une baisse des responsabilités entraînant un déclassement professionnel, la diminution de la rémunération du salarié se trouve justifiée) ; 17 février 1993, n° 88-45.539, BC V n° 55 ; *RJS* 4/93 n° 394 ; 7 juillet 2004, n° 02-44.476, BC V n° 193 ; *RJS* 10/04 n° 1038.

• *Pour le Conseil d'État.* Une sanction de rétrogradation entraînant une diminution de la rémunération du salarié ne constitue pas une sanction pécuniaire interdite dès lors qu'elle consiste à affecter le salarié à une fonction ou à un poste différent et de niveau inférieur à celui qu'il occupait (CE 10 juillet 1987, n° 71338).

– ***La réduction du salaire ou la suppression de primes ou d'avantages.*** Le Conseil d'État considère que la réduction ou la suppression d'une prime exceptionnelle, en cas de retard ou d'absence, d'accident de la circulation, ou encore en cas de casse de matériel de la société, pour les fautes qui leur sont éventuellement imputables, constitue une sanction pécuniaire et ne peut être insérée dans un règlement intérieur (CE 12 juin 1987, n° 81252).

La Cour de cassation a d'abord considéré que les réductions de rémunération à la suite d'une mauvaise exécution du contrat de travail étaient licites (cass. soc. 14 mai 1987, n° 84-44.004, BC V n° 315), avant d'adopter la même solution que le Conseil d'État (cass. soc. 20 février 1991, n° 90-41.119, BC V n° 83 ; *RJS* 4/91 n° 461 : la retenue sur le salaire d'un contrôleur en raison de la mauvaise exécution de ses obligations est une sanction pécuniaire).

Constituent des sanctions pécuniaires prohibées : la privation d'une prime de fin d'année, qui prenait en compte l'intensité des efforts réalisés et la qualité des résultats obtenus, en raison de faits qualifiés de fautifs par l'employeur (cass. soc. 7 mai 1991, n° 87-43.350, BC V n° 219 ; *RJS* 6/91 n° 705 ; 2 décembre 1992, n° 89-43.162, BC V n° 577 ; *RJS* 1/93 n° 35), pour un salarié qui n'est pas rémunéré en fonction du rendement, la réduction de son salaire pour baisse de la production (cass. soc. 12 avril 1995, n° 91-40.593, BC V n° 133 ; *Dr. Soc.* 1995, p. 599)), l'abaissement du coefficient d'une prime, dû au fait que le salarié a fait l'objet d'observations pour abandon du poste de travail (cass. soc. 22 novembre 1995, n° 91-43.809, BC V n° 309 ; *Dr. Soc.* 1996, p. 197 ; *RJS* 1/96 n° 24), la réduction d'une prime d'objectifs en raison des dysfonctionnements du comportement du salarié vis-à-vis de sa hiérarchie et de la clientèle (cass. soc. 4 juin 1998, n° 95-45.167, BC V n° 296 ; *RJS* 7/98 n° 859), la retenue sur salaire pour le remboursement des contraventions afférentes à un véhicule professionnel mis au service du salarié (cass. soc. 11 janvier 2006, n° 03-43.587, BC V n° 7 ; *RJS* 3/06 n° 347) le prélèvement d'une somme fixe sur la rémunération du salarié en cas de non-réalisation d'un certain chiffre d'affaires (cass. soc. 20 octobre 2010, n° 09-42.896, BC V n° 238 ; *RJS* 1/11 n° 38) ; la privation d'une prime de fin d'année, en cas de faute grave, constitue une sanction pécuniaire prohibée qui ne peut faire l'objet d'une disposition conventionnelle (cass. soc. 11 février 2009, n° 07-42.584, BC V n° 42 ; *RJS* 4/09 n° 344) ; la même solution s'applique concernant la privation du droit de lever les options ouvertes au salarié, en cas de faute grave (cass. soc. 21 octobre 2009, n° 08-42.026, BC V n° 227 ; *RJS* 1/10 n° 79).

Le bénéfice de billets à tarif réduit présente pour les salariés un intérêt économique indiscutable et constitue un avantage de rémunération ; la suspension de cet avantage constitue une sanction pécuniaire prohibée (cass. soc. 22 octobre 1996, n° 93-42.390, *RJS* 12/96 n° 1269), cette solution s'applique même si le salarié avait fait un usage commercial de ces billets, ce qui était formellement interdit par le règlement du personnel (cass. soc. 7 juillet 2010, n° 09-41.281, *RJS* 10/10 n° 756, 2e espèce). Il en va de même pour le retrait d'un véhicule de société en cas de non-réalisation d'un objectif de résultat (cass. soc. 12 décembre 2000, n° 98-44.760, BC V n° 416 ; *RJS* 5/01 n° 682).

Constitue une sanction pécuniaire illicite la clause de *malus* prévue en annexe du contrat de travail et ayant pour effet de priver les salariés d'une partie des commissions qui leur étaient dues sur des contrats de vente effectivement réalisés (cass. soc. 4 juillet 2007, n° 06-40.160, *RJS* 10/07 n° 1062).

La suppression d'une prime en raison d'un licenciement constitue une sanction pécuniaire illicite (en l'espèce, l'employeur a été condamné à verser au salarié la prime d'objectifs qui lui était due en exécution du contrat de travail alors qu'un document interne à l'entreprise prévoyait la suppression de celle-ci en cas de faute grave ou lourde du salarié et la laissait à l'appréciation de la hiérarchie en cas de licenciement pour motif réel et sérieux (cass. soc. 20 décembre 2006, n° 04-47.742, *RJS* 3/07 n° 335). Une clause privant les salariés licenciés pour faute grave du droit de lever les options est réputée non écrite (cass. soc. 21 octobre 2009, n° 08-42.026, précité).

En revanche, la suppression du complément des indemnités journalières versées par la sécurité sociale en cas de maladie lorsque le salarié refuse la contre-visite médicale n'est pas une sanction pécuniaire (cass. soc. 9 décembre 1992, n° 89-42.547, *RJS* 3/93 n° 276). De la même façon, la suppression ou la réduction d'une prime en raison de l'absence d'un salarié, quelle que soit la cause de l'absence, n'est pas une sanction pécuniaire ; la mise à pied entraînant l'absence du salarié provoque la suppression de la prime (cass. soc. 19 juillet 1994, n° 90-43.785, BC V n° 241 ; *RJS* 8-9/94 n° 984). La retenue sur salaire effectuée à l'encontre de salariés ayant exercé leur droit de retrait individuel, alors que les conditions d'exercice de ce droit n'étaient pas réunies, ne peut être assimilée à une sanction pécuniaire interdite (cass. crim. 25 novembre 2008, n° 07-87.650, B. crim. n° 239 ; *Dr. Soc.* 2009, p. 369 ; obs. P. Chaumette).

– ***L'exclusion d'une augmentation générale des salaires.*** L'exclusion de certains salariés du bénéfice d'une augmentation générale des salaires applicable à l'ensemble du personnel est une sanction pécuniaire lorsqu'elle est fondée sur un comportement jugé fautif (cass. soc. 19 juillet 1995, n° 91-45.401, *RJS* 10/95 n° 1021). Mais des salariés ne peuvent pas se plaindre d'avoir subi une sanction pécuniaire aux motifs que d'autres salariés ont bénéficié à titre individuel d'une augmentation de salaire pour récompenser leurs qualités professionnelles (cass. soc. 19 juillet 1995, n° 91-45.401, précité ; 29 mai 1990, n° 87-40.512, BC V n° 243 ; *RJS* 7/90 n° 575 ; cass. crim. 26 avril 1988, n° 87-83.867, B. crim. n° 180).

Art. L. 1334-1. Le fait d'infliger une amende ou une sanction pécuniaire en méconnaissance des dispositions de l'article L. 1331-2 est puni d'une amende de 3 750 €.

Note L'article qui figurait dans l'ancien code du travail précisait qu'en cas de récidive, l'amende serait portée à 7 500 €. Cette précision a disparu.

CHAPITRE II

Procédure disciplinaire

SECTION 1. Garanties de procédure

Art. L. 1332-1. Aucune sanction ne peut être prise à l'encontre du salarié sans que celui-ci soit informé, dans le même temps et par écrit, des griefs retenus contre lui.

Note *Indication des griefs.* Elle doit être suffisamment précise pour que le salarié ne puisse pas se tromper sur les motifs ayant entraîné la sanction. Est suffisamment précis le motif : « non-respect des horaires fixés par le chef d'établissement » (cass. soc. 5 mars 1987, n° 85-41.607, BC V n° 110). Curieusement, la cour d'appel de Paris a jugé que, « en visant la mauvaise exécution du travail », l'employeur avait répondu au vœu du législateur quant à la régularité de la procédure (CA Paris, 21e ch., 13 avril 1992, *RJS* 7/92 n° 866).

Art. L. 1332-2. Lorsque l'employeur envisage de prendre une sanction, il convoque le salarié en lui précisant l'objet de la convocation, sauf si la sanction envisagée est un avertissement ou une sanction de même nature n'ayant pas d'incidence, immédiate ou non, sur la présence dans l'entreprise, la fonction, la carrière ou la rémunération du salarié.

Lors de son audition, le salarié peut se faire assister par une personne de son choix appartenant au personnel de l'entreprise.

Au cours de l'entretien, l'employeur indique le motif de la sanction envisagée et recueille les explications du salarié.

La sanction ne peut intervenir moins d'un jour franc, ni plus d'un mois après le jour fixé pour l'entretien. Elle est motivée et notifiée à l'intéressé.

Note Dès lors que l'employeur a choisi de convoquer le salarié à un entretien, selon les modalités prévues par cet article, il est tenu d'en respecter tous les termes, quelle que soit la sanction finalement infligée (cass. soc. 16 avril 2008, n° 06-41.999, BC V n° 86 ; *RJS* 6/08 n° 672 ; *D.* 2008, pan. p. 2314, M-C Amauger-Lattes : en l'espèce, l'employeur pouvait certes décider de prononcer un avertissement, à condition de le faire dans le délai d'un mois).

• Procédure « simplifiée »

Avertissement. La question de savoir si la procédure simplifiée s'applique aux avertissements s'est posée à la suite, notamment, de la circulaire ministérielle du 15 mars 1983 précitée qui opérait une distinction entre le premier avertissement adressé à un salarié et les suivants. Selon le ministre chargé du travail, l'avertissement écrit, en général la première des sanctions prévues par le règlement intérieur, de même que toute autre sanction de même niveau, ne devait pas être soumis à la procédure de l'entretien préalable ; il n'en irait autrement qu'en cas de récidive (dans le délai de prescription de 3 ans prévu à l'article L. 122-44 [L. 1332-5] CT), sanction qui, étant préalable à une sanction plus importante (mise à pied, licenciement), perd son caractère de sanction mineure.

La Cour de cassation a, dans un premier temps, pris nettement position : « Quelle que soit la mesure disciplinaire qu'il précède dans l'échelle des sanctions susceptibles d'avoir une incidence, immédiate ou non, sur la présence dans l'entreprise, la fonction, la carrière ou la rémunération du salarié, l'avertissement n'a pas par lui-même une telle incidence et l'employeur n'est donc pas tenu de convoquer le salarié à un entretien préliminaire » (cass. soc. 19 janvier 1989, 3 arrêts, n°s 86-45.505, 85-46.575 et 86-40.615, BC V n°s 49 et 50 ; *RJS* 2/89, p. 73). Peu importe que l'avertissement ait été accompagné de la menace, en cas de récidive, d'une sanction susceptible d'avoir une telle incidence, et qu'il ne s'agisse pas du premier avertissement (cass. soc. 13 novembre 1990, n° 87-42.812, BC V n° 545).

Cependant, la Cour de cassation a modifié cette analyse dans un arrêt du 3 mai 2011 (n° 10-14.104, *RJS* 7/11 n° 609) ; lorsque l'avertissement peut avoir une influence sur le maintien du salarié dans l'entreprise, l'employeur doit convoquer le salarié à un entretien (tel est le cas lorsque le règlement intérieur subordonne le licenciement d'un salarié à l'existence de deux sanctions antérieures pouvant être constituées notamment par un avertissement).

Blâme. Un blâme avec inscription au dossier est une sanction susceptible d'avoir une influence sur la carrière du salarié ; il doit faire l'objet d'un entretien préalable (cass. soc. 7 décembre 1999, n° 97-43.059, BC V n° 476 ; *RJS* 1/00 n° 88).

• Procédure normale. Une procédure d'entretien préalable, calquée sur celle de l'article L. 1232-2 CT, est requise.

Entretien préalable. La présence du chef de service du salarié aux côtés du directeur général n'est pas de nature à entacher de vice la procédure disciplinaire, même s'il a empêché l'intéressé de s'adresser directement à l'employeur sans autres témoins (cass. soc. 5 mars 1987, n° 85-41.607, BC V n° 110).

Le recours à la procédure légale d'entretien préalable est exigé, même si une convention collective impose une procédure voisine : « Ni la convocation, ni la comparution du salarié devant un conseil de discipline ne dispensent l'employeur du respect des prescriptions de l'article L. 122-41 [L. 1332-2] CT » (cass. soc. 20 octobre 1988, n° 85-44.501, BC V n° 533).

Les dispositions de l'article L. 122-41 [L. 1332-2] CT autorisant un salarié à se faire assister par une personne de son choix appartenant au personnel de l'entreprise sont plus favorables aux salariés que les dispositions du statut de la SNCF et doivent donc, à ce titre, être appliquées au profit des agents de la SNCF (cass. soc. 17 décembre 1997, n° 95-40.816, BC V n° 451 ; *RJS* 2/98 n° 236).

L'entretien est irrégulier lorsque l'employeur ne donne, au cours de celui-ci, aucune explication au salarié (cass. soc. 5 février 1992, n° 88-43.248, BC V n° 67 ; *RJS* 3/92 n° 285).

La tentative d'enregistrement occulte de l'entretien est un « acte objectif illégal et irrespectueux que ne saurait justifier l'exercice des droits de la défense » ; cet acte constitue une cause réelle et sérieuse de licenciement (CA Paris 19 février 1993, *RJS* 4/93 n° 396).

À noter que la mise à pied conservatoire (voir *infra*), ne constituant pas une sanction au sens de l'article L. 122-41 [L. 1332-2] CT, n'a pas à être assortie d'un entretien préalable (cass. soc. 26 novembre 1987, n° 85-40.367, BC V n° 686).

Notification écrite de la sanction. Toute sanction, mineure ou non, doit faire l'objet d'une notification écrite et motivée. À défaut d'énonciation de motif dans la lettre notifiant une rupture anticipée du contrat de travail à durée déterminée, sanctionnant une faute du salarié, la rupture est injustifiée, peu important que l'employeur ait indiqué au salarié, au cours de l'entretien préalable, les griefs formulés contre lui (cass. soc. 23 janvier 1997, n° 95-40.526, BC V n° 32 ; *RJS* 3/97 n° 281).

Lorsqu'il y a eu entretien préalable, un délai minimal (un jour franc après la date prévue pour l'entretien) et un délai maximal (moins d'un mois après cette même date) ont été prévus pour la prise de sanction. À noter qu'en cas de licenciement disciplinaire, la lettre de notification du licenciement ne peut être expédiée moins de deux jours ouvrables après l'entretien (art. L. 1232-6 CT).

L'inobservation du délai d'un jour franc constitue une irrégularité de forme devant être réparée par l'allocation d'une indemnité fixée en fonction du préjudice subi par le salarié (cass. soc. 27 novembre 2001, n° 99-44.889, BC V n° 361 ; *RJS* 2/02 n° 162).

Délai d'un mois. Lorsque l'employeur est tenu de recueillir l'avis d'une instance disciplinaire, le délai d'un mois pour notifier la sanction ne court qu'à compter de l'avis rendu par cette instance (cass. soc. 13 février 2001, n° 98-45.912, BC V n° 52 ; *RJS* 4/01 n° 447 ; 3 avril 1997, n° 94-44.575, BC V n° 138 ; *RJS* 7/97 n° 816 ; 8 juillet 1997, n° 94-44.513, *RJS* 10/97 n° 1094 : l'avis du conseil de discipline étant intervenu tardivement, la sanction fut prononcée plus de sept mois après la convocation à l'entretien ; 7 mai 1991, n° 88-43.870, *RJS* 6/91 n° 707). Mais le délai d'un mois ne peut être dépassé que si, avant l'expiration de ce délai, l'employeur a informé le salarié de sa décision de saisir l'instance disciplinaire en application des règles conventionnelles (cass. soc. 10 mai 2006, n° 05-43.843, BC V n° 171 ; *Dr. Soc.* 2006, p. 798, obs. J. Savatier ; 13 février 2001, n° 98-45.912, précité ; 30 octobre 1991, n° 88-40.168, BC V n° 451 ; *RJS* 12/91 n° 1316). La sanction doit être prononcée dans le mois qui suit l'avis donné par l'instance disciplinaire (cass. soc. 10 mai 2001, n° 99-42.668) ; il s'agit d'un mois calendaire.

Lorsque l'employeur est tenu de recueillir l'autorisation de l'inspection du travail pour licencier un salarié protégé, le délai d'un mois pour notifier le licenciement court à compter du jour où l'employeur a reçu notification de cette autorisation (cass. soc. 28 octobre 2003, n° 01-42.404, BC V n° 262 ; *RJS* 1/04 n° 78 ; en cas de dépassement de ce délai, le licenciement est sans cause réelle et sérieuse).

La Cour de cassation admet deux autres causes de prorogation du délai d'un mois : lorsque l'employeur est dans l'impossibilité de procéder, dans le délai d'un mois, aux investigations conformes à l'intérêt du salarié et rendues nécessaires par les déclarations de ce dernier au cours de l'entretien (cass. soc. 17 février 1993, n° 89-44.745, BC V n° 54 ; *RJS* 4/93 n° 397) ; lorsque le salarié ne peut pas se présenter à l'entretien et que l'employeur adresse une nouvelle convocation, le délai d'un mois court à compter de la date de cette nouvelle convocation (cass. soc. 7 juin 2006, n° 04-43.819, BC V n° 210 ; *RJS* 8-9/06 n° 945 ; 3 février 2004, n° 01-46.318, *RJS* 4/04 n° 395 qui fait courir le délai d'un mois de la date prévue pour un entretien reporté à la demande du salarié).

Mais l'engagement par l'employeur d'une action en contestation de la désignation d'un salarié en qualité de délégué syndical ne suspend pas le délai d'un mois (cass. soc. 23 septembre 2008, n° 07-42.786, BC V n° 169 ; *RJS* 12/08 n° 1212).

Le délai maximal d'un mois doit être respecté lorsque la sanction est un licenciement disciplinaire (cass. soc. 1er décembre 1999, n° 97-44.131, *RJS* 1/00 n° 29 ; 7 juillet 1998, n° 96-40.487, BC V n° 368 ; *RJS* 10/98 n° 1218 ; 3 avril 1997, n° 94-44.575, précité ; 4 mai 1995, n° 93-41.440, *RJS* 6/95 n° 630 ; 16 mars 1995, n° 90-41.213, BC V n° 90 ; *RJS* 5/95 n° 513). La méconnaissance de cette exigence de délai prive le licenciement de cause réelle et sérieuse (cass. soc. 7 juillet 1998, n° 96-40.487, précité ; 3 avril 1997, n° 94-44.575, précité). Le délai maximal d'un mois n'est ni suspendu ni interrompu pendant la période de suspension du contrat de travail provoquée par un accident du travail ou une maladie professionnelle (cass. soc. 19 janvier 2005, n° 02-40.085, BC V n° 13 ; *RJS* 3/05 n° 301 : l'employeur peut licencier le salarié pour faute grave pendant la période de suspension – licenciement autorisé par l'article

L. 1226-9 CT –, mais le licenciement notifié pour faute, après la reprise du travail et plus d'un mois après l'entretien, est sans cause réelle et sérieuse). Le licenciement est nul s'il est notifié après le délai d'un mois prévu par cet article et prononcé pendant la période de suspension du contrat de travail pour accident du travail (cass. soc. 21 novembre 2007, n° 06-44.993, BC V n° 196 ; *RJS* 2/08 n° 170).

La sanction doit non seulement être notifiée dans le délai maximal d'un mois, mais encore, bien que la loi ne le prévoie pas, être appliquée dans un délai raisonnable après la notification ; sinon elle sera considérée comme caduque par les juges (cass. soc. 10 juillet 2002, n° 00-40.917, *RJS* 10/02 n° 1121 : mise à pied non appliquée 20 mois après sa notification).

Impossibilité de substituer une procédure de résiliation judiciaire à une procédure disciplinaire. Lorsque l'employeur estime que le salarié ne respecte pas ses obligations, il doit user de son pouvoir disciplinaire et prononcer le licenciement de l'intéressé ; il ne peut pas obtenir, par le biais d'une demande reconventionnelle, la résiliation judiciaire du contrat (cass. soc. 9 mars 1999, n° 96-41.734, BC V n° 108 ; *RJS* 4/99 n° 505). La portée exacte de cet arrêt reste incertaine.

• **Procédure conventionnelle ou statutaire.** Assez fréquemment, la convention collective ou les statuts imposent à l'employeur des règles procédurales plus contraignantes que celles prévues par la loi, comme la saisine d'une commission de discipline.

La violation de ces règles procédurales peut entraîner l'annulation de la sanction disciplinaire lorsque celle-ci n'est pas un licenciement (cass. soc. 7 mai 1996, n° 92-40.931, BC V n° 179 ; *Dr. Soc.* 1996, p. 738, obs. A. Jeammaud). Lorsque la sanction est un licenciement, celui-ci ne peut pas être annulé (voir art. L. 1333-3 CT) en dehors de situations exceptionnelles prévues par la loi ou par une disposition conventionnelle (sur l'annulation conventionnelle du licenciement, voir B. Gauriau, *Dr. Soc.* 1999, p. 789). La Cour de cassation opère cependant une distinction entre les dispositions qui constituent des *garanties de fond* et celles qui ne sont que des *garanties de forme*. La consultation d'un organisme chargé, en vertu d'une disposition conventionnelle, de donner son avis sur la mesure disciplinaire envisagée par l'employeur constitue pour le salarié une garantie de fond (cass. soc. 16 septembre 2008, n° 07-41.532, BC V n° 159 ; *RJS* 11/08 n° 1078). Le licenciement prononcé sans que le salarié ait été avisé qu'il pouvait saisir cet organisme ne peut avoir de cause réelle et sérieuse (cass. soc. 21 octobre 2008, n° 07-42.170, BC V n° 196 et 22 octobre 2008, n° 06-46.215, BC V n° 198 ; *Dr. Soc.* 2009, pp. 119 et s., obs. J. Savatier). L'employeur sera condamné à verser une indemnité au salarié licencié irrégulièrement, mais cette indemnité ne sera pas seulement une indemnité pour irrégularité de procédure lorsque l'employeur a omis de saisir « une commission d'interprétation et de conciliation » (cass. soc. 16 novembre 2005, n° 03-41.457, *RJS* 3/06 n° 350, 2e espèce ; 29 juin 2005, n° 03-44.376, BC V n° 221 ; *RJS* 10/05 n° 962 ; 8 janvier 2002, n° 99-46.070, *RJS* 3/02 n° 281 ; 16 janvier 2001, n° 98-43.189, BC V n° 9 ; *RJS* 4/01 n° 431 ; 28 mars 2000, n° 97-43.411, BC V n° 136 ; *RJS* 5/00 n° 530 ; 23 mars 1999, n° 97-40.412, BC V n° 134 ; *Dr. Soc.* 1999, p. 634, obs. J. Savatier).

Mais le non-respect d'un délai conventionnel de saisie d'un organisme consultatif ne constitue pas la violation d'une garantie de fond, sauf si cette irrégularité a eu pour effet de priver le salarié de la possibilité d'assurer utilement sa défense (cass. soc. 3 juin 2009, n° 07-42.432, BC V n° 142 ; *RJS* 8-9/09 n° 716 ; 18 mai 2011, n° 09-72.787, *RJS* 8-9/11 n° 687).

L'absence d'avis d'un conseil de discipline régulièrement saisi n'a pas pour effet de rendre irrégulière la procédure de licenciement (cass. soc. 20 décembre 2006, n° 04-46.051, BC V n° 391 ; *RJS* 3/07 n° 336 ; en l'espèce, les membres du conseil de discipline n'avaient pu se départager).

Art. R. 1332-1. La lettre de convocation prévue à l'article L. 1332-2 indique l'objet de l'entretien entre le salarié et l'employeur.

Elle précise la date, l'heure et le lieu de cet entretien.

Elle rappelle que le salarié peut se faire assister par une personne de son choix appartenant au personnel de l'entreprise.

Elle est soit remise contre récépissé, soit adressée par lettre recommandée, dans le délai de deux mois fixé à l'article L. 1332-4.

Art. R. 1332-2. La sanction prévue à l'article L. 1332-2 fait l'objet d'une décision écrite et motivée.

La décision est notifiée au salarié soit par lettre remise contre récépissé, soit par lettre recommandée, dans le délai d'un mois prévu par l'article L. 1332-2.

Art. R. 1332-3. Le délai d'un mois prévu à l'article L. 1332-2 expire à vingt-quatre heures le jour du mois suivant qui porte le même quantième que le jour fixé pour l'entretien.

À défaut d'un quantième identique, le délai expire le dernier jour du mois suivant à vingt-quatre heures.

Lorsque le dernier jour de ce délai est un samedi, un dimanche ou un jour férié ou chômé, le délai est prorogé jusqu'au premier jour ouvrable suivant.

Art. L. 1332-3. Lorsque les faits reprochés au salarié ont rendu indispensable une mesure conservatoire de mise à pied à effet immédiat, aucune sanction définitive relative à ces faits ne peut être prise sans que la procédure prévue à l'article L. 1332-2 ait été respectée.

Note **• Mise à pied conservatoire**

– Distinction entre mise à pied conservatoire et mise à pied disciplinaire. La mise à pied conservatoire, qui n'est pas une sanction, peut être prononcée en l'absence de toute procédure préalable (cass. soc. 26 novembre 1987, n° 85-40.367, BC V n° 686). Le prononcé d'une mise à pied conservatoire est assimilé, par la Cour de cassation, à un engagement des poursuites disciplinaires (cass. soc. 13 janvier 1993, n° 90-45.046, *RJS* 3/93 n° 277).

La Cour de cassation a précisé les éléments de distinction entre mise à pied conservatoire et mise à pied « disciplinaire » qui, elle, ne peut être prononcée qu'après observation de la procédure normale.

Pour avoir un caractère conservatoire, la mise à pied doit être concomitante du déclenchement de la procédure de licenciement et faire référence à l'éventualité d'un licenciement (cass. soc. 25 juin 1986, n° 84-41.606, BC V n° 333 ; 30 juin 1992, n° 89-43.949, BC V n° 428 ; *RJS* 8-9/92 n° 990 : une mise à pied prononcée pour trois jours « sans préjuger d'une éventuelle autre sanction » est une sanction disciplinaire ; cass. soc. 18 février 1998, n° 96-40.219, BC V n° 89 ; *Dr. Soc.* 1998, p. 499, obs. A. Jeammaud ; *RJS* 4/98 n° 462 ; 30 septembre 2004, n° 02-43.638, BC V n° 240 ; *RJS* 12/04 n° 1264). À la différence de la mise à pied disciplinaire, qui est à durée déterminée, la mise à pied conservatoire est nécessairement à durée indéterminée (cass. soc. 22 février 2006, n° 04-43.037, *Dr. Soc.* 2006, p. 931, obs. Ph. Waquet ; 12 février 2003, n° 00-46.433, *RJS* 4/03 n° 456 ; 6 novembre 2001, n° 99-43.012, BC V n° 338 ; *RJS* 2/02 n° 176). La durée de la mise à pied n'apparaît plus être un critère déterminant de sa qualification ; la mise à pied prononcée par l'employeur dans l'attente de sa décision dans la procédure de licenciement engagée dans le même temps a un caractère conservatoire (cass. soc. 18 mars 2009, n° 07-44.185, BC V n° 81 ; *RJS* 6/09 n° 534 ; *D.* 2009 EC 2204, note B. Reynès : en l'espèce, la mise à pied était de trois jours). Elle doit être justifiée par l'existence d'une faute grave du salarié rendant impossible son maintien dans l'entreprise ; cette faute grave doit être antérieure au prononcé de la mise à pied conservatoire et ne peut pas être constituée par le refus d'exécuter celle-ci (cass. soc. 20 mars 1996, n° 93-40.553, BC V n° 102 ; *CSB* 1996 A. 36). Elle ne doit pas être suivie d'une reprise de travail avant le licenciement (cass. soc. 14 janvier 1992, n° 90-44.546, *RJS* 3/92 n° 281). En revanche, l'absence de versement du salaire pendant la durée de la mise à pied ne sert pas de critère pour différencier les deux mises à pied, car elle peut accompagner l'une et l'autre (cass. soc. 11 octobre 1990, n° 87-40.964). Une mise à pied qualifiée par l'employeur de mise à pied conservatoire sera requalifiée en mise à pied disciplinaire si elle excède la durée nécessaire au déroulement de la procédure disciplinaire (cass. soc. 19 septembre 2007, n° 06-40.155 ; en l'espèce, le licenciement avait été notifié deux mois après la mise à pied).

En raison de la différence de nature entre les deux mises à pied, la limitation de la durée d'une mise à pied disciplinaire fixée par le règlement intérieur ne s'applique pas à la mise à pied conservatoire (cass. soc. 24 novembre 1988, n° 85-45.612, *CSB* 1989 A. 4).

Il faut noter que la mise à pied conservatoire peut aboutir à un licenciement non disciplinaire (cass. soc. 3 février 2010, n° 07-44.491, BC V n° 32 ; *RDT*, mai 2010, CH, 299, P. Adam).

– **Existence d'une mise à pied conservatoire.** À défaut, pour l'employeur, d'avoir prononcé une mise à pied conservatoire, il ne peut, en cours de procédure de licenciement, interdire au salarié d'exécuter son contrat de travail (cass. soc. 31 mars 1998, n° 95-45.639, BC V n° 186 ; *RJS* 5/98 n° 577).

– **Compatibilité avec une sanction disciplinaire.** N'étant pas une sanction disciplinaire, le prononcé d'une mise à pied conservatoire ne fait pas obstacle au prononcé d'un licenciement pour la même faute (cass. soc. 3 décembre 1987, n° 85-41.211, BC V n° 699) ou d'une mise à pied disciplinaire. À condition que la sanction soit justifiée, rien n'interdit à un employeur qui a mis à pied un salarié à titre conservatoire pendant la durée de la procédure disciplinaire de prononcer contre lui une mise à pied disciplinaire couvrant la période de mise à pied conservatoire (cass. soc. 29 mars 1995, n° 93-41.863, BC V n° 111 ; *RJS* 5/95 n° 553).

Mais si la mise à pied disciplinaire est d'une durée plus courte que la mise à pied conservatoire, l'employeur ne peut pas maintenir la privation de rémunération pendant la mise à pied conservatoire (cass. soc. 5 novembre 1987, n° 84-44.971, BC V n° 617). De même, si les juges décident que le licenciement a une cause réelle et sérieuse mais n'est pas justifié par une faute grave du salarié, l'employeur doit à celui-ci la rémunération correspondant aux journées de mise à pied, seule la faute grave autorisant le recours à la mise à pied conservatoire (cass. soc. 8 novembre 1989, n° 87-42.788, 4e moyen).

Le changement d'affectation décidé par l'employeur dans l'attente d'une décision pénale définitive et de l'avis du conseil de discipline en raison de la gravité des faits reprochés au salarié s'analyse comme une mesure conservatoire n'interdisant pas la sanction ultérieure de licenciement (cass. soc. 20 décembre 2006, n° 04-46.051, BC V n° 391 ; *RJS* 3/07 n° 336). À la différence de la mise à pied conservatoire, un changement d'affectation ne prive pas le salarié de sa rémunération durant l'accomplissement de cette mesure.

• **Refus d'une sanction.** Lorsque la sanction disciplinaire entraîne une modification du contrat de travail, l'employeur ne peut pas l'imposer directement. La Cour de cassation applique les règles générales relatives à la modification du contrat de travail ; une modification du contrat suppose l'accord des parties (cass. soc. 7 juillet 2004, n° 02-44.476, BC V n° 193 ; *RJS* 10/04 n° 1038 ; 15 juin 2000, n° 98-43.400, BC V n° 233 ; *RJS* 9-10/00 n° 948 ; 16 juin 1998, n° 95-45.033, BC V n° 320 ; *RJS* 7/98 n° 858 ; *Dr. Soc.* 1998, p. 806, rapport Ph. Waquet). Le refus du salarié ne constitue donc pas une faute, *a fortiori* une faute grave, contrairement à ce que la jurisprudence avait admis pendant plusieurs années (cass. soc. 9 octobre 1991, n° 87-45.326, BC V n° 400 ; *Dr. Soc.* 1991, p. 787 ; *D.* 1992, chron. J. Pélissier, pp. 30 et s. ; 20 mai 1992, n° 88-41.689, BC V n° 325 ; *RJS* 7/92 n° 862 ; 7 décembre 1993, n° 90-42.958, *Dr. Soc.* 1994, p. 212 ; 30 avril 1997, n° 95-44.746, BC V n° 152 ; *RJS* 8-9/97 n° 980 ; 19 novembre 1997, n° 94-44.784, BC V n° 384 ; *Dr. Soc.* 1998, p. 198).

Voir J. Mouly, « Les suites de la jurisprudence Hôtel Le Berry. À propos d'un dixième anniversaire », *Dr. Soc.* 2008, p. 537.

Mais le refus du salarié ne peut pas priver l'employeur de son pouvoir disciplinaire : ce dernier peut prononcer une autre sanction, aux lieu et place de la sanction refusée (cass. soc. 7 juillet 2004, n° 02-44.476, précité ; 15 juin 2000, n° 98-43.400, précité ; 16 juin 1998, n° 95-45.033, précité) en respectant la procédure disciplinaire. L'employeur peut prononcer un licenciement pour faute grave aux lieu et place de la sanction refusée (cass. soc. 11 février 2009, n° 06-45.987, BC V n° 41 ; *D.* 2009 EC 1738, note J. Mouly ; *SSL* 2009 n° 1388, p. 11, note F.C.). L'employeur qui envisage de prononcer un licenciement au lieu de la sanction refusée doit convoquer le salarié à un nouvel entretien dans le délai de deux mois prévu à l'article L. 1332-4 CT. Le refus du salarié interrompt ce délai (cass. soc. 28 avril 2011, n° 10-13.979, BC V n° 98 ; *RJS* 7/11 n° 610, 2e espèce). Le délai d'un mois prévu par l'article L. 1332-2, al. 3 CT court à compter de la date fixée pour ce nouvel entretien (cass. soc. 27 mars 2007, n° 05-41.921, BC V n° 57 ; *SSL* n° 1303 ; *D.* 2007, Panorama p. 2269, obs. M-C. Amauger-Lattes). Il n'y a pas violation de l'interdiction de sanctionner deux fois la même faute puisque la première sanction n'a pu produire effet en raison de la volonté du salarié. Certaines interrogations subsistent : dans quel délai le salarié doit-il signifier son refus de la sanction et quel est le délai laissé à l'employeur pour adresser une convocation à un nouvel entretien ? Mais, lorsque l'employeur notifie au salarié une sanction emportant modification du contrat de travail, il doit l'informer de sa faculté d'accepter ou de refuser cette modification (cass. soc. 28 avril 2011, n° 09-70.619, BC V n° 97 ; *RJS* 7/11 n° 610, 1re espèce). Une rétrogradation, mise à exécution par l'employeur sans que celui-ci ait informé le salarié de sa faculté d'accepter ou de refuser cette sanction, est frappée d'irrégularité (cass. soc. 22 juin 2011, n° 09-43.321, *RJS* 10/11 n° 794 : en l'espèce, la prise d'acte du salarié a été considérée comme justifiée.

• **Acceptation d'une sanction.** L'acceptation par le salarié de sa mutation disciplinaire ne peut valoir renonciation à se prévaloir de la nullité de cette sanction (cass. soc. 11 décembre 1996, n° 93-44.056, *Dr. Soc.* 1997, p. 198). Si cette solution devait être reprise dans d'autres arrêts, on serait conduit à s'interroger sur le sens et la portée de l'acceptation d'une modification disciplinaire du contrat de travail.

SECTION 2. Prescription des faits fautifs

Art. L. 1332-4. Aucun fait fautif ne peut donner lieu à lui seul à l'engagement de poursuites disciplinaires au-delà d'un délai de deux mois à compter du jour où l'employeur en a eu connaissance, à moins que ce fait ait donné lieu dans le même délai à l'exercice de poursuites pénales.

Note

• **Notion d'engagement de poursuites disciplinaires.** L'acte interruptif de la prescription de deux mois est l'engagement de poursuites disciplinaires et non pas l'intervention de la sanction disciplinaire (cass. soc. 17 décembre 1987, n° 86-42.040, BC V n° 741).

Par engagement de poursuites disciplinaires, il faut entendre normalement la convocation à l'entretien préalable lorsque celui-ci est obligatoire. La lettre retirant à un salarié ses pouvoirs dans l'attente d'une décision du chef d'entreprise ne constitue pas un engagement des poursuites au sens de cet article (cass. soc. 7 janvier 1992, n° 87-44.014, BC V n° 3 ; *RJS* 2/92 n° 148). En revanche, le prononcé d'une mise à pied conservatoire constitue l'engagement des poursuites disciplinaires (cass. soc. 13 janvier 1993, n° 90-45.046, *RJS* 3/93 n° 277 – solution discutable dans la mesure où elle dispense l'employeur de convoquer le salarié dans les deux mois qui suivent le jour où il a eu connaissance des faits fautifs. Mais, combien de temps peut durer une mise à pied conservatoire?) ; de la même façon, la Cour de cassation décide que la suspension du contrat avec maintien de la rémunération constitue l'engagement de poursuites disciplinaires qui interrompt la prescription prévue par l'article L. 122-44, al. 1er [L. 1332-4] CT (cass. soc. 15 avril 1996, n° 93-40.113, *RJS* 7/96 n° 792).

La convocation à l'entretien marque le point de départ d'un nouveau délai de deux mois, mais ce nouveau délai n'est pas suspendu par une demande de report d'entretien faite par le salarié (cass. soc. 9 décembre 2003, n° 01-44.501, *RJS* 2/04 n° 206, 1re espèce et n° 01-46.056, *RJS* 2/04 n° 206, 2e espèce).

• **Connaissance par l'employeur.** Il s'agit de l'employeur ou de son représentant, le terme de représentant étant entendu ici dans un sens très général ; le responsable hiérarchique du salarié représente l'employeur au regard de la connaissance des fautes disciplinaires (cass. soc. 8 juillet 1998, n° 96-41.856, *RJS* 10/98 n° 1217 ; 30 avril 1997, n° 94-41.320, BC V n° 148 ; *RJS* 6/97 n° 693). Le délai de deux mois est applicable en cas de modification dans la situation juridique de l'employeur (cass. soc. 27 mai 2009, n° 06-46.293, BC V n° 137 ; *RJS* 8-9/09 n° 689).

• **Preuve de la date de connaissance des faits.** Lorsqu'un fait fautif a eu lieu plus de deux mois avant le déclenchement des poursuites disciplinaires, il appartient à l'employeur de rapporter lui-même la preuve qu'il n'a eu connaissance de ceux-ci que dans les deux mois ayant précédé l'engagement de la procédure disciplinaire (cass. soc. 19 mars 1998, n° 96-40.079, BC V n° 159 ; *Dr. Soc.* 1998, p. 717, obs. A. Jeammaud ; 24 mars 1988, n° 86-41.600, BC V n° 203).

• **L'impossibilité d'engager des poursuites disciplinaires doit être soulevée devant les juges du fond.** Les juges ne peuvent suppléer d'office le moyen résultant de la prescription ; ce moyen n'est pas dans le débat s'il n'a pas été soulevé par le salarié devant le juge du fond ; il ne peut donc pas être présenté pour la première fois devant la Cour de cassation (cass. soc. 31 mai 2005, n° 03-40.439, *RJS* 8-9/05 n° 816 ; 21 juin 2000, n° 98-41.485, *RJS* 9-10/00 n° 949).

• **Rôle des poursuites pénales.** Lorsqu'un fait fautif a donné lieu à des poursuites pénales avant l'expiration du délai de deux mois, l'employeur peut engager des poursuites disciplinaires malgré l'expiration de ce délai (CE 8 juin 1990, n° 76102, *CSB* 1990 A. 47). Cette possibilité est ouverte même si les poursuites pénales l'ont été à l'initiative d'un tiers et non à celle de l'employeur ; l'article L. 1332-4 CT n'établissant aucune distinction, le délai de deux mois pour engager les poursuites disciplinaires est interrompu par la mise en mouvement de l'action publique, qu'elle ait été déclenchée à l'initiative du ministère public, sur plainte avec constitution de partie civile ou citation directe de la victime, quelle que soit celle-ci (cass. soc. 12 janvier 1999, n° 98-40.020, BC V n° 8 ; *RJS* 2/99 n° 200 ; 6 décembre 2000, n° 98-45.772, BC V n° 411 ; *RJS* 2/01 n° 206).

La loi n'indique pas si les poursuites disciplinaires doivent être exercées, dans ce cas, dans une limite de temps. Il est certain que l'employeur peut engager ces poursuites tant que les poursuites pénales ne sont pas arrivées à leur terme ; la loi n'interdit pas à l'employeur de prononcer une sanction disciplinaire sans attendre la décision du juge répressif. On ne peut cependant obliger l'employeur à prendre une mesure disciplinaire avant de connaître la sentence pénale, puisque cette dernière sera prise en compte par le juge judiciaire dans le cas où le salarié contesterait la mesure disciplinaire prise à son encontre (autorité de la chose jugée au pénal : cass. soc. 12 mars 1991, n° 88-43.153, BC V n° 122 ; *Dr. Soc.* 1991, p. 632 ; 20 mars 1997, n° 94-41.918, BC V n° 120 ; *RJS* 5/97 n° 530). La Cour de cassation juge que l'employeur dispose d'un délai de deux mois à compter du jour où la décision pénale est devenue définitive pour engager une procédure disciplinaire (cass. soc. 6 décembre 2000, n° 98-45.772, précité : le procureur général ayant deux mois pour interjeter appel d'un jugement correctionnel, l'employeur dispose d'un délai de deux mois après l'expiration de ce délai d'appel pour engager les poursuites disciplinaires). Celles-ci ne peuvent être engagées plus de deux mois après que le salarié a fait l'objet d'une décision définitive de déclaration de culpabilité, peu important l'issue du litige sur les intérêts civils (cass. soc. 30 janvier 2008, n° 05-45.612, *RJS* 7/08 n° 780). Un arrêt du 15 juin 2010 établit désormais une distinction selon que l'employeur était ou non partie au procès pénal. Ainsi, le délai de deux mois prévu par l'article L. 1332-4 ne court qu'à compter du jour où l'employeur a eu connaissance de l'issue définitive de la procédure pénale s'il n'était pas lui-même partie au procès (cass. soc. 15 juin 2010, n° 08-45.243, BC V n° 132 ; *RDT*, octobre 2010, CH, 585, Fr. Duquesne).

• **Cas où l'employeur peut tenir compte d'un fait fautif qu'il connaît depuis plus de deux mois.** En dehors même des cas où il y a interruption de la « prescription » de deux mois en raison de l'existence de poursuites pénales, l'employeur peut, dans certaines circonstances, tenir compte de fautes commises par le salarié et qu'il connaît depuis assez longtemps.

– L'employeur peut sanctionner un fait fautif qu'il connaît depuis plus de deux mois dans la mesure où le comportement du salarié s'est poursuivi ou s'est réitéré dans ce délai (cass. soc. 22 septembre 2011, n° 09-72.876, *RJS* 11/11 n° 873 ; 30 septembre 2005, n° 04-40.625, BC V n° 278 ; *Dr. Soc.* 2006, p. 102, obs. J. Savatier ; 13 janvier 2004, n° 01-46.592, BC V n° 6 ; *RJS* 3/04 n° 308 : licenciement pour absence injustifiée se prolongeant pendant plus de deux mois ; cass. soc. 10 novembre 1999, n° 97-43.514, *RJS* 1/00 n° 26 ; 7 mai 1991, n° 87-43.737, BC V n° 218). Selon le Conseil d'État, un employeur peut invoquer, à l'appui d'une demande d'autorisation de licenciement d'un salarié protégé, des faits prescrits lorsque ceux-ci relèvent d'un comportement fautif de même nature (CE 14 octobre 2009, n° 309344 : en l'espèce, le comportement violent d'un chauffeur de car scolaire envers certains élèves).

– Il le peut également lorsqu'il n'a pas eu, au moment où il a pris connaissance des faits, une connaissance « exacte de la réalité, de la nature et de l'ampleur des faits reprochés » (cass. soc. 7 novembre 2006, n° 04-47.683, BC V n° 325 ; *Dr. Soc.* 2007, p. 104, obs. J. Savatier : lorsque la faute du salarié dentiste est appréciée par le conseil de l'ordre des chirurgiens-dentistes, le délai de deux mois court à compter de la décision de l'instance ordinale. La saisine de la juridiction professionnelle ne doit cependant pas être assimilée à des poursuites pénales ; elle n'entraîne pas systématiquement suspension du délai de deux mois ; le point de départ du délai de deux mois est ici reporté au motif qu'avant la décision de la juridiction ordinale, l'employeur n'avait pu avoir une connaissance exacte de la réalité, de la nature et de l'ampleur des faits reprochés au salarié ; cass. soc. 17 février 1993, n° 88-45.539, BC V n° 55 ; *RJS* 4/93 n° 394 : la date de connaissance des faits est reportée au jour où un rapport établi par un service d'inspection est déposé ; CA Limoges 4 mai 1998, *Dr. Soc.* 1998, p. 1009, chron. J. Mouly). Mais, si aucune vérification n'est nécessaire, la Cour de cassation rappelle que l'employeur doit engager la procédure disciplinaire dans un court délai (cass. soc. 6 octobre 2010, n° 09-41.294, BC V n ° 214 ; *RJS* 12/10 n° 909).

– L'existence de nouveaux griefs autorise l'employeur à tenir compte de griefs antérieurs (l'article L. 1332-4 précise bien qu'aucun fait fautif ne peut à lui seul donner lieu à une poursuite disciplinaire), qu'ils aient ou non déjà été sanctionnés (cass. soc. 7 mai 1991, n° 87-43.737, BC V n° 218, précité ; 12 janvier 1993, n° 87-42164, *RJS* 2/93 n° 150).

– La maladie du salarié et l'absence qui en résulte ne suspendent pas le délai de deux mois (cass. soc. 13 juillet 1993, n° 91-42.964, BC V n° 202 ; *RJS* 10/93 n° 985), même s'il s'agit d'une maladie professionnelle ou d'un accident du travail (cass. soc. 17 janvier 1996, n° 92-42.031, BC V n° 14 ; *RJS* 3/96 n° 285).

– Une tentative de conciliation recherchée par la direction n'est pas non plus de nature à interrompre le délai de prescription prévu par cet article (cass. soc. 8 novembre 2006, n° 05-42.879, *RJS* 1/07 n° 54).

Art. R. 1332-4. Les dispositions de l'article R. 1332-3 sont applicables au délai de deux mois prévu à l'article L. 1332-4.

Art. L. 1332-5. Aucune sanction antérieure de plus de trois ans à l'engagement des poursuites disciplinaires ne peut être invoquée à l'appui d'une nouvelle sanction.

CHAPITRE III

Contrôle juridictionnel

Art. L. 1333-1. En cas de litige, le conseil de prud'hommes apprécie la régularité de la procédure suivie et si les faits reprochés au salarié sont de nature à justifier une sanction.

L'employeur fournit au conseil de prud'hommes les éléments retenus pour prendre la sanction.

Au vu de ces éléments et de ceux qui sont fournis par le salarié à l'appui de ses allégations, le conseil de prud'hommes forme sa conviction après avoir ordonné, en cas de besoin, toutes les mesures d'instruction qu'il estime utiles. Si un doute subsiste, il profite au salarié.

Note

• Cet article a apporté une innovation importante en donnant aux tribunaux le pouvoir de contrôler la régularité de la procédure suivie, la réalité et la qualification des faits invoqués par l'employeur à l'appui d'une sanction et l'adéquation entre la faute et la sanction. Comme en matière de licenciement, aucune des parties n'a la charge de la preuve ; l'employeur doit cependant fournir au conseil de prud'hommes les éléments qu'il a retenus pour prendre la sanction et le juge doit former sa conviction au vu des éléments fournis par les parties. Le juge a la possibilité d'annuler une sanction irrégulière en la forme ou injustifiée ou disproportionnée à la faute commise, sauf lorsque la sanction contestée est un licenciement (art. L. 1333-3 CT). Il ne peut cependant substituer une sanction moindre à celle qui a été prononcée.

• **Règle du doute.** En raison d'une incertitude sur la portée de l'autorisation donnée à un salarié (visiteur médical) de ne pas participer à un séminaire de formation corroborée par l'absence de réaction du directeur général lorsque le salarié lui avait fait part de son refus, par écrit, une cour d'appel a pu considérer qu'un doute subsistait et en déduire que la mise à pied litigieuse devait être annulée (cass. soc. 23 janvier 1991, n° 89-45.083).

Art. L. 1333-2.

Art. L. 1333-2. Le conseil de prud'hommes peut annuler une sanction irrégulière en la forme ou injustifiée ou disproportionnée à la faute commise.

Note

• **Pouvoir d'annulation.** La loi donne au juge le pouvoir d'annuler une sanction irrégulière. S'agissant d'un pouvoir et non d'une obligation, le juge peut ne pas prononcer l'annulation de la sanction alors que l'irrégularité de celle-ci est établie (cass. soc. 7 janvier 1988, n° 85-42.761, BC V n° 12). L'inobservation des règles de forme cause nécessairement un préjudice au salarié, que l'employeur sera condamné à réparer (cass. soc. 27 juin 2001, n° 99-42.216, BC V n° 236 ; *RJS* 10/01 n° 1140).

– L'acceptation par le salarié d'une mutation disciplinaire ne vaut pas renonciation à se prévaloir de la nullité de cette sanction (cass. soc. 11 décembre 1996, n° 93-44.056, *Dr. Soc.* 1997, p. 198).

– Le juge des référés ne peut trancher le fond du litige en prononçant l'annulation d'une sanction disciplinaire (cass. soc. 5 mars 1987, n° 85-41.607, BC V n° 110 ; 4 novembre 1988, n° 85-46.110, BC V n° 568 ; *Dr. Soc.* 1989, p. 510). La contestation de la possibilité d'annulation de la décision disciplinaire par le juge des référés porte sur les pouvoirs de la juridiction des référés (et non sur sa compétence) ; elle ne doit donc pas être soulevée obligatoirement *in limine litis* ; elle peut être présentée pour la première fois devant la cour d'appel (cass. soc. 23 mars 1989, n° 86-40.053, BC V n° 253 ; *Dr. Soc.* 1989, p. 510). Cependant, lorsque la nullité de la sanction disciplinaire est une nullité de plein droit (sanctions discriminatoires interdites par l'article L. 1132-1 ou sanctions pécuniaires), le juge des référés peut constater cette irrégularité et faire cesser le trouble illicite qui en résulte en ordonnant, par exemple, le paiement des sommes à tort retenues par l'employeur (cass. soc. 20 février 1991, n° 90-41.119, BC V n° 83 ; *Dr. Soc.* 1991, p. 474).

• **Motifs d'annulation.** Les juges peuvent annuler :

– *Une sanction irrégulière en la forme.* L'irrégularité formelle peut s'entendre comme une irrégularité de la procédure disciplinaire ; ont ainsi été annulés une rétrogradation notifiée en l'absence d'entretien préalable (cass. soc. 18 janvier 1995, n° 90-42.087, BC V n° 28 ; *RJS* 3/95 n° 234), un déclassement dont la notification ne mentionne pas expressément les motifs (cass. soc. 17 janvier 1995, n° 91-43.815, BC V n° 25 ; *Dr. Soc.* 1995, p. 192).

La violation des règles procédurales prévues par une convention collective ou par un statut peut entraîner, comme la violation des règles édictées par les articles L. 1332-1, 2 et 3, la nullité de la sanction (cass. soc. 7 mai 1996, n° 92-40.931, BC V n° 179 ; *Dr. Soc.* 1996, p. 738, obs. A. Jeammaud).

L'irrégularité formelle peut également concerner le prononcé d'une sanction disciplinaire non mentionnée dans le règlement intérieur. La Cour de cassation s'est prononcée sur cette question en adoptant une solution identique à celle qu'avait retenu le Conseil d'État le 21 septembre 1990 (n°s 105247, 105317, *RJS* 12/90 n° 966). Elle a jugé qu'une sanction disciplinaire ne peut être prononcée que si elle a été prévue par le règlement intérieur (cass. soc. 26 octobre 2010, n° 09-42.740, BC V n° 243 ; *RJS* 1/11 n° 39 ; *RDT*, décembre 2010, CH, 719, A. Fabre. Voir notes sous les articles L. 1321-1 et L. 1331-1).

Au regard de l'obligation pour l'employeur d'informer le salarié de sa faculté d'accepter ou de refuser une sanction emportant modification de son contrat de travail, pourra être jugée irrégulière la sanction prononcée au mépris de cette obligation (cass. soc. 28 avril 2011, n° 09-70.619, BC V n° 97 ; *RJS* 7/11 n° 610, 1re espèce).

– *Une sanction injustifiée.* Une sanction est injustifiée :
- soit parce qu'aucune faute professionnelle ne peut être reprochée au salarié (si la relaxe du salarié délinquant pour absence d'élément matériel de l'infraction interdit au juge prud'homal de retenir l'existence d'une faute civile lorsque la faute invoquée est identique au délit reproché, la condamnation civile prononcée par la cour d'appel sur l'appel de la partie civile permet au juge prud'homal de retenir la faute disciplinaire : cass. soc. 6 juillet 1999, n° 96-40.882, BC V n° 325 ; *RJS* 8-9/99 n° 1033). L'insuffisance de résultats reprochée à un salarié ne peut justifier une sanction dès lors que le médecin du travail avait émis des réserves de nature à expliquer cette insuffisance de résultats et que l'employeur n'avait pas cherché à fournir au salarié un poste compatible avec les recommandations de ce médecin (cass. soc. 19 décembre 2007, n° 06-43.918, BC V n° 216 ; *SSL* n° 1340, p. 12),

- soit parce que les conditions exigées par le règlement intérieur pour qu'une sanction d'un type déterminé puisse être prononcée ne sont pas satisfaites (cass. soc. 13 octobre 1993, n° 92-40.474, BC V n° 231 ; *RJS* 11/93 n° 1102 : licenciement injustifié, faute d'avertissements préalables, le règlement intérieur prévoyant que le licenciement ne peut être prononcé, en cas d'absences répétées, qu'après le quatrième avertissement),
- soit parce qu'elle procède d'un détournement du pouvoir disciplinaire et d'un parti pris constitutif d'une discrimination (cass. soc. 13 février 1996, n° 92-45.042, *Dr. Soc.* 1996, p. 532, obs. A. Jeammaud : annulation d'une sanction pour refus d'exécuter des travaux imposés de façon discriminatoire),
- soit parce que la faute professionnelle, invoquée comme justification par l'employeur, a déjà été sanctionnée. La Cour de cassation prohibe fermement le cumul de sanctions disciplinaires pour une même faute. L'employeur épuise son pouvoir disciplinaire en infligeant une sanction ; le licenciement prononcé en raison d'une faute qui a déjà donné lieu à une rétrogradation déjà décidée et appliquée (cass. soc. 17 juin 2009, n° 07-44.570, BC V n° 152 ; *RJS* 8-9/09 n° 714), à un avertissement (cass. soc. 22 juillet 1986, *JS* 1986 F 67 ; 19 mars 1987, *JS* 1987, SJ 122 ; 13 octobre 1993, n° 92-40.474, précité) ou à une mise à pied disciplinaire (cass. soc. 25 juin 1986, n° 84-41.606, BC V n° 333 ; 20 mars 1991, Sté Artis c/ Allain) est un licenciement sans cause réelle et sérieuse. Cette règle est appliquée par les juges alors même que l'avertissement, constituant la première sanction, a été annulé (cass. soc. 27 juin 2001, n° 99-43.509, BC V n° 235 ; *RJS* 11/01 n° 1285). Des mises en garde formulées par courrier ou courriel constituant des sanctions, il en résulte que les mêmes faits ne peuvent être une seconde fois sanctionnés (cass. soc. 6 mars 2007, n° 05-43.698, *RJS* 7/07 n° 842).

Dans certaines situations, on peut hésiter sur l'existence de deux fautes distinctes et sur la possibilité de prononcer deux sanctions. Il a été jugé que le détournement de documents et le refus persistant de les restituer étaient deux faits indissociables et ne pouvaient justifier deux sanctions successives (cass. soc. 8 octobre 1992, n° 91-42.550, *RJS* 11/92 n° 1258 : le licenciement prononcé après une mise à pied de trois jours n'est justifié ni par une faute grave ni par une cause réelle et sérieuse). En revanche, l'existence de nouveaux griefs autorise l'employeur à faire revivre des griefs antérieurs, quelle qu'en soit la nature, même s'ils ont été déjà sanctionnés par un avertissement (cass. soc. 9 mars 1999, n° 96-44.643, *RJS* 4/99 n° 509 ; 23 mars 1989, n° 86-42.646, *RJS* 5/89 n° 426). Mais, la connaissance par l'employeur de plusieurs faits fautifs n'autorise pas l'employeur à prononcer une sanction pour certains d'entre eux et une autre sanction pour d'autres faits dont il avait connaissance au moment où il avait pris cette sanction (cass. soc. 16 mars 2010, n° 08-43.057, BC V n° 65 ; *RJS* 6/10 n° 513 ; *RDT*, juillet/août 2010, CH, 443, Y. Leroy. Voir note sous l'article L. 1331-1). De même, la persistance du fait fautif postérieurement à la sanction prononcée justifie une nouvelle sanction (cass. soc. 27 octobre 1998, n° 96-44.144, *RJS* 12/98 n° 1482). La poursuite par le salarié d'un fait fautif autorise l'employeur à se prévaloir de faits similaires, y compris de ceux déjà sanctionnés, pour caractériser une faute grave (cass. soc. 30 septembre 2004, n° 02-44.030, BC V n° 243 ; *RJS* 1/05 n° 37).

La révocation d'un mandat social ne constitue pas une sanction disciplinaire au sens de l'article L. 1331-1 CT et n'interdit donc pas le licenciement de l'intéressé pour faute grave (cass. soc. 7 avril 1993, n° 91-42.914, *RJS* 6/93 n° 673).

– *Une sanction disproportionnée.* Avant la réforme du 4 août 1982, les juges ne pouvaient pas annuler une sanction disciplinaire au motif qu'elle était excessive par rapport à la faute commise. L'employeur était seul juge de la sanction à infliger (en ce sens, cass. soc. 22 février 1979, n° 77-41.216, BC V n° 165 ; 7 mai 1981, n° 79-41.571, BC V n° 389). L'article L. 1333-2 CT donne au juge le pouvoir de juger et d'annuler des sanctions patronales disproportionnées (cass. soc. 14 novembre 2000, n° 98-45.309, BC V n° 375 ; *RJS* 1/01 n° 123 ; 12 février 1987, *D.* 1988 somm. 98, obs. J. Pélissier) ; les juges doivent préciser en quoi la sanction est disproportionnée (cass. soc. 23 avril 1986, n° 83-45.637, BC V n° 160).

• **Effets de l'annulation.** Si le juge estime que les faits incriminés n'existent pas ou ne constituent pas une faute, l'employeur ne peut prendre une autre sanction. Si la sanction a été annulée parce que disproportionnée, l'annulation de la sanction laisse subsister la procédure antérieure. L'employeur peut, dans le mois qui suit la notification de la décision d'annulation, notifier une nouvelle sanction moins sévère (cass. soc. 4 février 1993, n° 88-42.599, BC V n° 42 ; *Dr. Soc.* 1993, p. 432, obs. J. Savatier). Si l'annulation de la sanction est prononcée pour défaut d'entretien préalable, les juges doivent considérer qu'aucun acte d'engagement des poursuites n'a interrompu le délai de deux mois ; l'employeur ne peut pas, après le jugement d'annulation, engager de nouvelles poursuites (cass. soc. 18 janvier 1995, n° 90-42.087, BC V n° 28 ; *RJS* 3/95 n° 234).

La demande en annulation d'une mise à pied présente un caractère indéterminé ; le jugement d'un conseil de prud'hommes, rendu en premier ressort, est susceptible d'appel (cass. soc. 1er octobre 1996, n° 93-43.959, BC V n° 309 ; *CSB* 1996 A. 63).

L'annulation d'une rétrogradation entraîne l'obligation pour l'employeur de réintégrer le salarié dans ses anciennes fonctions (cass. soc. 18 janvier 1995, n° 90-44.955, *RJS* 3/95 n° 232).

Art. L. 1333-3. Lorsque la sanction contestée est un licenciement les dispositions du présent chapitre ne sont pas applicables.

Dans ce cas, le conseil de prud'hommes applique les dispositions relatives à la contestation des irrégularités de licenciement prévues par le chapitre V du titre III du livre II.

Note Le pouvoir d'annuler un licenciement est expressément écarté par cet article. Les contestations et sanctions des irrégularités du licenciement relèvent des dispositions prévues par les articles L. 1235-10 et s. CT. Seuls les licenciements discriminatoires peuvent être annulés par le juge, ou encore les licenciements disciplinaires de salariés grévistes dès lors qu'aucune faute lourde ne peut être retenue contre eux.

Le pouvoir d'annulation est également écarté par les juges lorsque la sanction est une rupture anticipée pour faute grave (cass. soc. 12 novembre 2003, n° 01-42.130, BC V n° 278 ; *RJS* 1/04 n° 36 ; en l'espèce, l'employeur n'avait pas respecté le délai d'un jour franc entre l'entretien préalable et la notification de la sanction).

CHAPITRE IV

Dispositions pénales

L'article législatif a été inséré à la fin du chapitre auquel il se rapporte.

LIVRE IV

LA RÉSOLUTION DES LITIGES
LE CONSEIL DE PRUD'HOMMES

TITRE Ier

ATTRIBUTIONS DU CONSEIL DE PRUD'HOMMES

CHAPITRE Ier

Compétence en raison de la matière

Art. L. 1411-1. Le conseil de prud'hommes règle par voie de conciliation les différends qui peuvent s'élever à l'occasion de tout contrat de travail soumis aux dispositions du présent code entre les employeurs, ou leurs représentants, et les salariés qu'ils emploient.

Il juge les litiges lorsque la conciliation n'a pas abouti.

Note LITIGES INDIVIDUELS ENTRE EMPLOYEUR ET SALARIÉ

La compétence des conseils de prud'hommes est subordonnée à l'existence :

• **D'un contrat de travail,** soumis aux dispositions du code du travail, c'est-à-dire d'un contrat impliquant l'existence d'un lien de subordination entre employeur et salarié. Il peut s'agir d'un contrat de travail, mais aussi d'un contrat d'apprentissage (cass. soc. 9 juillet 1976, n° 75-40-644, BC V n° 454). L'existence d'un contrat de travail dépendant des conditions dans lesquelles est exercée l'activité des travailleurs, quelle que soit la dénomination retenue par les parties, il appartient au juge de restituer au contrat sa véritable qualification : la juridiction prud'homale a ainsi été reconnue compétente pour trancher le litige concernant un contrat de location de taxi, dès lors que l'accomplissement effectif du travail dans les conditions prévues par ce contrat plaçait le « locataire » dans un état de subordination à l'égard du « loueur » caractéristique du contrat de travail (cass. soc. 19 décembre 2000, n° 98-40.572, BC V n° 437 ; *Dr. Soc.* 2001, p. 237 ; *RJS* 3/01 n° 275). La compétence du conseil de prud'hommes a été également retenue alors même que l'existence d'un contrat de travail était contestée par l'Assédic ; en effet, un tel litige ayant pour objet un différend relatif à l'existence d'un contrat de travail opposant le salarié à son employeur prétendu, peu important l'absence de contestation expresse de ce dernier, le conseil de prud'hommes avait seul compétence pour statuer sur la réalité et la validité de ce contrat par une décision opposable à l'Assédic et aux organismes de sécurité sociale qui refusaient de reconnaître au demandeur la qualité de salarié (cass. soc. 9 avril 2002, n° 00-42.657, *RJS* 6/02 n° 710).

À noter que le conseil de prud'hommes, saisi d'une demande portant sur l'existence d'un contrat de travail, est également compétent pour statuer sur la détermination de la qualité d'employeur (cass. soc. 7 décembre 2005, n° 04-46.625, BC V n° 359).

À noter également que le caractère exclusif et d'ordre public de la compétence d'attribution du conseil de prud'hommes en matière de contestation de la réalité du contrat de travail interdit d'y faire échec pour cause de connexité (cass. soc. 11 mars 2003, n° 00-45.855, BC V n° 91 ; *Dr. Soc.* 2003, p. 669, obs. D. Boulmier).

La juridiction prud'homale est incompétente pour trancher le litige entre :
– une caisse d'épargne et un directeur général unique, non lié à la caisse par un contrat de travail (cass. soc. 23 janvier 1996, n° 92-43.093, BC V n° 24) ;
– un ancien détenu et une maison d'arrêt, les relations de travail des personnes incarcérées ne faisant pas l'objet, selon l'article 720 du code de procédure pénale, d'un contrat de travail (cass. soc. 17 décembre 1996, n° 92-44.203) ;

– un centre d'aide par le travail et un travailleur handicapé, non lié au centre par un contrat de travail (cass. soc. 18 mars 1997, n° 94-41.716, BC V n° 112) ;
– un stagiaire de la formation professionnelle et l'organisme chargé de le rémunérer, les parties n'étant pas liées par un contrat de travail (cass. soc. 29 juin 1999, BC V n° 313 ; 24 avril 2001, n° 99-45.843, *JSL* n° 82, 26 juin 2001, p. 25) ;
– une association cultuelle dépendant de la Fédération protestante de France et un pasteur, les pasteurs des églises et œuvres cultuelles relevant de la Fédération protestante de France ne concluant pas, relativement à l'exercice de leur ministère, un contrat de travail avec les associations cultuelles légalement établies (cass. soc. 12 juillet 2005, n° 03-43.354, BC V n° 243 ; *JCP* éd. S 2005, 1232, note J-Fr. Cesaro ; voir aussi cass. soc. 28 avril 2011, n° 09-72.721).

Contrats aidés. Il appartient au juge judiciaire de se prononcer sur les litiges nés de la conclusion, de l'exécution, de la rupture ou de l'échéance du contrat emploi-jeune, même si l'employeur est une personne publique gérant un service public à caractère administratif. Toutefois, le juge administratif est seul compétent pour statuer sur la demande de requalification de la relation contractuelle lorsque celle-ci s'est poursuivie avec la personne morale de droit public au-delà du terme du contrat, ainsi que sur les conséquences de la rupture survenue après cette échéance (cass. soc. 13 octobre 2010, n° 09-40.830, *RJS* 12/10 n° 968).

Fonctionnaires détachés auprès d'une personne morale de droit privé. Le juge prud'homal est compétent pour connaître des demandes d'un fonctionnaire détaché travaillant pour le compte et sous l'autorité d'une personne morale de droit privé et dirigées contre celle-ci. En effet, le fonctionnaire détaché auprès d'un organisme de droit privé pour accomplir un travail est, indépendamment de son statut de fonctionnaire, lié à cet organisme par un contrat de travail de droit privé (cass. soc. 27 mai 2003, n° 01-42.291, *JSL* n° 130, 19 septembre 2003, p. 26). Dans le même sens, voir aussi cass. soc. 19 juin 2007, n° 06-44.436, s'agissant d'un praticien hospitalier détaché auprès d'une association.

Gérants des coopératives ouvrières de production. L'article 17 de la loi 78-763 du 19 juillet 1978, portant statut des sociétés coopératives ouvrières de production, prévoit que les gérants, lorsqu'ils perçoivent une rémunération de la société au titre de leurs fonctions, sont, au regard de la législation du travail et de la sécurité sociale, considérés comme employés de l'entreprise au sens de l'article 5, alinéa 3 de ladite loi, s'ils ne le sont pas déjà à un autre titre. Relève de la compétence prud'homale le litige opposant un gérant à la société coopérative ouvrière de production qui l'emploie dès lors que l'intéressé perçoit une rémunération pour ses fonctions de gérant et que ce litige porte sur l'application de la législation du travail (cass. soc. 13 janvier 1998, n° 95-40.958, BC V n° 5).

Gérants non salariés. Voir note sous art. L. 7322-5.

Salariés des services diplomatiques étrangers. Le conseil de prud'hommes est compétent pour connaître des litiges concernant ces salariés lorsqu'ils n'ont pas de responsabilité particulière dans l'exercice du service public diplomatique. En effet, si un État est en droit de revendiquer l'immunité de juridiction quant à l'appréciation des motifs de la décision de fermeture d'une délégation consulaire, qui constitue un acte de souveraineté, le juge français garde le pouvoir de vérifier la réalité de la fermeture invoquée et les conséquences du licenciement d'un salarié motivé par cette décision, dès lors que celui-ci n'occupe pas des fonctions lui conférant une responsabilité particulière dans l'exercice du service public consulaire, le licenciement d'un tel salarié s'analysant comme un simple acte de gestion (cass. soc. 31 mars 2009, n° 07-45.618, BC V n° 92 ; *RJS* 6/09 n° 569 ; *JSL* n° 257, 10 juin 2009, p. 27. Voir aussi cass. soc. 8 juillet 2009, n° 07-44.931, *LS* Jurispr. n° 168/2009 du 17-18/08/09).

• **D'un litige d'ordre individuel,** c'est-à-dire opposant un employeur à l'un de ses salariés ou à plusieurs d'entre eux considérés individuellement. Le litige est individuel lorsque, nonobstant l'existence de plusieurs demandeurs, chaque salarié agit en son nom personnel pour réclamer un avantage individuel (cass. soc. 13 février 1996, n° 93-42.309, BC V n° 53). Peu importe que la décision à intervenir soit susceptible d'avoir une répercussion pratique étendue en raison des sommes demandées individuellement en compensation des salaires correspondant au chômage dû à un lock-out (cass. soc. 11 juin 1975, n° 74-40.749, BC V n° 321).

Peu importe également que les avantages individuels réclamés par les salariés résultent d'un usage (cass. soc. 13 février 1996, précité) ou d'une convention collective (cass. soc. 20 octobre 1988, n° 85-45.164, BC V n° 548). Dès lors que la demande du salarié tend à la réparation du préjudice résultant pour lui de la non-application au sein de l'entreprise d'une convention collective, son action constitue une action individuelle relevant de la compétence du conseil de prud'hommes. Voir cass. soc. 12 juillet 2006, n° 04-47.550, BC V n° 263 ; *RJS* 10/06 n° 1108, rendu sous le visa de l'article L. 511-1 (ancien) CT mais aussi de l'article L. 135-6 (ancien) CT selon lequel chaque salarié est recevable à agir individuellement pour obtenir l'exécution des engagements énoncés dans le cadre d'une convention ou d'un accord ou des dommages et intérêts contre les personnes liées par cet accord qui violeraient à leur égard ces engagements.

Ainsi, la juridiction prud'homale est compétente pour connaître de l'action de salariés, chacun d'entre eux présentant une demande individuelle relative à un différend né de l'exécution du contrat de travail, peu important que cette demande soit fondée sur un accord de fin de grève, lequel s'analyse soit en un accord collectif d'entreprise lorsqu'il est signé après négociation avec les délégués syndicaux par l'un d'entre eux, soit en un engagement unilatéral de l'employeur (cass. soc. 15 janvier 1997, n° 94-44.914, BC V n° 20 ; *RJS* 2/97 n° 191).

S'agissant de l'interprétation d'une convention collective, la Cour de cassation décide qu'un litige, dont la solution implique l'interprétation d'une convention collective, conservant un caractère individuel s'il est soulevé par un salarié à son seul profit, le conseil de prud'hommes est compétent pour interpréter la convention collective, même si le problème soulevé est susceptible d'intéresser tous les salariés relevant du champ d'application de la convention collective (cass. soc. 20 octobre 1988, n° 85-45.164, BC V n° 548). Le juge prud'homal est également compétent pour statuer sur une question préjudicielle relative à l'interprétation d'un accord collectif posée par le juge administratif dans le cadre d'un litige individuel opposant le salarié à son employeur. Doit dès lors être approuvé l'arrêt ayant dit qu'un conseil de prud'hommes, saisi par un salarié protégé contestant la régularité de sa mise à la retraite prononcée sur le fondement d'un accord collectif et autorisée par l'administration du travail, était compétent pour interpréter cet accord sur question préjudicielle posée par le juge administratif, lui-même saisi par le salarié de la légalité de la décision administrative ayant autorisé cette mise à la retraite (cass. soc. 18 mars 2008, n° 07-41.813, BC V n° 66).

En revanche, lorsque des salariés ne présentent aucune demande personnelle et que le litige porte exclusivement sur l'interprétation ou la portée d'une convention collective, le litige présente un caractère collectif et échappe en conséquence à la compétence du juge prud'homal (cass. soc. 30 avril 1997, n° 95-43.227, BC V n° 153 ; *RJS* 6/97 n° 725 ; 6 mai 1998, n° 96-41.712, BC V n° 234 ; *RJS* 6/98 n° 768).

Licenciement économique. En présence d'une ordonnance rendue, à la suite de l'ouverture d'une procédure de redressement judiciaire, par le juge-commissaire pour autoriser le licenciement de plusieurs salariés, le conseil de prud'hommes demeure compétent pour statuer, dans le cadre de ladite ordonnance, en ce qui concerne la situation individuelle des salariés licenciés, sur les demandes formulées par eux contre leur employeur (cass. soc. 5 mai 1993, n° 92-40.835, BC V n° 127). À noter toutefois que le conseil de prud'hommes est incompétent pour statuer sur l'action en responsabilité civile exercée par un ancien salarié à l'encontre du mandataire liquidateur (cass. soc. 5 avril 1994, n° 92-43.957).

• D'un litige né à l'occasion du contrat de travail. Sont considérés comme nés à l'occasion du contrat de travail les litiges relatifs à :
– *la nature, la validité ou l'interprétation du contrat de travail* (cass. soc. 20 mai 1992, n° 90-44.061, BC V n° 323) ;
– *la formation du contrat de travail* (cass. soc. 13 mai 1992, n° 88-43.848, BC V n° 305 : litige opposant un employeur ayant adressé à l'ANPE l'offre d'un emploi réservé aux mutilés de guerre au bénéficiaire de cette offre désigné par l'ANPE et dont la candidature n'avait pas été retenue ; cass. soc. 5 avril 2005, n° 02-45.636, BC V n° 123 ; *RJS* 6/05 n° 656 ; *JCP* éd. S 2005, 1041, note B. Boubli : litige opposant une société à un demandeur d'emploi à l'issue d'un stage destiné à lui assurer une formation, dès lors que la convention de stage passée entre l'ANPE et la société désignait l'intéressé comme bénéficiaire d'une promesse d'embauche ; cass. soc. 20 décembre 2006, n° 06-40.864, BC V n° 404 : compétence du juge prud'homal pour

statuer sur une demande de dommages et intérêts pour discrimination raciale lors d'une procédure de recrutement) ;
– *la rupture du contrat de travail*. Relève de la compétence de la juridiction prud'homale le litige relatif à la date de cessation du contrat de travail, lorsque le salarié réclame l'anticipation de son départ en retraite (cass. soc. 21 janvier 2004, n° 01-44.410, BC V n° 23). Peu importe que le litige soit survenu après la cessation du contrat dès lors que sa cause est antérieure à celle-ci (cass. soc. 23 février 1994, n° 92-43.927, BC V n° 69 : litige opposant des salariés à leur ancien employeur relatif aux engagements qu'il aurait pris dans le cadre du plan social et cass. soc. 19 juillet 1995, n° 94-40.788, *CSB* 1995 S. 137 : instance introduite par un salarié ayant adhéré à une convention FNE qui reprochait à son ancien employeur d'avoir manqué à son obligation d'information ; cass. soc. 22 février 2000, n° 98-16.492, BC V n° 73 retenant la compétence prud'homale en cas de contestation sérieuse sur le montant du salaire figurant dans l'attestation Assédic et précisant que le tribunal d'instance ou de grande instance doit surseoir à statuer en renvoyant le salarié à attraire l'employeur devant le conseil de prud'hommes ; cass. soc. 28 février 2007, n° 06-42.005, BC V n° 35, retenant la compétence du conseil de prud'hommes pour connaître de l'action tendant à faire prononcer la nullité d'une transaction conclue, à l'occasion de la rupture d'un contrat à durée déterminée, devant le bureau de conciliation et, par voie de conséquence, à faire déclarer recevables les demandes du salarié en requalification de contrats à durée déterminée en contrat à durée indéterminée, le différend étant la suite directe de la cessation du contrat) ; cass. com. 13 décembre 2011, n° 10-26.028 : compétence exclusive du conseil de prud'hommes pour connaître du litige opposant l'employeur à un ancien salarié au sujet de l'inexécution d'une obligation figurant dans l'accord transactionnel réglant les conséquences de la rupture du contrat ;
– *une discrimination* (cass. soc. 20 décembre 2006, n° 06-40.662, BC V n° 404 ; 28 novembre 2007, n° 07-40.787, *JSL* n° 226, 28 janvier 2008, p. 22 ; *RJS* 2/08 n° 138) ;
– *l'application de l'article L. 122-49 (ancien) CT prohibant les agissements répétés de harcèlement moral* (voir, s'agissant d'un litige portant sur l'existence et le quantum d'un préjudice corporel invoqué du fait d'un harcèlement moral, cass. soc. 16 mars 2005, n° 03-40.251, moyen unique du pourvoi incident, BC V n° 94 ; *RJS* 5/05 n° 534) ;
– *la violation, invoquée par un salarié ou un ancien salarié, d'une obligation pesant sur l'employeur* (cass. soc. 28 juin 2006, n° 04-43.969 : compétence de la juridiction prud'homale pour ordonner la réparation du préjudice résultant pour un salarié de la faute de l'employeur ayant omis de le déclarer aux organismes sociaux ; cass. soc. 16 janvier 1992, BC V n° 14 : demande de réparation du préjudice subi par un salarié ultérieurement licencié dont l'employeur avait omis de déclarer l'accident du travail). À noter qu'en cas de reconnaissance de la faute inexcusable de l'employeur, le salarié licencié pour inaptitude consécutive à l'accident du travail dont il a été victime peut valablement saisir le conseil de prud'hommes pour obtenir l'indemnisation du préjudice né de la perte de son emploi, ce préjudice étant distinct de celui donnant lieu à réparation spécifique afférente à l'accident du travail fixée par le tribunal des affaires de sécurité sociale (cass. soc. 14 avril 2010, n° 09-40.357, *RJS* 6/10 n° 506). De même, le conseil de prud'hommes est compétent pour statuer sur la demande d'un accidenté du travail licencié pour inaptitude en réparation du préjudice spécifique résultant de la perte de ses droits à la retraite, ce préjudice n'étant pas réparé par le tribunal des affaires de sécurité sociale ayant reconnu la faute inexcusable de l'employeur et ayant alloué au salarié une rente majorée à son maximum et une indemnité pour diminution ou perte de possibilité de promotion professionnelle (cass. soc. 26 octobre 2011, n° 10-20.991, *RJS* 1/12 n° 28). Mais la juridiction prud'homale doit se déclarer incompétente lorsque, sous couvert d'une action en responsabilité à l'encontre de son employeur pour mauvaise exécution du contrat de travail, un salarié demande en réalité la réparation du préjudice résultant de l'accident du travail dont il a été victime (cass. soc. 30 septembre 2010, n° 09-41.451, BC V n° 209 ; 15 février 2011, n° 09-66.694, *RJS* 5/11 n° 465) ;
– *une convention accessoire au contrat de travail* (cass. soc. 8 mars 1995, n° 91-45.445, *CSB* 1995 B. 84 : litige opposant des salariés à leur employeur relatif à l'exécution des contrats d'assurance décès-invalidité souscrits par la société à leur profit pour la couverture des risques professionnels, ces contrats d'assurance constituant un avantage social complémentaire accessoire au contrat de travail ; cass. soc. 19 janvier 1999, n° 96-44.688, BC V n° 34 : litige né de l'exécution d'un contrat d'assurance groupe souscrit par l'employeur au profit de l'ensemble du personnel ; cass. soc. 21 juin 2005,

n° 02-45.479, BC V n° 207 : litige relatif aux stock-options, l'octroi par l'employeur à un salarié d'une option donnant droit à une souscription d'actions constituant un accessoire du contrat de travail). En revanche, le conseil de prud'hommes n'est pas compétent pour statuer sur les conditions de mise en œuvre d'un pacte d'actionnaire qui ne constitue pas un accessoire au contrat de travail (cass. soc. 18 octobre 2007, n° 06-45.331, BC V n° 165 ; *RJS* 12/07 n° 1328 ; *D.* 2008 EC 262, note P. Lokiec) ou pour trancher les différends pouvant ensuite s'élever dans les relations entre la société et le salarié devenu actionnaire, indépendamment des conditions d'acquisition de ses actions (cass. soc. 16 septembre 2008, n° 07-20.444, BC V n° 161 ; *RJS* 11/08 n° 1115).

À noter, par ailleurs, que la demande formée par un salarié contre un organisme gestionnaire d'un régime de retraite complémentaire relevant de la compétence du tribunal de grande instance, il en est de même de la demande formée dans la même instance contre l'ancien employeur, eu égard à l'indivisibilité des deux demandes (cass. soc. 5 décembre 2006, n° 06-40.163, BC V n° 369 ; *RJS* 2/07 n° 281 ; *JCP* éd. S 2007, 1359, note Th. Lahalle).

Droits d'auteur. A été considéré comme né à l'occasion du contrat de travail le litige relatif à des droits d'auteur dès lors que c'était en raison de sa qualité de conseiller littéraire salariée d'une société d'édition que l'intéressée prétendait avoir fait œuvre de création intellectuelle dans l'élaboration d'ouvrages édités par son employeur (cass. soc. 2 juin 2004, n° 02-17.516, BC V n° 155 ; *RJS* 8-9/04 n° 948 ; *TPS* août-septembre 2004, comm. 278, note B. Boubli). De même, après avoir constaté que la contestation portant sur les droits de propriété intellectuelle opposant un photographe à son employeur était née à l'occasion du contrat de travail, c'est à bon droit qu'une cour d'appel a décidé que le conseil de prud'hommes était compétent pour en connaître, fût-elle fondée sur le code de la propriété intellectuelle (cass. soc. 21 mai 2008, n° 07-15.462, BC V n° 112 ; *JCP* éd. S 2008, 1428, note G. Blanc-Jouvan ; *RJS* 7/08 n° 816 ; *RDT*, juillet/août 2008, CH, 472, T. Grumbach et É. Serverin).

À noter que l'article L. 7215-1 CT, donne compétence aux seuls conseils de prud'hommes pour les différends relatifs aux contrats de travail conclus entre les concierges et leurs employeurs ainsi qu'aux contrats qui en sont l'accessoire.

Actions des ayants droit. La demande formulée, en son nom personnel, par le fils d'un salarié défunt en indemnisation du préjudice matériel et moral subi du fait du licenciement de son père et des procédures que ce dernier avait été contraint d'engager avant son décès ne relève pas de la compétence du conseil de prud'hommes ; une telle action ne peut pas être engagée dans le cadre de la procédure prud'homale opposant l'intéressé, en sa qualité d'ayant droit de son père, à l'employeur (cass. soc. 8 octobre 2003, n° 01-41.297, 2nd moyen, BC V n° 254).

CARACTÈRE PERSONNEL DE L'ACTION PRUD'HOMALE INTENTÉE PAR LE SALARIÉ

Il résulte des dispositions combinées des articles 1166 c. civ., L. 511-1 [L. 1411-1] CT et L. 622-9 c. com. que l'instance introduite par le salarié devant la juridiction prud'homale à l'encontre de son employeur ou de ses représentants à l'occasion de son contrat de travail est exclusivement attachée à la personne de l'intéressé, même s'il est en liquidation judiciaire, et ne peut être exercée ni par ses créanciers ni par ses représentants légaux. Tel est le cas de l'action en reconnaissance de l'existence d'un contrat de travail (cass. soc. 13 juillet 2004, n° 02-43.444, BC V n° 217 ; *RJS* 11/04 n° 1184. Dans le même sens, voir aussi cass. soc. 18 janvier 2005, n° 02-46.097, *RJS* 3/05 n° 306).

De même, la demande du salarié tendant à la constatation de la nullité de la clause de non-concurrence insérée à son contrat de travail est une action strictement personnelle qui échappe au dessaisissement, en sorte que sa condamnation au paiement d'une astreinte ne peut être mise à la charge de la liquidation judiciaire (cass. soc. 31 janvier 2001, n° 98-44.877, BC V n° 29 ; *RJS* 4/01 n° 483 ; *Dr. Soc.* 2001, p. 427 et « L'action prud'homale, exclusivement attachée à la personne du salarié », pp. 424 et s.).

ORGANISMES CONVENTIONNELS DE CONCILIATION

Certaines conventions collectives instituent des commissions paritaires afin de résoudre les litiges. Selon la chambre sociale, la création de ces organismes conventionnels chargés de régler les différends nés à l'occasion du contrat de travail, ou même de procéder à la conciliation des parties, ne fait pas obstacle à la saisine directe de la juridiction prud'homale par les intéressés (cass. soc. 26 janvier 1994, n° 91-40.464, BC V n° 32). Voir aussi cass. soc. 30 juin 2004, n° 02-41.518, *RJS* 10/04 n° 1075 précisant que la saisine préalable obligatoire d'une commission paritaire ne saurait constituer, à défaut de dispositions légales, une condition de recevabilité de l'action prud'homale.

À noter cependant qu'à l'occasion d'un litige concernant une cession d'actions, la chambre mixte de la Cour de cassation a décidé que la clause d'un contrat instituant une procédure de conciliation obligatoire et préalable à la saisine du juge, dont la mise en œuvre suspend jusqu'à son issue le cours de la prescription, constitue une fin de non-recevoir si les parties l'invoquent (cass. ch. mixte 14 février 2003, n° 00-19.423, BC n° 1 ; *RJS* 4/3 n° 509).

Les décisions de ces commissions n'ont pas autorité de chose jugée et ne s'imposent ni aux parties (cass. soc. 15 octobre 1998, n° 96-42.427, BC V n° 425 ; *RJS* 11/98 n° 1386, 2e espèce) ni au juge (cass. soc. 12 décembre 2000, n° 98-43.818, *JSL* n° 77, 10 avril 2001, p. 31).

Voir aussi note sous art. L. 2232-4.

Art. L. 1411-2. Le conseil de prud'hommes règle les différends et litiges des personnels des services publics, lorsqu'ils sont employés dans les conditions du droit privé.

Note ***Personnels des administrations, services et établissements publics à caractère administratif***

• Auparavant une distinction s'opérait selon la nature des fonctions des agents : seuls les agents participant directement au fonctionnement du service public relevaient de la compétence des juridictions administratives (Trib. confl. 22 novembre 1993, n° 09-32.879, BC n° 19) ; CE 29 décembre 1993, *RJS* 4/94 n° 387). Les salariés employés par une personne publique mais ne participant pas directement au fonctionnement du service public relevaient, quant à eux, de la compétence des juridictions judiciaires (cass. soc. 7 décembre 1994, n° 90-45.797, BC V n° 333). Cette distinction est désormais caduque. Par un jugement en date du 25 mars 1996 (n° 3000, *RJS* 7/96 n° 851), le Tribunal des conflits a décidé que les personnels non statutaires travaillant pour le compte d'un service public à caractère administratif sont des agents contractuels de droit public, quel que soit leur emploi. Il s'ensuit que le litige opposant un tel agent à son employeur relève de la compétence de la juridiction administrative et non de celle des conseils de prud'hommes (Trib. confl. 26 mai 2003, n° 03-03364, B. confl. n° 17).

Cette solution a été adoptée par la chambre sociale de la Cour de cassation (voir notamment cass. soc. 18 juin 1996, n° 95-40.491, BC V n° 249 ; 9 juillet 1996, n° 93-44.699, BC V n° 275 ; 28 octobre 1996, n° 90-44.957, BC V n° 355 ; 15 janvier 1997, n° 95-84.204, BC V n° 21 ; 16 juin 2004, n° 01-43.804, BC V n° 168 ; *RJS* 10/04 n° 1081 ; 20 juin 2006, n° 03-43.772, BC V n° 220, précisant qu'il importe peu qu'une violation des règles de l'intérim soit alléguée ; 17 octobre 2007, n° 05-45.699, *JCP* éd. S 2008, 1039, note S. Brissy).

Il appartient donc au juge, saisi d'un litige opposant un service public à l'un de ses agents contractuels, de rechercher s'il s'agit d'un service public administratif ou d'un service public à caractère industriel et commercial (cass. soc. 2 février 2005, n° 02-43.364, BC V n° 45), ce caractère s'appréciant au regard de son objet, de l'origine de ses ressources et de ses modalités de fonctionnement (cass. soc. 9 juillet 2008, n° 06-45.961, *RJS* 10/08 n° 1019).

En application de cette jurisprudence, la compétence des juridictions administratives a été retenue pour trancher les litiges nés du refus de renouvellement des contrats à durée déterminée conclus entre un GRETA et des formateurs contractuels, les GRETA constitués entre les établissements scolaires publics d'enseignement relevant de l'Éducation nationale pour exercer leur mission de formation continue dans le cadre de l'éducation permanente, n'ayant pas de personnalité juridique distincte et dépendant de l'Éducation nationale pour l'ensemble de leurs activités et de leur gestion administrative, financière et comptable (Trib. confl. 7 octobre 1996, n° 96-03.034, BC n° 15). La compétence de la juridiction administrative a également été retenue pour connaître de la demande d'une salariée, employée comme gardienne par une association syndicale forcée, ces associations, constituées d'office par l'autorité administrative, étant des établissements publics à caractère administratif et les personnels non statutaires qu'ils emploient étant donc des agents contractuels de droit public (cass. soc. 16 mai 2000, n° 98-42.266, BC V n° 186). À l'inverse, une cour d'appel a justement décidé qu'eu égard à son objet, l'origine de ses ressources et les modalités de son fonctionnement, une régie constituait un service public à caractère industriel et commercial et déclaré la juridiction prud'homale compétente pour connaître des demandes présentées par l'une de ses salariées (cass. soc. 2 février 2005, n° 02-43.364, précité).

La compétence judiciaire doit cependant être retenue pour les litiges concernant des agents dont la loi elle-même prévoit qu'ils sont soumis à un statut de droit privé et régis par le code du travail. Ainsi en est-il, par exemple, des praticiens-conseils du service de contrôle médical dépendant de la caisse nationale de l'assurance maladie des travailleurs salariés (cass. soc. 31 janvier 2007, n° 06-40.362, BC V n° 16).

• À noter que si le moyen tiré de l'incompétence du juge judiciaire pour statuer sur le litige opposant un agent contractuel de droit public au service public administratif qui l'emploie ne peut être soulevé par une partie pour la première fois devant la Cour de cassation, cette dernière peut relever d'office ce moyen par application de l'article 92, al. 2 NCPC, le litige relevant de la compétence de la juridiction administrative (cass. soc. 12 octobre 1999, n° 97-42.159, *CSB* n° 115 12/99 p. 368). À noter, par ailleurs, qu'un employeur est recevable à décliner la compétence du conseil de prud'hommes, même s'il s'est abstenu de le faire lors d'une précédente instance opposant les mêmes parties (cass. soc. 16 mai 2000, n° 98-42.266, BC V n° 186). À noter enfin que lorsqu'une juridiction de l'ordre judiciaire ou de l'ordre administratif est saisie, sur renvoi après cassation, du fond du litige, elle ne peut plus décliner sa compétence, qui était définitivement acquise au moment de sa saisine (cass. soc. 10 février 2004, n° 01-45.337, BC V n° 42).

Salariés des personnes morales de droit privé et des établissements publics, industriels et commerciaux

• Ces salariés sont justiciables des conseils de prud'hommes pour les litiges les opposant à leur employeur (Trib. confl. 4 mai 1987, n° 2463 ; voir aussi Trib. confl. 12 février 2007, n° 3592, *RJS* 5/07 n° 648 ; cass. soc. 28 avril 2006, n° 05-41.865, BC V n° 154 ; *JSL* 30 mai 2006, n° 190, p. 23). Seuls les litiges portant sur les actes relatifs à l'organisation du service public relèvent de la compétence du juge administratif (cass. civ., 1re ch., 30 mars 1999, n° 97-13.412, BC I n° 116).

Même chargée d'une mission de service public et bénéficiant pour son exécution de financements publics, une association régie par la loi de 1901 est une personne morale de droit privé. Par suite, le contrat de travail conclu entre cette association et un salarié est un contrat de droit privé et il appartient à la juridiction judiciaire de connaître du litige né de l'exécution et de la rupture de ce contrat (Trib. confl. 24 mars 2003, n° 3337 ; voir aussi cass. soc. 26 mai 2004, n° 02-41.434 et cass. soc. 15 juin 1999, n° 96-42.791, BC V n° 276 déclarant le juge judiciaire compétent pour trancher le litige portant sur la rupture du contrat de travail d'un salarié, embauché dans le cadre d'une « formation par la recherche » par une personne morale de droit privé qui avait conclu une convention CIFRE avec un organisme délégué par le ministère de la Recherche et qui était alors investie d'une mission de service public).

Relèvent également de la compétence prud'homale les litiges survenus entre :
– les mères de famille de villages d'enfants qui élèvent les enfants qui leur sont confiés et l'association dont relèvent les villages (cass. soc. 28 octobre 1980, n° 79-60.650, BC V n° 781) ;
– le personnel des caisses de sécurité sociale auxdites caisses, s'agissant de différends portant sur l'application des dispositions légales et conventionnelles régissant leur contrat de travail (cass. soc. 7 mars 1990, n° 96-43.407, BC V n° 108) ;
– une femme de service d'un établissement consulaire d'enseignement et ledit établissement (cass. soc. 3 juillet 1990, n° 86-45.627, BC V n° 341) ;
– une société d'ambulances chargée du transport des malades d'un service hospitalier et son personnel (cass. soc. 25 juin 2002, n° 01-41.848, BC V n° 216 ; *RJS* 10/02 n° 1079) ;
– des agents d'Électricité de France et leur employeur à propos du remboursement des sommes retenues sur leur salaire pour fait de grève (Trib. confl. 22 juin 1992, n° 02718, *Rec. Lebon* 1992, p. 488) ;
– la SNCF et l'un de ses agents demandant l'application d'une disposition de droit commun qu'il considérait plus favorable que la disposition correspondante du règlement élaboré par la SNCF (cass. soc. 22 mai 1995, n° 94-40.775, BC V n° 165), étant

précisé que le règlement du personnel de la SNCF a la nature d'un acte administratif réglementaire et que l'appréciation de la légalité d'une de ses dispositions échappe à la compétence du juge judiciaire qui doit inviter les parties à saisir le Conseil d'État de cette question préjudicielle (cass. soc. 2 mai 2000, n° 97-45.323, renvoi devant le Conseil d'État et sursis à statuer, BC V n° 162) ;
– un abattoir municipal et l'un de ses ouvriers (cass. soc. 4 janvier 1996, n° 92-43.971) ;
– le personnel ou une ou plusieurs organisations syndicales et la Sté Air France, qui est une société d'économie mixte à caractère industriel et commercial, sous réserve d'une éventuelle question préjudicielle relative à la légalité du statut lorsque celle-ci se trouve soit directement, soit même indirectement mais nécessairement, mise en cause (Trib. confl. 3 juillet 2000, n° 3205, annulation arrêté de conflit).

Salariés d'un service public administratif géré par une personne morale de droit privé transféré à une personne morale de droit public

Si les dispositions de l'article L. 122-12, al. 2 [L. 1224-1] CT imposent le maintien des contrats de travail en cours y compris dans le cas où l'entité économique transférée constitue un service public administratif dont la gestion, jusqu'ici assurée par une personne privée, est reprise par une personne morale de droit public normalement liée à son personnel par des rapports de droit public, elles n'ont pas pour effet de transformer la nature juridique des contrats de travail en cause, qui demeurent des contrats de droit privé tant que le nouvel employeur public n'a pas placé les salariés dans un régime de droit public. Le juge judiciaire est donc seul compétent pour statuer sur les litiges nés de la rupture des contrats de travail prononcée par la personne morale de droit public – dès lors que les salariés n'ont jamais été liés à celle-ci par un rapport de droit public – qui ne mettent en cause que des relations de droit privé (cass. soc. 23 novembre 2005, n° 03-45.439, BC V n° 339 ; *RJS* 1/06 n° 12 ; *JSL* n° 180, 27 décembre 2005, p. 18, obs. J-E Tourreil ; 12 juin 2007, n° 05-44.337, BC V n° 96 ; *Dr. Soc.* 2007, p. 1056, obs. A. Mazeaud ; *JCP* éd. S 2007, 1878, note B. Bossu ; 16 décembre 2008, n° 07-44.093, *RJS* 2/09 n° 137).

Mais le litige mettant en cause la validité du contrat de droit public appliqué au salarié d'une association repris par une personne publique gérant un service public administratif, à la suite du transfert d'une entité économique autonome, relève de la compétence des juridictions de l'ordre administratif (cass. soc. 24 juin 2009, n° 07-45.305, *RJS* 10/09 n° 767).

Maîtres des établissements d'enseignement privé sous contrat d'association avec l'État

Selon l'article L. 442-5 du code de l'éducation, dans sa rédaction issue de la loi 2005-5 du 5 janvier 2005, les maîtres contractuels des établissements d'enseignement privé ne sont pas, en leur qualité d'agent public, liés par un contrat de travail à l'établissement au sein duquel ils enseignent. Les litiges individuels les concernant relèvent donc des juridictions administratives. Cependant, ce même article prévoit que ces enseignants sont, pour l'application des articles L. 2141-11, L. 2312-8, L. 2322-6, L. 4611-1 à 4 et L. 4611-6 CT, pris en compte dans le calcul des effectifs de l'établissement, qu'ils sont électeurs et éligibles pour les élections des délégués du personnel des membres du CHSCT et du comité d'entreprise, qu'ils bénéficient de ces institutions dans les conditions prévues par le code du travail, que les rémunérations qui leur sont versées par l'État sont prises en compte pour le calcul de la masse salariale brute, tel que prévu aux articles L. 2325-12 et L. 2325-43 CT, et la détermination du rapport entre la contribution aux institutions sociales et le montant global des salaires, mentionné à l'article L. 2323-86 du même code.

Tirant les conséquences de ces dispositions, la Cour de cassation a décidé que la juridiction prud'homale est compétente pour statuer sur la demande d'un enseignant, délégué du personnel et syndical, tendant à obtenir la condamnation de l'établissement d'enseignement privé au paiement des heures de délégation accomplies en dehors de son temps de travail, pour l'exercice de ses mandats dans l'intérêt de la communauté de travail constituée par l'ensemble du personnel de l'établissement (cass. soc. 18 novembre 2008, n° 07-42.921, BC V n° 228 ; *JCP* éd. S 2009, 1049, note S. Brissy ; *RJS* 2/09 n° 219 ; *RDT*, février 2009, CH, 120, É. Serverin).

Art. L. 1411-3. Le conseil de prud'hommes règle les différends et litiges nés entre salariés à l'occasion du travail.

Note En application de cet article, la juridiction prud'homale est compétente pour connaître du litige opposant deux musiciens au sujet de la redistribution des cachets versés à l'occasion du travail qu'ils exécutaient en commun pour les mêmes employeurs, dans le cadre des contrats de travail individuels conclus avec les organisateurs de spectacle, peu important l'absence de lien de subordination entre les intéressés (cass. soc. 18 mars 2008, n° 07-40.835, BC V n° 67 ; *RJS* 5/08 n° 607 ; *JSL* n° 232, 28 avril 2008, p. 26 ; *JCP* éd. S 2008, 1327, note Th. Lahalle).

La compétence prud'homale est limitée aux litiges nés à l'occasion du travail entre salariés liés à un même employeur et exécutant pour ce dernier un travail en commun : le juge prud'homal n'est donc pas compétent pour statuer sur la demande en dommages-intérêts formulée, sur le fondement de l'article 1382 c.c., par un salarié contre trois autres salariés de la même entreprise, en raison du caractère prétendument diffamatoire d'attestations délivrées par ceux-ci au cours d'une instance prud'homale antérieure l'ayant opposé à son ancien employeur, ce différend n'étant pas né à l'occasion du contrat de travail (cass. soc. 15 juin 1995, n° 94-40.748, *CSB* 1995 S. 106).

Art. L. 1411-4. Le conseil de prud'hommes est seul compétent, quel que soit le montant de la demande, pour connaître des différends mentionnés au présent chapitre. Toute convention contraire est réputée non écrite.

Le conseil de prud'hommes n'est pas compétent pour connaître des litiges attribués à une autre juridiction par la loi, notamment par le code de la sécurité sociale en matière d'accidents du travail et maladies professionnelles.

Note ***Jugement déclarant l'incompétence.*** Il résulte de l'article 96 CPC qu'à l'exception des cas où il estime que l'affaire relève de la compétence d'une juridiction répressive, administrative, arbitrale ou étrangère, le juge qui se déclare incompétent désigne la juridiction qu'il estime compétente. Par suite, lorsque, en l'absence de contrat de travail entre les parties, la juridiction prud'homale se déclare incompétente, elle doit désigner la juridiction qu'elle estime compétente pour connaître de la demande (cass. soc. 14 avril 1999, n° 97-40.697, BC V n° 178 ; 4 décembre 2002, n° 00-44.342, *RJS* 2/03 n° 232). S'agissant d'une personne qui prétendait avoir été liée par un contrat de travail à une société, laquelle, de son côté, soutenait que ce contrat était nul, l'autorité de la chose jugée quant à l'inexistence de toute relation de travail entre les parties ne saurait être accordée au jugement du conseil de prud'hommes qui s'est borné, dans son dispositif, à se déclarer incompétent (cass. soc. 16 octobre 1991, n° 89-11.473, BC V n° 407).

Exception d'incompétence. Un employeur est recevable à décliner la compétence du conseil de prud'hommes, même s'il s'est abstenu de le faire lors d'une précédente instance opposant les mêmes parties (cass. soc. 16 mai 2000, n° 98-42.266, BC V n° 186).

La partie qui soulève l'incompétence du tribunal saisi doit, dans tous les cas et sous peine d'irrecevabilité, désigner la juridiction qu'elle estime compétente et préciser en particulier la nature et le lieu de la juridiction revendiquée (cass. soc. 22 janvier 1992, n° 90-41.599, BC V n° 18).

À noter que l'article 92 CPC ne fait pas obligation au juge de relever d'office son incompétence. Par conséquent, lorsqu'un conseil de prud'hommes n'est saisi d'aucune exception d'incompétence, il n'est pas tenu de se prononcer sur sa compétence, en recherchant notamment si le litige relève de la compétence des juridictions administratives, et peut statuer au fond (cass. soc. 16 mars 1995, n° 91-44.755, *CSB* 1995 S. 88).

Contredit. Il doit, à peine d'irrecevabilité, être formé dans le délai de quinze jours à compter du prononcé de la décision (cass. soc. 4 mai 1993, n° 89-40.774).

Compétence territoriale : voir note sous art. R. 1412-1.

Inapplicabilité d'une clause compromissoire. Les conseils de prud'hommes étant, aux termes du 1er alinéa de cet article, seuls compétents pour connaître des différents qui peuvent s'élever à l'occasion du contrat de travail, toute clause compromissoire inscrite dans un contrat de travail ou dans un document ayant valeur d'avenant au contrat de travail est réputée non écrite. Par un arrêt du 30 novembre 2011, n° 11-12.905

(*LS* Bref n° 15989 du 5 décembre 2011 ; *RJS* 2/12 n° 181), la Cour de cassation a approuvé la décision d'une cour d'appel qui avait écarté l'application d'une clause figurant dans une charte réglementant les conditions de travail et soumettant à l'arbitrage les litiges entre un employeur et ses salariés. Ce faisant, la Cour de cassation a rejeté l'argumentation de l'employeur faisant valoir que l'arbitre serait seul compétent pour statuer sur toute question déterminant la validité ou l'applicabilité à un litige d'une clause compromissoire, « le principe compétence-compétence selon lequel il appartient à l'arbitre de statuer par priorité sur sa propre compétence n'étant pas applicable en matière prud'homale ».

Art. L. 1411-5. Le conseil de prud'hommes donne son avis sur les questions que lui pose l'autorité administrative.

Art. L. 1411-6. Lorsqu'un organisme se substitue habituellement aux obligations légales de l'employeur, il peut être mis en cause aux côtés de celui-ci en cas de litige entre l'employeur et les salariés qu'il emploie.

Note Cette disposition s'applique aux seuls organismes se substituant habituellement aux obligations légales de l'employeur (c'est le cas des caisses de congés payés) et ne concerne pas ceux qui se substituent à des obligations conventionnelles ou contractuelles.

Ainsi, l'organisme gestionnaire d'un régime de retraite complémentaire instauré par la convention collective applicable à l'entreprise ne peut être mis en cause devant le conseil de prud'hommes aux côtés de l'employeur dans un litige opposant ce dernier à un salarié concernant le versement d'indemnités de prévoyance complémentaire (cass. soc. 16 novembre 2010, n° 10-12.156, BC V n° 259 ; *RJS* 3/11 n° 272).

En outre, le seul fait pour une association d'aide aux personnes âgées d'avoir établi des contrats de travail de gardes-malades pour le compte de ses membres ne suffit pas à établir qu'elle se substitue habituellement aux obligations légales de l'employeur au sens de ce texte ; elle ne peut donc être mise en cause aux côtés de ses membres dans les litiges les opposant aux gardes-malades (cass. soc. 2 juin 1993, n° 90-40.275, BC V n° 156). En revanche, l'association de services aux personnes qui s'est régulièrement substituée à l'employeur pour l'établissement des fiches de paie peut être appelée en garantie devant la juridiction saisie du litige opposant l'employeur à un salarié au sujet de sa rémunération (cass. soc. 28 février 2006, n° 03-44.781, BC V n° 91 ; *JSL* 28 mars 2006, p. 12, note M-Ch. Haller ; *Dr. Soc.* 2006, p. 680, obs. J. Savatier ; *RJS* 5/06 n° 640). Voir aussi cass. soc 5 janvier 2011, n° 09-72.264 (*RJS* 6/11 n° 557), précisant qu'une association chargée, en application d'une convention de mandat et sous le contrôle de l'employeur, du recrutement, de l'établissement des bulletins de paie et de l'accomplissement des diverses formalités administratives inhérentes à l'emploi d'un salarié au domicile, doit vérifier la conformité des bulletins de paie aux dispositions légales et réglementaires sur la base des informations qu'elle doit recueillir pour les établir.

CHAPITRE II

Compétence territoriale

[Le présent chapitre ne comprend pas de dispositions législatives.]

Art. R. 1412-1. L'employeur et le salarié portent les différends et litiges devant le conseil de prud'hommes territorialement compétent.

Ce conseil est :

1° Soit celui dans le ressort duquel est situé l'établissement où est accompli le travail ;

2° Soit, lorsque le travail est accompli à domicile ou en dehors de toute entreprise ou établissement, celui dans le ressort duquel est situé le domicile du salarié.

Le salarié peut également saisir les conseils de prud'hommes du lieu où l'engagement a été contracté ou celui du lieu où l'employeur est établi.

Note

• Notion d'établissement

La compétence territoriale de la juridiction prud'homale étant déterminée selon les modalités réelles d'exécution du travail, une cour d'appel a pu estimer qu'il résultait des éléments soumis à son appréciation que l'ensemble des trois chantiers (Pierrelatte, Bollène et Marcoule) constituait un établissement dans lequel travaillaient les demandeurs avec un bureau, des ateliers, des installations et une représentation permanente de la société donnant compétence au conseil de prud'hommes de Montélimar (cass. soc. 18 mars 1986, SA ITC c/ Aproyan et a., *JS* 1986 SJ 98). En revanche, une chambre d'hôtel occupée par une salariée à l'occasion de son travail ne constitue pas un établissement au sens de l'article R. 517-1 [R. 1412-1] CT (cass. soc. 25 octobre 2000, n° 98-42.998, *JSL* n° 70, 19 décembre 2000, p. 24).

• Travail dans un établissement

Il faut entendre notamment par établissement toute usine, toute manufacture, tout atelier, tout chantier où sont réunis des ouvriers ou des employés travaillant sous la direction du chef d'entreprise ou de ses représentants (cass. soc. 13 novembre 1963, BC IV n° 774), tout magasin, bureau, agence (cass. soc. 16 juillet 1963, BC V n° 607). Cette règle de compétence s'applique même si un travailleur a été occupé successivement dans plusieurs établissements (cass. soc. 22 avril 1971, BC V n° 299) mais à condition que les parties au contrat aient stipulé que le travail s'exécuterait dans un ou plusieurs établissements déterminés (cass. soc. 9 mai 1963, BC V n° 399).

Le salarié travaillant dans un établissement peut, à son choix, porter sa demande :
- devant le conseil de prud'hommes du lieu de l'établissement où il travaille ;
- devant le conseil de prud'hommes du lieu où l'engagement a été contracté (voir cass. soc. 12 mars 1997, n° 94-41.245, BC V n° 107, précisant que le salarié, qui a toujours accompli sa prestation de travail dans le cadre d'un groupe de sociétés étroitement liées, peut valablement saisir le conseil de prud'hommes du lieu de conclusion du contrat initial) ;
- devant le conseil de prud'hommes du lieu où l'employeur est établi (voir cass. soc. 9 décembre 1992, n° 88-42.595, BC V n° 588 : compétence du conseil de prud'hommes de Toulouse pour statuer sur les demandes d'une salariée engagée par le centre EDF-GDF de La Rochelle et affectée dans des subdivisions dépendantes de ce centre, dès lors que Toulouse est le siège d'un centre EDF-GDF dont le responsable a un pouvoir de représentation de l'autorité centrale. Voir aussi cass. soc. 12 juin 2001, n° 99-43.329, 1er moyen, BC V n° 218 ; *RJS* 8-9/01 n° 1054 : compétence du conseil de prud'hommes d'Aurillac pour connaître de la demande d'une salariée, employée dans une agence parisienne d'une banque dès lors que dans le ressort de ce conseil de prud'hommes se trouve une agence dont le directeur a un pouvoir de représentation de l'autorité centrale ; voir enfin cass. soc. 14 décembre 2004, n° 03-40.401, BC V n° 333 ; *RJS* 2/05 n° 192 déclarant territorialement compétent le conseil de prud'hommes du lieu où était établie une société utilisatrice pour statuer sur la demande de requalification de contrats de travail temporaires en contrats de travail à durée indéterminée dans les rapports entre les salariés concernés et cette société qu'ils considéraient comme leur employeur).

À noter que la procédure prud'homale étant régie, sous réserve des dispositions du code du travail, par celles du livre 1er du code de procédure civile, le salarié qui conteste la régularité du transfert de son contrat de travail et du licenciement dont il a fait l'objet dans le cadre d'une cession d'activité et qui demande la condamnation *in solidum* des deux employeurs peut se prévaloir de la prorogation de compétence de l'article 42, al. 2 CPC autorisant le demandeur, en présence de plusieurs défendeurs à saisir la juridiction du lieu où demeure l'un d'eux et choisir de saisir le conseil de prud'hommes du lieu du siège social de la société cédante (cass. soc. 16 février 2011, n° 10-16.423, BC V n° 48 ; *LS* Jurispr. n° 66/2011 du 29/03/11 ; *JCP* éd. S 2011, 1191, note S. Brissy ; *RJS* 5/11 n° 449).

L'employeur doit porter sa demande devant le conseil de prud'hommes dans le ressort duquel est situé l'établissement.

• Travail en dehors de tout établissement

C'est notamment le cas du travail à domicile ou du contrat de représentation (voir, s'agissant d'un VRP, cass. soc. 24 janvier 2001, n° 98-45.910, *TPS* mai 2001, n° 198 p. 34). La demande est portée :
- si le demandeur est le salarié, au choix de celui-ci, car l'article R. 1412-1 n'édicte pas de compétence exclusive au profit du conseil du domicile du salarié :
  - soit devant le conseil de prud'hommes du domicile du salarié,

- soit devant le conseil de prud'hommes du lieu où l'engagement a été contracté,
- soit devant le conseil de prud'hommes du lieu où l'employeur est établi ;

– si le demandeur est l'employeur, devant le conseil de prud'hommes dans le ressort duquel le salarié est domicilié.

C'est aux modalités réelles d'exécution du travail qu'il convient de s'attacher pour déterminer le conseil de prud'hommes territorialement compétent : si elles font apparaître que le salarié accomplit en fait sa tâche en dehors de tout établissement, la demande est portée devant le conseil de prud'hommes de son domicile, peu important que l'intéressé soit administrativement rattaché à un établissement (cass. soc. 27 janvier 1999, n° 97-40.298, *JSL* n° 33, 6 avril 1999, p. 26 ; voir aussi cass. soc. 8 février 2000, n° 97-44.890). Peu importe également qu'il exerce quelques fonctions techniques dans l'entreprise (cass. soc. 24 janvier 2001, n° 98-45.910, précité).

La salariée qui, lors de son licenciement, travaille en dehors de tout établissement peut saisir le conseil de prud'hommes de son domicile, peu important qu'il s'agisse d'un détachement temporaire et de courte durée auprès d'un autre employeur en exécution d'une convention de prêt de main-d'œuvre (cass. soc. 7 décembre 1994, n° 91-42.507, *CSB* 1995 S. 25).

Dès lors qu'il devait exercer son activité en dehors de tout établissement, un salarié engagé comme plaquiste le 28 novembre 1990 a pu saisir le conseil de prud'hommes du lieu de son domicile pour obtenir le paiement de son salaire pour la période du 28 novembre au 5 décembre, peu important qu'il n'ait travaillé que sur un seul chantier (cass. soc. 12 février 1992, n° 91-41.541).

Domicile du salarié. Le domicile du salarié est le lieu où il a son principal établissement. Il ne peut s'agir d'une chambre d'hôtel occupée par le salarié (cass. soc. 25 octobre 2000, n° 98-42.998, *JSL* n° 70, p. 24). Le domicile, au sens de l'article R. 1412-1 qui prévoit que, lorsque le travail est effectué en dehors de tout établissement, la demande est portée devant le conseil de prud'hommes du domicile du salarié, est celui du salarié lors de la saisine de la juridiction – et non celui que l'intéressé occupait au jour de son licenciement – (cass. soc. 10 avril 1991, n° 87-45.701, BC V n° 182).

Lieu de l'engagement. Si le contrat est conclu par correspondance, le lieu de l'engagement est celui où l'intéressé a reçu le projet de contrat et d'où il l'a renvoyé après signature. Lorsqu'une proposition de mutation a été adressée au domicile du salarié et que c'est à cette adresse que l'intéressé a donné son accord à la mutation, le lieu de l'engagement est celui du domicile du salarié (cass. soc. 15 juin 1993, n° 89-43.668). De même, lorsque l'engagement est contracté par téléphone au domicile du salarié, ce dernier peut saisir le conseil de prud'hommes du lieu de son domicile : dès lors que c'était au domicile du salarié, à Cherbourg, que celui-ci avait accepté par téléphone l'offre d'emploi qui lui avait été faite, le conseil de prud'hommes de Cherbourg, lieu où l'engagement avait été contracté, était compétent pour trancher le litige concernant le licenciement du salarié (cass. soc. 11 juillet 2002, n° 00-44.197, BC V n° 254 ; *RJS* 11/02 n° 1275).

Si la demande fondée sur l'article 47 CPC peut être présentée à tout moment de la procédure, même en cause d'appel, et que le renvoi de l'affaire est de droit lorsque les conditions prévues par ce texte sont réunies, les juges du fond gardent la possibilité de condamner à des dommages-intérêts ceux qui se seraient abstenus, dans une intention dilatoire, de la soulever plus tôt : commet un abus de droit la partie qui sollicite le bénéfice des dispositions de l'article 47 CPC près de cinq ans après le jugement du conseil de prud'hommes, sans avertir personne, plus d'une heure après l'appel du rôle et après que l'avocat de la partie adverse a pris la peine, à la demande du président, de le questionner sur ses intentions (cass. soc. 11 juillet 2002, n° 00-44.407, BC V n° 255).

• Saisine d'une juridiction limitrophe

L'article 47 CPC s'applique aux conseillers prud'hommes qui sont des magistrats : lorsqu'un conseiller prud'homme est partie à un litige relevant de la compétence d'une juridiction dans le ressort de laquelle il exerce ses fonctions, l'affaire doit, si l'autre partie le demande, être renvoyée devant une juridiction située dans un ressort limitrophe (cass. soc. 12 janvier 1993, n° 88-44.488). Cette disposition s'applique que le magistrat en cause soit partie au procès en son nom personnel ou en sa qualité de représentant légal d'une partie (cass. soc. 5 décembre 1990, n° 87-42.544, BC V n° 620). À noter que les dispositions de l'article 47 CPC ne doivent pas être interprétées de façon extensive : le fait que le magistrat, membre employeur du conseil de prud'hommes territorialement compétent, exerce, en sa qualité de directeur financier, une fonction de responsabilité au sein de la société employeur ne suffit pas à autoriser le salarié à se prévaloir des dispositions de ce texte pour saisir une juridiction limitrophe, le directeur financier n'étant pas le représentant légal d'une société anonyme (cass. soc. 19 juillet 1994, n° 90-46.074, BC V n° 246). De même, le directeur des ressources humaines n'étant pas le représentant légal d'une société anonyme, le fait que le directeur des ressources humaines ayant procédé au licenciement du salarié demandeur soit conseiller prud'homme au conseil de prud'hommes territorialement compétent pour examiner le litige ne peut justifier qu'il soit fait application de l'article 47 CPC (cass. soc. 20 mars 1997, n° 95-42.755, BC V n° 121 ; *RJS* 8-9/97 n° 1007). Voir aussi cass. soc. 17 juin 2009, n° 08-41.975, *RJS* 10/09 n° 822 : l'article 47 CPC ne s'applique pas lorsque l'employeur est représenté par son conjoint, par ailleurs membre du conseil de prud'hommes saisi, ce dernier n'étant ni partie au litige ni représentant légal de l'employeur.

Un salarié magistrat peut exercer la faculté de saisir une juridiction limitrophe en application de l'article 47 CPC sans être tenu d'exercer préalablement une autre option de compétence. Doit donc être rejeté le pourvoi soutenant qu'un salarié magistrat ne peut saisir une juridiction limitrophe que si les différentes options que lui offre l'article R. 517-1 [R. 1412-1] CT ne permettent pas de voir le litige auquel il est partie relever de la compétence d'une juridiction en dehors du ressort de laquelle il exerce ses fonctions (cass. soc. 27 mai 1998, n° 96-41.311, BC V n° 285).

Lorsque l'instance est renvoyée devant une juridiction limitrophe en vertu de l'article 47 CPC, la procédure suit son cours en l'état où elle se trouvait sans qu'il y ait lieu de reprendre les actes de procédure déjà accomplis (art. 97 CPC). C'est donc à bon droit qu'une cour d'appel rejette la contestation d'un employeur tirée de l'absence de préliminaire de conciliation dans une instance prud'homale (cass. soc. 7 novembre 1995, n° 93-43.806, BC V n° 291 ; *RJS* 12/95 n° 1272).

Enfin, le salarié qui a saisi un conseil de prud'hommes d'une demande dont il s'est désisté conserve la possibilité de saisir un conseil de prud'hommes limitrophe, en application de l'article 47, al. 1er NCPC (cass. soc. 21 juin 1995, n° 91-40.301, BC V n° 208).

• **Droit international privé**

Si l'une des parties au contrat est de nationalité étrangère ou si le contrat a été conclu ou exécuté à l'étranger, les principes suivants doivent être observés.

Il existe une convention internationale liant la France et déterminant la juridiction compétente, cette convention l'emporte sur la loi française conformément à l'article 55 de la Constitution.

Union européenne : afin d'uniformiser les règles de droit international privé des États membres en matière de compétence judiciaire et de faciliter l'exécution des jugements en matière civile et commerciale, le Conseil de l'Union européenne a adopté, le 22 décembre 2000, un règlement (CE 44/2001) concernant la compétence judiciaire, la reconnaissance et l'exécution des décisions en matière civile et commerciale. Ce règlement remplace la Convention de Bruxelles de 1968 depuis le 1er mars 2002 et est applicable dans tous les États membres de l'Union européenne, à l'exception du Danemark. Il contient des dispositions particulières régissant la compétence en matière de contrats individuels de travail (art. 18 à 21). Pour déterminer la compétence internationale du juge saisi d'un litige d'ordre international intracommunautaire, il convient donc de se référer aux dispositions du règlement CE 44/2001 et d'écarter les règles procédurales internes, et notamment l'article R. 1412-1 CT (dans ce sens, voir CJCE 13 novembre 1979, aff. 25/79, rec. p. 3423 ; cass. ch. mixte 11 mars 2005, n° 02-41.371, BC n° 2 et cass. soc. 20 septembre 2006, n° 04-45.717, BC V n° 268).

Ainsi, il résulte de l'article 19, § 2, a) du règlement (CE) 44/2001 du 22 décembre 2000 qu'un employeur ayant son domicile sur le territoire d'un État membre peut être attrait dans un autre État membre devant le tribunal du lieu où le travailleur accomplit habituellement son travail ou devant le tribunal du dernier lieu où il a accompli habituellement son travail. À cet égard, la Cour de cassation, dans le prolongement de la jurisprudence de la Cour de justice, a précisé que le lieu de travail habituel est l'endroit où le travailleur accomplit la majeure partie de son temps de travail pour le compte de son employeur en tenant compte de l'intégralité de la période d'activité du travailleur ; en cas de périodes stables de travail dans des lieux successifs différents, le dernier lieu d'activité devrait être retenu dès lors que, selon la volonté claire des parties, il a été décidé que le travailleur y exercerait de façon stable et durable ses activités (cass. soc. 31 mars 2009, n° 08-40.367, BC V n° 93 ; *Dr. Soc.* 2009, p. 733, obs. P. Chaumette ; *RJS* 6/09 n° 568 ; sur la notion de lieu de travail habituel en application de la convention de Lugano, voir aussi cass. soc. 25 janvier 2012, n° 10-28.155). Sur cette question, voir « Code annoté européen du travail », *Groupe Revue Fiduciaire*, éd. 2010.

Il n'existe pas de convention internationale liant la France et déterminant la juridiction compétente.

Privilège de juridiction. En application de l'article 14 c. civ. et en l'absence de clause attributive de juridiction, les tribunaux français sont compétents lorsque seul le demandeur est de nationalité française : un salarié français peut donc toujours saisir les tribunaux français, même si son employeur est de nationalité étrangère.

Le désistement par un demandeur français de l'instance qu'il avait introduite devant une juridiction étrangère lui permet de recouvrer la faculté d'invoquer le privilège de juridiction édicté par l'article 14 c. civ. et de porter la même action devant les tribunaux français (cass. civ. 27 janvier 1993, n° 90-21.219, BC I n° 33). De même, en cas de décision d'incompétence et de dessaisissement corrélatif de la juridiction étrangère saisie par un salarié français, ce dernier recouvre la faculté d'invoquer le privilège de juridiction en vue d'exercer la même action devant la juridiction française (cass. soc. 9 juillet 1996, n° 93-41.549, BC V n° 266 ; *RJS* 10/96 n° 1075).

Détermination du conseil de prud'hommes compétent

• *1er cas.* Le contrat est exécuté dans un établissement situé en France par un salarié (français ou étranger) domicilié hors de France : les règles normales de compétence sont applicables. Voir cass. soc. 26 janvier 1989, n° 86-40.766, BC V n° 76, *Dr. Soc.* 1989, p. 729, A. Jeammaud, concluant à la compétence du conseil de prud'hommes de Paris pour connaître de la demande d'un salarié de nationalité algérienne employé par la Cie Air Algérie dans un établissement parisien.

• *2e cas.* Le contrat est exécuté en France mais en dehors de tout établissement par un salarié (français ou étranger) domicilié hors de France :
– si le salarié est le demandeur : les règles normales de compétence s'appliquent, mais, si elles ne conduisent pas à saisir un tribunal français, le salarié de nationalité française peut, par application de l'article 14 c. civ., porter sa demande devant un tribunal français ;
– si l'employeur est le demandeur : le conseil de prud'hommes compétent est, par application de l'article 14 c. civ., celui choisi par l'employeur, à condition que ce choix réponde aux exigences d'une bonne administration de la justice (cass. soc. 18 octobre 1967, *Revue critique DIP*, 1968, note H. Gaudemet-Tallon).

• *3e cas.* Le contrat est exécuté par un salarié français pour un employeur français, mais dans un établissement situé à l'étranger : en application de l'article 42 NCPC, et en l'absence d'exercice par le salarié de la faculté offerte par l'article R. 517-1, al. 3 [R. 1412-1] CT de saisir le conseil de prud'hommes du lieu où l'engagement a été contracté ou celui du lieu où l'employeur est établi, l'employeur peut revendiquer la compétence du conseil de prud'hommes de son siège social (cass. soc. 3 décembre 1987, n° 84-45.403, BC V n° 710 ; cass. soc. 16 mars 1989, n° 86-43.548, BC V n° 227).

• *4e cas.* Le contrat est exécuté par un salarié français à l'étranger et en dehors de tout établissement : en application de l'article R. 517-1, al. 2 [R. 1412-1, 2°], le conseil de prud'hommes compétent est celui du domicile du salarié (cass. soc. 19 mai 1988, n° 87-42.286, BC V n° 305).

Exception d'incompétence au profit d'une juridiction étrangère. Il résulte de l'article 75 NCPC que lorsque, à l'occasion d'une exception d'incompétence, il est prétendu qu'une juridiction étrangère est compétente, il suffit au défendeur de préciser l'État dans lequel se trouve la juridiction compétente, sans avoir à préciser ni sa nature ni sa localisation exacte (cass. soc. 17 mars 1998, n° 93-40.442 rectifié par arrêt du 20 octobre 1998, BC V n° 151).

Clauses attributives de juridiction : voir note sous article L. 1221-5.

Clauses compromissoires

La clause compromissoire insérée dans un contrat de travail international et qui prévoit l'arbitrage d'une chambre de commerce étrangère est inopposable au salarié qui a régulièrement saisi la juridiction française compétente en vertu des règles applicables, peu important la loi régissant le contrat de travail (voir, s'agissant d'un contrat international exécuté en France, cass. soc. 16 février 1999, n° 95-40.643, BC V n° 78 ; *RJS* 5/99 n° 720 et, s'agissant d'un contrat de travail international exécuté à l'étranger, cass. soc. 9 octobre 2001, n° 99-43.288, BC V n° 312 ; *RJS* 12/01 n° 1452 ; voir aussi cass. soc. 28 juin 2005, n° 03-45.042, BC V n° 216).

Art. R. 1412-2. En cas de création d'un conseil de prud'hommes, la cour d'appel, saisie sur requête du procureur général, constate que la nouvelle juridiction est en mesure de fonctionner.

Elle fixe la date de l'installation du conseil à compter de laquelle le ou les conseils de prud'hommes dont le ressort est réduit cessent d'être compétents pour connaître des affaires entrant dans leur compétence.

Art. R. 1412-3. Lorsqu'à la suite d'une nouvelle délimitation de circonscriptions judiciaires, le ressort d'un conseil de prud'hommes est modifié, le conseil de prud'hommes initialement saisi demeure compétent pour statuer sur les procédures introduites antérieurement à la modification.

Art. R. 1412-4. Toute clause d'un contrat qui déroge directement ou indirectement aux dispositions de l'article R. 1412-1, relatives aux règles de compétence territoriale des conseils de prud'hommes, est réputée non écrite.

Art. R. 1412-5. Lorsqu'un salarié est temporairement détaché sur le territoire national par une entreprise établie dans un autre État membre de la Communauté européenne, les contestations relatives aux droits reconnus dans les matières énumérées à l'article L. 1262-4 peuvent être portées devant le conseil de prud'hommes dans le ressort duquel la prestation est ou a été exécutée.

Lorsque la prestation est ou a été exécutée dans le ressort de plusieurs conseils de prud'hommes, ces contestations sont portées devant l'une quelconque de ces juridictions.

Note Cet article a été introduit par le décret 2000-462 du 29 mai 2000 (JO 31) pris pour la transcription de l'article 6 de la directive 96/71/CE du 16 décembre 1996 concernant le détachement de travailleurs effectué dans le cadre d'une prestation de services.

TITRE II

INSTITUTION, ORGANISATION ET FONCTIONNEMENT

CHAPITRE Ier

Dispositions générales

Art. L. 1421-1. Le conseil de prud'hommes est une juridiction élective et paritaire.

Il est composé, ainsi que ses différentes formations, d'un nombre égal de salariés et d'employeurs.

CHAPITRE II

Institution

Art. L. 1422-1. Il est créé au moins un conseil de prud'hommes dans le ressort de chaque tribunal de grande instance. Le ressort du conseil, s'il est unique, s'étend à l'ensemble de celui du tribunal de grande instance.

Pour des raisons d'ordre géographique, économique ou social, plusieurs conseils de prud'hommes peuvent être créés dans le ressort d'un tribunal de grande instance.

Art. L. 1422-2. Les aérodromes dont l'emprise s'étend sur le ressort de plusieurs conseils de prud'hommes peuvent être rattachés par décret au ressort de l'un d'eux pour l'application des dispositions concernant la compétence territoriale en matière prud'homale.

Note Les salariés travaillant au sein de l'emprise des aérodromes du Bourget et de Roissy Charles-de-Gaulle relèvent du conseil de prud'hommes de Bobigny, par application des dispositions combinées de la loi 79-44 du 18 janvier 1979 et du décret du 11 mai 1989 (JO 17).

Art. L. 1422-3. Des décrets en Conseil d'État portent création ou suppression des conseils de prud'hommes et fixation, modification ou transfert de leur ressort et de leur siège.

Note Un décret 2008-514 du 29 mai 2008 (JO 1er juin) modifie le siège et le ressort des conseils de prud'hommes (voir note sous art. R. 1422-4).

Les procédures en cours devant les conseils de prud'hommes supprimés en application de l'article 1er sont transférées en l'état aux conseils de prud'hommes désormais compétents, sans qu'il y ait lieu de renouveler les actes, formalités et jugements régulièrement intervenus antérieurement à la date de leur suppression, à l'exception des convocations, citations et assignations données aux parties et aux témoins à fin de comparution personnelle.

Les archives et les minutes du greffe des conseils de prud'hommes supprimés sont transférées au greffe des conseils de prud'hommes désormais compétents. Les frais de transfert de ces archives et minutes sont pris sur le crédit ouvert à cet effet au budget du ministère de la justice (décret précité, art. 5).

Le décret 2008-514 précité entre en vigueur le 3 décembre 2008. Toutefois, il entre en vigueur dès sa publication pour la préparation des opérations électorales relatives au prochain renouvellement général des conseillers prud'hommes (décret précité, art. 6).

Art. R. 1422-1. Lorsqu'est envisagé la création ou la suppression d'un conseil de prud'hommes, la modification du ressort ou le transfert du siège d'un conseil, le ministre chargé du travail publie préalablement au *Journal officiel* de la République française un avis indiquant :

1° Le siège du conseil à créer ou à supprimer ou, en cas de transfert, le nouveau siège du conseil ;

2° L'étendue de la compétence territoriale du conseil à créer et du ou des conseils dont le ressort est affecté par la création, la suppression ou la modification envisagée ;

3° L'effectif des conseillers des différentes sections du conseil à créer ou dont l'organisation est modifiée.

L'avis invite les organismes et autorités mentionnés à l'article R. 1422-2 à faire connaître au ministre chargé du travail, dans le délai de trois mois, leurs observations et avis.

Art. R. 1422-2. Les décrets d'institution du conseil de prud'hommes prévus à l'article L. 1422-3 fixent le siège et le ressort du conseil ainsi que la date de l'élection des conseillers.

Ils sont pris après consultation ou avis :

1° Du conseil général et du conseil municipal ;

2° Du ou des conseils de prud'hommes intéressés ;

3° Du premier président de la cour d'appel ;

4° Des organisations d'employeurs et de salariés représentatives au niveau national ;

5° Des chambres consulaires.

Art. R. 1422-3. Chacun des organismes ou autorités mentionnés à l'article R. 1422-2 est réputé avoir donné un avis favorable s'il ne s'est pas prononcé dans les trois mois suivant sa saisine.

Art. R. 1422-4. Les siège et ressort des conseils de prud'hommes sont fixés conformément à l'annexe figurant à la fin du présent livre.

Note Le tableau C rapporté dans cette annexe, issu du décret 2008-514 du 29 mai 2008 (JO 1er juin), modifié par décret 2011-1877 du 14 décembre 2011 (JO 16), entrée en vigueur le 01.01.2012, est applicable depuis le 1er janvier 2011.

Les procédures en cours devant les conseils de prud'hommes supprimés ont été transférées en l'état aux conseils de prud'hommes compétents, sans qu'il y ait lieu de renouveler les actes, formalités et jugements régulièrement intervenus antérieurement à la date de leur suppression, à l'exception des convocations, citations et assignations données aux parties et aux témoins à fin de comparution personnelle.

Les archives et les minutes du greffe des conseils de prud'hommes supprimés ont été transférées au greffe des conseils de prud'hommes compétents (décret 2009-1610 du 18 décembre 2009, art. 3, JO 24).

CHAPITRE III

Organisation et fonctionnement

SECTION 1. Sections

Art. L. 1423-1. Le conseil de prud'hommes est divisé en sections autonomes.

Il comporte une formation commune de référé.

Art. L. 1423-2. Un décret fixe, pour chaque conseil de prud'hommes, le nombre de conseillers à élire par collège dans les différentes sections.

Note La composition et le nombre de conseillers ont été fixés pour chaque conseil de prud'hommes par le tableau annexé au décret 2008-515 du 29 mai 2008, JO 1er juin (entrée en vigueur 3 décembre 2008).

[Dispositions réglementaires]

Sections

Composition

Art. R. 1423-1. I. Le conseil de prud'hommes est divisé en cinq sections autonomes :

1° La section de l'encadrement ;

2° La section de l'industrie ;

3° La section du commerce et des services commerciaux ;

4° La section de l'agriculture ;

5° La section des activités diverses.

Chaque section comprend au moins trois conseillers prud'hommes employeurs et trois conseillers prud'hommes salariés.

Art. R. 1423-2. Lorsque le ressort d'un tribunal de grande instance comprend plusieurs conseils de prud'hommes, une section de l'agriculture unique est constituée pour l'ensemble du ressort de ce tribunal.

Cette section est rattachée au conseil de prud'hommes dont le siège est celui de ce tribunal.

(***D. 2008-514 du 29 mai 2008, JO 1er juin)*** « Toutefois ces dispositions ne s'appliquent pas dans le cas suivant :

DÉPARTEMENTS	TRIBUNAL de grande instance	CONSEIL de prud'hommes de rattachement de la section agricole
Ardèche	Privas	Aubenas
Val-d'Oise	Pontoise	Cergy-Pontoise »

Art. R. 1423-3. Lorsqu'un département comprend plusieurs conseils de prud'hommes comportant une section de l'agriculture, il est possible de réduire le nombre de sections de l'agriculture dans le département. Cette réduction tient compte du nombre et de la variété des affaires traitées. Cette section est rattachée à l'un de ces conseils par décret en Conseil d'État.

Détermination de l'appartenance à une section

Art. R. 1423-4. L'activité principale de l'employeur détermine son appartenance à l'une des sections.

Art. R. 1423-5. L'activité principale de l'entreprise détermine l'appartenance des salariés à l'une des sections dans les conditions suivantes :

1° Les salariés mentionnés à l'article L. 1441-6 relèvent de la section de l'encadrement ;

2° Les ouvriers et employés de l'industrie relèvent de la section de l'industrie ;

3° Les ouvriers et employés du commerce et des services commerciaux relèvent de la section du commerce et des services commerciaux ;

4° Les ouvriers et employés des professions agricoles mentionnés aux 1° à 3°, 6° et 7° de l'article L. 722-20 du code rural ***(Ord. 2010-462 du 6 mai 2010, JO 7)*** « et de la pêche maritime » relèvent de la section de l'agriculture ;

5° Relèvent de la section des activités diverses :

a) Les ouvriers et employés dont les employeurs n'exercent pas une activité industrielle, commerciale ou agricole ;

b) Les employés de maison ;

c) Les concierges et gardiens d'immeubles à usage d'habitation.

Répartition des différends et litiges

Art. R. 1423-6. Les affaires sont réparties entre les sections du conseil de prud'hommes en application des articles R. 1423-3 et R. 1423-5, relatifs à l'appartenance des salariés aux sections.

Art. R. 1423-7. En cas de difficulté de répartition d'une affaire ou de contestation sur la connaissance d'une affaire par une section, et quel que soit le stade de la procédure auquel survient cette difficulté ou contestation, le dossier est transmis au président du conseil de prud'hommes, qui, après avis du vice-président, renvoie l'affaire à la section qu'il désigne par ordonnance.

Cette ordonnance constitue une mesure d'administration judiciaire non susceptible de recours.

Note L'ordonnance rendue en la matière par le président du conseil de prud'hommes ne peut faire l'objet d'un recours (cass. soc. 26 février 1992, n° 90-45.510, BC V n° 135).

Chambres

Art. R. 1423-8. Plusieurs chambres peuvent être constituées au sein d'une section d'un conseil de prud'hommes. Chaque chambre comprend au moins quatre conseillers employeurs et quatre conseillers salariés.

Art. R. 1423-9. Lorsqu'une section comprend plusieurs chambres, l'une d'elles est compétente pour connaître des différends et litiges relatifs aux licenciements pour motif économique.

Art. R. 1423-10. La constitution des chambres est décidée par le premier président de la cour d'appel, sur proposition de l'assemblée générale du conseil de prud'hommes.

SECTION 2. Président et vice-président

Art. L. 1423-3. Les conseillers prud'hommes réunis en assemblée générale, en assemblée de section, en assemblée de chambre, sous la présidence du doyen d'âge, élisent parmi eux un président et un vice-président.

Note Le règlement intérieur du conseil de prud'hommes prévu à l'article R. 512-9 [R. 1423-25 et s.] CT qui ne concerne que le fonctionnement de la juridiction ne peut prévoir l'élection d'un président et d'un vice-président suppléants (cass. soc. 10 avril 1991, n° 88-42.235, BC V n° 181).

Art. L. 1423-4. Le président du conseil de prud'hommes est alternativement un salarié ou un employeur. Le sort détermine la qualité de celui qui est élu la première fois.

Lorsque le président est choisi parmi les conseillers prud'hommes salariés, le vice-président ne peut l'être que parmi les conseillers prud'hommes employeurs, et réciproquement.

Art. L. 1423-5. Les conseillers prud'hommes salariés élisent un président ou un vice-président ayant la qualité de salarié.

Les conseillers prud'hommes employeurs élisent un président ou un vice-président ayant la qualité d'employeur.

Le vote par mandat est possible. Toutefois, un conseiller ne peut détenir qu'un seul mandat.

Art. L. 1423-6. Le président et le vice-président sont élus pour une année. Ils sont rééligibles sous la condition d'alternance prévue à l'article L. 1423-4.

(L. 2009-526 du 12 mai 2009, JO 13) « Ils restent en fonction jusqu'à l'installation de leurs successeurs. »

Art. L. 1423-7. Les dispositions des articles L. 1423-4 et L. 1423-6 sont applicables aux présidents et vice-présidents de section et de chambre.

Note Cet article relatif aux présidents et vice-présidents de section renvoyant à l'article L. 1423-4 qui précise que le sort détermine la qualité (employeur ou salarié) du président du conseil de prud'hommes élu pour la première fois, il doit y avoir autant de tirages au sort qu'il y a de sections pour désigner la qualité des premières personnes qui seront élues présidents de ces formations (cass. soc. 22 juillet 1980, n° 80-60.139, BC V n° 674).

[Dispositions réglementaires]

Président et vice-président

Art. R. 1423-11. L'élection des présidents et vice-présidents a lieu au scrutin secret, par assemblée et à la majorité absolue des membres présents.

Elle a lieu soit lorsque les trois-quarts au moins des membres de chaque assemblée sont installés, soit en cas d'application dans une section des dispositions de l'article R. 1423-1, lorsque les deux tiers au moins des membres de chaque assemblée sont installés.

Note Est considéré comme installé au sens de ce texte le conseiller prud'homme ayant prêté serment conformément aux dispositions du premier alinéa de l'article R. 513-116 [D. 1442-11 à 13] CT (cass. civ., 2e ch., 6 janvier 2000, n° 98-60.292, BC II n° 2).

L'exigence de l'installation d'un nombre de conseillers au moins égal aux trois quarts des membres attribués est une condition de fond pour que l'élection ait lieu valablement et non une règle de quorum (cass. civ., 2e ch., 6 janvier 2000, n° 98-60.292, BC II n° 2, précité).

Art. R. 1423-12. Après deux tours de scrutin sans qu'aucun des candidats n'ait obtenu la majorité absolue des membres présents, le président ou le vice-président est, au troisième tour, élu à la majorité relative.

Lorsqu'il existe un partage égal des voix au troisième tour, le conseiller le plus ancien en fonction est élu. Lorsque les deux candidats ont un temps de service égal, le plus âgé est élu. Il en est de même dans le cas de création d'un conseil de prud'hommes.

Note Pour déterminer, en cas de partage égal des voix, au troisième tour de scrutin de l'élection des présidents et vice-présidents du conseil de prud'hommes, quel conseiller a la plus grande ancienneté et doit donc être proclamé élu, il convient de ne tenir compte que des années d'exercice de la fonction ne présentant pas de solution de continuité avec le nouveau mandat (cass. soc. 10 juillet 1980, n° 80-60.120, BC V n° 654).

Art. L. 1423-7.

Art. R. 1423-13. La réunion des conseillers prud'hommes en assemblée générale, en assemblée de section et, le cas échéant, en assemblée de chambre, a lieu chaque année pendant le mois de janvier dans l'ordre suivant :

1° L'assemblée générale du conseil de prud'hommes élit, conformément aux articles L. 1423-3 à L. 1423-6, le président et le vice-président du conseil de prud'hommes. L'élection du président et du vice-président précède l'audience solennelle tenue au conseil de prud'hommes en application de l'article R. 711-2 du code de l'organisation judiciaire ;

2° L'assemblée de chaque section élit le président et le vice-président de section ;

3° Lorsque plusieurs chambres ont été constituées au sein d'une même section en application de l'article R. 1423-8, l'assemblée de chambre élit le président et le vice-président de la chambre.

Le procès-verbal de ces assemblées est adressé dans les quarante-huit heures au premier président de la cour d'appel et au procureur général près la cour d'appel.

Art. R. 1423-14. En cas de création de chambre, l'assemblée de chambre procède à l'élection du président et du vice-président de chambre, sans attendre le mois de janvier.

Art. R. 1423-15. Le conseil de prud'hommes se réunit en assemblée générale dans les conditions prévues à l'article R. 1423-23 pour élire un nouveau président ou un nouveau vice-président lorsque la vacance d'une de ces fonctions survient pour l'une des causes suivantes :

1° Refus du président ou du vice-président de se faire installer ;

2° Démission ;

3° Déclaration de démission en application des articles L. 1442-12 et D. 1442-18 ;

4° Décès ;

5° Déchéance à titre disciplinaire prononcée par décret en application de l'article L. 1442-14 ;

6° Déchéance de plein droit en application de l'article L. 1442-15, après une condamnation pénale devenue définitive pour des faits prévus aux articles L. 6 et L. 7 du code électoral.

Art. R. 1423-16. En cas de vacance des fonctions de président ou de vice-président de section ou de chambre pour l'une des causes énumérées à l'article R. 1423-15, les conseillers prud'hommes de la section ou de la chambre se réunissent en assemblée de section ou de chambre pour élire un nouveau président ou un nouveau vice-président.

Art. R. 1423-17. Lorsque l'un des cas énoncés aux articles R. 1423-15 et R. 1423-16 se reproduit au cours de la même année, il n'est pourvu à la seconde vacance que lors du renouvellement annuel prévu à l'article R. 1423-13.

Art. R. 1423-18. Les procès-verbaux des assemblées mentionnées aux articles R. 1423-15 et R. 1423-16 sont établis et transmis dans les conditions fixées à l'article R. 1423-24.

Art. R. 1423-19. Dans un délai de quinze jours à compter de l'élection des présidents et des vice-présidents prévue aux articles R. 1423-13 et R. 1423-14, tout membre de la formation qui en conteste la régularité peut exercer un recours auprès de la cour d'appel dans le ressort de laquelle l'élection a eu lieu.

Ce recours est ouvert au procureur général qui peut l'exercer dans un délai de quinze jours à compter de la réception du procès-verbal.

Art. R. 1423-20. À peine d'irrecevabilité, les requérants notifient les recours mentionnés à l'article R. 1423-19 aux candidats dont l'élection est contestée. Cette notification est faite par lettre recommandée avec avis de réception.

Les candidats peuvent présenter leurs observations en défense dans les cinq jours de la notification.

Art. R. 1423-21. Les recours mentionnés à l'article R. 1423-19 sont jugés sans frais ni forme dans le délai d'un mois à compter du jour où ils sont enregistrés.

L'arrêt est notifié par le greffier aux intéressés. Le procureur de la République est informé de l'arrêt. Il en informe le préfet. L'opposition n'est pas admise contre l'arrêt rendu par défaut.

L'arrêt est susceptible d'un pourvoi en cassation dans les dix jours de sa notification. Le pourvoi est dispensé du ministère d'avocat.

Art. R. 1423-22. Les dispositions des articles R. 1423-19 à R. 1423-21 sont applicables à la désignation par l'assemblée générale du conseil de prud'hommes des conseillers prud'hommes appelés à tenir les audiences de référé.

Organisation et fonctionnement

Réunions de l'assemblée générale

Art. R. 1423-23. Le conseil de prud'hommes se réunit en assemblée générale à la demande :

1° Soit du premier président de la cour d'appel ;
2° Soit de la majorité des membres en exercice ;
3° Soit du président ou du vice-président.

Art. R. 1423-24. Le procès-verbal de l'assemblée générale est établi, sous la responsabilité du président, par le greffier en chef, directeur de greffe. Le président le transmet au premier président de la cour d'appel et au procureur général près la cour d'appel dans un délai de quinze jours.

Règlement intérieur

Art. R. 1423-25. L'assemblée générale du conseil de prud'hommes nouvellement créé propose, dans un délai de trois mois à compter de l'installation du conseil, un règlement intérieur qui fixe notamment les jours et heures des audiences.

Les calendriers et horaires de ces audiences sont déterminés par analogie avec celles des juridictions de droit commun ayant leur siège dans le ressort de la cour d'appel dont relève ce conseil. Toutefois, le règlement intérieur peut, pour tenir compte des contingences locales, déroger à cette règle.

Art. R. 1423-26. Le règlement intérieur n'est exécutoire qu'après avoir été approuvé par le premier président de la cour d'appel et le procureur général près la cour d'appel. Au cas où ceux-ci ne se sont pas prononcés dans un délai de trois mois à compter de la réception du règlement intérieur, les dispositions de ce règlement deviennent exécutoires.

Art. R. 1423-27. Si l'assemblée générale n'a pas établi le règlement intérieur dans le délai de trois mois prévu à l'article R. 1423-25, le règlement intérieur est préparé par une formation restreinte constituée par le président du conseil.

Cette formation est composée :

1° Du président ;
2° Du vice-président ;
3° Des présidents et vice-présidents de chaque section et, s'il y a lieu, de chaque chambre.

Le règlement établi par cette formation est exécutoire après avoir été approuvé dans les conditions prévues à l'article R. 1423-26.

Si, à l'expiration d'un délai d'un mois à compter du jour de sa constitution, la formation n'a pas établi le règlement intérieur, le président du conseil arrête, en accord avec le vice-président, les dispositions de ce règlement.

Ce dernier détermine le calendrier et les horaires des audiences. Ses dispositions ne sont exécutoires qu'après avoir été approuvées dans les conditions prévues à l'article R 1423 26.

Art. R. 1423-28. Le règlement intérieur est affiché dans les locaux du conseil de prud'hommes.

Il peut être modifié par l'assemblée générale réunie en application de l'article R. 1423-23 et, le cas échéant, par la formation restreinte ou les personnes mentionnées à l'article R. 1423-27. Dans ce cas, le délai prévu au premier alinéa de l'article R. 1423-25 et celui prévu au septième alinéa de l'article R. 1423-27 sont respectivement réduits à un mois et à quinze jours.

Art. R. 1423-29. Lorsque les dispositions du règlement intérieur relatives au calendrier et aux horaires n'ont pas été régulièrement approuvées par le premier président de la cour d'appel et le procureur général près la cour d'appel, ces dispositions sont déterminées par analogie avec les calendrier et horaires des juridictions de droit commun ayant leur siège dans le ressort de la cour d'appel dont relève le conseil.

Administration de la juridiction et inspection

Art. R. 1423-30. Le premier président de la cour d'appel et le procureur général procèdent à l'inspection des conseils de prud'hommes de leur ressort.

Ils s'assurent, chacun en ce qui le concerne, de la bonne administration des services judiciaires et de l'expédition normale des affaires. Ils peuvent respectivement déléguer ces pouvoirs pour des actes déterminés à des magistrats du siège ou du parquet placés sous leur autorité.

Ils rendent compte chaque année au garde des Sceaux, ministre de la Justice, des constatations qu'ils ont faites.

Art. R. 1423-31. Le président du conseil de prud'hommes assure l'administration et la discipline intérieure de la juridiction.

SECTION 3. Difficultés de constitution et de fonctionnement

Art. L. 1423-8. Lorsqu'un conseil de prud'hommes ne peut se constituer ou ne peut fonctionner, le premier président de la cour d'appel, saisi sur requête du procureur général, désigne un autre conseil de prud'hommes ou, à défaut, un tribunal d'instance pour connaître des affaires inscrites au rôle du conseil de prud'hommes ou dont ce conseil aurait dû être ultérieurement saisi.

Art. R. 1423-33. Lorsqu'une des sections d'un conseil de prud'hommes ne peut se constituer ou ne peut fonctionner, le premier président de la cour d'appel, saisi sur requête du procureur général, désigne la section correspondante d'un autre conseil de prud'hommes ou, à défaut, un tribunal d'instance, pour connaître des affaires inscrites au rôle de la section ou dont cette dernière aurait dû être ultérieurement saisie.

Lorsque la section du conseil de prud'hommes est de nouveau en mesure de fonctionner, le premier président de la cour d'appel, saisi dans les mêmes conditions, constate cet état de fait et fixe la date à compter de laquelle les affaires sont à nouveau portées devant cette section. La section du conseil de prud'hommes ou le tribunal d'instance désigné par le premier président demeure cependant saisi des affaires qui lui ont été soumises en application du premier alinéa.

Art. L. 1423-9. Lorsqu'il a été fait application de l'article L. 1423-8 et que le conseil de prud'hommes normalement compétent est de nouveau en mesure de fonctionner, le premier président de la cour d'appel, saisi dans les mêmes conditions, constate cet état de fait et fixe la date à compter de laquelle les affaires seront à nouveau portées devant ce conseil.

(L. 2009-526 du 12 mai 2009, JO 13) « Le premier président précise également la date à compter de laquelle les affaires qui ont été provisoirement transférées à un autre conseil de prud'hommes ou à un tribunal d'instance seront soumises au conseil de prud'hommes compétent pour en connaître. »

Art. L. 1423-10. Lorsque le président du conseil de prud'hommes constate une difficulté provisoire de fonctionnement d'une section, il peut, après avis conforme du vice-président, sous réserve de l'accord des intéressés, affecter temporairement les conseillers prud'hommes d'une section à une autre section pour connaître des litiges relevant de cette dernière. Ces affectations sont prononcées pour une durée de six mois renouvelable deux fois dans les mêmes conditions.

À défaut de décision du président du conseil de prud'hommes ou lorsque le vice-président a émis un avis négatif, le premier président de la cour d'appel, saisi sur requête du procureur général, peut constater la difficulté de fonctionnement et procéder lui-même, après accord des intéressés, aux affectations temporaires mentionnées au premier alinéa.

Les décisions d'affectation temporaire en cas de difficultés de fonctionnement sont prises par ordonnance non susceptible de recours.

Art. L. 1423-11. En cas d'interruption durable de son fonctionnement ou de difficultés graves rendant ce fonctionnement impossible dans des conditions normales, le conseil de prud'hommes peut être dissous par décret motivé.

Dans ce cas, les nouvelles élections ont lieu dans un délai de deux mois à partir de la parution du décret de dissolution. Les fonctions des membres ainsi élus prennent fin en même temps que celles des membres des autres conseils de prud'hommes.

Jusqu'à l'installation du nouveau conseil, les litiges sont portés devant le conseil de prud'hommes le plus proche du domicile du demandeur dans le même ressort de cour d'appel ou, à défaut, devant le tribunal d'instance.

Art. R. 1423-32. Le décret portant dissolution des conseils de prud'hommes, prévue à l'article L. 1423-11, est pris sur proposition du garde des Sceaux, ministre de la Justice.

SECTION 4. **Bureau de conciliation, bureau de jugement et formation de référé**

Art. L. 1423-12. Le bureau de jugement se compose d'un nombre égal d'employeurs et de salariés, incluant le président ou le vice-président siégeant alternativement.

Note Doit être cassée la décision rendue par le bureau de jugement d'un conseil de prud'hommes composé, lors des débats et du délibéré, de deux conseillers employeurs, dont le président, et d'un conseiller salarié (cass. soc. 28 février 1996, n° 93-41.750, BC V n° 78).

Art. L. 1423-13. Le bureau de conciliation et la formation de référé se composent d'un conseiller prud'homme employeur et d'un conseiller prud'homme salarié.

Note **Formation de référé.** Chaque conseil de prud'hommes comporte obligatoirement une formation de référé commune à l'ensemble de ses sections ; cette formation comprend un conseiller prud'homme employeur et un conseiller prud'homme salarié ; elle est présidée, en cas de partage des voix, par un juge du tribunal d'instance ; celui-ci statue seul, après avoir pris l'avis des conseillers présents, si elle ne peut se réunir au complet (art. L. 1454-2 à 4).

Voir art. R. 1455-1 à 11.

Art. R. 1423-34. Chaque section de conseil de prud'hommes ou, lorsqu'elle est divisée en chambres, chaque chambre comprend au moins :

1° Un bureau de conciliation ;

2° Un bureau de jugement.

Art. R. 1423-35. Le bureau de jugement est composé d'au moins deux employeurs et deux salariés.

[Dispositions réglementaires]

Greffe

Art. R. 1423-36. Chaque conseil de prud'hommes comporte un greffe dont le service est assuré par des fonctionnaires de l'État.

Le premier président de la cour d'appel fixe, après avis du président du conseil de prud'hommes, les jours et heures d'ouverture au public du greffe.

Art. R. 1423-37. Sous le contrôle du président du conseil de prud'hommes, le directeur de greffe dirige les services administratifs de la juridiction et assume la responsabilité de leur fonctionnement. Le directeur de greffe est un greffier en chef.

Lorsqu'il est chargé de la direction de greffes de plusieurs conseils de prud'hommes, le directeur de greffe exerce ses fonctions sous le contrôle respectif de chacun des présidents de ces conseils.

Art. R. 1423-38. Le directeur de greffe gère le personnel du greffe. Il le répartit et l'affecte dans les services du conseil.

Art. R. 1423-39. Le directeur de greffe prépare annuellement le projet de budget de la juridiction. Il le soumet au président et au vice-président.

Il gère les crédits alloués à la juridiction et assure notamment l'acquisition, la conservation et le renouvellement du matériel, du mobilier, des revues et ouvrages de la bibliothèque. Il surveille l'entretien des locaux.

Art. R. 1423-40. Le directeur de greffe organise l'accueil du public.

Art. R. 1423-41. Le directeur de greffe tient à jour les dossiers, les répertoires et les registres. Il dresse les actes, notes et procès-verbaux prévus par les codes. Il assiste les conseillers prud'hommes à l'audience. Il met en forme les décisions.

Il est le dépositaire des dossiers des affaires, des minutes et des archives et en assure la conservation. Il délivre les expéditions et les copies.

L'établissement et la délivrance des reproductions de toute pièce conservée dans les services du conseil de prud'hommes ne peuvent être assurés que par lui.

(D. 2008-560 du 16 juin 2008, JO 17) « Lorsque la rédaction d'une décision prud'homale est effectuée à l'extérieur du conseil de prud'hommes, le conseiller peut sortir le dossier des locaux de la juridiction, après information du greffier en chef, directeur de greffe. »

Art. R. 1423-42. Le directeur de greffe établit l'état de l'activité de la juridiction selon la périodicité et le modèle fixés par le garde des Sceaux, ministre de la Justice. Cet état et les éventuelles observations du président et du vice-président sont adressés, sous le couvert des chefs de la cour d'appel, au ministre de la Justice.

Art. R. 1423-43. Selon les besoins du service, le directeur de greffe peut désigner sous sa responsabilité un ou plusieurs agents du greffe pour exercer une partie des fonctions qui lui sont attribuées aux articles R. 1423-37 à R. 1423-42.

Art. R. 1423-44. Lorsque l'emploi de directeur de greffe est vacant ou lorsque le directeur de greffe est empêché ou absent, la suppléance ou l'intérim est assuré par le greffier en chef adjoint.

Lorsqu'il existe plusieurs greffiers en chef adjoints, le directeur de greffe, ou s'il ne peut le faire le président de la juridiction, désigne l'un des greffiers en chef adjoints pour assurer la suppléance ou l'intérim.

À défaut de greffier en chef adjoint, un chef de service ou un autre agent du greffe est désigné dans les mêmes conditions.

Art. R. 1423-45. Les greffiers en chef adjoints assistent le greffier en chef, directeur de greffe dans les tâches prévues aux articles R. 1423-37 à R. 1423-42.

Ils peuvent diriger plusieurs services du greffe ou contrôler l'activité de tout ou partie du personnel.

Art. R. 1423-46. Les chefs de service de greffe sont placés à la tête d'un ou de plusieurs services. Ils assistent le directeur de greffe, en l'absence de greffier en chef adjoint.

Art. R. 1423-47. Un greffier peut être placé à la tête d'un service lorsque l'importance de celui-ci ne justifie pas que ces fonctions soient confiées à un fonctionnaire appartenant au corps des greffiers en chef.

À titre exceptionnel, un greffier peut être chargé des fonctions de greffier en chef, directeur de greffe.

Art. R. 1423-48. Les greffiers en chef adjoints, les chefs de service de greffe et les fonctionnaires du corps des greffiers exercent, dans l'affectation qui leur est donnée par le directeur de greffe, les attributions confiées à celui-ci par l'article R. 1423-41.

Art. R. 1423-49. Des agents non régis par le décret n° 79-1071 du 12 décembre 1979 portant statuts particuliers des greffiers en chef et des secrétaires-greffiers des conseils de prud'hommes participent au fonctionnement des différents services des greffes.

Ces agents peuvent, à titre exceptionnel et après avoir prêté le serment prévu à l'article 34 de ce décret, être chargés des fonctions mentionnées à l'article R. 1423-41 et de la délivrance des expéditions et copies.

Art. R. 1423-50. Selon les besoins du service, les agents des greffes peuvent être délégués dans les services administratifs d'un autre conseil de prud'hommes du ressort de la même cour d'appel.

Cette délégation est prononcée par décision des chefs de cour après consultation du président du conseil, du vice-président et du directeur de greffe. Elle ne peut excéder une durée de deux mois. Le garde des Sceaux, ministre de la Justice, peut la renouveler dans la limite d'une durée totale de huit mois.

Les agents délégués dans une autre juridiction perçoivent des indemnités dans les conditions prévues pour les fonctionnaires de l'État.

SECTION 5. Dépenses du conseil de prud'hommes

Art. L. 1423-14. Le local nécessaire au conseil de prud'hommes est fourni par le département dans lequel il est établi.

Toutefois, lorsqu'une commune a mis un local à la disposition du conseil de prud'hommes, elle ne peut le reprendre, sauf à la demande expresse du département dans lequel le conseil est établi.

Art. L. 1423-15. Les dépenses de personnel et de fonctionnement du conseil de prud'hommes sont à la charge de l'État.

Dépenses de personnel et de fonctionnement

Art. R. 1423-51. Les dépenses de personnel et de fonctionnement des conseils de prud'hommes comprennent notamment :

1° Les frais d'entretien des locaux, de chauffage, d'éclairage, de sanitaires et de gardiennage ;

2° Les frais d'élections et certains frais de campagne électorale, dans des conditions fixées par décret ;

3° L'indemnisation des activités prud'homales ***(D. 2008-560 du 16 juin 2008, JO 17)*** « énumérées à l'article R. 1423-55 » dans les limites et conditions fixées par décret. La demande de remboursement aux employeurs des salaires maintenus aux conseillers prud'hommes du collège salarié, ainsi que des avantages et des charges sociales correspondants, est adressée au greffe du conseil de prud'hommes au plus tard dans l'année civile qui suit l'année de l'absence du salarié de l'entreprise. À défaut, la demande de remboursement est prescrite ;

4° L'achat des médailles ;

5° Les frais de matériel, de documentation, de fournitures de bureau, d'installation, d'entretien et d'abonnement téléphonique ;

6° Les frais de déplacement des conseillers prud'hommes pour l'exercice des activités prud'homales ***(D. 2008-560 du 16 juin 2008, JO 17)*** « énumérées à l'article R. 1423-55 », dans les limites de distance fixées par décret ;

7° Les frais de déplacement du juge du tribunal d'instance agissant en application de l'article L. 1454-2 lorsque le siège du conseil de prud'hommes est situé à plus de cinq kilomètres du siège du tribunal.

Note *Conditions de remboursement des frais de déplacement :* il résulte des articles L. 513-2, L. 513-3 et L. 51-10-2 (anciens) CT (dans leur rédaction antérieure à la loi du 30 décembre 2006) que le législateur a prévu de composer les conseils de prud'hommes de conseillers résidant ou travaillant à proximité de la juridiction où ils remplissent leur office ; il n'a par suite entendu qu'il soit procédé au remboursement des frais de déplacement inhérents à l'exercice par les intéressés de leurs fonctions que dans les limites du ressort du conseil des prud'hommes où ils siègent et des conseils des prud'hommes limitrophes. Dès lors, si le montant des frais de déplacement excède ce cadre du fait du choix par le membre du conseil des prud'hommes d'une résidence ou d'un lieu de travail en dehors du ressort de la juridiction dont il est membre et des conseils des prud'hommes limitrophes, le conseiller prud'homme n'a droit au remboursement de ses frais de déplacement que dans les limites du ressort du conseil des prud'hommes et des conseils des prud'hommes limitrophes (CE 2 novembre 2005, n° 259649, *Rec. Lebon* p. 474).

Art. R. 1423-52. Les directeurs de greffe tiennent la comptabilité administrative des dépenses de fonctionnement énoncées à l'article R. 1423-51.

Un fonctionnaire de greffe autre que le directeur de greffe est habilité à recevoir les sommes déposées par les parties à l'instance à titre de provision. Ces sommes sont versées dans un compte de dépôt au Trésor. Toutefois, les fonctions de régisseurs susmentionnées peuvent être confiées au directeur de greffe par arrêté du garde des Sceaux, ministre de la Justice.

Dans les conditions prévues pour les régies d'avances et de recettes des organismes publics, une régie de recettes et une régie d'avances peuvent être créées dans chaque juridiction auprès de l'ordonnateur secondaire des dépenses relevant de la mission portant sur la justice en vue de l'encaissement ou du paiement des recettes ou des dépenses.

Art. L. 1423-15.

Huissiers de justice

Art. R. 1423-53. Pour leur ministère accompli en matière prud'homale, il est alloué aux huissiers de justice des honoraires égaux à la moitié de ceux prévus par leur tarif pour des actes de même nature en matière civile et commerciale.

Témoins

Art. R. 1423-54. Il est alloué aux témoins entendus en matière prud'homale une indemnité de comparution et, éventuellement, une indemnité de voyage et de séjour égales à celles attribuées aux témoins appelés à déposer en matière civile. L'allocation de cette indemnité se fait sur demande.

(D. 2008-560 du 16 juin 2008, JO 17)

Conseillers prud'hommes

Art. R. 1423-55. Les activités prud'homales mentionnées à l'article L. 1442-5 sont :

1° Les activités suivantes, liées à la fonction prud'homale :

a) La prestation de serment ;

b) L'installation du conseil de prud'hommes ;

c) La participation aux assemblées générales du conseil, aux assemblées de section ou de chambre et à la formation restreinte prévue à l'article R. 1423-27 ;

d) La participation aux réunions préparatoires à ces assemblées prévues par le règlement intérieur du conseil ;

e) La participation aux commissions prévues par des dispositions législatives ou réglementaires ou instituées par le règlement intérieur ;

(D. 2009-1010 du 25 août 2009, JO 27, entrée en vigueur 1.09.09) « f) La participation à l'audience de rentrée solennelle ; »

2° Les activités juridictionnelles suivantes :

a) L'étude préparatoire d'un dossier, préalable à l'audience de la formation de référé, ***(D. 2009-1010 du 25 août 2009, JO 27, entrée en vigueur 1.09.09)*** « du bureau de conciliation » ou du bureau de jugement, par le président de la formation ou du bureau ou par un conseiller désigné par lui ;

b) Les mesures d'instruction prévues à la section 1 du chapitre IV du titre V du présent livre, diligentées par le conseiller rapporteur, ainsi que la rédaction de son rapport ;

c) La participation à l'audience de la formation de référé, du bureau de conciliation ou du bureau de jugement, ainsi qu'à l'audience de départage ;

d) L'étude d'un dossier postérieure à l'audience à laquelle l'affaire est examinée et préalable au délibéré, lorsque la formation de référé ou le bureau de jugement, hors le cas où ils siègent en audience de départage, la décide et la confie à deux de ses membres, l'un employeur, l'autre salarié ;

e) La participation au délibéré ;

f) La rédaction des décisions et des procès-verbaux, effectuée au siège du conseil de prud'hommes ou à l'extérieur de celui-ci ;

(D. 2009-1010 du 25 août 2009, JO 27, entrée en vigueur 1.09.09) « g) La relecture et la signature par le président de la formation de référé ou du bureau de jugement des décisions dont la rédaction a été confiée à un autre membre de l'une de ces formations ; »

3° Les activités administratives du président et du vice-président du conseil prévues aux articles R. 1423-7 et R. 1423-31 ;

4° Les activités administratives des présidents et vice-présidents de section.

(D. 2009-1010 du 25 août 2009, JO 27, entrée en vigueur 1.09.09) « 5° Les activités administratives des présidents et vice-présidents de chambre. »

Les modalités d'indemnisation des activités mentionnées au présent article sont fixées par le décret prévu au 3° de l'article R. 1423-51.

Note Une circulaire SJ-09-323-AB1 du 16 septembre 2009, relative à l'indemnisation des conseillers prud'hommes et portant application du décret 2008-560 du 16 juin 2008 modifié par les décrets 2009-1010 et 2009-1011 du 25 août 2009, apporte d'intéressantes précisions sur les nouvelles modalités d'indemnisation des activités prud'homales. Cette circulaire détaille la liste des activités ouvrant droit à autorisation d'absence et à indemnisation pour les salariés membres d'un conseil de prud'hommes. Elle commente, en particulier, le processus de remboursement du salaire maintenu par l'employeur pour les fonctions prud'homales exercées pendant le temps de travail et reproduit en annexe le formulaire *Cerfa* 13705*01 de demande de remboursement. Plusieurs précisions concernent des cas particuliers : répartition des majorations pour heures supplémentaires entre l'État et l'employeur, charges remboursables, régimes spécifiques d'indemnisation (travail posté de jour ou de nuit, salariés rémunérés à la commission ou sous convention de forfait annuel en jours). Voir aussi « Les tribulations du régime de l'indemnisation des conseillers prud'hommes », *Cah. prud'h.* octobre 2009.

Art. D. 1423-56. Le conseiller prud'homme salarié qui exerce l'une des activités énumérées à l'article R. 1423-55 perçoit une allocation pour ses vacations dont le taux horaire est fixé à 7,10 € dans les cas suivants :

1° Lorsqu'il exerce cette activité en dehors des heures de travail ;

2° Lorsqu'il a cessé leur [son] activité professionnelle ;

3° Lorsqu'il est demandeur d'emploi.

Art. D. 1423-57. Le conseiller prud'homme employeur qui exerce l'une des activités énumérées à l'article R. 1423-55 avant 8 heures et après 18 heures ou qui a cessé son activité professionnelle perçoit une allocation pour ses vacations dont le taux horaire est égal au taux fixé par l'article D. 1423-56.

Lorsqu'il exerce l'une de ces activités entre 8 heures et 18 heures, il perçoit des vacations dont le taux horaire est égal à deux fois ce taux.

Art. D. 1423-58. Les allocations prévues aux articles D. 1423-56 et D. 1423-57 sont versées mensuellement après établissement par le greffier en chef, directeur de greffe, responsable du recueil des informations, de la vérification et de la certification des demandes de versement des vacations, d'un état horaire visé par le président du conseil de prud'hommes ou, à défaut, par le vice-président. Toute demi-heure commencée est due. Elle donne lieu à l'attribution d'une demi-vacation horaire.

Art. D. 1423-59. L'employeur est remboursé mensuellement par l'État des salaires maintenus au salarié, membre d'un conseil de prud'hommes, qui s'absente pour l'exercice de ses activités prud'homales, ainsi que de l'ensemble des avantages et des charges sociales correspondantes lui incombant.

Lorsque l'horaire de travail est supérieur à la durée légale, la charge des majorations pour heures supplémentaires est répartie entre l'État et les employeurs. Cette répartition est réalisée proportionnellement au temps respectivement passé par le conseiller prud'homme auprès de l'entreprise et auprès du conseil.

Ce remboursement est réalisé au vu d'une copie du bulletin de paie et d'un état établi par l'employeur, contresigné par le salarié. Cet état, accompagné de la copie du bulletin de paie, est adressé au greffier en chef, directeur de greffe, responsable du recueil des informations, de la vérification et de la certification des demandes de remboursement. Il est visé par le président du conseil de prud'hommes ou, à défaut, par le vice-président.

En cas d'employeurs multiples, il sera produit autant d'états qu'il y a d'employeurs ayant maintenu des salaires.

Art. D. 1423-60. Par dérogation aux dispositions de l'article D. 1423-59, le conseiller prud'homme rémunéré uniquement à la commission est indemnisé directement dans les conditions prévues par le présent article.

Pour chaque heure passée entre 8 heures et 18 heures dans l'exercice de fonctions prud'homales, le conseiller prud'homme rémunéré uniquement à la commission perçoit une indemnité horaire égale à 1/1 607 des revenus professionnels déclarés à l'administration fiscale l'année précédente.

À cet effet, l'intéressé produit copie de son avis d'imposition.

Art. D. 1423-61. Le salarié, membre d'un conseil de prud'hommes, qui accomplit un travail continu de jour nécessitant un remplacement à la demi-journée au sein de l'entreprise bénéficie du maintien de son salaire pour la demi-journée, quelle que soit la durée de son absence pendant cette période pour l'exercice de ses activités prud'homales. Le maintien du salaire est effectué sur la base de la journée entière dès lors que le remplacement du salarié ne peut être assuré que sur une telle durée.

Art. D. 1423-62. Sur sa demande, le salarié, membre d'un conseil de prud'hommes, fonctionnant en service continu ou discontinu posté accompli en totalité ou en partie entre 22 heures et 5 heures, est indemnisé des heures consacrées à son activité prud'homale dans les conditions suivantes :

1° Sous réserve de renoncer au versement des allocations prévues à l'article D. 1423-56, le conseiller obtient que tout ou partie du temps consacré à ses activités prud'homales ouvre droit à un temps de repos correspondant dans son emploi ;

2° Ce temps de repos, qui est pris au plus tard dans le courant du mois suivant, s'impute sur la durée hebdomadaire de travail accomplie dans le poste. Il donne lieu au maintien par l'employeur de l'intégralité de la rémunération et des avantages correspondants.

L'employeur est remboursé intégralement dans les conditions prévues à l'article D. 1423-59.

Art. D. 1423-63. Sur sa demande, le salarié, membre d'un conseil de prud'hommes, qui exerce son activité professionnelle en dehors de tout établissement, à l'exception des salariés mentionnés à l'article D. 1423-60, a droit à ce que les heures passées à l'exercice des activités prud'homales, entre 8 heures et 18 heures, soient considérées, en tout ou partie, comme des heures de travail et payées comme telles par l'employeur.

Ce dernier est remboursé intégralement dans les conditions prévues à l'article D. 1423-59.

Art. D. 1423-63-1. ***(D. 2009-1011 du 25 août 2009, JO 27, entrée en vigueur 1.09.09)*** Le salarié ayant conclu une convention de forfait en jours sur l'année, membre d'un conseil de prud'hommes, bénéficie du maintien de l'intégralité de sa rémunération et des avantages correspondants, au titre de l'exercice de ses activités prud'homales. L'employeur est remboursé dans les conditions prévues à l'article D. 1423-59 du montant de la rémunération qu'il aura dû maintenir à ce titre.

Art. D. 1423-64. Les conseillers prud'hommes sont remboursés des frais de déplacement qu'ils engagent pour l'exercice des activités énumérées à l'article R. 1423-55 dans les conditions prévues par le décret n° 2006-781 du 3 juillet 2006 fixant les conditions et les modalités de règlement des frais occasionnés par les déplacements temporaires des personnels civils de l'État. Le siège du conseil de prud'hommes est assimilé à la résidence administrative.

À titre dérogatoire, les frais de transport des conseillers prud'hommes, mentionnés au 6° de l'article R. 1423-51, entre le siège du conseil de prud'hommes et leur domicile ou leur lieu de travail habituel, sont remboursés dès lors qu'ils couvrent une distance supérieure à cinq kilomètres et n'excèdent pas la distance séparant le siège du conseil de prud'hommes de la commune la plus éloignée du ressort du ou des conseils de prud'hommes limitrophes.

Art. D. 1423-65. ***(D. 2009-1011 du 25 août 2009, JO 27, entrée en vigueur 1.09.09)*** Le nombre d'heures indemnisables qu'un conseiller prud'homme peut déclarer avoir consacré aux études de dossiers mentionnées au 2° de l'article R. 1423-55 ne peut dépasser les durées fixées au tableau ci-après :

ACTIVITÉ	NOMBRE D'HEURES indemnisables
Étude préparatoire d'un dossier préalable à l'audience.	Bureau de conciliation : 30 minutes par audience
	Bureau de jugement : 1 heure par audience.
	Formation de référé : 30 minutes par audience.
Étude d'un dossier postérieure à l'audience et préalable au délibéré.	Bureau de jugement : 1 h30 par dossier.
	Formation de référé : 30 minutes par dossier.

Toutefois, la durée prévue pour l'étude préparatoire des dossiers préalable à l'audience de la formation de référé mentionnée au *a* du 2° de l'article R. 1423-55 peut être dépassée dans la limite d'une demi-heure supplémentaire lorsque l'audience comporte plus de trente dossiers inscrits au rôle.

Les durées maximales fixées pour l'étude d'un dossier postérieure à l'audience mentionnée au *d* du 2° de l'article R. 1423-55 peuvent être dépassées en raison de la complexité du dossier et des recherches nécessaires, sur autorisation expresse de la formation de référé ou du bureau de jugement, qui détermine le nombre d'heures indemnisables.

Note Par un arrêt en date du 17 mars 2010 (n° 319785, *LS* Bref n° 15582 du 1er avril 2010 ; *RDT*, mai 2010, CH, 316, É. Serverin ; *RJS* 6/10 n° 546 ; *JCP* éd. S 2010, 1236, note S. Brissy), le Conseil d'État a annulé l'article 3 du décret 2008-560 du 16 juin 2008 relatif aux conditions d'indemnisation des conseillers prud'hommes, en tant que les articles D. 1423-65 et 66 qu'il avait créés plafonnaient, sans possibilité de dérogation, le nombre d'heures indemnisables que le conseiller prud'homme peut déclarer avoir consacré à l'étude préparatoire d'un dossier préalable à l'audience et à la rédaction des ordonnances et des procès-verbaux.

Si ces articles ont été modifiés entre-temps par le décret 2009-1011 du 25 août 2009, la possibilité de dépassement du nombre d'heures indemnisables n'est prévue par le nouvel article D. 1423-65 que pour l'étude préparatoire d'un dossier préalable à l'audience de la formation de référé, lorsque cette audience comporte plus de 30 dossiers inscrits au rôle. Par un nouvel arrêt du 21 octobre 2011, n° 333045 (*RJS* 1/12 n° 76), le Conseil d'État a annulé les articles 2 et 3 du décret du 25 août 2009, en tant que la modification des articles D. 1423-65 et 66 CT à laquelle ils procèdent plafonne, sans possibilité de dérogation, le nombre d'heures indemnisables que le conseiller prud'homme peut déclarer avoir consacré, d'une part, à l'étude préparatoire des dossiers préalables à l'audience d'un bureau de conciliation, d'un bureau de jugement et d'une formation de référé et, d'autre part, à la rédaction des procès-verbaux de conciliation. Si l'article D. 1423-66, dans sa rédaction issue du décret du 5 juillet 2011, est désormais conforme à la jurisprudence du Conseil d'État, tel n'est toujours pas le cas de l'article D. 1423-65.

Art. D. 1423-66. ***(D. 2011-809 du 5 juil. 2011, JO 7)*** Le nombre d'heures indemnisables qu'un conseiller prud'homme peut déclarer avoir consacré à la rédaction des décisions et des procès-verbaux mentionnés au *f* du 2° de l'article R. 1423-55 ne peut dépasser les durées fixées au tableau ci-après :

OBJET DE LA RÉDACTION	NOMBRE D'HEURES INDEMNISABLES
Procès-verbal de conciliation	30 minutes
Jugement	5 heures
Ordonnance	1 heure

Lorsque le conseiller consacre à la rédaction d'un jugement, d'un procès-verbal de conciliation ou d'une ordonnance un temps supérieur à ces durées, il en réfère au président du bureau de jugement ou de la formation de référé qui saisit sans délai, par requête motivée, le président du conseil de prud'hommes.

Le président du conseil décide de la durée de rédaction dans les huit jours de sa saisine, au vu du dossier et de la copie de la minute après avis du vice-président du conseil. Le temps fixé ne peut être inférieur aux durées fixées au tableau ci-dessus.

La décision du président du conseil de prud'hommes est une mesure d'administration judiciaire.

Note Voir CE 21 octobre 2011, n° 333045, rapporté sous article D. 1423-65.

Art. D. 1423-66-1. ***(D. 2009-1011 du 25 août 2009, JO 27, entrée en vigueur 1.09.09)*** Le temps que le président d'audience de la formation de référé ou du bureau de jugement peut avoir consacré à la relecture et à la signature des décisions mentionnées au *g* du 2° de l'article R. 1423-55 est fixé à quinze minutes par dossier.

Art. D. 1423-67. Le nombre d'heures indemnisables qu'un conseiller prud'homme peut déclarer avoir consacré à la rédaction de décisions qui présentent entre elles un lien caractérisé, notamment du fait de l'identité d'une partie, de l'objet ou de la cause, et qui n'auraient pas fait l'objet d'une jonction, ne peut dépasser les durées fixées au tableau ci-après :

NOMBRE DE DÉCISIONS à rédiger	NOMBRE MAXIMUM d'heures indemnisables
2 à 25	3 heures
2 à 50	5 heures
2 à 100	7 heures
Au-delà de 100	Durée de 9 heures augmentée de 3 heures par tranche de 100 décisions.

Les durées fixées au tableau ci-dessus s'ajoutent au nombre d'heures indemnisables de la décision initiale, qui reste soumis aux dispositions de l'article D. 1423-66.

Art. D. 1423-68. La participation des conseillers prud'hommes aux réunions préparatoires aux assemblées générales du conseil, aux assemblées de section ou de chambre mentionnées au d du 1° de l'article R. 1423-55 est indemnisée dans la limite de trois réunions par an et d'une durée totale ne pouvant excéder six heures.

Art. D. 1423-69. Un relevé des temps d'activités indemnisables mentionnées à l'article R. 1423-55 est tenu au greffe pour chaque conseiller prud'homme.

L'identification ainsi que les heures de début et de fin de chaque activité sont déclarées par le conseiller prud'homme. Pour les activités mentionnées au c, au d et au e du 2° de l'article R. 1423-55, ces heures sont précisées à l'issue de l'audience et du délibéré par l'ensemble des membres de la formation.

Art. D. 1423-70. Toute difficulté rencontrée par le greffier en chef, directeur de greffe, ou par le président du conseil de prud'hommes dans la certification ou le contrôle de l'état mentionné aux articles D. 1423-58 et D. 1423-59, après qu'ils se sont informés, est portée à la connaissance du premier président et du procureur général de la cour d'appel ou de la personne à laquelle ils ont conjointement délégué leur signature en leur qualité d'ordonnateurs secondaires. Ces derniers, ou leur délégataire, déterminent le montant des sommes dues au conseiller prud'homme concerné.

(D. 2008-560 du 16 juin 2008, JO 17)

Présidents et vice-présidents

Art. D. 1423-71. ***(D. 2009-1011 du 25 août 2009, JO 27, entrée en vigueur 1.09.09)*** Les présidents et vice-présidents de conseils de prud'hommes, ainsi que les présidents et vice-présidents de section des conseils de prud'hommes sont indemnisés pour le temps qu'ils consacrent à leurs activités administratives dans les mêmes conditions que celles prévues pour l'indemnisation des activités juridictionnelles.

Les présidents et vice-présidents de chambre du conseil de prud'hommes de Paris sont également indemnisés pour le temps qu'ils consacrent à leurs activités administratives dans les mêmes conditions que celles prévues pour l'indemnisation des activités juridictionnelles.

Art. D. 1423-72. ***(D. 2009-1011 du 25 août 2009, JO 27, entrée en vigueur 1.09.09)*** Le nombre d'heures indemnisées chaque mois pour le temps que consacrent à leurs activités administratives les présidents et vice-présidents de conseils de prud'hommes ne peut dépasser les durées fixées au tableau ci-après :

DÉSIGNATION des conseils de prud'hommes	NOMBRE MAXIMUM d'heures indemnisables
Conseils comportant 40 conseillers ou moins	17 heures par mois
Conseils comportant plus de 40 conseillers et moins de 60 conseillers	26 heures par mois
Conseils comportant 60 conseillers et plus	39 heures par mois
Conseils de Bobigny, Lyon, Marseille et Nanterre	60 heures par mois
Conseil de Paris	72 heures par mois

Art. D. 1423-73. ***(D. 2009-1011 du 25 août 2009, JO 27, entrée en vigueur 1.09.09)*** Le nombre d'heures indemnisées pour le temps que consacrent à leurs activités administratives les présidents et vice-présidents des sections des activités diverses, du commerce et des services commerciaux, de l'encadrement et de l'industrie ne peut dépasser les durées fixées au tableau ci-après :

DÉSIGNATION des conseils de prud'hommes	NOMBRE MAXIMUM d'heures indemnisables
Conseil de Paris	52 heures par mois
Conseils de Bobigny, Lyon, Marseille, Nanterre	60 heures par an
Conseils d'Aix-en-Provence, Bordeaux, Boulogne-Billancourt, Créteil, Grenoble, Lille, Meaux, Montpellier, Nice, Rouen, Toulouse	20 heures par an

Les présidents et vice-présidents de la section agriculture des conseils de prud'hommes mentionnés au tableau ci-dessus peuvent être indemnisés pour le temps consacré à leurs activités administratives dans la limite de cinq heures par an.

Art. D. 1423-74. ***(D. 2009-1011 du 25 août 2009, JO 27, entrée en vigueur 1.09.09)*** Les présidents et vice-présidents de section des conseils de prud'hommes autres que ceux mentionnés à l'article D. 1423-73 sont indemnisés pour le temps consacré à leurs activités administratives dans la limite de cinq heures par an.

Art. D. 1423-75. ***(D. 2009-1011 du 25 août 2009, JO 27, entrée en vigueur 1.09.09)*** Les présidents et vice-présidents de chambre du conseil de prud'hommes de Paris sont indemnisés pour le temps consacré à leurs activités administratives dans la limite de trois heures par an.

SECTION 6. **Dispositions d'application**

Art. L. 1423-16. Un décret en Conseil d'État détermine les conditions d'application du présent chapitre.

TITRE III

CONSEIL SUPÉRIEUR DE LA PRUD'HOMIE

CHAPITRE UNIQUE

Art. L. 1431-1. Le Conseil supérieur de la prud'homie, organisme consultatif, siège auprès du garde des Sceaux, ministre de la Justice, et du ministre chargé du travail.

En font partie, outre les représentants des ministères intéressés, des représentants, en nombre égal, des organisations syndicales et des organisations professionnelles représentatives au plan national.

Un décret en Conseil d'État détermine la composition, les attributions ainsi que les règles d'organisation et de fonctionnement du Conseil supérieur de la prud'homie.

Note Le Conseil supérieur de la prud'homie est au nombre des organismes mentionnés par l'article 2 de la loi 78-751 du 17 juillet 1978 portant diverses mesures d'amélioration des relations entre l'administration et le public (JO 17/18). Les procès-verbaux de réunion de ce conseil ont le caractère de documents administratifs au sens de l'article 1er de la loi ci-dessus mentionnée et sont donc communicables (CE 13 avril 1988, n° 82236).

Art. L. 1431-2. L'employeur laisse aux salariés de son entreprise, membres du Conseil supérieur de la prud'homie, le temps nécessaire pour remplir leurs fonctions. Ce temps est assimilé à une durée de travail effectif au sens de l'article L. 1442-6.

L'exercice des fonctions de membre du Conseil supérieur de la prud'homie par un salarié ne peut être la cause d'une sanction ou d'une rupture du contrat de travail par l'employeur.

SECTION 1. **Missions**

Art. R. 1431-1. Le Conseil supérieur de la prud'homie formule des avis et suggestions. Il réalise des études sur l'organisation et le fonctionnement des conseils de prud'hommes.

Art. R. 1431-2. Le Conseil supérieur de la prud'homie propose au garde des Sceaux, ministre de la Justice, et au ministre chargé du travail toutes mesures qu'il juge utiles.

Il peut être saisi pour avis, par ces ministres, de toutes questions entrant dans sa compétence.

Art. R. 1431-3. Le Conseil supérieur de la prud'homie est consulté sur les projets de loi et de règlement relatifs :

1° À l'institution, la compétence, l'organisation et le fonctionnement des conseils de prud'hommes ;

2° À l'élection, au statut et à la formation des conseillers prud'hommes ;
3° À la procédure suivie devant les conseils de prud'hommes ;
4° Aux décrets pris en application de l'article L. 1422-3.

SECTION 2. Composition

Art. R. 1431-4. Le Conseil supérieur de la prud'homie comprend, outre le président :

1° Cinq membres représentant l'État, à raison de :
a) Deux représentants du ministre de la Justice ;
b) Deux représentants du ministre chargé du travail ;
c) Un représentant du ministre de l'Agriculture ;

2° Neuf membres représentant les salariés, désignés sur proposition des organisations syndicales représentatives au plan national ;

3° Neuf membres représentant les employeurs, désignés sur proposition des organisations représentatives au plan national.

Art. R. 1431-5. Les représentants des salariés au Conseil supérieur de la prud'homie sont :
1° Trois membres sur proposition de la Confédération générale du travail (CGT) ;
2° Deux membres sur proposition de la Confédération française démocratique du travail (CFDT) ;
3° Deux membres sur proposition de la Confédération générale du travail-Force ouvrière (CGT-FO) ;
4° Un membre sur proposition de la Confédération française des travailleurs chrétiens (CFTC) ;
5° Un membre sur proposition de la Confédération française de l'encadrement-Confédération générale des cadres (CFE-CGC).

Art. R. 1431-6. Les représentants des employeurs au Conseil supérieur de la prud'homie sont :
1° Cinq membres sur proposition du Mouvement des entreprises de France (MEDEF), parmi lesquels un représentant au moins au titre des entreprises moyennes et petites ;
2° Un membre, représentant les entreprises publiques, désigné après consultation du Mouvement des entreprises de France ;
3° Un membre sur proposition de la Confédération générale des petites et moyennes entreprises (CGPME) ;
4° Un membre, représentant les professions agricoles, sur proposition conjointe de la Fédération nationale des syndicats d'exploitants agricoles (FNSEA) et de la Confédération nationale de la mutualité, de la coopération et du crédit agricoles (CNMCCA) ;
5° Un membre, représentant les employeurs artisans, sur proposition de l'Union professionnelle artisanale (UPA).

Art. R. 1431-7. Des membres employeurs et salariés suppléants à celui des titulaires sont désignés en nombre égal dans les mêmes conditions que ces derniers. Ils ne siègent qu'en l'absence des titulaires.

En cas d'empêchement du président, celui-ci est suppléé par l'un des représentants du garde des Sceaux, ministre de la Justice.

Art. R. 1431-8. Le président ainsi que les représentants titulaires et suppléants des employeurs et des salariés sont nommés par arrêté conjoint du garde des Sceaux, ministre de la Justice, et du ministre chargé du travail.

Les représentants titulaires et suppléants des employeurs et des salariés sont nommés pour une durée de trois ans.

Le mandat des membres du Conseil supérieur de la prud'homie est renouvelable. En cas de décès, démission ou perte de leur mandat, les membres sont remplacés. Le successeur reste en fonction jusqu'à expiration de la durée normale des fonctions du membre remplacé.

SECTION 3. Organisation et fonctionnement

Art. R. 1431-9. Les fonctions de membre du Conseil supérieur de la prud'homie ne sont pas rémunérées.

Les dépenses de déplacement et de séjour que les membres du conseil ainsi que les personnes mentionnées à l'article R. 1431-16 sont appelées à réaliser peuvent donner lieu à un remboursement. Ce remboursement est réalisé dans les conditions fixées par arrêté conjoint du garde des Sceaux, ministre de la Justice, du ministre chargé du travail et du ministre chargé du budget.

Art. R. 1431-10. Le Conseil supérieur de la prud'homie constitue en son sein une commission permanente.

Cette commission prépare les travaux du conseil et peut être consultée en cas d'urgence.

Elle est présidée par le président du conseil et, en cas d'empêchement de celui-ci, par le représentant du garde des Sceaux, ministre de la Justice.

Art. R. 1431-11. La commission permanente comprend :
1° Trois représentants de l'État choisis parmi les membres du Conseil supérieur de la prud'homie ;
2° Cinq membres du Conseil supérieur, titulaires ou suppléants, représentant les salariés ;
3° Cinq membres du Conseil supérieur, titulaires ou suppléants, représentant les employeurs.

Les membres de la commission permanente représentant les employeurs et les salariés sont nommés sur proposition des organisations professionnelles et syndicales par arrêté conjoint du garde des Sceaux, ministre de la Justice, et du ministre chargé du travail.

Art. R. 1431-12. Le secrétariat du Conseil supérieur de la prud'homie est assuré par les services du ministre chargé du travail.

Art. R. 1431-13. Le Conseil supérieur de la prud'homie se réunit au moins une fois par an sur convocation du président.

Art. R. 1431-14. L'ordre du jour du Conseil supérieur de la prud'homie et celui de la commission permanente sont fixés par le président.

Sauf en cas d'urgence, l'ordre du jour est adressé aux intéressés quinze jours au moins avant la date de la réunion.

Art. R. 1431-15. Le Conseil supérieur de la prud'homie peut constituer en son sein des groupes de travail chargés de procéder à des études sur des questions particulières relevant de sa compétence.

Art. R. 1431-16. Le Conseil supérieur de la prud'homie ou sa commission permanente peuvent faire appel à des représentants des ministres ou à des experts.

TITRE IV

CONSEILLERS PRUD'HOMMES

CHAPITRE Ier

Élection

Note

• L'ordonnance 2004-603 du 24 juin 2004, prise en application de la loi 2003-591 du 2 juillet 2003 habilitant le gouvernement à simplifier le droit et ratifiée par la loi 2004-1343 du 9 décembre 2004, art. 78 (JO 10), a prévu diverses mesures simplifiant les élections prud'homales, dont :
– la simplification de la constitution des listes électorales : intégration de la déclaration prud'homale dans la déclaration annuelle des données sociales (DADS) ;
– l'autorisation du vote électronique, à titre expérimental, pour les élections prud'homales de 2008 ;
– l'allongement de la durée de protection des candidats aux fonctions de conseillers : six mois, au lieu de trois mois, après la publication des candidatures par le préfet (art. L. 2411-22).

À la suite de ces modifications, plusieurs décrets et arrêtés ont précisé les modalités d'organisation et de déroulement des élections prud'homales :
– les décrets 2007-1548 et 2007-1550 du 30 octobre 2007 (JO 31) ont modifié certaines dispositions du code du travail conformément aux nouvelles dispositions légales ;
– le décret 2007-1549 du 30 octobre 2007 (JO 31) a autorisé l'expérimentation et l'exploitation d'un fichier automatisé relatif aux listes électorales prud'homales ;

– le décret 2007-1130 du 23 juillet 2007 et l'arrêté du 21 juillet 2008 (JO 17 août) relatifs à l'expérimentation du vote électronique pour les élections prud'homales de 2008 à Paris.

Voir aussi notamment circulaires DGT 2008/06 du 10 avril 2008 relative à l'élaboration des listes électorales, 2008/08 du 10 juin 2008 relative à l'organisation des élections, 2008/16 du 25 septembre 2008 relative à l'expérimentation du vote électronique pour les élections prud'homales de 2008 à Paris, 2008/19 du 31 octobre 2008 relative à la centralisation des résultats, et 2008/15 du 25 septembre 2008 relative aux dispositions financières applicables aux élections prud'homales.

• Le renouvellement général des conseillers prud'hommes a eu lieu le 3 décembre 2008 en application du décret 2007-1623 du 16 novembre 2007 (JO 17). Le prochain renouvellement général des conseils de prud'hommes, initialement prévu fin 2013, est reporté à une date fixée par décret et, au plus tard, au 31 décembre 2015. Le mandat des conseillers prud'hommes est prorogé jusqu'à cette date (loi 2010-1215 du 15 octobre 2010, JO 16).

SECTION 1. Électorat et listes électorales

Sous-section 1. Électorat

§ 1. Électeurs

Art. L. 1441-1. Sont électeurs les salariés, les employeurs ainsi que les personnes à la recherche d'un emploi inscrites sur la liste des demandeurs d'emploi, à l'exclusion de celles à la recherche de leur premier emploi, âgés de seize ans accomplis et ne faisant l'objet d'aucune interdiction, déchéance ou incapacité relative à leurs droits civiques.

Les électeurs sont inscrits sur les listes électorales selon le collège, la section et la commune auxquels ils sont rattachés.

Note ***Maîtres de l'enseignement privé sous contrat.*** Selon l'article L. 442-5 du code de l'éducation dans sa rédaction issue de la loi 2005-5 du 5 janvier 2005, les maîtres de l'enseignement privé sous contrat d'association, en leur qualité d'agent public, ne sont pas, au titre des fonctions pour lesquelles ils sont employés et rémunérés par l'État, liés par un contrat de travail à l'établissement au sein duquel l'enseignement leur est confié, dans le cadre de l'organisation arrêtée par le chef d'établissement, dans le respect du caractère propre de l'établissement et de la liberté de conscience des maîtres. Par suite, n'ayant pas au titre de leurs fonctions d'enseignement la qualité de salarié de l'établissement au sens de l'article L. 1441-1 CT, ils ne peuvent être inscrits sur les listes électorales prud'homales (cass. civ., 2e ch., 2 avril 2009, n° 08-60.586, BC II n° 85 ; *RJS* 7/09 n° 656 ; voir aussi circulaire DGT 2008/07 du 10 juin 2008 et CE 28 novembre 2008, n° 319620).

Art. L. 1441-2. Nul ne peut être inscrit sur plus d'une liste électorale prud'homale communale et dans plus d'un collège et plus d'une section.

En cas d'appartenance aux deux collèges en raison de la double qualité d'employeur et de salarié, l'inscription est faite dans le collège correspondant à l'activité principale de l'électeur.

§ 2. Collèges électoraux

Art. L. 1441-3. Sont électeurs dans le collège des salariés :

1° Les salariés non mentionnés à l'article L. 1441-6 ;

2° Les cadres ne détenant pas la délégation particulière d'autorité mentionnée à l'article L. 1441-4 ;

3° Les salariés titulaires d'un contrat d'apprentissage ;
4° Les personnes à la recherche d'un emploi mentionnées à l'article L. 1441-1.

Art. L. 1441-4. Sont électeurs dans le collège des employeurs :
1° Les personnes employant pour leur compte ou pour le compte d'autrui un ou plusieurs salariés ;
2° Les associés en nom collectif, les présidents des conseils d'administration, les directeurs généraux et directeurs, les cadres détenant sur un service, un département ou un établissement de l'entreprise une délégation particulière d'autorité, établie par écrit, permettant de les assimiler à un employeur.

Art. L. 1441-5. Les artisans, commerçants et agriculteurs peuvent donner mandat, par écrit, à leur conjoint collaborateur mentionné au répertoire des métiers, au registre du commerce et des sociétés ou au registre de protection sociale agricole, de se substituer à eux en vue de l'inscription sur la liste électorale.

Un décret en Conseil d'État détermine les conditions d'application du présent article.

§ 3. Section et commune d'inscription

Art. L. 1441-6. Sont électeurs dans la section de l'encadrement :
1° Les ingénieurs ainsi que les salariés qui, même s'ils n'exercent pas de commandement, ont une formation équivalente constatée ou non par un diplôme ;
2° Les salariés qui, ayant acquis une formation technique, administrative, juridique, commerciale ou financière, exercent un commandement par délégation de l'employeur ;
3° Les agents de maîtrise qui ont une délégation écrite de commandement ;
4° Les voyageurs, représentants ou placiers.

Note Les dispositions de cet article déterminent les conditions d'inscription des électeurs *salariés* dans la section de l'encadrement (cass. civ., 2e ch., 2 avril 2009, n° 08-60.544, BC II n° 83 ; *JCP* éd. S 2009, 1302, étude Th. Lahalle, 3e espèce).

Art. L. 1441-7. Un décret en Conseil d'État détermine :
1° La section d'inscription des électeurs autres que ceux de la section d'encadrement ;
2° La commune d'inscription des électeurs.

[Dispositions réglementaires]

§ 1. Conditions d'électorat

Art. R. 1441-1. Le vote est uniquement ouvert aux personnes inscrites sur une liste électorale prud'homale.

Toutefois, sont admis à voter les électeurs porteurs d'une décision du tribunal d'instance ordonnant leur inscription ou d'un arrêt de la Cour de cassation annulant un jugement qui aurait prononcé leur radiation. Il est procédé au contrôle de leur identité, conformément à l'article L. 62 du code électoral.

Art. R. 1441-2. Les conditions requises pour être électeur s'apprécient à une date fixée par décret.

Art. R. 1441-3. Pour l'application de l'article L. 1441-1, les périodes de suspension du contrat de travail sont assimilées à des périodes d'activité professionnelle.

Art. R. 1441-4. La délégation particulière d'autorité mentionnée au 2° de l'article L. 1441-4, permettant aux cadres d'être inscrits dans le collège employeur, peut prendre la forme d'un document spécifique ou figurer dans le contrat de travail. À défaut de délégation, les cadres ne peuvent être inscrits que dans la section de l'encadrement du collège salarié.

§ 2. Section d'inscription des électeurs

Art. R. 1441-5. La répartition par section des électeurs salariés employés dans une seule entreprise et des électeurs employeurs qui exercent une seule activité professionnelle est réalisée d'après l'activité principale des entreprises, sous réserve des dispositions particulières relatives à l'appartenance aux sections de l'encadrement et des activités diverses.

Lorsqu'une entreprise comprend plusieurs établissements, les salariés et les employeurs de chacun de ces établissements sont électeurs dans la section correspondant à l'activité principale de cet établissement.

Art. R. 1441-6. Lorsqu'un employeur exerce des activités professionnelles multiples, son activité principale détermine la section au titre de laquelle il est électeur.

L'activité principale de l'employeur est celle de ses activités professionnelles au titre de laquelle il emploie le plus grand nombre de salariés.

Art. R. 1441-7. Lorsqu'un salarié exerce son activité professionnelle dans plusieurs entreprises, l'entreprise où il exerce principalement cette activité détermine la section au titre de laquelle il est électeur.

L'activité principale du salarié est celle pour laquelle il a accompli le plus grand nombre d'heures au cours du dernier trimestre de l'année précédant l'année de l'élection.

Art. R. 1441-8. Lorsqu'un électeur appartient aux deux collèges en raison de sa double qualité d'employeur et de salarié, il est inscrit dans le collège salarié dès lors qu'il emploie un à trois salariés.

L'électeur peut choisir son collège d'inscription dès lors qu'il emploie plus de trois salariés.

Art. R. 1441-9. L'activité principale des entreprises et établissements est présumée résulter du numéro de code APE attribué par l'Institut national de la statistique et des études économiques.

La date d'appréciation de l'activité principale est celle mentionnée à l'article R. 1441-2.

Le tableau ci-dessous détermine les activités relevant des sections de l'industrie, du commerce, des activités diverses et de l'agriculture.

CODE APE	SECTION PRUD'HOMALE	
	Code	Libellé
050C	03	Agriculture.
151F	02	Commerce.
602C, 660G, 701C	04	Activités diverses.
725Z	01	Industrie.
741J, 747Z, 748A, 748G, 748H	02	Commerce.
748B	01	Industrie.
851H	02	Commerce.
921G, 924Z	01	Industrie.
922F	02	Commerce.
930K	04	Activités diverses.
Autres codes : ne retenir que les deux premiers chiffres		
01xx, 02xx	03	Agriculture.
05xx (sauf 050C)	01	Industrie.
10xx à 15xx (sauf 151F)	01	Industrie.
16xx à 36xx	01	Industrie.
37xx	02	Commerce.
40xx, 41xx, 45xx	01	Industrie.
50xx à 52xx, 55xx, 60xx (sauf 602C)	02	Commerce.
61xx à 66xx (sauf 660G)	02	Commerce.
67xx, 70xx (sauf 701C)	02	Commerce.
71xx	02	Commerce.
72xx (sauf 725Z)	04	Activités diverses.

CODE APE	SECTION PRUD'HOMALE	
	Code	Libellé
73xx, 74xx (sauf 741J, 747Z, 748A, 748B, 748G, 748H)	04	Activités diverses.
75xx, 80xx, 85xx (sauf 851H)	04	Activités diverses.
90xx	02	Commerce.
91xx, 92xx (sauf 921G, 922F, 924Z)	04	Activités diverses.
93xx (sauf 930K)	02	Commerce.
95xx, 96xx, 97xx, 99xx	04	Activités diverses.

Art. R. 1441-10. Les salariés mentionnés aux 1°, 2°, 6°, 6 *bis*, 6 *ter*, 6 *quater*, 7° et 12° de l'article L. 722-20 du code rural ***(Ord. 2010-462 du 6 mai 2010, JO 7)*** « et de la pêche maritime » sont électeurs dans la section de l'agriculture, sous réserve des dispositions de l'article L. 1441-6.

Art. R. 1441-11. L'employeur qui n'emploie que des salariés relevant de la section de l'encadrement ne peut voter qu'au titre de cette section.

L'employeur qui emploie au moins un salarié au titre de la section de l'encadrement peut demander son inscription à cette section.

Art. R. 1441-12. Les employés de maison ainsi que leurs employeurs sont électeurs au titre de la section des activités diverses.

Art. R. 1441-13. Lorsque l'une des personnes mentionnées à l'article L. 1441-5 demande que son conjoint collaborateur lui soit substitué en vue de l'inscription sur les listes électorales, le conjoint atteste avoir reçu mandat de l'une de ces personnes.

Art. R. 1441-14. Les personnes à la recherche d'un emploi mentionnées à l'article L. 1441-1 sont électeurs dans la section du collège des salariés correspondant à leur dernière activité principale.

§ 3. Commune d'inscription

Art. R. 1441-15. Les électeurs sont inscrits au titre du collège auquel ils appartiennent sur la liste électorale de la commune d'exercice de leur activité principale.

Pour les électeurs exerçant des activités professionnelles multiples, la détermination de la commune d'exercice de leur activité principale est régie selon les mêmes règles que celles relatives à la section d'inscription énoncées aux articles R. 1441-6 et R. 1441-8.

Art. R. 1441-16. Les salariés suivants sont inscrits sur la liste de la commune du siège social de l'entreprise qui les emploie à titre principal :

1° Salariés exerçant leur activité dans plusieurs communes ;
2° Salariés travaillant en dehors de tout établissement ;
3° Salariés travaillant en France en dehors de tout établissement et domiciliés à l'étranger.

Art. R. 1441-17. Les voyageurs, représentants ou placiers peuvent demander au maire leur inscription sur la liste électorale de la commune de leur domicile.

Note Ces dispositions, qui dérogent à celles de l'article R. 1441-16 en permettant aux VRP de demander au maire leur inscription sur la liste électorale de la commune de leur domicile, ne peuvent s'appliquer aux délégués médicaux qui ne bénéficient pas du statut légal d'ordre public applicable aux VRP (cass. civ., 2e ch., 2 avril 2009, n° 08-60.540, BC II n° 84 ; *JCP* éd. S 2009, 1302, étude Th. Lahalle, 2e espèce).

Art. R. 1441-18. Les personnes à la recherche d'un emploi mentionnées à l'article L. 1441-1, les employés de maison ainsi que leurs employeurs sont inscrits sur la liste de la commune de leur domicile.

Art. R. 1441-19. En application de l'article L. 1422-2, les salariés et employeurs exerçant leur activité professionnelle principale sur l'emprise d'un aérodrome rattaché au ressort d'un conseil de prud'hommes sont inscrits sur la liste électorale de la commune du siège de ce conseil de prud'hommes.

Art. L. 1441-8.

Sous-section 2. **Établissement des listes électorales**

Art. L. 1441-8. L'employeur déclare les salariés qu'il emploie sur la déclaration annuelle des données sociales qu'il établit pour les organismes ou caisses de sécurité sociale ainsi que les caisses de la mutualité sociale agricole dans des conditions fixées par voie réglementaire.

À défaut, la déclaration est accomplie dans les cas et selon les modalités fixés par décret.

Lorsque l'entreprise comprend plusieurs établissements, l'employeur déclare ses salariés par unité géographiquement individualisée.

Art. L. 1441-9. L'employeur met à la disposition des salariés de l'établissement, des délégués du personnel, des représentants syndicaux et des délégués syndicaux, à des fins de consultation et de vérification, les données relatives à l'inscription sur les listes électorales prud'homales de chacun des salariés dans les conditions déterminées par décret.

Art. L. 1441-10. Les employeurs non salariés au sens de l'article L. 1441-4 se déclarent volontairement selon des modalités déterminées par décret.

Art. L. 1441-11. Les personnes à la recherche d'un emploi mentionnées à l'article L. 1441-1 font part de leur volonté d'être inscrites sur les listes électorales dans des conditions déterminées par décret.

Art. L. 1441-12. Par dérogation à leurs obligations relatives au secret professionnel, les organismes ou caisses de sécurité sociale ainsi que les caisses de la mutualité sociale agricole communiquent aux services du ministre chargé du travail, aux seules fins de constitution des listes électorales prud'homales, les fichiers des entreprises ou établissements employant un ou plusieurs salariés ainsi que les données prud'homales relatives à ces salariés.

La Commission nationale de l'informatique et des libertés contrôle l'exploitation des listes établies sur documents informatisés.

Art. L. 1441-13. La liste électorale est établie par le maire assisté, au-delà d'un seuil d'électeurs inscrits sur la liste électorale prud'homale de la commune lors des dernières élections générales, d'une commission.

Les employeurs laissent aux salariés de leur entreprise désignés membres de la commission le temps nécessaire pour remplir leurs fonctions. Ce temps est assimilé à une durée de travail effectif au sens de l'article L. 1442-6. La participation d'un salarié à cette commission ne peut être la cause d'une sanction ou d'une rupture du contrat de travail par l'employeur.

Le seuil d'électeurs et la composition de la commission sont déterminés par décret.

§ 1. Déclaration des salariés par les employeurs

Sous-§ 1. Déclaration annuelle

Art. R. 1441-20. L'employeur précise, pour chaque salarié, dans la déclaration annuelle des données sociales qu'il établit pour les organismes ou caisses de sécurité sociale ainsi que les caisses de la mutualité sociale agricole :

1° Les noms et prénoms ;
2° La date et le lieu de naissance ;
3° Le domicile ;
4° Le numéro d'inscription au répertoire national d'identification des personnes physiques.
5° Le collège, la section et la commune d'inscription pour l'élection des conseillers prud'hommes.

Art. D. 1441-21. L'employeur qui déclare ses salariés dans le cadre des dispositions du deuxième alinéa L. 1441-8 adresse une déclaration, au plus tard à une date déterminée par décret, à l'exception des employeurs de gens de maison.

Cette déclaration, conforme aux modèles ou aux normes fixés par arrêté du ministre chargé du travail, comporte, pour chaque salarié, les informations mentionnées au 1° de l'article R. 1441-30.

Art. D. 1441-22. L'employeur remet au centre de traitement mentionné à l'article R. 1441-35 les déclarations mentionnées à l'article D. 1441-21 par voie électronique contre récépissé ou par lettre recommandée avec avis de réception.

Art. D. 1441-23. Les organismes de sécurité sociale transmettent aux services du ministre chargé du travail les données prud'homales relatives aux employés de maison mentionnées au 3° de l'article R. 1441-30.

Sous-§ 2. Consultation des données prud'homales

Art. R. 1441-24. En application de l'article L. 1441-9, l'employeur organise au sein de son établissement, l'année de l'élection, la consultation des données prud'homales afin que les personnes mentionnées à ce même article en vérifient l'exactitude.

Art. D. 1441-25. Lors de la consultation prévue à l'article L. 1441-9, l'employeur met à la disposition des personnes mentionnées à ce même article, l'année de l'élection, les données prud'homales relatives aux noms et prénoms, domicile, section, collège et commune d'inscription de chaque électeur qu'il a inscrit. Cette mise à disposition dure quinze jours.

La consultation débute dans les quinze jours qui suivent la date limite de transmission des données prud'homales aux organismes mentionnés à l'article L. 1441-9 ou, le cas échéant, au centre de traitement.

Ces personnes peuvent formuler des observations auprès de l'employeur, au plus tard dans les quinze jours qui suivent l'organisation de la consultation.

Art. D. 1441-26. Au terme de la consultation, l'employeur adresse au maire de la commune d'implantation de l'établissement les observations formulées à la suite de la consultation organisée l'année du scrutin.

Art. D. 1441-27. Pour les employeurs réalisant leur déclaration en application du premier alinéa de l'article L. 1441-8, la consultation est faite l'année qui précède l'élection, dans un délai de dix mois à compter de la date limite de la transmission des données prud'homales aux organismes mentionnés à ce même article.

L'employeur met à la disposition des personnes mentionnées à l'article L. 1441-9 ces données pendant une durée de quinze jours.

Ces personnes peuvent formuler des observations auprès de l'employeur, au plus tard dans les quinze jours qui suivent l'organisation de la consultation.

Les observations résultant de cette consultation sont prises en compte dans la déclaration réalisée l'année suivante.

§ 2. Autres déclarations

Art. D. 1441-28. Les employeurs non salariés s'inscrivent sur les listes électorales au plus tard à une date fixée par décret. À cet effet, ils adressent une déclaration, conforme aux modèles ou aux normes fixés par arrêté du ministre chargé du travail, au centre de traitement mentionné à l'article R. 1441-35.

Art. D. 1441-29. Les personnes à la recherche d'un emploi, mentionnées au premier alinéa de l'article L. 1441-1, informent le centre de traitement de leur volonté d'être inscrites sur la liste électorale.

L'Union nationale interprofessionnelle pour l'emploi dans l'industrie et le commerce transmet au centre de traitement les données prud'homales, mentionnées au 4° de l'article R. 1441-30, des électeurs mentionnés au premier alinéa, à l'exception des personnes bénéficiaires d'une dispense de recherche d'emploi mentionnées à l'article R. 5421-1 et des demandeurs d'emploi actualisant leur situation mensuelle au moyen d'une déclaration papier.

Les personnes bénéficiaires d'une dispense de recherche d'emploi et les demandeurs d'emploi actualisant leur situation mensuelle au moyen d'une déclaration papier s'inscrivent au plus tard à une date fixée par décret. À cet effet, ils adressent une déclaration, conforme aux modèles ou aux normes fixés par arrêté du ministre chargé du travail, au centre de traitement.

§ 3. Traitement des données électorales

Art. R. 1441-30. Un système de traitement automatisé de données à caractère personnel en vue de l'établissement des listes électorales pour les élections aux conseils de prud'hommes, dénommé « fichier des listes électorales prud'homales », est créé par les services du ministre chargé du travail pour collecter les catégories de données suivantes :

1° Les informations relatives au salarié :

a) Noms et prénoms ;

b) Date de naissance, département et commune de naissance ou, pour les personnes nées à l'étranger, pays de naissance ;

c) Adresse du domicile ;

d) Numéro d'inscription au répertoire national d'identification des personnes physiques ;

e) Collège et section prud'homale ;

f) Nature de l'emploi, qualification et nombre d'heures travaillées ;

2° Les informations relatives à l'employeur :

a) Si l'employeur est une personne physique : noms et prénoms ;

b) Si l'employeur est une personne morale : raison sociale ;

c) Adresse du siège de l'établissement ;

d) Numéro d'identification SIRET ou MSA ;

e) Code APE ;

f) Collège et section prud'homale ;

g) Effectif de salariés sur lequel porte la déclaration ;

3° Les informations relatives à l'employeur de personnel de maison :

a) Noms et prénoms ;

b) Date de naissance, département et commune de naissance ou, pour les personnes nées à l'étranger, pays de naissance ;

c) Adresse du domicile ;

d) Numéro d'inscription au répertoire national d'identification des personnes physiques ;

e) Numéro d'inscription à l'Union pour le recouvrement des cotisations de sécurité sociale et des allocations familiales ;

4° Les informations relatives au demandeur d'emploi :

a) Noms et prénoms ;

b) Date de naissance, département et commune de naissance ou, pour les personnes nées à l'étranger, pays de naissance ;

c) Adresse du domicile ;

d) Numéro d'inscription au répertoire national d'identification des personnes physiques ;

e) Code APE du dernier employeur ;

f) Section prud'homale du dernier emploi.

Art. R. 1441-31. Les informations mentionnées à l'article R. 1441-30 sont incluses dans les déclarations établies en application de l'article L. 1441-8.

Elles sont envoyées au centre de traitement mentionné à l'article R. 1441-35.

Art. R. 1441-32. Les destinataires des données à caractère personnel collectées sont :

1° Pour toutes les informations mentionnées à l'article R. 1441-30, à l'exclusion du numéro d'inscription au répertoire national d'identification des personnes physiques : les agents des services des préfectures et des mairies chargés de l'établissement ou de la vérification des listes en vue des élections aux conseils de prud'hommes ;

2° Pour l'ensemble des informations mentionnées à l'article R. 1441-30, y compris le numéro d'inscription au répertoire national d'identification des personnes physiques aux fins de détection d'inscriptions multiples : les agents du centre de traitement ;

(D. 2008-1503 du 30 déc. 2008, JO 31) « 3° Pour les informations relatives aux employeurs mentionnés au 2° de l'article R. 1441-30 : les agents des sections d'inspection du travail des ***(D. 2009-1377 du 10 nov. 2009, JO 13 ; D. 2010-687 du 24 juin 2010, JO 25 ; voir D. 2010-1582 du 17 déc. 2010, JO 18, pour outre-mer)*** « directions régionales des entreprises, de la concurrence, de la consommation, du travail et de l'emploi ».

Art. R. 1441-33. Le droit d'accès et de rectification des données mentionnées à l'article R. 1441-30, prévu aux articles 39 et 40 de la loi n° 78-17 du 6 janvier 1978 relative à l'informatique, aux fichiers et aux libertés, s'exerce auprès des services du ministre chargé du travail.

Le droit d'opposition mentionné à l'article 38 de la même loi ne s'applique pas aux traitements autorisés par l'article R. 1441-30.

Art. R. 1441-34. Les fichiers constitués à partir des données mentionnées à l'article R. 1441-30 sont conservés par les services du ministre chargé du travail pendant une durée d'un an après la date des élections prud'homales en vue desquelles ces fichiers ont été réalisés. Passé ce délai, les fichiers sont versés aux archives nationales.

Les services du ministre chargé du travail peuvent conserver une copie d'extraits anonymisés des fichiers en vue de réaliser des expérimentations pour les élections prud'homales suivantes.

Art. R. 1441-35. Le centre de traitement procède au traitement de l'ensemble des données, dans les conditions fixées par les articles R. 1441-30 à R. 1441-34.

Il transmet ces données aux mairies des communes concernées.

§ 4. Inscriptions sur les listes électorales

Sous-§ 1. Élaboration des listes par le maire

Art. D. 1441-36. Au vu des documents préparatoires qui lui sont transmis par le centre de traitement et des observations mentionnées suite à la consultation prévue à l'article R. 1441-24, le maire inscrit sur la liste électorale les salariés et les employeurs qui remplissent les conditions légales pour être électeurs dans la commune.

Art. D. 1441-37. Le maire établit la liste électorale en procédant à l'inscription dans chaque section des électeurs salariés et des électeurs employeurs.

Il arrête cette liste à une date fixée par un arrêté du ministre chargé du travail.

Sous-§ 2. Commission administrative

Art. D. 1441-38. Le maire est assisté de la commission administrative prévue à l'article L. 1441-13 dès lors qu'au moins 1 000 électeurs, travaillant dans au moins dix établissements, étaient inscrits sur la liste électorale prud'homale de la commune lors des dernières élections générales.

En dessous de ce seuil, la commission peut être réunie par le maire lorsque les circonstances locales le justifient.

Art. D. 1441-39. La commission administrative est installée dès la phase de l'élaboration de la liste des établissements de la commune appelés à déclarer leurs salariés. Elle donne un avis au maire sur cette liste.

Art. D. 1441-40. La commission administrative comprend, outre le maire ou son représentant :

1° Un délégué désigné par le préfet ;

2° Un représentant de chacune des organisations d'employeurs et de salariés représentatives au niveau national ;

3° Un délégué désigné par le président du tribunal de grande instance.

Un suppléant est désigné pour chacun de ces membres.

Art. D. 1441-41. Le maire peut, en cas de besoin, demander au ***(D. 2009-1377 du 10 nov. 2009, JO 13 ; D. 2010-687 du 24 juin 2010, JO 25 ; voir D. 2010-1582 du 17 déc. 2010, JO 18, pour outre-mer)*** « directeur régional des entreprises, de la concurrence, de la consommation, du travail et de l'emploi » de participer ou d'être représenté aux réunions de la commission.

Art. D. 1441-42. Le maire préside la commission administrative. Il la convoque et en fixe l'ordre du jour.

Il tient à la disposition des membres de la commission, au moins cinq jours avant la réunion, les documents nécessaires au travail de la commission.

[**Art. D. 1441-43.** Supprimé.]

Art. D. 1441-44. La commission administrative examine l'ensemble des observations émises suite à la consultation prévue à l'article R. 1441-24.

Elle donne un avis sur les modifications à apporter aux documents préparatoires qui lui sont soumis.

Art. D. 1441-45. Le secrétariat de la commission administrative est assuré par un agent de la commune.

§ 5. *Consultation et communication des listes électorales*

Art. D. 1441-46. La liste électorale est déposée, à la date mentionnée à l'article D. 1441-37, au secrétariat de la mairie en vue de sa consultation.

À Paris, Lyon et Marseille, la liste des électeurs de chaque arrondissement ou secteur est déposée au secrétariat de la mairie d'arrondissement ou de secteur.

Le même jour et par voie d'affichage, le maire informe les électeurs :
1° Du dépôt de la liste électorale ;
2° De la date de sa clôture mentionnée à l'article R. 1441-56 ;
3° Des voies et délais de recours contre l'inscription.

Note Aucune action en demande d'inscription sur les listes électorales (ou en demande de radiation) n'est ouverte avant l'affichage des listes électorales : une salariée licenciée ne peut donc solliciter son inscription sur la liste des salariés de l'entreprise à la suite de la suspension de la procédure de licenciement tant que la liste n'est pas affichée (cass. civ., 2e ch., 29 avril 1998, n° 97-60.500, BC II n° 135).

Art. D. 1441-47. Tout électeur de la commune peut avoir communication et, à ses frais, copie de la liste électorale à condition de s'engager à ne pas en faire un usage qui ne soit strictement lié à l'élection prud'homale.

Tout mandataire de liste peut avoir communication et copie, dans les mêmes conditions, de l'ensemble des listes électorales des communes du ressort du conseil de prud'hommes pour lequel il a déposé une liste de candidats.

À l'expiration du délai de huit jours suivant l'affichage des résultats du scrutin, la liste électorale ne peut plus être consultée.

Sous-section 3. Contestation d'une inscription

Art. L. 1441-14. À compter du dépôt de la liste électorale arrêtée par le maire et jusqu'à la date de clôture fixée par l'autorité administrative, tout électeur ou un représentant qu'il aura désigné peut saisir le maire de la commune sur la liste de laquelle il est ou devrait être inscrit d'une contestation concernant son inscription ou l'inscription d'un autre électeur ou d'un ensemble d'électeurs.

Le mandataire d'une liste de candidats relevant du conseil de prud'hommes pour lequel la contestation est formée bénéficie du même droit.

Les demandes concernant un autre électeur ou un ensemble d'électeurs sont formées sans avoir à justifier d'un mandat du ou des électeurs intéressés, dès lors qu'ils en ont été avertis et n'ont pas déclaré s'y opposer.

La décision du maire prise sur ces demandes peut être contestée par les auteurs du recours gracieux, devant le juge judiciaire qui statue en dernier ressort.

Un décret en Conseil d'État détermine les conditions de mise en œuvre de ces dispositions.

§ 1. *Recours gracieux*

Art. R. 1441-48. L'autorité administrative mentionnée au premier alinéa de l'article L. 1441-14 est le ministre chargé du travail.

Art. R. 1441-49. La contestation d'une inscription sur la liste électorale mentionnée à l'article L. 1441-14 indique son objet, les noms, prénoms et adresse du requérant et la qualité en laquelle il agit.

Lorsqu'elle concerne un ou plusieurs électeurs autres que le requérant, elle précise également leurs noms, prénoms et adresses.

Art. R. 1441-50. Le maire se prononce sur la contestation et notifie sa décision à son auteur dans le délai de dix jours à compter de sa date de réception.

La décision de refus est motivée.

Lorsque la décision du maire a des conséquences sur la liste électorale d'une autre commune, il en informe le maire intéressé.

Le silence gardé par le maire à l'expiration de ce délai vaut décision de rejet.

Art. R. 1441-51. Les électeurs mineurs peuvent, sans autorisation, présenter une contestation ou défendre à une contestation dirigée contre eux.

Art. R. 1441-52. Les délais fixés par l'article R. 1441-50 sont calculés et prorogés conformément aux dispositions des articles 640 à 642 du code de procédure civile.

Art. L. 1441-15. À compter de la date de clôture de la liste électorale et jusqu'au jour du scrutin, les contestations tendant à l'inscription ou à la modification du collège, de la section ou de la commune d'inscription, qu'elles concernent un seul électeur ou un ensemble d'électeurs, sont portées devant le juge judiciaire.

Le juge statue, en dernier ressort, jusqu'au jour du scrutin.

Les contestations peuvent être présentées, dans les conditions déterminées par un décret en Conseil d'État, par :

1° L'autorité administrative ;

2° Le procureur de la République ;

3° Tout électeur ;

4° Le mandataire d'une liste, lequel n'a pas à justifier d'un mandat du ou des électeurs intéressés dès lors qu'ils ont été avertis et n'ont pas déclaré s'y opposer.

Note Le recours contentieux prévu par cet article, formé devant le juge d'instance entre la clôture des listes électorales et le jour du scrutin, ouvert à tout électeur et tendant à obtenir une inscription sur la liste électorale prud'homale, ne fait l'objet d'aucune limitation quant à ses cas d'ouverture (cass. civ., 2e ch., 2 avril 2009, n° 08-60562, BC II n° 82 ; *RJS* 7/09 n° 657).

§ 2. Recours contentieux

Art. R. 1441-53. Le tribunal d'instance connaît :

1° Des contestations relatives aux décisions du maire dans le cadre d'un recours gracieux mentionné à l'article L. 1441-14 ;

2° Des contestations tendant à l'inscription ou à la modification du collège, de la section ou de la commune d'inscription, qu'elles concernent un seul électeur ou un ensemble d'électeurs, mentionnées à l'article L. 1441-15.

Art. R. 1441-54. Le recours contre la décision du maire prévu au 1° de l'article R. 1441-53 est porté devant le tribunal d'instance dans le ressort duquel est située la commune dont la liste est contestée.

Ce recours est formé dans les dix jours à compter de la notification de la décision du maire ou de la date à laquelle est née une décision implicite de rejet. L'auteur d'une action en représentation rapporte, par tout moyen, la preuve de l'avertissement préalable du ou des électeurs intéressés par la contestation et de leur non-opposition à l'action engagée.

Le tribunal d'instance statue dans les dix jours du recours sans forme et sans frais et sur simple avertissement donné trois jours à l'avance aux parties intéressées. Sa décision est notifiée par le greffe dans les formes prévues à l'article R. 1441-59.

Art. R. 1441-55. Les recours contentieux prévus à l'article R. 1441-53 sont formés par déclaration orale ou écrite, faite, remise ou adressée au greffe du tribunal d'instance.

La déclaration indique :

1° Les nom, prénoms et adresse du requérant ;

2° La qualité en laquelle il agit ;

3° L'objet du recours.

Lorsque le recours concerne un ou plusieurs électeurs autres que le requérant, la déclaration précise les noms, prénoms et adresses de ceux-ci.

Art. R. 1441-56. La liste électorale, éventuellement rectifiée suite à des décisions du maire ou à des décisions judiciaires rendues en application des premier et quatrième alinéas de l'article L. 1441-14, est close à une date fixée par un arrêté du ministre chargé du travail.

Art. R. 1441-57. Les contestations mentionnées au 2° de l'article R. 1441-53 sont formées devant le tribunal d'instance dans le ressort duquel est située la commune dont la liste électorale prud'homale est contestée.

Le mandataire de liste rapporte, par tout moyen, la preuve de l'avertissement préalable des électeurs intéressés par sa demande et de leur non-opposition à l'action engagée.

Les électeurs mineurs peuvent présenter une réclamation ou défendre à une réclamation dirigée contre eux, sans autorisation.

Art. R. 1441-58. Le tribunal d'instance statue sur les recours mentionnés à l'article R. 1441-57 jusqu'au jour du scrutin, sans frais ni forme, les parties intéressées ayant été informées trois jours à l'avance sur avertissement.

Art. R. 1441-59. La décision prise par le tribunal d'instance, en application des articles R. 1441-53 et R. 1441-57, est notifiée immédiatement par le greffe au requérant par lettre recommandée avec avis de réception. Dans le cas où d'autres électeurs sont concernés par cette décision, le greffe la leur notifie dans la même forme. Le greffe la communique au préfet et au maire dans le ***(D. 2009-289 du 13 mars 2009, JO 15)*** « même » délai.

La décision n'est pas susceptible d'opposition.

Le pourvoi en cassation contre la décision du tribunal d'instance est formé, dans les conditions prévues aux articles 999 à 1008 du code de procédure civile, dans les dix jours à compter [de] la notification du jugement du tribunal d'instance.

Les parties sont dispensées du ministère d'avocat au Conseil d'État et à la Cour de cassation.

Art. R. 1441-60. Les délais fixés par les articles R. 1441-54 et R. 1441-59 sont calculés et prorogés conformément aux dispositions des articles 640 à 642 du code de procédure civile.

Art. R. 1441-61. L'autorité administrative mentionnée au 1° de l'article L. 1441-15 est le préfet.

SECTION 2. Candidatures

Sous-section 1. Éligibilité

Art. L. 1441-16. Sont éligibles, à condition d'avoir la nationalité française, d'être âgées de vingt et un ans au moins et de n'être l'objet d'aucune interdiction, déchéance, incapacité relative à leurs droits civiques :

1° Les personnes inscrites sur les listes électorales prud'homales ;

2° Les personnes remplissant les conditions requises pour y être inscrites ;

3° Les personnes ayant été inscrites au moins une fois sur les listes électorales prud'homales, dès lors qu'elles ont cessé d'exercer l'activité au titre de laquelle elles ont été inscrites depuis moins de dix ans.

Art. L. 1441-17. Nul ne peut être :

1° Membre de plus d'un conseil de prud'hommes ;

2° Candidat dans plus d'un conseil de prud'hommes, ni dans une section d'une nature autre que celle au titre de laquelle il est inscrit, a été inscrit ou remplit les conditions pour être inscrit sur les listes électorales prud'homales ;

3° Candidat sur plus d'une liste.

Art. L. 1441-18. Les candidats relevant des 1° et 2° de l'article L. 1441-16 sont éligibles dans la section du conseil de prud'hommes dans laquelle ils sont inscrits ou remplissent les conditions pour être inscrits, ou dans la section de même nature du ou des conseils limitrophes.

Les candidats relevant du 3° de l'article L. 1441-16 sont éligibles dans la section du conseil de prud'hommes dans laquelle ils ont été inscrits, dans la section de même nature du ou des conseils limitrophes ou dans celle du conseil dans le ressort duquel est situé leur domicile.

Les notions de « conseil » et de « conseil limitrophe » s'apprécient, en ce qui concerne la section de l'agriculture, en fonction du ressort de cette section défini par application des articles L. 1422-1 et L. 1423-1.

Art. L. 1441-19. Les conditions d'éligibilité des candidats s'apprécient à la date du scrutin.

Art. L. 1441-20. Le conseiller prud'homme déclaré déchu est inéligible.

Art. L. 1441-21. Le conseiller prud'homme élu, qui refuse de se faire installer ou est déclaré démissionnaire d'office, est inéligible pendant un délai de cinq ans à partir de son refus ou de la décision du tribunal qui le déclare démissionnaire.

Sous-section 2. Liste des candidats

Art. L. 1441-22. La déclaration de candidature résulte du dépôt d'une liste à la préfecture dans des conditions déterminées par décret.

Art. L. 1441-23. Ne sont pas recevables :

1° Les listes présentées soit par un parti politique, soit par une organisation prônant des discriminations fondées notamment sur l'origine, le sexe, les mœurs, l'orientation sexuelle, l'appartenance ou la non-appartenance, vraie ou supposée, à une ethnie, une nation ou une race, ou les convictions religieuses ;

2° Les listes qui ne respectent pas le principe de la parité de la juridiction prud'homale.

Art. L. 1441-24. Nul ne peut présenter des listes de candidats simultanément dans les deux collèges d'un même conseil de prud'hommes ou de conseils de prud'hommes différents.

Art. L. 1441-25. Aucune liste ne peut comporter un nombre de candidats inférieur au nombre de postes à pourvoir, ni supérieur au double du nombre de postes à pourvoir.

Art. L. 1441-26. Ne peuvent être enregistrées par l'autorité administrative les déclarations de candidatures qui ne respectent pas la condition fixée par l'article L. 1441-25 et les conditions de régularité déterminées par décret en Conseil d'État.

Art. L. 1441-27. Le mandataire de la liste notifie à l'employeur le ou les noms des salariés de son entreprise qu'il entend présenter sur sa liste de candidats. Cette notification ne peut intervenir plus de trois mois avant le début de la période de dépôt de la liste des candidatures à la préfecture.

Sous-section 3. Constatation de l'inéligibilité

Art. L. 1441-28. La constatation par le juge, avant le scrutin, de l'inéligibilité d'un ou plusieurs candidats sur une liste rend cette liste irrégulière dès lors qu'elle a pour effet de réduire le nombre de candidats de la liste à un nombre inférieur au nombre de postes à pourvoir.

[Dispositions réglementaires]

Liste des candidats

Art. R. 1441-62. L'autorité administrative mentionnée à l'article L. 1441-26 est le préfet.

Art. D. 1441-63. La notification de la liste à l'employeur, prévue à l'article L. 1441-27, est réalisée soit par lettre recommandée avec avis de réception, soit par lettre remise contre récépissé.

Les informations contenues dans cette notification sont simultanément communiquées à l'inspection du travail.

Art. R. 1441-64. Les listes des candidatures sont établies, pour chaque conseil de prud'hommes, par section et par collège distinct dans chaque section.

Art. L. 1441-28.

Art. D. 1441-65. Chaque liste fait l'objet d'une déclaration collective de candidature qui précise :

1° Le conseil de prud'hommes, le collège et la section de ce conseil auxquels les candidats de la liste se présentent ;

2° L'ordre de présentation des candidats figurant sur la liste ;

3° Le titre de la liste.

Note Voir article D. 1441-165 et note sous cet article.

Art. D. 1441-66. À la déclaration collective mentionnée à l'article D. 1441-65 sont jointes :

1° Une déclaration sur l'honneur attestant que la liste est recevable au sens des articles L. 1441-22 à L. 1441-26 ;

2° Les déclarations individuelles de chacun des candidats de la liste. Ces déclarations sont signées par le candidat et énumèrent ses noms, prénoms, date et lieu de naissance, domicile.

Art. D. 1441-67. Lorsque le candidat fait partie des catégories mentionnées au 1° et au 2° de l'article L. 1441-16, sa déclaration individuelle fait état de la liste électorale sur laquelle il est inscrit ou était en droit d'être inscrit.

Lorsque le candidat fait partie de la catégorie mentionnée au 3° de ce même article, sa déclaration individuelle fait état des listes électorales prud'homales sur lesquelles il a été inscrit ainsi que de l'activité professionnelle au titre de laquelle il a été inscrit.

Art. R. 1441-68. Chaque candidat fournit une photocopie d'un titre d'identité parmi ceux figurant sur un arrêté du ministre chargé du travail.

Chaque candidat atteste n'être l'objet d'aucune interdiction, déchéance ou incapacité relative à ses droits civiques.

Note La liste des pièces d'identité pouvant être présentées par les candidats et les électeurs aux élections prud'homales a été fixée par arrêté du 21 avril 2008 (JO 29).

Art. R. 1441-69. ***(D. 2009-289 du 13 mars 2009, JO 15)*** « Un arrêté du ministre chargé du travail fixe la période de dépôt des candidatures à la préfecture qui a dans son ressort le siège du conseil des prud'hommes. »

Le préfet contrôle la régularité de la déclaration de candidature en s'assurant qu'elle satisfait à la condition fixée par l'article L. 1441-25 et qu'elle comporte l'ensemble des documents mentionnés aux articles D. 1441-65 à R. 1441-68.

Un reçu d'enregistrement est délivré au mandataire de la liste régulière.

Le préfet notifie au mandataire de la liste irrégulière son refus d'enregistrement.

Art. R. 1441-70. Le préfet publie les listes de candidatures régulières le jour suivant l'expiration de la période de dépôt, en application de l'article L. 1441-22. Ces listes sont affichées :

1° À la préfecture ;

2° Dans la mairie de la commune où chaque conseil de prud'hommes a son siège ;

3° Au greffe du conseil de prud'hommes concerné.

Art. R. 1441-71. Aucun dépôt ou retrait individuel de candidature ne peut être opéré après le dépôt en préfecture des candidatures mentionné à l'article L. 1441-22.

Une liste peut faire l'objet d'un retrait à condition que la moitié des candidats inscrits sur cette liste le demande au préfet. Cette demande est faite par écrit. Elle est enregistrée au plus tard la veille de la date de la publication.

Un candidat décédé peut être remplacé jusqu'à l'expiration du délai de dépôt des candidatures.

Contestations

Art. R. 1441-72. Le tribunal d'instance du siège où se trouve le conseil de prud'hommes statue sur les contestations relatives :

1° À l'éligibilité des candidats ;

2° À la régularité et la recevabilité des listes de candidats ;

3° Aux opérations pré-électorales.

Art. R. 1441-73. Le tribunal d'instance est saisi par déclaration orale ou écrite, faite, remise ou adressée au greffe. La contestation est formée :

1° Pour les cas prévus aux 1° et 2° de l'article R. 1441-72, dans un délai de dix jours à compter de la publication mentionnée à l'article R. 1441-70 ;

2° Pour le cas prévu au 3° de l'article R. 1441-72, dans un délai de dix jours à compter de la date à laquelle ces décisions ont été publiées ou notifiées.

Note Lorsqu'il est formé par déclaration écrite adressée au secrétariat-greffe du tribunal d'instance, le recours prévu par l'article R. 1441-73 a pour date celle de l'envoi de la déclaration. Par conséquent, pour déterminer si la contestation d'une candidature a bien été formée dans le délai de dix jours suivant la date de publication des listes de candidatures par le préfet, il convient de retenir la date d'envoi, et non de réception, de la déclaration (cass. civ., 2e ch., 3 septembre 2009, n° 09-60.008, BC II n° 204 ; *RJS* 11/09 n° 872).

Art. R. 1441-74. Les électeurs mineurs peuvent présenter un recours sans autorisation.

Art. R. 1441-75. Le tribunal d'instance statue sans forme dans les dix jours.

Sa décision est immédiatement notifiée par le greffe aux parties par lettre recommandée avec avis de réception.

Le greffe transmet la décision dans un délai de trois jours au préfet et au procureur de la République lorsque ces autorités ne sont pas parties à la procédure.

La décision n'est pas susceptible d'opposition.

Art. R. 1441-76. Le pourvoi en cassation est formé dans les conditions prévues aux articles 999 à 1008 du code de procédure civile. Le délai de pourvoi court à compter de la notification du jugement.

Les parties sont dispensées du ministère d'avocat au Conseil d'État et à la Cour de cassation.

SECTION 3. Scrutin

Sous-section 1. Organisation du scrutin

Art. L. 1441-29. L'élection générale des conseillers prud'hommes a lieu au scrutin de liste, à une date unique pour l'ensemble des conseils de prud'hommes, déterminée par décret.

Note Voir note sous article D. 1441-77.

Art. L. 1441-30. L'élection des conseillers prud'hommes a lieu à la représentation proportionnelle suivant la règle de la plus forte moyenne, sans panachage ni vote préférentiel.

Sur chaque liste, les sièges sont attribués aux candidats d'après l'ordre des présentations.

Art. L. 1441-31. Les électeurs salariés inscrits dans chaque section élisent, par section, les conseillers prud'hommes salariés.

Les électeurs employeurs inscrits dans chaque section élisent soit les conseillers de leur section, soit ceux de la section de l'encadrement.

Art. L. 1441-32. Le scrutin a lieu pendant le temps de travail, soit à la mairie, soit dans un local proche du lieu de travail.

Les conditions de déroulement du scrutin sont déterminées par décret.

Art. L. 1441-33. Les règles établies par les articles L. 10, L. 61 et L. 67 du code électoral s'appliquent aux opérations électorales pour les conseils de prud'hommes.

Note Les articles du code électoral dont l'application aux élections prud'homales est prévue visent :
– l'interdiction d'inscription sur plusieurs listes électorales (L. 10) ;
– l'interdiction d'entrer avec des armes dans une assemblée électorale (L. 61) ;
– le droit pour tout candidat ou son représentant de contrôler les opérations de vote, de dépouillement (L. 67).

§ 1. Opérations préparatoires au scrutin

Art. D. 1441-77. Le décret fixant la date de l'élection générale pour le renouvellement des conseils de prud'hommes, prévu à l'article L. 1441-29, est pris après avis des organisations d'employeurs et de salariés représentatives au niveau national.

Note Le renouvellement général des conseillers prud'hommes a eu lieu le 3 décembre 2008 en application du décret 2007-1623 du 16 novembre 2007 (JO 17). Le prochain renouvellement général des conseils de prud'hommes, initialement prévu pour fin 2013, est reporté à une date fixée par décret et, au plus tard, au 31 décembre 2015. Le mandat des conseillers prud'hommes est prorogé jusqu'à cette date (loi 2010-1215 du 15 octobre 2010, JO 16).

Art. D. 1441-78. Au vu des listes électorales, un arrêté du préfet, pris dans les délais fixés par arrêté du ministre chargé du travail, fixe la liste des bureaux de vote et précise, le cas échéant, la circonscription des bureaux de vote intercommunaux. Le préfet consulte à cet effet :

1° Les maires, qui, le cas échéant, recueillent préalablement l'avis de la commission administrative mentionnée à l'article L. 1441-13 ;

2° Le ***(D. 2009-1377 du 10 nov. 2009, JO 13 ; D. 2010-687 du 24 juin 2010, JO 25 ; voir D. 2010-1582 du 17 déc. 2010, JO 18, pour outre-mer)*** « directeur régional des entreprises, de la concurrence, de la consommation, du travail et de l'emploi » ;

3° Les représentants locaux des organisations d'employeurs et de salariés représentatives au niveau national.

Art. D. 1441-79. Le préfet s'assure que les bureaux de vote se situent à proximité des lieux de travail des électeurs intéressés. Ils peuvent être installés dans des lieux publics ou privés avec l'accord des propriétaires.

§ 2. Carte électorale

Art. D. 1441-80. Une carte électorale est délivrée à tout électeur inscrit sur la liste électorale prud'homale. Les frais de fabrication et d'expédition des cartes sont à la charge de l'État.

Art. R. 1441-81. Les cartes électorales sont établies et envoyées par le centre de traitement, ou par les mairies lorsqu'elles disposent des moyens pour les établir. Elles mentionnent :

1° Les nom, prénoms et domicile de l'électeur ;
2° La section et le collège dont il relève ;
3° Le bureau de vote dont il dépend ;
4° Le numéro d'ordre qui lui est attribué sur la liste d'émargement ;
5° L'attestation sur l'honneur par laquelle le titulaire de la carte certifie n'être l'objet d'aucune interdiction, déchéance ou incapacité relative à ses droits civiques ;
6° Les horaires d'ouverture du bureau de vote.

Art. D. 1441-82. La carte électorale est signée par l'électeur.

Art. D. 1441-83. Les cartes électorales sont envoyées au domicile des électeurs par voie postale.

Cet envoi intervient au plus tard le jour de l'affichage du dépôt de la liste électorale en application de l'article D. 1441-46.

Art. D. 1441-84. Les cartes électorales qui n'ont pas été remises à leurs titulaires sont retournées à l'expéditeur.

§ 3. Propagande électorale

Art. D. 1441-85. Chaque liste de candidats ne peut faire imprimer qu'une seule circulaire sur un feuillet de format 210 mm × 297 mm.

Art. D. 1441-86. Le nombre de bulletins de vote que chaque liste de candidats fait imprimer ne peut excéder de plus de 10 % le double du nombre des électeurs dont cette liste sollicite les suffrages.

Art. D. 1441-87. Les bulletins de vote ont un format de 148 × 210 mm pour les listes comportant jusqu'à trente et un noms et un format de 210 × 297 mm pour les listes comportant plus de trente et un noms.

Art. D. 1441-88. Les bulletins de vote ne peuvent être imprimés sur papier de couleur. Ils sont rédigés en noir. Ils comportent exclusivement les mentions suivantes :

1° Le conseil de prud'hommes ;
2° La section ;
3° Le collège ;
4° Le nom et le prénom de chaque candidat ainsi que le titre de la liste.

Art. D. 1441-89. Une commission de propagande dont la compétence s'étend au ressort d'un ou de plusieurs conseils de prud'hommes est instituée par arrêté du préfet.

À Paris, il est institué une commission par arrondissement.

La commission de propagande est installée à une date fixée par arrêté du ministre chargé du travail. Elle siège dans un local désigné par son président en accord avec le préfet.

Art. D. 1441-90. Chaque commission de propagande comprend :

1° Un fonctionnaire en activité ou en retraite, désigné par le préfet, président ;
2° Un fonctionnaire désigné par le trésorier-payeur général ;
3° Un fonctionnaire désigné par le directeur départemental de La Poste.

Art. D. 1441-91. Le secrétariat de la commission de propagande est assuré par un fonctionnaire désigné par le préfet.

Art. D. 1441-92. Le président convoque les mandataires de chaque liste. Ils peuvent participer aux travaux de la commission avec voix consultative.

Art. D. 1441-93. La commission de propagande reçoit du préfet les enveloppes nécessaires à l'expédition des circulaires et des bulletins de vote ainsi que le matériel de vote par correspondance. Elle fait préparer le libellé de ces enveloppes.

Art. D. 1441-94. La commission de propagande adresse, au plus tard douze jours avant le scrutin, dans une même enveloppe fermée à tous les électeurs :

1° Une enveloppe électorale destinée à recevoir le bulletin de vote ;

2° Une enveloppe d'envoi portant la mention : « Élection des conseillers prud'hommes. – Vote par correspondance » ;

3° Un bulletin de vote et une circulaire de chacune des listes de candidats dans leur section et dans leur collège.

Art. R. 1441-95. Le président de la commission indique au mandataire de chaque liste les caractéristiques et le nombre maximum des documents de chaque catégorie qu'il est autorisé à faire imprimer. Il lui indique également les tarifs maxima d'impression fixés en application des articles D. 1441-97 et D. 1441-98.

Le mandataire de la liste remet au président de la commission, à une date fixée par arrêté du ministre chargé du travail, les exemplaires imprimés de la circulaire ainsi qu'une quantité de bulletins au moins égale au double du nombre des électeurs inscrits.

La commission n'est pas tenue d'assurer l'envoi des imprimés remis postérieurement à cette date.

Les circulaires et bulletins dont le format, le libellé ou l'impression ne répondent pas aux prescriptions légales, ne sont pas acceptés par la commission.

Art. L. 1441-33.

Art. D. 1441-96. La commission de propagande adresse à chaque maire intéressé, au plus tard dix jours avant le jour du scrutin, les bulletins de vote de chaque liste en nombre au moins égal à celui des électeurs inscrits.

Art. D. 1441-97. Le coût du papier et les frais d'impression des circulaires et bulletins de vote sont remboursés aux listes qui ont obtenu au moins 5 % des suffrages exprimés dans une section d'un des deux collèges et qui n'ont pas été jugées irrecevables ou irrégulières en application des articles L. 1441-23 à L. 1441-26.

Toutefois, seuls sont remboursés, sur présentation des pièces justificatives, les frais d'impression réellement exposés des circulaires et bulletins de vote produits conformément aux dispositions de l'article R. 39 du code électoral.

Art. D. 1441-98. La somme remboursée en application de l'article D. 1441-97 ne peut excéder celle résultant de l'application au nombre des imprimés admis à remboursement des tarifs d'impression fixés par arrêté du préfet, après avis d'une commission départementale comprenant :

1° Le préfet ou son représentant, président ;

2° Le trésorier-payeur général ou son représentant ;

3° Le ***(D. 2009-1484 du 3 déc. 2009, JO 4)*** « directeur départemental de la cohésion sociale et de la protection des populations ou le directeur départemental de la protection des populations » ou son représentant ;

4° Un représentant des organisations professionnelles des imprimeurs désignés par le préfet, selon la nature des tarifs à établir.

Les tarifs d'impression ne s'appliquent qu'à des circulaires et bulletins de vote imprimés sur papier blanc et excluant tous travaux de photogravure.

Art. D. 1441-99. Tout engagement de dépenses décidé par la commission de propagande en vue d'assurer les missions qui lui sont confiées est préalablement approuvé par le préfet.

Art. D. 1441-100. L'État prend à sa charge les dépenses des opérations réalisées par la commission de propagande ainsi que celles résultant de son fonctionnement.

Lorsque la commission siège en dehors du lieu de leur résidence, le président et les membres de la commission perçoivent des frais de déplacement calculés conformément à l'article R. 33 du code électoral. Il est alloué au secrétaire de la commission une indemnité calculée selon les modalités prévues au même article.

Les autres dépenses de fonctionnement de la commission sont remboursées en fonction du nombre d'électeurs et du nombre de candidats, sur la base d'un barème établi par arrêté conjoint du ministre chargé de l'économie et du ministre chargé du travail.

Art. D. 1441-101. Au cours des dix jours précédant l'élection et le jour de celle-ci, des emplacements spéciaux sont réservés par l'autorité municipale pour l'apposition des affiches électorales des listes de candidats dans chaque commune.

Une surface égale est attribuée à chaque liste dans chacun de ces emplacements.

Un emplacement est attribué à chaque organisation déposant des listes, dans l'ordre de dépôt des listes de candidats, quelle que soit la section, auprès du préfet. Cet ordre est conservé pour l'ensemble des sections.

Art. D. 1441-102. Il est interdit de distribuer ou faire distribuer le jour du scrutin des bulletins, circulaires et autres documents.

Note La violation des prescriptions de cet article, selon lequel il est interdit de distribuer ou de faire distribuer le jour du scrutin des bulletins, circulaires et autres documents ayant le caractère de propagande, entraîne l'annulation du scrutin lorsqu'elle est de nature à altérer la sincérité du scrutin. N'a pas légalement justifié sa décision le tribunal d'instance qui, après avoir relevé qu'un entretien accordé à un journal et publié le jour du scrutin pour l'élection à un conseil de prud'hommes constituait une propagande tardive, a rejeté le recours en contestation de la régularité du scrutin au motif que le demandeur ne produisait aucune pièce de nature à démontrer que cette irrégularité aurait pu avoir une influence sur le résultat du scrutin, alors qu'il lui incombait de rechercher lui-même les résultats du scrutin en vue de mesurer la portée de l'irrégularité constatée (cass. civ. 2e ch., 10 juillet 2003, n° 03-60.039, BC II n° 241).

Sous-section 2. **Vote**

Art. L. 1441-34. L'employeur autorise les salariés à s'absenter afin de leur permettre de participer au scrutin. Cette absence ne donne lieu à aucune diminution de rémunération.

Il laisse aux salariés de son entreprise désignés dans le cadre des élections prud'homales, en tant que mandataires de listes, assesseurs et délégués de listes, le temps nécessaire pour remplir leurs fonctions. Ce temps est assimilé à une durée de travail effectif conformément aux dispositions de l'article L. 1442-6.

L'exercice des fonctions de mandataire de liste, d'assesseur ou de délégué de liste, par un salarié, ne peut être la cause d'une sanction ou d'une rupture du contrat de travail par l'employeur. Les délégués syndicaux appelés à exercer ces fonctions sont autorisés à utiliser à cet effet le crédit d'heures dont ils disposent au titre de leur mandat.

Note

1er alinéa. La circulaire DGT 2008/08 du 10 juin 2008 a précisé que l'employeur a deux obligations, en application des dispositions précitées :
– autoriser les salariés à s'absenter de l'entreprise le temps nécessaire pour se rendre au bureau de vote et exprimer leur suffrage ;
– ne pas diminuer la rémunération de ses salariés pour tenir compte d'une durée normale d'absence de travail.

Elle a rappelé, en outre, que la violation de ces obligations est une infraction délictuelle sanctionnée dans les conditions fixées par l'article L. 1443-1 CT qui renvoie au code électoral. Constitue le délit d'atteinte à la libre désignation des candidats à l'élection prud'homale non seulement la privation mais la limitation excessive du délai accordé. Ainsi en va-t-il du fait pour un employeur d'accorder à ses salariés une autorisation d'absence de 15 minutes pour se rendre au bureau de vote situé à deux kilomètres de l'entreprise (trib. corr. Nanterre, 10 janvier 1994).

Ayant constaté, d'une part, que le temps accordé par un employeur à ses salariés était suffisant pour leur permettre de participer au vote et, d'autre part, que le dépassement du temps imparti était dû à la négligence qu'ils avaient commise en oubliant de se munir d'une pièce d'identité, ce qui avait retardé leur vote, un conseil de prud'hommes a pu décider que l'employeur avait pu diminuer la rémunération des salariés proportionnellement au temps de dépassement (cass. soc. 9 décembre 1992, n° 88-43.829, BC V n° 587).

2e alinéa. Voir circulaire DGT 2008/21 relative au maintien des salaires des assesseurs, des délégués de liste et des mandataires de liste pour les élections prud'homales du 3 décembre 2008.

Art. L. 1441-35. Un décret détermine les conditions dans lesquelles les suffrages peuvent être recueillis par correspondance.

§ 1. Opérations de vote

Art. D. 1441-103. Sans préjudice des dispositions des articles D. 1441-93 et D. 1441-94, les mandataires des listes peuvent déposer des bulletins de vote dans les mairies et, à Paris, dans les mairies d'arrondissement, au plus tard huit jours avant le jour du scrutin.

Les bulletins de vote déposés par les mandataires des listes ainsi que ceux adressés aux maires par la commission de propagande sont tenus, dans chaque bureau, à la disposition des électeurs sous la responsabilité du président du bureau.

Si, en cours de scrutin, la quantité de bulletins de vote à la disposition des électeurs se révèle insuffisante, les mandataires peuvent en faire déposer des lots supplémentaires par les soins du président du bureau.

Art. D. 1441-104. Le scrutin est ouvert à huit heures. Il est clos le même jour à dix-huit heures.

Le préfet peut modifier, par arrêté, compte tenu des circonstances particulières à certains bureaux de vote, l'horaire applicable à ces bureaux. Cet horaire ne peut être modifié qu'après consultation des maires des communes intéressées ainsi que des représentants locaux des organisations d'employeurs et de salariés représentatives au niveau national. La modification n'intervient que si le scrutin demeure ouvert pendant au moins six heures au total.

Art. L. 1441-35.

Art. D. 1441-105. Le président du bureau de vote constate publiquement et mentionne au procès-verbal les heures d'ouverture et de clôture du scrutin.

Aucun vote ne peut être reçu après la déclaration de clôture. Toutefois un électeur ayant pénétré dans la salle de vote avant l'heure de clôture du scrutin peut déposer son bulletin dans l'urne après cette heure.

Art. D. 1441-106. Le vote a lieu sous enveloppes.

Les enveloppes électorales sont fournies par l'administration préfectorale. Elles sont opaques, d'une seule couleur, et non gommées.

Les enveloppes sont différenciées par section et par collège.

Elles sont mises, le jour du vote, à la disposition des électeurs dans la salle de vote.

Avant l'ouverture du scrutin, le bureau constate que le nombre des enveloppes correspond, section par section, au nombre des électeurs inscrits dans chaque section.

Si, par suite d'un cas de force majeure, du délit prévu à l'article L. 113 du code électoral ou pour toute autre cause, ces enveloppes font défaut, le président du bureau de vote est tenu de les remplacer par d'autres, différenciées de la même façon, frappées du timbre de la mairie. Ce remplacement est inscrit au procès-verbal et cinq des enveloppes dont il a été fait usage y sont annexées.

Art. D. 1441-107. Les électeurs salariés et les électeurs employeurs votent dans des collèges séparés placés sous le contrôle de bureaux de vote distincts.

Art. D. 1441-108. À son entrée dans la salle du scrutin, l'électeur, après avoir fait constater son identité suivant les règles et usages établis, ou après avoir fait la preuve de son droit de vote par la production d'une décision du juge du tribunal d'instance ou d'un arrêt de la Cour de cassation, prend une enveloppe correspondant à sa section.

Sans quitter la salle du scrutin, il se rend dans l'isoloir pour se soustraire aux regards pendant qu'il met son bulletin dans l'enveloppe correspondant à la section au titre de laquelle il est électeur. Il fait ensuite constater au président qu'il n'est porteur que d'une seule enveloppe. Le président le constate sans toucher l'enveloppe que l'électeur introduit lui-même dans l'urne.

Art. D. 1441-109. Au moment du vote, les électeurs présentent au président du bureau un titre d'identité en même temps que la carte électorale dûment signée ou une attestation d'inscription en tenant lieu.

La liste des titres d'identité valables est établie par arrêté du ministre chargé du travail. Les assesseurs sont associés, sur leur demande, à ce contrôle d'identité.

Note Un arrêté en date du 21 avril 2008 (JO 29) a fixé la liste des pièces d'identité exigées des électeurs pour l'élection des conseillers prud'hommes.

Art. D. 1441-110. Il existe au moins un isoloir pour 500 électeurs inscrits dans chaque bureau de vote.

Les isoloirs ne peuvent être placés de façon à dissimuler au public les opérations électorales.

Art. D. 1441-111. Tout électeur est autorisé à se faire assister par un électeur de son choix lorsque l'infirmité certaine dont il est atteint le met dans l'impossibilité d'introduire son bulletin dans l'enveloppe et de glisser celle-ci dans l'urne.

Art. D. 1441-112. Le vote de chaque électeur est constaté par sa signature apposée en face de son nom sur la liste d'émargement.

La carte électorale ou l'attestation d'inscription en tenant lieu est simultanément estampillée au moyen d'un timbre portant la date du scrutin.

Art. D. 1441-113. Les opérations mentionnées à l'article D. 1441-112 sont réparties entre les assesseurs désignés par les listes en présence.

En cas de désaccord sur cette répartition, il est procédé par voie de tirage au sort à la désignation du ou des assesseurs chargés de ces opérations.

Il est également procédé à un tirage au sort si aucun des assesseurs n'a été désigné par les listes en présence ou si le nombre des assesseurs ainsi désignés est insuffisant.

Art. D. 1441-114. Il est installé au lieu de vote de chaque collège au moins une urne.

L'urne électorale est transparente.

Chaque urne électorale n'a qu'une ouverture destinée à laisser passer l'enveloppe contenant le bulletin de vote. Elle est fermée avant le commencement du scrutin, par deux serrures dissemblables. Les clés de ses serrures restent, l'une entre les mains du président, l'autre entre les mains d'un assesseur tiré au sort en présence de l'ensemble des assesseurs.

Si, au moment de la clôture du scrutin, le président n'a pas les deux clés à sa disposition, il prend toutes les mesures nécessaires pour procéder immédiatement à l'ouverture de l'urne.

Art. D. 1441-115. Toutes discussions et toutes délibérations des électeurs sont interdites à l'intérieur des bureaux de vote.

§ 2. Vote par correspondance

Art. D. 1441-116. Tout électeur peut voter par correspondance selon les modalités prévues aux articles D. 1441-117 à D. 1441-150.

Art. D. 1441-117. L'électeur souhaitant voter par correspondance place son bulletin de vote dans l'enveloppe électorale qu'il a reçue de la commission de propagande sans la cacheter.

Il insère cette enveloppe et la carte électorale, dûment signée, dans la deuxième enveloppe qui porte la mention : « Élection des conseillers prud'hommes – Vote par correspondance ».

Il adresse l'enveloppe au président du bureau de vote destinataire des suffrages.

Art. D. 1441-118. Les plis de vote par correspondance sont, dès leur arrivée, remis ***(D. 2008-913 du 10 sept. 2008, JO 12)*** « par les prestataires des services postaux » à la mairie de la commune dans laquelle est installé le bureau de vote destinataire. Ils sont conservés par la mairie jusqu'au jour du scrutin.

Le jour du scrutin, les plis sont remis par les services de la mairie au président du bureau de vote qui leur en donne décharge.

Art. D. 1441-119. ***(D. 2008-913 du 10 sept. 2008, JO 12)*** Les plis arrivant le jour du scrutin sont directement remis par les services postaux à la mairie de la commune dans laquelle est installé le bureau de vote. Les services de la mairie les transmettent immédiatement au président du bureau de vote qui leur en donne décharge.

Aucun pli, autre que les plis officiels portant la mention « Vote par correspondance » remis par les services de la mairie, n'est accepté par le président du bureau de vote.

Art. D. 1441-120. Après la clôture du scrutin et préalablement au dépouillement, le président du bureau de vote ouvre chaque pli de vote par correspondance et contrôle la recevabilité des votes telle que définie à l'article D. 1441-121. Il vérifie que l'enveloppe contenant le bulletin de vote est accompagnée de la carte électorale prud'homale et de la déclaration sur l'honneur dûment remplie.

Pour les votes recevables, le président du bureau de vote donne publiquement connaissance de la carte électorale prud'homale et l'émarge. Il introduit dans l'urne l'enveloppe contenant le bulletin de vote afin qu'elle soit dépouillée avec les autres.

Pour les votes irrecevables, le président n'émarge pas. Il extrait l'enveloppe contenant le bulletin de vote et la fait détruire. Il conserve le pli ayant contenu l'enveloppe et la carte. Il fait inscrire sur ces documents le motif de la non-prise en compte du vote. Cette opération est mentionnée au procès-verbal.

Art. D. 1441-121. Lorsque, au moment de l'émargement, il est constaté que l'électeur ayant envoyé un vote par correspondance a déjà déposé un bulletin dans l'urne, l'enveloppe contenant son bulletin de vote par correspondance n'est pas introduite dans l'urne. Elle est immédiatement détruite sans avoir été ouverte.

Il est procédé selon les mêmes modalités lorsqu'il est constaté l'absence de la carte électorale ou de la déclaration sur l'honneur dûment remplie.

Art. D. 1441-122. Le vote de chaque électeur est mentionné sur sa carte électorale.

Art. D. 1441-123. Les cartes électorales sont conservées par la mairie de la commune d'inscription de l'électeur à disposition de leurs titulaires. Elles peuvent être remises à l'électeur sur présentation d'une pièce d'identité.

Art. D. 1441-124. Les plis, qui parviennent au bureau de vote après la clôture du scrutin, sont remis au président et décachetés en présence des membres du bureau. Les cartes électorales en sont extraites et sont remises à la mairie d'inscription de l'électeur. Elle les conserve dans les conditions prévues à l'article D. 1441-123. Les enveloppes électorales sont détruites sans avoir été ouvertes.

Cette opération est mentionnée au procès-verbal.

Art. D. 1441-125. Les dépenses qui résultent des différents envois adressés en application des dispositions relatives au vote par correspondance sont supportées par l'État. Il rembourse aux services postaux les sommes dont ceux-ci ont fait l'avance.

§ 3. Bureau de vote

Art. D. 1441-126. Chaque bureau de vote est composé d'un président, d'au moins deux assesseurs et d'un secrétaire désigné par eux parmi les électeurs inscrits sur la liste électorale prud'homale de la commune. En cas d'impossibilité, le secrétaire est désigné parmi les électeurs inscrits sur la liste électorale établie en application du code électoral.

Dans les délibérations du bureau, le secrétaire n'a qu'une voix consultative.

Deux membres du bureau au moins sont présents pendant les opérations électorales.

Art. D. 1441-127. Les bureaux de vote sont présidés par les maires, adjoints et conseillers municipaux dans l'ordre du tableau.

À défaut, les présidents sont désignés par le maire parmi les électeurs inscrits sur la liste électorale prud'homale de la commune ou, en cas de besoin, parmi les électeurs inscrits sur la liste électorale établie en application du code électoral.

En cas d'absence, le président est remplacé par un suppléant désigné par lui parmi les conseillers municipaux ou les électeurs de la commune inscrits sur la liste électorale établie en application du code électoral ou, à défaut, par le plus âgé des assesseurs. Le suppléant exerce toutes les attributions du président.

Le secrétaire est remplacé, en cas d'absence, par l'assesseur le plus jeune.

Art. D. 1441-128. Les assesseurs de chaque bureau sont désignés dans les conditions suivantes :

1° Chaque liste en présence peut désigner un assesseur pris parmi :

a) Soit les électeurs prud'homaux du département dans lequel siège le conseil de prud'hommes ;

b) Soit ses candidats ;

c) Soit les électeurs inscrits sur la liste électorale établie en application du code électoral ;

2° Si, pour une cause quelconque, le nombre des assesseurs désignés est inférieur à deux, les assesseurs manquants sont pris jusqu'à concurrence de ce chiffre parmi les électeurs prud'homaux présents sachant lire et écrire selon l'ordre de priorité suivant :

a) L'électeur le plus âgé, s'il manque un assesseur ;

b) Le plus âgé et le plus jeune s'il en manque deux.

En cas de besoin, le président peut désigner comme assesseur tout électeur de la commune inscrit sur la liste électorale établie en application du code électoral.

Art. D. 1441-129. Les nom, prénoms, date et lieu de naissance, adresse des assesseurs désignés par les listes en présence, ainsi que, pour ceux qui sont inscrits sur une liste électorale, les noms des communes où ils sont inscrits, sont notifiés aux maires, au plus tard cinq jours avant le jour du scrutin. À Paris, Lyon et Marseille, ces informations sont notifiées aux maires d'arrondissement, par pli recommandé. L'État prend à sa charge les dépenses résultant de cet envoi.

Le maire transmet un récépissé de cette déclaration au mandataire de la liste ou le lui remet en main propre s'il en fait la demande. Ce récépissé sert de titre et garantit les droits attachés à la qualité d'assesseur.

Avant la constitution des bureaux, le maire notifie les nom, prénoms, date et lieu de naissance et adresse des assesseurs ainsi désignés au président de chaque bureau de vote intéressé.

Art. D. 1441-130. Chaque liste de candidats peut être représentée dans chaque bureau de vote par un délégué habilité à contrôler toutes les opérations de vote.

Un même délégué peut être habilité à exercer ce contrôle dans plusieurs bureaux de vote.

Les dispositions du 1° de l'article D. 1441-128 et celles de l'article D. 1441-129 s'appliquent aux délégués de liste et à leurs suppléants.

Art. D. 1441-131. Les assesseurs ainsi que les délégués désignés en application du premier alinéa de l'article D. 1441-130 sont tenus à l'obligation de neutralité pendant l'exercice de leur fonction. Ils s'abstiennent de toute manifestation d'appartenance ou de conviction.

§ 4. Réquisitions

Art. D. 1441-132. Seul le président du bureau de vote assure la police de l'assemblée.

Nulle force armée ne peut, sans son autorisation, être placée dans les salles de vote ni aux abords de celles-ci.

Les autorités civiles et les commandants militaires défèrent à ses réquisitions.

Art. D. 1441-133. Une réquisition réalisée par le président du bureau de vote ne peut avoir pour objet d'empêcher les délégués d'exercer le contrôle des opérations électorales.

En cas de désordre provoqué par un délégué ou de flagrant délit justifiant son arrestation, un délégué suppléant peut le remplacer. En aucun cas, les opérations de vote ne seront interrompues.

Art. D. 1441-134. Lorsqu'une réquisition a eu pour résultat l'expulsion soit d'un ou de plusieurs assesseurs, soit d'un ou de plusieurs délégués, le président est tenu de procéder sans délai au remplacement du ou des expulsés avant que la réquisition soit levée et que l'autorité requise ait quitté le bureau.

Art. D. 1441-135. L'autorité qui a procédé, sur réquisition du président du bureau de vote, à l'expulsion des personnes mentionnées à l'article D. 1441-134, adresse au procureur de la République et au préfet un procès-verbal rendant compte de sa mission immédiatement après l'expulsion.

Art. D. 1441-136. Le bureau se prononce provisoirement sur les difficultés qui s'élèvent sur les opérations électorales.

Ses décisions sont motivées.

Toutes les réclamations et décisions sont inscrites au procès-verbal, les pièces qui s'y rapportent y sont annexées après avoir été paraphées par les membres du bureau.

§ 5. Commissions de contrôle des opérations de vote

Art. D. 1441-137. Dans les départements comptant une ou des communes de plus de cent mille habitants, le préfet peut instituer par arrêté une ou plusieurs commissions chargée :

1° De veiller à la régularité :
a) De la composition des bureaux ;
b) Des opérations de vote ;
c) Du dépouillement des bulletins ;
d) Du dénombrement des suffrages ;

2° De garantir aux électeurs ainsi qu'aux listes en présence le libre exercice de leurs droits.

Art. D. 1441-138. L'arrêté qui fixe le siège de chaque commission de contrôle des opérations de vote ainsi que sa compétence territoriale est notifié aux maires intéressés.

Les commissions sont installées deux jours avant le jour du scrutin.

Art. D. 1441-139. Chaque commission de contrôle des opérations de vote comprend :

1° Un magistrat en activité ou honoraire de l'ordre judiciaire, désigné par le premier président de la cour d'appel, président ;

2° Un membre désigné par la même autorité parmi les anciens magistrats de l'ordre judiciaire ou les auxiliaires de justice du département ;

3° Un fonctionnaire, désigné par le préfet, qui assure le secrétariat de la commission.

Art. D. 1441-140. La commission des opérations de vote peut s'adjoindre des délégués choisis parmi les électeurs des communes intéressées inscrits sur la liste électorale établie en application du code électoral.

Art. L. 1441-35.

Les délégués sont munis d'un titre signé du président de la commission. Ce titre garantit les droits attachés à leur qualité et fixe leur mission.

La commission peut désigner un ou plusieurs délégués par bureau de vote. Un même délégué peut être habilité à exercer sa mission dans plusieurs bureaux de vote.

Le président notifie la désignation des délégués aux présidents de bureaux de vote intéressés avant l'ouverture du scrutin.

Art. D. 1441-141. Le président, les membres et délégués de la commission de contrôle des opérations de vote procèdent à tous contrôles et vérifications. Ils ont accès à tout moment aux bureaux de vote et peuvent exiger l'inscription de toutes observations au procès-verbal. Cette inscription est accomplie soit avant la proclamation des résultats du scrutin, soit après.

Les maires et les présidents des bureaux de vote sont tenus de fournir tous les renseignements et de communiquer tous les documents nécessaires à l'exercice de cette mission.

À l'issue du scrutin, la commission dresse, s'il y a lieu, un rapport qui est adressé à la préfecture. Ce rapport est joint au procès-verbal des opérations de vote.

§ 6. Dépouillement des votes

Sous-§ 1. Scrutateurs

Art. D. 1441-142. Lorsque le scrutin est clos, les bureaux procèdent immédiatement au dépouillement des votes.

Art. D. 1441-143. Le dépouillement est opéré par des scrutateurs sous la surveillance des membres du bureau.

À défaut de scrutateurs en nombre suffisant, le bureau peut y participer.

Art. D. 1441-144. Les scrutateurs sont désignés parmi les électeurs prud'homaux présents par les mandataires des listes en présence ou par leurs délégués. Les délégués peuvent également être scrutateurs.

Lorsque les scrutateurs désignés sont en nombre insuffisant, le bureau peut désigner des scrutateurs sachant lire et écrire parmi les électeurs prud'homaux présents ou à défaut parmi d'autres électeurs de la commune.

Art. D. 1441-145. Les dispositions des articles D. 1441-134 et D. 1441-135 sont applicables aux scrutateurs.

Art. D. 1441-146. Après ouverture de l'urne ou des urnes par le président, les enveloppes sont classées par section et les lots sont répartis entre les tables. Les enveloppes sont comptées. Si leur nombre excède ou n'atteint pas celui des émargements, il en est fait mention au procès-verbal.

À chaque table, l'un des scrutateurs extrait le bulletin de l'enveloppe et le passe déplié à un autre scrutateur. Celui-ci lit à haute voix le titre de la liste. Ce titre est inscrit sur une feuille de dépouillement.

Art. D. 1441-147. Les délégués des listes peuvent contrôler toutes les opérations de dépouillement des bulletins et de décompte des voix dans les locaux où s'accomplissent des opérations. Ils peuvent faire inscrire au procès-verbal leurs observations.

Sous-§ 2. Comptage des votes

Art. R. 1441-148. N'entrent pas en compte dans le résultat du dépouillement :

1° Les enveloppes sans bulletin ;
2° Les bulletins blancs ;
3° Les bulletins trouvés dans l'urne sans enveloppe ou dans des enveloppes non réglementaires ;
4° Les bulletins multiples trouvés dans la même enveloppe et concernant des listes différentes ;
5° Les bulletins désignant une liste qui n'a pas été régulièrement publiée ou dont l'irrégularité ou l'irrecevabilité a été constatée par le juge ;
6° Les bulletins ou enveloppes ne correspondant pas au conseil, au collège ou à la section d'inscription de l'électeur ;
7° Les bulletins comportant adjonction ou suppression de noms ou modifications de l'ordre de présentation des candidats ;

8° Des bulletins imprimés d'un modèle différent de ceux qui ont été produits par les candidats ou qui comporte une mention manuscrite ;

9° Les bulletins manuscrits ;

10° Les bulletins non conformes aux articles D. 1441-86 à D. 1441-88 ;

11° Les bulletins ou enveloppes portant des signes intérieurs ou extérieurs de reconnaissance ;

12° Les bulletins ou enveloppes portant des mentions injurieuses pour les candidats ou pour des tiers ;

13° Les circulaires utilisées comme bulletin.

Art. D. 1441-149. Les bulletins qui n'ont pas été pris en compte ainsi que les enveloppes non réglementaires sont annexés au procès-verbal et contresignés par les membres du bureau.

Chacun de ces bulletins annexés porte mention des causes de l'annexion.

Si l'annexion n'a pas été faite, cette circonstance entraîne l'annulation des opérations s'il est établi qu'elle a eu pour but et pour conséquence de porter atteinte à la sincérité du scrutin.

Art. D. 1441-150. En cas de vote par correspondance, sont considérés comme irrecevables, et ne peuvent donc être pris en compte dans les résultats du scrutin :

1° Les plis parvenus au bureau de vote après la clôture du scrutin ;

2° Les plis remis par une personne n'appartenant ni aux services postaux ni aux services de la mairie ;

3° Les plis provenant d'électeurs non inscrits dans le bureau de vote ;

4° Les plis non cachetés ou décachetés ;

5° Les plis ne contenant pas de carte électorale, ou contenant une carte électorale non signée ;

6° Les plis ne contenant pas d'enveloppe électorale ;

7° Les plis contenant une enveloppe électorale ne correspondant pas au conseil, au collège ou à la section de l'électeur.

Art. D. 1441-151. Après ouverture des plis de vote par correspondance, les enveloppes ayant contenu les enveloppes électorales sont jointes aux listes d'émargement de chaque bureau de vote.

Ces documents sont conservés pendant quatre mois après l'expiration des délais prescrits pour l'exercice des recours contre l'élection.

Art. D. 1441-152. Une fois les opérations de lecture et de pointage terminées, les scrutateurs remettent au bureau les feuilles de pointage signées par eux. Ils remettent simultanément les bulletins dont la validité leur a paru douteuse ou a été contestée par des électeurs ou par les délégués des listes.

Art. D. 1441-153. Immédiatement après la fin du dépouillement, le procès-verbal des opérations électorales est rédigé par le secrétaire dans la salle de vote, en présence des électeurs.

Il est établi en deux exemplaires, signés de tous les membres du bureau. Les délégués des listes en présence sont obligatoirement invités à contresigner ces deux exemplaires.

Dès l'établissement du procès-verbal, le résultat est proclamé en public par le président du bureau.

Art. D. 1441-154. Les pièces fournies à l'appui des réclamations et des décisions prises par le bureau, ainsi que la feuille de dépouillement, sont jointes au procès-verbal.

Les bulletins autres que ceux qui sont obligatoirement annexés au procès-verbal sont détruits en présence des électeurs.

Sous-§ 3. Commission de recensement

Art. D. 1441-155. Lorsqu'il y a plusieurs bureaux de vote dans la commune, le bureau installé à la mairie de la commune est le bureau centralisateur pour les deux collèges.

Les procès-verbaux établis dans chacun des bureaux de vote sont transmis au bureau centralisateur qui recense les résultats de la commune.

Art. D. 1441-156. Les procès-verbaux relatifs aux résultats de chaque commune sont rédigés en double exemplaire. L'un reste déposé au secrétariat de la mairie, l'autre est immédiatement porté à la commission de recensement des votes compétente pour chaque conseil de prud'hommes.

Art. D. 1441-157. Dans chaque département le recensement des votes est opéré par une ou plusieurs commissions dont les ressorts et les sièges sont fixés par arrêté du préfet.

Le préfet organise le transfert des procès-verbaux auprès de chaque commission.

Art. D. 1441-158. La commission de recensement est présidée par un magistrat de l'ordre judiciaire en activité ou honoraire désigné par le premier président de la cour d'appel. Elle comprend le maire de la commune dans laquelle elle a son siège et un conseiller municipal.

Son secrétariat est assuré par un membre du personnel municipal désigné par le maire.

Art. D. 1441-159. Un représentant de chacune des listes en présence peut assister avec voix consultative aux opérations de la commission.

Les nom, prénoms, date et lieu de naissance des représentants des listes sont notifiés au président de la commission par pli recommandé au plus tard quarante-huit heures avant le jour du scrutin.

L'État prend à sa charge les dépenses résultant de cet envoi.

Art. D. 1441-160. Après avoir recensé les votes des communes et procédé, s'il y a lieu, au redressement des chiffres portés sur les procès-verbaux, la commission de recensement attribue les sièges par collège et par section dans l'ordre de présentation de chaque liste en faisant application de la représentation proportionnelle avec répartition complémentaire suivant la règle de la plus forte moyenne conformément aux modalités suivantes :

1° Le quotient électoral est déterminé dans chaque section et dans chaque collège en divisant le nombre de suffrages exprimés par le nombre de conseillers prud'homaux à élire dans cette section et ce collège ;

2° Il est attribué à chaque liste autant de postes de conseillers prud'hommes que le nombre de suffrages recueillis par cette liste contient de fois le quotient électoral.

Art. D. 1441-161. Les postes de conseillers prud'hommes non répartis par application des dispositions du 2° de l'article D. 1441-160 sont attribués selon la règle de la plus forte moyenne.

À cet effet, les postes sont conférés successivement à celle des listes pour lesquelles la division du nombre des suffrages recueillis par le nombre des postes qui lui ont été déjà attribués plus un, donne le plus fort résultat.

Au cas où il ne reste qu'un poste à attribuer, si deux listes ont la même moyenne, le poste revient à la liste qui a obtenu le plus grand nombre de suffrages.

Si les deux listes en cause ont recueilli le même nombre de suffrages, le poste est attribué au plus âgé des deux candidats susceptibles d'être proclamés élus.

§ 7. Proclamation des résultats

Art. D. 1441-162. La commission de recensement proclame les résultats des élections aux fonctions de conseiller prud'homme le lendemain du jour du scrutin.

Les résultats sont affichés à la mairie de la commune du siège du conseil de prud'hommes le jour de leur proclamation.

Note La protection du conseiller prud'homme court à compter de la proclamation des résultats des élections, le lendemain du jour du scrutin prévue par l'article D. 1441-162, indépendamment de la publication de la liste des conseillers élus au recueil des actes administratifs de la préfecture du département (cass. soc. 22 septembre 2010, n° 09-40.968, BC V n° 191 ; *LS* Bref n° 15702 du 4/10/10 ; *RJS* 12/10 n° 981 ; *Dr. Soc.* 2010, p. 1268, obs. L. Pécaut-Rivolier).

Art. D. 1441-163. Le procès-verbal du dépouillement est signé par les membres de la commission. Un exemplaire est aussitôt transmis au préfet.

Dans les trois jours qui suivent la réception du procès-verbal le préfet transmet des copies certifiées :

1° Au procureur de la République près le tribunal de grande instance dans le ressort duquel se trouve le siège du conseil de prud'hommes ;

2° Au ministre chargé du travail ;

3° Au greffier en chef, directeur de greffe, du conseil de prud'hommes.

Le préfet transmet au procureur de la République une copie des déclarations individuelles et collectives de candidatures des listes ayant obtenu au moins un siège ainsi que les déclarations mentionnées à l'article D. 1441-67.

§ 8. Publication des listes élues

Art. D. 1441-164. La liste des conseillers élus aux conseils est publiée au recueil des actes administratifs de la préfecture du département. Elle peut être consultée en préfecture.

Note Voir ci-dessus note sous article D. 1441-162.

Art. D. 1441-165. Les documents mentionnés aux articles D. 1441-65 à D. 1441-67, R. 1441-81, D. 1441-146, D. 1441-153, D. 1441-156 et D. 1441-163 sont conformes aux modèles fixés par arrêté du ministre chargé du travail.

Note Les modèles des déclarations individuelles et collectives de candidatures mentionnées aux articles D. 1441-65 à 67 ont été fixés par arrêté du 2 mai 2008 (JO 15). Un arrêté du 7 août 2008 (JO 5 sept.) a fixé les modèles des autres documents électoraux mentionnés aux articles R. 1441-81 et D. 1441-146, 153, 156 et 163.

Sous-section 3. Élections complémentaires

Art. L. 1441-36. Il est procédé à des élections complémentaires, selon les modalités prévues à la présente section, en cas d'augmentation de l'effectif d'une section d'un conseil de prud'hommes, dans les six mois suivant la parution du décret modifiant la composition du conseil.

Il peut également être procédé à des élections complémentaires, dans les conditions déterminées par un décret en Conseil d'État, lorsque les élections générales n'ont pas permis de constituer la section ou de la compléter ou lorsqu'un ou plusieurs conseillers ont refusé de se faire installer ou ont cessé leurs fonctions et qu'il n'a pas été possible de pourvoir aux vacances par application de l'article L. 1442-4.

Art. L. 1441-37. Les fonctions des membres élus à la suite d'une élection complémentaire prennent fin en même temps que celles des autres membres du conseil de prud'hommes.

Art. L. 1441-38. Il n'est pourvu aux vacances qu'à l'occasion du prochain scrutin général s'il a déjà été procédé à une élection complémentaire, sauf dans le cas où il a été procédé à une augmentation des effectifs.

La section fonctionne dès lors que le nombre de ses membres est au moins égal à la moitié du nombre total de ceux dont elle est composée et à condition que la composition paritaire des différentes formations appelées à connaître des affaires soit respectée.

Art. R. 1441-166. Dans les cas prévus au second alinéa de l'article L. 1441-36, il ne peut être procédé à des élections complémentaires moins de douze mois avant l'élection générale des conseillers prud'hommes.

Note Une circulaire DRT 2003-03 du 17 février 2003 (BO TR 2003/12, p. 39) a précisé les modalités d'organisation des élections complémentaires.

Art. R. 1441-167. Sous réserve des dispositions des articles R. 1441-168 à R. 1441-170, les dispositions des sections 1 et 2 relatives à la préparation et au déroulement des opérations électorales pour les élections générales des conseillers prud'hommes s'appliquent aux élections complémentaires.

Art. R. 1441-168. La liste électorale applicable est la liste électorale établie pour l'élection générale lorsque le siège d'un conseiller prud'homme devient vacant ainsi qu'en cas d'augmentation des effectifs d'une section décidée dans les douze mois qui suivent l'élection générale.

Art. L. 1441-39.

Art. R. 1441-169. Lorsque les vacances de siège sont constatées ou les augmentations des effectifs décidées après expiration de la période mentionnée à l'article R. 1441-168, une nouvelle liste électorale est établie.

La liste est établie par le maire, assisté de la commission administrative prévue à l'article L. 1441-13, à partir des déclarations mentionnées aux articles L. 1441-8, L. 1441-10 et L. 1441-11.

Art. R. 1441-170. Le préfet fixe, par arrêté, après consultation des représentants locaux des organisations d'employeurs et de salariés représentatives au niveau national, le calendrier électoral.

Il détermine notamment :

1° La date du scrutin ;

2° La date à laquelle les conditions pour être électeur s'apprécient ;

3° Les délais ouverts pour l'établissement des listes électorales ;

4° Les délais de dépôt des déclarations de candidatures.

Sous-section 4. Contestation du scrutin

Art. L. 1441-39. Les contestations relatives à l'éligibilité, à la régularité et à la recevabilité des listes de candidats à l'élection des conseillers prud'hommes, ainsi qu'à la régularité des opérations électorales, sont de la compétence du juge judiciaire qui statue en dernier ressort.

Note

• Le délai du recours contentieux concernant l'inscription sur les listes électorales est de dix jours à compter de la date d'affichage des listes en application de l'article L. 25 du code électoral ; le jour de l'affichage ne doit pas y être compris (cass. soc. 28 novembre 1979, n° 79-60.703, BC V n° 903).

• Le tribunal d'instance compétent pour connaître des contestations portant sur les listes électorales d'une commune est celui dans le ressort duquel se trouve cette commune ; s'agissant de la contestation de l'omission de l'inscription sur la liste électorale d'une commune, pour pouvoir voter dans cette commune, le tribunal d'instance compétent est celui dans le ressort duquel se trouve située la commune en cause (cass. soc. 29 novembre 1979, n° 79-60.770, BC V n° 925).

• Le salarié dont l'inscription est contestée doit être convoqué par le tribunal, à peine de nullité, conformément à l'article 43 du nouveau code de procédure civile, à son domicile personnel, et non au siège de l'entreprise, même s'il s'agit de la seule adresse connue du tribunal et si le salarié n'a pas formulé d'observation au moment de la confection des listes, l'absence de protestation de l'intéressé ne pouvant constituer une élection de domicile valable (cass. soc. 13 décembre 1979, n° 79-61.100, BC V n° 992).

Art. L. 1441-40. Les contestations peuvent être présentées devant le juge judiciaire, avant ou après le scrutin, dans les conditions déterminées par un décret en Conseil d'État, par :

1° L'autorité administrative ;

2° Le procureur de la République ;

3° Tout électeur ;

4° Toute personne éligible ou mandataire d'une liste relevant du conseil de prud'hommes pour lequel la contestation est formée.

Note

• Tout électeur inscrit sur la liste électorale de la commune tient de l'article 25 du code électoral le droit de réclamer l'inscription d'un électeur omis ou la radiation d'un électeur indûment inscrit (cass. soc. 28 novembre 1979, n° 79-60.707, BC V n° 908).

• Un électeur inscrit sur la liste électorale d'une commune n'a pas qualité pour contester les listes établies dans d'autres communes du département (cass. soc. 29 novembre 1979, n° 76-60.780, BC V n° 926).

• Le droit de contester la liste électorale appartient exclusivement aux électeurs intéressés et au préfet ; une personne morale (en l'espèce, un syndicat professionnel) ne peut donc se pourvoir contre une décision en matière de contentieux des listes électorales prud'homales et cela, même si sans droit, elle a été partie devant le tribunal (cass. civ., 2e ch., 29 avril 1998, n° 97-60.427, BC II n° 134).

• Si un délégué syndical n'a pas, en tant que tel, qualité pour présenter une demande de radiation d'un électeur de la liste électorale, sa contestation doit cependant être admise si, bien que l'ayant présentée au titre de délégué syndical, il est lui-même électeur inscrit (cass. soc. 30 novembre 1982, n° 82-60.482, BC V n° 651).

Art. R. 1441-171. Lorsqu'elles sont postérieures au scrutin, les contestations prévues à l'article L. 1441-39 sont formées dans un délai de huit jours à compter de l'affichage des résultats à la mairie du siège du conseil de prud'hommes par tout électeur, toute personne éligible ou tout mandataire d'une liste relevant du conseil pour lequel la contestation est formée.

Ces contestations sont formées devant le tribunal d'instance dans le ressort duquel se trouve situé le siège de ce conseil.

Art. R. 1441-172. Le recours prévu à l'article R. 1441-171 est ouvert au préfet et au procureur de la République dans le ressort duquel se trouve le siège du conseil de prud'hommes. Ce recours peut être exercé dans un délai de quinze jours à compter de la réception du procès-verbal mentionné à l'article D. 1441-163.

Art. R. 1441-173. Les électeurs mineurs peuvent présenter un recours sans autorisation.

Art. R. 1441-174. Les conseillers prud'hommes dont l'élection est contestée peuvent valablement prêter serment, être installés et siéger tant qu'il n'a pas été définitivement statué sur le recours.

Art. R. 1441-175. Le recours est formé par déclaration orale ou écrite faite, remise ou adressée au greffe du tribunal d'instance.

La déclaration indique les nom, prénoms et adresse du requérant, la qualité en laquelle il agit et l'objet du recours.

Si le recours met en cause l'éligibilité d'un candidat, l'éligibilité ou l'élection d'un élu, la déclaration mentionne les noms, prénoms et adresses de ces derniers.

Si le recours porte sur la recevabilité ou la régularité d'une liste ou sur la régularité du scrutin, elle fait état, selon le cas, des noms, prénoms et adresses des mandataires de la liste contestée ou des mandataires de l'ensemble des listes.

Le recours est porté à la connaissance du procureur de la République par le greffier en chef.

Note Un électeur est irrecevable à contester une élection dans un collège électoral autre que celui auquel il appartient (cass. civ., 2e ch., 13 octobre 1993, n° 93-60.167, BC II n° 284 ; 8 décembre 1993, n° 93-60.051, BC II n° 354).

Art. R. 1441-176. Le tribunal d'instance statue sans frais ni forme dans les dix jours du recours et après avoir averti les parties mentionnées à l'article R. 1441-175 trois jours à l'avance.

La décision est notifiée dans les trois jours par le greffe aux parties par lettre recommandée avec avis de réception. Le greffe informe le préfet et le procureur de la République dans le même délai.

La décision n'est pas susceptible d'opposition.

La décision est susceptible de faire l'objet d'un pourvoi en cassation formé dans les conditions prévues aux articles 999 à 1008 du code de procédure civile. Le délai de pourvoi court à compter de la notification du jugement. Le pourvoi est suspensif.

Les parties sont dispensées du ministère d'avocat au Conseil d'État et à la Cour de cassation.

Art. R. 1441-177. Les délais fixés par les articles R. 1441-73, R. 1441-76, R. 1441-172 et R. 1441-176 sont calculés et prorogés conformément aux dispositions des articles 640, 641 et 642 du code de procédure civile.

CHAPITRE II

Statut des conseillers prud'hommes

SECTION 1. Formation

Art. L. 1442-1. L'État organise, dans des conditions déterminées par décret, la formation des conseillers prud'hommes et en assure le financement.

Art. D. 1442-1. La formation des conseillers prud'hommes peut être assurée :

1° Par des établissements publics ou instituts de formation des personnels de l'État ;

2° Par des établissements publics d'enseignement supérieur ;

3° Par des organismes privés à but non lucratif qui :

a) Sont rattachés aux organisations professionnelles et syndicales ayant obtenu, au niveau national, cent cinquante sièges aux dernières élections prud'homales répartis dans au moins cinquante départements ;

b) Se consacrent exclusivement à cette formation.

Note Un arrêté du 18 mars 2009 (JO 10 avril) a fixé la liste des organismes et établissements publics d'enseignement supérieur agréés au titre de l'article R. 1442-2 pour les années 2009 à 2013 pour assurer la formation des conseillers prud'hommes.

Un arrêté du 17 février 2005 (JO 11 mars) a autorisé les organismes visés au 3° de cet article à déléguer une partie de l'aide financière versée par l'État au titre de cette formation.

Art. R. 1442-2. Pour les établissements et organismes mentionnés aux 2° et 3° de l'article D. 1442-1, le bénéfice des dispositions des articles D. 1442-3 et D. 1442-4 ainsi que l'accès pour les conseillers prud'hommes salariés aux droits prévus au second alinéa de l'article L. 1442-6 sont subordonnés à l'agrément du ministre chargé du travail.

L'agrément, obtenu par voie d'arrêté, est donné pour une période de cinq ans. Il peut être retiré à la fin de chaque année civile en fonction des résultats des contrôles réalisés. Ces dispositions ne font pas obstacle à la dénonciation éventuelle des conventions prévues à l'article D. 1442-3.

L'établissement ou l'organisme présente un dossier de demande d'agrément établi conformément à un modèle fixé par arrêté du garde des Sceaux, ministre de la Justice, et du ministre chargé du travail.

Art. D. 1442-3. Des conventions sont conclues, dans la limite des crédits prévus à cet effet, entre les établissements et organismes mentionnés à l'article D. 1442-1 et le ministre chargé du travail. La durée de la convention est de cinq ans.

Chaque convention fixe à titre prévisionnel, notamment :

1° Le programme organisé sur la durée de la convention. Ce programme est défini conformément aux dispositions d'un arrêté du ministre de la Justice et du ministre chargé du travail ;

2° Le nombre de journées de formation par stagiaire sur la durée de la convention ;

3° Le nombre de journées de formation par stagiaire par an ;

4° La durée de chaque stage ;

5° Les moyens pédagogiques et techniques mis en œuvre ;

6° L'estimation de l'aide financière globale de l'État et sa répartition sur la durée de la convention ;

7° L'organisation de la délégation de l'aide financière de l'État à des structures locales.

Art. D. 1442-4. L'aide financière de l'État comprend pour les organismes mentionnés aux 2° et 3° de l'article D. 1442-1 :

1° Un fonds destiné à financer les frais de structure de l'organisme. Ces frais comprennent :

a) Les frais de formation suivants dans le cadre des sessions :
- matériel et documentation ;
- locaux ;
- fournitures diverses ;

b) Les frais de formation suivants hors sessions :
- frais de formation des formateurs ;
- frais liés à l'utilisation des nouvelles technologies ;

c) Les dépenses administratives suivantes :
– frais de personnel ;
– frais de fonctionnement ;

2° Une participation calculée sur la base d'un montant forfaitaire par jour de formation et par stagiaire. Cette participation couvre les dépenses d'enseignement ainsi que les frais de déplacement et de séjour des stagiaires. Ce forfait est fixé annuellement dans la convention.

Art. D. 1442-5. Les conventions mentionnées à l'article D. 1442-3 précisent les modalités du contrôle, notamment administratif et financier, des stages de formation donnant lieu au versement de l'aide financière de l'État ainsi que les modalités d'évaluation du dispositif.

Art. D. 1442-6. L'État soutient financièrement les actions innovantes relatives à la formation des conseillers prud'hommes engagées par les organismes agréés.

Art. L. 1442-2. Les employeurs accordent aux salariés de leur entreprise, membres d'un conseil de prud'hommes, sur leur demande dès leur élection et pour les besoins de leur formation, des autorisations d'absence, dans la limite de six semaines par mandat, pouvant être fractionnées.

Les dispositions de l'article L. 3142-12 sont applicables à ces autorisations.

Ces absences sont rémunérées par l'employeur. Elles sont admises au titre de la participation des employeurs au financement de la formation professionnelle, dans les conditions prévues à l'article L. 6331-1.

Note Il résulte de la combinaison des articles L. 514-3, al. 2 et L. 221-4 (anciens) CT que le législateur, en accordant aux conseillers prud'hommes des autorisations d'absence dans la limite de six semaines par mandat pouvant être fractionnées, a entendu leur accorder, le repos hebdomadaire étant nécessairement exclu, une durée de six jours de formation pendant six semaines, soit trente-six jours au total et ceci, quel que soit l'horaire habituel de l'entreprise où ils travaillent (cass. soc. 19 novembre 1996, n° 94-43.012, BC V n° 393 ; *RJS* 12/96 n° 1311).

En 2008, en sus de l'obligation prévue à cet article, les employeurs étaient tenus d'accorder aux salariés de leur entreprise, membres d'un conseil de prud'hommes, sur leur demande et pour les besoins de la formation prévue au premier alinéa de l'article précité, des autorisations d'absence, dans la limite de six jours (loi 2008-67 du 21 janvier 2008, art. 5, JO 22).

Art. D. 1442-7. La durée totale d'absence d'un conseiller prud'homme salarié pour sa participation à un ou plusieurs stages de formation dans les établissements et organismes mentionnés à l'article D. 1442-1 ne peut dépasser au cours d'une même année civile deux semaines.

L'employeur est informé par l'intéressé, par lettre recommandée avec avis de réception :
1° Au moins trente jours à l'avance, en cas de durée d'absence égale ou supérieure à trois journées de travail consécutives ;
2° Au moins quinze jours à l'avance dans les autres cas.

La lettre précise la date, la durée et les horaires du stage ainsi que le nom de l'établissement ou de l'organisme responsable.

Art. D. 1442-8. L'organisme chargé du stage délivre au salarié une attestation constatant sa présence au stage.

Cette attestation est remise à l'employeur au moment de la reprise du travail.

Art. D. 1442-9. Les conseillers prud'hommes salariés bénéficiant des congés prévus à l'article D. 1442-7 ne sont pas pris en compte :
1° Pour la fixation du nombre des bénéficiaires du congé de formation, tel qu'il résulte des articles L. 6322-7 à L. 6322-9 ;
2° Pour la fixation du congé de formation économique, sociale et syndicale, tel qu'il résulte de l'article L. 3142-7.

Art. D. 1442-10. Les conseillers prud'hommes salariés rétribués uniquement à la commission, lorsqu'ils bénéficient des congés prévus à l'article D. 1442-7, sont rémunérés par chacun de leurs employeurs sur la base d'une indemnité horaire de stage égale au 1/1 900 des rémunérations versées l'année précédente et déclarées à l'administration fiscale en application de l'article 87 du code général des impôts.

L'imputation de cette rémunération au titre de la participation des employeurs au développement de la formation professionnelle continue est réalisée conformément aux dispositions du premier alinéa de l'article R. 6331-22.

Pour les autres conseillers prud'hommes salariés, les dispositions de l'article R. 6331-22 s'appliquent dans leur ensemble.

SECTION 2. Exercice du mandat

Art. L. 1442-3. Les conseillers prud'hommes sont élus pour cinq ans. Ils sont rééligibles.

Lorsque le mandat des prud'hommes sortants vient à expiration avant la période fixée pour l'installation de leurs successeurs, ils restent en fonctions jusqu'à cette installation.

Note Il résulte des dispositions de ce texte que le mandat des conseillers prud'hommes sortants vient à expiration à la date de l'installation du conseil de prud'hommes (cass. soc. 12 novembre 1997, n° 93-41.685, BC V n° 373 ; *RJS* 12/97 n° 1415).

Art. L. 1442-4. Les candidats placés sur une liste immédiatement après le dernier candidat élu sont appelés à remplacer les conseillers élus sur cette liste dont le siège deviendrait vacant. Cette disposition est applicable à l'inéligibilité d'un élu.

Note • Cette disposition tend à éviter l'organisation d'élections complémentaires, en cas de sièges devenant vacants, notamment par suite d'inéligibilité. Une circulaire du ministère du Travail (circ. DRT 2000-5 du 13 juin 2000, BO TR 2000/18, p. 47) rappelle les cas donnant lieu à élections complémentaires ainsi que le régime juridique de ce scrutin.

• Sur la protection accordée en matière de licenciement du remplaçant d'un conseiller prud'homme démissionnaire, voir note sous art. L. 2411-22.

Art. L. 1442-5. Les employeurs laissent aux salariés de leur entreprise, membres d'un conseil de prud'hommes, le temps nécessaire pour se rendre et participer aux activités prud'homales déterminées par décret en Conseil d'État.

Note L'employeur est tenu de laisser à ses salariés, membres d'un conseil de prud'hommes, le temps nécessaire pour se rendre et participer aux diverses formations du conseil et exercer leurs fonctions et, s'ils sont présidents ou vice-présidents, le temps nécessaire à l'exercice de leurs fonctions administratives. Commet le délit d'entrave à l'exercice régulier des fonctions de conseiller prud'homme l'employeur qui refuse à l'une de ses salariées, conseiller prud'homme, l'autorisation d'absence que celle-ci lui avait demandée pour siéger à une audience, quand bien même les textes légaux n'exigent pas la présentation d'une telle demande dont la salariée aurait pu se dispenser (cass. crim. 4 octobre 1988, n° 86-96.874).

Art. L. 1442-6. Le temps passé hors de l'entreprise pendant les heures de travail par les conseillers prud'hommes du collège salarié pour l'exercice de leurs fonctions est assimilé à un temps de travail effectif pour la détermination des droits que le salarié tient de son contrat de travail, des dispositions légales et des stipulations conventionnelles.

Les absences de l'entreprise des conseillers prud'hommes du collège salarié, justifiées par l'exercice de leurs fonctions, n'entraînent aucune diminution de leurs rémunérations et des avantages correspondants.

(L. 2009-526 du 12 mai 2009, JO 13) « La demande de remboursement aux employeurs des salaires maintenus aux conseillers prud'hommes du collège salarié, ainsi que des avantages et des charges sociales y afférents, est adressée au greffe du conseil de prud'hommes au plus tard dans l'année civile qui suit l'année de l'absence du salarié de l'entreprise. À défaut, la demande de remboursement est prescrite. »

Note

• *Premier alinéa.* Le temps passé hors de l'entreprise pendant les heures de travail par un conseiller prud'homme du collège salarié pour l'exercice de ses fonctions doit être pris en compte comme temps de travail effectif et une disposition conventionnelle ne peut déroger à cette règle que dans un sens plus favorable. Ainsi, l'attribution à une salariée d'un degré de qualification supérieure ne peut être retardée du fait d'absences justifiées par l'exercice de ses fonctions prud'homales pendant la période de validation de ses compétences fixée par accord collectif (cass. soc. 8 janvier 2002, n° 99-45.953, BC V n° 7 ; *Dr. Soc.* 2002, p. 472, obs. J. Savatier).

À noter que les conseillers prud'hommes bénéficient de la législation sur les accidents du travail pour les accidents survenant par le fait ou à l'occasion de leurs fonctions.

• *Deuxième alinéa.* Le salarié qui, en tant que travailleur posté, a droit à une demi-heure d'arrêt de travail payée peut prétendre à ce temps de pause pour le temps passé hors de l'entreprise pour l'exercice de ses fonctions de conseiller prud'homme pendant les heures de travail posté (cass. soc. 7 avril 1994, n° 92-42.458, BC V n° 140). De même, les heures passées à l'exercice du mandat de conseiller prud'homme doivent être prises en compte comme temps de travail effectif pour le paiement d'heures supplémentaires (cass. soc. 25 mai 2005, n° 03-43.373, BC V n° 183 ; *RJS* 10/05 n° 1020). Voir aussi, pour l'attribution d'une prime conventionnelle d'habillage à un conseiller prud'homme absent à temps plein de son poste en raison de ses fonctions prud'homales, cass. soc. 13 octobre 2004, n° 02-47.725, BC V n° 259 ; *RJS* 1/05 n° 68. Encore faut-il, pour que les dispositions de cet alinéa s'appliquent, que les indemnités réclamées aient la nature d'un complément de rémunération et non pas celle d'un remboursement de frais ; ainsi, des indemnités de déplacement et de nuit qui sont liées au déplacement et au service de nuit effectivement réalisés par le salarié ne sont pas dues (cass. soc. 13 juillet 2004, n° 02-44.342, *RJS* 10/04 n° 1082).

À noter que la Cour de cassation a jugé que leur participation au service de la justice en qualité de magistrat conférait aux salariés membres d'un conseil de prud'hommes les mêmes droits en matière de rémunération et d'avantages y afférents, qu'ils appartiennent au collège salarié ou au collège employeur. Par conséquent, un employeur ne saurait réclamer le remboursement des salaires versés à un de ses salariés qui, titulaire d'une délégation d'autorité, siégeait dans le collège employeur (cass. soc. 12 octobre 2005, n° 03-47.749, 3e moyen, BC V n° 286 ; *RJS* 1/06 n° 79).

• *Troisième alinéa.* Sur les modalités de remboursement des salaires maintenus, voir art. D. 1423-59.

Art. L. 1442-7. Le salarié membre d'un conseil de prud'hommes, travaillant en service continu ou discontinu posté, a droit à un aménagement d'horaires de son travail de façon à lui garantir un temps de repos minimum.

Note

Le temps nécessaire à un salarié affecté à une équipe de nuit pour se rendre de son domicile au conseil de prud'hommes dont il est membre ne peut pas être imputé sur la durée de son repos quotidien (cass. soc. 8 avril 2009, n° 08-40.278, BC V n° 108 ; *JSL* n° 256, 27 mai 2009, p. 24 ; *JCP* éd. S 2009, 1398, note Th. Lahalle).

Art. L. 1442-8. Les fonctions de conseiller prud'homme sont gratuites vis-à-vis des parties.

Art. L. 1442-9. Les articles 4 et 5 du code civil et 434-7-1 du code pénal sont applicables aux conseils de prud'hommes et à leurs membres pris individuellement.

Art. L. 1442-10. Un décret détermine les modalités d'indemnisation des salariés qui exercent leur activité professionnelle en dehors de tout établissement ou dépendent de plusieurs employeurs.

Sous-section 1. Installation

Art. D. 1442-11. Lorsqu'ils n'ont jamais exercé de fonctions judiciaires dans un conseil de prud'hommes, sont invités à prêter serment :

1° Le conseiller prud'homme nouvellement élu ;

2° Le conseiller appelé à occuper le siège devenu vacant d'un élu qui le précédait immédiatement sur la liste soumise aux suffrages lors de la précédente élection ;

3° Le conseiller proclamé élu à la suite d'une élection complémentaire.

Art. D. 1442-12. La convocation pour la prestation de serment à l'audience du tribunal est faite par le procureur de la République près le tribunal de grande instance dans le ressort duquel se trouve le siège du conseil de prud'hommes, dans le courant du mois de janvier de l'année qui suit les élections générales, dans les délais suivants :

1° Pour les conseillers mentionnés au 1° de l'article D. 1442-11, dans un délai d'un mois à compter de la réception du procès-verbal de dépouillement mentionné à l'article D. 1441-163 ;

2° Pour les conseillers mentionnés aux 2° et 3° de l'article D. 1442-11, à compter de la constatation de la vacance ou de la réception du procès-verbal de dépouillement mentionné à l'article D. 1441-163.

Art. D. 1442-13. Les conseillers prêtent individuellement le serment suivant :

« Je jure de remplir mes devoirs avec zèle et intégrité et de garder le secret des délibérations. »

Un procès-verbal de la réception du serment est établi.

Art. D. 1442-14. Le jour de l'installation publique du conseil de prud'hommes, qui correspond à la première assemblée générale du nouveau conseil, une lecture du procès-verbal de réception est faite. L'installation vaut entrée en fonctions des conseillers mentionnés au 1° de l'article D. 1442-11.

L'installation des conseillers mentionnés aux 2° et 3° de l'article D. 1442-11 a lieu lors de l'audience de la section concernée qui suit la constatation de la vacance, la réception du procès-verbal de dépouillement ou la réception du serment.

Dans les huit jours de l'installation d'un salarié comme conseiller prud'homme, le greffier en chef, directeur de greffe, adresse à son employeur un courrier l'informant de la date d'entrée en fonctions de ce conseiller.

Note Un conseiller prud'homme ne peut être considéré comme étant en fonctions qu'après avoir prêté serment et avoir été installé dans ses fonctions (cass. soc. 16 juin 1988, n° 85-41.743, BC V n° 369).

Voir aussi note sous art. R. 1423-11.

Art. D. 1442-15. Si le siège du tribunal de grande instance n'est pas situé dans le ressort du conseil de prud'hommes, le président du tribunal de grande instance peut, à la demande des élus, prescrire par ordonnance qu'il sera procédé en séance publique à leur réception par le magistrat chargé de l'administration du tribunal d'instance dans le ressort duquel siège le conseil. Le procès-verbal de cette séance est transmis au tribunal de grande instance, qui en ordonne l'insertion dans ses registres.

Sous-section 2. Fin du mandat

Art. D. 1442-16. Le conseiller prud'homme désigné comme conseiller rapporteur et dont le mandat n'a pas été renouvelé dépose son rapport au plus tard dans le délai de deux mois à compter de la date d'installation du nouveau conseiller prud'homme.

Art. D. 1442-17. Le conseiller qui renonce à son mandat adresse sa démission au président du conseil de prud'hommes et en informe le procureur de la République par lettre recommandée avec avis de réception.

La démission devient définitive à compter d'un mois après l'expédition de cette lettre.

Art. D. 1442-18. Le conseiller prud'homme qui, en cours de mandat, perd la qualité en laquelle il a été élu et en acquiert une autre doit le déclarer au procureur de la République et au président du conseil de prud'hommes. Cette déclaration entraîne sa démission de plein droit.

À défaut de déclaration, l'assemblée de section ou, le cas échéant, l'assemblée de chambre est saisie de la question par le président du conseil de prud'hommes, à son initiative ou à celle du procureur de la République. Le membre du conseil en cause est appelé à cette réunion pour y fournir ses explications.

Le procès-verbal est transmis dans un délai de huit jours par le président du conseil au procureur de la République et par celui-ci, dans le même délai, au président du tribunal de grande instance.

Au vu du procès-verbal, la démission est prononcée, s'il y a lieu, par le tribunal de grande instance en chambre du conseil, sauf appel devant la cour du ressort. Le préfet est informé de la décision par le procureur de la République et, en cas d'appel, par le procureur général.

Note

• Un conseiller prud'homme n'est pas déchu de son mandat du seul fait qu'il a perdu la qualité en laquelle il a été élu tant que l'une des procédures prévues par cet article n'a pas été mise en œuvre (cass. soc. 3 mars 2009, n° 07-43.173, 1er moyen, BC V n° 55 ; *RJS* 5/09 n° 463).

• Il appartient au ministère public, qui agit en démission d'office d'un conseiller prud'homme, d'établir à la fois que l'intéressé a perdu la qualité (de salarié ou d'employeur) en laquelle il avait été élu et qu'il en a acquis une autre incompatible avec celle-ci (cass. soc. 13 juillet 1993, n° 91-14.514, BC V n° 207).

Art. D. 1442-19. Lorsqu'un siège de conseiller prud'homme devient vacant pour quelque cause que ce soit, le président de ce conseil constate la vacance et en informe, dans un délai de huit jours, le préfet et le procureur de la République.

SECTION 3. Discipline et protection

Sous-section 1. Discipline

Art. L. 1442-11. L'acceptation par un conseiller prud'homme d'un mandat impératif, à quelque époque ou sous quelque forme que ce soit, constitue un manquement grave à ses devoirs.

Si ce fait est reconnu par les juges chargés de statuer sur la validité des opérations électorales, il entraîne de plein droit l'annulation de l'élection de celui qui s'en est rendu coupable ainsi que son inéligibilité.

Si la preuve n'en est rapportée qu'ultérieurement, le fait entraîne la déchéance de l'intéressé dans les conditions prévues aux articles L. 1442-13 et L. 1442-14.

Art. L. 1442-12. Tout conseiller prud'homme qui, sans motif légitime et après mise en demeure, refuse de remplir le service auquel il est appelé peut être déclaré démissionnaire.

Art. D. 1442-20. Le président constate le refus de service d'un conseiller prud'homme prévu à l'article L. 1442-12 par un procès-verbal contenant l'avis motivé de la section ou de la chambre. Le conseiller prud'homme est préalablement entendu ou dûment appelé.

Si la section ou la chambre n'émet pas son avis dans le délai d'un mois à dater de sa convocation, le président mentionne cette abstention dans le procès-verbal qu'il transmet au procureur général près la cour d'appel, lequel en saisit cette dernière.

La cour d'appel statue en chambre du conseil au vu du procès-verbal.

L'intéressé est appelé devant la cour d'appel.

Art. L. 1442-13. Tout conseiller prud'homme manquant gravement à ses devoirs dans l'exercice de ses fonctions est appelé devant la section ou la chambre pour s'expliquer sur les faits qui lui sont reprochés.

L'initiative de cette procédure appartient au président du conseil de prud'hommes et au procureur de la République.

Note

Les manquements graves au sens de cet article ne sont pas seulement ceux qui auraient été commis dans l'exercice même de fonctions juridictionnelles ou d'administration du conseil de prud'hommes, mais aussi ceux qui, commis en dehors de ce cadre, révèlent un comportement incompatible avec les qualités attendues d'une personne investie de la fonction de juger et qui sont susceptibles de jeter le discrédit sur la juridiction à laquelle elle appartient (CE 5 juillet 2004, n° 253663, *RJS* 11/04 n° 1186 ; CE 20 mai 2011, n° 332451, *LS* Jurispr. n° 126/2011 du 21/06/11). Des faits de complicité de discrimination syndicale qui ont donné lieu à la condamnation pénale révèlent, eu égard à la nature même du contentieux soumis à la juridiction prud'homale, un comportement incompatible avec les obligations de neutralité et d'impartialité qui sont celles d'un conseiller prud'homme et peuvent être regardés comme des manquements graves au sens de l'article L. 1442-13 (CE 20 mai 2011, n° 332451, précité).

Art. D. 1442-21. Dans le délai d'un mois à compter de la convocation, le procès-verbal de la séance de comparution est adressé par le président du conseil de prud'hommes au procureur de la République. Ce dernier le transmet avec son avis au garde des Sceaux, ministre de la Justice.

Art. L. 1442-14. Les peines applicables aux conseillers prud'hommes sont :

1° La censure ;

2° La suspension pour une durée ne pouvant excéder six mois ;

3° La déchéance.

La censure et la suspension sont prononcées par arrêté ministériel. La déchéance est prononcée par décret.

Art. D. 1442-22. L'arrêté prononçant la censure ou la suspension d'un conseiller prud'homme prévu[es] par l'article L. 1442-14 est pris par le garde des Sceaux, ministre de la Justice.

Art. L. 1442-15. Le conseiller prud'homme ayant fait l'objet d'une interdiction, déchéance ou incapacité relative à ses droits civiques est déchu de plein droit de ses fonctions à la date de la condamnation devenue définitive.

Art. L. 1442-16. Sur proposition du premier président de la cour d'appel et du procureur général près de cette cour, le ministre de la justice, saisi d'une plainte ou informé de faits de nature à entraîner des poursuites pénales contre un conseiller prud'homme, peut suspendre l'intéressé de ses fonctions pour une durée qui ne peut excéder six mois.

Il est fait application de la procédure prévue à l'article L. 1442-13.

Art. D. 1442-23. Les articles L. 141-2 et L. 141-3 du code de l'organisation judiciaire et les articles L. 366-1 à L. 366-9 du code de procédure civile sont applicables aux conseils de prud'hommes et à leurs membres pris individuellement.

Le droit de réprimande du garde des Sceaux, ministre de la Justice, sur les juges non professionnels, prévu à l'article 17 de la loi du 30 août 1883, et les incompatibilités, prévues à l'article R. 721-1 du code de l'organisation judiciaire, sont applicables à la juridiction des prud'hommes en tout ce qu'ils n'ont pas de contraire aux dispositions du présent livre.

Art. D. 1442-24. La prise à partie est portée devant la cour d'appel.

Art. L. 1442-17. Le conseiller prud'homme qui refuse de se faire installer ou qui a été soit déclaré démissionnaire soit déchu de ses fonctions peut d'office ou sur sa demande être relevé des incapacités prévues par les articles L. 1441-20 et L. 1441-21.

Art. L. 1442-18. Les demandes en relèvement d'incapacité sont adressées au ministre de la justice. Elles ne sont recevables que s'il s'est écoulé un délai d'un an depuis le refus d'installation ou la démission, ou de cinq ans à partir de la déchéance.

Toute demande rejetée après un examen au fond ne peut être renouvelée qu'après un nouveau délai d'un an dans le premier cas et de cinq ans dans le second.

Le relèvement est prononcé par décret.

Sous-section 2. Protection

Art. L. 1442-19. L'exercice des fonctions de conseiller prud'homme et la participation aux activités mentionnées aux articles L. 1442-2 et L. 1442-5 ne peuvent être une cause de sanction ou de rupture du contrat de travail.

Le licenciement du conseiller prud'homme est soumis à la procédure d'autorisation administrative prévue par le livre IV de la deuxième partie.

Note Voir note générale figurant au début du livre IV de la deuxième partie du code et notes sous articles L. 2411-22, L. 2421-1, L. 2422-1 et L. 2422-4.

[Dispositions réglementaires]

SECTION 4. Médailles et honorariat

Art. D. 1442-25. Les membres du conseil de prud'hommes portent, soit à l'audience, soit dans les cérémonies publiques, suspendue à un ruban, en sautoir, une médaille signe de leurs fonctions. Cette médaille est en bronze doré pour le président du conseil de prud'hommes et, à l'audience, pour le président du bureau de jugement. Elle est en bronze argenté pour les autres conseillers. D'un module de 65 mm, elle porte à l'avers la mention République française et une tête symbolisant la République, placée de profil, tournée à droite.

La médaille est suspendue à un ruban d'une largeur de 75 mm au moyen d'une attache d'une largeur de 75 mm portant un rameau d'olivier. Ce ruban est divisé dans le sens vertical en deux parties égales, rouge et bleue.

Art. D. 1442-26. L'honorariat peut être conféré par arrêté du garde des Sceaux, ministre de la Justice, aux anciens présidents et aux anciens membres des conseils de prud'hommes ayant exercé leurs fonctions pendant douze ans.

Cet arrêté est pris sur proposition du président du tribunal de grande instance dans le ressort duquel est situé le siège du conseil, après avis de l'assemblée générale du conseil de prud'hommes.

L'honorariat peut être retiré suivant la même procédure.

Art. D. 1442-27. Les membres honoraires d'un conseil de prud'hommes peuvent assister, aux côtés des membres de la juridiction, aux audiences d'installation et à l'audience solennelle prévue à l'article R. 711-2 du code de l'organisation judiciaire.

Ils peuvent porter à ces audiences et dans les cérémonies publiques l'insigne prévu à l'article D. 1442-25.

Art. D. 1442-28. Les anciens conseillers prud'hommes admis à l'honorariat ne peuvent en faire mention ni dans la publicité ou la correspondance commerciale, ni dans les actes de procédure ou les actes extra-judiciaires.

En toute autre circonstance ils ne peuvent faire état de cette distinction sans préciser le conseil de prud'hommes au titre duquel elle leur a été conférée.

CHAPITRE III

Dispositions pénales

Art. L. 1443-1. Les peines prévues par les articles L. 87, L. 92, L. 93, L. 113 à L. 116 du code électoral s'appliquent aux opérations électorales pour les conseils de prud'hommes.

Les dispositions de l'article L. 86 de ce code sont en outre applicables à toute personne qui a réclamé et obtenu une inscription sur deux ou plusieurs listes électorales.

Art. L. 1442-19.

Note Les articles du code électoral dont l'application aux élections prud'homales est prévue visent :
- les sanctions applicables en cas de fraude dans la délivrance ou la production d'un certificat d'inscription ou de radiation des listes électorales (L. 87) ;
- les sanctions applicables en cas de vote irrégulier (L. 92) ou d'inscription multiple pour voter plus d'une fois (L. 93) ;
- les sanctions applicables à quiconque a violé ou tenté de violer le secret du vote, porté atteinte ou tenté de porter atteinte à sa sincérité, empêché ou tenté d'empêcher les opérations du scrutin, changé ou tenté de changer son résultat (L. 113 et L. 116) ;
- la prescription, après six mois, à partir de la proclamation du résultat de l'élection, de l'action publique et de l'action civile intentées en vertu des articles précédents (L. 114).

Art. L. 1443-2. Le fait d'ordonner, d'organiser ou de participer à la collecte des enveloppes contenant des bulletins de vote lors de l'élection des conseillers prud'hommes est puni des peines prévues à l'article L. 116 du code électoral.

Art. L. 1443-3. Le fait de porter atteinte ou de tenter de porter atteinte soit à la libre désignation des candidats à l'élection des conseillers prud'hommes, soit à l'indépendance ou à l'exercice régulier des fonctions de conseiller prud'homme, notamment par la méconnaissance des articles L. 1442-2, L. 1442-5 à L. 1442-7 et L. 1442-10, est puni d'un emprisonnement d'un an et d'une amende de 3750 €.

Note Cet article, qui vise de façon non limitative la méconnaissance de certaines dispositions légales ou réglementaires, réprime toutes les atteintes portées à l'exercice des fonctions de conseiller prud'homme.

Se rend donc coupable d'atteinte à l'exercice régulier des fonctions de conseiller prud'homme le secrétaire général d'un syndicat qui, à la suite de dissensions avec un conseiller prud'homme élu sur la liste présentée par ce syndicat, adresse au président du conseil de prud'hommes et au procureur de la République, et contre le gré de l'intéressé, la lettre de démission non datée qu'il avait pré-remplie au moment des élections (cass. crim. 26 mai 2009, n° 07-87.712, *RJS* 10/09 n° 825 ; *JCP* éd. S 2009, 1472, note Th. Lahalle ; *Dr. Soc.* 2009, p. 1142, obs. Fr. Duquesne).

Art. R. 1443-1. Le fait pour l'employeur de méconnaître les dispositions des articles R. 1441-20 ***(D. 2009-289 du 13 mars 2009, JO 15)*** « et » R. 1441-24, relatives à l'établissement des listes électorales, est puni des amendes prévues pour les contraventions de la quatrième classe.

En cas d'infraction aux dispositions de l'article R. 1441-20, l'amende est prononcée autant de fois qu'il y a d'irrégularités.

Art. R. 1443-2. La publication ou la diffusion des mentions relatives aux personnes à l'occasion de la consultation des états et de la liste électorale à des fins autres que des fins électorales, prévue aux articles R. 1441-24 et D. 1441-47, est punie de l'amende prévue pour les contraventions de la quatrième classe.

L'amende est prononcée autant de fois qu'il y a d'irrégularités.

Art. R. 1443-3. L'utilisation de la liste électorale prud'homale à des fins autres que des fins électorales est punie des amendes prévues pour les contraventions de la quatrième classe.

L'amende est prononcée autant de fois qu'il y a d'irrégularités.

TITRE V

PROCÉDURE DEVANT LE CONSEIL DE PRUD'HOMMES

CHAPITRE Ier

Dispositions générales

[Le présent chapitre ne comprend pas de dispositions législatives.]

Art. R. 1451-1. Sous réserve des dispositions du présent code, la procédure devant les juridictions prud'homales est régie par les dispositions du livre premier du code de procédure civile.

Note

Généralités. Les juridictions statuant en matière prud'homale sont tenues d'appliquer d'abord les règles spécifiques de procédure prévues par le code du travail, puis, en l'absence de règles particulières, celles du nouveau code de procédure civile (cass. soc. 19 février 1992, n° 88-43.409, BC V n° 105). Il leur incombe notamment de rechercher, conformément à l'article 12 CPC, la teneur de la convention collective invoquée par un salarié à l'appui de sa demande (cass. soc. 8 octobre 1992, n° 91-41.504, BC V n° 507 ; 17 mai 2011, n° 09-43.003, *RJS* 7/11 n° 587), au besoin en invitant les parties à leur en faire parvenir un exemplaire (cass. soc. 3 mars 1993, n° 89-45.868, BC V n° 76. Voir aussi cass. soc. 3 mai 2007, n° 05-43.863, BC V n° 67, s'agissant d'un accord d'entreprise).

Voir aussi « Les règles spécifiques au procès prud'homal », M. Pierchon, *Cah. prud'h.* 1996, Chron.

Oralité de la procédure et principe du contradictoire. Il résulte de l'article R. 516-0 [R. 1451-1] CT que les dispositions de l'article 135 CPC, selon lesquelles le juge peut écarter des débats les pièces qui n'ont pas été communiquées en temps utile, sont applicables devant les juridictions statuant en matière prud'homale (cass. soc. 7 juin 1995, n° 90-44.079, BC V n° 186 ; *RJS* 7/95 n° 810 ; 13 mars 1996, n° 94-42.864, BC V n° 95 ; 3 février 1999, n° 97-40.085, *TPS* mai 1999, n° 218 ; 5 décembre 2001, n° 99-45.768). C'est donc à bon droit qu'un conseil de prud'hommes écarte des débats des documents produits à l'audience du bureau de jugement par le mandataire d'une salariée dès lors qu'ils n'avaient pas été communiqués au préalable à l'avocat de l'employeur (cass. soc. 22 novembre 1989, n° 85-45.438, BC V n° 676 ; voir aussi cass. soc. 29 novembre 2006, n° 05-43.470 s'agissant de pièces transmises trois jours avant l'audience). À noter que c'est par une appréciation souveraine que les juges du fond estiment – ou non – que les pièces ont été communiquées en temps utile (cass. soc. 7 juin 1995, précité et cass. ch. mixte, 3 février 2006, n° 04-30.592, BC n° 2). Doit également être cassé le jugement prud'homal intervenu sans que les parties aient été mises en mesure de débattre contradictoirement du contenu d'un dossier transmis en cours de délibéré par le procureur de la République et duquel les juges du fond ont tiré les éléments de leur décision (cass. soc. 20 février 1990, n° 87-42.063, BC V n° 66). Mais la procédure prud'homale étant orale, les documents retenus par les juges et dont la production n'a donné lieu à aucune contestation devant eux sont présumés avoir été débattus contradictoirement (voir notamment cass. soc. 23 septembre 2009, n° 07-44.226, BC V n° 202).

La procédure prud'homale étant orale, le juge doit se prononcer sur les demandes formulées contradictoirement devant lui à l'audience des débats (cass. soc. 22 novembre 2000, n° 98-45.417). Il ne peut déclarer une demande irrecevable au seul motif qu'elle fait l'objet de conclusions écrites qui n'ont pas été communiquées à la partie adverse, présente à l'audience, et il lui appartient de provoquer un débat contradictoire sur cette demande (cass. soc. 10 juillet 1990, n° 87-40.677, BC V n° 359) en renvoyant l'affaire à une prochaine audience si le principe du contradictoire l'exige (cass. soc. 17 mars 1998, n° 95-41.006, BC V n° 152 ; *CSB* 1998 B. 120). Voir aussi note sous art. R. 1453-3.

Lorsqu'une juridiction décide de relever d'office un moyen, elle est tenue en toute circonstance de respecter le principe de la contradiction en invitant les parties à s'expliquer sur celui-ci. C'est donc à tort qu'une cour d'appel qui, pour accueillir la demande en requalification du contrat de travail à durée déterminée en un contrat de travail à durée indéterminée, a relevé d'office un moyen tiré du caractère insuffisant d'une mention concernant le motif pour lequel le contrat à durée déterminée avait été conclu et estimé que ce moyen étant nécessairement dans la cause, il n'y avait pas lieu de recueillir les observations des parties (cass. soc. 11 mai 2005, n° 03-40.916, BC V n° 157 ; *RJS* 7/05 n° 769 ; *Dr. Soc.* 2005, p. 816, obs. Cl. Roy-Loustaunau ; *JCP* éd. S 2005, 1020, note B. Boubli).

Expertise. Pour garantir le caractère contradictoire de la procédure, l'expert doit convoquer les parties à toutes les réunions d'expertise et leur présenter les pièces dont il entend faire état dans son rapport (cass. soc. 29 novembre 1989, n° 86-43.656). L'expert peut, hors la présence des parties, procéder à des investigations d'ordre purement matériel (analyse d'une machine, par exemple) mais il doit soumettre ses conclusions à la discussion contradictoire (cass. soc. 23 juin 1999, n° 97-41.745, *TPS* octobre 1999, n° 378).

Modification des demandes. S'agissant d'un salarié qui, devant le bureau de conciliation et alors que l'employeur n'avait pas comparu, a élevé le chef de l'une de ses demandes, n'est pas fondée la décision d'un conseil de prud'hommes qui, par jugement réputé contradictoire, fait droit à cette demande sans avoir vérifié que l'employeur avait été régulièrement informé de la demande nouvelle du salarié (cass. soc. 25 septembre 1990, n° 87-43.616, BC V n° 386). N'est pas non plus fondé le jugement faisant droit à la demande nouvelle présentée à l'audience de jugement par un salarié, demandeur à l'instance, alors que le défendeur n'avait pas comparu devant lui (cass. soc. 10 juillet 1991, n° 88-41.902, BC V n° 354). De même, le juge ne peut requalifier d'office une demande de congés payés en dommages-intérêts sans inviter au préalable les parties à faire valoir leurs observations (cass. soc. 25 mai 1993, n° 89-45.263).

Question préjudicielle. S'agissant de salariés licenciés pour motif économique à la suite du décès de leur employeur, doit être cassée la décision d'un conseil de prud'hommes qui, tout en relevant l'existence d'une question préjudicielle qui ne relevait pas de sa compétence (nullité ou validité d'une renonciation à succession), condamne les héritiers à verser diverses sommes aux salariés (cass. soc. 25 avril 1990, n° 86-44.233, BC V n° 192).

Sursis à statuer

• Aucune disposition légale n'ayant institué un délai pour statuer sur une demande d'aide judiciaire et n'imposant à la juridiction saisie d'un litige de surseoir à statuer jusqu'à décision sur la demande d'aide judiciaire formée par un défendeur, c'est dans l'exercice de son pouvoir souverain d'appréciation que le conseil de prud'hommes n'a pas fait droit à la demande de renvoi pour connaître la décision, accordant ou non l'aide judiciaire, dont il avait été saisi (cass. soc. 22 novembre 1989, n° 85-45.438, BC V n° 676).

• Selon l'alinéa 3 de l'article 4 du code de procédure pénale, dans sa rédaction issue de la loi 2007-291 du 5 mars 2007, la mise en mouvement de l'action publique n'impose pas la suspension du jugement des autres actions civiles que celles de la partie civile, même si la décision à intervenir au pénal est susceptible d'exercer, directement ou indirectement, une influence sur la solution du procès civil. Le juge prud'homal n'est donc plus tenu de différer sa décision dans l'attente de l'issue du procès pénal. Toutefois, s'il l'estime opportun, il peut surseoir à statuer jusqu'au prononcé définitif d'une action publique (cass. soc. 17 septembre 2008, n° 07-43.211, BC V n° 164 ; *JCP* éd. S 2008, 1589, note M. d'Allende ; *RJS* 12/08 n° 1232).

Pratique du renvoi. Usant de son pouvoir discrétionnaire d'administration, le conseil de prud'hommes peut accepter ou refuser de remettre l'affaire à une autre audience que celle qui avait été fixée et cela, sans avoir à motiver sa décision (cass. soc. 17 janvier 2001, n° 99-40.831 ; 28 novembre 2000, n° 98-43.921). La décision du renvoi est une mesure d'administration judiciaire non susceptible de recours (cass. soc. 20 février 1992, n° 89-40.113).

Dépens et sommes non comprises dans les dépens (art. 700 CPC). Lorsque les parties succombent sur quelques chefs de leurs prétentions respectives, les juges du fond sont investis d'un pouvoir discrétionnaire pour mettre les dépens à la charge de l'une d'entre elles seulement, sans avoir à justifier l'exercice de ce pouvoir par des motifs spéciaux (cass. soc. 30 octobre 2000, n° 98-45.339). Mais la partie condamnée aux dépens ne peut prétendre à l'indemnité de l'article 700 CPC (cass. soc. 24 novembre 1993, *Cah. prud'h.* 1994, 64).

Astreintes. Pour assurer l'exécution de leur décision, les juges peuvent, même d'office, ordonner une astreinte provisoire (cass. soc. 20 janvier 1993, n° 90-42.345, BC V n° 20) ou définitive (cass. soc. 27 février 1992, n° 869, *CSB* 1992 B. 69). Mais celle-ci doit être précédée d'une astreinte provisoire. Il résulte de la loi 91-650 du 9 juillet 1991 (JO 14) portant réforme des procédures civiles d'exécution et du décret 92-755 du 31 juillet 1992 (JO 5 août) que toute astreinte est liquidée par le juge de l'exécution, sauf si le juge qui l'a ordonnée reste saisi de l'affaire ou s'en est expressément réservé le pouvoir. Dès lors, le juge des référés, qui ne reste pas saisi de l'affaire, ne peut liquider l'astreinte sauf s'il s'en est réservé le pouvoir (cass. soc. 19 juin 2002, n° 00-18.117, *TPS* novembre 2002, n° 364).

À noter que l'employeur, condamné sous peine d'une astreinte, à remettre des documents au salarié doit, en l'absence de précisions quant aux modalités d'exécution de cette décision, faire parvenir ces documents à l'intéressé (cass. soc. 17 janvier 1995, n° 91-43.908, BC V n° 26).

Restitution d'une somme versée en application d'une décision cassée (intérêts moratoires). La partie qui, jusqu'à l'arrêt de cassation, détient en vertu d'un titre exécutoire le montant de la condamnation prononcée à son profit, ne peut être tenue, postérieurement à cet arrêt, son titre ayant disparu, qu'à la restitution des sommes reçues avec intérêts de droit à compter de la sommation de restituer (cass. soc. 20 février 1990, n° 87-41.030, BC V n° 65).

Art. R. 1451-2. Les exceptions de procédure sont, à peine d'irrecevabilité, soulevées avant toute défense au fond ou fin de non-recevoir. Elles peuvent, sous cette réserve, être soulevées devant le bureau de jugement.

Note

• Les exceptions de procédure sont : l'exception d'incompétence, l'exception de litispendance, l'exception de connexité, l'exception dilatoire, l'exception de nullité.

Même si des défenses au fond ont été proposées au cours du préliminaire de conciliation, les exceptions d'incompétence demeurent recevables lors du débat ouvert devant le bureau de jugement, pourvu qu'elles soient présentées avant toute défense au fond (cass. soc. 10 mai 1995, n° 92-40.352, *CSB* 1995 p. 213).

• C'est à tort qu'une cour d'appel se déclare incompétente pour statuer sur la demande de participation aux fruits de l'expansion formée par un salarié qu'elle renvoie à se pourvoir devant les juridictions de droit commun, alors que l'employeur n'avait contesté la compétence de la juridiction prud'homale ni devant le premier juge ni en appel et qu'en cas de violation d'une règle de compétence d'attribution, l'incompétence ne peut être relevée d'office devant la cour d'appel que si l'affaire relève de la compétence d'une juridiction répressive ou administrative ou échappe à la compétence de la juridiction française (cass. soc. 6 février 1986, Caci c/ Banque pop. de Lyon, *JS* 1986 SJ 102).

• *Connexité* (art. 101 CPC). La demande de l'employeur en résiliation du contrat de travail d'un salarié et celle de ce salarié en dommages intérêts pour licenciement sans cause réelle et sérieuse dérivent du même contrat de travail et doivent faire l'objet d'une seule instance devant la juridiction saisie la première (cass. soc. 4 mars 1981, *JS* 1981 F 64 ; dans le même sens, voir cass. soc. 21 février 1996, n° 92-43.104, BC V n° 61).

• *Prescription*. La fin de non-recevoir tirée de la prescription peut être soulevée en tout état de cause avant la clôture des débats (cass. soc. 20 octobre 1988, n° 85-45.664).

Art. R. 1451-3. Lorsqu'un tribunal d'instance est appelé à statuer en matière prud'homale, les demandes sont formées, instruites et jugées conformément aux dispositions du présent titre.

En cas de recours, il est procédé comme en matière prud'homale.

CHAPITRE II

Saisine du conseil de prud'hommes et recevabilité des demandes

[Le présent chapitre ne comprend pas de dispositions législatives.]

SECTION 1. Saisine du conseil de prud'hommes

Art. R. 1452-1. Le conseil de prud'hommes est saisi soit par une demande, soit par la présentation volontaire des parties devant le bureau de conciliation.

La saisine du conseil de prud'hommes, même incompétent, interrompt la prescription.

Note

• Depuis le 1er octobre 2011, l'introduction d'une instance devant la juridiction prud'homale donne lieu au paiement d'une contribution pour l'aide juridique de 35 euros. L'acquittement de cette contribution est une condition de recevabilité de la demande. Toutefois, la contribution n'est pas due dans certains cas, notamment par les personnes bénéficiaires de l'aide juridictionnelle, en cas de demande incidente ou pour les procédures de redressement et de liquidation judiciaire (loi 2011-900 du 29 juillet 2011, art. 54, JO 30 ; art. 1635 *bis* Q CGI ; décret 2011-1202 du 28 septembre 2011, JO 29 ; circ. civ./04/11 du 30 septembre 2011).

• La convocation du défendeur devant le bureau de conciliation vaut citation en justice (cf. art. R. 1452-5 et note sous cet article) ; si la chose est frugifère, elle opère donc mise en demeure et rend le défendeur comptable des fruits.

Interruption de la prescription. La procédure prud'homale étant orale, la demande formée par un salarié devant les conseillers rapporteurs, en présence de l'employeur, interrompt la prescription, peu important que cette demande ne soit chiffrée qu'ultérieurement par voie de conclusions déposées lors de l'audience de plaidoirie (cass. soc. 22 mars 2000, n° 98-40.608, BC V n° 120). Si, en principe, l'interruption de la prescription ne peut s'étendre d'une action à l'autre, il en est autrement lorsque les deux actions, au cours d'une même instance, concernent l'exécution du même contrat de travail. C'est donc à tort que, pour débouter un salarié de sa demande de rappels de salaires au titre de deux journées « enfant malade », une cour d'appel a retenu que cette demande formée le 19 février 2004 pour les journées du 13 et 14 octobre 1998 était prescrite, alors que la prescription avait été interrompue par la saisine du conseil de prud'hommes d'une demande d'annulation d'une mise à pied le 9 mars 1999 et que la demande nouvelle de rappel de salaires au titre des jours « enfant malade », qui concernait le même contrat de travail, avait été formée lors de la remise au rôle après une radiation de l'instance (cass. soc. 8 avril 2010, n° 08-42.307, 1er moyen, BC V n° 91 ; *RJS* 6/10 n° 520).

Par ailleurs, une instance dont la caducité a été constatée n'interrompt pas le cours de la prescription. C'est donc à tort que, pour accueillir la demande d'un salarié en paiement d'une prime de fin d'année, introduite après le délai de la prescription quinquennale, un conseil de prud'hommes a énoncé qu'une première demande avait déjà été introduite par l'intéressé avant la fin dudit délai, alors que cette première citation avait été déclarée caduque et n'avait pu en conséquence interrompre le cours de la prescription (cass. soc. 21 mai 1996, n° 92-44.347, BC V n° 193).

De même, si le demandeur laisse périmer l'instance, l'interruption de la prescription résultant de la citation en justice est regardée comme non avenue. Une cour d'appel a donc pu décider qu'une première procédure engagée par un employeur en mars 1986 devant le tribunal de grande instance, éteinte par péremption, ne pouvait plus être invoquée et que la demande de remboursement des cotisations sociales salariales formée par l'employeur en mai 1993 devant la juridiction prud'homale était prescrite (cass. soc. 18 juillet 2000, n° 97-44.215, BC V n° 293).

Art. R. 1452-2. La demande est formée au greffe du conseil de prud'hommes. Elle peut être adressée par lettre recommandée.

Outre les mentions prescrites par l'article 58 du code de procédure civile, la demande mentionne chacun des chefs de demande.

Le greffe délivre ou envoie immédiatement un récépissé au demandeur. Ce récépissé, ou un document qui lui est joint, reproduit les dispositions des articles R. 1453-1, R. 1453-2, R. 1454-10 et R. 1454-12 à R. 1454-18.

Note • La demande peut soit être adressée par lettre recommandée au greffe du conseil, soit être formée à ce greffe en remplissant les formules types et en chiffrant chaque chef de la demande (salaire, heures supplémentaires, indemnités de congé payé, de préavis, de licenciement, de clientèle, etc.). À la demande primitive peuvent s'ajouter, en cours d'instance, même en appel, des demandes nouvelles du même contrat de travail (voir art. R. 1452-7).

• Les dispositions du deuxième alinéa, issues du décret 2005-1678 du 28 décembre 2005 sont entrées en vigueur le 1er mars 2006.

Art. R. 1452-3. Le greffe informe le demandeur des lieu, jour et heure de la séance du bureau de conciliation à laquelle l'affaire sera appelée :

1° Soit verbalement lors de la présentation de la demande ;

2° Soit par lettre simple.

Le greffe invite le demandeur à se munir de toutes les pièces utiles.

Note Le défendeur est convoqué en conciliation et informé par le greffe de l'identité du demandeur et de l'objet du litige par une lettre recommandée avec demande d'avis de réception et par une lettre simple bénéficiant de la franchise postale. Il est avisé, en outre, que des décisions exécutoires par provision pourront, même en son absence, être prises contre lui par le bureau de conciliation (cf. art. R. 1454-14 et 15).

Art. R. 1452-4. Le greffe convoque le défendeur devant le bureau de conciliation par lettre recommandée avec avis de réception. Il lui adresse le même jour une copie de cette convocation par lettre simple.

La convocation indique :

1° Les nom, profession et domicile du demandeur ;

2° Les lieu, jour et heure de la séance du bureau de conciliation à laquelle l'affaire sera appelée ;

3° Les chefs de la demande ;

4° Le fait que des décisions exécutoires à titre provisoire pourront même en son absence, être prises contre lui par le bureau de conciliation au vu des éléments fournis par son adversaire.

Elle invite le défendeur à se munir de toutes les pièces utiles.

Cette convocation, ou un document qui lui est joint, reproduit les dispositions des articles R. 1453-1, R. 1453-2, R. 1454-10 et R. 1454-12 à R. 1454-18.

Art. R. 1452-5. Sous réserve des dispositions du second alinéa de l'article R. 1452-1, la convocation du défendeur devant le bureau de conciliation vaut citation en justice.

Note Le dépôt d'une demande au greffe du conseil de prud'hommes ne produit pas à lui seul les effets d'une citation. Un recours en révision est irrecevable comme tardif lorsque la demande a été déposée avant l'expiration du délai de 2 mois prévu à l'article 596 CPC mais que la convocation n'a été adressée à la partie adverse qu'après l'expiration de ce délai (cass. soc. 19 février 1992, n° 88-44.324, BC V n° 104).

SECTION 2. Recevabilité des demandes

Art. R. 1452-6. Toutes les demandes liées [au] contrat de travail entre les mêmes parties font, qu'elles émanent du demandeur ou du défendeur, l'objet d'une seule instance.

Cette règle n'est pas applicable lorsque le fondement des prétentions est né ou révélé postérieurement à la saisine du conseil de prud'hommes.

Note • En raison du caractère oral de la procédure prud'homale (cf. art. R. 1453-3), les parties peuvent verbalement modifier ou compléter leurs demandes.

• Unicité de l'instance

Il résulte de la combinaison des articles R. 516-1 et R. 516-2 [R. 1452-6 et R. 1452-7], d'une part, que l'inobservation du principe de l'unicité de l'instance n'entraîne plus l'irrecevabilité des demandes nouvelles formées après tentative de conciliation et, d'autre part, que les parties peuvent compléter ou modifier leurs demandes initiales en cours d'instance en tout état de cause, même en appel, donc à tous les stades de la procédure et sans que l'absence de tentative de conciliation puisse être opposée.

Lorsque le salarié a eu la possibilité de former des demandes additionnelles dès la première instance, en application de l'article R. 516-2 [R. 1452-7], l'employeur est fondé à opposer le principe de l'unicité de l'instance à la demande introduite par le salarié postérieurement à la décision définitive intervenue entre les parties (cass. soc. 17 juillet 1991, n° 88-42.942, BC V n° 372 ; 5 mars 1992, n° 89-40.680, BC V n° 160). Ainsi, un salarié qui s'est vu notifier son licenciement avant la clôture des débats devant le conseil de prud'hommes, statuant en dernier ressort sur une première demande de sa part qui dérivait du même contrat de travail, est irrecevable, en application de l'article R. 516-1 [R. 1452-6] CT, à présenter une nouvelle demande en paiement d'indemnités de rupture, le droit au paiement de ces indemnités prenant naissance dès la date de notification du licenciement (cass. soc. 4 janvier 1996, n° 93-40.528, *RJS* 2/96 n° 119 ; voir aussi cass. soc. 19 novembre 2002, n° 00-45.386, BC V n° 346 ; *RJS* 1/03 n° 67, déclarant recevable la demande nouvelle en paiement d'indemnités de rupture formée par un salarié dès lors que son licenciement lui avait été notifié après la clôture des débats de l'instance primitive). De même se heurte au principe de l'unicité de l'instance et est donc irrecevable la demande en paiement d'indemnités pour non-respect de la procédure et pour licenciement sans cause réelle et sérieuse formée par un salarié dès lors que, par jugement devenu définitif, un conseil de prud'hommes a fait droit à sa demande en requalification de son contrat à durée déterminée en contrat à durée indéterminée et que l'intéressé a eu, dès l'instance initiale, la possibilité d'y joindre toutes les demandes en paiement d'indemnités de rupture qui pouvaient en découler (cass. soc. 22 février 2005, n° 03-40.838, BC V n° 62 ; *RJS* 5/05 n° 560). En cas d'appel, dès lors que les causes d'un second litige relatif au même contrat de travail sont connues avant la clôture des débats devant la cour d'appel saisie d'un premier litige, la règle de l'unicité de l'instance s'oppose à ce qu'une partie au contrat de travail, qui, ayant la possibilité de présenter ses nouvelles demandes en appel n'est pas privée de son droit d'accès au juge, introduise une nouvelle instance devant le conseil de prud'hommes (cass. soc. 16 avril 2008, n° 06-44.356, BC V n° 90 ; *JCP* éd. S 2008, 1417, note I. Pétel-Teyssié ; *RJS* 7/08 n° 817).

Toutefois, la règle de l'unicité de l'instance n'est pas applicable dans certaines hypothèses :

- l'article R. 1452-6 réserve l'hypothèse selon laquelle le fondement de la nouvelle prétention n'est né ou n'a été révélé au demandeur qu'après la décision rendue sur la première instance. Ainsi est recevable, nonobstant la règle de l'unicité de l'instance, la demande d'un salarié tendant à la remise par l'employeur de bulletins de paie rectifiés correspondant à la qualification et au salaire qui lui ont été attribués par un jugement antérieur (cass. soc. 17 juin 2009, n° 07-45.363, *RJS* 10/09 n° 823). De même, le salarié qui ressaisit le conseil de prud'hommes d'une nouvelle demande après le désistement d'appel de l'employeur dans l'instance initiale ne peut se voir opposer le principe de l'unicité de l'instance, dès lors que les causes de la seconde saisine du conseil de prud'hommes procèdent de la contestation d'un licenciement intervenu postérieurement à la première décision de cette juridiction dont le salarié n'était pas tenu de relever appel (cass. soc. 8 décembre 2004, n° 02-44.662, BC V n° 324 ; *RJS* 2/05 n° 195) ;
- le principe de l'unicité de l'instance ne peut être opposé que dans l'hypothèse où les parties sont les mêmes. Il n'est donc pas applicable à une nouvelle instance engagée contre le cessionnaire d'une entreprise et le salarié dont le contrat de travail a été transféré par l'effet de l'article L. 122-12, al. 2 (ancien) CT peut introduire une nouvelle instance prud'homale contre le cessionnaire, alors même qu'il a déjà saisi la juridiction prud'homale de demandes dérivant du même contrat de travail dans le cadre d'une instance dirigée contre son ancien employeur (cass. soc. 10 mai 1999, n° 97-41.330, BC V n° 206 ; *RJS* 6/99 n° 798 ; voir aussi cass. soc. 20 juin 2000, n° 98-42.734, BC V n° 240 ; 19 mai 2010, n° 09-40.901, *RJS* 7/10 n° 619). De même, l'instance dirigée contre l'Assédic, en garantie des sommes dues en exécution du contrat de travail, étant distincte de celle dirigée contre l'employeur, la règle de l'unicité de l'instance ne s'applique pas (cass. soc. 26 mai 1999, n° 96-45.238, BC V n° 237). Enfin, l'unicité de

l'instance ne peut être opposée lorsque les parties aux procédures successives ne sont pas prises en la même qualité (cass. soc. 17 octobre 2000, n° 98-42.631, s'agissant d'un litige dans lequel une personne avait été assignée successivement en qualité de représentant légal de sa mère puis à titre personnel en qualité d'héritier) ;
- la règle de l'unicité de l'instance n'est applicable que lorsque l'instance précédente s'est achevée par un jugement sur le fond. Ainsi, notamment, lorsque, à l'issue de l'instance initiale, le conseil de prud'hommes prononce la nullité de la procédure en raison de l'absence du préliminaire de conciliation et invite le salarié à saisir régulièrement le bureau de conciliation, aucune décision sur le fond n'est rendue et le salarié est donc recevable à saisir à nouveau le conseil de prud'hommes afin de renouveler sa demande (cass. soc. 16 novembre 2010, n° 09-70.404, BC V n° 260 ; *Dr. Soc.* 2011, pp. 432 et s. obs. M. Keller ; *RJS* 1/11 n° 67) ;
- la reprise de l'instance en application de l'article 478 CPC lorsque celle-ci s'est achevée par une décision non avenue n'est pas contraire au principe de l'unicité de l'instance (cass. soc. 4 octobre 2011, n° 10-23.322, *RJS* 12/11 n° 1015).

À noter que le fait pour les juges d'appel d'avoir, au cours d'une précédente instance, donné acte au salarié de ce qu'il se réservait le droit de formuler éventuellement une autre demande en paiement d'une contrepartie pécuniaire de son obligation de non-concurrence, est sans effet sur la faculté par l'employeur de se prévaloir ultérieurement des dispositions relatives au principe de l'unicité de l'instance (cass. soc. 11 mai 1993, n° 89-44.827, BC V n° 134).

À noter également que le principe de l'unicité de l'instance est une fin de non-recevoir qui peut être invoquée en tout état de cause (cass. soc. 3 avril 2001, n° 99-41.908). La partie à qui ce principe est opposé ne peut donc se prévaloir du défaut de tentative de conciliation ou de l'absence de double degré de juridiction (cass.soc. 7 juin 1995, n° 91-41.172, *CSB* 1995 A. 44).

Sur l'application du principe de l'unicité de l'instance en cas de désistement d'instance, voir ci-après « Désistement d'instance ».

Saisine de la formation de référé. La règle de l'unicité de l'instance n'est pas applicable lorsque le litige est porté successivement devant le juge des référés et devant le juge du principal (cass. soc. 18 juillet 2000, n° 98-40.465). Elle ne fait donc pas obstacle à ce que le juge des référés soit saisi aux fins de faire cesser immédiatement un trouble manifestement illicite, alors même que l'instance est pendante au fond (cass. soc. 12 janvier 1999, n° 97-45.209, BC V n° 16 ; *RJS* 2/99 n° 237 ; voir aussi cass. soc. 24 mars 2010, n° 09-40.938, *JCP* éd. S 2010, 1279, note I. Petel-Teyssié, précisant que la constatation ultérieure de la péremption de cette instance par le juge saisi du principal est sans influence sur le pouvoir du juge des référés de statuer). En revanche, lorsqu'il a été statué au fond sur une première demande dérivant d'un contrat de travail, la règle d'unicité de l'instance fait obstacle à la présentation en référé d'une seconde demande dérivant du même contrat et ayant un fondement né ou révélé antérieurement au dessaisissement du juge du fond (cass. soc. 25 janvier 2006, n° 03-47.058, BC V n° 33 ; *RJS* 4/06 n° 485).

Saisine directe du bureau de jugement pour obtenir le paiement d'une créance salariale par l'AGS. La règle de l'unicité de l'instance, édictée pour la procédure de règlement par voie de conciliation des différends qui peuvent s'élever à l'occasion de tout contrat de travail, n'est pas applicable au litige qui trouve son fondement dans le refus de l'AGS de garantir tout ou partie d'une créance salariale et qui n'est pas soumis à la procédure de conciliation (cass. soc. 4 juin 2003, n° 01-42.338, BC V n° 188 ; 13 juillet 2010, n° 09-40.153, *RJS* 10/10, n° 800).

Demande initiale frappée de caducité. La règle de l'unicité de l'instance ne fait pas obstacle à l'introduction d'une nouvelle instance par la partie dont la demande initiale a été frappée de caducité. Est donc recevable la demande en justice d'un salarié, qui a été réitérée postérieurement à la déclaration de caducité de la citation initiale, peu important qu'elle ne reproduise pas à l'identique chacune des prétentions initiales et en ajoute une nouvelle (cass. soc. 7 décembre 2005, n° 03-44.891, *RJS* 2/06 n° 262).

Sursis à statuer. La règle d'unicité de l'instance est respectée lorsque est présentée devant le juge saisi d'une demande dérivant du contrat de travail une nouvelle demande dérivant du même contrat ; il en est ainsi lorsqu'il a été sursis à statuer sur une première demande, un tel sursis entraînant, en vertu des articles 378 et 379 CPC, une suspension de l'instance sans dessaisir le juge (cass. soc. 2 mars 2004, n° 01-46.886, BC V n° 70 ; *JSL* n° 145, 11 mai 2004, p. 27 ; *TPS* juin 2004, comm. 212, p. 36).

Action devant une autre juridiction civile ou devant la juridiction répressive. L'application de la règle de l'unicité de l'instance, spécifique à la juridiction prud'homale devant laquelle doivent être présentées toutes les demandes dérivant du contrat de travail, ne peut tenir en échec le droit, reconnu à la partie civile par les articles 2 et 3 CPP, d'engager des poursuites devant la juridiction répressive pour faire reconnaître l'existence d'une infraction et obtenir, le cas échéant, la réparation du préjudice personnel subi par elle de ce fait (cass. crim. 28 avril 2009, n° 07-82.901, BC V n° 74 ; *RJS* 10/09 n° 807).

De même, lorsqu'un salarié est attrait par un tiers au contrat de travail devant une juridiction autre que la juridiction prud'homale, la règle de l'unicité de l'instance, qui n'est applicable que devant les juridictions statuant en matière prud'homale, ne peut faire échec à son droit d'appeler en garantie son employeur devant cette juridiction conformément aux dispositions de l'article 331 CPC, ni permettre à ce dernier d'opposer l'autorité de la chose jugée d'une décision prud'homale ne concernant pas les mêmes parties et n'ayant pas le même objet. (cass. soc. 10 février 2010, n° 08-18.885, BC V n° 38 ; *JCP* éd. S 2010, 1133, note I. Pétel-Teyssié ; *RJS* 4/10 n° 368).

Désistement d'instance. Lorsque l'instance s'est éteinte par l'effet d'un désistement, les demandes nouvelles dérivant du même contrat de travail et fondées sur des causes connues du salarié avant sa demande primitive doivent être déclarées irrecevables (cass. soc. 30 mars 1994, n° 90-44.092, BC V n° 118).

Toutefois, elles doivent être déclarées recevables dans certaines hypothèses :
– le désistement accompagné de réserves, lorsque, lors de son désistement, une partie manifeste, en présence de son adversaire, son intention de saisir la juridiction territorialement compétente (cass. soc. 27 janvier 2010, n° 08-42.827, BC V n° 23 ; *JCP* éd. S 2010, 1211, note E. Beynet ; *RJS* 4/10 n° 369) ;
– le fait pour un salarié de se désister de son instance devant un conseil de prud'hommes afin de saisir un conseil de prud'hommes limitrophe sur le fondement de l'article 47 CPC ne rend pas irrecevable l'action introduite par cette seconde instance (cass. soc. 21 juin 1995, n° 91-40.301, BC V n° 208) ;
– le désistement d'une instance introduite devant la formation de référé du conseil de prud'hommes, lorsqu'il n'est pas accompagné d'un désistement d'action clair et non équivoque, laisse intact le droit d'agir devant la formation de jugement du conseil de prud'hommes (cass. soc. 12 janvier 1993, n° 88-43.754, BC V n° 5) ;
– le fait pour des salariés de se désister devant le bureau de jugement de leurs demandes en paiement de rémunérations et d'indemnités pour les porter devant le bureau de conciliation afin de se conformer aux règles de la procédure prévues par l'article R. 516-8 [R. 1452-1] CT, ne contrevient pas aux dispositions de l'article R. 516-1 [R. 1452-6] CT (cass. soc. 19 décembre 2000, n° 98-42.351, BC V n° 438 ; *RJS* 3/01 n° 332 ; *Dr. Soc.* 2001, p. 458, obs. Cl. Roy-Loustaunau ; 29 septembre 2004, n° 02-43.653, *RJS* 12/04 n° 1312) ;
– le désistement résultant d'une transaction ne fait pas obstacle à une nouvelle action ayant pour objet de contester cette transaction (cass. soc. 29 septembre 2010, n° 08-43.084, BC V n° 207 ; *JCP* éd. S 2011, 1014, note A. Barège ; *RJS* 12/10 n° 976).

À noter également que lorsqu'un employeur a licencié un salarié puis a saisi la juridiction prud'homale, ni son désistement, ni la règle d'unicité de l'instance ne peuvent faire obstacle au droit du salarié de contester en justice son licenciement (cass. soc. 7 juin 2006, n° 04-43.774, BC V n° 211).

Il résulte des articles R. 516-1 et 2 [R. 1452-6 et 7] CT que ne heurte pas le principe de l'unicité de l'instance une seconde demande introduite devant le conseil de prud'hommes avant qu'il ne soit dessaisi d'une première instance ; peu importe que le salarié ait recouru à une nouvelle instance plutôt que de former une demande incidente. Il appartient, dans ce cas, au conseil de prud'hommes de joindre les deux instances (cass. soc. 4 décembre 2002, n° 00-46.075, *RJS* 2/03 n° 236 ; 24 novembre 1998, n° 97-43.670, BC V n° 518 ; 12 octobre 2004, n° 02-43.917, *RJS* 12/04 n° 1313).

Il en est ainsi même lorsque la première instance introduite par le salarié a fait l'objet d'une mesure de radiation et qu'au lieu de solliciter le rétablissement de l'affaire radiée, le salarié a saisi à nouveau le conseil de prud'hommes de nouvelles demandes ; en effet, la radiation n'éteignant pas l'instance, le conseil de prud'hommes restait saisi de la première instance lorsque le salarié a formé ses nouvelles demandes et devait donc statuer sur l'ensemble des demandes par une seule et même décision (cass. soc. 22 juin 2004, n° 02-43.198, BC V n° 178 ; *TPS* août-septembre 2004, comm. 279, note B. Boubli ; *RJS* 10/04 n° 1078).

Art. R. 1452-7. Les demandes nouvelles dérivant du même contrat de travail sont recevables même en appel. L'absence de tentative de conciliation ne peut être opposée.

Même si elles sont formées en cause d'appel, les juridictions statuant en matière prud'homale connaissent les demandes reconventionnelles ou en compensation qui entrent dans leur compétence.

Note • N'est pas irrecevable une demande nouvelle au seul motif que son objet est postérieur à la date de l'introduction de la demande (cass. soc. 14 juin 1989, BC V n° 443). Toute demande nouvelle dérivant du même contrat de travail est recevable en cause d'appel sans que puissent être opposées les limites de l'appel (cass. soc. 28 septembre 2004, n° 02-45.201, BC V n° 230 ; *RJS* 12/04 n° 1313, 1re espèce ; 18 février 2003, 1er moyen, BC V n° 57 ; 12 janvier 2010, n° 08-43.216). N'est pas fondé l'arrêt rejetant la demande nouvelle (dommages-intérêts pour rupture du contrat de travail pendant la période de protection de la maternité) présentée par une salariée, sans examiner au fond cette demande et au seul motif que la grossesse n'avait été relevée que postérieurement à la saisine du conseil de prud'hommes et qu'en tout cas, l'intéressée ne l'avait pas invoquée devant cette juridiction (cass. soc. 19 juin 1991, n° 88-40.403, BC V n° 305 ; voir aussi cass. soc. 17 mars 1993, n° 90-40.395, BC V n° 91 ; 20 mars 1996, n° 93-40.327, BC V n° 105).

Mais le principe du contradictoire doit être respecté (cass. soc. 10 juillet 1991, n° 88-41.902, BC V n° 354). Ainsi, lorsqu'une partie contre laquelle une demande nouvelle est présentée lors de l'audience n'est pas comparante, ni représentée, la cour d'appel doit, pour respecter le principe de la contradiction, renvoyer l'affaire à une autre audience afin que la demande soit portée à la connaissance de cette partie (cass. soc. 18 février 2003, précité).

• **Juridiction de renvoi après cassation.** Est recevable, en application de cet article, la demande formée par une partie pour la première fois devant un conseil de prud'hommes ou une cour d'appel statuant sur renvoi après cassation (cass. soc. 26 mars 1981, n° 79-41.392, BC V n° 263 ; 9 juillet 1996, n° 93-40.767, BC V n° 270 ; *RJS* 10/96 n° 1077 ; voir aussi cass. soc. 13 février 2001, n° 98-45.845, *TPS* mai 2001, n° 204, p. 35 ; 20 février 2008, n° 07-41.881, *RJS* 5/08 n° 582).

• **Intervention forcée en cause d'appel.** Les dispositions de cet article relatives à la recevabilité des demandes nouvelles même en appel, sans que puisse être opposée l'absence de tentative de conciliation, n'excluent pas l'application des dispositions de l'article 555 CPC quant à la recevabilité de l'intervention forcée en cause d'appel. Est donc irrecevable, faute d'évolution du litige, la mise en cause devant la cour d'appel par un salarié de son nouvel employeur, cessionnaire de l'entreprise, lorsque la cession est intervenue avant la condamnation du cédant par le conseil de prud'hommes (cass. soc. 20 décembre 2006, n° 04-48.253, BC V n° 402, 3e moyen, *JCP* éd. S. 2007, 1114, note B. Boubli).

• Les demandes reconventionnelles ou en compensation peuvent être formées même en cause d'appel et échappent donc à la tentative de conciliation. Pour que le conseil de prud'hommes ait compétence, il est nécessaire que l'action reconventionnelle ou en compensation entre, de par sa nature, dans le cadre du champ de la compétence de la juridiction prud'homale et qu'un lien réel, un rapport de connexité existe entre l'action reconventionnelle et l'action principale.

Art. R. 1452-8. En matière prud'homale, l'instance n'est périmée que lorsque les parties s'abstiennent d'accomplir, pendant le délai de deux ans mentionné à l'article 386 du code de procédure civile, les diligences qui ont été expressément mises à leur charge par la juridiction.

Note • Il ne peut y avoir une péremption d'instance que dans la mesure où les parties n'effectuent pas les diligences qui leur ont été demandées (ex. : absence de réponse à une convocation par le rapporteur). Ne mettent expressément aucune diligence à la charge d'une partie :
– le jugement qui se borne à ordonner le sursis à statuer jusqu'à la décision de justice sur une plainte déposée par un employeur contre sa salariée (cass. soc. 22 novembre 1989, n° 88-44.055, BC V n° 677) ;
– une décision de radiation qui n'a pour conséquence que le retrait de l'affaire du rang des affaires en cours (cass. soc. 24 novembre 2004, n° 02-45.607, BC V n° 301 ;

28 octobre 1998, n° 96-44.066, BC V n° 466 ; 3 octobre 1991, n° 87-42.609, BC V n° 393 ; voir aussi cass. soc. 29 avril 1997, n° 95-42.685, BC V n° 146, précisant que le rappel, dans le dispositif de l'arrêt de radiation, des conditions légales de rétablissement de l'affaire n'en modifie pas la portée).

En revanche, constitue une diligence au sens de cet article le dépôt de conclusions écrites, dès lors qu'il a été ordonné par la juridiction pour mettre l'affaire en l'état d'être jugée ; le délai de péremption peut donc être opposé à une partie qui n'a pas satisfait à la demande d'une cour d'appel de déposer des conclusions écrites (cass. soc. 11 juin 2002, n° 00-42.654, BC V n° 202 ; 9 mars 2005, n° 02-46.319, BC V n° 82 ; 5 janvier 2011, n° 09-72.378).

• Lorsqu'une juridiction met à la charge d'une partie une diligence particulière en matière prud'homale, sans impartir de délai pour l'accomplir, le délai de péremption court à compter de la notification de la décision (cass. soc. 27 mars 2007, n° 05-43.459, BC V n° 59 ; 19 décembre 2007, n° 06-41.849, *RJS* 2/08 n° 214). Mais lorsque la juridiction a fixé la date d'exécution des diligences expressément mises à la charge d'une partie, le délai de péremption ne commence à courir qu'à compter de la date impartie pour la réalisation de ces diligences (cass. soc. 22 janvier 1998, n° 95-41.653, BC V n° 30 ; 21 septembre 2011, n° 10-17.423) ou de la date de la déclaration d'appel (cass. soc. 28 octobre 1998, n° 96-44.066, BC V n° 466).

• Par ailleurs, il ne peut être tenu compte que des seules diligences émanant de la *juridiction elle-même*. C'est à tort qu'une cour d'appel a déclaré l'instance périmée au motif que l'appelant n'avait pas, ainsi que le lui prescrivait la lettre de convocation à l'audience, formulé ses conclusions deux mois au moins avant la date de cette audience ou fait savoir qu'il s'en tiendrait à des explications orales, alors que les obligations ainsi prévues dans la convocation délivrée par le greffier de la cour d'appel n'émanaient pas de la juridiction (cass. soc. 28 mai 1996, n° 92-42-816, BC V n° 210 ; *RJS* 7/96 n° 828 ; dans le même sens, voir cass. soc. 28 octobre 1998, n° 96-44.066, BC V n° 466 précité ; 16 janvier 2008, n° 06-42.416, ; 20 juin 2007, n° 05-43.327, s'agissant de l'avis délivré par le greffe aux conseils des parties pour les informer des délais fixés pour le dépôt des conclusions, peu important la référence faite aux consignes du magistrat chargé d'instruire l'affaire, sans mention d'une décision de sa part avec l'indication de sa date et du nom de son auteur). De même, ne constituent pas des diligences au sens de cet article les indications relatives à la fixation des délais données aux parties par le bureau de conciliation en application de l'article R. 1454-18 CT pour se communiquer mutuellement les pièces et les notes à l'appui de leurs prétentions (cass. soc. 29 septembre 2010, n° 09-40.741, BC V n° 205 ; *JCP* éd. S 2010, 1477, note Th. Lahalle ; *RJS* 12/10 n° 978, 2e espèce).

• Il résulte de l'article 392, al. 2 CPC que la suspension de l'instance emporte celle du délai de péremption lorsqu'elle est la conséquence d'une décision de sursis à statuer jusqu'à la survenance d'un événement déterminé et qu'un nouveau délai court à compter de la réalisation de cet événement. Ainsi, lorsque, à la demande d'une partie, un conseil de prud'hommes sursoit à statuer jusqu'au résultat d'une instance pénale en cours et dit qu'il appartiendra à cette partie de solliciter la réinscription de l'affaire devant le bureau de jugement, à peine de péremption, le délai de péremption est suspendu par l'effet de la suspension d'instance et la partie dispose d'un nouveau délai de deux ans à compter de l'expiration du sursis pour accomplir les diligences à sa charge (cass. soc. 18 décembre 2002, n° 00-46.519, BC V n° 399). Mais encore faut-il qu'une décision de sursis à statuer soit intervenue : en l'absence de décision de sursis à statuer, la seule existence d'une procédure pénale en cours n'a pas pour effet d'entraîner la suspension du délai de péremption (cass. soc. 27 mars 2007, n° 05-43.459, BC V n° 59). De même, l'existence d'une instance sur la régularité de la candidature d'un salarié à un mandat représentatif ne fait pas obstacle à l'accomplissement des diligences mises à sa charge dans l'instance prud'homale relative à son licenciement qui n'a pas donné lieu à une décision de sursis à statuer l'ayant interrompue valablement (cass. soc. 19 avril 2005, n° 02-46.507, BC V n° 145). Par ailleurs, une demande de renvoi n'a pas par elle-même pour effet d'entraîner la suspension du délai de péremption (cass. soc. 21 septembre 2011, n° 10-17.423).

• Lorsque, dans une procédure prud'homale soumise à la règle de l'unicité de l'instance, une partie demande, dans le délai de deux ans prévu par l'article 386 CPC, l'aide juridictionnelle pour accomplir la diligence mise à sa charge par la juridiction, le délai de péremption s'arrête de courir tant qu'il n'a pas été définitivement statué sur cette demande (cass. soc. 28 janvier 2009, n° 07-42.287, BC V n° 27 ; *RJS* 4/09 n° 392).

• Dans le cas où un salarié a introduit une seconde instance prud'homale avant de se désister de l'instance initiale, la péremption de l'instance initiale ne peut constituer une cause d'extinction de la seconde instance (cass. soc. 8 octobre 1998, n° 96-42.325, BC V n° 416).

• Les dispositions de l'article R. 516-3 [R. 1452-8] s'appliquent en cause d'appel (cass. soc. 24 juin 2003, n° 01-42.719, *RJS* 10/03 n° 1209) ainsi qu'au recours en révision formé contre une décision rendue en matière prud'homale (cass. soc. 19 février 1992, n° 88-43.409, BC V n° 105).

CHAPITRE III

Assistance et représentation des parties

Art. L. 1453-1. Les mineurs qui ne peuvent être assistés de leur père, mère ou tuteur peuvent être autorisés par le conseil de prud'hommes à agir devant lui.

Art. L. 1453-2. Les personnes habilitées à assister ou à représenter les parties en matière prud'homale, si elles sont par ailleurs conseillers prud'hommes, ne peuvent pas exercer une mission d'assistance ou un mandat de représentation devant la section ou, lorsque celle-ci est divisée en chambres, devant la chambre à laquelle elles appartiennent.

Ces mêmes personnes ne peuvent assister ou représenter les parties devant la formation de référé du conseil de prud'hommes si elles ont été désignées par l'assemblée générale de ce conseil pour tenir les audiences de référé.

Note

• En vertu de l'article 6.1 de la Convention européenne de sauvegarde des droits de l'homme et des libertés fondamentales, toute personne a droit à ce que sa cause soit entendue par un tribunal indépendant et impartial ; cette exigence implique qu'un conseiller prud'homme n'exerce pas de mission d'assistance ou de mandat de représentation devant le conseil de prud'hommes dont il est membre (cass. soc. 2 février 2005, n° 03-40.271, BC V n° 44 ; voir aussi précédemment cass. soc. 3 juillet 2001, n° 99-42.735, BC V n° 247 ; *Dr. Soc.* 2001, p. 898, obs. X. Prétot ; *RJS* 10/01 n° 1181). Ayant constaté qu'une juridiction prud'homale appelée à statuer sur un litige avait été saisie par l'un de ses membres agissant en qualité de mandataire d'une partie au litige, une cour d'appel a exactement décidé que la procédure était entachée de nullité et qu'aucune régularisation n'était possible (cass. soc. 16 septembre 2008, n° 06-45.334, BC V n° 160 ; *RJS* 11/08 n° 1118 ; *JSL* n° 243, 10 novembre 2008, p. 24).

En revanche, le fait qu'une partie soit assistée ou représentée devant la cour d'appel par un délégué syndical, membre d'un conseil de prud'hommes du ressort de la cour d'appel, n'est pas de nature à faire douter de l'impartialité de cette juridiction (cass. soc. 10 janvier 2012, n° 10-28.027, 1er moyen).

• Sur les cas de récusation des conseillers prud'hommes, voir art. L. 1457-1 et la note.

Art. L. 1453-3. Le président et le vice-président du conseil de prud'hommes ne peuvent pas assister ou représenter les parties devant les formations de ce conseil.

Art. L. 1453-4. Dans les établissements mentionnés à l'article L. 2311-1 de onze salariés et plus, les salariés exerçant des fonctions d'assistance ou de représentation devant les conseils de prud'hommes et désignés par les organisations syndicales et professionnelles représentatives au niveau national disposent du temps nécessaire à l'exercice de leurs fonctions dans les limites d'une durée ne pouvant excéder dix heures par mois.

Ce temps n'est pas rémunéré comme temps de travail. Il est assimilé à une durée de travail effectif pour la détermination de la durée des congés payés, du droit aux prestations d'assurances sociales et aux prestations familiales ainsi qu'au regard de tous les droits que le salarié tient du fait de son ancienneté dans l'entreprise.

Art. L. 1453-4.

Art. R. 1453-1. Les parties comparaissent en personne, sauf à se faire représenter en cas de motif légitime.

Elles peuvent se faire assister.

Note L'obligation de comparaître personnellement s'impose aux deux parties (salarié et employeur) dans toutes les phases du procès (conciliation, jugement) et ce n'est qu'en cas de « motif légitime » dont il appartient au juge et non aux parties d'apprécier le bien-fondé que celles-ci peuvent se faire représenter. L'envoi d'un courrier ne peut suppléer au défaut de comparution (en l'espèce de l'employeur) et le conseil de prud'hommes n'est pas tenu de répondre à un tel courrier (cass. soc. 12 décembre 1991, n° 88-44.940, BC V n° 584 ; voir aussi cass. soc. 4 mai 1993, n° 91-44.931). La délivrance par une société à son avocat d'un pouvoir n'invoquant pas un motif légitime n'implique pas, en elle-même, l'existence d'un tel motif (cass. soc. 6 juillet 1978, n° 76-40.728, BC V n° 577). Cependant, en énonçant que la société était représentée par un avocat, le conseil de prud'hommes admet, par là même, que le représentant légal de la société a un motif légitime de ne pas comparaître en personne (cass. soc. 11 décembre 1991, n° 87-44.712, *CSB* 1992 S. 17 ; voir aussi cass. soc. 6 février 1996, n° 92-42.688, *CSB* 1996 p. 155). C'est dans l'exercice du pouvoir qu'il détient de l'article 468 CPC que le juge du fond peut estimer qu'en raison de son changement d'adresse le demandeur avait eu, en l'espèce, un motif légitime de ne pas comparaître (cass. soc. 20 octobre 1988, n° 85-43.653).

Demande de renvoi. Les juges du fond qui refusent de faire droit à une demande de renvoi usent de leur pouvoir discrétionnaire d'administration et n'ont pas à motiver leur décision (cass. soc. 3 juillet 1986, Cherouat c/ Desmonts, *JS* 1986 NB 88).

Comparution ordonnée par le juge. Les juges du fond apprécient souverainement si l'absence d'une partie à la comparution personnelle équivaut à un commencement de preuve par écrit (cass. soc. 16 octobre 1991, n° 88-43.456, BC V n° 411).

Non-comparution du demandeur. La non-comparution à l'audience ultérieure à laquelle les débats sur le fond ont été renvoyés d'un demandeur qui a initialement comparu devant le bureau de conciliation, puis le bureau de jugement, ne constitue pas une cause de caducité de la citation (cass. soc. 13 janvier 1999, n° 96-45.301, BC V n° 21).

Non-comparution du défendeur. En vertu de l'article 472 CPC, si le défendeur ne comparaît pas, il est néanmoins statué sur le fond et le juge ne fait droit à la demande que dans la mesure où il l'estime régulière, recevable et bien fondée (cass. soc. 13 octobre 1998, n° 97-44.713). C'est donc à tort qu'un conseil de prud'hommes condamne une société en se bornant à énoncer qu'en ne se présentant pas à l'audience celle-ci était supposée n'avoir aucun moyen sérieux à opposer à la demande (cass. soc. 5 octobre 1993, n° 90-41.948).

Non-comparution d'une partie devant la cour de renvoi. Il résulte de l'article 634 CPC, dont les dispositions sont applicables en matière de procédure orale, que, devant la juridiction de renvoi, les parties qui ne comparaissent pas sont réputées s'en tenir aux moyens et prétentions qu'elles avaient soumis à la juridiction dont la décision a été cassée. C'est donc à tort que, pour confirmer le jugement d'un conseil de prud'hommes qui avait condamné une société à payer diverses sommes à une salariée en réparation de son licenciement sans cause réelle et sérieuse, une cour d'appel, statuant sur renvoi après cassation, a énoncé que cette société ne soutenait pas son appel, faute de comparaître ou d'être représentée à l'audience, alors que la cour de renvoi demeurait saisie des conclusions soutenues par le représentant de la société devant la cour d'appel dont l'arrêt avait été cassé (cass. soc. 10 décembre 1997, n° 94-42.185, BC V n° 433 ; *CSB* 1998 B. 30).

Art. R. 1453-2. Les personnes habilitées à assister ou à représenter les parties sont :

1° Les salariés ou les employeurs appartenant à la même branche d'activité ;

2° Les délégués permanents ou non permanents des organisations d'employeurs et de salariés ;

3° Le conjoint, le partenaire lié par un pacte civil de solidarité ou le concubin ;

4° Les avocats.

L'employeur peut également se faire assister ou représenter par un membre de l'entreprise ou de l'établissement.

Devant la cour d'appel, les parties peuvent aussi se faire assister ou représenter par un avoué.

Note • On doit considérer comme limitative l'énumération des personnes admises à assister et à représenter les parties devant le bureau de conciliation et le bureau de jugement. Il n'est donc pas possible de se faire assister ou représenter par un délégué du personnel pris en cette qualité (cass. soc. 1er août 1950). De même, le père d'un salarié, bien que muni d'un pouvoir, ne peut représenter son fils dans une instance prud'homale (cass. soc. 11 mai 1993, n° 88-44.230, *CSB* 1993 B. 82).

• Le terme « délégué permanent ou non permanent d'une organisation syndicale » doit être pris non dans le sens large de personne ayant pouvoir d'agir pour une autre, mais dans son sens syndical de membre de l'organisation syndicale (cass. soc. 16 décembre 1993, n° 90-45.310, *CSB* 1994 B. 33 ; 2 février 2006, n° 03-47.625, BC V n° 60), ce qui exclut, notamment, le délégué permanent d'une union patronale, cadre responsable de son service juridique (cass. soc. 15 décembre 1983, n° 81-40.580, BC V n° 628), le salarié d'une union patronale interprofessionnelle non membre de celle-ci (cass. soc. 19 octobre 1994, n° 92-42.584, *CSB* 1994 S. 176). Il faut aussi que l'organisation à laquelle appartient le délégué soit une organisation syndicale au sens de l'article L. 411-2 [L. 2131-2] CT. Tel n'est pas le cas de l'association ouverte à tout salarié, quel que soit le type de son travail ou sa branche d'activité (cass. soc. 8 octobre 1996, n° 95-40.521, BC V n° 316).

• Si les délégués permanents ou non permanents des organisations syndicales qui peuvent assister ou représenter les parties doivent être membres de l'organisation syndicale qui les a délégués, et non les salariés de celle-ci, l'article R. 516-5 [R. 1453-2] n'exige pas que la partie assistée ou représentée soit membre de la même organisation syndicale ou même membre d'un syndicat ; cette dernière n'a donc pas à justifier de son appartenance syndicale (cass. soc. 26 septembre 1990, n° 88-40.060, BC V n° 399). Par ailleurs, il n'est pas nécessaire que le délégué appartienne à la même branche d'activité que la partie qu'il assiste ou qu'il représente et aucune limite territoriale n'est fixée par l'article R. 516-5 [R. 1453-2] pour son activité (cass. soc. 16 novembre 1995, n° 94-40.381, BC V n° 301).

• Il résulte des dispositions du 1er alinéa de l'article R. 516-4 [R. 1453-1] et de celles de l'article R. 516-5 [R. 1453-2] que le défendeur doit être considéré comme régulièrement représenté lorsque – qu'il s'agisse d'un salarié ou d'un employeur – le motif de non-comparution (maladie, empêchement reconnu valable) aura été reconnu justifié par le bureau de conciliation ou lorsque, s'agissant d'un employeur, il est représenté par un membre quelconque de l'entreprise ou de l'établissement.

• Les règles applicables en matière de représentation et d'assistance en justice figurent au titre XII du livre I du CPC (art. 411 et 420).

• Le représentant autre qu'avocat ou avoué doit justifier, conformément à l'article 416 du code de procédure civile, qu'il en a reçu le mandat ou la mission. Ayant constaté que la personne qui s'était présentée devant le bureau de conciliation n'avait pas remis de pouvoir écrit émanant du représentant légal de la société et que la correspondance ultérieure de la société avait confirmé l'absence de tout pouvoir, une cour d'appel a pu décider qu'il s'agissait d'une irrégularité de fond affectant la validité des actes et qu'il y avait lieu d'annuler les procès-verbaux de conciliation signés par cette personne (cass. soc. 5 mars 1992, n° 88-45.188, BC V n° 161).

• N'a pas la qualité de membre de l'entreprise, au sens de l'article R. 516-5 [R. 1453-2], et n'est donc pas habilitée à assister ou à représenter l'employeur en matière prud'homale, la personne qui, sous couvert de contrats de travail épisodiques, n'intervient que pour représenter l'entreprise en justice (cass. soc. 12 avril 1995, n° 94-40.127, BC V n° 135).

• Le directeur général d'une société anonyme peut ester en justice au nom de la société, au même titre que le président du conseil d'administration. Il n'a donc pas à justifier d'une délégation spéciale du conseil d'administration ou d'une clause particulière des statuts (cass. ass. plén. 18 novembre 1994, n° 90-44.754, BC n° 6).

• Les règles relatives à l'assistance et à la représentation des parties sont d'ordre public et ne peuvent donc être écartées par des conventions contraires (cass. soc. 8 mai 1974).

• Sur l'incompatibilité entre les fonctions de conseiller prud'homme et une mission d'assistance ou un mandat de représentation en matière prud'homale, ou entre les fonctions de président ou de vice-président du conseil et une telle mission ou un tel mandat ou entre l'appartenance à la formation de référé et une telle mission ou un tel mandat, voir l'article L. 1453-2 et la note.

• Sur les conséquences du défaut du défendeur en conciliation et de sa non-représentation valable, voir l'article R. 516-17 [R. 1454-13] et la note.

Art. R. 1453-3. La procédure prud'homale est orale.

Note • En raison de l'oralité de la procédure prud'homale, les moyens juridiques doivent être expressément énoncés devant le juge. En conséquence, une cour d'appel devant qui l'appelant n'a pas comparu ne peut que confirmer le jugement entrepris (cass. soc. 28 avril 1994, n° 90-44.756, BC V n° 153). L'existence de conclusions écrites, même notifiées en temps utile à la partie adverse, ne peut suppléer au défaut de comparution (cass. soc. 8 novembre 1994, n° 91-41.134, BC V n° 297 ; 14 mars 2007, n° 05-45.414, BC V n° 50 ; *RJS* 5/07 n° 649). Peu importe également que l'appelant non comparant ait comparu à une audience antérieure (cass. soc. 19 juillet 1994, n° 90-45.908, BC V n° 247). Cependant, la cour d'appel doit vérifier au préalable que l'appelant a été régulièrement convoqué (cass. soc. 17 décembre 1992, n° 90-44.790, BC V n° 605).

• Le principe de l'oralité de la procédure est respecté dès lors que la partie a comparu à l'audience. Par conséquent, c'est à tort que, pour débouter une société de ses demandes, un conseil de prud'hommes énonce que dans la procédure sans représentation obligatoire, le dépôt de conclusions n'est pas satisfactoire et que l'affaire doit être plaidée, alors que la société s'était fait représenter à l'audience par son avocat, lequel n'était pas tenu de développer ses conclusions déposées à la barre (cass. soc. 17 juillet 1997, n° 96-44.672, BC V n° 281 ; *RJS* 10/97 n° 1125).

Lorsque les parties représentées aux débats n'expriment oralement aucune prétention et se bornent à déposer leur dossier avec une note de plaidoirie, il appartient au juge de provoquer un débat contradictoire sur les demandes exposées dans ces notes de plaidoiries déposées avant la clôture des débats (cass. soc. 5 mai 2004, n° 02-40.859, *TPS* août-septembre 2004, comm. 280, note B. Boubli).

• En matière de procédure orale, un moyen n'est pas irrecevable comme nouveau lorsqu'il a été invoqué dans des écritures régulièrement déposées et qu'il n'est pas mentionné dans la décision qu'il a été renoncé à ce moyen (cass. soc. 30 mai 2000, n° 98-40.085, BC V n° 210). De même, une demande ne peut être considérée comme nouvelle en appel lorsque, formée initialement devant la juridiction de première instance, il n'a pas été mentionné dans le jugement que le demandeur y a expressément renoncé. C'est donc à tort que, pour considérer comme nouvelle la demande de résiliation judiciaire formée par un salarié et refuser de se prononcer sur cette demande, une cour d'appel a relevé qu'elle n'était pas reprise dans le dernier état des demandes mentionnées dans le jugement, sans constater que le salarié y avait expressément renoncé (cass. soc. 13 janvier 2009, n° 07-42.465, BC V n° 6 ; *RJS* 3/09 n° 273).

Par ailleurs, et toujours en raison de l'oralité de la procédure, les moyens retenus par le juge sont présumés, sauf preuve contraire, avoir été débattus contradictoirement à l'audience (cass. soc. 15 juin 2000, n° 98-43.497) et la transmission tardive (moins de deux jours avant l'audience) de conclusions ne peut être reprochée à une partie présente ou représentée à l'audience (cass. soc. 12 avril 1995, n° 90-44.024, *RJS* 5/95 n° 551).

Voir aussi note sous art. R. 1451-1.

Art. R. 1453-4. Les prétentions des parties ou la référence qu'elles font aux prétentions qu'elles auraient formulées par écrit sont notées au dossier ou consignées dans un procès-verbal.

Note Les parties peuvent consigner leurs observations soit dans des conclusions écrites, soit dans des notes rédigées sur papier libre.

CHAPITRE IV

Conciliation et jugement

SECTION 1. Mise en état de l'affaire

Art. L. 1454-1. Un ou deux conseillers rapporteurs peuvent être désignés pour que l'affaire soit mise en état d'être jugée. Ils prescrivent toutes mesures nécessaires à cet effet.

Les agents de contrôle mentionnés à l'article ***(L. 2011-672 du 16 juin 2011, art. 84, JO 17)*** « L. 8271-1-2 » communiquent aux conseillers rapporteurs, sur la demande de ceux-ci et sans pouvoir opposer le secret professionnel, les renseignements et documents relatifs au travail dissimulé, au marchandage ou au prêt illicite de main-d'œuvre dont ils disposent.

Note L'article 84 de la loi 2011-672 précitée est entré en vigueur le 30.09.2011.

SECTION 2. Départage

Art. L. 1454-2. En cas de partage, l'affaire est renvoyée devant le même bureau de conciliation, le même bureau de jugement ou la même formation de référé, présidé par un juge du tribunal d'instance dans le ressort duquel est situé le siège du conseil de prud'hommes. L'affaire est reprise dans le délai d'un mois.

Le premier président de la cour d'appel désigne chaque année les juges chargés de ces fonctions, que le ressort du conseil comprenne un ou plusieurs tribunaux d'instance.

Note • ***À compter du 01.01.2013****, cet article est ainsi modifié : 1) La première phrase du premier alinéa est complétée par les mots : « ou le juge d'instance désigné par le premier président en application du dernier alinéa » ; 2) Il est ajouté un alinéa ainsi rédigé : « En cas de pluralité de conseils de prud'hommes dans le ressort d'un tribunal de grande instance, le premier président de la cour d'appel peut, si l'activité le justifie, désigner les juges du tribunal d'instance dans le ressort duquel est situé le siège du tribunal de grande instance. » (loi 2011-1862 du 13 décembre 2011, JO 14, art. 5, non applicable aux procédures en cours).*

• Une demande nouvelle formée à l'audience de départage est recevable (cass. soc. 28 avril 1994, n° 88-44.515, BC V n° 154).

Art. L. 1454-3. Lorsqu'un conseiller prud'homme est empêché de siéger à l'audience de départage, il est remplacé dans les limites et selon les modalités déterminées par décret.

Art. L. 1454-4. Si, lors de l'audience de départage, le bureau de conciliation, le bureau de jugement ou la formation de référé ne peut se réunir au complet, le juge départiteur statue dans des conditions déterminées par décret en Conseil d'État.

[Dispositions réglementaires]

SECTION 1. Mise en état de l'affaire

Art. R. 1454-1. Afin de mettre l'affaire en état d'être jugée, le bureau de conciliation ou le bureau de jugement peut, par une décision non susceptible de recours, désigner un ou deux conseillers rapporteurs en vue de réunir sur cette affaire les éléments d'information nécessaires au conseil de prud'hommes pour statuer.

Un ou deux conseillers rapporteurs peuvent également être désignés par la formation de référé, en vue de réunir les éléments d'information utiles à la décision de cette formation.

La décision qui désigne un ou deux conseillers rapporteurs fixe un délai pour l'exécution de leur mission.

Note La désignation, ou non, d'un conseiller rapporteur relève du pouvoir souverain du juge (cass. soc. 22 novembre 2000, n° 98-45.417) dont la décision n'est susceptible d'aucun recours (cass. soc. 11 décembre 1991, n° 87-44.712).

La demande de désignation de conseillers rapporteurs formée par le défendeur ne constitue pas une demande reconventionnelle (cass. soc. 24 juin 1992, n° 88-43.475, BC V n° 417).

Art. L. 1454-4.

Art. R. 1454-2. Le conseiller rapporteur est un conseiller prud'homme. Il peut faire partie de la formation de jugement.

Lorsque deux conseillers rapporteurs sont désignés dans la même affaire, l'un est employeur, l'autre est salarié. Ils procèdent ensemble à leur mission.

Note • Les dispositions de cet article n'imposent pas, lorsque deux conseillers rapporteurs sont désignés dans la même affaire, que ceux-ci fassent partie tous deux de la formation de jugement appelée à statuer au fond après dépôt de leur rapport (cass. soc. 16 juillet 1987, Doucet c/ Patissou).

• L'opinion exprimée par des conseillers rapporteurs, membres de la formation de jugement, à l'occasion de leur mission précédant le délibéré, sur le caractère mal fondé de la demande du salarié fait naître un doute légitime sur leur impartialité et sur celle de la juridiction à laquelle ils appartiennent, et justifie le renvoi de l'affaire devant une autre juridiction pour cause de suspicion légitime (cass. soc. 3 mars 2009, n° 07-15.581, BC V n° 54 ; *RJS* 5/09 n° 460 ; *JSL* n° 254, 29 avril 2009, p. 27 ; *JCP* éd. S 2009, 1429, A. Bugada).

• Si, lorsque deux conseillers rapporteurs sont désignés dans la même affaire, ils doivent procéder ensemble à leur mission, aucune disposition légale ou réglementaire ne leur impose de déposer un rapport unique (cass. soc. 11 décembre 1990, n° 87-43.946, BC V n° 640).

Art. R. 1454-3. Le conseiller rapporteur peut entendre les parties. Il peut les inviter à fournir les explications nécessaires à la solution du litige. Il peut les mettre en demeure de produire dans le délai qu'il détermine tous documents ou justifications propres à éclairer le conseil de prud'hommes.

En cas de non-production des documents et justifications mentionnés au premier alinéa, le rapporteur peut renvoyer l'affaire devant le bureau de jugement. Ce bureau tire toute conséquence de l'abstention de la partie ou de son refus.

Le conseiller rapporteur peut, pour la manifestation de la vérité, auditionner toute personne et procéder ou faire procéder à toutes mesures d'instruction.

Note Cet article habilite le ou les conseillers rapporteurs, notamment, à procéder ou à faire procéder à toutes mesures d'instruction, c'est-à-dire à se livrer à de véritables enquêtes ou à désigner des experts. Au cours de la mission d'information qui leur est confiée, mission qui ne constitue pas une enquête soumise aux articles 204 et suivants CPC, les conseillers rapporteurs peuvent mettre en demeure les parties de produire, dans le délai qu'ils déterminent, tous documents ou justifications propres à éclairer le conseil de prud'hommes et entendre les parties, sans en avoir l'obligation (cass. soc. 9 avril 1987, n° 84-43.551, BC V n° 222).

• S'il est autorisé à mettre les parties en demeure de produire dans le délai qu'il détermine tous documents propres à éclairer le conseil de prud'hommes, le conseiller rapporteur n'a pas reçu pouvoir de se faire remettre ces documents contre le gré de leur détenteur (cass. soc. 17 octobre 1990, n° 87-45.853, BC V n° 482). Conformément à l'article 812, al. 2 CPC, c'est le tribunal de grande instance qui est compétent pour ordonner la production de pièces destinées à une instance prud'homale (cass. soc. 12 avril 1995, n° 93-10.982, BC V n° 134).

• La mission du conseiller rapporteur ne saurait être comparable à celle d'un juge d'instruction, les domaines respectifs d'intervention étant différents et les règles de procédure pénale ne pouvant être transposées en matière civile (rép. QE 13300, JO AN 22 juin 1987, p. 3639).

• Si le conseiller rapporteur peut se faire communiquer par les services administratifs compétents les éléments d'information nécessaires, les inspecteurs du travail peuvent, sous le contrôle de la juridiction sociale, se prévaloir d'un motif légitime, au sens de l'article 206 CPC, pour ne pas révéler des faits confidentiels par nature ou qui leur auraient été confiés avec la conviction qu'ils ne seraient pas dévoilés (rép. QE 13300, précitée).

• Le conseiller rapporteur est habilité, si les parties s'abstiennent ou refusent de produire dans le délai fixé les documents ou justifications qu'il leur a demandés, à renvoyer l'affaire en l'état devant le bureau de jugement.

• Outre le pouvoir de procéder ou de faire procéder à des mesures d'instruction, le conseiller rapporteur est investi d'une mission spécifique d'information qui lui permet de recueillir directement auprès des parties ou des tiers, et sans être tenu d'observer les prescriptions du nouveau code de procédure civile en matière de comparution personnelle ou d'enquête, des éléments utiles à la solution du litige. Mais il ne peut pas, pour autant, s'affranchir du respect du principe de la contradiction et doit procéder à ses investigations, les parties présentes ou du moins convoquées (rép. QE 32121, JO Sén. 25 mars 1980, p. 923).

Art. R. 1454-4. Le conseiller rapporteur ou le bureau de jugement peut ordonner toutes mesures nécessaires à la conservation des preuves ou des objets litigieux.

Art. R. 1454-5. Si les parties se concilient, même partiellement, le conseiller rapporteur constate dans un procès-verbal l'accord intervenu.

Note La conciliation totale ou partielle doit être mentionnée au procès-verbal dressé par le ou les conseillers rapporteurs ; ce procès-verbal a les mêmes effets que le procès-verbal de conciliation intervenu devant le bureau de conciliation.

Art. R. 1454-6. Les décisions prises par le conseiller rapporteur sont provisoires et n'ont pas autorité de chose jugée au principal.

Elles sont exécutoires. Elles ne peuvent faire l'objet d'un recours qu'avec le jugement sur le fond, sous réserve des règles particulières à l'expertise.

Note Les décisions du ou des conseillers rapporteurs ont la même portée que celles que le bureau de conciliation peut prendre en application des articles R. 1454-14 et 15 (cf. art. R. 1454-16). Elles sont provisoires et dépourvues de l'autorité de la chose jugée au principal, mais elles sont exécutoires et ne sont susceptibles de recours qu'en même temps que le jugement sur le fond.

SECTION 2. Conciliation

Art. R. 1454-7. Le bureau de conciliation est composé d'un conseiller prud'homme salarié et d'un conseiller prud'homme employeur. Le règlement particulier de chaque section établit un roulement entre tous les conseillers prud'hommes salariés et employeurs.

La présidence appartient alternativement au salarié et à l'employeur, suivant un roulement établi par ce règlement. Celui des deux qui préside le bureau le premier est désigné par le sort.

Exceptionnellement, et dans les cas prévus à l'article L. 1441-38, les deux membres du bureau peuvent être pris parmi les conseillers prud'hommes salariés ou parmi les conseillers prud'hommes employeurs si la section ne se trouve composée que d'un seul collège.

Art. R. 1454-8. Les séances du bureau de conciliation ont lieu au moins une fois par semaine, ***(D. 2008-560 du 16 juin 2008, JO 18)*** « sauf si aucune affaire n'est inscrite au rôle ». Elles ne sont pas publiques.

Art. R. 1454-9. ***(D. 2009-289 du 13 mars 2009, JO 15)*** « En l'absence » du président, ou du vice-président appelé à présider la séance du bureau de conciliation, la présidence peut être exercée par un conseiller faisant partie de l'assemblée à laquelle appartient le président ou le vice-président défaillant et désigné comme suppléant dans les formes prévues aux articles L. 1423-3 à L. 1423-8 et R. 1423-13.

(D. 2009-289 du 13 mars 2009, JO 15) « À défaut » de cette désignation, la présidence revient au conseiller le plus ancien en fonctions dans la même assemblée. S'il y a égalité dans la durée des fonctions, la présidence revient au conseiller le plus âgé.

Note Cet article ne limite pas le nombre de suppléants pouvant être élus aux fins de remplacer le président ou le vice-président de section défaillant (cass. soc. 2 juin 2004, n° 01-46.437, BC V n° 156 ; *RJS* 8-9/04 n° 952).

Art. L. 1454-4.

Art. R. 1454-10. Le bureau de conciliation entend les explications des parties et s'efforce de les concilier. Un procès-verbal est établi.

En cas de conciliation totale ou partielle, le procès-verbal mentionne la teneur de l'accord intervenu. Il précise, s'il y a lieu, que l'accord a fait l'objet en tout ou partie d'une exécution immédiate devant le bureau de conciliation.

À défaut de conciliation totale, les prétentions qui restent contestées et les déclarations faites par les parties sur ces prétentions sont notées au dossier ou au procès-verbal par le greffier sous le contrôle du président.

Note

• Le préliminaire de conciliation constitue une formalité substantielle dans l'institution prud'homale dont l'omission entraîne la nullité d'ordre public du jugement (cass. soc. 6 juillet 1978, n° 577). Toutefois, le jugement n'encourt pas la nullité lorsque l'omission du préliminaire de conciliation a été réparée avant toute forclusion et qu'après l'échec de la tentative de conciliation, les parties ont été invitées à s'expliquer sur le fond, la régularisation n'ayant laissé subsister aucun grief (cass. soc. 18 novembre 1998, n° 96-41.005, BC V n° 507 ; *RJS* 1/99 n° 97 ; *Cah. prud'h.* 1999, jurispr. 112 et 113). Voir aussi cass. soc. 12 décembre 2000, n° 98-46-100, BC V n° 422 censurant une cour d'appel qui avait annulé un jugement prud'homal prononcé sans qu'ait eu lieu le préliminaire de conciliation dès lors que l'irrégularité résultant de l'omission de cette formalité est susceptible d'être couverte en cause d'appel, de sorte qu'il appartenait à la cour d'appel de procéder à la tentative de conciliation.

• Il n'est en principe pas possible de revenir sur un accord intervenu (cass. soc. 21 juin 1973, n° 72-40.386, BC V n° 402).

Cependant, la conciliation, préliminaire obligatoire de l'instance prud'homale, est un acte judiciaire qui implique une participation active du bureau de conciliation à la recherche d'un accord des parties préservant les droits de chacune d'elles. Cet acte ne peut donc être valable que si le bureau a rempli son office en ayant, notamment, vérifié que les parties étaient informées de leurs droits respectifs et que la transaction comportait des concessions réciproques (cass. soc. 5 décembre 2007, n° 06-40.634, *JSL* n° 226, 28 janvier 2008, p. 22). Si ces conditions de validité du procès-verbal de conciliation ne sont pas remplies, la juridiction prud'homale peut être valablement saisie. En constatant qu'un salarié n'avait obtenu en contrepartie de son désistement que des sommes qui lui étaient dues, une cour d'appel a fait ressortir que les juges conciliateurs n'avaient pas rempli leur office, en sorte que l'accord constaté par le procès-verbal de conciliation était nul (cass. soc. 28 mars 2000, n° 97-42.419, BC V n° 135 ; *JSL* n° 58, 18 mai 2000, p. 18). Sur la possibilité de saisir la juridiction prud'homale d'une action en contestation d'une transaction, quand bien même elle aurait été constatée dans un procès-verbal dressé par le bureau de conciliation, voir aussi cass. soc. 29 septembre 2010, n° 09-42.084, *RJS* 12/10 n° 976, 1re espèce ; *JCP* éd. S 2010, 1504, note L. Sébille ; *JSL* n° 287, 18 novembre 2010, p. 26 ; *RDT*, novembre 2010, AC, 620.

• Sur la nullité d'un procès-verbal de conciliation signé par un mandataire non muni d'un pouvoir écrit, voir note sous art. R. 1453-2.

Art. R. 1454-11. En cas de conciliation, un extrait du procès-verbal, qui mentionne s'il y a lieu l'exécution immédiate totale ou partielle de l'accord intervenu, peut être délivré.

Il vaut titre exécutoire.

Art. R. 1454-12. Lorsqu'au jour fixé pour la tentative de conciliation, le demandeur ne comparaît pas sans avoir justifié en temps utile d'un motif légitime, le bureau de conciliation déclare la demande et la citation caduques.

(D. 2008-715 du 18 juil. 2008, JO 19) « Toutefois, la demande et la citation ne sont pas déclarées caduques si le demandeur, absent pour un motif légitime, est représenté par un mandataire muni d'un écrit l'autorisant à concilier en son nom et pour son compte. Dans ce cas, le mandat précise qu'en cas d'absence du mandataire le bureau de conciliation pourra déclarer sa demande caduque. »

La demande ne peut être réitérée qu'une seule fois, à moins que le bureau de conciliation, saisi sans forme, ne constate que le demandeur n'a pu comparaître ***(D. 2008-715 du 18 juil. 2008, JO 19)*** « ou être représenté » sur sa deuxième demande par suite d'un cas fortuit.

Note • Les effets d'une absence du demandeur ou du défendeur lors de l'audience de conciliation ont été modifiés par le décret 2008-715 du 18 juillet 2008 (JO 19).

Comme auparavant, lorsque le *demandeur* ne comparaît pas devant le bureau de conciliation sans avoir justifié d'un motif légitime, la demande et la citation sont déclarées caduques. Mais désormais, la caducité n'est pas prononcée si le demandeur, absent pour motif légitime, est représenté par un mandataire muni d'un écrit l'autorisant à concilier en son nom et pour son compte, et précisant qu'en l'absence du mandataire sa demande pourra être déclarée caduque. Lorsque c'est le *défendeur* qui ne comparaît pas, l'affaire est, comme auparavant, renvoyée au bureau de jugement. Toutefois, s'il justifie en temps utile d'un motif légitime, il peut être représenté par un mandataire muni d'un écrit l'autorisant à concilier en son nom et pour son compte. À défaut d'une telle représentation, il est convoqué à une prochaine séance du bureau de conciliation par lettre simple (voir ci-après art. R. 1454-13).

• Les dispositions de cet article ne concernent que la procédure devant le bureau de conciliation : lorsqu'une première citation a été déclarée caduque par le bureau de jugement, faute pour le salarié de s'être présenté à l'audience, puis qu'une deuxième citation a été déclarée caduque par le bureau de conciliation pour un motif identique, la troisième demande présentée par le salarié est recevable, l'article R. 516-16 [R. 1454-12] ne s'appliquant pas à la caducité prononcée par le bureau de jugement (cass. soc. 19 février 1992, n° 87-45.427, BC V n° 103).

• En application des articles 407 CPC et R. 516-16 [R. 1454-12] CT, la décision qui constate la caducité de la citation peut être rapportée, en cas d'erreur, par le juge qui l'a rendue ; le pourvoi en cassation n'est ouvert qu'à l'encontre de la décision du bureau de conciliation du conseil de prud'hommes qui refuse de rétracter une décision constatant la caducité de sa saisine et non contre la décision constatant la caducité. Le pourvoi formé par un employeur contre la décision du bureau de conciliation d'un conseil de prud'hommes, ayant constaté la caducité de sa citation et des demandes formées contre un salarié, n'est donc pas recevable, la voie de la rétractation étant seule ouverte (cass. soc. 18 mai 2005, n° 02-46.947, BC V n° 171 ; *RJS* 8-9/05 n° 890).

Art. R. 1454-13. Lorsqu'au jour fixé pour la tentative de conciliation, le défendeur ne comparaît pas, le bureau de conciliation applique les dispositions de l'article R. 1454-17, après avoir, s'il y a lieu, usé des pouvoirs prévus à l'article R. 1454-14.

(D. 2008-715 du 18 juil. 2008, JO 19) « Toutefois, si le défendeur a justifié en temps utile d'un motif légitime d'absence, il peut être représenté par un mandataire muni d'un écrit l'autorisant à concilier en son nom et pour son compte. À défaut, il est convoqué à une prochaine séance du bureau de conciliation par lettre simple. »

Lorsqu'il apparaît que le défendeur n'a pas reçu, sans faute de sa part, la première convocation, le bureau de conciliation décide qu'il sera à nouveau convoqué à une prochaine séance. Cette nouvelle convocation est faite soit par lettre recommandée avec avis de réception du greffe, soit par acte d'huissier de justice à la diligence du demandeur.

Cet acte intervient, à peine de caducité de la demande constatée par le bureau de conciliation, dans les six mois de la décision de ce bureau.

Art. R. 1454-14. Le bureau de conciliation peut, en dépit de toute exception de procédure et même si le défendeur ne se présente pas, ordonner :

1° La délivrance, le cas échéant, sous peine d'astreinte, de certificats de travail, de bulletins de paie et de toute pièce que l'employeur est tenu légalement de délivrer ;

2° Lorsque l'existence de l'obligation n'est pas sérieusement contestable :

a) Le versement de provisions sur les salaires et accessoires du salaire ainsi que les commissions ;

b) Le versement de provisions sur les indemnités de congés payés, de préavis et de licenciement ;

c) Le versement de l'indemnité compensatrice et de l'indemnité spéciale de licenciement en cas d'inaptitude médicale consécutives à un accident du travail ou à une maladie professionnelle mentionnées à l'article L. 1226-14 ;

e) Le versement de l'indemnité de fin de contrat prévue à l'article L. 1243-8 et de l'indemnité de fin de mission mentionnée à l'article L. 1251-32 ;

3° Toutes mesures d'instruction, même d'office ;

4° Toutes mesures nécessaires à la conservation des preuves ou des objets litigieux.

Art. L. 1454-4.

Note En dépit de l'absence de mention du « d) », l'énumération figurant dans cet article est complète.

• Les mesures que le bureau de conciliation peut ordonner sur le plan financier ne s'étendent pas aux dommages-intérêts pour licenciement irrégulier ou sans cause réelle et sérieuse. Le différend opposant les parties devant le bureau de conciliation quant à la réalité de la faute lourde du salarié constitue une contestation sérieuse sur l'existence de l'obligation de l'employeur à l'indemnisation de la mise à pied et du licenciement, impliquant l'absence des conditions d'application de cet article (cass. soc. 15 juin 1995, n° 94-40.524, *CSB* 1995 B. 146).

• Cet article permettant au bureau de conciliation d'ordonner des provisions n'est applicable qu'à des sommes dues par l'employeur au salarié : un conseil de prud'hommes commet un excès de pouvoir en étendant ce texte à des sommes dues à l'employeur par le salarié (cass. soc. 6 mai 1997, n° 94-43.085, BC V n° 166 ; *RJS* 6/97 n° 727).

• *Certificat de travail.* Le bureau de conciliation du conseil de prud'hommes peut, dans tous les cas, ordonner la délivrance de certificats de travail et les décisions qu'il prend à cet effet ne peuvent être frappées d'appel qu'en même temps que le jugement sur le fond de l'affaire (cass. soc. 10 octobre 1985, n° 83-45.693, BC V n° 456).

• *Lettre de licenciement.* Il résulte de la combinaison des articles L. 122-14-1 et R. 516-18 [R. 1454-13] CT que la lettre de licenciement fait partie des pièces que l'employeur est tenu de délivrer ; dès lors, une cour d'appel a pu décider que le bureau de conciliation du conseil de prud'hommes n'avait pas commis d'excès de pouvoir en ordonnant la remise de cette lettre au salarié (cass. soc. 4 décembre 1990, n° 87-44.824, BC V n° 612).

• Cet article lui donnant pouvoir d'ordonner toute mesure d'instruction, même d'office, le bureau de conciliation peut ordonner la remise par l'employeur de tout document autre que ceux qu'il est légalement tenu de remettre au salarié (cass. soc. 7 juin 1995, n° 91-42.604, BC V n° 187 ; *CSB* 1995 A. 44).

Art. R. 1454-15. Le montant total des provisions allouées en application du 2° de l'article R. 1454-14 est chiffré par le bureau de conciliation. Il ne peut excéder six mois de salaire calculés sur la moyenne des trois derniers mois de salaire.

Le bureau de conciliation peut liquider, à titre provisoire, les astreintes qu'il a ordonnées.

Lorsqu'il est fait application de l'article mentionné au premier alinéa, les séances du bureau de conciliation sont publiques.

Art. R. 1454-16. Les décisions prises en application des articles R. 1454-14 et R. 1454-15 sont provisoires. Elles n'ont pas autorité de chose jugée au principal. Elles sont exécutoires par provision le cas échéant au vu de la minute.

Elles ne sont pas susceptibles d'opposition. Elles ne peuvent être frappées d'appel ou de pourvoi en cassation qu'en même temps que le jugement sur le fond, sous réserve des règles particulières à l'expertise.

Note La jurisprudence admet la possibilité de faire appel immédiatement lorsque le bureau de conciliation a commis un excès de pouvoir par exemple en ordonnant une mesure non prévue par l'article R. 516-18 [R. 1454-14] (cass. soc. 29 janvier 1981, n° 79-40.818, BC V n° 91) ; en accordant au salarié une provision sur salaire dépassant la limite prévue à l'article R. 516-18 [R. 1454-15] (cass. soc. 3 octobre 1985, n° 83-41.084, BC V n° 439) ; en statuant sur une demande de renvoi formée par application de l'article 47 CPC en dehors des prévisions de l'article R. 516-18 [R. 1454-14] (cass. soc. 16 décembre 1998, n° 97-44.596, BC V n° 567) ; ou encore, lorsque la décision est rendue alors que l'employeur n'a pas été régulièrement convoqué (cass. soc. 3 octobre 1985, n° 83-40.960, BC V n° 440). Mais dès lors que le bureau de conciliation n'a commis aucun excès de pouvoir, l'appel immédiat formé contre la décision du conseil de prud'hommes n'est pas recevable (cass. soc. 12 décembre 1991, n° 87-45.857, BC V n° 583 ; 29 janvier 1998, n° 96-40.333, *TPS* juin 1998, n° 226 ; 2 mai 2001, n° 98-45.541, *RJS* 7/01 n° 906).

À noter que, si elle constitue un vice de forme, l'absence de motivation de l'ordonnance du bureau de conciliation, prise en application de l'article R. 516-18 [R. 1454-14]

CT, ne caractérise pas, à elle seule, un excès de pouvoir justifiant, par dérogation aux dispositions de l'article R. 516-19 [R. 1454-16] dudit code, un appel immédiat (cass. soc. 21 novembre 1990, n° 87-44.047, BC V n° 579 ; 7 juin 1995, n° 91-42.604, BC V n° 187 ; *CSB* 1995 A. 44).
De même, en se prononçant sur le caractère sérieusement contestable ou non de l'obligation de l'employeur à l'égard du salarié en ce qui concerne le paiement d'une indemnité compensatrice de congés payés, le bureau de conciliation statue dans l'exercice des pouvoirs qui lui sont reconnus par l'article R. 516-18 [R. 1454-14] et l'appel immédiat contre sa décision est donc irrecevable (cass. soc. 6 juillet 1993, n° 90-40.318, BC V n° 193).

Art. R. 1454-17. ***(D. 2008-715 du 18 juil. 2008, JO 19)*** « En l'absence de conciliation ou en cas de conciliation partielle, le bureau de conciliation renvoie l'affaire au bureau de jugement lorsque le demandeur et le défendeur sont présents ou représentés et que l'affaire est en état d'être jugée sans que la désignation d'un ou deux conseillers rapporteurs ou le recours à une mesure d'instruction soient nécessaires. »

Les parties peuvent être convoquées devant le bureau de jugement verbalement avec émargement au dossier. Dans ce cas, un bulletin mentionnant la date de l'audience leur est remis par le greffier.

Lorsque l'affaire est en état d'être immédiatement jugée et si l'organisation des audiences le permet, le bureau de conciliation peut, avec l'accord de toutes les parties, les faire comparaître à une audience que le bureau de jugement tient sur le champ.

Lorsque le défendeur n'a pas comparu ***(D. 2008-715 du 18 juil. 2008, JO 19)*** « ou n'a pas été représenté » et que le recours à une mesure d'information ou d'instruction n'apparaît pas préalablement nécessaire, le bureau de conciliation renvoie l'affaire au bureau de jugement. Le demandeur peut être convoqué devant ce bureau verbalement avec émargement au dossier. Dans ce cas, un bulletin mentionnant la date de l'audience est remis au demandeur par le greffier.

Note Ont donné leur accord, au sens de cet article, pour un renvoi immédiat de l'affaire devant le bureau de jugement les parties qui ont émargé au dossier et ont comparu devant ce bureau (cass. soc. 9 mai 1990, n° 86-45.138, BC V n° 215).

Art. R. 1454-18. Le bureau de conciliation peut fixer le délai de communication des pièces ou des notes que les parties comptent produire à l'appui de leurs prétentions.

Note Lorsque des pièces sont communiquées après le délai fixé par le bureau de conciliation, le bureau de jugement peut les prendre en considération dès lors que le principe du contradictoire a été respecté (cass. soc. 8 juin 1994, n° 90-45.858, *Cah. prud'h.* 1994, 145).

• *Production de documents à la requête d'une partie.* S'il résulte de l'article 11 CPC que le juge peut, à la requête de l'une des parties, ordonner la production de tous documents détenus par des tiers, il s'agit d'une simple faculté dont l'exercice est laissé à son pouvoir discrétionnaire (cass. soc. 13 mai 1985, Russo c/ Transports Pouzenc, *JS* novembre 1985, p. 5).

• Lorsque cela est strictement nécessaire à l'exercice des droits de sa défense dans le litige l'opposant à son employeur, un salarié peut produire en justice des documents dont il a eu connaissance à l'occasion de ses fonctions. S'agissant d'une salariée licenciée pour faute lourde en raison notamment du vol et de la rétention de documents couverts par le secret professionnel, une cour d'appel a pu, après avoir relevé que la violation de ses obligations était justifiée par la nécessité de remettre à ses défenseurs les documents litigieux, décider que ces faits ne constituaient ni une faute lourde, ni une faute grave, ni même une cause réelle et sérieuse de licenciement (cass. soc. 30 juin 2004, n° 02-41.720, BC V n° 187 ; *RJS* 10/04 n° 1009 ; *Dr. Soc.* 2004, p. 1042, obs. J. Mouly ; dans le même sens, voir aussi cass. soc. 2 décembre 1998, n° 96-44.258, BC V n° 535, censurant une cour d'appel qui avait écarté des débats de tels documents produits par un salarié pour assurer sa défense dans le procès qui l'opposait à son employeur).

SECTION 3. Jugement

Art. R. 1454-19. À moins qu'elles ne l'aient été verbalement avec émargement au dossier, les parties sont convoquées par le greffe devant le bureau de jugement par lettre recommandée avec avis de réception. Le greffe leur adresse le même jour une copie de la convocation par lettre simple.

La convocation indique :

1° Les nom, profession et domicile des parties ;

2° Les lieu, jour et heure de l'audience ;

3° Les points qui demeurent en litige.

Note La convocation, adressée uniquement à l'avocat d'une partie, ne constitue pas une citation régulière si cette partie n'a pas été personnellement convoquée (cass. soc. 26 mai 1993, n° 90-42.185, BC V n° 148).

• Ouverture d'une procédure collective à l'encontre d'un employeur pendant une instance prud'homale. Les instances en cours devant la juridiction prud'homale à la date du jugement d'ouverture ne sont ni interrompues ni suspendues, mais sont poursuivies en présence du mandataire judiciaire ou du liquidateur et de l'AGS ; il appartient au mandataire judiciaire ou, selon le cas, au liquidateur, d'informer la juridiction et les salariés de l'ouverture de la procédure collective ; la juridiction, informée de cette ouverture, est tenue de convoquer les organes de la procédure ainsi que l'AGS, selon les modalités prévues aux articles R. 1454-19 CT ou 937 CPC. C'est donc à tort que, pour déclarer irrecevables les demandes d'un salarié à l'encontre d'une société placée en liquidation judiciaire durant une instance prud'homale, une cour d'appel a retenu que le salarié n'avait mis en cause ni le liquidateur ni l'AGS, alors qu'informée de l'ouverture de la procédure collective, il lui appartenait de faire convoquer le liquidateur et l'AGS à l'audience par le greffe (cass. soc. 9 mars 2011, n° 09-67.312, BC V n° 71 ; *RJS* 5/11 n° 426).

• Saisine directe du bureau de jugement

Redressement ou liquidation judiciaire. Il résulte de l'article L. 621-125 c. com. que le salarié dont la créance ne figure pas sur le relevé des créances salariales peut saisir le conseil de prud'hommes, le litige étant porté directement devant le bureau de jugement (cass. soc. 4 décembre 1991, n° 89-42.970, BC V n° 550). Il en va de même lorsque le salarié entend obtenir la mise en cause de l'AGS pour une créance qui aurait dû figurer sur le relevé (cass. soc. 21 juin 2005, n° 02-42.499, BC V n° 209 ; *JCP* éd. S 2005, 1165, note P. Morvan ; *RJS* 10/05 n° 984). La saisine directe du bureau de jugement prévue par l'article L. 621-128 c. com. exclut toute possibilité de s'adresser au juge des référés pour obtenir une provision (cass. soc. 17 juin 1992, n° 89-43.338, BC V n° 406 ; 3 mars 1993, n° 90-45.752, *RJS* 4/93 n° 401).

Requalification d'un contrat à durée déterminée en contrat à durée indéterminée. Les articles L. 1245-2 et L. 1251-41 CT prévoient également la saisine directe du bureau de jugement en cas de demande de requalification d'un contrat à durée déterminée ou de missions d'intérim en contrat à durée indéterminée. Cette saisine directe s'étend non seulement à la demande en paiement de l'indemnité, qui est la conséquence de la requalification, mais également à la demande en paiement des indemnités qui résultent de la rupture du contrat de travail (cass. soc. 7 avril 1998, n° 95-43.091, BC V n° 199 ; *Dr. Soc.* 1998, p. 802).

Toutefois, l'octroi de l'indemnité prévue par l'article L. 1251-41 CT n'est pas subordonné à la mise en œuvre préalable de la procédure de saisine directe du bureau de jugement. C'est donc à tort que, pour débouter une salariée de sa demande d'indemnité de requalification, une cour d'appel a retenu que la procédure choisie n'était pas celle prévue par l'article L. 1245-2 CT puisque la salariée avait saisi le conseil de prud'hommes d'une demande tendant à voir convoquer l'employeur devant le bureau de conciliation (cass. soc. 4 février 2003, n° 00-43.558, BC V n° 36 ; *RJS* 4/03 n° 422 ; *Dr. Soc.* 2003, p. 530, obs. Cl. Roy-Loustaunau).

Voir aussi cass. soc. 7 octobre 1998, n° 97-43.336, BC V n° 410, précisant que le bénéfice de l'article L. 1251-41 CT n'est pas réservé aux seuls salariés dont la mission est en cours d'exécution.

À noter que le salarié, qui porte sa demande de requalification du contrat à durée déterminée en contrat à durée indéterminée directement devant le bureau de jugement, en application de l'article L. 1245-2 CT, peut présenter devant cette formation toute autre demande qui dérive du contrat de travail, même si cette demande (en l'espèce, rappel de salaires) est dépourvue de tout lien avec la requalification demandée (cass. soc. 4 décembre 2002, n° 00-40.255, BC V n° 369 ; *RJS* 2/03 n° 163 et p. 107, avis P. Lyon-Caen ; *Dr. Soc.* 2003, p. 529, obs. Cl. Roy-Loustaunau ; 10 mai 2005, n° 02-45.674, *JSL* n° 171, 5 juillet 2005, p. 27 ; 22 septembre 2010, n° 09-42.650, BC V n° 187 ; *RJS* 12/10 n° 977). Voir aussi cass. soc. 28 avril 2011, n° 09-43.226, BC V n° 95 ; *RJS* 7/11 n° 584, décidant que la demande tendant à voir reconnaître l'existence d'un contrat de travail peut être portée directement devant le bureau de jugement dès lors que la juridiction prud'homale est saisie également d'une demande de requalification de contrats à durée déterminée en un contrat à durée indéterminée.

Art. R. 1454-20. Lorsque le défendeur ne comparaît pas le jour du jugement, il est statué sur le fond. Toutefois, si le défendeur a justifié en temps utile d'un motif légitime, il est convoqué à une prochaine audience du bureau de jugement par lettre recommandée.

Lorsqu'il apparaît que le défendeur n'a pas reçu, sans faute de sa part, la première convocation, le bureau de jugement décide qu'il sera convoqué à une prochaine audience, soit par lettre recommandée avec avis de réception, soit par acte d'huissier à la diligence du demandeur.

Note Lorsque la lettre recommandée convoquant le défendeur revient au greffe avec la mention « non réclamée », le demandeur doit être invité à convoquer son adversaire par voie d'huissier (cass. soc. 26 mai 1999, n° 97-42.268). Il en est de même lorsque l'accusé de réception porte le cachet du destinataire mais n'est pas signé par lui ou une personne habilitée à le représenter, la convocation à l'audience n'étant alors pas régulière (cass. soc. 11 mai 1999, n° 97-40.996, BC V n° 212).

Art. R. 1454-21. Dans le cas où le bureau de jugement déclare la citation caduque en application de l'article 468 du code de procédure civile, la demande peut être renouvelée une fois.

Elle est portée directement devant le bureau de jugement selon les modalités prévues à l'article R. 1454-19 et R. 1454-20.

Note

• La non-comparution à l'audience ultérieure à laquelle les débats sur le fond ont été renvoyés d'un demandeur qui a initialement comparu devant le bureau de conciliation, puis le bureau de jugement, ne constitue pas une cause de caducité de la citation (cass. soc. 13 janvier 1999, n° 96-45.301, BC V n° 21).

• La faculté offerte au demandeur par cet article de renouveler sa demande une fois ne peut priver celui-ci du droit résultant de l'article 544, al. 2 NCPC d'interjeter appel du jugement qui a déclaré sa citation caduque (cass. soc. 15 mai 1991, n° 90-42.806, BC V n° 241). À l'inverse, le fait qu'un salarié se désiste de son appel du jugement de caducité ne fait pas obstacle au droit qu'il tient de l'article R. 516-26-1 [R. 1454-21] de renouveler une fois sa demande devant le bureau de jugement après une citation déclarée caduque, l'exercice de ce droit ne constituant pas une voie de recours au sens de l'article 409 CPC (cass. soc. 16 février 1994, n° 90-42.696, BC V n° 59).

• Viole l'article R. 516-26-1 [R. 1454-21] CT la cour d'appel qui déclare recevable l'appel d'un salarié à l'encontre d'un jugement de caducité dont il s'était abstenu de solliciter la rétractation comme il en avait la faculté (cass. soc. 23 mai 2007, n° 06-40.146, BC V n° 87 ; *JCP* éd. S 2007, 1551, note B. Boubli).

Art. R. 1454-22. Lorsque les parties se concilient, même partiellement, le bureau de jugement constate dans un procès-verbal la teneur de l'accord intervenu.

S'il y a lieu, le procès-verbal précise que l'accord a fait l'objet en tout ou partie d'une exécution immédiate devant le bureau de jugement.

Art. R. 1454-23. Les décisions du bureau de jugement sont prises à la majorité absolue des voix.

Si cette majorité ne peut se former, il est procédé comme en cas de partage des voix. Les débats sont repris.

Art. L. 1454-4.

Note **Annulation du jugement.** Est entaché d'irrégularité et doit être annulé le jugement rendu par un conseil de prud'hommes dès lors qu'il est établi que le juge qui le prononce n'en avait pas délibéré (cass. soc. 3 juillet 1991, n° 88-43.872, BC V n° 344). De même, doivent être annulés, sans qu'il y ait lieu à renvoi devant un autre conseil de prud'hommes, les jugements rendus par un conseil de prud'hommes ayant statué sur les demandes formées par plusieurs salariés d'une caisse de mutualité sociale agricole contre cette dernière sans que l'inspecteur divisionnaire des lois sociales en agriculture ait été appelé en la cause (cass. soc. 17 mars 2004, n° 03-40.658, BC V n° 90 ; *RJS* 6/04 n° 738).

Art. R. 1454-24. ***(D. 2009-289 du 13 mars 2009, JO 15)*** En l'absence du président ou du vice-président appelé à présider la séance du bureau de jugement, la présidence peut être exercée par un conseiller faisant partie de l'assemblée à laquelle appartient le président ou le vice-président défaillant et désigné comme suppléant dans les formes prévues aux articles L. 1423-3 à L. 1423-8 et R. 1423-13.

À défaut de cette désignation, la présidence revient au conseiller le plus ancien en fonctions dans la même assemblée. S'il y a égalité dans la durée des fonctions, la présidence revient au conseiller le plus âgé.

Art. R. 1454-25. À l'issue des débats et si la décision n'est pas immédiatement rendue, la date de prononcé du jugement est rappelée aux parties par émargement au dossier ou par la remise d'un bulletin par le greffier.

Art. R. 1454-26. Les décisions du conseil de prud'hommes sont notifiées aux parties par le greffe de ce conseil ou de la cour d'appel au lieu de leur domicile. La notification est faite par lettre recommandée avec avis de réception sans préjudice du droit des parties de les faire signifier par acte d'huissier de justice.

Les parties sont verbalement informées des mesures d'administration judiciaire avec émargement au dossier ou par lettre simple.

Note Constitue une notification régulière l'envoi à l'employeur d'une copie du jugement certifiée conforme par le greffier du conseil de prud'hommes, lequel atteste que la minute comporte les signatures exigées par la loi (cass. soc. 27 juin 1990, n° 87-42.133, BC V n° 323). Dès lors qu'il apparaît que la lettre de notification d'un jugement est bien parvenue au lieu de l'établissement de la société, au sens de l'article 690 CPC, et que l'avis de réception, renvoyé par les PTT au greffe, a été signé par un préposé de cette société, quelle que soit la qualité de celui-ci, ladite lettre fait courir le délai d'appel (cass. soc. 10 mars 1988, n° 86-42.018, BC V n° 176 ; 25 avril 1990, n° 87-40.635, BC V n° 193). Mais lorsque le jugement est notifié à une personne physique, la notification ne fait courir le délai d'appel que lorsque l'accusé de réception est signé par le destinataire (cass. soc. 4 mai 1993, n° 88-45.634, BC V n° 124). Si l'acte de notification du jugement n'a pu être remis à son destinataire, le délai d'appel ne court pas : tel est le cas lorsque la lettre de notification, bien que présentée au domicile du salarié, est revenue au secrétariat du conseil de prud'hommes avec la mention « non réclamée » (cass. soc. 7 juillet 1993, n° 90-41.346, BC V n° 199). De même, un accusé de réception signé, non par le destinataire, mais par ses parents, ne fait pas courir le délai d'appel (cass. soc. 16 mai 2000, n° 98-41.836).

• Il résulte de la combinaison des articles 536, 680 et 693 NCPC que l'acte de notification d'un jugement à une partie doit, à peine de nullité, indiquer de manière très apparente les délais d'opposition, d'appel ou de pourvoi en cassation dans le cas où l'une de ces voies de recours est ouverte, sans que la qualification inexacte du jugement par les juges qui l'ont rendu ait un effet sur l'existence de ces voies de recours. Doit donc être cassé l'arrêt déclarant irrecevable comme tardif l'appel d'un jugement, sans préciser si l'acte de notification, dont une partie invoquait la nullité, omettait de mentionner le délai et les modalités d'exercice de l'appel, en sorte qu'aucun délai de recours n'aurait pu courir (cass. soc. 13 juillet 1999, n° 97-42.323, BC V n° 352).

Voir aussi note sous art. R. 1461-1.

• La signification par acte d'huissier est également possible, ainsi que le prévoit l'article 651 CPC. Mais la signification faite après l'expiration du délai pour former un pourvoi ouvert par une première notification de la décision ne peut faire courir un nouveau délai, peu important que le demandeur au pourvoi ait été admis au bénéfice de l'aide juridictionnelle sur la base de cette signification (cass. soc. 11 octobre 2006, n° 05-45.623, BC V n° 303 ; *JCP* éd. S 2006, 1933, note B. Boubli).

Art. R. 1454-27. Les conseils de prud'hommes ne connaissent pas de l'exécution forcée de leurs jugements.

Art. R. 1454-28. Sont de droit exécutoires à titre provisoire :

1° Le jugement qui n'est susceptible d'appel que par suite d'une demande reconventionnelle ;

2° Le jugement qui ordonne la remise d'un certificat de travail, de bulletins de paie ou de toute pièce que l'employeur est tenu de délivrer ;

3° Le jugement qui ordonne le paiement de sommes au titre des rémunérations et indemnités mentionnées au 2° de l'article R. 1454-14, dans la limite maximum de neuf mois de salaire calculés sur la moyenne des trois derniers mois de salaire. Cette moyenne est mentionnée dans le jugement.

Note

• Les jugements mentionnés à cet article bénéficient de plein droit de l'exécution provisoire ; le premier président d'une cour d'appel ne peut donc, conformément aux articles 514 et 524 CPC, en arrêter l'exécution en cas d'appel (cass. soc. 28 juin 2001, n° 99-43.831, BC V n° 237 ; *RJS* 10/01 n° 1182).

• Les jugements qui ordonnent la remise de bulletins de paie sont de droit exécutoires par provision. Un juge des référés ne peut donc, pour rejeter la demande d'astreinte dont il est saisi, se fonder sur le fait que le jugement ayant condamné l'employeur au paiement de rappel de salaires et à la remise de bulletins de paie correspondants fait l'objet d'un appel, suspensif de toutes les demandes (cass. soc. 7 décembre 2005, n° 04-42.111, *RJS* 2/06 n° 260).

• En application des articles 514 à 526 CPC et R. 1451-1 CT, l'exécution provisoire peut être ordonnée par les conseils de prud'hommes dans les mêmes cas et conditions que par les juridictions de droit commun.

• *Dernier alinéa.* L'absence de mention de la moyenne des trois derniers mois dans le jugement n'a pas pour effet de priver celui-ci de son caractère exécutoire de droit, à concurrence de la limite maximum fixée par l'article R. 516-37 [R. 1454-28] (cass. soc. 2 avril 1996, n° 94-43.503, BC V n° 134 ; 7 janvier 1998, n° 97-40.266, BC V n° 3 ; *RJS* 2/98 n° 198 ; voir aussi cass. soc. 13 janvier 1999, n° 97-14.573, *TPS* mai 1999, n° 219). Elle constitue une simple omission matérielle que le conseil de prud'hommes peut réparer par décision rectificative, conformément aux dispositions de l'article 462 CPC (cass. soc. 24 janvier 1996, n° 92-43.473, BC V n° 28 ; 28 juin 2001, n° 99-43.831, BC V n° 237).

• **Suspension à exécution provisoire.** Est fondée l'ordonnance du premier président d'une cour d'appel rejetant la demande formulée par une société, en suspension de l'exécution provisoire avec consignation, des condamnations prononcées à son encontre (paiement de diverses indemnités au directeur général d'une agence de la société). En effet, « en estimant, d'une part, que l'exécution provisoire ne risquait pas d'entraîner de conséquences manifestement excessives, d'autre part, que l'exécution en nature était en l'espèce plus utile au créancier qu'une consignation, le premier président n'a fait qu'user du pouvoir souverain d'appréciation qui lui appartenait en la matière » (cass. soc. 2 juillet 1985, n° 83-40.234, BC V n° 388 ; voir, dans le même sens, cass. soc. 11 décembre 1990, n° 86-45.377, BC V n° 641 ; 25 mai 1993, n° 90-40.578).

• Information de la décision : voir note sous art. R. 1461-1.

SECTION 4. Départage

Art. R. 1454-29. En cas de partage des voix, l'affaire est renvoyée à une audience ultérieure du bureau de conciliation ou du bureau de jugement. Cette audience, présidée par le juge départiteur, est tenue dans le mois du renvoi.

En cas de partage des voix au sein de la formation de référé, l'affaire est renvoyée à une audience présidée par le juge départiteur. Cette audience est tenue sans délai et au plus tard dans les quinze jours du renvoi.

Art. L. 1454-4.

Note Le recours au juge départiteur est prévu en cas de partage des voix, non seulement au sein du bureau de jugement mais aussi du bureau de conciliation et de la formation de référé.

Lorsqu'une affaire est mise en départage par le conseil de prud'hommes, statuant en formation paritaire, les débats doivent être repris en formation de départage sur les seules questions sur lesquelles aucune majorité n'a pu se former (cass. soc. 10 juillet 1986, n° 83-44.697, BC V n° 379 ; 22 décembre 1988, n° 85-44.233, BC V n° 702). À noter que la présentation d'un moyen de défense devant la formation de départage implique de la part du défendeur la réquisition d'un jugement sur le fond (cass. soc. 23 mars 1999, n° 98-40.571, *TPS* juillet 1999, n° 293).

Art. R. 1454-30. Lorsqu'un conseiller prud'homme ne peut siéger à l'audience de départage, il pourvoit lui-même à son remplacement par un conseiller prud'homme de la même assemblée et appartenant, selon le cas, à sa section, à sa chambre ou à la formation de référé.

Lorsqu'il ne pourvoit pas lui-même à son remplacement, le président ou le vice-président relevant de sa section ou de sa chambre et de son assemblée pourvoit à ce remplacement dans les mêmes conditions.

Le conseiller prud'homme, le président ou le vice-président informe immédiatement le greffe de ce remplacement.

Devant le bureau de jugement, les remplacements ne peuvent avoir lieu que dans la limite d'un conseiller prud'homme de chaque assemblée.

Note Si cet article prévoit que le président ou le vice-président de section ou de chambre pourvoit au remplacement des conseillers absents, il n'exige pas que mention expresse soit faite au jugement d'une demande de remplacement adressée à ce magistrat (cass. soc. 12 avril 1995, n° 91-40.593, BC V n° 133).

Art. R. 1454-31. Quel que soit le nombre des conseillers prud'hommes présents et même en l'absence de tout conseiller prud'homme, lorsque lors de l'audience de départage la formation n'est pas réunie au complet, le juge départiteur statue seul à l'issue des débats. Il recueille préalablement l'avis des conseillers présents.

Lorsqu'à l'issue des débats et si la décision n'est pas immédiatement rendue, la date de prononcé du jugement est rappelée aux parties par émargement au dossier ou par la remise d'un bulletin par le greffier.

Art. R. 1454-32. Lorsqu'un renouvellement général des conseils de prud'hommes rend impossible le renvoi d'une affaire ayant fait l'objet d'un partage de voix antérieur à ce renouvellement, cette affaire est reprise, suivant le cas, devant le bureau de conciliation, le bureau de jugement ou la formation de référé.

Ces bureaux et formation reprennent l'affaire dans leur composition nouvelle sous la présidence du juge départiteur.

CHAPITRE V

Référé

[Le présent chapitre ne comprend pas de dispositions législatives.]

SECTION 1. Composition et organisation de la formation de référé

Art. R. 1455-1. Chaque conseil de prud'hommes comprend une formation de référé commune à l'ensemble des sections de ce conseil. Cette formation est composée d'un conseiller prud'homme salarié et d'un conseiller prud'homme employeur.

Art. R. 1455-2. L'Assemblée générale du conseil de prud'hommes désigne chaque année, selon les dispositions des articles L. 1423-3, L. 1423-5, R. 1423-11 et R. 1423-12, les conseillers prud'hommes employeurs et les conseillers prud'hommes salariés appelés à tenir les audiences de référé.

Le nombre des conseillers ainsi désignés doit être suffisant pour assurer, selon un roulement établi par le règlement intérieur du conseil de prud'hommes, le service des audiences de référé.

En cas de création d'un conseil de prud'hommes, les désignations mentionnées au premier alinéa interviennent dans un délai de trois mois à compter de l'installation du conseil. Jusqu'à ces désignations, la formation de référé du conseil de prud'hommes est composée du président et du vice-président ainsi que du conseiller que ceux-ci désignent au sein de leur collège respectif.

Art. R. 1455-3. La présidence des audiences de référé est assurée alternativement par un conseiller prud'homme employeur et par un conseiller prud'homme salarié dans les conditions fixées par le règlement intérieur.

Art. R. 1455-4. Le règlement intérieur du conseil de prud'hommes fixe les jour et heure habituels des audiences de référé. Une audience est prévue au moins une fois par semaine.

Lorsque les circonstances l'exigent, le président du conseil de prud'hommes, après avis du vice-président, peut fixer une ou plusieurs audiences supplémentaires ou déplacer les jour et heure de la ou des audiences de la semaine.

SECTION 2. Compétence de la formation de référé

Art. R. 1455-5. Dans tous les cas d'urgence, la formation de référé peut, dans la limite de la compétence des conseils de prud'hommes, ordonner toutes les mesures qui ne se heurtent à aucune contestation sérieuse ou que justifie l'existence d'un différend.

Note

• Puisqu'il implique l'urgence, le référé prud'homal porte sur les mesures que le bureau de conciliation peut déjà prendre en application de l'article R. 1454-14.

Compétence de la formation de référé. Le juge des référés peut être saisi dès lors qu'il n'a pas été statué au fond. La saisine du bureau de jugement n'interdit pas de porter devant la formation de référé des demandes en paiement de provision, fussent-elles relatives à des obligations (indemnité de congés payés et indemnité de préavis) dont le salarié connaissait l'existence avant de former une demande au fond (cass. soc. 14 juin 1989, n° 87-43.817, BC V n° 447).

Lorsqu'un salarié refuse d'exécuter son préavis de démission, l'employeur ne peut compenser les salaires restant dus avec l'indemnité de préavis due par le salarié. S'il passe outre cette interdiction légale, la formation de référé du conseil de prud'hommes peut condamner l'employeur à payer le solde des salaires indûment retenu, l'obligation de l'employeur n'étant pas sérieusement contestable (cass. soc. 28 avril 1994, n° 90-46.044, BC V n° 155).

Le juge des référés peut, sans excéder ses pouvoirs, assortir d'intérêts moratoires les condamnations (en l'espèce, paiement d'un solde de préavis et de congés payés) qu'il prononce (cass. soc. 21 février 1990, n° 88-40.471, BC V n° 84).

À noter qu'il appartient au juge des référés de se prononcer sur la fin de non-recevoir tirée d'un prétendu défaut de qualité du demandeur en référé, que la contestation de cette qualité par la partie adverse soit ou non sérieuse (cass. soc. 22 juin 1993, n° 91-40.736, BC V n° 177).

Incompétence de la formation de référé. Est fondé l'arrêt confirmatif d'une cour d'appel se déclarant incompétente, après avoir constaté qu'à la date de décision du premier juge statuant en référé, le trouble allégué avait disparu, et qui décide qu'il n'y avait pas lieu à référé (cass. soc. 26 juin 1991, n° 88-17.936, BC V n° 331).

Sur l'incompétence de la formation de référé pour accorder une provision dans le cadre des litiges portés directement devant le bureau de jugement du conseil de prud'hommes en application de l'article 126 de la loi du 25 janvier 1985, voir note sous art. R. 1454-19.

La juridiction prud'homale ne peut, lorsqu'elle statue en référé, trancher sur le fond du litige :
– en ordonnant la modification des mentions portées sur l'attestation destinée à l'Assédic, lorsqu'il y a litige sur la qualification de la rupture du contrat de travail (cass. soc. 18 novembre 1987, n° 86-43.696) ;
– en prononçant l'annulation d'une sanction (cass. soc. 21 avril 1988, n° 87-42.045), même si l'annulation est demandée pour irrégularité de procédure (absence de convo-

cation à un entretien préalable) ; en ce sens, cass. soc. 4 novembre 1988, n° 85-46.110, BC V n° 568 ; *CSB* 1989 A. 10 ;
– en prononçant l'annulation d'un contrat d'apprentissage (cass. soc. 10 mars 1988, Leclerc c/ Entreprise Fernandez) ;
– en accordant une provision sur salaire à des salariés prétendant avoir subi une retenue injustifiée, alors que l'employeur prétendait qu'une convention collective nouvelle s'était substituée aux dispositions antérieures et que les intéressés ne pouvaient se prévaloir d'avantages acquis à titre individuel (cass. soc. 5 décembre 1989, n° 88-40.905).

• En ce qui concerne les différences qui existent en matière de référé entre les procédures civile et prud'homale, voir « Quelques observations sur le décret 87-434 du 17 juin 1987 : pour un juge qui toujours décide… », P. Drai, premier président de la cour d'appel de Paris, *Gaz. Pal.* 22 et 23 juillet 1987, et article de M. Rayroux, *Gaz. Pal.* 2 et 3 octobre 1987.

• Sur le contrôle de la Cour de cassation en matière de référé, voir l'article d'A. Perdriau, doyen de la Cour de cassation, *JCP* éd. G, n° 49-1988.

Art. R. 1455-6. La formation de référé peut toujours, même en présence d'une contestation sérieuse, prescrire les mesures conservatoires ou de remise en état qui s'imposent pour prévenir un dommage imminent ou pour faire cesser un trouble manifestement illicite.

Note Le principe de compétence posé par cet article étant général, la formation de référé d'un conseil de prud'hommes demeure compétente pour statuer sur une demande de provision dans les conditions qui y sont prévues, alors même que le juge du principal a été saisi et que les parties ont été convoquées devant le bureau de conciliation (cass. soc. 11 octobre 1990, n° 89-44.687, BC V n° 467 ; 14 mai 1992, n° 88-42.965, BC V n° 312 ; dans le même sens, s'agissant de la compétence du juge des référés pour faire cesser un trouble manifestement illicite, alors même qu'une instance au fond est pendante devant la juridiction d'appel, voir cass. soc. 12 janvier 1999, n° 97-45.209, BC V n° 16 ; *RJS* 2/99 n° 237).

L'autonomie de compétence du juge des référés implique également que le désistement devant le juge du fond est sans influence sur le pouvoir du juge des référés de statuer (cass. soc. 17 mars 1999, n° 96-43.328, BC V n° 129 ; *RJS* 5/99 n° 721).

La compétence du juge des référés pour faire cesser le trouble manifestement illicite que constitue le licenciement d'un salarié gréviste en l'absence de faute lourde implique qu'il apprécie si les agissements fautifs reprochés au salarié constituent ou non une faute lourde (cass. soc. 12 janvier 1999, n° 98-40.020, BC V n° 8).

De même, lorsqu'il est saisi d'une demande de réintégration consécutive à une sanction disciplinaire ou à un licenciement, le juge des référés doit vérifier si cette sanction – ou ce licenciement – constitue un trouble manifestement illicite qu'il lui appartient de faire cesser, même en présence d'une difficulté sérieuse (cass. soc. 23 novembre 1999, 2 arrêts, n°s 98-41.376 et 97-43.787, BC V n°s 450 et 452).

En revanche, le juge ne pouvant, en l'absence de disposition le prévoyant et à défaut de violation d'une liberté fondamentale, annuler un licenciement, il n'entre pas dans les pouvoirs du juge des référés d'ordonner l'arrêt d'une procédure de licenciement et la poursuite du contrat de travail lorsque la nullité du licenciement n'est pas encourue (cass. soc. 31 mars 2004, n° 01-46.960, BC V n° 101 ; *RJS* 6/04 n° 680 ; *Dr. Soc.* 2004, p. 666, obs. Ch. Radé ; *JSL* n° 149, 20 juillet 2004, p. 21).

Par ailleurs, il n'entre pas dans les pouvoirs du juge des référés de prononcer l'annulation d'une transaction en l'absence de dispositions expresses l'y autorisant (cass. soc. 14 mars 2006, n° 04-48.322, BC V n° 100 ; *JSL* n° 187, 11 avril 2006, p. 25 ; *RJS* 5/06 n° 568).

Notion de trouble manifestement illicite. Le licenciement d'une salariée protégée, intervenu malgré une décision administrative de refus d'autorisation, constitue un trouble manifestement illicite (cass. soc. 3 février 1993, n° 89-40.042, BC V n° 41). De même, la décision de mutation d'office d'un représentant du personnel, qui a eu pour effet de mettre fin immédiatement à ses mandats, constitue un trouble manifestement illicite auquel il appartient au juge des référés judiciaires de mettre fin, nonobstant la contestation de la régularité de la mutation engagée devant le juge administratif (cass. soc. 5 mars 2008, n° 07-11.123, BC V n° 53 ; *RJS* 5/08 n° 603 ; *RDT*, mai 2008, CH, 306, Fl. Debord ; *JCP* éd. S 2008, 1309, note J-Y Kerbourc'h).

Il a par ailleurs été jugé que le refus d'un employeur de payer l'indemnité compensatrice de non-concurrence, alors qu'il ne pouvait reprocher au salarié aucun acte de concurrence postérieur au licenciement, constituait une inexécution flagrante de la clause contractuelle et caractérisait un trouble manifestement illicite autorisant le juge des référés à libérer le salarié de la clause de non-concurrence (cass. soc. 22 février 2000, n° 98-43.005, *RJS* 4/00 n° 406).

Constituent également un trouble manifestement illicite :
– l'embauchage d'un salarié licencié dont le contrat de travail comportait une clause de non-concurrence (cass. soc. 25 octobre 1990, n° 88-18.624, BC V n° 495) ; mais si le juge des référés peut enjoindre au salarié de cesser son activité, il n'a pas le pouvoir d'ordonner la résiliation du contrat de travail (cass. soc. 13 mai 2003, n° 01-17.452, BC V n° 161 ; *JSL* n° 126, 24 juin 2003, p. 12) ;
– l'interdiction d'accéder à l'entreprise faite à un délégué du personnel dont le licenciement avait été refusé par l'inspecteur du travail (cass. soc. 27 juin 1995, n° 94-40.681, *SSL* 1995 n° 753) ;
– le licenciement d'un représentant du personnel prononcé sans l'autorisation de l'inspecteur du travail (cass. soc. 8 juillet 1997, n° 96-44.337, BC V n° 257 ; *RJS* 8-9/97 n° 997) ;
– les licenciements prononcés en application d'un plan social entaché de nullité (cass. soc. 13 février 1997, n° 96-41.874, BC V n° 64 ; *CSB* 1997 A. 22) ;
– la décision d'une société d'ouvrir son magasin plusieurs dimanches en violation de l'article L. 221-17 (ancien) CT et de l'interdiction préfectorale (cass. soc. 19 février 1997, n° 94-22.205, BC V n° 73) ;
– la décision d'un employeur imposant aux salariés de prendre tous leurs jours de repos acquis au titre de la réduction du temps de travail et de congés payés sans pouvoir alimenter leur compte épargne-temps, en violation des stipulations d'un accord d'entreprise (cass. soc. 8 juin 2011, n° 10-11.979, *RJS* 8-9/11 n° 700) ;
– le non-paiement d'une prime de treizième mois à certains salariés, contrairement à d'autres, dès lors que l'employeur ne donnait aucune justification concernant cette différence de traitement (cass. soc. 28 juin 2000, n° 99-43.997) ;
– le refus par un employeur de reprendre les salariés entrant dans la catégorie du personnel visée par une convention collective qui prévoit que l'entreprise qui se voit confier un marché précédemment attribué à une autre entreprise est tenue de poursuivre les contrats de travail (cass. soc. 17 mars 1998, n° 95-44.213, BC V n° 153) ;
– le licenciement d'un salarié gréviste auquel aucune faute lourde ne peut être reprochée (cass. soc. 19 novembre 2008, n° 07-44.077).

En revanche, les sanctions prononcées contre des salariés grévistes qui ont commis des voies de fait et entravé la liberté du travail ne constituent pas un trouble manifestement illicite et l'obligation de l'employeur au paiement des salaires est sérieusement contestable (cass. soc. 1er juillet 1998, n° 96-41.385, BC V n° 354 ; *Dr. Soc.* 1998, p. 850).

Plus récemment, la Cour de cassation a jugé que l'occupation des locaux intervenue en réaction à la fermeture brutale d'une unité de production sans information ni consultation préalables des représentants du personnel et alors qu'il ne pouvait être reproché aux salariés aucune dégradation de matériel, aucune violence, séquestration ou autre comportement dangereux à l'égard des personnels se trouvant sur le site, ne caractérise pas un trouble manifestement illicite permettant d'obtenir l'expulsion des salariés (cass soc. 9 mars 2011 n° 10-11.588, BC V n° 68 ; *LS* Bref n° 15818 du 18/03/11 ; *RJS* 5/11 n° 454 ; *Dr. Soc.* 2011, p. 734, obs. B. Gauriau ; *JCP* éd. S 2011, 1330, obs. L. Sébille).

Art. R. 1455-7. Dans le cas où l'existence de l'obligation n'est pas sérieusement contestable, la formation de référé peut accorder une provision au créancier ou ordonner l'exécution de l'obligation même s'il s'agit d'une obligation de faire.

Note L'octroi d'une provision n'est pas subordonné à la constatation de l'urgence (cass. soc. 26 octobre 1993, n° 91-44.990).

Avant d'allouer une provision, il appartient à la formation de référé de vérifier si la créance est ou non sérieusement contestable :
– ayant relevé qu'un employeur n'apportait pas la preuve des actes de concurrence déloyale invoqués à l'appui d'un licenciement pour faute grave, le juge des référés a

pu accorder au salarié une provision sur salaire de mise à pied conservatoire (cass. soc. 30 mars 1994, n° 92-40.730, *CSB* 1994 A. 31) ;
– après avoir constaté que le dossier personnel d'un salarié et les documents fondant son licenciement constituaient les pièces sur lesquelles les juges du fond seraient appelés à se prononcer, le juge des référés a pu décider que l'obligation de l'employeur de communiquer ces pièces n'était pas sérieusement contestable (cass. soc. 28 juin 1995, n° 93-43.893, BC V n° 222).

La formation de référé du conseil de prud'hommes, statuant sur le fondement de cet article, est compétente pour interpréter une convention ou un accord collectif : ayant relevé qu'un accord collectif ne mentionnait aucun jour de carence dans l'indemnisation des absences pour maladie, le juge des référés a pu décider que l'obligation de l'employeur au paiement d'une provision au titre d'un rappel de salaire correspondant au délai de carence qu'il avait appliqué lors d'arrêts de travail pour maladie n'était pas sérieusement contestable (cass. soc. 15 janvier 2002, n° 00-41.117, BC V n° 14).

Lorsque la lettre de licenciement ne mentionne pas de motif ou mentionne un motif manifestement insuffisant au regard des exigences légales, le licenciement est nécessairement sans cause réelle et sérieuse et le juge des référés peut ordonner le paiement au salarié d'une provision sur indemnité pour licenciement sans cause réelle et sérieuse, l'obligation de l'employeur au paiement d'une indemnité n'étant pas sérieusement contestable (cass. soc. 17 février 1998, n° 97-41.409, BC V n° 87 ; 26 janvier 2005, n° 02-42.347).

De même, l'obligation de l'employeur au paiement de la part d'indemnité correspondant à une partie du préavis dont il a dispensé le salarié n'est pas sérieusement contestable et le juge des référés peut allouer à ce titre une provision au salarié (cass. soc. 7 décembre 2005, n° 03-47.890, BC V n° 360 ; *JSL* n° 181, 17 janvier 2006, p. 26).

Mais le juge des référés n'a pas le pouvoir de se prononcer sur l'imputabilité de la rupture d'un contrat de travail (cass. soc. 13 avril 2010, n° 08-45.112). Excède ses pouvoirs la cour d'appel qui, statuant en matière de référé provision, dit dans son dispositif que la rupture du contrat de travail d'un salarié est imputable à l'employeur (cass. soc. 11 mai 2005, n° 03-45.228, BC V n° 158 ; *JCP* éd. S 2005, 1021, note B. Boubli ; *RJS* 11/05 n° 1079 ; 25 octobre 2007, n° 06-43.590, *RJS* 2/08 n° 150).

À noter que le juge des référés est compétent pour statuer sur la demande de salariés en paiement de la fraction non garantie par l'AGS des sommes dues aux titres de la poursuite et de la rupture de leur contrat de travail postérieurement au prononcé du redressement judiciaire de l'employeur dès lors qu'il n'existe aucune contestation quant au montant de leurs créances (cass. soc. 7 octobre 1998, 2 arrêts, n°s 97-45.769 et 97-44.552, BC V n°s 411 et 412 ; *RJS* 11/98 n° 1366).

Art. R. 1455-8. S'il lui apparaît que la demande formée devant elle excède ses pouvoirs, et lorsque cette demande présente une particulière urgence, la formation de référé peut, dans les conditions suivantes, renvoyer l'affaire devant le bureau de jugement :

1° L'accord de toutes les parties est nécessaire ;

2° La formation de référé doit avoir procédé à une tentative de conciliation en audience non publique et selon les règles fixées par l'article R. 1454-10.

La notification aux parties de l'ordonnance de référé mentionnant la date de l'audience du bureau de jugement vaut citation en justice.

Note Doit être cassé l'arrêt qui, pour déclarer la formation de référé incompétente et renvoyer l'affaire directement devant le bureau de jugement du conseil de prud'hommes, énonce que les parties « étaient d'accord sur la compétence de ce bureau ». En effet, s'étant borné à exciper de l'incompétence de la formation de référé, le défendeur ne pouvait être considéré comme ayant donné son accord, au sens de cet article (cass. soc. 12 janvier 1989, n° 86-41.202, BC V n° 23).

SECTION 3. Procédure de référé

Art. R. 1455-9. La demande en référé est formée par le demandeur soit par acte d'huissier de justice, soit dans les conditions prévues à l'article R. 1452-1.

Lorsque la demande est formée par acte d'huissier de justice, une copie de l'assignation est remise au greffe, au plus tard la veille de l'audience.

Lorsque la demande est formée dans les conditions prévues à l'article R. 1452-1, les dispositions des articles R. 1452-2 à R. 1452-4 sont applicables.

Note • Du fait du renvoi à l'article R. 1452-4, le défendeur doit être convoqué à l'audience de référé par LRAR (cass. soc. 16 juin 1993, n° 91-45.243).

• Sauf pour le juge à vérifier que le défendeur a bénéficié d'un délai raisonnable pour assurer sa défense (application de l'article 486 CPC), les dispositions relatives au référé prud'homal ne fixent pas de délai entre la convocation et l'audience du jugement (cass. soc. 14 novembre 1990, n° 89-44.131, BC V n° 556).

Art. R. 1455-10. Les articles 484, 486 et 488 à 492 du code de procédure civile sont applicables au référé prud'homal.

Note Du fait du renvoi aux articles 488 à 492 CPC, les ordonnances de référé :
- sont toujours provisoires ;
- n'ont pas autorité de chose jugée au principal (cass. soc. 30 mai 2000, n° 98-40.552) ;
- ne peuvent être modifiées ou rapportées en référé qu'en cas de circonstances nouvelles ;
- sont exécutoires à titre provisoire sans caution, à moins que la formation de référé n'ait ordonné qu'il en serait fourni une ;
- sont exécutoires au seul vu de la minute si, en cas de nécessité, la formation de référé l'a ordonné ;
- ne sont pas susceptibles d'opposition ;
- peuvent prononcer des astreintes (voir note sous art. R. 1451-1) ;
- peuvent statuer sur les dépens ;
- ne sont pas susceptibles d'appel lorsqu'elles ont été rendues en dernier ressort en raison du montant ou de l'objet de la demande (cass. soc. 9 juin 1993, n° 90-44.721).

À noter que les ordonnances de référé bénéficient de plein droit de l'exécution provisoire. Celle-ci ne peut donc être arrêtée, en cas d'appel, par le premier président de la cour d'appel (cass. soc. 12 novembre 1997, n° 95-43.263, BC V n° 374 ; 17 février 2004, n° 02-40.409, *RJS* 5/04 n° 592).

Art. R. 1455-11. Le délai d'appel est de quinze jours.

L'appel est formé, instruit et jugé conformément aux articles R. 1461-1 et R. 1461-2.

Note • Lorsque l'acte de notification d'une ordonnance de référé mentionne de manière erronée le délai d'appel d'un mois fixé par l'article R. 517-7 [R. 1461-1] CT au lieu du délai de quinze jours prévu par cet article, le délai d'appel ne court pas et l'appel formé dans le délai d'un mois ne peut être déclaré irrecevable comme tardif (cass. soc. 26 avril 2006, n° 04-41.420, BC V n° 149 ; *RJS* 7/06 n° 880 ; 17 juin 2009, n° 08 40.274, BC V n° 153 ; *RJS* 8 9/09, n° 743).

• Le délai de quinze jours applicable en matière de référé est également applicable en cas d'appel contre une décision du bureau de jugement du conseil de prud'hommes statuant selon les formes applicables au référé (cass. soc. 17 juin 2009, n° 08-40.274, 1er moyen, BC V n° 153 ; *RJS* 8-9/09 n° 743 ; *JCP* éd. S 2009, 1362, note E. Jeansen).

• L'article 490 CPC modifié par décret 86-585 du 14 mars 1986 dispose que « l'ordonnance de référé peut être frappée d'appel à moins qu'elle n'émane du premier président de la cour d'appel ou qu'elle n'ait été rendue en dernier ressort en raison du montant ou de l'objet de la demande... ». Cet article prohibe donc l'appel des ordonnances de référé prud'homal rendues en dernier ressort en raison du montant de la provision sollicitée ou de l'objet de la demande ; voir, en ce sens, cass. soc. 6 mars 1991, n° 87-44.935 : les ordonnances de la formation de référé prud'homal ne sont pas susceptibles d'appel lorsqu'elles ont été rendues sur des demandes pour lesquelles ce recours est exclu par l'article R. 517-3 [R. 1462-1].

Est susceptible d'appel l'ordonnance de référé déboutant un salarié de ses demandes tendant à voir déclarer nul son licenciement et ordonner sous astreinte la poursuite de son contrat de travail (cass. soc. 28 septembre 2004, n° 03-42.127).

• Lorsqu'il est possible, l'appel est formé devant la chambre sociale de la cour d'appel.

CHAPITRE VI

Litiges en matière de licenciements pour motif économique

Art. L. 1456-1. En cas de litige portant sur les licenciements pour motif économique, la section ou la chambre statue en urgence selon des modalités et dans des délais déterminés par décret en Conseil d'État.

Art. R. 1456-1. En cas de recours portant sur un licenciement pour motif économique, l'employeur dépose ou adresse par lettre recommandée avec avis de réception au greffe du conseil les éléments mentionnés à l'article L. 1235-9.

Ces éléments sont transmis dans un délai [de] huit jours à compter de la date à laquelle l'employeur reçoit la convocation devant le bureau de conciliation pour qu'ils soient versés au dossier. La convocation destinée à l'employeur rappelle cette obligation.

Le greffe informe le salarié qu'il peut prendre connaissance ou copie au greffe des éléments communiqués. Cette information est faite verbalement lors de la présentation de la demande ou par lettre simple.

Note Ces dispositions ne sont pas applicables en cas de recours du salarié portant sur un licenciement individuel pour motif économique (cass. soc. 10 octobre 2000, n° 99-40.040, BC V n° 318 ; *D.* 2001 JC 1277, note D. Boulmier).

Le salarié qui ne justifie pas avoir subi un préjudice résultant de l'inobservation par l'employeur des dispositions du 1er alinéa de cet article ne peut prétendre à une indemnité (cass. soc. 26 janvier 1994, n° 91-43.551, BC V n° 29 ; 12 juillet 2004, n° 02-40.312, *RJS* 10/04 n° 1010, 2e espèce).

Art. R. 1456-2. La séance de conciliation prévue à l'article R. 1454-10 a lieu dans le mois de la saisine du conseil de prud'hommes.

Art. R. 1456-3. Le bureau de conciliation détermine les mesures et délais nécessaires à l'instruction de l'affaire ou à l'information du conseil, après avis des parties.

Il fixe le délai de communication des pièces ou des notes que celles-ci comptent produire à l'appui de leurs prétentions.

Les mesures d'instruction et d'information sont exécutées dans un délai n'excédant pas trois mois. Ce délai ne peut être prorogé par le bureau de jugement que sur la demande motivée du technicien ou du conseiller rapporteur commis.

Art. R. 1456-4. Le bureau de conciliation fixe la date d'audience du bureau du jugement qui statue dans un délai ne pouvant excéder six mois à compter de la date à laquelle l'affaire lui a été renvoyée.

Art. R. 1456-5. Lorsque, lors de la séance de conciliation, une section du conseil de prud'hommes est saisie par plusieurs demandeurs de procédures contestant le motif économique d'un licenciement collectif, le bureau de conciliation en ordonne la jonction.

CHAPITRE VII

Récusation

Art. L. 1457-1. Le conseiller prud'homme peut être récusé :

1° Lorsqu'il a un intérêt personnel à la contestation, le seul fait d'être affilié à une organisation syndicale ne constituant pas cet intérêt personnel ;

2° Lorsqu'il est conjoint, partenaire lié par un pacte civil de solidarité, concubin, parent ou allié jusqu'au degré de cousin germain inclusivement d'une des parties ;

3° Si, dans l'année qui a précédé la récusation, il y a eu action judiciaire, criminelle ou civile entre lui et une des parties ou son conjoint, partenaire lié par un pacte civil de solidarité, concubin ou ses parents ou alliés en ligne directe ;

4° S'il a donné un avis écrit dans l'affaire ;

5° S'il est employeur ou salarié de l'une des parties en cause.

Note La Convention européenne de sauvegarde des droits de l'homme et des libertés fondamentales prévoit en son article 6-1 que toute personne a droit à ce que sa cause soit entendue équitablement par un tribunal indépendant et impartial.

Cette exigence d'impartialité s'impose aux juridictions à l'encontre desquelles le grief peut être invoqué indépendamment de la mise en œuvre des procédures de récusation ou de renvoi, dès lors qu'il ne relève pas d'un des cas visés par l'article L. 1457-1 CT (cass. soc. 27 janvier 2009, n° 07-42.967, *RJS* 4/09 n° 393 ; *JCP* éd. S 2009, 1169, note B. Boubli). Ainsi, c'est à tort que, pour rejeter la demande d'une société en récusation d'un conseiller prud'homme, une cour d'appel, après avoir relevé l'absence de l'un des motifs de récusation prévus par l'article L. 518-1 (ancien) CT, s'est bornée à énoncer que les manquements éventuels à l'obligation d'impartialité résultant de l'article 6-1 de la Convention précitée ne peuvent être sanctionnés qu'a posteriori par la nullité de la décision rendue, alors qu'il appartenait à la cour d'appel d'examiner si les circonstances invoquées par la société, tirées de ce que le salarié demandeur devant la juridiction prud'homale vivait maritalement avec la nièce du conseiller prud'homme qui avait refusé de s'abstenir de siéger à l'audience, constituaient une violation du principe d'impartialité édicté par l'article 6-1 de la Convention (cass. soc. 18 novembre 1998, n° 94-43.840, BC V n° 506 ; *RJS* 2/99 n° 249).

Par ailleurs, et toujours afin de garantir le droit du justiciable à l'impartialité, la cour suprême a décidé que :
- l'exigence d'impartialité doit s'apprécier objectivement ; par suite, le juge ayant statué en référé sur une demande de provision en constatant le caractère non contestable d'une obligation ne peut ensuite statuer sur le fond du litige afférent à cette obligation (cass. ass. plén. 6 novembre 1998, n° 94-17.709, BC n° 5) ;
- l'exigence d'impartialité implique qu'un conseiller prud'homme n'exerce pas de mission d'assistance ou de mandat de représentation devant le conseil de prud'hommes dont il est membre (cass. soc. 2 février 2005, n° 03-40.271, BC V n° 44 ; *RJS* 4/05 n° 428 ; voir aussi cass. soc. 16 septembre 2008, n° 06-45.334, BC V n° 160) ;
- ne peut faire partie de la formation de jugement le conseiller prud'homme, ancien directeur des ressources humaines, qui a été sous un lien de subordination avec l'une des parties et le supérieur hiérarchique de l'autre, éléments de nature à faire naître dans leur esprit un doute légitime sur son impartialité, quelle qu'ait été la qualité de ses relations avec l'une et l'autre des parties (cass. soc. 27 janvier 2009, n° 07-42.967, précité) ;
- la participation antérieure de conseillers prud'hommes aux formations de jugement ayant statué sur des litiges concernant certains salariés d'une entreprise n'est pas de nature à faire naître un doute légitime sur leur impartialité pour statuer sur un litige analogue concernant d'autres salariés de cette entreprise (cass. soc. 18 février 2003, n° 01-11.170, *JSL* n° 122, 24 avril 2003, p. 28) ;
- la circonstance qu'un ou plusieurs membres d'un conseil de prud'hommes appartiennent à la même organisation syndicale que l'une des parties au procès n'est pas de nature à affecter l'équilibre d'intérêts inhérent au fonctionnement de la juridiction prud'homale ou à mettre en cause l'impartialité de ses membres (cass. soc. 19 décembre 2003, n° 02-41.429, BC V n° 321 ; *RJS* 3/04 n° 338) ;
- la circonstance qu'un membre du conseil de prud'hommes, ne figurant pas dans la composition de la section appelée à statuer sur l'affaire, ait donné publiquement son opinion sur le litige n'est pas de nature à mettre en cause l'impartialité de l'ensemble de ses membres (cass. soc. 26 janvier 2005, n° 03-18.004, BC V n° 30 ; *JSL* n° 162, 22 février 2005, p. 24 ; *RJS* 4/05 n° 430).

Sur l'application en matière prud'homale de l'article 6-1 de la Convention européenne des droits de l'homme, voir G-P Quétant « L'impartialité du juge du travail : la Convention européenne des droits de l'homme et le conseil de prud'hommes », *JSL* n° 36, 18 mai 1999, p. 4. Voir aussi Forum « Conseil de prud'hommes : l'impartialité en débat », *SSL* n° 1142, 3 novembre 2003 et « Du risque de partialité devant le Conseil de prud'hommes », étude C. Tétard-Blanquart, *JCP* éd. S 2011, 1447.

• ***Point 4°.*** La récusation est possible si l'avis écrit a été donné non à une partie mais à un tiers.

• ***Point 5°.*** La récusation est possible même si le conseiller prud'homme a été désigné en qualité de simple conseiller-rapporteur sans voix délibérative.

• Sur l'incompatibilité entre les fonctions de conseiller prud'homme ou de président ou de vice-président d'un conseil et une mission d'assistance ou un mandat de représentation en matière prud'homale, voir l'article L. 1453-2 et la note.

Art. L. 1457-1.

Art. R. 1457-1. La procédure de récusation des conseillers prud'hommes est régie par les articles 341 à 355 du code de procédure civile.

Note • Le moyen qui tend à la récusation de l'un des juges du fond doit être présenté avant la clôture des débats, conformément aux dispositions de l'article 342 CPC (cass. soc. 7 mars 2001, n° 99-40.438, *TPS* juillet 2001, n° 278 p. 34).

• Un conseiller prud'homme, dont la récusation est demandée, ne devient pas partie à l'instance devant la juridiction appelée à statuer sur cette requête. Dès lors, son pourvoi contre l'arrêt ayant accueilli la demande qui tendait à obtenir sa récusation est irrecevable (cass. soc. 19 décembre 2003, n° 03-10.014, BCxV 320 ; *RJS* 3/04 n° 337).

• Il résulte de la combinaison des articles R. 518-1 et 2, devenus R. 1457-1 et 2 CT, 346 CPC et 6 § 1 de la Convention de sauvegarde des droits de l'homme et des libertés fondamentales, que le conseil de prud'homme doit, dès qu'il a connaissance de la demande de récusation, suspendre l'instance jusqu'à ce qu'elle ait été définitivement tranchée et qu'il ne peut statuer sur cette demande ni examiner l'affaire au fond, en présence du conseiller prud'homme dont la récusation a été sollicitée (cass. soc. 3 juin 2009, n° 07-44.212, 1er moyen, BC V n° 143 ; *RJS* 8-9/09 n° 742 ; *LS* Jurispr. n° 164/2009 du 10-11/08/09 ; *JCP* éd. S 2009, 1379, note Th. Lahalle).

Art. R. 1457-2. Lorsque la demande de récusation est portée devant la cour d'appel, elle est jugée par la chambre sociale.

TITRE VI

VOIES DE RECOURS

CHAPITRE Ier

Appel

[Le présent chapitre ne comprend pas de dispositions législatives.]

Note Décisions susceptibles d'appel : voir note sous art. L. 1462-1.

Art. R. 1461-1. Le délai d'appel est d'un mois.

L'appel est formé par une déclaration que la partie ou tout mandataire fait ou adresse par lettre recommandée au greffe de la cour.

Outre les mentions prescrites par l'article 58 du code de procédure civile, la déclaration désigne le jugement dont il est fait appel et mentionne les chefs de celui-ci auxquels se limite l'appel. Elle comporte également le nom et l'adresse du représentant de l'appelant devant la cour. Elle est accompagnée d'une copie de la décision.

Note • Le décret 2004-836 du 20 août 2004 est entré en vigueur le 1er janvier 2005 et est applicable aux procédures en cours. Toutefois, son article 28 (modifiant l'alinéa 2 de l'actuel article R. 1461-1 et prévoyant que l'appel est formé par déclaration au greffe de la cour et non pas de la juridiction qui a rendu le jugement) est applicable uniquement aux recours dirigés à l'encontre des décisions rendues depuis le 1er janvier 2005.

• Les dispositions du troisième alinéa, issues du décret 2005-1678 du 28 décembre 2005, sont entrées en vigueur le 1er mars 2006.

Formes de l'appel. La déclaration verbale prévue par les dispositions de l'alinéa 2 de cet article ne peut résulter d'une simple conversation téléphonique avec un membre du greffe (cass. soc. 8 juillet 1992, n° 89-40.559, BC V n° 457). L'appel peut être interjeté par lettre simple : l'exigence d'une lettre recommandée n'est pas prescrite à peine de nullité de l'acte d'appel ; la lettre recommandée n'est destinée qu'à régler toute contestation sur la date de déclaration d'appel (cass. soc. 17 juillet 1991, n° 88-43.972, BC V n° 371 ; 28 avril 1993, n° 90-41.310).

L'appel formé par télécopie est irrecevable, ce mode de transmission ne répondant pas aux conditions exigées par l'article R. 517-7 [R. 1461-1] (cass. soc. 18 novembre 1998, n° 96-43.944, BC V n° 505 ; voir aussi cass. soc. 17 février 2004, n° 01-44.244, *RJS* 5/04 n° 593 et cass. soc. 1er février 2001, n° 98-45.197, *JSL* n° 75, 13 mars 2001, p. 26, précisant que l'appel formé par télécopie équivaut à une absence d'acte et qu'une telle irrégularité échappe à la règle « pas de nullité sans grief »). À noter cependant que la loi 2000-230 du 13 mars 2000 (art. 1316-4 c. civ.) reconnaît désormais à la signature électronique la valeur de preuve de l'identité de l'auteur de l'acte, à condition qu'il soit fait usage d'un procédé fiable d'identification garantissant son lien avec l'acte auquel elle s'attache.

Revenant sur sa jurisprudence antérieure (notamment cass. soc. 27 mai 2003, n° 01-42.309, *RJS* 8-9/03 n° 1056) qui considérait que la signature de l'appelant qui l'identifie constituait une condition d'existence de la déclaration d'appel et que l'identité et la qualité du signataire devaient être déterminées par les seules mentions de cette déclaration, la chambre sociale de la Cour de cassation a assoupli sa position et décide désormais que l'absence de précision de l'acte sur l'identité et la qualité de son auteur ne constitue pas à elle seule une cause de nullité de la déclaration d'appel et que l'appelant doit être admis à établir que le signataire avait, à la date à laquelle le recours a été formé, le pouvoir de le faire. Ainsi, l'absence de signature manuscrite de l'acte d'appel formé au nom d'une personne identifiée constitue une irrégularité de forme qui ne peut entraîner la nullité de l'acte que s'il est justifié d'un grief (cass. soc. 4 octobre 2011, n° 10-10.911, *RJS* 12/11 n° 1016 ; *JCP* éd. S 2011, 1564, note S. Brissy). De même, lorsque la déclaration d'appel est faite par l'intermédiaire d'un avocat, dispensé de justifier d'un pouvoir spécial, l'impossibilité d'identifier son signataire constitue un vice de forme qui ne peut entraîner la nullité de l'acte que s'il fait grief à la partie qui l'invoque. Ne constitue donc pas à elle seule une cause de nullité de la déclaration d'appel une signature illisible précédée de la mention « pour ordre » (cass. soc. 15 juin 2010, n° 09-40.462, BC V n° 137 ; *RJS* 8-9/10 n° 697 ; voir précédemment cass. soc. 2 décembre 2008, n° 06-44.962, BC V n° 237 ; *RJS* 2/09 n° 212, 1re espèce). Il en est de même d'une signature illisible accompagnée d'initiales (cass. soc. 2 décembre 2008, n° 07-42.285), de l'absence de mention permettant de déterminer l'identité et la qualité de l'auteur de l'acte d'appel (cass. soc. 2 décembre 2008, n° 06-45.913), en cas de différence entre la signature de la déclaration d'appel sur papier à entête d'un cabinet d'avocat et celle apposée sur les conclusions déposées à l'audience (cass. soc. 2 décembre 2008, n° 07-42.314) ou encore en l'absence de signature sur la lettre d'un cabinet d'avocat (cass. soc. 29 septembre 2010, n° 09-40.515, BC V n° 202 ; *RJS* 12/10 n° 980 ; 6 avril 2011, n° 09-67.005).

L'erreur manifeste dans la désignation de l'intimé figurant dans l'acte d'appel, au regard de l'objet du litige tel que déterminé par les prétentions des parties devant les juges du fond, n'est pas de nature à entraîner l'irrecevabilité de l'appel (cass. ass. plén. 6 décembre 2004, n° 03-11.053, BC n° 13).

Les dispositions de l'article R. 517-7 [R. 1461-1] CT selon lesquelles l'acte d'appel mentionne le jugement dont il est fait appel ne sont pas prescrites à peine d'irrecevabilité de l'appel (cass. soc. 19 juin 2007, n° 06-40.854, BC V n° 108). C'est donc à tort que, pour dire qu'elle n'était pas saisie par un acte d'appel d'un jugement du 18 décembre 2001, une cour d'appel a retenu que cet acte, qui visait un jugement du 6 février 2002 qui n'avait pas été rendu entre les parties à cette date, était sans portée, alors qu'il résultait des pièces de la procédure que toutes les parties avaient reçu un récépissé ou avis de déclaration d'appel mentionnant le jugement du 18 décembre 2001, sur lequel elles avaient conclu au fond devant la cour d'appel, en sorte qu'elles ne pouvaient se méprendre sur le jugement déféré (cass. soc. 17 mai 2005, n° 03-42.646, BC V n° 167). De même, les dispositions de cet article, selon lesquelles l'acte d'appel est accompagné d'une copie de la décision, ne sont pas prescrites à peine d'irrecevabilité de l'appel (cass. soc. 6 novembre 2008, n° 07-41.825).

Citation des parties. En application de l'article 937 NCPC, chaque partie doit être convoquée elle-même par le greffe de la cour d'appel à l'audience prévue pour les débats par lettre recommandée avec demande d'avis de réception et par lettre simple adressée le même jour. La convocation adressée uniquement à l'avocat d'une partie ne constitue pas une citation régulière si cette partie n'a pas été personnellement convoquée (cass. soc. 26 mai 1993, n° 90-42.185, BC V n° 148). De même, lorsqu'une affaire est renvoyée sans fixation de date, les parties doivent être convoquées par lettre recommandée avec accusé de réception (cass. soc. 2 octobre 1991, n° 88-41.926, BC V n° 386). S'il apparaît que l'appelant n'a pas été joint par la convocation en recommandé, la cour doit inviter l'intimé à faire convoquer l'appelant par acte d'huissier, en application de l'article 938 NCPC (cass. soc. 17 décembre 1992, n° 90-44.790, BC V n° 605). Il en est ainsi même si l'appelant a omis de prévenir le greffe de la cour d'appel de son changement de domicile et n'a pu, de ce fait, être convoqué (cass. soc. 23 novembre 1994, n° 90-45.383, BC V n° 304) ou s'il a omis de retirer à la poste la lettre recommandée de convocation présentée en son absence au domicile indiqué dans l'acte d'appel (cass. soc. 11 avril 1995, n° 91-41.660).

Lorsque l'accusé de réception de la lettre de convocation à l'audience porte le cachet de la société intimée mais n'a pas été signé par le destinataire, la notification ne peut être réputée être faite à une personne habilitée à représenter la personne morale et le juge ne peut statuer sur le fond par arrêt réputé contradictoire malgré le défaut de comparution et de représentation de la société intimée qu'après avoir vérifié que le demandeur a procédé à la convocation par voie de signification (cass. soc. 11 mai 1999, n° 97-40.996, BC V n° 212).

En cas de pluralité d'établissements, la notification de convocation à l'audience d'appel, qui n'est pas faite au siège social de l'employeur, personne morale, doit l'être au lieu de son établissement où le litige a pris naissance (cass. soc. 5 février 1997, n° 94-40.653, BC V n° 54 ; *RJS* 3/97 n° 321).

Renonciation au droit d'appel. Le seul fait pour un salarié d'exécuter la condamnation allouée à son employeur en application de l'article 700 CPC ne suffit pas à traduire sa volonté d'accepter la décision et de renoncer au droit d'interjeter appel (cass. soc. 22 février 1996, n° 92-43.471, *CSB* 1996 p. 159). De même, l'employeur qui a versé des dommages-intérêts pour licenciement abusif après que le salarié a interjeté appel sur le montant de la somme allouée est recevable à former appel incident sur la totalité du jugement en vertu de l'article 409 NCPC (cass. soc. 16 novembre 1993, n° 91-44.768, BC V n° 267).

Désistement d'appel. Le désistement d'appel de l'employeur, fait avant l'audience, a pour effet de mettre fin à l'instance et rend irrecevables :
– l'appel incident du salarié (cass. soc. 29 avril 2003, n° 01-41.631, BC V n° 146 ; *TPS* juillet 2003 n° 275) ; ainsi, il rend irrecevable la demande incidente de dommages et intérêts pour appel abusif, formée après qu'il est intervenu (cass. soc. 14 avril 1999, n° 97-40.827, *TPS* juillet 1999, n° 294) ;
– les interventions des syndicats appuyant les prétentions du salarié ; celles-ci, ne revêtant qu'un caractère accessoire, sont nécessairement liées à la demande originaire et l'extinction de l'instance principale ne peut qu'entraîner la disparition desdites interventions (cass. soc. 9 octobre 1986, n° 83-45.747, BC V n° 488).

Toutefois, lorsque, à la suite d'une transaction conclue avec le salarié au cours de la procédure d'appel, un employeur se désiste de son appel du jugement l'ayant condamné au paiement d'indemnités pour licenciement sans cause réelle et sérieuse, une cour d'appel ne peut, après avoir constaté l'extinction de l'instance, statuer sur la demande de l'Assédic relative au remboursement des allocations de chômage versées au salarié. En effet, si le jugement a fait droit à cette demande, la cour d'appel ne peut porter atteinte à l'autorité de chose jugée acquise, à l'égard de l'Assédic, par cette disposition du jugement et si le conseil de prud'hommes a omis de statuer sur le remboursement des allocations de chômage, la cour d'appel ne peut priver l'Assédic de la possibilité de faire réparer par les premiers juges cette omission, la transaction n'étant pas opposable à cet organisme (cass. soc. 7 juin 1995, 2 arrêts, n°s 91-43.234 et 91-43.042, BC V n°s 188 et 189).

Le désistement du salarié du chef de sa demande de dommages-intérêts pour licenciement sans cause réelle et sérieuse dirigée contre l'employeur ne dessaisit pas la cour d'appel du litige opposant l'Assédic à l'employeur. Dès lors, c'est à bon droit qu'une cour d'appel se prononce sur le caractère réel et sérieux des motifs du licenciement pour déterminer les droits de l'Assédic au remboursement des prestations de chômage (cass. soc. 18 juillet 2001, n° 99-45.534, BC V n° 279 ; *RJS* 11/01 n° 1325).

Appel incident. L'appel incident ou provoqué peut émaner de toute personne ou être dirigé contre toute partie à l'instance devant les premiers juges, même non présente à l'instance d'appel, et peut être formé en tout état de cause, alors même que celui qui l'interjetterait serait forclos à agir à titre principal (cass. soc. 27 mai 1992, n° 88-41.049, BC V n° 339). Dans ce dernier cas, il n'est toutefois recevable que si l'appel principal est lui-même recevable (cass. soc. 6 octobre 1998, n° 97-42.853). Est recevable l'appel incident formé par une salariée licenciée pour faute grave et ayant obtenu ses indemnités de rupture alors même que les juges s'étaient déclarés en partage de voix sur la cause réelle et sérieuse du licenciement dès lors que l'employeur avait formé appel principal (cass. soc. 12 mars 1987, n° 84-40.684, BC V n° 161). Est également recevable l'appel incident qui peut être formé même si l'appelant principal n'a pas comparu, sauf à la cour d'appel à faire respecter le principe du contradictoire (cass. soc. 30 mars 1994, n° 90-42.380, BC V n° 111).

À noter que si la recevabilité de l'appel incident est subordonnée à celle de l'appel principal (dans le cas où celui qui l'interjette serait forclos à agir au principal), les limites apportées à l'appel principal sont sans conséquences sur l'appel incident qui peut, dès lors, être étendu aux chefs du jugement non visés par l'appel principal (cass. soc. 28 novembre 2000, n° 98-42.999, BC V n° 390 ; *RJS* 2/01 n° 228). Allant plus loin, la Cour de cassation décide que les limites apportées à l'appel principal formé contre les seules dispositions d'un jugement rendu avant rectification sont sans conséquence sur l'appel incident qui peut être étendu aux chefs du jugement le complétant, lequel s'incorpore à la décision complétée : en présence d'un appel principal lui déférant la connaissance de l'entier litige ayant fait l'objet d'un jugement rectifié, une cour d'appel a donc exactement décidé que l'appel incident pouvait porter sur l'ensemble de ses dispositions, y compris celles venues le compléter par l'effet du jugement rectificatif (cass. soc. 4 mars 2008, n° 06-45.221, BC V n° 44).

Nonobstant le principe de l'oralité des débats en matière prud'homale, l'appel incident peut être régulièrement formé par dépôt ou envoi au greffe de conclusions valant déclaration d'appel (cass. soc. 5 juillet 2005, n° 02-47.233, BC V n° 233 ; *RJS* 10/05 n° 1019 ; *JCP* éd. S 2005, 1215, note B. Boubli ; dans le même sens, voir aussi cass. soc. 7 décembre 2005, n° 03-45.344, *RJS* 3/06 n° 376 et cass. soc. 15 décembre 2006, n° 05-41.468, BC V n° 387 ; *JCP* éd. S 2007, 1113, note B. Boubli). Il en résulte que lorsqu'une demande incidente a été formulée par un écrit déposé au greffe antérieurement au désistement d'appel, l'exigence d'un procès équitable impose, au regard du principe de l'unicité de l'instance prud'homale, que le désistement soit accepté par l'auteur de la demande incidente (cass. soc. 14 mars 2007, n° 05-43.351, BC V n° 49, arrêt n° 1 ; *RJS* 5/07 n° 650, 1re espèce ; *RDT*, mai 2007, CH, 335, D. Boulmier ; *JCP* éd. S 2007, 1332, note B. Boubli). Cette solution a été confirmée par la chambre mixte de la Cour de cassation : lorsque, dans une procédure orale, une demande incidente a été formulée par un écrit déposé au greffe antérieurement au désistement d'appel, l'égalité des armes et l'exigence d'un procès équitable imposent qu'il soit statué sur la demande incidente soutenue à l'audience (cass. ch. mixte 13 mars 2009, n° 07-17.670, BC n° 1).

Délai d'appel. Le délai d'un mois pour faire appel court à compter de la notification du jugement. Lorsque la notification est effectuée par voie postale, la date de notification est, à l'égard de celui qui y procède, celle de l'expédition, et, à l'égard de celui à qui elle est faite, la date de la réception de la lettre (art. 668 CPC et cass. soc. 28 septembre 2005, n° 04-43.787).

En l'absence d'une notification du jugement à l'une des parties, ne peut faire courir le délai d'appel à son égard ni la notification du jugement par le greffe à l'autre partie ni la délivrance de la grosse de la décision obtenue par l'autre partie (cass. soc. 29 avril 1981). Une signification par acte d'huissier faite ultérieurement par une partie n'a pas pour effet de reporter le point de départ du délai qui court de la notification faite par le greffe (cass. soc. 5 juin 1980, n° 79-40.330, BC V n° 501 et cass. soc. 29 avril 1981, n° 79-40.775, BC V n° 351) mais à la condition que la notification ait bien été envoyée à l'adresse réelle de la partie à laquelle elle est destinée (cass. soc. 15 novembre 1984, *JS* 1985 SJ 101).

En cas de retour à la juridiction d'une lettre de notification qui n'a pu être remise à son destinataire, la juridiction doit inviter l'autre partie à procéder par voie de signification. Le délai d'appel ne commence à courir qu'à compter de cette signification (cass. soc. 7 novembre 2007, n° 06-41.883, *RJS* 1/08 n° 64). Faute de signification, le délai d'appel ne court pas (cass. soc. 17 octobre 1984, n° 82-41.619, BC V n° 387 ; 5 mars 1992, n° 89-42.408, BC V n° 159 ; 7 juillet 1993, n° 90-41.346, BC V n° 199). Par ailleurs, le délai d'appel ne court pas lorsque l'acte de notification de la décision comporte une mention erronée sur la voie de recours qui était ouverte (cass. soc. 5 juin 2001, n° 99-41.289, BC V n° 205 ; *RJS* 8-9/01 n° 1051). Voir aussi note sous art. R. 1454-26.

La date d'appel formé par lettre recommandée est celle de l'expédition de la lettre figurant sur le cachet du bureau d'émission (cass. soc. 5 novembre 1984, n° 82-41.741, BC V n° 406 ; 14 mai 1992, n° 89-42.821, BC V n° 311).

Le délai d'un mois n'est pas un délai franc (art. 192 du décret du 28 août 1972 et art. 640 à 642 CPC), il doit être augmenté s'il y a lieu en raison de la distance (art. 643 et 644 CPC) ; si le dernier jour du délai d'appel coïncide avec un samedi, un jour férié ou un dimanche, le délai est prorogé jusqu'au premier jour ouvrable suivant (art. 642 CPC). Voir, sur la computation du délai d'appel, cass. soc. 5 novembre 1984, n° 82-41.741, BC V n° 406.

Qualité pour interjeter appel. Est recevable l'appel interjeté par le président d'une association, peu important que la désignation de l'intéressé comme président de l'association n'ait pas encore été déclarée à la préfecture (cass. soc. 31 janvier 1995, n° 91-43.251, *CSB* 1995 B. 65).

Appel formé par une personne morale. Lorsque l'employeur est une personne morale, seul son représentant légal peut agir en justice au nom de la société sans justifier d'un pouvoir spécial. Ainsi, pour les sociétés anonymes, le président-directeur général peut agir en justice au nom de la société (cass. soc 29 octobre 1996, n° 92-43.680, *RJS* 12/96 n° 1272) ; lorsque la direction de la société est dissociée, le directeur général peut ester en justice au nom de la société, au même titre que le président du conseil d'administration (cass. ass. plén. 18 novembre 1994, n° 90-44.754, BC n° 6 ; *RJS* 12/94 n° 1421).

Est donc irrecevable l'appel déclaré par le directeur juridique d'une société qui n'était, à la date du recours, ni son représentant légal ni titulaire d'un pouvoir spécial donné à cet effet; peu importe à cet égard que la société, en la personne du président du directoire, lui ait donné, en première instance comme en appel, tous pouvoirs pour la représenter dans le cadre du litige l'opposant à un salarié, un tel mandat n'impliquant pas le pouvoir de relever appel (cass. soc. 2 décembre 2008, n° 07-44.097, BC V n° 236 ; *JCP* éd S 2008, act. 658).

Appel formé par un mandataire. En matière prud'homale, le mandataire doit, s'il n'est avoué ou avocat, justifier d'un pouvoir spécial pour interjeter appel (cass. soc. 5 juin 2001, n° 99-41.508) : le mandat général d'agir en justice ne constitue pas le pouvoir spécial exigé par l'article 981 CPC pour interjeter appel (cass. soc. 20 octobre 1999, n° 97-43.205, *JSL* n° 46, 18 novembre 1999, p. 27).

Toutefois, s'agissant des Assédic, il a été jugé que la qualité de représentant statutaire d'un directeur de l'Assédic dispense celui-ci, titulaire d'une délégation du pouvoir de représentation en justice, conforme aux statuts de cette association, de justifier du pouvoir spécial exigé par les articles 931 et 932 CPC pour interjeter appel (cass. soc. 6 juin 2000, n° 98-43.978, BC V n° 220).

Par ailleurs, le pouvoir dont doit justifier le mandataire doit être postérieur à la décision attaquée : ainsi, le mandat donné par un salarié à un délégué syndical, postérieurement au jugement, de l'assister et de le représenter en appel dans le litige l'opposant à son employeur implique le pouvoir de relever appel (cass. soc. 7 juillet 1998, n° 96-41.701, BC V n° 372 ; *RJS* 8-9/98 n° 1043 ; 21 octobre 1998, n° 95-43.908, BC V n° 447 ; 30 avril 2002, n° 00-42.070, BC V n° 137). En revanche, le mandat comportant le pouvoir d'interjeter « si nécessaire » appel d'une décision future ne répond pas aux exigences de l'article 931 CPC aux termes duquel le mandataire doit justifier d'un « pouvoir spécial » (cass. soc. 29 juin 1994, *RJS* 8-9/94 n° 1036 ; 10 décembre 1996, n° 93-41.737, BC V n° 435 ; *RJS* 1/97 n° 84). Cette irrégularité de fond affectant la validité de la déclaration d'appel ne peut être couverte par la délivrance d'un nouveau mandat de représentation en appel qu'avant l'expiration du délai d'appel (cass. soc. 27 mai 2003, n° 01-42.246, *RJS* 8-9/03 n° 1055).

Enfin, la délégation de pouvoirs doit être explicite : est irrecevable l'appel formé par un directeur d'agence dont la délégation de pouvoirs ne comporte pas celui d'agir en justice, sans qu'il soit besoin de rechercher si cet appel a pu être formé à titre conservatoire, dès lors qu'aucun organe représentatif de la société n'est intervenu pour le soutenir (cass. soc. 14 octobre 1997, n° 94-43.796, BC V n° 317).

À noter qu'aucun texte ne fait obligation de mentionner dans l'acte de notification du jugement que le mandataire doit, dans la procédure sans représentation obligatoire, s'il n'est avoué ou avocat, justifier d'un pouvoir spécial pour interjeter appel (cass. soc. 2 avril 1992, n° 88-42.347, BC V n° 245 ; 16 mars 1994, n° 89-44.652).

Demande nouvelle. Voir note sous art. R. 1452-7.

Péremption d'instance. L'article R. 516-0 [R. 1451-1] CT disposant que la procédure devant la juridiction prud'homale est régie par les dispositions du livre Ier du code de procédure civile, sous réserve des dispositions du code du travail et cet article étant applicable aussi bien en première instance qu'en appel, la péremption de l'instance d'appel est soumise aux dispositions de l'article R. 1452-8 CT et non à celles de l'article 386 CPC (cass. soc. 20 février 1990, n° 87-42.057, BC V n° 68).

Sursis à statuer. Est irrecevable l'appel immédiat d'une décision d'un conseil de prud'hommes qui s'était limitée à rejeter une demande de sursis à statuer et qui avait renvoyé l'affaire pour être ultérieurement jugée au fond (cass. soc. 27 février 1991, n° 87-43.206, BC V n° 99).

Jugement ordonnant une expertise. Le jugement se bornant à ordonner une expertise sans reprendre dans son dispositif le motif qui l'avait conduit à ordonner une telle mesure ne peut pas être frappé d'appel immédiatement sans autorisation du premier président de la cour d'appel (cass. soc. 5 mars 1992, n° 88-45.315, BC V n° 158).

Jugement allouant une provision. Le jugement qui se borne dans son dispositif à allouer une provision en ordonnant une expertise, sans se prononcer sur le principe de la créance, ne tranche pas une partie du principal et n'est donc pas susceptible d'appel immédiat (cass. soc. 19 juin 2002, n° 00-42.867, *TPS* novembre 2002, n° 367).

Jugement statuant sur une fin de non-recevoir. Le jugement qui statue sur une fin de non-recevoir sans mettre fin à l'instance ne peut être frappé d'appel immédiat que sur autorisation du premier président de la cour d'appel : tel est le cas du jugement qui, après avoir déclaré recevable la demande d'un salarié, avait sursis à statuer et ordonné une expertise (cass. soc. 17 février 1993, n° 89-45.744, BC V n° 60).

Jugement rejetant une requête en rectification d'erreur ou d'omission matérielle. Ces jugements obéissent, en ce qui concerne les voies de recours, aux règles ordinaires, et sont donc susceptibles d'appel ou de pourvoi en cassation selon qu'ils sont rendus en premier ou en dernier ressort (cass. soc. 14 novembre 2000, n° 98-42.136, BC V n° 372).

Arrêt infirmatif. Dès lors qu'une cour d'appel infirme un jugement prud'homal qui avait fait droit à la demande en paiement de diverses indemnités présentée par un salarié et ordonné l'exécution provisoire de sa décision, l'obligation de rembourser les sommes versées en vertu de la décision de première instance résultait de plein droit de la réformation de ladite décision, peu important, en toutes hypothèses, que la preuve des versements en exécution du premier jugement soit ou non rapportée (cass. soc. 27 février 1991, n° 87-44.965, BC V n° 104). La partie qui a payé en vertu d'une décision assortie de l'exécution provisoire n'a droit aux intérêts légaux, en cas d'infirmation de cette décision, qu'à compter de la notification de l'arrêt valant mise en demeure et non à compter de la date du règlement (cass. soc. 18 mars 1992, n° 89-41.720, BC V n° 202). De même, la partie qui doit restituer une somme qu'elle détenait en vertu d'une décision de justice exécutoire n'en doit les intérêts au taux légal qu'à compter de la notification, valant mise en demeure, de la décision ouvrant droit à restitution (cass. ass. plén. 3 mars 1995, n° 91-19.497, BC n° 1 ; cass. soc. 6 octobre 1999, n° 97-42.782, *CSB* n° 115, 12/99 p. 368 ; 23 juin 2004, n° 02-40.929, BC V n° 183 ; *RJS* 10/04 n° 1080).

Acquiescement à un arrêt. Si l'acquiescement à un arrêt peut être implicite, il doit toujours être certain, c'est-à-dire résulter d'actes démontrant avec évidence et sans équivoque l'intention de la partie à qui on les oppose d'accepter cette décision ; le pourvoi en cassation n'étant pas suspensif, le fait pour une partie d'avoir demandé l'exécution des condamnations prononcées à son profit et d'avoir accepté les sommes allouées n'emporte pas nécessairement l'acquiescement de sa part à un autre chef de l'arrêt lui faisant grief (cass. soc. 19 juin 1991, n° 86-40.608, BC V n° 304 ; dans le même sens, voir cass. soc. 14 avril 1999, n° 97-41.197, *TPS* juillet 1999, n° 296). En l'absence d'éléments caractérisant une volonté claire et non équivoque d'acquiescer, la signification, même sans réserves, d'une décision exécutoire n'emporte pas acquiescement (cass. soc. 19 juin 1991, n° 88-40.403, BC V n° 305).

Effets de l'appel. L'appel a un effet suspensif (sauf si le jugement est assorti de l'exécution provisoire ou si cette exécution provisoire est de plein droit) et un effet dévolutif.

Art. R. 1461-2. L'appel est porté devant la chambre sociale de la cour d'appel.

Il est formé, instruit et jugé suivant la procédure sans représentation obligatoire.

Note La procédure sans représentation obligatoire fait l'objet des articles 931 à 949 CPC ; voir note sous art. R. 1461-1 ; sur la comparution, voir note sous art. R. 1453-3. Les règles de représentation et d'assistance des parties devant la cour d'appel sont celles qui sont applicables à l'appel des décisions rendues par la juridiction dont le jugement est frappé d'appel.

CHAPITRE II

Pourvoi en cassation

Art. L. 1462-1. Les jugements des conseils de prud'hommes sont susceptibles d'appel.

Toutefois, ils statuent en dernier ressort en dessous d'un taux fixé par décret.

Note Les jugements susceptibles d'appel sont ceux rendus en premier ressort, c'est-à-dire :

1. ***Les jugements rendus sur des demandes dont le chiffre excède le taux de compétence en dernier ressort*** du conseil de prud'hommes (voir art. D. 1462-3).

• La demande est caractérisée exclusivement par son objet (en l'espèce : rappels de salaire) et non par les moyens (en l'espèce : application d'une convention collective de travail) invoqués à son appui ou opposés à son encontre (cass. soc. 12 novembre 1987, n° 85-42.064, BC V n° 642 ; 3 février 1999, n° 97-40.293, *TPS* mai 1999, n° 221). N'est donc pas indéterminée, quel que soit son fondement allégué, une demande tendant à l'allocation d'une somme d'argent dont le montant est précisé (cass. soc. 13 juillet 2004, n° 02-46.230, BC V n° 216 ; *RJS* 10/04 n° 1077 ; 4 juillet 2006, n° 04-46.404, *RJS* 11/06 n° 1215 ; 22 septembre 2011, n° 09-70.678). Ayant constaté que la demande d'un salarié portait sur une somme inférieure au taux de compétence en dernier ressort du conseil de prud'hommes, une cour d'appel a décidé à bon droit que, pour l'appréciation de la recevabilité de l'appel, il n'y avait lieu de prendre en considération que le montant de cette demande (cass. soc. 23 mai 2006, n° 03-45.447, BC V n° 183, arrêt n° 2 ; *RJS* 8-9/06 n° 985).

Le fait que cette demande conduise à trancher des questions de principe portant sur l'interprétation d'un texte ou que la solution du litige puisse servir de base à de nouvelles réclamations ne suffit pas à lui donner un caractère indéterminé (cass. soc. 26 octobre 1993, n° 90-42.338, BC V n° 249 ; 30 mai 1996, n° 93-43.280, *CSB* 1996 B. 156 ; 2 octobre 1997, n° 94-44.070, *SSL* 1997 p. 12).

• Le taux de la demande à retenir est celui qui figure dans les dernières conclusions présentées devant le bureau de jugement (Grenoble 23 mars 1989, *CSB* 1989 S. 72). Les intérêts échus postérieurement à la demande ne doivent pas être pris en compte pour déterminer le taux de la demande (cass. soc. 10 novembre 1992, n° 91-42.742, BC V n° 543).

La réduction de la demande à un montant inférieur au taux du dernier ressort, effectuée en l'absence du défendeur et qui ne lui a pas été notifiée, ne peut avoir pour effet de modifier son taux (cass. soc. 21 juin 1989, n° 86-40.102, BC V n° 458). La même solution doit être retenue lorsqu'une demande initiale non chiffrée est modifiée sans que la partie adverse non comparante en ait été avisée (cass. soc. 6 février 1997, n° 93-44.085, BC V n° 55).

Indemnité prévue à l'article 700 CPC. La demande fondée sur cet article ne constitue pas une prétention dont la valeur (excédant, en l'espèce, le taux de compétence en dernier ressort applicable) doit être prise en compte pour la détermination du taux du ressort (cass. soc. 24 novembre 1988, n° 85-44.807).

Pluralité de demandeurs. Lorsque le conseil de prud'hommes est saisi de demandes individuelles concernant des créances distinctes, le taux de ressort s'apprécie séparément pour chaque demande, peu important la jonction des procédures (cass. soc. 2 mars 1993, n° 90-40.574).

Mais, lorsque des prétentions sont émises par plusieurs demandeurs dans une même instance et en vertu d'un titre commun, le taux de ressort est déterminé, pour l'ensemble des prétentions, par la plus élevée d'entre elles. Ainsi, s'agissant de deux époux, engagés par « contrat de couple », qui avaient saisi la juridiction prud'homale de diverses demandes consécutives à la rupture de ce contrat, c'est à tort que, pour déclarer l'appel de l'époux irrecevable, une cour d'appel a retenu qu'aucune des demandes formulées par celui-ci ne dépassait le taux de compétence en dernier ressort, peu important, selon la cour, que dans la même décision il ait été statué en premier ressort à l'égard de l'épouse, compte tenu du montant de ses demandes, l'appel étant recevable en ce qui la concerne, alors que les époux ayant été engagés par contrat de couple, ils agissaient en vertu d'un titre commun (cass. soc. 22 novembre 1995, n° 91-45.803, *CSB* 1996 B. 40).

2. ***Les jugements rendus sur une demande indéterminée.*** Présentent un caractère indéterminé :
– la demande d'application d'une convention collective par l'employeur (cass. soc. 4 novembre 1976, n° 76-40.113, BC V n° 557) ;
– la demande d'annulation d'une clause de non-concurrence (cass. soc. 15 mars 1978, n° 77-40.334, BC V n° 186) ;
– la demande de résiliation d'un contrat d'apprentissage (cass. soc. 20 juillet 1978, n° 77-40.650, BC V n° 608) ;
– la demande tendant à l'attribution d'un jour de congé supplémentaire (cass. soc. 2 juin 2004, n° 02-47.131 ; 26 mai 2010, n° 09-65.948, *JSL* n° 284, 29 septembre 2010, p. 27) ;
– la demande de salariés tendant à obtenir la condamnation de l'AGS à leur garantir les sommes dues au titre de leur participation aux résultats de l'entreprise pour deux années (cass. soc. 10 février 1999, n° 96-44.199, BC V n° 67 ; *RJS* 3/99 n° 410) ;
– les demandes de salariés tendant à décliner l'application de l'article L. 122-12, al. 2 (ancien) CT, l'objet du litige étant de faire juger que la reprise en gestion directe par une commune de l'exploitation d'abattoirs n'avait pas entraîné le transfert d'une entité économique autonome (cass. soc. 10 mai 1999, n° 97-40.458, BC V n° 205 ; *JSL* n° 38, 17 juin 1999, p. 25) ;
– la demande tendant à rendre une précédente décision opposable à l'AGS (cass. soc. 14 décembre 1993, n° 91-41.430, BC V n° 312) ;
– la demande d'un salarié tendant à constater que la rupture de son contrat de travail est imputable à l'employeur (cass. soc. 24 novembre 2004, n° 03 44.295) ;
– la demande d'un employeur tendant à obtenir l'indication par une salariée de l'utilisation des heures de délégation, cette demande étant préalable et distincte de toute demande de remboursement (cass. soc. 19 octobre 1994, n° 91-41.097, *Dr. Soc.* 1995, p. 72) ;
– la demande de requalification d'un contrat à durée déterminée en contrat à durée indéterminée (cass. soc. 12 mars 1996, n° 92-43.129, BC V n° 93 ; 30 janvier 2001, n° 98-45.032, *TPS* mai 2001, n° 202, p. 35 ; 2 juillet 2008, n° 07-40.366) ; voir aussi, pour une demande de requalification d'un contrat à durée indéterminée en contrat à durée déterminée, cass. soc. 28 janvier 1998, n° 95-43.660, BC V n° 48 ;
– la demande d'annulation d'une sanction disciplinaire (cass. soc. 7 mai 1981, n° 79-40.571, BC V n° 397 ; 28 avril 1994, n° 88-44.515, BC V n° 154). Voir aussi : cass. soc. 1er octobre 1996, n° 93-43.959, BC V n° 309 ; *CSB* 1996 A. 63, précisant que la demande d'annulation d'une mise à pied présente un caractère indéterminé, quel que soit le montant de la restitution réclamée par le salarié au titre du retrait de la sanction litigieuse ;
– la demande dont l'un des chefs tend à faire porter sur les bulletins de paie le nombre exact de jours de congés payés pris par un salarié, cette demande ne pouvant être assimilée à la demande de remise de bulletin de paie visée à l'article R. 517-3, 2°

[R. 1462-1, 2°] CT (cass. soc. 28 novembre 2006, n° 05-41.001, BC V n° 357). À noter toutefois que lorsqu'elle constitue la conséquence nécessaire d'une demande en paiement chiffrée, la demande tendant à la rectification de bulletins de salaire est sans incidence sur l'ouverture des voies de recours (cass. soc. 23 mars 2011, n° 09-70.827, BC V n° 78 ; *RJS* 6/11 n° 546 ;

– la demande d'un salarié tendant à ce que son employeur soit condamné à lui établir de nouveaux bulletins de paie ne faisant plus état de son activité de représentation des salariés, cette demande ne pouvant s'assimiler à la simple remise de bulletins de paie (cass. soc. 9 octobre 1996, n° 93-42.848, BC V n° 320 ; *CSB* 1996 A. 63 ; dans le même sens, voir aussi cass. soc. 1er juin 1999, n° 98-41.852, BC V n° 255, s'agissant de la mise en conformité de bulletins de paie afin qu'y soit portée la mention correspondant aux fonctions exercées par le salarié) ;

– la demande d'un salarié en paiement d'une prime mensuelle à compter d'une certaine date et « jusqu'au jour du jugement » (cass. soc. 3 octobre 1991, n° 88-43.288, *CSB* 1991 S. 157) ;

– la demande tendant à voir déclarer illégale la décision de lock-out prise par un employeur (cass. soc. 9 novembre 1999, n° 96-45.392, *RJS* 12/99 n° 1499) ;

– la demande d'un syndicat tendant à la publication de la condamnation à intervenir (cass. soc. 23 mars 2011, n° 09-70.827, précité).

À noter que n'est pas indéterminée la demande d'un salarié tendant à faire admettre au passif de l'employeur une créance dont le montant est précisé (cass. soc. 29 septembre 2010, n° 09-42.086, BC V n° 203 ; *RJS* 12/10 n° 975 ; *JCP* éd. S 2010, 1519, note S. Brissy).

• Lorsque l'un des chefs de la demande est indéterminé, le conseil de prud'hommes statue en premier ressort (cass. soc. 28 octobre 1998, n° 96-43.862, déclarant recevable l'appel formé contre un jugement statuant sur la demande de salariés dont l'un des chefs tendait à faire dire que le contrat de travail s'était poursuivi conformément à l'article L. 122-12 (ancien) CT, ce qui conférait à cette demande un caractère indéterminé ; voir également cass. soc. 16 mai 2001, n° 99-45.707, déclarant susceptible d'appel un jugement rendu sur une demande dont l'un des chefs, tendant à la requalification d'un contrat de travail à temps partiel en contrat à temps plein, présentait un caractère indéterminé).

Demande non chiffrée. Le fait que certaines demandes ne soient pas chiffrées ne suffit pas à leur conférer un caractère indéterminé, dès lors que le montant des demandes est aisément déterminable (cass. soc. 22 mars 1995, n° 93-41.534, *CSB* 1995 B. 97). N'est pas indéterminée la demande tendant à l'allocation de dommages et intérêts dont le montant doit, s'il n'est pas indiqué, être précisé par la partie demanderesse sur invitation du juge (cass. soc. 10 janvier 2006, n° 03-40.646, BC V n° 1 ; *RJS* 3/06 n° 374). De même ne constitue pas une demande indéterminée la demande qui a pour objet la remise de deux bleus de travail, dont la valeur n'est pas précisée, dès lors que les éléments que comporte cette demande permettent de déterminer son montant (cass. soc. 14 mai 1987, n° 82-41.989, BC V n° 333). Il appartient, en effet, au conseil de prud'hommes d'inviter le demandeur à évaluer les postes de sa demande (cass. soc. 7 octobre 1997, n° 95-44.162, BC V n° 302).

Art. R. 1462-1. Le conseil de prud'hommes statue en dernier ressort :

1° Lorsque la valeur totale des prétentions d'aucune des parties ne dépasse le taux de compétence fixé par décret ;

2° Lorsque la demande tend à la remise, même sous astreinte, de certificats de travail, de bulletins de paie ou de toute pièce que l'employeur est tenu de délivrer, à moins que le jugement ne soit en premier ressort en raison du montant des autres demandes.

Note ***Pourvoi en cassation***

• Depuis l'intervention du décret 2004-836 du 20 août 2004 (JO 22), les parties sont tenues, pour introduire un pourvoi devant la chambre sociale de la Cour de cassation, de constituer un avocat au Conseil d'État et à la Cour de cassation (art. 973 CPC). Ce décret, entré en vigueur le 1er janvier 2005, est applicable aux procédures en cours. Toutefois, son article 39 (abrogeant l'article R. 517-10 ancien CT) est applicable uniquement aux recours dirigés à l'encontre des décisions rendues depuis le 1er janvier 2005.

Saisi aux fins d'annulation de cette disposition du décret du 20 août 2004, le Conseil d'État a décidé qu'eu égard à l'institution de l'aide juridictionnelle, l'obligation du ministère d'avocat ne porte pas atteinte au droit constitutionnel des justiciables d'exercer un recours effectif devant une juridiction et n'est pas davantage contraire à un principe de libre choix du mode de défense en matière prud'homale qui ne ressort d'aucun des principes généraux du droit ni des règles de valeur constitutionnelle ni des engagements internationaux introduits dans l'ordre juridique interne (CE 6 avril 2006, n° 273311, *RJS* 8-9/06 n° 988 ; *RDT*, novembre 2006, CH, 331, T. Grumbach et É. Serverin).

• Les jugements rendus en dernier ressort peuvent seuls faire l'objet d'un pourvoi en cassation (cass. soc. 3 octobre 1990, n° 89-44.201, BC V n° 410). La qualification « en dernier ressort » du jugement d'un conseil de prud'hommes est, en vertu de l'article 536 CPC, sans effet sur le droit d'exercer un recours contre ce jugement (cass. soc. 20 octobre 1994, n° 93-42.800, *RJS* 12/94 n° 1371).

• Les décisions de radiation, qui constituent de simples mesures d'administration judiciaire, ne peuvent faire l'objet d'un pourvoi en cassation (cass. soc. 8 juillet 1992, n° 91-60.252).

• Ne sont pas susceptibles d'être déférées à la Cour de cassation indépendamment de la décision sur le fond les décisions qui ne tranchent pas le principal ou qui statuent sur une exception de procédure, une fin de non-recevoir ou tout autre incident sans mettre fin à l'instance. Tel est le cas d'une décision ordonnant une expertise ou une mesure d'instruction ne préjugeant pas le fond, en raison de son caractère préparatoire (cass. soc. 17 février 1993, n° 89-40.860, BC V n° 61), de l'arrêt qui se borne dans son dispositif, sans mettre fin à l'instance, à ordonner avant dire droit la réouverture des débats sans se prononcer sur le fond du litige (cass. soc. 16 janvier 2008, n° 05-41.313, BC V n° 2) ou de l'arrêt rendu sur contredit, peu important que dans son dispositif la cour d'appel ait tranché une question de fond dont dépendait sa compétence (cass. soc. 16 décembre 2008, n° 07-43.346, BC V n° 247).

De même, est irrecevable le pourvoi dirigé contre l'arrêt qui, dans son dispositif, dit qu'une salariée établit des faits laissant présumer l'existence d'une « discrimination salariale » et ordonne la production de pièces, sans se prononcer sur la demande de l'intéressée fondée sur la violation du principe « à travail égal, salaire égal » (cass. soc. 7 avril 2010, n° 08-44.629, BC V n° 90).

• La décision qui statue sur la rectification d'une prétendue erreur matérielle ne peut être frappée de pourvoi en cassation dès lors que la décision rectifiée n'est pas elle-même susceptible d'un tel recours (cass. soc. 16 décembre 1998, n° 97-44.596, BC V n° 567).

• *Second alinéa.* Lorsque la demande tend à la remise, même sous astreinte, de bulletins de paie, de certificats de travail ou des autres pièces que l'employeur est tenu de remettre et que, suivant l'article R. 516-18 (ancien) CT, le bureau de conciliation peut lui ordonner de remettre, le jugement est réputé rendu en dernier ressort, quel que soit le fondement de la demande (cass. soc. 19 avril 1989, n° 86-43.315, BC V n° 286 ; *CSB* 1990 S. 11 ; dans le même sens, concernant la remise d'une lettre de licenciement, cass. soc. 27 mai 1992, n° 89-44.216, *Cah. prud'h.* 1995, Jurispr. 84). Mais les demandes de liquidation de ces astreintes restent, en l'absence de dispositions spéciales, soumises aux dispositions de l'article R. 517-3, 1° [R. 1462-1, 1°] : elles sont donc susceptibles d'appel lorsque leur montant est supérieur au taux du dernier ressort (cass. soc. 25 juin 1992, n° 89-43.200, BC V n° 421).

Art. R. 1462-2. Le jugement n'est pas susceptible d'appel si la seule demande reconventionnelle en dommages-intérêts, fondée exclusivement sur la demande initiale, dépasse le taux de la compétence en dernier ressort.

Note Si seule la demande reconventionnelle excède le taux de compétence (la demande principale étant inférieure à ce taux) mais qu'elle a pour objet des dommages-intérêts et qu'elle est fondée exclusivement sur la demande principale, le jugement est rendu en dernier ressort. Ainsi, la demande reconventionnelle de publication d'un jugement, fondée exclusivement sur la demande initiale et faite à titre de dommages-intérêts en cas de rejet de celle-ci, n'est pas de nature à rendre susceptible d'appel un jugement prud'homal rendu en dernier ressort en raison du fait que l'objet de la demande était d'un montant inférieur au taux de compétence en dernier ressort du conseil de prud'hommes (cass. soc. 20 mars 1991, n° 87-44.887, *CSB* 1991 B. 60).

Mais la demande reconventionnelle tendant à voir dire inapplicable à une entreprise une convention collective au profit d'une autre rend le jugement susceptible d'appel (cass. soc. 15 avril 1992, n° 89-40.845). Il en est de même de la demande reconventionnelle d'un employeur en paiement de dommages-intérêts en réparation du préjudice moral et commercial que le comportement fautif d'une salariée lui aurait occasionné dès lors que cette demande n'est pas exclusivement fondée sur la demande initiale (contestation par la salariée de la faute grave invoquée au soutien de son licenciement) (cass. soc. 9 avril 1998, n° 97-41.235, *CSB* 1998 S. 106).

Art. D. 1462-3. Le taux de compétence en dernier ressort du conseil de prud'hommes est de 4 000 €.

Note Ce taux de compétence est applicable aux instances introduites depuis le 1er octobre 2005, la loi 2004-1343 de simplification du droit du 9 décembre 2004 (JO 10) ayant supprimé la révision annuelle du taux de compétence.

C'est la date d'introduction de la demande qui détermine le taux du ressort. Il résulte des dispositions des articles 382 et 383 CPC que la demande de rétablissement d'une affaire présentée après radiation s'analyse non comme l'introduction d'une nouvelle instance soumise à la règle fixant à ce moment le taux de compétence en dernier ressort de la juridiction, mais comme une demande de reprise de l'instance initiale qui demeure régie, quant au taux de compétence en dernier ressort, par les dispositions en vigueur lors de son introduction (cass. soc. 27 mars 1991, n° 88-41.526, BC V n° 157).

CHAPITRE III

Opposition

[Le présent chapitre ne comprend pas de dispositions législatives.]

Art. R. 1463-1. L'opposition est portée directement devant le bureau de jugement.

Les dispositions des articles R. 1452-1 à R. 1452-4 sont applicables.

L'opposition est caduque si la partie qui l'a faite ne se présente pas. Elle peut être réitérée.

Note • L'opposition tend à faire rétracter par une juridiction un jugement rendu par défaut et remet en question les points jugés par défaut pour qu'il soit de nouveau statué en fait et en droit (cass. soc. 25 mai 1994, n° 90-43.338, *CSB* 1994 B. 139). Elle doit être faite dans le délai d'un mois (art. 538 CPC). Mais ce délai ne court pas tant que la décision n'a pas été notifiée à la partie défaillante (cass. soc. 30 septembre 1992, BC V n° 489). Il en est de même lorsque l'acte de signification de l'arrêt n'indique ni que la décision est susceptible d'opposition ni le délai imparti pour exercer cette voie de recours (cass. soc. 13 juillet 2005, n° 03-45.505, BC V n° 247 ; *JCP* éd. S 2005, 1216, note B. Boubli).

• Sont seuls susceptibles d'opposition, s'ils ont été rendus par défaut :
– les jugements des conseils de prud'hommes,
– les arrêts des cours d'appel.

• **Effets de l'opposition.** L'opposition a un effet suspensif, un effet dévolutif mais n'a pas d'effet extinctif.

(D. 2012-66 du 20 janv. 2012, art. 7, JO 22)

TITRE VII

Médiation

Art. R. 1471-1. Les dispositions du livre V (titre Ier, chapitre Ier) du code de procédure civile ne s'appliquent, en cas de médiation conventionnelle intervenant dans les différends s'élevant à l'occasion d'un contrat de travail, que lorsque ceux-ci sont de nature transfrontalière au sens de l'article 24 de la loi du 8 février 1995 relative à l'organisation des juridictions et à la procédure civile, pénale et administrative.

Art. R. 1471-2. Le bureau de conciliation homologue l'accord issu de la médiation mentionnée à l'article R. 1471-1 dans les conditions prévues aux titres Ier et III du livre V du code de procédure civile.

Annexe

SIÈGE ET RESSORT DES CONSEILS DE PRUD'HOMMES
(Tableau C en vigueur au 1er janvier 2011)

Note

• Le tableau C figurant ci-après, issu du décret 2008-514 du 29 mai 2008 (JO 1er juin) modifié par décret 2011-1877 du 14 décembre 2011 (JO 16), entrée en vigueur le 01.01.2012, est applicable depuis le 1er janvier 2011 (voir art. R. 1422-4 et note sous cet article).

• Le décret 2008-514 du 29 mai 2008 modifiant le siège et le ressort des conseils de prud'hommes ayant été annulé en tant qu'il supprimait les conseils de prud'hommes de Nogent-le-Retrou et de Fougères, et rattachait leur ressort respectif aux conseils de prud'hommes de Chartres et de Rennes (CE 8 juillet 2009, n° 319066, *LSQ* n° 15419 du 14 août 2009), un nouveau décret (2009-1610 du 18 décembre 2009, JO 24) est intervenu pour supprimer ces conseils de prud'hommes.

Art. L. 1462-1.

DÉPARTEMENT	TRIBUNAL de grande instance	SIÈGE ET RESSORT DES CONSEILS DE PRUD'HOMMES	
		Siège du conseil de prud'hommes	Ressort du conseil de prud'hommes
Cour d'appel d'Agen			
Gers	Auch	Auch	Ressort du tribunal de grande instance d'Auch.
Lot	Cahors	Cahors	Ressort du tribunal de grande instance de Cahors.
Lot-et-Garonne	Agen	Agen	Ressort des tribunaux de grande instance d'Agen et Villeneuve-sur-Lot.
		Marmande	Ressort du tribunal de grande instance de Marmande.
Cour d'appel d'Aix-en-Provence			
Alpes-de-Haute-Provence	Digne-les-Bains	Digne-les-Bains	Ressort du tribunal de grande instance de Digne-les-Bains.
Alpes-Maritimes	Grasse	Cannes	Ressort du tribunal d'instance de Cannes.
		Grasse	Ressort des tribunaux d'instance d'Antibes, Cagnes-sur-Mer et Grasse.
	Nice	Nice	Ressort du tribunal de grande instance de Nice.
Bouches-du-Rhône	Aix-en-Provence	Aix-en-Provence	Ressort des tribunaux d'instance d'Aix-en-Provence et Salon-de Provence.
		Martigues	Ressort du tribunal d'instance de Martigues.
	Marseille	Marseille	Ressort du tribunal de grande instance de Marseille.
	Tarascon	Arles	Ressort du tribunal de grande instance de Tarascon.
Var	Draguignan	Draguignan	Ressort des tribunaux d'instance de Brignoles et Draguignan.
		Fréjus	Ressort du tribunal d'instance de Fréjus.
	Toulon	Toulon	Ressort du tribunal de grande instance de Toulon.
Cour d'appel d'Amiens			
Aisne	Laon	Laon	Ressort du tribunal de grande instance de Laon.
	Saint-Quentin	Saint-Quentin	Ressort du tribunal de grande instance de Saint-Quentin.
	Soissons	Soissons	Ressort du tribunal de grande instance de Soissons.
Oise	Beauvais	Beauvais	Ressort du tribunal de grande instance de Beauvais.
	Compiègne	Compiègne	Ressort du tribunal de grande instance de Compiègne.
	Senlis	Creil	Ressort du tribunal de grande instance de Senlis.
Somme	Amiens	Abbeville	Ressort du tribunal de grande instance d'Abbeville.
		Amiens	Ressort du tribunal de grande instance d'Amiens.
		Péronne	Ressort du tribunal de grande instance de Péronne.
Cour d'appel d'Angers			
Maine-et-Loire	Angers	Angers	Ressort du tribunal de grande instance d'Angers.
		Saumur	Ressort du tribunal de grande instance de Saumur.
Mayenne	Laval	Laval	Ressort du tribunal de grande instance de Laval.
Sarthe	Le Mans	Le Mans	Ressort du tribunal de grande instance du Mans.
Cour d'appel de Bastia			
Corse-du-Sud	Ajaccio	Ajaccio	Ressort du tribunal de grande instance d'Ajaccio.
Haute-Corse	Bastia	Bastia	Ressort du tribunal de grande instance de Bastia.
Cour d'appel de Besançon			
Territoire de Belfort	Belfort	Belfort	Ressort du tribunal de grande instance de Belfort.
Doubs	Besançon	Besançon	Ressort du tribunal de grande instance de Besançon.
	Montbéliard	Montbéliard	Ressort du tribunal de grande instance de Montbéliard.
Jura	Lons-le-Saunier	Dole	Ressort du tribunal de grande instance de Dole.
		Lons-le-Saunier	Ressort du tribunal de grande instance de Lons-le-Saunier et Saint-Claude.
Haute-Saône	Vesoul	Lure	Ressort du tribunal de grande instance de Lure.
		Vesoul	Ressort du tribunal de grande instance de Vesoul.

DÉPARTEMENT	TRIBUNAL de grande instance	SIÈGE ET RESSORT DES CONSEILS DE PRUD'HOMMES	
		Siège du conseil de prud'hommes	Ressort du conseil de prud'hommes
Cour d'appel de Bordeaux			
Charente	Angoulême	Angoulême	Ressort du tribunal de grande instance d'Angoulême.
Dordogne	Bergerac	Bergerac	Ressort du tribunal de grande instance de Bergerac.
	Périgueux	Périgueux	Ressort du tribunal de grande instance de Périgueux.
Gironde	Bordeaux	Bordeaux	Ressort du tribunal de grande instance de Bordeaux.
	Libourne	Libourne	Ressort du tribunal de grande instance de Libourne.
Cour d'appel de Bourges			
Cher	Bourges	Bourges	Ressort du tribunal de grande instance de Bourges.
Indre	Châteauroux	Châteauroux	Ressort du tribunal de grande instance de Châteauroux.
Nièvre	Nevers	Nevers	Ressort du tribunal de grande instance de Nevers.
Cour d'appel de Caen			
Calvados	Caen	Caen	Ressort du tribunal de grande instance de Caen.
	Lisieux	Lisieux	Ressort du tribunal de grande instance de Lisieux.
Manche	Cherbourg	Cherbourg	Ressort du tribunal de grande instance de Cherbourg.
	Coutances	Coutances	Ressort du tribunal de grande instance de Coutances.
		Avranches	Ressort du tribunal de grande instance d'Avranches.
Orne	Alençon	Alençon	Ressort du tribunal de grande instance d'Alençon.
	Argentan	Argentan	Ressort du tribunal de grande instance d'Argentan.
Cour d'appel de Chambéry			
Savoie	Albertville	Albertville	Ressort du tribunal de grande instance d'Albertville.
	Chambéry	Aix-les-Bains	Ressort du tribunal d'instance d'Aix les-Bains.
		Chambéry	Ressort du tribunal d'instance de Chambéry.
Haute-Savoie	Annecy	Annecy	Ressort du tribunal de grande instance d'Annecy.
	Bonneville	Bonneville	Ressort du tribunal de grande instance de Bonneville.
	Thonon-les-Bains	Annemasse	Ressort du tribunal de grande instance de Thcnon-!es-Bains.
Cour d'appel de Colmar			
Bas-Rhin	Saverne	Saverne	Ressort du tribunal de grande instance de Saverne.
	Strasbourg	Haguenau	Ressort des tribunaux d'instance d'Haguenau et Wissembourg.
		Schiltigheim	Ressort des tribunaux d'instance de Brumath et Schiltigheim.
		Strasbourg	Ressort des tribunaux d'instance d'Illkirch-Graffenstaden et Strasbourg.
Haut-Rhin	Colmar	Colmar	Ressort du tribunal de grande instance de Colmar.
	Mulhouse	Mulhouse	Ressort du tribunal de grande instance de Mulhouse.
Cour d'appel de Dijon			
Côte-d'Or	Dijon	Dijon	Ressort du tribunal de grande instance de Dijon.
Haute-Marne	Chaumont	Chaumont	Ressort du tribunal de grande instance de Chaumont.
Saône-et-Loire	Chalon-sur-Saône	Chalon-sur-Saône	Ressort du tribunal de grande instance de Chalon-sur-Saône.
	Mâcon	Mâcon	Ressort du tribunal de grande instance de Mâcon.
Cour d'appel de Douai			
Nord	Avesnes-sur-Helpe	Avesnes-sur-Helpe	Ressort du tribunal de grande instance d'Avesnes-sur-Helpe.
	Cambrai	Cambrai	Ressort du tribunal de grande instance de Cambrai.
	Douai	Douai	Ressort du tribunal de grande instance de Douai.

Art. L. 1462-1.

DÉPARTEMENT	TRIBUNAL de grande instance	SIÈGE ET RESSORT DES CONSEILS DE PRUD'HOMMES	
		Siège du conseil de prud'hommes	Ressort du conseil de prud'hommes
Nord	Dunkerque	Dunkerque	Ressort du tribunal de grande instance de Dunkerque.
		Hazebrouck	Ressort du tribunal de grande instance d'Hazebrouck.
	Lille	Lannoy	Cantons de Lannoy, Villeneuve-d'Ascq-Nord et Villeneuve-d'Ascq-Sud.
		Lille	Ressort du tribunal d'instance de Lille, à l'exception des cantons de Lannoy, Villeneuve-d'Ascq-Nord et Villeneuve-d'Ascq-Sud et des communes de Comines et Wervicq-Sud.
		Roubaix	Ressort du tribunal d'instance de Roubaix.
		Tourcoing	Ressort du tribunal d'instance de Tourcoing et communes de Comines et Wervicq-Sud.
	Valenciennes	Valenciennes	Ressort du tribunal de grande instance de Valenciennes.
Pas-de-Calais	Arras	Arras	Ressort du tribunal de grande instance d'Arras.
	Béthune	Béthune	Ressort des tribunaux d'instance de Béthune.
		Lens	Ressort des tribunaux d'instance de Lens.
	Boulogne-sur-Mer	Boulogne-sur-Mer	Ressort des tribunaux d'instance de Montreuil et Boulogne-sur-Mer.
		Calais	Ressort du tribunal d'instance de Calais.
	Saint-Omer	Saint-Omer	Ressort du tribunal de grande instance de Saint-Omer.
Cour d'appel de Grenoble			
Hautes-Alpes	Gap	Gap	Ressort du tribunal de grande instance de Gap.
Drôme	Valence	Montélimar	Ressort des tribunaux d'instance de Montélimar.
		Valence	Ressort des tribunaux d'instance Romans-sur-Isère et Valence.
Isère	Vienne (*)	Bourgoin-Jallieu	Ressort du tribunal de grande instance de Bourgoin-Jallieu.
		Vienne	Ressort du tribunal de grande instance de Vienne.
	Grenoble	Grenoble	Ressort du tribunal de grande instance de Grenoble.
Cour d'appel de Limoges			
Corrèze	Brive	Brive	Ressort du tribunal de grande instance de Brive.
		Tulle	Ressort du tribunal de grande instance de Tulle.
Creuse	Guéret	Guéret	Ressort du tribunal de grande instance de Guéret.
Haute-Vienne	Limoges	Limoges	Ressort du tribunal de grande instance de Limoges.
Cour d'appel de Lyon			
Ain	Bourg-en-Bresse	Belley	Ressort du tribunal de grande instance de Belley.
		Bourg-en-Bresse	Ressort des tribunaux d'instance de Bourg-en-Bresse et Trévoux.
		Oyonnax	Ressort du tribunal d'instance de Nantua.
Loire	Roanne	Roanne	Ressort du tribunal de grande instance de Roanne.
	Saint-Étienne	Montbrison	Ressort du tribunal de grande instance de Montbrison.
		Saint-Étienne	Ressort du tribunal de grande instance de Saint-Étienne.
Rhône	Lyon	Lyon	Ressort du tribunal de grande instance de Lyon.
	Villefranche-sur-Saône	Villefranche-sur-Saône	Ressort du tribunal de grande instance de Villefranche-sur-Saône.
Cour d'appel de Metz			
Moselle	Metz	Metz	Ressort du tribunal de grande instance de Metz.
	Sarreguemines	Forbach	Ressort du tribunal de grande instance de Sarreguemines.
	Thionville	Thionville	Ressort du tribunal de grande instance de Thionville.

DÉPARTEMENT	TRIBUNAL de grande instance	SIÈGE ET RESSORT DES CONSEILS DE PRUD'HOMMES	
		Siège du conseil de prud'hommes	Ressort du conseil de prud'hommes
Cour d'appel de Montpellier			
Aude	Carcassonne	Carcassonne	Ressort du tribunal de grande instance de Carcassonne.
	Narbonne	Narbonne	Ressort du tribunal de grande instance de Narbonne.
Aveyron	Rodez	Millau	Ressort du tribunal de grande instance de Millau.
		Rodez	Ressort du tribunal de grande instance de Rodez.
Hérault	Béziers	Béziers	Ressort du tribunal de grande instance de Béziers.
	Montpellier	Montpellier	Ressort des tribunaux d'instance de Lodève et Montpellier.
		Sète	Ressort du tribunal d'instance de Sète.
Pyrénées-Orientales	Perpignan	Perpignan	Ressort du tribunal de grande instance de Perpignan.
Cour d'appel de Nancy			
Meurthe-et-Moselle	Briey	Longwy	Ressort du tribunal de grande instance de Briey.
	Nancy	Nancy	Ressort du tribunal de grande instance de Nancy.
Meuse	Bar-le-Duc	Bar-le-Duc	Ressort du tribunal de grande instance de Bar-le-Duc.
	Verdun	Verdun	Ressort du tribunal de grande instance de Verdun.
Vosges	Épinal	Épinal	Ressort du tribunal de grande instance d'Épinal.
		Saint-Dié-des-Vosges	Ressort du tribunal de grande instance de Saint-Dié-des-Vosges.
Cour d'appel de Nîmes			
Ardèche	Privas	Annonay	Ressort du tribunal d'instance d'Annonay.
		Aubenas	Ressort des tribunaux d'instance de Largentière et Privas.
Gard	Alès	Alès	Ressort du tribunal de grande instance d'Alès.
	Nîmes	Nîmes	Ressort du tribunal de grande instance de Nîmes.
Lozère	Mende	Mende	Ressort du tribunal de grande instance de Mende.
Vaucluse	Avignon	Avignon	Ressort du tribunal de grande instance d'Avignon.
	Carpentras	Orange	Ressort du tribunal de grande instance de Carpentras.
Cour d'appel d'Orléans			
Indre-et-Loire	Tours	Tours	Ressort du tribunal de grande instance de Tours.
Loir-et-Cher	Blois	Blois	Ressort du tribunal de grande instance de Blois.
Loiret	Montargis	Montargis	Ressort du tribunal de grande instance de Montargis.
	Orléans	Orléans	Ressort du tribunal de grande instance d'Orléans.
Cour d'appel de Paris			
Essonne	Évry	Évry	Ressort des tribunaux d'instance d'Étampes, Évry et Juvisy-sur-Orge.
		Longjumeau	Ressort des tribunaux d'instance de Longjumeau et Palaiseau.
Seine-et-Marne	Fontainebleau	Fontainebleau	Ressort du tribunal de grande instance de Fontainebleau.
	Meaux	Meaux	Ressort du tribunal de grande instance de Meaux.
	Melun	Melun	Ressort du tribunal de grande instance de Melun.
Seine-Saint-Denis	Bobigny	Bobigny	Ressort du tribunal de grande instance de Bobigny.
Val-de-Marne	Créteil	Créteil	Ressort des tribunaux d'instance de Charenton-le-Pont, Ivry-sur-Seine, Nogent-sur-Marne, Saint-Maur-des-Fossés et Villejuif, à l'exception des cantons de Choisy-le-Roi et Orly, et de l'emprise de l'aérodrome de Paris-Orly.
		Villeneuve-Saint-George	Ressort du tribunal d'instance de Boissy-Saint-Léger, cantons de Choisy-le-Roi et Orly, et l'emprise de l'aérodrome de Paris-Orly.

Art. L. 1462-1.

DÉPARTEMENT	TRIBUNAL de grande instance	SIÈGE ET RESSORT DES CONSEILS DE PRUD'HOMMES	
		Siège du conseil de prud'hommes	Ressort du conseil de prud'hommes
Yonne	Auxerre	Auxerre	Ressort du tribunal de grande instance d'Auxerre.
	Sens	Sens	Ressort du tribunal de grande instance de Sens.
Paris	Paris	Paris	Ressort du tribunal de grande instance de Paris.
Cour d'appel de Pau			
Landes	Dax	Dax	Ressort du tribunal de grande instance de Dax.
	Mont-de-Marsan	Mont-de-Marsan	Ressort du tribunal de grande instance de Mont-de-Marsan.
Pyrénées-Altantique	Bayonne	Bayonne	Ressort du tribunal de grande instance de Bayonne.
	Pau	Pau	Ressort du tribunal de grande instance de Pau.
Hautes-Pyénées	Tarbes	Tarbes	Ressort du tribunal de grande instance de Tarbes.
Cour d'appel de Poitiers			
Charente-Maritime	La Rochelle	La Rochelle	Ressort du tribunal de grande instance de La Rochelle.
		Rochefort	Ressort du tribunal de grande instance de Rochefort.
	Saintes	Saintes	Ressort du tribunal de grande instance de Saintes.
Deux-Sèvres	Niort	Thouars	Ressort du tribunal de grande instance de Bressuire.
		Niort	Ressort du tribunal de grande instance de Niort.
Vendée	La Roche-sur-Yon	La Roche-sur-Yon	Ressort du tribunal de grande instance de La Roche-sur-Yon.
	Les Sables-d'Olonne	Les Sables-d'Olonne	Ressort du tribunal de grande instance des Sables-d'Olonne.
Vienne	Poitiers	Poitiers	Ressort du tribunal de grande instance de Poitiers.
Cour d'appel de Reims			
Ardennes	Charleville-Mézières	Charleville-Mézières	Ressort du tribunal de grande instance de Charleville-Mézières.
Aube	Troyes	Troyes	Ressort du tribunal de grande instance de Troyes.
Marne	Châlons-en-Champagne	Châlons-en-Champagne	Ressort des tribunaux d'instance de Châlons-en-Champagne, à l'exception des cantons d'Anglure, Avize, Dormans, Epernay 1er canton, Epernay 2e canton, Esternay, Fère-Champenoise, Montmirail, Montmort-Lucy et Sézanne.
	Châlons-en-Champagne	Épernay	Cantons d'Anglure, Avize, Dormans, Epernay 1er canton, Epernay 2e canton, Esternay, Fère-Champenoise, Montmirail, Montmort-Lucy et Sézanne.
	Reims	Reims	Ressort du tribunal de grande instance de Reims.
Cour d'appel de Rennes			
Côtes-d'Amor	Saint-Brieuc	Guingamp	Ressort du tribunal de grande instance de Guingamp.
		Saint-Brieuc	Ressort du tribunal de grande instance de Saint-Brieuc.
Finistère	Brest	Brest	Ressort du tribunal de grande instance de Brest.
		Morlaix	Ressort du tribunal de grande instance de Morlaix.
	Quimper	Quimper	Ressort du tribunal de grande instance de Quimper.
Ille-et-Vilaine	Rennes	Rennes	Ressort du tribunal de grande instance de Rennes.
	Saint-Malo	Dinan (Côtes-d'Armor)	Ressort du tribunal de grande instance de Dinan.
		Saint-Malo	Ressort du tribunal de grande instance de Daint-Malo.
Loire-Atlantique	Nantes	Nantes	Ressort du tribunal de grande instance de Nantes.
	Saint-Nazaire	Saint-Nazaire	Ressort du tribunal de grande instance de Saint-Nazaire.
Morbihan	Lorient	Lorient	Ressort du tribunal de grande instance de Lorient.
	Vannes	Vannes	Ressort du tribunal de grande instance de Vannes.

DÉPARTEMENT	TRIBUNAL de grande instance	SIÈGE ET RESSORT DES CONSEILS DE PRUD'HOMMES	
		Siège du conseil de prud'hommes	Ressort du conseil de prud'hommes
Cour d'appel de Riom			
Allier	Cusset	Vichy	Ressort du tribunal de grande instance de Vichy.
		Moulins	Ressort du tribunal de grande instance de Moulins.
	Montluçon	Montluçon	Ressort du tribunal de grande instance de Montluçon.
Cantal	Aurillac	Aurillac	Ressort du tribunal de grande instance d'Aurillac.
Haute-Loire	Le Puy-en-Velay	Le Puy-en-Velay	Ressort du tribunal de grande instance du Puy-en-Velay.
Puy-de-Dôme	Clermont-Ferrand	Clermont-Ferrand	Ressort du tribunal de grande instance de Clermont-Ferrand.
		Riom	Ressort du tribunal de grande instance de Riom.
Cour d'appel de Rouen			
Eure	Evreux	Bernay	Ressort du tribunal de grande instance de Bernay.
		Évreux	Ressort du tribunal de grande instance d'Évreux, à l'exception des cantons d'Amfreville-la-Campagne, Gaillon, Gaillon-Campagne, Le Neubourg, Louviers-Nord, Louviers-Sud, Pont-de-l'Arche et Val-de-Reuil.
		Louviers	Ressort des tribunaux d'instance des Andelys et cantons d'Amfreville-la-Campagne, Gaillon, Gaillon-Campagne, Le Neubourg, Louviers-Nord, Louviers-Sud, Pont-de-l'Arche et Val-de-Reuil.
Seine-Maritime	Dieppe	Dieppe	Ressort du tribunal de grande instance de Dieppe.
	Le Havre	Le Havre	Ressort du tribunal de grande instance du Havre.
	Rouen	Rouen	Ressort du tribunal de grande instance de Rouen.
Cour d'appel de Toulouse			
Ariège	Foix	Foix	Ressort du tribunal de grande instance de Foix.
Haute-Garonne	Toulouse	Toulouse	Ressort du tribunal de grande instance de Toulouse.
		Saint-Gaudens	Ressort du tribunal de grande instance de Saint-Gaudens.
Tarn	Albi	Albi	Ressort du tribunal de grande instance d'Albi
	Castres	Castres	Ressort du tribunal de grande instance de Castres.
Tarn-et-Garonne	Montauban	Montauban	Ressort du tribunal de grande instance de Montauban.
Cour d'appel de Versailles			
Eure-et-Loir	Chartres	Chartres	Ressort des tribunaux d'instance de Chartres, à l'exception des cantons de Bonneval, Brou, Châteaudun, Cloyes-sur-le-Loir et Orgères-en-Beauce.
		Châteaudun	Cantons de Bonneval, Brou, Châteaudun, Cloyes-sur-le-Loir et Orgères-en-Beauce
		Dreux	Ressort du tribunal d'instance de Dreux.
Hauts-de-Seine	Nanterre	Boulogne-Billancourt	Ressort des tribunaux d'instance d'Antony, Boulogne-Billancourt et Vanves.
		Nanterre	Ressort des tribunaux d'instance d'Asnières-sur-Seine, Clichy, Colombes, Courbevoie et Puteaux.
Val-d'Oise	Pontoise	Argenteuil	Ressort du tribunal d'instance de Sannois.
		Montmorency	Ressort des tribunaux d'instance d'Écouen, Gonesse et Montmorency.
		Cergy-Pontoise	Ressort du tribunal d'instance de Pontoise.

Art. L. 1462-1.

DÉPARTEMENT	TRIBUNAL de grande instance	SIÈGE ET RESSORT DES CONSEILS DE PRUD'HOMMES	
		Siège du conseil de prud'hommes	Ressort du conseil de prud'hommes
Yvelines	Versailles	Mantes-la-Jolie	Ressort du tribunal d'instance de Mantes-la-Jolie.
		Poissy	Ressort du tribunal d'instance de Poissy.
		Rambouillet	Ressort du tribunal d'instance de Rambouillet.
		Saint-Germain-en-Laye	Ressort du tribunal d'instance de Saint-Germain-en-Laye.
		Versailles	Ressort du tribunal d'instance de Versailles.
Cour d'appel de Basse-Terre			
Guadeloupe	Basse-Terre	Basse-Terre	Ressort du tribunal de grande instance de Basse-Terre.
	Pointe-à-Pitre	Pointe-à-Pitre	Ressort du tribunal de grande instance de Pointe-à-Pitre.
(D. 2011-1877 du 14 déc. 2011, JO 16, entrée en vigueur le 01.01.2012) **Cour d'appel de Cayenne**			
Guyane	Cayenne	Cayenne	Ressort du tribunal de grande instance de Cayenne.
Cour d'appel de Fort-de-France			
Martinique	Fort-de-France	Fort-de-France	Ressort du tribunal de grande instance de Fort-de-France.
Cour d'appel de Saint-Denis de La Réunion*			
La Réunion	Saint-Denis	Saint-Denis	Ressort du tribunal de grande instance de Saint-Denis.
	Saint-Pierre	Saint-Pierre	Ressort du tribunal de grande instance de Saint-Pierre.
Cour d'appel de Saint-Pierre-et-Miquelon			
Saint-Pierre-et-Miquelon	Saint-Pierre	Saint-Pierre	Ressort du tribunal supérieur d'appel de Saint-Pierre.
* Siège provisoire dans l'attente de la future localisation du TGI.			

(D. 2011-338 du 29 mars 2011, art. 9, JO 30, entrée en vigueur à compter d'une date fixée par décret et au plus tard le 31.12.2015)

Cour d'appel de Saint-Denis de La Réunion			
Mayotte	*Mamoudzou*	*Mamoudzou*	*Ressort du tribunal de grande instance de Mamoudzou.*
Réunion	*Saint-Denis*	*Saint-Denis*	*Ressort du tribunal de grande instance de Saint-Denis.*
	Saint-Pierre	*Saint-Pierre*	*Ressort du tribunal de grande instance de Saint-Pierre.*

Note *Les procédures en cours devant le tribunal du travail de Mamoudzou à la date d'entrée en vigueur (voir* supra*) du décret 2011-338 du 29 mars 2011 (JO 30) créant un conseil de prud'hommes à Mayotte corollairement à la suppression du tribunal du travail par l'article 9 de l'ordonnance 2011-337 du 29 mars 2011 portant modification de l'organisation judiciaire dans le Département de Mayotte sont transférées en l'état au conseil de prud'hommes de Mamoudzou, sans qu'il y ait lieu de renouveler les actes, formalités et jugements régulièrement intervenus antérieurement à cette date, à l'exception des convocations, citations et assignations données aux parties et aux témoins qui n'auraient pas été suivies d'une comparution devant la juridiction supprimée.*

Les parties ayant comparu devant le tribunal du travail de Mamoudzou sont informées, par l'une ou l'autre juridiction, qu'il leur appartient d'accomplir les actes de la procédure devant le conseil de prud'hommes de Mamoudzou auquel la procédure aura été transférée.

Les archives et les minutes du greffe du tribunal du travail de Mamoudzou sont transférées au greffe du conseil de prud'hommes.

Les frais de transfert de ces archives et minutes sont pris sur le crédit ouvert à cet effet au budget du ministère de la justice (décret 2011-338 du 29 mars 2011, art. 14, III).

LIVRE V

DISPOSITIONS RELATIVES À L'OUTRE-MER

TITRE Ier

DISPOSITIONS GÉNÉRALES

CHAPITRE UNIQUE

Art. L. 1511-1. Dans la présente partie et sous réserve, le cas échéant, des dispositions du présent livre, les mots : « national », « nationales », « nationaux », « France », « territoire français », « sol français », « ensemble du territoire » ou « ensemble du territoire national » visent les départements de métropole, de la Guadeloupe, de la Guyane, de la Martinique et de la Réunion ainsi que ***(Ord. 2008-205 du 27 févr. 2008, JO 1er mars)*** « Saint-Barthélemy, Saint-Martin et » Saint-Pierre-et-Miquelon.

Lorsque les dispositions de la présente partie prévoient une sanction pénale d'interdiction du territoire français, cette interdiction s'applique sur l'ensemble du territoire de la République française.

Note

• Quelle que soit la terminologie qu'il emploie, le code du travail ne trouve effet, sauf exception expresse, que dans les départements métropolitains ou d'outre-mer, à Saint-Barthélemy, à Saint-Martin et à Saint-Pierre-et-Miquelon.

• La loi organique 2007-223 du 21 février 2007 a créé deux nouvelles collectivités d'outre-mer : Saint-Barthélemy et Saint-Martin qui étaient, jusqu'à cette date, des communes du département de la Guadeloupe. Ces deux nouvelles collectivités sont régies par le régime de l'assimilation législative et, sauf dispositions contraires à leur nouveau statut, les textes antérieurement applicables continuent à y trouver effet. Ainsi, toutes les dispositions de l'ancien code du travail applicables en Guadeloupe avant la création des collectivités d'outre-mer de Saint-Barthélemy et de Saint-Martin continuent à s'y appliquer, y compris celles spécifiques aux départements d'outre-mer figurant à son livre VIII. L'ordonnance 2008-205 du 27 février 2008 (JO 1er mars) se fonde sur l'habilitation du gouvernement à adapter la législation pour tirer les conséquences, en matière de droit du travail, de la création de Saint-Barthélemy et de Saint-Martin, prévue par la loi 2007-224 du 21 février 2007 (art. 19), et maintenir l'application à Saint-Barthélemy et à Saint-Martin, dans le nouveau code du travail, au-delà du 1er mai 2008, de l'ensemble des dispositions spécifiques aux départements d'outre-mer (rapport au président de la République relatif à l'ordonnance 2008-205 précitée).

TITRE II

DÉPARTEMENTS D'OUTRE-MER, SAINT-BARTHÉLEMY, SAINT-MARTIN ET SAINT-PIERRE-ET-MIQUELON

CHAPITRE Ier

Dispositions générales

Art. L. 1521-1. Les dispositions de la présente partie s'appliquent dans les départements d'outre-mer ***(Ord. 2008-205 du 27 févr. 2008, JO 1er mars)*** « , à Saint-Barthélemy, à Saint-Martin » et à Saint-Pierre-et-Miquelon, sous réserve des adaptations prévues par le présent titre.

Note

• L'archipel de Saint-Pierre-et-Miquelon a connu de fréquents changements statutaires. Colonie, puis territoire d'outre-mer de 1946 à 1976, il devient un département d'outre-mer par l'effet de la loi 76-664 du 19 juillet 1976, puis une collectivité territoriale par celui de la loi 85-595 du 11 juin 1985. L'article 72-3 de la Constitution issu de la loi constitutionnelle 2003-276 du 28 mars 2003 en fait une collectivité d'outre-mer. L'archipel ne fait pas partie de la Communauté européenne mais y est associé en tant que « pays et territoire d'outre-mer » par une décision d'association (Rapport au Président de la République relatif à l'ordonnance 2005-57 du 26 janvier 2005, JO 28).

• Les dispositions législatives des livres Ier à IX du code du travail (ancien) ont été notamment étendues à Saint-Pierre-et-Miquelon par ordonnance 77-1102 du 26 septembre 1977 modifiée notamment par la loi 88-1264 du 30 décembre 1988 (JO 4 janvier 1989), la loi 90-86 du 23 janvier 1990 (JO 25), la loi 96-609 du 5 juillet 1996 (JO 9), la loi 99-641 du 27 juillet 1999 (JO 28), la loi 2000-37 du 19 janvier 2000 (JO 20), la loi 2000-1207 du 13 décembre 2000 d'orientation pour l'outre-mer (JO 14) et la loi de programme 2003-660 du 21 juillet 2003 (JO 22). Voir aussi les ordonnances 77-1099 à 1108 du 26 septembre 1977 modifiées par la loi 84-1208 du 29 décembre 1984 et par les lois 85-595 du 11 juin 1985 et 86-1383 du 31 décembre 1986.

La loi 2000-1207 modifiée du 13 décembre 2000 d'orientation pour l'outre-mer (JO 14) est applicable dans la collectivité territoriale de Saint-Pierre-et-Miquelon sous certaines réserves prévues à l'article 63, modifié par l'ordonnance 2005-57 du 26 janvier 2005, art. 7 (JO 28). La loi de programme pour l'outre-mer 2003-660 du 21 juillet 2003 modifiée (JO 22) est revenue sur plusieurs des dispositions issues de la loi 2000-1207 du 13 décembre 2000.

• Des lois 98-145 du 6 mars 1998 (JO 10), 99-899 du 25 octobre 1999 (JO 26), 2001-503 du 12 juin 2001 (JO 13) et 2007-224 du 21 février 2007, art. 19 (JO 22) ont porté habilitation du gouvernement à prendre, par ordonnances, les mesures législatives nécessaires à l'actualisation et à l'adaptation du droit applicable outre-mer (dans le domaine du droit du travail notamment) : voir notamment ordonnance 98-522 du 24 juin 1998 (JO 27) ratifiée (et modifiée) par loi 99-1123 du 28 décembre 1999 (JO 29) ; ordonnance 2000-285 du 30 mars 2000 (JO 1er avril) portant actualisation et adaptation du droit du travail de l'outre-mer et ordonnance 2000-373 du 26 avril 2000 (JO 30) relative aux conditions d'entrée et de séjour des étrangers à Mayotte ratifiées par loi 2003-660 du 21 juillet 2003, art. 65 (JO 22) ; ordonnance 2002-242 du 21 février 2002 (JO 23) ; ordonnance 2005-57 du 26 janvier 2005 (JO 28) portant actualisation et adaptation du droit du travail, de l'emploi et de la formation professionnelle outre-mer. Voir aussi ordonnance 2008-697 du 11 juillet 2008 relative à l'application à Saint-Pierre-et-Miquelon de la loi 2005-882 du 2 août 2005 en faveur des petites et moyennes entreprises et réformant la chambre interprofessionnelle de Saint-Pierre-et-Miquelon (JO 16).

Art. L. 1521-2. Pour l'application de la présente partie dans les départements d'outre-mer et en l'absence de mention particulière spécifique à ces collectivités, les références à la caisse régionale d'assurance maladie sont remplacées par celles de la caisse générale de sécurité sociale dans les départements d'outre-mer.

Art. L. 1521-3. Pour l'application de la présente partie à Saint-Pierre-et-Miquelon et en l'absence de mention particulière spécifique à cette collectivité :

1° Les attributions dévolues au préfet, dans la région ou dans le département, sont exercées par le représentant de l'État ;

2° Les attributions dévolues au conseil régional ou à son président sont exercées par le conseil général de Saint-Pierre-et-Miquelon ou par son président ;

3° Les attributions dévolues au tribunal d'instance, au tribunal de grande instance, à leurs présidents ou à leurs greffes sont attribuées au tribunal de première instance, à son président ou à son greffe ;

4° Les attributions dévolues au ***(L. 2011-525 du 17 mai 2011, art. 170, JO 18)*** « directeur régional des entreprises, de la concurrence, de la consommation, du travail et de l'emploi » ou au directeur du travail, de l'emploi et de la formation professionnelle des départements d'outre-mer sont exercées par le chef du service du travail, de l'emploi et de la formation professionnelle de Saint-Pierre-et-Miquelon ;

5° Les références au code général des impôts sont remplacées par les références équivalentes du code des impôts de Saint-Pierre-et-Miquelon ;

6° Les références au département ou à la région sont remplacées par celles de Saint-Pierre-et-Miquelon ;

7° Les références à la caisse régionale d'assurance maladie sont remplacées par celles de la caisse de prévoyance sociale.

Art. L. 1521-4. ***(Ord. 2008-205 du 27 févr. 2008, JO 1er mars)*** Pour l'application de la présente partie à Saint-Barthélemy et à Saint-Martin et en l'absence de mention particulière spécifique à l'une ou l'autre de ces collectivités :

1° Les attributions dévolues au préfet, dans la région ou dans le département, sont exercées par le représentant de l'État dans chacune de ces collectivités ;

2° Les attributions dévolues au conseil régional ou à son président et au conseil général ou à son président sont exercées par le conseil territorial ou par son président ;

3° Les références au département ou à la région sont remplacées par des références à Saint-Barthélemy et à Saint-Martin ;

4° Les références à la caisse régionale d'assurance maladie sont remplacées par des références à la caisse générale de sécurité sociale.

CHAPITRE II

Chèque emploi-service universel et titre de travail simplifié

SECTION 1. Chèque emploi-service universel

Art. L. 1522-1. Les dispositions des articles L. 1271-1 à L. 1271-16 relatives au chèque emploi-service universel s'appliquent dans les départements d'outre-mer ***(Ord. 2008-205 du 27 févr. 2008, JO 1er mars)*** « , à Saint-Barthélemy, à Saint-Martin » et à Saint-Pierre-et-Miquelon lorsque celui-ci a la nature d'un titre spécial de paiement.

Art. L. 1522-2. Les modalités d'application de la présente section sont déterminées par décret en Conseil d'État.

SECTION 2. Titre de travail simplifié

Note Voir arrêté du 28 décembre 2001 (JO 1er janv. 2002) ; circulaire DSS/5C/DRT/DGEFP/DAESC 2004-436 du 11 septembre 2004 relative au titre de travail simplifié (BO 2004/43, p. 207) qui se substitue pour les DOM au III (chèque emploi-service) de la circulaire DE/DSS 96/25 et DE/SDAS 96/509 du 6 août 1996 relative au développement des emplois de services aux particuliers (BO MES 2002/17, p. 413).

Art. L. 1522-3. Dans les départements d'outre-mer ***(Ord. 2008-205 du 27 févr. 2008, JO 1er mars)*** « , à Saint-Barthélemy, à Saint-Martin » et à Saint-Pierre-et-Miquelon, un titre de travail simplifié est créé pour assurer la rémunération et pour la déclaration en vue du paiement des cotisations sociales.

Note Sur l'imputation des dépenses liées à la surveillance médicale postprofessionnelle et la prise en compte de la majoration de cotisation permettant à la branche des accidents du travail et maladies professionnelles (AT-MP) du régime général de financer les dépenses engendrées par les départs en retraite à raison de la pénibilité dans le calcul des cotisations AT-MP applicables en Alsace-Moselle et dues pour certaines catégories de personnes (dont les salariés des départements d'outre-mer et des collectivités de Saint-Barthélemy et de Saint-Martin employés dans le cadre du titre de travail simplifié), voir décret 2011-2033 du 29 décembre 2011, JO 30, entrée en vigueur le 1er janvier 2012.

Art. L. 1522-4. Les dispositions de la présente section s'appliquent, lorsqu'ils emploient moins de onze salariés :

1° Aux employeurs de droit privé ;

2° Aux établissements publics à caractère industriel et commercial ;

3° Aux établissements publics assurant à la fois une mission de service public à caractère administratif et à caractère industriel et commercial, lorsqu'ils emploient du personnel dans les conditions du droit privé.

Ces dispositions s'appliquent également aux personnes effectuant des travaux et services au domicile des particuliers.

Art. L. 1522-5. L'activité des personnes mentionnées à l'article L. 1522-4 est réputée être salariée.

Lorsque cette activité excède, pour la même personne, dans la même entreprise, cent jours, consécutifs ou non, par année civile, le contrat de travail est réputé être à durée indéterminée à compter du premier jour de dépassement de cette limite.

Art. L. 1522-6. Le titre de travail simplifié ne peut être utilisé qu'avec l'accord du salarié.

Il se substitue à la remise du bulletin de paie prévu par l'article L. 3243-2.

La rémunération portée sur le titre de travail simplifié inclut une indemnité de congés payés dont le montant est égal à un dixième de la rémunération totale brute, sauf application du régime des professions affiliées aux caisses de congés payés prévues à l'article L. 3141-30 ou lorsqu'il s'agit d'un contrat de travail à durée indéterminée.

Art. L. 1522-7. L'embauche du salarié ne peut intervenir qu'après que l'employeur a satisfait à l'obligation de déclaration préalable prévue à l'article L. 1221-10.

Art. L. 1522-8. L'employeur et le salarié qui utilisent le titre de travail simplifié sont réputés satisfaire aux obligations mises à la charge de l'un ou l'autre par les articles L. 1242-12 et L. 1242-13, relatifs au contrat de travail à durée déterminée, et par les articles L. 3123-14 et L. 3123-15, relatifs au contrat de travail à temps partiel, ainsi qu'aux déclarations au titre de la médecine du travail et du régime des prestations du revenu de remplacement mentionnées à l'article L. 5421-2.

Art. L. 1522-9. Le titre de travail simplifié est émis et délivré par les établissements de crédit ou par les institutions ou services mentionnés à l'article L. 518-1 du code monétaire et financier, dans le cadre de la convention conclue avec l'État prévue à l'article L. 1271-9.

Art. L. 1522-10. Les cotisations sociales d'origine légale ou conventionnelle imposées par la loi dues au titre des rémunérations versées aux salariés mentionnés à l'article L. 1522-4 sont calculées sur une base forfaitaire réduite et font l'objet d'un versement unique à la caisse générale de sécurité sociale.

Par dérogation, ces cotisations peuvent être calculées, d'un commun accord entre l'employeur et le salarié, sur les rémunérations réellement versées au salarié.

Elles sont calculées sur les rémunérations réellement versées au salarié dans le cas d'un contrat à durée indéterminée.

Art. L. 1522-11. Nonobstant les dispositions de l'article L. 242-5 du code de la sécurité sociale, le taux de cotisation due au titre des accidents du travail et des maladies professionnelles est fixé chaque année par décret uniformément, quelle que soit la catégorie de risques dont relève l'établissement.

Note Voir décret 2004-298 du 26 mars 2004 (JO 30) relatif à la cotisation des accidents du travail et des maladies professionnelles due pour les salariés des DOM et de Saint-Pierre-et-Miquelon bénéficiant d'un titre de travail simplifié.

Art. L. 1522-12. Les modalités d'application de la présente section sont déterminées par décret en Conseil d'État.

Art. R. 1522-1. Le titre de travail simplifié prévu à l'article L. 1522-3 se compose :

1° D'un chèque tiré sur l'un des établissements, organismes ou services mentionnés à l'article L. 1522-9 et soumis aux règles fixées par le chapitre Ier du titre III du livre Ier du code monétaire et financier ;

2° D'un volet social ;

3° D'un volet permettant de souscrire la déclaration préalable à l'embauche lorsque l'employeur est une entreprise ou un organisme mentionné à l'article L. 2211-1.

Art. R. 1522-2. Sans préjudice de l'application des dispositions relatives à la délivrance des chèques, le titre de travail simplifié est délivré aux personnes qui déclarent sur l'honneur employer un ou des salariés dans les conditions prévues à l'article L. 1522-4 et qui acceptent d'acquitter les contributions et cotisations sociales par prélèvement sur leur compte.

Art. R. 1522-3. L'employeur, autre qu'un particulier employeur, qui envisage d'utiliser le titre de travail simplifié adresse une demande d'adhésion à l'un des établissements, organismes ou services mentionnés à l'article L. 1522-9.

Cette demande comporte :

1° L'identification de l'employeur ou de l'entreprise ;

2° L'organisme de retraite complémentaire dont il relève ;

3° La caisse de congés payés dont il relève, s'il y a lieu ;

4° Le service de santé au travail auquel il adhère ;

5° Une déclaration sur l'honneur attestant que l'entreprise remplit la condition d'effectif prévue au premier alinéa de l'article L. 1522-4 ;

6° L'autorisation de prélèvement automatique sur un numéro de compte bancaire.

Art. R. 1522-4. Le particulier employeur qui envisage d'utiliser le titre de travail simplifié adresse une demande d'adhésion à l'un des établissements, organismes ou services mentionnés à l'article L. 1522-9.

Cette demande comporte :

1° Les nom, prénoms et adresse du particulier ;

2° Une déclaration sur l'honneur attestant qu'il est employeur en tant que particulier.

Art. R. 1522-5. Le volet social du titre de travail simplifié comporte :

1° Des mentions relatives à l'employeur :

a) Nom, prénoms (ou raison sociale) et adresse ;

b) Code APE, numéro SIRET s'il s'agit d'une entreprise ou d'un organisme mentionné à l'article L. 2211-1 ;

c) Numéro de compte bancaire ;

2° Des mentions relatives au salarié :

a) Nom, nom marital et prénoms ;

b) Numéro d'inscription au répertoire des personnes physiques ou date et lieu de naissance ;

c) Adresse ;

3° Des mentions relatives à l'emploi et aux cotisations et contributions :
a) Emploi occupé ;
b) Nombre d'heures de travail effectuées ;
c) Période d'emploi en indiquant le nombre de jours calendaires de travail ;
d) Salaires horaire et total nets versés ;
e) Convention collective applicable s'il y a lieu ;
f) Option retenue pour le calcul des cotisations sociales : assiette forfaitaire ou réelle dans le cas où l'activité du salarié n'a pas excédé cent jours, consécutifs ou non, dans l'entreprise au cours de l'année civile ;

4° La date de paiement du salaire et la signature de l'employeur.

Art. R. 1522-6. Le volet social est adressé par l'employeur à la caisse mentionnée à l'article R. 1522-10 dans le ressort de laquelle l'emploi a été occupé et au plus tard dans les quinze jours suivant le versement de la rémunération.

Art. R. 1522-7. Le volet permettant d'accomplir la déclaration nominative préalable à l'embauche comporte les mentions prévues à l'article R. 1221-1.

Il est adressé à la caisse mentionnée à l'article R. 1522-10 par courrier ou télécopie, dans le délai prévu à l'article R. 1221-5.

Art. R. 1522-8. L'effectif pris en compte pour l'application de l'article L. 1522-4 est celui de l'ensemble des établissements de l'entreprise situés dans le département d'outre-mer, à Saint-Barthélemy, à Saint-Martin ou à Saint-Pierre-et-Miquelon et employé durant l'année civile précédente.

Art. R. 1522-9. Pour la détermination de la limite de cent jours par an dans la même entreprise prévue à l'article L. 1522-5, il est tenu compte de chaque jour calendaire travaillé dans l'un des établissements de l'entreprise ou de l'organisme situé dans le département d'outre-mer concerné, à Saint-Barthélemy, à Saint-Martin ou à Saint-Pierre-et-Miquelon et quel que soit le nombre d'heures de travail quotidien.

Art. R. 1522-10. En cas de désaccord du salarié pour l'utilisation du titre de travail simplifié, celui-ci avertit la caisse générale de sécurité sociale lorsqu'il s'agit d'un département d'outre-mer, de Saint-Barthélemy ou de Saint-Martin et la caisse de prévoyance sociale pour Saint-Pierre-et-Miquelon.

Art. R. 1522-11. Les organismes mentionnés à l'article R. 1522-10 assurent le calcul et l'encaissement des contributions et cotisations sociales d'origine légale ou conventionnelle. Les volets sociaux reçus jusqu'au quinzième jour du mois civil donnent lieu à prélèvement automatique des contributions et cotisations sociales le dernier jour du mois. Ces organismes adressent à l'employeur un décompte de ces sommes dans le mois qui suit la réception du volet social.

Dans le même délai, ils délivrent au salarié une attestation d'emploi portant les mentions figurant au 3° de l'article R. 1522-5 et destinée à justifier ses droits aux prestations de sécurité sociale, aux prestations prévues à l'article L. 5421-2, et de retraite complémentaire.

Ils délivrent également aux particuliers employeurs une attestation annuelle leur permettant de justifier du droit à la réduction d'impôt ou au crédit d'impôt prévu par l'article 199 sexdecies du code général des impôts ou par les dispositions fiscales particulières applicables à Saint-Pierre-et-Miquelon.

Art. R. 1522-12. Les bases de calcul des cotisations et contributions sociales d'origine légale ou conventionnelle sont définies par arrêtés des ministres chargés de la sécurité sociale et de l'outre-mer.

Pour le particulier employeur, ces bases forfaitaires sont fixées à un montant inférieur au salaire minimum de croissance.

Note Les bases forfaitaires prévues à cet article sont fixées, pour chaque heure de travail, au taux horaire du salaire minimum de croissance pour les entreprises, employeurs et organismes visés à l'article L. 131-2 (ancien) CT et, pour les particuliers employeurs, à 45 % de ce taux horaire dans le département de La Réunion, et à 80 % dans les départements de la Guadeloupe, de la Guyane et de la Martinique et dans la collectivité territoriale de Saint-Pierre-et-Miquelon.

Le taux de 45 % applicable au département de La Réunion sera augmenté progressivement par paliers de cinq points au 1er juillet de chaque année, à compter de 2003, jusqu'à ce que ce taux atteigne 80 % (arrêté du 28 décembre 2001, art. 1er, JO 1er janv. 2002).

Art. R. 1522-13. Sous réserve des dispositions de l'article R. 1522-17, l'utilisation du titre de travail simplifié vaut déclaration auprès de l'ensemble des administrations ou organismes intéressés au titre :

1° Des articles R. 243-13, R. 243-14 ou R. 243-17 du code de la sécurité sociale ;

2° Des articles R. 5422-5 à R. 5422-8 du présent code relatifs à l'obligation d'assurance contre le risque de privation d'emploi et à l'obligation pour l'employeur d'adresser à ***(D. 2008-1010 du 29 sept. 2008, art. 8, JO 30 ; D. 2009-1708 du 30 déc. 2009, JO 31, à compter du 01.01.2011)*** « l'organisme de recouvrement compétent mentionné à l'article L. 5427-1 » des déclarations ;

3° De l'article 87 du code général des impôts ou des dispositions fiscales particulières applicables à Saint-Pierre-et-Miquelon.

Art. R. 1522-14. La caisse compétente communique les informations qu'elle recueille aux administrations ou organismes intéressés selon leurs compétences respectives. Elle leur reverse les cotisations et contributions qui leur sont dues.

Les modalités de cette communication et de ce reversement sont fixées par conventions conclues entre les caisses compétentes, l'Agence centrale des organismes de sécurité sociale et les administrations ou organismes concernés.

Ces conventions fixent également le délai de conservation des informations recueillies et volets sociaux reçus, ainsi que les modalités de prise en charge des dépenses exposées par la caisse pour la mise en œuvre des dispositions du présent chapitre, compte tenu du volume des informations transmises ainsi que du montant des cotisations et contributions reversées.

Art. R. 1522-15. Les cotisations et contributions dues en application du titre de travail simplifié sont recouvrées et contrôlées par les organismes mentionnés à l'article R. 1522-10 sous les garanties et sanctions applicables au recouvrement des cotisations du régime général de sécurité sociale assises sur les salaires.

En cas de non-régularisation des versements, le directeur de la caisse compétente peut notifier à l'employeur une interdiction d'utiliser le titre de travail simplifié.

Art. R. 1522-16. Lorsque le volet social n'est pas adressé dans le délai prévu à l'article R. 1522-6 du présent code, il est fait application des articles R. 243-16, R. 243-19, R. 243-19-1 et R. 243-20 du code de la sécurité sociale.

Lorsque le prélèvement des cotisations sociales n'est pas honoré, il est fait application des dispositions des articles R. 243-18, R. 243-19, R. 243-19-1, R. 243-20, R. 243-20-3 et R. 243-21 du code de la sécurité sociale.

Art. R. 1522-17. L'organisme mentionné à l'article R. 1522-10 notifie à l'employeur l'impossibilité pour lui d'utiliser le titre pour les salariés concernés lorsqu'il constate :

1° Soit que la condition d'effectif prévue au premier alinéa de l'article L. 1522-4 n'est pas remplie ;

2° Soit qu'un salarié n'a pas donné son accord à l'utilisation du titre de travail simplifié.

CHAPITRE III

Le conseil de prud'hommes

[Le présent chapitre ne comprend pas de dispositions législatives.]

Art. R. 1523-1. Les dispositions relatives à la commune d'inscription des électeurs, prévues par l'article R. 1441-16, s'appliquent aux salariés travaillant dans un département de métropole ou d'outre-mer, à Saint-Barthélemy, à Saint-Martin ou à Saint-Pierre-et-Miquelon et domiciliés à Mayotte ou à Wallis-et-Futuna.

Art. R. 1523-2. À Saint-Pierre-et-Miquelon, le conseil territorial peut proposer de réduire à deux conseillers employeurs et deux conseillers salariés le nombre de conseillers de chaque section du conseil de prud'hommes.

Art. R. 1523-3. À Saint-Pierre-et-Miquelon, le « tribunal supérieur d'appel » se substitue à la « cour d'appel ». Le « tribunal de première instance » se substitue au « tribunal de grande instance » et au « tribunal d'instance ».

Art. R. 1523-4. À Saint-Pierre-et-Miquelon, les personnes habilitées à représenter les parties en matière prud'homale sont, outre celles mentionnées à l'article R. 1453-2, les agréés.

Art. R. 1523-5. Les dispositions des deuxième et troisième alinéas de l'article R. 1461-1 et de l'article R. 1461-2, de l'article R. 1457-2 ne sont pas applicables à Saint-Pierre-et-Miquelon.

Dans cette collectivité, l'appel est formé, instruit et jugé suivant les règles de la procédure ordinaire applicable devant le tribunal supérieur d'appel.

TITRE III

MAYOTTE, WALLIS-ET-FUTUNA ET TERRES AUSTRALES ET ANTARCTIQUES FRANÇAISES

Note S'agissant du code du travail applicable dans la collectivité territoriale de Mayotte, voir notamment ordonnance 91-246 du 25 février 1991 (JO 6 mars, rectif. JO 3 août) ratifiée par loi 91-1379 du 28 décembre 1991 (JO 1er janv. 1992) et modifiée par la loi 94-638 du 25 juillet 1994 (JO 27, rectif. JO 9 fév. 1995), ordonnance 2002-242 du 21 février 2002 (JO 23) ratifiée par loi 2003-660 du 21 juillet 2003, art. 65 (JO 22), ordonnance 2005-44 du 20 janvier 2005 relative au droit du travail, de l'emploi et de la formation professionnelle à Mayotte (JO 22) ratifiée par loi 2007-224 du 21 février 2007, art. 20 (JO 22) ; ordonnance 2006-1068 du 25 août 2006 rendant applicable à Mayotte certaines dispositions relatives au droit du travail de la loi 2005-882 du 2 août 2005 en faveur des petites et moyennes entreprises (JO 26).

CHAPITRE Ier

Formation et exécution du contrat de travail

Art. L. 1531-1. Le contrat de travail des salariés des entreprises établies dans un département de métropole, dans un département d'outre-mer ***(Ord. 2008-205 du 27 févr. 2008, JO 1er mars)*** « , à Saint-Barthélemy, à Saint-Martin » ou à Saint-Pierre-et-Miquelon et exerçant leur activité à Mayotte ou à Wallis et Futuna est régi par les dispositions légales ou conventionnelles applicables à l'entreprise qui les emploie pendant une durée maximum de vingt-quatre mois.

Art. L. 1531-2. Le contrat de travail des salariés mentionnés à l'article L. 1531-1 est écrit.

Il prévoit les modalités selon lesquelles le salarié est indemnisé des dépenses auxquelles l'exposent sa venue, son séjour dans le pays ou lieu de son emploi et son retour à sa résidence habituelle. Il prévoit également la prise en charge par l'employeur des frais occasionnés au salarié et, le cas échéant, à sa famille par sa prise de congé dès lors que l'intéressé a exercé son activité pendant au moins douze mois.

Le contrat de travail est remis au salarié, sauf impossibilité majeure, au plus tard huit jours avant la date de son départ vers son lieu de travail.

Art. L. 1531-3. L'article L. 1226-1 est applicable aux salariés d'une entreprise ou d'un établissement situé en métropole ou dans un département d'outre-mer ***(Ord. 2008-205 du 27 févr. 2008, JO 1er mars)*** « , à Saint-Barthélemy, à Saint-Martin » ou à Saint-Pierre-et-Miquelon qui ont été soignés à Mayotte, en Nouvelle-Calédonie, en Polynésie française, à Wallis et Futuna ou dans les Terres australes et antarctiques françaises.

CHAPITRE II

Rupture du contrat de travail à durée indéterminée

Art. L. 1532-1. Lorsque les salariés et les entreprises interviennent dans les collectivités de la République française exclues du champ d'application géographique défini à l'article L. 1511-1, les dispositions de l'article L. 1231-5 sont applicables au salarié mis, par la société mère au service de laquelle il était précédemment engagé et dont le siège social est situé dans un département métropolitain, un département d'outre-mer ***(Ord. 2008-205 du 27 févr. 2008, JO 1er mars)*** « , à Saint-Barthélemy, à Saint-Martin » ou à Saint-Pierre-et-Miquelon, à la disposition d'une filiale établie à Mayotte, à Wallis et Futuna ou dans les Terres australes et antarctiques françaises et à laquelle il est lié par un contrat de travail.

Note L'ordonnance 2005-57 du 26 janvier 2005, art. 1er, précise les articles du code du travail – ici l'article L. 1231-5 – appelés à trouver effet sur le territoire de la République au-delà de son champ géographique habituel qui se limite aux départements métropolitains ou d'outre-mer et à Saint-Pierre-et-Miquelon.

DEUXIÈME PARTIE

LES RELATIONS COLLECTIVES DE TRAVAIL

LIVRE Ier

LES SYNDICATS PROFESSIONNELS

TITRE Ier

CHAMP D'APPLICATION

CHAPITRE UNIQUE

Art. L. 2111-1. Les dispositions du présent livre sont applicables aux employeurs de droit privé ainsi qu'à leurs salariés.

Elles sont également applicables au personnel des personnes publiques employé dans les conditions du droit privé, sous réserve des dispositions particulières ayant le même objet résultant du statut qui régit ce personnel.

Note

• France Télécom, immatriculée au registre du commerce, et dotée de l'autonomie administrative et financière, est un établissement public industriel et commercial qui emploie du personnel dans les conditions du droit privé ; il entre dès lors dans le champ d'application des textes relatifs à l'exercice du droit syndical (cass. soc. 22 février 1995, n° 94-60.011, BC V n° 69 ; *Dr. Soc.* 1995, p. 394).

• Les dispositions du code du travail relatives à l'exercice du droit syndical dans les entreprises sont applicables aux fonctionnaires de France Télécom (loi 2003-1365 du 31 décembre 2003, art. 4) ainsi qu'aux fonctionnaires et agents non titulaires des offices publics de l'habitat (loi 84-53 du 26 janvier 1984, art. 120 modifié par ordonnance 2007-137 du 1er février 2007, art. 3).

• En revanche, le statut de la Caisse des dépôts et consignations, plaçant cette dernière « sous la surveillance et la garantie de l'autorité législative », exclut l'emploi de personnel dans des conditions de droit privé et, partant, l'application des textes du code du travail relatifs à l'exercice du droit syndical dans les entreprises (cass. soc. 28 novembre 1995, n° 94-60.278, BC V n° 322 ; *RJS* 1/96 n° 35).

• Le principe de la souveraineté des États fait obstacle à ce qu'il soit fait application au sein de la représentation officielle d'un État étranger des règles du code du travail français relatives à la représentation du personnel et à celle des syndicats (cass. soc. 4 novembre 2009, n° 08-60.593, BC V n° 242 ; *LS* Jurispr. n° 238/2009 du 23/11/2009 ; *JCP* éd. S 2009, 1565, note B. Gauriau).

• *Fonction publique.* La loi 2010-751 du 5 juillet 2010 (JO 6) relative à la rénovation du dialogue social et comportant diverses dispositions relatives à la Fonction publique a modifié les conditions de représentativité et d'accès aux élections des organisations syndicales dans la Fonction publique, comme la loi 2008-789 du 20 août 2008 l'a fait dans le secteur privé.

Art. L. 2111-2. Les dispositions du présent livre s'appliquent sans préjudice d'autres droits accordés aux syndicats par des lois particulières.

TITRE II

REPRÉSENTATIVITÉ SYNDICALE

Note Voir « Représentativité des syndicats : mode d'emploi », brochure du Ministère du Travail, des Relations sociales, de la Famille, de la Solidarité et de la Ville.

« Le guide des élections professionnelles et des désignations de représentants syndicaux dans l'entreprise », *Dalloz*, éd. 2011-2012, M-L Morin, L. Pécaut-Rivolier et Y. Struillou.

« L'exercice du droit syndical après la loi du 20 août 2008 : liberté, égalité, représentativité, ou la nouvelle devise de la démocratie », *Dr. Soc.* décembre 2011, p. 1234, Ch. Radé.

« Droit syndical : remarques sur une éventuelle réforme de la réforme à la lumière des arrêts du 18 mai 2011 », *JCP* éd. S 2011, 1518, étude Fl. Laronze.

CHAPITRE Ier

Critères de représentativité

Art. L. 2121-1. ***(L. 2008-789 du 20 août 2008, art. 1er, JO 21)*** La représentativité des organisations syndicales est déterminée d'après les critères cumulatifs suivants :

1° Le respect des valeurs républicaines ;

2° L'indépendance ;

3° La transparence financière ;

4° Une ancienneté minimale de deux ans dans le champ professionnel et géographique couvrant le niveau de négociation. Cette ancienneté s'apprécie à compter de la date de dépôt légal des statuts ;

5° L'audience établie selon les niveaux de négociation conformément aux articles L. 2122-1, L. 2122-5, L. 2122-6 et L. 2122-9 ;

6° L'influence, prioritairement caractérisée par l'activité et l'expérience ;

7° Les effectifs d'adhérents et les cotisations.

Note • Sur l'application des anciens critères légaux durant la période transitoire, voir note sous chapitre II « Syndicats représentatifs ».

• **Critères.** La loi 2008-789 du 20 août 2008 portant rénovation de la démocratie sociale et réforme du temps de travail a rénové les critères de représentativité, qui sont désormais cumulatifs. Pour autant, si pour prouver sa représentativité, tout syndicat doit réunir les sept critères visés par l'article L. 2121-1, ces derniers doivent être appréciés de manière globale, avec des pondérations pouvant varier, selon les situations et les niveaux, en fonction de leur importance relative (exposé des motifs du projet de loi). Les juges conservent donc une marge d'appréciation, d'autant que la loi ne donne pas de définition de ces critères.

Voir *Dr. Soc.* n° spécial janvier 2011, pp. 62 et s. : « Les nouveaux critères de la représentativité syndicale dans l'entreprise », M-L Morin.

Respect des valeurs républicaines. Ce critère remplace celui de « l'attitude patriotique pendant l'Occupation », devenu obsolète. Défini au point 1-6 de la Position commune du 9 avril 2008 comme impliquant « le respect de la liberté d'opinion, politique, philosophique ou religieuse, ainsi que le refus de toute discrimination, tout intégrisme et toute intolérance », ce critère vise principalement à prévenir les cas où, sous couvert de syndicalisme, une association serait créée avec d'autres buts que ceux poursuivis par l'article L. 2131-1 CT relatif aux missions des organisations syndicales de salariés et surtout sur des valeurs totalement incompatibles avec celles fondant notre République (rapport AN n° 992). Cette notion n'est pas sans lien avec la jurisprudence antérieure qui avait clairement énoncé qu'un syndicat professionnel ne peut pas être fondé sur une cause ou en vue d'un objet illicite et ne peut donc poursuivre des objectifs essentiellement politiques ni agir contrairement aux principes de non-discrimination contenus dans le code du travail, la Constitution, les textes à valeur constitutionnelle et les engagements internationaux auxquels la France est partie (cass. ch. mixte, 10 avril 1998, n° 97-17.870, BC n° 2).

En cas de litige, il incombe à la partie qui soutient qu'un syndicat ne satisfait pas au critère du respect des valeurs républicaines de le démontrer (cass. soc. 8 juillet 2009, n° 08-60.599, BC V n° 181 ; *JCP* éd. S 2009, 1364, note Y. Pagnerre ; *Dr. Soc.* 2009, pp. 950 et s. : « La loi 2008-789 du 20 août 2008 : premières décisions de la Cour de cassation sur le droit syndical ", de M-L Morin et rapport de L. Pécaut-Rivolier ; *RJS* 10/09 n° 810, 2e espèce ; voir dans le même sens cass. soc. 13 octobre 2010, n° 10-60.130 (*LS* Bref n° 15715 du 21/10/10, *Dr. Soc.* 2011, p. 112, obs. Ch. Radé), approuvant un tribunal d'instance d'avoir validé la désignation d'un représentant syndical, dès lors que la preuve n'était pas rapportée que ce syndicat, en dépit des mentions figurant dans ses statuts, datant de 1946, poursuivait dans son action un objectif illicite).

Indépendance. Il s'agit notamment, comme auparavant, de l'indépendance à l'égard de l'employeur ou d'un groupement d'employeurs. L'indépendance du syndicat vis-à-vis de l'employeur est en effet une condition fondamentale de l'aptitude d'un syndicat à représenter la collectivité des travailleurs (cass. soc. 3 décembre 2002, n° 01-60.729, BC V n° 364). Parmi les indices pouvant révéler l'absence d'indépendance d'un syndicat, les juges relèvent l'attitude complaisante de l'employeur (cass. soc. 10 octobre 1990, n° 89-61.346, BC V n° 455) ou l'absence de cotisations alors que le syndicat est seul à bénéficier d'une subvention de la direction (cass. soc. 31 janvier 1973, n° 72-60.076, BC V n° 50). De même, un syndicat soutenant l'employeur pendant une grève (cass. soc. 11 janvier 1979, n° 78-60.672, BC V n° 31) ou dont la quasi-totalité des adhérents appartient au seul service du chef du personnel (cass. soc 26 février 1975, n° 74-60.129, BC V n° 102) ne peut être considéré comme indépendant.

Transparence financière. Ce critère, entièrement nouveau, a été introduit par la loi du 20 août 2008. Selon les termes du point 1-5 de la Position commune du 9 avril 2008, « elle est assurée, pour les confédérations, les fédérations et les unions régionales, par des comptes certifiés annuels, établis suivant des modalités adaptées aux différents niveaux des organisations syndicales et conformes aux normes applicables aux organisations syndicales telles qu'elles seront fixées par la loi en préparation sur la certification et la publication des comptes de ces dernières ». Les règles de certification et publicité des comptes des organisations syndicales et professionnelles sont définies aux articles L. 2135-1 à L. 2135-6 CT.

Ancienneté. Alors qu'auparavant, le défaut d'ancienneté ne permettait pas à lui seul de conclure à la non-représentativité d'un syndicat (cass. soc. 5 novembre 1986, n° 86-60.143, BC V n° 513), la loi a adapté ce critère ancien en prévoyant que désormais tout syndicat, pour pouvoir être représentatif, doit avoir une ancienneté minimale de 2 ans dans le champ professionnel et géographique couvrant le niveau de négociation, ancienneté à apprécier à partir de la date de dépôt légal des statuts.

À cet égard, la Cour de cassation a précisé qu'un simple changement d'affiliation, qui n'affecte pas l'objet même du syndicat, n'entraîne pas la perte de la personnalité juridique de ce syndicat. Par conséquent, dès lors qu'il a toujours pour objet l'étude et la défense des droits ainsi que des intérêts matériels et moraux, tant collectifs qu'individuels de ses membres, le syndicat qui modifie ses statuts pour s'affilier à une nouvelle fédération ou confédération conserve l'ancienneté déjà acquise et peut donc, si celle-ci est d'au moins 2 ans, présenter des candidats au premier tour des élections professionnelles (cass. soc. 3 mars 2010, n° 09-60.283, BC V n° 54 ; *RJS* 5/10 n° 445 ; *JCP* éd. S 2010, 1190, note B. Gauriau ; *Dr. Soc.* 2010, p. 722, obs. Fr. Petit).

Audience. Avant l'intervention de la loi du 20 août 2008 qui a fait de l'audience électorale un critère à part entière, les résultats obtenus aux élections professionnelles étaient largement pris en compte par les juges dans l'appréciation de la représentativité des syndicats (voir notamment CE 5 novembre 2004, n° 257878 ; *RJS* 1/05 n° 65 ; cass. soc. 12 février 1985, n°s 84-60.857 à 859, BC V n° 92).

La nouvelle loi fixe elle-même les modalités d'appréciation de l'audience aux différents niveaux de négociation (établissement ou entreprise, ou groupe, branche, niveau national ou interprofessionnel) en imposant une évaluation périodique à partir des suffrages obtenus par chaque syndicat aux élections professionnelles ainsi qu'un seuil minimal de 10 % en deçà duquel un syndicat ne peut être considéré comme représentatif (voir ci-après art. L. 2122-1, 5, 6 et 9 et notes sous ces articles).

Ces dispositions ont été jugées conformes aux normes internationales (article 11 de la Convention européenne des droits de l'homme, articles 5 et 6 de la Charte sociale européenne, article 28 de la Charte des droits fondamentaux de l'Union européenne et Conventions 98 et 135 de l'OIT), le fait pour les salariés, à l'occasion des élections professionnelles, de participer à la détermination des syndicats aptes à les représenter dans les négociations collectives n'ayant pas pour effet d'affaiblir les représentants syndicaux au profit des représentants élus, chacun conservant les attributions qui lui sont propres (cass. soc. 14 avril 2010, n° 09-60.426, 1er moyen du pourvoi de l'employeur et moyen du pourvoi du syndicat, BC V n° 100 ; *Dr. Soc.* 2010, pp. 647 et s., obs. L. Pécaut-Rivolier ; *RJS* 6/10 n° 529 ; *RDT*, juin 2010, CH, 374, J-Fr. Akandji-Kombé). En outre, par décision 2010-63/64/65 QPC du 12 novembre 2010 (JO 13), le Conseil constitutionnel a jugé que l'article L. 2121-1, ainsi que les articles L. 2122-1 et L. 2143-3 étaient conformes à la Constitution.

Enfin, ce critère d'audience tel qu'il résulte de la loi du 20 août 2008 est d'ordre public absolu, de sorte que ni un accord collectif ni l'employeur ne peuvent reconnaître la qualité d'organisation syndicale représentative à une organisation n'ayant pas obtenu au moins 10 % de suffrages exprimés lors du premier tour de l'élection des membres titulaires du comité d'entreprise (cass. soc. 18 mai 2011, n° 10-60.406, *RJS* 7/11 n° 624).

Influence. En intégrant ce critère issu de la jurisprudence et en précisant que l'influence est prioritairement caractérisée par l'activité et l'expérience du syndicat, la loi consacre l'appréciation faite par la Cour de cassation de l'influence des syndicats. Pour cette dernière, en effet, l'influence d'un syndicat s'entend des résultats objectifs d'une activité authentiquement tournée vers la défense des intérêts des travailleurs, et pas seulement de l'aptitude à faire connaître le syndicat (rapport de la Cour de cassation 2002 concernant l'arrêt rendu par la chambre sociale le 3 décembre 2002 sur le pourvoi n° 01-60.729). La notion d'expérience du syndicat est elle aussi largement jurisprudentielle puisque, par exemple, l'existence d'une autorité, et donc d'une expérience suffisante dans l'entreprise, est présumée lorsque l'on constate un accroissement rapide en adhésions et en ressources du syndicat (cass. soc. 25 février 1971, n° 70-60.077, BC V n° 161).

Pour apprécier l'influence d'un syndicat, le juge doit prendre en considération l'ensemble de ses actions, y compris celles qu'il a menées alors qu'il était affilié à une confédération syndicale dont il s'est par la suite désaffilié (cass. soc. 28 septembre 2011, n° 10-26.545, *JCP* éd. S 2011, 1537, note B. Gauriau ; *RJS* 12/11 n° 994).

Effectifs d'adhérents et cotisations. La loi regroupe les anciens critères d'effectif et de cotisations. Ce lien était déjà établi par la jurisprudence qui reconnaît la représentativité au syndicat ayant un nombre suffisant d'adhérents dont les cotisations lui permettent d'assurer son indépendance vis-à-vis de l'employeur (cass. soc. 8 janvier 1997, n° 95-60.995, BC V n° 13).

S'agissant des effectifs, tant la Cour de cassation que le Conseil d'État estiment que les effectifs doivent être suffisamment nombreux pour permettre de penser que le syndicat représente réellement les intérêts de l'ensemble des salariés. Toutefois, la jurisprudence se montre assez libérale dans son appréciation du nombre de membres nécessaire pour établir la représentativité : elle prend notamment en compte l'activité du syndicat (CE 17 janvier 1997, n° 169691, *Rec. Lebon* p. 23 ; cass. soc. 13 juin 2001, n° 00-60.118), le taux de syndicalisation dans l'entreprise, et l'éventuelle difficulté du contexte pour son implantation (cass. soc. 3 mai 2001, n° 00-60.135), et apprécie le nombre d'adhérents par comparaison aux autres syndicats de l'entreprise (cass. soc. 23 juin 1999, n° 98-60.355).

En ce qui concerne les cotisations, la perception effective d'un niveau suffisant de cotisations est un indice de l'adhésion des salariés à l'organisation syndicale et un moyen d'établir son indépendance. Le montant des cotisations doit être suffisant pour permettre au syndicat d'avoir une activité, d'assurer son indépendance à l'égard de l'employeur et de faire état d'un nombre réel d'adhérents (cass. soc. 4 novembre 1971, n° 71-60.153, BC V n° 614). Il doit donc être apprécié au regard des besoins du syndicat (cass. soc. 22 juillet 1981, n° 81-60.695, BC V n° 748).

• **Charge de la preuve.** Le syndicat qui se prétend représentatif doit démontrer qu'il remplit les critères légaux (cass. soc. 4 mai 1994, n°s 92-60.369 et 92-60.396, BC V n° 163) ; toutefois, l'indépendance étant présumée, le défaut d'indépendance doit être établi par la partie qui l'allègue (cass. soc. 22 juillet 1981, n° 81-60.695, BC V n° 748).

• **Fonction publique.** La loi 2010-751 du 5 juillet 2010 (JO 6) relative à la rénovation du dialogue social et comportant diverses dispositions relatives à la Fonction publique a modifié les conditions de représentativité et d'accès aux élections des organisations syndicales dans les différentes fonctions publiques. Ainsi, notamment, à une date fixée par décret et au plus tard le 31 mars 2011, tous les syndicats de fonctionnaires constitués depuis au moins deux ans et satisfaisant aux conditions de respect des valeurs républicaines et d'indépendance pourront présenter des candidats aux élections professionnelles.

Art. L. 2121-2. S'il y a lieu de déterminer la représentativité d'un syndicat ou d'une organisation professionnelle autre que ceux affiliés à l'une des organisations représentatives au niveau national, l'autorité administrative diligente une enquête.

L'organisation intéressée fournit les éléments d'appréciation dont elle dispose.

Art. R. 2121-1. Les enquêtes relatives à la détermination de la représentativité sont diligentées par le ministre chargé du travail.

Pour les professions agricoles, ces attributions sont exercées en accord avec celui-ci par le ministre chargé de l'agriculture.

Art. R. 2121-2. Le silence gardé pendant plus de six mois par le ministre chargé du travail saisi d'une demande d'enquête vaut décision de rejet.

(L. 2008-789 du 20 août 2008, art. 2, JO 21)

CHAPITRE II

Syndicats représentatifs

Note

• La loi 2008-789 du 20 août 2008 portant rénovation de la démocratie sociale a réformé en profondeur les règles de la représentativité syndicale et a organisé une représentativité « ascendante » des organisations syndicales, mesurable périodiquement à chaque niveau, en partant des résultats électoraux au sein de l'établissement ou, à défaut, de l'entreprise, pour remonter successivement vers la branche, le niveau national et interprofessionnel.

Cette représentativité prouvée, qui n'emporte plus d'effets qu'aux niveaux où elle est reconnue (Position commune du 9 avril 2008, point 3-1) s'accompagne de la disparition de la présomption irréfragable de représentativité dont bénéficiait tout syndicat affilié à l'une des cinq grandes confédérations considérées comme représentatives au niveau national interprofessionnel (CFDT, CFE-CGC, CFTC, CGT et CGT-FO). Désormais, tous les syndicats sont tenus d'établir leur représentativité au niveau où ils entendent exercer leurs prérogatives : entreprise ou établissement, groupe, branche professionnelle, niveau national ou interprofessionnel.

Toutefois, afin de garantir une transition en douceur vers le nouveau dispositif, celui-ci n'entre en vigueur que lors des premières élections professionnelles organisées dans l'entreprise suite à la publication de la loi ou de la première mesure de l'audience pour ce qui concerne les branches et le niveau national et interprofessionnel. Dans l'intervalle, la loi maintient des présomptions de représentativité en faveur des syndicats affiliés à l'une de ces confédérations pendant des périodes distinctes selon le niveau en cause (entreprise, branche, national). Ces présomptions tomberont au plus tard à l'expiration de délais courant à compter de la date de publication de la loi, soit du 21 août 2008. Elles disparaîtront progressivement :
– d'ici le 21 août 2012 au niveau de l'entreprise ou de l'établissement (voir note sous article L. 2122-1),

– d'ici le 21 août 2013 au niveau national et interprofessionnel (voir note sous article L. 2122-9),
– et d'ici le 21 août 2017 au niveau de la branche (voir note sous article L. 2122-5).

• En ce qui concerne les syndicats ne bénéficiant pas de la présomption de représentativité, la loi 2008-789 du 20 août 2008, interprétée à la lumière des articles 6 et 8 du Préambule de la Constitution du 27 octobre 1946, n'exclut pas qu'ils puissent établir leur représentativité soit par affiliation postérieure à l'une des organisations syndicales représentatives au niveau national ou interprofessionnel, soit en apportant la preuve qu'ils remplissent les critères énoncés à l'article L. 2121-1 dans sa rédaction issue de cette loi, à la seule exception de l'obtention d'un score électoral de 10 % auquel il devront satisfaire dès les premières élections professionnelles organisées dans l'entreprise (cass. soc. 10 mars 2010, n° 09-60.246, BC V n° 62 ; *LS* Bref n° 15567 du 12/03/10 ; *Dr. Soc.* 2010, pp. 548 et s. : « La représentativité des syndicats dans l'entreprise pendant la période transitoire de la loi du 20 août 2008 », M-L Morin). Cette solution a été confirmée par un arrêt du 31 mars 2010 (n° 09-60.115, BC V n° 84 ; *LS* Jurispr. n° 73/2010 du 12/04/10 ; *RJS* 6/10 n° 530 ; *Dr. Soc.* 2010, p. 863), qui précise en outre que, jusqu'aux résultats des premières élections professionnelles dans l'entreprise, la représentativité d'un syndicat ne bénéficiant pas des présomptions édictées par l'article 11 IV de la loi du 20 août 2008 peut être contestée à l'occasion de la désignation d'un délégué syndical.

À noter que, lorsque la désignation d'un délégué syndical, bien que postérieure à l'entrée en vigueur de la loi du 20 août 2008, est effectuée en remplacement d'un délégué désigné avant l'entrée en vigueur de cette loi, le syndicat ne doit établir sa représentativité selon les nouveaux critères que si le délégué remplacé a été licencié avant l'entrée en vigueur de la loi (cass. soc. 26 mai 2010, n° 09-60.393, BC V n° 116 ; *JCP* éd. S 2010, act. 305 ; *LS* Jurispr. n° 123/2010 du 22/06/10).

Pour aller plus loin, voir *Dr. Soc.* n° spécial janvier 2011, pp. 73 et s. : « Dispositions transitoires sur la représentativité syndicale : Les premières solutions de la Cour de cassation », P. Lagesse et N. Bouffier.

• Voir circulaires DGT 20 du 13 novembre 2008 relative à la loi du 20 août 2008 portant rénovation de la démocratie sociale et réforme du temps de travail et DGT 6 du 27 juillet 2011 répondant aux questions posées dans le cadre de la mise en œuvre de cette loi.

• Avant le 31 décembre 2013, le gouvernement présentera au Parlement, après avis motivé de la Commission nationale de la négociation collective, un rapport sur l'application des articles L. 2122-1 et 2, du 3° de l'article L. 2122-5, des articles L. 2122-6 et 7, du 3° de l'article L. 2122-9 et des articles L. 2122-10 et L. 2232-2 à 13 CT.

Le Haut Conseil du dialogue social prévu à l'article L. 2122-11 CT soumettra au ministre chargé du travail les enseignements à tirer de l'application de la loi, ainsi que les enseignements à tirer du rapport susmentionné, notamment de l'application des articles L. 2122-2, L. 2122-5 à 10 et L. 2232-2 à 13 (loi 2008-789, art. 16).

• La loi 2010-1215 du 15 octobre 2010 (JO 16), complétant la loi 2008-789 du 20 août 2008, a prévu l'organisation d'un scrutin régional tous les 4 ans afin de prendre en compte les choix des salariés des entreprises de moins de onze salariés dans la détermination de l'audience des organisations syndicales au niveau des branches et au plan interprofessionnel. Voir articles L. 2122-10-1 à 10-11 et R. 2122-8 à 98.

• Sur la jurisprudence concernant la présomption de représentativité des organisations syndicales dans le cadre du régime antérieur à la loi du 20 août 2008, voir « Le Nouveau Code du Travail Annoté », éd. 2008.

SECTION 1. Représentativité syndicale au niveau de l'entreprise et de l'établissement

Art. L. 2122-1. Dans l'entreprise ou l'établissement, sont représentatives les organisations syndicales qui satisfont aux critères de l'article L. 2121-1 et qui ont recueilli au moins 10 % des suffrages exprimés au premier tour des dernières élections des titulaires au comité d'entreprise ou de la délégation unique du personnel ou, à défaut, des délégués du personnel, quel que soit le nombre de votants.

Note Ces dispositions entrent en vigueur lors des premières élections professionnelles organisées, suite à la publication de la loi, dans les entreprises pour lesquelles la première réunion de la négociation du protocole d'accord préélectoral est postérieure à la publication de la loi, soit le 21 août 2008.

Maintien à titre transitoire de la présomption de représentativité au niveau de l'entreprise ou de l'établissement.

Selon les termes de l'article 11, IV du 20 août 2008, jusqu'aux résultats des premières élections professionnelles dans l'entreprise ou l'établissement, pour lesquelles la date fixée pour la première réunion de la négociation du protocole d'accord préélectoral est postérieure au 21 août 2008, est présumé représentatif à ce niveau :
– tout syndicat ayant établi sa représentativité dans l'entreprise ou l'établissement au 21 août 2008 au regard des critères légaux anciens;
– tout syndicat affilié à l'une des organisations syndicales de salariés présumées représentatives au niveau national et interprofessionnel au 21 août 2008;
– tout syndicat constitué à partir du regroupement de plusieurs syndicats, dont l'un au moins est affilié à une organisation syndicale de salariés représentative au niveau national et interprofessionnel au 21 août 2008.

• Les dispositions de l'article 11, IV de la loi 2008-789 du 20 août 2008, selon lesquelles « jusqu'aux résultats des premières élections professionnelles dans l'entreprise ou l'établissement, pour lesquelles la date fixée pour la première réunion de la négociation du protocole d'accord préélectoral est postérieure à la publication de la présente loi, est présumé représentatif à ce niveau tout syndicat affilié à l'une des organisations syndicales de salariés présumées représentatives au niveau national et interprofessionnel à la date de publication de la présente loi », n'ayant pas prévu qu'il puisse être rapporté une preuve contraire, la représentativité d'une organisation syndicale, affiliée à l'une des confédérations reconnues représentatives au plan national antérieurement à l'entrée en vigueur de la loi, ne peut être contestée pendant la période transitoire prévue par la loi (cass. soc. 8 juillet 2009, n° 09-60.011, BC V n° 180 ; *Dr. Soc.* 2009, pp. 950 et s. : observations de M-L Morin et rapport de L. Pécaut-Rivolier).

À noter cependant que le syndicat qui, durant la période transitoire, change d'affiliation au profit d'une organisation non représentative au niveau national, perd automatiquement le bénéfice de cette présomption temporaire de représentativité (cass. soc. 18 mai 2011, n° 10-60.264, *RJS* 7/11 n° 625).

• *Fin de la période transitoire.* La période transitoire prend fin lorsque les résultats des élections ont donné lieu à la proclamation d'élus au second tour, peu important l'absence de candidats au premier tour (cass. soc. 18 mai 2011, n° 10-60.258, *RJS* 7/11 n° 623). L'organisation dans l'entreprise d'élections ayant donné lieu à l'établissement d'un procès-verbal de carence ne met pas fin à la période transitoire, laquelle prend fin au plus tard le 22 août 2012. Les syndicats affiliés à une organisation représentative au niveau national et interprofessionnel continuent donc à bénéficier de la présomption temporaire de représentativité (cass. soc. 10 février 2010, n° 09-60.244, BC V n° 39 ; *RJS* 4/10 n° 353, 2e espèce ; *JSL* n° 274, 6 avril 2010, p. 20, obs. J-E Tourreil ; voir aussi cass. soc. 19 janvier 2011, n° 10-60.277, *LS* Jurispr. n° 23/2011 du 01/02/11).

Ne mettent pas non plus fin à la période transitoire des élections partielles, celles-ci ne constituant pas « les premières élections professionnelles dans l'entreprise ou l'établissement » visées par l'article 11, IV de la loi du 20 août 2008, faute d'avoir donné lieu à la négociation effective d'un protocole préélectoral après l'entrée en vigueur de la loi (cass. soc. 6 janvier 2011, n° 10-60.169, BC V n° 8 ; *RJS* 3/11 n° 246).

À noter qu'à partir du moment où des élections au comité d'entreprise se sont déroulées au sein d'une société sur la base d'un protocole préélectoral dont la première réunion de négociation était postérieure à la date de publication de la loi 2008-789 du 20 août 2008, la période transitoire a pris fin dans cette société, peu important qu'après ces élections, elle ait absorbé des sociétés dans lesquelles de telles élections n'avaient pas été organisées. La nouvelle entité issue de la fusion-absorption est donc tout entière soumise aux nouvelles règles de représentativité et les organisations implantées dans les sociétés absorbées ne peuvent plus se prévaloir de la présomption de représentativité (cass. soc. 18 mai 2011, n° 10-60.406, *RJS* 7/11 n° 624).

Au niveau d'une unité économique et sociale, la période transitoire ne prend fin que lorsque des élections, pour lesquelles la date fixée pour la première réunion de la négociation du protocole d'accord préélectoral est postérieure à la publication de la loi du 20 août 2008, et au plus tard le 22 août 2012, se sont déroulées dans chacune des entités composant l'unité économique et sociale (cass. soc. 5 avril 2011, n° 10-18.523, BC V n° 89 ; *RJS* 6/11 n° 535).

Appréciation de la représentativité dans le cadre de la loi du 20 août 2008.

• Cet article reconnaît comme représentatif dans l'entreprise ou l'établissement tout syndicat satisfaisant aux critères légaux et dépassant le seuil des 10 % de suffrages exprimés au premier tour des dernières élections des représentants du personnel. Il a été jugé conforme à la Constitution (Cons. constit. 12 novembre 2010, n° 2010-63/64/65 QPC, JO 13). Sur les critères de représentativité, voir article L. 2121-1 et note sous cet article.

Il a donné lieu à d'importantes précisions lors des travaux parlementaires, par l'Administration et la Cour de cassation :
– en ce qu'elle soumet la représentativité des organisations syndicales à la condition d'avoir obtenu au moins 10 % des suffrages exprimés lors du premier tour de l'élection des membres titulaires du comité d'entreprise, la loi 2008-789 du 20 août 2008 est d'ordre public absolu, ce qui interdit, par suite, à un accord collectif comme à un employeur de reconnaître la qualité d'organisation syndicale représentative à une organisation qui n'a pas satisfait à cette condition (cass. soc. 18 mai 2011, n° 10-60.406, *RJS* 7/11 n° 624);
– l'exigence d'un seuil minimal de suffrages exprimés aux dernières élections professionnelles implique que la représentativité des syndicats au niveau de l'entreprise soit appréciée à chaque élection, c'est-à-dire en principe tous les 4 ans, sauf accord collectif fixant des durées de mandat comprises entre 2 et 4 ans (art. L. 2314-26 et 27 et L. 2324-24 et 25 CT);
– la représentativité se mesure en priorité au niveau du comité d'entreprise ou du comité d'établissement, s'il existe. Ainsi, les résultats des élections au comité d'entreprise ou bien de la délégation unique du personnel, si elle est mise en place, sont pris en compte. À défaut de comité d'entreprise, les résultats des élections des délégués du personnel servent de base à la détermination de la représentativité. Cette solution a été confirmée par la Cour de cassation dans un arrêt du 13 juillet 2010 (n° 10-60.148, BC V n° 176 ; *RJS* 11/10 n° 860) : l'audience recueillie par les organisations syndicales aux élections des délégués du personnel ne peut être prise en compte, pour apprécier leur représentativité, que s'il ne s'est pas tenu dans l'entreprise d'élections au comité d'entreprise ou à la délégation unique du personnel permettant de mesurer cette audience. Ce principe s'applique même dans le cas où l'entreprise constitue un seul établissement pour l'élection des membres du comité d'entreprise mais est divisée en plusieurs établissements pour l'élection des délégués du personnel. Ainsi, un syndicat qui n'a pas obtenu un score de 10 % des suffrages exprimés aux élections du comité d'entreprise ne remplit pas les conditions pour désigner un délégué syndical d'établissement, peu important qu'il ait atteint ce score aux élections des délégués du personnel dans l'établissement où il entendait désigner le délégué syndical (cass. soc. 14 décembre 2010, n° 10-60.221). Dans le même sens, voir aussi cass. soc. 10 novembre 2010, n° 09-72.856, BC V n° 257 ; *LS* Jurispr. n° 226/2010 du 23/11/10) s'agissant d'une entreprise divisée en établissements (dotés de comités d'établissement), eux-mêmes découpés en « sous-établissements », au sein desquels étaient élus des délégués du personnel et précisant que, pour déterminer la représentativité d'un syndicat en vue de la désignation des délégués syndicaux au niveau des sous-établissements, il convenait de se référer au score obtenu à l'élection des membres du comité d'établissement et non à celui enregistré aux élections des délégués du personnel ;
– le seuil d'audience de 10 % s'apprécie tous collèges confondus : satisfait donc à ce critère le syndicat qui a obtenu 10 % des voix au premier tour des élections tous collèges confondus, peu important qu'il n'ait pas présenté de candidat dans chacun des collèges (cass. soc. 22 septembre 2010, n° 10-10.678, BC V n° 195 ; *RJS* 11/10 n° 861) ;
– pour calculer la représentativité d'un syndicat en cas de carence au premier tour dans un ou plusieurs collèges d'un établissement ou d'une entreprise, on additionne les suffrages qu'il a recueillis dans tous les collèges où un premier tour a été organisé et on rapporte ces suffrages aux suffrages exprimés dans ces mêmes collèges (circ. DGT du 27 juillet 2011, Question - Réponse 7) ;
– les élections partielles sont prises en compte dans l'appréciation de la représentativité et peuvent conduire à modifier celle-ci. Ainsi, un calcul de représentativité consolidé doit avoir lieu après chaque élection partielle, afin de déterminer les nouveaux

pourcentages, qui fonderont la mesure pour la validité des accords ; voir sur ce point « Élections partielles et représentativité », *JCP* éd. S 2012, 1023, note H. Guyot ;
– l'audience étant évaluée sur les résultats du premier tour quel que soit le nombre de votants, le décompte des votes en faveur de chaque liste syndicale doit être effectué, même si le quorum n'est pas atteint (rapport Sénat n° 470) ;
– un suffrage exprimé est un vote correspondant à un choix précis et autorisé, ce qui exclut la prise en compte des suffrages blancs (n'exprimant aucun choix) ou nuls (contraires à la réglementation électorale) et de l'abstention (rapport AN n° 992).
– le nombre de voix recueillies par les organisations syndicales à prendre en considération pour le décompte des suffrages exprimés en leur faveur est le nombre de suffrages exprimés au profit de chaque liste, sans qu'il y ait lieu, s'agissant de la mesure de la représentativité de ces organisations, de tenir compte d'éventuelles ratures de noms de candidats. Pour vérifier si le score obtenu par un syndicat est ou non au moins égal à 10 % des suffrages exprimés, il convient donc de prendre en compte chaque voix obtenue par la liste qu'il a présentée pour une unité, même si le nom de certains de ses candidats a été rayé (cass. soc. 6 janvier 2011, n° 10-60.168, BC V n° 11 ; *Dr. Soc.* 2011, p. 340, obs. Fr. Petit ; *RJS* 3/11 n° 247) ;
– lorsqu'un accord d'entreprise autorise des syndicats affiliés à une même confédération à désigner chacun son propre délégué syndical, chacun de ces syndicats doit obtenir un score électoral minimum de 10 % pour être reconnu représentatif et ainsi être en droit de désigner son propre délégué syndical (cass. soc. 28 septembre 2011, n° 10-25.279, *RJS* 12/11 n° 991). Voir aussi cass. soc. 26 octobre 2011, n° 11-10.290 (*RJS* 1/12 n° 56) précisant que lorsque deux syndicats, bien qu'affiliés à une même confédération, ont présenté chacun leur propre liste au premier tour des élections des membres titulaires du comité d'entreprise et que ces élections n'ont pas été contestées, il n'y a pas lieu de totaliser les suffrages recueillis en propre par chacun de ces syndicats pour déterminer si l'un ou l'autre a atteint le seuil de représentativité de 10 %.

S'agissant des entreprises composées de plusieurs établissements, la circulaire du 13 novembre 2008, puis la Cour de cassation, ont apporté les précisions suivantes :
– dans une entreprise avec un seul comité d'entreprise, mais composée de plusieurs établissements distincts dans lesquels se déroulent des élections de délégués du personnel, ce sont les élections au comité d'entreprise qui sont prises en compte pour déterminer les syndicats représentatifs dans l'entreprise et l'ensemble des établissements;
– dans une entreprise composée de plusieurs établissements distincts dans lesquels se déroulent des élections au comité d'établissement, la représentativité au niveau des établissements se fonde sur les résultats des élections des comités d'établissements. Ainsi, pour la désignation d'un délégué syndical d'établissement, le score électoral déterminant de la représentativité d'un syndicat est celui obtenu au premier tour des élections des membres titulaires du comité de l'établissement concerné (cass. soc. 14 décembre 2010, n° 10-14.751, BC V n° 291 ; *RJS* 2/11 n° 153). Ni un accord collectif ni un engagement unilatéral de l'employeur ne peuvent avoir pour effet de modifier ce périmètre légal d'appréciation de la représentativité syndicale (cass. soc. 6 janvier 2011, n° 10-18.205, BC V n° 9 ; *RJS* 3/11 n° 248). En outre, le fait qu'un syndicat ait obtenu 10 % des voix au niveau global de l'entreprise, en cumulant les résultats obtenus au sein des différents comités, ne l'autorise pas à se considérer d'office comme représentatif dans tous les établissements et à désigner dans chacun d'eux un délégué syndical (cass. soc. 14 décembre 2010, n° 10-14.751, précité).

La représentativité d'un syndicat au niveau de l'entreprise (pour la désignation d'un délégué syndical central, par exemple, ou la négociation d'un accord au niveau central de l'entreprise) se calcule par l'addition de l'ensemble des suffrages obtenus par le syndicat dans l'ensemble des établissements, quel que soit le pourcentage qu'il a obtenu par établissement.

Lorsque les élections des différents établissements d'une entreprise sont échelonnées dans le temps, sont comptabilisés les suffrages des dernières élections de chaque établissement.

Le point de départ est celui de l'établissement qui organise les élections en premier (pour la première mesure, à compter de la première réunion du protocole d'accord préélectoral postérieure à la publication de la loi). Le point d'arrivée est constitué par la dernière élection d'établissement permettant de connaître l'ensemble des suffrages pour la détermination de la représentativité sur l'ensemble de l'entreprise.

Par la suite, s'ouvre un nouveau cycle d'élections dans les établissements permettant la mesure de la représentativité au sein de l'entreprise.

Unité économique et sociale. Pour apprécier la représentativité d'un syndicat au niveau d'une unité économique et sociale, le seuil de 10 % fixé par l'article L. 2121-1 se calcule en additionnant la totalité des suffrages obtenus lors des élections au sein des différentes entités composant cette unité économique et sociale (cass. soc. 22 septembre 2010, n° 09-60.435, 2e moyen, BC V n° 188 ; *RJS* 11/10 n° 862).

Lorsque le calcul de l'audience est effectué en vue de la désignation d'un délégué syndical au niveau de l'unité économique et sociale et que sont en présence des syndicats affiliés à la même confédération nationale, il convient d'additionner tous les suffrages ainsi obtenus par ces syndicats, ces derniers ne pouvant désigner ensemble dans la même entreprise un nombre de délégués et représentants syndicaux supérieur à celui fixé par la loi (cass. soc. 22 septembre 2010, n° 09-60.435, 2e moyen, BC V n° 188).

Changement d'affiliation après les élections. L'affiliation confédérale sous laquelle un syndicat a présenté des candidats au premier tour des élections des membres titulaires des comités d'entreprise constitue un élément essentiel du vote des électeurs. Dès lors, en cas de désaffiliation après ces élections, le syndicat ne peut plus continuer à se prévaloir des suffrages qu'il a obtenus car ces votes ont d'abord été exprimés en faveur de la confédération. Il perd donc sa représentativité et la possibilité de désigner un délégué syndical (cass. soc. 18 mai 2011, 2 arrêts, n°s 10-21.705 et 10-60.069, *RJS* 7/11 n° 625). En revanche, la confédération – ou l'une de ses fédérations ou unions – reste titulaire des suffrages obtenus par le syndicat et peut, si elle justifie de l'existence dans l'entreprise, au jour de la désignation, d'une section syndicale constituée sous son sigle, désigner un délégué syndical afin d'y maintenir la présence du mouvement syndical auquel les électeurs ont accordé au moins 10 % de leurs suffrages (cass. soc. 18 mai 2011, n° 10-60.300, *RJS* 7/11 n° 625).

• Sur l'appréciation de la représentativité des *organisations syndicales catégorielles*, voir article L. 2122-2 (et, s'agissant des journalistes, article L. 7111-8).

• Sur l'appréciation de la représentativité de chaque organisation syndicale en cas de liste commune, voir article L. 2122-3.

Art. L. 2122-2. Dans l'entreprise ou l'établissement, sont représentatives à l'égard des personnels relevant des collèges électoraux dans lesquels leurs règles statutaires leur donnent vocation à présenter des candidats les organisations syndicales catégorielles affiliées à une confédération syndicale catégorielle interprofessionnelle nationale qui satisfont aux critères de l'article L. 2121-1 et qui ont recueilli au moins 10 % des suffrages exprimés au premier tour des dernières élections des titulaires au comité d'entreprise ou de la délégation unique du personnel ou, à défaut, des délégués du personnel dans ces collèges, quel que soit le nombre de votants.

Note

• Ces dispositions ont été jugées conformes à la Constitution. En effet, d'une part, en fixant le seuil de l'audience à 10 % afin d'éviter la dispersion de la représentation syndicale, le législateur n'a pas méconnu la liberté syndicale ni le Préambule de la Constitution de 1946. D'autre part, les organisations syndicales qui, selon leurs statuts, ont vocation à représenter certaines catégories de travailleurs et qui sont affiliées à une confédération syndicale catégorielle interprofessionnelle nationale ne se trouvent pas dans la même situation que les autres organisations syndicales. Par conséquent, en prévoyant que, pour les organisations syndicales catégorielles, le seuil de 10 % est calculé dans les seuls collèges dans lesquels elles ont vocation à présenter des candidats, le législateur a institué une différence de traitement en lien direct avec l'objet de la loi et n'a pas méconnu le principe d'égalité (C. constit. 7 octobre 2010, n° 2010-42 QPC, JO 8). Sur la conformité de ces dispositions aux normes européennes et internationales, voir cass. soc. 28 septembre 2011, n° 10-19.113, *RJS* 12/11 n° 992).

À noter toutefois que lorsqu'un syndicat affilié à une confédération catégorielle interprofessionnelle nationale présente, en conformité avec son champ statutaire, des candidats dans plusieurs collèges, sa représentativité est établie en fonction des suffrages recueillis dans l'ensemble de ces collèges (cass. soc. 28 septembre 2011, n° 10-26.693, *JCP* éd. S 2011, 1535, note B. Gauriau ; *RJS* 12/11 n° 1002).

• *Transport aérien*. Sur la représentativité syndicale spécifique aux pilotes de ligne, voir article L. 423-9 du code de l'aviation civile.

Voir aussi cass. soc. 14 décembre 2011, n° 10-18.699, *RJS* 2/12 n° 196 : le syndicat national du personnel commercial navigant ayant vocation à présenter des candidats dans tous les collèges électoraux ne peut pas bénéficier des conditions d'appréciation de représentativité réservées aux syndicats catégoriels nationaux des pilotes de ligne.

Art. L. 2122-3. Lorsqu'une liste commune a été établie par des organisations syndicales, la répartition entre elles des suffrages exprimés se fait sur la base indiquée par les organisations syndicales concernées lors du dépôt de leur liste. À défaut d'indication, la répartition des suffrages se fait à part égale entre les organisations concernées.

Note La répartition des suffrages, lorsque les syndicats formant une liste commune ont choisi qu'elle ne soit pas à parts égales, doit être portée tant à la connaissance de l'employeur qu'à celle des électeurs de l'entreprise ou de l'établissement concerné avant le déroulement des élections ; à défaut, la répartition s'opère à parts égales (cass. soc. 13 janvier 2010, n° 09-60.208, BC V n° 6).

Lorsque les électeurs n'ont pas été informés d'une répartition des suffrages particulière entre les organisations syndicales de la liste commune, il appartient au juge d'instance, saisi d'une contestation de la mesure de la représentativité, de rétablir les résultats en opérant la répartition des suffrages à parts égales (cass. soc. 2 mars 2011, n° 10-17.603, BC V n° 59 ; *LS* Jurispr. n° 55/2011 du 15/03/11 ; *JCP* éd. S 2011, 1202, note S. Béal ; *RJS* 5/11 n° 436 ; *Dr. Soc.* 2011, p. 600, obs. Fr. Petit).

SECTION 2. Représentativité syndicale au niveau du groupe

Art. L. 2122-4. La représentativité des organisations syndicales au niveau de tout ou partie du groupe est appréciée conformément aux règles définies aux articles L. 2122-1 à L. 2122-3 relatifs à la représentativité syndicale au niveau de l'entreprise, par addition de l'ensemble des suffrages obtenus dans les entreprises ou établissements concernés.

Note Cet article étend au groupe les modalités de détermination de la représentativité prévue pour les entreprises. Selon le rapport au Sénat n° 470, on entend par « groupe » celui défini par l'article L. 2331-1 CT, c'est-à-dire une entité formée par une entreprise appelée entreprise dominante, dont le siège est situé sur le territoire français, et les entreprises qu'elle contrôle ou sur lesquelles elle exerce une influence dominante dans les conditions prévues respectivement par le code de commerce et le code du travail.

La première mesure de la représentativité au niveau du groupe s'effectue sur un cycle électoral complet (de 2 à 4 ans). Le point de départ de ce cycle est constitué par les résultats des élections professionnelles de la première entreprise du groupe pour laquelle la première réunion de la négociation du protocole d'accord préélectoral est postérieure à la publication de la loi.

Par la suite, la mesure de la représentativité au niveau du groupe s'effectue par addition des suffrages obtenus lors des dernières élections professionnelles de l'ensemble des entreprises du groupe, pour un cycle d'élections donné dans la même logique que la mesure de la représentativité dans les entreprises à établissements multiples (voir note sous art. L. 2122-1).

SECTION 3. Représentativité syndicale au niveau de la branche professionnelle

Art. L. 2122-5. Dans les branches professionnelles, sont représentatives les organisations syndicales qui :

1° Satisfont aux critères de l'article L. 2121-1 ;

2° Disposent d'une implantation territoriale équilibrée au sein de la branche ;

3° Ont recueilli au moins 8 % des suffrages exprimés ***(L. 2010-1215 du 15 oct. 2010, JO 16)*** « résultant de l'addition au niveau de la branche, d'une part, des suffrages exprimés » au premier tour des dernières élections des titulaires aux comités d'entreprise ou de la délégation unique du personnel ou, à défaut, des délégués du personnel, quel que soit le nombre de votants, *(L. 2010-1215 du 15 oct. 2010, JO 16)* « et, d'autre part, des suffrages exprimés au scrutin concernant les entreprises de moins de onze salariés dans les conditions prévues aux articles L. 2122-10-1 et suivants ». La mesure de l'audience s'effectue tous les quatre ans.

Note ***Maintien à titre transitoire des présomptions de représentativité au niveau de la branche professionnelle.***

Aux termes de l'article 11-I et III, al. 1 de la loi du 20 août 2008, jusqu'à la première mesure de l'audience au niveau de la branche professionnelle, laquelle doit être effectuée au plus tard 5 ans après la publication de la loi, soit le 21 août 2013, sont présumés représentatifs à ce niveau :

– les syndicats déjà représentatifs au niveau de la branche au 21 août 2008, date de publication de la loi ;

– les syndicats affiliés aux syndicats représentatifs au niveau national et interprofessionnel au 21 août 2008, à savoir les cinq grandes confédérations.

De plus, pendant 4 ans à compter de la première mesure de l'audience au niveau de la branche, soit au plus tard jusqu'au 21 août 2017, tout syndicat affilié à l'une des organisations syndicales représentatives au niveau national et interprofessionnel sera présumé représentatif au niveau de la branche (art. 11, III, al. 2).

Appréciation de la représentativité dans le cadre de la loi du 20 août 2008.

• La première mesure de l'audience au niveau des branches professionnelles doit intervenir au plus tard 5 ans après la publication de la loi, soit au plus tard le 21 août 2013 (loi du 20 août 2008, art. 11, I).

• La notion d'implantation territoriale équilibrée au sein de la branche, visée au 2° de cet article, requiert qu'un syndicat, pour être représentatif, ait des adhérents répartis de manière équilibrée sur l'ensemble du champ géographique couvert par la branche (rapport AN n° 992 du 25 juin 2008).

• Le Haut Conseil du dialogue social est chargé de recueillir et de consolider les résultats obtenus par les syndicats aux élections des titulaires aux institutions représentatives du personnel, organisées dans les entreprises relevant d'une même branche afin de déterminer l'audience des syndicats au niveau de cette branche (voir ci-après art. L. 2122-12).

Art. L. 2122-6. *(L. 2010-1215 du 15 oct. 2010, JO 16)* Dans les branches concernant exclusivement les activités agricoles mentionnées aux 1° à 4° de l'article L. 722-1 et au 2° de l'article L. 722-20 du code rural et de la pêche maritime, le seuil fixé au 3° de l'article L. 2122-5 du présent code est apprécié au regard des suffrages exprimés aux élections des membres représentant les salariés de la production agricole aux chambres départementales d'agriculture mentionnées à l'article L. 511-7 du code rural et de la pêche maritime.

Art. L. 2122-7. Sont représentatives au niveau de la branche à l'égard des personnels relevant des collèges électoraux dans lesquels leurs règles statutaires leur donnent vocation à présenter des candidats les organisations syndicales catégorielles qui sont affiliées à une confédération syndicale catégorielle interprofessionnelle nationale et qui remplissent les conditions de l'article L. 2122-5 dans ces collèges.

Note Cet article a été modifié par la loi 2010-1215 du 15 octobre 2010 (JO 16). Il prévoit que les règles de calcul de l'audience applicables aux syndicats dits « généralistes » pour mesurer leur représentativité au niveau de la branche le sont également à l'égard des organisations syndicales catégorielles affiliées à une confédération syndicale catégorielle interprofessionnelle nationale. Elles sont donc considérées comme représentatives au niveau de la branche, à l'égard des personnels relevant de leurs collèges si, dans ces collèges :

– comme les syndicats généralistes, elles satisfont aux critères de l'article L. 2121-1 ;
– elles disposent d'une implantation territoriale équilibrée au sein de la branche ;
– elles recueillent au moins 8 % des suffrages exprimés résultant de l'addition au niveau de la branche, d'une part, des suffrages exprimés au premier tour des dernières élections des titulaires aux institutions représentatives du personnel et d'autre part, des suffrages exprimés au scrutin concernant les entreprises de moins de 11 salariés dans les conditions prévues aux articles L. 2122-10-1 et s.

Art. L. 2122-8. Lorsque la représentativité des organisations syndicales est établie, celles-ci fixent, en lien avec les organisations d'employeurs, la liste des sujets qui font l'objet de la négociation collective de branche ainsi que les modalités de son organisation.

SECTION 4. Représentativité syndicale au niveau national et interprofessionnel

Art. L. 2122-9. Sont représentatives au niveau national et interprofessionnel les organisations syndicales qui :

1° Satisfont aux critères de l'article L. 2121-1 ;

2° Sont représentatives à la fois dans des branches de l'industrie, de la construction, du commerce et des services ;

3° Ont recueilli au moins 8 % des suffrages exprimés ***(L. 2010-1215 du 15 oct. 2010, JO 16)*** « résultant de l'addition au niveau national et interprofessionnel des suffrages exprimés » au premier tour des dernières élections des titulaires aux comités d'entreprise ou de la délégation unique du personnel ou, à défaut, des délégués du personnel, quel que soit le nombre de votants, ***(L. 2010-1215 du 15 oct. 2010, JO 16)*** « des suffrages exprimés au scrutin concernant les entreprises de moins de onze salariés dans les conditions prévues aux articles L. 2122-10-1 et suivants ainsi que des suffrages exprimés aux élections des membres représentant les salariés aux chambres départementales d'agriculture dans les conditions prévues à l'article L. 2122-6 ». La mesure de l'audience s'effectue tous les quatre ans.

Note ***Maintien à titre transitoire de la présomption de représentativité au niveau national et interprofessionnel.***

Aux termes de l'article 11, I et II de la loi du 20 août 2008, jusqu'à la première détermination des organisations représentatives au niveau national et interprofessionnel, laquelle doit être effectuée au plus tard 5 ans après la publication de la loi, soit le 21 août 2013, sont présumés représentatives à ce niveau :
– les organisations syndicales présumées représentatives au niveau national et interprofessionnel au 21 août 2008, date de publication de la loi ;
– les organisations syndicales ayant prouvé leur représentativité d'après les critères légaux anciens.

Art. L. 2122-10. Une confédération syndicale catégorielle interprofessionnelle nationale est représentative à l'égard des personnels relevant des collèges électoraux dans lesquels ses règles statutaires lui donnent vocation à présenter des candidats à condition :

1° De satisfaire aux critères de l'article L. 2121-1 et du 2° de l'article L. 2122-9 ;

2° D'avoir recueilli au moins 8 % des suffrages exprimés au sein de ces collèges, à l'issue de l'addition des résultats mentionnés au 3° de l'article L. 2122-9.

Note Cet article prévoit que les règles de calcul de l'audience applicables aux syndicats « généralistes » pour mesurer leur représentativité au niveau national et interprofessionnel le sont également à l'égard des confédérations syndicales catégorielles interprofessionnelles nationales. Elles sont donc considérées comme représentatives au niveau national et interprofessionnel, à l'égard des personnels relevant de leurs collèges si, dans ces collèges :
– comme les syndicats généralistes, elles satisfont aux critères de l'article L. 2121-1 et disposent d'une présence représentative dans les branches de l'industrie, de la construction, du commerce et des services ;

– elles recueillent au moins 8 % des suffrages exprimés résultant de l'addition, au niveau national et interprofessionnel, des suffrages exprimés au premier tour des dernières élections des titulaires aux institutions représentatives du personnel, des suffrages exprimés au scrutin concernant les entreprises de moins de onze salariés dans les conditions prévues aux articles L. 2122-10-1 et s., ainsi que des suffrages exprimés aux élections des membres représentant les salariés aux chambres départementales d'agriculture dans les conditions prévues à l'article L. 2122-6.

(L. 2010-1215 du 15 oct. 2010, JO 16)

SECTION 4 *bis*. Mesure de l'audience des organisations syndicales concernant les entreprises de moins de onze salariés

Note Les dispositions de cette section, qui complètent celles de la loi du 20 août 2008 relatives à la démocratie sociale, organisent les modalités d'un scrutin spécifique destiné à prendre en compte les choix des salariés des entreprises de moins de onze salariés dans la détermination de l'audience des organisations syndicales au niveau des branches comme au plan interprofessionnel.

Art. L. 2122-10-1. En vue de mesurer l'audience des organisations syndicales auprès des salariés des entreprises de moins de onze salariés, à l'exception de ceux relevant des branches mentionnées à l'article L. 2122-6, un scrutin est organisé au niveau régional tous les quatre ans. Ce scrutin a lieu au cours d'une période fixée par décret.

Note Dans les deux ans suivant la tenue, pour la première fois, du scrutin prévu aux articles L. 2122-10-1 et s. CT, le Gouvernement présente au Parlement un rapport établissant un bilan des accords prévus à l'article L. 2234-1 du même code et des résultats de la négociation interprofessionnelle sur la représentation du personnel. Ce rapport peut proposer des adaptations législatives éventuelles découlant de ce bilan (loi 2010-1215 du 15 octobre 2010, art. 6, JO 16).

Art. L. 2122-10-2. Sont électeurs les salariés des entreprises qui emploient moins de onze salariés au 31 décembre de l'année précédant le scrutin, titulaires d'un contrat de travail au cours de ce mois de décembre, âgés de seize ans révolus et ne faisant l'objet d'aucune interdiction, déchéance ou incapacité relative à leurs droits civiques.

Art. L. 2122-10-3. Par dérogation à leurs obligations relatives au secret professionnel, les caisses de sécurité sociale communiquent aux services du ministre chargé du travail les données relatives aux entreprises employant un ou plusieurs salariés ainsi que les données relatives à ces salariés portées sur les déclarations sociales et nécessaires à la constitution de la liste électorale.

Art. L. 2122-10-4. La liste électorale est établie par l'autorité compétente de l'État. Les électeurs sont inscrits dans deux collèges, d'une part un collège « cadres », d'autre part un collège « non cadres », en fonction des informations relatives à l'affiliation à une institution de retraite complémentaire portées sur les déclarations sociales des entreprises, dans des conditions fixées par décret en Conseil d'État.

Art. L. 2122-10-5. Tout électeur ou un représentant qu'il aura désigné peut saisir le juge judiciaire d'une contestation relative à une inscription sur la liste électorale, dans des conditions fixées par décret en Conseil d'État.

Le juge saisi d'une contestation vérifie que les électeurs concernés remplissent les conditions fixées aux articles L. 2122-10-2 et L. 2122-10-4.

Art. L. 2122-10-6. Les organisations syndicales de salariés qui satisfont aux critères de respect des valeurs républicaines et d'indépendance, légalement constituées depuis au moins deux ans et auxquelles les statuts donnent vocation à être présentes dans le champ géographique concerné, ainsi que les syndicats affiliés à une organisation syndicale représentative au niveau national et interprofessionnel se déclarent candidats auprès des services du ministre chargé du travail dans des conditions déterminées par décret en Conseil d'État.

Art. L. 2122-10-7. Le scrutin a lieu par voie électronique et par correspondance. Lorsqu'il n'en dispose pas, l'employeur n'a pas l'obligation de mettre à la disposition des salariés le matériel informatique permettant le vote par voie électronique.

Les conditions de déroulement du scrutin et de confidentialité du vote sont déterminées par décret en Conseil d'État. Ledit décret précise également les modalités de l'information délivrée aux salariés.

Art. L. 2122-10-8. Les règles établies par les articles L. 10 et L. 67 du code électoral s'appliquent aux opérations électorales.

Art. L. 2122-10-9. L'employeur laisse aux salariés le temps nécessaire pour voter depuis leur lieu de travail, tout en garantissant la confidentialité de leur vote. Lorsque le vote a lieu pendant les horaires de travail, ce temps est considéré comme temps de travail et payé à l'échéance normale.

Art. L. 2122-10-10. L'employeur laisse aux salariés de son entreprise désignés dans le cadre de ce scrutin en tant qu'assesseur, délégué et mandataire des organisations syndicales candidates le temps nécessaire pour remplir leurs fonctions. Le temps effectivement passé pour l'exercice de ces fonctions, y compris hors de l'entreprise, pendant les horaires de travail est considéré comme temps de travail et payé à l'échéance normale.

L'exercice par un salarié des fonctions d'assesseur, délégué et mandataire des organisations syndicales candidates ne peut être la cause d'une sanction ou d'une rupture du contrat de travail par l'employeur.

Art. L. 2122-10-11. Les contestations relatives au déroulement des opérations électorales sont de la compétence du juge judiciaire dans des conditions fixées par décret en Conseil d'État.

(D. 2011-771 du 28 juin 2011, JO 30)

Note La mesure de l'audience syndicale auprès des salariés des entreprises de moins de onze salariés repose (à l'exception des branches exclusivement agricoles où sont pris en compte les résultats aux élections des représentants des salariés aux chambres départementales d'agriculture) sur un scrutin spécifique prenant la forme d'un vote sur sigle organisé au plan régional, par voie électronique, à distance ou par correspondance. Le décret 2011-771 précise les modalités de ce scrutin et notamment les conditions de l'inscription des salariés sur les listes électorales et celles du dépôt des candidatures des organisations syndicales, les modalités du vote et du dépouillement, ainsi que les conditions dans lesquelles les opérations en cause pourront faire l'objet de recours gracieux et contentieux.

Électorat

Art. R. 2122-8. Le vote est ouvert aux salariés mentionnés à l'article L. 2122-10-2, inscrits sur la liste électorale prévue à l'article L. 2122-10-4, à l'exception de ceux relevant des branches mentionnées à l'article L. 2122-6.

Art. R. 2122-9. L'électeur est inscrit sur la liste électorale de la région dans laquelle est situé l'entreprise ou l'établissement au sein duquel il exerce son activité principale. L'activité principale du salarié est celle pour laquelle il a accompli le plus grand nombre d'heures au cours du mois de décembre de l'année précédant l'année de l'élection.

Art. L. 2122-10-11.

Art. R. 2122-10. Sont inscrits dans le collège cadre les salariés affiliés à une institution de retraite complémentaire relevant de l'Association générale des institutions de retraite des cadres. Pour les salariés affiliés à une institution de retraite complémentaire ne relevant ni de cette association, ni de l'Association pour le régime de retraite complémentaire des salariés, l'inscription dans le collège cadre s'effectue en fonction de la catégorie socioprofessionnelle telle qu'elle figure dans les déclarations sociales mentionnées à l'article L. 2122-10-3.

Art. R. 2122-11. L'électeur est inscrit au titre de la branche dont il relève conformément aux données portées sur la déclaration sociale mentionnée à l'article L. 2122-10-3 de l'entreprise ou de l'établissement mentionné à l'article R. 2122-9.

Établissement de la liste électorale

§ 1. Traitement des données

Art. R. 2122-12. Un système de traitement automatisé de données à caractère personnel en vue de l'établissement de la liste électorale pour la mesure de l'audience mentionnée à l'article L. 2122-10-1, dénommé "fichiers des listes électorales pour la mesure de l'audience des organisations syndicales concernant les entreprises de moins de onze salariés", est créé par les services du ministre chargé du travail pour collecter les catégories de données suivantes :

1° Les informations relatives au salarié :

a) Nom et prénoms ;

b) Date de naissance, département et commune de naissance ou, pour les personnes nées à l'étranger, pays de naissance ;

c) Adresse du domicile ;

d) Numéro d'inscription au répertoire national d'identification des personnes physiques ;

e) Affiliation à une institution de retraite complémentaire relevant de l'Association générale des institutions de retraite des cadres ;

f) Période d'emploi, indication de temps complet ou de temps partiel, nombre d'heures travaillées ou nombre de cachets pour les artistes ;

g) Emploi occupé, catégorie socio-professionnelle ;

h) Identifiant ou intitulé de la convention collective relative à l'emploi occupé ;

2° Les informations relatives à l'employeur si celui-ci est une entreprise ou un établissement :

a) Raison sociale ;

b) Adresse ;

c) Numéro d'identification SIRET ou numéro d'inscription à la Mutualité sociale agricole pour les entreprises ou établissements ne relevant pas des branches mentionnées à l'article L. 2122-6 ;

d) Code APE ;

e) Effectif des salariés au 31 décembre de l'année précédant l'élection ;

3° Les informations relatives à l'employeur si l'employeur est un particulier :

a) Nom et prénoms ;

b) Date de naissance, département et commune de naissance ou, pour les personnes nées à l'étranger, pays de naissance ;

c) Adresse du domicile ;

d) Numéro d'inscription au répertoire national d'identification des personnes physiques ;

e) Numéro d'inscription à l'Union pour le recouvrement des cotisations de sécurité sociale et des allocations familiales.

Art. R. 2122-13. Les informations dont la liste est fixée à l'article R. 2122-12 sont issues des déclarations mentionnées à l'article L. 2122-10-3.

Art. R. 2122-14. Les destinataires des données à caractère personnel collectées sont :

1° Pour l'ensemble des informations mentionnées à l'article R. 2122-12 y compris le numéro d'inscription au répertoire national d'identification des personnes physiques aux fins de détection d'inscriptions multiples : les agents du prestataire en charge de l'élaboration de la liste électorale agissant pour le compte du ministre chargé du travail ;

2° Pour toutes les informations mentionnées à l'article R. 2122-12 à l'exclusion du numéro d'inscription au répertoire national d'identification des personnes physiques : les agents des services des directions régionales des entreprises, de la concurrence, de la consommation, du travail et de l'emploi et les agents du prestataire agissant pour le compte du ministre chargé du travail pour la mise en place du vote par correspondance et du vote électronique à distance.

Art. R. 2122-15. Le droit d'accès et de rectification des données mentionnées à l'article R. 2122-12, prévu aux articles 39 et 40 de la loi n° 78-17 du 6 janvier 1978 relative à l'informatique, aux fichiers et aux libertés, s'exerce auprès des services du ministre chargé du travail.

Le droit d'opposition mentionné à l'article 38 de la même loi ne s'applique pas aux traitements mentionnés à l'article R. 2122-12.

Art. R. 2122-16. Les fichiers constitués à partir des données mentionnées à l'article R. 2122-12 sont conservés par les services du ministre chargé du travail pendant une durée d'un an après la clôture du scrutin en vue duquel ces fichiers ont été réalisés. Passé ce délai, les fichiers sont versés aux archives nationales.

Ces services peuvent toutefois conserver une copie d'extraits des fichiers rendus anonymes en vue de réaliser des expérimentations pour les scrutins suivants.

Art. R. 2122-17. Le prestataire mentionné au 1° de l'article R. 2122-14 procède au traitement de l'ensemble des données en vue de l'élaboration de la liste électorale, conformément aux articles R. 2122-12 à R. 2122-16.

Il transmet le fichier permettant de constituer la liste électorale à chaque direction régionale des entreprises, de la concurrence, de la consommation, du travail et de l'emploi.

§ 2. Inscription sur la liste

Art. R. 2122-18. La liste électorale est établie pour chaque région par le ministre chargé du travail.

Art. R. 2122-19. Un extrait de la liste électorale peut être consulté dans les directions régionales des entreprises, de la concurrence, de la consommation, du travail et de l'emploi et leurs unités territoriales ainsi que sur un site internet dédié créé par les services du ministre chargé du travail. Y sont mentionnées les informations relatives aux nom, prénoms, région, collège, branche et numéro d'ordre sur la liste électorale.

Un arrêté du ministre chargé du travail détermine :

1° La date à partir de laquelle la liste électorale peut être consultée ;

2° Les modalités de cette consultation, et notamment les informations qui la permettent ;

3° La date à partir de laquelle les recours relatifs à l'inscription sont possibles.

Les services du ministre chargé du travail envoient au plus tard trois jours avant cette publication à chaque électeur un document précisant les informations le concernant mentionnées au premier alinéa.

Art. R. 2122-20. Tout électeur peut obtenir, à ses frais, communication sur support électronique de la liste électorale sur laquelle il est inscrit. Il s'engage à ne pas en faire un usage qui ne soit strictement lié à l'élection.

Tout mandataire d'une organisation syndicale candidate peut obtenir communication, dans les mêmes conditions, de l'ensemble de la liste électorale de la ou des régions dans lesquelles cette organisation syndicale est candidate.

Est punie de l'amende prévue pour les contraventions de la quatrième classe l'utilisation de la liste électorale à des fins autres que des fins électorales. L'amende est appliquée autant de fois qu'il y a d'irrégularités relevées.

À l'expiration d'un délai de huit jours suivant l'affichage des résultats du scrutin, la liste électorale ne peut plus être consultée.

Contestations relatives à l'inscription sur les listes électorales

§ 1. Recours gracieux

Art. R. 2122-21. Préalablement à la contestation prévue à l'article L. 2122-10-5, l'électeur ou un représentant qu'il aura désigné saisit le directeur des entreprises, de la concurrence, de la consommation, du travail et de l'emploi de la région dans laquelle l'électeur est inscrit ou demande à être inscrit d'un recours relatif à son inscription. Cette saisine est formée dans un délai de vingt et un jours à compter de la date fixée par l'arrêté mentionné à l'article R. 2122-19, par lettre recommandée avec demande d'avis de réception ou en direction régionale des entreprises, de la concurrence, de la consommation, du travail et de l'emploi, à peine d'irrecevabilité. Dans ce dernier cas, un récépissé de dépôt permettant de déterminer la date du recours est remis au requérant.

Le recours peut également porter sur la situation d'un ou plusieurs électeurs autres que le requérant.

Art. R. 2122-22. À peine d'irrecevabilité, le recours indique son objet, les nom et prénoms, la date de naissance, l'adresse du requérant et la qualité en laquelle il agit, ainsi que les motifs de la contestation.

Lorsqu'il porte sur un ou plusieurs électeurs autres que le requérant, la demande précise leurs noms et prénoms ainsi que la dénomination et l'adresse de leur employeur.

Art. R. 2122-23. La décision du directeur régional des entreprises, de la concurrence, de la consommation, du travail et de l'emploi est notifiée dans un délai de dix jours à compter de la date de réception du recours au requérant et, le cas échéant, à l'électeur ou aux électeurs concernés par celui-ci.

Lorsque la décision du directeur régional des entreprises, de la concurrence, de la consommation, du travail et de l'emploi a des conséquences sur la liste électorale d'une autre région, ce dernier en informe le directeur intéressé.

Le silence gardé par le directeur régional des entreprises, de la concurrence, de la consommation, du travail et de l'emploi à l'expiration du délai de dix jours mentionné au premier alinéa vaut décision de rejet.

Art. R. 2122-24. Les électeurs mineurs peuvent, sans autorisation de leur représentant légal, être demandeurs ou défendeurs à une contestation au titre d'un recours gracieux ou concernés par un tel recours.

Art. R. 2122-25. Les délais fixés par les articles R. 2122-21 et R. 2122-23 sont calculés et prorogés conformément aux dispositions des articles 640 à 642 du code de procédure civile.

§ 2. Recours contentieux

Art. R. 2122-26. La contestation de la décision du directeur régional des entreprises, de la concurrence, de la consommation, du travail et de l'emploi mentionnée à l'article R. 2122-23 peut être formée par l'électeur ou par un représentant qu'il aura désigné. Elle est portée devant le tribunal d'instance dans le ressort duquel son auteur a son domicile ou sa résidence.

À peine d'irrecevabilité, elle est formée dans un délai de dix jours à compter de la notification de la décision du directeur régional des entreprises, de la concurrence, de la consommation, du travail et de l'emploi ou de la date à laquelle est née une décision implicite de rejet.

Art. R. 2122-27. La contestation est formée par déclaration remise ou reçue au greffe du tribunal d'instance par lettre recommandée avec demande d'avis de réception ou par télécopie.

La déclaration indique, à peine de nullité :

1° Les nom, prénoms, date de naissance et adresse du requérant ;

2° La qualité en laquelle il agit ;

3° L'objet du recours.

À peine de nullité, la déclaration est accompagnée soit d'une copie de la décision du directeur régional des entreprises, de la concurrence, de la consommation, du travail et de l'emploi, soit, en cas de décision implicite de rejet, du recours prévu à l'article R. 2122-21 et de l'avis de réception ou du récépissé. Lorsque la contestation concerne un ou plusieurs électeurs autres que le requérant, elle précise, à peine de nullité, leurs noms, prénoms ainsi que la dénomination et l'adresse de leur employeur.

Le directeur régional des entreprises, de la concurrence, de la consommation, du travail et de l'emploi, informé par tout moyen par le greffe de cette contestation, transmet sans délai au tribunal l'adresse du ou des électeurs concernés lorsque ceux-ci ne sont pas les auteurs du recours. Selon les mêmes modalités, en cas de décision implicite de rejet, il transmet à la demande du tribunal toute information utile permettant d'apprécier le bien-fondé de la contestation.

Art. R. 2122-28. Le tribunal d'instance statue dans les dix jours suivant la date du recours sans forme et sans frais et sur simple avertissement donné cinq jours à l'avance aux parties intéressées.

Art. R. 2122-29. La décision du tribunal d'instance est notifiée sans délai et au plus tard dans les trois jours par le greffe au requérant et aux parties intéressées par lettre recommandée avec demande d'avis de réception.

Simultanément, le greffe la transmet au prestataire mentionné à l'article R. 2122-14.

Art. R. 2122-30. Les électeurs mineurs peuvent, sans autorisation de leur représentant légal, être demandeur ou défendeur à une contestation au titre d'un recours contentieux.

Art. R. 2122-31. La décision peut faire l'objet d'un pourvoi en cassation dans un délai de dix jours suivant la notification. Le pourvoi est jugé dans les conditions prévues aux articles 999 à 1008 du code de procédure civile.

Les parties sont dispensées du ministère d'avocat au Conseil d'État et à la Cour de cassation.

Art. R. 2122-32. Les délais fixés par les articles R. 2122-26, R. 2122-28 et R. 2122-31 sont calculés et prorogés conformément aux dispositions des articles 640 à 642 du code de procédure civile.

Candidatures des organisations syndicales de salariés

Art. R. 2122-33. Les candidatures des organisations syndicales ayant statutairement vocation à être présentes uniquement dans le champ géographique d'une région sont déposées auprès de la direction régionale des entreprises, de la concurrence, de la consommation, du travail et de l'emploi concernée.

Les candidatures des organisations syndicales ayant statutairement vocation à être présentes sur un champ géographique excédant le périmètre d'une seule région sont déposées auprès des services centraux du ministère chargé du travail.

Art. R. 2122-34. Un arrêté du ministre chargé du travail fixe la période de dépôt des candidatures ainsi que le modèle des documents requis pour ce dépôt.

Art. R. 2122-35. Les syndicats affiliés à une même organisation syndicale au niveau interprofessionnel se déclarent candidats sous le seul nom de cette organisation.

Les organisations syndicales autres que celles auxquelles leurs statuts donnent vocation à être présentes au niveau interprofessionnel indiquent la ou les branches dans lesquelles elles se portent candidates compte tenu des salariés qu'elles ont statutairement vocation à représenter.

Art. R. 2122-36. Les pièces suivantes sont jointes à la déclaration de candidature d'une organisation syndicale :

1° Une déclaration sur l'honneur du mandataire de cette organisation attestant que sa candidature satisfait aux exigences prévues à l'article L. 2122-10-6 ;

2° Une copie de ses statuts ;

3° Une copie du récépissé de dépôt de ses statuts.

Art. R. 2122-37. L'autorité administrative qui reçoit la déclaration de candidature contrôle la recevabilité de la candidature.

Un reçu d'enregistrement est délivré au mandataire d'une organisation syndicale dont la candidature est recevable.

Lorsque la déclaration de candidature est effectuée auprès des services centraux du ministère chargé du travail, ceux-ci transmettent à l'ensemble des directeurs régionaux des entreprises, de la concurrence, de la consommation, du travail et de l'emploi une copie de ce reçu d'enregistrement.

Lorsque la déclaration de candidature est effectuée auprès de la direction régionale des entreprises, de la concurrence, de la consommation, du travail et de l'emploi, celle-ci transmet aux services centraux du ministère chargé du travail une copie de ce reçu d'enregistrement.

L'autorité administrative qui reçoit la déclaration de candidature notifie au mandataire d'une organisation syndicale dont la candidature est irrecevable son refus d'enregistrement.

Art. R. 2122-38. Dans chaque région, le directeur régional des entreprises, de la concurrence, de la consommation, du travail et de l'emploi publie la liste des candidatures recevables au recueil des actes administratifs quinze jours après l'expiration de la période de dépôt mentionnée à l'article R. 2122-34. Les candidatures sont également publiées sur le site internet mentionné à l'article R. 2122-19 par les services centraux du ministre chargé du travail.

Art. R. 2122-39. La contestation des décisions relatives à l'enregistrement d'une ou plusieurs candidatures est formée, à peine d'irrecevabilité, dans un délai de dix jours à compter de la publication mentionnée à l'article R. 2122-38, devant le tribunal d'instance dans le ressort duquel l'autorité administrative mentionnée à l'article R. 2122-37 a son siège. Elle peut être formée par tout électeur ou tout mandataire d'une organisation candidate. Le tribunal d'instance de Paris XV est compétent pour statuer sur les recours formés contre les décisions des services centraux du ministère chargé du travail.

Elle est formée par déclaration remise ou reçue au greffe du tribunal d'instance par lettre recommandée avec demande d'avis de réception ou par télécopie.

À peine de nullité, celle-ci indique les nom, prénoms et adresse du requérant, la qualité en laquelle il agit et l'objet de la contestation ainsi que, le cas échéant, les noms, prénoms et adresses des mandataires de l'organisation syndicale concernée par la candidature litigieuse.

Art. R. 2122-40. Le tribunal d'instance statue sans frais ni forme de procédure dans les dix jours à compter de la date de saisine.

La décision est notifiée aux parties au plus tard dans les trois jours par le greffe qui en adresse une copie dans le même délai au directeur régional des entreprises, de la concurrence, de la consommation, du travail et de l'emploi concerné ou, le cas échéant, au ministre chargé du travail.

Art. R. 2122-41. La décision du tribunal d'instance peut faire l'objet d'un pourvoi en cassation dans un délai de dix jours suivant sa notification. Le pourvoi est jugé dans les conditions prévues aux articles 999 à 1008 du code de procédure civile. Les parties sont dispensées du ministère d'avocat au Conseil d'État et à la Cour de cassation.

Art. R. 2122-42. Les délais fixés par les articles R. 2122-39 à R. 2122-41 sont calculés et prorogés conformément aux dispositions des articles 640, 641 et 642 du code de procédure civile.

Scrutin

§ 1. Commission des opérations de vote

Art. R. 2122-43. Une commission nationale des opérations de vote est créée auprès du ministre chargé du travail.

Art. R. 2122-44. La Commission nationale des opérations de vote est chargée :

1° De vérifier la conformité des circulaires des organisations syndicales mentionnées au deuxième alinéa de l'article R. 2122-33 dans les conditions fixées à l'article R. 2122-52 ;

2° D'imprimer les bulletins de vote et circulaires de chacune des candidatures mentionnées à l'article R. 2122-33 ;

3° D'expédier à chacun des électeurs concernés quatre jours au plus tard avant la date d'ouverture du scrutin dans une même enveloppe fermée une circulaire et le matériel de vote de chaque candidature mentionnée à l'article R. 2122-33 ainsi que les instruments nécessaires au vote ;

4° D'organiser la réception des votes ;

5° D'organiser le dépouillement et le recensement des votes dans les conditions fixées par les articles R. 2122-78 à R. 2122-92.

Art. R. 2122-45. La Commission nationale des opérations de vote comprend :

1° Deux fonctionnaires désignés par le ministre chargé du travail, dont l'un assure la fonction de secrétaire ;

2° Les mandataires de chaque organisation syndicale candidate au niveau national et interprofessionnel.

Les mandataires des autres organisations syndicales candidates mentionnées au deuxième alinéa de l'article R. 2122-33 peuvent participer avec voix consultative aux travaux de la commission.

Art. R. 2122-46. Une commission régionale des opérations de vote siège auprès du directeur régional des entreprises, de la concurrence, de la consommation, du travail et de l'emploi.

Art. R. 2122-47. La commission régionale des opérations de vote est chargée :

1° De vérifier la conformité des circulaires des organisations syndicales mentionnées au premier alinéa de l'article R. 2122-33 dans les conditions fixées à l'article R. 2122-52 ;

2° De proclamer les résultats.

Art. R. 2122-48. La commission régionale des opérations de vote comprend :

1° Deux fonctionnaires désignés par le directeur régional des entreprises, de la concurrence, de la consommation, du travail et de l'emploi ;

2° Les mandataires de chaque organisation syndicale candidate au niveau national et interprofessionnel.

Les mandataires des autres organisations syndicales candidates dans la région peuvent participer avec voix consultative aux travaux de la commission.

§ 2. Documents électoraux

Art. R. 2122-49. Un document d'identification de l'électeur est délivré pour chaque scrutin à tout électeur inscrit sur la liste électorale. Les frais de fabrication et d'expédition des documents électoraux sont à la charge de l'État.

Art. R. 2122-50. Le document d'identification est établi et envoyé par le prestataire mentionné à l'article R. 2122-14. Il mentionne :

1° Les nom, prénoms et domicile de l'électeur ;

2° Le collège et la branche dont il relève ;

3° La région d'inscription ;

4° Le numéro d'ordre qui lui est attribué sur la liste d'émargement ;

5° Les périodes de vote ;

6° Les informations nécessaire[s] au vote par correspondance ;

7° Les éléments permettant à l'électeur de voter électroniquement à distance selon des modalités assurant notamment le respect des exigences de sécurité et de confidentialité du vote.

Art. R. 2122-51. Le document d'identification de l'électeur est envoyé au domicile de chaque électeur par voie postale.

Art. R. 2122-52. Chaque organisation syndicale candidate mentionnée au premier alinéa de l'article R. 2122-33 transmet à la commission régionale des opérations de vote une maquette de sa circulaire sur un feuillet de format 210 mm × 297 mm et sur format électronique à une date fixée par arrêté du ministre chargé du travail. Dans les mêmes conditions, les organisations syndicales mentionnées au deuxième alinéa de l'article R. 2122-33 transmettent une maquette de leur circulaire à la Commission nationale des opérations de vote.

La commission régionale des opérations de vote transmet à la Commission nationale des opérations de vote les maquettes des circulaires recevables pour impression.

Modalités de vote

§ 1. Dispositions communes

Art. R. 2122-53. Le prestataire agissant pour le compte du ministre chargé du travail mentionné au 2° de l'article R. 2122-14 met en place un centre de traitement situé sur le territoire français pour le vote par correspondance et le vote électronique à distance prévus à l'article L. 2122-10-7.

Art. R. 2122-54. Les systèmes de vote électronique à distance et de vote par correspondance sont soumis, préalablement à leur mise en place, à une expertise indépendante. L'expert est désigné par les services du ministre chargé du travail. Le rapport de l'expert est tenu à la disposition de la Commission nationale de l'informatique et des libertés et communiqué aux membres du bureau du vote, aux membres du comité technique, aux délégués mentionnés à l'article R. 2122-59 et aux membres de la Commission nationale des opérations de vote.

Art. R. 2122-55. L'électeur ayant exercé son droit de vote par voie électronique à distance n'est plus admis à voter par correspondance.

§ 2. Bureau de vote

Art. R. 2122-56. Il est créé un bureau de vote chargé du contrôle de l'ensemble des opérations électorales et du dépouillement du scrutin. Il s'assure notamment :

1° De la mise en œuvre des dispositifs de sécurité prévus pour garantir le secret du vote et son intégrité ;

2° De la confidentialité des fichiers des électeurs comportant les éléments permettant leur identification, du chiffrement des urnes électroniques et de la séparation des urnes électroniques et des fichiers des électeurs ;

3° De la conservation des différents supports d'information et des conditions de sécurité et de confidentialité des données pendant et après le scrutin.

Le bureau de vote vérifie la qualité des personnes autorisées à accéder à chacun des traitements automatisés. Les membres du bureau de vote peuvent accéder à tout moment aux locaux hébergeant les traitements automatisés ainsi que les espaces de stockage des plis de vote par correspondance.

En cas de force majeure, de dysfonctionnement informatique, de défaillance technique ou d'altération des données, le bureau de vote est compétent pour prendre, après consultation du comité technique mentionné à l'article R. 2122-58, toute mesure d'information et de sauvegarde, y compris l'arrêt temporaire ou définitif du processus électoral. Toute intervention sur le système de vote fait l'objet d'une consignation au procès-verbal des opérations de vote et d'une information des délégués mentionnés à l'article R. 2122-59. À la clôture du vote, le procès-verbal des opérations de vote est rédigé par le secrétaire du bureau de vote. Il est établi en deux exemplaires, signés de tous les membres du bureau de vote.

Art. R. 2122-57. Le bureau de vote est présidé par un magistrat en activité ou honoraire de l'ordre judiciaire, désigné par le président de la chambre sociale de la Cour de cassation.

Il comprend en outre :

1° Deux assesseurs ayant la qualité de magistrat de l'ordre administratif, en activité à Paris ou honoraires, désignés par le président de la cour administrative d'appel de Paris ;

2° Deux assesseurs désignés par le premier président de la cour d'appel de Paris parmi les magistrats de l'ordre judiciaire ou les auxiliaires de justice, en activité à Paris ou honoraires ;

3° Un secrétaire désigné par le ministre chargé du travail.

En cas d'absence, le président du bureau de vote est remplacé par le plus âgé des assesseurs présents.

En cas d'absence, le secrétaire du bureau de vote est remplacé par le plus jeune des assesseurs présents.

Lorsque le bureau est appelé à statuer sur une contestation, le président du bureau a voix prépondérante en cas de partage égal des voix.

Le secrétaire assiste aux réunions du bureau mais ne participe pas avec voix délibérative à ses décisions.

Art. R. 2122-58. Le bureau de vote est assisté par un comité technique comprenant l'expert indépendant prévu à l'article R. 2122-54 et deux membres nommés par arrêté du ministre chargé du travail.

Art. R. 2122-59. Chaque organisation syndicale candidate au niveau national et interprofessionnel peut désigner cinq délégués habilités à contrôler l'ensemble des opérations du vote et à faire mentionner au procès-verbal toute observation.

L'accès au bureau de vote est assuré à ces délégués, dans la limite de deux délégués à la fois par organisation.

Art. R. 2122-60. Le bureau de vote constate la présence du scellement des systèmes de vote, leur bon fonctionnement, la remise à zéro du compteur des suffrages et le fait que les urnes électroniques soient vides.

§ 3. Vote électronique à distance

Art. R. 2122-61. Tout électeur pour lequel sont connues toutes les informations mentionnées à l'article R. 2122-12 peut voter par voie électronique à distance.

Art. R. 2122-62. Il est créé, selon des modalités fixées par arrêté du ministre chargé du travail, deux traitements automatisés distincts, dédiés et isolés, respectivement dénommés “fichier des électeurs” et “urne électronique”.

Aucun lien n’est établi entre ces deux traitements.

Art. R. 2122-63. Le fichier des électeurs contient les données relatives à la liste électorale établie en application de l’article L. 2122-10-4.

Ce fichier permet d’adresser aux électeurs remplissant les conditions pour voter par voie électronique à distance les éléments permettant leur identification lors des opérations de vote. Il permet également de recenser les électeurs ayant pris part au scrutin par voie électronique à distance et d’éditer la liste d’émargement.

Art. R. 2122-64. L’urne électronique contient les données relatives aux votes exprimés par voie électronique à distance.

Art. R. 2122-65. Pour voter par voie électronique à distance, l’électeur, après s’être identifié et avoir attesté sur l’honneur qu’il ne faisait l’objet d’aucune interdiction, déchéance ou incapacité relative à ses droits civiques, exprime puis valide son vote. Le vote est anonyme. Il fait l’objet d’un chiffrement par le système dès son émission sur le terminal utilisé par l’électeur, avant sa transmission au fichier “urne électronique” et demeure chiffré jusqu’au dépouillement. La liaison entre le terminal de vote et le serveur hébergeant le fichier “urne électronique” fait également l’objet d’un chiffrement. La transmission du vote et l’émargement de l’électeur ont une date certaine de réception et donnent lieu à l’envoi à l’électeur d’un accusé de réception électronique mentionnant son identité ainsi que la date et l’heure du vote.

Art. R. 2122-66. Au cours de la période de vote par voie électronique à distance, la liste d’émargement est mise à jour à chaque vote.

Le système de vote garantit qu’aucun résultat partiel n’est accessible pendant le déroulement du scrutin.

Tout dysfonctionnement ou toute intervention du prestataire sur le serveur est automatiquement consigné dans un journal. Le bureau de vote en est immédiatement informé.

Art. R. 2122-67. À la clôture du vote par voie électronique à distance, le président et les assesseurs du bureau du vote, après avoir déclaré le scrutin clos, procèdent au scellement de l’urne électronique et de la liste d’émargement.

Art. R. 2122-68. Une fois le scellement opéré, le président et les assesseurs du bureau de vote vérifient l’intégrité du système de vote par voie électronique à distance.

Ils vérifient en particulier que le nombre de votes exprimés dans l’urne électronique correspond au nombre de votants figurant sur la liste d’émargement et que les votes enregistrés ont été exprimés pendant la période den vote.

Ces constatations sont incluses dans le journal qui recense les opérations de vote électronique à distance. Ce journal est automatiquement édité et communiqué au comité technique mentionné à l’article R. 2122-58 et aux délégués mentionnés à l’article R. 2122-59. Il est annexé au procès-verbal des opérations de vote mentionné à l’article R. 2122-56.

Art. R. 2122-69. Après le scellement de l’urne électronique, le président du bureau de vote et deux des assesseurs tirés au sort se voient chacun remettre une clé de dépouillement distincte, selon des modalités qui en garantissent la confidentialité.

Deux autres clés sont conservées par deux tiers indépendants choisis par les services du ministre chargé du travail.

Art. R. 2122-70. Jusqu’à l’expiration du délai de recours contentieux ou, lorsqu’une action contentieuse a été engagée, jusqu’à la décision juridictionnelle devenue définitive, les fichiers supports comprenant la copie des programmes sources et des programmes exécutables, les matériels de vote, les fichiers d’émargement, de résultats et de sauvegarde sont conservés sous scellés, sous le contrôle du ministre chargé du travail et de la commission des opérations de vote. Si nécessaire, la procédure de décompte des votes peut être exécutée à nouveau.

À l’expiration du délai de recours ou, lorsqu’une action contentieuse a été engagée, après l’intervention d’une décision juridictionnelle devenue définitive, il est procédé à la destruction des fichiers supports, sous le contrôle du ministre chargé du travail et de la commission des opérations de vote.

Art. R. 2122-71. Le document d'identification de l'électeur ainsi que le système de vote électronique à distance mentionnent les modalités de confidentialité du vote.

§ 4. Vote par correspondance

Art. R. 2122-72. Tout électeur ayant reçu le document d'identification mentionné à l'article R. 2122-49 peut voter par correspondance selon les modalités prévues à l'article R. 2122-78.

Art. R. 2122-73. Le vote par correspondance a lieu selon un système de double enveloppe :

1° Une enveloppe de retour adressée au centre de traitement et permettant l'émargement de l'électeur ;

2° Une enveloppe anonyme contenant le bulletin de vote.

Les enveloppes électorales sont celles fournies par la Commission nationale des opérations de vote.

Art. R. 2122-74. L'électeur souhaitant voter par correspondance adresse au centre de traitement mentionné à l'article R. 2122-53 son pli de vote par correspondance accompagné d'une attestation sur l'honneur qu'il ne fait l'objet d'aucune interdiction, déchéance ou incapacité relative à ses droits civiques.

Le pli est envoyé au plus tard le dernier jour de la période de vote.

Art. R. 2122-75. Les plis de vote par correspondance sont, dès leur arrivée, remis par le prestataire en charge de l'acheminement postal agissant pour le compte du ministre chargé du travail au centre de traitement mentionné à l'article R. 2122-53.

Art. R. 2122-76. Le centre de traitement ne peut accepter comme vote émis par correspondance aucun pli autre que les plis officiels portant la mention "Vote par correspondance" remis par le prestataire en charge de l'acheminement postal, agissant pour le compte du ministre chargé du travail. Les plis d'une autre nature sont conservés sans être ouverts par le centre de traitement en vue de leur annexion au procès-verbal de dépouillement du scrutin.

Art. R. 2122-77. Jusqu'à l'expiration du délai de recours contentieux, ou lorsqu'une action contentieuse a été engagée, jusqu'à la décision juridictionnelle devenue définitive, les fichiers supports comprenant la copie des programmes sources et des programmes exécutables, les matériels de vote, les fichiers d'émargement, de résultats et de sauvegarde sont conservés sous scellés, sous le contrôle du ministre chargé du travail. Si nécessaire la procédure de décompte des votes peut être exécutée à nouveau.

À l'expiration du délai de recours ou, lorsqu'une action contentieuse a été engagée, après l'intervention d'une décision juridictionnelle devenue définitive, il est procédé à la destruction des fichiers supports sous le contrôle du ministre chargé du travail et de la commission des opérations de vote.

Dépouillement

§ 1. Dépouillement du vote électronique à distance

Art. R. 2122-78. Le dernier jour du dépouillement du vote par correspondance, le président et les assesseurs du bureau de vote procèdent, en public, au dépouillement des votes électroniques à distance. À cette fin, ils activent deux des trois clés de dépouillement mentionnées à l'article R. 2122-69. Le décompte des suffrages fait l'objet d'une édition sécurisée afin d'être porté au procès-verbal. Les résultats sont présentés par région, par branche et par collège.

Art. R. 2122-79. Dans le cas où l'électeur a utilisé les deux modes de vote, seul le vote électronique est retenu.

§ 2. Dépouillement du vote par correspondance

Art. R. 2122-80. Les opérations de dépouillement du vote par correspondance font l'objet de traitements automatisés.

Art. R. 2122-81. Il est créé, selon des modalités fixées par arrêté du ministre chargé du travail, deux traitements automatisés distincts, dédiés et isolés, respectivement dénommés "fichier des électeurs" et "urne électronique".

Aucun lien n'est établi entre ces deux traitements.

Art. R. 2122-82. Le fichier des électeurs contient les données relatives à la liste électorale établie en application de l'article L. 2122-10-4. Ce fichier permet de recenser les électeurs ayant pris part au scrutin.

Art. R. 2122-83. L'urne électronique contient les données relatives aux votes exprimés par correspondance. Les données de ce fichier font l'objet d'un chiffrement.

Art. R. 2122-84. Après la fin du vote, le bureau de vote procède au dépouillement des votes par correspondance en séance publique, en présence de la Commission nationale des opérations de vote. Le bureau de vote et la Commission nationale des opérations de vote peuvent faire inscrire leurs observations au procès-verbal.

Art. R. 2122-85. Avant le début du dépouillement du vote par correspondance, le bureau de vote constate la présence du scellement du système de dépouillement des votes, son bon fonctionnement, la remise à zéro du compteur des suffrages et le fait que l'urne électronique est vide.

Aucun résultat partiel n'est accessible pendant le déroulement du dépouillement.

Art. R. 2122-86. Le processus d'enregistrement du vote fait l'objet des deux traitements suivants :

1° D'une part, la mise à jour de la liste d'émargement. Lorsque, au moment de ce traitement, il est constaté que l'électeur ayant envoyé un vote par correspondance a déjà voté électroniquement à distance, son vote par correspondance est immédiatement détruit. Cette opération est mentionnée au procès-verbal ;

2° D'autre part, le vote fait l'objet d'un contrôle de recevabilité telle que définie à l'article R. 2122-88 puis le vote est comptabilisé.

Art. R. 2122-87. Ne font pas l'objet d'un dépouillement et sont annexés au procès-verbal des opérations de vote :

1° Les plis parvenus au centre de traitement mentionné à l'article R. 2122-53 plus de cinq jours après le dernier jour de la période de vote ;

2° Les plis remis par une personne ne travaillant pas pour le prestataire en charge de l'acheminement postal ;

3° Les plis des électeurs ayant déjà voté par vote électronique ;

4° Les plis arrivés non cachetés ou décachetés.

Art. R. 2122-88. N'entrent pas en compte dans le résultat des votes par correspondance :

1° Les enveloppes sans bulletin ;

2° Les bulletins blancs ;

3° Les bulletins multiples trouvés dans la même enveloppe et en faveur de candidatures différentes ;

4° Les bulletins désignant une candidature qui n'a pas été régulièrement publiée ou dont l'irrecevabilité a été constatée par le juge ;

5° Le matériel de vote d'un modèle différent de ceux qui ont été adressés aux électeurs par la Commission nationale des opérations de vote ou qui comportent une mention manuscrite ;

6° Les bulletins ou enveloppes portant des signes intérieurs ou extérieurs de reconnaissance ;

7° Les bulletins ou enveloppes portant des mentions injurieuses ;

8° Les circulaires utilisées comme bulletin.

Art. R. 2122-89. Les matériels de vote qui n'ont pas été pris en compte conformément à l'article R. 2122-88 sont annexés au procès-verbal.

Chacun de ces matériels annexés porte mention des causes de l'annexion.

Art. R. 2122-90. Les enveloppes électorales sont jointes aux listes d'émargement.

Ces documents sont conservés pendant quatre mois après l'expiration des délais fixés pour la formation des recours contre l'élection.

§ 3. Centralisation et proclamation des résultats

Art. R. 2122-91. Après la clôture du dépouillement du vote par correspondance, les résultats du vote électronique à distance sont ajoutés aux résultats des votes exprimés par correspondance.

Art. R. 2122-92. Immédiatement après la fin du dépouillement, le procès-verbal de dépouillement est rédigé par le secrétaire de la Commission nationale des opérations de vote.

Il est établi en deux exemplaires, signés de tous les membres de la Commission nationale des opérations de vote.

Dès l'établissement du procès-verbal de dépouillement, les résultats sont transmis par le président de la Commission nationale des opérations de vote aux commissions régionales des opérations de vote pour proclamation et affichage dans les directions régionales des entreprises, de la concurrence, de la consommation, du travail et de l'emploi.

Les résultats sont également publiés sur le site internet mentionné à l'article R. 2122-19.

Un exemplaire est aussitôt transmis au ministre chargé du travail et au Haut Conseil du dialogue social.

Contestations relatives au déroulement des opérations électorales

Art. R. 2122-93. Les contestations prévues à l'article L. 2122-10-11 sont formées postérieurement au scrutin, dans un délai de quinze jours à compter de l'affichage des résultats mentionné à l'article R. 2122-92 par tout électeur ou tout mandataire d'une organisation candidate relevant de la région pour laquelle la contestation est formée, à peine d'irrecevabilité.

Le recours est porté devant le tribunal d'instance dans le ressort duquel siège la commission régionale des opérations de vote ayant proclamé les résultats faisant l'objet du recours.

Art. R. 2122-94. Les électeurs mineurs peuvent présenter un recours relatif au déroulement des opérations électorales sans autorisation de leur représentant légal.

Art. R. 2122-95. La contestation est formée par déclaration remise ou reçue au greffe du tribunal d'instance par lettre recommandée avec demande d'avis de réception ou par télécopie.

À peine de nullité, la déclaration indique les nom, prénoms et adresse du requérant, la qualité en laquelle il agit et l'objet de la contestation.

Art. R. 2122-96. Le tribunal statue dans un délai d'un mois à compter de sa saisine, après avoir averti toutes les parties intéressées quinze jours à l'avance par remise contre récépissé ou par lettre recommandée avec demande d'avis de réception. À défaut de retour au greffe de l'avis de réception signé, la notification est réputée faite à domicile au jour de sa première présentation.

Le tribunal d'instance statue sans frais ni forme de procédure. La décision est notifiée aux parties au plus tard dans les trois jours par le greffe, qui en adresse une copie dans le même délai au ministre chargé du travail qui en transmet lui-même une copie au Haut Conseil du dialogue social.

La décision du tribunal d'instance n'est pas susceptible d'opposition.

Art. R. 2122-97. La décision peut faire l'objet d'un pourvoi en cassation dans un délai de dix jours suivant la notification. Le pourvoi est jugé dans les conditions prévues aux articles 999 à 1008 du code de procédure civile.

Les parties sont dispensées du ministère d'avocat au Conseil d'État et à la Cour de cassation.

Art. R. 2122-98. Les délais fixés par les articles R. 2122-93, R. 2122-96 et R. 2122-97 sont calculés et prorogés conformément aux dispositions des articles 640, 641 et 642 du code de procédure civile.

SECTION 5. Dispositions d'application

Art. L. 2122-11. Après avis du Haut Conseil du dialogue social, le ministre chargé du travail arrête la liste des organisations syndicales reconnues représentatives par branche professionnelle et des organisations syndicales reconnues représentatives au niveau national et interprofessionnel en application des articles L. 2122-5 à L. 2122-10.

Le Haut Conseil du dialogue social comprend des représentants d'organisations représentatives d'employeurs au niveau national et d'organisations syndicales de salariés nationales et interprofessionnelles, des représentants du ministre chargé du travail et des personnalités qualifiées.

Un décret en Conseil d'État détermine ses modalités d'organisation et de fonctionnement.

Art. R.* 2122-1. *(D. 2008-1163 du 13 nov. 2008, JO 14)* Le Haut Conseil du dialogue social mentionné à l'article L. 2122-11 du code du travail comprend :

1° Cinq représentants des organisations syndicales de salariés nationales et interprofessionnelles et, en nombre égal, des représentants des organisations représentatives d'employeurs au niveau national désignés par ces organisations. Des représentants suppléants en nombre égal à celui des titulaires sont désignés dans les mêmes conditions. Ils ne siègent qu'en l'absence des titulaires ;

2° Trois représentants du ministre chargé du travail ;

3° Trois personnes qualifiées proposées par le ministre chargé du travail.

Art. R.* 2122-2. *(D. 2008-1163 du 13 nov. 2008, JO 14)* Les membres du Haut Conseil du dialogue social sont nommés par le Premier ministre pour une durée de cinq ans.

Le Premier ministre désigne une des personnes qualifiées mentionnées au 3° de l'article R.* 2122-1 pour présider les séances du Haut Conseil.

Art. R.* 2122-3. *(D. 2008-1163 du 13 nov. 2008, JO 14)* À l'issue du cycle électoral de quatre ans prévu aux articles L. 2122-5 et L. 2122-9, le ministre chargé du travail présente au Haut Conseil du dialogue social les résultats enregistrés et le consulte sur la liste des organisations syndicales représentatives par branche et au niveau national et interprofessionnel.

Cette consultation intervient au plus tard dans les huit mois suivant la fin de ce cycle.

Art. R.* 2122-4. *(D. 2008-1163 du 13 nov. 2008, JO 14)* Le Haut Conseil du dialogue social se réunit sur convocation du ministre chargé du travail, de sa propre initiative ou sur demande de la moitié, au moins, des représentants des organisations syndicales de salariés et d'employeurs mentionnées au 1° de l'article R.* 2122-1.

Il auditionne toute organisation syndicale nationale interprofessionnelle de salariés qui en fait la demande.

Le secrétariat du Haut Conseil du dialogue social est assuré par les services du ministre chargé du travail.

Art. R.* 2122-5. *(D. 2008-1163 du 13 nov. 2008, JO 14)* Les avis du Haut Conseil du dialogue social, requis en application de la loi, sont retracés dans le compte rendu des séances.

Art. L. 2122-12. Un décret détermine les modalités de recueil et de consolidation des résultats aux élections professionnelles pour l'application du présent chapitre.

Art. D. 2122-6. *(D. 2008-1133 du 4 nov. 2008, JO 5)* Le système de centralisation des résultats des élections professionnelles mentionnées aux articles L. 2122-5 à L. 2122-10 afin de mesurer l'audience des organisations syndicales doit :

a) Garantir la confidentialité et l'intégrité des données recueillies et traitées ;

b) Permettre de s'assurer, par des contrôles réguliers, de la fiabilité et de l'exhaustivité des données recueillies et consolidées ;

c) Permettre une consultation par toute personne des données recueillies.

Les résultats complets de chaque cycle électoral sont portés à la connaissance du Haut Conseil du dialogue social afin qu'il puisse rendre au ministre chargé du travail l'avis prévu à l'article L. 2122-11. Les résultats du premier cycle électoral sont transmis au plus tard le 31 mars 2013.

Art. D. 2122-7. *(D. 2008-1133 du 4 nov. 2008, JO 5)* Un exemplaire du procès-verbal des élections des délégués du personnel, ou un exemplaire du procès-verbal de carence, est transmis par l'employeur ou son représentant au prestataire agissant pour le compte du ministre chargé du travail dans les quinze jours suivant la tenue de ces élections, suivant un formulaire homologué.

Un exemplaire du procès-verbal des élections au comité d'entreprise ou de la délégation unique du personnel, ou un exemplaire du procès-verbal de carence, est transmis par l'employeur au prestataire agissant pour le compte du ministre chargé du travail dans les quinze jours suivant la tenue de ces élections, suivant un formulaire homologué.

Les transmissions peuvent être effectuées sur support électronique selon une procédure sécurisée.

Note La procédure prévue par cet article vise à collecter les résultats des élections professionnelles, de manière à pouvoir mesurer la représentativité des organisations syndicales au niveau des branches et au niveau interprofessionnel, la première évaluation de l'audience électorale des syndicats devant intervenir au plus tard le 20 août 2013 *(loi 2008-789 du 20 août 2008, art. 11-I, JO 21)*.

Depuis le 1er janvier 2010, le procès-verbal des élections doit être envoyé au prestataire désigné par l'État pour recuillir les résultats des élections à l'adresse suivante : CTEP TSA 79104 76934 ROUEN CEDEX 9

Les Cerfa à utiliser sont en ligne sur le site du ministère du Travail, accompagnés de leur notice explicative.

Sur le site *www.elections-professionnelles.travail.gouv.fr* les entreprises peuvent disposer d'une aide à la saisie d'un procès-verbal leur permettant de renseigner les éléments demandés dans le formulaire Cerfa papier.

Art. L. 2122-13. ***(L. 2010-1215 du 15 oct. 2010, JO 16)*** Avant l'ouverture du scrutin prévu à l'article L. 2122-10-1, le ministre chargé du travail présente au Haut Conseil du dialogue social les modalités retenues pour son organisation.

TITRE III

(L. 2008-789 du 20 août 2008, art. 10, JO 21) « STATUT JURIDIQUE, RESSOURCES ET MOYENS »

CHAPITRE Ier

Objet et constitution

Art. L. 2131-1. Les syndicats professionnels ont exclusivement pour objet l'étude et la défense des droits ainsi que des intérêts matériels et moraux, tant collectifs qu'individuels, des personnes mentionnées dans leurs statuts.

Note Selon la circulaire DRT 1984/13 du 30 novembre 1984, cette définition de l'objet des syndicats professionnels ne remet pas en cause la spécificité de l'action syndicale qui doit se différencier de toute action associative ou politique, la formule retenue ne laissant aucun doute quant à la nature exclusivement syndicale des actions que peuvent mener les organisations de ce type. (...) Cette interprétation n'aboutit pas cependant à une négation de tout aspect politique de l'activité des syndicats ; ainsi, il ne saurait être reproché à une organisation syndicale de se livrer à une analyse des conséquences des choix politiques sur les intérêts économiques et sociaux de ses membres.

« ... La généralité actuelle des termes de cet article, si elle permet au syndicat de procéder à des analyses politiques, c'est seulement, parmi d'autres critères, au soutien de l'étude et de la défense des droits et des intérêts matériels et moraux des personnes visées à ses statuts ; ainsi, s'il est loisible à un syndicat d'utiliser les moyens de l'analyse politique pour la poursuite de ses buts professionnels, il n'est pas licite pour lui de se servir de l'action syndicale à des fins politiques » : le TGI de Nanterre a ainsi fait interdiction au syndicat Front national de la RATP de se prévaloir de la qualité de syndicat professionnel (TGI Nanterre, *Act. Jur. CFDT* septembre 1996, p. 23). Le TGI d'Évry et le TGI de Montpellier ont dénié également la qualité de syndicat professionnel à des organisations constituées par un parti politique, le Front national.

La cour d'appel de Paris a confirmé le jugement rendu par le TGI d'Évry : « sous couvert d'un objet formellement conforme à celui qu'exige l'article L. 411-1 [L. 2131-1] CT, le Front national de police tend en réalité à promouvoir la doctrine politique du Front national sous la dépendance duquel il se trouve » (CA Paris, 17 juin 1997, *Dr. Soc.* 1997, p. 986, obs. A. Jeammaud).

La cour d'appel de Montpellier ayant admis la possibilité pour les travailleurs de formuler leur programme d'action au sein de leur organisation et après avoir relevé que la convention 87 de l'OIT ne mentionne aucune définition précise du principe de spécialité a, quant à elle, infirmé le jugement du TGI de Montpellier, précité (CA Montpellier, 9 juillet 1997, *D.* 1997, p. 469 ; voir aussi A. Jeammaud, *D.* 1997 chron. 19 « Fraus omnia corrumpit »).

La chambre mixte de la Cour de cassation a rejeté le pourvoi formé contre l'arrêt de la cour d'appel de Paris et a cassé l'arrêt de la cour d'appel de Montpellier. Un syndicat professionnel ne peut être fondé sur une cause ou en vue d'un objet illicite. Ainsi, « un syndicat ne peut poursuivre des objectifs essentiellement politiques ni agir contrairement aux dispositions de l'article L. 122-45 (ancien) CT et aux principes de non-discrimination contenus dans la Constitution, les textes à valeur constitutionnelle et les engagements internationaux auxquels la France est partie » (cass. ch. mixte 10 avril 1998, nos 97-13.137 et 97-17.870, BC nos 1 et 2 ; *Dr. Soc.* 1998, p. 565, rapp. J. Merlin ; *D.* 1998 J. 390, note A. Jeammaud ; *CSB* 1998 p. 177).

Lorsqu'un groupement ne satisfait pas aux exigences des articles L. 411-1 et L. 411-2 [L. 2131-1 et 2] CT, toute personne justifiant d'un intérêt à agir est recevable à contester sa qualité de syndicat professionnel et à en demander la nullité, indépendamment du droit pour le procureur de la République d'en requérir la dissolution dans les conditions prévues par l'article L. 481-1 [L. 2135-1] du même code (cass. ch. mixte 10 avril 1998, arrêts précités).

• Il résulte des dispositions de cet article que seule une instance syndicale habilitée à modifier les statuts a le pouvoir d'étendre l'activité du syndicat à des personnes ne relevant pas de l'activité professionnelle qu'ils déterminent (cass. soc. 28 février 2007, n° 05-44.927, BC V n° 38 ; *JCP* éd. S 2007, 1380, note Th. Lahalle).

Art. L. 2131-2. Les syndicats ou associations professionnels de personnes exerçant la même profession, des métiers similaires ou des métiers connexes concourant à l'établissement de produits déterminés ou la même profession libérale peuvent se constituer librement.

Par dérogation à ces dispositions, les particuliers occupant des employés de maison peuvent se grouper en syndicat pour la défense des intérêts qu'ils ont en commun en tant qu'employeur de ces salariés.

Note

• Aux termes du Préambule de la Constitution : « Tout homme peut défendre ses droits et intérêts par l'action syndicale et adhérer au syndicat de son choix. » Ce principe qui constitue le fondement du pluralisme syndical implique, sur le plan du droit syndical individuel, la liberté totale d'adhérer ou de ne pas adhérer à un syndicat, de se retirer d'un syndicat ainsi que d'adhérer, sauf clause contraire dans les statuts, à plusieurs organisations syndicales.

• Malgré les termes du Préambule de la Constitution reconnaissant aux personnes physiques le droit à l'action syndicale, compte tenu de ceux figurant dans cet article, il semble qu'il faille considérer comme licite l'adhésion de personnes morales aux organisations syndicales. La liberté d'adhésion aux organisations syndicales et de constitution de ces organisations n'étant, par ailleurs, soumise à aucune clause de nationalité, la question peut être posée de savoir si, dans le cadre de la liberté dont ils jouissent pour établir leurs statuts, les syndicats patronaux sont fondés à n'admettre les sociétés étrangères qu'en qualité de membre non actif (refus du droit de vote).

• Le droit syndical est en principe reconnu aux membres de toutes les professions à l'exclusion, toutefois, en ce qui concerne les syndicats patronaux, de certaines professions réglementées (notaires...). En outre, la loi du 13 juillet 1972 portant statut général des militaires prohibe expressément la constitution de groupements professionnels militaires à caractère syndical et l'adhésion des militaires en activité de service à des syndicats (le maintien dans un syndicat des jeunes gens effectuant le service national est cependant possible à condition toutefois que les intéressés s'abstiennent de toute activité syndicale pendant leur présence sous les drapeaux). À noter que la convention 87 de l'Organisation internationale du travail laisse aux États qui l'ont ratifiée le droit de décider dans quelle mesure le bénéfice des droits et garanties qu'elle comporte s'appliquera aux membres des forces armées et de la police.

• Malgré sa dénomination, un syndicat qui ne comprend pas des personnes exerçant la même profession, des métiers similaires ou des métiers connexes, concourant à l'établissement de produits déterminés ou la même profession libérale, au sens de l'article L. 411-2 [L. 2131-2] CT, ne constitue pas un syndicat ou une association professionnelle au sens de ce texte. En l'absence d'habilitation légale et faute de justifier d'une atteinte directement portée par l'infraction aux intérêts collectifs de l'ensemble de ses membres, il n'est pas recevable à se constituer partie civile dans les poursuites engagées contre un commerçant pour infraction à la règle du repos dominical (cass. crim. 14 juin 2000, n° 99-86.810, B. crim. n° 220).

• L'article L. 2131-2 CT, qui suppose l'existence d'activités rémunérées à l'exclusion des activités désintéressées ou philanthropiques, ne distingue pas selon que ces activités sont exercées à titre exclusif, accessoire ou occasionnel, ni selon que les revenus qui en sont tirés constituent un revenu principal ou accessoire (cass. soc. 13 janvier 2009, n° 07-17.692, BC V n° 11 ; *RJS* 3/09 n° 256 ; *JCP* éd. S 2009, 1343, note A. Martinon).

Art. L. 2131-3. Les fondateurs de tout syndicat professionnel déposent les statuts et les noms de ceux qui, à un titre quelconque, sont chargés de l'administration ou de la direction.

Ce dépôt est renouvelé en cas de changement de la direction ou des statuts.

Note

• L'obligation de dépôt implique une rédaction écrite des statuts, qui peut intervenir sous forme d'acte sous seing privé.

• L'obligation de communication des statuts au procureur de la République nécessite que les statuts soient déposés en deux exemplaires.

• Aucun délai n'est fixé pour l'accomplissement de la formalité de dépôt.

• **Absence de dépôt des statuts.** Un syndicat n'a d'existence légale qu'au jour du dépôt de ses statuts en mairie (cass. soc 7 mai 1987, BC V n° 293 ; 17 avril 1996, n° 95-60.660).

Le syndicat qui n'a pas déposé ses statuts ne jouit pas des droits reconnus aux syndicats. Ainsi, il n'a pas la personnalité civile et ne peut ester en justice (cass. soc. 21 janvier 1988, n° 86-16.191, BC V n° 69 ; 19 mai 2004, n° 03-60.131 ; 13 octobre 2010, n° 09-14.418, BC V n° 223), il ne peut valablement désigner un délégué syndical (cass. soc. 28 septembre 2005, n° 04-60.426) et les obstacles opposés à son action ne sont pas de nature à constituer le délit d'entrave à l'exercice du droit syndical défini par la loi (cass. crim. 28 juin 1988, n° 86-92.752, B crim. n° 295). Enfin, un syndicat ne peut exercer les droits réservés à la partie civile relativement aux faits portant un préjudice direct ou indirect à l'intérêt collectif de la profession qu'il représente qu'à la condition d'avoir une existence légale au moment où ces faits ont été commis (cass. crim. 22 mai 2007, n° 06-84.748, B crim. n° 132).

• **Dépôt irrégulier. Régularisation.** L'irrégularité commise par les fondateurs d'un syndicat lors du dépôt de ses statuts peut être régularisée par un dépôt régulier effectué à l'occasion d'une modification des statuts. Mais cette régularisation ne vaut que pour l'avenir et c'est donc seulement à compter de la date d'accomplissement de cette nouvelle formalité – et non à compter du dépôt des statuts d'origine – que le groupement disposera de la personnalité juridique et des prérogatives reconnues par la loi aux syndicats professionnels (cass. soc. 7 juillet 2010, n° 08-21.805, BC V n° 162 ; *RJS* 10/10 n° 785).

• **Renouvellement du dépôt en cas de changement de direction ou de statuts.** Si un syndicat n'a d'existence légale que du jour du dépôt en mairie de ses statuts et du nom des personnes chargées de sa direction et de son administration, le renouvellement de ce dépôt en cas de changement de la direction ou des statuts ne constitue qu'une formalité dont l'absence ne prive pas, à elle seule, le syndicat d'une des conditions essentielles de son existence (cass. soc. 7 mai 2002, n° 00-60.487, 2nd moyen, BC V n° 144 ; *Dr. Soc.* 2002, p. 790, obs. Fr. Duquesne ; 11 mai 2004, n° 03-60.158, BC V n° 131 ; *RJS* 7/04 n° 825). Est donc recevable l'action en justice exercée au nom d'un syndicat par un de ses nouveaux dirigeants en vertu d'un mandat spécial délivré conformément aux statuts de ce syndicat (cass. soc. 11 mai 2004, précité).

Art. R. 2131-1. Les statuts du syndicat sont déposés à la mairie de la localité où le syndicat est établi.

Le maire communique ces statuts au procureur de la République.

Note • Un syndicat n'a d'existence légale que du jour du dépôt de ses statuts en mairie (cass. soc. 7 mai 1987, n° 86-60.366, BC V n° 293 ; *Dr. Soc.* 1989, p. 307).

• Le refus opposé par les dirigeants d'un syndicat professionnel de fournir les fiches d'état civil demandées par le procureur de la République ne saurait constituer un obstacle à la réception des statuts dudit syndicat et à la délivrance d'un récépissé constatant que les formalités de dépôt ont été régulièrement accomplies (rép. QE 3961, JO Sén. 28 avril 1988, p. 563).

Art. L. 2131-4. Tout adhérent d'un syndicat professionnel peut, s'il remplit les conditions fixées par l'article L. 2131-5, accéder aux fonctions d'administration ou de direction de ce syndicat.

Art. L. 2131-5. Tout membre français d'un syndicat professionnel chargé de l'administration ou de la direction de ce syndicat doit jouir de ses droits civiques et n'être l'objet d'aucune interdiction, déchéance ou incapacité relative à ses droits civiques.

Sous les mêmes conditions, tout ressortissant étranger âgé de dix-huit ans accomplis adhérent à un syndicat peut accéder aux fonctions d'administration ou de direction de ce syndicat.

Art. L. 2131-6. En cas de dissolution volontaire, statutaire ou prononcée par décision de justice, les biens du syndicat sont dévolus conformément aux statuts ou, à défaut de dispositions statutaires, suivant les règles déterminées par l'assemblée générale.

En aucun cas les biens du syndicat ne peuvent être répartis entre les membres adhérents.

Note Les règles prévues en matière de dévolution des biens des syndicats dissous ne sont pas applicables aux unions de syndicats.

CHAPITRE II

Capacité civile

Art. L. 2132-1. Les syndicats professionnels sont dotés de la personnalité civile.

Art. L. 2132-2. Les organisations de salariés constituées en syndicats professionnels sont seules admises à négocier les conventions et accords collectifs de travail.

Tout accord ou convention visant les conditions collectives du travail est conclu dans les conditions déterminées par le livre II.

Art. L. 2132-3. Les syndicats professionnels ont le droit d'agir en justice.

Ils peuvent, devant toutes les juridictions, exercer tous les droits réservés à la partie civile concernant les faits portant un préjudice direct ou indirect à l'intérêt collectif de la profession qu'ils représentent.

Note Les syndicats ou associations professionnels qui regroupent des personnes exerçant la même profession, des métiers similaires ou connexes, et qui ont pour objet exclusif l'étude et la défense des droits ainsi que des intérêts matériels et moraux tant collectifs qu'individuels des personnes mentionnées dans leurs statuts, ont la capacité d'ester en justice, dès lors qu'ils ont satisfait à l'obligation de dépôt de leurs statuts en mairie (cass. soc. 13 octobre 2010, n° 09-14.418, BC V n° 223 ; *LS* Jurispr. n° 220/2010 du 16/11/10).

• **Actions syndicales exercées dans l'intérêt collectif de la profession.** En application des dispositions de cet article, les syndicats peuvent agir en justice pour défendre les intérêts de la profession qu'ils représentent.

Intérêt collectif de la profession. Il ne se confond ni avec l'intérêt général ni avec les intérêts individuels des salariés (cass. crim. 15 février 1994, n° 92-85.568). La Cour de cassation considère que dès lors que l'objet de la demande d'un syndicat tend à la défense de l'emploi des salariés de l'entreprise, son action est recevable sur le fondement de l'article L. 2132-3 (cass. soc. 10 janvier 2012, n° 09-16.691). Elle juge également que la régularité des élections professionnelles met en jeu l'intérêt collectif de la profession et que tout syndicat, même non représentatif dans l'entreprise, qui y a des adhérents peut en demander la nullité (cass. soc. 12 juillet 2006, n° 05-60.353, BC V n° 252 ; *RJS* 11/06 n° 1208 ; 31 mars 2009, n° 08-60.482, BC V n° 97 ; *RJS* 6/09 n° 550). De même, les conditions de négociation du protocole préélectoral mettant en jeu l'intérêt collectif de la profession, tout syndicat non signataire du protocole, invité ou non à participer à cette négociation, a intérêt à agir pour en contester le déroulement (cass. soc. 23 septembre 2009, n° 08-60.535, BC V n° 195 ; *JCP* éd. S, 1467, note J-Y Kerbourc'h).

S'agissant d'actions syndicales déclarées irrecevables, voir notamment cass. crim. 11 mai 1999, n° 97-82.169, B. crim. n° 89 et cass. crim. 19 juin 2002, n° 01-88.306 (le préjudice indirect qui serait porté, par un délit d'abus de biens sociaux, à l'intérêt collectif de la profession, ne se distinguant pas du préjudice, lui-même indirect, qu'auraient pu subir individuellement les salariés de l'entreprise) ; cass. soc. 23 janvier 2008, n° 05-16.492, BC V n° 22 ; *RJS* 3/08 n° 304 (un syndicat, agissant seul sur le fondement de cet article, est irrecevable à demander la reconnaissance de la qualité de coemployeur d'une société appartenant à une unité économique et sociale, la reconnaissance d'un contrat de travail étant un droit exclusivement attaché à la personne de celui qui se prétend salarié) ; cass. soc. 18 novembre 2009, n° 08-44.175, BC V n° 261 (le manquement de l'employeur à son obligation de reclassement individuel d'un salarié licencié pour motif économique ne porte pas atteinte aux intérêts collectifs de la profession).

Ont, par exemple, été considérés comme portant atteinte à l'intérêt collectif de la profession :
- la violation des dispositions de l'article L. 1224-1 CT ayant pour objet le maintien des droits des travailleurs en cas de transfert de leur contrat de travail, de sorte que l'intervention d'un syndicat au côté des salariés à l'occasion d'un litige portant sur l'applicabilité de ce texte est recevable (cass. soc. 23 septembre 2009, n° 08-42.109, BC V n° 198) ;
- le licenciement d'un salarié en raison de son appartenance à un syndicat et de l'exercice d'une activité syndicale (cass. crim. 29 octobre 1996, n° 94-85.028, B. crim. n° 379) ;
- le licenciement d'un médecin du travail sans accord du comité d'entreprise ou décision conforme de l'inspecteur du travail (cass. soc. 7 mai 1987, n° 84-41.005, BC V n° 274) ;
- la méconnaissance des règles régissant la désignation ou le remplacement du représentant des salariés dans le cadre d'une procédure de redressement ou de liquidation judiciaire (cass. soc. 15 juin 2011 n° 10-60.392, *RJS* 8-9/11 n° 715) ;
- le délit d'atteinte à l'exercice régulier des fonctions de délégué du personnel (cass. crim. 26 mai 2009, n° 08-82.979, *RJS* 10/09 n° 809) ;
- la violation par un employeur de l'engagement qu'il avait pris d'accorder certains avantages (primes de gestion) à une partie de son personnel (cass. soc. 25 juin 1987, n° 83-45.592, BC V n° 432) ;
- le défaut de réunion et de consultation du comité d'entreprise, lorsqu'il existe un projet de licenciement collectif pour motif économique (cass. crim. 3 décembre 1996, n° 95-84.647, B. crim. n° 441 ; *RJS* 5/97 n° 563) ;
- le délit de violation du secret médical, lorsqu'il est commis à l'occasion de l'exercice par l'employeur du contrôle des arrêts de maladie (cass. crim. 27 mai 1999, n° 98-82.978, B. crim. n° 109 ; *RJS* 7/99 n° 938 ; *D.* 2000, n° 6, p. 120).

À noter également :
- qu'il résulte de l'article L. 2132-3 que les syndicats professionnels peuvent demander en référé les mesures de remise en état destinées à mettre fin à un trouble manifestement illicite affectant l'intérêt collectif de la profession qu'ils représentent. C'est dès lors à bon droit qu'une cour d'appel a retenu que le défaut de réunion, d'infor-

mation et de consultation des institutions représentatives du personnel lorsqu'elles sont légalement obligatoires, portait atteinte à l'intérêt collectif d'une profession et a déclaré recevable l'action de fédérations syndicales tendant à la suspension de la mise en place des mesures prises par l'employeur tant qu'il n'aura pas été procédé aux consultations de ces institutions (cass. soc. 24 juin 2008, n° 07-11.411, pourvoi incident, BC V n° 140 ; *RJS* 10/08 n° 1008) ;

– que l'article L. 411-11 [L. 2132-3] ne donne pas aux syndicats professionnels le droit de mettre en mouvement l'action publique concernant les délits de provocation à la discrimination, à la haine ou à la violence raciale et d'injures raciales dont la poursuite est réservée exclusivement au ministère public ou à l'une des associations habilitées par la loi à cet effet, ou encore aux seules personnes qui ont été directement victimes de l'infraction. Mais « la possibilité pour certaines associations d'exercer les droits de la partie civile n'exclut pas le droit pour un syndicat de se porter partie civile en cas d'atteinte à l'intérêt collectif de la profession » (cass. crim. 25 mai 1993, *RJS* 10/93 n° 1000) ;

– qu'un syndicat professionnel peut se constituer partie civile devant la juridiction pénale si les faits incriminés sont de nature à porter atteinte à l'intérêt collectif des salariés ; ainsi, en cas d'exercice d'un travail dissimulé, de nature à causer à la profession un préjudice distinct de celui subi personnellement par les salariés concernés (cass. crim. 6 décembre 2011, n° 10-86.829, *LS* Jurispr. n° 253/2011 du 27/12/11). De même, s'agissant de blessures ou d'homicide involontaires, des syndicats sont recevables à se constituer partie civile dès lors que les manquements constitutifs des infractions poursuivies ont pu compromettre la sécurité des travailleurs et causer ainsi un préjudice aux intérêts collectifs des professions représentées par ces syndicats sans qu'il soit nécessaire qu'un des salariés représentés par ces syndicats ait subi un préjudice direct et personnel (cass. crim. 11 octobre 2005, n° 05-82.414, B. crim. n° 254, moyen de cassation présenté par le procureur général près la cour d'appel de Paris ; *RJS* 1/06 n° 56) ;

– que la méconnaissance de la règle du repos hebdomadaire par certains employeurs crée un préjudice à ceux qui respectent cette règle en rompant l'égalité entre les intéressés ; l'atteinte ainsi portée à l'intérêt collectif de la profession représentée par un syndicat d'employeurs lui donne qualité pour agir en justice devant la juridiction des référés (cass. ass. plén. 7 mai 1993, n° 91-12.611, BC n° 10 ; *RJS* 6/93 n° 620). Seules sont recevables à agir les organisations syndicales patronales représentant la profession exercée par des sociétés contrevenant à des arrêtés préfectoraux ordonnant la fermeture le dimanche d'établissements exerçant diverses catégories d'activités commerciales (cass. soc. 2 février 1994, n° 90-14.771, BC V n° 40 ; *RJS* 3/94 n° 259 ; cass. crim. 29 octobre 1996, n° 95-82.355, B. crim. n° 375 ; *RJS* 2/97 n° 50 : un syndicat patronal est apte à exercer l'action civile née de l'infraction à l'article L. 221-5 [L. 3132-3] CT).

Indemnisation du syndicat. Pour indemniser un syndicat du préjudice causé à l'intérêt collectif de la profession qu'il représente, les juges du fond doivent évaluer le préjudice réel subi par le syndicat et ne peuvent se borner à lui allouer une somme à titre symbolique (cass. soc. 18 novembre 2009, n° 08-43.523, BC V n° 260).

Actions en exécution ou en annulation d'une convention collective : indépendamment des actions réservées aux syndicats par les articles L. 135-4 et 5 [L. 2262-9 à 11] CT (voir note sous ces articles) en cas d'extension d'une convention ou d'un accord collectif qui a pour effet de rendre les dispositions étendues applicables à tous les salariés et employeurs compris dans leur champ d'application, les syndicats professionnels, même non signataires, sont recevables à demander l'exécution d'une convention ou d'un accord collectif de travail sur le fondement de l'article L. 411-11 [L. 2132-3] CT, leur non-respect étant de nature à causer nécessairement un préjudice à l'intérêt collectif de l'ensemble de la profession, et cela qu'il s'agisse d'un accord collectif étendu (cass. soc. 12 juin 2001, n° 00-14.435, BC V n° 221 ; *Dr. Soc.* 2001, pp. 1019 et s., obs. P-H Antonmattei ; 18 février 2003, n° 01-02.079, BC V n° 60 ; *RJS* 5/03 n° 645) ou non étendu (cass. soc. 16 janvier 2008, n° 07-10.095, BC V n° 10 ; 30 novembre 2010, n° 09-42.990, BC V n° 276).

Toujours sur le fondement de l'article L. 411-11 [L. 2132-3], la Cour de cassation décide qu'un syndicat d'entreprise peut, dans l'intérêt collectif de la profession qu'il représente, joindre son action à celle de la fédération à laquelle il a adhéré pour demander la nullité d'un accord collectif d'entreprise (cass. soc. 26 mai 2004, n° 02-18.756, BC V n° 143 ; *RJS* 8-9/04 n° 924 ; *Dr. Soc.* 2004, p. 845, obs. J-M Verdier).

Voir aussi cass. soc. 2 décembre 2008 (n° 07-44.132, 1er moyen, BC V n° 243 ; *RJS* 2/09 n° 200 ; *Dr. Soc.* 2009, p. 240, obs. Ch. Radé ; *RDT*, février 2009, CH, 116, H. Tissandier ; *JCP* éd. S 2009, 1098, note L. Dauxerre) décidant qu'un syndicat est recevable sur le fondement de l'article L. 411-11, devenu l'article L. 2132-3 CT, à demander en justice que soit déterminée l'étendue des droits acquis par les salariés à la suite de la dénonciation d'un accord collectif.

• **Défense des intérêts individuels des salariés dans les cas expressément prévus par la loi.**

– *travail à domicile :* les syndicats professionnels ont la possibilité d'agir en justice en faveur des travailleurs à domicile (art. L. 7423-2).

– *travailleurs temporaires :* l'ordonnance 82-131 du 5 février 1982 et la loi du 12 juillet 1990 ont reconnu aux organisations syndicales représentatives la possibilité d'agir en justice en faveur des salariés sous contrat à durée déterminée ou sous contrat de travail temporaire et des travailleurs faisant l'objet de prêt de main-d'œuvre à but lucratif (art. L. 1247-1, L. 1251-59, L. 8233-1 et L. 8242-1).

– *travailleurs étrangers :* la loi 81-941 du 17 octobre 1981 a reconnu aux organisations syndicales représentatives la possibilité d'agir en justice en faveur des travailleurs étrangers en situation irrégulière (art. L. 8255-1).

– la loi 2001-1066 du 16 novembre 2001 a reconnu aux organisations syndicales représentatives la possibilité d'exercer en justice toutes actions qui naissent de l'application du principe de non-discrimination (art. L. 1134-2).

– *s'agissant de l'égalité professionnelle entre les femmes et les hommes et du harcèlement moral ou sexuel dans les relations de travail,* les lois 83-635 du 13 juillet 1983, 92-1179 du 2 novembre 1992 et 2002-73 du 17 janvier 2002 (JO 18) ont reconnu aux organisations syndicales représentatives dans l'entreprise la possibilité d'exercer en justice toutes actions qui naissent des articles L. 1152-1 à 3, L. 1153-1 à 4 et L. 3221-2 à 7 en faveur d'un salarié de l'entreprise (art. L. 1154-2 et L. 1144-2).

– *s'agissant des groupements d'employeurs,* la loi 85-772 du 25 juillet 1985 a reconnu aux organisations syndicales représentatives dans l'entreprise utilisatrice ou dans le groupement la possibilité d'agir en justice en faveur des salariés du groupement (art. L. 1253-16).

– la loi 89-549 du 2 août 1989 a reconnu aux organisations syndicales représentatives la possibilité d'exercer en justice toutes actions relatives à l'application des dispositions légales, réglementaires ou conventionnelles régissant le licenciement pour motif économique en faveur d'un salarié (art. L. 1235-8).

• **Actions en exécution d'une convention ou d'un accord collectif de travail sur le fondement des articles L. 2262-9, 10 et 11,** voir notes sous ces articles.

• **Représentation et/ou assistance des salariés devant les conseils de prud'hommes,** voir note sous art. R. 1453-2.

• **Représentation en justice.** Le représentant d'un syndicat en justice doit, s'il n'est pas avocat, justifier d'un pouvoir spécial ou d'une disposition des statuts l'habilitant à agir en justice et le défaut de pouvoir d'une personne figurant au procès comme représentant du syndicat est une irrégularité de fond affectant la validité de l'acte (cass. soc. 20 décembre 2006, n° 06-60.017, BC V n° 400).

• Voir, sur l'ensemble de la question, J-M Verdier, « Syndicats et droit syndical », *Dalloz* 1987, 2e éd. « Le droit d'ester en justice des syndicats », p. 583.

Art. L. 2132-4. Les meubles et immeubles nécessaires aux syndicats professionnels pour leurs réunions, bibliothèques et formations sont insaisissables.

Art. L. 2132-5. Les syndicats professionnels peuvent :

1° Créer et administrer des centres d'information sur les offres et les demandes d'emploi ;

2° Créer, administrer et subventionner des institutions professionnelles de prévoyance, des organismes d'éducation, de formation, de vulgarisation ou de recherche dans les domaines intéressant la profession ;

3° Subventionner des sociétés coopératives de production ou de consommation, financer la création d'habitations à loyer modéré ou l'acquisition de terrains destinés à la réalisation de jardins ouvriers ou d'activités physiques et sportives.

Art. L. 2132-6. Les syndicats professionnels peuvent constituer entre leurs membres des caisses spéciales de secours mutuels et de retraite.

Les fonds de ces caisses sont insaisissables dans les limites déterminées par le code de la mutualité.

Toute personne qui se retire d'un syndicat conserve le droit d'être membre des sociétés de secours mutuels et de retraite pour la vieillesse à l'actif desquelles elle a contribué par des cotisations ou versement de fonds.

CHAPITRE III

Unions de syndicats

Art. L. 2133-1. Les syndicats professionnels régulièrement constitués peuvent se concerter pour l'étude et la défense de leurs intérêts matériels et moraux.

Art. L. 2133-2. Les unions de syndicats sont soumises aux dispositions des articles L. 2131-1, L. 2131-3 à L. 2131-5, L. 2141-1 et L. 2141-2.

Elles font connaître le nom et le siège social des syndicats qui les composent.

Leurs statuts déterminent les règles selon lesquelles les syndicats adhérents à l'union sont représentés dans le conseil d'administration et dans les assemblées générales.

Note Le dépôt de la liste du nom et du siège social des syndicats qui composent une union ne constitue pas une formalité dont l'absence prive, à elle seule, la fédération de l'une de ses conditions d'existence (cass. soc. 28 février 2007, n° 06-60.099, BC V n° 39, arrêt n° 1 ; *RJS* 5/07 n° 623, 2e espèce ; *JCP* éd. S 2007, 1573, note B. Gauriau).

Art. L. 2133-3. Les unions de syndicats jouissent de tous les droits conférés aux syndicats professionnels par le présent titre.

Note • La loi reconnaît aux unions de syndicats la même capacité civile qu'aux syndicats eux-mêmes ; une union de syndicats peut donc exercer les droits conférés aux syndicats et, notamment, celui de désigner un représentant au comité d'entreprise (cass. ass. plén. 30 juin 1995, n° 93-60.026, BC n° 5 ; *RJS* 8-9/95 n° 908, concl. M. Jéol) ou d'introduire une action en justice en cas d'atteinte aux intérêts collectifs de l'un des groupes professionnels qu'elle représente (cass. soc. 18 décembre 2000, n° 98-17.739, BC V n° 434 ; *RJS* 3/01 n° 315). Une union de syndicats peut également désigner un représentant de section syndicale dans une entreprise dès lors qu'elle y a plusieurs adhérents, que son champ de compétence national et interprofessionnel couvre cette entreprise et que ses statuts ne lui interdisent pas d'y intervenir directement en l'absence d'une organisation adhérente compétente dans le champ géographique et professionnel couvrant l'entreprise (cass. soc. 8 juillet 2009, n° 09-60.012, BC V n° 182 ; *JCP* éd. S 2009, 1416, 4e espèce, doctrine B. Gauriau).

Enfin, l'affiliation d'un syndicat à une union permet à cette dernière de se prévaloir des adhérents du syndicat pour constituer une section syndicale et en désigner un représentant (cass. soc. 13 janvier 2010, n° 09-60.155, BC V n° 13 ; *RJS* 3/10 n° 273).

CHAPITRE IV

Marques syndicales

Art. L. 2134-1. Les syndicats professionnels peuvent déposer leurs marques ou labels en remplissant les formalités prévues par les articles L. 712-1 et suivants du code de la propriété intellectuelle. Ils peuvent, dès lors, en revendiquer la propriété exclusive dans les conditions prévues par ce code.

Les marques ou labels peuvent être apposés sur tout produit ou objet de commerce pour en certifier les conditions de fabrication. Ils peuvent être utilisés par tout individu ou entreprise commercialisant ces produits.

Art. L. 2134-2. L'utilisation des marques syndicales ou des labels ne peut avoir pour effet de porter atteinte aux dispositions des articles L. 2141-5 à L. 2141-8.

Tout accord ou disposition tendant à obliger l'employeur à n'embaucher ou à ne conserver à son service que les adhérents du syndicat propriétaire de la marque ou du label est nul.

(L. 2008-789 du 20 août 2008, art. 10, JO 21)

CHAPITRE V

Ressources et moyens

SECTION 1. Certification et publicité des comptes des organisations syndicales et professionnelles

Art. L. 2135-1. Les syndicats professionnels et leurs unions mentionnés aux articles L. 2131-2, L. 2133-1 et L. 2133-2 relatifs à la création de syndicats professionnels et les associations de salariés ou d'employeurs régies par la loi du 1er juillet 1901 relative au contrat d'association ou, dans les départements de la Moselle, du Bas-Rhin et du Haut-Rhin, par le droit local ***(L. 2011-525 du 17 mai 2011, art. 44, JO 18)*** « sont soumis aux obligations comptables définies à l'article L. 123-12 du code de commerce. Lorsque leurs ressources annuelles n'excèdent pas un seuil fixé par décret, ils peuvent adopter une présentation simplifiée de leurs comptes avec la possibilité de n'enregistrer leurs créances et leurs dettes qu'à la clôture de l'exercice. Si leurs ressources annuelles n'excèdent pas un second seuil fixé par décret, ils peuvent tenir un livre enregistrant chronologiquement l'ensemble des mouvements de leur patrimoine. Les conditions d'application du présent article sont fixées par décret. »

Note Les obligations fixées aux articles L. 2135-1 à L. 2135-3 CT s'appliquent depuis l'exercice comptable 2009 (loi 2008-789 du 20 août 2008, art. 15, JO 21).

Art. D. 2135-1. ***(D. 2009-1665 du 28 déc. 2009, JO 30)*** Les comptes annuels des syndicats professionnels de salariés ou d'employeurs et de leurs unions, et des associations de salariés ou d'employeurs mentionnés à l'article L. 2135-1 sont établis dans les conditions prévues au présent chapitre.

Art. D. 2135-2. ***(D. 2009-1665 du 28 déc. 2009, JO 30)*** Les comptes annuels des syndicats professionnels de salariés ou d'employeurs et de leurs unions, et des associations de salariés ou d'employeurs mentionnés à l'article L. 2135-1 dont les ressources au sens de l'article D. 2135-9 sont supérieures à 230 000 euros à la clôture d'un exercice comprennent un bilan, un compte de résultat et une annexe selon des modalités définies par règlement de l'Autorité des normes comptables.

Les prescriptions comptables applicables à ces organisations sont fixées par règlement de l'Autorité des normes comptables.

Note Voir arrêté du 31 décembre 2009 (JO 7 janv. 2010) portant homologation du règlement du comité de la réglementation comptable 2009-10 du 3 décembre 2009 afférent aux règles comptables des organisations syndicales.

Art. D. 2135-3. ***(D. 2009-1665 du 28 déc. 2009, JO 30)*** Les comptes annuels des syndicats professionnels de salariés ou d'employeurs et de leurs unions, et des associations de salariés ou d'employeurs mentionnés à l'article L. 2135-1 dont les ressources au sens de l'article D. 2135-9 sont inférieures ou égales à 230 000 euros à la clôture de l'exercice peuvent être établis sous la forme d'un bilan, d'un compte de résultat et d'une annexe simplifiés, selon des modalités fixées par règlement de l'Autorité des normes comptables. Ils peuvent n'enregistrer leurs créances et leurs dettes qu'à la clôture de l'exercice.

Les dispositions du présent article ne sont plus applicables lorsque la condition de ressources mentionnée à l'alinéa précédent n'est pas remplie pendant deux exercices consécutifs.

Art. D. 2135-4. ***(D. 2009-1665 du 28 déc. 2009, JO 30)*** Les comptes annuels des syndicats professionnels de salariés ou d'employeurs et de leurs unions, et des associations de salariés ou d'employeurs mentionnés à l'article L. 2135-1 dont les ressources au sens de l'article D. 2135-9 sont inférieures à 2000 euros à la clôture d'un exercice peuvent être établis sous la forme d'un livre mentionnant chronologiquement le montant et l'origine des ressources qu'ils perçoivent et des dépenses qu'ils effectuent, ainsi que les références aux pièces justificatives. Pour les ressources, il distingue les règlements en espèces des autres règlements. Une fois par année civile, un total des ressources et des dépenses est établi.

Art. D. 2135-7. ***(D. 2009-1665 du 28 déc. 2009, JO 30)*** Les syndicats professionnels de salariés ou d'employeurs et leurs unions, et les associations de salariés ou d'employeurs mentionnés à l'article L. 2135-1 dont les ressources au sens de l'article D. 2135-9 sont égales ou supérieures à 230000 euros à la clôture d'un exercice assurent la publicité de leurs comptes et du rapport du commissaire aux comptes sur le site internet de la Direction des Journaux officiels. À cette fin, ils transmettent par voie électronique à la Direction des Journaux officiels, dans un délai de trois mois à compter de l'approbation des comptes par l'organe délibérant statutaire, le bilan, le compte de résultat, l'annexe ainsi que le rapport du commissaire aux comptes. Un arrêté du Premier ministre fixe les modalités de cette transmission.

Ces documents sont publiés sous forme électronique par la Direction des Journaux officiels, dans des conditions de nature à garantir leur authenticité et leur accessibilité gratuite.

Cette prestation donne lieu à rémunération pour service rendu dans les conditions prévues par le décret n° 2005-1073 du 31 août 2005 relatif à la rémunération des services rendus par la Direction des Journaux officiels.

Note Les informations publiées en application de cet article sont déposées, dans un format exclusivement PDF, via un formulaire d'enregistrement en ligne disponible sur le site *www.journal-officiel.gouv.fr* (arrêté du 4 avril 2011, JO 6).

Art. D. 2135-8. ***(D. 2009-1665 du 28 déc. 2009, JO 30)*** Les syndicats professionnels de salariés ou d'employeurs et leurs unions, et les associations de salariés ou d'employeurs mentionnés à l'article L. 2135-1 dont les ressources au sens de l'article D. 2135-9 sont inférieures à 230000 euros à la clôture d'un exercice assurent la publicité de leurs comptes dans un délai de trois mois à compter de leur approbation par l'organe délibérant statutaire soit dans les conditions prévues à l'article D. 2135-7, soit par publication sur leur site internet ou, à défaut de site, en direction régionale des entreprises, de la concurrence, de la consommation, du travail et de l'emploi. À cette fin, ils transmettent, le cas échéant par voie électronique, leurs comptes ou le livre mentionné à l'article D. 2135-4 à la direction régionale des entreprises, de la concurrence, de la consommation, du travail et de l'emploi dans le ressort de laquelle leurs statuts ont été déposés.

Ces comptes annuels sont librement consultables.

Toutefois, les comptes annuels des syndicats professionnels de salariés ou d'employeurs et de leurs unions, et des associations de salariés ou d'employeurs mentionnés à l'article L. 2135-1 dont les ressources, au sens de l'article D. 2135-9, sont inférieures à 23000 euros à la clôture d'un exercice, ne le sont qu'à la condition que cette consultation ne soit pas susceptible de porter atteinte à la vie privée de leurs membres.

Le directeur régional des entreprises, de la concurrence, de la consommation, du travail et de l'emploi rend anonymes les mentions permettant l'identification des membres avant communication des documents mentionnés au premier alinéa.

Art. D. 2135-9. ***(D. 2009-1665 du 28 déc. 2009, JO 30)*** Les syndicats professionnels de salariés ou d'employeurs et leurs unions, et les associations de salariés ou d'employeurs mentionnés à l'article L. 2135-1 sont tenus de désigner au moins un commissaire aux comptes et un suppléant lorsque leurs ressources dépassent 230000 euros à la clôture d'un exercice.

Est pris en compte pour le calcul des ressources mentionnées au premier alinéa le montant des subventions, des produits de toute nature liés à l'activité courante, des produits financiers ainsi que des cotisations. Sont toutefois déduites de ce dernier montant les cotisations reversées, en vertu de conventions ou des statuts, à des syndicats professionnels de salariés ou d'employeurs et à leurs unions ou à des associations de salariés ou d'employeurs mentionnés à l'article L. 2135-1.

Art. L. 2135-2. Les syndicats professionnels et leurs unions et les associations de salariés ou d'employeurs mentionnés à l'article L. 2135-1 qui contrôlent une ou plusieurs personnes morales au sens de l'article L. 233-16 du code de commerce, sans entretenir avec elles de lien d'adhésion ou d'affiliation, sont tenus, dans des conditions déterminées par décret pris après avis ***(Ord. 2009-79 du 22 janv. 2009, JO 23)*** « de l'Autorité des normes comptables » :

a) Soit d'établir des comptes consolidés ;

b) Soit de fournir, en annexe à leurs propres comptes, les comptes de ces personnes morales, ainsi qu'une information sur la nature du lien de contrôle. Dans ce cas, les comptes de ces personnes morales doivent avoir fait l'objet d'un contrôle légal.

Art. D. 2135-5. ***(D. 2009-1665 du 28 déc. 2009, JO 30)*** Les comptes des syndicats professionnels et de leurs unions, et des associations de salariés ou d'employeurs mentionnés à l'article L. 2135-2 comprennent un bilan, un compte de résultat et une annexe établis selon des modalités définies par règlement de l'Autorité des normes comptables.

Les prescriptions comptables relatives aux comptes consolidés sont fixées par règlement de l'Autorité des normes comptables.

Art. L. 2135-3. Les syndicats professionnels de salariés ou d'employeurs, leurs unions et les associations de salariés ou d'employeurs mentionnés à l'article L. 2135-1 peuvent, lorsque leurs statuts le prévoient, établir des comptes combinés intégrant la comptabilité des personnes morales et entités avec lesquelles ils ont des liens d'adhésion ou d'affiliation, dans des conditions déterminées par décret pris après avis ***(Ord. 2009-79 du 22 janv. 2009, JO 23)*** « de l'Autorité des normes comptables ».

Art. D. 2135-6. ***(D. 2009-1665 du 28 déc. 2009, JO 30)*** Les comptes combinés des syndicats professionnels et de leurs unions, et des associations de salariés ou d'employeurs mentionnés à l'article L. 2135-3 comprennent un bilan, un compte de résultat et une annexe établis selon des modalités définies par règlement de l'Autorité des normes comptables.

Les prescriptions comptables relatives aux comptes combinés sont fixées par règlement de l'Autorité des normes comptables.

Art. L. 2135-4. Les comptes sont arrêtés par l'organe chargé de la direction et approuvés par l'assemblée générale des adhérents ou par un organe collégial de contrôle désigné par les statuts.

Note L'obligation visée à cet article s'applique à compter de :
- l'exercice comptable 2010 aux niveaux confédéral et fédéral des organisations syndicales et professionnelles visées à l'article L. 2135-1 CT ;
- l'exercice comptable 2011 aux niveaux régional et départemental ;
- l'exercice comptable 2012 à tous les niveaux des organisations syndicales et professionnelles (loi 2008-789 du 20 août 2008, art. 15).

Art. L. 2135-5. Les syndicats professionnels de salariés ou d'employeurs, leurs unions et les associations de salariés ou d'employeurs mentionnés à l'article L. 2135-1 tenus d'établir des comptes assurent la publicité de leurs comptes dans des conditions déterminées par décret pris après avis ***(Ord. 2009-79 du 22 janv. 2009, JO 23)*** « de l'Autorité des normes comptables ».

Le premier alinéa est applicable au syndicat ou à l'association qui combine les comptes des organisations mentionnées à l'article L. 2135-3. Ces organisations sont alors dispensées de l'obligation de publicité.

Art. L. 2135-6. Les syndicats professionnels ou d'employeurs, leurs unions et les associations de salariés ou d'employeurs mentionnés à l'article L. 2135-1 dont les ressources dépassent un seuil fixé par décret sont tenus de nommer au moins un commissaire aux comptes et un suppléant.

Note Voir *supra* article D. 2135-9.

SECTION 2. **Mise à disposition des salariés auprès des organisations syndicales**

Art. L. 2135-7. Avec son accord exprès et dans les conditions prévues à l'article L. 2135-8, un salarié peut être mis à disposition d'une organisation syndicale ou d'une association d'employeurs mentionnée à l'article L. 2231-1.

Pendant cette mise à disposition, les obligations de l'employeur à l'égard du salarié sont maintenues.

Le salarié, à l'expiration de sa mise à disposition, retrouve son précédent emploi ou un emploi similaire assorti d'une rémunération au moins équivalente.

Note Les articles L. 2135-7 et 8 sont issus de la loi 2008-789 du 20 août 2008 qui a encadré les conditions dans lesquelles un salarié peut être mis à la disposition d'une organisation syndicale ou d'une association d'employeurs.

Cette loi a également introduit l'article L. 2242-9-1 qui prévoit que cette mise à disposition donne lieu à une information par l'employeur à l'occasion de la négociation annuelle obligatoire et que, dans les entreprises non soumises à cette obligation de négocier, l'employeur doit communiquer cette information aux salariés qui en font la demande.

Enfin, la loi a complété les dispositions de l'article L. 8241-1 afin de préciser que les entreprises ne peuvent pas être pénalement sanctionnées pour prêt illicite de main-d'œuvre pour avoir mis un salarié à la disposition organisation syndicale ou d'une association d'employeurs.

Art. L. 2135-8. Une convention collective ou un accord collectif de branche étendus ou un accord d'entreprise détermine les conditions dans lesquelles il peut être procédé à une mise à disposition de salariés auprès d'organisations syndicales ou d'associations d'employeurs.

(L. 2008-789 du 20 août 2008, art. 10, JO 21) « **CHAPITRE VI** »

Dispositions pénales

Art. L. 2136-1. Le fait pour un directeur ou un administrateur d'un syndicat professionnel ou d'une union de syndicats de méconnaître les dispositions de l'article L. 2131-1, relatives à l'objet des syndicats, est puni d'une amende de 3750 €.

La dissolution du syndicat ou de l'union de syndicats peut en outre être prononcée à la diligence du procureur de la République.

Toute fausse déclaration relative aux statuts et aux noms et qualités des directeurs ou administrateurs est punie d'une amende de 3750 €.

Note
- La violation des règles de constitution d'un syndicat professionnel peut être sanctionnée par la dissolution. La dissolution judiciaire ne peut être prononcée que pour infraction aux dispositions de l'article L. 411-1 [L. 2131-1] et sur requête du procureur de la République (cass. soc. 6 avril 1994, n° 91-20.764, BC V n° 137 ; *Dr. Soc.* 1994, p. 567).
- Indépendamment du droit pour le procureur de la République de requérir la dissolution d'un syndicat, toute personne justifiant d'un intérêt à agir est recevable à contester la qualité de syndicat professionnel à un groupement qui ne satisfait pas aux exigences posées par les articles L. 411-1 et L. 411-2 [L. 2131-1 et L. 2132-2] CT (cass. ch. mixte 10 avril 1998, BC nos 1, 2 et 3).

Art. L. 2136-2. Le fait pour un employeur d'enfreindre les dispositions de l'article L. 2134-2, relatives à l'utilisation des marques syndicales ou des labels, est puni d'une amende de 3750 €.

La récidive est punie d'un emprisonnement d'un an et d'une amende de 7500 €.

TITRE IV

EXERCICE DU DROIT SYNDICAL

CHAPITRE Ier

Principes

Art. L. 2141-1. ***(L. 2008-496 du 27 mai 2008, art. 6, JO 28)*** Tout salarié peut librement adhérer au syndicat professionnel de son choix et ne peut être écarté pour l'un des motifs visés à l'article L. 1132-1.

Art. L. 2141-2. Les personnes qui ont cessé d'exercer leur activité professionnelle peuvent adhérer ou continuer à adhérer à un syndicat professionnel de leur choix.

Note

• La loi d'orientation 98-657 du 29 juillet 1998, art. 78 (JO 31), relative à la lutte contre les exclusions, a supprimé toute condition relative à une durée minimale d'exercice professionnel pour pouvoir faire partie d'un syndicat et a ainsi ouvert le droit aux personnes privées d'emploi de pouvoir bénéficier d'une représentation et d'une participation au sein de syndicats professionnels.

• Doit être rejeté le pourvoi formé par une association de cadres retraités qui, pour reprocher à une cour d'appel d'avoir jugé que les syndicats de salariés ont qualité pour représenter les retraités, soutenait notamment que les syndicats professionnels de salariés n'ont pas qualité pour souscrire, au nom d'anciens salariés retraités, des conventions ou accords collectifs ayant pour effet soit de mettre à leur charge des obligations, soit de revenir rétroactivement sur les droits qu'ils avaient acquis, fût-ce en leur qualité antérieure de salariés. En effet, ayant exactement rappelé que, selon l'article L. 411-7 [L. 2141-2] CT, les personnes qui ont cessé l'exercice de leurs fonctions peuvent adhérer à un syndicat professionnel, et retenu à bon droit, d'une part, qu'en vertu des dispositions combinées des articles L. 131-1 et L. 132-1 [L. 2221-1 et 2] du même code, la convention collective a vocation à traiter de l'ensemble des conditions d'emploi et de travail des salariés et de leurs garanties sociales, ce qui inclut leurs retraites, d'autre part, qu'en application de l'article L. 731-1 c. séc. soc. alors applicable, les régimes complémentaires de retraite ou de prévoyance sont créés et modifiés par voie d'accord collectif interprofessionnel, professionnel ou d'entreprise, la cour d'appel en a justement déduit que les syndicats professionnels, qui ont qualité pour représenter les retraités, ont, dans la limite des pouvoirs qu'ils tiennent des textes précités, valablement conclu les accords litigieux (cass. soc. 23 novembre 1999, n° 97-18.980, BC V n° 453 ; *Dr. Soc.* 2000, p. 333 ; voir aussi cass. soc. 31 mai 2001, n° 98-22.510, BC V n° 200 ; *RJS* 11/01, n° 1348).

Art. L. 2141-3. Tout membre d'un syndicat professionnel peut s'en retirer à tout instant, même en présence d'une clause contraire.

Le syndicat peut réclamer la cotisation correspondant aux six mois qui suivent le retrait d'adhésion.

Note La liberté de retrait d'un adhérent d'un syndicat ne peut être limitée par une clause conventionnelle (en l'espèce, clause de non-concurrence insérée dans les statuts d'un syndicat) (cass. soc. 23 juin 1988, n° 87-11.695, BC V n° 394).

Art. L. 2141-4. L'exercice du droit syndical est reconnu dans toutes les entreprises dans le respect des droits et libertés garantis par la Constitution de la République, en particulier de la liberté individuelle du travail.

Les syndicats professionnels peuvent s'organiser librement dans toutes les entreprises conformément aux dispositions du présent titre.

Note Le droit syndical doit s'exercer dans le respect de la liberté individuelle du travail ; des revendications professionnelles de salariés métropolitains (appuyées par des arrêts de travail) tendant à obtenir une discrimination au préjudice des travailleurs français d'outre-mer sont susceptibles d'être illicites comme portant atteinte à la liberté du travail (cass. soc. 25 octobre 1979, n° 78-13.528, BC V n° 786).

Art. L. 2141-5. Il est interdit à l'employeur de prendre en considération l'appartenance à un syndicat ou l'exercice d'une activité syndicale pour arrêter ses décisions en matière notamment de recrutement, de conduite et de répartition du travail, de formation professionnelle, d'avancement, de rémunération et d'octroi d'avantages sociaux, de mesures de discipline et de rupture du contrat de travail.

(L. 2008-789 du 20 août 2008, art. 7, JO 21) « Un accord détermine les mesures à mettre en œuvre pour concilier la vie professionnelle avec la carrière syndicale et pour prendre en compte l'expérience acquise, dans le cadre de l'exercice de mandats, par les représentants du personnel désignés ou élus dans leur évolution professionnelle. »

Note • En ce qui concerne l'embauchage, voir note sous art. L. 5321-2. Les questionnaires d'embauchage ne peuvent notamment pas comporter de questions concernant l'affiliation syndicale (cass. soc. 13 mai 1969, n° 68-12.206, BC V n° 314).

Le refus par une société recourant aux services d'une entreprise de travail temporaire de conclure le contrat de mise à disposition en raison des absences répétées du salarié intérimaire liées à ses activités syndicales et de la désorganisation du service qui en résultait constitue un refus d'embauche au sens de l'article 225-2, 3° c. pén., dès lors qu'il fait obstacle à l'embauche du salarié par l'entreprise de travail temporaire (cass. crim. 2 septembre 2003, n° 02-86.048, B. crim. n° 148 ; *RJS* 1/04 n° 132 ; *JSL* n° 133, 4 novembre 2003, p. 9, obs. M. Hautefort).

• Sauf application d'un accord collectif visant à en assurer la neutralité ou à le valoriser, l'exercice d'activités syndicales ne peut être pris en considération dans l'évaluation professionnelle d'un salarié (cass. soc. 23 mars 2011, n° 09-72.733, *RJS* 6/11 n° 536). La mention dans ses fiches d'évaluation d'une disponibilité réduite du fait des fonctions syndicales laisse présumer l'existence d'une discrimination (cass. soc. 11 janvier 2012, n° 10-16.655, *LS* Jurispr. n° 17/2012 du 24/01/12).

• Au sujet de refus d'avantages salariaux, de mesures disciplinaires, mutations, licenciements motivés par des activités syndicales, voir notamment cass. soc. 17 octobre 2006, n° 05-40.393, BC V n° 306 ; *Dr. Soc.* 2006, p. 1186, obs. Ch. Radé ; *RJS* 1/07 n° 56 ; cass. crim. 27 mars 1990, n° 88-85.155, *RJS* 7/90 n° 594 (concomitance entre la chute des coefficients de prime et les engagements syndicaux) ; cass. crim. 4 janvier 1991, n° 88-83.766, B. crim. n° 10 ; *RJS* 3/91 n° 346 (sujétions ayant eu pour finalité de modifier l'exercice des fonctions syndicales et d'isoler le salarié de ses collègues) ; cass. soc. 28 juin 1994, n° 91-42.290, *RJS* 11/94 n° 1283 (salarié privé d'une augmentation salariale au mérite en raison de son activité syndicale) ; 8 avril 1992, n° 89-41.642, BC V n° 269 ; *RJS* 5/92 n° 635 (refus d'une majoration de salaire conventionnelle) ; cass. soc. 11 octobre 2000, n° 98-43.472, *RJS* 12/00 n° 1263 (salariée syndiquée étant la seule de sa qualification à ne pas avoir progressé dans les échelons) ; cass. soc. 4 juillet 2000, n° 97-44.846, BC V n° 263 (disparité de rémunération et non-application de l'accord d'entreprise prévoyant notamment un bilan professionnel périodique). Le refus d'attribution d'une prime à un délégué syndical, devenu permanent syndical, en raison du non-exercice de ses fonctions et de l'exercice d'une activité syndicale est constitutif d'une discrimination (cass. soc. 24 février 1993, n° 89-44.826, *RJS* 4/93 n° 418) ; commet le délit d'entrave à l'exercice du droit syndical l'employeur qui refuse de payer leurs chèques-déjeuner au délégué syndical et au trésorier d'une section syndicale (cass. crim. 30 avril 1996, n° 95-82.687,

B. crim. n° 184 ; *RJS* 10/96 n° 1059). Se rend coupable de discrimination syndicale l'employeur qui prend en considération l'activité syndicale d'un salarié pour arrêter sa décision de le licencier (cass. crim. 29 octobre 1996, n° 94-85.028, B. crim. n° 379 ; *CSB* 1997 A. 21).

À noter que si l'absence d'évolution du coefficient de carrière d'un salarié depuis sa désignation comme délégué syndical constitue un élément laissant supposer une discrimination à son encontre (cass. soc. 30 avril 2009, n° 06-45.939, BC V n° 119), la Cour de cassation a précisé que, sauf accord collectif ou stipulation particulière du contrat de travail prévoyant une progression de carrière, l'employeur n'est pas tenu d'assurer cette progression par des changements d'emploi ou de qualification. En effet, le salarié pouvant s'opposer à la modification de son contrat de travail, l'absence d'évolution de son emploi ou de sa qualification ne peut être imputée à l'employeur lorsque le salarié a bénéficié des mêmes possibilités de formation que ses collègues et que, face aux opportunités de carrière dont il a été informé dans les mêmes conditions que les autres, il a manifesté sa volonté de demeurer dans son emploi (cass. soc. 6 juillet 2010, n° 09-41.354, 1er moyen, BC V n° 157).

À noter également que si la discrimination syndicale se manifeste le plus souvent par une différence de traitement entre les salariés exerçant des fonctions syndicales et ceux n'en exerçant pas, elle peut également résulter d'une disparité de situation entre les délégués permanents d'un syndicat et les autres délégués de ce syndicat (cass. soc. 25 juin 2002, n° 99-42.909, 2nd moyen du pourvoi incident, BC V n° 218 ; *RJS* 1/03 n° 54).

• S'agissant de savoir si la participation à une grève constitue une activité syndicale dont la prise en considération par l'employeur peut être sanctionnée civilement et pénalement sur la base de cet article, voir arrêts cités sous l'article L. 2511-1 CT.

• Sur le calcul d'une prime variable subordonnée à la réalisation d'objectifs quantitatifs, voir cass. soc. 6 juillet 2010 (n° 09-41.354, 3e moyen ; *LS* Bref n° 15652 du 15/07/10), précisant que, pour la partie de cette prime correspondant au temps consacré par un représentant du personnel à son activité professionnelle, l'employeur doit, pour tenir compte de la réduction de ce temps du fait de l'exercice des mandats, réduire les objectifs en proportion du seul temps de production.

• Voir aussi notamment Ch. Radé, « Rémunération et discrimination syndicale », *Dr. Soc.* 1999, p. 773.

• *Prise en compte de l'expérience liée à l'exercice de responsabilités syndicales.* Voir article L. 2242-20 prévoyant que la négociation triennale sur la gestion prévisionnelle des emplois et des compétences, obligatoire dans les entreprises de 300 salariés et plus, doit aussi porter sur le déroulement de carrière des salariés dotés de responsabilités syndicales et sur l'exercice de leurs fonctions et article L. 6111-1 permettant la validation des acquis de l'expérience liée à l'exercice de responsabilités syndicales.

• Sur la charge de la preuve de la discrimination syndicale, voir note sour article L. 2141-8.

Art. L. 2141-6. Il est interdit à l'employeur de prélever les cotisations syndicales sur les salaires de son personnel et de les payer au lieu et place de celui-ci.

Art. L. 2141-7. Il est interdit à l'employeur ou à ses représentants d'employer un moyen quelconque de pression en faveur ou à l'encontre d'une organisation syndicale.

Note

Égalité entre les organisations syndicales. Le principe d'égalité, de valeur constitutionnelle, ne permet pas à un employeur de subventionner un syndicat représentatif et non un autre, selon qu'il a signé ou non une convention ou un accord collectif (cass. soc. 29 mai 2001, n° 98-23.078, BC V n° 185 ; *RJS* 8-9/01 n° 1042). En revanche, ne méconnaît pas le principe constitutionnel d'égalité la disposition d'un accord collectif, plus favorable que la loi, qui subordonne l'octroi d'avantages à des syndicats à une condition de représentativité (cass. soc. 22 septembre 2010, n° 09-60.410, BC V n° 194 ; *RJS* 11/10 n° 871).

Au sujet de moyens de pression utilisés par l'employeur en faveur ou à l'encontre d'une organisation syndicale, voir notamment cass. soc. 16 mars 1977, n° 75-10.041,

BC V n° 199 ; cass. crim. 8 mars 1994, n° 93-81.115, *RJS* 7/94 n° 877 ; cass. crim. 25 octobre 1994, n° 93-85.802, *RJS* 3/95 n° 250. Voir aussi cass. crim. 2 septembre 2008, n° 07-81.661, B. crim. n° 174 ; *JCP* éd. S 2009, 1019, note J-Fr. Cesaro : commet le délit de discrimination syndicale le directeur d'une société qui met en œuvre, par l'intermédiaire d'une société de prestation de services, des moyens de pression à l'encontre d'un syndicat afin de réduire son influence, peu important qu'il ne s'agisse pas du motif exclusif des mesures prises ; le dirigeant de la société prestataire ayant fourni les moyens de mettre en œuvre ces mesures dont ils étaient préalablement convenus est complice du délit.

Ce principe d'égalité interdit également à l'employeur de refuser la désignation d'un délégué syndical par un syndicat représentatif au motif que les conditions légales de désignation ne sont pas réunies, dès lors qu'il a accepté la désignation dans les mêmes conditions d'un délégué syndical par un autre syndicat représentatif. A violé ce principe la cour d'appel qui a annulé la désignation d'un salarié en qualité de délégué syndical, après avoir notamment énoncé que le défaut de contestation d'une autre désignation ne suffisait pas à écarter la demande de l'employeur, alors qu'il n'était pas contesté que ce dernier venait d'accepter la désignation de deux délégués syndicaux qui n'étaient pas délégués du personnel, malgré un effectif inférieur à cinquante salariés (cass. soc. 5 mai 2004, n° 03-60.175, BC V n° 119 ; *RJS* 7/04 n° 829 ; *Dr. Soc.* 2004, p. 694, obs. A. Jeammaud). Dans le même sens, s'agissant de la désignation d'un délégué syndical de région, voir cass. soc. 19 mai 2004, n° 03-60.348, *RJS* 7/04 n° 829, 2e espèce.

S'agissant de la contribution patronale au financement du dialogue social, la Cour de cassation a admis que ni l'article 6 de la Déclaration des droits de l'homme et du citoyen, ni l'article 6 du préambule de la Constitution, ni l'article L. 120-2 [L. 1121-1] CT ne font obstacle à ce qu'un accord collectif établisse des règles de répartition inégalitaire entre les organisations syndicales représentatives, dès lors que, d'une part, cette répartition n'a ni pour objet ni pour effet d'imposer à quiconque l'adhésion ou le maintien de l'adhésion à une organisation syndicale, aucune organisation syndicale représentative n'en étant exclue, et que, d'autre part, la différence de traitement est justifiée par des raisons objectives matériellement vérifiables liées à l'influence de chaque syndicat dans le champ de l'accord (cass. soc. 10 octobre 2007, n° 05-45.347, rectifié par cass. soc. 23 octobre 2007, BC V n° 154 ; *RDT*, novembre 2007, AC, 629 ; *JSL* n° 221, 13 novembre 2007, p. 27, obs. N. Rérolle ; *RJS* 12/07 n° 1305).

Art. L. 2141-8. Les dispositions des articles L. 2141-5 à L. 2141-7 sont d'ordre public.

Toute mesure prise par l'employeur contrairement à ces dispositions est considérée comme abusive et donne lieu à dommages et intérêts.

Note

• Aux termes de l'article L. 1134-5 CT, dans sa rédaction issue de la loi 2008-561 du 17 juin 2008 (JO 18), l'action en réparation du préjudice résultant d'une discrimination se prescrit par cinq ans (au lieu de trente) à compter de la révélation de la discrimination. Ce délai n'est pas susceptible d'aménagement conventionnel. À noter toutefois que cette limite de cinq ans ne vaut pas pour l'évaluation des dommages et intérêts, ces derniers devant, selon ce même article, réparer l'entier préjudice résultant de la discrimination pendant toute sa durée.

• ***Annulation de la mesure discriminatoire.*** Tout syndicat victime d'une mesure prise contrairement aux dispositions des alinéas 1 à 3 de l'article L. 412-2 [L. 2141-5] CT peut en demander l'annulation (cass. soc. 10 juillet 2001, n° 99-21.884, BC V n° 261). De même, toute mesure, disciplinaire ou non, prise par l'employeur à l'encontre d'un salarié en considération de son appartenance ou de son activité syndicale est nulle (cass. soc. 4 décembre 2001, n° 99-43.231, *RJS* 2/02 n° 197). La condamnation de l'employeur au paiement de dommages-intérêts, expressément prévue par cet article, n'exclut pas une réparation en nature ; ainsi, une cour d'appel qui a constaté qu'un salarié avait fait l'objet d'une discrimination dans l'organisation de ses conditions de travail (en l'espèce, privation d'un camion) en raison de ses activités syndicales a pu décider qu'il convenait de le rétablir dans ses conditions de travail antérieures en ordonnant à l'employeur de lui attribuer un véhicule de 15 tonnes sous astreinte (cass. soc. 23 juin 2004, n° 02-41.011, BC V n° 181 ; *JSL* n° 153, 12 octobre 2004, p. 19 ; *RJS* 11/04 n° 1163). Dans le même sens, voir aussi cass. soc. 23 novembre 2005, n° 03-40.826, BC V n° 332 et 18 mars 2009, n° 07-45.201, *RJS* 6/09 n° 553, précisant que les dispositions de l'article L. 412-2 [L. 2141-8] CT ne font pas obstacle à ce que le juge ordonne le reclassement d'un salarié ayant subi un retard d'avancement lorsqu'il constate qu'il a été victime d'une discrimination prohibée.

• ***Charge de la preuve de la discrimination.*** Avant même l'intervention de la loi du 16 novembre 2001 relative à la lutte contre les discriminations, la chambre sociale de la Cour de cassation avait déjà décidé que, s'il appartient au salarié syndicaliste qui se prétend lésé par une mesure discriminatoire de soumettre au juge les éléments de fait susceptibles de caractériser une atteinte au principe d'égalité de traitement, il n'incombe pas à celui-ci de rapporter la preuve de la discrimination syndicale, mais à l'employeur d'établir que cette disparité est justifiée par des éléments objectifs étrangers à toute discrimination fondée sur l'appartenance syndicale. C'est donc à tort qu'un conseil de prud'hommes a débouté des salariés de leur demande de dommages-intérêts, après avoir constaté la disparité d'avancement dont ils étaient l'objet, laquelle résultait du refus par l'employeur de leur accorder la promotion obtenue par d'autres salariés placés dans la même situation (cass. soc. 26 avril 2000, n° 98-42.643, BC V n° 151, rectifié par décision du 7 juin 2000 ; voir aussi cass. soc. 28 mars 2000, n° 97-45.258, BC V n° 126 ; 4 juillet 2000, n° 98-43.285, BC V n° 264 ; 31 janvier 2006, n° 04-42.525).

Parmi les éléments laissant supposer l'existence d'une discrimination syndicale, les juges ont notamment retenu l'absence de promotion individuelle depuis l'élection d'un salarié en tant que représentant du personnel et la mention répétée, sur ses fiches d'évaluation, au vu desquelles la direction arrêtait ses choix de promotions, des activités prud'homales et syndicales et des perturbations qu'elles engendraient dans la gestion de son emploi du temps (cass. soc. 1er juillet 2009, n° 08-40.988, BC V n° 166), l'absence d'évolution du coefficient de carrière d'un salarié depuis sa désignation comme délégué syndical ainsi que l'existence de mesures prises à son encontre par l'employeur en raison de son activité syndicale « considérée trop insistante et incisive » (cass. soc. 30 avril 2009, n° 06-45.939, BC V n° 119 ; *JSL* n° 257, 10 juin 2009, p. 8, obs. M. Hautefort ; *RJS* 7/09 n° 640 ; *JCP* éd. S 2009, 1403, note D. Everaert-Dumont) ou encore l'absence de fourniture de travail à un salarié pendant de longues périodes (cass. soc. 29 juin 2011, n° 10-14.067, *RJS* 10/11 n° 746). À noter que dans cette affaire, la Cour de cassation a précisé que l'existence d'une discrimination n'implique pas nécessairement une comparaison avec la situation d'autres salariés. Elle a donc cassé l'arrêt d'une cour d'appel qui, pour débouter un salarié s'estimant victime d'une discrimination syndicale de sa demande de dommage-intérêts, avait retenu que l'intéressé ne produisant aucun élément de comparaison avec la situation d'autres salariés s'agissant des périodes au cours desquelles il s'était trouvé sans travail comme de sa faible augmentation de rémunération, les éléments de fait qu'il présentait sur ces points ne caractérisaient aucune discrimination, alors que le fait pour l'employeur de ne pas avoir fourni de travail au salarié pendant de longues périodes était de nature à laisser supposer l'existence d'une discrimination.

Les éléments objectifs, étrangers à l'exercice d'un mandat syndical dont doit justifier l'employeur, ne sauraient résulter du seul exercice d'un pouvoir discrétionnaire ; ainsi, un employeur ne peut se borner à invoquer le caractère discrétionnaire d'une augmentation au mérite pour justifier une disparité de traitement non contestée au détriment d'un salarié investi de mandats représentatifs et syndicaux (cass. soc. 28 septembre 2004, n° 03-42.624, BC V n° 227 ; *JSL* n° 154, 26 octobre 2004, p. 8, obs. M. Hautefort ; *Dr. Soc.* 2004, p. 1147, obs. Ch. Radé ; *RJS* 1/05 n° 55). De même, le manque de disponibilité d'un salarié en raison de ses fonctions syndicales ne peut être admis, cette justification n'étant pas étrangère à la discrimination subie par l'intéressé (cass. soc. 26 janvier 2010, n° 08-44.397, *RDT* mars 2010, AC, 143). Mais, dès lors qu'aucune différence de traitement n'est établie, un salarié ne peut prétendre avoir été victime d'une discrimination en raison de ses fonctions syndicales au seul motif que son salaire n'a pas été revalorisé depuis cinq ans (cass. soc. 23 octobre 2001, n° 99-43.153, BC V n° 330 ; *Dr. Soc.* 2002, pp. 112 et s., obs. Ch. Radé).

La chambre criminelle de la Cour de cassation, après avoir exigé dans un premier temps (cass. crim. 6 janvier 2004, n° 02-88.240, B. crim. n° 4) que l'employeur apporte la pleine justification des mesures contestées ainsi que de leur absence de tout lien avec la qualité de délégué syndical, considère désormais que les dispositions des articles 225-2 c. pén. et L. 412-2 [L. 2141-5 à 8] CT concernant les délits de discrimination et d'entrave à l'exercice du droit syndical n'instituent aucune dérogation à la charge de la preuve en matière pénale, qui incombe à l'accusation. Elle en déduit qu'il ne saurait être reproché aux juges du fond qui, pour statuer sur une poursuite exercée contre un employeur en application des textes précités, de pas s'être déterminés par référence à l'article L. 122-45 [L. 1134-1] CT, selon lequel lorsque le salarié présente des éléments de fait laissant supposer l'existence d'une discrimination directe ou indirecte, il incombe à la partie défenderesse de prouver que sa décision est justifiée par des éléments objectifs étrangers à toute discrimination (cass. crim. 3 avril 2007, n° 06-81.784, B. crim. n° 105 ; *Dr. Soc.* 2007, p. 902, obs. Fr. Duquesne ; *RJS* 7/07 n° 870 ; *JCP* éd. S 2007, 1493, note J-Fr. Cesaro).

• ***Rôle du juge.*** Il résulte de l'article L. 1134-1, al. 3 CT que le juge du fond apprécie souverainement l'opportunité de recourir à des mesures d'instruction portant aussi bien sur les éléments présentés par le salarié et laissant supposer l'existence d'une discrimination que sur ceux apportés par l'employeur pour prouver que sa décision est justifiée par des éléments objectifs étrangers à toute discrimination (cass. soc. 4 février 2009, n° 07-42.697, 1er moyen, BC V n° 33 ; *RJS* 4/09 n° 314 ; *JCP* éd. S 2009, 1173, note A. Bugada ; *Dr. Soc.* 2009, p. 612, obs. Ch. Radé). Pour apprécier la réalité de la discrimination alléguée par le salarié (en l'espèce, brusque retrait de responsabilités et absence de toute évolution professionnelle durant 26 ans), les juges peuvent procéder à des comparaisons avec d'autres salariés engagés dans des conditions identiques de diplôme et de qualification et à une date voisine, peu important que certains d'entre eux aient bénéficié d'une promotion avant le début de la période de discrimination invoquée (cass. soc. 28 janvier 2010, n° 08-41.959, BC V n° 28 ; *RJS* 4/10 n° 309). S'agissant de salariés, représentants du personnel et syndicaux, dont l'inspecteur du travail avait constaté qu'ils subissaient une évolution de carrière défavorable par rapport à celle des autres salariés recrutés à la même période dans la même catégorie professionnelle, une cour d'appel ne pouvait, pour décider qu'ils n'avaient pas été victimes de discrimination, se borner à retenir qu'au cours d'une période de trois ans, ils avaient bénéficié d'une promotion se situant dans la moyenne du tableau de comparaison de l'inspecteur du travail (cass. crim. 9 novembre 2004, n° 04-81.397, B. crim. n° 279 ; *RJS* 4/05 n° 405).

À noter que l'existence d'une discrimination n'implique pas nécessairement une comparaison avec la situation d'autres salariés (voir cass. soc. 29 juin 2011, n° 10-14.067, cité dans le paragraphe ci-dessus ***Charge de la preuve de la discrimination***.

Art. L. 2141-9. Les syndicats représentatifs dans l'entreprise bénéficient des dispositions applicables à la section syndicale et au délégué syndical prévues par les chapitres III et IV.

Note • Il semble qu'il faille lire « … les chapitres II et III » plutôt que « … les chapitres III et IV ».

• L'exercice du droit syndical a été ouvert, par la loi du 28 octobre 1982, aux syndicats représentatifs dans toutes les entreprises, et quels que soient leurs effectifs. Mais la désignation d'un ou de plusieurs délégués syndicaux par un syndicat représentatif qui constitue une section syndicale n'étant possible que dans les entreprises d'au moins 50 salariés, les syndicats représentatifs dans l'entreprise bénéficient de l'ensemble des dispositions du chapitre III relatif aux délégués syndicaux si l'entreprise occupe au moins 50 salariés, mais de l'article L. 2143-6 seulement, si l'entreprise occupe moins de 50 mais plus de 10 salariés. S'agissant des entreprises où l'institution de délégués syndicaux n'est pas légalement obligatoire, voir article L. 2141-10.

Sur la notion d'entreprise et celle d'établissement distinct, voir note sous article L. 2143-12.

• Sur la représentativité des syndicats, voir *supra* « Chapitre II Syndicats représentatifs » et ses notes.

Art. L. 2141-10. Les dispositions du présent titre ne font pas obstacle aux conventions ou accords collectifs de travail comportant des clauses plus favorables, notamment celles qui sont relatives à l'institution de délégués syndicaux ou de délégués syndicaux centraux dans tous les cas où les dispositions légales n'ont pas rendu obligatoire cette institution.

Art. L. 2141-10.

Aucune limitation ne peut être apportée aux dispositions relatives à l'exercice du droit syndical par note de service ou décision unilatérale de l'employeur.

Note • Si le nombre des délégués, tel qu'il est fixé par la loi, peut être augmenté à la suite d'une négociation avec les syndicats représentatifs par un accord collectif, ni un usage ni un engagement unilatéral de l'employeur ne peuvent modifier les dispositions légales sur les délégués syndicaux (cass. soc. 10 octobre 2000, n° 98-60.484, BC V n° 319 ; 10 juillet 2002, n° 01-60.641, *RJS* 11/02 n° 1254). Ainsi, notamment dans une entreprise de moins de 50 salariés, ni un usage de l'entreprise ni un engagement unilatéral de l'employeur ne permettent à un syndicat présent dans l'entreprise de désigner comme délégué syndical un salarié dépourvu de la qualité de délégué du personnel (cass. soc. 20 mars 2001, n° 99-60.496, BC V n° 101 ; *RJS* 6/01 n° 762 ; *JSL* n° 80, 29 mai 2001, p. 19 ; *Dr. Soc.* 2001, pp. 568 et s., obs. J. Savatier).

Seul un accord collectif pouvant augmenter le nombre de délégués syndicaux, l'employeur qui décide unilatéralement d'une telle augmentation peut unilatéralement décider de revenir à l'application des textes légaux qui n'ont pas cessé d'être applicables, sous réserve de ne pas méconnaître le principe d'égalité entre tous les syndicats concernés et, pour répondre à l'exigence de loyauté qui s'impose en la matière, de les en informer préalablement (cass. soc. 4 mars 2009, n° 08-60.436, BC V n° 62, arrêt n° 3 ; *RJS* 5/09 n° 449, 1re espèce ; *JCP* éd. S 2009, 1272, note J-Y Kerbourc'h ; voir aussi cass. soc. 5 mars 2008, n° 07-60.305, BC V n° 52 et cass. soc. 25 janvier 2012, n° 11-14.151, s'agissant de la décision d'un employeur d'autoriser la désignation de délégués syndicaux alors que la condition d'effectif n'était pas remplie puis de revenir à l'application des textes légaux).

• Lorsqu'une convention collective prévoit la désignation de délégués syndicaux dans les entreprises n'atteignant pas le seuil fixé par la loi, accroît leur nombre ou prévoit l'institution de délégués suppléants, l'ensemble des règles relatives aux délégués syndicaux s'applique, et notamment la protection spéciale en matière de licenciement : cass. soc. 9 juillet 1976, n° 76-60.056, BC V n° 453 et 20 décembre 1977, n° 76-40.975, BC V n° 722.

Encore faut-il cependant que l'institution créée par voie conventionnelle soit de même nature que celles prévues par le code du travail. Ainsi, le salarié désigné par une organisation syndicale pour exercer un mandat syndical dans une institution représentative du personnel instituée par voie conventionnelle mais ne relevant pas d'une catégorie de même nature que celle prévue par la loi ne bénéficie d'heures de délégation que si celles-ci sont prévues par l'accord ou la convention (cass. soc. 15 mars 2006, n° 04-45.247, BC V n° 111 ; *RJS* 6/06 n° 746 ; *Dr. Soc.* 2006, p. 646, obs. Fr. Duquesne).

• Un accord prévoyant des modalités de rémunération des temps de délégation pour des salariés ne remplissant pas les conditions légales pour être désignés comme délégués syndicaux ou pour être élus délégués du personnel ou membres du comité d'entreprise a été jugé plus favorable que les dispositions légales pour ces salariés, alors même que la rémunération des crédits d'heures était inférieure à celle des autres représentants légalement élus ou désignés (cass. soc. 5 mai 1993, n° 90-12.996, BC V n° 129 ; *Dr. Soc.* 1993, p. 657).

Les dispositions d'une convention ou d'un accord collectif qui tendent à améliorer l'exercice du droit syndical dans les entreprises ou les institutions représentatives du personnel sont applicables de plein droit à tous et en particulier aux syndicats représentatifs, sans qu'il y ait lieu de distinguer entre ceux qui ont signé ou adhéré à la convention ou à l'accord collectif et ceux qui n'ont pas signé la convention ou l'accord collectif et ceux qui n'y ont pas adhéré. Doit être cassé l'arrêt qui, pour décider que l'article d'un accord collectif prévoyant que les dispositions de l'accord étaient applicables aux seules organisations syndicales signataires ou à celles y ayant adhéré expressément n'était pas nul, a retenu que cet accord se bornait à aménager les modalités de l'exercice du droit syndical et des conditions de la participation des institutions représentatives du personnel au sein de l'entreprise, sans engendrer de dispositions à caractère normatif, alors que l'accord prévoyait la possibilité de désigner, en plus du délégué syndical central d'entreprise, un délégué syndical central adjoint, des crédits d'heures supplémentaires pour les délégués syndicaux, l'adjonction à la délégation syndicale chargée de la négociation collective d'un délégué syndical d'établissement ou d'un représentant syndical au comité d'établissement (cass. soc. 29 mai 2001, n° 98-23.078, BC V n° 185 ; *Dr. Soc.* 2001, pp. 821 et s. : « Les syndicats bénéficiaires d'un accord collectif », G. Borenfreund ; *JSL* n° 84, 31 juillet 2001, pp. 11 et s., comm. J-E Tourreil ; *RJS* 8-9/01 n° 1042).

Art. L. 2141-11. Pour l'application du présent titre, les modalités de calcul des effectifs sont celles prévues aux articles L. 1111-2 et L. 1251-54.

Note Voir notes sous articles L. 1111-2, L. 2312-8 et L. 2322-6.

Art. L. 2141-12. Des décrets en Conseil d'État déterminent les modalités d'application du présent titre aux activités, qui par nature conduisent à une dispersion ou à une mobilité permanente du personnel, liées à l'exercice normal de la profession.

CHAPITRE II

Section syndicale

Note Voir notamment « La section syndicale après la loi du 20 août 2008 », *JCP* éd. S, 7 avril 2009, n° 15.

SECTION 1. Constitution

Art. L. 2142-1. ***(L. 2008-789 du 20 août 2008, art. 6, JO 21)*** Dès lors qu'ils ont plusieurs adhérents dans l'entreprise ou dans l'établissement, chaque syndicat qui y est représentatif, chaque syndicat affilié à une organisation syndicale représentative au niveau national et interprofessionnel ou chaque organisation syndicale qui satisfait aux critères de respect des valeurs républicaines et d'indépendance et est légalement constituée depuis au moins deux ans et dont le champ professionnel et géographique couvre l'entreprise concernée peut constituer au sein de l'entreprise ou de l'établissement une section syndicale qui assure la représentation des intérêts matériels et moraux de ses membres conformément à l'article L. 2131-1.

Note • Alors qu'auparavant, la possibilité de constituer une section syndicale était réservée aux seuls syndicats représentatifs, la loi 2008-789 du 22 août 2008 portant rénovation de la démocratie sociale a élargi le champ des syndicats habilités à constituer une section syndicale. Ainsi, un syndicat non représentatif dans l'entreprise ou dans l'établissement peut désormais y constituer une section syndicale s'il :
– est affilié à une organisation syndicale représentative au niveau national et interprofessionnel ;
– satisfait aux critères cumulatifs de respect des valeurs républicaines et d'indépendance, est légalement constitué depuis au moins 2 ans, et si son champ professionnel et géographique couvre l'entreprise ou l'établissement concerné.

L'exigence d'une ancienneté minimale de 2 ans subordonnant la constitution par une organisation syndicale d'une section syndicale au sein de l'entreprise, laquelle ouvre un certain nombre de droits, est conforme à la constitution : elle constitue en effet une condition raisonnable et proportionnée pour garantir la mise en œuvre du droit de participation des travailleurs par l'intermédiaire de leurs représentants et l'exercice par le syndicat de prérogatives au sein de l'entreprise, sans priver le salarié de la liberté d'adhérer au syndicat de son choix (cass. soc. 30 novembre 2011, n° 11-40.072, QPC non-lieu à renvoi).

• Il faut, toutefois, que le syndicat - qu'il soit représentatif ou non - ait plusieurs adhérents dans l'entreprise ou l'établissement pour pouvoir constituer une section syndicale.

Si, dans le cadre de la législation antérieure à la loi du 20 août 2008, l'existence d'une section syndicale était établie par la seule désignation d'un délégué syndical (cass. soc. 27 mai 1997, n° 96-60.239, BC V n° 194), cette jurisprudence est devenu obsolète depuis le 22 août 2008, l'article L. 2142-1 CT exigeant désormais, pour la constitution d'une section syndicale, la présence de plusieurs, donc d'au moins deux adhérents dans l'entreprise (cass. soc. 8 juillet 2009, n° 08-60.599, BC V n° 181 ; *JCP* éd. S 2009, 1364, note Y. Pagnerre ; *Dr. Soc.* 2009, pp. 950 et s., M-L Morin et rapport de L. Pécaut-Rivolier ; *RJS* 10/09 n° 810, 2e espèce) et cela, quel que soit l'effectif de celle-ci (cass. soc. 4 novembre 2009, n° 09-60.075, BC V n° 244 ; *LSQ* n° 15483 du 13 novembre 2009). L'un de ces deux adhérents peut être désigné en qualité de représentant de la section syndicale (cass. soc. 26 mai 2010, n° 09-60.278, BC V n° 117 ; *RJS* 8-9/10 n° 687). En cas de contestation sur l'existence d'une section syndicale, le syndicat doit apporter les éléments de preuve utiles à établir la présence d'au moins deux adhérents dans l'entreprise, dans le respect du contradictoire, à l'exclusion des éléments susceptibles de permettre l'identification des adhérents du syndicat, dont seul le juge peut prendre connaissance. En effet, l'adhésion du salarié à un syndicat relève de sa vie personnelle et ne peut être divulguée sans son accord ; à défaut d'un tel accord, le syndicat qui entend créer ou démontrer l'existence d'une section syndicale dans une entreprise, alors que sa présence y est contestée ne peut produire, ou être contraint de produire, une liste nominative de ses adhérents (cass. soc. 8 juillet 2009, n° 09-60.011, BC V n° 180 ; *Dr. Soc.* 2009, pp. 950 et s. obs. M-L Morin et rapport de L. Pécaut-Rivolier ; *JSL* n° 262 du 16 septembre 2009, p. 13, obs. J-E Tourreil ; *RJS* 10/09, pp. 676 et s., avis J. Duplat). Par conséquent, lorsqu'un syndicat fait valoir que des salariés s'opposent à la révélation de leur adhésion, il appartient au juge d'aménager la règle du contradictoire, en autorisant le syndicat à lui fournir non contradictoirement les éléments nominatifs de preuve dont il dispose (cass. soc. 14 décembre 2010, n° 10-60.137, BC V n° 290).

• La création d'une section syndicale n'est soumise à aucune condition d'effectif de l'entreprise (cass. soc. 24 février 1993, n° 91-60.237, BC V n° 70) ; en outre, elle n'est soumise à aucune forme légale (cass. soc. 2 juillet 1981, n° 81-60.554, BC V n° 639).

• Sauf à saisir le tribunal d'instance s'il estime qu'un syndicat ne remplit pas les conditions requises pour constituer une section syndicale, l'employeur ne peut pas s'opposer à la création d'une section syndicale. Constitue un délit d'entrave le fait pour un employeur d'exercer des pressions sur le personnel pour le dissuader de constituer une section syndicale, (cass. crim. 11 mai 1995, n° 94-83.574. Voir aussi cass. crim. 25 juin 2002, n° 01-85.441, s'agissant de dirigeants ayant joué un rôle actif dans l'élaboration d'une pétition s'opposant à la mise en place d'une section syndicale ; *JSL* n° 109, 8 octobre 2002, p. 25).

• Ni la loi du 27 décembre 1968 relative à l'exercice du droit syndical dans les entreprises, ni aucune autre disposition législative n'ont conféré à une section syndicale, simple émanation sans personnalité morale du syndicat, qualité pour ester en justice (CE 26 avril 1989, *D.* 1990 somm. 139 ; cass. soc. 22 mars 1979, *Dr. Soc.* 1980, p. 44, note J. Savatier). La section syndicale n'ayant pas « d'organe d'expression propre ni de volonté collective distincte du syndicat dont elle émane » ne jouit pas de la personnalité civile (cass. soc. 19 décembre 1990, n° 89-14.576, BC V n° 698).

(L. 2008-789 du 20 août 2008, art. 6, JO 21)

SECTION 2. **Représentant de la section syndicale**

Art. L. 2142-1-1. Chaque syndicat qui constitue, conformément à l'article L. 2142-1, une section syndicale au sein de l'entreprise ou de l'établissement de cinquante salariés ou plus peut, s'il n'est pas représentatif dans l'entreprise ou l'établissement, désigner un représentant de la section pour le représenter au sein de l'entreprise ou de l'établissement.

Le représentant de la section syndicale exerce ses fonctions dans le cadre des dispositions du présent chapitre. Il bénéficie des mêmes prérogatives que le délégué syndical, à l'exception du pouvoir de négocier des accords collectifs.

Le mandat du représentant de la section syndicale prend fin, à l'issue des premières élections professionnelles suivant sa désignation, dès lors que le syndicat qui l'a désigné n'est pas reconnu représentatif dans l'entreprise. Le salarié qui perd ainsi son mandat de représentant syndical ne peut pas être désigné à nouveau comme représentant syndical au titre d'une section jusqu'aux six mois précédant la date des élections professionnelles suivantes dans l'entreprise.

<u>Note</u> • Jusqu'à l'intervention de la loi du 20 août 2008, aucun texte ne prévoyait de disposition spécifique concernant la représentation d'une section syndicale. La création du représentant de la section syndicale correspond au souci des partenaires sociaux, puis du législateur, de donner aux syndicats non encore représentatifs dans l'entreprise ou l'établissement les moyens d'obtenir les résultats électoraux qui leur permettront d'établir leur représentativité au sein de l'entreprise ou de l'établissement (Position commune du 9 avril 2008 et rapport AN n° 992).

• La Cour de cassation a précisé les conditions requises du syndicat à l'origine de la désignation d'un représentant de la section syndicale :
– il résulte de la combinaison des articles L. 2142-1 et L. 2142-1-1 CT issus de la loi 2008-789 du 20 août 2008 que chaque syndicat qui satisfait aux critères de respect des valeurs républicaines et d'indépendance, qui est légalement constitué depuis au moins deux ans, dont le champ professionnel et géographique couvre l'entreprise concernée et qui constitue une section syndicale d'entreprise peut, s'il n'est pas représentatif dans l'entreprise, désigner un représentant de cette section (cass. soc. 8 juillet 2009, n° 09-60.012, BC V n° 182) ;
– il n'est ainsi pas exigé du syndicat qu'il remplisse les critères fixés par les articles L. 2121-1 et L. 2122-1 CT relatifs à la représentativité. Il suffit qu'à la date de la désignation, il réunisse les conditions fixées par les articles L. 2142-1 et L. 2142-1-1 CT. Il doit notamment compter au moins deux adhérents dans l'entreprise, l'article L. 2142-1 CT exigeant, pour la constitution d'une section syndicale, la présence de plusieurs, donc d'au moins deux adhérents dans l'entreprise (cass. soc. 8 juillet 2009, n° 08-60.599, BC V n° 181). L'un de ces deux adhérents peut être désigné en qualité de représentant de la section syndicale (cass. soc. 26 mai 2010, n° 09-60.278, BC V n° 117 ; *RJS* 8-9/10 n° 687). Voir note sous art. L. 2142.1 ;
– pour pouvoir désigner un représentant de la section syndicale dans un établissement, un syndicat n'a pas à rapporter la preuve de son implantation dans l'ensemble des sites composant cet établissement (cass. soc. 8 juillet 2009, n° 09-60.048, BC V n° 178) ;
– une union de syndicats, à laquelle la loi reconnaît la même capacité civile qu'aux syndicats eux-mêmes, peut désigner un représentant de section syndicale dans une entreprise dès lors qu'elle y a plusieurs adhérents, que son champ de compétence national et interprofessionnel couvre cette entreprise et que ses statuts ne lui interdisent pas d'y intervenir directement en l'absence d'organisation adhérente compétente dans le champ géographique et professionnel couvrant l'entreprise (cass. soc. 8 juillet 2009, n° 09-60.012, BC V n° 182) ;
– l'affiliation d'un syndicat à une union permet à cette dernière de se prévaloir des adhérents du syndicat pour constituer une section syndicale et en désigner un représentant (cass. soc. 13 janvier 2010, n° 09-60.155, BC V n° 13) ;
– en cas de litige, il incombe à l'employeur qui soutient que le syndicat ayant désigné un représentant de section syndicale ne satisfait pas au critère du respect des valeurs républicaines de le démontrer (cass. soc. 8 juillet 2009, n° 08-60.599, BC V n° 181).

Sur les arrêts rendus le 8 juillet 2009, voir notamment *JCP* éd. S 2009, 1416, 3e et 4e espèces, doctrine B. Gauriau ; *JCP* éd. S 2009, 1364, note Y. Pagnerre ; *Dr. Soc.* 2009, pp. 950 et s. : « La loi 2008-789 du 20 août 2008 : premières décisions de la Cour de cassation sur le droit syndical », de M-L Morin et rapport de L. Pécaut-Rivolier ; *RJS* 10/09 n° 810, 2e espèce ; *JSL* n° 262 du 16 septembre 2009, p. 19 : « Les conditions de constitution d'une section syndicale et de nomination d'un représentant syndical au CE », J-E Tourreil ; *RJS* 10/09 n° 815.

• Un syndicat peut désigner comme représentant de la section syndicale un salarié le représentant au sein du comité d'entreprise et dont le mandat a pris fin à la suite de la perte de représentativité de son organisation (cass. soc. 4 novembre 2009, n° 09-60.039, BC V n° 243 ; *LSQ* n° 15483 du 13 novembre 2009).

• Les dispositions légales n'autorisent la désignation par une organisation syndicale que d'un seul représentant de la section syndicale, quel que soit l'effectif de l'entreprise ou de l'établissement (cass. soc. 14 décembre 2010, n° 10-60.263, BC V n° 293).

• *Cadre de désignation.* L'existence d'une section syndicale permettant la désignation, soit d'un représentant de la section syndicale, lorsque le syndicat n'est pas représentatif, soit d'un délégué syndical, s'il l'est, le cadre de désignation de ces représentants syndicaux est nécessairement le même (cass. soc. 14 décembre 2010, n° 10-60.221, 2e moyen, BC V n° 292 ; *LS* Bref n° 15755 du 21/12/10). Par conséquent, lorsque la désignation des délégués syndicaux s'effectue au niveau de l'entreprise, il en est de même pour le représentant de section syndicale. Lorsque l'entreprise est composée d'établissements distincts d'au moins 50 salariés chacun, un représentant de section syndicale pourra être désigné au niveau de chaque établissement dans lequel le syndicat n'aura pas obtenu les suffrages suffisants pour être représentatif. Sur la possibilité pour un syndicat non représentatif de créer une section syndicale et de désigner un représentant de cette section soit au niveau de l'entreprise soit au niveau de chacun des établissements distincts, voir aussi cass. soc. 31 mai 2011, n° 10-25.688, *RJS* 8-9/11 n° 707, 3e espèce.

Par ailleurs, aucune disposition légale n'institue un représentant de section syndicale central. Il n'est donc pas possible pour un syndicat de désigner un représentant de la section syndicale sur le périmètre d'une entreprise lorsqu'il existe déjà des représentants de section au niveau des établissements distincts (cass. soc. 29 octobre 2010, n° 09-60.484, BC V n° 251 ; *LS* Bref n° 15729 du 15/11/10).

• *Deuxième alinéa.* Si, aux termes de ces dispositions, le représentant de la section syndicale bénéficie des mêmes prérogatives que le délégué syndical, il n'est pas – comme le délégué syndical – de droit représentant syndical au comité d'entreprise ou d'établissement. En effet, la désignation d'un représentant syndical au comité d'entreprise est une prérogative que la loi réserve aux syndicats qui ont obtenu une légitimité électorale, soit en étant reconnus représentatifs dans les entreprises de moins de trois cents salariés, soit en ayant des élus au comité d'entreprise dans les autres entreprises (cass. soc. 14 décembre 2011, n° 11-14.642, *LS* Bref n° 16001 du 21/12/11 ; *RJS* 1/12 n° 157 ; *Dr. Soc.* 2012, pp. 216 et s., obs. Fr. Petit).

Sur la possibilité pour le représentant de la section syndicale de négocier et conclure un accord d'entreprise ou d'établissement entre deux élections, dans les entreprises dépourvues de délégué syndical et n'ayant pas la possibilité de négocier avec des élus du personnel ou des salariés mandatés, voir article L. 2143-23.

• *Dernier alinéa.* Ces dispositions interdisent au représentant de section désigné par un syndicat qui échouerait à faire reconnaître sa représentativité aux élections professionnelles d'être à nouveau désigné comme représentant syndical au titre d'une section jusqu'aux six mois précédant la date des élections professionnelles suivantes dans l'entreprise. Selon les travaux parlementaires (rapport Sénat n° 470), il s'agit d'empêcher qu'un salarié, ne parvenant pas à faire établir la représentativité de son organisation aux élections, continue de bénéficier de tous les droits et protections liés au statut de représentant de section, alors même que les salariés refusent de lui accorder la représentativité.

Les premières élections professionnelles à prendre en considération pour déterminer la fin du mandat du représentant de la section syndicale étant nécessairement celles pour lesquelles la date fixée pour la première réunion de la négociation du protocole d'accord préélectoral est postérieure à la publication de la loi du 20 août 2008, le mandat d'un représentant de section syndicale doit se poursuivre après des élections pour lesquelles la négociation de l'accord préélectoral avait eu lieu avant la publication de la loi (TI de Boissy-Saint-Léger, 26 janvier 2009, n° 11-08-001151, *RJS* 7/09 n° 642).

Voir aussi circulaire DGT 20 du 13 novembre 2008 (fiche n° 4) ; Fr. Duquesne : « Un délégué syndical en devenir : le nouveau représentant de la section syndicale », *Dr. Soc.* 2008, pp. 1084 et s.

Art. L. 2142-1-2. Les dispositions des articles L. 2143-1 et L. 2143-2 relatives aux conditions de désignation du délégué syndical, celles des articles L. 2143-7 à L. 2143-10 et des deuxième et troisième alinéas de l'article L. 2143-11 relatives à la publicité, à la contestation, à l'exercice et à la suppression de son mandat et celles du livre IV de la présente partie relatives à la protection des délégués syndicaux sont applicables au représentant de la section syndicale.

Note ***Conditions de désignation :*** du fait du renvoi aux articles L. 2143-1 et 2, le salarié doit, pour être désigné en qualité de représentant de la section syndicale, avoir 18 ans révolus, travailler dans l'entreprise depuis un an au moins (six mois pour les salariés temporaires dans les entreprises de travail temporaire et quatre mois en cas de création d'entreprise ou d'ouverture d'établissement) et n'avoir fait l'objet d'aucune interdiction, déchéance ou incapacité relative à ses droits civiques. Voir note sous article L. 2143-1.

Auteur de la désignation : la loi du 20 août 2008 ayant conféré aux organisations syndicales non représentatives dans une entreprise la faculté d'y créer une section syndicale et d'y désigner un représentant de la section, l'organe interne de l'organisation habilité à désigner des représentants syndicaux dans les entreprises est, tant que les statuts ne l'ont pas expressément exclu, habilité à désigner un représentant de la section syndicale. Après avoir constaté que les statuts d'un syndicat, antérieurs à la loi précitée, habilitaient le secrétaire général de cette organisation à procéder à la désignation de délégués syndicaux et de représentants syndicaux au comité d'entreprise, c'est à bon droit qu'un tribunal d'instance a retenu qu'il pouvait également procéder à la désignation d'un représentant d'une section syndicale (cass. soc. 18 novembre 2009, n° 09-65.639, BC V n° 263).

Formalités de désignation : les formalités sont identiques à celles prévues pour la désignation d'un délégué syndical : information de l'employeur par LRAR ou par lettre remise contre récépissé, affichage sur les panneaux réservés aux communications syndicales, envoi à l'inspecteur du travail de la copie de la communication adressée à l'employeur. Ces mêmes formalités s'appliquent à la fin du mandat. Voir articles L. 2143-7 et D. 2143-4 et notes sous ces articles.

Comme pour le délégué syndical, la lettre de désignation du représentant de la section syndicale doit préciser, à peine de nullité, soit l'entreprise, soit l'établissement lieu de la désignation. En effet, cette lettre fixe le cadre de cette désignation et, par conséquent, les limites d'un éventuel litige, et le juge ne peut apprécier la validité de la désignation en dehors du cadre défini par cette lettre (cass. soc. 8 juillet 2009, n° 09-60.048, précité ; 18 novembre 2009, n° 09-60.033, *LS* Jurispr. n° 257/2009 du 21/12/2009).

Contestation de la désignation : cet article alignant les règles relatives à la contestation de la désignation du représentant de la section syndicale sur celles prévues pour la contestation de la désignation du délégué syndical, voir articles L. 2143-8 et R. 2143-5 et notes sous ces articles.

Suppression du mandat en raison de la réduction de l'effectif : du fait du renvoi à l'article L. 2143-11, al. 2 et 3, le mandat de représentant de la section syndicale est supprimé en cas de réduction importante et durable de l'effectif en dessous de 50 salariés ; la suppression du mandat est subordonnée à un accord entre l'employeur et l'ensemble des organisations syndicales représentatives ou, à défaut, une décision du Direccte. Voir article L. 2143-11 et note sous cet article.

Protection : cet article étend au représentant de la section syndicale la protection accordée au délégué syndical en matière de licenciement ; l'autorisation préalable de l'inspecteur du travail est donc requise. À noter cependant que le représentant de la section syndicale ne figure pas sur la liste des salariés protégés figurant à l'article L. 2411-1.

Art. L. 2142-1-3. Chaque représentant de la section syndicale dispose d'un temps nécessaire à l'exercice de ses fonctions. Ce temps est au moins égal à quatre heures par mois. Les heures de délégation sont de plein droit considérées comme temps de travail et payées à l'échéance normale.

L'employeur qui entend contester l'utilisation faite des heures de délégation saisit le juge judiciaire.

Note Les dispositions de cet article ne sont applicables que dans les entreprises ou établissements de 50 salariés ou plus. Dans les entreprises de moins de 50 salariés, si un délégué du personnel a été désigné comme représentant de la section syndicale, l'intéressé ne dispose pas de crédit d'heures spécifique, sauf disposition conventionnelle contraire. Voir ci-dessous article L. 2142-1-4.

Art. L. 2142-1-4. Dans les entreprises qui emploient moins de cinquante salariés, les syndicats non représentatifs dans l'entreprise qui constituent une section syndicale peuvent désigner, pour la durée de son mandat, un délégué du personnel comme représentant de la section syndicale. Par disposition conventionnelle, ce mandat de représentant peut ouvrir droit à un crédit d'heures. Le temps dont dispose le délégué du personnel pour l'exercice de son mandat peut être utilisé dans les mêmes conditions pour l'exercice de ses fonctions de représentant de la section syndicale.

Note Dans les entreprises de moins de 50 salariés, le représentant de la section syndicale doit être choisi parmi les délégués, du personnel même si la convention collective applicable abaisse le seuil d'effectif minimum de 50 salariés prévu par la loi pour la désignation des délégués syndicaux (cass. soc. 26 mai 2010, n° 09-60.243, BC V n° 115 ; *LS* Bref n° 15624 du 4/06/10 ; *RJS* 8-9/10 n° 686).

SECTION 3. **Cotisations syndicales**

Art. L. 2142-2. La collecte des cotisations syndicales peut être réalisée à l'intérieur de l'entreprise.

Note Cet article autorise la collecte des cotisations pendant le temps et sur les lieux de travail selon des modalités acceptées par les parties (circ. DRT 1984/13 du 30 novembre 1984).

SECTION 4. **Affichage et diffusion des communications syndicales**

Art. L. 2142-3. L'affichage des communications syndicales s'effectue librement sur des panneaux réservés à cet usage, distincts de ceux affectés aux communications des délégués du personnel et du comité d'entreprise.

Un exemplaire des communications syndicales est transmis à l'employeur, simultanément à l'affichage.

Les panneaux sont mis à la disposition de chaque section syndicale suivant des modalités fixées par accord avec l'employeur.

Note Si l'interdiction faite à un délégué syndical d'afficher des informations de son syndicat sur les panneaux prévus à cet effet était licite par suite de l'annulation de la désignation de ce délégué, une cour d'appel ne pouvait, sans contradiction, considérer que n'était pas constitutive du délit d'entrave l'interdiction de l'employeur antérieure à cette annulation (cass. crim. 27 février 1990, n° 88-83.594, *RJS* 4/90 n° 317).

Art. L. 2142-4. Les publications et tracts de nature syndicale peuvent être librement diffusés aux travailleurs de l'entreprise dans l'enceinte de celle-ci aux heures d'entrée et de sortie du travail.

Note Constitue un tract un document remis sous enveloppe qui concerne les conditions de travail et contient une invitation à une réunion syndicale (cass. soc. 31 mars 1998, n° 96-41.876, BC V n° 192). S'appuyant sur une interprétation littérale de la loi, la Cour de cassation a jugé que la distribution de tracts syndicaux n'était pas licite alors que les employés n'étaient pas présents dans l'entreprise (dépôts sur le bureau de personnels absents) ou bien lorsqu'elle était faite à des moments ne pouvant être considérés comme des heures d'entrée et de sortie du personnel (une demi-heure après le début du travail) (cass. soc. 27 mai 1997, n° 95-14.850, BC V n° 193 ; *RJS* 7/97 n° 832, concl. Y. Chauvy, p. 507). La Cour de cassation rappelle qu'en l'espèce, la preuve d'un usage de l'entreprise autorisant la distribution de tracts selon les modalités en cause n'avait pas été rapportée. Voir l'appréciation critique de J. Savatier, *Dr. Soc.* 1997, p. 760.

Les pauses accordées sur les lieux du travail, dans l'enceinte de l'entreprise, sous l'autorité et la surveillance de l'employeur ne sauraient être, même si elles ne sont pas comptées dans la durée du travail, assimilées à des heures d'entrée et de sortie du travail durant lesquelles la libre diffusion des tracts de nature syndicale est autorisée (cass. crim. 12 février 1979, n° 77-93.799, B. crim. n° 62 ; cass. soc. 8 juillet 1982, n° 81-14.176, BC V n° 478). La preuve d'un usage autorisant une distribution de tracts à l'intérieur de la cafétéria n'étant pas rapportée, une cour d'appel en a justement déduit que des salariés ayant procédé à cette distribution pendant le temps du repas, en dépit des observations qui avaient été faites par l'employeur, avaient commis une faute disciplinaire (cass. soc. 20 octobre 1988, n° 85-46.050). Sur les modalités de la diffusion, voir aussi cass. crim. 27 novembre 1973, n° 73-90.495, B. crim. n° 437 ; 21 février 1979, n° 77-92.618, B. crim. n° 81.

L'affichage syndical et la distribution de publications syndicales ne doivent pas apporter de trouble injustifié à l'exécution normale du travail ; des adaptations nécessaires peuvent et doivent être recherchées par voie conventionnelle. Tel est le sens de plusieurs réponses ministérielle à des questions concernant les difficultés d'application de cet article (rép. QE 11029, JO AN 18 mai 1998, p. 2791 ; 10942 et 23236, JO AN 15 novembre 1999, pp. 6577 et 6582).

Les dispositions de cet article, qui se bornent à organiser la diffusion des tracts par les syndicats professionnels aux travailleurs à l'intérieur de l'entreprise, ne sont pas applicables à une diffusion de tracts à l'extérieur de l'entreprise (cass. soc. 28 février 2007, n° 05-15.228, BC V n° 37 ; *JSL* n° 209, 11 avril 2007, p. 9, obs. M. Hautefort ; *RJS* 5/07 n° 628 ; *JCP* éd. S 2007, 1445, note B. Gauriau ; *RDT*, Juillet/Août 2007, CH, 466, E. Pelskine). Dans le même sens, voir aussi cass. soc. 18 janvier 2011, n° 09-12.240 (*RJS* 4/11 n° 345 ; *RDT*, mars 2011, CH, 190, M. Grévy), précisant que ne sont inclus dans l'enceinte de l'entreprise ni la voie publique, ni les parties communes de l'immeuble où l'entreprise occupe des locaux ni l'établissement d'un client au sein duquel des salariés de l'entreprise effectuent des missions.

Art. L. 2142-5. Le contenu des affiches, publications et tracts est librement déterminé par l'organisation syndicale, sous réserve de l'application des dispositions relatives à la presse.

Note

• La limite, fixée par les dispositions relatives à la presse, concerne essentiellement les cas de diffamation, d'injures, de provocations et de fausses nouvelles. Un texte publié dans une revue syndicale et contenant des attaques personnelles excède les limites admissibles d'une polémique née d'un conflit social ; la chambre criminelle a retenu le délit de diffamation (cass. crim. 23 novembre 1993, n° 90-86.396, B. crim. n° 351 ; *RJS* 2/94 n° 161).

• Ont à bon droit décidé que la mesure de licenciement prise par l'employeur était justifiée les juges qui ont estimé que les termes d'une affiche apposée sur le panneau réservé aux communications syndicales démontraient, de la part de son auteur, une intention malveillante à caractère nettement diffamatoire et qui ont constaté que le salarié avait personnellement commis une faute, peu important que le syndicat ait pu engager également sa responsabilité en donnant l'ordre de procéder à l'affichage (cass. soc. 16 octobre 1985, n° 82-42.984, BC V n° 461).

• L'employeur ne dispose pas d'un droit de contrôle sur la teneur des communications affichées par les syndicats sur les panneaux réservés à cet usage et il lui appartient, s'il conteste la finalité de ces communications, de saisir la justice pour obtenir la suppression de l'affichage prétendument irrégulier (cass. crim. 19 février 1979, n° 78-91.400, B. crim. n° 73 ; pour les délégués du personnel, cass. crim. 8 mai 1968, n° 67-92.659, B. crim. n° 145).

• Les décisions rendues en la matière ont fait apparaître que les juges du fond ont considéré que si la nouvelle formulation de l'objet des syndicats a réalisé un élargissement de celui-ci, elle « ne les autorise cependant pas à se substituer aux partis politiques en accomplissant des actions essentiellement politiques » (consignes de vote pour des élections municipales : CA Pau, 23 février 1984, *Dr. Ouvr.* 1984, p. 479 ; s'agissant de tracts à caractère jugé diffamatoire, voir notamment cass. crim. 18 juin 1985, n° 84-90.045, B. crim. n° 234).

• Lorsque des tracts sont distribués au seul personnel de l'entreprise, le délit de diffamation par voie de presse n'est pas constitué, dans la mesure où fait défaut l'élément de publicité requis par la loi de 1881 (voir notamment TI Lorient 25 avril 1985, *Dr. Ouvr.* 1985, p. 366).

• *Communication des syndicats sur Internet.* Il résulte de l'article 10 § 2 de la Convention européenne de sauvegarde des droits de l'homme et des libertés fondamentales et de l'article 1er de la loi 2004-575 du 21 juin 2004 que si un syndicat a le droit de communiquer librement des informations au public sur un site Internet, cette liberté peut être limitée dans la mesure de ce qui est nécessaire pour éviter que la divulgation d'informations confidentielles porte atteinte aux droits des tiers. C'est donc à tort qu'une cour d'appel a rejeté la demande d'une société tendant à voir ordonner la suppression de certaines rubriques figurant sur le site Internet créé par un syndicat qui contenaient des informations sur la société, sans rechercher si ces informations avaient un caractère confidentiel ni si ce caractère était de nature à justifier l'interdiction de leur divulgation au regard des intérêts légitimes de l'entreprise (cass. soc. 5 mars 2008, n° 06-18.907, BC V n° 55 ; *RJS* 5/08 n° 563 ; *JCP* éd. S 2008, 1600, note B. Gauriau).

Art. L. 2142-6. Un accord d'entreprise peut autoriser la mise à disposition des publications et tracts de nature syndicale, soit sur un site syndical mis en place sur l'intranet de l'entreprise, soit par diffusion sur la messagerie électronique de l'entreprise. Dans ce dernier cas, cette diffusion doit être compatible avec les exigences de bon fonctionnement du réseau informatique de l'entreprise et ne doit pas entraver l'accomplissement du travail.

L'accord d'entreprise définit les modalités de cette mise à disposition ou de ce mode de diffusion, en précisant notamment les conditions d'accès des organisations syndicales et les règles techniques visant à préserver la liberté de choix des salariés d'accepter ou de refuser un message.

Note Cet article est issu de la loi du 4 mai 2004 relative au dialogue social qui a officialisé la possibilité pour les organisations syndicales, après autorisation par accord d'entreprise, de mettre à disposition des salariés des publications et tracts de nature syndicale soit sur un site syndical mis en place sur l'intranet de l'entreprise, soit par diffusion sur la messagerie électronique de l'entreprise.

La Cour de cassation a précisé que :
- la diffusion de tracts et de publications syndicaux sur la messagerie électronique que l'entreprise met à la disposition des salariés n'est possible qu'à la condition soit d'être autorisée par l'employeur, soit d'être organisée par voie d'accord d'entreprise (cass. soc. 25 janvier 2005, n° 02-30.946, BC V n° 19 ; *RJS* 4/05 n° 404 ; *Dr. Soc.* 2005, pp. 705 et s., obs. L. Saintel et G. Tangy) ;
- un message syndical envoyé dans les seules boîtes électroniques des responsables d'agence ne caractérise pas une diffusion de tracts au sens de cet article. L'accord collectif qu'il impose afin d'autoriser l'usage de la messagerie professionnelle n'est donc pas nécessaire (cass. soc. 10 janvier 2012, n° 10-18.558) ;
- la convention ou l'accord collectif visant à faciliter la communication des organisations syndicales, notamment par l'intermédiaire d'un réseau intranet ne peut, sans porter atteinte au principe d'égalité, être limité aux seuls syndicats représentatifs et doit bénéficier à tous les syndicats ayant constitué une section syndicale ; en effet, en vertu des articles L. 2142-3 à 7, l'affichage et la diffusion des communications syndicales à l'intérieur de l'entreprise sont liés à la constitution d'une section syndicale, laquelle n'est pas subordonnée à une condition de représentativité (cass. soc. 21 septembre 2011, n° 10-19.017, *RJS* 11/11 n° 885 ; 11 janvier 2012, n° 11-14.292, 2^d^ moyen, *LS* Jurispr. n° 17/2012 du 24/01/12) ;
- l'accord d'entreprise mettant à la disposition des organisations syndicales la messagerie électronique interne pour la publication d'informations syndicales peut subordonner cette faculté à l'existence d'un lien entre le contenu des communications et la situation sociale existant dans l'entreprise (cass. soc. 22 janvier 2008, n° 06-40.514, BC V n° 14 ; *JCP* éd. S 2008, 1254, note B. Gaurin ; *Dr. Soc.* 2008, p. 505, obs. P-Y Verkindt ; *JSL* n° 228, 25 février 2008, p. 8, obs. M. Hautefort).

Dans une lettre du 25 mai 2004, la CNIL a rappelé les règles à respecter :
– l'accès par les syndicats à l'intranet et à la messagerie électronique de l'entreprise n'est légitime que si sa mise en œuvre résulte d'une négociation, désormais obligatoire ;
– les adresses de messagerie électronique des salariés ne peuvent pas être utilisées pour d'autres raisons que la mise à disposition de publications et tracts de nature syndicale ;
– les salariés doivent être clairement et préalablement informés de cette utilisation afin de pouvoir manifester leur accord ou leur opposition à l'envoi de tout message syndical sur leur messagerie professionnelle. L'accord conclu doit donc préciser les modalités d'exercice de ce droit d'opposition.

Il est en outre recommandé que le caractère syndical du message soit systématiquement mentionné en objet du message électronique, de façon à informer les salariés quant à l'origine et à la nature du message ;
– l'accord conclu devrait rappeler l'obligation de confidentialité à laquelle employeurs et syndicats sont tenus et organiser les mesures de sécurité pour assurer, le cas échéant, la confidentialité des échanges électroniques entre salariés et syndicats ; afin d'éviter toute possibilité d'utilisation détournée, l'employeur ne devrait pas pouvoir exercer de contrôle sur les listes de diffusion des syndicats. En effet, celles-ci sont susceptibles de révéler l'opinion favorable d'un salarié à l'égard d'une organisation, voire son appartenance à un syndicat déterminé, sur la base du choix opéré par ce salarié quant à son acceptation ou son refus de recevoir des messages à caractère syndical ;
– les dispositions légales ne concernent pas l'accès par les instances représentatives du personnel (CE, CHSCT, DP) aux moyens informatiques de l'entreprise. La CNIL considère néanmoins qu'un tel accès devrait être reconnu et organisé selon les mêmes modalités.

Art. L. 2142-7. Dans les entreprises de travail temporaire, les communications syndicales portées sur le panneau d'affichage sont remises aux salariés temporaires en mission ou adressées par voie postale, aux frais de l'entrepreneur de travail temporaire, au moins une fois par mois.

Note La remise des informations prévues à cet article est insuffisamment assurée par l'intermédiaire d'un présentoir et une ETT doit informer ses salariés temporaires en mission des communications syndicales portées sur le panneau d'affichage soit par voie postale, soit par tout moyen de transmission individualisé de son choix (TGI Paris, 1re ch., 2 avril 1990, *RJS* 11/90 n° 938).

SECTION 5. Local syndical

Art. L. 2142-8. Dans les entreprises ou établissements de plus de deux cents salariés, l'employeur met à la disposition des sections syndicales un local commun convenant à l'exercice de la mission de leurs délégués.

(L. 2008-789 du 20 août 2008, art. 6, JO 21) « Dans les entreprises ou établissements de mille salariés et plus, l'employeur met en outre à la disposition de chaque section syndicale constituée par une organisation syndicale représentative dans l'entreprise ou l'établissement un local convenable, aménagé et doté du matériel nécessaire à son fonctionnement. »

Note • Le local syndical ne saurait se confondre avec celui des délégués du personnel, et le chef d'entreprise qui ne réserve qu'un local à l'usage commun des délégués du personnel et des sections syndicales commet un délit d'entrave à l'exercice du droit syndical (cass. crim. 23 janvier 1979, n° 78-92.407, B. crim. n° 33). Des accords peuvent cependant prévoir l'utilisation par les sections syndicales des locaux du comité d'entreprise ou des délégués du personnel (cass. crim. 9 novembre 1971, n° 70-92.884, B. crim. n° 305 ; *D.* 1972, 334, note J-M Verdier).

• Porte atteinte à la liberté syndicale l'employeur qui déplace d'office, sans autorisation judiciaire préalable le local syndical malgré l'opposition d'un syndicat (cass. soc. 13 janvier 2010, n° 08-19.917, BC V n° 11 ; *RJS* 3/10 n° 272 ; *RDT*, mars 2010, CH, 178, M. Grévy). Dans cette affaire, l'employeur avait transféré les locaux syndicaux dans une annexe située dans l'enceinte de l'entreprise, nécessitant pour les personnes souhaitant s'y rendre de passer sous un portique électronique, de présenter un badge et de subir éventuellement une fouille, sans que de telles mesures soient justifiées par des impératifs de sécurité et proportionnées au but recherché. Voir aussi précédemment cass. soc. 26 septembre 2007, n° 06-13.810, BC V n° 143, rendu dans la même affaire, ayant jugé qu'une telle mesure constituait un trouble manifestement illicite.

Second alinéa : dans les entreprises de mille salariés et plus, seules les organisations syndicales représentatives ont droit à un local particulier. Lors des travaux parlementaires (rapport Sénat n° 470), il a été précisé que les organisations syndicales dont la représentativité n'a pas encore été prouvée bénéficieront quant à elles d'un local commun. Il s'agit d'éviter que les grandes entreprises se voient submerger de demandes de local par des organisations qui, du moins au départ, ne représenteraient qu'elles-mêmes.

Art. L. 2142-9. Les modalités d'aménagement et d'utilisation par les sections syndicales des locaux mis à leur disposition sont fixées par accord avec l'employeur.

Note

• Lorsque l'entreprise est fermée, l'employeur, en l'absence d'accord préalable conclu avec les organisations syndicales, peut, sans commettre d'entrave à l'exercice du droit syndical, interdire l'accès de l'entreprise, et notamment du local syndical, aux membres d'une section syndicale (cass. soc. 16 mars 1993, n° 91-84.767, B. crim. n° 118 ; *RJS* 6/93 n° 630).

• L'employeur qui a autorisé une section syndicale à faire usage d'une ligne téléphonique privative directe ne peut s'opposer à la mise sur cette ligne d'un répondeur automatique (cass. soc. 27 octobre 1981, n° 80-12.637, BC V n° 832).

SECTION 6. Réunions syndicales

Art. L. 2142-10. Les adhérents de chaque section syndicale peuvent se réunir une fois par mois dans l'enceinte de l'entreprise en dehors des locaux de travail suivant des modalités fixées par accord avec l'employeur.

Les sections syndicales peuvent inviter des personnalités syndicales extérieures à l'entreprise à participer à des réunions organisées par elles dans les locaux syndicaux mis à leur disposition en application de l'article L. 2142-8, ou, avec l'accord du chef d'entreprise, dans d'autres locaux mis à leur disposition.

Des personnalités extérieures autres que syndicales peuvent être invitées par les sections syndicales à participer à une réunion, avec l'accord de l'employeur.

Note

• Seuls les adhérents des sections syndicales constituées dans l'entreprise jouissent, en principe, de ce droit de réunion, mais on doit considérer qu'en fait, des « sympathisants » peuvent assister aux réunions mensuelles.

• Sur la distinction entre les réunions syndicales mensuelles (en dehors des heures de travail) et les réunions de grévistes qui peuvent se tenir pendant le temps de travail, voir cass. crim. 9 novembre 1971, n° 70-92.884, B. crim. n° 305 ; *D.* 1972, p. 334, 2e espèce, note J-M Verdier ; cass. soc. 4 juillet 1972, n° 71-40.592, BC V n° 482 ; 16 mai 1973, n° 72-40.541, BC V n° 301 ; 11 janvier 1979, n° 77-41.763, BC V n° 26 ; voir aussi 8 novembre 1988, n° 85-45.100, BC V n° 575.

• C'est à tort qu'une cour d'appel a annulé la sanction prononcée contre un délégué du personnel et un délégué syndical ayant organisé, dans le local syndical pendant les heures de travail, une réunion à laquelle assistaient les représentants du personnel affiliés à la CGT ainsi que deux dirigeants de ce syndicat qu'ils avaient fait pénétrer dans l'entreprise malgré l'interdiction de l'employeur au motif qu'il s'agissait d'une rencontre privée des élus de la CGT avec des dirigeants de ce syndicat dans le cadre du libre exercice du droit syndical dans l'entreprise, alors que s'il s'était agi d'une réunion syndicale elle n'aurait pu se tenir pendant les heures de travail et que si elle était considérée comme réunion privée, l'employeur tenait de son pouvoir de direction le droit d'interdire l'entrée de l'entreprise à des personnes qui lui étaient étrangères (cass. soc. 8 janvier 1981, n° 79-41.236, BC V n° 23).

• L'objet des réunions n'est pas précisé mais il ne peut s'écarter de celui assigné aux syndicats eux-mêmes (art. L. 2131-1 et L. 2142-1).

La loi du 28 octobre 1982 a ouvert aux sections syndicales la possibilité d'organiser des réunions avec des personnalités extérieures, réunions qui doivent également se tenir en dehors du temps de travail des participants. Elle a établi à cet égard les distinctions suivantes :

– si les personnalités extérieures invitées sont des personnalités syndicales, l'accord du chef d'entreprise n'est pas requis si la réunion se tient dans les locaux affectés aux sections syndicales ; il est requis, par contre, si la réunion doit se tenir dans un local qui serait mis à la disposition de la section syndicale à cet effet. Dès lors, dans les entreprises comptant moins de 201 salariés, qui ne disposent pas obligatoirement d'un local, l'accord du chef d'entreprise sera requis pour que puisse se tenir, à l'initiative de la section syndicale, une réunion faisant appel à une ou des personnalités syndicales extérieures, sauf si un local a été mis à la disposition des sections syndicales ;

– si les personnalités extérieures invitées ne sont pas des personnalités syndicales, l'accord du chef d'entreprise est requis dans tous les cas.

Que faut-il entendre par « personnalité syndicale extérieure » ? Quoique des amendements tendant à substituer l'expression de « dirigeants syndicaux » à celle de « personnalités syndicales » aient été repoussés lors des débats parlementaires, on doit penser qu'il s'agira dans la pratique de militants, de dirigeants d'unions interprofessionnelles, de secrétaires fédéraux ou confédéraux. Le simple militant syndical ou même le délégué syndical d'une entreprise extérieure peut participer aux réunions visées au 2e alinéa de l'article L. 412-10 [L. 2142-10] (rép. QE 14834, JO Sén. 16 février 1984, p. 221).

Quant aux personnalités non syndicales, il peut s'agir de personnalités politiques ou de personnalités du monde universitaire, administratif, voire industriel.

Voir aussi cass. crim. 11 mai 1989, n° 87-84.544, B. crim. n° 197 ; *RJS* 7/89 n° 600.

Art. L. 2142-11. Les réunions syndicales ont lieu en dehors du temps de travail des participants à l'exception des représentants du personnel qui peuvent se réunir sur leur temps de délégation.

CHAPITRE III

Délégué syndical

SECTION 1. Conditions de désignation

Note • La loi 2008-789 du 20 août 2008 (JO 21) a modifié sensiblement les règles de désignation des délégués syndicaux. Toutefois, une période transitoire est aménagée jusqu'aux résultats des premières élections professionnelles organisées dans l'entreprise ou l'établissement dont la date fixée pour la négociation du protocole préélectoral est postérieure au 21 août 2008, date de publication de la loi. Dans l'attente de ces élections, de nouveaux délégués syndicaux peuvent, le cas échéant, être désignés par les syndicats représentatifs à la date de publication de la loi et conformément aux règles en vigueur antérieurement à celle-ci (voir note sous chapitre II « Syndicats représentatifs ».

Sur les nouvelles conditions de désignation et leur date d'entrée en vigueur, voir article L. 2143-3 et note sous cet article.

• Dans le cadre de la période transitoire prévue par la loi du 20 août 2008, la Cour de cassation a jugé que « dès lors qu'un salarié remplit les conditions prévues par la loi, il n'appartient qu'au syndicat désignataire d'apprécier si ce salarié est en mesure de remplir sa mission, peu important l'appartenance successive à plusieurs syndicats (cass. soc. 13 janvier 2010, n° 09-60.108, BC V n° 12 ; *SSL* 18 janvier 2010, n° 1429 p 6, L. Pécaut-Rivolier « Loi du 20 août 2008 : nouvelle salve d'arrêts »).

Sous-section 1. Conditions d'âge et d'ancienneté

Art. L. 2143-1. Le délégué syndical doit être âgé de dix-huit ans révolus, travailler dans l'entreprise depuis un an au moins et n'avoir fait l'objet d'aucune interdiction, déchéance ou incapacité relative à ses droits civiques.

Ce délai d'un an est réduit à quatre mois en cas de création d'entreprise ou d'ouverture d'établissement.

Note

• **Travail dans l'entreprise.** Un salarié ne peut être désigné en qualité de délégué syndical si, à la date de la désignation, il ne travaillait plus dans l'entreprise (cass. soc. 18 juillet 2000, n° 98-60.600). Un délégué syndical ne peut être désigné pour un établissement autre que celui dans lequel il travaille (cass. soc. 14 février 1980, n° 79-60.317, BC V n° 156 ; cass. ch. mixte 28 février 1986, n° 84-60.724, BC n° 4).

Il n'est pas exigé que le travail ait été exercé uniquement de façon sédentaire dans l'entreprise et non à l'extérieur de celle-ci (cass. soc. 17 mars 1976, n° 75-60.180, BC V n° 187).

Peut aussi être désigné un salarié en cours de préavis, sans toutefois que cette désignation puisse modifier la date d'expiration du contrat de travail (cass. soc. 1er juin 1976, n° 75-60.205, BC V n° 342). Peu importe que le salarié ait été dispensé d'effectuer son préavis. Statuant sur la contestation de la désignation d'un salarié en qualité de représentant syndical au comité d'établissement, la Cour de cassation a en effet décidé que la désignation pouvait intervenir après le licenciement pendant toute la période du préavis et pour sa durée, le contrat de travail ne prenant fin qu'à l'expiration de celui-ci (cass. soc. 29 octobre 2003, n° 02-60.638, BC V n° 269 ; *JSL* nos 135-136 du 18 décembre 2003, p. 23).

Salariés mis à disposition : la Cour de cassation avait déjà reconnu qu'un fonctionnaire détaché auprès d'un organisme de droit privé pouvait y être désigné comme délégué syndical s'il travaillait pour le compte de cet organisme dans un rapport de subordination (cass. soc. 5 mars 1997, n° 96-60.041, BC V n° 99 ; *RJS* 5/97 n° 564). Elle considère maintenant que la mise à disposition d'un salarié a pour effet de l'intégrer à la communauté des travailleurs de l'entreprise d'accueil et de lui permettre de participer à l'exercice du droit syndical ; dès l'instant qu'il remplit les conditions nécessaires, un salarié détaché peut donc être désigné comme délégué syndical dans l'entreprise d'accueil (cass. soc. 30 mai 2001, n° 99-60.466, BC V n° 194 ; *RJS* 10/01 n° 1157). L'exigence d'un rapport de subordination est ainsi remplacée par celle de l'intégration du salarié mis à disposition dans la communauté des travailleurs de l'entreprise d'accueil.

À noter qu'un salarié mis à disposition conserve la possibilité d'être désigné en qualité de délégué syndical dans son entreprise d'origine, dès lors qu'il en demeure le salarié : il n'appartient en effet qu'aux organisations syndicales qui utilisent les facultés de désignation offertes par la loi d'apprécier si un salarié, détaché au sein d'une autre structure, est en mesure d'accomplir sa mission syndicale au sein de son entreprise d'origine. Est donc valide la désignation d'un salarié en qualité de délégué syndical au sein de son entreprise d'origine effectuée 3 ans après son détachement au sein d'un groupement d'intérêt économique dès lors qu'à la date de cette désignation, il était toujours salarié de l'entreprise (cass. soc. 27 mai 2009, n° 08-60.569, BC V n° 140 ; *JSL* n° 259, 13 juillet 2009, p. 22 ; *RJS* 8-9/09 n° 732 ; *RDT*, septembre 2009, CH, 530, E. Peskine).

Maîtres de l'enseignement privé. Intégrés de façon étroite et permanente dans la collectivité de travail de leur établissement, les maîtres de l'enseignement privé, dont le statut est défini par les articles L. 442-5 du code de l'éducation et L. 813-8 du code rural dans leur rédaction issue de la loi 2005-5 du 5 janvier 2005, entrent dans le champ d'application des dispositions de l'article L. 412-14 [L. 2143-1] CT relatives à la désignation des délégués syndicaux (cass. avis 15 janvier 2007, n° 0070002, BC n° 1 ; *RJS* 3/07 n° 391 ; *JSL* 13 mars 2007, p. 9, obs. M-Ch. Haller).

• Ancienneté. Il n'est pas exigé que le travail ait été effectué en vertu d'un seul contrat ; il peut l'avoir été par des contrats successifs et distincts. Peut être désignée toute personne qui travaille effectivement dans l'entreprise depuis au moins 1 an, peu important qu'elle ait travaillé en vertu de contrats successifs et distincts, séparés par une ou plusieurs périodes d'interruption, ou qu'elle travaille à temps partiel (cass. soc. 17 mars 1976, n° 75-60.180, BC V n° 187 ; 23 mars 1982, n° 81-60.932, BC V n° 215 ; 9 novembre 1982, n° 82-60.107, BC V n° 620 ; 15 mai 1991, n° 90-60.310, BC V n° 244 ; *RJS* 6/91 n° 723). Cependant, seules comptent les périodes effectuées dans le cadre d'un emploi salarié ; les périodes de stage ne sont pas prises en compte (cass. soc. 26 novembre 2003, n° 02-60.624, BC V n° 303 ; *RJS* 2/04 n° 226).

La suspension du contrat de travail ne fait pas perdre l'ancienneté. Ainsi, il a été jugé qu'un salarié, en invalidité et dont le contrat de travail était suspendu depuis plus d'un an, avait pu être valablement désigné en qualité de délégué syndical dès lors qu'à la date de sa désignation il travaillait dans l'entreprise depuis plus d'un an (cass. soc. 3 mars 2004, n° 03-60.152).

Le salarié protégé qui est réintégré dans son emploi après annulation d'une autorisation administrative de licenciement retrouve ses fonctions et son ancienneté (cass. soc. 23 juin 1999, n° 98-60.383, BC V n° 294).

L'ancienneté acquise par un salarié dans une société d'un groupe doit être prise en compte pour le calcul de l'ancienneté requise pour être désigné délégué syndical dans une autre société du groupe (cass. soc. 7 mars 2001, n° 99-60.442, BC V n° 75 ; *Dr. Soc.* 2001, pp. 569 et s., obs. J. Savatier ; *RJS* 7/07 n° 888).

Pour le calcul de l'ancienneté du salarié mis à la disposition d'une entreprise utilisatrice par une entreprise de travail temporaire et qui est, par la suite, embauché par l'entreprise utilisatrice, il faut prendre en compte la durée des missions effectuées dans celle-ci au cours des 3 mois précédant l'embauche (cass. soc. 12 février 1991, n° 90-60.354, BC V n° 65 ; *RJS* 3/91 n° 348).

Lorsque le salarié est passé au service de la société au sein de laquelle il a été désigné comme délégué syndical par l'effet de l'article L. 122-12 (ancien) CT, il convient de tenir compte de l'ancienneté acquise au service du précédent employeur pour vérifier que la condition d'ancienneté exigée par la loi est remplie (cass. soc. 28 novembre 2001, n° 00-60.320, *RJS* 3/02 n° 303). En revanche, lorsque le transfert d'une entité économique ne donne pas lieu à application de l'article L. 122-12, al. 2 (ancien) CT, l'ancienneté du salarié acquise au service du premier employeur ne peut être prise en compte pour déterminer les droits à être désigné comme délégué syndical au sein de la seconde entreprise (cass. soc. 30 mai 1996, n° 95-60.784, *RJS* 8-9/96 n° 902), sauf disposition conventionnelle prévoyant que le salarié conserve le bénéfice de son ancienneté en matière de représentation syndicale (cass. soc. 19 septembre 2007, n° 06-60.153, BC V n° 134 ; *RJS* 11/07 n° 1165).

Salarié déjà détenteur d'un mandat de représentant du personnel. Un salarié élu représentant du personnel, ou régulièrement candidat à ces fonctions, remplit par là même les conditions d'ancienneté et de présence dans l'entreprise pour être désigné délégué syndical ou représentant syndical au comité d'entreprise (cass. soc. 4 février 2004, n°s 02-60.028 et 02-60.066, BC V n°s 37 et 39 ; *RJS* 5/04 n° 626).

Lorsque la condition d'ancienneté n'est pas remplie le jour de la désignation, le juge ne peut, en cas de contestation, reporter la prise d'effet de la désignation au jour où cette condition se trouve réalisée (cass. soc. 29 mai 1991, n° 90-60.260).

La condition d'ancienneté et de travail dans l'entreprise, égale à un an au moins, est ramenée à quatre mois dans le cas de création d'entreprise ou d'ouverture d'établissement. Mais après l'expiration d'un délai d'un an, une entreprise cesse d'être nouvellement créée et le délégué syndical doit alors remplir la condition d'ancienneté d'un an (cass. soc. 25 janvier 1995, n° 94-60.049, *RJS* 3/95 n° 259).

• Incapacité électorale. Les salariés d'une entreprise sont présumés jouir de leurs droits civiques, sauf preuve contraire. Par suite, l'employeur ne peut exiger d'un délégué syndical la production d'un extrait du casier judiciaire en vue de contester sa désignation (cass. soc. 25 octobre 1978, n° 78-60.693, BC V n° 712). À noter que l'exclusion de la mention d'une condamnation au bulletin n° 2 du casier judiciaire comporte relèvement de toutes les interdictions, déchéances ou incapacités, de quelque nature qu'elles soient, résultant de cette condamnation (cass. soc. 4 février 1988, *Dr. Ouvr.* 1989, p. 58).

• **Fonctions incompatibles avec le mandat de délégué syndical.** Voir note sous article L. 2143-9.

• **Libre choix de la désignation.** Il n'appartient qu'aux organisations syndicales qui désignent un délégué syndical d'apprécier si un salarié ne travaillant pas en permanence dans l'entreprise sera en mesure d'y remplir sa mission syndicale (cass. soc. 5 novembre 1982, n° 82-60.171, BC V n° 604 ; 9 janvier 1985, n° 84-60.550, BC V n° 19 ; 9 avril 1987, n° 86-60.190, BC V n° 225 ; 4 décembre 1991, n° 90-60.533, BC V n° 555 ; *RJS* 2/92 n° 169 ; 17 juillet 1996, n° 95-60.896, BC V n° 295 ; *Dr. Soc.* 1996, p. 1105 ; *RJS* 8-9/96 n° 942 ; voir aussi cass. soc. 27 mai 2009, n° 08-60.569, BC V n° 140, s'agissant de la désignation dans son entreprise d'origine d'un salarié détaché auprès d'un GIE). La Cour de cassation rappelle que dans les cas où la loi permet la désignation d'un délégué syndical, elle ne l'impose pas. Un syndicat peut donc valablement désigner un délégué syndical qui ne travaille pas en permanence dans l'entreprise (ayant obtenu, en l'espèce, un congé de formation professionnelle entraînant son absence de l'établissement pendant une année scolaire, cass. soc. 5 mars 1997, n° 96-60.041, BC V n° 99 ; *RJS* 5/97 n° 564).

Un salarié ayant sollicité sa réintégration, bien que ne l'ayant pas encore obtenue, fait toujours partie du personnel de l'entreprise et peut être désigné comme délégué syndical (cass. soc. 17 juillet 1996, n° 95-60.896, BC V n° 295 ; *RJS* 8-9/96 n° 942 ; 10 décembre 1996, n° 95-60.958, *RJS* 1/97 n° 58). De même, c'est à bon droit qu'un tribunal d'instance a considéré qu'un délégué du personnel – dont le licenciement avait été prononcé à la suite d'une décision ministérielle d'autorisation annulée par un jugement du tribunal administratif déféré au Conseil d'État et en cours d'instruction et qui avait été réintégré provisoirement dans son emploi – pouvait être désigné comme délégué syndical jusqu'à nouvel ordre, sous réserve de l'effet rétroactif de l'arrêt à intervenir du Conseil d'État rendant inopérants, ou au contraire effectifs, l'autorisation ministérielle et le licenciement lui-même (cass. soc. 11 mars 1982, n° 81-60.906, BC V n° 173).

À noter que le salarié d'une entreprise de travail temporaire, dont le contrat conclu en vue de sa mise à disposition d'un utilisateur a pris fin, ne peut être désigné comme délégué syndical (cass. soc. 12 décembre 1979, n° 79-60.231, BC V n° 974).

Voir aussi note sous « Section I. Conditions de désignation ».

Art. L. 2143-2. Dans les entreprises de travail temporaire, la condition d'ancienneté pour être désigné délégué syndical est fixée à six mois pour les salariés temporaires. Elle est appréciée en totalisant les périodes pendant lesquelles ces salariés ont été liés à ces entreprises par des contrats de mission au cours des dix-huit mois précédant la désignation du délégué syndical. Ce délai est réduit à six mois en cas de création d'entreprise ou d'ouverture d'établissement.

Sous-section 2. **Conditions d'effectifs**

§ 1. Entreprises de cinquante salariés et plus

Art. L. 2143-3. ***(L. 2008-789 du 20 août 2008, art. 5, JO 21)*** « Chaque organisation syndicale représentative dans l'entreprise ou l'établissement de cinquante salariés ou plus, qui constitue une section syndicale, désigne parmi les candidats aux élections professionnelles qui ont recueilli au moins 10 % des suffrages exprimés au premier tour des dernières élections au comité d'entreprise ou de la délégation unique du personnel ou des délégués du personnel, quel que soit le nombre de votants, dans les limites fixées à l'article L. 2143-12, un ou plusieurs délégués syndicaux pour la représenter auprès de l'employeur.

S'il ne reste, dans l'entreprise ou l'établissement, plus aucun candidat aux élections professionnelles qui remplit les conditions mentionnées au premier alinéa, une organisation syndicale représentative peut désigner un délégué syndical parmi les autres candidats ou, à défaut, parmi ses adhérents au sein de l'entreprise ou de l'établissement. »

La désignation d'un délégué syndical peut intervenir lorsque l'effectif de cinquante salariés ou plus a été atteint pendant douze mois, consécutifs ou non, au cours des trois années précédentes.

Note CONDITIONS DE DÉSIGNATION DES DÉLÉGUÉS SYNDICAUX DANS LE CADRE DE LA LOI DU 20 AOÛT 2008

Conditions requises du délégué syndical

La loi 2008-789 du 20 août 2008 portant rénovation de la démocratie sociale a ajouté de nouvelles conditions pour la désignation des délégués syndicaux. Désormais, outre les conditions d'âge, de travail dans l'entreprise, d'ancienneté et de capacité électorale fixées par les articles L. 2143-1 et 2, le délégué syndical doit :
– être choisi parmi les candidats aux dernières élections professionnelles (comité d'entreprise, délégation unique du personnel ou délégués du personnel) ;

– avoir recueilli au moins 10 % des suffrages exprimés au premier tour, quel que soit le nombre de votants, ce score étant calculé sur le seul collège au sein duquel sa candidature a été présentée (cass. soc. 29 juin 2011, n° 10-19.921, *RJS* 10/11 n° 818). Pour calculer ce pourcentage, il convient de rapporter le nombre de voix obtenues sur son nom par le candidat au nombre de bulletins valables recueillis pour l'ensemble des listes dans son collège (circ. DGT 6 du 27 juillet 2011, Question - Réponse 5).

Ce score exigé d'un candidat pour sa désignation en qualité de délégué syndical est un score personnel : une fois les élections passées, le salarié conserve ses voix et peut être désigné comme délégué syndical par un syndicat représentatif autre que celui l'ayant présenté aux élections (cass. soc. 28 septembre 2011, n° 10-26.762, *LS* Bref n° 15949 du 5/10/11 ; *RJS* 12/11 n° 997).

Les élections à prendre en compte sont indifféremment celles concernant les membres du comité d'entreprise, la délégation unique du personnel ou les délégués du personnel, l'article L. 2143-3 n'opérant aucune priorité entre les scrutins, à la différence de l'article L. 2122-1 relatif à la représentativité des syndicats qui se réfère à la quantité de suffrages exprimés au 1er tour des dernières élections des titulaires au comité d'entreprise ou de la délégation unique du personnel ou, à défaut, des délégués du personnel, quel que soit le nombre des votants. Un salarié ayant été candidat à la fois à l'élection des délégués du personnel et à celle du comité d'entreprise et ayant obtenu 10 % des voix à l'élection des délégués du personnel remplit donc les conditions pour être désigné délégué syndical (cass. soc. 28 septembre 2011, n° 11-10.601, *JCP* éd. S 2011, 1509, note E. Jeansen ; *RJS* 12/11 n° 996).

En cas de transfert partiel d'entreprise, c'est-à-dire de transfert d'une entité économique autonome conservant son identité, emportant le maintien des mandats en cours – et non en cas de transfert de certains contrats de travail seulement –, le salarié peut se prévaloir du score de 10 % des suffrages exprimés qu'il a obtenu dans l'ancienne entreprise pour être désigné comme délégué syndical (cass. soc. 14 décembre 2011, n° 10-27.441, *LS* Jurispr. n° 253/2011 du 27/12/11 ; *Dr. Soc.* 2012, pp. 211 et s., obs. L. Pécaut-Riivolier).

S'agissant de l'obligation faite aux syndicats représentatifs de choisir en priorité le délégué syndical parmi les candidats ayant obtenu au moins 10 % des voix, la Cour de cassation a jugé qu'elle ne heurtait aucune prérogative inhérente à la liberté syndicale et que, tendant à assurer la détermination par les salariés eux-mêmes des personnes les plus aptes à défendre leurs intérêts dans l'entreprise et à conduire les négociations pour leur compte, elle ne constituait pas une ingérence arbitraire dans le fonctionnement syndical (cass. soc. 14 avril 2010, n° 09-60.426, 1er moyen du pourvoi de l'employeur et moyen du pourvoi du syndicat, BC V n° 100 ; *RJS* 6/10 n° 529). De son côté, le Conseil constitutionnel a jugé que ces dispositions étaient conformes à la Constitution (Cons. constit. 12 novembre 2010, n° 2010-63/64/65 QPC, JO 13).

Ainsi, à partir du moment où un syndicat dispose de candidats ayant obtenu au moins 10 % des suffrages exprimés au premier tour des dernières élections, il a l'obligation de désigner un délégué syndical parmi ceux-ci. Doit être cassé le jugement d'un tribunal d'instance qui, pour valider la désignation par un syndicat d'un délégué syndical n'ayant pas été candidat lors des dernières élections de la délégation unique du personnel organisées au sein d'une société, avait retenu que les élus de ce syndicat avaient adressé au directeur général une lettre faisant état de leur souhait de ne pas exercer le mandat de délégué syndical et avaient unanimement décidé de confier ce mandat au salarié désigné (cass. soc. 29 juin 2011, n° 10-60.394, *Dr. Soc.* 2011, p. 1130, obs. Fr. Petit ; 26 octobre 2011, n° 10-60.437).

Conditions requises du syndicat

Représentativité du syndicat : si la possibilité de désigner un ou plusieurs délégués syndicaux demeure réservée aux syndicats représentatifs, leur représentativité doit désormais être appréciée « dans l'entreprise ou dans les établissements de cinquante salariés ou plus » en vertu du principe de représentativité prouvée au niveau concerné. Sur ce point, voir, supra Chapitre II « Syndicats représentatifs », art. L. 2122-1 et s. et notes sous ces articles.

Constitution d'une section syndicale : pour désigner un délégué syndical dans une entreprise ou un établissement, un syndicat représentatif doit y avoir constitué une section syndicale comportant au moins deux adhérents (voir note sous cet article 2142-1). Lorsque la désignation est effectuée dans le cadre d'un établissement distinct, le syndicat doit avoir constitué, dans cet établissement, une section syndicale comportant au moins deux adhérents (cass. soc. 23 juin 2010, n° 09-60.438, BC V n° 150 ; *JCP* éd. S 2010, act. 357).

Entrée en vigueur et période transitoire. L'entrée en vigueur de cette réforme est liée à la première mesure de l'audience syndicale dans les entreprises, à savoir jusqu'aux résultats des premières élections professionnelles organisées dans l'entreprise ou l'établissement dont la date fixée pour la négociation du protocole préélectoral est postérieure au 21 août 2008, date de publication de la loi (loi 2008-789, art. 13). Jusqu'aux résultats de ces premières élections, les délégués syndicaux régulièrement désignés à la date du 21 août 2008 conservent leur mandat et leurs prérogatives. Une fois les élections passées, ces délégués conservent leur mandat et leurs prérogatives dès lors que toutes les conditions prévues par les articles L. 2143-3 et 6 dans leur rédaction issue de la loi du 20 août 2008 sont réunies.

Par ailleurs, jusqu'aux résultats de ces premières élections, chaque syndicat représentatif au 21 août 2008 peut désigner un salarié en qualité de délégué syndical selon les règles légales applicables dans leur rédaction antérieure à la loi du 20 août 2008. Il doit toutefois justifier d'au moins deux adhérents dans l'entreprise ou l'établissement concerné par la désignation, l'article L. 2142-1, dans sa rédaction issue de la loi du 20 août 2008 et applicable immédiatement, conditionnant désormais la création d'une section syndicale à la présence de plusieurs adhérents dans l'entreprise ou l'établissement (cass. soc. 8 juillet 2009, n° 08-60.599, BC V n° 181 ; 13 janvier 2010, n° 09-60.108, 2e moyen, BC V n° 12 ; *RJS* 3/10 n° 275).

JURISPRUDENCE RENDUE SOUS L'EMPIRE DES DISPOSITIONS LÉGALES ANTÉRIEURES À LA LOI DU 20 AOÛT 2008

Désignation des délégués syndicaux

Seuil d'effectif. Si des sections syndicales peuvent être constituées dans des entreprises de moins de 50 salariés, des délégués syndicaux ne peuvent être désignés, sauf disposition conventionnelle plus favorable (voir notamment cass. soc. 26 janvier 2000, n° 98-60.597, *JSL* n° 54, 21 mars 2000, p. 30), que dans des entreprises (ou établissements) d'au moins 50 salariés (voir ci-après « Conditions de franchissement des seuils »). Voir aussi note sous art. L. 2141-10.

Auteur de la désignation. Ce doit être le syndicat et non la section syndicale d'entreprise (cass. soc. 6 juillet 1977, n° 77-60.512, BC V n° 472 et 8 juillet 1977, n° 77-60.518, BC V n° 489), sauf lorsqu'elle est elle-même constituée en syndicat distinct. Par ailleurs, un syndicat ne peut désigner un délégué syndical que dans le champ d'application géographique et professionnel déterminé par ses statuts, peu important son adhésion à une organisation reconnue représentative au plan national et interprofessionnel (cass. soc. 11 février 2009, n° 08-60.440, BC V n° 46 ; *RJS* 4/09 n° 374 ; *JCP* éd. S 2009, 1242, note J-Y Kerbourc'h).

Représentativité du syndicat. Pour désigner un délégué syndical au sein d'un établissement de l'entreprise, les organisations syndicales ne bénéficiant pas de la présomption légale de représentativité doivent établir leur représentativité dans cet établissement (cass. soc. 25 janvier 2006, n° 04-60.526, BC V n° 35, arrêt n° 3 ; *RJS* 5/06 n° 598, 2e espèce). En effet, les organisations syndicales ne peuvent procéder aux désignations de délégués ou représentants syndicaux légalement ou conventionnellement prévues que si elles sont représentatives dans l'entreprise ou l'établissement dans lesquels ces désignations doivent prendre effet (cass. soc. 29 octobre

2008, n° 07-43.578, BC V n° 209). La représentativité d'un syndicat non affilié à une organisation représentative sur le plan national doit s'apprécier dans le cadre des établissements et non dans celui de chacun de leurs services (cass. soc. 8 juillet 1992, n° 91-60.226, BC V n° 458 ; *RJS* 10/92 n° 1124). Les conditions légales de désignation d'un délégué syndical au sein d'une unité économique et sociale doivent s'apprécier dans le cadre de cette unité économique et sociale ; un syndicat ne justifiant d'aucune activité dans cette unité économique et sociale n'y est pas représentatif et ne peut donc y désigner un délégué syndical (cass. soc. 27 mai 1997, n° 96-60.068, *Dr. Soc.* 1997, p. 759, obs. J. Savatier).

Conditions de franchissement des seuils d'effectifs

Les règles applicables sont communes aux quatre institutions (voir art. L. 2312-2, s'agissant des délégués du personnel, L. 2322-2 s'agissant des membres du comité d'entreprise, L. 4611-1 s'agissant des membres du CHSCT).

Entreprises ou établissements qui ont atteint le seuil requis. La possibilité de désigner un délégué syndical ou l'obligation de mettre en place des délégués du personnel et/ou un comité d'entreprise et/ou d'hygiène, de sécurité et des conditions de travail n'intervient que si cette situation a existé pendant douze mois au moins, consécutifs ou non, au cours des trois années précédentes (cass. soc. 15 décembre 1983, BC V n° 628). La désignation est régulière même si, à la date de la désignation, l'effectif est inférieur à cinquante salariés (CE 14 mars 1990, n° 84261, *Rec. Lebon*, p. 69 ; voir aussi rép. QE 22650, JO AN 4 février 1991, p. 433). Le calcul des effectifs doit être effectué mois par mois au cours des trois années précédentes et non pas en calculant une « moyenne » de chacune de ces trois années (cass. soc. 17 décembre 1984, n° 84-60.491, BC V n° 503).

Pour déterminer le seuil d'effectif à partir duquel un délégué syndical peut être désigné pour la première fois dans un établissement constitué à la suite d'une modification dans la situation juridique de l'employeur, les salariés compris dans l'effectif de l'établissement sont pris en compte avec l'ancienneté acquise par l'effet de l'article L. 122-12, al. 2 (ancien) CT (cass. soc. 6 juin 2000, n° 98-60.529, BC V n° 222 ; *RJS* 11/90 n° 1102).

De même, pour déterminer le seuil d'effectif à partir duquel un délégué syndical peut être désigné dans un établissement nouvellement créé, il convient de prendre en compte l'ancienneté que les salariés affectés à cet établissement ont acquis dans l'entreprise. Il appartient donc au tribunal d'instance de rechercher si, compte tenu de l'ancienneté acquise par les salariés au sein de l'entreprise, la condition d'un effectif de cinquante salariés au moins pendant douze mois consécutifs est ou non remplie (cass. soc. 29 mars 2005, n° 04-60.139, BC V n° 102 ; *RJS* 7/05 n° 758).

Entreprises ou établissements qui atteindront ce seuil. La possibilité ou l'obligation n'interviendra :

– qu'au bout de douze mois pendant lesquels cette situation aura existé si celle-ci ne s'était encore jamais présentée (notamment, en cas de création d'entreprise) ; voir notamment cass. soc. 7 novembre 1990, n° 89-61.529, BC V n° 530 ; *CSB* 1990 S. 175, p. 281 et 29 mai 1991, n° 90-60.361 ;

– qu'à partir du moment où cette condition aura été remplie pendant douze mois, consécutifs ou non, si l'entreprise ou l'établissement avait déjà, à un moment, dépassé ce seuil.

Remplacement d'un délégué syndical

Hors le cas de fraude, une organisation syndicale a la faculté de remplacer un délégué syndical temporairement éloigné de l'entreprise, selon les formes prescrites par l'article L. 412-16 [L. 2143-7] CT (cass. soc. 16 mai 1990, n° 89-60.690, BC V n° 233 ; *RJS* 6/90 n° 504). Toutefois, un système du suppléance habituelle des délégués syndicaux pendant leurs congés hebdomadaires ne peut, en l'absence de disposition légale le prévoyant, être mis en place que par accord collectif. Doit donc être annulée la désignation d'un salarié en remplacement d'un délégué syndical en congé hebdomadaire, conformément à une pratique mise en place à l'initiative d'un syndicat et consistant à désigner systématiquement des salariés pour remplacer les délégués syndicaux en fin de semaine (cass. soc. 14 janvier 2004, n° 02-60.316, BC V n° 19 ; *JSL* n° 140, 24 février 2004, p. 13 ; *RJS* 3/04 n° 327).

Art. R. 2143-1. Le nombre des délégués syndicaux dont dispose chaque section syndicale au titre du premier alinéa de l'article L. 2143-3 est fixé soit par entreprise, soit par établissement distinct.

Note

• **Nombre des délégués.** Sur les notions d'entreprise et d'établissement distinct, voir note sous article L. 2143-12.

Sur la possibilité de modifier le nombre de délégués syndicaux, voir aussi notes sous articles L. 2141-10 et R. 2143-2.

Le nombre des délégués syndicaux dont dispose chaque section syndicale d'entreprise est fixé soit par entreprise, soit par établissement distinct ; il en résulte que le syndicat qui a désigné des délégués syndicaux au niveau de l'entreprise ne peut procéder à la désignation de délégués syndicaux dans le cadre d'un établissement distinct de cette entreprise qu'après avoir transformé le mandat des délégués syndicaux d'entreprise et fait de ces derniers des délégués syndicaux d'établissement. Après avoir constaté que les mandats des délégués syndicaux d'entreprise étaient maintenus, un tribunal d'instance a donc pu annuler la désignation d'une salariée en qualité de déléguée syndicale d'un établissement d'une société (cass. soc. 12 juin 2002, n° 01-60.624, BC V n° 205 ; *RJS* 1/03 n° 55 ; 16 avril 2008, n° 07-60.414, BC V n° 94. Dans le même sens, s'agissant d'une entreprise de moins de 2000 salariés, voir cass. soc. 6 février 1996, n° 95-60.114, *RJS* 3/96 n° 296). De même, c'est à tort qu'un tribunal d'instance a validé la désignation d'un délégué syndical pour un établissement, revendiqué comme distinct, après avoir constaté que le syndicat avait, antérieurement à cette désignation, déjà désigné, dans le cadre de l'entreprise, un délégué syndical dont le périmètre de désignation n'avait pas été modifié (cass. soc. 17 septembre 2003, n° 01-60.874, BC V n° 237 ; *RJS* 2/04 n° 227).

Une organisation syndicale ayant antérieurement désigné un délégué syndical dans le cadre de l'entreprise ne peut désigner un autre salarié en qualité de délégué syndical d'établissement dans une entreprise comptant moins de 1000 salariés (cass. soc. 10 juillet 1997, n° 96-60.424, BC V n° 266 ; *RJS* 12/97 n° 1396 ; voir aussi cass. soc. 20 octobre 1999, n° 98-60.398, BC V n° 391).

Une confédération syndicale et les organisations syndicales qui lui sont affiliées ne peuvent désigner ensemble un nombre de délégués syndicaux supérieur à celui prévu par la loi. Seule une convention ou un accord collectif exprès peut prévoir, par des dispositions plus favorables, la désignation sur un même périmètre de délégués syndicaux par chacun des syndicats affiliés à une même confédération (cass. soc. 15 juin 2011, n° 10-20.761, *RJS* 8-9/11 n° 708). Lorsque, en l'absence d'accord exprès plus favorable, plusieurs syndicats affiliés à une même confédération désignent un délégué syndical surnuméraire, il leur appartient de justifier des dispositions statutaires déterminant le syndicat ayant qualité pour procéder aux désignations des délégués syndicaux ou à leur remplacement, ou de la décision prise par l'organisation syndicale d'affiliation pour régler le conflit conformément aux dispositions statutaires prévues à cet effet ; à défaut, par application de la règle chronologique, seule la désignation notifiée en premier lieu doit être validée (cass. soc. 29 octobre 2010, n° 09-67.969, BC V n° 250 ; *LS* Bref n° 15730 du 16/11/10 ; *RJS* 1/11 n° 60 ; *Dr. Soc.* 2011, p. 117, obs. Fr. Petit).

La révocation du mandat d'un délégué syndical ne peut être implicite et doit émaner du syndicat qui l'a désigné. Il en résulte que :
– lorsqu'un premier syndicat représentatif a désigné un délégué, la désignation d'un autre délégué syndical par un deuxième syndicat affilié à la même confédération n'emporte pas caducité du premier mandat que seul le syndicat désignataire peut révoquer (cass. soc. 22 juin 2005, n° 04-60.391, BC V n° 214 ; *JCP* éd. S 2005, 1157, note J-Y Kerbourc'h ; *Dr. Soc.* 2005, p. 1062, obs. P-Y Verkindt) ;
– lorsqu'une union syndicale départementale a désigné des délégués syndicaux au sein d'une unité économique et sociale et que ces désignations, non contestées, sont devenues définitives, la confédération du même syndicat ne peut procéder au remplacement de ces délégués sans qu'au préalable leurs mandats aient été révoqués par l'union syndicale départementale ; c'est donc à tort qu'un tribunal d'instance a refusé d'annuler les désignations émanant d'une confédération au motif que cette dernière avait, à la différence de l'union départementale, vocation à désigner des délégués syndicaux dont le mandat s'exerce sur le territoire national (cass. soc. 8 décembre 2004, n° 03-60.445, BC V n° 327 ; *RJS* 2/05 n° 171).

• **Entreprises groupées en une unité économique et sociale.** Il ne peut, en principe, être désigné pour l'ensemble qu'un nombre de délégués syndicaux en fonction de l'effectif global (cass. soc. 17 mai 1978, n° 78-60.001, BC V n° 365).

La reconnaissance d'une unité économique et sociale impose la mise en place des institutions représentatives du personnel qui lui sont appropriées et il appartient aux syndicats représentatifs de désigner des délégués syndicaux dans le cadre de cette unité économique et sociale et de mettre fin aux mandats antérieurs. À défaut, le juge peut constater que ces derniers sont devenus caducs (cass. soc. 29 avril 2009, n° 07-19.880, BC V n° 117 ; *JSL* n° 257, 10 juin 2009, p. 21, obs. J-E Tourreil ; *RJS* 7/09 n° 644 ; *JCP* éd. S 2009, 1365, note A-B Voloir).

• **Entreprises comportant plusieurs établissements dont certains n'atteignent pas le seuil des cinquante salariés.** Lorsque certains établissements d'une entreprise n'atteignent pas, pris isolément, l'effectif minimal de cinquante salariés, il y a lieu soit de les regrouper, soit de les rattacher à l'un des établissements plus importants afin de ne pas priver leurs salariés de la possibilité d'avoir leurs intérêts défendus par un délégué (cass. soc. 8 juillet 1976, n° 76-60.092, BC V n° 446). Dans le même sens, cass. soc. 20 février 1974, n°s 73-60.004 et 73-60.151, BC V n°s 125 et 127. Voir aussi cass. soc. 28 février 1989, BC V n° 147 ; *RJS* 4/89, n° 348 ; 5 décembre 2000, n° 99-60.327.

Un juge du fond a décidé, à bon droit, qu'il y avait lieu, dans une entreprise comportant deux établissements dont l'un avait au moins cinquante salariés, de désigner un délégué syndical d'entreprise (cass. soc. 12 mars 1991, n° 89-61.554, BC V n° 130 ; *Dr. Soc.* 1991, p. 701 ; 25 octobre 1995, n° 95-60.027, *RJS* 1/96 n° 39, précisant qu'en cas de rattachement d'établissements entre eux, le délégué syndical peut être choisi dans l'un ou l'autre de ces établissements).

Le regroupement de plusieurs établissements de moins de cinquante salariés peut être opéré par accord collectif ou par décision du juge, si celui-ci constate que l'ensemble constitué par les établissements regroupés remplit les conditions de l'établissement distinct (cass. soc. 30 mai 2001, n° 00-60.006, BC V n° 193 ; *RJS* 8-9/01 n° 1035 ; *Dr. Soc.* 2002, pp. 126 et s., obs. M. Cohen). Lorsqu'il a été précédemment reconnu par une décision de justice, le périmètre de désignation des délégués syndicaux ne peut être remis en cause qu'au vu d'éléments nouveaux (cass. soc. 21 janvier 2009, n° 08-60.452, 2nd moyen, BC V n° 19 ; *RJS* 4/09 n° 373 ; *JCP* éd. S 2009, 1344, note A. Martinon).

À noter que, dès lors que l'existence d'un établissement distinct est reconnue au sein d'une entreprise, celle-ci en comporte au moins deux. Il appartient donc au juge, saisi de la contestation de la désignation d'un délégué syndical au sein de l'établissement constitué par le regroupement des autres implantations de l'entreprise, et dès lors qu'elles emploient ensemble plus de cinquante salariés, de rechercher si ces implantations constituent entre elles un ou plusieurs établissements distincts (cass. soc. 15 janvier 2002, n° 00-60.326, BC V n° 15 ; *Dr. Soc.* p. 368, obs. J. Savatier ; *RJS* 4/02 n° 455).

• Voir aussi note sous article L. 2143-12.

Art. R. 2143-2. Dans les entreprises, le nombre des délégués syndicaux est fixé comme suit :

1° De 50 à 999 salariés : 1 délégué ;
2° De 1 000 à 1 999 salariés : 2 délégués ;
3° De 2 000 à 3 999 salariés : 3 délégués ;
4° De 4 000 à 9 999 salariés : 4 délégués ;
5° Au-delà de 9 999 salariés : 5 délégués.

Note • Si le nombre de délégués syndicaux tel qu'il est fixé par la loi peut être augmenté par accord collectif, ni un usage de l'entreprise ni un engagement unilatéral de l'employeur ne peuvent modifier les dispositions légales correspondantes (cass. soc 30 mai 2001, n° 00-60.150, BC V n° 199). Il s'ensuit que l'employeur qui décide unilatéralement d'une telle augmentation peut unilatéralement décider de revenir à l'application des textes légaux qui n'ont pas cessés d'être applicables, sous réserve de ne pas méconnaître le principe d'égalité entre tous les syndicats concernés (cass. soc. 5 mars 2008, n° 07-60.305, BC V n° 52 ; *RDT*, avril 2008, AC, 215 ; *RJS* 5/08 n° 565 ; *JCP* éd. S 2008, 1454, 2e espèce, note B. Gauriau) et, pour répondre à l'exigence de loyauté qui s'impose en la matière, de les en informer préalablement (cass. soc. 4 mars 2009, n° 08-60.436, BC V n° 62, arrêt n° 3).

Voir aussi note sous art. L. 2141-10.

• À défaut d'une disposition expresse de la convention collective prévoyant un dépassement du nombre des délégués syndicaux tel que fixé par la loi, l'octroi par voie conventionnelle d'un quota d'heures de délégation plus favorable que celui résultant de la loi n'a pas pour effet de permettre des désignations en nombre supérieur à celui prévu par cet article (cass. soc. 26 mai 2004, n° 02-60.843).

Art. R. 2143-3. Dans les entreprises comportant des établissements distincts de cinquante salariés ou plus, le nombre des délégués syndicaux est fixé par établissement conformément à l'article R. 2143-2.

Pour apprécier le seuil de cinquante salariés, l'effectif est calculé conformément au deuxième alinéa de l'article L. 2143-3.

Art. L. 2143-4. Dans les entreprises de cinq cents salariés et plus, tout syndicat représentatif ***(L. 2008-789 du 20 août 2008, art. 5, JO 21)*** « dans l'entreprise » peut désigner un délégué syndical supplémentaire s'il a obtenu un ou plusieurs élus dans le collège des ouvriers et employés lors de l'élection du comité d'entreprise et s'il compte au moins un élu dans l'un des deux autres collèges.

(L. 2008-789 du 20 août 2008, art. 5, JO 21) « Ce délégué supplémentaire est désigné parmi les candidats aux élections professionnelles qui ont recueilli au moins 10 % des suffrages exprimés au premier tour des dernières élections au comité d'entreprise ou des délégués du personnel, quel que soit le nombre de votants. »

Note Ce texte n'accorde à un syndicat le droit de désigner un délégué syndical supplémentaire qu'à la condition que l'établissement dans lequel l'élection des membres du comité a eu lieu emploie au moins cinq cents salariés (cass. soc. 30 janvier 1985, n° 84-60.437, BC V n° 73 ; 10 juillet 1984, n° 83-63.155, BC V n° 314). La désignation d'un délégué syndical supplémentaire ne peut intervenir que dans le cadre de l'établissement qui a été défini pour les élections des membres du comité d'établissement et à raison d'un seul délégué par syndicat représentatif remplissant les conditions légales (cass. soc. 9 février 1984, n° 83-60.962, BC V n° 54 ; *Dr. Soc.* 1985, p. 477). Le délégué syndical supplémentaire doit appartenir à tout autre collège que le premier (voir cass. soc. 21 octobre 1998, n° 97-60.457, BC V n° 446 : désignation annulée en raison de l'appartenance de l'intéressé au premier collège). Le mandat du délégué syndical supplémentaire désigné par un syndicat compte tenu des résultats qu'il a obtenus à une élection cesse lors de l'élection suivante (cass. soc. 18 novembre 2008, n° 08-60.397, BC V n° 227).

Un tribunal d'instance a exactement décidé que, pour savoir si une union locale avait le droit de désigner un délégué syndical supplémentaire, il convenait, en application des dispositions des alinéas 2 et 3 de l'article L. 412-11 (ancien) CT, de rechercher si cette société avait ou non atteint un effectif d'au moins cinq cents salariés pendant 12 mois, consécutifs ou non, au cours des trois années précédentes (cass. soc. 26 janvier 1984, n° 83-60.926, BC V n° 38).

Dans le cas où des syndicats représentatifs ont présenté lors de l'élection du comité d'entreprise ou d'établissement une liste commune de candidats et ont eu un élu dans le deuxième ou le troisième collège, il ne peut être désigné qu'un seul délégué syndical supplémentaire (cass. soc. 18 novembre 2008, n° 08-60.397, BC V n° 227 et 1er mars 1984, n° 83-61.062, BC V n° 87).

Sur les effets d'un accord collectif créant un quatrième collège au regard des dispositions concernant le délégué syndical « cadre » supplémentaire, voir cass. soc. 21 novembre 1984, n° 83-61.181, BC V n° 458 et 18 juin 2003, n° 01-60.911, BC V n° 202 ; *RJS* 10/03 n° 1189 ; *JSL* n° 131, 7 octobre 2003, p. 28.

La possibilité offerte aux organisations syndicales, par une convention ou un accord collectif de travail plus favorable, de désigner un délégué supplémentaire en sus du nombre de délégués syndicaux résultant de la loi ne saurait les priver, lorsqu'elles réunissent les conditions posées par le troisième alinéa de l'article L. 412-11 [L. 2143-4]

CT, de désigner un délégué syndical supplémentaire appartenant au personnel de l'encadrement (cass. soc. 1er février 2006, n° 05-60.191, BC V n° 51 ; *RJS* 5/06 n° 599. Voir aussi précédemment cass. soc. 10 décembre 1986, n° 86-60.301, BC V n° 592).

Il a été précisé que dans la mesure où le législateur a entendu soumettre le droit pour les organisations syndicales de désigner un délégué syndical « cadre » à la condition que ces mêmes organisations aient obtenu un élu dans le premier et le deuxième ou troisième collège, la possibilité d'une telle désignation disparaît lorsque cette condition n'est pas remplie. En conséquence, la désignation d'un délégué supplémentaire par une organisation syndicale qui, lors du renouvellement du comité d'entreprise, ne compterait plus aucun élu dans le deuxième ou troisième collège, devient caduque. Les différends susceptibles de naître à ce propos entre employeurs et organisations syndicales sont de la compétence des tribunaux d'instance qui s'attacheront à vérifier si les conditions fixées par la loi sont ou non réunies (rép. QE 26126, JO AN 16 mai 1983, p. 2180).

Entreprise divisée en établissements distincts. Lorsqu'une entreprise est divisée en établissements distincts pour l'élection des comités d'établissements, la désignation d'un délégué syndical supplémentaire prévue par l'article L. 2143-4 étant subordonnée aux résultats des élections, la condition d'effectif prévue par ce texte s'apprécie par établissement. Par conséquent, un syndicat ne peut désigner un délégué syndical supplémentaire dans une entreprise qui, si elle emploie plus de 500 salariés, ne comporte aucun établissement atteignant ce seuil d'effectif (cass. soc. 14 janvier 2009, n° 08-60.449, BC V n° 13 ; *RDT*, avril 2009, CH, 247, G. Borenfreund).

Art. L. 2143-5. Dans les entreprises de deux mille salariés et plus comportant au moins deux établissements de cinquante salariés chacun ou plus, chaque syndicat représentatif ***(L. 2008-789 du 20 août 2008, art. 5, JO 21)*** « dans l'entreprise » peut désigner un délégué syndical central d'entreprise, distinct des délégués syndicaux d'établissement.

(L. 2008-789 du 20 août 2008, art. 5, JO 21) « Ce délégué syndical central est désigné par un syndicat qui a recueilli au moins 10 % des suffrages exprimés au premier tour des dernières élections des titulaires au comité d'entreprise ou de la délégation unique du personnel ou, à défaut, des délégués du personnel, quel que soit le nombre de votants, en additionnant les suffrages de l'ensemble des établissements compris dans ces entreprises. »

L'ensemble des dispositions relatives au délégué syndical d'entreprise est applicable au délégué syndical central.

Dans les entreprises de moins de deux mille salariés comportant au moins deux établissements de cinquante salariés chacun ou plus, chaque syndicat représentatif peut désigner l'un de ses délégués syndicaux d'établissement en vue d'exercer également les fonctions de délégué syndical central d'entreprise.

Note

• Cet article ne subordonne pas la désignation d'un délégué syndical central à l'obtention par ce dernier d'un score électoral (cass. soc. 16 novembre 2011, n° 10-28.201, *LS* Bref n° 15981 du 23/11/11 ; *RJS* 2/12 n° 165).

• Cet article permet la désignation d'un délégué syndical central d'entreprise lorsque des personnes morales juridiquement distinctes constituent une unité économique et sociale qui comporte au moins deux établissements distincts de cinquante salariés ou plus (cass. soc. 2 octobre 1985, *Dr. Ouvr.* 1986, p. 169). Voir aussi cass. soc. 20 juillet 1983, n° 83-60.041, BC V n° 464 ; *Dr. Soc.* 1984, p. 81.

• Pour désigner un délégué syndical central, un syndicat doit être représentatif dans l'entreprise tout entière et pas dans certains établissements seulement (cass. soc. 14 février 1989, n° 88-60.246, BC V n° 125 ; 31 mars 1999, n° 98-60.205, BC V n° 148 ; *RJS* 5/99 n° 696 ; 25 janvier 2006, n° 04-60.437, BC V n° 35, arrêt n° 1 ; *RJS* 5/06 n° 598, 3e espèce ; 28 septembre 2011, n° 10-26.545, *RJS* 12/11 n° 994).

• En cas de contestation sur le seuil d'effectifs, il appartient à l'employeur de rapporter la preuve que l'effectif de l'entreprise ne permet pas à un syndicat de désigner un second délégué syndical (cass. soc. 27 mai 1998, n° 97-60.048, *RJS* 7/98 n° 880).

• Les lois relatives à la représentation des salariés et à la défense de leurs droits et intérêts sont des lois de police s'imposant à toutes les entreprises et organismes assimilés qui exercent leur activité en France et qui sont dès lors tenus de mettre en place les institutions qu'elles prévoient à tous les niveaux des secteurs de production situés sur le territoire national. Ces institutions remplissent l'ensemble des attributions définies par la loi, à la seule exception de celles qui seraient incompatibles avec la présence à l'étranger du siège social, mais rien ne s'oppose à ce que le délégué syndical central d'une entreprise étrangère possédant en France des agences ait pour interlocuteur le chef d'entreprise ou son représentant (cass. soc. 3 mars 1988, n° 86-60.507, BC V n° 164).

• Une centrale syndicale et les organisations syndicales qui lui sont affiliées (notamment celles qui sont catégorielles), ces dernières justifieraient-elles de leur propre représentativité, ne peuvent désigner ensemble, sauf accord collectif contraire, qu'un seul délégué syndical central d'entreprise (cass. soc. 20 octobre 1988, n° 88-60.014, BC V n° 551 ; 22 novembre 2000, n° 99-60.424).

• L'absence de comité central d'entreprise est sans incidence sur le droit pour un syndicat représentatif de désigner un délégué central d'entreprise (cass. soc. 5 avril 2011, n° 10-60.225, *JSL* n° 300, 31 mai 2011, p. 26).

§ 2. Entreprises de moins de cinquante salariés

Art. L. 2143-6. Dans les établissements qui emploient moins de cinquante salariés, les syndicats représentatifs ***(L. 2008-789 du 20 août 2008, art. 5, JO 21)*** « dans l'établissement » peuvent désigner, pour la durée de son mandat, un délégué du personnel comme délégué syndical.

Sauf disposition conventionnelle, ce mandat n'ouvre pas droit à un crédit d'heures. Le temps dont dispose le délégué du personnel pour l'exercice de son mandat peut être utilisé dans les mêmes conditions pour l'exercice de ses fonctions de délégué syndical.

Note En application de cet article, les syndicats représentatifs peuvent désigner, dans les entreprises de moins de cinquante salariés, un délégué du personnel pour la durée de son mandat comme délégué syndical, sans avoir à justifier de la constitution d'une section syndicale (cass. soc. 12 décembre 1990, n° 88-60.671, BC V n° 666 ; *D.* 1992, 78). Dans un arrêt du 14 mars 2000, n° 99-60.180, BC V n° 107 ; *D.* 2000, JC 707, note J. Mouly, la Cour de cassation casse un jugement ayant annulé la désignation par un syndicat d'un délégué du personnel en qualité de délégué syndical au sein d'une société de moins de cinquante salariés après avoir relevé notamment que l'intéressé avait été désigné en qualité de délégué syndical par le syndicat, « ce dont il résultait l'existence d'une section syndicale ».

La désignation d'un salarié en qualité de délégué syndical est liée à son élection en qualité de délégué du personnel. Ainsi, un délégué du personnel ne peut valablement représenter un syndicat autre que celui qui a présenté sa candidature aux élections (cass. soc. 2 novembre 1994, n° 94-60.008, *RJS* 12/94 n° 1400). Il est néanmoins possible à un syndicat de désigner comme délégué syndical un délégué du personnel élu en tant que candidat libre (cass. soc. 6 juillet 1999, n° 98-60.329, BC V n° 336 ; *Dr. Soc.* 1999, p. 1052 ; 14 mars 2000, n° 99-60.180, BC V n° 107 précité ; 21 juin 2000, n° 99-60.198).

Sous réserve de conventions ou accords d'entreprise comportant des clauses plus favorables, dans les entreprises de moins de cinquante salariés, seul un délégué du personnel élu peut être désigné délégué syndical pour la durée de son mandat. La fin du mandat électif entraîne donc la fin du mandat syndical et le salarié perd le statut de salarié protégé au terme des six mois qui suivent l'expiration du mandat électif. Peu importe à cet égard qu'il ait continué à être convoqué à plusieurs réunions en qualité de délégué syndical et que l'employeur n'ait pas saisi le tribunal d'une contestation de sa désignation (cass. soc. 12 octobre 2004, n° 02-47.048, BC V n° 252 ; *JSL* n° 155, 10 novembre 2004, p. 21, obs. J-E Tourreil).

Si, dans une entreprise comptant moins de cinquante salariés, chaque syndicat représentatif peut désigner un délégué du personnel comme délégué syndical, il n'en va pas de même dans un établissement de moins de cinquante salariés qui dépend d'une entreprise dont l'effectif global est au moins égal à ce chiffre (cass. ass. plén. 14 juin 1985, n° 84-60.528, BC n° 3 ; cass. soc. 4 février 1988, n° 87-60.232, BC V n° 102 ; 28 mai 1997, n° 96-60.225, *RJS* 7/97 n° 833 ; 31 janvier 2001, n° 99-60.432, BC V n° 33). Cette solution a été confirmée par la Cour de cassation : bien qu'il vise les « établissements » de moins de cinquante salariés, « l'article L. 2143-6 CT autorisant la désignation d'un délégué du personnel en qualité de délégué syndical pour la durée de son mandat concerne les conditions de désignation des délégués syndicaux dans les entreprises de moins de cinquante salariés ; il en résulte que ce texte, qui n'a pas modifié le champ d'application du dernier alinéa de l'article L. 412-11 qu'il remplace, n'est pas applicable dans les entreprises dont l'effectif global est d'au moins cinquante salariés ». Elle a ainsi approuvé un tribunal d'instance d'avoir décidé qu'une salariée, déléguée du personnel dans un établissement comptant environ vingt salariés mais dépendant d'une société qui en comptait plus de cinquante, ne pouvait être désignée comme déléguée syndicale de cet établissement (cass. soc. 29 avril 2009, n° 08-60.484, BC V n° 115 ; voir notamment « Le principe d'interprétation constante du (nouveau) code du travail : première application par la Cour de cassation », Ch. Radé, *Dr. Soc.* 2009, p. 776 ; *RDT*, septembre 2009, CH, 529, M. Grévy).

Par ailleurs, sous réserve de conventions ou d'accords d'entreprise comportant des clauses plus favorables, seul le délégué du personnel titulaire disposant d'un crédit d'heures à ce titre peut être désigné comme délégué syndical. Lorsqu'un délégué du personnel suppléant a été désigné en qualité de délégué syndical et que sa désignation n'a pas été contestée dans le délai de quinze jours prévu à l'article L. 2143-8, le mandat de délégué syndical ne prend pas fin du fait de la cessation du mandat électif (cass. soc. 24 septembre 2008, n° 06-42.269, BC V n° 184 ; *RDT*, janvier 2009, CH, 51, F. Signoretto).

Voir aussi note sous article L. 2141-10.

Contentieux de la désignation. Lorsqu'un délégué du personnel est désigné comme délégué syndical dans les entreprises de moins de cinquante salariés, un contentieux distinct peut éventuellement s'ouvrir à propos de sa désignation comme délégué syndical, dans les conditions fixées à l'article L. 412-15 [L. 2143-8] (circ. DRT 13 du 25 octobre 1983).

Sous-section 3. **Formalités**

Art. L. 2143-7. Les noms du ou des délégués syndicaux sont portés à la connaissance de l'employeur dans des conditions déterminées par décret. Ils sont affichés sur des panneaux réservés aux communications syndicales.

La copie de la communication adressée à l'employeur est adressée simultanément à l'inspecteur du travail.

La même procédure est appliquée en cas de remplacement ou de cessation de fonctions du délégué.

Note • **À l'égard de l'employeur,** la désignation d'un délégué syndical d'entreprise doit être notifiée au chef d'entreprise. Cette désignation n'ayant été portée qu'à la connaissance des responsables des deux établissements de la société (dont un seul comportait plus de cinquante salariés) sans être notifiée au chef d'entreprise, c'est à tort qu'un tribunal d'instance a refusé d'annuler ladite désignation (cass. soc. 12 mars 1991, n° 89-61.554, BC V n° 130 ; *Dr. Soc.* 1991, p. 701). La désignation d'un délégué syndical a été valablement notifiée à un chef d'établissement ayant reçu une délégation de pouvoirs permettant de l'assimiler au chef d'entreprise (cass. soc. 9 juin 1999, n° 98-60.365, BC V n° 274).

La désignation doit être considérée comme valablement effectuée à partir du moment où elle a été portée à sa connaissance dans les formes prescrites et sans s'attacher à la considération que l'affichage aurait ou n'aurait pas été effectué (cass. soc. 28 mai 1975, n° 74-60.146, BC V n° 285 ; 8 juillet 1976, n° 76-60.125, BC V n° 449), la date à prendre en considération étant celle de l'accusé de réception (cass. soc. 16 mars 1977, UL CGT c/ Sté Meubles Atlas), l'omission de la date sur la lettre ne rendant pas pour autant celle-ci irrégulière (cass. soc. 2 mai 1973, n° 72-60.132, BC V n° 272). Si la désignation d'un délégué syndical a été notifiée à l'employeur par simple lettre remise en main propre, il est nécessaire que l'organisation syndicale, à qui incombe la preuve de la notification de la désignation, puisse présenter le récépissé de cette communication (cass. soc. 11 juillet 1975, n° 75-60.022, BC V n° 406). Voir, dans le même sens, cass. soc. 23 mars 1977, n° 76-40.495, BC V n° 225. Une lettre transmise par télécopie ne permet pas à elle seule d'établir que l'employeur a eu connaissance de la désignation du délégué syndical (cass. soc. 25 janvier 1995, n° 94-60.049, *RJS* 3/95 n° 259).

Dès lors que l'employé signataire de l'accusé de réception de la lettre recommandée portant désignation du délégué syndical a agi dans le cadre habituel de ses fonctions au sein de la société, c'est à la date de cette signature qu'ont été accomplies les formalités légales (cass. soc. 20 décembre 1988, n° 88-60.194, *RJS* 2/89 n° 162).

Par ailleurs, le défaut de signature de la lettre de désignation n'a pas d'incidence sur la validité de la désignation du délégué syndical (cass. soc. 5 mars 2008, n° 06-60.305, BC V n° 52 ; *RDT* avril 2008, AC, 215).

Désignation d'un délégué syndical au sein d'une unité économique et sociale. Les formalités sont plus ou moins importantes selon que l'unité économique et sociale préexiste ou non à la désignation.

1er cas : le syndicat désigne un délégué syndical auprès de plusieurs personnes juridiquement distinctes et constituant, selon lui, une unité économique et sociale dont il désire faire reconnaître l'existence. Il doit notifier cette désignation aux représentants légaux de chacune d'elles (cass. soc. 21 juillet 1986, n° 85-60.460, BC V n° 453 ; 16 décembre 1992, n° 91-60.218, *RJS* 2/93 n° 164), peu important que les différentes sociétés soient dirigées par une même personne (cass. soc. 16 avril 2008, n° 07-60.045, *RDT*, juin 2008, AC, 352). Le syndicat doit indiquer, à peine de nullité de la désignation, l'existence et la composition de l'unité économique et sociale dans la désignation qu'il notifie aux représentants légaux de chacune des entreprises concernées (cass. soc. 26 avril 2000, n° 99-60.030, BC V n° 155). À cet égard, la Cour de cassation a précisé que le syndicat doit faire état explicitement de la revendication de la reconnaissance de l'existence d'une unité économique et sociale, de sorte qu'est elliptique, voire lacunaire, la lettre de désignation qui se borne à énumérer trois sociétés, sans faire état de cette revendication (cass. soc. 6 février 2002, n° 00-60.440, BC V n° 56 ; *RJS* 4/02 n° 456).

À défaut de ces notifications et de ces mentions, la désignation est nulle et le délai de forclusion ne commence pas à courir (cass. soc. 16 avril 2008, précité).

2e cas : l'unité économique et sociale résulte d'un accord collectif et préexiste donc à la désignation du délégué. La désignation peut n'être notifiée qu'à celui qui remplit la fonction de chef d'établissement (cass. soc. 30 mai 2001, n° 99-60.535, BC V n° 196 ; *RJS* 8-9/01 n° 1036).

• La loi n'ayant pas institué de délégué suppléant et ayant prévu la même procédure en cas de désignation et de remplacement d'un délégué syndical, la lettre informant l'employeur du retour à ses fonctions d'un délégué syndical temporairement remplacé par un autre salarié constitue une nouvelle désignation susceptible de contestation (cass. soc. 12 février 1992, n° 91-60.191, *RJS* 3/92 n° 314 ; *CSB* 1992 S. 47 ; 16 avril 1996, n° 95-60.707, *RJS* 5/96 n° 566).

La division d'une entreprise en établissements distincts ne met pas fin au mandat d'un délégué syndical ; les organisations syndicales invitées à procéder à une nouvelle distribution de leurs représentants en raison de la division d'une entreprise en établissements distincts ne sont pas tenues de notifier à l'employeur le nom des délégués syndicaux maintenus dans leurs fonctions, ceux-ci exerçant alors leur mandat dans l'établissement où ils sont affectés. Le maintien d'un délégué syndical dans ses fonctions n'a pas à être notifié au chef d'entreprise qui doit donc respecter la procédure de licenciement prévue par l'article L. 412-18 [L. 2411-3] (cass. crim. 17 décembre 1996, n° 94-85.783, B. crim. n° 471 ; *RJS* 4/97 n° 436).

• À l'égard des salariés de l'entreprise, le délai de quinze jours pour contester la désignation d'un délégué syndical ne court qu'à compter du jour où le nom du délégué a été porté à leur connaissance par affichage sur les panneaux réservés aux communications syndicales ou par tout autre moyen (cass. soc. 4 février 1997, n° 95-60.982, BC V n° 51, rectifié par cass. soc. du 2 avril 1997 ; 18 juin 2003, n° 01-60.790, *RJS* 11/03 n° 1287).

La preuve de la date de l'affichage à partir de laquelle court le délai de forclusion pèse sur la partie qui se prévaut de celle-ci (cass. soc. 17 septembre 2003, n° 01-60.895, *RJS* 1/04 n° 75).

• À l'égard de l'inspecteur du travail, la copie de la communication adressée au chef d'entreprise n'est prévue qu'à titre d'information et non pour sa validité (cass. soc. 2 avril 1996, n° 95-60.624, *RJS* 5/96 n° 565).

Art. D. 2143-4. Les nom et prénoms du ou des délégués syndicaux, du délégué syndical central et du représentant syndical au comité d'entreprise sont portés à la connaissance de l'employeur soit par lettre recommandée avec avis de réception, soit par lettre remise contre récépissé.

Note

• **Mention du périmètre de la désignation.** Le syndicat qui désigne un délégué syndical doit indiquer, à peine de nullité, soit l'entreprise, soit l'établissement, lieu de la désignation, dans la lettre qu'il notifie au chef d'entreprise. Cette désignation fixe les limites du litige ; en cas de contestation, le juge ne peut donc apprécier la validité de la désignation en dehors du cadre défini par la lettre de désignation (cass. soc. 18 juillet 2000, n° 99-60.431, BC V n° 303 ; dans le même sens, voir aussi cass. soc. 29 mars 2005, n° 04-60.166, BC V n° 103).

Remplacement d'un délégué syndical. Sauf indication contraire dans la lettre de notification, la désignation d'un nouveau délégué en remplacement d'un précédent est réputée faite dans un périmètre identique à celui au sein duquel avait été effectuée la désignation de la personne remplacée ; la mention du remplacement suffit à rendre la seconde désignation précise dès lors que le périmètre de la désignation du premier délégué n'est pas contesté (cass. soc. 11 février 2009, n° 08-60.490, BC V n° 44 ; *RJS* 4/09 n° 375 ; *JCP* éd. S 2009, 1203, note J-Y Kerbourc'h).

• Si l'article D. 412-1 [D. 2143-4] CT précise que les nom et prénoms du ou des délégués syndicaux désignés par un syndicat sont portés à la connaissance du chef d'entreprise soit par lettre recommandée avec demande d'avis de réception, soit par lettre remise au chef d'entreprise contre récépissé, ces formalités ne sont prévues que pour faciliter la preuve de la désignation et non pour sa validité (cass. soc. 9 juillet 1996, n° 95-60.777, BC V n° 274 ; *RJS* 10/96 n° 1060). Dès lors, après avoir relevé qu'une société reconnaissait avoir reçu la lettre (simple) portant désignation du délégué syndical à une certaine date, un tribunal d'instance a pu décider que le recours introduit plus de quinze jours après cette date était irrecevable (cass. soc. 25 septembre 2001, n° 00-60.255, *RJS* 12/01 n° 1445 ; voir aussi cass. soc. 6 décembre 1978, n° 78-60.739, BC V n° 840). Par ailleurs, la date lisible sur le cachet du service courrier de l'entreprise figurant sur l'avis de réception de la lettre recommandée fait courir le délai de contestation de la désignation (cass. soc. 29 octobre 2008, n° 08-60.016, BC V n° 208).

• Le directeur général d'une société anonyme tient des dispositions combinées des articles 113, al. 1er et 2, et 117, al. 2, de la loi du 24 juillet 1966 le pouvoir d'ester en justice au nom de la société, au même titre que le président du conseil d'administration ; dès lors, ayant la qualité de représentant légal de la société, le nom du ou des délégués syndicaux désignés par un syndicat est valablement porté à sa connaissance au sens de l'article D. 412-1 [D. 2143-4] CT (cass. soc. 2 décembre 1998, n° 97-60.369, BC V n° 537 ; *RJS* 1/99 n° 67).

Sous-section 4. Contestations

Art. L. 2143-8. Les contestations relatives aux conditions de désignation des délégués syndicaux légaux ou conventionnels sont de la seule compétence du juge judiciaire. Le recours n'est recevable que s'il est introduit dans les quinze jours suivant l'accomplissement des formalités prévues au premier alinéa de l'article L. 2143-7.

Passé ce délai, la désignation est purgée de tout vice sans que l'employeur puisse soulever ultérieurement une irrégularité pour priver le délégué désigné du bénéfice des dispositions du présent chapitre.

Lorsqu'une contestation rend indispensable le recours à une mesure d'instruction, les dépenses afférentes à cette mesure sont à la charge de l'État.

Note La prise en charge des dépenses qui entraîne le recours à une mesure d'instruction est également prévue dans les mêmes termes s'agissant des contestations relatives à la délégation des représentants du personnel au CHSCT (art. L. 4613-3), aux élections des délégués du personnel (art. L. 2314-25), des membres des comités d'entreprise (art. L. 2324-3), à la désignation des représentants syndicaux au comité d'entreprise (art. L. 2327-8), aux élections des représentants salariés aux conseils d'administration des entreprises entrant dans le champ d'application de la loi relative à la démocratisation du secteur public (art. 19).

• **Qui a qualité pour contester ?** Toute personne justifiant d'un intérêt à l'action peut contester la désignation d'un délégué syndical, qu'elle soit ou non elle-même membre d'une organisation syndicale présente dans l'entreprise (cass. soc. 30 mai 2001, n° 00-60.196, BC V n° 195). Il peut s'agir aussi bien de l'employeur que d'autres organisations syndicales ou de salariés non syndiqués (cass. soc. 22 juillet 1975, n° 75-60.118, BC V n° 426 ; 20 janvier 1977, n° 76-60.239, BC V n° 57 ; 18 juin 1981, n° 80-60.440, BC V n° 584). L'employeur est recevable à intervenir dans une instance engagée par un salarié de l'entreprise pour contester la désignation d'un délégué syndical, même s'il se trouvait forclos à engager lui-même l'instance (cass. soc. 2 juillet 1975, n° 75-60.079, BC V n° 369).

• **Compétence du tribunal d'instance.** Le tribunal d'instance a compétence pour apprécier la régularité de la désignation quant aux conditions requises du délégué lui-même (âge, ancienneté dans l'entreprise, concomitance éventuelle d'une mesure de licenciement prise à l'égard d'un travailleur et de sa désignation comme délégué) [sur les désignations concomitantes à un licenciement, voir ci-après], quant à la représentativité syndicale et quant à la procédure de désignation (notification de la désignation, affichage). Le tribunal d'instance doit également être appelé à statuer sur des questions de portées plus larges, telles que les effectifs de l'entreprise, l'existence d'établissements distincts, la notion d'unité économique et sociale. Ainsi, un tribunal d'instance, devant lequel la validité des désignations de délégués syndicaux effectuées par un syndicat est contestée, est compétent pour apprécier la validité du protocole d'accord relatif au nombre de délégués syndicaux par organisation syndicale représentative conclu au sein de la société et sur le fondement duquel il a été procédé à ces désignations (cass. soc. 23 novembre 2005, n° 05-60.060, BC V n° 342 ; *RJS* 2/06 n° 237). Le tribunal d'instance n'est, par contre, pas compétent pour connaître des litiges qui ne se rattachent pas, directement ou indirectement, à la désignation du délégué syndical (par exemple, sur le droit d'assistance d'un délégué syndical à une réunion du comité d'entreprise, en l'absence de représentant syndical : cass. soc. 2 mai 1973, n° 72-60.117, BC V n° 268).

Compétence territoriale. Les contestations relatives aux conditions de désignation des délégués syndicaux sont de la compétence du tribunal d'instance du lieu où la désignation est destinée à prendre effet (cass. soc. 7 octobre 1998, n° 97-60.303, BC V n° 414 ; *RJS* 11/98 n° 1382). À noter qu'est recevable la demande d'annulation de la désignation d'un délégué syndical formée par un employeur devant un tribunal d'instance postérieurement au délai légal de quinze jours, dès lors qu'il est établi que cette contestation avait été introduite dans le délai devant un tribunal s'étant déclaré territorialement incompétent et que, après renvoi, l'instance engagée s'était poursuivie devant la juridiction désignée (cass. soc. 2 mars 2004, n° 02-60.828, BC V n° 72 ; *JSL* n° 146, 26 mai 2004, p. 24 ; *RJS* 5/04 n° 568).

Délai pour statuer. Le délai de dix jours imparti au tribunal pour statuer n'est pas prescrit à peine de nullité (cass. soc. 28 février 1990, n° 89-61.392).

Voies de recours contre la décision du tribunal d'instance. La décision du tribunal d'instance est rendue en dernier ressort en ce qui concerne les contestations relatives aux conditions de désignation ; elle peut être déférée à la Cour de cassation. La décision d'un tribunal d'instance qui se déclare incompétent pour connaître de la demande en annulation de la désignation d'un délégué syndical ne peut être attaquée que par la voie du contredit (cass. soc. 17 juin 1992, n° 91-60.315, BC V n° 400 ; *RJS* 10/92 n° 1126 ; voir aussi cass. soc. 19 mars 1997, n° 96-60.049, *RJS* 5/97 n° 565). Les décisions du tribunal d'instance ne peuvent faire l'objet d'une tierce opposition (cass. soc. 28 novembre 1995, n° 94-60.545, BC V n° 319 ; *RJS* 1/96 n° 40 ; 26 novembre 2003, n° 02-60.689, BC V n° 301 ; *RJS* 2/04 n° 231).

L'article L. 412-15, al. 1er ancien prévoyant que le tribunal d'instance ne statue en dernier ressort que sur les contestations relatives aux conditions de désignation des délégués syndicaux, le tribunal statue en premier ressort sur les litiges qui concernent la suppression de leur mandat en raison de la baisse des effectifs (cass. soc. 15 février 2006, n° 05-60.138, BC V n° 75 ; *RJS* 6/06 n° 750).

De même, le jugement est rendu en premier ressort lorsque le juge d'instance est appelé à statuer sur une demande de révocation d'un mandat de délégué syndical (cass. soc. 24 janvier 1996, n° 95-60.072, BC V n° 30 ; *RJS* 3/96 n° 297 ; 17 mars 2004, n° 03-60.116, BC V n° 91 ; *RJS* 6/04 n° 719).

Le tribunal d'instance doit avertir toutes les parties intéressées des contestations relatives à la désignation des délégués syndicaux, y compris le syndicat auteur de la désignation du délégué syndical (cass. soc. 12 novembre 1996, n° 95-60.951, BC V n° 376 ; 3 mars 1999, n° 98-60.146, *RJS* 4/99 n° 548).

• Point de départ du délai de contestation. *À l'égard des organisations syndicales et des salariés de l'entreprise,* le délai de contestation court à compter du jour où le nom du délégué syndical a été porté à leur connaissance par affichage sur les panneaux réservés aux communications syndicales ou par tout autre moyen (cass. soc. 4 février 1997, n° 95-60.982, BC V n° 51, rectifié par cass. soc. du 2 avril 1997 ; *Dr. Soc.* 1997, p. 322 ; voir aussi cass. soc. 17 mars 1999, n° 98-60.196). Le délai de quinze jours court à compter de la date de l'affichage, peu important la connaissance indirecte qu'ils ont pu avoir de la désignation (cass. soc. 6 novembre 1985, SNCAMTOC-CGC c/ Synd. CGT ; cass. soc. 6 octobre 1971, n° 71-60.115, BC V n° 552). Le défaut d'affichage a pour seul effet de permettre aux salariés de l'entreprise et aux autres organisations syndicales de contester la désignation dans le délai de quinze jours à compter du jour où ils auront pu en avoir officiellement connaissance (cass. soc. 28 mai 1975, n° 74-60.146, BC V n° 285 ; 19 juillet 1979, n° 79-60.184, BC V n° 654) et il est permis aux intéressés qui ont appris la désignation, avant l'affichage, de quelque manière que ce soit, de la contester aussitôt (cass. soc. 2 juillet 1975, n° 75-60.078, BC V n° 368).

En ce qui concerne la désignation d'un délégué syndical central, l'affichage sur des panneaux destinés aux communications syndicales situés au siège de l'entreprise fixe le point de départ du délai de contestation pour les organisations syndicales représentées dans l'entreprise et les salariés qui y sont employés (cass. soc. 23 septembre 2009, n° 08-60.520, BC V n° 199 ; *JCP* éd. S 2009, 1525, note L. Dauxerre). L'affichage de la désignation d'un délégué syndical central et d'un représentant syndical au comité d'entreprise, qui n'a été effectué que dans un établissement, et non pas au siège de l'entreprise également siège du comité central d'entreprise où la désignation était destinée à prendre en premier titre effet, équivaut à un défaut d'affichage ; le délai de contestation ne court donc pas (cass. soc. 15 février 2006, n° 05-60.178, BC V n° 71 ; *JSL* n° 187, 11 avril 2006, p. 23 ; *RJS* 6/06 n° 749).

En ce qui concerne l'employeur, le délai de quinze jours court à compter de l'avis de réception ou du récépissé prévu par l'article D. 412-1 [D. 2143-4] CT, même dans le cas où la prise d'effet de la désignation est fixée à une date postérieure à sa notification (cass. soc. 4 décembre 1991, n° 90-60.523, *RJS* 2/92 n° 170). Ce délai étant exprimé en jours, le jour de la notification de la désignation du délégué syndical n'est pas compris dans le délai de quinze jours imparti à l'employeur pour contester cette désignation (cass. soc. 5 mars 1981, n° 80-60.304, BC V n° 198 ; 29 octobre 2003, n° 02-60.702, BC V n° 273 ; *RJS* 2/04 n° 230 ; 16 février 2011, n° 10-60.270).

Confirmation d'un délégué syndical dans ses fonctions à l'occasion de nouvelles élections dans l'entreprise. Le mandat de délégué syndical prenant fin lors du renouvellement des institutions représentatives dans l'entreprise, la désignation, à l'issue de ces nouvelles élections, d'un délégué syndical, fait courir à compter de la date de cette désignation le délai de contestation de quinze jours même si le salarié désigné exerçait déjà cette mission avant le nouveau scrutin (cass. soc. 22 septembre 2010, n° 09-60.435, 1er moyen, BC V n° 188 ; *RJS* 11/10 n° 862).

Portée de l'alinéa 2 relatif au délai de forclusion. Le délai de quinze jours prévu, à peine de forclusion, par cet article concerne toutes les contestations relatives aux conditions de désignation des délégués syndicaux, quels que soient les motifs allégués à l'appui du recours (cass. soc. 21 juillet 1986, n° 85-60.500, BC V n° 452 ; 20 mars 1990, n° 89-61.330, BC V n° 130 ; *RJS* 4/90 n° 321 : qualité d'employeur du délégué contestée). Il ne souffre, hors le cas de fraude, ni suspension ni interruption (cass. soc. 17 janvier 1989, n° 87-60.311, BC V n° 31 ; *RJS* 1989 n° 248 ; 12 décembre 1990, n° 89-61.103, *RJS* 1/91 n° 54).

La connaissance de faits par l'employeur, qu'il ignorait au moment de la désignation, peut fonder une contestation malgré l'expiration du délai de forclusion (voir déjà, en ce sens, cass. soc. 28 janvier 1976, n° 76-60.169, BC V n° 55 ; 7 décembre 1977, n° 77-60.585, BC V n° 681 ; 29 octobre 1986, n° 86-60.041, BC V n° 498 ; 10 mai 1994, n° 93-60.366, *RJS* 6/94 n° 722). Des faits considérés par les juges du fond comme constitutifs de fraude, mais connus de l'employeur avant ou dès la désignation litigieuse, ne peuvent donc être invoqués par ce dernier après l'expiration du délai impératif institué par la loi (cass. crim. 22 octobre 1991, n° 89-84.552, B. crim. n° 368 ; *RJS* 2/92 n° 171 ; cass. soc. 27 janvier 1999, n° 97-60.441, BC V n° 45). L'expiration du délai prévu à cet article interdit la remise en cause, même par voie d'exception, de la validité de la désignation d'un délégué syndical (cass. soc. 10 octobre 1990, n° 88-44.268, BC V n° 451 ; 3 mai 2007, n° 05-43.863, BC V n° 67 ; *RJS* 7/07 n° 876). Le jugement constatant l'absence de représentativité d'un syndicat à l'occasion d'élections du personnel ne constitue pas un fait nouveau susceptible de remettre en cause une désignation (cass. soc. 11 octobre 1994, n° 93-60.380, BC V n° 274 ; *RJS* 11/94 n° 1284).

La désignation d'un salarié en qualité de délégué syndical non contestée dans le délai de quinze jours par l'employeur est « purgée de tout vice » et l'intéressé peut se prévaloir du bénéfice de la protection spéciale contre le licenciement (CE 26 novembre 1990, Sté Foucray-Chevreuse), même s'il a été désigné dans une entreprise de moins de cinquante salariés (CE 13 mai 1987, n° 60711, *Rec. Lebon* p. 979). Une cour d'appel ne pouvait ainsi refuser au licenciement de l'intéressée (salariée désignée comme déléguée syndicale dans une entreprise de moins de cinquante salariés, sans être élue déléguée du personnel) intervenu en méconnaissance d'un refus d'autorisation administrative le caractère d'un trouble manifestement illicite (cass. soc. 10 octobre 1990, n° 88-44.268, BC V n° 451 ; *RJS* 11/90 n° 881).

Réduction d'effectif. Dès lors qu'elle est fondée sur la réduction des effectifs d'un établissement, de nature à entraîner la réduction du nombre des délégués syndicaux, la contestation de la désignation d'un délégué syndical n'est pas soumise au délai de forclusion. Ainsi, lorsque les conditions du maintien du délégué syndical affectées par des circonstances nouvelles ne sont plus remplies (disparition de l'unité économique et sociale qui avait existé entre deux sociétés juridiquement distinctes et qui avaient comporté deux établissements de cinquante salariés chacun ou plus, cass. soc. 10 janvier 1989, n° 87-60.209, BC V n° 7 ; *CSB* 1989 A. 7 ; perte d'autonomie de la société à la suite d'une fusion-absorption, cass. soc. 28 mars 1989, n° 88-60.548, BC V n° 268 ; *RJS* 5/89 n° 441 ; réorganisation interne de l'entreprise, 13 juin 1989, n° 88-60.500, BC V n° 438), le délai de forclusion ne peut s'appliquer aux contestations en cause.

Désignation d'un délégué syndical surnuméraire. Lorsqu'une organisation syndicale désigne un délégué syndical surnuméraire, cette désignation ouvre, à compter de la dernière désignation litigieuse ou de la décision prise par l'organisation syndicale pour mettre fin à cette situation, un nouveau délai de contestation de l'ensemble des désignations en cause (cass. soc. 29 octobre 2010, n° 09-67.969, BC V n° 250 ; *RJS* 1/11 n° 60 ; *Dr. Soc.* 2011, p. 117, obs. Fr. Petit).

La forclusion doit être relevée d'office par le juge d'instance (cass. soc. 10 juillet 1979, n° 79-60.142, BC V n° 642).

• **Désignation concomitante à un licenciement décidé ou projeté.** Des circonstances, fortuites ou non, aboutissent souvent à ce que la désignation d'un délégué syndical (ou son remplacement, qui n'est soumis à aucune autre formalité que de publicité) intervienne immédiatement avant, en même temps ou immédiatement après que le licenciement ou le projet de licenciement de l'intéressé eut été décidé. S'agit-il d'un licenciement décidé pour faire échec à l'installation d'un délégué syndical dont l'employeur ne pourrait ultérieurement plus se séparer qu'en faisant appel à la protection syndicale ? S'agit-il d'une désignation intervenue pour faire échec à un projet de licenciement ? La Cour de cassation a été amenée à dégager une jurisprudence basée sur l'examen des circonstances de la désignation et du licenciement et sans, finalement, s'arrêter au seul point de savoir si la désignation avait, chronologiquement, précédé ou non la décision ou le projet de licenciement :

– s'il apparaît clairement que l'intention de l'organisation syndicale de désigner un salarié comme délégué syndical était arrêtée avant la convocation de celui-ci par l'employeur en vue de son licenciement et que ce n'était pas dans le seul but de faire échec au licenciement envisagé que la désignation avait été faite, mais dans celui de l'intérêt des salariés de l'entreprise, la désignation doit être validée (cass. soc. 8 juillet

1976, n° 76-60.042, BC V n° 447). Le critère fondamental de l'examen par le juge des circonstances est l'activité syndicale du salarié concerné (cass. soc. 17 décembre 1975, n° 75-60.150, BC V n° 615 ; 4 mars 1976, n° 75-60.154, BC V n° 142 ; 27 avril 1978, n° 78-60.010, BC V n° 302 ; 22 juillet 1980, n° 80-60.230, BC V n° 660 ; 3 juin 1981, n° 80-60.436, BC V n° 519 ; 4 février 1981, n° 80-60.266, BC V n° 102 ; désignation faite en raison de l'activité de l'intéressé en faveur de la communauté des travailleurs en sa qualité de membre élu du comité d'entreprise alors que l'employeur avait décidé de procéder à des licenciements économiques : cass. soc. 9 décembre 1997, n° 97-60.078, BC V n° 427 ; *RJS* 1/98 n° 65, 2e espèce) ;
– s'il apparaît, au contraire, que la désignation avait été faite dans le seul but de faire échec à une mesure de licenciement envisagée, la désignation doit être annulée (cass. soc. 12 mars 1975, n° 74-160.140, BC V n° 138 ; 19 novembre 1975, n° 75-60.129, BC V n° 546 ; 1er juin 1976, n° 75-60.207, BC V n° 343 ; 26 octobre 1976, n° 76-60.107, BC V n° 526 ; 15 juin 1977, n° 77-60.122, BC V n° 403 ; 15 juin 1978, n° 78-60.420, BC V n° 488 ; 3 juin 1981, n° 80-60.447, BC V n° 518). La fraude pouvant entacher la désignation d'un délégué syndical n'implique pas nécessairement l'existence d'une collusion entre le salarié et son syndicat (cass. soc. 7 juillet 1983, n° 83-60.857, BC V n° 438). Le juge d'instance apprécie souverainement si la désignation est ou non frauduleuse (cass. soc. 9 décembre 1997, n° 96-60.233, BC V n° 428 ; 7 mai 2002, n° 00-60.407, BC V n° 155 ; *RJS* 7/02 n° 845 ; 13 juillet 2004, n° 03-60.432, BC V n° 220 ; *RJS* 11/04 n° 1166).

À noter qu'un tribunal d'instance méconnaît les règles de la preuve en retenant l'existence a priori d'un soupçon de fraude alors qu'il appartient au demandeur à l'action d'établir la fraude qui ne peut être présumée (cass. soc. 16 novembre 1999, n° 98-60.347, BC V n° 442 ; 13 octobre 2004, n° 03-60.406, BC V n° 261).

La désignation d'un délégué syndical ne prend effet qu'à compter de la réception par l'employeur de la notification qui lui en est faite ; ainsi, même non frauduleuse, la désignation d'un délégué, postérieure à la convocation à l'entretien préalable au licenciement, ne peut avoir effet que jusqu'au terme du contrat s'il y est mis fin par la procédure engagée dont elle ne peut entraver le cours (cass. soc. 22 juillet 1980, BC V n° 677 ; 6 janvier 1983, n° 82-60.321, BC V n° 10). Voir aussi cass. soc. 19 juin 1985, n° 83-45.227, BC V n° 353), résumant clairement les effets d'une désignation de délégué syndical concomitante à la décision de le licencier dans la mesure où la preuve n'a pas été apportée que l'employeur ait eu connaissance de la désignation avant l'envoi, le même jour, de la convocation à l'entretien préalable.

Art. R. 2143-5. Le tribunal d'instance statue en dernier ressort sur les contestations relatives aux conditions de désignation des délégués syndicaux légaux ou conventionnels.

Il est saisi par voie de simple déclaration au greffe.

Il statue dans les dix jours sans frais, ni forme de procédure et sur avertissement donné trois jours à l'avance à toutes les parties intéressées.

La décision du tribunal est notifiée par le greffe dans un délai de trois jours par lettre recommandée avec avis de réception.

La décision est susceptible d'un pourvoi en cassation dans un délai de dix jours. Le pourvoi est formé, instruit et jugé dans les conditions fixées par les articles 999 à 1008 du code de procédure civile.

Note • Les formalités prévues à cet article ne s'imposent pas à peine de nullité. Dès lors, un tribunal d'instance ne saurait déclarer irrecevable la demande d'annulation de la désignation d'un délégué syndical au motif que la contestation formée par lettre recommandée ne saisit pas régulièrement le tribunal (cass. soc. 9 juin 1999, n° 98-60.339, *RJS* 8-9/99 n° 1087).

• Ni la télécopie ni un envoi par courriel ne répondent aux exigences de l'article R. 2143-5 CT, selon lequel la contestation est formée par voie d'une simple déclaration faite au greffe dans les quinze jours suivant la désignation.

Après avoir relevé qu'une société n'avait pas justifié, ni allégué s'être présentée en vain après l'heure de fermeture du greffe le jour où le délai expirait, pour former son recours, un tribunal d'instance a exactement décidé qu'elle ne démontrait pas avoir été privée d'une partie du délai accordé par la loi pour former la contestation et que la requête présentée après l'expiration du délai de forclusion prévu par l'article L. 2143-3 CT était irrecevable comme tardive (cass. soc. 18 novembre 2009, n° 09-60.047, BC V n° 262).

• Cet article ne comportant aucune disposition expresse interdisant l'opposition, le jugement d'un tribunal d'instance rendu par défaut annulant la désignation d'un délégué syndical est susceptible d'opposition : le pourvoi formé avant l'expiration du délai d'opposition est donc irrecevable (cass. soc. 18 novembre 2008, n° 08-60.006, BC V n° 226). En l'absence de mention dans l'acte notifiant le jugement de l'ouverture et du délai pour former opposition, ce délai n'a pas couru et le pourvoi en cassation formé contre le jugement est également irrecevable (cass. soc. 29 avril 2009, n° 08-60.463, BC V n° 116).

SECTION 2. Mandat

Art. L. 2143-9. Les fonctions de délégué syndical sont compatibles avec celles de délégué du personnel, de représentant du personnel au comité d'entreprise ou d'établissement ou de représentant syndical au comité d'entreprise ou d'établissement.

Note

• **Cumul de fonctions.** Le cumul entre les mandats de membre du comité d'entreprise et de délégué syndical n'est pas sans poser de problème. En effet, dans cette hypothèse, le délégué syndical à la fois membre élu du comité d'entreprise est, de droit, représentant syndical au comité d'entreprise dans les entreprises de moins de trois cents salariés, cumulant ainsi deux mandats. La Cour de cassation a tranché : la représentation d'un syndicat au comité d'entreprise est une faculté à l'exercice de laquelle il peut renoncer, même dans le cas où, s'agissant d'une entreprise de moins de trois cents salariés, ce mandat ne peut être rempli que par le salarié qui a été désigné comme délégué syndical (cass. soc. 14 février 1984, n° 83-60.943, BC V n° 69).

Le cumul autorisé implique la possibilité d'un cumul des « crédits d'heures » accordés pour l'exercice de chacune des fonctions.

En ce qui concerne la répartition des différentes missions en cas de cumul de fonctions, voir notes sous articles L. 2313-1 et L. 2325-6.

• **Fonctions incompatibles avec le mandat de délégué syndical.** Le salarié titulaire d'une délégation particulière d'autorité établie par écrit permettant de l'assimiler au chef d'entreprise ne peut être désigné délégué syndical ni représentant syndical au comité d'entreprise (cass. soc. 29 juin 2005, n° 04-60.093, BC V n° 228 ; *JCP* éd. S 2005, 1240, note J-Fr. Cesaro ; *RJS* 10/05 n° 1002 ; 1er février 2006, n° 05-60.163, BC V n° 50). Peu importe que cette délégation n'ait pas fait l'objet d'une acceptation expresse de l'intéressé (cass. soc. 4 avril 2007, n° 06-60.124, BC V n° 63 ; *JCP* éd. S 2007, 1574, note A. Martinon ; *JSL* n° 212, 29 mai 2007, p. 16, obs. M-Ch. Haller ; *RJS* 6/07 n° 759 ; *RDT*, octobre 2007, CH, 600, M. Grévy). Faisant application de ce principe à une désignation effectuée dans le cadre d'une unité économique et sociale, la Cour de cassation a décidé que le salarié qui ne remplit pas les conditions pour exercer un mandat de représentation du personnel ou syndical au sein de l'entreprise qui l'emploie en raison de son assimilation au chef d'entreprise ne peut exercer un tel mandat au sein de l'unité économique et sociale dont fait partie cette entreprise (cass. soc. 16 avril 2008, n° 07-60.382, BC V n° 92 ; *JCP* éd. S 2008, 1369, avis D. Allix et note J-Y Kerbourc'h ; *RJS* 6/08 n° 693 ; *RDT*, juin 2008, AC, 352 ; *JSL* n° 234, 28 mai 2008, p. 25).

Mais, en l'absence d'une délégation particulière d'autorité établie par écrit permettant de l'assimiler au chef d'entreprise, un salarié ne peut être exclu du droit d'être désigné comme délégué syndical. Un tribunal d'instance ne peut donc, pour annuler la désignation d'un salarié comme délégué syndical, se fonder sur le fait que l'intéressé, directeur d'agence, avait la responsabilité de représenter l'entreprise sur le territoire de l'agence, de diriger, d'organiser et d'animer les unités placées sous sa responsabilité, d'imposer le respect de la réglementation et du droit du travail et de représenter le chef d'établissement de la région dans l'agence (cass. soc. 21 mai 2003, n° 02-60.100, BC V n° 169 ; *Dr. Soc.* 2003, p. 784, obs. Fr. Duquesne ; *JSL* n° 128, 29 juillet 2003, p. 25 ; *RJS* 8-9/03 n° 1036, 2e espèce). De même, le tribunal d'instance qui a fait ressortir qu'une salariée n'avait aucune délégation particulière d'autorité établie par écrit, permettant de l'assimiler au chef d'entreprise, a exactement décidé que l'intéressée, quelle que soit sa fonction (responsable des ressources humaines), ne pouvait être exclue du droit d'exercer les fonctions de délégué syndical (cass. soc. 21 mai 2003, n° 01-60.882, BC V n° 171 ; *Dr. Soc.* 2003, p. 784, obs. Fr. Duquesne ; *RJS* 8-9/03 n° 1036, 1re espèce ; *Dr. Soc.* 2003, p. 1027, obs. J. Mouly). Voir aussi cass. soc. 8 juillet 2009, n° 08-60.595, BC V n° 176 ; *LS* Jurispr. n° 156/2009 du 27-28/07/09 ; *JCP* éd. S 2009, 1407, note C. Puigelier, précisant que le contrat, confiant à un salarié promu chef d'établissement des attributions exercées sous l'autorité étroite de sa direction, sans pouvoir disciplinaire et avec une responsabilité limitée en cas d'infraction à la réglementation du travail, se borne à déterminer les attributions que le salarié tient de sa position hiérarchique et n'emporte pas de délégation écrite particulière d'autorité permettant de l'assimiler au chef d'entreprise.

En outre, même en l'absence de délégation écrite particulière d'autorité, les salariés qui représentent effectivement l'employeur devant les institutions représentatives du personnel ne peuvent exercer un mandat de représentation. Ainsi, le salarié mandataire de l'employeur qui préside le comité d'établissement ne peut être désigné délégué syndical et représentant syndical au comité d'entreprise (cass. soc. 27 octobre 2004, n° 03-60.359, BC V n° 274 ; *JSL* n° 156, 23 novembre 2004, p. 24 ; *RJS* 4/05 n° 406 ; 25 janvier 2006, n° 05-60.158, BC V n° 39 ; *RJS* 4/06 n° 469, 2e espèce). Il en est de même du salarié mandataire de l'employeur qui préside habituellement le CHSCT (cass. soc. 25 janvier 2006, n° 04-60.515, BC V n° 38 ; *RJS* 4/06 n° 469, 3e espèce) ou les réunions des délégués du personnel (cass. soc. 12 juillet 2006, n° 05-60.300, BC V n° 260 ; *RJS* 11/06 n° 1200).

En l'état de ces principes, un tribunal d'instance a exactement décidé que, faute d'une délégation écrite particulière d'autorité, un salarié, directeur de secteur au sein d'une association, dont il n'était pas soutenu qu'il ait représenté l'employeur en qualité de président du CHSCT ou du CE ni exercé au niveau de l'entreprise à l'égard des représentants du personnel les obligations relevant exclusivement du chef d'entreprise ne pouvait être exclu du droit d'être désigné représentant syndical (cass. soc. 24 mai 2006, n° 05-60.231, BC V n° 190 ; *RJS* 8-9/06 n° 968).

Selon l'article L. 225-30 c. com., le mandat d'administrateur élu par les salariés est incompatible avec le mandat de délégué syndical. Cette incompatibilité s'applique également à tout mandat syndical exercé dans l'entreprise susceptible de créer des conflits d'intérêts avec les fonctions de membre du conseil d'administration, et notamment aux permanents syndicaux désignés en sus des délégués syndicaux en application d'un accord collectif (cass. soc. 30 septembre 2005, n° 04-10.490, BC V n° 281 ; *JCP* éd. S 2005, 1356, note R. Vatinet ; *RJS* 12/05 n° 1238).

Art. L. 2143-10. En cas de modification dans la situation juridique de l'employeur telle que mentionnée à l'article L. 1224-1, le mandat du délégué syndical ou du délégué syndical central subsiste lorsque l'entreprise qui fait l'objet de la modification conserve son autonomie juridique.

Il en est de même lorsque la modification porte sur un établissement au sens de l'article L. 2143-3.

Note Selon cet article, en cas de modification dans la situation juridique de l'employeur telle que mentionnée au second alinéa de l'article L. 122-12 (ancien) CT, le mandat du délégué syndical ou du délégué syndical central subsiste lorsque l'entreprise qui a fait l'objet de la modification conserve son autonomie, peu important qu'elle ait perdu son autonomie juridique (cass. soc. 18 décembre 2000, n° 99-60.381, BC V n° 433 ; *Dr. Soc.* 2001, pp. 326 et s., obs. J. Savatier ; 31 mars 2004, n° 03-60.048, BC V n° 102 ; *RJS* 6/04 n° 711). Il en est de même lorsque la modification porte sur un établissement au sens de l'article L. 412-13 (ancien) CT (cass. soc. 10 octobre 2000, n° 99-60.235, BC V n° 320 ; *RJS* 1/01 n° 63 ; 24 mai 2006, n° 05-60.244, BC V n° 191 ; *RJS* 11/06 n° 1193).

En cas de fusion de plusieurs établissements, les juges doivent rechercher si cette opération n'a pas eu pour conséquence de mettre un terme au mandat de délégué syndical en raison, notamment, du changement de fonctions de son titulaire ou d'une possible disparition de l'autonomie de l'entreprise (cass. crim. 7 juillet 1998, n° 96-85.947, B. crim. n° 215 : le nouvel employeur peut donc éventuellement remettre en cause l'existence du mandat d'un délégué syndical).

Art. L. 2143-11.

Art. L. 2143-11. ***(L. 2008-789 du 20 août 2008, art. 5, JO 21)*** « Le mandat de délégué syndical prend fin lorsque l'ensemble des conditions prévues au premier alinéa de l'article L. 2143-3 et à l'article L. 2143-6 cessent d'être réunies. »

En cas de réduction importante et durable de l'effectif en dessous de cinquante salariés, la suppression du mandat de délégué syndical est subordonnée à un accord entre l'employeur et l'ensemble des organisations syndicales représentatives.

À défaut d'accord, l'autorité administrative peut décider que le mandat de délégué syndical prend fin.

Note • Antérieurement à la loi 2008-789 du 20 août 2008, le mandat de délégué syndical cessait uniquement lorsque le salarié ne souhaitait plus exercer ses fonctions, lorsque l'organisation syndicale le décidait ou, sous certaines conditions, lorsque la condition d'effectifs n'était plus respectée.

Désormais, le mandat prend également fin lorsque le syndicat ayant désigné le salarié n'est plus représentatif ou lorsque le délégué n'a pas réuni 10 % des suffrages valablement exprimés au premier tour des élections suivantes. Aucune condition de forme n'est alors requise pour constater la perte du mandat. La circulaire DGT 6 du 27 juillet 2011 précise que le mandat de délégué syndical prenant fin lors du renouvellement des institutions représentatives dans l'entreprise (cass. soc. 22 septembre 2010, n° 09-60.435, BC V n° 188), il doit dans tous les cas donner lieu à renouvellement exprès après chaque échéance électorale.

Le délégué syndical ne peut être re-désigné lorsque dans une entreprise ou un établissement de 50 salariés et plus, le syndicat n'est plus représentatif ou que le salarié, en tant que candidat, ne totalise plus 10 % des suffrages sur son nom, ou lorsque dans une entreprise de moins de 50 salariés, le délégué du personnel désigné comme délégué syndical perd son mandat de délégué du personnel.

En toute hypothèse, le seul fait que malgré la perte automatique de son mandat, un ancien délégué syndical poursuive ses missions dans l'entreprise ne peut être considéré comme une nouvelle désignation susceptible d'être purgée de tout vice en l'absence de contestation dans les 15 jours (circ. DGT 6 du 27 juillet 2011).

• *Baisse des effectifs.* Le mandat de délégué syndical ne cesse pas de plein droit par la seule baisse des effectifs de l'entreprise (cass. soc. 23 juin 1998, n° 96-42.548, BC V n° 333 ; *Dr. Soc.* 1998, p. 846 ; *RJS* 8-9/98 n° 1004 : en l'absence d'accord, le salarié garde la qualité de salarié protégé). La baisse des effectifs doit être constatée pendant au moins 24 mois sur les trois années de référence (circ. DGT 6 du 27 juillet 2011).

La procédure prévue par l'article L. 412-15 [L. 2143-11] CT (accord entre le chef d'entreprise et l'ensemble des syndicats représentatifs) n'est applicable que lorsque l'effectif des salariés est réduit en dessous de cinquante, c'est-à-dire en cas de suppression du mandat de délégué syndical et non en cas de réduction de leur nombre (cass. soc. 21 juillet 1986, n° 84-60.607, BC V n° 450 ; 10 octobre 2000, n° 98-60.484, BC V n° 319).

Lorsque l'effectif de l'entreprise est tombé en dessous du seuil de mille salariés, l'employeur est fondé à s'opposer à la désignation par les syndicats d'un second délégué syndical dès lors que, pour respecter le principe d'égalité qui est de valeur constitutionnelle, il a invité préalablement toutes les organisations représentatives concernées à ramener le nombre des mandats à celui qui est prévu par la loi. Ainsi, le tribunal d'instance, qui a relevé qu'un employeur avait demandé aux syndicats de ramener le nombre de leurs délégués dans les limites prévues par la loi après diminution de l'effectif de son entreprise, passé en dessous du seuil de mille salariés depuis trois ans, a pu annuler la désignation par un syndicat d'un second délégué syndical (cass. soc. 4 mars 2009, n° 08-60.411, BC V n° 62, arrêt n° 1 ; *RJS* 5/09 n° 449, 3e espèce ; *JCP* éd. S 2009, 1323 ; *RDT*, juillet/août 2009, CH, 459, H. Tissandier).

Art. R. 2143-6. En l'absence d'accord, la décision de suppression du mandat de délégué syndical prévue au deuxième alinéa de l'article L. 2143-11 est prise par le ***(D. 2009-1377 du 10 nov. 2009, JO 13 ; D. 2010-687 du 24 juin 2010, JO 25 ; voir D. 2010-1582 du 17 déc. 2010, JO 18, pour outre-mer)*** « directeur régional des entreprises, de la concurrence, de la consommation, du travail et de l'emploi ».

Le silence gardé pendant plus de quatre mois par le ministre saisi d'un recours hiérarchique contre cette décision vaut décision de rejet.

Art. L. 2143-12. Le nombre des délégués syndicaux de chaque section syndicale dans chaque entreprise ou établissement est calculé dans des conditions déterminées par décret en Conseil d'État compte tenu de l'effectif des salariés.

Le nombre ainsi fixé peut être dépassé en application des dispositions de l'article L. 2143-4 et du premier alinéa de l'article L. 2143-5.

Note

Notion d'entreprise

• Pour la détermination des effectifs, il y a lieu de se référer à la notion d'entreprise et non à celle d'établissement. Toutefois, si l'entreprise comporte des établissements distincts occupant habituellement au moins cinquante salariés, le nombre des délégués syndicaux est fixé par établissement (art. R. 2143-3). Voir aussi note sous art. L. 2312-8.

• **Unité économique et sociale.** Voir note sous art. L. 2322-4.

Notion d'établissement distinct

Avant l'intervention de la loi du 20 août 2008, la jurisprudence privilégiait le caractère fonctionnel de l'établissement distinct et considérait que les conditions de détermination de son périmètre dépendaient de l'institution représentative à mettre en place. Ainsi, pour la désignation des délégués syndicaux, la Cour de cassation jugeait que « caractérise un établissement distinct le regroupement, sous la direction d'un représentant de l'employeur, d'au moins cinquante salariés constituant une communauté de travail ayant des intérêts propres susceptibles de générer des revendications communes et spécifiques, peu important que le représentant de l'employeur ait le pouvoir de se prononcer sur ces revendications » (cass. soc. 24 avril 2003, n° 01-60.876, BC V n° 141 ; *RJS* 7/03 n° 908 ; *Dr. Soc.* 2003, p. 780, obs. J. Savatier).

Cette définition de l'établissement distinct permettant la désignation des délégués syndicaux avait été initiée dans un arrêt du 2 octobre 2001 (n° 00-60.170, BC V n° 296) dans lequel la Cour de cassation avait délaissé l'exigence d'un représentant de l'employeur doté de pouvoirs de décision lui permettant de trancher certaines revendications au profit de la présence sur place d'un représentant de l'employeur chargé d'organiser le travail. Dans le même sens, voir notamment cass. soc. 23 janvier 2002, n° 00-60.386, *RJS* 4/02 n° 454 ; 29 octobre 2003, n° 02-60.836, BC V n° 270 ; *Dr. Soc.* 2004, p. 213, obs. J. Savatier.

Dans le cadre de la loi du 20 août 2008, la Cour de cassation a décidé que le périmètre de désignation des délégués syndicaux est, sauf accord collectif en disposant autrement, le même que celui retenu, lors des dernières élections, pour la mise en place du comité d'entreprise ou d'établissement (cass. soc. 18 mai 2011, n° 10-60.383, *RJS* 7/11 n° 627 ; voir rapport L. Pécaut-Rivolier, *SSL* n° 1495 du 6 juin 2011). Il en résulte que la reconnaissance d'un établissement distinct pour la mise en place d'un comité d'établissement permet nécessairement la désignation d'un délégué syndical dans ce même périmètre (cass. soc. 10 novembre 2010, n° 09-60.451, 2e moyen, BC V n° 256 ; *LS* Bref n° 15732 du 18/11/10 ; *RDT*, janvier 2011, ET, 24, G. Borenfreund).

À noter que, pour l'exercice du droit syndical, un établissement distinct ne peut être reconnu qu'au sein d'une même entreprise ou d'une même unité économique et sociale ; un tribunal d'instance ne peut donc reconnaître l'existence d'un établissement distinct sur un site relevant de deux employeurs distincts n'appartenant pas à la même unité économique et sociale (cass. soc. 20 décembre 2006, n° 05-60.340, BC V n° 405, arrêt n° 1 ; *RJS* 4/07 n° 451, 1re espèce ; *RDT*, juin 2007, CH, 399, E. Peskine).

À noter également que l'existence d'un établissement distinct pour l'élection des délégués du personnel n'implique pas que la désignation de délégués syndicaux puisse être effectuée dans le même cadre, la finalité des institutions étant différente (cass. soc. 18 décembre 2000, n° 99-60.504, *RJS* 3/01 n° 314, 1re espèce).

SECTION 3. Exercice des fonctions

Sous-section 1. Heures de délégation

Art. L. 2143-13. Chaque délégué syndical dispose d'un temps nécessaire à l'exercice de ses fonctions.

Ce temps est au moins égal à :

1° Dix heures par mois dans les entreprises ou établissements de cinquante à cent cinquante salariés ;

2° Quinze heures par mois dans les entreprises ou établissements de cent cinquante et un à cinq cents salariés ;

3° Vingt heures par mois dans les entreprises ou établissements de plus de cinq cents salariés.

Ce temps peut être dépassé en cas de circonstances exceptionnelles.

Note **Rôle des délégués syndicaux**

• Le délégué syndical a pour mission de représenter auprès du chef d'entreprise le syndicat l'ayant désigné. Il peut, en tant que membre d'une section syndicale, exercer les activités conférées par la loi aux sections syndicales (collecte des cotisations, affichage, organisation des réunions…), mais il n'a pas, en droit, le monopole de ces activités qui peuvent être exercées par tout autre membre de la section.

• Si la mission des délégués du personnel et des membres du comité d'entreprise ne peut concerner que les problèmes intéressant directement les salariés qui les ont élus, celle des délégués syndicaux, qui consiste à représenter leur syndicat dans l'entreprise, peut être exercée en tout lieu dans l'intérêt des salariés de l'entreprise ou de l'établissement au titre desquels ils ont été désignés, dès lors qu'elle entre dans le cadre de l'objet défini par l'article L. 411-1 [L. 2131-1] dudit code (cass. soc. 10 juillet 1990, n° 86-42.819, BC V n° 361 ; *RJS* 8-9/90 n° 693 ; 23 janvier 1990, n° 86-43.817, BC V n° 21 ; 1er avril 1992, n° 88-45.752, BC V n° 233 ; *RJS* 5/92 n° 636 ; 9 février 2000, n° 97-45.460).

La participation à une réunion syndicale dont l'ordre du jour comportait l'étude de la convention collective applicable au personnel de l'établissement dans lequel le salarié a été désigné délégué syndical entre dans le cadre de ses missions. Dès lors, l'accident de circulation dont est victime un délégué syndical se rendant à cette réunion doit être pris en charge au titre de la législation relative aux accidents du travail, « peu important la nécessaire indépendance » dont le salarié bénéficiait pendant l'exécution de sa mission de délégué syndical (cass. soc. 12 juillet 1995, n° 92-19122, *RJS* 11/95 n° 1145).

N'entrent pas dans le cadre de leur mission la participation à une manifestation de soutien à des salariés d'une autre entreprise, dans leurs différends avec la justice pénale dans une autre région (cass. soc. 13 juin 1996, n° 95-41.460, BC V n° 238 ; *RJS* 11/96 n° 1186), l'assistance aux opérations d'un scrutin à caractère national – élections prud'homales – (cass. soc. 13 janvier 1999, n° 96-43.678, *RJS* 2/99 n° 233). Voir aussi cass. crim. 7 décembre 1982, n° 82-90.370, B. crim. n° 278 : les délégués syndicaux ont qualité pour veiller à l'hygiène et à la sécurité des travailleurs, même lorsqu'il existe un CHS dans l'entreprise, et cass. crim. 4 novembre 1981 cité sous l'article L. 2143-20.

Activités entrant dans le cadre du crédit d'heures. La mission des délégués syndicaux consistant à représenter leur organisation syndicale auprès du chef d'entreprise, l'assistance aux opérations d'un scrutin à caractère national (élection des administrateurs des caisses de sécurité sociale, élections prud'homales) n'entre pas dans cette mission limitée au cadre de l'entreprise, ce dont il suit que les heures utilisées à cette fin ne peuvent être rémunérées au titre des heures de délégation (cass. soc. 19 mars 1987, n° 84-43.038, BC V n° 174 ; 13 janvier 1999, n° 96-43.678, *RJS* 2/99 n° 233). De même, le temps consacré par les délégués syndicaux (et les représentants du personnel) à leur information personnelle ne peut être inclus dans les heures de délégation payées par l'employeur que si l'information se rattache directement à une difficulté particulière à leur entreprise (cass. soc. 21 janvier 1987, n° 85-41.127, BC V n° 51).

Le temps passé à une manifestation lors d'une visite du chef de l'État doit être rémunéré comme temps de délégation, cette démarche ayant trait à la défense de l'emploi dans l'entreprise (cass. soc. 23 janvier 1990, n° 86-43.817, BC V n° 21 ; *RJS* 2/90 n° 136). Il en va de même du temps passé à assister à des audiences judiciaires, la démarche des délégués syndicaux ayant pour objet de s'informer sur un litige mettant en cause d'autres représentants du personnel de l'entreprise à l'occasion d'un conflit collectif (cass. soc. 1er avril 1992, n° 88-45.752, BC V n° 233 ; *RJS* 5/92 n° 636).

Des élus du personnel et des représentants syndicaux s'étant rendus dans un atelier pour informer les salariés postés quant « au problème de la prise de café », un conseil de prud'hommes a pu débouter l'employeur de sa demande de remboursement des heures de délégation, après avoir constaté que l'activité litigieuse des représentants avait trait à l'information des salariés à leur poste de travail, conformément à l'objet de leurs mandats respectifs, et n'avait pas apporté de gêne importante à l'accomplissement du travail des salariés (cass. soc. 23 septembre 1992, n° 89-40.664, BC V n° 478).

Liberté d'utilisation du crédit d'heures. Le délégué syndical peut librement exercer son mandat pendant son temps de travail. Toutefois, il ne peut, sans faute de sa part, unilatéralement modifier ses horaires de travail pour l'exercice de ses fonctions sans l'accord de son employeur (cass. soc. 19 mai 2010, n° 08-42.506, 3e moyen, *RJS* 8-9/10 n° 681).

Circonstances exceptionnelles. Les termes mêmes de l'article L. 412-20 [L. 2143-13] ainsi que l'interprétation donnée par la jurisprudence ne permettent pas de rattacher le temps passé par les représentants à l'exercice des fonctions détenues au sein de leur syndicat à la notion juridique de circonstances exceptionnelles (rép. QE 38850, JO AN 19 mars 1984, p. 1244).

Un projet de restructuration régionale de l'entreprise nécessitant un accroissement inhabituel de l'activité des représentants du personnel relève de la notion de circonstances exceptionnelles (cass. soc. 6 juillet 1994, n° 93-41.705, BC V n° 228 ; *RJS* 8-9/94 n° 1003). Il en est de même du licenciement imprévu de trois salariés ayant entraîné pour un délégué syndical un surcroît de démarches et d'activité et donc un dépassement exceptionnel de son crédit d'heures (cass. soc. 28 octobre 2003, n° 02-42.067, BC V n° 265 ; *RJS* 1/04 n° 68).

Un conseil de prud'hommes ne peut déduire l'existence de circonstances exceptionnelles justifiant le dépassement du crédit d'heures légal du caractère exceptionnel de l'accord d'entreprise auquel avaient abouti les diligences des délégués syndicaux (cass. soc. 5 novembre 1987, n° 85-45.857, BC V n° 627) ou du temps passé par une déléguée syndicale pour assister aux audiences devant le tribunal d'instance dans le cadre d'une action introduite en sa qualité de déléguée en contestation d'un protocole d'accord préélectoral (cass. soc. 10 octobre 1990, n° 87-40.432, BC V n° 452).

L'obligation pesant sur l'employeur de payer à l'échéance normale comme temps de travail le temps nécessaire au représentant du personnel pour l'exercice de ses fonctions est limitée aux heures dont le nombre est fixé par la loi ou par accord collectif plus favorable, et ne s'étend pas à celles qui sont prises en fonction de circonstances exceptionnelles dont il appartient au salarié d'établir l'existence préalablement à tout paiement par l'employeur, de même que la conformité de l'utilisation desdites heures eu égard au mandat représentatif dont il est investi (cass. soc. 17 décembre 1986, n° 85-41.167, BC V n° 606 ; 9 mai 1989, n° 86-40.375, BC V n° 342 ; 29 janvier 1992, n° 88-44.227, BC V n° 56 ; *RJS* 3/92 n° 303 ; 10 mai 1994, n° 93-40.886, BC V n° 174 ; *RJS* 6/94 n° 712 ; 6 avril 2005, n° 03-42.103, *JSL* n° 170, 21 juin 2005, p. 26). Voir aussi notamment rép. QE 68329, JO AN 12 août 1985, p. 3842.

Art. L. 2143-14. Dans les entreprises ou établissements où, en application des articles L. 2143-3 et L. 2143-4, sont désignés pour chaque section syndicale plusieurs délégués, ceux-ci peuvent répartir entre eux le temps dont ils disposent au titre de leur mandat de délégué syndical. Ils en informent l'employeur.

Note La possibilité ouverte par cette disposition aux délégués syndicaux désignés pour chaque section syndicale de répartir entre eux le crédit d'heures qui leur est individuellement alloué n'est applicable qu'aux délégués syndicaux d'établissement et non aux délégués syndicaux centraux (cass. soc. 3 mars 1993, n° 89-43.497, BC V n° 78 ; *RJS* 4/93 n° 420).

Art. L. 2143-15. Le délégué syndical central prévu au premier alinéa de l'article L. 2143-5 dispose de vingt heures par mois pour l'exercice de ses fonctions.

Ces heures s'ajoutent à celles dont il peut disposer à un titre autre que celui de délégué syndical d'établissement.

Art. L. 2143-16.

Note Le délégué syndical central bénéficie d'un crédit d'heures dans les conditions suivantes :
– entreprises de moins de deux mille salariés : un délégué syndical d'établissement désigné comme délégué central d'entreprise ne bénéficie pas d'un crédit d'heures distinct ni même majoré pour l'exercice de ses fonctions ;
– entreprises d'au moins deux mille salariés : s'il est désigné un délégué syndical central distinct, c'est-à-dire ne cumulant pas ses fonctions avec celles de délégué d'établissement, ce délégué bénéficie d'un crédit de vingt heures rémunérées par mois ; si c'est un délégué syndical d'établissement qui est désigné comme délégué central et s'il cumule donc les deux fonctions, le crédit d'heures rémunérées dont il dispose au titre de ces deux mandats est de vingt heures (cass. soc. 18 novembre 1992, n° 90-42.688). Si le crédit dont il disposait, compte tenu de la taille de l'établissement dont il est le délégué, est déjà de vingt heures, il n'y a pas majoration de crédit ; si par contre ce crédit était de dix ou de quinze heures, il se trouve porté à vingt heures.

Art. L. 2143-16. Chaque section syndicale dispose, au profit de son ou ses délégués syndicaux et des salariés de l'entreprise appelés à négocier la convention ou l'accord d'entreprise, en vue de la préparation de la négociation de cette convention ou de cet accord, d'un crédit global supplémentaire dans la limite d'une durée qui ne peut excéder :

1° Dix heures par an dans les entreprises de cinq cents salariés et plus ;

2° Quinze heures par an dans celles de mille salariés et plus.

Note Ce crédit d'heures est attaché à la préparation de la négociation de la convention ou de l'accord d'entreprise, et non aux réunions qui la concrétisent (payées comme temps de travail). En outre, il est alloué globalement et annuellement, quel que soit le nombre d'accords conclus dans l'entreprise au cours de la même année (cass. soc. 2 juin 2004, n° 01-44.474, 2nd moyen, BC V n° 160 ; *JSL* n° 152, 21 septembre 2004, p. 22).

Art. L. 2143-17. Les heures de délégation sont de plein droit considérées comme temps de travail et payées à l'échéance normale.

L'employeur qui entend contester l'utilisation faite des heures de délégation saisit le juge judiciaire.

Note **Prise en compte des heures de délégation comme temps de travail.** Les heures de délégation étant considérées de plein droit comme temps de travail, elles doivent être prises en compte pour déterminer les conditions de désignation d'un représentant syndical au comité d'entreprise (cass. soc. 18 novembre 1992, n° 90-60.562, BC V n° 559 ; *RJS* 1/93 n° 49) et pour le calcul de l'ancienneté dans l'entreprise nécessaire à l'électorat et l'éligibilité (cass. soc. 20 novembre 1991, n° 90-60.397, BC V n° 521 ; *RJS* 1/92 n° 55 ; 6 avril 1994, n° 93-60.295, *Dr. Soc.* 1994, p. 565).

Le temps consacré par un délégué syndical à ses fonctions est payé comme temps de travail et permet donc au délégué de recevoir un titre-restaurant comme s'il avait accompli « l'horaire de travail journalier » auquel se réfère le décret du 22 décembre 1967 pour l'attribution d'un tel titre (cass. soc. 3 juillet 1980, n° 79-40.469, BC V n° 605).

Rémunération des heures de délégation

• Les heures de délégation sont payées comme temps de travail. Lorsqu'elles sont prises en dehors de l'horaire de travail en raison des nécessités du mandat, ces heures doivent être payées comme heures supplémentaires (cass. soc. 12 février 1991, n° 88-42.353, BC V n° 67 ; *RJS* 3/91 n° 342 ; 18 mai 1993, n° 96-43.453, *RJS* 7/93 n° 758 ; 21 novembre 2000, n° 98-40.730, *RJS* 3/01 n° 309). L'existence d'un horaire variable ne peut faire obstacle à cette règle (cass. soc. 20 janvier 1993, n° 89-41.560, *Dr. Soc.* 1993, p. 305). Pour les membres du personnel enseignant des établissements privés sous contrat d'association, les heures de délégation doivent être rémunérées en supplément si elles se situent en dehors du temps de travail calculé sur 39 heures (en tenant compte des heures de cours et du temps de préparation et de correction qui en est le complément nécessaire) (cass. soc. 27 octobre 1998, n° 96-40.545, BC V n° 461 ;

Dr. Soc. 1999, p. 106). Leur paiement incombe à l'établissement d'enseignement privé (cass. soc. 31 mars 2009, n° 08-40.408, BC V n° 101 ; *RJS* 6/09 n° 578 ; *JCP* éd. S 2009, 1321, note J-Y Kerbourc'h ; voir aussi cass. soc. 13 octobre 2010, n° 09-67.198, BC V n° 229 ; *RJS* 12/10 n° 990 et 18 mai 2011, n° 10-14.121, *Dr. Soc.* 2011, pp. 789 et s., rapp. L. Pécaut-Rivolier, précisant que les heures de délégation peuvent se cumuler avec les décharges d'activité de service accordées aux représentants syndicaux en application de l'article 16 du décret 82-447 du 28 mai 1982 relatif à l'exercice du droit syndical dans la fonction publique).

Les heures de délégation effectivement utilisées devant être payées comme temps de travail, l'employeur ne peut déduire de la rémunération de ces heures les temps de pause non rémunérés rendus obligatoires par un accord d'entreprise ayant mis en place des horaires individualisés, mais qui n'ont pas été pris par le représentant du personnel du fait de l'exercice de sa mission (cass. soc. 28 novembre 2001, n° 00-45.613, *RJS* 3/02 n° 297).

Rémunération des heures de délégation prises en dehors du temps de travail par un représentant du personnel à temps partiel. Selon l'article L. 212-4-10 [L. 3123-29] CT, le nombre d'heures de délégation qu'un salarié à temps partiel peut prendre sur son temps de travail mensuel est limité au tiers de ce temps. Si le crédit d'heures dépasse cette durée, les heures de délégation prises en dehors du temps de travail sont considérées de plein droit comme temps de travail et payées comme tel. Peu importe que l'intéressé reçoive en outre une allocation de préretraite progressive, le temps de délégation étant un accessoire nécessaire du contrat de travail en cours et impliquant des contraintes qui doivent être spécialement rémunérées, lorsque les heures de délégation ne s'imputent pas sur le temps de travail effectif (cass. soc. 20 mars 2002, n° 99-45.516, BC V n° 98 ; *RJS* 6/02 n° 750).

• *Majorations et primes.* Le délégué syndical ne devant subir aucune perte de rémunération du fait de l'exercice de sa mission, il en résulte qu'un délégué syndical qui a pris des heures de délégation pendant la journée tandis qu'il travaillait habituellement la nuit a droit au paiement de la majoration afférente au travail de nuit (cass. soc. 14 mars 1989, n° 86-41.648, BC V n° 212). De même, un représentant du personnel qui, en raison de la nature de son travail, bénéficie de jours de repos compensateur conventionnel et utilise ses heures de délégation pendant ce repos est en droit de bénéficier de la quote-part de repos correspondant au temps de délégation (cass. soc. 20 mai 1992, n° 89-43.103, BC V n° 329 ; *RJS* 7/92 n° 882).

S'agissant des primes, celles compensant une sujétion particulière de l'emploi et constituant un complément de salaire doivent être prises en compte pour le paiement des heures de délégation ; voir cass. crim. 4 mai 1979, n° 78-91.710, B. crim. n° 162 : le non-paiement, pendant le temps de délégation d'un délégué syndical, de la prime horaire d'insalubrité accordée en raison des conditions spécifiques du travail et que les juges ont pu considérer comme un élément du salaire constitue une discrimination injustifiée à l'égard du représentant syndical ; cass. soc. 2 juin 1992, *RJS* 7/92 n° 883 : prime de douche devant être incluse dans l'assiette servant au paiement des heures de délégation ; 1er avril 1992, n° 88-40.108, BC V n° 235 ; *RJS* 5/92 n° 628 et cass. soc. 17 mai 2006, n° 04-41.600, *RJS* 8-9/06 n° 961 : indemnité de repas et prime de panier allouées, non à titre de remboursement de frais réellement exposés mais compensant une sujétion particulière, devant être prises en compte pour le paiement des heures de délégation, même effectuées en dehors de l'entreprise ; cass. soc. 26 juin 2001, n° 98-46.387, BC V n° 232 : droit au temps de pause rémunéré en application des dispositions conventionnelles pour le représentant du personnel ayant effectué 8 heures de délégation consécutives ; cass. soc. 11 mars 2009, n° 08-40.132, *JCP* éd. S 2009, 1363, note J-Y Kerbourc'h : droit au paiement d'une indemnité de déplacement compensant une sujétion particulière de l'emploi et constituant un complément de salaire ; cass. soc. 3 mars 2010, n° 08-44.859, BC V n° 52 : paiement des primes conventionnelles de repas et de « voiture courrier » à un membre du personnel navigant pour les heures consacrées à son mandat de délégué syndical, ces indemnités étant versées au personnel navigant maintenu au sol et constituant un complément de salaire.

Au titre des primes variables, subordonnées à la réalisation d'objectifs quantitatifs, leur montant doit être fixé en tenant compte, pour la partie de l'activité du salarié correspondant à ses mandats, du montant moyen de cette prime versée, pour un temps équivalent, aux autres salariés (cass. soc. 6 juillet 2010, n° 09-41.354, 2e moyen, BC V n° 157).

• Si le salarié utilise ses heures de délégation pendant les congés payés, il ne peut cumuler l'indemnité de congés payés avec les sommes dues au titre des heures de délégation (cass. soc. 19 octobre 1994, n° 91-41.097, *Dr. Soc.* 1995, p. 72).

• Lorsque le représentant du personnel est payé en tout ou en partie par des commissions, la somme qui lui est allouée pendant une période où il ne peut travailler du fait de ses fonctions représentatives doit être calculée d'après son salaire réel. En présence d'un accord de branche prévoyant la rémunération des heures de délégation sur la base d'un forfait, les juges doivent rechercher si ce mode de calcul ne lèse pas le salarié (cass. soc. 29 mai 2001, n° 98-45.758, BC V n° 187 ; *RJS* 8-9/01 n° 1030).

Les heures de délégation prises en dehors du temps de travail en raison des nécessités du mandat devant également être rémunérées comme du temps de travail effectif, le salarié a droit à ce titre, outre sa part de commissions, à la part fixe de son salaire calculée au prorata des heures de délégation accomplies (cass. soc. 21 janvier 2004, n° 01-43.229, BC V n° 25 ; *RJS* 3/04 n° 322 ; *JSL* n° 140, 24 février 2004, p. 25).

Dépassement du crédit d'heures légal ou conventionnel. Ni la présomption de bonne utilisation des heures de délégation ni le paiement de plein droit de ces heures ne sont applicables aux heures prises au-delà du contingent fixé par la loi ou l'accord collectif (cass. soc. 26 juin 2001, n° 98-46.387, BC V n° 232 ; *RJS* 11/01 n° 1302).

Rémunération du temps de déplacement pour l'exercice de la mission. La rémunération du temps de déplacement du représentant du personnel pour l'exercice de sa mission est à la charge de l'employeur lorsqu'il excède la durée normale du trajet entre le domicile du salarié et le lieu de travail (cass. soc. 10 décembre 2003, n° 01-41.658, BC V n° 315 ; *RJS* 4/04 n° 429). Voir aussi cass. soc. 5 novembre 2003, n° 01-43.109, BC V n° 275.

Présomption de bonne utilisation du crédit d'heures par les représentants du personnel. Les heures de délégation sont de plein droit considérées comme temps de travail et payées à l'échéance normale. La résistance opposée par l'employeur à la réclamation faite par le salarié de lui rémunérer ses heures de délégation, et obligeant ce dernier à saisir le juge, est constitutive d'une faute (cass. soc. 18 juin 1997, n° 94-43.415, BC V n° 231 ; *RJS* 8-9/97 n° 989). Si l'employeur entend contester l'usage qui en a été fait, il lui appartient, après avoir payé les heures de délégation, de saisir le conseil de prud'hommes. « Conformément à un principe général d'action en justice, il aura à apporter la preuve que le représentant du personnel n'a pas utilisé tout ou partie de son crédit d'heures conformément aux missions qui sont imparties à l'institution ». Ce principe, rappelé par la circulaire ministérielle du 25 octobre 1983, a une portée générale (art. L. 2315-3 pour les délégués du personnel et art. L. 2325-7 pour les membres élus au comité d'entreprise et les représentants syndicaux). Il doit s'appliquer aux heures légales de délégation, mais aussi aux heures conventionnelles. Il vaut pour les crédits de caractère individuel et pour la fraction individualisée des crédits collectifs.

En cas de contestation par l'employeur de l'usage fait des crédits d'heures, la Cour de cassation considère que la loi, qui impose à l'employeur l'obligation de payer à l'échéance normale le temps alloué, pour l'exercice de leurs fonctions, aux délégués syndicaux et aux représentants élus du personnel, ne dispense pas les bénéficiaires de ce versement de préciser, à la demande de l'employeur, les activités exercées pendant leur temps de délégation. Le salarié ne peut se borner à répondre à la demande de l'employeur qu'il a utilisé ses heures de délégation dans le cadre de son mandat, sans apporter de précision sur les activités exercées par lui dans un tel cadre (cass. soc. 16 mars 1994, n° 92-42.234, BC V n° 100 ; *Dr. Soc.* 1994, p. 520 ; *RJS* 5/94, n° 562). De même, le salarié qui ne fournit pour chaque mois que des imprimés portant, outre les indications manuscrites de dates et de nombre d'heures de délégation, des mentions rédigées à l'avance, sans précision sur la nature des activités exercées permettant à l'employeur de s'assurer que celles-ci ont été utilisées pour leur exercice, peut être condamné au remboursement de ces heures de délégation (cass. soc. 30 novembre 2004, n° 03-40.434, BC V n° 313 ; *JSL* n° 159, 13 janvier 2005, p. 9 obs. M. Hautefort). L'employeur a la charge d'établir devant les juges du fond, à l'appui de sa contestation, la non-conformité de l'utilisation de ce temps avec l'objet du mandat représentatif (cass. soc. 4 décembre 1991, n° 88-44.977, BC V n° 556 ; voir aussi 2 mai 1989, n° 86-42.760, BC V n° 320 ; *CSB* 1989 A. 35 ; cass. soc. 23 février 1994, n° 92-44.145, *Dr. Soc.* 1994, p. 519). L'employeur ne peut donc saisir les juges du fond d'une action en remboursement d'heures de délégation prétendument mal utilisées qu'après avoir préalablement demandé à l'intéressé, fût-ce, en cas de refus, par voie judiciaire, l'indication des activités pour lesquelles elles ont été utilisées (cass. soc. 15 décembre 1993, n° 91-44.481, BC V n° 315 ; *Dr. Soc.* 1994, p. 217).

Si l'employeur peut saisir le juge des référés pour obtenir des indications sur l'utilisation des heures de délégation avant contestation, il ne peut exiger devant cette juridiction la justification de cette utilisation (cass. soc. 25 mai 1993, n° 89-45.542, BC V n° 147 ; *RJS* 7/93 n° 757). Doit être cassé l'arrêt de cour d'appel, statuant en référé, qui a ordonné au salarié de fournir à son employeur la justification des heures litigieuses, au motif que l'article L. 424-1 [L. 2315-3] ne dispense pas les bénéficiaires du crédit d'heures de justifier de l'utilisation du temps pour lequel ils ont été payés, alors que le salarié n'était tenu que d'indiquer les activités au titre desquelles avaient été prises les heures de délégation et non de justifier de leur utilisation (cass. soc. 22 avril 1992, n° 89-41.253, BC V n° 298 ; *RJS* 6/92 n° 751).

L'employeur ayant saisi le juge en reconnaissant n'avoir aucun grief particulier quant à l'utilisation des heures de délégation litigieuses, le conseil de prud'hommes a pu en déduire qu'en agissant ainsi, il avait abusé de son droit d'ester en justice et allouer à l'intéressée des dommages-intérêts pour les préjudices moral et matériel subis par celle-ci du fait de cette action (cass. soc. 21 novembre 1990, précité) ; voir aussi cass. soc. 21 octobre 1992, n° 89-41.272, *RJS* 12/92 n° 1396, s'agissant du préjudice moral subi par un représentant du personnel suite à la contestation du bon usage d'heures de délégation (affirmations dont la réalité n'avait pu être établie).

La chambre criminelle considère, pour sa part, s'agissant de la contestation d'un employeur portant sur une longue période et relative à l'usage fait par des représentants de leurs heures de délégation, sans qu'il puisse l'étayer de simples soupçons, qu'a justifié sa décision la cour d'appel qui, n'ayant pas constaté en l'espèce un abus de l'employeur de son droit d'agir en justice, l'a relaxé des chefs d'entraves à l'exercice des fonctions de délégué du personnel et du droit syndical, une telle contestation n'étant pas en elle-même susceptible d'une incrimination pénale (cass. crim. 16 octobre 1990, n° 88-83.543, B. crim. n° 343 ; *CSB* 1991 A. 7).

Si la loi ne dispense pas le salarié de justifier, en cas de contestation soulevée après le paiement des heures de délégation, de l'utilisation faite du temps pour lequel il a été payé, elle n'autorise pas l'employeur à exiger, avant tout paiement, que le délégué lui rende compte de l'emploi de son temps ; une telle exigence constitue le délit d'entrave, même si l'employeur paie à l'échéance normale les heures de délégation (cass. crim. 22 novembre 1988, n° 87-84.669, *CSB* 1989 S. 13).

Congés exceptionnels. Il résulte des articles 12 et 39 de la convention collective nationale des personnels des organismes de sécurité sociale qu'il ne doit pas être fait obstacle à l'exercice du mandat des délégués syndicaux et que les congés exceptionnels pris pour l'exercice de ce mandat doivent être payés par l'employeur. Ce paiement est préalable à toute contestation et, en l'absence de paiement préalable, la contestation de l'employeur ne peut être accueillie (cass. soc. 9 mai 2000, n° 97-45.813, BC V n° 173 ; *JSL* n° 61, juillet 2000, p. 27).

Bons de délégation

• L'usage par les délégués du personnel du crédit d'heures, destiné à l'exercice de leurs fonctions, ne saurait faire l'objet d'un contrôle préalable ; s'il est vrai qu'il peut être soumis à l'emploi de bons de délégation et précédé d'un délai de prévenance, de telles modalités (imposant d'ailleurs simplement au délégué de prévenir de son absence au titre de ses fonctions et non d'en faire connaître le motif précis), qui ne sauraient exister de plein droit, ne peuvent être mises en place qu'à l'issue d'une procédure de concertation (cass. crim. 12 avril 1988, n° 87-84.148, B. crim. n° 155).

À noter que la délivrance d'un bon de délégation n'implique pas la reconnaissance par l'employeur de l'utilisation des heures de délégation conformément à leur objet (cass. soc. 13 janvier 1999, n° 96-43.678, *RJS* 2/99 n° 233).

Sur la licéité de bons de délégation utilisés comme titres de circulation dans l'entreprise, voir cass. crim. 10 janvier 1989, n° 87-80.048, B. crim. n° 10.

• S'agissant d'un représentant du personnel qui avait remis à son employeur deux bons de délégation précisant la nature des démarches effectuées dans l'exercice de sa double fonction représentative pendant les heures de délégation indiquées, avait ainsi obtenu de la société le paiement du salaire correspondant et avait reconnu avoir consacré à d'autres tâches la majeure partie du temps prétendument destiné à l'accomplissement de sa mission, a donné une base légale à sa décision la cour d'appel qui, pour déclarer l'intéressé coupable d'escroquerie au préjudice de la société, a notamment relevé qu'il n'ignorait pas, en se prétendant employé pour l'accomplissement de tâches entrant dans le cadre strict de ses attributions, qu'il faisait usage d'une fausse qualité et commettait par ce seul fait le délit d'escroquerie, sans même que cet usage ait été accompagné de manœuvres frauduleuses, dès lors que ledit usage a été la cause déterminante de la remise des sommes indûment payées par l'employeur (cass. crim. 8 juillet 1986, n° 85-90.088, B. crim. n° 232).

• La pratique des bons de délégation visant à avertir le chef de service ou le supérieur de l'intention du représentant syndical de se mettre en délégation ne peut être détournée de son seul objet d'information préalable d'un déplacement pour l'exercice du mandat dans ou en dehors de l'entreprise. L'employeur, fût-il approuvé en comité d'entreprise, ne peut étendre la pratique des bons de délégation prévue par l'accord d'entreprise pour la circulation des mandatés à un cas qui n'y est pas prévu, et notamment aux échanges téléphoniques entre représentants du personnel (cass. soc. 10 mai 2006, n° 05-40.802, BC V n° 174 ; *JSL* n° 191, 13 juin 2006, p. 17, note M-Ch. Haller).

Art. L. 2143-18. Les heures utilisées pour participer à des réunions qui ont lieu à l'initiative de l'employeur ne sont pas imputables sur les temps de délégation.

Note L'audience d'une juridiction ne saurait être assimilée à une réunion organisée dans le cadre de l'entreprise à l'initiative de l'employeur, ouvrant droit, pour les représentants du personnel, à indemnisation du temps passé sans imputation sur les heures de délégation, même si cette audience se situait dans le cadre d'une instance introduite par l'employeur (cass. soc. 9 avril 1987, n° 83-41.673, BC V n° 226).

Art. L. 2143-19. Dans les entreprises de travail temporaire, les heures de délégation utilisées entre deux missions, conformément à des dispositions conventionnelles, par un délégué syndical salarié temporaire pour l'exercice de son mandat sont considérées comme des heures de travail.

Ces heures sont réputées être rattachées, pour ce qui concerne leur rémunération et les charges sociales y afférentes, au dernier contrat de travail avec l'entreprise de travail temporaire au titre de laquelle il avait été désigné comme délégué syndical.

Sous-section 2. Déplacements et circulation

Art. L. 2143-20. Pour l'exercice de leurs fonctions, les délégués syndicaux peuvent, durant les heures de délégation, se déplacer hors de l'entreprise.

Ils peuvent également, tant durant les heures de délégation qu'en dehors de leurs heures habituelles de travail, circuler librement dans l'entreprise et y prendre tous contacts nécessaires à l'accomplissement de leur mission, notamment auprès d'un salarié à son poste de travail, sous réserve de ne pas apporter de gêne importante à l'accomplissement du travail des salariés.

Note **Liberté de déplacement.** La loi consacre la liberté de déplacement des représentants du personnel hors de l'entreprise et à l'intérieur de celle-ci. La même formulation est utilisée pour les différentes institutions : voir art. L. 2315-5 (délégués du personnel), L. 2325-11 (membres élus du comité d'entreprise et représentants syndicaux).

• Les représentants du personnel peuvent se déplacer hors de l'entreprise durant les heures de délégation et dans l'entreprise « d'une part, durant leurs heures de délégation, qui peuvent être prises pendant et en dehors de leur temps de travail, d'autre part, en dehors de leurs heures de délégation mais, dans ce cas, en dehors de leur temps de travail » (circ. min. du 25 octobre 1983).

La mission des délégués syndicaux, qui consiste à représenter leur syndicat dans l'entreprise, peut être exercée en tout lieu dans l'intérêt des salariés de l'entreprise ou de l'établissement au titre desquels ils ont été désignés dès lors qu'elle entre dans le cadre de l'objet défini par l'article L. 2131-1 CT (heures de délégation prises pour assister à des audiences judiciaires concernant d'autres salariés de l'entreprise, cass. soc. 1er avril 1992, n° 88-45.752, BC V n° 233 ; *RJS* 1992 n° 636 ; défense du statut des forestiers-sapeurs, salariés de l'entreprise, entrant dans la mission du délégué syndical, cass. soc. 9 février 2000, n° 97-45.460).

La liberté de déplacement des délégués syndicaux est d'ordre public et elle ne peut être limitée par un règlement intérieur et subordonnée à une autorisation de l'employeur (cass. crim. 4 février 1986, n° 84-95.402, B. crim. n° 46).

La loi ne prévoit un crédit d'heures de délégation pour l'exercice des fonctions de délégué syndical que dans les entreprises occupant au moins cinquante salariés et, sauf circonstances exceptionnelles, c'est seulement pendant leurs heures de délégation ou en dehors de leurs heures habituelles de travail que les délégués syndicaux peuvent se déplacer librement dans l'entreprise ou en dehors de celle-ci (cass. crim. 8 octobre 1991, n° 90-86.628, B. crim. n° 335 ; *RJS* 1/92 n° 51).

« Compte tenu des termes adoptés par le législateur et du débat qui a précédé leur adoption, il est clair que les représentants du personnel doivent pouvoir s'entretenir avec tous les salariés à leur poste de travail : la nature du poste tenu ne saurait être invoquée pour interdire toute espèce d'entretien, si bref soit-il. En l'absence de définition précise de la notion de gêne importante, il semble possible de prendre en considération deux éléments : d'une part, la nature du travail effectué et, d'autre part, la durée de l'entretien. Il est certain que la durée de l'entretien devra être plus réduite lorsque, par exemple, le salarié est en contact avec la clientèle ou le public à une heure d'affluence. » (circ. min. précitée).

Les dispositions de la loi ne réglementent ni la durée des contacts ni le nombre des salariés contactés en même temps et la présence de six personnes dans un atelier pendant quarante minutes ne peut être automatiquement assimilée à une réunion. La seule présence des déléguées ou encore moins leur action n'ayant pas perturbé le cours normal des opérations de contrôle et n'ayant occasionné qu'une gêne non importante au fonctionnement de l'atelier, il n'est en définitive pas établi que les faits reprochés aux salariées (responsabilité de la tenue d'une réunion non autorisée dans le local des contrôleuses, arrêtant le cours normal des opérations de contrôle) étaient de nature à justifier une sanction (CA Chambéry, 7 avril 1987, *Dr. Ouvr.* 1987, 323).

• Le droit de se déplacer et de visiter les locaux ne saurait être mis en cause par la circonstance que le délégué syndical est en grève – son mandat ne se trouvant pas suspendu du fait de la grève – mais il s'exerce cependant dans certaines limites. Dans le cadre législatif antérieur, les juges du fond ont ainsi pu déduire des circonstances particulières de la cause qu'une déléguée syndicale, en cherchant à s'introduire à la tête d'un groupe de grévistes dans les bureaux où le travail se poursuivait, n'avait pas, en l'espèce, agi dans les limites des prérogatives qui lui sont spécialement reconnues par la loi. En s'opposant à ce qu'elle pénètre dans les bureaux, l'employeur n'avait pas commis le délit d'entrave à l'exercice du droit syndical (cass. crim. 26 février 1979, *JS* 1979 SJ 7). En revanche, doit être cassé l'arrêt relaxant des préventions d'entrave à l'exercice du droit syndical et d'atteinte à l'exercice régulier des fonctions de délégués du personnel l'employeur qui, au cours d'une grève, a refusé l'entrée dans les lieux de travail à trois délégués du personnel et un délégué syndical qui désiraient vérifier si les mesures de sécurité avaient été prises. Il entre, en effet, dans la mission tant des délégués syndicaux que des délégués du personnel, de s'assurer, dans l'intérêt des travailleurs qu'ils représentent, du respect des consignes de sécurité et le fait que la responsabilité de la sécurité des travailleurs incombe à l'employeur n'est pas de nature à exclure toute possibilité de contrôle de la part des représentants du personnel (cass. crim. 4 novembre 1981, *JS* 1982 F 4).

• Voir aussi note sous articles L. 2142-8 et L. 2143-13.

Confidentialité des conversations téléphoniques. Pour l'accomplissement de leur mission légale et la préservation de la confidentialité qui s'y attache, les salariés investis d'un mandat électif ou syndical dans l'entreprise doivent pouvoir y disposer d'un matériel ou procédé excluant l'interception de leurs communications téléphoniques et l'identification de leurs correspondants. Lorsqu'un autocommutateur téléphonique a été mis en place dans l'entreprise, l'employeur est donc tenu de mettre à leur disposition une ligne téléphonique non connectée à cet autocommutateur (cass. soc. 6 avril 2004, n° 02-40.498, BC V n° 104 ; *JSL* n° 146, 26 mai 2004, p. 17, obs. J-E Tourreil ; *RJS* 6/04 n° 713).

Sous-section 3. **Secret professionnel**

Art. L. 2143-21. Les délégués syndicaux sont tenus au secret professionnel pour toutes les questions relatives aux procédés de fabrication.

SECTION 4. **Attributions complémentaires dans les entreprises de moins de trois cents salariés**

Art. L. 2143-22. Dans les entreprises de moins de trois cents salariés et dans les établissements appartenant à ces entreprises, le délégué syndical est, de droit, représentant syndical au comité d'entreprise ou d'établissement.

Le délégué syndical est, à ce titre, destinataire des informations fournies au comité d'entreprise ou d'établissement.

Note Il résulte des articles L. 2143-22 et L. 2324-2 que le délégué syndical n'est de droit représentant syndical au comité d'entreprise ou d'établissement que dans les entreprises de moins de trois cents salariés et dans les établissements appartenant à ces entreprises. Dans une unité économique et sociale, le seuil de trois cents salariés s'apprécie au niveau de l'unité économique et sociale et non au niveau des établissements (cass. soc. 29 juin 2011, n° 10-18.689, *RJS* 11/11 n° 884).

Dans les entreprises (ou UES) d'au moins trois cents salariés, les organisations syndicales peuvent librement désigner un représentant syndical qui n'est pas nécessairement un délégué syndical et cela même dans des établissements de l'entreprise qui ont un effectif inférieur à trois cents salariés. Voir note sous art. L. 2324-2 CT.

À noter que si la désignation d'un délégué syndical concerne un membre élu du comité d'entreprise, le syndicat peut renoncer à désigner un représentant au comité d'entreprise (cass. soc. 14 février 1984, n° 83-60.943, BC V n° 69).

La contestation de la qualité de représentant syndical de droit au comité d'entreprise d'un délégué syndical constitue une contestation de la désignation d'un représentant syndical au sens de l'article R. 2324-24 CT et se trouve en conséquence soumise au délai de quinze jours prévu par ce texte (cass. soc. 25 janvier 2012, n° 11-10.978).

(L. 2008-789 du 20 août 2008, art. 6, JO 21)

SECTION 5. **Conditions de désignation dérogatoire**

Art. L. 2143-23. Par dérogation à l'article L. 2142-1-1 et lorsqu'en raison d'une carence au premier tour des élections professionnelles, un délégué syndical n'a pu être désigné au sein de l'entreprise ou de l'établissement ou lorsqu'il n'existe pas de délégué syndical dans l'entreprise ou l'établissement, le représentant de la section syndicale visé aux articles L. 2142-1-1 et L. 2142-1-4 désigné par une organisation syndicale de salariés affiliée à une organisation syndicale représentative au niveau national et interprofessionnel peut disposer, sur mandatement par son organisation syndicale, du pouvoir de négocier et conclure un accord d'entreprise ou d'établissement.

Si, à l'issue des élections professionnelles suivant le mandatement du représentant de la section syndicale, l'organisation syndicale à laquelle il est adhérent n'est pas reconnue représentative et nomme un autre représentant de la section syndicale, celui-ci ne peut pas être mandaté jusqu'aux six mois précédant les dates des élections professionnelles dans l'entreprise.

Note Selon l'article 6, III de la loi 2008-789 du 20 août 2008, cet article n'est pas applicable dans les entreprises qui entrent dans le champ des articles L. 2232-21 à L. 2232-29 CT et de l'article 14 de la loi 2008-789, ni dans les entreprises qui entrent dans le champ des conventions de branche ou accords professionnels conclus en application des articles L. 2232-21 à L. 2232-29 CT dans leur rédaction antérieure à la publication de la loi 2008-789.

Sont donc concernées par cet article les entreprises de plus de 200 salariés disposant de représentants du personnel mais pas de délégué syndical et qui ne sont pas couvertes par un accord de branche antérieur au 1er janvier 2010 autorisant des représentants élus du personnel ou des salariés mandatés à négocier un accord collectif.

CHAPITRE IV

Dispositions complémentaires relatives aux entreprises du secteur public

Art. L. 2144-1. Le présent chapitre s'applique, à titre complémentaire, aux établissements et entreprises mentionnés à l'article 1er de la loi n° 83-675 du 26 juillet 1983 relative à la démocratisation du secteur public.

Art. L. 2144-2. L'employeur engage avec les organisations syndicales représentatives dans l'entreprise une négociation sur les modalités complémentaires d'exercice du droit syndical.

Cette négociation porte notamment sur les points suivants :

1° Le temps dont chaque salarié dispose, sans perte de rémunération, pour participer aux réunions organisées par les sections syndicales dans l'enceinte de l'entreprise et pendant le temps de travail ;

2° Les conditions dans lesquelles des salariés, membres d'organisations syndicales représentatives dans l'entreprise, peuvent obtenir, dans la limite d'un quota déterminé par rapport aux effectifs de l'entreprise, une suspension de leur contrat de travail en vue d'exercer, pendant une durée déterminée, des fonctions de permanent au service de l'organisation syndicale à laquelle ils appartiennent, avec garantie de réintégration dans leur emploi ou un emploi équivalent au terme de cette période ;

3° Les conditions et les limites dans lesquelles les membres des sections syndicales représentatives dans l'entreprise, chargés de responsabilités au sein de leurs sections syndicales, peuvent s'absenter, sans perte de rémunération, pour participer aux réunions statutaires de leurs organes dirigeants et pour exercer leurs responsabilités ;

4° Les conditions et les limites dans lesquelles les membres des sections syndicales, chargés de responsabilités au sein de leurs organisations syndicales, peuvent s'absenter, sans perte de rémunération, pour participer à des réunions syndicales tenues en dehors de l'entreprise ;

5° Les conditions dans lesquelles la collecte des cotisations syndicales peut être facilitée.

La ou les organisations syndicales non signataires de l'accord mentionné au présent article sont réputées adhérer à cet accord, sauf refus manifesté dans le délai d'un mois à compter de sa signature.

CHAPITRE V

Formation économique, sociale et syndicale des salariés appelés à exercer des fonctions syndicales

Art. L. 2145-1. Les salariés appelés à exercer des fonctions syndicales bénéficient du congé de formation économique, sociale et syndicale prévu à l'article L. 3142-7.

La durée totale des congés pris à ce titre dans l'année par un salarié ne peut excéder dix-huit jours.

Art. L. 2145-2. La formation des salariés appelés à exercer des responsabilités syndicales, notamment au sein d'organismes de caractère économique et social, peut être assurée :

1° Soit par des centres spécialisés, directement rattachés aux organisations syndicales représentatives ;

2° Soit par des instituts internes aux universités.

Toutefois, des organismes dont la spécialisation totale ou partielle serait assurée en accord avec des organisations syndicales peuvent participer à la formation des salariés appelés à exercer des responsabilités syndicales. Pour bénéficier des dispositions de l'article L. 2145-3, ces organismes doivent avoir reçu l'agrément du ministre chargé du travail.

Note Voir arrêté du 20 décembre 2010, JO 26, cité sous art. L. 3142-7.

Art. R. 2145-1. Pour bénéficier de l'aide financière de l'État, les organismes dispensant la formation économique, sociale et syndicale, agréés dans les conditions prévues à l'article R. 3142-2, établissent des programmes préalables de stages ou de sessions précisant, notamment, les matières enseignées et la durée de formation.

Des conventions conclues entre, d'une part, les centres spécialisés mentionnés au 1° de l'article L. 2145-2 et les organismes mentionnés au quatrième alinéa de ce même article et, d'autre part, les ministères intéressés ou les universités ou instituts d'université, prévoient les conditions dans lesquelles cette aide est utilisée, notamment pour la rémunération du corps enseignant et l'octroi de bourses d'études.

Art. L. 2145-3. L'État apporte une aide financière à la formation des salariés assurée par les centres, instituts et organismes mentionnés à l'article L. 2145-2.

Art. R. 2145-2. Pour l'application de l'article L. 2145-3, des crédits sont inscrits dans le cadre de la loi de finances au titre de la mission portant sur l'emploi et le travail.

Des crédits destinés à contribuer au fonctionnement des instituts internes aux universités sont également inscrits au titre de la mission portant sur la recherche et l'enseignement supérieur.

Art. L. 2145-4. Un décret en Conseil d'État détermine les modalités d'application du présent chapitre.

CHAPITRE VI

Dispositions pénales

Art. L. 2146-1. Le fait d'apporter une entrave à l'exercice du droit syndical, défini par les articles L. 2141-4, L. 2141-9 et L. 2141-11 à L. 2143-22, est puni d'un emprisonnement d'un an et d'une amende de 3750 €.

Note

- Voir note sous article L. 2143-20.
- Les syndicats professionnels pouvant, aux termes de l'article L. 412-1 [L. 2141-4] CT, s'organiser librement dans toutes les entreprises, une cour d'appel a pu juger que l'initiative prise par un chef d'entreprise d'adresser au personnel une note dont l'objet, même s'il n'était pas unique, était non pas seulement d'exprimer la libre opinion d'un citoyen, mais d'inciter ses lecteurs à résister à une implantation syndicale, caractérisait l'infraction d'entrave à l'exercice du droit syndical dans tous ses éléments dès la diffusion de ladite note (cass. crim. 23 juin 1981, *JS* 1981 SJ 178).
- La conclusion d'accords entre l'employeur et des institutions représentatives du personnel distinctes des organisations syndicales constitue un délit d'entrave à l'exercice du droit syndical lorsqu'elle a eu pour objet ou pour effet de porter atteinte au monopole que la loi confère aux organisations syndicales pour représenter les intérêts des salariés dans la négociation collective (cass. crim. 18 novembre 1997, n° 96-80.002, B. crim. n° 390 ; *RJS* 1/98 n° 76 ; *CSB* 1998 p. 37, note A. Philbert).

• Seuls caractérisent le délit d'entrave à l'exercice du droit syndical les manquements aux dispositions légales définissant les droits reconnus aux syndicats dans les entreprises, ainsi qu'aux conventions ou accords étendant les droits ainsi définis. Doit donc être cassé l'arrêt condamnant un employeur du chef d'entrave à l'exercice du droit syndical en raison de la violation de dispositions conventionnelles qui ne résultent pas d'une extension ou d'une dérogation apportée à une disposition législative expresse dans une matière déterminée, dont l'inobservation est, seule, pénalement sanctionnée (cass. crim. 24 février 1987, n° 84-92.156, B. crim. n° 97).

• S'il est vrai que toute mutation de poste ou de fonctions, imposée contre son gré à un représentant du personnel, caractérise à la charge de l'employeur l'élément matériel d'une atteinte portée à ses prérogatives statutaires, il en est autrement lorsque l'employeur a apporté la pleine justification de la mesure critiquée (voir, en ce sens, cass. crim. 28 octobre 1980, n° 80-90.277, B. crim. n° 282 ; voir aussi cass. crim. 27 février 1990, n° 88-83.594, *RJS* 4/90 n° 317 ; 25 juin 1991, n° 90-84.070, *RJS* 10/91 n° 1111 ; 17 novembre 1992, n° 91-85.924).

• Les faits d'entrave à l'exercice du droit syndical, consistant, pour les dirigeants d'une entreprise, après mise à pied conservatoire d'un délégué syndical, à ne pas l'avoir convoqué à une réunion de concertation et à avoir demandé au syndicat de lui désigner un suppléant, portent atteinte aux intérêts du syndicat mais sont également de nature à causer un préjudice personnel et direct au délégué syndical en le privant de la possibilité de circuler dans l'entreprise et d'exercer ses fonctions de représentation (cass. crim. 30 octobre 2006, n° 05-86.380, B. crim. n° 260 ; *RJS* 2/07 n° 247 ; *Dr. Soc.* 2007, p. 310, obs. Fr. Duquesne ; *JCP* éd. S 2007, 1175, note J-Fr. Cesaro).

Art. L. 2146-2. Le fait pour l'employeur de méconnaître les dispositions des articles L. 2141-5 à L. 2141-8, relatives à la discrimination syndicale, est puni d'une amende de 3750 €.

La récidive est punie d'un emprisonnement d'un an et d'une amende de 7500 €.

Note

• Il importe peu qu'un directeur technique n'ait pas reçu en droit de délégation de pouvoirs dès lors qu'il a été en fait le véritable auteur des faits constitutifs de l'infraction (discrimination syndicale) (cass. crim. 17 juillet 1987, n° 86-93691, *JS* 1987 SJ 256).

• La diffusion aux membres du comité de direction et aux cadres de l'entreprise d'une note rédigée en faveur d'un syndicat et à l'encontre d'un autre constitue une infraction à l'article L. 412-2, al. 3 [L. 2141-7] CT interdisant aux chefs d'entreprise ou à leurs représentants d'employer des moyens de pression, que ce soit en faveur ou à l'encontre d'un syndicat (cass. crim. 8 mars 1994, n° 93-81.115, *RJS* 7/94 n° 877). Le délit visé par cet article peut être constitué, même si la discrimination antisyndicale n'a pas été le motif exclusif des mesures prises (cass. crim. 16 janvier 1990, n° 88-81.285, *RJS* 3/90 n° 228).

• Voir notamment P. Morvan, « Le droit pénal des institutions représentatives du personnel », *Dr. Soc.* 2000, p. 987.

Art. R. 2146-1. Le fait pour un directeur ou un administrateur d'un syndicat ou d'une union de syndicats de s'opposer à la libre constitution d'un syndicat ou d'une association professionnelle de personnes exerçant la même profession, des métiers similaires ou des métiers connexes, concourant à l'établissement de produits déterminés ou la même profession libérale, en méconnaissance des dispositions du premier alinéa de l'article L. 2131-2, est puni de l'amende prévue pour les contraventions de la cinquième classe.

Art. R. 2146-2. Le fait pour un directeur ou un administrateur d'un syndicat ou d'une union de syndicats de ne pas déposer les statuts dans les conditions prévues ***(D. 2009-289 du 13 mars 2009, JO 15)*** « à l'article L. 2131-3 », est puni de l'amende prévue pour les contraventions de la cinquième classe.

Art. L. 2145-4.

Note Le 2e alinéa de cet article a été supprimé par le décret 2009-289 du 13 mars 2009 (JO 15).

Art. R. 2146-3. Le fait pour un directeur ou un administrateur d'un syndicat ou d'une union de syndicats de s'opposer à l'accès d'un adhérent d'un syndicat professionnel, qui remplit les conditions fixées par l'article L. 2131-5, aux fonctions d'administration ou de direction de ce syndicat, en méconnaissance des dispositions de l'article L. 2131-4, est puni de l'amende prévue pour les contraventions de la cinquième classe.

Art. R. 2146-4. Le fait pour une personne qui est privée de ses droits civiques ou qui est l'objet d'une interdiction, déchéance ou incapacité relative à ses droits civiques, d'exercer les fonctions de directeur ou d'administrateur d'un syndicat ou d'une union de syndicats, en méconnaissance des dispositions du premier alinéa de l'article L. 2131-5, est puni de l'amende prévue pour les contraventions de la cinquième classe.

Art. R. 2146-5. Le fait pour un directeur ou un administrateur d'un syndicat ou d'une union de syndicats de s'opposer à la libre adhésion d'un salarié pour un motif lié à son sexe, son âge, sa nationalité, sa religion ou ses convictions, son handicap, son orientation sexuelle, son appartenance, vraie ou supposée à une ethnie ou une race, en méconnaissance des dispositions de l'article L. 2141-1, est puni de l'amende prévue pour les contraventions de la cinquième classe.

Est puni de la même peine le fait de s'opposer à l'adhésion ou à la poursuite de l'adhésion d'une personne ayant cessé d'exercer son activité professionnelle, en méconnaissance des dispositions de l'article L. 2141-2.

LIVRE II

LA NÉGOCIATION COLLECTIVE – LES CONVENTIONS ET ACCORDS COLLECTIFS DE TRAVAIL

Note

• L'ensemble des dispositions concernant ce titre a été refondu par la loi 82-957 du 13 novembre 1982 (JO 14) relative à la négociation collective et au règlement des conflits du travail. Certains compléments et ajustements ont été ensuite apportés par les lois 83-635 du 13 juillet 1983 (JO 14), 85-10 du 3 janvier 1985 (JO 4) et 85-772 du 25 juillet 1985 (JO 26) portant diverses dispositions d'ordre social, par la loi 89-549 du 2 août 1989 (JO 8) relative à la prévention du licenciement économique, par la loi 92-1446 du 31 décembre 1992 (JO 1er janv. 1993) apportant des innovations importantes dans le droit de la révision des conventions collectives, par la loi 96-985 du 12 novembre 1996 (JO 13), par la loi 99-641 du 27 juillet 1999 (JO 28) portant création d'une couverture maladie universelle, par la loi 2001-397 du 9 mai 2001 (JO 10) et par la loi 2001-1066 du 16 novembre 2001 (JO 17).

• La loi 2004-391 relative à la formation professionnelle tout au long de la vie et au dialogue social du 4 mai 2004 (JO 5) a réformé en profondeur le droit de la négociation et de la convention collective.

Elle a introduit le principe majoritaire selon lequel la convention ou l'accord collectif doit être approuvé par les organisations syndicales représentant la majorité des salariés concernés (majorité d'adhésion ou majorité d'opposition), reconnu des modes alternatifs de négociation collective dans les entreprises dépourvues de représentation syndicale, consacré de nouveaux niveaux de négociation (accords de groupe et accords territoriaux), renforcé l'autonomie des conventions ou des accords par rapport à des conventions ou accords ayant un champ d'application plus large, et a permis que, dans certains cas, les accords d'entreprise puissent déroger à des dispositions légales. Cette loi a été commentée dans la circulaire ministérielle DRT 9 du 22 septembre 2004 (BO TR 2004/20 du 5 novembre 2004).

• La loi 2008-789 du 20 août 2008 relative à la « démocratie sociale » a modifié profondément les règles de la représentativité syndicale et de la négociation des conventions et des accords collectifs. Cette loi a été commentée dans les circulaires DGT 20 du 13 novembre 2008 et 6 du 27 juillet 2011. Voir G. Bélier, H-J Legrand, « La négociation collective en entreprise », *Groupe Liaisons,* 3e éd. mars 2011 ; C. Nicod, « La réforme du droit de la négociation collective par la loi du 20 août 2008 », *Dr. Ouvr.* mai 2009, pp. 219 et s. ; M-A Souriac, « Les réformes de la négociation collective », *RDT* 2009, pp. 14 et s.

• La loi 2010-751 du 5 juillet 2010 (JO 6) relative à la rénovation du dialogue social et comportant diverses dispositions relatives à la fonction publique a fixé de nouvelles règles de validité des accords collectifs et a renforcé la place de la négociation collective dans la fonction publique en étendant les thèmes ouverts à la négociation.

TITRE Ier

DISPOSITIONS PRÉLIMINAIRES

CHAPITRE UNIQUE

Champ d'application

Art. L. 2211-1. Les dispositions du présent livre sont applicables aux employeurs de droit privé ainsi qu'à leurs salariés.

Elles sont également applicables :

1° Aux établissements publics à caractère industriel et commercial ;

2° Aux établissements publics à caractère administratif lorsqu'ils emploient du personnel dans les conditions du droit privé.

TITRE II

OBJET ET CONTENU DES CONVENTIONS ET ACCORDS COLLECTIFS DE TRAVAIL

CHAPITRE Ier

Objet des conventions et accords

Art. L. 2221-1. Le présent livre est relatif à la détermination des relations collectives entre employeurs et salariés. Il définit les règles suivant lesquelles s'exerce le droit des salariés à la négociation collective de l'ensemble de leurs conditions d'emploi, de formation professionnelle et de travail ainsi que de leurs garanties sociales.

Art. L. 2221-2. La convention collective a vocation à traiter de l'ensemble des matières mentionnées à l'article L. 2221-1, pour toutes les catégories professionnelles intéressées.

L'accord collectif traite un ou plusieurs sujets déterminés dans cet ensemble.

Note En vertu des dispositions combinées des articles L. 131-2 [L. 2211-1] et L. 132-1 [L. 2221-2] CT, la convention collective a vocation à traiter de l'ensemble des conditions d'emploi et de travail des salariés et de leurs garanties sociales, ce qui inclut leurs retraites (cass. soc. 7 juillet 2009, n° 08-16.592).

Art. L. 2221-3. Les dispositions concernant la détermination des garanties collectives dont bénéficient les salariés en complément de celles résultant de l'organisation de la sécurité sociale sont fixées par le titre Ier du livre IX du code de la sécurité sociale.

CHAPITRE II

Contenu et durée des conventions et accords

SECTION 1. Détermination du champ d'application des conventions et accords

Art. L. 2222-1. Les conventions et accords collectifs de travail, ci-après désignés « conventions » et « accords » dans le présent livre, déterminent leur champ d'application territorial et professionnel. Le champ d'application professionnel est défini en termes d'activités économiques.

Pour ce qui concerne les professions agricoles mentionnées aux 1° à 3°, 6° et 7° de l'article L. 722-20 du code rural ***(Ord. 2010-462 du 6 mai 2010, JO 7)*** « et de la pêche maritime », le champ d'application des conventions et accords peut, en outre, tenir compte du statut juridique des entreprises concernées ou du régime de protection sociale d'affiliation de leurs salariés.

Les conventions et accords dont le champ d'application est national précisent si celui-ci comprend les départements d'outre-mer ***(Ord. 2008-205 du 27 févr. 2008, JO 1er mars)*** « , Saint-Barthélemy, Saint-Martin ou » Saint-Pierre-et-Miquelon.

Note Le champ d'application professionnel d'une convention collective doit être défini en termes d'activités économiques et non uniquement par référence à la dénomination des organisations patronales signataires ou par simple référence à la nomenclature d'activités (cass. soc. 19 juillet 1995, n° 91-44.963, BC V n° 251 ; *RJS* 10/95 n° 1034 ;

17 mars 1994, n° 90-44.846, *RJS* 5/94 n° 580 : seule l'activité réelle de l'entreprise est à prendre en considération ; 16 novembre 1993, n° 91-45.573, BC V n° 277 ; *Dr. Soc.* 1994, p. 52 ; 4 décembre 2001, n° 99-43.676, BC V n° 372 ; *RJS* 2/02 n° 204).

Si une convention collective ne s'applique qu'aux employeurs et salariés inclus dans le secteur géographique défini lors de sa conclusion, il n'en résulte pas qu'une maladie survenant à l'étranger est hors du champ d'application de la convention collective régionale (cass. soc. 5 juillet 1995, n° 92-40.235, BC V n° 235 ; *RJS* 11/95 n° 1109).

En cas de fraude aux règles régissant les conventions collectives (cas de sociétés écran), les juges du fond doivent ordonner la mise en cause des sociétés concernées par l'activité du salarié réclamant le bénéfice d'une convention collective qu'il estime applicable à l'entreprise (cass. soc. 30 mai 2000, n° 98-40.727, BC V n° 208 ; *Dr. Soc.* 2000, p. 803, obs. G. Couturier).

Art. L. 2222-2. Lorsque le champ d'application d'un avenant ou d'une annexe diffère de celui de la convention ou de l'accord qu'il modifie ou complète, il doit être précisé conformément aux dispositions de l'article L. 2222-1.

SECTION 2. Détermination des thèmes de négociation

Art. L. 2222-3. La convention de branche ou l'accord professionnel prévoit les modalités de prise en compte, dans la branche ou l'entreprise, des demandes relatives aux thèmes de négociation émanant d'une ou des organisations syndicales de salariés représentatives, sans préjudice des thèmes de négociation obligatoires prévus aux articles L. 2241-1 à L. 2241-8 et L. 2242-5 à L. 2242-19.

Note Cet article, introduit par la loi 2004-391 du 4 mai 2004, a pour objet de développer le dialogue social en imposant aux organisations patronales de prendre en compte les demandes des organisations syndicales représentatives. La loi n'impose pas aux organisations patronales une obligation de réponse ; elle fait seulement obligation aux acteurs sociaux de prévoir, dans la convention de branche ou dans l'accord professionnel, les modalités de prise en compte, dans la branche ou l'entreprise, des demandes syndicales.

Une convention collective de branche ou un accord professionnel qui ne prévoirait pas les modalités de prise en compte des demandes syndicales relatives aux thèmes de négociation ne peut pas faire l'objet d'une extension (art. L. 2261-22, 16°).

SECTION 3. Détermination de la durée des conventions et accords

Art. L. 2222-4. La convention ou l'accord est conclu pour une durée déterminée ou indéterminée.

Sauf stipulations contraires, la convention ou l'accord à durée déterminée arrivant à expiration continue à produire ses effets comme une convention ou un accord à durée indéterminée.

Quand la convention ou l'accord est conclu pour une durée déterminée, celle-ci ne peut être supérieure à cinq ans.

Note Pour qu'une convention ou un accord collectif conclu pour une durée déterminée cesse de produire effet, il ne suffit pas que l'arrivée du terme se réalise, encore faut-il qu'il ait été prévu expressément que, faute d'accord, il cesserait de s'appliquer (cass. soc. 26 mai 1983, n° 81-15.262, BC V n° 282 ; 25 janvier 1994, n° 90-44.204, *CSB* 1994 A. 14 : un accord de salaires conclu pour l'année 1979 peut être invoqué par un salarié en 1990 dans la mesure où, à défaut de clauses contraires, il s'est transformé en accord à durée indéterminée à l'expiration du terme ; faute de dénonciation dans les années qui ont suivi, il demeure applicable).

La clause prévoyant que l'accord conclu pour une durée de deux ans ferait l'objet d'une nouvelle négociation à l'expiration du terme n'est pas « une stipulation contraire » faisant échec à la transformation de l'accord à durée déterminée en accord à durée indéterminée ; à défaut d'une nouvelle négociation, l'accord collectif continue à produire ses effets comme accord collectif à durée indéterminée (cass. soc. 26 juin 1991, n° 88-45.537, *RJS* 8-9/91 n° 983). Dans le même sens, voir aussi cass. soc. 28 septembre 2010, n° 09-13.708, BC V n° 199 ; *RJS* 12/10 n° 963.

SECTION 4. Détermination des modalités de renouvellement, révision et dénonciation

Art. L. 2222-5. La convention ou l'accord prévoit les formes selon lesquelles et le délai au terme duquel il pourra être renouvelé ou révisé.

Note Les règles de révision et de dénonciation sont prévues par les articles L. 2261-7 et s.

Art. L. 2222-6. La convention ou l'accord prévoit les conditions dans lesquelles il peut être dénoncé, et notamment la durée du préavis qui doit précéder la dénonciation.

TITRE III

CONDITIONS DE NÉGOCIATION ET DE CONCLUSION DES CONVENTIONS ET ACCORDS COLLECTIFS DE TRAVAIL

CHAPITRE Ier

Conditions de validité

SECTION 1. Capacité à négocier

Art. L. 2231-1. La convention ou l'accord est conclu entre :
(L. 2008-789 du 20 août 2008, art. 8, JO 21) « – d'une part, une ou plusieurs organisations syndicales de salariés représentatives dans le champ d'application de la convention ou de l'accord ; »
– d'autre part, une ou plusieurs organisations syndicales d'employeurs, ou toute autre association d'employeurs, ou un ou plusieurs employeurs pris individuellement.

Les associations d'employeurs constituées conformément aux dispositions de la loi du 1er juillet 1901 relative au contrat d'association, qui ont compétence pour négocier des conventions et accords, sont assimilées aux organisations syndicales pour les attributions conférées à celles-ci par le présent titre.

Note Un accord relatif à la « représentation syndicale de groupe » conclu par des employeurs et plusieurs organisations syndicales représentatives au niveau national est un accord collectif au sens de cet article (CA Paris, 31 janvier 2001, 1re ch. S, *RJS* 6/01 n° 771 ; voir aussi cass. soc. 30 avril 2003, n° 01-10.027, BC V n° 155).

Signataires représentant les salariés

Principe : les syndicats représentatifs. Il est exigé, depuis la loi 71-561 du 13 juillet 1971 (JO 14), que, du côté des travailleurs, la ou les organisations syndicales signataires soient représentatives. Il faut qu'elles aient fait la preuve de leur représentativité dans le champ d'application professionnel ou territorial de la convention collective.

Sur la notion de représentativité, voir notes sous les articles L. 2121-1 et L. 2122-1.

S'agissant des syndicats catégoriels, voir article L. 2232-13 et note sous cet article.

Exception : les représentants élus du personnel et les salariés mandatés. Pour permettre le développement de la négociation collective dans les entreprises dépourvues de délégués syndicaux, la loi 96-985 du 12 novembre 1996 (JO 13, art. 6) avait introduit à titre expérimental la possibilité d'une négociation d'accord d'entreprise avec les représentants élus du personnel ou éventuellement avec des salariés mandatés. La loi 2004-391 du 4 mai 2004 précisait les conditions dans lesquelles les représentants élus du personnel ou les salariés mandatés pouvaient conclure une convention ou un accord collectif d'entreprise.

La loi 2008-789 du 20 août 2008 a prévu que, dans les entreprises de moins de deux cents salariés ne comportant aucun délégué syndical, la négociation a lieu avec les représentants élus du personnel au comité d'entreprise ou à la délégation unique du personnel ou, à défaut, avec les délégués du personnel (art. L. 2232-21 CT).

La négociation d'entreprise peut aussi avoir lieu avec des salariés mandatés dans les entreprises dépourvues de délégué syndical et dans lesquelles un procès-verbal de carence a établi l'absence de représentants élus du personnel (art. L. 2232-24 CT).

Signataires représentant les employeurs

Du côté employeur, tout groupement est habilité à conclure des conventions collectives. Aucune condition de majorité n'est exigée pour les organisations d'employeurs. Les associations d'employeurs constituées conformément à la loi de 1901 peuvent, comme les organisations syndicales patronales, conclure des conventions collectives.

Art. L. 2231-2. Les représentants des organisations mentionnées à l'article L. 2231-1 sont habilités à contracter, au nom de l'organisation qu'ils représentent, en vertu :

1° Soit d'une stipulation statutaire de cette organisation ;

2° Soit d'une délibération spéciale de cette organisation ;

3° Soit de mandats spéciaux écrits qui leur sont donnés individuellement par tous les adhérents de cette organisation.

Les associations d'employeurs déterminent elles-mêmes leur mode de délibération.

Note Des modalités d'habilitation que prévoit cet article, la Cour de cassation a déduit la possibilité pour un groupement patronal de décider, lors d'une assemblée générale spéciale, d'autoriser la conclusion d'une convention collective en en réservant expressément l'opposabilité à ceux de ses adhérents qui lui auraient donné mandat spécial écrit (cass. soc. 29 avril 1985, n° 82-41.638, BC V n° 262 ; *JS* 1985 F 76).

Le mandat spécial écrit exigé par cet article ne concerne que les représentants des organisations syndicales, et non l'employeur qui est partie à un accord d'entreprise (cass. soc. 23 mars 1994, n° 91-45.705, *RJS* 5/94 n° 583).

SECTION 2. Conditions de forme

Art. L. 2231-3. La convention ou l'accord est, à peine de nullité, un acte écrit.

Note Pour être valable, l'accord collectif doit comporter la signature des parties qui l'ont conclu. La preuve de la signature d'un tel accord ne peut donc pas être rapportée par tous moyens (cass. soc. 8 janvier 2002, n° 00-10.886, BC V n° 5 ; *RJS* 3/02 n° 310).

Art. L. 2231-4. Les conventions et accords ainsi que les conventions d'entreprise ou d'établissement sont rédigés en français.

Toute clause rédigée en langue étrangère est inopposable au salarié à qui elle ferait grief.

SECTION 3. **Notification et dépôt**

Art. L. 2231-5. La partie la plus diligente des organisations signataires d'une convention ou d'un accord en notifie le texte à l'ensemble des organisations représentatives à l'issue de la procédure de signature.

Note La notification d'un accord aux organisations syndicales est sans incidence sur la validité de celui-ci ni sur son applicabilité aux salariés. Elle a seulement pour effet de faire courir le délai d'opposition des organisations syndicales qui n'en sont pas signataires, si elles remplissent les conditions pour l'exercer et seules celles disposant du droit d'opposition sont recevables à se prévaloir d'une absence de notification de l'accord (cass. soc. 13 octobre 2010, n° 09-68.151, BC V n° 232 ; *RJS* 1/11 n° 64).

Art. L. 2231-6. Les conventions et accords font l'objet d'un dépôt dans des conditions déterminées par voie réglementaire.

Art. L. 2231-7. Les conventions et accords, lorsqu'ils sont soumis à la procédure d'opposition, ne peuvent être déposés qu'à l'expiration du délai d'opposition.

Art. R. 2231-1. Pour les professions agricoles, les attributions conférées au ministre chargé du travail par les dispositions du présent livre sont exercées en accord avec celui-ci par le ministre chargé de l'agriculture.

Art. D. 2231-2. Les conventions et accords, ainsi que leurs avenants et annexes, sont déposés par la partie la plus diligente auprès des services du ministre chargé du travail.

Le dépôt est opéré en deux exemplaires, dont une version sur support papier signée des parties et une version sur support électronique.

La partie la plus diligente remet également un exemplaire de chaque convention ou accord au greffe du conseil de prud'hommes du lieu de conclusion.

Note Les articles D. 2231-2, 3 et 4 ont été modifiés par le décret 2008-1510 du 30 décembre 2008 (JO 31).

Art. D. 2231-3. Les conventions de branche et les accords professionnels ou interprofessionnels sont déposés auprès des services centraux du ministre chargé du travail.

Lorsque les textes concernent des professions agricoles, ils sont déposés ***(D. 2008-1510 du 30 déc. 2008, JO 31)*** « auprès de la ***(D. 2009-1377 du 10 nov. 2009, JO 13 ; D. 2010-687 du 24 juin 2010, JO 25 ; voir D. 2010-1582 du 17 déc. 2010, JO 18, pour outre-mer)*** "direction régionale des entreprises, de la concurrence, de la consommation, du travail et de l'emploi" ».

Art. D. 2231-4. Les conventions et accords d'entreprise ou d'établissement sont déposés auprès de la ***(D. 2009-1377 du 10 nov. 2009, JO 13 ; D. 2010-687 du 24 juin 2010, JO 25 ; voir D. 2010-1582 du 17 déc. 2010, JO 18, pour outre-mer)*** « direction régionale des entreprises, de la concurrence, de la consommation, du travail et de l'emploi ».

Note Un accord est réputé valable dès lors qu'il a fait l'objet d'un dépôt auprès de la direction départementale du travail [Direccte] qui l'a accepté après en avoir contrôlé la régularité formelle (cass. soc. 21 février 2007, n° 04-43.003, *RJS* 6/07 n° 764).

Voir note sous article L. 2261-1.

Art. D. 2231-5. Le service départemental dépositaire des conventions et accords collectifs de travail est celui dans le ressort duquel ils ont été conclus.

Art. D. 2231-6. Lorsqu'une convention ou un accord collectif d'entreprise s'applique à des établissements ayant des implantations distinctes, le texte déposé est assorti de la liste, en trois exemplaires, de ces établissements et de leurs adresses respectives.

Art. D. 2231-7. Le dépôt des conventions et accords est accompagné des pièces suivantes :

1° Dans tous les cas, d'une copie du courrier, du courrier électronique ou du récépissé ou d'un avis de réception daté de notification du texte à l'ensemble des organisations représentatives à l'issue de la procédure de signature ;

2° Dans le cas des conventions et accords d'entreprise ou d'établissement :

a) D'une copie du procès-verbal des résultats du premier tour des dernières élections professionnelles ;

b) D'une copie, le cas échéant, du procès-verbal de carence aux élections professionnelles ;

c) D'un bordereau de dépôt.

Ces pièces peuvent être transmises par voie électronique. Un récépissé est délivré au déposant.

Art. D. 2231-8. Les déclarations d'adhésion ou de dénonciation, intervenues en application des articles L. 2261-3 et L. 2261-9, sont déposées, selon les modalités prévues à l'article D. 2231-7, par la partie qui en est signataire au service dépositaire de la convention ou de l'accord qu'elles concernent.

Un récépissé est délivré au déposant.

Art. R. 2231-9. Toute personne intéressée peut prendre connaissance gratuitement des textes déposés auprès de la ***(D. 2009-1377 du 10 nov. 2009, JO 13 ; D. 2010-687 du 24 juin 2010, JO 25 ; voir D. 2010-1582 du 17 déc. 2010, JO 18, pour outre-mer)*** « direction régionale des entreprises, de la concurrence, de la consommation, du travail et de l'emploi ».

Elle peut en obtenir copie, à ses frais, suivant les modalités fixées à l'article 4 de la loi n° 78-753 du 17 juillet 1978 portant diverses mesures d'amélioration des relations entre l'administration et le public et diverses dispositions d'ordre administratif, social et fiscal.

Toutefois, lorsqu'une instance juridictionnelle est engagée, copie de tout ou partie de la convention ou de l'accord en cause est délivrée gratuitement à chacune des parties à l'instance qui le demande.

Note Cet article a été modifié par le décret 2008-1503 du 30 décembre 2008 (JO 31).

SECTION 4. Opposition

Art. L. 2231-8. L'opposition à l'entrée en vigueur d'une convention ou d'un accord est exprimée par écrit et motivée. Elle précise les points de désaccord.

Cette opposition est notifiée aux signataires.

Art. L. 2231-9. Les conventions et accords frappés d'opposition majoritaire ainsi que ceux qui n'ont pas obtenu l'approbation de la majorité des salariés, en application des dispositions du chapitre II, sont réputés non écrits.

CHAPITRE II

Règles applicables à chaque niveau de négociation

SECTION 1. Accords interprofessionnels

Note J. Barthélemy, « Les accords nationaux interprofessionnels », *Dr. Soc.* 2008, pp. 566 et s.

Art. L. 2232-1. Le champ d'application territorial des accords interprofessionnels peut être national, régional ou local.

Art. L. 2232-2. ***(L. 2008-789 du 20 août 2008, art. 8, JO 21)*** La validité d'un accord interprofessionnel est subordonnée à sa signature par une ou plusieurs organisations syndicales de salariés représentatives ayant recueilli, aux élections prises en compte pour la mesure de l'audience prévue au 3° de l'article L. 2122-9, au moins 30 % des suffrages exprimés en faveur d'organisations reconnues représentatives à ce niveau, quel que soit le nombre de votants, et à l'absence d'opposition d'une ou plusieurs organisations syndicales de salariés représentatives ayant recueilli la majorité des suffrages exprimés en faveur des mêmes organisations à ces mêmes élections, quel que soit le nombre de votants.

L'opposition est exprimée dans un délai de quinze jours à compter de la date de notification de cet accord, dans les conditions prévues à l'article L. 2231-8.

Note • Le 2e alinéa de cet article a été supprimé par la loi 2010-1215 du 15 octobre 2010 (JO 16).

• Jusqu'à la détermination des organisations représentatives dans les branches et au niveau interprofessionnel, en application de la loi 2008-789 du 20 août 2008, c'est-à-dire au plus tard jusqu'au 20 août 2013, la validité d'un accord interprofessionnel est subordonnée au respect des conditions posées par les articles L. 2232-2, L. 2232-6 et L. 2232-7 CT dans leur rédaction antérieure à cette loi, les suffrages aux élections mentionnées dans ces articles étant pris en compte quel que soit le nombre de votants (loi 2008-789 précitée, art. 12, I).

L'article L. 2232-2 (ancien) est rapporté ci-après :

> Art. L. 2232-2. La validité d'un accord interprofessionnel est subordonnée à l'absence d'opposition de la majorité des organisations syndicales de salariés représentatives dans le champ d'application de l'accord.
>
> L'opposition, réalisée dans les conditions prévues à l'article L. 2231-8, est exprimée dans un délai de quinze jours à compter de la date de notification de cet accord.

Tant que les dispositions issues de la loi du 20 août 2008 ne sont pas applicables, la majorité est seulement une *majorité d'opposition*. La validité de l'accord est subordonnée à l'absence d'opposition de la majorité des organisations syndicales de salariés représentatives dans le champ d'application de l'accord. L'accord interprofessionnel signé par deux organisations syndicales représentatives est valide si les trois autres organisations syndicales représentatives ne font pas toutes les trois opposition. Si, dans le champ d'application interprofessionnel, quatre organisations syndicales seulement sont représentatives (la CFE-CGC ne sera pas considérée comme représentative si l'accord ne concerne pas les cadres – en ce sens, circulaire DRT 9 du 22 septembre 2004), les deux organisations représentatives non signataires ne peuvent valablement faire opposition, n'étant pas, en nombre, majoritaires.

Les nouvelles conditions de validité posées dans le nouvel article L. 2232-1 diffèrent des précédentes essentiellement sur deux points :

– la majorité n'est plus calculée en nombre d'organisations syndicales mais au regard du nombre de voix recueillies par les organisations syndicales ;

– la validité des accords est subordonnée à la signature des accords par une minorité qualifiée (organisations syndicales ayant recueilli au moins 30 % des suffrages exprimés).

Dans un communiqué relatif aux arrêts nos 10-17.653 et 10-60.168 du 6 janvier 2011, la chambre sociale de la Cour de cassation a précisé que pour le décompte des suffrages exprimés en faveur des organisations syndicales, il convient de prendre en compte pour une unité le nombre de voix obtenu par chacune des listes présentées, quand bien même le nom de certains candidats aurait été rayé (cass. soc. 6 janvier 2011, n° 10-17.653, BC V n° 10 ; *Dr. Soc.* 2011, p. 340, obs. Fr. Petit ; *RJS* 3/11 n° 247, 2e espèce).

Art. L. 2232-2-1. ***(L. 2008-789 du 20 août 2008, art. 8, JO 21)*** La représentativité reconnue à une organisation syndicale catégorielle affiliée à une confédération syndicale catégorielle au titre des salariés qu'elle a statutairement vocation à représenter lui confère le droit de négocier toute disposition applicable à cette catégorie de salariés.

Lorsque l'accord interprofessionnel ne concerne qu'une catégorie professionnelle déterminée relevant d'un collège électoral, sa validité est subordonnée à sa signature par une ou plusieurs organisations syndicales de salariés représentatives ayant recueilli, aux élections prises en compte pour la mesure de l'audience prévue au 3° de l'article L. 2122-9, au moins 30 % des suffrages exprimés dans ce collège en faveur d'organisations reconnues représentatives à ce niveau, quel que soit le nombre de votants, et à l'absence d'opposition d'une ou plusieurs organisations syndicales de salariés représentatives ayant recueilli dans ce collège la majorité des suffrages exprimés en faveur des mêmes organisations à ces mêmes élections, quel que soit le nombre de votants.

Art. L. 2232-3. Les accords interprofessionnels comportent, en faveur des salariés d'entreprises participant aux négociations, de même qu'aux réunions des instances paritaires qu'ils instituent, des stipulations relatives aux modalités d'exercice du droit de s'absenter, à la compensation des pertes de salaires ou au maintien de ceux-ci, ainsi qu'à l'indemnisation des frais de déplacement.

Art. L. 2232-4. Les accords interprofessionnels instituent des commissions paritaires d'interprétation.

Note L'avis d'une commission d'interprétation instituée par un accord collectif ne s'impose au juge que si l'accord lui donne la valeur d'un avenant (cass. soc. 2 décembre 2008, n° 07-44.132, BC V n° 243 ; *RJS* 2/09 n° 200 ; 11 octobre 1994, n° 90-41.818, BC V n° 272 ; *RJS* 11/94 n° 1285 ; *Dr. Soc.* 1994, p. 984 ; 15 mai 2001, n° 99-42.109, BC V n° 169 ; 11 juillet 2007, n° 06-42.508, BC V n° 120 ; *RJS* 10/07 n° 1089).

L'avenant interprétatif d'un accord collectif signé par l'ensemble des parties à l'accord initial s'impose avec effet rétroactif à la date d'entrée en vigueur de ce dernier accord tant à l'employeur et aux salariés qu'au juge, qui ne peut en écarter l'application (cass. soc. 1er décembre 1998, n° 98-40.104, BC V n° 527 ; *RJS* 2/99 n° 244 ; *Dr. Soc.* 1999, p. 303).

Voir notamment « L'interprétation des conventions et accords collectifs de travail », J-Y Frouin (*RJS* 3/96, pp. 137 et s.).

SECTION 2. Conventions de branche et accords professionnels

Art. L. 2232-5. Le champ d'application territorial des conventions de branches et des accords professionnels peut être national, régional ou local.

Note Une négociation engagée par plusieurs employeurs d'une même branche pris individuellement, peu important que leurs entreprises aient ou non constitué un groupe, et non par une organisation d'employeurs est une négociation d'entreprise qui n'a pour objet que de conclure un accord au niveau de chacune des entreprises en cause et non pas au niveau de la branche professionnelle (cass. soc. 29 juin 1994, n° 91-18.640, BC V n° 219 ; *CSB* 1994 A. 52).

Sur la notion d'accord de branche, voir P. Rodière : « Sur quelques distorsions de la négociation de branche » (*SSL* 2006 n° 1273, pp. 6 et s.).

Art. L. 2232-6. ***(L. 2008-789 du 20 août 2008, art. 8, JO 21)*** La validité d'une convention de branche ou d'un accord professionnel est subordonnée à sa signature par une ou plusieurs organisations syndicales de salariés représentatives ayant recueilli, aux élections prises en compte pour la mesure de l'audience prévue au 3° de l'article L. 2122-5 ou, le cas échéant ***(L. 2010-1215 du 15 oct. 2010, JO 16)*** « aux élections visées » à l'article L. 2122-6, au moins 30 % des suffrages exprimés en faveur d'organisations reconnues représentatives à ce niveau, quel que soit le nombre de votants, et à l'absence d'opposition d'une ou plusieurs organisations syndicales de salariés représentatives ayant recueilli la majorité des suffrages exprimés en faveur des mêmes organisations à ces mêmes élections, quel que soit le nombre de votants.

L'opposition est exprimée dans un délai de quinze jours à compter de la date de notification de cet accord ou de cette convention, dans les conditions prévues à l'article L. 2231-8.

Note Jusqu'à la détermination des organisations représentatives dans les branches et au niveau interprofessionnel, en application de la loi du 20 août 2008, [c'est-à-dire au plus tard jusqu'au 20 août 2013], la validité d'une convention de branche ou accord professionnel est subordonnée au respect des conditions posées par les articles

L. 2232-2, L. 2232-6 et L. 2232-7 CT dans leur rédaction antérieure à cette loi, les suffrages aux élections mentionnées dans ces articles étant pris en compte quel que soit le nombre de votants (loi 2008-789 précitée, art. 12, I).

Les articles L. 2232-6 et 7 dans leur rédaction antérieure sont rapportés ci-après :

Art. L. 2232-6. I. – Lorsqu'une convention de branche ou un accord professionnel étendu le prévoit, la validité des conventions ou accords conclus dans le même champ d'application professionnel est subordonnée à leur signature par une ou des organisations syndicales représentant une majorité de salariés de la branche.

La convention ou l'accord définit la règle selon laquelle cette majorité est appréciée en retenant les résultats :
1° Soit d'une consultation des salariés concernés, organisée périodiquement en vue de mesurer la représentativité des organisations syndicales de salariés de la branche ;
2° Soit des dernières élections aux comités d'entreprise, ou à défaut des délégués du personnel.

II. – Lorsque la majorité prévue au I est appréciée en retenant les résultats d'une consultation des salariés concernés, celle-ci doit respecter les principes généraux du droit électoral.

Participent à cette consultation les salariés satisfaisant aux conditions pour être électeur fixées par l'article L. 2324-14.

Les modalités et la périodicité de cette consultation sont fixées par la convention de branche ou l'accord professionnel étendu mentionné au I.

Les contestations relatives à cette consultation relèvent du juge judiciaire.

III. – Lorsque la majorité prévue au I est appréciée en retenant les résultats des dernières élections aux comités d'entreprise, ou à défaut des délégués du personnel, la convention de branche ou l'accord professionnel étendu fixe le mode de décompte des résultats de ces élections.

Art. L. 2232-7. À défaut de conclusion de la convention ou de l'accord étendu prévu au premier alinéa du I de l'article L. 2232-6, la validité d'une convention de branche ou d'un accord professionnel est soumise à l'absence d'opposition de la majorité des organisations syndicales de salariés représentatives dans le champ d'application de la convention ou de l'accord.

Branches constituées majoritairement de petites entreprises. Dans les branches où plus de la moitié des salariés sont employés dans des entreprises où, en raison de leur taille, ne sont pas organisées d'élections professionnelles permettant d'y mesurer l'audience des organisations syndicales et jusqu'à l'intervention d'une loi sur les moyens de renforcer l'effectivité de la représentation collective du personnel dans les petites entreprises, sont présumées représentatives, sans préjudice de la preuve contraire, les organisations syndicales de salariés affiliées à une des cinq confédérations nationales interprofessionnelles actuellement considérées comme représentatives (voir article L. 2122-6 CT).

Art. R. 2232-1. Le juge judiciaire mentionné à l'article L. 2232-6 est le juge du tribunal de grande instance.

Art. L. 2232-7. ***(L. 2008-789 du 20 août 2008, art. 8, JO 21)*** La représentativité reconnue à une organisation syndicale catégorielle affiliée à une confédération syndicale catégorielle au titre des salariés qu'elle a statutairement vocation à représenter lui confère le droit de négocier toute disposition applicable à cette catégorie de salariés.

Lorsque la convention de branche ou l'accord professionnel ne concerne qu'une catégorie professionnelle déterminée relevant d'un collège électoral, sa validité est subordonnée à sa signature par une ou plusieurs organisations syndicales de salariés représentatives ayant recueilli, aux élections prises en compte pour la mesure de l'audience prévue au 3° de l'article L. 2122-5 ou, le cas échéant ***(L. 2010-1215 du 15 oct. 2010, JO 16)*** « aux élections visées » à l'article L. 2122-6, au moins 30 % des suffrages exprimés dans ce collège en faveur d'organisations reconnues représentatives à ce niveau, quel que soit le nombre de votants, et à l'absence d'opposition d'une ou plusieurs organisations syndicales de salariés représentatives ayant recueilli dans ce collège la majorité des suffrages exprimés en faveur des mêmes organisations à ces mêmes élections, quel que soit le nombre de votants.

Art. L. 2232-8. Les conventions de branche et les accords professionnels comportent, en faveur des salariés d'entreprises participant aux négociations, de même qu'aux réunions des instances paritaires qu'ils instituent, des dispositions relatives aux modalités d'exercice du droit de s'absenter, à la compensation des pertes de salaires ou au maintien de ceux-ci, ainsi qu'à l'indemnisation des frais de déplacement.

Art. L. 2232-9. Les conventions de branche et les accords professionnels instituent des commissions paritaires d'interprétation.

Note Voir note sous L. 2232-4.

Art. L. 2232-10. Les conventions de branche ou les accords professionnels instituent des observatoires paritaires de la négociation collective.

Ils fixent les modalités suivant lesquelles, en l'absence de stipulation conventionnelle portant sur le même objet, ces observatoires sont destinataires des accords d'entreprise ou d'établissement conclus pour la mise en œuvre d'une disposition législative.

SECTION 3. Conventions et accords d'entreprise ou d'établissement

Note Les articles L. 2232-12 et s. ne sont pas applicables aux accords préélectoraux (cass. soc. 6 mai 1985, n° 84-60.879, BC V n° 276). Voir note sous les articles L. 2314-11 et s. CT.

Sous-section 1. Champ d'application

Art. L. 2232-11. La présente section détermine les conditions dans lesquelles s'exerce le droit des salariés à la négociation dans l'entreprise et dans le groupe.

Sous-section 2. Entreprises pourvues d'un ou plusieurs délégués syndicaux

§ 1. Conditions de validité

Art. L. 2232-12. *(L. 2008-789 du 20 août 2008, art. 8, JO 21)* La validité d'un accord d'entreprise ou d'établissement est subordonnée à sa signature par une ou plusieurs organisations syndicales de salariés représentatives ayant recueilli au moins 30 % des suffrages exprimés au premier tour des dernières élections des titulaires au comité d'entreprise ou de la délégation unique du personnel ou, à défaut, des délégués du personnel, quel que soit le nombre de votants, et à l'absence d'opposition d'une ou de plusieurs organisations syndicales de salariés représentatives ayant recueilli la majorité des suffrages exprimés à ces mêmes élections, quel que soit le nombre de votants.

L'opposition est exprimée dans un délai de huit jours à compter de la date de notification de cet accord, dans les conditions prévues à l'article L. 2231-8.

Note • Les règles de validité des accords d'entreprise prévues à l'article L. 2232-12 CT dans sa rédaction issue de la loi du 20 août 2008 s'appliquent depuis le 1er janvier 2009 même si les nouvelles règles de représentativité n'ont pu encore être appliquées en l'absence de renouvellement des institutions représentatives du personnel (circ. DGT 20 du 13 novembre 2008, fiche n° 5).

Signature des accords. La validité des accords d'entreprise est désormais subordonnée à une condition de minorité qualifiée concernant la signature de l'accord.

Celui-ci doit être signé par une ou plusieurs organisations syndicales représentatives ayant recueilli au moins 30 % des suffrages exprimés au premier tour des dernières élections des titulaires au comité d'entreprise (ou de la délégation unique du personnel ou, à défaut, des délégués du personnel) quel que soit le nombre de votants. Le nouvel article L. 2232-12 met ainsi un terme à la jurisprudence antérieure (cass. soc. 20 décembre 2006, n° 05-60.345, BC V n° 399) selon laquelle il n'y avait pas lieu de compter les suffrages exprimés lorsque le quorum n'était pas atteint au premier tour.

La loi du 20 août 2008 a prévu que les délégués syndicaux désignés en application des dispositions antérieures conservaient leur mandat dans l'attente des prochaines élections professionnelles. Cependant, les entreprises dans lesquelles l'audience électorale du syndicat n'avait pas été mesurée, soit parce que le premier tour n'avait pas eu lieu en raison de la carence de candidature syndicale, soit à défaut de dépouillement en l'absence de quorum, ne pouvaient pas conclure d'accord collectif répondant aux conditions légales en vigueur depuis le 1er janvier 2009.

Pour remédier à cette situation, la loi 2009-526 du 12 mai 2009, art. 42 (JO 13) a prévu que « jusqu'aux résultats des premières élections professionnelles dans l'entreprise ou l'établissement, pour lesquelles la date fixée pour la première réunion de la négociation du protocole d'accord préélectoral est postérieure au 21 août 2008, en cas de carence au premier tour des élections professionnelles ou d'absence de dépouillement du premier tour des élections professionnelles, la validité de l'accord d'entreprise ou d'établissement négocié et conclu avec un ou plusieurs délégués syndicaux est subordonnée à son approbation par les salariés à la majorité des suffrages exprimés ». La Cour de cassation a précisé qu'en l'absence de quorum au premier tour des élections antérieurement au 21 août 2008, il ne peut être recouru à l'approbation de salariés que lorsque le scrutin n'a pas donné lieu à dépouillement (cass. soc. 16 novembre 2011, n° 09-68.427, *RJS* 2/12 n° 179).

Sur les conditions de validité des accords dans les entreprises à établissements multiples lorsque les élections sont échelonnées dans le temps et organisées pour certaines avant la loi du 20 août 2008 et pour d'autres après la loi, voir circ. DGT 6 du 27 juillet 2011, Question - Réponse 9.

Absence d'opposition. La validité d'un accord d'entreprise ou d'établissement est subordonnée à l'absence d'opposition d'une ou de plusieurs organisations syndicales de salariés représentatives ayant recueilli la majorité des suffrages exprimés au premier tour des dernières élections du comité d'entreprise ou, à défaut, des délégués du personnel. Selon le tribunal de grande instance de Paris (1re ch., 9 novembre 2010, n° 10/12557), l'opposition doit émaner de syndicats totalisant plus de 50 % des suffrages exprimés (majorité absolue et non majorité qualifiée).

En outre, c'est la totalité des suffrages recueillis par l'ensemble des organisations syndicales ayant formé opposition, et non les suffrages recueillis par chaque organisation syndicale, qui détermine si ces oppositions sont régulières. En déclarant irrégulières des oppositions à des accords d'entreprise formées par deux syndicats, au motif qu'il n'existait pas de volonté de ces syndicats de joindre leur opposition respective, ni lors de la notification de l'opposition, ni postérieurement au cours de la procédure judiciaire une cour d'appel a ajouté à la loi une condition qu'elle ne prévoit pas (cass. soc. 13 octobre 2010, n° 09-13.109, 3e moyen, BC V n° 230 ; *LS* Jurispr. n° 213/2010 du 2/11/10 ; *RJS* 12/10 n° 946).

• Ni la validité d'un accord, ni son applicabilité aux salariés ne sont subordonnées à sa notification aux organisations syndicales, laquelle a seulement pour effet de faire courir le délai d'opposition de celles qui n'en sont pas signataires, si elles remplissent les conditions pour l'exercer. Un salarié ne peut donc pas se prévaloir de l'absence de notification aux syndicats d'un accord d'entreprise pour remettre en cause l'application de cet accord par l'employeur (cass. soc. 13 octobre 2010, n° 09-68.151, BC V n° 232 ; *LS* Jurispr. n° 209/2010 du 26/10/10 ; *JCP* éd. S 2010, 1516, note S. Brissy ; *RJS* 1/11 n° 64 ; *Dr. Soc.* 2011, p. 219, obs. L. Pécaut-Rivolier).

Art. D. 2232-2. Les conditions dans lesquelles l'employeur recueille l'approbation des salariés en application des articles L. 2232-12 à L. 2232-15 et L. 2232-25 à L. 2232-27 ainsi que les conditions de validité des accords sont les suivantes :

1° La consultation a lieu pendant le temps de travail, au scrutin secret et sous enveloppe. Son organisation matérielle incombe à l'employeur ;

2° Le résultat du vote fait l'objet d'un procès-verbal dont la publicité est assurée dans l'entreprise par voie d'affichage. Ce procès-verbal est annexé à l'accord approuvé lors du dépôt de ce dernier. En cas d'accord conclu avec un salarié mandaté, le procès-verbal est également adressé à l'organisation mandante.

Note S'il appartient à l'employeur de déterminer les modalités d'organisation du vote, après consultation des organisations syndicales, il ne peut, en organisant un vote électronique, déroger aux dispositions de l'article D. 2232-2, 1° CT qui imposent un scrutin secret et sous enveloppe (cass. soc. 27 janvier 2010, n° 09-60.240, BC V n° 25 ; *RJS* 4/10 n° 362 ; *JCP* éd. S 2010, 1146, étude Fr. Petit).

Art. D. 2232-3. Les modalités d'organisation de la consultation prévoient :

1° Les modalités d'information des salariés sur le texte de la convention ou de l'accord ;

2° Le lieu, la date et l'heure du scrutin ;

3° Les modalités d'organisation et de déroulement du vote ;

4° Le texte de la question soumise au vote des salariés.

Art. D. 2232-4. Les salariés sont informés, quinze jours au moins avant la date prévue du scrutin, de l'heure et de la date de celui-ci, du contenu de l'accord et du texte de la question soumise à leur vote.

Art. R. 2232-5. Les contestations relatives à l'électorat et à la régularité de la consultation sont de la compétence du tribunal d'instance qui statue en dernier ressort. Elles sont introduites dans les délais prévus à l'article R. 2324-24. La décision est susceptible d'un pourvoi en cassation.

Art. D. 2232-6. Les modalités d'organisation des consultations prévues au 1° de l'article L. 2232-12 et à l'article L. 2232-14 sont les suivantes :

1° La consultation intervient après la conclusion de la convention ou de l'accord d'entreprise ou d'établissement ;

2° Les organisations syndicales sollicitant l'organisation de la consultation notifient par écrit leur demande à l'employeur et aux autres organisations syndicales dans un délai de huit jours à compter de la date de signature de l'accord ;

3° Après avoir consulté les organisations syndicales représentatives dans l'entreprise ou dans l'établissement, l'employeur fixe, dans un délai de quinze jours à compter de la notification de la demande de consultation, les modalités d'organisation de la consultation qu'il notifie par écrit à ces organisations.

Art. D. 2232-7. En cas de désaccord sur les modalités d'organisation de la consultation retenues par l'employeur, le tribunal d'instance, s'il est saisi par les organisations syndicales représentatives dans l'entreprise ou l'établissement, statue en la forme des référés et en dernier ressort.

Si le tribunal d'instance n'est pas saisi dans un délai de huit jours à compter de la notification des modalités d'organisation de la consultation, celles arrêtées par l'employeur s'appliquent.

Art. L. 2232-13. *(L. 2008-789 du 20 août 2008, art. 8, JO 21)* La représentativité reconnue à une organisation syndicale catégorielle affiliée à une confédération syndicale catégorielle au titre des salariés qu'elle a statutairement vocation à représenter lui confère le droit de négocier toute disposition applicable à cette catégorie de salariés.

Lorsque la convention ou l'accord ne concerne qu'une catégorie professionnelle déterminée relevant d'un collège électoral, sa validité est subordonnée à sa signature par une ou plusieurs organisations syndicales de salariés représentatives ayant recueilli au moins 30 % des suffrages exprimés dans ce collège au premier tour des dernières élections des titulaires au comité d'entreprise ou de la délégation unique du personnel ou, à défaut, des délégués du personnel, quel que soit le nombre de votants, et à l'absence d'opposition d'une ou de plusieurs organisations syndicales de salariés représentatives ayant recueilli la majorité des suffrages exprimés dans ce collège à ces mêmes élections, quel que soit le nombre de votants.

Art. L. 2232-14.

Note Un syndicat représentatif catégoriel peut, avec des syndicats représentatifs intercatégoriels, et sans avoir à établir sa représentativité au sein de toutes les catégories de personnel, négocier et signer un accord d'entreprise intéressant l'ensemble du personnel, son audience électorale, rapportée à l'ensemble des collèges électoraux, devant alors être prise en compte pour apprécier les conditions de validité de cet accord (cass. soc. 31 mai 2011, n° 10-14.391, *LS* Bref n° 15873 du 08/06/11 ; *RJS* 8-9/11 n° 716).

Voir *Dr. Soc.* n° spécial janvier 2011, pp. 89 et s. : « Négociation collective et syndicats catégoriels : le début des ennuis », P-H Antonmattéi.

Art. L. 2232-14. ***(L. 2008-789 du 20 août 2008, art. 8, JO 21)*** En cas de carence au premier tour des élections professionnelles, lorsque les dispositions prévues au premier alinéa de l'article L. 2143-23 sont appliquées, la validité de l'accord d'entreprise ou d'établissement négocié et conclu avec le représentant de la section syndicale est subordonnée à son approbation par les salariés à la majorité des suffrages exprimés dans des conditions déterminées par décret et dans le respect des principes généraux du droit électoral. Faute d'approbation, l'accord est réputé non écrit.

Note Jusqu'au 31 décembre 2009, un accord pouvait être conclu avec un représentant de section syndicale dans une entreprise dépourvue de délégué syndical et non couverte par un accord de branche étendu permettant la négociation avec des élus du personnel ou des salariés mandatés.

Depuis le 1er janvier 2010, la conclusion d'un accord d'entreprise avec un représentant de section syndicale est possible dans une entreprise de plus de 200 salariés, dépourvue de délégué syndical, dotée de représentants élus du personnel et non couverte par un accord de branche étendu permettant la négociation avec des élus du personnel ou des salariés mandatés (fiche 5 jointe à la circulaire DGT 20 du 13 novembre 2008).

À noter que l'absence de délégué syndical doit nécessairement résulter d'une carence au premier tour des élections (fiche 5 précitée).

§ 2. Modalités de négociation

Art. L. 2232-16. La convention ou les accords d'entreprise sont négociés entre l'employeur et les organisations syndicales de salariés représentatives dans l'entreprise.

Une convention ou des accords peuvent être conclus au niveau d'un établissement ou d'un groupe d'établissements dans les mêmes conditions.

Note • Lorsque la négociation collective porte sur des questions qui doivent faire l'objet d'une consultation du comité d'entreprise (art. L. 2323-6 CT), celle-ci doit avoir lieu concomitamment à l'ouverture de la négociation et, au plus tard, avant la signature de l'accord. Le défaut de consultation, qui peut être sanctionné selon les règles régissant le fonctionnement des comités d'entreprise, n'a pas pour effet d'entraîner la nullité d'un accord collectif d'entreprise conclu au mépris de ces dispositions et dont la validité et la force obligatoire demeurent soumises aux règles qui lui sont propres (cass. soc. 19 mars 2003, n° 01-12.094, BC V n° 105 ; *JSL* n° 122, 24 avril 2003, p. 11 ; *Dr. Soc.* 2003, p. 552, obs. G. Couturier ; 17 juin 2003, n° 01-41.522, BC V n° 195 ; *RJS* 8-9/03 n° 974 ; 10 mars 2010, n° 08-44.950, *RDT*, juin 2010, CH, 382, H. Tissandier). Mais, pour permettre le respect de l'obligation de consultation du comité d'entreprise et de l'obligation de négocier, le juge peut décider de suspendre la mise à exécution d'une décision de l'employeur (cass. soc. 28 novembre 2000, n° 98-19.594, BC V n° 398 ; *RJS* 2/01 n° 212 : décision afférente aux modalités de commercialisation résultant d'un nouveau contrat collectif d'assurance devant entraîner une réduction du taux de commissionnement pour une catégorie de personnel).

• Un accord collectif d'entreprise n'est valablement conclu que lorsque toutes les organisations syndicales représentatives dans l'entreprise ont été invitées à participer à sa négociation (cass. soc. 26 mars 2002, n° 00-17.231, BC V n° 107 ; *RJS* 6/02 n° 704). À cet égard, peu importe qu'un syndicat représentatif n'ait pas de délégué syndical : il doit malgré tout être invité à la négociation (cass. soc. 8 juillet 2009, n° 08-41.507, BC V n° 177 ; *RJS* 10/09 n° 817 ; *JCP* éd. S 2009, 1468, note J-Y Kerbourc'h ; *RDT*, novembre 2009, CH, 664, H. Tissandier). De même, la présence de toutes les organisations syndicales représentatives dans l'entreprise est nécessaire, même si l'accord d'entreprise a pour objet de mettre en œuvre un accord de branche qui n'a été signé que par un syndicat représentatif (cass. soc. 2 décembre 1998, n° 97-11.677, BC V n° 532 ; *RJS* 1/99 n° 78). Toutefois, l'employeur n'est pas tenu d'inviter l'intégralité des organisations syndicales se prévalant d'une affiliation à une même confédération représentative au plan national (cass. soc. 16 janvier 2008, n° 07-60.163, BC V n° 9 ; *RJS* 4/08 n° 448 ; *RDT*, avril 2008, CH, 250, M. Grévy ; *JCP* éd. S 2008, 1256, note J-Y Kerbourc'h).

La nullité est encourue lorsque toutes les organisations syndicales n'ont pas été invitées à la négociation (cass. soc. 12 octobre 2006, n° 05-15.069, BC V n° 305 ; *RJS* 12/06 n° 1298 ; cass. soc. 10 octobre 2007, n° 06-42.721, BC V n° 156 ; *RJS* 12/07 n° 315 ; *JSL* n° 222, 27 novembre 2007, p. 20, J-E Tourreil), si l'existence de négociations séparées est établie ou si les organisations syndicales n'ont pas été mises à même de discuter les termes du projet soumis à la signature en demandant le cas échéant la poursuite des négociations jusqu'à la procédure prévue pour celle-ci (cass. soc. 10 octobre 2007, précité).

Sur le plan pénal, le manquement à cette obligation est constitutif d'un délit d'entrave (cass. crim. 28 octobre 2008, n° 07-82.799, *Dr. Soc.* 2009, p. 504, obs. Fr. Duquesne). Sur cette question, voir J. Pélissier « La loyauté dans la négociation collective » *(Dr. Ouvr.* 1997, pp. 496 et s.).

Le principe de la nullité s'applique également à la négociation des accords de révision. Ainsi, est nul l'accord de révision conclu avec les seuls syndicats signataires de l'accord collectif sans que les autres syndicats représentatifs aient été convoqués en vue de la négociation (cass. soc. 17 septembre 2003, n° 01-10.706, BC V n° 240 ; *RJS* 11/03 n° 1297).

À noter que selon la Cour de cassation, une partie à la négociation ne peut pas critiquer les modifications apportées au projet d'accord soumis à la signature après la dernière séance de négociation lorsque l'existence de négociations séparées n'est pas établie et lorsque ni cette partie ni aucune autre partie n'en a sollicité la réouverture en raison de ces modifications avant l'expiration du délai de signature (cass. soc. 12 octobre 2006, n° 05-15.069, BC V n° 305 ; *RJS* 12/06 n° 1298). Conception curieuse de la négociation d'un projet d'accord puisque, après la fin des négociations, la partie patronale est habilitée (certes, sous certaines réserves) à modifier unilatéralement le projet d'accord avant de le soumettre à la signature.

• S'il a été admis que la négociation collective au sein d'un établissement distinct puisse établir, par voie d'accord collectif, des différences de traitement entre les salariés de la même entreprise (voir notamment cass. soc. 18 janvier 2006, n° 03-45.422, BC V n° 17), c'est à la condition que ces différences de traitement ne soient pas justifiées par la seule appartenance à des établissements différents. En effet, dans un arrêt rendu le 21 janvier 2009 (n° 07-43.452, BC V n° 15 ; *RDT*, mai 2009, CH, 321, Th. Aubert-Monpeyssen), la Cour de cassation a affirmé très clairement « qu'il ne peut y avoir de différences de traitement entre salariés d'établissements différents d'une même entreprise exerçant un travail égal ou de valeur égale que si elles reposent sur des raisons objectives dont le juge doit contrôler concrètement la réalité et la pertinence ». Voir aussi cass. soc. 28 octobre 2009, n° 08-40.457, BC V n° 239 ; *RJS* 1/10 n° 41 ; 8 juin 2011, n° 10-30.162, *RJS* 8-9/11 n° 689 ; *Dr. Soc.* 2011, p. 991, obs. Ch. Radé ; *JCP* éd. S 2011, 1579, 1re espèce, note J. Daniel).

• Exceptionnellement, une convention ou un accord collectif d'entreprise peut être conclu avec des représentants élus du personnel (voir art. L. 2232-21 CT et la note).

Art. L. 2232-17. La délégation de chacune des organisations représentatives parties à des négociations dans l'entreprise comprend le délégué syndical de l'organisation dans l'entreprise ou, en cas de pluralité de délégués, au moins deux délégués syndicaux.

Chaque organisation peut compléter sa délégation par des salariés de l'entreprise, dont le nombre est fixé par accord entre l'employeur et l'ensemble des organisations mentionnées au premier alinéa. À défaut d'accord, le nombre de salariés qui complète la délégation est au plus égal, par délégation, à celui des délégués syndicaux de la délégation. Toutefois, dans les entreprises pourvues d'un seul délégué syndical, ce nombre peut être porté à deux.

Art. L. 2232-18.

Note • Il résulte des dispositions de cet article qu'en cas de pluralité de délégués syndicaux, et sauf accord plus favorable conclu entre l'employeur et l'ensemble des organisations participant à la négociation, la délégation de chaque organisation est légalement composée de deux d'entre eux, et éventuellement complétée par un nombre égal de salariés (cass. soc. 5 janvier 2011, n° 09-69.732, BC V n° 6 ; *RJS* 3/11 n° 259).

• La circulaire DRT 15 du 25 octobre 1983 (JO 10 janv. 1984) a précisé que le délégué syndical central peut être désigné pour faire partie de la délégation comme délégué syndical, mais la loi n'en fait pas obligation.

• Elle a également précisé qu'un accord unanime entre l'employeur et l'ensemble des organisations syndicales parties à la négociation peut toujours fixer un nombre supérieur de salariés complétant la délégation syndicale quand les circonstances le justifient.

• Si cet article ne prévoit pas la participation à la délégation syndicale chargée de négocier d'un représentant syndical non salarié de l'entreprise, ce texte n'interdit pas la présence dans la délégation d'un tel représentant en vertu d'un accord ou d'un usage plus favorable (cass. soc. 19 octobre 1994, n° 91-20.292, BC V n° 281).

• Pour aller plus loin, voir *JCP* éd. S, 24 mai 2011, E. Labrousse « Négociations et accords d'entreprise : composition de la délégation syndicale »

Art. L. 2232-18. Le temps passé à la négociation est rémunéré comme temps de travail à échéance normale.

Art. L. 2232-19. Lorsqu'une entreprise emploie soit dans ses locaux, soit dans un chantier dont elle assume la direction en tant qu'entreprise générale des travailleurs appartenant à une ou plusieurs entreprises extérieures, les délégués syndicaux des organisations représentatives dans ces entreprises sont, à leur demande, entendus lors des négociations.

Art. L. 2232-20. L'objet et la périodicité des négociations ainsi que les informations nécessaires à remettre préalablement aux délégués syndicaux de l'entreprise ou de l'établissement sont fixés par accord entre l'employeur et les organisations syndicales représentatives dans l'entreprise, sans préjudice des dispositions prévues aux articles L. 2242-1 et suivants relatives à la négociation annuelle obligatoire en entreprise.

(L. 2008-789 du 20 août 2008, art. 9, JO 21)

Sous-section 3. **Modalités de négociation dans les entreprises dépourvues de délégué syndical**

Note La possibilité de négocier et de signer des accords d'entreprise avec des représentants élus du personnel ou des salariés mandatés en l'absence de délégué syndical dans l'entreprise avait été autorisée sous certaines conditions par la loi 96-985 du 12 novembre 1996 (JO 13) puis développée par la loi 2004-391 du 4 mai 2004 (JO 5) selon des modalités fixées par convention de branche ou accord professionnel.

La loi 2008-789 du 20 août 2008 facilite ce type de négociation qui est désormais admis en l'absence d'accord de branche étendu.

La négociation entre l'employeur et les élus ou les salariés mandatés se déroule dans le respect des règles prévues à l'article L. 2232-27-1 CT.

Ces nouvelles modalités de négociation s'appliquent depuis le 31 décembre 2009 pour toutes les entreprises dépourvues de délégué syndical qui ne relèvent pas d'une convention de branche ou d'un accord professionnel.

Les conventions de branche ou accords professionnels conclus en application des articles L. 2232-21 à L. 2232-29 CT dans leur rédaction antérieure à la publication de la loi du 20 août 2008 continuent de produire leurs effets pour toutes les entreprises comprises dans leur champ, quel que soit leur effectif, tant qu'ils ne sont pas dénoncés (loi 2008-789 du 20 août 2008, art. 14, JO 21).

À noter que rien n'interdit de négocier avec les représentants élus du personnel (comité d'entreprise ou délégué du personnel) en dehors des cas prévus par la loi. Le texte ainsi conclu n'acquiert pas la qualité d'accord collectif. Il s'agit d'un accord atypique constituant un engagement unilatéral de l'employeur et ayant valeur contraignante.

§ 1. Conclusion par les représentants élus au comité d'entreprise ou les délégués du personnel

Art. L. 2232-21. Dans les entreprises de moins de deux cents salariés, en l'absence de délégués syndicaux dans l'entreprise ou l'établissement, ou de délégué du personnel désigné comme délégué syndical dans les entreprises de moins de cinquante salariés, les représentants élus du personnel au comité d'entreprise ou à la délégation unique du personnel ou, à défaut, les délégués du personnel peuvent négocier et conclure des accords collectifs de travail sur des mesures dont la mise en œuvre est subordonnée par la loi à un accord collectif, à l'exception des accords collectifs mentionnés à l'article L. 1233-21.

Les organisations syndicales représentatives dans la branche dont relève l'entreprise sont informées par l'employeur de sa décision d'engager des négociations.

La commission paritaire de branche se prononce sur la validité de l'accord dans les quatre mois qui suivent sa transmission ; à défaut, l'accord est réputé avoir été validé.

Note Le fait de négocier directement avec les représentants élus du personnel alors qu'un délégué syndical a été désigné constitue un délit d'entrave (cass. crim. 18 novembre 1997, n° 96-80.002, B. crim. n° 390 ; *RJS* 1/98 n° 76).

Art. L. 2232-22. La validité des accords d'entreprise ou d'établissement négociés et conclus conformément à l'article L. 2232-21 est subordonnée à leur conclusion par des membres titulaires élus au comité d'entreprise ou, à défaut, des délégués du personnel titulaires représentant la majorité des suffrages exprimés lors des dernières élections professionnelles et à l'approbation par la commission paritaire de branche. La commission paritaire de branche contrôle que l'accord collectif n'enfreint pas les dispositions législatives, réglementaires ou conventionnelles applicables.

Si l'une des deux conditions n'est pas remplie, l'accord est réputé non écrit.

À défaut de stipulations différentes d'un accord de branche, la commission paritaire de branche comprend un représentant titulaire et un représentant suppléant de chaque organisation syndicale de salariés représentative dans la branche et un nombre égal de représentants des organisations professionnelles d'employeurs.

Art. L. 2232-23. Le temps passé aux négociations prévues à l'article L. 2232-21 n'est pas imputable sur les heures de délégation prévues aux articles L. 2315-1 et L. 2325-6. Chaque élu titulaire appelé à participer à une négociation en application de l'article L. 2232-21 dispose du temps nécessaire à l'exercice de ses fonctions dans les limites d'une durée qui, sauf circonstances exceptionnelles, ne peut excéder dix heures par mois. Les heures de délégation sont de plein droit considérées comme temps de travail et payées à l'échéance normale. L'employeur qui entend contester l'utilisation faite des heures de délégation saisit le juge judiciaire.

§ 2. Conclusion par un ou plusieurs salariés mandatés

Art. L. 2232-24. Dans les entreprises dépourvues de délégué syndical et lorsqu'un procès-verbal de carence a établi l'absence de représentants élus du personnel, les accords d'entreprise ou d'établissement peuvent être négociés et conclus par un ou plusieurs salariés expressément mandatés par une ou plusieurs organisations syndicales représentatives dans la branche. Ces accords collectifs portent sur des mesures dont la mise en œuvre est subordonnée par la loi à un accord collectif, à l'exception des accords collectifs visés à l'article L. 1233-21. À cet effet, une même organisation syndicale ne peut mandater qu'un seul salarié.

Les organisations syndicales représentatives dans la branche de laquelle relève l'entreprise sont informées par l'employeur de sa décision d'engager des négociations.

Note Ces dispositions sont entrées en vigueur le 31 décembre 2009. Jusqu'à cette date, la négociation avec les salariés mandatés ne pouvait se faire que dans les entreprises qui relevaient d'accords étendus qui avaient prévu cette négociation spécifique, conformément aux dispositions antérieures de la loi du 4 mai 2004.

L'absence d'initiative ou le refus d'organiser les élections de la part de l'employeur empêche formellement de négocier avec un salarié mandaté (circ. DRT 9 du 22 septembre 2004, fiche 6).

Art. L. 2232-25. Chaque salarié mandaté dispose du temps nécessaire à l'exercice de ses fonctions dans les limites d'une durée qui, sauf circonstances exceptionnelles, ne peut excéder dix heures par mois. Les heures de délégation sont de plein droit considérées comme temps de travail et payées à l'échéance normale. L'employeur qui entend contester l'utilisation faite des heures de délégation saisit le juge judiciaire.

Art. L. 2232-26. Ne peuvent être mandatés les salariés qui, en raison des pouvoirs qu'ils détiennent, peuvent être assimilés à l'employeur, ainsi que les salariés apparentés à l'employeur mentionnés au premier alinéa de l'article L. 2324-15.

Art. L. 2232-27. L'accord signé par un salarié mandaté doit avoir été approuvé par les salariés à la majorité des suffrages exprimés, dans des conditions déterminées par décret et dans le respect des principes généraux du droit électoral.

Faute d'approbation, l'accord est réputé non écrit.

Art. D. 2232-8. Pour la consultation prévue à l'article L. 2232-27, l'employeur, après avoir consulté le ou les salariés mandatés, fixe, dans un délai de quinze jours à compter de la signature de l'accord, les modalités d'organisation de la consultation qu'il notifie par écrit aux salariés mandatés.

Art. D. 2232-9. En cas de désaccord sur les modalités d'organisation de la consultation retenues par l'employeur, le tribunal d'instance, s'il est saisi par le ou les salariés mandatés, statue en la forme des référés et en dernier ressort.

Si le tribunal d'instance n'est pas saisi dans un délai de huit jours à compter de la notification des modalités d'organisation de la consultation, celles arrêtées par l'employeur s'appliquent.

§ 3. Conditions de négociation, de validité, de révision et de dénonciation des accords conclus dans les entreprises dépourvues de délégué syndical

Art. L. 2232-27-1. La négociation entre l'employeur et les élus ou les salariés de l'entreprise mandatés se déroule dans le respect des règles suivantes :
1° Indépendance des négociateurs vis-à-vis de l'employeur ;
2° Élaboration conjointe du projet d'accord par les négociateurs ;
3° Concertation avec les salariés ;
4° Faculté de prendre l'attache des organisations syndicales représentatives de la branche.

Par ailleurs, les informations à remettre aux élus titulaires ou aux salariés mandatés préalablement à la négociation sont déterminées par accord entre ceux-ci et l'employeur.

Art. L. 2232-28. Les accords d'entreprise ou d'établissement conclus selon les modalités définies aux paragraphes 1 et 2 ne peuvent entrer en application qu'après leur dépôt auprès de l'autorité administrative dans des conditions prévues par voie réglementaire, accompagnés en outre, s'agissant des accords conclus selon les modalités définies au paragraphe 1, de l'extrait de procès-verbal de validation de la commission paritaire nationale de branche compétente.

Art. L. 2232-29. Les accords d'entreprise ou d'établissement conclus selon les modalités définies aux paragraphes 1 et 2 peuvent être renouvelés, révisés ou dénoncés selon les modalités mentionnées à ces paragraphes respectivement par l'employeur signataire, les représentants élus du personnel ou un salarié mandaté à cet effet.

SECTION 4. Conventions ou accords de groupe

Art. L. 2232-30. La convention ou l'accord de groupe fixe son champ d'application constitué de tout ou partie des entreprises constitutives du groupe.

Note La loi du 4 mai 2004 a consacré la validité des accords de groupe, antérieurement admise par la Cour de cassation (cass. soc. 30 avril 2003, n° 01-10.027, BC V n° 155 ; *RJS* 7/03 n° 916). Les conditions de validité et les effets de l'accord de groupe sont en principe ceux de l'accord d'entreprise.

Voir B. Teyssié « Variations sur les conventions et accords collectifs de groupe », *Dr. Soc.* 2005, p. 643 ; P-H Antonmattei, « L'accord de groupe », *Dr. Soc.* 2008, p. 57 ; H-J Legrand, « Accords collectifs de groupe et d'unité économique et sociale : une clarification inachevée », *Dr. Soc.* 2008, p. 60.

Art. L. 2232-31. La convention ou l'accord de groupe est négocié et conclu entre :
– d'une part, l'employeur de l'entreprise dominante ou un ou plusieurs représentants, mandatés à cet effet, des employeurs des entreprises concernées par le champ de la convention ou de l'accord ;
– d'autre part, les organisations syndicales de salariés représentatives dans le groupe ou dans l'ensemble des entreprises concernées par le champ de la convention ou de l'accord.

Note Sur l'appréciation de la représentativité des organisations syndicales au niveau du groupe, voir article L. 2122-4 et note sous cet article.

La Cour de cassation opère une distinction entre les règles relatives aux accords conclus au sein d'un groupe (art. L. 2232-30 et s.) pour lesquels les signataires doivent être représentatifs dans l'ensemble du groupe ou des entreprises concernées et les règles concernant les accords relatifs au comité de groupe (art. L. 2331-1 et s.) pour lesquels une représentativité dans l'ensemble du groupe ou des entreprises concernées n'est pas nécessaire (cass. soc. 30 mars 2010, n° 08-21.199, BC V n° 82 ; *JCP* éd. S 2010, 1206, note E. Jeansen ; *RJS* 6/10 n° 528 ; *Dr. Soc.* 2010, p. 865, obs. Fr. Petit).

Art. L. 2232-32. Pour la négociation en cause, les organisations syndicales de salariés représentatives peuvent désigner un ou des coordonnateurs syndicaux de groupe choisis parmi les délégués syndicaux du groupe et habilités à négocier et signer la convention ou l'accord de groupe.

Art. L. 2232-33. La convention ou l'accord de groupe emporte les mêmes effets que la convention ou l'accord d'entreprise.

Art. L. 2232-34. ***(L. 2008-789 du 20 août 2008, art. 8, JO 21)*** La validité d'un accord conclu au sein de tout ou partie d'un groupe est subordonnée à sa signature par une ou plusieurs organisations syndicales de salariés représentatives ayant recueilli dans les entreprises comprises dans le périmètre de cet accord au moins 30 % des suffrages exprimés au premier tour des dernières élections des titulaires des comités d'entreprise ou de la délégation unique du personnel ou, à défaut, des délégués du personnel, quel que soit le nombre de votants, et à l'absence d'opposition d'une ou plusieurs organisations syndicales de salariés représentatives ayant recueilli dans le même périmètre la majorité des suffrages exprimés à ces mêmes élections, quel que soit le nombre de votants.

L'opposition est exprimée dans un délai de huit jours à compter de la date de notification de cet accord, dans les conditions prévues à l'article L. 2231-8.

Note Sur le calcul des suffrages pour la validité des accords lorsque les élections dans les entreprises du groupe sont échelonnées dans le temps et organisées pour certaines avant la loi du 20 août 2008 et pour d'autres après la loi, voir circ. DGT 6 du 27 juillet 2011, Question - Réponse 9.

Art. L. 2232-35. La convention ou l'accord de groupe ne peut comporter des dispositions dérogatoires à celles applicables en vertu de conventions de branche ou d'accords professionnels dont relèvent les entreprises ou établissements appartenant à ce groupe, sauf disposition expresse de ces conventions de branche ou accords professionnels.

Note Alors que l'accord d'entreprise peut, sauf dispositions contraires contenues dans une convention à champ d'application plus large, déroger aux accords de branche, même de façon défavorable pour les salariés, l'accord de groupe ne peut, en principe, comporter des dispositions dérogatoires à celles qui sont prévues par une convention de branche ou par un accord professionnel. Il n'en ira autrement que si la convention de branche ou l'accord professionnel prévoit expressément cette possibilité de dérogation. La fiche 7 de la circulaire DRT 2004/09 du 22 septembre 2004 est consacrée aux accords de groupe.

CHAPITRE III

Conventions et accords de travail conclus dans le secteur public

Art. L. 2233-1. Dans les entreprises publiques et les établissements publics à caractère industriel ou commercial et les établissements publics déterminés par décret assurant à la fois une mission de service public à caractère administratif et à caractère industriel et commercial, lorsqu'ils emploient du personnel dans les conditions du droit privé, les conditions d'emploi et de travail ainsi que les garanties sociales peuvent être déterminées, en ce qui concerne les catégories de personnel qui ne sont pas soumises à un statut particulier, par des conventions et accords conclus conformément aux dispositions du présent titre.

Ces dispositions s'appliquent aux entreprises privées lorsque certaines catégories de personnel sont régies par le même statut particulier que celles d'entreprises ou d'établissements publics.

Note Une salariée recrutée, selon un contrat de travail « emploi-jeune », par un établissement public dont l'activité n'entrait pas dans le champ de la convention collective nationale des réseaux des transports publics urbains de voyageurs ne peut se prévaloir de cette convention lors de son licenciement (cass. soc. 18 octobre 2007, n° 06-41.840, BC V n° 167 ; *RJS* 12/07 n° 1316).

Toute contestation portant sur la légalité ou l'application et la dénonciation d'un accord d'entreprise conclu en application de cet article et de l'article suivant relève, sauf loi contraire, de la compétence judiciaire, hormis le cas où la contestation concerne des dispositions qui n'ont pas pour objet la détermination des conditions d'emploi, de formation professionnelle et de travail ainsi que des garanties sociales des personnels des entreprises et établissements publics mais qui régissent l'organisation du service public (Trib. confl. 15 décembre 2008, n° 08-03652, *RJS* 3/09 n° 266).

Art. L. 2233-2. Dans les entreprises et établissements mentionnés à l'article L. 2233-1, des conventions ou accords d'entreprise peuvent compléter les dispositions statutaires ou en déterminer les modalités d'application dans les limites fixées par le statut.

Note Les conventions ou accords collectifs de travail négociés dans ces entreprises peuvent seulement compléter les dispositions statutaires ou en déterminer les modalités d'application dans les limites fixées par le statut, sans pouvoir modifier ces dispositions ni y déroger. Un accord collectif qui ne se contente pas de compléter le statut mais qui s'analyse comme la détermination d'un nouveau statut doit être annulé. En effet, les dispositions du statut ne peuvent être contredites par un accord collectif (cass. soc. 12 juillet 1999, n° 98-20.837, BC V n° 349 ; *RJS* 8-9/99 n° 1161 : en l'espèce, l'accord EDF-GDF organisait pour une durée de trois ans un régime de travail à temps réduit pour 75 % des recrutements alors que le statut prévoit que les agents travaillent à temps plein).

Art. L. 2233-3. Les dispositions d'une convention de branche ou d'un accord professionnel ou interprofessionnel ayant fait l'objet d'un arrêté d'extension ou d'élargissement sont applicables aux entreprises et établissements mentionnés à l'article L. 2233-1 qui, en raison de l'activité exercée, se trouvent dans le champ d'application mentionné par l'arrêté, en ce qui concerne les catégories de personnel ne relevant pas d'un statut particulier.

CHAPITRE IV

Commissions paritaires locales

Art. L. 2234-1. Des commissions paritaires professionnelles ou interprofessionnelles peuvent être instituées au niveau local, départemental ou régional, par accord conclu dans les conditions prévues à l'article L. 2231-1.

(L. 2010-1215 du 15 oct. 2010, JO 16) « Les accords passés en application du premier alinéa peuvent prévoir que la composition de ces commissions tient compte des résultats de la mesure de l'audience prévue au chapitre II du titre II du livre Ier de la présente partie. Ils peuvent également prévoir que ces commissions n'exercent qu'une partie des missions définies à l'article L. 2234-2. »

Note Dans les deux ans suivant la tenue, pour la première fois, du scrutin prévu aux articles L. 2122-10-1 et s. CT, le Gouvernement présente au Parlement un rapport établissant un bilan des accords prévus à l'article L. 2234-1 et des résultats de la négociation interprofessionnelle sur la représentation du personnel. Ce rapport peut proposer des adaptations législatives éventuelles découlant de ce bilan (loi 2010-1215 du 15 octobre 2010, art. 6, JO 16).

Art. L. 2234-2. Les commissions paritaires :

1° Concourent à l'élaboration et à l'application de conventions et accords collectifs de travail, négocient et concluent des accords d'intérêt local, notamment en matière d'emploi et de formation continue ;

2° Examinent les réclamations individuelles et collectives ;

3° Examinent toute autre question relative aux conditions d'emploi et de travail des salariés intéressés.

Art. L. 2234-3. Les accords instituant des commissions paritaires professionnelles ou interprofessionnelles fixent, en faveur des salariés participant aux négociations, de même qu'aux réunions des commissions paritaires, les modalités d'exercice du droit de s'absenter, de la compensation des pertes de salaires ou du maintien de ceux-ci, ainsi que de l'indemnisation des frais de déplacement.

Ces accords déterminent également les modalités de protection contre le licenciement des salariés membres de ces commissions et les conditions dans lesquelles ils bénéficient de la protection prévue par les dispositions du livre IV relatif aux salariés protégés.

CHAPITRE V

Dispositions pénales

[Le présent chapitre ne comprend pas de dispositions législatives.]

TITRE IV

DOMAINES ET PÉRIODICITÉ DE LA NÉGOCIATION OBLIGATOIRE

CHAPITRE Ier

Négociation de branche et professionnelle

SECTION 1. Négociation annuelle

Art. L. 2241-1. Les organisations liées par une convention de branche ou, à défaut, par des accords professionnels, se réunissent, au moins une fois par an, pour négocier sur les salaires.

Ces négociations prennent en compte l'objectif d'égalité professionnelle entre les femmes et les hommes.

Note La circulaire DRT IS du 25 octobre 1983 (JONC 10 janv. 1984) précise que par « organisations liées », il convient d'entendre, s'il s'agit d'un texte non étendu, les signataires et les organisations adhérentes, à condition qu'elles soient représentatives, et, s'il s'agit d'un texte étendu, toutes les organisations représentatives, donc y compris celles qui n'auraient pas signé la convention ou n'y auraient pas adhéré.

Ce texte vise les organisations liées par une convention de branche ou des accords professionnels ; la Cour de cassation juge cependant qu'une organisation qui n'est pas liée par la convention collective de branche peut néanmoins demander à participer à la négociation dès lors qu'elle est représentative dans la branche en question (cass. soc. 12 septembre 2007, n° 06-41.841, BC V n° 128 ; *RJS* 11/07 n° 1196).

Art. D. 2241-1. Pour la négociation sur les salaires prévue à l'article L. 2241-1, un rapport est remis par les organisations d'employeurs aux organisations syndicales de salariés au moins quinze jours avant la date d'ouverture de la négociation.

Au cours de l'examen de ce rapport, les organisations d'employeurs fournissent aux organisations syndicales de salariés, les informations nécessaires pour permettre de négocier en toute connaissance de cause.

Art. R. 2241-2. Afin de parvenir, en application de l'article L. 2242-7, à la suppression des écarts de rémunération entre les femmes et les hommes, un diagnostic des écarts éventuels de rémunération est établi sur la base des éléments mentionnés au deuxième alinéa de l'article L. 2323-57.

Par rémunération, il faut entendre la rémunération au sens de l'article L. 3221-3.

Art. L. 2241-2. La négociation sur les salaires est l'occasion, pour les parties, d'examiner au moins une fois par an au niveau de la branche les données suivantes :

1° L'évolution économique, la situation de l'emploi dans la branche, son évolution et les prévisions annuelles ou pluriannuelles établies, notamment pour ce qui concerne les contrats de travail à durée déterminée et les missions de travail temporaire ;

2° Les actions éventuelles de prévention envisagées compte tenu de ces prévisions ;

3° L'évolution des salaires effectifs moyens par catégories professionnelles et par sexe, au regard, le cas échéant, des salaires minima hiérarchiques.

Les informations nécessaires à la négociation sont déterminées par voie réglementaire.

SECTION 2. Négociation triennale

Sous-section 1. Égalité professionnelle entre les femmes et les hommes

Art. L. 2241-3. Les organisations liées par une convention de branche ou, à défaut, par des accords professionnels se réunissent pour négocier tous les trois ans sur les mesures tendant à assurer l'égalité professionnelle entre les femmes et les hommes et sur les mesures de rattrapage tendant à remédier aux inégalités constatées.

La négociation porte notamment sur :

1° Les conditions d'accès à l'emploi, à la formation et à la promotion professionnelle ;

2° Les conditions de travail et d'emploi et notamment celles des salariés à temps partiel.

Les informations nécessaires à la négociation sont déterminées par voie réglementaire.

Art. D. 2241-7. La négociation triennale sur l'égalité professionnelle se déroule à partir d'un rapport présentant la situation comparée des femmes et des hommes dans les domaines mentionnés aux 1° et 2° de l'article L. 2241-3. Elle s'appuie également sur des indicateurs pertinents, reposant sur des éléments chiffrés, pour chaque secteur d'activité.

Un diagnostic des écarts éventuels de rémunération est établi sur la base de ce rapport.

Sous-section 2. Conditions de travail et gestion prévisionnelle des emplois et des compétences

Art. L. 2241-4. Les organisations liées par une convention de branche ou, à défaut, par des accords professionnels se réunissent, au moins une fois tous les trois ans, pour négocier sur les conditions de travail, la gestion prévisionnelle des emplois et des compétences ***(L. 2008-1330 du 17 déc. 2008, art. 87, JO 18)*** « et l'emploi » des salariés âgés, ***(L. 2008-1330 du 17 déc. 2008, art. 87, JO 18)*** « notamment par l'anticipation des carrières professionnelles et la formation professionnelle, » et sur la prise en compte de la pénibilité du travail.

Par ailleurs, elles se réunissent tous les trois ans pour négocier sur les matières définies aux articles L. 2242-15 et L. 2242-16.

Note • Sur la portée d'un accord de branche étendu en faveur de l'emploi des salariés âgés, voir note sous art. L. 2242-15 rapportant notamment l'article L. 138-26, al. 2 c. séc. soc., issu de la loi 2008-1330 du 17 décembre 2008, art. 87, II, JO 18.

• Voir « Sur le motif économique des départs volontaires », G. Couturier, *Dr. Soc.* 2007, p. 978 ; P. Lokiec : « Départs volontaires, GPEC et licenciement pour motif économique », *Dr. Soc.* 2008, p. 1238.

Art. D. 2241-3. L'employeur transmet au préfet de département du siège social de l'entreprise l'accord collectif portant sur la qualification des catégories d'emplois menacés prévu au 2° de l'article L. 2242-16.

Cette formalité s'applique indépendamment de la formalité de dépôt des accords prévue à l'article L. 2231-6.

Art. D. 2241-4. Lorsque le préfet estime que la qualification d'emploi menacé retenue par l'accord collectif est insuffisamment fondée sur des éléments objectifs, il peut demander à l'employeur, dans le mois suivant la transmission de l'accord, de lui fournir des éléments complémentaires permettant de justifier cette qualification.

Lorsque l'employeur ne fournit pas d'éléments suffisants dans le mois suivant cette demande, le préfet s'oppose à la qualification d'emploi menacé, pour tout ou partie des emplois qualifiés comme tels par l'accord collectif.

Art. D. 2241-5. L'emploi est qualifié de stable, au sens du 2° de l'article L. 2242-17, lorsque le salarié dont le contrat est rompu a conclu avec un nouvel employeur un contrat de travail à durée indéterminée, un contrat de travail à durée déterminée de six mois ou plus, un contrat de mission avec une entreprise de travail temporaire de six mois ou plus ou lorsqu'il a créé ou repris une entreprise.

Le nouvel employeur ne peut appartenir au même groupe au sens des articles L. 2331-1 et suivants que l'employeur d'origine.

Art. D. 2241-6. L'employeur et des représentants des salariés participent au comité de suivi prévu au 3° de l'article L. 2242-17. Le préfet assiste aux réunions du comité de suivi.

Le comité de suivi étudie les conditions de mise en œuvre de l'accord collectif. Il valide les projets individuels de reclassement des salariés en s'assurant de leur réalité. En cas de création ou de reprise d'entreprise, la validation du projet est subordonnée à la constatation de l'exercice de la nouvelle activité et à sa poursuite pendant au moins six mois après la date de création ou de reprise.

Un bilan de mise en œuvre des actions prévues dans l'accord collectif est transmis au préfet à l'issue de chaque réunion du comité de suivi.

Sous-section 3. Travailleurs handicapés

Art. L. 2241-5. Les organisations liées par une convention de branche ou, à défaut, par des accords professionnels se réunissent pour négocier, tous les trois ans, sur les mesures tendant à l'insertion professionnelle et au maintien dans l'emploi des travailleurs handicapés.

La négociation porte notamment sur les conditions d'accès à l'emploi, à la formation et à la promotion professionnelles ainsi que sur les conditions de travail, d'emploi et de maintien dans l'emploi.

Les informations nécessaires à la négociation sont déterminées par voie réglementaire.

Art. D. 2241-8. La négociation triennale sur l'insertion professionnelle et le maintien dans l'emploi des travailleurs handicapés se déroule à partir d'un rapport établi par l'employeur présentant, pour chaque secteur d'activité, la situation par rapport à l'obligation d'emploi des travailleurs handicapés prévue aux articles L. 5212-1 et suivants.

Sous-section 4. Formation professionnelle et apprentissage

Art. L. 2241-6. Les organisations liées par une convention de branche ou, à défaut, par un accord professionnel se réunissent au moins tous les trois ans pour négocier sur les priorités, les objectifs et les moyens de la formation professionnelle des salariés.

(L. 2009-1437 du 24 nov. 2009, art. 14, JO 25) « Cette négociation porte notamment sur l'égal accès à la formation des salariés selon leur catégorie professionnelle et la taille de leur entreprise, la portabilité du droit individuel à la formation, la validation des acquis de l'expérience, l'accès aux certifications, la mise en œuvre du passeport orientation et formation, le développement du tutorat et la valorisation de la fonction de tuteur ***(L. 2011-893 du 28 juil. 2011, art. 5, JO 29)*** « ou de maître d'apprentissage », en particulier ***(L. 2011-893 du 28 juil. 2011, art. 5, JO 29)*** « les actions aidant à l'exercer et » les conditions de son exercice par des salariés âgés de plus de cinquante-cinq ans. »

(L. 2009-1437 du 24 nov. 2009, art. 21, JO 25) « La négociation sur la validation des acquis de l'expérience visée à l'alinéa précédent porte sur :

1° Les modalités d'information des entreprises et des salariés sur les actions de validation des acquis de l'expérience mises en œuvre en vue de l'obtention d'une qualification mentionnée à l'article L. 6314-1 ;

2° Les conditions propres à favoriser l'accès des salariés, dans un cadre collectif ou individuel, à la validation des acquis de l'expérience ;

3° Les modalités de prise en charge par les organismes collecteurs paritaires agréés des dépenses afférentes à la participation d'un salarié à un jury d'examen ou de validation des acquis de l'expérience. »

Art. R. 2241-9. La négociation triennale en matière de formation professionnelle et d'apprentissage porte notamment sur :

1° La nature des actions de formation et leur ordre de priorité ;

2° La reconnaissance des qualifications acquises du fait d'actions de formation ou de la validation des acquis de l'expérience ;

3° Les moyens reconnus aux délégués syndicaux et aux membres des comités d'entreprise pour l'accomplissement de leur mission dans le domaine de la formation ;

4° Les conditions d'accueil et d'insertion des jeunes et des adultes dans les entreprises, notamment dans le cadre des contrats ou des périodes de professionnalisation ;

5° Les objectifs en matière d'apprentissage, les priorités à retenir en termes de secteurs, de niveaux et d'effectifs formés ainsi que les conditions de mise en œuvre des contrats d'apprentissage ;

6° Les actions de formation à mettre en œuvre en faveur des salariés ayant les niveaux de qualification les moins élevés et, en particulier, ceux qui ne maîtrisent pas les compétences de base, notamment pour faciliter leur évolution professionnelle ;

7° La définition et les conditions de mise en œuvre des actions de formation en vue d'assurer l'égalité d'accès des femmes et des hommes à la formation professionnelle, notamment par la détermination d'un objectif de progression du taux d'accès des femmes aux différents dispositifs de formation et des modalités d'atteinte de cet objectif ;

8° Les conditions d'application, dans les entreprises qui consacrent à la formation de leurs salariés un montant au moins égal à l'obligation minimale légale ou celle fixée par convention ou accord collectif de branche relative à la participation des employeurs au financement de la formation professionnelle continue, d'éventuelles clauses financières convenues entre l'employeur et le salarié avant l'engagement de certaines actions de formation et applicables en cas de démission, les versements réalisés au titre de ces clauses étant affectés par l'entreprise au financement d'actions dans le cadre du plan de formation ;

9° La recherche de réponses adaptées aux problèmes spécifiques de formation dans les petites et moyennes entreprises et, en particulier, dans celles ayant moins de dix salariés ;

10° Les conséquences éventuelles des aménagements apportés au contenu et à l'organisation du travail ainsi qu'au temps de travail sur les besoins de formation ;

11° Les conséquences de la construction européenne sur les besoins et les actions de formation ;

12° Les conséquences sur les besoins et les actions de formation du développement des activités économiques et commerciales des entreprises françaises à l'étranger ;

13° Les modalités d'application par les entreprises des dispositions de l'éventuel accord de branche résultant de cette négociation ;

14° Les conditions de mise en place d'un observatoire prospectif des métiers et des qualifications et d'examen par la Commission paritaire nationale de l'emploi de l'évolution quantitative et qualitative des emplois et des qualifications professionnelles ;

15° La définition des objectifs et priorités de formation que prennent en compte les entreprises dans le cadre du plan de formation et du droit individuel à la formation ;

16° La définition et les conditions de mise en œuvre des actions de formation, de leur suivi et de leur évaluation, en vue d'assurer l'égalité professionnelle, le maintien dans l'emploi et le développement des compétences des travailleurs handicapés, notamment par la détermination d'un objectif de progression du taux d'accès des travailleurs handicapés aux différents dispositifs de formation et des modalités d'atteinte de cet objectif ;

17° La définition et les conditions de mise en œuvre à titre facultatif d'actions de formation économique en vue de mieux comprendre la gestion et les objectifs de l'entreprise dans le cadre de la concurrence internationale ;

18° Les actions de formation mises en œuvre pour assurer l'adaptation des salariés à l'évolution de leurs emplois, le développement de leurs compétences ainsi que la gestion prévisionnelle des emplois des entreprises de la branche compte tenu de l'évolution prévisible de ses métiers ;

19° Les conditions dans lesquelles les salariés peuvent bénéficier d'un entretien individuel sur leur évolution professionnelle ainsi que les suites données à celui-ci.

Note **Clause de dédit-formation.** Les clauses de dédit-formation sont licites dans la mesure où elles constituent la contrepartie d'un engagement pris par l'employeur d'assurer une formation entraînant des frais réels au-delà des dépenses imposées par la loi ou la convention collective, à condition que le montant de l'indemnité de dédit soit proportionné aux frais de formation engagés et qu'elles n'aient pas pour effet de priver le salarié de la faculté de démissionner (cass. soc. 5 juin 2002, n° 00-44.327, BC V n° 196 ; *JSL* n° 105, 16 juillet 2002, p. 19 ; *RJS* 8-9/02 n° 1013 ; voir aussi cass. soc. 17 juillet 1991, n° 88-40.201, BC V n° 373). C'est donc à bon droit qu'un conseil de prud'hommes a fixé le montant du dédit dû par un salarié en tenant compte du coût de la formation, la circonstance que la démission du salarié soit intervenue en cours de période d'essai ne privant pas l'employeur de son droit au dédit-formation contractuellement prévu (cass. soc. 5 juin 2002, précité).

Sur la conformité au droit communautaire de conditions imposant à un footballeur d'indemniser, au terme de sa formation, le club formateur s'il ne signe pas de contrat avec lui et signe avec le club d'un autre État membre, voir CJUE 16 mars 2010, aff. C-325/08, *RJS* 6/10 n° 573.

La circonstance que le contrat de formation ait été signé le jour même de l'embauche et l'interdiction faite au salarié d'exploiter la qualification payée par l'employeur auprès d'une autre société pendant la période d'amortissement du coût de cette qualification ne rendent pas illicite la clause de dédit-formation contenue dans ce contrat, laquelle est conforme tant aux stipulations du contrat de travail qu'à l'accord d'entreprise (cass. soc. 21 mai 2002, n° 00-42.909, BC V n° 169 ; *RJS* 11/02, n° 1270).

L'engagement du salarié de suivre une formation à l'initiative de son employeur et, en cas de démission, d'indemniser celui-ci des frais qu'il a assumés doit, pour être valable, faire l'objet d'une convention particulière conclue avant le début de la formation précisant la date, la nature, la durée de la formation et son coût réel pour l'employeur, ainsi que le montant et les modalités du remboursement à la charge du salarié (cass. soc. 4 février 2004, n° 01-43.651, rectifié par cass. soc. 2 mars 2004, BC V n° 40 ; *RJS* 4/04 n° 438 ; voir aussi cass. soc. 9 février 2010, n° 08-44.477, *JSL* n° 273, 22 mars 2010, p. 27). Une cour d'appel, qui a constaté que la clause de dédit-formation ne contenait aucune information sur le coût réel de la formation pour l'employeur, en a exactement déduit que les conditions de validité de cette clause n'étaient pas réunies et qu'elle était nulle (cass. soc. 16 mai 2007, n° 05-16.647, *RDT*, Juil./Août 2007, CH, 450, G. Auzero ; *JCP* éd. S 2007, 1585, note L. Drai ; *RJS* 11/07 n° 1199).

Lorsque la clause de dédit-formation a été signée après la formation suivie par le salarié, l'employeur doit être débouté de sa demande d'application de cette clause (cass. soc. 16 mars 2005, n° 02-47.007).

SECTION 3. Négociation quinquennale

Sous-section 1. Classifications

Art. L. 2241-7. Les organisations liées par une convention de branche ou, à défaut, par des accords professionnels se réunissent, au moins une fois tous les cinq ans, pour examiner la nécessité de réviser les classifications.

Ces négociations prennent en compte l'objectif d'égalité professionnelle entre les femmes et les hommes.

Sous-section 2. Épargne salariale

Art. L. 2241-8. Les organisations liées par une convention de branche ou, à défaut, par des accords professionnels se réunissent, une fois tous les cinq ans, pour engager une négociation sur l'institution d'un ou plusieurs plans d'épargne interentreprises ou plans d'épargne pour la retraite collectifs interentreprises lorsqu'il n'existe aucun accord conclu à ce niveau en la matière.

SECTION 4. Dispositions communes à la négociation annuelle et à la négociation quinquennale

Art. L. 2241-9. Les négociations annuelle et quinquennale prévues aux articles L. 2241-1 et L. 2241-7 visent également à définir et à programmer les mesures permettant de supprimer les écarts de rémunération entre les femmes et les hommes.

Note • La date butoir du 31 décembre 2010 qui avait été fixée pour la négociation collective sur la suppression des écarts de rémunération entre hommes et femmes a été supprimée par la loi 2010-1330 du 9 novembre 2010, art. 99, II (JO 10).

• Le Conseil supérieur de l'égalité professionnelle entre les femmes et les hommes établit, à partir d'outils méthodologiques dont la liste est fixée par le décret 2006-1501 du 29 novembre 2006 (JO 2 déc.), une évaluation à mi-parcours de l'application des articles L. 2241-9 et L. 2242-7 CT. Ce rapport d'évaluation est remis au Parlement. Au vu du bilan effectué, le gouvernement pourra présenter au Parlement, si nécessaire, un projet de loi instituant une contribution assise sur les salaires et applicable aux entreprises ne satisfaisant pas à l'obligation d'engagement des négociations prévues à l'article L. 2242-7 (anciennement art. L. 132-27-2 CT) (loi 2006-340 du 23 mars 2006, art. 5, III, JO 24).

Art. L. 2241-10. À défaut d'initiative de la partie patronale dans l'année suivant la promulgation de la loi n° 2006-340 du 23 mars 2006 relative à l'égalité salariale entre les femmes et les hommes, la négociation s'engage dans les quinze jours suivant la demande d'une organisation syndicale de salariés représentative au sens de l'article L. 2231-1.

Art. L. 2241-11. L'accord visant à supprimer les écarts de rémunération conclu à la suite des négociations annuelle et quinquennale fait l'objet d'un dépôt auprès de l'autorité administrative dans les conditions définies à l'article L. 2231-6.

En l'absence de dépôt d'un accord ou de transmission d'un procès-verbal de désaccord auprès de cette autorité, contenant les propositions des parties en leur dernier état, la commission mixte mentionnée à l'article L. 2261-20 est réunie à l'initiative du ministre chargé du travail afin que s'engagent ou se poursuivent les négociations prévues à l'article L. 2241-9.

Art. L. 2241-12. Une commission mixte est réunie dans les conditions prévues à l'article L. 2241-11 si la négociation n'a pas été engagée sérieusement et loyalement.

L'engagement sérieux et loyal des négociations implique que la partie patronale ait communiqué aux organisations syndicales les informations nécessaires pour leur permettre de négocier en toute connaissance de cause et ait répondu de manière motivée aux éventuelles propositions des organisations syndicales.

CHAPITRE II

Négociation obligatoire en entreprise

SECTION 1. Modalités de la négociation obligatoire

Art. L. 2242-1. Dans les entreprises où sont constituées une ou plusieurs sections syndicales d'organisations représentatives, l'employeur engage chaque année une négociation sur les matières prévues par le présent chapitre.

À défaut d'une initiative de l'employeur depuis plus de douze mois suivant la précédente négociation, celle-ci s'engage obligatoirement à la demande d'une organisation syndicale représentative.

La demande de négociation formulée par l'organisation syndicale est transmise dans les huit jours par l'employeur aux autres organisations représentatives.

Dans les quinze jours qui suivent la demande formulée par une organisation syndicale, l'employeur convoque les parties à la négociation annuelle.

Note *Niveau de la négociation* : dans les entreprises comportant des établissements ou groupes d'établissements distincts, la négociation peut avoir lieu au niveau de ces établissements ou groupes d'établissements.

Pour que la négociation soit décentralisée, il est nécessaire :

– qu'aucune des organisations syndicales représentatives dans l'établissement ou le groupe d'établissements où la négociation doit s'ouvrir ne s'y oppose (cass. soc. 21 mars 1990, n° 88-14.794, BC V n° 139 ; *RJS* 5/90 n° 400 ; *Dr. Soc.* 1990, p. 605) ;

– que la faculté de négocier par établissement ou par groupe d'établissements soit exercée dans tous les établissements ou groupes d'établissements avec les seuls représentants des organisations représentatives (cass. crim. 4 décembre 1990, n° 89-83.283, B. crim. n° 416 ; *RJS* 2/91 n° 225 ; *CSB* 1991 A. 11). Il doit donc y avoir une ou des sections syndicales et un ou des délégués syndicaux dans chaque établissement ou groupe d'établissements.

Art. L. 2242-2. Lors de la première réunion sont précisés :

1° Le lieu et le calendrier des réunions ;

2° Les informations que l'employeur remettra aux délégués syndicaux et aux salariés composant la délégation sur les matières prévues par le présent chapitre et la date de cette remise. Ces informations doivent permettre une analyse comparée de la situation des hommes et des femmes concernant les emplois et les qualifications, les salaires payés, les horaires effectués et l'organisation du temps de travail. Elles font apparaître les raisons de ces situations.

Note Si l'employeur n'est pas obligé de communiquer le montant des salaires individuels (CA Paris 9 février 1996, 1re ch. B, *RJS* 4/96 n° 427), il ne peut se contenter de fournir des informations portant sur les seuls salaires de base ; il doit communiquer à la délégation syndicale la masse globale des primes, les critères d'attribution de celles-ci et leur ventilation par catégories de salariés (CA Paris 9 février 1996, précité).

Sur la composition de la délégation, voir article L. 2232-17.

Art. L. 2242-3. Tant que la négociation est en cours conformément aux dispositions de la présente section, l'employeur ne peut, dans les matières traitées, arrêter de décisions unilatérales concernant la collectivité des salariés, sauf si l'urgence le justifie.

Note La dénonciation d'une convention collective constituant une décision unilatérale de l'employeur, elle ne peut pas intervenir au cours d'une négociation annuelle d'entreprise. La négociation est en cours à partir du jour prévu pour la première réunion, même si celle-ci est reportée. La dénonciation qui intervient entre la date prévue pour la première réunion et la date effective est donc nulle (cass. soc. 29 juin 1994, n° 91-18.640, BC V n° 219 ; *CSB* 1994 A. 52).

Art. L. 2242-4. Si, au terme de la négociation, aucun accord n'a été conclu, il est établi un procès-verbal de désaccord dans lequel sont consignées, en leur dernier état, les propositions respectives des parties et les mesures que l'employeur entend appliquer unilatéralement.

Ce procès-verbal donne lieu à dépôt, à l'initiative de la partie la plus diligente, dans des conditions prévues par voie réglementaire.

Art. R. 2242-1. Lorsqu'aucun accord n'a été conclu au terme de la négociation obligatoire en entreprise, le procès-verbal de désaccord établi est déposé dans les conditions prévues à l'article D. 2231-2.

SECTION 2. Négociation annuelle

Sous-section 1. Égalité professionnelle entre les femmes et les hommes

Art. L. 2242-5. L'employeur engage chaque année une négociation sur les objectifs d'égalité professionnelle entre les femmes et les hommes dans l'entreprise, ainsi que sur les mesures permettant de les atteindre. Cette négociation s'appuie sur les éléments figurant dans le rapport de situation comparée prévu par l'article L. 2323-57, complété éventuellement par des indicateurs tenant compte de la situation particulière de l'entreprise. Cette négociation porte notamment sur les conditions d'accès à l'emploi, à la formation professionnelle et à la promotion professionnelle, les conditions de travail et d'emploi et en particulier celles des salariés à temps partiel, et l'articulation entre la vie professionnelle et les responsabilités familiales. ***(L. 2010-1330 du 9 nov. 2010, art. 102, JO 10)*** « Cette négociation porte également sur l'application de l'article L. 241-3-1 du code de la sécurité sociale et sur les conditions dans lesquelles l'employeur peut prendre en charge tout ou partie du supplément de cotisations. »

Lorsqu'un accord comportant de tels objectifs et mesures est signé dans l'entreprise, la périodicité de la négociation est portée à trois ans.

Note

• La loi 2010-1330 du 9 novembre 2010 portant réforme des retraites a élargi le champ de la négociation sur l'égalité professionnelle à l'application du dispositif qui permet de calculer les cotisations vieillesse de sécurité sociale des salariés à temps partiel sur la base du salaire reconstitué à temps plein et aux conditions dans lesquelles l'employeur peut, le cas échéant, prendre en charge tout ou partie du supplément de cotisations salariales induit.

• Pour aller plus loin, voir *JCP* éd. S 2011, 1478, étude D. Jourdan : « Égalité professionnelle entre les hommes et les femmes » et 1576, étude G. de Raincourt et G. Duchange : « Égalité professionnelle entre les femmes et les hommes : mise en œuvre ».

Art. L. 2242-5-1. ***(L. 2010-1330 du 9 nov. 2010, art. 99, JO 10)*** Les entreprises d'au moins cinquante salariés sont soumises à une pénalité à la charge de l'employeur lorsqu'elles ne sont pas couvertes par un accord relatif à l'égalité professionnelle mentionné à l'article L. 2242-5 ou, à défaut d'accord, par les objectifs et les mesures constituant le plan d'action défini dans les rapports prévus aux articles L. 2323-47 et L. 2323-57. Les modalités de suivi de la réalisation des objectifs et des mesures de l'accord et du plan d'action sont fixées par décret.

Le montant de la pénalité prévue au premier alinéa du présent article est fixé au maximum à 1 % des rémunérations et gains au sens du premier alinéa de l'article L. 242-1 du code de la sécurité sociale et du premier alinéa de l'article L. 741-10 du code rural et de la pêche maritime versés aux travailleurs salariés ou assimilés au cours des périodes au titre desquelles l'entreprise n'est pas couverte par l'accord ou le plan d'action mentionné au premier alinéa du présent article. Le montant est fixé par l'autorité administrative, dans des conditions prévues par décret en Conseil d'État, en fonction des efforts constatés dans l'entreprise en matière d'égalité professionnelle entre les femmes et les hommes ainsi que des motifs de sa défaillance quant au respect des obligations fixées au même premier alinéa.

Le produit de cette pénalité est affecté au fonds mentionné à l'article L. 135-1 du code de la sécurité sociale.

Note

• Cet article et les articles réglementaires ci-dessous sont entrés en vigueur le 1er janvier 2012. Pour les entreprises couvertes par un accord ou, à défaut, par un plan d'action tel que défini à l'article L. 2242-5-1, à la date de publication de la loi du 9 novembre 2010 (le 10 novembre 2010), ils entrent en vigueur à l'échéance de l'accord ou, à défaut d'accord, à l'échéance du plan d'action (loi 2010-1330, art. 99, IV ; décret 2011-822, art. 6).

• Sur le champ et les conditions d'application de la pénalité financière prévue par cet article, voir circulaire ETST1129731C du 28 octobre 2011.

(D. 2011-822 du 7 juil. 2011, JO 9, entrée en vigueur le 01.01.2012)

Art. R. 2242-2. L'accord collectif ou, à défaut, le plan d'action prévu à l'article L. 2242-5-1 fixe les objectifs de progression et les actions permettant de les atteindre portant sur au moins deux des domaines d'action mentionnés au troisième alinéa de l'article L. 2323-47 pour les entreprises de moins de 300 salariés et sur au moins trois des domaines mentionnés au deuxième alinéa de l'article L. 2323-57 pour les entreprises de 300 salariés et plus. Ces objectifs et ces actions sont accompagnés d'indicateurs chiffrés.

Art. R. 2242-3. Lorsque l'inspecteur ou le contrôleur du travail constate qu'une entreprise n'est pas couverte par l'accord collectif ou, à défaut, le plan d'action prévu à l'article L. 2242-5-1, il met en demeure l'employeur, par lettre recommandée avec demande d'avis de réception, de remédier à cette situation dans un délai de six mois.

Art. R. 2242-4. Dans le délai prévu à l'article R. 2242-3, l'employeur lui communique l'accord ou, à défaut, le plan d'action mis en place ou modifié, par lettre recommandée avec demande d'avis de réception.

S'il n'est pas en mesure de communiquer l'un ou l'autre, il justifie des motifs de la défaillance de l'entreprise au regard de cette obligation.

À sa demande, il peut être entendu.

Art. R. 2242-5. À l'issue du délai prévu à l'article R. 2242-3, le directeur régional des entreprises, de la concurrence, de la consommation, du travail et de l'emploi décide s'il y a lieu d'appliquer la pénalité mentionnée au premier alinéa de l'article L. 2242-5-1 et en fixe le taux.

Art. R. 2242-6. Il est tenu compte, pour fixer le taux de la pénalité, des motifs de défaillance dont l'employeur a justifié, des mesures prises par l'entreprise en matière d'égalité professionnelle entre les femmes et les hommes et de la bonne foi de l'employeur.

Au titre des motifs de défaillance, sont pris en compte pour diminuer le taux tous motifs indépendants de la volonté de l'employeur susceptibles de justifier le non-respect de l'obligation prévue à l'article L. 2242-5-1, et notamment :

1° La survenance de difficultés économiques de l'entreprise ;
2° Les restructurations ou fusions en cours ;
3° L'existence d'une procédure collective en cours ;
4° Le franchissement du seuil d'effectifs prévu à l'article L. 2242-5-1 au cours des douze mois précédant celui de l'envoi de la mise en demeure mentionnée à l'article R. 2242-3.

Art. R. 2242-7. La pénalité mentionnée à l'article L. 2242-5-1 est calculée sur la base des rémunérations et gains au sens du premier alinéa de l'article L. 242-1 du code de la sécurité sociale ou du premier alinéa de l'article L. 741-10 du code rural et de la pêche maritime versés pour chaque mois entier à compter du terme de la mise en demeure mentionnée à l'article R. 2242-3. Elle est due jusqu'à la réception par l'inspection du travail de l'accord relatif à l'égalité professionnelle ou du plan d'action mentionnés à l'article L. 2242-5-1.

Art. R. 2242-8. Le directeur régional des entreprises, de la concurrence, de la consommation, du travail et de l'emploi adresse à l'employeur qui n'a pas rempli les obligations en matière d'égalité professionnelle et salariale entre les femmes et les hommes définies à l'article L. 2242-5-1, par lettre recommandée avec demande d'avis de réception, une notification motivée du taux de la pénalité qui lui est appliqué, dans le délai d'un mois à compter de la date d'expiration de la mise en demeure prévue à l'article R. 2242-3, et lui demande de communiquer en retour le montant des gains et rémunérations servant de base au calcul de la pénalité conformément à l'article R. 2242-7 dans le délai d'un mois. À défaut, la pénalité est calculée sur la base de deux fois la valeur du plafond mensuel de la sécurité sociale par mois compris dans la période mentionnée à l'article R. 2242-7.

Le directeur régional des entreprises, de la concurrence, de la consommation, du travail et de l'emploi établit un titre de perception et le transmet au trésorier-payeur général qui en assure le recouvrement comme en matière de créance étrangère à l'impôt et au domaine.

Art. L. 2242-6. Sans préjudice des dispositions prévues à l'article L. 2242-5, les négociations obligatoires en entreprise conduites en application du présent chapitre prennent en compte l'objectif d'égalité professionnelle entre les femmes et les hommes.

Art. L. 2242-7. La négociation sur les salaires effectifs que l'employeur est tenu d'engager chaque année, conformément au 1° de l'article L. 2242-8, vise également à définir et à programmer les mesures permettant de supprimer les écarts de rémunération entre les femmes et les hommes.

À défaut d'initiative de la partie patronale dans l'année suivant la promulgation de la loi n° 2006-340 du 23 mars 2006 relative à l'égalité salariale entre les femmes et les hommes, la négociation s'engage dans les quinze jours suivant la demande d'une des organisations syndicales de salariés représentatives dans l'entreprise au sens de l'article L. 2231-1.

Note • La date butoir du 31 décembre 2010 a été supprimée par la loi 2010-1330 du 9 novembre 2010, art. 99, II (JO 10).

• Voir article R. 2241-2 rapporté sous article L. 2241-1.

• La circulaire SDFE/DGT/DGEFP du 19 avril 2007 (JO 17 mai) concernant l'application de la loi 2006-340 du 23 mars 2006 relative à l'égalité salariale entre les femmes et les hommes propose aux acteurs sociaux des outils afin de diagnostiquer les écarts éventuels de rémunération et des solutions pouvant aider à la résorption des écarts constatés.

Sous-section 2. **Salaires et durée du travail**

Art. L. 2242-8. Chaque année, l'employeur engage une négociation annuelle obligatoire portant sur :

1° Les salaires effectifs ;

2° La durée effective et l'organisation du temps de travail, notamment la mise en place du travail à temps partiel ***(L. 2008-1249 du 1er déc. 2008, art. 4, JO 3, en vigueur au 01.06.2009)*** « ou l'augmentation de la durée du travail » à la demande des salariés.

Cette négociation peut également porter sur la formation ou la réduction du temps de travail.

Note • La loi 2008-1258 du 3 décembre 2008 en faveur des revenus du travail (art. 26) a mis en place un système visant à pénaliser les entreprises qui ne respectent pas leur obligation d'engager la négociation annuelle sur les salaires effectifs. Sur la mise en œuvre et le contrôle du mécanisme de conditionnalité des allégements de cotisations sociales prévu par ce texte, voir circulaire DSS/5C/DGT/2011/92 du 7 mars 2011 et lettre-circulaire ACOSS 2011-53 du 9 mai 2011.

La Cour de cassation a jugé que l'absence de négociation annuelle obligatoire peut causer un préjudice ouvrant droit à des dommages-intérêts lorsque les salariés ont perdu une chance d'obtenir le versement d'une prime conventionnelle, dont le montant était fixé dans le cadre de cette négociation (cass. soc. 13 novembre 2008, n° 07-44.874).

• La négociation obligatoire sur les salaires effectifs doit concerner la situation de l'ensemble des salariés ; un employeur ne peut donc refuser d'inclure dans la négociation les modifications du calcul de la paie concernant le secteur des chauffeurs de grand tourisme (cass. crim. 28 mars 1995, n° 92-80.694, B. crim. n° 130 ; *RJS* 10/95 n° 1033). Un contrat collectif d'assurance ayant pour effet de fixer le montant des salaires effectifs d'une catégorie du personnel, cette question relève de la négociation obligatoire. L'employeur n'ayant pas inclus cette question dans la négociation annuelle a manqué à son obligation. Pour permettre le respect de l'obligation de négocier et de consulter préalablement le comité d'entreprise, les juges ont décidé de suspendre la mise à exécution de la décision de l'employeur (cass. soc. 28 novembre 2000, n° 98-19.594, BC V n° 398).

• La négociation sur la durée effective du temps de travail dans l'entreprise n'est pas indissociable en soi de la négociation sur l'aménagement du temps de travail. Ces deux sujets peuvent être négociés et conclus séparément (cass. soc. 7 novembre 1990, n° 89-10.483, BC V n° 525).

Art. L. 2242-9. La négociation annuelle est l'occasion d'un examen par les parties de l'évolution de l'emploi dans l'entreprise, et notamment :

1° Du nombre des contrats de travail à durée déterminée, des missions de travail temporaire, du nombre des journées de travail effectuées par les intéressés ;

2° Des prévisions annuelles ou pluriannuelles d'emploi établies dans l'entreprise.

Art. L. 2242-9-1. ***(L. 2008-789 du 20 août 2008, art. 10, JO 21)*** La négociation annuelle donne lieu à une information par l'employeur sur les mises à disposition de salariés auprès des organisations syndicales ou des associations d'employeurs mentionnées à l'article L. 2231-1.

Dans les entreprises qui ne sont pas soumises à l'obligation annuelle de négocier prévue à l'article L. 2242-1, l'employeur communique aux salariés qui en font la demande une information sur les mises à disposition de salariés auprès des organisations syndicales ou des associations d'employeurs mentionnées à l'article L. 2231-1.

Art. L. 2242-10. Les accords collectifs d'entreprise sur les salaires effectifs ne peuvent être déposés auprès de l'autorité administrative, dans les conditions prévues à l'article L. 2231-6, qu'accompagnés d'un procès-verbal d'ouverture des négociations portant sur les écarts de rémunération entre les femmes et les hommes, consignant les propositions respectives des parties.

Le procès-verbal atteste que l'employeur a engagé sérieusement et loyalement les négociations. L'engagement sérieux et loyal des négociations implique que l'employeur ait convoqué à la négociation les organisations syndicales représentatives dans l'entreprise et fixé le lieu et le calendrier des réunions. L'employeur doit également leur avoir communiqué les informations nécessaires pour leur permettre de négocier en toute connaissance de cause et avoir répondu de manière motivée aux éventuelles propositions des organisations syndicales.

Sous-section 3. **Régime de prévoyance maladie**

Art. L. 2242-11. Lorsque les salariés ne sont pas couverts par un accord de branche ou par un accord d'entreprise définissant les modalités d'un régime de prévoyance maladie, l'employeur engage chaque année une négociation sur ce thème.

Dans ces entreprises, comportant des établissements ou groupes d'établissements distincts, cette négociation peut avoir lieu au niveau de ces établissements ou groupes d'établissements.

Dans les entreprises de travaux forestiers mentionnées au 3° de l'article L. 722-1 du code rural ***(Ord. 2010-462 du 6 mai 2010, JO 7)*** « et de la pêche maritime », la négociation prévue aux premier et deuxième alinéas porte sur l'accès aux garanties collectives mentionnées à l'article L. 911-2 du code de la sécurité sociale.

Sous-section 4. **Intéressement, participation et épargne salariale**

Art. L. 2242-12. Lorsque les salariés ne sont pas couverts par un accord d'intéressement, un accord de participation, un plan d'épargne d'entreprise, un plan d'épargne pour la mise à la retraite collectif ou par un accord de branche comportant un ou plusieurs de ces dispositifs, l'employeur engage, chaque année, une négociation à cette fin.

L'employeur engage également chaque année, s'il y a lieu, une négociation sur l'affectation d'une partie des sommes collectées dans le cadre du plan d'épargne pour la retraite collectif mentionné à l'article L. 3334-1 et à l'acquisition de parts des fonds solidaires mentionnés à l'article L. 3334-13. La même obligation incombe aux groupements d'employeurs.

Note Voir note sous art. L. 3312-5.

Sous-section 5. **Travailleurs handicapés**

Art. L. 2242-13. L'employeur engage, chaque année, une négociation sur les mesures relatives à l'insertion professionnelle et au maintien dans l'emploi des travailleurs handicapés.

La négociation porte notamment sur :

1° Les conditions d'accès à l'emploi, à la formation et à la promotion professionnelles ;

2° Les conditions de travail et d'emploi ;
3° Les actions de sensibilisation au handicap de l'ensemble du personnel de l'entreprise.

Lorsqu'un accord collectif comportant de telles mesures est signé dans l'entreprise, la périodicité de la négociation est portée à trois ans.

Art. L. 2242-14. La négociation sur l'insertion professionnelle et le maintien dans l'emploi des travailleurs handicapés se déroule sur la base d'un rapport établi par l'employeur présentant la situation par rapport à l'obligation d'emploi des travailleurs handicapés prévue par les articles L. 5212-1 et suivants.

SECTION 3. Négociation triennale

Sous-section unique. Gestion prévisionnelle des emplois et prévention des conséquences des mutations économiques

Note • Voir Accord national interprofessionnel du 14 novembre 2008 sur la gestion prévisionnelle des emplois et des compétences, rapporté dans les Textes non codifiés.

• Voir B. Teyssié : « À propos d'une négociation triennale : commentaire de l'article L. 320-2 CT », *Dr. Soc.* 2005, p. 377 ; H-J Legrand : « Sur un nouvel objet juridique non identifié : la GPEC », *Dr. Soc.* 2006, p. 330 ; P-H Antonmattei : « GPEC et licenciement pour motif économique : le temps des confusions judiciaires », *Dr. Soc.* 2007, p. 289 ; « Obligations en matière de GPEC et licenciement pour motif économique », controverse par G. Bélier et P. Masanovic, *RDT* 2007, p. 284 ; Fr. Favennec-Héry et H. Rouilleault : « Obligation triennale de négocier, où en est-on ? », *Dr. Soc.* 2007, p. 988 ; « La GPEC : l'environnement juridique », *Dr. Soc.* 2007, p. 1068 ; Y. Chagny : « Une négociation pour les restructurations : la GPEC », *Dr. Soc.* 2008, p. 72 ; F. Héas : « Retour sur la gestion prévisionnelle des emplois et des compétences », *JCP* éd. S 2008, 1300.

Art. L. 2242-15. Dans les entreprises et les groupes d'entreprises au sens de l'article L. 2331-1 de trois cents salariés et plus, ainsi que dans les entreprises et groupes d'entreprises de dimension communautaire au sens des articles L. 2341-1 et L. 2341-2 comportant au moins un établissement ou une entreprise de cent cinquante salariés en France, l'employeur engage tous les trois ans une négociation portant sur :
1° Les modalités d'information et de consultation du comité d'entreprise sur la stratégie de l'entreprise ainsi que ses effets prévisibles sur l'emploi et sur les salaires ;
2° La mise en place d'un dispositif de gestion prévisionnelle des emplois et des compétences, sur laquelle le comité d'entreprise est informé, ainsi que sur les mesures d'accompagnement susceptibles de lui être associées, en particulier en matière de formation, de validation des acquis de l'expérience, de bilan de compétences ainsi que d'accompagnement de la mobilité professionnelle et géographique des salariés.

Note **• Délai de négociation**

L'absence de négociation dans le délai de trois ans à compter de la promulgation de la loi du 18 janvier 2005 ne saurait justifier la suspension de la procédure de licenciement pour motif économique (CA Versailles 15 novembre 2006, n° 06/6930, *RJS* 3/07 n° 322). Le TGI de Créteil a adopté une solution différente (29 novembre 2006, n° 06/01730, *RJS* 4/07 n° 461). Sur « Les conditions de mise en œuvre de la négociation en matière de GPEC », *JCP* éd. S 2007, 1467, J. Perotto. Pour la cour d'appel de Paris, une négociation doit avoir été engagée avant le 20 janvier 2008, date constituant l'échéance du premier délai de trois ans depuis la promulgation de ce texte (CA Paris, 14e ch., 7 mars 2007, n° 06/17500, *JCP* éd. S 2007, 1219, P. Morvan).

• Emploi des salariés âgés

Les entreprises d'au moins 50 salariés ou appartenant à un groupe d'au moins 50 salariés ont l'obligation d'être couvertes par un accord d'entreprise ou, à défaut, un plan d'action sur l'emploi des salariés âgés.

En cas de non-respect de cette obligation, la loi 2008-1330 du 17 décembre 2008, art. 87, JO 18, a institué une **pénalité financière** inscrite au **code de la sécurité sociale** et applicable **depuis le 1er janvier 2010**.

Art. L. 138-24. Les entreprises, y compris les établissements publics, mentionnées aux articles L. 2211-1 et L. 2233-1 du code du travail employant au moins cinquante salariés ou appartenant à un groupe au sens de l'article L. 2331-1 du même code dont l'effectif comprend au moins cinquante salariés sont soumises à une pénalité à la charge de l'employeur lorsqu'elles ne sont pas couvertes par un accord ou un plan d'action relatif à l'emploi des salariés âgés.

Le montant de cette pénalité est fixé à 1 % des rémunérations ou gains, au sens du premier alinéa de l'article L. 242-1 du présent code et du deuxième alinéa de l'article L. 741-10 du code rural et de la pêche maritime, versés aux travailleurs salariés ou assimilés au cours des périodes au titre desquelles l'entreprise n'est pas couverte par l'accord ou le plan d'action mentionné à l'alinéa précédent.

Le produit de cette pénalité est affecté à la Caisse nationale d'assurance vieillesse des travailleurs salariés.

Les articles L. 137-3 et L. 137-4 du présent code sont applicables à cette pénalité.

Art. L. 138-25. L'accord d'entreprise ou de groupe portant sur l'emploi des salariés âgés mentionné à l'article L. 138-24 est conclu pour une durée maximale de trois ans. Il comporte :

1° Un objectif chiffré de maintien dans l'emploi ou de recrutement des salariés âgés ;

2° Des dispositions favorables au maintien dans l'emploi et au recrutement des salariés âgés portant sur trois domaines d'action au moins choisis parmi une liste fixée par décret en Conseil d'État et auxquelles sont associés des indicateurs chiffrés ;

3° Des modalités de suivi de la mise en œuvre de ces dispositions et de la réalisation de cet objectif.

Art. L. 138-26. Les entreprises mentionnées au premier alinéa de l'article L. 138-24 ne sont pas soumises à la pénalité lorsque, en l'absence d'accord d'entreprise ou de groupe, elles ont élaboré, après avis du comité d'entreprise ou, à défaut, des délégués du personnel, un plan d'action établi au niveau de l'entreprise ou du groupe relatif à l'emploi des salariés âgés dont le contenu respecte les conditions fixées à l'article L. 138-25. La durée maximale de ce plan d'action est de trois ans. Il fait l'objet d'un dépôt auprès de l'autorité administrative dans les conditions définies à l'article L. 2231-6 du code du travail.

En outre, les entreprises dont l'effectif comprend au moins cinquante salariés et est inférieur à trois cents salariés ou appartenant à un groupe dont l'effectif comprend au moins cinquante salariés et est inférieur à trois cents salariés ne sont pas soumises à cette pénalité lorsque la négociation portant sur l'emploi des salariés âgés mentionnée à l'article L. 2241-4 du code du travail a abouti à la conclusion d'un accord de branche étendu, respectant les conditions mentionnées à l'article L. 138-25 du présent code et ayant reçu à ce titre un avis favorable du ministre chargé de l'emploi. Cet avis est opposable aux organismes de recouvrement mentionnés aux articles L. 213-1 et L. 752-4 du présent code et à l'article L. 725-3 du code rural et de la pêche maritime.

Art. L. 138-27. L'autorité administrative compétente se prononce sur toute demande formulée par une entreprise mentionnée à l'article L. 138-24 tendant à apprécier l'application de la présente section à sa situation, notamment le respect des conditions fixées à l'article L. 138-25.

Le silence gardé par l'administration pendant un délai fixé par décret vaut décision de conformité.

La demande mentionnée au premier alinéa ne peut être formulée par une entreprise lorsqu'un contrôle prévu à l'article L. 243-7 du présent code ou à l'article L. 724-7 du code rural et de la pêche maritime est engagé.

La réponse, y compris implicite, est opposable aux organismes de recouvrement mentionnés aux articles L. 213-1 et L. 752-4 du présent code et à l'article L. 725-3 du code rural et de la pêche maritime pour une durée ne pouvant excéder la durée de validité des accords ou plans d'action mentionnée aux articles L. 138-25 et L. 138-26.

Art. L. 138-28. Un décret [2009-564 du 20 mai 2009, JO 21] détermine les modalités de calcul des effectifs de cinquante et trois cents salariés mentionnés aux articles L. 138-24 à L. 138-26 [art. D. 138-25 c. séc. soc.].

• Voir aussi décret 2009-560 du 20 mai 2009 (JO 21) relatif au contenu et à la validation des accords et des plans d'action en faveur de l'emploi des salariés âgés (art. R. 138-25 à 31 c. séc. soc.) ; circulaire DGEFP-DGT-DSS 2009-31 du 9 juillet 2009 relative aux accords et aux plans d'action en faveur de l'emploi des salariés âgés prévus par l'article 87 de la loi 2008-1330 de financement de la sécurité sociale pour 2009.

La circulaire DSS/5B/5C 2009-374 du 14 décembre 2009 fait le point sur les conditions d'assujettissement à la pénalité de 1 % et précise ses modalités de calcul et de paiement. La pénalité est applicable à partir du 1er janvier 2010, ce qui signifie, en pratique, que les entreprises avaient jusqu'au 31 janvier 2010 pour déposer leur accord ou leur plan ou, le cas échéant, pour être couvertes par un accord de branche, la pénalité étant due par mois entier.

Les entreprises de 50 à moins de 300 salariés disposaient d'un délai supplémentaire de trois mois. Elles n'étaient donc redevables de la pénalité qu'à compter du 1er avril 2010, ce qui devait permettre aux branches de finaliser leur accord sur les seniors ou, à défaut, aux entreprises concernées de se doter de leur propre accord ou de leur propre plan d'action.

Le ministère du Travail a mis à disposition du public un site Internet dédié à l'emploi des seniors *(www.emploidesseniors.gouv.fr)*.

Art. L. 2242-16. La négociation prévue à l'article L. 2242-15 peut également porter :

1° Sur les matières mentionnées aux articles L. 1233-21 et L. 1233-22 selon les modalités prévues à ce même article ;

2° Sur la qualification des catégories d'emplois menacés par les évolutions économiques ou technologiques.

[Art. L. 2242-17. Abrogé par loi 2010-1657 du 29 décembre 2010, art. 199, JO 30, depuis le 01.01.2011.]

Art. L. 2242-18. Si un accord de groupe est conclu sur les thèmes inclus dans le champ de la négociation triennale mentionnée à l'article L. 2242-15, les entreprises comprises dans le périmètre de l'accord de groupe sont réputées avoir satisfait aux obligations de négocier prévues par ce même article.

Art. L. 2242-19. Dans les entreprises de trois cents salariés et plus, ainsi que dans les entreprises mentionnées aux articles L. 2331-1 et L. 2341-3, employant ensemble trois cents salariés et plus, la négociation sur la gestion prévisionnelle des emplois et la prévention des conséquences des mutations économiques prévue aux articles L. 2242-15 et L. 2242-16 porte également sur les conditions de retour et de maintien dans l'emploi des salariés âgés et de leur accès à la formation professionnelle.

Art. L. 2242-20. ***(L. 2008-789 du 20 août 2008, art. 7, JO 21)*** Dans les entreprises de trois cents salariés et plus, ainsi que dans les entreprises mentionnées aux articles L. 2331-1 et L. 2341-3 employant trois cents salariés et plus, la négociation prévue à l'article L. 2242-15 porte également sur le déroulement de carrière des salariés exerçant des responsabilités syndicales et l'exercice de leurs fonctions.

CHAPITRE III

Dispositions pénales

Art. L. 2243-1. Le fait de se soustraire aux obligations prévues à l'article L. 2242-1, relatives à la convocation des parties à la négociation annuelle et à l'obligation périodique de négocier, est puni d'un emprisonnement d'un an et d'une amende de 3750 €.

Art. L. 2243-2. Le fait de se soustraire aux obligations prévues aux articles L. 2242-5, L. 2242-8, L. 2242-9, L. 2242-11 à L. 2242-14 et L. 2242-19, relatives au contenu de la négociation annuelle obligatoire, est puni d'un emprisonnement d'un an et d'une amende de 3750 €.

Note Les articles L. 2243-1 et 2 sanctionnent pénalement le fait, pour l'employeur, de se soustraire à l'obligation prévue à l'article L. 2242-1 et à celles prévues par les articles L. 2242-5, 8, 9, 11 à 14 et 19. Mais la loi pénale est, en application du principe général, interprétée strictement ; le comportement entièrement négatif de l'employeur en cours de négociation n'est donc pas pénalement répréhensible (cass. crim. 4 octobre 1989, n° 88-86.163, B. crim. n° 341 ; *Dr. Soc.* 1990, p. 154, note J. Savatier).

TITRE V

ARTICULATION DES CONVENTIONS ET ACCORDS

CHAPITRE Ier

Rapports entre conventions ou accords et lois et règlements

Art. L. 2251-1. Une convention ou un accord peut comporter des stipulations plus favorables aux salariés que les dispositions légales en vigueur. Ils ne peuvent déroger aux dispositions qui revêtent un caractère d'ordre public.

Note **Dispositions d'ordre public.** Les dispositions législatives ou réglementaires prises dans le domaine du droit du travail présentent un caractère d'ordre public en tant qu'elles garantissent aux travailleurs des avantages minimaux, lesquels ne peuvent être supprimés ou réduits, mais ne font pas obstacle à ce que ces garanties ou avantages soient accrus ni à ce que des avantages ou garanties non prévus par les dispositions législatives ou réglementaires soient institués par voie conventionnelle. En revanche, une convention collective ne saurait légalement déroger ni aux dispositions qui, par leurs termes mêmes, présentent un caractère impératif, ni aux principes fondamentaux énoncés dans la Constitution ou aux règles du droit interne – ou, le cas échéant, international – lorsque ces principes ou règles débordent le domaine du droit du travail ou intéressent des avantages ou garanties échappant, par leur nature, aux rapports conventionnels (CE avis du 22 mars 1973).

L'interdiction de déroger aux dispositions d'ordre public des lois et règlements concerne aussi bien les dérogations indirectes que les dérogations directes (cass. soc. 25 octobre 1994, n° 90-40.565, BC V n° 290 ; *Dr. Soc.* 1995, p. 74 : la clause conventionnelle qualifiant de démission une rupture décidée par l'employeur est nulle puisqu'elle prive le salarié des droits et indemnités prévus par la loi en cas de licenciement).

Les dispositions d'un accord collectif ne peuvent restreindre les droits syndicaux que les représentants des salariés tiennent des lois et règlements en vigueur (cass. soc. 27 mai 2008, n° 06-46.403, BC V n° 113 ; *RDT*, octobre 2008, CH, 612, S. Nadal).

On observera qu'en matière de représentation du personnel, la loi 82-915 du 28 octobre 1982 a accru les possibilités de dérogations conventionnelles à des dispositions qui pouvaient jusque-là être considérées comme d'ordre public.

Bibliographie : « Le contrôle de la légalité interne des conventions et accords collectifs », M-A Souriac-Rotschild (*Dr. Soc.* 1996, p. 395) ; « Les rapports de la loi et de la convention collective : une mise en perspective », G. Borenfreund et M-A Souriac (*Dr. Soc.* 2002, p. 72).

Dérogations aux dispositions légales et réglementaires (« L'ordre public dérogatoire », chron. Fr. Petit, *RJS* 5/07, p. 391). Un certain nombre de dispositions législatives nouvelles, notamment en matière de durée du travail, permettent aux conventions et accords, sous certaines conditions, de déroger aux dispositions légales. En matière de dérogation aux dispositions légales et réglementaires, une distinction s'opère entre ordre public social et ordre public absolu.

L'ordre public social est un minimum social protecteur pour le salarié que la convention ou le contrat de travail peuvent toujours améliorer.

L'ordre public absolu ne supporte, quant à lui, aucune dérogation conventionnelle, peu important alors qu'elle soit plus ou moins favorable aux salariés. Tel est le cas par exemple de l'ensemble des dispositions légales et réglementaires relatives à la participation obligatoire des salariés aux résultats de l'entreprise (cass. soc. 23 mai 2007, n° 04-20.157, BC V n° 83 ; *JCP* éd. S 2007, 1748, note G. Bordier).

La charte du football professionnel, qui a valeur de convention collective, ne peut déroger aux dispositions d'ordre public de la loi (art. L. 1242-7) que dans ses dispositions plus favorables au salarié (cass. soc. 1er février 2000, n° 97-44.100, BC V n° 47 ; *RJS* 5/00 n° 508). Une convention collective ne peut déroger à la loi pour interdire, en cas de faute grave, à un salarié soumis à une clause de non-concurrence de bénéficier d'une contrepartie financière (cass. soc. 4 juin 2008, n° 04-40.609, BC V n° 123 ; *RJS* 8-9/08 n° 892 ; *JCP* éd. S 2008, 1565, note E. Letombe ; *Dr. Soc.* 2008, p. 1147, obs. J. Mouly).

Les dispositions légales relatives à la résiliation par l'employeur du contrat de travail n'interdisent pas aux partenaires sociaux de limiter à des causes qu'ils énumèrent le pouvoir de licencier de l'employeur (cass. soc. 29 septembre 2009, n° 07-43.431, BC V n° 208 ; *RJS* 12/09 n° 907).

Mais la Cour de cassation refuse que des conventions collectives puissent qualifier de faute grave tel ou tel comportement, alors qu'il appartient aux juges seuls de se prononcer en la matière (cass. soc. 18 décembre 1975, *D.* 1976, 210, note J. Pélissier).

Un accord collectif, même dérogatoire, ne peut priver un salarié des droits qu'il tient de la loi pour la période antérieure à la signature de l'accord (cass. soc. 11 juillet 2000, n° 98-40.696, BC V n° 274 ; *Dr. Soc.* 2000, p. 1042, obs. J. Mouly ; cass. soc. 24 janvier 2007, n° 04-45.585, BC V n° 14 ; *RJS* 4/07 n° 442 pour une application relative à la définition du travail de nuit).

Un salarié est en droit de se prévaloir des dispositions légales lorsque celles-ci lui sont plus favorables que les dispositions conventionnelles (cass. soc. 6 février 1991, n° 88-44.291), du moins lorsqu'il ne s'agit pas de clauses contenues dans un accord collectif dérogatoire.

Mise en œuvre. La mise en œuvre d'un accord collectif dont les salariés tiennent leurs droits ne peut être subordonnée à la conclusion de contrats individuels de transaction (cass. soc. 5 avril 2005, n° 04-44.626, BC V n° 124 ; *Dr. Soc.* 2005, p. 701, obs. G. Couturier ; 2 mars 2010, n° 08-45.553, *JSL* n° 275, 19 avril 2010, p. 27). Il en résulte que ni la nullité d'une transaction à laquelle un accord collectif subordonne l'attribution d'une indemnité, ni l'inexécution de cette transaction par l'une des parties ne peuvent avoir pour effet de priver le salarié du bénéfice de l'avantage qu'il tient de l'accord (cass. soc. 12 juillet 2010, n° 08-40.740, BC V n° 169).

CHAPITRE II

Rapports entre accords de branche ou professionnels et accords couvrant un champ territorial ou professionnel plus large

Art. L. 2252-1. Une convention de branche ou un accord professionnel ou interprofessionnel peut comporter des stipulations moins favorables aux salariés que celles qui leur sont applicables en vertu d'une convention ou d'un accord couvrant un champ territorial ou professionnel plus large, sauf si cette convention ou cet accord stipule expressément qu'on ne peut y déroger en tout ou partie.

Art. L. 2253-1.

Lorsqu'une convention ou un accord de niveau supérieur à la convention ou à l'accord intervenu est conclu, les parties adaptent les stipulations de la convention ou accord antérieur moins favorables aux salariés si une stipulation de la convention ou de l'accord de niveau supérieur le prévoit expressément.

Note La loi 2004-391 du 4 mai 2004 a modifié profondément les rapports entre les accords de branche et les accords interprofessionnels. La possibilité de déroger aux accords de niveau supérieur de façon défavorable aux salariés ne vaut que pour les accords conclus ou révisés postérieurement à l'entrée en vigueur de la loi du 4 mai 2004 (circulaire DRT 9 du 22 septembre 2004, fiche n° 2).

Concours de conventions collectives. En cas de concours de conventions collectives, les avantages ayant le même objet ou la même cause ne peuvent, sauf stipulations contraires, se cumuler. Le plus favorable d'entre eux peut seul être accordé (cass. ass. plén. 24 octobre 2008, n° 07-42.799, BC n° 4 ; *RJS* 12/08 n° 1200 : les jours de récupération n'ayant ni la même cause ni le même objet que les congés payés d'ancienneté, le salarié peut bénéficier de ces deux avantages résultant d'accords collectifs différents ; cass. ass. plén. 18 mars 1988, n° 84-40.083, BC n° 3 ; *D.* 1989, 221, note J-P Chauchard). Le caractère plus avantageux doit être apprécié globalement pour l'ensemble du personnel, avantage par avantage (cass. soc. 18 janvier 2000, n° 96-44.578, BC V n° 27 ; *RJS* 3/00 n° 307). Il est souvent difficile de déterminer si les avantages prévus par les conventions collectives en concours ont ou n'ont pas le même objet ou la même cause : voir par exemple cass. soc. 24 juin 1992, n° 90-42.432, *RJS* 10/92 n° 1135 (l'accord d'entreprise donne droit à un treizième mois et à une prime de vacances, la convention de branche étendue donne droit à une allocation complémentaire de vacances ; la Cour de cassation décide qu'il faut comparer l'allocation complémentaire de vacances à la seule prime de vacances et non pas à l'ensemble prime de vacances/treizième mois. Voir aussi cass. soc. 16 mars 1989, *D.* 1990 somm. 163, obs. M-A Rotschild-Souriac).

Les dispositions d'un plan social peuvent se cumuler avec celles d'un accord collectif, sauf si elles ont le même objet, auquel cas ne s'appliquent que les dispositions les plus favorables aux salariés (cass. soc. 23 juin 1999, n° 98-40.158, BC V n° 296 ; *RJS* 8-9/99 n° 1045).

CHAPITRE III

Rapports entre accords d'entreprise ou d'établissement et accords couvrant un champ territorial ou professionnel plus large

Note La loi 2004-391 du 4 mai 2004 a modifié les règles gouvernant les rapports entre les accords d'entreprise et les accords de portée plus étendue : les accords d'entreprise peuvent déroger aux dispositions des accords de branche, même dans un sens défavorable aux salariés, sauf si ces accords en disposent autrement (art. L. 2253-3, al. 2). Quelques matières limitativement énumérées font cependant exception à cette règle (art. L. 2253-3, al. 1er).

En outre, aux termes de l'article 45 de la loi du 4 mai 2004, la valeur hiérarchique accordée par leurs signataires aux conventions et accords conclus avant l'entrée en vigueur de la cette loi, demeure opposable aux accords de niveaux inférieurs ; il en résulte qu'un accord collectif d'entreprise, même conclu après l'entrée en vigueur de cette loi, le 6 mai 2004, ne peut déroger par des clauses moins favorables à une convention collective de niveau supérieur conclue avant cette date, à moins que les signataires de cette convention n'en aient disposé autrement (cass. soc. 9 mars 2011, n° 09-69.647, BC V n° 73 ; *RJS* 5/11 n° 441).

Sur le concours de conventions collectives, voir note sous article L. 2252-1.

Art. L. 2253-1. Une convention ou un accord d'entreprise ou d'établissement peut adapter les stipulations des conventions de branche ou des accords professionnels ou interprofessionnels applicables dans l'entreprise aux conditions particulières de celle-ci ou des établissements considérés.

Une convention ou un accord peut également comporter des stipulations nouvelles et des stipulations plus favorables aux salariés.

Art. L. 2253-2. Lorsqu'une convention de branche ou un accord professionnel ou interprofessionnel vient à s'appliquer dans l'entreprise postérieurement à la conclusion de conventions ou d'accords d'entreprise ou d'établissement négociés conformément au présent livre, les stipulations de ces derniers sont adaptées en conséquence.

Art. L. 2253-3. En matière de salaires minima, de classifications, de garanties collectives complémentaires mentionnées à l'article L. 912-1 du code de la sécurité sociale et de mutualisation des fonds de la formation professionnelle, une convention ou un accord d'entreprise ou d'établissement ne peut comporter des clauses dérogeant à celles des conventions de branche ou accords professionnels ou interprofessionnels.

Dans les autres matières, la convention ou l'accord d'entreprise ou d'établissement peut comporter des stipulations dérogeant en tout ou en partie à celles qui lui sont applicables en vertu d'une convention ou d'un accord couvrant un champ territorial ou professionnel plus large, sauf si cette convention ou cet accord en dispose autrement.

Art. L. 2253-4. Sans préjudice des dispositions de l'article L. 2253-3, les clauses salariales d'une convention ou d'un accord d'entreprise ou d'établissement peuvent prévoir des modalités particulières d'application des majorations de salaires décidées par les conventions de branche ou les accords professionnels ou interprofessionnels applicables dans l'entreprise.

Toutefois, d'une part, l'augmentation de la masse salariale totale doit être au moins égale à l'augmentation qui résulterait de l'application des majorations accordées par les conventions ou accords précités pour les salariés concernés, d'autre part, les salaires minima hiérarchiques doivent être respectés.

CHAPITRE IV

Rapports entre conventions et accords collectifs de travail et contrat de travail

Art. L. 2254-1. Lorsqu'un employeur est lié par les clauses d'une convention ou d'un accord, ces clauses s'appliquent aux contrats de travail conclus avec lui, sauf stipulations plus favorables.

Note Un accord collectif ne peut modifier le contrat de travail d'un salarié (cass. soc. 25 février 2003, n° 01-40.588, BC V n° 64 ; *RJS* 5/03 n° 567).

Application volontaire d'une convention collective

– L'application volontaire d'une convention collective doit résulter d'une manifestation de volonté claire et non équivoque de la part de l'employeur (cass. soc. 5 octobre 1993, n° 89-43.869, BC V n° 222 ; cass. soc. 7 avril 2004, n° 02-40.761, BC V n° 117 ; *RJS* 6/04 n° 724 : la volonté claire et non équivoque de l'employeur d'appliquer la convention collective et ses avenants résultait, outre de la mention de la convention collective au contrat de travail, d'une note de service ultérieure et de l'application effective de ces avenants).

– L'application volontaire d'une convention collective n'a que la valeur d'un usage que l'employeur peut dénoncer (cass. soc. 4 décembre 1991, n° 88-40.454, BC V n° 553 ; *Dr. Soc.* 1992, p. 197). La dénonciation d'un tel usage n'est pas opposable au salarié vis-à-vis duquel le chef d'entreprise s'est engagé contractuellement à appliquer la convention collective (cass. soc. 3 février 1993, n° 89-45.433, *RJS* 3/93 n° 294 : le droit à l'application de la convention collective est devenu un droit contractuel qui ne peut disparaître par l'effet de la dénonciation d'un usage).

– Lorsqu'un employeur et un salarié conviennent de l'application au contrat de travail d'une convention collective autre que celle applicable de droit, l'indemnité de licenciement prévue par cette convention collective revêt la nature d'une indemnité conventionnelle qui n'est pas susceptible d'être réduite par le juge (cass. soc. 9 novembre 2011, n° 09-43.528, *RJS* 1/12 n° 35).

– L'application volontaire d'une convention collective n'implique pas nécessairement l'engagement d'appliquer également à l'avenir les dispositions de ses avenants éventuels ou d'un accord de substitution (cass. soc. 20 juillet 1981, n° 79-42.208, BC V n° 706 ; 21 octobre 1998, n° 97-44.337, BC V n° 445 ; *RJS* 12/98 n° 1517). Il en est ainsi même lorsque l'application volontaire résulte de la mention dans un contrat de travail et que cette mention est reproduite sur les bulletins de salaire ultérieurs (cass. soc. 2 avril 2003, n° 00-43.601, BC V n° 135 ; *RJS* 6/03 n° 777 ; *JSL* n° 123, 13 mai 2003, p. 17 ; *Dr. Soc.* 2003, p. 901, obs. Ch. Radé ; *JSL* n° 131, 7 octobre 2003, p. 4, obs. M. Pierchon et G-P Quétant).

– Un employeur dont l'activité n'entre pas dans le champ d'application d'une convention collective peut limiter à certaines catégories de salariés l'application volontaire de cette convention collective (cass. soc. 5 octobre 1993, n° 89-43.869, BC V n° 222 ; *RJS* 11/93 n° 1122).

– Lorsque le contrat de travail prévoit l'application volontaire de certaines clauses d'une convention collective, la seule mention de cette convention sur les bulletins de paie ne confère pas au salarié le droit de bénéficier de l'application des autres dispositions de cette convention (cass. soc. 10 juin 2003, n° 01-41.328, BC V n° 193 ; *RJS* 8-9/03 n° 1040 ; *JSL* n° 128, 29 juillet 2003, p. 11 ; cass. soc. 7 novembre 1973, n° 72-40.732, BC V n° 551). Mais lorsque le contrat de travail stipule qu'il est soumis à un accord national de branche sans mentionner de réserves, toutes les clauses de cet accord sont applicables (cass. soc. 21 mai 1996, n° 92-45.097, *RJS* 10/96 n° 1064).

– Lorsque le chef d'entreprise mentionne dans le bulletin de paie la convention collective qu'il applique dans l'entreprise, cette mention vaut reconnaissance de l'application de la convention dans l'entreprise (cass. soc. 18 novembre 1998, n° 96-42.991, BC V n° 499 ; *RJS* 1/99 n° 74 ; 18 juillet 2000, n° 97-44.897, BC V n° 295 ; *RJS* 11/00 n° 1118, 1re espèce). Cette solution ne s'applique qu'aux relations individuelles de travail et non aux relations collectives (cass. soc. 18 juillet 2000, n° 99-60.440, BC V n° 296 ; *RJS* 11/00 n° 1118, 2e espèce, concl. J. Duplat, p. 712). Toutefois, la Cour de cassation a décidé que la mention de la convention collective sur le bulletin de paie vaut seulement présomption d'applicabilité de ladite convention au salarié ; l'employeur est admis à apporter la preuve qu'une autre convention collective est applicable dans l'entreprise (cass. soc. 15 novembre 2007, n° 06-44.008, BC V n° 191 ; *RJS* 1/08 n° 54 ; 2 juillet 2008, n° 07-41.473, *RJS* 10/08 n° 1012 : lorsque l'employeur apporte la preuve que la seule convention collective applicable au regard de l'activité principale de l'entreprise était celle du commerce de détail non alimentaire et que la mention portée sur les bulletins de paie procédait d'une erreur manifeste, la cour d'appel peut décider que le salarié ne peut pas prétendre à l'application de la convention collective mentionnée dans le bulletin de paie ; cass. soc. 15 novembre 2007, n° 06-43.383, *RJS* 1/08 n° 54, 2e espèce ; *D.* 2008, 325, note B. Reynès ; *RDT*, janvier 2008, chron. p. 44, note H. Tissandier). La Cour de cassation rejoint ainsi l'interprétation donnée par la CJCE de la directive européenne 91/533/CEE du 14 octobre 1991 (aff. C-253/96 à C-258/96, rec. p. I-06907 ; *RJS* 2/98 n° 241). Il ne reste donc qu'une présomption simple.

De même, l'indication de la convention collective dans le contrat de travail n'interdit pas au salarié d'exiger l'application de la convention à laquelle l'employeur est assujetti, compte tenu de son activité principale (cass. soc. 18 juillet 2000, n° 98-42.949, BC V n° 297 ; *RJS* 11/00 n° 1117 ; 7 mai 2002, n° 99-44.161, BC V n° 154 ; *RJS* 7/02 n° 860).

Recommandations patronales. Constitue une recommandation patronale une décision unilatérale d'un groupement ou d'un syndicat d'employeurs qui s'impose à tous ses adhérents (cass. soc. 29 juin 1999, n° 98-44.348, BC V n° 308 et n° 97-45.877, *RJS* 8-9/99 n° 1063, 2e et 3e espèces ; voir aussi cass. soc. 4 juillet 2000, n° 98-41.757). Elle ne s'impose qu'aux entreprises adhérentes de l'organisation patronale qui l'a diffusée (cass. soc. 31 mars 1981, n° 79-41.106, BC V n° 287 ; 29 juin 1999, précité ; 13 juillet 2004, n° 02-44.160). Une recommandation diffusée à l'ensemble des entreprises adhérentes et rédigée en termes clairs et précis a un caractère obligatoire (cass. soc. 29 juin 1999 et 4 juillet 2000 précités, concernant une déclaration commune intervenue dans le cadre de mesures destinées à mettre fin à une grève des chauffeurs routiers. Voir aussi cass. soc. 6 janvier 2011, n° 09-69.560, *RDT* juin 2011, CH, 388, H. Tissandier : caractère obligatoire d'une recommandation patronale diffusée à l'ensemble des entreprises adhérentes dont les termes étaient clairs et précis en ce qui concerne le montant d'une prime et les modalités de son versement). Les « recommandations » facultatives s'imposent aux entreprises qui, en les appliquant à tout le personnel (ou à une catégorie de personnel) de façon constante, créent de ce fait un usage (cass. soc. 3 juin 1981, n° 79-41.876, BC V n° 503 ; cass. soc. 31 mai 1978, n° 77-40.113, BC V n° 417).

Renonciation du salarié à l'application d'une convention collective. Tant que son contrat de travail est en cours, un salarié ne peut valablement renoncer aux avantages qu'il tire d'un accord collectif (cass. soc. 30 mai 2000, n° 98-40.085, BC V n° 210 ; *RJS* 7-8/00 n° 844 ; 13 novembre 2001, n° 99-42.709, BC V n° 344 ; *RJS* 1/02 n° 60 ; 8 décembre 2010, n° 09-42.161, *LS* Jurispr. n° 252/2010 du 28/12/2010). Un engagement comportant renonciation au bénéfice de l'application d'une convention collective a un caractère illicite et un employeur ne peut se prévaloir d'une prétendue tacite acceptation (cass. soc. 14 mai 1987, *JS* 1987 SJ 142), ni même d'une acceptation expresse (cass. soc. 4 décembre 1990, n° 87-42.499, BC V n° 608 ; 6 juillet 1994, n° 90-45.206, BC V n° 226 ; *CSB* 1994 A. 53 ; 23 avril 1997, n° 94-42.629, BC V n° 144 ; *RJS* 6/97 n° 713 ; 15 juillet 1998, n° 96-41.118, BC V n° 378 ; *RJS* 10/98 n° 1254 ; cass. soc. 1er juin 1999, n° 96-44.955, BC V n° 254 ; *RJS* 8-9/99 n° 1078).

Substitution des dispositions plus favorables. Les dispositions plus favorables d'une convention ou d'un accord collectif se substituent de plein droit à celles du contrat de travail (cass. soc. 13 novembre 2001, n° 99-42.978, BC V n° 340 ; *RJS* 1/02 n° 12, 2e espèce ; 17 juillet 2001, n° 98-42.310, BC V n° 273 ; *RJS* 11/01 n° 1282).

Ainsi, doit s'appliquer une disposition conventionnelle prévoyant que toute modification apportée à un des éléments du contrat de travail, notamment au cadre géographique de travail, doit faire l'objet d'une notification écrite préalable explicitant la nature de la modification et que la rupture du contrat consécutive au refus d'un salarié d'accepter une telle modification sera considérée comme étant du fait de l'employeur et réglée comme telle, cette disposition étant plus favorable au salarié que la clause de mobilité prévue dans son contrat individuel de travail (cass. soc. 4 février 2003, n° 01-40.384, BC V n° 40 ; *JSL* n° 120, 25 mars 2003, p. 27 ; *RJS* 4/03 n° 410, 2e espèce ; *D.* 2003 SC 1658, obs. S. Frossard ; dans le même sens concernant une convention collective prévoyant une contrepartie financière à la clause de non-concurrence : cass. soc. 5 mai 2010, n° 09-40.710, *RJS* 7/10 n° 599).

Les conditions de versement d'un 13e mois ne peuvent être modifiées par un avenant au contrat de travail dans un sens moins favorable que celles prévues par un accord collectif ou par un accord valant engagement unilatéral de l'employeur tant que cet accord demeure en vigueur ; il appartient alors au juge de rechercher, au regard de la nature juridique de l'accord, si sa dénonciation est régulière et opposable aux salariés concernés à la date de signature des avenants (cass. soc. 4 février 2003, n° 01-40.066, BC V n° 38 ; *RJS* 4/03 n° 497 ; *Dr. Soc.* 2003, p. 532, obs. Ch. Radé).

L'absence de réclamation dans sa lettre de démission ne prive pas un salarié du droit de former ultérieurement, dans les limites de la prescription quinquennale, une demande fondée sur l'application de dispositions conventionnelles plus favorables que les stipulations contractuelles (cass. soc. 4 novembre 2003, n° 01-44.884 ; 24 mars 2010, n° 08-41.969).

• Les dispositions conventionnelles moins favorables aux salariés que les dispositions contractuelles ne sont pas, en principe, applicables. Il faut cependant faire une distinction. Les dispositions conventionnelles moins favorables ne sont pas applicables lorsqu'elles sont en concours avec des dispositions contractuelles déjà en cours. Ainsi, une convention collective ne peut imposer une clause de mobilité à un salarié alors qu'une telle disposition n'y figurait pas à l'époque où le salarié avait été recruté (cass. soc. 27 juin 2002, n° 00-42.646, BC V n° 222 ; *RJS* 10/02 n° 1074 ; sur cette question, voir la controverse publiée à la *RDT* 2007, pp. 144 et s. : « Faut-il renforcer la puissance de l'accord collectif face au contrat de travail », M. Morand et E. Dockès). En revanche, la Cour de cassation juge que les obligations mises à la charge des salariés par une convention collective, applicable dans l'entreprise au moment où le salarié est embauché, lui sont opposables, dès lors que le salarié a été informé de l'existence de cette convention collective et mis en mesure d'en prendre connaissance (cass. soc. 8 janvier 1997, n° 93-44.009, BC V n° 8 ; 27 juin 2002, n° 00-42.646, BC V n° 222 ; *RJS* 10/02 n° 1074).

La convention collective peut mettre fin à un usage antérieur plus favorable (cass. soc. 9 juillet 1996, n° 94-42.773, BC V n° 276 ; *RJS* 8-9/96 n° 954 ; 25 janvier 1995, n° 90-45.796, BC V n° 40 ; *RJS* 3/95 n° 279 ; *Dr. Soc.* 1995, p. 274 ; 19 décembre 1990, *RJS* 2/91 n° 224 ; 14 novembre 1984, n° 84-60.276, BC V n° 431). L'accord collectif qui a le même objet que l'usage a pour effet de le mettre en cause, que celui-ci ait été ou non préalablement dénoncé (cass. soc. 8 janvier 2002, n° 00-12.252, BC V n° 4 ; *RJS* 5/02 n° 586 ; 26 janvier 2005, n° 02-47.507, BC V n° 31 ; *RJS* 4/05 n° 419).

TITRE VI

APPLICATION DES CONVENTIONS ET ACCORDS COLLECTIFS

CHAPITRE Ier

Conditions d'applicabilité des conventions et accords

SECTION 1. Date d'entrée en vigueur

Art. L. 2261-1. Les conventions et accords sont applicables, sauf stipulations contraires, à partir du jour qui suit leur dépôt auprès du service compétent, dans des conditions déterminées par voie réglementaire.

Note

• La formalité de dépôt est une mesure de publicité édictée dans l'intérêt des tiers ; l'absence de dépôt d'un accord collectif ne s'oppose pas à l'application de celui-ci qui conserve son caractère d'accord collectif et sa force obligatoire (cass. soc. 18 octobre 2006, n° 04-40.493, BC V n° 315 ; *RJS* 1/07 n° 125). Il n'en va autrement que si les parties à l'accord ont décidé de subordonner l'entrée en vigueur de l'accord à son dépôt (cass. soc. 18 octobre 2006, précité ; cass. soc. 22 avril 1985, n° 84-11.024, BC V n° 249).

• L'accord collectif peut subordonner son entrée en vigueur à la seule parution de l'arrêté d'extension. Lorsque l'arrêté n'opère qu'une extension partielle de l'accord, l'accord est applicable dans son intégralité aux signataires ou membres de groupements signataires dès la parution de l'arrêté d'extension (cass. soc. 31 octobre 2006, n° 05-10.051, BC V n° 322 ; *RJS* 1/07 n° 63).

SECTION 2. Détermination de la convention collective applicable

Art. L. 2261-2. La convention collective applicable est celle dont relève l'activité principale exercée par l'employeur.

En cas de pluralité d'activités rendant incertaine l'application de ce critère pour le rattachement d'une entreprise à un champ conventionnel, les conventions collectives et les accords professionnels peuvent, par des clauses réciproques et de nature identique, prévoir les conditions dans lesquelles l'entreprise détermine les conventions et accords qui lui sont applicables.

Note

• **Détermination du champ d'application.** *Champ d'application géographique.* Les conventions et accords collectifs s'appliquent à tout établissement autonome compris dans leur champ d'application territorial. Par conséquent, lorsqu'une convention collective n'a qu'un champ d'application géographique limité (par exemple un département), seuls les établissements situés dans ce champ d'application relèvent de cette convention (cass. soc. 20 novembre 1991, n° 88-43.281, BC V n° 516 ; *RJS* 1/92 n° 59 : la convention collective de la librairie de détail de la région parisienne ne s'applique pas aux salariés travaillant à Toulouse bien que l'entreprise ait son siège à Paris et que l'établissement de Toulouse ne soit qu'un établissement secondaire ; dans le même sens, cass. soc. 11 décembre 1986, n° 85-41.568, BC V n° 600).

Champ d'application professionnel. Le rattachement d'une entreprise à une convention collective s'opère en fonction de son activité économique principale (cass. soc. 3 juin 1964, *Dr. Soc.* 1964, p. 638 ; 18 décembre 1972, n° 72-40.043, BC V n° 700 ; 8 novembre 2006, n° 04-46.466, *RJS* 1/07 n° 83 ; 19 mai 2010, n° 07-45.033, BC V n° 108 ; *JCP* éd. S 2010, 1301, note G. Vachet). L'application d'une convention collective s'apprécie par rapport à l'activité réelle de l'entreprise (cass. soc. 16 novembre 1993, n° 90-44.807, BC V n° 274 ; 7 décembre 2005, n° 04-15.662, BC V n° 361) et non par rapport à l'objet social défini dans ses statuts (cass. soc. 13 janvier 2010, n° 08-43.505).

La quasi-totalité des conventions collectives actuellement en vigueur se réfèrent, pour la détermination de leur champ d'application professionnel, à la nomenclature d'activités françaises (NAF) de l'INSEE. Un numéro de code APE (activité principale exercée) est attribué à chaque entreprise, lors de sa création, en fonction de son activité principale. Il est donc d'usage de comparer ce numéro à ceux figurant dans la convention collective pour déterminer si celle-ci est applicable à l'entreprise.

Présomption simple. L'attribution d'un tel code, effectuée à des fins statistiques, ne saurait suffire à créer des droits et obligations en faveur ou à la charge des unités concernées (décret 2002-1622 du 31 décembre 2002, art. 4, JO 1er janv. 2003). Dès lors, l'application d'une convention collective ne peut être déduite du seul indice tiré du code APE de l'employeur (cass. soc. 23 septembre 2009, n° 08-41.970 ; 19 décembre 2007, n° 06-44.850 ; 30 janvier 2002, n° 00-40.567). En cas de litige, le juge doit vérifier la nature véritable de l'activité principale et apprécier les éléments de preuve apportés par l'employeur (cass. soc. 14 novembre 1973, n° 72-40.298, BC V n° 566 ; 3 juin 1981, n° 79-41.793, BC V n° 500 ; 19 janvier 1984, n° 83-61.056, BC V n° 29).

• **Entreprise à activités multiples.** La convention collective applicable étant celle dont relève l'activité principale exercée par l'employeur, les autres activités de l'entreprise ne sont pas prises en considération, pas plus que les fonctions assumées par les salariés. Lorsque l'entreprise exerce des activités commerciales, l'activité principale est en principe celle qui représente le chiffre d'affaires le plus élevé (cass. soc. 25 février 1998, n° 96-40.206). Lorsqu'il s'agit d'une activité industrielle, l'activité principale est celle qui occupe le plus grand nombre de salariés (cass. soc. 23 avril 2003, n° 01-41.196, BC V n° 140 ; *RJS* 7/03 n° 919). D'autres critères peuvent être pris en compte, mais ils doivent rester pertinents. Ainsi, le juge ne peut pas décider de l'activité principale exercée par l'entreprise au vu des mentions portées sur une carte publicitaire (cass. soc. 17 décembre 2008, n° 07-40.906).

• **Centre d'activité autonome.** Dans l'hypothèse où les salariés exercent une activité nettement différenciée dans un centre d'activité autonome, une convention collective différente de celle applicable en vertu de l'activité principale peut s'appliquer aux salariés affectés dans ce centre d'activité autonome (cass. soc. 6 décembre 1995, n° 92-41.230, BC V n° 333 ; *RJS* 1/96 n° 48 ; 5 octobre 1999, n° 97-16.995, BC V n° 369 ; *RJS* 11/99 n° 1390 ; 18 octobre 2006, n° 05-42.284, *RJS* 1/07 n° 83, 2e espèce).

Pour que soit reconnue l'existence d'un centre d'activité autonome, il est notamment exigé que la gestion du personnel du centre d'activité autonome soit distincte de celle du reste de l'entreprise (cass. soc. 23 avril 2003, n° 01-41.196, BC V n° 140 ; *RJS* 7/03 n° 919). Par ailleurs, il ne suffit pas de constater que la société exerce deux activités différentes sur un même site (cass. soc. 26 mai 2004, n° 02-41.635).

• **Clauses d'attribution.** La Cour de cassation avait affirmé l'interdiction des clauses d'attribution (cass. soc. 26 novembre 2002, n° 00-46.873, BC V n° 359 ; *RJS* 2/03 n° 220). Celles-ci sont désormais licites à condition qu'elles figurent dans chacune des conventions collectives concernées.

Un accord collectif d'entreprise peut prévoir qu'outre la convention collective à laquelle l'entreprise est soumise, une autre convention collective peut s'appliquer à tout ou partie du personnel (cass. soc. 23 avril 2003, n° 01-41.196, BC V n° 140 ; *RJS* 7/03 n° 919).

La Cour de cassation vérifie que les juges du fond ont tenu compte des conditions déterminées par la clause d'attribution (cass. soc. 18 février 2009, n° 07-45.306).

• **Rôle du juge.** Il n'appartient pas au juge de rechercher s'il existe une convention collective applicable au contrat de travail qui lui est soumis (cass. soc. 5 octobre 1993, n° 89-41.644, BC V n° 224 ; *CSB* 1994 A. 1 ; 3 mai 2007, n° 05-43.863, BC V n° 67 ; *RJS* 7/07 n° 876). En revanche, si une partie au procès invoque une convention collective précise, le juge doit se procurer par tous moyens ce texte, en invitant, au besoin, les parties à lui en fournir un exemplaire (mêmes arrêts ; cass. soc. 7 novembre 2006, n° 05-42.323, BC V n° 327 ; *RJS* 2/07 n° 217).

• Voir aussi article R. 3243-1 relatif aux mentions devant figurer sur le bulletin de paie et note sous cet article.

SECTION 3. Adhésion

Art. L. 2261-3. Peuvent adhérer à une convention ou à un accord toute organisation syndicale représentative de salariés ainsi que toute organisation syndicale ou association d'employeurs ou des employeurs pris individuellement.

Toutefois, si l'activité qu'ils exercent ou qu'exercent leurs adhérents n'entre pas dans le champ d'application de la convention ou de l'accord, leur adhésion est soumise aux dispositions des articles L. 2261-5 ou L. 2261-6, selon le cas.

L'adhésion est notifiée aux signataires de la convention ou de l'accord et fait l'objet d'un dépôt dans des conditions prévues par voie réglementaire, à la diligence de son ou de ses auteurs.

Note

• L'adhésion à un avenant n'implique pas l'adhésion à l'ensemble de la convention collective (cass. soc. 5 mars 1986, *JS* 1986 SJ 85).

• La mise en application d'une convention collective, rendue obligatoire par adhésion de l'employeur à un organisme signataire, ne peut être différée par des conventions particulières, moins favorables aux salariés (cass. soc. 4 mars 1987, n° 84-41.847, *JS* 1987 NB 44).

• L'adhésion d'un syndicat à une convention collective ne produit d'effet qu'à partir de cette date et par suite ne prive pas ce syndicat du droit de contester l'application de l'accord collectif pour la période antérieure à son adhésion (cass. soc. 7 avril 1993, n° 90-22.043, BC V n° 114 ; *RJS* 5/93 n° 528).

Art. L. 2261-4. Lorsqu'une organisation syndicale de salariés ou une organisation d'employeurs représentative dans le champ d'application de la convention ou de l'accord adhère à la totalité des clauses d'une convention de branche ou d'un accord professionnel ou interprofessionnel, cette organisation a les mêmes droits et obligations que les parties signataires.

Elle peut notamment siéger dans les organismes paritaires et participer à la gestion des institutions créées par la convention de branche ou l'accord professionnel ou interprofessionnel, ainsi que prendre part aux négociations portant sur la modification ou la révision du texte en cause.

Note

Pour que l'organisation adhérente ait les mêmes droits et obligations que les parties signataires, il est nécessaire, d'une part, que son adhésion soit « totale » et, d'autre part, que l'organisation soit représentative.

L'article L. 2261-4, conçu en termes généraux, n'introduit aucune distinction suivant que les organismes ou institutions créés par la convention collective ont ou non vocation à émettre des normes (cass. soc. 9 juillet 1997, n° 95-21.745, BC V n° 263 ; *CSB* 1997 A. 45 ; *Dr. Soc.* 1997, p. 994 ; *RJS* 8-9/97 n° 1002 : la CGT, qui a refusé de signer l'accord national interprofessionnel du 3 juillet 1991 relatif à la formation, ne peut prétendre au droit de désigner des représentants au comité paritaire national pour la formation professionnelle [CPNFP], au motif que celui-ci est doté de pouvoirs normatifs et d'intervention dans la politique de formation professionnelle et de la promotion sociale).

Si la participation aux organismes paritaires créés par une convention ou un accord collectif est réservée aux syndicats signataires de la convention ou de l'accord collectif ou à ceux qui y adhèrent, les dispositions conventionnelles à caractère normatif, visant à améliorer les institutions représentatives du personnel, sont applicables de plein droit à tous les syndicats sans distinction : l'accord collectif prévoyant que les syndicats représentatifs peuvent désigner un représentant assistant aux réunions du CHSCT dans les entreprises de plus de trois cents personnes, un syndicat représentatif non signataire de l'accord et non adhérent à celui-ci a le droit de désigner un tel représentant (cass. soc. 20 novembre 1991, n° 88-20.039, BC V n° 522 ; *RJS* 1/92 n° 57 ; *Dr. Soc.* 1992, p. 53, rapport Ph. Waquet). De même, si les dispositions de nature électorale ne s'imposent au juge et aux parties qu'en cas d'accord préélectoral unanime, l'accord collectif qui a pour objet d'améliorer le fonctionnement des institutions représentatives dans l'entreprise, signé par au moins une organisation syndicale représentative dans l'entreprise, a force obligatoire. Dès lors, un employeur ne pouvait refuser le bénéfice du protocole d'accord préélectoral, ayant pour objet d'allouer un supplément d'heures de délégation aux candidats élus, aux représentants d'une organisation syndicale ne l'ayant pas signé (cass. soc. 23 juin 1999, n° 96-44.717, BC V n° 302 ; *RJS* 8-9/99 n° 1098).

Art. L. 2261-5. Si l'adhésion a pour objet de rendre la convention de branche ou l'accord professionnel ou interprofessionnel applicable dans un secteur territorial ou professionnel non compris dans son champ d'application, elle doit prendre la forme d'un accord collectif entre les parties intéressées conformément aux dispositions de l'article L. 2231-1 et les parties signataires de cette convention ou de cet accord. Le champ d'application en est modifié en conséquence.

Art. L. 2261-6. Lorsque l'entreprise n'entre pas dans le champ d'application territorial ou professionnel soit d'une convention de branche, soit d'un accord professionnel ou interprofessionnel, l'adhésion de l'employeur à une telle convention ou à un tel accord est subordonnée à un agrément des organisations mentionnées à l'article L. 2232-16, après négociation à ce sujet.

SECTION 4. Révision

Art. L. 2261-7. Les organisations syndicales de salariés représentatives, signataires d'une convention ou d'un accord ou qui y ont adhéré conformément aux dispositions de l'article L. 2261-3, sont seules habilitées à signer, dans les conditions prévues au chapitre II du titre III, les avenants portant révision de cette convention ou de cet accord.

Note C'est à la convention ou à l'accord qu'il revient de déterminer les conditions de sa révision. En cas de non-respect des dispositions de l'accord initial relatives à sa révision, l'accord de révision n'est pas valable (cass. soc. 27 octobre 2004, n° 03-14.264, BC V n° 277 ; *RJS* 1/05 n° 64). Quant aux accords qui ne prévoient pas de procédure de révision, ils peuvent quand même être révisés, sous réserve du consentement de l'ensemble des signataires (cass. soc. 13 novembre 2008, n° 07-42.481, BC V n° 224 ; *RJS* 2/09 n° 199 ; *JCP* éd. S 2009, 1116, note J-Y Kerbourc'h ; 11 mai 2004, n° 02-14.844, BC V n° 130 ; *RJS* 7/04 n° 834).

Tous les syndicats représentatifs doivent être appelés à la négociation des accords de révision (cass. soc. 17 septembre 2003, n° 01-10.706, BC V n° 240 ; *RJS* 11/03 n° 1297 ; 26 mars 2002, n° 00-17.231, BC V n° 107 ; *RJS* 6/02 n° 704). À défaut, l'employeur s'expose à une action en délit d'entrave (cass. crim. 28 octobre 2008, n° 07-82.799, *RJS* 3/09 n° 264 ; *Dr. Soc.* 2009, p. 504, obs. Fr. Duquesne ; *RDT*, avril 2009, CH, 245, I. Odoul Asorey). Mais seules les organisations syndicales de salariés signataires, ou adhérentes de la convention ou de l'accord, sont habilitées à le réviser. Si aucun de ces syndicats ne signe l'avenant de révision, celui-ci est nul (cass. soc. 8 avril 2009, n° 08-40.256, BC V n° 102 ; *RJS* 6/09 n° 560 ; *Dr. Soc.* 2009, p. 872, obs. J. Savatier ; *JCP* éd. S 2009, 1458, note R. Vatinet).

Voir L. Flament « À propos de l'impact de la loi du 20 août 2008 sur la révision des accords collectifs », *RJS* 4/11, chron. pp. 257 et s.

Dénonciation pendant la révision. Si, en raison du blocage des négociations d'un accord de révision, l'employeur décide de dénoncer l'accord, il doit convoquer l'ensemble des syndicats représentatifs pour engager de nouvelles négociations en vue de la conclusion d'un accord de substitution (cass. soc. 9 février 2000, n° 97-22.619, BC V n° 59 ; *RJS* 3/00 n° 306).

Art. L. 2261-8. L'avenant portant révision de tout ou partie d'une convention ou d'un accord se substitue de plein droit aux stipulations de la convention ou de l'accord qu'il modifie.

Art. L. 2261-9.

Il est opposable, dans des conditions de dépôt prévues à l'article L. 2231-6, à l'ensemble des employeurs et des salariés liés par la convention ou l'accord.

Note Si, sous réserve de l'exercice du droit d'opposition, l'avenant portant révision de tout ou partie de la convention ou de l'accord collectif, signé par une ou plusieurs organisations syndicales de salariés représentatives, se substitue de plein droit aux stipulations de la convention ou de l'accord qu'il modifie, cet avenant n'est opposable, parmi les employeurs liés par la convention ou l'accord modifié, qu'à ceux qui l'ont signé ou qui sont membres d'un groupement partie à l'accord (cass. soc. 10 juin 1998, n° 96-43.111, BC V n° 316).

SECTION 5. Dénonciation

Note Voir notamment *Dr. Soc.* décembre 2011, p. 1257, E. Dockès « Les titulaires du droit de dénoncer efficacement une convention collective ».

Sous-section 1. Procédure

Art. L. 2261-9. La convention et l'accord à durée indéterminée peuvent être dénoncés par les parties signataires.

En l'absence de stipulation expresse, la durée du préavis qui doit précéder la dénonciation est de trois mois.

La dénonciation est notifiée par son auteur aux autres signataires de la convention ou de l'accord.

Elle est déposée dans des conditions prévues par voie réglementaire.

Note Un employeur ne peut décider unilatéralement de ne plus appliquer une convention collective à laquelle son entreprise est soumise ; celle-ci ne cesse de produire effet que par suite d'une dénonciation ou d'une mise en cause (cass. soc. 13 novembre 2001, n° 99-42.709, BC V n° 344 ; *RJS* 1/02 n° 60).

Modalités de la dénonciation

• La durée du préavis de dénonciation de trois mois fixée par cet article est supplétive, la convention ou l'accord collectif pouvant prévoir un délai plus long ou plus court.

• Pour prendre effet, la dénonciation d'une convention ou d'un accord collectif doit être notifiée par son auteur aux autres signataires de la convention ou de l'accord et doit donner lieu à dépôt (cass. soc. 10 février 1999, n° 97-13.015, BC V n° 63 ; *Dr. Soc.* 1999, p. 388, concl. D-N Commaret).

• La dénonciation d'une convention ou d'un accord collectif de travail qui intéresse l'organisation, la gestion ou la marche générale de l'entreprise doit être précédée de la consultation du comité d'entreprise prévue par les articles L. 431-5 et L. 432-1 [L. 2323-6]. À défaut, la dénonciation demeure sans effet jusqu'à l'accomplissement de cette formalité (cass. soc. 5 mars 2008, n° 07-40.273, BC V n° 49 ; *RJS* 5/08 n° 576 ; *RDT*, septembre 2008, CH, 540, G. Borenfreund).

• Sauf clause contraire de la convention collective, l'employeur n'a pas à justifier sa décision de dénoncer une convention collective (cass. soc. 20 octobre 1993, n° 89-18.949, BC V n° 243 ; *RJS* 12/93 n° 1217).

Mais une dénonciation qui repose sur des motifs illicites doit être annulée (TGI Nanterre 25 novembre 2005, n° 05-11.716, *SSL* 2006 n° 1249, p. 12).

• Une dénonciation qui n'est pas faite dans les formes requises (notification aux organisations syndicales signataires de l'accord dénoncé) est nulle et de nul effet. N'est donc pas valable une dénonciation notifiée aux représentants syndicaux au comité d'entreprise (cass. soc. 19 avril 1989, n° 87-45.530, BC V n° 289 ; *RJS* 6/89 n° 527) ou à une section syndicale (cass. soc. 24 février 1993, n° 90-44.912, *Dr. Soc.* 1993, p. 464) pas plus qu'une mention inscrite au procès-verbal d'une réunion du comité d'entreprise (cass. soc. 16 février 1989, n° 86-41.035, BC V n° 138 ; *RJS* 4/89 n° 372).

• Les formalités de dénonciation ne sont applicables ni à la dénonciation d'une convention collective appliquée volontairement par un employeur (cass. soc. 18 juin 1986, *JS* 1987 NB 82), ni à la dénonciation d'un engagement unilatéral par lequel l'employeur fait une application volontaire d'une convention collective (cass. soc. 11 février 2009, n° 07-17.863, *RJS* 4/09 n° 382), ni à la dénonciation des accords atypiques ou des usages (cass. soc. 22 janvier 1992, n°s 89-42.840 et 89-42.841, BC V n°s 24 et 25 ; *RJS* 3/92 n° 373 ; dans ces cas, l'employeur doit informer les représentants du personnel dans un délai permettant une négociation et chaque salarié individuellement lorsque la dénonciation entraîne la suppression d'un avantage individuel ; dans le même sens, cass. soc. 23 septembre 1992, n° 89-45.656, BC V n° 479 ; *RJS* 11/92 n° 1318 ; 10 mai 1994, n° 91-42.293, *RJS* 6/94 n° 735 ; 18 mars 1997, n° 93-43.989, BC V n° 110 ; *RJS* 10/97 n° 1106 : dans cet arrêt, la Cour de cassation affirme très clairement que le protocole d'accord conclu avec un comité d'entreprise n'est pas un accord collectif de travail mais un engagement unilatéral de l'employeur). La dénonciation d'un engagement unilatéral de l'employeur à caractère collectif doit être faite dans les mêmes conditions que la dénonciation des usages (cass. soc. 16 décembre 1992, n° 88-43.834, BC V n° 594 ; *RJS* 2/93 n° 167 ; 18 mars 1997, précité).

• *Dénonciation partielle d'une convention.* Une convention collective forme entre les parties signataires un ensemble contractuel dont certaines dispositions ne peuvent être écartées partiellement que d'un commun accord ou dans les conditions fixées par les parties (cass. soc. 12 octobre 2005, n° 04-43.355, BC V n° 289 ; *RJS* 12/05 n° 1234 : dénonciation déclarée irrégulière dans un cas où l'employeur avait contourné l'interdiction de dénonciation partielle en dénonçant totalement un accord tout en précisant que certaines clauses de celui-ci n'étaient pas renégociables ; cass. soc. 16 octobre 1974, n° 73-11.562, BC V n° 478 ; *Dr. Soc.* 1975, p. 115 ; 30 mars 1977, n° 75-13.440, BC V n° 239 ; *JS UIMM* n° 376, p. 301).

Sous-section 2. **Dénonciation par la totalité des signataires employeurs ou salariés**

Art. L. 2261-10. Lorsque la dénonciation émane de la totalité des signataires employeurs ou des signataires salariés, la convention ou l'accord continue de produire effet jusqu'à l'entrée en vigueur de la convention ou de l'accord qui lui est substitué ou, à défaut, pendant une durée d'un an à compter de l'expiration du délai de préavis, sauf clause prévoyant une durée déterminée supérieure.

Une nouvelle négociation s'engage, à la demande d'une des parties intéressées, dans les trois mois qui suivent la date de la dénonciation.

Il en est de même, à la demande d'une des organisations syndicales représentatives de salariés intéressées, en cas de dénonciation de la convention ou de l'accord dans les conditions prévues à l'article L. 2261-12, s'agissant du secteur concerné par la dénonciation.

(L. 2008-789 du 20 août 2008, art. 8, JO 21) « Lorsqu'une des organisations syndicales de salariés signataires de la convention ou de l'accord perd la qualité d'organisation représentative dans le champ d'application de cette convention ou de cet accord, la dénonciation de ce texte n'emporte d'effets que si elle émane d'une ou plusieurs organisations syndicales de salariés représentatives dans son champ d'application ayant recueilli la majorité des suffrages exprimés dans les conditions prévues au chapitre II du titre III. »

Note

• **Effets de la convention dénoncée.** Lorsque la dénonciation émane de la totalité des signataires employeurs ou des signataires salariés, la convention ou l'accord continue de produire effet pendant un an à l'expiration du délai de préavis, sauf :
– si une clause conventionnelle prévoit une durée déterminée supérieure ;
– ou si une convention ou un accord est substitué à la convention ou à l'accord dénoncé avant l'expiration de ce délai d'un an.

Une clause se bornant à stipuler que l'accord dénoncé restera en vigueur jusqu'à ce qu'un nouvel accord intervienne ne fixe pas de durée déterminée. Elle est donc sans effet ; la convention cesse d'être en vigueur au-delà d'un an (cass. soc. 23 janvier 1985, n° 82-42.965, BC V n° 49 ; 12 février 1991, n° 89-45.314, BC V n° 62 ; *CSB* 1991 A. 16).

Une convention collective dénoncée peut faire l'objet, pendant la durée où elle reste en vigueur, d'une adhésion qui n'a pour effet ni de modifier son contenu ni de prolonger la durée de sa survie (cass. soc. 1er décembre 1983, n° 83-60.914, BC IV n° 589).

Pendant la durée de survie de la convention après la dénonciation, le salarié ne peut pas valablement renoncer aux droits consacrés par la convention collective dénoncée (cass. soc. 26 mai 1998, n° 96-41.053, BC V n° 278 ; *RJS* 7/98 n° 886).

• **Accord de substitution.** L'accord conclu après la dénonciation ayant le même objet que l'accord collectif dénoncé est un accord de substitution alors même que les parties à l'accord ont convenu de poursuivre la négociation (cass. soc. 30 novembre 1994, n° 91-43.509, BC V n° 319 ; *RJS* 1/95 n° 46 : les salariés ne peuvent donc plus invoquer les droits acquis sous l'empire des dispositions antérieures).

Mais un accord de substitution ne peut entrer en vigueur et remplacer l'accord dénoncé avant l'expiration du préavis de dénonciation (cass. soc. 7 janvier 1997, n° 93-45.664, BC V n° 1 ; *Dr. Soc.* 1997, p. 325 ; *RJS* 2/97 n° 186) ; il convient donc de distinguer soigneusement le délai de préavis de trois mois du délai d'un an. Pendant le premier délai de trois mois, la dénonciation n'est pas encore effective ; si une négociation est engagée pendant ce délai et débouche sur un accord, l'accord dénoncé s'applique seul, le nouvel accord ne produisant effet qu'au moment où la dénonciation devient effective. Des discussions peuvent être engagées avant toute dénonciation, mais la nouvelle négociation qui doit s'ouvrir, en cas de dénonciation, ne peut avoir lieu qu'après celle-ci. Et toutes les organisations syndicales de salariés représentatives doivent être invitées à cette nouvelle négociation (cass. soc. 9 février 2000, n° 97-22.619, BC V n° 59 ; *RJS* 3/00 n° 306).

• Lorsque la convention de substitution exclut de son champ d'application les activités des services auxquels appartenaient certains salariés, ces derniers conservent le bénéfice de leurs avantages individuels acquis en vertu de la convention dénoncée, en l'absence de la signature d'un accord propre à cette activité dans le délai prévu par l'article L. 132-8 [L. 2261-10] CT (cass. soc. 7 juin 2005, n° 04-43.652, BC V n° 192 ; *Dr. Soc.* 2005, p. 937, obs. J. Savatier).

• Lorsque l'accord de substitution donne une option aux salariés entre un nouveau système de rémunération ou une rémunération prévue par l'ancien accord d'entreprise sous réserve de certaines modifications, le système de rémunération, quel que soit le salarié, est une application de l'accord substitué : le salarié ne peut pas invoquer le bénéfice du maintien d'un avantage individuel acquis (cass. soc. 28 février 2006, n° 04-14.202, BC V n° 93 ; *RJS* 5/06 n° 611).

• **Nullité de l'accord de substitution.** L'annulation d'un accord conclu en vue de remplacer un accord dénoncé équivaut à une absence d'accord de substitution ; lorsque l'accord dénoncé n'a pas été remplacé par un nouvel accord dans les délais précisés par cet article, les salariés des entreprises concernées conservent les avantages individuels qu'ils ont acquis en application de l'accord (cass. soc. 9 novembre 2005, n° 03-43.290, BC V n° 320 ; *RJS* 1/06 n° 69). Les salariés qui obtiennent l'annulation de l'accord de substitution peuvent être condamnés à rembourser à l'employeur les primes qu'ils ont reçues en application de l'accord de substitution annulé (cass. soc. 17 avril 2008, n° 07-41.401, *RDT*, oct. 2008, CH, 611, E. Peskine).

Sous-section 3. Dénonciation par une partie des signataires employeurs ou salariés

Art. L. 2261-11. Lorsque la dénonciation est le fait d'une partie seulement des signataires employeurs ou des signataires salariés, elle ne fait pas obstacle au maintien en vigueur de la convention ou de l'accord entre les autres parties signataires.

Dans ce cas, les dispositions de la convention ou de l'accord continuent de produire effet à l'égard des auteurs de la dénonciation jusqu'à l'entrée en vigueur de la convention ou de l'accord qui lui est substitué ou, à défaut, pendant une durée d'un an à compter de l'expiration du délai de préavis, sauf clause prévoyant une durée déterminée supérieure.

Art. L. 2261-12. Lorsque la dénonciation d'une convention de branche ou d'un accord professionnel ou interprofessionnel émane d'une organisation seule signataire, soit pour la partie employeurs, soit pour la partie salariés, concernant un secteur territorial ou professionnel inclus dans le champ d'application du texte dénoncé, ce champ d'application est modifié en conséquence.

Sous-section 4. **Maintien des avantages individuels acquis**

Art. L. 2261-13. Lorsque la convention ou l'accord qui a été dénoncé n'a pas été remplacé par une nouvelle convention ou un nouvel accord dans un délai d'un an à compter de l'expiration du préavis, les salariés des entreprises concernées conservent les avantages individuels qu'ils ont acquis, en application de la convention ou de l'accord, à l'expiration de ce délai.

Lorsqu'une stipulation prévoit que la convention ou l'accord dénoncé continue à produire ses effets pendant un délai supérieur à un an, les dispositions du premier alinéa s'appliquent à compter de l'expiration de ce délai.

Note

• Lorsqu'une convention ou un accord collectif n'est pas substitué dans le délai d'un an à la convention ou à l'accord dénoncé, les salariés des entreprises concernées conservent le bénéfice des avantages individuels qu'ils ont acquis en application de la convention ou de l'accord dénoncé et qui sont ainsi intégrés au contrat de travail (cass. soc. 31 janvier 2007, n° 05-17.216, *JSL* n° 212, 29 mai 2007, p. 27, note N. Rérolle).

• *Distinction entre avantages individuels et avantages collectifs.* Si tous les avantages ayant trait à la représentation du personnel et au droit syndical sont des avantages collectifs, les incertitudes sont grandes lorsque l'avantage conventionnel peut être invoqué par chaque salarié individuellement tout en intéressant l'ensemble des salariés ; tel est le cas d'une clause conventionnelle concernant la révision des salaires. Pour la Cour de cassation, les règles de variation des rémunérations contenues dans une convention collective ne constituent pas un avantage individuel acquis (cass. soc. 26 janvier 2005, n° 02-44.712, BC V n° 32 ; 22 avril 1992, n° 88-40.921, BC V n° 296 ; *RJS* 6/92 n° 767 ; 12 février 1991, n° 89-45.314, BC V n° 62). En revanche, les salariés ont droit au maintien du niveau de rémunération qu'ils avaient atteint au moment où la convention collective cesse de produire effet (mêmes arrêts et cass. soc. 24 novembre 1992, n° 89-20.427, BC V n° 567 ; *RJS* 1/93 n° 59 ; 26 novembre 1996, n° 93-44.811, BC V n° 406 ; *RJS* 3/97 n° 266 ; 26 janvier 2005, n° 02-44.712, BC V n° 32). De même, la structure de la rémunération résultant d'un accord collectif dénoncé constitue à l'expiration des délais prévus un avantage individuel acquis qui est incorporé au contrat de travail des salariés employés par l'entreprise à la date de la dénonciation (cass. soc. 1er juillet 2008, n° 07-40.799, BC V n° 147 ; *RJS* 11/08 n° 1106).

Lorsque l'avantage concerne les conditions de travail de l'ensemble des agents d'un service (une heure quotidienne d'entraînement), il a une nature collective (cass. soc. 1er juin 2005, n° 04-16.994, BC V n° 187 ; *Dr. Soc.* 2005, p. 1064, obs. Ch. Radé). Par ailleurs, constitue un avantage collectif, et non un avantage individuel acquis, celui dont le maintien est incompatible avec le respect par l'ensemble des salariés concernés de l'organisation collective du travail qui leur est désormais applicable (cass. soc. 8 juin 2011, n° 09-42.807, *RJS* 10/11 n° 826).

• *Droit ouvert et non éventuel.* La Cour de cassation livre une définition de l'avantage individuel acquis : « celui qui, au jour de la dénonciation de la convention ou de l'accord collectif, procurait au salarié une rémunération ou un droit dont il bénéficiait à titre personnel et qui correspondait à un droit déjà ouvert et non simplement éventuel » (cass. soc. 13 mars 2001, n° 99-45.651, BC V n° 90 ; *RJS* 5/01 n° 621. Dans le même sens, cass. soc. 8 novembre 2006, n° 04-41.296, *RJS* 1/07 n° 87 : le droit à l'indemnité de départ à la retraite, prévu par un accord collectif, naissant au moment de la rupture du contrat de travail, il ne peut constituer un avantage individuel acquis ; cass. soc. 31 mars 1998, n° 95-43.670, BC V n° 190 ; *Dr. Soc.* 1998, p. 732, obs. A. Jeammaud, s'agissant des modalités d'une procédure disciplinaire ; cass. soc. 10 mai 1989, n° 86-40.850, BC V n° 352 ; *CSB* 1989 A. 32 : un salarié licencié après l'expiration du délai de survie de la convention collective n'a pas droit à l'indemnité de licenciement prévue par cette convention car le droit à l'indemnité de licenciement naît au moment du licenciement).

Le fait d'avoir bénéficié dans le passé d'un avantage conventionnel ne transforme pas cet avantage en avantage acquis. Pour être acquis, il faut que le droit soit ouvert au moment de la dénonciation ou pendant la période d'un an qui suit l'expiration du préavis de dénonciation (cass. soc. 18 mars 2009, n° 07-43.324, *RJS* 7/09 n° 653 : le salarié dont le congé maladie a commencé postérieurement à l'expiration du délai de survie de la convention collective dénoncée n'a pas droit au maintien de son salaire pour ce congé maladie ; en effet, le maintien du salaire ne correspondait pas à un droit déjà ouvert, peu important que le salarié ait effectivement bénéficié dans le passé du maintien de son salaire en cas d'arrêt de travail provoqué par la maladie). Voir aussi cass. soc. 17 avril 2008, n° 07-41.401, *RJS* 7/08 n° 809 : la convention collective dénoncée prévoit un sursalaire familial en raison de la présence d'enfant. Au jour de la dénonciation, le salarié ne peut pas invoquer la présence d'enfant mais, si un enfant naît pendant la période d'un an pendant laquelle la convention dénoncée continue à s'appliquer, le salarié a droit au paiement du sursalaire familial puisque l'accord dénoncé continue à produire ses effets jusqu'à l'expiration du délai prévu par l'article L. 2261-13. Concernant des enfants nés après la période d'un an, voir cass. soc. 17 avril 2008, n° 07-41.465, BC V n° 96 ; *RJS* 7/08 n° 809.

• Les avantages individuels acquis qui sont maintenus après l'expiration de la convention collective sont considérés comme des « avantages intégrés au contrat de travail » (cass. soc. 27 octobre 1998, n° 96-40.880, *RJS* 12/98 n° 1520 ; cass. soc. 6 novembre 1991, n° 87-44.507, BC V n° 479 ; *CSB* 1991 A. 60), au jour où les dispositions de la convention collective ont cessé de produire effet (cass. soc. 13 mars 2001, précité). Si un accord collectif remettant en cause les avantages résultant d'un engagement unilatéral de l'employeur prévoit cependant le maintien des avantages acquis antérieurement à son entrée en vigueur, les salariés en fonction à cette date continueront d'en bénéficier mais pas les salariés embauchés par la suite (cass. soc. 14 juin 2000, n° 98-41.703, BC V n° 227 ; *RJS* 9-10/00 n° 975). L'employeur peut donc proposer au salarié la suppression de ces avantages ; si le salarié refuse cette modification substantielle du contrat de travail, l'employeur a une option : soit il abandonne son projet, soit il licencie le salarié en raison du refus opposé par celui-ci (cass. soc. 6 novembre 1991, précité).

Les salariés engagés après la dénonciation de la convention ou de l'accord collectif pourront bénéficier des avantages prévus par ces textes tant que ceux-ci continueront à produire effet et pour autant qu'ils remplissent les conditions pour y prétendre ; mais lorsque la convention ou l'accord dénoncé cessera de produire effet, ils ne conserveront pas ces avantages au titre d'avantages individuels acquis, ceux-ci devant s'apprécier au jour de la dénonciation (cass. soc. 15 mai 2001, n° 99-41.669, BC V n° 170 ; *RJS* 7/01 n° 897).

Au regard de l'application du principe « à travail égal, salaire égal », la seule circonstance que les salariés aient été engagés avant ou après la dénonciation d'un accord collectif ne saurait justifier des différences de traitement entre eux, à la seule exception de celles résultant, pour les salariés engagés avant, des avantages individuels acquis et qui ont pour objet de compenser, en l'absence d'un accord de substitution, le préjudice qu'ils subissent du fait de la dénonciation de l'accord collectif dont ils tiraient ces avantages (cass. soc. 11 juillet 2007, n° 06-42.128, BC V n° 119 ; *Dr. Soc.* 2007, p. 1122, note Ch. Radé).

SECTION 6. Mise en cause

Art. L. 2261-14. Lorsque l'application d'une convention ou d'un accord est mise en cause dans une entreprise déterminée en raison notamment d'une fusion, d'une cession, d'une scission ou d'un changement d'activité, cette convention ou cet accord continue de produire effet jusqu'à l'entrée en vigueur de la convention ou de l'accord qui lui est substitué ou, à défaut, pendant une durée d'un an à compter de l'expiration du délai de préavis prévu à l'article L. 2261-9, sauf clause prévoyant une durée supérieure.

Lorsque la convention ou l'accord mis en cause n'a pas été remplacé par une nouvelle convention ou un nouvel accord dans les délais précisés au premier alinéa, les salariés des entreprises concernées conservent les avantages individuels qu'ils ont acquis, en application de la convention ou de l'accord, à l'expiration de ces délais.

Une nouvelle négociation doit s'engager dans l'entreprise concernée, à la demande d'une des parties intéressées, dans les trois mois suivant la mise en cause, soit pour l'adaptation aux dispositions conventionnelles nouvellement applicables, soit pour l'élaboration de nouvelles stipulations.

Note • Voir H-J Legrand et M-L Morin, « La "mise en cause" d'une convention ou d'un accord collectif … en question », *RDT* 2008, controverse p. 10 ; A. Mazeaud, « Accords collectifs et restructurations », *Dr. Soc.* 2008, p. 66.

• Les termes du premier alinéa de l'article L. 2261-14 sont seulement énonciatifs ; ainsi, le transfert d'une entité économique autonome peut s'opérer par voie de sous-traitance et entraîner la mise en cause du statut collectif en vigueur au sein de cette entité (cass. soc. 31 janvier 2001, n° 99-60.378, BC V n° 31 ; *RJS* 4/01 n° 478). En revanche, la cession des parts d'une société commerciale à un nouvel actionnaire, qui ne réalise à elle seule ni une fusion, ni une cession, ni une scission d'entreprise, ne met en cause l'application d'aucune convention ou accord collectif (cass. soc. 18 janvier 2006, n° 03-43.023, BC V n° 18 ; *RJS* 4/06 n° 479 ; *RDT*, septembre 2006, CH, 186, S. Nadal).

• **Mise en cause de la convention collective d'origine.** La convention collective régissant la situation de salariés n'est opposable à un nouvel employeur non soumis à cette convention, dans les conditions prévues par cet article, qu'au cas où, par l'effet de l'article L. 122-12 [L. 1224-1] CT, l'entité économique où travaillaient les salariés est transférée au nouvel employeur qui en poursuit l'exploitation (cass. soc. 20 janvier 1998, n° 95-41.942, BC V n° 22). Les salariés transférés relèvent alors immédiatement de la convention collective appliquée par le nouvel employeur (cass. soc. 10 février 2010, n° 08-44.454, BC V n° 36 ; *RJS* 4/10 n° 361 ; *Dr. Soc.* 2010, p. 476, obs. Ch. Radé ; *JCP* éd. S 2010, 1171, note A. Martinon). La convention collective mise en cause par la modification de la situation juridique de l'employeur est cependant maintenue en vigueur jusqu'à son remplacement par une nouvelle convention ou, à défaut de conclusion d'une telle convention, pendant une durée d'un an. Durant ce délai, dit « de survie », les salariés transférés, bien que relevant de la convention collective du nouvel employeur, doivent bénéficier des clauses plus favorables prévues par leur convention collective initiale (cass. soc. 10 février 2010, précité).

La mise en cause nécessite le respect d'un préavis de trois mois sauf clause conventionnelle contraire (cass. soc. 9 juillet 1996, n° 94-42.774). Dans l'hypothèse d'une mise en cause consécutive à une absorption, la date d'application effective de l'absorption de la société constitue le point de départ du délai de survie d'un an (cass. soc. 22 février 1995, n° 91-42.838, *Dr. Soc.* 1995, p. 395).

• **Survie de la convention collective mise en cause.** Il faut attendre que les acteurs sociaux aient négocié une nouvelle convention collective pour que l'ancienne convention collective cesse d'être applicable (cass. soc. 14 mai 1992, n° 88-45.316, BC V n° 310 ; *RJS* 6/92 n° 768 : une entreprise soumise à la convention collective nationale des coopératives de consommateurs est rachetée par une entreprise soumise à la convention collective nationale des magasins de vente d'alimentation et d'approvisionnement général. La convention collective nationale des coopératives de consommateurs continue à s'appliquer au personnel de l'entreprise cédée « jusqu'à l'entrée en vigueur de la convention ou de l'accord qui lui est substitué… », « la convention ou l'accord substitué » étant celui qui résulte « de la négociation qui doit s'engager dans l'entreprise soit pour l'adaptation des dispositions conventionnelles antérieures à celles nouvellement applicables, soit pour l'élaboration de nouvelles dispositions selon le cas » ; dans le même sens, cass. soc. 1er décembre 1993, n° 90-42.962, BC V n° 296 ; *D.* 1994, 334, note E. Dockès ; *CSB* 1994 A. 2 ; *RJS* 2/94 n° 168 ; 9 février 1994, n° 91-16.000, BC V n° 50 ; *Dr. Soc.* 1994, p. 384, obs. G. Bélier). Lorsque l'application d'une convention ou d'un accord collectif est mise en cause, les partenaires sociaux ont l'obligation de négocier pour la mise au point d'un accord de substitution. L'employeur ne peut s'abstenir de toute négociation et tenter de faire échec aux dispositions de la loi en proposant aux salariés une modification de leurs contrats de travail. La Cour de cassation rappelle que les salariés ne peuvent valablement renoncer aux avantages qu'ils tirent d'une convention ou d'un accord collectif, même pendant la durée de survie de celui-ci après dénonciation ou mise en cause (cass. soc. 19 octobre 1999, n° 97-45.907, BC V n° 386 ; *RJS* 11/99 n° 1392).

Mais la survie de la convention collective de l'entreprise cédée n'interdit pas au salarié qui travaillait dans l'entreprise cédée d'obtenir à son profit l'application des clauses de la convention collective de l'entreprise absorbante. Lorsque la société absorbante fait une application volontaire d'une convention collective à l'ensemble de son personnel, le salarié dont le contrat de travail s'est poursuivi avec la société absorbante est fondé à invoquer les dispositions de cette convention collective même si la convention collective qui était en vigueur dans la société cédée continuait de produire effet dans les conditions prévues par l'article L. 132-8 [L. 2261-14] CT (cass. soc. 16 mars 1999, n° 96-45.353, BC V n° 117 ; *RJS* 5/99 n° 706).

À noter qu'il n'est pas interdit d'engager les négociations rendues nécessaires par la mise en cause d'un accord collectif avant que se réalise l'événement entraînant cette mise en cause, l'employeur n'étant tenu, dans une telle hypothèse, de reprendre la négociation après cet événement que lorsque les organisations syndicales représentatives ne sont plus les mêmes dans la nouvelle entreprise (cass. soc. 13 octobre 2010, n° 09-13.109, 2e moyen, *RDT* décembre 2010, CH, 715, Fr. Géa).

• **Maintien des avantages acquis.** Sur la définition des avantages individuels acquis, voir *supra* note sous article L. 2261-13. Le maintien d'un avantage acquis en cas de mise en cause d'un accord collectif ne méconnaît pas le principe « à travail égal, salaire égal », que ce maintien résulte d'une absence d'accord de substitution ou d'un tel accord (cass. soc. 4 décembre 2007, n° 06-44.041, BC V n° 203 ; *SSL* 2007 n° 1334, avis J. Duplat ; *RDT* 2008, chron. p. 115, obs. H. Tissandier ; voir aussi cass. soc. 27 octobre 2010, n° 09-41.292, *LS* Jurispr. n° 220/2010 du 16/11/10).

À défaut d'accord de substitution dans le délai prévu par la loi, le salaire antérieur doit être maintenu, par intégration dans le contrat de l'avantage individuel acquis (cass. soc. 20 octobre 1998, n° 95-44.290, BC V n° 435 ; *RJS* 12/98 n° 1448).

Ainsi, après l'expiration du 15e mois suivant la cession d'entreprise, la prime de 13e mois, prévue par la convention collective mise en cause, devient un avantage individuel acquis incorporé au contrat de travail (cass. soc. 27 octobre 1998, n° 96-40.880, *RJS* 12/98 n° 1520).

Le maintien des dispositions conventionnelles antérieurement applicables dans l'entreprise cédée ne peut être invoqué par un salarié embauché postérieurement au changement d'employeur (cass. soc. 26 février 1992, n° 88-44.441, BC V n° 132 ; *RJS* 4/92 n° 471).

À noter que l'engagement de l'employeur de maintenir les avantages collectifs au bénéfice du personnel en fonction au jour du changement d'employeur caractérise une inégalité de traitement à l'égard des salariés engagés par la suite dans la même entité dans la mesure où cet engagement ne résultait pas de la loi et n'était pas destiné à compenser un préjudice spécifique à cette catégorie de salariés (cass. soc. 19 juin 2007, n° 06-44.047, BC V n° 104 ; *RJS* 8-9/07 n° 979 ; *SSL* 2007 n° 1314, p. 8, rapport P. Bailly).

• **Transfert du siège social.** Le transfert du siège social d'un département à un autre entraîne la mise en cause d'une convention collective départementale (cass. soc. 21 mai 1997, n° 93-46.617, BC V n° 182 ; *Dr. Soc.* 1997, p. 762 ; *RJS* 7/97 n° 848 : la mise en cause opère automatiquement ; il n'est donc pas nécessaire que le chef d'entreprise dénonce la convention applicable au lieu où était antérieurement situé le siège social).

Art. L. 2261-14-1. ***(L. 2008-789 du 20 août 2008, art. 8, JO 21)*** La perte de la qualité d'organisation représentative de toutes les organisations syndicales signataires d'une convention ou d'un accord collectif n'entraîne pas la mise en cause de cette convention ou de cet accord.

SECTION 7. Extension et élargissement

Sous-section 1. Principes

Art. L. 2261-15. Les stipulations d'une convention de branche ou d'un accord professionnel ou interprofessionnel, répondant aux conditions particulières déterminées par la sous-section 2, peuvent être rendues obligatoires pour tous les salariés et employeurs compris dans le champ d'application de cette convention ou de cet accord, par arrêté du ministre chargé du travail, après avis motivé de la Commission nationale de la négociation collective.

L'extension des effets et des sanctions de la convention ou de l'accord se fait pour la durée et aux conditions prévues par la convention ou l'accord en cause.

Note • Le ministre chargé du travail n'est pas tenu de procéder à l'extension qui lui est demandée ; il dispose d'un pouvoir d'appréciation lui permettant de refuser l'extension sous le contrôle du juge de l'excès de pouvoir pour des motifs d'intérêt général (CE 21 novembre 2008, n° 300135, *Rec. Lebon* p. 437 ; *RJS* 4/09 n° 386 ; concl. A. Courrèges, *SSL* 2009 n° 1384, pp. 6 et s. ; S. Nadal, « Le droit à l'extension n'existe pas », *SSL* précitée pp. 12 et s.) ; les motifs d'intérêt général peuvent notamment tenir aux objectifs de la politique économique et sociale ou à la protection de la situation des tiers (même arrêt).

Ce pouvoir d'appréciation est susceptible de s'exercer à l'égard des accords dont l'entrée en vigueur est subordonnée par la loi à l'intervention d'un arrêté d'extension (CE 21 novembre 2008 précité).

• L'arrêté d'extension ne rend obligatoires les dispositions d'un accord interprofessionnel que pour les employeurs relevant d'un secteur professionnel dont les organisations patronales représentatives étaient signataires de l'accord. La Fédération du caoutchouc, seule représentative de cette branche, n'étant ni signataire ni adhérente à l'organisation interprofessionnelle (MEDEF) signataire de l'accord objet de l'arrêté d'extension, la branche du caoutchouc n'entre pas dans le champ d'application de l'accord (cass. soc. 16 mars 2005, n° 03-16.616, BC V n° 97 ; *RJS* 5/05 n° 547). À la différence des confédérations syndicales de salariés qui, lorsqu'elles sont représentatives, sont censées représenter tous les salariés, le MEDEF n'est pas présumé représentatif des employeurs pour tous les secteurs d'activité (voir également cass. soc. 21 novembre 2006, n° 05-13.601, BC V n° 351 ; *RJS* 2/07 n° 252).

• L'irrégularité qui affecte une des clauses de la convention collective n'est pas supprimée par l'arrêté d'extension (cass. civ., 2e ch., 20 juillet 1964, BC n° 572 ; *Dr. Soc.* 1965, p. 55, obs. J. Savatier).

• La légalité d'un arrêté ministériel prononçant l'extension d'une convention collective est subordonnée à la validité des clauses insérées dans cette convention ; la convention collective étant un acte de droit privé, le juge administratif ne peut pas statuer lui-même sur la licéité des clauses d'une telle convention ; il doit donc surseoir à statuer sur la licéité de l'acte administratif en attendant la solution donnée par le juge judiciaire quant à la validité des clauses de la convention collective (CE 7 mars 1986, n° 48455, *D.* 1988 somm. 78).

• Le ministre ne saurait, sans méconnaître les pouvoirs qu'il tient de cet article, se fonder sur ces dernières dispositions pour n'étendre certaines clauses d'une convention ou d'un accord que sous réserve qu'elles soient complétées par un accord collectif ultérieur, dont il n'est pas en mesure d'apprécier, comme il lui appartient de le faire avant de signer l'arrêté d'extension, la conformité avec les textes législatifs et réglementaires en vigueur (CE 26 février 2003, nos 241949 et 243386, *RJS* 5/03, p. 380).

• Lorsqu'il procède à l'extension d'une convention ou d'un accord collectif, le ministre doit rechercher si le champ d'application professionnel défini en termes d'activités économiques pour lequel l'extension est envisagée n'est pas compris dans le champ professionnel d'une autre convention ou accord étendu par arrêté, compte tenu, le cas échéant, de l'objet respectif des stipulations étendues ou à étendre ; lorsque les champs d'application professionnels se recoupent, le ministre doit, préalablement à l'extension projetée, soit exclure de l'extension envisagée les activités économiques déjà couvertes par la convention ou l'accord précédemment étendu, soit abroger l'arrêté d'extension de cette convention ou de cet accord, en tant qu'il s'applique à ces activités (CE 2 février 2005, n° 252654, *RJS* 7/05 n° 765 ; CE 2 juillet 2007, n° 290606, *RJS* 11/07 n° 1198). Mais le ministre n'est pas tenu d'effectuer cette recherche lorsque l'extension concerne une convention collective dont le seul objet est de définir le champ d'application professionnel de futures stipulations conventionnelles (CE 23 juillet 2010, n° 313776, *LS* Bref n° 15683 du 7 sept. 2010 ; *Dr. Soc.* 2010, pp. 1085 et s. : « Légalité de l'extension d'un simple accord de champ sans stipulation de fond », concl. A. Courrèges ; *RJS* 11/10 n° 870).

• L'extension d'une convention ou d'un accord collectif ne doit pas avoir pour effet d'empêcher, de restreindre ou de fausser le jeu de la libre concurrence sur un marché, notamment en limitant l'accès à ce marché ou le libre exercice de la concurrence par d'autres entreprises. À ce titre, le Conseil d'État a annulé partiellement l'arrêté d'extension de la CCN des services d'eau et d'assainissement du 12 avril 2000 (CE 30 avril 2003, n° 230804, *Dr. Soc.* 2003, p. 999, obs. P-H Antonmattei et S. Destours).

• Sur la suspension partielle d'un arrêté d'extension par le Conseil d'État statuant en référé (CE 21 février 2005, n°s 277154 et 277156, *RJS* 6/05 n° 653).

Art. L. 2261-16. Le ministre chargé du travail peut également, conformément à la procédure d'extension prévue à la sous-section 3, rendre obligatoires, par arrêté, les avenants ou annexes à une convention ou à un accord étendu.

L'extension des avenants ou annexes à une convention ou à un accord étendu porte effet dans le champ d'application de la convention ou de l'accord de référence, sauf dispositions expresses déterminant un champ d'application différent.

Note Les avenants ou annexes à une convention collective ou à un accord professionnel étendu ne sont pas applicables aux entreprises non signataires et non adhérentes à une organisation patronale signataire s'ils n'ont pas eux-mêmes fait l'objet d'un arrêté d'extension (cass. ass. plén. 6 avril 1990, n° 89-41.674, BC n° 6 ; *CSB* 1990 A. 34).

L'arrêté d'extension de l'annexe d'une convention collective se borne à rendre obligatoires les dispositions de cette annexe pour tous les employeurs et tous les salariés compris dans son champ d'application ; il ne modifie pas celui-ci (cass. soc. 29 juin 1994, n° 90-45.768, BC V n° 218 ; *RJS* 11/94 n° 1286 : l'annexe d'une convention collective nationale ne comprenant pas le département de l'Isère, l'arrêté d'extension de l'annexe ne rend pas celle-ci applicable dans ce département).

Les signataires d'un avenant à une convention collective peuvent donner à cet avenant un champ d'application plus étroit que celui de l'accord initial ; l'extension de l'avenant n'a d'effet que dans le champ d'application expressément défini par l'avenant (cass. soc. 18 octobre 2006, n° 05-42.489, *RJS* 1/07 n° 88 : champ d'application professionnel plus limité dans l'avenant ; cass. soc. 29 juin 1994, n° 90-45.768, BC V n° 218 : champ d'application territorial plus restreint dans l'avenant).

De même, si l'arrêté ministériel d'extension de l'avenant à une convention collective a rendu cet avenant applicable à tous les employeurs relevant du champ d'application de la convention, il n'a pas eu pour effet de modifier les termes de cet avenant qui donnait aux employeurs un délai pour adhérer à l'organisme chargé de gérer le régime de prévoyance. Dès lors il ne pouvait être reproché à l'employeur de n'avoir pas adhéré au régime de prévoyance à la date de l'accident survenu avant l'expiration du délai précité (cass. soc. 30 septembre 2003, n° 01-45.236, BC V n° 246 ; *JSL* n° 134, 25 novembre 2003, p. 31 ; *RJS* 12/03 n° 1420).

L'extension d'une convention ou d'un accord collectif ne peut avoir légalement pour effet de placer une entreprise ou un groupe d'entreprises dans une situation d'abus de position dominante, pratique prohibée par l'article 8 de l'ordonnance du 1er décembre 1986 et par l'article L. 420-2 c. com. (CE 16 janvier 2002, n° 223859, *RJS* 4/02 n° 468 ; concl. P. Fombeur, *RJS* 4/02, p. 308).

Art. L. 2261-17. En cas d'absence ou de carence des organisations de salariés ou d'employeurs se traduisant par une impossibilité persistante de conclure une convention ou un accord dans une branche d'activité ou un secteur territorial déterminé, le ministre chargé du travail peut, à la demande d'une des organisations représentatives intéressées ou de sa propre initiative, sauf opposition écrite et motivée de la majorité des membres de la Commission nationale de la négociation collective :

1° Rendre obligatoire dans le secteur territorial considéré une convention ou un accord de branche déjà étendu à un secteur territorial différent. Le secteur territorial faisant l'objet de l'arrêté d'élargissement doit présenter des conditions économiques analogues à celles du secteur dans lequel l'extension est déjà intervenue ;

2° Rendre obligatoire dans le secteur professionnel considéré une convention ou un accord professionnel déjà étendu à un autre secteur professionnel. Le secteur professionnel faisant l'objet de l'arrêté d'élargissement doit présenter des conditions analogues à celles du secteur dans lequel l'extension est déjà intervenue, quant aux emplois exercés ;

3° Rendre obligatoire dans une ou plusieurs branches d'activité non comprises dans son champ d'application un accord interprofessionnel étendu ;

4° Lorsque l'élargissement d'une convention ou d'un accord a été édicté conformément aux alinéas précédents, rendre obligatoires leurs avenants ou annexes ultérieurs eux-mêmes étendus dans le ou les secteurs visés par cet élargissement.

Art. L. 2261-18. Lorsqu'une convention de branche n'a pas fait l'objet d'avenant ou annexe pendant cinq ans au moins ou, qu'à défaut de convention, des accords n'ont pu y être conclus depuis cinq ans au moins, cette situation peut être assimilée au cas d'absence ou de carence des organisations au sens de l'article L. 2261-17 et donner lieu à l'application de la procédure prévue à cet article.

Art. D. 2261-3. Lorsqu'un arrêté d'extension ou d'élargissement est envisagé, il est précédé de la publication au *Journal officiel* de la République française d'un avis. Cet avis invite les organisations et personnes intéressées à faire connaître leurs observations. Il indique le lieu où la convention ou l'accord a été déposé et le service auprès duquel les observations sont présentées.

Les organisations et les personnes intéressées disposent d'un délai de quinze jours à compter de la publication de l'avis pour présenter leurs observations.

Note Par arrêt n° 332562 du 29 juin 2011 (*LS* Jurispr. n° 180/2011 du 13/09/11), le Conseil d'État a précisé que :
– les réserves que le ministre se propose d'apporter à l'accord n'ont pas à figurer dans l'avis d'extension publié au *Journal officiel* ;
– les observations éventuellement produites à la suite de la publication de l'avis prévu à cet article n'ont pas à être communiquées aux membres de la sous-commission des conventions et accords avant la séance ;
– il ne résulte d'aucune disposition législative ou réglementaire que le ministre serait, le cas échéant, tenu de mentionner dans l'arrêté d'extension le contenu, le sens ou l'identité des auteurs de ces observations.

Art. D. 2261-4. L'arrêté d'extension ou d'élargissement est publié au *Journal officiel* de la République française.

Le texte des stipulations étendues fait l'objet d'une publication au Bulletin officiel des services du ministre chargé du travail.

Sous-section 2. Conditions d'extension des conventions et accords

Art. L. 2261-19. Pour pouvoir être étendus, la convention de branche ou l'accord professionnel ou interprofessionnel, leurs avenants ou annexes, doivent avoir été négociés et conclus en commission paritaire.

Cette commission est composée de représentants des organisations syndicales d'employeurs et de salariés représentatives dans le champ d'application considéré.

Note • **Activité de portage salarial.** Par exception aux dispositions du 2e alinéa de l'article L. 2261-19 et pour une durée limitée à deux ans à compter de la publication de la loi du 25 juin 2008, un accord national interprofessionnel étendu pouvait confier à une branche dont l'activité est considérée comme la plus proche du portage salarial la mission d'organiser, après consultation des organisations représentant des entreprises de portage salarial et par accord de branche étendu, le portage salarial (loi 2008-596 du 25 juin 2008, art. 8, III, JO 26). En application de cet article, un accord relatif à l'activité de portage salarial a été conclu le 24 juin 2010.

• L'administration exige que la négociation de tout accord soumis à extension soit intervenue au sein d'une commission où toutes les organisations représentatives ont été, sinon présentes, du moins convoquées, peu important que la convention de base n'ait pas recueilli la signature de toutes. Ne peut être regardé comme ayant été « négocié et conclu en commission » ni, par suite, faire l'objet de la procédure d'extension un accord dont le texte définitif, modifié après avoir été débattu en commission, a été signé par l'une des organisations syndicales de salariés sans que la commission, prévue par l'article L. 2261-19, ait été de nouveau réunie pour l'examiner (CE 26 octobre 1988, n° 64675, *Dr. Soc.* 1989, p. 237, obs. D. Aufrère-Philbert).

Art. L. 2261-20. À la demande de l'une des organisations syndicales d'employeurs et de salariés représentatives, ou de sa propre initiative, l'autorité administrative peut provoquer la réunion d'une commission mixte paritaire.

Lorsque deux de ces organisations en font la demande, l'autorité administrative convoque la commission mixte paritaire.

Art. D. 2261-9. Le ministre chargé du travail peut, en application de l'article L. 2261-20, provoquer la réunion d'une commission mixte paritaire.

Art. R. 2261-10. En cas de litige portant sur l'importance des délégations composant la commission mixte, le ministre chargé du travail peut fixer, dans les convocations, le nombre maximum de représentants par organisation.

Art. D. 2261-11. Lorsqu'une organisation n'envoie pas de représentant habilité à la commission mixte paritaire convoquée en application de l'article L. 2261-20, une nouvelle convocation lui est adressée dans le délai d'un mois par lettre recommandée avec avis de réception ou par notification délivrée contre récépissé.

Art. D. 2261-12. Si, à la suite de la lettre recommandée ou de la notification mentionnée à l'article D. 2261-11, l'organisation s'abstient, sans motif légitime, de déférer à la nouvelle convocation qui lui a été adressée, le ministre chargé du travail ou son représentant, président de la commission mixte, établit un rapport qu'il transmet au procureur de la République.

Note Voir article R. 2263-5 (sanction pénale) rapporté Chapitre III.

Art. L. 2261-21. En cas de litige portant sur l'importance des délégations composant la commission mixte, celles-ci sont convoquées dans des conditions déterminées par décret en Conseil d'État.

Art. L. 2261-22. I. – Pour pouvoir être étendue, la convention de branche conclue au niveau national contient des clauses portant sur la détermination des règles de négociation et de conclusion, prévues aux articles :

1° L. 2222-1 et L. 2222-2, relatifs au champ d'application territorial et professionnel ;

2° L. 2222-5 et L. 2222-6, relatifs aux modalités de renouvellement, de révision et de dénonciation ;

3° L. 2232-3 et L. 2232-9, relatifs aux garanties accordées aux salariés participant à la négociation.

II. – Elle contient en outre des clauses portant sur :

1° L'exercice du droit syndical et la liberté d'opinion des salariés, le déroulement de carrière des salariés exerçant des responsabilités syndicales et l'exercice de leurs fonctions ;

2° Les délégués du personnel, le comité d'hygiène, de sécurité et des conditions de travail, les comités d'entreprise et le financement des activités sociales et culturelles gérées par ces comités ;

3° Les éléments essentiels servant à la détermination des classifications professionnelles et des niveaux de qualification ;

4° Le salaire minimum national professionnel des salariés sans qualification et l'ensemble des éléments affectant le calcul du salaire applicable par catégories professionnelles, ainsi que les procédures et la périodicité prévues pour sa révision ;

5° Les congés payés ;
6° Les conditions de recrutement des salariés ;
7° Les conditions de la rupture du contrat de travail ;
8° Les modalités d'organisation et de fonctionnement de la formation professionnelle tout au long de la vie ;
9° L'égalité professionnelle entre les femmes et les hommes, la suppression des écarts de rémunération et les mesures tendant à remédier aux inégalités constatées ;
10° L'égalité de traitement entre salariés et la prévention des discriminations ;
11° Les conditions propres à concrétiser le droit au travail des personnes handicapées ;
12° En tant que de besoin dans la branche :
a) Les conditions particulières de travail des femmes enceintes, venant d'accoucher ou allaitant et des jeunes travailleurs ;
b) Les conditions d'emploi et de rémunération du personnel à temps partiel ;
c) Les conditions d'emploi et de rémunération des travailleurs à domicile ;
d) Les garanties des salariés appelés à exercer leur activité à l'étranger ;
e) Les conditions d'emploi des salariés temporaires ou d'entreprises extérieures ;
f) Les conditions de rémunération des salariés, auteurs d'une invention dévolue à l'employeur en vertu des dispositions du troisième alinéa de l'article L. 611-7 du code de la propriété intellectuelle ;
g) Les garanties des salariés résidant dans un département métropolitain et appelés à travailler dans un département d'outre-mer ***(Ord. 2008-205 du 27 févr. 2008, JO 1er mars)*** « , à Saint-Barthélemy, à Saint-Martin » ou à Saint-Pierre-et-Miquelon, Mayotte, Wallis-et-Futuna et dans les Terres australes et antarctiques françaises ;
13° Les procédures conventionnelles de conciliation suivant lesquelles seront réglés les conflits collectifs de travail susceptibles de survenir entre les employeurs et les salariés liés par la convention ;
14° Les modalités d'accès à un régime de prévoyance maladie ;
15° Les modalités de mise en œuvre des dispositifs d'intéressement, de participation et d'épargne salariale ;
16° Les modalités de prise en compte dans la branche ou l'entreprise des demandes relatives aux thèmes de négociation émanant d'une ou des organisations syndicales de salariés représentatives.

Note Les dispositions du 9° sont entrées en vigueur un an après la promulgation de la loi 2006-340 du 23 mars 2006.

Art. R. 2261-1. Pour l'application des 4°, 9° et 10° de l'article L. 2261-22, la convention comprend notamment des clauses relatives aux modalités d'application du principe « à travail égal, salaire égal » et les procédures de règlement des difficultés pouvant naître à ce sujet.

Art. D. 2261-2. La convention de branche susceptible d'extension peut contenir, sans que cette énumération soit limitative, des stipulations concernant :

1° Les conditions particulières de travail :
a) Heures supplémentaires ;
b) Travail par roulement ;
c) Travail de nuit ;
d) Travail du dimanche ;
e) Travail des jours fériés ;

2° Les conditions générales de rémunération du travail au rendement pour les catégories intéressées, sauf s'il s'agit de travaux dangereux, pénibles ou insalubres ;

3° Les primes d'ancienneté et d'assiduité ;

4° Les indemnités pour frais professionnels ou assimilés, notamment les indemnités de déplacement ;

5° Les garanties collectives complémentaires mentionnées à l'article L. 911-2 du code de la sécurité sociale ;

6° Les procédures conventionnelles d'arbitrage des conflits collectifs de travail survenant entre les employeurs et les salariés liés par la convention ;

7° Les conditions d'exercice des responsabilités mutualistes.

Art. L. 2261-23. À défaut de convention au niveau national, les conditions d'extension prévues à l'article L. 2261-22 sont applicables aux conventions de branche conclues à d'autres niveaux territoriaux, sous réserve des adaptations nécessitées par les conditions propres aux secteurs territoriaux considérés.

Sous-section 3. Procédures d'extension et d'élargissement

Art. L. 2261-24. La procédure d'extension d'une convention de branche ou d'un accord professionnel ou interprofessionnel est engagée à la demande d'une des organisations d'employeurs ou de salariés représentatives mentionnées à l'article L. 2261-19 ou à l'initiative du ministre chargé du travail, après avis motivé de la Commission nationale de la négociation collective.

Saisi de cette demande, le ministre chargé du travail engage sans délai la procédure d'extension.

Art. L. 2261-25. Le ministre chargé du travail peut exclure de l'extension, après avis motivé de la Commission nationale de la négociation collective, les clauses qui seraient en contradiction avec des dispositions légales.

Il peut également exclure les clauses pouvant être distraites de la convention ou de l'accord sans en modifier l'économie, mais ne répondant pas à la situation de la branche ou des branches dans le champ d'application considéré.

Il peut, dans les mêmes conditions, étendre, sous réserve de l'application des dispositions légales, les clauses incomplètes au regard de ces dispositions.

Note Le ministre peut légalement subordonner l'extension d'un avenant à une convention collective à une réserve ayant pour effet de s'opposer à l'application de stipulations incomplètes ou contraires aux dispositions de textes législatifs ou réglementaires (CE 8 décembre 2000, n° 206575, *RJS* 4/01 n° 480).

Art. L. 2261-26. Lorsque les avenants à une convention étendue ne portent que sur les salaires, ils sont soumis à une procédure d'examen accéléré dont les modalités sont définies par voie réglementaire après consultation de la Commission nationale de la négociation collective. Cette procédure doit être de nature à préserver les droits des tiers.

Dans les professions agricoles, les avenants salariaux à des conventions collectives régionales ou départementales étendues peuvent être étendus par arrêté.

Art. R. 2261-5. Les avenants salariaux mentionnés au premier alinéa de l'article L. 2261-26 dont l'extension est envisagée sont transmis aux membres de la sous-commission des conventions et accords de la Commission nationale de la négociation collective.

Ces membres disposent d'un délai de quinze jours à compter de la date d'envoi pour demander l'examen par cette sous-commission.

Sont examinés :

1° Les avenants pour lesquels au moins une demande d'examen a été faite ;

2° Les avenants pour lesquels des oppositions sont notifiées, sans demande d'examen, lorsque ces oppositions émanent soit de deux membres employeurs, soit de deux membres salariés.

Les avenants qui n'ont pas à être soumis à l'examen de la sous-commission sont réputés avoir recueilli l'avis motivé favorable de la Commission nationale de la négociation collective.

Art. D. 2261-6. Pour les professions agricoles, l'arrêté d'extension des avenants salariaux à des conventions collectives régionales ou départementales est pris par le préfet de région ou de département.

Lorsque des clauses salariales des conventions collectives départementales sont modifiées par voie d'avenants et que ceux-ci font l'objet d'une procédure d'extension ou d'élargissement, un avis indiquant où ces avenants ont été déposés et le service auprès duquel les observations sont présentées fait l'objet d'une publication au recueil des actes administratifs de la préfecture.

Les organisations et les personnes intéressées disposent d'un délai de quinze jours à compter de la publication de cet avis pour faire connaître leurs observations.

Art. D. 2261-7. L'arrêté d'extension ou d'élargissement des avenants salariaux mentionné à l'article D. 2261-6, est publié au recueil des actes administratifs de la préfecture ainsi que, en cas d'extension, le texte des stipulations de l'avenant ayant fait l'objet de l'arrêté.

Art. R. 2261-8. Le silence gardé pendant plus de six mois par le ministre chargé du travail saisi d'une demande d'extension, en application des articles L. 2261-17 ou L. 2261-24, vaut décision de rejet.

Art. L. 2261-27. Quand l'avis motivé favorable de la Commission nationale de la négociation collective a été émis sans opposition écrite et motivée soit de deux organisations d'employeurs, soit de deux organisations de salariés représentées à cette commission, le ministre chargé du travail peut étendre par arrêté une convention ou un accord ou leurs avenants ou annexes :

1° Lorsque le texte n'a pas été signé par la totalité des organisations les plus représentatives intéressées ;

2° Lorsque la convention ne comporte pas toutes les clauses obligatoires énumérées à l'article L. 2261-22 ;

3° Lorsque la convention ne couvre pas l'ensemble des catégories professionnelles de la branche, mais seulement une ou plusieurs d'entre elles.

En cas d'opposition dans les conditions prévues au premier alinéa, le ministre chargé du travail peut consulter à nouveau la commission sur la base d'un rapport précisant la portée des dispositions en cause ainsi que les conséquences d'une éventuelle extension.

Le ministre chargé du travail peut décider l'extension, au vu du nouvel avis émis par la commission. Cette décision est motivée.

Note Lorsque la sous-commission des conventions et accords de la Commission nationale de la négociation collective, saisie à nouveau après une première consultation, rend un avis se bornant à mentionner l'opposition de deux organisations patronales, sans apporter d'autres précisions, elle ne satisfait pas aux exigences de motivation prévues par les articles L. 133-8 [L. 2261-24] et L. 133-11 [L. 2261-27]. Dans ces conditions, un syndicat est fondé à demander l'annulation de l'arrêté d'extension d'un avenant pris par le ministre (CE 6 décembre 2006, n° 281031, *RJS* 5/07 n° 639).

Art. L. 2261-28. L'arrêté d'extension d'une convention ou d'un accord devient caduc à compter du jour où la convention ou l'accord en cause cesse de produire effet.

Art. L. 2261-29. L'arrêté d'élargissement devient caduc à compter du jour où l'arrêté d'extension du texte intéressé cesse de produire effet.

Art. L. 2261-30. Si une convention ou un accord est ultérieurement conclu dans un secteur territorial ou professionnel ayant fait l'objet d'un arrêté d'élargissement, celui-ci devient caduc à l'égard des employeurs liés par cette convention ou cet accord.

L'arrêté d'extension emporte abrogation de l'arrêté d'élargissement dans le champ d'application pour lequel l'extension est prononcée.

Note Une convention collective ayant été entièrement modifiée par une convention collective ultérieure qui s'y est substituée cesse d'avoir effet (en l'espèce, les dispositions prévues par le texte initial avaient fait l'objet de modifications successives importantes ; l'addition d'avenants modificatifs non étendus avait eu pour conséquence de modifier intégralement la convention initiale qui avait fait l'objet d'un arrêté d'extension) (cass. soc. 29 mai 2001, n° 99-42.366, BC V n° 184 ; *RJS* 8-9/01 n° 1043).

Art. L. 2261-31. Les dispositions de la présente sous-section ne sont pas applicables :

1° Aux accords relatifs à l'assurance chômage prévus à l'article L. 5422-20 ;

2° Aux accords conclus dans le cadre d'une convention ou d'un accord de participation des salariés aux résultats de l'entreprise et qui tendent à fixer la nature et les modalités de gestion des droits reconnus aux salariés qui en bénéficient.

Art. D. 2261-13. Dans les formes prévues par les articles L. 2261-24 à L. 2261-31, le ministre chargé du travail peut, à la demande d'une des organisations représentatives intéressées ou de sa propre initiative :

1° Abroger l'arrêté d'extension en vue de mettre fin à l'extension de la convention ou d'un accord ou de certaines de leurs dispositions lorsqu'il apparaît que les textes en cause ne répondent plus à la situation de la branche ou des branches dans le champ d'application considéré ;

2° Abroger l'arrêté d'élargissement d'une convention ou d'un accord, pour tout ou partie du champ professionnel ou territorial mentionné par cet arrêté.

CHAPITRE II

Effets de l'application des conventions et accords

SECTION 1. Obligations d'exécution

Art. L. 2262-1. Sans préjudice des effets attachés à l'extension ou à l'élargissement, l'application des conventions et accords est obligatoire pour tous les signataires ou membres des organisations ou groupements signataires.

Note Lorsque les salariés d'une entreprise revendiquent l'application d'un accord collectif et que celui-ci est susceptible de leur être applicable eu égard à son champ professionnel et géographique, il appartient aux juges de vérifier si l'employeur est affilié à l'une des organisations signataires de l'accord (cass. soc. 31 mai 2011, n° 08-44.856, *JCP* éd. S 2011, 1420, note L. Drai ; *RJS* 10/11 n° 827).

Art. L. 2262-2. L'adhésion à une organisation ou à un groupement signataire emporte les conséquences de l'adhésion à la convention ou à l'accord collectif de travail lui-même, sous réserve que les conditions d'adhésion prévues à l'article L. 2261-3 soient réunies.

Note La convention collective du sport est applicable à la Fédération française de voile, membre du Conseil social du mouvement sportif, lui-même signataire de cette convention (cass. soc. 15 novembre 2006, n° 05-43.507, BC V n° 346 ; *RJS* 1/07 n° 82).

Une convention collective n'est pas applicable à une entreprise qui n'entre pas dans son champ d'application, quoique l'employeur en cause ait adhéré à la chambre syndicale signataire de la convention (cass. soc. 19 janvier 1984, n° 83-61.056, BC V n° 29).

Art. L. 2262-3. L'employeur qui démissionne de l'organisation ou du groupement signataire postérieurement à la signature de la convention ou de l'accord demeure lié par ces derniers.

Note L'employeur démissionnaire, s'il reste lié par la convention, ne l'est pas par les avenants modificatifs ultérieurs (cass. soc. 4 avril 1979, n° 76-15.266, BC V n° 329). Cependant, il demeure lié par des accords postérieurs à sa démission lorsque ceux-ci ne sont que l'application de la convention ou de l'accord (cass. soc. 10 février 1999, n° 96-40.851, BC V n° 65 ; *RJS* 3/99 n° 396 ; en l'espèce les accords portaient sur des questions relatives aux salaires. Obs. critiques de Ph. Langlois, *Dr. Soc.* 1999, p. 423).

Art. L. 2262-4. Les organisations de salariés et les organisations ou groupements d'employeurs, ou les employeurs pris individuellement, liés par une convention ou un accord, sont tenus de ne rien faire qui soit de nature à en compromettre l'exécution loyale. Ils ne sont garants de cette exécution que dans la mesure déterminée par la convention ou l'accord.

SECTION 2. Information et communication

Art. L. 2262-5. Les conditions d'information des salariés et des représentants du personnel sur le droit conventionnel applicable dans l'entreprise et l'établissement sont définies par convention de branche ou accord professionnel.

En l'absence de convention ou d'accord, les modalités d'information relatives aux textes conventionnels applicables sont définies par voie réglementaire.

Note Voir note sous article R. 2262-3.

Art. L. 2262-6. L'employeur fournit chaque année au comité d'entreprise, aux délégués syndicaux ou, à défaut, aux délégués du personnel, la liste des modifications apportées aux conventions ou accords applicables dans l'entreprise.

À défaut de délégués du personnel, cette information est communiquée aux salariés.

Art. L. 2262-7. Lorsqu'il démissionne d'une organisation signataire d'une convention ou d'un accord, l'employeur en informe sans délai le personnel dans les conditions définies à l'article L. 2262-6.

Art. L. 2262-8. Il peut être donné communication et délivré copie des textes conventionnels déposés auprès de l'autorité administrative, dans les conditions déterminées par décret en Conseil d'État.

Art. R. 2262-1. À défaut d'autres modalités prévues par une convention ou un accord conclu en application de l'article L. 2262-5, l'employeur :

1° Donne au salarié au moment de l'embauche une notice l'informant des textes conventionnels applicables dans l'entreprise ou l'établissement ;

2° Tient un exemplaire à jour de ces textes à la disposition des salariés sur le lieu de travail ;

3° Met sur l'intranet, dans les entreprises dotées de ce dernier, un exemplaire à jour des textes.

Art. R. 2262-2. L'employeur lié par une convention ou un accord collectif de travail fournit un exemplaire de ce texte au comité d'entreprise et aux comités d'établissement ainsi qu'aux délégués du personnel et aux délégués syndicaux ou aux salariés mandatés.

Art. R. 2262-3. Un avis est affiché aux emplacements réservés aux communications destinées au personnel.

Cet avis comporte l'intitulé des conventions et des accords applicables dans l'établissement. La mention générique « Accords nationaux interprofessionnels » peut être substituée à l'intitulé des accords de cette catégorie.

L'avis précise où les textes sont tenus à la disposition des salariés sur le lieu de travail ainsi que les modalités leur permettant de les consulter pendant leur temps de présence.

Note L'employeur qui n'affiche pas sur les lieux de travail l'avis indiquant qu'il tient à la disposition du personnel un exemplaire de la convention collective ne peut opposer aux salariés les dispositions de ladite convention (cass. soc. 28 février 1996, n° 93-42.058, BC V n° 75 ; *RJS* 4/96 n° 426 : pour un préavis en cas de démission ; cass. soc. 14 février 1996, n° 93-41.445, *RJS* 4/96 n° 426 : pour une clause d'essai ; cass. soc. 6 juillet 1994, n° 91-41.370, BC V n° 225 ; *RJS* 8-9/94 n° 1023).

Art. R. 2262-4. Pour les concierges ou gardiens d'immeubles, les employés de maison, les travailleurs isolés ou à domicile, la délivrance par l'employeur à chacun de ces salariés d'un document reprenant les informations qui figurent sur l'avis mentionné à l'article R. 2262-3 se substitue à l'obligation d'affichage prévue par ce même article.

Art. R. 2262-5. Les modifications ou compléments à apporter sur l'avis ou le document qui en tient lieu le sont dans un délai d'un mois à compter de leur date d'effet.

SECTION 3. Actions en justice

Art. L. 2262-9. Les organisations ou groupements ayant la capacité d'agir en justice, dont les membres sont liés par une convention ou un accord, peuvent exercer toutes les actions en justice qui en résultent en faveur de leurs membres, sans avoir à justifier d'un mandat de l'intéressé, pourvu que celui-ci ait été averti et n'ait pas déclaré s'y opposer.

L'intéressé peut toujours intervenir à l'instance engagée par l'organisation ou le groupement.

Note

• Il y a indépendance entre l'action initiale et l'action jointe menée par un groupement intervenant à raison de l'intérêt collectif. En cas de désistement des demandeurs de l'action principale initiale, le syndicat intervenant en second est autorisé à poursuivre l'instance jusqu'au jugement (cass. soc. 25 octobre 1961, *D.* 1962, note J-M Verdier).

• **Actions en nullité.** Lorsqu'il s'agit d'une convention collective ordinaire, les tribunaux judiciaires sont compétents. Lorsqu'il s'agit d'une convention collective étendue, le juge administratif est compétent si l'arrêté d'extension est attaqué pour illégalité. Mais, dans la mesure où se pose une question d'interprétation ou de validité de la convention collective, le juge judiciaire doit être saisi quand bien même la convention aurait été étendue (cass. civ. 12 juillet 1963, *JCP* 1964.II.13495) et le juge administratif doit surseoir à statuer (CE 4 mars 1960, *Dr. Soc.* 1960, p. 341).

• **Actions en interprétation.** Les dispositions prévoyant l'institution de commissions mixtes d'interprétation des conventions collectives ne sauraient faire obstacle à la compétence des tribunaux judiciaires (cass. soc. 9 décembre 1981, n° 79-41.580, BC V n° 954) et les avis qu'elles peuvent rendre ne sauraient lier le juge (cass. soc. 11 juillet 2007, n° 06-42.508, BC V n° 120 ; *RJS* 10/07 n° 1089 ; 10 février 1998, n° 95-43.984, BC V n° 81 ; *RJS* 3/98 n° 340 ; 15 octobre 1998, n° 96-42.427, BC V n° 425 ; *RJS* 11/98 n° 1386 ; 11 octobre 1994, n° 90-41.818, BC V n° 272 ; *RJS* 11/94 n° 1285). Il n'en est autrement que si la convention collective stipule que l'avis émis par la commission d'interprétation aura la valeur d'un avenant à la convention (cass. soc. 11 octobre 1994, précité ; 2 décembre 2008, n° 07-44.132, BC V n° 243 ; *Dr. Soc.* 2009, p. 240, obs. Ch. Radé). Cependant, le juge peut faire sienne l'interprétation d'une commission paritaire nationale d'interprétation (cass. soc. 12 novembre 2002, n° 00-40.232, BC V n° 341 ; *RJS* 1/03 n° 105).

• **Actions en exécution.** L'intérêt à agir n'est pas subordonné à la démonstration préalable du bien-fondé de l'action née d'une contestation sur l'application d'un accord collectif de travail (cass. soc. 11 juillet 2000, n° 97-43.645, BC V n° 275 ; *RJS* 12/00 n° 1262). Est recevable en elle-même et hors de tout litige particulier, né et actuel, l'action d'une organisation syndicale signataire d'une convention collective tendant à voir reconnaître, à certaines catégories de salariés, des droits qui leur avaient été jusqu'alors refusés par leurs employeurs qui interprétaient restrictivement les dispositions de la convention collective qui les concernaient. Cette action doit être portée devant le tribunal de grande instance (cass. soc. 6 décembre 1979, n° 78-11.562, BC V n° 957 ; *JS* 1980 F 12). L'action d'un syndicat ayant pour objet de faire déterminer la qualification de la rupture des contrats de travail a été jugée recevable (cass. soc. 25 juin 2002, n° 00-18.907, BC V n° 214 ; *RJS* 10/02 n° 1154 : en l'espèce, les ruptures de contrat avaient été mises en œuvre par l'adhésion des salariés à une offre de départ volontaire en retraite faite par l'employeur dans le cadre d'un plan social).

L'article L. 2262-9 concerne les syndicats signataires ou non d'une convention ou d'un accord collectif qui lie leurs membres adhérents. Ils disposent ainsi soit du droit d'agir en exécution des droits que les salariés tirent de la convention collective ou de l'accord, soit du droit d'intervenir à une instance engagée, à raison de l'intérêt collectif que la solution du litige peut présenter pour leurs membres (cass. soc. 14 février 2001, n° 98-46.149, BC V n° 56 ; *RJS* 4/01 n° 479 ; 9 avril 2002, n° 99-45.963, BC V n° 124 ; *RJS* 7/02 n° 815). Est recevable l'action d'un syndicat au soutien des prétentions d'un salarié se fondant sur la violation d'une convention collective (cass. soc. 24 janvier 2007, n° 05-44.795, *RJS* 4/07 n° 457).

Une action en exécution d'une convention collective peut être portée devant le conseil de prud'hommes du moment qu'elle demeure une action individuelle, la nécessité d'une interprétation de la convention collective ne lui enlevant pas ce caractère individuel (cass. soc. 20 octobre 1988, n° 85-45.164, BC V n° 548 ; *CSB*

1988 A. 21). L'inexécution d'une obligation justifie l'action des salariés en réparation de leur préjudice (cass. soc. 10 octobre 2002, n° 00-42.906, BC V n° 304 ; *RJS* 12/02 n° 1420 ; en l'espèce, par accord collectif, l'employeur avait pris l'engagement de maintenir l'emploi des salariés en contrepartie d'une réduction de la durée du travail assortie d'une réduction d'une partie de leur rémunération).

Un syndicat peut demander l'application d'un accord collectif de travail dont il n'est pas signataire sur le fondement de l'article L. 2132-3 CT (ancien art. L. 411-11) (cass. soc. 16 janvier 2008, n° 07-10.095, BC V n° 10 ; *RJS* 4/08 n° 464). De même, un syndicat peut, sur le fondement de l'article L. 2132-3, demander que soit déterminée l'étendue des droits acquis par les salariés à la suite de la dénonciation d'un accord collectif (cass. soc. 2 décembre 2008, n° 07-44.132 précité : après la période de survie provisoire de quinze mois suivant la dénonciation de la convention collective, personne n'est lié par la convention collective, si bien qu'une action fondée sur l'article L. 2262-9 semble irrecevable).

Art. L. 2262-10. Lorsqu'une action née de la convention ou de l'accord est intentée soit par une personne, soit par une organisation ou un groupement, toute organisation ou tout groupement ayant la capacité d'agir en justice, dont les membres sont liés par la convention ou l'accord, peut toujours intervenir à l'instance engagée, à raison de l'intérêt collectif que la solution du litige peut présenter pour ses membres.

Art. L. 2262-11. Les organisations ou groupements ayant la capacité d'agir en justice, liés par une convention ou un accord, peuvent intenter en leur nom propre toute action visant à obtenir l'exécution des engagements contractés et, le cas échéant, des dommages-intérêts contre les autres organisations ou groupements, leurs propres membres ou toute personne liée par la convention ou l'accord.

Note L'article L. 2262-11 ne vise que les syndicats liés par une convention ou un accord collectif de travail, c'est-à-dire ceux qui ont signé ladite convention ou ledit accord (cass. soc. 14 février 2001, n° 98-46.149 précité) ainsi que ceux qui ont adhéré à un groupement signataire (cass. soc. 20 septembre 2006, n° 04-10.765, BC V n° 278 ; *RJS* 12/06 n° 1300 ; 26 mai 2004, n° 02-18.756, BC V n° 143 ; *RJS* 8-9/04 n° 924), à la différence de l'article L. 2262-10 qui concerne les syndicats signataires ou non d'une convention ou d'un accord collectif qui lie leurs membres adhérents.

Une action d'un syndicat fondée sur cet article permet à celui qui l'exerce d'obtenir l'exécution des engagements contractés et, le cas échéant, des dommages-intérêts, mais pas la condamnation de l'employeur au paiement de sommes dues aux adhérents de ce syndicat en application d'une convention ou d'un accord collectif (cass. soc. 20 juin 1990, n° 88-12.516, BC V n° 308).

Si, en vertu de l'article L. 2132-3 CT, les syndicats professionnels peuvent de manière générale exercer devant toutes les juridictions tous les droits réservés à la partie civile relativement aux faits portant un préjudice direct ou indirect à l'intérêt collectif de la profession qu'ils représentent, l'action visant exclusivement à obtenir l'exécution d'une convention ou d'un accord collectif ou la réparation de son inexécution, prévue par l'article L. 135-5 [L. 2262-11] CT, est réservée par ce texte aux syndicats liés par les dispositions de ladite convention, qui seuls ont qualité pour agir (cass. soc. 10 mai 1994, n° 92-14.097, BC V n° 173 ; *RJS* 6/94 n° 736).

Indépendamment des actions réservées aux syndicats par les articles L. 2262-11 et 12, les syndicats professionnels sont recevables à en demander l'exécution sur le fondement de l'article L. 411-11 [L. 2132-3], même s'ils n'ont pas été signataires de ces textes, le non-respect des dispositions d'une convention collective étant de nature à causer nécessairement un préjudice à l'intérêt collectif de l'ensemble de la profession, qu'il s'agisse d'accord étendu (cass. soc. 12 juin 2001, n° 00-14.435, BC V n° 221 ; *RJS* 8-9/01 n° 1045) ou bien même de convention ou d'accord collectif non étendu (cass. soc. 3 mai 2007, n° 05-12.340, BC V n° 68 ; *RDT* 2007, chron. p. 536, obs. G. Borenfreund ; cass. soc. 16 janvier 2008, n° 07-10.095, BC V n° 10 ; *RJS* 4/08 n° 464). Un syndicat est recevable, en application de l'article L. 411-11 [L. 2132-3] CT, à revendiquer l'application d'une convention collective dans une entreprise, peu important qu'un accord d'entreprise ait rendu applicables dans cette entreprise certaines dispositions de la convention collective (cass. soc. 18 février 2003, n° 01-02.079, BC V n° 60 ; *RJS* 5/03 n° 645).

Le comité d'entreprise n'a pas qualité pour introduire une demande en justice sur la base de l'article L. 135-5 [L. 2262-11] (cass. soc. 20 septembre 2006, précité).

Voir également note sous article L. 2132-3.

Art. L. 2262-12. Les personnes liées par une convention ou un accord peuvent intenter toute action visant à obtenir l'exécution des engagements contractés et, le cas échéant, des dommages-intérêts contre les autres personnes ou les organisations ou groupements, liés par la convention ou l'accord, qui violeraient à leur égard ces engagements.

Note Le conseil de prud'hommes est compétent pour statuer sur la demande d'un salarié qui demande réparation pour non-exécution de l'accord collectif qui prévoyait une augmentation de 7 % des effectifs en contrepartie d'un retard dans le passage aux échelons supérieurs (cass. soc. 12 juillet 2006, n° 04-47.550, BC V n° 263 ; *RDT*, janvier 2007, CH, 48, H. Tissandier).

CHAPITRE III

Dispositions pénales

Art. L. 2263-1. Lorsqu'en application d'une disposition législative expresse dans une matière déterminée, une convention ou un accord collectif de travail étendu déroge à des dispositions légales, les infractions aux stipulations dérogatoires sont punies des sanctions qu'entraîne la violation des dispositions légales en cause.

Note M-C Amauger-Lattes, « L'évolution paradoxale de la sanction pénale du droit conventionnel du travail », *Dr. Soc.* 2009, pp. 568 et s.

Depuis la recodification du code du travail, les infractions aux dispositions dérogatoires ne sont plus sanctionnées pénalement lorsque l'accord collectif déroge à des dispositions réglementaires ; l'article L. 153-1 CT antérieur visait aussi bien les dérogations aux dispositions réglementaires que les dérogations aux dispositions légales. On relèvera également que l'article L. 2263-1 a actuellement une portée assez limitée dans la mesure où les dérogations aux dispositions légales peuvent désormais résulter de conventions collectives d'entreprise ; les infractions à ces dispositions conventionnelles ne sont pas visées par cet article et ne sont donc pas pénalement sanctionnables.

Art. R. 2263-1. Le fait de ne pas afficher l'avis prévu à l'article R. 2262-3 ou de ne pas transmettre au salarié le document prévu à l'article R. 2262-4, est puni de l'amende prévue pour les contraventions de la quatrième classe.

Art. R. 2263-2. Le fait de ne pas porter, dans un délai d'un mois à compter de leur date d'effet, les modifications d'une convention ou d'un accord collectif de travail sur l'avis ou le document prévus aux articles R. 2262-3 et R. 2262-4, est puni de l'amende prévue pour les contraventions de la quatrième classe.

Art. R. 2263-3. Le fait pour l'employeur, lié par une convention ou un accord collectif de travail étendu, de payer des salaires inférieurs à ceux fixés dans cette convention ou cet accord, est puni de l'amende prévue pour les contraventions de la quatrième classe.

L'amende est prononcée autant de fois qu'il y a de salariés concernés.

Art. R. 2263-4. Le fait pour l'employeur de méconnaître les stipulations conventionnelles relatives aux accessoires du salaire prévus par une convention ou un accord collectif de travail étendu, est puni de l'amende prévue pour les contraventions de la quatrième classe.

L'amende est prononcée autant de fois qu'il y a de salariés concernés.

Art. R. 2263-5. Le fait, pour le responsable d'une organisation, de ne pas déférer, sans motif légitime, à la nouvelle convocation qui lui a été adressée en application de l'article D. 2261-12, est puni de l'amende prévue pour les contraventions de la cinquième classe.

TITRE VII

COMMISSION NATIONALE DE LA NÉGOCIATION COLLECTIVE

CHAPITRE Ier

Missions

Art. L. 2271-1. La Commission nationale de la négociation collective est chargée :

1° De proposer au ministre chargé du travail toutes mesures de nature à faciliter le développement de la négociation collective, en particulier en vue d'harmoniser les définitions conventionnelles des branches ;

2° D'émettre un avis sur les projets de loi, d'ordonnance et de décret relatifs aux règles générales portant sur les relations individuelles et collectives du travail, notamment celles concernant la négociation collective ;

3° De donner un avis motivé au ministre chargé du travail sur l'extension et l'élargissement des conventions et accords collectifs ainsi que sur l'abrogation des arrêtés d'extension ou d'élargissement ;

4° De donner, à la demande d'au moins la moitié des membres de la commission d'interprétation compétente préalablement saisie, un avis sur l'interprétation de clauses d'une convention ou d'un accord collectif ;

5° De donner, ***(L. 2008-1258 du 3 déc. 2008, art. 24, JO 4)*** « après avoir pris connaissance du rapport annuel établi par un groupe d'experts désigné à cet effet, » un avis motivé au ministre chargé du travail sur la fixation du salaire minimum de croissance dans les cas prévus par les articles L. 3231-6 et L. 3231-10 ;

6° De suivre l'évolution des salaires effectifs et des rémunérations minimales déterminées par les conventions et accords collectifs ainsi que l'évolution des rémunérations dans les entreprises publiques ;

7° D'examiner le bilan annuel de la négociation collective ;

8° De suivre annuellement l'application dans les conventions collectives du principe « à travail égal salaire égal », du principe de l'égalité professionnelle entre les femmes et les hommes et du principe d'égalité de traitement entre les salariés sans considération d'appartenance ou de non-appartenance, vraie ou supposée, à une ethnie, une nation ou une race, ainsi que des mesures prises en faveur du droit au travail des personnes handicapées, de constater les inégalités éventuellement persistantes et d'en analyser les causes. La Commission nationale a qualité pour faire au ministre chargé du travail toute proposition pour promouvoir dans les faits et dans les textes ces principes d'égalité ;

9° De suivre annuellement l'évolution du taux d'activité des personnes de plus de cinquante ans afin de faire au ministre chargé du travail toute proposition de nature à favoriser leur maintien ou leur retour dans l'emploi.

Art. R. 2271-1. Lors de l'examen annuel prévu au 8° de l'article L. 2271-1, la Commission nationale de la négociation collective établit le bilan de l'application des mesures tendant à supprimer les écarts de rémunération entre les femmes et les hommes prévues à l'article L. 2241-9.

CHAPITRE II

Organisation et fonctionnement

Art. L. 2272-1. La Commission nationale de la négociation collective comprend des représentants de l'État, du Conseil d'État, ainsi que des représentants des organisations d'employeurs représentatives au niveau national et des organisation syndicales de salariés représentatives au niveau national.

Art. L. 2272-2. Un décret en Conseil d'État détermine les modalités d'organisation et de fonctionnement de la Commission nationale de la négociation collective.

Art. L. 2272-2.

SECTION 1. Commission nationale de la négociation collective

Art. R. 2272-1. La Commission nationale de la négociation collective comprend :

1° Le ministre chargé du travail ou son représentant, président ;

2° Le ministre chargé de l'agriculture ou son représentant ;

3° Le ministre chargé de l'économie ou son représentant ;

4° Le président de la section sociale du Conseil d'État ;

5° Dix-huit représentants des organisations d'employeurs, dont les représentants des agriculteurs, des artisans, des professions libérales, et des entreprises publiques et dix-huit représentants des organisations syndicales de salariés, représentatives au niveau national.

Art. R. 2272-2. Les représentants titulaires des salariés sont nommés par le ministre chargé du travail comme suit :

1° Six représentants, sur proposition de la Confédération générale du travail (CGT) ;

2° Quatre représentants, sur proposition de la Confédération française démocratique du travail (CFDT) ;

3° Quatre représentants, sur proposition de la Confédération générale du travail – Force ouvrière (CGT – FO) ;

4° Deux représentants, sur proposition de la Confédération française des travailleurs chrétiens (CFTC) ;

5° Deux représentants, sur proposition de la Confédération française de l'encadrement-Confédération générale des cadres (CFE – CGC).

Art. R. 2272-3. Les représentants titulaires des employeurs sont nommés par le ministre chargé du travail comme suit :

1° Douze membres représentant les professions autres qu'agricoles, dont :

a) Neuf, sur proposition du Mouvement des entreprises de France (MEDEF), représentant les diverses catégories d'entreprises de l'industrie, du commerce et des services, parmi lesquels deux représentants au titre des entreprises moyennes et petites ;

b) Un, après consultation du Mouvement des entreprises de France (MEDEF), au titre des entreprises publiques ;

c) Deux sur proposition de la Confédération générale des petites et moyennes entreprises (CGPME) ;

2° Deux membres représentant les professions agricoles, l'un sur proposition de la Fédération nationale des syndicats d'exploitants agricoles (FNSEA) et l'autre sur proposition de la Confédération nationale de la mutualité, de la coopération et du crédit agricoles (CNMCCA) ;

3° Trois membres représentant les employeurs artisans, sur proposition de l'Union professionnelle artisanale (UPA) ;

4° Un membre représentant les professions libérales, sur proposition de l'Union nationale des professions libérales (UNAPL).

Art. R. 2272-4. Des membres suppléants, en nombre double de celui des membres titulaires, sont nommés par le ministre chargé du travail dans les mêmes conditions que ces derniers.

Les suppléants nommés sur proposition des organisations syndicales de salariés comprennent au moins un représentant des salariés des professions agricoles, que ces organisations aient ou non proposé comme membre titulaire un représentant de ces salariés.

Les organisations mentionnées au 1° de l'article R. 2272-3 peuvent proposer, en qualité de suppléant, des représentants des professions agricoles adhérentes à ces organisations.

Art. R. 2272-5. Les membres titulaires et suppléants représentant les salariés ou les employeurs des professions agricoles sont nommés en accord avec le ministre chargé de l'agriculture.

Art. R. 2272-6. La Commission nationale peut créer, en son sein, des groupes de travail pour l'étude de questions particulières et faire appel à des experts.

Art. R. 2272-7. Les membres de la Commission nationale ne doivent avoir fait l'objet d'aucune interdiction, déchéance ou incapacité relative à leurs droits civiques.

Art. R. 2272-8. La Commission nationale est convoquée par le ministre chargé du travail de sa propre initiative ou à la demande de la majorité de ses membres titulaires.

Elle se réunit au moins une fois par an.

Art. R. 2272-9. La Commission nationale peut s'adjoindre à titre consultatif des représentants des départements ministériels intéressés.

SECTION 2. Sous-commissions

Art. R. 2272-10. Les missions dévolues à la Commission nationale peuvent être exercées par deux sous-commissions :

1° La sous-commission des conventions et accords, en ce qui concerne les 1° à 4° de l'article L. 2271-1. Lorsque les questions traitées concernent uniquement les professions agricoles, la sous-commission est réunie en formation spécifique ;

2° La sous-commission des salaires en ce qui concerne, d'une part, les 6° et 8° de l'article L. 2271-1 pour la partie salariale, d'autre part, l'avis prévu à l'article R.* 3231-1.

La Commission nationale de la négociation collective est assistée d'un secrétariat général.

Art. R. 2272-11. Les sous-commissions peuvent créer, en leur sein, des groupes de travail pour l'étude de questions particulières et faire appel à des experts.

Art. R. 2272-12. Sous réserve des dispositions de l'article R. 2272-14, siègent dans l'une et l'autre des deux sous-commissions :

1° Le ministre chargé du travail ou son représentant, président ;

2° Le ministre chargé de l'agriculture ou son représentant ;

3° Le ministre chargé de l'économie ou son représentant ;

4° Cinq représentants des salariés, à raison d'un pour chacune des organisations syndicales représentées à la Commission nationale ;

5° Cinq représentants des employeurs, à raison d'un au titre du Mouvement des entreprises de France (MEDEF), d'un au titre de la Confédération générale des petites et moyennes entreprises (CGPME), d'un au titre des professions agricoles, d'un au titre de l'Union professionnelle artisanale (UPA) et d'un au titre de l'Union nationale des professions libérales (UNAPL).

Art. R. 2272-13. Sous réserve des dispositions de l'article R. 2272-14, les représentants des salariés et des employeurs de chaque sous-commission sont nommés par le ministre chargé du travail parmi les membres titulaires ou suppléants de la Commission nationale, sur proposition des organisations de salariés et d'employeurs mentionnées aux articles R. 2272-2 et R. 2272-3.

Chacun de ces représentants dispose au sein de la sous-commission dont il fait partie du nombre de voix appartenant à l'organisation ou à la catégorie qu'il représente au sein de la Commission nationale.

Des représentants suppléants, en nombre double des représentants titulaires, sont désignés dans les mêmes conditions que ces derniers. Chacun d'entre eux dispose d'autant de voix que le titulaire qu'il supplée.

La sous-commission des salaires est assistée dans ses travaux par un expert nommé par le ministre chargé du travail, sur proposition de l'Union nationale des associations familiales. Le ministre chargé du travail nomme dans les mêmes conditions, deux autres experts appelés à suppléer cet expert.

La sous-commission des salaires constitue un comité chargé de faire un examen de la situation de la négociation salariale de branche et de préparer un rapport examiné par la sous-commission en vue de la réalisation du bilan annuel mentionné au 7° de l'article L. 2271-1.

Art. R. 2272-14. La sous-commission des conventions et accords, réunie en formation spécifique en application du 1° de l'article R. 2272-10, est composée comme suit :

1° Cinq membres titulaires représentant les salariés des professions agricoles, nommés par le ministre chargé de l'agriculture parmi les représentants titulaires ou suppléants des salariés à la Commission nationale, à raison d'un par organisation syndicale ;

2° Cinq membres titulaires représentant les employeurs, nommés par le ministre chargé de l'agriculture, dont :

a) Les deux représentants des employeurs des professions agricoles à la Commission nationale ;

b) Trois autres membres proposés par les représentants des employeurs à la Commission nationale et choisis parmi les représentants titulaires ou suppléants des employeurs.

Des membres suppléants, en nombre double des membres titulaires, sont nommés par le ministre chargé de l'agriculture sur proposition des organisations représentant les salariés ou de celles représentant les employeurs. Ils ne sont pas nécessairement des représentants des salariés ou des employeurs des professions agricoles.

Chaque membre titulaire ou suppléant de la sous-commission siégeant en formation spécifique ne dispose que d'une voix.

La présidence est assurée par le ministre chargé de l'agriculture ou son représentant.

TITRE VIII

DROIT D'EXPRESSION DIRECTE ET COLLECTIVE DES SALARIÉS

CHAPITRE Ier

Dispositions communes

Note Les dispositions de ce chapitre résultent de la loi 86-1 du 3 janvier 1986 relative au droit d'expression des salariés (JO 4). Voir circulaire du 4 mars 1986 (DRT 86-3), substituée à la circulaire du 18 novembre 1982, prise dans le cadre de la loi du 4 août 1982.

Art. L. 2281-1. Les salariés bénéficient d'un droit à l'expression directe et collective sur le contenu, les conditions d'exercice et l'organisation de leur travail.

Note Tous les salariés sans exception sont concernés par le droit d'expression, y compris, notamment, les apprentis et les travailleurs temporaires. Sauf stipulations contraires dans les accords, les personnels d'encadrement ne disposent pas de prérogatives particulières en matière de droit d'expression (rép. QE 45395, JO AN 2 avril 1984, p. 1515).

Art. L. 2281-2. L'expression directe et collective des salariés a pour objet de définir les actions à mettre en œuvre pour améliorer leurs conditions de travail, l'organisation de l'activité et la qualité de la production dans l'unité de travail à laquelle ils appartiennent et dans l'entreprise.

Note • **Caractéristiques du droit d'expression.** Il résulte tant des débats préparatoires à l'adoption de la loi du 4 août 1982 que des termes mêmes de la loi et des précisions données par le ministre chargé du travail (circ. min. du 4 mars 1986 précitée) que le droit conféré individuellement à chaque salarié est un droit à une expression :
- directe, s'ajoutant aux circuits « médiatisés » existants ;
- collective, le salarié est considéré comme membre d'une collectivité de travail au sein de laquelle il peut s'exprimer en présence des membres de cette collectivité ;
- permanente, les réunions consacrées au droit d'expression doivent être régulièrement tenues ;
- libre, les opinions émises dans le cadre du droit d'expression ne peuvent motiver aucune sanction. Voir à ce sujet rép. QE 11416, JO Sén. 1er octobre 1983, p. 1959 et 50354, JO AN 5 novembre 1984, p. 4887, précisant qu'« une diminution de la note d'un salarié, voire son simple maintien, est prohibée lorsqu'une telle décision est motivée par la seule prise en considération des opinions émises dans le cadre du droit d'expression. Il y a bien effectivement une sanction puisque la note est de nature à affecter la carrière de l'intéressé » ;
- et finalisée, le droit d'expression a pour corollaires nécessaires le droit pour les salariés de poser des questions, d'émettre des suggestions et l'obligation pour l'employeur de répondre et de faire connaître les suites réservées aux suggestions des salariés.

L'utilisation d'informations dans le cadre de l'exercice du droit d'expression ne peut être en principe soumise à une autorisation préalable. Sont donc illicites les dispositions du code de conduite élaboré par une société soumettant la divulgation d'informations à usage interne à une autorisation préalable, l'exercice du droit d'expression directe et collective des salariés pouvant impliquer l'utilisation de certaines de ces informations (cass. soc. 8 décembre 2009, n° 08-17.191, BC V n° 276 ; *JCP* éd. S 2009, act. 630).

• **Domaine du droit d'expression.** Dans le cadre de la loi du 4 août 1982 précitée, il avait été précisé (circ. min. du 18 novembre 1982) que le champ d'application du droit d'expression s'étendait à tout ce qui est directement lié au travail et aux conditions dans lesquelles il s'exerce, à l'exception de toute autre question (contrat de travail, rémunération, organisation technique de l'entreprise, politique commerciale, etc.).

La loi 86-1 du 3 janvier 1986 a élargi le domaine du droit d'expression qui s'étend depuis lors à la définition des actions à mettre en œuvre pour améliorer « l'organisation de l'activité et la qualité de la production » dans l'unité de travail à laquelle appartiennent les salariés, ce qui viserait notamment, selon les travaux parlementaires préparatoires, les processus de production, les relations entre services dans l'entreprise, les relations de l'entreprise avec ses « clients ».

• *« Cercles de qualité ».* La création de tels cercles qui visent à promouvoir le dialogue au sein de l'entreprise en vue essentiellement d'améliorer la productivité ne peut dispenser l'employeur de mettre en place les groupes d'expression prévus par la loi du 4 août 1982 (rép. QE 33349, JO AN 17 octobre 1983, p. 4515). Le ministre chargé du travail a précisé que le fait d'étendre le droit d'expression à la « qualité de la production » n'était « pas du tout contradictoire avec l'existence des cercles de qualité » (Déb. Sén. 17 décembre 1985, p. 3987). La circulaire ministérielle du 4 mars 1986 précitée dispose à cet égard que les cercles de qualité ou les groupes de progrès que les entreprises peuvent mettre en place « ne peuvent remplacer les groupes d'expression ni se substituer à eux ».

• **La liberté d'expression.** Dans « l'affaire Clavaud », qui concernait un salarié licencié après diffusion, par voie de presse à audience nationale, de propos critiques tenus par lui sur son travail, la Cour de cassation, pour rejeter le pourvoi de l'employeur, a énoncé notamment que « loin de faire application de l'article L. 461-1 [ancien] à une situation qu'il ne prévoit pas, la cour d'appel n'en a fait état que pour en déduire que l'exercice du droit d'expression dans l'entreprise étant, en principe, dépourvu de sanctions, il ne pouvait en être autrement hors de l'entreprise où il s'exerce, sauf abus, dans toute sa plénitude » (cass. soc. 28 avril 1988, n° 87-41.804, BC V n° 257 ; *Dr. Soc.* 1988, p. 428, concl. H. Ecoutin, obs. G. Couturier). Décision dont il résulte que s'il porte atteinte à une liberté publique fondamentale (en l'espèce : liberté d'expression reconnue par la Constitution), un licenciement peut être déclaré nul, même en l'absence d'un texte prévoyant expressément une telle nullité.

Depuis lors, la loi 92-1446 du 31 décembre 1992 (JO 1er janv. 1993) a introduit dans le code du travail l'article L. 120-2, devenu l'article L. 1121-1 CT, garantissant le respect des libertés individuelles dont fait partie la liberté d'expression.

Sauf abus, le salarié jouit, dans l'entreprise et en dehors de celle-ci, de sa liberté d'expression à laquelle seules des restrictions justifiées par la nature de la tâche à accomplir et proportionnées au but recherché peuvent être apportées.

Il a ainsi été jugé que :
– sont illicites les dispositions du code de conduite élaboré par une société soumettant la divulgation d'informations à usage interne à une autorisation préalable, dès lors que, ces informations ne faisant pas l'objet d'une définition précise, il était impossible de vérifier que cette restriction à la liberté d'expression était justifiée par la nature de la tâche à accomplir et proportionnée au but recherché (cass. soc. 8 décembre 2009, n° 08-17.191, BC V n° 276 ; *JCP* éd. S 2009, act. 630) ;
– la diffusion par un salarié d'une lettre ouverte répondant à celle que la direction avait précédemment adressée à l'ensemble du personnel pour dénoncer les dysfonctionnements ou insuffisances de l'entreprise et le mettant personnellement en cause ne constituait pas une faute grave, dès lors que ses critiques ne présentaient pas de caractère excessif et étaient à la mesure de l'émotion suscitée par la mise en cause publique de ses compétences et de sa conscience professionnelle, alors que son travail n'avait jusqu'alors donné lieu à aucun reproche (cass. soc. 22 juin 2004, n° 02-42.446, BC V n° 175 ; *RJS* 11/04 n° 1120) ;
– la signature d'une pétition portant sur une demande de personnel supplémentaire, qui ne contient aucun propos injurieux, diffamatoire ou excessif, ne caractérise pas un abus de la liberté d'expression du salarié (cass. soc. 3 mai 2011, n° 10-14.104, 2e branche du 1er moyen, *RJS* 7/11 n° 609 ; *LS* Jurispr. n° 108/2011 du 24/05/11) ;
– la dénonciation à la direction du comportement d'un supérieur hiérarchique, sous la qualification erronée de harcèlement, émanant d'une salariée atteinte d'un syndrome dépressif qui n'avait pas agi de mauvaise foi, et les critiques formulées dans un courrier adressé à la direction sur la manière dont celle-ci avait diligenté l'enquête sur les faits dénoncés ne comportant pas de termes excessifs ou diffamatoires, la salariée n'avait commis aucun abus dans l'exercice de sa liberté d'expression et le licenciement était dépourvu de cause réelle et sérieuse (cass. soc. 2 avril 2008, n° 06-42.714, *JSL* n° 236, 30 juin 2008, p. 27) ;

– si la remise par un directeur administratif aux membres du comité de direction, auquel il appartenait, d'un document critiquant la nouvelle organisation mise en place par l'employeur ne pouvait se rattacher au droit d'expression des salariés sur le contenu, les conditions d'exercice et l'organisation de leur travail prévu à l'article L. 461-1 (ancien) CT, qui s'exerce seulement dans le cadre de réunions collectives organisées sur les lieux et pendant le temps de travail, elle ne constituait pas pour autant un abus de la liberté d'expression, dès lors que l'intéressé était chargé d'une mission administrative, comptable et financière de très haut niveau dans des circonstances difficiles, de sorte qu'il pouvait être amené à formuler, dans l'exercice de ses fonctions, et du cercle restreint du comité directeur dont il était membre, des critiques, même vives, concernant la nouvelle organisation proposée par la direction, et alors que le document litigieux ne comportait pas de termes injurieux, diffamatoires ou excessifs (cass. soc. 14 décembre 1999, n° 97-41.995, BC V n° 488, rectifié par cass. soc. 27 avril 2000 ; *RJS* 2/00 n° 192 ; *Dr. Soc.* 2000, p. 165) ;
– l'envoi, limité dans le temps, de plusieurs courriers par une salariée, dont seul l'employeur était destinataire, qui répondaient à un avertissement que l'intéressée estimait injustifié et qui ne contenaient aucun propos injurieux, diffamatoires ou excessifs ne caractérisait pas un abus de la liberté d'expression du salarié (cass. soc. 2 mai 2001, n° 98-45.532, BC V n° 142 ; *JSL* n° 82, 26 juin 2001, comm. J-E Tourreil, pp. 16 et s. ; *RJS* 7/01 n° 832 ; *Dr. Soc.* 2001, pp. 1003 et s., obs. B. Gauriau).

À noter qu'un employeur qui oblige un salarié à émettre une opinion ou à prendre une position publiquement porte atteinte à la liberté d'expression de l'intéressé, de sorte que le refus d'obtempérer n'est pas fautif. Dès lors, ne commet pas une faute grave le salarié qui, après avoir émis par voie de presse diverses critiques concernant un projet de la société, refuse d'établir un projet de communiqué de presse commun susceptible d'être diffusé (cass. soc. 26 octobre 2005, n° 03-41.796, *RJS* 2/06 n° 158).

• **Abus de la liberté d'expression.** La liberté d'expression des salariés en dehors de l'entreprise s'exerce pleinement, sauf abus (cass. soc. 5 mai 1993, n° 90-45.893, *Dr. Soc.* 1993, p. 600). Toutefois, la Cour de cassation rappelle que « les propos tenus par un salarié en dehors de l'entreprise ne constituent pas l'exercice du droit d'expression prévu par l'article L. 461-1 ancien », et le salarié qui avait proféré des accusations mensongères avec l'intention de nuire avait abusé ainsi de sa liberté d'expression (cass. soc. 16 novembre 1993, n° 91-45.904, BC V n° 278 ; *Dr. Soc.* 1994, p. 42). Un salarié qui émet des critiques excessives et malveillantes à l'égard de son employeur et de sa gestion a un comportement qui excède le droit d'expression reconnu aux salariés (cass. soc. 20 janvier 1993, n° 91-43.652, *RJS* 3/93 n° 296).

Des propos tenus par une salariée d'un cabinet médical à l'extérieur de l'entreprise et ayant pour but de ruiner la réputation d'un médecin employeur ne peuvent constituer l'exercice du droit d'expression prévu par l'article L. 461-1 (ancien) CT ; de telles imputations caractérisent un abus de la liberté d'expression reconnue au salarié (cass. soc. 7 octobre 1997, n° 93-41.747, BC V n° 303 ; *RJS* 11/97 n° 1199).

Le droit d'expression des salariés s'exerce seulement dans le cadre des réunions organisées sur les lieux et pendant le temps de travail. Une lettre adressée par un salarié à son supérieur hiérarchique, et portant une appréciation injurieuse sur ce dernier, n'entre pas dans l'exercice normal de la liberté d'expression (cass. soc. 28 avril 1994, n° 92-43.917, BC V n° 159 ; *RJS* 6/94 n° 738).

En mettant en cause, en des termes injurieux, d'autres salariés de l'entreprise, un salarié a abusé de la liberté d'expression. De tels propos constituent une faute justifiant le licenciement de l'intéressé (cass. soc. 6 juillet 2005, n° 04-46.085).

De même a abusé de sa liberté d'expression :
– le salarié ayant affirmé en public, devant deux clients et l'ensemble du personnel, que l'entreprise ne payait pas ses fournisseurs et que son employeur, qui démentait ses allégations, était un « menteur », ces propos constituant l'imputation de faits contraires à l'honneur et à la considération (cass. soc. 12 juillet 2006, n° 04-45.906, *SSL*, n° 1272, 4 septembre 2006, p. 15) ;
– le salarié qui a tenu des propos calomnieux et malveillants à l'égard d'un membre de la direction mettant en cause la constitution de son patrimoine immobilier personnel et jetant la suspicion sur lui en insinuant qu'il avait forcément abusé de sa fonction en confondant son intérêt personnel et celui de la société (cass. soc. 28 mars 2000, n° 97-42.943) ;

– la salariée qui, lors d'une réunion régionale, a, en public, qualifié son directeur d'agence de « nul et incompétent » et les chargés de gestion de « bœufs » (cass. soc. 9 novembre 2004, n° 02-45.830, *JSL* n° 157, 7 décembre 2004, p. 25) ;
– le directeur qui a déclaré à des salariés que le plan de restructuration élaboré par la direction et qu'il était lui-même chargé d'appliquer ne serait jamais profitable, que le site serait fermé à court terme et que, s'ils ne voulaient pas mourir, il leur faudrait engager d'autres actions en justice (cass. soc. 21 février 2007, n° 05-44.198, *JSL* n° 209, 11 avril 2007, p. 25) ;
– le salarié qui, à l'occasion d'un différend avec son employeur sur ses horaires de travail, a porté tort à la réputation et à la crédibilité de l'entreprise en adressant aux organismes chargés de délivrer les agréments lui permettant de fonctionner et à des partenaires, étrangers au litige, la copie d'une lettre dans laquelle il reprochait à l'employeur des manquements à la réglementation du travail (cass. soc. 31 mars 2009, n° 07-44.918, *JSL* n° 255, 14 mai 2009, p. 26) ;
– le salarié qui, loin de se borner à critiquer la politique menée par la direction et la rudesse de ton du président, a adressé des messages par voie électronique à de nombreux collègues et aux dirigeants de la société mère à l'occasion d'un litige qui ne les concernait pas, caricaturant les méthodes de gestion du dirigeant de la société française dans des termes excessifs et mettant en cause son honnêteté et sa loyauté envers l'entreprise en procédant par insinuations et questions insolentes (cass. soc. 29 avril 2009, n° 07-44.798, *RJS* 7/09 n° 602).

• Voir notamment « L'expression des salariés : une liberté surveillée », A. Meyrieux, *JSL* 2000, n° 61, pp. 4 à 6.

Art. L. 2281-3. Les opinions que les salariés, quelle que soit leur place dans la hiérarchie professionnelle, émettent dans l'exercice du droit d'expression ne peuvent motiver une sanction ou un licenciement.

Art. L. 2281-4. Le droit des salariés à l'expression directe et collective s'exerce sur les lieux et pendant le temps de travail.

Le temps consacré à l'expression est rémunéré comme temps de travail.

Art. L. 2281-5. Dans les entreprises et organismes mentionnés à l'article L. 2212-1 et où sont constituées une ou plusieurs sections syndicales d'organisations représentatives ayant désigné un délégué syndical, les modalités d'exercice du droit d'expression sont définies par un accord conclu entre l'employeur et les organisations syndicales représentatives.

Cet accord est négocié conformément aux dispositions des articles L. 2232-16 à L. 2232-18.

Note *Premier alinéa.* Depuis la loi 2008-67 du 21 janvier 2008 (JO 22), l'article L. 2212-1 est devenu l'article L. 2211-1. Il convient donc de lire : Dans les entreprises et organismes mentionnés à l'article « L. 2211-1 » au lieu de « L. 2212-1 ».

Art. L. 2281-6. En l'absence de l'accord sur le droit d'expression, l'employeur engage au moins une fois par an une négociation en vue de la conclusion éventuelle d'un tel accord.

Note C'est à tort qu'une cour d'appel, après avoir constaté qu'au terme de la négociation annuelle relative aux modalités d'exercice du droit d'expression des salariés, aucun accord n'avait été conclu, s'est substituée à l'employeur pour arrêter les mesures destinées, jusqu'à la prochaine négociation, à pallier ce désaccord (cass. soc. 10 octobre 1989, n° 87-19.465, BC V n° 577 ; *Dr. Soc.* 1990, p. 316).

Art. L. 2281-7. Lorsqu'un accord sur le droit d'expression existe, l'employeur provoque une réunion, au moins une fois tous les trois ans, avec les organisations syndicales représentatives en vue d'examiner les résultats de cet accord et engage sa renégociation à la demande d'une organisation syndicale représentative.

Art. L. 2281-8. À défaut d'initiative de l'employeur dans le délai d'un an en cas d'accord, ou de trois ans en l'absence d'accord, la négociation s'engage obligatoirement à la demande d'une organisation syndicale représentative dans les quinze jours suivant la présentation de cette demande.

Cette demande est transmise aux autres organisations syndicales représentatives par l'employeur dans les huit jours.

Le point de départ du délai d'un an ou de trois ans est la date d'ouverture de la négociation précédente.

Art. L. 2281-9. L'accord ou le procès-verbal de désaccord, établi en application de l'article L. 2242-4, est déposé auprès de l'autorité administrative dans des conditions prévues par voie réglementaire.

Art. L. 2281-10. Dans les entreprises comportant des établissements ou groupes d'établissements distincts, la négociation peut avoir lieu au niveau des établissements ou des groupes d'établissements à condition que l'ensemble des établissements et groupes d'établissements distincts soient couverts par la négociation.

Art. L. 2281-11. L'accord sur le droit d'expression comporte des stipulations portant sur :

1° Le niveau, le mode d'organisation, la fréquence et la durée des réunions permettant l'expression des salariés ;

2° Les mesures destinées à assurer, d'une part, la liberté d'expression de chacun et, d'autre part, la transmission à l'employeur des demandes et propositions des salariés ainsi que celle des avis émis par les salariés dans les cas où ils sont consultés par l'employeur, sans préjudice des dispositions relatives aux institutions représentatives du personnel ;

3° Les mesures destinées à permettre aux salariés intéressés, aux organisations syndicales représentatives, au comité d'entreprise, aux délégués du personnel, au comité d'hygiène, de sécurité et des conditions de travail de prendre connaissance des demandes, avis et propositions émanant des groupes ainsi que des suites qui leur sont réservées ;

4° Les conditions spécifiques d'exercice du droit à l'expression dont bénéficie le personnel d'encadrement ayant des responsabilités hiérarchiques, outre leur participation dans les groupes auxquels ils sont rattachés du fait de ces responsabilités.

Art. L. 2281-12. Dans les entreprises où aucun délégué syndical n'a été désigné ou dans lesquelles un accord sur le droit d'expression n'a pas été conclu, l'employeur consulte le comité d'entreprise ou, à défaut, les délégués du personnel, sur les modalités d'exercice du droit d'expression des salariés.

Dans les entreprises où aucun délégué syndical n'a été désigné, cette consultation a lieu au moins une fois par an.

La consultation porte sur les stipulations mentionnées à l'article L. 2281-11.

Art. L. 2283-1. Le fait pour l'employeur de refuser d'engager la négociation en vue de la conclusion d'un accord définissant les modalités d'exercice du droit d'expression des salariés, prévue à l'article L. 2281-5, est puni d'un emprisonnement d'un an et d'une amende de 3750 €.

Art. L. 2283-2. Dans les entreprises et organismes où aucun délégué syndical n'a été désigné ou dans lesquels l'accord définissant les modalités d'exercice du droit d'expression des salariés, prévu à l'article L. 2281-5, n'a pas été conclu, le fait de refuser de consulter le comité d'entreprise ou, à défaut, les délégués du personnel, est puni d'un emprisonnement d'un an et d'une amende de 3750 €.

CHAPITRE II

Entreprises et établissements du secteur public

Note

• Les dispositions figurant dans ce chapitre résultent de la loi 83-675 du 26 juillet 1983 relative à la démocratisation du secteur public. Elles sont qualifiées de « complémentaires », les dispositions du chapitre 1er, issues de la loi 86-1 du 3 janvier 1986 (« droit commun »), devant trouver application dans les entreprises et établissements du secteur public dès lors qu'il n'existe aucune disposition qui leur soit spécifique.

• Les dispositions de la loi du 26 juillet 1983 ont fait l'objet d'un décret d'application 83-1160 du 26 décembre 1983 (JO 28) et d'une circulaire ministérielle du 17 janvier 1984 (JO 9 mars).

Art. L. 2282-1. Les dispositions du présent chapitre s'appliquent, à titre complémentaire, aux entreprises mentionnées à l'article 1er de la loi n° 83-675 du 26 juillet 1983 relative à la démocratisation du secteur public.

Art. L. 2282-2. L'ensemble des salariés, y compris le personnel d'encadrement direct, de chaque atelier ou bureau constituant une unité de travail bénéficient du droit de réunion en conseil d'atelier ou de bureau.

Les salariés se réunissent par atelier ou par bureau au moins une fois tous les deux mois et à raison d'au moins six heures par an pendant le temps de travail. Le temps consacré à ces réunions ne peut donner lieu à réduction de rémunération. Les salariés s'y expriment dans tous les domaines intéressant la vie de l'atelier ou du bureau.

Le personnel d'encadrement ayant la responsabilité directe de l'atelier ou du bureau est associé à l'organisation des réunions et aux suites à leur donner.

Art. L. 2282-3. Les stipulations comprises dans les accords sur le droit d'expression doivent être complétées par des dispositions portant sur :

1° La définition des unités de travail retenues comme cadre des réunions de conseils d'atelier ou de bureau. Ces unités doivent avoir une dimension réduite ;

2° La fréquence et la durée de réunion ;

3° Les modalités d'association du personnel d'encadrement à l'organisation des réunions et aux suites à leur donner ;

4° Le cas échéant, les modalités de participation des salariés travaillant en équipes successives ou dans des conditions qui les isolent de l'ensemble des autres salariés ;

5° Le domaine de compétence des conseils d'atelier ou de bureau qui doit comprendre les conditions et l'organisation du travail, l'application concrète des programmes d'activité et d'investissement de l'entreprise pour l'atelier ou le bureau, la recherche d'innovation technologique et de meilleure productivité dans l'atelier ou le bureau ;

6° Les modalités et la forme de l'intervention du conseil d'atelier ou de bureau ;

7° Les liaisons entre deux réunions avec la direction de l'entreprise ou de l'établissement et avec les institutions élues de représentants du personnel.

Les accords peuvent, en outre, prévoir la possibilité de donner aux conseils d'atelier ou de bureau des responsabilités portant sur un ou plusieurs des domaines de compétence mentionnés au 5°.

Art. R. 2282-1. L'activité des conseils d'atelier ou de bureau fait l'objet d'un rapport annuel établi par l'employeur et présenté au comité d'entreprise ou à l'organe qui en tient lieu.

CHAPITRE III

Dispositions pénales

Les articles législatifs ont été insérés à la fin du chapitre auquel ils se rapportent.

LIVRE III

LES INSTITUTIONS REPRÉSENTATIVES DU PERSONNEL

Note Voir Guide *RF* 2011 « Représentants du personnel : de la mise en place à la négociation collective » et ses mises à jour sur le site *www.representantsdupersonnel.com.* ; *LS* Numéro juridique juillet 2010 : « Les délégués du personnel. La délégation unique du personnel ».

Voir aussi « Le guide des élections professionnelles et des désignations de représentants syndicaux dans l'entreprise », *Dalloz* éd. 2011-2012, M-L Morin, L. Pécaut-Rivolier, Y. Struillou.

• Le principe de la souveraineté des États fait obstacle à ce qu'il soit fait application au sein de la représentation officielle d'un État étranger des règles du code du travail français relatives à la représentation du personnel et à celle des syndicats (cass. soc. 4 novembre 2009, n° 08-60.593, BC V n° 242 ; *LS* Jurispr. n° 238/2009 du 23/11/2009 ; *JCP* éd. S 2009, 1565, note B. Gauriau).

TITRE Ier

DÉLÉGUÉ DU PERSONNEL

CHAPITRE Ier

Champ d'application

Art. L. 2311-1. Les dispositions du présent titre sont applicables aux employeurs de droit privé ainsi qu'à leurs salariés.

Elles sont également applicables :

1° Aux établissements publics à caractère industriel et commercial ;

2° Aux établissements publics à caractère administratif lorsqu'ils emploient du personnel dans les conditions du droit privé.

Ces dispositions peuvent, compte tenu des caractères particuliers de certains des établissements mentionnés aux 1° et 2° et des instances de représentation du personnel éventuellement existantes, faire l'objet d'adaptations, par décrets en Conseil d'État, sous réserve d'assurer les mêmes garanties aux salariés de ces établissements.

Note S'agissant du champ d'application, voir note sous article L. 2321-1.

Si les chambres d'agriculture sont des établissements publics de l'État qui assurent tout à la fois une mission de service public à caractère administratif et à caractère industriel et commercial et qui emploient une partie de leur personnel dans les conditions du droit privé, aucun décret prévu aux articles L. 421-1 et L. 412-1 (anciens) CT ne les désigne parmi les établissements entrant dans le champ d'application des articles précités du code du travail. Par suite, les délégués du personnel et délégués syndicaux de ces institutions ne peuvent être regardés comme entrant dans le champ d'application de ces articles. Si la loi étend aux délégués du personnel et délégués syndicaux institués par voie conventionnelle les dispositions protectrices légales prévues en cas de licenciement, cette extension ne concerne que les salariés protégés d'établissements entrant dans le champ d'application des articles précités et ne peut concerner de tels salariés protégés institués par voie de convention collective au sein d'établissements publics non visés par ces textes. Dès lors, leur licenciement n'est pas subordonné à une autorisation administrative (CAA Bordeaux 27 avril 2000, n° 97-32074, *RJS* 9-10/00 n° 970).

CHAPITRE II

Conditions de mise en place

Art. L. 2312-1. Le personnel élit des délégués dans tous les établissements de onze salariés et plus.

Note **Notion d'établissement distinct**

• L'établissement distinct permettant l'élection de délégués du personnel se caractérise par le regroupement d'au moins onze salariés constituant une communauté de travail ayant des intérêts propres, susceptible de générer des réclamations communes et spécifiques et travaillant sous la direction d'un représentant de l'employeur, peu important que celui-ci ait le pouvoir de se prononcer sur ces réclamations (cass. soc. 29 janvier 2003, n° 01-60.628, BC V n° 30 ; *Dr. Soc.* 2003, p. 453, obs. J. Savatier ; *RJS* 4/03 n° 479 ; 13 juillet 2004, n° 03-60.173, BC V n° 214 ; *RJS* 10/04 n° 1061).

La Cour de cassation fait ainsi prévaloir le critère de l'existence d'une communauté de travail sur celui tenant à la présence d'un représentant de l'employeur doté d'un pouvoir de décision suffisant pour trancher lui-même aux réclamations des salariés. Ce faisant, la Cour de cassation abandonne la définition de l'établissement distinct résultant des arrêts dits « SNCF » qui exigeait la présence sur place d'un représentant de l'employeur qualifié pour recevoir les réclamations et transmettre celles auxquelles il ne pourrait pas donner suite (cass. soc. 10 octobre 1990, n° 89-61.560, BC V n° 446 ; 12 février 1992, n° 91-60.155, BC V n° 87 ; 17 mars 1993, 1re à 6e et 9e espèces, *RJS* 4/93 n° 414 ; 28 mai 1997, n° 96-60.209, *RJS* 7/97 n° 830).

Cette définition de l'établissement distinct, qui transpose aux délégués du personnel celle récemment adoptée pour la désignation des délégués syndicaux (cass. soc. 2 octobre 2001, n° 00-60.170, BC V n° 296), procède du souci de ne plus faire dépendre la reconnaissance d'un établissement distinct de l'organisation de l'entreprise : une mesure décidée par un employeur au niveau national tendant à ce que les plus larges pouvoirs ne soient attribués qu'à la seule direction régionale ne peut, à elle seule, faire échec à l'existence d'établissements distincts (cass. soc. 29 janvier 2003, BC V n° 30, précité).

• La possibilité d'avoir des contacts suffisants avec tous les salariés est un élément essentiel du fonctionnement de l'institution qui doit prévaloir sur le critère de l'autonomie absolue de chaque unité de travail (cass. soc. 16 février 1977, n° 76-60.234, BC V n° 120). Il appartient, dans une telle conjoncture, au tribunal d'instance d'examiner la possibilité de regrouper des unités géographiquement dispersées sur un plan régional (cass. soc. 15 juin 1977, n° 77-60.018, BC V n° 398) ; voir aussi cass. soc. 21 juillet 1986, n° 85-60.694, BC V n° 410 : compte tenu des critères permettant en la matière de déterminer l'existence d'établissements distincts, il appartient au juge du fond soit de regrouper entre elles les succursales n'occupant pas, prises isolément, l'effectif minimal requis de onze salariés, soit de les rattacher à l'une des succursales employant plus de dix personnes, afin d'assurer la meilleure représentation possible de l'ensemble du personnel de l'entreprise et de ne pas priver les salariés des succursales de faible importance de la possibilité d'avoir leurs intérêts défendus par les délégués du personnel.

À noter, par ailleurs, qu'aucun texte n'impose que les élections des différents collèges se déroulent dans un cadre géographique unique (cass. soc. 12 novembre 1987, Union des synd. CGT commerces et services du Rhône c/ Sté Sodexho, retenant, conformément à l'accord d'entreprise, le restaurant comme cadre le plus approprié pour l'élection des délégués du personnel du premier collège et regroupant pour le deuxième collège tous les agents de maîtrise dans un établissement unique contractuellement désigné). Sur le regroupement de deux services d'une société en un établissement unique pour l'élection de délégués du personnel communs, voir cass. soc. 19 mars 1981, n° 80-60.215, BC V n° 245.

• L'exigence d'une communauté de travail ayant des intérêts propres, susceptible de générer des réclamations communes et spécifiques, bien que formulée de façon plus précise, n'est pas nouvelle et a toujours revêtu une importance particulière pour la Cour de cassation (voir cass. soc. 20 janvier 1983, n° 82-60.342, BC V n° 30 ; 28 mai 1997, n° 96-60.209, *RJS* 7/97 n° 830). Elle a ainsi approuvé un tribunal d'instance d'avoir décidé que plusieurs sites d'une société formaient ensemble un établissement distinct pour l'organisation des élections des délégués du personnel dès lors que les particularités du travail sur ces sites liées aux risques d'accident et à la mise en œuvre de moyens de prévention appropriés généraient des intérêts communs entre les salariés qui y étaient affectés et que les trois personnes responsables de ces sites qui avaient pour rôle d'y organiser le travail constituaient une direction unique pour l'ensemble de ce sous-secteur (cass. soc. 14 février 2001, n° 99-60.581, *RJS* 6/01 n° 759). Si les intérêts sont absolument dissemblables, il peut y avoir motif à retenir une division d'établissements, malgré un même groupement géographique et une direction unique (cass. soc. 24 juillet 1974, n° 74-60.059, BC V n° 449).

En revanche, l'existence dans un même immeuble d'unités distinctes (par exemple, une unité administrative et une unité de production) ne conduit pas nécessairement à l'institution de délégués du personnel propres à chaque unité dans la mesure où un certain nombre de services sont communs (comptabilité, embauchage) (cass. soc. 24 octobre 1973, n° 73-60.123, BC V n° 512). La Cour de cassation a parfois retenu comme considérations militant en faveur de l'institution de délégués du personnel communs à plusieurs unités la présence d'un comité d'entreprise et de délégués syndicaux communs, tout comme, d'ailleurs, l'existence d'un accord existant à cet égard depuis de nombreuses années entre la direction et le personnel (cass. soc. 4 février 1970, n° 69-60.097, BC V n° 84).

Ont porté atteinte à la libre désignation des délégués du personnel les administrateurs d'un GIE qui ont refusé d'organiser l'élection de délégués du personnel pour l'ensemble du personnel de ce groupement. Les membres du personnel œuvrant ensemble à la réalisation d'une tâche commune sous l'autorité d'une direction unique chargée d'organiser le travail, et se trouvant ainsi sous la subordination du GIE, il en résultait qu'ils étaient, au cours des années considérées, « occupés » au sens de l'article L. 421-1 (ancien) CT par cet organisme, établissement de droit privé, et que ce dernier, qui atteignait le seuil d'au moins onze salariés, était donc soumis aux prescriptions de cet article relatives à l'élection des délégués du personnel, même si les organismes d'origine ayant constitué le GIE n'étaient pas eux-mêmes tenus d'instituer des délégués du personnel dans les conditions prévues par le droit du travail (cass. crim. 14 mai 1991, n° 90-83.131, *RJS* 10/91 n° 1107 ; 29 avril 1986, n° 84-94.476, B. crim. n° 147).

• En ce qui concerne les chantiers de travaux publics, voir notamment cass. soc. 5 décembre 1973, n° 72-60.134, BC V n° 627 ; *Dr. Soc.* 1974, p. 332 ; 8 juillet 1976, n° 76-60.058, BC V n° 444 ; 30 avril 1987, n° 86-60.371, BC V n° 249 : la permanence des délégués du personnel ne doit pas être affectée par la précarité et la mobilité des chantiers, mais les délégués du personnel doivent pouvoir exercer leur mission sur place. Aussi, convient-il que les élections soient organisées dans le cadre d'un ensemble de chantiers analogues, groupés pour la circonstance, mais que les délégués soient néanmoins désignés, tant en nombre que quant à leur affectation, pour chacun des établissements où leur présence est indispensable.

• *Société étrangère employant des salariés sur le territoire français sans y avoir établi de filiale ou de succursale.* Après avoir décidé (cass. soc. 14 février 2001, n° 99-60.355, BC V n° 55) que l'antenne d'une société étrangère, composée de salariés employés en permanence sur le territoire français à des tâches de prospection commerciale et répartis en quatre régions, constituait nécessairement un établissement, peu important la manière dont la société étrangère entendait diriger cet établissement, la Cour de cassation, faisant application de la définition de l'établissement distinct telle qu'elle résulte de l'arrêt du 29 janvier 2003 (n° 01-60.628, BC V n° 30) concernant l'élection des représentants du personnel, considère qu'il existe un établissement au sens de l'article L. 421-1 (ancien) CT dès lors qu'une société étrangère, qui dispose d'une organisation économique implantée sur le territoire français, exerce les responsabilités de l'employeur sur une collectivité de travail formée sur ce territoire par plus de 10 salariés en présence d'un directeur et ayant des intérêts communs (cass. soc. 14 janvier 2004, n° 02-60.119, BC V n° 17 ; *JSL* n° 139, 10 février 2004, p. 19, obs. J-E Tourreil ; *RJS* 3/04 n° 326).

• La constatation de l'existence d'établissements distincts au sein d'une entreprise peut être réclamée à l'occasion du renouvellement des délégués du personnel nonobstant une décision antérieure (cass. soc. 18 février 1998, n° 96-60.326, *RJS* 4/98 n° 488).

• La reconnaissance de la qualité d'établissement distinct à une direction régionale pour le renouvellement des délégués du personnel n'entraîne pas en soi la disparition des autres établissements distincts de la région, tels qu'ils ont été reconnus précédemment. C'est donc à tort que, pour décider que des établissements retenus lors des précédentes élections des délégués du personnel ne constituaient plus des établissements distincts, un tribunal d'instance s'est borné à reconnaître les éléments caractérisant l'établissement distinct constitué par la direction régionale, sans expliquer en quoi les autres établissements préexistants avaient perdu leur autonomie (cass. soc. 22 janvier 2002, n° 00-60.426, BC V n° 23 ; *RJS* 4/02 n° 450 ; *Dr. Soc.* 2002, p. 470, obs. J. Savatier).

• L'accord fixant un nouveau cadre pour les élections de délégués du personnel, y compris pour les établissements reconnus distincts par des décisions de justice antérieures, ces élections ayant lieu désormais au niveau du chef d'établissement, les décisions de justice antérieures à cet accord ne sont plus applicables (cass. soc. 10 juin 1997, n° 96-60.200, BC V n° 215 ; *Dr. Soc.* 1997, p. 987, obs. G. Borenfreund).

Notion d'unité économique et sociale

• Voir note sous article L. 2322-4.

• Les dispositions de l'article L. 122-12, al. 2 (ancien) CT destinées à garantir la stabilité de l'emploi ne peuvent être invoquées en matière d'élections professionnelles pour regrouper en vue du calcul de l'effectif le personnel de diverses entreprises (cass. soc. 6 février 1985, n° 84-60.552, BC V n° 84).

Art. L. 2312-2. La mise en place des délégués du personnel n'est obligatoire que si l'effectif de onze salariés et plus est atteint pendant douze mois, consécutifs ou non, au cours des trois années précédentes.

Note

Calcul de l'effectif. Voir note sous articles L. 1111-2 et L. 2312-8.

Conditions de franchissement des seuils. Voir note sous article L. 2143-3.

Les dispositions des articles L. 421-1, al. 2 [L. 2312-2] (délégués du personnel), et L. 2322-2 (comités d'entreprise), relatives au calcul de l'effectif d'une entreprise ou d'un établissement sur douze mois, consécutifs ou non, au cours des trois années précédant la date des élections, s'appliquent seulement lors de la mise en place de l'institution et non lors de son renouvellement (cass. soc. 7 novembre 1984, n° 84-60.248, BC V n° 420 ; 5 avril 1994, n° 93-60.355, *RJS* 5/94 n° 563).

Art. L. 2312-3. À l'expiration du mandat des délégués du personnel, l'institution n'est pas renouvelée si les effectifs de l'établissement sont restés en dessous de onze salariés pendant au moins douze mois.

Dans ce cas, le renouvellement intervient dès que les conditions d'effectifs prévues à l'article L. 2312-2 sont à nouveau remplies, la période de trois ans étant calculée à partir de la fin du dernier mandat des délégués du personnel.

Note Il résulte de cet article que l'institution des délégués du personnel ne peut être supprimée en cours de mandat, mais uniquement à la fin du mandat automatiquement, sans intervention de l'administration (circ. min. 25 octobre 1983, JO 20 déc.).

Art. L. 2312-4. Dans les établissements employant moins de onze salariés, des délégués du personnel peuvent être institués par convention ou accord collectif de travail.

Art. L. 2312-5. Dans les établissements employant habituellement moins de onze salariés et dont l'activité s'exerce sur un même site où sont employés durablement cinquante salariés et plus, l'autorité administrative peut, de sa propre initiative ou à la demande des organisations syndicales de salariés, imposer l'élection de délégués du personnel lorsque la nature et l'importance des problèmes communs aux entreprises du site le justifient.

Les conditions de ces élections sont définies par accord entre l'autorité gestionnaire du site ou le représentant des employeurs concernés et les organisations syndicales de salariés, ***(L. 2008-789 du 20 août 2008, art. 4, JO 21)*** « conclu selon les conditions de l'article L. 2314-3-1».

À défaut d'accord, l'autorité administrative fixe le nombre et la composition des collèges électoraux ainsi que le nombre des sièges et leur répartition entre les collèges par application des dispositions du présent titre.

Note **Délégués de site.** La notion de site est assez imprécise. Le ministre du Travail, lors des débats parlementaires, a défini le site comme « un lieu géographiquement et matériellement isolé, qui constitue une entité » (ex. : chantiers, centres commerciaux, zones artisanales ou industrielles).

Le site, au sens de cette disposition, permet, à l'initiative du directeur départemental du travail ou sur la demande des organisations syndicales de salariés, l'élection de délégués du personnel et non la désignation d'un délégué syndical (cass. soc. 13 janvier 1999, n° 97-60.782, BC V n° 20).

Sur les conditions de validité de l'accord définissant les conditions des élections des délégués de site depuis l'intervention de la loi du 20 août 2008 portant rénovation de la démocratie sociale, voir article L. 2314-3-1 et note sous cet article.

Art. R. 2312-1. Le ***(D. 2009-1377 du 10 nov. 2009, JO 13 ; D. 2010-687 du 24 juin 2010, JO 25 ; voir D. 2010-1582 du 17 déc. 2010, JO 18, pour outre-mer)*** « directeur régional des entreprises, de la concurrence, de la consommation, du travail et de l'emploi » est compétent pour prendre les décisions prévues à l'article L. 2312-5.

Note Voir articles R. 2312-2 et 3 figurant sous article L. 2314-31.

Art. L. 2312-6. Les dispositions du présent titre ne font pas obstacle aux clauses plus favorables résultant de conventions ou d'accords et relatives à la désignation et aux attributions des délégués du personnel.

Note Si le nombre des délégués tel qu'il est fixé par la loi peut être augmenté à la suite d'une négociation avec les syndicats représentatifs par un accord collectif et spécialement par un accord préélectoral valable pour l'élection qu'il organise, ni un usage de l'entreprise ni un engagement unilatéral de l'employeur ne peuvent modifier les dispositions légales sur les délégués du personnel (cass. soc. 20 juin 2000, n° 99-60.153, BC V n° 239 ; voir aussi cass. soc. 22 juillet 1982, n° 82-60.252, BC V n° 508 et 3 décembre 1987, n° 86-60.489, BC V n° 706).

Élections complémentaires en cas de hausse de l'effectif en cours de mandat. Si la loi ne prévoit pas d'élections complémentaires de représentants du personnel dans le cas d'augmentation d'effectifs de l'entreprise, de telles élections tendant à désigner des délégués en plus de ceux dont le mandat est en cours, et pour la durée des mandats restant à courir, peuvent néanmoins être organisées à la condition qu'elles soient prévues par un accord collectif signé par tous les syndicats présents dans l'entreprise (cass. soc. 13 octobre 2010, n° 09-60.206, *RJS* 12/10 n° 960).

Art. L. 2312-7. Aucune limitation ne peut être apportée aux dispositions relatives à la désignation et à l'exercice des fonctions de délégué du personnel par note de service ou décision unilatérale de la direction.

Art. L. 2312-8. Pour l'application du présent titre, les modalités de calcul des effectifs sont celles prévues aux articles L. 1111-2 et L. 1251-54.

Note **Détermination des effectifs.** Voir notes sous articles L. 1111-2 et L. 2314-1.

• En matière de représentation du personnel, l'effectif de l'entreprise est calculé selon les règles prévues à l'article L. 1111-2 ; lorsque ce calcul aboutit à un nombre décimal, aucune disposition de ce texte ne prévoit de l'arrondir au nombre entier supérieur (cass. soc. 17 juin 2009, n° 08-60.594, *LS* Jurispr. n° 156/2009 du 27-28/07/09 ; *RJS* 8-9/09 n° 729).

• Des salariés dispensés de toute activité dans l'entreprise mais qui continuent à percevoir de celle-ci une garantie de ressources font partie des effectifs (cass. soc. 12 décembre 1990, n° 88-60.782, BC V n° 662 ; *RJS* 1/91 n° 40 ; 26 mai 2004, n° 03-60.125, BC V n° 140 ; *RJS* 8-9/04 n° 935).

• La prise en compte des travailleurs intérimaires dans l'effectif en vue des élections des délégués du personnel n'est pas subordonnée à la condition que les intéressés soient toujours en activité lors des élections, cette condition n'étant pas légalement exigée (cass. soc. 6 novembre 1991, n° 90-60.458, BC V n° 480 ; *RJS* 12/91 n° 1334).

• ***Salariés mis à disposition.*** Selon l'article L. 1111-2, dans sa rédaction issue de la loi 2008-789 du 20 août 2008, les salariés mis à la disposition de l'entreprise par une entreprise extérieure sont pris en compte dans l'effectif à due proportion de leur temps de présence au cours des douze mois précédents, à condition d'être présents dans les locaux de l'entreprise utilisatrice et d'y travailler depuis au moins un an.

En posant ainsi des critères objectifs pour l'intégration des salariés mis à disposition dans l'effectif de l'entreprise d'accueil, cette loi a mis fin à un certain nombre d'incertitudes qui avaient amené la Cour de cassation à décider que ces salariés devaient être comptabilisés dans l'effectif de l'entreprise d'accueil dès lors qu'ils sont intégrés de façon étroite et permanente à la communauté de travail qu'elle constitue (cass. soc. 28 février 2007, n° 06-60.171, BC V n° 34 ; 1er avril 2008, nos 07-60.283 et 07-60.287, BC V nos 76 et 77), peu important qu'ils ne travaillent pas sous sa subordination (cass. soc. 28 mars 2000, n° 98-60.440, BC V n° 133).

Dans trois arrêts rendus postérieurement à la loi du 20 août 2008, mais sur la base de la législation antérieure (cass. soc 13 novembre 2008, nos 07-60.465, 07-60.434 et 08-60.331, BC V nos 218, 219 et 220), la Cour de cassation a précisé la notion de salariés intégrés de façon étroite et permanente à la communauté de travail en énonçant qu'il s'agit des salariés qui, « abstraction faite du lien de subordination qui subsiste avec leur employeur, sont présents dans les locaux de l'entreprise utilisatrice et y travaillent depuis une certaine durée, partageant ainsi des conditions de travail au moins en partie communes susceptibles de générer des intérêts communs ». Des salariés travaillant indifféremment pour plusieurs entreprises et ne se rendant que ponctuellement dans les locaux de l'entreprise utilisatrice ne remplissent donc pas les conditions pour être décomptés dans l'effectif de cette dernière (cass. soc. 14 avril 2010, n° 09-60.367, BC V n° 99 ; *Dr. Soc.* 2010, p. 720, obs. L. Pécaut-Rivolier ; *RJS* 6/10 n° 526).

Sur ce point, voir étude A-M Dupuy et P. Safar., « Travailleurs mis à disposition : les apports de la loi du 20 août 2008 », *JCP* éd. S n° 37, 9 septembre 2008.

À noter: le fait que des salariés mis à disposition aient choisi, en application des dispositions de l'article L. 2314-18-1, d'exercer leur droit de vote dans leur entreprise d'origine n'exclut pas leur prise en compte dans l'effectif de l'entreprise utilisatrice pour la mise en place des délégués du personnel (cass. soc. 19 janvier 2011, n° 10-60.296, BC V n° 27 ; *LS* Bref n° 15783 du 28/01/11 ; *RJS* 4/11 n° 337).

• ***Détachement.*** Les démonstrateurs détachés par des fournisseurs auprès d'un grand magasin seront comptés dans les effectifs de celui-ci, l'article L. 421-2 [L. 2312-8] consacrant leur intégration dans la communauté de travail et dans l'entité du grand magasin (cass. ass. plén. 6 juillet 1990, n° 89-60581, BC n° 10 ; *Dr. Soc.* 1990, p. 867, concl. H. Dontenwille ; cass. soc. 20 février 1991, n° 89-61.212, BC V n° 87 ; *RJS* 4/91 n° 487). La chambre criminelle confirme cette interprétation : les démonstrateurs des grands magasins sont intégrés dans cette entité et doivent être pris en compte dans l'effectif pour les élections des délégués du personnel (cass. crim. 26 mai 1994, n° 92-81.581, *RJS* 10/94 n° 1159).

Des salariés détachés à l'étranger doivent être intégrés dans les effectifs de leur établissement d'origine, lorsque leur contrat de détachement déterminant leurs conditions d'emploi dans les filiales ou succursales étrangères prévoit que l'employeur peut y mettre fin en cas de faute grave (cass. soc. 29 janvier 1992, n° 90-60.526, BC V n° 53 ; *RJS* 3/92 n° 320). Des salariés recrutés en France et rattachés, pour l'application des lois relatives à la représentation du personnel, à l'établissement français doivent être inclus dans les effectifs de l'entreprise située en France (cass. soc. 4 mai 1994, n° 91-60.008, BC V n° 162 ; *RJS* 6/94 n° 711, 1re espèce).

• ***Cadres.*** Si les cadres détenant sur un service, un département ou un établissement de l'entreprise une délégation particulière d'autorité établie par écrit permettant de les assimiler à un chef d'entreprise sont exclus de l'électorat et de l'éligibilité aux fonctions de délégués du personnel et de membres du comité d'entreprise pour la durée d'exercice de cette délégation particulière, ils doivent néanmoins être comptabilisés dans les effectifs de l'entreprise ou de l'établissement, dès lors qu'ils ont la qualité de salarié. Ainsi, un responsable d'exploitation, inscrit sur les registres du personnel, doit être inclus dans l'effectif de l'entreprise en vue de l'organisation des élections professionnelles (cass. soc. 26 septembre 2002, n° 01-60.670, BC V n° 285 ; *RJS* 12/02 n° 1411).

• En raison du caractère spécifique du travail des enseignants (cass. soc. 20 mai 1992, n° 91-60.240, BC V n° 326), les conditions de leur prise en compte, en tant que travailleurs permanents ou salariés à temps partiel dans l'effectif de l'établissement en vue des élections des délégués du personnel, doivent être adaptées à leur situation particulière, laquelle permet de retenir, pour un temps de travail, un temps supérieur aux heures de cours proprement dites. Cette solution s'applique également aux établissements d'enseignement privé n'ayant pas passé de contrat avec l'État (cass. soc. 3 mars 1993, n° 92-60.031). Voir aussi circ. DRT 12 du 29 juillet 1988, BO MT 88/19, p. 69, s'agissant de la détermination de l'effectif des enseignants dans les établissements d'enseignement privé.

• Les salariés à temps partiel, quelle que soit la nature de leur contrat de travail, sont pris en compte dans l'effectif en divisant la somme totale des horaires inscrits dans leur contrat de travail par la durée légale ou la durée conventionnelle du travail (art. L. 1111-2, 3°). Mais, si les règles conventionnelles applicables dans l'entreprise s'avèrent plus favorables, en prévoyant par exemple de prendre intégralement en compte les salariés à temps partiel, il convient d'en faire application et de comptabiliser ces derniers comme des salariés à temps plein (cass. soc. 25 janvier 2012, n° 11-60.092).

Un VRP engagé sous contrat à durée indéterminée sans contrat écrit et n'étant soumis à aucun horaire ne peut être considéré comme un salarié à temps partiel du seul fait qu'il a plusieurs cartes ; ainsi, un VRP à cartes multiples d'une société et travaillant sans contrat écrit doit être pris en compte intégralement dans l'effectif de l'entreprise (cass. soc. 7 octobre 1998, n° 97-60.429, BC V n° 415 ; *RJS* 11/98 n° 1417).

CHAPITRE III

Attributions

SECTION 1. Attributions générales

Art. L. 2313-1. Les délégués du personnel ont pour mission :

1° De présenter aux employeurs toutes les réclamations individuelles ou collectives relatives aux salaires, à l'application du code du travail et des autres dispositions légales concernant la protection sociale, la santé et la sécurité, ainsi que des conventions et accords applicables dans l'entreprise ;

2° De saisir l'inspection du travail de toutes les plaintes et observations relatives à l'application des dispositions légales dont elle est chargée d'assurer le contrôle.

Note **Nature des attributions**

• La mission des délégués du personnel ne peut concerner que les problèmes intéressant directement les salariés qui les ont élus (cass. soc. 24 mars 1993, n° 88-42.887,

BC V n° 98 ; *Dr. Soc.* 1993, p. 753) ; la chambre sociale entend ainsi délimiter les attributions des délégués du personnel. La participation à une réunion organisée par leur syndicat n'entre pas dans les missions des délégués du personnel (J. Savatier, « Les attributions des délégués du personnel », *Dr. Soc.* 1993, p. 746).

• La chambre criminelle retient une interprétation plus large des attributions des délégués du personnel, leur reconnaissant par exemple la possibilité de participer à une réunion intersyndicale et de s'intéresser à des questions concernant l'ensemble de l'entreprise (cass. crim. 9 décembre 1980, *JS* 1981 F 13).

Selon la chambre criminelle de la Cour de cassation (cass. crim. 24 mai 1973, *D.* 1973, 599, note J. Savatier), les attributions des délégués du personnel doivent s'articuler avec celles des délégués syndicaux, quand il en existe, sans empiéter sur elles. C'est notamment à propos de revendications en matière de salaires que la question peut se poser : il entre dans les attributions des délégués du personnel de connaître toutes les revendications présentées par le personnel affilié ou non à un syndicat et, quand il n'existe pas de section syndicale dans l'entreprise, de présenter à l'employeur lesdites revendications ; mais, quand il a été créé une ou plusieurs sections syndicales, les délégués du personnel, qui demeurent compétents pour présenter à l'employeur les réclamations relatives à l'application des taux de salaires, n'ont plus qualité pour lui présenter les demandes de modification de ces mêmes taux. En présence de revendications des délégués du personnel portant sur l'augmentation de la rémunération et la réduction de la durée du travail, l'employeur est fondé à répondre qu'elles relèvent de la négociation collective avec les organisations syndicales représentatives dans les entreprises où sont constituées une ou plusieurs sections syndicales (cass. crim. 26 janvier 1993, n° 89-85.389, B. crim. n° 43 ; *Dr. Soc.* 1993, p. 751). A commis un délit d'entrave l'employeur qui a pris des mesures de mise à pied à l'encontre d'un délégué syndical et de délégués du personnel, pour s'être rendus dans les bureaux et ateliers de l'entreprise afin de se faire remettre par les salariés un « cahier-questionnaire » établi par le syndicat, distribué auxdits salariés et portant sur des questions intéressant leur vie professionnelle, telles que le pouvoir d'achat, l'âge de la retraite, l'emploi et le travail des femmes. Les juges du fond ont estimé, à juste titre, que l'intervention des délégués n'avait pas été effectuée hors des attributions que la loi donne, d'une part, aux délégués du personnel, pour les réclamations se rapportant à la mise en cause du statut collectif des salariés et, d'autre part, aux délégués syndicaux, pour les revendications concernant la modification d'un tel statut (cass. crim. 27 septembre 1988, n° 87-81.800, *CSB* 1988 A. 22).

• La chambre sociale a jugé que les revendications présentées par les délégués du personnel, qui avaient pour objet d'obtenir non pas une adaptation des dispositions de la convention collective aux conditions particulières de l'entreprise, mais un réaménagement de cette convention, ne relevaient pas de leur compétence mais de celle des délégués syndicaux (cass. soc. 13 mai 1980, n° 78-15.782, BC V n° 424).

Présentation des réclamations

• Selon la chambre criminelle de la Cour de cassation (cass. crim. 9 avril 1975, n° 74-91.981, B. crim. n° 88), les délégués du personnel sont autorisés à présenter les réclamations individuelles des salariés sans qu'il soit nécessaire que ces réclamations aient été préalablement soumises par les intéressés eux-mêmes à la direction ou à ses représentants. En exigeant des salariés d'adresser d'abord leurs réclamations à leurs chefs hiérarchiques avant de les soumettre par l'intermédiaire des délégués du personnel, la direction d'une entreprise porte atteinte à l'exercice régulier des fonctions de délégué du personnel.

• N'a pas commis de délit d'entrave l'employeur qui a refusé la présence d'un délégué du personnel lors d'un entretien individuel où un salarié présentait une réclamation, dès lors que le salarié ayant présenté lui-même sa demande d'entretien, le délégué du personnel n'était pas dans l'exercice de sa mission de présentation d'une réclamation individuelle au sens de la loi et, d'autre part, que l'assistance par un délégué du personnel, lors d'un entretien avec l'employeur, n'est prévue que par les articles L. 122-14 [L. 1233-13] CT – entretien préalable au licenciement – et L. 122-41 [L. 1332-2] CT – entretien préalable à une sanction disciplinaire – (cass. crim. 11 février 2003, n° 01-88.014, B. crim. n° 32 ; *RJS* 6/03 n° 772 ; *Dr. Soc.* 2003, p. 631, note Fr. Duquesne).

• À noter que l'assistance prêtée par une déléguée du personnel à une salariée, à l'occasion d'un entretien avec la directrice qui voulait lui demander des explications sur son comportement, entre dans le cadre de ses fonctions, s'agissant d'une question relative à la protection sociale. L'attitude de la directrice, qui a d'abord admis la présence de la déléguée puis, à la suite d'un incident, l'a forcée à quitter la pièce, est constitutive du délit d'atteinte auxdites fonctions (cass. crim. 21 mai 1985, *JS* 1985 SJ 223).

Interventions auprès de l'inspection du travail. Bien que cet article ne le précise pas expressément, il semble devoir permettre aux délégués du personnel de saisir l'inspection du travail de plaintes relatives à la non-observation de dispositions d'une convention collective dans la mesure où les inspecteurs du travail ont compétence pour veiller à l'application des dispositions des conventions et accords collectifs de travail (art. L. 8112-1).

Art. L. 2313-2. Si un délégué du personnel constate, notamment par l'intermédiaire d'un salarié, qu'il existe une atteinte aux droits des personnes, à leur santé physique et mentale ou aux libertés individuelles dans l'entreprise qui ne serait pas justifiée par la nature de la tâche à accomplir, ni proportionnée au but recherché, il en saisit immédiatement l'employeur. Cette atteinte peut notamment résulter de toute mesure discriminatoire en matière d'embauche, de rémunération, de formation, de reclassement, d'affectation, de classification, de qualification, de promotion professionnelle, de mutation, de renouvellement de contrat, de sanction ou de licenciement.

L'employeur procède sans délai à une enquête avec le délégué et prend les dispositions nécessaires pour remédier à cette situation.

En cas de carence de l'employeur ou de divergence sur la réalité de cette atteinte, et à défaut de solution trouvée avec l'employeur, le salarié, ou le délégué si le salarié intéressé averti par écrit ne s'y oppose pas, saisit le bureau de jugement du conseil de prud'hommes qui statue selon la forme des référés.

Le juge peut ordonner toutes mesures propres à faire cesser cette atteinte et assortir sa décision d'une astreinte qui sera liquidée au profit du Trésor.

Note

• Ces dispositions ne concernent que les actions ayant pour objet de veiller à la protection des personnes et des libertés individuelles et collectives ; elles ne permettent pas à un délégué du personnel de saisir le juge en cas de divergence avec l'employeur pour des demandes le concernant (cass. soc. 3 février 1998, n° 96-42.062, BC V n° 63 ; *RJS* 4/98 n° 489).

• Les dispositions de cet article permettant au salarié ou au délégué du personnel de saisir, sans recourir au préalable de conciliation, le bureau de jugement du conseil de prud'hommes statuant selon les formes du référé, sont applicables, à défaut de solution trouvée avec l'employeur, lorsqu'il existe des divergences sur la réalité de l'atteinte aux droits des personnes dénoncée par le délégué ou lorsque l'employeur saisi d'une telle atteinte ne diligente pas d'enquête (cass. soc. 28 mars 2006, n° 04-41.016, BC V n° 126 ; *RJS* 6/06 n° 690).

• Est légalement justifié l'arrêt ayant ordonné à un employeur d'organiser une enquête avec les délégués du personnel sur les conditions dans lesquelles avaient été consultées les messageries de plusieurs salariés et notamment de rechercher si des messages qualifiés de personnels avaient été ouverts dans le seul cadre de la mission confiée à l'administrateur réseaux ou s'ils l'avaient été par l'employeur. En effet, la cour d'appel s'est bornée à permettre, tant à l'employeur qu'aux délégués du personnel, d'être éclairés sur la réalité de l'atteinte portée aux droits des personnes et aux libertés individuelles dans l'entreprise et d'envisager éventuellement les solutions pour y mettre fin (cass. soc. 17 juin 2009, n° 08-40.274, 2e moyen, BC V n° 153 ; *JSL* n° 259, 13 juillet 2009, p. 7, obs. M. Hautefort ; *RJS* 8-9/09 n° 743 ; *JCP* éd. S 2009, 1362, note E. Jeansen).

• Si le délégué du personnel ne tient pas des dispositions de cet article le pouvoir d'agir en nullité des licenciements prononcés par l'employeur à la suite d'une atteinte aux droits des personnes ou aux libertés individuelles, ce texte lui confère le pouvoir d'agir à l'effet de réclamer le retrait d'éléments de preuves obtenues par l'employeur par des moyens frauduleux qui constituent une atteinte aux droits des personnes et aux libertés individuelles (en l'espèce, un enregistrement vidéo cinématographique ; cass. soc. 10 décembre 1997, n° 95-42.661, BC V n° 434 ; *Dr. Soc.* 1998, p. 202).

• Ayant constaté qu'un délégué du personnel était dans l'exercice de la mission qui lui avait été confiée par article L. 422-1-1 [L. 2313-2] CT lorsqu'il a été dénoncer devant le conseil de prud'hommes la discrimination dont il était l'objet (seul salarié de l'atelier à ne pas percevoir de prime de salissure en raison de ses fonctions de délégué du personnel), un conseil de prud'hommes a retenu à bon droit que les heures ainsi passées devaient s'imputer sur ses heures de délégation (cass. soc. 26 mai 1999, n° 97-40.966, BC V n° 238 ; *RJS* 7/99 n° 935).

Art. L. 2313-3. Les salariés d'entreprises extérieures qui, dans l'exercice de leur activité, ne se trouvent pas placés sous la subordination directe de l'entreprise utilisatrice peuvent faire présenter leurs réclamations individuelles et collectives, intéressant celles des conditions d'exécution du travail qui relèvent du chef d'établissement, par les délégués du personnel de cet établissement dans les conditions fixées au présent titre.

Art. L. 2313-4. Dans les entreprises utilisatrices, les salariés temporaires peuvent faire présenter par les délégués du personnel de ces entreprises leurs réclamations intéressant l'application des dispositions des articles :

1° L. 1251-18 en matière de rémunération ;

2° L. 1251-21 à L. 1251-23 en matière de conditions de travail ;

3° L. 1251-24 en matière d'accès aux moyens de transport collectifs et aux installations collectives.

Art. L. 2313-5. Les délégués du personnel peuvent prendre connaissance des contrats de mise à disposition conclus avec les entreprises de travail temporaire ainsi que des contrats suivants :

1° Contrats d'accompagnement dans l'emploi ;

(Abrogé par L. 2008-1249 du 1er déc. 2008, art. 18, JO 3, à compter du 01.01.10) « 2° Contrats d'avenir » ;

3° Contrats initiative emploi ;

(Abrogé par L. 2008-1249 du 1er déc. 2008, art. 18, JO 3, à compter du 01.01.10) « 4° Contrats insertion-revenu minimum d'activité ».

(L. 2008-596 du 25 juin 2008, JO 26) « En l'absence de comité d'entreprise, l'employeur informe les délégués du personnel, une fois par an, des éléments qui l'ont conduit à faire appel, au titre de l'année écoulée, et qui pourraient le conduire à faire appel pour l'année à venir, à des contrats de travail à durée déterminée, à des contrats de mission conclus avec une entreprise de travail temporaire ou à des contrats conclus avec une entreprise de portage salarial. »

Art. L. 2313-6. Lorsque les délégués du personnel tiennent de la loi un droit d'accès aux registres mentionnés à l'article L. 8113-6, l'employeur les consulte préalablement à la mise en place d'un support de substitution dans les conditions prévues à ce même article.

Art. L. 2313-7. Dans les entreprises de moins de cinquante salariés, lorsque l'employeur envisage de procéder à un licenciement collectif pour motif économique, les délégués du personnel sont consultés dans les conditions prévues par le titre III du livre II de la première partie.

Note Lorsqu'un comité d'entreprise existe dans l'entreprise, l'employeur qui envisage de procéder à un licenciement collectif pour motif économique de dix salariés ou plus dans une même période de trente jours doit réunir et consulter ce comité, peu important que l'effectif de l'entreprise soit passé en dessous du seuil de cinquante salariés. C'est donc à tort que, pour juger que, dans le cadre d'une procédure de licenciement collectif pour motif économique, un employeur était tenu de réunir et de consulter les délégués du personnel et non le comité d'entreprise, une cour d'appel a retenu que l'obligation de consulter le comité d'entreprise ne s'impose que dans les entreprises qui comptent plus de cinquante salariés (cass. soc. 12 juillet 2010, n° 09-14.192, 1re branche du moyen, BC V n° 165 ; *RJS* 10/10 n° 738).

Art. L. 2313-8. Dans les entreprises de moins de cinquante salariés, les délégués du personnel exercent les missions du comité d'entreprise en matière de formation professionnelle.

À ce titre, ils bénéficient des moyens prévus aux articles L. 2315-1 et suivants.

Art. L. 2313-9. Lorsqu'il existe un comité d'entreprise, les délégués du personnel ont qualité pour lui communiquer les suggestions et observations du personnel sur toutes les questions entrant dans la compétence du comité.

Il en est de même lorsqu'il existe un comité d'hygiène, de sécurité et des conditions de travail.

Art. L. 2313-10. Les salariés conservent le droit de présenter eux-mêmes leurs observations à l'employeur ou à ses représentants.

Art. L. 2313-11. Lors de ses visites, l'inspecteur du travail se fait accompagner par le délégué du personnel compétent, si ce dernier le souhaite.

Note L'inspecteur du travail doit se faire accompagner dans ses visites par le délégué compétent, si ce dernier le désire. Ce dernier membre de phrase a été ajouté afin de donner à cette disposition une certaine souplesse et d'éviter que l'absence d'un délégué du personnel lors de la constatation d'une infraction puisse vicier de nullité le procès-verbal (position qu'avait d'ailleurs déjà prise la chambre criminelle de la Cour de cassation). Le ministre du Travail a précisé, lors des débats parlementaires, que cette disposition devait continuer à s'appliquer selon les directives données autrefois dans la circulaire TM 37/46 du 7 mai 1946. Cette circulaire distinguait entre les visites qui font suite à une plainte, pour lesquelles la présence d'un délégué s'impose, et les visites d'ordre général que l'inspecteur du travail est amené à faire dans l'exercice normal de ses fonctions, pour lesquelles il a la possibilité de se faire accompagner par les délégués du personnel, sans y être cependant obligé.

Art. L. 2313-12. Lorsque, dans les entreprises de moins de deux cents salariés, l'employeur met en place une délégation unique du personnel dans les conditions fixées à l'article L. 2326-1, les délégués du personnel constituent également la délégation du personnel au comité d'entreprise.

SECTION 2. Attributions particulières dans les entreprises de cinquante salariés et plus dépourvues de comité d'entreprise ou de comité d'hygiène, de sécurité et des conditions de travail

Art. L. 2313-13. En l'absence de comité d'entreprise, par suite d'une carence constatée aux élections, les attributions économiques de celui-ci, mentionnées à la section 1 du chapitre III du titre II, sont exercées temporairement par les délégués du personnel.

Les informations sont communiquées et les consultations ont lieu au cours de la réunion mensuelle des délégués du personnel.

Un procès-verbal concernant les questions économiques examinées est établi. Il est adopté après modifications éventuelles lors de la réunion suivante et peut être affiché après accord entre les délégués du personnel et l'employeur.

Dans ce cadre, les délégués du personnel sont tenus au respect des dispositions relatives au secret professionnel et à l'obligation de discrétion prévues à l'article L. 2325-5.

Les délégués du personnel peuvent avoir recours aux experts rémunérés par l'employeur dans les conditions prévues aux articles L. 2325-35 et suivants.

Le budget de fonctionnement dont le montant est déterminé à l'article L. 2325-43 est géré conjointement par l'employeur et les délégués du personnel.

Les délégués du personnel bénéficient de la formation économique dans les conditions prévues à l'article L. 2325-44.

Note

• Sur le maintien du versement de la subvention de fonctionnement en cas de carence du comité d'entreprise, voir note sous article L. 2325-43.

• Dans les entreprises ou établissements employant habituellement moins de 50 salariés, les délégués du personnel devront être réunis et consultés sur les projets de licenciement économique touchant au moins 10 salariés dans une même période de 30 jours. Voir l'article L. 1233-29.

Art. L. 2313-14. En l'absence de comité d'entreprise, par suite d'une carence constatée aux élections ou lorsque le comité d'entreprise a été supprimé, les délégués du personnel peuvent, pour l'exercice du droit d'alerte économique prévu à l'article L. 2323-78, demander des explications dans les mêmes conditions que le comité d'entreprise.

Cette demande est inscrite de droit à l'ordre du jour de la première réunion entre les délégués du personnel et l'employeur suivant la demande. À cette occasion, un procès-verbal est établi.

S'ils n'ont pu obtenir de réponse suffisante de l'employeur ou si celle-ci révèle le caractère préoccupant de la situation économique de l'entreprise, les délégués du personnel, après avoir pris l'avis d'un expert-comptable dans les conditions prévues aux articles L. 2325-35 et suivants et du commissaire aux comptes, s'il en existe un, peuvent :

1° Dans les sociétés à conseil d'administration ou à conseil de surveillance ainsi que dans les autres personnes morales dotées d'un organe collégial, saisir de la situation l'organe chargé de l'administration ou de la surveillance dans les conditions prévues à l'article L. 2323-81 ;

2° Dans les autres formes de société ou dans les groupements d'intérêt économique, décider que doivent être informés de la situation les associés ou les membres du groupement, auxquels le gérant ou les administrateurs sont tenus de communiquer les demandes d'explication des délégués.

L'avis de l'expert-comptable est joint à la saisine ou à l'information mentionnées aux 1° et 2°.

Les informations concernant l'entreprise, communiquées en application du présent article, ont par nature un caractère confidentiel. Toute personne qui a accès à ces informations est tenue à une obligation de discrétion à leur égard.

Art. R. 2313-1. Lorsque les délégués du personnel ont saisi l'organe chargé de l'administration ou de la surveillance en application du droit d'alerte économique, conformément à l'article L. 2313-14, cet organe délibère dans le mois de sa saisine.

L'extrait du procès-verbal des délibérations dans lequel figure la réponse motivée à la demande d'explication faite en application de ce même article est adressé aux délégués du personnel dans le mois qui suit la réunion de cet organe.

Art. R. 2313-2. Dans les sociétés autres que celles qui ont un conseil d'administration ou de surveillance ou dans les groupements d'intérêt économique, le gérant ou les administrateurs communiquent, dans un délai de huit jours, aux associés ou aux membres du groupement la demande d'explication des délégués du personnel faite en application du droit d'alerte économique.

Ce délai court à compter de la réunion au cours de laquelle les délégués du personnel ont demandé cette communication.

Art. L. 2313-15. En l'absence de comité d'entreprise, les délégués du personnel peuvent communiquer à leur employeur toutes les suggestions tendant à l'amélioration de la productivité et de l'organisation générale de l'entreprise.

Ils assurent, en outre, conjointement avec l'employeur, le fonctionnement de toutes les institutions sociales de l'établissement, quelles qu'en soient la forme et la nature.

De plus, ils sont consultés sur les mesures prises en vue de faciliter la mise ou la remise au travail des travailleurs handicapés et notamment lorsqu'elles interviennent avec l'aide de l'État.

Note Sur le maintien du versement de la contribution au financement des activités sociales et culturelles en cas de carence du comité d'entreprise, voir note sous article L. 2323-86.

Art. L. 2313-16. Dans les établissements de cinquante salariés et plus, s'il n'existe pas de comité d'hygiène, de sécurité et des conditions de travail, les délégués du personnel exercent les missions attribuées à ce comité avec les mêmes moyens et obligations que celui-ci.

Dans les établissements de moins de cinquante salariés, s'il n'existe pas de comité d'hygiène, de sécurité et des conditions de travail, les délégués du personnel exercent les missions attribuées à ce comité avec les moyens attribués aux délégués du personnel. Ils sont soumis aux mêmes obligations que les membres du comité d'hygiène, de sécurité et des conditions de travail.

Note • Aucune restriction n'est apportée par la loi à la mission générale des délégués du personnel quand il existe dans l'entreprise un CHSCT (cass. crim. 4 novembre 1981, *JS* 1982, F 4). Il résulte de l'articulation des articles L. 422-1 et L. 422-5 (anciens) CT que les délégués du personnel ont, dans tous les cas, une mission générale, celle de présenter les réclamations individuelles et collectives, y compris en matière d'hygiène et de sécurité, même s'il existe un comité d'hygiène et de sécurité. La chambre criminelle a par ailleurs précisé (dans le cadre législatif antérieur au 28 octobre 1982) que l'activité des délégués du personnel, auxquels les problèmes d'hygiène et de sécurité ne peuvent demeurer étrangers, ne saurait être strictement limitée à la vie interne de l'établissement où ils travaillent et que ceux-ci ne peuvent être tenus à l'écart des questions mettant en jeu les intérêts collectifs de l'entreprise à laquelle ils appartiennent (cass. crim. 7 décembre 1982, n° 82-90.370, B. crim. n° 278). Pour avoir, en arguant de l'existence d'un comité d'hygiène et de sécurité, prétendu interdire aux délégués du personnel de présenter des réclamations en matière d'hygiène et de sécurité, la direction d'une entreprise a porté atteinte à l'exercice régulier des fonctions de délégué du personnel (cass. crim. 9 avril 1975, n° 74-91.981, B. crim. n° 88).

• Aux termes de l'article L. 1226-10, l'employeur doit solliciter l'avis des délégués du personnel à l'occasion d'une proposition de reclassement faite à un salarié déclaré inapte à reprendre son emploi après un accident du travail ou une maladie professionnelle. L'avis du médecin du travail quant à l'inaptitude du salarié ne dispense pas l'employeur de consulter les délégués du personnel, s'il en existe (cass. soc. 10 novembre 1992, n° 89-40.423, BC V n° 537 ; *Dr. Soc.* 1993, p. 60). Cette consultation ne doit intervenir qu'après la deuxième visite de reprise et non entre les deux examens médicaux (cass. soc. 8 avril 2009, n° 07-44.307, BC V n° 109). Le non-respect de cette formalité constitue une atteinte à l'exercice régulier des fonctions de délégué du personnel (cass. crim. 26 janvier 1993, n° 89-85.389, B. crim. n° 43 ; *RJS* 4/93 n° 413). Lorsqu'une délégation unique des représentants du personnel est constituée dans l'entreprise, les délégués du personnel et le comité d'entreprise conservent l'ensemble de leurs attributions. En relevant que l'employeur avait convoqué les membres titulaires et les membres suppléants de la délégation unique du personnel pour examiner, en leur qualité de délégués du personnel, la situation d'un salarié suite à son accident du travail avant de mettre en œuvre la procédure de licenciement, une cour d'appel a pu décider que l'employeur avait satisfait à son obligation de consulter pour avis les délégués du personnel (cass. soc. 18 novembre 2003, n° 01-44.235, 1er moyen, BC V n° 288 ; *JSL* n° 137, 9 janvier 2004, p. 26). Sur la nécessité de consulter les membres de la délégation unique, en leur qualité de délégués du personnel et non pas en tant que comité d'entreprise, voir aussi cass. soc. 25 février 2009, n° 07-42.412, *RJS* 5/09 n° 428.

• À noter que lorsque l'entreprise comporte des établissements distincts, l'employeur doit consulter les délégués de l'établissement dont dépend le salarié (cass.

soc. 13 novembre 2008, n° 07-41.512, BC V n° 222 ; *JCP* éd. S 2008, 1670, note H-B Pouillaude). Voir aussi note sous art. L. 1226-10.

• Voir également l'article L. 4143-1 qui dispose que, dans les entreprises où il n'existe pas de comité d'entreprise, les délégués du personnel doivent être obligatoirement consultés sur les programmes de formation pratique en matière de sécurité et veiller à leur mise en œuvre effective.

Art. R. 2313-3. Dans le cas prévu à l'article L. 4611-3, les délégués du personnel sont informés de la réception par l'employeur des documents de vérification et de contrôle mentionnés à l'article L. 4711-1. Ils peuvent demander communication de ces documents.

CHAPITRE IV

Nombre, élection et mandat

SECTION 1. Nombre

Art. L. 2314-1. Le nombre des délégués du personnel est déterminé selon des bases fixées par décret en Conseil d'État, compte tenu du nombre des salariés.

Il est élu autant de délégués suppléants que de titulaires.

Note • Des conventions collectives ou accords peuvent accroître le nombre de délégués du personnel, mais une décision unilatérale de l'employeur ne pourrait le faire (cass. soc. 4 février 1970, n° 69-60.103, BC V n° 82).

• **Détermination des effectifs**. Voir note sous article L. 2312-8. L'effectif théorique de l'établissement pour le calcul du nombre de délégués du personnel doit être apprécié à la date du premier tour de scrutin (cass. soc. 21 juillet 1986, n° 85-60.475, BC V n° 409 ; 7 mars 1990, n° 89-60.156, BC V n° 106 ; *RJS* 4/90 n° 311 ; 23 mars 2011, n° 10-60.175, *LS* Jurispr. n° 70/2011 du 05/04/11).

Art. R. 2314-1. Le nombre des délégués du personnel prévu à l'article L. 2314-1 est fixé comme suit :

1° De 11 à 25 salariés : un titulaire et un suppléant ;
2° De 26 à 74 salariés : deux titulaires et deux suppléants ;
3° De 75 à 99 salariés : trois titulaires et trois suppléants ;
4° De 100 à 124 salariés : quatre titulaires et quatre suppléants ;
5° De 125 à 174 salariés : cinq titulaires et cinq suppléants ;
6° De 175 à 249 salariés : six titulaires et six suppléants ;
7° De 250 à 499 salariés : sept titulaires et sept suppléants ;
8° De 500 à 749 salariés : huit titulaires et huit suppléants ;
9° De 750 à 999 salariés : neuf titulaires et neuf suppléants ;
10° À partir de 1 000 salariés : un titulaire et un suppléant par tranche supplémentaire de 250 salariés.

Note Le nombre des délégués du personnel qui doit être calculé en fonction de l'effectif de chacun des établissements distincts d'une entreprise lorsque celle-ci en compte plusieurs ne peut, en l'absence de dispositions conventionnelles plus favorables, être supérieur à celui qui est déterminé en application des dispositions de cet article (cass. soc. 3 décembre 1987, n° 86-60.489, BC V n° 706).

L'inspecteur du travail amené à procéder à une répartition des sièges alors que leur nombre reste contesté ne peut pas se déclarer incompétent (CE 4 décembre 1987, n° 72841).

Art. R. 2314-2. Dans les cas prévus aux articles L. 2313-13 et L. 2313-16, le nombre de délégués pendant la durée de la période où il n'y a pas de comité d'entreprise ou de comité d'hygiène, de sécurité et des conditions de travail, est fixé comme suit :

1° De 50 à 74 salariés : 3 titulaires et 3 suppléants ;

2° De 75 à 99 salariés : 4 titulaires et 4 suppléants ;
3° De 100 à 124 salariés : 5 titulaires et 5 suppléants ;
4° De 125 à 149 salariés : 6 titulaires et 6 suppléants ;
5° De 150 à 174 salariés : 7 titulaires et 7 suppléants ;
6° De 175 à 199 salariés : 8 titulaires et 8 suppléants.

Art. R. 2314-3. Dans les entreprises de moins de deux cents salariés dans lesquelles est mise en place la délégation unique du personnel prévue à l'article L. 2326-1, le nombre de délégués du personnel est fixé comme suit :
1° De 50 à 74 salariés : 3 titulaires et 3 suppléants ;
2° De 75 à 99 salariés : 4 titulaires et 4 suppléants ;
3° De 100 à 124 salariés : 5 titulaires et 5 suppléants ;
4° De 125 à 149 salariés : 6 titulaires et 6 suppléants ;
5° De 150 à 174 salariés : 7 titulaires et 7 suppléants ;
6° De 175 à 199 salariés : 8 titulaires et 8 suppléants.

Ces effectifs s'apprécient dans le cadre de l'entreprise ou dans le cadre de chaque établissement distinct.

Note Lorsque la délégation unique est mise en place dans le cadre de l'entreprise, les effectifs à prendre en compte sont ceux de l'entreprise ; pour déterminer le nombre de délégués du personnel lorsque la délégation unique est mise en place dans les différents établissements de l'entreprise, il faut apprécier les effectifs existant dans chaque établissement distinct.

La circulaire ministérielle 94-9 du 21 juin 1994 (*LS* 1994, n° 7059) recommande d'attribuer au moins un siège à chacun des établissements où les élections auront lieu.

SECTION 2. Élection

Note La loi 2008-789 du 20 août 2008 portant rénovation de la démocratie sociale (JO 21) a modifié certaines dispositions du code du travail relatives aux élections professionnelles afin de prendre en compte les nouvelles règles relatives à la représentativité syndicale et de permettre l'émergence dans l'entreprise de nouveaux syndicats.

Ainsi, certaines organisations syndicales non représentatives sont désormais admises à participer à la négociation du protocole d'accord préélectoral et à présenter des candidats au premier tour, et l'adoption du protocole préélectoral est soumise à une condition de majorité.

Ces nouvelles dispositions régissent les élections professionnelles organisées sur la base d'un protocole préélectoral dont la première réunion de négociation est postérieure à la date de la publication de la loi (cass. soc. 21 octobre 2009, n° 09-60.090, BC V n° 229 ; *LSQ* n° 15483 du 13 novembre 2009).

Voir circulaire DGT 2008-20 du 13 novembre 2008 relative à la loi 2008-789 du 20 août 2008 portant rénovation de la démocratie sociale et réforme du temps de travail, fiche n° 6 « Les élections professionnelles ».

Voir aussi A. Brice, « Les opérations électorales après la loi du 20 août 2008 », *JCP* éd. S 2008, 1658 ; M-L Morin, L. Pécaut–Rivolier, Y. Struillou, « Le guide des élections professionnelles et des désignations des représentants syndicaux dans l'entreprise », *D.* 2011, 12 ; L. Pécaut-Rivolier, « les élections professionnelles depuis la loi du 20 août 2008 : révolution ou statu quo ? », *Dr. Soc.* n° spécial janvier 2011, pp. 82 et s.

Sous-section 1. Organisation des élections

Art. L. 2314-2. L'employeur informe tous les quatre ans le personnel par affichage de l'organisation des élections. Le document affiché précise la date envisagée pour le premier tour. Celui-ci doit se tenir, au plus tard, le quarante-cinquième jour suivant le jour de l'affichage, sous réserve qu'une périodicité différente n'ait pas été fixée par accord en application de l'article L. 2314-27.

Note Sur l'obligation d'affichage, voir note sous article L. 2324-3.

L'employeur a l'obligation de prendre l'initiative d'organiser les élections des délégués du personnel à partir du moment où les conditions d'effectif sont remplies. En outre, dans les cas où, en l'absence de délégués du personnel, l'employeur est invité à organiser des élections à la suite d'une demande émanant d'un salarié ou d'une organisation syndicale, il est tenu d'organiser les élections dans le mois suivant la réception de ladite demande (voir ci-après article L. 2314-4 et note sous cet article).

L'employeur qui, bien qu'il y soit légalement tenu, n'accomplit pas les diligences nécessaires à la mise en place d'institutions représentatives du personnel, sans qu'un procès-verbal de carence ait été établi, commet une faute qui cause nécessairement un préjudice aux salariés, privés ainsi d'une possibilité de représentation et de défense de leurs intérêts. Tout salarié peut donc engager la responsabilité civile de l'employeur qui a omis de mettre en place des institutions représentatives du personnel dans l'entreprise alors que cela s'imposait (cass. soc. 17 mai 2011, n° 10-12.852, *JSL* n° 302, 30 juin 2011, obs. J-E Tourreil). Il ne peut toutefois pas invoquer cette carence fautive pour demander la résiliation judiciaire de son contrat de travail aux torts de l'employeur (cass. soc. 30 novembre 2011, n° 09-67.798, *LS* Bref n° 15992 du 8/12/11).

De même, le fait pour un chef d'entreprise de s'être opposé à la tenue des élections pour le renouvellement des institutions représentatives du personnel, en méconnaissance de ses obligations légales, caractérise une faute justifiant la condamnation de l'employeur à payer des dommages-intérêts à un syndicat qui avait demandé l'organisation des élections (cass. soc. 7 mai 2002, n° 00-60.286, 4e moyen, BC V n° 149 ; *RJS* 8-9/02 n° 995, 1re espèce).

Si l'employeur ne répond pas, ou use de moyens dilatoires, le délit d'entrave peut être considéré comme établi indépendamment du moyen employé, dès lors qu'il y a eu atteinte volontaire à la libre désignation (cass. crim. 29 janvier 1974, n° 73-90.695, B. crim. n° 43 ; 5 octobre 1982, n° 81-95.163, B. crim. n° 207).

À noter que ce n'est qu'en cas de manquement du chef d'entreprise à son obligation d'organiser les élections en vue de la désignation des représentants du personnel que le juge peut ordonner l'organisation de ces élections. Méconnaît l'étendue de ses pouvoirs le tribunal d'instance qui condamne une société à organiser de nouvelles élections des délégués du personnel à la requête d'une salariée, sans constater que cette salariée avait demandé à l'employeur l'organisation des élections et s'était vu opposer un refus (cass. soc. 9 novembre 2005, n° 05-60.063, BC V n° 317, rectifié par cass. soc. 15 février 2006 ; *RJS* 1/06 n° 66).

Art. L. 2314-3. ***(L. 2008-789 du 20 août 2008, art. 3, JO 21)*** « Sont informées, par voie d'affichage, de l'organisation des élections et invitées à négocier le protocole d'accord préélectoral et à établir les listes de leurs candidats aux fonctions de délégués du personnel les organisations syndicales qui satisfont aux critères de respect des valeurs républicaines et d'indépendance, légalement constituées depuis au moins deux ans et dont le champ professionnel et géographique couvre l'entreprise ou l'établissement concernés.

Les organisations syndicales reconnues représentatives dans l'entreprise ou l'établissement, celles ayant constitué une section syndicale dans l'entreprise ou l'établissement, ainsi que les syndicats affiliés à une organisation syndicale représentative au niveau national et interprofessionnel y sont également invités par courrier. »

Dans le cas d'un renouvellement de l'institution, cette invitation est effectuée un mois avant l'expiration du mandat des délégués en exercice. Le premier tour des élections a lieu dans la quinzaine précédant l'expiration de ce mandat.

Note **• Invitation des organisations syndicales à négocier le protocole préélectoral**

Les dispositions des deux premiers alinéas de cet article, issues de la loi 2008-789 du 20 août 2008, s'appliquent aux élections dont la date de la première réunion de négociation du protocole d'accord électoral est postérieure au 21 août 2008, date de publication de la loi au *Journal officiel*.

Alors qu'auparavant, seules les organisations syndicales reconnues représentatives dans l'entreprise devaient être invitées par l'employeur à négocier le protocole d'accord préélectoral et à établir les listes de leurs candidats, la loi 2008-789 du 20 août 2008 a élargi la notion de syndicat intéressé à la négociation du protocole préélectoral à l'ensemble des organisations syndicales légalement constituées et remplissant les conditions pour présenter des candidats dans l'entreprise. Parallèlement, la loi a prévu deux modalités différentes d'information et d'invitation, selon les catégories de syndicats concernés :

Information et invitation à négocier par voie d'affichage. Aux termes du 1er alinéa de cet article, l'employeur est désormais tenu d'informer de l'organisation des élections, et d'inviter à négocier le protocole préélectoral et à établir leurs listes de candidats les syndicats légalement constitués depuis au moins deux ans, satisfaisant aux critères de respect des valeurs républicaines et d'indépendance et dont le champ professionnel et géographique couvre l'entreprise ou l'établissement concerné.

Invitation à négocier par courrier. Le 2e alinéa de cet article prévoit que doivent désormais être invités par courrier à négocier le protocole d'accord préélectoral et à établir leurs listes de candidats aux élections professionnelles les syndicats :
- reconnus comme représentatifs dans l'entreprise ou l'établissement ;
- y ayant constitué une section syndicale ;
- affiliés à une organisation syndicale représentative au niveau national et interprofessionnel.

S'agissant du destinataire de l'invitation à négocier, la jurisprudence a été amenée à dégager les solutions suivantes :
- un syndicat affilié à une organisation syndicale représentative sur le plan national doit être invité à négocier le protocole d'accord préélectoral, peu important qu'il n'ait pas désigné de délégué syndical dans l'entreprise (cass. soc. 24 septembre 2003, n° 02-60.521, *JSL* n° 132, 21 octobre 2003, p. 26) ou qu'il n'ait aucun adhérent dans l'entreprise (cass. soc. 4 juillet 1990, n° 89-60.035, BC V n° 351 ; *RJS* 10/90 n° 795 ; 4 février 1997, n° 95-60.994, BC V n° 50 ; 1er avril 1998, n° 96-60.433, BC V n° 195 ; *Dr. Soc.* 1998, p. 724) ;
- si les organisations syndicales qui ont désigné des délégués syndicaux dans l'entreprise doivent être convoquées à la négociation du protocole d'accord préélectoral, en l'absence d'une telle désignation, la convocation est valablement délivrée aux organisations syndicales représentatives, que ce soit au niveau des syndicats constitués dans les différentes branches ou à celui des unions syndicales auxquelles elles ont adhéré (cass. ass. plén. 5 juillet 2002, n° 00-60.275, BC n° 2 ; *RJS* 10/02 n° 1149 et chron. p. 807) ;
- si la convocation à négocier le protocole préélectoral est valablement adressée au syndicat pris en la personne du délégué syndical désigné, aucune irrégularité n'entache la négociation dès lors qu'il est établi que l'organisation syndicale représentative a été directement destinataire d'une convocation (cass. soc. 2 mars 2005, n° 04-60.019, BC V n° 78 ; *RJS* 5/05 n° 543) ;
- l'invitation à négocier le protocole d'accord préélectoral doit être également adressée aux syndicats catégoriels (cass. soc. 12 mars 1992, n° 91-60.147, BC V n° 178 ; *RJS* 5/92 n° 642) ;
- même lorsque les élections ne concernent qu'un seul établissement, tous les syndicats représentatifs dans l'entreprise doivent être invités à négocier le protocole préélectoral. Ainsi, le syndicat représentatif présent dans l'entreprise où il a désigné un délégué syndical central doit être invité à la négociation de l'accord préélectoral, même s'il n'a pas de délégué syndical dans l'établissement concerné (cass. soc. 15 février 2006, n° 04-60.525, BC V n° 70 ; *RJS* 5/06 n° 607, 1re espèce ; *RDT*, septembre 2006, CH, 189, G. Borenfreund) ;
- l'obligation d'inviter toutes les organisations syndicales représentatives dans l'entreprise s'applique quels que soient les termes du protocole préélectoral signé au niveau de l'entreprise, y compris lorsque celui-ci renvoie certaines modalités d'organisation des élections se déroulant dans le cadre des établissements à une décision négociée à ce niveau (cass. soc. 14 février 2007, n° 06-60.106, BC V n° 26 ; *JCP* éd. S 2007, 1446, note B. Gauriau ; *JSL* n° 208, 27 mars 2007, p. 26 ; *RJS* 5/07 n° 637).

• ***Délais à respecter***. D'une part, la méconnaissance par l'employeur du délai prévu à l'alinéa 3 de cet article ne peut être une cause d'annulation du protocole préélectoral ; d'autre part, ce texte ne fixe aucun délai entre l'invitation qui doit être adressée aux organisations syndicales et la date de réunion de la négociation du protocole d'accord préélectoral, cette invitation devant être effectuée en temps utile. Dispose d'un délai raisonnable pour préparer la négociation le délégué syndical qui reçoit le 12 janvier la lettre l'invitant à participer à la réunion prévue le 20 janvier suivant en vue de la négociation du protocole préélectoral (cass. soc. 25 janvier 2012, n° 11-60.093).

Sanction du défaut d'invitation. Le défaut de l'affichage de l'organisation des élections et de l'invitation à négocier le protocole d'accord préélectoral et à établir les listes de candidats constitue une irrégularité qui, par nature, affecte la validité des élections ; toutefois, un syndicat qui, sans émettre expressément de réserves, a, soit participé à la signature du protocole préélectoral, soit présenté des candidats, ne peut se prévaloir de cette irrégularité (cass. soc. 2 mars 2011, n° 10-60.201, BC V n° 62 ; *LS* Bref n° 15812 du 10/03/11 ; *RJS* 5/11 n° 437 ; *Dr. Soc.* 2011, p. 870, obs. Fr. Petit).

• **Établissement des listes de candidats.** Voir note sous article L. 2314-24.

• **Date limite de dépôt des candidatures.** Si aucune disposition légale ne fixe un délai pour le dépôt des candidatures aux élections des délégués du personnel, ce dépôt doit être compatible avec l'organisation matérielle du scrutin (cass. soc. 13 janvier 1983, n° 82-60.333, BC V n° 17).

La fixation d'un délai limite pour le dépôt des candidatures qui concerne une modalité d'organisation des opérations électorales, non contraire aux principes généraux du droit électoral, peut être prévue par le protocole préélectoral (cass. soc. 7 novembre 1990, n° 89-61.333, BC V n° 528 ; *RJS* 12/90 n° 1001) ou par décision du juge d'instance intervenue dans le cadre des dispositions de l'article L. 423-13 [L. 2314-23] ; dans un tel cas, les juges ne peuvent écarter l'application dudit accord qui s'impose aux parties (cass. soc. 14 novembre 1984, n° 83-63.649, BC V n° 429 ; 19 juin 1987, n° 86-60.396, BC V n° 405 ; 9 novembre 2011, n° 10-28.838, *RJS* 1/12 n° 60 ; *LS* Bref n° 15976 du 16/11/11). Ainsi, l'employeur est en droit de refuser la candidature d'un salarié, présentée vingt jours après la date limite de dépôt fixée par le protocole d'accord préélectoral, dès lors que l'intéressé aurait pu se porter candidat dans le délai prévu par le protocole (cass. soc. 16 mai 1990, n° 89-60.002, BC V n° 229). De même, en l'état d'un protocole préélectoral prévoyant que les listes de candidature devaient être déposées au plus tard à 17 heures, l'employeur peut refuser de tenir compte de la liste envoyée par un syndicat vers 22 heures (cass. soc. 9 novembre 2011, n° 10-28.838, précité). En l'absence d'accord préélectoral prévoyant une date limite de dépôt des candidatures, l'employeur peut lui-même en fixer une ; mais il ne peut refuser une candidature déposée après cette date qu'en justifiant sa décision au regard des nécessités d'organisation du vote (cass. soc. 4 mars 2009, n° 08-60.476, BC V n° 59 ; *JSL* n° 253, 14 avril 2009, p. 25 ; *RJS* 5/09 n° 453 ; *JCP* éd. S 2009, 1274, note J-Y Kerbourc'h).

Ne commet pas le délit d'entrave à la libre désignation des membres du comité d'entreprise l'employeur qui s'oppose au dépôt fait hors délai d'une liste de candidats (cass. crim. 3 février 1987, n° 86-90.141, B. crim. n° 58). S'agissant d'une liste déposée prématurément, voir cass. soc. 17 décembre 1987, n° 86-60.450, BC V n° 760 et 27 octobre 2004, n° 02-60.631, *RJS* 1/05 n° 61.

Art. L. 2314-3-1. ***(L. 2008-789 du 20 août 2008, art. 4, JO 21)*** La validité du protocole d'accord préélectoral conclu entre l'employeur et les organisations syndicales intéressées est subordonnée à sa signature par la majorité des organisations syndicales ayant participé à sa négociation, dont les organisations syndicales représentatives ayant recueilli la majorité des suffrages exprimés lors des dernières élections professionnelles ou, lorsque ces résultats ne sont pas disponibles, la majorité des organisations représentatives dans l'entreprise.

Note • Cet article a été introduit dans le code du travail par la loi 2008-789 du 20 août 2008 qui a posé une double condition de majorité pour la validité du protocole d'accord préélectoral :
– l'accord doit être signé par la majorité des syndicats ayant participé à sa négociation ;
– parmi les signataires, il doit y avoir les syndicats représentatifs ayant recueilli la majorité des suffrages exprimés lors des dernières élections professionnelles (si ces résultats ne sont pas disponibles, la majorité des organisations représentatives dans l'entreprise suffit).

À cet égard, la Cour de cassation a précisé que le nombre de voix recueillies par les organisations syndicales à prendre en considération pour le décompte des suffrages exprimés en leur faveur est le nombre de suffrages exprimés au profit de chaque liste, sans qu'il y ait lieu, s'agissant de la mesure de la représentativité de ces organisations, de tenir compte d'éventuelles ratures de noms de candidats. Pour vérifier si les organisations syndicales représentatives remplissent ou non les conditions de majorité nécessaires à la validité du protocole préélectoral, il convient donc de prendre en compte pour une unité le nombre de voix obtenu par chacune des listes présentées, quand bien même le nom de certains candidats aurait été rayé (cass. soc. 6 janvier 2011, n° 10-17.653, BC V n° 10 ; *Dr. Soc. 2011*, p. 340, obs. Fr. Petit).

De son côté, l'administration (circ. DGT 06 du 27 juillet 2011) a précisé que :
- lorsqu'il n'y a pas d'organisation syndicale représentative dans l'entreprise, seule la première condition de majorité est applicable et le protocole doit être signé par la majorité des syndicats ayant participé à sa négociation ;
- à partir du moment où l'employeur a satisfait à ses obligations de convocation et de négociation, le protocole signé par un seul syndicat est valable si ce syndicat était le seul négociateur ; mais lorsque deux syndicats négocient et qu'un seul signe, le protocole préélectoral n'est pas valable, la condition de majorité n'étant pas remplie ;
- pour le calcul de la double majorité, le pourcentage attribué à la CFE-CGC est calculé à partir des suffrages exprimés en sa faveur rapportés à l'ensemble des suffrages exprimés au niveau de l'ensemble de l'entreprise. Pendant la période transitoire, lorsque les suffrages exprimés lors des élections professionnelles ne sont pas disponibles, la CFE-CGC compte pour un, comme les autres organisations syndicales représentatives.

Du fait du renvoi à l'article L. 2314-3-1, cette double majorité est désormais également requise pour :
- la répartition du personnel entre les différents collèges et des sièges entre les différentes catégories pour l'élection des délégués du personnel (art. L. 2314-11, al. 1er) et du comité d'entreprise (art. L. 2324-13, al. 1er) ;
- la détermination des établissements distincts ou la perte de la qualité d'établissement distinct pour l'élection des délégués du personnel (art. L. 2314-31) ou des comités d'entreprise (art. L. 2322-5) ;
- l'augmentation du nombre d'élus du personnel au comité d'entreprise (art. L. 2324-1) ;
- la détermination du nombre d'établissements distincts, la répartition des sièges entre les différents établissements et les différentes catégories en vue de l'élection d'un comité central d'entreprise (art. L. 2327-7) ;
- la définition des conditions des élections des délégués de site (art. L. 2312-5) ;
- la clause mentionnant la conclusion de l'accord d'entreprise ou de groupe prévu à l'article R. 2314-8 autorisant le recours au vote électronique et comportant la description détaillée du système retenu et du déroulement des opérations électorales.

Lorsque cette double condition de majorité est remplie, le protocole préélectoral ne peut être contesté devant le juge judiciaire que s'il contient des stipulations contraires à l'ordre public, qui méconnaîtraient notamment les principes généraux du droit électoral ; lorsque cette double condition de majorité n'est pas remplie, le protocole préélectoral n'est pas pour autant irrégulier, cette circonstance ayant simplement pour effet de permettre à la partie qui peut y avoir intérêt de saisir le juge d'instance d'une demande de fixation des modalités d'organisation et de déroulement du scrutin (cass. soc. 6 octobre 2011, n° 11-60.035, *RJS* 12/11 n° 1004).

Toutefois, la double condition de majorité n'est pas étendue à l'ensemble des éléments qui peuvent être négociés dans le cadre d'un accord préélectoral.

Tout d'abord, le principe d'un accord unanime des syndicats représentatifs est maintenu pour :
- la suppression du comité d'entreprise et du mandat de délégué syndical (art. L. 2322-7 et L. 2143-11) ;
- la modification du nombre et de la composition des collèges électoraux (art. L. 2314-10 et L. 2324-12) ;
- l'organisation du scrutin hors temps de travail (art. L. 2314-22 et L. 2324-20).

Par ailleurs, le principe d'un accord avec les organisations syndicales intéressées subsiste pour certaines dispositions. Il en est ainsi notamment :
- de la représentation des salariés travaillant en équipes successives ou dans des conditions qui les isolent des autres salariés (art. L. 2314-12) ;

– de la répartition des sièges de délégués du personnel ou de membres du comité d'entreprise dans les entreprises de travail temporaire (art. L. 2314-13 et L. 2324-7) ;
– des modalités d'organisation et de déroulement des opérations électorales (art. L. 2314-23 et L. 2324-21) ;
– de la représentation équilibrée des femmes et des hommes (art. L. 2324-6).

Bien que la circulaire du 13 novembre 2008 ne le précise pas expressément, il semble que cette condition corresponde à l'ancienne règle de l'unanimité « relative » (tous les syndicats « intéressés » ne signent pas, mais aucun ne conteste).

Enfin, le principe de la négociation par accord collectif de droit commun, impliquant donc les organisations syndicales représentatives, est maintenu pour :
– la possibilité de fixer une durée de mandat entre 2 et 4 ans (art. L. 2314-27 et L. 2324-25) ;
– la mise en place du vote électronique (art. L. 2314-21 et L. 2324-19) ;
– la répartition des compétences entre le comité central d'entreprise et les comités d'établissement en matière d'œuvres sociales (art. L. 2327-16).

Pour aller plus loin, voir Y. Struillou, « Organisation et déroulement des opérations électorales : quelles conditions de majorité ? », *RJS* 1/12, chron. pp. 9 et s.

• Les délégués syndicaux désignés au sein de l'entreprise, qui représentent leur syndicat auprès du chef d'entreprise, sont parties à la négociation du protocole d'accord préélectoral et peuvent négocier et conclure un accord préélectoral sans avoir à justifier d'un mandat spécial de leur organisation syndicale (cass. soc. 12 février 2003, n° 01-60.904, BC V n° 52 ; *RJS* 4/03 n° 488).

À noter :
– que l'employeur est tenu, dans le cadre de la négociation préélectorale, de fournir aux syndicats participant à la négociation les éléments nécessaires au contrôle de l'effectif de l'entreprise et de la régularité de la liste électorale (cass. soc. 13 mai 2009, n° 08-60.530, BC V n° 130 ; *RJS* 7/09 n° 652 ; *JSL* n° 259, 13 juillet 2009, p. 21 ; *JCP* éd. S 2009, 1406, note J-Y Kerbourc'h) ;
– qu'il ne résulte d'aucun texte que le protocole d'accord préélectoral doit être matérialisé par un seul et même accord global sur l'ensemble des matières relevant de la négociation (cass. soc. 28 septembre 2011, n° 10-27.370, *RJS* 12/11 n° 1005) ;
– que les modalités d'organisation du scrutin, fixées par un protocole d'accord préélectoral dont la régularité n'est pas contestée, s'imposent à l'employeur et aux organisations syndicales (cass. soc. 9 novembre 2011, n° 10-28.838, *RJS* 1/12 n° 60 ; *LS* Bref n° 15976 du 16/11/11) ;
– qu'en l'absence de saisine du tribunal d'instance d'une contestation préalable au déroulement des élections, le syndicat appelé régulièrement à la négociation qui présente des candidats est réputé avoir adhéré au protocole préélectoral qu'il n'a pas signé (cass. soc. 20 novembre 2002, n° 01-60.605, 1er moyen, BC V n° 348).

• Les conditions de validité d'un protocole préélectoral, qui doivent être appréciées au jour de sa signature, ne sauraient dépendre du résultat d'élections postérieures (cass. soc. 5 avril 2011, n° 10-18.733, BC V n° 88 ; *RJS* 6/11 n° 538).

• **Modification du protocole préélectoral**. Si des modifications négociées entre le chef d'entreprise et les organisations syndicales intéressées peuvent être apportées à un protocole préélectoral, ces modifications, y compris lorsqu'elles portent sur le calendrier électoral, ne peuvent résulter que d'un avenant soumis aux mêmes conditions de validité que le protocole lui-même (cass. soc. 26 octobre 2011, n° 10-27.134, *LS* Jurispr. n° 222/2011 du 15/11/11 ; *RJS* 1/12 n° 63).

• **Durée de validité du protocole préélectoral.** En principe, le protocole préélectoral n'a d'effet que pour les élections pour lesquelles il a été conclu (cass. soc. 21 mai 2003, n° 01-60.742, BC V n° 170 ; *RJS* 11/03 n° 1293). Cependant, s'il n'est pas dénoncé, il peut rester valable pour les élections suivantes (cass. soc. 7 février 1989, n° 88-60.131, BC V n° 96 ; *RJS* 4/89 n° 369). Un protocole d'accord préélectoral dénoncé avant les élections ne leur est plus applicable (cass. soc. 9 décembre 1985, n° 85-60.370, BC V n° 582 ; voir également cass. soc. 10 juin 1997, n° 96-60.118, BC V n° 215 ; *RJS* 7/97 n° 843, 2e espèce).

La dénonciation d'un protocole d'accord n'est pas soumise aux dispositions prévues par l'article L. 132-8 (ancien) CT pour la dénonciation des accords collectifs (cass. soc. 22 février 1996, n° 95-60.566, BC V n° 64 ; *RJS* 4/96 n° 425).

Art. L. 2314-4. Lorsque, en l'absence de délégués du personnel, l'employeur est invité à organiser des élections à la demande d'un salarié ou d'une organisation syndicale, il engage la procédure définie aux articles L. 2314-2 et L. 2314-3 dans le mois suivant la réception de cette demande.

Note La demande d'un salarié ou d'une organisation syndicale est recevable même si un procès-verbal a été établi constatant l'absence de candidature aux élections de délégués du personnel (cass. soc. 12 novembre 1987, n° 86-60.431, BC V n° 641 ; 17 mars 2004, n° 02-60.699, BC V n° 93 ; *RJS* 6/04 n° 720). La solution est la même lorsqu'un procès-verbal de carence a été établi pour les délégués du personnel lors d'élections concomitantes de celles des membres du comité d'entreprise. Dans ce cas, les délégués sont élus pour la durée restant à courir du mandat des membres du comité d'entreprise (cass. soc. 13 avril 1999, n° 97-60.830, BC V n° 172 ; *RJS* 5/99 n° 701).

Art. L. 2314-5. Lorsque l'institution n'a pas été mise en place ou renouvelée, un procès-verbal de carence est établi par l'employeur.

L'employeur affiche le procès-verbal dans l'entreprise et le transmet dans les quinze jours à l'inspecteur du travail qui en envoie copie aux organisations syndicales de salariés du département concerné.

Note L'obligation d'établir un procès-verbal de carence repose sur le seul chef d'entreprise. Cette obligation est limitée au cas où la carence a été constatée à la fois au premier et au second tour, et où aucun siège n'a donc pu être attribué (circ. min. du 25 octobre 1983).

Sur la définition du procès-verbal de carence, voir CE 28 juin 1989, n°s 61572 et 62785, *Dr. Soc.* 1989, p. 715, concl. O. Fouquet.

Art. L. 2314-6. L'élection des délégués du personnel et celle des représentants du personnel au comité d'entreprise ont lieu à la même date.

Ces élections simultanées interviennent pour la première fois soit à l'occasion de la constitution du comité d'entreprise, soit à la date du renouvellement de l'institution.

La durée du mandat des délégués du personnel est prorogée à due concurrence. Elle peut être réduite dans le cas où le mandat du comité d'entreprise vient à échéance avant celui des délégués du personnel.

Note Aux termes de cet article, les élections des délégués du personnel et des représentants du personnel au comité d'entreprise ont lieu à la même date. Doivent donc être annulées les élections des délégués du personnel organisées par une entreprise ayant refusé de procéder à l'élection concomitante d'un comité d'entreprise, alors qu'elle y était tenue, eu égard à ses effectifs (cass. soc. 28 mai 2008, n° 07-60.333, BC V n° 117 ; *RJS* 8-9/08 n° 917).

Selon une circulaire ministérielle du 21 juin 1994 (*LS* 1994, n° 7059), la prorogation comme la réduction du mandat des délégués du personnel doivent être considérées comme automatiques. « Il ne s'agit pas là d'une faculté mais d'un principe qui s'impose à l'entreprise. »

Le principe légal de simultanéité pour les élections des délégués du personnel et des membres du comité d'établissement n'implique pas que les élections aient lieu à la même date dans tous les établissements distincts de la même entreprise (cass. soc. 24 novembre 2004, n° 04-60.005, BC V n° 298 ; *RJS* 2/05 n° 181).

La reconnaissance d'une unité économique et sociale entre des entreprises juridiquement distinctes rend obligatoire, au sein de celle-ci, l'organisation à la même date des élections des délégués du personnel et du comité d'entreprise (en l'espèce, il y avait mise en place d'un comité d'entreprise commun au sein de l'unité économique et sociale prévue par l'article L. 431-1, dernier alinéa [L. 2322-4] ; cass. soc. 5 avril 1995, n° 94-60.324, BC V n° 124 ; *RJS* 6/95 n° 675).

Art. L. 2314-7. Des élections partielles sont organisées à l'initiative de l'employeur si un collège électoral n'est plus représenté ou si le nombre des délégués titulaires est réduit de moitié ou plus.

Ces dispositions ne sont pas applicables lorsque ces événements interviennent moins de six mois avant le terme du mandat des délégués du personnel.

Art. R. 2314-4. Lors de l'élaboration du protocole d'accord préélectoral, les organisations syndicales intéressées examinent les voies et moyens permettant d'atteindre une représentation équilibrée des femmes et des hommes sur les listes de candidatures.

Art. R. 2314-5. Les modalités d'organisation et de déroulement des opérations électorales sur lesquelles aucun accord n'a pu intervenir sont fixées, en application de l'article L. 2314-23, par le juge d'instance.

Celui-ci statue en dernier ressort en la forme des référés.

Sous-section 2. Collèges électoraux

Art. L. 2314-8. Les délégués sont élus, d'une part, par un collège comprenant les ouvriers et employés, d'autre part, par un collège comprenant les ingénieurs, chefs de service, techniciens, agents de maîtrise et assimilés sur les listes établies par les organisations syndicales au sein de chaque établissement pour chaque catégorie de personnel.

Note Cet article a été modifié par la loi 2008-789 du 20 août 2008, art. 4 (JO 21).

Nombre de collèges électoraux. Les élections de délégués du personnel doivent être organisées sur la base de deux collèges lorsque l'effectif global de l'établissement est supérieur à vingt-cinq salariés et que deux cadres y sont employés, constituant ainsi une catégorie de personnel ; la circonstance qu'il n'y ait qu'un seul cadre éligible ne fait pas obstacle à l'élection (cass. soc. 17 avril 1991, n° 90-60.537, BC V n° 202 ; *RJS* 6/91 n° 731).

Organisations syndicales représentatives. Voir articles L. 2121-1 et L. 2122-1 et note sous ces articles.

Cadre d'appréciation de la représentativité

Le droit de présenter des candidats pour un collège ne s'étend aux autres collèges que si la représentativité de l'organisation en cause est établie au regard des catégories de personnel constituant les autres collèges (cass. soc. 12 mai 1971, n° 71-60.002, BC V n° 349 ; 20 juin 1973, n° 73-60.009, BC V n° 393 ; 7 mars 1974, n° 73-60.068, BC V n° 164 ; 13 février 1980, n° 79-60.275, BC V n° 134), la représentativité d'une organisation syndicale devant être examinée distinctement dans chacun des collèges. Mais elle doit s'apprécier par rapport à l'ensemble des salariés composant ce collège et non au regard d'une seule catégorie de ceux-ci (cass. soc. 16 mars 1978, n° 77-60.679, BC V n° 203).

Lorsqu'un syndicat affilié à une confédération catégorielle interprofessionnelle nationale présente, en conformité avec son champ statutaire, des candidats dans plusieurs collèges, sa représentativité est établie en fonction des suffrages recueillis dans l'ensemble de ces collèges (cass. soc. 28 septembre 2011, n° 10-26.693, *JCP* éd. S 2011, 1535, note B. Gauriau ; *RJS* 12/11 n° 1002 ; *Dr. Soc.* 2011, pp. 1241 et s., Fr. Petit).

Cependant, dès lors que les élections se déroulent au sein d'un collège unique réunissant toutes les catégories professionnelles, en application de l'article L. 423-6 [L. 2314-9] (entreprise n'employant pas plus de vingt-cinq salariés), un syndicat représentatif au plan national auprès des salariés cadres n'a pas à faire la preuve de sa représentativité au sein du collège unique et peut valablement présenter des candidats au premier tour des élections (cass. soc. 26 septembre 2002, n° 01-60.022, BC V n° 299 ; *RJS* 12/02 n° 1417).

Art. L. 2314-9. Dans les établissements n'élisant qu'un délégué titulaire et un délégué suppléant, les délégués du personnel sont élus par un collège électoral unique regroupant l'ensemble des catégories professionnelles.

Note Solution adoptée par la Cour de cassation avant la loi du 28 octobre 1982 (cass. soc. 20 juillet 1981, n° 81-60.522, BC V n° 711 et 20 décembre 1988, n° 88-60.108, BC V n° 671).

Art. L. 2314-10. Le nombre et la composition des collèges électoraux ne peuvent être modifiés par une convention, un accord collectif de travail, étendus ou non, ou un accord préélectoral que lorsque la convention ou l'accord est signé par toutes les organisations syndicales représentatives existant dans l'entreprise.

L'accord préélectoral est transmis à l'inspecteur du travail.

Note **Nombre et composition des collèges électoraux.** Le nombre et la composition des collèges électoraux sont fixés par la loi ; ils ne peuvent être modifiés par une convention ou un accord collectif, étendu ou non, ou un accord préélectoral que lorsque la convention, ou l'accord, est signé par toutes les organisations syndicales représentatives existant dans l'entreprise (cass. soc. 26 janvier 1999, n° 98-60.256, BC V n° 40 ; *RJS* 3/99 n° 392 ; voir aussi cass. soc. 10 octobre 1990, n° 88-60.515, BC V n° 444 ; *Dr. Soc.* 1991, p. 292 ; 16 novembre 1993, n° 90-60.553, BC V n° 276 ; *RJS* 1/94 n° 57). Ainsi, le tribunal d'instance qui constate qu'une organisation syndicale représentative dans l'établissement n'est pas signataire de la convention collective décide exactement que la disposition de cette convention fixant le nombre et la composition des collèges électoraux est sans effet et qu'ils doivent être fixés selon les règles légales (cass. soc. 26 janvier 1999, BC V n° 40, précité). De même, lorsque le nombre et la composition des collèges électoraux résultent d'un accord collectif unanime, ils ne peuvent être remis en cause par un protocole préélectoral n'ayant recueilli la signature que d'un seul syndicat (cass. soc. 29 mai 2001, n° 00-60.024, BC V n° 186 ; *JSL* n° 82, 26 juin 2001, p. 23 ; *RJS* 10/01, n° 1160 et p. 755, concl. J. Duplat).

À noter que le fait qu'un syndicat catégoriel soit le seul syndicat représentatif présent dans une entreprise de plus de vingt-cinq salariés ne l'autorise pas à signer seul un accord préélectoral instaurant un collège unique sans avoir fait la preuve de sa représentativité pour les autres catégories de personnel (cass. soc. 19 septembre 2007, n° 06-60.134, BC V n° 131 ; *RJS* 11/07 n° 1194 ; *JCP* éd. S 2008, 1100, note B. Gauriau). Sur la représentativité des syndicats catégoriels, voir aussi note sous article L. 2314-8.

À défaut de dérogations conventionnelles, les dispositions légales doivent être appliquées (cass. soc. 18 février 1988, n° 86-60.499, BC V n° 122) ; la modification du nombre et de la composition des collèges ne peut faire l'objet d'une décision administrative et le juge d'instance est seul compétent pour trancher les litiges pouvant s'élever à cet égard : cass. soc. 19 juillet 1983, n° 83-60.821, BC V n° 443 ; 2 octobre 1991, n° 90-60.426, *RJS* 11/91 n° 1221 (sur les pouvoirs exacts du juge d'instance en cette matière, voir cass. soc. 22 juillet 1982, n° 82-60.170, BC V n° 509).

Art. L. 2314-11. La répartition du personnel dans les collèges électoraux et la répartition des sièges entre les différentes catégories de personnel font l'objet d'un accord entre l'employeur et les organisations syndicales, ***(L. 2008-789 du 20 août 2008, art. 4, JO 21)*** « conclu selon les conditions de l'article L. 2314-3-1 ».

Lorsque cet accord ne peut être obtenu, l'autorité administrative procède à cette répartition entre les collèges électoraux conformément aux dispositions de la convention ou de l'accord prévu à l'article L. 2314-10 ou, à défaut d'un tel accord, entre les deux collèges prévus à l'article L. 2314-8.

Note • Sur la négociation et les conditions de validité du protocole d'accord préélectoral depuis l'intervention de la loi du 20 août 2008 portant rénovation de la démocratie sociale, voir note sous article L. 2314-3-1.

• **Répartition du personnel dans les collèges électoraux et des sièges entre catégories.** L'employeur ne peut s'abstenir de rechercher, avec toutes les organisations syndicales représentatives dans l'entreprise, un accord sur la répartition du personnel dans les collèges électoraux et des sièges entre les différentes catégories, ainsi que sur les modalités d'organisation et de déroulement des opérations électorales ; son refus de satisfaire à la demande d'un syndicat, dont la représentativité ne peut être contestée, doit entraîner l'annulation des élections (cass. soc. 7 juillet 1983, n° 83-60.902, BC V n° 434 ; voir aussi, après la loi du 20 août 2008, cass. soc. 9 novembre 2011, n° 11-60.029, *LS* Bref n° 15977 du 17/11/11 ; *RJS* 1/12 n° 61).

Contrairement à l'accord modifiant le nombre et la composition des collèges électoraux, qui doit être signé par tous les syndicats représentatifs existant dans l'entreprise, l'accord portant sur la répartition des sièges entre les différentes catégories peut n'être signé que par une partie seulement de ces syndicats (cass. soc. 12 juin 2002, n° 01-60.617, BC V n° 203 ; *RJS* 11/02 n° 1259). À cet égard, la Cour de cassation a précisé que le juge du fond doit faire application des accords préélectoraux, même non unanimes, qui s'imposent aux parties, tant en ce qui concerne les dates de dépôt des listes de candidats et de scrutin qu'en ce qui concerne la répartition des sièges et des personnels dans les collèges (cass. soc. 8 novembre 2006, n° 05-60.283, BC V n° 333 ; *LSQ* n° 984 du 28 novembre 2006 ; *RJS* 1/07 n° 76 ; *JCP* éd. S 2007, 1174, note B. Gauriau, 2e espèce).

L'accord sur la répartition du personnel entre collèges se borne à poser des principes pour l'établissement de la liste des électeurs et une modification de la liste électorale (en raison, par exemple, du changement de qualification d'un salarié) peut intervenir ultérieurement, même entre les deux tours de scrutin (cass. soc. 27 octobre 1971, n° 71-60.167, BC V n° 596).

La promotion artificielle d'une salariée décidée pour éviter qu'elle ne soit candidate dans son collège électoral d'origine constitue une fraude destinée à fausser le résultat des élections et le tribunal d'instance peut maintenir l'intéressée à bon droit dans ce collège (cass. soc. 12 mars 1981, n° 80-60.268, BC V n° 218 ; voir aussi, s'agissant d'une promotion refusée par le salarié, cass. soc. 8 juillet 1981, n° 80-60.427, BC V n° 679).

• **Compétence de l'autorité administrative.** L'autorité administrative compétente pour procéder à la répartition du personnel dans les collèges électoraux et des sièges entre les différentes catégories en cas de désaccord entre le chef d'entreprise et les organisations syndicales est le Direccte du siège de l'établissement (voir art. R. 2314-6).

L'autorité administrative saisie d'une demande de répartition du personnel et des sièges dans les différents collèges électoraux est tenue, lorsque aucun accord n'est intervenu dans les conditions prévues à l'alinéa 1er de l'article L. 423-3 [L. 2314-10], de procéder à la répartition sur la base des deux collèges prévus à l'article L. 423-2 [L. 2314-8], sauf à rappeler, en cas de contestation sur l'existence d'un accord, que cette contestation ne peut être tranchée que par le tribunal d'instance, juge de l'élection (CE 22 novembre 1985, n° 65779, *Rec. Lebon*, p. 793).

L'autorité administrative, en s'appuyant sur les dispositions du règlement intérieur type et sur un avenant portant sur la classification des emplois, est fondée à classer des agents de maîtrise dans le premier collège (CE 1er février 1993, n° 84106, *RJS* 5/93 n° 524, 1re espèce ; concl. G. Le Chatelier, *RJS* 1993, p. 285).

L'autorité administrative doit prendre en compte les fonctions exercées par les salariés pour déterminer leur classement dans tel ou tel collège. Elle peut légalement tenir compte de tous les éléments d'appréciation dont elle dispose, y compris d'éléments figurant dans des accords collectifs (CE 16 décembre 1994, n° 118416, *Dr. Soc.* 1995, p. 259, concl. Ch. Maugüé).

Il a notamment été jugé que :
– le litige qui, à l'occasion des élections des délégués du personnel, oppose une organisation syndicale à un employeur en ce qui concerne l'appartenance individuelle d'un salarié à la catégorie des agents de maîtrise ou à celle des ouvriers et employés en vue de son classement dans l'un des collèges électoraux relève de la compétence du tribunal d'instance et non de celle de l'autorité administrative (cass. soc. 12 mars 1981, *JS* 1981 SJ 95 ; voir, s'agissant de la position du Conseil d'État, CE 24 juin 1987, n° 71976) ; mais la contestation relative à la répartition d'une catégorie de personnel d'un magasin dans l'un ou l'autre collège porte sur la répartition du personnel de ce magasin entre les différents collèges et le tribunal d'instance n'est pas compétent pour en connaître (cass. soc. 17 décembre 1984, *JS* 1985 F 26 ; voir aussi 8 novembre 1988, n° 87-60.171, BC V n° 574, approuvant le tribunal d'instance qui, ayant constaté que le protocole d'accord conclu en vue de l'élection des délégués du personnel n'avait

pas prévu le rattachement d'une nouvelle catégorie de personnel à l'un des collèges, a décidé que l'autorité administrative était seule compétente pour trancher le litige) ;
– le litige qui porte sur la répartition des sièges à l'intérieur de chacun des collèges, par secteur géographique, relève de la compétence administrative (cass. soc. 13 mai 1985, n° 84-60.500, BC V n° 290) ;
– lorsqu'elle est saisie en l'absence d'accord pour procéder à la répartition des sièges entre les collèges, l'autorité administrative ne peut modifier leur nombre défini par la loi, doit attribuer à chacun de ceux-ci un nombre égal de titulaires et de suppléants, ces derniers ayant vocation, en principe, à remplacer un membre titulaire appartenant au même collège en cas de cessation de fonction ; c'est donc à tort qu'une cour administrative d'appel a jugé que les dispositions du code du travail n'imposaient pas d'assurer l'égalité entre titulaires et suppléants au sein de chaque collège (CE 17 novembre 2010, n° 335930, *LS* Jurispr. n° 240/210 du 14 décembre 2010) ;
– la décision administrative est, à défaut d'accord, obligatoire et le défaut de décision administrative concernant ces répartitions peut vicier les élections (voir notamment cass. soc. 7 avril 1976, n° 75-60.187, BC V n° 191 ; 9 novembre 2011, n° 11-60.029, précité : annulation des élections organisées sur la base d'une répartition des sièges entre les collèges décidée par l'employeur seul, ce dernier ayant refusé d'organiser une réunion comme le réclamait un syndicat pour parvenir à un accord sur ce point et de saisir l'autorité administrative) ; il appartient au tribunal d'instance d'annuler les élections qui se seraient déroulées sans que cette décision eût été demandée (cass. soc. 20 juillet 1981, BC V n° 709 ; voir aussi cass. soc. 8 novembre 2006, n° 06-60.007, BC V n° 332 ; *JSL* n° 201, 12 décembre 2006, p. 25 ; *RJS* 1/07 n° 77, précisant que l'employeur doit saisir l'autorité administrative y compris lorsque les organisations syndicales ne se sont pas présentées lors de la négociation du protocole d'accord préélectoral) ;
– lorsque le désaccord entre les syndicats et l'employeur porte, non sur la répartition des sièges entre les différentes catégories, mais sur la création d'un poste supplémentaire au profit du premier collège, l'absence d'accord entre les parties ou d'une décision du directeur départemental du travail sur ce point, qui n'entre pas dans les prévisions des textes légaux, ne constitue pas une irrégularité des opérations électorales (cass. soc. 20 juillet 1981, n° 81-60.520, BC V n° 710 ; *JS* 1981 SJ 154) ;
– l'employeur, même s'il déclare quant à lui vouloir s'en tenir aux prescriptions légales, ne peut solliciter l'intervention de l'autorité administrative avant toute tentative d'accord avec les organisations syndicales représentatives (cass. soc. 8 décembre 1971, n° 71-60.240, BC V n° 720).

Art. R. 2314-6. La répartition du personnel dans les collèges électoraux et celle des sièges entre les différentes catégories de personnel, dans le cas prévu au second alinéa de l'article L. 2314-11, est réalisée par le ***(D. 2009-1377 du 10 nov. 2009, JO 13 ; D. 2010-687 du 24 juin 2010, JO 25 ; voir D. 2010-1582 du 17 déc. 2010, JO 18, pour outre-mer)*** « directeur régional des entreprises, de la concurrence, de la consommation, du travail et de l'emploi » du siège de l'établissement.

Note Les alinéas 2 et 3 de cet article ont été abrogés par le décret 2008-1503 du 30 décembre 2008 (JO 31).

Art. L. 2314-12. Des dispositions sont prises par accord de l'employeur et des organisations syndicales intéressées pour faciliter, s'il y a lieu, la représentation des salariés travaillant en équipes successives ou dans des conditions qui les isolent des autres salariés.

Note Sur la notion d'organisations syndicales intéressées, voir article L. 2314-3 et note sous cet article.

Art. L. 2314-13. Sans préjudice des dispositions des articles L. 2314-10 et L. 2314-11, dans les entreprises de travail temporaire, la répartition des sièges de délégués du personnel peut faire l'objet d'un accord entre l'employeur et les organisations syndicales intéressées en vue d'assurer une représentation équitable du personnel permanent et du personnel temporaire.

Note Sur la notion d'organisations syndicales intéressées, voir article L. 2314-3 et note sous cet article.

Art. L. 2314-14. Lorsque le juge judiciaire, saisi préalablement aux élections, décide de mettre en place un dispositif de contrôle de leur régularité, de la liberté, et de la sincérité du scrutin, les frais entraînés par ces mesures sont à la charge de l'employeur.

Note Le tribunal d'instance, saisi préalablement aux élections en vertu de cet article, a le pouvoir de mettre en place un dispositif de contrôle de la régularité, de la liberté et de la sincérité du scrutin, même s'il existe un accord préélectoral comportant des mesures en ce sens. Sur la nécessité d'un tel dispositif en raison d'un climat particulièrement tendu entre l'employeur et le syndicat, voir cass. soc. 1er avril 1992, n° 90-60.543, BC V n° 232 ; *RJS* 5/92 n° 643. La mise en place d'un tel dispositif n'est qu'une faculté pour le juge, à qui il appartient d'apprécier son caractère indispensable ou non (cass. soc. 8 juin 1999, n° 97-60.831, BC V n° 270).

Validation par le juge du dispositif de contrôle mis en place par les parties : lorsque le juge d'instance estime nécessaire la mise en place du dispositif de contrôle convenu entre les parties, les frais de déplacement exposés par les délégués de liste désignés par les organisations syndicales pour effectuer le contrôle dans les bureaux de vote sont à la charge de l'employeur (cass. soc. 29 juin 2005, n° 04-60.488, BC V n° 225 ; *JSL* n° 174, 20 septembre 2005, p. 24 ; *RJS* 10/05 n° 1011).

Voir aussi articles R. 2314-28 et 29.

Art. R. 2314-7. Le juge judiciaire mentionné à l'article L. 2314-14 est le juge du tribunal d'instance.

Sous-section 3. Électorat et éligibilité

Art. L. 2314-15. Sont électeurs les salariés des deux sexes âgés de seize ans révolus, ayant travaillé trois mois au moins dans l'entreprise et n'ayant fait l'objet d'aucune interdiction, déchéance ou incapacité relative à leurs droits civiques.

Note • Les salariés d'une entreprise sont présumés jouir de leurs droits civiques, sauf preuve contraire soumise, au besoin, à la vérification du juge (cass. soc. 15 juin 1995, n° 94-60.461, BC V n° 196 ; *RJS* 7/95 n° 798). Un employeur ne peut demander aux salariés leur carte d'électeur politique. Pour déterminer si les conditions de l'électorat sont remplies, l'employeur ne saurait exiger la production d'un extrait de casier judiciaire (cass. crim. 28 avril 1953, B. crim. n° 143 ; cass. soc. 25 octobre 1978, n° 78-60.693, BC V n° 712).

Listes électorales. Les seules mentions qui doivent figurer obligatoirement sur la liste électorale des salariés travaillant dans l'entreprise sont l'âge, l'appartenance à l'entreprise et l'ancienneté dans celle-ci qui déterminent la qualité d'électeur et permettent le contrôle de la régularité des listes électorales. Dès lors, l'indication de l'adresse du domicile des salariés n'a pas à figurer sur la liste électorale (cass. soc. 20 mars 2002, n° 00-60.315, 1er moyen, BC V n° 95 ; *RJS* 6/02, p. 515 : « Élections professionnelles. Publication et contenu des listes électorales », concl. J. Duplat ; *RJS* 6/02 n° 702 ; *Dr. Soc.* 2002, p. 621 : « Le domicile interdit de liste électorale : un revirement qui en cache un autre », D. Boulmier ; voir aussi cass. soc. 17 décembre 2003, n° 02-60.394).

Les conditions d'électorat et d'éligibilité devant être remplies à la date de l'élection, la liste électorale est établie pour les deux tours et ne peut être modifiée après le premier tour, le renouvellement de l'affichage en vue du second tour constituant un simple rappel et n'ouvrant pas de droits nouveaux (cass. soc. 6 juillet 1983, n° 82-60.613, BC V n° 399 ; 7 mars 1990, n° 89-60.283, BC V n° 105 ; 18 novembre 2008, n° 07-60.359, BC V n° 225). Toutefois, lorsque l'employeur enfreint cette règle en retirant par exemple de la liste un salarié ayant quitté l'entreprise entre les deux tours, cette irrégularité n'entraîne pas l'annulation des élections si elle n'a pas eu d'incidence sur le résultat du scrutin (cass. soc. 18 novembre 2008, précité).

À noter qu'il appartient à l'employeur d'actualiser la liste lorsque l'effectif se modifie après sa publication. La publication de la liste modifiée doit alors intervenir au plus tard le 4e jour avant la date du scrutin. L'employeur qui n'a pas procédé à la modification de la liste électorale n'est pas fondé à contester la candidature, au second tour des élections, de salariés qui ne figuraient pas sur la liste (cass. soc. 20 mars 2002, n° 01-60.482, BC V n° 96 ; *JSL* n° 100, 25 avril 2002, p. 20 ; *RJS* 7/02 n° 851).

Un syndicat est en droit de vérifier la régularité des inscriptions sur les listes électorales, ce qui n'est possible que par la connaissance des noms, dates et lieux de naissance des salariés et du nombre de jours de travail accomplis par eux pendant les périodes à prendre en considération. Doit être cassé le jugement ayant refusé la communication des listings d'emploi de tous les salariés sous contrat à durée déterminée sur les trois dernières années, au motif que cette communication n'est pas prévue par la loi et implique la diffusion d'informations confidentielles (cass. soc. 19 juin 1987, n° 86-60.339, BC V n° 411).

• **Lien de subordination.** Seuls les salariés de l'entreprise sont électeurs et éligibles ; cette règle est d'ordre public absolu et un accord collectif ne peut y déroger (cass. soc. 24 juin 1998, n° 97-60.077, BC V n° 341 ; *RJS* 8-9/98 n° 1021 ; en l'espèce, un accord d'entreprise avait étendu la capacité électorale à des travailleurs handicapés de CAT, or ceux-ci ne sont pas liés à ces centres par un contrat de travail : cass. soc. 18 mars 1997, n° 94-41.716, BC V n° 112 ; *RJS* 6/97 n° 765). L'exercice à temps partiel d'une activité pour le compte d'une société par des personnes dont la profession principale a un caractère libéral (médecins, par exemple) n'est pas incompatible avec leur inscription sur la liste électorale s'il existe un lien de subordination prouvé (cass. soc. 12 mai 1971, n° 70-60.127, BC V n° 348 ; 17 mai 1978, n° 78-60.040, BC V n° 358). Sur l'activité habituelle de médecins vacataires justifiant d'une permanence suffisante pour fonder leur inscription sur les listes électorales d'une association, voir cass. soc. 4 juin 1986, n° 85-60.616, BC V n° 275.

Le fait que certains salariés appartiennent à une catégorie de personnel, à laquelle ne sont pas applicables les dispositions de la convention collective régissant la plupart des salariés de l'entreprise, est sans incidence pour leur inscription sur les listes électorales de l'entreprise (voir, notamment, cass. soc. 20 juillet 1977, n° 77-60.543, BC V n° 496 ; 6 juillet 1978, n° 78-60.592, BC V n° 574 ; 20 juillet 1981, n° 80-60.449, BC V n° 708).

• **Salariés sous contrat à durée déterminée.** Ils sont électeurs s'ils remplissent les conditions d'électorat légalement exigées. La qualité d'électeur leur est reconnue alors même qu'ils n'entrent pas dans le calcul des effectifs pour l'appréciation des seuils (cass. soc. 17 mai 1994, n° 93-60.329, *RJS* 8-9/94 n° 1020 : remplacement d'un salarié dont le contrat est suspendu).

• **Handicapés.** Les handicapés d'un centre d'aide par le travail ne peuvent participer à l'élection des représentants du personnel, car ils ne sont pas liés par un contrat de travail (cass. soc. 19 mars 1997 et 24 juin 1998, arrêts précités). Mais les travailleurs handicapés employés dans des entreprises, des ateliers protégés ou des centres de distribution de travail à domicile, qui sont pris intégralement en compte dans l'effectif de l'entreprise, participent en principe aux élections des délégués du personnel et des représentants du personnel au comité d'entreprise (cass. soc. 17 décembre 1984, n° 84-60.368, BC V n° 495).

• **Salariés dont le contrat de travail est suspendu.** Revenant sur sa jurisprudence antérieure considérant que les salariés dont le contrat de travail était suspendu ne pouvaient être électeurs lorsqu'ils ne percevaient aucune rémunération (cass. soc. 4 juillet 1990, *RJS* 8-9/90 n° 703), la chambre sociale, dans un arrêt du 8 avril 1992 (n° 90-60.531, BC V n° 264 ; *RJS* 5/92 n° 641), a cassé un jugement qui avait dénié la qualité d'électeur à une salariée en congé parental d'éducation parce qu'elle se trouvait dans une période de suspension du contrat de travail, sans rémunération, alors que le « salarié dont le contrat de travail est suspendu est électeur ».

Salariés placés conventionnellement en dispense d'activité. Les membres du personnel, placés conventionnellement en dispense d'activité, qui ne fournissent plus aucun travail et perçoivent non pas un salaire mais une rémunération mensuelle versée par l'État ne remplissent plus les conditions exigées par la loi pour être électeurs (cass. soc. 10 juillet 1980, n° 80-60.042, BC V n° 651). Mais les salariés mis en position de dispense d'activité jusqu'à l'âge où ils disposeront de 150 trimestres cotisés continuant à percevoir de la société qui les employait une garantie de ressources calculée sur le salaire brut, peuvent être électeurs (comités d'établissement) (cass. soc. 12 décembre 1990, n° 88-60.782, BC V n° 662 ; *CSB* 1991 A. 13 ; 2 décembre 1992, n° 91-60.275, *RJS* 1/93 n° 58).

• **Salariés mis à la disposition d'une entreprise.** Voir article L. 2314-18-1 et note sous cet article.

Salariés intérimaires. Si, en application de l'article L. 620.10 [L. 1111-2] CT, les salariés d'entreprises de travail temporaires sont pris en compte dans le calcul des effectifs, les dispositions des articles L. 423-9 [L. 2314-17], L. 423-10 [L. 2314-18], L. 433-6 [L. 2324-16] et L. 433-7 [L. 2324-17] qui régissent leur participation aux élections au sein de l'entreprise de travail temporaire excluent qu'ils aient la qualité d'électeur dans l'entreprise utilisatrice (cass. soc. 28 février 2007, n° 06-60.171, BC V n° 34 ; *JSL* n° 209, p. 14, obs. J-E Tourreil ; *JCP* éd. S 2007, 1272, note P. Morvan ; *RDT*, avril 2007, ET, 229, M-L Morin ; *D.* 2007, AJ 946 ; *RJS* 5/07 n° 636 ; *JCP* éd. S 2007, 1578, étude A-M Dupuy et P. Safar).

• **Salariés détachés.** S'agissant de salariés d'une banque détachés dans des filiales ou des succursales à l'étranger et devant être intégrés aux effectifs et à la liste électorale de leur établissement d'origine, voir cass. soc. 29 janvier 1992, n° 90-60.526, BC V n° 53 ; *RJS* 3/92 n° 320.

• **Salariés protégés irrégulièrement licenciés.** L'annulation sur recours contentieux d'une décision administrative d'autorisation de licenciement permet au salarié d'être candidat aux élections professionnelles, peu important qu'il n'ait pas obtenu sa réintégration dès lors qu'il l'a sollicitée dans le délai légal (cass. soc. 13 juillet 1993, n° 92-60.034, BC V n° 209 ; *RJS* 8-9/93 n° 895). Par ailleurs, le retrait par son auteur de l'autorisation de licenciement produisant les mêmes effets que son annulation, le salarié protégé qui demande sa réintégration dans les deux mois suivant la notification de la décision de retrait de l'administration est électeur et éligible, et doit donc être inscrit sur les listes électorales (cass. soc. 30 avril 2002, n° 01-60.765, BC V n° 139 ; *RJS* 7/02 n° 848).

• **Cadres représentant l'employeur.** Auparavant, la Cour de cassation considérait que les cadres qui remplissaient en fait les fonctions de chef d'établissement ou qui détenaient des pouvoirs permettant de les assimiler au chef d'entreprise ne pouvaient être ni électeurs ni éligibles aux élections des représentants du personnel (cass. soc. 16 février 1977, n° 76-60.198, BC V n° 115 ; 25 mars 1980, n° 79-61.105, BC V n° 292 ; 20 décembre 1988, n° 88-60.337, BC V n° 672 ; 5 avril 1995, n° 94-60.292, *RJS* 5/95 n° 532). Désormais, se fondant sur les dispositions de l'article L. 513-1 [L. 1441-4] CT relatif aux élections prud'homales, qui prévoit que sont électeurs dans le collège employeur les cadres détenant sur un service, un département ou un établissement de l'entreprise une délégation particulière d'autorité établie par écrit permettant de les assimiler à un employeur, la Cour de cassation décide que seuls les cadres détenant sur un service, un département ou un établissement de l'entreprise une délégation particulière d'autorité établie par écrit permettant de les assimiler à un chef d'entreprise sont exclus de l'électorat et de l'éligibilité aux fonctions de délégué du personnel et de membre du comité d'entreprise pour la durée d'exercice de cette délégation particulière. Elle casse ainsi la décision d'un tribunal d'instance qui, pour déclarer irrégulière l'inscription d'un cadre sur les listes électorales établies en vue des élections des délégués du personnel, a retenu que l'intéressé embauchait le personnel, organisait l'exécution du travail des salariés, leur présentait des observations et intervenait dans les poursuites disciplinaires, sans relever l'existence d'une délégation particulière d'autorité permettant de l'assimiler à un chef d'entreprise (cass. soc. 6 mars 2001, n° 99-60.553, BC V n° 73 ; *JSL* n° 77, 10 avril 2001, pp. 10 et s. ; *RJS* 5/01 n° 620. Voir aussi cass. soc. 6 février 2002, n° 00-60.488, BC V n° 58 ; *RJS* 4/02 n° 472 et 24 septembre 2003, n° 02-60.569, BC V n° 244).

Voir aussi note sous art. L. 2143-1.

L'exclusion du droit d'être électeur pour les élections de délégués du personnel s'applique également aux élections des membres du comité d'entreprise et aux élections des représentants salariés au conseil d'administration dans les sociétés anonymes (cass. soc. 1er avril 1997, n° 96-60.019, *Dr. Soc.* 1997, p. 549).

• **Gérants des succursales de commerce de détail alimentaire.** Les gérants des succursales de commerce de détail alimentaire ou de coopératives de consommation, qui remplissent les conditions requises pour avoir la qualité de « gérant non salarié » au sens de l'article L. 782-1 [L. 7321-2] CT, sont électeurs et éligibles aux instances de représentation du personnel (cass. soc. 9 janvier 1975, n° 74-60.131, BC V n° 6).

• **Détermination de l'ancienneté.** Pour la détermination de l'ancienneté, il doit être tenu compte de l'ensemble du temps passé dans plusieurs établissements successifs de l'entreprise (cass. soc. 6 janvier 1977, n° 76-60.216, BC V n° 5 ; 7 janvier 1985, n° 84-60.530, BC V n° 5). Le caractère habituel du travail est seul pris en compte, sans qu'il soit fait aucune distinction entre les périodes de travail à temps partiel, comme vacataire par exemple, et celles de travail à plein temps (cass. soc. 7 juillet 1977, n° 77-60.497, BC V n° 478).

• **Activité habituelle et non épisodique.** En considération de la variation des effectifs dans l'entreprise, et compte tenu du caractère et de la nature de l'emploi du personnel d'appoint, le juge du fond a pu déduire que 24 jours de travail au cours des six derniers mois constituaient une activité habituelle justifiant l'inscription de ce personnel sur les listes électorales (cass. soc. 18 juin 1981, n° 79-60.268, BC V n° 576). Voir aussi cass. soc. 31 mars 1982, n° 81-60.967, BC V n° 245.

Ne doivent pas être inscrits sur les listes électorales des analystes qui, ne se livrant qu'à des travaux épisodiques, ne se rattachaient pas à l'organisme en cause par un lien d'une permanence suffisante pour appartenir à son personnel et figurer sur les listes électorales (voir aussi cass. soc. 26 mai 1988, Abitbol c/ Sté France-Antilles). En revanche, les autres analystes, qui travaillaient chaque mois quoique dans des locaux personnels, selon des horaires propres, aux dates leur convenant et avec une simple rémunération d'appoint sans commune mesure avec celle qu'ils recevaient pour leur activité principale, devaient être inscrits sur les listes, les intéressés exerçant leur activité de manière régulière et selon les directives précises d'un directeur de service (cass. soc. 16 mai 1979, n° 78-60.754, BC V n° 418).

Par ailleurs, il a été jugé que pour qu'un salarié vacataire occupé par intermittence dans l'entreprise soit électeur, il suffit qu'il ait travaillé dans celle-ci au moins à deux reprises dans les trois mois précédant l'élection (cass. soc. 20 octobre 1999, n° 98-60.380, BC V n° 389).

• **Date d'appréciation des conditions d'électorat et d'éligibilité.** Les conditions d'électorat et d'éligibilité aux élections des délégués du personnel et de membres d'un comité d'établissement s'apprécient au jour du premier tour du scrutin sans qu'un protocole préélectoral puisse modifier cette date en privant les salariés des droits électoraux qu'ils tiennent de la loi (cass. soc. 1er décembre 2010, n° 10-60.163, *LS* Jurispr. n° 240/2010 du 14/12/10). Une personne qui n'est plus à cette date salariée de l'entreprise ne peut y être électrice (cass. soc. 21 juillet 1986, Sté FR3 c/ SRCT) ou éligible (cass. soc. 7 octobre 1998, n° 97-60.292).

Art. L. 2314-16. Sont éligibles les électeurs âgés de dix-huit ans révolus, et ayant travaillé dans l'entreprise depuis un an au moins, à l'exception des conjoint, partenaire d'un pacte civil de solidarité, concubin, ascendants, descendants, frères, sœurs et alliés au même degré de l'employeur.

Les salariés travaillant à temps partiel simultanément dans plusieurs entreprises ne sont éligibles que dans l'une de ces entreprises. Ils choisissent celle dans laquelle ils font acte de candidature.

Note

• **Travail effectif dans l'entreprise.** Le salarié qui cesse de travailler effectivement dans une entreprise y est inéligible. Une salariée d'une société de transports détachée auprès d'une autre société qui, du fait de son détachement, avait cessé de travailler effectivement au sein de la société de transports n'est pas éligible comme déléguée du personnel aux élections ayant lieu dans cette société (cass. soc. 15 octobre 1987, n° 86-60.388, BC V n° 582).

Sur l'inéligibilité au sein de leur société de salariés détachés depuis plus d'un an au comité central ou au comité d'établissement, voir notamment cass. soc. 9 janvier 1985, n° 84-60.346, BC V n° 16. Mais un salarié mis à la disposition d'un GIE par l'une des sociétés membre de ce groupement demeure éligible au sein de cette dernière et peut y être désigné comme représentant syndical à un comité d'établissement (cass. soc. 4 avril 1990, n° 89-61.156, BC V n° 166).

Sur le cas particulier d'un salarié élu en qualité de secrétaire du comité d'entreprise et, par suite d'un usage, détaché dans ces fonctions et ne pouvant perdre son droit d'éligibilité, voir cass. soc. 3 décembre 1987, n° 86-60.519, BC V n° 702.

La qualité de fonctionnaire d'un instituteur mis à la disposition d'un institut médico-pédagogique ne fait pas obstacle à ce qu'il participe, non seulement comme électeur, mais aussi comme candidat, aux élections de délégués du personnel dont la mission principale est de présenter à l'employeur les réclamations relatives aux conditions de travail communes à l'ensemble du personnel (cass. soc. 15 décembre 1983, n° 83-60.959, BC V n° 627). Sur la solution différente adoptée en ce qui concerne les membres du comité d'entreprise, voir note sous art. L. 2324-14.

L'éloignement d'un salarié travaillant à l'étranger ne lui permettant pas de remplir son mandat dans l'établissement situé en France, le tribunal d'instance est fondé à annuler son élection en tant que délégué du personnel (cass. soc. 4 mai 1994, n° 93-60.333, BC V n° 161, 2e espèce ; *RJS* 6/94 n° 711). La mission et les fonctions permanentes de délégué du personnel ne peuvent être remplies par un travailleur n'ayant que des liens occasionnels par des contrats de travail différents avec l'entreprise (cass. soc. 18 juin 1981, n° 81-60.028, BC V n° 575).

Un salarié détaché pour trois ans dans des fonctions syndicales à l'échelon national, s'il cesse d'être éligible en raison de son éloignement prolongé, demeure électeur pour la désignation des membres du comité de l'entreprise à laquelle il reste lié par un contrat de travail actuellement suspendu (cass. soc. 27 novembre 1980, n° 80-60.208, BC V n° 861). Sur la non-éligibilité aux élections de délégués du personnel d'un salarié placé dans des conditions similaires, voir notamment cass. ass. plén. 18 décembre 1981, n° 80-60.395, BC n° 7 ; *D.* 1982, 237, concl. M. Cabannes.

Un salarié dont le contrat de travail est suspendu reste éligible (cass. soc. 1er décembre 1993, n° 92-60.278, BC V n° 300 ; *Dr. Soc.* 1994, p. 217).

• **Défaut d'inscription sur la liste électorale.** Le défaut d'inscription sur la liste électorale de l'établissement où se déroule l'élection prive le salarié concerné de la qualité d'électeur, qui est l'une des conditions de l'éligibilité. Dès lors, un salarié muté d'un établissement à un autre après la constitution des listes électorales ne peut, faute d'être inscrit sur la liste électorale de l'établissement d'accueil, y être candidat aux fonctions de délégué du personnel (cass. soc. 6 février 2002, n° 00-60.481, BC V n° 55 ; *RJS* 4/02 n° 461).

• **Cadres représentant l'employeur.** Voir note sous article L. 2314-15.

Le salarié qui ne remplit pas les conditions pour exercer un mandat de représentation du personnel au sein de l'entreprise qui l'emploie en raison de son assimilation au chef d'entreprise ne peut exercer un tel mandat au sein de l'unité économique et sociale dont fait partie cette entreprise (cass. soc. 16 avril 2008, n° 07-60.382, BC V n° 92 ; *JCP* éd. S 2008, 1369, avis D. Allix et note J-Y Kerbourc'h , *RJS* 6/08 n° 693).

• **Salariés licenciés dispensés de préavis.** Ils peuvent, pendant leur période de préavis, et même s'ils ont été dispensés de l'exécuter, figurer sur une liste de candidats aux fonctions de délégué du personnel et exercer celles-ci jusqu'à la date d'expiration du délai-congé, laquelle n'est pas modifiée de ce chef (cass. soc. 13 juin 1989, n° 88-60.536, BC V n° 436). Cette élection ne peut, cependant, faire échec au congédiement antérieur régulièrement intervenu (cass. soc. 13 février 1974, n° 73-60.142, BC V n° 109 ; 8 décembre 1976, n° 76-60.179, BC V n° 649). Toutefois, s'il apparaît qu'une candidature a été présentée de manière frauduleuse pour assurer la protection d'un salarié menacé de licenciement pour des fautes graves, un tribunal peut valablement la considérer comme irrégulière et abusive (cass. soc. 26 janvier 1977, n° 76-60.222, BC V n° 65).

• **Lien de parenté avec l'employeur.** Les inéligibilités prévues par cet article ne peuvent être étendues. Un salarié marié avec la belle-sœur de son employeur est éligible aux élections des délégués du personnel (cass. soc. 14 janvier 1987, n° 86-60.358, BC V n° 22). Le fils du directeur d'un établissement d'une entreprise est éligible (cass. soc. 10 octobre 1990, n° 89-61.356, BC V n° 445 ; *RJS* 11/90 n° 896).

• **Calcul de l'ancienneté.** L'ordonnance 2005-1478 du 1er décembre 2005 de simplification du droit dans le domaine des élections des institutions représentatives du personnel a modifié les dispositions de cet article en supprimant l'exigence de continuité de l'ancienneté requise pour être éligible. Faisant application de ces dispositions, la Cour de cassation a décidé que l'éligibilité d'un salarié est subordonnée seulement à une condition d'ancienneté d'un an, peu important que cette ancienneté résulte de contrats distincts séparés par des périodes d'interruption (cass. soc. 3 octobre 2007, n° 06-60.063, BC V n° 149 ; *JSL* n° 220, 23 octobre 2007, p. 25 ; *RDT*, novembre 2007, AC, 628). La condition d'ancienneté d'un an doit être appréciée en fonction de l'appartenance au groupe, dès lors que l'intéressé a travaillé pendant un an au moins au sein des filiales d'un même groupe (cass. soc. 8 juillet 1997, n° 96-60.295, BC V n° 253 ; *RJS* 8-9/97 n° 999).

À noter que :
– les heures de délégation étant considérées de plein droit comme temps de travail doivent être prises en compte pour le calcul de l'ancienneté (cass. soc. 20 novembre 1991, n° 90-60.397, BC V n° 521 ; *RJS* 1/92 n° 55) ;
– des accords collectifs peuvent valablement contenir des clauses plus favorables aux salariés en ce qui concerne la condition d'ancienneté (cass. soc. 14 décembre 1977, Desgeorges c/ Garnier) ;
– la condition d'éligibilité que la loi fait dépendre du temps de travail dans l'entreprise ne peut être affectée par la modification intervenue dans la situation juridique de l'employeur (cass. soc. 20 décembre 1988, n° 87-60.276, BC V n° 673).

• **Salariés travaillant simultanément dans plusieurs entreprises**. Le second alinéa de cet article prévoit que les salariés travaillant à temps partiel simultanément dans plusieurs entreprises doivent choisir celle dans laquelle ils font acte de candidature. Par un arrêt du 16 novembre 2011 (n° 11-13.256, *LS* Bref, n° 15981 ; *RJS* 2/12 n° 175), la Cour de cassation a étendu cette règle aux salariés en forfait jours, ces derniers devant également, lorsqu'ils travaillent simultanément dans plusieurs entreprises, choisir celle dans laquelle ils présentent leur candidature.

Art. L. 2314-17. Dans les entreprises de travail temporaire, les conditions d'ancienneté sont, pour les salariés temporaires, de trois mois pour être électeur et de six mois pour être éligible.

Ces conditions sont appréciées en totalisant les périodes pendant lesquelles ces salariés ont été liés à ces entreprises par des contrats de mission au cours des douze mois ou des dix-huit mois précédant l'élection, selon qu'il s'agit d'électorat ou d'éligibilité.

Ce délai est réduit à six mois en cas de création d'entreprise ou d'ouverture d'établissement.

Art. L. 2314-18. Dans les entreprises de travail temporaire, sont électeurs ou éligibles tous les salariés temporaires satisfaisant aux conditions d'ancienneté définies tant par l'article L. 2314-17 que par les autres dispositions des textes applicables et liés à l'entreprise par un contrat de mission au moment de la confection des listes.

Cessent de remplir les conditions d'électorat et d'éligibilité :
1° Les salariés ayant fait connaître à l'entrepreneur de travail temporaire qu'ils n'entendent plus bénéficier d'un nouveau contrat ;
2° Les salariés à qui l'entrepreneur de travail temporaire a notifié sa décision de ne plus faire appel à eux pour de nouveaux contrats.

Note Il résulte de cette disposition que ne peuvent être éligibles dans les entreprises de travail temporaire que les salariés qui ont un contrat de travail temporaire au moment de la confection des listes. C'est donc à tort que, pour valider l'élection en qualité de délégué du personnel d'un salarié intérimaire qui n'avait pas de mission en cours, un tribunal d'instance a retenu que la loi ne subordonne pas la prise en compte des travailleurs temporaires dans l'effectif de l'entreprise pour les élections des délégués du personnel à la condition que les intéressés soient en activité lors desdites élections (cass. soc. 4 février 2004, n° 03-60.163, BC V n° 41).

Art. L. 2314-18-1. ***(L. 2008-789 du 20 août 2008, art. 3, JO 21)*** Pour les salariés mis à disposition qui remplissent les conditions mentionnées au 2° de l'article L. 1111-2, la condition de présence dans l'entreprise utilisatrice est de douze mois continus pour être électeur et de vingt-quatre mois continus pour être éligible.

Les salariés mis à disposition qui remplissent les conditions mentionnées au premier alinéa choisissent s'ils exercent leur droit de vote et de candidature dans l'entreprise qui les emploie ou l'entreprise utilisatrice.

Note • Aux termes de cet article, les salariés mis à disposition sont électeurs aux élections des délégués du personnel si :
- ils remplissent les conditions pour être décomptés dans les effectifs de l'entreprise utilisatrice (être présents dans les locaux de l'entreprise utilisatrice et y travailler depuis au moins un an) ;
- ils sont présents dans l'entreprise utilisatrice depuis 12 mois continus.

Ils sont éligibles si :
- ils remplissent les conditions pour être décomptés dans les effectifs de l'entreprise utilisatrice ;
- ils sont présents dans l'entreprise utilisatrice depuis 24 mois continus.

Sur la prise en compte des salariés mis à disposition dans l'effectif de l'entreprise utilisatrice, voir note sous article L. 2312-8.

En pratique, c'est à l'employeur de l'entreprise utilisatrice de lister les salariés mis à sa disposition qui remplissent les conditions de présence et d'ancienneté nécessaires à leur prise en compte dans son effectif et à leur inscription sur les listes électorales. En effet, il lui appartient, en tant que responsable de l'organisation de l'élection, de fournir aux organisations syndicales les éléments nécessaires au contrôle des effectifs et de l'électorat, et s'agissant des salariés mis à disposition il doit, sans se borner à interroger les entreprises extérieures, fournir aux organisations syndicales les éléments dont il dispose ou dont il peut demander judiciairement la production par ces entreprises (cass. soc. 26 mai 2010, n° 09-60.400, BC V n° 114 ; *LS* Bref n° 15623 du 3/06/10 ; *RJS* 8-9/10 n° 689).

• L'alinéa 2 de cet article prévoit que les salariés mis à disposition qui remplissent les conditions d'électorat et d'éligibilité choisissent l'entreprise dans laquelle ils exercent leur droit de vote et de candidature. Ces dispositions sont d'ordre public et un accord collectif ne saurait priver des salariés mis à disposition de ce droit d'option (CE 23 décembre 2010, n° 332493, *Rec. Lebon*, p. 523 ; *LSQ* n° 15767 du 6 janvier 2011). Les modalités de ce choix ne sont cependant pas encadrées par la loi.

La Cour de cassation a précisé que les conditions de présence à remplir par les salariés mis à disposition devant être appréciées lors de l'organisation des élections dans l'entreprise utilisatrice, c'est à cette date que ces salariés doivent être mis en mesure d'exercer leur droit d'option. Dès lors, le fait que des salariés mis à disposition aient déjà voté dans leur entreprise d'origine ne peut en soi les priver de leur droit d'option (cass. soc. 26 mai 2010, n° 09-60.400, précité ; *Dr. Soc.* 2010, pp. 826 et s. : « L'option de vote des salariés mis à disposition », Fr. Petit ; *RJS* 8-9/10 n° 689).

En outre, le fait pour un salarié, ayant exercé son droit d'option, d'avoir été élu en qualité de délégué du personnel dans l'entreprise utilisatrice, est sans incidence sur ses droits d'être électeur et éligible aux élections des membres du comité d'entreprise dans l'entreprise qui l'emploie (cass. soc. 28 septembre 2011, n° 10-27.374, *RJS* 12/11 n° 1001 ; *JCP* éd. S 2011, 1550, note J-Y Kerbourc'h ; *Dr. Soc.* 2011, p. 1315, obs. Fr. Petit).

• Lorsque l'entreprise utilisatrice est divisée en établissements distincts et qu'un salarié mis à disposition travaille au sein de plusieurs d'entre eux, il doit être inscrit sur la liste électorale de l'établissement où il exerce principalement son activité (cass. soc. 8 décembre 2010, n° 10-60.126, BC V n° 284 ; *Dr. Soc.* 2011, p. 223, obs. Fr. Petit ; *RJS* 2/11 n° 159 ; *JCP* éd. S 2011, 1083, note I. Kappopoulos).

Art. L. 2314-19. Il n'y a pas d'incompatibilité entre les fonctions de délégué du personnel et celles de membre du comité d'entreprise.

Note Dès lors qu'il n'existe aucune incompatibilité entre un mandat de membre élu au comité d'entreprise et un mandat de délégué du personnel, un salarié, quoiqu'élu au comité d'entreprise, doit aussi être proclamé élu en qualité de délégué du personnel suppléant au vu des résultats électoraux et ne peut pas se désister au profit d'un autre salarié auquel les résultats du scrutin ne confèrent pas la qualité d'élu, peu important que ce désistement intervienne avant ou après la proclamation des résultats (cass. soc. 29 juin 2011, n° 10-18.647, *RJS* 10/11 n° 824 ; *JCP* éd. S 2011, 1431, note Y. Pagnerre ; *Dr. Soc.* 2011, p. 1124, obs. Fr. Petit).

Art. L. 2314-20. L'inspecteur du travail peut, après avoir consulté les organisations syndicales représentatives, autoriser des dérogations aux conditions d'ancienneté pour être électeur, notamment lorsque leur application aurait pour effet de réduire à moins des deux tiers de l'effectif le nombre de salariés remplissant ces conditions.

Il peut également, après avoir consulté les organisations syndicales représentatives, autoriser des dérogations aux conditions d'ancienneté pour l'éligibilité lorsque l'application de ces dispositions conduirait à une réduction du nombre des candidats qui ne permettrait pas l'organisation normale des opérations électorales.

Note • La décision de l'inspecteur du travail qui avait fixé, en matière d'électorat et d'éligibilité, les conditions d'ancienneté pour l'ensemble du personnel de l'entreprise s'imposait au juge d'instance qui ne pouvait fixer un régime spécifique pour certains travailleurs intermittents (cass. soc. 16 avril 1986, n° 85-60.579, BC V n° 138).

• « Compte tenu de la forte proportion de salariés normalement éligibles, et en l'absence de circonstances particulières tenant notamment à l'insuffisance des candidatures aux fonctions de délégué du personnel, la situation existant à l'établissement de la Sté S. ne pouvait être regardée comme faisant obstacle à l'organisation normale des opérations électorales ; ... dès lors, l'inspecteur du travail ne pouvait légalement autoriser la dérogation (abaissement à 6 mois de l'ancienneté requise) contestée » (CE 25 février 1987, n° 60318, *Rec. Lebon*, p. 72). Sur la légalité d'une dérogation accordée par l'inspecteur, voir CE 22 juin 1988, n° 80313, *Rec. Lebon*, p. 255.

Sous-section 4. **Mode de scrutin et résultat des élections**

Art. L. 2314-21. L'élection a lieu au scrutin secret sous enveloppe ou par vote électronique, dans les conditions et selon les modalités définies par décret en Conseil d'État.

La mise en œuvre du vote par voie électronique est subordonnée à la conclusion d'un accord d'entreprise.

Il est procédé à des votes séparés pour les membres titulaires et les membres suppléants, dans chacune des catégories professionnelles formant des collèges distincts.

Note • Les dispositions de cet article (délégués du personnel) et celles de l'article L. 2324-19 (comités d'entreprise) sont rédigées de façon identique.

• Si le secret du scrutin doit être assuré par l'installation obligatoire d'isoloirs (cass. soc. 26 mai 1998, n° 97-60.092, BC V n° 279 ; *RJS* 7/98 n° 876), aucune disposition légale ou réglementaire n'oblige les électeurs à en user (cass. soc. 30 mars 1978, n° 78-60.016, BC V n° 248). La liberté de vote n'est pas méconnue, en l'absence de toute autre circonstance, du seul fait que certains électeurs ne soient pas passés par l'isoloir.

La remise d'une enveloppe fermée contenant le bulletin de vote à un préposé de l'employeur n'assure pas le secret et la sincérité des votes (cass. soc. 16 avril 1986, n° 85-60.083, BC V n° 136) ; sous réserve des modalités convenues pour les votes par correspondance, chaque électeur doit voter personnellement et non par l'intermédiaire d'un tiers. Les tribunaux ont une grande liberté pour apprécier si, dans les circonstances de l'espèce en cause, le secret et la liberté du vote ont bien été assurés : voir cass. soc. 7 avril 1976, n° 75-60.183, BC V n° 192 ; 8 juillet 1976, n° 76-60.040, BC V n° 445 ; 3 juin 1977, n° 76-60.270, BC V n° 375 ; 18 juillet 1978, n° 78-60.634, BC V n° 596 ; 10 mai 2000, n° 99-60.064.

• Chaque liste a le droit d'avoir en permanence, dans chaque bureau de vote, un délégué habilité, comme les candidats eux-mêmes, à contrôler toutes les opérations électorales (cass. soc. 26 mai 1976, n° 76-60.035, BC V n° 330) mais ce délégué doit faire partie du personnel de l'entreprise (cass. soc. 28 juin 1984, n° 84-60.135, BC V n° 276). L'expulsion de la salle de vote de toutes les personnes autres que les membres du bureau de vote constitue une irrégularité grave portant atteinte au déroulement normal des opérations électorales et entraîne l'annulation des élections (cass. soc. 11 décembre 1985, n° 85-60.387, BC V n° 603). Le chef d'entreprise, comme le chef du personnel, s'il n'a pas la qualité d'électeur, ne peut siéger au bureau de vote (cass. soc. 21 mai 1980, n° 80-60.008, BC V n° 455 ; 14 mars 1989, n° 88-60.534, BC V n° 209 ; 23 février 2005, n° 04-60.242, BC V n° 67 ; *RJS* 5/05 n° 544). La composition de bureaux de vote par le seul président constitue une irrégularité de nature à porter atteinte au déroulement normal des opérations électorales (cass. soc. 19 octobre 1994, n° 93-60.049, BC V n° 282 ; *Dr. Soc.* 1995, p. 67).

• Constitue une irrégularité susceptible d'entacher la validité des opérations électorales le fait de déplacer les urnes et de les laisser pendant deux heures dans le véhicule d'un membre de la direction de l'entreprise qui en a seul conservé les clefs. Doit donc être cassé le jugement énonçant que ces anomalies étaient minimes et ne constituaient nullement des manœuvres frauduleuses commises par la direction dans le dessin d'influencer le vote et de fausser les résultats (cass. soc. 18 juillet 2001, n° 00-60.195, *RJS* 11/01 n° 1310).

• Si les urnes utilisées doivent être, en principe, du même modèle que celles utilisées pour les élections politiques, l'emploi d'urnes d'un modèle différent ne constitue pas à lui seul une cause d'annulation du scrutin (cass. soc. 5 janvier 1978, n° 77-60.610, BC V n° 17). L'utilisation d'une seule urne pour rassembler les bulletins concernant les titulaires et les suppléants entraîne l'annulation des élections (cass. soc. 13 mai 1976, n° 75-60.031, BC V n° 277). L'irrégularité constatée ne constitue une cause d'annulation que si elle a eu pour effet de fausser le résultat du scrutin (ce qui n'était pas le cas pour l'élection de délégués du personnel « à un seul vote, avec une seule enveloppe et dans une seule urne » : cass. soc. 13 mars 1985, n° 84-60.608, BC V n° 164). De même, le mélange des bulletins entre urnes « comité » et urnes « délégués » peut être un facteur conduisant à considérer que les résultats des élections ont été faussés (cass. soc. 25 juillet 1979, Sté PRM c/ Chatenet).

• Les scrutins étant séparés pour chaque collège, toute personne peut demander l'annulation d'un des scrutins sans nécessairement contester la validité des autres (cass. soc. 24 octobre 2007, n° 06-60.302, BC V n° 175 ; *RJS* 1/08 n° 53).

• ***Vote électronique.*** Cet article (et l'article L. 2324-19 pour les élections des membres du comité d'entreprise) subordonne la mise en œuvre du vote électronique à la conclusion d'un accord d'entreprise ; lorsqu'un tel accord a été conclu, le protocole préélectoral doit, conformément à l'article R. 2314-16 pour les délégués du personnel et R. 2324-12 pour le comité d'entreprise, mentionner cet accord et, s'il est déjà arrêté, le nom du prestataire choisi pour le mettre en place.

La Cour de cassation a précisé que l'accord autorisant le recours au vote électronique :
– est un accord collectif de droit commun, soumis aux seules conditions de validité prévues par l'article L. 2232-12 [signature par des syndicats ayant obtenu au moins 30% des suffrages exprimés au premier tour des élections des membres titulaires du comité d'entreprise et absence d'opposition majoritaire] (cass. soc. 28 septembre 2011, n° 10-27.370, *RJS* 12/11 n° 1005 ; *JCP* éd. S 2011, 1549, 1re espèce, note Fr. Petit) ;
– doit être en vigueur, c'est-à-dire avoir été déposé auprès de la Direccte au jour de la signature du protocole préélectoral, à défaut de quoi celui-ci n'est pas valable et les élections susceptibles d'être annulées (cass.soc. 28 septembre 2011, n° 11-60.028, *RJS* 12/11 n° 1006 ; *JCP* éd. S 2011, 1549, 2e espèce, note Fr. Petit).

Dès lors que les dispositions du protocole préélectoral permettent d'assurer l'identité des électeurs ainsi que la sincérité et le secret du vote électronique, comme la publicité du scrutin, conformément aux principes généraux du droit électoral, les élections doivent être validées (cass. soc. 8 décembre 2004, n° 03-60.509, BC V n° 321 ; *RJS* 3/05 n° 298 ; 26 avril 2006, n° 05-60.298, *RJS* 7/06 n° 868).

Sur les règles à suivre et les garanties demandées par la CNIL lors de la mise en place d'un système de vote électronique, voir délibération 2010-371 du 21 octobre 2010 (JO 24 nov.) portant adoption d'une recommandation relative à la sécurité des systèmes de vote électronique, disponible sur *www.cnil.fr*.

Art. L. 2314-21.

Art. R. 2314-8. L'élection des délégués du personnel peut être réalisée par vote électronique sur le lieu de travail ou à distance.

La possibilité de recourir à un vote électronique est ouverte par un accord d'entreprise ou par un accord de groupe comportant un cahier des charges respectant les dispositions du présent paragraphe.

La mise en place du vote électronique n'interdit pas le vote à bulletin secret sous enveloppe si l'accord n'exclut pas cette modalité.

Note La possibilité de recourir à un vote électronique devant, aux termes de cet article, être ouverte par un accord d'entreprise ou par un accord de groupe, c'est à bon droit qu'un tribunal d'instance, qui constate qu'il n'a été décidé du recours au vote électronique que dans le cadre d'un accord d'établissement, déclare nul le protocole d'accord électoral signé pour l'élection des délégués du personnel de cet établissement (cass. soc. 10 mars 2010, n° 09-60.096, BC V n° 56 ; *LS* Bref n°s 15572/15573 du 19/03/10 ; *JSL* n° 276, 30 avril 2010, p. 16, obs. D. Julien-Paturle).

Voir aussi *supra* note sous article L. 2314-21 « Vote électronique ».

Art. R. 2314-9. La conception et la mise en place du système de vote électronique peuvent être confiées à un prestataire choisi par l'employeur sur la base d'un cahier des charges respectant les dispositions du présent paragraphe.

Le système retenu assure la confidentialité des données transmises, notamment de celles des fichiers constitués pour établir les listes électorales des collèges électoraux, ainsi que la sécurité de l'adressage des moyens d'authentification, de l'émargement, de l'enregistrement et du dépouillement des votes.

Art. R. 2314-10. Lors de l'élection par vote électronique, les fichiers comportant les éléments d'authentification des électeurs, les clés de chiffrement et de déchiffrement et le contenu de l'urne sont uniquement accessibles aux personnes chargées de la gestion et de la maintenance du système.

Les données relatives aux électeurs inscrits sur les listes électorales ainsi que celles relatives à leur vote sont traitées par des systèmes informatiques distincts, dédiés et isolés, respectivement dénommés « fichier des électeurs » et « contenu de l'urne électronique ».

Art. R. 2314-11. Le système de vote électronique est conçu de manière à pouvoir être scellé à l'ouverture et à la clôture du scrutin.

Art. R. 2314-12. Préalablement à sa mise en place ou à toute modification substantielle de sa conception, le système de vote électronique est soumis à une expertise indépendante, destinée à vérifier le respect des articles R. 2314-8 à R. 2314-11. Le rapport de l'expert est tenu à la disposition de la Commission nationale de l'informatique et des libertés.

Les dispositions de ces mêmes articles s'imposent également aux personnes chargées de la gestion et de la maintenance du système informatique.

Art. R. 2314-13. L'employeur met en place une cellule d'assistance technique chargée de veiller au bon fonctionnement et à la surveillance du système de vote électronique, comprenant, le cas échéant, les représentants du prestataire.

Art. R. 2314-14. L'employeur informe les organisations syndicales de salariés incluses dans le périmètre de l'accord autorisant le vote électronique et représentatives, au sens de l'article L. 2231-1, de l'accomplissement des formalités déclaratives préalables auprès de la Commission nationale de l'informatique et des libertés.

Art. R. 2314-15. Chaque salarié dispose d'une notice d'information détaillée sur le déroulement des opérations électorales.

Les représentants du personnel, les délégués syndicaux et les membres du bureau de vote bénéficient d'une formation sur le système de vote électronique retenu.

Art. R. 2314-16. Le protocole d'accord préélectoral mentionne la conclusion de l'accord d'entreprise ou de l'accord de groupe autorisant le recours au vote électronique et, s'il est déjà arrêté, le nom du prestataire choisi pour le mettre en place.

Il comporte en annexe la description détaillée du fonctionnement du système retenu et du déroulement des opérations électorales.

Note Voir note sous article L. 2314-21.

Art. R. 2314-17. Le vote électronique se déroule, pour chaque tour de scrutin, pendant une période délimitée.

Art. R. 2314-18. En présence des représentants des listes de candidats, la cellule d'assistance technique :

1° Procède, avant que le vote ne soit ouvert, à un test du système de vote électronique et vérifie que l'urne électronique est vide, scellée et chiffrée par des clés délivrées à cet effet ;

2° Procède, avant que le vote ne soit ouvert, à un test spécifique du système de dépouillement, à l'issue duquel le système est scellé ;

3° Contrôle, à l'issue des opérations de vote et avant les opérations de dépouillement, le scellement de ce système.

Art. R. 2314-19. La liste d'émargement n'est accessible qu'aux membres du bureau de vote et à des fins de contrôle du déroulement du scrutin.

Aucun résultat partiel n'est accessible pendant le déroulement du scrutin. Toutefois, le nombre de votants peut, si l'accord prévu à l'article R. 2314-8 le prévoit, être révélé au cours du scrutin.

Lorsque cet accord n'exclut pas le vote au scrutin secret sous enveloppe, l'ouverture du vote n'a lieu qu'après la clôture du vote électronique. Le président du bureau de vote dispose, avant cette ouverture, de la liste d'émargement des électeurs ayant voté par voie électronique.

Art. R. 2314-20. L'employeur ou le prestataire qu'il a retenu conserve sous scellés, jusqu'à l'expiration du délai de recours et, lorsqu'une action contentieuse a été engagée, jusqu'à la décision juridictionnelle devenue définitive, les fichiers supports comprenant la copie des programmes sources et des programmes exécutables, les matériels de vote, les fichiers d'émargement, de résultats et de sauvegarde. La procédure de décompte des votes doit, si nécessaire, pouvoir être exécutée de nouveau.

À l'expiration du délai de recours ou, lorsqu'une action contentieuse a été engagée, après l'intervention d'une décision juridictionnelle devenue définitive, l'employeur ou, le cas échéant, le prestataire procède à la destruction des fichiers supports.

Art. R. 2314-21. Un arrêté du ministre chargé du travail, pris après avis de la Commission nationale de l'informatique et des libertés, précise les dispositions pratiques de mise en œuvre du vote électronique.

Art. L. 2314-22. L'élection a lieu pendant le temps de travail. Toutefois, un accord contraire peut être conclu entre l'employeur et l'ensemble des organisations syndicales représentatives existant dans l'entreprise, notamment en cas de travail en continu.

Note

• Un tribunal d'instance a valablement décidé que l'élection se déroulerait sur une durée suffisante pour permettre aux équipes de travail continu de voter (cass. soc. 2 novembre 1994, n° 94-60.053, *Dr. Ouvr.* 1995, p. 356).

• Cet article ne s'applique pas au vote électronique. C'est donc à bon droit qu'un tribunal d'instance a décidé que la possibilité de procéder au vote électronique à partir de tout ordinateur vingt-quatre heures sur vingt-quatre ne constituait pas une disposition du protocole préélectoral soumise à la règle de l'unanimité (cass. soc. 5 avril 2011, n° 10-19.951, BC V n° 87 ; *RJS* 6/11 n° 539).

Art. L. 2314-23. Les modalités d'organisation et de déroulement des opérations électorales font l'objet d'un accord entre l'employeur et les organisations syndicales intéressées. Cet accord doit respecter les principes généraux du droit électoral.

Les modalités sur lesquelles aucun accord n'a pu intervenir peuvent être fixées par une décision du juge judiciaire.

Note Voir art. R. 2314-5 figurant sous art. L. 2314-7.

Sur la notion d'organisations syndicales intéressées, voir article L. 2314-3 et note sous cet article.

• Le tribunal d'instance ne peut condamner l'employeur à remettre à un syndicat certains documents en vue de négocier le protocole d'accord préélectoral (par exemple, la déclaration annuelle de l'activité salariée ou la liste du personnel ; voir cass. soc. 6 avril 1994, n° 90-60.319, *RJS* 5/94 n° 575 ; 12 mars 1991, n° 89-61.551, *RJS* 5/91 n° 612). Le juge peut cependant ordonner toutes les mesures d'instruction légalement admissibles.

• Aucun texte n'impose d'établir le protocole d'accord préeélectoral par écrit (cass. soc. 23 janvier 2002, n° 00-60.293). L'absence d'indication de la date à laquelle le protocole préélectoral a été signé n'affecte pas, à elle seule, sa validité (cass. soc. 7 mai 2002, n° 00-60.487, BC V n° 144 ; *RJS* 7/02 n° 852).

– *En présence d'un accord.* Les modalités d'organisation du scrutin fixées par un protocole préélectoral dont la régularité n'est pas contestée s'imposent à l'employeur et aux organisations syndicales (cass. soc. 9 novembre 2011, n° 10-28.838, *LS* Bref n° 15976 du 16/11/11 ; *RJS* 1/12 n° 60). Ainsi, dès lors qu'un accord préélectoral a été conclu, le chef d'entreprise ne peut unilatéralement modifier les modalités d'organisation et de déroulement des opérations électorales arrêtées par le protocole négocié (cass. soc. 12 juillet 2006, n° 05-60.332, BC V n° 251). De même, le chef d'entreprise ne peut être contraint d'inviter les organisations syndicales à négocier un nouveau protocole sur les modalités d'organisation et de déroulement des opérations électorales qui n'auraient pas été prévues ; en pareille circonstance, il appartient aux intéressés de saisir le juge d'instance ou à l'employeur de fixer ces modalités (cass. soc. 13 juin 1989, n° 88-60715, BC V n° 437 ; *Dr. Soc.* 1990, p. 316, note J. Savatier).

Sans être tenu de saisir le juge avant les élections, le syndicat qui n'a pas signé l'accord préélectoral n'est pas réputé y avoir adhéré et peut donc le contester ; mais il ne peut le faire que si, lors du dépôt de sa liste de candidats, il a exprimé des réserves. Ainsi, un syndicat non signataire d'un accord préélectoral ayant saisi l'inspecteur du travail sur la répartition des sièges mais n'ayant pas émis de réserves lors du dépôt de sa liste de candidats n'est pas recevable à contester les modalités d'application de l'accord à l'appui de sa demande d'annulation des élections (cass. soc. 19 septembre 2007, n° 06-60.222, BC V n° 132 ; *D.* 2007 AJ 2473, note B. Ines ; *JSL* n° 220, 23 octobre 2007, p. 13, obs. J-E Tourreil ; *RJS* 11/07 n° 1193 ; voir aussi, après l'intervention de la loi du 20 août 2008, cass. soc. 2 mars 2011, n° 10-60.201, BC V n° 62 ; *RJS* 5/11 n° 437 et 28 septembre 2011, n° 10-60.245, *RJS* 12/11 n° 1007).

À noter que l'homologation par le tribunal d'instance d'un protocole préélectoral ne fait pas obstacle à ce que des modifications négociées entre le chef d'entreprise et les organisations syndicales intéressées lui soient apportées (cass. soc. 20 novembre 2002, n° 01-60.605, BC V n° 348 ; *RJS* 4/03 n° 489).

Le juge appelé à fixer les modalités d'organisation et de déroulement des opérations électorales peut : a) être saisi, en raison de l'urgence de la procédure, par voie de simple déclaration au secrétariat-greffe (conditions prévues par l'article R. 2324-24) ; b) statuer par ordonnance rendue en la forme des référés (art. R. 2324-2, al. 3) sans méconnaître les dispositions (art. 848 et 849) du nouveau code de procédure civile relatives à la procédure de référé de droit commun (cass. soc. 17 décembre 1986, n° 86-60.222, BC V n° 609).

– *En l'absence d'accord.* Lorsque aucune organisation syndicale n'a répondu à l'invitation de négocier le protocole d'accord préélectoral, il appartient au seul chef d'entreprise de fixer les modalités des opérations électorales ; un protocole d'accord signé avec des candidats libres est dépourvu de toute validité (cass. soc. 5 février 1997, n° 96-60.009, *RJS* 3/97 n° 309). Le juge d'instance, statuant en dernier ressort, en la forme des référés, peut également fixer la date des élections lorsque aucun accord entre le chef d'entreprise et les organisations syndicales représentatives n'a pu intervenir sur ce point (cass. soc. 2 juin 1983, n° 82-60.614, BC V n° 303) ; sur l'étendue de la compétence du juge d'instance qui statue non selon la procédure de référé de droit commun mais au fond, en la forme des référés (cass. soc. 25 mars 1985, n° 84-60.856, BC V n° 206).

Lorsque l'employeur a recherché, avec toutes les organisations syndicales intéressées, un accord sur la répartition du personnel dans les collèges et des sièges entre les différentes catégories, ainsi que sur les modalités d'organisation et de déroulement des élections, le tribunal d'instance ne peut, en l'absence d'accord, contraindre l'employeur à inviter une nouvelle fois les organisations syndicales intéressées à négocier un protocole d'accord préélectoral, mais doit, sur le premier point, renvoyer les parties devant l'inspecteur du travail et, sur le second, statuer lui-même (cass. soc. 26 septembre 1989, n° 88-60.709, *RJS* 11/89 n° 866).

Le juge d'instance, à défaut d'accord entre les partenaires sociaux, a pu décider, sans méconnaître les principes généraux du droit électoral, que l'employeur devait adresser aux salariés votant par correspondance une circulaire de propagande des syndicats présentant des candidats (cass. soc. 6 juillet 1983, n° 83-60.746, BC V n° 402). Lorsque l'organisation et le déroulement des élections sont compromis, le tribunal d'instance saisi d'une demande de report des élections doit y accéder (en l'espèce, aucun accord unanime n'avait été recueilli ni sur la détermination des organisations syndicales représentatives habilitées à négocier le protocole d'accord, ni sur la fixation du nombre d'établissements distincts pour les délégués du personnel, ni sur les modalités du scrutin : cass. soc. 14 octobre 1997, n° 96-60.301, *RJS* 11/97 n° 1264 ; voir aussi cass. soc. 23 janvier 2002, n° 00-60.362, BC V n° 30 décidant qu'en l'absence d'accord sur la perte de la qualité d'établissement distinct reconnue à un site, il appartient au tribunal d'instance de reporter la date des élections au sein de cet établissement dans l'attente de la décision de la DDTE portant sur la nouvelle configuration de l'entreprise en établissements distincts pour la mise en place des comités d'établissement).

• **Date de dépôt des candidatures.** Voir note sous article L. 2314-3.

• **Date des élections.** Si le chef d'entreprise fixe la date du premier tour des élections dans la quinzaine qui précède l'expiration du mandat des membres du comité d'entreprise, le juge d'instance peut modifier cette date dans la mesure où sa décision a pour but de faciliter le déroulement des élections. L'ordonnance rendue en référé qui avait relevé que la mise en chômage partiel d'un certain nombre de salariés était de nature à perturber sérieusement le déroulement des élections ainsi que la campagne électorale les précédant a décidé, à bon droit, le report de la date de ces élections (cass. soc. 16 juin 1983, n° 82-60.642, BC V n° 343 ; 26 mai 1988, n° 87-60.222, BC V n° 328, report en raison d'une grève annoncée pour la même date que celle prévue pour le scrutin).

• **Contestations.** Voir notes sous articles R. 2314-27, 28 et 29.

• **Propagande électorale et attitude de neutralité de l'employeur**

Bulletins. En vertu des principes généraux du droit électoral, l'égalité des candidats doit être assurée dans les élections professionnelles ; cette égalité se traduit en principe par l'utilisation de bulletins blancs pour tous les candidats, comme le prévoit l'article 66 du code électoral en matière d'élections politiques ; il ne peut être fait exception à ce principe dans l'intérêt des électeurs que lorsque le justifient des circonstances particulières constatées soit par le protocole préélectoral, soit par le juge saisi d'une contestation portant sur l'organisation des élections. À défaut d'accord de toutes les parties concernées, la clause d'un protocole prévoyant l'emploi de papiers de couleur pour le vote n'est pas applicable (cass. soc. 11 mars 1992, n° 91-60.160, BC V n° 174 ; *RJS* 4/92 n° 469, 2e espèce).

L'employeur peut mettre des bulletins blancs à la disposition des salariés (cass. soc. 13 janvier 1977, n° 76-60.190, BC V n° 28 ; 30 janvier 1985, n° 83-63.322, BC V n° 66 ; 25 février 1992, n° 89-61.135, BC V n° 123 ; *Dr. Soc.* 1992, p. 455, rapport V. Pams-Tatu). Cette mise à disposition ne pourrait être considérée comme une cause d'annulation des élections que si elle avait pu influer de manière illicite sur le résultat des élections (cass. soc. 10 mai 1984, *JS* 1984, SJ 156).

Propagande électorale. Des salariés peuvent inviter leurs camarades à s'abstenir au premier tour, cet acte normal d'information et de propagande ne pouvant en rien diminuer la liberté de vote (cass. soc. 23 mars 1977, n° 76-60.249, BC V n° 219). Mais une telle attitude n'est licite que dans la mesure où elle n'a pas été inspirée et n'est pas appuyée par l'employeur (cass. soc. 23 mars 1977, n° 76-60.249, BC V n° 219) et où elle ne s'accompagne pas, sous forme de tracts ou d'affiches, de commentaires tendancieux.

Sur la diffusion par un syndicat, la veille du scrutin, d'un tract litigieux ayant faussé le résultat de l'élection, voir notamment cass. soc. 18 février 1988, n° 87-60.027, BC V n° 123 ; 20 octobre 1999, n° 98-60.425.

Un tribunal d'instance a pu retenir que la diffusion d'une appréciation défavorable sur un candidat et son affectation sur un chantier éloigné pendant la période préélectorale étaient de nature à influencer le vote des électeurs (cass. soc. 30 octobre 1991, n° 91-60.058).

Obligation de neutralité de l'employeur. La propagande électorale antérieure au premier tour est réservée aux syndicats représentatifs et l'employeur est tenu à une obligation de neutralité. Méconnaît cette obligation l'employeur qui fait diffuser avant le premier tour, au profit d'éventuels candidats libres, un tract de propagande électorale pour le second tour (cass. soc. 14 janvier 2004, n° 01-60.788, BC V n° 12 ; *RJS* 3/04 n° 330). De même, le fait pour l'employeur de faire diffuser et d'afficher une note de service invitant les salariés à s'abstenir de voter au premier tour « de façon à ce que le quorum ne soit pas atteint et que le personnel puisse présenter au second tour des candidats libres » constitue une ingérence dans les élections (cass. crim. 20 mars 1979, n° 78-92.967, B. crim. n° 114 ; voir aussi cass. soc. 10 mai 1978, n° 78-60.070, BC V n° 344).

• Vote par correspondance

Circonstances justifiant son organisation. En vertu des principes généraux du droit électoral, le vote par correspondance ne peut être utilisé que dans des circonstances exceptionnelles (vote par correspondance réservé aux seuls salariés travaillant la nuit, en repos ou en congé de maladie le jour du vote, voir cass. soc. 10 juin 1997, n° 96-60.144, *RJS* 7/97 n° 845 ; vote par correspondance du personnel navigant en raison des spécificités de ses conditions de travail, voir cass. soc. 27 mai 1999, n° 98-60.387). Si le vote par correspondance peut être nécessaire dans certaines circonstances (cass. soc. 16 janvier 1991, n° 89-61.449, BC V n° 16), l'employeur n'est pas tenu de l'organiser d'office en l'absence de dispositions conventionnelles ou du protocole préélectoral à cet égard (cass. soc. 5 janvier 1978, n° 77-60.610, BC V n° 17), mais il doit impérativement y procéder si la convention le prévoit (cass. soc. 1er février 1978, n° 77-60.599, BC V n° 76).

Un protocole d'accord préélectoral peut prévoir l'organisation d'un vote par correspondance pour les électeurs se trouvant dans l'impossibilité absolue de se rendre au bureau de vote : tel n'est pas le cas d'un salarié en congés payés à cette date-là (cass. soc. 8 avril 1992, *Dr. Ouvr.* 1992, p. 330).

À défaut d'accord entre le chef d'entreprise et les organisations syndicales intéressées, un juge d'instance peut décider, compte tenu des spécificités de l'entreprise et sans méconnaître les principes généraux du droit électoral, que le personnel ne travaillant pas au siège aura la possibilité de voter par correspondance (cass. soc. 10 octobre 1990, n° 88-60.712, BC V n° 447 ; *RJS* 11/90 n° 897).

Modalités d'organisation. La signature de l'électeur sur l'enveloppe extérieure renfermant celle contenant le bulletin de vote est une formalité substantielle qui a pour objet d'assurer la sincérité des opérations électorales, principe auquel un protocole d'accord préélectoral, même unanime, ne peut déroger (cass. soc. 9 février 2000, n° 98-60.581, BC V n° 61). Mais le dépouillement électronique par lecture optique des codes-barres figurant sur les enveloppes, après attribution aléatoire par un prestataire extérieur, est admis dans la mesure où il permet d'assurer l'identification des électeurs ainsi que la sincérité et le secret du vote (cass. soc. 23 juin 2010, n° 09-60.335, BC V n° 147 ; *LS* Jurispr. n° 139/2010 du 12/07/10).

Le bureau de vote ayant seul le pouvoir d'apprécier la régularité des votes, l'intégralité des enveloppes de vote par correspondance doit lui être remise. Lorsque le protocole préélectoral a prévu qu'elles transiteraient par l'étude d'un huissier, celui-ci doit remettre au bureau de vote toutes les enveloppes du vote par correspondance, y compris celles parvenues à son étude après la date fixée ou sans signature (cass. soc. 31 mars 2009, n° 08-60.494, 3e moyen, BC V n° 96 ; *RJS* 6/09 n° 559).

L'irrégularité des votes par correspondance (par exemple, du fait de la remise aux représentants de l'employeur des enveloppes, ce qui ne constitue pas une garantie de secret) ne conduit à l'annulation des élections que si elle a effectivement faussé le résultat des opérations électorales (cass. soc. 6 janvier 1971, n° 70-60.046, BC V n° 3 ; 18 janvier 1978, n° 77-60.598, BC V n° 46 ; voir aussi cass. soc. 14 janvier 1982, n° 81-60.846, BC V n° 20 et 21 mai 2003, n° 02-60.396, 1er moyen, BC V n° 167 ; *RJS* 11/03 n° 1294) ou qu'elle a été déterminante de la représentativité d'un syndicat ; ainsi en est-il d'un retard dans l'acheminement des bulletins de vote par correspondance, peu important que l'employeur ait été ou non défaillant dans l'organisation du scrutin (cass. soc. 10 mars 2010, n° 09-60.236, BC V n° 55).

Méconnaît l'étendue de sa saisine le tribunal d'instance qui refuse de statuer sur la demande d'un syndicat formulée après le déroulement des élections, mais avant ouverture de la boîte postale destinée aux votes par correspondance (cass. soc. 6 novembre 1996, n° 95-60.831, *RJS* 12/96 n° 1290).

La CNIL a émis des recommandations visant à garantir le principe de la liberté du scrutin ; ces recommandations concernent notamment l'utilisation des systèmes de vote par codes-barres lors des élections par correspondance et visent la mise en œuvre du fichier informatique des électeurs, le traitement automatisé des résultats ainsi que la constitution de la liste d'émargement (délib. CNIL 98-041 du 28 avril 1998, JO 23 sept., p. 14539).

« Télévote ». Sur un accord préélectoral prévoyant un télévote ne respectant pas les principes généraux du droit électoral (scrutin n'ayant pas lieu sous enveloppe, clôture du scrutin non publiquement constatée par le président du bureau de vote, opérations électorales, notamment dépouillement, échappant au contrôle des électeurs et des délégués des listes de candidats), voir notamment cass. soc. 20 octobre 1999, n° 98-60.359, BC V n° 390.

• Vote par procuration. Il ne saurait recevoir application pour l'élection des délégués du personnel (cass. soc. 3 juillet 1984, n° 83-61.173, BC V n° 287).

• Sanction des irrégularités. Indépendamment de celles directement contraires aux principes généraux du droit électoral, seules peuvent constituer une cause d'annulation d'un scrutin organisé dans un périmètre électoral déterminé les irrégularités qui ont exercé une influence sur le résultat des élections ou qui ont été déterminantes de la qualité représentative des organisations syndicales dans ce périmètre (cass. soc. 2 mars 2011, n° 10-60.101, BC V n° 61 ; *RJS* 5/11 n° 440 ; *LS* Jurisp. n° 61/2011 du 22 mars 2011 ; voir précédemment cass. soc. 13 janvier 2010, n° 09-60.203, BC V n° 7 ; 10 mars 2010, n° 09-60.236, BC V n° 55).

Art. L. 2314-24. Le scrutin est de liste à deux tours avec représentation proportionnelle à la plus forte moyenne.

(L. 2008-789 du 20 août 2008, art. 3, JO 21) « Au premier tour de scrutin, chaque liste est établie par les organisations syndicales mentionnées aux premier et deuxième alinéas de l'article L. 2314-3. Si le nombre des votants est inférieur à la moitié des électeurs inscrits, il est procédé, dans un délai de quinze jours, à un second tour de scrutin pour lequel les électeurs peuvent voter pour des listes autres que celles présentées par une organisation syndicale. »

Lorsque le nom d'un candidat a été raturé, les ratures ne sont pas prises en compte si leur nombre est inférieur à 10 % des suffrages exprimés en faveur de la liste sur laquelle figure ce candidat. Dans ce cas, les candidats sont proclamés élus dans l'ordre de présentation.

Note

• Établissement de la liste des candidats. L'employeur ne peut se faire juge de la validité des candidatures présentées (voir cass. soc. 7 janvier 1998, n° 97-60.301, *RJS* 2/98 n° 186 ; 13 janvier 1999, n° 97-60.609, *JSL* n° 33, 6 avril 1999, p. 26) ; s'il entend contester l'éligibilité des intéressés, il doit saisir le juge d'instance, même si les candidatures en cause sont manifestement irrecevables (cass. soc. 13 juillet 1993, n° 92-60.117, BC V n° 206). Ainsi, tant qu'il n'a pas été statué sur sa représentativité, un syndicat ne peut être écarté par l'employeur du processus électoral (cass. soc. 9 février 2000, n° 98-60.599, BC V n° 60 ; *RJS* 3/00 n° 297 ; 12 mars 2008, n° 07-60.282, BC V n° 60 ; *RJS* 6/08 n° 696).

Sur la date de dépôt des candidatures, voir note sous article L. 2314-23.

• Premier tour de scrutin. Selon les articles L. 2314-24 et L. 2324-22 CT, qui sont d'ordre public, seules des organisations syndicales peuvent présenter des candidats au premier tour des élections professionnelles dans l'entreprise ; il en résulte que la participation d'une personne morale qui n'a pas la qualité de syndicat au premier tour est une cause de nullité de l'élection, peu important son influence sur les résultats (cass. soc. 27 janvier 2010, n° 09-60.103, BC V n° 21 ; *RJS* 4/10 n° 360).

Une union départementale de syndicats, qui est une « organisation syndicale » au sens de l'article L. 423-2 [L. 2314-8] CT est en droit de présenter des candidats aux élections (cass. soc. 21 mai 1986, n° 85-60.529, BC V n° 236), une union locale également (cass. soc. 23 janvier 1990, n° 89-61.317, BC V n° 19 ; *RJS* 2/90 n° 142).

Alors que, auparavant, seules les organisations syndicales reconnues représentatives dans l'entreprise ou l'établissement pouvaient présenter des candidats au premier tour de scrutin, la loi 2008-789 du 20 août 2008 portant rénovation de la démocratie sociale a mis fin à ce monopole et a ouvert l'accès au premier tour à tous les syndicats qui, aux termes de l'article L. 2314-3, doivent être invités à la négociation du protocole d'accord préélectoral. Ainsi, peuvent désormais présenter des candidats au premier tour :
- les syndicats légalement constitués depuis au moins deux ans, satisfaisant aux critères de respect des valeurs républicaines et d'indépendance et dont le champ professionnel et géographique couvre l'entreprise ou l'établissement concerné ;
- les syndicats reconnus représentatifs au niveau de l'entreprise ou de l'établissement ;
- les syndicats ayant constitué une section syndicale dans l'entreprise ou l'établissement ;
- les syndicats affiliés à une organisation syndicale représentative au niveau national et interprofessionnel.

La Cour de cassation a apporté les précisions suivantes :
- un syndicat ne peut pas présenter de candidat au premier tour des élections dans un établissement situé en dehors du champ géographique défini dans ses statuts, et cela qu'il soit ou non affilié à une union qui a une personnalité morale distincte ou que celle-ci soit reconnue représentative (cass. soc. 22 septembre 2010, n° 09-60.480, BC V n° 185 ; *Dr. Soc.* 2010, p. 1258, obs. Fr. Petit) ;
- les syndicats affiliés à une même confédération nationale, qu'elle soit ou non représentative, ne peuvent présenter qu'une seule liste de candidats par collège (cass. soc. 22 septembre 2010, n° 10-60.135, BC V n° 184 ; *LS* Bref n° 15701 du 1/10/10) ;
- un syndicat peut présenter des candidats dans les collèges que ses statuts lui donnent vocation à représenter ; dès lors, un syndicat affilié à la CFE-CGC peut présenter des candidats dans le collège des employés si ses statuts l'autorisent à représenter également cette catégorie de personnel (cass. soc. 28 septembre 2011, n° 10-26.693, *LS* Bref n° 15948 du 4/10/11 ; *RJS* 12/11 n° 1002) ;
- l'exigence posée par l'article L. 2314-3 d'une ancienneté minimale de deux ans pour la présentation par une organisation syndicale de candidats au premier tour des élections professionnelles constitue une condition justifiée et proportionnée pour garantir la mise en œuvre du droit de participation des travailleurs par l'intermédiaire de leurs représentants et l'exercice par le syndicat de prérogatives au sein de l'entreprise, sans priver le salarié de la liberté d'adhérer au syndicat de son choix (cass. soc. QPC, 20 octobre 2011, n° 11-60.203, *Dr. Soc.* 2011, p. 1310, obs. Fr. Petit).

À noter que si les dispositions de l'article 3 de la loi 2008-789 du 20 août 2008 modifiant les règles des élections professionnelles sont applicables à compter de la publication de la loi, il résulte de l'article 11, IV de ce texte qu'elles régissent les élections professionnelles organisées sur la base d'un protocole préélectoral dont la première réunion de négociation est postérieure à la date de la publication de la loi. Par conséquent, lorsque les élections d'un comité d'entreprise se sont déroulées après la publication de la loi du 20 août 2008 mais en application d'un protocole négocié et signé par les organisations syndicales représentatives antérieurement à cette loi, un syndicat non représentatif au moment de la négociation du protocole ne peut présenter des candidats au premier tour (cass. soc. 21 octobre 2009, n° 09-60.090, BC V n° 229).

Un délégué syndical ne peut présenter de liste de candidats au nom de son syndicat que lorsqu'il a expressément reçu mandat à cette fin. (cass. soc. 15 juin 2011 n° 10-25.282, *LS* Bref n° 15883 du 23/06/11 ; *RJS* 8-9/11 n° 713). De même, lorsqu'un syndicat a déposé une liste de candidats, le délégué syndical de ce syndicat ne peut modifier ou remplacer cette liste, en l'absence de pouvoir donné par le syndicat (cass. soc. 13 octobre 2004, n° 03-60.416, BC V n° 262 ; *RJS* 12/04 n° 1304).

Un syndicat ne peut présenter un candidat sans son accord ; dans le cas où ce candidat se désiste avant le vote, le tribunal saisi d'une demande d'annulation de l'élection litigieuse doit rechercher les conditions dans lesquelles est intervenu le retrait de candidature (cass. soc. 20 octobre 1993, n° 92-60.304, BC V n° 241 ; *RJS* 1/94 n° 58, 2e espèce).

En cas de retrait de candidatures, l'employeur n'est pas tenu de saisir le tribunal d'instance ; celui-ci peut valablement refuser d'annuler des élections (en l'espèce, les candidats avaient retiré leur candidature de plein gré, sans aucune pression de l'employeur). Il appartient à la partie qui conteste des désistements de saisir le juge (cass. soc. 5 mars 1997, n° 96-60.034, BC V n° 97 ; *RJS* 4/97 n° 440).

Dès lors qu'il n'était pas contesté que tous les postes de délégués du personnel titulaires et suppléants avaient été pourvus au premier tour de scrutin, que les résultats, ayant fait l'objet d'un procès-verbal établi et signé par les membres du bureau de vote, avaient été proclamés et que l'annulation de ce premier tour n'était plus demandée, c'est à bon droit que le tribunal d'instance a décidé que ces résultats étaient devenus définitifs et qu'il ne pouvait donc pas être procédé à un second tour (cass. soc. 15 octobre 1987, n° 86-60.503, BC V n° 583).

• Second tour de scrutin

– Le délai de quinzaine prévu à l'article L. 423-14 [L. 2314-24] n'est pas imparti à peine de nullité et un employeur ne commet pas d'irrégularité en attendant, pour organiser le second tour de scrutin, que le tribunal d'instance ait statué sur une contestation concernant le premier tour (cass. soc. 28 juin 1978, n° 78-60.165, BC V n° 522). L'employeur ne peut d'ailleurs organiser un second tour de scrutin sans demander l'annulation du premier à l'issue duquel un salarié a été élu (cass. soc. 20 février 1991, n° 90-60.012, BC V n° 88). Le second tour de scrutin doit intervenir dans les quinze jours suivant le premier (cass. soc. 7 février 1973, n° 72-60.064, BC V n° 66) ; les élections peuvent se dérouler avant l'expiration du délai de quinze jours, à la condition cependant que le calendrier des opérations électorales respecte la sincérité du scrutin (cass. soc. 8 juillet 1997, n° 95-60.916, BC V n° 254 ; *RJS* 8-9/97 n° 1000). Ainsi, lorsque les deux tours du scrutin ont lieu le même jour, une telle organisation ne permet pas la présentation de candidats au second tour et ce seul motif justifie l'annulation des élections (cass. soc. 29 mai 2002, n° 01-60.625, 2e moyen, *RJS* 8-9/02 n° 1008).

– Il y a lieu d'organiser un second tour de scrutin dans le cas où, le nombre total des candidats de toutes les listes d'un collège étant inférieur à celui des sièges à pourvoir, il reste, par suite, un ou plusieurs sièges non pourvus après le premier tour, alors que le quorum légal a été régulièrement atteint dans le collège en question (cass. soc. 18 mars 1982, n° 81-60.871, BC V n° 188). Un tribunal n'est pas fondé à décider, avant la tenue des opérations électorales et la proclamation définitive des résultats, qu'il serait procédé à des élections partielles en vue de remplacer les candidats élus au premier tour et ayant manifesté l'intention de démissionner (cass. soc. 5 novembre 1984, n° 84-60.132, BC V n° 405). Le second tour des élections se fait, comme le premier, au scrutin de liste avec représentation proportionnelle à la plus forte moyenne ; une candidature individuelle au second tour doit être considérée comme une liste et l'attribution des sièges en fonction du plus grand nombre de voix obtenues par les candidats est contraire à la loi (cass. soc. 25 mars 1985, n° 84-60.713, BC V n° 207 ; 19 novembre 1986, n° 86-60.252, BC V n° 532 ; 10 janvier 1989, n° 87-60.309, BC V n° 6 ; *CSB* 1989 S. 16). Mais n'est pas contraire à la loi l'usage d'entreprise permettant à chaque électeur d'insérer dans la même enveloppe autant de bulletins de vote qu'il y a de sièges à pourvoir lorsque ces bulletins sont établis au nom de chacun des candidats se présentant individuellement (cass. soc. 24 septembre 2008, n° 08-60.004, BC V n° 179 ; *JSL* n° 242, 27 octobre 2008, p. 21 ; *JCP* éd. S 2008, 1619, note J-Y Kerbourc'h ; *RJS* 12/08 n° 1217).

– Les candidats présentés au premier tour des élections professionnelles par les organisations syndicales représentatives doivent être considérés comme maintenus pour le second tour et les dispositions d'un accord préélectoral ne peuvent écarter cette règle (cass. soc. 18 juillet 2000, deux arrêts, nos 99-60.111 et 99-60.356, BC V n° 298 ; 23 janvier 2002, n° 00-60.387). En effet, si un syndicat ne peut présenter aux élections professionnelles un candidat sans son accord, il ne lui incombe pas de s'assurer de la persistance de cet accord entre les deux tours ; il doit, en revanche, être informé du retrait d'un candidat de la liste présumée reconduite pour le second tour, le défaut d'information du syndicat du retrait d'un candidat de sa liste constituant une irrégularité de nature à fausser la loyauté du scrutin (cass. soc. 13 octobre 2010, n° 09-60.233, *RJS* 12/10 n° 962).

– La loi, qui n'édicte aucune exclusion et n'institue aucun monopole de présentation, permet à l'association de défense des intérêts du personnel d'une banque, régie par la loi du 1er juillet 1901, de présenter une liste de candidats au second tour de scrutin (cass. soc. 23 juin 1983, n° 83-61.030, BC V n° 361).

• **Bulletins blancs ou nuls.** Sauf dérogation expresse, les bulletins blancs ou nuls ne sont pas pris en compte pour déterminer le nombre de votants (cass. soc. 22 juillet 1975, n° 75-60.117, BC V n° 418). L'Assemblée plénière énonce qu'il y a lieu à un nouveau tour de scrutin si le nombre d'électeurs qui se sont prononcés en faveur des candidats valablement présentés au premier tour est inférieur à la moitié du nombre des électeurs (voir note sous cass. ass. plén. 2 décembre 1977, BC n° 7 ; *D.* 1978, 69, concl. R. Schmelck et 3 juin 1983, n° 82-60.245, BC n° 5). Lorsque, sur un bulletin de vote qui ne comptait qu'un seul nom, ce dernier a été rayé, il s'agit d'un bulletin blanc (cass. soc. 27 novembre 1974, n° 77-60.122, BC V n° 568).

• **Raturage.** Le ministère du Travail a considéré que les dispositions légales relatives aux ratures ont pour objet d'« éviter que certains candidats inscrits sur des listes ne soient pas élus en raison d'un nombre non significatif de ratures » et a précisé que « ces mesures n'ont pas à être appliquées pour le calcul de la moyenne de liste et ce faisant pour l'attribution des sièges à chaque liste, ce qui serait contraire à la volonté du législateur » (lettre min. du 3 mai 1983 ; circ. min. du 25 octobre 1983 précitée).

La Cour de cassation s'est prononcée dans le même sens en énonçant que « la portée de cette disposition est limitée à la conséquence qui en est tirée dans le texte, en ce qui concerne l'ordre dans lequel les candidats d'une même liste doivent être proclamés élus et que le mode de calcul de la moyenne des voix obtenues par chacune des listes n'a pas été modifié » (cass. soc. 16 juin 1983, n° 83-60.068, BC V n° 344 ; 4 juillet 1983, n° 83-60.828, BC V n° 383 ; 3 mars 1993, n° 91-60.270, *RJS* 4/93 n° 427).

Les parties ne sauraient déroger par accord aux dispositions législatives relatives aux ratures qui sont d'ordre public en prévoyant que tous les bulletins raturés seront nuls (cass. soc. 9 novembre 1983, n° 82-60.635, BC V n° 548).

Le fait de rayer les bulletins d'un grand Z ne constitue pas un signe distinctif mais des ratures prévues par cet article (cass. soc. 8 janvier 1987, n° 86-60.213).

À noter que, pour apprécier l'audience des syndicats dans le cadre de la loi du 20 août 2008, il ne doit pas être tenu compte des ratures, tout bulletin recueilli par une liste est un vote exprimé en faveur du syndicat qui l'a présentée même si le nom de certains de ses candidats a été rayé (cass. soc. 6 janvier 2011, n° 10-60.168, BC V n° 11 ; *Dr. Soc.* 2011, p. 340, obs. Fr. Petit ; *RJS* 3/11 n° 247, 1re espèce).

Attribution des sièges

Art. R. 2314-22. Pour l'application de l'article L. 2314-24, chaque liste se voit attribuer autant de sièges que le nombre de voix recueilli par elle contient de fois le quotient électoral.

Le quotient électoral est égal au nombre total des suffrages valablement exprimés par les électeurs du collège, divisé par le nombre de sièges à pourvoir.

Note • Le nombre de sièges attribué au quotient électoral lors de la première répartition est nécessairement un nombre entier, et il sert ensuite de base, conformément à l'article R. 2314-23, au calcul des sièges restants attribués sur la base de la plus forte moyenne (cass. soc. 26 mai 2010, n° 09-60.350, BC V n° 112 ; *LS* Jurispr. n° 113/2010 du 8/06/10 ; *RJS* 8-9/10 n° 690).

• La répartition des sièges entre les catégories n'entraîne aucune modification des règles de l'élection ni du nombre de sièges revenant à chaque liste : il convient de répartir les sièges entre les listes avant de les attribuer aux candidats selon la catégorie de personnel à laquelle ils appartiennent (cass. soc. 19 mai 1971, Vrac c/ Vielle).

• En l'absence d'accord respectant le droit électoral, en cas d'égalité des voix, le plus âgé des candidats est proclamé élu (cass. soc. 9 juin 1998, n° 96-60.455, BC V n° 312, arrêt n° 1 ; *RJS* 7/98 n° 884, 2e espèce ; 10 juillet 1990, n° 89-61.121, BC V n° 360 ; *RJS* 8-9/90 n° 681).

• En cas de candidature simultanée aux fonctions de délégué titulaire et de délégué suppléant, il est d'abord procédé à la proclamation des candidats élus titulaires et ensuite des suppléants (cass. soc. 20 juillet 1971, n° 71-60.006, BC V n° 536 ; voir aussi cass. soc. 19 mai 1988, n° 87-60.207). Une liste de suppléants qui, du fait de l'élection de certains des candidats qu'elle présentait aux postes de titulaires, ne comprend plus assez de noms pour que tous les sièges auxquels elle avait droit puissent lui être attribués doit être considérée comme une liste incomplète, ce qui autorise l'attribution des sièges non pourvus aux autres listes concurrentes (cass. soc. 13 juin 1973, CFDT c/ Clinique Laënnec et a.). Nul ne pouvant être, à la fois, délégué titulaire et délégué suppléant, l'élection au siège de délégué titulaire entraîne l'impossibilité d'être proclamé élu délégué suppléant (cass. soc. 29 mai 1975, n° 75-60.010, BC V n° 295).

• Une organisation syndicale qui présente une liste incomplète ne peut prétendre à plus de sièges qu'elle n'a de candidats et il y a lieu d'attribuer les autres sièges aux listes ayant présenté des candidats (cass. soc. 7 mars 1973, n° 72-60.086, BC V n° 141 ; voir aussi 12 janvier 2000, n° 99-60.044, BC V n° 18). L'inéligibilité d'un candidat d'une liste n'empêche pas la proclamation de l'élection des autres candidats de cette liste (cass. soc. 30 mars 1978, n° 77-60.695, BC V n° 249).

Le regroupement sur une même liste d'un nombre de candidats supérieur à celui des sièges à pourvoir contrevient aux dispositions d'ordre public de la loi (cass. soc. 27 octobre 1999, n° 98-60.419, BC V n° 423 ; 20 juin 2000, n° 99-60.153, BC V n° 239). Toutefois, il n'appartient pas au bureau de vote d'écarter les suffrages exprimés en faveur d'une liste, fût-elle irrégulière (cass. soc. 8 décembre 2010, n° 10-60.211, *Dr. Soc.* 2011, p. 224, obs. Fr. Petit).

Art. R. 2314-23. Lorsqu'il n'a été pourvu à aucun siège ou qu'il reste des sièges à pourvoir, les sièges restants sont attribués sur la base de la plus forte moyenne.

À cet effet, le nombre de voix obtenu par chaque liste est divisé par le nombre augmenté d'une unité des sièges attribués à la liste. Les différentes listes sont classées dans l'ordre décroissant des moyennes obtenues. Le premier siège non pourvu est attribué à la liste ayant la plus forte moyenne.

Il est procédé successivement à la même opération pour chacun des sièges non pourvus jusqu'au dernier.

Art. R. 2314-24. Lorsque deux listes ont la même moyenne et qu'il ne reste qu'un siège à pourvoir, le siège est attribué à la liste qui a le plus grand nombre de voix.

Lorsque deux listes ont recueilli le même nombre de voix, le siège est attribué au plus âgé des deux candidats susceptibles d'être élus.

Résultat

Art. R. 2314-25. Le procès-verbal des élections de délégués du personnel est transmis dans les quinze jours, en double exemplaire, par l'employeur à l'inspecteur du travail.

Note Voir les formulaire-type de procès-verbaux de saisie des résultats des élections professionnelles actualisés et diffusés par le ministère du Travail sur le site *https://www.elections-professionnelles.travail.gouv.fr*

À défaut de mention dans le procès-verbal de dépouillement du scrutin qui porte inscription de toutes observations, protestations ou contestations sur les opérations électorales, des attestations ne peuvent servir de preuve d'irrégularités alléguées (cass. soc. 12 janvier 1999, n° 97-60.322, BC V n° 12).

Sous-section 5. **Contestations**

Art. L. 2314-25. Les contestations relatives à l'électorat et à la régularité des opérations électorales sont de la compétence du juge judiciaire.

Lorsqu'une contestation rend indispensable le recours à une mesure d'instruction, les dépenses afférentes à cette mesure sont à la charge de l'État.

Art. L. 2314-25.

Art. R. 2314-26. En matière de collèges électoraux, d'électorat et d'éligibilité, le silence gardé pendant plus de quatre mois par le ministre saisi d'un recours hiérarchique contre une décision prise sur le fondement des articles L. 2314-11 ou L. 2314-20 vaut décision de rejet.

Art. R. 2314-27. Les contestations relatives à l'électorat et à la régularité des opérations électorales prévues à l'article L. 2314-25 sont de la compétence du tribunal d'instance, qui statue en dernier ressort.

Note

- Voir note sous article L. 2143-8.
- Cet article ne prévoit la compétence du tribunal d'instance, qui statue en dernier ressort, qu'en ce qui concerne les contestations relatives à l'électorat et à la régularité des opérations électorales. Il s'ensuit que le jugement qui statue sur une demande d'annulation des mandats électifs en cours est rendu en premier ressort, de sorte que le pourvoi formé contre cette décision est irrecevable (cass. soc. 1er février 2006, n° 05-60.095, *RJS* 4/06 n° 476).
- Le chef d'un établissement distinct, lorsqu'il est responsable de l'organisation des élections professionnelles dans l'établissement, a qualité pour saisir le tribunal d'instance de tout litige relatif à l'organisation et à la régularité des élections (cass. soc. 4 avril 2007, n° 06-60.112, BC V n° 62 ; *RJS* 6/07 n° 761 ; *JCP* éd. S 2007, 1575, note B. Gauriau).
- Le tribunal d'instance territorialement compétent est celui du lieu où se déroulent les élections et où, en principe, a lieu la proclamation des résultats. Lorsque les opérations matérielles du vote ont été effectuées en divers endroits pour une même catégorie de personnel mais que le regroupement des votes, leur dépouillement global et la proclamation des résultats des élections ont lieu au siège social de la société, le tribunal compétent est celui dans le ressort duquel a eu lieu la proclamation des résultats, dernière et seule formalité qui confère aux élus la qualité de représentants du personnel (cass. soc. 12 juin 1981, n° 81-60.021, BC V n° 547).
- Le défaut de pouvoir de celui qui figure au procès comme représentant une personne morale constitue une nullité de fond qui ne peut être couverte après l'expiration du délai de quinze jours prévu pour la contestation de la régularité des élections (cass. soc. 17 mars 1998, n° 96-60.292, BC V n° 150 ; *RJS* 5/98 n° 615). Sur le défaut de pouvoir du représentant d'une personne morale affectant la déclaration de pourvoi d'une irrégularité de fond, voir aussi cass. soc. 30 avril 1997, n° 96-60.032, BC V n° 147 ; *RJS* 6/97 n° 710.
- Il n'est pas interdit de former un recours, par exemple sur le caractère représentatif d'une organisation syndicale, dès que l'illégalité alléguée est apparue, même antérieurement à l'élection (cass. soc. 12 mai 1971, n° 71-60.007, BC V n° 347). Voir aussi cass. soc. 23 juillet 1980, n° 80-60.240, BC V n° 682 (désaccord entre l'employeur et les représentants des syndicats sur l'effectif à prendre en considération pour la détermination des sièges à pourvoir) ; 4 juillet 1989, n° 88-60.547, *Dr. Ouvr.* 1990, p. 363 (contestation d'une candidature estimée frauduleuse). Mais un tribunal d'instance saisi par l'employeur d'une demande d'annulation d'une candidature a décidé à bon droit qu'il ne pouvait se prononcer en l'état d'une simple déclaration d'imminence de candidature n'équivalant pas à un dépôt de liste (cass. soc. 18 novembre 1992, n° 91-60.289, BC V n° 557 ; *RJS* 12/92 n° 1401).
- Le tribunal d'instance compétent, saisi avant l'élection dès qu'une difficulté est apparue pour la régler et éviter tout litige, peut, à cette fin, confier à un mandataire de justice une mission d'information et de médiation ; il ne saurait lui déléguer le pouvoir d'arrêter et d'imposer des décisions aux parties, en dehors de tout débat judiciaire (cass. soc. 11 février 1981, n° 80-60.166, BC V n° 119).
- Lorsqu'un syndicat représentatif en fait la demande, l'employeur est tenu de lui communiquer copie des listes électorales ; le tribunal d'instance peut donc ordonner à l'employeur de communiquer la liste des électeurs aux élections de délégués du personnel au syndicat (cass. soc. 14 octobre 1997, n° 96-60.037, BC V n° 314 ; *RJS* 11/97 n° 1263, 2e espèce ; 17 janvier 2001, n° 99-60.471, *RJS* 4/01 n° 469 ; 20 mars 2002, n° 00-60.315, 2nd moyen, BC V n° 95). Cependant, si la liste électorale a été affichée, un syndicat ne peut obtenir l'annulation des élections en raison de la non-communication de cette liste par l'employeur (cass. soc. 4 juin 2003, n° 02-60.034, BC V n° 186 ; *RJS* 11/03 n° 1291).

Contestations sur l'électorat

• Les contestations sur l'éligibilité, dans la mesure où elles portent sur une des conditions de l'électorat (appartenance contestée à l'entreprise d'un salarié à temps partiel ou d'un salarié mis en disponibilité pour exercer des fonctions syndicales permanentes, par exemple), concernent, en fait, l'inscription sur la liste électorale et, pour être recevables, doivent être portées devant le tribunal d'instance dans les trois jours de la publication de la liste électorale (cass. soc. 17 décembre 1974, n° 74-60.121, BC V n° 617 ; 22 mai 1975, n° 75-60.004, BC V n° 269). De même, porte sur l'électorat le litige relatif à l'appartenance des salariés à l'un ou l'autre collège (cass. soc. 8 avril 1992, *RJS* 5/92 n° 644). Mais l'omission d'une catégorie entière de salariés ne porte pas seulement sur l'électorat et affecte la régularité des élections (cass. soc. 2 décembre 1992, *RJS* 1/93 n° 58 ; 24 mai 2006, n° 05-60.295, *RJS* 8-9/06 n° 977).

• Le tribunal d'instance compétent en dernier ressort pour apprécier si le demandeur remplit les conditions pour être électeur l'est également pour déterminer, par voie d'exception, la nature du contrat de travail de l'intéressé en vue de se prononcer sur son électorat (cass. soc. 8 avril 1992, n° 91-60.250, BC V n° 262 ; *RJS* 6/92 n° 765).

• Si une inscription sur la liste ne fait pas obstacle, au seul motif qu'elle n'a pas été critiquée, à ce que soit constatée l'inéligibilité d'un candidat déclaré élu, pour des motifs qui auraient dû exclure également sa qualité d'électeur, une non-inscription qui n'a pas été contestée dans le délai de trois jours à compter de la publication de la liste prive le salarié concerné de la qualité d'électeur, qui est l'une des conditions de l'éligibilité (cass. soc. 20 mars 1990, n° 89-61.448, *RJS* 4/90 n° 328).

Contestations sur la régularité des opérations électorales

• Pour les contestations qui portent, non sur les inscriptions sur la liste électorale ou sur l'électorat, mais sur l'éligibilité de certains des candidats et la présentation des listes, donc sur la régularité des élections, le délai de recours est celui de quinze jours suivant l'élection (cass. soc. 30 juin 1971, n° 70-60.005, BC V n° 498). À noter que l'électorat étant une condition de l'éligibilité, la contestation de l'éligibilité fondée sur le caractère injustifié de l'inscription sur une liste électorale est recevable si elle est faite dans les quinze jours suivant l'élection (cass. soc. 21 mai 2003, n° 02-60.396, 2nd moyen, BC V n° 167 ; *JSL* n° 130, 19 septembre 2003, p. 26 ; *RJS* 11/03 n° 1294). Dans le même sens, voir cass. soc. 26 avril 2006, n° 05-60.298, *RJS* 7/06 n° 868.

• De même, portent sur la régularité des opérations électorales le litige concernant l'organisation d'une élection dans le cadre d'une UES et non d'un établissement unique (cass. soc. 12 décembre 1990, n° 89-61.198, BC V n° 664), le recours concernant le défaut d'informations des électeurs qui n'avaient pu participer au scrutin pour l'élection de délégués du personnel (cass. soc. 2 juillet 1987, Delelis c/ Delepaule), la contestation des listes déposées par un syndicat dont la représentativité est contestée (cass. soc. 18 février 1998, n° 98-60.406). Sur des contestations ayant trait à la régularité des opérations électorales, voir aussi cass. soc. 25 juillet 1979, n° 79-60.234, BC V n° 664 ; 25 janvier 1979, n° 78-60.697, BC V n° 81 ; 2 juillet 1980, n° 80-60.100, BC V n° 589 ; 13 mars 1985, n° 84 60.731, BC V n° 172 (contestation portant sur l'effectif de l'entreprise).

• Si le tribunal d'instance n'est pas compétent pour procéder au découpage de l'entreprise en établissements distincts, il l'est pour statuer sur la validité de l'accord procédant à un tel découpage (cass. soc. 2 mars 2011, n° 09-60.483, BC V n° 67 ; *RJS* 5/11 n° 433 ; *JCP* éd. S 2011, 1217, note E. Jeansen ; *RDT*, mai 2011, CH, I. Odoul Asorey).

• Un syndicat qui a présenté des candidats aux élections professionnelles n'est réputé avoir adhéré au protocole d'accord préélectoral qu'il n'a pas signé que dans la mesure où il n'a pas exprimé de réserves. Dès lors, le syndicat qui, dès la présentation des candidatures, a émis des réserves et saisi le tribunal d'une contestation sur le nombre d'établissements résultant du protocole est recevable à contester la régularité des élections (cass. soc. 8 janvier 2002, n° 00-60.270, BC V n° 6). En revanche, le syndicat ayant présenté un candidat sans avoir contesté le protocole d'accord électoral ne peut demander l'annulation des élections ; le juge d'instance peut en effet en déduire que le syndicat a, par là même, adhéré à l'accord, bien qu'il ne l'ait pas signé (cass. soc. 22 juin 1993, n° 91-60.263, *RJS* 8-9/93 n° 899 ; 20 novembre 2002, n° 01-60.605, BC V n° 348 ; 12 juillet 2006, n° 05-60.353, BC V n° 252 ; *RJS* 11/06 n° 1208).

• La signature sans réserves du procès-verbal de dépouillement des résultats ne rend pas irrecevable l'action visant à faire sanctionner par la juridiction compétente les irrégularités survenues durant les opérations électorales (cass. soc. 13 octobre 2010, n° 09-60.233, *RJS* 12/10 n° 962 ; voir aussi cass. soc. 1er décembre 2010, n° 10-60.163, BC V n° 278 ; *RJS* 2/11 n° 161).

• L'annulation par le ministre du Travail de la décision de l'inspecteur du travail portant sur la répartition des sièges entre les différents collèges entraîne l'annulation des opérations électorales et le juge d'instance peut être valablement saisi après l'expiration du délai de quinze jours (cass. soc. 18 avril 1989, n° 88-60.421, BC V n° 283 ; *RJS* 6/89 n° 524).

• Les parties intéressées à la validité des élections, notamment les candidats élus, doivent être averties en temps utile de la contestation soulevée à peine de nullité de l'instance (voir notamment cass. soc. 5 novembre 1971, n° 71-60.218, BC V n° 629 ; 11 janvier 1973, n° 72-60.080, BC V n° 17 ; 15 mars 2006, n° 05-60.272, *RJS* 6/06 n° 754 ; 29 avril 2009, n° 08-60.485) ; la nullité ne peut être demandée, en l'absence d'avertissement à toutes les parties intéressées, que par celles à l'égard desquelles les prescriptions de la loi n'ont pas été observées (cass. soc. 8 décembre 2010, n° 10-60.211). Le tribunal d'instance doit convoquer les salariés élus, dont l'élection est contestée, à leur domicile personnel conformément à l'article 43 NCPC (cass. soc. 3 mars 1999, n° 97-60.807, BC V n° 94).

Toutefois, les salariés n'ont pas à être convoqués au jugement statuant sur la contestation relative au découpage de l'entreprise en établissements distincts (cass. soc. 6 février 2002, n° 00-60.420, BC V n° 57 ; *RJS* 4/02 n° 449).

Art. R. 2314-28. Le tribunal d'instance est saisi des contestations par voie de déclaration au greffe.

Lorsque la contestation porte sur l'électorat, la déclaration n'est recevable que si elle est faite dans les trois jours suivant la publication de la liste électorale.

Lorsque la contestation porte sur la régularité de l'élection, la déclaration n'est recevable que si elle est faite dans les quinze jours suivant l'élection.

Note

• Les contestations formées par télécopie sont irrecevables : c'est à tort qu'un tribunal d'instance a déclaré recevable une contestation des élections des délégués du personnel d'une société alors que cette contestation avait été formée par télécopie et n'avait pas fait l'objet d'une déclaration régularisée au greffe dans le délai de forclusion (cass. soc. 16 janvier 2008, n° 06-60.289, BC V n° 4 ; 10 mars 2010, n° 09-60.253, *RJS* 5/10 n° 453).

• La contestation des résultats du premier tour des élections n'est recevable que si elle est faite dans les quinze jours suivant ce premier tour. En effet, en application de l'article L. 2122-1 dans sa rédaction issue de la loi du 20 août 2008, sont représentatives dans l'entreprise ou l'établissement les organisations syndicales qui satisfont aux critères de l'article L. 2121-1 et qui ont recueilli au moins 10 % des suffrages exprimés au premier tour des dernières élections des titulaires au comité d'entreprise (cass. soc. 26 mai 2010, n° 09-60.453, BC V n° 113 ; *LS* Jurispr. n° 113/2010 du 8/06/10).

La proclamation nominative des élus constitue le terme des opérations électorales constatées dans des procès-verbaux établis normalement à la même date à partir de laquelle court le délai légal pour contester la régularité des opérations électorales (cass. soc. 20 juillet 1978, n° 78-60.654, BC V n° 616 ; 16 juillet 1987, BC V n° 511).

Si, à l'issue du premier tour, aucun élu n'est proclamé, le délai de contestation de la régularité des élections ne court qu'à compter du second tour des élections (cass. soc. 26 février 2003, n° 01-60.752, *RJS* 5/03 n° 639). Lorsque, à l'issue des opérations électorales, un procès-verbal de carence est établi, celui-ci peut être contesté dans le délai de quinze jours à compter de celui où la partie intéressée en a eu connaissance (cass. soc. 17 mars 2004, n° 02-60.699, BC V n° 93 ; *JSL* n° 145, 11 mai 2004, p. 23 ; *RJS* 6/04 n° 720).

• Lorsqu'il est formé par déclaration écrite adressée au greffe du tribunal d'instance, le recours prévu par l'article R. 2314-28 a pour date celle de l'envoi de la déclaration. Est donc recevable le recours formé par un salarié ayant posté sa lettre le 17 juillet, le délai de contestation expirant ce même jour à minuit (cass. soc. 6 janvier 2011, n° 09-60.398, BC V n° 7 ; *RJS* 3/11 n° 255).

Les délais dans lesquels doivent être présentées les contestations ne sont pas des délais francs et expirent le dernier jour à 24 heures (cass. soc. 27 novembre 1974, n° 74-403134, BC V n° 566). Le jour de la publication de la liste électorale (en cas de contestation sur l'électorat) ou de l'élection (en cas de contestation sur la régularité de l'élection) – événements qui font courir le délai – ne comptent pas, les délais visés étant exprimés en jours (voir notamment, s'agissant d'un recours relatif à la régularité des élections, cass. soc. 24 juin 1981, *JS* 1981, SJ 127).

L'expiration des délais légaux entraîne la forclusion (cass. soc. 19 novembre 1987, n° 87-60.178, BC V n° 667; cass. crim. 22 octobre 1991, n° 89-85.768, B. crim. n° 367 ; *RJS* 2/92 n° 174). Mais seule la recevabilité de la demande est soumise au délai de forclusion : dès lors que la demande a été présentée dans le délai légal, les moyens présentés à l'appui de cette demande au-delà de ce délai sont recevables (cass. soc. 12 juillet 2006, n° 05-60.353, BC V n° 252).

• La contestation de la division de l'entreprise en établissements distincts pour les élections de délégués du personnel met en cause la régularité des opérations électorales ; cette contestation est recevable dès lors qu'elle a été introduite dans les quinze jours suivant les élections dont l'annulation est demandée (cass. soc. 28 octobre 1997, n° 96-60.369, BC V n° 349 ; *RJS* 12/97 n° 1404, 2e espèce).

Art. R. 2314-29. Le tribunal d'instance statue dans les dix jours de sa saisine sans frais ni forme de procédure et sur avertissement qu'il donne trois jours à l'avance à toutes les parties intéressées.

La décision du tribunal est notifiée par le greffe dans les trois jours par lettre recommandée avec avis de réception.

La décision est susceptible d'un pourvoi en cassation dans un délai de dix jours. Le pourvoi est formé, instruit et jugé dans les conditions fixées par les articles 999 à 1008 du code de procédure civile.

Note

• Les délais dans lesquels doit se prononcer le juge d'instance ne sont pas prescrits à peine de nullité du jugement (cass. soc. 7 juin 1978, n° 78-60.111, BC V n° 440 ; 29 mai 1991, n° 90-60.411, BC V n° 278 ; *RJS* 7/91 n° 872).

• Selon l'article 999 CPC, en matière d'élections professionnelles, le délai de pourvoi en cassation est de 10 jours ; aucune disposition spécifique ne prévoit de prorogation de délai pour les départements ou territoires d'outre-mer (cass. soc. 24 septembre 2008, n° 07-60.420, BC V n° 181 ; *JCP* éd. S 2008, 1621, note Th. Lahalle ; *RJS* 12/08 n° 1245).

Pourvoi en cassation

• Les articles R. 423-3 et R. 433-4 (anciens) CT ayant institué en matière électorale, en raison de l'urgence des litiges, une procédure spéciale comportant, comme seule voie de recours, le pourvoi en cassation, les décisions du tribunal d'instance ne sont pas susceptibles d'appel par application des articles 543 et 749 CPC, qu'elles soient rendues en référé ou au fond (cass. soc. 25 novembre 1982, n° 81-16.121, BC V n° 644) et ne peuvent faire l'objet d'une tierce opposition (cass. soc. 10 octobre 1990, n° 90-60.009, BC V n° 448 ; *RJS* 11/90 n° 901).

• **Contentieux préélectoral.** Dans un arrêt en date du 23 septembre 2009 (n° 08-60.535, BC V n° 195 ; *JCP* éd. S 2009, 1467, note J-Y kerbourc'h), la Cour de cassation a décidé que la décision d'un tribunal d'instance statuant en matière de contestation préélectorale, rendue en dernier ressort, est susceptible de pourvoi en cassation immédiat.

Cette décision a marqué l'abandon de la jurisprudence antérieure, dégagée en 2002 (cass. soc. 7 mai 2002, n° 01-60.040, BC V n° 148), qui jugeait que le pourvoi n'était pas recevable, dès lors que la même contestation pouvait être de nouveau soumise au tribunal d'instance après le déroulement des élections. Ce revirement résulte de la volonté de la Cour Suprême de prendre en compte les nouveaux enjeux attachés aux élections professionnelles par la loi du 20 août 2008 et de permettre le pourvoi immédiat en matière préélectorale pour s'assurer, dans les meilleurs délais, de la régularité du processus électoral.

À noter, toutefois, que l'application immédiate de la règle résultant de ce revirement de jurisprudence selon laquelle le pourvoi contre un jugement préélectoral est immédiatement recevable ne saurait, sans méconnaître les exigences de l'article 6 § 1 de la Convention européenne de sauvegarde des droits de l'homme, priver le demandeur au pourvoi contre un jugement ayant statué sur la validité des élections du droit de critiquer les dispositions du jugement préélectoral non frappé de pourvoi en raison de la jurisprudence antérieure au revirement (cass. soc. 26 mai 2010, n° 09-60.400, BC V n° 114 ; *LS* Bref n° 15623 du 3/06/10 ; *RJS* 8-9/10 n° 689).

Art. R. 2314-30. Les dispositions des articles R. 2314-28 et R. 2314-29 sont applicables aux demandes soumises au tribunal d'instance en application des articles L. 2314-14 et L. 2314-23.

SECTION 3. Durée et fin du mandat

Art. L. 2314-26. Les délégués du personnel sont élus pour quatre ans. Leur mandat est renouvelable.

Leurs fonctions prennent fin par le décès, la démission, la rupture du contrat de travail ou la perte des conditions requises pour l'éligibilité. Ils conservent leur mandat en cas de changement de catégorie professionnelle.

Note

• Le point de départ du mandat de délégué du personnel est la date à laquelle le vote a été acquis, sans qu'il y ait lieu d'attendre l'expiration du délai de 15 jours pour contester le résultat des élections (cass. soc. 25 mai 2011, n° 10-12.200, *JSL* n° 303, 13 juillet 2011, p. 27).

• La durée du mandat des délégués du personnel est alignée désormais sur celle des membres du comité d'entreprise. Seul un accord unanime passé entre le chef d'entreprise et les organisations syndicales représentatives dans l'entreprise peut différer le terme des mandats des délégués du personnel et des membres du comité d'entreprise dont le renouvellement doit avoir lieu à échéance (cass. soc. 12 juillet 2006, n° 05-60.331, BC V n° 259 ; *RJS* 10/06 n° 1081 ; voir aussi cass. soc. 12 mars 2003, n° 01-60.771, BC V n° 96 ; *RJS* 5/03 n° 625 ; *JSL* n° 125, 11 juin 2003, p. 26).

• Si le tribunal d'instance peut retarder la date des élections en vue de permettre la régularisation de leur organisation, il ne peut proroger provisoirement les mandats des représentants du personnel, dont la durée est fixée par la loi, en l'absence d'un accord collectif à cet égard, signé à l'unanimité (cass. soc. 2 mai 1979, n° 78-16.103, BC V n° 372 ; 14 janvier 1987, n° 86-60.397, BC V n° 21 ; 21 mai 2003, n° 01-60.742, BC V n° 170 ; *JSL* n° 127, 8 juillet 2003, p. 26).

Art. L. 2314-27. Par dérogation aux dispositions de l'article L. 2314-26, un accord de branche, un accord de groupe ou un accord d'entreprise, selon le cas, peut fixer une durée du mandat des délégués du personnel comprise entre deux et quatre ans.

Note

Ces dispositions sont issues de l'article 96, VII et VIII de la loi 2005-882 du 2 août 2005, JO 3. Une convention collective, qui, conformément à la loi en vigueur à l'époque de son adoption, fixait à deux ans la durée du mandat des délégués du personnel, ne peut valoir dérogation aux nouvelles dispositions issues de la loi du 2 août 2005 fixant la durée des mandats à quatre ans (cass. soc. 7 novembre 2007, n° 07-60.041, 1er moyen, BC V n° 187 ; *JSL* n° 227, 11 février 2008, p. 29, obs. N. Rérolle).

Un protocole préélectoral ne peut prévoir une dérogation à la durée légale de quatre ans dans des conditions autres que celles prévues par la loi. Un tribunal d'instance, qui a constaté que le premier tour des élections des représentants du personnel d'une société s'était déroulé conformément à un protocole préélectoral subordonnant la durée des mandats de quatre ans des représentants élus à l'accord des délégués du personnel a, à bon droit, annulé ce protocole, ce qui entraînait nécessairement l'annulation du premier tour des élections (cass. soc. 24 mai 2006, n° 05-60.351, BC V n° 187 ; *RJS* 8-9/06 n° 976).

La contestation qui porte sur la durée des mandats issus d'élections qui se sont déroulées en application d'un protocole préélectoral réduisant cette durée à deux ans n'est recevable que si elle est introduite dans un délai de quinze jours suivant ces élections (cass. soc. 16 décembre 2009, n° 09-60.149, BC V n° 287 ; *RJS* 3/10 n° 280).

Art. L. 2314-28. En cas de modification dans la situation juridique de l'employeur, telle que mentionnée à l'article L. 1224-1, le mandat des délégués du personnel de l'entreprise ayant fait l'objet de la modification subsiste lorsque cette entreprise conserve son autonomie juridique.

Si cette entreprise devient un établissement au sens du présent titre ou si la modification mentionnée au premier alinéa porte sur un ou plusieurs établissements distincts qui conservent ce caractère, le mandat des délégués du personnel élus dans l'entreprise ou dans chaque établissement intéressé se poursuit jusqu'à son terme.

Toutefois, pour tenir compte de la date habituelle des élections dans l'entreprise d'accueil, la durée du mandat peut être réduite ou prorogée soit par accord entre le nouvel employeur et les organisations syndicales représentatives existant dans le ou les établissements absorbés, soit, à défaut, par accord entre l'employeur et les délégués du personnel intéressés.

Note

• La baisse des effectifs d'une société consécutive au transfert d'une partie du personnel à une autre société, en application de l'article L. 122-12, al. 2 [L. 1224-1], ne met pas fin, à elle seule, aux institutions représentatives du personnel (cass. soc. 3 février 1998, n° 96-20.207, BC V n° 60 ; *RJS* 3/98 n° 326).

• Lorsque le maintien des salariés de l'ancien prestataire est prévu par une convention collective, et non en application de la loi, le maintien des mandats ne peut être exigé (cass. soc. 7 octobre 1992, n° 91-60.353, *RJS* 11/92 n° 1230).

Art. L. 2314-29. Tout délégué du personnel peut être révoqué en cours de mandat, sur proposition de l'organisation syndicale qui l'a présenté, approuvée au scrutin secret par la majorité du collège électoral auquel il appartient.

Art. L. 2314-30. Lorsqu'un délégué titulaire cesse ses fonctions pour l'une des causes indiquées à la présente section ou est momentanément absent pour une cause quelconque, il est remplacé par un suppléant élu sur une liste présentée par la même organisation syndicale que celle de ce titulaire. La priorité est donnée au suppléant élu de la même catégorie.

S'il n'existe pas de suppléant élu sur une liste présentée par l'organisation syndicale qui a présenté le titulaire, le remplacement est assuré par un candidat non élu présenté par la même organisation.

Dans ce cas, le candidat retenu est celui qui vient sur la liste immédiatement après le dernier élu titulaire ou, à défaut, le dernier élu suppléant.

À défaut, le remplacement est assuré par le suppléant élu n'appartenant pas à l'organisation du titulaire à remplacer, mais appartenant à la même catégorie et ayant obtenu le plus grand nombre de voix.

Le suppléant devient titulaire jusqu'au retour de celui qu'il remplace ou jusqu'au renouvellement de l'institution.

Note

• La règle de remplacement prévue par cet article est une règle impérative et le refus par un délégué du personnel suppléant de remplacer un titulaire emporte démission de ses fonctions (cass. soc. 5 mai 1983, n° 82-60.418, BC V n° 237).

• Ayant constaté qu'après avoir été proclamé élu titulaire au premier tour, un salarié avait démissionné, un tribunal d'instance a décidé à bon droit que son remplacement devait être assuré par un membre suppléant de la même liste, lequel devenait titulaire jusqu'au renouvellement de l'institution, de sorte que ce siège de titulaire, qui était pourvu, ne pouvait faire l'objet d'un second tour (cass. soc. 26 avril 2000, n° 99-60.019, BC V n° 153).

• Le délégué du personnel suppléant remplace le délégué titulaire lorsque celui-ci se trouve momentanément absent pour une cause quelconque (cass. soc. 5 octobre 1994, n° 93-42.164, *RJS* 11/94 n° 1281 : absence liée à un décalage horaire de travail).

• Les règles posées par cet article sont applicables au remplacement d'un membre élu titulaire de la délégation unique du personnel cessant ses fonctions en cours de mandat (cass. soc. 7 mai 2002, n° 01-60.671, BC V n° 151 ; *RJS* 7/02 n° 840 ; *Dr. Soc.* 2002, p. 787, obs. J. Savatier).

Art. L. 2314-31. Dans chaque entreprise, à défaut d'accord entre l'employeur et les organisations syndicales intéressées ***(L. 2008-789 du 20 août 2008, art. 4, JO 21)*** « conclu selon les conditions de l'article L. 2314-3-1 », le caractère d'établissement distinct est reconnu par l'autorité administrative.

La perte de la qualité d'établissement distinct, reconnue par décision administrative, emporte la cessation des fonctions des délégués du personnel, sauf si un accord contraire, conclu entre l'employeur et les organisations syndicales ***(L. 2008-789 du 20 août 2008, art. 4, JO 21)*** « intéressées, conclu selon les conditions de l'article L. 2314-3-1 », permet aux délégués du personnel d'achever leur mandat.

Note • Selon cet article, l'autorité administrative n'est saisie, pour la détermination des établissements distincts, qu'à défaut d'accord conclu dans les conditions prévues par l'article L. 2314-3-1 ; dès lors, si le tribunal d'instance n'est pas compétent pour procéder au découpage de l'entreprise en établissements distincts, il l'est pour statuer sur la validité de l'accord procédant à ce découpage (cass. soc. 2 mars 2011, n° 09-60.483, BC V n° 67 ; *RJS* 5/11 n° 433).

• Sur les conditions de validité de l'accord portant sur la détermination des établissements distincts, voir article L. 2314-3-1 et note sous cet article.

Art. R. 2312-2. Le ***(D. 2009-1377 du 10 nov. 2009, JO 13 ; D. 2010-687 du 24 juin 2010, JO 25 ; voir D. 2010-1582 du 17 déc. 2010, JO 18, pour outre-mer)*** « directeur régional des entreprises, de la concurrence, de la consommation, du travail et de l'emploi » du siège de l'entreprise est compétent pour se prononcer sur la qualité d'établissement distinct prévue à l'article L. 2314-31.

Note Les alinéas 2 et 3 de cet article ont été abrogés par le décret 2008-1503 du 30 décembre 2008 (JO 31).

Art. R. 2312-3. Le silence gardé pendant plus de quatre mois par le ministre saisi d'un recours hiérarchique contre une décision prise sur le fondement de l'article L. 2312-5 ou du second alinéa de l'article L. 2314-31 vaut décision de rejet.

CHAPITRE V

Fonctionnement

SECTION 1. Heures de délégation

Art. L. 2315-1. L'employeur laisse aux délégués du personnel le temps nécessaire à l'exercice de leurs fonctions dans les limites d'une durée qui, sauf circonstances exceptionnelles, ne peut excéder :

1° Dix heures par mois dans les entreprises de moins de cinquante salariés ;

2° Quinze heures par mois dans les entreprises de cinquante salariés et plus.

Note

• Le crédit d'heures s'applique à chaque mois civil, indépendamment des périodes partielles de non-activité (cass. crim. 14 février 1978, n° 76-93.406, B. crim. n° 58). Il ne peut faire l'objet d'une réduction, même si le mandat de délégué débute ou expire en cours de mois (lettre min. du 7 août 1975). Voir également cass. soc. 13 décembre 1979, n° 78-41.277, BC V n° 975. Interrogé sur les incidences de la réduction du temps de travail résultant de la loi Robien, le ministre du Travail a déclaré qu'il n'apparaît pas justifié de réduire les heures de délégation ; en effet, le crédit d'heures des représentants du personnel n'est pas lié à la durée du travail (rép. QE 18751, JO Sén. 26 décembre 1996, p. 3525).

• Il résulte de la combinaison des articles L. 424-1 [L. 2315-1] et L. 426-1 [L. 2312-6] que des accords collectifs peuvent valablement augmenter le crédit d'heures mensuel. Et le refus d'appliquer une clause conventionnelle constitue le délit d'entrave (cass. crim. 14 février 1978, n° 76-93.406, B. crim. n° 58).

• Le crédit d'heures d'un représentant du personnel peut être pris en dehors de l'horaire normal de travail et en sus du temps de travail effectif lorsque les nécessités du mandat le justifient. Un employeur ne peut donc, en imputant par avance le contingent d'heures de délégation d'un représentant du personnel travaillant exclusivement la nuit sur la durée du travail en vigueur dans l'entreprise, limiter sa liberté d'utilisation de son crédit d'heures de jour et de nuit (cass. soc. 11 juin 2008, n° 07-40.823, 1er moyen, BC V n° 133 ; *JSL* n° 238, 28 juillet 2008, p. 23 ; *RJS* 8-9/08 n° 912 ; *JCP* éd. S 2008, 1497, note J-Y Kerbourc'h ; *RDT*, septembre 2008, CH, 538, F. Signoretto).

• Les heures de délégation des *maîtres de l'enseignement privé sous contrat* doivent être rémunérées en supplément si elles sont prises en dehors du temps de travail calculé sur la durée légale de travail, en tenant compte à la fois des heures de cours et du temps de préparation et de correction qui en est le complément nécessaire (cass. soc. 27 octobre 1998, n° 96-40.545, BC V n° 461 ; *Dr. Soc.* 1999, p. 106). Leur paiement incombe à l'établissement d'enseignement privé (cass. soc. 31 mars 2009, n° 08-40.408, BC V n° 101 ; *RJS* 6/09 n° 578 ; *JCP* éd. S 2009, 1321, note J-Y Kerbourc'h ; *JSL* n° 259, 13 juillet 2009). Voir aussi cass. soc. 18 mai 2011, n° 10-14.121, *Dr. Soc.* 2011, pp. 789 et s., rapp. L. Pécaut-Rivolier ; *JCP* éd. S 2011, 1351, note E. Jeansen ; *RJS* 10/11 n° 841.

Sur la rémunération des heures de délégation, voir note sous article L. 2143-17.

• Si les délégués syndicaux peuvent, en vertu de la loi, répartir entre eux le temps dont ils disposent pour l'exercice de leurs fonctions, cette faculté n'a pas été conférée aux délégués du personnel et aux membres du comité d'entreprise ; pour ceux-ci, la possibilité d'une « telle répartition a été exclue par le législateur pour éviter que les représentants élus soient limités dans l'utilisation de leurs heures de délégation par les dépassements éventuels de certains d'entre eux » (cass. soc. 27 novembre 1980, n° 79-40.988, BC V n° 859 ; cass. crim. 20 juin 1985, n° 84-90.910, B. crim. n° 241). La Cour de cassation rappelle cette règle : « Les heures de délégation des représentants du personnel sont destinées au plein exercice du mandat individuel » ; il n'est pas possible d'y déroger ni par usage ni par accord (cass. soc. 20 octobre 1994, n° 93-41.856, *Dr. Soc.* 1995, p. 69 ; *RJS* 3/95 n° 246 ; 10 décembre 1996, n° 95-45.453, BC V n° 437 ; *RJS* 1/97 n° 52).

• Il est interdit à tout employeur de prendre en considération l'exercice des fonctions de représentant du personnel pour arrêter ses décisions en ce qui concerne la rémunération ; la Cour de cassation a cassé la décision d'un conseil de prud'hommes qui n'avait pas recherché si, comme le soutenaient les salariés, le non-paiement d'une prime de fin d'année ne trouvait pas sa cause dans l'utilisation de leurs heures de délégation (cass. soc. 11 juin 1997, n° 94-44.958, *RJS* 8-9/97 n° 988). La réduction ou la suppression d'une prime peut constituer un délit d'entrave à l'exercice régulier des fonctions de représentation ; pour caractériser le chef d'entrave, les juges devront rechercher si les primes litigieuses constituaient un complément de salaire et s'imposaient à l'employeur (cass. crim. 10 juin 1997, n° 95-83.892, B. crim. n° 231 ; *RJS* 10/97 n° 1104).

• **Activités entrant dans le cadre du crédit d'heures.** Sur les activités entrant dans le cadre du crédit d'heures, voir cass. soc. 6 octobre 1977, n° 76-40.738, BC V n° 518 et cass. soc. 29 juin 1978, n° 77-40.690, BC V n° 537 ; voir aussi cass. soc. 5 juillet 1979, n° 78-40.100, BC V n° 618 ; 8 juin 1979, n° 78-40.288, BC V n° 511 (participation à des réunions syndicales) ; 4 décembre 1980, n° 79-41.004, BC V n° 875 ; 21 février 1990, n° 86-44.111, BC V n° 85 (assistance d'un salarié à une audience de justice ou devant le conseil de prud'hommes, défense par le délégué de ses propres intérêts devant le conseil de prud'hommes, n'entrant pas dans le cadre de la fonction) ; le salarié protégé est dans l'exercice de son mandat lorsqu'il assure sa propre défense lors d'une contestation par l'employeur de l'utilisation des heures de délégation (cass. ass. plén. 31 octobre 1996, n° 91-44.770, BC n° 7 ; *Dr. Soc.* 1997, p. 273) ou pour obtenir en justice le paiement total ou partiel de ces heures refusé par l'employeur (cass. soc. 17 mai 2006, n° 04-41.600, *RJS* 8-9/06 n° 961) ; cass. soc. 15 novembre 1988, n° 85-45.797, BC V n° 595 ; *RJS* 1/89 n° 48 ; 26 septembre 1990, n° 87-45.688, BC V n° 402 (distribution de documents syndicaux, participation à une exposition économique et à une exposition sur la paix n'entrant pas dans le cadre des fonctions) ; 8 juillet 1998, n° 96-42.060 (temps consacré par un délégué du personnel à son information personnelle ne pouvant être inclus dans les heures de délégation que si l'information se rattache directement à une difficulté particulière à l'entreprise).

• **Dépassement du crédit d'heures pour circonstances exceptionnelles :** voir note sous l'article L. 2143-17. Pour que les circonstances exceptionnelles soient retenues, il faut qu'elles constituent une activité inhabituelle, nécessitant un surcroît de démarches et d'activités débordant le cadre des tâches coutumières des représentants du personnel, en raison, notamment, de la soudaineté de l'événement ou de l'urgence des mesures à prendre. La mise en place à l'échelon national de réformes touchant au droit du travail ne peut constituer une circonstance exceptionnelle (cass. crim. 3 juin 1986, *Dr. Soc.* 1986, p. 763).

Les heures de délégation utilisées par un délégué du personnel en raison de circonstances exceptionnelles liées au déclenchement d'une procédure d'alerte ne s'imputent pas sur son crédit d'heures habituel (cass. soc. 29 avril 2009, n° 07-45.480, *JSL* n° 256, 27 mai 2009, p. 26).

L'obligation de payer à l'échéance normale le temps nécessaire à l'exercice des fonctions de représentant du personnel ne s'étend pas aux heures prises en fonction de circonstances exceptionnelles (cass. soc. 21 juillet 1986, n° 84-41.664, BC V n° 401 ; *Dr. Soc.* 1986, p. 762). Voir également : cass. soc. 26 octobre 1977, n° 76-40.058, BC V n° 568 ; 27 juin 1979, n° 78-40.229, BC V n° 587 ; 9 mai 1989, deux arrêts, n° 86-40.375, BC V n° 342 et n° 86-41.652. Il appartient au salarié, en cas de contestation de l'employeur, d'établir l'existence des heures prises en fonction de circonstances exceptionnelles ainsi que la conformité de leur utilisation avec l'objet du mandat représentatif préalablement à tout paiement de l'employeur (cass. soc. 10 juin 1997, n° 94-42.546, BC V n° 217 ; *Dr. Soc.* 1997, p. 989 ; en l'espèce, le mandat concernait un membre d'un CHSCT).

• **Suspension du contrat de travail et exercice du mandat.** La suspension du contrat de travail n'entraîne pas celle des fonctions de délégué du personnel, aucune concordance nécessaire n'étant exigée entre l'utilisation des heures de délégation et les horaires de travail (cass. crim. 25 mai 1983, n° 82-91.538, B. crim. n° 153). Des délégués du personnel en chômage technique sont en droit, dans le cadre des prérogatives liées à l'exercice régulier de leurs fonctions représentatives, de pénétrer dans l'usine où travaille une partie, même réduite, des employés avec lesquels leur mission leur permet de communiquer. De même, la grève ne suspend pas le mandat de représentation ; le temps passé à l'occasion d'un conflit collectif en réunions avec l'employeur doit être payé en s'imputant sur les heures de délégation (cass. soc. 27 février 1985, n° 82-40.173, BC V n° 124). Enfin, la mise à pied d'un représentant du personnel, qu'elle soit de nature conservatoire ou disciplinaire, n'a pas pour conséquence de suspendre l'exécution de son mandat (cass. crim. 11 septembre 2007, n° 06-82.410, B. crim. n° 199 ; *JSL* n° 221, 13 novembre 2007, p. 18, obs. J-E Tourreil ; *RJS* 12/07 n° 1311 ; *Dr. Soc.* 2007, p. 1260, Fr. Duquesne).

Art. L. 2315-2. Les délégués du personnel qui exercent les attributions économiques du comité d'entreprise en l'absence de ce dernier et par suite de carence constatée aux dernières élections bénéficient, en outre, d'un crédit de vingt heures par mois.

Art. L. 2315-3. Le temps passé en délégation est de plein droit considéré comme temps de travail et payé à l'échéance normale.

L'employeur qui entend contester l'utilisation faite des heures de délégation saisit le juge judiciaire.

Note • Les heures de délégation étant de plein droit considérées comme temps de travail, les heures supplémentaires accomplies à ce titre par un salarié protégé ouvrent droit au repos compensateur (cass. soc. 13 décembre 1995, n° 92-44.389, *Dr. Soc.* 1994, p. 433 ; *RJS* 2/96 n° 134).

• Le paiement à échéance normale des heures de délégation concerne aussi les heures prises par un représentant du personnel suppléant qui remplaçait un titulaire en chômage partiel (cass. soc. 30 mai 1990, n° 86-43.583, BC V n° 259).

• **Présomption de bonne utilisation du crédit d'heures.** Lorsque l'employeur entend contester la non-conformité de l'utilisation des heures de délégation avec l'objet du mandat représentatif, c'est à lui qu'incombe la charge de la preuve (cass. soc. 23 février 1994, n° 92-44.145, *Dr. Soc.* 1994, p. 519).

• Sur la présomption de bonne utilisation du crédit d'heures par les représentants du personnel, les bons de délégation, les éléments de la rémunération des heures de délégation, voir note sous article L. 2143-17.

Art. L. 2315-4. Dans les entreprises de travail temporaire, les heures de délégation utilisées entre deux missions, conformément à des dispositions conventionnelles, par un délégué du personnel titulaire, pour l'exercice de son mandat, sont considérées comme des heures de travail.

Ces heures de délégation sont réputées rattachées, en matière de rémunération et de charges sociales, au dernier contrat de mission avec l'entreprise de travail temporaire au titre de laquelle il a été élu délégué du personnel titulaire.

SECTION 2. Déplacement et circulation

Art. L. 2315-5. Pour l'exercice de leurs fonctions, les délégués du personnel peuvent, durant les heures de délégation, se déplacer hors de l'entreprise.

Ils peuvent également, tant durant les heures de délégation qu'en dehors de leurs heures habituelles de travail, circuler librement dans l'entreprise et y prendre tous contacts nécessaires à l'accomplissement de leur mission, notamment auprès d'un salarié à son poste de travail, sous réserve de ne pas apporter de gêne importante à l'accomplissement du travail des salariés.

Note Voir note sous article L. 2143-20.

SECTION 3. Local et affichages

Art. L. 2315-6. L'employeur met à la disposition des délégués du personnel le local nécessaire pour leur permettre d'accomplir leur mission et, notamment, de se réunir.

Note Les prescriptions de cet article faisant obligation à l'employeur de fournir un local de réunions aux délégués du personnel sont impératives et d'ordre public et ne sauraient être transgressées hors un cas de force majeure (cass. crim. 25 septembre 2007, n° 06-84.599, B. crim. n° 222 ; *RJS* 12/07 n° 1304 et 26 mai 2009, n° 08-82.979, *RJS* 10/09 n° 809).

Art. L. 2315-7. Les délégués du personnel peuvent faire afficher les renseignements qu'ils ont pour rôle de porter à la connaissance du personnel sur des emplacements obligatoirement prévus et destinés aux communications syndicales, ainsi qu'aux portes d'entrée des lieux de travail.

Art. L. 2315-8.

Note • La formulation de cet article, qui prévoit l'affichage des communications des délégués du personnel sur les panneaux réservés aux communications syndicales, paraît en contradiction avec la règle posée par l'article L. 2142-3 selon laquelle, s'il y a une ou des sections syndicales constituées dans l'entreprise, il doit y avoir obligatoirement des panneaux d'affichage distincts.

• L'expression « portes d'entrée des lieux de travail » ne limite pas l'emplacement des panneaux d'affichage aux portes d'entrée et de sortie de l'entreprise mais l'étend aux portes d'entrée des différents ateliers ou bureaux. Les emplacements doivent être « choisis de manière à rendre possible une lecture facile des communications syndicales » (cass. soc. 25 mai 1965, BC IV n° 397). La porte d'un bureau situé au premier étage d'un bâtiment affecté en partie à la société qui sert de lieu de permanence des personnels du service, sur laquelle a été affichée une communication par un délégué du personnel, peut être considérée comme une porte d'entrée des lieux de travail au sens de cet article (cass. crim. 3 décembre 1985, n° 84-95.455).

• Sur le droit de contrôle de l'employeur, voir note sous article L. 2142-3.

SECTION 4. Réunions

Art. L. 2315-8. Les délégués du personnel sont reçus collectivement par l'employeur au moins une fois par mois. En cas d'urgence, ils sont reçus sur leur demande.

L'employeur peut se faire assister par des collaborateurs. Ensemble, ils ne peuvent être en nombre supérieur à celui des représentants du personnel titulaires.

Les délégués du personnel sont également reçus par l'employeur, sur leur demande, soit individuellement, soit par catégorie, soit par atelier, service ou spécialité professionnelle selon les questions qu'ils ont à traiter.

Note **Réunion mensuelle.** La tenue d'une réunion mensuelle s'impose impérativement à l'employeur et, hors le cas de force majeure, l'absence de réunion ne peut être justifiée que si elle a pour cause le refus ou la défection des délégués eux-mêmes (cass. crim. 22 octobre 1975, n° 74-93.478, B. crim. n° 223 ; voir aussi 18 mai 1989, *RJS* 8-9/89 n° 692 ; 27 septembre 1989, n° 88-85.727, B. crim. n° 333 ; *RJS* 11/89 n° 849). Il doit recevoir collectivement les délégués du personnel (cass. crim. 11 octobre 1989, n° 87-90.494, *Dr. Ouvr.* 1991, p. 28).

Cet article n'instituant aucune dérogation au principe de la réunion mensuelle lorsque l'entreprise ne comporte qu'un seul délégué du personnel, l'inobservation de cette obligation ne peut être justifiée, hors le cas de force majeure, que si elle a pour cause le refus ou la défection du délégué lui-même (cass. crim 25 septembre 2007, n° 06-84.599, B. crim. n° 222 ; *RJS* 12/07 n° 1304 ; *JCP* éd. S 2007, 1944, note J-Y Kerbourc'h).

Se rend coupable du délit d'entrave à l'exercice régulier des fonctions de délégué du personnel l'employeur qui omet de le convoquer aux réunions, l'inexistence d'un régime légal de convocation des délégués aux réunions mensuelles ne permettant pas d'exclure l'atteinte à l'exercice des fonctions de délégué (cass. crim. 17 décembre 1996, n° 95-84.938, B. crim. n° 472 ; *RJS* 4/97 n° 432). L'indisponibilité du directeur d'un établissement fait obligation au président-directeur général de la société d'organiser lui-même les réunions à la place de son délégataire qui en est empêché ou de désigner un autre représentant pour le suppléer (cass. crim. 7 janvier 1981, n° 79-94.255, B. crim. n° 5).

La pratique tendant, lors de la réunion mensuelle, à imposer la présence, en surnombre, d'un tiers choisi par le chef d'établissement est de nature à porter atteinte à l'exercice des fonctions représentatives (cass. crim 25 septembre 2007, n° 06-84.599, précité).

Art. L. 2315-9. Dans une entreprise en société anonyme, lorsque les délégués du personnel présentent des réclamations auxquelles il ne pourrait être donné suite qu'après délibération du conseil d'administration, ils sont reçus par celui-ci, sur leur demande, en présence du directeur ou de son représentant ayant connaissance des réclamations présentées.

Art. L. 2315-10. Dans tous les cas, les délégués du personnel suppléants peuvent assister avec les délégués du personnel titulaires aux réunions avec les employeurs.

Les délégués du personnel peuvent, sur leur demande, se faire assister d'un représentant d'une organisation syndicale.

Note Les délégués suppléants du personnel n'ont vocation à remplir les fonctions des délégués titulaires dans leur plénitude que lorsqu'ils en assurent effectivement le remplacement ; ils ont le droit d'assister aux réunions mais sans pouvoir directement intervenir lorsque les délégués titulaires sont présents (cass. crim. 11 octobre 1983, n° 82-94.038, B. crim. n° 242).

Les délégués du personnel peuvent se faire assister « d'un représentant d'une organisation syndicale », ce qui permet aux représentants des unions locales de syndicat d'assister les délégués du personnel (la jurisprudence l'admettait d'ailleurs déjà : voir cass. crim. 10 mai 1973, n° 72-92.650, B. crim. n° 218). La rédaction retenue nous paraît permettre à un délégué du personnel du second tour (élu sur une liste non syndicale) d'être assisté du représentant d'une organisation syndicale et à un délégué du personnel, élu sur la liste présentée par un syndicat, d'être assisté par le représentant d'un autre syndicat.

La Cour de cassation a précisé, par ailleurs, que constitue le délit d'entrave le refus par un employeur de recevoir, lors d'une réception des délégués du personnel, un représentant syndical extérieur à l'entreprise les accompagnant, au motif qu'il s'agissait d'un ancien salarié licencié pour faute grave (cass. crim. 7 février 1979, *JS* 1979, F 37).

Art. L. 2315-11. Le temps passé par les délégués du personnel, titulaires ou suppléants, aux réunions prévues à la présente section est rémunéré comme temps de travail.

Ce temps n'est pas déduit du crédit d'heures dont disposent les délégués du personnel titulaires.

Note Sur la rémunération du temps passé par les délégués du personnel aux réunions prévues par cet article, voir cass. soc. 10 avril 1996, n° 93-40.943, BC V n° 150.

Frais de déplacement. Sauf accord plus favorable, les frais de déplacement des délégués du personnel hors de l'entreprise ne peuvent être mis à la charge de l'employeur (cass. soc. 14 février 1989, n° 85-41.075, BC V n° 121) ; lorsque les délégués du personnel sont reçus par le chef d'entreprise dans le cadre des réunions mensuelles obligatoires, l'administration du travail estime cohérent de mettre à la charge de l'employeur ces frais de déplacement, en rappelant que l'article L. 424-4 [L. 2315-8] impose ces réunions et que cette institution représentative du personnel ne dispose d'aucun moyen (rép. QE 26766, JO AN 15 janvier 1996, p. 271).

Art. L. 2315-12. Sauf circonstances exceptionnelles, les délégués du personnel remettent à l'employeur une note écrite exposant l'objet des demandes présentées, deux jours ouvrables avant la date à laquelle ils doivent être reçus.

L'employeur répond par écrit à ces demandes, au plus tard dans les six jours ouvrables suivant la réunion.

Les demandes des délégués du personnel et les réponses motivées de l'employeur sont soit transcrites sur un registre spécial, soit annexées à ce registre.

Ce registre, ainsi que les documents annexés, sont tenus à la disposition des salariés de l'établissement désirant en prendre connaissance, pendant un jour ouvrable par quinzaine et en dehors de leur temps de travail.

Ils sont également tenus à la disposition de l'inspecteur du travail et des délégués du personnel.

Note • Les prescriptions de cet article, relatives à l'obligation faite aux délégués du personnel de remettre au chef d'établissement, deux jours avant la date où ils doivent être reçus, une note écrite exposant l'objet de leur demande, sont d'ordre public. Le chef d'établissement qui impose un délai supérieur commet le délit d'entrave à l'exercice des fonctions, même si, ce faisant, il répond au vœu d'une organisation syndicale (cass. crim. 23 mai 1978, *JS* 1978, F 74). Dans le même sens, cass. crim. 9 avril 1975, n° 74-91.981, B. crim. n° 88.

• La non-remise en temps utile par les délégués de la note écrite n'a pas pour effet de dispenser l'employeur de tenir la réunion à la date fixée. En pareil cas, l'employeur a seulement la faculté de ne pas répondre aux réclamations verbales n'ayant pas été précédées de la note écrite (cass. crim. 22 octobre 1975, n° 74-93.478, B. crim. n° 223).

• Le défaut de tenue du registre, quelle qu'en soit la cause (négligence, ignorance), constitue en lui-même une atteinte au fonctionnement régulier de l'institution des délégués (cass. crim. 2 juin 1976, n° 75-90.559, B. crim. n° 196). Le fait que le registre spécial régulièrement tenu ne fasse pas mention de certaines réunions peut laisser présumer que ces réunions n'ont pas été tenues (cass. crim. 26 avril 1988, Chenavas). L'inobservation de l'obligation pour le chef d'établissement de mentionner, ou de faire mentionner, sur le registre spécial la réponse de la direction aux notes écrites remises par les délégués du personnel à l'appui de leurs réclamations constitue également une atteinte à l'exercice régulier de la fonction (cass. crim. 29 mars 1977, n° 76-91.340, B. crim. n° 117).

CHAPITRE VI

Dispositions pénales

Art. L. 2316-1. Le fait de porter ou de tenter de porter atteinte à la libre désignation des délégués du personnel ou à l'exercice régulier de leurs fonctions est puni d'un emprisonnement d'un an et d'une amende de 3750 €.

Note • Ont commis le délit d'entrave à l'exercice régulier des fonctions du délégué du personnel le président et le directeur général d'une entreprise qui n'ont tenu que 7 des 22 réunions exigées par la loi, malgré divers échanges de courriers électroniques démontrant que la tenue des réunions avait été réclamée par la salariée, unique déléguée du personnel, dont les réunions, lorsqu'elles ont eu lieu, se sont déroulées en présence d'un tiers, qui a joué un rôle essentiel dans leur préparation et leur suivi, en méconnaissance des dispositions légales prévoyant que le chef d'établissement ou son représentant et les collaborateurs l'assistant ne peuvent être en nombre supérieur à celui des délégués et qui, bien qu'ils invoquent des travaux de rénovation dans l'entreprise, ne justifient pas de l'impossibilité de satisfaire à l'obligation légale de mettre à la disposition des délégués un local leur permettant de remplir leur mission (cass. crim. 25 septembre 2007, n° 06-84.599, B. crim. n° 222 ; *RJS* 12/07 n° 1304 ; *JCP* éd. S 2007, 1944, note J-Y Kerbourc'h).

• Le délit d'entrave à l'exercice des fonctions de délégué du personnel est générateur d'un préjudice porté à l'intérêt collectif de la profession, de sorte qu'un syndicat est recevable à se constituer partie civile à raison de cette infraction (cass. crim. 26 mai 2009, n° 08-82.979, *RJS* 10/09 n° 809).

TITRE II

COMITÉ D'ENTREPRISE

Note Voir notamment Guide RF « Représentants du personnel : de la mise en place à la négociation collective » et ses mises à jour trimestrielles sur le site *www.représentantsdupersonnel.com.* ; « Le droit des comités d'entreprise et des comités de groupe », M. Cohen, Éd. LGDJ (9e éd. 2009) ; *LS* n° spécial n° 15206 du 26 septembre 2008 : « Comité d'entreprise. Création. Fonctionnement ».

CHAPITRE Ier

Champ d'application

Art. L. 2321-1. Les dispositions du présent titre sont applicables aux employeurs de droit privé ainsi qu'à leurs salariés.

Elles sont également applicables :

1° Aux établissements publics à caractère industriel et commercial ;

2° Aux établissements publics à caractère administratif lorsqu'ils emploient du personnel dans les conditions du droit privé.

Ces dispositions peuvent, compte tenu des caractères particuliers de certains des établissements mentionnés aux 1° et 2° et des instances de représentation du personnel éventuellement existantes, faire l'objet d'adaptations, par décrets en Conseil d'État, sous réserve d'assurer les mêmes garanties aux salariés de ces établissements.

Note

• Les fonctionnaires de France Télécom participent, avec les salariés de l'entreprise, à l'organisation et au fonctionnement de leur entreprise, ainsi qu'à la gestion de son action sociale, par l'intermédiaire des institutions représentatives prévues aux titres II et III du livre IV du code du travail [délégués du personnel et comité d'entreprise], sous réserve des adaptations, précisées par décret en Conseil d'État, qui sont justifiées par la situation particulière des fonctionnaires de France Télécom (loi 2003-1365 du 31 décembre 2003, art. 4).

• S'agissant des agents de la Banque de France, voir article L. 142-9 du code monétaire et financier.

• La commune exploitant en régie un golf, service public industriel et commercial dont le personnel relève du droit privé, est tenue, en sa qualité d'employeur, de respecter les obligations résultant des dispositions légales et conventionnelles relatives à l'élection des délégués du personnel (cass. soc. 19 septembre 2007, n° 06-60.203, BC V n° 203 ; *JSL* n° 220, 23 octobre 2007, p. 23 ; *RJS* 11/07 n° 1188).

• Les fonctionnaires et agents non titulaires des offices publics de l'habitat participent avec les salariés de l'établissement à l'organisation et au fonctionnement de leur établissement ainsi qu'à la gestion de son action sociale par l'intermédiaire des institutions représentatives prévues aux titres II et III du livre IV du code du travail [délégués du personnel et comité d'entreprise] pour lesquelles ils sont électeurs et éligibles par dérogation à l'article 9 de la loi 83-634 du 13 juillet 1983 et à la sous-section 2 de la section 3 du chapitre II de l'ordonnance 2007-137 du 1er février 2007. Les institutions représentatives prévues au titre aux titres II et III du livre IV du code du travail [délégués du personnel et comité d'entreprise] se substituent pour ces personnels aux comités techniques paritaires prévus par l'ordonnance 2007-137 du 1er février 2007 (loi 84-53 du 26 janvier 1984, art. 120, modifié par ordonnance 2007-137 du 1er février 2007, art. 3).

• Les entreprises étrangères qui ont des filiales ou des établissements en France doivent avoir pour ces filiales ou établissements des comités d'entreprise ou d'établissement et, éventuellement, un comité central (CE 29 juin 1973, n° 77982, *Dr. Soc.* 1974, p. 42, concl. N. Questiaux).

• Un groupement d'intérêt économique jouit de la personnalité civile et constitue une entité juridique distincte des différentes entreprises qui l'ont constitué. Il doit donc faire procéder aux élections des membres du comité d'entreprise dès lors que ses activités rentrent dans le champ d'application de la loi et que le personnel recruté pour assurer son fonctionnement atteint le seuil d'effectif fixé par celle-ci, soit au moins cinquante salariés travaillant effectivement sous la direction du responsable du groupement d'intérêt économique et sans qu'il y ait lieu, à cet égard, d'établir de distinction entre les salariés recrutés directement par ce responsable et ceux qui sont mis à sa disposition par les sociétés membres (rép. QE JO AN 11 février 1980, p. 534).

• Sur la possibilité de constituer un comité d'entreprise, s'agissant d'une union de syndicats de copropriétaires, voir cass. soc. 4 avril 1990, n° 88-11.746, BC V n° 164 ; *Dr. Soc.* 1990, p. 871, concl. J. Graziani.

CHAPITRE II

Conditions de mise en place et de suppression

SECTION 1. Conditions de mise en place

Art. L. 2322-1. Un comité d'entreprise est constitué dans toutes les entreprises employant cinquante salariés et plus.

Art. L. 2322-2. La mise en place d'un comité d'entreprise n'est obligatoire que si l'effectif de cinquante salariés et plus est atteint pendant douze mois, consécutifs ou non, au cours des trois années précédentes.

Note Ces dispositions relatives à une période de référence pour le calcul des effectifs ne s'appliquent respectivement que lors de la mise en place et de la suppression du comité d'entreprise, et non en cas de diminution de l'effectif n'entraînant qu'une réduction du nombre des représentants du personnel à élire (cass. soc. 26 septembre 1990, n° 89-61.133, *RJS* 11/90 n° 871 ; à l'occasion d'un renouvellement, voir 3 octobre 1995, n° 94-60.480, *RJS* 11/95 n° 1140).

Art. L. 2322-3. Dans les entreprises employant moins de cinquante salariés, des comités d'entreprise peuvent être créés par convention ou accord collectif de travail.

Art. L. 2322-4. Lorsqu'une unité économique et sociale regroupant cinquante salariés ou plus est reconnue par convention ou par décision de justice entre plusieurs entreprises juridiquement distinctes, la mise en place d'un comité d'entreprise commun est obligatoire.

Note La notion d'unité économique et sociale permet de regrouper des entreprises juridiquement distinctes, mais présentant des liens étroits entre elles, en une entité unique pour la mise en place des institutions représentatives du personnel. Consacrée légalement pour le comité d'entreprise, l'unité économique et sociale constitue, lorsqu'elle est reconnue, le cadre des élections des délégués du personnel et de désignation des délégués syndicaux.

• ***Indépendance de la notion d'unité économique et sociale au regard de la finalité des institutions représentatives.*** La notion d'unité économique et sociale n'est pas relative. Un tribunal d'instance a donc pu considérer que sa reconnaissance pour la désignation d'un délégué syndical induisait nécessairement des effets sur l'organisation des élections professionnelles (cass. soc. 3 mai 2007, n° 06-60.042, *JCP* éd. S 2007, 1518 ; *RJS* 7/07 n° 863). La reconnaissance d'une unité économique et sociale par le juge, selon des critères propres indépendants de la finalité des institutions représentatives comprises dans son périmètre, même si elle modifie nécessairement la configuration des institutions existantes, n'implique pas de la part du juge une appréciation de l'opportunité de la demande présentée par un syndicat représentatif (cass. soc. 13 juillet 2004, n° 03-60.412, BC V n° 218 ; *RJS* 10/04 n° 1058).

• ***Conditions de reconnaissance d'une unité économique et sociale.*** L'unité économique et sociale ne peut exister qu'entre des personnes juridiquement distinctes prises dans l'ensemble de leurs établissements et de leurs personnels (cass. soc. 7 mai 2002, n° 00-60.424, BC V n° 150 ; *JSL* n° 103, 13 juin 2002, p. 17 ; *RJS* 7/02 n° 835 ; *Dr. Soc.* 2002, p. 715, obs. J. Savatier). Ainsi, il ne peut y avoir d'unité économique et sociale entre deux établissements d'une même société (cass. soc. 17 décembre 1984, n° 84-60.909, BC V n° 494), entre une société et un établissement d'une autre société (cass. soc. 2 avril 1996, n° 95-60.665, *RJS* 5/96 n° 555) ou entre des établissements dépendant de sociétés distinctes (cass. soc. 13 janvier 1999, n° 97-60.782, BC V n° 20).

Par ailleurs, une unité économique et sociale ne peut être reconnue entre plusieurs sociétés à un niveau où existe déjà un comité de groupe (cass. soc. 20 octobre 1999, n° 98-60.398, BC V n° 391). Toutefois, la simple annonce de la constitution d'un groupe pouvant inclure diverses sociétés ne peut, à elle seule, faire obstacle à la reconnaissance d'une unité économique et sociale entre ces sociétés, antérieurement à la mise en place d'un comité de groupe (cass. soc. 17 décembre 2003, n° 02-60.445, BC V n° 319).

Enfin, une unité économique et sociale peut exister entre deux sociétés, même si l'activité de l'une, dans son ensemble, n'est complémentaire que de l'activité d'un secteur de production de l'autre, si tous les salariés des deux sociétés constituent une seule communauté de travailleurs (cass. soc. 12 janvier 2005, n° 03-60.477, BC V n° 5 ; *RJS* 3/05 n° 292 ; *Dr. Soc.* 2005, p. 479, obs. J. Savatier).

À noter que l'unité économique et sociale ayant pour finalité la défense des intérêts de la communauté de travailleurs dans un périmètre donné, la circonstance qu'une société n'ait pas de salariés ne fait pas obstacle à la reconnaissance d'une unité économique et sociale entre cette société et une autre. Ainsi, après avoir relevé que des salariés d'une société travaillaient de fait pour une seconde société, dont les moyens administratifs et commerciaux étaient partagés avec leur employeur, un tribunal d'instance, qui a fait ressortir qu'il existait une communauté de travailleurs intéressés par les activités complémentaires des deux sociétés dont la direction était commune, a pu décider que le fait que la seconde société n'avait pas de salariés ne faisait pas obstacle à la reconnaissance d'une unité économique et sociale entre les deux sociétés pour la désignation d'un délégué syndical (cass. soc. 24 novembre 2004, n° 03-60.329, BC V n° 297 ; *RJS* 2/05 n° 170). De même, dès lors qu'il constate que les éléments constitutifs d'une unité économique et sociale sont réunis entre des sociétés d'opérations, un tribunal d'instance justifie légalement sa décision d'y intégrer la société holding qui détient le pouvoir [cass. soc. 26 janvier 2005, n° 04-60.192, BC V n° 29 ; *JSL* n° 162, 22 février 2005, p. 23 ; *Dr. Soc.* 2005, p. 480, obs. J. Savatier (2°) ; *RJS* 4/05 n° 398 ; *TPS* avril 2005, comm. 119, p. 21, note J-M Olivier].

• ***Critères de reconnaissance d'une unité économique et sociale.*** Une unité économique et sociale entre plusieurs entités économiques juridiquement distinctes se caractérise, en premier lieu, par la concentration des pouvoirs de direction à l'intérieur du périmètre considéré ainsi que par la similarité ou la complémentarité des activités déployées par ces différentes entités, en second lieu, par une communauté de travailleurs résultant de leur statut social et de conditions de travail similaires pouvant se traduire, en pratique, par une certaine permutabilité des salariés (cass. soc. 18 juillet 2000, n° 99-60.353, BC V n° 299 ; *Dr. Soc.* 2000, p. 1037 ; *RJS* 11/00 n° 1107 ; *JSL* n° 67, 7 novembre 2000, p. 23).

Unité économique. La reconnaissance d'une unité économique implique tout d'abord la concentration des pouvoirs de direction à l'intérieur du périmètre considéré. Tel est le cas, notamment, lorsque les mêmes personnes se trouvent aux postes de direction des différentes sociétés (cass. soc. 27 juin 1990, n° 89-60.033, BC V n° 322 ; 15 janvier 2002, n° 00-60.256, *RJS* 4/02 n° 452), l'entité juridique qui exerce le pouvoir de direction sur l'ensemble des salariés devant, en toute hypothèse, faire partie de l'unité économique et sociale (cass. soc. 23 mai 2000, n° 99-60.006, BC V n° 201 ; *RJS* 7-8/00 n° 823 ; *Dr. Soc.* 2000, p. 856). En revanche, la dépendance administrative et financière à l'égard d'une autorité de tutelle et la participation de mêmes personnes ès qualités aux conseils d'administration ne caractérisent pas l'existence d'une unité économique (cass. soc. 24 novembre 1992, n° 91-60.368, BC V n° 569 ; *RJS* 1/93 n° 47).

L'identité ou la complémentarité d'activités entre les sociétés concernées constitue également une condition de l'existence d'une unité économique : si une politique commerciale commune ne suffit pas (cass. soc. 7 février 1990, n° 89-60.497, BC V n° 55), le fait que les sociétés aient des activités différentes ou relevant de domaines d'intervention spécifiques ne constitue pas un obstacle à la reconnaissance de l'unité économique, dès lors que ces activités sont complémentaires (cass. soc. 29 mai 2002, n° 01-60.627 ; 13 juillet 2004, n° 03-60.425, BC V n° 219 ; *RJS* 10/04 n° 1057).

Unité sociale. L'existence d'une unité sociale entre les différentes entités est indispensable à la reconnaissance d'une unité économique et sociale. Cependant, si l'unité économique n'est pas établie, les juges n'ont pas à rechercher s'il existe une unité sociale (cass. soc. 5 décembre 1985, n° 84-60.994, BC V n° 574).

L'unité sociale est notamment caractérisée en cas de similitude des conditions de travail, de rémunération et de statut social des salariés des entreprises en cause (cass. soc. 11 janvier 1995, n° 94-60.023). La permutabilité du personnel entre les différentes entités constitue également un critère – souvent retenu mais non indispensable – de l'unité sociale (cass. soc. 29 octobre 1996, n° 95-60.931 ; 13 juillet 2004, n° 03-60.425, BC V n° 219 ; *RJS* 10/04 n° 1057). D'autres éléments, tels que la proximité géographique, la disposition de services sociaux communs peuvent enfin constituer un facteur positif à la reconnaissance d'une unité sociale (cass. soc. 16 décembre 1992, n° 91-60.137).

En revanche, la simple conclusion d'un accord de méthode permettant d'harmoniser le régime social de l'ensemble des personnels de plusieurs sociétés ne suffit pas à établir l'existence d'une unité sociale (cass. soc. 5 mai 2004, n° 03-60.057, BC V n° 126 ; *RJS* 07/04 n° 824). De même, un accord dont l'objet est limité à la mise en œuvre d'un service médical commun entre deux sociétés ne vaut pas, à lui seul, reconnaissance conventionnelle d'une unité économique et sociale (cass. soc. 24 mai 2000, n° 99-60.165, *RJS* 11/00 n° 1104).

• ***Modalités de reconnaissance d'une unité économique et sociale.*** Une unité économique et sociale ne peut être reconnue que par convention entre tous les partenaires sociaux ou par décision de justice (cass. soc. 23 juin 1988, n° 87-60.245, BC V n° 392). Cette reconnaissance ne peut être implicite : l'absence de contestation dans les 15 jours de la désignation d'un délégué syndical dans le périmètre d'une unité économique et sociale non encore reconnue ne suffit pas à établir son existence mais constitue seulement un élément que le juge doit prendre en considération dans l'action ultérieure en reconnaissance de cette unité (cass. soc. 4 mars 2009 n° 08-60.497, BC V n° 61 ; *RJS* 5/09 n° 448 ; *RDT*, juin 2009, CH, 392, E. Peskine ; *JCP* éd. S 2009, 1273, note J-Y Kerbourc'h). De même, le fait pour plusieurs entreprises appartenant à un même groupe d'avoir conclu un accord d'intéressement commun n'implique pas la reconnaissance conventionnelle d'une unité économique et sociale entre elles (cass. soc. 13 octobre 2010, n° 09-60.473, *RJS* 12/10 n° 948).

Reconnaissance par accord. Une unité économique et sociale ne pouvant être reconnue qu'entre des entités juridiques distinctes prises dans l'ensemble de leurs établissements et de leur personnel, toutes les organisations syndicales représentatives présentes dans ces entités doivent être invitées à la négociation portant sur la reconnaissance entre elles d'une unité économique et sociale (cass. soc. 10 novembre 2010, n° 10-60.104, *RJS* 1/11 n° 58). Un accord unanime entre les employeurs des différentes entités et toutes les organisations syndicales représentatives est nécessaire pour que l'unité économique et sociale soit reconnue (cass. soc. 23 juin 1988, n° 87-60.245, BC V n° 392) et il appartient aux parties, lors de chaque scrutin, d'en définir la composition et le périmètre de façon unanime dans le protocole préélectoral (cass. soc. 31 mars 2009, n° 08-60.494, BC V n° 96).

Reconnaissance par décision de justice. Le comité d'entreprise d'une société qui a, en particulier, pour objet d'assurer une expression collective des salariés permettant la prise en compte permanente de leurs intérêts dans les décisions relatives à la gestion et à l'évolution économique et financière de l'entreprise, a qualité pour demander en justice la reconnaissance d'une unité économique et sociale permettant la mise en place d'un comité d'entreprise commun à cette société et à d'autres (cass. soc. 29 janvier 2003, n° 01-60.848, BC V n° 33 ; *RJS* 4/03 n° 477 ; 27 juin 1990, n° 89-60.033, BC V n° 322 ; *RJS* 11/90 n° 872).

En outre, en sa seule qualité d'organisation syndicale représentative sur le plan national, un syndicat a intérêt à agir en reconnaissance d'une unité économique et sociale, peu important qu'il n'ait pas d'adhérent dans les entreprises de l'unité économique et sociale (cass. soc. 26 novembre 2003, n° 02-60.732).

Enfin, la reconnaissance judiciaire d'une unité économique et sociale ne peut pas être demandée par une personne étrangère à la collectivité de travail dont il s'agit d'assurer la représentation (cass. soc. 16 novembre 2010, n° 09-40.555, 1re branche du 1er moyen, BC V n° 261).

L'action en reconnaissance d'une unité économique et sociale relève de la compétence d'attribution du tribunal d'instance. Il en est de même de l'action aux fins de modification, par voie d'élargissement ou de réduction, du périmètre d'une unité économique et sociale (cass. avis 19 mars 2007, n° 0070005, BC n° 3 ; *RJS* 6/07 n° 753 ; *JCP* éd. S 2007, 1458, note G. Blanc-Jouvan ; *JSL* n° 211, 10 mai 2007, p. 13, obs. J-E Tourreil ; *RDT*, septembre 2007, CH, 540, Ph. Waquet).

Le tribunal territorialement compétent est celui du siège social de l'une des sociétés et non celui du lieu de leurs établissements (cass. soc. 7 janvier 1982, n° 81-60.857, BC V n° 5).

La demande de reconnaissance d'une unité économique et sociale, qu'elle ait pour objet ou pour conséquence la mise en place d'institutions représentatives correspondantes, est indéterminée et le jugement est susceptible d'appel conformément à l'article 40 CPC (cass soc. 31 janvier 2012 n° 11-20.232). En effet, il ne résulte ni de l'article L. 2322-4 CT, ni d'aucun autre texte que la décision judiciaire qui tend à la reconnaissance d'une unité économique et sociale est rendue en dernier ressort ; si, dans ses arrêts antérieurs (cass. soc 12 septembre 2007, n° 06-60.275, BC V n° 129), la Cour de cassation jugeait que les décisions rendues sur une demande de reconnaissance d'une unité économique et sociale formées à l'occasion d'un litige électoral étaient en dernier ressort, l'entrée en vigueur de la loi du 20 août 2008 a conduit la Cour Suprême à revenir sur cette jurisprudence dès lors que la demande de reconnaissance ne peut plus désormais être formulée à l'occasion d'un contentieux en matière d'élection professionnelle ou de désignation de représentants syndicaux pour lesquels le tribunal d'instance a compétence en dernier ressort.

• ***Portée de la reconnaissance d'une unité économique et sociale.*** Si la reconnaissance d'une unité économique et sociale permet l'expression collective de l'intérêt des travailleurs appartenant à cette collectivité, elle ne se substitue pas aux entités juridiques qui la composent, de sorte qu'elle n'a pas la personnalité morale (cass. soc. 16 décembre 2008, n° 07-43.875, BC V n° 255 ; voir aussi cass. soc. 23 juin 2010, n° 09-60.341, BC V n° 148 sur l'impossibilité pour une UES d'agir en justice). Par ailleurs, la reconnaissance de l'existence d'un contrat de travail est un droit exclusivement attaché à la personne et sauf disposition législative expresse, il ne peut être imposé à un salarié, sans son accord, un changement d'employeur ; il en résulte que si un accord collectif reconnaissant une unité économique et sociale peut étendre ses effets au delà des institutions représentatives du personnel et créer des obligations pour les différentes entités juridiques composant l'unité économique et sociale, il ne peut faire de cette dernière l'employeur des salariés (cass. soc. 16 décembre 2008, n° 07-43.875).

• ***Sort des mandats en cours.*** La reconnaissance judiciaire d'une unité économique et sociale impose la mise en place des institutions représentatives du personnel qui lui sont appropriées et les mandats en cours cessent au jour des élections organisées au sein de l'unité économique et sociale, quelle que soit l'échéance de leur terme (cass. soc. 26 mai 2004, n° 02-60.935, BC V n° 142 ; *JSL* n° 148, 29 juin 2004, p. 14, obs. J-E Tourreil ; *RJS* 8-9/04 n° 936, 2e espèce ; *Dr. Soc.* 2004, p. 915, obs. J. Savatier).

• ***Date d'appréciation de l'unité économique et sociale.*** L'existence d'une unité économique et sociale doit être appréciée à la date de la requête introductive d'instance, peu important le moment où se sont déroulées les élections. Le jugement reconnaissant l'existence d'une unité économique et sociale a un caractère déclaratif à la date de la requête introductive d'instance (cass. soc. 20 février 2008, n° 06-40.949, 2nd moyen, BC V n° 41) ; les élections au comité d'établissement seront donc nulles si elles ont eu lieu après la saisine d'un tribunal d'instance afin de voir reconnaître l'existence d'une unité économique et sociale mais avant la décision de reconnaissance elle-même. Le jugement déclaratif a alors un effet rétroactif (cass. soc. 21 janvier 1997, n° 95-60.992, BC V n° 29 ; *Dr. Soc.* 1997, pp. 347 et 351, obs. J. Savatier ; 7 octobre 1998, n° 97-60.517, BC V n° 409 ; *Dr. Soc.* 1998, p. 1051). Dès lors qu'il a constaté l'existence d'une unité économique et sociale, un tribunal d'instance peut enjoindre aux parties d'engager des négociations en vue de mettre en place un comité d'entreprise commun (cass. soc. 27 juin 1990, n° 89-60.033, BC V n° 322 ; *RJS* 11/90 n° 872 ; *CSB* 1990, suppl. au n° 22).

• ***Organisation des élections durant la procédure en reconnaissance d'une unité économique et sociale.*** Le tribunal d'instance, saisi d'une demande d'organisation des élections des délégués du personnel et des membres du comité d'entreprise au sein d'une société, qui constate que l'unité économique et sociale revendiquée n'est pas encore reconnue, ne fait qu'exercer son pouvoir en ordonnant l'organisation de ces élections sans être tenu de se référer aux articles R. 423-3 et 4 (anciens) CT, le litige ne concernant ni l'électorat ni la régularité des opérations électorales (cass. soc. 7 mai 2002, n° 00-60.286, BC V n° 149 ; *RJS* 8-9/02 n° 995, 1re espèce). Seul un accord unanime des partenaires sociaux peut prévoir la prorogation des mandats des représentants du personnel dans l'attente de la décision de justice concernant l'unité économique et sociale (cass. soc. 7 mai 2002, n° 1494 FSD, *RJS* 8-9/02 n° 995, 2e espèce).

• ***Disparition d'une unité économique et sociale.*** Il incombe à celui qui allègue la disparition d'une unité économique et sociale précédemment reconnue par une décision de justice de prouver les modifications intervenues d'où découle cette disparition sans que le juge soit tenu de remettre en discussion, au-delà de ces faits, tous les éléments constitutifs d'une telle unité (cass. soc. 3 octobre 2007, n° 06-60.284, *RJS* 12/07 n° 1301 ; *JCP* éd. S 2007, 1942, note G. Blanc-Jouvan).

• Pour aller plus loin, voir aussi *Dr. Soc.* 2004, p. 944 : « Le dynamisme de l'unité économique et sociale pour l'organisation des rapports collectifs de travail », J. Savatier ; *Dr. Soc.* 2007, p. 1248 : « Le contentieux de la reconnaissance d'une unité économique et sociale », J. Savatier.

Art. L. 2322-5. Dans chaque entreprise, à défaut d'accord entre l'employeur et les organisations syndicales intéressées ***(L. 2008-789 du 20 août 2008, art. 4, JO 21)*** « conclu selon les conditions de l'article L. 2324-4-1 », l'autorité administrative du siège de l'entreprise a compétence pour reconnaître le caractère d'établissement distinct.

La perte de la qualité d'établissement distinct, reconnue par la décision administrative, emporte suppression du comité de l'établissement considéré, sauf si un accord conclu entre l'employeur et les organisations syndicales ***(L. 2008-789 du 20 août 2008, art. 4, JO 21)*** « intéressées, conclu selon les conditions de l'article L. 2324-4-1, » prévoit que les membres du comité d'établissement achèvent leur mandat.

Note • Sur les conditions de validité de l'accord portant sur la détermination des établissements distincts, voir article L. 2314-3-1 et note sous cet article.

• **Compétence administrative.** À défaut d'accord entre le chef d'entreprise et les organisations syndicales intéressées, le Direccte a seul compétence pour reconnaître le caractère d'établissement distinct pour la constitution du comité d'établissement (art. R. 2322-1 et cass. soc. 18 juin 2003, n° 02-60.044, BC V n° 199 ; *RJS* 10/03 n° 1183 ; *Dr. Soc.* 2003, p. 1134, obs. J. Savatier).

Le Direccte est également compétent pour reconnaître la perte du caractère d'établissement distinct, même dans le cas où ce caractère résultait d'un accord entre les organisations syndicales et le chef d'entreprise (CE 10 mai 1993, n° 113893, *RJS* 8-9/93 n° 881). Cependant, le Direccte ne peut être valablement saisi que si des négociations sur ce point ont été préalablement engagées entre le chef d'entreprise et les organisations syndicales (CE 12 février 2003, n° 252277, *RJS* 7/03 n° 903).

Saisi d'un litige sur la détermination des établissements distincts, le Direccte n'est tenu par aucune disposition législative ou réglementaire de faire application des stipulations d'une convention collective qui définiraient les caractéristiques d'un établissement distinct (CE 4 décembre 1987, n° 62863, *Rec. Lebon*, p. 395). Il doit se déterminer en fonction des critères fixés par la jurisprudence administrative (voir note sous art. L. 2327-1).

Les décisions administratives fixant le nombre des établissements distincts n'ont pas le caractère de décisions individuelles ; dès lors, aucune motivation n'est exigée (CE 28 juillet 1993, n°s 110705 à 110707, *Rec. Lebon*, p. 1066 ; *RJS* 11/93 n° 1112).

Le Direccte, saisi par un employeur, sur le fondement des dispositions de l'article L. 433-2 [L. 2322-5] CT, d'un différend l'opposant à des syndicats quant au caractère d'établissement distinct de la direction technique de l'entreprise, n'est pas tenu de vérifier le caractère d'établissement distinct de l'ensemble des autres entités de celle-ci (CE 23 juillet 2003, n° 247577, *RJS* 12/03 n° 1409).

Aucun texte législatif relatif aux comités d'entreprise ne subordonne la reconnaissance ou le maintien du caractère d'établissement distinct à la condition que l'établissement en cause ait un effectif d'au moins cinquante salariés ; lorsqu'il doit se prononcer sur l'existence ou la perte de ce caractère, le Direccte peut tenir compte notamment de l'importance de l'effectif de l'établissement pour apprécier si celui-ci dispose d'une autonomie suffisante, mais il ne peut légalement se fonder, pour refuser de reconnaître ou de maintenir la qualité d'établissement distinct, sur le seul motif que l'établissement en cause a un effectif inférieur à cinquante salariés (CE 15 mai 1991, n° 84840, *RJS* 7/91 n° 850 ; *JCP* éd. E 1991.II.202, concl. Hubert ;

Dr. Soc. 1992, p. 39, note J. Savatier ; 19 octobre 1992, n° 92630, *RJS* 12/92 n° 1397 ; 26 juillet 1996, *SSL* 1996, n° 814, p. 13).

• **Sort des mandats en cours.** La perte de la qualité d'établissement distinct, reconnue par décision administrative, emporte suppression du comité de l'établissement considéré, sauf accord contraire conclu entre le chef d'entreprise et les organisations syndicales représentatives dans l'entreprise permettant aux membres du comité d'établissement d'achever leur mandat ; si un tel accord est conclu, il ne peut intervenir qu'après la décision administrative rendue et connue et il produit nécessairement un effet remontant au jour de cette décision (cass. soc. 13 janvier 2009, n° 07-16.969, BC V n° 7 ; *RDT*, mai 2009, CH, 326, F. Signoretto).

La décision de l'autorité administrative consacrant la perte de la qualité d'établissement distinct d'un des deux établissements d'une entreprise a nécessairement pour conséquence la nécessité de mettre en place un comité d'entreprise unique pour représenter l'ensemble des salariés ; un tribunal d'instance est donc fondé à ordonner à l'organisation des élections des membres de ce comité (cass. soc. 20 juin 2007, n° 07-60.027, BC V n° 110 ; *RJS* 10/07 n° 1080 ; *JSL* n° 219, 4 octobre 2007, p. 23). Mais, en l'absence d'accord entre le chef d'entreprise et les organisations syndicales ou, à défaut d'accord, d'une décision administrative ayant pour effet de supprimer un comité d'établissement, la fermeture d'un établissement ne saurait par elle-même mettre fin aux mandats des membres du comité d'établissement (CE 18 janvier 1991, n° 95699, *RJS* 3/91 n° 343). La décision d'un Direccte de scinder en deux établissements distincts un établissement unique fait perdre à cet établissement sa qualité d'établissement distinct et, en l'absence d'accord conclu entre le chef d'entreprise et les organisations syndicales représentatives dans l'entreprise, ne permet pas aux membres du comité d'établissement d'achever leur mandat (cass. soc. 15 mai 1991, n° 90-60.392, BC V n° 242 ; *Dr. Soc.* 1992, p. 39 ; *RJS* 6/91 n° 720).

À noter que la reconnaissance d'une unité économique et sociale n'entraîne pas automatiquement la disparition des comités d'établissement institués antérieurement ; en effet, aux termes de l'article L. 433-2, al. 9 [L. 2322-5] CT, c'est la perte de la qualité d'établissement distinct, reconnue par une décision administrative, qui emporte, sauf accord contraire, suppression du comité de l'établissement considéré. C'est donc à bon droit qu'une cour d'appel a décidé qu'un établissement n'ayant disparu qu'à la suite de la décision ministérielle procédant à une division de l'entreprise en établissements distincts pour tenir compte de la reconnaissance d'une unité économique et sociale, un comité d'établissement pouvait agir en justice avant la date de cette décision (cass. soc. 25 juin 2003, n° 01-12.990, BC V n° 210 ; *RJS* 12/03 n° 1411, 1re espèce).

Art. R. 2322-1. Le ***(D. 2009-1377 du 10 nov. 2009, JO 13 ; D. 2010-687 du 24 juin 2010, JO 25 ; voir D. 2010-1582 du 17 déc. 2010, JO 18, pour outre-mer)*** « directeur régional des entreprises, de la concurrence, de la consommation, du travail et de l'emploi » du siège de l'entreprise est compétent pour se prononcer sur la reconnaissance de la qualité d'établissement distinct prévue à l'article L. 2322-5.

Note Les alinéas 2 et 3 de cet article ont été abrogés par le décret 2008-1503 du 30 décembre 2008 (JO 31).

Art. L. 2322-6. Pour l'application du présent titre, les modalités de calcul des effectifs sont celles prévues aux articles L. 1111-2 et L. 1251-54.

Note • Voir notes sous articles L. 1111-2 et L. 2312-8.

• ***Salariés mis à disposition.*** Selon l'article L. 1111-2, dans sa rédaction issue de la loi 2008-789 du 20 août 2008, les salariés mis à la disposition de l'entreprise par une entreprise extérieure sont pris en compte dans l'effectif à due proportion de leur temps de présence au cours des 12 mois précédents, à condition d'être présents dans les locaux de l'entreprise utilisatrice et d'y travailler depuis au moins un an.

En posant ainsi des critères objectifs pour l'intégration des salariés mis à disposition dans l'effectif de l'entreprise d'accueil, la loi a mis fin à un certain nombre d'incertitudes qui avaient amené la Cour de cassation à décider que ces salariés devaient être comptabilisés dans l'effectif de l'entreprise d'accueil dès lors qu'ils sont intégrés de façon étroite et permanente à la communauté de travail qu'elle constitue (cass. soc. 28 février 2007, n° 06-60.171, BC V n° 34 ; 1er avril 2008, nos 07-60.283 et 287, BC V nos 76 et 77), peu important qu'ils ne travaillent pas sous sa subordination (cass. soc. 28 mars 2000, n° 98-60.440, BC V n° 133).

Dans trois arrêts rendus postérieurement à la loi du 20 août 2008, mais sur la base de la législation antérieure (cass. soc 13 novembre 2008, nos 07-60.434, 07-60.465 et 08-60.331, BC V nos 218, 219 et 220), la Cour de cassation a précisé la notion de salariés intégrés de façon étroite et permanente à la communauté de travail en énonçant qu'il s'agit des salariés qui « abstraction faite du lien de subordination qui subsiste avec leur employeur, sont présents dans les locaux de l'entreprise utilisatrice et y travaillent depuis une certaine durée, partageant ainsi des conditions de travail au moins en partie communes susceptibles de générer des intérêts communs ».

Sur ce point, voir étude A. M. Dupuy et P. Safar, « Travailleurs mis à disposition : les apports de la loi du 20 août 2008 », *JCP* éd. S n° 37, 9 septembre 2008.

• Les salariés d'une société placés en position de « dispense d'activité », prévue par la convention générale de protection sociale pour le personnel des sociétés sidérurgiques concernées par les restructurations, n'exécutant plus aucun travail dans l'entreprise qui ne leur versait plus de salaires, ne doivent pas être pris en compte dans l'effectif de l'établissement concerné de l'entreprise pour les élections des membres du comité d'établissement (cass. soc. 27 février 1985, n° 84-60.475, BC V n° 126). Mais, des salariés, bien que dispensés de toute activité au sein de l'entreprise, qui continuent à percevoir de celle-ci une garantie de ressources calculée sur le salaire brut, continuent à faire partie de l'effectif de l'entreprise (cass. soc. 12 décembre 1990, n° 88-60.782, BC V n° 662 ; *RJS* 1/91 n° 40 ; *CSB* 1991 A. 13 ; 26 mai 2004, n° 03-60.125, BC V n° 140 ; *RJS* 8-9/04 n° 935).

SECTION 2. Conditions de suppression

Art. L. 2322-7. La suppression d'un comité d'entreprise est subordonnée à un accord entre l'employeur et l'ensemble des organisations syndicales représentatives.

À défaut d'accord, l'autorité administrative peut autoriser la suppression du comité d'entreprise en cas de réduction importante et durable du personnel ramenant l'effectif au-dessous de cinquante salariés.

Note

• La seule fermeture de l'entreprise ne saurait entraîner la suppression du comité d'entreprise en l'absence d'accord entre l'employeur et les organisations syndicales représentatives (CE 18 janvier 1991, n° 95699, *RJS* 3/91 n° 343).

• La baisse des effectifs consécutive au transfert d'une partie du personnel à une autre société, dans le cadre de l'article L. 122-12 [L. 1224-1] CT, ne met pas fin, à elle seule, aux institutions représentatives du personnel (cass. soc. 3 février 1998, n° 96-60.207, BC V n° 60 ; *RJS* 3/98 n° 326).

• Un chef d'entreprise ne peut refuser de procéder au renouvellement d'un comité en arguant d'une diminution durable des effectifs en deçà de cinquante salariés, en l'absence d'accord avec l'ensemble des organisations syndicales représentatives. Le juge des référés peut contraindre l'employeur à procéder au renouvellement (cass. soc. 16 mars 1978, n° 77-60.685, BC V n° 206) si l'autorisation de suppression n'a pas été accordée par l'autorité administrative.

• En cas de réduction durable et importante de l'effectif, l'autorité administrative peut autoriser la suppression du comité d'entreprise ; elle peut aussi invoquer des motifs d'intérêt général pour refuser cette autorisation (CE 20 décembre 1985, Sté Automatisme et Mécanique, *D.* 1986 IR 383, note J. Frossard).

• S'agissant du caractère important de la réduction de l'effectif, on considère habituellement qu'une diminution de l'ordre de 10 % de l'effectif (soit en dessous de 45 salariés) constitue une baisse importante. S'agissant de son caractère durable, la baisse des effectifs semble devoir être constatée pendant au moins 24 mois sur les trois années de référence selon une circulaire ministérielle du 25 octobre 1983. Le

Conseil d'État a retenu une durée de 15 mois (CE 20 décembre 1985, *D.* 1986 IR 383, obs. J. Frossard).

• Si l'une de ces deux conditions (réduction durable et importante de l'effectif) n'est pas réalisée, le directeur départemental du travail et de l'emploi refusera la suppression du comité d'entreprise (ou du mandat de délégué syndical). Même si les conditions de réduction de l'effectif sont réunies, le caractère frauduleux de la baisse et l'intérêt général peuvent justifier le maintien de l'institution (CE 24 juillet 1981, n° 17737, *Rec. Lebon*, p. 388 ; 20 décembre 1985, arrêt précité).

• Voir aussi note sous article L. 2322-5.

Art. R. 2322-2. La décision de suppression d'un comité d'entreprise, prévue à l'article L. 2322-7, est prise par le ***(D. 2009-1377 du 10 nov. 2009, JO 13 ; D. 2010-687 du 24 juin 2010, JO 25 ; voir D. 2010-1582 du 17 déc. 2010, JO 18, pour outre-mer)*** « directeur régional des entreprises, de la concurrence, de la consommation, du travail et de l'emploi ».

Le silence gardé pendant plus de quatre mois par le ministre saisi d'un recours hiérarchique contre cette décision vaut décision de rejet.

CHAPITRE III

Attributions

SECTION 1. Attributions économiques

Mission générale d'information et de consultation du comité d'entreprise

Art. L. 2323-1. Le comité d'entreprise a pour objet d'assurer une expression collective des salariés permettant la prise en compte permanente de leurs intérêts dans les décisions relatives à la gestion et à l'évolution économique et financière de l'entreprise, à l'organisation du travail, à la formation professionnelle et aux techniques de production.

Il formule, à son initiative, et examine, à la demande de l'employeur, toute proposition de nature à améliorer les conditions de travail, d'emploi et de formation professionnelle des salariés, leurs conditions de vie dans l'entreprise ainsi que les conditions dans lesquelles ils bénéficient de garanties collectives complémentaires mentionnées à l'article L. 911-2 du code de la sécurité sociale.

Il exerce ses missions sans préjudice des dispositions relatives à l'expression des salariés, aux délégués du personnel et aux délégués syndicaux.

Note • En vertu de cet article, le comité d'entreprise assure l'expression collective des salariés lorsqu'il est consulté sur les décisions du chef d'entreprise qui doit recueillir l'avis dudit comité ; il en résulte que cet avis ne peut être exprimé que par les membres du comité d'entreprise et non par les organisations syndicales auxquelles ils appartiennent. Ayant constaté qu'il était d'usage, au sein d'un comité central d'entreprise, que l'avis du comité soit recueilli sous forme d'une prise de position de chaque organisation syndicale, une cour d'appel a pu faire interdiction sous astreinte aux sociétés concernées de mettre en œuvre toute mesure en rapport avec un déménagement et l'implantation sur un nouveau site, tant que l'avis du comité central d'entreprise n'aura pas été régulièrement recueilli (cass. soc. 5 décembre 2006, n° 05-21.641, BC V n° 371).

• En l'absence d'atteinte aux intérêts des salariés, dont l'article L. 431-4 [L. 2323-1] CT lui a confié la charge, un comité d'entreprise n'est pas recevable à élever une contestation devant le juge (construction de parkings entraînant la suppression d'emplacements de stationnement utilisés par le personnel de l'entreprise : CE 1er décembre 1993, n° 111730, *RJS* 6/94 n° 715).

Art. L. 2323-2. Les décisions de l'employeur sont précédées de la consultation du comité d'entreprise, sauf, en application de l'article L. 2323-25, avant le lancement d'une offre publique d'acquisition.

Note • Le fait qu'un projet de cession ait été étudié en son détail et qu'il fût accompagné d'un plan de licenciement et d'un plan social élaborés avant l'information et la consultation du comité d'entreprise n'implique pas que celui-ci n'ait pas été valablement consulté, une telle consultation devant seulement précéder la décision effective (cass. crim. 29 mai 1990, n° 89-84.747, B. crim. n° 218 ; *RJS* 7/90 n° 593).

• Un projet, même formulé en termes généraux, doit être soumis à consultation du comité d'entreprise, lorsque son objet est assez déterminé pour que son adoption ait une incidence sur l'organisation, la gestion et la marche générale de l'entreprise, peu important qu'il ne soit pas accompagné de mesures précises et concrètes dès lors que la discussion ultérieure de ces mesures n'est pas de nature à remettre en cause, dans son principe, le projet adopté. Une décision qui s'entend d'une manifestation de volonté d'un organe dirigeant qui oblige l'entreprise n'implique pas nécessairement des mesures concrètes et précises (cass. soc. 12 novembre 1997, n° 96-12.314, BC V n° 375 ; *Dr. Soc.* 1998, p. 87, M. Cohen ; *RJS* 12/97 n° 1391 et p. 818, rapport J-Y Frouin).

• La décision de fermeture d'un établissement étant une mesure de nature à affecter le volume ou la structure des effectifs, distincte de celle afférente aux licenciements, doit faire l'objet de la consultation du comité d'entreprise (cass. soc. 16 avril 1996, n° 94-11.660, BC V n° 164 ; *Dr. Soc.* 1996, p. 489 et art. A. Lyon-Caen p. 484) ; le comité d'entreprise doit disposer d'un délai d'examen suffisant et le chef d'entreprise n'est pas fondé à lui opposer des délais applicables à la seule procédure de licenciement économique (cass. soc. 16 avril 1996, n° 93-15.417, BC V n° 163 ; *RJS* 5/96 n° 560).

• En se bornant à annoncer au comité d'entreprise l'extension du travail à temps partiel dans l'entreprise sans procéder à une véritable consultation du comité, un employeur commet le délit d'entrave au fonctionnement du comité. La régularisation ultérieurement effectuée par l'organisation d'une consultation effective ne fait pas disparaître l'infraction déjà consommée mais permet au juge de dispenser de peine le prévenu (cass. crim. 24 février 1987, n° 86-93.021, *JS* 1987 SJ 81).

• Voir notes sous art. L. 2323-6 et L. 2323-19.

Art. L. 2323-3. Dans l'exercice de ses attributions consultatives, définies aux articles L. 2323-6 à L. 2323-60, le comité d'entreprise émet des avis et vœux.

L'employeur rend compte, en la motivant, de la suite donnée à ces avis et vœux.

Art. L. 2323-4. Pour lui permettre de formuler un avis motivé, le comité d'entreprise dispose d'informations précises et écrites transmises par l'employeur, d'un délai d'examen suffisant et de la réponse motivée de l'employeur à ses propres observations.

Note • L'information du comité n'est limitée ni aux renseignements dont disposent ses membres à titre individuel ni aux observations et suggestions des délégués du personnel (cass. soc. 19 décembre 1990, n° 89-16.072, BC V n° 693 ; *RJS* 2/91 n° 203). Le comité peut s'informer auprès du personnel en organisant une consultation auprès de celui-ci. Le comité d'entreprise doit disposer d'informations précises et écrites transmises par le chef d'entreprise ; ce dernier doit apporter une réponse motivée aux observations du comité. Le comité d'entreprise n'ayant pas été informé et consulté préalablement dans un délai lui permettant d'émettre un avis en connaissance de cause, le juge des référés peut ordonner une mesure de remise en état pour faire cesser le trouble manifestement illicite qui en résultait (cass. soc. 16 avril 1996, n° 93-15.417, BC V n° 163 ; *RJS* 5/96 n° 559). De même, les juges du fond peuvent ordonner la reprise de la procédure d'information et de consultation et la suspension à titre conservatoire de la mesure envisagée lorsqu'ils constatent que l'employeur n'a pas utilement consulté le comité d'entreprise en ne lui fournissant pas toutes les informations nécessaires à sa consultation (cass. soc. 25 juin 2002, n° 00-20.939, BC V n° 217 ; *RJS* 10/02 n° 1144).

Les juges du fond apprécient souverainement le caractère suffisant des informations transmises au comité d'entreprise avant la réunion et du délai dont celui-ci a disposé pour en prendre connaissance (cass. soc. 25 juin 2003, n° 01-02.990, BC V n° 210 ; *RJS* 12/03 n° 1411, 1re espèce).

• En matière de durée du travail, l'information du comité d'entreprise est nécessairement écrite, ainsi que l'exige la loi, et individualisée. En refusant de communiquer au comité d'entreprise, pour chaque salarié concerné, des informations précises et écrites relatives aux heures supplémentaires, au repos compensateur ainsi qu'au compteur d'heures d'annualisation, dans le cadre de l'annualisation du temps de travail mise en place dans l'entreprise par accord de modulation, un dirigeant de société a commis le délit d'entrave au fonctionnement du comité d'entreprise (cass. crim. 15 février 2005, n° 04-84.301, B. crim. n° 61 ; *RJS* 5/05 n° 537 ; *JSL* n° 170, 21 juin 2005, p. 11, obs. M-Ch. Haller).

• Les informations prévues par cet article ne doivent pas nécessairement être jointes à l'ordre du jour et peuvent, sauf si la loi en décide autrement, n'être fournies que lors de la réunion du comité d'entreprise (cass. crim. 5 novembre 1991, n° 90-84.817, *RJS* 3/92 n° 307, 2e espèce). L'administration considère, pour sa part, qu'elles doivent être communiquées au comité d'entreprise au plus tard lors de la convocation (trois jours au moins avant la réunion) (circ. DRT 12 du 30 novembre 1984).

L'information donnée par l'employeur au comité d'entreprise doit être loyale et sincère ; si l'employeur manque à cette obligation, la procédure subséquente de licenciements économiques peut être entachée de nullité (TGI Versailles 31 janvier 1997, *Dr. Soc.* 1997, p. 426).

L'article L. 431-5 [L. 2323-4] ne contient pas de dispositions permettant au comité d'entreprise de prendre connaissance des conventions passées par l'entreprise avec des tiers ; un employeur a l'obligation de fournir au comité d'entreprise des informations précises et écrites, mais il n'est pas obligé de communiquer un projet de cession (en l'espèce un contrat de sous-traitance) (cass. crim. 6 avril 1993, n° 92-80.864, B. crim. n° 148 ; *RJS* 6/93 n° 627).

Art. L. 2323-5. Pour l'exercice de ses missions, le comité d'entreprise a accès à l'information utile détenue par les administrations publiques et les organismes agissant pour leur compte, conformément aux dispositions légales relatives à l'accès aux documents administratifs.

Information et consultation sur l'organisation et la marche de l'entreprise

§ 1. Marche générale de l'entreprise

Art. L. 2323-6. Le comité d'entreprise est informé et consulté sur les questions intéressant l'organisation, la gestion et la marche générale de l'entreprise et, notamment, sur les mesures de nature à affecter le volume ou la structure des effectifs, la durée du travail, les conditions d'emploi, de travail et de formation professionnelle.

Note Quand elle porte sur l'une des questions ou mesures envisagées par cet article, la consultation du comité d'entreprise est obligatoire ; il n'y a pas lieu de distinguer selon que la décision en cause est une décision unilatérale ou qu'elle prend la forme de la négociation d'un accord collectif d'entreprise. La consultation du comité doit avoir lieu concomitamment à l'ouverture de la négociation et au plus tard avant la signature de l'accord (cass. soc. 5 mai 1998, n° 96-13.498, BC V n° 219 ; *Dr. Soc.* 1998, p. 579, rapp. J-Y Frouin). Le comité d'entreprise doit également être consulté sur la dénonciation par le chef d'entreprise d'un accord d'entreprise qui intéresse l'organisation, la gestion ou la marche de l'entreprise ; à défaut, la dénonciation demeure sans effet jusqu'à l'accomplissement de cette formalité. Après avoir constaté que des accords d'entreprise relatifs à la réduction et à l'aménagement du temps de travail avaient été dénoncés par deux sociétés sans consultation du comité d'entreprise de l'unité économique et sociale qu'elles formaient, celui-ci ayant seulement été consulté sur le projet de note de service portant sur l'instauration de nouvelles mesures d'aménagement du temps de travail, une cour d'appel, qui en a exactement déduit que ces dénonciations étaient demeurées sans effet et que les accords étaient de ce fait restés en vigueur, a pu juger que la décision unilatérale des chefs d'entreprise d'appliquer ces nouvelles mesures constituait un trouble manifestement illicite auquel il devait être mis fin (cass. soc. 5 mars 2008, n° 07-40.273, BC V n° 49 ; *RJS* 5/08 n° 576 ; *JCP* éd. S 2008, 1310, note D. Corrignan-Carsin ; *RDT*, septembre 2008, CH, 540, G. Borenfreund).

Lorsque les mesures de nature à affecter le volume et la structure des effectifs, la durée du travail, les conditions d'emploi, de travail et de formation professionnelle s'inscrivent dans une procédure complexe comportant des décisions échelonnées, le comité d'entreprise doit être consulté à l'occasion de chacune d'entre elles (cass. soc. 7 février 1996, n° 93-18.756, BC V n° 47 ; *RJS* 4/96 n° 417). En outre, l'information fournie dès l'origine doit être suffisamment fournie pour que les représentants du personnel puissent se prononcer en ayant une vision satisfaisante des objectifs poursuivis, des moyens pour y parvenir et des conséquences en termes d'emploi (CA Paris, Pôle 1, ch.1, 31 juillet 2009, n° 09/14577, *JCP* éd. S 2009, 1463, note S. Béal et M-N Katchadourian).

La consultation du comité d'entreprise sur les mesures de nature à affecter le volume ou la structure des effectifs et la consultation sur un projet de licenciement collectif pour motif économique constituent deux procédures distinctes. Ces deux procédures peuvent être conduites de manière concomitante, sous réserve du respect des délais les plus favorables (cass. soc. 9 février 2000, n° 98-12.143, BC V n° 62). Dès lors, la consultation simultanée d'un comité d'entreprise sur un projet de fermeture d'établissement et de licenciement collectif pour motif économique est nulle si la décision de fermeture d'un établissement avait été préalablement arrêtée par l'employeur (cass. soc. 17 juin 1997, n° 95-18.904, BC V n° 223 ; *Dr. Soc.* 1997, p. 742).

La consultation et l'information du comité d'entreprise doivent porter sur l'ensemble des salariés de l'entreprise ; les mêmes règles s'appliquent lorsque le comité d'établissement est consulté (cass. soc. 3 décembre 1996, n° 94-22.163, BC V n° 410 ; *Dr. Soc.* 1997, p. 105).

Constituent une entrave au fonctionnement régulier du comité d'entreprise :

– l'absence de consultation sur des plans de rémunération en raison de l'incidence de plans successifs sur le volume et la structure des effectifs (cass. crim. 3 mars 1998, n° 96-85.098, B. crim. n° 81 ; *RJS* 6/98 n° 749 : en l'espèce, taux considérable de « renouvellement » des cadres lié au non-respect de ces plans et licenciements pour défaut de réalisation des objectifs fixés) ;

– une politique de réduction des effectifs s'inscrivant dans une stratégie délibérée, sans que le comité ait été consulté (cass. crim. 4 novembre 1997, n° 96-84.594, B. crim. n° 370 ; *RJS* 4/98 n° 487) ;

– l'absence de consultation préalable du comité, s'agissant notamment de la réorganisation d'un important service ayant eu pour effet une nouvelle répartition des tâches et par suite une importante modification des conditions de travail du personnel intéressé (cass. crim. 25 octobre 1977, n° 76-90.534, B. crim. n° 321), du transfert partiel au siège de la société en province d'une antenne commerciale à Paris affectant plusieurs salariés de cette antenne (cass. crim. 6 décembre 1977, n° 76-93.044, B. crim. n° 386), de la décision de transférer les salariés affectés au nettoyage des locaux d'un organisme de crédit à une société spécialisée, la circonstance que le prévenu avait régularisé ultérieurement le transfert des salariés en cause ne pouvant constituer qu'une cause d'atténuation de la peine (cass. crim. 15 juin 1984, *JS* 1984, F 90), de la fermeture d'un établissement, même temporaire (cass. crim. 6 février 1979, n° 77-91.923, B. crim. n° 56), de la mise en place à titre expérimental d'un nouveau système d'organisation du travail, la loi ne faisant à cet égard aucune distinction entre les mesures présentées comme expérimentales et celles offrant un caractère définitif (cass. crim. 7 octobre 1980, *JS* 1980, SJ 172) ;

– l'absence d'information et de consultation du comité avant de placer un salarié en position de chômage technique, même si cette mesure n'avait pas un caractère définitif (cass. crim. 7 octobre 1980, *JS* 1981 F 1) ;

– le défaut d'information et de consultation avant toute déclaration de cessation des paiements (cass. crim. 15 octobre 1991, n° 89-83.950, *RJS* 3/92 n° 308) ou des mesures de reclassement tendant à modifier le volume et la structure de l'entreprise (cass. crim. 27 novembre 1990, n° 89-81.454, *RJS* 2/91 n° 205).

Voir encore sur le défaut de consultation du comité d'entreprise constitutif d'entrave, cass. crim. 19 septembre 2006, n° 05-86.668, B. crim. n° 229 ; *RJS* 12/06 n° 1293 : absence d'information et de consultation du comité d'établissement préalablement à l'avancement du calendrier du plan de restructuration d'un établissement et à la mise en place anticipée des mesures de réorganisation contenues dans ce plan.

À noter que :
– la consultation préalable du comité d'établissement ne s'impose à l'employeur que lorsque les modifications dans les conditions de travail ou les mouvements de personnel envisagés sont importants et ne revêtent pas un caractère ponctuel ou individuel (cass. crim. 15 octobre 1991, n° 90-83.045, *RJS* 3/92 n° 307, 1re espèce). Parmi les mesures à caractère ponctuel et individuel, la proposition par l'employeur à deux salariés accidentés du travail d'un travail à domicile (cass. crim. 9 février 1988, B. crim. n° 67), l'adaptation de l'horaire de travail à la spécificité de l'emploi ne concernant qu'un seul salarié et ne remettant pas en cause le principe et les modalités d'aménagement des horaires (cass. soc. 1er juillet 1997, n° 95-12.000, BC V n° 241). En revanche, doit être soumise préalablement au comité d'entreprise l'initiative prise par un employeur de proposer à neuf salariés, par avenant à leur contrat de travail, d'effectuer des astreintes, non pas pour l'exécution d'un marché particulier, mais afin de mettre en place une unité de maintenance capable de faire face à tout moment à une demande d'intervention, y compris la nuit et les fins de semaine (cass. crim. 19 novembre 2002, n° 02-80.105, *JSL* n° 119, 11 mars 2003, p. 24) ;
– cet article ne donne pas au comité d'entreprise un droit de contrôle des licenciements pour faute qui relèvent du pouvoir disciplinaire de l'employeur. Il ne concerne que les mesures d'ordre économique (cass. soc. 4 avril 1995, n° 93-80.312, B. crim. n° 146 ; *RJS* 6/95 n° 666) ;
– les dispositions de cet article qui s'imposent au chef d'entreprise ne sauraient subordonner l'exercice du pouvoir réglementaire du Premier ministre à une consultation obligatoire des comités d'entreprise concernés (CE 23 mars 1990, n° 34797, *RJS* 5/90 n° 421).

Art. L. 2323-7. Un mois après chaque élection du comité d'entreprise, l'employeur lui communique une documentation économique et financière précisant :

1° La forme juridique de l'entreprise et son organisation ;

2° Les perspectives économiques de l'entreprise telles qu'elles peuvent être envisagées ;

3° Le cas échéant, la position de l'entreprise au sein du groupe ;

4° Compte tenu des informations dont dispose l'employeur, la répartition du capital entre les actionnaires détenant plus de 10 % du capital et la position de l'entreprise dans la branche d'activité à laquelle elle appartient.

§ 2. Communication des documents comptables et financiers

Art. L. 2323-8. Dans les sociétés commerciales, l'employeur communique au comité d'entreprise, avant leur présentation à l'assemblée générale des actionnaires ou à l'assemblée des associés, l'ensemble des documents transmis annuellement à ces assemblées ainsi que le rapport des commissaires aux comptes.

Le comité peut formuler toutes observations sur la situation économique et sociale de l'entreprise. Ces observations sont transmises à l'assemblée des actionnaires ou des associés, en même temps que le rapport du conseil d'administration, du directoire ou des gérants.

Le comité peut convoquer les commissaires aux comptes pour recevoir leurs explications sur les différents postes des documents communiqués ainsi que sur la situation financière de l'entreprise.

Les membres du comité d'entreprise ont droit aux mêmes communications et copies que les actionnaires, aux mêmes époques, dans les conditions prévues par les articles L. 225-100 et suivants du code de commerce.

Note La loi du 15 mai 2001 précitée a prévu que le rapport de gestion des sociétés cotées devait comprendre des informations sur la manière dont la société prend en compte les conséquences sociales et environnementales de son activité. Le décret 2002-221 du 20 février 2002 (JO 21) énumère ces informations qui devaient être mentionnées dans les rapports de gestion présentés pour la première fois à l'assemblée des actionnaires statuant sur les comptes de l'exercice 2002.

Art. L. 2323-9.

Les informations sociales à inclure sont proches de celles figurant dans le bilan social ; des mentions particulières doivent être faites sur la sous-traitance et le respect des conventions fondamentales de l'organisation internationale du travail (art. 148-2 nouveau du décret du 23 mars 1967). Les informations relatives aux conséquences de l'activité de la société sur l'environnement portent très schématiquement sur la nature et l'importance de la consommation, des ressources naturelles sur l'environnement et sur les objectifs de la société en matière de prévention et de gestion des risques liés à l'environnement (art. 148-3 du décret précité).

Art. L. 2323-9. Les entreprises ne revêtant pas la forme de société commerciale communiquent au comité d'entreprise les documents comptables qu'elles établissent.

Art. L. 2323-10. Dans les sociétés mentionnées à l'article L. 232-2 du code de commerce, les documents établis en application de cet article et des articles L. 232-3 et L. 232-4 du même code sont communiqués au comité d'entreprise. Il en est de même dans les sociétés non mentionnées à l'article L. 232-2 du code de commerce qui établissent ces documents.

Les informations communiquées au comité d'entreprise, en application du présent article, sont réputées confidentielles au sens de l'article L. 2325-5.

Les dispositions qui précèdent s'appliquent aux groupements d'intérêt économique mentionnés à l'article L. 251-13 du code de commerce.

Art. L. 2323-11. Le comité d'entreprise reçoit communication du rapport mentionné aux articles L. 223-37 et L. 225-231 du code de commerce et des réponses, rapports et délibérations dans les cas prévus aux articles L. 234-1, L. 234-2 et L. 251-15 du même code.

§ 3. Politique de recherche et introduction de nouvelles technologies

Art. L. 2323-12. Chaque année, le comité d'entreprise est consulté sur la politique de recherche et de développement technologique de l'entreprise.

À défaut, les aides publiques en faveur des activités de recherche et de développement technologique sont suspendues.

Art. L. 2323-13. Le comité d'entreprise est informé et consulté, préalablement à tout projet important d'introduction de nouvelles technologies, lorsque celles-ci sont susceptibles d'avoir des conséquences sur l'emploi, la qualification, la rémunération, la formation ou les conditions de travail.

Les membres du comité reçoivent, un mois avant la réunion, des éléments d'information sur ces projets et leurs conséquences sur chacun des sujets mentionnés au premier alinéa.

Note • Le projet d'introduction de nouvelles technologies doit être important (cass. crim. 22 octobre 1991, n° 89-85.768, B. crim. n° 367 ; *RJS* 2/92 n° 174 ; *CSB* 1992 p. 62 et cass. crim. 29 mars 1994, n° 93-80.962, *RJS* 8-9/94 n° 1005 ; voir également cass. crim. 13 décembre 1994, n° 93-85.092, B. crim. n° 405 ; *RJS* 3/95 n° 252, s'agissant de la mise en œuvre de la pagination assistée par ordinateur ayant des répercussions importantes sur les conditions de travail de plusieurs catégories de personnel). Si la loi ne définit pas la notion d'importance, celle-ci s'apprécie nécessairement en fonction des modifications que le projet apporte dans l'organisation et la marche générale de l'entreprise et des conséquences qu'il peut avoir sur l'emploi, la qualification, la rémunération et la formation ou les conditions de travail du personnel (cass. crim. 3 mai 1994, n° 93-80.911, B. crim. n° 164 ; *RJS* 10/94 n° 1148 ; cass. soc. 28 octobre 1996, n° 94-15.914, BC V n° 352 ; *Dr. Soc.* 1996, p. 1105 ; cass. soc. 9 juillet 1997, n° 95-20.294, *RJS* 11/97 n° 1252).

Les juges ne peuvent se déterminer par des motifs d'intérêt général. Constitue un projet important d'introduction d'une nouvelle technologie justifiant qu'il soit fait appel à un expert chargé d'informer le comité d'entreprise, le changement de matériel informatique opéré par une société qui avait non seulement pour effet de doter cette entreprise d'un matériel plus performant sur le plan technique mais encore de modifier profondément ses méthodes de gestion par la multiplication des terminaux au sein de l'entreprise et par le nombre plus important de salariés y ayant accès (cass. soc. 2 juillet 1987, n° 85-18.434, BC V n° 438). Mais un « plan directeur de rationalisation » qui concerne seulement soit la mise en place de projets anciens dont le comité a été informé en son temps, soit l'utilisation, dans des conditions nouvelles, de techniques déjà en vigueur dans l'entreprise, soit une innovation peu importante et qui ne constitue qu'un projet de regroupement de moyens et de réorganisation de la production nullement lié à l'introduction de nouvelles technologies n'est pas un projet entrant dans les prévisions de l'article L. 432-2 [L. 2323-13] (cass. soc. 15 octobre 1987, n° 85-16.558, BC V n° 569).

• Voir également note sous article L. 2325-38.

Art. L. 2323-14. Lorsque l'employeur envisage de mettre en œuvre des mutations technologiques importantes et rapides, il établit un plan d'adaptation.

Ce plan est transmis, pour information et consultation, au comité d'entreprise en même temps que les autres éléments d'information relatifs à l'introduction de nouvelles technologies.

Le comité d'entreprise est régulièrement informé et consulté sur la mise en œuvre de ce plan.

§ 4. Projets de restructuration et de compression des effectifs

Art. L. 2323-15. Le comité d'entreprise est saisi en temps utile des projets de restructuration et de compression des effectifs.

Il émet un avis sur l'opération projetée et ses modalités d'application.

Cet avis est transmis à l'autorité administrative.

Note • Voir note sous article L. 2323-6.

• Voir articles L. 1233-8 et 28. Les dispositions des articles L. 2323-2, 4 et 5, L. 2323-25, L. 2325-14 à 18 et L. 2327-3, 4, 5, 9, 12 à 14 CT sont applicables aux procédures de licenciement engagées depuis la date de promulgation de la loi 2005-32 du 18 janvier 2005 (JO 19). Au sens de l'article 78 de cette loi, une procédure de licenciement est réputée engagée à la première des dates suivantes :
– celle à laquelle est effectuée la convocation à l'audition prévue à l'article L. 1233-11 du même code ;
– celle à laquelle est effectuée la première convocation aux consultations visées à l'article L. 1233-29 et 30 du même code ;
– le cas échéant, celle à laquelle le comité d'entreprise est convoqué, dans le cas visé à l'article L. 1233-28, pour l'application de l'article L. 2323-15 du même code.

Un employeur peut être poursuivi et condamné pour entrave au fonctionnement régulier du comité d'entreprise s'il procède à des licenciements collectifs sans réunir et consulter le comité d'entreprise (cass. crim. 20 septembre 1994, n° 93-83.930, *RJS* 2/95 n° 117, 2e espèce).

Les dispositions du code du travail sur les institutions représentatives du personnel sont d'ordre public et ne sauraient être méconnues à raison de pratiques économiques transnationales (TGI Paris, 9 avril 2001, référé, n° 01-54.016, *RJS* 7/01 n° 883 ; *LS Europe* n° 31, p. 8). Dans cette affaire, une mesure de restructuration, prise par une société mère étrangère, s'appliquait à une entreprise française faisant partie d'un groupe de dimension communautaire. Le comité central d'entreprise de la société française avait été prévenu de manière informelle par sa direction de l'intention du groupe de cesser toute activité en France. Les juges ont suspendu la décision de cesser l'activité au motif que la procédure suivie par la direction française était irrégulière. En effet, les articles L. 431-5 [L. 2323-2] et L. 432-1 [L. 2323-15] CT exigent que les institutions représentatives soient consultées alors que le projet de restructuration n'est pas encore définitivement arrêté.

> La régularité de la consultation du comité d'entreprise sur un projet de licenciement économique n'est pas subordonnée au respect préalable par l'employeur de l'obligation de le consulter sur l'évolution annuelle des emplois et des qualifications prévue par l'article L. 2323-56 ni de celle d'engager tous les trois ans une négociation portant sur la gestion prévisionnelle des emplois et des compétences imposée par l'article L. 2242-15 (cass. soc. 30 septembre 2009, n° 07-20.525, 2e moyen, BC V n° 217).

Art. L. 2323-16. Lorsque le projet de restructuration et de compression des effectifs soumis au comité d'entreprise est de nature à affecter le volume d'activité ou d'emploi d'une entreprise sous-traitante, l'entreprise donneuse d'ordre en informe immédiatement l'entreprise sous-traitante.

Le comité d'entreprise de cette dernière, ou à défaut les délégués du personnel, en sont immédiatement informés et reçoivent toute explication utile sur l'évolution probable de l'activité et de l'emploi.

§ 5. Recours aux contrats de travail à durée déterminée et au travail temporaire

Art. L. 2323-17. Lorsque le comité d'entreprise a connaissance de faits susceptibles de caractériser un recours abusif aux contrats de travail à durée déterminée et au travail temporaire, ou lorsqu'il constate un accroissement important du nombre de salariés titulaires de contrats de travail à durée déterminée et de contrats de mission, il peut saisir l'inspecteur du travail.

Sans préjudice des compétences qu'il détient en vertu des articles L. 8112-1 et suivants et de l'article L. 8113-7, l'inspecteur du travail adresse à l'employeur le rapport de ses constatations.

L'employeur communique ce rapport au comité d'entreprise en même temps que sa réponse motivée aux constatations de l'inspecteur du travail. Dans sa réponse, l'employeur précise, en tant que de besoin, les moyens qu'il met en œuvre dans le cadre d'un plan de résorption de la précarité destiné à limiter le recours à ces formes de contrats de travail.

À défaut de comité d'entreprise, les délégués du personnel peuvent exercer les attributions conférées au comité d'entreprise pour l'application du présent article.

§ 6. Intéressement, participation et épargne salariale

Art. L. 2323-18. Dans les entreprises disposant d'un accord d'intéressement, d'un accord de participation ou d'un plan d'épargne salariale, lorsque le comité d'entreprise n'en est pas signataire, l'employeur le consulte, avant leur prorogation ou renouvellement, sur les évolutions envisageables à leur apporter, ainsi que sur la situation de l'actionnariat salarié et sur la participation des salariés à la gestion de l'entreprise.

§ 7. Modification dans l'organisation économique ou juridique de l'entreprise

Art. L. 2323-19. Le comité d'entreprise est informé et consulté sur les modifications de l'organisation économique ou juridique de l'entreprise, notamment en cas de fusion, de cession, de modification importante des structures de production de l'entreprise ainsi que lors de l'acquisition ou de la cession de filiales au sens de l'article L. 233-1 du code de commerce.

L'employeur indique les motifs des modifications projetées et consulte le comité d'entreprise sur les mesures envisagées à l'égard des salariés lorsque ces modifications comportent des conséquences pour ceux-ci.

Il consulte également le comité d'entreprise lorsqu'il prend une participation dans une société et l'informe d'une prise de participation dont son entreprise est l'objet lorsqu'il en a connaissance.

Note • Le comité doit être informé et consulté sur les modifications de l'organisation économique et juridique de l'entreprise, peu important que celles-ci soient la conséquence de dispositions légales. Tel est le cas lorsque l'adoption d'une loi emporte des conséquences pour les salariés d'une société et est de nature à influer sur l'appréciation par le comité d'entreprise d'un projet de modernisation mis en place au sein de cette dernière (cass. soc. 26 octobre 2010, n° 09-67.760, BC V n° 247 ; *RJS* 1/11 n° 54).

• En cas de prise de participation, alors que sont projetées des modifications de l'organisation économique ou juridique de la société, le chef d'entreprise doit indiquer les motifs des modifications projetées et consulter le comité d'entreprise lorsque des mesures sont envisagées à l'égard des salariés si ces modifications comportent des conséquences pour ceux-ci (cass. crim. 18 juin 1991, n° 89-82.729, *RJS* 10/91 n° 1106).

• Sur une information et une consultation régulières des organes représentatifs du personnel avant cession, voir notamment cass. crim. 30 novembre 1999, n° 98-82.729, B. crim n° 283 ; *RJS* 5/00 n° 550.

• Sur l'information et la consultation d'un comité d'établissement d'une société membre d'un GIE, voir notamment cass. soc. 26 septembre 1990, n° 89-10.258, BC V n° 400.

• La transmission négociée du capital social utilisée comme un moyen de placer la société qui exploite une entreprise sous la dépendance d'une autre société « équivaut, dans l'ordre économique, à la cession de l'entreprise elle-même, pour laquelle la consultation du comité d'entreprise est exigée » (cass. soc. 29 octobre 1991, n° 90-84.302, *RJS* 1/92 n° 47). La chambre criminelle avait déjà adopté cette solution (cass. crim. 2 mars 1978, n° 76-92.008, B. crim. n° 83 ; *Dr. Soc.* 1978, p. 375).

Art. L. 2323-20. Lorsqu'une entreprise est partie à une opération de concentration, telle que définie à l'article L. 430-1 du code de commerce, l'employeur réunit le comité d'entreprise au plus tard dans un délai de trois jours à compter de la publication du communiqué relatif à la notification du projet de concentration, émanant soit de l'autorité administrative française en application de l'article L. 430-3 du même code, soit de la Commission européenne en application du règlement (CE) n° 139/2004 du Conseil du 20 janvier 2004 sur les concentrations.

Au cours de cette réunion, le comité d'entreprise ou la commission économique se prononce sur le recours à un expert dans les conditions prévues aux articles L. 2325-35 et suivants. Dans ce cas, le comité d'entreprise ou la commission économique tient une deuxième réunion afin d'entendre les résultats des travaux de l'expert.

Les dispositions du premier alinéa sont réputées satisfaites lorsque le comité d'entreprise se réunit suite au dépôt d'une offre publique d'acquisition en application des dispositions du paragraphe 8.

Note • Il résulte des dispositions combinées du règlement (CE) 802/2004 du 7 avril 2004, concernant la mise en œuvre du règlement (CE) 139/2004 relatif au contrôle des concentrations entre entreprises, et des articles L. 2323-1 et L. 2323-20 CT que, pour l'application de ces textes, sont parties à l'opération de concentration l'ensemble des entités économiques qui sont affectées, directement ou indirectement, par la prise de contrôle. Par conséquent, dès lors qu'une entreprise est affectée, même indirectement, par une opération de concentration, cette entreprise est partie à l'opération et son comité d'entreprise peut recourir à un expert-comptable chargé d'analyser le projet (cass. soc. 26 octobre 2010, n° 09-65.565, BC V n° 248 ; *RJS* 1/11 n° 53).

• L'article L. 434-6 [L. 2325-35 et s.] ne prévoit pas que le comité d'entreprise puisse être assisté d'un expert rémunéré par l'entreprise en cas d'information-consultation sur un projet de cession de l'entreprise (cass. soc. 14 mars 2006, n° 05-13.670, BC V n° 101 ; *RJS* 5/06 n° 593 ; *JSL* n° 193, 12 juillet 2006, p. 22).

§ 8. Offre publique d'acquisition

Art. L. 2323-21. Lors du dépôt d'une offre publique d'acquisition, l'employeur de l'entreprise sur laquelle porte l'offre et l'employeur qui est l'auteur de cette offre réunissent immédiatement leur comité d'entreprise respectif pour l'en informer.

L'employeur auteur de l'offre réunit le comité d'entreprise dans les conditions prévues à l'article L. 2323-25.

Au cours de la réunion du comité de l'entreprise qui fait l'objet de l'offre, celui-ci décide s'il souhaite entendre l'auteur de l'offre et peut se prononcer sur le caractère amical ou hostile de l'offre.

Art. L. 2323-22. L'auteur de l'offre adresse au comité de l'entreprise qui en fait l'objet, dans les trois jours suivant sa publication, la note d'information mentionnée au IX de l'article L. 621-8 du code monétaire et financier.

Art. L. 2323-23. Dans les quinze jours suivant la publication de la note d'information et avant la date de convocation de l'assemblée générale réunie en application de l'article L. 233-32 du code de commerce, le comité d'entreprise de l'entreprise faisant l'objet de l'offre est réuni pour procéder à son examen et, le cas échéant, à l'audition de son auteur.

Si le comité d'entreprise a décidé d'auditionner l'auteur de l'offre, la date de la réunion est communiquée à ce dernier au moins trois jours à l'avance.

Lors de la réunion, l'auteur de l'offre peut se faire assister des personnes de son choix. Il présente au comité d'entreprise sa politique industrielle et financière, ses plans stratégiques pour la société concernée et les répercussions de la mise en œuvre de l'offre sur l'ensemble des intérêts, l'emploi, les sites d'activité et la localisation des centres de décision de cette société.

L'auteur de l'offre prend connaissance des observations éventuellement formulées par le comité d'entreprise. Ce dernier peut se faire assister préalablement et lors de la réunion d'un expert de son choix dans les conditions prévues à l'article L. 2325-41.

Art. L. 2323-24. La société ayant déposé une offre et dont l'employeur, ou le représentant qu'il désigne parmi les mandataires sociaux ou les salariés de l'entreprise, ne se rend pas à la réunion du comité d'entreprise à laquelle il a été invité dans les conditions prévues aux articles L. 2323-21 et L. 2323-23, ne peut exercer les droits de vote attachés aux titres de la société faisant l'objet de l'offre qu'elle détient ou viendrait à détenir. Cette interdiction s'étend aux sociétés qui la contrôlent ou qu'elle contrôle au sens de l'article L. 233-16 du code de commerce.

Une sanction identique s'applique à l'auteur de l'offre, personne physique, qui ne se rend pas à la réunion du comité d'entreprise à laquelle il a été invité dans les conditions prévues aux articles L. 2323-21 et L. 2323-23.

La sanction est levée le lendemain du jour où l'auteur de l'offre a été entendu par le comité d'entreprise de la société faisant l'objet de l'offre.

La sanction est également levée si l'auteur de l'offre n'est pas convoqué à une nouvelle réunion du comité d'entreprise dans les quinze jours qui suivent la réunion à laquelle il avait été préalablement convoqué.

Art. L. 2323-25. Par dérogation à l'article L. 2323-2, l'employeur qui lance une offre publique d'acquisition portant sur le capital d'une entreprise n'est pas tenu de consulter le comité d'entreprise avant ce lancement.

En revanche, il réunit le comité d'entreprise dans les deux jours ouvrables suivant la publication de l'offre en vue de lui transmettre des informations écrites et précises sur le contenu de l'offre et sur les conséquences en matière d'emploi qu'elle est susceptible d'entraîner.

Art. L. 2323-26. Si l'offre publique d'acquisition est déposée par une entreprise dépourvue de comité d'entreprise, et sans préjudice de l'article L. 2313-13, l'employeur en informe directement les salariés.

De même, à défaut de comité d'entreprise dans l'entreprise qui fait l'objet de l'offre, l'employeur de cette entreprise en informe directement les salariés. Dans ce cas et dans les trois jours suivant la publication de la note d'information mentionnée au IX de l'article L. 621-8 du code monétaire et financier, l'auteur de l'offre la transmet à l'employeur faisant l'objet de l'offre qui la transmet lui-même aux salariés sans délai.

Information et consultation sur les conditions de travail

Art. L. 2323-27. Le comité d'entreprise est informé et consulté sur les problèmes généraux intéressant les conditions de travail résultant de l'organisation du travail, de la technologie, des conditions d'emploi, de l'organisation du temps de travail, des qualifications et des modes de rémunération.

À cet effet, il étudie les incidences sur les conditions de travail des projets et décisions de l'employeur dans les domaines mentionnés au premier alinéa et formule des propositions. Il bénéficie du concours du comité d'hygiène, de sécurité et des conditions de travail dans les matières relevant de sa compétence. Les avis de ce comité lui sont transmis.

Note • Caractérise le délit d'entrave au fonctionnement du comité d'entreprise le fait pour un président de société d'avoir instauré une prime de productivité sans avoir informé et consulté préalablement cet organisme (cass. crim. 7 mars 2000, n° 99-83.398).

• Constitue une modification importante de l'organisation du temps de travail des salariés au sein d'un établissement rendant nécessaire l'information et la consultation des institutions représentatives du personnel la mesure consistant à proposer à des salariés, précédemment sous contrats d'adaptation, la conclusion de contrats de travail à durée indéterminée prévoyant une alternance entre des périodes de travail posté et à la journée, dès lors que cette mesure, mise en œuvre pour un nombre croissant de salariés, est dénuée de caractère ponctuel et est appelée à être développée en fonction de ses résultats (cass. crim. 12 avril 2005, n° 04-83.101, B. crim. n° 129 ; *JSL* n° 171, 5 juillet 2005, p. 22 ; *Dr. Soc.* 2005, pp. 856 et s. : « Sur l'entrave pour défaut de consultation du comité d'entreprise et du CHSCT », Fr. Duquesne ; *RJS* 11/05 n° 1114).

• Un comité central d'entreprise ayant à étudier les incidences sur les conditions de travail du nouveau mode de rémunération des salariés peut s'informer des préférences de ces derniers par une consultation du personnel dont les frais doivent s'imputer sur son budget de fonctionnement. L'information du comité n'est limitée ni aux renseignements dont disposent ses membres à titre individuel ni aux observations et suggestions des délégués du personnel (cass. soc. 19 décembre 1990, n° 89-16.072, BC V n° 693 ; *Dr. Soc.* 1991, p. 267).

• C'est à bon droit qu'une cour d'appel a suspendu l'application de la décision relative à la commercialisation d'un contrat collectif d'assurance en ses dispositions emportant, pour les salariés qui en étaient chargés, réduction du taux de commissionnement précédemment alloué jusqu'à ce qu'il ait été procédé à l'information et à la consultation du comité d'entreprise. En effet, la cour, qui a constaté que les modalités de commercialisation du contrat collectif affectaient globalement le mode de rémunération et que les conditions de travail de ce personnel étaient concernées, a légalement justifié sa décision, peu important que la rémunération effective soit ou non plus avantageuse. La cour d'appel, saisie de demandes tendant à faire défense aux sociétés d'assurances de mettre en œuvre le mode de rémunération résultant du nouveau contrat collectif, a pu décider qu'il y avait lieu, pour permettre le respect de l'obligation de consultation du comité d'entreprise, de suspendre la mise à exécution de la décision de l'employeur (cass. soc. 28 novembre 2000, n° 98-19.594, BC V n° 398 ; *Dr. Soc.* 2001, p. 212, obs. Ch. Radé).

• Lorsqu'un accord collectif dispose expressément qu'il constitue un accord cadre définissant les dispositions essentielles concernant l'ensemble du personnel et renvoie, pour l'application pratique de plusieurs d'entre elles, à une mise au point sur le plan régional après concertation avec le personnel, consultation des instances représentatives du personnel et éventuellement expérimentation, la mise en œuvre de cet accord, au plan local, est subordonnée à la consultation préalable des comités d'établissement. Dès lors, le défaut de consultation d'un comité d'établissement sur la décision unilatérale d'un chef d'établissement de mettre en œuvre cet accord au sein d'un centre régional constitue un trouble manifestement illicite auquel il ne peut être mis fin que par la suspension de la mise en application de l'accord (cass. soc. 13 novembre 2001, n° 99-10.891, BC V n° 343 ; *JSL* n° 92, 20 décembre 2001, pp. 6 et s., obs. M. Hautefort ; *RJS* 1/02 n° 51).

Art. R. 2323-1. Le comité d'entreprise est informé et consulté préalablement à la mise en place d'une garantie collective mentionnée à l'article L. 911-2 du code de la sécurité sociale ou à la modification de celle-ci.

Art. L. 2323-28. Le comité d'entreprise peut confier au comité d'hygiène, de sécurité et des conditions de travail le soin de procéder à des études portant sur des matières de la compétence de ce dernier.

Art. L. 2323-29. Le comité d'entreprise est consulté sur la durée et l'aménagement du temps de travail ainsi que sur la période de prise des congés dans les conditions prévues à l'article L. 3141-13.

Il délibère chaque année sur les conditions d'application des aménagements d'horaires prévus par l'article ***(L. 2008-789 du 20 août 2008, art. 24, JO 21)*** « L. 3122-2 lorsqu'ils s'appliquent à des salariés à temps partiel ».

(L. 2008-789 du 20 août 2008, art. 19, JO 21) « Le comité d'entreprise est consulté chaque année sur le recours aux conventions de forfait ainsi que sur les modalités de suivi de la charge de travail des salariés concernés. »

Note Commet le délit d'entrave au fonctionnement régulier du comité d'entreprise le directeur des ressources humaines auquel est confiée, par délégation du chef d'entreprise, la présidence du comité d'établissement, qui refuse sans motif légitime de consulter le comité d'établissement sur l'abandon de l'horaire collectif prévu par le règlement intérieur au profit de l'instauration d'horaires de travail individualisés (cass. crim. 16 septembre 2003, n° 02-86.661, B. crim. n° 164 ; *RJS* 1/04 n° 72 ; *JSL* n° 134, 25 novembre 2003, p. 8, obs. M. Hautefort).

Art. L. 2323-30. Le comité d'entreprise est consulté, en liaison avec le comité d'hygiène, de sécurité et des conditions de travail, sur les mesures prises en vue de faciliter la mise ou la remise au travail des accidentés du travail, des invalides de guerre et assimilés, des invalides civils, des travailleurs handicapés, notamment sur celles relatives à l'application de l'obligation d'emploi des travailleurs handicapés.

Il est consulté sur les mesures intervenant dans le cadre d'une aide de l'État ou dans le cadre d'un contrat de sous-traitance et d'embauche progressive de travailleurs handicapés conclu avec un établissement de travail protégé.

Note Les mesures prévues par cet article relatives à la mise ou à la remise au travail des accidentés, invalides et handicapés ne peuvent s'appliquer qu'aux travailleurs atteints d'une incapacité permanente et non aux accidentés du travail qui se trouvent en période d'incapacité temporaire (cass. crim. 9 février 1988, n° 87-82.061, B. crim. n° 67).

Art. L. 2323-31. Le comité d'entreprise est consulté sur l'affectation de la contribution sur les salaires au titre de l'effort de construction, quel qu'en soit l'objet, ainsi que sur les conditions de logement des travailleurs étrangers que l'entreprise se propose de recruter.

Art. L. 2323-32. Le comité d'entreprise est informé, préalablement à leur utilisation, sur les méthodes ou techniques d'aide au recrutement des candidats à un emploi ainsi que sur toute modification de celles-ci.

Il est aussi informé, préalablement à leur introduction dans l'entreprise, sur les traitements automatisés de gestion du personnel et sur toute modification de ceux-ci.

Le comité d'entreprise est informé et consulté, préalablement à la décision de mise en œuvre dans l'entreprise, sur les moyens ou les techniques permettant un contrôle de l'activité des salariés.

Note • Si les dispositions du 3e alinéa de cet article interdisent à l'employeur de se servir de moyens de preuve obtenus à l'aide de procédés de surveillance qui n'auraient pas été portés préalablement à la connaissance des salariés, l'employeur est libre de mettre en place des procédés de surveillance des entrepôts ou autres locaux de rangement dans lesquels les salariés ne travaillent pas. Ainsi constitue un moyen de preuve admissible un système de vidéosurveillance installé par l'employeur dans un entrepôt de marchandises mais n'enregistrant pas l'activité de salariés affectés à un poste de travail déterminé (cass. soc. 31 janvier 2001, n° 98-44.290, BC V n° 28 ; *RJS* 4/01 n° 405).

• Si un système de contrôle et d'évaluation individuels des salariés ne peut être instauré qu'après information et consultation du comité d'entreprise, tel n'est pas le cas d'un audit occasionnel mis en œuvre pour apprécier, à un moment donné, l'organisation d'un service (cass. soc. 12 juillet 2010, n° 09-66.339, BC V n° 168 ; *RJS* 10/10 n° 719).

Information et consultation
en matière de formation professionnelle et d'apprentissage

Note Voir *LS*, Numéros juridiques, n° 15639 du 25 juin 2010 : « Les représentants du personnel et la formation », p. 81.

§ 1. Orientations de la formation professionnelle

Art. L. 2323-33. Chaque année, le comité d'entreprise est consulté sur les orientations de la formation professionnelle dans l'entreprise en fonction des perspectives économiques et de l'évolution de l'emploi, des investissements et des technologies dans l'entreprise.

Ces orientations prennent en compte l'analyse de la situation comparée des hommes et des femmes, telle qu'elle ressort des informations fournies par l'employeur en application des articles L. 2242-2 et L. 2323-57, ainsi que les mesures arrêtées en application de l'article L. 1142-4.

Le comité d'entreprise est saisi chaque fois qu'un changement important affecte l'un de ces domaines.

Note Est coupable d'entrave au fonctionnement régulier du comité d'entreprise le gérant d'une société qui n'a pas transmis dans les délais utiles tous les documents nécessaires à l'information sur les orientations de la formation professionnelle dans l'entreprise (cass. crim. 20 février 1996, n° 94-85.863, B. crim. n° 81 ; *RJS* 5/96 n° 557).

Art. R. 2323-2. Dans les entreprises ou organismes dans lesquels les attributions du comité d'entreprise sont dévolues à d'autres instances de représentation du personnel, celles-ci sont substituées au comité d'entreprise pour l'application des dispositions :

1° Des articles L. 6322-6 et R. 6322-3 à R. 6322-11, relatives au congé individuel de formation ;

2° De l'article L. 6331-12, relatives à la participation des employeurs de dix salariés et plus au développement de la formation professionnelle continue ;

3° Des articles R. 6322-66 à R. 6322-78, relatives au congé d'enseignement et de recherche ainsi qu'au congé de formation pour les salariés âgés de vingt-cinq ans et moins ;

4° Des articles D. 6321-1 et D. 6321-3, relatives au déroulement des actions de formation.

Art. R. 2323-3. Dans les entreprises de cinquante salariés et plus qui ne sont pas tenues d'avoir un comité d'entreprise ou un organisme de la nature de ceux mentionnés à l'article R. 2323-2, il est créé une commission spéciale consultée dans les conditions prévues à l'article L. 6331-12.

Art. R. 2323-4. La commission spéciale comprend autant de membres qu'il y a d'organisations syndicales qui ont constitué légalement ou qui ont droit de constituer une section syndicale dans l'entreprise.

Chacune de ces organisations désigne un membre choisi parmi les salariés de cette entreprise. Ce membre remplit les conditions requises pour l'éligibilité en qualité de membre d'un comité d'entreprise.

§ 2. Plan de formation

Art. L. 2323-34. Chaque année, au cours de deux réunions spécifiques, le comité d'entreprise émet un avis sur l'exécution du plan de formation du personnel de l'entreprise de l'année précédente et sur le projet de plan pour l'année à venir.

Note

• Les dispositions de cet article, qui prescrivent que le comité d'entreprise donne son avis tous les ans sur le projet de plan pour l'année à venir, impliquent que cet avis soit, sous peine d'entrave, donné avant la fin de l'année précédant celle de l'exécution du plan. Est sans incidence, à cet égard, le fait que le centre de formation professionnelle n'exige pas des employeurs qu'ils lui adressent le programme annuel de l'utilisation des fonds avant la fin de l'année précédant celle où le programme doit être réalisé (cass. crim. 26 novembre 1991, n° 90-84.546, *RJS* 3/92 n° 305).

• Sur la condamnation pour entrave au fonctionnement régulier du comité central d'entreprise du président et du directeur général d'une banque pour avoir transmis tardivement les documents nécessaires à l'information dudit comité relative à la formation professionnelle et refusé d'organiser la seconde réunion spécifique de consultation prévue par l'article L. 933-3, al. 1er (ancien) CT, voir cass. crim. 13 janvier 1998, n° 96-81.477, B. crim. n° 16.

• Le comité d'entreprise est consulté sur le plan de formation au cours de deux réunions spécifiques. En l'absence de débats et d'avis émis par le comité, la consultation est irrégulière (CAA Marseille 28 février 2006, 4e ch., n° 03-313, *RJS* 10/06 n° 1104 ; *JCP* éd. S 2006, 1428).

Art. L. 2323-35. Le projet de plan de formation tient compte des orientations de la formation professionnelle dans l'entreprise dont le comité d'entreprise a eu à délibérer, du résultat des négociations prévues à l'article L. 2241-6 ainsi que, le cas échéant, du plan pour l'égalité professionnelle prévu à l'article L. 1143-1.

Art. L. 2323-36. Afin de permettre aux membres du comité d'entreprise et, le cas échéant, aux membres de la commission de la formation de participer à l'élaboration du plan de formation et de préparer les délibérations dont il fait l'objet, l'employeur leur communique, trois semaines au moins avant les réunions du comité ou de la commission précités, les documents d'information dont la liste est établie par décret.

Ces documents sont également communiqués aux délégués syndicaux.

(L. 2009-1437 du 24 nov. 2009, art. 8, JO 25) « Ils précisent notamment la nature des actions de formation proposées par l'employeur en application de l'article L. 6321-1 et distinguent :

1° Les actions d'adaptation du salarié au poste de travail ou liées à l'évolution ou au maintien dans l'emploi dans l'entreprise ;

2° Les actions de développement des compétences du salarié. »

Art. L. 2323-37. Le comité d'entreprise émet un avis sur les conditions de mise en œuvre des contrats et périodes de professionnalisation ainsi que sur la mise en œuvre du droit individuel à la formation.

Art. L. 2323-38. Le comité d'entreprise est informé des conditions d'accueil en stage des jeunes en première formation technologique ou professionnelle, ainsi que des conditions d'accueil dans l'entreprise des enseignants dispensant ces formations ou des conseillers d'orientation.

Le comité d'entreprise est consulté sur les conditions d'accueil et les conditions de mise en œuvre de la formation reçue dans les entreprises par les élèves et étudiants pour les périodes obligatoires en entreprise prévues dans les programmes des diplômes de l'enseignement technologique ou professionnel, ainsi que sur les conditions d'accueil des enseignants dans l'entreprise et sur les conditions d'exercice du congé pour enseignement prévu à l'article L. 6322-53.

Les délégués syndicaux sont également informés, notamment par la communication des documents remis au comité d'entreprise.

Art. L. 2323-39. Dans les entreprises mentionnées à l'article 1er de la loi n° 83-675 du 26 juillet 1983 relative à la démocratisation du secteur public, le plan de formation est approuvé par délibération du comité d'entreprise.

À défaut d'une telle approbation, le plan de formation est soumis à délibération du conseil d'administration ou du directoire de l'entreprise, après avis du conseil de surveillance.

Art. L. 2323-40. Lorsqu'un programme pluriannuel de formation est élaboré par l'employeur, le comité d'entreprise est consulté au cours du dernier trimestre précédant la période couverte par le programme, lors de l'une des réunions prévues à l'article L. 2323-33.

Le programme pluriannuel de formation prend en compte les objectifs et priorités de la formation professionnelle définis par la convention de branche ou par l'accord professionnel prévu à l'article L. 2241-6, les perspectives économiques et l'évolution des investissements, des technologies, des modes d'organisation du travail et de l'aménagement du temps de travail dans l'entreprise.

Art. D. 2323-5. Pour la consultation sur le plan de formation, prévue à l'article L. 2323-34, l'employeur communique aux membres du comité d'entreprise, ou à défaut aux délégués du personnel, aux délégués syndicaux et, le cas échéant, aux membres de la commission prévue à l'article L. 2325-22 :

1° Les orientations de la formation professionnelle dans l'entreprise telles qu'elles résultent de la consultation prévue à l'article L. 2323-33 ;

2° Le résultat éventuel des négociations prévues à l'article L. 2241-6 ;

3° La déclaration relative à la participation des employeurs au développement de la formation professionnelle continue et, le cas échéant, la déclaration spéciale concernant le crédit d'impôt formation professionnelle ainsi que les informations sur la formation figurant au bilan social mentionné à l'article L. 2323-68 ;

4° Les conclusions éventuelles des services de contrôle sur le caractère libératoire des dépenses imputées sur la participation des entreprises et le caractère éligible des dépenses exposées au titre du crédit d'impôt formation professionnelle ;

5° Le bilan des actions comprises dans le plan de formation de l'entreprise pour l'année antérieure et pour l'année en cours comportant la liste des actions de formation, des bilans de compétences et des validations des acquis de l'expérience réalisés, complétée par les informations relatives :

a) Aux organismes de formation et aux organismes chargés de réaliser des bilans de compétences ou des validations des acquis de l'expérience ;

b) À la nature et aux conditions d'organisation de ces actions, au regard notamment des dispositions des articles L. 2323-36 et L. 6321-2 à L. 6321-12 ;

c) Aux conditions financières de leur exécution ;

d) Aux effectifs concernés répartis par catégorie socioprofessionnelle et par sexe ;

6° Les informations, pour l'année antérieure et l'année en cours, relatives aux congés individuels de formation, aux congés de bilan de compétences, aux congés de validation des acquis de l'expérience et aux congés pour enseignement accordés, notamment leur objet, leur durée et leur coût, aux conditions dans lesquelles ces congés ont été accordés ou reportés ainsi qu'aux résultats obtenus ;

7° Le bilan, pour l'année antérieure et l'année en cours, des conditions de mise en œuvre des contrats et des périodes de professionnalisation ainsi que de la mise en œuvre du droit individuel à la formation. Le bilan porte également sur l'accueil des enseignants et des conseillers d'orientation ;

8° Le plan de formation de l'entreprise et les conditions de mise en œuvre des périodes et des contrats de professionnalisation ainsi que la mise en œuvre du droit individuel à la formation pour l'année à venir, comportant respectivement les informations mentionnées aux 5° et 7°.

Art. D. 2323-6. L'employeur précise, en ce qui concerne les bénéficiaires des périodes et contrats de professionnalisation :

1° Les conditions dans lesquelles se sont déroulées les actions ou les périodes de professionnalisation, notamment :

a) Les conditions d'accueil, d'encadrement et de suivi des bénéficiaires ;

b) Les emplois occupés pendant et à l'issue de leur action ou de leur période de professionnalisation ;

c) Les conditions d'organisation des actions de formation et de suivi ;

2° Les résultats obtenus en fin d'action ou de période de professionnalisation ainsi que les conditions d'appréciation et de validation ;

3° Les effectifs intéressés par âge, sexe et niveau initial de formation.

Art. D. 2323-7. La consultation du comité d'entreprise en matière de formation professionnelle est réalisée au cours de deux réunions.

La première réunion porte sur la présentation et la discussion des documents prévus aux 1° à 7° de l'article D. 2323-5.

La seconde réunion est relative au plan de formation, aux conditions de mise en œuvre des périodes et des contrats de professionnalisation et à la mise en œuvre du droit individuel à la formation mentionné au 8° de l'article précité.

(D. 2008-716 du 18 juil. 2008, JO 19) « Ces deux réunions doivent intervenir respectivement avant le 1er octobre et avant le 31 décembre de l'année en cours. » ***(D. 2011-454 du 22 avril 2011, JO 24)*** « Toutefois, dans les branches du transport aérien, les deux dates limites de consultation du comité peuvent être modifiées par un accord de branche étendu. »

§ 3. Apprentissage

Art. L. 2323-41. Le comité d'entreprise est consulté sur :

1° Les objectifs de l'entreprise en matière d'apprentissage ;

2° Le nombre d'apprentis susceptibles d'être accueillis dans l'entreprise par niveau initial de formation, par diplôme, titre homologué ou titre d'ingénieur préparés ;

3° Les conditions de mise en œuvre des contrats d'apprentissage, notamment les modalités d'accueil, d'affectation à des postes adaptés, d'encadrement et de suivi des apprentis ;

4° Les modalités de liaison entre l'entreprise et le centre de formation d'apprentis ;

5° L'affectation des sommes prélevées au titre de la taxe d'apprentissage ;

6° Les conditions de mise en œuvre des conventions d'aide au choix professionnel des élèves de classe préparatoire à l'apprentissage.

Art. L. 2323-42. Le comité d'entreprise est informé sur :

1° Le nombre d'apprentis engagés par l'entreprise, par âge et par sexe ;

2° Les diplômes, titres homologués ou titres d'ingénieur obtenus en tout ou partie par les apprentis et la manière dont ils l'ont été ;

3° Les perspectives d'emploi des apprentis.

Art. L. 2323-43. La consultation et l'information du comité d'entreprise sur l'apprentissage peuvent intervenir à l'occasion des consultations du comité d'entreprise prévues aux articles L. 2323-34 et suivants.

(D. 2009-349 du 30 mars 2009, JO 31)

Information et consultation sur les interventions publiques directes

Art. R. 2323-7-1. Le comité d'entreprise est informé et consulté après notification à l'entreprise de l'attribution directe, par une personne publique, de subventions, prêts ou avances remboursables dont le montant excède un seuil fixé par arrêté pris par les ministres chargés du travail, de l'économie, du budget et des collectivités territoriales. Cette disposition s'applique dans les mêmes conditions aux subventions, prêts et avances remboursables attribués dans le cadre de programmes ou fonds communautaires.

L'information et la consultation portent sur la nature de l'aide, son objet, son montant et les conditions de versement et d'emploi fixées, le cas échéant, par la personne publique attributrice.

Ces dispositions ne sont applicables ni aux financements mentionnés au premier alinéa qui sont attribués par les collectivités publiques aux établissements publics qui leur sont rattachés, ni aux subventions pour charges de service public attribuées par une collectivité publique.

Note Cette sous-section *réglementaire* a été introduite par le décret 2009-349 du 30 mars 2009 (JO 31).

Le seuil visé à cet article est fixé à 200 000 € pour les subventions et 1 500 000 € pour les prêts et avances remboursables (arrêté du 27 avril 2009, JO 29).

Information et consultation lors d'une procédure de sauvegarde, de redressement ou de liquidation judiciaire

Art. L. 2323-44. Le comité d'entreprise est informé et consulté :

1° Avant le dépôt au greffe d'une demande d'ouverture d'une procédure de redressement judiciaire ou de liquidation judiciaire ;

2° Lors d'une procédure de sauvegarde, dans les situations prévues aux articles L. 623-3 et L. 626-8 du code de commerce ;

3° Lors d'une procédure de redressement judiciaire, dans les situations et conditions prévues aux articles L. 631-17, L. 631-18, L. 631-19 et L. 631-22 du code de commerce ;

4° Lors d'une procédure de liquidation judiciaire, dans les situations et conditions prévues aux articles L. 641-1 (I), L. 641-4, L. 641-10, troisième alinéa, L. 642-5, dernier alinéa, et L. 642-9, deuxième alinéa, du code de commerce.

En cas de licenciements économiques prononcés dans les cas prévus aux 3° et 4°, le comité d'entreprise est réuni et consulté dans les conditions prévues à l'article L. 1233-58 du présent code.

Art. L. 2323-45. La ou les personnes désignées par le comité d'entreprise, selon les dispositions de l'article L. 661-10 du code de commerce, sont entendues par la juridiction compétente :

1° Lors d'une procédure de sauvegarde dans les situations prévues aux articles L. 621-1, L. 622-10, L. 626-4, L. 626-9 et L. 626-26 du code de commerce ;

2° Lors d'une procédure de redressement judiciaire dans les situations et conditions prévues aux articles L. 631-7, L. 631-15 (II), L. 631-19 (I) et L. 631-22 du code de commerce ;

3° Lors d'une procédure de liquidation judiciaire dans les situations prévues aux articles L. 642-5, premier alinéa, L. 642-6, L. 642-13 et L. 642-17 du code de commerce.

Informations et consultations périodiques du comité d'entreprise

§ 1. Rapports et information dans les entreprises de moins de trois cents salariés

Sous-§ 1. Information trimestrielle

Art. L. 2323-46. Chaque trimestre, dans les entreprises de moins de trois cents salariés, l'employeur communique au comité d'entreprise des informations sur :

1° L'évolution générale des commandes et de la situation financière ;

2° L'exécution des programmes de production ;

3° Les retards éventuels dans le paiement, par l'entreprise, des cotisations de sécurité sociale ou des cotisations dues aux institutions de retraite complémentaire régies par le chapitre II du titre II du livre IX du code de la sécurité sociale et l'article L. 727-2 du code rural ***(Ord. 2010-462 du 6 mai 2010, 107)*** « et de la pêche maritime » ou des cotisations ou primes dues aux organismes assureurs mentionnés à l'article premier de la loi n° 89-1009 du 31 décembre 1989 renforçant les garanties offertes aux personnes assurées contre certains risques au titre des garanties collectives complémentaires mentionnées à l'article L. 911-2 du code de la sécurité sociale.

Sous-§ 2. Information annuelle

Art. L. 2323-47. Chaque année, dans les entreprises de moins de trois cents salariés, l'employeur remet au comité d'entreprise un rapport sur la situation économique de l'entreprise. Ce rapport porte sur l'activité et la situation financière de l'entreprise, le bilan du travail à temps partiel dans l'entreprise, l'évolution de l'emploi, des qualifications, de la formation et des salaires, la situation comparée des conditions générales d'emploi et de formation des femmes et des hommes, ***(L. 2011-893 du 28 juil. 2011, art. 29, JO 29)*** « les actions en faveur de l'emploi des travailleurs handicapés dans l'entreprise et le nombre et les conditions d'accueil des stagiaires ».

(L. 2010-1330 du 9 nov. 2010, art. 99, JO 10, entrée en vigueur au 01.01.2012) « Le rapport établit un plan d'action destiné à assurer l'égalité professionnelle entre les femmes et les hommes. Après avoir évalué les objectifs fixés et les mesures prises au cours de l'année écoulée, ce plan d'action, fondé sur des critères clairs, précis et opérationnels, détermine les objectifs de progression prévus pour l'année à venir, la définition qualitative et quantitative des actions permettant de les atteindre et l'évaluation de leur coût.

Ce rapport comporte une analyse permettant d'apprécier, pour chacune des catégories professionnelles de l'entreprise, la situation respective des femmes et des hommes en matière d'embauche, de formation, de promotion professionnelle, de qualification, de classification, de conditions de travail, de rémunération effective et d'articulation entre l'activité professionnelle et l'exercice de la responsabilité familiale.

Une synthèse de ce plan d'action, comprenant au minimum des indicateurs et objectifs de progression définis par décret, est portée à la connaissance des salariés par l'employeur, par voie d'affichage sur les lieux de travail et, éventuellement, par tout autre moyen adapté aux conditions d'exercice de l'activité de l'entreprise. Elle est également tenue à la disposition de toute personne qui la demande et publiée sur le site internet de l'entreprise lorsqu'il en existe un. »

(L. 2008-596 du 25 juin 2008, JO 26) « À cette occasion, l'employeur informe le comité d'entreprise des éléments qui l'ont conduit à faire appel, au titre de l'année écoulée, et qui pourraient le conduire à faire appel pour l'année à venir, à des contrats de travail à durée déterminée, à des contrats de mission conclus avec une entreprise de travail temporaire ou à des contrats conclus avec une entreprise de portage salarial. »

Les membres du comité d'entreprise reçoivent le rapport annuel quinze jours avant la réunion.

(L. 2009-526 du 12 mai 2009, JO 13) « Le rapport, modifié le cas échéant à la suite de la réunion du comité d'entreprise, est tenu à la disposition de l'inspecteur du travail, accompagné de l'avis du comité, dans les quinze jours qui suivent la réunion. »

Les modalités d'application du présent article sont déterminées par décret en Conseil d'État.

Note

• Les alinéas 2, 3 et 4 de cet article sont entrés en vigueur le 1er janvier 2012. Pour les entreprises couvertes par un accord ou, à défaut, par un plan d'action tel que défini à l'article L. 2242-5-1 CT, à la date de publication de la loi 2010-1330 du 9 novembre 2010, soit le 10 novembre, ils entrent en vigueur à l'échéance de l'accord ou, à défaut d'accord, à l'échéance du plan d'action (loi 2010-1330 précitée, art. 99, IV).

• Dans les entreprises de moins de trois cents salariés, un rapport unique annuel est remis au comité d'entreprise. Il se substitue aux informations périodiques remises jusqu'alors en cours d'année. Le rapport annuel doit contenir des indications sur les contrats passés avec des établissements de travail protégé concernant la formation et l'embauche par l'entreprise de travailleurs handicapés.

Le souci de simplification affirmé par ce texte se traduit par une raréfaction de l'information du comité d'entreprise, qui pourrait ainsi avoir moins de moyens que par le passé pour « se prononcer en temps utile sur les évolutions prévisibles de la marche de l'entreprise ». La nature exacte des informations à remettre au comité d'entreprise est récapitulée dans un tableau établi par l'article R. 2323-9.

Le Conseil constitutionnel a jugé que les dispositions introduites par cet article ne privent pas les salariés des informations nécessaires pour que soit assurée la participation du personnel à la détermination collective des conditions de travail et à la gestion de l'entreprise, et n'ont pas porté atteinte au huitième alinéa du préambule de la Constitution de 1946 (décision DC 93-328 du 16 décembre 1993, *Dr. Soc.* 1994, p. 141).

Art. R. 2323-8. Dans les entreprises de moins de trois cents salariés, le rapport annuel sur la situation économique et les perspectives de l'entreprise prévu à l'article L. 2323-47 porte sur :

1° L'activité et la situation financière de l'entreprise ;

2° Le bilan du travail à temps partiel dans l'entreprise ;

3° L'évolution de l'emploi, des qualifications, de la formation et des salaires ;

4° La situation comparée des conditions générales d'emploi et de formation des femmes et des hommes ;

5° Les actions en faveur de l'emploi des travailleurs handicapés dans l'entreprise.

Art. R. 2323-9. Le rapport annuel comporte les informations suivantes :

I. – Activité et situation financière de l'entreprise

1° Données chiffrées.	*a)* Chiffre d'affaires, bénéfices ou pertes constatés ; *b)* Résultats d'activité en valeur et en volume ; *c)* Transferts de capitaux importants entre la société mère et les filiales ; *d)* Situation de la sous-traitance ; *e)* Affectation des bénéfices réalisés ; ***(D. 2009-349 du 30 mars 2009, JO 31)*** « *f)* Aides ou avantages financiers consentis à l'entreprise par l'Union européenne, l'État, une collectivité territoriale, un de leurs établissements publics ou un organisme privé chargé d'une mission de service public, et leur utilisation. Pour chacune de ces aides qui entre dans le champ d'application de l'obligation mentionnée à l'article R. 2323-9-1, le rapport indique la nature de l'aide, son objet, son montant, les conditions de versement et d'emploi fixées, le cas échéant, par la personne publique qui l'attribue et son emploi ; » *g)* Investissements ; *h)* Évolution de la structure et du montant des salaires.
2° Autres informations.	*a)* Perspectives économiques de l'entreprise pour l'année à venir ; *b)* Mesures envisagées pour l'amélioration, le renouvellement ou la transformation des équipements ; *c)* Mesures envisagées en ce qui concerne l'amélioration, le renouvellement ou la transformation des méthodes de production et d'exploitation ; *d)* Incidence de ces mesures sur les conditions de travail et d'emploi.

II. – Évolution de l'emploi, des qualifications et de la formation

1° Données chiffrées.	*a)* Données générales : – Évolution des effectifs retracée mois par mois ; – Répartition des effectifs par sexe et par qualification ; *b)* Données par types de contrat de travail : – Nombre de salariés titulaires d'un contrat de travail à durée indéterminée ; – Nombre de salariés titulaires d'un contrat de travail à durée déterminée ; – Nombre de salariés temporaires ; – Nombre de salariés appartenant à une entreprise extérieure ; – Nombre des journées de travail réalisées au cours des douze derniers mois par les salariés temporaires ; – Nombre de contrats d'insertion et de formation en alternance ouverts aux jeunes de moins de vingt-six ans ; *c)* Données sur le travail à temps partiel : – Nombre, sexe et qualification des salariés travaillant à temps partiel ; – Horaires de travail à temps partiel pratiqués dans l'entreprise.
2° Données explicatives.	Motifs ayant conduit l'entreprise à recourir aux contrats de travail à durée déterminée, aux contrats de travail temporaire, aux contrats de travail à temps partiel, ainsi qu'à des salariés appartenant à une entreprise extérieure.

3° Prévisions en matière d'emploi.	*a)* Prévisions chiffrées en matière d'emploi ; *b)* Indication des actions de prévention et de formation que l'employeur envisage de mettre en œuvre, notamment au bénéfice des salariés âgés, peu qualifiés ou présentant des difficultés sociales particulières ; *c)* Explications de l'employeur sur les écarts éventuellement constatés entre les prévisions et l'évolution effective de l'emploi, ainsi que sur les conditions d'exécution des actions prévues au titre de l'année écoulée.
4° Situation comparée des femmes et des hommes.	*a)* Analyse des données chiffrées par catégorie professionnelle de la situation respective des femmes et des hommes en matière d'embauche, de formation, de promotion professionnelle, de qualification, de classification, de conditions de travail, ***(D. 2011-822 du 7 juil. 2011, JO 9, entrée en vigueur le 01.01.2012)*** « de rémunération effective et d'articulation entre l'activité professionnelle et l'exercice de la responsabilité familiale » ; ***(D. 2011-822 du 7 juil. 2011, JO 9, entrée en vigueur le 01.01.2012)*** « *b)* Plan d'action : – mesures prises au cours de l'année écoulée en vue d'assurer l'égalité professionnelle. Bilan des actions de l'année écoulée et, le cas échéant, de l'année précédente lorsqu'un plan d'actions a été antérieurement mis en œuvre par l'entreprise par accord collectif ou de manière unilatérale. Évaluation du niveau de réalisation des objectifs sur la base des indicateurs retenus. Explications sur les actions prévues non réalisées ; – objectifs de progression pour l'année à venir et indicateurs associés. Définition qualitative et quantitative des mesures permettant de les atteindre conformément à l'article R. 2242-2. Évaluation de leur coût. Échéancier des mesures prévues ».
5° Travailleurs handicapés.	*a)* Actions entreprises ou projetées en matière d'embauche, d'adaptation, de réadaptation ou de formation professionnelle ; *b)* La déclaration annuelle prévue à l'article L. 5212-5 à l'exclusion de la liste mentionnée au 1° de l'article R. 5212-2 est jointe au présent rapport.

Art. D. 2323-9-1. ***(D. 2011-822 du 7 juil. 2011, JO 9, entrée en vigueur le 01.01.2012)*** La synthèse du plan d'action défini dans le rapport prévu à l'article L. 2323-47 comprend au minimum des indicateurs portant sur la situation respective des femmes et des hommes par rapport :

1° Au salaire médian ou au salaire moyen ;
2° À la durée moyenne entre deux promotions ;
3° À l'exercice de fonctions d'encadrement ou décisionnelles.

La synthèse comprend également les objectifs de progression et les actions, accompagnés d'indicateurs chiffrés, mentionnés à l'article R. 2242-2.

Art. L. 2323-48. Le comité d'entreprise ou d'établissement ou, à défaut, les délégués du personnel sont informés de la conclusion des conventions ouvrant droit à des contrats initiative-emploi ***(L. 2008-1249 du 1er déc. 2008, art. 18, JO 3)*** « et à des contrats d'accompagnement dans l'emploi ».

Chaque semestre, ils reçoivent un bilan de l'ensemble des embauches et des créations nettes d'emplois effectuées au titre de ces dispositifs.

Art. L. 2323-49. À la demande du comité d'entreprise ou, à défaut, des délégués du personnel, l'employeur leur présente chaque année le rapport mentionné à l'article 15 de la loi n° 89-1009 du 31 décembre 1989 renforçant les garanties offertes aux personnes assurées contre certains risques.

§ 2. Rapports et information dans les entreprises de trois cents salariés et plus

Sous-§ 1. Information trimestrielle

Art. L. 2323-50. Chaque trimestre, dans les entreprises de trois cents salariés et plus, l'employeur communique au comité d'entreprise des informations sur :

1° L'évolution générale des commandes et de la situation financière ;
2° L'exécution des programmes de production ;
3° Les retards éventuels dans le paiement, par l'entreprise, des cotisations de sécurité sociale ou des cotisations dues aux institutions de retraite complémentaire régies par le chapitre II du titre II du livre IX du code de la sécurité sociale et l'article L. 727-2 du code rural ***(Ord. 2010-462 du 6 mai 2010, 107)*** « et de la pêche maritime » ou des cotisations ou primes dues aux organismes assureurs mentionnés à l'article premier de

la loi n° 89-1009 du 31 décembre 1989 renforçant les garanties offertes aux personnes assurées contre certains risques au titre des garanties collectives complémentaires mentionnées à l'article L. 911-2 du code de la sécurité sociale.

Art. L. 2323-51. Chaque trimestre, dans les entreprises de trois cents salariés et plus, l'employeur informe le comité d'entreprise :

1° Des mesures envisagées en matière d'amélioration, de renouvellement ou de transformation de l'équipement ou des méthodes de production et d'exploitation et de leurs incidences sur les conditions de travail et d'emploi ;

2° De la situation de l'emploi, dans des conditions déterminées par décret en Conseil d'État ;

(L. 2008-596 du 25 juin 2008, JO 26) « 3° Des éléments qui l'ont conduit à faire appel, au titre de la période écoulée, et qui pourraient le conduire à faire appel pour la période à venir, à des contrats de travail à durée déterminée, à des contrats de mission conclus avec une entreprise de travail temporaire ou à des contrats conclus avec une entreprise de portage salarial » ;

(L. 2011-893 du 28 juil. 2011, art. 29, JO 29) « 4° Du nombre de stagiaires accueillis dans l'entreprise, des conditions de leur accueil et des tâches qui leur sont confiées. »

Note

• Pour toute attribution d'une aide de l'État à une entreprise, sauf lorsqu'il s'agit d'aide à la recherche-développement, l'instruction devra obligatoirement comprendre l'examen de la situation et de l'évolution prévisionnelle de l'emploi dans cette entreprise. Dans le cadre de l'examen de la situation de l'emploi prévu par l'article L. 2323-51 CT, le comité d'entreprise est informé de ces aides et de leur incidence sur la situation de l'emploi (loi du 31 décembre 1992, art. 42).

• Le devoir d'information exigé par cet article suppose une information unique, à fréquence trimestrielle, de l'ensemble des composantes de la situation de l'emploi au sein de l'établissement, analysée mois par mois selon les catégories retenues. Des informations non fournies lors des réunions du comité d'entreprise caractérisent le délit d'entrave (cass. crim. 25 janvier 2000, n° 99-80.508).

• La loi impose au chef d'entreprise d'informer périodiquement le comité d'entreprise de la situation de l'emploi en faisant apparaître, notamment, le nombre de salariés appartenant à une entreprise extérieure. En se bornant à indiquer que l'entreprise passait des commandes globales et forfaitaires, n'avait pas le contrôle des salariés, ignorait le nombre de personnes affectées à une tâche et pouvait donner seulement le montant global des prestations sous-traitées, un chef d'entreprise ne fournit pas l'information exigée par la loi, qui englobe tous les salariés appartenant à une entreprise extérieure (cass. crim. 19 juin 2001, n° 00-80.489, B. crim. n° 150 ; *RJS* 11/01 n° 1306 ; *JSL* n° 92, 20 décembre 2001, pp. 13 et s., obs. N. Rérolle).

• Sur la possibilité, pour les entreprises occupant au moins trois cents salariés, de substituer un rapport unique aux informations et documents prévus par les articles L. 2323-51, L. 2323-55 à 57 et L. 3123-3, voir article L. 2323-61.

Art. R. 2323-10. Dans les entreprises de trois cents salariés et plus, l'information trimestrielle du comité d'entreprise sur la situation de l'emploi prévue à l'article L. 2323-51 est analysée en retraçant, mois par mois, l'évolution des effectifs et de la qualification des salariés par sexe en faisant apparaître :

1° Le nombre de salariés titulaires d'un contrat de travail à durée indéterminée ;
2° Le nombre de salariés titulaires d'un contrat de travail à durée déterminée ;
3° Le nombre de salariés à temps partiel ;
4° Le nombre de salariés temporaires ;
5° Le nombre de salariés appartenant à une entreprise extérieure ;
6° Le nombre des contrats de professionnalisation.

L'employeur présente au comité les motifs l'ayant conduit à recourir aux catégories de salariés mentionnées aux 2° à 5°.

Il communique au comité d'entreprise le nombre des journées de travail accomplies, au cours de chacun des trois derniers mois, par les salariés titulaires d'un contrat de travail à durée déterminée et les salariés temporaires.

Art. L. 2323-52. Lors de la réunion trimestrielle d'information sur la situation de l'emploi, l'employeur porte à la connaissance du comité d'entreprise, à la demande de celui-ci, tous les contrats passés :

1° Avec les entreprises de travail temporaire pour la mise à disposition des salariés titulaires d'un contrat de mission ;

2° Avec les établissements de travail protégé lorsque les contrats conclus avec ces établissements prévoient la formation et l'embauche par l'entreprise de travailleurs handicapés.

Note Il résulte des dispositions de cet article que l'employeur doit communiquer aux membres du comité d'établissement qui en ont fait régulièrement la demande les contrats passés avec les entreprises de travail temporaire. C'est à donc à tort que, pour relaxer du chef de délit d'entrave un employeur qui avait refusé de satisfaire à cette obligation, une cour d'appel a retenu que certains membres du comité avaient pu consulter lesdits contrats, en leur qualité de délégués du personnel (cass. crim. 19 juin 2001, n° 00-80.489, B. crim. n° 150, précité).

Art. L. 2323-53. Lorsque, entre deux réunions trimestrielles du comité d'entreprise sur la situation de l'emploi, le nombre des salariés titulaires d'un contrat de travail à durée déterminée et le nombre de salariés temporaires connaissent un accroissement important par rapport à la situation existant lors de la dernière réunion du comité, l'examen de cette question est inscrit de plein droit à l'ordre du jour de la prochaine réunion ordinaire du comité si la majorité des membres du comité le demande.

Lors de cette réunion ordinaire, l'employeur communique au comité d'entreprise le nombre de salariés titulaires d'un contrat de travail à durée déterminée et de salariés temporaires, les motifs l'ayant amené à y recourir ainsi que le nombre des journées de travail accomplies par les intéressés depuis la dernière communication faite à ce sujet.

Art. L. 2323-54. Le comité d'entreprise ou d'établissement ou, à défaut, les délégués du personnel sont informés de la conclusion des conventions ouvrant droit à des contrats initiative-emploi ***(L. 2008-1249 du 1er déc. 2008, art. 18, JO 3)*** « et à des contrats d'accompagnement dans l'emploi ».

Ils reçoivent chaque trimestre un bilan de l'ensemble des embauches et des créations nettes d'emplois effectuées dans ce cadre.

Note La loi 96-126 du 21 février 1996 modifiée (JO 22) portant création d'un fonds paritaire d'intervention en faveur de l'emploi dispose que l'employeur doit communiquer au comité d'entreprise ou, à défaut, aux délégués du personnel, un bilan des demandes de cessation d'activité, des cessations effectives et des embauches réalisées. La loi précitée reprend pour l'essentiel les dispositions d'un accord conclu le 6 septembre 1995 par l'ensemble des partenaires sociaux.

Sous-§ 2. Information annuelle

Art. L. 2323-55. Au moins une fois par an, dans les entreprises de trois cents salariés et plus, l'employeur remet au comité d'entreprise un rapport d'ensemble sur la situation économique et les perspectives de l'entreprise pour l'année à venir.

À cette occasion, l'employeur soumet un état faisant ressortir l'évolution de la rémunération moyenne horaire et mensuelle par sexe, par catégories telles qu'elles sont prévues à la convention de travail applicable et par établissement, ainsi que les rémunérations minimales et maximales horaires et mensuelles, au cours de l'exercice et par rapport à l'exercice précédent.

Le contenu du rapport prévu au premier alinéa est déterminé par décret en Conseil d'État.

Note • Constitue un délit d'entrave le défaut de communication au comité d'entreprise pendant seize mois du rapport annuel d'activité de l'entreprise en l'absence de force majeure ou de circonstances exceptionnelles ayant rendu impossible la production d'un tel rapport (cass. crim. 30 octobre 2006, n° 05-82.447, B. crim. n° 259 ; *RJS* 2/07 n° 239).

• Sur la possibilité, pour les entreprises occupant au moins trois cents salariés, de substituer un rapport unique aux informations et documents prévus par les articles L. 2323-51, L. 2323-55 à 57 et L. 3123-3, voir article L. 2323-61.

Art. R. 2323-11. Le rapport annuel d'ensemble sur la situation économique et les perspectives de l'entreprise prévu à l'article L. 2323-55 porte sur :

1° L'activité de l'entreprise ;

2° Le chiffre d'affaires ;

3° Les bénéfices ou pertes constatés ;

4° Les résultats globaux de la production en valeur et en volume ;

5° Les transferts de capitaux importants entre la société mère et les filiales ;

6° La situation de la sous-traitance ;

7° L'affectation des bénéfices réalisés ;

(D. 2009-349 du 30 mars 2009, JO 31) « 8° Les aides ou avantages financiers consentis à l'entreprise par l'Union européenne, l'État, une collectivité territoriale, un de leurs établissements publics ou un organisme privé chargé d'une mission de service public, et leur utilisation ; »

9° Les investissements ;

10° L'évolution de la structure et du montant des salaires ;

11° L'évolution de la productivité et le taux d'utilisation des capacités de production, lorsque ces éléments sont mesurables dans l'entreprise.

(D. 2009-349 du 30 mars 2009, JO 31) « Pour chacune des aides mentionnées au 8° qui entre dans le champ d'application de la procédure décrite à l'article R. 2323-7-1, le rapport indique la nature de l'aide, son objet, son montant, les conditions de versement et d'emploi fixées, le cas échéant, par la personne publique qui l'attribue et son utilisation. »

Art. L. 2323-56. Chaque année, dans les entreprises de trois cents salariés et plus, à l'occasion de la réunion prévue à l'article L. 2323-55, le comité d'entreprise est informé et consulté sur :

1° L'évolution de l'emploi et des qualifications dans l'entreprise au cours de l'année passée ;

2° Les prévisions annuelles ou pluriannuelles et les actions, notamment de prévention et de formation, que l'employeur envisage de mettre en œuvre compte tenu de ces prévisions, particulièrement au bénéfice des salariés âgés ou présentant des caractéristiques sociales ou de qualification les exposant, plus que d'autres, aux conséquences de l'évolution économique ou technologique.

L'employeur apporte toutes explications sur les écarts éventuellement constatés entre les prévisions et l'évolution effective de l'emploi, ainsi que sur les conditions d'exécution des actions prévues au titre de l'année écoulée.

Préalablement à la réunion de consultation, les membres du comité reçoivent un rapport écrit comportant toutes informations utiles sur la situation de l'entreprise, notamment celles prévues au présent article et à l'article L. 2323-51.

Ce rapport et le procès-verbal de la réunion sont ***(L. 2009-526 du 12 mai 2009, JO 13)*** « tenus à la disposition de l'autorité administrative dans un délai de quinze jours suivant la réunion. »

Art. L. 2323-57. Chaque année, dans les entreprises de trois cent[s] salariés et plus, l'employeur soumet pour avis au comité d'entreprise ou, à défaut, aux délégués du personnel, soit directement, soit, si elle existe, par l'intermédiaire de la commission de l'égalité professionnelle, un rapport écrit sur la situation comparée des conditions générales d'emploi et de formation des femmes et des hommes dans l'entreprise.

Ce rapport comporte une analyse permettant d'apprécier, pour chacune des catégories professionnelles de l'entreprise, la situation respective des femmes et des hommes en matière d'embauche, de formation, de promotion professionnelle, de qualification, de classification, de conditions de travail, de rémunération effective et d'articulation entre l'activité professionnelle et l'exercice de la responsabilité familiale.

Il est établi à partir d'indicateurs pertinents, reposant notamment sur des éléments chiffrés, définis par décret et éventuellement complétés par des indicateurs tenant compte de la situation particulière de l'entreprise.

(L. 2010-1330 du 9 nov. 2010, art. 99, JO 10, entrée en vigueur au 01.01.2012) « Il établit un plan d'action destiné à assurer l'égalité professionnelle entre les femmes et les hommes. Après avoir évalué les objectifs fixés et les mesures prises au cours de l'année écoulée, ce plan d'action, fondé sur des critères clairs, précis et opérationnels, détermine les objectifs de progression prévus pour l'année à venir, la définition qualitative et quantitative des actions permettant de les atteindre et l'évaluation de leur coût.

Une synthèse de ce plan d'action, comprenant au minimum des indicateurs et objectifs de progression définis par décret, est portée à la connaissance des salariés par l'employeur, par voie d'affichage sur les lieux de travail et, éventuellement, par tout autre moyen adapté aux conditions d'exercice de l'activité de l'entreprise. Elle est également tenue à la disposition de toute personne qui la demande et publiée sur le site internet de l'entreprise lorsqu'il en existe un. »

Les délégués syndicaux reçoivent communication de ce rapport dans les mêmes conditions que les membres du comité d'entreprise.

Note

• Les alinéas 4 et 5 de cet article sont entrés en vigueur le 1er janvier 2012. Pour les entreprises couvertes par un accord ou, à défaut, par un plan d'action tel que défini à l'article L. 2242-5-1 CT, à la date de publication de la loi 2010-1330 du 9 novembre 2010, soit le 10 novembre 2010, ils entrent en vigueur à l'échéance de l'accord ou, à défaut d'accord, à l'échéance du plan d'action (loi précitée, art. 99, IV).

• Aux termes de l'article L. 225-82-1 c. com., issu de la loi 2011-103 du 27 janvier 2011 relative à la représentation équilibrée des femmes et des hommes au sein des conseils d'administration et de surveillance et à l'égalité professionnelle, « le conseil de surveillance délibère annuellement sur la politique de la société en matière d'égalité professionnelle et salariale. Dans les sociétés devant établir le rapport sur la situation comparée des conditions générales d'emploi et de formation des femmes et des hommes dans l'entreprise prévu à l'article L. 2323-57 du code du travail et dans celles qui mettent en œuvre un plan pour l'égalité professionnelle entre les femmes et les hommes visé par l'article L. 1143-1 du même code, il délibère sur cette base ».

• Un arrêté du 2 septembre 2004 (JO 22) a institué une commission de labellisation de l'égalité professionnelle chargée d'examiner les rapports d'instruction relatifs aux dossiers déposés par les entreprises ou tout organisme remplissant les conditions de candidature pour l'obtention du label pour l'égalité professionnelle, dénommé « label égalité ».

• Sur la possibilité, pour les entreprises occupant au moins trois cents salariés, de substituer un rapport unique aux informations et documents prévus par les articles L. 2323-51, L. 2323-55 à 57 et L. 3123-3, voir article L. 2323-61.

Art. R. 2323-12. ***(D. 2011-822 du 7 juil. 2011, JO 9, entrée en vigueur le 01.01.2012)*** « Le rapport annuel prévu à l'article L. 2323-57 comporte des indicateurs permettant d'analyser la situation comparée des femmes et des hommes dans l'entreprise et son évolution ainsi que des indicateurs permettant d'analyser les conditions dans lesquelles s'articulent l'activité professionnelle et l'exercice de la responsabilité familiale des salariés. Ces indicateurs énumérés ci-dessous comprennent des données chiffrées permettant de mesurer les écarts et des données explicatives sur les évolutions constatées.

Ce rapport établit un plan d'action destiné à assurer l'égalité professionnelle entre les hommes et les femmes fondé sur des critères clairs, précis et opérationnels. »

I. – Indicateurs sur la situation comparée des femmes et des hommes dans l'entreprise

1° Conditions générales d'emploi.	*a)* Effectifs : Données chiffrées par sexe : – Répartition par catégorie professionnelle selon les différents contrats de travail ***(D. 2008-838 du 22 août 2008, JO 26)*** « (CDI ou CDD) » ; – ***(D. 2008-838 du 22 août 2008, JO 26)*** « Âge moyen » par catégorie professionnelle ; *b)* Durée et organisation du travail : Données chiffrées par sexe : – Répartition des effectifs selon la durée du travail : temps complet, temps partiel ***(D. 2008-838 du 22 août 2008, JO 26)*** « (compris entre 20 et 30 heures et autres formes de temps partiel) » ; – Répartition des effectifs selon l'organisation du travail : travail posté, travail de nuit, horaires variables, travail atypique dont travail durant le week-end ; *c)* Données sur les congés : Données chiffrées par sexe : – Répartition par catégorie professionnelle ; – ***(D. 2008-838 du 22 août 2008, JO 26)*** « Selon le nombre et le type » de congés dont la durée est supérieure à six mois : compte épargne-temps, congé parental, congé sabbatique ; *d)* Données sur les embauches et les départs : Données chiffrées par sexe : – Répartition des embauches par catégorie professionnelle et type de contrat de travail ; – Répartition des départs par catégorie professionnelle et motifs : retraite, démission, fin de contrat de travail à durée déterminée, licenciement ; *e)* Positionnement dans l'entreprise : Données chiffrées par sexe : – Répartition des effectifs ***(D. 2008-838 du 22 août 2008, JO 26)*** « par catégorie professionnelle » ; *f)* Promotion : Données chiffrées par sexe : – ***(D. 2008-838 du 22 août 2008, JO 26)*** « Nombre de promotions par catégorie professionnelle » ; – ***(D. 2008-838 du 22 août 2008, JO 26)*** « Durée moyenne entre deux promotions » ; ***(D. 2008-838 du 22 août 2008, JO 26)*** « *g)* Ancienneté : Données chiffrées par sexe : – Ancienneté moyenne dans l'entreprise par catégorie professionnelle ; – Ancienneté moyenne dans la catégorie professionnelle. »
2° Rémunérations.	Données chiffrées par sexe, ***(D. 2008-838 du 22 août 2008, JO 26)*** « et par catégorie professionnelle » : – Éventail des rémunérations ; – Rémunération moyenne ***(D. 2008-838 du 22 août 2008, JO 26)*** « ou médiane » mensuelle ; – Nombre de femmes dans les dix plus hautes rémunérations.
(D. 2008-838 du 22 août 2008, JO 26) « **3° Formation.**	Données chiffrées par sexe : Répartition par catégorie professionnelle selon : – Le nombre moyen d'heures d'actions de formation par salarié et par an ; – La répartition par type d'action : adaptation au poste, maintien dans l'emploi, développement des compétences. »
4° Conditions de travail.	Données générales par sexe : Répartition par poste de travail selon : – L'exposition à des risques professionnels ; – La pénibilité, dont le caractère répétitif des tâches.

II. – Indicateurs relatifs à l'articulation entre l'activité professionnelle et l'exercice de la responsabilité familiale

1° Congés.	*a)* Existence d'un complément de salaire versé par l'employeur pour le congé de paternité, le congé de maternité, le congé d'adoption ; *b)* Données chiffrées par catégorie professionnelle : – Nombre de jours de congés de paternité pris par le salarié par rapport au nombre de jours de congés théoriques.
2° Organisation du temps de travail dans l'entreprise.	*a)* Existence de formules d'organisation du travail facilitant l'articulation de la vie familiale et de la vie professionnelle ; *b)* Données chiffrées par sexe et par catégorie professionnelle : – Nombre de salariés ayant accédé au temps partiel choisi ; – Nombre de salariés à temps partiel choisi ayant repris un travail à temps plein ; *c)* Services de proximité : – Participation de l'entreprise ***(D. 2008-838 du 22 août 2008, JO 26)*** « et du comité d'entreprise » aux modes d'accueil de la petite enfance ; – Évolution des dépenses éligibles au crédit d'impôt famille.

(D. 2008-838 du 22 août 2008, JO 26) « Concernant la notion de catégorie professionnelle, il peut s'agir de fournir des données distinguant :

a) Les ouvriers, les employés, les cadres et les emplois intermédiaires ;
b) Ou les catégories d'emplois définies par la classification ;
c) Ou les métiers repères ;
d) Ou les emplois types.

Toutefois, l'indicateur relatif à la rémunération moyenne ou médiane mensuelle comprend au moins deux niveaux de comparaison, dont celui mentionné au *a* ci-dessus. »

(D. 2011-822 du 7 juil. 2011, JO 9, entrée en vigueur le 01.01.2012) « **III. – Plan d'action** :

– mesures prises au cours de l'année écoulée en vue d'assurer l'égalité professionnelle. Bilan des actions de l'année écoulée et, le cas échéant, de l'année précédente lorsqu'un plan d'actions a été antérieurement mis en œuvre par l'entreprise par accord collectif ou de manière unilatérale. Évaluation du niveau de réalisation des objectifs sur la base des indicateurs retenus. Explications sur les actions prévues non réalisées ;

– objectifs de progression pour l'année à venir et indicateurs associés. Définition qualitative et quantitative des mesures permettant de les atteindre conformément à l'article R. 2242-2. Évaluation de leur coût. Échéancier des mesures prévues. »

Note Sur l'entrée en vigueur du décret 2011-822 précité, voir note sous article L. 2242-5-1.

Art. D. 2323-12-1. ***(D. 2011-822 du 7 juil. 2011, JO 9, entrée en vigueur le 01.01.2012)*** La synthèse du plan d'action défini dans le rapport prévu à l'article L. 2323-57 comprend au minimum des indicateurs portant sur la situation respective des femmes et des hommes par rapport :

1° Au salaire médian ou au salaire moyen ;
2° À la durée moyenne entre deux promotions ;
3° À l'exercice de fonctions d'encadrement ou décisionnelles.

La synthèse comprend également les objectifs de progression et les actions, accompagnés d'indicateurs chiffrés, mentionnés à l'article R. 2242-2.

Art. L. 2323-58. Lorsque des actions prévues par le rapport sur la situation comparée des femmes et des hommes de l'année précédente ou demandées par le comité n'ont pas été réalisées, le rapport de l'année écoulée donne les motifs de cette inexécution.

Après avoir été modifié, le cas échéant, pour tenir compte de l'avis motivé du comité d'entreprise, le rapport est transmis à l'inspecteur du travail accompagné de cet avis dans les quinze jours.

Dans les entreprises comportant des établissements multiples, ce rapport est transmis au comité central d'entreprise.

Ce rapport est mis à la disposition de tout salarié qui en fait la demande.

Art. L. 2323-59. **(Abrogé par L. 2010-1330 du 9 nov. 2010, art. 99, JO 10, le 01.01.2012)** *Les indicateurs permettant d'apprécier la situation comparée des femmes et des hommes sont portés à la connaissance des salariés par l'employeur, par voie d'affichage sur les lieux de travail et, éventuellement, par tout autre moyen adapté aux conditions d'exercice de l'activité de l'entreprise.*

Note Pour les entreprises couvertes par un accord ou, à défaut, par un plan d'action tel que défini à l'article L. 2242-5-1 CT, à la date de publication de la loi 2010-1330 du 9 novembre 2010, soit le 10 novembre 2010, l'abrogation de cet article entre en vigueur à l'échéance de l'accord ou, à défaut d'accord, à l'échéance du plan d'action (loi 2010-1330 précitée, art. 99, IV).

Art. L. 2323-60. À la demande du comité d'entreprise ou, à défaut, des délégués du personnel, l'employeur leur présente chaque année le rapport mentionné à l'article 15 de la loi n° 89-1009 du 31 décembre 1989 renforçant les garanties offertes aux personnes assurées contre certains risques.

Adaptation des règles de consultation par voie d'accord

Art. L. 2323-61. Sans préjudice des obligations de consultation du comité d'entreprise incombant à l'employeur, un accord collectif de branche, d'entreprise ou de groupe peut adapter, dans les entreprises de trois cents salariés et plus, les modalités d'information du comité d'entreprise et organiser l'échange de vues auquel la transmission de ces informations donne lieu.

Cet accord peut substituer à l'ensemble des informations et documents à caractère économique, social et financier prévus par les articles L. 2323-51, L. 2323-55 à L. 2323-57 et L. 3123-3, un rapport dont il fixe la périodicité, au moins annuelle, portant sur :
1° L'activité et la situation financière de l'entreprise ;
2° L'évolution de l'emploi, des qualifications, de la formation et des salaires ;
3° Le bilan du travail à temps partiel dans l'entreprise ;
4° La situation comparée des conditions générales d'emploi et de formation des femmes et des hommes ;
5° Les actions en faveur de l'emploi des travailleurs handicapés dans l'entreprise.

Les membres du comité d'entreprise reçoivent ce rapport quinze jours avant la réunion.

Le rapport, modifié le cas échéant à la suite de la réunion du comité d'entreprise, est transmis à l'inspecteur du travail, accompagné de l'avis du comité, dans les quinze jours qui suivent.

L'accord définit également les conditions dans lesquelles les salariés sont directement informés sur la situation économique, sociale et financière de l'entreprise et sur les matières mentionnées aux articles L. 1233-21 à L. 1233-24, L. 2242-15 et L. 2242-16.

Note Voir M. Cohen, « La loi sur la “participation” et les comités d'entreprise », *Dr. Soc.* 2007, p. 298.

Participation aux conseils d'administration ou de surveillance des sociétés

Art. L. 2323-62. Dans les sociétés, deux membres du comité d'entreprise, délégués par le comité et appartenant l'un à la catégorie des cadres techniciens et agents de maîtrise, l'autre à la catégorie des employés et ouvriers, assistent avec voix consultative à toutes les séances du conseil d'administration ou du conseil de surveillance, selon le cas.

Dans les sociétés où sont constitués trois collèges électoraux, en application de l'article L. 2324-11, la délégation du personnel au conseil d'administration ou au conseil de surveillance est portée à quatre membres. Deux de ces membres appartiennent à la catégorie des ouvriers et employés, le troisième à la catégorie de la maîtrise et le quatrième à la catégorie des ingénieurs, chefs de service et cadres administratifs, commerciaux ou techniques assimilés sur le plan de la classification.

Note • Il résulte de l'article L. 513-1 [L. 1441-3] CT que seuls les cadres détenant sur un service, un département ou un établissement de l'entreprise une délégation particulière d'autorité établie par écrit permettant de les assimiler à un chef d'entreprise sont exclus de l'électorat et de l'éligibilité aux fonctions de représentants du personnel pour la durée d'exercice de cette délégation particulière. Le responsable d'une succursale, n'ayant pas le pouvoir d'embaucher, de sanctionner ni de licencier, est donc électeur et éligible aux élections de la délégation du personnel au conseil d'administration d'une société anonyme (cass. soc. 6 février 2002, n° 00-60.488, BC V n° 58 ; *RJS* 4/02 n° 472). Voir aussi l'article de J. Savatier, « La représentation des salariés dans les organes de la société anonyme après la loi du 25 juillet 1994 », *Dr. Soc.* 1995, p. 33.

• L'absence des salariés, délégués par le comité d'entreprise aux séances du conseil de surveillance avec voix consultative, hors toute fraude, n'entache pas de nullité une délibération dont le seul objet est l'exercice d'une action en justice (cass. soc. 26 mai 1998, n° 95-15.883, *RJS* 10/98 n° 1243).

Art. L. 2323-63. Les membres de la délégation du personnel au conseil d'administration ou au conseil de surveillance ont droit aux mêmes documents que ceux adressés ou remis aux membres de ces instances à l'occasion de leurs réunions.

Ils peuvent soumettre les vœux du comité au conseil d'administration ou au conseil de surveillance, lequel donne un avis motivé sur ces vœux.

Art. L. 2323-64. Dans les entreprises mentionnées à l'article 1er de la loi n° 83-675 du 26 juillet 1983 relative à la démocratisation du secteur public, à l'exception de celles qui figurent à l'annexe III de cette loi, la représentation du comité d'entreprise auprès du conseil d'administration ou de surveillance est assurée par le secrétaire du comité d'entreprise ou de l'organe qui en tient lieu.

Art. L. 2323-65. Dans les sociétés anonymes dans lesquelles le conseil d'administration ou de surveillance comprend des administrateurs ou des membres élus par les salariés au titre des articles L. 225-27 et L. 225-79 du code de commerce, la représentation du comité d'entreprise auprès de ces conseils est assurée par un membre titulaire du comité désigné par ce dernier.

Art. L. 2323-66. Dans les sociétés par actions simplifiées, les statuts précisent l'organe social auprès duquel les délégués du comité d'entreprise exercent les droits définis par la présente sous-section.

Art. L. 2323-67. Dans les sociétés, le comité d'entreprise peut demander en justice la désignation d'un mandataire chargé de convoquer l'assemblée générale des actionnaires en cas d'urgence.

Il peut également requérir l'inscription de projets de résolutions à l'ordre du jour des assemblées.

Deux membres du comité d'entreprise, désignés par le comité et appartenant l'un à la catégorie des cadres techniciens et agents de maîtrise, l'autre à la catégorie des employés et ouvriers, ou les personnes mentionnées aux articles L. 2323-64 et L. 2323-65 peuvent assister aux assemblées générales. Ils sont entendus, à leur demande, lors de toutes les délibérations requérant l'unanimité des associés.

Art. R. 2323-13. Le comité d'entreprise représenté par un de ses membres peut, dans les conditions prévues au premier alinéa de l'article L. 2323-67, demander au président du tribunal de commerce statuant en référé la désignation d'un mandataire de justice chargé de convoquer l'assemblée des actionnaires.

L'ordonnance fixe l'ordre du jour.

Art. R. 2323-14. Les demandes d'inscription à l'ordre du jour des projets de résolution mentionnés au deuxième alinéa de l'article L. 2323-67 sont réalisées comme suit :

1° Lorsque ***(D. 2009-557 du 19 mai 2009, JO 21)*** « toutes les actions de la société revêtent la forme nominative : »

a) Les demandes sont adressées par le comité d'entreprise représenté par un de ses membres, au siège social de la société ;

b) Elles sont formulées par lettre recommandée avec avis de réception ou par voie électronique si cette dernière forme est autorisée pour les actionnaires ;

c) Elles sont adressées dans un délai de vingt-cinq jours avant la date de l'assemblée réunie sur première convocation ;

2° Lorsque ***(D. 2009-557 du 19 mai 2009, JO 21)*** « toutes les actions de la société ne revêtent pas la forme nominative : »

a) Les demandes sont adressées au siège social selon les modalités décrites au *a* du 1° ;

b) Elles sont adressées, dans le délai de dix jours à compter de la publication de l'avis prévu à l'article R. 225-73 du code de commerce.

Les demandes sont accompagnées du texte des projets de résolution qui peuvent être assortis d'un bref exposé des motifs.

Art. R. 2323-15. Dans le délai de cinq jours à compter de la réception des projets de résolution, le président du conseil d'administration, le président ou le directeur général du directoire, ou le gérant de la société par actions accusent réception au représentant du comité d'entreprise des projets de résolution par lettre recommandée ou par voie électronique dans les conditions définies à l'article R. 225-63 du code de commerce.

Art. R. 2323-16. Par dérogation aux dispositions des articles R. 2323-14 et R. 2323-15, dans les sociétés par actions simplifiées, les statuts fixent les règles relatives aux modalités d'examen des demandes d'inscription des projets de résolution adressées par les comités d'entreprise.

Bilan social

Art. L. 2323-68. Dans les entreprises et organismes mentionnés au premier alinéa de l'article L. 2321-1 ainsi que dans les entreprises mentionnées à l'article L. 2323-77, l'employeur établit et soumet annuellement au comité d'entreprise un bilan social lorsque l'effectif habituel de l'entreprise est au moins de trois cents salariés.

Dans les entreprises comportant des établissements distincts, il est établi, outre le bilan social de l'entreprise et selon la même procédure, un bilan social particulier à chaque établissement dont l'effectif habituel est au moins de trois cents salariés.

Ces obligations ne se substituent à aucune des obligations d'information et de consultation du comité d'entreprise ou d'établissement qui incombent à l'employeur en application, soit de dispositions légales, soit de stipulations conventionnelles.

Note

• Voir note sous article L. 2328-2.

• Voir *LS* n° spécial Janvier 2008 « Le bilan social ».

Art. L. 2323-69. Lorsque l'effectif de l'entreprise ou de l'établissement atteint le seuil d'assujettissement de trois cents salariés, le premier bilan social de l'entreprise ou de l'établissement porte sur l'année suivant celle au cours de laquelle le seuil a été atteint.

Le premier bilan social peut ne concerner que l'année écoulée. Le deuxième bilan peut ne concerner que les deux dernières années écoulées.

Lorsque l'effectif de l'entreprise ou de l'établissement devient inférieur au seuil d'assujettissement de trois cents salariés, un bilan social est néanmoins présenté pour l'année en cours.

Art. L. 2323-70. Le bilan social récapitule en un document unique les principales données chiffrées permettant d'apprécier la situation de l'entreprise dans le domaine social, d'enregistrer les réalisations effectuées et de mesurer les changements intervenus au cours de l'année écoulée et des deux années précédentes.

Art. L. 2323-71.

Le bilan social comporte des informations sur l'emploi, les rémunérations et charges accessoires, les conditions de santé et de sécurité, les autres conditions de travail, la formation, les relations professionnelles ainsi que sur les conditions de vie des salariés et de leurs familles dans la mesure où ces conditions dépendent de l'entreprise.

Art. L. 2323-71. Après consultation des organisations professionnelles d'employeurs et de salariés représentatives au niveau national, un décret en Conseil d'État détermine la liste des informations figurant dans le bilan social d'entreprise et dans le bilan social d'établissement.

Le nombre et la teneur de ces informations sont adaptés à la taille de l'entreprise et de l'établissement par arrêté du ou des ministres compétents.

Certaines branches d'activité peuvent être dotées, dans les mêmes formes, de bilans sociaux spécifiques.

Art. R. 2323-17. La liste des informations prévues à l'article L. 2323-71 est établie conformément au tableau suivant :

1. Emploi.	1.1. Effectif.	Effectif total au 31/12 (1) I. Effectif permanent (2) I. Nombre de salariés titulaires d'un contrat de travail à durée déterminée au 31/12 I. Effectif mensuel moyen de l'année considérée (3) I. Répartition par sexe de l'effectif total au 31/12 I. Répartition par âge de l'effectif total au 31/12 (4) I. Répartition de l'effectif total au 31/12 selon l'ancienneté (5) I. Répartition de l'effectif total au 31/12 selon la nationalité I : français/étrangers. Répartition de l'effectif total au 31/12 selon une structure de qualification détaillée II.
	1.2. Travailleurs extérieurs.	Travailleurs extérieurs. Nombre de salariés appartenant à une entreprise extérieure (6). Nombre de stagiaires (écoles, universités…) (7). Nombre moyen mensuel de salariés temporaires (8). Durée moyenne des contrats de travail temporaire.
	1.3. Embauches.	Nombre d'embauches par contrats de travail à durée indéterminée. Nombre d'embauches par contrats de travail à durée déterminée (dont nombre de contrats de travailleurs saisonniers) I. Nombre d'embauches de salariés de moins de vingt-cinq ans.
	1.4. Départs.	Total des départs I. Nombre de démissions I. Nombre de licenciements pour motif économique, dont départs en retraite et préretraite I. Nombre de licenciements pour d'autres causes I. Nombre de fins de contrats de travail à durée déterminée I. Nombre de départs au cours de la période d'essai (9) I. Nombre de mutations d'un établissement à un autre I. Nombre de départs volontaires en retraite et préretraite (10) I. Nombre de décès I.
	1.5. Promotions.	Nombre de salariés promus dans l'année dans une catégorie supérieure (11).
	1.6. Chômage.	Nombre de salariés mis en chômage partiel pendant l'année considérée I. Nombre total d'heures de chômage partiel pendant l'année considérée (12) I : – indemnisées ; – non indemnisées. Nombre de salariés mis en chômage intempéries pendant l'année considérée I. Nombre total d'heures de chômage intempéries pendant l'année considérée I : – indemnisées ; – non indemnisées.

	1.7. Handicapés.	Nombre de travailleurs handicapés au 31 mars de l'année considérée (13). Nombre de travailleurs handicapés à la suite d'accidents du travail intervenus dans l'entreprise, employés au 31 mars de l'année considérée.
	1.8. Absentéisme.	Nombre de journées d'absence (15) I. Nombre de journées théoriques travaillées. Nombre de journées d'absence pour maladie I. Répartition des absences pour maladie selon leur durée (16) I. Nombre de journées d'absence pour accidents du travail et de trajet ou maladies professionnelles I. Nombre de journées d'absence pour maternité I. Nombre de journées d'absence pour congés autorisés (événements familiaux, congés spéciaux pour les femmes…) I. Nombre de journées d'absence imputables à d'autres causes I
2. Rémunérations et charges accessoires.	2.1. Montant des rémunérations (17).	Choix de deux indicateurs dans l'un des groupes suivants : – rapport entre la masse salariale annuelle (18) II et l'effectif mensuel moyen ; – rémunération moyenne du mois de décembre (effectif permanent) hors primes à périodicité non mensuelle – base 35 heures II ; OU – rémunération mensuelle moyenne (19) II ; – part des primes à périodicité non mensuelle dans la déclaration de salaire II ; – grille des rémunérations (20)
	2.2. Hiérarchie des rémunérations (17).	Choix d'un des deux indicateurs suivants : – rapport entre la moyenne des rémunérations des 10 % des salariés touchant les rémunérations les plus élevées et celle correspondant au 10 % des salariés touchant les rémunérations les moins élevées ; OU – rapport entre la moyenne des rémunérations des cadres ou assimilés (y compris cadres supérieurs et dirigeants) et la moyenne des rémunérations des ouvriers non qualifiés ou assimilés (21) ; – montant global des dix rémunérations les plus élevées.
	2.3. Mode de calcul des rémunérations.	Pourcentage des salariés dont le salaire dépend, en tout ou partie, du rendement (22). Pourcentage des ouvriers et employés payés au mois sur la base de l'horaire affiché.
	2.4. Charges accessoires.	Avantages sociaux dans l'entreprise : pour chaque avantage préciser le niveau de garantie pour les catégories retenues pour les effectifs I : – délai de carence maladie ; – indemnisation de la maladie ; – indemnisation des jours fériés ; – préavis et indemnités de licenciement ; – préavis de démission ; – prime d'ancienneté ; – congé de maternité ; – congés payés ; – congés pour événements familiaux ; – primes de départ en retraite, etc. Montant des versements réalisés à des entreprises extérieures pour mise à la disposition de personnel : – entreprise de travail temporaire ; – autres entreprises (23).
	2.5. Charge salariale globale.	Frais de personnel (24). Valeur ajoutée ou chiffre d'affaires.
	2.6. Participation financière des salariés.	Montant global de la réserve de participation (25). Montant moyen de la participation et/ou de l'intéressement par salarié bénéficiaire (26) I. Part du capital détenu par les salariés (27) grâce à un système de participation (participation aux résultats, intéressement, actionnariat…).

3. Santé et sécurité au travail.	3.1. Accidents de travail et de trajet.	*a)* Taux de fréquence des accidents du travail I. Nombre d'accidents avec arrêts de travail. Nombre d'heures travaillées. $\frac{\text{Nombre d'accidents de travail avec arrêt} \times 10^6}{\text{Nombre d'heures travaillées.}}$ *b)* Taux de gravité des accidents du travail I. Nombre des journées perdues. Nombre d'heures travaillées. $\frac{\text{Nombre des journées perdues} \times 10^3}{\text{Nombre d'heures travaillées.}}$ *c)* Nombre d'incapacités permanentes (partielles et totales) notifiées à l'entreprise au cours de l'année considérée (distinguer français et étrangers). *d)* Nombre d'accidents mortels : de travail, de trajet. *e)* Nombre d'accidents de trajet ayant entraîné un arrêt de travail. *f)* Nombre d'accidents dont sont victimes les salariés temporaires ou de prestations de services dans l'entreprise. *g)* Taux et montant de la cotisation sécurité sociale d'accidents de travail.
	3.2. Répartition des accidents par éléments matériels (28).	Nombre d'accidents liés à l'existence de risques graves – codes 32 à 40. Nombre d'accidents liés à des chutes avec dénivellation – code 02. Nombre d'accidents occasionnés par des machines (à l'exception de ceux liés aux risques ci-dessus) – codes 09 à 30. Nombre d'accidents de circulation-manutention – stockage – codes 01, 03, 04 et 06, 07, 08. Nombre d'accidents occasionnés par des objets, masses, particules en mouvement accidentel – code 05. Autres cas.
	3.3. Maladies professionnelles.	Nombre et dénomination des maladies professionnelles déclarées à la sécurité sociale au cours de l'année. Nombre de salariés atteints par des affections pathologiques à caractère professionnel et caractérisation de celles-ci. Nombre de déclarations par l'employeur de procédés de travail susceptibles de provoquer des maladies professionnelles (29).
	3.4. Comité d'hygiène, de sécurité et des conditions de travail.	Existence et nombre de comité d'hygiène, de sécurité et des conditions de travail. Nombre de réunions par comité d'hygiène, de sécurité et des conditions de travail.
	3.5. Dépenses en matière de sécurité.	Effectif formé à la sécurité dans l'année. Montant des dépenses de formation à la sécurité réalisées dans l'entreprise. Taux de réalisation du programme de sécurité présenté l'année précédente. Existence et nombre de plans spécifiques de sécurité.
4. Autres conditions de travail.	4.1. Durée et aménagement du temps de travail.	Horaire hebdomadaire moyen affiché des ouvriers et employés ou catégories assimilées (30) I. Nombre de salariés ayant bénéficié d'un repos compensateur I : – au titre du présent code (31) ; – au titre d'un régime conventionnel. Nombre de salariés bénéficiant d'un système d'horaires individualisés (32) I. Nombre de salariés employés à temps partiel I : – entre 20 et 30 heures (33) ; – autres formes de temps partiel. Nombre de salariés ayant bénéficié tout au long de l'année considérée de deux jours de repos hebdomadaire consécutifs I. Nombre moyen de jours de congés annuels (non compris le repos compensateur) (34) I. Nombre de jours fériés payés (35) I.

	4.2. Organisation et contenu du travail.	Nombre de personnes occupant des emplois à horaires alternant ou de nuit. Nombre de personnes occupant des emplois à horaires alternant ou de nuit de plus de cinquante ans. Salarié affecté à des tâches répétitives au sens de la définition du travail à la chaîne résultant du décret n° 76-404 du 10 mai 1976 (36) (distinguer femmes-hommes).
	4.3. Conditions physiques de travail.	Nombre de personnes exposées de façon habituelle et régulière à plus de 85 dB à leur poste de travail. Réaliser une carte du son par atelier (37). Nombre de salariés exposés à la chaleur au sens de la définition contenue dans le décret n° 76-404 du 10 mai 1976 (38). Nombre de salariés travaillant aux intempéries de façon habituelle et régulière, au sens de la définition contenue dans le décret n° 76-404 du 10 mai 1976 (39). Nombre de prélèvements, d'analyses de produits toxiques et mesures (40).
	4.4. Transformation de l'organisation du travail.	Expériences de transformation de l'organisation du travail en vue d'en améliorer le contenu (41).
	4.5. Dépenses d'amélioration de conditions de travail.	Montant des dépenses consacrées à l'amélioration des conditions de travail dans l'entreprise (42). Taux de réalisation du programme d'amélioration des conditions de travail dans l'entreprise l'année précédente.
	4.6. Médecine du travail (43).	Nombre d'examens cliniques (distinguer les travailleurs soumis à surveillance médicale et les autres). Nombre d'examens complémentaires (distinguer les travailleurs soumis à surveillance et les autres). Part du temps consacré par le médecin du travail à l'analyse et à l'intervention en milieu de travail.
	4.7. Travailleurs inaptes.	Nombre de salariés déclarés définitivement inaptes à leur emploi par le médecin du travail. Nombre de salariés reclassés dans l'entreprise à la suite d'une inaptitude.
5. Formation.	5.1. Formation professionnelle continue (44).	Pourcentage de la masse salariale afférent à la formation continue. Montant consacré à la formation continue : Formation interne ; formation effectuée en application de conventions ; versement à des fonds assurance formation ; versement auprès d'organismes agréés ; Trésor et autres ; total. Nombre de stagiaires II. Nombre d'heures de stage II : – rémunérées ; – non rémunérées. Décomposition par type de stages à titre d'exemple : adaptation, formation professionnelle, entretien ou perfectionnement des connaissances.
	5.2. Congés formation.	Nombre de salariés ayant bénéficié d'un congé formation rémunéré. Nombre de salariés ayant bénéficié d'un congé formation non rémunéré. Nombre de salariés auxquels a été refusé un congé formation.
	5.3. Apprentissage.	Nombre de contrats d'apprentissage conclus dans l'année.
6. Relations professionnelles.	6.1. Représentants du personnel et délégués syndicaux.	Composition des comités d'entreprise et/ou d'établissement avec indication, s'il y a lieu, de l'appartenance syndicale. Participation aux élections (par collège) par catégories de représentants du personnel. Volume global des crédits d'heures utilisés pendant l'année considérée. Nombre de réunions avec les représentants du personnel et les délégués syndicaux pendant l'année considérée. Dates et signatures et objet des accords conclus dans l'entreprise pendant l'année considérée. Nombre de personnes bénéficiaires d'un congé d'éducation ouvrière (45).

	6.2. Information et communication.	Nombre d'heures consacrées aux différentes formes de réunion du personnel (46). Éléments caractéristiques du système d'accueil. Éléments caractéristiques du système d'information ascendante ou descendante et niveau d'application. Éléments caractéristiques du système d'entretiens individuels (47).
	6.3. Différends concernant l'application du droit du travail (48).	Nombre de recours à des modes de solution non juridictionnels engagés dans l'année. Nombre d'instances judiciaires engagées dans l'année et où l'entreprise est en cause. Nombre de mises en demeure et nombre de procès-verbaux de l'inspecteur du travail pendant l'année considérée.
7. Autres conditions de vie relevant de l'entreprise.	7.1. Activités sociales.	Contributions au financement, le cas échéant, du comité d'entreprise et des comités d'établissement. Autres dépenses directement supportées par l'entreprise : logement, transport, restauration, loisirs, vacances, divers, total (49).
	7.2. Autres charges sociales.	Coût pour l'entreprise des prestations complémentaires (maladie, décès) (50). Coût pour l'entreprise des prestations complémentaires (vieillesse) (51). Équipements réalisés par l'entreprise et touchant aux conditions de vie des salariés à l'occasion de l'exécution du travail.

Notes : I. – Une structure de qualification détaillée, en trois ou quatre postes minimum, est requise. Il est souhaitable de faire référence à la classification de la convention collective, de l'accord d'entreprise et aux pratiques habituellement retenues dans l'entreprise.

À titre d'exemple la répartition suivante peut être retenue : cadres ; employés, techniciens et agents de maîtrise (ETAM) ; et ouvriers.

II. – Une structure de qualification détaillée en cinq ou six postes minimum est requise. Il est souhaitable de faire référence à la classification de la convention collective, de l'accord d'entreprise et aux pratiques habituellement retenues dans l'entreprise.

À titre d'exemple, la répartition suivante des postes peut être retenue : cadres ; techniciens ; agents de maîtrise ; employés qualifiés ; employés non qualifiés ; ouvriers qualifiés ; ouvriers non qualifiés.

Doivent en outre être distinguées les catégories femmes et hommes.

(1) Effectif total : tout salarié inscrit à l'effectif au 31/12 quelle que soit la nature de son contrat de travail.

(2) Effectif permanent : les salariés à temps plein, inscrits à l'effectif pendant toute l'année considérée et titulaires d'un contrat de travail à durée indéterminée.

(3) $\frac{\text{Somme des effectifs totaux mensuels}}{12}$ (on entend par effectif total tout salarié inscrit à l'effectif au dernier jour du mois considéré).

(4) La répartition retenue est celle habituellement utilisée dans l'entreprise à condition de distinguer au moins quatre catégories, dont les jeunes de moins de vingt-cinq ans.

(5) La répartition selon l'ancienneté est celle habituellement retenue dans l'entreprise.

(6) Il s'agit des catégories de travailleurs extérieurs dont l'entreprise connaît le nombre, soit parce qu'il figure dans le contrat signé avec l'entreprise extérieure, soit parce que ces travailleurs sont inscrits aux effectifs. Exemple : démonstrateurs dans le commerce...

(7) Stages supérieurs à une semaine.

(8) Est considérée comme salarié temporaire toute personne mise à la disposition de l'entreprise, par une entreprise de travail temporaire.

(9) A ne remplir que si ces départs sont comptabilisés dans le total des départs.

(10) Distinguer les différents systèmes légaux et conventionnels de toute nature.

(11) Utiliser les catégories de la nomenclature détaillée II.

(12) Y compris les heures indemnisées au titre du chômage total en cas d'arrêt de plus de quatre semaines consécutives.

(13) Tel qu'il résulte de la déclaration obligatoire prévue à l'article R. 5212-2.

(14) Possibilités de comptabiliser tous les indicateurs de la rubrique absentéisme, au choix, en journées, 1/2 journées ou heures.

(15) Ne sont pas comptés parmi les absences : les diverses sortes de congés, les conflits et le service national.

(16) Les tranches choisies sont laissées au choix des entreprises.

(17) On entend par rémunération la somme des salaires effectivement perçus pendant l'année par le salarié (au sens de la déclaration annuelle des salaires).

(18) Masse salariale annuelle totale, au sens de la déclaration annuelle de salaire.

(19) Rémunération mensuelle moyenne : $\frac{1}{2} \sum \frac{\text{(masse salariale du mois } i\text{)}}{\text{(effectif du mois } i\text{)}}$.

(20) Faire une grille des rémunérations en distinguant au moins six tranches.

(21) Pour être prises en compte, les catégories concernées doivent comporter au minimum dix salariés.

(22) Distinguer les primes individuelles et les primes collectives.

(23) Prestataires de services, régies...

(24) Frais de personnel : ensemble des rémunérations et des cotisations sociales mises légalement ou conventionnellement à la charge de l'entreprise.

(25) Le montant global de la réserve de participation est le montant de la réserve dégagée – ou de la provision constituée – au titre de la participation sur les résultats de l'exercice considéré.

(26) La participation est envisagée ici au sens du titre II du livre III de la partie III.

(27) Non compris les dirigeants.

(28) Faire référence aux « codes de classification des éléments matériels des accidents » (arrêté du 10 octobre 1974).

(29) En application de l'article L. 461-4 du code de la sécurité sociale.

(30) Il est possible de remplacer cet indicateur par la somme des heures travaillées durant l'année.

(31) Au sens des dispositions du présent code et du code rural ***(Ord. 2010-462 du 6 mai 2010, JO 7)*** « et de la pêche maritime » instituant un repos compensateur en matière d'heures supplémentaires.

(32) Au sens de l'article L. 3122-23.

(33) Au sens de l'article L. 3123-1.

(34) Cet indicateur peut être calculé sur la dernière période de référence.

(35) Préciser, le cas échéant, les conditions restrictives.

(36) Article 70-3 *c* du décret du 29 décembre 1945 : « Sont considérés comme travaux à la chaîne :
« – les travaux effectués dans une organisation comportant un dispositif automatique d'avancement à cadence constante des pièces en cours de fabrication ou de montage en vue de la réalisation d'opérations élémentaires et successives aux différents postes de travail ;
« – les travaux effectués sur des postes de travail indépendants consistant en la conduite ou l'approvisionnement de machines à cycle automatique et à cadence préréglée en vue de la réalisation d'opérations élémentaires et successives aux différents postes de travail ;
« – les travaux effectués sur des postes indépendants sans dispositif automatique d'avancement des pièces où la cadence est imposée par le mode de rémunération ou le temps alloué pour chaque opération élémentaire. »

(37) Cette carte n'est à réaliser que par les établissements qui ont une réponse non nulle à l'indicateur précédent.

(38) Article 70-3 *d* du décret du 29 décembre 1945 : « Sont considérés comme travaux au four, les travaux exposant de façon habituelle et régulière à une forte chaleur ambiante ou rayonnante résultant de l'utilisation d'un traitement thermique, d'un processus de cuisson, de la transformation de produits en état de fusion, d'ignition ou d'incandescence ou de la production d'énergie thermique. »

(39) Article 70-3 *e* du décret du 29 décembre 1945 : « Sont considérés comme travaux exposant aux intempéries sur les chantiers, les travaux soumis au régime d'indemnisation définie aux articles L. 5424-11 et suivants du code du travail ainsi que les travaux effectués de façon habituelle et régulière sur les chantiers souterrains ou subaquatiques, ou en plein air sur les constructions et ouvrages, les aires de stockage et de manutention. »

(40) Renseignements tirés du rapport annuel du médecin du travail (arrêté du 10 décembre 1971).

(41) Pour l'explication de ces expériences d'amélioration du contenu du travail, donner le nombre de salariés concernés.

(42) Non compris l'évaluation des dépenses en matière de santé et de sécurité.

(43) Renseignements tirés du rapport annuel du médecin du travail (arrêté du 10 décembre 1971).

(44) Conformément à la déclaration annuelle des employeurs 2483 relative au financement de la formation professionnelle continue.

(45) Au sens des articles L. 3142-7 et suivants.

(46) On entend par réunion du personnel, les réunions régulières de concertation, concernant les relations et conditions de travail organisées par l'entreprise.

(47) Préciser leur périodicité.

(48) Avec indication de la nature du différend et, le cas échéant, de la solution qui y a mis fin.

(49) Dépenses consolidées de l'entreprise. La répartition est indiquée ici à titre d'exemple.

(50) (51) Versements directs ou par l'intermédiaire d'assurances.

Art. L. 2323-72. Le comité d'entreprise ou d'établissement émet chaque année un avis sur le bilan social.

À cet effet, les membres du comité d'entreprise ou d'établissement reçoivent communication du projet de bilan social quinze jours au moins avant la réunion au cours de laquelle le comité émettra son avis. Cette réunion se tient dans les quatre mois suivant la fin de la dernière des années visées par le bilan social. Dans les entreprises comportant un ou plusieurs établissements tenus de présenter un bilan social d'établissement, la réunion au cours de laquelle le comité central d'entreprise émet son avis a lieu dans les six mois suivant la fin de la dernière des années visées par le bilan social.

Dans le cas prévu au deuxième alinéa de l'article L. 2323-68, les bilans sociaux particuliers et les avis émis sur ces bilans par les comités d'établissement sont communiqués aux membres du comité central d'entreprise dans les conditions prévues à l'alinéa précédent.

Les délégués syndicaux reçoivent communication du projet de bilan social dans les mêmes conditions que les membres des comités d'entreprise ou d'établissement.

Le bilan social, éventuellement modifié pour tenir compte de l'avis du comité compétent, est mis à la disposition de tout salarié qui en fait la demande.

Art. L. 2323-73. Les bilans sociaux des entreprises et établissements, éventuellement modifiés pour tenir compte de l'avis du comité compétent, ainsi que le procès-verbal de la réunion de ce comité, sont adressés à l'inspecteur du travail dans un délai de quinze jours à compter de cette réunion.

Art. L. 2323-74. Dans les sociétés par actions, le dernier bilan social accompagné de l'avis du comité d'entreprise est adressé aux actionnaires ou mis à leur disposition dans les mêmes conditions que les documents prévus aux articles L. 225-108 et L. 225-115 du code de commerce.

Art. L. 2323-75. Le bilan social sert de base à l'application des dispositions de l'article L. 6331-12 ainsi que de celles qui prévoient l'établissement de programmes annuels de formation.

Art. L. 2323-76. Les dispositions de la présente sous-section ne font pas obstacle aux conventions ou accords comportant des clauses plus favorables.

Art. L. 2323-77. Des décrets en Conseil d'État déterminent les mesures d'adaptation nécessaires à l'application des dispositions de la présente sous-section dans les entreprises tenues de constituer un comité d'entreprise ou des organismes de représentation du personnel qui en tiennent lieu en vertu soit de dispositions légales autres que celles du code du travail, soit de stipulations conventionnelles.

Ces décrets sont pris après avis des organisations syndicales représentatives dans les entreprises intéressées.

Droit d'alerte économique

Art. L. 2323-78. Lorsque le comité d'entreprise a connaissance de faits de nature à affecter de manière préoccupante la situation économique de l'entreprise, il peut demander à l'employeur de lui fournir des explications.

Cette demande est inscrite de droit à l'ordre du jour de la prochaine séance du comité d'entreprise.

Si le comité d'entreprise n'a pu obtenir de réponse suffisante de l'employeur ou si celle-ci confirme le caractère préoccupant de la situation, il établit un rapport. Dans les entreprises employant au moins mille salariés, ce rapport est établi par la commission économique prévue par l'article L. 2325-23.

Ce rapport, au titre du droit d'alerte économique, est transmis à l'employeur et au commissaire aux comptes.

Note

• Des comités d'entreprise étant, aux termes de l'article L. 431-1 (ancien) CT, constitués dans les organismes de sécurité sociale et l'article L. 432-5 (ancien) CT n'excluant pas ces organismes de son champ d'application, une cour d'appel, après avoir justement retenu qu'un organisme de sécurité sociale pouvait obéir à des considérations de nature économique, a décidé à bon droit que le comité d'entreprise d'une caisse d'assurance maladie pouvait exercer les attributions dévolues au comité d'entreprise par l'article L. 432-5 (ancien) CT. Ayant ensuite relevé que l'exercice du droit d'alerte par le comité d'entreprise avait pour motif la fermeture d'un laboratoire, en tant qu'elle entraînait des suppressions d'emploi et remettait en cause les objectifs et missions traditionnels de la caisse, la cour, qui a ainsi constaté que le comité d'entreprise invoquait des faits qu'il estimait être de nature à affecter de manière préoccupante la situation économique de l'organisme, a légalement justifié sa décision de reconnaître que le comité d'entreprise de la caisse disposait du droit d'alerte de l'article L. 432-5 (ancien) CT et que son exercice était légitime (cass. soc. 19 février 2002, n° 00-14.776, BC V n° 70 ; *JSL* n° 98, 26 mars 2002, p. 22 ; *RJS* 5/02 n° 590).

• L'appréciation du caractère préoccupant de la situation dont se saisit le comité d'entreprise qui exerce le droit d'alerte relève du pouvoir souverain des juges du fond et échappe au contrôle de la Cour de cassation (cass. soc. 11 mars 2003, n° 01-13.434, BC V n° 92 ; *RJS* 5/03 n° 628 ; *JSL* n° 122, 24 avril 2003, p. 23).

• L'employeur doit fournir les explications que lui demande le comité d'entreprise lorsque ce dernier invoque des faits de nature à affecter de manière préoccupante la situation de l'entreprise ; le caractère insatisfaisant des réponses apportées par l'employeur aux questions du comité d'entreprise se déduit nécessairement de la poursuite de la procédure d'alerte (cass. soc. 11 mars 2003, n° 01-13.434, BC V n° 92, précité).

• La procédure d'alerte engagée par le comité d'entreprise ne constitue pas un trouble manifestement illicite ; le juge des référés ne peut considérer, dès lors, que l'engagement de cette procédure est infondé (cass. soc. 8 mars 1995, n° 91-16.002, BC V n° 81 ; *Dr. Soc.* 1995, p. 393).

• Le droit d'alerte ne se limite pas aux seuls cas où la survie de l'entreprise serait en cause ; il peut être mis en œuvre lorsqu'un projet de restructuration peut affecter, à court ou moyen terme, les perspectives et résultats d'une branche d'activités (CA Versailles, 1re ch. A, 2 octobre 1997, *RJS* 1/98 n° 61). Ainsi un comité d'entreprise exerce légitimement son droit d'alerte lorsque la réorganisation de l'entreprise concerne une activité exercée au niveau mondial et est de nature à affecter sa situation économique et que les réponses de la direction aux questions du comité ont été contradictoires, insuffisantes ou incohérentes (cass. soc. 18 janvier 2011, n° 10-30.126, BC V n° 26 ; *Dr. Soc.* 2011, p; 342, obs. G. Couturier ; *RJS* 4/11 n° 344).

• Si les comités d'établissement ont les mêmes attributions que les comités d'entreprise, l'exercice du droit d'alerte prévu à l'article L. 432-5 [L. 2323-78] CT étant subordonné à l'existence de faits de nature à affecter de manière préoccupante la situation économique de l'entreprise, les comités d'établissements ne sont pas investis de cette prérogative (cass. soc. 1er mars 2005, n° 03-20.429, BC V n° 77 ; *RJS* 5/05 n° 538 ; *Dr. Soc.* 2005, p. 587, obs. G. Couturier. Dans le même sens, voir aussi cass. soc. 6 avril 2005, n° 02-31.130, BC V n° 126 ; *RJS* 6/05 n° 644).

• Eu égard à de nouveaux éléments d'appréciation faisant apparaître un redressement de la société, le juge peut décider de suspendre l'exercice de la procédure d'alerte (CA Paris, 1re ch. A, 3 mai 1989, *RJS* 7/89 n° 598).

Art. L. 2323-79. Le comité d'entreprise ou la commission économique peut se faire assister, une fois par exercice comptable, de l'expert-comptable prévu à l'article L. 2325-35, convoquer le commissaire aux comptes et s'adjoindre avec voix consultative deux salariés de l'entreprise choisis pour leur compétence et en dehors du comité d'entreprise.

Ces salariés disposent de cinq heures chacun pour assister le comité d'entreprise ou la commission économique en vue de l'établissement du rapport prévu à l'article L. 2323-78. Ce temps est rémunéré comme temps de travail.

Note • La juridiction saisie par un comité d'entreprise d'une demande d'expertise de gestion n'est tenue de l'ordonner qu'en l'absence d'informations suffisantes ou si elle relève des présomptions d'irrégularités affectant une ou plusieurs opérations de gestion déterminées (CA Paris, 14e ch., 5 juillet 1989, *RJS* 10/89 n° 780).

• La procédure de nomination prévue par l'article L. 432-5 [L. 2323-79] est respectée lorsque la désignation d'un expert par le comité d'entreprise intervient en même temps que sa décision d'établir un rapport, peu important qu'elle ait été évoquée avant (cass. soc. 19 février 2002, n° 00-14.776, BC V n° 70, précité).

• Le président d'un comité central d'entreprise n'a pas le pouvoir de s'opposer à la décision du comité de désigner un expert pour faire un rapport sur la situation de l'entreprise considérée comme préoccupante (cass. soc. 12 mars 1991, n° 89-41.941, BC V n° 129 ; *RJS* 5/91 n° 602 ; *Dr. Ouvr.* 1992, p. 32).

• La mission de l'expert-comptable désigné par un comité d'entreprise pour l'assister dans l'exercice de son droit d'alerte s'étend aux faits de nature à confirmer la situation économique préoccupante de l'entreprise qui sont la suite nécessaire de ceux qui ont motivé l'exercice de ce droit (cass. soc. 29 septembre 2009, n° 08-15.035, 1er moyen,

BC V n° 209 ; 28 octobre 1996, n° 95-10.274, BC V n° 353). En outre, le comité d'entreprise conserve la faculté de préciser et de compléter la mission de l'expert lorsque des faits en relation avec ceux ayant motivé l'exercice de ce droit sont portés à sa connaissance pendant le cours de sa mission (cass. soc. 28 octobre 1996, précité ; *Dr. Soc.* 1996, p. 1104 ; *RJS* 2/97 n° 163 ; 11 mars 2003, n° 01-13.434, BC V n° 92).

Art. L. 2323-80. Le rapport du comité d'entreprise ou de la commission économique conclut en émettant un avis sur l'opportunité de saisir de ses conclusions l'organe chargé de l'administration ou de la surveillance dans les sociétés ou personnes morales qui en sont dotées, ou d'en informer les associés dans les autres formes de sociétés ou les membres dans les groupements d'intérêt économique.

Au vu de ce rapport, le comité d'entreprise peut décider, à la majorité des membres présents, de procéder à cette saisine ou de faire procéder à cette information. Dans ce cas, l'avis de l'expert-comptable est joint à la saisine ou à l'information.

Art. L. 2323-81. Dans les sociétés à conseil d'administration ou à conseil de surveillance, la demande d'explication sur le caractère préoccupant de la situation économique de l'entreprise est inscrite à l'ordre du jour de la prochaine séance du conseil d'administration ou du conseil de surveillance, à condition que celui-ci ait pu être saisi au moins quinze jours à l'avance. La réponse de l'employeur est motivée.

Dans les autres personnes morales, ces dispositions s'appliquent à l'organe chargé de l'administration ou de la surveillance, lorsqu'elles en sont dotées.

Dans les autres formes de sociétés ou dans les groupements d'intérêt économique, lorsque le comité d'entreprise a décidé d'informer les associés ou les membres de la situation de l'entreprise, le gérant ou les administrateurs leur communiquent le rapport de la commission économique ou du comité d'entreprise.

Art. L. 2323-82. Les informations concernant l'entreprise communiquées en application de la présente sous-section ont par nature un caractère confidentiel. Toute personne pouvant y accéder est tenue à leur égard à une obligation de discrétion.

Art. R. 2323-18. Lorsque le comité d'entreprise a saisi l'organe chargé de l'administration ou de la surveillance en application de l'article L. 2323-80, cet organe délibère dans le mois de la saisine.

L'extrait du procès-verbal des délibérations où figure la réponse motivée à la demande d'explication faite en application de l'article L. 2323-81 est adressé au comité d'entreprise dans le mois qui suit la réunion de cet organe.

Art. R. 2323-19. Dans les sociétés autres que celles qui ont un conseil d'administration ou de surveillance ou dans les groupements d'intérêt économique, les administrateurs [dirigeants] communiquent aux associés et aux membres du groupement le rapport de la commission économique ou du comité d'entreprise dans les huit jours de la délibération du comité d'entreprise demandant cette communication.

SECTION 2. Attributions en matière d'activités sociales et culturelles

Sous-section 1. Attributions générales

Art. L. 2323-83. Le comité d'entreprise assure, contrôle ou participe à la gestion de toutes les activités sociales et culturelles établies dans l'entreprise prioritairement au bénéfice des salariés, ***(L. 2011-893 du 28 juil. 2011, art. 27, JO 29)*** « de leur famille et des stagiaires », quel qu'en soit le mode de financement, dans des conditions déterminées par décret en Conseil d'État.

Ce décret détermine notamment les conditions dans lesquelles les pouvoirs du comité d'entreprise peuvent être délégués à des organismes créés par lui et soumis à son contrôle, ainsi que les règles d'octroi et d'étendue de la personnalité civile des comités d'entreprise et des organismes créés par eux. Il fixe les conditions de financement des activités sociales et culturelles.

Note • Sur la notion d'« activités sociales et culturelles », voir aussi note sous article R. 2323-20.

• Si cet article prévoit que les activités sociales et culturelles sont prioritairement attribuées aux salariés ou à leur famille, l'article L. 612-12 c. éduc., introduit par la loi 2011-893 du 28 juillet 2011, prévoit désormais que les stagiaires peuvent bénéficier des activités sociales et culturelles du comité d'entreprise dans les mêmes conditions que les salariés.

• Doit être considérée comme une œuvre [activité] sociale toute activité non obligatoire légalement, quels que soient sa dénomination, la date de sa création et son mode de financement, exercée principalement au bénéfice du personnel de l'entreprise sans discrimination, en vue d'améliorer les conditions collectives d'emploi, de travail et de vie du personnel au sein de l'entreprise (cass. soc. 13 novembre 1975, n° 73-14.848, BC V n° 533).

• Constitue une activité sociale dont le comité d'entreprise peut, à tout moment, revendiquer la gestion la prise en charge volontaire par l'employeur, en dehors de toute obligation, légale ou conventionnelle, pour chacun des salariés qui décide d'adhérer à une mutuelle, d'une partie de leur cotisation d'adhésion, peu important que cet avantage soit susceptible de donner lieu au versement de cotisations de sécurité sociale (cass. soc. 22 juin 1993, n° 91-17.686, BC V n° 178 ; *Dr. Soc.* 1993, p. 777). Un comité d'entreprise ne peut décider que l'adhésion à une mutuelle sera obligatoire pour l'ensemble du personnel ; chaque salarié garde le droit d'adhérer à titre personnel ou de ne pas adhérer (cass. soc. 27 mars 1996, n° 92-44.933, BC V n° 123 ; *RJS* 5/96 n° 562).

• Est légalement justifié l'arrêt qui refuse d'annuler les délibérations du comité d'établissement d'une entreprise, regroupant en plusieurs associations créées à cet effet les œuvres sociales qu'il gérait, après avoir observé que ces associations remplissaient les conditions réglementaires et que le comité (qui y était représenté) n'avait pas excédé ses pouvoirs (cass. soc. 28 octobre 1975, n° 74-11.814, BC V n° 489).

• En interrompant le fonctionnement d'une cantine, sans nécessité l'y contraignant, le comité d'entreprise commet une faute de gestion justifiant l'indemnisation de l'employeur qui a engagé des dépenses pour pallier la carence du comité (cass. soc. 14 janvier 1981, n° 79-10.981, BC V n° 25).

• Est régulière la situation d'une cantine d'entreprise, gérée par le comité d'entreprise, ouverte aux personnels d'administrations publiques, dès lors qu'il est établi qu'aux termes de conventions passées avec ces administrations, ceux de leurs salariés fréquentant la cantine paient le « tarif normal » (cass. soc. 26 juillet 1984, n° 82-11.227, BC V n° 330 ; *JS* 1984, F 101).

• Si le comité d'entreprise assure ou contrôle la gestion de toutes les œuvres sociales établies dans l'entreprise au bénéfice des salariés ou de leurs familles, l'employeur n'a pas l'obligation de mettre gratuitement à la disposition du comité les locaux nécessaires au fonctionnement de ces œuvres ; le comité d'établissement qui avait, depuis 1946, versé une redevance à l'employeur, locataire puis propriétaire du local où était installée la cantine, ne pouvait, de sa seule initiative, cesser d'effectuer ce versement (cass. soc. 23 juin 1983, n° 82-10.840, BC V n° 357).

• L'adhésion d'un comité d'entreprise à une association ayant pour but, selon ses statuts, de procurer aux comités d'entreprise des facilités dans la gestion de leurs œuvres sociales, moyennant une cotisation minime, entre dans les pouvoirs de gestion du comité, dès lors qu'il n'était ni allégué ni établi que l'appartenance syndicale du personnel fût prise en considération dans l'octroi des avantages sociaux procurés par cette affiliation, toujours susceptible d'être remise en cause par un comité autrement composé ; l'adhésion critiquée ne suffisait pas à caractériser, en l'espèce, une atteinte à la neutralité que tout comité d'entreprise doit respecter dans la gestion des œuvres sociales (cass. soc. 15 mai 1984, n° 82-13.807, BC V n° 196). De même, l'adhésion d'un comité d'entreprise et le versement par celui-ci d'une cotisation à une association de formation et de conseil, dont la mission d'assistance est pratiquée dans l'intérêt des salariés ou des anciens salariés de l'entreprise sans aucune discrimination, correspondent au but des œuvres sociales qu'il est appelé à gérer, en assurant un avantage particulier aux salariés (cass. soc. 21 juillet 1986, n° 85-13.424, BC V n° 386).

• **Avantages accordés par les comités d'entreprise. Cotisations de sécurité sociale.** Sur le problème de savoir si les avantages accordés aux salariés par les comités d'entreprise doivent être assujettis à cotisation de sécurité sociale, les positions de l'administration et de la Cour de cassation divergent et fluctuent.

Solution de la Cour de cassation. Les divers avantages versés aux salariés de l'entreprise par les comités d'entreprise (bourses d'études et aides scolaires, primes de mariage et de naissance, aide à l'enfance handicapée, compléments des prestations en nature de l'assurance maladie, d'allocations familiales, allocations de transport scolaire, garde d'enfant, primes de crèche par exemple) qui ne présentent pas le caractère de secours liés à des situations individuelles, particulièrement dignes d'intérêt, mais sont attribués selon des normes constantes aux seuls salariés de l'entreprise en raison de leur qualité et à l'occasion du travail accompli, entrent dans les prévisions de l'article L. 242-1 c. séc. soc. et sont donc soumis à cotisations, peu important au regard de ce texte qu'ils aient été versés par les comités d'entreprise ou d'établissement à l'aide des fonds destinés aux activités sociales et culturelles (voir, pour des bourses d'études : cass. soc. 17 avril 1996, n° 94-17.315, *RJS* 6/96 n° 717).

Ont été considérés comme des secours et exclus de l'assiette des cotisations des allocations versées pour des enfants handicapés attribuées en fonction de situations individuelles exceptionnelles particulièrement dignes d'intérêt (cass. soc. 17 avril 1996, précité).

Position de l'administration. L'agence centrale des organismes de sécurité sociale admet des tolérances concernant certaines prestations en espèces. Voir sur le site *urssaf.fr* « Le guide du CE 2011 » rappelant les règles applicables en la matière pour les principales prestations fournies par les comités d'entreprises. Voir aussi notamment instruction ministérielle du 17 avril 1985, lettres-circulaires ACOSS 2006-122 du 14 décembre 2006, 2004-144 du 27 octobre 2004, 96-94 du 3 décembre 1996 et 99-38 du 19 février 1999, circulaire du 13 décembre 1988 relative au contenu du bulletin de paie (JO 24) et lettre ministérielle du 12 décembre 1988 confirmant la position de l'administration après les arrêts rendus en la matière par la Cour de cassation en mai 1988. Pour la Cour de cassation, l'instruction ministérielle du 12 décembre 1988 n'est pas créatrice de droits et ne saurait restreindre ceux que tiennent de la loi les organismes de recouvrement (cass. soc. 5 mai 1995, n° 92-19.024, BC V n° 144 ; *RJS* 7/95 n° 817, 1re espèce).

• Si le versement à l'URSSAF des cotisations de sécurité sociale sur les sommes perçues par les salariés incombe à l'employeur, il n'en résulte pas pour autant qu'il doive en supporter définitivement la charge, dès lors que ces sommes ont été attribuées en dehors de toute intervention de sa part à l'initiative du comité d'entreprise ou d'établissement, organisme autonome doté de la personnalité morale, cette initiative ne pouvant avoir comme conséquence d'augmenter indirectement la contribution patronale au financement des activités sociales et culturelles (cass. soc. 11 mai 1988, BC V nos 282 et 287 (6 arrêts) et 27 septembre 1989, n° 87-11.857, *RJS* 10/89 n° 804 ; 11 janvier 1990, n° 87-16.181, BC V n° 10 ; 21 juin 1990, n° 88-11.023, *RJS* 10/90 n° 818 ; 18 juin 1992, n° 89-19.600, *RJS* 11/92 n° 1294).

Lorsque le comité d'entreprise a créé des avantages non compris dans la liste de l'article R. 432-2 [R. 2323-20] CT, l'employeur, tenu de verser les cotisations en vertu de l'article R. 243-6 c. séc. soc., peut agir contre le comité en remboursement de celles-ci (cass. soc. 9 juin 1992, n° 89-18.539, BC V n° 373 ; *RJS* 11/92 n° 1295 ; *Dr. Soc.* 1993, p. 80, note J. Savatier ; 13 mai 1993, n° 91-14.362, BC V n° 141 ; *RJS* 6/93 n° 652, 3e espèce). Lorsque le comité d'entreprise s'est associé à l'employeur pour souscrire un contrat d'assurance garantissant aux salariés le paiement d'indemnités journalières complémentaires, l'employeur est fondé à demander au comité d'entreprise de le garantir du paiement des cotisations de sécurité sociale en proportion des primes qu'il a supportées (cass. soc. 27 janvier 1994, n° 91-14.628, *Dr. Soc.* 1994, p. 387).

Art. L. 2323-84. Les salariés sont informés de la politique de l'entreprise concernant ses choix de mécénat et de soutien aux associations et aux fondations.

Art. L. 2323-85. Le comité d'entreprise assure ou contrôle la gestion des activités physiques ou sportives et peut décider de participer à leur financement.

Il émet également un avis sur la conclusion des conventions, prévues à l'article L. 221-8 du code du sport, destinées à faciliter l'emploi d'un sportif de haut niveau et sa reconversion professionnelle.

Sous-section 2. Financement

Art. L. 2323-86. La contribution versée chaque année par l'employeur pour financer des institutions sociales du comité d'entreprise ne peut, en aucun cas, être inférieure au total le plus élevé des sommes affectées aux dépenses sociales de l'entreprise atteint au cours des trois dernières années précédant la prise en charge des activités sociales et culturelles par le comité d'entreprise, à l'exclusion des dépenses temporaires lorsque les besoins correspondants ont disparu.

Le rapport de cette contribution au montant global des salaires payés ne peut non plus être inférieur au même rapport existant pour l'année de référence définie au premier alinéa.

Note • Voir aussi note sous article L. 2327-16.

Détermination de la contribution patronale

• L'obligation légale de subvention ne concerne pas les entreprises qui n'avaient pas d'œuvres sociales avant la constitution du comité d'entreprise (CA Reims 11 juin 1991, *RJS* 5/92 n° 631). Lorsqu'il n'est pas établi que des sommes aient été affectées aux dépenses sociales de l'entreprise avant la création des comités d'entreprise, les conditions d'application de l'article L. 432-9 [L. 2323-86] CT ne sont pas remplies (cass. soc. 9 juillet 1997, n° 95-21.462, BC V n° 265 ; *RJS* 10/97 n° 1108).

• Selon l'article L. 432-9 [L. 2323-86] CT, la contribution de l'employeur aux activités sociales et culturelles doit être calculée dans le cadre de l'entreprise, le taux légal de la contribution étant ensuite appliqué à chaque établissement, sauf usage ou accord collectif plus favorable (cass. soc. 17 septembre 2003, n° 01-11.532, BC V n° 236 ; *RJS* 11/03 n° 1282 ; *Dr. Soc.* 2003, p. 1135, obs. M. Cohen ; voir aussi cass. soc. 26 septembre 1989, n° 88-11.796, BC V n° 537 ; *Dr. Soc.* 1990, p. 205 ; 9 juillet 1996, n° 94-17.688, *RJS* 10/96 n° 1057 ; 17 novembre 2011, n° 10-23.265, *LS* Jurispr. n° 233/2011 du 29/11/11).

• Le comité central d'entreprise d'une société n'a pas qualité pour modifier la répartition entre les comités d'établissement du montant de la subvention versée par l'employeur proportionnellement aux salaires et pour y substituer une répartition selon les effectifs, chacun des comités d'établissement ayant qualité pour gérer les œuvres sociales qui lui sont propres, et cela, surtout s'il n'existe dans l'entreprise aucune œuvre commune (cass. soc. 16 décembre 1971, n° 68-11.363, BC n° 746 ; *Dr. Soc.* 1972, p. 239, note J. Savatier). La loi n'interdit nullement, au sein d'une même entreprise, pour des comités d'établissement différents, l'existence de deux modes de répartition de la contribution patronale : répartition au prorata de la masse salariale ou au prorata des effectifs (cass. soc. 27 mai 1987, n° 85-12.637, BC V n° 344).

• Si la contribution de l'employeur doit être fixée annuellement, il ne s'ensuit pas nécessairement que le versement doive être fait en une seule fois et ne puisse être effectué selon le budget du comité, son programme de dépenses et ses besoins de trésorerie, sauf si d'autres modalités plus favorables de paiement avaient été suivies antérieurement à la prise en charge des œuvres sociales par le comité (cass. soc. 18 mars 1971, n° 69-11.020, BC V n° 228 ; 6 juillet 1976, n° 74-13.188, BC V n° 414).

• À la condition de respecter les règles et conditions prévues par l'article L. 132-8 (ancien) CT et par l'accord collectif lui-même, l'employeur peut dénoncer un accord d'entreprise ayant pour objet de fixer sa contribution aux activités sociales et culturelles ; celle-ci ne devant pas être inférieure à celle résultant des sommes consacrées par l'employeur aux activités sociales et culturelles à la date où elles ont été prises en charge par le comité d'entreprise (cass. soc. 20 octobre 1993, n° 89-18.949, BC V n° 243 ; *Dr. Soc.* 1994, p. 33, note J. Savatier). La dénonciation d'un usage ou d'un accord ayant pour objet de fixer la contribution de l'employeur aux activités sociales et culturelles du comité ne peut avoir pour effet de réduire la subvention de l'entreprise au-dessous des minima fixés soit par une convention collective, soit par les articles L. 432-9 [L. 2323-86] et R. 432-11, 1°, al. 2 [R. 2323-35] CT (cass. soc. 1er avril 1997, n° 95-10.478, BC V n° 134 ; *RJS* 5/97 n° 559 ; *Dr. Soc.* 1997, p. 542). Dans ce dernier cas (subvention fixée par référence aux articles L. 432-9 et R. 432-11, 1°, al. 2 CT), le chiffre le plus avantageux atteint au cours des trois années précédant la dénonciation n'est maintenu qu'autant que la masse salariale reste constante ; si celle-ci diminue, la contribution suit la même variation [cass. soc. 9 juillet 1997, n° 95-21.462, BC V n° 265 ; *RJS* 10/97 n° 1108 et cass. soc. 1er avril 1997, précité ; voir aussi cass. soc. 3 février 1999, n° 97-16.566, *RJS* 3/99 n° 385 ; 14 décembre 1999, n° 98-14.261, *RJS* 2/00 n° 182 ; 6 juin 2000, n° 98-22.159, BC V n° 221 ; 22 janvier 2002, n° 99-20.704, BC V n° 27 (chiffre le plus avantageux atteint au cours des 3 dernières années précédant les exercices litigieux ne pouvant être maintenu en raison de le réduction de la masse salariale ; contribution patronale devant subir la même variation)].

Transfert partiel d'entreprise. En cas de modification dans la situation juridique de l'employeur au sens de l'article L. 1224-1 CT, le montant de la contribution de l'employeur aux activités sociales et culturelles du comité d'entreprise, s'il a été fixé dans l'entreprise d'origine par un usage ou un accord collectif à un montant supérieur à la contribution légale, n'est conservé que si l'institution se maintient dans la nouvelle entreprise. Ne conserve pas son autonomie l'entité faisant l'objet d'un transfert d'activité partiel et laissant subsister au sein de la société cédante les institutions représentatives du personnel existantes. Dès lors, après avoir relevé qu'une branche d'activité transférée à une société cessionnaire ne comportait pas d'institutions propres et que le comité d'entreprise de la société cédante n'avait pas été dissous, une cour d'appel a pu en déduire que l'entité économique n'avait pas conservé son autonomie et que le comité d'entreprise de la société cessionnaire ne pouvait bénéficier du maintien du montant de la contribution aux œuvres sociales et culturelles en usage au sein de la société cédante (cass. soc. 13 mai 2009, n° 08-12.514, BC V n° 132 ; *RJS* 7/09 n° 638 ; *JCP* éd. S 2009, 1376, J-Y Kerbourc'h).

Calcul de la contribution patronale

• Le montant de la contribution de l'employeur au financement des activités sociales et culturelles doit être fixé en tenant compte de la totalité des dépenses sociales de la période de référence, quand bien même le comité d'entreprise aurait délégué à l'employeur la gestion d'une partie de celles-ci (cass. soc. 30 mars 2010, n° 09-12.074, BC V n° 81 ; *LS* Bref n° 15586 du 8/04/10 ; *JCP* éd. S 2010, act. 209).

La contribution au financement des activités sociales et culturelles doit être calculée dans le cadre de l'entreprise en se référant à la date de prise en charge des œuvres sociales dans les divers établissements (cass. soc. 26 septembre 1989, n° 88-11.796, BC V n° 537 ; *Dr. Soc.* 1990, p. 214).

Lors de la création d'un nouvel établissement, l'entreprise, après avoir calculé sa contribution au niveau de l'entreprise, est fondée à la répartir entre les différents établissements en fonction de leurs masses salariales respectives (CA Versailles 11 juin 1993, *Dr. Soc.* 1994, p. 685).

Sont à exclure notamment les frais de fonctionnement des œuvres sociales légalement à la charge de l'employeur [services médicaux et sociaux, voir art. R. 432-3, dernier al. (ancien) CT] et les dépenses de premier établissement des œuvres sociales (cass. soc. 31 janvier 1989, n° 87-17.858, *CSB* 1989 S. 27).

Entrent en compte les dépenses relatives au fonctionnement d'une cantine dont l'entreprise avait la gestion (cass. soc. 28 janvier 1971, n° 69-13.861, BC V n° 60 ; 30 mars 2010, n° 09-12.074 précité) ainsi que les avantages en nature représentés par les fournitures de locaux et de matériels si l'employeur cesse de les fournir. À noter que :

– la subvention versée régulièrement par un employeur pour le fonctionnement d'une crèche créée à son instigation dans l'intérêt de son personnel doit être prise en compte pour déterminer le montant de la contribution qu'il doit verser au comité pour le financement des œuvres sociales dont celui-ci a repris la gestion. Est sans incidence, à cet égard, le fait que la crèche n'ait pas été directement gérée par l'employeur (cass. soc. 9 mai 1979, n° 77-11.416, BC V n° 389). Les subventions accordées à une association sportive d'intérêt général, étrangère à l'entreprise, dont le personnel n'est pas principalement bénéficiaire, ne constituent pas des dépenses sociales (cass. soc. 7 mai 1987, n° 84-10.914, BC V n° 269) ;

– la part contributive de l'entreprise au financement du chèque-transport ne constitue pas une dépense sociale au sens des articles L. 432-8 et L. 432-9 [L. 2323-83 et 86] CT (loi 2006-1770 du 30 décembre 2006, art. 69, JO 31). Elle n'est donc pas déductible de la contribution patronale aux œuvres sociales du comité d'entreprise ;
– c'est seulement lors de la prise en charge des œuvres sociales par le comité d'entreprise et de la fixation de la contribution patronale que le montant des sommes affectées aux dépenses sociales au cours de l'année de référence, auquel cette contribution ne peut être inférieure, peut être diminué des dépenses temporaires si les besoins correspondants ont alors disparu ; ultérieurement, sauf accord entre l'employeur et le comité, la contribution patronale ne peut varier qu'en fonction des variations de la masse salariale, même si les dépenses du comité se trouvent réduites du fait de la disparition de certains besoins (cass. soc. 4 juin 1982, n° 81-11.267, BC V n° 371) ;
– il peut être dérogé au mode légal de détermination de la contribution patronale et les accords intervenus sur ce point sont licites dès lors qu'ils aboutissent à la fixation d'une contribution plus avantageuse que celle qui résulterait de l'application des règles légales (cass. soc. 23 mars 1982, n° 81-10.305, BC V n° 207).

• Sauf engagement plus favorable, la masse salariale servant au calcul de la contribution patronale aux activités sociales et culturelles s'entend de la masse salariale brute comptable correspondant au compte 641 « Rémunérations du personnel » tel que défini par le plan comptable général (cass. soc. 30 mars 2011, n° 09-71.438, pourvoi de la société, *LS* Jurispr. n° 80/2011 du 19/04/11 ; *RJS* 6/11 n° 534). Il s'agit de la totalité des salaires bruts, avant déduction des cotisations sociales, y compris les primes, indemnités et avantages en nature. Les primes de panier ne peuvent être exclues de la masse salariale brute pour le calcul de la contribution patronale que s'il est justifié que les conditions de travail imposent aux salariés des circonstances de fait entraînant pour ceux-ci des dépenses supplémentaires que lesdites indemnités ont pour objet de compenser (cass. soc. 7 juillet 1988, n° 87-11.102, BC V n° 430).

En revanche, la rémunération versée aux salariés temporaires n'a pas à être incluse dans la masse salariale brute de l'entreprise utilisatrice servant de base au calcul de la contribution patronale aux activités sociales et culturelles. En effet, aux termes de l'article L. 1251-24 CT, ces salariés ont accès, dans l'entreprise utilisatrice, dans les mêmes conditions que les salariés de cette entreprise, aux moyens de transport collectifs et aux installations collectives, notamment de restauration, et lorsque des dépenses supplémentaires incombent au comité d'entreprise, celles-ci lui sont remboursées suivant des modalités définies au contrat de mise à disposition (cass. soc. 10 mars 2010, n° 08-21.529, BC V n° 57 ; *LS* Bref n° 15570 du 17/03/10 ; *RJS* 5/10 n° 477 ; *Dr. Soc.* 2010, p. 724, obs. L. Pécaut-Rivolier ; *JCP* éd. S 2010, 1232, note J-Y Kerbourc'h).

Versement de la contribution patronale

L'obligation légale et annuelle de versement de la contribution aux activités sociales et culturelles à la charge de l'employeur n'est pas suspendue par la carence du comité d'entreprise constatée dans les conditions prévues à l'article L. 433-13 [L. 2324-8] CT, et même si l'obligation conjointe des délégués du personnel et du chef d'entreprise de gestion des activités sociales du comité d'entreprise n'est pas assurée, celui-ci reste créancier, en principe, de cette somme (cass. soc. 13 septembre 2005, n° 04-10.961, BC V n° 256 ; *JCP* éd. S 2005, 1300, note J-M Olivier ; *RJS* 11/05 n° 1112).

Art. L. 2323-87. En cas de reliquat budgétaire et dans la limite de 1 % de son budget, les membres du comité d'entreprise peuvent décider de verser ces fonds à une association humanitaire reconnue d'utilité publique afin de favoriser les actions locales ou régionales de lutte contre l'exclusion ou des actions de réinsertion sociale.

[Dispositions réglementaires]

Sous-section 1. Nature des activités

Art. R. 2323-20. Les activités sociales et culturelles établies dans l'entreprise au bénéfice des salariés ou anciens salariés de l'entreprise et de leur famille comprennent :

1° Des institutions sociales de prévoyance et d'entraide, telles que les institutions de retraites et les sociétés de secours mutuels ;

2° Les activités sociales et culturelles tendant à l'amélioration des conditions de bien-être, telles que les cantines, les coopératives de consommation, les logements, les jardins familiaux, les crèches, les colonies de vacances ;

3° Les activités sociales et culturelles ayant pour objet l'utilisation des loisirs et l'organisation sportive ;

4° Les institutions d'ordre professionnel ou éducatif attachées à l'entreprise ou dépendant d'elle, telles que les centres d'apprentissage et de formation professionnelle, les bibliothèques, les cercles d'études, les cours de culture générale ;

5° Les services sociaux chargés :

a) De veiller au bien-être du salarié dans l'entreprise, de faciliter son adaptation à son travail et de collaborer avec le service de santé au travail de l'entreprise ;

b) De coordonner et de promouvoir les réalisations sociales décidées par le comité d'entreprise et par l'employeur ;

6° Le service de santé au travail institué dans l'entreprise.

Note

• Cette liste n'est pas exhaustive, et les comités d'entreprise peuvent créer des activités sociales et culturelles s'insérant dans le cadre ou s'inspirant en tout cas de l'esprit de celles énumérées à cet article, telle, par exemple, l'institution d'un régime d'indemnités destinées à faciliter l'éducation ouvrière des salariés de l'entreprise (cass. ch. réunies 20 mai 1965, BC n° 4 ; cass. soc. 6 octobre 1965, BC IV n° 611). Mais deux conditions doivent toujours être remplies : ces activités sociales et culturelles ne peuvent s'adresser qu'aux salariés (ou anciens salariés de l'entreprise ou à des ayants droit de salariés) et elles doivent s'adresser à tous, sans discrimination et selon des critères de répartition objectifs ne prenant en considération ni la personne ni la catégorie professionnelle ni l'affiliation syndicale du salarié ; l'exclusion des salariés en longue maladie du bénéfice des activités sociales et culturelles du comité d'entreprise constitue une discrimination liée à l'état de santé du salarié, susceptible d'être sanctionnée par les tribunaux (rép. QE 84460, JO AN 13 décembre 2011, p. 13125). En revanche, l'attribution de secours différenciés à des salariés se trouvant individuellement dans un état de gêne constaté – qui peut résulter de leur participation à une grève – paraît licite (cass. soc. 8 juin 1977, n° 75-13.681, BC V n° 380 ; 11 juin 1996, n° 94-14.988, *RJS* 7/96 n° 804). De même, une aide exceptionnelle accordée à d'anciens salariés licenciés pour motif économique peut entrer dans le cadre des activités sociales (cass. soc. 26 janvier 1999, n° 97-10.522, BC V n° 41 : aide accordée pour une action en justice afin d'obtenir le respect des engagements pris par l'employeur dans un plan social dont le comité d'entreprise avait examiné les dispositions).

La nécessité pour le comité d'entreprise de décider hors de toute discrimination de l'affectation des fonds consacrés aux activités sociales et culturelles est constamment réaffirmée par la Cour de cassation : il a ainsi été jugé que le bénéfice de prestations servies aux salariés au titre des activités sociales et culturelles pour compenser les frais exposés par eux dans l'exercice du droit individuel à congé de formation économique, sociale et syndicale qu'ils tiennent du code du travail ne saurait dépendre de leur appartenance ou de leurs choix de nature syndicale. C'est donc à bon droit qu'après avoir relevé que le bénéfice de ces prestations dépendait de leur appartenance ou de leurs choix de nature syndicale, certains étant privés du remboursement de leurs frais lorsque le plafond de remboursement prévu pour le syndicat dont ils avaient suivi les formations était atteint, alors qu'il ne l'était pas pour les autres organisations, une cour d'appel en a déduit que la délibération du comité interentreprises et les décisions subséquentes s'y rattachant devaient être annulées (cass. soc. 16 avril 2008, n° 06-44.839, BC V n° 93 ; *RJS* 6/08 n° 691 ; *JCP* éd. S 2008, 1378, note J-Y Kerbourc'h ; *RDT*, juillet/août 2008, *CH*, 467, F. Signoretto).

• Les activités sociales et culturelles, qui ont notamment pour objet l'amélioration des conditions de bien-être des salariés, anciens salariés et de leur famille, ainsi que l'utilisation par eux des loisirs, ne peuvent comprendre un avantage accordé par l'employeur à ses salariés en rémunération d'un travail particulier ou de l'obtention de résultats déterminés, peu important que cet avantage résulte d'une initiative à laquelle l'employeur n'est pas tenu. Ainsi, un voyage accordé par l'employeur à ses salariés pour récompenser l'obtention de résultats déterminés ne constitue pas une activité sociale et culturelle (cass. soc. 2 décembre 2008, n° 07-16.818, BC V n° 239).

• Une action syndicale ne se confond pas avec les œuvres sociales dont les comités d'entreprise ou d'établissement assurent la gestion au bénéfice des salariés ou anciens salariés de ces entreprises ou établissements et de leurs familles ; ces comités ne sauraient donc subventionner les organisations syndicales à l'occasion d'une telle action (frais de déplacement des salariés qui s'étaient rendus à Paris, à l'appel de leurs syndicats, à une manifestation d'ouvriers sidérurgistes) (cass. soc. 7 mai 1980, n° 78-15.803, BC V n° 387 ; 18 mai 1983, n° 82-11.564, BC V n° 266).

• La défense de l'emploi dans l'entreprise relève des attributions du comité d'entreprise dans l'ordre économique. C'est donc à tort que, pour déclarer qu'un budget relatif à la « défense de l'emploi » voté par un comité d'établissement se rapportait à une activité sociale et culturelle et refuser d'annuler la délibération affectant ce budget au titre des activités sociales et culturelles, une cour d'appel a énoncé que dès lors que la défense de l'emploi est relative aux salariés d'une même entreprise sans considération d'appartenance syndicale ou autre discrimination, elle constitue par sa nature même une activité sociale au sens des articles L. 432-8 [L. 2323-83] et R. 432-2 [R. 2323-20] CT (cass. soc. 12 février 2003, n° 00-19.341, BC V n° 53 ; *RJS* 4/03 n° 478 ; *JSL* n° 119, 11 mars 2003, p. 7, obs. M. Hautefort ; *Dr. Soc.* 2003, p. 551, obs. M. Cohen).

• S'agissant du « pot de fin d'année » et du « repas de retraités » servis dans l'entreprise, une cour d'appel a estimé que la preuve était rapportée que ces activités avaient pour objet soit d'améliorer le bien-être du personnel de l'entreprise, soit de permettre aux salariés retraités d'utiliser leurs loisirs et a défini ainsi le caractère social desdites activités devant désormais être gérées par le comité d'établissement (cass. soc. 13 octobre 1988, n° 87-11.505).

• À noter que constitue une atteinte à la vie privée, au sens de l'article 9 c. civ., la demande par un comité d'entreprise de communication de la déclaration de revenus de personnes, dans le but de déterminer leurs droits à l'attribution d'une prime de vacances dès lors que la déclaration de revenus contient des renseignements, tels que la situation de famille légitime ou illégitime, la situation de fortune ou l'existence de dettes, qui ne sont pas tous indispensables au comité d'entreprise pour l'attribution de la prime (cass. civ., 1re ch., 29 mai 1984, n° 82-12.232, BC I n° 176).

• Sur le versement d'un pourcentage de la masse salariale à une caisse sociale par une société pour financer un complément d'allocations familiales directement servi par cette caisse au personnel : ce service, qui ne correspondait pas à une obligation légale ou conventionnelle incombant à l'employeur, entrait dans les prévisions de l'article R. 432-2 [R. 2323-20] CT, lequel définit les activités sociales et culturelles dont la gestion ou le contrôle appartient au comité d'entreprise ou d'établissement, peu important que lesdits avantages puissent présenter un caractère de complément de rémunération au regard de la législation de la sécurité sociale (cass. soc. 11 mai 1988, n° 84-10.617, BC V n° 282).

Sous-section 2. Modalités de gestion

§ 1. Gestion par le comité d'entreprise

Art. R. 2323-21. Le comité d'entreprise assure la gestion des activités sociales et culturelles qui n'ont pas de personnalité civile, à l'exception des centres d'apprentissage et de formation professionnelle.

Quel que soit leur mode de financement, cette gestion est assurée :

1° Soit par le comité d'entreprise ;

2° Soit par une commission spéciale du comité ;

3° Soit par des personnes désignées par le comité ;

4° Soit par des organismes créés par le comité et ayant reçu une délégation.

Ces personnes ou organismes agissent dans la limite des attributions qui leur ont été déléguées et sont responsables devant le comité.

Note

• Le fait que la gestion d'une cantine, œuvre sociale, soit confiée au comité d'établissement n'interdit pas à l'employeur d'exercer son contrôle dans ce local placé sous son « aire d'autorité » (cass. soc. 9 juin 1983, n° 82-11.087, BC V n° 316).

• La responsabilité d'un comité d'entreprise organisateur de voyages ne peut être retenue que si les demandeurs apportent la preuve que le comité n'a pas accompli toutes les diligences nécessaires qu'ils étaient en droit d'attendre de lui (cass. civ., 1re ch., 16 mars 1994, n° 92-17.483, *Dr. Soc.* 1994, p. 792).

• Le fait par l'employeur d'assurer directement la gestion de certaines œuvres sociales n'ayant pas la personnalité civile constitue une entrave au fonctionnement régulier du comité d'entreprise (cass. crim. 19 décembre 1963, n° 62-92.573, B. crim. n° 369 ; *Dr. Soc.* 1964, p. 355). Le délit d'entrave est également constitué si la gestion des œuvres sociales est assumée en fait par une association déclarée fonctionnant sous le contrôle étroit de la direction de l'entreprise qui en assurait le financement (cass. crim. 22 novembre 1977, n° 76-93.162, B. crim. n° 362).

• Les activités de gestion à caractère social ou culturel d'un comité d'entreprise ou d'un comité d'établissement ne peuvent être exercées que par une personne ou un organisme ayant reçu une délégation expresse à cet effet (CE 31 mars 1995, n° 101461, *RJS* 6/95 n° 662).

• **Gestion informatique des activités sociales et culturelles.** Les fichiers concernant la gestion des activités sociales et culturelles par les comités d'entreprise ou d'établissement, ainsi que par les comités centraux d'entreprise, les comités de groupe, les comités interentreprises ou les délégués du personnel, sont dispensés de déclaration préalable dès lors qu'ils répondent aux conditions définies par la CNIL. Ces conditions sont énumérées dans la délibération du 17 octobre 2006, publiée au JO du 15 novembre 2006 et accessible sur le site *www.cnil.fr*.

Art. R. 2323-22. Le comité d'entreprise participe, dans les conditions prévues par l'article R. 2323-24, à la gestion des activités sociales et culturelles qui possèdent la personnalité civile.

Toutefois, il contrôle la gestion des sociétés de secours mutuels et des organismes de sécurité sociale établis dans l'entreprise, des activités sociales et culturelles ayant pour objet d'assurer aux salariés de l'entreprise des logements et des jardins familiaux, les centres d'apprentissage et de formation professionnelle dans la mesure et aux conditions définies à l'article R. 2323-27.

Art. R. 2323-23. Le service de santé au travail et le service social sont gérés dans les conditions fixées aux titres II et III du livre VI de la partie IV.

Art. R. 2323-24. Les conseils d'administration ou, à défaut, les organismes de direction des institutions sociales autres que celles mentionnées au second alinéa de l'article R. 2323-22 sont composés au moins par moitié de membres représentant le comité d'entreprise. Il en va de même des commissions de contrôle ou de surveillance de ces institutions. Ces membres peuvent être choisis en dehors du comité et désignés, de préférence, parmi les adhérents ou les bénéficiaires des institutions.

Les représentants du comité d'entreprise au conseil d'administration des sociétés coopératives et de consommation sont choisis parmi les adhérents à la société.

Les représentants du comité d'entreprise dans les conseils ou organismes mentionnés au premier alinéa siègent avec les mêmes droits et dans les mêmes conditions que les autres membres.

Note Il ne saurait être exigé que les représentants du comité chargés de contrôler la gestion d'une œuvre sociale soient choisis parmi les actionnaires de cette œuvre (cass. crim. 19 décembre 1963, *Dr. Soc.* 1964, p. 355).

Art. R. 2323-25. Le bureau nommé par les conseils d'administration des activités sociales et culturelles qui possèdent la personnalité civile comprend au moins un membre désigné par le comité d'entreprise.

Art. R. 2323-26. Le comité d'entreprise est représenté auprès :

1° Des conseils d'administration des organismes de sécurité sociale, des mutuelles établies dans l'entreprise ainsi qu'auprès des commissions de contrôle de ces institutions ;

2° Des conseils d'administration des activités de logements et de jardins familiaux.

Cette représentation est assurée par deux délégués désignés par le comité, choisis de préférence parmi les participants de ces institutions.

Les délégués assistent aux réunions de ces conseils et commissions. L'un d'eux assiste aux réunions du bureau.

Le comité d'entreprise est consulté préalablement à toute délibération relative, soit à la modification des statuts de l'institution, soit à la création d'activités nouvelles, soit à la transformation ou à la suppression d'activités existantes.

Les délégués informent le comité de toutes décisions prises par les conseils ou bureaux ainsi que de la marche générale de l'institution.

Note Les tiers lésés ont la faculté de se prévaloir des fautes quasi délictuelles commises par le comité d'entreprise dans l'exercice de sa gestion et de son contrôle de gestion, dans la mesure où il en est résulté pour eux un préjudice (cass. soc. 11 février 1971, n° 69-12.463, BC IV n° 110, à propos d'une société mutualiste ; voir aussi 14 janvier 1981, n° 79-10.981, BC V n° 25 cité sous art. L. 2323-83). Il faut, à cet égard, souligner l'intérêt pour les comités de s'assurer contre les conséquences de leur responsabilité civile, l'employeur devant d'ailleurs obligatoirement rembourser au comité le montant des primes d'assurances dues à cet effet. À noter que cette obligation de remboursement ne s'étend pas aux assurances contractées garantissant les dommages causés aux biens du comité lui-même.

Art. R. 2323-27. Pour les organismes de sécurité sociale établis dans l'entreprise, les activités de logements et de jardins familiaux, lorsque des décisions sont soumises au contrôle ou à l'approbation de l'administration, l'avis du comité d'entreprise y est annexé.

Dans les cas énoncés à l'article R. 2323-26, le comité peut s'opposer à leur exécution, sauf recours auprès du ministre chargé du travail.

Dans les mutuelles d'entreprise, lorsque des décisions sont soumises à l'approbation de l'administration, l'avis du comité y est annexé. En outre, le comité d'entreprise peut faire connaître son avis à l'assemblée générale sur le fonctionnement de l'institution.

§ 2. Gestion par le comité interentreprises

Art. R. 2323-28. Lorsque plusieurs entreprises possèdent ou envisagent de créer certaines institutions sociales communes, les comités d'entreprise intéressés constituent un comité interentreprises investi des mêmes attributions que les comités dans la mesure nécessaire à l'organisation et au fonctionnement de ces institutions communes.

Note La décision prise par un comité d'entreprise de se retirer d'un comité interentreprises doit être notifiée aux organisations syndicales signataires de l'accord ayant confié au comité interentreprises la gestion d'activités sociales communes (cass. soc. 25 janvier 1995, n° 92-16.778, BC V n° 38 ; *Dr. Soc.* 1995, p. 263, note J. Savatier).

Art. R. 2323-29. Le comité interentreprises comprend :

1° Un représentant des employeurs désigné par eux. Assisté d'un ou de deux suppléants, il préside le comité ;

2° Des représentants des salariés de chaque comité d'entreprise choisis autant que possible de façon à assurer la représentation des diverses catégories de salariés, à raison de deux délégués par comité et sans que leur nombre puisse dépasser douze, sauf accord collectif contraire avec les organisations syndicales ou, à défaut d'accord, sauf dérogation accordée expressément par l'inspecteur du travail.

Note Le comité interentreprises étant assimilé par la loi à un comité d'entreprise, les contestations relatives à la régularité des élections de ses membres relèvent de la compétence du tribunal d'instance (cass. soc. 7 janvier 1982, n° 81-60.879, BC V n° 7).

Art. R. 2323-30. Lorsque le nombre des entreprises ne permet pas d'assurer aux salariés de chacune d'elles une représentation distincte, un seul délégué peut représenter les salariés de l'une ou de plusieurs d'entre elles. L'attribution des sièges est faite par les comités d'entreprise et les organisations syndicales intéressées.

Art. L. 2323-87.

Lorsqu'une entreprise ne possède pas de comité, les délégués du personnel peuvent désigner un représentant au sein du comité interentreprises. Le nombre total des représentants ainsi désignés ne peut dépasser le quart des représentants désignés par les comités. Lorsque, dans cette limite, le nombre des entreprises intéressées ne permet pas d'assurer au personnel de chacune d'elles une représentation distincte, un seul délégué peut représenter les salariés de plusieurs d'entre elles. L'attribution des sièges est faite par accord entre l'ensemble des délégués et les organisations syndicales intéressées.

Art. R. 2323-31. Dans les cas prévus aux articles R. 2323-29 et R. 2323-30, si l'accord est impossible, l'inspecteur du travail décide de la répartition des sièges entre les représentants des salariés des entreprises intéressées.

Le silence gardé pendant plus de quatre mois par le ministre saisi d'un recours hiérarchique sur une décision prise par l'inspecteur du travail vaut décision de rejet.

Art. R. 2323-32. Les membres du comité interentreprises sont désignés pour une durée équivalente à celle qu'ils tiennent de leur mandat à leur comité d'entreprise.

Le comité interentreprises exerce ses fonctions dans les locaux et avec le matériel et le personnel de l'un ou de plusieurs des comités d'entreprise qui y sont représentés.

Les dispositions des articles L. 2324-10, L. 2324-24, L. 2324-27, L. 2324-28, ***(D. 2009-289 du 13 mars 2009, JO 15)*** « L. 2325-1, L. 2325-6 à L. 2325-11 et L. 2325-14 à L. 2325-21 » sont applicables au comité interentreprises.

Art. R. 2323-33. En fonction de l'objet qui lui a été assigné, le comité interentreprises exerce les attributions définies aux articles R. 2323-21 et R. 2323-23.

Il est doté de la personnalité civile et fonctionne dans les mêmes conditions qu'un comité d'entreprise.

Sous-section 3. Ressources et dépenses

§ 1. Ressources et dépenses du comité d'entreprise

Art. R. 2323-34. Les ressources du comité d'entreprise en matière d'activités sociales et culturelles sont constituées par :

1° Les sommes versées par l'employeur pour le fonctionnement des institutions sociales de l'entreprise qui ne sont pas légalement à sa charge, à l'exclusion des sommes affectées aux retraités ;

2° Les sommes précédemment versées par l'employeur aux caisses d'allocations familiales et organismes analogues, pour les institutions financées par ces caisses et qui fonctionnent au sein de l'entreprise ;

3° Le remboursement obligatoire par l'employeur des primes d'assurances dues par le comité d'entreprise pour couvrir sa responsabilité civile ;

4° Les cotisations facultatives des salariés de l'entreprise dont le comité d'entreprise fixe éventuellement les conditions de perception et les effets ;

5° Les subventions accordées par les collectivités publiques ou les organisations syndicales ;

6° Les dons et legs ;

7° Les recettes procurées par les manifestations organisées par le comité ;

8° Les revenus des biens meubles et immeubles du comité.

Note

• Voir note sous article L. 2323-86.

• 3° : Le comité d'entreprise a le libre choix de son assureur. Le remboursement par l'employeur des primes d'assurances, dues par le comité pour couvrir sa responsabilité civile, n'est donc soumis à aucune condition et, en particulier, n'est pas subordonné à un contrôle du chef d'entreprise sur le choix et la nature de l'assurance (cass. soc. 20 février 2002, n° 99-21.194, BC V n° 73 ; *RJS* 5/02 n° 587).

Art. R. 2323-35. La contribution de l'employeur prévue au 1° de l'article R. 2323-34 ne peut être inférieure au total le plus élevé des sommes affectées aux dépenses sociales de l'entreprise atteint au cours de l'une des trois dernières années.

Sont exclues du calcul de cette contribution, les dépenses temporaires, lorsque les besoins correspondants ont disparu.

[**Art. R. 2323-36.** Supprimé.]

Art. R. 2323-37. À la fin de chaque année, le comité d'entreprise fait un compte rendu détaillé de sa gestion financière.

Ce compte rendu est porté à la connaissance des salariés par voie d'affichage sur les tableaux réservés aux communications syndicales.

Ce compte rendu indique, notamment :
1° Le montant des ressources du comité ;
2° Le montant des dépenses soit pour son propre fonctionnement, soit pour celui des activités sociales et culturelles dépendant de lui ou des comités interentreprises auxquels il participe. Chacune des institutions sociales fait l'objet d'un budget particulier.

Le bilan établi par le comité est approuvé par le commissaire aux comptes mentionné à l'article L. 2323-8.

Note

• Sur les obligations comptables du comité d'entreprise, voir rép. QE 34915 JO AN 2 mai 1988, p. 1836.

• Si l'employeur, en tant que tel, ne semble pas avoir de pouvoir de contrôle sur la gestion financière du comité d'entreprise, il est recevable, en tant que membre et surtout président du comité, à agir pour solliciter l'annulation d'actes du comité qui donneraient à la contribution patronale versée une destination irrégulière (TGI Paris 11 décembre 1968, *Gaz. Pal.* 1969.I.173).
Le représentant de la société au comité d'établissement, délégué par le chef d'entreprise pour présider le comité d'établissement, a qualité pour demander au juge des référés, à titre conservatoire, la suspension de l'exécution d'une mesure décidée par ledit comité sous sa présidence (cass. soc. 1er février 1979, n° 77-15.610, BC V n° 104).

• L'employeur, en sa qualité de président du comité d'établissement, ayant accès, comme tous les autres membres, aux archives et aux documents comptables du comité, le refus opposé à l'employeur d'accéder à ces documents constitue un trouble manifestement illicite (cass. soc. 19 décembre 1990, n° 88-17.677, BC V n° 692 ; *RJS* 2/91 n° 200).

Art. R. 2323-38. Les membres du comité sortant rendent compte de leur gestion au nouveau comité. Ils remettent aux nouveaux membres tous documents concernant l'administration et l'activité du comité.

Note

L'obligation de remise des documents à l'occasion de la reddition des comptes ayant été édictée au profit du comité lui-même pour assurer la continuité de son fonctionnement, et non de celui de chacun de ses membres, le président du comité d'entreprise ne peut agir en justice contre l'ancien trésorier du comité d'entreprise pour obtenir un compte-rendu de gestion que s'il a été mandaté à cette fin par le comité (cass. soc. 1er juin 2010, n° 09-12.758, BC V n° 122 ; *RJS* 8-9/10 n° 682).

Art. R. 2323-39. En cas de cessation définitive de l'activité de l'entreprise, le comité décide de l'affectation des biens dont il dispose. La liquidation est opérée par ses soins, sous la surveillance du ***(D. 2009-1377 du 10 nov. 2009, JO 13 ; D. 2010-687 du 24 juin 2010, JO 25 ; voir D. 2010-1582 du 17 déc. 2010, JO 18, pour outre-mer)*** « directeur régional des entreprises, de la concurrence, de la consommation, du travail et de l'emploi ».

La dévolution du solde des biens est réalisée au crédit :
1° Soit d'un autre comité d'entreprise ou interentreprises, notamment dans le cas où la majorité des salariés est destinée à être intégrée dans le cadre de ces entreprises ;
2° Soit d'institutions sociales d'intérêt général dont la désignation est, autant que possible, conforme aux vœux exprimés par les salariés intéressés.

Les biens ne peuvent être répartis entre les salariés ou les membres du comité.

Note

• S'agissant de l'utilisation des fonds d'un comité d'entreprise, à la suite de la fermeture d'un établissement, le ministre du Travail a précisé que le solde des biens du comité d'entreprise ne doit pas être utilisé pour acheter des parts sociales dans une société qui serait créée par des salariés licenciés (rép. QE 61238, JO AN 10 février 1986, p. 535).

• Cet article ne s'applique pas dans le cas d'une fermeture d'établissement s'accompagnant d'un transfert des salariés dans d'autres sociétés du même groupe (cass. soc. 23 janvier 1996, n° 93-16.799, BC V n° 25 ; *RJS* 3/96 n° 294 ; 10 juin 1998, n° 96-20.112, BC V n° 317 ; *RJS* 7/98 n° 877). Voir note sous article L. 2325-1.

§ 2. *Ressources et dépenses du comité interentreprises*

Art. R. 2323-40. Les dépenses nécessaires au fonctionnement du comité interentreprises sont à la charge des entreprises proportionnellement au nombre de salariés qu'elles emploient.

Art. R. 2323-41. Les ressources du comité interentreprises sont constituées, dans les conditions prévues à l'article L. 2323-83, par les sommes versées par les comités d'entreprise pour le fonctionnement des activités sociales et culturelles leur incombant.

§ 3. *Dispositions communes*

Art. R. 2323-42. Les institutions sociales dotées de la personnalité civile peuvent être subventionnées par les comités d'entreprise ou les comités interentreprises.

Sous réserve des articles R. 2323-32 et R. 2323-33, ces institutions sont organisées et fonctionnent selon les modalités propres à chacune d'elles, d'après leur nature et leur régime juridique.

CHAPITRE IV

Composition, élection et mandat

SECTION 1. Composition

Art. L. 2324-1. Le comité d'entreprise comprend l'employeur et une délégation du personnel comportant un nombre de membres déterminé par décret en Conseil d'État compte tenu du nombre des salariés.

La délégation du personnel comporte un nombre égal de titulaires et de suppléants. Les suppléants assistent aux séances du comité avec voix consultative.

Le nombre de membres peut être augmenté par convention ou accord entre l'employeur et les organisations syndicales ***(L. 2008-789 du 20 août 2008, art. 4, JO 21)*** « intéressées, conclu selon les conditions de l'article L. 2324-4-1 ».

Note

• Un tribunal d'instance a décidé à bon droit que, nonobstant l'absence d'accord lors du protocole préélectoral, les dispositions plus favorables de la convention collective de la chimie prévoyant six élus dans chaque collège devaient recevoir application (cass. soc. 8 juin 1999, n° 97-60.831, BC V n° 270).

• Cet article n'exige pas l'unanimité pour la conclusion d'une convention ou d'un accord collectif augmentant le nombre des membres du comité d'entreprise (cass. soc. 8 décembre 2004, n° 03-60.508, BC V n° 325 ; *RJS* 4/05 n° 399).

Art. R. 2324-1. La délégation du personnel au comité d'entreprise est composée comme suit :

1° De 50 à 74 salariés : 3 titulaires et 3 suppléants ;
2° De 75 à 99 salariés : 4 titulaires et 4 suppléants ;
3° De 100 à 399 salariés : 5 titulaires et 5 suppléants ;
4° De 400 à 749 salariés : 6 titulaires et 6 suppléants ;
5° De 750 à 999 salariés : 7 titulaires et 7 suppléants ;
6° De 1 000 à 1 999 salariés : 8 titulaires et 8 suppléants ;
7° De 2 000 à 2 999 salariés : 9 titulaires et 9 suppléants ;
8° De 3 000 à 3 999 salariés : 10 titulaires et 10 suppléants ;
9° De 4 000 à 4 999 salariés : 11 titulaires et 11 suppléants ;
10° De 5 000 à 7 499 salariés : 12 titulaires et 12 suppléants ;

11° De 7500 à 9999 salariés : 13 titulaires et 13 suppléants ;
12° À partir de 10000 salariés : 15 titulaires et 15 suppléants.

Art. L. 2324-2. Sous réserve des dispositions applicables dans les entreprises de moins de trois cents salariés, prévues à l'article L. 2143-22, ***(L. 2008-789 du 20 août 2008, art. 5, JO 21)*** « chaque organisation syndicale ayant des élus au comité d'entreprise peut y nommer un représentant ». Il assiste aux séances avec voix consultative. Il est choisi parmi les membres du personnel de l'entreprise et doit remplir les conditions d'éligibilité au comité d'entreprise fixées à l'article L. 2324-15.

Note Par décision 2011-216 QPC du 3 février 2012 (JO 4), le Conseil constitutionnel a jugé que l'article L. 2324-2 était conforme à la Constitution. Sur cette décision, voir *LS* Bref n° 16035 du 7/02/12.

Désignation du représentant syndical au comité d'entreprise

• Alors qu'auparavant chaque organisation syndicale représentative dans l'entreprise pouvait désigner un représentant au comité d'entreprise, la loi 2008-789 du 20 août 2008 portant rénovation de la démocratie sociale (JO 21) a modifié les dispositions de cet article afin de réserver cette faculté aux organisations syndicales ayant des élus au comité. Ces nouvelles dispositions de l'article L. 2324-2 CT, *applicables depuis le 22 août 2008*, donnent le droit à chaque organisation syndicale ayant des élus, sans autre condition, de désigner un représentant syndical au comité d'entreprise ou d'établissement ; il n'est donc pas exigé que le syndicat soit représentatif pour pouvoir désigner un représentant syndical au comité d'entreprise ou d'établissement (cass. soc. 8 juillet 2009, n° 09-60.015, BC V n° 179 ; *Dr. Soc.* 2009, pp. 950 et s., obs. M-L Morin et rapport de L. Pécaut-Rivolier ; circ. DGT 2011-6 du 27 juillet 2011, Question - Réponse 15 ; voir aussi cass. soc. 10 mars 2010, n° 09-60.282, BC V n° 63 : illicéité d'un accord d'entreprise postérieur au 22 août 2008 se référant à une condition de représentativité syndicale).

La Cour de cassation a précisé qu'il suffit qu'un syndicat ait au moins deux élus au comité d'entreprise pour y désigner un représentant (cass. soc. 4 novembre 2009, n° 09-60.066, BC V n° 240). La désignation d'un représentant syndical par un syndicat qui a un seul élu est nulle (cass. soc. 16 février 2011, n° 10-60.159). En cas de liste commune, un représentant syndical peut être désigné d'un commun accord entre les syndicats ayant présenté cette liste, dès lors que le nombre d'élus de la liste est au moins égal à deux (cass. soc. 31 janvier 2012, n° 11-11.856). Le nombre d'élus obtenu par chaque syndicat s'apprécie alors sur la base qu'ils ont indiquée lors du dépôt de leur liste et, à défaut, se répartit par parts égales entre les syndicats concernés (cass. soc. 4 novembre 2009, n° 09-60.066, précité). L'indication de la base de répartition peut résulter de la mention sur la liste de candidature présentée aux électeurs, pour chacun des candidats de la liste commune, de leur appartenance à l'un ou l'autre des syndicats de la liste (cass. soc. 13 octobre 2010, n° 09-60.456, BC V n° 227 ; *RJS* 12/10, n° 949).

C'est à la date des dernières élections que s'apprécient les conditions d'ouverture du droit pour un syndicat de désigner un représentant au comité d'entreprise. Par conséquent, dès lors qu'un syndicat a obtenu deux élus lors des dernières élections au comité d'entreprise, il remplit les conditions pour y désigner un représentant et la désignation qu'il a effectuée ne peut pas être remise en cause par le licenciement d'un de ses deux élus ou par la démission postérieure d'un élu de son mandat (cass. soc. 28 septembre 2011, 2 arrêts, n°s 10-60.357 et 10-28.406, *RJS* 12/11 n° 989).

À noter que lorsqu'un candidat aux élections du comité d'entreprise est adhérent à plusieurs syndicats, il ne constitue un des élus permettant la désignation d'un représentant syndical au comité d'entreprise, au sens de l'article L. 2324-2, que pour l'organisation syndicale sous l'étiquette de laquelle il a été élu (cass. soc. 14 décembre 2010, n° 09-60.412, BC V n° 289 ; *LS* Jurispr. n° 252/2010 du 28/12/10).

De même, l'affiliation confédérale sous laquelle un syndicat a présenté des candidats aux élections des membres du comité d'entreprise constituant un élément essentiel du vote des électeurs, les salariés qui n'ont pas été candidats sur les listes présentées par un syndicat lors des dernières élections ne peuvent être considérés comme les élus de ce syndicat. Ainsi, lorsque après avoir été élus au comité d'entreprise sous l'étiquette d'un syndicat, des salariés ont changé d'affiliation, le syndicat auquel ils se sont affiliés ne peut se prévaloir de la présence de ces élus au comité d'entreprise pour y désigner un représentant syndical au comité d'entreprise (cass. soc. 18 mai 2011, n° 10-60.273, *RJS* 7/11 n° 620).

Enfin, il n'y a pas d'obligation de choisir le représentant syndical au comité d'entreprise parmi les candidats aux élections professionnelles (circ. DGT 2008-20 du 13 novembre 2008, fiche n° 2).

Sur la conformité à la Constitution des règles de désignation du représentant syndical au comité d'entreprise issues de la loi du 20 août 2008, voir cass. ass. plén., QPC, 18 juin 2010, n° 10-14.749, rectifié par cass. soc. 28 septembre 2010, *RJS* 10/10 n° 780.

Dans les entreprises de moins de 300 salariés, le délégué syndical reste, en tout état de cause, représentant syndical au comité d'entreprise de droit (art. L. 2143-22). Mais tel n'est pas le cas du représentant de la section syndicale (circ. DGT 6 du 27 juillet 2011, Question - Réponse 14 et cass. soc. 14 décembre 2011, n° 11-14.642).

• Le représentant syndical au comité d'entreprise est obligatoirement choisi parmi les membres du personnel de l'entreprise (cass. soc. 26 avril 2000, n° 98-60.493, BC V n° 154). Toutefois, les démonstrateurs, étant intégrés dans la communauté des travailleurs salariés d'un grand magasin et dans l'entité de ce grand magasin, y sont électeurs et éligibles et en cette qualité peuvent être désignés en qualité de représentants syndicaux au comité d'entreprise (cass. soc. 30 avril 2003, n° 01-60.841, BC V n° 153 ; *RJS* 7/03 n° 904, 2e espèce ; *Dr. Soc.* 2003, p. 782, obs. J. Savatier).

• À défaut de convention collective ou d'accord collectif contraire, deux syndicats affiliés à la même fédération ne peuvent désigner ensemble qu'un seul représentant syndical auprès du comité d'entreprise (cass. soc. 29 mai 1991, n° 89-61.563, BC V n° 280 ; *RJS* 7/91 n° 851 ; voir aussi cass. soc. 14 janvier 1976, n° 75-60.156, BC V n° 18 ; 9 décembre 1976, n° 76-60.083, BC V n° 654). Cependant, si le nombre des délégués ou des représentants syndicaux tel qu'il est fixé par la loi peut être augmenté à la suite d'une négociation avec les syndicats représentatifs par accord collectif, ni un usage de l'entreprise ni un engagement unilatéral de l'employeur ne peuvent modifier les dispositions légales correspondantes (cass. soc. 30 mai 2001, n° 00-60.150, BC V n° 199 ; *RJS* 10/01 n° 1154).

• Le représentant syndical auprès d'un comité d'établissement, qui est obligatoirement choisi parmi les membres du personnel de l'établissement et qui doit remplir les conditions d'éligibilité au comité d'établissement, ne peut pas être simultanément désigné auprès du comité d'un autre établissement (cass. soc. 9 décembre 1981, n° 80-12.776, BC V n° 951).

• Le même salarié ne peut siéger simultanément dans le même comité d'établissement en qualité à la fois de membre élu et de représentant syndical auprès de celui-ci, les pouvoirs attribués par la loi à l'une et à l'autre de ces fonctions étant différents ; il appartient au tribunal d'inviter le salarié à opter pour l'un des deux mandats (cass. soc. 17 juillet 1990, n° 89-60.729, BC V n° 374 ; *RJS* 8-9/90 n° 689, 1re espèce). Cette incompatibilité entre les deux mandats a été confirmée par l'administration (circ. DGT 6 du 27 juillet 2011).

• *Salarié déjà détenteur d'un mandat de représentant du personnel :* les salariés élus représentants du personnel, ou régulièrement candidats à ces fonctions, remplissent par là même les conditions d'ancienneté et de présence dans l'entreprise pour être désignés en qualité de représentant syndical au comité d'entreprise (cass. soc. 4 février 2004, n° 03-60.138, BC V n° 38).

Attributions du représentant syndical au comité d'entreprise

Si les attributions d'un représentant syndical au sein du comité d'entreprise sont, par définition, inséparables de sa mission syndicale, il n'en résulte pas pour autant que son rôle doive se confondre avec celui du délégué syndical lorsqu'il n'est pas mandaté, à ce titre, par le syndicat qu'il représente (cass. crim. 25 mai 1982, n° 81-93.443).

Durée du mandat

Le mandat de représentant syndical au comité d'entreprise prend fin lors du renouvellement des membres de cette institution. Tout intéressé peut donc faire constater l'expiration du mandat sans que puisse lui être opposé le délai prévu par l'article R. 2324-24 (cass. soc. 10 mars 2010, n° 09-60.347, BC V n° 58 ; *RJS* 5/10 n° 440 ; *Dr. Soc.* 2010, p. 600, obs. L. Pécaut-Rivolier ; *RDT*, juillet/août 2010, CH, 453, F. Signoretto).

SECTION 2. Élection

Sous-section 1. Organisation des élections

Art. L. 2324-3. L'élection des représentants du personnel au comité d'entreprise et celle des délégués du personnel ont lieu à la même date.

L'employeur informe le personnel tous les quatre ans par affichage de l'organisation des élections. Le document affiché précise la date envisagée pour le premier tour. Celui-ci doit se tenir, au plus tard, le quarante-cinquième jour suivant l'affichage, sous réserve qu'une périodicité différente n'ait pas été fixée par accord en application de l'article L. 2314-27.

Note

• Ni cet article ni aucune autre disposition légale ou réglementaire n'imposent à l'employeur de recourir à un autre procédé que l'affichage pour informer le personnel de l'organisation des élections. Un directeur des ressources humaines ne peut donc être déclaré coupable d'entrave pour ne pas avoir pris « les dispositions requises » pour informer de l'organisation des élections un salarié qui, du fait de la mise à pied dont il faisait l'objet, n'a pas pu prendre connaissance de l'affichage effectué en application de cet article et de la documentation tenue à la disposition des électeurs en application de l'accord préélectoral (cass. crim. 5 mars 2002, n° 01-81.049, B. crim. n° 56 ; *RJS* 6/02 n° 695).

• L'employeur doit informer le personnel par voie d'affichage de l'organisation des élections en vue de la désignation des délégués du personnel et des membres du comité d'entreprise ; l'inobservation de cette formalité entraîne la nullité des élections. S'agissant des salariés mis à disposition, l'employeur d'origine a l'obligation de les informer de la tenue des élections par voie d'affichage dans toutes les entreprises clientes où sont affectés les salariés (cass. soc. 30 novembre 2011, n° 11-11.852, *LS* Jurispr. n° 01/2012 du 2/01/12).

Art. L. 2324-4. ***(L. 2008-789 du 20 août 2008, art. 3, JO 21)*** « Sont informées, par voie d'affichage, de l'organisation des élections et invitées à négocier le protocole d'accord préélectoral et à établir les listes de leurs candidats aux fonctions de représentants du personnel au comité d'entreprise les organisations syndicales qui satisfont aux critères de respect des valeurs républicaines et d'indépendance, légalement constituées depuis au moins deux ans et dont le champ professionnel et géographique couvre l'entreprise ou l'établissement concernés.

Les organisations syndicales reconnues représentatives dans l'entreprise ou l'établissement, celles ayant constitué une section syndicale dans l'entreprise ou l'établissement, ainsi que les syndicats affiliés à une organisation syndicale représentative au niveau national et interprofessionnel y sont également invités par courrier. »

Dans le cas d'un renouvellement du comité, cette invitation est faite un mois avant l'expiration du mandat des membres en exercice. Le premier tour des élections a lieu dans la quinzaine précédant l'expiration de ce mandat.

Note

• Voir note sous article L. 2314-3.

• Le délai de quinzaine précédant l'expiration du mandat est un délai de rigueur et un accord ne saurait y déroger en anticipant les élections, même pour un motif légitime (cass. soc. 17 mars 1967, BC II n° 116). L'employeur qui n'invite pas les organisations syndicales à établir des listes de candidats un mois avant l'expiration des mandats des membres du comité en exercice est coupable du délit d'entrave (cass. crim. 2 mars 1966, Vercher).

Art. L. 2324-4-1. ***(L. 2008-789 du 20 août 2008, art. 4, JO 21)*** La validité du protocole d'accord préélectoral conclu entre l'employeur et les organisations syndicales intéressées est subordonnée à sa signature par la majorité des organisations syndicales ayant participé à sa négociation, dont les organisations syndicales représentatives ayant recueilli la majorité des suffrages exprimés lors des dernières élections professionnelles ou, lorsque ces résultats ne sont pas disponibles, la majorité des organisations représentatives dans l'entreprise.

Note Voir note sous article L. 2314-3-1.

Art. L. 2324-5. Lorsque, en l'absence de comité d'entreprise, l'employeur est invité à organiser des élections à la demande d'un salarié ou d'une organisation syndicale, il engage la procédure définie à l'article L. 2324-4 dans le mois suivant la réception de cette demande.

Art. L. 2324-6. Lors de l'élaboration du protocole d'accord préélectoral, les organisations syndicales intéressées examinent les voies et moyens en vue d'atteindre une représentation équilibrée des femmes et des hommes sur les listes de candidatures.

Note Sur la notion d'organisations syndicales intéressées, voir article L. 2314-3 et note sous cet article.

Art. L. 2324-7. Dans les entreprises de travail temporaire, et sans préjudice des dispositions relatives à la composition des collèges électoraux prévues par les articles L. 2324-11 à L. 2324-13, la répartition des sièges des membres du comité d'entreprise peut faire l'objet d'un accord entre l'employeur et les organisations syndicales intéressées en vue d'assurer une représentation équitable du personnel permanent et du personnel temporaire.

Note Sur la notion d'organisations syndicales intéressées, voir article L. 2314-3 et note sous cet article.

Art. L. 2324-8. Lorsque le comité n'a pas été constitué ou renouvelé, un procès-verbal de carence est établi par l'employeur. Celui-ci l'affiche dans l'entreprise et le transmet dans les quinze jours à l'inspecteur du travail.

L'inspecteur du travail communique une copie du procès-verbal de carence aux organisations syndicales de salariés du département intéressé.

Art. L. 2324-9. Lorsque le juge judiciaire, saisi préalablement aux élections, décide la mise en place d'un dispositif de contrôle de leur régularité, de la liberté et de la sincérité du scrutin, les frais entraînés par ces mesures sont à la charge de l'employeur.

Art. L. 2324-10. Des élections partielles sont organisées à l'initiative de l'employeur si un collège électoral n'est plus représenté ou si le nombre des membres titulaires de la délégation du personnel est réduit de moitié ou plus, sauf si ces événements interviennent moins de six mois avant le terme du mandat des membres du comité d'entreprise.

Les élections partielles se déroulent dans les conditions fixées à l'article L. 2324-22 pour pourvoir aux sièges vacants dans les collèges intéressés, sur la base des dispositions en vigueur lors de l'élection précédente.

Les candidats sont élus pour la durée du mandat restant à courir.

Note La loi du 28 octobre 1982 a introduit une disposition à cet égard uniquement en ce qui concerne l'institution des comités d'entreprise.

Les élections partielles dans l'entreprise ne peuvent être organisées et se dérouler selon les dispositions de l'accord préélectoral en vigueur lors de l'élection précédente que si cet accord n'est pas contesté. C'est donc à bon droit qu'un tribunal d'instance a prononcé l'annulation d'élections partielles, après avoir relevé que le protocole d'accord en vigueur lors de l'élection précédente faisait l'objet d'une contestation soumise, avant les élections, à l'inspecteur du travail en ses dispositions relatives à la répartition des personnels dans le collège et avoir constaté que l'employeur avait fait procéder à l'élection sans attendre la décision administrative (cass. soc. 15 décembre 2004, n° 04-60.058, BC V n° 337 ; *RJS* 3/05 n° 296).

Après avoir constaté la prorogation conventionnelle du mandat des membres élus du comité d'établissement, un juge d'instance a pu décider que des élections partielles avaient pu être valablement organisées plus de six mois avant l'expiration des mandats et plus de dix-huit mois après les dernières élections (cass. soc. 8 mars 1995, n° 94-60.228, BC V n° 80 ; *Dr. Soc.* 1995, p. 605 ; *RJS* 4/95 n° 400).

Sous-section 2. **Collèges électoraux**

Art. L. 2324-11. Les représentants du personnel sont élus sur des listes établies par les organisations syndicales pour chaque catégorie de personnel :
– d'une part, par le collège des ouvriers et employés ;
– d'autre part, par le collège des ingénieurs, chefs de service, techniciens, agents de maîtrise et assimilés.

Dans les entreprises de cinq cent un salariés et plus, les ingénieurs, les chefs de service et cadres administratifs, commerciaux ou techniques assimilés ont au moins un délégué titulaire au sein du second collège, élu dans les mêmes conditions.

En outre, dans les entreprises, quel que soit leur effectif, dont le nombre des ingénieurs, chefs de service et cadres administratifs, commerciaux ou techniques assimilés sur le plan de la classification est au moins égal à vingt-cinq au moment de la constitution ou du renouvellement du comité, ces catégories constituent un troisième collège.

Note Cet article a été modifié par la loi 2008-789 du 20 août 2008, art. 4 (JO 21).

Collège spécial cadres

• Il résulte de cet article que la création du collège spécial est obligatoire dès l'instant qu'au moins vingt-cinq cadres sont dénombrés dans l'entreprise à la date des élections, peu important que certains d'entre eux soient exclus de l'électorat en raison des pouvoirs qu'ils exercent et qui permettent de les assimiler au chef d'entreprise. A violé ce texte le tribunal d'instance qui, pour décider qu'il n'y avait pas lieu à création du collège spécial en vue des élections au comité d'entreprise d'une société, a, après avoir relevé que la liste des cadres dans l'entreprise comprenait vingt-sept personnes, énoncé que trois d'entre elles, de par leur fonction de représentation du chef d'entreprise auprès du personnel, ne pouvaient être retenues dans l'effectif particulier des cadres pour l'appréciation du seuil entraînant la création d'un troisième collège (cass. soc. 30 mai 2001, n° 99-60.564, BC V n° 189 ; *RJS* 8-9/01 n° 1040).

• Il ne peut être dérogé par voie d'accord, même unanime, aux dispositions de l'article L. 433-2, al. 4 [L. 2324-11] CT imposant la création d'un collège spécial pour les cadres lorsque leur nombre est au moins égal à 25 (cass. soc. 13 octobre 2004, n° 03-60.275, BC V n° 258 ; *RJS* 12/04 n° 1305 ; *Dr. Soc.* 2005, p. 111, obs. J. Savatier).

• La constitution d'un troisième collège, regroupant, en vertu de l'article L. 342-2, al. 2 du code de l'aviation civile, les personnels navigants professionnels, ne peut faire échec au droit du personnel d'encadrement non navigant de revendiquer la mise en place du collège spécial des cadres lorsque les conditions légales sont remplies (cass. soc. 3 mai 2002, n° 01-60.072, BC V n° 141 ; *RJS* 7/02 n° 854).

• Dans le cadre de la délégation unique, les dispositions relatives à la constitution d'un collège spécial cadres ne sont pas applicables (cass. soc. 26 septembre 2002, n° 01-60.325, BC V n° 287).

Art. L. 2324-12. Le nombre et la composition des collèges électoraux ne peuvent être modifiés par une convention, un accord collectif de travail, étendu ou non, ou un accord préélectoral que lorsque la convention ou l'accord est signé par toutes les organisations syndicales représentatives existant dans l'entreprise.

L'accord conclu ne fait pas obstacle à la création du troisième collège dans les conditions prévues au cinquième alinéa de l'article L. 2324-11.

L'accord préélectoral est transmis à l'inspecteur du travail.

Note Les dispositions de cet article, qui conditionnent la création d'un collège électoral modifiant les prévisions légales à la signature d'un accord par toutes les organisations syndicales représentatives existant dans l'entreprise ne sont pas applicables à la création du collège spécifique aux journalistes prévu par les articles L. 7111-7 et s. CT (cass. soc. 2 mars 2011, n° 09-60.419, BC V n° 60 ; *RJS* 5/11 n° 480, 1re espèce ; *JCP* éd. S 2011, 1231, 2e espèce, note N. Dauxerre ; *Dr. Soc.* 2011, p. 874, 1er arrêt, obs. Fr. Petit). Sur les modalités de création de ce collège, voir note sous article L. 7111-7).

Art. L. 2324-13. La répartition des sièges entre les différentes catégories de personnel et la répartition du personnel dans les collèges électoraux font l'objet d'un accord entre l'employeur et les organisations syndicales intéressées, ***(L. 2008-789 du 20 août 2008, art. 4, JO 21)*** « conclu selon les conditions de l'article L. 2324-4-1 ».

Lorsque cet accord ne peut être obtenu, l'autorité administrative décide de cette répartition entre les collèges électoraux. Pour ce faire, elle se conforme soit aux modalités de répartition prévues par l'accord mentionné à l'article L. 2324-12, soit, à défaut d'accord, à celles prévues à l'article L. 2324-11.

Note **Répartition du personnel entre collèges électoraux**

• L'autorité administrative compétente pour procéder à la répartition du personnel dans les collèges électoraux et des sièges entre les différentes catégories, en cas de désaccord entre le chef d'entreprise et les organisations syndicales, est le Direccte (voir art. R. 2324-3).

• L'autorité administrative n'a pas compétence pour fixer le nombre des collèges ; appelé à se prononcer sur la répartition du personnel entre collèges électoraux, il ne peut que procéder à cette répartition en tenant compte des collèges existants ; la question relative au nombre des collèges électoraux ne peut être tranchée que par le tribunal d'instance (CE 1er février 1993, n° 95345, *RJS* 5/93 n° 524, 2e espèce).

L'intervention d'un accord après la décision de l'autorité administrative, appelée à se prononcer sur la répartition du personnel entre les collèges électoraux, a pour effet de rendre caduque la décision de l'autorité administrative (CE 29 décembre 1995, n° 104504, *RJS* 3/96 n° 311).

La décision administrative répartissant le personnel entre les collèges s'impose au juge judiciaire (cass. soc. 28 mai 1997, n° 96-60.199, *RJS* 7/97 n° 844, 1re espèce : un employeur ne peut se borner à invoquer la répartition résultant de la convention collective).

• Sur la modification du nombre et de la composition des collèges électoraux, la répartition des sièges, la négociation des protocoles préélectoraux, les règles de procédure sont les mêmes qu'en ce qui concerne les délégués du personnel. Voir notes sous art. L. 2314-10 et 11.

Siège réservé

• Les règles normales d'attribution des sièges ne peuvent être modifiées, afin de pourvoir un siège réservé, que si l'application de ces règles aboutissait à ce qu'aucun candidat appartenant à la catégorie bénéficiaire ne soit élu ou à ce que plusieurs soient élus (cass. soc. 8 juillet 1985, n° 84-60.961, BC V n° 409). Cependant, un siège réservé ne peut être attribué à un candidat n'ayant obtenu aucune voix (cass. soc. 12 novembre 1997, n° 96-60.337, BC V n° 372 ; *RJS* 12/97 n° 1407).

• L'attribution d'un siège réservé (légal ou conventionnel) à une catégorie n'entraîne pas l'attribution d'un siège supplémentaire à la liste qui a présenté le seul candidat de cette catégorie, mais s'impute sur le nombre des sièges qui reviennent à cette liste (voir notamment cass. soc. 20 juillet 1983, n° 82-60.0446, BC V n° 456).

L'alinéa 3 de l'article L. 433-2 (ancien), dont les dispositions sont impératives, interdit d'attribuer le siège légalement réservé à un candidat qui n'appartient pas à la catégorie de personnel définie par cet alinéa, et l'employeur a donc, à bon droit, organisé un second tour de scrutin afin de pourvoir à ce siège réservé, demeuré vacant au 1er tour (cass. soc. 7 juillet 1983, n° 82-60.636, BC V n° 429 ; 9 octobre 1985, n° 85-60.175, BC V n° 444).

• L'accord préélectoral, qui se borne à réserver dans le premier collège un siège de membre titulaire à un employé, n'interdit pas l'élection de plusieurs employés dès lors que, comme en la cause, cette élection résulte de l'application des règles légales relatives à l'attribution des sièges aux différentes listes et à la désignation des élus au sein de chacune d'elles (cass. soc. 9 octobre 1985, *JS* 1985 SJ 308).

Art. R. 2324-3. La répartition du personnel dans les collèges électoraux et la répartition des sièges entre les différentes catégories de personnel, dans le cas prévu au second alinéa de l'article L. 2324-13, est [sont] réalisée[s] par le ***[(D. 2009-1377 du 10 nov. 2009, JO 13 ; D. 2010-687 du 24 juin 2010, JO 25 ; voir D. 2010-1582 du 17 déc. 2010, JO 18, pour outre-mer)*** « directeur régional des entreprises, de la concurrence, de la consommation, du travail et de l'emploi » du siège de l'entreprise.

Note Les alinéas 2 et 3 de cet article ont été abrogés par le décret 2008-1503 du 30 décembre 2008 (JO 31).

Sous-section 3. Électorat et éligibilité

Art. L. 2324-14. Sont électeurs les salariés des deux sexes, âgés de seize ans révolus, travaillant depuis trois mois au moins dans l'entreprise et n'ayant fait l'objet d'aucune interdiction, déchéance ou incapacité relatives à leurs droits civiques.

Note • S'agissant des articles L. 2324-14 et 15, voir notes sous articles L. 2314-15 et 16.

• *Salariés mis à disposition par des entreprises extérieures.* Voir article L. 2324-17-1 et note sous cet article.

• *Salariés intérimaires.* Si, en application de l'article L. 620.10 [L. 1111-2] CT, les salariés d'entreprises de travail temporaire sont pris en compte dans le calcul des effectifs, les dispositions des articles L. 423-9 [L. 2314-17], L. 423-10 [L. 2314-18], L. 433-6 [L. 2324-16] et L. 433-7 [L. 2324-17] CT qui régissent leur participation aux élections au sein de l'entreprise de travail temporaire excluent qu'ils aient la qualité d'électeur dans l'entreprise utilisatrice (cass. soc. 28 février 2007, n° 06-60.171, BC V n° 34, *JSL* n° 209, p. 14, obs. J-E Tourreil ; *JCP* éd. S 2007, 1272, note P. Morvan ; *RDT*, avril 2007, ET, 229, M-L Morin ; *D.* 2007, AJ 946 ; *RJS* 5/07 n° 636 ; *JCP* éd. S 2007, 1578, étude A-M Dupuy et P. Safar).

• Pendant le temps de leur mise à disposition, les fonctionnaires sont intégrés à la communauté des travailleurs de l'entreprise et peuvent se prévaloir de la qualité de salarié pour l'expression au sein de celle-ci des droits qui y sont attachés ; ils sont donc électeurs et éligibles pour les élections des membres du comité d'entreprise. En effet, le comité d'entreprise, dont l'objet est d'assurer une expression collective des salariés, a vocation à prendre en compte les intérêts de tous les salariés de l'entreprise, quel que soit leur statut (cass. soc. 23 mai 2006, n° 05-60.119, BC V n° 182 ; *JSL* n° 192, 27 juin 2006, p. 19, obs. J-E Tourreil).

• Les travailleurs détachés à la filiale du Commissariat à l'énergie atomique, bénéficiant d'une représentation au comité de leur propre entreprise et ayant vocation à y être consultés sur sa gestion ainsi que sur leur statut propre et à bénéficier des œuvres sociales en dépendant, ne peuvent prétendre être en même temps électeurs et éligibles au comité d'établissement de l'entreprise de détachement (cass. soc. 18 avril 1980, n° 78-60.800, BC V n° 329). Il a été aussi jugé que, compte tenu de la finalité de l'institution représentative à mettre en place, les salariés des sociétés membres d'un GIE, mis à la disposition de ce groupement, n'ont pas le même titre à être électeurs pour les élections au comité d'entreprise du GIE que les travailleurs embauchés par ce dernier (cass. soc. 11 juillet 1989, n° 88-60.713, BC V n° 512 ; *Dr. Soc.* 1989, p. 822).

• S'il remplit les conditions légales, le salarié lié à l'entreprise par un contrat de travail y est électeur. C'est donc à tort que, pour refuser d'inscrire sur la liste électorale, en vue des élections au comité d'entreprise d'une caisse primaire d'assurance maladie, des salariés de la caisse mis à disposition de la CNIT, un tribunal d'instance a retenu que, du fait de leur affectation définitive à cette juridiction, les intéressés ne pouvaient prétendre être inscrits sur la liste électorale de la caisse primaire, alors qu'il résultait de ses constatations que le contrat de travail liant les salariés à celle-ci n'était pas rompu (cass. soc. 12 juin 2002, n° 01-60.058, 1er moyen, BC V n° 204 ; *RJS* 8-9/02 n° 1003 ; *JSL* n° 106, 30 juillet 2002, p. 27).

• S'agissant des cadres représentant l'employeur, voir note sous article L. 2314-15.

Art. L. 2324-15. Sont éligibles, à l'exception des conjoint, partenaire lié par un pacte civil de solidarité, concubin, ascendants, descendants, frères, sœurs ou alliés au même degré de l'employeur, les électeurs âgés de dix-huit ans révolus et travaillant dans l'entreprise depuis un an au moins.

Les salariés travaillant à temps partiel simultanément dans plusieurs entreprises ne sont éligibles que dans l'une de ces entreprises. Ils choisissent celle dans laquelle ils font acte de candidature.

Note Voir note sous article L. 2314-16.

Seuls les salariés qui, en raison des pouvoirs qu'ils détiennent, peuvent être assimilés au chef d'entreprise sont exclus du droit d'être éligibles (cass. soc. 21 novembre 1990, n° 89-61.491, *RJS* 1/91 n° 59). Doit être cassé le jugement retenant comme inéligible le fils d'un directeur d'établissement, élu en qualité de membre de comité d'établissement (cass. soc. 10 octobre 1990, *RJS* 11/90 n° 896).

Pour apprécier la condition d'ancienneté d'un an, il convient de prendre en compte l'ancienneté acquise auprès des filiales du groupe, et non pas seulement la durée d'appartenance à l'entreprise (cass. soc. 8 juillet 1997, n° 96-60.295, BC V n° 253 ; *RJS* 89/97 n° 999).

La suspension du contrat de travail ne fait pas perdre au salarié l'ancienneté acquise et le salarié dont le contrat de travail est suspendu est éligible (cass. soc. 26 septembre 2002, n° 01-60.708, BC V n° 286).

Des salariés détachés auprès d'une filiale, et qui ont le même intérêt au sort et à la gestion de leur entreprise d'origine que les salariés de cette dernière, y sont éligibles (cass. soc. 12 janvier 1994, n° 92-60.323, BC V n° 4 ; *RJS* 2/94 n° 165). Un salarié mis à la disposition d'un GIE par une société membre de ce groupement demeure éligible au sein de cette société (cass. soc. 4 avril 1990, n° 89-61.156, BC V n° 166 ; *RJS* 5/90 n° 398).

Salariés mis à disposition : ils ne sont pas éligibles dans l'entreprise utilisatrice, voir ci-dessous art. L. 2324-17-1 et note sous cet article.

Art. L. 2324-16. Dans les entreprises de travail temporaire, les conditions d'ancienneté sont, pour les salariés temporaires, de trois mois pour être électeur et de six mois pour être éligible.

Ces conditions sont appréciées en totalisant les périodes pendant lesquelles ces salariés ont été liés à ces entreprises par des contrats de mission au cours des douze mois ou des dix-huit mois précédant l'élection, selon qu'il s'agit d'électorat ou d'éligibilité.

Ce délai est réduit à six mois en cas de création d'entreprise ou d'ouverture d'établissement.

Note Aux termes de l'accord national sur les institutions représentatives du personnel des entreprises de travail temporaire, la condition d'ancienneté de six mois prévue pour l'éligibilité est considérée comme remplie si le salarié temporaire a travaillé 1014 heures au cours des dix-huit mois précédant la date arrêtée pour la confection des listes ; un salarié ne peut être éligible s'il ne totalise pas ces heures au cours des dix-huit mois précédant la date de confection des listes (cass. soc. 8 février 1995, n° 94-60.061, BC V n° 53 ; *RJS* 3/95 n° 320).

Art. L. 2324-17. Dans les entreprises de travail temporaire, sont électeurs ou éligibles tous les salariés temporaires satisfaisant aux conditions définies à l'article L. 2324-16 et liés à l'entreprise de travail temporaire par un contrat de mission au moment de la confection des listes.

Toutefois, cessent de remplir ces conditions d'électorat et d'éligibilité :

1° Les salariés ayant fait connaître à l'entrepreneur de travail temporaire qu'ils ne souhaitaient plus bénéficier d'un nouveau contrat de mission ;

2° Les salariés à qui l'entrepreneur de travail temporaire a notifié sa décision de ne plus faire appel à eux par de nouveaux contrats de mission.

Note Voir note sous article L. 2314-18.

Art. L. 2324-17-1. ***(L. 2008-789 du 20 août 2008, art. 3, JO 21)*** Pour les salariés mis à disposition qui remplissent les conditions mentionnées au 2° de l'article L. 1111-2, la condition de présence dans l'entreprise utilisatrice est de douze mois continus pour y être électeur. Les salariés mis à disposition ne sont pas éligibles dans l'entreprise utilisatrice.

Les salariés mis à disposition qui remplissent les conditions mentionnées au premier alinéa choisissent s'ils exercent leur droit de vote dans l'entreprise qui les emploie ou l'entreprise utilisatrice.

Note Aux termes de cet article, les salariés mis à disposition sont électeurs aux élections des membres du comité d'entreprise si :
- ils remplissent les conditions pour être décomptés dans les effectifs de l'entreprise utilisatrice (être présents dans les locaux de l'entreprise utilisatrice et y travailler depuis au moins un an) ;
- ils sont présents dans l'entreprise utilisatrice depuis 12 mois continus.

Sur la prise en compte des salariés mis à disposition dans l'effectif de l'entreprise utilisatrice, voir note sous article L. 2312-8.

L'alinéa 2 de cet article prévoit que le salarié mis à disposition qui remplit les conditions d'électorat doit choisir l'entreprise dans laquelle il exerce son droit de vote. Les conditions d'expression de ce choix ne sont pas encadrées par la législation. Selon la circulaire DGT 2008-20 du 13 novembre 2008, il appartient aux entreprises employeurs de salariés mis à disposition de fournir la liste de ces salariés aux entreprises utilisatrices, afin que les élections puissent être organisées régulièrement. Une annexe à cette circulaire décrit les conditions dans lesquelles l'entreprise prestataire fournit à l'entreprise utilisatrice toutes les données nécessaires (liste des salariés remplissant les critères et ayant fait le libre choix).

Les salariés mis à disposition ne sont jamais éligibles au comité d'entreprise dans l'entreprise utilisatrice. Cette règle de l'inéligibilité s'applique aussi pour la délégation unique du personnel en tant qu'elle exerce les attributions du CE.

Par ailleurs, les salariés mis à disposition ne peuvent pas être désignés représentants syndicaux au comité d'entreprise de l'entreprise utilisatrice (circ. DGT 2008-20 du 13 novembre 2008, précitée).

Art. L. 2324-18. L'inspecteur du travail peut, après avoir consulté les organisations syndicales représentatives, autoriser des dérogations aux conditions d'ancienneté pour l'électorat, notamment lorsque leur application aurait pour effet de réduire à moins des deux tiers de l'effectif le nombre de salariés remplissant ces conditions.

L'inspecteur du travail peut, après avoir consulté les organisations syndicales représentatives, autoriser des dérogations aux conditions d'ancienneté pour l'éligibilité lorsque l'application de ces dispositions conduirait à une réduction du nombre des éligibles qui ne permettrait pas l'organisation normale des opérations électorales.

Note Voir note sous article L. 2314-20.

Sous-section 4. **Mode de scrutin et résultat des élections**

Art. L. 2324-19. L'élection a lieu au scrutin secret sous enveloppe ou par vote électronique, dans les conditions et selon les modalités définies par décret en Conseil d'État.

La mise en œuvre du vote par voie électronique est subordonnée à la conclusion d'un accord d'entreprise.

Il est procédé à des votes séparés pour les membres titulaires et les membres suppléants, dans chacune des catégories professionnelles formant des collèges distincts.

Note

• Voir note sous article L. 2314-21.

• Si la présence d'un représentant de l'employeur dans la salle de vote n'est pas à elle seule de nature à entacher le scrutin d'irrégularité, en l'absence de violation par celui-ci de son obligation de neutralité (cass. soc. 21 mars 1995, n° 94-60.221, *RJS* 5/95 n° 533), un accord préélectoral ou, à défaut, une décision par laquelle le juge d'instance fixe les modalités de déroulement de l'élection peut, sans porter atteinte aux principes généraux du droit électoral, assortir de conditions la présence dans les lieux du vote de représentants de l'employeur, qui n'ont pas la qualité d'électeurs (notamment, quand le tribunal a estimé nécessaire d'instituer, par une disposition non critiquée de sa décision, une commission de contrôle des opérations électorales, afin qu'elles se déroulent dans un « climat serein » ; ce faisant, il n'a pas limité les pouvoirs de police du président du bureau de vote : cass. soc. 1er décembre 1983, SA Massey-Ferguson c/ CGT et a.). Voir également cass. soc. 1er avril 1992, n° 90-60.543, BC V n° 232 ; *RJS* 5/92 n° 643 : mise en place d'un dispositif de contrôle par le juge d'instance.
La composition de bureaux de vote par le seul président constitue une irrégularité de nature à porter atteinte au déroulement normal des opérations électorales (cass. soc. 19 octobre 1994, n° 93-60.049, BC V n° 282 ; *RJS* 12/94 n° 1409). De même, l'absence de président désigné dans les bureaux de vote, en violation des principes généraux du droit électoral, constitue, en raison de l'importance de ses attributions, une irrégularité qui porte atteinte au déroulement normal des opérations électorales et compromet dans son ensemble la loyauté du scrutin (cass. soc. 13 février 2008, n° 07-60.097, BC V n° 37).

Art. R. 2324-4. L'élection des délégués du personnel au comité d'entreprise peut être réalisée par vote électronique sur le lieu de travail ou à distance.

La possibilité de recourir à un vote électronique est ouverte par un accord d'entreprise ou par un accord de groupe comportant un cahier des charges respectant les dispositions des articles R. 2324-5 et suivants.

La mise en place du vote électronique n'interdit pas le vote à bulletin secret sous enveloppe si l'accord n'exclut pas cette modalité.

Art. R. 2324-5. La conception et la mise en place du système de vote électronique peuvent être confiées à un prestataire choisi par l'employeur sur la base d'un cahier des charges respectant les dispositions du présent paragraphe.

Le système retenu assure la confidentialité des données transmises, notamment de celles des fichiers constitués pour établir les listes électorales des collèges électoraux, ainsi que la sécurité de l'adressage des moyens d'authentification, de l'émargement, de l'enregistrement et du dépouillement des votes.

Art. R. 2324-6. Lors de l'élection par vote électronique, les fichiers comportant les éléments d'authentification des électeurs, les clés de chiffrement et de déchiffrement et le contenu de l'urne sont uniquement accessibles aux personnes chargées de la gestion et de la maintenance du système.

Les données relatives aux électeurs inscrits sur les listes électorales ainsi que celles relatives à leur vote sont traitées par des systèmes informatiques distincts, dédiés et isolés, respectivement dénommés « fichier des électeurs » et « contenu de l'urne électronique ».

Art. R. 2324-7. Le système de vote électronique doit pouvoir être scellé à l'ouverture et à la clôture du scrutin.

Art. R. 2324-8. Préalablement à sa mise en place ou à toute modification substantielle de sa conception, le système de vote électronique est soumis à une expertise indépendante destinée à vérifier le respect des articles R. 2324-4 à R. 2324-7. Le rapport de l'expert est tenu à la disposition de la Commission nationale de l'informatique et des libertés.

Les prescriptions de ces mêmes articles s'imposent également aux personnes chargées de la gestion et de la maintenance du système informatique.

Art. R. 2324-9. L'employeur met en place une cellule d'assistance technique chargée de veiller au bon fonctionnement et à la surveillance du système de vote électronique, comprenant, le cas échéant, les représentants du prestataire.

Art. R. 2324-10. L'employeur informe les organisations syndicales de salariés incluses dans le périmètre de l'accord autorisant le vote électronique et représentatives, au sens de l'article L. 2231-1, de l'accomplissement des formalités déclaratives préalables auprès de la Commission nationale de l'informatique et des libertés.

Art. R. 2324-11. Chaque salarié dispose d'une notice d'information détaillée sur le déroulement des opérations électorales.

Les représentants du personnel et les membres du bureau de vote bénéficient d'une formation sur le système de vote électronique retenu.

Art. R. 2324-12. Le protocole d'accord préélectoral mentionne la conclusion de l'accord d'entreprise ou de l'accord de groupe autorisant le recours au vote électronique et, s'il est déjà arrêté, le nom du prestataire choisi pour le mettre en place.

Il comporte en annexe la description détaillée du fonctionnement du système retenu et du déroulement des opérations électorales.

Art. R. 2324-13. Le vote électronique se déroule, pour chaque tour de scrutin, pendant une période délimitée.

Art. R. 2324-14. En présence des représentants des listes de candidats, la cellule d'assistance technique :

1° Procède, avant que le vote ne soit ouvert, à un test du système de vote électronique et vérifie que l'urne électronique est vide, scellée et chiffrée par des clés délivrées à cet effet ;

2° Procède, avant que le vote ne soit ouvert, à un test spécifique du système de dépouillement à l'issue duquel le système est scellé ;

3° Contrôle, à l'issue des opérations de vote et avant les opérations de dépouillement, le scellement de ce système.

Art. R. 2324-15. La liste d'émargement n'est accessible qu'aux membres du bureau de vote et à des fins de contrôle de déroulement du scrutin.

Aucun résultat partiel n'est accessible pendant le déroulement du scrutin. Toutefois, le nombre de votants peut, si l'accord prévu à l'article R. 2324-4 le prévoit, être révélé au cours du scrutin.

Lorsque cet accord n'exclut pas le vote au scrutin secret sous enveloppe, l'ouverture du vote n'a lieu qu'après la clôture du vote électronique. Le président du bureau de vote dispose, avant cette ouverture, de la liste d'émargement des électeurs ayant voté par voie électronique.

Art. R. 2324-16. L'employeur ou le prestataire qu'il a retenu conserve sous scellés, jusqu'à l'expiration du délai de recours et, lorsqu'une action contentieuse a été engagée, jusqu'à la décision juridictionnelle devenue définitive, les fichiers supports comprenant la copie des programmes sources et des programmes exécutables, les matériels de vote, les fichiers d'émargement, de résultats et de sauvegarde. La procédure de décompte des votes doit, si nécessaire, pouvoir être exécutée de nouveau.

À l'expiration du délai de recours ou, lorsqu'une action contentieuse a été engagée, après l'intervention d'une décision juridictionnelle devenue définitive, l'employeur ou, le cas échéant, le prestataire procède à la destruction des fichiers supports.

Art. R. 2324-17. Un arrêté du ministre chargé du travail, pris après avis de la Commission nationale de l'informatique et des libertés, précise les dispositions pratiques de mise en œuvre du vote électronique.

Art. L. 2324-20. L'élection a lieu pendant le temps de travail. Toutefois, un accord contraire peut être conclu entre l'employeur et l'ensemble des organisations syndicales représentatives existant dans l'entreprise, notamment en cas de travail en continu.

Art. L. 2324-21. Les modalités d'organisation et de déroulement des opérations électorales font l'objet d'un accord entre l'employeur et les organisations syndicales ***(L. 2008-789 du 20 août 2008, art. 3, JO 21)*** « intéressées ». Cet accord respecte les principes généraux du droit électoral.

Les modalités sur lesquelles aucun accord n'a pu intervenir peuvent être fixées par une décision du juge judiciaire.

Art. R. 2324-2. Les modalités d'organisation et de déroulement des opérations électorales sur lesquelles aucun accord n'a pu intervenir sont fixées, en application de l'article L. 2324-21, par le juge d'instance.

Il statue en dernier ressort en la forme des référés.

Art. L. 2324-22. Le scrutin est de liste et à deux tours avec représentation proportionnelle à la plus forte moyenne.

(L. 2008-789 du 20 août 2008, art. 3, JO 21) « Au premier tour de scrutin, chaque liste est établie par les organisations syndicales mentionnées aux premier et deuxième alinéas de l'article L. 2324-4. Si le nombre des votants est inférieur à la moitié des électeurs inscrits, il est procédé, dans un délai de quinze jours, à un second tour de scrutin pour lequel les électeurs peuvent voter pour des listes autres que celles présentées par une organisation syndicale. »

Lorsque le nom d'un candidat a été raturé, les ratures ne sont pas prises en compte si leur nombre est inférieur à 10 % des suffrages exprimés en faveur de la liste sur laquelle figure ce candidat. Dans ce cas, les candidats sont proclamés élus dans l'ordre de présentation.

Note

- Voir note sous article L. 2314-24.
- En l'absence de modalités prévues dans le protocole d'accord préélectoral, la loi n'impose aucune règle de forme au dépôt des candidatures (cass. soc. 18 octobre 1994, n° 94-60.003, *JS* UIMM 1995, p. 25).

Attribution des sièges

Art. R. 2324-18. Il est attribué à chaque liste autant de sièges que le nombre de voix recueillies par elle contient de fois le quotient électoral.

Le quotient électoral est égal au nombre total des suffrages valablement exprimés par les électeurs du collège divisé par le nombre de sièges à pourvoir.

Note Voir note sous article R. 2314-22.

Art. R. 2324-19. Lorsqu'il n'a été pourvu à aucun siège ou qu'il reste des sièges à pourvoir, les sièges restant sont attribués sur la base de la plus forte moyenne.

À cet effet, le nombre de voix obtenu par chaque liste est divisé par le nombre augmenté d'une unité des sièges déjà attribués à la liste. Les différentes listes sont classées dans l'ordre décroissant des moyennes obtenues. Le premier siège non pourvu est attribué à la liste ayant la plus forte moyenne.

Il est procédé successivement à la même opération pour chacun des sièges non pourvus jusqu'au dernier.

Art. R. 2324-20. Lorsque deux listes ont la même moyenne et qu'il ne reste qu'un siège à pourvoir, ce siège est attribué à la liste qui a le plus grand nombre de voix.

Lorsque deux listes ont recueilli le même nombre de voix, le siège est attribué au plus âgé des deux candidats susceptibles d'être élus.

Résultat

Art. R. 2324-21. Le procès-verbal des élections au comité d'entreprise est transmis par l'employeur dans les quinze jours, en double exemplaire, à l'inspecteur du travail.

Note Voir formulaire-type de procès-verbal de saisie des résultats des élections au comité d'entreprise ou d'établissement actualisé et diffusé par le ministère du Travail sur le site : *http://www.travail-solidarite.gouv.fr/formulaires/elections-representants-du-personnel-au-comite-entreprise-delegues-du-personnel/* et la notice relative à l'organisation et au déroulement des élections indiquant comment remplir ce formulaire.

Sous-section 5. Contestations

Art. L. 2324-23. Les contestations relatives à l'électorat, à la régularité des opérations électorales et à la désignation des représentants syndicaux sont de la compétence du juge judiciaire.

Lorsqu'une contestation rend indispensable le recours à une mesure d'instruction, les dépenses afférentes à cette mesure sont à la charge de l'État.

Note

• Un salarié ou un candidat n'est recevable à contester que les résultats de l'élection concernant le collège auquel il appartient (cass. soc. 16 mai 1990, n° 88-60.797, *RJS* 6/90 n° 507 ; 10 juillet 2002, n° 01-60.654, BC V n° 244 ; *RJS* 11/02 n° 1260).

• Le jugement d'un tribunal d'instance déclarant qu'un syndicat n'est pas représentatif (à l'occasion d'élections de délégués du personnel) ne constitue pas un fait nouveau susceptible de remettre en cause la désignation d'un représentant syndical au comité effectuée par ce syndicat l'année précédente (cass. soc. 11 octobre 1994, n° 93-60.380, BC V n° 274 ; *RJS* 11/94 n° 1284).

• Voir aussi note sous article L. 2327-8.

Art. R. 2324-22. Le silence gardé pendant plus de quatre mois par le ministre saisi d'un recours hiérarchique contre une décision prise sur le fondement des articles L. 2322-5, L. 2324-13 et L. 2324-18 vaut décision de rejet.

Art. R. 2324-23. Le tribunal d'instance statue en dernier ressort sur :

1° La demande de mise en place du dispositif de contrôle du scrutin prévue à l'article L. 2324-9 ;

2° Les contestations relatives à l'électorat, à la régularité des opérations électorales et à la désignation des représentants syndicaux prévues à l'article L. 2324-23.

Note La loi prévoit que le tribunal d'instance statue en dernier ressort uniquement sur les contestations relatives à l'élection des membres du comité d'entreprise et non sur la contestation de la régularité de la consultation prévue à l'article L. 433-12 [L. 2324-27] CT portant sur l'approbation de leur révocation en cours de mandat ; dès lors, le tribunal d'instance statue en premier ressort sur une demande d'annulation d'une consultation en vue de révoquer un salarié de ses fonctions de membre du comité d'entreprise (cass. soc. 12 juillet 2006, n° 05-60.404, BC V n° 253 ; *RJS* 10/06 n° 1082).

Art. R. 2324-24. Le tribunal d'instance est saisi des contestations par voie de déclaration au greffe.

Lorsque la contestation porte sur l'électorat, la déclaration n'est recevable que si elle est faite dans les trois jours suivant la publication de la liste électorale.

Lorsque la contestation porte sur la régularité de l'élection ou sur la désignation de représentants syndicaux, la déclaration n'est recevable que si elle est faite dans les quinze jours suivant cette élection ou cette désignation.

Note • Voir notes sous articles D. 2143-4 et R. 2314-27, 28 et 29.

• Les délais de contestation en matière électorale sont des délais judiciaires dont l'expiration entraîne forclusion sans qu'aucune exception puisse être admise. Doit être cassé l'arrêt qui, pour déclarer le président du conseil d'administration d'une société non coupable d'entrave au fonctionnement régulier du comité d'entreprise (discrimination à l'encontre d'un membre du comité), retient que l'intéressé n'avait obtenu son mandat de membre du comité d'entreprise que pour la seule protection de ses intérêts personnels et que cette fraude à la loi ne pouvait conférer à son auteur une protection susceptible de fonder les poursuites pénales contre le prévenu, alors que, en statuant ainsi, la cour d'appel a implicitement admis que l'employeur pouvait se faire juge de la validité des élections (cass. crim. 22 octobre 1991, n° 89-85.768, B. crim. n° 367 ; *RJS* 2/92 n° 174).

• La contestation relative à la désignation d'un représentant syndical doit être portée devant le tribunal d'instance dans les quinze jours suivant la désignation ; hors le cas de fraude, cette règle ne souffre aucune exception (cass. soc. 29 mars 1994, n° 93-60.334, *RJS* 6/94 n° 714). Le délai de quinze jours court à compter de la date de l'accusé de réception de la lettre de désignation adressée au responsable de la société (cass. soc. 29 avril 2009, n° 08-70.028).

• Dans les entreprises de moins de 300 salariés où le délégué syndical est de droit représentant syndical au comité d'entreprise (art. L. 2143-22), la contestation de la désignation doit être effectuée dans les 15 jours suivant la désignation du salarié en qualité de délégué syndical (cass. soc. 25 janvier 2012, n° 11-10.978).

Art. R. 2324-25. Le tribunal d'instance statue dans les dix jours de sa saisine sans frais ni forme de procédure et sur avertissement qu'il donne trois jours à l'avance à toutes les parties intéressées.

La décision du tribunal est notifiée par le greffe dans les trois jours par lettre recommandée avec avis de réception.

La décision est susceptible d'un pourvoi en cassation dans un délai de dix jours. Le pourvoi est formé, instruit et jugé dans les conditions fixées par les articles 999 à 1008 du code de procédure civile.

Note Les décisions prises par un tribunal d'instance en matière de désignation des représentants syndicaux au comité d'entreprise ne peuvent faire l'objet d'une tierce opposition (cass. soc. 19 novembre 1986, n° 86-60.047, BC V n° 535).

SECTION 3. Durée et fin du mandat

Art. L. 2324-24. Les membres du comité d'entreprise sont élus pour quatre ans. Leur mandat est renouvelable.

Les fonctions de ces membres prennent fin par le décès, la démission, la rupture du contrat de travail, la perte des conditions requises pour être éligible. Ils conservent leur mandat en cas de changement de catégorie professionnelle.

Note • Seul un accord unanime passé entre le chef d'entreprise et les organisations syndicales représentatives dans l'entreprise peut différer le terme des mandats des délégués du personnel et des membres du comité d'entreprise dont le renouvellement doit avoir lieu à échéance (cass. soc. 12 juillet 2006, n° 05-60.331, BC V n° 259 ; *RJS* 10/06 n° 1081). Un tribunal d'instance, qui a constaté l'absence d'accord de tous les partenaires sociaux sur la prorogation du mandat des membres élus du comité d'entreprise, a exactement décidé qu'il ne lui appartenait pas de proroger ce mandat (cass. soc. 13 juin 1989, n° 88-60.556, BC V n° 435 ; *RJS* 7/89 n° 593). L'accord doit être clair et non équivoque (cass. soc. 3 mars 1999, n° 97-40.864, *RJS* 4/99 n° 536).

L'existence d'un accord unanime prorogeant les mandats des membres du comité d'entreprise et des délégués du personnel rend irrecevable la demande d'un salarié tendant à l'organisation des élections (cass. soc. 27 mai 1999, n° 98-60.327, BC V n° 241 ; *RJS* 7/99 n° 932). À l'inverse, dès lors qu'il n'existe aucun accord unanime de prorogation des mandats échus, la demande d'un syndicat tendant à ce qu'il soit ordonné à l'employeur d'organiser des élections est recevable (cass. soc. 12 juillet 2006, n° 05-60.331, précité).

• Un salarié, élu au comité d'établissement dans le collège ouvriers-employés et devenu agent de maîtrise, a pu valablement être élu au comité central d'entreprise pour y représenter le collège ouvriers-employés (cass. soc. 9 octobre 1991, *RJS* 12/91 n° 1337).

Art. L. 2324-25. Par dérogation aux dispositions de l'article L. 2324-24, un accord de branche, un accord de groupe ou un accord d'entreprise, selon le cas, peut fixer une durée du mandat des représentants du personnel aux comités d'entreprise comprise entre deux et quatre ans.

Note Voir note sous article L. 2314-27.

Art. L. 2324-26. Lorsque survient une modification dans la situation juridique de l'employeur telle que mentionnée à l'article L. 1224-1, le mandat des membres élus du comité d'entreprise et des représentants syndicaux de l'entreprise ayant fait l'objet de la modification subsiste lorsque cette entreprise conserve son autonomie juridique.

Si cette entreprise devient un établissement au sens du présent titre ou si la modification mentionnée au premier alinéa porte sur un ou plusieurs établissements distincts qui conservent ce caractère, le mandat des représentants syndicaux subsiste et le mandat des membres élus du comité se poursuit jusqu'à son terme.

Toutefois, pour tenir compte de la date habituelle des élections dans l'entreprise d'accueil, la durée du mandat des membres élus peut être réduite ou prorogée par accord entre le nouvel employeur et les organisations syndicales représentatives existant dans le ou les établissements absorbés ou, à défaut, les membres du comité intéressés.

Note • Une entité économique transférée conserve son autonomie, au sens de l'article 6, § 1, de la directive 2001/23/CE du Conseil, du 12 mars 2001, concernant le rapprochement des législations des États membres relatives au maintien des droits des travailleurs en cas de transfert d'entreprises, d'établissements ou de parties d'entreprises ou d'établissements, dès lors que les pouvoirs accordés aux responsables de cette entité, au sein des structures d'organisation du cédant, à savoir le pouvoir d'organiser, de manière relativement libre et indépendante, le travail au sein de ladite entité dans la poursuite de l'activité économique qui lui est propre et, plus particulièrement, les pouvoirs de donner des ordres et des instructions, de distribuer des tâches aux travailleurs subordonnés relevant de l'entité en cause ainsi que de décider de l'emploi des moyens matériels mis à sa disposition, ceci sans intervention directe de la part d'autres structures d'organisation de l'employeur, demeurent, en substance, inchangés au sein des structures d'organisation du cessionnaire (CJUE 29 juillet 2010, aff. C-151/09, JOUE C 246/6 du 11.9.2010 ; *JSL* n° 286, 27 octobre 2010, p. 16 : « La CJUE précise les conditions dans lesquelles les salariés transférés conservent leur mandat », J-Ph. Lhernould ; *RJS* 12/10, pp. 807 et s. chron. P. Morvan et n° 997). Statuant sur le transfert d'un fonds de commerce dans le cadre d'un contrat de location-gérance, la Cour de cassation a précisé que le contrat de location-gérance n'emportait pas en lui-même la disparition du caractère distinct de l'entité transférée, et, reprenant à son compte les critères donnés par la CJUE afin de déterminer si l'entité économique transférée avait conservé son identité, a décidé que dès lors qu'une société garde son nom commercial et que sa comptabilité reste autonome, l'entité économique conserve son autonomie et que l'institution représentative du personnel se maintient dans la nouvelle entreprise (cass. soc. 15 novembre 2011, n° 10-23.609, *LS* Jurispr. n° 253/2011 du 27/12/11 ; *RJS* 2/12 n° 156).

• Si une modification dans la situation juridique de l'employeur porte sur un ou plusieurs établissements distincts qui conservent ce caractère, le mandat des membres élus se poursuit jusqu'à son terme. Pour décider si un établissement a conservé un caractère distinct, le juge doit se placer au jour du transfert (cass. soc. 3 février 1998, n° 95-41.423, BC V n° 62 ; *RJS* 3/98 n° 327).

Art. L. 2324-27.

• Une société ayant absorbé six de ses filiales par apports de fonds de commerce, sans que cette opération n'affecte ni l'organisation du travail ni l'organisation économique, et ayant gardé son siège social et sa dénomination sociale, il y a eu modification dans la situation juridique de l'employeur avec conservation de l'autonomie juridique de l'entreprise : le mandat des membres du comité d'entreprise de la société devait, en application de l'article L. 433-14 [L. 2324-26], al. 1er CT, être maintenu jusqu'à son terme et la société ne pouvait organiser de nouvelles élections (cass. soc. 14 février 1989, n° 88-60.016, BC V n° 122).

• La prorogation du mandat des membres élus du comité d'entreprise, prévue par l'alinéa 2 de cet article, est subordonnée à l'existence d'un accord unanime des parties (cass. soc. 13 juin 1989, n° 88-60.556, BC V n° 435 ; *RJS* 7/89 n° 593).

• Lorsque l'entreprise perd son autonomie juridique sans devenir un établissement distinct de celle qui l'a reprise, le mandat des membres élus de son comité d'entreprise expire à la date d'effet de cette reprise (CE 8 janvier 1997, n° 154728, *RJS* 2/97 n° 171 ; dans cet arrêt, le Conseil d'État se prononce sur la détermination du comité d'entreprise compétent pour donner son avis sur le projet de licenciement d'un membre du comité d'entreprise avant l'expiration de son mandat).

Art. L. 2324-27. Tout membre du comité d'entreprise peut être révoqué en cours de mandat sur proposition faite par l'organisation syndicale qui l'a présenté avec l'accord obtenu au scrutin secret par la majorité du collège électoral auquel il appartient.

Art. L. 2324-28. Lorsqu'un membre titulaire cesse ses fonctions pour l'une des raisons indiquées à la présente section ou est momentanément absent pour une cause quelconque, il est remplacé par un membre suppléant élu sur une liste présentée par la même organisation syndicale. La priorité est donnée au suppléant de la même catégorie.

S'il n'existe pas de suppléant élu sur une liste présentée par l'organisation syndicale qui a présenté le titulaire, le remplacement est assuré par le suppléant élu de la même catégorie qui a obtenu le plus grand nombre de voix.

Le suppléant devient titulaire jusqu'au retour de celui qu'il remplace ou jusqu'au renouvellement du comité d'entreprise.

Note

• Voir note sous article L. 2314-30.

• Lorsqu'un membre titulaire se trouve momentanément absent pour une cause quelconque ou cesse ses fonctions pour l'une des raisons mentionnées à cet article, son remplacement est assuré par un membre suppléant dans les conditions suivantes :
– le titulaire défaillant est remplacé par un membre suppléant élu sur la liste de l'organisation syndicale qui avait présenté le titulaire ; s'il y a plusieurs suppléants appartenant à la même liste syndicale, priorité doit être donnée au suppléant de la même catégorie. À défaut de suppléant de la même catégorie, le remplacement est assuré, quand c'est possible, par un suppléant d'une autre catégorie remplissant la même condition de représentation syndicale (cass. crim. 6 mars 1975, n° 74-90.322, B. crim. n° 74), voire par un suppléant d'un autre collège. Si plusieurs suppléants remplissent ces mêmes conditions, priorité doit, semble-t-il, être donnée à celui qui a obtenu le plus grand nombre de voix ;
– s'il n'y a pas de suppléant appartenant à la même organisation syndicale que le titulaire à remplacer, le remplacement est assuré par le suppléant de la même catégorie qui a obtenu le plus grand nombre de voix, sans qu'il soit tenu compte de son appartenance syndicale. En l'absence de suppléant de même catégorie professionnelle dans toutes les listes, le remplacement est assuré par le suppléant du même collège électoral (cass. soc. 25 février 1982, n° 81-60.680, BC V n° 128) ayant obtenu le plus grand nombre de voix.

CHAPITRE V

Fonctionnement

SECTION 1. Dispositions générales

Art. L. 2325-1. Le comité d'entreprise est doté de la personnalité civile et gère son patrimoine.

Il est présidé par l'employeur, assisté éventuellement de deux collaborateurs qui ont voix consultative.

Le comité désigne un secrétaire dans des conditions déterminées par décret en Conseil d'État.

Note **Alinéa 1**. *Dévolution des biens.* Les biens d'un comité d'établissement, après fermeture de celui-ci, doivent être affectés aux comités d'entreprise ou d'établissement des sociétés, appartenant au même groupe, dans lesquelles les salariés ont été transférés. La décision d'affecter les biens de ce comité à une association reconnue d'utilité publique doit être annulée (cass. soc. 23 janvier 1996, n° 93-16.799, BC V n° 25 ; *Dr. Soc.* 1996, p. 434 ; 10 juin 1998, n° 96-20.112, BC V n° 317 ; *RJS* 7/98 n° 877).

Action en justice. Recevabilité. Le comité d'entreprise ne tient d'aucune disposition légale le pouvoir d'exercer une action en justice au nom des salariés ou de se joindre à l'action de ces derniers, lorsque ses intérêts propres ne sont pas en cause (cass. soc. 14 mars 2007, n° 06-41.647, BC V n° 51 ; *RJS* 5/07 n° 624 ; *RDT*, juin 2007, CH, 401, E. Andreo ; *JSL* n° 211, 10 mai 2007, p. 7, obs. M. Hautefort).

En l'absence d'une convention conclue entre l'employeur et le comité, celui-ci n'ayant pas qualité pour représenter les intérêts individuels des salariés ni les intérêts collectifs de la profession n'est pas recevable à demander en justice qu'il soit prononcé sur la force exécutoire d'une décision unilatérale de l'employeur (cass. soc. 23 octobre 1985, n° 84-14.272, BC V n° 486).

Le comité d'entreprise qui n'a pas le pouvoir de conclure une convention ou un accord collectif de travail n'est pas recevable à agir en justice en son nom propre pour en demander l'exécution (cass. soc. 20 septembre 2006, n° 04-10.765, BC V n° 278 ; *JCP* éd. S 2006, 1926, note R. Vatinet ; voir aussi cass. soc. 2 mars 2011, n° 10-13.547, *RJS* 5/11 n° 434). En revanche, dès lors qu'il est signataire d'un accord de fin de conflit, un comité d'entreprise a, par là même, qualité pour demander, conjointement avec les organisations syndicales signataires, son application ou l'indemnisation du préjudice résultant de son inexécution par l'employeur (cass. soc. 5 juillet 2006, n° 04-43.213, BC V n° 238 ; *RJS* 10/06 n° 1101).

En revanche, un comité d'entreprise n'ayant pas été consulté préalablement à la signature d'un accord, portant sur des questions relevant de sa compétence, peut se prévaloir d'un droit propre pour contester la validité de cet accord ; l'inobservation de l'obligation légale de consultation préalable justifie de l'intérêt à agir du comité (cass. soc. 5 mai 1998, n° 96-13.498, BC V n° 219 ; *Dr. Soc.* 1998, p. 579, rapp. J-Y Frouin ; *RJS* 6/98 n° 750).

Le comité d'entreprise n'a pas pour mission de représenter les différentes catégories du personnel ni les intérêts généraux de la profession, et il ne tient d'aucune disposition de la loi le droit d'exercer les pouvoirs de la partie civile sans avoir à justifier d'un préjudice personnel découlant directement des infractions poursuivies, y compris en matière de sécurité du travail (homicide involontaire et infraction à la réglementation de la sécurité du travail) (cass. crim. 28 mai 1991, n° 90-83.957, B. crim. n° 226 ; *RJS* 7/91 n° 852 ; *CSB* 1991 p. 223).

Un comité d'entreprise a qualité pour demander à la juridiction administrative l'annulation d'une décision administrative relative à un licenciement économique sur lequel il a été ou il aurait dû être consulté (CE 27 juillet 1988, n° 49983).

Pour aller plus loin, voir aussi *Dr. Soc.* n° 11, novembre 2007, chron. M. Véricel, « Pour la reconnaissance d'une action en justice du comité d'entreprise aux fins de défense des intérêts des salariés de l'entreprise ».

Alinéa 2. Même lorsqu'il confie à un représentant le soin de présider le comité d'entreprise, le chef d'entreprise doit s'assurer de la consultation du comité lorsqu'il prend une mesure entrant dans les prévisions de l'article L. 432-1 (ancien) CT (cass. crim. 3 mars 1998, n° 96-85.098, B. crim. n° 81 ; *RJS* 6/98 n° 749 : l'employeur ne peut opposer l'argument pris d'une délégation de pouvoirs pour s'exonérer de sa responsabilité pénale).

Commet le délit d'entrave l'employeur qui délègue la présidence du comité à un collaborateur simplement habilité à entendre les questions et à les transmettre à l'employeur (cass. crim. 20 février 1996, n° 94-85.863, B. crim. n° 81 ; *RJS* 5/96 n° 557).

Alinéa 3. Le chef d'établissement est membre du comité d'établissement ; à ce titre, il doit participer à la désignation du secrétaire du comité, ce vote ne constituant pas la consultation des membres élus du comité, en tant que délégation du personnel (cass. soc. 10 juillet 1991, n° 88-20.411, BC V n° 355 ; *RJS* 10/91 n° 1105, concl. contraires Y. Chauvy, p. 556 ; chron. J. Savatier, *RJS* 11/91, p. 615 ; *Dr. Soc.* 1991, p. 741 ; 21 novembre 2000, n° 98-23.094, *RJS* 1/01 n° 64 ; *Dr. Soc.* 2001, pp. 29 et s., concl. av. gén. P. Lyon-Caen ; 23 juin 2004, n° 02-16.875, *TPS* n° 10, octobre 2004, p. 19, comm. 296 ; 5 janvier 2005, n° 02-19.080, *RJS* 4/05 n° 402).

La désignation du secrétaire du comité résulte du vote de la majorité des membres présents (cass. soc. 5 janvier 2005, n° 02-19.080, *RJS* 4/05 n° 402).

En cas de partage des voix et dans le silence du règlement intérieur, la désignation des membres du bureau du comité (secrétaire et trésorier) se fait, conformément aux règles habituelles du droit électoral et sans que soit porté atteinte au principe de non-discrimination en raison de l'âge, au profit du candidat le plus âgé (cass. soc. 30 novembre 2011, n° 10-23.986, *LS* Jurispr. n° 242/2011 du 13/12/11 ; *RJS* 2/12 n° 159 ; voir aussi précédemment, concernant la désignation du secrétaire du comité : cass. soc. 7 octobre 1982, n° 81-15.525, BC V n° 535). En s'opposant, pour les fonctions de secrétaire du comité, à la désignation du candidat le plus âgé alors qu'aucune autre règle de départage n'était prévue par le règlement intérieur du comité, l'employeur a volontairement fait obstacle au fonctionnement de ce comité d'entreprise (cass. crim. 1er décembre 1987, n° 85-96.612, B. crim. n° 442).

Art. R. 2325-1. Le secrétaire désigné par le comité d'entreprise est choisi parmi ses membres titulaires.

Note Un comité d'établissement ayant pour secrétaire un membre suppléant du comité n'est pas illégalement constitué. En effet, si le comité doit désigner son secrétaire parmi les membres titulaires, le membre suppléant remplaçant le titulaire momentanément absent devient lui-même de plein droit titulaire jusqu'au retour de celui qu'il remplace (cass. crim. 4 janvier 1983, *JS* 1983, SJ 41).

Art. L. 2325-2. Le comité d'entreprise détermine, dans un règlement intérieur, les modalités de son fonctionnement et celles de ses rapports avec les salariés de l'entreprise, pour l'exercice des missions qui lui sont conférées par le présent titre.

Note Selon cet article, le comité d'entreprise doit établir un règlement intérieur qui détermine les modalités de son fonctionnement ; il en résulte qu'en l'absence d'une disposition d'un règlement intérieur le prévoyant, seule une délégation spéciale donnée par le comité d'entreprise peut habiliter une personne pour l'exercice du pouvoir disciplinaire (cass. soc. 12 juillet 2006, n° 04-47.737, BC V n° 255 ; *RJS* 11/06 n° 1196).

La liberté de choix dont dispose le comité central d'entreprise pour désigner les membres de ses commissions ne peut s'exercer que dans le respect des principes généraux régissant l'exercice du droit syndical dans l'entreprise. Dès lors qu'elle a relevé que la modification d'un article du règlement intérieur du comité « visait à l'élimination d'une organisation syndicale, pour des raisons polémiques et sans lien avec le souci d'un bon fonctionnement du comité central d'entreprise », une cour d'appel a pu annuler cette nouvelle disposition (cass. soc. 19 novembre 1986, n° 85-11.418, BC V n° 526).

Les avantages ne résultant pas de la loi que le règlement intérieur du comité d'entreprise peut instituer obligent l'employeur, car ils procèdent d'un engagement de sa part ; un accord collectif ayant le même objet se substitue au règlement (cass. soc. 8 janvier 2002, n° 00-12.252, BC V n° 4 ; *RJS* 5/02 n° 586).

Art. L. 2325-3. Les conditions de fonctionnement du comité d'entreprise doivent permettre une prise en compte effective des intérêts des salariés exerçant leur activité hors de l'entreprise ou dans des unités dispersées.

Art. L. 2325-4. Les dispositions du présent titre ne font pas obstacle aux dispositions plus favorables relatives au fonctionnement ou aux pouvoirs du comité d'entreprise résultant d'accords collectifs de travail ou d'usages.

Note • Voir aussi notes sous articles L. 2411-13 et L. 2335-1.

• Les dispositions conventionnelles à caractère normatif, visant à améliorer les institutions représentatives du personnel, sont applicables de plein droit à tous les salariés et syndicats, sans distinction (cass. soc. 20 novembre 1991, n° 88-20.039, BC V n° 522 ; *Dr. Soc.* 1992, p. 53, rapp. Ph. Waquet).

• Si les dispositions de nature électorale ne s'imposent au juge et aux parties qu'en cas d'accord préélectoral unanime, l'accord collectif, qui a pour objet d'améliorer le fonctionnement des institutions représentatives dans l'entreprise, a force obligatoire. Ayant relevé qu'un accord collectif, signé par une organisation syndicale représentative, avait pour objet d'allouer un supplément d'heures de délégation aux candidats élus, une cour d'appel a décidé à bon droit que l'employeur ne pouvait refuser le bénéfice de cet accord aux candidats et aux élus de la CFDT, même si celle-ci ne l'avait pas signé (cass. soc. 23 juin 1999, n° 96-44.717, BC V n° 302).

• Aux termes de l'article L. 153-1 (ancien) CT, lorsque, en vertu d'une disposition législative expresse dans une matière déterminée, une convention ou un accord collectif étendu déroge à des dispositions législatives ou réglementaires, les infractions aux stipulations dérogatoires sont passibles des sanctions qu'entraînerait la violation des dispositions législatives ou réglementaires en cause. N'est pas coupable d'entrave au fonctionnement régulier du comité d'entreprise le président d'association qui a résilié unilatéralement un usage permettant aux membres suppléants du comité d'entreprise d'assister aux réunions préparatoires de cet organisme sur leur temps de travail, la violation d'un usage ne pouvant entrer dans la catégorie des agissements pénalement sanctionnés par l'article L. 153-1 susvisé (cass. crim. 4 avril 1991, n° 89-83.204, B. crim. n° 164).

Art. L. 2325-5. Les membres du comité d'entreprise sont tenus au secret professionnel pour toutes les questions relatives aux procédés de fabrication.

Les membres du comité d'entreprise et les représentants syndicaux sont tenus à une obligation de discrétion à l'égard des informations revêtant un caractère confidentiel et présentées comme telles par l'employeur.

Note L'obligation de discrétion prévue au second alinéa de cet article ne peut être invoquée par l'employeur à l'encontre d'un salarié que si le caractère confidentiel des informations a été mentionné au cours de la réunion du comité d'entreprise et que mention de cette déclaration figure au procès-verbal de la réunion ; toute demande de confidentialité postérieure est dépourvue d'effet (cass. soc. 12 juillet 2006, n° 04-47.558, BC V n° 256 ; *RJS* 11/06 n° 1198).

SECTION 2. Heures de délégation

Art. L. 2325-6. L'employeur laisse le temps nécessaire à l'exercice de leurs fonctions, dans la limite d'une durée qui, sauf circonstances exceptionnelles, ne peut excéder vingt heures par mois :

1° Aux membres titulaires du comité d'entreprise ;

2° Aux représentants syndicaux au comité d'entreprise, dans les entreprises de cinq cent un salariés et plus ;

3° Aux représentants syndicaux au comité central d'entreprise dans les entreprises de cinq cent un salariés et plus, mais dont aucun des établissements distincts n'atteint ce seuil.

Note **Utilisation du crédit d'heures**

• Le crédit d'heures ne peut être utilisé que pour des tâches ou des démarches se rapportant aux attributions du comité d'entreprise, ce qui exclut, par exemple, les missions de soutien de revendications individuelles, la préparation ou la négociation des conventions collectives, la participation à des réunions syndicales dont l'objet ne concerne pas directement l'entreprise (voir, notamment, cass. soc. 8 juillet 1968, BC V n° 376 ; cass. crim. 22 mai 1974, n° 73-90.732, B. crim. n° 198 ; 16 décembre 1977, n° 76-93.254, B. crim. n° 401), la participation d'un membre du comité d'entreprise, en qualité de scrutateur, à des élections prud'homales (cass. soc. 21 janvier 1987, n° 83-43.483, BC V n° 26), le fait d'assister à une audience du conseil de prud'hommes dans un litige qui reste individuel (cass. soc. 12 mars 1987, n° 84-41.159, BC V n° 137). Mais, lorsqu'il répond à la convocation de l'inspecteur du travail qui procède à l'enquête consécutive à la demande d'autorisation de son licenciement, un salarié protégé est dans l'exercice de son mandat et ce temps doit s'imputer sur son crédit d'heures (cass. soc. 3 juillet 1990, n° 87-40.838, BC V n° 339).

Lorsqu'il y a cumul de mandats, il est souvent très malaisé, en pratique, de faire le partage entre les heures consacrées à l'exercice de tel ou tel mandat. Nul grief ne peut être fait à un membre de comité d'entreprise de s'entremettre dans d'autres fonctions que les siennes s'il y a une tolérance patronale à cet égard (cass. soc. 12 février 1969, BC V n° 89).

• L'employeur n'a pas l'obligation de rémunérer les activités du secrétaire du comité d'entreprise en dehors des conditions prévues par cet article. Ne peut être assimilé au temps passé aux séances du comité celui passé par le secrétaire à en établir le compte rendu, cette activité faisant partie de l'exercice des fonctions indemnisées dans la limite des vingt heures mensuelles (cass. soc. 9 mai 1979, n° 77-41.308, BC V n° 388).

Représentants syndicaux au comité

Dans le cas d'entreprises dont l'effectif est supérieur à 500 salariés mais dont aucun des établissements ne dépasse ce nombre, la loi a attribué au représentant syndical au comité central d'entreprise un crédit de 20 heures de délégation, confirmant ainsi, sur le plan légal, la position du ministère du Travail (note du 21 octobre 1985, BO MT 85/45-46 du 6 décembre 1985, p. 118).

Aucun texte ne faisant obligation à l'employeur de prendre en charge les frais de déplacement des représentants syndicaux, un représentant syndical au comité d'entreprise ne peut obtenir le remboursement des frais occasionnés pour se rendre à une réunion du comité central d'entreprise (cass. crim. 23 octobre 1979, *JS* 1980, SJ 2 ; voir aussi cass. soc. 9 octobre 1985, *JS* 1985, SJ 328). Le refus de l'employeur ne saurait à cet égard constituer une infraction à la loi pénale (cass. crim. 7 mai 1975, n° 74-91.643, B. crim. n° 121). Un accord ou le règlement intérieur du comité peut prévoir cette prise en charge (voir notamment cass. soc. 26 septembre 1990, n° 87-45.554, BC V n° 401 ; *Dr. Soc.* 1991, p. 266). Mais « les frais de déplacement des membres du comité central d'entreprise concernant les réunions organisées à l'initiative de l'employeur doivent rester à la charge de celui-ci » (cass. soc. 15 juin 1994, n° 92-14.985, BC V n° 197 ; *RJS* 7/94 n° 874).

Suppléants

En accordant aux suppléants un crédit d'heures individuel qui leur était acquis en dehors de tout remplacement du titulaire, une société ne déroge pas au principe selon lequel le suppléant qui remplace un titulaire bénéficie du crédit d'heures de ce dernier (cass. soc. 21 juillet 1986, *JS* 1986, SJ 243).

Circonstances exceptionnelles

• Voir note sous article L. 2315-1.

• Sur les circonstances exceptionnelles justifiant le paiement d'heures de délégation supplémentaires, voir notamment cass. soc. 17 mai 1979, n° 78-40.217, BC V n° 423 ; 7 juin 1979, n° 78-40.565, BC V n° 488 et 8 juillet 1998, n° 97-42.743 (conflit collectif sur plusieurs mois, affectant tous les ateliers). Sur un dépassement non justifié par des circonstances exceptionnelles, voir notamment cass. soc. 13 novembre 1985, 82-41.701, BC IV n° 525. À noter que la mise en place à l'échelon national de réformes touchant au droit du travail ne peut constituer, pour le représentant syndical d'un établissement déterminé, une circonstance exceptionnelle (cass. crim. 3 juin 1986, *Dr. Soc.* 1986, p. 757). Le projet de mise en place d'une institution de prévoyance ayant donné lieu à un accroissement inhabituel de l'activité des membres du comité d'établissement constitue une circonstance exceptionnelle justifiant le dépassement du crédit légal d'heures de délégation (cass. soc. 27 janvier 1998, n° 95-40.616). De même, le conseil de prud'hommes, qui constate la mise en place par l'employeur d'un « plan de repositionnement » assimilable à un plan social, peut retenir l'existence d'une menace sur les effectifs caractérisant une situation exceptionnelle au sens de l'article L. 434-1 [L. 2325-6] CT (cass. soc. 10 décembre 2003, n° 01-41.658, BC V n° 315 ; *RJS* 4/04 n° 429).

A justifié sa décision la cour d'appel qui a expressément déduit de ses constatations qu'il existait, pendant une période précise, des circonstances exceptionnelles obligeant l'employeur à autoriser le secrétaire du comité d'entreprise à consacrer la totalité de son temps de travail à ses fonctions représentatives et qu'il n'en était résulté aucun usage qui lui demeurât opposable en temps normal (cass. crim. 11 juillet 1983, *JS* 1983, SJ 216).

• Sur la remise en cause par l'employeur d'accords et usages en matière de crédit d'heures, voir note sous article L. 2325-4.

Art. L. 2325-7. Le temps passé en heures de délégation est de plein droit considéré comme temps de travail et payé à l'échéance normale.

L'employeur qui entend contester l'utilisation faite des heures de délégation saisit le juge judiciaire.

Note • Voir note sous article L. 2315-3.

• Un salarié, membre du comité d'entreprise, ayant perçu une indemnité de congés payés ne peut la cumuler avec les sommes dues au titre des heures de délégation utilisées pendant la période de congés afférente (cass. soc. 19 octobre 1994, n° 91-41.097, *RJS* 12/94 n° 1419).

• L'employeur a l'obligation de payer les heures de délégation. Un employeur ne peut opérer de prélèvement sur les pourboires pour payer les heures de délégation ; les pourboires ne peuvent être affectés qu'à la rémunération du temps de travail consacré au service de la clientèle avec laquelle le personnel est en contact (cass. soc. 8 novembre 1994, n° 93-42.501, *Dr. Soc.* 1995, p. 71).

Art. L. 2325-8. Le temps passé par les membres titulaires et suppléants aux séances du comité d'entreprise et aux réunions de la commission de la formation prévue à l'article L. 2325-26 est rémunéré comme temps de travail.

Ce temps n'est pas déduit des vingt heures de délégation prévues pour les membres titulaires.

Note Le salarié, membre du comité d'entreprise, qui travaille exclusivement la nuit doit être rémunéré en sus pour le temps passé aux réunions du comité pendant la journée (cass. soc. 11 juin 2008, n° 07-40.823, 3e moyen, BC V n° 133 ; *RJS* 8-9/08 n° 912).

Temps passé aux séances des commissions du comité d'entreprise. Le temps passé par les membres titulaires et suppléants du comité aux séances des commissions dont la loi a prévu la constitution obligatoire et dans lesquelles ils ont été désignés comme membres [commission de la formation dans les entreprises d'au moins 200 salariés (art. L. 2325-26), commission d'information et d'aide au logement dans les entreprises d'au moins 300 salariés (art. L. 2325-27 à 33), commission économique dans les entreprises d'au moins 1000 salariés, dans la limite d'un contingent annuel global de 40 h/an (art. L. 2325-23)] est rémunéré comme temps de travail et n'est pas déduit des 20 heures pour les membres titulaires.

En présence d'une disposition conventionnelle stipulant que l'assistance aux commissions du comité d'entreprise ne doit pas entraîner de perte de salaires pour les membres qui y siègent, c'est à bon droit qu'un conseil de prud'hommes a débouté un salarié, membre d'une commission, désigné pour effectuer, pendant les heures de travail, une mission d'étude à l'extérieur de l'entreprise, de sa demande tendant au paiement, par l'employeur, du salaire correspondant à la durée de cette mission (cass. soc. 1er juillet 1985, n° 82-41.688, BC V n° 375).

Art. L. 2325-9. Le temps passé aux séances du comité par les représentants syndicaux au comité d'entreprise est rémunéré comme temps de travail.

Ce temps n'est pas déduit des heures de délégation dans les entreprises de cinq cent un salariés et plus.

Art. L. 2325-10. Dans les entreprises de travail temporaire, les heures de délégation utilisées entre deux missions, conformément à des dispositions conventionnelles, par un membre titulaire du comité d'entreprise pour l'exercice de son mandat, sont considérées comme des heures de travail.

Ces heures de délégation sont réputées rattachées, en matière de rémunération et de charges sociales, au dernier contrat de mission avec l'entreprise de travail temporaire au titre de laquelle il a été élu membre titulaire du comité d'entreprise.

SECTION 3. Déplacement et circulation

Art. L. 2325-11. Pour l'exercice de leurs fonctions, les membres élus du comité d'entreprise et les représentants syndicaux au comité d'entreprise peuvent, durant les heures de délégation, se déplacer hors de l'entreprise.

Ils peuvent également, tant durant les heures de délégation qu'en dehors de leurs heures habituelles de travail, circuler librement dans l'entreprise et y prendre tous contacts nécessaires à l'accomplissement de leur mission, notamment auprès d'un salarié à son poste de travail, sous réserve de ne pas apporter de gêne importante à l'accomplissement du travail des salariés.

Note Voir note sous article L. 2143-20, s'agissant de la liberté de déplacement des représentants du personnel.

SECTION 4. Local

Art. L. 2325-12. L'employeur met à la disposition du comité d'entreprise un local aménagé et le matériel nécessaire à l'exercice de ses fonctions.

Note • La formulation « local aménagé » souligne la nécessité de meubler le local (voir notamment lettre min. 6 mai 1983, BO 1983 23/24).

• L'employeur tenu de transférer au comité les activités sociales et culturelles qu'il assurait antérieurement doit mettre à sa disposition un local aménagé et le matériel nécessaire à l'exercice de ses fonctions, ce qui n'entraîne pas l'obligation de fournir au comité les renseignements contenus dans le fichier de l'entreprise (cass. soc. 2 juin 1993, n° 91-13.901, BC V n° 153 ; *RJS* 7/93 n° 759). La cour d'appel de Lyon, saisie sur renvoi, ne s'est pas inclinée, ordonnant la transmission au comité d'établissement des informations nécessaires à la gestion des activités sociales ; la divulgation de renseignements, étant limitée aux seuls besoins de fonctionnement des activités sociales et culturelles, doit cependant être soumise à la possibilité d'opposition des personnes concernées (CA Lyon 5 décembre 1994, *RJS* 4/95 n° 394 ; *CSB* 1995 p. 28).

Si la loi ne fait pas obligation au chef d'entreprise de réserver un local spécifique au comité d'entreprise, il a été jugé que le défaut de mise à disposition d'un comité central d'entreprise d'un local adapté et d'un matériel de fonctionnement suffisant constituait un délit d'entrave, dès lors qu'il était établi, d'une part, que la direction d'une société, saisie à plusieurs reprises de difficultés résultant, pour le comité, de la suppression d'un local lui étant réservé et de la fourniture d'un matériel partagé avec d'autres services, aurait dû mettre à la disposition de cet organisme des moyens adaptés à son importance et, d'autre part, que l'impossibilité de satisfaire à cette obligation n'était ni démontrée ni même alléguée (cass. crim. 15 mai 2007, n° 06-84.318, B. crim. n° 126 ; *JCP* éd. S 2007, 1723, note J-Y Kerbourc'h).

• La nature et les caractéristiques du matériel devant être mis à la disposition du comité d'entreprise sont fonction à la fois de l'évolution technologique de ce matériel et de son adéquation aux besoins du comité d'entreprise. Il est possible d'admettre, dans certains cas, que l'employeur puisse s'acquitter de son obligation en aménageant un libre accès pour les élus aux télex et réseaux télématiques de l'entreprise, comme cela se pratique dans certaines entreprises. Il convient toutefois de rappeler que l'utilisation de ce type de matériel, sans accord du chef d'entreprise, demeure fautive. Par ailleurs, rien n'interdit au comité d'entreprise, lorsque les moyens résultant notamment de la subvention de fonctionnement le lui permettent, de choisir des solutions plus coûteuses que celles mises à sa disposition par l'employeur (rép. QE 2207, JO AN 9 janvier 1989, p. 182).

• Compte tenu de l'institution d'une subvention de fonctionnement, le chef d'entreprise n'a plus l'obligation de mettre à la disposition du comité le personnel indispensable pour ses réunions et son secrétariat.

Art. L. 2325-13. Le comité d'entreprise peut organiser, dans le local mis à sa disposition, des réunions d'information, internes au personnel, portant notamment sur des problèmes d'actualité.

Le comité peut inviter des personnalités extérieures, syndicales ou autres, dans les conditions prévues par les dispositions des articles L. 2142-10 et L. 2142-11.

Ces réunions ont lieu en dehors du temps de travail des participants. Toutefois, les membres du comité peuvent se réunir sur leur temps de délégation.

Note • *Réunions d'information internes au personnel.* L'accord du chef d'entreprise n'est pas requis pour ce type de réunions.

• *Réunions à participation extérieure.* Elles ont lieu dans les conditions prévues par les dispositions des articles L. 2142-10 et 11. Voir note sous article L. 2142-10.

SECTION 5. Réunions

Sous-section 1. Périodicité

Art. L. 2325-14. Dans les entreprises de cent cinquante salariés et plus, le comité d'entreprise se réunit au moins une fois par mois sur convocation de l'employeur ou de son représentant.

Dans les entreprises de moins de cent cinquante salariés, le comité se réunit au moins une fois tous les deux mois, sauf lorsque l'employeur a opté pour la mise en place de la délégation unique du personnel, prévue au chapitre VI.

Le comité peut tenir une seconde réunion à la demande de la majorité de ses membres.

Lorsque l'employeur est défaillant, et à la demande d'au moins la moitié des membres du comité, celui-ci peut être convoqué par l'inspecteur du travail et siéger sous sa présidence.

Note • Une réunion commune du comité d'entreprise et des délégués syndicaux, ou du comité d'entreprise et des délégués du personnel, ne satisfait pas aux exigences de la loi qui prévoit des réunions séparées pour chacune de ces institutions (cass. crim. 12 mars 1970, n° 69-91.317, B. crim. n° 102).

• Le cessionnaire d'une entreprise doit réunir le comité d'entreprise dans le mois suivant la cession ; la cession totale de l'entreprise n'est pas pour l'employeur une circonstance exceptionnelle justifiant l'omission de procéder à la réunion mensuelle (cass. crim. 8 janvier 1991, n° 89-81.344, *RJS* 3/91 n° 344).

• En s'opposant à ce que le président du comité d'établissement fasse usage d'un magnétophone alors que, de son côté, le secrétaire disposait d'un appareil analogue, les membres dudit comité ont commis un abus de pouvoir et le délit d'entrave reproché n'est pas caractérisé (cass. crim. 4 février 1986, *JS* 1986, SJ 80 ;

Dr. Ouvr. 1987, p. 60). Voir aussi, sur ce point, CA Paris, 1re ch., 22 novembre 1989, *RJS* 4/90 n° 315.

• Une réunion du comité d'entreprise peut avoir lieu par visioconférence dès lors qu'aucun des participants ne s'y oppose et que les questions inscrites à l'ordre du jour n'impliquent pas un vote à bulletin secret (cass. soc. 26 octobre 2011, n° 10-20.918, *JSL* n° 310, 30 novembre 2011, p. 9, M. Hautefort). À noter toutefois que par un arrêt du 9 septembre 2010, n° 327250, le Conseil d'État a admis la régularité d'un vote où les membres du comité d'entreprise s'étaient exprimés par visioconférence à partir de deux sites : le vote s'était déroulé à bulletins secrets simultanément sur les deux sites et le secrétaire du comité, se trouvant sur un des sites, avait eu connaissance du résultat du vote de l'autre site avant la proclamation du résultat du dépouillement d'ensemble.

• **Convocation du comité d'entreprise.** Le délit d'entrave, qui ne nécessite pas une obstruction active, est constitué en l'absence de réunion régulière du comité par l'employeur (cass. crim. 22 juin 1999, n° 98-85.191). L'absence de convocation pour la réunion mensuelle est constitutive du délit d'entrave au fonctionnement régulier du comité d'entreprise ; la circonstance alléguée que l'espacement des réunions avait répondu à la volonté des membres de cet organisme peut être regardée comme une circonstance atténuante, sans être une cause de justification (cass. crim. 22 novembre 1977, n° 76-93.162, B. crim. n° 362 ; 25 mai 1981, *Dr. Ouvr.* 1982, p. 352). En l'absence de convocation du comité d'entreprise, le défaut de réunion est imputable au chef d'entreprise ; l'absence du chef d'entreprise ou la circonstance que les représentants du personnel aient pu, à certains moments, refuser de fixer les dates de réunion ou de siéger n'exemptent pas le chef d'entreprise de convoquer chaque mois le comité d'entreprise (cass. crim. 11 février 1992, n° 90-87.500, B. crim. n° 68 ; *RJS* 10/92 n° 1120). Si l'établissement ne ferme pas, la période des congés ne justifie pas l'omission de l'employeur de réunir le comité d'établissement (cass. crim. 19 mai 1998, n° 97-80-291). Constitue une entrave le fait d'avoir omis de convoquer les membres du comité d'entreprise pour ladite réunion à la seule exception du secrétaire, peu important que les salariés concernés, avertis par d'autres moyens que la convocation individuelle, aient assisté à la réunion (cass. crim. 16 septembre 1985, *JS* 1985, SJ 300).

• Les membres suppléants ainsi que les représentants syndicaux doivent être convoqués à toutes les séances du comité (CE 23 décembre 2010, n° 323318) et cela sous peine de délit d'entrave (cass. crim. 18 octobre 1983, n° 83-90.419, B. crim. n° 255 et 4 juin 1985, n° 84-94.314, B. crim. n° 217).

• Les représentants du personnel convoqués pour assister à la réunion mensuelle du comité d'entreprise, alors qu'ils étaient en congé, ont droit à un congé supplémentaire, car le rappel d'un salarié en congé pour les besoins du service constitue une mesure exceptionnelle (cass. soc. 18 décembre 1991, n° 89-40.288, BC V n° 595 ; *Dr. Soc.* 1992, p. 195).

• **Réunions supplémentaires.** Lorsqu'elle est demandée par la majorité des membres du comité, la loi fait obligation au chef d'établissement d'organiser, en dehors de la réunion mensuelle ordinaire, une réunion supplémentaire avec un ordre du jour spécial ; cette réunion supplémentaire doit normalement se tenir sans attendre la prochaine réunion mensuelle, à moins que des circonstances particulières, tenant notamment à la proximité de la date prévue pour celle-ci, ne justifient que les deux réunions, tout en demeurant distinctes, puissent être fixées le même jour ; de telles circonstances n'ayant pas été constatées en l'espèce, le fait constitutif de l'entrave poursuivie était dès lors caractérisé (cass. crim. 17 janvier 1984, n° 82-94.159, B. crim. n° 23) ; en l'absence d'obstacles insurmontables, le chef d'entreprise, qui n'est pas juge de l'opportunité de la requête lui étant adressée, est tenu (sous peine d'entrave) d'organiser la réunion extraordinaire sollicitée par la majorité des membres du comité (cass. crim. 14 septembre 1988, n° 87-91.416, *RJS* 1/89 n° 44).

• **Frais de déplacement.** Les frais de déplacement des membres du comité d'entreprise sont à la charge de l'employeur, que la réunion soit organisée à l'initiative de l'employeur ou à la demande de la majorité des membres du comité (cass. soc. 22 mai 2002, n° 99-43.990, BC V n° 174 ; *JSL* n° 104, 27 juin 2002, p. 13, obs. N. Rérolle ; *RJS* 8-9/02 n° 996).

Sous-section 2. Ordre du jour

Art. L. 2325-15. L'ordre du jour des réunions du comité d'entreprise est arrêté par l'employeur et le secrétaire.

Toutefois, lorsque sont en cause des consultations rendues obligatoires par une disposition législative, réglementaire ou par un accord collectif de travail, elles y sont inscrites de plein droit par l'employeur ou le secrétaire.

Note L'ordre du jour du comité d'entreprise est arrêté par le chef d'entreprise et par le secrétaire du comité. Le représentant du chef d'entreprise, qui est délégué pour présider le comité d'entreprise, a nécessairement le pouvoir, en cette qualité, d'arrêter l'ordre du jour (cass. soc. 10 juillet 2002, n° 00-16.827, BC V n° 246 ; *RJS* 11/02 n° 1247).

L'établissement de l'ordre du jour conjointement par le chef d'entreprise et le secrétaire du comité est requis pour chaque réunion. Il en est ainsi même lorsque l'objet de la réunion est de traiter les questions qui n'avaient pas pu l'être lors de la réunion précédente (cass. soc. 25 juin 2003, n° 01-12.990, BC V n° 210 ; *RJS* 12/03 n° 1411, 1re espèce).

L'établissement de l'ordre du jour implique une concertation et une élaboration en commun ; une des parties ne peut unilatéralement arrêter l'ordre du jour, ni imposer à l'autre de le ratifier ou de le signer (cass. crim. 4 novembre 1997, n° 96-85.631, B. crim. n° 371 ; *RJS* 3/98 n° 328). Si un accord ne peut s'établir sur les questions à porter à l'ordre du jour, il appartient au plus diligent d'entre eux de saisir le juge des référés pour résoudre la difficulté. Le comité d'entreprise ne peut valablement se réunir et délibérer sur un ordre du jour fixé unilatéralement par le chef d'entreprise (cass. soc. 8 juillet 1997, n° 95-13.177, BC V n° 256 ; *RJS* 10/97 n° 1109 ; *Dr. Soc.* 1997, p. 982). Une cour d'appel saisie de la difficulté résultant du désaccord existant entre le chef d'entreprise et le secrétaire du CE sur les questions à porter à l'ordre du jour, en autorisant le chef d'entreprise à convoquer la réunion sur un ordre du jour déterminé, a nécessairement fixé celui-ci (cass. soc. 4 juillet 2000, n° 98-10.916, *RJS* 12/00 n° 1261). Pour une saisine du juge des référés par le chef d'entreprise, voir TGI Paris 5 septembre 1997, *RJS* 11/97 n° 1254.

Un comité d'entreprise n'est pas en mesure de délibérer valablement sur une question qui n'a pas été inscrite à l'ordre du jour (cass. crim. 5 septembre 2006, n° 05-85.895, B. crim. n° 206) ; le comité d'entreprise est alors fondé à demander la suspension de la procédure (en l'espèce, il s'agissait d'une cessation de l'adhésion au service médical interentreprises, question non inscrite à l'ordre du jour : cass. soc. 9 juillet 1996, n° 94-17.628, BC V n° 271 ; *RJS* 11/96 n° 1187).

L'irrégularité d'un ordre du jour établi par le seul représentant de la direction est constitutive du délit d'entrave au fonctionnement régulier du comité d'entreprise (cass. crim. 4 novembre 1997, n° 96-85.631, précité ; 16 septembre 1985, *Dr. Ouvr.* 1986, p. 448). Se rend coupable du délit d'entrave le chef d'entreprise qui n'a pas mentionné à l'ordre du jour une question dont l'inscription avait été demandée par la majorité des membres, une réunion spéciale du comité ayant été demandée à cette fin (cass. crim. 5 novembre 1979, *Dr. Ouvr.* 1984, p. 109).

Second alinéa : même lorsque la consultation du comité d'entreprise est obligatoire en vertu d'une disposition législative, réglementaire ou d'un accord collectif de travail, l'élaboration conjointe de l'ordre du jour demeure la règle : les dispositions de l'article L. 2325-15, al. 2 qui prévoient l'inscription de plein droit à l'ordre du jour des consultations obligatoires ne dispensent pas l'employeur, qui entend faire inscrire une question à l'ordre du jour de la réunion du comité d'entreprise, de la soumettre préalablement au secrétaire du comité (cass. soc. 12 juillet 2010, n° 08-40.821, BC V n° 169 ; *RJS* 10/10 n° 783).

Art. L. 2325-16. L'ordre du jour des réunions du comité d'entreprise est communiqué aux membres trois jours au moins avant la séance.

Note • Le chef d'entreprise doit veiller à ce que l'ordre du jour, arrêté par lui-même et le secrétaire, soit communiqué aux membres du comité trois jours au moins avant la séance (cass. crim. 27 septembre 1988, n° 87-91.324, B. crim. n° 325). La non-communication de l'ordre du jour aux membres du comité trois jours avant la séance est susceptible de constituer une entrave au fonctionnement régulier du comité d'entreprise (cass. crim. 11 juin 1974, n° 73-93.299, B. crim. n° 213). La violation de cette prescription, dont seuls cependant peuvent se prévaloir les membres du comité (cass. soc. 2 juillet 1969, BC V n° 458), entraîne la nullité de la délibération intervenue. S'il y a urgence de décision à prendre, le non-respect du délai de trois jours pour convoquer le comité ne peut être reproché à l'employeur (cass. crim. 6 février 1979, n° 77-91.923, B. crim. n° 56). S'agissant du simple report d'une réunion dont l'ordre du jour avait été régulièrement communiqué, n'est pas constitutif d'entrave le fait de n'avoir pas adressé aux membres du comité la convocation et l'ordre du jour trois jours au moins avant la date de la réunion reportée (cass. crim. 4 janvier 1983, *JS* 1983, SJ 42).

À noter que l'employeur n'a pas l'obligation de communiquer au membre du comité d'entreprise, dont le mandat se trouve suspendu par l'effet d'une mesure de mise à pied conservatoire prise à son encontre, l'ordre du jour de la réunion de ce comité appelé à donner son avis sur son projet de licenciement en application de l'article L. 436-1 (ancien) CT (cass. crim. 5 mars 2002, n° 01-81.049, 1er moyen, B. crim. n° 56 ; *RJS* 6/02 n° 695).

• Si les informations prévues par l'article L. 431-5 [L. 2323-4] CT ne doivent pas nécessairement être jointes à l'ordre du jour et peuvent, sauf si la loi en décide autrement, n'être fournies que lors de la réunion du comité d'entreprise, l'employeur ne peut cependant, dès lors qu'il a décidé d'informer le comité d'entreprise, se dispenser, sous peine d'entrave, de respecter le délai prévu par la loi pour la communication de l'ordre du jour (cass. crim. 5 novembre 1991, n° 90-84.817, *RJS* 3/92 n° 307, 2e espèce ; *Dr. Ouvr.* 1992, p. 77).

• Un comité d'établissement ayant voté une résolution autorisant le trésorier à régler des honoraires à l'avocat du comité, le président et un membre de cet organisme, estimant que cette question ne figurait pas à l'ordre du jour de la réunion, ont demandé en référé l'annulation de cette résolution. La cour d'appel, qui a fait ressortir qu'il y avait un rapport direct entre la résolution du comité d'entreprise et le premier point de l'ordre du jour, a décidé, à bon droit, qu'il n'y avait pas de trouble manifestement illicite et que la demande devait, en conséquence, être rejetée (cass. soc. 10 octobre 1990, n° 89-12.983).

Art. L. 2325-17. Lorsque le comité d'entreprise se réunit à la demande de la majorité de ses membres, les questions jointes à la demande de convocation sont inscrites à l'ordre du jour de la séance.

Sous-section 3. **Votes et délibérations**

Art. L. 2325-18. Les résolutions du comité d'entreprise sont prises à la majorité des membres présents.

Le président du comité ne participe pas au vote lorsqu'il consulte les membres élus du comité en tant que délégation du personnel.

Note

• Participent seulement au vote le président du comité (chef d'entreprise ou son représentant), les membres titulaires présents et les membres suppléants qui remplacent les titulaires absents.

Toutefois, le président du comité ne participe pas au vote lorsqu'il consulte les membres élus du personnel en tant que délégation du personnel (voir notamment observations sous cass. soc. 5 mai 1983, n° 81-16.787, BC V n° 235 ; *Dr. Soc.* 1983, p. 395). Le chef d'entreprise ne peut participer au vote d'une résolution portant sur la gestion des activités sociales et culturelles (cass. soc. 25 janvier 1995, n° 92-16.778, BC V n° 38 ; *Dr. Soc.* 1995, p. 263 ; *RJS* 3/95 n° 251 ; *Dr. Ouvr.* 1995, p. 210).

La chambre criminelle a jugé cependant que le président du comité d'entreprise peut participer à un vote sur une proposition concernant la gestion des activités sociales, dès lors que les membres élus du comité d'entreprise, délibérant sur l'engagement d'une dépense, n'ont pas à se prononcer en tant que délégation du personnel. Est coupable d'entrave au fonctionnement du comité d'établissement le secrétaire qui a engagé des dépenses n'ayant pas fait l'objet d'un vote majoritaire (cass. crim. 4 novembre 1988, n° 87-91.705, B. crim. n° 374 ; *Dr. Soc.* 1989, p. 212).

Le ministre du Travail a précisé que (JO AN 2 octobre 1982, p. 5348) l'employeur devra s'abstenir de participer au vote dans les cas suivants : élection des représentants du comité au comité central ou au conseil d'administration ou de surveillance, choix de l'expert-comptable qui assiste les membres élus, délibération sur le recours à un expert rémunéré sur le budget de fonctionnement du comité d'entreprise, désignation des membres de la commission économique, utilisation de la subvention de fonctionnement (lettre 53 du 15 janvier 1986, BO MT 86/9-10 ; position de principe 2-87 du 9 avril 1987, BO 87/13, p. 33).

L'employeur pourra participer au vote pour tout ce qui concerne la vie de l'entreprise, le fonctionnement et l'administration du comité, notamment dans les cas suivants : introduction de nouvelles technologies, compression d'effectifs, élection du secrétaire (cass. soc. 10 juillet 1991, n° 88-20.411, BC V n° 355 ; *Dr. Soc.* 1991, p. 741 ; 21 novembre 2000, n° 98-23.094, *RJS* 1/01 n° 64), du secrétaire adjoint, du trésorier, du trésorier adjoint (CA Rouen, 1re ch. civ., 17 mars 1999, Synd. CGT Total Raffinerie de Normandie c/ Cté d'Éts de Normandie de la Sté Total Raffinage Distribution, *RJS* 7/99 n° 934), établissement du règlement intérieur, désignation du président de la commission d'information et d'aide au logement (la loi ne prévoyant pas de consultation du comité en matière de logement, cette désignation ne s'analyse pas en une consultation des membres élus en tant que délégation du personnel : voir CA Rouen 17 mars 1999, précité).

L'employeur ne peut participer au vote lorsque le comité d'entreprise est invité à se prononcer sur le licenciement d'un représentant du personnel. Le licenciement intervenu à la suite d'un vote du comité d'entreprise auquel a participé l'employeur est un licenciement irrégulier (cass. soc. 22 novembre 1988, n° 85-42.007, BC V n° 617 ; *Dr. Soc.* 1989, p. 211).

• Les résolutions sont prises à la majorité des membres présents. Il s'agira des membres du comité physiquement présents au moment du vote, qu'ils y participent ou non, et il faut prendre en compte – négativement – aussi bien les abstentions que les bulletins blancs ou nuls. La voix du président n'est pas prépondérante (cass. crim. 4 octobre 1977, n° 76-91.922, B. crim. n° 287) ; en cas de partage des voix, une résolution ne peut être considérée comme adoptée. Aucun quorum n'étant fixé pour l'adoption d'une résolution, d'une décision ou d'un avis du comité d'entreprise, la délibération prise par un seul de ses membres à la suite du départ des autres membres est régulière (cass. soc. 30 septembre 2009, n° 07-20.525, 1er moyen, BC V n° 217).

• L'assistance avec voix consultative des représentants syndicaux aux séances du comité implique, pour ces représentants, le droit d'être admis à exposer leur avis sur les questions qui y sont abordées (cass. crim. 12 mars 1970, n° 69-91.317, B. crim. n° 102).

• La majorité des membres du comité d'entreprise ne peut décider d'inviter des personnes étrangères au comité sans l'accord de l'employeur (cass. soc. 22 novembre 1988, *Dr. Soc.* 1989, p. 216 ; *CSB* 1989 A. 2) ; voir aussi, notamment, cass. crim. 26 avril 1988, *Dr. Soc.* 1989, p. 212, approuvant la relaxe d'un employeur qui s'était opposé à ce qu'une réunion du comité d'entreprise se tînt à la date prévue, dès lors que se trouvait présente une personne invitée par le comité mais n'ayant pas été admise par un vote, le comité ayant été reconvoqué pour une séance ultérieure avec même ordre du jour.

• Voir aussi note sous article R. 2325-3.

Art. L. 2325-19. Le comité d'entreprise peut décider que certaines de ses délibérations seront transmises à l'autorité administrative.

Les inspecteurs et contrôleurs du travail peuvent, sur leur demande, et à tout moment, prendre connaissance des délibérations du comité d'entreprise.

Art. R. 2325-2. Les délibérations du comité d'entreprise prévues à l'article L. 2325-19 sont transmises au ***(D. 2009-1377 du 10 nov. 2009, JO 13 ; D. 2010-687 du 24 juin 2010, JO 25 ; voir D. 2010-1582 du 17 déc. 2010, JO 18, pour outre-mer)*** « directeur régional des entreprises, de la concurrence, de la consommation, du travail et de l'emploi ».

Sous-section 4. **Procès-verbal**

Art. L. 2325-20. L'employeur fait connaître lors de la réunion du comité d'entreprise suivant la communication du procès-verbal sa décision motivée sur les propositions qui lui ont été soumises.

Les déclarations sont consignées dans le procès-verbal.

Art. R. 2325-3. Les délibérations des comités d'entreprise sont consignées dans des procès-verbaux établis par le secrétaire et communiqués à l'employeur et aux membres du comité.

Note • En prescrivant la communication des procès-verbaux établis par le secrétaire au chef d'entreprise et aux membres du comité, l'article R. 434-1 [R. 2325-3] a pour but de leur permettre de contrôler si les délibérations ont été exactement rapportées (cass. soc. 29 novembre 1979, n° 78-41.257, BC V n° 916).

• Le membre du comité désigné comme secrétaire a, à ce titre, la responsabilité de l'établissement des procès-verbaux ; il peut se faire assister dans cette tâche par un salarié du comité avec l'accord majoritaire de cet organisme (cass. soc. 7 janvier 1988, n° 85-16.849, BC V n° 9 ; 27 novembre 1980, n° 78-15.447, BC V n° 852). L'employeur qui s'oppose à la présence, aux séances du comité, de la sténodactylographe employée par le comité et admise à ses réunions par un vote commet une entrave au fonctionnement régulier de cet organisme (cass. crim. 30 octobre 1990, n° 87-83.665, B. crim. n° 367 ; *RJS* 1/91 n° 46).

Si la rédaction matérielle du procès-verbal des délibérations du comité d'entreprise peut être confiée à une personne étrangère au comité d'entreprise, l'établissement du procès-verbal et le contrôle de sa rédaction sont réservés au secrétaire ; les prescriptions de cet article sont impératives et ne peuvent être transgressées, sauf cas de force majeure (cass. crim. 1er décembre 1987, n° 85-96.612, B. crim. n° 442).

L'employeur ne participant pas à la rédaction des procès-verbaux, une cour d'appel, qui constate la carence du secrétaire du comité, ne peut, sans violer les articles L. 434-4 [L. 2325-20 et 21] et R. 434-1 [R. 2325-3] CT, décider qu'un huissier de justice, au choix du chef d'entreprise, assistera aux réunions avec pour mission de dresser matériellement les procès-verbaux (cass. soc. 25 novembre 2003, n° 01-14.176, BC V n° 296 ; *RJS* 2/04 n° 223).

Ayant relevé que l'employeur avait fait établir et diffuser les procès-verbaux du comité d'établissement par sa secrétaire de direction au lieu et place du secrétaire du comité, seul habilité pour le faire, sans que cette pratique ait été demandée par le comité d'établissement, une cour d'appel a pu décider que ces dépenses devaient demeurer à sa charge (cass. soc. 4 avril 1990, n° 88-13.219, BC V n° 171 ; *RJS* 5/90 n° 385).

Art. L. 2325-21. Le procès-verbal des réunions du comité d'entreprise peut, après avoir été adopté, être affiché ou diffusé dans l'entreprise par le secrétaire du comité, selon des modalités précisées par le règlement intérieur du comité.

Note • L'employeur ne peut s'opposer à la diffusion du procès-verbal, sauf à en demander l'interdiction en justice si les conditions prévues pour cette diffusion n'ont pas été respectées (cass. soc. 4 novembre 1981, deux arrêts, nos 79-14.628 et 80-13.027, BC V n° 858 ; voir également 29 novembre 1979, n° 78-41.257, BC V n° 916) ; la chambre criminelle a aussi considéré qu'aucun texte ne subordonne l'affichage des procès-verbaux de réunion du comité au contreseing et à l'autorisation de l'employeur (cass. crim. 23 juin 1981, *Dr. Soc.* 1982, p. 207).

• Est constitutif d'entrave au fonctionnement du comité d'entreprise le fait, pour le président du comité d'entreprise, d'avoir rédigé et signé seul le compte-rendu de deux réunions du comité, puis procédé lui-même à l'affichage de ce document (cass. crim. 25 février 1986, n° 84-96.003, B. crim. n° 78).

SECTION 6. Commissions

Sous-section 1. Création et fonctionnement

Art. L. 2325-22. Le comité d'entreprise peut créer des commissions pour l'examen de problèmes particuliers.

Il peut adjoindre aux commissions avec voix consultative des experts et des techniciens appartenant à l'entreprise et choisis en dehors du comité. Les dispositions de l'article L. 2325-5 relatives au secret professionnel et à l'obligation de discrétion leur sont applicables.

Les rapports des commissions sont soumis à la délibération du comité.

Art. R. 2325-4. Les membres des commissions peuvent être choisis parmi des salariés de l'entreprise n'appartenant pas au comité.

Les commissions du comité d'entreprise sont présidées par un de ses membres.

La commission économique du comité d'entreprise est présidée par un membre titulaire du comité d'entreprise ou du comité central d'entreprise.

Sous-section 2. Commission économique

Art. L. 2325-23. Dans les entreprises de mille salariés et plus, une commission économique est créée au sein du comité d'entreprise ou du comité central d'entreprise.

Cette commission est chargée notamment d'étudier les documents économiques et financiers recueillis par le comité d'entreprise et toute question que ce dernier lui soumet.

Note Dans le cas des entreprises ayant des établissements distincts, la mise en place de la commission doit intervenir au niveau du comité central d'entreprise (rép. QE 75702, JO AN 3 février 1986, p. 436).

Art. L. 2325-24. La commission économique comprend au maximum cinq membres représentants du personnel, dont au moins un représentant de la catégorie des cadres. Ils sont désignés par le comité d'entreprise ou le comité central d'entreprise parmi leurs membres.

La commission est présidée dans des conditions déterminées par décret.

Art. L. 2325-25. La commission économique se réunit au moins deux fois par an.

Elle peut demander à entendre tout cadre supérieur ou dirigeant de l'entreprise après accord de l'employeur.

Elle peut se faire assister par l'expert-comptable qui assiste le comité d'entreprise et par les experts choisis par le comité d'entreprise dans les conditions fixées à la section 7.

L'employeur laisse aux membres de la commission le temps nécessaire pour tenir leurs réunions dans la limite d'une durée globale ne pouvant excéder quarante heures par an. Ce temps est rémunéré comme temps de travail.

Sous-section 3. Commission de la formation

Art. L. 2325-26. Dans les entreprises de deux cents salariés et plus, le comité d'entreprise constitue une commission de la formation.

Cette commission est chargée :

1° De préparer les délibérations du comité d'entreprise prévues aux articles L. 2323-33 et suivants ;

2° D'étudier les moyens permettant de favoriser l'expression des salariés en matière de formation et de participer à leur information dans ce domaine ;

3° D'étudier les problèmes spécifiques concernant l'emploi et le travail des jeunes et des handicapés.

Art. L. 2325-27.

Art. R. 2325-5. Le comité d'entreprise et, dans les entreprises de deux cents salariés et plus, la commission de la formation prévue à l'article L. 2325-26 sont consultés sur les problèmes généraux relatifs à la mise en œuvre :

1° Des dispositifs de formation professionnelle continue, prévus aux chapitres Ier à III du titre II du livre III de la partie VI ;

2° De la validation des acquis de l'expérience, prévue au titre II du livre IV de la partie VI.

Art. R. 2325-6. Le comité d'entreprise et, dans les entreprises de deux cents salariés et plus, la commission de la formation sont informés des possibilités de congé qui ont été accordées aux salariés, des conditions dans lesquelles ces congés ont été accordés ainsi que des résultats obtenus.

Sous-section 4. Commission d'information et d'aide au logement

Art. L. 2325-27. Dans les entreprises de trois cents salariés et plus, une commission d'information et d'aide au logement des salariés est créée au sein du comité d'entreprise.

Les entreprises de moins de trois cents salariés peuvent se grouper entre elles pour former cette commission.

Art. L. 2325-28. La commission d'information et d'aide au logement facilite le logement et l'accession des salariés à la propriété et à la location des locaux d'habitation.

À cet effet, la commission :

1° Recherche les possibilités d'offre de logements correspondant aux besoins du personnel, en liaison avec les organismes habilités à collecter la participation des employeurs à l'effort de construction ;

2° Informe les salariés sur leurs conditions d'accès à la propriété ou à la location d'un logement et les assiste dans les démarches nécessaires pour l'obtention des aides financières auxquelles ils peuvent prétendre.

Art. L. 2325-29. La commission d'information et d'aide au logement des salariés aide les salariés souhaitant acquérir ou louer un logement au titre de la participation des employeurs à l'effort de construction, ou investir les fonds provenant des droits constitués en application des dispositions relatives à l'intéressement, à la participation et à l'épargne salariale.

À cet effet, la commission propose, dans chaque entreprise, des critères de classement des salariés candidats à l'accession à la propriété ou à la location d'un logement tenant compte, notamment, des charges de famille des candidats.

Priorité est accordée aux bénéficiaires des dispositions du code des pensions militaires d'invalidité et des victimes de la guerre ayant la qualité de grands mutilés de guerre, conjoints survivants, pupilles de la nation, internés et déportés de la Résistance, aux titulaires de pensions d'invalidité servies par un régime obligatoire de sécurité sociale, ainsi qu'aux bénéficiaires d'une rente d'accident du travail correspondant à un taux d'incapacité au moins égal à 66 %.

Le comité d'entreprise examine pour avis les propositions de la commission.

Art. L. 2325-30. Le temps passé par les membres titulaires ou par leurs suppléants aux séances de la commission d'information et d'aide au logement des salariés est rémunéré comme temps de travail dans la limite de vingt heures par an. Ce temps n'est pas déduit des vingt heures de délégation prévues à l'article L. 2325-6 au bénéfice des membres titulaires du comité d'entreprise.

Art. L. 2325-31. La commission peut s'adjoindre, avec l'accord de l'employeur, à titre consultatif, un ou plusieurs conseillers délégués par des organisations professionnelles, juridiques ou techniques.

Art. L. 2325-32. Sous réserve des dispositions de l'article L. 2325-33, un décret en Conseil d'État détermine :

1° Les conditions dans lesquelles la commission d'information et d'aide au logement des salariés est constituée ;

2° Les conditions dans lesquelles les droits constitués en application des dispositions relatives à l'intéressement, à la participation et à l'épargne salariale sont négociables ou exigibles avant l'expiration du délai prévu à l'article L. 3323-5 ou à l'article L. 3324-10, en vue de constituer ou de compléter l'apport initial nécessaire à l'acquisition du logement principal.

Art. L. 2325-33. Un décret détermine :

1° Le nombre maximum de membres de la commission d'information et d'aide au logement des salariés ;

2° Les conditions dans lesquelles les conseillers que s'adjoint la commission sont, le cas échéant, rémunérés.

Note Voir décret 76-1292 du 30 décembre 1976 (JO 1er janv. 1977) rapporté dans les « Textes non codifiés ».

Sous-section 5. Commission de l'égalité professionnelle

Art. L. 2325-34. Dans les entreprises de deux cents salariés et plus, une commission de l'égalité professionnelle est créée au sein du comité d'entreprise.

Cette commission est notamment chargée de préparer les délibérations du comité d'entreprise prévues à l'article L. 2323-57.

SECTION 7. Recours à un expert

Note Voir *LS* octobre 2010, Numéro juridique : « Les experts du comité d'entreprise ».

Sous-section 1. Experts rémunérés par l'entreprise

§ 1. Recours à un expert-comptable

Art. L. 2325-35. Le comité d'entreprise peut se faire assister d'un expert-comptable de son choix :

1° En vue de l'examen annuel des comptes prévu ***(L. 2009-526 du 12 mai 2009, JO 13)*** « aux articles L. 2323-8 et L. 2323-9 » ;

2° En vue de l'examen des documents mentionnés à l'article L. 2323-10, dans la limite de deux fois par exercice ;

3° Dans les conditions prévues à l'article L. 2323-20, relatif aux opérations de concentration ;

4° Dans les conditions prévues aux articles L. 2323-78 et suivants, relatifs à l'exercice du droit d'alerte économique ;

5° Lorsque la procédure de consultation pour licenciement économique de dix salariés ou plus dans une même période de trente jours, prévue à l'article L. 1233-30, est mise en œuvre.

Note • Le recours à un expert-comptable peut avoir lieu, quelles que soient la taille et la forme juridique de l'entreprise. La faculté pour le comité d'entreprise de se faire assister d'un expert-comptable est ouverte dans toutes les entreprises tenues d'établir les documents mentionnés par l'article L. 432-4, al. 14 [L. 2323-10] CT, quelle que soit leur forme juridique (en l'espèce, des sociétés non commerciales : cass. soc. 30 avril 1997, n° 95-20.563, BC V n° 155 ; *Dr. Soc.* 1997, p. 626, rapport J-Y Frouin ; *RJS* 6/97 n° 702).

• Le comité d'établissement qui est doté des mêmes attributions que le comité d'entreprise, dans la limite des pouvoirs confiés au chef d'établissement, doit être consulté par l'employeur lorsqu'il s'agit d'un projet de licenciement collectif pour motif économique. Dès lors, est justifiée la demande d'assistance du comité d'établissement par un expert-comptable dont la mission était limitée aux effets des opérations envisagées sur la situation des salariés de l'établissement (cass. soc. 13 juin 1990, n° 87-16.948, BC V n° 280 ; *RJS* 7/90 n° 564 ; 29 mai 1991, n° 89-12.992, *RJS* 7/91 n° 833). Cette jurisprudence, antérieure à la loi du 2 août 1989, n'a pas été remise en cause par l'article L. 321-2 [L. 1333-34] CT prévoyant la désignation de l'expert-comptable par le comité central d'entreprise lorsque les consultations sur le projet de licenciement pour motif économique concernent à la fois le comité central d'entreprise et le ou les comités d'établissement intéressés. « La carence du comité central ne peut priver le comité d'établissement concerné par le projet de licenciement du droit d'être assisté par un expert-comptable » ; en l'espèce, le comité central d'entreprise n'avait pas désigné d'expert-comptable (cass. soc. 25 janvier 1995, n° 92-13.546, BC V n° 37 ; *Dr. Soc.* 1995, p. 271 ; *CSB* 1995 A. 16).

La demande d'assistance d'un comité d'établissement par un expert-comptable en vue de l'examen annuel des comptes propres à cet établissement est justifiée (cass. soc. 11 mars 1992, n° 89-20.670, BC V n° 176 ; *Dr. Soc.* 1993, p. 289 ; 14 décembre 1999, n° 98-16.810, BC V n° 487). En effet, le droit du comité central d'entreprise d'être assisté pour l'examen annuel des comptes de l'entreprise, dans les conditions prévues par l'article L. 2323-8 CT, ne prive pas le comité d'établissement du droit d'être assisté par un expert-comptable chargé de lui fournir tous les éléments d'ordre économique, social et financier nécessaires à la compréhension des documents comptables de l'établissement et à l'appréciation de sa situation (cass. soc. 18 novembre 2009, n° 08-16.260, BC V n° 259 ; *RDT*, mars 2010, CH, 180, F. Signoretto ; voir aussi cass. soc. 9 novembre 2011, n° 10-16.702, *JSL* n° 311-312, 21 décembre 2011, p. 31). Après avoir rappelé que, dans le cadre des accords collectifs ayant institué une unité économique et sociale, le caractère d'établissement distinct avait été reconnu à une société dotée d'un comité d'établissement ayant les mêmes pouvoirs que le comité d'entreprise dans la limite des pouvoirs confiés au chef d'établissement et que l'autonomie de cette société, qui gardait sa personnalité juridique, justifiait un examen spécifique de ses comptes, une cour d'appel a exactement décidé que, nonobstant la désignation d'un expert-comptable par le comité central d'entreprise pour procéder à l'examen des comptes globaux de l'UES, le recours à un expert-comptable par le comité d'établissement de la société en vue de l'examen annuel des comptes était justifié (cass. soc. 28 novembre 2007, n° 06-12.977, BC V n° 199 ; *Dr. Soc.* 2008, p. 254, obs. J. Savatier).

• L'exercice du droit par le comité d'entreprise de procéder à l'examen annuel des comptes de la société pour l'exercice clos et donc de se faire assister d'un expert-comptable est indépendant de la date de l'examen des mêmes comptes par l'assemblée générale des actionnaires de la société (cass. soc. 17 février 2004, n° 02-11.404, *RJS* 6/04 n° 714). Le fait que les documents utiles n'aient pas été remis au comité d'établissement avant l'assemblée générale des actionnaires ne peut donc priver celui-ci du droit de procéder à l'examen annuel des comptes de la société et de se faire assister à cette fin d'un expert-comptable (cass. soc. 2 mars 1993, n° 90-12.868, BC V n° 74 ; *RJS* 5/93 n° 520).

• Si le droit pour le comité d'entreprise, appelé à procéder à l'examen annuel des comptes, de recourir à un expert-comptable dont la rémunération incombe à l'employeur s'exerce au moment où les comptes lui sont transmis, il ne résulte pas des articles L. 2325-35 à 37 et L. 2325-40 CT, interprétés à la lumière de la directive 2002/14/CE du 11 mars 2002 établissant un cadre général relatif à l'information et à la consultation des travailleurs, que la désignation de cet expert doit intervenir lors de la réunion d'information au cours de laquelle les comptes lui sont présentés. Après avoir exactement retenu que la teneur de la réunion d'information ainsi que l'éventuelle proximité de la date à laquelle l'assemblée générale devait examiner les comptes d'une société étaient sans incidence sur le droit du comité d'entreprise de se faire assister par un expert-comptable en vue de la compréhension de ces comptes et de l'appréciation de la situation de l'entreprise, une cour d'appel a pu décider que la désignation de l'expert, qui était intervenue dans un délai raisonnable (deux mois après la réunion d'information), ne présentait pas un caractère tardif (cass. soc. 15 décembre 2009, n° 08-17.722, BC V n° 285).

• Le comité d'entreprise peut demander l'assistance d'un expert à l'occasion de l'achat d'un logiciel. Dès lors que la mise en œuvre restait encore à l'état de projet, une cour d'appel a pu décider qu'il n'y avait pas encore eu d'introduction de nouvelles technologies lorsque l'expertise avait été sollicitée (cass. soc. 28 octobre 1996, n° 94-15.914, BC V n° 352 ; *Dr. Soc.* 1996, p. 1105).

• Le comité d'entreprise d'une société déclarée en règlement judiciaire peut se faire assister d'un expert-comptable lorsqu'une procédure de licenciement économique est mise en œuvre. Les dispositions de l'article L. 321-9 [L. 1233-58] CT ne sont pas exclusives du droit conféré au comité par l'article L. 434-6 [L. 2325-35] CT. Le comité doit disposer d'un délai d'examen suffisant pour émettre son avis au vu de l'expertise (cass. soc. 7 juillet 1998, n° 96-21.205, BC V n° 371 ; *RJS* 8-9/98 n° 973). Il est donc nécessaire d'organiser une seconde réunion, dans un délai qui n'est pas fixé par la loi.

• La connaissance par le comité d'entreprise d'un projet de fusion ne donne pas lieu à l'application de l'article L. 434-6 [L. 2325-35] prévoyant l'assistance du comité d'entreprise par un expert-comptable (cass. soc. 30 juin 1993, n° 90-20.158, BC V n° 190 ; *RJS* 10/93 n° 998). De même, cet article ne prévoit pas que le comité d'entreprise puisse être assisté d'un expert rémunéré par l'entreprise en cas d'information-consultation sur un projet de cession de l'entreprise (cass. soc. 14 mars 2006, n° 05-13.670, BC V n° 101 ; *RJS* 5/06 n° 593 ; *JSL* n° 193, 12 juillet 2006, p. 22).

• Sur le recours à un expert-comptable en cas de projet d'opération de concentration, voir note sous article L. 2323-20.

• Sur l'assistance du comité d'entreprise par l'expert-comptable, voir aussi notamment la recommandation de l'ordre des experts-comptables du 11 juillet 1984, mise à jour en mai 1986, dont l'application est précisée dans un guide publié par l'ordre des experts-comptables (mars 1988).

Art. L. 2325-36. La mission de l'expert-comptable porte sur tous les éléments d'ordre économique, financier ou social nécessaires à la compréhension des comptes et à l'appréciation de la situation de l'entreprise.

Note Relève de la mission de l'expert-comptable l'étude de la structure des rémunérations du personnel destinée à fournir au comité des explications cohérentes sur la situation de l'entreprise (cass. soc. 10 janvier 2012, n° 10-21.270).

Art. L. 2325-37. Pour opérer toute vérification ou tout contrôle entrant dans l'exercice de ses missions, l'expert-comptable a accès aux mêmes documents que le commissaire aux comptes.

Lorsqu'il est saisi dans le cadre d'une opération de concentration prévue à l'article L. 2323-20, l'expert a accès aux documents de toutes les sociétés intéressées par l'opération.

Note **Pouvoirs d'investigation de l'expert-comptable**

En application des articles L. 2325-36 et 37 CT et L. 823-13 c. com., l'expert-comptable désigné par le comité d'entreprise peut, dans le cadre d'une mission nécessaire à la compréhension des comptes et à l'appréciation de la situation de l'entreprise, se faire communiquer tous les documents qu'il estime utiles, y compris ceux ayant un caractère confidentiel. En effet, l'expert, tenu par application de l'article L. 2325-42 CT à des obligations de secret et de discrétion, ne peut se voir opposer le caractère confidentiel des documents demandés (cass. soc. 15 décembre 2009, n° 08-18.228, BC V n° 286 ; *RJS* 3/10 n° 270, 2e espèce). La mission de l'expert désigné pour assister le comité d'entreprise lors de l'examen du bilan porte sur les éléments d'ordre économique, financier ou social nécessaires à l'intelligence des comptes et à l'appréciation de la situation de l'entreprise ; pour procéder aux vérifications et contrôles nécessaires, l'expert-comptable a accès aux mêmes documents que les commissaires aux comptes (cass. soc. 21 février 1996, n° 93-16.474, BC V n° 62 ; *Dr. Soc.* 1996, p. 640 ; *RJS* 4/96 n° 415). Encourt la cassation l'arrêt qui, pour dire que la mission de l'expert-comptable désigné par un comité d'entreprise ne pourrait porter que sur l'examen des comptes d'une société, à l'exception de ceux des divisions de celle-ci et de la comptabilité analytique, a retenu que les documents visés par l'article L. 434-6

[L. 2325-37] CT ne s'entendaient que des seuls documents de « l'entreprise » (cass. soc. 16 mai 1990, n° 87-17.555, BC V n° 222 ; *Dr. Soc.* 1991, p. 50). Doit de même être cassé l'arrêt énonçant que le droit de communication des documents nécessaires à la mission de l'expert-comptable du comité d'entreprise trouvait une limitation dans sa finalité qui est d'expliquer les comptes présentés, excluant notamment « toute projection hypothétique dans le futur », alors que le commissaire aux comptes, aux pouvoirs d'investigation duquel sont assimilés ceux de l'expert-comptable du comité d'entreprise, peut, comme le prévoit l'article 229 de la loi du 24 juillet 1966, se faire communiquer toutes les pièces qu'il estime utiles à l'exercice de sa mission (cass. soc. 29 octobre 1987, n° 85-15.244, BC V n° 605). Cette jurisprudence, assimilant les pouvoirs d'investigation de l'expert-comptable à ceux du commissaire aux comptes, le laisse juge de l'utilité des documents qu'il réclame et donne au droit de communication de l'expert-comptable un contenu très étendu.

Dans le cas de figure d'une société constituée d'établissements intitulés « divisions » ayant chacune des relations économiques et même parfois organiques avec d'autres établissements ou sociétés dépendant du même groupe, la chambre sociale a approuvé une cour d'appel d'avoir considéré comme insuffisants les documents comptables établis au niveau de l'entreprise, en ce sens qu'« ils ne donneraient pas un reflet fidèle de l'activité économique et sociale de celle-ci telle qu'elle existe dans les unités de production », et d'avoir en conséquence décidé que, pour l'accomplissement de sa mission d'assistance auprès du comité central, l'expert-comptable pourrait recueillir tous éléments d'ordre économique, financier et social et ce, au sein de chacune des divisions de la société, à raison d'une division par mission annuelle, « seule l'analyse des éléments comptables propres à chaque «division» pouvant, en l'espèce, permettre (à l'expert-comptable et au comité central) d'avoir toutes les données nécessaires à l'intelligence des comptes et à l'appréciation de la situation de l'entreprise » (cass. soc. 22 octobre 1987, n° 86-11.385, BC V n° 591).

Il appartient au seul expert-comptable désigné par le comité d'entreprise de déterminer les documents utiles à l'exercice de sa mission, laquelle porte sur tous les éléments d'ordre économique, financier ou social nécessaires à l'intelligence des comptes et à l'appréciation de la situation de l'entreprise ; doivent ainsi lui être communiqués les documents relatifs à des sociétés étrangères appartenant au groupe, dès lors que la filiale française n' a jamais soutenu qu'elle aurait été dans l'impossibilité de les produire et qu'elle les avait communiqués lors d'exercices antérieurs (cass. soc. 5 mars 2008, n° 07-12.754, BC V n° 50 ; *RJS* 5/08 n° 559 ; *JCP* éd. S 2008, 1323, note J-Y Kerbourc'h). Voir aussi cass. soc. 21 novembre 2001, n° 99-21.903, BC V n° 367 ; *Dr. Soc.* 2002, p. 164 : obs. G. Couturier ; *RJS* 2/02 n° 194.

L'expert du comité peut, si cela s'avère nécessaire, réclamer la communication des comptes à la société mère. Constitue une entrave au fonctionnement du comité d'entreprise le refus par l'employeur de communiquer à l'expert-comptable les documents utiles à l'exercice de sa mission (cass. crim. 26 mars 1991, n° 89-95.909, B. crim. n° 145 ; *RJS* 5/91 n° 600 ; 23 avril 1992, n° 90-84.031, B. crim. n° 180 ; *RJS* 10/92 n° 1117 ; *CSB* 1992 p. 191). L'opposition de l'employeur à l'exécution de la mission de l'expert-comptable désigné par le comité d'entreprise, conformément à l'ordre du jour, constitue un trouble manifestement illicite (cass. soc. 11 mars 1992, n° 89-17.264, BC V n° 175 ; *Dr. Soc.* 1993, p. 289 ; 17 février 2004, n° 02-11.404, *RJS* 6/04 n° 714).

S'agissant de la désignation d'un expert-comptable par un comité d'établissement dans le cadre de l'examen annuel des comptes de cet établissement, une cour d'appel, après avoir exactement retenu que la mission de l'expert n'était pas exclusivement comptable et devait permettre au comité d'établissement de connaître la situation de cet établissement dans l'ensemble de l'entreprise et par rapport aux autres établissements avec lequel il devait pouvoir se comparer, a constaté que la mission donnée à l'expert-comptable mandaté par le comité d'établissement répondait à ces exigences et a décidé à bon droit qu'il appartenait au seul expert-comptable, qui a accès aux mêmes documents que le commissaire aux comptes, d'apprécier les documents utiles à sa mission. La cour a donc pu rejeter la demande de l'employeur qui contestait l'étendue de la mission confiée à l'expert-comptable et le droit de celui-ci d'accéder à des documents autres que ceux relatifs à l'établissement (cass. soc. 18 novembre 2009, n° 08-16.260, BC V n° 259).

Les dispositions de cet article ne font pas obstacle à la communication à l'expert-comptable de la déclaration annuelle des données sociales sous forme électronique (cass. soc. 10 janvier 2012, n° 10-21.270).

Cependant, l'expert-comptable ne peut exiger la production de documents n'existant pas et dont l'établissement n'est pas obligatoire pour l'entreprise (cass. soc. 27 mai 1997, n° 95-20.156, BC V n° 192 ; *RJS* 7/97 n° 827).

Le rapport de l'expert-comptable appartient au comité d'entreprise et la société dont les comptes ont été examinés n'a pas qualité pour en demander la rectification ou la suppression, sauf à faire de cette mesure la réparation d'un préjudice engendré par une faute délictuelle ou quasi délictuelle (CA Paris, 25e ch. B, 30 mai 1991, *RJS* 7/91 n° 853).

§ 2. Recours à d'autres experts

Art. L. 2325-38. Dans les entreprises de trois cents salariés et plus, le comité d'entreprise peut recourir à un expert technique à l'occasion de tout projet important dans les cas énumérés aux articles L. 2323-13 et L. 2323-14.

Le recours à cet expert fait l'objet d'un accord entre l'employeur et la majorité des membres élus du comité.

Cet expert dispose des éléments d'information prévus à ces mêmes articles.

En cas de désaccord sur la nécessité d'une expertise, sur le choix de l'expert ou sur l'étendue de la mission qui lui est confiée, la décision est prise par le président du tribunal de grande instance statuant en urgence.

Note En cas de projet important d'introduction de nouvelles technologies susceptibles d'entraîner des conséquences sur l'emploi, la qualification, la rémunération, la formation ou les conditions de travail du personnel, le comité d'entreprise peut avoir recours à un expert.

Cette possibilité n'existe que dans les entreprises comptant au moins trois cents salariés. Il doit s'agir d'un projet important (pour un projet visant à doter l'entreprise d'une informatique moderne et mieux adaptée concernant six cents postes de travail, voir cass. soc. 28 octobre 1996, n° 94-15.914, BC V n° 352 ; *RJS* 2/97 n° 160).

À défaut d'accord entre le chef d'entreprise et la majorité des membres élus du comité d'entreprise sur la nécessité de recourir à un expert, le comité d'entreprise peut saisir le juge des référés afin d'obtenir la désignation d'un expert.

Il doit s'agir d'un projet. Ainsi, le choix d'un logiciel arrêté en avril, son acquisition réalisée en décembre de la même année, il convient d'admettre qu'il s'agit encore d'un projet car l'installation n'était pas terminée (la demande du comité d'entreprise était recevable, alors même que la saisine du juge avait été opérée après l'acquisition du logiciel, mais avant la mise en œuvre effective de l'installation ; voir cass. soc. 28 octobre 1996, précité). De même, l'introduction d'un nouveau système informatique, sensiblement différent du précédent, nécessitant une formation particulière et devant entraîner des modifications des conditions de travail, de formation et de qualification significatives, justifie le recours du comité d'entreprise à un expert (cass. soc. 9 juillet 1997, n° 95-20.294, *RJS* 11/97 n° 1252).

En revanche, le recours à l'expertise ne peut être accepté pour une étude confiée par l'employeur à un technicien, étude n'ayant pas débouché sur un projet répondant aux conditions prévues par l'article L. 432-2 [L. 2323-13] CT (cass. soc. 3 mars 1988, n° 86-12.762, BC V n° 152).

- Voir également note sous article L. 2323-13.
- Voir *LS* octobre 2010, Numéro juridique : « Les experts du comité d'entreprise ».

Art. R. 2325-7. Lorsqu'il est appelé à prendre les décisions prévues aux articles L. 2325-38 et L. 2325-40, le président du tribunal de grande instance statue en la forme des référés.

Note • Lorsqu'il y a désaccord sur la nécessité d'une expertise et litige sur la rémunération de l'expert, la décision doit être prise en vertu de cet article par le président du tribunal de grande instance statuant en la forme des référés (cass. soc. 13 juin 1990, n° 87-16.948, BC V n° 280 ; *RJS* 7/90 n° 564).

• « Le dispositif ainsi prévu n'emprunte au référé que ses formes procédurales (demande portée directement à l'audience par voie d'assignation et respect des droits de la défense en application des articles 485 et 486 CPC). En revanche, la décision rendue est une décision au fond à laquelle les principes qui régissent les décisions de référé ne sont pas applicables. C'est ainsi notamment que la décision prise par le président du TGI n'a pas un caractère provisoire ; en outre, les voies de recours sont celles du droit commun » (rép. QE 12722, JO Sén. 29 décembre 1983, p. 1747 ; cass. soc. 8 janvier 2002, n° 00-15.815, BC V n° 8 ; *RJS* 3/02 n° 299).

• Lorsqu'il est saisi d'un litige portant sur la rémunération de l'expert-comptable, le président du tribunal de grande instance a aussi le pouvoir de statuer sur la demande connexe de communication de documents par une décision au fond (cass. soc. 26 octobre 2010, n° 09-15.601, BC V n° 246 ; *RJS* 1/11 n° 52).

§ 3. Accès dans l'entreprise et rémunération

Art. L. 2325-39. L'expert-comptable et l'expert technique mentionné à l'article L. 2325-38 ont libre accès dans l'entreprise.

Art. L. 2325-40. L'expert-comptable et l'expert technique mentionné à l'article L. 2325-38 sont rémunérés par l'entreprise.

Le président du tribunal de grande instance est compétent en cas de litige sur leur rémunération.

Note • Voir article R. 2325-7 figurant sous article L. 2325-38.

• Il est toujours possible, pour l'une des parties, en cas de contestation du niveau des honoraires d'un expert-comptable, de saisir pour arbitrage, au titre de l'article 18 du code des devoirs professionnels de la profession d'expert-comptable, le président du conseil régional de l'Ordre (rép. QE 72915, JO AN 9 décembre 1985, p. 5662).

• Il résulte des articles L. 434-6, al. 6 et R. 442-19, al. 5, devenus L. 2325-40 et D. 3323-14 CT, que l'expert-comptable désigné par le comité d'entreprise en vue de l'assister pour l'examen du rapport annuel relatif à la réserve spéciale de participation est rémunéré par l'employeur (cass. soc. 28 janvier 2009, n° 07-18.284, BC V n° 28 ; *JSL* n° 251, 10 mars 2009, p. 24 ; *RJS* 4/09 n° 388 ; *JCP* éd. S 2009, 1192, note J-Y Kerbourc'h).

• Sur le refus de l'employeur, constitutif d'entrave, de laisser l'expert-comptable exercer sa mission (examen annuel des comptes) et de payer ses honoraires, voir cass. crim. 13 février 1990, n° 89-81.592, *Dr. Soc.* 1991, p. 52.

• La participation à une réunion préparatoire entre dans la mission de l'expert-comptable ; ce dernier doit donc être rémunéré de ses honoraires et des frais relatifs à une telle réunion (cass. soc. 8 novembre 1994, n° 92-11.443, BC V n° 298 ; *Dr. Soc.* 1995, p. 73).

• Les juges du fond disposent d'un pouvoir souverain pour apprécier les honoraires de l'expert-comptable que devra supporter l'employeur s'ils constatent que l'expert s'est livré à des investigations dépassant le cadre de sa mission (cass. soc. 21 octobre 1998, n° 97-10.058, *RJS* 12/98 n° 1503). Le montant des honoraires réclamés par l'expert-comptable désigné par le comité d'entreprise ne peut être réduit aux motifs que ce dernier n'a été désigné que pour assister le comité dans l'examen du bilan de l'entreprise (cass. soc. 21 février 1996, n° 93-16.474, BC V n° 62 ; *RJS* 4/96 n° 415).

La mission confiée par un comité d'entreprise à une société d'expertise comptable ayant permis de donner au comité les éléments nécessaires à l'intelligence des comptes, une cour d'appel dispose d'un pouvoir souverain d'appréciation et peut ainsi refuser de réduire les honoraires réclamés par la société d'expertise comptable, comme le demandait l'employeur (cass. soc. 10 juillet 1995, n° 92-17.010, *Dr. Soc.* 1995, p. 935).

• À noter que la mission de l'expert-comptable n'a pas un caractère permanent ; elle est alignée sur les prérogatives du comité d'entreprise qui commencent avec la communication des comptes et s'achèvent avec la réunion consacrée à l'examen des comptes de l'exercice. La désignation d'un expert-comptable intervenue après l'approbation des comptes est donc tardive et la rémunération de l'expert n'a pas à être supportée par l'employeur (cass. soc. 13 janvier 1999, n° 96-22.477, *JSL* n° 31, 2 mars 1999, p. 11).

• Sur le recours à une expertise comptable en cas de licenciement économique, voir articles L. 1233-34 et s.

Sous-section 2. Experts rémunérés par le comité d'entreprise

Art. L. 2325-41. Le comité d'entreprise peut faire appel à tout expert rémunéré par ses soins pour la préparation de ses travaux.

Le recours à un expert donne lieu à délibération du comité.

L'expert choisi par le comité dispose des documents détenus par celui-ci. Il a accès au local du comité et, dans des conditions définies par accord entre l'employeur et la majorité des membres élus du comité, aux autres locaux de l'entreprise.

Sous-section 3. Obligation de secret et de discrétion des experts

Art. L. 2325-42. Les experts mentionnés dans la présente section sont tenus aux obligations de secret et de discrétion définies à l'article L. 2325-5.

SECTION 8. Subvention de fonctionnement

Art. L. 2325-43. L'employeur verse au comité d'entreprise une subvention de fonctionnement d'un montant annuel équivalent à 0,2 % de la masse salariale brute.

Ce montant s'ajoute à la subvention destinée aux activités sociales et culturelles, sauf si l'employeur fait déjà bénéficier le comité d'une somme ou de moyens en personnel équivalents à 0,2 % de la masse salariale brute.

Note

• **Objet de la subvention de fonctionnement.** Cette subvention est destinée à couvrir les frais de secrétariat et ceux qui sont entraînés par les activités de fonctionnement propres à dominantes économiques et technologiques. Doivent être pris en charge par le comité, dans le cadre de cette subvention : les frais des stages de formation économique dont peuvent bénéficier les membres titulaires du comité d'entreprise (voir note sous art. L. 2325-44), la rémunération des experts auxquels peut faire appel le comité d'entreprise pour la préparation de ses travaux, les moyens de fonctionnement administratif du comité : personnel recruté pour faciliter l'exercice des attributions économiques et professionnelles du comité [par exemple, pour assurer le secrétariat des réunions du comité ou pour effectuer des études (économiste)], frais courants de fonctionnement (documentation, papeterie, frais d'abonnement et de communications téléphoniques).

Les frais de déplacement des membres du comité d'entreprise concernant des réunions organisées à l'initiative de l'employeur n'entrent pas dans les dépenses de fonctionnement de cet organisme et doivent rester à la charge de l'employeur (cass. soc. 15 juin 1994, n° 92-14.985, BC V n° 197 ; *Dr. Soc.* 1994, p. 811 ; 28 mai 1996, n° 94-18.797, BC V n° 211 ; *Dr. Soc.* 1996, p. 744 ; 15 mai 2001, n° 99-10.127, BC V n° 172). Il en est de même des frais de déplacement occasionnés par les réunions organisées à la demande de la majorité des membres du comité conformément à l'article L. 434-3 [L. 2325-14] CT (cass. soc. 22 mai 2002, n° 99-43.990, BC V n° 174 ; *RJS* 8-9/02 n° 996 ; *Dr. Soc.* 2002, p. 1026, obs. M. Cohen). La rémunération du temps de trajet pour se rendre à une réunion du comité central d'entreprise est due par l'employeur dès l'instant que ce trajet n'est pas effectué pendant une période de travail et qu'il dépasse, en durée, le temps normal de déplacement entre le domicile du salarié et le lieu de son travail (cass. soc. 30 septembre 1997, n° 95-40.125, BC V n° 299 ; *RJS* 11/97 n° 1255 ; *Dr. Soc.* 1997, p. 1109, concl. av. gén. P. Lyon-Caen. Voir aussi cass. soc. 5 novembre 2003, n° 01-43.109, BC V n° 275 ; *RJS* 1/04 n° 52, reprenant cette solution pour tous les temps de trajets effectués par le salarié en exécution de ses fonctions représentatives).

Un comité central d'entreprise, ayant à étudier les incidences sur les conditions de travail du nouveau mode de rémunération des salariés, peut s'informer des préférences de ces derniers par une consultation du personnel, dont les frais doivent s'imputer sur son budget de fonctionnement, sans que pour autant l'employeur ait l'obligation de communiquer au comité les adresses des salariés (cass. soc. 19 décembre 1990, n° 89-16.072, BC V n° 693 ; *RJS* 2/91 n° 203). Mais des frais de personnel et de photocopies ainsi que des remboursements d'heures passées à des commissions non obligatoires qui se rattachent aux activités sociales et culturelles ne peuvent s'imputer sur la subvention de fonctionnement d'un comité d'établissement (cass. soc. 4 avril 1990, n° 88-13.219, BC V n° 171).

• **Calcul.** Cette subvention doit être calculée en retenant comme assiette la masse salariale brute versée au niveau de l'entreprise (voir note sous art. L. 2323-86).

La masse salariale à retenir pour le calcul de la subvention de fonctionnement est celle de l'année en cours. Mais faute de pouvoir connaître avec exactitude cette masse avant la fin de l'année, la subvention peut être calculée sur celle de l'année précédente et réajustée en fin d'année.

La masse salariale comprend uniquement les sommes versées par l'entreprise ayant un caractère de salaire.

Les rémunérations des maîtres des établissements privés sous contrat d'association doivent être incluses dans cette masse (cass. soc. 2 mars 1999, n° 97-20.095, BC V n° 92 ; *RJS* 4/99 n° 539). De même, les rémunérations des salariés mis à disposition doivent être prises en compte dans la masse salariale servant au calcul de la subvention de fonctionnement du comité d'entreprise de l'entreprise d'accueil, dès lors que ces salariés sont intégrés de façon étroite et permanente au personnel de cette dernière et rémunérés en tout ou en partie par elle (cass. soc. 7 novembre 2007, n° 06-12.309, BC V n° 185 ; *RJS* 1/08 n° 43). Doivent également être prises en compte les sommes versées à des journalistes pigistes déclarées comme salaires à l'administration fiscale et à l'URSSAF (cass. soc. 2 décembre 2008, n° 07-42.506, BC V n° 241). En revanche, la rémunération versée aux salariés temporaires n'a pas à être incluse dans la masse salariale brute de l'entreprise utilisatrice servant de base au calcul de la subvention de fonctionnement. En effet, aux termes de l'article L. 1251-24 CT, ces salariés ont accès, dans l'entreprise utilisatrice, dans les mêmes conditions que les salariés de cette entreprise, aux moyens de transport collectifs et aux installations collectives, notamment de restauration, et lorsque des dépenses supplémentaires incombent au comité d'entreprise, celles-ci lui sont remboursées suivant des modalités définies au contrat de mise à disposition (cass. soc. 10 mars 2010, n° 08-21.529, BC V n° 57 ; *LS* Bref n° 15570 du 17/03/10 ; *RJS* 5/10 n° 477 ; *Dr. Soc.* 2010, p. 724, obs. L. Pécaut-Rivolier ; *JCP* éd. S 2010, 1232, note J-Y Kerbourc'h).

Parmi les sommes versées par une société à une caisse de congés payés, celles qui servent à la rémunération des indemnités de congés payés doivent être incluses dans la masse salariale brute constituant l'assiette de la subvention de fonctionnement du comité d'entreprise (cass. soc. 10 octobre 1990, n° 89-11.377, BC V n° 449 ; *RJS* 11/90 n° 873 ; 23 septembre 1992, n° 89-16.039, BC V n° 475 ; *Dr. Soc.* 1992, p. 1006 ; voir aussi, sur ce point, la position de principe 1-87 du 16 février 1987 prise par le ministère des Affaires sociales et de l'Emploi concernant les sommes versées par les employeurs aux caisses de congés payés du bâtiment et des travaux publics, BO 87/13, p. 29 ; *Dr. Ouvr.* 1987, p. 462). Seule la part d'indemnité supportée par l'employeur à l'égard de salariés ayant accepté une convention de formation conversion entre dans le calcul de la masse salariale brute ; il faut exclure des sommes versées à titre de garanties de ressources la part supportée par l'État (cass. soc. 6 avril 1994, n° 92-10.677, BC V n° 136 ; *Dr. Soc.* 1994, p. 566). En persistant, malgré les observations de l'inspection du travail, à exclure ces sommes de la masse salariale brute, un employeur commet le délit d'entrave (cass. crim. 12 février 1991, n° 88-84.266, B. crim. n° 70 ; *RJS* 4/91 n° 480 ; 19 mars 1991, n° 90-81.889, B. crim. n° 135 ; *RJS* 5/91 n° 601).

Les indemnités journalières prévues par les articles L. 433 et s. c. séc. soc. ne revêtent nullement la qualité de salaire permettant de les englober dans le calcul de la masse salariale servant au calcul de la dotation du comité d'entreprise (TGI Montpellier, 2e ch. A, 16 mars 1988, CE de la Mutualité soc. agricole Hérault c/ Caisse de mutualité soc. agric. Hérault).

• **Versement.** L'employeur peut verser au début de l'année le montant total de la subvention mais il n'y est pas tenu. Il peut effectuer plusieurs versements étalés dans le temps, sous réserve toutefois qu'ils permettent d'assurer un fonctionnement normal du comité.

L'obligation légale et annuelle de versement de la subvention de fonctionnement à la charge de l'employeur n'est pas suspendue par la carence du comité d'entreprise constatée dans les conditions prévues à l'article L. 433-13 [L. 2324-8] CT et, même si l'obligation conjointe des délégués du personnel et du chef d'entreprise de gérer le budget de fonctionnement du comité d'entreprise n'est pas assurée, celui-ci reste créancier, en principe, de cette somme (cass. soc. 13 septembre 2005, n° 04-10.961, BC V n° 256 ; *JCP* éd. S 2005, 1300, note J-M Olivier ; *RJS* 11/05 n° 1112).

• **Action en paiement.** Depuis l'intervention de la loi 2008-561 du 17 juin 2008 (JO 18), l'action en paiement de la subvention de fonctionnement se prescrit par cinq ans. Lorsque le non-versement de cette subvention ne résulte pas d'une résistance abusive de l'employeur, son seul versement, augmenté des intérêts légaux de retard, suffit à réparer le préjudice subi par le comité (cass. soc. 26 septembre 2007, n° 06-44.246, BC V n° 139).

L'employeur doit communiquer chaque année au comité d'entreprise les éléments (notamment le montant de la masse salariale brute) lui permettant de calculer le montant de la subvention de fonctionnement ; à défaut, le délai de prescription ne court pas (cass. soc. 1er février 2011, n° 10-30.160, BC V n° 44 ; *RJS* 4/11 n° 342).

• **Paiement en cas de cession de l'entreprise.** Selon l'article L. 141-5 c. com., la vente d'un fonds de commerce ne transmet pas au cessionnaire les dettes du cédant et, si, selon l'article L. 435-5 CT, devenu l'article L. 2327-11 CT, le comité mis en place dans le cadre d'un établissement cédé demeure en fonction, il n'en résulte pas que le nouvel employeur est tenu des dettes de l'ancien. Un comité d'établissement institué dans le cadre d'un fonds de commerce cédé, et demeuré en fonction en application de l'article L. 435-5 CT, devenu l'article L. 2327-11 CT, n'est donc pas fondé à demander au nouvel employeur le paiement de la subvention de fonctionnement à laquelle il prétend avoir droit au titre d'années antérieures à l'acquisition du fonds de commerce (cass. soc. 28 mai 2008, n° 07-40.904, BC V n° 119 ; *JSL* n° 237, 15 juillet 2008, p. 21 ; *RDT*, juillet/août 2008, AC, 422 ; *RJS* 8-9/08 n° 911).

• **Dispense de versement.** La subvention de fonctionnement n'est pas due si l'employeur fait déjà bénéficier le comité d'entreprise pour son fonctionnement d'une somme ou de moyens en personnel équivalant à 0,2 % de la masse salariale brute. Si le chef d'entreprise fait déjà bénéficier soit le comité d'entreprise, soit le comité central d'entreprise et les comités d'établissement de sommes ou de moyens en personnel qui ne sont pas affectés aux activités sociales et culturelles, c'est également au niveau de l'entreprise que sera calculé l'équivalent financier des moyens mis à la disposition des comités. Si ces moyens atteignent le montant de la subvention légale, l'employeur est dispensé de tout versement. Si les moyens en question n'atteignent pas un montant total de 0,2 %, il doit verser la différence. L'employeur qui, en plus de sa contribution aux activités sociales et culturelles, a fait chaque année bénéficier le comité d'entreprise d'une somme équivalente à 0,2 % de la masse salariale brute pour les besoins de fonctionnement a satisfait à ses obligations (cass. soc. 5 mars 1996, n° 94-15.438, *RJS* 4/96 n° 416).

L'employeur doit établir que cette somme et ces moyens sont équivalents au montant de la subvention. L'employeur ne peut, sous peine d'entrave, se refuser à fournir les justifications qui lui sont demandées (cass crim. 26 novembre 1991, n° 90-84.546, *RJS* 3/92 n° 305 ; voir aussi cass. crim. 10 mars 1992, n° 91-81.177 : il appartient à l'employeur de justifier de la valeur des services qu'il prétend imputer sur la subvention de fonctionnement).

Cette possibilité ne limite aucunement la liberté dont dispose le comité d'entreprise. Celui-ci peut donc décider de renoncer partiellement ou totalement aux avantages antérieurs et obtenir, en contrepartie, le versement de la subvention et avoir ainsi la maîtrise de sa gestion.

La disposition d'un protocole d'accord ayant pour effet de permettre la déduction par l'employeur de la subvention de fonctionnement du montant des salaires et charges du personnel mis par celui-ci à la disposition du comité, même pour des activités non couvertes par la subvention de fonctionnement, est illicite et contrevient aux dispositions d'ordre public de l'article L. 434-8 [L. 2325-43] (cass. soc. 26 septembre 1989, n° 87-20.096, BC V n° 538 ; *Dr. Soc.* 1990, p. 205).

L'employeur peut déduire de la subvention de fonctionnement la somme versée pour les besoins de fonctionnement administratif du comité (cass. soc. 5 octobre 1994, n° 92-18.840, *RJS* 11/94 n° 1280). L'employeur doit établir que cette somme et ces moyens ne sont alloués que pour les besoins de fonctionnement dudit comité autres que ceux qui sont nécessités par les activités sociales et culturelles (cass. crim. 4 octobre 1989, n° 88-86.163, B. crim. n° 341 ; *Dr. Soc.* 1990, p. 213 ; 2 octobre 1990, n° 88-84.621, *RJS* 12/90 n° 992 ; 11 février 1992, n° 90-87.500, B. crim. n° 68 ; *RJS* 10/92 n° 1120 ; cass. soc. 23 octobre 1991, n° 90-11.105, *RJS* 12/91 n° 1336). Voir aussi. cass. soc. 10 juillet 2001, n° 99-19.588, BC V n° 259 ; *RJS* 10/01 n° 1155 ; *Dr. Soc.* 2001, pp. 1014 et s., obs. M. Cohen, précisant qu'est illicite l'accord ayant pour objet de déduire de la subvention de fonctionnement les salaires et charges du personnel mis à la disposition du comité, sans distinguer selon que ces sommes ou moyens en personnel étaient affectés aux activités sociales et culturelles ou au fonctionnement proprement dit du comité.

L'employeur ne peut déduire les frais engagés pour le fonctionnement du comité interentreprises créé pour la gestion des œuvres sociales communes (cass. soc. 21 septembre 1993, n° 91-12.214, *RJS* 11/93 n° 1114).

• **Utilisation.** Ont été déclarés coupables d'abus de confiance des membres d'un comité d'entreprise pour avoir fait prendre en charge par le budget de fonctionnement du comité leurs frais de voyage au Canada (cass. crim. 16 octobre 1997, n° 96-86.231, B. crim. n° 341 ; *RJS* 4/98 n° 486).

Étant donné le principe de la dualité des budgets du comité d'entreprise, les sommes restant au comité d'entreprise au titre de la subvention de fonctionnement ne peuvent pas être transférées sur le budget des activités sociales et culturelles et utilisées au profit de celles-ci. Les sommes restantes constituent une provision dont le comité disposera, le report d'une année sur l'autre s'effectuant sans condition ou limitation (rép. QE 23279, JO Sén. 15 août 1985, p. 1571 ; voir aussi rép. QE 71243, JO AN 26 août 1985, p. 4042).

La délégation du personnel décide de l'utilisation de la subvention de fonctionnement allouée au comité d'entreprise pour la réalisation de ses attributions économiques et professionnelles et le chef d'entreprise ne prend pas part au vote (position de principe 2-87 du 9 avril 1987, BO 87/13, p. 33). Sur la question de savoir si les établissements comptant moins de 50 salariés qui n'ont pas de comité d'entreprise sont tenus d'inscrire à leur budget une somme correspondante au fonctionnement du conseil d'établissement prévu par la convention collective appliquée dans l'établissement, voir rép. QE 55110, JO AN 3 février 1986, p. 436.

• **Comité central d'entreprise.** Dans le cas d'entreprise à établissements multiples, cette subvention doit permettre le fonctionnement à la fois du comité central d'entreprise et des comités d'établissement.

Statuant sur les modalités de répartition de la subvention de fonctionnement entre les comités d'établissement et le comité central d'entreprise, la chambre sociale de la Cour de cassation, dans un arrêt en date du 15 mai 2001, n° 99-10.127, BC V n° 172 ; *RJS* 7/01 n° 882, a décidé :
– que les comités d'établissement, qui sont dotés de la personnalité juridique et dont la composition et le fonctionnement sont calqués sur ceux du comité d'entreprise, doivent bénéficier d'une subvention de fonctionnement, de sorte qu'il appartient à l'employeur de verser le montant de la subvention à chaque comité d'établissement ;
– que le comité central d'entreprise, ayant lui-même des frais de fonctionnement, et la loi ne lui accordant pas un droit propre, il est légitime que les comités d'établissement lui rétrocèdent une partie de leur subvention de fonctionnement ;
– qu'aucun texte ne prévoit que le comité central d'entreprise a qualité pour répartir la subvention de fonctionnement entre les comités d'établissement ;
– que lorsque les comités d'établissement n'ont pu trouver d'accord avec le comité central d'entreprise sur le montant de cette rétrocession, il appartient au juge judiciaire d'arbitrer le différend en fixant lui-même le montant de la rétrocession.

Statuant dans un litige analogue où l'employeur avait pratiqué un système de globalisation et de retenue à la source en servant la subvention au seul comité central d'entreprise, la chambre criminelle de la Cour de cassation a décidé à son tour que, lorsque l'entreprise comporte des établissements multiples, la subvention de fonctionnement doit être versée à chaque comité d'établissement et que tant l'abstention volontaire de verser cette subvention de 0,2 % que le refus de communiquer au comité d'établissement le montant de la masse salariale annuelle brute sur laquelle sont assises les subventions versées aux comités d'établissement sont constitutifs du délit d'entrave (cass. crim. 11 février 2003, n° 01-88.650, B. crim. n° 31 ; *JSL* n° 121, 8 avril 2003, p. 24 ; *RJS* 7/03 n° 905 ; *Dr. Soc.* 2003, p. 897, obs. M. Cohen).

Les dirigeants d'une société ne sauraient être déclarés coupables du délit d'entrave au fonctionnement du comité d'entreprise pour avoir amputé le budget de fonctionnement du comité central d'entreprise de la masse salariale des établissements non dotés d'un comité d'établissement en imposant le calcul du budget de fonctionnement sur la masse salariale des seuls établissements dotés d'un comité d'établissement (cass. crim. 31 mars 1992, n° 90-83.938, B. crim. n° 134 ; *RJS* 10/92 n° 1121).

Pour répondre aux dispositions d'ordre public de l'article L. 434-8 [L. 2325-43] CT, un accord portant à la fois sur une répartition de la contribution patronale aux activités sociales et culturelles de l'entreprise entre le comité central d'entreprise et les différents comités d'établissement et sur les conditions dans lesquelles une partie des subventions de fonctionnement allouées aux comités d'établissement pourrait être reversée au comité central d'entreprise doit nécessairement opérer une distinction entre les sommes versées au titre de la contribution aux activités sociales et culturelles et celles versées au titre de la subvention de fonctionnement (cass. soc. 9 novembre 2005, n° 04-15.464, BC V n° 319 ; *RJS* 3/06 n° 362).

SECTION 9. **Formation des membres du comité d'entreprise**

Art. L. 2325-44. Les membres titulaires du comité d'entreprise élus pour la première fois bénéficient, dans les conditions et limites prévues à l'article L. 3142-13, d'un stage de formation économique d'une durée maximale de cinq jours dispensé soit par un organisme figurant sur une liste arrêtée par l'autorité administrative dans des conditions déterminées par décret en Conseil d'État, soit par un des organismes mentionnés à l'article L. 3142-7. Cette formation est renouvelée lorsqu'ils ont exercé leur mandat pendant quatre ans, consécutifs ou non.

Le temps consacré à cette formation est pris sur le temps de travail et est rémunéré comme tel. Il n'est pas déduit des heures de délégation. Il est imputé sur la durée du congé de formation économique, sociale et syndicale prévu aux articles L. 3142-7 et suivants.

Le financement de la formation économique est pris en charge par le comité d'entreprise.

Note

• En application de cet article, le financement de la formation économique est à la charge du comité d'entreprise : il faut entendre, par frais de formation économique, les frais d'inscription, de formation et éventuellement ceux liés aux déplacements des représentants du personnel à cette occasion. En revanche, le salaire des membres du comité d'entreprise en formation économique est à la charge de l'employeur : en effet, le temps consacré à la formation qui est pris en application de l'article L. 434-10 [L. 2325-44] CT sur le temps de travail est rémunéré comme tel et ne s'impute pas sur le crédit d'heures alloué aux représentants du personnel pour exercer leurs fonctions (note rectificative du 22 septembre 1983 à la circulaire du 6 mai 1983 ; rép. QE 37063, JO AN 14 novembre 1983, p. 4856).

• Un salarié, membre du comité d'entreprise, n'ayant pas encore bénéficié du stage de formation économique, peut y prétendre, même à l'occasion d'un nouveau mandat (cass. soc. 5 mai 1993, n° 89-41.681, BC V n° 128 ; *RJS* 6/93 n° 624). La loi du 25 juillet 1994 prévoit un renouvellement possible de cette formation lorsque les membres titulaires du comité d'entreprise ont exercé leur mandat pendant quatre ans.

• S'agissant d'une salariée nouvellement élue titulaire d'un comité d'entreprise et travaillant 20 h par semaine qui demande à bénéficier de cinq jours de formation économique, le ministère du Travail considère qu'il n'apparaît pas possible, en l'absence d'accord particulier conclu avec l'employeur, de laisser à la charge de ce dernier la rémunération du temps consacré à la formation qui, pendant ces cinq jours, excède la durée habituelle prévue par le contrat de travail à temps partiel (rép. QE 32465, JO AN 25 février 1991, p. 743). Voir aussi cass. soc. 15 juin 2010, n° 09-65.180, BC V n° 138 : un salarié participant, sur sa demande, à la formation économique ne pouvant prétendre à une rémunération supérieure à celle qu'il aurait perçue s'il ne l'avait pas suivie, un salarié à temps partiel n'a pas droit au paiement d'heures complémentaires pour les heures de formation dispensées en dehors de ses horaires habituels de travail.

• Sur les organismes qui peuvent être habilités à dispenser la formation économique aux membres titulaires du comité d'entreprise, voir circulaire 12 du 27 septembre 1983 relative à l'agrément des organismes de formation. À noter que les services de formation des entreprises ne peuvent être habilités à dispenser la formation économique prévue à cet article (rép. QE 37295, JO AN 19 décembre 1983, p. 5392).

Art. R. 2325-8. La liste des organismes de formation mentionnée à l'article L. 2325-44 est arrêtée par le préfet de région après avis du comité de coordination régional de l'emploi et de la formation professionnelle.

Note Voir arrêté du 21 décembre 2011 (JO 24) fixant la liste des organismes dont les stages ou sessions ouvrent droit au congé de formation économique, sociale et syndicale.

CHAPITRE VI

Délégation unique du personnel

SECTION 1. Mise en place

Art. L. 2326-1. Dans les entreprises de moins de deux cents salariés, l'employeur peut décider que les délégués du personnel constituent la délégation du personnel au comité d'entreprise. Il ne peut prendre cette décision qu'après avoir consulté les délégués du personnel et, s'il existe, le comité d'entreprise.

La faculté de mettre en place une délégation unique est ouverte lors de la constitution du comité d'entreprise ou de son renouvellement.

La durée du mandat des délégués du personnel est prorogée jusqu'à la mise en place du comité d'entreprise ou son renouvellement. Elle peut être réduite lorsque le mandat du comité d'entreprise vient à échéance avant celui des délégués du personnel.

Note Une circulaire ministérielle du 21 juin 1994 (DRT 94-9) précise le champ d'application de la délégation unique et les règles de fonctionnement. Elle rappelle que la mise en place d'une délégation unique est une faculté offerte au chef d'entreprise, et non une obligation.

Dans le cas où le chef d'entreprise décide de constituer une délégation unique du personnel, la même solution doit être appliquée dans tous les établissements sans exception. Cette mise en place aura lieu au sein des établissements distincts, au sens de l'article L. 435-1 [L. 2327-1] CT ; elle s'effectue au niveau de l'entreprise lorsqu'il n'existe pas de comité d'établissement (cass. soc. 14 décembre 1995, n° 94-60.578, BC V n° 349 ; *Dr. Soc.* 1996, p. 201). La décision de l'employeur de mettre en place une délégation unique du personnel fait obstacle à l'organisation d'élections de délégués du personnel au sein d'établissements distincts, au sens de l'article L. 421-1 [L. 2312-1] CT (cass. soc. 10 juin 1998, n° 97-60.128, *RJS* 7/98 n° 879).

Les délégués du personnel et, s'il existe, le comité d'entreprise, sont seuls habilités à participer à la consultation préalable à la mise en place par le chef d'entreprise de la délégation unique (cass. soc. 8 janvier 1997, n° 96-60.322, *RJS* 2/97 n° 164 : un protocole d'accord préélectoral établi à la suite de cette consultation est donc valable ; il n'y a pas lieu de tenir compte de ce que les signataires de cet accord ont signé sous condition résolutoire qu'il ne s'agirait pas de la mise en place d'une délégation unique).

Le choix de mettre en place une délégation unique du personnel appartient à l'employeur, seul, et le désaccord manifesté par les organisations syndicales quant à ce choix ne dispense pas l'employeur de procéder à une négociation du protocole préélectoral dans les conditions prévues par les textes légaux (cass. soc. 28 septembre 2011, n° 10-21.752, *RJS* 12/11 n° 1003).

SECTION 2. Composition et élection

Art. L. 2326-2. Le nombre des délégués du personnel constituant la délégation unique du personnel est déterminé par décret en Conseil d'État.

Note

• Selon le Conseil d'État, les effectifs des salariés à prendre en considération pour la détermination du nombre de délégués du personnel constituant la délégation du personnel au comité d'entreprise doivent être appréciés dans le cadre de l'entreprise et non pas dans le cadre de chaque établissement (CE 8 septembre 1995, n° 160302, *RJS* 11/95 n° 1141).

• Des sociétés juridiquement distinctes constituant une unité économique et sociale ont la faculté de mettre en place une délégation unique du personnel.

• Les dispositions de l'article L. 431-1-1 [L. 2326-2] ne sont pas incompatibles avec les dispositions plus favorables d'une convention collective ; pour déterminer le nombre des délégués constituant la délégation du personnel au comité d'entreprise, le juge du fond doit comparer le nombre résultant de l'article R. 423-1-1 [R. 2314-3] CT avec celui des délégués du personnel et membres du comité d'entreprise conventionnels et retenir le nombre le plus élevé des trois (cass. soc. 14 décembre 1995, 2 arrêts, n°s 94-60.592 et 95-60.043, BC V n° 350 ; *RJS* 1/96 n° 36, 1re espèce ; *Dr. Soc.* 1996, p. 202, obs. M. Cohen ; 8 janvier 1997, n° 96-60.322, *RJS* 2/97 n° 164 ; 27 mai 1999, n° 98-60.310, *RJS* 7/99 n° 937).

Le nombre des délégués du personnel constituant la délégation unique peut être augmenté par un protocole d'accord préélectoral qui doit être signé par toutes les organisations syndicales intéressées (cass. soc. 26 juin 1996, n° 95-60.895, BC V n° 257 ; *RJS* 8-9/96 n° 941).

• Les règles à appliquer pour l'élection de la délégation unique du personnel sont celles qui régissent les délégués du personnel et non celles relatives au comité d'entreprise. Les règles légales prévoyant la constitution d'un collège spécifique aux ingénieurs, chefs de service et cadres ne sont donc pas applicables à la délégation unique du personnel, sauf accord collectif contraire ou si une telle hypothèse est prévue par le protocole d'accord préélectoral signé par toutes les organisations syndicales représentatives (cass. soc. 26 septembre 2002, n° 01-60.325, BC V n° 287).

• Lorsqu'un membre élu titulaire de la délégation unique du personnel cesse ses fonctions en cours de mandat, son remplacement est assuré conformément à l'article L. 2341-30 CT concernant le remplacement d'un délégué du personnel titulaire (cass. soc. 7 mai 2002, n° 01-60.671, BC V n° 151 ; *RJS* 7/02 n° 840 ; *Dr. Soc.* 2002, p. 787, obs. J. Savatier).

• Il résulte des articles L. 431-1-1 et L. 423-19 (anciens) CT que les délégués du personnel ne peuvent constituer la délégation unique du personnel au comité d'entreprise que dans les entreprises dont l'effectif est inférieur à deux cents salariés. Par conséquent, lorsque la délégation unique n'a pas été mise en place dans tous les établissements de l'entreprise, il y a lieu, lorsque l'effectif de celle-ci atteint ou dépasse deux cents salariés, de procéder à de nouvelles élections dans chacun des établissements conformément au droit commun, sans attendre l'échéance des mandats en cours (cass. soc. 17 mars 2004, n° 02-60.579, BC V n° 92 ; *RJS* 5/04 n° 564 ; *TPS*, mai 2004, p. 20, note J-M Olivier).

Art. R. 2326-1. Les dispositions relatives au nombre de délégués constituant la délégation unique du personnel sont prévues par l'article R. 2314-3.

Art. L. 2326-3.

SECTION 3. Attributions et fonctionnement

Art. L. 2326-3. Dans le cadre de la délégation unique du personnel, les délégués du personnel et le comité d'entreprise conservent l'ensemble de leurs attributions.

Les réunions de délégué du personnel et du comité d'entreprise se tiennent au moins une fois par mois sur convocation de l'employeur. Elles ont lieu à la suite l'une de l'autre selon les règles propres à chacune de ces instances.

Les membres de la délégation unique du personnel disposent du temps nécessaire à l'exercice des attributions dévolues aux délégués du personnel et au comité d'entreprise. Ce temps ne peut excéder, sauf circonstances exceptionnelles, vingt heures par mois.

CHAPITRE VII

Comité central d'entreprise et comités d'établissements

SECTION 1. Conditions de mise en place

Art. L. 2327-1. Des comités d'établissement et un comité central d'entreprise sont constitués dans les entreprises comportant des établissements distincts.

Note

• Aucune disposition législative ne subordonne la reconnaissance d'un comité d'établissement à un effectif d'au moins cinquante salariés (CE 26 juillet 1996, n°s 152444 et 153952, *RJS* 10/96 n° 1056).

• **Notion d'établissement distinct.** La notion d'établissement distinct n'est pas rigoureusement la même en matière de comités d'entreprise, de délégués du personnel et de délégués syndicaux et la jurisprudence considère qu'elle doit être interprétée par rapport à la finalité de l'institution concernée. La nécessité de la présence des délégués du personnel sur les lieux de travail est fondamentale ; le facteur « autonomie de gestion » est prééminent en matière de comité d'établissement et l'existence d'une autonomie géographique n'est pas essentielle au fonctionnement efficace des comités d'établissement (voir concl. Ch. Maugüé, sous CE 27 mars 1996, n°s 155791 et 155804, *Dr. Soc.* 1996, p. 938 ; voir aussi CE 23 juillet 2003, n° 247577, *RJS* 12/03 n° 1409). Le Conseil d'État, dans un arrêt du 29 juin 1973, a considéré que les critères essentiels de l'établissement distinct au regard de la législation sur les comités d'entreprise sont une implantation géographique distincte, un certain caractère de stabilité et une autonomie suffisante tant en ce qui concerne la gestion du personnel que l'exécution du service. Ainsi ne constituent pas des établissements distincts des directions régionales regroupant plusieurs magasins d'une société, dès lors que celle-ci a centralisé à son siège la gestion administrative, budgétaire, commerciale et sociale de ses magasins, les directeurs des régions, placés sous l'autorité d'un directeur des magasins à compétence nationale, ne disposant que d'un degré d'autonomie très réduit tant en ce qui concerne la gestion du personnel qu'en ce qui a trait à l'exécution du service (CE 25 juin 2003, n° 252280, *RJS* 12/03 n° 1408 ; 17 décembre 1999, n° 197694 : établissements ne disposant pas de l'essentiel des outils de gestion permettant de caractériser une gestion autonome, en particulier sur les plans financier, comptable et commercial ; CE 4 juin 2003, n° 252276, *RJS* 10/03 n° 1182 : établissements ne disposant pas d'une autonomie suffisante, la gestion du personnel et des dépenses étant centralisée par la direction générale).

Mais dès lors que les centres de travaux et la réserve générale d'une société ont une implantation géographique distincte de celle du siège social et un caractère de stabilité, que leurs chefs disposent d'une large autonomie pour la gestion du personnel ouvrier qui y est affecté et des chantiers qui en dépendent, que les chefs des centres de travaux ont le pouvoir de passer des marchés d'un montant au plus égal à deux millions de francs dans la zone géographique de leur ressort et qu'ils ont reçu délégation en matière d'hygiène et de sécurité, le siège de la société, les centres de travaux et la réserve générale doivent être regardés comme réunissant les conditions nécessaires pour que les principales missions et le fonctionnement normal de comités d'établissement puissent être assurés à ce niveau (CE 3 juin 1983, Bachy, *Dr. Ouvr.* 1986, p. 196 ; voir aussi CE 11 décembre 1991, n° 92935, *RJS* 4/92 n° 461 ; 27 juin 2001, n° 215970, *RJS* 11/01 n° 1307 et 4 juin 2003, n°s 234583 et 253724, *RJS* 10/03 n° 11821).

Si les quatre entités auxquelles a été reconnu le caractère d'établissement distinct sont, à l'exception d'un site, des directions fonctionnelles regroupant des agents travaillant dans des lieux différents, elles présentent une autonomie suffisante en ce qui concerne la marche des services, la gestion du personnel et l'organisation de leurs activités. Cette organisation, quoique récemment mise en place, présente un caractère de stabilité alors même que le personnel peut évoluer au cours de sa carrière entre les différentes directions fonctionnelles et que certaines activités, en nombre limité, peuvent être transférées d'un site à un autre. Une fédération n'est ainsi pas fondée à demander l'annulation de la décision du directeur départemental du travail fixant à quatre le nombre d'établissements distincts de la société (CE 29 mars 2000, n° 211353).

La circonstance que les agences d'une banque aient constitué des CHSCT ne suffit pas à leur conférer le caractère d'établissement distinct au sens de l'article L. 435-1 [L. 2327-1] CT (CE 3 juillet 1996, n° 147771 ; 6 mars 2002, n°s 230225 et 233473, *RJS* 7/02 n° 834).

Voir, en ce qui concerne l'institution des délégués du personnel, note sous article L. 2312-1 et, en ce qui concerne les délégués syndicaux, note sous article L. 2143-12.

• **Obligation d'initiative de l'employeur.** Si cet article prévoit la création d'un comité central d'entreprise dans les entreprises comprenant des établissements distincts, aucun texte ne fait expressément obligation au chef d'entreprise de prendre l'initiative de la constitution de cet organisme lorsque nulle démarche n'a été effectuée, à cet effet, auprès de lui (cass. crim. 14 janvier 1986, n° 85-91.285, B. crim. n° 24).

SECTION 2. Comité central d'entreprise

Sous-section 1. Attributions

Art. L. 2327-2. Le comité central d'entreprise exerce les attributions économiques qui concernent la marche générale de l'entreprise et qui excèdent les limites des pouvoirs des chefs d'établissement.

Il est informé et consulté sur tous les projets économiques et financiers importants concernant l'entreprise, notamment dans les cas définis aux articles L. 2323-21 et L. 2323-26.

Note

• S'agissant d'une décision de licenciement concernant plusieurs succursales et se fondant sur des motifs économiques touchant à l'ensemble de l'entreprise, les mesures envisagées excédant les pouvoirs des directeurs d'établissement, l'employeur devait procéder à la consultation du comité central d'entreprise (cass. crim. 21 mars 1979, n° 78-90.772, B. crim. n° 118).

• Bien que les dispositions de l'article L. 435-3, al. 2 [L. 2323-7, al. 2] ne prévoient la consultation du comité central d'entreprise que sur les projets économiques et financiers importants, la chambre criminelle de la Cour de cassation, se référant aux dispositions de l'article L. 432-1 [L. 2323-19] CT – qui imposent la consultation du comité d'entreprise en cas de prise de participation dans une société sans limiter cette consultation aux projets importants – a jugé que, lorsque l'entreprise prend une participation dans une société, le chef d'entreprise est tenu de consulter le comité central d'entreprise, sans que cette obligation soit limitée aux seuls projets économiques et financiers importants (cass. crim. 3 février 2004, n° 03-80.784, B. crim. n° 30 ; *JSL* n° 143, 13 avril 2004, p. 16, obs. J-E Tourreil ; *RJS* 5/04 n° 561). La même décision précise également que la consultation du comité s'impose en cas de constitution d'une nouvelle société, l'article L. 432-1 [L. 2323-19] CT n'établissant aucune distinction selon que l'entreprise prend une participation dans une société déjà constituée ou à constituer.

• Il est nécessaire de procéder à l'information et à la consultation préalable du comité central d'entreprise en cas de projet de nature à affecter de manière importante la marche générale de l'entreprise, et cela même si ce projet ne concerne qu'un nombre limité de salariés sur la base du volontariat (cass. crim. 10 mai 2011, n° 09-87.558, *Dr. Soc.* 2011, p. 995, obs. Fr. Duquesne ; *RJS* 10/11 n° 815).

Sous-section 2. Composition, élection et mandat

§ 1. Composition

Art. L. 2327-3. Le comité central d'entreprise est composé d'un nombre égal de délégués titulaires et de suppléants, élus, pour chaque établissement, par le comité d'établissement parmi ses membres. Ce nombre est déterminé par décret en Conseil d'État.

Le nombre total des membres titulaires ne peut excéder un maximum également déterminé par décret en Conseil d'État.

Note • L'alinéa 1er de cet article qui fixe la composition du comité central d'entreprise ne précise pas selon quel mode de scrutin il est élu, et les articles L. 2324-22 et R. 2324-18 à 20, qui concernent uniquement l'élection des comités d'entreprise et des comités d'établissement, ne sont pas applicables à celle du comité central d'entreprise. Ayant relevé qu'une société et les organisations syndicales représentatives étaient convenues, en 1980, en 1982 et en 1984, de retenir, pour l'élection au comité central d'entreprise, non la moyenne des voix obtenues par chaque liste de candidats, mais le total des voix recueillies par chacune d'elles, et que l'employeur avait, sans l'accord des organisations syndicales unilatéralement modifié, le jour même du scrutin, ce mode conventionnel d'attribution des sièges, un tribunal d'instance, abstraction faite de toute autre considération, a légalement justifié sa décision faisant droit à la demande d'une organisation syndicale tendant à faire juger que l'attribution des sièges à chaque liste devait être faite selon les modalités prévues pour les élections antérieures (cass. soc. 5 juin 1985, n° 84-60.913, BC V n° 326).

• Les dispositions d'un accord entre le chef d'entreprise et les organisations syndicales représentatives, qui fixent les règles relatives à l'électorat pour les élections des membres du comité central d'entreprise, ont une nature électorale. Un tel accord, même unanime, ne peut priver les élus des comités d'établissement du droit d'élire, pour chaque établissement parmi ses membres, les délégués titulaires et suppléants du comité central d'entreprise. Une organisation syndicale représentative au niveau d'un établissement, qui dispose d'au moins un élu, et donc d'un électeur aux élections du comité central, a intérêt à contester la régularité des opérations électorales de ce comité devant le tribunal d'instance (cass. soc. 16 décembre 1998, n° 97-60.371, BC V n° 566).

• Les délégués du comité central d'entreprise sont des représentants du personnel qui doivent être élus selon le scrutin majoritaire uninominal à un tour, chaque électeur devant voter en une seule fois pour autant de candidats qu'il y a de sièges à pouvoir. C'est donc à tort que, pour valider les élections de quatre représentants au comité central d'entreprise, un tribunal d'instance énonce qu'en procédant à des élections poste à pourvoir par poste à pourvoir, dans le cadre d'un scrutin où les électeurs ne votaient à chaque fois que pour un candidat et où n'était élu que le candidat arrivé en tête, un employeur a bien appliqué les règles du scrutin majoritaire à un tour (cass. soc. 5 mars 2008, n° 06-60.274, BC V n° 48 ; *RJS* 5/08 n° 572, 2e espèce ; voir aussi cass. soc. 8 décembre 2010, n° 10-60.176, *LS* Jurispr. n° 252/2010 du 28/12/10).

• Le mandat des membres du comité central d'entreprise étant subordonné à celui qu'ils ont au comité d'établissement, un délégué titulaire au comité central ne peut être élu que parmi les membres élus du comité d'établissement ; un représentant syndical au comité d'établissement ne peut donc être élu par ce comité en qualité de membre titulaire du comité central d'entreprise et le règlement intérieur du comité d'établissement ne saurait déroger à cette règle (cass. soc. 4 juin 2003, n° 01-60.909, *JSL* n° 127, 8 juillet 2003, p. 26 ; *RJS* 10/03 n° 1185).

• Seuls les membres titulaires d'un comité d'établissement sont éligibles à un siège de membre titulaire du comité central (cass. soc. 3 juin 1977, n° 77-60.024, BC V n° 374) ; comme les membres titulaires qui n'ont à cet égard sur eux aucune priorité, les membres suppléants d'un comité d'établissement sont éligibles à un siège de membre suppléant du comité central (cass. soc. 27 novembre 1975, n° 75-60.135, BC V n° 575). Mais une salariée élue déléguée suppléante au comité d'établissement et désignée en la même qualité au comité central ne peut valablement remplacer la déléguée titulaire au comité central qui avait donné sa démission, n'ayant pas elle-même la qualité de déléguée titulaire au comité d'établissement (cass. soc. 11 février 1981, n° 80-60.261, BC V n° 117). Un tribunal d'instance, après avoir constaté que la convention collective nationale des banques allait au-delà des prescriptions légales en prévoyant que les membres suppléants du comité central d'entreprise avaient voix délibérative avec les mêmes prérogatives que les titulaires, n'a pas méconnu les dispositions de ce texte en décidant que seuls les membres titulaires du comité d'entreprise pouvaient faire partie de la délégation au comité central d'entreprise, conformément au protocole préélectoral unanime qui se bornait à faire application de la loi (cass. soc. 7 mai 2002, n° 01-60.629, BC V n° 153 ; *JSL* n° 104, 27 juin 2002, p. 27, obs. N. Rérolle ; *Dr. Soc.* 2002, p. 788, obs. J. Savatier).

• Le scrutin a lieu globalement et non par collèges (cass. soc. 21 juillet 1976, n° 76-60.030, BC V n° 461). Le chef d'entreprise ne peut y prendre part (cass. soc. 21 juillet 1976, n° 76-60.072, BC V n° 460). Mais le président du comité central d'entreprise peut participer à l'élection intervenant pour la désignation du secrétaire du comité (cass. soc. 2 février 1978, n° 77-60.653, BC V n° 87).

• Les délégués du comité central d'entreprise doivent être élus au scrutin secret sous enveloppe ; en l'absence d'un accord unanime du collège électoral respectant les principes du droit électoral, en cas de partage des voix, le plus âgé des candidats est proclamé élu (cass. soc. 9 juin 1998, 2 arrêts, n°s 96-60.455 et 97-60.304, BC V n° 312 ; *RJS* 7/98 n° 884).

• Un salarié qui a été élu membre du comité d'établissement dans le premier collège peut être délégué au comité central, même s'il a changé de catégorie professionnelle (cass. soc. 3 avril 2002, n° 00-60.431, BC V n° 118 ; *RJS* 6/02 n° 703).

• En l'absence de suppléant appartenant au même établissement que le titulaire dont il s'agit d'assurer le remplacement, il est fait application de l'article L. 2324-28 ; le titulaire au comité central d'entreprise doit donc être remplacé par un suppléant d'un autre établissement appartenant à la même liste et relevant de la même catégorie (cass. soc. 26 octobre 2011 n° 10-20.918, *RJS* 1/12 n° 53).

Art. D. 2327-1. Sauf accord conclu entre l'employeur et l'ensemble des organisations syndicales représentatives, le nombre des membres du comité central d'entreprise ne peut dépasser vingt titulaires et vingt suppléants.

Note • Dès lors qu'elle ne méconnaît pas les dispositions de cet article qui fixent à 20 titulaires et 20 suppléants le nombre maximal des membres du comité central d'entreprise, l'autorité administrative peut réduire à 10 le nombre des membres du comité central d'entreprise, alors même qu'il était auparavant fixé à 15 (CE 27 juin 2001, n° 215970, *RJS* 11/01 n° 1307).

• Le caractère d'ordre public des dispositions législatives ou réglementaires relatives à la mise en place du comité central d'entreprise ne fait pas obstacle à ce que les avantages minimaux qu'elles instaurent soient accrus ou que des avantages non prévus soient institués par voie conventionnelle. Il en résulte que le nombre des représentants des comités d'établissement au comité central d'entreprise fixé, sauf accord, par les articles D. 435-1 et D. 435-2 [D. 2327-1 et 2] CT peut être augmenté et déterminé proportionnellement à l'importance numérique de l'effectif de chacun des établissements, conformément à la référence choisie par les parties (cass. soc. 20 décembre 2006, n° 06-60.119, 1er moyen, BC V n° 398 ; *RJS* 3/07 n° 354).

Art. D. 2327-2. Dans les limites fixées à l'article D. 2327-1, chaque établissement peut être représenté au comité central d'entreprise soit par un seul délégué, titulaire ou suppléant, soit par un ou deux délégués titulaires et un ou deux délégués suppléants.

Art. L. 2327-4. Lorsqu'un ou plusieurs établissements de l'entreprise constituent trois collèges électoraux en application de l'article L. 2324-11, un délégué titulaire et un délégué suppléant au moins au comité central d'entreprise appartiennent à la catégorie des ingénieurs, chefs de service et cadres administratifs, commerciaux ou techniques assimilés sur le plan de la classification.

Note Il résulte de ces dispositions, applicables au cas où un ou plusieurs établissements constituent trois collèges électoraux, notamment par suite d'un accord mentionné à l'article L. 433-2, al. 5 [L. 2324-12], que les sièges au comité central réservés à un délégué titulaire et à un délégué suppléant appartenant à la catégorie « cadre » n'ont pas à être attribués exclusivement aux établissements comprenant trois collèges électoraux. Par suite, le ministre du Travail, en annulant la décision d'un directeur départemental du travail qui attribuait notamment un siège de délégué suppléant appartenant à la catégorie « cadre » à l'établissement V et en transférant ce siège à l'établissement C, au seul motif que cet établissement comportait, à la différence de l'établissement V, un troisième collège électoral, a entaché sa décision d'erreur de droit (CE 14 juin 1999, n° 196601, *RJS* 8-9/99 n° 1080).

Art. L. 2327-5. Lorsqu'aucun établissement de l'entreprise ne constitue trois collèges électoraux mais que plusieurs établissements distincts groupent ensemble plus de cinq cents salariés ou au moins vingt-cinq membres du personnel appartenant à la catégorie des ingénieurs, chefs de service et cadres administratifs, commerciaux ou techniques assimilés sur le plan de la classification, au moins un délégué titulaire au comité central d'entreprise appartient à cette catégorie.

Art. L. 2327-6. Chaque organisation syndicale représentative dans l'entreprise désigne un représentant au comité central d'entreprise choisi soit parmi les représentants de cette organisation aux comités d'établissement, soit parmi les membres élus de ces comités.

Ce représentant assiste aux séances du comité central avec voix consultative.

Note Une centrale syndicale et les syndicats qui lui sont affiliés ne peuvent désigner ensemble, sauf accord collectif, qu'un seul représentant syndical au comité central d'entreprise (cass. soc. 6 avril 2005, n° 04-60.323, BC V n° 127 ; *RJS* 6/05 n° 645 ; dans le même sens, voir aussi cass. soc. 20 octobre 1988, n° 88-60.014, BC V n° 551).

§ 2. Élection

Art. L. 2327-7. Dans chaque entreprise le nombre d'établissements distincts et la répartition des sièges entre les différents établissements et les différentes catégories font l'objet d'un accord entre l'employeur et les organisations syndicales ***(L. 2008-789 du 20 août 2008, art. 4, JO 21)*** « intéressées, conclu selon les conditions de l'article L. 2324-4-1 ».

Lorsque cet accord ne peut être obtenu, l'autorité administrative dans le ressort duquel se trouve le siège de l'entreprise décide de ce nombre et de cette répartition. La décision administrative, même si elle intervient alors que le mandat de certains membres n'est pas expiré, est mise à exécution sans qu'il y ait lieu d'attendre la date normale de renouvellement de toutes les délégations des comités d'établissement ou de certaines d'entre elles.

Note • Le directeur départemental du travail, de l'emploi et de la formation professionnelle [Direccte] est compétent pour fixer le nombre d'établissements distincts et la répartition des sièges en cas de désaccord entre l'employeur et les organisations syndicales, quelle que soit l'origine du désaccord (CE 27 juin 2001, n° 215970, *RJS* 11/01 n° 1307 ; voir aussi cass. soc. 17 décembre 2003, n° 02-60.394). Sur la fixation, à défaut d'accord entre le chef d'entreprise et les organisations syndicales, du nombre d'établissements distincts par le directeur départemental et sur les incidences de son omission de procéder à la répartition des sièges entre les différents établissements pour l'élection du comité central, voir cass. crim. 31 mars 1992, n° 90-83.938, *RJS* 10/92 n° 1121.

L'autorité administrative, qui, pour procéder à la répartition des sièges du comité central d'entreprise, a tenu compte tant de l'importance et de la structure des effectifs des différents établissements de la société que de l'importance et de la structure des effectifs des différents collèges au sein de chaque établissement, n'a pas fait une appréciation erronée des faits de l'espèce (CE 18 décembre 1991, précité).

• Pour l'application de cet article, le siège de l'entreprise qui détermine la compétence du directeur départemental du travail [Direccte] doit s'entendre comme le lieu où se situe la direction effective de l'entreprise, alors même qu'il serait différent de son siège social (CE 29 mars 2000, n° 211353). Sur les effets de l'intervention d'un accord entre les organisations syndicales et le chef d'entreprise postérieurement à une décision du directeur départemental relative à cette détermination rendant caduque ladite décision administrative, voir CE 24 juin 1987, n° 72096.

• Il n'appartient pas à l'autorité administrative, lorsqu'elle prend la décision prévue à cet article, de fixer les modalités de remplacement des délégués titulaires par les délégués suppléants au sein du comité central d'entreprise (CE 18 décembre 1991, n° 99758, *RJS* 3/92 n° 321).

• Il ne résulte d'aucune disposition législative ou réglementaire ni d'aucun principe général du droit que la décision par laquelle l'autorité administrative fixe, sur le fondement de cet article, le nombre d'établissements distincts d'une entreprise doive être précédée d'une procédure contradictoire (CE 29 mars 2000, n° 211353).

• La décision par laquelle l'inspecteur du travail fixe le nombre d'établissements distincts d'une entreprise n'est pas au nombre des décisions individuelles qui doivent être motivées (CE 27 mars 1996, n°s 155791 et 155804, *Rec. Lebon*, p. 103 ; *Dr. Soc.* 1996, p. 942).

Art. R. 2327-3. Le ***(D. 2009-1377 du 10 nov. 2009, JO 13 ; D. 2010-687 du 24 juin 2010, JO 25 ; voir D. 2010-1582 du 17 déc. 2010, JO 18, pour outre-mer)*** « directeur régional des entreprises, de la concurrence, de la consommation, du travail et de l'emploi » du siège de l'entreprise est compétent pour la détermination du nombre d'établissements distincts et la répartition des sièges entre les différents établissements et les différentes catégories prévue au deuxième alinéa de l'article L. 2327-7.

Art. R. 2327-5. Le silence gardé pendant plus de quatre mois par le ministre saisi d'un recours hiérarchique contre une décision prise sur le fondement de l'article L. 2327-7 vaut décision de rejet.

Art. L. 2327-8. Les contestations relatives à l'électorat, à la régularité des opérations électorales et à la désignation des représentants syndicaux sont de la compétence du juge judiciaire.

Lorsqu'une contestation rend indispensable le recours à une mesure d'instruction, les dépenses afférentes à cette mesure sont à la charge de l'État.

Note • Voir note sous article L. 2143-8.

• Doit être cassé le jugement qui, statuant sur une contestation relative à l'élection par un comité d'établissement d'un salarié en qualité de délégué au comité central d'entreprise, a, pour déclarer le tribunal d'instance incompétent pour connaître du litige, retenu que « les dispositions d'ordre public du code du travail ne donnent pas compétence expresse au juge judiciaire, et particulièrement au tribunal d'instance, pour connaître de la désignation d'un représentant au comité central d'entreprise par un comité d'établissement au motif que cette nomination excède le nombre des titulaires prévu par la loi », alors qu'il était saisi d'une contestation relative à la régularité des opérations électorales et que ses pouvoirs en la matière n'avaient d'autres limites que celles qu'aurait imposées une question préjudicielle ayant trait notamment à la validité ou à la portée d'une décision administrative prise en vertu de l'article L. 435-4, al. 4 [L. 2327-7], ce qui n'était pas le cas en l'espèce (cass. soc. 19 juillet 1988, n° 87-60.248, BC V n° 473 ; *CSB* 1988 S. 34).

• Le tribunal d'instance territorialement compétent pour connaître de la contestation de la désignation d'un représentant syndical à un comité central d'entreprise est celui du lieu du siège social de l'entreprise (cass. soc. 1er juillet 1985, n° 85-60.006, BC V n° 385).

Art. R. 2327-6. Les contestations relatives à l'électorat, à la régularité des opérations électorales et à la désignation des représentants syndicaux prévues à l'article L. 2327-8 sont de la compétence du juge d'instance qui statue en dernier ressort.

Les dispositions des articles R. 2324-24 et R. 2324-25 sont applicables à ces contestations.

§ 3. Durée et fin du mandat

Art. L. 2327-9. L'élection a lieu tous les quatre ans, après l'élection générale des membres des comités d'établissement.

Note Les comités d'établissement n'ont pas la possibilité de procéder à n'importe quel moment à de nouvelles élections, la cessation des fonctions n'étant prévue, avant la date d'expiration du mandat, que dans les cas limitativement énumérés par la loi (cass. soc. 4 juillet 1978, n° 78-60.399, BC V n° 546).

Art. L. 2327-10. Par dérogation aux dispositions de l'article L. 2327-9, un accord de branche, un accord de groupe ou un accord d'entreprise, selon le cas, peut fixer une durée du mandat des représentants du personnel au comité central d'entreprise comprise entre deux et quatre ans.

§ 4. Circonstances susceptibles d'affecter le mandat

Art. L. 2327-11. En cas de modification dans la situation juridique de l'employeur prévue à l'article L. 1224-1 le comité central de l'entreprise absorbée demeure en fonctions si l'entreprise conserve son autonomie juridique.

Si cette entreprise devient un établissement distinct de l'entreprise d'accueil, le comité d'entreprise désigne parmi ses membres deux représentants titulaires et suppléants au comité central de l'entreprise absorbante.

Si la modification porte sur un ou plusieurs établissements distincts qui conservent ce caractère, ces établissements sont représentés au comité central de l'entreprise d'accueil par leurs représentants au comité central de l'entreprise dont ils faisaient partie.

Dans les cas mentionnés aux deuxième et troisième alinéas, la représentation est assurée dans ces conditions pendant un délai d'un an au plus et peut entraîner le dépassement du nombre maximal de représentants au comité central d'entreprise prévu par le décret mentionné à l'article L. 2327-3.

Note Il résulte de ces dispositions, telles qu'interprétées à la lumière de la directive 77/187/CEE du 14 février 1977, qu'en cas de modification dans la situation juridique de l'employeur telle que mentionnée au 2e alinéa de l'article L. 122-12 [L. 1224-1] CT, le comité central de l'entreprise absorbée demeure en fonction si l'entreprise conserve en fait son autonomie, peu important qu'elle ait perdu son autonomie juridique. Ayant relevé qu'à la suite d'une fusion-absorption, les établissements d'une société de nettoyage avaient continué à fonctionner, les locaux de ces établissements étant restés les mêmes et les activités étant toujours celles de nettoyage, une cour d'appel a pu décider que cette société avait conservé son autonomie et que le salarié n'avait pas perdu sa qualité de représentant syndical au comité central d'entreprise au moment du licenciement (cass. soc. 15 mai 2002, n° 00-42.989, *JSL* n° 108, 19 septembre 2002, p. 23).

Sous-section 3. **Fonctionnement**

Art. L. 2327-12. Le comité central d'entreprise est doté de la personnalité civile.

Il est présidé par l'employeur, assisté éventuellement de deux collaborateurs qui ont voix consultative.

Le comité central désigne un secrétaire.

Note Aucun des textes applicables au comité central d'entreprise ne fait obligation au chef d'entreprise de verser une subvention de fonctionnement au comité central, ni ne précise dans quelles conditions une partie des subventions allouées aux comités d'établissement en vertu des articles L. 434-8 et L. 435-2 (anciens) CT pourrait être reversée au comité central (cass. soc. 31 mars 1992, n° 90-83.938, B. crim. n° 134 ; *RJS* 10/92 n° 1121).

Art. R. 2327-4. Le secrétaire du comité central d'entreprise est désigné parmi ses membres titulaires.

Art. L. 2327-13. Le comité central d'entreprise se réunit au moins une fois tous les six mois au siège de l'entreprise sur convocation de l'employeur.

Il peut tenir des réunions exceptionnelles à la demande de la majorité de ses membres.

Note S'agissant de la présence ou non des suppléants, en même temps que des titulaires, aux réunions tenues par le comité central d'entreprise, le ministre du Travail considère, par assimilation au fonctionnement du comité d'entreprise, que le chef d'entreprise doit convoquer les membres suppléants aux réunions du comité central d'entreprise (rép. QE 1328, JO Sén. 17 novembre 1988, p. 1298).

Le coût de réunions préparatoires aux séances du comité d'entreprise « instaurées » par l'employeur n'a pas à être assumé par un comité d'établissement (cass. soc. 4 avril 1990, n° 88-13.219, BC V n° 171 ; *RJS* 5/90 n° 385). Les frais de déplacement des membres du comité central d'entreprise concernant des réunions organisées à l'initiative de l'employeur doivent rester à la charge de celui-ci (cass. soc. 15 juin 1994, n° 92-14.985, BC V n° 197 ; *RJS* 7/94 n° 874).

Sur la tenue des réunions par visioconférence, voir note sous art. L. 2325-14.

Délibérations. Lorsqu'une action en nullité est engagée contre une délibération du comité central d'entreprise, celui-ci ne peut être assigné qu'en la personne de son secrétaire. Ni la présence de l'employeur ni celle du président du comité ne sont nécessaires pour assurer la validité de la procédure (CA Paris, 1re ch. A, 20 décembre 1989, *RJS* 2/90 n° 131).

Art. L. 2327-14. L'ordre du jour des réunions du comité central d'entreprise est arrêté par l'employeur et le secrétaire.

Toutefois, lorsque des consultations rendues obligatoires par une disposition législative, réglementaire ou par un accord collectif de travail sont en cause, elles sont inscrites de plein droit par l'un ou par l'autre.

L'ordre du jour est communiqué aux membres huit jours au moins avant la séance.

Note L'ordre du jour du comité central d'entreprise est arrêté par le chef d'entreprise et par le secrétaire du comité, quel que soit l'objet de la réunion et si un accord ne peut s'établir sur les questions à porter à l'ordre du jour, il appartient au plus diligent d'entre eux de saisir le juge des référés pour résoudre la difficulté (cass. soc. 23 juin 1999, n° 97-17.680, BC V n° 298 ; *RJS* 8-9/99 n°1081).

La méconnaissance des dispositions de cet article exigeant que l'ordre du jour des réunions du comité central d'entreprise soit arrêté par le président et le secrétaire du comité et qu'il soit transmis aux membres de cet organisme huit jours au moins avant la séance est constitutive du délit d'entrave. En l'espèce, les juges du fond avaient constaté qu'à plusieurs reprises, l'ordre du jour, arrêté parfois unilatéralement par le président du comité, n'avait pas été transmis ou avait été envoyé avec retard, et que ni les difficultés pratiques d'acheminement du courrier ni les reports, d'une séance à une autre, de sujets n'ayant pu être traités lors de réunions antérieures ne pouvaient être invoqués à titre de justification (cass. crim. 15 mai 2007, n° 06-84.318, B. crim. n° 126 ; *JCP* éd. S 2007, 1723, note J-Y Kerbourc'h).

SECTION 3. Comités d'établissement

Sous-section 1. Attributions

Art. L. 2327-15. Les comités d'établissement ont les mêmes attributions que les comités d'entreprise dans la limite des pouvoirs confiés aux chefs de ces établissements.

Note

• Les comités d'établissement créés dans les entreprises comportant des établissements distincts sont dotés, en matière économique, des mêmes attributions que les comités d'entreprise dans la limite des pouvoirs confiés aux chefs de ces établissements, les autres attributions légales des comités d'entreprise étant exercées par le comité central ; il en résulte qu'à l'égard des matières où la décision appartient à la direction générale de l'entreprise, les comités d'établissement ne sont obligatoirement consultés que dans la mesure où la mise en œuvre de la décision et son application au cas particulier de l'établissement rendent nécessaire, notamment en ce qui concerne les mouvements de personnel, l'élaboration de dispositions particulières relevant normalement du chef d'établissement (cass. crim. 17 janvier 1984, n° 82-94.159, B. crim. n° 23 ; voir aussi cass. crim. 11 février 1992, *RJS* 10/92 n° 1120 et cass. soc. 5 juillet 2006, n° 04-18.814, *JSL* n° 196, 19 septembre 2006, obs. J-E Tourreil). Ainsi, lorsque le transfert au sein d'un groupe d'une partie des attributions d'un service jusqu'alors exercées dans un établissement rend nécessaire des mesures d'adaptation locale relevant du chef d'établissement et que la société n'établit pas que l'intervention du chef d'établissement est exclue pour la mise en œuvre de ces dispositions particulières et nécessaires, le chef d'entreprise est tenu de consulter et d'informer le comité d'établissement concerné (cass. soc. 25 juin 2002, n° 00-20.939, BC V n° 217 ; *RJS* 10/02 n° 1144). Le fait que des membres des comités d'établissement aient participé à la consultation du comité central ne dispense pas l'employeur de consulter les comités d'établissement sur les mesures qui peuvent être prises dans les limites de leurs pouvoirs par les chefs d'établissement (cass. crim. 27 mars 1990, n° 89-82.951, *RJS* 6/90 n° 502).

• Si les comités d'établissement ont les mêmes attributions que les comités d'entreprise, l'exercice du droit d'alerte prévu à l'article L. 432-5 [L. 2323-78] CT étant subordonné à l'existence de faits de nature à affecter de manière préoccupante la situation économique de l'entreprise, les comités d'établissement ne sont pas investis de cette prérogative (cass. soc. 1er mars 2005, n° 03-20.429, BC V n° 77 ; *RJS* 5/05 n° 538 ; *Dr. Soc.* 2005, p. 587, obs. G. Couturier. Dans le même sens, voir aussi cass. soc. 6 avril 2005, n° 02-31.130, BC V n° 126 ; *RJS* 6/05 n° 644).

• Sur la possibilité pour un comité d'établissement de recourir à un expert-comptable, voir note sous article L. 2325-35.

Art. L. 2327-16. Les comités d'établissement assurent et contrôlent la gestion de toutes les activités sociales et culturelles.

Toutefois, les comités d'établissement peuvent confier au comité central d'entreprise la gestion d'activités communes.

Un accord entre l'employeur et une ou plusieurs organisations syndicales de salariés représentatives dans l'entreprise, ***(L. 2008-789 du 20 août 2008, art. 8, JO 21)*** « conclu dans les conditions prévues à » l'article L. 2232-12, peut définir les compétences respectives du comité central d'entreprise et des comités d'établissement.

Note

• Si un accord collectif signé par le chef d'entreprise et les syndicats peut accorder au comité central d'entreprise, dans les conditions définies par l'accord, la gestion, en totalité ou en partie, d'activités sociales et culturelles communes à l'ensemble de l'entreprise, il ne peut enlever aux comités d'établissement la gestion des activités sociales et culturelles propres à chaque établissement, ni les priver du droit de percevoir directement de l'employeur la subvention calculée sur la masse salariale de l'établissement (cass. soc. 30 juin 1993, n° 90-14.895, BC V n° 191 ; *Dr. Soc.* 1993, p. 754, rapp. Ph. Waquet).

• Le projet d'accord, consécutif à l'opération de fusion-absorption, fixant le taux moyen pondéré de la contribution patronale aux œuvres sociales pour l'ensemble de l'entreprise et déterminant des règles de répartition prenant en compte les besoins propres à chaque comité d'établissement requiert, par son objet, simultanément, la consultation du comité central d'entreprise et des comités d'établissement (cass. crim. 11 février 2003, n° 01-88.650, B. crim. n° 31 ; *JSL* n° 121, 8 avril 2003, p. 24 ; *RJS* 7/03 n° 905 ; *Dr. Soc.* 2003, p. 897, obs. M. Cohen).

• Un comité d'établissement, qui perçoit régulièrement l'intégralité de la contribution patronale à laquelle il a légalement droit et gère les œuvres sociales qui lui sont propres, n'a aucun droit sur la subvention spéciale accordée par la société, depuis plus de dix ans, au comité central d'entreprise pour lui permettre d'assurer le fonctionnement et l'entretien d'une maison de vacances que ce comité a acquise grâce à un don de l'employeur (cass. soc. 7 mai 1987, n° 85-14.691, BC V n° 268).

Sous-section 2. Composition

Art. L. 2327-17. La composition des comités d'établissement est identique à celle des comités d'entreprise.

Sous-section 3. Fonctionnement

Art. L. 2327-18. Les comités d'établissement sont dotés de la personnalité civile.

Art. L. 2327-19. Le fonctionnement des comités d'établissement est identique à celui des comités d'entreprise.

CHAPITRE VIII

Dispositions pénales

Art. L. 2328-1. Le fait d'apporter une entrave soit à la constitution d'un comité d'entreprise, d'un comité d'établissement ou d'un comité central d'entreprise, soit à la libre désignation de leurs membres, soit à leur fonctionnement régulier, notamment par la méconnaissance des dispositions des articles L. 2324-3 à L. 2324-5 et L. 2324-8, est puni d'un emprisonnement d'un an et d'une amende de 3750 €.

Note S'agissant d'une demande de réunion extraordinaire du comité central, en vue de l'examen d'un document relatif à l'aménagement des horaires de travail, dont a été saisi le président de ce comité et qui a refusé d'y faire droit, les juges du fond ont pu relaxer l'intéressé de la prévention d'entrave au fonctionnement régulier du comité central après avoir constaté que la nature du document diffusé, simple étude préalable à l'élaboration d'un projet définitif, ne justifiait pas la convocation du comité central d'entreprise et que la réalisation des projets d'aménagement des horaires de travail était subordonnée à des études au sein de chaque établissement, en fonction de ses impératifs propres, ce dont il résultait que seuls les comités d'établissement devaient être consultés (cass. crim. 3 février 1981, *JS* 1981, SJ 53).

Caractérise le délit d'entrave au fonctionnement du comité central d'entreprise la remise tardive et incomplète à cet organisme du bilan social, une telle remise équivalant à un défaut de présentation de ce document (cass. crim. 15 mai 2007, n° 06-84.318, B. crim. n° 126 ; *JCP* éd. S 2007, 1723, note J-Y Kerbouc'h).

Art. L. 2328-2. Le fait, dans une entreprise de plus de trois cents salariés ou dans un établissement distinct comportant plus de trois cents salariés, de ne pas établir et soumettre annuellement au comité d'entreprise ou d'établissement le bilan social d'entreprise ou d'établissement prévu à l'article L. 2323-68 est puni d'un emprisonnement d'un an et d'une amende de 3750 €.

TITRE III

COMITÉ DE GROUPE

CHAPITRE Ier

Mise en place

Art. L. 2331-1. I. – Un comité de groupe est constitué au sein du groupe formé par une entreprise appelée entreprise dominante, dont le siège social est situé sur le territoire français, et les entreprises qu'elle contrôle dans les conditions définies à l'article L. 233-1, aux I et II de l'article L. 233-3 et à l'article L. 233-16 du code de commerce.

II. – Est également considérée comme entreprise dominante, pour la constitution d'un comité de groupe, une entreprise exerçant une influence dominante sur une autre entreprise dont elle détient au moins 10 % du capital, lorsque la permanence et l'importance des relations de ces entreprises établissent l'appartenance de l'une et de l'autre à un même ensemble économique.

L'existence d'une influence dominante est présumée établie, sans préjudice de la preuve contraire, lorsqu'une entreprise, directement ou indirectement :
– peut nommer plus de la moitié des membres des organes d'administration, de direction ou de surveillance d'une autre entreprise ;
– ou dispose de la majorité des voix attachées aux parts émises par une autre entreprise ;
– ou détient la majorité du capital souscrit d'une autre entreprise.

Lorsque plusieurs entreprises satisfont, à l'égard d'une même entreprise dominée, à un ou plusieurs des critères susmentionnés, celle qui peut nommer plus de la moitié des membres des organes de direction, d'administration ou de surveillance de l'entreprise dominée est considérée comme l'entreprise dominante, sans préjudice de la preuve qu'une autre entreprise puisse exercer une influence dominante.

Note

• Voir circulaire (DRT 6 du 28 juin 1984) relative à l'application des dispositions concernant le comité de groupe dans la loi du 28 octobre 1982 relative au développement des institutions représentatives du personnel.

• Les associations et syndicats professionnels ne sont pas assujettis à l'obligation de créer un comité de groupe (rép. QE 22790, JO AN 3 août 1987, p. 4363) ; de même, un GIE ne présente pas, en principe, le caractère de société dominante ou de société contrôlée, exigé par la loi pour faire partie d'un comité de groupe (rép. QE précitée).

• Les comités de groupe sont dotés d'une possibilité d'expression collective pour la défense des intérêts dont ils ont la charge et possèdent donc la personnalité civile qui leur permet d'ester en justice. Le comité de groupe a, dans le cadre de la mission dont il est investi, qualité pour contester en justice une mesure qui a pour effet de modifier la composition du groupe (cass. soc. 23 janvier 1990, n° 86-14.947, BC V n° 20; *Dr. Soc.* 1990, p. 322, note J. Savatier; *CSB* 1990 A. 13).

• *Comité de groupe et unité économique et sociale.* La notion d'unité économique et sociale et celle de comité de groupe sont incompatibles. En reconnaissant l'existence d'une unité économique et sociale à un niveau où existait déjà un comité de groupe, un tribunal d'instance a violé les articles L. 431-1 et L. 439-1 (anciens) CT (cass. soc. 20 octobre 1999, n° 98-60.398, BC V n° 391; *LS jp hebdo*, 3 novembre 1999 n° 648). En revanche, l'existence d'un comité de groupe couvrant l'ensemble des sociétés d'un groupe n'exclut pas la mise en place d'un comité central d'entreprise dans le cadre de l'unité économique et sociale reconnue entre certaines sociétés du groupe (cass. soc. 30 mai 2001, n° 00-60.111, BC V n° 191; *RJS* 8-9/01 n° 1032; voir aussi « Les confusions relatives au périmètre de l'unité économique et sociale », M. Cohen, *RJS* 3/01, p. 183).

Les notions d'unité économique et sociale et de groupe doté d'un comité étant incompatibles, il appartient au tribunal d'instance, pour apprécier si une unité économique et sociale peut être valablement reconnue entre différentes sociétés faisant déjà partie d'un groupe doté d'un comité, de vérifier si, lors de sa saisine, les évolutions de la composition du groupe depuis sa mise en place n'ont pas pour effet de faire coïncider les périmètres de ce groupe et de l'unité économique et sociale revendiquée (cass. soc. 25 janvier 2006, n° 04-60.234, BC V n° 34; *RJS* 4/06 n° 468).

Art. L. 2331-2. Le comité d'entreprise d'une entreprise contrôlée ou d'une entreprise sur laquelle s'exerce une influence dominante au sens de l'article L. 2331-1 peut demander, pour l'application des dispositions du présent titre, l'inclusion de l'entreprise dans le groupe ainsi constitué. La demande est transmise par l'intermédiaire du chef de l'entreprise concernée au chef de l'entreprise dominante qui, dans un délai de trois mois, fait droit à cette demande.

La disparition, entre les deux entreprises, des relations définies à l'article L. 2331-1 fait l'objet d'une information préalable et motivée au comité de l'entreprise concernée. Celle-ci cesse d'être prise en compte pour la composition du comité de groupe.

Lorsque le comité de groupe est déjà constitué, toute entreprise qui établit avec l'entreprise dominante, de façon directe ou indirecte, les relations définies à l'article L. 2331-1, est prise en compte pour la constitution du comité de groupe lors du renouvellement de celui-ci.

Note La demande d'inclusion dans un comité de groupe faite par le comité d'entreprise d'une société dans laquelle d'autres entreprises ont une participation implique nécessairement l'existence d'une entreprise dominante ayant un contrôle effectif sur la société dans laquelle elle a une participation et leur appartenance commune à un même ensemble économique. La chambre sociale de la Cour de cassation a jugé qu'une filiale commune, dont le capital est partagé entre deux sociétés ou groupes de sociétés qui la gèrent sur un plan de stricte égalité, n'appartient à aucun groupe; en effet, « une société n'appartient à un groupe au sens de l'article L. 439-1 [L. 2331-1] CT, que si elle dépend d'une société dominante qui soit possède directement ou indirectement plus de la moitié de son capital social, soit la contrôle effectivement et forme avec elle un même ensemble économique » (cass. soc. 9 février 1994, n° 91-11.429, BC V n° 52; *Dr. Soc.* 1994, p. 251, rapp. Ph. Waquet; *CSB* 1994 A. 19). Le ministre du Travail avait estimé, au contraire, qu'il appartient au comité d'entreprise de la société concernée, qui a l'initiative de la demande d'inclusion dans un groupe, de choisir librement son groupe de rattachement (lettre min. du 7 mars 1983, *LS* 27 juin 1983, n° 5350). L'intégration d'une société dans un groupe ne saurait justifier à elle seule la nécessité de supprimer un emploi (cass. soc. 9 juillet 1997, n° 95-43.722, BC V n° 261; *RJS* 8-9/97 n° 960).

Art. R. 2331-1. La demande d'inclusion dans un groupe, mentionnée au premier alinéa de l'article L. 2331-2, est transmise par le chef de l'entreprise intéressée au chef de l'entreprise dominante. Cette demande est adressée par lettre recommandée avec avis de réception.

La notification de la décision du chef de l'entreprise dominante est adressée dans la même forme.

Art. L. 2331-3. En cas de litige résultant de l'application des articles L. 2331-1, L. 2331-2 et L. 2331-6, le comité d'entreprise ou les organisations syndicales représentatives dans l'entreprise considérée ou d'une entreprise du groupe peuvent porter ce litige devant le juge judiciaire du siège de l'entreprise dominante.

Art. R. 2331-2. Le comité d'entreprise ou les organisations syndicales représentatives de l'entreprise dominante ou d'une entreprise du groupe peuvent saisir le tribunal de grande instance du siège de l'entreprise dominante pour les litiges relatifs :

1° À la constitution et à la composition du comité de groupe;
2° À l'inclusion dans le comité de groupe.

Art. R. 2331-3. Les organisations syndicales représentatives peuvent saisir le tribunal d'instance du siège de l'entreprise dominante pour les litiges relatifs à la désignation des représentants du personnel au comité de groupe.

Le tribunal statue dans les conditions prévues à [aux] [l']article[s] R. 2324-24 et R. 2324-25.

Note • Le tribunal d'instance est incompétent pour connaître de la demande d'un syndicat tendant à voir ordonner le renouvellement du comité de groupe, une telle action n'entrant pas dans les dispositions de cet article qui limitent la compétence de cette juridiction aux contestations relatives à la désignation par les organisations syndicales des représentants du personnel au comité de groupe (cass. soc. 13 novembre 2001, n° 99-60.556, BC V n° 345; *RJS* 1/02 n° 52).

• Le délai de quinze jours, prévu par les articles R. 433-4 et R. 439-2 [R. 2324-24 et R. 2331-3] CT, ne s'applique qu'aux contestations dirigées contre la désignation par les organisations syndicales de salariés de leurs représentants au comité de groupe. C'est donc à tort qu'un tribunal d'instance a décidé que, faute d'avoir contesté la répartition des sièges au comité de groupe fixée par un accord collectif dans le délai de quinze jours suivant la conclusion de cet accord, une organisation syndicale n'était plus recevable à prétendre à un nombre de sièges supérieur à celui que lui attribuait l'accord (cass. soc. 24 mai 2006, n° 05-60.329, BC V n° 186; *RJS* 12/06 n° 1294).

Art. R. 2331-4. La saisine du tribunal de grande instance en application du II de l'article L. 2331-1 est, à peine d'irrecevabilité, accomplie dans les trois mois suivant la notification prévue à l'article R. 2331-1.

À défaut de notification, la saisine est accomplie à l'expiration du délai de trois mois prévu au premier alinéa de l'article L. 2331-2.

Lorsque le tribunal recourt à une mesure d'instruction exécutée par un technicien, la provision à valoir sur la rémunération de ce technicien est avancée par la société dominante.

Art. L. 2331-4. Ne sont pas considérées comme entreprises dominantes, les entreprises mentionnées aux points *a* et *c* du paragraphe 5 de l'article 3 du règlement (CE) n° 139/2004 du Conseil du 20 janvier 2004 sur les concentrations.

Art. L. 2331-5. Les réseaux bancaires comportant un organe central, au sens des articles L. 511-30 et L. 511-31 du code monétaire et financier relatifs à l'activité et au contrôle des établissements de crédit, constituent un comité de groupe quand cet organe central n'est pas un établissement public.

Pour l'application du présent titre, l'organe central est considéré comme l'entreprise dominante.

Note Pour une illustration, voir cass. soc. 4 décembre 2007, n° 06-11.206, BC V n° 205; *RJS* 2/08 n° 198 ; *JCP* éd. S 2008, 1163, note S. Beal.

Art. L. 2331-6. Les dispositions du présent titre sont applicables quel que soit le nombre de salariés employés.

CHAPITRE II

Attributions

Art. L. 2332-1. Le comité de groupe reçoit des informations sur l'activité, la situation financière, l'évolution et les prévisions d'emploi annuelles ou pluriannuelles et les actions éventuelles de prévention envisagées compte tenu de ces prévisions, dans le groupe et dans chacune des entreprises qui le composent. Il reçoit communication, lorsqu'ils existent, des comptes et du bilan consolidés ainsi que du rapport du commissaire aux comptes correspondant.

Il est informé, dans ces domaines, des perspectives économiques du groupe pour l'année à venir.

Note Les comités de groupe peuvent accéder aux comptes des filiales étrangères des sociétés « holding » (rép. QE 8852, JO AN 25 septembre 1989, p. 4295).

Art. L. 2332-2. En cas d'annonce d'offre publique d'acquisition portant sur l'entreprise dominante d'un groupe, l'employeur de cette entreprise en informe immédiatement le comité de groupe. Sont alors appliquées, au niveau du comité de groupe, les dispositions prévues aux articles L. 2323-21 à L. 2323-23 pour le comité d'entreprise.

Le respect de ces dispositions dispense des obligations définies aux articles L. 2323-21 et suivants pour les comités d'entreprise des sociétés appartenant au groupe.

CHAPITRE III

Composition, élection et mandat

Art. L. 2333-1. Le comité de groupe est composé du chef de l'entreprise dominante, assisté de deux personnes de son choix ayant voix consultative et de représentants du personnel des entreprises constituant le groupe.

Le nombre maximum des représentants du personnel au comité de groupe est déterminé par décret en Conseil d'État.

Art. D. 2332-2. La représentation du personnel au comité de groupe, prévue à l'article L. 2333-1, comprend trente membres au plus.

Lorsque moins de quinze entreprises du groupe sont dotées d'un comité d'entreprise, le nombre de membres du comité de groupe ne peut être supérieur au double du nombre de ces entreprises.

Note Le juge n'est pas tenu d'appliquer le maximum légal pour fixer le nombre de membres du comité de groupe; il doit cependant vérifier que le nombre maximum n'a pas été dépassé (cass. soc. 21 novembre 1989, n° 88-60.757, BC V n° 671; *RJS* 1/90 n° 45).

Art. L. 2333-2. Les représentants du personnel sont désignés par les organisations syndicales de salariés parmi leurs élus aux comités d'entreprise ou d'établissement de l'ensemble des entreprises du groupe et à partir des résultats des dernières élections.

Note • Dans la mesure où la qualité d'élu est une condition nécessaire de la désignation, il semble logique de considérer que la perte du mandat de membre élu d'un comité d'entreprise ou d'établissement entraîne la cessation des fonctions de représentant du personnel au comité de groupe (rép. QE 39777, JO AN 19 mars 1984, p. 1245). Le terme « élus » doit s'entendre des membres titulaires et suppléants. Si la loi n'a pas exclu, compte tenu notamment de l'absence de pouvoir consultatif du comité de groupe, la possibilité d'y désigner les membres suppléants des comités d'entreprise ou d'établissement, il apparaît préférable que la désignation s'opère en faveur des membres titulaires desdits comités (rép. QE 41271, JO AN 5 mars 1984, p. 1001).

• Un syndicat ne peut désigner au comité de groupe qu'un représentant du personnel ayant été élu sur sa propre liste (cass. soc. 31 mars 2009, n° 08-60.482, BC V n° 97 ; *RJS* 6/09 n° 550 ; *JSL* n° 257, 10 juin 2009, p. 25).

• Une organisation syndicale appelée, en vertu de cet article, à désigner, parmi ses élus aux comités d'entreprise ou d'établissement, les représentants du personnel au comité de groupe n'est pas tenue de justifier de sa représentativité à ce même niveau (cass. soc. 4 avril 1990, n° 87-60.131, BC V n° 167; *RJS* 5/90 n° 389).

• La loi ne prévoit pas la désignation de représentants syndicaux au comité de groupe. Cependant, un accord collectif peut l'autoriser. En présence d'un tel accord, les conditions qu'il pose pour la désignation d'un représentant syndical au comité de groupe doivent être respectées et il ne peut y être dérogé par voie d'usage (cass. soc. 8 décembre 2004, n° 03-60.484, BC V n° 326; *Dr. Soc.* 2005, p. 353, obs. J. Savatier; *RJS* 4/05 n° 403). Par ailleurs, lorsqu'un accord collectif autorise la désignation d'un représentant syndical par chaque organisation syndicale représentative au niveau du groupe, celles qui ont valablement désigné des représentants du personnel au comité de groupe parmi leurs élus aux comités d'entreprise ou aux comités d'établissement sont par là même représentatifs au niveau du groupe pour y désigner un représentant syndical (cass. soc. 13 mai 2003, n° 00-19.035, BC V n° 165; *RJS* 10/03 n° 1186; *Dr. Soc.* 2003, p. 1030, obs. M. Cohen).

Art. L. 2333-3. La désignation des représentants du personnel au comité de groupe a lieu tous les quatre ans.

Toutefois, un accord de branche, un accord de groupe ou un accord d'entreprise, selon le cas, peut fixer une durée du mandat des représentants du personnel aux comités de groupe comprise entre deux et quatre ans.

Note Voir note sous article L. 2314-27.

Art. L. 2333-4. Le nombre total des sièges au comité de groupe est réparti entre les élus des différents collèges électoraux proportionnellement à l'importance numérique de chaque collège.

Les sièges affectés à chaque collège sont répartis entre les organisations syndicales proportionnellement au nombre d'élus qu'elles ont obtenus dans ces collèges, selon la règle de la représentation proportionnelle au plus fort reste.

Lorsque, pour l'ensemble des entreprises faisant partie du groupe, la moitié au moins des élus d'un ou plusieurs collèges ont été présentés sur des listes autres que syndicales, l'autorité administrative dans le ressort duquel se trouve le siège de la société dominante répartit les sièges entre les élus du ou des collèges en cause. Elle effectue cette désignation en tenant compte de la répartition des effectifs du collège considéré entre les entreprises constitutives du groupe, de l'importance relative de chaque collège au sein de l'entreprise et du nombre des suffrages recueillis par chaque élu.

Note • La répartition des sièges au comité de groupe entre les collèges, puis entre les organisations syndicales, s'effectue à partir de bases différentes : les effectifs de chaque collège dans le premier cas et le nombre d'élus de chaque organisation syndicale représentative dans le second. Mais le système de répartition est identique : il est fait application, aux deux stades, de la représentation proportionnelle au plus fort reste (rép. QE 41270, JO AN 16 juillet 1984, p. 3320).

• Les collèges électoraux servant de base de répartition pour la constitution du comité de groupe sont nécessairement ceux qui ont présidé à l'élection des membres des comités d'entreprise ou d'établissement, tels qu'ils ont été arrêtés à l'occasion des élections. Il en résulte que la classification d'un salarié dans un collège au sein duquel il a été élu exclut, sauf accord unanime postérieur aux élections, qu'il puisse être désigné représentant au comité de groupe pour un autre collège (cass. soc. 15 février 2006, n° 05-60.055, BC V n° 76; *RJS* 5/06 n° 595).

Seul un accord unanime peut, à l'occasion de la désignation des représentants du personnel au comité de groupe, modifier le nombre et la composition de ces collèges électoraux, selon des règles autres que les règles légales fixées par l'article L. 433-2 [L. 2324-11] CT (cass. soc. 19 novembre 2002, n° 01-60.563, BC V n° 345; dans le même sens, voir aussi cass. soc. 16 avril 1986, n° 85-60.537, BC V n° 134 ayant décidé qu'un accord modifiant la composition d'un comité de groupe et dont l'objet était, en particulier, de répartir les sièges à pourvoir entre les organisations syndicales selon des règles autres que les règles légales, ne pouvait être imposé à un syndicat qui avait refusé de le signer).

Art. R. 2332-1. Le ***(D. 2009-1377 du 10 nov. 2009, JO 13 ; D. 2010-687 du 24 juin 2010, JO 25 ; voir D. 2010-1582 du 17 déc. 2010, JO 18, pour outre-mer)*** « directeur régional des entreprises, de la concurrence, de la consommation, du travail et de l'emploi » dans le ressort duquel se trouve le siège de la société dominante répartit dans les conditions prévues au troisième alinéa de l'article L. 2333-4 les sièges au comité de groupe.

Il peut désigner conformément à l'article L. 2333-6 le remplaçant d'un représentant du personnel qui cesse ses fonctions au sein du comité.

Le silence gardé pendant plus de quatre mois par le ministre, saisi d'un recours hiérarchique contre ces décisions, vaut décision de rejet.

Art. L. 2333-5. Le comité de groupe est constitué à l'initiative de l'entreprise dominante, dès que la configuration du groupe est définie en application des dispositions du présent chapitre, soit à la suite d'un accord des parties intéressées, soit, à défaut, par une décision de justice.

Cette constitution a lieu au plus tard dans les six mois suivant la conclusion de cet accord ou l'intervention de la décision de justice.

Note

• Les organisations syndicales ayant bénéficié du droit de désigner des représentants au comité de groupe peuvent participer à la négociation de tout accord concernant le fonctionnement du comité, aucune disposition légale n'exigeant d'établir une représentativité syndicale dans l'ensemble du groupe (cass. soc. 4 mai 1994, n° 91-15.064, BC V n° 164; *RJS* 7/94 n° 875).

Cette solution a été confirmée après l'intervention de la loi 2004-391 du 4 mai 2004, relative aux accords conclus au sein d'un groupe, qui exige désormais (article L. 2232-31 CT) que la convention ou l'accord de groupe soit négocié et conclu avec les organisations syndicales de salariés représentatives dans le groupe ou dans l'ensemble des entreprises concernées par le champ de la convention ou de l'accord. En effet, les dispositions de cette loi, qui ont pour objet de définir les garanties sociales des salariés d'un groupe, n'ont pas modifié celles concernant les accords relatifs au comité de groupe, lesquelles n'exigent pas une représentativité dans l'ensemble du groupe ou dans l'ensemble des entreprises concernées ; au contraire, le droit de désigner des représentants à ce comité étant reconnu, en son principe, à toute organisation syndicale ayant obtenu des élus dans l'un au moins des comités d'entreprise ou d'établissement dépendant du groupe, ces organisations doivent être invitées à participer à la négociation de tout accord concernant le fonctionnement du comité de groupe (cass. soc. 30 mars 2010, n° 08-21.199, BC V n° 82 ; *LS* Jurispr. n° 79/2010 du 20/04/10 ; *JCP* éd. S 2010, 1206, note E. Jeansen ; *RJS* 6/10 n° 528 ; *Dr. Soc.* 2010, p. 865, obs. Fr. Petit).

• Le délai de six mois accordé au chef de l'entreprise dominante pour constituer et réunir pour la première fois le comité de groupe ne peut courir qu'à compter du jour où la configuration du groupe a été définie soit par un accord, soit par une décision judiciaire. L'accord de configuration devant nécessairement être conclu avec les parties intéressées de toutes les sociétés du groupe, l'engagement pris, dans le cadre d'un accord de fin de conflit, par le chef de l'entreprise dominante de réunir le comité de groupe dans un certain délai ne peut en tenir lieu (cass. crim. 11 juin 2002, n° 01-81.365, 2e moyen, B. crim. n° 133; *JSL* n° 109, 8 octobre 2002, p. 10, obs. A. Méjias de Haro).

Art. L. 2333-6. Lorsque un représentant du personnel au sein du comité de groupe cesse ses fonctions, son remplaçant, pour la durée du mandat restant à courir, est désigné par les organisations syndicales dans le cas prévu à l'article L. 2333-2 ou par l'autorité administrative dans celui fixé au troisième alinéa de l'article L. 2333-4.

CHAPITRE IV

Fonctionnement

Art. L. 2334-1. Le comité de groupe est présidé par le chef de l'entreprise dominante.

Il désigne un secrétaire.

Art. L. 2334-2.

Art. R. 2333-1. Le secrétaire du comité de groupe est désigné à la majorité des voix parmi ses membres.

Art. L. 2334-2. Le comité de groupe se réunit au moins une fois par an sur convocation de son président.

L'ordre du jour de la réunion est arrêté par le président et le secrétaire et communiqué aux membres quinze jours au moins avant la séance.

Le temps passé par les représentants du personnel aux séances du comité de groupe est rémunéré comme temps de travail.

Art. L. 2334-3. Le comité de groupe est réuni pour la première fois, à l'initiative de l'entreprise dominante, dès qu'il est constitué et au plus tard dans les six mois qui suivent sa création.

Art. L. 2334-4. Pour l'exercice des missions prévues par l'article L. 2332-1, le comité de groupe peut se faire assister par un expert-comptable. Celui-ci est rémunéré par l'entreprise dominante.

Pour opérer toute vérification ou tout contrôle entrant dans l'exercice de ces missions, l'expert-comptable a accès aux mêmes documents que les commissaires aux comptes des entreprises constitutives du groupe.

Note L'expert-comptable du comité de groupe a accès aux mêmes documents que les commissaires aux comptes des entreprises constitutives du groupe dont la compétence s'étend, en application de l'article 228 de la loi du 24 juillet 1966 sur les sociétés commerciales, à toutes les entreprises comprises dans la consolidation. L'expert peut consulter les éléments détenus par la société dominante, située en France, sur l'ensemble des entreprises françaises et étrangères concernées par l'établissement de ses comptes consolidés (cass. soc. 6 décembre 1994, n° 92-21.437, BC V n° 327 ; *RJS* 1/95 n° 38 ; concl. Y. Chauvy, *RJS* 1/95, p. 7).

CHAPITRE V

Dispositions pénales

Art. L. 2335-1. Le fait de ne pas constituer et réunir pour la première fois un comité de groupe dans les conditions prévues aux articles L. 2333-5 et L. 2334-3 ou d'apporter une entrave soit à la désignation des membres d'un comité de groupe, soit au fonctionnement régulier de ce comité, est puni d'un emprisonnement d'un an et d'une amende de 3 750 €.

TITRE IV

COMITÉ D'ENTREPRISE EUROPÉEN OU PROCÉDURE D'INFORMATION ET DE CONSULTATION DANS LES ENTREPRISES DE DIMENSION COMMUNAUTAIRE

Note • Les dispositions du présent titre sont issues de la loi 96-985 du 12 novembre 1996 (JO 13). Cette loi a transposé en droit interne la directive européenne 94/45/CE du 22 septembre 1994 (JOCE L 254 du 30.09.1994) « concernant l'institution d'un comité d'entreprise européen ou d'une procédure dans les entreprises de dimension communautaire en vue d'informer et de consulter les travailleurs », directive étendue au

Royaume-Uni par la directive 97/74/CE du 15 décembre 1997 (JOCE L 10 du 16 janvier 1998) et modifiée par la directive 2006/109/CE du 20 novembre 2006 (JOUE L 363 du 20.12.2006) en raison de l'adhésion de la Bulgarie et de la Roumanie (voir « Code annoté européen du travail », *Groupe Revue Fiduciaire*, éd. 2010, pp. 918 à 936).

La nécessité de moderniser la législation communautaire en matière d'information et de consultation transnationale des travailleurs, tout en permettant le fonctionnement continu des accords en vigueur, a conduit à l'adoption de la directive 2009/38/CE du 6 mai 2009 (JOUE L 122 du 16.05.2009). Cette directive a abrogé, avec effet au 6 juin 2011, la directive 94/45/CE, telle que modifiée par les directives 97/74/CE et 2006/109/CE, sans préjudice des obligations des États membres en ce qui concerne les délais de transposition en droit national de ces directives.

Sur le fond, la nouvelle directive a amélioré le fonctionnement du comité d'entreprise européen sur plusieurs points :
– l'accès à l'information préalable à la constitution du groupe spécial de négociation a été renforcé, notamment en ce qui concerne la structure de l'entreprise ou du groupe et ses effectifs ;
– la composition du groupe spécial de négociation a été aménagée pour assurer une meilleure représentation des salariés, un siège devant être alloué par tranche de travailleurs employés dans un État membre qui représente 10 % du nombre de travailleurs employés dans l'ensembles des États membres ;
– un droit à une formation sans perte de salaire a été reconnu aux membres du comité d'entreprise européen ;
– le comité d'entreprise européen doit désormais informer les salariés de la teneur et des résultats de la procédure d'information et de consultation ;
– l'accord négocié doit préciser les modalités d'articulation entre l'information et la consultation du comité d'entreprise européen et les instances nationales de représentation des travailleurs ainsi que les modalités selon lesquelles il peut être amendé ou dénoncé et les cas dans lesquels il devrait être renégocié.

La directive 2009/38/CE a été transposée en France par l'ordonnance 2011-1328 du 20 octobre 2011 (JO 21).

Dans son article 5, cette ordonnance reprend et complète le régime dérogatoire déjà mis en place par la loi du 12 novembre 1996 et l'ordonnance du 22 février 2001 :
« I. - Sauf dans le cas prévu à l'article L. 2341-10 CT, ne sont pas soumis aux dispositions du titre IV du livre III de la deuxième partie du même code dans sa rédaction issue de la présente ordonnance :
1° Les accords applicables à l'ensemble des salariés prévoyant des instances ou autres modalités d'information, d'échanges de vues et de dialogue à l'échelon communautaire mentionnés à l'article 5 de la loi du 12 novembre 1996 ;
2° Les accords applicables à l'ensemble des salariés prévoyant des instances ou autres modalités d'information, d'échanges de vues et de dialogue à l'échelon communautaire mentionnés à l'article 2 de l'ordonnance du 22 février 2001 ;
3° Les accords conclus conformément à l'article L. 2342-9 CT dans sa rédaction issue de la loi du 12 novembre 1996 susvisée et signés ou révisés entre le 5 juin 2009 et le 5 juin 2011.
Il en va de même si, lorsque les accords mentionnés aux 1°, 2° et 3° arrivent à expiration, les parties signataires décident conjointement de les reconduire ou de les réviser.
II. - Sauf dans le cas prévu à l'article L. 2341-10 CT, les dispositions du titre IV du livre III de la deuxième partie du même code dans leur rédaction issue de la loi du 12 novembre 1996 susvisée continuent de s'appliquer aux accords mentionnés au 3° du I. ».

Sur cette question, voir notamment :
– « La révision manquée de la directive sur les comités d'entreprise européens », S. Laulom, *SSL* 12 mai 2009, n° 1399, pp. 5 à 9 ;
– « La nouvelle directive CE européen : une victoire française… quelle victoire ? » *RJS* 2/09, p. 101, chron. J-Ph. Lhernould ;
– « Le comité d'entreprise européen (dir. 2009/38/CE, 6 mai 2009 - ord. 2011-1328, 20 oct. 2011 », *JCP* éd. S 2011, 1489, étude B. Teyssier ;
– « Le contenu des accords instituant un comité d'entreprise européen », *JCP* éd. S, 2011, 1490, étude A. Teissier ;
– Controverse « À quoi sert le comité d'entreprise européen ? », *RDT*, janvier 2012, CO, 9, É. Béthoux et R. Brihi.

CHAPITRE Ier

Champ d'application et mise en place

Art. L. 2341-1. Pour l'application du présent titre, on entend par entreprise de dimension communautaire l'entreprise ou l'organisme qui emploie mille salariés et plus dans les États membres de la Communauté européenne ***(Ord. 2011-1328 du 20 oct. 2011, art. 1er, JO 21)*** « ou de l'Espace économique européen » et qui comporte au moins un établissement employant cent cinquante salariés et plus dans au moins deux de ces États.

Art. L. 2341-2. Pour l'application du présent titre, on entend par groupe d'entreprises de dimension communautaire, le groupe, au sens de l'article L. 2331-1, satisfaisant aux conditions d'effectifs et d'activité mentionnées à l'article L. 2341-1 et comportant au moins une entreprise employant cent cinquante salariés et plus dans au moins deux des États mentionnés à ce même article.

Art. L. 2341-3. Les dispositions du présent titre s'appliquent:

1° À l'entreprise ou au groupe d'entreprises de dimension communautaire dont le siège social ou celui de l'entreprise dominante est situé en France;

2° À l'entreprise ou au groupe d'entreprises de dimension communautaire dont le siège social ou celui de l'entreprise dominante se trouve dans un État autre que ceux mentionnés à l'article L. 2341-1 et qui a désigné, pour l'application des dispositions du présent titre, un représentant en France;

3° À l'entreprise ou au groupe d'entreprises de dimension communautaire dont le siège social ou celui de l'entreprise dominante se trouve dans un État autre que ceux mentionnés à l'article L. 2341-1, qui n'a pas procédé à la désignation d'un représentant dans aucun de ces États et dont l'établissement ou l'entreprise qui emploie le plus grand nombre de salariés au sein de ces États est situé en France.

Art. L. 2341-4. Un comité d'entreprise européen ou une procédure d'information et de consultation est institué dans les entreprises ou groupes d'entreprises de dimension communautaire afin de garantir le droit des salariés à l'information et à la consultation à l'échelon européen.

Note **Mise en œuvre de l'obligation d'information préalable à l'institution d'un comité d'entreprise européen.**

Entreprises concernées par l'obligation d'information. Une entreprise faisant partie d'un groupe d'entreprises a l'obligation de fournir des informations aux organes internes de représentation des travailleurs, même s'il n'est pas encore établi que la direction à laquelle les travailleurs s'adressent est celle d'une entreprise exerçant le contrôle au sein d'un groupe d'entreprises (CJCE 29 mars 2001, aff. C-62/99, rec. p. I-2579 ; *JSL* n° 80, 29 mai 2001, p. 8; *RJS* 7/01 n° 948).

En outre, dans un arrêt du 13 juillet 2004 (aff. C-440/00, rec. p. I-787 ; JOUE C 47/1 du 21.02.2004 ; *RJS* 4/04 n° 473), la Cour de justice des Communautés européennes a décidé que :

– lorsque la direction centrale d'un groupe d'entreprises de dimension communautaire n'est pas située dans un État membre, la responsabilité de celle-ci de fournir aux représentants des travailleurs les informations indispensables à l'ouverture des négociations pour l'institution d'un comité d'entreprise européen incombe à la direction centrale présumée, au sens de l'article 4, § 2, al. 2 de la directive 94/45/CE du 22 septembre 1994 (direction de l'établissement ou de l'entreprise du groupe employant le plus grand nombre de travailleurs dans un État membre) ;

– lorsque la même direction centrale ne met pas, en vue de la constitution d'un comité d'entreprise européen, certaines informations à la disposition de la direction centrale présumée, cette dernière, afin de pouvoir satisfaire à son obligation d'information desdits représentants, est tenue de demander aux autres entreprises membres du groupe

situées dans les États membres et a le droit de recevoir d'elles les informations indispensables à l'ouverture des négociations pour l'institution d'un tel comité ;
– les directions des autres entreprises membres du groupe situées dans les États membres ont l'obligation de fournir à la direction centrale présumée, au sens de l'article 4, § 2, second alinéa de la directive lesdites informations qu'elles détiennent ou qu'elles sont en mesure d'obtenir ;
– les États membres concernés assurent que lesdites directions fournissent ces informations à la direction centrale présumée.

Enfin, la CJCE a précisé que les États membres sont tenus d'imposer à l'entreprise établie sur leur territoire, et constituant la direction centrale d'un groupe d'entreprises de dimension communautaire au sens des articles 2, § 1, sous e) et 3, § 1 de la directive, ou la direction centrale présumée, au sens de son article 4, § 2, second alinéa, l'obligation de fournir à une autre entreprise du même groupe établie dans un autre État membre les informations demandées à celle-ci par les représentants de ses travailleurs, lorsque ces informations ne sont pas en la possession de cette autre entreprise et lorsqu'elles sont indispensables à l'ouverture des négociations pour l'institution d'un comité d'entreprise européen [CJCE 15 juillet 2004, aff. C-349/01, rec. p. I-6803 ; JOUE C 228/2 du 11.09.2004 ; *TPS* n° 10, octobre 2004, p. 31, comm. 316 ; *RJS* 1/05, p. 3, chron. M. Moizard (I. A.)].

Étendue de l'obligation d'information. Lorsque les données sur la structure ou l'organisation d'un groupe d'entreprises font partie des informations indispensables à l'ouverture des négociations pour l'institution d'un comité d'entreprise européen ou d'une procédure d'information et de consultation transnationale des travailleurs, il appartient à une entreprise de ce groupe de fournir lesdites données, qu'elle détient ou qu'elle est en mesure d'obtenir, aux organes internes de représentation des travailleurs qui en font la demande. La communication de documents précisant et explicitant des informations indispensables à la même fin peut également être exigée, pour autant qu'elle soit nécessaire, afin que les travailleurs concernés ou leurs représentants puissent accéder aux informations permettant d'apprécier s'ils ont le droit d'exiger l'ouverture de négociations (CJCE 29 mars 2001, aff. C-62/99, rec. p. I-2579 ; *JSL* n° 80, 29 mai 2001, p. 8; *RJS* 7/01 n° 948).

L'obligation d'information résultant des articles 4, § 1 et 11, § 1 de la directive 94/45/CE s'étend aux informations sur le nombre total moyen de travailleurs et leur répartition dans les divers États membres, les établissements de l'entreprise et les entreprises du groupe, et sur la structure de l'entreprise et celle des entreprises du groupe, ainsi qu'aux dénominations et adresses des représentants des travailleurs qui pourraient participer à la formation d'un groupe spécial de négociation, tel que prévu à l'article 5 de la même directive, ou à la constitution d'un comité d'entreprise européen, lorsque ces informations sont indispensables à l'ouverture des négociations pour l'institution d'un tel comité (CJCE 13 janvier 2004, aff. C-440/00, rec. p. I-787 ; JOUE C 47/1 du 21.02.2004; *RJS* 4/04 n° 473).

Art. L. 2341-5. Pour l'application du présent titre, l'entreprise dominante s'entend au sens de l'article L. 2331-1.

Art. L. 2341-6. ***(Ord. 2011-1328 du 20 oct. 2011, art. 1er, JO 21)*** La consultation prévue par le présent titre consiste, pour le chef de l'entreprise ou de l'entreprise dominante du groupe d'entreprises de dimension communautaire ou tout autre niveau de direction plus approprié, à organiser un échange de vues et à établir un dialogue avec les représentants des salariés à un moment, d'une façon et avec un contenu qui permettent à ceux-ci d'exprimer, sur la base des informations fournies et dans un délai raisonnable, un avis concernant les mesures faisant l'objet de la consultation, qui peut être pris en compte au sein de l'entreprise ou du groupe d'entreprises de dimension communautaire, sans préjudice des responsabilités de l'employeur.

Art. L. 2341-7. ***(Ord. 2011-1328 du 20 oct. 2011, art. 1er, JO 21)*** L'information prévue par le présent titre consiste, pour le chef de l'entreprise ou de l'entreprise dominante du groupe d'entreprises de dimension communautaire ou tout autre niveau de direction plus approprié, à transmettre des données aux représentants des salariés afin de permettre à ceux-ci de prendre connaissance du sujet traité et de l'examiner. L'information s'effectue à un moment, d'une façon et avec un contenu appropriés, qui permettent notamment aux représentants des salariés de procéder à une évaluation en profondeur de l'incidence éventuelle de ces données et de préparer, le cas échéant, des consultations avec le chef de l'entreprise ou de l'entreprise dominante du groupe d'entreprises de dimension communautaire ou tout autre niveau de direction plus approprié.

Art. L. 2341-8. ***(Ord. 2011-1328 du 20 oct. 2011, art. 1er, JO 21)*** La compétence du comité d'entreprise européen ou la procédure mentionnée à l'article L. 2341-4 porte sur les questions transnationales. Sont considérées comme telles les questions qui concernent l'ensemble de l'entreprise ou du groupe d'entreprises de dimension communautaire ou au moins deux entreprises ou établissements de l'entreprise ou du groupe situés dans deux États membres.

Art. L. 2341-9. ***(Ord. 2011-1328 du 20 oct. 2011, art. 1er, JO 21)*** L'information et la consultation du comité d'entreprise européen sont articulées avec celles des autres institutions représentatives du personnel mentionnées au présent livre et celles mises en place en application du droit de l'État membre sur le territoire duquel est implanté l'entreprise ou l'établissement, en fonction de leurs compétences et domaines d'intervention respectifs.

Lorsque le comité d'entreprise européen est constitué en l'absence d'accord ou lorsque l'accord ne prévoit pas les modalités d'articulation visées au 4° de l'article L. 2342-9 et dans le cas où des décisions susceptibles d'entraîner des modifications importantes dans l'organisation du travail ou dans les contrats de travail sont envisagées, le processus d'information et de consultation est mené tant au sein du comité d'entreprise européen que des institutions nationales représentatives du personnel.

Art. L. 2341-10. ***(Ord. 2011-1328 du 20 oct. 2011, art. 1er, JO 21)*** Si des modifications significatives interviennent dans la structure de l'entreprise ou du groupe d'entreprises de dimension communautaire, soit en l'absence de dispositions prévues par le ou les accords en vigueur, soit en cas de conflits entre les dispositions de deux ou plusieurs accords applicables, le chef de l'entreprise ou de l'entreprise dominante du groupe d'entreprises de dimension communautaire engage les négociations mentionnées à l'article L. 2342-1 de sa propre initiative ou à la demande écrite d'au moins cent salariés ou de leurs représentants, relevant d'au moins deux entreprises ou établissements situés dans au moins deux États différents mentionnés à l'article L. 2341-1.

Un groupe spécial de négociation est composé des membres désignés en application des articles L. 2344-2 à L. 2344-6 et d'au moins trois membres du comité d'entreprise européen existant ou de chacun des comités d'entreprise européens existants.

Le ou les comités d'entreprise européens existants continuent à fonctionner pendant la durée de cette négociation, selon des modalités éventuellement adaptées par accord conclu entre les membres du ou des comités d'entreprise européens et le chef de l'entreprise ou de l'entreprise dominante du groupe d'entreprises de dimension communautaire.

Art. L. 2341-11. ***(Ord. 2011-1328 du 20 oct. 2011, art. 1er, JO 21)*** Par dérogation aux articles L. 2341-6 et L. 2341-7, le chef de l'entreprise ou de l'entreprise dominante du groupe d'entreprises de dimension communautaire qui lance une offre publique d'acquisition portant sur le capital d'une entreprise n'est pas tenu de saisir le comité d'entreprise européen ou les représentants des salariés dans le cadre d'une procédure d'information et de consultation préalablement à ce lancement.

En revanche, il réunit le comité d'entreprise européen ou la représentation des salariés dans le délai le plus rapproché suivant la publication de l'offre permettant la présence effective de ses membres en vue de leur transmettre des informations écrites et précises sur le contenu de l'offre et sur les conséquences en matière d'emploi qu'elle est susceptible d'entraîner.

CHAPITRE II

Comité ou procédure d'information et de consultation institué par accord

SECTION 1. Groupe spécial de négociation

Art. L. 2342-1. Le chef de l'entreprise ou de l'entreprise dominante du groupe d'entreprises de dimension communautaire met en place un groupe spécial de négociation composé de représentants de l'ensemble des salariés, conformément aux dispositions de l'article L. 2344-1, en vue de la conclusion d'un accord destiné à mettre en œuvre le droit des salariés à l'information et à la consultation à l'échelon européen.

Art. L. 2342-2. Le groupe spécial de négociation détermine avec l'employeur, par un accord écrit, d'une part les entreprises ou établissements concernés, d'autre part soit la composition, les attributions et la durée du mandat du ou des comités d'entreprise européens, soit les modalités de mise en œuvre d'une procédure d'information et de consultation.

Art. L. 2342-3. L'employeur engage la procédure de constitution du groupe spécial de négociation lorsque les effectifs mentionnés à l'article L. 2341-1 sont atteints en moyenne sur l'ensemble des deux années précédentes.

Le calcul des effectifs s'effectue conformément aux dispositions de l'article L. 1111-2 pour les entreprises ou établissements situés en France et conformément au droit national dans les autres États.

(Ord. 2011-1328 du 20 oct. 2011, art. 2, JO 21) « Les responsables de l'obtention et de la transmission aux salariés et à leurs représentants mentionnés àl'article L. 2342-4 des informations indispensables à l'ouverture des négociations mentionnées à l'article L. 2342-1, notamment des informations relatives à la structure de l'entreprise ou du groupe et à ses effectifs, sont :

1° Tout chef d'une entreprise ou de l'entreprise dominante d'un groupe d'entreprises de dimension communautaire ;

2° Tout chef d'une entreprise appartenant à un groupe d'entreprises de dimension communautaire ;

3° Tout chef d'un établissement d'une entreprise de dimension communautaire ou appartenant à un groupe d'entreprises de dimension communautaire ;

4° En l'absence de représentant en France désigné en application du 2° de l'article L. 2341-3, le chef de l'établissement de l'entreprise de dimension communautaire ou le chef de l'entreprise dominante du groupe d'entreprises de dimension communautaire mentionnés au 3° de cet article. »

Art. L. 2342-4. À défaut d'initiative de l'employeur, la procédure de constitution du groupe spécial de négociation est engagée à la demande écrite de cent salariés ou de leurs représentants, relevant d'au moins deux entreprises ou établissements situés dans au moins deux États différents mentionnés à l'article L. 2341-1.

Aucun salarié ne peut être sanctionné ou licencié en raison de l'exercice de ce droit d'initiative. Toute décision ou tout acte contraire est nul de plein droit.

Art. L. 2342-5. ***(Ord. 2011-1328 du 20 oct. 2011, art. 2, JO 21)*** « Le chef de l'entreprise ou de l'entreprise dominante du groupe d'entreprises de dimension communautaire » invite et convoque le groupe spécial de négociation à une réunion.

(Ord. 2011-1328 du 20 oct. 2011, art. 2, JO 21) « Il informe de la composition du groupe spécial de négociation et du début des négociations les chefs des établissements de l'entreprise ou les chefs des entreprises du groupe d'entreprises de dimension communautaire et les organisations européennes de salariés et d'employeurs consultées par la Commission européenne.

Art. L. 2342-6.

Avant et après les réunions avec le chef de l'entreprise ou de l'entreprise dominante du groupe d'entreprises de dimension communautaire, le groupe spécial de négociation peut se réunir, avec les moyens nécessaires et adaptés à la communication entre ses membres, hors la présence des représentants du chef de l'entreprise ou de l'entreprise dominante du groupe d'entreprises de dimension communautaire. »

Art. L. 2342-6. Le temps passé en réunion par les membres du groupe spécial de négociation est considéré comme temps de travail et payé à l'échéance normale.

Les dépenses nécessaires à la bonne exécution de la mission du groupe spécial de négociation sont à la charge de l'entreprise ou de l'entreprise dominante du groupe d'entreprises.

Art. L. 2342-7. Pour négocier, le groupe spécial de négociation peut être assisté d'experts de son choix ***(Ord. 2011-1328 du 20 oct. 2011, art. 2, JO 21)*** « parmi lesquels peuvent figurer des représentants des organisations européennes de salariés mentionnées à l'article L. 2342-5. »

(Ord. 2011-1328 du 20 oct. 2011, art. 2, JO 21) « Les experts et les représentants des organisations précitées peuvent, à la demande du groupe spécial de négociation, assister, à titre consultatif, aux réunions de négociation. »

L'entreprise ou l'entreprise dominante du groupe d'entreprises de dimension communautaire prend en charge les frais afférents à l'intervention d'un expert.

Art. L. 2342-8. La décision de conclure un accord est prise par le groupe spécial de négociation à la majorité de ses membres.

Le groupe peut décider, par au moins deux tiers des voix, de ne pas ouvrir de négociations ou de mettre fin aux négociations déjà en cours. Dans ce cas, une nouvelle demande de constitution d'un groupe spécial de négociation ne peut être introduite que deux ans au plus tôt après cette décision, sauf si les parties concernées fixent un délai plus court.

Le groupe cesse d'exister lorsqu'une procédure d'information et de consultation ou un comité d'entreprise européen est mis en place, ou s'il décide de mettre fin aux négociations dans les conditions prévues au deuxième alinéa.

Note Le groupe spécial de négociation est libre de conclure ou de ne pas conclure d'accord. La conclusion d'un accord doit être prise à la majorité; la décision de mettre fin aux négociations, voire de ne pas les engager, est acquise à la majorité des deux tiers. Cette décision emporte une conséquence importante: un nouveau groupe spécial de négociation ne pourra être constitué qu'après un délai de deux ans au minimum; les parties concernées peuvent cependant raccourcir ce délai.

La durée d'existence du groupe spécial de négociation est liée à l'accomplissement de sa mission. Lorsque sa mission s'achève, il cesse d'exister.

SECTION 2. Comité d'entreprise européen institué par accord

Art. L. 2342-9. Lorsqu'il opte pour la constitution d'un comité d'entreprise européen, le groupe spécial de négociation conclut un accord qui détermine:

1° Les établissements de l'entreprise de dimension communautaire ou les entreprises membres du groupe d'entreprises de dimension communautaire concernés par l'accord;

2° La composition du comité d'entreprise européen, en particulier le nombre de ses membres, la répartition des sièges ***(Ord. 2011-1328 du 20 oct. 2011, art. 2, JO 21)*** « permettant de prendre en compte le besoin de représentation équilibrée des salariés selon les activités, les catégories de salariés et le sexe, » et la durée du mandat ;

3° Les attributions du comité d'entreprise européen et les modalités selon lesquelles l'information et la consultation se déroulent en son sein ;

(Ord. 2011-1328 du 20 oct. 2011, art. 2, JO 21) « 4° Les modalités de l'articulation entre l'information et la consultation du comité d'entreprise européen et celles des autres institutions représentatives du personnel mentionnées au présent livre et celles mises en place en application du droit de l'État membre sur le territoire duquel est implanté l'entreprise ou l'établissement, en fonction de leurs compétences et domaines d'intervention respectifs ; »

5° Le lieu, la fréquence et la durée des réunions du comité d'entreprise européen ;

(Ord. 2011-1328 du 20 oct. 2011, art. 2, JO 21) « 6° Le cas échéant, la composition, les modalités de désignation, les attributions et les modalités de réunion du bureau constitué au sein du comité d'entreprise européen ; »

7° Les moyens matériels et financiers alloués au comité d'entreprise européen ;

(Ord. 2011-1328 du 20 oct. 2011, art. 2, JO 21) « 8° La date d'entrée en vigueur de l'accord et sa durée, les modalités selon lesquelles l'accord peut être amendé ou dénoncé ainsi que les cas dans lesquels l'accord doit être renégocié et la procédure de sa renégociation, notamment lorsque des modifications interviennent dans la structure de l'entreprise ou du groupe d'entreprises de dimension communautaire. »

Art. L. 2342-10. Les membres du comité d'entreprise européen institué par accord ainsi que les experts qui les assistent sont tenus :

1° Au secret professionnel pour toutes les questions relatives aux procédés de fabrication ;

2° À une obligation de discrétion à l'égard des informations présentant un caractère confidentiel et données comme telles par l'employeur.

Art. L. 2342-10-1. ***(Ord. 2011-1328 du 20 oct. 2011, art. 2, JO 21)*** Les membres du comité d'entreprise européen institué par accord informent les représentants du personnel des établissements ou des entreprises d'un groupe d'entreprises de dimension communautaire ou, à défaut de représentants, l'ensemble des salariés de la teneur et des résultats de la procédure d'information et de consultation mise en œuvre, dans le respect des dispositions relatives au secret professionnel et à l'obligation de discrétion mentionnées à l'article L. 2342-10.

Art. L. 2342-10-2. ***(Ord. 2011-1328 du 20 oct. 2011, art. 2, JO 21)*** Les membres du comité d'entreprise européen institué par accord bénéficient sans perte de salaire des formations nécessaires à l'exercice de leur mandat dans des conditions déterminées par l'accord.

SECTION 3. Procédure d'information et de consultation instituée par accord

Art. L. 2342-11. Lorsque, au lieu de créer un comité d'entreprise européen, le groupe spécial de négociation opte pour l'institution d'une ou de plusieurs procédures d'information et de consultation, l'accord prévoit selon quelles modalités les représentants des salariés peuvent se réunir pour procéder à une consultation sur les informations qui leur sont communiquées et qui portent, notamment, sur des questions transnationales affectant considérablement les intérêts des salariés.

Note Par accord, il est possible de choisir entre la mise en place d'un comité d'entreprise européen et l'institution d'une ou de plusieurs procédures d'information et de dialogue. Dans cette seconde hypothèse, il faut prévoir selon quelles modalités s'organisera le droit de réunion qui suppose préalablement un droit d'information. Les représentants des salariés devront être informés notamment des questions transnationales lorsque celles-ci affectent considérablement les intérêts des salariés. L'emploi de l'adverbe « considérablement » pourra susciter des difficultés ; d'ores et déjà, il révèle une connotation restrictive.

Art. L. 2342-12. Les représentants des salariés dans le cadre d'une procédure d'information et de consultation ainsi que les experts qui les assistent sont tenus :

1° Au secret professionnel pour toutes les questions relatives aux procédés de fabrication ;

2° À une obligation de discrétion à l'égard des informations présentant un caractère confidentiel et données comme telles par l'employeur.

CHAPITRE III

Comité institué en l'absence d'accord

SECTION 1. Mise en place

Art. L. 2343-1. Un comité d'entreprise européen est institué conformément aux dispositions du présent chapitre dans les cas suivants :

1° Lorsque le chef de l'entreprise ou de l'entreprise dominante de dimension communautaire refuse de mettre en place un groupe spécial de négociation ou d'ouvrir des négociations dans un délai de six mois à compter de la réception de la demande prévue à l'article L. 2342-4 ;

2° Lorsque le groupe spécial de négociation n'a pas conclu d'accord dans un délai de trois ans à compter de la réception de la demande prévue à l'article L. 2342-4 ou de l'initiative prise par la direction de l'entreprise ou du groupe, sans préjudice des dispositions de l'article L. 2342-8.

Le comité d'entreprise européen est constitué et réuni au plus tard à l'expiration d'un délai de six mois suivant l'arrivée des termes de six mois ou de trois ans, mentionnés aux 1° et 2°.

Note En l'absence d'accord, la loi impose la mise en place d'un comité d'entreprise européen. Celle-ci s'impose au chef de l'entreprise (ou de l'entreprise dominante), lorsque l'absence d'accord résulte soit de son refus de constituer le groupe spécial de négociation, soit d'engager les négociations dans les six mois suivant la demande écrite des salariés ou de leurs représentants.

Lorsque les négociations ont été engagées mais n'ont débouché sur aucun accord, un délai de trois ans est prévu.

Quelle que soit la cause de l'absence d'accord, la mise en place s'impose dans les six mois suivant l'expiration des délais de six mois ou de trois ans.

SECTION 2. Attributions

Art. L. 2343-2. Le comité d'entreprise européen se réunit ***(Ord. 2011-1328 du 20 oct. 2011, art. 3, JO 21)*** « au moins » une fois par an.

(Ord. 2011-1328 du 20 oct. 2011, art. 3, JO 21) « Il est notamment informé sur : »

1° La structure de l'entreprise ou du groupe d'entreprises ;

2° Sa situation économique et financière ;

3° L'évolution probable de ses activités ;

4° La production et les ventes ;

5° La situation et l'évolution probable de l'emploi ;

6° Les investissements ;

7° Les changements substantiels concernant l'organisation, l'introduction de nouvelles méthodes de travail ou de nouveaux procédés de production ;

8° Les transferts de production ;

9° Les fusions ;

10° La réduction de la taille ou la fermeture d'entreprises, d'établissements ou de parties importantes de ceux-ci ;

11° Les licenciements collectifs.

Art. L. 2343-3. ***(Ord. 2011-1328 du 20 oct. 2011, art. 3, JO 21)*** Au moins une fois par an, le comité d'entreprise européen est consulté lors d'une réunion sur un rapport portant sur les 5° à 11° de l'article L. 2343-2.

La consultation s'effectue de façon à permettre aux représentants des salariés de se réunir avec l'employeur et d'obtenir une réponse motivée à tout avis qu'ils pourraient émettre.

Art. L. 2343-4. Lorsque surviennent des circonstances exceptionnelles ***(Ord. 2011-1328 du 20 oct. 2011, art. 3, JO 21)*** « ou des décisions » affectant considérablement les intérêts des salariés, notamment en cas de délocalisation, de fermeture d'entreprises ou d'établissements ou de licenciements collectifs, le bureau mentionné à l'article L. 2343-7 ou, s'il n'en n'existe pas, le comité d'entreprise européen, en est informé.

Le bureau ou le comité se réunit à sa demande avec l'employeur afin d'être informé et consulté sur les mesures affectant considérablement les intérêts des salariés.

Les membres du comité d'entreprise européen élus ou désignés par les établissements ou les entreprises directement concernés par les mesures en cause ont également le droit de participer à la réunion du bureau.

Cette réunion a lieu dans les meilleurs délais, à partir d'un rapport établi par le chef d'entreprise. Un avis peut être émis à l'issue de la réunion ou dans un délai raisonnable sur ce rapport.

Cette réunion ne porte pas atteinte aux prérogatives du chef d'entreprise.

Pour l'application de ces dispositions, l'employeur peut être remplacé par son représentant ou tout autre responsable à un niveau de direction plus approprié au sein de l'entreprise ou du groupe d'entreprises de dimension communautaire doté d'un pouvoir de décision.

Note

• La réunion tenue dans des circonstances exceptionnelles « ne porte pas atteinte aux prérogatives du chef d'entreprise » ; le bureau du comité ou les membres du comité ne peuvent formuler, à cette occasion, qu'un simple avis.

• Est manifestement illicite un comportement décisionnel n'accordant pas à l'information et à la consultation une place susceptible de leur assurer un effet utile (CA Versailles 7 mai 1997, *Dr. Soc.* 1997, p. 493, note M-A Moreau, et obs. A. Lyon-Caen). Rendue à propos de la décision de fermer l'usine de Vilvorde (Belgique), la décision de la cour d'appel de Versailles condamne la société Renault à réunir en session plénière, au besoin extraordinaire, le comité de groupe européen Renault afin d'étudier les motifs et les répercussions d'une telle fermeture.

• Les procédures de consultation du comité d'entreprise et du comité européen d'entreprise n'ayant pas le même objet ni le même champ d'application, les renseignements fournis lors de la réunion du comité d'entreprise n'assurent pas nécessairement une complète information du comité d'entreprise européen (cass. soc. 16 janvier 2008, n° 07-10.597, 2d moyen, BC V n° 6 ; *JSL* n° 227, 11 février 2008, p. 13, obs. J-E Tourreil ; *RDT*, mars 2008, *CH*, 191, H. Tissandier ; *JCP* éd. S 2008, 1155, note B. Teyssié ; *RJS* 4/08 n° 443 et p. 279, chron. J-Ph. Lhernould).

SECTION 3. **Composition**

Art. L. 2343-5. Le comité d'entreprise européen est composé :

1° Du chef de l'entreprise ou de l'entreprise dominante du groupe de dimension communautaire, assisté de deux personnes de son choix ayant voix consultative ;

2° De représentants du personnel des établissements de l'entreprise ou des entreprises constituant le groupe de dimension communautaire.

(Ord. 2011-1328 du 20 oct. 2011, art. 3, JO 21) « Le chef de l'entreprise ou de l'entreprise dominante du groupe d'entreprises de dimension communautaire et tout autre niveau de direction approprié sont informés de la désignation des représentants des salariés au comité d'entreprise européen. »

Art. L. 2343-6. Les modifications de la composition du comité d'entreprise européen qui résultent des changements intervenus dans la structure ou la dimension de l'entreprise ou du groupe d'entreprises de dimension communautaire peuvent être décidées par accord conclu en son sein entre l'employeur et les représentants des salariés.

SECTION 4. Fonctionnement

Art. L. 2343-7. Le comité d'entreprise européen est doté de la personnalité civile.

Il est présidé par le chef d'entreprise ou de l'entreprise dominante du groupe de dimension communautaire.

Le comité désigne un secrétaire.

(Ord. 2011-1328 du 20 oct. 2011, art. 3, JO 21) « Il élit un bureau d'au maximum cinq membres qui bénéficie de conditions matérielles lui permettant d'exercer son activité de façon régulière. »

Art. R. 2343-1. Le secrétaire du comité d'entreprise européen est désigné à la majorité des voix parmi ses membres.

Les membres du bureau sont élus parmi les membres du comité.

Art. L. 2343-8. Le comité d'entreprise européen adopte un règlement intérieur qui fixe ses modalités de fonctionnement.

Ce règlement intérieur peut organiser la prise en compte des répercussions, sur le comité d'entreprise européen, des changements intervenus dans la structure ou la dimension de l'entreprise ou du groupe d'entreprises de dimension communautaire. L'examen de tels changements peut avoir lieu à l'occasion de la réunion annuelle du comité.

Art. L. 2343-9. La réunion annuelle du comité d'entreprise européen est provoquée sur convocation de son président, à partir d'un rapport établi par celui-ci.

Ce rapport retrace l'évolution des activités de l'entreprise de dimension communautaire ou du groupe d'entreprises de dimension communautaire et ses perspectives.

Les directeurs des établissements ou les chefs d'entreprise des entreprises du groupe sont informés de ce rapport.

Art. L. 2343-10. L'ordre du jour de la réunion annuelle du comité d'entreprise européen est arrêté par le président et le secrétaire. Il est communiqué aux membres du comité quinze jours au moins avant la séance.

À défaut d'accord sur le contenu de l'ordre du jour, celui-ci est fixé par le président et communiqué aux membres du comité dix jours au moins avant la date de la réunion.

Art. L. 2343-11. Avant les réunions, les représentants des salariés au comité d'entreprise européen ou le bureau, le cas échéant élargi conformément à l'article L. 2343-4, peuvent se réunir hors la présence des représentants de la direction de l'entreprise.

Art. L. 2343-12. La délégation du personnel du comité d'entreprise européen informe les représentants du personnel des établissements ou des entreprises d'un groupe d'entreprises de dimension communautaire ou, à défaut de représentants, l'ensemble des salariés, de la teneur et des résultats *(Ord. 2011-1328 du 20 oct. 2011, art. 3, JO 21)* « de la procédure d'information et de consultation mises en œuvre conformément aux dispositions du présent chapitre », dans le respect des dispositions relatives au secret professionnel et à l'obligation de discrétion.

Art. L. 2343-13. Le comité d'entreprise européen et son bureau peuvent être assistés d'experts de leur choix.

L'entreprise ou l'entreprise dominante du groupe d'entreprises de dimension communautaire prend en charge les frais afférents à l'intervention d'un expert.

Art. L. 2343-14. Les dépenses de fonctionnement du comité d'entreprise européen sont supportées par l'entreprise ou l'entreprise dominante du groupe d'entreprises de dimension communautaire.

Les membres du comité sont dotés des moyens matériels ou financiers nécessaires à l'accomplissement de leurs missions.

En particulier, l'entreprise prend en charge, sauf s'il en a été convenu autrement, les frais d'organisation des réunions et d'interprétariat ainsi que les frais de séjour et de déplacement des membres du comité et du bureau.

Art. L. 2343-15. L'employeur laisse au secrétaire et aux membres du bureau du comité d'entreprise européen le temps nécessaire à l'exercice de leurs fonctions dans la limite d'une durée qui, sauf circonstances exceptionnelles, ne peut excéder cent vingt heures annuelles pour chacun d'entre eux.

Ce temps est considéré comme temps de travail et payé à l'échéance normale.

Le temps passé par le secrétaire et les membres du bureau aux séances du comité et aux réunions du bureau n'est pas déduit de ces cent vingt heures.

L'employeur qui entend contester l'usage fait du temps ainsi alloué saisit le juge judiciaire.

Art. L. 2343-16. Le temps passé en réunion par les membres du comité d'entreprise européen est considéré comme temps de travail et payé à l'échéance normale.

Art. L. 2343-17. Les documents communiqués aux représentants des salariés comportent une version en français.

Art. L. 2343-18. Quatre ans après l'institution du comité d'entreprise européen dans les cas prévus par l'article L. 2343-1, celui-ci examine s'il convient de le renouveler ou d'engager des négociations en vue de la conclusion de l'accord mentionné aux articles L. 2342-2 et L. 2342-9.

Dans cette dernière hypothèse, les membres du comité forment le groupe spécial de négociation habilité à conclure l'accord mentionné au premier alinéa.

L'employeur convoque une réunion à cet effet dans un délai de six mois à compter du terme de quatre ans.

Le comité demeure en fonction tant qu'il n'a pas été renouvelé ou remplacé.

Art. L. 2343-19. Lorsqu'un groupe d'entreprises a mis en place un comité d'entreprise européen, l'accord mentionné à l'article L. 2342-2 ou un accord passé au sein du groupe peut décider d'un aménagement des conditions de fonctionnement du comité de groupe.

L'entrée en vigueur de l'accord est subordonnée à un vote favorable du comité de groupe.

Note Sur la coexistence entre le comité d'entreprise européen et le comité de groupe, voir *Dr. Soc.* n° 9/10, septembre-octobre 2007, P. Rodière, « Le comité d'entreprise européen, quel impact sur le devenir des comités d'entreprise ? ».

CHAPITRE IV

Dispositions communes au groupe spécial de négociation et au comité institué en l'absence d'accord

SECTION 1. Répartition des sièges

Art. L. 2344-1. Le nombre de sièges au groupe spécial de négociation et au comité d'entreprise européen institué en l'absence d'accord ainsi que le nombre minimum et maximum de représentants du personnel au comité d'entreprise européen institué dans les mêmes conditions sont fixés par décret en Conseil d'État.

Art. L. 2344-2.

L'employeur et les représentants des salariés peuvent décider d'associer aux travaux du groupe spécial de négociation ou du comité d'entreprise européen des représentants des salariés employés dans des États autres que ceux mentionnés à l'article L. 2341-1. Ces membres associés n'ont pas le droit de vote au sein de l'instance considérée.

Art. R. 2344-1. ***(D. 2011-1414 du 31 oct. 2011, JO 1er nov.)*** Le nombre de sièges au groupe spécial de négociation et au comité d'entreprise européen institué en l'absence d'accord pour chacun des États mentionnés à l'article L. 2341-1 est fixé selon les règles suivantes :

1° Jusqu'à 10 % de l'effectif total : 1 siège ;
2° De plus de 10 % à 20 % de l'effectif total : 2 sièges ;
3° De plus de 20 % à 30 % de l'effectif total : 3 sièges ;
4° De plus de 30 % à 40 % de l'effectif total : 4 sièges ;
5° De plus de 40 % à 50 % de l'effectif total : 5 sièges ;
6° De plus de 50 % à 60 % de l'effectif total : 6 sièges ;
7° De plus de 60 % à 70 % de l'effectif total : 7 sièges ;
8° De plus de 70 % à 80 % de l'effectif total : 8 sièges ;
9° De plus de 80 % à 90 % de l'effectif total : 9 sièges ;
10° Plus de 90 % de l'effectif total : 10 sièges.

[**Art. R. 2344-2.** Abrogé par décret 2011-1414 du 31 octobre 2011, JO 1er nov.]

SECTION 2. Désignation, élection et statut des membres

Art. L. 2344-2. Les membres du groupe spécial de négociation et les représentants des salariés des établissements ou des entreprises implantés en France au comité d'entreprise européen sont désignés par les organisations syndicales de salariés parmi leurs élus aux comités d'entreprise ou d'établissement ou leurs représentants syndicaux dans l'entreprise ou le groupe, à partir des résultats des dernières élections.

Il en va de même des représentants des salariés des établissements ou entreprises situés en France appartenant à une entreprise ou un groupe de dimension communautaire pour la constitution d'un groupe spécial de négociation ou d'un comité d'entreprise européen dans un État autre que la France.

Note La désignation des membres du groupe spécial de négociation et celle des représentants du comité d'entreprise européen dépendent des organisations syndicales. Leur choix doit s'effectuer parmi les élus des comités d'entreprise ou d'établissement ou parmi les représentants syndicaux dans l'entreprise ou le groupe.

En l'absence d'organisation syndicale dans l'entreprise ou le groupe d'entreprises, des élections sont organisées selon les règles présidant à l'élection des membres du comité d'entreprise (art. L. 2344-5).

La Cour de cassation est d'avis que les dispositions de cet article ne permettent pas de modifier la composition du groupe spécial de négociation en fonction des résultats des scrutins intervenus postérieurement à sa mise en place (avis 21 octobre 2005, n° 0050009, BC n° 8 ; *JCP* éd. S 2005, 1405, note B. Teyssié ; *RJS* 3/06 n° 363). Il en est de même en ce qui concerne le comité d'entreprise européen institué en l'absence d'accord (cass. soc. 21 janvier 2009, n° 08-60.426, BC V n° 21 ; *RJS* 4/09 n° 371).

Art. L. 2344-3. Pour les établissements ou entreprises implantés en France, les sièges sont répartis entre les collèges proportionnellement à l'importance numérique de chacun d'entre eux.

Les sièges affectés à chaque collège sont répartis entre les organisations syndicales proportionnellement au nombre d'élus qu'elles ont obtenu dans ces collèges, selon la règle de la représentation proportionnelle au plus fort reste.

Art. L. 2344-4. Pour les établissements ou les entreprises implantés dans un des États mentionnés à l'article L. 2341-1, autre que la France, les membres du groupe spécial de négociation et les représentants des salariés au comité d'entreprise européen, mis en place en application de l'article L. 2343-1, sont élus ou désignés selon les règles ou usages en vigueur dans ces États.

Art. L. 2344-5. Pour l'entreprise ou le groupe d'entreprises de dimension communautaire dont le siège social ou celui de l'entreprise dominante est implanté en France, lorsqu'il n'existe pas d'organisation syndicale, les représentants du personnel au groupe spécial de négociation ou au comité d'entreprise européen sont élus directement, selon les règles applicables au comité d'entreprise.

Art. L. 2344-6. Pour l'entreprise ou le groupe d'entreprises de dimension communautaire devant mettre en place un comité d'entreprise européen ou une procédure d'information et de consultation dans un des États autres que la France mentionnés à l'article L. 2341-1, les dispositions de l'article L. 2344-5 s'appliquent, lorsqu'il n'existe pas d'organisation syndicale, à l'établissement ou à l'entreprise implanté en France comprenant cinquante salariés ou plus.

Art. L. 2344-7. Les contestations relatives à la désignation des membres du groupe spécial de négociation et des représentants au comité d'entreprise européen des salariés des établissements ou des entreprises implantés en France sont portées devant le juge judiciaire.

Note Il résulte des articles L. 439-19-1 [L. 2344-7] CT et 40 NCPC que le tribunal d'instance, saisi d'une action en contestation de la désignation des membres du groupe spécial de négociation et des représentants au comité d'entreprise européen, statue en premier ressort (cass. soc. 18 juin 2003, n° 02-60.071, BC V n° 200; *RJS* 10/03 n° 1187 ; voir auss cass. soc. 24 septembre 2008, n° 07-60.350, BC V n° 182 ; *RJS* 12/08 n° 1206 ; *JSL* n° 242, 27 octobre 2008, p. 24).

Art. R. 2344-3. Les contestations relatives à la désignation des membres du groupe spécial de négociation et des représentants au comité d'entreprise européen des salariés des établissements ou des entreprises implantés en France sont de la compétence du tribunal d'instance du siège de l'entreprise ou de la filiale française dominante du groupe d'entreprises de dimension communautaire.

Art. L. 2344-8. Les membres du groupe spécial de négociation et les membres du comité d'entreprise européen institué en vertu des dispositions de l'article L. 2343-1, ainsi que les experts qui les assistent, sont tenus :

1° Au secret professionnel pour toutes les questions relatives aux procédés de fabrication ;

2° À une obligation de discrétion à l'égard des informations présentant un caractère confidentiel et données comme telles par l'employeur.

Art. L. 2344-9. ***(Ord. 2011-1328 du 20 oct. 2011, art. 4, JO 21)*** Les membres du groupe spécial de négociation et du comité d'entreprise européen institué en l'absence d'accord bénéficient, sans perte de salaire, des formations nécessaires à l'exercice de leur mandat.

CHAPITRE V

Suppression du comité

Art. L. 2345-1. Lorsque, du fait d'une baisse des effectifs, l'entreprise ou le groupe d'entreprises de dimension communautaire ne remplit plus les conditions de seuils mentionnées à l'article L. 2341-1, le comité d'entreprise européen, qu'il ait été institué ou non par accord, peut être supprimé par accord.

À défaut d'accord, l'autorité administrative peut autoriser la suppression du comité en cas de réduction importante et durable du personnel ramenant l'effectif au-dessous de ces seuils.

Art. R. 2345-1. Le *(D. 2009-1377 du 10 nov. 2009, JO 13 ; D. 2010-687 du 24 juin 2010, JO 25 ; voir D. 2010-1582 du 17 déc. 2010, JO 18, pour outre-mer)* « directeur régional des entreprises, de la concurrence, de la consommation, du travail et de l'emploi » peut autoriser la suppression du comité d'entreprise européen dans les conditions énoncées à l'article L. 2345-1.

Art. L. 2345-2. Lorsqu'un groupe d'entreprises a mis en place un comité d'entreprise européen, l'accord mentionné à l'article L. 2342-2 ou un accord passé au sein du groupe peut décider de la suppression du comité de groupe. L'entrée en vigueur de l'accord est subordonnée à un vote favorable du comité de groupe.

En cas de suppression du comité de groupe, les dispositions des articles L. 2332-1, L. 2332-2 et L. 2334-4 sont applicables au comité d'entreprise européen.

Note Voir note sous article L. 2343-19.

CHAPITRE VI

Dispositions pénales

Art. L. 2346-1. Le fait d'apporter une entrave soit à la constitution d'un groupe spécial de négociation, d'un comité d'entreprise européen ou à la mise en œuvre d'une procédure d'information et de consultation, soit à la libre désignation de leurs membres, soit à leur fonctionnement régulier, notamment par la méconnaissance des articles L. 2342-1 à L. 2342-7 et L. 2343-1, est puni d'un emprisonnement d'un an et d'une amende de 3750 €.

TITRE V

IMPLICATION DES SALARIÉS DANS LA SOCIÉTÉ EUROPÉENNE ET COMITÉ DE LA SOCIÉTÉ EUROPÉENNE

Note • Les dispositions de ce titre sont issues de la loi 2005-842 du 26 juillet 2005 (JO 27) qui a transposé en France la directive 2001/86/CE du 8 octobre 2001 complétant le statut de la société européenne pour ce qui concerne l'implication des travailleurs.

• Voir notamment :
– M-A Moreau, « L'implication des travailleurs dans la société européenne », *Dr. Soc.* 2001 n° 11, p 967 ;
– G. Damy, « La nécessité d'une approche renouvelée du droit social européen », *TPS* mars 2004, p. 4 ;
– B. Teyssié, « Les accords relatifs à l'implication des salariés dans les sociétés européennes - les parties à la négociation », *JCP* éd. S 2005, n° 14 act. 127 ; « Les accords relatifs à l'implication des salariés dans les sociétés européennes – le déroulement de la négociation », *JCP* éd. S 2005, n° 15 oct. 148 ; « L'implication des salariés dans la société européenne – normes subsidiaires : le comité légal », *JCP* éd. S 2005, n° 16 act. 168 ; « L'implication des salariés dans la société européenne – normes subsidiaires : la participation aux organes de direction », *JCP* éd. S 2005, n° 17 act. 187) ;
– G. Perrier, « La société européenne : vers une contractualisation accrue de la représentation du personnel », *JCP* éd. S 2005, n° 23, p. 3.

CHAPITRE Ier

Dispositions générales

Art. L. 2351-1. Les dispositions du présent titre s'appliquent :

1° Aux sociétés européennes ayant leur siège en France constituées conformément au règlement (CE) n° 2157/2001 du Conseil du 8 octobre 2001 relatif au statut de la société européenne (SE);

2° Aux sociétés participant à la constitution d'une société européenne et ayant leur siège en France;

3° Aux filiales et établissements situés en France d'une société européenne située dans un autre État membre de la Communauté européenne ou de l'Espace économique européen.

Art. L. 2351-2. Lorsqu'une société européenne mentionnée à l'article L. 2351-1 est une entreprise de dimension communautaire ou un groupe d'entreprises de dimension communautaire au sens de l'article L. 2341-2, les dispositions du titre IV relatif au comité d'entreprise européen ou à la procédure d'information et de consultation dans les entreprises de dimension communautaire ne sont applicables ni à la société européenne ni à ses filiales.

Art. L. 2351-3. Les modalités de l'implication des salariés dans la société européenne recouvrent l'information, la consultation et, le cas échéant, la participation.

Elles sont arrêtées par accord conclu entre les dirigeants des sociétés participantes et les représentants des salariés conformément aux dispositions du présent titre.

À défaut d'accord, ces modalités sont arrêtées conformément aux dispositions du chapitre III.

Art. L. 2351-4. On entend par information celle fournie par l'organe dirigeant de la société européenne à l'organe représentant les salariés sur les questions qui soit concernent la société européenne elle-même et toute filiale ou tout établissement situé dans un autre État membre, soit excèdent les pouvoirs des instances de décision situées dans un État membre.

Cette information se fait selon des modalités permettant aux représentants des salariés d'en évaluer l'incidence éventuelle et, le cas échéant, de préparer des consultations avec l'organe compétent de la société européenne.

Art. L. 2351-5. On entend par consultation l'instauration d'un dialogue et d'un échange de vues entre l'organe représentant les salariés ou les représentants des salariés et l'organe compétent de la société européenne selon des modalités permettant aux représentants des salariés, à partir des informations fournies, d'exprimer un avis sur les mesures envisagées par l'organe compétent.

Cet avis peut être pris en considération dans le cadre du processus décisionnel au sein de la société européenne.

Art. L. 2351-6. On entend par participation l'influence exercée par l'organe représentant les salariés ou par les représentants des salariés sur les affaires d'une société sous les formes suivantes :

– soit en exerçant leur droit d'élire ou de désigner certains membres de l'organe de surveillance ou d'administration de la société;

– soit en exerçant leur droit de recommander la désignation d'une partie ou de l'ensemble des membres de l'organe de surveillance ou d'administration de la société ou de s'y opposer.

Art. L. 2351-7. Le décompte des effectifs des sociétés participantes, filiales ou établissements concernés situés en France s'effectue conformément aux dispositions de l'article L. 1111-2.

Art. L. 2352-1.

Art. D. 2351-1. Lorsque les dirigeants des sociétés participant à la constitution de cette société européenne décident que son siège est établi sur le territoire français, le projet de constitution de cette société précise que le groupe spécial de négociation est constitué au lieu de ce siège.

CHAPITRE II

Implication des salariés dans la société européenne par accord du groupe spécial de négociation

SECTION 1. Groupe spécial de négociation

Sous-section 1. Mise en place et objet

Art. L. 2352-1. Un groupe spécial de négociation est institué dès que possible après la publication du projet de fusion ou de constitution de la holding ou après l'adoption d'un projet de constitution d'une filiale ou de transformation en une société européenne.

Il est doté de la personnalité juridique.

Art. L. 2352-2. Le groupe spécial de négociation détermine avec les dirigeants des sociétés participant à la création de la société européenne ou leurs représentants, par un accord écrit, les modalités de l'implication des salariés au sein de la société européenne mentionnées à l'article L. 2351-3.

Art. D. 2352-1. Dans le délai d'un mois à compter de la publication du projet de constitution d'une société européenne, les dirigeants des sociétés participantes portent à la connaissance de leurs organisations syndicales, de celle de leurs filiales et établissements qui disposent de représentants ou d'élus au sens du premier alinéa de l'article L. 2352-5:

1° L'identité des sociétés, filiales et établissements;

2° Le lieu de leur implantation;

3° Leur statut juridique;

4° La nature de leurs activités.

Art. D. 2352-2. Les dirigeants des sociétés participantes indiquent à leurs organisations syndicales, à leurs filiales et à leurs établissements disposant de représentants ou d'élus:

1° Le nombre de leurs salariés, à la date de la publication du projet de constitution, en France collège par collège et dans les autres États membres;

2° Les formes de participation existant au sens de l'article L. 2351-6;

3° Le nombre de sièges au groupe spécial de négociation revenant à chaque État membre, calculé conformément aux dispositions de l'article L. 2352-3.

Art. D. 2352-3. En cas de constitution de la société européenne par voie de fusion et dans les hypothèses mentionnées à l'article L. 2352-4, les dirigeants fixent le nombre des sièges supplémentaires et indiquent ceux alloués aux sociétés ayant leur siège en France.

Art. D. 2352-4. À défaut de représentants ou d'élus dans l'entreprise, les renseignements mentionnés aux articles D. 2352-1 et D. 2352-2 sont communiqués directement, par tout moyen, aux salariés des sociétés, filiales et établissements intéressés.

Sous-section 2. Désignation, élection et statut des membres

Art. L. 2352-3. Les sièges au sein du groupe spécial de négociation sont répartis entre les États membres en proportion du nombre de salariés employés dans chacun de ces États par rapport aux effectifs des sociétés participantes et des filiales ou établissements concernés dans l'ensemble des États membres. Leur nombre est fixé par décret en Conseil d'État.

À l'issue de la répartition ainsi opérée, le nombre de salariés que chaque membre du groupe spécial de négociation représente est déterminé aux fins de procéder aux calculs et votes mentionnés à l'article L. 2352-13.

Art. R. 2352-5. En application du premier alinéa de l'article L. 2352-3, le nombre de sièges par État membre au sein du groupe spécial de négociation est égal à:

1° Jusqu'à 10 % de l'effectif total: 1 siège;
2° De plus de 10 % à 20 % de l'effectif total: 2 sièges;
3° De plus de 20 % à 30 % de l'effectif total: 3 sièges;
4° De plus de 30 % à 40 % de l'effectif total: 4 sièges;
5° De plus de 40 % à 50 % de l'effectif total: 5 sièges;
6° De plus de 50 % à 60 % de l'effectif total: 6 sièges;
7° De plus de 60 % à 70 % de l'effectif total: 7 sièges;
8° De plus de 70 % à 80 % de l'effectif total: 8 sièges;
9° De plus de 80 % à 90 % de l'effectif total: 9 sièges;
10° De plus de 90 % de l'effectif total: 10 sièges.

Art. L. 2352-4. Lorsqu'une société européenne se constitue par voie de fusion et qu'au moins une société participante perd son existence juridique propre et n'est pas représentée directement par un membre du groupe spécial de négociation, ce dernier comprend, outre les sièges alloués conformément à l'article L. 2352-3, un ou plusieurs sièges supplémentaires.

Toutefois, quel que soit le nombre de sociétés en cause, le nombre de membres supplémentaires ne peut excéder 20 % du nombre total de membres déterminé par application de l'article L. 2352-3. Si les sièges supplémentaires sont en nombre inférieur au nombre de sociétés perdant leur existence juridique propre et n'ayant aucun salarié désigné membre du groupe spécial de négociation, ils sont attribués à ces sociétés selon l'ordre décroissant de leurs effectifs. Si cet ordre comporte successivement deux sociétés ayant leur siège social dans le même État, le siège supplémentaire suivant est attribué à la société qui a l'effectif immédiatement inférieur dans un État différent.

Il est procédé, selon des modalités fixées par décret, à la détermination du nombre de salariés représentés par chaque membre du groupe spécial de négociation.

Art. L. 2352-5. Les membres du groupe spécial de négociation sont désignés par les organisations syndicales de salariés parmi leurs élus aux comités d'entreprise ou d'établissement ou leurs représentants syndicaux, sur la base des résultats des dernières élections.

Il en va de même des représentants des salariés des sociétés participantes, filiales ou établissements concernés situés en France et relevant d'une société européenne située dans un État autre que la France.

Pour les sociétés situées en France, les sièges sont répartis entre les collèges proportionnellement à l'importance numérique de chacun d'entre eux. Les sièges affectés à chaque collège sont répartis selon la règle de la représentation proportionnelle au plus fort reste entre les organisations syndicales, proportionnellement au nombre d'élus qu'elles ont obtenu dans ces collèges.

Les membres du groupe spécial de négociation désignés par les sociétés participantes implantées dans un des États membres autre que la France sont élus ou désignés selon les règles en vigueur dans chaque État membre.

La désignation de ces membres est notifiée par l'organisation syndicale à l'employeur dans des conditions déterminées par voie réglementaire.

Art. L. 2352-6. Lorsqu'il n'existe pas d'organisation syndicale dans la société européenne dont le siège social se trouve en France, les représentants du personnel au groupe spécial de négociation sont élus directement selon les règles applicables au comité d'entreprise.

Il en va de même lorsqu'il n'existe pas d'organisation syndicale dans l'établissement ou l'entreprise implanté en France et appartenant à une société européenne.

Art. L. 2352-7. Si des changements substantiels interviennent durant les négociations, notamment un transfert de siège, une modification de la composition de la société européenne ou une modification dans les effectifs susceptibles d'entraîner une modification dans la répartition des sièges d'un ou plusieurs États membres au sein du groupe spécial de négociation, la composition de ce dernier est modifiée en conséquence.

Art. L. 2352-8. Les contestations relatives à la désignation des membres du groupe spécial de négociation et des représentants des salariés au comité de la société européenne dont le siège se situe en France, ainsi que des salariés des sociétés participantes, des établissements ou filiales implantés en France sont portées devant le juge judiciaire.

Art. D. 2352-6. Lorsqu'il existe des représentants ou des élus dans toutes les sociétés, filiales et établissements, les organisations syndicales désignent les membres du groupe spécial de négociation conformément aux modalités fixées aux articles D. 2352-8 et D. 2352-9.

Art. D. 2352-7. L'organisation syndicale notifie à l'employeur la désignation des membres du groupe spécial de négociation par lettre recommandée avec avis de réception.

Art. D. 2352-8. Pour procéder à la répartition des sièges du groupe spécial de négociation entre les collèges conformément aux dispositions du troisième alinéa de l'article L. 2352-5, l'effectif à prendre en compte est la somme des effectifs des salariés appartenant aux collèges des sociétés, filiales et établissements.

Il est déterminé un quotient égal à l'effectif calculé au premier alinéa divisé par le nombre de sièges revenant à la France au sein du groupe spécial de négociation.

Il est attribué à chaque collège autant de sièges que le total de ses effectifs dans chaque société, filiale ou établissement contient de fois le quotient.

Le ou les sièges non attribués par application des dispositions du troisième alinéa sont attribués au plus fort reste. En cas d'égalité de restes, le siège revient au collège qui représente le plus grand nombre de salariés.

Art. D. 2352-9. Pour procéder à la répartition des sièges alloués à chaque collège entre les organisations syndicales, il est calculé un quotient égal au nombre total d'élus de ce collège dans les comités d'entreprise ou d'établissement des sociétés, filiales et établissements, divisé par le nombre de sièges attribués à ce collège.

Il est attribué à chaque organisation syndicale, par collège, autant de sièges que son nombre d'élus dans ce collège contient de fois le quotient.

Le ou les sièges non attribués par application des dispositions du deuxième alinéa sont attribués au plus fort reste. En cas d'égalité de restes, le siège revient à l'organisation syndicale qui a obtenu le plus grand nombre de suffrages cumulés lors du premier tour des élections ayant conduit à la désignation de ses élus.

Art. D. 2352-10. Lorsque seules certaines sociétés, filiales et établissements ont un représentant ou un élu, les membres du groupe spécial de négociation sont:

1° Soit désignés selon les modalités définies aux articles D. 2352-6 et suivants;

2° Soit élus conformément aux dispositions de l'article D. 2352-11.

Les nombres respectifs des membres désignés et des membres élus pour pourvoir les sièges revenant à la France au sein du groupe spécial de négociation sont déterminés en fonction de la part des effectifs cumulés des sociétés, filiales et établissements ayant ou non un représentant ou un élu dans l'ensemble des effectifs des sociétés, filiales et établissements implantés en France. Cette détermination se fait selon le système de la représentation proportionnelle au plus fort reste.

Art. D. 2352-11. Lorsqu'aucune des sociétés, filiales et établissements n'a de représentant ou d'élu, les membres du groupe spécial de négociation sont élus directement par les salariés.

L'élection a lieu collège par collège. Elle est commune à l'ensemble des sociétés, filiales et établissements.

La répartition des sièges entre les différentes catégories et la répartition des salariés dans les collèges électoraux sont accomplies sur la base de leurs effectifs cumulés dans les sociétés, filiales et établissements.

Les listes de candidats comportent autant de noms que de sièges revenant à la France au sein du groupe spécial de négociation.

Le vote peut se dérouler séparément dans les locaux de chaque société, filiale ou établissement. Le dépouillement ne peut commencer avant la clôture du dernier scrutin.

Les sièges sont attribués à chaque liste conformément aux dispositions des articles R. 2324-18 et suivants.

Art. D. 2352-12. Lorsqu'un siège supplémentaire est attribué à une société participante en application de l'article L. 2352-4, ce siège est attribué :

1° S'il existe un comité d'entreprise, à l'organisation syndicale qui compte le plus de représentants au sein de ce comité. En cas d'égalité, le siège est attribué à celle ayant recueilli le plus grand nombre de suffrages au premier tour de scrutin de l'élection des membres de ce comité ;

2° En l'absence de comité d'entreprise, à un représentant élu directement à cet effet par les salariés de la société.

L'élection a lieu au scrutin uninominal à un tour.

Art. D. 2352-13. Les désignations des membres du groupe spécial de négociation sont notifiées aux dirigeants de la société, filiale ou établissement au sein duquel travaillent les représentants des salariés ou, le cas échéant, à l'organe de direction mandaté à cet effet.

Les dirigeants des sociétés, filiales et établissements transmettent aux dirigeants des sociétés participantes le nom des personnes ainsi désignées et celui des personnes élues en application des dispositions des articles D. 2352-10 à D. 2352-12.

Ils font connaître ces informations à leurs salariés, par affichage ou par tout autre moyen, ainsi qu'à l'inspecteur du travail.

Sous-section 3. Fonctionnement

Art. L. 2352-9. Les dirigeants des sociétés participant à la constitution de la société européenne invitent le groupe spécial de négociation à se réunir et communiquent à cet effet aux représentants du personnel et aux dirigeants des établissements et filiales concernés, qui en l'absence de représentants du personnel en informent directement les salariés, l'identité des sociétés participantes ainsi que le nombre de salariés qu'elles comprennent.

Les négociations débutent dès que le groupe spécial de négociation est constitué. Elles peuvent se poursuivre pendant les six mois qui suivent, sauf si les parties décident, d'un commun accord, de prolonger ces négociations dont la durée totale ne peut dépasser un an.

Durant cette période, le groupe spécial de négociation est régulièrement informé du processus de création de la société européenne.

Art. L. 2352-10. Le temps passé en réunion par les membres du groupe spécial de négociation est considéré comme temps de travail et payé à l'échéance normale.

Art. L. 2352-11. Les dépenses nécessaires à la bonne exécution de la mission du groupe spécial de négociation sont à la charge des sociétés participantes.

Art. L. 2352-12. Pour négocier, le groupe spécial de négociation peut être assisté d'experts de son choix à tout niveau qu'il estime approprié. Ces experts participent aux réunions du groupe à titre consultatif.

L'ensemble des sociétés participantes prend en charge les dépenses relatives aux négociations et à l'assistance d'un seul expert.

Art. L. 2352-13. Le groupe spécial de négociation prend ses décisions à la majorité absolue de ses membres, laquelle doit également représenter la majorité absolue des salariés des sociétés participantes, des filiales et établissements concernés.

Par dérogation à ces dispositions, la décision de ne pas entamer les négociations ou de clore des négociations déjà entamées et ***(L. 2008-89 du 30 janv. 2008, art. 9, JO 31)*** « d'appliquer » la réglementation relative à l'information et à la consultation dans les

États membres où la société européenne emploie des salariés, est prise à la majorité des deux tiers des membres du groupe spécial de négociation, issus d'au moins deux États membres et à la condition qu'ils représentent au moins les deux tiers des salariés des sociétés participantes, des filiales et établissements concernés. Dans ce cas, les dispositions prévues par le chapitre III ne sont pas applicables. Une telle décision ne peut être prise dans le cas d'une société européenne constituée par transformation, lorsqu'il existe un système de participation dans la société qui doit être transformée.

Lorsque la participation concerne une proportion du nombre total des salariés employés par les sociétés participantes d'au moins 25 % en cas de constitution d'une société européenne par fusion, et d'au moins 50 % en cas de constitution par holding ou filiale commune, et lorsque le groupe spécial de négociation envisage de fixer un nombre ou une proportion des membres de l'organe de surveillance ou d'administration par lesquels les salariés exercent leurs droits à participation à un niveau inférieur à celui qui était le plus élevé au sein de l'une des sociétés participantes, la décision est prise dans les conditions de majorité prévues au deuxième alinéa.

Art. L. 2352-14. Aucun salarié ne peut être sanctionné ou licencié en raison de l'exercice du droit prévu par l'article L. 2352-13. Toute décision ou tout acte contraire est nul de plein droit.

Art. L. 2352-15. Les membres du groupe spécial de négociation ainsi que les experts qui les assistent sont tenus au secret professionnel et à l'obligation de discrétion prévus à l'article L. 2325-5.

Art. D. 2352-14. Les dirigeants des sociétés participantes convoquent les membres du groupe spécial de négociation à une première réunion. La convocation fixe la date de la réunion. Elle est faite par lettre recommandée avec avis de réception.

Le délai de six mois mentionné au deuxième alinéa de l'article L. 2352-9 court à compter de la date de cette première réunion.

Art. D. 2352-15. Les membres du groupe spécial de négociation sont tenus informés :

1° Du mode de constitution de la société européenne et des effets de celui-ci pour les sociétés participantes ainsi que pour leurs filiales et établissements ;

2° Des modalités d'information, de consultation et de participation instituées au sein de ces sociétés, filiales et établissements, que le lieu de leur implantation soit situé en France ou dans un autre État membre de la Communauté européenne ou de l'Espace économique européen ;

3° Des modalités de transfert des droits et obligations des sociétés participantes en matière de conditions d'emploi résultant de la législation et des relations collectives et individuelles de travail.

Art. D. 2352-16. Pour le calcul des majorités de salariés mentionnées aux premier et deuxième alinéas de l'article L. 2352-13, chaque membre occupant un siège au sein du groupe spécial de négociation alloué à un État membre représente un nombre de salariés égal au nombre total des salariés employés dans les sociétés participantes, les filiales et les établissements situés dans cet État membre, divisé par le nombre de sièges attribués à cet État membre, arrondi à l'entier inférieur.

Lorsqu'il est fait application des dispositions de l'article L. 2352-4, le titulaire de chaque siège supplémentaire représente un nombre de salariés égal à l'effectif de la société à laquelle a été attribué ce siège. Le nombre total des salariés calculé, pour l'État membre dans lequel est située cette société, conformément au premier alinéa, est alors réduit à concurrence de cet effectif.

Art. R. 2352-17. Les éléments fournis, en application du quatrième alinéa de l'article L. 229-3 du code de commerce, par la société, la filiale ou l'établissement concernés par la fusion pour attester que les modalités relatives à l'implication des salariés ont été fixées conformément aux dispositions des articles L. 2351-1, à L. 2352-13, L. 2352-16 à L. 2353-25, L. 2353-27 à L. 2353-32 et L. 2354-1, sont transmis à l'inspecteur du travail.

Contestations

Art. R. 2352-18. Le tribunal d'instance compétent pour statuer sur la contestation de la désignation et de l'élection des membres du groupe spécial de négociation est celui dans le ressort duquel est situé le siège, selon le cas, de la société européenne, de la société, de la filiale ou de l'établissement concernés.

La contestation est formée, instruite et jugée selon les modalités prévues aux articles R. 2324-24 et R. 2324-25.

Toutefois, la contestation est formée :

1° Dans un délai de quinze jours à compter de la notification de la désignation à l'employeur ;

2° Par les salariés, dans un délai de quinze jours, à compter de la date à laquelle la désignation à l'employeur ou l'élection est portée à leur connaissance.

Art. R. 2352-19. Les litiges auxquels donne lieu l'application des dispositions de la présente section, autres que ceux mentionnés à l'article R. 2352-18, sont portés devant le président du tribunal de grande instance du domicile du défendeur. Il statue en la forme des référés.

SECTION 2. Contenu de l'accord

Art. L. 2352-16. Sous réserve des dispositions du deuxième alinéa de l'article L. 2352-13, les dirigeants de chacune des sociétés participantes et le groupe spécial de négociation négocient en vue de parvenir à un accord qui détermine :

1° Les sociétés participantes, les établissements et filiales concernés par l'accord ;

2° La composition, le nombre de membres et la répartition des sièges de l'organe de représentation qui est l'interlocuteur de l'organe dirigeant de la société européenne pour l'information et la consultation des salariés de la société européenne et de ses filiales ou établissements ;

3° Les attributions et la procédure prévue pour l'information et la consultation de l'organe de représentation ;

4° La fréquence des réunions de l'organe de représentation ;

5° Les ressources financières et matérielles à allouer à l'organe de représentation ;

6° Les modalités de mise en œuvre de procédures d'information et de consultation lorsque celles-ci ont été instituées, par accord entre les parties, en lieu et place d'un organe de représentation ;

7° La date d'entrée en vigueur de l'accord et sa durée, les cas dans lesquels l'accord doit être renégocié et la procédure pour sa renégociation.

Art. L. 2352-17. Si, au cours des négociations, les parties décident de fixer des modalités de participation, l'accord détermine la teneur de ces dispositions y compris, le cas échéant, le nombre de membres de l'organe d'administration ou de surveillance de la société européenne que les salariés ont le droit d'élire, de désigner, de recommander ou à la désignation desquels ils peuvent s'opposer, les procédures à suivre pour que les salariés puissent élire, désigner ou recommander ces membres ou s'opposer à leur désignation, ainsi que leurs droits.

Art. L. 2352-18. Lorsque la société européenne est constituée par transformation, l'accord prévoit un niveau d'information, de consultation et de participation au moins équivalent à celui qui existe dans la société devant être transformée en société européenne.

Art. L. 2352-19. Lorsqu'il existe au sein des sociétés participantes plusieurs formes de participation, le groupe spécial de négociation qui décide de mettre en œuvre les modalités de participation prévues à l'article L. 2352-17 choisit au préalable, dans les conditions prévues à l'article L. 2352-13, laquelle de ces formes est appliquée au sein de la société européenne.

Art. L. 2352-20. Les dirigeants des sociétés participantes et le groupe spécial de négociation peuvent décider, par accord, d'appliquer les dispositions de références relatives à la mise en place du comité de la société européenne prévues au chapitre III.

CHAPITRE III

Comité de la société européenne et participation des salariés en l'absence d'accord

SECTION 1. Comité de la société européenne

Sous-section 1. Mise en place

Art. L. 2353-1. Un comité de la société européenne est institué lorsque, à l'issue de la période de négociation prévue à l'article L. 2352-9, aucun accord n'a été conclu et que le groupe spécial de négociation n'a pas pris la décision mentionnée à l'article L. 2352-13.

Art. L. 2353-2. Dans le cas prévu à l'article L. 2353-1, l'immatriculation de la société européenne ne peut intervenir que si les parties décident de mettre en œuvre les dispositions du présent chapitre ainsi que du chapitre IV ou que si les dirigeants des sociétés participantes s'engagent à en faire application.

Art. D. 2353-1. Dans les hypothèses prévues à l'article L. 2353-2, est joint à la demande d'immatriculation de la société européenne:

1° L'accord portant sur la mise en place du comité de la société européenne et d'un système de participation des salariés prévu à l'article L. 2353-2;

2° À défaut de l'accord mentionné au 1°, l'engagement écrit des dirigeants des sociétés participantes de faire application des dispositions des articles L. 2351-2, L. 2351-7, L. 2352-14, L. 2352-15, L. 2353-1, L. 2353-3 à L. 2353-32, L. 2354-1.

Art. D. 2353-2. Les membres du comité de la société européenne sont:

1° Soit désignés selon les modalités définies aux articles D. 2352-6 et suivants;

2° Soit élus conformément aux dispositions de l'article D. 2352-11 lorsque les conditions prévues à l'article L. 2352-6 sont réunies.

Art. R. 2353-3. Les contestations relatives à la désignation des représentants des salariés et à l'élection des membres du comité de la société européenne dont le siège se situe en France, ainsi que des salariés des sociétés participantes, des établissements ou filiales implantés en France, sont de la compétence du tribunal d'instance du siège de la société européenne, de la société participante ou de la filiale ou de l'établissement intéressé.

Ces contestations sont formées, instruites et jugées selon les modalités prévues aux articles R. 2324-24 et R. 2324-25.

Le recours est formé dans un délai de quinze jours à compter de la notification de la désignation à l'employeur.

Sous-section 2. Attributions

Art. L. 2353-3. La compétence du comité de la société européenne est limitée aux questions concernant la société européenne elle-même ou toute filiale ou tout établissement situé dans un autre État membre, ou excédant les pouvoirs des instances de décision dans un seul État membre.

Art. L. 2353-4. Le comité de la société européenne se réunit au moins une fois par an.

La réunion annuelle porte notamment sur:

1° La situation économique et financière de la société européenne, de ses filiales et établissements;

2° L'évolution probable des activités;

3° La production et les ventes;

4° La situation et l'évolution probable de l'emploi;

5° Les investissements;

6° Les changements substantiels intervenus concernant l'organisation, l'introduction de nouvelles méthodes de travail ou de nouveaux procédés de production;

7° Les transferts de production;

8° Les fusions;

9° La réduction de taille ou la fermeture d'entreprises ou de parties de celles-ci;

10° Les licenciements collectifs.

Art. L. 2353-5. Lorsque surviennent des circonstances exceptionnelles affectant considérablement les intérêts des salariés, notamment en cas de délocalisation, de fermeture d'entreprise ou d'établissement ou de licenciement collectif, le comité de la société européenne ou, s'il en décide ainsi, le bureau, est de plein droit réuni, s'il en fait la demande, par le dirigeant de la société européenne afin d'être informé et consulté sur les mesures affectant considérablement les intérêts des salariés.

Art. L. 2353-6. Le dirigeant de la société européenne qui décide de lancer une offre publique d'acquisition sur une entreprise peut n'informer le comité de la société européenne qu'une fois l'offre rendue publique.

Dans ce cas, il réunit le comité dans les huit jours suivant la publication de l'offre en vue de lui transmettre des informations écrites et précises sur le contenu de l'offre et sur les conséquences qu'elle est susceptible d'entraîner sur l'emploi.

Sous-section 3. Composition

Art. L. 2353-7. Le comité de la société européenne est composé :

1° Du dirigeant de la société européenne ou de son représentant, assisté de deux collaborateurs de son choix ayant voix consultative ;

2° De représentants du personnel des sociétés participantes, filiales et établissements concernés, désignés conformément à l'article L. 2353-9.

Art. L. 2353-8. Le nombre de sièges du comité de la société européenne est fixé conformément aux dispositions de l'article L. 2352-3.

Art. L. 2353-9. Les membres du comité de la société européenne représentant le personnel des sociétés participantes, filiales et établissements concernés implantés en France et relevant d'une société européenne dont le siège social est situé en France sont désignés conformément aux dispositions de l'article L. 2352-5.

Art. L. 2353-10. Lorsqu'il n'existe pas d'organisation syndicale dans la société européenne dont le siège social se trouve en France, les représentants du personnel au comité de la société européenne sont élus directement selon les règles applicables au comité d'entreprise.

Il en va de même lorsqu'il n'existe pas d'organisation syndicale dans l'établissement ou l'entreprise implanté en France et appartenant à une société européenne.

Art. L. 2353-11. Les contestations relatives à la désignation des représentants des salariés au comité de la société européenne dont le siège se situe en France, ainsi que des salariés des sociétés participantes, des établissements ou filiales implantés en France sont portées devant le juge judiciaire.

Art. L. 2353-12. Les modifications de la composition du comité de la société européenne résultant des changements intervenus dans la structure ou la dimension de la société européenne peuvent être décidées par accord passé en son sein.

Sous-section 4. Fonctionnement

Art. L. 2353-13. Le comité de la société européenne a la personnalité juridique.

Il est présidé par le dirigeant de la société européenne.

Le comité désigne un secrétaire.

Il élit un bureau de trois membres lorsqu'il comprend au moins dix représentants du personnel.

Art. L. 2353-14. Le comité de la société européenne prend ses décisions par un vote à la majorité de ses membres.

Art. L. 2353-15. Le comité de la société européenne adopte un règlement intérieur qui fixe ses modalités de fonctionnement.

Art. L. 2353-16.

Ce règlement intérieur peut organiser la prise en compte des répercussions, sur le comité, des changements intervenus dans la structure ou la dimension de la société européenne. L'examen de tels changements peut intervenir à l'occasion de la réunion annuelle du comité de la société européenne.

Art. L. 2353-16. La réunion annuelle du comité de la société européenne est provoquée sur convocation de son président, à partir de rapports réguliers établis par celui-ci. Ces rapports retracent l'évolution des activités de la société européenne et ses perspectives.

Les directeurs des filiales et établissements constituant la société européenne sont informés de ces rapports.

Art. L. 2353-17. L'ordre du jour des réunions du comité de la société européenne est arrêté par le président et le secrétaire.

Il est communiqué aux membres du comité au moins quinze jours avant la date de la réunion.

À défaut d'accord sur le contenu de l'ordre du jour de la réunion obligatoire, celui-ci est fixé par le président ou le secrétaire et communiqué aux membres du comité au moins dix jours avant la date de la réunion.

Le dirigeant de la société européenne fournit au comité l'ordre du jour des réunions de l'organe d'administration ou de surveillance ainsi que des copies de tous les documents soumis à l'assemblée générale des actionnaires.

Art. L. 2353-18. Avant toute réunion, les représentants des salariés au comité de la société européenne ou, le cas échéant, son bureau, sont habilités à se réunir en l'absence de son président.

Art. L. 2353-19. Lorsque la direction décide de ne pas suivre l'avis exprimé par le comité de la société européenne, ce dernier est de plein droit réuni de nouveau, s'il en fait la demande, par le dirigeant, pour tenter de parvenir à un accord.

Art. L. 2353-20. Lorsqu'une réunion est organisée avec le bureau, les membres du comité de la société européenne représentant des salariés directement concernés par les mesures en question peuvent participer à cette réunion.

Art. L. 2353-21. Les documents communiqués aux représentants des salariés comportent au moins une version en français.

Art. L. 2353-22. Le comité de la société européenne et son bureau peuvent être assistés d'experts de leur choix à tout niveau qu'ils estiment approprié, pour autant que ce soit nécessaire à l'accomplissement de leurs tâches.

Les frais afférents à l'intervention d'un seul expert sont pris en charge par la société européenne dans le cadre de la réunion annuelle prévue à l'article L. 2353-4.

Art. L. 2353-23. Les représentants du personnel siégeant au comité de la société européenne informent les représentants du personnel des établissements et filiales de la société européenne ou, à défaut, l'ensemble des salariés, de la teneur et des résultats des travaux de ce comité, dans le respect du secret professionnel et de l'obligation de discrétion prévus à l'article L. 2325-5.

Art. L. 2353-24. Les dépenses de fonctionnement du comité de la société européenne et de son bureau sont prises en charge par la société européenne qui dote les représentants du personnel des ressources financières et matérielles nécessaires pour leur permettre de s'acquitter de leur mission d'une manière appropriée.

La société européenne prend également en charge les frais d'organisation des réunions et d'interprétariat ainsi que les frais de séjour et de déplacement des membres du comité et du bureau.

Art. L. 2353-25. Le secrétaire et les membres du comité de la société européenne et de son bureau disposent du temps nécessaire à l'exercice de leurs fonctions dans la limite d'une durée qui, sauf circonstances exceptionnelles, ne peut excéder cent vingt heures annuelles pour chacun d'entre eux.

Ce temps est considéré comme temps de travail et payé à l'échéance normale.

Le dirigeant de la société européenne qui entend contester l'usage fait du temps ainsi alloué saisit le juge judiciaire.

Le temps passé par le secrétaire et les membres du comité et de son bureau aux séances du comité de la société européenne et aux réunions du bureau n'est pas déduit de ces cent vingt heures.

Art. L. 2353-26. Les membres du comité de la société européenne ainsi que les experts qui les assistent sont tenus au secret professionnel et à l'obligation de discrétion prévus à l'article L. 2325-5.

Art. L. 2353-27. Les membres du comité de la société européenne ont droit à un congé de formation dans les conditions fixées à l'article L. 2325-44.

Art. R. 2353-4. Le secrétaire du comité de la société européenne est désigné parmi ses membres.

Le bureau est élu parmi ses membres.

Art. R. 2353-5. Les éléments fournis, en application du quatrième alinéa de l'article L. 229-3 du code de commerce, par la société, la filiale ou l'établissement concernés par la fusion pour attester que les modalités relatives à l'implication des salariés ont été fixées conformément aux dispositions des articles L. 2351-1, à L. 2352-13, L. 2352-16 à L. 2353-25, L. 2353-27 à L. 2353-32 et L. 2354-1 sont transmis à l'inspecteur du travail.

SECTION 2. Participation des salariés au conseil d'administration et de surveillance

Art. L. 2353-28. Lorsqu'aucun accord n'a été conclu et que le groupe spécial de négociation n'a pas pris la décision prévue au deuxième alinéa de l'article L. 2352-13, la participation des salariés dans la société européenne est régie par les dispositions suivantes :

1° Dans le cas d'une société européenne constituée par transformation, s'il existe un système de participation des salariés dans l'organe d'administration ou de surveillance avant l'immatriculation, tous les éléments de la participation des salariés continuent de s'appliquer à la société européenne ;

2° Dans les autres cas de constitution d'une société européenne, et lorsque la participation au sein des sociétés participant à la constitution de la société européenne atteint les seuils fixés au troisième alinéa de l'article L. 2352-13, la forme applicable de participation des salariés au conseil d'administration ou au conseil de surveillance, selon le cas, est déterminée après examen des différents systèmes nationaux existant au sein de chacune des sociétés participantes concernées avant l'immatriculation de la société européenne.

Art. L. 2353-29. Si une seule forme de participation existe au sein des sociétés participantes, ce système est appliqué à la société européenne en retenant pour sa mise en place la proportion ou, selon le cas, le nombre le plus élevé de membres concernés par les droits à participation au sein de l'organe d'administration ou de surveillance.

Si plusieurs formes de participation existent au sein des sociétés participantes, le groupe spécial de négociation détermine laquelle de ces formes est instaurée dans la société européenne.

Art. L. 2353-30. À défaut d'accord du groupe spécial de négociation sur le choix de la forme de participation, les dirigeants déterminent la forme de participation applicable.

Il est toujours retenu, pour la mise en place du système applicable, la proportion ou le nombre le plus élevé de membres de l'organe d'administration ou de surveillance concernés par les droits à participation.

Art. L. 2353-31. Lorsque la forme de participation applicable consiste en la recommandation ou l'opposition à la désignation de membres du conseil d'administration ou du conseil de surveillance, le comité de la société européenne détermine les conditions dans lesquelles s'exerce cette forme de participation.

Lorsque la forme de participation choisie consiste en l'élection ***(L. 2008-89 du 30 janv. 2008, art. 9, JO 31)*** « de membres du conseil d'administration ou, le cas échéant, du conseil de surveillance », la procédure se déroule conformément aux dispositions des articles L. 225-28 à L. 225-34 et L. 225-80 du code de commerce, exception faite de l'exigence de territorialité prévue au premier alinéa de l'article L. 225-28.

Art. L. 2353-32. Dès lors que le nombre de sièges au sein de l'organe de gestion concerné a été déterminé dans les conditions prévues à l'article L. 2353-31, le comité de la société européenne veille à leur répartition, proportionnellement au nombre de salariés de la société européenne employés dans chaque État membre.

Par dérogation à ces dispositions, le comité assure, dans la mesure du possible, à chaque État membre disposant d'un système de participation avant l'immatriculation de la société européenne l'attribution d'au moins un siège.

CHAPITRE IV

Dispositions applicables postérieurement à l'immatriculation de la société européenne

Art. L. 2354-1. Lorsqu'une société européenne est immatriculée, l'accord mentionné à l'article L. 2352-16 ou un accord collectif conclu au niveau approprié peut décider de la suppression ou d'un aménagement des conditions de fonctionnement, éventuellement sous la forme d'une redéfinition de leur périmètre national d'intervention, des institutions représentatives du personnel qui auraient vocation à disparaître du fait de la perte de l'autonomie juridique d'une ou de plusieurs sociétés participantes situées en France, après immatriculation de la société européenne.

Art. L. 2354-2. Quatre ans après l'institution du comité de la société européenne, celui-ci examine s'il convient d'engager des négociations en vue de conclure l'accord dans les conditions définies au chapitre II. À cet effet, le dirigeant de la société européenne convoque une réunion du comité dans un délai de six mois à compter du terme de quatre ans.

Pour mener ces négociations, le comité fait office de groupe spécial de négociation.

Le comité demeure en fonction tant qu'il n'a pas été renouvelé ou remplacé.

Art. L. 2354-3. Lorsque le groupe spécial de négociation a pris la décision prévue à l'article L. 2352-13, il est convoqué par le dirigeant de la société européenne à la demande écrite d'au moins 10 % des salariés de la société européenne, de ses filiales et établissements ou de leurs représentants, au plus tôt deux ans après la date de cette décision, à moins que les parties ne conviennent de rouvrir les négociations plus rapidement.

En cas d'échec des négociations, les dispositions du chapitre III ne sont pas applicables.

Art. L. 2354-4. Si, après l'immatriculation de la société européenne, des changements interviennent dans la structure de l'entreprise, la localisation de son siège ou le nombre de travailleurs qu'elle occupe et qu'ils sont susceptibles d'affecter substantiellement la composition du comité de la société européenne ou les modalités d'implication des travailleurs telles qu'arrêtées par l'accord issu des négociations engagées avant l'immatriculation de la société européenne ou en application de l'article L. 2353-28 et suivants, une nouvelle négociation est engagée dans les conditions prévues par le chapitre II.

Dans ce cas, l'échec des négociations entraîne l'application des dispositions des articles L. 2353-2 et suivants.

Art. R. 2354-1. Le président du tribunal de grande instance du lieu du siège de la société européenne statue en la forme des référés sur toutes les contestations relatives à l'application de l'article L. 2354-4.

Il ordonne la constitution d'un groupe spécial de négociation si la composition du comité de la société européenne ou les modalités d'implication des salariés ne correspondent plus à l'effectif ou à la structure de la société.

CHAPITRE V

Dispositions pénales

Art. L. 2355-1. *(L. 2008-89 du 30 janv. 2008, art. 10, JO 31)* Le fait d'apporter une entrave soit à la constitution d'un groupe spécial de négociation ou d'un comité de la société européenne mis en place ou non par accord, soit à la libre désignation de leurs membres, soit à leur fonctionnement régulier est puni d'un emprisonnement d'un an et d'une amende de 3750 €.

(L. 2008-89 du 30 janvier 2008, art. 8, JO 31)

TITRE VI

Implication des salariés dans la société coopérative européenne et comité de la société coopérative européenne

Note • Les dispositions de ce titre sont issues de la loi 2008-89 du 30 janvier 2008 (JO 31) qui a transposé en France la directive 2003/72/CE complétant le statut de la société coopérative européenne pour ce qui concerne l'implication des travailleurs.

• Voir notamment B. Teyssié :
– « Les accords relatifs à l'implication des salariés dans les sociétés coopératives européennes. Les parties à la négociation », *JCP* éd. S 2006, act. 37 ;
– « Les accords relatifs à l'implication des salariés dans les sociétés coopératives européennes. Le déroulement de la négociation », *JCP* éd. S 2006, act. 47 ;
– « L'implication des salariés dans la société coopérative européenne. Normes subsidiaires : l'organe légal de représentation », *JCP* éd. S 2006, act. 69 ;
– « L'implication des salariés dans la société coopérative européenne. Normes subsidiaires : la participation aux organes de direction », *JCP* éd. S 2006, act. 84 ;
– « L'implication des salariés dans la société européenne : la constitution du groupe spécial de négociation, approche de droit comparé », *JCP* éd. S 2006, 1095.

CHAPITRE Ier

Dispositions générales

Art. L. 2361-1. Le présent titre s'applique :

1° Aux sociétés coopératives européennes constituées conformément au règlement (CE) n° 1435/2003 du Conseil du 22 juillet 2003 relatif au statut de la société coopérative européenne et ayant leur siège social et leur administration centrale en France ;

2° Aux personnes morales ayant leur siège social en France et aux personnes physiques résidant en France qui participent à la constitution d'une société coopérative européenne ;

3° Aux filiales et établissements situés en France des sociétés coopératives européennes constituées dans un autre État membre de la Communauté européenne ou de l'Espace économique européen.

Art. D. 2361-1 *(D. 2008-440 du 7 mai 2008, JO 8).* Lorsque les dirigeants des personnes morales ou les personnes physiques participant à la constitution d'une société coopérative européenne décident que son siège est établi sur le territoire français, le projet de constitution de cette société précise que le groupe spécial de négociation est constitué au lieu de ce siège.

Art. L. 2361-2. Lorsqu'une société coopérative européenne mentionnée à l'article L. 2361-1 est une entreprise de dimension communautaire ou un groupe d'entreprises de dimension communautaire au sens de l'article L. 2341-2, le titre IV du présent livre relatif au comité d'entreprise européen ou à la procédure d'information et de consultation dans les entreprises de dimension communautaire n'est applicable ni à la société coopérative européenne ni à ses filiales.

Par dérogation au premier alinéa, lorsque le groupe spécial de négociation prend la décision de ne pas engager de négociation ou de clore des négociations déjà engagées, le même titre IV s'applique.

Art. L. 2361-3. Les modalités de l'implication des salariés recouvrent l'information, la consultation et, le cas échéant, la participation.

Elles sont arrêtées par accord conclu entre les dirigeants des personnes morales participantes ou les personnes physiques participantes et les représentants des salariés conformément aux dispositions du présent titre.

À défaut d'accord, ces modalités sont arrêtées conformément aux dispositions du chapitre III du présent titre.

Art. L. 2361-4. Les dispositions des articles L. 2351-4 à L. 2351-6 relatives à la définition de l'information, de la consultation et de la participation des salariés dans la société européenne et le comité de la société européenne sont applicables aux sociétés coopératives européennes et aux personnes morales et personnes physiques participantes ainsi qu'à leurs filiales ou établissements entrant dans le champ d'application du présent titre.

Art. L. 2361-5. Le décompte des effectifs des sociétés participantes, filiales ou établissements concernés situés en France est effectué conformément aux dispositions de l'article L. 1111-2.

Art. L. 2361-6. Les dispositions d'application du présent titre relatives à la procédure applicable aux litiges et aux informations transmises à l'inspection du travail en cas de constitution de la société coopérative européenne par fusion sont déterminées par décret en Conseil d'État.

CHAPITRE II

Implication des salariés dans la société coopérative européenne par accord du groupe spécial de négociation

SECTION 1. Groupe spécial de négociation

Sous-section 1. Mise en place et objet

Art. L. 2362-1. Un groupe spécial de négociation est institué dès que possible après la publication du projet de fusion ou de transformation ou, s'agissant d'une société coopérative européenne constituée par tout autre moyen que la fusion de coopératives ou la transformation d'une coopérative, après l'adoption du projet de constitution de la société coopérative européenne.

Il est doté de la personnalité juridique.

Art. L. 2362-2. Le groupe spécial de négociation détermine avec les dirigeants des personnes morales ou les personnes physiques participant à la création d'une société coopérative européenne ayant son siège social et son administration centrale en France, ou leurs représentants, par un accord écrit, les modalités de l'implication des salariés mentionnées à l'article L. 2361-3.

Sous-section 2. Désignation, élection et statut des membres

Art. L. 2362-3. Les dispositions des articles L. 2352-3 à L. 2352-8 relatives à la désignation, à l'élection et au statut des membres du groupe spécial de négociation s'appliquent à la société coopérative européenne.

Sous-section 3. Fonctionnement

Art. L. 2362-4. Les dirigeants des personnes morales et les personnes physiques participant à la constitution de la société coopérative européenne invitent le groupe spécial de négociation à se réunir et communiquent à cet effet aux représentants du personnel et aux dirigeants des établissements et filiales concernés qui, en l'absence de représentants du personnel, en informent directement les salariés, l'identité des personnes morales participantes et, le cas échéant, des personnes physiques participantes ainsi que le nombre de salariés qu'elles emploient.

Les négociations débutent dès que le groupe spécial de négociation est constitué. Elles peuvent se poursuivre pendant les six mois qui suivent sauf si les parties décident, d'un commun accord, de prolonger ces négociations dont la durée totale ne peut dépasser un an.

Durant cette période, le groupe spécial de négociation est régulièrement informé du processus de création de la société coopérative européenne.

Le temps passé en réunion par les membres du groupe spécial de négociation est considéré comme temps de travail et payé à l'échéance normale.

Art. L. 2362-5. Les dépenses nécessaires à la bonne exécution de la mission du groupe spécial de négociation sont à la charge des personnes participantes.

Art. L. 2362-6. Pour négocier, le groupe spécial de négociation peut être assisté d'experts de son choix à tout niveau qu'il estime approprié. Ces experts participent aux réunions du groupe à titre consultatif.

L'ensemble des personnes participant à la constitution de la société coopérative européenne prend en charge les dépenses relatives à la négociation et à l'assistance d'un seul expert.

Art. L. 2362-7. Le groupe spécial de négociation prend ses décisions à la majorité absolue de ses membres, laquelle doit représenter également la majorité absolue des salariés des personnes participantes ainsi que des filiales ou établissements concernés. ***(L. 2008-649 du 3 juil. 2008, art. 18, JO 4)*** « Chaque membre dispose d'une voix. »

Par dérogation au premier alinéa, la décision de ne pas engager les négociations ou de clore des négociations déjà engagées et d'appliquer la réglementation relative à l'information et à la consultation en vigueur dans les États membres où la société coopérative européenne emploie des salariés est prise à la majorité des deux tiers des membres du groupe spécial de négociation, issus d'au moins deux États membres et à la condition qu'ils représentent au moins les deux tiers des salariés des personnes participantes ainsi que des filiales et établissements concernés. Dans ce cas, le chapitre III du présent titre n'est pas applicable. Une telle décision ne peut être prise dans le cas d'une société coopérative européenne constituée par transformation lorsqu'il existe un système de participation dans la coopérative qui doit être transformée.

Lorsque la participation concerne au moins 25 % du nombre total de salariés des personnes participantes en cas de constitution d'une société coopérative européenne par voie de fusion, ou au moins 50 % de ce nombre total en cas de constitution par tout autre moyen, à l'exception du cas prévu au premier alinéa de l'article L. 2362-12, la majorité requise est celle prévue au deuxième alinéa du présent article si le groupe spécial de négociation envisage de fixer un nombre ou une proportion des membres de l'organe de surveillance ou d'administration par lesquels les salariés exercent leurs droits à participation à un niveau inférieur à celui qui était le plus élevé au sein de l'une des entités participantes.

Art. L. 2362-8. Les documents communiqués aux représentants des salariés comportent au moins une version en français.

Art. L. 2362-9. Les dispositions des articles L. 2352-14 et L. 2352-15 relatives à la protection contre le licenciement et au secret professionnel des membres du groupe spécial de négociation de la société européenne s'appliquent à la société coopérative européenne.

SECTION 2. Contenu de l'accord

Art. L. 2362-10. Sous réserve des dispositions du deuxième alinéa de l'article L. 2362-7, les dirigeants de chacune des personnes morales participantes et, le cas échéant, les personnes physiques participantes négocient avec le groupe spécial de négociation en vue de parvenir à un accord dont le contenu est fixé conformément aux dispositions des articles L. 2352-16 à L. 2352-20.

Art. L. 2362-11. L'accord inclut dans les cas de renégociation l'hypothèse des modifications intervenues postérieurement à la constitution de la société coopérative européenne et touchant à sa structure, ainsi qu'à celle de ses filiales et de ses établissements.

Art. L. 2362-12. Lorsque la société coopérative européenne est constituée par transformation d'une coopérative, l'accord prévoit un niveau d'information, de consultation et de participation au moins équivalent à celui qui existe dans la coopérative qui doit être transformée.

L'accord conclu en violation des dispositions du premier alinéa est nul. Dans un tel cas, les dispositions du chapitre III du présent titre relatives à l'implication des salariés en l'absence d'accord s'appliquent.

[Dispositions réglementaires]

(D. 2008-439 du 7 mai 2008, JO 8)

SECTION UNIQUE. Groupe spécial de négociation

(D. 2008-440 du 7 mai 2008, JO 8) Sous-section 1. Mise en place et objet

Art. D. 2362-1. Dans le délai d'un mois à compter de la publication du projet de constitution d'une société coopérative européenne, les dirigeants des personnes morales ou les personnes physiques participant à la création d'une société coopérative européenne portent à la connaissance de leurs organisations syndicales, de celle de leurs filiales et établissements qui disposent de représentants ou d'élus au sens du premier alinéa de l'article L. 2362-3 en ce qu'il renvoie à l'article L. 2352-5:

1° L'identité des personnes morales ou des personnes physiques, filiales et établissements;

2° Le lieu de leur implantation;

3° Leur statut juridique;

4° La nature de leurs activités.

Art. D. 2362-2. Les dirigeants des personnes morales ou les personnes physiques indiquent à leurs organisations syndicales, à leurs filiales et à leurs établissements disposant de représentants ou d'élus:

1° Le nombre de leurs salariés à la date de la publication du projet de constitution, en France collège par collège et dans les autres États membres;

2° Lorsque la société coopérative européenne n'est pas composée exclusivement de personnes physiques, les formes de participation existant au sens de l'article L. 2361-4 en ce qu'il renvoie à l'article L. 2351-6;

3° Le nombre de sièges au groupe spécial de négociation revenant à chaque État membre, calculé conformément aux dispositions de l'article L. 2362-3 en ce qu'il renvoie à l'article L. 2352-3.

Art. D. 2362-3. En cas de constitution de la société coopérative européenne par voie de fusion et dans les hypothèses mentionnées à l'article L. 2362-3 en ce qu'il renvoie à l'article L. 2352-4, les dirigeants des personnes morales fixent le nombre des sièges supplémentaires et indiquent ceux alloués aux sociétés ayant leur siège en France.

Art. D. 2362-4. Lorsque les salariés des personnes morales ou personnes physiques, filiales et établissements intéressés sont dépourvus de toute forme de représentation, les renseignements mentionnés aux articles D. 2362-1 et D. 2362-2 leur sont directement communiqués par tout moyen.

Sous-section 2. Désignation, élection et statut des membres

Art. R. 2362-5. En application du premier alinéa de l'article L. 2362-3 en ce qu'il renvoie à l'article L. 2352-3, le nombre de sièges par État membre au sein du groupe spécial de négociation est égal à:

1° Jusqu'à 10 % de l'effectif total: 1 siège;
2° De plus de 10 % à 20 % de l'effectif total: 2 sièges;
3° De plus de 20 % à 30 % de l'effectif total: 3 sièges;
4° De plus de 30 % à 40 % de l'effectif total: 4 sièges;
5° De plus de 40 % à 50 % de l'effectif total: 5 sièges;
6° De plus de 50 % à 60 % de l'effectif total: 6 sièges;
7° De plus de 60 % à 70 % de l'effectif total: 7 sièges;
8° De plus de 70 % à 80 % de l'effectif total: 8 sièges;
9° De plus de 80 % à 90 % de l'effectif total: 9 sièges;
10° De plus de 90 % de l'effectif total: 10 sièges.

Art. D. 2362-6 ***(D. 2008-440 du 7 mai 2008, JO 8).*** Lorsqu'il existe des représentants ou des élus pour toutes les personnes morales ou personnes physiques, filiales et établissements, les organisations syndicales désignent les membres du groupe spécial de négociation conformément aux modalités fixées aux articles D. 2362-8 et D. 2362-9.

Art. D. 2362-7 ***(D. 2008-440 du 7 mai 2008, JO 8).*** L'organisation syndicale notifie à l'employeur la désignation des membres du groupe spécial de négociation par lettre recommandée avec avis de réception.

Art. D. 2362-8 ***(D. 2008-440 du 7 mai 2008, JO 8).*** Pour procéder à la répartition des sièges du groupe spécial de négociation entre les collèges conformément à l'article L. 2362-3 en ce qu'il renvoie aux dispositions du troisième alinéa de l'article L. 2352-5, l'effectif à prendre en compte est la somme des effectifs des salariés appartenant aux collèges des personnes morales et des salariés assimilés des personnes physiques, filiales et établissements.

Il est déterminé un quotient égal à l'effectif calculé au premier alinéa divisé par le nombre de sièges revenant à la France au sein du groupe spécial de négociation.

Il est attribué à chaque collège autant de sièges que le total de ses effectifs de chaque personne morale ou personne physique, filiale ou établissement contient de fois le quotient.

Le ou les sièges non attribués par application des dispositions du troisième alinéa sont attribués au plus fort reste. En cas d'égalité de restes, le siège revient au collège qui représente le plus grand nombre de salariés.

Art. D. 2362-9 ***(D. 2008-440 du 7 mai 2008, JO 8).*** Pour procéder à la répartition des sièges alloués à chaque collège entre les organisations syndicales, il est calculé un quotient égal au nombre total d'élus de ce collège dans les comités d'entreprise ou d'établissement des sociétés, filiales et établissements, divisé par le nombre de sièges attribués à ce collège.

Il est attribué à chaque organisation syndicale, par collège, autant de sièges que son nombre d'élus dans ce collège contient de fois le quotient.

Le ou les sièges non attribués par application des dispositions du deuxième alinéa sont attribués au plus fort reste. En cas d'égalité de restes, le siège revient à l'organisation syndicale qui a obtenu le plus grand nombre de suffrages cumulés lors du premier tour des élections ayant conduit à la désignation de ses élus.

Art. D. 2362-10 *(D. 2008-440 du 7 mai 2008, JO 8).* Lorsque seules certaines personnes morales ou personnes physiques, filiales et établissements ont un représentant ou un élu, les membres du groupe spécial de négociation sont:

1° Soit désignés selon les modalités définies aux articles D. 2362-6 et suivants;
2° Soit élus conformément aux dispositions de l'article D. 2362-11.

Les nombres respectifs des membres désignés et des membres élus pour pourvoir les sièges revenant à la France au sein du groupe spécial de négociation sont déterminés en fonction de la part des effectifs cumulés des personnes morales et personnes physiques, filiales et établissements ayant ou non un représentant ou un élu dans l'ensemble des effectifs des personnes morales ou personnes physiques, filiales et établissements implantés en France. Cette détermination se fait selon le système de la représentation proportionnelle au plus fort reste.

Art. D. 2362-11 *(D. 2008-440 du 7 mai 2008, JO 8).* Lorsque aucune des personnes morales ou personnes physiques, filiales et établissements n'a de représentant ou d'élu, les membres du groupe spécial de négociation sont élus directement par les salariés.

L'élection a lieu collège par collège. Elle est commune à l'ensemble des personnes morales ou personnes physiques, filiales et établissements.

La répartition des sièges entre les différentes catégories et la répartition des salariés dans les collèges électoraux sont accomplies sur la base de leurs effectifs cumulés des personnes morales ou personnes physiques, filiales et établissements.

Les listes de candidats comportent autant de noms que de sièges revenant à la France au sein du groupe spécial de négociation.

Le vote peut se dérouler séparément dans les locaux de chaque personne morale ou personne physique, filiale ou établissement. Le dépouillement ne peut commencer avant la clôture du dernier scrutin.

Les sièges sont attribués à chaque liste conformément aux dispositions des articles R. 2324-18 et suivants.

Art. D. 2362-12 *(D. 2008-440 du 7 mai 2008, JO 8).* Lorsqu'un siège supplémentaire est attribué à une personne morale ou personne physique en application de l'article L. 2362-3 en ce qu'il renvoie à l'article L. 2352-4, ce siège est attribué:

1° S'il existe un comité d'entreprise, à l'organisation syndicale qui compte le plus de représentants au sein de ce comité. En cas d'égalité, le siège est attribué à celle ayant recueilli le plus grand nombre de suffrages au premier tour de scrutin de l'élection des membres de ce comité;
2° En l'absence de comité d'entreprise, à un représentant élu directement à cet effet par les salariés de la personne morale ou personne physique.

L'élection a lieu au scrutin uninominal à un tour.

Art. D. 2362-13 *(D. 2008-440 du 7 mai 2008, JO 8).* Les désignations des membres du groupe spécial de négociation sont notifiées à la personne morale ou la personne physique, filiale ou établissement au sein duquel travaillent les représentants des salariés ou, le cas échéant, à l'organe de direction mandaté à cet effet.

Les dirigeants des personnes morales ou les personnes physiques, filiales et établissements transmettent aux dirigeants des personnes morales ou personnes physiques participantes le nom des personnes ainsi désignées et celui des personnes élues en application des dispositions des articles D. 2362-10 à D. 2362-12.

Ils font connaître ces informations à leurs salariés, par affichage ou par tout autre moyen, ainsi qu'à l'inspecteur du travail.

Sous-section 3. Fonctionnement

Art. D. 2362-14 *(D. 2008-440 du 7 mai 2008, JO 8).* Les dirigeants des personnes morales ou les personnes physiques participant à la création de la société coopérative européenne convoquent les membres du groupe spécial de négociation à une première réunion. La convocation fixe la date de la réunion. Elle est faite par lettre recommandée avec avis de réception.

Le délai de six mois mentionné au deuxième alinéa de l'article L. 2362-4 court à compter de la date de cette première réunion.

Art. D. 2362-15 *(D. 2008-440 du 7 mai 2008, JO 8).* Les membres du groupe spécial de négociation sont tenus informés:

1° Du mode de constitution de la société coopérative européenne et des effets de celui-ci pour les personnes morales et personnes physiques participantes ainsi que pour leurs filiales et établissements;

2° Des modalités d'information, de consultation et de participation instituées au sein de ces personnes morales ou personnes physiques, filiales et établissements, que le lieu de leur implantation soit situé en France ou dans un autre État membre de la Communauté européenne ou de l'Espace économique européen;

3° Des modalités de transfert des droits et obligations des personnes morales ou des personnes physiques participantes en matière de conditions d'emploi résultant de la législation et des relations collectives et individuelles de travail.

Art. D. 2362-16 ***(D. 2008-440 du 7 mai 2008, JO 8).*** Pour le calcul des majorités de salariés mentionnées aux premier et deuxième alinéas de l'article L. 2362-7, chaque membre occupant un siège au sein du groupe spécial de négociation alloué à un État membre représente un nombre de salariés égal au nombre total des salariés employés dans les personnes morales participantes, les filiales et les établissements situés dans cet État membre, divisé par le nombre de sièges attribués à cet État membre, arrondi à l'entier inférieur.

Lorsqu'il est fait application de l'article L. 2362-3 en ce qu'il renvoie aux dispositions de l'article L. 2352-4, le titulaire de chaque siège supplémentaire représente un nombre de salariés égal à l'effectif de la société à laquelle a été attribué ce siège. Le nombre total des salariés calculé, pour l'État membre dans lequel est située cette société, conformément au premier alinéa, est alors réduit à concurrence de cet effectif.

Art. R. 2362-17. Les éléments fournis, en application du quatrième alinéa de l'article L. 229-3 du code de commerce, par la société, la filiale ou l'établissement concernés par la fusion pour attester que les modalités relatives à l'implication des salariés ont été fixées conformément aux dispositions des articles L. 2361-1 à L. 2362-8, L. 2362-10 à L. 2363-6, L. 2363-8 à L. 2363-11 et L. 2364-1, sont transmis à l'inspecteur du travail.

Sous-section 4. Contestations

Art. R. 2362-18. Le tribunal d'instance compétent pour statuer sur la contestation de la désignation et de l'élection des membres du groupe spécial de négociation est celui dans le ressort duquel est situé soit le siège, selon le cas, de la société coopérative européenne, de la personne morale, de la filiale ou de l'établissement concerné, soit le domicile de la personne physique participant à la constitution de la société coopérative européenne.

La contestation est formée, instruite et jugée selon les modalités prévues aux articles R. 2324-24 et R. 2324-25.

Toutefois, la contestation est formée:

1° Dans un délai de quinze jours à compter de la notification de la désignation à l'employeur;

2° Par les salariés, dans un délai de quinze jours, à compter de la date à laquelle la désignation à l'employeur ou l'élection est portée à leur connaissance.

Art. R. 2362-19. Les litiges auxquels donne lieu l'application des dispositions de la présente section, autres que ceux mentionnés à l'article R. 2362-18, sont portés devant le président du tribunal de grande instance du domicile du défendeur. Il statue en la forme des référés.

CHAPITRE III

Comité de la société coopérative européenne et participation des salariés en l'absence d'accord

SECTION 1. Comité de la société coopérative européenne

Sous-section 1. Mise en place

Art. L. 2363-1. Un comité de la société coopérative européenne est institué lorsque, à l'issue de la période de négociation prévue à l'article ***(L. 2008-649 du 3 juil. 2008, art. 18, JO 4)*** « L. 2362-4 », aucun accord n'a été conclu et que le groupe spécial de négociation n'a pas pris la décision prévue au deuxième alinéa de l'article L. 2362-7.

Art. L. 2363-2. Dans le cas prévu à l'article L. 2363-1, l'immatriculation de la société coopérative européenne ne peut intervenir que si les parties décident de mettre en œuvre les dispositions du présent chapitre et du chapitre IV du présent titre, ou que si les dirigeants des personnes morales participantes ou les personnes physiques participantes s'engagent à en faire application.

Art. D. 2363-1 ***(D. 2008-440 du 7 mai 2008, JO 8).*** Dans les hypothèses prévues à l'article L. 2363-2, est joint à la demande d'immatriculation de la société coopérative européenne :

1° L'accord portant sur la mise en place du comité de la société coopérative européenne et, lorsque la société coopérative européenne n'est pas composée exclusivement de personnes physiques, d'un système de participation des salariés prévu à l'article L. 2363-2 ;

2° À défaut de l'accord mentionné au 1°, l'engagement écrit des dirigeants des personnes morales ou des personnes physiques participantes de faire application des dispositions des articles L. 2361-2, L. 2361-5, L. 2362-9, L. 2363-1, L. 2363-3 à L. 2363-11, L. 2364-1.

Art. D. 2363-2 ***(D. 2008-440 du 7 mai 2008, JO 8).*** Les membres du comité de la société coopérative européenne sont :

1° Soit désignés selon les modalités définies aux articles D. 2362-6 et suivants ;

2° Soit élus conformément aux dispositions de l'article D. 2362-11 lorsque les conditions prévues à l'article L. 2362-3 en ce qu'il renvoie à l'article L. 2352-6 sont réunies.

Art. R. 2363-3 ***(D. 2008-439 du 7 mai 2008, JO 8).*** Les contestations relatives à la désignation des représentants des salariés et à l'élection des membres du comité de la société coopérative européenne dont le siège se situe en France, ainsi qu'à la désignation des représentants des salariés des personnes participantes, des établissements ou filiales implantés en France, sont de la compétence du tribunal d'instance soit du siège, selon le cas, de la société coopérative européenne, de la personne morale, de la filiale ou de l'établissement concerné, soit du domicile de la personne physique participant à la constitution de la société coopérative européenne.

Ces contestations sont formées, instruites et jugées selon les modalités prévues aux articles R. 2324-24 et R. 2324-25.

Le recours est formé dans un délai de quinze jours à compter de la notification de la désignation à l'employeur.

Sous-section 2. **Attributions**

Art. L. 2363-3. Les attributions du comité de la société coopérative européenne sont fixées conformément aux dispositions des articles L. 2353-3 à L. 2353-6 relatives aux attributions du comité de la société européenne.

Sous-section 3. **Composition**

Art. L. 2363-4. La composition du comité de la société coopérative européenne est fixée conformément aux dispositions des articles L. 2353-7 à L. 2353-12 relatives à la composition du comité de la société européenne.

Art. L. 2363-5. Les membres du comité de la société coopérative européenne représentant le personnel des personnes participantes, filiales et établissements concernés implantés en France sont désignés conformément aux dispositions de l'article L. 2352-5 et, le cas échéant, de l'article L. 2352-6.

Sous-section 4. **Fonctionnement**

Art. L. 2363-6. Les dispositions des articles L. 2353-13 à L. 2353-27 relatives au fonctionnement du comité de la société européenne s'appliquent à la société coopérative européenne.

Art. L. 2363-7. Les membres du comité de la société européenne ainsi que les experts qui les assistent sont tenus au secret professionnel et à l'obligation de discrétion prévus à l'article L. 2325-5.

Art. R. 2363-4 *(D. 2008-439 du 7 mai 2008, JO 8)* Le secrétaire du comité de la société coopérative européenne est désigné parmi ses membres.

Le bureau est élu parmi ses membres.

Art. R. 2363-5 *(D. 2008-439 du 7 mai 2008, JO 8)* Les éléments fournis, en application du quatrième alinéa de l'article L. 229-3 du code de commerce, par les dirigeants de la société, la filiale ou l'établissement concernés par la fusion pour attester que les modalités relatives à l'implication des salariés ont été fixées conformément aux dispositions des articles L. 2361-1 à L. 2362-8, L. 2362-10 à L. 2363-6, L. 2363-8 à L. 2363-11 et L. 2364-1, sont transmis à l'inspecteur du travail.

SECTION 2. Participation des salariés au conseil d'administration et de surveillance

Art. L. 2363-8. Lorsqu'aucun accord n'a été conclu et que le groupe spécial de négociation n'a pas pris la décision prévue au deuxième alinéa de l'article *(L. 2008-649 du 3 juil. 2008, art. 18, JO 4)* « L. 2362-7 », la participation des salariés dans la société coopérative européenne est régie par les dispositions suivantes :

1° Dans le cas d'une société coopérative européenne constituée par transformation, s'il existe un système de participation dans la coopérative qui doit être transformée, le niveau des droits de participation est au moins équivalent à celui dont bénéficiaient les salariés ;

2° Dans le cas d'une société coopérative européenne constituée par tout autre moyen et lorsque la participation au sein des personnes morales participantes atteint les seuils fixés au troisième alinéa de l'article L. 2362-7, la forme applicable de participation est déterminée après examen des différents systèmes nationaux existant au sein des personnes morales participantes.

Art. L. 2363-9. En l'absence d'accord, les dispositions des articles L. 2353-29 à L. 2353-32 relatives à la participation des salariés au conseil d'administration et de surveillance au sein de la société européenne s'appliquent à la société coopérative européenne.

Art. L. 2363-10. Par dérogation aux dispositions de l'article L. 2363-9 en ce qu'il fait référence au premier alinéa de l'article L. 2353-32, l'État dans lequel est situé le siège social de la société coopérative européenne bénéficie, en tout état de cause, d'au moins un siège.

Art. L. 2363-11. Les articles L. 2362-1 à L. 2363-10 ne sont pas applicables lorsque la société coopérative européenne est constituée exclusivement par des personnes physiques ou par une seule personne morale et plusieurs personnes physiques, employant ensemble moins de cinquante salariés, ou cinquante salariés et plus mais au sein d'un seul État membre.

SECTION 3. Dispositions applicables aux sociétés coopératives européennes non soumises initialement à la constitution du groupe spécial de négociation

Art. L. 2363-12. Dans le cas de la société coopérative européenne mentionnée à l'article L. 2363-11, les modalités de l'implication mentionnées au chapitre Ier du présent titre sont déterminées dans les conditions suivantes :

1° Au sein de la société coopérative européenne, l'information et la consultation sont régies par les titres Ier et II du présent livre et la participation est organisée, le cas échéant, selon les articles L. 225-27 à L. 225-34, L. 225-79 et L. 225-80 du code de commerce, à l'exception de la condition de territorialité mentionnée au premier alinéa de l'article L. 225-28. La répartition des sièges au conseil d'administration ou au conseil de surveillance est effectuée proportionnellement au nombre de salariés employés dans chaque État membre ;

2° Au sein des filiales et établissements de la société coopérative européenne, l'information et la consultation sont régies par les dispositions applicables dans l'État membre dans lequel ces filiales et établissements sont situés.

Art. L. 2363-13. Si, après immatriculation d'une société coopérative européenne, au moins un tiers des salariés de la société coopérative européenne et de ses filiales et établissements, employés dans au moins deux États membres, le demandent ou si le seuil de cinquante salariés employés dans au moins deux États membres est atteint ou dépassé, un groupe spécial de négociation est institué et une négociation est organisée conformément aux dispositions du chapitre II du présent titre.

Art. L. 2363-14. Lorsque, à l'issue de la période de négociation prévue à l'article L. 2363-13, aucun accord n'a été conclu et que le groupe spécial de négociation n'a pas pris la décision prévue au deuxième alinéa de l'article L. 2362-7, il est institué un comité de la société coopérative européenne dont la mise en place, les attributions et les règles de fonctionnement sont fixées conformément aux dispositions des articles L. 2363-1 à L. 2363-7.

Art. L. 2363-15. Les membres du comité de la société coopérative européenne représentant les salariés des personnes participantes, établissements et filiales situés en France sont désignés conformément aux dispositions du premier alinéa de l'article L. 2352-5 ou, le cas échéant, de l'article L. 2352-6.

Les membres du comité de la société coopérative européenne représentant les salariés des personnes participantes, établissements et filiales situés dans un autre État membre de la Communauté européenne sont désignés selon les règles en vigueur dans cet État.

Art. L. 2363-16. Lorsque, à l'issue de la période de négociation prévue à l'article L. 2363-14, aucun accord n'a été conclu et que le groupe spécial de négociation n'a pas pris la décision prévue au deuxième alinéa de l'article L. 2362-7, la participation des salariés est organisée conformément aux dispositions des articles L. 2363-8 à L. 2363-10.

Art. L. 2363-17. En cas de transfert dans un autre État membre de la Communauté européenne du siège d'une société coopérative européenne régie par des règles de participation, les droits de participation des salariés sont maintenus à un niveau au moins équivalent.

SECTION 4. Dispositions relatives à la participation des salariés à l'assemblée générale ou aux assemblées de section ou de branche

Art. L. 2363-18. Dans le cas d'une société coopérative européenne dont le siège social est situé dans un État membre dont la loi admet, dans les conditions prévues au 4 de l'article 59 du règlement (CE) n° 1435/2003 du Conseil du 22 juillet 2003 relatif au statut de la société coopérative européenne, la possibilité de prévoir dans les statuts que les salariés participent, avec droit de vote, à l'assemblée générale ou aux assemblées de section ou de branche, et qui est régie par un tel système, les dirigeants des filiales ou établissements situés en France organisent, selon les modalités applicables dans la société coopérative européenne, les modalités de désignation des représentants des salariés appelés à participer aux réunions de ces assemblées.

Art. L. 2363-19. Le temps passé en réunion par les salariés participant aux réunions des assemblées mentionnées au premier alinéa de l'article L. 2363-18 est considéré comme temps de travail et payé à l'échéance normale.

CHAPITRE IV

Dispositions applicables postérieurement à l'immatriculation de la société coopérative européenne

Art. L. 2364-1. Lorsque une société coopérative européenne est immatriculée, l'accord mentionné à l'article L. 2362-10 ou un accord collectif conclu au niveau approprié peut décider de la suppression ou d'un aménagement des conditions de fonctionnement, éventuellement sous la forme d'une redéfinition de leur périmètre national d'intervention, des institutions représentatives du personnel qui auraient vocation à disparaître du fait de la perte de l'autonomie juridique d'une ou de plusieurs sociétés participantes situées en France, après immatriculation de la société coopérative européenne.

Art. L. 2364-2. Quatre ans après l'institution du comité de la société coopérative européenne, celui-ci examine s'il convient d'engager des négociations en vue de conclure l'accord dans les conditions définies au chapitre II du présent titre.

Pour mener ces négociations, le comité de la société coopérative européenne fait office de groupe spécial de négociation tel que prévu aux articles L. 2362-1 et L. 2362-2.

Le comité de la société coopérative européenne demeure en fonction tant qu'il n'a pas été renouvelé ou remplacé.

Art. L. 2364-3. Les articles L. 2354-3 et L. 2354-4 relatifs aux règles applicables postérieurement à l'immatriculation de la société européenne s'appliquent aux sociétés coopératives européennes.

Art. R. 2364-1 *(D. 2008-439 du 7 mai 2008, JO 8)* Le président du tribunal de grande instance du lieu du siège de la société coopérative européenne statue en la forme des référés sur toutes les contestations relatives à l'application de l'article L. 2364-3 en ce qu'il renvoie à l'article L. 2354-4.

Il ordonne la constitution d'un groupe spécial de négociation si la composition du comité de la société coopérative européenne ou les modalités d'implication des salariés ne correspondent plus à l'effectif ou à la structure de la société.

Art. L. 2364-4. Les représentants des salariés siégeant au sein de l'organe d'administration ou de surveillance, ou participant à l'assemblée générale ou aux assemblées de section ou de branche, sont tenus au secret professionnel et à l'obligation de discrétion prévus à l'article L. 2325-5.

Art. L. 2364-5. Les représentants des salariés au conseil d'administration ou de surveillance ainsi que les représentants des salariés participant à l'assemblée générale ou aux assemblées de section ou de branche bénéficient de la protection instituée à l'article L. 225-33 du code de commerce.

CHAPITRE V

Dispositions pénales

Art. L. 2365-1. Le fait d'apporter une entrave soit à la constitution d'un groupe spécial de négociation ou d'un comité de la société coopérative européenne mis en place ou non par accord, soit à la libre désignation de leurs membres, soit à leur fonctionnement régulier est puni d'un emprisonnement d'un an et d'une amende de 3750 €.

(L. 2008-649 du 3 juil. 2008, art. 3, JO 4)

TITRE VII

PARTICIPATION DES SALARIÉS DANS LES SOCIÉTÉS ISSUES DE FUSIONS TRANSFRONTALIÈRES

CHAPITRE Ier

Dispositions générales

Note

• Les dispositions particulières aux fusions transfrontalières (chapitre Ier de la loi 2008-649 du 3 juillet 2008, art. 1er à 7) sont applicables aux opérations de fusion dont le traité est signé après la publication de la loi 2008-649 (JO 4 juil.).

• Voir *JCP* éd. S 2008, 1517, A. Teissier, « Les fusions transfrontalières des sociétés de capitaux : la participation des salariés ».

Art. L. 2371-1. Le présent titre s'applique :

1° Aux sociétés ayant leur siège en France issues d'une fusion transfrontalière mentionnée à l'article L. 236-25 du code de commerce ;

2° Aux sociétés participant à une fusion transfrontalière et ayant leur siège en France ;

3° Aux filiales et établissements situés en France d'une société issue d'une fusion transfrontalière située dans un autre État membre de la Communauté européenne.

Art. D. 2371-1 *(D. 2008-1117 du 31 oct. 2008, JO 1er nov.)* Lorsque les dirigeants des sociétés participant à la constitution d'une société issue de la fusion transfrontalière décident que son siège est établi sur le territoire français, le projet de constitution de cette société précise que le groupe spécial de négociation prévu à l'article L. 2372-1 est constitué au lieu de ce siège.

Art. L. 2371-2. La société issue d'une fusion transfrontalière n'est pas tenue d'instituer des règles relatives à la participation des salariés si, à la date de son immatriculation, aucune société participant à la fusion n'est régie par ces règles.

Art. L. 2371-3. Les modalités de la participation des salariés, au sens de l'article L. 2351-6, sont arrêtées par accord conclu entre les dirigeants des sociétés participant à la fusion transfrontalière et les représentants des salariés conformément au présent chapitre et au chapitre II du présent titre. À défaut d'accord, ces modalités sont arrêtées conformément au chapitre III du présent titre.

Par dérogation au premier alinéa, les dirigeants des sociétés participant à la fusion transfrontalière peuvent choisir de mettre en place, sans négociation préalable, les modalités de participation des salariés conformément au chapitre III du présent titre.

Art. L. 2371-4. Le décompte des effectifs des sociétés participantes, filiales ou établissements concernés situés en France est effectué conformément à l'article L. 1111-2.

Art. L. 2371-5. Les dispositions d'application du présent titre relatives à la procédure applicable aux litiges et aux informations transmises à l'inspection du travail en cas de constitution de la société issue de la fusion transfrontalière sont déterminées par décret en Conseil d'État.

CHAPITRE II

Participation des salariés dans la société issue d'une fusion transfrontalière par accord du groupe spécial de négociation

SECTION 1. Groupe spécial de négociation

Sous-section 1. Mise en place et objet

Art. L. 2372-1. La participation des salariés est mise en œuvre conformément aux articles L. 225-28 à L. 225-56 et L. 225-79 à L. 225-93 du code de commerce.

Par dérogation au premier alinéa, un groupe spécial de négociation, doté de la personnalité juridique, est institué dès que possible après la publication du projet de fusion lorsque l'une des conditions suivantes est satisfaite :

1° Au moins une des sociétés participant à la fusion transfrontalière applique des règles relatives à la participation et emploie, pendant la période de six mois qui précède la publication du projet de fusion, au moins cinq cents salariés ;

2° En application des articles L. 225-27 et L. 225-79 du code de commerce, la société issue de la fusion transfrontalière ne garantit pas au moins le même niveau de participation des salariés, apprécié en fonction de la proportion de représentants parmi les membres du conseil d'administration, du conseil de surveillance ou du comité mentionné à l'article L. 2373-1 du présent code, que le niveau de participation des salariés qui s'applique aux sociétés participant à la fusion transfrontalière.

Art. L. 2372-2. Le groupe spécial de négociation détermine avec les dirigeants des sociétés participant à la fusion transfrontalière ou leurs représentants, par un accord écrit, les modalités de la participation des salariés au sein de la société issue de la fusion.

Art. D. 2372-1 *(D. 2008-1117 du 31 oct. 2008, JO 1er nov.)* Dans le délai d'un mois à compter de la publication du projet de constitution d'une société issue de la fusion transfrontalière, les dirigeants des sociétés participantes portent à la connaissance de leurs organisations syndicales et à celle de leurs filiales et établissements qui disposent de représentants ou d'élus au sens de l'article L. 2352-5 :

1° L'identité des sociétés, filiales et établissements ;

2° Le lieu de leur implantation ;

3° Leur statut juridique ;

4° La nature de leurs activités.

Art. D. 2372-2 *(D. 2008-1117 du 31 oct. 2008, JO 1er nov.)* Les dirigeants des sociétés participantes indiquent à leurs organisations syndicales, à leurs filiales et à leurs établissements disposant de représentants ou d'élus :

1° Le nombre de leurs salariés à la date de la publication du projet de fusion, en France collège par collège et dans les autres États membres ;

2° Les formes de participation existant au sens de l'article L. 2371-3 en ce qu'il renvoie à l'article L. 2351-6 ;

3° Le nombre de sièges au groupe spécial de négociation revenant à chaque État membre, calculé conformément aux dispositions de l'article L. 2372-3 en ce qu'il renvoie à l'article L. 2352-3.

Art. D. 2372-3 *(D. 2008-1117 du 31 oct. 2008, JO 1er nov.)* Dans les hypothèses mentionnées à l'article L. 2352-4, les dirigeants fixent le nombre des sièges supplémentaires et indiquent ceux alloués aux sociétés ayant leur siège en France.

Art. D. 2372-4 *(D. 2008-1117 du 31 oct. 2008, JO 1er nov.)* Lorsque les sociétés, filiales et établissements intéressés sont dépourvus de toute forme de représentation, les renseignements mentionnés aux articles D. 2372-1 et D. 2372-2 sont directement communiqués, par tout moyen, à leurs salariés.

Sous-section 2. Désignation, élection et statut des membres

Art. L. 2372-3. Les dispositions des articles L. 2352-3 à L. 2352-8, relatives à la désignation, à l'élection et au statut des membres du groupe spécial de négociation dans la société européenne, s'appliquent à la société issue d'une fusion transfrontalière.

Art. L. 2372-3.

Art. R. 2372-5 ***(D. 2008-1116 du 31 oct. 2008, JO 1er nov.)*** En application de l'article L. 2372-3 en ce qu'il renvoie à l'article L. 2352-3, le nombre de sièges par État membre au sein du groupe spécial de négociation est égal à :

1° Jusqu'à 10 % de l'effectif total : 1 siège ;
2° De plus de 10 % à 20 % de l'effectif total : 2 sièges ;
3° De plus de 20 % à 30 % de l'effectif total : 3 sièges ;
4° De plus de 30 % à 40 % de l'effectif total : 4 sièges ;
5° De plus de 40 % à 50 % de l'effectif total : 5 sièges ;
6° De plus de 50 % à 60 % de l'effectif total : 6 sièges ;
7° De plus de 60 % à 70 % de l'effectif total : 7 sièges ;
8° De plus de 70 % à 80 % de l'effectif total : 8 sièges ;
9° De plus de 80 % à 90 % de l'effectif total : 9 sièges ;
10° De plus de 90 % de l'effectif total : 10 sièges.

Art. D. 2372-6 ***(D. 2008-1117 du 31 oct. 2008, JO 1er nov.)*** Lorsqu'il existe des représentants ou des élus dans toutes les sociétés, filiales et établissements, les organisations syndicales désignent les membres du groupe spécial de négociation conformément aux modalités fixées aux articles D. 2372-8 et D. 2372-9.

Art. D. 2372-7 ***(D. 2008-1117 du 31 oct. 2008, JO 1er nov.)*** L'organisation syndicale notifie à l'employeur la désignation des membres du groupe spécial de négociation par lettre recommandée avec avis de réception.

Art. D. 2372-8 ***(D. 2008-1117 du 31 oct. 2008, JO 1er nov.)*** Pour procéder à la répartition des sièges du groupe spécial de négociation entre les collèges conformément à l'article L. 2372-3 en ce qu'il renvoie aux dispositions du troisième alinéa de l'article L. 2352-5, l'effectif à prendre en compte est la somme des effectifs des salariés appartenant aux collèges des sociétés, filiales et établissements.

Il est déterminé un quotient égal à l'effectif calculé au premier alinéa divisé par le nombre de sièges revenant à la France au sein du groupe spécial de négociation.

Il est attribué à chaque collège autant de sièges que le total de ses effectifs dans chaque société, filiale ou établissement contient de fois le quotient.

Le ou les sièges non attribués par application des dispositions du troisième alinéa sont attribués au plus fort reste. En cas d'égalité de restes, le siège revient au collège qui représente le plus grand nombre de salariés.

Art. D. 2372-9 ***(D. 2008-1117 du 31 oct. 2008, JO 1er nov.)*** Pour procéder à la répartition des sièges alloués à chaque collège entre les organisations syndicales, il est calculé un quotient égal au nombre total d'élus de ce collège dans les comités d'entreprise ou d'établissement des sociétés, filiales et établissements, divisé par le nombre de sièges attribués à ce collège.

Il est attribué à chaque organisation syndicale, par collège, autant de sièges que son nombre d'élus dans ce collège contient de fois le quotient.

Le ou les sièges non attribués par application des dispositions du deuxième alinéa sont attribués au plus fort reste. En cas d'égalité de restes, le siège revient à l'organisation syndicale qui a obtenu le plus grand nombre de suffrages cumulés lors du premier tour des élections ayant conduit à la désignation de ses élus.

Art. D. 2372-10 ***(D. 2008-1117 du 31 oct. 2008, JO 1er nov.)*** Lorsque seuls certains sociétés, filiales et établissements ont un représentant ou un élu, les membres du groupe spécial de négociation sont :

1° Soit désignés selon les modalités définies aux articles D. 2372-6 à D. 2372-9 ;
2° Soit élus conformément aux dispositions de l'article D. 2372-11.

Les nombres respectifs des membres désignés et des membres élus pour pourvoir les sièges revenant à la France au sein du groupe spécial de négociation sont déterminés en fonction de la part des effectifs cumulés des sociétés, filiales et établissements ayant ou non un représentant ou un élu dans l'ensemble des effectifs des sociétés, filiales et établissements implantés en France. Cette détermination se fait selon le système de la représentation proportionnelle au plus fort reste.

Art. D. 2372-11 ***(D. 2008-1117 du 31 oct. 2008, JO 1er nov.)*** Lorsque aucune des sociétés et filiales et aucun des établissements n'a de représentant ou d'élu, les membres du groupe spécial de négociation sont élus directement par les salariés.

L'élection a lieu collège par collège. Elle est commune à l'ensemble des sociétés, filiales et établissements.

La répartition des sièges entre les différentes catégories et la répartition des salariés dans les collèges électoraux sont accomplies sur la base de leurs effectifs cumulés dans les sociétés, filiales et établissements.

Les listes de candidats comportent autant de noms que de sièges revenant à la France au sein du groupe spécial de négociation.

Le vote peut se dérouler séparément dans les locaux de chaque société, filiale ou établissement. Le dépouillement ne peut commencer avant la clôture du dernier scrutin.

Les sièges sont attribués à chaque liste conformément aux dispositions des articles R. 2324-18 et suivants.

Art. D. 2372-12 ***(D. 2008-1117 du 31 oct. 2008, JO 1er nov.)*** Lorsqu'un siège supplémentaire est attribué à une société participante en application de l'article L. 2372-3 en ce qu'il renvoie à l'article L. 2352-4, ce siège est attribué :

1° S'il existe un comité d'entreprise, à l'organisation syndicale qui compte le plus de représentants au sein de ce comité. En cas d'égalité, le siège est attribué à celle ayant recueilli le plus grand nombre de suffrages au premier tour de scrutin de l'élection des membres de ce comité ;

2° En l'absence de comité d'entreprise, à un représentant élu directement à cet effet par les salariés de la société.

L'élection a lieu au scrutin uninominal à un tour.

Art. D. 2372-13 ***(D. 2008-1117 du 31 oct. 2008, JO 1er nov.)*** Les désignations des membres du groupe spécial de négociation sont notifiées aux dirigeants de la société, filiale ou établissement au sein duquel travaillent les représentants des salariés ou, le cas échéant, à l'organe de direction mandaté à cet effet.

Les dirigeants des sociétés, filiales et établissements transmettent aux dirigeants des sociétés participantes le nom des personnes ainsi désignées et celui des personnes élues en application des dispositions des articles D. 2372-10 à D. 2372-12.

Ils font connaître ces informations à leurs salariés, par affichage ou par tout autre moyen, ainsi qu'à l'inspecteur du travail.

Sous-section 3. Fonctionnement

Art. L. 2372-4. Le groupe spécial de négociation prend ses décisions à la majorité absolue de ses membres, laquelle doit représenter également la majorité absolue des salariés des sociétés participantes, des filiales et des établissements concernés. Chaque membre dispose d'une voix.

Par dérogation au premier alinéa, la décision de ne pas engager les négociations ou de clore des négociations déjà engagées et de se fonder sur la réglementation relative à la participation en vigueur dans l'État membre de la Communauté européenne où la société issue de la fusion transfrontalière aura son siège est prise à la majorité des deux tiers des membres du groupe spécial de négociation, issus d'au moins deux États membres de la Communauté européenne et à la condition qu'ils représentent au moins les deux tiers des salariés des sociétés participantes, des filiales et des établissements concernés. Dans ce cas, le chapitre III n'est pas applicable.

Lorsque la participation concerne au moins 25 % du nombre total de salariés des sociétés participantes et lorsque le groupe spécial de négociation envisage de fixer un nombre ou une proportion des membres de l'organe de surveillance ou d'administration par lequel les salariés exercent leurs droits à participation à un niveau inférieur à celui qui était le plus élevé au sein de l'une des sociétés participantes, la décision est prise dans les conditions prévues au deuxième alinéa.

Art. L. 2372-5. Aucun salarié ne peut être sanctionné ou licencié en raison de sa participation à la prise d'une décision en application de l'article L. 2372-4. Toute décision ou tout acte contraire à cette interdiction est nul de plein droit.

Les autres modalités de fonctionnement du groupe spécial de négociation sont régies par les articles L. 2352-9 à L. 2352-12 et L. 2352-15.

Art. D. 2372-14 ***(D. 2008-1117 du 31 oct. 2008, JO 1er nov.)*** Les dirigeants des sociétés participantes convoquent les membres du groupe spécial de négociation à une première réunion. La convocation fixe la date de la réunion. Elle est faite par lettre recommandée avec avis de réception.

Le délai de six mois mentionné au deuxième alinéa de l'article L. 2352-9 court à compter de la date de cette première réunion.

Art. D. 2372-15 ***(D. 2008-1117 du 31 oct. 2008, JO 1er nov.)*** Les membres du groupe spécial de négociation sont tenus informés :

1° Du mode de constitution de la société issue de la fusion transfrontalière et des effets de celui-ci pour les sociétés participantes ainsi que pour leurs filiales et établissements ;

2° Des modalités de participation instituées au sein de ces sociétés participantes, filiales et établissements, que le lieu de leur implantation soit situé en France ou dans un autre État membre de la Communauté européenne ou de l'Espace économique européen ;

3° Des modalités de transfert des droits et obligations des sociétés participantes en matière de conditions d'emploi résultant de la législation et des relations collectives et individuelles de travail.

Art. D. 2372-16 ***(D. 2008-1117 du 31 oct. 2008, JO 1er nov.)*** Pour le calcul des majorités de salariés mentionnées aux premier et deuxième alinéas de l'article L. 2372-4, chaque membre occupant un siège au sein du groupe spécial de négociation alloué à un État membre représente un nombre de salariés égal au nombre total des salariés employés dans les sociétés participantes, les filiales et les établissements situés dans cet État membre, divisé par le nombre de sièges attribués à cet État membre, arrondi à l'entier inférieur.

Lorsqu'il est fait application de l'article L. 2372-3 en ce qu'il renvoie aux dispositions de l'article L. 2352-4, le titulaire de chaque siège supplémentaire représente un nombre de salariés égal à l'effectif de la société à laquelle a été attribué ce siège. Le nombre total des salariés calculé, pour l'État membre dans lequel est située cette société, conformément au premier alinéa, est alors réduit à concurrence de cet effectif.

Art. R. 2372-17 ***(D. 2008-1116 du 31 oct. 2008, JO 1er nov.)*** Les éléments fournis, en application du quatrième alinéa de l'article L. 229-3 du code de commerce, par la société, la filiale ou l'établissement concernés par la fusion pour attester que les modalités relatives à la participation des salariés ont été fixées conformément aux dispositions des articles L. 2371-1 à L. 2371-3, L. 2372-1 à L. 2372-4, du second alinéa de l'article L. 2372-5 et des articles L. 2372-6 à L. 2374-2 sont transmis à l'inspecteur du travail.

(D. 2008-1116 du 31 oct. 2008, JO 1er nov.)

Sous-section 4. Contestations

Art. R. 2372-18. Le tribunal d'instance compétent pour statuer sur la contestation de la désignation et de l'élection des membres du groupe spécial de négociation est celui dans le ressort duquel est situé le siège, selon le cas, de la société issue de la fusion transfrontalière, de la société, de la filiale ou de l'établissement concerné.

La contestation est formée, instruite et jugée selon les modalités prévues aux articles R. 2324-24 et R. 2324-25.

Toutefois, la contestation est formée :

1° Dans un délai de quinze jours à compter de la notification de la désignation à l'employeur ;

2° Par les salariés, dans un délai de quinze jours, à compter de la date à laquelle la désignation à l'employeur ou l'élection est portée à leur connaissance.

Art. R. 2372-19. Les litiges auxquels donne lieu l'application des dispositions de la présente section, autres que ceux mentionnés à l'article R. 2372-18, sont portés devant le président du tribunal de grande instance du domicile du défendeur. Il statue en la forme des référés.

SECTION 2. Contenu de l'accord

Art. L. 2372-6. Sous réserve des dispositions du deuxième alinéa de l'article L. 2372-4, les dirigeants de chacune des sociétés participant à la fusion négocient avec le groupe spécial de négociation en vue de parvenir à un accord qui détermine :

1° Les sociétés participantes, les établissements et les filiales concernés par l'accord ;

2° Les modalités de participation, y compris, le cas échéant :

a) Le nombre de membres de l'organe d'administration ou de surveillance de la société issue d'une fusion transfrontalière que les salariés ont le droit d'élire, de désigner, de recommander ou à la désignation desquels ils peuvent s'opposer ;

b) Les procédures à suivre pour que les salariés puissent élire, désigner ou recommander ces membres ou s'opposer à leur désignation ;

c) Les droits de ces membres ;

3° La date d'entrée en vigueur de l'accord et sa durée ;

4° Les cas dans lesquels l'accord est renégocié et la procédure suivie pour sa renégociation.

Art. L. 2372-7. Lorsqu'il existe au sein des sociétés participant à la fusion plusieurs formes de participation, le groupe spécial de négociation qui décide de mettre en œuvre les modalités prévues au 2° de l'article L. 2372-6 choisit au préalable, dans les conditions prévues au premier alinéa de l'article L. 2372-4, laquelle de ces formes est appliquée au sein de la société issue de la fusion transfrontalière.

Art. L. 2372-8. Les dirigeants des sociétés participantes et le groupe spécial de négociation peuvent décider, par accord, d'appliquer le chapitre III du présent titre.

CHAPITRE III

Comité de la société issue de la fusion transfrontalière et participation des salariés en l'absence d'accord

SECTION 1. Comité de la société issue de la fusion transfrontalière

Sous-section 1. Mise en place

Art. L. 2373-1. Un comité de la société issue d'une fusion transfrontalière est institué lorsque, à l'issue de la période de négociation prévue à l'article L. 2352-9, aucun accord n'a été conclu et que le groupe spécial de négociation n'a pas pris la décision prévue au deuxième alinéa de l'article L. 2372-4 ou lorsque les dirigeants des sociétés participant à la fusion transfrontalière choisissent sans négociation préalable de mettre en place les modalités de participation des salariés.

Art. L. 2373-2. Dans le cas prévu à l'article L. 2373-1, l'immatriculation de la société issue d'une fusion transfrontalière ne peut intervenir que si les parties décident de mettre en œuvre les dispositions du présent chapitre et du chapitre IV ou que si les dirigeants des sociétés participantes s'engagent à en faire application.

Art. D. 2373-1 *(D. 2008-1117 du 31 oct. 2008, JO 1er nov.)* Dans les hypothèses prévues à l'article L. 2373-2, est joint à la demande d'immatriculation de la société issue de la fusion transfrontalière :

1° L'accord portant sur la mise en place du comité de la société issue de la fusion transfrontalière et, lorsque la société issue de la fusion transfrontalière n'est pas composée exclusivement de personnes physiques, d'un système de participation des salariés prévu à l'article L. 2373-2 ;

2° À défaut de l'accord mentionné au 1°, l'engagement écrit des dirigeants des sociétés participantes de faire application des dispositions des articles L. 2371-4, L. 2372-5, deuxième alinéa, en ce qu'il renvoie à l'article [aux articles] L. 2352-9, L. 2373-1, L. 2373-3, L. 2374-1.

Art. D. 2373-2 *(D. 2008-1117 du 31 oct. 2008, JO 1er nov.)* Les membres du comité de la société issue de la fusion transfrontalière sont :

1° Soit désignés selon les modalités définies aux articles D. 2372-6 à D. 2372-9 ;

2° Soit élus conformément aux dispositions de l'article D. 2372-11 lorsque les conditions prévues à l'article L. 2372-3 en ce qu'il renvoie à l'article L. 2352-6 sont réunies.

Art. R. 2373-3 *(D. 2008-1116 du 31 oct. 2008, JO 1er nov.)* Les contestations relatives à la désignation des représentants des salariés et à l'élection des membres du comité de la société issue de la fusion transfrontalière dont le siège se situe en France, ainsi qu'à la désignation des représentants des salariés des sociétés participantes, des établissements ou filiales implantés en France, sont de la compétence du tribunal d'instance du siège de la société issue de la fusion transfrontalière, de la société participante, de la filiale ou de l'établissement concerné.

Ces contestations sont formées, instruites et jugées selon les modalités prévues aux articles R. 2324-24 et R. 2324-25.

Le recours est formé dans un délai de quinze jours à compter de la notification de la désignation à l'employeur.

Sous-section 2. Attributions, composition et fonctionnement

Art. L. 2373-3. Les dispositions relatives aux attributions, à la composition et au fonctionnement du comité de la société européenne, prévues aux articles L. 2353-3 à L. 2353-27, sont applicables au comité de la société issue de la fusion transfrontalière pour la mise en œuvre des modalités de la participation des salariés telle que définie à l'article L. 2351-6.

Art. R. 2373-4 *(D. 2008-1116 du 31 oct. 2008, JO 1er nov.)* Le secrétaire du comité de la société issue de la fusion transfrontalière est désigné parmi ses membres.

Le bureau est élu parmi ses membres.

Art. R. 2373-5 *(D. 2008-1116 du 31 oct. 2008, JO 1er nov.)* Les éléments fournis, en application du quatrième alinéa de l'article L. 229-3 du code de commerce, par les dirigeants de la société, la filiale ou l'établissement concernés par la fusion pour attester que les modalités relatives à la participation des salariés ont été fixées conformément aux dispositions des articles L. 2371-1 à L. 2371-3, L. 2372-1 à L. 2372-4, du second alinéa de l'article L. 2372-5 et des articles L. 2372-6 à L. 2374-2 sont transmis à l'inspecteur du travail.

SECTION 2. Participation des salariés au conseil d'administration et de surveillance

Art. L. 2373-4. Lorsque la participation des salariés au sein des sociétés participant à la fusion transfrontalière concerne au moins un tiers du nombre total des salariés employés par ces sociétés, ou lorsque ce seuil n'est pas atteint et que le groupe spécial de négociation en décide ainsi, la forme de participation des salariés à l'organe d'administration ou de surveillance de la société issue de la fusion est déterminée après examen des différents systèmes nationaux existant au sein de chacune des sociétés participantes avant l'immatriculation de cette société.

Art. L. 2373-5. Si une seule forme de participation des salariés existe au sein des sociétés participantes, ce système est appliqué à la société issue de la fusion transfrontalière en retenant, pour sa mise en place, la proportion ou, selon le cas, le nombre le plus élevé de membres concernés par les droits à participation au sein de l'organe d'administration ou de surveillance. Si plusieurs formes de participation des salariés existent au sein des sociétés participantes, le groupe spécial de négociation détermine laquelle de ces formes est instaurée dans la société issue de la fusion transfrontalière.

Art. L. 2373-6. À défaut d'accord du groupe spécial de négociation sur le choix de la forme de participation des salariés, les dirigeants des sociétés participant à la fusion transfrontalière déterminent la forme de participation applicable.

Il est toujours retenu, pour la mise en place du système applicable, la proportion ou le nombre le plus élevé de membres de l'organe d'administration ou de surveillance concernés par les droits à participation des salariés.

Art. L. 2373-7. Lorsque la forme de participation des salariés applicable consiste en la recommandation ou l'opposition à la désignation de membres de l'organe d'administration ou de surveillance, le comité de la société détermine les conditions dans lesquelles s'exerce cette forme de participation des salariés.

Lorsque la forme de participation des salariés choisie consiste en l'élection, la procédure se déroule conformément aux articles L. 225-28 à L. 225-34 et L. 225-80 du code de commerce, exception faite de l'exigence de territorialité prévue au premier alinéa de l'article L. 225-28.

Art. L. 2373-8. Dès lors que le nombre de sièges au sein de l'organe d'administration ou de surveillance a été déterminé dans les conditions prévues à l'article L. 2373-7, le comité de la société issue de la fusion transfrontalière veille à leur répartition, proportionnellement au nombre de salariés de la société employés dans chaque État membre de la Communauté européenne.

Par dérogation au premier alinéa, le comité assure, dans la mesure du possible, à chaque État membre disposant d'un système de participation des salariés avant l'immatriculation de la société, l'attribution d'au moins un siège.

CHAPITRE IV

Dispositions applicables postérieurement à l'immatriculation de la société issue de la fusion transfrontalière

Art. L. 2374-1. Lorsqu'une société issue d'une fusion transfrontalière est immatriculée, l'accord mentionné à l'article L. 2372-6 ou un accord collectif conclu au niveau approprié peut décider de la suppression ou d'un aménagement des conditions de fonctionnement, éventuellement sous la forme d'une redéfinition de leur périmètre national d'intervention, des institutions représentatives du personnel qui auraient vocation à disparaître du fait de la perte de l'autonomie juridique d'une ou de plusieurs sociétés participantes situées en France.

Art. L. 2374-2. Lorsqu'un système de participation des salariés existe dans la société issue de la fusion transfrontalière, cette société est tenue, pendant un délai de trois ans après la fusion transfrontalière, de prendre les mesures nécessaires à la protection de la participation des salariés en cas de fusions nationales ultérieures conformément aux règles prévues au présent titre.

Art. L. 2374-3. Les représentants des salariés siégeant au sein de l'organe d'administration ou de surveillance, ou participant à l'assemblée générale ou aux assemblées de section ou de branche de la société issue de la fusion transfrontalière, sont tenus au secret professionnel et à l'obligation de discrétion prévus à l'article L. 2325-5.

Art. L. 2374-4. Les représentants des salariés siégeant au sein de l'organe d'administration ou de surveillance, ou participant à l'assemblée générale ou aux assemblées de section ou de branche de la société issue de la fusion transfrontalière, bénéficient de la protection instituée à l'article L. 225-33 du code de commerce.

CHAPITRE V

Dispositions pénales

Art. L. 2375-1. Le fait d'apporter une entrave soit à la constitution d'un groupe spécial de négociation ou d'un comité de la société issue de la fusion transfrontalière mis en place ou non par accord, soit à la libre désignation de leurs membres, soit à leur fonctionnement régulier est puni d'un emprisonnement d'un an et d'une amende de 3 750 €.

TITRE VIII

COMITÉ D'HYGIÈNE, DE SÉCURITÉ ET DES CONDITIONS DE TRAVAIL

CHAPITRE UNIQUE

Art. L. 2381-1. Les dispositions relatives aux comités d'hygiène, de sécurité et des conditions de travail figurent dans la quatrième partie relative à la santé et sécurité au travail.

Art. L. 2381-2. Les membres des comités d'hygiène, de sécurité et des conditions de travail bénéficient de la protection prévue au titre Ier du livre IV.

Note

• Les articles L. 2371-1 et L. 2371-2 ont été renumérotés en L. 2381-1 et L. 2381-2 par la loi 2008-649 du 3 juillet 2008, art. 3 (JO 4) ; le titre VII est devenu le titre VIII.

• Voir article L. 2411-13 et note sous cet article.

LIVRE IV

LES SALARIÉS PROTÉGÉS

TITRE Ier

CAS, DURÉES ET PÉRIODES DE PROTECTION

CHAPITRE Ier

Protection en cas de licenciement

Note **DOMAINE D'APPLICATION DE LA PROTECTION**

• Sauf dispositions légales contraires, la protection exorbitante du droit commun, conférée à un salarié investi de mandats représentatifs ou électifs instaurée par les dispositions d'ordre public des articles L. 512-4, L. 236-11 et L. 412-18 (anciens) CT, oblige l'employeur à soumettre à la procédure administrative d'autorisation toute rupture, à son initiative, du contrat de travail d'un tel salarié, quel qu'en soit le motif et quel que soit le statut de l'entreprise qui l'emploie (cass. soc. 12 juillet 2006, n° 04-48.351, BC V n° 248 ; *RJS* 10/06 n° 1089).

• Le licenciement de tout salarié protégé exerçant son activité en France doit faire l'objet d'une autorisation de l'inspecteur du travail. Ainsi, les dispositions impératives de la loi française relatives au licenciement des salariés investis de fonctions représentatives du personnel sont applicables à un salarié protégé en sa qualité, non contestée, de délégué du personnel en France d'une compagnie aérienne étrangère (cass. ass. plén. 10 juillet 1992, 2 espèces, BC n° 9, *RJS* 10/92 n° 1078 ; *Dr. Soc.* 1993, p. 67, concl. Y. Chauvy). La circonstance qu'un employeur, ayant son siège social à l'étranger et employant des salariés sur le territoire français, ne dispose, sur ce territoire d'aucune implantation matérielle permanente, ne peut avoir pour effet de priver les salariés protégés de la protection légale instituée en leur faveur (CE 21 juillet 2009, n° 314968).

• Lorsque la demande d'autorisation de licenciement est fondée sur l'absence d'un titre légalement exigé pour l'exercice de l'emploi, il appartient seulement à l'inspecteur du travail de vérifier la réalité de ce motif (CE 19 juin 1996, n° 139752, *RJS* 8-9/96 n° 945). Pour la chambre criminelle, constitue une cause insurmontable rendant impossible la poursuite du contrat de travail et justifiant sa rupture, malgré l'inobservation des dispositions protectrices, la situation d'un salarié protégé enseignant sans être titulaire des diplômes et autorisations requis (cass. crim. 19 mars 1991, n° 90-82.496 ; à comparer avec CE 18 novembre 1988, n° 49844, *Rec. Lebon*, p. 411 et CE 9 décembre 1991, n° 109264, *RJS* 2/92 n° 173). La décision de l'inspecteur du travail « donnant acte » à l'entreprise de la rupture du contrat de travail d'un salarié ne possédant pas les titres professionnels requis a le caractère d'une autorisation administrative de licenciement ; elle est donc susceptible de recours (CE 8 janvier 1997, n° 158388, *RJS* 2/97 n° 179). Tel est le cas d'un salarié étranger, délégué du personnel, dont l'autorisation de travail n'est pas renouvelée et à qui l'employeur a notifié que son contrat de travail ne peut plus se poursuivre (cass. soc. 10 octobre 1990, n° 88-43.683, BC V n° 453 ; *RJS* 11/90 n° 934) ; le Conseil d'État a également jugé que l'étranger sans autorisation de travail ne peut bénéficier du statut de salarié protégé (CE 13 avril 1988, n° 74346, *Dr. Soc.* 1988, p. 773, concl. E. Guillaume).

• **Cas d'application de la protection**

Outre les licenciements disciplinaires ou pour motifs économiques (voir ci-après), la protection s'applique dans les cas suivants :

– ***Rupture du contrat durant la période d'essai.*** Cette protection exceptionnelle s'applique à la rupture du contrat de travail à l'initiative de l'employeur pendant la période d'essai (cass. soc. 26 octobre 2005, n° 03-44.751, BC V n° 306 (arrêt n° 1) ;

JCP éd. S 2005, 1444, note J-Y Frouin ; *RJS* 1/06, pp. 9 et s. : « Période d'essai et procédures de licenciement des salariés protégés », rapp. M-L Morin ; *RJS* 1/06 n° 63).

– ***Rupture conventionnelle du contrat de travail à durée indéterminée.*** La loi 2008-596 du 25 juin 2008 (JO 26) portant modernisation du marché du travail a créé un nouveau mode de rupture du contrat de travail à durée indéterminée : la rupture conventionnelle. Ce nouveau dispositif est applicable aux salariés visés par les articles L. 2411-1 et 2 CT bénéficiant d'une protection spéciale en matière de licenciement. L'article L. 1237-15 CT prévoit en effet que la convention de rupture est soumise à l'autorisation de l'inspecteur du travail, la rupture ne pouvant intervenir que le lendemain du jour de l'autorisation.

Voir arrêté du 28 juillet 2008 (JO 6 août) portant modification de l'arrêté du 18 juillet 2008 fixant les modèles de la demande d'homologation d'une rupture conventionnelle de contrat de travail à durée indéterminée rapportés dans « Textes non codifiés ». Voir également circulaire DGT 2008-11 du 22 juillet 2008 et *JCP* éd. S 2008, 1645, Étude pratique sociale, A. Louvet, « La rupture conventionnelle du contrat à durée indéterminée d'un salarié protégé ».

– ***Licenciement pour inaptitude physique.*** La jurisprudence administrative considère que, « qu'elle soit ou non formellement présentée comme un licenciement, la rupture du contrat de travail liant un salarié protégé doit relever du régime d'autorisation si elle est motivée par une inaptitude physique » (CE 6 juillet 1984, *Dr. Soc.* 1985, p. 52, concl. M. Boyon ; voir aussi CE 25 juin 1986, *Dr. Soc.* 1987, p. 620, concl. E. Guillaume ; cass. soc. 4 mai 1994, n° 92-40.738, BC V n° 165 ; *RJS* 6/94 n° 726 ; CE 30 décembre 1996, n° 163746, *RJS* 2/97 n° 172).

En dépit de l'inaptitude physique qui ne fait obstacle qu'à l'exercice du travail, un salarié investi d'un mandat est protégé (cass. soc. 4 mars 1998, n° 95-41.642, BC V n° 118 ; *RJS* 4/98 n° 493 : en l'espèce, le salarié placé en congé de maladie pendant dix-huit mois n'avait pu reprendre son activité en raison de son classement en invalidité de deuxième catégorie).

Voir aussi ci-après : COMPÉTENCE DE L'INSPECTEUR DU TRAVAIL.

– ***Mise à la retraite.*** La mise à la retraite d'un salarié protégé est soumise à la protection exceptionnelle et exorbitante du droit commun, même si les conditions posées par la loi sont remplies (cass. soc. 5 mars 1996, n° 92-42.490, BC V n° 84 ; *CSB* 1996 A. 33). La même solution s'applique pour les salariés travaillant dans des entreprises à statut, même si les conditions statutaires d'âge et d'ancienneté de service sont réunies (cass. soc. 16 décembre 1997, n° 95-43.557, *RJS* 2/98 n° 237 ; 12 juillet 2006, n° 04-48.351, BC V n° 248 ; *RJS* 10/06 n° 1089).

Lorsque le contrat de travail d'un salarié protégé, mis à la retraite au motif qu'il a atteint l'âge de 60 ans et peut bénéficier d'une pension vieillesse à taux plein, a été résilié sans autorisation de l'inspecteur du travail, l'intéressé a droit, à titre de sanction de la violation du statut protecteur, à une indemnité égale au montant des rémunérations qu'il aurait perçues depuis la date de son éviction jusqu'à l'expiration de la période légale de protection (cass. soc. 23 mai 2000, n° 97-45.204, BC V n° 200 ; *RJS* 7-8/00 n° 826). De plus, dans cette hypothèse, la mise à la retraite est nulle et de nul effet (cass. soc. 30 novembre 2004, n° 03-40.604, BC V n° 310 ; *RJS* 2/05 n° 180). Outre la sanction de la méconnaissance du statut protecteur, le salarié protégé, qui ne demande pas la poursuite de son contrat de travail illégalement rompu, a le droit d'obtenir les indemnités de rupture ainsi qu'une indemnité réparant l'intégralité du préjudice résultant du caractère illicite du licenciement et au moins égale à celle prévue par l'article L. 122-14-4 (ancien) CT (cass. soc. 13 novembre 2001, n° 99-45.389, *RJS* 1/02 n° 55 ; 27 octobre 2004, n° 01-45.902, BC V n° 275 ; *RJS* 1/05 n° 58).

Le motif tiré de ce que le salarié a atteint l'âge de la retraite fixé par la convention collective n'est pas de nature à justifier un licenciement notamment lorsque le salarié ne justifie pas de cotisations suffisantes pour bénéficier d'une pension de vieillesse à taux plein (CE 8 février 1995, n°s 134963, 135249, *RJS* 3/95 n° 266, concl. J. Arrighi de Casanova).

Le départ en retraite anticipé des représentants des salariés est soumis à un contrôle allégé de l'autorité administrative lorsqu'il s'inscrit dans le cadre de la loi 96-126 du 21 février 1996 portant création d'un fonds paritaire d'intervention en faveur de l'emploi (JO 22) : l'inspecteur du travail vérifie seulement que les conditions légales sont remplies et s'assure du consentement du salarié (voir à cet égard instr. min. 7/96 du 23 mai 1996, BO TR 96/14, p. 45).

Ni les stipulations conventionnelles applicables en l'espèce ni les dispositions de l'ordonnance du 26 mars 1982 ne prévoyant la mise à la retraite d'office des salariés atteignant l'âge de 60 ans, l'inspecteur du travail a commis une erreur de droit en autorisant le licenciement d'un membre suppléant du comité d'entreprise parce qu'il avait atteint l'âge de 60 ans et ne pouvait être admis à poursuivre son activité (CE 11 octobre 1991, n° 106483, *RJS* 1/92 n° 52).

Lorsque la demande de rupture du contrat de travail d'un salarié protégé par l'employeur est motivée par la survenance de l'âge, il appartient à l'inspecteur du travail, et le cas échéant au ministre, de vérifier, sous le contrôle du juge de l'excès de pouvoir, d'une part, que la mesure envisagée n'est pas en rapport avec les fonctions représentatives exercées ou l'appartenance syndicale de l'intéressé, et d'autre part, que les conditions légales de mise à la retraite sont remplies (CE 17 juin 2009, n° 304027, *LS* Jurispr. n° 151/2009 des 20-21/07/09 ; *JSL* n° 262 du 16 septembre 2009, p. 16, obs. M-Ch. Haller ; CE 28 décembre 1992, n° 119085, *RJS* 3/93 n° 290).

Il convient de se placer à la date d'expiration du préavis pour déterminer si les conditions légales prévues par l'article L. 122-14-13 CT sont bien remplies (cass. soc. 31 janvier 1996, n° 91-44.143, BC V n° 35 ; *RJS* 3/96 n° 271).[2]

– ***Prise d'acte de la rupture du contrat aux torts de l'employeur en raison de l'inexécution par ce dernier de ses obligations.*** Lorsqu'un salarié protégé prend acte de la rupture de son contrat de travail, celui-ci est rompu immédiatement, sans que les agissements ultérieurs de l'employeur puissent avoir une incidence sur cette rupture ; l'autorité administrative est alors tenue de se déclarer incompétente pour statuer sur la demande d'autorisation de licenciement sollicitée par l'employeur postérieurement à la prise d'acte (CE 17 décembre 2008, n° 310889, *Dr. Soc.* 2009, p. 268, concl. Y. Struillou). Cette décision administrative s'impose au juge judiciaire (cass. soc. 16 février 2011, n° 10-15.529, *RJS* 5/11 n° 435).

Dans le cas où le salarié protégé prend acte de la rupture de son contrat aux torts de l'employeur et que le juge requalifie cette rupture en licenciement, ce licenciement est nul car intervenu en violation du statut protecteur et le salarié peut prétendre, non seulement à des indemnités de rupture et pour licenciement sans cause réelle et sérieuse, mais aussi à une indemnité pour violation du statut protecteur (cass. soc. 21 janvier 2003, n° 00-44.502, BC V n° 13 ; *JSL* n° 117, 11 février 2003, p. 11 ; *Dr. Soc.* 2003, p. 449, obs. J. Mouly ; voir aussi cass. soc. 5 juillet 2006, n° 04-46.009, BC V n° 237 ; *RJS* 10/06 n° 1090 ; *Dr. Soc.* 2006, pp. 815 et s., obs. J-E Ray ; *JCP* éd. S 2006, 1757, 2e espèce, note J-Y Frouin ; 11 février 2009, n° 07-44.687, *JSL* n° 253, p. 26). Cette indemnité est forfaitaire et égale au montant des salaires que le salarié aurait dû percevoir jusqu'à la fin de la période de protection en cours (cass. soc. 16 février 2011, n° 09-67.193, *RJS* 5/11 n° 435).

À noter que s'il s'avère que les faits invoqués par le salarié ne justifiaient pas qu'il prenne acte de la rupture de son contrat de travail, cette rupture produit les effets d'une démission (cass. soc. 5 juillet 2006, précité). À noter également l'écrit par lequel le salarié titulaire d'un mandat représentatif prend acte de la rupture du contrat de travail en raison de faits qu'il reproche à son employeur ne fixe pas les limites du litige ; le juge est donc tenu d'examiner les manquements de l'employeur invoqués devant lui par ce salarié, même si celui-ci ne les a pas mentionnés dans cet écrit (cass. soc. 5 juillet 2006, n° 04-40.134, BC V n° 236 ; *RJS* 10/06 n° 1091).

– ***Modification du contrat de travail et changement des conditions de travail.*** Aucune modification de leur contrat de travail ou aucun changement de leurs conditions de travail ne peut être imposé aux salariés protégés (cass. soc. 10 mai 1999, n° 96-45.652, BC V n° 208 ; *RJS* 6/99 n° 830 ; 13 mai 2009, n° 08-41.675, *LSQ* n° 15377 du 8 juin 2009). L'employeur qui souhaite modifier leur contrat ou leurs conditions de travail doit obtenir leur accord (cass. soc. 21 novembre 2006, n° 04-47.068, BC V n° 350), lequel ne saurait résulter de la poursuite de l'exécution du contrat aux nouvelles conditions sans protestation ni réserve (cass. soc. 11 février 2009, n° 07-43.948, *RJS* 4/09 n° 379). Un accord exprès est requis même lorsque la modification du contrat (en l'espèce, changement d'affectation) est imposé par le médecin du travail, le fait que le salarié n'ait ni refusé sa nouvelle affectation ni contesté l'avis du médecin du travail ne pouvant remplacer cet accord (cass. soc. 29 novembre 2011, n° 10-19.435,

RJS 2/12 n° 110). En cas de refus par le salarié de cette modification ou de ce changement, il appartient à l'employeur de poursuivre le contrat aux conditions antérieures ou d'engager la procédure de licenciement (cass. soc. 25 novembre 1997, n° 94-42.727, BC V n° 406 ; *RJS* 1/98 n° 67 ; 14 novembre 2000, n° 99-43.270, BC V n° 373 ; *RJS* 1/01 n° 65 ; 21 novembre 2006, n° 04-47.068, BC V n° 350 ; 22 juin 2011, n° 10-13.820, *JSL* n° 308, 27 octobre 2011, p. 28). Ainsi, le fait que la mise en disponibilité précédant le départ à la retraite du salarié à l'âge de 60 ans ait été prévue par contrat ne dispensait pas l'employeur, en présence d'un refus du salarié protégé d'accepter cette mesure, d'obtenir une autorisation de l'inspecteur du travail de rompre le contrat de travail (cass. soc. 14 novembre 2000, précité). Et le salarié ne peut être mis à pied à la suite du refus d'une permutation (cass. soc. 6 avril 1999, n° 97-40.499, BC V n° 159 ; *RJS* 5/99 n° 698). Il a par ailleurs été jugé que la décision de replacer dans ses fonctions antérieures un salarié protégé qui avait bénéficié d'une promotion assortie d'une période probatoire prévue dans un avenant à son contrat de travail constitue une modification des conditions de travail qui ne peut lui être imposée ; en cas de refus du salarié, il appartient donc à l'employeur, soit de maintenir l'intéressé sur le nouveau poste, soit de saisir l'inspecteur du travail d'une demande d'autorisation de licenciement (cass. soc. 30 septembre 2010, n° 08-43.862, 1er moyen, BC V n° 210).

Refus d'une mutation. Le refus du salarié d'accepter sa mutation, laquelle constitue une modification de son contrat de travail s'apparentant à un licenciement déguisé ne peut justifier une autorisation de licenciement (CE 2 mars 1992, n° 81704, *RJS* 6/92 n° 758). À noter que la contestation d'une mutation par un salarié protégé équivaut à un refus et qu'il appartient dès lors à l'employeur soit de demander l'autorisation de le licencier, soit de renoncer à son projet (cass. soc. 2 mai 2001, n° 98-44.624, BC V n° 149 ; *RJS* 7/07 n° 889 ; *JSL* n° 81, 12 juin 2001, p. 24).

À cet égard, la jurisprudence a précisé qu'une clause de mobilité ne peut priver un salarié protégé du bénéfice de la protection prévue par la loi en cas de rupture d'un contrat de travail par l'employeur (cass. soc. 28 janvier 1988 n° 85-43.400, BC V n° 81). Même en présence d'une clause de mobilité, l'employeur qui souhaite modifier l'affectation d'un salarié protégé doit, en cas de refus de ce dernier, solliciter l'autorisation administrative de licenciement (cass. soc. 23 septembre 1992, n° 90-45.106, BC V n° 477 ; *RJS* 11/92, n° 1274 ; 4 octobre 1995, n° 94-40.387, *Dr. Soc.* 1995, p. 1044). Voir aussi cass. crim. 21 février 1989, n° 86-96.871, B. crim. n° 86 ; *RJS* 5/89 n° 441 et 29 janvier 1991, n° 90-81.314, *RJS* 4/91 n° 485.

À noter, par ailleurs, que la révocation d'un usage, dès lors qu'elle est intervenue régulièrement, est opposable aux salariés protégés (CE 9 mars 2005, n° 257768, *RJS* 7/05 n° 760 ; *JSL* n° 172, 26 juillet 2005, p. 16, obs. M-Ch. Haller).

Délit d'entrave. Toute mutation de poste ou de fonctions imposée contre son gré à un salarié protégé caractérise à la charge de l'employeur l'élément matériel d'atteinte à ses prérogatives statutaires à moins que l'employeur n'apporte la preuve de sa pleine justification (cass. crim. 28 octobre 1980, n° 80-90.277, B. crim. n° 282 ; 4 janvier 1990, n° 88-83.311, *RJS* 3/90 n° 215 ; 15 février 1994, n° 92-84.088, B. crim. n° 68 ; *RJS* 6/94 n° 713).

La modification apportée aux conditions de travail d'un membre du comité d'entreprise et refusée par celui-ci équivaut à un licenciement lequel, intervenu irrégulièrement sans autorisation administrative, est constitutif du délit d'entrave au fonctionnement régulier du comité d'entreprise (cass. crim. 22 octobre 1991, n° 89-86.402, *RJS* 3/92 n° 304).

Sur le contrôle exercé par l'inspecteur du travail en cas de refus du salarié d'accepter une modification de ses conditions de travail, voir ci-après : COMPÉTENCE DE L'INSPECTEUR DU TRAVAIL. ***Modification du contrat de travail et changement des conditions de travail.***

– ***Licenciement prononcé dans le cadre d'une procédure de sauvegarde, de redressement ou de liquidation judiciaires.*** La liquidation judiciaire prononcée par le tribunal de commerce ne peut avoir pour effet de faire échec aux dispositions du code du travail relatives à la protection exceptionnelle dont bénéficient les salariés investis d'un mandat de représentation (CE 20 mars 1996, n° 135167, *RJS* 5/96 n° 573). Le jugement d'un tribunal de commerce constatant la « nécessité » de procéder à des licenciements ne peut avoir pour effet de mettre obstacle aux dispositions légales relatives au licenciement de salariés protégés (CE 21 avril 1997, n° 157998, *RJS* 7/97 n° 836). Il résulte de l'article 227 de la loi du 25 janvier 1985 que les règles de protection prévues par ce texte pour le licenciement des salariés protégés s'appliquent à toutes les phases de la procédure instituées par cette loi, y compris la liquidation (cass. crim. 15 octobre 1991, n° 89-83.551, B. crim. n° 349 ; *RJS* 1/92 n° 54). Un délégué du personnel, licencié après le jugement de liquidation judiciaire et en l'absence de toute poursuite d'activité, sans qu'ait été respectée la procédure spéciale de licenciement, doit obtenir réparation du préjudice subi résultant de la violation du statut protecteur (cass. soc. 9 octobre 1991, n° 89-44.106, BC V n° 403 ; *CSB* 1991 p. 256). En cas de transfert partiel d'entreprise ou d'établissement, l'administrateur judiciaire doit solliciter l'autorisation de l'inspecteur du travail en ce qui concerne le transfert des salariés protégés. La notion de transfert partiel, visée par l'article L. 436-1 [L. 2421-9] CT, doit s'appliquer y compris en cas de pluralité de transferts partiels aboutissant à une cession totale d'entreprise (cass. crim. 30 janvier 1996, n° 94-83.509, B. crim. n° 54 ; *RJS* 5/97 n° 572).

Cessation d'activité. Le licenciement d'un salarié protégé dans le cadre d'une cessation totale d'activité de l'entreprise et sans autorisation administrative est nul (cass. soc. 1er avril 1992, n° 88-42.981, BC V n° 234 ; *Dr. Soc.* 1992, p. 481). La fermeture d'un établissement n'entraîne pas la fin des mandats représentatifs (rép. QE 16910, JO 10 octobre 1994) ; il n'en va pas de même en cas de disparition de l'entreprise.

– ***Mise en chômage partiel.*** Elle constitue une modification du contrat du salarié protégé équivalant en cas de refus de sa part à un licenciement auquel l'employeur ne peut procéder sans observer les formalités protectrices (cass. soc. 18 février 1988, n° 86-41.857, BC V n° 121 ; cass. crim. 7 février 1989, n° 88-80.510, B. crim. n° 53 ; *RJS* 4/89 n° 358). Aucun changement de ses conditions de travail ne pouvant être imposé à un représentant du personnel sans son accord, l'employeur sera condamné à verser au salarié la partie du salaire qu'il a perdue du fait d'une mesure de chômage partiel (cass. soc. 18 juin 1996, n° 94-44.653, BC V n° 248 ; *Dr. Soc.* 1996, p. 979 ; voir aussi cass. soc. 19 janvier 2011, n° 09-43.194, *JSL* n° 295, 10 mars 2011, p. 26).

Cette solution contraste très nettement avec celle rendue le même jour pour des salariés « ordinaires » et selon laquelle la mise au chômage partiel, pendant la période d'indemnisation, prévue par l'article L. 351-25 (ancien) CT, ne constitue pas une modification des contrats de travail (cass. soc. 18 juin 1996, n° 94-44.654, BC V n° 252).

– ***Mise à pied disciplinaire.*** En l'absence de refus par le salarié d'une mise à pied disciplinaire, laquelle n'a pas pour effet de suspendre l'exécution du mandat de représentant du personnel, l'employeur n'est pas tenu de mettre en œuvre la procédure prévue par l'article L. 425-1 (ancien) CT. Dans le cas où le salarié protégé n'a pas refusé la mise à pied et s'est borné à demander au juge d'annuler cette sanction comme non justifiée, l'employeur n'a pas à engager la procédure de licenciement en demandant l'autorisation de l'inspecteur du travail (cass. soc. 23 juin 1999, n° 97-41.121, BC V n° 301).

Voir aussi ci-après : COMPÉTENCE DE L'INSPECTEUR DU TRAVAIL

– ***Retrait d'habilitation administrative.*** La procédure spéciale de licenciement doit être respectée même lorsque le salarié protégé n'est plus en possession du document administratif nécessaire à l'exercice de ses fonctions. Ainsi, il a été jugé que si le retrait d'agrément concernant un employé des jeux d'un casino était susceptible de justifier la résiliation de son contrat de travail, il appartenait à l'autorité administrative de le vérifier, de sorte que, en l'absence d'autorisation administrative, le licenciement de l'intéressé était nul (cass. soc. 6 juin 2000, n° 98-42.867, BC V n° 217). Jusqu'à l'obtention de l'autorisation de licenciement délivrée par l'inspecteur du travail, l'employeur est tenu non seulement de conserver le salarié dans l'entreprise, mais aussi de le rémunérer (cass. soc. 2 décembre 2009, nos 08-42.037 et 08-43.466, BC V nos 271 et 272, s'agissant respectivement du retrait de l'habilitation administrative nécessaire à un « manutentionnaire piste » pour travailler sur une zone aéroportuaire et de la suspension du permis de conduire d'un chauffeur routier).

– ***Adhésion du salarié à une convention d'allocations spéciales du FNE.*** La procédure protectrice s'applique également lorsque, après un licenciement collectif pour motif économique, le salarié a adhéré à une convention signée entre l'État et l'entreprise lui assurant une allocation spéciale jusqu'au jour de sa retraite (cass. soc. 8 juin 1999, n° 97-41.498, BC V n° 267 ; *RJS* 7/99 n° 942). Voir aussi cass. soc. 6 juillet 2011, n° 10-15.406 (*JCP* éd. S 2011, 1406, note J-Y Kerbourc'h), décidant que l'adhésion d'un salarié investi d'un mandat représentatif à un dispositif de préretraite mis en place par l'employeur dans le cadre d'un plan de réduction des effectifs ne dispense pas ce dernier de son obligation d'obtenir l'autorisation de l'administration du travail avant la rupture du contrat de travail.

• Conséquences de l'application de la procédure protectrice

Instance en résiliation judiciaire

Instance à l'initiative de l'employeur. Par deux arrêts du 21 juin 1974 rendus en chambre mixte, la Cour de cassation a décidé que « les dispositions législatives soumettant à l'assentiment préalable du comité d'entreprise ou à la décision conforme de l'inspecteur du travail le licenciement des salariés légalement investis de fonctions représentatives ont institué, au profit de tels salariés et dans l'intérêt de l'ensemble des travailleurs qu'ils représentent, une protection exceptionnelle et exorbitante du droit commun qui interdit par suite à l'employeur de poursuivre par d'autres moyens la résiliation du contrat de travail. » L'employeur ne peut donc demander cette résiliation par voie judiciaire (cass. soc. 11 décembre 2001, n° 99-42.586, BC V n° 378). Cette jurisprudence s'applique aussi bien aux représentants désignés par les syndicats qu'aux représentants élus.

L'action en résiliation judiciaire du contrat de travail d'un représentant du personnel constitue le délit d'entrave (cass. ass. plén. 28 janvier 1983, n° 80-93.511, BC n° 1 ; *D.* 1983, 629, concl. M. Cabannes).

Instance à l'initiative du salarié. Si la procédure de licenciement du salarié représentant du personnel est d'ordre public, ce salarié ne peut être privé de la possibilité de poursuivre la résiliation judiciaire de son contrat de travail aux torts de l'employeur en cas de manquement, par ce dernier, à ses obligations (cass. soc. 16 mars 2005, n° 03-40.251, BC V n° 94 ; *RJS* 5/05 n° 534 ; 25 janvier 2006, n° 03-44.372, *RJS* 4/06 n° 473). Ainsi, la demande en résiliation du contrat de travail aux torts de l'employeur est nécessairement justifiée lorsque celui-ci a mis en œuvre un changement des conditions de travail malgré le refus du salarié protégé (cass. soc. 15 février 2006, n° 03-42.510, BC V n° 74 ; *RJS* 5/06 n° 602). Il en est de même en cas de non-respect par l'employeur d'une obligation en rapport avec le mandat représentatif : en l'espèce, l'employeur avait rayé un salarié en congé sans solde de la liste des membres du comité d'entreprise et ne l'avait plus convoqué aux réunions de cet organisme, de tels manquements ayant mis le salarié dans l'impossibilité d'exercer ses fonctions représentatives (cass. soc. 27 mai 2009, n° 08-42.555, BC V n° 136).

Interdiction des départs « négociés ». Hormis le cas de la rupture conventionnelle prévue par l'article L. 1237-15 CT, les salariés titulaires d'un mandat représentatif ne peuvent conclure un accord pour mettre fin à leur contrat de travail. En effet, la protection exceptionnelle et exorbitante du droit commun instituée par le législateur au profit des salariés investis de fonctions représentatives interdit à l'employeur de poursuivre, par d'autres moyens, la rupture du contrat de travail de ces salariés ; en conséquence, les salariés protégés ne peuvent, en signant une transaction antérieure au licenciement, renoncer par avance aux dispositions d'ordre public instituées pour protéger leur mandat. À la suite d'un conflit l'opposant à son employeur, un délégué du personnel avait signé une transaction constatant la rupture du contrat de travail et le paiement à son profit d'une indemnité, puis avait saisi le juge des référés pour obtenir, sous astreinte, que soit ordonnée la poursuite de son contrat de travail. C'est à tort qu'une cour d'appel a rejeté cette demande, alors qu'il résultait de ses constatations qu'au moment de la signature de la transaction aucun licenciement n'était encore intervenu, ce dont il résultait que cet acte avait eu pour but et pour effet d'organiser la rupture du contrat de travail en dehors du cadre légal (cass. soc. 2 décembre 1992, n° 91-42.326, BC V n° 578 ; *Dr. Soc.* 1993, p. 152, rapp. Ph. Waquet ; 14 octobre 1997, n° 94-43.623, *RJS* 11/97 n° 1257). La rupture du contrat de travail ayant été organisée en dehors du cadre légal, la transaction aux termes de laquelle le salarié accepte cette rupture est un acte nul (cass. soc. 1er juin 1994, n° 93-40.040, *Dr. Soc.* 1994, p. 783, concl. Y. Chauvy). Voir aussi cass. soc. 16 mars 1999, n° 96-44.551, BC V n° 125 ; *RJS* 5/99 n° 700 (démission du salarié de son mandat électif et accord concomitant de résiliation du contrat de travail, antérieurs au licenciement, ayant pour but et pour effet d'organiser la rupture du contrat de travail en dehors du cadre légal) ; cass. crim. 14 novembre 2006, n° 05-87.554, B. crim. n° 284 ; *LSQ* n° 987 du 18-19 décembre 2006 (départ négocié d'un salarié sous contrat à durée déterminée intervenu sans autorisation de l'inspecteur du travail).

La Cour de cassation a précisé que la protection exceptionnelle et exorbitante du droit commun des salariés investis de fonctions représentatives ayant été instituée, non dans le seul intérêt de ces derniers, mais dans celui de l'ensemble des salariés, toute transaction conclue entre l'employeur et le salarié protégé avant la notification de son licenciement, lequel ne peut être prononcé qu'après autorisation de l'autorité administrative, est entachée d'une nullité absolue d'ordre public (cass. soc. 10 juillet 2002, n° 00-40.301, BC V n° 249 ; voir aussi cass. soc. 16 mars 2005, n° 02-45.293, BC V n° 98 ; *RJS* 5/05 n° 533).

À noter que lorsqu'un salarié protégé, qui a fait l'objet d'un licenciement sans autorisation administrative, a obtenu sa réintégration, son contrat de travail se poursuit et ne peut faire l'objet d'une résiliation amiable. Dès lors, la transaction conclue postérieurement à la réintégration a en réalité pour objet de résilier le contrat de travail de l'intéressé et doit donc être considérée comme nulle (cass. soc. 3 avril 2001, n° 98-46.419, BC V n° 118 ; *RJS* 6/01 n° 764 ; *JSL* n° 80, 29 mai 2001, p. 20).

Si les salariés investis de fonctions représentatives ne peuvent renoncer par avance aux dispositions protectrices exorbitantes du droit commun instituées en leur faveur, rien ne leur interdit, lorsqu'un licenciement, même illégal, leur a été notifié, de renoncer à réclamer une réintégration et de conclure avec l'employeur un accord librement consenti en vue de régler les conséquences pécuniaires de la rupture du contrat de travail (cass. soc. 5 février 2002, n° 99-45.861, BC V n° 54 ; *RJS* 4/02 n° 457 ; cass. crim. 4 février 1992, n° 90-82.330, B. crim. n° 50 ; *CSB* 1992 A. 33, confirmé par un autre arrêt rendu à propos de la même affaire : cass. crim. 3 mai 1994, n° 91-86.047, *RJS* 8-9/94 n° 1010).

Si un salarié signe une transaction aux termes de laquelle il renonce à toute action et à toute instance en relation avec sa qualité d'ancien salarié, cette renonciation s'applique également au recours en nullité du jugement du tribunal administratif qu'il avait engagé devant le Conseil d'État (cass. soc. 19 mai 1998, n° 96-40.461 : en l'espèce, la décision du Conseil d'État avait été rendue après la signature de la transaction, mais le recours avait été formé avant).

La chambre criminelle rappelle qu'une transaction conclue avec le salarié protégé, fût-ce en accord avec l'inspection du travail, n'est pas une cause justificative de la méconnaissance des dispositions d'ordre public réglementant la procédure légale de licenciement (cass. crim. 19 octobre 1993, n° 91-85.795, *RJS* 1/94 n° 53). En proposant à un salarié protégé de mettre fin au contrat de travail par un accord de résiliation, l'employeur commet un délit d'entrave (cass. crim. 6 janvier 2004, n° 02-88.240, B. crim. n° 4 ; *RJS* 4/04 n° 434).

Le Conseil d'État s'est également prononcé sur les effets d'une transaction en rappelant que les salariés investis de fonctions représentatives ne peuvent renoncer par avance aux dispositions protectrices d'ordre public instituées en leur faveur. Doit être écartée la fin de non-recevoir opposée par l'employeur et fondée sur une transaction conclue avec un salarié protégé (CE 2 février 1996, n° 152406, *Rec. Lebon*, p. 26 ; *RJS* 3/96 n° 299).

Résiliation amiable du contrat après autorisation de la rupture pour motif économique. Dès lors que l'inspecteur du travail a autorisé la rupture pour motif économique, le contrat de travail d'un salarié investi d'un mandat représentatif peut être résilié amiablement dans le cadre d'un accord collectif mis en œuvre après consultation du comité d'entreprise (cass. soc. 27 mars 2007, n° 05-45.310, BC V n° 58 ; *JSL* n° 212, 29 mai 2007, p. 8, obs. M. Hautefort ; *RJS* 6/07 n° 760).

Interdiction des licenciements ultérieurs pour des faits commis durant la période de protection. Le salarié protégé ne peut être licencié au terme de son mandat en raison de faits commis pendant la période de protection, qui auraient dû être soumis à l'inspecteur du travail (cass. soc. 23 novembre 2004, n° 01-46.234, BC V n° 295 ; *RJS* 2/05 n° 172 ; voir aussi cass. soc. 10 février 2010, n° 08-44.001, *RJS* 4/10 n° 357). A été jugé abusif un licenciement prononcé après l'expiration du délai de protection légale du salarié pour les motifs identiques à ceux qui avaient été invoqués lors d'une demande d'autorisation administrative pendant le délai de protection et qui avaient donné lieu à un refus (cass. soc. 13 octobre 1993, n° 91-44.546, *RJS* 11/93 n° 1118 ; 26 janvier 1994, n° 92-41.978, BC V n° 27 ; *RJS* 3/94 n° 274 ; 19 décembre 1990, n° 88-43.526, BC V n° 685 ; *RJS* 2/91 n° 216).

COMPÉTENCE DE L'INSPECTEUR DU TRAVAIL

Les salariés légalement investis de fonctions représentatives bénéficient, dans l'intérêt de l'ensemble des travailleurs qu'ils représentent, d'une protection exceptionnelle et exorbitante du droit commun. Lorsque le licenciement d'un de ces salariés est envisagé, ce licenciement ne doit pas être en rapport avec les fonctions représentatives normalement exercées ou l'appartenance syndicale de l'intéressé.

« Il appartient à l'inspecteur du travail saisi et, le cas échéant, au ministre compétent de rechercher, sous le contrôle du juge de l'excès de pouvoir, si les faits reprochés au salarié sont d'une gravité suffisante pour justifier son licenciement compte tenu de l'ensemble des règles applicables au contrat de travail de l'intéressé et des exigences propres à l'exécution normale du mandat dont il est investi » (CE 5 mai 1976, n°s 98647 et a., *Dr. Soc.* 1976, p. 347, concl. Ph. Dondoux et p. 563, note H. Sinay).

Méconnaît sa compétence l'inspecteur du travail qui autorise le licenciement pour motif économique d'un salarié investi d'un mandat en se fondant sur le fait qu'il se croyait lié par la volonté exprimée du salarié de quitter l'entreprise (CE 17 octobre 1997, n° 162597, *RJS* 12/97 n° 1398).

Pour opérer les contrôles auxquels elle est tenue de procéder lorsqu'elle statue sur une demande d'autorisation de licenciement, l'autorité administrative doit prendre en compte toutes les fonctions représentatives du salarié, et il appartient, par suite, à l'employeur de porter à sa connaissance l'ensemble des mandats détenus par l'intéressé (CE 20 mars 2009, n° 309195, *LS* Jurispr. n° 88/2009 du 21/04/09 ; *Dr. Soc.* 2009, pp. 711 et s., concl. Y. Struillou ; *RDT*, juillet/août 2009, CH, 457, M. Grévy ; voir aussi précédemment CE 22 juillet 1992, n° 109709, *Dr. Soc.* 1993, p. 49, concl. B. de Froment). Lorsque la demande d'autorisation de licenciement présentée par l'employeur ne mentionne que le seul mandat de délégué syndical du salarié concerné et que l'inspecteur du travail n'a pas eu connaissance des fonctions de conseiller prud'homme également exercées par l'intéressé, le Conseil d'État considère que l'inspecteur du travail n'a pas été mis à même d'apprécier si des motifs d'intérêt général rendaient inopportun le licenciement du salarié, compte tenu de ses fonctions de conseiller prud'homme, et que l'autorisation de licenciement est entachée d'illégalité (CE 13 décembre 2005, n° 27774, *RJS* 3/06 n° 365 ; dans le même sens, voir aussi CE 23 juillet 2010, n° 332355). L'inspecteur du travail est également tenu, lors d'une nouvelle demande d'autorisation de licenciement, de rechercher si celle-ci n'est pas en lien avec de nouvelles fonctions représentatives du salarié, celui-ci ayant été nouvellement élu au comité d'entreprise (CE 29 octobre 1997, n° 172137, *RJS* 12/97 n° 1399).

Il appartient à l'autorité administrative, lorsqu'elle est saisie d'une demande d'autorisation de licenciement d'un salarié investi d'un mandat représentatif soit d'accorder, soit de refuser l'autorisation sollicitée ; elle ne satisfait pas à cette obligation en assortissant son autorisation d'une condition imprécise (par exemple en exigeant que les modalités du départ tiennent compte de la situation personnelle du salarié, CE 19 juin 1992, n° 107788, *RJS* 8-9/92 n° 1011).

Les dispositions de l'article L. 433-1 [L. 2324-1] relatives à la composition du comité d'entreprise sont d'ordre public ; l'inspecteur du travail doit refuser le licenciement d'un salarié protégé dès lors que n'ont été convoqués à la réunion du comité d'entreprise appelé à donner un avis ni les membres suppléants ni les représentants syndicaux (CE 24 mai 1991, n° 68272, *RJS* 7/91 n° 860 ; dans le même sens, voir CE 3 octobre 2008, n° 306430, *JSL* n° 243, 10 novembre 2008, p. 26).

Si le directeur départemental peut suppléer d'office l'inspecteur du travail pour autoriser le licenciement d'un salarié protégé, il ne peut exercer cette suppléance que si l'inspecteur du travail est lui-même empêché et si aucun autre inspecteur du travail exerçant dans le département n'est en mesure de le faire (CE 3 avril 1991, n° 92950, *RJS* 6/91 n° 728).

L'appréciation des motifs d'intérêt général. L'inspecteur du travail peut invoquer des motifs d'intérêt général pour refuser une autorisation de licenciement « sous réserve qu'une atteinte excessive ne soit pas portée à l'un ou l'autre des intérêts en présence » (CE 18 février 1977, n° 95354, *Dr. Soc.* 1977, p. 166, concl. Ph. Dondoux).

Un refus d'autorisation de licenciement au nom de l'intérêt général ne peut être fondé sur la prise en compte de l'activité personnelle du salarié, membre du comité d'entreprise, jugé par l'administration plus actif que d'autres et susceptible par son expérience de contribuer efficacement au fonctionnement de son syndicat dans l'entreprise (CE 10 février 1992, n° 83456, *RJS* 6/92 n° 761, 1re espèce ; CE 29 décembre 1995, n° 133448, *RJS* 3/96 n° 307 ; CE 31 janvier 1997, n° 160253, *RJS* 3/97 n° 305).

Le motif d'intérêt général tiré de ce qu'un licenciement conduirait à remettre en cause la représentation d'un syndicat dans l'entreprise n'est pas au nombre de ceux sur lesquels peut légalement se fonder l'autorité administrative pour refuser le licenciement d'un salarié bénéficiant d'une protection exceptionnelle (CE 13 mars 1992, n° 92984, *RJS* 6/92 n° 761, 2e espèce ; 12 septembre 1994, n° 128729, *RJS* 12/94 n° 1405). La nécessité de maintenir « les bases d'une certaine pluralité syndicale dans l'entreprise » ne figure pas non plus au nombre des motifs qu'un inspecteur du travail peut légalement retenir au titre de son pouvoir d'appréciation de l'opportunité (CE 8 novembre 1993, n° 120034, *RJS* 2/94 n° 164). En revanche, un inspecteur du travail a pu, pour refuser d'autoriser le licenciement d'un représentant du personnel ayant commis lors d'une grève une faute suffisamment grave pour justifier son licenciement, se fonder sur le motif d'intérêt général tiré du fait que l'intéressé était l'unique délégué syndical de l'établissement et qu'il existait un intérêt général à son maintien dans l'entreprise compte tenu de la situation sociale constatée (CE 11 février 2005, n° 247673, *Rec. Lebon*, p. 57 ; *RJS* 5/05 n° 541).

Principe de séparation des pouvoirs. En vertu de ce principe, l'autorité administrative est seule compétente pour apprécier le bien-fondé du licenciement d'un représentant du personnel et le juge judiciaire ne peut apprécier le caractère réel et sérieux d'un licenciement autorisé par l'administration (voir notamment cass. soc. 10 février 1999, n° 95-43.561, BC V n° 64 ; 7 juin 2005, n° 02-47.374, BC V n° 190 ; *JCP* éd. S 2005, 1158, note P. Morvan ; 3 mai 2011, n° 09-71.950, *RJS* 7/11 n° 631 ; voir aussi cass. soc. 2 juin 2004, n° 03-40.071, BC V n° 159, précisant en outre que le juge judiciaire ne peut, sans violer le principe de la séparation des pouvoirs, apprécier la régularité de la consultation du comité d'entreprise ; cass. soc. 10 novembre 2009, n° 08-42.660, BC V n° 249 : en l'état d'une autorisation administrative non frappée de recours accordée à l'employeur de licencier, pour inaptitude, un salarié protégé, le juge judiciaire ne peut, sans violer le principe de séparation des pouvoirs, apprécier le caractère réel et sérieux du motif de licenciement au regard du respect par l'employeur de son obligation de reclassement ; cass. soc. 15 novembre 2011, 3 arrêts, nos 10-18.417, 10-10.687 et 10-30.463, *RJS* 2/12 n° 173 : l'autorisation de licenciement accordée par l'autorité administrative ne permet plus au salarié de contester devant le juge judiciaire la cause ou la validité de son licenciement pour inaptitude en raison du harcèlement dont il aurait été victime, le conseil de prud'hommes pouvant seulement lui accorder des dommages-intérêts en réparation du préjudice subi du fait du harcèlement).

De même, le juge judiciaire ne peut, sans violer le principe de la séparation des pouvoirs, remettre en cause le bien-fondé d'une décision de refus d'autorisation de licenciement d'un salarié protégé (cass. soc. 4 mars 1998, n° 96-44.704, *RJS* 4/98 n° 495 ; 12 juin 2001, n° 00-40.480, BC V n° 220 ; *RJS* 8-9/01 n° 1039). En cas d'annulation par le juge administratif de l'autorisation de licenciement, si l'absence de cause réelle et sérieuse de licenciement ne résulte pas, en soi, de cette annulation, la décision du juge administratif se prononçant sur les faits fautifs invoqués par l'employeur ayant retenu que ces faits, soit n'étaient pas établis, soit ne justifiaient pas la mesure de licenciement, s'oppose à ce que le juge judiciaire, appréciant les mêmes faits, décide qu'ils constituent une cause réelle et sérieuse de licenciement (cass. soc. 26 septembre 2007, n° 05-42.599, BC V n° 140 ; *RJS* 12/07 n° 1309 ; 13 octobre 2011, n° 09-71.272, *JSL* n° 310, 30 novembre 2011, p. 27).

Enfin, lorsque l'inspecteur du travail s'est déclaré incompétent pour autoriser le licenciement d'un salarié en raison d'une difficulté sérieuse sur le bénéfice du statut protecteur, cette décision constitue une décision administrative faisant obstacle à ce que le juge judiciaire se prononce sur la nécessité de l'autorisation administrative, ce dernier devant dans un tel cas inviter les parties à saisir la juridiction administrative (cass. soc. 4 octobre 2011, n° 10-18.023, *RJS* 12/11 n° 1000 ; *JCP* éd. S 2011, 1586, note J-Y Kerbourc'h).

À noter que, lorsqu'un licenciement a été notifié à la suite d'une autorisation administrative de licenciement accordée à l'employeur, le principe de la séparation des pouvoirs s'oppose à ce que le juge judiciaire se prononce sur une demande de résiliation judiciaire formée par le salarié, même si sa saisine était antérieure à la rupture (cass. soc. 29 septembre 2010, n° 09-41.127, BC V n° 201 ; *RJS* 12/10 n° 958 ; 13 octobre 2011, n° 09-71.272, *JSL* n° 310, 30 novembre 2011, p. 27).

Il appartient seulement au juge judiciaire de vérifier que le motif du licenciement est bien celui pour lequel l'autorisation a été donnée (cass. soc. 28 octobre 2003, n° 01-46.168, BC V n° 264 ; *RJS* 1/04 n° 77 ; *JSL* n° 137, 9 janvier 2004, p. 23). Est nul, faute d'autorisation administrative, le licenciement d'un délégué du personnel prononcé pour faute grave, alors que l'autorisation administrative avait été demandée et accordée pour un motif économique tiré de la fermeture d'un établissement (cass. soc. 11 juin 2002, n° 00-41.073, BC V n° 198 ; *RJS* 8-9/02 n° 1001). Seul le ou les motifs retenus par l'autorité administrative pour autoriser le licenciement disciplinaire d'un représentant du personnel pouvant justifier ce licenciement, le juge judiciaire, compétent pour apprécier si le salarié a commis une faute grave ou lourde, ne peut examiner que les fautes retenues par l'autorité administrative (cass. soc. 10 juillet 2001, n° 98-42.808, BC V n° 260 ; *RJS* 10/01 n° 1159 ; *JSL* n° 87, 2 octobre 2001, p. 22). Sur la compétence du juge judiciaire pour se prononcer sur le degré de gravité de la faute commise par un salarié, et donc sur le versement des indemnités de rupture, voir cass. soc. 18 mars 2009, n° 07-44.664, *JCP* éd. S 2009, 1322, note J-Y Kerbourc'h et 3 mai 2011, n° 09-71.950, *RJS* 7/11 n° 631.

À noter cependant que lorsque la question de la légalité de la décision administrative présente un caractère sérieux et que l'appréciation du bien-fondé des demandes du salarié en dépend, il appartient au juge judiciaire d'inviter les parties à la faire trancher par la juridiction administrative en lui posant une question préjudicielle (cass. soc. 12 juillet 2010, n° 08-44.642, *LS* Jurispr. n° 148/2010 du 27/07/10 ; *JSL* n° 284, 29 septembre 2010, p. 17, obs. J-E Tourreil).

Il n'appartient qu'à l'autorité administrative saisie d'une demande d'autorisation de licenciement d'un salarié protégé d'apprécier, sous le contrôle du juge administratif, si les règles de procédure préalables à sa saisine ont été observées ; tel est le cas de la consultation pour avis d'une commission paritaire sur le licenciement envisagé (cass. soc. 13 juillet 2004, n° 01-42.943, BC V n° 211 ; *RJS* 10/04 n° 1068, 2e espèce ; *JSL* n° 153, 12 octobre 2004, p. 27, obs. N. Rérolle. De même, s'agissant des licenciements économiques, l'autorisation administrative de licenciement d'un salarié protégé compris dans un licenciement collectif pour motif économique prive ce dernier de la possibilité de contester devant le juge judiciaire la régularité de la procédure antérieure à la saisine de l'inspecteur du travail (cass. soc. 27 octobre 2004, n° 02-46.935, BC V n° 270 ; *RJS* 2/05 n° 179). En particulier, lorsque le licenciement économique d'un salarié protégé a été autorisé par l'inspecteur du travail à qui il appartient de vérifier le respect de l'obligation individuelle de reclassement pour apprécier le caractère réel et sérieux de la cause du licenciement, le juge judiciaire ne peut, sans violer le principe de la séparation des pouvoirs, contrôler le respect de cette obligation (cass. soc. 23 juin 2009, n° 07-44.640, BC V n° 162 ; dans le même sens, voir cass. soc. 3 mars 2010, n° 08-42.526, BC V n° 50 et 26 octobre 2010, n° 09-42.409, BC V n° 244 ; *RJS* 1/11 n° 62, s'agissant du respect par l'employeur des obligations que les dispositions conventionnelles mettent à sa charge préalablement au licenciement pour favoriser le reclassement).

Les salariés dont le licenciement a été autorisé par l'inspecteur du travail peuvent cependant contester la validité du plan social devant la juridiction judiciaire et lui demander d'en tirer les conséquences légales qui s'évincent de l'article L. 321-4-1 (ancien) CT, sans que cette contestation, qui ne concerne pas le bien-fondé de la décision administrative qui a autorisé leur licenciement, porte atteinte au principe de la séparation des pouvoirs. C'est donc à bon droit qu'une cour d'appel a dit des salariés recevables à agir en nullité de leur licenciement devant la juridiction judiciaire (cass. soc. 25 juin 2003, n° 01-43.717, BC V n° 207 ; *RJS* 10/03 n° 1146, 2e espèce ; 22 juin 2004, n° 01-44.558, BC V n° 177 ; *RJS* 10/04 n° 1068, 3e espèce).

Sur l'appréciation par l'inspecteur du travail du motif économique et de la recherche des possibilités de reclassement, voir ci-après « • ***Les licenciements pour motif économique*** ».

Autorisation administrative de transfert. Lorsqu'une autorisation administrative pour le transfert du contrat de travail d'un délégué du personnel a été accordée à l'employeur, le juge judiciaire ne peut, sans violer le principe de la séparation des pouvoirs, remettre en cause la décision de l'autorité administrative ayant fait application de l'article L. 1224-1 CT. C'est donc à tort que, pour condamner une association à payer à un salarié des indemnités au titre de la rupture de son contrat de travail et à rembourser à l'Assedic des indemnités de chômage, une cour d'appel a retenu que l'article L. 122-12, al. 2 [L. 1224-1] CT n'avait pas vocation à s'appliquer et que l'autorisation donnée par l'inspecteur du travail pour le transfert du contrat de travail de l'intéressé n'avait aucune autorité, la demande d'autorisation n'ayant pas lieu d'être (cass. soc. 17 juin 2009, n° 08-42.614, 4e branche du moyen unique, BC V n° 154 ; voir aussi cass. soc. 3 mars 2010, n° 08-40.895, BC V n° 53 et cass. soc. 28 avril 2011, n° 10-11.041).

Le juge judiciaire conserve le droit de contrôler la motivation de la lettre de licenciement : l'obtention d'une autorisation administrative de licenciement ne dispense pas l'employeur d'adresser une lettre de licenciement motivée au salarié, à défaut de laquelle le licenciement est dépourvu de cause réelle et sérieuse (cass. soc. 5 avril 2005, n° 02-47.518, BC V n° 120 ; *RJS* 6/05 n° 649, 1re espèce ; *JCP* éd. S 2005, 1016, note P-Y Verkindt, 2e espèce). Celle-ci est suffisamment motivée si elle fait référence, soit à l'autorisation administrative contre laquelle aucun recours n'a été formé, soit au motif du licenciement (voir pour un licenciement prononcé pour motif économique, cass. soc. 5 avril 2005, n° 03-44.994, BC V n° 121 ; *RJS* 6/05 n° 649, 2e espèce ; *JCP* éd. S 2005, 1016, note P-Y Verkindt, 1re espèce ; voir aussi cass. soc. 11 juillet 2006, n° 04-47.239, *RJS* 11/06 n° 1202). Mais, la cour d'appel qui constate que la lettre de licenciement adressée à un salarié licencié pour motif économique ne fait mention ni de l'autorisation administrative ni de la cause économique du licenciement peut décider que le licenciement de l'intéressé est dépourvu de cause réelle et sérieuse (cass. soc. 5 avril 2005, n° 02-47.518, précité).

• ***Les licenciements pour faute.*** Les faits reprochés au salarié doivent être d'une gravité suffisante. L'autorité administrative ne saurait se borner à vérifier que les faits allégués par l'employeur sont réellement établis ; elle doit rechercher si la faute est d'une gravité suffisante pour justifier un licenciement (CE 8 janvier 1997, n° 163071, *RJS* 3/97 n° 306).

Constituent une faute d'une gravité suffisante des retraits de fonds opérés par le trésorier du comité d'entreprise à l'occasion de l'exercice de son mandat représentatif, de tels retraits n'ayant été ni autorisés ni validés par le comité et les sommes en cause n'ayant pas été restituées (CE 23 septembre 1992, n° 80334, *RJS* 11/92 n° 1277 et 29 décembre 1993, n° 112351, *RJS* 6/94 n° 727) ; le fait pour un salarié d'avoir procédé à une augmentation de son salaire, de son propre chef, sans l'accord de son employeur (CE 2 février 1996, n° 147401, *RJS* 3/96 n° 301) ; une dénonciation calomnieuse de la part d'un délégué du personnel concernant l'établissement de santé où il travaillait auprès des services sociaux du département (CE 6 avril 2001, n° 206272, *RJS* 6/01 n° 765) ; le refus réitéré d'un salarié protégé de se rendre sur des chantiers pour y exécuter des travaux relevant de sa compétence professionnelle et sans aucune explication préalable (CE 19 juillet 1991, n° 84259, *RJS* 10/91 n° 1114) ; la séquestration des dirigeants de l'entreprise (CE 19 juillet 1991, n° 73838, *RJS* 10/91 n° 1115) ; ou encore un cumul d'emplois en méconnaissance de l'article L. 324-2 [L. 8261-1] CT (CE 8 janvier 1997, précité) ; un manquement caractérisé aux consignes de sécurité applicables aux livraisons de matières dangereuses (CE 7 juin 2000, n° 191828, *Rec. Lebon*, p. 1271) ; le fait pour un agent d'une caisse primaire d'assurance maladie d'avoir divulgué à des fins personnelles des informations à caractère médical concernant un assuré social (CE 15 juillet 2004, n° 256216, *RJS* 11/04 n° 1168). S'agissant d'une faute appréciée par rapport à la nature de l'établissement et aux instructions données aux éducateurs sur l'attitude à avoir face aux agissements délictuels commis par certains jeunes, voir CE 12 avril 1995, n° 133800, *Dr. Soc.* 1996, p. 156. Le refus de se soumettre à une sanction disciplinaire justifiée constitue une faute d'une gravité suffisante de nature à fonder une décision de licenciement (CE 6 mai 1996, n° 147250, *RJS* 7/96 n° 808).

Ne constituent pas des fautes d'une gravité suffisante un vol de marchandises d'un montant très limité (CE 11 février 1998, n° 170969, *Dr. Soc.* 1998, p. 1054, note M. Miné), la participation à un stage de formation pour l'encadrement de centres de vacances puis l'exercice bénévole de fonctions d'encadrement pendant des congés de maladie (CE 9 novembre 2005, n° 261874 ; voir également CE 23 mars 1990, n° 79839, *RJS* 5/90 n° 394 ; 4 octobre 1991, n° 104213 ; 9 juillet 1993, n° 134565, *RJS* 10/93 n° 1002 ; 29 décembre 1995, n° 153452, *RJS* 3/96 n° 303).

La méconnaissance par le salarié de stipulations d'un accord d'entreprise déclarées illégales ne peut servir de fondement à une autorisation de licenciement pour faute de ce salarié (CE 24 juin 1998, n° 109749, *RJS* 10/98 n° 1248).

Poursuites disciplinaires. Les dispositions de l'article L. 122-44 [L. 1332-4] CT interdisent à l'employeur d'engager des poursuites disciplinaires au-delà d'un délai de deux mois après qu'il en a eu connaissance, mais ne font pas obstacle à ce que des faits antérieurs à ce délai de deux mois soient pris en considération lorsque le comportement fautif du salarié s'est poursuivi dans ce délai (cass. soc. 7 mai 1991, n° 87-43.737, BC V n° 218 ; *RJS* 6/91 n° 706).

Faits commis en dehors du temps de travail. Un agissement du salarié protégé intervenu en dehors de l'exécution de son contrat de travail ne peut motiver un licenciement pour faute, sauf s'il traduit la méconnaissance par l'intéressé d'une obligation découlant de ce contrat. Ainsi, le fait, pour un salarié recruté comme chauffeur, de commettre, dans le cadre de sa vie privée, une infraction de nature à entraîner la suspension de son permis de conduire, ne saurait être regardé comme une méconnaissance par l'intéressé de ses obligations contractuelles à l'égard de son employeur ; par conséquent, l'inspecteur du travail ne peut légalement autoriser le licenciement pour faute d'un chauffeur à la suite de la suspension pour une durée de quatre mois de son permis de conduire intervenue en dehors de son temps de travail (CE 15 décembre 2010, n° 316856, *LSQ* n° 15768 du 7 janvier 2011).

Toutefois, si un fait commis par un salarié en dehors du temps de travail a des répercussions importantes sur le fonctionnement de l'entreprise, l'employeur pourra s'en prévaloir à l'appui d'un demande d'autorisation de licenciement ; il appartiendra alors à l'inspecteur du travail, et le cas échéant au ministre, de rechercher, sous le contrôle du juge de l'excès de pouvoir, si les faits en cause sont établis et de nature, compte tenu de leur répercussion sur le fonctionnement de l'entreprise, à rendre impossible le maintien du salarié dans l'entreprise, eu égard à la nature de ses fonctions et à l'ensemble des règles applicables au contrat de travail de l'intéressé (CE 15 décembre 2010, n° 316856, précité et 4 juillet 2005, n° 272193, *Rec. Lebon*, p. 306 ; *RJS* 11/05 n° 1121).

Faute commise à l'occasion d'une grève. La définition de la faute suffisamment grave reste incertaine ; le Conseil d'État ne semble pas rechercher l'existence d'une faute lourde s'agissant pourtant d'une faute commise à l'occasion d'une grève. La catégorie de « faute suffisamment grave » paraît être une catégorie « à part » que le juge administratif apprécie indépendamment des catégories retenues par le juge judiciaire. Ainsi, pour le juge administratif, le comportement du salarié est révélateur d'une faute d'une gravité suffisante pour justifier son licenciement, s'il prend une part active au conflit ; en revanche, si le salarié investi d'un mandat joue un rôle modérateur dans le conflit, il n'y aura pas faute d'une gravité suffisante. Le centre de gravité pour apprécier le degré de gravité de la faute paraît bien être le rôle modérateur ou non du salarié au cours du conflit. L'initiative d'un salarié titulaire d'un mandat représentatif d'arrêter une rotative qui fonctionnait grâce à des agents non grévistes constitue une faute suffisamment grave pour justifier un licenciement ; un tel acte ne peut être regardé comme se rattachant à l'exécution normale du mandat de l'intéressé (CE 1er avril 1992, n° 112826, *Dr. Soc.* 1992, p. 689, concl. D. Kessler ; *Dr. Soc.* 1993, p. 51, note J-E Ray ; CE 12 juillet 1995, 2 espèces, nos 143077 et 143089, *RJS* 10/95 n° 1030). De même, les violences commises par un représentant du personnel à l'encontre d'autres membres du personnel revêtent le caractère d'une faute de nature à justifier le licenciement de l'intéressé sans qu'il soit besoin de rechercher si ce comportement révélait une intention de nuire à l'employeur ou à l'entreprise (CE 6 mars 2002, n° 214656).

En revanche, le blocage des voies d'accès d'une entreprise de transports en grève et l'interception d'autocars conduits par des non-grévistes ne constituent pas une faute suffisamment grave compte tenu des circonstances dans lesquelles ces faits ont été commis et compte tenu du climat de tension régnant dans l'entreprise (CE 20 mai 1994, n° 152406, *RJS* 8-9/94 n° 1014 ; CE 2 février 1996, n° 152406, *Rec. Lebon*, p. 26 ; *RJS* 3/96 n° 299).

• ***Licenciement pour perte de confiance.*** Lorsqu'une demande d'autorisation de licenciement d'un salarié protégé (en l'espèce, un médecin du travail) est fondée sur des éléments qui se rattachent au comportement de l'intéressé et qui, sans caractériser l'existence d'une faute, rendraient impossible, selon l'employeur, la poursuite du contrat de travail, il appartient à l'inspecteur du travail et, éventuellement, au ministre compétent de rechercher, sous le contrôle du juge de l'excès de pouvoir, si ces éléments présentent un caractère objectif et si, en raison du niveau élevé des responsabilités exercées par le salarié, ils peuvent, eu égard à l'ensemble des règles applicables au contrat de travail, et compte tenu des atteintes susceptibles d'être portées au fonctionnement de l'organisme en cause, justifier légalement l'octroi d'une autorisation de licenciement. En revanche, la perte de confiance de l'employeur envers le salarié ne peut jamais constituer par elle-même un motif pouvant servir de base à une autorisation de licenciement (CE 21 décembre 2001, n° 224605, *Rec. Lebon*, p. 669 ; CE 22 mai 2002, n° 214637, *RJS* 8-9/02 n° 999). Le Conseil d'État rejoint ainsi la jurisprudence de la Cour de cassation pour qui la perte de confiance ne constitue plus une cause de licenciement, même quand elle repose sur des éléments objectifs (cass. soc. 29 mai 2001, n° 98-46.341, BC V n° 183 ; *RJS* 8-9/01 n° 999).

• Les licenciements pour motif économique.

Appréciation du motif économique. « Dans le cas où la demande de licenciement est fondée sur un motif de caractère économique, il appartient à l'inspecteur du travail et, le cas échéant, au ministre de rechercher, sous le contrôle du juge de l'excès de pouvoir, si la situation de l'entreprise justifie le licenciement du salarié, en tenant compte notamment de la nécessité des réductions envisagées d'effectifs et de la possibilité d'assurer le reclassement du salarié dans l'entreprise » (CE 15 avril 1996, n° 151474, *RJS* 6/96 n° 687 ; 11 juin 1999, n° 189144, *Rec. Lebon*, p. 179). La nécessité de sauvegarder la compétitivité de l'entreprise est au nombre des causes sérieuses de licenciement économique (voir notamment CE 12 janvier 2011, n° 327178, *RJS* 4/11 n° 351). Ayant constaté que les modifications structurelles décidées par une société, à l'origine de la suppression du poste d'une salariée, membre du comité d'entreprise, étaient motivées par le tassement de l'activité de la branche personnes physiques de cette entreprise et la volonté d'améliorer sa productivité, et que la société ne faisait état d'aucune menace pesant sur sa compétitivité, c'est à tort qu'un tribunal administratif a rejeté la demande de l'intéressée tendant à l'annulation de la décision de l'inspecteur du travail autorisant son licenciement pour motif économique (CE 8 mars 2006, n° 270857, *Rec. Lebon*, p. 116 ; *RJS* 5/06 n° 604 ; *JSL* n° 192, 27 juin 2006, p. 11, note M-Ch. Haller).

L'autorité administrative doit tenir compte de la situation économique et financière de l'ensemble des activités et établissements gérés par l'employeur dans le cadre de l'entreprise ou dans le cadre d'un groupe lorsque la société fait partie d'un tel groupe (CE 10 décembre 1993, n° 112947, *Rec. Lebon*, pp. 1064-1069 ; *RJS* 3/94 n° 277 ; 25 avril 1994, n° 98047, *RJS* 8-9/94 n° 1016 ; 21 décembre 1994, 2 arrêts, n°s 126912 et 146600, *RJS* 2/95 n° 139 ; 18 juin 1997, n° 160961, *RJS* 8-9/97 n° 994). Dans le cas où l'entreprise relève d'un groupe dont la société mère a son siège à l'étranger, l'autorité administrative doit faire porter son examen sur la situation économique de l'ensemble des sociétés du groupe œuvrant dans le même secteur d'activité que la société en cause, sans qu'il y ait lieu de borner cet examen à celles ayant leur siège social en France ni aux établissements de ce groupe situés en France (CE 8 juillet 2002, n° 226471, *RJS* 10/02 n° 1148 ; *JSL* n° 111, 12 novembre 2002, p. 7, obs. M-Ch. Haller).

La réalité du motif économique invoqué par l'employeur doit être appréciée à la date à laquelle l'autorité administrative se prononce sur la demande d'autorisation de licenciement (CE 21 décembre 2001, n° 215185, *Rec. Lebon*, p. 1215 ; *RJS* 3/02 n° 305).

À noter que l'inspecteur du travail qui constate que la procédure préalable de licenciement d'un salarié protégé est entachée d'irrégularité doit refuser l'autorisation de licenciement économique demandée (en l'espèce, la consultation des représentants du personnel prescrite par les articles L. 321-2 [L. 1233-8 et L. 2313-7] et L. 422-1 avait été privée de toute portée utile du fait des décisions déjà mises en œuvre par l'employeur, CE 29 octobre 1997, n° 154967, *RJS* 12/97 n° 1401).

En l'état d'une autorisation administrative de licencier un salarié protégé accordée à l'employeur par l'inspecteur du travail, le juge judiciaire ne peut, sans violer le principe de la séparation des pouvoirs, se prononcer sur le caractère réel et sérieux de la cause de licenciement. Est légalement justifié l'arrêt déboutant un salarié de sa demande de dommages et intérêts pour licenciement sans cause réelle et sérieuse, dès lors que le licenciement économique du salarié avait été autorisé par l'inspecteur du travail, au vu de la décision du juge-commissaire, et que la lettre de licenciement adressée ensuite au salarié renvoyait à cette autorisation (cass. soc. 14 février 2007, n° 05-40.213, BC V n° 23 ; *JCP* éd. S 2007, 1319, note L. Dauxerre ; *RJS* 4/07 n° 453). Voir aussi ci-dessus « Principe de séparation des pouvoirs ».

Recherche des possibilités de reclassement. L'inspecteur du travail doit rechercher si l'employeur a bien procédé à une recherche de reclassement (cass. soc. 23 juin 2009, n° 07-44.640, précité dans la rubrique « Principe de séparation des pouvoirs ». L'employeur doit démontrer qu'il a entrepris des efforts sérieux pour rechercher un emploi de reclassement (CE 11 janvier 1993, n° 98369, *RJS* 4/93 n° 425 ; CE 2 février 1996, n° 124370, *RJS* 3/96 n° 305). Ainsi, des facilités accordées à un salarié afin de lui permettre de rechercher un emploi à l'extérieur ne dispensent pas l'employeur de rechercher les possibilités de reclassement dans ses propres services (CE 24 octobre 1990, *RJS* 2/91 n° 217 ; CE 30 septembre 1994, n° 123826, *RJS* 12/94 n° 1404). L'employeur doit procéder à un examen individuel des possibilités de reclassement dans l'établissement ou, à défaut, dans l'entreprise (CE 8 janvier 1997, n°s 171807 à 171809, *RJS* 2/97 n° 175) ou même à l'intérieur d'un groupe (CE 10 juin 1998, n° 165463, *RJS* 8-9/98 n° 1017). L'employeur ne satisfait pas à son obligation de reclassement si le salarié n'a pu se porter candidat à des emplois offerts, la liste de ces emplois ayant fait l'objet d'une diffusion restreinte (CE 15 décembre 1997, n° 168566, *RJS* 3/98 n° 331, 1re espèce). De même, ne satisfait pas à son obligation de reclassement l'employeur qui se borne à proposer à tout le personnel d'un site devant être fermé le transfert sur un autre site de l'entreprise, sans formuler de proposition de reclassement individualisé (CE 12 octobre 2006, n° 287489, *JCP* éd. S 2006, 1986, note J-Y Kerbourc'h ; *RJS* 2/07 n° 245), ou l'employeur qui se borne à envoyer à une filiale du groupe les *curriculum vitae* de ses salariés (CE 29 juin 2009, n° 307964, *RJS* 11/09 n° 869). Mais la circonstance selon laquelle l'employeur n'a pas mis le salarié en mesure d'accéder à des formations qui auraient pu faciliter son reclassement ne peut être invoquée à l'encontre d'une décision d'autorisation de licenciement (CE 3 juin 1994, n° 107257, *RJS* 10/94 n° 1154).

L'examen des possibilités de reclassement doit être effectué prioritairement au sein de l'entreprise lorsque celle-ci appartient à un groupe (CE 20 mars 1996, n° 162927, *RJS* 5/96 n° 570 ; CE 12 janvier 2011, n° 327178, *RJS* 4/11 n° 351). En outre, même lorsqu'elle est tenue de faire porter son examen sur les entreprises du groupe, l'autorité administrative doit chercher à reclasser le salarié prioritairement dans un emploi comparable à celui occupé auparavant. Ainsi, le Conseil d'État a précisé que, pour apprécier les possibilités de reclassement offertes au salarié protégé, l'autorité administrative ne peut se borner à prendre en considération la situation de la seule société demanderesse, mais doit faire porter son examen sur les entreprises du groupe dont les activités et l'organisation offrent à l'intéressé la possibilité d'exercer des activités comparables. Un tribunal administratif a pu annuler une autorisation de licenciement, dès lors qu'il ne ressortait pas des pièces du dossier qu'à la suite du refus opposé par le salarié d'accepter la proposition de modification de son contrat de travail, la société eut examiné les possibilités de le reclasser au sein de la société et du groupe dans des fonctions comparables à celles qu'il occupait (CE 31 janvier 2001, n° 198352, *RJS* 7/07 n° 890).

Si, pour juger de la réalité des offres de reclassement, l'inspecteur du travail peut tenir compte de la volonté exprimée par le salarié, l'expression de cette volonté, lorsqu'il s'agit d'un reclassement sur le territoire national, ne peut néanmoins être prise en compte qu'après que des propositions de reclassement concrètes, précises et personnalisées ont été effectivement exprimées, et à condition que l'information du salarié soit complète et exacte. La circonstance qu'un salarié ait indiqué ne pas souhaiter un reclassement dans un poste ne dispense pas l'employeur de son obligation de lui faire des propositions concrètes de reclassement (CE 13 avril 2005, n° 258755, *LS* Jurispr. n° 914, 4 juillet 2005 ; *JSL* n° 171, 5 juillet 2005, p. 13, obs. J-E Tourreil ; *RJS* 8-9/05 n° 868). Ce n'est que lorsque l'entreprise relève d'un groupe ayant des sociétés situées en dehors du territoire national et dans la perspective d'un reclassement à l'étranger que l'employeur est tenu de recueillir au préalable les souhaits du salarié : l'autorité administrative est alors tenue, pour ceux des salariés qui ont manifesté, à la demande de l'employeur, leur intérêt de principe pour un reclassement à l'étranger, de faire porter son examen sur les possibilités de reclassement pouvant exister dans les sociétés du groupe, y compris celles ayant leur siège à l'étranger, dont les activités ou l'organisation offrent à l'intéressé, compte tenu de ses compétences et de la législation du pays d'accueil, la possibilité d'exercer des fonctions comparables (CE 4 février 2004, n° 255956, *RJS* 4/04 n° 436).

Pour considérer qu'il n'existait pas de possibilité de reclassement, un tribunal administratif a pu se fonder sur l'écart existant entre les qualifications du salarié et le profil du poste vacant pour lequel il s'était porté candidat (CE 30 avril 1997, n° 155294, *RJS* 7/97 n° 837). Sur l'absence d'efforts nécessaires de reclassement, voir CE 30 juillet 1997, n° 170315, *RJS* 10/97 n° 1113. En l'absence de possibilités de reclassement plus favorables, la circonstance qu'une offre de reclassement soit assortie d'une période d'essai n'est pas à elle seule de nature à la priver de son caractère sérieux (CE 26 juin 2002, n° 223952, *RJS* 11/02 n° 1256 ; *JSL* n° 111, 12 novembre 2002, p. 24 ; dans le même sens, voir aussi CE 3 juin 1994, n° 117333, *RJS* 8-9/94 n° 1015). En l'état de l'autorisation administrative de licenciement accordée à l'employeur, le juge judiciaire ne peut apprécier le caractère réel et sérieux du motif de licenciement, y compris en ce qui concerne l'obligation de reclassement. Il lui appartient seulement de surseoir à statuer en renvoyant l'appréciation de légalité à la juridiction administrative (cass. soc. 25 novembre 1997, n° 94-45.185, BC V n° 399 ; *RJS* 1/98 n° 70). Voir aussi *supra « Principe de séparation des pouvoirs »*.

Ordre des licenciements. L'application des règles relatives à l'ordre des licenciements ne relève pas du contrôle exercé par l'autorité administrative (CE 9 juin 2010, n° 315538, *LS* Jurispr. n° 168/2010 du 30/08/10 ; par conséquent, même lorsqu'une autorisation administrative a été accordée à l'employeur par l'inspecteur du travail, il n'appartient qu'au juge judiciaire d'apprécier la mise en œuvre des critères retenus pour fixer l'ordre des licenciements (cass. soc. 11 décembre 2001, n° 99-44.994, BC V n° 380 ; *RJS* 2/02 n° 202 ; 10 décembre 2003, n° 01-47.147, *RJS* 2/04 n° 195 ; 27 octobre 2004, n° 02-46.935, BC V n° 270 ; *RJS* 2/05 n° 179). L'autorité administrative doit seulement s'assurer que la place occupée par le salarié protégé dans l'ordre des licenciements ou l'application qui lui a été faite des critères n'a pas un rapport avec l'exercice des mandats détenus par l'intéressé (CE 29 décembre 2000, n° 206918, *JSL* n° 83, 12 juillet 2001, pp. 17 et s. obs. M-Ch. Haller). Aucun élément n'étant de nature à justifier que l'application des critères définis pour l'ordre des licenciements pouvait justifier le licenciement des salariés, celui-ci devait être regardé comme étant en rapport avec leurs fonctions représentatives et leur appartenance syndicale (dans un climat de détérioration entre les dirigeants de l'entreprise et le syndicat auquel appartenaient les salariés : CE 11 juillet 1994, n° 102637, *RJS* 12/94 n° 1406).

• ***Licenciement pour inaptitude physique.*** Dans le cas où la demande de licenciement est motivée par l'inaptitude physique, il appartient à l'inspecteur du travail et, le cas échéant, au ministre, de rechercher, sous le contrôle du juge, si cette inaptitude est telle qu'elle justifie le licenciement envisagé. La circonstance que l'avis du médecin du travail, auquel il incombe de se prononcer sur l'aptitude du salarié à reprendre l'emploi qu'il occupait précédemment ou à exercer d'autres tâches existantes, déclare le salarié protégé *inapte à tout emploi dans l'entreprise* ne dispense pas l'employeur, qui connaît les possibilités d'aménagement de l'entreprise et peut solliciter le groupe auquel, le cas échéant, celle-ci appartient, de rechercher toute possibilité de reclassement dans l'entreprise ou au sein du groupe, au besoin par la mise en œuvre de mesures telles que mutations, transformations des postes de travail ou aménagement du temps de travail (CE 7 avril 2011, n° 334211, *RJS* 7/11 n° 630).

L'autorité administrative doit s'assurer de la réalité du motif, du caractère non discriminatoire du licenciement sollicité, mais aussi des possibilités de reclassement du salarié (CE 11 juin 1990, n° 84650, *RJS* 8-9/90 n° 696 ; 11 mars 1994, n° 136597, *RJS* 6/94 n° 728 ; 2 février 1996, n° 157713, *RJS* 3/96 n° 304 ; 4 juillet 2005, n° 269173, *RJS* 11/05 n° 1122) ; possibilités de reclassement à rechercher en procédant, au besoin, à un réaménagement de certains postes de travail (CE 30 avril 1997, n° 158474, *RJS* 7/97 n° 839) ; en étendant les recherches aux emplois disponibles dans l'ensemble des secteurs d'activité de l'établissement compatibles avec l'aptitude physique (CE 9 décembre 1998, n° 157169). Un employeur a satisfait à l'obligation de reclassement en proposant à un salarié devenu inapte à son emploi un autre emploi approprié à ses capacités, peu important qu'il ne lui ait pas proposé d'autres postes disponibles et compatibles avec son inaptitude (CE 30 juillet 1997, n° 159021, *RJS* 12/97 n° 1397).

Il appartient à l'employeur d'apporter la preuve de l'impossibilité de reclassement d'un salarié reconnu inapte à reprendre son emploi (cass. crim. 27 septembre 1994, n° 92-83.156, *CSB* 1995 p. 67).

L'inspecteur du travail, saisi d'un projet de licenciement d'un salarié protégé inapte à reprendre son emploi à l'issue de la suspension de son contrat de travail pour accident du travail ou maladie professionnelle, doit aussi s'assurer du respect par l'employeur de la procédure de consultation des délégués du personnel. Cette consultation préalable des délégués du personnel, dans le cadre des dispositions de l'article L. 122-32-5 ancien, constitue une formalité substantielle à laquelle est subordonnée la légalité de l'autorisation administrative de licenciement (CE 22 mai 2002, n° 221600, *JSL* n° 105, 16 juillet 2002, p. 21 ; *RJS* 8-9/02 n° 1000).

Si l'inspecteur du travail refuse d'autoriser le licenciement d'un salarié en arrêt de travail pour maladie, la chambre sociale de la Cour de cassation considère que l'obligation de l'employeur au paiement des salaires prévue par l'article L. 122-24-4 (ancien) CT, à l'expiration du délai d'un mois suivant la constatation par le médecin du travail de l'inaptitude du salarié à reprendre son emploi, est sérieusement contestable (cass. soc. 1er juillet 1998, n° 96-42.409, BC V n° 360 ; *Dr. Soc.* 1998, p. 843, obs. J. Savatier).

Absences répétées pour maladie. Dans le cas où la demande de licenciement est fondée sur les absences répétées pour maladie, il appartient à l'autorité administrative de rechercher, sous le contrôle du juge de l'excès de pouvoir, si les absences du salarié apportent au fonctionnement de l'entreprise, compte tenu des règles applicables au contrat de travail de l'intéressé, des perturbations suffisamment graves pour justifier le licenciement (CE 27 mars 1992, n° 104460, *RJS* 7/92 n° 890). L'employeur doit essayer de procéder au reclassement du salarié protégé ; l'autorisation de licenciement ne peut être accordée par l'inspecteur du travail qu'après avoir recherché, notamment, s'il existait ou non une possibilité d'assurer un reclassement (CE 21 octobre 1996, n° 111961, *RJS* 12/96 n° 1287). L'autorité administrative doit tenir compte de l'ensemble des règles applicables au contrat de travail, « au nombre desquelles appartiennent, lorsqu'elles existent, les conventions collectives auxquelles le contrat de travail fait référence » (CE 13 mars 1992, n° 100756, *RJS* 7/92 n° 889).

• ***Licenciement pour insuffisance professionnelle.*** Lorsque la demande de licenciement d'un salarié protégé est motivée par l'insuffisance professionnelle, il appartient à l'inspecteur du travail et, le cas échéant, au ministre, de rechercher, sous le contrôle du juge de l'excès de pouvoir, si cette insuffisance est telle qu'elle justifie le licenciement, compte tenu de l'ensemble des règles applicables au contrat de travail de l'intéressé, des caractéristiques de l'emploi exercé à la date à laquelle elle est constatée, des exigences propres à l'exécution normale du mandat dont le salarié est investi, et de la possibilité d'assurer son reclassement dans l'entreprise (CE 27 septembre 1989, n° 91613 ; voir aussi CE 23 décembre 2010, n° 333169). Par conséquent, lorsque le licenciement d'un salarié détenteur d'un mandat de représentation du personnel est demandé sur le fondement de l'insuffisance professionnelle, l'autorisation sollicitée doit être refusée en l'absence de recherche de reclassement de la part de l'employeur (rép. QE 8010, JO Sén. 2 avril 2009, p. 832).

• ***Rupture conventionnelle du contrat de travail à durée indéterminée.*** Selon l'article L. 1237-15 CT, l'inspecteur du travail est compétent, en cas de rupture conventionnelle, pour accorder une autorisation qui vaut homologation. Selon la circulaire DGT 2008-11 du 22 juillet 2008 relative à l'examen de la demande d'homologation d'une rupture conventionnelle d'un contrat à durée indéterminée, l'inspecteur du travail n'a pas, dans l'exercice de sa compétence appliquée à la rupture conventionnelle, à apprécier la validité d'un motif qui justifierait une telle rupture. Il doit seulement s'assurer de l'absence de toute pression de la part de l'employeur qui se rattacherait notamment à l'exercice du mandat du salarié : la décision autorisant la rupture conventionnelle devra toujours constater l'absence de lien avec le mandat.

• ***Modification du contrat de travail et changement des conditions de travail.*** Le refus opposé par un salarié protégé à un changement de ses conditions de travail décidé par son employeur en vertu, soit des obligations souscrites dans le contrat de travail, soit de son pouvoir de direction, constitue, en principe, une faute (CE 7 décembre 2009, n° 301563, *JCP* éd. S 2010, 1096, note J-Y Kerbourc'h ; *Dr. Soc.* 2010, pp. 306 et s., concl. Y. Struillou), à moins que ce changement n'ait pour effet de contrevenir à l'exercice normal des mandats représentatifs (CE 29 décembre 2000, n° 207613).

Saisi d'une demande d'autorisation de licenciement à raison de la faute qui résulterait de ce refus, l'inspecteur du travail doit, après s'être assuré que la mesure envisagée ne constitue pas une modification du contrat de travail de l'intéressé, apprécier sous le contrôle du juge si le refus du salarié constitue une faute d'une gravité suffisante pour justifier l'autorisation sollicitée, compte tenu de la nature du changement envisagé, de ses modalités de mise en œuvre et de ses effets, tant au regard de la situation personnelle du salarié, que des conditions d'exercice de son mandat ; en tout état de cause, le changement des conditions de travail ne peut avoir pour objet de porter atteinte à l'exercice de ses fonctions représentatives (CE 7 décembre 2009, n° 301563, précité).

Lorsqu'une modification du contrat est imposée au salarié pour des raisons économiques, l'inspecteur du travail peut autoriser le licenciement du salarié refusant cette modification (CE 9 novembre 1994, n° 119053, *RJS* 1/95 n° 41). Mais il lui appartient de vérifier que le licenciement du salarié protégé répond aux conditions fixées par l'article L. 321-1, al. 1er [L. 1233-3] CT ; commet donc une erreur de droit la cour administrative d'appel qui omet de vérifier que la réorganisation des services commerciaux d'une société ayant entraîné la proposition, refusée par le salarié, d'une modification de son contrat de travail et, par suite son licenciement, était rendue nécessaire par les difficultés économiques ou les mutations technologiques que connaissait l'entreprise (CE 31 janvier 2001, n° 198352, *RJS* 7/07 n° 890).

Si le salarié investi d'un mandat représentatif ne peut se voir imposer aucune modification de son contrat de travail ni de ses conditions de travail, il ne peut cependant pas refuser un travail entrant dans les attributions de son poste. Le contrat n'est alors pas rompu par l'employeur et le salarié ne peut prétendre à des indemnités de rupture (cass. soc. 10 mai 1999, n° 97-41.497, BC V n° 200 ; *RJS* 6/99 n° 829).

Refus d'autorisation de licenciement. Dès lors que l'inspecteur du travail refuse une autorisation de licenciement d'un salarié ayant refusé sa mutation, le salarié doit être maintenu dans son emploi et percevoir son salaire ; les juges ne sauraient lui refuser une indemnité compensatrice de la perte de ses salaires (cass. soc. 3 octobre 1989, n° 86-45.691, BC V n° 558 ; *RJS* 11/89 n° 863, 2e espèce).

• Perte du titre nécessaire à l'exercice des fonctions. Lorsque la demande d'autorisation de licenciement est motivée par la circonstance que le salarié ne remplit pas les conditions légalement exigées pour l'exercice de l'emploi pour lequel il a été embauché, il appartient à l'inspecteur du travail et le cas échéant au ministre, de vérifier, sous le contrôle du juge de l'excès de pouvoir, que cette demande est sans lien avec les mandats détenus et que le motif avancé est établi et justifie le licenciement, compte tenu de l'ensemble des règles applicables au contrat de travail de l'intéressé, des caractéristiques de l'emploi exercé et des exigences propres à l'exécution normale du mandat dont il est investi ; en outre, pour refuser l'autorisation sollicitée, l'autorité administrative a la faculté de retenir des motifs d'intérêt général relevant de son pouvoir d'appréciation de l'opportunité, sous réserve qu'une atteinte excessive ne soit pas portée à l'un ou l'autre des intérêts en présence (CE 15 décembre 2010, n° 329674, *RJS* 4/11 n° 350).

CONSÉQUENCES DU NON-RESPECT DES FORMALITÉS LÉGALES

Le licenciement d'un représentant du personnel sans autorisation administrative est nul. Un licenciement sans demande d'autorisation à l'inspecteur du travail ou un licenciement intervenu en méconnaissance d'un refus d'autorisation administrative caractérise une voie de fait (cass. ch. mixte 25 octobre 1968, Detœuf, *D.* 1968, 706) et constitue un trouble manifestement illicite qui fonde la compétence du juge des référés (10 janvier 1989, n° 87-42.688, BC V n° 3 ; 8 juillet 1997, n° 96-44.337, BC V n° 257 ; *RJS* 8-9/97 n° 997 ; 26 juin 2001, BC V n° 230). Le juge des référés peut délivrer une ordonnance de réintégration sous astreinte (cass. soc. 24 octobre 1979, n° 78-15.563, BC V n° 781 ; 29 novembre 1979, n° 78-13.481, BC V n° 930 ; voir aussi cass. soc. 17 mars 1998, n° 78-15.563, BC V n° 144 ; *RJS* 5/98 n° 612).

Réintégration. La réintégration du salarié protégé licencié sans le respect des formalités légales est de droit, s'il l'a demandée (cass. soc. 20 mai 1992, n° 90-44.725, BC V n° 328 ; *RJS* 7/92 n° 895). Ce n'est qu'au cas où l'entreprise a disparu ou bien lorsqu'il existe une impossibilité absolue de réintégration que l'employeur est libéré de son obligation (cass. soc. 24 juin 1998, n° 95-44.757, BC V n° 340 ; *RJS* 8-9/98 n° 1020). Est sans incidence le fait que le salarié ait été licencié plusieurs années auparavant (cass. soc. 20 mai 1992, n° 90-44.725, BC V n° 328 ; *RJS* 7/92 n° 895), aucun délai n'étant imparti au salarié protégé pour demander sa réintégration et l'indemnisation de son préjudice (cass. soc. 26 février 1992, n° 89-44.516, *RJS* 4/92 n° 467 ; 11 décembre 2001, n° 99-42.476, BC V n° 381 ; *RJS* 2/02 n° 200).

Encore faut-il que le salarié demande sa réintégration immédiate : c'est à bon droit qu'une cour d'appel a débouté un salarié, qui avait bénéficié d'une ordonnance de réintégration sous astreinte, de sa demande en liquidation de cette astreinte après avoir constaté qu'il avait entendu différer sa demande de réintégration effective dans l'entreprise jusqu'à la réalisation préalable par l'employeur d'un certain nombre de conditions (cass. soc. 23 septembre 2008, n° 06-45.320, 1er moyen, BC V n° 166).

Le salarié doit retrouver le poste qu'il occupait au moment de son licenciement dès lors que le travail qu'il accomplissait existe toujours (cass. soc. 11 décembre 2001, n° 99-42.586, BC V n° 378 ; *RJS* 2/02 n° 198 ; *JSL* n° 94, 29 janvier 2002, pp. 18 et 19, obs. J-E Tourreil ; voir aussi cass. soc. 18 novembre 1998, n° 96-43.072, BC V n° 498 ; *RJS* 1/99 n° 71, précisant que l'employeur ne peut justifier l'impossibilité de réintégrer dans le poste initial par le fait qu'il l'occupe lui-même). Peu importe également que le poste soit occupé par un autre salarié (cass. soc. 31 mai 1995, n° 93-46.189, *Dr. Soc.* 1995, p. 683).

Lorsque le salarié a obtenu judiciairement sa réintégration et que l'employeur y fait obstacle, le salarié peut prendre acte de la rupture de son contrat de travail ; l'employeur est alors tenu au paiement d'une indemnité égale à la rémunération que le salarié aurait perçue jusqu'à la prise d'acte de la rupture et le salarié a droit en outre aux indemnités de rupture de son contrat de travail ainsi qu'à une indemnité pour licenciement illicite au moins égale à celle prévue par l'article L. 122-14-4 (ancien) CT (cass. soc. 25 janvier 2006, n° 04-40.789, BC V n° 28 ; *JSL* 28 février 2006, n° 184, p. 7, obs. M. Hautefort ; *RJS* 4/06 n° 475).

La demande de réintégration reste facultative (cass. soc. 10 décembre 1997, n° 94-45.532, BC V n° 432 ; *RJS* 1/98 n° 71).

À noter que c'est à tort qu'une cour d'appel a débouté un salarié de sa demande en réintégration au motif qu'il n'invoquait pas la nullité de la rupture de son contrat de travail, alors qu'à la date de la rupture, le salarié était protégé en sa qualité de candidat aux fonctions de membre du comité d'entreprise et qu'en demandant à titre principal sa réintégration, il invoquait la nullité de son licenciement (cass. soc. 18 décembre 2000, n° 98-42.320, BC V n° 428).

Indemnisation. ***Lorsque le salarié ne demande pas sa réintégration,*** il a droit à une indemnisation forfaitaire correspondant à la rémunération qu'il aurait perçue depuis la date de la rupture du contrat jusqu'à l'expiration de la période de protection (cass. soc. 10 mai 2006, n° 04-40.901, BC V n° 173 ; *RJS* 7/06 n° 865 ; 10 juillet 1990, 3 espèces, BC V n° 362 ; *Dr. Soc.* 1990, p. 794, note H. Marie ; 10 décembre 1997, n° 94-45.532, BC V n° 432 ; *RJS* 1/98 n° 71 ; 11 mai 1999, n° 97-41.901, *RJS* 6/99 n° 833), peu important qu'il ne soit pas resté à la disposition de l'employeur (cass. soc. 23 mai 2000, n° 97-42.145, BC V n° 202). Lorsque le salarié était protégé à plusieurs titres, la sanction de la méconnaissance du statut protecteur doit être égale au moins au montant des salaires dont le salarié a été privé depuis la date de son éviction jusqu'à la fin de la période de protection qui expire la dernière (cass. soc. 3 mai 2007, n° 05-43.863, BC V n° 67 ; *RJS* n° 7/07 n° 876). Cette indemnisation vise à sanctionner la violation du statut protecteur ; elle est due indépendamment de la faute qu'a pu commettre le salarié (cass. soc. 10 juillet 1990, précité ; 21 novembre 1990, 2 arrêts, n°s 89-10.124 et 87-44.256, BC V n°s 583 et 584 ; *RJS* 1/91 n° 57 ; 12 février 1991, n° 88-41.287, *RJS* 3/91 n° 353). Les juges du fond ne sont pas tenus de rechercher quel a été le préjudice effectivement subi par le salarié (cass. soc. 15 novembre 1994, n° 91-43.976, *RJS* 12/94 n° 1402 ; 25 novembre 1997, n° 94-43.651, BC V n° 405 ; *RJS* 1/98 n° 71, 3e espèce).

À noter que l'indemnité pour violation du statut protecteur étant égale à la rémunération que le salarié aurait perçue depuis son éviction jusqu'à l'expiration de la période de protection, le salarié, licencié en méconnaissance de son statut protecteur après l'expiration de la période de protection (pour des faits commis durant cette période), ne peut bénéficier de cette indemnité qui couvre le préjudice lié à la perte du mandat (cass. soc. 8 juin 2011, n° 10-11.933, *RJS* 8-9/11 n° 655, 2e espèce).

Pour la détermination de la rémunération servant de base au calcul de cette indemnité forfaitaire, il y a lieu de retenir le montant de la rémunération avant précompte des contributions sociales et des impositions de toute nature que la loi met à la charge du salarié (cass. soc. 7 juin 2005, n° 03-44.969, BC V n° 191 ; *JSL* n° 172, 26 juillet 2005, p. 23 ; *JCP* éd. S 2005, 1102, note Fr. Bousez ; *RJS* 8-9/05 n° 870).

En outre, le salarié a droit à l'indemnité compensatrice de préavis et il n'appartient pas à l'employeur d'opérer une réduction sur le montant de cette indemnité dont il doit verser le montant intégral pour toute la durée où le préavis aurait dû être exécuté (cass. soc. 10 mai 2006, n° 04-40.901, précité).

Enfin, le salarié a droit à une indemnité réparant l'intégralité du préjudice résultant de la rupture illicite du contrat de travail et au moins égale à celle prévue par l'article L. 122-14-4 ancien et cela, que le licenciement repose ou non sur une cause réelle et sérieuse (cass. soc. 12 juin 2001, n° 99-41.695, BC V n° 219 ; 12 décembre 2001, n° 99-44.167, BC V n° 383 ; *RJS* 2/02 n° 201 ; 22 mai 2002, n° 00-42.213, BC V n° 175 ; *RJS* 8-9/02 n° 1017 ; 23 novembre 2004, n° 02-44.262, BC V n° 296 ; *RJS* 2/05 n° 178 ; 29 mars 2005, n° 03-40.768, BC V n° 105 ; *RJS* 6/05 n° 651, 1re espèce).

À noter que le salarié, bénéficiaire à la fois de la protection accordée aux représentants du personnel et aux victimes d'accident du travail ou d'une maladie professionnelle a droit à la réparation du préjudice subi résultant de l'inobservation par l'employeur des règles protectrices qui lui sont applicables à ce double titre [en l'espèce, cumul de l'indemnité réparant le préjudice résultant de l'absence d'autorisation administrative avec celle sanctionnant la violation par l'employeur de l'interdiction de licencier durant la période de suspension du contrat consécutive à un accident du travail] (cass. soc. 19 septembre 2007, n° 06-41.227, BC V n° 130 ; *RJS* 11/07 n° 1191). En revanche, l'indemnité prévue à l'article L. 1226-15 en cas de méconnaissance par l'employeur de son obligation de reclassement d'un salarié inapte ne se cumule pas avec celle réparant le préjudice résultant de l'absence d'autorisation administrative, seule l'indemnité la plus élevée est duc (cass. soc. 30 juin 2010, n° 09-40.347, BC V n° 154).

À noter également que le salarié protégé dont la demande de résiliation judiciaire est accueillie n'a droit, au titre de la violation de son statut protecteur, qu'au paiement d'une indemnité égale à la rémunération qu'il aurait dû percevoir jusqu'à l'expiration de la période de protection en cours au jour de sa demande. C'est donc à tort que, pour fixer l'indemnisation due à un salarié, délégué du personnel, en raison de la résiliation judiciaire de son contrat de travail devant produire les effets d'un licenciement nul, une cour d'appel a retenu que le salarié ayant été réélu délégué du personnel en cours d'instance, il convenait de prendre en compte la durée de la nouvelle période de protection dont il bénéficiait (cass. soc. 4 mars 2009, n° 07-45.344, 3e moyen, BC V n° 58 ; *RJS* 5/09 n° 452 ; *JCP* éd. S 2009, 1311).

Délégué syndical. L'éviction du salarié protégé hors de l'entreprise, résultant du licenciement illégal, fait obstacle à l'exercice du mandat. Il en résulte que, lorsqu'il ne demande pas sa réintégration, le délégué syndical, licencié sans autorisation de l'inspecteur du travail, a droit à une indemnité correspondant à la période de protection prévue par l'article L. 412-18, al. 4 [L. 2411-3] CT, soit égale à douze mois de salaires à compter de son éviction de l'entreprise (cass. soc. 6 juin 2000, n° 98-40.387, BC V n° 218 ; 27 octobre 2004, n° 01-45.902, BC V n° 275 ; *RJS* 1/05 n° 58). Cette indemnité est due (et ne peut donc être réduite), même lorsque le délégué syndical exerçait son mandat depuis moins d'un an (cass. soc. 1er octobre 2003, n° 01-41.418, *RJS* 12/03 n° 1416).

Candidat licencié avant son élection. Le candidat aux élections illégalement licencié puis élu représentant du personnel bénéficie de la durée de la protection attachée à sa qualité d'élu. En effet, ce salarié était protégé au moment du licenciement et celui-ci étant nul, cette protection s'est poursuivie pendant la durée du mandat dont il n'a été privé que par la décision illégale de l'employeur. L'indemnisation à laquelle il peut prétendre correspond donc à la rémunération qu'il aurait perçue jusqu'à l'expiration de la période de protection accordée aux représentants du personnel, soit trente mois de salaire (cass. soc. 30 juin 2004, n° 01-43.821, BC V n° 188 ; *RJS* 10/04 n° 1069).

Conseiller du salarié. Voir note sous article L. 2411-21.

Conseiller prud'homme. Voir note sous article L. 2411-22.

Membre d'un comité d'entreprise européen. Le salarié membre du comité d'entreprise européen licencié par son employeur sans autorisation administrative et qui ne demande pas sa réintégration a le droit d'obtenir, d'une part, au titre de la méconnaissance du statut protecteur, le montant de la rémunération qu'il aurait dû percevoir entre son éviction et l'expiration de la période de protection, dans la limite de la durée de protection accordée aux membres du comité d'entreprise par l'article L. 436-1 CT et, d'autre part, outre ses indemnités de rupture, une indemnité réparant l'intégralité du préjudice résultant du caractère illicite du licenciement et au moins égale à celle prévue par l'article L. 122-14-4 (ancien) CT (cass. soc. 16 mars 2005, n° 02-45.077, BC V n° 96 ; *RJS* 6/05 n° 651, 2e espèce).

Administrateur de mutuelle. Voir note sous article L. 2411-19.

Le salarié protégé, licencié sans autorisation préalable, ***qui demande sa réintégration*** pendant la période de protection, a droit au versement d'une indemnité égale au montant de la rémunération qu'il aurait perçue jusqu'à sa réintégration.

Il n'y a pas lieu de déduire de cette indemnité les revenus qu'il a pu percevoir de tiers au cours de cette période (cass. soc. 10 octobre 2006, n° 04-47.623, BC V n° 297 ; *RJS* 12/06 n° 1296). Cette rémunération lui est également due alors que la demande de réintégration est formulée par le salarié après l'expiration de la période de protection en cours pour des raisons qui ne lui sont pas imputables (cass. soc. 30 novembre 1999, n° 97-41.690, BC V n° 465 ; *JSL* n° 49, 11 janvier 2000, p. 13 ; *RJS* 1/00 n° 72 ; voir aussi cass. soc. 11 décembre 2001, n° 99-42.476, BC V n° 381 ; *JSL* n° 95, 12 février 2002, pp. 10 et s.).

De même, le salarié protégé dont le contrat est irrégulièrement transféré doit être réintégré dans l'entreprise d'origine s'il le demande, avec versement des salaires perdus depuis son transfert jusqu'à sa réintégration ; toutefois, il ne peut cumuler la somme correspondant aux salaires dont il a été privé avec celle qu'il a pu recevoir du repreneur (cass. soc. 28 mai 2003, n° 01-40.512, BC V n° 181 ; *JSL* n° 126, 24 juin 2003, p. 7 ; *RJS* 8-9/03 n° 1037).

– Le salarié licencié sans autorisation administrative qui n'est pas réintégré dans son emploi a droit, outre l'indemnisation pour la méconnaissance du statut protecteur, à des dommages et intérêts s'il a été licencié sans cause réelle et sérieuse et à des indemnités de rupture s'il n'a pas commis de faute grave (cass. soc. 30 novembre 1999 précité ; 17 mars 1998, n° 95-42.885, BC V n° 156 ; *RJS* 5/98 n° 607 ; 13 juillet 1993, n° 90-43.052, *RJS* 10/93 n° 1003 ; 10 juillet 1990, n° 87-44.981, BC V n° 362).

– La proposition de l'employeur d'annuler un licenciement et de réintégrer le salarié concerné est sans effet si le salarié ne l'accepte pas (cass. soc. 10 mai 1999, n° 96-45.652, BC V n° 208 ; *RJS* 6/99 n° 830). L'employeur qui licencie un salarié protégé, sans autorisation administrative, ne peut revenir sur sa décision en réintégrant le salarié et en régularisant a posteriori la procédure si le salarié entend se prévaloir de tous les effets attachés au licenciement qui lui a déjà été notifié ; l'administration du travail est tenue de refuser l'autorisation de licenciement demandée par l'employeur (CE 14 juin 1991, n°s 96326, 97009, *Dr. Soc.* 1992, p. 51, concl. M. Denis-Linton ; CE 20 mars 1996, n° 150822, *RJS* 5/96 n° 572). En ce cas, la sanction de la méconnaissance par l'employeur du statut protecteur des représentants du personnel est la rémunération que le salarié aurait perçue jusqu'à la fin de la période de protection en cours (cass. soc. 6 avril 1994, n° 92-42.395, BC V n° 133 ; *RJS* 5/94 n° 573 ; cass. soc. 25 novembre 1997, BC V n° 405 ; *Dr. Soc.* 1998, p. 91).

– Une cour d'appel, qui a constaté qu'une société avait fait une offre de réintégration à un salarié protégé licencié en méconnaissance de son statut protecteur, a pu décider que la poursuite du contrat de travail n'était pas impossible et que la société ne pouvait donc se prévaloir d'une faute grave (cass. soc. 28 mars 2000, n° 97-44.373, BC V n° 134).

– Le licenciement d'un représentant du personnel prononcé en méconnaissance du statut protecteur est nul et non pas dépourvu de cause réelle et sérieuse : l'employeur ne peut donc être condamné à rembourser les indemnités de chômage à l'Assédic, un tel remboursement ne pouvant être ordonné en cas de nullité du licenciement (cass. soc. 12 décembre 2001, n° 99-44.167, BC V n° 383 ; *JSL* n° 94, 29 janvier 2002, p. 24 ; *Dr. Soc.* 2002, pp. 225 et s., obs. G. Couturier).

• Sur la protection des salariés protégés, voir notamment H. Rose, Y. Struillou « Droit du licenciement des salariés protégés », *Économica*, 4e édition, novembre 2010.

SECTION 1. **Champ d'application**

Art. L. 2411-1. Bénéficie de la protection contre le licenciement prévue par le présent chapitre, y compris lors d'une procédure de sauvegarde, de redressement ou de liquidation judiciaire, le salarié investi de l'un des mandats suivants :

1° Délégué syndical ;

2° Délégué du personnel ;

3° Membre élu du comité d'entreprise ;

4° Représentant syndical au comité d'entreprise ;

5° Membre du groupe spécial de négociation et membre du comité d'entreprise européen ;

6° Membre du groupe spécial de négociation et représentant au comité de la société européenne ;

(L. 2008-649 du 3 juil. 2008, art. 4, JO 4) « 6° *bis* Membre du groupe spécial de négociation et représentant au comité de la société coopérative européenne ;

6° *ter* Membre du groupe spécial de négociation et représentant au comité de la société issue de la fusion transfrontalière ; »

7° Représentant du personnel au comité d'hygiène, de sécurité et des conditions de travail ;

8° Représentant du personnel d'une entreprise extérieure, désigné au comité d'hygiène, de sécurité et des conditions de travail d'un établissement comprenant au moins une installation classée figurant sur la liste prévue au IV de l'article L. 515-8 du code de l'environnement ou mentionnée à ***(Ord. 2011-91 du 20 janv. 2011, art. 11, JO 25, entrée en vigueur le 01.03.2011)*** « l'article L. 211-2 du code minier » ;

9° Membre d'une commission paritaire d'hygiène, de sécurité et des conditions de travail en agriculture prévue à l'article L. 717-7 du code rural ***(Ord. 2010-462 du 6 mai 2010, JO 7)*** « et de la pêche maritime » ;

10° Salarié mandaté, dans les conditions prévues à l'article ***(L. 2008-789 du 20 août 2008, art. 9, JO 21)*** « L. 2232-24 », dans les entreprises dépourvues de délégué syndical ;

11° Représentant des salariés mentionné à l'article L. 662-4 du code de commerce lors d'un redressement ou d'une liquidation judiciaire ;

12° Représentant des salariés au conseil d'administration ou de surveillance des entreprises du secteur public ;

13° Membre du conseil ou administrateur d'une caisse de sécurité sociale mentionné à l'article L. 231-11 du code de la sécurité sociale ;

14° Membre du conseil d'administration d'une mutuelle, union ou fédération mentionné à l'article L. 114-24 du code de la mutualité ;

15° Représentant des salariés dans une chambre d'agriculture, mentionné à l'article L. 515-1 du code rural ***(Ord. 2010-462 du 6 mai 2010, JO 7)*** « et de la pêche maritime » ;

16° Conseiller du salarié inscrit sur une liste dressée par l'autorité administrative et chargé d'assister les salariés convoqués par leur employeur en vue d'un licenciement ;

17° Conseiller prud'homme.

Art. L. 2411-2. Bénéficient également de la protection contre le licenciement prévue par le présent chapitre, le délégué syndical, le délégué du personnel, le membre du comité d'entreprise, le représentant du personnel au comité d'hygiène, de sécurité et des conditions de travail, institués par convention ou accord collectif de travail.

Note La loi du 28 octobre 1982 a étendu le bénéfice des règles protectrices aux « délégués conventionnels ». La circulaire ministérielle du 25 octobre 1983 a précisé que cette extension de la protection légale n'a lieu que dans la mesure où l'accord de branche ou d'entreprise a entendu instaurer une protection de même nature que celle instituée par la loi (essentiellement représentants du personnel institués en dessous des seuils légaux d'effectifs ou en supplément du nombre fixé par la loi ou le règlement). Considérant que l'article L. 132-4 (ancien) CT fait obstacle à ce que des conventions ou accords modifient la compétence des agents publics, le Conseil d'État a jugé que l'inspecteur du travail est incompétent pour se prononcer sur une demande de licenciement à l'encontre d'un représentant du personnel institué par voie conventionnelle mais ne relevant pas d'une catégorie de même nature que celle prévue par la loi (CE 29 décembre 1995, n° 122643, *Rec. Lebon*, p. 482 ; *RJS* 3/96 n° 298).

La chambre sociale et la chambre criminelle de la Cour de cassation confirment cette position : les institutions représentatives du personnel, créées par voie conventionnelle, doivent, pour ouvrir à leurs membres le bénéfice de la procédure spéciale protectrice prévue en faveur des représentants du personnel et des syndicats, être de même nature que celles prévues par le code du travail (cass. soc. 12 juillet 2006, n° 04-45.893, BC V n° 258 ; *JSL* n° 196, 19 septembre 2006, p. 19, obs. J-E Tourreil ;

RJS 10/06 n° 1094) ; voir aussi notamment cass. soc. 19 juin 1991, n° 90-43.411, BC V n° 306, 1re espèce, s'agissant de membres d'un conseil de discipline ; 29 janvier 2003, n° 00-45.961, BC V n° 34 et 20 février 1991, n° 89-42.288, BC V n° 85 ; *RJS* 4/91 n° 484, pour un représentant syndical au CHSCT ; cass. crim. 4 avril 1991, n° 89-85.536, B. crim. n° 164 ; *RJS* 5/91 n° 614 a, 2e espèce : « la protection des représentants du personnel fixée par l'article R. 236-11 ne peut être étendue en matière conventionnelle que dans la mesure où l'institution créée est de même nature que celle instaurée par la loi » ; tel n'est pas le cas du délégué syndical d'un comité interentreprises d'hygiène et de sécurité ou du salarié désigné comme secrétaire d'un CHSCT, alors qu'il ne fait pas partie des membres de la délégation du personnel siégeant à ce comité (cass. soc. 25 janvier 1994, n° 92-40.139, BC V n° 23 ; *RJS* 3/94 n° 275 et 18 mai 2005, n° 02-47.335, BC V n° 173 ; *RJS* 8-9/05 n° 867) ; tel n'est pas le cas non plus d'un salarié membre d'un organisme de fonds d'assurance formation (cass. soc. 1er décembre 1993, n° 92-40.072, BC V n° 298 ; *Dr. Soc.* 1994, p. 280), des membres des conseils d'unité créés au sein du CEA dont l'existence n'est pas prévue par le code du travail (cass. soc. 7 juillet 1999, n° 97-43.231, *RJS* 8-9/99 n° 1089) ou du salarié désigné comme représentant syndical à un comité interétablissements chargé de la gestion des réalisations et œuvres sociales décidées par les comités d'établissements, les attributions d'un tel comité n'étant pas de même nature que celle d'un comité central d'entreprise (cass. soc. 12 juillet 2006, n° 04-45.893, précité).

En revanche, des délégués syndicaux titulaires et suppléants de groupe institués par accord d'entreprise et chargés, au niveau du groupe, de fonctions similaires à celles des délégués syndicaux d'entreprise, bénéficient de la protection légale contre le licenciement (cass. soc. 23 octobre 2007, n° 06-44.438, BC V n° 174 ; *JSL* n° 222, 27 novembre 2007, p. 23 ; *RJS* 1/08 n° 51).

SECTION 2. Licenciement d'un délégué syndical ou d'un salarié mandaté

Sous-section 1. Délégué et ancien délégué syndical

Art. L. 2411-3. Le licenciement d'un délégué syndical ne peut intervenir qu'après autorisation de l'inspecteur du travail.

Cette autorisation est également requise pour le licenciement de l'ancien délégué syndical, durant les douze mois suivant la date de cessation de ses fonctions, s'il a exercé ces dernières pendant au moins un an.

Elle est également requise lorsque la lettre du syndicat notifiant à l'employeur la désignation du délégué syndical a été reçue par l'employeur ou lorsque le salarié a fait la preuve que l'employeur a eu connaissance de l'imminence de sa désignation comme délégué syndical, avant que le salarié ait été convoqué à l'entretien préalable au licenciement.

Note

• La protection accordée au délégué syndical par cet article bénéficie au titulaire d'un tel mandat indépendamment de son exercice (cass. soc. 18 juillet 2000, n° 98-42.625, BC V n° 304 ; voir aussi cass. soc. 15 novembre 1994, n° 91-43.976, *RJS* 12/94 n° 1402 ; 17 mars 1998, n° 95-42.536, BC V n° 144 ; *RJS* 5/98 n° 612 ; 27 mai 1997, n° 94-42.414, BC V n° 191 ; *RJS* 7/97 n° 835, s'agissant d'un délégué syndical exerçant son mandat en alternance avec un autre salarié, situation non prévue par la loi).

• La protection joue à partir du moment où l'employeur a reçu la lettre de désignation émanant du syndicat ou lorsque le délégué syndical fait la preuve que l'employeur a eu connaissance de l'imminence de sa désignation avant sa convocation à l'entretien préalable. C'est au moment de l'envoi de la convocation à l'entretien préalable de licenciement que l'employeur doit avoir connaissance de la désignation du salarié en qualité de délégué syndical (cass. soc. 1er décembre 1993, n° 92-40.072, BC V n° 298 ; *RJS* 1/94 n° 52 ; 18 novembre 1998, n° 96-42.810, BC V n° 508 ; *RJS* 1/99 n° 69 ; 1er mars 2005, n° 03-40.048, BC V n° 75 ; *RJS* 5/05 n° 531 ; 2 décembre 2008, n° 07-45.540, BC V n° 240). Il faudra cependant que le salarié puisse établir que l'employeur avait eu connaissance de l'imminence de sa désignation pour bénéficier de la protection si une mesure de licenciement est déjà engagée (cass. soc. 23 février 1994, n° 92-43.976, BC V n° 65 ; *Dr. Soc.* 1994, p. 518 ; 1er mars 2005, n° 03-40.048, BC V n° 75, précité). À noter que l'annulation de la désignation en qualité de délégué syndical intervenue avant l'envoi de la lettre de licenciement fait perdre au salarié le bénéfice de la procédure spéciale de licenciement (cass. soc. 3 décembre 2002, n° 99-44.583, BC V n° 363 ; *JSL* n° 115, 14 janvier 2003, p. 24 ; *RJS* 2/03 n° 215). Mais si la décision d'annulation de la désignation est cassée ultérieurement, les parties se trouvent replacées dans l'état où elles se trouvaient avant le jugement et le licenciement, prononcé sans autorisation administrative, est irrégulier (cass. soc. 28 octobre 1996, n° 95-40.994, BC V n° 354). Lorsque, dans une entreprise de moins de cinquante salariés, un délégué du personnel titulaire est désigné en qualité de délégué syndical, la fin du mandat électif entraîne la fin du mandat syndical ; le salarié cesse donc d'être protégé au terme des six mois qui suivent l'expiration du mandat électif (cass. soc. 12 octobre 2004, n° 02-47.048, BC V n° 252 ; *RJS* 1/05 n° 57 ; voir aussi note sous art. L. 2143-6).

• ***Alinéa 2 :*** En application de cette disposition, une cour d'appel a justement refusé le bénéfice du statut protecteur à un ancien délégué syndical après avoir constaté qu'il avait été désigné dans cette fonction moins d'un an avant son licenciement (cass. soc. 25 octobre 2005, n° 02-45.158, BC V n° 301 ; *RJS* 1/06 n° 62).

• Le licenciement d'un délégué syndical, au mépris des dispositions de cet article, porte un préjudice à l'intérêt collectif de la profession représentée par le syndicat à l'origine de la désignation (cass. soc. 24 septembre 2008, n° 06-42.269, 2nd moyen, BC V n° 184 ; *JSL* n° 243, 10 novembre 2008, p. 25 ; *RJS* 12/08 n° 1209).

• ***Sanction pénale :*** voir ci-après article L. 2431-1.

Sous-section 2. Salarié et ancien salarié mandaté

Art. L. 2411-4. Le licenciement d'un salarié mandaté au titre de l'article ***(L. 2008-789 du 20 août 2008, art. 9, JO 21)*** « L. 2232-24 » ne peut intervenir qu'après autorisation de l'inspecteur du travail.

Cette autorisation est également requise dès que l'employeur a connaissance de l'imminence de sa désignation.

Il en est de même pour le licenciement d'un ancien salarié mandaté durant les douze mois suivant la date à laquelle son mandat a pris fin. Dans ce cas, lorsque aucun accord n'a été conclu à l'issue de la négociation au titre de laquelle le salarié a été mandaté, le délai de protection court à compter de la date de la fin de cette négociation, matérialisée par un procès-verbal de désaccord.

Note La loi 96-985 du 12 novembre 1996 a assuré aux salariés mandatés par une organisation syndicale pour négocier et conclure un accord d'entreprise une protection identique à celle qui est applicable aux délégués syndicaux. La loi 98-461 du 13 juin 1998 (JO 14) relative à la réduction du temps de travail a repris cette disposition. Les salariés mandatés, sous certaines conditions, par des organisations représentatives en vue de négocier avec l'employeur des accords de réduction du temps de travail bénéficient d'une protection de six mois après la signature de l'accord ou, à défaut, après la fin du mandat ou de la négociation (art. III, dernier al. de la loi du 13 juin 1998, précitée).

La loi 2000-37 du 19 janvier 2000 (JO 20), art. 19, VI, dern. al. prévoit que « les salariés mandatés au titre du présent article bénéficient de la protection prévue par les dispositions de l'article L. 412-18 (ancien) CT dès que l'employeur aura eu connaissance de l'imminence de leur désignation. La procédure d'autorisation administrative est applicable au licenciement des anciens salariés mandatés pendant une période de douze mois à compter de la date à laquelle leur mandat a pris fin ».

Pour une application jurisprudentielle des règles protectrices aux salariés mandatés par une organisation syndicale pour négocier un accord sur la réduction du temps de travail, voir cass. soc. 19 février 2002, n° 01-40.527, BC V n° 71 ; *RJS* 5/02 n° 593, précisant qu'à défaut d'annulation du mandatement par le juge du fond, le licenciement du salarié sans autorisation de l'inspecteur du travail constitue un trouble manifestement illicite auquel le juge des référés doit mettre fin. Plus récemment, la Cour de cassation a précisé qu'en l'absence de révocation de son mandat par le syndicat ou de constatation de sa caducité à la demande de l'employeur, le salarié continue à bénéficier de la protection prévue par l'article L. 412-18 (ancien) CT, peu important qu'aucune négociation n'ait été engagée (cass. soc. 11 mai 2004, n° 02-41.755, BC V n° 129, rectifié par cass. soc. 22 juin 2004 ; *RJS* 7/04 n° 822 ; *Dr. Soc.* 2004, p. 921, obs. Ch. Radé ; dans le même sens, voir aussi cass. soc. 30 novembre 2004, n° 02-40.437, BC V n° 312 ; *RJS* 2/05 n° 173). Enfin, il a été jugé que l'annulation d'un mandat donné dans le cadre des dispositions de la loi du 13 juin 1998 n'a pas d'effet rétroactif sur le statut protecteur du salarié, la perte de la qualité de salarié protégé intervenant à la date à laquelle le jugement d'annulation est prononcé (cass. soc. 28 février 2007, n° 05-42.553, BC V n° 36 ; *JSL* n° 208, 27 mars 2007, p. 12, obs. M-Ch. Haller ; *JCP* éd. S 2007, 1494, note J-M Olivier, 2e espèce ; *RJS* 5/07 n° 609, 1re espèce ; *RDT*, Juillet/Août 2007, CH, 465, M. Grévy).

S'agissant de la protection des salariés mandatés pour le suivi d'un accord RTT, la Cour de cassation a jugé que, dès lors qu'il a été prononcé après la promulgation de la loi du 19 janvier 2000, le licenciement d'un salarié mandaté pour la négociation et le suivi d'un accord conclu en application de la loi du 13 juin 1998, qui exerce son mandat dans le cadre d'une commission de suivi, mise en place par cet accord et conforme aux dispositions de l'article 19-6 de la loi du 19 janvier 2000, est soumis à l'article L. 412-18 (ancien) CT pendant douze mois à compter du terme du mandat de suivi (cass. soc. 28 mars 2006, n° 04-45.695, BC V n° 129 ; *RJS* 6/06 n° 742).

SECTION 3. Licenciement d'un délégué du personnel

Sous-section 1. Délégué et ancien délégué du personnel

Art. L. 2411-5. Le licenciement d'un délégué du personnel, titulaire ou suppléant, ne peut intervenir qu'après autorisation de l'inspecteur du travail.

Cette autorisation est également requise durant les six premiers mois suivant l'expiration du mandat de délégué du personnel ou de la disparition de l'institution.

Note Seul le salarié peut se prévaloir du défaut d'autorisation prévue par cet article (cass. soc. 10 mai 2001, n° 99-41.391, BC V n° 162 ; *RJS* 8-9/01 n° 1037 ; *JSL* n° 86, 13 septembre 2001, p. 21).

Annulation des élections. En cas d'annulation des élections, le délégué du personnel conserve le bénéfice de la protection liée à son mandat d'élu durant les six mois suivant le jugement d'annulation (cass. soc. 8 juin 2011, n° 10-11.933, *RJS* 8-9/11 n° 655, 2e espèce).

Annulation d'un jugement reconnaissant l'existence d'une unité économique et sociale. Celle-ci ne fait perdre aux salariés élus leur qualité de membre de l'institution représentative mise en place dans ce cadre qu'à compter du jour où elle est prononcée, ces salariés bénéficiant, à partir de cette date, du délai de protection de six mois prévu à l'alinéa 2 de cet article (cass. soc. 2 décembre 2008, n° 07-41.832, BC V n° 238).

Sanction pénale : voir ci-après article L. 2432-1.

Sous-section 2. Salarié ayant demandé l'organisation des élections

Art. L. 2411-6. L'autorisation de licenciement est requise, pendant une durée de six mois, pour le salarié ayant demandé à l'employeur d'organiser les élections de délégués du personnel ou d'accepter d'organiser ces élections. Cette durée court à compter de l'envoi à l'employeur de la lettre recommandée par laquelle une organisation syndicale a, la première, demandé ou accepté qu'il soit procédé à des élections.

Cette protection ne bénéficie qu'à un seul salarié par organisation syndicale ainsi qu'au premier salarié, non mandaté par une organisation syndicale, qui a demandé l'organisation des élections.

Note Selon la chambre criminelle, la protection ne peut jouer en faveur d'un salarié isolé, non mandaté par une organisation syndicale, qu'à la condition qu'une organisation syndicale intervienne pour demander elle-même, par lettre recommandée, l'organisation des élections (cass. crim. 21 novembre 1989, n° 89-80.847, B. crim. n° 435 ; *RJS* 1/90 n° 47 ; 10 décembre 1985, n° 85-90.814, B. crim. n° 396 ; 30 mars 1993, n° 91-84.239, B. crim. n° 136 ; *RJS* 6/93 n° 633).

La chambre sociale et le Conseil d'État retiennent une interprétation semblable : sauf si sa demande est manifestement dépourvue de tout caractère sérieux, le salarié qui a demandé l'organisation des élections pour la mise en place des délégués du personnel bénéficie, lorsqu'une organisation syndicale intervient aux mêmes fins, de la protection légale contre le licenciement (cass. soc. 13 octobre 2010, n° 09-41.916 ; voir aussi précédemment cass. soc. 25 juin 1987, n° 84-41.600, BC V n° 425 ; 15 février 2006, n° 05-41.166, BC V n° 73 ; *RJS* 5/06 n° 600). La demande formulée par un salarié de l'entreprise et en son nom ne lui assure pas la protection prévue par la loi, dès lors qu'une lettre demandant l'organisation d'élections avait été adressée par un syndicat, sous la signature de son président (cass. soc. 28 octobre 1996, n° 94-45.426, BC V n° 351 ; *RJS* 12/96 n° 1285 ; voir aussi cass. soc. 11 octobre 2000, n° 98-43.930). Le délai de protection accordé au salarié non mandaté par une organisation syndicale ne court qu'à compter de l'envoi à l'employeur de la lettre recommandée par laquelle une organisation a, la première, demandé ou accepté qu'il soit procédé à des élections, et non à compter de la demande effectuée par le salarié concerné (CE 5 novembre 1993, n° 100132, *RJS* 2/94 n° 162).

La date à laquelle la mise en place de l'institution est obligatoire est sans incidence sur l'acquisition de cette protection, dès lors que le délai entre la demande du syndicat tendant à l'organisation des élections et le jour où l'institution doit être mise en place est raisonnable (cass. soc. 25 janvier 2006, n° 03-42.908, BC V n° 29 ; *JSL* 28 février 2006, n° 184, p. 21 ; *RJS* 4/06 n° 470).

Par ailleurs, l'annulation de la désignation du salarié en qualité délégué syndical ne le prive pas de la protection qu'il a acquise en demandant l'organisation d'élections (cass. soc. 24 mai 2006, n° 04-43.947, BC V n° 192 ; *RJS* 8-9/06 n° 969).

Le fait qu'un salarié ait pu initialement bénéficier de la protection due aux salariés qui ont pris l'initiative de demander des élections ne peut le priver de la protection qui lui est due à compter de sa candidature aux élections (cass. crim. 18 novembre 1997, n° 96-80.942, B. crim. n° 391 ; *RJS* 2/98 n° 182 : en l'espèce, le salarié n'avait été élu ni au premier ni au second tour).

La demande d'un salarié quelques semaines après l'organisation infructueuse d'élections à l'initiative de l'employeur (faute de candidats) et alors que l'intéressé avait appris qu'il allait être licencié ne lui permet pas de bénéficier de la protection spéciale (CE 19 juillet 1991, n° 108754, *Rec. Lebon*, p. 296 ; *AJDA* 1991, p. 925 ; *RJS* 10/91 n° 1110).

Sanction pénale : voir ci-après article L. 2432-1.

Sous-section 3. **Candidat aux fonctions de délégué du personnel**

Art. L. 2411-7. L'autorisation de licenciement est requise pendant six mois pour le candidat, au premier ou au deuxième tour, aux fonctions de délégué du personnel, à partir de la publication des candidatures. La durée de six mois court à partir de l'envoi par lettre recommandée de la candidature à l'employeur.

Cette autorisation est également requise lorsque la lettre du syndicat notifiant à l'employeur la candidature aux fonctions de délégué du personnel a été reçue par l'employeur ou lorsque le salarié a fait la preuve que l'employeur a eu connaissance de l'imminence de sa candidature avant que le candidat ait été convoqué à l'entretien préalable au licenciement.

Note Les candidats aux fonctions de délégué du personnel sont protégés durant une période de six mois à partir de l'envoi à l'employeur des listes de candidatures. Les règles de protection ne peuvent en principe recevoir application avant qu'il ait été procédé aux mesures prévues par la loi à l'effet d'organiser les élections (répartition du personnel dans les collèges électoraux, répartition des sièges entre les différentes catégories de personnel, fixation de la date des élections) et de permettre la présentation de véritables candidatures, à moins que les élections n'aient été retardées par une opposition injustifiée de l'employeur (cass. ass. plén. 27 octobre 1972, n° 70-92.627, BC n° 5 ; cass. soc. 3 juin 1981, 2 arrêts, n°s 81-60.012 et 013, BC V n° 505 ; 3 décembre 1987, n° 86-60.476, BC V n° 704 ; voir aussi cass. soc. 24 mars 1988, n° 86-40.624, BC V n° 216 et 22 mars 1995, n° 93-41.678, *RJS* 5/95 n° 529 : seule la notification à l'employeur de la liste des candidatures postérieurement à la signature du protocole d'accord préélectoral ouvre la période de protection des anciens candidats à l'élection).

Lorsque l'employeur engage la procédure de licenciement avant d'avoir connaissance d'une candidature ou de son imminence, le salarié, même s'il est ultérieurement élu, ne bénéficie pas du statut protecteur au titre de la procédure en cours (cass. soc. 28 janvier 2009, n° 08-41.633, BC V n° 25 ; *JSL* n° 250, 23 février 2009, p. 15, obs. M-Ch. Haller ; *RJS* 4/09 n° 377 ; *RDT*, avril 2009, CH, 248, M. Grévy ; *JCP* éd. S 2009, 1193, note J-Y Kerbourc'h).

Si le point de départ du délai de protection court à partir de l'envoi à l'employeur, par lettre recommandée, des listes de candidatures, cette formalité n'est prévue que pour faciliter la preuve de la candidature et non pour sa validité (cass. soc. 4 mars 1998, n° 95-42.040, BC V n° 119 ; *RJS* 4/98 n° 491).

En cas de litige, c'est à l'employeur, qui conteste au salarié le bénéfice de cette protection, d'établir que la convocation à l'entretien préalable a précédé la formalisation de la candidature dont il est, en sa qualité d'organisateur des élections, destinataire et qu'il lui appartient d'enregistrer (cass. soc. 12 juillet 2006, n° 04-47.724, 1er moyen, BC V n° 250 ; *JCP* éd. S 2006, 1756, note J-Y Kerbourc'h ; *RJS* 11/06 n° 1201).

La procédure protectrice s'applique également lorsque le salarié a fait la preuve que l'employeur a eu connaissance de l'imminence de sa candidature avant la convocation à l'entretien préalable au licenciement.

Le caractère imminent de la candidature n'est pas subordonné à la conclusion préalable d'un protocole d'accord préélectoral (cass. soc. 18 novembre 1992, n° 88-44.905, BC V n° 556 ; *RJS* 12/92 n° 1399).

Pour la chambre criminelle, la notification de candidature à l'employeur, antérieurement à l'accord préélectoral est de nature à établir la connaissance par celui-ci de l'imminence de cette candidature et constitue le point de départ de la protection (cass. crim. 18 novembre 1997, n° 96-80.942, B. crim. n° 391 ; *RJS* 2/98 n° 182). Doit également être considérée comme imminente la candidature individuelle d'un salarié aux fonctions de délégué du personnel, dont l'employeur avait eu connaissance avant la convocation de ce salarié à l'entretien préalable au licenciement, alors même que cette candidature aurait été présentée avant l'organisation du premier tour des élections pour lequel les syndicats représentatifs ont le monopole des candidatures (cass. crim. 3 décembre 1996, n° 94-82.953, B. crim. n° 444 ; *RJS* 2/97 n° 170).

La chambre criminelle a par ailleurs approuvé les juges du fond qui, pour dire établie la prévention d'entrave à la désignation des délégués du personnel, avaient énoncé que si, effectivement, l'intéressé ne pouvait être considéré comme candidat avant que n'eussent été fixés par l'accord électoral, les modalités des élections ainsi que le nombre et la répartition des sièges et s'il ne bénéficiait pas de la protection s'attachant à cette qualité, en revanche, la connaissance, par le directeur de l'établissement, de l'imminence de la candidature du salarié, laquelle ne pouvait en l'espèce faire de doute, compte tenu de la position occupée par ce salarié sur la liste syndicale, faisait obligation à l'employeur d'appliquer la procédure instituée par l'article L. 425-1 (ancien) CT (cass. crim. 21 juin 1988, n° 87-80.738, B. crim. n° 283 ; *CSB* 1988 A. 15 ; voir aussi cass. soc. 17 octobre 1989, n° 87-41.174, BC V n° 596 ; *RJS* 12/89 n° 947 ; 4 juillet 1990, n° 87-44.840, BC V n° 348 ; *RJS* 10/90 n° 788 ; 20 novembre 1991, n° 88-42.554, BC V n° 514).

Pour le Conseil d'État, la lettre du salarié faisant part à l'employeur de son intention de se porter candidat ne vaut pas notification de candidature par un syndicat et n'établit pas non plus l'imminence de présentation de cette candidature par le syndicat ; dès lors la protection prévue par la loi ne peut s'appliquer (CE 5 novembre 1993, n° 100132, *RJS* 2/94 n° 162).

À noter que :

– la protection s'étend aux candidats présentés au second tour (cass. soc. 18 novembre 1992, n° 88-44.905, BC V n° 556 ; *RJS* 12/92 n° 1399) ;

– la protection n'est acquise que si le salarié, au moment de sa candidature, est éligible (cass. soc. 4 juillet 1972, n° 71-60.001, BC V n° 485) ;
– le retrait de candidature avant les élections ne met pas fin à la protection légale (cass. soc. 11 mars 1971, n° 69-40.337, BC V n° 198) ;
– la perte de la qualité de salarié protégé d'un candidat aux élections n'intervient qu'à la date à laquelle le jugement, se prononçant sur une contestation électorale, annule cette candidature (cass. soc. 5 mai 2009, n° 07-45.004, *RJS* 8-9/09 n° 733 ; 28 novembre 2000, n° 98-42.01, BC V n° 396) ;
– l'annulation des élections ne prive pas les candidats de la protection prévue par cet article (cass. soc. 11 mai 1999, n° 97-40.765, BC V n° 211 ; *RJS* 6/99 n° 828).

Sanction pénale : voir ci-après article L. 2432-1.

SECTION 4. Licenciement d'un membre du comité d'entreprise

Sous-section 1. Membre et ancien membre du comité d'entreprise

Art. L. 2411-8. Le licenciement d'un membre élu du comité d'entreprise, titulaire ou suppléant, ou d'un représentant syndical au comité d'entreprise, ne peut intervenir qu'après autorisation de l'inspecteur du travail.

L'ancien membre élu du comité d'entreprise ainsi que l'ancien représentant syndical qui, désigné depuis deux ans, n'est pas reconduit dans ses fonctions lors du renouvellement du comité bénéficient également de cette protection pendant les six premiers mois suivant l'expiration de leur mandat ou la disparition de l'institution.

Note L'annulation par un syndicat du mandat de représentant syndical au comité d'entreprise n'a pas d'effet rétroactif sur la qualité de salarié protégé et le salarié bénéficie du statut protecteur si la rupture du contrat de travail intervient avant l'annulation de son mandat, peu important qu'il n'en ait pas effectivement exercé les fonctions (cass. soc. 4 mars 2009, n° 08-41.408, BC V n° 63 ; *RJS* 5/09 n° 451 ; *JCP* éd. S 2009, 1275, note J-Y Kerbourc'h).

Sanction pénale : voir ci-après article L. 2433-1.

Sous-section 2. Salarié ayant demandé l'organisation des élections

Art. L. 2411-9. L'autorisation de licenciement est requise pour le salarié ayant demandé à l'employeur d'organiser les élections au comité d'entreprise ou d'accepter d'organiser ces élections, pendant une durée de six mois, qui court à compter de l'envoi à l'employeur de la lettre recommandée par laquelle une organisation syndicale a, la première, demandé ou accepté qu'il soit procédé à des élections.

Cette protection ne bénéficie qu'à un seul salarié par organisation syndicale ainsi qu'au premier salarié, non mandaté par une organisation syndicale, qui a demandé l'organisation des élections.

Note ***Sanction pénale :*** voir ci-après article L. 2433-1.

Sous-section 3. Candidat aux fonctions de membre du comité d'entreprise

Art. L. 2411-10. L'autorisation de licenciement est requise pour le candidat aux fonctions de membre élu du comité d'entreprise, au premier ou au deuxième tour, pendant les six mois suivant l'envoi des listes de candidatures à l'employeur.

Cette autorisation est également requise lorsque la lettre du syndicat notifiant à l'employeur la candidature aux fonctions de membre élu du comité d'entreprise ou de représentant syndical au comité d'entreprise a été reçue par l'employeur ou lorsque le salarié a fait la preuve que l'employeur a eu connaissance de l'imminence de sa candidature avant que le candidat ait été convoqué à l'entretien préalable au licenciement.

Art. L. 2411-11.

Note • Voir note sous article L. 2411-7.

• Si la protection prévue par l'article L. 436-1, al. 4 [L. 2411-10, al. 2] CT bénéficie au candidat aux fonctions de membres du comité d'entreprise, tant au premier qu'au second tour, et cela alors même qu'il aurait présenté sa candidature avant le déroulement du premier, la connaissance par l'employeur de l'imminence de sa candidature n'est de nature à le faire bénéficier de cette protection que jusqu'au dépôt de sa candidature pour le second tour (cass. soc. 21 décembre 2006, n° 04-47.426, BC V n° 411 ; *RJS* 3/07 n° 357 ; *RDT*, mars 2007, CH 184, G. Pignarre ; *JCP* éd. S 2007, 1651, note J-Y Kerbourc'h).

• ***Sanction pénale :*** voir ci-après article L. 2433-1.

SECTION 5. Licenciement d'un membre du groupe spécial de négociation ou d'un membre du comité d'entreprise européen

Art. L. 2411-11. Le licenciement d'un membre du groupe spécial de négociation ou d'un membre du comité d'entreprise européen ne peut intervenir qu'après autorisation de l'inspecteur du travail.

Note ***Sanction pénale :*** voir ci-après article L. 2434-1.

SECTION 6. *(L. 2008-649 du 3 juil. 2008, art. 5, JO 4)* « Licenciement d'un membre du groupe spécial de négociation, d'un représentant au comité de la société européenne, d'un représentant au comité de la société coopérative européenne ou d'un représentant au comité de la société issue d'une fusion transfrontalière »

Art. L. 2411-12. Le licenciement d'un membre du groupe spécial de négociation ***(L. 2008-89 du 30 janv. 2008, art. 8, JO 31)*** « , d'un représentant au comité de la société européenne » ***(L. 2008-649 du 3 juil. 2008, art. 6, JO 4)*** « , d'un représentant au comité de la société coopérative européenne ou d'un représentant au comité de la société issue d'une fusion transfrontalière » ne peut intervenir qu'après autorisation de l'inspecteur du travail.

Note ***Sanction pénale :*** voir ci-après articles L. 2434-2 à 4.

SECTION 7. Licenciement d'un représentant du personnel au comité d'hygiène, de sécurité et des conditions de travail

Art. L. 2411-13. Le licenciement d'un représentant du personnel au comité d'hygiène, de sécurité et des conditions de travail ne peut intervenir qu'après autorisation de l'inspecteur du travail.

Cette autorisation est également requise pour le salarié ayant siégé en qualité de représentant du personnel dans ce comité, pendant les six premiers mois suivant l'expiration de son mandat ou la disparition de l'institution.

Note • La désignation d'une salariée comme membre du CHSCT intervenue postérieurement à sa convocation à l'entretien préalable au licenciement ne peut avoir d'effet que jusqu'au terme du contrat et l'intéressée ne peut bénéficier de la protection spéciale applicable aux représentants du personnel (cass. soc. 3 avril 2001, n° 99-40.190, BC V n° 122 ; *RJS* 6/01 n° 763 ; *JSL* n° 80, 29 mai 2001, p. 23).

• Pour bénéficier du statut protecteur en tant que représentant du personnel au sein du CHSCT, le salarié doit avoir été élu par le collège désignatif constitué par les membres élus du comité d'entreprise ou d'établissement et les délégués du personnel (cass. soc. 28 novembre 2006, n° 04-45.548, BC V n° 356). Dès lors que sa désignation résulte d'un vote du collège désignatif, le salarié a la qualité de salarié protégé et l'employeur, qui n'a pas contesté cette élection dans les délais réglementaires, ne peut prononcer un licenciement sans respecter la procédure protectrice (cass. soc. 12 février 2008, n° 06-44.121, BC V n° 35 ; *RJS* 4/08 n° 450 ; *JCP* éd. S 2008, 1440, note A. Martinon).

• Un salarié, désigné en qualité de secrétaire du CHSCT qui ne fait pas partie des membres de la délégation du personnel siégeant à ce comité, ne bénéficie pas de la procédure spéciale protectrice prévue par cet article (cass. soc. 25 janvier 1994, n° 92-40.139, BC V n° 23 ; voir aussi cass. soc. 18 mai 2005, n° 02-47.335, BC V n° 173 ; *RJS* 8-9/05 n° 867).

• Les institutions représentatives créées par voie conventionnelle doivent, pour ouvrir à leurs membres le bénéfice de la procédure spéciale protectrice prévue en faveur des représentants du personnel et des syndicats, être de même nature que celles prévues par le code du travail. Tel n'est pas le cas des représentants syndicaux au comité d'hygiène, de sécurité et des conditions de travail, dont l'existence n'est pas prévue par le code du travail (cass. soc. 29 janvier 2003, n° 00-45.961, BC V n° 34 ; *RJS* 4/03 n° 485 ; *JSL* n° 121, 8 avril 2003, p. 18 ; *Dr. Soc.* 2003, p. 550, obs. J. Savatier ; voir aussi cass. soc. 20 février 1991, n° 89-42.288, BC V n° 85). Un employeur qui a licencié le représentant syndical d'un comité interentreprise d'hygiène et de sécurité institué par voie conventionnelle ne peut dès lors être condamné pour entrave (cass. crim. 4 avril 1991, n° 89-85.536, B. crim. n° 164).

S'agissant de l'accord interprofessionnel du 17 mars 1975 sur l'amélioration des conditions de travail, qui prévoit que dans les établissements de plus de 300 salariés, les organisations syndicales peuvent désigner un représentant au CHS, le ministre du Travail a précisé que le salarié ainsi désigné comme représentant syndical auprès du CHSCT ne peut, en cette seule qualité, bénéficier d'aucune protection spéciale (rép. QE 36376, JO AN 26 décembre 1983, p. 5495).

• Sur l'opportunité d'étendre aux représentants syndicaux au CHSCT le bénéfice de la procédure spéciale protectrice contre les licenciements, voir rép. QE 34826, JO AN 30 novembre 2004, p. 9467.

• Les candidats aux fonctions de membre élu du comité d'hygiène, de sécurité et des conditions de travail bénéficient de la protection légale en faveur des candidats aux élections professionnelles (cass. soc. 30 avril 2003, n° 00-46.787, BC V n° 154 ; *JSL* n° 124, 27 mai 2003, p. 22 ; *RJS* 7/03 n° 910).

• Toute mutation de poste ou de fonctions imposée contre son gré à un membre de CHSCT est de nature à caractériser l'élément matériel d'une atteinte portée à ses prérogatives statutaires à moins que l'employeur n'apporte la preuve de sa pleine justification (cass. crim. 4 janvier 1990, n° 88-83.311, B. crim. n° 11).

Art. R. 2411-1. Les dispositions de l'article L. 2411-13 ne sont pas applicables au fonctionnaire titulaire membre du comité d'hygiène, de sécurité et des conditions de travail d'un établissement de santé, social et médico-social mentionné à l'article 2 de la loi n° 86-33 du 9 janvier 1986 portant dispositions statutaires relatives à la fonction publique hospitalière.

Pour l'application de ces dispositions aux agents non titulaires, la commission paritaire consultative compétente pour les fonctionnaires titulaires exerçant les mêmes fonctions que l'agent intéressé est consultée.

SECTION 8. Licenciement d'un représentant du personnel d'une entreprise extérieure au comité d'hygiène, de sécurité et des conditions de travail

Art. L. 2411-14. Le licenciement d'un représentant du personnel d'une entreprise extérieure désigné au comité d'hygiène, de sécurité et des conditions de travail d'un établissement comprenant au moins une installation classée figurant sur la liste prévue au IV de l'article L. 515-8 du code de l'environnement ou mentionnée à ***(Ord. 2011-91 du 20 janv. 2011, art. 11, JO 25, entrée en vigueur le 01.03.2011)*** « l'article L. 211-2 du code minier » ne peut intervenir qu'après autorisation de l'inspecteur du travail.

Cette autorisation est également requise pour le salarié ayant siégé en qualité de représentant du personnel dans ce comité pendant les six premiers mois suivant l'expiration de son mandat ou la disparition de l'institution.

SECTION 9. Licenciement d'un salarié membre d'une commission paritaire d'hygiène, de sécurité et des conditions de travail en agriculture

Art. L. 2411-15. Le licenciement d'un salarié membre d'une commission paritaire d'hygiène, de sécurité et des conditions de travail en agriculture ne peut intervenir qu'après autorisation de l'inspecteur du travail.

Cette autorisation est également requise pour le salarié ayant siégé en qualité de représentant du personnel dans cette commission, pendant les six premiers mois suivant l'expiration de son mandat ou la disparition de l'institution.

SECTION 10. Licenciement de salariés titulaires d'autres mandats de représentation

Sous-section 1. Représentant des salariés en cas de sauvegarde, de redressement ou de liquidation judiciaire des entreprises

Art. L. 2411-16. La procédure d'autorisation de licenciement d'un représentant des salariés en cas de sauvegarde, de redressement ou de liquidation judiciaire et le délai au terme duquel sa protection cesse sont prévus par l'article L. 662-4 du code de commerce.

Note Aux termes de l'article 59 du décret 2005-1677 du 28 décembre 2005 (JO 29), le licenciement du représentant des salariés désigné en application de l'article L. 621-4 c. com. est régi par les dispositions des articles R. 436-1 à R. 436-8 et de l'article R. 436-10 (anciens) CT. Le représentant des salariés, dont la désignation n'a pas été annulée préalablement par le juge d'instance auquel l'article L. 621-6 c. com. attribue compétence pour connaître de cette contestation, ne peut donc être licencié qu'après une autorisation de l'inspecteur du travail, et cela tant que sa mission n'a pas pris fin, c'est-à-dire tant que les sommes versées par l'AGS n'ont pas été intégralement reversées aux salariés de l'entreprise (cass. soc. 23 septembre 2009, n° 08-40.603, BC V n° 197 ; *JCP* éd. S 2009, 1495, note A. Martinon ; *RJS* 12/09 n° 966 ; *RDT*, décembre 2009, CH, 733, F. Paraiso).

L'article L. 627-5 [L. 662-4] c. com. limitant à la durée du mandat la protection contre le licenciement du représentant des salariés à la procédure de redressement ou de liquidation judiciaires, le candidat à ces fonctions n'est pas protégé (cass. soc. 1er mars 2005, n° 02-44.293, BC V n° 74 ; *RJS* 5/05 n° 549 ; *JSL* n° 175, 4 octobre 2005, p. 19).

Le représentant des salariés licencié avec l'autorisation de l'inspecteur du travail n'a plus le pouvoir d'agir en cette qualité après l'expiration du préavis qui met fin au mandat (cass. soc. 4 juillet 2007, n° 05-19.112, BC V n° 115 ; *JCP* éd. S 2007, 1654, note J-M Olivier ; *RJS* 10/07 n° 1093 ; *JSL* n° 219, 4 octobre 2007, p. 22 ; *Dr. Soc.* 2007, p. 1187, obs. P-Y Verkindt).

Sous-section 2. Représentant des salariés au conseil d'administration ou de surveillance des entreprises du secteur public

Art. L. 2411-17. Le licenciement d'un représentant des salariés au conseil d'administration ou de surveillance des entreprises du secteur public ne peut intervenir qu'après autorisation de l'inspecteur du travail.

Cette autorisation est également requise pour :

1° L'ancien représentant des salariés pendant les six premiers mois suivant la cessation de son mandat ;

2° Le candidat et l'ancien candidat à l'élection comme représentant des salariés pendant les trois mois suivant le dépôt des candidatures.

Note ***Sanction pénale :*** voir ci-après article L. 2435-1.

Sous-section 3. Salarié membre du conseil ou administrateur d'une caisse de sécurité sociale

Art. L. 2411-18. Conformément à l'article L. 231-11 du code de la sécurité sociale, la procédure d'autorisation de licenciement et les périodes et durées de protection du salarié membre du conseil ou administrateur d'une caisse de sécurité sociale sont celles applicables au délégué syndical, prévues par l'article L. 2411-3.

Sous-section 4. Salarié membre du conseil d'administration d'une mutuelle, union ou fédération

Art. L. 2411-19. La procédure d'autorisation de licenciement et les périodes et durées de protection du salarié membre du conseil d'administration d'une mutuelle, union ou fédération sont prévues à l'article L. 114-24 du code de la mutualité.

Note Selon l'article L. 114-24 du code de la mutualité, le licenciement d'un salarié exerçant un mandat d'administrateur de mutuelle ou ayant cessé son mandat depuis moins de 6 mois est soumis à la procédure prévue par cet article. L'administrateur de mutuelle, élu pour un mandat à durée déterminée, licencié sans autorisation administrative, peut donc prétendre à une indemnité pour violation du statut protecteur égale à la rémunération qu'il aurait perçue depuis son éviction jusqu'au terme de son mandat, dans la limite de deux ans, durée minimale légale du mandat des représentants élus du personnel, augmentée de 6 mois (cass. soc. 1er juin 2010, n° 09-41.507, 1er moyen du pourvoi principal, BC V n° 123 ; *LS* Jurispr. n° 118/2010 du 15/06/10 ; *JCP* éd. S 2010, 1337, note Th. Lahalle).

Sous-section 5. Représentant des salariés dans une chambre d'agriculture

Art. L. 2411-20. Conformément à l'article L. 515-4 du code rural ***(Ord. 2010-462 du 6 mai 2010, JO 7)*** « et de la pêche maritime », la procédure d'autorisation de licenciement et les périodes et durées de protection du représentant des salariés dans une chambre d'agriculture sont celles applicables au délégué syndical, prévues par l'article L. 2411-3.

SECTION 11. Licenciement du conseiller du salarié

Art. L. 2411-21. Le licenciement du conseiller du salarié chargé d'assister un salarié dans les conditions prévues à l'article L. 1232-4 ne peut intervenir qu'après autorisation de l'inspecteur du travail.

Note **Point de départ de la période de protection.** La protection du conseiller du salarié, inscrit sur la liste prévue par l'article L. 1232-7, al. 2, court à compter du jour où cette liste est arrêtée dans le département par le Préfet en application de l'article D. 1232-5, indépendamment des formalités de publicité prévues par ce dernier texte. Un employeur ne peut donc se prévaloir des omissions ou des erreurs commises sur le document publié au recueil des administratifs de la préfecture pour soutenir que le statut protecteur d'un salarié ne lui serait pas opposable (cass. soc. 22 septembre 2010, 2 arrêts, nos 08-45.227 et 09-41.173, BC V nos 190 et 192 ; *RJS* 11/10 n° 864. Voir aussi cass. soc. 23 mars 2011, n° 10-13.700, *JSL* n° 299, 16 mai 2011, p. 26).

Durée de la protection. La loi 91-72 du 18 janvier 1991 a étendu le bénéfice des dispositions protectrices aux conseillers du salarié en soumettant leur licenciement à la procédure prévue par l'article L. 412-18 (ancien) CT pour les délégués syndicaux. La recodification étant, sauf dispositions expresses contraires, intervenue à droit constant, les dispositions de l'article L. 2411-3 CT relatives à la durée de la protection d'un délégué syndical s'appliquent au conseiller du salarié (cass. soc. 27 janvier 2010, n° 08-44.376, BC V n° 22 ; *RJS* 4/10 n° 322).

Ainsi, la liste des conseillers du salarié étant soumise à révision tous les trois ans, la période de protection expire soit au terme de la période triennale en cours au jour du licenciement, soit douze mois après le licenciement, lorsque les fonctions de conseiller du salarié ont été exercées pendant un an au moins (cass. soc. 19 juin 2007, n° 05-46.017, BC V n° 106 ; *JCP* éd. S 2007, 1677, note J-Y Kerbourc'h ; voir aussi cass. soc. 27 janvier 2010, n° 08-44.376, précité).

Par conséquent, le conseiller du salarié irrégulièrement licencié qui demande sa réintégration avant le terme de la période triennale en cours au jour du licenciement, ou dans les douze mois qui suivent son éviction de l'entreprise, lorsqu'il a exercé ses fonctions de conseiller du salarié pendant un an au moins, peut prétendre au paiement d'une indemnité égale au montant des salaires dus jusqu'à sa réintégration effective (cass. soc. 19 juin 2007, n° 05-46.017, précité). Le conseiller qui ne demande pas sa réintégration ou qui la demande après l'expiration de la période de protection en cours au jour du licenciement, sans justifier de motifs qui ne lui soient pas imputables, a droit à une indemnité égale aux salaires qu'il aurait dû percevoir jusqu'à la fin de la période triennale de révision de la liste en cours au jour de son éviction, ou pendant une durée qui ne peut être inférieure à la période de 12 mois prévue par l'article L. 412-18 (ancien) CT (cass. soc. 19 juin 2007, n° 05-46.017, précité).

Sanction pénale : voir ci-après article L. 2436-1.

SECTION 12. Licenciement du conseiller prud'homme

Art. L. 2411-22. Le licenciement du conseiller prud'homme ne peut intervenir qu'après autorisation de l'inspecteur du travail.

Cette autorisation est également requise pour :

1° Le conseiller prud'homme ayant cessé ses fonctions depuis moins de six mois ;

2° Le salarié candidat aux fonctions de conseiller prud'homme dès que l'employeur a reçu notification de la candidature du salarié ou lorsque le salarié fait la preuve que l'employeur a eu connaissance de l'imminence de sa candidature, et pendant une durée de six mois après la publication des candidatures par l'autorité administrative. Le bénéfice de cette protection ne peut être invoqué que par le candidat dont le nom figure sur la liste déposée.

Note ***Cas d'application de la protection***

• La protection exceptionnelle et exorbitante du droit commun instituée par le législateur au profit des salariés exerçant les fonctions de conseiller prud'homme interdit à l'employeur de poursuivre par d'autres moyens la rupture du contrat de travail. Il en est ainsi lorsque le salarié est mis à la retraite, même si les conditions légales sont remplies (cass. soc. 2 décembre 1998, n° 96-44.668, BC V n° 534 ; *RJS* 1/99 n° 101). Si l'employeur ne saisit pas l'inspecteur du travail d'une demande d'autorisation de mise à la retraite, la rupture du contrat de travail s'analyse en un licenciement nul (cass. soc. 10 décembre 2003, n° 01-43.876, BC V n° 314). La protection spéciale s'applique également à la rupture du contrat de travail à l'initiative de l'employeur pendant la période d'essai (cass. soc. 26 octobre 2005, n° 03-44.751, BC V n° 306 ; *RJS* 1/06 n° 63 ; voir aussi cass. soc. 22 septembre 2010, n° 09-40.968, BC V n° 191 ; *JCP* éd. S 2010, 1474, note Th. Lahalle).

• La protection s'applique à tous les conseillers prud'hommes titulaires d'un contrat de travail sans qu'il y ait à rechercher s'ils ont été élus dans le collège « salariés » ou dans le collège « employeurs » (cass. crim. 22 avril 1986, n° 85-93.671, B. crim. n° 133 ; CE 10 juin 1994, n° 105765, *Rec. Lebon*, p. 314). Elle s'applique également à la personne appelée à remplacer un conseiller prud'homme défaillant ou démissionnaire (cass. soc. 3 mars 1988, n° 86-43.000, BC V n° 155).

• Le licenciement d'un conseiller prud'homme ne peut intervenir qu'après autorisation de l'inspecteur du travail y compris en cas de redressement ou de liquidation judiciaire. Le fait pour le liquidateur judiciaire d'une société d'avoir licencié un salarié, conseiller prud'homme, en s'abstenant volontairement de solliciter une telle autorisation caractérise le délit d'atteinte à l'exercice régulier des fonctions de conseiller prud'homme (cass. crim. 25 mai 2004, n° 02-86.937, B. crim. n° 137 ; *Dr. Soc.* 2004, p. 920, obs. Fr. Duquesne).

• Aucune modification du contrat de travail ou des conditions de travail ne peut être imposée à un salarié protégé, les clauses d'un contrat de travail ne pouvant prévaloir sur les dispositions protectrices prévues par la loi (cass. soc. 17 mars 1993, n° 90-41.556, BC V n° 93). Ainsi, un conseiller prud'homme, expatrié à Bombay, ne peut se voir imposer son rapatriement en France, l'employeur devant engager la procédure de licenciement en cas de refus par le salarié de cette modification de son lieu de travail (cass. soc. 4 octobre 1995, n° 94-40.387, *RJS* 11/95 n° 1161). À noter que, dans cette affaire, la Cour de cassation a approuvé une cour d'appel d'avoir décidé que l'intéressé n'ayant ni démissionné ni été déclaré démissionnaire de son mandat de conseiller prud'homme dans les conditions prévues par l'article L. 514-11 (ancien) CT, il bénéficiait de la protection attachée à son statut, même après avoir été muté dans des conditions ne lui permettant plus d'exercer normalement son mandat (cass. soc. 4 octobre 1995, précité).

• Le fait pour un employeur de ne pas rétablir dans ses fonctions le salarié mis à pied à titre conservatoire et dont le licenciement a été refusé constitue une violation du statut protecteur entraînant nécessairement un préjudice pour l'intéressé. C'est donc à tort que, pour débouter un salarié de sa demande en réparation du préjudice résultant des effets de la prolongation de sa mise à pied conservatoire sur l'exercice de ses mandats représentatifs, une cour d'appel a retenu notamment que la mise à pied conservatoire n'avait pas fait obstacle à son mandat de conseiller prud'homme (cass. soc. 18 juillet 2000, n° 98-42.542, 1er moyen, BC V n° 301 ; *Dr. Soc.* 2000, p. 1018).

Début de la protection

• La protection du conseiller prud'homme court à compter de la proclamation des résultats des élections le lendemain du jour du scrutin prévue par l'article D. 1441-162, indépendamment de la publication de la liste des conseillers élus au recueil des actes administratifs de la préfecture du département (cass. soc. 22 septembre 2010, n° 09-40.968, BC V n° 191 ; *RJS* 12/10 n° 981). Peu importe donc l'ignorance par l'employeur de l'existence du mandat ; ainsi, le fait pour un salarié faisant l'objet d'une procédure de licenciement, de s'être abstenu délibérément d'informer l'employeur de son mandat de conseiller prud'homme ne lui interdit pas de revendiquer la violation de son statut protecteur, seule une fraude pouvant le priver de la protection attachée au mandat (cass. soc. 16 février 2011, n° 10-10.592, BC V n° 51 ; *RJS* 4/11 n° 362).

• La période de protection spéciale des candidats aux élections de conseillers prud'hommes court à compter de la publication de la liste des candidatures dans les conditions prévues par l'article R. 513-37 (ancien) CT ; son point de départ peut cependant être fixé antérieurement, soit à la date à laquelle l'employeur a eu connaissance de l'imminence de la candidature du salarié, si le salarié en rapporte la preuve, soit à la date de notification, par le mandataire de la liste, de la proposition de sa candidature, dans le cas où cette formalité a été effectivement accomplie (cass. soc. 12 septembre 2007, n° 06-43.041, BC V n° 126 ; *RJS* 11/07 n° 1201).

Fin de la protection

• Un conseiller prud'homme n'est pas déchu de son mandat du seul fait qu'il a perdu la qualité requise pour être élu dans un collège tant que l'une des procédures prévues par l'article D. 1442-18 CT n'a pas été mise en œuvre. C'est donc à tort que, pour débouter un salarié de sa demande de dommages et intérêts pour licenciement sans autorisation de l'inspecteur du travail, une cour d'appel a retenu que son mandat de conseiller prud'hommes avait pris fin avec la cessation de ses fonctions de gérant et qu'il n'était donc plus protégé au jour de son licenciement (cass. soc. 3 mars 2009, n° 07-43.173, 1er moyen, BC V n° 55 ; *RJS* 5/09 n° 463).

• Aux termes de cet article, le licenciement du salarié ayant cessé ses fonctions de conseiller prud'homme depuis moins de six mois est soumis à l'autorisation de l'inspecteur du travail. En cas de démission, le délai durant lequel l'autorisation de l'inspecteur du travail doit être sollicitée commence à courir le jour où la démission a acquis un caractère définitif, au sens de l'article D. 1442-17 CT, un mois après l'expédition de la lettre du salarié informant de sa décision le président du conseil des prud'hommes (cass. crim. 6 mai 2008, n° 07-80.530, B. crim. n° 106 ; *JCP* éd. S 2008, 1422, note P. Morvan ; *RJS* 8-9/08 n° 923).

Conséquences de la violation du statut protecteur

• Le licenciement d'un conseiller prud'homme, prononcé sans qu'aient été observées les règles protectrices, a les mêmes conséquences que celles prévues pour les représentants du personnel :

– le licenciement d'un conseiller prud'homme, prononcé en violation du statut protecteur, est atteint de nullité et ouvre droit, pour le salarié qui demande sa réintégration pendant la période de protection, au versement d'une indemnité égale au montant de la rémunération qu'il aurait perçue entre son licenciement et sa réintégration (cass. soc. 10 décembre 1997, n° 94-45.254, BC V n° 431 ; *CSB* 1998 S. 29) ;

– le conseiller prud'homme, dont le licenciement a été prononcé en violation du statut protecteur, n'est pas tenu de demander sa réintégration (cass. soc. 10 décembre 1997, n° 94-45.532, BC V n° 432). S'il ne la demande pas, il a le droit d'obtenir, à titre de sanction de la méconnaissance par l'employeur du statut protecteur, une indemnité au moins égale à la rémunération qu'il aurait perçue depuis la date de son éviction jusqu'à l'expiration de la période de protection résultant du seul mandat en cours à la date de la rupture, peu important sa réélection ultérieure et ce, dans la limite de la durée de la protection des représentants du personnel, qui comporte une période de six mois après l'expiration des fonctions (cass. soc. 2 mai 2001, n° 98-46.319, BC V n° 147 ; *JSL* n° 80, 29 mai 2001, pp. 16 et s. ; *RJS* 7/01 n° 893, 1re espèce ; *Dr. Soc.* 2001, pp. 774 et s., obs. J. Savatier ; cass. soc. 28 mars 2000, n° 97-42.419, BC V n° 135 ; 7 juillet 2004, n° 01-43.384). Cette indemnité ayant un caractère forfaitaire, le départ à la retraite du salarié après le licenciement est sans incidence sur son montant (cass. soc. 26 mars 2002, n° 01-42.397, BC V n° 101 ; *RJS* 6/02 n° 711). De même, il n'y a pas lieu de déduire de cette indemnité le montant des sommes perçues au titre de la retraite pour les mois concernés de la période de protection (cass. soc. 10 décembre 2003, n° 01-43.876, BC V n° 314).

À noter que le manquement à l'obligation de loyauté d'un conseiller prud'homme qui, au cours d'une procédure de licenciement, s'est délibérément abstenu d'informer l'employeur de sa qualité de salarié protégé peut justifier une réduction du montant de l'indemnité due au titre de la violation du statut protecteur (cass. soc. 16 février 2011, n° 10-10.592, BC V n° 51 ; *RJS* 4/11 n° 362).

Pour la détermination de la rémunération servant de base au calcul de cette indemnité forfaitaire, il y a lieu de retenir le montant de la rémunération avant précompte des contributions sociales et des impositions de toute nature que la loi met à la charge du salarié (cass. soc. 7 juin 2005, n° 03-44.969, BC V n° 191 ; *JCP* éd. S 2005, 1102, note Fr. Bousez ; *RJS* 8-9/05 n° 870).

À noter que cette indemnité, qui résulte pour l'employeur des obligations qu'il doit remplir en exécution du contrat de travail et qui est prévue par le code du travail, a été jugée, dans le cadre de l'ancienne réglementation, garantie par l'AGS à hauteur du « plafond 13 » (cass. soc. 3 avril 2001, n° 99-40.758, BC V n° 120 ; *RJS* 6/01 n° 746 ; *Dr. Soc.* 2001, pp. 674 et s., obs. Ch. Radé).

En outre, le conseiller prud'homme a le droit d'obtenir les indemnités de rupture et une indemnité réparant l'intégralité du préjudice résultant du caractère illicite du licenciement et au moins égale à celle prévue par l'article L. 122-14-4 (ancien) CT (cass. soc. 12 juin 2001, n° 99-41.695, BC V n° 219 ; *Dr. Soc.* 2001, p. 899, obs. J. Savatier ; 7 juillet 2004, n° 01-43.384, précité). Voir aussi note figurant au début du livre IV ;

– le conseiller prud'homme doit être réintégré dans son emploi ou dans un emploi équivalent lorsqu'il le demande dans le délai de deux mois à compter de la notification de l'annulation de l'autorisation administrative de licenciement ; s'il n'est pas réintégré lorsque l'annulation est devenue définitive, il a droit à une indemnité correspondant au préjudice subi entre son licenciement et sa réintégration effective (cass. soc. 30 novembre 2004, n° 01-44.739, BC V n° 309 ; *RJS* 2/05 n° 177).

• ***Sanction pénale :*** voir ci-après article L. 2437-1.

CHAPITRE II

Protection en cas de rupture d'un contrat de travail à durée déterminée

SECTION 1. Champ d'application

Art. L. 2412-1. Bénéficie de la protection en cas de rupture d'un contrat à durée déterminée prévue par le présent chapitre le salarié investi de l'un des mandats suivants :

1° Délégué syndical ;

2° Délégué du personnel ;

3° Membre élu du comité d'entreprise ;

4° Représentant syndical au comité d'entreprise ;

5° Membre du groupe spécial de négociation et membre du comité d'entreprise européen ;

6° Membre du groupe spécial de négociation et représentant au comité de la société européenne ;

(L. 2008-649 du 3 juil. 2008, art. 4, JO 4) « 6° *bis* Membre du groupe spécial de négociation et représentant au comité de la société coopérative européenne ;

6° *ter* Membre du groupe spécial de négociation et représentant au comité de la société issue de la fusion transfrontalière ; »

7° Représentant du personnel au comité d'hygiène et de sécurité des conditions de travail ;

8° Représentant du personnel d'une entreprise extérieure, désigné au comité d'hygiène, de sécurité et des conditions de travail d'un établissement comprenant au moins une installation classée figurant sur la liste prévue au IV de l'article L. 515-8 du code de l'environnement ou mentionnée à ***(Ord. 2011-91 du 20 janv. 2011, art. 11, JO 25, entrée en vigueur le 01.03.2011)*** « l'article L. 211-2 du code minier » ;

9° Membre d'une commission paritaire d'hygiène, de sécurité et des conditions de travail en agriculture prévue à l'article L. 717-7 du code rural ***(Ord. 2010-462 du 6 mai 2010, JO 7)*** « et de la pêche maritime » ;

10° Salarié mandaté dans les conditions prévues à l'article ***(L. 2008-789 du 20 août 2008, art. 9, JO 21)*** « L. 2232-24 », dans les entreprises dépourvues de délégué syndical ;

11° Membre du conseil ou administrateur d'une caisse de sécurité sociale mentionné à l'article L. 231-11 du code de la sécurité sociale ;

12° Représentant des salariés dans une chambre d'agriculture, mentionné à l'article L. 515-1 du code rural ***(Ord. 2010-462 du 6 mai 2010, JO 7)*** « et de la pêche maritime » ;

13° Conseiller prud'homme.

SECTION 2. Délégué syndical

Art. L. 2412-2. La rupture du contrat de travail à durée déterminée du délégué syndical avant l'échéance du terme en raison d'une faute grave ***(L. 2011 525 du 17 mai 2011, art. 49, JO 18)*** « ou de l'inaptitude constatée par le médecin du travail », ou à l'arrivée du terme lorsque l'employeur n'envisage pas de renouveler un contrat comportant une clause de renouvellement, ne peut intervenir qu'après autorisation de l'inspecteur du travail.

Cette procédure est applicable pendant les délais prévus aux articles L. 2411-5 et L. 2411-8.

Dans les branches d'activité à caractère saisonnier, ces délais de protection sont prolongés d'une durée égale à la période habituelle d'interruption de l'activité du salarié.

Note ***Sanction pénale :*** voir ci-après article L. 2431-1.

SECTION 3. Délégué du personnel

Art. L. 2412-3. La rupture du contrat de travail à durée déterminée du délégué du personnel avant l'échéance du terme en raison d'une faute grave ***(L. 2011-525 du 17 mai 2011, art. 49, JO 18)*** « ou de l'inaptitude constatée par le médecin du travail », ou à l'arrivée du terme lorsque l'employeur n'envisage pas de renouveler un contrat comportant une clause de renouvellement, ne peut intervenir qu'après autorisation de l'inspecteur du travail.

Cette procédure s'applique également à l'ancien délégué ou au candidat aux fonctions de délégué durant les délais prévus aux articles L. 2411-5 et L. 2411-7.

Dans les branches d'activité à caractère saisonnier, ces délais de protection sont prolongés d'une durée égale à la période habituelle d'interruption de l'activité du salarié.

Note ***Sanction pénale :*** voir ci-après article L. 2432-1.

SECTION 4. Membre du comité d'entreprise

Art. L. 2412-4. La rupture du contrat de travail à durée déterminée d'un membre élu du comité d'entreprise avant l'échéance du terme en raison d'une faute grave ***(L. 2011-525 du 17 mai 2011, art. 49, JO 18)*** « ou de l'inaptitude constatée par le médecin du travail », ou à l'arrivée du terme lorsque l'employeur n'envisage pas de renouveler un contrat comportant une clause de renouvellement, ne peut intervenir qu'après autorisation de l'inspecteur du travail.

Cette procédure s'applique également à l'ancien membre élu du comité ou au candidat aux fonctions de membre élu du comité d'entreprise, ou au représentant syndical durant les délais prévus aux articles L. 2411-8 et L. 2411-10.

Dans les branches d'activité à caractère saisonnier, ces délais de protection sont prolongés d'une durée égale à la période habituelle d'interruption de l'activité du salarié.

Note ***Sanction pénale :*** voir ci-après article L. 2433-1.

SECTION 5. Membre du groupe spécial de négociation et membre du comité d'entreprise européen

Art. L. 2412-5. La rupture du contrat de travail à durée déterminée d'un membre du groupe spécial de négociation ou d'un membre du comité d'entreprise européen avant l'échéance du terme en raison d'une faute grave ***(L. 2011-525 du 17 mai 2011, art. 49, JO 18)*** « ou de l'inaptitude constatée par le médecin du travail », ou à l'arrivée du terme lorsque l'employeur n'envisage pas de renouveler un contrat comportant une clause de renouvellement, ne peut intervenir qu'après autorisation de l'inspecteur du travail.

Note ***Sanction pénale :*** voir ci-après article L. 2434-1.

SECTION 6. *(L. 2008-649 du 3 juil. 2008, art. 4, JO 4)* « Membre du groupe spécial de négociation et représentant au comité de la société européenne, au comité de la société coopérative européenne ou au comité de la société issue de la fusion transfrontalière »

Art. L. 2412-6. La rupture du contrat de travail à durée déterminée d'un membre du groupe spécial de négociation ou d'un représentant ***(L. 2008-649 du 3 juil. 2008, art. 4, JO 4)*** « au comité de la société européenne, d'un représentant au comité de la société coopérative européenne ou d'un représentant au comité de la société issue de la fusion transfrontalière », avant l'échéance du terme en raison d'une faute grave ***(L. 2011-525 du 17 mai 2011, art. 49, JO 18)*** « ou de l'inaptitude constatée par le médecin du travail », ou à l'arrivée du terme lorsque l'employeur n'envisage pas de renouveler un contrat comportant une clause de renouvellement, ne peut intervenir qu'après autorisation de l'inspecteur du travail.

Note ***Sanction pénale :*** voir ci-après articles L. 2434-2 à 4.

SECTION 7. Représentant du personnel au comité d'hygiène, de sécurité et des conditions de travail

Art. L. 2412-7. La rupture du contrat de travail à durée déterminée d'un représentant du personnel au comité d'hygiène, de sécurité et des conditions de travail, avant l'échéance du terme en raison d'une faute grave ***(L. 2011-525 du 17 mai 2011, art. 49, JO 18)*** « ou de l'inaptitude constatée par le médecin du travail », ou à l'arrivée du terme lorsque l'employeur n'envisage pas de renouveler un contrat comportant une clause de renouvellement, ne peut intervenir qu'après autorisation de l'inspecteur du travail.

Cette procédure s'applique également à l'ancien représentant ou au candidat durant les délais prévus aux articles L. 2411-8 et L. 2411-10.

Dans les branches d'activité à caractère saisonnier, ces délais de protection sont prolongés d'une durée égale à la période habituelle d'interruption de l'activité du salarié.

Note ***Sanction pénale :*** voir article L. 4742-1.

SECTION 8. Représentant du personnel d'une entreprise extérieure au comité d'hygiène, de sécurité et des conditions de travail

Art. L. 2412-8. La rupture du contrat de travail à durée déterminée d'un représentant du personnel d'une entreprise extérieure, désigné au comité d'hygiène, de sécurité et des conditions de travail d'un établissement comprenant au moins une installation classée figurant sur la liste prévue au IV de l'article L. 515-8 du code de l'environnement ou mentionnée à ***(Ord. 2011-91 du 20 janv. 2011, art. 11, JO 25, entrée en vigueur le 01.03.2011)*** « l'article L. 211-2 du code minier », avant l'échéance du terme en raison d'une faute grave ***(L. 2011-525 du 17 mai 2011, art. 49, JO 18)*** « ou de l'inaptitude constatée par le médecin du travail », ou à l'arrivée du terme lorsque l'employeur n'envisage pas de renouveler un contrat comportant une clause de renouvellement, ne peut intervenir qu'après autorisation de l'inspecteur du travail.

Cette procédure s'applique également à l'ancien représentant ou au candidat durant les délais prévus aux articles L. 2411-8 et L. 2411-10.

Dans les branches d'activité à caractère saisonnier, ces délais de protection sont prolongés d'une durée égale à la période habituelle d'interruption de l'activité du salarié.

SECTION 9. Salarié membre d'une commission paritaire d'hygiène, de sécurité et des conditions de travail en agriculture

Art. L. 2412-9. La rupture du contrat de travail à durée déterminée d'un salarié membre d'une commission paritaire d'hygiène, de sécurité et des conditions de travail en agriculture, avant l'échéance du terme en raison d'une faute grave ***(L. 2011-525 du 17 mai 2011, art. 49, JO 18)*** « ou de l'inaptitude constatée par le médecin du travail », ou à l'arrivée du terme lorsque l'employeur n'envisage pas de renouveler un contrat comportant une clause de renouvellement, ne peut intervenir qu'après autorisation de l'inspecteur du travail.

Cette procédure s'applique également à l'ancien représentant ou au candidat durant les délais prévus aux articles L. 2411-8 et L. 2411-10.

Dans les branches d'activité à caractère saisonnier, ces délais de protection sont prolongés d'une durée égale à la période habituelle d'interruption de l'activité du salarié.

SECTION 10. Salarié mandaté

Art. L. 2412-10. La rupture du contrat de travail à durée déterminée d'un salarié mandaté au titre de l'article ***(L. 2008-789 du 20 août 2008, art. 9, JO 21)*** « L. 2232-24 », avant l'échéance du terme en raison d'une faute grave ***(L. 2011-525 du 17 mai 2011, art. 49, JO 18)*** « ou de l'inaptitude constatée par le médecin du travail », ou à l'arrivée du terme lorsque l'employeur n'envisage pas de renouveler un contrat comportant une clause de renouvellement, ne peut intervenir qu'après autorisation de l'inspecteur du travail.

SECTION 11. Membre du conseil ou administrateur d'une caisse de sécurité sociale

Art. L. 2412-11. Lorsque le salarié membre du conseil ou administrateur d'une caisse de sécurité sociale est titulaire d'un contrat de travail à durée déterminée, il bénéficie des garanties et protections prévues à l'article L. 231-11 du code de la sécurité sociale.

SECTION 12. Représentant des salariés dans une chambre d'agriculture

Art. L. 2412-12. Lorsque le salarié représentant d'une chambre d'agriculture est titulaire d'un contrat de travail à durée déterminée, il bénéficie des garanties et protections prévues à l'article L. 515-4 du code rural ***(Ord. 2010-462 du 6 mai 2010, JO 7)*** « et de la pêche maritime ».

SECTION 13. Conseiller prud'homme

Art. L. 2412-13. La rupture du contrat de travail à durée déterminée du conseiller prud'homme avant l'échéance du terme en raison d'une faute grave ***(L. 2011-525 du 17 mai 2011, art. 49, JO 18)*** « ou de l'inaptitude constatée par le médecin du travail », ou à l'arrivée du terme lorsque l'employeur n'envisage pas de renouveler un contrat comportant une clause de renouvellement, ne peut intervenir qu'après autorisation de l'inspecteur du travail.

Cette procédure est applicable pendant les délais prévus aux articles L. 2411-5 et L. 2411-8.

Dans les branches d'activité à caractère saisonnier, ces délais de protection sont prolongés d'une durée égale à la période habituelle d'interruption de l'activité du salarié.

Note ***Sanction pénale :*** voir ci-après article L. 2437-1.

CHAPITRE III

Protection en cas d'interruption ou de non-renouvellement d'une mission de travail temporaire

Art. L. 2413-1. L'interruption ou la notification du non-renouvellement de la mission d'un salarié temporaire par l'entrepreneur de travail temporaire ne peut intervenir qu'après autorisation de l'inspecteur du travail lorsque le salarié est investi de l'un des mandats suivants :

1° Délégué syndical et ancien délégué syndical, y compris lorsque l'entrepreneur de travail temporaire lui a notifié sa décision de ne plus faire appel à lui pour de nouveaux contrats, en application de l'article L. 2314-18 ;

2° Délégué du personnel, ancien délégué ou candidat aux fonctions de délégué ;

3° Membre ou ancien membre élu du comité d'entreprise ou candidat à ces fonctions ;

4° Représentant syndical au comité d'entreprise ;

5° Membre du groupe spécial de négociation et membre du comité d'entreprise européen ;

6° Membre du groupe spécial de négociation et représentant au comité de la société européenne ;

(L. 2008-649 du 3 juil. 2008, art. 4, JO 4) « 6° *bis* Membre du groupe spécial de négociation et représentant au comité de la société coopérative européenne ;

6° *ter* Membre du groupe spécial de négociation et représentant au comité de la société issue de la fusion transfrontalière ; »

7° Représentant ou ancien représentant du personnel au comité d'hygiène et de sécurité des conditions de travail ;

8° Représentant du personnel d'une entreprise extérieure, désigné au comité d'hygiène, de sécurité et des conditions de travail d'un établissement comprenant au moins une installation classée figurant sur la liste prévue au IV de l'article L. 515-8 du code de l'environnement ou mentionnée à ***(Ord. 2011-91 du 20 janv. 2011, art. 11, JO 25, entrée en vigueur le 01.03.2011)*** « l'article L. 211-2 du code minier » ;

9° Membre d'une commission paritaire d'hygiène, de sécurité et des conditions de travail en agriculture prévue à l'article L. 717-7 du code rural ***(Ord. 2010-462 du 6 mai 2010, JO 7)*** « et de la pêche maritime » ;

10° Salarié mandaté dans les conditions prévues à l'article ***(L. 2008-789 du 20 août 2008, art. 9, JO 21)*** « L. 2232-24 », dans les entreprises dépourvues de délégué syndical ;

11° Membre du conseil ou administrateur d'une caisse de sécurité sociale mentionné à l'article L. 231-11 du code de la sécurité sociale ;

12° Représentant des salariés dans une chambre d'agriculture, mentionné à l'article L. 515-1 du code rural ***(Ord. 2010-462 du 6 mai 2010, JO 7)*** « et de la pêche maritime » ;

13° Conseiller prud'homme.

CHAPITRE IV

Protection en cas de transfert partiel d'entreprise ou d'établissement

Art. L. 2414-1. Le transfert d'un salarié compris dans un transfert partiel d'entreprise ou d'établissement par application de l'article L. 1224-1 ne peut intervenir qu'après autorisation de l'inspecteur du travail lorsqu'il est investi de l'un des mandats suivants :

1° Délégué syndical et ancien délégué syndical ayant exercé ses fonctions pendant au moins un an ;

2° Délégué du personnel ;

3° Membre élu du comité d'entreprise ;

4° Représentant syndical au comité d'entreprise ;

5° Membre du groupe spécial de négociation et membre du comité d'entreprise européen ;

6° Membre du groupe spécial de négociation et représentant au comité de la société européenne ;

(L. 2008-649 du 3 juil. 2008, art. 4, JO 4) « 6° *bis* Membre du groupe spécial de négociation et représentant au comité de la société coopérative européenne ;

6° *ter* Membre du groupe spécial de négociation et représentant au comité de la société issue de la fusion transfrontalière ; ».

7° Représentant du personnel ou ancien représentant au comité d'hygiène, de sécurité et des conditions de travail ;

8° Représentant du personnel d'une entreprise extérieure, désigné au comité d'hygiène, de sécurité et des conditions de travail d'un établissement comprenant au moins une installation classée figurant sur la liste prévue au IV de l'article L. 515-8 du code de l'environnement ou mentionnée à ***(Ord. 2011-91 du 20 janv. 2011, art. 11, JO 25, entrée en vigueur le 01.03.2011)*** « l'article L. 211-2 du code minier » ;

9° Membre d'une commission paritaire d'hygiène, de sécurité et des conditions de travail en agriculture prévue à l'article L. 717-7 du code rural ***(Ord. 2010-462 du 6 mai 2010, JO 7)*** « et de la pêche maritime » ;

10° Représentant des salariés dans une chambre d'agriculture mentionné à l'article L. 515-1 du code rural ***(Ord. 2010-462 du 6 mai 2010, JO 7)*** « et de la pêche maritime » ;

11° Salarié mandaté dans les conditions prévues à l'article ***(L. 2008-789 du 20 août 2008, art. 9, JO 21)*** « L. 2232-24 », dès que l'employeur a connaissance de l'imminence de sa désignation, ou ancien salarié mandaté, durant les douze mois suivant la date à laquelle son mandat a pris fin. Lorsque aucun accord n'a été conclu à l'issue de la négociation au titre de laquelle le salarié a été mandaté, le délai de protection court à compter de la date de fin de cette négociation matérialisée par un procès-verbal de désaccord.

Note

• *Notion de transfert partiel d'établissement.* Le transfert de la totalité des salariés employés dans une entité économique doit être regardé comme un transfert partiel d'établissement au sens de l'article L. 2414-1, imposant l'autorisation préalable de l'inspecteur du travail pour le transfert d'un salarié titulaire d'un mandat représentatif, dès lors que l'entité économique transférée ne constitue pas un établissement au sein duquel a été mis en place un comité d'établissement (cass. soc. 15 novembre 2011, n° 10-15.294, *RJS* 2/12 n° 174).

• Lorsqu'un représentant du personnel est compris dans un transfert partiel d'entreprise, le transfert du salarié est soumis à l'autorisation préalable de l'inspecteur du travail. Il s'agit d'un principe général applicable non seulement lorsque les conditions de l'article L. 122-12 [L. 1224-1] sont réunies, mais aussi lorsque le salarié est transféré en exécution d'un accord collectif, en cas de perte d'un marché (cass. soc. 16 mars 1999, n° 96-44.570, BC V n° 124 ; *RJS* 5/99 n° 699). Cette autorisation administrative est également requise lorsqu'un salarié protégé fait partie du personnel dont le contrat de travail est en partie transféré au repreneur d'une activité en application d'une convention ou d'un accord collectif (cass. soc. 28 mai 2003, n° 01-40.512, BC V n° 181 ; *RJS* 8-9/03 n° 1037). Elle s'applique également aux candidats qui sont exposés aux mêmes risques (cass. soc. 8 juin 1999, n° 96-45.045, BC V n° 272 ; *RJS* 7/99 n° 943). Enfin, cette procédure d'autorisation préalable est d'ordre public et le salarié protégé ne peut y renoncer (cass. soc. 6 avril 2004, n° 02-41.953, *RJS* 7/04 n° 831).

En l'absence d'autorisation préalable avant le changement d'affectation, le transfert est nul (cass. soc. 31 mai 2011, n° 10-17.460, *RJS* 8-9/11 n° 712 ; *JCP* éd. S 2011, 1432, J-Y Kerbourc'h). Le salarié n'est donc pas tenu de fournir une prestation de travail pour le compte de la société dans laquelle il a été transféré (cass. soc. 5 mai 1998, n° 95-45.326, BC V n° 222) et peut demander à être maintenu dans son emploi aux mêmes conditions de travail et de rémunération (cass. soc. 20 novembre 2002, n° 00-44.498,BC V n° 349 ; *RJS* 2/03 n° 216). En outre, faute d'avoir soumis le transfert d'un salarié protégé à l'autorisation administrative préalable, l'employeur ne peut demander à l'inspecteur du travail une autorisation de licenciement pour motif économique (CE 28 février 1997, n° 164235, *RJS* 5/97 n° 573) ni – le transfert étant nul – le confirmer à l'issue de la période de protection (cass. soc. 31 mai 2011, n° 10-17.460, précité).

• *Contrôle de l'inspecteur du travail.* Pour autoriser le transfert du contrat de travail d'un salarié protégé, l'autorité administrative ne doit pas se borner à vérifier si le contrat de travail de l'intéressé est en cours au jour de la modification intervenue dans la situation juridique de l'employeur, mais est tenue d'examiner si le salarié concerné exécutait effectivement son contrat de travail dans l'entité transférée (CE 15 juin 2005, n° 250747, *RJS* 10/05 n° 1004 ; *JCP* éd. S 2005, 1301, note J-Y Kerbourc'h ; *JSL* n° 177, 10 novembre 2005, p. 18, obs. J-E Tourreil). L'autorisation de transfert d'un salarié protégé peut être légalement refusée par l'autorité administrative pour un motif tiré du caractère discriminatoire de la mesure de transfert. Mais l'inspecteur du travail ne peut pas invoquer des motifs d'intérêt général et notamment le fait que le transfert affecterait le bon fonctionnement des institutions représentatives du personnel (CE 20 mai 1988, n° 74863, *Dr. Soc.* 1989, p. 229, concl. J. de Clausade ; CE 12 octobre 1990, n°s 87204, 87617, *RJS* 2/91 n° 214). Voir aussi note figurant au début du livre IV « COMPÉTENCE DE L'INSPECTEUR DU TRAVAIL ».

• *Annulation de l'autorisation administrative de transfert.* Voir article L. 2422-2 et note sous cet article.

• *Poursuite du contrat de travail.* Dès lors que les dispositions de l'article L. 122-12 [L. 1224-1] CT sont applicables et que le transfert d'un salarié protégé est autorisé par l'inspecteur du travail, le contrat de travail se poursuit de plein droit avec le nouvel employeur auquel sont transmis tous les droits et obligations de l'ancien employeur, peu important que le salarié refuse le transfert (cass. soc. 27 juin 2002, n° 00-44.006, BC V n° 221 ; *RJS* 11/02 n° 1257). En revanche, en l'absence de transfert d'une entité économique au sens de l'article L. 122-12 [L. 1224-1] CT, l'employeur peut demander l'autorisation de licencier le salarié protégé et ce dernier n'est pas fondé à soutenir que l'autorité administrative a commis une erreur de droit en refusant de faire application des dispositions prévues par le code du travail en cas de transfert partiel d'entreprise et en délivrant une autorisation de licenciement pour motif économique (CE 10 mars 1997, n° 169829, *AJDA* 1997, p. 706 ; *RJS* 5/97 n° 568). De même, en cas de transfert partiel d'entreprise, le contrat de travail ne se poursuit pas de plein droit avec le cessionnaire si le salarié n'exerçait pas son activité dans l'une des branches cédées (cass. soc. 23 février 1994, n° 92-40.613, BC V n° 64 ; *RJS* 4/94 n° 378).

• *Poursuite du mandat en cours.* Le mandat des représentants du personnel se poursuit lorsqu'il y a transfert d'une entité économique autonome conservant son identité et dont l'activité s'est poursuivie (cass. soc. 28 juin 1995, n° 94-40.362, BC V n° 219 ; *CSB* 1995 A. 55 ; *RJS* 8-9/95 n° 904). Peu importe que l'entreprise ait perdu son autonomie juridique si elle conserve de fait son autonomie (cass. soc. 18 décembre 2000, n° 99-60.381, BC V n° 433 ; *RJS* 3/01 n° 310).

• *Pénalités :* voir ci-après Titre III.

TITRE II

PROCÉDURES D'AUTORISATION APPLICABLES À LA RUPTURE OU AU TRANSFERT DU CONTRAT

CHAPITRE Ier

Demande d'autorisation et instruction de la demande

SECTION 1. Procédure applicable en cas de licenciement

Note *Combinaison de la procédure spéciale de licenciement avec la procédure disciplinaire.* Le délai d'un mois pour notifier le licenciement d'un salarié protégé court à compter du jour où l'employeur a reçu notification de l'autorisation de l'inspecteur du travail. En cas de dépassement de ce délai, le licenciement est sans cause réelle et sérieuse (cass. soc. 28 octobre 2003, n° 01-42.404, BC V n° 262 ; *RJS* 1/04 n° 78).

Sous-section 1. Délégué syndical, salarié mandaté et conseiller du salarié

Art. L. 2421-1. La demande d'autorisation de licenciement d'un délégué syndical, d'un salarié mandaté ou d'un conseiller du salarié est adressée à l'inspecteur du travail.

En cas de faute grave, l'employeur peut prononcer la mise à pied immédiate de l'intéressé dans l'attente de la décision définitive.

Cette décision est, à peine de nullité, motivée et notifiée à l'inspecteur du travail dans le délai de quarante-huit heures à compter de sa prise d'effet.

Si le licenciement est refusé, la mise à pied est annulée et ses effets supprimés de plein droit.

Note **Mise à pied conservatoire**

• L'absence de notification dans les 48 heures à l'inspecteur du travail de la mise à pied d'un délégué syndical n'entraîne que la nullité de la décision de mise à pied, et non l'irrégularité de la demande d'autorisation de licenciement (CE 2 juin 1989, n° 68320, *RJS* 8-9/89 n° 696).

• La mise à pied conservatoire n'a pas pour effet de suspendre l'exécution du mandat (cass. soc. 2 mars 2004, n° 02-16.554, BC V n° 71 ; *RJS* 5/04 n° 557). Les faits d'entrave à l'exercice du droit syndical, consistant, pour les dirigeants d'une entreprise, après mise à pied conservatoire d'un délégué syndical, à ne pas l'avoir convoqué à une réunion de concertation et à avoir demandé au syndicat de lui désigner un suppléant, portent atteinte aux intérêts du syndicat mais sont également de nature à causer un préjudice personnel et direct au délégué syndical en le privant de la possibilité de circuler dans l'entreprise et d'exercer ses fonctions de représentation (cass. crim. 30 octobre 2006, n° 05-86.380, B. crim. n° 260 ; *RJS* 2/07 n° 247 ; *Dr. Soc.* 2007, p. 310, obs. Fr. Duquesne ; *JCP* éd. S 2007, 1175, note J-Fr. Cesaro).

Le représentant du personnel mis à pied demeure électeur et éligible, y compris dans le cas où il s'agit d'une mise à pied irrégulièrement prolongée après une décision de refus d'autorisation (cass. ch. mixte, 25 octobre 1968, 2 arrêts, n°s 66-60.054 et 055, BC n° 1).

• L'autorisation de licenciement ne valide pas à elle seule la mise à pied et l'employeur peut être attaqué au pénal et au civil en dommages et intérêts s'il y a contestation de la faute grave.

• Le refus d'autorisation de l'inspecteur du travail entraîne l'annulation de la mise à pied, et ses effets sont supprimés de plein droit ; Le salarié peut prétendre au règlement des salaires perdus pendant la période de mise à pied (cass. soc. 10 octobre 1962, BC IV n° 703 ; 18 juin 1997, n° 95-43.723, BC V n° 225 ; *RJS* 8-9/97 n° 998 ; 24 octobre 1997, n° 95-40.930, BC V n° 334 ; *RJS* 12/97 n° 1372 ; voir aussi cass. soc. 23 juin 1999, n° 97-42.202, BC V n° 300, précisant qu'il n'appartient pas au juge judiciaire de se prononcer sur le bien-fondé de la mise à pied annulée).

Doit être ainsi cassé l'arrêt qui a rejeté la demande de membres d'un comité d'entreprise mis à pied pour entrave à la liberté du travail (participation à une grève), dont l'inspecteur du travail avait refusé l'autorisation de licenciement et qui avaient saisi le juge des référés pour obtenir une provision sur les salaires correspondant à la période de mise à pied, en retenant que l'exercice du droit de grève suspend l'exécution du contrat de travail de sorte que l'employeur est délié de l'obligation de payer les salaires et que la décision de mise à pied avait été prononcée alors que les salariés étaient grévistes et que leur contrat de travail était suspendu, alors que l'autorisation de licencier ayant été refusée, l'employeur se trouvait, de plein droit, débiteur des salaires correspondant à la période de mise à pied et que l'obligation de l'employeur n'était pas sérieusement contestable (cass. soc. 18 juillet 2000, n° 99-41.413, BC V n° 290 ; *RJS* 11/00 n° 1113 ; dans le même sens, voir aussi cass. soc. 17 décembre 2002, n° 00-40.633, BC V n° 389 ; *Dr. Soc.* 2003, p. 177, obs. Fr. Duquesne ; *RJS* 2/03 n° 218 ; *JSL* n° 117, 11 février 2003, p. 19).

À noter que l'employeur qui a mis à pied un salarié délégué du personnel à titre conservatoire et l'a convoqué à un entretien préalable à un licenciement peut renoncer au licenciement et prononcer une sanction moindre ; lorsque cette sanction est une mise à pied disciplinaire, la durée de la mise à pied conservatoire s'impute sur la durée de la mise à pied disciplinaire (cass. soc. 5 juillet 2006, n° 03-46.361, BC V n° 235 ; *RJS* 11/06 n° 1180).

Lorsque le licenciement n'est pas autorisé par l'inspecteur du travail, le salarié protégé doit retrouver son emploi et le refus de l'employeur de le réintégrer constitue un trouble manifestement illicite (cass. soc. 12 juin 2001, n° 00-40.480, BC V n° 220 ; *RJS* 8-9/01 n° 1039) et s'analyse en un licenciement nul (cass. soc. 4 février 2004, n° 01-44.962, BC V n° 34 ; *RJS* 4/04 n° 437). Le salarié doit être rétabli dans ses fonctions dès l'instant que le travail qu'il accomplissait existe toujours, peu important que l'employeur ait entendu supprimer le poste pour l'occuper lui-même (cass. soc. 18 novembre 1998, n° 96-43.072, BC V n° 498). En s'abstenant volontairement, après la décision administrative de refus d'autoriser le licenciement, de réintégrer un salarié protégé dans les fonctions qu'il occupait avant sa mise à pied et en lui imposant une modification de son contrat de travail, un dirigeant de société commet un délit d'entrave (cass. crim. 11 décembre 2001, n° 00-86.182, B. crim. n° 266).

Art. R. 2421-1. La demande d'autorisation de licenciement d'un délégué syndical, d'un salarié mandaté ou d'un conseiller du salarié est adressée à l'inspecteur du travail dont dépend l'établissement dans lequel est employé l'intéressé.

Lorsque le délégué syndical bénéficie également de la protection prévue aux sections 3 et 4 du chapitre Ier du titre Ier de la partie législative, la demande est accompagnée du procès-verbal de la réunion du comité d'entreprise.

Dans ce cas, sauf dans l'hypothèse d'une mise à pied, la demande est transmise dans les quinze jours suivant la date à laquelle a été émis l'avis du comité d'entreprise.

Dans tous les cas, la demande énonce les motifs du licenciement envisagé. Elle est transmise par lettre recommandée avec avis de réception.

Note Voir note sous article R. 2121-10.

Art. R. 2421-2. Lorsqu'un licenciement pour motif économique de dix salariés ou plus dans une même période de trente jours concerne un ou plusieurs salariés mentionnés à l'article L. 2421-1, l'employeur joint à la demande d'autorisation de licenciement la copie de la notification du projet de licenciement adressée à l'autorité administrative en application de l'article L. 1233-46.

Art. R. 2421-3. L'entretien préalable au licenciement a lieu avant la présentation de la demande d'autorisation de licenciement à l'inspecteur du travail.

Note Voir note sous article R. 2421-8.

Art. R. 2421-4. L'inspecteur du travail procède à une enquête contradictoire au cours de laquelle le salarié peut, sur sa demande, se faire assister d'un représentant de son syndicat.

L'inspecteur du travail prend sa décision dans un délai de quinze jours, réduit à huit jours en cas de mise à pied. Ce délai court à compter de la réception de la demande d'autorisation de licenciement. Il n'est prolongé que si les nécessités de l'enquête le justifient. L'inspecteur informe les destinataires mentionnés à l'article R. 2421-5 de la prolongation du délai.

Note Sur le déroulement de l'enquête contradictoire, voir note sous article R. 2421-11.

Art. R. 2421-5. La décision de l'inspecteur du travail est motivée.

Elle est notifiée par lettre recommandée avec avis de réception :
1° À l'employeur ;
2° Au salarié ;
3° À l'organisation syndicale intéressée lorsqu'il s'agit d'un délégué syndical.

Art. R. 2421-6. En cas de faute grave, l'employeur peut prononcer la mise à pied immédiate de l'intéressé jusqu'à la décision de l'inspecteur du travail.

Lorsque le délégué syndical bénéficie de la protection prévue à l'article L. 2421-3, la consultation du comité d'entreprise a lieu dans un délai de dix jours à compter de la date de la mise à pied. La demande d'autorisation de licenciement est présentée au plus tard dans les quarante-huit heures suivant la délibération du comité d'entreprise. S'il n'y a pas de comité d'entreprise, cette demande est présentée dans un délai de huit jours à compter de la date de la mise à pied.

La mesure de mise à pied est privée d'effet lorsque le licenciement est refusé par l'inspecteur du travail ou, en cas de recours hiérarchique, par le ministre.

Art. R. 2421-7. L'inspecteur du travail et, en cas de recours hiérarchique, le ministre examinent notamment si la mesure de licenciement envisagée est en rapport avec le mandat détenu, sollicité ou antérieurement exercé par l'intéressé.

Art. L. 2421-2. La procédure prévue à la présente sous-section s'applique également au salarié investi de l'un des mandats suivants :

1° Membre du conseil ou administrateur d'une caisse de sécurité sociale mentionné à l'article L. 231-11 du code de la sécurité sociale ;

2° Membre du conseil d'administration d'une mutuelle, union ou fédération mentionné à l'article L. 114-24 du code de la mutualité ;

3° Représentant des salariés dans une chambre d'agriculture mentionné à l'article L. 515-1 du code rural ***(Ord. 2010-462 du 6 mai 2010, JO 7)*** « et de la pêche maritime » ;

4° Conseiller prud'homme.

Sous-section 2. Délégué du personnel, membre de comité d'entreprise et membre de comité d'hygiène, de sécurité et des conditions de travail

Art. L. 2421-3. Le licenciement envisagé par l'employeur d'un délégué du personnel ou d'un membre élu du comité d'entreprise titulaire ou suppléant, d'un représentant syndical au comité d'entreprise ou d'un représentant des salariés au comité d'hygiène de sécurité et des conditions de travail est soumis au comité d'entreprise, qui donne un avis sur le projet de licenciement.

Lorsqu'il n'existe pas de comité d'entreprise dans l'établissement, l'inspecteur du travail est saisi directement.

La demande d'autorisation de licenciement est adressée à l'inspecteur du travail dont dépend l'établissement dans lequel le salarié est employé.

En cas de faute grave, l'employeur peut prononcer la mise à pied immédiate de l'intéressé dans l'attente de la décision définitive.

Si le licenciement est refusé, la mise à pied est annulée et ses effets supprimés de plein droit.

Note Mise à pied conservatoire : voir note sous article L. 2421-1.

Art. R. 2421-8. L'entretien préalable au licenciement a lieu avant la consultation du comité d'entreprise faite en application de l'article L. 2421-3.

À défaut de comité d'entreprise, cet entretien a lieu avant la présentation de la demande d'autorisation de licenciement à l'inspecteur du travail.

Note **Lettre de convocation**

L'employeur qui envisage de sanctionner une faute par un licenciement doit explicitement faire mention de cette éventualité dans la lettre de convocation à l'entretien préalable. À défaut, la procédure suivie est irrégulière et la décision de l'inspecteur du travail autorisant le licenciement doit être annulée (CE 12 octobre 1990, n° 99640, *RJS* 2/91 n° 219). La lettre de convocation adressée par l'employeur en vue de l'entretien préalable doit rappeler que le salarié peut se faire assister d'une personne de son choix appartenant au personnel de l'entreprise ; l'employeur ne peut porter atteinte à la liberté de choix du salarié en excluant certaines personnes (CE 16 juin 1995, n° 145728, *RJS* 8-9/95 n° 914).

Entretien préalable

• Il résulte de la combinaison des dispositions des articles L. 122-14-7 et R. 436-1 [L. 1231-2 et R. 2421-8] CT que la demande d'autorisation de licenciement présentée par l'employeur doit toujours être précédée de la convocation à un entretien préalable du salarié bénéficiant d'une protection particulière, alors même que le licenciement de l'intéressé est envisagé dans une entreprise disposant d'un comité d'entreprise, dans le cadre d'une procédure de licenciement pour motif économique de dix salariés et plus dans une même période de trente jours (CE 28 septembre 2005, n° 266023, *Rec. Lebon*, p. 397 ; *JCP* éd. S 2005, 1336, note J-Y Kerbourc'h ; dans le même sens, voir aussi cass. soc. 10 mai 1999, n° 97-40.510, BC V n° 207, *RJS* 6/99 n° 831 ; 22 septembre 2010, n° 08-45.227, BC V n° 190 ; *RJS* 11/10, 1re espèce). L'absence de convocation régulière du salarié à l'entretien préalable entraîne l'annulation de l'autorisation de licenciement accordée à l'employeur par l'inspecteur du travail (CE 28 septembre 2005, n° 266023, précité).

• La mise à la retraite d'un salarié protégé à l'initiative de l'employeur doit être précédée de l'entretien préalable prévu par l'article L. 122-14 [L. 1232-2]. Doit donc être annulée la décision d'un inspecteur du travail ayant autorisé la mise à la retraite d'un salarié protégé alors que la demande d'autorisation n'avait pas été précédée de cet entretien (CE 17 juin 2009, n° 304027, *LS* Jurispr n° 151/2009 des 20-21/07/09 ; *JSL* n° 262 du 16 septembre 2009, p. 16, obs. M-Ch. Haller).

• La lettre de convocation à l'entretien préalable doit être notifiée au salarié au moins cinq jours ouvrables avant la date prévue pour cet entretien et le non-respect de ce délai justifie un refus d'autorisation de licenciement (CE 20 mars 2009, n° 312258, *LS* Jurispr. n° 88/2009 du 21/04/09 ; *JSL* n° 255, 14 mai 2009, p. 14, obs. J-E Tourreil ; *Dr. Soc.* 2009, pp. 711 et s., concl. Y. Struillou ; *RDT*, juillet/août 2009, CH, 457, M. Grévy). L'entretien préalable doit précéder la consultation du comité d'entreprise et doit intervenir avant la décision de l'inspecteur du travail (CE 30 novembre 1998, n° 173491, *RJS* 2/99 n° 236) ; la décision de l'inspecteur du travail autorisant le licenciement du salarié sans que ces conditions aient été respectées doit être déclarée illégale, peu important que le salarié ait été informé des griefs qui lui étaient reprochés au cours de plusieurs rencontres avec les membres de la direction (CE 15 mai 1995, n° 148320, *RJS* 7/95 n° 795).

• Eu égard aux dispositions de cet article et de l'article L. 122-14 [L. 1232-4], la présence de deux membres de la direction de la banque lors de l'entretien avec un membre du CHSCT n'a pas constitué en elle-même un vice de nature à entacher d'irrégularité la procédure de son licenciement (CE 16 janvier 1987, n° 65315, *Rec. Lebon*, p. 978).

• Voir aussi note sous article L. 1232-4.

Art. R. 2421-9. L'avis du comité d'entreprise est exprimé au scrutin secret après audition de l'intéressé.

Lorsque le salarié est inclus dans un licenciement collectif pour motif économique de dix salariés ou plus dans une même période de trente jours, la délibération du comité d'entreprise ne peut avoir lieu :

1° Soit avant la seconde réunion du comité prévue à l'article L. 1233-29 ;
2° Soit avant la troisième réunion du comité prévue au deuxième alinéa de l'article L. 1233-35 ;
3° Soit avant la réunion du comité prévue à l'article L. 1233-58.

Note La consultation du comité d'entreprise doit se situer après l'entretien préalable et avant la demande d'autorisation de licenciement à l'inspecteur du travail.

Dans les entreprises comportant des établissements distincts, c'est normalement le comité d'établissement qui doit être consulté sur le projet de licenciement d'un représentant du personnel travaillant dans cet établissement et y exerçant un mandat (CE 26 février 1996, n° 146005, *RJS* 5/96 n° 568).

Information du comité. Avant la réunion de consultation, l'employeur doit fournir aux membres du comité d'entreprise des informations précises leur permettant de s'assurer de la régularité de la procédure. Ainsi, en cas de mise à la retraite, l'employeur doit leur communiquer les pièces leur permettant de vérifier que le salarié totalise un nombre de trimestres validés suffisant pour percevoir une retraite à taux plein. À défaut, l'inspecteur du travail peut refuser la mise à la retraite (CE 26 octobre 2011, n° 335755, *RJS* 1/12 n° 58).

Convocation et audition du salarié concerné. Lorsque le comité d'entreprise se réunit pour donner son avis sur le projet de licenciement de l'un de ses membres ou d'un représentant syndical, ni l'article L. 434-3, al. 3 [L. 2325-18] CT, ni aucune autre disposition légale ou réglementaire n'imposent un délai pour la convocation du salarié concerné en vue de son audition par le comité en application de l'article R. 436-2 [R. 2421-9] du même code. L'employeur n'a pas non plus l'obligation de communiquer au membre du comité d'entreprise dont le mandat se trouve suspendu par l'effet d'une mesure de mise à pied conservatoire prise à son encontre, l'ordre du jour de la réunion de ce comité appelé à donner son avis sur son projet de licenciement en application de l'article L. 436-1 [L. 2421-3] CT (cass. crim. 5 mars 2002, n° 01-81.049, 1er moyen, B. crim. n° 56 ; *RJS* 6/02 n° 695).

L'avis du comité d'entreprise n'est pas régulièrement émis s'il n'y a pas eu audition du salarié protégé par le comité d'entreprise (CE 29 juin 1990, n° 87944, *RJS* 7/90 n° 573 ; 18 octobre 1991, n° 83934, *Dr. Ouvr.* 1992, p. 84). L'inspecteur du travail doit refuser le licenciement de l'intéressé lorsque ni les membres suppléants du comité d'entreprise ni les représentants syndicaux n'ont été convoqués à la réunion au cours de laquelle le comité d'entreprise devait se prononcer sur le projet de licenciement d'un salarié protégé, les dispositions d'ordre public relatives à la composition de ce comité ayant été méconnues (CE 24 mai 1991, n° 68272, *RJS* 7/91 n° 860 ; voir aussi CE 23 décembre 2010, n° 323318, *RJS* 3/11 n° 250).

L'exigence de la communication de l'ordre du jour aux membres du comité d'entreprise trois jours au moins avant la séance n'est pas une condition de la régularité de la procédure de consultation du comité d'entreprise dans la mesure où la méconnaissance de ce délai n'a pas empêché le comité d'entreprise de donner son avis en connaissance de cause (CE 11 juin 1986, Hermida ; 7 novembre 1990, n° 105026, *RJS* 1/91 n° 56).

Modalités de consultation et secret du vote. Le comité d'entreprise donne son avis au scrutin secret et à la majorité des membres présents, sans que le chef d'entreprise ou son représentant puisse prendre part au vote (cass. soc. 27 février 1985, n° 82-16.324, BC V n° 120 ; 22 novembre 1988, n° 85-42.007, BC V n° 617 ; *RJS* 1/89 n° 60). La participation alléguée de l'employeur au vote du comité d'entreprise alors que le comité a émis à l'unanimité un vote défavorable aux licenciements de représentants du personnel est sans influence sur le vote de cet avis (CE 31 octobre 1990, n° 82488, *RJS* 2/91 n° 218 ; voir aussi CE 22 mars 1991, n° 84280, *RJS* 5/91 n° 609).

Lorsque le comité est appelé à émettre un avis sur le licenciement de plusieurs salariés, il doit être consulté séparément sur chacun d'entre eux par un vote distinct, après une audition individuelle, et cela même si les intéressés font l'objet de reproches en partie identiques (CE 2 février 1996, n° 121880, *RJS* 3/96 n° 300). Toutefois, la méconnaissance de la règle selon laquelle le comité d'entreprise doit se prononcer par un vote distinct sur le projet de licenciement de chaque salarié protégé n'entache pas la procédure d'irrégularité lorsqu'elle n'a pu être de nature à influer sur le sens de la décision prise par la société (CE 30 avril 1997, n° 155294, *RJS* 7/97 n° 837).

La consultation des membres du comité d'entreprise peut s'effectuer grâce à un système de visioconférence dès lors que le secret du vote est préservé. Dans une affaire où les membres du comité d'entreprise d'une société, constituée de deux établissements, s'étaient exprimés par visioconférence à partir de deux sites situés à Cavaillon, siège de la société, et à Rouen, la consultation concernant le licenciement d'un salarié a été jugée régulière dans la mesure où le vote s'était déroulé à bulletins secrets simultanément sur les deux sites, peu important à cet égard que la secrétaire du comité d'entreprise, se trouvant à Cavaillon, ait eu connaissance du résultat du vote sur le site de Rouen avant proclamation du résultat du dépouillement d'ensemble (CE 9 septembre 2010, n° 327250, *LS* Jurispr. n° 188/2010 du 28 septembre 2010 ; *JSL* n° 286, 27 octobre 2010, p. 24).

L'inspecteur du travail doit rejeter une demande d'autorisation de licenciement pour motif économique lorsque la procédure de consultation prévue par les articles L. 321-3 et L. 436-2 (anciens) CT n'a pas été respectée (consultation faite au cours d'une unique réunion concernant un licenciement collectif pour motif économique) (CE 8 janvier 1997, n° 154728, *RJS* 2/97 n° 171).

Acquisition d'un nouveau mandat en cours de procédure. Dans le cas où le salarié, titulaire d'un mandat représentatif à la date de la délibération du comité d'entreprise, obtient un mandat différent après cette délibération et avant la décision de l'inspecteur du travail, le comité doit être saisi à nouveau de son cas, alors même qu'il a déjà exprimé son avis sur le projet de licenciement. À défaut de cette nouvelle saisine, l'inspecteur du travail n'est pas en mesure de se prononcer (CE 9 février 2011, n° 329471, *RJS* 4/11 n° 349). Voir aussi note figurant au début du livre IV « Compétence de l'inspecteur du travail ».

Art. R. 2421-10. La demande d'autorisation de licenciement d'un délégué du personnel, d'un membre du comité d'entreprise ou d'un membre du comité d'hygiène, de sécurité et des conditions de travail est adressée à l'inspecteur du travail dont dépend l'établissement qui l'emploie.

Elle est accompagnée du procès-verbal de la réunion du comité d'entreprise.

Excepté dans le cas de mise à pied, la demande est transmise dans les quinze jours suivant la date à laquelle a été émis l'avis du comité d'entreprise.

La demande énonce les motifs du licenciement envisagé. Elle est transmise par lettre recommandée avec avis de réception.

Note La demande d'autorisation doit énoncer expressément les motifs du licenciement envisagé : le renvoi à des pièces justificatives jointes, y compris au procès-verbal de la réunion au cours de laquelle le comité d'entreprise a été consulté sur ce projet de licenciement, ne peut tenir lieu d'un tel énoncé (CE 20 mars 2009, n° 308346, *LS* Jurispr. n° 88/2009 du 21/04/09 ; *Dr. Soc.* 2009, pp. 711 et s, concl. Y. Struillou ; *RDT*, juillet/août 2009, CH, 457, M. Grévy).

Sur le contenu de la demande d'autorisation, voir aussi note sous Titre Ier Chapitre Ier « COMPÉTENCE DE L'INSPECTEUR DU TRAVAIL ».

Art. R. 2421-11. L'inspecteur du travail procède à une enquête contradictoire au cours de laquelle le salarié peut, sur sa demande, se faire assister d'un représentant de son syndicat.

L'inspecteur du travail prend sa décision dans un délai de quinze jours, réduit à huit jours en cas de mise à pied. Ce délai court à compter de la réception de la demande d'autorisation de licenciement. Il n'est prolongé que si les nécessités de l'enquête le justifient. L'inspecteur avise de la prolongation du délai les destinataires mentionnés à l'article R. 2421-12.

Note • Voir note au début du livre IV « Principe de séparation des pouvoirs ».

• Le caractère contradictoire de l'enquête impose à l'autorité administrative d'informer le salarié concerné, de façon suffisamment circonstanciée, des agissements qui lui sont reprochés et de le mettre à même de prendre connaissance de l'ensemble des pièces produites par l'employeur à l'appui de sa demande d'autorisation de licenciement, notamment des témoignages et attestations, afin de lui permettre de répondre aux motifs et aux arguments avancés par l'employeur et ainsi d'assurer utilement sa défense (CE 20 novembre 2009, n° 320179). Cependant, il ne résulte d'aucune disposition législative ou réglementaire ni d'aucun principe que, lorsque la convocation du salarié à l'enquête et notamment à l'audition personnelle et individuelle du salarié par l'inspecteur du travail est assurée par le moyen d'une lettre recommandée avec accusé de réception, celle-ci doive énoncer les griefs dont il fait l'objet et dont il a déjà pris connaissance avec l'employeur au cours de l'entretien préalable (CE 20 novembre 2009, n° 320179, précité). En outre, lorsque l'accès à ces témoignages et attestations serait de nature à porter gravement préjudice à leurs auteurs, l'inspecteur du travail doit se limiter à informer le salarié protégé, de façon suffisamment circonstanciée, de leur teneur (CE 24 novembre 2006, n° 284208, *Dr. Soc.* 2007, p. 25, concl. Y. Struillou ; voir aussi circ. DGT 03 du 23 janvier 2007 (BO TR 2007/02 du 28 février 2007) précisant les modalités d'application des principes dégagés par cet arrêt et CE 9 juillet 2007, n° 288295, *Dr. Soc.* 2007, p. 1000, obs. Y. Struillou ; *RJS* 10/07 n° 1084 confirmant l'obligation pour l'inspecteur du travail d'informer le salarié protégé et l'employeur de la teneur des éléments qu'il a recueillis). Par ailleurs, l'absence de confrontation entre le salarié et les témoins lors de l'enquête contradictoire organisée par l'inspecteur du travail n'est pas de nature à entacher d'irrégularité la procédure suivie (CE 24 novembre 2006, n° 282374, *LSQ* n° 987 du 18-19 décembre 2006). Il en est de même de l'absence d'audition par l'inspecteur du travail des témoins cités par le salarié (CE 9 septembre 2010, n° 327250, *LS* Jurispr. n° 188/2010 du 28 septembre 2010).

L'inspecteur du travail est tenu de procéder à l'audition personnelle et individuelle du salarié concerné, des entretiens téléphoniques ne répondant pas à cette exigence (CE 21 août 1996, n° 149249, *RJS* 11/96 n° 1191). Le juge vérifiera que le salarié pour lequel une autorisation de licenciement est demandée à l'inspecteur du travail a bien été entendu par ce dernier (CE 2 novembre 1992, n° 117836, *RJS* 1/93 n° 56). Constitue une irrégularité de nature à justifier l'annulation d'une décision d'autorisation de licenciement d'un salarié protégé le fait que l'inspecteur du travail a procédé à l'audition du salarié en présence de son employeur (CE 28 avril 1997, n° 163971, *RJS* 7/97 n° 838).

L'enquête a bien revêtu le caractère contradictoire exigé, alors même que l'employeur s'est fait représenter par un salarié qui n'avait pas qualité pour le faire mais qui avait été cependant expressément mandaté en ce sens (CE 16 février 1996, n° 151401, *RJS* 4/96 n° 424).

• La circonstance, à la supposer établie, que le directeur régional n'ait pas avisé les intéressés de la prolongation du délai susmentionné justifiée par les nécessités de l'enquête n'est pas de nature à entacher la régularité de sa décision (CE 9 octobre 1987, n° 68531, Sté Européenne de vigilance industrielle et privée). À noter qu'aucune limite n'est fixée en cas de prolongation du délai (CE 7 février 1992, n° 116346, *RJS* 6/92 n° 762).

• La circonstance que l'enquête n'a pas été diligentée par l'inspecteur du travail qui, empêché, l'a confiée au contrôleur du travail de la même section n'entache pas la procédure d'irrégularité (CE 15 février 1991, n° 69035, *RJS* 4/91 n° 486).

• Lorsqu'il se prononce sur une demande d'autorisation de licenciement, l'inspecteur du travail doit motiver sa décision. Le tribunal administratif et la cour administrative d'appel ont un pouvoir souverain d'appréciation, qui ne peut être discuté devant le juge de cassation, pour contrôler cette motivation (CE 24 mars 1999, n° 189123, *RJS* 6/99 n° 832).

• En l'absence de changement dans les circonstances de fait ou de droit, l'inspecteur du travail, saisi d'un recours gracieux, peut prendre une nouvelle décision sans procéder à nouveau à l'enquête contradictoire ; mais dès lors qu'il procède à une nouvelle enquête, celle-ci doit être conduite dans des conditions régulières (CE 5 septembre 2008, n° 301506, *RJS* 11/08 n° 1099 ; *JSL* n° 244, 24 novembre 2008, p. 19, obs. J-E Tourreil).

Art. R. 2421-12. La décision de l'inspecteur du travail est motivée.

Elle est notifiée par lettre recommandée avec avis de réception :
1° À l'employeur ;
2° Au salarié ;
3° À l'organisation syndicale intéressée lorsqu'il s'agit d'un représentant syndical.

Art. R. 2421-13. Lorsqu'un licenciement pour motif économique de dix salariés ou plus dans une même période de trente jours concerne un ou plusieurs salariés mentionnés à l'article L. 2421-3, l'employeur joint à la demande d'autorisation de licenciement la copie de la notification du projet de licenciement adressée à l'autorité administrative en application de l'article L. 1233-46.

Art. R. 2421-14. En cas de faute grave, l'employeur peut prononcer la mise à pied immédiate de l'intéressé jusqu'à la décision de l'inspecteur du travail.

La consultation du comité d'entreprise a lieu dans un délai de dix jours à compter de la date de la mise à pied.

La demande d'autorisation de licenciement est présentée dans les quarante-huit heures suivant la délibération du comité d'entreprise. S'il n'y a pas de comité d'entreprise, cette demande est présentée dans un délai de huit jours à compter de la date de la mise à pied.

La mesure de mise à pied est privée d'effet lorsque le licenciement est refusé par l'inspecteur du travail ou, en cas de recours hiérarchique, par le ministre.

Note • Le délai de 48 heures prévu entre la délibération du comité d'entreprise et l'envoi de la demande d'autorisation de licenciement n'est pas prescrit à peine de nullité de la procédure ; cependant, eu égard à la gravité de la mesure de mise à pied, il doit être aussi court que possible (CE 3 octobre 1990, n° 107898, *Rec. Lebon*, p. 264). La solution est la même pour le délai de huit jours prescrit en l'absence de comité d'entreprise (CE 23 août 2006, n° 278221, *JCP* éd. 2006, 1970, note J-Y Kerbourc'h).

Si le comité d'entreprise a été consulté au-delà du délai de dix jours prévu par cet article, un léger dépassement peut ne pas être jugé comme viciant la procédure (CE 2 juin 1993, n° 107508, *RJS* 8-9/93 n° 892).

Le délai de dix jours n'est pas prescrit à peine de nullité de la procédure de licenciement (CE 12 septembre 1994, n° 124495, *RJS* 12/94 n° 1403 ; voir également CE 16 janvier 1987, n° 65315 ; 27 juin 1990, n° 104790, *Rec. Lebon*, p. 1017 ; *RJS* 11/90 n° 888 ; cass. soc. 23 mai 1989, n° 88-60.532, BC V n° 377). Cette irrégularité formelle ne constitue pas une violation du statut protecteur (cass. soc. 25 octobre 2000, n° 98-45.114).

• La mesure de mise à pied est privée de tout effet lorsque le licenciement est refusé et l'employeur doit réintégrer, sous peine d'entrave, le salarié protégé, étant sans incidence le fait qu'il ait formé devant le ministre du Travail un recours hiérarchique, un tel recours n'étant pas suspensif (cass. crim. 5 mars 1991, n° 90-81.886, *RJS* 5/91 n° 608).

Art. R. 2421-15. La demande réalisée en application du deuxième alinéa de l'article L. 2421-3 énonce les motifs du licenciement envisagé. Elle est transmise par lettre recommandée avec avis de réception. Elle donne lieu à l'application des dispositions des articles R. 2421-11 à R. 2421-14.

Art. R. 2421-16. L'inspecteur du travail et, en cas de recours hiérarchique, le ministre examinent notamment si la mesure de licenciement envisagée est en rapport avec le mandat détenu, sollicité ou antérieurement exercé par l'intéressé.

Art. L. 2421-4. La procédure prévue à la présente sous-section s'applique également au salarié investi de l'un des mandats suivants :

1° Membre du groupe spécial de négociation et membre du comité d'entreprise européen ;

2° Membre du groupe spécial de négociation et représentant au comité de la société européenne ;

(L. 2008-649 du 3 juil. 2008, art. 4, JO 4) « 2° *bis* Membre du groupe spécial de négociation et représentant au comité de la société coopérative européenne ;

2° *ter* Membre du groupe spécial de négociation et représentant au comité de la société issue de la fusion transfrontalière ; »

3° Membre d'une commission paritaire d'hygiène, de sécurité et des conditions de travail en agriculture prévue à l'article L. 717-7 du code rural ***(Ord. 2010-462 du 6 mai 2010, JO 7)*** « et de la pêche maritime » ;

4° Représentant du personnel d'une entreprise extérieure, désigné au comité d'hygiène, de sécurité et des conditions de travail d'un établissement comprenant au moins une installation classée figurant sur la liste prévue au IV de l'article L. 515-8 du code de l'environnement ou mentionnée à ***(Ord. 2011-91 du 20 janv. 2011, art. 11, JO 25, entrée en vigueur le 01.03.2011)*** « l'article L. 211-2 du code minier ».

Sous-section 3. Représentant des salariés au conseil d'administration ou de surveillance des entreprises du secteur public

Art. L. 2421-5. Le licenciement d'un représentant des salariés au conseil d'administration ou de surveillance d'une entreprise du secteur public, envisagé par l'employeur, est soumis pour avis au conseil d'administration ou de surveillance dont il est membre.

La demande d'autorisation de licenciement est adressée à l'inspecteur du travail dont dépend l'établissement dans lequel est employé le salarié.

En cas de faute grave, l'employeur peut prononcer la mise à pied immédiate de l'intéressé dans l'attente de la décision définitive. Dans ce cas, le conseil d'administration ou de surveillance est convoqué sans délai et donne son avis sur le projet de licenciement de l'intéressé.

Si le licenciement est refusé par l'inspecteur du travail ou l'autorité qui en tient lieu, la mise à pied est annulée et ses effets sont supprimés de plein droit.

Note Mise à pied conservatoire : voir note sous article L. 2421-1.

Sous-section 4. Représentant des salariés lors d'une procédure de sauvegarde, de redressement ou de liquidation judiciaire

Art. L. 2421-6. La procédure d'autorisation de licenciement d'un salarié élu désigné comme représentant des salariés dans le cadre d'une procédure de sauvegarde, de redressement ou de liquidation judiciaire est soumise aux dispositions de l'article L. 662-4 du code de commerce.

SECTION 2. Procédure applicable au salarié titulaire d'un contrat de travail à durée déterminée

Art. L. 2421-7. La rupture du contrat de travail à durée déterminée d'un salarié mentionné à l'article L. 2412-1 est soumise à la même procédure que celle prévue à la section 1, applicable en cas de licenciement.

Art. L. 2421-8. L'arrivée du terme du contrat de travail à durée déterminée n'entraîne sa rupture qu'après constatation par l'inspecteur du travail, saisi en application de l'article L. 2412-1, que le salarié ne fait pas l'objet d'une mesure discriminatoire.

L'employeur saisit l'inspecteur du travail un mois avant l'arrivée du terme.

L'inspecteur du travail statue avant la date du terme du contrat.

Note

• Il ressort de ces dispositions que, dans le cas de non-renouvellement du contrat à durée déterminée d'un salarié protégé, le contrôle de l'administration doit s'exercer uniquement sur le point de savoir si le non-renouvellement de son contrat présente un caractère discriminatoire. Les moyens tirés de ce que l'intéressé n'aurait commis aucune faute professionnelle sont inopérants (CE 15 juin 1990, n° 64773, *RJS* 8-9/90 n° 699 ; 10 juin 1992, n° 94626, *RJS* 10/92 n° 1133).

• Le terme du contrat à durée déterminée est prorogé dans l'attente de la décision de l'inspecteur du travail ou, le cas échéant, en cas de recours hiérarchique, de la décision ministérielle ; dans le cas où l'autorisation est refusée, le contrat à durée déterminée devient un contrat à durée indéterminée (cass. soc. 20 juin 2000, n° 97-41.363, BC V n° 235 ; 27 septembre 2007, n° 06-41.086, BC V n° 144 ; *RJS* 12/07 n° 1312). À noter que si un contrat à durée déterminée ne se poursuit au-delà de son terme qu'en raison de la nécessité pour l'employeur de respecter la procédure protectrice des salariés protégés, le contrat reste à durée déterminée (cass. soc. 20 juin 2000, précité).

• Ayant constaté que l'inspecteur du travail avait fait connaître par écrit à l'employeur qu'il ne pouvait être mis fin au contrat à durée déterminée tant qu'il ne s'était pas prononcé conformément à l'article L. 425-2, avant-dernier alinéa [L. 2421-8] CT, une cour d'appel, statuant en référé, a pu décider que le fait pour l'employeur d'avoir mis fin au contrat à l'arrivée du terme mais avant que l'inspecteur du travail ne se soit prononcé constituait un trouble manifestement illicite qu'il y avait lieu de faire cesser en ordonnant la réintégration de la salariée (cass. soc. 10 décembre 2003, n° 01-44.703, BC V n° 311).

• Lorsque le salarié fait acte de candidature moins d'un mois avant l'expiration du contrat à durée déterminée, l'arrivée du terme de ce contrat entraîne la cessation du lien contractuel sans que l'employeur soit tenu de saisir l'inspecteur du travail, cette formalité ne lui étant imposée que lorsque le salarié est protégé avant le point de départ du délai d'un mois. Il appartient seulement au salarié qui s'estime victime d'une discrimination d'établir la disparité de situation qu'il allègue et à l'employeur de s'expliquer sur les raisons de celle-ci (cass. soc. 28 mai 2003, n° 02-60.006, BC V n° 176 ; *Dr. Soc.* 2003, p. 899, obs. J. Mouly ; *RJS* 10/03 n° 1194).

SECTION 3. Procédure applicable en cas de transfert partiel d'entreprise ou d'établissement

Art. L. 2421-9. Lorsque l'inspecteur du travail est saisi d'une demande d'autorisation de transfert, en application de l'article L. 2414-1, à l'occasion d'un transfert partiel d'entreprise ou d'établissement, il s'assure que le salarié ne fait pas l'objet d'une mesure discriminatoire.

Si l'autorisation de transfert est refusée, l'employeur propose au salarié un emploi similaire assorti d'une rémunération équivalente dans un autre établissement ou une autre partie de l'entreprise.

Note

• Ces dispositions qui subordonnent le transfert d'un délégué du personnel, en cas de cession partielle d'entreprise ou d'établissement, à l'autorisation préalable de l'inspecteur du travail étant destinées à permettre à celui-ci de s'assurer que le salarié ne fait pas l'objet d'une mesure discriminatoire, ne se limitent pas aux seuls représentants élus et s'appliquent aux candidats aux élections, exposés au même risque (cass. soc. 8 juin 1999, n° 96-45.045, BC V n° 272).

• Lorsque le transfert s'inscrit dans le cadre d'un dispositif conventionnel, il est soumis non seulement à autorisation administrative préalable, mais aussi à l'accord exprès du salarié, lequel échappe au contrôle de l'inspecteur du travail (cass. soc. 3 mars 2010, n° 08-41.600, BC V n° 51).

• Voir aussi note sous article L. 2414-1.

Art. R. 2421-17. La demande d'autorisation de transfert prévue à l'article L. 2421-9 est adressée à l'inspecteur du travail par lettre recommandée avec avis de réception quinze jours avant la date arrêtée pour le transfert.

Les dispositions des articles R. 2421-11 et R. 2421-12 s'appliquent.

SECTION 4. Procédure applicable en cas d'interruption ou de non-renouvellement d'une mission de travail temporaire

Art. L. 2421-10. L'interruption ou la notification du non-renouvellement par l'entrepreneur de travail temporaire de la mission d'un salarié mentionné à l'article L. 2413-1 est soumise à la même procédure que celle prévue à la section 1, applicable en cas de licenciement.

CHAPITRE II

Contestation de la décision administrative

Note Voir art. R. 2422-1 figurant sous art. L. 2422-3.

SECTION 1. Droit à réintégration dans l'emploi ou dans le mandat

Art. L. 2422-1. Lorsque le ministre compétent annule, sur recours hiérarchique, la décision de l'inspecteur du travail autorisant le licenciement d'un salarié investi de l'un des mandats énumérés ci-après, ou lorsque le juge administratif annule la décision d'autorisation de l'inspecteur du travail ou du ministre compétent, le salarié concerné a le droit, s'il le demande dans un délai de deux mois à compter de la notification de la décision, d'être réintégré dans son emploi ou dans un emploi équivalent. Cette disposition s'applique aux salariés investis d'un des mandats suivants :

1° Délégué syndical ou ancien délégué syndical ;

2° Délégué du personnel, titulaire ou suppléant, ancien délégué du personnel ou candidat aux fonctions de délégué du personnel, salarié ayant demandé à l'employeur l'organisation des élections pour la désignation des délégués du personnel ;

3° Membre élu du comité d'entreprise, titulaire ou suppléant, représentant syndical au comité d'entreprise, ancien membre ou candidat aux fonctions de membre du comité d'entreprise, salarié ayant demandé à l'employeur l'organisation des élections au comité d'entreprise ;

4° Membre du groupe spécial de négociation, pour la mise en place d'un comité d'entreprise européen ou d'une instance de consultation, et membre du comité d'entreprise européen ;

(L. 2008-649 du 3 juil. 2008, art. 4, JO 4) « 5° Membre du groupe spécial de négociation et représentant au comité de la société européenne ;

5° *bis* Membre du groupe spécial de négociation et représentant au comité de la société coopérative européenne ;

5° *ter* Membre du groupe spécial de négociation et représentant au comité de la société issue de la fusion transfrontalière ; »

6° Salarié siégeant ou ayant siégé en qualité de représentant du personnel au comité d'hygiène, de sécurité et des conditions de travail ;

7° Représentant des salariés au conseil de surveillance ou d'administration des entreprises du secteur public.

Note • **Droit à réintégration.** La réintégration du salarié protégé à la suite de l'annulation sur recours contentieux de la décision autorisant le licenciement est de droit, dès lors qu'elle est demandée (cass. soc. 2 mai 2001, n° 98-46.342, BC V n° 148 ; *RJS* 7/01 n° 894). Dans le cas où le ministre du Travail confirme la décision de l'inspecteur du travail et autorise le licenciement, l'annulation de la décision du ministre emporte droit à réintégration (cass. soc. 13 novembre 2008, n° 07-41.331, BC V n° 223). L'indemnité allouée au salarié en réparation du préjudice subi entre son licenciement et sa demande de réintégration ne dispense pas l'employeur de le réintégrer (cass. soc. 2 mai 2001, précité). De même, ni l'existence d'un arrêt maladie à la date de la demande de réintégration, ni l'âge, ni l'emploi ultérieur du salarié chez un autre employeur ne sont de nature à le priver de son droit à réintégration (cass. soc. 22 juin 2004, n° 02-41.689, *RJS* 10/04 n° 1066). Le salarié protégé conserve son droit à réintégration même si le licenciement dont l'autorisation a été annulée a été notifié à l'issue de la période de protection. C'est donc à tort que, après avoir constaté que l'autorisation de licenciement avait été annulée par le tribunal administratif, une cour d'appel a débouté les salariés de leur demande de réintégration au motif, notamment, que les licenciements ayant été prononcés à l'issue de la période de protection, à une date à laquelle l'autorisation administrative n'était plus requise, les salariés ne bénéficiaient d'aucun droit à réintégration (cass. soc. 1er octobre 2003, n° 01-42.299, BC V n° 250 ; *Dr. Soc.* 2003, p. 1136, obs. J. Savatier ; *RJS* 12/03 n° 1414).

Le droit à réintégration d'un représentant du personnel à la suite de l'annulation, sur recours hiérarchique, par le ministre compétent, d'une décision d'autorisation de l'inspecteur du travail n'est pas subordonné au caractère définitif de cette annulation (cass. soc. 10 mars 1998, n° 94-45.573, BC V n° 128 ; cass. crim. 14 mars 2006, n° 05-81.805, B. crim. n° 72 ; *RJS* 6/06 n° 751). Ce droit à réintégration trouve exception en cas de prononcé du sursis à exécution par le Conseil d'État. Doit être cassé le jugement du tribunal d'instance qui a sursis à statuer sur la demande de l'intéressé ayant sollicité son inscription sur les listes électorales pour les élections des délégués du personnel aux motifs que le Conseil d'État ne s'étant pas encore prononcé sur le sursis à exécution, le droit à réintégration était suspendu (cass. soc. 17 juillet 1990, n° 89-61.141, BC V n° 373 ; *RJS* 8-9/90 n° 701).

À noter que le retrait par son auteur de l'autorisation de licenciement produit les mêmes effets que son annulation (cass. soc. 30 avril 2002, nos 99-44.995 et 01-60.765, BC V nos 138 et 139 ; *RJS* 7/02 n° 848 ; 8 octobre 2003, n° 01-41.297, BC V n° 254 ; *RJS* 12/03 n° 1415) ; elle emporte donc droit à réintégration (voir *JSL* n° 102, 30 mai 2002, p. 10 ; *RJS* 7/02 p. 616, avis de P. Lyon-Caen ; *Dr. Soc.* 2002, p. 724). Il en est de même de l'annulation sur recours contentieux de la décision de l'inspecteur du travail s'étant déclaré incompétent pour statuer sur une demande d'autorisation de licenciement au motif que le salarié n'était pas ou plus protégé : la réintégration du salarié est de droit, dès lors qu'elle est demandée, même si le licenciement, pour lequel l'autorisation administrative avait été sollicitée, a été notifié par l'employeur à l'issue de la période de protection (cass. soc. 21 octobre 2008, n° 07-42.021, BC V n° 194 ; *RJS* 1/09 n° 56).

• **Demande de réintégration. Délai.** Il appartient au salarié de demander sa réintégration dans le délai légal. Une demande formée par le salarié plus de deux mois après la notification de la décision d'annulation quel que soit son motif est irrecevable comme tardive (cass. soc. 23 juin 1999, n° 97-41.825, BC V n° 295 ; *RJS* 8-9/99 n° 1094). Le code du travail ne précisant pas la forme que doit revêtir la demande de réintégration formulée par le salarié après annulation par le ministre de la décision de l'inspecteur du travail autorisant son licenciement, cette demande est valablement formée au moyen de conclusions déposées au greffe, dès lors qu'elles sont notifiées à l'adversaire dans le délai de deux mois suivant la décision ministérielle (cass. soc. 7 juillet 2010, n° 09-42.385 1er moyen, *LS* Jurispr. n° 168/2010 du 30/08/10). Mais la demande de réintégration formulée par un syndicat ne justifiant d'aucun mandat de délégation expresse pour le faire ne peut être accueillie ; le salarié sera débouté de sa demande (cass. soc. 22 mars 1995, n° 93-42.183, BC V n° 103 ; *RJS* 5/95 n° 531).

• Lorsque l'emploi occupé par le salarié protégé avant son licenciement est disponible, les juges peuvent ordonner, sous astreinte, sa réintégration dans son emploi (cass. soc. 24 janvier 1990, n° 89-41.003, BC V n° 32 ; *Dr. Soc.* 1990, p. 328, rapp. Ph. Waquet).

Ce n'est que dans le cas où l'emploi du salarié protégé n'existe plus que la réintégration peut avoir lieu dans un emploi équivalent. Est considéré comme équivalent l'emploi situé dans le même secteur géographique, comportant le même niveau de rémunération, la même qualification et les mêmes perspectives de carrière que l'emploi initial et permettant l'exercice du mandat représentatif (cass. soc. 10 décembre 2003, n° 01-45.110, *JSL* n° 139, 10 février 2004, p. 24 ; 13 mai 2008, n° 06-46.108, *JSL* n° 235, 16 juin 2008, p. 24). Dès lors qu'à la date où le délégué syndical avait demandé sa réintégration aucun poste n'était vacant, les juges décident à bon droit que la réintégration peut s'effectuer dans un emploi équivalent (cass. soc. 26 février 1992, n° 89-45.456, BC V n° 138 ; *RJS* 4/92 n° 465 ; cass. crim. 17 décembre 1996, n° 95-84.938, B. crim. n° 472 ; *RJS* 4/97 n° 432). Il appartient aux juges du fond d'apprécier si l'emploi offert par l'employeur est un emploi équivalent à l'emploi qu'occupait le salarié (cass. soc. 24 juin 1998, n° 95-44.388, BC V n° 339 ; *RJS* 8-9/98 n° 1018).

La suppression du poste qu'occupait précédemment le salarié protégé ne rend pas matériellement impossible sa réintégration dans l'entreprise (cass. soc. 13 juillet 1993, n° 90-41.279, *RJS* 10/93 n° 1004). Il a été jugé que la cessation de publication de revues ne rend pas matériellement impossible la réintégration du salarié protégé dans l'entreprise dans un emploi équivalent (rédacteur en chef sollicitant sa réintégration dans ses fonctions de journaliste, cass. soc. 8 juillet 1997, n° 94-43.351, BC V n° 250 ; *Dr. Soc.* 1997, p. 990). Allant plus loin, la Cour de cassation décide que la liquidation judiciaire de l'entreprise qui était tenue de réintégrer le salarié protégé ne rend pas impossible la réintégration, si l'entreprise fait partie d'une unité économique et sociale : en effet, lorsqu'il existe un groupe de personnes morales ou physiques constitutif d'une seule entreprise, ce qui est le cas, en particulier lorsqu'une unité économique et sociale est reconnue, le périmètre de réintégration du salarié protégé s'étend à toutes les personnes juridiques constituant ce groupe (cass. soc. 16 octobre 2001, n° 99-44.037, BC V n° 324 ; *JSL* n° 90, 20 novembre 2001, p. 22 ; *RJS* 12/01 n° 1446).

– Le salarié protégé qui est réintégré dans son emploi après annulation d'une autorisation administrative retrouve ses fonctions et son ancienneté (cass. soc. 23 juin 1999, n° 98-60.383, BC V n° 294). La réintégration doit être effective. Le fait de réintégrer un représentant du personnel, dont le licenciement a été refusé, en continuant de lui verser l'intégralité de son salaire mais sans lui confier un travail, constitue un trouble illicite, le représentant ne pouvant assurer complètement ses fonctions que s'il travaille effectivement dans son emploi (cass. soc. 30 mai 1979, n° 78-12.139, BC V n° 480). La mise en disponibilité du salarié pendant la période de protection restant à courir ne constitue pas une réintégration ; ainsi, lorsque le salarié a été mis en disponibilité jusqu'à la fin de la période de protection, le licenciement consécutif à son refus d'accepter, à l'issue de cette période, une affectation dans un emploi entraînant une modification du contrat de travail est nul, faute pour l'employeur d'avoir respecté son obligation de réintégration (cass. soc. 30 juin 2004, n° 02-41.686, BC V n° 185 ; *JSL* n° 152, 21 septembre 2004, p. 9, obs. J-E Tourreil ; *RJS* 10/04 n° 1067).

La nouvelle affectation ne doit pas être de nature à rendre plus difficile l'exercice des fonctions (cass. soc. 18 avril 1989, n° 86-42.709, BC V n° 285 ; *RJS* 6/89 n° 520).

Le refus de l'employeur de réintégrer un représentant du personnel engendre un trouble manifestement illicite auquel le juge des référés doit mettre fin (cass. soc. 26 novembre 1997, n° 95-44.578, BC V n° 407 ; *RJS* 1/98 n° 68). Une cour d'appel qui a constaté que l'autorisation administrative de licenciement avait été annulée par une décision ministérielle qui s'imposait au juge judiciaire a justement décidé que, quelle que soit la date de notification de cette décision, la réintégration du salarié dans son emploi ne se heurtait à aucune contestation sérieuse (cass. soc. 9 mai 2000, n° 99-40 056, BC V n° 174).

– Un salarié protégé, compris dans un licenciement collectif pour motif économique, ayant accepté sans réserves un nouveau contrat, ne peut obtenir sa réintégration dans son emploi initial à la suite de l'annulation de l'autorisation administrative de licenciement sur le recours exercé par d'autres salariés concernés (cass. soc. 4 décembre 1991, n° 88-43.046, *RJS* 3/92 n° 316).

– Si la réintégration ne fait pas obstacle par elle-même à ce que l'employeur demande ultérieurement une autorisation de licencier le salarié pour motif économique, un tel motif ne saurait être pris de la circonstance que l'emploi initialement occupé par le salarié n'est plus disponible au moment de la réintégration et qu'aucun emploi équivalent n'est vacant dans l'entreprise. Si la réintégration n'entraîne pas pour l'entreprise des difficultés économiques de nature à justifier le licenciement du salarié, la décision ministérielle d'autorisation de licenciement est entachée d'erreur de droit (CE 3 octobre 1990, n° 76597, *Rec. Lebon*, p. 1015 ; *RJS* 12/90 n° 999).

– L'employeur ne peut se soustraire à son obligation de réintégration aux motifs qu'une partie du personnel y est opposée (cass. soc. 9 juin 1988, n° 85-40.022, BC V n° 356 ; 7 juillet 1988, n° 85-45.967, BC V n° 432).

– ***Incidence de l'application de l'article L. 1224-1***. L'annulation de l'autorisation administrative de licenciement d'un salarié protégé ne laissant rien subsister de celle-ci, le contrat de travail d'un représentant du personnel licencié par l'entreprise cédante est automatiquement transféré au nouvel employeur (cass. soc. 10 octobre 1990, n° 88-41.347, BC V n° 441 ; *RJS* 11/90 n° 843). Il en est de même en cas de retrait de l'autorisation administrative de licenciement (cass. soc. 11 février 2003, n° 00-44.238, *RJS* 4/03 n° 486).

Lorsque l'autorisation de licenciement accordée au cédant est annulée après la cession de l'entreprise, le salarié protégé peut soit agir contre le cédant en réparation du préjudice subi, soit demander au cessionnaire la poursuite de son contrat de travail illégalement rompu (cass. soc. 17 novembre 2011, n° 10-10.513, *RJS* 2/12 n° 112). Lorsque cette demande de réintégration est formulée dans le délai de deux mois, elle est opposable au cessionnaire et ce dernier est tenu de réintégrer le salarié. S'il ne l'a pas fait, le salarié protégé peut lui imputer la rupture du contrat de travail (cass. soc. 18 juillet 2000, n° 98-41.025, BC V n° 286 ; *JSL* 2000, n° 67, p. 18) et ce licenciement est sans cause réelle et sérieuse (cass. soc. 11 février 2003, n° 00-44.238, précité). En outre, le cessionnaire est tenu d'indemniser le préjudice résultant de l'absence de réintégration : constatant que le changement d'employeur était intervenu avant la notification des licenciements, une cour d'appel en a exactement déduit que le cessionnaire était tenu au paiement du préjudice subi entre les licenciements et l'expiration du délai dans lequel doit être formée la demande de réintégration (cass. soc. 26 février 2003, n° 01-41.482, BC V n° 68 ; *RJS* 5/03 n° 574).

– *Réintégration du délégué syndical. Effet sur le mandat*. La réintégration dans son emploi du délégué syndical à la suite de l'annulation sur recours hiérarchique par le ministre compétent d'une décision de l'inspecteur du travail autorisant son licenciement n'entraîne pas la réintégration de plein droit de ce salarié dans son mandat, de sorte qu'il doit, pour être rétabli dans ses fonctions représentatives, faire l'objet d'une nouvelle désignation par son organisation syndicale (cass. soc. 24 janvier 1990, n° 89-60.004, BC V n° 31 ; *Dr. Soc.* 1990, p. 328, rapp. Ph. Waquet ; cass. soc. 22 janvier 2002, n° 00-60.356, BC V n° 28).

Art. L. 2422-2. Le délégué du personnel ou le membre du comité d'entreprise dont la décision d'autorisation de licenciement a été annulée est réintégré dans son mandat si l'institution n'a pas été renouvelée.

Dans le cas contraire, il bénéficie pendant une durée de six mois, à compter du jour où il retrouve sa place dans l'entreprise, de la protection prévue à l'article L. 2411-5.

Note Les dispositions de cet article sont également applicables au salarié protégé dont l'autorisation de transfert a été annulée : lorsque l'institution représentative a été renouvelée, le salarié réintégré à la suite de l'annulation de la décision administrative autorisant son transfert bénéficie du statut protecteur pendant une durée de six mois à compter de sa réintégration (cass. soc. 13 janvier 2009, n° 06-46.364, BC V n° 8 ; *LS* Jurispr. n° 21/2009 du 29 janv. 2009).

Art. L. 2422-3. La réintégration d'un représentant des salariés au conseil de surveillance ou d'administration d'une entreprise du secteur public dans son emploi ou un emploi équivalent emporte réintégration dans son mandat, sauf en cas de renouvellement général du conseil dans lequel il siégeait. Son remplaçant cesse alors d'être membre de ce conseil.

Art. R. 2422-1. Le ministre ***(D. 2008-1503 du 30 déc. 2008, JO 31)*** « chargé du travail » peut annuler ou réformer la décision de l'inspecteur du travail sur le recours de l'employeur, du salarié ou du syndicat que ce salarié représente ou auquel il a donné mandat à cet effet.

Ce recours est introduit dans un délai de deux mois à compter de la notification de la décision de l'inspecteur.

Le silence gardé pendant plus de quatre mois sur ce recours vaut décision de rejet.

Note • **Recours hiérarchique**

Voir circulaire DRT 3 du 1er mars 2000 (BO TR 2000/8, p. 87) relative aux décisions administratives en matière de licenciement des salariés protégés et au traitement des recours hiérarchiques formés contre ces décisions.

Voir également circulaire DRT 2003-16 du 3 octobre 2003 relative au traitement des recours hiérarchiques formés contre les décisions des inspecteurs et des directeurs du travail en matière de salariés protégés et d'élections professionnelles (BO TR 2003/18-24, p. 45 ; *LS Législ. soc.* 2003, n° 8419) simplifiant et accélérant la procédure d'instruction des dossiers par les services déconcentrés avant transmission au ministère, laquelle se déroule désormais en deux étapes (au lieu de trois) et ne doit pas excéder deux mois.

La possibilité de former un recours hiérarchique est enfermée dans le délai de recours contentieux de deux mois à compter de la décision de l'inspecteur du travail.

Les personnes habilitées à former un recours sont limitativement énumérées (employeur, salarié, syndicat, sans nécessité de mandat pour les délégués syndicaux et les représentants syndicaux au comité d'entreprise et avec nécessité de mandat pour les autres catégories de représentants du personnel). Un syndicat a qualité pour former un recours contre des décisions d'autorisation de licenciement de salariés qui le représentaient dans l'entreprise (CE 28 mars 1997, n° 146850, *RJS* 6/97 n° 708). Le recours présenté par des personnes n'ayant pas qualité pour agir au nom d'un comité d'établissement n'a pas pour effet de proroger le délai de recours contentieux ; la demande considérée comme tardive sera jugée irrecevable (CE 31 mars 1995, n° 101461, *RJS* 6/95 n° 662).

Les décisions prises par l'inspecteur du travail sur les demandes d'autorisation de licenciement étant des décisions créatrices de droit ne peuvent être annulées ou réformées par le ministre compétent que pour des motifs de légalité, compte tenu des circonstances de fait et de droit existant à la date à laquelle s'est prononcé l'inspecteur du travail (CE 6 juillet 1990, n°s 100489 et 101053, *RJS* 8-9/90 n° 700). Lorsqu'il est saisi d'un recours hiérarchique contre une décision d'un inspecteur du travail statuant sur une demande d'autorisation de licenciement d'un salarié protégé, le ministre compétent doit, soit confirmer cette décision, soit, si celle-ci est illégale, l'annuler, puis se prononcer de nouveau sur la demande d'autorisation de licenciement compte tenu des circonstances de droit et de fait à la date à laquelle il prend sa propre décision. Ainsi, le ministre des Affaires sociales, du Travail et de la Solidarité ne pouvait légalement, à la fois, par l'article 1er de sa décision, confirmer l'autorisation de l'inspecteur du travail et, par l'article 2 de cette même décision, délivrer une seconde autorisation de licenciement (CE 5 septembre 2008, n° 303992, *Dr. Soc.* 2008, pp. 1251 et s. : « Recours hiérarchiques devant le ministre contre les décisions de l'inspecteur du travail autorisant ou refusant le licenciement des salariés protégés », concl. Y. Struillou ; *RJS* 11/08 n° 1101 ; *JSL* n° 244, 24 novembre 2008, p. 19, obs. J-E Tourreil ; voir précé-demment CE 10 mars 1997, n° 164645, *RJS* 5/97 n° 571 et 28 mars 1997, n° 146850, *RJS* 6/97 n° 708). La décision prise sur recours hiérarchique par le ministre du Travail ne se substitue pas à la décision de refus de l'inspecteur du travail qu'elle confirme (CE 8 janvier 1997, n°s 164645, 171807, 171808 et 171809, *RJS* 2/97 n° 175).

Dans le cas où le salarié concerné par la demande d'autorisation de licenciement cesse de bénéficier de la protection légale, postérieurement à la décision de l'inspecteur du travail, le ministre, après avoir annulé cette décision, n'est plus compétent pour se prononcer (CE 30 juin 1997, n°s 169269, 169417, *RJS* 8-9/97 n° 996).

Sur ce point, voir :

– X. Prétot « L'étendue des pouvoirs du ministre du Travail statuant sur recours hiérarchique en matière d'autorisation de licenciement de salariés protégés », *Dr. Soc.* 1991, p. 117 ;

– CE 1er avril 1992, n° 113324, *RJS* 7/92 n° 892 ;

– J-L Rey « Les pouvoirs du ministre saisi d'un recours hiérarchique à l'encontre de la décision d'un inspecteur du travail », *RJS* 10/97, p. 655.

• À noter :

– la procédure du référé-suspension permet de contester une décision ministérielle prise sur recours hiérarchique lorsque l'urgence le justifie et qu'il existe un doute sérieux quant à la légalité de la décision (art. L. 521-1 c. just. adm.) ;

– les recours administratifs n'ayant pas d'effet suspensif, une cour d'appel, qui n'est pas saisie d'une question préjudicielle, n'est pas tenue de surseoir à statuer (cass. soc. 2 octobre 1997, n° 94-43.483, *RJS* 11/97 n° 1261).

• Voir aussi note sous article L. 2422-4.

SECTION 2. Indemnisation du préjudice

Art. L. 2422-4. Lorsque l'annulation d'une décision d'autorisation est devenue définitive, le salarié investi d'un des mandats mentionnés à l'article L. 2422-1 a droit au paiement d'une indemnité correspondant à la totalité du préjudice subi au cours de la période écoulée entre son licenciement et sa réintégration, s'il en a formulé la demande dans le délai de deux mois à compter de la notification de la décision.

L'indemnité correspond à la totalité du préjudice subi au cours de la période écoulée entre son licenciement et l'expiration du délai de deux mois s'il n'a pas demandé sa réintégration.

Ce paiement s'accompagne du versement des cotisations afférentes à cette indemnité qui constitue un complément de salaire.

Note

• **Si le salarié demande sa réintégration.** Lorsqu'il est réintégré, le représentant du personnel, irrégulièrement licencié, a droit, lorsque l'annulation ou la rétractation est devenue définitive, au paiement d'une indemnité correspondant à la totalité du préjudice subi au cours de la période qui s'est écoulée entre son licenciement et sa réintégration (cass. soc. 30 avril 2002, n° 99-44.995, BC V n° 138 ; *RJS* 7/02 n° 848, 1re espèce). Les juges du fond ne peuvent limiter le montant des dommages-intérêts à la seule réparation du préjudice moral ; ils doivent rechercher si le salarié a subi un préjudice matériel au cours de cette période (cass. soc. 30 novembre 1994, n° 93-42.841, BC V n° 322 ; *RJS* 1/95 n° 42). Le préjudice subi doit être apprécié compte tenu des sommes que l'intéressé a pu percevoir pendant la période litigieuse, au titre d'une activité professionnelle (cass. soc. 2 mai 2001, n° 98-46.342, BC V n° 148 ; *RJS* 7/01 n° 894 ; *JSL* n° 84, 31 juillet 2001, p. 22) ou au titre des allocations de chômage servies par l'Assédic (cass. soc. 28 octobre 2003, n° 01-40.762, BC V n° 263 ; *RJS* 1/04 n° 91, 13 novembre 2008, n° 07-41.331, BC V n° 223).

• **Si le salarié opte seulement pour l'indemnisation.** Le salarié qui ne demande pas sa réintégration a droit à une indemnité correspondant à la totalité du préjudice subi depuis son licenciement jusqu'à l'expiration du délai de deux mois à compter de la notification de la décision d'annulation ou de rétractation, et, le cas échéant, aux indemnités dues selon le droit commun en cas de licenciement (indemnités de rupture et/ou pour licenciement sans cause réelle et sérieuse), s'il en remplit les conditions (cass. soc. 30 avril 2002, n° 99-44.995, BC V n° 138 ; *RJS* 7/02 n° 848, 1re espèce ; voir aussi cass. soc. 3 mai 2011, n° 09-71.950, *RJS* 7/11 n° 631).

Lorsque le jugement annulant l'autorisation de licenciement a été confirmé en appel, la période d'indemnisation expire, sauf sursis à exécution, deux mois après la notification de ce jugement, et non après la notification de la décision de la cour administrative d'appel (cass. soc. 17 septembre 2003, n° 01-40.656, BC V n° 238 ; *JSL* n° 132, 21 octobre 2003, p. 13 ; *RJS* 11/03 n° 1290 ; dans le même sens, cass. soc. 29 mars 2005, n° 03-43.573, BC V n° 104 et 19 octobre 2005, n° 02-46.173, *JCP* éd. S 2005, 1401, note P-Y Verkindt ; *RJS* 1/06 n° 38).

En cas de modification dans la situation juridique de l'employeur, et si le transfert a été opéré en dehors de toute procédure collective et dans le cadre d'une convention entre l'ancien et le nouvel employeur, le salarié protégé, licencié avant le changement d'employeur, peut réclamer au nouvel employeur, lorsque l'annulation de l'autorisation de licenciement est intervenue après la cession, le paiement des salaires qu'il aurait perçus s'il avait travaillé entre le licenciement et la date d'expiration du délai de deux mois à compter de la notification de la décision d'annulation par le Conseil d'État (cass. soc. 13 novembre 2001, n° 99-42.467, *SSL* 3 décembre 2001, p. 13 ; *RJS* 1/02 n° 16 ; *JSL* n° 93, 15 janvier 2002, p. 21).

En revanche, si le transfert des contrats de travail est intervenu dans le cadre d'une procédure collective, le nouvel employeur ayant repris les actifs en exécution d'un plan de cession n'est pas tenu aux obligations de l'ancien employeur à l'égard du salarié protégé lui demandant seulement l'indemnisation de son préjudice, et non sa réintégration (cass. soc. 10 décembre 1996, n° 94-43.163, BC V n° 431 ; *RJS* 1/97 n° 8). À noter cependant que la cour d'appel de Toulouse statuant sur renvoi de l'arrêt du 10 décembre 1996 a jugé qu'en cas de collusion frauduleuse entre la société cédante et la société cessionnaire, il y a lieu de considérer les deux sociétés solidairement responsables de toutes les conséquences dommageables du licenciement (CA Toulouse, ch. soc., 16 mai 1997, *Dr. Soc.* 1997, p. 754).

Prescription de l'action aux fins d'indemnisation. L'indemnité due au salarié protégé en cas d'annulation par le juge administratif de l'autorisation de licenciement est expressément qualifiée par la loi de complément de salaire. L'action engagée par le salarié pour obtenir cette indemnité se prescrit donc par cinq ans. Ce délai ne court qu'à compter de la date à laquelle la décision d'annulation est devenue définitive (cass. soc. 2 juillet 2003, n° 01-40.639, BC V n° 212 ; *RJS* 10/03 n° 1193).

Non-cumul avec les allocations de chômage. L'indemnisation du préjudice consécutif à l'annulation de l'autorisation administrative de licenciement ne se cumule pas avec les allocations de chômage servies par l'Assédic (cass. soc. 19 octobre 2005, n° 02-46.173, BC V n° 293 ; *RJS* 1/06 n° 38).

Départ à la retraite du salarié pendant la période d'indemnisation. Le départ à la retraite pendant la période d'indemnisation du préjudice subi par un salarié dont l'autorisation de licenciement a été annulée ne fait pas cesser ce préjudice dont la totalité doit être réparée pendant la période déterminée par l'article L. 425-3 [L. 2422-4] CT, sous déduction des pensions de retraite perçues pendant la même période (cass. soc. 26 septembre 2007, n° 05-42.599 BC V n° 140 ; *D.* 2007 AJ 2529, 1re espèce, obs. L. Perrin ; *RDT*, novembre 2007, AC, 629 ; *JSL* n° 221, 13 novembre 2007, p. 22 ; *RJS* 12/07 n° 1309).

Illégalité de l'autorisation administrative. Les dispositions des articles L. 425-3 et L. 436-3 (anciens) CT ne sont pas applicables quand la décision administrative autorisant le licenciement, sur renvoi préjudiciel du juge judiciaire, est déclarée illégale par le juge administratif ; il appartient dans ce cas au juge judiciaire, après avoir statué sur la cause réelle et sérieuse de licenciement, de réparer le préjudice subi par le salarié, si l'illégalité de la décision d'autorisation est la conséquence d'une faute de l'employeur. C'est donc à tort qu'après avoir retenu qu'une salariée avait été licenciée en vertu d'une autorisation administrative déclarée illégale, une cour d'appel a condamné un employeur au paiement d'une somme au titre de l'indemnisation pour la période s'étendant du licenciement jusqu'à l'expiration du délai de deux mois à compter de la notification de la décision du juge administratif (cass. soc. 26 septembre 2007, n° 05-45.665, BC V n° 137 ; *D.* 2007 AJ 2529, 2e espèce, obs. L. Perrin ; *RDT*, novembre 2007, AC, 630 ; *RJS* 12/07 n° 1310).

L'illégalité d'une décision administrative d'autorisation de licenciement constitue une faute de nature à engager la responsabilité de la puissance publique ; le salarié concerné est en droit d'obtenir la condamnation de l'État à réparer le préjudice direct et certain résultant pour lui de cette décision illégale, quelle que puisse être par ailleurs la responsabilité encourue par l'employeur à son égard (CE 9 juin 1995, n° 90504, concl. J. Arrighi de Casanova, *Rec. Lebon*, p. 239 ; *RJS* 7/95 n° 797). Si l'employeur est également fondé à obtenir la condamnation de l'État à réparer le préjudice résultant pour lui de cette décision, encore faut-il que son préjudice découle de façon directe et certaine de la décision de l'administration. Tel n'est pas le cas de l'obligation dans laquelle il s'est trouvé de verser les indemnités liées à la rupture du contrat. En effet, ces indemnités, qui découlent de l'application des dispositions légales et conventionnelles, sont imputables, non pas à l'illégalité de la décision administrative, mais à la rupture proprement dite du contrat (CE 26 février 2001, n° 211102, *Rec. Lebon*, pp. 1187 et 1215 ; *RJS* 6/01 n° 766).

À noter que :

– Il résulte de cette disposition que le salarié protégé, réintégré dans son emploi à la suite de l'annulation sur recours hiérarchique de l'autorisation administrative de licenciement, n'a droit au paiement d'une indemnité correspondant à la totalité du préjudice subi au cours de la période qui s'est écoulée entre son licenciement et sa réintégration que lorsque l'annulation de la décision administrative est devenue définitive. Tel n'est pas le cas lorsque l'employeur a introduit un recours hiérarchique contre cette décision. Dès lors, le salarié ne peut obtenir du juge des référés une provision au titre du préjudice subi du fait de la perte de salaires, sa créance étant sérieusement contestable (cass. soc. 23 novembre 2004, n° 03-46.627, BC V n° 294 ; *RJS* 2/05 n° 176) ;

– L'indemnité versée au salarié protégé par application de cet article et qui, aux termes mêmes de ce texte, constitue un complément de salaire, est couverte à ce titre par l'assurance des salariés contre le risque de non-paiement, en cas de procédure de redressement ou de liquidation judiciaires, des sommes qui leur sont dues en exécution du contrat de travail lorsque les conditions prévues à l'article L. 143-11-1 [L. 3253-8] CT sont réunies.

Il résulte de l'article L. 425-3 [L. 2422-4] CT que lorsque l'annulation de la décision d'autorisation est devenue définitive, le délégué du personnel a droit au paiement d'une indemnité correspondant à la totalité du préjudice subi au cours de la période qui s'est écoulée entre son licenciement et sa réintégration s'il l'a demandée dans le délai prévu par le code, ou l'expiration de ce délai dans le cas contraire ; une cour d'appel, qui a fait ressortir pour chacun des deux salariés concernés que le licenciement, qui constitue le point de départ de la période indemnisée conformément au texte précité, était antérieur au jugement d'ouverture du redressement judiciaire de l'employeur, a légalement justifié sa décision disant que l'AGS était tenue de garantir le paiement de l'indemnité allouée sur le fondement de cet article (cass. soc. 18 juillet 2000, n° 98-42.866).

TITRE III

DISPOSITIONS PÉNALES

CHAPITRE Ier

Délégué syndical

Art. L. 2431-1. Le fait de rompre le contrat de travail d'un délégué syndical ou d'un ancien délégué syndical en méconnaissance des dispositions relatives à la procédure d'autorisation administrative prévues par le présent livre est puni d'un emprisonnement d'un an et d'une amende de 3750 €.

Le fait de transférer le contrat de travail d'un salarié mentionné au premier alinéa compris dans un transfert partiel d'entreprise ou d'établissement, en méconnaissance des dispositions relatives à la procédure d'autorisation administrative, est puni des mêmes peines.

CHAPITRE II

Délégué du personnel

Art. L. 2432-1. Le fait de rompre le contrat de travail d'un salarié délégué du personnel, candidat à cette fonction, ancien délégué, ou d'un salarié ayant demandé l'organisation d'élections pour la désignation de délégués, en méconnaissance des dispositions relatives à la procédure d'autorisation administrative prévues par le présent livre, est puni d'un emprisonnement d'un an et d'une amende de 3750 €.

Le fait de transférer le contrat de travail d'un délégué du personnel compris dans un transfert partiel d'entreprise ou d'établissement, en méconnaissance des dispositions relatives à la procédure d'autorisation administrative, est puni des mêmes peines.

Note • La non-réintégration d'un salarié, délégué du personnel, à la suite d'une absence pour accident du travail, alors que son poste n'avait pas été supprimé et qu'il aurait pu être affecté à une tâche correspondant à ses capacités est constitutive du délit d'entrave à l'exercice de ses fonctions (cass. crim. 7 octobre 1980, *JS* 1981, F 1).

• Toute mesure abusive prise par l'employeur contre un délégué du personnel et tendant à le priver de son emploi porte atteinte au libre exercice de sa fonction représentative ainsi qu'à la sécurité que le législateur a entendu assurer à tous ceux qui représentent les travailleurs (cass. crim. 13 novembre 1984, *JS* 1985, SJ 30).

• Le fait de déterminer une salariée, déléguée suppléante du personnel, à démissionner constitue une atteinte à l'exercice régulier de ses fonctions (cass. crim. 5 mars 1985, *Dr. Soc.* 1985, p. 702).

• Voir notamment P. Morvan, « Le droit pénal des institutions représentatives du personnel », *Dr. Soc.* 2000, p. 987.

CHAPITRE III

Membre du comité d'entreprise ou représentant syndical au comité d'entreprise

Art. L. 2433-1. Le fait de rompre le contrat de travail d'un salarié membre élu du comité d'entreprise, candidat au comité d'entreprise, ancien membre élu du comité ou d'un salarié ayant demandé l'organisation d'élections pour la mise en place d'un comité d'entreprise, en méconnaissance des dispositions relatives à la procédure d'autorisation administrative prévues par le présent livre, est puni d'un emprisonnement d'un an et d'une amende de 3750 €.

Le fait de licencier un représentant syndical ou un ancien représentant syndical au comité d'entreprise, en méconnaissance des dispositions mentionnées au premier alinéa, est puni des mêmes peines.

Le fait de transférer le contrat de travail d'un membre élu du comité d'entreprise ou d'un représentant syndical au comité d'entreprise compris dans un transfert partiel d'entreprise ou d'établissement, en méconnaissance des dispositions relatives à la procédure d'autorisation administrative, est puni des peines prévues au premier alinéa.

CHAPITRE IV

(L. 2008-649 du 3 juil. 2008, art. 4, JO 4) « Membre du groupe spécial de négociation, du comité d'entreprise européen, du comité de la société européenne, du comité de la société coopérative européenne ou du comité de la société issue de la fusion transfrontalière »

Art. L. 2434-1. Le fait de rompre le contrat de travail d'un salarié membre du groupe spécial de négociation pour la mise en place d'un comité d'entreprise européen ou d'une instance de consultation, ou d'un salarié membre du comité d'entreprise européen, en méconnaissance des dispositions relatives à la procédure d'autorisation administrative prévues par le présent livre, est puni d'un emprisonnement d'un an et d'une amende de 3750 €.

Le fait de transférer le contrat de travail d'un salarié mentionné au premier alinéa compris dans un transfert partiel d'entreprise ou d'établissement, en méconnaissance des dispositions relatives à la procédure d'autorisation administrative, est puni des mêmes peines.

Art. L. 2422-4.

Art. L. 2434-2. Le fait de rompre le contrat de travail d'un salarié membre du groupe spécial de négociation ou d'un salarié membre du comité de la société européenne, en méconnaissance des dispositions relatives à la procédure d'autorisation administrative prévues par le présent livre, est puni d'un emprisonnement d'un an et d'une amende de 3750 €.

Le fait de transférer le contrat de travail d'un salarié mentionné au premier alinéa compris dans un transfert partiel d'entreprise ou d'établissement, en méconnaissance des dispositions relatives à la procédure d'autorisation administrative, est puni des mêmes peines.

Note L'alinéa 1er de cet article a été modifié par la loi 2008-649 du 3 juillet 2008, art. 4 (JO 4).

Art. L. 2434-3. ***(L. 2008-649 du 3 juil. 2008, art. 4, JO 4)*** Le fait de rompre le contrat de travail d'un salarié membre du groupe spécial de négociation ou d'un salarié membre du comité de la société coopérative européenne, en méconnaissance des dispositions relatives à la procédure d'autorisation administrative prévues par le présent livre, est puni d'un emprisonnement d'un an et d'une amende de 3750 €.

Le fait de transférer le contrat de travail d'un salarié mentionné au premier alinéa compris dans un transfert partiel d'entreprise ou d'établissement, en méconnaissance des dispositions relatives à la procédure d'autorisation administrative, est puni des mêmes peines.

Art. L. 2434-4. ***(L. 2008-649 du 3 juil. 2008, art. 4, JO 4)*** Le fait de rompre le contrat de travail d'un salarié membre du groupe spécial de négociation ou d'un salarié membre du comité de la société issue de la fusion transfrontalière, en méconnaissance des dispositions relatives à la procédure d'autorisation administrative prévues par le présent livre, est puni d'un emprisonnement d'un an et d'une amende de 3750 €.

Le fait de transférer le contrat de travail d'un salarié mentionné au premier alinéa compris dans un transfert partiel d'entreprise ou d'établissement, en méconnaissance des dispositions relatives à la procédure d'autorisation administrative, est puni des mêmes peines.

CHAPITRE V

Salarié membre du conseil d'administration ou de surveillance d'une entreprise du secteur public

Art. L. 2435-1. Le fait de licencier un représentant des salariés au conseil d'administration ou de surveillance, en méconnaissance des dispositions relatives à la procédure d'autorisation administrative prévues par le présent livre, est puni d'un emprisonnement d'un an et d'une amende de 3750 €.

La récidive est punie d'un emprisonnement de deux ans et d'une amende de 6000 €.

CHAPITRE VI

Conseiller du salarié

Art. L. 2436-1. Le fait de rompre le contrat de travail d'un salarié inscrit sur une liste dressée par le représentant de l'État dans le département, en méconnaissance des dispositions relatives à la procédure d'autorisation administrative prévues par le présent livre, est puni d'un emprisonnement d'un an et d'une amende de 3750 €.

CHAPITRE VII

Conseiller prud'homme

Art. L. 2437-1. Le fait de rompre le contrat de travail d'un conseiller prud'homme, candidat à cette fonction ou ancien conseiller, en méconnaissance des dispositions relatives à la procédure d'autorisation administrative prévues par le présent livre, est puni d'un emprisonnement d'un an et d'une amende de 3750 €.

LIVRE V

LES CONFLITS COLLECTIFS

TITRE Ier

EXERCICE DU DROIT DE GRÈVE

CHAPITRE Ier

Dispositions générales

Art. L. 2511-1. L'exercice du droit de grève ne peut justifier la rupture du contrat de travail, sauf faute lourde imputable au salarié.

Son exercice ne peut donner lieu à aucune mesure discriminatoire telle que mentionnée à l'article L. 1132-2, notamment en matière de rémunérations et d'avantages sociaux.

Tout licenciement prononcé en absence de faute lourde est nul de plein droit.

Note Le préambule de la Constitution de 1946 – auquel renvoie la Constitution du 4 octobre 1958 – confère au droit de grève le caractère de droit fondamental, mais précise que « le droit de grève s'exerce dans le cadre des lois qui le réglementent ».

Cependant, à la différence du secteur public où les conditions d'exercice du droit de grève sont fortement réglementées (voir note sous article L. 2512-1), les textes législatifs concernant la grève dans le secteur privé ne constituent pas une réglementation d'ensemble. Il s'agit de :
– la loi 50-205 du 11 février 1950 qui, dans son article 4 constituant l'alinéa 1 du présent article, affirme que la grève ne rompt pas le contrat de travail, sauf faute lourde imputable au salarié ;
– la loi 78-753 du 7 juillet 1978 (art. L. 2511-1, al. 2) excluant l'adoption par l'employeur de mesures discriminatoires en matière de rémunération et d'avantages sociaux ;
– la loi 85-772 du 25 juillet 1985 (JO 26) qui a complété cet article par un troisième alinéa tendant à renforcer la protection des salariés qui exercent légitimement le droit de grève et a, dans ce même esprit, modifié l'article L. 1132-2 CT ;
– la loi du 3 janvier 1979 et la loi du 3 janvier 1982 interdisant le recours aux salariés sous contrat à durée déterminée et aux travailleurs intérimaires pour remplacer des salariés en grève (art. L. 1242-6 et L. 1251-10 CT).

En l'absence de toute autre disposition de portée générale, le Conseil d'État et la Cour de cassation ont donc été amenés à définir le domaine et les limites du droit de grève sur la base du principe général suivant : la reconnaissance du droit de grève ne saurait avoir pour conséquence d'exclure les limitations qui doivent être apportées à ce droit, en vue d'en éviter un usage abusif ou contraire aux nécessités de l'ordre public (CE 7 juin 1950, n° 01645, *Rec. Lebon* p. 426).

DÉFINITION DE LA GRÈVE

Tout arrêt de travail n'a pas nécessairement la qualification de grève.

Selon la Cour de cassation, la grève est une cessation collective et concertée du travail en vue d'appuyer des revendications professionnelles (cass. soc. 18 juin 1996, n° 92-44.497, BC V n° 243 ; 29 mars 1995, n° 93-41.863, BC V n° 111 ; 18 janvier 1995, n° 91-10.476, BC V n° 27). À défaut d'arrêt collectif et concerté du travail, il ne s'agit pas d'une grève, mais d'un mouvement illicite (cass. soc. 26 janvier 2000, n° 97-15.291, BC V n° 38).

La distinction entre grève licite et grève illicite est désormais abandonnée. « La grève est un droit, et un droit ne peut être illicite ; il peut seulement exister un abus du droit. Lorsque les conditions du droit de grève ne sont pas réunies, on est en présence d'un mouvement collectif qui peut présenter un caractère fautif, et qui ne relève ni du préambule de la Constitution de 1946, ni de l'article L. 521-1 (ancien) du code du travail » (rapport Ph. Waquet, cass. soc. 16 novembre 1993, n° 91-41.024, BC V n° 268).

Il y a lieu ainsi de distinguer :
– la grève licite (hypothèse où il y a « exercice normal » de ce droit) ;
– la grève abusive (hypothèse où les salariés exercent « anormalement » le droit de grève) ;
– les mouvements et actions illicites qui ne relèvent pas des dispositions de l'article L. 2511-1 car il n'y a pas exercice du droit de grève.

L'enjeu de cette distinction est important : si l'arrêt de travail répond à la définition de la grève, le salarié qui y participe ne peut être sanctionné, hors le cas de faute lourde. En revanche, s'il s'agit d'un mouvement illicite, la participation du salarié peut être sanctionnée en l'absence de faute lourde.

• Une cessation du travail

La grève suppose un arrêt de travail. Le droit de grève n'autorise pas les salariés à exécuter leur travail dans des conditions autres que celles prévues à leur contrat ou pratiquées dans leur profession. Ainsi, n'exercent pas le droit de grève les agents de la SNCF s'abstenant de contrôler les titres de voyage tout en effectuant le reste de leur mission (cass. soc. 16 mars 1994, n° 91-43.349, BC V n° 92). De même, le ralentissement dans le travail, la réduction voulue et concertée du rendement (grève perlée) correspondent à une exécution défectueuse du travail et constituent, de ce fait, une faute justifiant la prise par l'employeur de sanctions disciplinaires (cass. soc. 22 avril 1964, BC IV n° 320). Ainsi, une cour d'appel, qui a constaté qu'un salarié avait reconnu, en présence d'un huissier de justice, avoir participé à une grève perlée et que l'analyse de son activité pendant six semaines permettait de constater, à partir du déclenchement de la grève perlée, une baisse de productivité de 30 % qu'aucune circonstance étrangère au mouvement de grève ne pouvait expliquer, a pu en déduire que l'employeur avait rapporté la preuve de la faute lourde du salarié consistant dans sa participation à un mouvement tendant à freiner volontairement l'entreprise sans cesser le travail, en vue de nuire à l'employeur (cass. soc. 16 mai 2001, n° 99-41.604, *JSL* n° 84, 31 juillet 2001, p. 23). Mais des arrêts de travail courts et répétés, quelque dommageables qu'ils soient pour la production, ne peuvent, en principe, être considérés comme un exercice illicite du droit de grève (cass. soc. 25 janvier 2011, n° 09-69.030, BC V n° 28 ; *RJS* 4/11 n° 363).

La grève ne peut pas davantage être limitée à une obligation particulière du contrat de travail. Par conséquent, lorsque, durant leur service, des salariés cessent d'exécuter leur seule obligation d'astreinte, ils ne peuvent être considérés comme exerçant leur droit de grève, un tel mouvement ne répondant pas à la définition légale de la grève (cass. soc. 2 février 2006, n° 04-12.336, BC V n° 52 ; *RJS* 4/06 n° 487 ; *JSL* n° 184, 28 février 2006, p. 10, obs. M-Ch. Haller). De même, ne peut constituer une grève le mouvement consistant pour des salariés à refuser d'être à la disposition de l'employeur en dehors de leur horaire normal de travail pour l'exécution d'obligations particulières (cass. soc. 21 octobre 2009, n° 08-14.490, BC V n° 225 ; *RJS* 1/10).

Il a été également jugé que le droit pour les salariés de recourir à la grève ne les autorise pas, sous son couvert, à exécuter leur travail dans les conditions qu'ils revendiquent. Ainsi, il n'y a pas exercice du droit de grève mais décision unilatérale et définitive de modifier des conditions essentielles du contrat de travail lorsque des salariés, après des négociations infructueuses avec l'employeur au sujet d'un changement d'horaire, décident de ne plus travailler le samedi et s'absentent ainsi trois samedis consécutifs (cass. soc. 23 novembre 1978, n° 77-40.946, BC V n° 790 ; voir aussi cass. soc. 7 novembre 1984, n° 82-41.441, BC V n° 418 ; 21 juin 1989, n° 88-44.240, BC V n° 457 ; *D.* 1990 somm. 167, obs. Borenfreund). Mais ont exercé de manière licite le droit de grève des salariés ayant cessé le travail pour appuyer une revendication professionnelle d'horaire aménagé, les juges ayant relevé que si la grève de 14 h à 18 h le 28 août a coïncidé avec un moment de la journée où ils n'auraient pas travaillé avec l'horaire aménagé, il s'agissait d'une coïncidence fortuite en l'absence de répétition (cass. soc. 27 juin 1989, n° 87-45.310 ; voir aussi 25 juin 1991, n° 89-40.029, BC V n° 323 ; *Dr. Soc.* 1992, p. 60, concl. Graziani ; *CSB* 1991 A. 49 ; 12 juillet 1994, n° 91-44.068).

La grève supposant un arrêt de travail, elle ne peut concerner qu'une période de travail effectif : ainsi, des salariés qui, disposant de temps de pause rémunérés ne constituant pas du temps de travail effectif, utilisent ce temps libre pour formuler des revendications professionnelles ne peuvent être considérés comme exerçant le droit de grève (cass. soc. 18 décembre 2001, n° 01-41.036, BC V n° 387).

• Une décision concertée

La grève implique une volonté commune d'agir. Ont donc le caractère de grève :
– le rassemblement spontané des salariés à l'annonce de l'interruption de négociations en cours sur des revendications pour obtenir la reprise des discussions (cass. soc. 19 février 1981, n° 79-41.281, BC V n° 143) ;
– la réunion de salariés dès lors qu'il est établi qu'avant même de se réunir ils avaient décidé une suspension de travail (cass. soc. 16 mai 1973, n° 72-40.541, BC V n° 301) ;
– la réunion pendant les heures de travail résultant d'un consensus général des salariés qui ont entendu suspendre leur travail de manière concertée et mettre à profit cette suspension pour tenir une réunion sur les lieux mêmes du travail (cass. soc. 4 juillet 1972, n° 71-40.592, *JCP* 1973, 17464, note J. Pélissier ; voir aussi cass. soc. 11 janvier 1979, BC V n° 26 ; 8 novembre 1988, n° 85-45.100, BC V n° 575).

En revanche, n'ont pas le caractère de grève :
– la réunion à l'initiative des représentants syndicaux ou délégués du personnel ayant pour objet de donner les informations au personnel et de faire décider d'un éventuel mouvement de grève et ne traduisant aucune démarche des salariés. Une telle réunion revêt un caractère fautif au regard de l'article L. 412-10 (ancien) CT et de la plupart des règlements intérieurs (cass. crim. 9 novembre 1971, *JCP* 1972, 17074, note J. Pélissier) ;
– l'arrêt de travail décidé par le personnel – après le refus de l'employeur d'autoriser, pendant les heures de travail, la tenue d'une réunion en vue de préparer une journée nationale d'action – pour obtenir tout de même les informations attendues (cass. soc. 26 mars 1980, n° 79-40.025, BC V n° 297 ; *JS* 1980 F 53) ;
– le fait pour des salariés de quitter leur travail pour assister à une audience de référés dans un litige opposant un syndicat à leur employeur et concernant le maintien en vigueur de la convention collective dès lors qu'aucune discussion n'avait eu lieu dans l'entreprise à ce sujet et que l'arrêt de travail n'avait eu pour seul objet que de permettre aux salariés d'assister à l'audience (cass. soc. 7 juin 1995, n° 93-43.895, BC V n° 179).

• Une action collective

La grève est caractérisée par une cessation collective du travail et ne peut en principe être le fait d'un salarié agissant isolément. Ainsi, ayant constaté qu'un salarié, en cessant son travail deux jours consécutifs, ne participait pas à un mouvement collectif dans l'entreprise et ne répondait pas à un mot d'ordre de grève nationale, un conseil de prud'hommes a pu décider que son arrêt de travail ne pouvait pas recevoir la qualification de grève (cass. soc. 29 mars 1995, n° 93-41.863, BC V n° 111).

Toutefois, si l'entreprise ne comporte qu'un salarié, celui-ci, qui est le seul à même de présenter et de défendre des revendications professionnelles, peut exercer ce droit constitutionnellement reconnu (cass. soc. 13 novembre 1996, n° 93-42.247, BC V n° 379). Par ailleurs, la Cour de cassation a reconnu la licéité de la participation d'un salarié isolé à une grève nationale (grève déclenchée contre le plan Barre en 1976) ayant pour objet des revendications étroitement liées aux préoccupations quotidiennes des salariés au sein de leur entreprise (cass. soc. 29 mai 1979, n° 78-40.553, BC V n° 464).

• Existence de revendications professionnelles

Notion. Pour qu'un arrêt de travail soit considéré comme une grève et non comme un acte d'indiscipline, il est nécessaire qu'il se rattache à des revendications professionnelles (cass. soc. 17 décembre 1996, n° 95-41.858, BC V n° 445). Il peut s'agir :
– de l'amélioration des conditions de travail (cass. soc. 4 avril 1990, n° 88-43.909, BC V n° 156) ;
– du paiement d'heures supplémentaires (cass. soc. 17 juillet 1996, n° 94-42.964, *RJS* 10/96 n° 1079) ;
– du paiement des heures de travail perdues en raison d'intempéries (cass. soc. 12 décembre 2000, n° 99-40.265, BC V n° 414) ;

– de la fourniture d'un moyen de transport (cass. soc. 18 juin 1996, n° 92-44.497, BC V n° 243) ;
– de la défense des intérêts des salariés vis-à-vis de menaces sur l'emploi (cass. soc. 4 avril 1990, précité) ;
– du soutien d'un mot d'ordre national pour la défense des retraites (cass. soc. 15 février 2006, n° 04-45.745, BC V n° 65 ; *RJS* 5/06 n° 622 ; *Dr. Soc.* 2006, p. 577, obs. Ch. Radé) ;
– de revendications se rattachant à l'exercice du droit syndical (cass. soc. 18 janvier 1995, n° 91-10.476, BC V n° 27 ; 30 mars 1999, n° 97-41.104, BC V n° 140 ; *RJS* 5/99 n° 725) ;
– de demandes tendant à l'organisation d'élections professionnelles et à la préservation de l'emploi (cass. soc. 15 janvier 2003, n° 00-44.693, *JSL* n° 121, 8 avril 2003, p. 25) ;
– de la contestation du plan de restructuration de l'entreprise (cass. soc. 20 mai 1992, BC V n° 319). Ayant constaté que les revendications présentées par des salariés portaient sur l'embauche du personnel, l'augmentation des salaires, la suppression des jours de carence et la réduction du temps de travail et qu'elles n'avaient pas été formulées pour les besoins de la cause (refus d'accomplir des heures supplémentaires) mais correspondaient à un malaise provoqué par des licenciements, une cour d'appel a pu décider qu'il s'agissait de revendications professionnelles et qu'en cessant le travail pour les faire aboutir, les salariés n'avaient fait qu'user du droit de grève (cass. soc. 12 avril 1995, n° 93-10.968, BC V n° 129 ; *CSB* 1995 A. 33) ;
– de la défense du mode d'exploitation d'un réseau de transports urbains par les employés d'une régie de transports, établissement public industriel et commercial chargé de cette exploitation, peu important la capacité de l'employeur à satisfaire les revendications des salariés (cass. soc. 23 octobre 2007, n° 06-17.802, rectifié par cass. soc. 4 décembre 2007, BC V n° 169 ; *JSL* n° 222, 27 novembre 2007, p. 23 ; *RJS* 1/08 n° 65).

De même, la crainte exprimée par des représentants de commerce sur les conséquences pour leur chiffre d'affaires du lancement d'une sous-marque qui concurrençait les produits qu'ils étaient chargés de diffuser et la demande présentée par eux d'une explication de la nouvelle politique commerciale constituent des revendications professionnelles ; en cessant leur travail pour appuyer ces revendications, les salariés n'ont fait qu'exercer leur droit de grève sans en abuser (cass. soc. 2 juin 1992, n° 89-40.565, BC V n° 355 ; *Dr. Soc.* 1992, p. 696, rapport Ph. Waquet, note J-E Ray).

Cas des salariés détachés : des revendications portant sur la réception des délégués du personnel par l'employeur et les conditions de travail concernent, non seulement les salariés de l'entreprise mais aussi les salariés qui y sont détachés, de sorte que la participation de ces salariés à une grève dans l'entreprise d'accueil pour appuyer de telles revendications constitue l'exercice normal du droit de grève (cass. soc. 17 décembre 2003, n° 01-46.251, BC V n° 317 ; *JSL* n° 139, 10 février 2004, p. 26).

Droit de retrait d'une situation dangereuse. Les salariés, qui se retirent d'une situation de travail au motif qu'elle présente un danger grave et imminent pour la vie ou pour la santé de chacun d'eux, n'exercent pas le droit de grève. Ils peuvent néanmoins faire l'objet, indépendamment de toute sanction, d'une retenue sur salaire (pour absence de service fait), s'ils n'avaient pas un motif raisonnable de penser que la situation présentait un tel danger (cass. soc. 11 juillet 1989, n° 86-43.497, BC V n° 516).

Si, au moment du retrait, justifié par une situation dangereuse, ils présentent, eu égard à leurs conditions de travail, des revendications professionnelles, l'arrêt de travail qui s'ensuit s'analyse en une grève. Ainsi, s'agissant de salariés qui, après avoir refusé d'exécuter un ordre qui s'avérait dangereux pour leur santé et pour leur vie, ont présenté une revendication professionnelle, à savoir l'obtention du bénéfice de la position chômage-intempéries, l'arrêt de travail qui s'en est suivi caractérise l'exercice du droit de grève (cass. soc. 26 septembre 1990, n° 88-41.375, BC V n° 387 ; *Dr. Soc.* 1991, p. 60, rapport Ph. Waquet, note J-E Ray ; *Dr. Ouvr.* 1990, 457, note FS).

Grèves de solidarité. Au sein même de l'entreprise, ces mouvements ont pour mobile principal de soutenir un collègue de travail. Le caractère de grève leur est reconnu s'ils se rattachent à des intérêts généraux et si les grévistes présentent aussi des revendications qui leur sont propres.

Tel est le cas des mouvements déclenchés en raison :
– d'un projet de licenciement économique d'un salarié et de la menace sur l'emploi que faisait peser ce licenciement (cass. soc. 22 novembre 1995, n° 93-44.017, BC V n° 307) ;

– de l'annonce de licenciements frappant des candidats désignés pour les élections des délégués du personnel, l'action se rattachant à l'exercice du droit syndical (cass. soc. 18 janvier 1995, n° 91-10.476, BC V n° 27) ;
– du soutien d'un délégué syndical menacé de licenciement alors qu'il s'apprêtait à participer aux réunions prévues dans le cadre de la négociation annuelle obligatoire pour revendiquer une réelle amélioration du pouvoir d'achat (cass. soc. 5 janvier 2011, n° 10-10.685, BC V n° 1 ; *RJS* 3/11 n° 268 ; *LS* Jurispr. n° 11/2011 du 17/01/11).

En revanche, la Cour de cassation a jugé que l'arrêt de travail destiné à soutenir un ouvrier licencié pour avoir refusé d'exécuter son travail ne constituait pas l'exercice du droit de grève, aucune revendication professionnelle n'ayant accompagné cette manifestation de soutien (cass. soc. 16 novembre 1993, n° 91-41.024, BC V n° 268).

Les mouvements peuvent être aussi de solidarité dite externe, soit que les salariés d'entreprises non concernés directement par un mouvement de grève affectant une entreprise ou une branche décident d'arrêts de travail destinés à manifester leur solidarité avec la lutte menée, soit qu'à l'occasion d'une grève d'ampleur nationale, des salariés d'entreprises non apparemment directement concernés par ce mouvement s'y associent cependant : de tels mouvements de solidarité seraient licites dans la mesure où, à l'occasion de la grève, sont présentées des revendications précises insatisfaites d'ordre social et professionnel, de nature à intéresser les ouvriers de l'entreprise en cause ou tout au moins d'autres ouvriers avec lesquels ils auraient entendu se solidariser (cass. crim. 23 octobre 1969, n° 68-91.860, B. crim. n° 267).

Grèves politiques. Le fait que la grève doive reposer sur des motifs professionnels n'exclut pas qu'elle puisse revêtir également un aspect politique. Toutefois, le caractère professionnel du mouvement ne doit pas être absorbé par son caractère politique (cass. soc. 3 mars 1956, *JCP* éd. G 1956.II.9552). Il appartient aux juges du fond de déterminer quel est l'élément déterminant, et la Cour de cassation casse aussi bien les jugements et arrêts qui ne font pas la part entre motifs professionnels et politiques que ceux qui ne s'expliquent pas sur le point de savoir si les mobiles étaient essentiellement professionnels (cass. soc. 12 octobre 1960, BC IV n° 852). Au plan pénal, il appartient au juge, pour pouvoir déclarer une grève illicite, d'établir que la grève avait un caractère politique et ne tendait pas à la satisfaction de revendications rejetées (cass. crim. 23 octobre 1969, n° 68-91.860, B. crim. n° 267).

À noter qu'exceptionnellement une grève hautement politique peut n'être pas illicite si son mobile (par exemple, protestation contre un mouvement insurrectionnel tel celui d'Algérie) correspond « à un sentiment élevé du devoir » (cass. soc. 19 juin 1963, *D.* 1963, 686, note Lyon-Caen).

• Connaissance par l'employeur des revendications

L'exercice normal du droit de grève, s'il n'est soumis en droit commun à aucun préavis, nécessite l'existence de revendications professionnelles dont l'employeur doit avoir connaissance au moment de l'arrêt de travail (cass. soc. 19 novembre 1996, n° 94-42.631, BC V n° 391). Peu importent les modalités d'information de l'employeur ; ainsi, le fait que les revendications professionnelles n'aient pas été présentées à l'employeur par les salariés eux-mêmes ou par le syndicat n'a pas d'incidence dès lors que l'employeur en a eu connaissance par une lettre de l'inspecteur du travail (cass. soc. 28 février 2007, n° 06-40.944, BC V n° 33). Toutefois, la grève n'est pas soumise à la condition d'un rejet desdites revendications par l'employeur (cass. soc. 7 février 1990, n° 87-43.566, BC V n° 42 ; 4 avril 1990, n° 88-43.909, BC V n° 156 ; 10 octobre 1990, n° 88-41.426, BC V n° 434 ; 20 mai 1992, n° 90-45-271, BC V n° 319).

Par ailleurs, l'absence d'avertissement préalable concernant la décision et le moment de la grève n'entache pas d'illicéité la grève (cass. soc. 26 février 1981, n° 79-41.359, BC V n° 161) et un salarié n'a pas à avertir son employeur de sa participation à une grève, fût-ce une grève nationale (cass. soc. 29 mai 1979, n° 78-40.553, BC V n° 464 ; *JS* 1979 F 59).

Préavis de grève. Une convention collective ne peut avoir pour effet de limiter ou de réglementer pour les salariés l'exercice du droit de grève constitutionnellement reconnu et seule la loi peut créer un délai de préavis s'imposant à eux (cass. soc. 7 juin 1995, n° 93-46.448, BC V n° 180 ; 12 mars 1996, n° 93-41.670, BC V n° 88).

De même, il n'appartient pas à l'employeur de réglementer l'exercice du droit de grève par le truchement du règlement intérieur, en se fondant sur un objectif constitué de la seule sécurité des usagers de l'établissement, alors qu'il ne ressort pas des pièces du dossier que l'absence d'une partie du personnel de l'établissement y mettait en cause la sécurité générale (CE 27 juillet 2005, n° 254600, *Rec. Lebon* p. 377 ; *RJS* 11/05 n° 1089 et p. 761, concl. Fr. Donnat).

À noter que la Cour de cassation considère qu'il résulte de la réglementation de l'aviation civile le principe essentiel de l'obligation d'assurer la continuité des vols, ce dont il suit la nécessité d'observer dans le déclenchement et la poursuite des arrêts de travail des modalités compatibles avec ces contraintes exceptionnelles (cass. soc. 25 octobre 1979, n° 78-13.528, BC V n° 786 ; *JS* 1980 F 3).

Absence d'appréciation par le juge du bien-fondé des revendications. Dans un arrêt du 2 juin 1992 (n° 90-41.368, BC V n° 356 ; *Dr. Soc.* 1992, p. 696), la chambre sociale de la Cour de cassation a énoncé que « si la grève suppose l'existence de revendications de nature professionnelle, le juge ne peut, sans porter atteinte au libre exercice d'un droit constitutionnellement reconnu, substituer son appréciation à celle des grévistes sur la légitimité ou le bien-fondé de ces revendications, en l'absence d'abus de droit de la part des salariés ». Ce faisant, la chambre sociale s'est démarquée de la solution précédemment adoptée par l'Assemblée plénière de la Cour de cassation qui avait considéré qu'une grève s'appuyant sur des revendications de nature professionnelle, mais dont le caractère était jugé déraisonnable, pouvait constituer un trouble manifestement illicite justifiant l'intervention du juge des référés pour suspendre les effets du préavis de grève déposé (cass. ass. plén. 4 juillet 1986, n° 84-15.735, BC n° 11 ; *Dr. Soc.* 1986, p. 745, concl. R. Bouyssic, note G. Lyon-Caen).

La chambre sociale a confirmé sa jurisprudence dans un arrêt du 19 octobre 1994 (n° 91-20.292, BC V n° 281 ; *CSB* 1994 A. 57) où elle a considéré qu'en cessant le travail pour obtenir la présence dans une délégation syndicale chargée de la négociation annuelle obligatoire d'un permanent syndical étranger à l'entreprise, des salariés avaient voulu appuyer une revendication professionnelle qui ne présentait aucun caractère abusif, de sorte qu'ils n'avaient fait qu'exercer le droit de grève.

ABUS DU DROIT DE GRÈVE

La grève entraîne nécessairement une désorganisation de la production (cass. soc. 30 mai 1989, n° 87-10.994, BC V n° 404). Cependant, si l'arrêt de travail tend à désorganiser l'entreprise au point de mettre en péril son existence, il y a exercice abusif du droit de grève et le mouvement doit être qualifié d'illicite. Il a ainsi été jugé :

– qu'il n'y avait pas abus du droit de grève dès lors que les arrêts successifs de travail (série d'arrêts courts mais répétés) avaient seulement provoqué une désorganisation de la production, tandis que l'entreprise elle-même, qui n'avait pas perdu sa clientèle, n'avait pas été désorganisée (cass. soc. 7 avril 1993, n° 91-16.834, BC V n° 111 ; voir dans le même sens, cass. soc. 18 janvier 1995, n° 91-41.476, BC V n° 27 et cass. soc. 5 juillet 1995, n° 93-20.402, BC V n° 232 excluant tout abus du droit de grève en l'absence de désorganisation de l'entreprise, même si son exploitation avait été rendue très onéreuse et plus difficile, du fait du mouvement de grève) ;

– qu'aucune désorganisation manifeste et anormale n'étant résultée du mouvement suivi dans l'entreprise, les salariés n'avaient fait qu'exercer le droit de grève et ne pouvaient subir qu'un abattement de salaire proportionnel à la durée de leur arrêt de travail (cass. soc. 10 juillet 1991, n° 89-43.147, BC V n° 349) ;

– que l'arrêt inopiné du travail des caissières d'un magasin à grande surface, à un moment où l'affluence atteignait 3000 personnes – ce qui avait entraîné de nombreux vols par les clients – est licite et ne saurait être assimilé à une exécution défectueuse du travail, les caissières ayant complètement cessé le travail : il aurait appartenu à l'employeur pour qui la grève était prévisible, puisqu'il avait fait venir un huissier pour la constater, de prendre les mesures nécessaires pour en pallier les conséquences dommageables (cass. soc. 13 mars 1980, n° 78-41.613, BC V n° 251).

Ont en revanche été considérées comme abusives :

– l'organisation d'une grève par roulements, dans des conditions permettant à une minorité de grévistes d'empêcher la production et au reste du personnel d'être payé sans travailler, et aboutissant à la fermeture de l'usine. Le salarié qui s'y associe ne peut prétendre à être indemnisé de la perte de salaire résultant de cette fermeture, et sa condamnation à des dommages-intérêts de principe est justifiée (cass. soc. 9 novembre 1978, n° 77-41.316, BC V n° 754) ;

– la continuation d'un mouvement de grève, sous la forme d'exécution anormale des tâches, par quelques salariés agissant individuellement et désavoués par les délégués du personnel alors qu'un accord sur la reprise du travail était intervenu (cass. soc. 22 février 1978, n° 76-40.327, BC V n° 135 ; *JS* 1978 F 37).

Débrayages répétés, grèves tournantes. En l'absence de tout texte légal ou réglementaire précisant les formes que doivent revêtir les arrêts de travail pour constituer la grève, la répétition d'arrêts de travail ayant chacun le caractère d'une grève licite ne saurait être considérée comme un abus du droit de grève dès lors qu'il n'est pas établi qu'elle ait eu pour objet non la satisfaction de revendications professionnelles mais la désorganisation concertée de l'entreprise (cass. soc. 18 avril 1963, BC IV n° 316 ; 10 octobre 1990, n° 88-41.426, BC V n° 434). Ainsi, il a été jugé qu'en cessant collectivement le travail à une heure déterminée à l'avance pour appuyer des revendications professionnelles, des salariés ne font qu'exercer le droit de grève. En outre, aucun abus du droit de grève ne peut être invoqué dès lors que la perturbation du service n'est que la conséquence normale de la limitation de la durée du travail du fait de la grève, et qu'aucune désorganisation de l'entreprise ne s'est manifestée, l'employeur ayant eu la possibilité de reporter certaines livraisons et d'en informer sa clientèle (cass. soc. 16 octobre 2001, n° 99-18.128, BC V n° 319 ; *JSL* n° 90, 20 novembre 2001, pp. 12 et s., obs. M-Ch. Haller). Mais si ces mouvements apportent une perturbation trop grave au fonctionnement de l'entreprise et mettent en péril son existence, il ne s'agit plus de l'exercice normal du droit de grève, il y a abus et manquement grave aux conditions d'exécution du travail.

FAUTE LOURDE

Exigence d'une faute lourde

• Selon l'article L. 521-1 (L. 2511-1) CT, seule la faute lourde peut justifier le licenciement d'un salarié gréviste. Si aucune faute lourde ne peut lui être reprochée, le licenciement est nul de plein droit (voir par exemple cass. soc. 3 mai 2007, n° 05-43.977, *JCP* éd. S 2007, 1522 ; *JSL* n° 216, 31 juillet 2007, p. 24). Peu importe à cet égard que, dans la lettre de licenciement, l'employeur ait invoqué des faits distincts de la participation à la grève et susceptibles de constituer, s'ils étaient établis, une cause réelle et sérieuse de licenciement : en l'absence de faute lourde, le caractère illicite du motif du licenciement tiré de la participation à une grève emporte à lui seul la nullité de ce licenciement (cass. soc. 8 juillet 2009, n° 08-40.139, BC V n° 172 ; *RJS* 10/09 n° 828 ; *JSL* n° 263 du 5 octobre 2009, p. 26 ; *JCP* éd. S 2009, 1484, note R. Vatinet).

La reconnaissance de la nullité du licenciement doit s'accompagner de la réintégration du salarié dans l'entreprise si ce dernier en fait la demande. Cette réintégration s'impose à l'employeur même lorsque le site où travaillait le salarié a été fermé, ce seul motif ne caractérisant pas l'impossibilité de poursuivre l'exécution du contrat illégalement rompu (cass. soc. 29 janvier 2002, n° 99-45.260, *TPS* mai 2002, n° 148). De même, le fait que les postes des intéressés ne soient plus vacants et que ces derniers aient retrouvé un travail entre temps ne caractérise pas l'impossibilité matérielle de les intégrer dans leur emploi ou dans un emploi équivalent (cass. soc. 2 février 2005, n° 02-45.085, BC V n° 43 ; *RJS* 4/05 n° 369). Le salarié peut également saisir le juge des référés pour voir ordonner la poursuite de son contrat de travail qui n'a pu être valablement rompu et condamner l'employeur, en l'absence de contestation sérieuse, à verser les salaires indûment retenus depuis la date du licenciement nul (cass. soc. 26 septembre 1990, n° 88-41.375, BC V n° 387 ; *Dr. Soc.* 1991, p. 60 ; 10 octobre 1990, n° 88-41.426, BC V n° 434 ; 28 avril 1994, n° 2221 D, *CSB* 1994 A. 35 ; *Dr. Soc.* 1994, p. 719 ; 4 mai 1994, n° 92-40.135, *Dr. Soc.* 1994, p. 720). En ce qui concerne le montant de l'indemnisation, la Cour de cassation a précisé que l'exercice du droit de grève ne pouvant donner lieu de la part de l'employeur à des mesures discriminatoires en matière de rémunération et d'avantages sociaux, le salarié dont le licenciement est déclaré nul a droit au paiement d'une indemnité égale au montant de la rémunération qu'il aurait dû percevoir entre son éviction de l'entreprise et sa réintégration, peu important qu'il ait ou non reçu des salaires ou un revenu de remplacement pendant cette période (cass. soc. 2 février 2006, n° 03-47.481, BC V n° 53 ; *RJS* 4/06 n° 488 ; *JSL* n° 185, 14 mars 2006, p. 18, obs. M-Ch. Haller).

• La jurisprudence a étendu l'exigence d'une faute lourde à toutes les sanctions inférieures au licenciement : l'employeur qui prononce un avertissement ou une mise à pied à l'encontre d'un gréviste doit se fonder sur une faute lourde commise par le salarié (cass. soc. 16 décembre 1992, n° 91-41.215, BC V n° 592 ; *Dr. Soc.* 1993, p. 291, note J. Savatier ; 22 janvier 1992, n° 90-44.249, BC V n° 19).

Notion de faute lourde

• La faute lourde suppose une participation personnelle et active du salarié aux faits illicites (voir à propos de l'organisation de piquets de grève : cass. soc. 30 juin 1993, n° 91-44.824, BC V n° 185 ; CE 2 février 1996, n° 152406, *Rec. Lebon* p. 26 ; *RJS* 3/96 n° 299 ; cass. soc. 19 décembre 2007, n° 06-43.739, *JCP* éd. S 2008, 1172, note S. Brissy). L'employeur qui invoque la faute lourde doit donc établir que le ou les salariés visés ont personnellement participé aux faits d'occupation illégale des lieux et d'entrave à la liberté du travail (cass. soc. 3 novembre 1994, n° 93-41.931, *LS lég. soc.* n° 7189 du 19 janvier 1995).

Si un salarié n'a eu qu'un rôle purement passif et qu'il ne s'est rendu coupable d'aucune voie de fait, la faute lourde doit être écartée (cass. soc. 10 mars 1988, Sté Desquenne et Giral c/ Saim ; 18 septembre 2007, n° 06-41.761, *JCP* éd. S 2007, 1863, note R. Vatinet).

Par ailleurs, la faute lourde suppose des faits précis imputables au salarié. Constitue donc un trouble manifestement illicite le licenciement d'un salarié gréviste, pour entrave à la liberté du travail, alors que les constats d'huissier produits par l'employeur ne faisaient état d'aucun fait précis imputable au salarié en ce qui concernait les faits d'entrave à la liberté du travail (cass. soc. 13 juillet 1999, n° 97-43.028, *Dr. Ouvr.* 1999, p. 3).

• La notion de « faute lourde collective » (pour une définition, voir cass. soc. 25 juin 1987, n° 85-40.250, BC V n° 420) a été abandonnée. Par un arrêt du 4 novembre 1992 (n° 90-41.899, BC V n° 529), la chambre sociale de la Cour de cassation a cassé l'arrêt d'une cour d'appel qui, pour débouter des salariés de leur demande tendant à obtenir la nullité de leur licenciement et leur réintégration, avait, sans relever à leur charge aucun fait personnel, notamment énoncé que la seule participation à un mouvement qui n'entrait pas dans le cadre licite du droit de grève constituait une faute lourde à forme collective, alors que « seuls les auteurs des faits illicites devaient répondre de leurs actions et alors que la cour n'a pas caractérisé un abus du droit de grève ».

Cette construction jurisprudentielle, concernant la faute lourde collective, élaborée à partir d'une idée fausse selon laquelle la faute lourde était nécessaire pour licencier un salarié qui participait à ce qu'on appelait alors « une grève illicite », n'a plus d'intérêt dès lors qu'est opérée la distinction « entre ce qui est grève et ce qui est mouvement illicite » et que l'employeur retrouve en cas d'action illicite un pouvoir disciplinaire de droit commun lui permettant de licencier le salarié, même pour une faute simple (cass. soc. 16 novembre 1993, n° 91-41.024, BC V n° 268, voir rapport Ph. Waquet, *Dr. Soc.* 1994, p. 35).

Caractérisation. La faute lourde est le plus souvent caractérisée par des actes d'entrave à la liberté du travail, des violences sur les biens ou les personnes, des menaces, une incitation à l'abandon des services de sécurité, des actes de séquestration.

Constituent, par exemple, une faute lourde :
- le blocage des accès d'un hôtel, empêchant les salariés non grévistes ainsi que les fournisseurs et les clients d'y accéder (cass. soc. 15 mai 2001, n° 00-42.200, BC V n° 166 rectifié pour erreur matérielle par cass. soc. 29 mai 2001 ; *JSL* n° 82, 26 juin 2001, p. 18 obs. L. Seguin ; *RJS* 7/01 n° 907, 2e espèce) ;
- l'entrave à la liberté du travail commise par des salariés d'une entreprise de transport en commun qui, lors d'un mouvement de grève, ont empêché le départ de deux autobus (cass. soc. 10 février 2009, n° 07-43.939, *JCP* éd. S 2009, 1217, note S. Brissy) ;
- l'entrave volontaire à la liberté du travail, coupures d'énergie avec violence, faits d'expulsion de cadres de leurs tâches (cass. soc. 4 novembre 1992, n° 90-41.899, BC V n° 529) ;
- la participation à la fermeture des accès de l'usine et obstacle à l'entrée et à la sortie des véhicules ayant entraîné la désorganisation de l'entreprise (cass. soc. 30 juin 1993, n° 91-44.824, BC V n° 185 ; voir aussi cass. soc. 31 mars 1998, n° 95-42.086, BC V n° 180 ; *CSB* 1998 B. 130, s'agissant de la participation d'un salarié à un piquet de grève et de son refus d'obtempérer à l'ordonnance de référé interdisant d'empêcher l'accès au chantier) ;
- l'agression d'une autre salariée voulant se rendre au travail (cass. soc. 5 juillet 1995, n° 93-46.108) ;

– le blocage de l'accès aux lieux de travail en dépit de la décision du juge des référés enjoignant aux grévistes de cesser d'occuper les accès du chantier et en l'absence de manquement grave et caractérisé de l'employeur à ses obligations (cass. soc. 26 mai 2004, n° 02-40.395, *RJS* 8-9/04 n° 953) ;
– l'occupation des locaux de travail et le maintien dans ces locaux, malgré trois décisions de justice exécutoires (cass. soc. 30 avril 1987, n° 84-41.871, BC V n° 238) ;
– la participation personnelle et volontaire de grévistes à la séquestration d'un dirigeant de l'entreprise (cass. soc. 1er avril 1997, n° 95-42.246, BC V n° 131).

En revanche, ne constituent pas une faute lourde :
– le fait pour des salariés grévistes d'avoir proféré des injures, en dehors de toute violence (cass. soc. 10 mai 2001, n° 99-41.438, *RJS* 7/01 n° 907, 1re espèce) ;
– l'occupation des locaux n'ayant eu qu'un caractère symbolique, aucune entrave n'ayant été apportée à la liberté du travail (cass. soc. 26 février 1992, n° 90-40.760, BC V n° 124) ;
– le fait pour des chauffeurs routiers grévistes d'être restés sans violence à côté de leur camion au cours de la journée de grève, après avoir accepté comme le leur demandait l'employeur, de remettre les clefs des véhicules vides (cass. soc. 7 juin 1995, n° 93-46.448, BC V n° 180) ;
– la seule présence de salariés grévistes dans les salles de commande de plusieurs postes de transformation EDF-GDF en l'absence de toute participation personnelle des salariés, même sous forme d'incitation ou d'encouragement à des faits illicites d'entrave au fonctionnement et à la continuité du service public (cass. soc. 7 juin 1995, n° 93-42.789, BC V n° 181) ;
– le fait pour des convoyeurs de fonds d'avoir participé à la rédaction et à la distribution d'un tract critiquant le mauvais état des véhicules, le système de sécurité et la formation insuffisante des convoyeurs au tir, les salariés pouvant, au cours d'une grève, exprimer librement leurs réclamations et leurs revendications sur leurs conditions de travail (cass. soc. 20 mai 1992, n° 90-45.271, BC V n° 319).

Voir aussi, s'agissant de l'occupation des locaux d'une usine pour protester contre sa fermeture brutale, cass. soc. 9 mars 2011, n° 10-11.588, cité dans note sous article R. 1455-6.

Représentants du personnel. Dans le cas où la demande d'autorisation de licenciement d'un représentant du personnel est motivée par un comportement fautif au cours d'un conflit collectif, il appartient à l'autorité administrative de rechercher, sous le contrôle du juge de l'excès de pouvoir, si les faits reprochés au salarié sont d'une gravité suffisante pour justifier le licenciement, compte tenu de l'ensemble des règles applicables au contrat de travail de l'intéressé, notamment dans le cas de faits survenus à l'occasion d'une grève, des dispositions de l'article L. 521-1 (L. 2511-1) CT et des exigences propres à l'exécution normale du mandat dont celui-ci est investi (CE 1er avril 1992, n° 112826, *Dr. Soc.* 1992, p. 689, concl. D. Kessler). À noter que le critère de l'intention de nuire semble être désormais abandonné par le Conseil d'État pour caractériser la faute lourde en matière de grève : suivant les conclusions du commissaire du gouvernement G. Bachelier (*RJS* 6/02, p. 517), le Conseil d'État a décidé que les violences commises par un représentant du personnel à l'encontre d'autres membres du personnel revêtent le caractère d'une faute de nature à justifier le licenciement de l'intéressé sans qu'il soit besoin de rechercher si ce comportement révélait une intention de nuire à l'employeur ou à l'entreprise (CE 6 mars 2002, n° 214656). De même, le comportement délibérément agressif d'un représentant du personnel et les actes de violence commis à l'encontre d'autres salariés au cours d'une grève ne peuvent être regardés comme relevant de l'exercice normal du mandat et ont le caractère d'une faute d'une gravité suffisante de nature à justifier le licenciement de l'intéressé (CE 25 février 1994, n° 113903, *RJS* 7/94 n° 882). Enfin, le fait pour des représentants du personnel d'avoir participé activement et personnellement à des piquets de grève, interrompu l'alimentation en gaz de l'usine pour y faire cesser toute production, bloqué la sortie des marchandises, interdit l'entrée des non-grévistes et revendiqué ces actions lors d'une intervention télévisée, caractérise un exercice anormal et gravement fautif de leurs mandats justifiant l'autorisation de licenciement délivrée par l'inspecteur du travail (CE 26 octobre 1994, n° 146940, *LS lég. soc.* n° 7167 du 19 décembre 1994). Mais aucune faute n'est établie contre le représentant du personnel qui, pendant le déroulement du conflit, n'a été l'instigateur d'aucun acte fautif grave et qui n'y a pas davantage pris part, dont l'exercice normal du mandat de délégué du personnel impliquait la présence sur les lieux du conflit et l'avait conduit à être l'interlocuteur de l'employeur, des salariés non grévistes et des tiers dans la transmission des décisions collectives prises par les participants à la grève (cass. soc. 16 juillet 1987, n° 84-40.941, BC V n° 477).

L'autorité administrative qui a autorisé le licenciement d'un salarié protégé, pour des faits commis au cours d'une grève, a nécessairement reconnu à ces faits le caractère d'une faute lourde qui seule peut justifier le licenciement d'un salarié gréviste et le juge judiciaire ne peut revenir sur une décision administrative qui s'impose à lui (cass. soc. 26 janvier 1994, n° 92-42.049, BC V n° 25). Toutefois, la décision de l'autorité administrative, statuant sur la demande d'autorisation de licenciement de représentants du personnel, n'a d'autorité qu'en ce qui concerne ces salariés et ne s'impose pas au juge judiciaire appelé à se prononcer sur le comportement des salariés non protégés (cass. soc. 1er avril 1997, n° 95-42.246, BC V n° 131).

À noter que le licenciement d'un délégué du personnel prononcé à l'expiration de la période légale de protection ne peut légalement être motivé par les faits invoqués devant l'autorité administrative et qui ont donné lieu à un refus d'autorisation (cass. soc. 26 janvier 1994, n° 92-41.978, BC V n° 27 ; *CSB* 1994 A. 17).

Conséquences de la faute lourde

• La faute lourde ne rompt pas automatiquement le contrat de travail. Elle constitue un juste motif de résiliation du contrat de travail sans préavis ni indemnités (CE avis du 31 mars 1950, *D.* 1950, p. 108 ; cass. crim. 28 juin 1951, *D.* 1951, p. 542). Par conséquent, l'ensemble des règles et formalités imposées en matière de licenciement s'applique à la résiliation du contrat de travail en cas de faute lourde commise au cours d'une grève, indépendamment des règles et formalités particulières concernant éventuellement les représentants du personnel.

Individualisation des sanctions. S'il est interdit à l'employeur, à peine de nullité de la mesure, de pratiquer une discrimination, il lui est permis, dans l'exercice de son pouvoir d'individualisation des mesures disciplinaires et dans l'intérêt de l'entreprise, de sanctionner différemment des salariés qui ont participé à une même faute (cass. soc. 15 mai 1991, 2 arrêts, n° 89-42.270, BC V n° 236 et n° 89-40.380, *Dr. Soc.* 1991, p. 619, rapp. Ph. Waquet et concl. P. Franck). C'est donc à tort que, pour déclarer nul le licenciement pour faute lourde d'un salarié qui, au cours d'un mouvement de grève, s'était enfermé dans un camion garé en travers du portail d'entrée de l'entreprise et avait empêché tout mouvement de véhicules, une cour d'appel a décidé que le même grief pouvait être énoncé contre deux autres grévistes qui occupaient deux camions également garés en travers du portail et que la sanction prise contre un seul des grévistes revêtait de ce fait un caractère discriminatoire et devait être annulée, alors que le fait de sanctionner différemment des salariés ne constitue pas en soi une discrimination au sens de la loi, et alors que le salarié n'invoquait aucun détournement de pouvoir (cass. soc. 1er février 1995, n° 91-44.908, BC V n° 45).

• Le salarié, auteur de la faute lourde, pourra en outre être condamné à des dommages-intérêts au profit de l'employeur si celui-ci a subi un préjudice (voir ci-après : Responsabilité civile des grévistes).

GRÈVE ET RESPONSABILITÉ CIVILE

En cas d'abus du droit de grève, la responsabilité des grévistes, des représentants du personnel élus ou désignés ou des organisations syndicales peut être mise en cause par l'employeur ou par des salariés non grévistes. Ces actions obéissent au droit commun de la responsabilité.

Compétence

L'action de l'employeur en réparation du préjudice causé par un mouvement illicite contre les instigateurs de ce mouvement est de la compétence de la juridiction prud'homale (cass. soc. 25 octobre 1978, n° 77-12.148, BC V n° 710). Elle ne tombe pas sous le coup de l'entrave à l'exercice du droit syndical si elle ne porte pas atteinte en elle-même au libre exercice des fonctions syndicales (cass. crim. 27 novembre 1979, n° 79-90.788, B. crim. n° 338). De même, l'action exercée par des salariés non grévistes empêchés de travailler à l'encontre de grévistes relève de la même compétence (voir cass. soc. 3 mars 1983, n° 81-15.453, BC V n° 129). Mais les actions dirigées contre les organisations syndicales relèvent de la compétence du tribunal de grande instance.

Responsabilité civile des syndicats

Les syndicats – comme les délégués syndicaux – ne peuvent, du seul fait de leur participation à l'organisation d'une grève licite, être déclarés responsables de plein droit de toutes les conséquences dommageables d'abus commis au cours de celle-ci (cass. soc. 9 novembre 1982, n° 80-13.958, BC V n° 614).

En effet, « même lorsqu'ils sont représentants du syndicat auprès de l'employeur ou des organes représentatifs du personnel au sein de l'entreprise, les grévistes ne cessent pas d'exercer individuellement le droit de grève et n'engagent pas, par les actes illicites auxquels ils peuvent se livrer, la responsabilité des syndicats auxquels ils appartiennent » (cass. soc. 17 juillet 1990, n° 87-20.055, BC V n° 375 ; *CSB* 1990 A. 48) ; voir aussi en ce sens, cass. soc. 19 décembre 1990, n° 89-14.576, BC V n° 698.

La Cour de cassation a précisé que les syndicats n'étant pas les commettants des grévistes, il ne peut leur être fait grief d'une abstention, par exemple en ne donnant pas de consignes de prudence, voire en ne désavouant pas les violences commises (cass. soc. 9 novembre 1982, n° 80-16.929, BC V n° 615).

Par ailleurs, le fait que les délégués syndicaux, auxquels des agissements répréhensibles sont reprochés, soient les mandataires du syndicat dans l'exercice de leurs fonctions ne suffit pas à engager la responsabilité du syndicat : en déclarant un syndicat responsable des dommages causés à une société du fait de la grève, sans constater la participation effective de ce syndicat aux agissements abusifs constatés, une cour d'appel a violé l'article 1382 c. civ. (cass. soc. 21 janvier 1987, n° 85-13.295, BC V n° 27 ; *Dr. Soc.* 1987, p. 426 chronique J-E Ray).

La responsabilité civile d'un syndicat, même s'il a soutenu une grève, ne peut être engagée que s'il a activement participé aux actes illicites commis à l'occasion de cette grève ou s'il en a été l'investigateur. La responsabilité d'un syndicat dans les agissements illicites commis au cours d'une grève doit être écartée, en l'absence de tout agissement positif de son représentant, de toute incitation active à commettre un acte illicite et de toute participation délibérée à un tel acte, la seule présence du secrétaire du syndicat le jour de l'obstruction des locaux ne caractérisant pas un agissement fautif du syndicat (cass. soc. 29 janvier 2003, n° 00-22.290, *JSL* n° 123, 13 mai 2003, p. 23). En revanche, la responsabilité civile a pu être retenue, s'agissant d'un syndicat conducteur d'une grève avec notamment occupation des locaux (cass. soc. 9 novembre 1982, n° 80-13.958, BC V n° 614), d'un syndicat instigateur et organisateur d'un mouvement illicite (cass. soc. 26 janvier 2000, n° 97-15.291, BC V n° 38 ; 11 janvier 2006, n° 04-16.114, BC V n° 4 ; *RJS* 3/06 n° 377 et pp. 201 et s. « Responsabilité civile des organisations professionnelles de transporteurs », avis J. Duplat), ou en cas de grève avec entraves au libre accès de l'entreprise et à la liberté du travail effectuées sur les instructions du syndicat (cass. soc. 30 janvier 1991, n° 89-17.332, BC V n° 40 ; 19 octobre 1994, *LS lég. soc.* n° 7149, p. 11).

Action en référé de l'employeur aux fins d'expulsion des locaux : en cas d'occupation illicite des locaux, le juge des référés qui ordonne l'expulsion des grévistes ne peut mettre à la charge des syndicats une astreinte par jour de retard que s'il constate qu'ils étaient impliqués dans cette occupation (cass. soc. 22 juin 2004, n° 02-15.500, BC V n° 174 ; *RJS* 11/04 n° 1188).

Responsabilité civile des grévistes et des représentants du personnel, élus ou désignés

Faute personnelle. La responsabilité d'un salarié participant à une grève ne peut être engagée qu'à raison du préjudice découlant directement de sa participation personnelle à des actes illicites commis pendant l'arrêt du travail (cass. soc. 19 décembre 1990, n° 89-14.576, BC V n° 698 ; 18 janvier 1995, n° 91-10.476, BC V n° 27 ; *CSB* 1995 A. 15 et rapport du conseiller Ph. Waquet, « Abus du droit de grève et responsabilité », *Dr. Soc.* 1995, p. 183).

En application de ce principe, la Cour de cassation a censuré un arrêt de cour d'appel qui avait condamné *in solidum* des grévistes à réparer le préjudice subi par des non-grévistes du fait de l'arrêt de l'activité de l'entreprise, « sans préciser les actes de participation personnelle de chacun des salariés grévistes aux piquets de grève ayant fait obstacle à la circulation des véhicules » (cass. soc. 9 mars 1989, n° 87-40.131, BC V n° 196).

De même, c'est à tort qu'une cour d'appel a condamné *in solidum* un syndicat et sept salariés grévistes à réparer l'entier dommage résultant d'actes illicites sans préciser, en ce qui concernait chacun des salariés condamnés, à quel acte fautif précis il avait participé et sans donner mission à l'expert de rechercher le seul dommage résultant du comportement incriminé (cass. soc. 30 janvier 1991, n° 89-17.332, BC V n° 40).

Toutefois, dans une espèce où des grévistes avaient été cités devant le conseil de prud'hommes par des salariés non grévistes empêchés de travailler, en paiement de dommages-intérêts correspondant au dommage subi par eux du fait de la perte de leur salaire, la chambre sociale a approuvé leur condamnation *in solidum* par les juges du fond qui avaient caractérisé leur participation individuelle à l'entrave à la liberté du travail de l'ensemble du personnel (cass. soc. 6 juin 1989, n° 87-40.738, BC V n° 425).

Les délégués syndicaux identifiés comme participants actifs à des actes illicites commis au cours d'une grève engagent leur responsabilité personnelle, sans que celle-ci découle de leur qualité de délégués syndicaux (cass. soc. 26 juillet 1984, n° 82-14.355, BC V n° 331). Les fonctions de délégué élu ou désigné « ne confèrent à celui qui les détient aucun pouvoir de représentation des salariés grévistes et encore moins la qualité de commettant responsable des conséquences d'actes illicites commis par eux ». Mis seul en cause, un représentant du personnel ne peut donc être condamné à la réparation totale du préjudice entraîné par ces actes et ne doit réparation que d'un dommage découlant de ses seuls actes (cass. soc. 23 juin 1988, n° 86-12.327, *CSB* 1988 A. 4).

Assignation en référé des représentants du personnel aux fins d'expulsion des grévistes : en cas d'occupation illicite des locaux, l'employeur ne peut valablement assigner en référé des représentants du personnel aux fins d'expulsion de l'ensemble des grévistes que si ces représentants ont eu un rôle actif et déterminant dans l'organisation de la grève et l'occupation des locaux (cass. soc. 23 juin 2004, n° 02-31.071, BC V n° 180 ; *RJS* 11/04 n° 1187).

Lien de causalité entre la faute et le dommage. L'employeur doit, pour obtenir réparation d'un préjudice né de la grève, démontrer un lien direct entre une faute des grévistes et le dommage subi. Ainsi, s'agissant d'une demande d'une société en remboursement des salaires versés aux ouvriers non grévistes empêchés de travailler du fait de l'occupation des locaux, la Cour de cassation approuve une cour d'appel de l'en avoir déboutée en retenant « qu'il n'était pas établi que les faits illicites d'occupation aient été à l'origine de ce que les salariés non grévistes n'avaient pu fournir leur prestation de travail » (cass. soc. 19 octobre 1994, n° 92-11.795, *LS lég. soc.* n° 7149).

Responsabilité de l'État

En cas d'occupation des locaux et d'entrave à la liberté de circulation, l'employeur peut solliciter le concours des forces de police. En cas de refus, la responsabilité de l'État peut se trouver engagée soit sur le fondement d'une faute lourde, soit sans faute, sur le fondement du risque du fait de la rupture du principe d'égalité devant les charges publiques.

Responsabilité pour faute. Le refus d'envoyer des forces de police dans une usine pour délivrer des salariés détenus par des grévistes, alors que les autorités administratives avaient engagé des négociations pour obtenir la libération du personnel séquestré, libéré moins de 36 heures plus tard, ne constitue pas une faute lourde de nature à engager la responsabilité de l'État (CE 18 juin 1975, n°s 90263 et 90264, *Rec. Lebon*, p. 363).

Responsabilité sans faute. Dans l'hypothèse où une ordonnance de référé a prescrit la dispersion des piquets de grève, le préjudice pouvant naître du refus de concours de la force publique entraîne pour le bénéficiaire de la décision de justice une charge anormale rompant l'égalité devant les charges publiques (CE 10 avril 1991, Sté Automobiles Citroën).

Sur l'évaluation du préjudice subi par un employeur nanti d'une ordonnance d'expulsion des grévistes occupant les locaux de l'entreprise ou d'une ordonnance prescrivant la dispersion des piquets de grève, en cas de refus du concours de la force publique pour en assurer l'exécution, voir respectivement CE 8 décembre 1989, n° 68586 ; CE 6 mai 1991, n° 62405, concl. M. Denis-Linton, *Dr. Soc.* 1991, p. 940.

S'agissant du (non-)droit des salariés non grévistes à rétrocession d'une partie de l'indemnité versée à l'employeur à la suite de la condamnation de l'État pour inexécution d'une ordonnance d'expulsion des grévistes, voir cass. soc. 5 mai 1993, n° 90-41.788, *RJS* 06/93 n° 646.

GRÈVE ET RESPONSABILITÉ PÉNALE

Des agissements délictueux engageant la responsabilité pénale de leur(s) auteur(s) peuvent être commis lors d'un mouvement de grève. Séquestration de personnes, destruction, dégradation ou détérioration de marchandises, matériels et instruments de travail, violences sont les infractions pénales les plus fréquemment relevées lors de conflits collectifs du travail. L'article 431-1 c. pén. réprime d'un an d'emprisonnement et de 15 000 € d'amende « le fait d'entraver, d'une manière concertée et à l'aide de menaces, l'exercice de la liberté d'expression, du travail, d'association, de réunion ou de manifestation ». Le fait d'entraver l'exercice d'une de ces libertés, d'une manière concertée et à l'aide de coups, violences, voies de fait, destructions ou dégradations est puni de trois ans d'emprisonnement et de 45 000 € d'amende. Le simple trouble apporté volontairement à l'activité professionnelle ne saurait constituer l'élément matériel du délit d'entrave à la liberté du travail au sens de l'article 431-1 c. pén. (cass. crim. 3 juin 2008, n° 07-80.079, B. crim. n° 135 ; *RJS* 11/08 n° 1120).

Constitution de partie civile. L'exercice de l'action civile devant la juridiction répressive est, aux termes de l'article 2 du code de procédure pénale, réservé à ceux qui ont personnellement et directement souffert du dommage causé par l'infraction.

Il a ainsi été jugé que le préjudice, entraîné pour l'employeur par l'obligation de verser leur salaire aux non-grévistes mis dans l'impossibilité de travailler par le fait d'agissements caractérisant le délit d'entrave à la liberté du travail, n'a qu'un caractère indirect qui rend irrecevable sa constitution de partie civile (cass. crim. 27 novembre 1979, n° 78-93.150, B. crim. n° 339 ; voir aussi cass. crim. 15 mai 1987, n° 86-91.015, B. crim. n° 198).

EFFETS DE LA GRÈVE

• Suspension du contrat de travail des salariés grévistes. Incidences.

Réduction proportionnelle du salaire

Principe. Durant la grève, chaque partie se trouve temporairement dispensée d'exécuter ses obligations : le salarié cesse d'être tenu d'accomplir sa prestation de travail et l'employeur de lui verser une rémunération correspondant à un travail non fourni. C'est à l'employeur d'établir que le salarié a fait grève (cass. soc. 29 juin 2011, n° 10-18.461, *JSL* n° 306, 27 septembre 2011, p. 28). L'exercice du droit de grève ne pouvant donner lieu, de la part de l'employeur, à des mesures discriminatoires en matière de rémunération, la rémunération des salariés grévistes ne doit subir qu'un abattement proportionnel à la durée de l'arrêt de travail (cass. soc. 8 juillet 1992, n° 89-42.563, BC V n° 445). Ainsi, le temps consacré à l'arrêt ou à la remise en marche des machines à l'occasion d'un mouvement de grève, même répété, ne saurait justifier une retenue sur salaire au motif de la perte de production qui en résulte, même à l'encontre des salariés grévistes, dès l'instant que l'arrêt de travail est reconnu licite : cass. soc. 4 juillet 1989, n° 87-40.807, BC V n° 496 ; voir aussi cass. soc. 6 juin 1989, trois arrêts, n°s 86-40.349, 86-42.251 et 85-46.435, BC V n° 426 ; cass. soc. 4 février 1988, n° 84-43.429, BC V n° 91 ; 23 octobre 1991, n° 89-45.524, précisant que l'employeur ne soutenait pas que, pendant le temps où la machine était improductive, les ouvriers demeuraient inactifs ; 7 octobre 1992, n° 90-43.605.

La retenue effectuée au-delà de cette limite constitue une sanction pécuniaire prohibée (cass. soc. 16 mai 1989, n° 85-45.244, BC V n° 364) et la demande en référé tendant au paiement, à titre de provision, du salaire retenu au-delà du temps de la grève n'est pas sérieusement contestable (cass. soc. 3 février 1993, n° 90-41.665, BC V n° 40).

Par ailleurs, tout travail accompli avant le début d'une grève ou après sa cessation devant être rémunéré au salaire convenu, a légalement justifié sa décision de condamner l'employeur à payer les grévistes le conseil de prud'hommes qui a relevé que les heures de travail dont le paiement était réclamé avaient été exécutées (cass. soc. 6 novembre 1991, n° 89-40.450). Il incombe à l'employeur qui soutient que la reprise du travail, dans le cadre d'un mouvement de grèves courtes et répétées, n'a pas eu lieu après chacun des arrêts, d'en rapporter la preuve (cass. soc. 10 juillet 1991, n° 89-43.147, BC V n° 349).

Mode de calcul de la retenue sur salaire. Pour être proportionnel à l'interruption de travail, l'abattement du salaire pour fait de grève doit être calculé sur la base de l'horaire mensuel des salariés et non par jour calendaire (cass. soc. 27 janvier 2000, n° 98-46.211). Il en est ainsi, même lorsque la convention collective prévoit que les nécessités inhérentes à la profession ne permettent pas de déterminer la répartition des heures de travail (cass. soc. 19 mai 1998, n° 97-41.900, BC V n° 262 ; *RJS* 7/98 n° 861 ; 16 juin 1999, n° 98-43.696, *JSL* n° 45, 5 novembre 1999, p. 21). Dans un arrêt du 13 novembre 2008 (n° 06-44.608, BC V n° 211 ; *JSL* n° 245, 8 décembre 2008, obs. M. Hautefort, *RDT*, février 2009, CH, 117, M. Grevy), la Cour de cassation a précisé les modalités de calcul de la retenue sur salaire à appliquer aux cadres soumis à une convention de forfait annuel en jours ayant participé à un mouvement de grève d'une durée inférieure à une journée ou à une demi-journée de travail. Pour ces salariés également, la retenue opérée pour fait de grève doit être identique à celle pratiquée pour toute autre absence d'une même durée : en l'absence de disposition conventionnelle, la retenue résulte de la durée de l'absence et de la détermination, à partir du salaire mensuel ou annuel, d'un salaire horaire tenant compte du nombre de jours travaillés prévus par la convention de forfait et prenant pour base, soit la durée légale du travail si la durée du travail applicable dans l'entreprise aux cadres soumis à l'horaire collectif lui est inférieure, soit la durée du travail applicable à ces cadres si elle est supérieure à la durée légale. Mais lorsque l'accord collectif ayant institué les forfaits jours exclut toute retenue en cas de suspension du contrat de travail inférieure à la journée ou à la demi-journée, aucune retenue sur salaire ne peut être effectuée en cas de grève inférieure à une demi-journée (cass. soc. 4 mars 2009, n° 07-45.291, BC V n° 56 ; *RJS* 5/09 n° 439 ; *RDT*, mai 2009, CH, 325, H. Tissandier ; *JSL* n° 256, 27 mai 2009, p. 27, obs. N. Gardair-Rérolle ; *JCP* éd. S 2009, 1444, 2e espèce, note R. Vatinet).

Service minimum. Lorsque des salariés grévistes assurent un service minimum, sur la demande de l'employeur ou en vertu d'un accord d'entreprise, ils ont droit à la rémunération de la tâche accomplie à ce titre (cass. soc. 20 février 1991, n° 89-40.280, BC V n° 81 ; 16 novembre 1993, n° 91-45.688, *Dr. Soc.* 1994, p. 55) et uniquement à celle-ci. Ils ne peuvent donc prétendre au remboursement de la retenue effectuée par l'employeur sur leur salaire au titre des jours de grève (cass. soc. 24 juin 1998, n° 97-44.175, BC V n° 334 ; *Dr. Soc.* 1998, p. 851).

Exceptions : grèves tendant à faire assurer le respect d'un droit. Dans le cas où les salariés se trouvent dans une situation contraignante telle qu'ils sont obligés de cesser le travail pour faire respecter leurs droits essentiels, directement lésés par suite d'un manquement grave et délibéré de l'employeur à ses obligations, celui-ci est tenu de payer aux grévistes une indemnité compensant la perte de leurs salaires (cass. soc. 20 février 1991, n° 89-41.148, BC V n° 80 ; 20 janvier 1993, n° 90-44.074, BC V n° 13 ; 18 novembre 1982, n° 80-41.530, BC V n° 629 ; 27 novembre 1990, n° 88-45.790, BC V n° 590 ; 26 février 1992, n° 90-40.760, BC V n° 124 ; voir aussi cass. soc. 3 mai 2007, n° 05-44.776, BC V n° 65, précisant qu'un accord de fin de grève ne peut dispenser l'employeur du paiement des jours de grève). Ainsi, le refus injustifié d'un employeur de supprimer une prime illicite constitue un manquement grave et délibéré à ses obligations et crée pour les salariés une situation contraignante les obligeant à se mettre en grève pour obtenir le respect des dispositions légales et conventionnelles (cass. soc. 21 mai 1997, n° 95-42.542, BC V n° 183). De même, constitue un manquement délibéré de l'employeur à ses obligations le retard dans le paiement des salaires lorsqu'il bénéficie d'un plan de redressement par continuation qui met fin à la période d'observation et fait recouvrir au débiteur la totalité de ses droits (cass. soc. 7 juin 2006, n° 04-46.587, BC V n° 205 ; *RJS* 8-9/06 n° 989). Enfin, ayant relevé qu'un employeur avait de façon unilatérale procédé à une réduction du temps de travail d'une partie des salariés, ce qui avait pour résultat une réduction de leur rémunération, et ayant ainsi caractérisé la situation contraignante dans laquelle les salariés se sont trouvés, les obligeant à cesser le travail pour faire respecter leurs droits essentiels directement lésés par le manquement grave et délibéré de l'employeur à ses obligations, une cour d'appel a pu condamner l'employeur au paiement des jours de grève (cass. soc. 4 octobre 2005, n° 04-44.795).

Cependant, l'existence d'un manquement grave de l'employeur est difficilement admise. Ainsi, ne sont pas de nature à contraindre les salariés à se mettre en grève :
– le licenciement d'un salarié de l'entreprise prononcé en violation de l'article L. 122-14 (ancien) CT (cass. soc. 20 février 1991, n° 89-41.148, BC V n° 80) ;
– l'institution d'une prime de reprise du travail à un taux différent selon qu'il s'agit de salariés grévistes ou non grévistes, bien qu'elle constitue une mesure discriminatoire (cass. soc. 2 mars 1994, n° 92-41.134, BC V n° 75) ;
– l'application tardive d'une recommandation patronale (cass. soc. 29 mai 1996, n° 94-41.948, BC V n° 214) ;
– des retards de paiement de salaires et de primes intervenant dans une entreprise mise en redressement judiciaire, le manquement de l'employeur n'étant alors pas délibéré (cass. soc. 28 octobre 1997, n° 96-41.776, BC V n° 335 ; *CSB* 1998 A. 4 ; 26 janvier 2000, n° 98-44.177, BC V n° 37).

Exécution défectueuse du contrat de travail. Si l'employeur était fondé à réduire le salaire en fonction de la réduction de la production en cas d'exécution volontairement défectueuse par les salariés de leur prestation de travail (cass. soc. 7 janvier 1988, n° 84-42.448, BC V n° 10), cette jurisprudence a été remise en cause par un arrêt du 20 février 1991 (n° 90-41.119, BC V n° 83 ; *Dr. Soc.* 1991, p. 474) considérant qu'un juge des référés avait décidé à bon droit que la retenue pratiquée sur le salaire des contrôleurs, à qui la SNCF reprochait la mauvaise exécution de leurs obligations, constituait une sanction pécuniaire interdite par l'article L. 122-42 [L. 1331-2] CT et qu'il convenait de faire cesser le trouble illicite qui en résultait pour les agents concernés. Voir, dans le même sens, cass. soc. 17 avril 1991, n° 89-43.127, BC V n° 198 ; 16 mars 1994, n° 91-43.349, BC V n° 92 ; 12 avril 1995, n° 91-40.593, BC V n° 133.

Voir aussi, notamment, sur ce point : A. Mazeaud, « Un élargissement, en jurisprudence, du domaine de la sanction pécuniaire », *Dr. Soc.* 1991, p. 469 ; J-E Ray « 1988-1991 : un nouveau droit jurisprudentiel de la grève », *Dr. Soc.* 1991, p. 715 ; J. Déprez « Évolutions récentes de la jurisprudence en matière disciplinaire », *RJS* 6/91, p. 351.

Réduction des primes

Si l'employeur peut tenir compte des absences, même motivées par la grève, pour le paiement d'une prime, c'est à la condition que toutes les absences, hormis celles qui sont légalement assimilées à un temps de travail effectif, entraînent les mêmes conséquences sur son attribution (cass. soc. 4 mai 2011, n° 09-72.206, *RJS* 7/11 n° 639). C'est donc à bon droit qu'après avoir relevé que dans une entreprise, les absences pour maladie n'entraînaient pas d'abattement sur la prime d'ancienneté, une cour d'appel en a déduit, s'agissant de périodes d'absence qui ne sont pas légalement assimilées à un temps de travail effectif, que le non-paiement de la prime pour absence pour fait de grève revêtait un caractère discriminatoire (cass. soc. 23 juin 2009, n° 07-42.677, BC V n° 159 (arrêt n° 2) ; *JCP* éd. S 2009, 1423, note D. Corrignan-Carsin, 1re espèce ; *JSL* n° 262, 16 septembre 2009, p. 24 ; *RJS* 10/09 n° 827, 1re espèce).

Mais lorsque, aux termes d'un accord d'entreprise, seules les périodes d'absence légalement assimilées à un temps de travail effectif ouvrent droit au paiement d'une prime d'assiduité et que toutes les autres absences, quelle qu'en soit la cause, donnent lieu à sa suppression, le non-paiement pour absence pour fait de grève ne revêt pas de caractère discriminatoire (cass. soc. 23 juin 2009, n° 08-42.154, BC V n° 159, arrêt n° 1 ; *JCP* éd. S 2009, 1423, 2e espèce, note D. Corrignan-Carsin ; *RJS* 10/09 n° 827, 2e espèce). Voir aussi cass. soc. 16 février 1994, n° 90-45.915, BC V n° 56 ; 16 janvier 2008, n° 06-42.983, BC V n° 11) ; s'agissant de la réduction d'une prime de fin d'année, voir cass. soc. 31 janvier 2001, n° 00-40.349, *JSL* n° 75, 13 mars 2001, p. 26 et d'une retenue opérée sur le treizième mois en proportion des journées de grève, voir cass. soc. 10 décembre 2002, n° 00-44.733, BC V n° 371 ; *RJS* 2/03 n° 241 et 1er juillet 2009, n° 07-42.675, BC V n° 168.

Il y a également discrimination à appliquer un abattement de prime d'assiduité moins élevé pour certaines absences, telles que celles pour maladie, autorisées bien qu'imprévisibles, que pour les absences pour grève, assimilées à des comportements fautifs des salariés bien qu'elles fussent déclarées licites par la loi (cass. soc. 26 février 1981, n° 80-41.067, BC V n° 164 ; 4 février 1982, n° 80-40.224, BC V n° 66, dans le même sens, voir aussi cass. soc. 15 février 2006, n° 04-45.738, BC V n° 65 ; *RJS* 5/06 n° 622 ; *Dr. Soc.* 2006, p. 577, obs. Ch. Radé).

La Cour de cassation a, par ailleurs, estimé :
– que l'exercice du droit de grève ne doit donner lieu à aucune sanction directe ou indirecte et que la décision prise après la grève par un employeur de créer une prime et d'en faire varier le montant suivant que les salariés ont fait grève ou non constitue, en l'absence de surcroît de travail pour les non-grévistes, une mesure discriminatoire à l'encontre des seuls grévistes (cass. soc. 15 octobre 1981, n° 79-40.861, BC V n° 785 ; 2 mars 1994, n° 92-41.134, BC V n° 75 ; 3 mai 2011, n° 09-68.297, *RJS* 7/11 n° 638 ; voir aussi cass. soc. 3 mars 2009, n° 07-44.676, *RJS* 5/09 n° 450, s'agissant de l'octroi d'heures de compensation aux non-grévistes, cass. soc. 1er juin 2010, n° 09-40.144, BC V n° 119 ; *Dr. Soc.* 2010, p. 998, obs. Ch. Radé, s'agissant de l'attribution d'une prime exceptionnelle dont seuls les salariés ayant participé au mouvement de grève avaient été exclus et cass. soc. 16 février 2011, n° 09-43.532, *RJS* 5/11 n° 455, s'agissant de la mise en place durant un conflit social d'une avance permanente aux salariés qui l'accepteraient en contrepartie de leur engagement de maintenir la permanence de leur prestation) ;
– que la somme due en vertu d'un contrat d'intéressement constitue un avantage social au sens de l'article L. 521-1 [L. 2511-1] CT et que sa réduction pour absences motivées par l'exercice du droit de grève constitue une mesure discriminatoire interdite par ce texte dès lors que certaines absences pour maladie ne donnent pas lieu à réduction (cass. soc. 6 novembre 1991, n° 89-42.571, BC V n° 471 ; voir aussi cass. soc. 5 février 2003, n° 00-45.998, *JSL* n° 122, 24 avril 2003, p. 27 décidant que la retenue sur une prime d'intéressement opérée à raison de la participation à une grève ne revêtait aucun caractère discriminatoire dès lors que le contrat d'intéressement prévoyait que toutes les absences autres que celles légalement assimilées à du travail effectif, donnaient lieu à abattement) ;
– que constitue une mesure discriminatoire la prise en considération de la suspension du contrat de travail résultant de l'exercice du droit de grève pour retarder l'ancienneté d'un salarié et le bénéfice de l'augmentation de salaire liée à cette ancienneté, alors que la convention collective applicable prévoit que toutes les périodes d'absence ne suspendent pas le droit à un avancement à l'ancienneté (cass. soc. 9 février 2000, n° 97-40.724, BC V n° 58 ; *RJS* 3/00 n° 314 ; 5 février 2002, n° 99-44.617, *TPS* mai 2002, n° 147) ;
– que présente un caractère discriminatoire à l'égard des grévistes l'allocation d'une prime de casse-croûte à des salariés dont l'absence avait été autorisée mais dont étaient exclus ceux qui avaient participé à une grève pendant une partie de la journée (cass. soc. 19 novembre 1986, n° 83-43.516, BC V n° 528).

À noter, toutefois que le fait pour des salariés occupant un emploi posté (c'est-à-dire effectuant leur travail d'une seule traite) d'avoir participé à une grève d'une durée de 2 heures et quart fait échec non seulement au paiement de la rémunération correspondant à la durée de l'arrêt de travail, mais également au paiement de la demi-heure de travail payé prévue par la convention collective au bénéfice des salariés effectuant la totalité de leur travail journalier d'une seule traite, condition non remplie par les salariés grévistes qui du fait de la grève n'avaient pas accompli en totalité leur travail journalier (cass. soc. 7 décembre 1995, n° 92-41.495, *CSB* 1996 B. 58).

Réduction de l'indemnisation des frais

L'indemnisation des frais fixes relatifs à l'utilisation par le salarié d'un véhicule personnel et comportant une partie forfaitaire, non liée au nombre de jours travaillés mensuellement et correspondant à des frais annuels, tels que garage, vignette, perte à la revente que doit supporter le salarié peut être réduite proportionnellement à la durée de la grève. En effet, durant la période de suspension de l'exécution du contrat de travail entraînée par la grève, chacune des deux parties se trouve dispensée des obligations qui lui incombent, les salariés de fournir un travail et les employeurs de verser un salaire (cass. soc. 10 janvier 1985, *D.* 1985, IR 465). Voir aussi cass. soc. 21 février 1990, n° 89-40.563, BC V n° 71 ; 2 décembre 1992, n° 90-40.264, déliant l'employeur, en cas de grève, même en dehors du cadre de l'entreprise, de son obligation de payer le salaire et ses accessoires (en l'espèce, une indemnité de déplacement) et 2 juin 1993, n° 90-42.515 (retenue proportionnelle à la durée des arrêts de travail pratiquée sur le salaire et une indemnité de grand déplacement).

Incidence de la grève sur les indemnités complémentaires de maladie

Premier cas. Le salarié est tombé malade avant le déclenchement de la grève : les allocations complémentaires lui sont dues, sans avoir à supputer, en l'absence de preuve, ce qu'il aurait fait dans le cas où il n'aurait pas été malade (cass. soc. 7 octobre 1970, n° 69-40.439, *Dr. Soc.* 1971, p. 136 ; 20 février 1980, n° 78-41.116, BC V n° 161).

Toutefois, lorsque l'ensemble du personnel non gréviste n'a pu travailler et que l'employeur, s'étant ainsi trouvé dans l'impossibilité de fournir du travail aux salariés non grévistes, ne leur a donc pas versé leur salaire, celui-ci n'est pas tenu de verser les indemnités complémentaires pour maladie. En effet, et sauf dispositions conventionnelles contraires, le salarié malade doit être replacé dans la même situation, au plan de la rémunération, que le salarié valide en situation d'activité (cass. soc. 8 décembre 1983, n° 81-40.860, BC V n° 601 ; 16 juillet 1987, n° 85-44.490, BC V n° 497 ; 17 janvier 1996, n° 91-43.218, *RJS* 3/96 n° 287).

Deuxième cas. Le salarié a participé à la grève avant de tomber malade : l'employeur n'a pas à lui verser les allocations complémentaires et ce, jusqu'au jour de la cessation de la grève, date à laquelle elles commenceront à lui être versées. Si un délai de carence est prévu, ce délai commence à courir à compter de la fin de la grève (cass. soc. 21 avril 1971, n° 70-40.277, BC V n° 288). Il est en effet présumé que le salarié aurait été gréviste s'il avait été valide, cette présomption pouvant être combattue par une manifestation expresse de sa volonté de se désolidariser des grévistes (cass. soc. 17 juin 1982, n° 80-40.973, BC V n° 405).

Lorsque la grève s'est traduite par des débrayages quotidiens d'une durée limitée, auxquels le salarié a participé avant d'être malade, les indemnités complémentaires ne lui sont dues que sous déduction des heures correspondant aux débrayages (cass. soc. 20 février 1980, n° 78-41.116, BC V n° 161).

Si à des débrayages répétés succède une grève totale, il n'est pas possible de préjuger l'attitude qu'aurait prise vis-à-vis de cette nouvelle forme d'action le salarié malade, alors qu'il participait aux débrayages. Il a donc droit à la totalité des indemnités complémentaires à compter du début de la grève totale (cass. soc. 20 février 1980, précité).

Incidence de la grève sur la rémunération des jours fériés chômés et payés et des jours sans activité

L'exercice du droit de grève suspend l'exécution du contrat de travail pendant toute la durée de l'arrêt de travail, de sorte que l'employeur est délié de l'obligation de payer le salaire ; le salarié qui s'est associé au mouvement de grève doit être également considéré, sauf preuve contraire de sa part, comme gréviste pour toute la durée du mouvement. Il ne peut donc prétendre au paiement de sa rémunération pendant cette période, peu important qu'elle comprenne un jour férié chômé et payé aux salariés qui continuent l'exécution de leur contrat de travail (cass. soc. 24 juin 1998, n° 96-44.234, BC V n° 335, arrêt n° 1 ; *RJS* 8-9/98 n° 1045 ; 14 avril 1999, n° 97-42.064, BC V n° 179 ; *RJS* 6/99 n° 848 ; 19 décembre 2007, n° 06-44.286, *JCP* éd. S 2008, 1208, note S. Brissy ; pour le 1er Mai, voir cass. soc. 5 février 2002, n° 99-43.898, BC V n° 49 ; *RJS* 4/02 n° 479 ; *JSL* n° 97, 12 mars 2002, p. 24) ou que certains jours, il n'ait eu, normalement, aucun service à assurer (cass. soc. 24 juin 1998, n° 97-43.876, BC V n° 335, arrêt n° 2 ; *RJS* 8-9/98 n° 1045).

Incidences de la grève sur les congés payés

Les périodes de grève peuvent être déduites du temps de travail qui détermine la durée du congé payé auquel un salarié peut prétendre.

Incidences de la grève sur le préavis

La grève ne prolongeant pas le contrat de travail, l'employeur ne se trouve pas tenu de permettre d'effectuer, à la reprise du travail, le temps de préavis correspondant aux journées de grève ou de verser à la place une indemnité compensatrice (cass. soc. 3 octobre 1968, BC n° 409).

Toutefois, l'employeur qui avait dispensé un salarié d'effectuer son préavis ne peut être dégagé de son obligation de payer l'indemnité compensatrice qu'en cas de faute grave ou lourde (cass. soc. 13 novembre 1980, n° 79-40.414, BC V n° 811 ; *JS* 1981 F 8).

• Le droit au travail des salariés non grévistes

Principe. Durant la grève, l'employeur est tenu de fournir aux salariés non grévistes les moyens d'effectuer leur prestation de travail et de leur verser leur salaire (cass.

soc. 18 janvier 1979, n° 77-40.982, BC V n° 52 ; 29 janvier 1981, n° 79-40.881, BC V n° 78 ; 19 décembre 1983, n° 81-42.026, BC V n° 630).

Ainsi, l'employeur qui n'a pas mis en chômage technique partiel ou total les salariés non grévistes qui ont travaillé pendant l'horaire prévu ne peut invoquer une réduction de la production normale des ateliers entraînée par la grève pour procéder à des réductions de salaire (cass. soc. 22 avril 1985, n° 82-41.861, BC V n° 242).

De même, à défaut de toute situation contraignante, l'employeur ne peut diminuer la rémunération contractuelle des salariés non grévistes sous le prétexte qu'il les a affectés à un travail différent de celui qu'ils accomplissent habituellement (cass. soc. 4 octobre 2000, n° 98-43.475, BC V n° 313 ; *RJS* 12/00 n° 1275).

Il n'en va différemment que si un salarié, bien que se prétendant « non-gréviste », ne s'est pas présenté pour assurer son service et n'a pas fait connaître à son employeur qu'il se tenait à sa disposition (cass. soc. 30 juin 1993, n° 91-42.606).

Situation contraignante. L'employeur n'est délié de ses obligations vis-à-vis des non-grévistes que s'il apporte la preuve qu'il s'est trouvé dans l'impossibilité de continuer à faire fonctionner l'entreprise (cass. soc. 7 février 1990, n° 87-43.566, BC V n° 42 ; 6 mars 1986, n° 83-43.062, BC V n° 80 ; voir aussi cass. soc. 28 mars 2001, n° 99-42.945, *TPS* juin 2001, n° 225 p. 19, précisant que les dispositions d'un accord de fin de grève concernant le personnel touché par des mesures de chômage technique ne peuvent être opposées aux salariés non grévistes par un employeur ne justifiant pas d'une situation contraignante). Les entreprises de travail temporaire sont soumises à cette règle : sauf situation contraignante, une société d'intérim doit donc rémunérer les travailleurs intérimaires envoyés en mission, même s'ils ont été empêchés de travailler du fait d'une grève avec occupation des locaux dans l'entreprise utilisatrice (cass. soc. 27 mai 1998, n° 96-42.303, BC V n° 280 ; *RJS* 7/98 n° 937).

Cette « situation contraignante » peut notamment procéder :
– des modalités de la grève, une grève bouchon, par exemple, ayant conduit l'entreprise à l'asphyxie (cass. soc. 18 janvier 1979, n° 77-40.982, BC V n° 52) ;
– d'impératifs de sécurité, en cas de séquestration, de violences ou d'atteinte à la sécurité des biens, ou à la sécurité de l'environnement (cass. soc. 8 décembre 1977, n° 76-40.594, BC V n° 685 ; 21 mars 1990, n° 86-44.190, BC V n° 131) ;
– d'une occupation des locaux de travail ou la présence de piquets de grève dès lors que l'employeur a fait toute diligence pour obtenir de l'autorité administrative l'évacuation des grévistes ou le libre accès de l'entreprise (cass. soc. 6 octobre 1971, n° 71-40.105, BC Vn° 542). À cet égard, il a été jugé que ce n'était qu'à l'issue du délai accordé par le juge des référés aux grévistes pour quitter les lieux que la situation contraignante était caractérisée (cass. soc. 27 mai 1998, n° 96-42.303, BC V n° 280 ; *RJS* 7/98 n° 937) ;
– de la grève totale du secteur de production ayant entraîné progressivement la paralysie des autres secteurs d'activité de l'entreprise dès lors que l'employeur a attendu que le fonctionnement de l'entreprise soit bloqué pour recourir à la mise au chômage technique (cass. soc. 4 juillet 2000, n° 98-20 537, BC V n° 262 ; *JSL* n° 64, 14 septembre 2000, p. 16 ; 22 février 2005, n° 02-45.879, BC V n° 57 ; *JSL* n° 165, 6 avril 2005, p. 26 ; *Dr. Soc.* 2005, p. 589, obs. Ch. Radé ; *RJS* 5/05 n° 563).

En revanche, la « situation contraignante » n'est pas reconnue lorsque :
– l'employeur se borne à invoquer le surcoût engendré par la grève (cass. soc. 1er octobre 1975, BC V n° 431) ;
– l'employeur ferme l'entreprise alors que 66 % des salariés avaient émis le souhait de reprendre le travail, que certains ateliers continuaient à fonctionner et que des salariés assuraient la bonne marche des chaînes de montage en remplacement des grévistes (cass. soc. 11 mars 1992, n° 90-42.817, BC V n° 168) ;
– l'employeur ne rapporte pas la preuve qu'il était dans l'impossibilité de fournir aux salariés non grévistes des tâches supplétives en rapport avec l'exécution de leur contrat de travail, peu important qu'il ait été contraint, du fait de la grève, d'arrêter totalement les installations de l'atelier de production pour des impératifs de sécurité (cass. soc. 30 septembre 2005, n° 04-40.193, BC V n° 277 ; *RJS* 12/05 n° 1247).

Grève extérieure. Les grèves, notamment celles ayant lieu dans les services publics, peuvent avoir des répercussions sur l'exécution du travail des salariés d'une entreprise en principe non concernée par le conflit. Dans une affaire où deux sociétés automobiles avaient assigné la SNCF pour être indemnisées du préjudice qu'elles avaient subi du fait de l'immobilisation de leurs véhicules sur les trains ou dans les centres de production lors de la grève qui avait eu lieu à la SNCF au cours de l'hiver 1995, la Cour de cassation a reconnu que le mouvement avait présenté pour la SNCF les caractères de la force majeure, l'exonérant de sa responsabilité à l'égard des usagers. En effet, les revendications des grévistes, qui concernaient le régime de la sécurité sociale et ses répercussions sur le régime spécial de retraite des cheminots, dépassaient le cadre de l'entreprise. Par ailleurs, l'ampleur et la durée du mouvement n'étaient pas prévisibles lors du dépôt du préavis de grève. Enfin, ni la réquisition, ni le recours à une procédure d'expulsion, ni l'embauche de personnel de remplacement n'étaient possibles (cass. soc. 11 janvier 2000, n° 97-18.215, BC V n° 16).

Fermeture de l'entreprise. Selon la Cour de cassation, l'employeur peut, en fonction de son pouvoir d'organisation, apprécier l'opportunité d'une fermeture totale ou partielle de l'entreprise. Le juge ne peut substituer son appréciation à celle de l'employeur dès lors qu'il n'est pas prouvé que ce dernier s'est déterminé dans un intérêt autre que celui de l'entreprise (cass. soc. 21 juillet 1981, n° 79-42.429, BC V n° 724). Il faut toutefois que le risque de paralysie soit inéluctable (cass. soc. 27 juin 1989, n° 86-45.096, BC V n° 470).

Dans une affaire où un mot d'ordre de grève nationale d'une journée avait été lancé par la CGT, une société déclarant que ce mouvement risquait d'affecter la distribution d'électricité dont son usine avait besoin avait décidé que l'usine serait fermée ce jour-là et que les salariés qui le désireraient pourraient récupérer ultérieurement les heures perdues. Une action ayant été exercée par certains salariés, la Cour de cassation a approuvé le conseil de prud'hommes d'avoir condamné la société :

– à des dommages-intérêts : « ayant relevé que la société avait été avertie d'un mouvement de grève nationale, que certains des syndicats représentés au sein de l'entreprise avaient appelé à la grève et qu'enfin, aucun cas de force majeure n'était établi, le conseil de prud'hommes a exactement décidé que la direction, en fermant l'entreprise, avait privé les salariés, qui souhaitaient suivre le mot d'ordre national, d'un droit constitutionnellement reconnu » ;

– au paiement de la journée de fermeture : « l'entreprise ayant été abusivement fermée, les salariés – qui pouvaient refuser la récupération – avaient droit au paiement de leur salaire pour cette journée » (cass. soc. 27 juin 1989, n° 86-45.096, BC V n° 470) rapporté dans *CSB* 1989, p. 207, « Le droit de grève : une jurisprudence toute en nuances. Quelques repères ».

MAINTIEN D'UNE ACTIVITÉ DURANT LA GRÈVE

Recours à des bénévoles. Sous réserve des prohibitions prévues par les articles L. 1242-6 CT, en ce qui concerne les contrats à durée déterminée, et L. 1251-10 du même code, en ce qui concerne les contrats de travail temporaire, il n'est pas interdit à l'employeur, en cas de grève, d'organiser l'entreprise pour assurer la continuité de son activité. La Cour de cassation a ainsi approuvé une cour d'appel d'avoir décidé que le fait pour une entreprise, chargée du ramassage du lait auprès des producteurs et de sa transformation, d'avoir eu recours à des bénévoles pour conduire des camions à la place des grévistes et assurer le ramassage du lait ne constituait pas une atteinte au droit de grève justifiant l'intervention du juge des référés (cass. soc. 11 janvier 2000, n° 97-22.025, BC V n° 15).

Réquisition des grévistes. Sauf dispositions législatives contraires, l'employeur ne peut en aucun cas s'arroger le pouvoir de réquisitionner des salariés grévistes (cass. soc. 15 décembre 2009, n° 08-43.603, BC V n° 283 ; *JCP* éd. S 2010, 1177, note A. Martinon). Les pouvoirs attribués au juge des référés en matière de dommage imminent consécutif à l'exercice du droit de grève ne comportent pas celui de décider la réquisition de salariés grévistes. A violé l'article 7 du préambule de la Constitution du 27 octobre 1946 et l'article 809 CPC la cour d'appel qui, pour confirmer une ordonnance de référé imposant à des salariés, travaillant dans un établissement accueillant des personnes âgées et dépendantes, d'assurer, alors qu'ils étaient en grève, un service de nuit selon un horaire fixé par l'employeur, a énoncé que cette mesure était nécessaire pour prévenir un dommage imminent (cass. soc. 25 février 2003, n° 01-10.812, BC V n° 62 ; *JSL* n° 121, 8 avril 2003, p. 21 ; *RJS* 5/03 n° 656 ; *Dr. Soc.* 2003, p. 621. Dans le même sens, voir aussi cass. soc. 26 novembre 2003, n° 01-10.847, rectification d'erreur matérielle par cass. soc. 18 février 2004, *JSL* n°s 135-136, 18 décembre 2003, p. 25).

Par ailleurs, l'article L. 2215-1 du code général des collectivités territoriales reconnaît au préfet le droit de requérir les agents en grève d'un établissement de santé, même privé, dans le but d'assurer le maintien d'un effectif suffisant pour garantir la sécurité des patients et la continuité des soins ; il ne peut toutefois prendre que les mesures imposées par l'urgence et proportionnées aux nécessités de l'ordre public, au nombre desquelles figurent les impératifs de santé publique. Ainsi, un préfet ne peut requérir l'ensemble des sages-femmes d'une clinique en vue de permettre la poursuite de l'activité complète de leur service, sans envisager le redéploiement d'activités vers d'autres établissements de santé ou le fonctionnement réduit du service, et sans rechercher si les besoins essentiels de la population ne pouvaient être autrement satisfaits, compte tenu des capacités sanitaires du département (CE 9 décembre 2003, n° 262186, *Dr. Soc.* 2004, p. 172 ; *RJS* 2/04 n° 248). De même, le préfet peut, sur le fondement du même texte, requérir les salariés en grève d'une entreprise privée (en l'espèce, un établissement pétrolier) dont l'activité présente une importance particulière pour le maintien de l'activité économique, la satisfaction des besoins essentiels de la population ou le fonctionnement des services publics, lorsque les perturbations résultant de la grève créent une menace pour l'ordre public ; mais il ne peut prendre que les mesures nécessaires, imposées par l'urgence et proportionnées aux nécessités de l'ordre public (CE 27 octobre 2010, n° 343966, *RJS* 1/11 n° 70).

Sur l'interdiction de faire appel à des salariés sous contrat à durée déterminée ou à des intérimaires pour remplacer des salariés en grève, voir articles L. 1242-6 et L. 1251-10 et notes sous ces articles.

CHAPITRE II

Dispositions particulières dans les services publics

Art. L. 2512-1. Les dispositions du présent chapitre s'appliquent :

1° Aux personnels de l'État, des régions, des départements et des communes comptant plus de 10 000 habitants ;

2° Aux personnels des entreprises, des organismes et des établissements publics ou privés lorsque ces entreprises, organismes et établissements sont chargés de la gestion d'un service public.

Note

• **Champ d'application.** Les dispositions de ce chapitre sont issues de la loi du 31 juillet 1963 fixant certaines modalités de la grève dans les services publics. Elles ont été complétées par la loi 87-529 du 13 juillet 1987 (JO 16) concernant la décentralisation, qui a ajouté les régions à la liste des personnes publiques dont le personnel est régi par ces dispositions. Leur champ d'application a été précisé par la jurisprudence au cas par cas.

La Cour de cassation a considéré que le Commissariat à l'énergie atomique et la Cogema, assurant la gestion d'un service public, étaient fondés à appliquer à leur personnel les dispositions relatives à la grève dans les services publics (cass. soc. 5 juillet 1984, deux arrêts, n°s 81-41.323 et 81-41.302, BC V n°s 297 et 298 ; *JS* 1984 F 92 et 93). Elle a pris la même position concernant Air Inter (cass. soc. 6 février 1985, n° 82-16.446, BC V n° 82 ; *JS* 1985 F 53) et les établissements d'enseignement privés sous contrat (cass. soc. 25 juin 1987, n° 84-42.829, BC V n° 433). De même, est soumis aux dispositions légales régissant la grève dans les services publics le personnel du Port autonome de Bordeaux, lequel est un établissement public de l'État chargé d'une mission de service public, aucune distinction n'étant à faire entre un service public administratif et un service public industriel ou commercial (cass. soc. 16 juillet 1997, n° 95-22.276, BC V n° 269 ; *RJS* 10/97 n° 1130).

Selon un avis du Conseil d'État (avis CE du 24 octobre 1995, n° 357203, *RJS* 7/96 n° 829), les dispositions du code du travail déterminant les modalités d'exercice du droit de grève propres aux services publics sont applicables au personnel des entreprises de stockage souterrain de gaz naturel, cette activité constituant un élément indissociable des activités de transport et de distribution du gaz naturel qui revêtent le caractère d'un service public, en application des dispositions législatives qui les régissent.

À noter que lorsqu'une entreprise à statut sous-traite tout ou partie de la gestion du service public qui lui est confié à une entreprise privée, celle-ci doit appliquer à son personnel les dispositions relatives à la grève dans les services publics (CA Paris 26 mai 1999, 1re ch. section S, *RJS* 10/99 n° 1278).

Le ministère du Travail considère que les centres de formation d'apprentis entrent dans le champ d'application de cet article (rép. QE 14852, JO AN 26 juillet 1982, p. 3129).

À noter que le droit de grève a été retiré aux CRS (loi du 27 décembre 1947), aux policiers (loi du 28 septembre 1948), aux agents des services extérieurs de l'administration pénitentiaire (ordonnance du 6 août 1958), aux magistrats (ordonnance du 22 décembre 1958), aux militaires (loi du 13 juillet 1972) et à certains personnels de la navigation aérienne (lois 64-650 du 2 juillet 1964, 71-458 du 17 juin 1971, 84-1286 du 31 décembre 1984, décrets 85-1332 du 17 décembre 1985 et 87-504 du 8 juillet 1987).

• **Réglementation du droit de grève dans le secteur public.** En indiquant, dans le préambule de la Constitution du 27 octobre 1946 auquel se réfère le préambule de la Constitution du 4 octobre 1958, que « le droit de grève s'exerce dans le cadre des lois qui le réglementent », l'Assemblée constituante a entendu inviter le législateur à opérer la conciliation nécessaire entre la défense des intérêts professionnels, dont la grève constitue l'une des modalités, et la sauvegarde de l'intérêt général auquel elle peut être de nature à porter atteinte. En l'absence de la réglementation ainsi annoncée par la Constitution et que la loi du 31 juillet 1963 relative à certaines modalités de la grève dans les services publics, reprise aux articles L. 2512-1 à L. 2512-5 CT, ne saurait constituer à elle seule, il appartient au Gouvernement, responsable du bon fonctionnement des services publics, de fixer lui-même, sous le contrôle du juge de l'excès de pouvoir, en ce qui concerne ces services, la nature et l'étendue des limitations qui doivent être apportées au droit de grève en vue d'en éviter un usage abusif ou contraire aux nécessités de l'ordre public (CE 15 mai 2006, n° 270171, *JCP* éd. S. 2006, 1699, note R. Vatinet ; voir aussi CE 7 juillet 1950, n° 01645, *Rec. Lebon* p. 426).

Toutefois, ces principes ne font pas obstacle à ce que les organes chargés de la direction d'un établissement public, agissant en vertu des pouvoirs généraux d'organisation des services placés sous leur autorité, définissent les domaines dans lesquels la sécurité doit être assurée en toutes circonstances ainsi que les fonctions nécessaires pour assurer cette sécurité (CE 17 mars 1997, n° 123912).

Par ailleurs, il ne résulte pas du principe fondamental de la continuité du service public des transports collectifs que les organes dirigeants des entreprises de transports publics seraient tenus d'édicter à tout moment une réglementation du droit de grève. Dès lors, eu égard, d'une part, aux mesures prises par une telle entreprise, en particulier au dispositif contractuel d'alarme sociale, en vue de limiter le recours à la grève, lesquelles ont produit des résultats en termes de nombre de jours de grève par an, d'autre part, aux pouvoirs, notamment en matière de réquisition, dont dispose l'État, sous le contrôle du juge de l'excès de pouvoir, lorsque la continuité du service public des transports collectifs est durablement et gravement affectée, les dirigeants de cette entreprise n'ont pas, en s'abstenant de prévoir une réglementation du droit de grève ou de saisir le conseil d'administration aux mêmes fins, ni méconnu le principe de continuité du service public ni entaché leur décision d'une erreur d'appréciation (CE 8 mars 2006, n° 278999, *Rec. Lebon* p. 113 ; *RJS* 7/06 n° 882 ; *RDT*, octobre 2006, chron. p. 259).

• **Transports terrestres réguliers de voyageurs.** La loi 2007-1224 du 21 août 2007 (JO 22) sur le dialogue social et la continuité du service public dans les transports terrestres réguliers de voyageurs, applicable dans le secteur des transports terrestres réguliers de personnes à vocation non touristique, a instauré des dispositifs visant d'une part à prévenir les conflits collectifs et d'autre part à mettre en œuvre un service garanti en cas de grève ou de perturbation prévisible du trafic.

Cette loi, déclarée conforme à la Constitution par décision 2007-556 du Conseil constitutionnel en date du 16 août 2007 (JO 22, p. 13971), a été codifiée dans le code des transports aux articles L. 1324-1 à 11, rapportés dans les « Textes non codifiés » figurant à la fin du code.

Voir aussi décret 2008-82 du 24 janvier 2008 (JO 26) relatif à l'application de l'article 2 de la loi 2007-1224 du 21 août 2007 sur le dialogue social et la continuité du service public dans les transports terrestres réguliers de voyageurs.

Les principales dispositions de la loi concernant les salariés et l'entreprise sont les suivantes :

La loi impose une procédure de négociation préalable au dépôt d'un préavis de grève, définie par un accord-cadre signé au niveau de l'entreprise ou de la branche dont le législateur a encadré le contenu en prévoyant notamment un délai de huit jours de négociations avant le dépôt du préavis de grève. Dans les entreprises où aucun accord-cadre n'a pu être signé et où aucun accord de branche ne s'applique, le déroulement de la procédure de négociation préalable est fixé par le décret 2008-82 du 24 janvier 2008 (JO 26), également rapporté dans les « Textes non codifiés » figurant en fin de code.

La loi limite également le dépôt de préavis en interdisant à un syndicat ayant déposé un préavis dans les conditions légales, d'en déposer un nouveau pour les mêmes motifs avant le terme du premier délai du préavis et avant que la procédure de négociation préalable n'ait été mise en œuvre.

Par ailleurs, afin de mettre en place un service garanti, la loi prévoit notamment la négociation ou, à défaut, l'élaboration par l'employeur d'un plan de prévisibilité du service recensant, par métier, fonction et niveau de compétence ou de qualification, les catégories d'agents et leurs effectifs, ainsi que les moyens matériels, indispensables à l'exécution de chacun des niveaux de service prévus dans le plan de transport préalablement élaboré en fonction des priorités de desserte et des niveaux de service définis par l'autorité organisatrice de transport (disposition ayant été déclarée non-conforme à la convention OIT n° 87 sur la liberté syndicale et la protection du droit syndical par la Commission d'experts de l'OIT aux termes de son rapport annuel publié en 2008).

Sont également prévues l'obligation pour les salariés relevant des catégories visées par l'accord de prévisibilité, d'informer l'entreprise, au plus tard 48 heures avant de participer à la grève, de leur intention d'y participer (art. 5 II) et la possibilité, après huit jours de grève, d'organiser à l'initiative de l'employeur, d'un syndicat représentatif ou du médiateur éventuellement désigné, un vote à bulletin secret des salariés sur la poursuite de la grève (art. 5 II).

Une circulaire DGT 11 du 30 novembre 2007 a apporté d'importantes précisions notamment sur le champ d'application de la loi et les modalités d'intervention du représentant de l'État pour sa mise en œuvre.

Statuant sur la base des dispositions du II de l'article 5 de cette loi, le Conseil d'État a décidé que les salariés relevant des catégories d'agents indispensables à l'exécution de chacun des niveaux de service prévus dans le plan de transport adapté, ont l'obligation de déclarer leur intention de participer à une grève au moins quarante-huit heures avant d'y participer eux-mêmes, et non pas à l'échéance fixée par le préavis ou avant le commencement effectif de la grève (CE 19 mai 2008, n° 312329).

Voir aussi « Voyage au bout d'une loi » *RDT*, septembre 2007, ED, 487, A. Lyon-Caen ; *JCP* éd. S 2007, 1692, R. Vatinet ; *Dr. Soc.* 2007, p. 1205 : « À propos d'une modeste loi censée assurer " la continuité du service public dans les transports terrestres réguliers de voyageurs " », J-E Ray ; *RDT*, octobre 2007, controverse 560, J-E Ray.

• **Aviation civile.** Dès lors que le service minimum fait l'objet des dispositions mêmes de la loi, le ministre n'a pas à définir le service minimum en cas de cessation concertée du travail (CE 12 avril 1995, n° 119731, *RJS* 6/95 n° 727). Ni la nécessité d'assurer la continuité des vols résultant du code de l'aviation civile ni les dispositions du code du travail n'interdisent à un commandant de bord, chargé d'assurer une rotation d'équipage comprenant deux services distincts de vol aller et retour séparés par un temps de repos, de cesser son service après le premier vol, afin de se joindre à un mouvement de grève. En outre, il ne peut être imposé à un salarié d'indiquer à son employeur son intention de participer à la grève avant le déclenchement de celle-ci ; dès lors, en avisant de son état de gréviste suffisamment tôt pour permettre son remplacement dans le commandement du vol de retour, l'intéressé n'a commis aucun abus du droit de grève, la signature d'un planning de rotation ne pouvant être considérée comme un engagement de ne pas cesser le travail (cass. ass. plén. 23 juin 2006, n° 04-40.289, BC n° 7 ; *JSL* n° 193, 12 juillet 2006, p. 16, obs. M-Ch. Haller ; *RJS* 10/06 n° 1112).

• **Service public de l'éducation.** La loi 2008-790 du 20 août 2008 instituant un droit d'accueil pour les élèves des écoles maternelles et élémentaires pendant le temps scolaire a complété le titre III du Livre Ier du code de l'éducation par un chapitre III relatif à cet accueil (art. L. 133-1 à 12). Sur ce sujet, voir « L'encadrement législatif de l'exercice du droit de grève. Observations à partir de la loi 2008-790 du 20 août 2008 instituant un droit d'accueil pour les élèves des écoles pendant le temps scolaire » *RDT*, novembre 2008, CH, 674, O. Leclerc.

Art. L. 2512-2. Lorsque les personnels mentionnés à l'article L. 2512-1 exercent le droit de grève, la cessation concertée du travail est précédée d'un préavis.

Le préavis émane d'une organisation syndicale représentative au niveau national, dans la catégorie professionnelle ou dans l'entreprise, l'organisme ou le service intéressé.

Il précise les motifs du recours à la grève.

Le préavis doit parvenir cinq jours francs avant le déclenchement de la grève à l'autorité hiérarchique ou à la direction de l'établissement, de l'entreprise ou de l'organisme intéressé. Il mentionne le champ géographique et l'heure du début ainsi que la durée limitée ou non, de la grève envisagée.

Pendant la durée du préavis, les parties intéressées sont tenues de négocier.

Note

• S'agissant de l'obligation de négocier prévue par le dernier alinéa de cet article, la Cour de cassation a précisé que le refus d'un employeur de donner suite, dans l'immédiat, aux revendications présentées par les syndicats ne pouvait s'analyser en un refus de négocier, dès lors que la négociation ne pouvait s'effectuer qu'au niveau de l'entreprise et avait été reportée en accord avec les syndicats pour tenir compte de la période estivale, cette situation empêchant l'employeur de négocier au seul niveau de l'établissement où la grève avait été déclenchée (cass. soc. 4 juillet 2000, n° 98-20.537, BC V n° 262 ; *JSL* n° 64, 14 septembre 2000, p. 16).

Préavis

Dépôt. Le préavis de grève peut ne pas être le fait de toutes les organisations syndicales représentatives et les adhérents d'un syndicat qui n'a pas déposé de préavis de grève peuvent participer au mouvement du moment qu'une organisation représentative a déposé un tel préavis.

L'action judiciaire tendant à voir déclarer irrégulier le préavis de grève déposé par deux délégués syndicaux au nom de leurs organisations syndicales doit être dirigée contre les organisations syndicales et non contre les seuls délégués syndicaux (cass. soc. 6 novembre 1991, n° 90-12.516, BC V n° 482).

Préavis de grève successifs. Aucune disposition légale n'interdit l'envoi de préavis de grève successifs, qu'ils mentionnent le même motif ou des motifs différents, dès lors que l'obligation de négocier est respectée (cass. soc. 25 janvier 2012, n° 10-26.237).

Computation du délai. Le préavis prévu par cet article doit parvenir à la direction cinq jours francs avant le déclenchement de la grève ; le jour de la notification du préavis ne compte pas dans ce délai (cass. crim. 10 mai 1994, n° 93-82.603, *RJS* 10/94 n° 1171).

Les dispositions de l'article 642 CPC ne s'appliquant que lorsqu'un acte ou une formalité doit être accompli avant l'expiration d'un délai, ce délai ne peut être prorogé au premier jour ouvrable suivant, s'il expire un samedi, un dimanche, un jour férié ou chômé (cass. soc. 30 mars 2010, n° 09-13.065, BC V n° 77 ; *RJS* 6/10 n° 547 ; *JCP* éd. S 2010, 1377, note A. Martinon).

Constitue le délit d'entrave à l'exercice du droit syndical le fait pour un directeur d'établissement d'avoir maintenu sa position sur le caractère tardif d'un préavis, alors qu'il n'ignorait ni la contestation de son analyse juridique par un syndicat ni le fait que l'inspection du travail avait confirmé la légalité de ce préavis et qu'il n'avait pas utilisé la possibilité dont il disposait de faire trancher cette difficulté en référé (cass. crim. 26 mars 2008, n° 07-84.308, *RJS* 7/08 n° 818 ; *Dr. Soc.* 2008, p. 763, obs. Fr. Duquesne).

Destinataire. Aucune disposition de la loi du 31 juillet 1963 relative à certaines modalités de la grève dans les services publics ni aucune autre disposition législative ou réglementaire ne faisant obligation au ministre des PTT de répondre à un préavis de grève déposé par la Fédération nationale des syndicats libres PTT ou de se prononcer sur sa recevabilité, le silence gardé par l'administration à la suite du dépôt par la fédération requérante du préavis de grève n'a fait naître aucune décision (CE 31 octobre 1986, n° 53872, *Dr. Soc.* 1987, p. 390, concl. Ch. Vigouroux). De même, la réponse d'un centre hospitalier public au préavis de grève déposé par une organisation syndicale n'a pas la valeur d'une décision faisant grief et susceptible d'un recours contentieux mais d'un simple renseignement qui ne peut être déféré au juge (CE 11 juin 1990, n° 72660).

Portée de la période de grève mentionnée par le préavis. Si dans les services publics, la grève doit être précédée d'un préavis donné par un syndicat représentatif et si ce préavis, pour être régulier, doit mentionner l'heure du début et de la fin de l'arrêt de travail, les salariés qui sont seuls titulaires du droit de grève ne sont pas tenus de cesser le travail pendant toute la durée indiquée par le préavis. Ayant constaté la régularité du préavis donné par des organisations syndicales, les juges du fond ont exactement décidé que l'arrêt de travail d'une journée intervenu au cours de la période mentionnée par le préavis constituait l'exercice normal du droit de grève par les salariés, sans avoir à se prononcer sur la validité des préavis ultérieurs (cass. soc. 12 janvier 1999, n° 96-45.659, BC V n° 6 ; dans le même sens, voir cass. soc. 29 février 2000, n° 98-43.145, *RJS* 4/00 n° 435 et 30 avril 2003, n° 00-22.328, *JSL* n° 124, 27 mai 2003, p. 24). Aucune retenue de salaire pour absence irrégulière ne peut être faite à l'encontre d'un agent public qui s'est borné à rejoindre un mouvement de grève pendant la période fixée par le préavis déposé par un syndicat représentatif (cass. soc. 8 décembre 2005, n° 03-43.934, BC V n° 362 ; *RJS* 2/06 n° 263 ; 20 juin 2007, n° 05-45.227).

Il appartient toutefois aux organes chargés de la direction d'un établissement public, agissant en vertu des pouvoirs généraux d'organisation des services placés sous leur autorité, de déterminer les limitations qui doivent être apportées à l'exercice du droit de grève dans l'établissement en vue d'en éviter un usage abusif ou contraire aux nécessités de l'ordre public.

Statuant sur la base des dispositions du II de l'article 5 de la loi du 21 août 2007 sur la continuité du service public dans les transports terrestres de voyageurs, le Conseil d'État a décidé que, si ces dispositions n'obligent pas les agents à commencer de faire grève au début de la période couverte par le préavis, elles n'ont ni pour objet ni pour effet de leur reconnaître le droit de commencer à participer à une grève à n'importe quel moment qu'ils choisissent au cours de la période du préavis ; le directeur de la RATP a donc pu imposer à des agents d'informer la Régie de leur intention de rejoindre une grève au moins quarante-huit heures avant le début de la prise de service qu'ils n'entendent pas assurer pour cause de grève (CE 11 juin 2010, n° 333262, *Dr. Soc.* 2010, pp. 1099 et s. : « Autodétermination des grévistes lors de la prise de service dans le secteur des transports publics de voyageurs », Fr. Duquesne).

Non-respect du préavis légal. La grève déclenchée moins de cinq jours francs après la réception du préavis est illégale et les salariés qui s'y associent, même après l'expiration de ce délai en dépit d'une notification de l'employeur attirant leur attention sur l'obligation de préavis, commettent une faute disciplinaire que l'employeur est en droit de sanctionner (cass. soc. 11 janvier 2007, n° 05-40.663, BC V n° 2 ; voir précédemment cass. crim. 10 mai 1994, n° 93-82.603, *RJS* 10/94 n° 1171 ; *CSB* 1994 A. 54 et cass. soc. 5 juin 1984, n° 81-42.229, BC V n° 229 ; 10 octobre 1990, n° 88-41.426, BC V n° 434 ; *CSB* 1990 A. 53).

À noter que le non-respect du délai légal de préavis de 5 jours de la part de salariés grévistes d'un établissement privé en charge d'un service public dont l'attention a été attirée sur l'obligation de respecter ce préavis, s'il constitue de leur part une faute disciplinaire que l'employeur est en droit de sanctionner, ne les exclut pas du régime protecteur de l'article L. 2511-1 (cass. soc. 18 janvier 2011, n° 09-40.134).

Préavis irrégulier. Après avoir constaté qu'un préavis de grève avait été déposé par un syndicat, peu important qu'il ait été irrégulier, une cour d'appel a pu en déduire que les salariés n'avaient commis aucune faute en participant à la grève dans le respect du délai de prévenance et déclarer nuls de plein droit les licenciements (cass. soc. 25 février 2003, n° 00-44.339, BC V n° 63 ; *RJS* 5/03 n° 657 ; *Dr. Soc.* 2003, p. 554, obs. Ch. Radé).

• La Compagnie Air Inter doit être considérée comme ayant été chargée de la gestion d'un service public. En conséquence, l'ensemble des personnels qui participent à l'exploitation du réseau est soumis aux dispositions des articles L. 521-2 à L. 521-6 [L. 2512-1 à 5] CT et le déclenchement d'une grève en méconnaissance de l'obligation de préavis impartie par l'article L. 521-3 [L. 2512-2] CT constitue, de la part du syndicat organisateur de cette grève, une faute de nature à engager sa responsabilité (cass. soc. 6 février 1985, n° 82-16.446, BC V n° 82).

Voir aussi note sous art. L. 2512-3.

Art. L. 2512-3. En cas de cessation concertée de travail des personnels mentionnés à l'article L. 2512-1, l'heure de cessation et celle de reprise du travail ne peuvent être différentes pour les diverses catégories ou pour les divers membres du personnel intéressé.

Sont interdits les arrêts de travail affectant par échelonnement successif ou par roulement concerté les divers secteurs ou catégories professionnelles d'un même établissement ou service ou les différents établissements ou services d'une même entreprise ou d'un même organisme.

Note Par arrêt en date du 3 février 1998 (n° 95-21.735, BC V n° 55 ; *CSB* 1998 A. 23), la Cour de cassation a décidé que le droit de grève dans les services publics n'est exercé normalement que si le préavis de grève détermine l'heure précise, commune à tous les membres du personnel, de l'arrêt de travail, peu important que certains salariés ne travaillent pas à cette heure, dès lors qu'ils peuvent se joindre au mouvement en cours. Ainsi, l'interdiction des grèves tournantes prévue par cet article s'applique même au cas de travail par équipe ou de prise du travail par roulement. Sont donc illicites les préavis de grève de « 58 minutes à la prise du service pour tous les personnels, toutes les catégories et sur tous les lieux de travail de l'entreprise » déposés auprès de la direction d'une société chargée d'une mission de service public et au sein de laquelle les salariés travaillaient par roulement, ce qui impliquait que l'heure de cessation de travail variait pour chaque salarié.

Cependant, aucune disposition légale n'interdit à plusieurs organisations syndicales représentatives de présenter chacune un préavis de grève. Il en résulte que chacune peut prévoir une date de cessation de travail différente. Doit donc être cassé l'arrêt qui, pour ordonner la suspension de trois préavis déposés séparément par trois syndicats et concernant une même société, retient que le droit de grève des agents de cette société est soumis aux dispositions des articles L. 2512-2 et L. 2512-3 CT et qu'en prévoyant des horaires de cessation du travail différents, les organisations syndicales ont déposé des préavis de grève entachés d'illicéité (cass. soc. 4 février 2004, n° 01-15.709, BC V n° 33 ; *JSL* n° 141, 9 mars 2004, p. 8 ; *RJS* 4/04 n° 443 ; *Dr. Soc.* 2004, p. 381 « Grève et services publics : le droit pour chaque syndicat de déposer son propre préavis », Ch. Radé).

Art. L. 2512-4. L'inobservation des dispositions du présent chapitre entraîne l'application des sanctions prévues par les statuts ou par les règles concernant les personnels intéressés.

Les sanctions ne peuvent être prononcées qu'après que les intéressés ont été mis à même de présenter des observations sur les faits qui leurs sont reprochés et d'avoir accès au dossier les concernant.

La révocation et la rétrogradation ne peuvent être prononcées qu'en conformité avec la procédure disciplinaire normalement applicable.

Lorsque la révocation est prononcée à ce titre, elle ne peut l'être avec perte des droits à la retraite.

Art. L. 2512-5. En ce qui concerne les personnels mentionnés à l'article L. 2512-1 non soumis aux dispositions de l'article 1er de la loi n° 82-889 du 19 octobre 1982, l'absence de service fait par suite de cessation concertée du travail entraîne pour chaque journée une retenue du traitement ou du salaire et de ses compléments autres que les suppléments pour charges de famille. Les retenues sont opérées en fonction des durées d'absence définies à l'article 2 de la loi précitée.

Note • S'il n'appartient qu'aux juridictions de l'ordre judiciaire de se prononcer sur le litige opposant Électricité de France à ses agents réclamant le remboursement des sommes retenues sur leurs salaires pour fait de grève, les juridictions administratives demeurent, en revanche, compétentes pour apprécier, par voie de question préjudicielle, la légalité des décisions d'Électricité de France relatives à l'organisation du service public et au statut du personnel de cet établissement public qui présentent un caractère réglementaire et administratif. A, en l'espèce, ce caractère la décision fixant les modalités de retenue sur salaires des agents de conduite des centrales nucléaires et thermiques en cas de grève (Trib. confl. 22 juin 1992, n° 02718, *RJS* 10/92 n° 1144).

• Pour les personnels visés à l'article L. 2512-1 CT non soumis aux dispositions de l'article 1er de la loi du 19 octobre 1982, l'absence de service fait par suite d'une grève donne lieu à une retenue du traitement ou du salaire opérée en fonction des durées d'absence définies à l'article 2 de la loi précitée. Ce texte, prévoyant une retenue égale à 1/160 du traitement mensuel en cas d'arrêt de travail n'excédant pas une heure, à 1/50 du traitement mensuel en cas d'arrêt de travail dépassant une heure sans excéder une demi-journée et à 1/30 du traitement mensuel lorsque l'arrêt de travail dépasse une demi-journée, s'applique à chaque jour de grève, même si celle-ci dure plusieurs jours consécutifs (cass. soc. 17 mars 1993, n° 91-43.165, BC V n° 87). Voir aussi cass. soc. 27 avril 1989, n° 85-45.521, BC V n° 308 ; 16 mai 1989, n° 86-40.005, BC V n° 363.

• En ce qui concerne les retenues sur la rémunération des agents publics de l'État, non soumis aux dispositions de l'article L. 2512-5, voir circulaire du 30 juillet 2003 (JO 5 août).

• L'article L. 2512-5 n'est pas applicable à des agents de la SNCF qui, n'ayant pas cessé leur travail – même si, à titre individuel, ils l'ont exécuté de manière défectueuse en s'abstenant de contrôler les titres de voyage – n'ont, dès lors, pas exercé le droit de grève. La retenue sur leur salaire, décidée en raison de cette carence considérée comme fautive par la SNCF, constitue une sanction pécuniaire illicite (cass. soc. 16 mars 1994, n° 91-43.349, BC V n° 92 ; *RJS* 5/94 n° 595).

• *Rémunération du service minimum :* lorsque les organes chargés de la direction d'un établissement public ont défini dans une note les modalités de rémunération des agents grévistes requis pour assurer un service minimum de sécurité et que le Conseil d'État a reconnu la légalité de cette note, le salarié gréviste qui a assuré seulement le service défini par cette note ne peut prétendre à une rémunération supérieure à celle prévue par cette note, même si la production a été assurée et qu'aucune baisse de charge n'a été enregistrée (cass. soc. 18 juillet 2000, n° 98-44.427, BC V n° 283 ; *RJS* 11/00 n° 1152).

TITRE II

PROCÉDURE DE RÈGLEMENT DES CONFLITS COLLECTIFS

CHAPITRE Ier

Dispositions générales

SECTION 1. Champ d'application

Art. L. 2521-1. Les dispositions du présent titre s'appliquent aux employeurs de droit privé ainsi qu'à leurs salariés.

Elles sont également applicables :

1° Aux établissements publics à caractère industriel et commercial ;

2° Aux établissements publics assurant à la fois une mission de service public à caractère administratif et à caractère industriel et commercial, lorsqu'ils emploient du personnel dans les conditions du droit privé.

Art. R. 2521-1. Dans les professions agricoles, les attributions conférées en matière de conflits collectifs par le présent titre au ministre chargé du travail sont exercées, en accord avec celui-ci, par le ministre chargé de l'agriculture.

SECTION 2. Principes

Art. L. 2521-2. Les conflits collectifs intervenant entre les salariés et les employeurs mentionnés à l'article L. 2521-1 font l'objet de négociations soit lorsque les conventions ou accords collectifs applicables comportent des dispositions à cet effet, soit lorsque les parties intéressées en prennent l'initiative.

CHAPITRE II

Conciliation

SECTION 1. Procédure de conciliation

Art. L. 2522-1. Tous les conflits collectifs de travail peuvent être soumis aux procédures de conciliation.

Les conflits qui, pour quelque raison que ce soit, n'ont pas été soumis à une procédure conventionnelle de conciliation établie soit par la convention ou l'accord collectif de travail, soit par un accord particulier, peuvent être portés devant une commission nationale ou régionale de conciliation.

Lorsque le conflit survient à l'occasion de l'établissement, de la révision ou du renouvellement d'une convention de branche ou d'un accord professionnel ou interprofessionnel, le ministre chargé du travail peut, à la demande écrite et motivée de l'une des parties ou de sa propre initiative, engager directement la procédure de médiation dans les conditions prévues au chapitre III.

Note Dans le cadre de la législation antérieure, la jurisprudence considérait que les conventions collectives pouvaient prévoir que le recours à une procédure conventionnelle de conciliation s'impose avant le déclenchement de toute grève. Une telle stipulation était considérée comme licite et s'imposant aux parties, mais elle ne concernait que les cas qu'elle vise, c'est-à-dire le plus souvent les seuls conflits nés de l'application de la convention collective. Si bien qu'en présence d'une convention collective stipulant que les conflits portant sur l'application de la convention collective doivent être portés devant la commission paritaire de conciliation avant toute grève ou lock-out, n'était pas abusive la participation, sans saisine de cette commission, à une grève dont le but principal et déclaré était d'appuyer des revendications professionnelles et sociales, de portée nationale, exclusives par leur nature et leur généralité de la compétence de cette commission (cass. soc. 21 mars 1973, n° 72-40.122, BC V n° 175). Il ne semble pas que cette jurisprudence se trouve remise en cause, du fait des dispositions de l'article L. 522-2 [L. 2521-2] qui n'apporte pas de restriction aux dispositions conventionnelles relatives à la négociation des litiges collectifs.

Le ministère du Travail a considéré, pour sa part, que la clause d'une convention collective stipulant qu'« aucune grève ne pourra être déclenchée avant que les procédures de conciliation ou d'interprétation aient été épuisées » est licite et peut être étendue sans exclusion ni réserve par arrêté ministériel (rép. QE 1278, JO AN 28 novembre 1988, p. 3458).

• Voir aussi A. Narritsens : « Conciliation et arbitrage dans les conflits collectifs du travail : leçons syndicales et expériences françaises (approches historiques) », *Dr. Ouvr.* 1988, p. 409.

Art. L. 2522-2. Les parties donnent toute facilité aux membres des commissions de conciliation pour leur permettre de remplir la fonction qui leur est dévolue.

Art. L. 2522-3. Les parties comparaissent en personne devant les commissions de conciliation ou, en cas d'empêchement grave, se font représenter par une personne ayant pouvoir pour négocier et conclure un accord de conciliation.

Toute personne morale partie au conflit nomme un représentant dûment mandaté et ayant pouvoir pour négocier et conclure un accord de conciliation.

Lorsque l'une des parties régulièrement convoquée ne comparaît pas ou ne se fait pas représenter, le président la convoque à une nouvelle réunion qui a lieu, au plus tard, huit jours après la première.

Note Il résulte des termes de l'alinéa 2 de cet article qu'une cour d'appel, qui a constaté que le président d'une chambre d'agriculture l'avait représentée devant la commission de conciliation, a exactement décidé que ladite chambre, qui était tenue de donner tous les pouvoirs exigés par la loi à ce représentant, lequel n'avait pas excipé d'un défaut de pouvoir pour solliciter le renvoi de la réunion comme le prévoit le 3e alinéa de cet article, ne pouvait opposer à ses salariés son propre manquement à ses obligations pour refuser d'honorer les engagements pris en son nom devant la commission (cass. soc. 20 février 1991, n° 87-41.016, BC V n° 89 ; *RJS* 4/91 n° 509).

Art. L. 2522-4. Lorsqu'une partie régulièrement convoquée dans des conditions prévues à l'article L. 2522-3 ne comparaît pas, sans motif légitime, devant la commission de conciliation, ou ne se fait pas représenter, le président de la commission établit un rapport. Ce rapport est remis à l'autorité administrative qui le transmet au procureur de la République.

Art. L. 2522-5. À l'issue des réunions de la commission de conciliation, le président établit un procès-verbal qui constate l'accord, le désaccord total ou partiel des parties et leur est aussitôt notifié.

Le procès-verbal précise les points sur lesquels les parties se sont mises d'accord et ceux sur lesquels le désaccord persiste.

L'accord de conciliation est applicable dans les conditions prévues par l'article L. 2524-5.

Art. L. 2522-6. En cas d'échec de la procédure de conciliation, le conflit est soumis soit à la procédure de médiation dans les conditions prévues au chapitre III, soit à la procédure d'arbitrage prévue au chapitre IV si les deux parties en conviennent.

Art. R. 2522-1. Tout conflit collectif de travail est immédiatement notifié par la partie la plus diligente au préfet qui, en liaison avec l'inspecteur du travail compétent, intervient en vue de rechercher une solution amiable.

Art. R. 2522-2. Les procédures de conciliation, autres que les procédures prévues contractuellement, sont engagées par l'une des personnes suivantes :

1° L'une des parties ;

2° Le ministre chargé du travail ;

3° Le préfet.

SECTION 2. Commissions de conciliation

Art. L. 2522-7. Les commissions nationales ou régionales de conciliation comprennent des représentants des organisations représentatives des employeurs et des salariés en nombre égal ainsi que des représentants des pouvoirs publics dont le nombre ne peut excéder le tiers des membres de la commission.

Des sections compétentes pour les circonscriptions départementales sont organisées au sein des commissions régionales. Leur composition correspond à celle des commissions régionales.

Compétence des commissions de conciliation

Commission nationale de conciliation

Art. R. 2522-3. La Commission nationale de conciliation siège au ministère chargé du travail. Elle est compétente pour connaître des conflits collectifs de travail s'étendant à l'ensemble du territoire national ou concernant plusieurs régions.

Art. R. 2522-4. La Commission nationale peut être saisie de tout conflit à incidence régionale, départementale ou locale, compte tenu de son importance, des circonstances particulières dans lesquelles il s'est produit et du nombre des salariés intéressés.

Elle est saisie :

1° Directement par le ministre chargé du travail, soit de sa propre initiative, soit sur la proposition du préfet ;

2° À la demande des parties ou de l'une d'elles.

Commission régionale, section départementale ou interdépartementale

Art. R. 2522-5. La commission régionale de conciliation est instituée au siège de chaque ***(D. 2009-1377 du 10 nov. 2009, JO 13 ; D. 2010-687 du 24 juin 2010, JO 25 ; voir D. 2010-1582 du 17 déc. 2010, JO 18, pour outre-mer)*** « direction régionale des entreprises, de la concurrence, de la consommation, du travail et de l'emploi ». Elle est compétente pour connaître des conflits survenant à l'intérieur de la circonscription de cette direction.

Lorsque les conditions locales le justifient, le ministre chargé du travail peut, par arrêté, créer des sections à compétence départementale ou interdépartementale au sein de chaque commission régionale. Il peut prévoir la constitution de plusieurs sections pour un même département.

Art. R. 2522-6. Lorsque des sections à compétence départementale ou interdépartementale existent, la section régionale de la commission régionale reste compétente pour connaître des conflits collectifs survenant dans sa circonscription.

Les sections départementales ou interdépartementales sont compétentes pour les conflits survenant à l'intérieur de leur ressort.

Par dérogation aux dispositions des premier et deuxième alinéas, le conflit peut être porté devant la section régionale par décision du préfet de région, soit sur la proposition du ***(D. 2009-1377 du 10 nov. 2009, JO 13 ; D. 2010-687 du 24 juin 2010, JO 25 ; voir D. 2010-1582 du 17 déc. 2010, JO 18, pour outre-mer)*** « directeur régional des entreprises, de la concurrence, de la consommation, du travail et de l'emploi », soit à la demande des parties ou de l'une d'elles.

Art. R. 2522-7. Lorsque plusieurs régions ou plusieurs départements limitrophes sont concernés par un conflit, les parties peuvent se mettre d'accord pour porter le conflit devant l'une ou l'autre des commissions ou sections compétentes. Le ministre chargé du travail conserve la possibilité de saisir la commission nationale en application de l'article R. 2522-4.

Composition des commissions

Art. R. 2522-8. La Commission nationale de conciliation comprend :

1° Le ministre chargé du travail ou son représentant, président ;

2° Un représentant du ministre chargé de l'économie ;

3° Cinq représentants des employeurs ;

4° Cinq représentants des salariés.

Art. R. 2522-9. La commission régionale de conciliation comprend une section régionale et, éventuellement, des sections à compétence départementale ou interdépartementale.

Les sections régionale et interdépartementale comprennent :

1° Le préfet de région ou de département ou son représentant, président ;

2° Cinq représentants des employeurs ;

3° Cinq représentants des salariés.

Art. R. 2522-10. La section à compétence départementale comprend :

1° Le préfet ou son représentant, président ;

2° Cinq représentants des employeurs ;

3° Cinq représentants des salariés.

Art. R. 2522-11. Lorsque le conflit concerne une branche d'activité pour laquelle les services des ministres chargés de l'industrie, de l'équipement et des transports exercent en application d'une disposition législative les fonctions normalement dévolues à l'inspection du travail, les commissions ou sections prévues aux articles R. 2522-8 à R. 2522-10 comprennent également un représentant de l'administration concernée.

Art. R. 2522-12. Les membres des commissions de conciliation sont nommés pour trois ans.

Art. R. 2522-13. Les membres de la commission nationale sont nommés par arrêté du ministre chargé du travail.

Les membres des sections régionales et ceux des sections à compétence interdépartementale sont nommés par arrêté du préfet de région.

Les membres des sections à compétence départementale sont nommés par arrêté du préfet.

Art. R. 2522-14. Les représentants des employeurs et des salariés au sein des commissions et sections sont nommés sur proposition des organisations syndicales d'employeurs et de salariés représentatives sur le plan national.

Ces organisations soumettent à l'autorité investie du pouvoir de nomination des listes comportant des noms en nombre double de celui des postes à pourvoir.

Avant de procéder aux nominations, le préfet prend l'avis du ***(D. 2009-1377 du 10 nov. 2009, JO 13 ; D. 2010-687 du 24 juin 2010, JO 25 ; voir D. 2010-1582 du 17 déc. 2010, JO 18, pour outre-mer)*** « directeur régional des entreprises, de la concurrence, de la consommation, du travail et de l'emploi ».

Art. R. 2522-15. Des membres suppléants, en nombre double de celui des membres titulaires, sont désignés dans les mêmes conditions que ces derniers. Ils ne siègent qu'en l'absence des titulaires.

Les représentants titulaires et suppléants des employeurs et des salariés au sein des sections régionales, interdépartementales et départementales sont choisis parmi les employeurs et les salariés qui exercent effectivement leur activité professionnelle dans le ressort de ces sections.

Art. R. 2522-16. Les membres des commissions ne doivent avoir fait l'objet d'aucune interdiction, déchéance ou incapacité relative à leurs droits civiques.

Fonctionnement des commissions

Art. R. 2522-17. En cas de recours par les parties à la procédure de conciliation, la partie la plus diligente adresse au président de la commission une requête exposant les points sur lesquels porte le désaccord.

Lorsque le ministre chargé du travail ou le préfet saisit la commission nationale ou régionale de conciliation, la convocation adressée aux membres de la commission mentionne les points sur lesquels porte le désaccord.

Ces requêtes et communications sont inscrites à leur date d'arrivée sur les registres spéciaux ouverts respectivement au ministère chargé du travail et dans chaque ***(D. 2009-1377 du 10 nov. 2009, JO 13 ; D. 2010-687 du 24 juin 2010, JO 25 ; voir D. 2010-1582 du 17 déc. 2010, JO 18, pour outre-mer)*** « direction régionale des entreprises, de la concurrence, de la consommation, du travail et de l'emploi ».

Art. R. 2522-18. Devant les commissions de conciliation, les parties peuvent être assistées d'un membre de l'organisation professionnelle d'employeurs ou de salariés à laquelle elles appartiennent.

Lorsque les parties se font représenter, le représentant appartient à la même organisation que la partie qu'il représente ou exerce effectivement, à titre permanent, une activité dans l'entreprise où a lieu le conflit. Il est dûment mandaté et a qualité pour conclure un accord de conciliation au nom de son mandant.

Art. R. 2522-19. La convocation des parties au conflit est faite, sur la demande du président de la commission, soit par lettre recommandée avec avis de réception, soit par notification délivrée contre récépissé signé par l'intéressé.

Lorsque l'une des parties ne comparaît pas ou ne se fait pas représenter devant la commission dans les conditions énoncées aux premier et deuxième alinéas de l'article L. 2522-3, le président, après avoir constaté son absence, fixe une nouvelle date de réunion au cours de la séance. La nouvelle réunion ne peut avoir lieu plus de huit jours après la date de la réunion initialement fixée.

Le président notifie cette date de réunion à la partie présente ou représentée. Il convoque la partie défaillante dans les formes prévues au premier alinéa.

Art. R. 2522-20. Lorsqu'une partie régulièrement convoquée ne comparaît pas, sans motif légitime, à la nouvelle réunion, le président établit un procès-verbal de carence. Ce procès-verbal indique les points de désaccord précisés par la partie présente ou représentée.

La non-comparution de la partie qui a introduit la requête de conciliation vaut renonciation à la demande.

Art. R. 2522-21. Lorsqu'un accord est intervenu devant une commission de conciliation, le président établit et notifie aux parties le procès-verbal. Ce dernier est communiqué dans le délai de vingt-quatre heures au ministre chargé du travail et au préfet de la région ou du département. Son dépôt est réalisé conformément aux dispositions de l'article D. 2231-2.

Lorsque les parties ne parviennent pas à un accord, un procès-verbal de non-conciliation est établi et leur est aussitôt notifié par lettre recommandée avec avis de réception. Ce procès-verbal précise les points sur lesquels elles sont parvenues à un accord et ceux sur lesquels le désaccord persiste. Il est communiqué au ministre chargé du travail et au préfet de la région ou du département dans les quarante-huit heures.

Le procès-verbal est, dans tous les cas, signé par le président, les membres de la commission ainsi que par les parties présentes ou leurs représentants.

Art. R. 2522-22. Le secrétariat des commissions est assuré par les services du ministre chargé du travail.

Art. R. 2522-23. Un arrêté conjoint des ministres chargés du travail, de l'agriculture et des finances fixe les conditions dans lesquelles sont allouées les indemnités de déplacement des membres des commissions et, pour les membres autres que les fonctionnaires en activité, les vacations.

SECTION 3. Entreprises publiques et établissements publics industriels et commerciaux

Art. L. 2522-8. Dans les entreprises publiques et les établissements publics industriels et commerciaux employant du personnel sous statut, les conflits collectifs de travail peuvent être soumis à des procédures de conciliation dans les conditions définies à la présente section.

Art. L. 2522-9. Dans chaque entreprise publique ou établissement public intéressé, un protocole établi par accord entre la direction, les organisations syndicales représentatives du personnel et le ministre dont relève l'entreprise publique ou l'établissement public fixe la procédure suivant laquelle sont examinés, aux fins de conciliation, les différends collectifs de travail.

Art. L. 2522-10. La procédure de conciliation fait intervenir, sous la présidence du ministre dont relève l'entreprise publique ou l'établissement public, la direction de l'entreprise publique ou de l'établissement public et les représentants des organisations syndicales représentatives du personnel.

Lorsque le différend intéresse la rémunération de personnels en activité ou en retraite, les représentants des ministres chargés du travail, du budget et de l'économie interviennent également.

Art. L. 2522-11. Les accords établis à l'issue de la conciliation entre les parties intervenues dans cette procédure sont enregistrés dans les procès-verbaux des séances et engagent les parties.

Art. L. 2522-12. À défaut de procédures particulières instituées conformément à l'article L. 2522-9, les différends collectifs de travail dans les entreprises publiques et les établissements publics industriels et commerciaux à statut peuvent être soumis à la procédure de conciliation de droit commun.

SECTION 4. **Dispositions d'application**

Art. L. 2522-13. Des décrets en Conseil d'État déterminent les modalités d'application du présent chapitre.

CHAPITRE III

Médiation

SECTION 1. **Désignation du médiateur**

Art. L. 2523-1. La procédure de médiation peut être engagée par le président de la commission de conciliation qui, dans ce cas, invite les parties à désigner un médiateur dans un délai déterminé afin de favoriser le règlement amiable du conflit collectif.

Cette procédure peut être également engagée par l'autorité administrative à la demande écrite et motivée de l'une des parties ou de sa propre initiative.

Art. L. 2523-2. Lorsque les parties ne s'entendent pas pour désigner un médiateur, ce dernier est choisi par l'autorité administrative sur une liste de personnalités désignées en fonction de leur autorité morale et de leur compétence économique et sociale.

Art. L. 2523-3. Les listes de médiateurs sont dressées après consultation et examen des suggestions des organisations syndicales d'employeurs et de salariés représentatives au niveau national, siégeant à la commission nationale de la négociation collective.

Art. R. 2523-1. Les listes de médiateurs appelés à être désignés pour un conflit régional, départemental ou local sont préparées par le ***(D. 2009-1377 du 10 nov. 2009, JO 13 ; D. 2010-687 du 24 juin 2010, JO 25 ; voir D. 2010-1582 du 17 déc. 2010, JO 18, pour outre-mer)*** « directeur régional des entreprises, de la concurrence, de la consommation, du travail et de l'emploi », après consultation des organisations d'employeurs et de salariés représentatives au niveau national. Ces organisations disposent d'un délai d'un mois pour présenter leurs observations.

Les listes de médiateurs comportent dix noms au moins de personnalités choisies dans les conditions prévues au premier alinéa.

Chaque liste régionale est arrêtée par le préfet de région. Elle est publiée aux recueils des actes administratifs des départements intéressés.

Art. R. 2523-2. La liste des médiateurs appelés à être désignés par le ministre chargé du travail pour un conflit à incidence nationale ou dont l'incidence s'étend à plus d'une région comprend au moins trente noms de personnalités.

Les organisations d'employeurs et de salariés représentatives au niveau national disposent d'un délai d'un mois pour présenter leurs observations sur cette liste.

Elle est publiée au *Journal officiel* de la République française après la consultation.

Art. R. 2523-3. Les listes des médiateurs sont révisées tous les trois ans. Elles peuvent être complétées à tout moment.

Art. R. 2523-4. La procédure de médiation est engagée :

1° Soit après l'échec d'une procédure de conciliation, par le ministre chargé du travail ou par le président de la commission régionale de conciliation, à la demande de l'une des parties ou de sa propre initiative ;

2° Soit directement, conformément aux dispositions du troisième alinéa de l'article L. 2522-1, par le ministre chargé du travail ou, s'il s'agit d'un conflit à incidence régionale, départementale ou locale, par le préfet.

Les parties peuvent présenter conjointement des requêtes à fin de médiation précisant qu'elles entendent recourir directement à la médiation et indiquant le nom du médiateur choisi d'un commun accord. La décision de saisir directement le médiateur est prise par le ministre s'il s'agit d'un conflit à incidence nationale ou dont l'incidence s'étend à plus d'une région. Dans les autres cas, elle est prise par le préfet de région.

Art. L. 2523-4.

Art. R. 2523-5. Lorsque l'importance du conflit, son incidence géographique, le nombre de salariés concernés ou les circonstances particulières dans lesquelles il s'est produit le nécessitent, le médiateur peut être désigné par le ministre chargé du travail.

Art. R. 2523-6. Les médiateurs peuvent faire appel à des experts et des personnes qualifiées qui n'ont fait l'objet d'aucune interdiction, déchéance ou capacité relative à leurs droits civiques.

SECTION 2. Procédure de médiation

Art. L. 2523-4. Le médiateur convoque les parties dans les conditions mentionnées à l'article L. 2522-3.

Art. L. 2523-5. Après avoir, lorsqu'il est nécessaire, essayé de concilier les parties, le médiateur leur soumet, sous forme de recommandation motivée, des propositions en vue du règlement des points en litige, dans un délai d'un mois à compter de sa désignation. Ce délai peut être prorogé avec leur accord.

Toutefois, lorsque le médiateur constate que le conflit porte sur l'interprétation ou la méconnaissance des dispositions légales ou des stipulations conventionnelles, il recommande aux parties de soumettre le conflit soit à la juridiction compétente, soit à la procédure contractuelle d'arbitrage prévue aux articles L. 2524-1 et L. 2524-2.

Art. L. 2523-6. À compter de la réception de la proposition de règlement du conflit soumise par le médiateur aux parties, celles-ci peuvent, pendant un délai de huit jours, notifier au médiateur, dans des conditions prévues par voie réglementaire, qu'elles rejettent sa proposition. Elles motivent leur rejet. Le médiateur informe aussitôt la ou les autres organisations parties au conflit de ces rejets et de leurs motivations.

Au terme du délai de huit jours prévu au premier alinéa, le médiateur constate l'accord ou le désaccord.

L'accord des parties sur la recommandation du médiateur lie celles qui ne l'ont pas rejetée, dans les conditions déterminées par le livre II relatif aux conventions et aux accords collectifs de travail. Il est applicable dans les conditions prévues par l'article L. 2524-5.

Art. L. 2523-7. En cas d'échec de la tentative de médiation et après l'expiration d'un délai de quarante-huit heures à compter de la constatation du désaccord, le médiateur communique au ministre chargé du travail le texte de la recommandation motivée et signée, accompagné d'un rapport sur le différend, ainsi que les rejets motivés adressés par les parties au médiateur.

Les conclusions de la recommandation du médiateur et les rejets des parties ainsi que leurs motivations sont rendus publics, dans un délai de trois mois, par le ministre chargé du travail.

Art. L. 2523-8. Lorsqu'une partie régulièrement convoquée dans les conditions prévues à l'article L. 2523-4 ne comparaît pas, sans motif légitime, devant le médiateur ou ne se fait pas représenter, le médiateur établit un rapport. Ce rapport est remis à l'autorité administrative qui le transmet au procureur de la République.

Art. L. 2523-9. Lorsque la communication des documents utiles à l'accomplissement de sa mission est sciemment refusée au médiateur, celui-ci remet un rapport à l'autorité administrative qui le transmet au procureur de la République.

Art. R. 2523-7. Lorsqu'il s'agit d'un conflit à incidence nationale ou d'un conflit dont l'incidence s'étend à plus d'une région, la partie qui recourt à la médiation adresse une demande écrite et motivée au ministre chargé du travail. Dans les autres cas, la partie adresse la demande au président de la commission régionale de conciliation compétente. La demande précise les points sur lesquels porte ou persiste le conflit.

Dès réception de la demande, le service administratif concerné l'inscrit sur un registre spécial et constitue le dossier.

Dans le cas prévu au quatrième alinéa de l'article R. 2523-4, la demande conjointe des parties est adressée au ministre chargé du travail ou au préfet de région, qui désigne, s'il y a lieu, le médiateur choisi et lui transmet le dossier constitué sur le conflit.

Art. R. 2523-8. Dans le cas d'un conflit à incidence nationale ou dont l'incidence s'étend à plus d'une région lorsque les parties ne peuvent se mettre d'accord sur le choix d'un médiateur dans un délai de trois jours suivant le dépôt de la requête ou lorsque la procédure de médiation est engagée par le ministre chargé du travail, celui-ci, après avoir pris connaissance des propositions faites par les parties, désigne le médiateur parmi les personnes figurant sur la liste prévue à l'article.

Art. R. 2523-9. Dans le cas d'un conflit à incidence régionale, départementale ou locale, lorsque les parties n'ont pu se mettre d'accord sur le choix d'un médiateur dans le délai de trois jours suivant le dépôt de la requête, ou lorsque la procédure est engagée soit par le président de la commission régionale de conciliation, soit dans le cas du 2° de l'article R. 2523-4 par le préfet, celui-ci, sur proposition du ***(D. 2009-1377 du 10 nov. 2009, JO 13 ; D. 2010-687 du 24 juin 2010, JO 25 ; voir D. 2010-1582 du 17 déc. 2010, JO 18, pour outre-mer)*** « directeur régional des entreprises, de la concurrence, de la consommation, du travail et de l'emploi », désigne le médiateur parmi les personnes figurant sur les listes mentionnées à l'article R. 2523-1.

Art. R. 2523-10. Lorsque la procédure de médiation est engagée par le ministre chargé du travail ou par le président de la commission régionale de conciliation à la demande de l'une des parties ou de sa propre initiative, le dossier constitué sur le conflit est communiqué au médiateur concomitamment à la notification de sa désignation.

Le médiateur est saisi du conflit par une communication écrite qui en précise l'objet.

Art. R. 2523-11. Le médiateur a les plus larges pouvoirs pour s'informer de la situation économique des entreprises et de la situation des salariés concernés par le conflit.

Il peut procéder à toutes enquêtes auprès des entreprises et des syndicats et requérir des parties la transmission de tout document ou renseignement d'ordre économique, comptable, financier, statistique ou administratif susceptible de lui être utile pour accomplir sa mission. Il peut faire appel à des experts ainsi qu'à toute personne qualifiée susceptible de l'éclairer.

Les parties remettent au médiateur un mémoire contenant leurs observations. Chaque mémoire est communiqué par la partie qui l'a rédigé à la partie adverse.

Art. R. 2523-12. Le médiateur peut procéder à toutes auditions qu'il juge utiles. Il convoque les parties par lettre recommandée avec avis de réception ou par notification délivrée contre récépissé. Elles peuvent, en cas d'empêchement grave, se faire représenter par une personne ayant qualité pour conclure un accord.

Les personnes morales parties au conflit sont tenues de se faire représenter devant le médiateur dans les conditions prévues aux articles L. 2522-3 et R. 2522-18.

Lorsque sans motif légitime, une partie régulièrement convoquée ne comparaît pas ou ne se fait pas représenter, le médiateur établit, conformément aux dispositions de l'article L. 2523-8, un rapport qu'il envoie au ministre chargé du travail ou au préfet, aux fins de transmission au parquet.

Art. R. 2523-13. Le médiateur peut, en accord avec les parties, suspendre l'élaboration de sa recommandation et la subordonner à la reprise des discussions entre elles sous une forme et dans un délai qu'il précise.

Art. R. 2523-14. Le rejet de la proposition de règlement du conflit du médiateur prévue à l'article L. 2523-6 est adressé par lettre recommandée avec avis de réception.

Le médiateur informe aussitôt de ce rejet les autres parties au conflit par lettre recommandée.

Art. R. 2523-15. Lorsqu'il s'agit d'un conflit à incidence nationale ou d'un conflit dont l'incidence s'étend à plus d'une région ou lorsqu'il s'agit du cas prévu à l'article R. 2523-5, les documents mentionnés au deuxième alinéa de l'article L. 2523-7 sont publiés au *Journal officiel* de la République française par le ministre chargé du travail.

Lorsqu'il s'agit d'un conflit à incidence régionale, départementale ou locale, ces documents sont publiés par le préfet au recueil des actes administratifs du ou des départements intéressés.

Art. R. 2523-16. Le rapport du médiateur prévu à l'article L. 2523-7 peut être rendu public sur décision du ministre chargé du travail.

SECTION 3. Dispositions d'application

Art. L. 2523-10. Des décrets en Conseil d'État déterminent les modalités d'application du présent chapitre.

Indemnités et dépenses de déplacements

Art. R. 2523-17. Pour chaque médiation, une indemnité forfaitaire est allouée aux médiateurs figurant sur les listes mentionnées à l'article R. 2523-3 ayant agi en cette qualité et en application des articles L. 2523-1 à L. 2523-9.

Le taux de cette indemnité varie en fonction de l'importance du conflit.

L'indemnité allouée comprend le remboursement des frais de secrétariat, de correspondance ou de déplacement nécessités par l'accomplissement de leur mission.

Art. R. 2523-18. Lorsque les médiateurs font appel à des experts, ces derniers sont rémunérés à la vacation.

Les personnes qualifiées qui prêtent leur concours aux médiateurs perçoivent une indemnité forfaitaire.

Art. R. 2523-19. Le taux et les conditions d'attribution des indemnités forfaitaires prévues aux articles R. 2523-17 et R. 2523-18 et des vacations sont fixés par arrêté conjoint des ministres chargés du travail, de l'agriculture et des finances.

Art. R. 2523-20. Les frais de déplacement et de séjour hors de leur résidence supportés par les médiateurs, les experts et les personnes qualifiées pour l'accomplissement de leur mission, leurs sont remboursés dans les conditions prévues par la réglementation en vigueur pour les fonctionnaires de l'État.

CHAPITRE IV

Arbitrage

SECTION 1. Arbitre

Art. L. 2524-1. La convention ou l'accord collectif de travail peut prévoir une procédure contractuelle d'arbitrage et l'établissement d'une liste d'arbitres dressée d'un commun accord entre les parties.

Art. L. 2524-2. Lorsque la convention collective de travail ne prévoit pas de procédure contractuelle d'arbitrage, les parties intéressées peuvent décider d'un commun accord de soumettre à l'arbitrage les conflits qui subsisteraient à l'issue d'une procédure de conciliation ou de médiation.

L'arbitre est choisi soit par accord entre les parties, soit selon les modalités établies d'un commun accord entre elles.

Art. L. 2524-3. Lorsque le conflit est soumis à l'arbitrage, les pièces établies dans le cadre des procédures de conciliation ou de médiation sont remises à l'arbitre.

Art. L. 2524-4. L'arbitre ne peut pas statuer sur d'autres objets que ceux qui sont déterminés par le procès-verbal de non-conciliation ou par la proposition du médiateur ou ceux qui, résultant d'événements postérieurs à ce procès-verbal, sont la conséquence du conflit en cours.

Il statue en droit sur les conflits relatifs à l'interprétation et à l'exécution des lois, règlements, conventions collectives ou accords en vigueur.

Il statue en équité sur les autres conflits, notamment lorsque le conflit porte sur les salaires ou sur les conditions de travail qui ne sont pas fixées par les dispositions des lois, règlements, conventions collectives ou accords en vigueur, et sur les conflits relatifs à la négociation de la révision des clauses des conventions collectives.

Note L'arbitre, saisi de conclusions tendant à ce que les dispositions d'une convention collective soient déclarées applicables à des entreprises ou à des salariés non compris dans le champ d'application de cette convention, est tenu, à défaut de motifs juridiques y faisant obstacle, statuant en équité, de rechercher si les conditions économiques et sociales justifient qu'il soit fait droit à ces conclusions, et, dans l'affirmative, de décider que les dispositions de la convention collective seront appliquées à titre de règlement de travail (Cour sup. arbitr. 7 juillet 1971, *Dr. Soc.* 1972, p. 31, concl. Fleck).

Art. L. 2524-5. Les accords ou sentences arbitrales intervenant en application du présent titre ont les mêmes effets que les conventions et accords collectifs de travail.

Ils sont applicables, sauf stipulations contraires, à compter du jour suivant leur dépôt auprès de l'autorité administrative compétente dans les conditions déterminées à l'article L. 2231-6.

Art. L. 2524-6. Les sentences arbitrales sont motivées.

Elles ne peuvent faire l'objet que du recours pour excès de pouvoir devant la cour supérieure d'arbitrage mentionnée à l'article L. 2524-7.

Art. R. 2524-1. L'arbitre notifie la sentence aux parties dans un délai de vingt-quatre heures après qu'elle a été prise. Cette notification est faite par lettre recommandée avec avis de réception.

Après cette notification, l'arbitre envoie un exemplaire de la sentence et des pièces au vu desquelles elle a été rendue au ministre chargé du travail. Cet envoi, aux frais des parties, est adressé sous pli recommandé avec avis de réception.

SECTION 2. Cour supérieure d'arbitrage

Art. L. 2524-7. La cour supérieure d'arbitrage connaît des recours pour excès de pouvoir ou violation de la loi formés par les parties contre les sentences arbitrales.

Note Le secrétaire général d'un syndicat, partie au conflit, est recevable en cette qualité à former un recours contre une sentence arbitrale devant la Cour supérieure d'arbitrage (Cour sup. arbitr. 7 juillet 1971, précité).

Art. L. 2524-8. La cour supérieure d'arbitrage est présidée par le vice-président du Conseil d'État ou par un président de section au Conseil d'État en activité ou honoraire, président.

Elle est composée de manière paritaire de conseillers d'État en activité ou honoraires et de hauts magistrats de l'ordre judiciaire en activité ou honoraires.

Art. L. 2524-9. Lorsque la cour supérieure d'arbitrage prononce l'annulation en tout ou partie d'une sentence arbitrale, elle renvoie l'affaire aux parties qui désignent, si elles en sont d'accord, un nouvel arbitre.

Lorsque, à la suite d'un nouveau pourvoi, la nouvelle sentence est annulée par la cour, celle-ci désigne l'un de ses rapporteurs pour procéder à une instruction complémentaire.

Elle rend, dans les quinze jours suivant le deuxième arrêt d'annulation, après avoir pris connaissance de l'enquête, et avec les mêmes pouvoirs qu'un arbitre, une sentence arbitrale qui ne peut faire l'objet d'aucun recours.

Art. L. 2524-10. Les actes accomplis en exécution des dispositions du présent chapitre sont dispensés des droits de timbre et d'enregistrement.

Composition et fonctionnement

Art. R. 2524-2. Les membres de la Cour supérieure d'arbitrage sont nommés par décret pour une durée de trois ans.

Art. R. 2524-3. La Cour supérieure d'arbitrage est composée, outre son président, vice-président du Conseil d'État ou président de section au Conseil d'État en activité ou honoraire :

1° De quatre conseillers d'État en activité ou honoraires ;

2° De quatre hauts magistrats de l'ordre judiciaire en activité ou honoraires.

Art. R. 2524-4. Des conseillers d'État et des magistrats, en activité ou honoraires, sont désignés à titre de suppléants en nombre égal à celui des membres titulaires pour la même durée.

Ils sont nommés pour une durée de trois ans par décret pris sur le rapport conjoint du ministres chargé du travail et du garde des sceaux, ministre de la justice.

Art. R. 2524-5. En cas d'absence ou d'empêchement du président de la Cour supérieure d'arbitrage, la présidence de l'audience est assurée par le plus ancien des conseillers d'État, membre titulaire de la cour. La cour est dans ce cas complétée par un conseiller d'État, membre suppléant.

Art. R. 2524-6. Lorsque l'un des membres de la Cour supérieure d'arbitrage vient à perdre la qualité en raison de laquelle il a été nommé, il est procédé par décret à la désignation de son successeur. Le successeur reste en fonctions jusqu'à expiration de la durée normale des fonctions du membre remplacé.

En cas de vacance par suite de décès ou de démission, la procédure de désignation est identique.

Art. R. 2524-7. Les membres de la Cour supérieure d'arbitrage ne peuvent délibérer qu'en nombre impair. Si la cour se réunit en nombre pair, le membre le moins âgé s'abstient de délibérer.

La cour ne statue que si cinq membres au moins sont présents. La présence de sept membres est exigée lorsque la cour rend une sentence dans les conditions prévues au troisième alinéa de l'article L. 2524-9.

Art. R. 2524-8. Des maîtres des requêtes ou des auditeurs au Conseil d'État, des conseillers référendaires ou des auditeurs à la Cour des comptes concluent dans chaque affaire.

Ils sont nommés commissaires du Gouvernement auprès de la cour respectivement par arrêté du Premier ministre et du garde des sceaux, ministre de la justice.

Art. R. 2524-9. Des maîtres des requêtes ou des auditeurs au Conseil d'État, des conseillers référendaires ou des auditeurs à la Cour des comptes sont adjoints à la Cour supérieure d'arbitrage en qualité de rapporteurs.

Ils sont nommés dans les mêmes formes que les commissaires du Gouvernement.

Ils ont voix consultative dans les affaires dont le rapport leur est confié.

Art. R. 2524-10. Le secrétaire et le secrétaire adjoint de la Cour supérieure d'arbitrage sont désignés par le vice-président du Conseil d'État parmi les fonctionnaires des services du Conseil d'État.

En cas de surplus d'activité, le service du secrétariat est assuré :

1° Soit par des fonctionnaires recrutés spécialement ;

2° Soit par des fonctionnaires mis à la disposition de la cour par le ministre chargé du travail.

Art. R. 2524-11. La Cour supérieure d'arbitrage a son siège au Conseil d'État.

Procédure d'arbitrage

Art. R. 2524-12. Les recours devant la Cour supérieure d'arbitrage sont formés par requêtes écrites et signées par les parties ou un mandataire. Ce dernier justifie d'un mandat spécial et écrit s'il n'est ni avocat au Conseil d'État et à la Cour de cassation, ni avocat régulièrement inscrit à un barreau, ni avoué.

La requête est adressée au président de la cour par lettre recommandée avec avis de réception.

Les recours sont formés dans un délai de huit jours francs à compter de la notification de la sentence. Ils ne sont pas suspensifs.

À peine d'irrecevabilité, le recours comprend l'exposé des moyens d'excès de pouvoir ou de violation de la loi sur lequel il se fonde et est accompagné de la sentence attaquée.

Art. R. 2524-13. La requête est accompagnée :
1° De copies, en double exemplaire, de la requête et de la sentence attaquée ;
2° D'une note précisant les parties intéressées et donnant leur adresse complète ;
3° Des copies de la requête en nombre égal à celui des parties intéressées ;
4° Des pièces dont le requérant entend se servir.

Art. R. 2524-14. Les requêtes sont enregistrées au secrétariat de la Cour supérieure d'arbitrage dans l'ordre de leur arrivée.

Art. R. 2524-15. Chaque affaire est instruite par un membre de la Cour supérieure d'arbitrage ou par un des rapporteurs adjoints à la cour désigné par le président.

Dès la réception de la requête, le rapporteur en donne communication au ministre chargé du travail. Il lui demande de produire le dossier envoyé par l'arbitre et de présenter, le cas échéant, les observations qu'il juge utiles.

Il avise chaque partie intéressée par l'envoi d'une des copies jointes à la requête de l'instance introduite devant la cour. Il leur impartit un délai pour présenter leur mémoire.

Les parties sont invitées à prendre connaissance du dossier au secrétariat de la cour.

Art. R. 2524-16. Les rôles de chaque séance sont préparés par le commissaire du Gouvernement et arrêtés par le président de la Cour supérieure d'arbitrage.

Ils sont communiqués au ministre chargé du travail et, s'il y a lieu, au ministre de l'agriculture.

Les parties sont avisées de la date de l'audience.

Art. R. 2524-17. Le rapporteur lit son rapport à l'audience.

Avant que le commissaire du Gouvernement prononce ses conclusions, le président peut autoriser soit les parties, soit les avocats au Conseil d'État et à la Cour de cassation, les avocats régulièrement inscrits au barreau ou les mandataires des parties à présenter brièvement des observations orales.

Art. R. 2524-18. Les décisions de la Cour supérieure d'arbitrage sont rendues au nom du peuple français.

Elles contiennent l'analyse sommaire des moyens et les conclusions des recours. Elles visent les pièces soumises à la cour et les lois dont il est fait application.

Elles sont signées par le président, le rapporteur et le secrétaire ou le secrétaire adjoint. Elles sont lues en séance publique.

Elles sont notifiées par le président aux parties dans un délai de vingt-quatre heures. Ces notifications sont faites par lettre recommandée avec avis de réception.

Art. R. 2524-19. Les expéditions des décisions délivrées par le secrétaire ou le secrétaire adjoint de la Cour supérieure d'arbitrage portent la formule exécutoire suivante :

« La République mande et ordonne au ministre (ajouter le département ministériel désigné par la décision) en ce qui le concerne et à tout huissier à ce requis, en ce qui concerne les voies de droit commun contre les parties privées, de pourvoir à l'exécution de la présente décision. »

Art. R. 2524-20. Les expéditions des décisions de la Cour supérieure d'arbitrage et tous les actes de procédure auxquels donne lieu l'application de la présente section portent la mention qu'ils sont faits en exécution du chapitre IV du titre II du livre V de la partie II du code du travail.

Le secrétariat de la cour communique les arrêts et les sentences rendus au ministre chargé du travail ou au ministre chargé de l'agriculture.

Les arrêts et les sentences de la cour sont publiés au *Journal officiel* de la République française.

Art. R. 2524-21. Les audiences de la Cour supérieure d'arbitrage sont publiques.

Les dispositions des articles 438 et 439 du code de procédure civile sur la police des audiences sont applicables à la cour.

Art. R. 2524-22. L'arrêt de la Cour supérieure d'arbitrage est rendu au plus tard huit jours francs après que le recours a été formé.

Il prend effet le jour de sa notification.

SECTION 3. Dispositions d'application

Art. L. 2524-11. Des décrets en Conseil d'État déterminent les modalités d'application du présent chapitre.

CHAPITRE V

Dispositions pénales

Art. L. 2525-1. Le fait de méconnaître les dispositions des articles L. 2522-3 et L. 2523-4 est puni d'une amende de 3750 €.

Art. L. 2525-2. Le fait de méconnaître les dispositions de l'article L. 2523-9 est puni d'une amende de 3750 €.

Art. R. 2525-1. Le fait pour une partie régulièrement convoquée de ne pas comparaître, sans motif légitime, devant la commission de conciliation, ou de ne pas se faire représenter dans les conditions fixées aux premier et deuxième alinéas de l'article L. 2522-3, est puni de l'amende prévue pour les contraventions de la cinquième classe.

Art. R. 2525-2. Le fait, pour un employeur compris dans le champ d'application professionnel ou territorial d'une sentence arbitrale ou d'un accord intervenu au cours d'une procédure de conciliation ou de médiation dont les dispositions ont fait l'objet d'un arrêté d'extension, de payer des salaires inférieurs à ceux fixés par cette sentence ou cet accord est puni de l'amende prévue à l'article R. 2263-3.

LIVRE VI

DISPOSITIONS RELATIVES À L'OUTRE-MER

TITRE Ier

DISPOSITIONS GÉNÉRALES

CHAPITRE UNIQUE

Art. L. 2611-1. Les dispositions générales prévues par l'article L. 1511-1 sont également applicables aux dispositions du présent livre.

Note Quelle que soit la terminologie qu'il emploie, le code du travail ne trouve effet, sauf exception expresse, que dans les départements métropolitains ou d'outre-mer, à Saint-Barthélemy, à Saint-Martin et à Saint-Pierre-et-Miquelon.

TITRE II

DÉPARTEMENTS D'OUTRE-MER, SAINT-BARTHÉLEMY, SAINT-MARTIN ET SAINT-PIERRE-ET-MIQUELON

CHAPITRE Ier

Dispositions générales

Art. L. 2621-1. Les dispositions générales prévues par ***(Ord. 2008-205 du 27 févr. 2008, JO 1er mars)*** « les articles L. 1521-1 à L. 1521-4 » sont également applicables aux dispositions du présent titre.

Art. D. 2621-1. S'appliquent aux départements d'outre-mer, à Saint-Barthélemy, à Saint-Martin et à Saint-Pierre-et-Miquelon les dispositions relatives ;

1° Aux critères de représentativité syndicale, prévues au chapitre Ier du titre II du livre premier ;

2° Aux conditions de validité de négociation et de conclusion des conventions et accords collectifs de travail, prévues au chapitre Ier du titre III du livre II ;

3° Aux règles applicables à chaque niveau de négociation, prévues au chapitre II du titre III du livre II ;

4° À la négociation de branche et professionnelle, prévues à la section 1 du chapitre Ier du titre IV du livre II ;

5° À la négociation triennale de branche et professionnelle sur l'égalité professionnelle entre les femmes et les hommes, prévues à la sous-section 2 de la section 2 du chapitre Ier du titre IV du livre II ;

6° À la négociation triennale de branche et professionnelle des travailleurs handicapés, prévues à la sous-section 3 de la section 2 du chapitre Ier du titre IV du livre II ;

7° À la négociation triennale de branche et professionnelle dans le domaine de la formation professionnelle et à l'apprentissage, prévues à la sous-section 4 de la section 2 du chapitre Ier du titre IV du livre II ;

8° Aux conditions d'applicabilité des conventions et accords, prévues au chapitre Ier du titre VI du livre II ;

9° À l'effet de l'application des conventions et accords, prévues au chapitre II du titre VI du livre II ;

10° À la Commission nationale de la négociation collective, prévues au titre VII du livre II.

Art. D. 2621-2. Dans les départements d'outre-mer, à Saint-Barthélemy, à Saint-Martin et à Saint-Pierre-et-Miquelon, le préfet constate la représentativité des organisations d'employeurs et de salariés sur le fondement de l'enquête mentionnée à l'article L. 2121-1.

CHAPITRE II

Négociation collective. – Conventions et accords collectifs de travail

Art. L. 2622-1. Outre les clauses rendues obligatoires par l'article L. 2261-22, les conventions collectives conclues au niveau d'un département d'outre-mer ***(Ord. 2008-205 du 27 févr. 2008, JO 1er mars)*** « , à Saint-Barthélemy ou à Saint-Martin » contiennent obligatoirement, pour pouvoir être étendues, des dispositions concernant l'attestation de formation professionnelle délivrée dans les unités du service militaire adapté.

Art. D. 2622-1. En vue de la définition des éléments essentiels servant à la détermination des classifications professionnelles et des niveaux de qualification, les conventions collectives conclues dans un département d'outre-mer, à Saint-Barthélemy et à Saint-Martin ainsi que leurs avenants prennent en compte, pour pouvoir être étendus, l'attestation de formation professionnelle mentionnée à l'article L. 2622-1.

Art. D. 2622-2. L'attestation de formation professionnelle délivrée dans les unités du service militaire adapté correspond à tout document signé par le chef de corps sanctionnant la réussite aux épreuves d'évaluation de la formation professionnelle suivie, pendant huit cents heures au moins, au sein du corps de troupe.

Art. L. 2622-2. Lorsqu'une convention ou un accord collectif de travail national s'applique dans les départements d'outre-mer ***(Ord. 2008-205 du 27 févr. 2008, JO 1er mars)*** « , à Saint-Barthélemy ou à Saint-Martin », ses clauses peuvent prévoir des modalités d'adaptation à la situation particulière de ces départements.

CHAPITRE III

Les conflits collectifs

Art. L. 2623-1. Au lieu et place des commissions régionales de conciliation prévues aux articles L. 2522-1 et L. 2522-7 du présent code et à l'article L. 718-8 du code rural ***(ord. 2010-462 du 6 mai 2010, JO 7)*** « et de la pêche maritime », il est créé dans chaque département d'outre-mer ***(Ord. 2008-205 du 27 févr. 2008, JO 1er mars)*** « , à Saint-Barthélemy, à Saint-Martin » et à Saint-Pierre-et-Miquelon une commission de conciliation organisée en deux sections respectivement compétentes pour les conflits collectifs de travail et pour les conflits collectifs de travail en agriculture.

Chaque section est composée de représentants des organisations représentatives des employeurs et des salariés, en nombre égal, ainsi que des représentants des pouvoirs publics dont le nombre ne peut excéder le tiers des membres de la section.

SECTION UNIQUE. Commission de conciliation

Sous-section 1. Compétence

Art. R. 2623-1. La commission de conciliation prévue à l'article L. 2623-1 peut connaître de tout conflit collectif du travail survenant dans le département ou la collectivité où elle siège, à l'exception des conflits collectifs de travail concernant les personnels navigants.

Art. R. 2623-2. La commission de conciliation comprend deux sections. L'une de ces sections connaît les conflits collectifs de travail dans les professions agricoles et l'autre les autres conflits collectifs de travail.

Art. R. 2623-3. La commission de conciliation peut être saisie :

1° Par la plus diligente des parties qui adresse au président de la commission de conciliation une requête écrite exposant les points sur lesquels porte le litige ;

2° Par le préfet.

Art. R. 2623-4. Les saisines de la commission de conciliation restent à la disposition des parties intéressées soit à la direction du travail, de l'emploi et de la formation professionnelle, soit au service du travail, de l'emploi et de la formation professionnelle de Saint-Pierre-et-Miquelon.

La direction ou le service assure le secrétariat de la commission de conciliation.

Sous-section 2. Composition

Art. R. 2623-5. Les deux sections de la commission de conciliation comprennent :

1° Le préfet ou son représentant, président ;

2° Un fonctionnaire de catégorie A ;

3° Quatre à huit représentants des employeurs ;

4° Quatre à huit représentants des salariés.

Art. R. 2623-6. Lorsque le conflit intéresse à la fois des professions agricoles et non agricoles, le président de la commission de conciliation peut réunir les membres des deux sections.

Art. R. 2623-7. La section agricole de la commission de conciliation peut être complétée par un représentant du ministre chargé de l'agriculture, nommé par le préfet.

Lorsque le conflit concerne une branche d'activité pour laquelle les services ***(D. 2008-1503 du 30 déc. 2008, JO 31)*** « du ministre chargé de l'industrie » exercent les fonctions de contrôle normalement dévolues à l'inspection du travail, la section de la commission des secteurs non agricoles peut être complétée par un représentant de l'administration concernée, nommé par le préfet.

Art. R. 2623-8. Un arrêté préfectoral détermine le nombre total de représentants des employeurs et des salariés.

Cet arrêté nomme pour trois ans les membres de la commission de conciliation.

Art. R. 2623-9. Les représentants des employeurs et des salariés sont nommés, après avis du directeur du travail, de l'emploi et de la formation professionnelle, sur proposition des organisations représentatives d'employeurs et de salariés au niveau national et des organisations représentatives au plan local.

Art. R. 2623-10. En vue de la nomination des représentants des salariés et des employeurs, les organisations représentatives soumettent au préfet des listes comportant des noms en nombre double de celui des postes à pourvoir pour chacune des sections de la commission.

Ces noms sont choisis parmi les employeurs ou les salariés qui exercent effectivement leur activité professionnelle dans le ressort de la commission.

Art. R. 2623-11. Les membres suppléants de la commission de conciliation sont désignés dans les mêmes conditions que les membres titulaires.

Ils siègent en l'absence de ces derniers.

Sous-section 3. Fonctionnement

Art. R. 2623-12. Lorsque le président de la commission de conciliation est saisi d'une demande de conciliation ou décide, de sa propre initiative, de mettre en œuvre la procédure de conciliation, il adresse aux membres des sections concernées une convocation précisant les points sur lesquels porte le différend, la date et le lieu de la réunion.

Il convoque les parties au conflit par lettre recommandée avec avis de réception ou remise contre récépissé.

Art. R. 2623-13. Devant la commission de conciliation, les parties peuvent être assistées d'un membre de l'organisation d'employeurs ou de salariés à laquelle elles appartiennent.

Art. R. 2623-14. Lorsque les parties se font représenter, le représentant appartient à la même organisation que la partie qu'il représente ou est salarié dans l'entreprise où a lieu le conflit.

Il est dûment mandaté et a qualité pour conclure un accord de conciliation au nom de son mandant.

Art. R. 2623-15. Lorsque l'une des parties ne comparaît pas ou ne se fait pas représenter devant la commission de conciliation, le président, après avoir constaté son absence, fixe, dans les conditions fixées à l'article L. 2522-3, une nouvelle date de réunion au cours de la séance. Il notifie cette date de réunion à la partie présente ou représentée.

Il convoque la partie défaillante par lettre recommandée avec avis de réception ou remise en main propre contre décharge.

Art. R. 2623-16. Lorsqu'une partie régulièrement convoquée ne comparaît pas, sans motif légitime, à la nouvelle réunion, le président établit un procès-verbal de carence. Ce procès-verbal indique les points de désaccord précisés par la partie présente ou représentée.

La non-comparution de la partie qui a introduit la requête de conciliation vaut renonciation à la demande.

Art. R. 2623-17. Lorsqu'un accord est intervenu devant une commission de conciliation, le président établit et notifie aux parties un procès-verbal. Son dépôt est réalisé auprès de la direction du travail, de l'emploi et de la formation professionnelle ou, à Saint-Pierre-et-Miquelon, au service du travail, de l'emploi et de la formation professionnelle.

Lorsque les parties ne parviennent pas à un accord, un procès-verbal de non-conciliation est établi et leur est aussitôt notifié par lettre recommandée avec avis de réception. Ce procès-verbal précise les points sur lesquels elles sont parvenues à un accord et ceux sur lesquels le désaccord persiste.

Les procès-verbaux sont communiqués dans les quarante-huit heures au préfet.

Art. R. 2623-18. Un arrêté conjoint des ministres chargés du travail, de l'agriculture et des finances détermine les conditions dans lesquelles sont allouées les indemnités de déplacement des membres des commissions et, pour les membres autres que les fonctionnaires en activité, les vacations.

Art. R. 2623-19. La Commission nationale de conciliation siégeant auprès du ministre chargé du travail ou celle siégeant auprès du ministre chargé de l'agriculture peut être saisie d'un conflit collectif du travail se déroulant dans un ou des départements d'outre-mer, à Saint-Barthélemy et à Saint-Martin ainsi qu'à Saint-Pierre-et-Miquelon.

La procédure de conciliation se déroule selon les règles prévues à la section 2 du chapitre II du titre II du livre V.

TITRE III

MAYOTTE, WALLIS-ET-FUTUNA ET TERRES AUSTRALES ET ANTARCTIQUES FRANÇAISES

CHAPITRE Ier

Négociation collective. – Conventions et accords collectifs de travail

Art. L. 2631-1. Les conventions et accords collectifs de travail d'une entreprise dont le siège social est situé dans un département de métropole, dans un département d'outre-mer ***(Ord. 2008-205 du 27 févr. 2008, JO 1er mars)*** « , à Saint-Barthélemy, à Saint-Martin » ou à Saint-Pierre-et-Miquelon qui intéressent notamment ses établissements implantés à Mayotte ou à Wallis et Futuna sont négociés entre l'employeur et les organisations syndicales de salariés représentatives dans l'entreprise.

CHAPITRE II

Institutions représentatives du personnel

SECTION 1. Comité central d'entreprise et comités d'établissement

Art. L. 2632-1. L'accord ou la décision administrative prévus au deuxième alinéa de l'article L. 2327-7 instituant le comité central d'entreprise prévu à l'article L. 2327-1 assure la représentation des établissements distincts de l'entreprise lorsque ceux-ci sont établis à Mayotte, à Wallis et Futuna ou dans les Terres australes et antarctiques françaises.

Note L'ordonnance 2005-57 du 26 janvier 2005, art. 1er, précise les articles du code du travail appelés à trouver effet sur le territoire de la République au-delà de son champ géographique habituel qui se limite aux départements métropolitains ou d'outre-mer et à Saint-Pierre-et-Miquelon et depuis l'ordonnance 2008-205 du 27 février 2008 (JO 1er mars) à Saint-Barthélemy et Saint-Martin.

SECTION 2. Comité de groupe

Art. L. 2632-2. Les dispositions relatives au comité de groupe prévues aux articles L. 2331-1 à L. 2331-4 et L. 2331-6 s'appliquent aux entreprises dominantes dont le siège social se situe dans un département de métropole, un département d'outre-mer ***(Ord. 2008-205 du 27 févr. 2008, JO 1er mars)*** « , à Saint-Barthélemy, à Saint-Martin » ou à Saint-Pierre-et-Miquelon et aux entreprises qu'elles contrôlent ou sur lesquelles elles exercent une influence dominante au sens de l'article L. 2331-1 dont le siège social est situé dans ces départements ou cette collectivité, à Mayotte, à Wallis et Futuna ou dans les Terres australes et antarctiques françaises.

TROISIÈME PARTIE

DURÉE DU TRAVAIL, SALAIRE, INTÉRESSEMENT, PARTICIPATION ET ÉPARGNE SALARIALE

LIVRE Ier

DURÉE DU TRAVAIL, REPOS ET CONGÉS

TITRE Ier

CHAMP D'APPLICATION

CHAPITRE UNIQUE

Art. L. 3111-1. Les dispositions du présent livre sont applicables aux employeurs de droit privé ainsi qu'à leurs salariés.

Elles sont également applicables aux établissements publics à caractère industriel et commercial.

Note • Il résulte des dispositions combinées des articles L. 200-1 et L. 772-2 (anciens) CT que les dispositions de ce code relatives à la durée du travail ne sont pas applicables aux employés de maison qui travaillent au domicile privé de leur employeur et qui sont soumis à la convention collective nationale de travail des employés de maison (cass. soc. 17 octobre 2000, n° 98-43.443, BC V n° 335 ; cass. soc. 4 mars 2003, n° 00-46.785, *RJS* 6/03 n° 817 ; 13 juillet 2004, n° 02-43.026, BC V n° 221 ; *Dr. Soc.* 2004, p. 1027, obs. Ch. Radé). Voir aussi note sous article L. 7221-2.

• Les syndicats de copropriétaires, lorsqu'ils emploient des salariés, sont soumis aux dispositions du livre II du code du travail relatives à la réglementation du travail (cass. soc. 18 décembre 2001, n° 99-40.240, BC V n° 393 ; *RJS* 3/02 n° 291).

• L'affichage des coordonnées du service d'accueil téléphonique qui a pour objet de recueillir les appels des personnes estimant avoir été victimes ou témoins de discriminations sociales est obligatoire dans tous les établissements mentionnés à l'article L. 200-1 (ancien) (loi 2001-1066 du 16 novembre 2001, art. 9, JO 17).

Art. L. 3111-2. Les cadres dirigeants ne sont pas soumis aux dispositions des titres II et III.

Sont considérés comme ayant la qualité de cadre dirigeant les cadres auxquels sont confiées des responsabilités dont l'importance implique une grande indépendance dans l'organisation de leur emploi du temps, qui sont habilités à prendre des décisions de façon largement autonome et qui perçoivent une rémunération se situant dans les niveaux les plus élevés des systèmes de rémunération pratiqués dans leur entreprise ou établissement.

Note • La loi 2000-37 du 19 janvier 2000 (JO 20) a fait apparaître, pour la première fois dans le code du travail, des dispositions spécifiques au temps de travail des cadres et a distingué trois catégories de cadres soumises à des régimes différents (cadres dirigeants, cadres « intégrés », cadres « intermédiaires » ne relevant pas des catégories précédentes).

La définition des *cadres dirigeants* n'a pas été modifiée par la loi Fillon 2003-47 du 17 janvier 2003, JO 18. Voir F. Favennec-Héry : « Loi Fillon : quels cadres pour quel régime ? », *SSL* supl. n° 1122, p. 21.

Les critères cumulatifs de l'article L. 3111-2 CT impliquent que seuls relèvent de la catégorie des cadres dirigeants les cadres participant à la direction de l'entreprise.

Ainsi, peut prétendre au paiement d'heures supplémentaires la salariée qui, bien que disposant d'une grande autonomie dans l'organisation de son travail nécessitée par son haut niveau de responsabilité et étant classée au coefficient le plus élevé de la convention collective, ne participe pas à la direction de l'entreprise (cass. soc. 31 janvier 2012, n° 10-24.412)

Pour déterminer si un salarié a la qualité de cadre dirigeant, il appartient au juge d'examiner la fonction que le salarié occupe *réellement* au regard de chacun des critères cumulatifs énoncés par l'article L. 212-15-1 [L. 3111-2] CT (voir cass. soc. 16 mai 2007, n° 05-41.141, *JSL* n° 214, 26 juin 2007, p. 27, N. Rérolle ; *JCP* éd. S 2007, 1567, note J-Ph. Lhernould ; *RDT*, septembre 2007, CH, 535, H. Tissandier ; 26 octobre 2011, n° 10-13.866) et, sans être lié par les stipulations de l'accord collectif applicable, cass. soc. 13 janvier 2009, n° 06-46.208, BC V n° 12 ; *RJS* 3/09 n° 250 ; *JCP* éd. S 2009, 1096, note Fr. Favennec-Héry ; *JSL* n° 251, 10 mars 2009, p. 13 ; *Dr. Soc.* 2009, p. 611, obs. Ch. Radé ; 22 juin 2011, n° 10-10.945). Voir aussi cass. soc. 28 septembre 2010, n° 08-44.063 (critères réunis) et n° 09-40.053 (critères non réunis entraînant un rappel de salaire au titre d'heures supplémentaires).

• Ayant relevé qu'un salarié avait été engagé en qualité de directeur d'un département financier, emploi cadre, selon une classification correspondant à celle des cadres supérieurs participant aux décisions stratégiques de l'entreprise, qu'il avait à sa disposition un véhicule de fonction, qu'il exerçait le commandement sur d'autres cadres, assistait aux réunions du conseil d'administration et disposait d'une délégation de signature, que le montant de son salaire, la nature des fonctions qu'il exerçait et son niveau de responsabilité impliquaient une large indépendance dans l'organisation de son travail et une grande souplesse quant aux horaires, une cour d'appel a pu décider que le salarié avait la qualité de cadre dirigeant (cass. soc. 10 mai 2006, n° 04-47.772, OPAC du Grand Lyon c/ Bousrih ; voir aussi cass. soc. 16 novembre 2005, n° 03-47.578, *RJS* 4/06 n° 453 ; 3 juin 2009, n° 07-44.293, *RJS* 11/09 n° 860).

La qualité de cadre dirigeant, au sens de l'article L. 3111-2 CT, ne requiert ni l'existence d'un accord particulier entre l'employeur et le salarié ni que ce dernier se situe au niveau hiérarchique le plus élevé de la classification conventionnelle. Est justifié l'arrêt qui reconnaît cette qualité à un salarié après avoir constaté que l'intéressé était directeur d'une société et directeur opérationnel de trois autres, qu'aucun secteur n'échappait à sa compétence et à sa responsabilité, qu'il ne recevait aucune consigne dans l'organisation de son travail ou de son emploi du temps, qu'hormis celle du gérant, sa rémunération était la plus élevée des quatre sociétés et que n'était pas établie l'existence de contrats de travail mentionnant un quelconque horaire de travail (cass. soc. 30 novembre 2011, n° 09-67.798, *JSL* n° 313, 3 janvier 2012, pp. 19 et s.).

• Des dispositions conventionnelles prévoyant que les modalités d'exercice des responsabilités des cadres dirigeants au forfait sans référence horaire doivent être indiquées dans le contrat de travail ou un avenant à celui-ci, il se déduit de ce texte, plus favorable que les dispositions légales, que l'exclusion, pour cette catégorie de cadres, de la réglementation de la durée du travail est subordonnée à l'existence d'un document contractuel écrit mentionnant les modalités d'exercice des responsabilités justifiant le forfait sans référence horaire. En l'absence de contrat écrit liant les parties, une société a pu être condamnée à payer à l'intéressé certaines sommes à titre d'heures supplémentaires et d'indemnité de repos compensateur (cass. soc. 6 avril 2011, n° 07-42.935, BC V n° 90 ; *JCP* éd. S 2011, 1254, note D. Everaert-Dumont ; *RJS* 6/11 n° 530 ; *JSL* n° 300, 31 mai 2011, p. 28, N. Gardair-Rérolle).

• Selon l'article L. 212-15-1, devenu L. 3111-2 CT, les cadres dirigeants ne sont pas soumis aux dispositions du titre 1er du livre II du même code, et notamment à l'article L. 212-4 *bis*, devenu L. 3121-5 à L. 3121-8 CT, relatif aux astreintes ; il en résulte qu'un cadre dirigeant ne saurait prétendre à la rémunération de l'astreinte, sauf dispositions contractuelles ou conventionnelles plus favorables (cass. soc.

28 octobre 2008, n° 07-42.487, BC V n° 203 ; *JSL* n° 244, 24 nov. 2008, p. 10 ; *RJS* 1/09 n° 42). Mais un cadre ne saurait être débouté de sa demande d'un rappel de salaire au titre des astreintes, les stipulations conventionnelles qui prévoyaient leur indemnisation n'excluant aucune catégorie de personnel et étant plus favorables que les dispositions de l'article L. 212-15-1 devenu L. 3111-2 CT et restaient applicables pendant toute la période litigieuse, faute d'avoir été régulièrement dénoncées (cass. soc. 12 novembre 2008, n° 07-41.694, *RJS* 1/09 n° 42).

TITRE II

DURÉE DU TRAVAIL, RÉPARTITION ET AMÉNAGEMENT DES HORAIRES

Note Voir Mode d'emploi : Le temps de travail, Brochure du Ministère du Travail, des Relations sociales, de la Famille, de la Solidarité et de la Ville ; circulaire DGT 20 du 13 novembre 2008 relative à la loi du 20 août 2008 portant notamment réforme du temps de travail.

Voir aussi notamment *RF* 29 août 2008, FH 3263, « Temps de travail et congés : ce qui change » ; *RF* 21 nov. 2008, FH 3275, « La réforme du temps de travail en pratique » ; *RF Social*, n° 79, oct. 2008 ; *RDT*, avril 2008, ET, 574, M. Véricel, « La loi du 20 août 2008 relative au temps de travail : une loi de revanche ? » ; *JCP* éd. S 2008, 1461, Fr. Favennec-Héry, « Réforme du temps de travail, loi 2008-789 du 20 août 2008 » ; *JCP* éd. S 2008, 1610, A. Teissier, « Réforme du droit de la durée du travail : un dispositif unique d'aménagement conventionnel du temps de travail ».

CHAPITRE Ier

Durée du travail

SECTION 1. Travail effectif, astreintes et équivalences

Sous-section 1. Travail effectif

Art. L. 3121-1. La durée du travail effectif est le temps pendant lequel le salarié est à la disposition de l'employeur et se conforme à ses directives sans pouvoir vaquer librement à des occupations personnelles.

Note **Travail effectif.** La définition légale issue de la loi du 13 juin 1998 entérine la jurisprudence antérieure de la Cour de cassation en la matière. Pour la chambre sociale, constitue un travail effectif le fait pour un salarié de rester en permanence à la disposition de l'employeur pour participer à l'activité de l'entreprise (cass. soc. 3 juin 1998, n° 96-42.455, BC V n° 292 ; voir aussi cass. soc. 7 avril 1998, n° 95-44.343, BC V n° 201 ; 28 octobre 1997, n° 94-42.054, BC V n° 340). Peu importe que le local dans lequel le salarié est tenu de demeurer, dans l'enceinte de l'entreprise, soit également son logement de fonction (cass. soc. 19 novembre 1996, n° 94-44.102, Centre Huguenin c/ Moro et a.).

La Cour de cassation a repris les termes plus complets de la définition légale. « Est un travail effectif le temps pendant lequel le salarié est à la disposition de l'employeur et doit se conformer à ses directives sans pouvoir vaquer librement à ses occupations personnelles » (voir cass. soc. 6 avril 1999, n° 97-40.058, BC V n° 156 ; 9 mars 1999, n° 96-45.590, BC V n° 104 ; *RJS* 4/99 n° 517 ; 10 juillet 2002, n° 00-18.452, BC V n° 238 ; *RJS* 11/02 n° 1236).

Doit être cassé l'arrêt de cour d'appel qui a rejeté la demande d'un salarié en paiement d'heures supplémentaires et de dommages-intérêts, alors que, durant ces heures, ce salarié était tenu de demeurer dans une chambre de veille mise à sa disposition sur le lieu de travail et qu'il devait prendre ses repas sur place pour répondre aux sollicitations des pensionnaires, sans pouvoir vaquer librement à ses occupations personnelles (cass. soc. 14 novembre 2000, n° 97-45.001, BC V n° 364 ; *RJS* 1/00 n° 54, 2e espèce ; voir aussi cass. soc. 2 juin 2004, n° 02-42.618, BC V n° 147 ; *RJS* 8-9/04 n° 920). Les gardes de fin de semaine effectuées au sein de l'établissement dans un local spécialement affecté à cet usage afin de pouvoir répondre à tout moment aux sollicitations de l'employeur ou d'un résident constituent de même un temps de travail effectif qui doit être rémunéré comme tel et non une astreinte (cass. soc. 20 septembre 2005, n° 03-46.853, *RJS* 11/05 n° 1097).

De même, une permanence des soins assurée en continuité au sein d'un centre médical par les médecins de l'établissement contraints de demeurer sur place ou de se tenir dans un local de garde prévu à cet effet afin de rester pendant toute la durée de leur garde à la disposition immédiate de l'employeur sur leur lieu de travail constitue un temps de travail effectif (cass. soc. 8 juin 2011, n° 09-70.324, *LS* Jurispr. n° 131/2011 du 28 juin 2011 ; *RJS* 8-9/11 n° 694 ; *JCP* éd. S 2011, 1453, note B. Bossu). Mais n'en est pas le temps de travail d'une psychologue qui, lorsqu'elle restait sur le lieu de travail pendant la nuit, était sans lien d'aucune sorte avec le service, telle qu'une alarme ou un téléphone, et était dépourvue de tout rôle de surveillance ou de veille (cass. soc. 16 juin 2011, n° 09-68.753, *JSL* n° 304, 29 juillet 2011, p. 26).

Compte tenu de l'obligation pour la société employeur d'assurer une permanence téléphonique continue de sécurité 7 jours sur 7 et 24 heures sur 24, le temps passé par le salarié qui exerçait le soir et la nuit les fonctions attribuées pendant la journée à un autre membre du personnel spécialement affecté à la réception des appels d'urgence, caractérise l'exercice d'un travail effectif (cass. soc. 9 novembre 2010, n° 08-40.535, *JCP* éd. S 2010, act. 553).

Le camionneur auquel son employeur a intimé l'ordre, pendant ses périodes de déplacement, de coucher dans son véhicule, est ainsi à la disposition permanente de l'entreprise pendant la nuit en qualité de gardien du véhicule. Une cour d'appel ne peut lui refuser le paiement de ses heures de travail effectif (cass. soc. 22 mai 2001, n° 99-42.055, *JSL* n° 84, 31 juillet 2001, p. 24 ; *RJS* 10/01 n° 1230). Mais le temps d'attente, dans le cadre d'une organisation par relais, d'un chauffeur, disposant de liaisons téléphoniques lui permettant d'être informé de l'heure d'arrivée du camion relais ainsi que de sa propre heure de départ, bénéficiant sur place de la possibilité de prendre son repos en toute quiétude et pouvant ainsi vaquer librement à des occupations personnelles, ne constitue pas un temps de travail effectif (cass. soc. 12 mars 2009, n° 07-40.587, *JSL* n° 254, 29 avril 2009, p. 26).

Le temps de garde qu'effectuent les médecins des équipes de premiers soins, selon le régime de la présence physique dans l'établissement de santé, doit être considéré dans sa totalité comme du temps de travail et, le cas échéant, comme des heures supplémentaires au sens de la directive 93/104. S'agissant des gardes selon le système qui veut que lesdits médecins soient accessibles en permanence, seul le temps lié à la prestation effective de services de premiers soins doit être considéré comme temps de travail (CJCE 3 octobre 2000, aff. C-303/98, rec. p. I-7963 ; *RJS* 1/01 n° 139 ; CJCE 9 septembre 2003, aff. C-151/02, rec. p. I-8389 ; *RJS* 12/03 n° 1455 ; *SSL* 6 octobre 2003, p. 6, « Temps de présence, temps d'équivalence et droit communautaire » ; CJCE 5 octobre 2004, aff. C-397/01 à C-403/01, rec. p. I-8835, *RJS* 12/04, p. 871, chron. J-Ph. Lhernould ; CJCE 1er décembre 2005, aff. C-14/04, rec. p. I-10253, *RJS* 2/06, p. 89, chron. J-Ph. Lhernould ; CJCE 11 janvier 2007, aff. C-437/05, rec. p. I-331 ; *RJS* 6/07, p. 517, chron. J-Ph. Lhernould).

Sur la notion de travail effectif, voir encore cass. soc. 7 février 2001, n° 99-40.855, *RJS* 4/01 n° 453 ; 6 février 2001, n° 98-44.875, BC V n° 42 ; *JSL* n° 75, 13 mars 2001, p. 18 ; *RJS* 4/01 n° 454 ; 5 mai 2010, n° 08-44.895, *JSL* n° 279, 16 juin 2010, p. 26.

Sur la distinction entre travail effectif et astreintes, voir note sous art. L. 3121-5.

Déplacements au sein de l'entreprise. La circonstance que le salarié soit astreint au port d'une tenue de travail ne permet pas de considérer qu'un temps de déplacement au sein de l'entreprise constitue un temps de travail effectif. Pour juger qu'une société devait comptabiliser au titre du temps de travail effectif le temps de déplacement en tenue du personnel entre le vestiaire après habillage et la pointeuse avant prise de poste, ainsi que le trajet inverse après débrayage, une cour d'appel a retenu que le personnel d'atelier avait l'obligation de se mettre en tenue dans un vestiaire de l'entreprise avant d'occuper son poste de production et que, dès lors que les pointeuses n'étaient pas situées à proximité immédiate des vestiaires, le temps incompressible consacré à ces déplacements en tenue, peu important leur caractère insignifiant, était imposé par l'employeur aux salariés qui étaient de ce fait à sa disposition et sous sa direction sans pouvoir s'y soustraire. En statuant ainsi, par des motifs impropres à caractériser que le salarié se trouvait à la disposition de son employeur et devait se conformer à ses directives sans pouvoir vaquer librement à des occupations personnelles, la cour d'appel a violé l'article L. 212-4, al. 1er CT (cass. soc. 31 octobre 2007, n° 06-13.232, BC V n° 182 ; *JSL* n° 223, 11 décembre 2007, p. 20, J-E Tourreil ; *RJS* 1/08 n° 33). De même, une cour d'appel, qui a relevé que l'obligation de port d'un dosimètre dans l'enceinte de l'entreprise, motivée par des impératifs d'hygiène et de sécurité, était applicable, en vertu du règlement intérieur, à toute personne pénétrant sur le site et que le salarié ne se trouvait pas à la disposition de son employeur avant de pointer dans le bâtiment où il exerçait son activité, en a déduit à bon droit que les temps de déplacement de l'intéressé entre l'entrée de l'entreprise et la pointeuse ne constituaient pas des temps de travail effectif (cass. soc. 7 juin 2006, n° 04-43.456, *RJS* 10/06 n° 1072).

Si, après avoir relevé que lors des déplacements litigieux (trajet entre vestiaire et pointeuse et entre pointeuse et salle de repos), les salariés étaient à la disposition de l'employeur, tenus de se conformer à ses directives, la cour d'appel en a déduit à bon droit que ces périodes constituaient un temps de travail effectif, elle ne pouvait pour autant imposer à l'employeur la modification de l'implantation des appareils de pointage sans porter atteinte à son pouvoir de direction (cass. soc. 13 juillet 2004, n° 02-15.142, BC V n° 205 ; *Dr. Soc.* 2004, p. 1025, obs. B. Gauriau ; *RJS* 10/04 n° 1052).

Sur le temps de déplacement en costume entre le vestiaire et le lieu de pointage, conséquence de l'organisation imposée par l'employeur, durant lequel les salariés pouvaient recevoir des directives de ce dernier et ne pouvaient librement vaquer à des occupations personnelles, devant dès lors être considéré comme du temps de travail effectif au regard de l'article L. 3121-1 CT, voir cass. soc. 4 novembre 2009, n° 07-44.690, *LS* Jurispr. n° 238/2009 du 23 nov. 2009 ; *RDT*, mars 2010, CH, 176, M Véricel ; voir aussi cass. soc. 13 janvier 2009, n° 07-40.638, *RJS* 3/09 n° 248 ; *JCP* éd. S 2009, 1124, note S. Brissy).

Temps de douche. L'inclusion d'un temps de douche (20 mn) dans le temps de travail effectif résultant d'un simple usage n'est pas incorporée au contrat de travail et l'employeur a le droit d'y mettre fin en dénonçant régulièrement l'usage (cass. soc. 10 février 1998, n° 95-42.543, BC V n° 83).

Voir article R. 3121-2 et sa note situés sous art. L. 3121-10.

Art. L. 3121-2. Le temps nécessaire à la restauration ainsi que les temps consacrés aux pauses sont considérés comme du temps de travail effectif lorsque les critères définis à l'article L. 3121-1 sont réunis.

Même s'ils ne sont pas reconnus comme du temps de travail effectif, ces temps peuvent faire l'objet d'une rémunération prévue par une convention ou un accord collectif de travail ou par le contrat de travail.

Note

Temps de repas et temps de pause. Les temps de repas et les temps de pause sont considérés comme du temps de travail effectif lorsque le salarié est à la disposition de l'employeur et doit se conformer à ses directives sans pouvoir vaquer librement à des occupations personnelles. Cette nouvelle rédaction de l'article L. 212-4 [L. 3121-2] s'aligne sur la jurisprudence de la Cour de cassation.

Ainsi, un temps de repas pendant lequel des salariés, travaillant en cycle continu en raison de la spécificité de leurs fonctions, ne peuvent s'éloigner de leur poste de travail et restent à la disposition de leur employeur doit être considéré comme un temps de travail effectif (cass. soc. 10 mars 1998, n° 95-43.003, BC V n° 132 ; *Dr. Soc.* 1998, p. 494 ; *RJS* 4/98 n° 473 ; voir aussi CA Paris, 22e ch. A, 4 février 1998, Sté UPSI c/ Pierrepont, *RJS* 8-9/98 n° 992 : pauses pendant lesquelles des opératrices de saisie restaient à la disposition de l'employeur et pouvaient se voir confier d'autres tâches ; cass. soc. 7 avril 2004, n° 03-42.492). La période pendant laquelle le salarié (cuisinier) est obligé de prendre ses repas sur place et ne dispose donc, à raison de son emploi, d'aucune liberté constitue un temps de travail effectif (cass. soc. 4 janvier 2000, n° 97-43.026, BC V n° 9 ; *RJS* 2/00 n° 176). Mais n'est pas considérée comme du temps de travail effectif la pause prise dans un local distinct des ateliers par des salariés qui n'étaient soumis à aucune intervention de l'employeur, peu important que ces salariés ne puissent quitter l'enceinte de l'entreprise sans autorisation (cass. soc. 3 novembre 2005, n° 04-10.935, *JSL* n° 178, 29 novembre 2005, p. 23 ; *RJS* 1/06 n° 52).

Sur l'impossibilité pour le salarié de prendre son temps de pause, prévu conventionnellement, voir cass. soc. 13 janvier 2010, n° 08-42.716, BC V n° 9 ; *RJS* 3/10 n° 263 ; *JCP* éd. S 2010, 1198.

Le temps de pause s'analyse en un arrêt de travail de courte durée sur le lieu de travail ou à proximité. Ni la brièveté des temps de pause ni la circonstance que les salariés ne puissent quitter l'établissement à cette occasion ne permettent de considérer que ces temps de pause constituent un temps de travail effectif (cass. soc. 5 avril 2006, n° 05-43.061, 1er moyen pris en sa 1re branche, BC V n° 142 ; voir aussi cass. soc. 19 mai 2009, n° 08-40.208, SAS Sirm c/Souday et a.). De même, la seule circonstance que le salarié soit astreint au port d'une tenue de travail durant la pause ne permet pas de considérer que ce temps constitue un temps de travail effectif (cass. soc. 30 mai 2007, n° 05-44.396, *JSL* n° 215, 10 juillet 2007, p. 32).

Si la période de pause, qui s'analyse comme un arrêt de travail de courte durée sur le lieu de travail ou à proximité, n'est pas incompatible avec des interventions éventuelles et exceptionnelles demandées durant cette période au salarié en cas de nécessité, en particulier pour des motifs de sécurité, une cour d'appel, ayant relevé que des salariés étaient tenus pendant leur pause de rester dans un local vitré d'où ils devaient surveiller leurs machines pour répondre et intervenir en cas d'alerte des signaux de leur poste de travail, aucun roulement n'étant mis en place pour leur remplacement, a pu en déduire que ces périodes de pause, rémunérées mais non prises en compte dans le décompte du temps de travail effectif, n'étaient pas conformes aux dispositions légales et conventionnelles et a pu indemniser ces salariés du préjudice subi du fait de l'inobservation par l'employeur des dispositions relatives à la pause conventionnelle (cass. soc. 12 octobre 2004, n° 03-44.084, BC V n° 253 ; *RJS* 12/04 n° 1294 ; *Dr. Soc.* 2005, p. 102, obs. J. Savatier).

À noter que, seul un travail commandé par l'employeur étant susceptible d'être qualifié de travail effectif, la seule circonstance que le salarié n'ait pas voulu profiter de la pause dont il disposait et pendant laquelle il n'est pas allégué qu'il restait à la disposition permanente de son employeur, ne lui permet pas de se prévaloir d'heures supplémentaires (cass. soc. 9 mars 1999, n° 96-44.080, BC V n° 105 ; *CSB* 1999 A. 33).

Les temps de repas et de pause non considérés comme du temps de travail peuvent être rémunérés par voie conventionnelle ou contractuelle. En l'état de dispositions conventionnelles prévoyant le paiement d'une demi-heure de pause aux salariés effectuant un horaire de travail d'au moins six heures, quels que soient l'organisation et le moment de la prise de pause, les salariés doivent bénéficier de la rémunération des temps de pause, alors même qu'ils seraient pris avant l'accomplissement des six heures de travail sans interruption (cass. soc 16 novembre 2005, n° 04-40.410, BC V n° 328 ; *RJS* 2/06 n° 216).

Les avantages résultant pour les salariés d'un usage d'entreprise ne sont pas incorporés aux contrats de travail. Le paiement du temps de pause à titre de temps de travail effectif résultant d'un usage, l'employeur, en dénonçant, à l'issue d'une procédure régulière, l'assimilation de ce temps de pause à un temps de travail effectif pour le calcul de la durée du travail, notamment en matière d'heures supplémentaires, tout en maintenant la rémunération des salariés, n'a pas modifié le contrat de travail des intéressés (cass. soc. 6 juillet 2005, n° 04-44.995, *JSL* n° 174, 20 septembre 2005, p. 14 ; *RJS* 10/05 n° 1058).

Les pauses, pendant lesquelles les salariés peuvent vaquer librement à des occupations personnelles, ne constituant pas un temps de travail effectif (cass. crim. 15 février 2011, 2 arrêts, nos 10-87.019 et 10-83.988, B. crim. nos 28 et 27), l'employeur n'a pas à prendre en compte la rémunération de ces pauses pour vérifier si le SMIC est atteint pour ces salariés. Voir, en ce sens, rép. QE 14824, JO AN 1er février 2011, p. 1063, rappelant que le temps de pause est un temps de repos destiné à veiller à la santé du salarié et que sa rémunération n'a donc pas à être intégrée dans l'assiette du SMIC et note sous art. D. 3231-6.

Le temps nécessaire à l'exercice des fonctions de représentant du personnel est de plein droit considéré comme temps de travail et payé à l'échéance normale ; le représentant ne doit subir aucune perte de rémunération du fait de l'exercice de sa mission. Doit être cassé l'arrêt de cour d'appel qui a rejeté les demandes d'un délégué du personnel en paiement des temps de pause, au motif que celui-ci n'est ni fondé à ajouter son temps de pause à ses heures de délégation pour en réclamer la rémunération correspondante ni fondé à augmenter son crédit d'heures de délégation des temps de pause, sans rechercher si le salarié n'avait pas accompli huit heures consécutives de délégation ou de travail, auquel cas il aurait eu droit à une demi-heure de pause rémunérée conformément à la convention collective (cass. soc. 26 juin 2001, n° 98-46.387, BC V n° 232 ; *RJS* 11/01 n° 1302).

Art. L. 3121-3. Le temps nécessaire aux opérations d'habillage et de déshabillage fait l'objet de contreparties. Ces contreparties sont accordées soit sous forme de repos, soit sous forme financière, lorsque le port d'une tenue de travail est imposé par des dispositions légales, par des stipulations conventionnelles, le règlement intérieur ou le contrat de travail et que l'habillage et le déshabillage doivent être réalisés dans l'entreprise ou sur le lieu de travail.

Ces contreparties sont déterminées par convention ou accord collectif de travail ou, à défaut, par le contrat de travail, sans préjudice des clauses des conventions collectives, de branche, d'entreprise ou d'établissement, des usages ou des stipulations du contrat de travail assimilant ces temps d'habillage et de déshabillage à du temps de travail effectif.

Note **Temps d'habillage et de déshabillage.** Il résulte de l'article L. 3121-3 CT que, sous réserve de dispositions plus favorables, le temps nécessaire aux opérations d'habillage et de déshabillage ne peut être pris en compte dans la durée du travail (cass. soc. 28 octobre 2009, n° 08-41.953, BC V n° 238 ; *JCP* éd. S 2009, 1575, note A. Martinon ; *RJS* 1/10 n° 48).

Dans un arrêt du 26 mars 2008, n° 05-41.476, BC V n° 73 ; *RJS* 5/08 n° 550 ; *Dr. Soc.* 2008, p. 744, obs. J. Savatier ; *RDT*, juin 2008, CH, 395, M. Véricel, la Cour de cassation a décidé que le bénéfice des contreparties financières ou sous forme de repos au temps d'habillage et de déshabillage est subordonné à la réalisation des deux conditions cumulatives prévues par la loi, c'est-à-dire le port d'une tenue de travail obligatoire dans l'entreprise et la réalisation des opérations d'habillage et de déshabillage dans l'entreprise ou sur le lieu de travail. Elle a donc censuré la décision d'une cour d'appel qui avait enjoint une société d'engager des négociations permettant de conclure un accord sur la compensation du temps nécessaire pour revêtir ou quitter l'uniforme au sein de l'entreprise, après avoir constaté que les salariés, astreints en vertu du règlement intérieur au port d'une tenue de travail, n'avaient pas l'obligation de la revêtir et de l'enlever sur leur lieu de travail. Voir ausi cass. soc. 3 juin 2009, n° 07-42.646, Potrich c/ SA Transpole ; 28 octobre 2009, n° 08-41.953, précité ; 17 février 2010, n° 08-44.343, *JSL* n° 274, 6 avril 2010, p. 27 ; cass. ass. plén. 18 novembre 2011, n° 10-16.491, *JSL* n° 313, 3 janvier 2012, pp. 9 et s. : « Contreparties aux temps d'habillage et de déshabillage : l'assemblée plénière suit la chambre sociale », J-Ph. Lhernould ; 23 novembre 2011, n° 10-20.570. Ce faisant, la cour suprême en est revenue à une interprétation stricte des dispositions légales et a abandonné sa jurisprudence antérieure qui considérait que lorsque le port d'une tenue de travail était obligatoire, l'habillage et le déshabillage devaient être réalisés dans l'entreprise ou sur le lieu de travail, de sorte que les dispositions de l'article L. 212-4, al. 3 CT étaient applicables (cass. soc. 26 janvier 2005, n° 03-15.033, BC V n° 34 ; *Dr. Soc.* 2005, p. 469, obs. Ph. Waquet ; *RJS* 4/05 n° 390).

À noter qu'en l'absence d'accord collectif ou de clauses dans le contrat de travail déterminant la contrepartie des temps d'habillage et de déshabillage, il appartient au juge de fixer la contrepartie dont doivent bénéficier les salariés qui le saisissent (cass. soc. 16 janvier 2008, n° 06-42.983, BC V n° 11 ; *JSL* n° 227, 11 février 2008, p. 26 ; *RJS* 4/08 n° 432).

Art. L. 3121-4. Le temps de déplacement professionnel pour se rendre sur le lieu d'exécution du contrat de travail n'est pas un temps de travail effectif.

Toutefois, s'il dépasse le temps normal de trajet entre le domicile et le lieu habituel de travail, il fait l'objet d'une contrepartie soit sous forme de repos, soit financière. Cette contrepartie est déterminée par convention ou accord collectif de travail ou, à défaut, par décision unilatérale de l'employeur prise après consultation du comité d'entreprise ou des délégués du personnel, s'il en existe. La part de ce temps de déplacement professionnel coïncidant avec l'horaire de travail n'entraîne aucune perte de salaire.

Note **Temps de trajet.** *Jurisprudence antérieure à la loi du 18 janvier 2005.*

Le temps de trajet (domicile-lieu de travail) – pendant lequel le salarié n'est pas à la disposition de son employeur – ne constitue pas en soi un temps de travail effectif. Le juge doit cependant rechercher si le trajet entre le domicile et les différents lieux où un salarié doit effectuer son travail déroge au temps normal du trajet (apprécié par rapport à un trajet allant du domicile du salarié à son lieu habituel de travail) ; il convient par ailleurs de faire la distinction entre le trajet accompli entre le domicile et le lieu de travail d'une part et celui effectué entre deux lieux de travail différents (cass. soc. 5 novembre 2003, n° 01-43.109, BC V n° 275 ; *RJS* 1/04 n° 52 ; 2 juin 2004, n° 02-42.613, *RJS* 10/04 n° 1050 ; voir aussi cass. soc. 30 mai 2007, n° 05-44.926, Lory c/ Savoye Logistics).

Le dispositif légal issu de la loi du 18 janvier 2005.

Aux termes de la loi du 18 janvier 2005, le temps de déplacement professionnel pour se rendre sur le lieu d'exécution du contrat de travail n'est pas un temps de travail effectif (il n'entrera pas ainsi dans le décompte de la durée du travail) et s'il dépasse le temps normal de trajet entre domicile et lieu habituel de travail, il doit faire l'objet d'une contrepartie soit sous forme de repos, soit financière (mais n'est plus du temps de travail effectif, comme le considérait la Cour de cassation – voir notamment cass. soc. 5 mai 2004, n° 01-43.918, BC V n° 121 ; *RJS* 7/04 n° 819 – et pourra éventuellement être rémunéré sous forme de primes, sous réserve de respecter la procédure prévue).

La part de ce temps de déplacement professionnel coïncidant avec l'horaire de travail ne doit pas entraîner de perte de salaire (mais ce temps ne sera pas décompté comme du temps de travail effectif).

Déplacements entre deux lieux de travail.

Le temps de trajet pour se rendre d'un lieu de travail à un autre lieu de travail constitue un temps de travail effectif. Une cour d'appel, qui a constaté que des salariés devaient se rendre dans l'entreprise pour l'embauche et la débauche et qu'ils étaient dès lors à la disposition de l'employeur et ne pouvaient vaquer à des occupations personnelles, a exactement décidé que le temps de transport entre l'entreprise et le chantier constituait un temps de travail effectif et qu'il ne pouvait être rémunéré sous forme de primes (cass. soc. 16 juin 2004, n° 02-43.685, BC V n° 171 ; *RJS* 10/04 n° 1051 ; *Dr. Soc.* 2004, p. 901, obs. Ch. Radé ; voir aussi cass. soc. 31 janvier 2012, n° 10-28.573).

Il en va de même si le salarié effectue son trajet depuis l'entreprise jusqu'au chantier avec un véhicule fourni par l'employeur (cass. soc 27 février 2002, n° 00-40.618, *RJS* 5/02 n° 571, 1re espèce ; voir aussi cass. soc. 13 mars 2002, n° 99-43.000, *JSL* n° 102, 30 mai 2002, p. 29 ; *RJS* 5/02 n° 571, 2e espèce), du temps passé par des salariés, en tenue au siège de l'entreprise, pour effectuer divers chargements, être transportés sur un chantier et en revenir en fin d'après-midi (cass. soc. 31 mars 1993, n° 89-40.865, Egie c/ Alègre), de la durée des trajets effectués par des salariés avec le véhicule de l'entreprise entre le siège de celle-ci et les chantiers, et entre les chantiers (cass. soc. 16 janvier 1996, n° 92-42.354, SA Soradec c/ de Turpain Fontaine Vive et a.).

Déplacement au sein de l'entreprise pour se rendre au poste de travail.

L'article L. 212-4, al. 4 [L. 3121-4] CT relatif au temps de déplacement professionnel pour se rendre sur le lieu d'exécution du contrat de travail ne s'applique pas au temps de déplacement accompli par un salarié au sein de l'entreprise pour se rendre à son poste de travail. La qualification d'un tel temps doit être appréciée au regard des seules dispositions de l'alinéa premier du même article [L. 3121-1]. Dès lors, doit être rejeté le moyen du pourvoi formé par un employeur qui soutenait que le temps de déplacement professionnel pour se rendre sur le lieu d'exécution du contrat de travail incluait le temps de trajet du salarié des portes de l'entreprise jusqu'à son poste de travail, y compris lorsque le salarié était obligé au port d'une tenue de travail et passait donc par le vestiaire (cass. soc. 31 octobre 2007, n° 06-13.232, BC V n° 182 ; *JSL* n° 223, 11 décembre 2007, p. 20, J-E Tourreil ; *RJS* 1/08 n° 33, cité sous article L. 3121-1). Le temps du trajet effectué par le salarié dans les locaux de l'entreprise entre le vestiaire et le lieu de pointage n'est pas un temps de déplacement professionnel au sens de l'article L. 212-4, al. 4 devenu L. 3121-4 CT. Les juges du fond, qui ont constaté que le temps de déplacement en costume entre le vestiaire et le lieu de pointage était la conséquence de l'organisation imposée par l'employeur et que, durant ce trajet, les salariés pouvaient recevoir des directives de ce dernier, en ont déduit que les intéressés ne pouvaient librement vaquer à des occupations personnelles et que ce temps de trajet devait être considéré comme du temps de travail effectif au regard de l'article L. 212-4, al. 1er, devenu L. 3121-1 CT (cass. soc. 4 novembre 2009, n° 07-44.690, *LS* Jurispr. n° 238/2009 du 23 nov. 2009 ; *RDT*, mars 2010, CH, 176, M Véricel ; voir aussi cass. soc. 13 janvier 2009, n° 07-40.638, RJS 3/09 n° 248 ; *JCP* éd. S 2009, 1124, note S. Brissy).

Sous-section 2. **Astreintes**

Art. L. 3121-5. Une période d'astreinte s'entend comme une période pendant laquelle le salarié, sans être à la disposition permanente et immédiate de l'employeur, a l'obligation de demeurer à son domicile ou à proximité afin d'être en mesure d'intervenir pour accomplir un travail au service de l'entreprise.

La durée de cette intervention est considérée comme un temps de travail effectif.

Note

• La loi 2000-37 du 19 janvier 2000 (JO 20) a donné pour la première fois une définition de l'astreinte (s'inspirant de celle donnée par la jurisprudence), fixé son cadre et ses conditions de mise en place et prévu une information des salariés concernés. Elle a été complété par la loi 2003-47 du 17 janvier 2003.

Définition. Constitue une astreinte la période pendant laquelle le salarié, sans être à la disposition permanente et immédiate de l'employeur, a l'obligation de demeurer à domicile ou à proximité afin d'être en mesure d'intervenir pour effectuer un travail au service de l'entreprise, la durée de cette intervention étant considérée comme un temps de travail effectif. Ainsi, les périodes organisées dans le cadre d'un service d'intervention d'urgence, où des salariés restaient à leur domicile ou en tout lieu de leur choix dès lors qu'ils pouvaient être joints par l'employeur, notamment, à l'aide des moyens de téléphonie mobile mis à leur disposition en vue de répondre à un appel de l'employeur pour effectuer un service urgent au service de l'entreprise, constituent des périodes d'astreinte (cass. soc. 10 juillet 2002, n° 00-18.452, BC V n° 238 ; *JSL* n° 109, 8 octobre 2002, p. 7 ; *RJS* 11/02 n° 1236) ; voir aussi cass. soc. 13 mars 2002, n° 00-41.206, *RJS* 7/02 n° 901 ; 4 mai 1999, n° 96-43.037, BC V n° 187 ; *Dr. Soc.* 1999, p. 730 ; 5 octobre 2011, n° 10-19.247.

Les tâches d'un employé d'une maison de retraite chargé d'effectuer des rondes de surveillance, d'ouvrir et de fermer les portes de la résidence et de distribuer le courrier constituent un travail effectif, alors que son obligation de rester en permanence à son domicile pour répondre à un éventuel appel tout en pouvant librement vaquer à ses occupations personnelles ne constitue qu'une astreinte (cass. soc. 15 juin 1999, n° 97-41.035, BC V n° 280 ; *JSL* n° 45, 5 novembre 1999, p. 22 ; dans le même sens, cass. soc. 5 novembre 2003, n° 01-44.822, *RJS* 3/04 n° 313 et 7 février 2008, n° 05-40.942, même affaire, *RJS* 4/08 n° 430).

Pour une salariée, engagée pour tenir un dépôt de pain, qui n'a pas l'obligation de se tenir en permanence dans le magasin à la disposition de la clientèle et qui peut vaquer à des occupations personnelles dans les pièces de la maison attenantes au magasin, les horaires d'ouverture du magasin ne correspondent pas en totalité à un temps de travail effectif (cass. soc. 16 juin 2004, n° 02-43.755, BC V n° 167 ; *RJS* 10/04 n° 1049 ; *Dr. Soc.* 2004, p. 1023, obs. Ch. Radé).

Constitue un temps de travail effectif devant être rémunéré comme tel la période pendant laquelle des salariés sont tenus de rester dans des locaux imposés par l'employeur et situés à proximité immédiate de leur lieu de travail afin de répondre sans délai à toute demande d'intervention sans pouvoir vaquer à leurs occupations personnelles (cass. soc. 2 avril 2003, n° 01-40.032, BC V n° 131 ; *RJS* 6/03 n° 746). Voir aussi 16 mai 2000, n° 98-42.928, sur des heures de nuit constituant un travail effectif et non une simple astreinte et 6 avril 2011, n° 10-16.203, BC V n° 91 ; *RJS* 6/11 n° 528 : les permanences nocturnes effectuées dans son logement de fonction, entre 22 heures et 7 heures 30, par un éducateur spécialisé chargé de surveiller des enfants en difficulté, caractérisent l'exercice d'un travail effectif.

Si leur contrat de travail obligeait un couple de gardiens d'usine à rester en permanence à leur domicile pour répondre à un éventuel appel, ils restaient totalement libres, en dehors de l'horaire de travail, de vaquer à leurs occupations personnelles et cette obligation, en contrepartie de laquelle ils jouissaient gratuitement d'un logement et de toutes les prestations annexes, ne constituait qu'une astreinte (cass. soc. 3 juin 1998, BC V n° 292 ; *RJS* 7/98 n° 867 ; voir aussi cass. soc. 8 juin 2010, n° 08-45.269). Les interventions ponctuelles effectuées pendant leur temps d'astreinte constituaient, elles, un temps de travail effectif (voir aussi, en ce sens, cass. soc. 24 novembre 1993, BC V n° 285 ; *RJS* 1/94 n° 41 ; cass. soc. 18 juillet 2000, BC V n° 289 ; *RJS* 11/00 n° 1054 ; cass. soc. 17 octobre 2000, n° 97-45.914, Pereira c/ SA Cabinet Petitjean). De même, la sujétion imposée à un salarié, éducateur principal, de se tenir dans son logement de fonction personnel situé au sein de l'institut médico-éducatif afin d'être en mesure d'intervenir en cas d'urgence ne l'empêchait pas de vaquer à des occupations personnelles et constituait non pas un travail effectif mais une astreinte (cass. soc. 19 décembre 2007, n° 06-43.569 ; voir aussi cass. soc. 31 mai 2006, n° 04-41.595, BC V n° 197 ; 14 octobre 2009, n° 08-40.350 ; 30 juin 2010, n° 09-40.082, *JSL* n° 285, 13 octobre 2010, p. 26).

• Il résulte de l'article L. 212-4 *bis* [L. 3121-5] CT que le temps de déplacement accompli lors de périodes d'astreintes fait partie intégrante de l'intervention et constitue un temps de travail effectif (cass. soc. 31 octobre 2007, n° 06-43.834, BC V n° 183 ; *JCP* éd. S 2007, 1953, note G. Vachet ; *D.* 2007 EC 3109, note C. Lefranc-Hamoniaux ; *RJS* 1/08 n° 32).

Art. L. 3121-6. Exception faite de la durée d'intervention, la période d'astreinte est prise en compte pour le calcul de la durée minimale de repos quotidien prévue à l'article L. 3131-1 et des durées de repos hebdomadaire prévues aux articles L. 3132-2 et L. 3164-2.

Note **Temps de repos.** Dans l'arrêt du 10 juillet 2002, n° 00-18.452 précité sous l'article L. 3121-5, la Cour de cassation a considéré que si les périodes d'astreinte ne constituent pas un temps de travail effectif durant les périodes où le salarié n'est pas tenu d'intervenir au service de l'employeur, elles ne peuvent pour autant être considérées comme un temps de repos, lequel suppose que le salarié soit totalement dispensé directement ou indirectement, sauf cas exceptionnels, d'accomplir pour son employeur une prestation de travail même si elle n'est qu'éventuelle ou occasionnelle.

Pour mettre un frein à cette jurisprudence, la loi Fillon prévoit qu'à l'exception des durées d'intervention, la période d'astreinte est prise en compte pour le calcul des périodes minimales de repos quotidien et de repos hebdomadaire. Ayant ainsi caractérisé l'innovation apportée par ce texte (loi 2003-47 du 17 janvier 2003, art. 3), une cour d'appel en a déduit à bon droit que celui-ci n'avait pas de caractère interprétatif et qu'il n'était pas applicable à des faits antérieurs à son entrée en vigueur (cass. soc. 8 juin 2011, n° 09-67.051, *RJS* 8-9/11 n° 693 ; *JSL* n° 306, 27 sept. 2011, p. 30).

N'est pas contraire au droit à la protection de la santé, au repos et aux loisirs tel que prévu par l'alinéa 11 du préambule de la Constitution l'article L. 3121-6 qui prévoit qu'exception faite de la durée d'intervention, la période d'astreinte est imputable sur les temps de repos quotidien et hebdomadaire prévus aux articles L. 3132-2 et L. 3164-2 CT, dès lors que l'astreinte ne constitue pas du temps de travail effectif et fait l'objet, dans sa mise en place et ses modalités, de garanties destinées à en limiter le recours et à en faciliter le contrôle (cass. soc. QPC 22 juin 2011, n° 11-40.022, *RJS* 11/2011, n° 879).

Art. L. 3121-7. Les astreintes sont mises en place par convention ou accord collectif de travail étendu ou par accord d'entreprise ou d'établissement, qui en fixe le mode d'organisation ainsi que la compensation financière ou sous forme de repos à laquelle elles donnent lieu. À défaut de conclusion d'une convention ou d'un accord, les conditions dans lesquelles les astreintes sont organisées et les compensations financières ou en repos auxquelles elles donnent lieu sont fixées par l'employeur après information et consultation du comité d'entreprise ou, en l'absence de comité d'entreprise, des délégués du personnel s'il en existe, et après information de l'inspecteur du travail.

Note **Rémunération.** Les astreintes donnent lieu à compensation financière ou sous forme de repos fixée soit par des conventions ou accords, soit, à défaut, par l'employeur.

L'attribution d'un logement à titre gratuit peut constituer une modalité de rémunération de l'astreinte, dès lors que cette modalité est prévue par une disposition claire et précise (cass. soc. 12 juillet 2006, n° 04-47.622, BC V n° 261 ; *RJS* 10/06 n° 1071 ; 28 septembre 2011, n° 10-18.375, *RJS* 12/11 n° 982). Mais la durée des interventions du salarié tenu à des temps d'astreinte étant considérée comme un temps de travail effectif qui doit donner lieu à rémunération, une cour d'appel a pu décider que la fourniture gratuite à l'intéressée d'un logement de fonction ne satisfaisait pas à cette obligation (cass. soc. 16 décembre 2005, n° 03-44.843, *RJS* 3/06 n° 350, 1re espèce).

Les heures d'astreinte doivent donner lieu à rémunération (cass. soc. 23 novembre 2011, n° 10-23.406), quel que soit le niveau de responsabilité du salarié dans l'entreprise (cass. soc. 4 mai 1999, n° 96-45.453, BC V n° 189 ; *RJS* 6/99 n° 821 ; voir aussi cass. soc. 9 décembre 1998, n° 96-44.789, BC V n° 541 ; *Dr. Soc.* 1999, p. 254). Et le défaut de paiement au salarié des indemnités d'astreinte auxquelles il peut prétendre constitue pour l'employeur un manquement à ses obligations lui rendant imputable la rupture du contrat de travail (cass. soc. 12 octobre 1999, n° 97-42.143, BC V n° 378 ; *CSB* 1999, p. 373).

Une cour d'appel, qui constate l'absence de dispositions conventionnelles ou contractuelles quant à la rémunération des heures d'astreinte, apprécie souverainement le montant de la rémunération revenant au salarié au titre de ces heures (cass. soc. 10 mars 2004, n° 01-46.369, BC V n° 77 ; *TPS*, mai 2004, p. 17, note P-Y Verkindt).

Modification du contrat ou des conditions de travail. Une cour d'appel, qui a constaté qu'un employeur avait imposé à une salariée des permanences et des astreintes qu'elle n'assumait pas jusqu'alors, a exactement décidé que la rupture, faisant suite à son refus de poursuivre l'exécution du contrat de travail qui avait été ainsi modifié, s'analysait en un licenciement (cass. soc. 31 mai 2000, n° 98-42.102, *RJS* 9-10/00 n° 956).

Le contrat de travail, qui ne comporte aucune clause relative aux astreintes, n'a pas été modifié par la mise en œuvre d'astreintes, dès lors que la convention collective applicable au contrat de travail en prévoit la possibilité (cass. soc. 13 février 2002, n° 00-40.387, *RJS* 5/02 n° 570).

Lorsqu'une astreinte est une sujétion liée à une fonction et que le titulaire de cette fonction n'y est pas systématiquement soumis, sa suppression par l'employeur ne constitue pas une modification du contrat de travail (cass. soc. 13 juillet 2010, n° 08-44.092, *JCP* éd. S 2010, 1365, étude M. Morand : « Il y a astreinte et astreinte ! » ; *RDT*, oct. 2010, AC, 555 ; *RJS* 11/10 n° 851 ; *Dr. Soc.* 2010, p. 1111, obs. J. Barthélémy ; voir aussi cass. soc. 15 décembre 2004, n° 02-43.233, BC V n° 334 ; *RJS* 2/05 n° 158 ; cass. soc. 2 novembre 2005, n° 04-43.801, *RJS* 3/06 n° 351).

Accident du travail. La présomption d'imputabilité d'accident du travail ne s'applique pas à l'accident survenu au cours d'une période d'astreinte au domicile du salarié (cass. soc. 2 avril 2003, n° 01-20.765, BC V n° 133 ; *SSL* n° 1120, p. 13).

Art. L. 3121-8. La programmation individuelle des périodes d'astreinte est portée à la connaissance de chaque salarié concerné quinze jours à l'avance, sauf circonstances exceptionnelles et sous réserve que le salarié en soit averti au moins un jour franc à l'avance.

Art. R. 3121-1. En fin de mois, l'employeur remet à chaque salarié intéressé un document récapitulant le nombre d'heures d'astreinte accomplies par celui-ci au cours du mois écoulé ainsi que la compensation correspondante.

Sous-section 3. Équivalences

Art. L. 3121-9. Une durée du travail équivalente à la durée légale peut être instituée dans les professions et pour des emplois déterminés comportant des périodes d'inaction soit par décret, pris après conclusion d'une convention ou d'un accord de branche, soit par décret en Conseil d'État.

Ces périodes sont rémunérées conformément aux usages ou aux conventions ou accords collectifs de travail.

Note **Équivalences.** Le régime dérogatoire des équivalences ne peut désormais être mis en place que par décret (décret en Conseil d'État ou décret simple pris après conclusion d'une convention ou d'un accord de branche). L'article L. 212-4 (ancien) n'impose pas que le décret instituant un régime d'équivalence soit pris au vu d'une convention ou d'un accord de branche étendu ; ainsi, la légalité du décret ne saurait être subordonnée à celle de l'arrêté ayant étendu l'accord (CE 26 février 2003, n° 238599, *RJS* 7/03 n° 889). Lire « Heures d'équivalence, loi de validation et motifs impérieux d'intérêt général », J. Merlin, *Dr. Soc.* 2003, p. 373.

• Il ne peut être tenu compte d'un système d'équivalence, au sens de l'article L. 212-4, al. 5 [L. 3121-9] CT, pour vérifier, en matière de temps de travail effectif, le respect des seuils et plafonds communautaires fixés par la directive 93/104/CE du Conseil, telle qu'interprétée par la Cour de justice des Communautés européennes (1er décembre 2005, aff. C-14/04, rec. p. I-10253 ; *LSE* n° 144, p. 2, Fr. Meyer, « Les heures d'équivalence en droit français à l'aune de la jurisprudence communautaire »), dont celui de la durée hebdomadaire maximale de 48 heures. Voir aussi CE 28 avril 2006, n° 242727, *Rec. Lebon* p. 206 ; *RJS* 7/06 n° 844 et p. 564, concl. Ch. Devys.

Les heures de permanence effectuées dans les locaux de l'entreprise doivent être prises en compte intégralement pour apprécier le respect de la durée hebdomadaire maximale de 48 heures (cass. soc. 26 mars 2008, n° 06-45.469, BC V n° 72 ; *RDT*, mai 2008, AC, 278 ; *RJS* 5/08 n° 549 et p. 400, rapport H. Gosselin : « Horaires d'équivalence et durée maximale du travail » ; *JCP* éd. S 2008, 1394, note Fr. Dumont). De même, l'intégralité des heures de permanences nocturnes en chambre de veille accomplies par des salariées et comptabilisées à bon droit en tant que temps de travail effectif, doivent être prises en compte pour apprécier le respect de la période minimale de 11 heures consécutives de repos journalier correspondant à une amplitude de travail maximale de 13 heures par jour (cass. soc. 23 septembre 2009, n° 07-44.226, BC V n° 202 ; *JCP* éd. S 2009, 1521 ; *RDT*, février 2010, CH, 114, M. Véricel ; *Dr. Soc.* 2010, p. 239, obs. J. Barthélémy ; *RJS* 12/09 n° 940).

• Les dispositions réglementaires relatives à l'équivalence ne peuvent être étendues à des heures supplémentaires à défaut de texte spécial (cass. soc. 14 mars 1983, BC V n° 146).

• L'application d'un régime d'équivalence au sens de cet article est une exception qui ne saurait être appliquée en dehors des activités ou des emplois visés par les textes réglementaires et conventionnels. Doit être cassé l'arrêt qui, pour débouter un salarié de sa demande en paiement d'heures supplémentaires, a retenu qu'il assurait deux postes différents, l'un de chauffeur et l'autre de cadre de gestion, confondait amplitude de travail et temps de travail effectif et ne tenait pas compte du coefficient d'équivalence de 75 % applicable. En statuant ainsi, après avoir constaté que le salarié avait été engagé en qualité de cadre de gestion, ce dont il résultait qu'il ne pouvait voir décompter son temps de travail selon le régime d'équivalence prévu pour les personnels ambulanciers roulants, à temps plein, la cour d'appel a violé l'accord-cadre étendu applicable en l'espèce, le décret 2001-679 du 30 juillet 2001 et l'article L. 3121-9 CT (cass. soc. 28 octobre 2009, n° 07-42.026, BC V n° 237 ; *JCP* éd. S 2009, 1574, note A. Martinon ; *RJS* 1/10 n° 47).

• Le régime d'équivalence prévu par une convention collective n'est plus applicable à un salarié employé en qualité de garçon de garage de nuit qui avait exercé, à titre accessoire, en sus de ses fonctions de gardiennage, celle de pompiste (cass. soc. 16 novembre 2004, n° 02-42.551, BC V n° 288 ; *RJS* 2/05, n° 159) ; voir aussi, en ce sens cass. soc. 8 juillet 2003, n° 01-41.843, BC V n° 216 ; *RJS* 10/03 n° 123 ; cass. soc. 30 juin 2004, n° 02-41.823, BC V n° 189 ; *RJS* 11/04 n° 1152 (régime d'équivalence prévu par une convention collective pour les fonctions de gardien de nuit n'étant pas applicable à un salarié uniquement affecté aux caisses d'une station-service).

• La réglementation relative à la durée hebdomadaire légale du travail et la détermination des périodes d'inaction permettant d'y déroger sont édictées seulement pour le cas du travail à temps complet et ne peuvent être transposées au cas de travail à temps partiel (cass. crim. 11 mai 1984, n° 83-92.887, B. crim. n° 171 ; cass. soc. 8 juin 1994, BC V n° 192 ; *RJS* 8-9/94 n° 992 ; 8 novembre 1995, n° 92-40.116, Salib c/ Sté Soghal Hôtel Saint-Christophe ; 24 avril 2001, n° 98-45.366, BC V n° 129 ; *RJS* 7/01 n° 864 ; cass. soc. 27 septembre 2006, n° 04-43.446, BC V n° 293 ; *RJS* 12/06 n° 1332).

• *S'agissant du secteur sanitaire et social,* les conventions collectives du secteur social et médico-social privé à but non lucratif regroupées dans la branche UNIFED comportent des dispositifs d'équivalence mis en place dans des conditions qui ne sont plus conformes à la loi. Le Gouvernement a souhaité répondre à cette difficulté en insérant des dispositions spécifiques dans la loi du 19 janvier 2000 relative à la réduction négociée du temps de travail. L'article 3 de cette loi a modifié l'article L. 212-4 (ancien) CT qui dispose qu'une durée équivalente à la durée légale peut être instituée dans les professions et pour des emplois déterminés comportant des périodes d'inaction soit par décret, pris après conclusion d'une convention ou d'un accord de branche, soit par décret en Conseil d'État. Cette solution législative n'a toutefois aucun effet sur les contentieux engagés antérieurement à l'entrée en vigueur de la loi. Par ses deux arrêts du 24 avril 2001 (voir notamment BC V n° 130 ; *Dr. Soc.* 2001, pp. 583 et s., concl. avocat général S. Kehrig : « Loi de validation et procès équitable » ; *RJS* 7/01 n° 866, 1re espèce ; *Dr. Soc.* 2001 « La loi validant le paiement des heures en chambre de veille dans le secteur social et médico-social et l'article 6 § 1 de la convention EDH », J.-Ph. Lhernould, pp. 723 et s. ; *JSL* n° 81, 12 juin 2001, pp. 27 et s.), la Cour de cassation, sans remettre en cause les dispositions de l'article L. 212-4 CT, avait, dans un premier temps, écarté l'application de l'article 29 de la loi du 19 janvier 2000 qui visait à valider pour le passé les dispositions conventionnelles qui avaient instauré le dispositif d'équivalence pour la rémunération des permanences nocturnes. L'assemblée plénière de la Cour de cassation, opérant un revirement de jurisprudence, a considéré qu'obéit à d'impérieux motifs d'intérêt général l'intervention du législateur destinée à aménager les effets d'une jurisprudence nouvelle assimilant à des périodes de travail effectif les permanences nocturnes effectuées dans les établissements pour personnes inadaptées et handicapées, cette jurisprudence étant de nature à compromettre la pérennité du service public de la santé et de la protection sociale auquel participent ces établissements. Dès lors, a légalement justifié sa décision la cour d'appel qui a fait application, en l'espèce, de l'article 29 de la loi 2000-37 du 19 janvier 2000 relative à la réduction négociée du temps de travail ayant validé pour le passé les dispositions conventionnelles ayant instauré le dispositif d'équivalence pour la rémunération des permanences nocturnes (cass. ass. plén. 24 janvier 2003, n° 01-40.967, BC V n° 2 ; *Dr. Soc.* 2003, p. 767, obs. J. Barthélémy ; *RJS* 3/03 n° 355). La chambre sociale de la Cour de cassation a repris cette solution en se fondant notamment sur l'article 6 de la Convention européenne de sauvegarde des droits de l'homme et des libertés fondamentales (cass. soc. 18 mars 2003, n° 01-40.911, BC V n° 100 ; *RJS* 5/03 n° 615). Selon la Cour européenne des droits de l'Homme, saisie du litige, l'intervention législative litigieuse n'est pas justifiée par d'impérieux motifs d'intérêt général et la loi a donc entraîné une ingérence dans l'exercice des droits que les salariés pouvaient faire valoir en vertu de la jurisprudence en vigueur et, partant, de leur droit au respect de leurs biens. En conséquence, la France est condamnée à réparer les préjudices matériel et moral subis par les salariés (CEDH 9 janvier 2007, nos 31501/03 et 20127/03, *RJS* 4/07 n° 512 ; chron. J-Ph. Lhernould, p. 299).

La Cour de cassation a tiré les conséquences de ces deux arrêts de la CEDH dans plusieurs arrêts.

Dans la première espèce (cass. soc. 13 juin 2007, n° 05-45.694, BC V n° 99 ; *RJS* 8-9/07 n° 959), s'agissant de salariés qui avaient saisi le juge avant la date d'entrée en vigueur de l'article 29 de la loi de validation du 19 janvier 2000, la Cour de cassation écarte l'application de la loi et confirme la condamnation de l'employeur, en première instance, au paiement de rappels de salaires pour les heures de permanence nocturne effectuées par les salariés.

S'agissant de salariés ayant effectué des heures de permanence avant la loi de validation du 19 janvier 2000 mais qui avaient engagé leur action postérieurement à la date d'entrée en vigueur de ladite loi, la Cour de cassation confirme l'application de l'article 29 de la loi, considérant, d'une part, qu'ils ne sont pas fondés à invoquer l'incompatibilité de ses dispositions rétroactives avec l'exigence de l'article 6 § 1 de la Convention européenne de sauvegarde des droits de l'homme et des libertés fondamentales et, d'autre part, ainsi que l'a énoncé la CJCE dans son arrêt du 1er décembre 2005 (Dellas), qu'il ressort tant de la finalité que du libellé même de ses dispositions que la directive européenne 93/104/CE du 23 novembre 1993 concernant certains aspects de l'aménagement du temps de travail ne trouve pas à s'appliquer à la rémunération des travailleurs (cass. soc. 13 juin 2007, n° 06-40.823, BC V n° 99 ; *RJS* 8-9/07 n° 959 ; *Dr. Soc.* 2007, p. 1179, obs. M. Morand ; *JSL* n° 216, 31 juillet 2007, p. 27, note N. Rérolle).

De même, n'ayant saisi la juridiction prud'homale que postérieurement à l'entrée en vigueur de cette même loi, pour obtenir des rappels de salaires au titre de permanences nocturnes accomplies entre 1996 et 2000, des salariées ne peuvent prétendre avoir été privées d'une « espérance légitime » ou d'une « valeur patrimoniale préexistante faisant partie de leurs biens » au sens de l'article 1er du Protocole n° 1 annexé à la Convention européenne de sauvegarde des droits de l'homme et des libertés fondamentales (cass. soc. 5 juin 2008, n° 06-46.295, BC V n° 124 ; *JSL* n° 238, 28 juillet 2008, p. 27 ; *JCP* éd. S 2008, 1465, note L. Drai).

Les négociations ouvertes par les partenaires sociaux pour rendre le régime existant conforme à la législation en vigueur n'ayant pas permis d'aboutir à un accord, un décret 2001-1384 du 31 décembre 2001 a été pris pour l'application de l'article L. 212-4 CT et institue une durée d'équivalence de la durée légale du travail dans les établissements sociaux et médico-sociaux à but non lucratif gérés par des personnes privées (JO 3 janvier 2002).

Le Conseil d'État a saisi la Cour de justice des Communautés européennes sur la question de savoir si le régime d'équivalence institué par le décret 2001-1384 est compatible avec les objectifs de la directive 93/104/CE du 23 novembre 1993 (CE 3 décembre 2003, n° 242727, *RJS* 2/04 n° 212). Pour la CJCE, « la directive 93/104/CE doit être interprétée en ce sens qu'elle s'oppose à la réglementation d'un État membre qui, s'agissant des services de garde que les travailleurs de certains établissements sociaux et médico-sociaux accomplissent selon le régime de la présence physique sur le lieu même de travail, prévoit, pour les besoins du décompte du temps de travail effectif, un système d'équivalence tel que celui qui était en cause, lorsque le respect de l'intégralité des prescriptions minimales édictées par cette directive en vue de protéger de manière efficace la sécurité et la santé des travailleurs n'est pas assuré.

« Dans l'hypothèse où le droit national fixe, notamment pour la durée maximale hebdomadaire de travail, un plafond plus favorable aux travailleurs, les seuils ou plafonds pertinents pour vérifier l'observation des règles protectrices prévues par ladite directive sont exclusivement ceux énoncés par cette dernière. » (CJCE 1er décembre 2005, aff. C-14/04, rec. p. I-10253 ; JOUE C 36/8 du 11.02.2006 ; *RJS* 2/06 n° 288).

Le Conseil d'État, suivant la décision du juge communautaire, a précisé que si la directive du 23 novembre 1993 ne fait pas obstacle à l'application des rapports d'équivalence aux durées maximales de travail fixées par le droit national, il ne saurait en résulter une inobservation des seuils et plafonds communautaires, pour l'appréciation desquels les périodes de travail effectif doivent être comptabilisées dans leur intégralité, sans possibilité de pondération. Dès lors, le décret litigieux, s'il pouvait légalement définir un rapport d'équivalence pour l'appréciation des règles relatives aux rémunérations et aux heures supplémentaires ainsi que celles concernant les durées maximales de travail fixées par le droit national, est entaché d'illégalité en tant qu'il ne fixe pas les limites dans lesquelles devait être mis en œuvre le régime d'équivalence ainsi créé pour garantir le respect des seuils et plafonds communautaires (CE 28 avril 2006, nos 242727 et a., *Rec. Lebon* p. 206 ; *RJS* 7/06 n° 844). Tirant les conséquences de cette décision, le décret 2007-106 du 29 janvier 2007 (JO 30) complète le régime d'équivalence en précisant que pour décompter la durée hebdomadaire moyenne, la durée quotidienne des travailleurs de nuit et les temps de pause, il faut tenir compte de l'intégralité du temps de présence du salarié sur le lieu de travail.

• *S'agissant du secteur des hôtels, cafés, restaurants,* un décret 2004-1536 du 30 décembre 2004 (JO 1er janv. 2005) avait fixé la durée équivalente à la durée légale de 35 heures à 39 heures, sur la base d'un accord de branche conclu le 13 juillet

2004 (BOCC 2004-37 du 9 octobre 2004). Le Conseil d'État a annulé ce régime d'équivalence (CE 18 octobre 2006, nos 276359 et a., *Dr. Soc.* 2006, p. 1096, I., concl. Ch. Devys). Suite à cette annulation, un nouvel avenant sur le temps de travail et les salaires dans la profession – sans équivalences – avait été conclu. Voir note sous article L. 3121-22.

• *S'agissant des casinos,* la durée du travail équivalente à la durée légale qui était de 38 heures jusqu'au 31 décembre 2003 a été ramenée à 37 heures à compter du 1er janvier 2004 et correspondra à la durée légale de 35 heures au 1er janvier 2005 (décret 2003-840 du 1er septembre 2003, JO 4).

• *S'agissant du secteur du tourisme social et familial,* le décret 2004-124 du 9 février 2004 (JO 11) dispose que, pour tenir compte des temps d'inaction, les heures au-delà de 10 heures de travail effectif par jour sont décomptées à raison d'une heure par tranche de 3 heures de présence. Cela concerne les emplois à temps complet des personnes encadrant des mineurs, des accompagnateurs de groupe et des guides accompagnateurs.

• *S'agissant des services de l'automobile,* la durée du travail, équivalente à la durée légale, du personnel visé à l'article 1er (personnel de gardiennage) est fixée à 43 heures par semaine (décret 2005-40 du 20 janvier 2005, JO 22).

• *Dans les commerces de détail de fruits et légumes, épicerie et produits laitiers,* la durée du travail équivalente à la durée légale est fixée à 38 heures par semaine (décret 2003-1194 du 15 décembre 2003, JO 17).

• Voir aussi décret 2008-853 du 26 août 2008, JO 28, relatif à la durée du travail dans l'enseignement privé hors contrat.

SECTION 2. Durée légale et heures supplémentaires

Sous-section 1. Durée légale

Art. L. 3121-10. La durée légale du travail effectif des salariés est fixée à trente-cinq heures par semaine civile.

La semaine civile est entendue au sens des dispositions de l'article L. 3122-1.

Note La durée prévue à l'article L. 212-1 (ancien) CT est applicable à compter du 1er janvier 2000 pour les entreprises dont l'effectif à cette date est de plus de vingt salariés ainsi que pour les unités économiques et sociales de plus de vingt salariés reconnues par convention ou par décision de justice. Pour les autres entreprises et unités économiques et sociales, elle est réduite de trente-neuf heures à trente-cinq heures à compter du 1er janvier 2002, y compris pour celles dont l'effectif est au plus égal à vingt salariés depuis plus de douze mois consécutifs. L'effectif est apprécié dans les conditions prévues au deuxième alinéa de l'article L. 421-1 et à l'article L. 421-2 (anciens) du même code. Les voyageurs, représentants ou placiers relevant des articles L. 751-1 et suivants du même code ne sont pas pris en compte pour la détermination de cet effectif.

« Pour le calcul des effectifs des associations intermédiaires au regard des dispositions de la présente loi, sont pris en compte, d'une part, les salariés permanents de ces associations et, d'autre part, les travailleurs qui ont été liés à elles par des contrats de travail pendant une durée totale d'au moins trois mois au cours de la dernière année civile » (loi du 19 janvier 2000, art. 1er).

• **Champ d'application** (circ. 24 juin 1998, JO 25)

Sont dans le champ de la durée légale les établissements industriels et commerciaux publics et privés (dont les transports routiers, la navigation fluviale, les mines, les dockers, les journalistes, les gérants salariés de succursale et les intermittents du spectacle et mannequins, selon des régimes spéciaux), les EPIC, dans des conditions particulières pour les entreprises à statut (selon que le statut est organisé par la loi et constitue alors une loi spéciale), les offices publics et ministériels, professions libérales, sociétés civiles, associations, syndicats, les établissements artisanaux et coopératifs, les établissements familiaux (membres de la famille sous l'autorité du père, de la mère ou du tuteur), les travailleurs à domicile (renvoi de L. 721-6 ancien), les établissements agricoles (code rural), à l'exception des établissements publics administratifs, « les entreprises d'armement maritime (art. 24 du code du travail maritime renvoyant à l'art. L. 212-1 ancien CT) » (circ. du 3 mars 2000).

Sont hors champ de la durée légale les entreprises qui relèvent de la loi du 3 octobre 1940 et de ses arrêtés d'application (SNCF, RATP, transports urbains), les établissements publics hospitaliers, les professions suivantes, visées au titre VII du code du travail (VRP, employés de maison, assistants maternels et familiaux, gérants non salariés, concierges et gardiens d'immeubles d'habitation), « les cadres dirigeants visés à l'article L. 212-15-1 (ancien) auxquels ne sont pas applicables les dispositions du titre Ier, du chapitre préliminaire et des chapitres I et II du titre II du livre II » (circ. du 3 mars 2000).

Art. R. 3121-2. En cas de travaux insalubres et salissants, le temps passé à la douche en application de l'article R. 4228-9 est rémunéré au tarif normal des heures de travail sans être pris en compte dans le calcul de la durée du travail effectif.

Note Il résulte de l'article L. 230-2 (ancien) CT, interprété à la lumière de la directive du conseil 89/391/CEE du 12 juin 1989, que le chef d'établissement prend les mesures nécessaires pour assurer la sécurité et protéger la santé physique et mentale des travailleurs de l'établissement. Une cour d'appel, qui a constaté que les salariés, conducteurs de camions transportant des déchets industriels, effectuaient des travaux insalubres ou salissants nécessitant la prise d'une douche quotidienne, en a exactement déduit que les intéressés devaient être payés du temps quotidien des douches au tarif normal des heures de travail (cass. soc. 17 octobre 2007, n° 06-41.444, *LS* Jurisp. Théma n° 270/2007 du 29 nov. 2007). Voir aussi note sous art. R. 4228-8.

Sous-section 2. Contingent annuel d'heures supplémentaires et dérogations

Art. L. 3121-11. ***(L. 2008-789 du 20 août 2008, art. 18, JO 21)*** Des heures supplémentaires peuvent être accomplies dans la limite d'un contingent annuel défini par une convention ou un accord collectif d'entreprise ou d'établissement ou, à défaut, par une convention ou un accord de branche.

Une convention ou un accord collectif d'entreprise ou d'établissement ou, à défaut, une convention ou un accord de branche fixe l'ensemble des conditions d'accomplissement d'heures supplémentaires au-delà du contingent annuel ainsi que les caractéristiques et les conditions de prise de la contrepartie obligatoire en repos due pour toute heure supplémentaire accomplie au-delà du contingent annuel, la majoration des heures supplémentaires étant fixée selon les modalités prévues à l'article L. 3121-22. Cette convention ou cet accord collectif peut également prévoir qu'une contrepartie en repos est accordée au titre des heures supplémentaires accomplies dans la limite du contingent.

À défaut d'accord collectif, un décret détermine ce contingent annuel et les caractéristiques et les conditions de prise de la contrepartie obligatoire en repos pour toute heure supplémentaire accomplie au-delà du contingent annuel.

À défaut de détermination du contingent annuel d'heures supplémentaires par voie conventionnelle, les modalités de son utilisation et de son éventuel dépassement donnent lieu au moins une fois par an à une consultation du comité d'entreprise ou des délégués du personnel, s'il en existe.

Note • Sur le volume du contingent d'heures supplémentaires, voir note sous art. D. 3121-3. Pour les salariés agricoles, voir notamment articles L. 713-11 et D. 713-9 du code rural et de la pêche maritime.

• **Loi 2008-789 du 20 août 2008 relative au temps de travail.** *Survie des contingents conventionnels antérieurs à la réforme.* Le Conseil constitutionnel a annulé la disposition qui prévoyait que les clauses antérieures de contingent conventionnel ne restaient en vigueur que jusqu'au 31 décembre 2009 (Conseil constitutionnel, décision 2008-568 DC du 7 août 2008). Ainsi, la mesure qui prévoyait de faire disparaître automatiquement les contingents conventionnels au terme d'un an et demi n'est pas applicable. Les contingents conventionnels prévus par des conventions et accords conclus avant la loi restent en vigueur, tant que les clauses en question ne sont pas dénoncées ou ne sont pas modifiées par un nouvel accord collectif.

Contrepartie obligatoire en repos. Le système du repos compensateur légal en vigueur avant la loi sur la réforme du temps de travail est supprimé (art. L. 3121-26 à L. 3121-32 abrogés).

La loi prévoit le principe d'une contrepartie obligatoire en repos uniquement pour les heures supplémentaires effectuées au-delà du contingent annuel d'heures supplémentaires (art. L. 3121-11 modifié).

À noter que les heures supplémentaires effectuées au-delà du contingent, dans le cadre d'accords collectifs conclus en application du dispositif des heures choisies en vigueur avant la réforme, n'ouvrent pas droit à cette contrepartie en repos (loi 2008-789 du 20 août 2008, art. 18, IV).

Il n'y a donc plus de repos compensateur obligatoire pour les heures supplémentaires effectuées dans la limite du contingent. Cependant, l'accord collectif déterminant les conditions d'accomplissement des heures supplémentaires au-delà du contingent peut prévoir un repos pour les heures effectuées dans la limite du contingent.

Durée de la contrepartie obligatoire en repos. Le Conseil constitutionnel a invalidé le renvoi aux seuls accords collectifs pour fixer la durée de la contrepartie obligatoire en repos (Conseil constitutionnel, décision 2008-568 DC du 7 août 2008). Le système est désormais le suivant. Les heures supplémentaires effectuées au-delà du contingent annuel ouvrent droit à une contrepartie obligatoire en repos de (loi 2008-789 du 20 août 2008, art. 18, IV) :
– 50 % pour les entreprises de 20 salariés au plus,
– 100 % pour les entreprises de plus de 20 salariés.

• **Exécution des heures supplémentaires.** Pour la Cour de cassation, les heures supplémentaires imposées par l'employeur dans la limite du contingent dont il dispose légalement et en raison des nécessités de l'entreprise n'entraînent pas de modification du contrat de travail (cass. soc. 9 mars 1999, n° 96-43.718, BC V n° 103).

L'article 2, § 2, sous i), de la directive 91/533/CEE du Conseil du 14 octobre 1991, relative à l'obligation de l'employeur d'informer le travailleur des conditions applicables au contrat ou à la relation de travail, doit être interprété en ce sens que cette disposition ne concerne pas l'accomplissement d'heures supplémentaires. Toutefois, la CJCE considère qu'il résulte de l'article 2, § 1, de ladite directive que l'employeur est tenu de porter à la connaissance du travailleur salarié une stipulation qui présente le caractère d'un élément essentiel du contrat ou de la relation de travail en vertu de laquelle ce dernier est obligé d'effectuer des heures supplémentaires sur la simple demande de l'employeur. Cette information doit être communiquée dans les mêmes conditions que celles que prévoit ladite directive pour les éléments mentionnés expressément à son article 2, § 2. Elle peut prendre, le cas échéant, par analogie avec la règle qui s'applique, notamment, à la durée de travail normale en vertu de l'article 2, § 3, de ladite directive, la forme d'une référence aux dispositions législatives, réglementaires, administratives ou statutaires ou aux conventions collectives pertinentes (CJCE 8 février 2001, aff. C-350/99, JOCE C 173 du 16.06.2001 ; rec. p. I-1061 ; *RJS* 4/01 n° 544).

À noter que ne procède pas d'une cause réelle et sérieuse le licenciement d'un salarié qui, exceptionnellement et parce qu'il n'a pas été prévenu suffisamment tôt, a refusé d'effectuer des heures supplémentaires (cass. soc. 20 mai 1997, n° 94-43.653, Sté Nord express skandia transp. c/ Cherier).

Art. L. 3121-11-1. ***(L. 2008-789 du 20 aoû t 2008, art. 18, JO 21)*** Les heures supplémentaires sont accomplies, dans la limite du contingent annuel applicable dans l'entreprise, après information du comité d'entreprise ou, à défaut, des délégués du personnel, s'il en existe.

Les heures supplémentaires sont accomplies, au-delà du contingent annuel applicable dans l'entreprise, après avis du comité d'entreprise ou, à défaut, des délégués du personnel, s'il en existe.

Note L'employeur est libre de demander aux salariés d'effectuer des heures supplémentaires dans la limite du contingent. Il n'y a plus lieu d'informer, au préalable, l'inspecteur du travail et il n'y a plus de repos compensateur légal obligatoire pour les heures supplémentaires effectuées dans la limite du contingent (voir art. L. 3121-11).

En l'absence d'accord collectif, l'employeur peut tout de même faire effectuer des heures supplémentaires au-delà du contingent. L'employeur n'a plus à demander l'autorisation préalable de l'inspecteur du travail pour faire effectuer ces heures (loi 2008-789 du 20 août 2008, art. 18, II ; art. L. 3121-19 CT abrogé). En revanche, il reste tenu de demander l'avis préalable du comité d'entreprise ou, à défaut des délégués du personnel.

Art. D. 3121-14-1. Le contingent annuel d'heures supplémentaires prévu à l'article L. 3121-11 est fixé à deux cent vingt heures par ***(D. 2008-1132 du 4 nov. 2008, JO 5)*** « salarié ».

(D. 2008-1132 du 4 nov. 2008, JO 5) « Le premier alinéa ne s'applique pas aux salariés mentionnés à l'article L. 3121-42 qui ont conclu une convention de forfait en heures sur l'année. »

[Art. D. 3121-4. Abrogé par décret 2008-1132 du 4 novembre 2008, JO 5.]

[Art. L. 3121-12, L. 3121-13 et L. 3121-14. Abrogés par loi 2008-789 du 20 août 2008, art. 18, JO 21.]

Art. L. 3121-15. Les heures prises en compte pour le calcul du contingent annuel d'heures supplémentaires sont celles accomplies au-delà de la durée légale.

Art. L. 3121-16. Les heures supplémentaires accomplies dans les cas de travaux urgents énumérés à l'article L. 3132-4 ne s'imputent pas sur le contingent annuel d'heures supplémentaires.

[Art. L. 3121-17, L. 3121-18 et L. 3121-19. Abrogés par loi 2008-789 du 20 août 2008, art. 18, JO 21.]

Note Le dispositif de recours aux heures choisies est supprimé (art. L. 3121-17 et L. 3121-18 abrogés).

[Art. R. 3121-5 et R. 3121-6. Abrogés par décret 2008-1131 du 3 novembre 2008, JO 5.]

Art. L. 3121-20. Les heures supplémentaires se décomptent par semaine civile.

Art. L. 3121-21. Dans les branches d'activité à caractère saisonnier mentionnées à l'article L. 3132-7, une convention ou un accord collectif de travail étendu ou une convention ou un accord d'entreprise ou d'établissement, conclu en application de l'article L. 1244-2, peut, dans des conditions déterminées par décret, déroger aux dispositions de la présente section relatives à la détermination des périodes de référence pour le décompte des heures supplémentaires et des repos compensateurs.

La convention ou l'accord organise également des procédures de décompte contradictoires des temps et périodes de travail.

Sous-section 3. Contreparties aux heures supplémentaires

§ 1. Majorations de salaire

Art. L. 3121-22. Les heures supplémentaires accomplies au-delà de la durée légale hebdomadaire fixée par l'article L. 3121-10, ou de la durée considérée comme équivalente, donnent lieu à une majoration de salaire de 25 % pour chacune des huit premières heures supplémentaires. Les heures suivantes donnent lieu à une majoration de 50 %.

Une convention ou un accord de branche étendu ou une convention ou un accord d'entreprise ou d'établissement peut prévoir un taux de majoration différent. Ce taux ne peut être inférieur à 10 %.

Note • Dans les entreprises de 20 salariés au plus (effectif au 31 mars 2005), le taux légal de majoration des 4 premières heures supplémentaires était fixé à 10 %, à titre dérogatoire et jusqu'au 31 décembre 2008 (loi 2005-296 du 31 mars 2005, art. 4-I). Cet avantage est abrogé : à partir du 1er octobre 2007, le taux légal est relevé à 25 % (loi 2007-1223 du 21 août 2007, art. 1-XI, JO 22 et note ci-après). Ainsi, sur le plan des majorations de salaire, le taux légal de majoration des 4 premières heures supplémentaires est de 25 % dans toutes les entreprises (y compris celles de 20 salariés au plus). Dès lors, dans ces entreprises :

– si un accord collectif fixe un taux de majoration de salaire, l'employeur doit appliquer ce taux : le cas échéant, il peut être inférieur au taux légal à condition de respecter un minimum de 10 %, sous réserve des contraintes d'articulation entre les accords collectifs conclus au niveau de l'entreprise et ceux conclus à des niveaux supérieurs qui compliquent la mise en œuvre de cette possibilité (art. L. 2253-3 CT ; loi 2004-391 du 4 mai 2004, art. 45 ; circ. DRT 2004-9 du 22 septembre 2004) ;

– si aucun taux n'est fixé par accord collectif, il faut appliquer le taux légal (+ 25 % pour les huit premières heures supplémentaires, c'est-à-dire au-delà de la 35e heure et jusqu'à la 43e heure hebdomadaire incluse, et + 50 % au-delà).

• **Loi 2007-1223 du 21 août 2007 modifiée en faveur du travail, de l'emploi et du pouvoir d'achat** (JO 22 ; Cons. const., déc. 2007-555 DC du 16 août 2007, JO 22). Elle a prévu des mesures d'aides en faveur de l'emploi. Les exonérations d'impôt et de charges sociales adoptées (CGI art. 81 *quater*) s'appliquent aux heures travaillées à partir du 1er octobre 2007. Voir notamment « Le dictionnaire Paye », éd. 2012, *Groupe Revue Fiduciaire*, Heures supplémentaires (exonération d'impôt sur le revenu ; réduction de cotisations).

• Sur la question de savoir si les salariés d'une entreprise au sein de laquelle aucune heure supplémentaire n'est proposée sont autorisés à en bénéficier au sein d'une autre entreprise, voir rép. QE 3590, JO AN 1er avril 2008, p. 2890.

• **Établissements sociaux et médico-sociaux.** Dans les établissements mentionnés à l'article L. 314-6 du code de l'action sociale et des familles dont les accords collectifs de réduction du temps de travail ou les décisions unilatérales prises en application de conventions collectives nationales ou d'accords collectifs nationaux sont soumis à la procédure d'agrément ministériel, le complément différentiel de salaire prévu par un accord collectif en vue d'assurer aux salariés la garantie du maintien de leur rémunération mensuelle en vigueur à la date de la réduction collective du temps de travail à trente-cinq heures ou en deçà n'est dû qu'à compter de la date d'entrée en vigueur des accords d'entreprise ou d'établissement ou des décisions unilatérales relatifs à la réduction collective du temps de travail. Cette entrée en vigueur est subordonnée à l'agrément ministériel prévu au même article.

Ces dispositions s'appliquent sous réserve des décisions de justice passées en force de chose jugée. Elles ne s'appliquent pas aux instances en cours à la date du 18 septembre 2002 (loi 2003-47 du 17 janvier 2003, art. 8, JO 18). Sur les instances en cours, voir cass. soc. 20 octobre 2004, nos 03-42.628, 03-41.740 et 03-41.593, BC V nos 266, 264 et 265 ; *RJS* 1/05 n° 47 ; 16 décembre 2005, n° 03-46.294, BC V n° 367 ; *RJS* 5/06 n° 582.

Cet article de la loi Fillon vise à contrecarrer les arrêts de la chambre sociale du 4 juin 2002, nos 6 et 2103, BC V nos 193 et 194 ; *Dr. Soc.* 9/10 2002, p. 868, « Le cumul du paiement des heures supplémentaires et du droit à l'indemnité conventionnelle de réduction du temps de travail », Fr. Favennec-Héry ; *JSL* n° 105, 16 juillet 2002, p. 6 ; voir aussi accord-cadre du 12 mars 1999 relatif à l'aménagement et à la réduction du temps de travail et circ. DGAS/IAJF 2002-440 du 5 août 2002.

• **Hôtels, cafés, restaurants.** À la suite de l'annulation par le Conseil d'État du régime d'équivalence mis en place par le décret du 30 décembre 2004 (décret 2004-1536, JO 1er janv. 2005), la loi de financement de la sécurité sociale pour 2007 a adopté un régime transitoire, dont l'application a pris fin le 31 janvier 2007 (loi 2006-1640 du 21 décembre 2006, art. 15, JO 22). Les syndicats ont conclu, le 5 février 2007, des avenants relatifs aux temps de travail et aux salaires dans la profession (BOTR, fascicule « Conventions collectives » 2007/10 ; voir arrêté d'extension du 26 mars 2007, JO 29), qui a fixé la durée du travail à 39 heures par semaine et a prévu que les heures supplémentaires seraient décomptées à partir de la 36e heure de travail par semaine et seraient soit payées, soit compensées par un repos de remplacement pris dans la période de 12 mois qui suit. Ces heures supplémentaires ouvrent droit à des majorations de 10 % de la 36e à la 39e heure, de 20 % de la 40e à la 43e heure et de 50 % au-delà. L'accord prévoit également une sixième semaine de congés payés.

• **Télétravail.** Voir accord national interprofessionnel du 19 juillet 2005 relatif au télétravail et son arrêté d'extension (arrêté du 30 mai 2006, JO 9 juin), précisant que l'extension est effectuée sous réserve de l'application des dispositions de l'article L. 212-1-1 (ancien) CT, aux termes desquelles il appartient à l'employeur de veiller au respect de la réglementation sur le temps de travail, notamment en s'assurant de la fiabilité du système de décompte des heures supplémentaires, même si le salarié gère librement ses horaires de travail.

• **Règlement des heures supplémentaires**

Les dispositions d'une convention collective ne peuvent mettre en échec les dispositions légales relatives aux heures supplémentaires, si ce n'est dans les conditions prévues à l'article L. 212-5 ancien (cass. soc. 12 mai 1998, n° 95-44.100, BC V n° 245 ; *RJS* 6/98 n° 712).

Le versement de primes ne peut tenir lieu de règlement des heures supplémentaires (cass. soc. 1er décembre 2005, n° 04-48.388, BC V n° 347 ; *JSL* n° 180, 27 décembre 2005, p. 22 ; voir aussi cass. soc. 27 juin 2000, n° 98-41.184, BC V n° 248 ; *Dr. Soc.* 2000, p. 1020 ; 16 octobre 2001, n° 98-44.269, BC V n° 320 ; *RJS* 1/02 n° 57 ; 28 juin 2006, n° 04-43.089 ; 1er juillet 2009, n° 07-45.506 ; 12 janvier 2010, n° 08-40.899 ; 14 décembre 2010, n° 09-67.634). Il en est de même du versement d'indemnités de déplacement même s'il est plus favorable au salarié (cass. soc. 23 novembre 2011, n° 10-14.507).

L'employeur n'ayant pas payé les heures supplémentaires effectuées par le salarié manque à ses obligations et la rupture du contrat de travail qui s'ensuit s'analyse en un licenciement sans cause réelle et sérieuse (cass. soc. 21 mai 2002, n° 99-45.890, *RJS* 8-9/02 n° 983). Il s'expose aussi, éventuellement, à voir prononcer la résiliation judiciaire du contrat de travail sollicitée par le salarié (cass. soc. 4 mai 2011, n° 10-14.586).

Le droit à majoration. Seules les heures effectuées au-delà de la durée légale hebdomadaire ou de la « durée considérée comme équivalente » donnent lieu à majoration de salaire (cass. soc. 5 mai 1998, n° 96-41.094, MACIF c/ Moison et a.).

Le fait de payer, en vertu de protocoles et de l'avenant à une convention collective, un travail de nuit de 35 heures hebdomadaires sur la base des 39 heures légales n'a pas pour effet d'assimiler la durée effective du travail à la durée légale pour le calcul des heures supplémentaires (cass. soc. 10 février 1998, n° 95-42.334, BC V n° 75).

En cas de travail chez plusieurs employeurs, les majorations pour heures supplémentaires ne sont dues qu'après accomplissement de la durée légale du travail au service du même employeur (rép. QE 4098, JO AN 14 décembre 1967, p. 5046).

Les heures de délégation qui sont payées comme temps de travail doivent, lorsqu'elles sont prises en dehors de l'horaire de travail en raison des nécessités du mandat, être payées comme heures supplémentaires (cass. soc. 12 février 1991, n° 88-42.353, BC V n° 67 ; 21 novembre 2000, n° 98-40.730, *RJS* 3/01 n° 309 ; 11 janvier 2006, n° 03-47.596) sans faire obstacle au respect de la réglementation sur la durée maximale du travail et le repos journalier (cass. soc. 25 juin 2008, n° 06-46.223, *RJS* 11/08 n° 1096).

La qualité de cadre n'est pas en soi exclusive du paiement d'heures supplémentaires (cass. soc. 30 janvier 1997, n° 94-40.330, BC V n° 46 ; 31 mai 2000, n° 98-43.471). Elle ne suffit pas à exclure le droit au paiement des heures supplémentaires dès lors qu'il n'est pas constaté l'existence d'un salaire forfaitaire comprenant le dépassement d'horaire résultant des impératifs de la fonction exercée (cass. soc. 14 juin 1990, BC V n° 285 ; voir aussi 23 juin 1994, n° 3076 D, *RJS* 8-9/94 n° 996 ; *Dr. Soc.* 1994, p. 798 ; 3 novembre 2011, n° 09-71.075).

Un salarié n'a droit au paiement que des heures supplémentaires qui ont été accomplies avec l'accord, au moins implicite, de l'employeur (cass. soc. 20 mars 1980, *JS*

1980 SJ 68 ; 30 mars 1994, n° 90-43.246 ; 14 novembre 2001, n° 99-41.457 ; 3 avril 2007, n° 05-40.731 ; voir aussi cass. soc. 2 juin 2010, n° 08-40.628, *RJS* 8-9/10 n° 716 et 30 mars 2011, n° 10-14.000, 1er moyen, *LS* Jurispr. n° 90/2011 du 2 mai 2011 : l'absence d'autorisation préalable prévue par l'employeur n'excluait pas en soi un accord tacite de celui-ci). Sur le rejet d'une demande de paiement d'heures supplémentaires, s'agissant de dépassements d'horaire, pour certains exorbitants, n'ayant pas fait l'objet d'un accord de l'employeur, ni n'étant justifiés par les nécessités de l'activité de l'entreprise, voir cass. soc. 22 juin 2011, n° 10-10.753.

À noter que la liberté laissée au salarié d'organiser ses tournées de livraison n'est pas de nature à écarter l'application des textes légaux régissant la durée du travail (en l'espèce, heures supplémentaires) (cass. soc. 30 octobre 2000, n° 98-45.619).

Assiette. Les majorations pour heures supplémentaires portent sur le salaire de base effectif réel du salarié (cass. soc. 29 avril 1971, n° 70-40.026, BC V n° 323 ; voir aussi 7 juin 1995, n° 91-45.083). Elles ne peuvent être calculées sur le seul salaire minimal conventionnel (cass. soc. 11 octobre 1990, deux arrêts, nos 88-40.239 et 88-40.247, BC V nos 462 et 458). La composition de l'assiette de calcul des heures supplémentaires peut être déterminée par les textes conventionnels applicables dans l'entreprise. Dans ce cas, les règles posées concernent les seules heures supplémentaires, en tenant compte d'éventuelles restrictions réglementaires sur les seuils de déclenchement de ces heures (cass. soc. 7 décembre 2011, n° 10-15.119) dans le secteur des transports routiers.

Selon le ministère du Travail (circ. DRT 94-4 du 21 avril 1994, BO MT 94/9), il doit être tenu compte des primes inhérentes à la nature du travail mais non de celles qui, comme les primes d'ancienneté ou d'assiduité, ne le sont pas. Les primes liées au rendement individuel doivent également subir les majorations pour heures supplémentaires, mais non les primes de productivité indépendantes du travail fourni individuellement par le salarié, ni celles qui ont le caractère de participation aux bénéfices, aux résultats, etc. La Cour de cassation recherche pour sa part si la prime versée a un caractère forfaitaire, indépendant de la durée du travail, auquel cas elle estime qu'elle n'a pas à entrer en ligne de compte pour le calcul des majorations pour heures supplémentaires (ainsi de primes de nuit, de rupture de cycle et de rotation attribuées par référence à l'indice INSEE du coût de la vie, cass. soc. 22 juillet 1985, n° 82-41.961, BC V n° 424) ou si elle est la contrepartie directe d'un travail effectué (prime de bons services versée au personnel de conduite lorsque les dispositions prévues aux règlements intérieurs et notes de service ont été respectées, cass. soc. 11 mars 1997, n° 93-44.619, *RJS* 4/97 n° 424). Ainsi, les éléments de rémunération dont les modalités de fixation permettent leur rattachement direct à l'activité personnelle du salarié doivent être intégrés dans la base de calcul des majorations pour heures supplémentaires (cass. soc. 23 septembre 2009, n° 08-40.636, BC V n° 205 ; *JCP* éd. S 2009, 1557, note A. Martinon ; *RJS* 1/10 n° 50, 1re espèce). La Cour de cassation admet l'inclusion des primes de rendement (cass. soc. 18 décembre 1963, BC IV n° 906), de productivité (cass. soc. 29 avril 1970, n° 69-40.263, BC V n° 282), sauf si elles dépendent de la productivité générale de l'entreprise (cass. soc. 14 janvier 1970, n° 68-40.451, BC V n° 22). Mais, dans un arrêt plus récent, elle approuve une cour d'appel qui, ayant constaté qu'une prime de production, qualifiée par un manuel de calcul de « salaire supplémentaire », était fonction de la production d'un groupe d'ouvriers à laquelle contribuait nécessairement le rendement individuel de chacun des salariés du groupe, a exactement décidé qu'elle devait être incluse dans le salaire servant de base aux majorations pour heures supplémentaires (cass. soc. 29 octobre 2007, n° 06-42.426, *RJS* 1/08 n° 35).

La Cour de cassation considère également, à la différence du ministère du Travail, que les primes d'assiduité qui présentent des qualités de généralité, de constance et de fixité ont le caractère d'un complément de salaire et doivent être prises en compte pour le calcul de la rémunération des heures supplémentaires (cass. soc. 26 octobre 1979, n° 78-41.113, BC V n° 796).

Une prime annuelle de 13e mois et une allocation de vacances, dès lors qu'elles ne sont dues que si le contrat de travail est en cours d'exécution et que leur paiement n'est soumis à aucune autre condition, constituent la contrepartie directe du travail effectué et doivent donc être incluses dans l'assiette de calcul des majorations pour heures supplémentaires (cass. soc. 25 avril 2006, n° 05-42.968, *RJS* 7/06 n° 848).

Par contre, elle estime (comme le ministère du Travail) qu'une prime d'ancienneté qui est essentiellement fonction de la durée de la présence du salarié dans l'établissement sans être inhérente à la nature du travail ne peut être comprise dans les sommes servant de base au calcul des majorations pour heures supplémentaires (cass. soc. 29 octobre 1973, n° 72-40.199, BC V n° 527 ; 29 mai 1986, n° 84-44.709, BC V n° 264).

Les primes et indemnités représentatives de frais ne supportent en aucun cas les majorations pour heures supplémentaires. Il en est ainsi des indemnités de panier de nuit (cass. soc. 19 janvier 1983, *JS* 1983 SJ 69).

En l'absence de dispositions légales ou conventionnelles contraires, les jours fériés ou de congés payés ne peuvent être assimilés à du temps de travail effectif. Dès lors, sauf usage contraire en vigueur dans l'entreprise, les jours fériés chômés et de congés payés ne peuvent pas être pris en compte dans la détermination de l'assiette de calcul des droits à majoration et à bonification en repos pour heures supplémentaires (cass. soc. 1er décembre 2004, n° 02-21.304, BC V n° 318 ; *Dr. Soc.* 2005, p. 530, obs. Ch. Radé ; *RJS* 4/05 n° 392). Il en va de même pour les jours d'arrêt-maladie (cass. soc. 15 novembre 2006, n° 04-46.686) et les jours d'absence (cass. soc. 24 septembre 2008, n° 06-46.048).

Art. L. 3121-23. Dans les entreprises dont la durée collective hebdomadaire de travail est supérieure à la durée légale hebdomadaire, la rémunération mensuelle due au salarié peut être calculée en multipliant la rémunération horaire par les 52/12 de cette durée hebdomadaire de travail, en tenant compte des majorations de salaire correspondant aux heures supplémentaires accomplies.

§ 2. Repos compensateur de remplacement

Art. L. 3121-24. ***(L. 2008-789 du 20 août 2008, art. 18, JO 21)*** « Une convention ou un accord collectif d'entreprise ou d'établissement ou, à défaut, une convention ou un accord de branche peut prévoir le remplacement de tout ou partie du paiement des heures supplémentaires, ainsi que des majorations prévues à l'article L. 3121-22, par un repos compensateur équivalent.

Dans les entreprises dépourvues de délégué syndical non assujetties à l'obligation annuelle de négocier prévue à l'article L. 2242-1, ce remplacement peut être mis en place par l'employeur à condition que le comité d'entreprise ou les délégués du personnel, s'ils existent, ne s'y opposent pas. »

La convention ou l'accord d'entreprise ou le texte soumis à l'avis du comité d'entreprise ou des délégués du personnel peut adapter les conditions et les modalités d'attribution et de prise du repos compensateur de remplacement à l'entreprise.

Note Al. 1er : Le recours au repos compensateur de remplacement peut désormais intervenir *en application d'une convention ou d'un accord collectif d'entreprise ou d'établissement* ou, à défaut, d'une convention ou d'un accord de branche.

Al. 2 : Antérieurement, la possibilité de mise en place directe d'un mécanisme de repos compensateur de remplacement par l'employeur supposait que l'entreprise ne soit pas couverte par une convention ou un accord collectif étendu.

Art. L. 3121-25. Les heures supplémentaires donnant lieu à un repos compensateur ***(L. 2008-789 du 20 août 2008, art. 24, JO 21)*** « équivalent » ne s'imputent pas sur le contingent annuel d'heures supplémentaires.

[§ 3. Repos compensateur obligatoire (art. L. 3121-26 à 32) Abrogé par loi 2008-789 du 20 août 2008, art. 18, JO 21.]

Note • Voir note sous article L. 3121-11.

• Le salarié qui n'a pas été en mesure, du fait de son employeur, de formuler une demande de repos compensateur a droit à l'indemnisation du préjudice subi ; celle-ci comporte à la fois le montant de l'indemnité de repos compensateur et le montant de l'indemnité de congés payés afférents (cass. soc. 23 octobre 2001, n° 99-40.879, BC V n° 332, 4e moyen ; *RJS* 1/02 n° 42 ; *Dr. Soc.* 2002, p. 114, obs. J. Barthélémy ; 11 mai 2005, n° 03-41.927, BC V n° 162 ; *RJS* 8-9/05, n° 856 ; 22 février 2006, n° 03-45.385, BC V n° 83 ; *RJS* 5/06 n° 651). Les sommes allouées en paiement d'heures supplémentaires ne peuvent réparer le préjudice subi par le salarié du fait du défaut d'information sur son droit à repos compensateur (cass. soc. 10 juin 2003, n° 01-40.779, BC V n° 190 ; *RJS* 8-9/03 n° 1023).

• Le salarié, dont la demande en paiement d'heures supplémentaires a été accueillie par le juge, doit être considéré comme n'ayant pas été en mesure de formuler, du fait de son employeur, une demande portant sur le repos compensateur auquel ces heures lui donnaient droit et doit donc recevoir l'indemnisation du préjudice subi à ce titre (cass. soc. 15 novembre 2006, n° 05-42.111).

Contrepartie obligatoire en repos

Art. D. 3121-7. Les conditions de mise en œuvre ***(D. 2008-1132 du 4 nov. 2008, JO 5)*** « de la contrepartie obligatoire en repos » prévues au présent paragraphe sont applicables aux salariés des entreprises qui ne relèvent pas d'un accord conclu en ce domaine entre des organisations d'employeurs et de salariés représentatives.

Art. D. 3121-8. Le droit à ***(D. 2008-1132 du 4 nov. 2008, JO 5)*** « contrepartie obligatoire en repos » est réputé ouvert dès que la durée de ce repos, calculée selon les modalités prévues ***(D. 2008-1132 du 4 nov. 2008, JO 5)*** « au IV de l'article 18 de la loi n° 2008-789 du 20 août 2008 portant rénovation de la démocratie sociale et réforme du temps de travail », atteint sept heures. La journée ou demi-journée au cours de laquelle le repos est pris est déduite du droit à repos à raison du nombre d'heures de travail que le salarié aurait accompli pendant cette journée ou cette demi-journée.

(D. 2008-1132 du 4 nov. 2008, JO 5) « La contrepartie obligatoire en repos est prise » dans un délai maximum de deux mois suivant l'ouverture du droit sous réserve des dispositions des articles D. 3121-12 et D. 3121-13.

Art. D. 3121-9. ***(D. 2008-1132 du 4 nov. 2008, JO 5)*** La contrepartie obligatoire en repos peut être prise par journée entière ou par demi-journée à la convenance du salarié.

Elle est assimilée à une période de travail effectif pour le calcul des droits du salarié. Elle donne lieu à une indemnisation qui n'entraîne aucune diminution de rémunération par rapport à celle que le salarié aurait perçue s'il avait accompli son travail.

Art. D. 3121-10. ***(D. 2008-1132 du 4 nov. 2008, JO 5)*** L'absence de demande de prise de la contrepartie obligatoire en repos par le salarié ne peut entraîner la perte de son droit au repos. Dans ce cas, l'employeur lui demande de prendre effectivement ses repos dans un délai maximum d'un an.

Note Des salariés ont saisi la juridiction prud'homale afin d'obtenir le paiement d'heures supplémentaires et des dommages et intérêts pour non-respect de la législation sur les repos compensateurs. Une cour d'appel a pu accueillir leur demande, après avoir constaté que si l'employeur rapportait bien la preuve qu'il avait régulièrement informé les intéressés de leurs droits à repos compensateurs, il n'avait pas établi leur avoir demandé de prendre en temps de repos les reliquats des droits à repos compensateurs, qu'ils avaient acquis au cours de l'année précédente, dans le délai d'un an à dater de leur ouverture (cass. soc. 9 mai 2007, n° 05-46.029, BC V n° 69 ; *JSL* n° 214, 26 juin 2007, p. 16 ; *RJS* 7/07 n° 854).

Art. D. 3121-11. Le salarié adresse sa demande de ***(D. 2008-1132 du 4 nov. 2008, JO 5)*** « contrepartie obligatoire en repos » à l'employeur au moins une semaine à l'avance.

La demande précise la date et la durée du repos.

Dans les sept jours suivant la réception de la demande, l'employeur informe l'intéressé soit de son accord, soit, après consultation des délégués du personnel, des raisons relevant d'impératifs liés au fonctionnement de l'entreprise qui motivent le report de la demande.

En cas de report, l'employeur propose au salarié une autre date à l'intérieur du délai de deux mois prévu à l'article D. 3121-13.

Art. D. 3121-12. Lorsque des impératifs liés au fonctionnement de l'entreprise font obstacle à ce que plusieurs demandes de *(D. 2008-1132 du 4 nov. 2008, JO 5)* « contrepartie obligatoire en repos » soient simultanément satisfaites, les demandeurs sont départagés, selon l'ordre de priorité suivant :

1° Les demandes déjà différées ;

2° La situation de famille ;

3° L'ancienneté dans l'entreprise.

Art. D. 3121-13. La durée pendant laquelle *(D. 2008-1132 du 4 nov. 2008, JO 5)* « la contrepartie obligatoire en repos peut être différée » par l'employeur ne peut excéder deux mois.

Art. D. 3121-14. *(D. 2008-1132 du 4 nov. 2008, JO 5)* Le salarié dont le contrat de travail prend fin avant qu'il ait pu bénéficier de la contrepartie obligatoire en repos à laquelle il a droit ou avant qu'il ait acquis des droits suffisants pour pouvoir prendre ce repos reçoit une indemnité en espèces dont le montant correspond à ses droits acquis.

Cette indemnité est également due aux ayants droit du salarié dont le décès survient avant qu'il ait pu bénéficier de la contrepartie obligatoire en repos à laquelle il avait droit ou avant qu'il ait acquis des droits suffisants pour pouvoir prendre ce repos. Elle est alors versée à ceux des ayants droit qui auraient qualité pour obtenir le paiement des salaires arriérés.

Cette indemnité a le caractère de salaire.

Note • Le salarié dont le contrat de travail est résilié avant d'avoir pu bénéficier du repos compensateur auquel il a droit reçoit une indemnité en espèces correspondant à ses droits acquis, sans qu'il soit nécessaire que l'employeur soit responsable de ce que le salarié ait été dans l'impossibilité de bénéficier de ce repos compensateur (cass. soc. 4 mai 1995, n° 93-46.125, *RJS* 6/95 n° 648). Cette indemnité étant due en exécution du contrat de travail, en cas de redressement judiciaire, l'AGS doit en garantir le paiement (cass. soc. 1er avril 1997, n° 94-42.322, Assédic de l'Ain et des 2 Savoies et a. c/ Mathieu et a.).

• Les sommes destinées à indemniser un salarié qui, du fait du licenciement, n'a pu bénéficier du repos compensateur auquel il avait droit sont nécessairement exclues de la rémunération forfaitaire dont les parties auraient pu convenir (cass. soc. 3 février 1994, n° 90-43.456, *RJS* 4/94 n° 422).

SECTION 3. Durées maximales de travail

Note Voir instruction DGT 2010/06 du 29 juillet 2010 relative aux règles de compétence territoriale en matière de dérogation en durée du travail.

Sous-section 1. Temps de pause

Art. L. 3121-33. Dès que le temps de travail quotidien atteint six heures, le salarié bénéficie d'un temps de pause d'une durée minimale de vingt minutes.

Des dispositions conventionnelles plus favorables peuvent fixer un temps de pause supérieur.

Note • Une pause de 20 minutes au moins doit être accordée dès qu'un temps de travail quotidien atteint 6 heures, à la suite immédiate de ce temps ou, le cas échéant, avant que cette durée de 6 heures ne se soit entièrement écoulée. Si des dispositions conventionnelles fixent un temps de pause supérieur, elles peuvent fixer le moment de prise de cette pause, le cas échéant, après que 6 heures de travail consécutives se soient écoulées (circ. DRT 2000/07 du 6 décembre 2000, BO TR 2001/1, p. 97).

• D'abord, les différentes prescriptions énoncées par les directives européennes 93/104/CE du Conseil du 23 novembre 1993 et 2003/88/CE du Parlement européen et du Conseil du 4 novembre 2003 en matière de temps minimal de repos constituent des règles de droit social d'une importance particulière dont doit bénéficier chaque travailleur en tant que prescription minimale nécessaire pour assurer la protection de sa sécurité et de sa santé ; ensuite, la notion de temps de travail doit être appréhendée par opposition à la période de repos, ces deux notions étant exclusives l'une de l'autre ; enfin, il résulte de l'article L. 3121-33 CT qu'après six heures de travail effectif, le salarié doit bénéficier d'une pause d'au moins vingt minutes.

Les permanences nocturnes constituant du temps de travail effectif, peu important qu'il englobe des périodes d'inaction prises en compte au titre du système d'équivalence, le salarié qui les assure peut demander le respect d'un temps de pause de 20 minutes par 6 heures de surveillance nocturne (cass. soc. 29 juin 2011, n° 10-14.743, *RJS* 10/2011 n° 804 ; *LS* Jurisprudence n° 185/2011 du 20/09/11 ; *RDT*, sept. 2011, CH, 511, M. Véricel ; *JCP* éd. S 2011, 1426, note E. Jeansen ; *JSL* n° 308, 27 oct. 2011, p. 28).

• Si la pause peut être prise avant que la durée de six heures ne se soit entièrement écoulée, le droit de pause n'est acquis que si le salarié accomplit six heures de travail effectif, pause non comprise (cass. soc. 13 mars 2001, n° 99-45.254, BC V n° 96 ; *RJS* 5/01 n° 609).

• La période de pause, arrêt de travail de courte durée sur le lieu de travail ou à proximité, n'est pas incompatible avec des interventions éventuelles et exceptionnelles demandées au salarié durant cette période en cas de nécessité pour des motifs de sécurité. Cette période doit alors être rémunérée et comptée comme du temps de travail effectif (cass. soc. 1er avril 2003, n° 01-01.395, BC V n° 129 ; *RJS* 6/03 n° 747). Il faut cependant souligner que les interventions pendant une période de pause doivent rester exceptionnelles.

• À la suite de l'annulation par le Conseil d'État, par un arrêt du 25 juin 2007, du décret du 5 mai 2006 relatif à la durée du travail du personnel de la RATP, un salarié a demandé à bénéficier du temps de pause prévu par l'article L. 220-2 devenu L. 3121-33 CT issu de la transposition en droit interne des dispositions de la directive européenne 93/104/CE du 23 novembre 1993 relative à l'aménagement du temps de travail, à laquelle s'est substituée la directive 2003/88/CE du 4 novembre 2003. La RATP lui ayant opposé qu'elle n'était pas soumise au code du travail et était régie, en matière de durée du travail, par la loi du 3 octobre 1940 et ses arrêtés d'application, l'intéressé a saisi la juridiction prud'homale statuant en référé. Pour débouter le salarié de ses demandes, une cour d'appel a retenu que le trouble manifestement illicite qu'il invoquait n'était pas établi dès lors que l'article 4 de la directive 2003/88/CE n'a pas d'effet direct en droit interne à défaut de fixer la durée et les conditions d'octroi des temps de pause et que le paragraphe 3 de son article 17 autorise des dérogations afin d'assurer une continuité du service notamment en matière de transport de voyageurs en milieu urbain. En statuant ainsi, en s'abstenant de vérifier si les dispositions du droit interne dérogeant pour les salariés de la RATP au régime des temps de pause prévu par le code du travail accordent à ces salariés soit des périodes équivalentes de repos compensateur, soit une protection appropriée pour les cas exceptionnels dans lesquels l'octroi de telles périodes équivalentes de repos compensateur n'est pas possible pour des raisons objectives, la cour d'appel n'a pas donné de base légale à sa décision (cass. soc. 17 février 2010, n° 08-43.212, BC V n° 47 ; *JSL* n° 274, 6 avril 2010, p. 11 : « Les règles communautaires sur le temps de pause journalier sont directement applicables à la RATP », J-Ph. Lhernould ; *JCP* éd. S 2010, 1170, note Fr. Dumont ; *RJS* 5/10 n° 431 ; *Dr. Soc.* 2010, p. 581, obs. Ph. Florès et S. Mariette ; *RDT*, juillet/août 2010, CH, 446, Fl. Canut).

Sous-section 2. **Durée quotidienne maximale**

Art. L. 3121-34. La durée quotidienne du travail effectif par salarié ne peut excéder dix heures, sauf dérogations accordées dans des conditions déterminées par décret.

Art. D. 3121-15. Le dépassement de la durée quotidienne maximale du travail effectif, prévue à l'article L. 3121-34, peut être autorisé dans les cas où un surcroît temporaire d'activité est imposé, notamment pour l'un des motifs suivants :

1° Travaux devant être exécutés dans un délai déterminé en raison de leur nature, des charges imposées à l'entreprise ou des engagements contractés par celle-ci ;

2° Travaux saisonniers ;

3° Travaux impliquant une activité accrue pendant certains jours de la semaine, du mois ou de l'année.

Art. D. 3121-16. La demande de dérogation à la durée quotidienne maximale de travail, accompagnée des justifications utiles et de l'avis du comité d'entreprise ou, à défaut, des délégués du personnel, s'il en existe, est adressée par l'employeur à l'inspecteur du travail.

L'inspecteur du travail fait connaître sa décision dans un délai de quinze jours à compter de la date de réception de la demande à l'employeur et aux représentants du personnel.

Art. D. 3121-17. En cas d'urgence, l'employeur peut déroger sous sa propre responsabilité, dans les hypothèses envisagées à l'article D. 3121-15, à la durée quotidienne maximale du travail.

S'il n'a pas encore adressé de demande de dérogation, il présente immédiatement à l'inspecteur du travail une demande de régularisation accompagnée des justifications et avis mentionnés à l'article D. 3121-16 et de toutes explications nécessaires sur les causes ayant nécessité une prolongation de la durée quotidienne du travail sans autorisation préalable.

S'il se trouve dans l'attente d'une réponse à une demande de dérogation, il informe immédiatement l'inspecteur du travail de l'obligation où il s'est trouvé d'anticiper la décision attendue et en donne les raisons.

L'inspecteur du travail fait connaître sa décision dans un délai de quinze jours à compter de la date de réception de la demande à l'employeur et aux représentants du personnel.

Art. D. 3121-18. Les recours hiérarchiques contre les décisions prévues aux articles D. 3121-16 et D. 3121-17 sont formés devant le ***(D. 2009-1377 du 10 nov. 2009, JO 13 ; D. 2010-687 du 24 juin 2010, JO 25 ; voir D. 2010-1582 du 17 déc. 2010, JO 18, pour outre-mer)*** « directeur régional des entreprises, de la concurrence, de la consommation, du travail et de l'emploi » dans le délai d'un mois suivant la date à laquelle les intéressés en ont reçu notification.

Art. D. 3121-19. Une convention ou un accord collectif de travail étendu ou un accord collectif d'entreprise ou d'établissement peut prévoir le dépassement de la durée maximale quotidienne de travail à condition que ce dépassement n'ait pas pour effet de porter cette durée à plus de douze heures.

Sous-section 3. Durées hebdomadaires maximales

Art. L. 3121-35. Au cours d'une même semaine, la durée du travail ne peut dépasser quarante-huit heures.

En cas de circonstances exceptionnelles, certaines entreprises peuvent être autorisées à dépasser pendant une période limitée le plafond de quarante-huit heures, sans toutefois que ce dépassement puisse avoir pour effet de porter la durée du travail à plus de soixante heures par semaine.

Note

• L'horaire de travail, au cours d'une semaine donnée, ne peut excéder 48 heures. Il s'agit là d'une disposition d'ordre public. Après avoir constaté que des salariés effectuaient, une semaine sur deux, 62 heures 30 ou 55 heures de travail hebdomadaire selon qu'ils travaillaient en équipes de jour ou de nuit, les juges du fond ne pouvaient débouter les salariés et le syndicat de leur demande en paiement de dommages-intérêts en raison du non-respect par l'employeur de la durée maximale hebdomadaire de travail en retenant que la durée hebdomadaire calculée sur la moyenne du cycle était inférieure au maximum légal de 48 heures (cass. soc. 5 novembre 2003, n° 01-42.174, BC V n° 276 ; *RJS* 1/04 n° 58).

• Même lorsqu'il existe des accords collectifs prévoyant la variation hebdomadaire de la durée du travail, la durée maximale hebdomadaire prévue par l'article L. 212-7 (ancien) ne peut, en l'absence de circonstances exceptionnelles non invoquées en l'espèce, excéder 48 heures. Ont pu déclarer les prévenus coupables d'infractions à la durée maximale hebdomadaire du travail les juges qui, en se référant au procès-verbal de l'inspecteur du travail d'où il résulte que cette limite a été dépassée pour chacun des salariés qu'il cite, ont suffisamment précisé le nombre d'heures fait par chacun de ces salariés (cass. crim. 12 octobre 1993, n° 92-85.203, B. crim. n° 290).

• L'article 18, paragraphe 1, sous b), i), premier tiret, de la directive 93/104/CE du 23 novembre 1993 concernant certains aspects de l'aménagement du temps de travail doit être interprété en ce sens qu'il exige une acceptation explicitement et librement exprimée par chaque travailleur pris individuellement pour que le dépassement de la durée maximale hebdomadaire de travail de 48 heures, telle que prévue à l'article 6 de la directive, soit valide. À cet égard, il ne suffit pas que le contrat de travail de l'intéressé se réfère à une convention collective qui permet un tel dépassement.

L'article 6, point 2, de la directive 93/104 doit être interprété en ce sens que, dans des circonstances telles que celles au principal, il s'oppose à la réglementation d'un État membre qui, s'agissant des périodes de permanence assurées par des secouristes dans le cadre d'un service de secours médical d'urgence d'un organisme, a pour effet de permettre, le cas échéant au moyen d'une convention collective ou d'un accord d'entreprise fondé sur une telle convention, un dépassement de la durée maximale hebdomadaire de travail de 48 heures fixée par cette disposition ;
– ladite disposition remplit toutes les conditions requises pour produire un effet direct ;
– saisie d'un litige opposant exclusivement des particuliers, la juridiction nationale est tenue, lorsqu'elle applique les dispositions du droit interne adoptées aux fins de transposer les obligations prévues par une directive, de prendre en considération l'ensemble des règles du droit national et de les interpréter, dans toute la mesure du possible, à la lumière du texte ainsi que de la finalité de cette directive pour aboutir à une solution conforme à l'objectif poursuivi par celle-ci. Dans les affaires au principal, la juridiction de renvoi doit donc faire tout ce qui relève de sa compétence pour empêcher le dépassement de la durée maximale hebdomadaire de travail qui est fixée à 48 heures en vertu de l'article 6, point 2, de la directive 93/104 (CJCE 5 octobre 2004, aff. C-397/01 à C-403/01, rec. p. I-8835 ; JOUE C 300/2 du 4.12.2004 ; *RJS* 12/04, p. 871, chron. : « Le temps de travail en quête de nouveaux repères. À propos de l'arrêt Pfeiffer et de la proposition de directive du 22 septembre 2004 », J-Ph. Lhernould et *RJS* 12/04 n° 1336).

Art. L. 3121-36. La durée hebdomadaire de travail calculée sur une période quelconque de douze semaines consécutives ne peut dépasser quarante-quatre heures.

Un décret pris après conclusion d'une convention ou d'un accord collectif de branche peut prévoir que cette durée hebdomadaire calculée sur une période de douze semaines consécutives ne peut dépasser quarante-six heures.

À titre exceptionnel dans certains secteurs, dans certaines régions ou dans certaines entreprises, des dérogations applicables à des périodes déterminées peuvent être apportées à la limite de quarante-six heures.

Art. L. 3121-37. Le comité d'entreprise ou, à défaut, les délégués du personnel donnent leur avis sur les dérogations prévues à la présente sous-section.

Cet avis est transmis à l'inspecteur du travail.

§ 1. Dispositions communes

Art. R. 3121-20. Le décret en Conseil d'État prévu à l'article L. 3121-54 est pris après avis de la Commission nationale de la négociation collective.

Art. R. 3121-21. Les dérogations à la durée maximale hebdomadaire prévues au second alinéa de l'article L. 3121-35 et au troisième alinéa de l'article L. 3121-36 ne peuvent être accordées que pour une durée expressément fixée par l'autorité compétente.

À l'expiration de cette durée, une nouvelle dérogation ne peut résulter que d'une décision expresse faisant suite à une nouvelle demande des intéressés, instruite dans les mêmes conditions que la demande initiale.

La dérogation est révocable à tout moment par l'autorité qui l'a accordée si les raisons qui en ont motivé l'octroi viennent à disparaître, notamment en cas de licenciements collectifs affectant les secteurs, régions ou entreprises ayant fait l'objet d'une dérogation.

Art. R. 3121-22. Les dérogations à la durée maximale hebdomadaire du travail peuvent être assorties de mesures compensatoires ayant pour objet, dans les entreprises bénéficiaires :
1° Soit de ramener la durée hebdomadaire moyenne de travail à moins de quarante-six heures pendant une période déterminée postérieure à la date d'expiration de la dérogation ;

2° Soit de prévoir, en faveur des salariés, des périodes de repos complémentaire ;
3° Soit d'abaisser, pendant une période limitée, la durée maximale du travail.
La nature et les conditions de cette compensation sont fixées par la décision de dérogation.

§ 2. Dérogation à la durée maximale hebdomadaire absolue

Art. R. 3121-23. La dérogation à la durée maximale hebdomadaire absolue du travail prévue à l'article L. 3121-35 est accordée par le ***(D. 2009-1377 du 10 nov. 2009, JO 13 ; D. 2010-687 du 24 juin 2010, JO 25 ; voir D. 2010-1582 du 17 déc. 2010, JO 18, pour outre-mer)*** « directeur régional des entreprises, de la concurrence, de la consommation, du travail et de l'emploi ». Elle ne peut l'être qu'en cas de circonstance exceptionnelle entraînant temporairement un surcroît extraordinaire de travail.

La demande de dérogation est adressée par l'employeur à l'inspecteur du travail.

Elle est assortie de justifications sur les circonstances exceptionnelles qui la motivent et précise la durée pour laquelle la dérogation est sollicitée.

Elle est accompagnée de l'avis du comité d'entreprise ou, à défaut, des délégués du personnel, s'il en existe.

Le ***(D. 2009-1377 du 10 nov. 2009, JO 13 ; D. 2010-687 du 24 juin 2010, JO 25 ; voir D. 2010-1582 du 17 déc. 2010, JO 18, pour outre-mer)*** « directeur régional des entreprises, de la concurrence, de la consommation, du travail et de l'emploi » prend sa décision au vu d'un rapport établi par l'inspecteur du travail et indiquant notamment si la situation de l'entreprise requérante justifie le bénéfice de la dérogation.

La décision précise l'ampleur de la dérogation ainsi que la durée pour laquelle elle est accordée.

§ 3. Dérogation à la durée hebdomadaire maximale moyenne

Art. R. 3121-24. La dérogation à la durée hebdomadaire maximale moyenne prévue au troisième alinéa de l'article L. 3121-36 revêt l'une des modalités suivantes :
1° Le dépassement de la durée moyenne hebdomadaire de quarante-six heures sur une période de douze semaines consécutives ;
2° La répartition de cette même moyenne sur une période de plus de douze semaines ;
3° La combinaison des deux modalités précédentes.

La décision de dérogation précise la modalité, l'ampleur et les autres conditions du dépassement autorisé.

Art. R. 3121-25. La demande de dérogation concernant l'ensemble d'un secteur d'activité sur le plan national est adressée par l'organisation d'employeurs intéressée au ministre chargé du travail.

Celui-ci prend sa décision après consultation des organisations d'employeurs et de salariés représentatives dans le secteur considéré, en tenant compte des conditions économiques et [de] la situation de l'emploi dans ce secteur.

Art. R. 3121-26. La demande de dérogation concernant un secteur d'activité sur le plan local, départemental ou interdépartemental est adressée par l'organisation d'employeurs intéressée au ***(D. 2009-1377 du 10 nov. 2009, JO 13 ; D. 2010-687 du 24 juin 2010, JO 25 ; voir D. 2010-1582 du 17 déc. 2010, JO 18, pour outre-mer)*** « directeur régional des entreprises, de la concurrence, de la consommation, du travail et de l'emploi ».

Celui-ci instruit la demande après consultation des organisations d'employeurs et de salariés représentatives intéressées, en tenant compte des conditions économiques et de la situation de l'emploi propres à la région et au secteur considérés.

La décision est prise par le ministre chargé du travail ou par délégation, par le ***(D. 2009-1377 du 10 nov. 2009, JO 13 ; D. 2010-687 du 24 juin 2010, JO 25 ; voir D. 2010-1582 du 17 déc. 2010, JO 18, pour outre-mer)*** « directeur régional des entreprises, de la concurrence, de la consommation, du travail et de l'emploi ».

Art. R. 3121-27. Lorsqu'une dérogation est accordée en application des articles R. 3121-25 ou R. 3121-26, l'entreprise intéressée ne peut user de cette dérogation qu'après décision de l'inspecteur du travail qui statue sur le principe et les modalités de l'application de celle-ci, après avis du comité d'entreprise ou, à défaut, des délégués du personnel, s'il en existe.

Art. R. 3121-28. L'employeur qui ne relève pas d'un secteur couvert par l'une des décisions prévues aux articles R. 3121-25 et R. 3121-26 peut, pour faire face à des situations exceptionnelles propres à son entreprise, demander une dérogation particulière.

Cette demande est motivée et adressée, accompagnée de l'avis du comité d'entreprise ou, à défaut, de celui des délégués du personnel, s'il en existe, à l'inspecteur du travail qui la transmet au ***(D. 2009-1377 du 10 nov. 2009, JO 13 ; D. 2010-687 du 24 juin 2010, JO 25 ; voir D. 2010-1582 du 17 déc. 2010, JO 18, pour outre-mer)*** « directeur régional des entreprises, de la concurrence, de la consommation, du travail et de l'emploi ».

Celui-ci prend sa décision au vu d'un rapport établi par l'inspecteur et indiquant, notamment, si la situation de l'entreprise requérante est de nature à justifier l'octroi de la dérogation.

(L. 2008-789 du 20 août 2008, art. 19, JO 21)

SECTION 4. Conventions de forfait

Note *Les accords conclus en application des articles L. 3121-40 à L. 3121-51 CT dans leur rédaction antérieure à la publication de la loi 2008-789 du 20 août 2008 (JO 21) restent en vigueur (loi 2008-789 précitée, art. 19, III). Ces articles sont rapportés ci-après.*

§ 1. Cadres intéressés

Art. L. 3121-38. La durée de travail des salariés ayant la qualité de cadre au sens de la convention collective de branche ou au sens du premier alinéa de l'article 4 de la convention nationale de retraite et de prévoyance des cadres du 14 mars 1947 et dont la nature des fonctions ne les conduit pas à suivre l'horaire collectif applicable au sein de l'atelier, du service ou de l'équipe auquel ils sont intégrés peut être fixée par des conventions individuelles de forfait.

Ces conventions individuelles de forfait peuvent être établies sur une base hebdomadaire, mensuelle ou annuelle.

Art. L. 3121-39. Les salariés ayant la qualité de cadre dont la nature des fonctions les conduit à suivre l'horaire collectif applicable au sein de l'atelier, du service ou de l'équipe auquel ils sont intégrés, sont soumis aux dispositions du présent titre relatives à la durée du travail ainsi qu'à celles des titres III à V relatives au repos, aux congés et au compte épargne-temps.

§ 2. Mise en place des conventions de forfait

Art. L. 3121-40. La conclusion de conventions de forfait est prévue par une convention ou un accord collectif de travail étendu ou par une convention ou un accord d'entreprise ou d'établissement.

Cette convention ou cet accord prévoit les catégories de cadres susceptibles de bénéficier de ces conventions individuelles de forfait ainsi que les modalités et les caractéristiques principales des conventions de forfait susceptibles d'être conclues.

À défaut de convention ou d'accord collectif de travail étendu ou de convention ou d'accord d'entreprise ou d'établissement, des conventions de forfait en heures ne peuvent être établies que sur une base hebdomadaire ou mensuelle.

Art. L. 3121-41. Lorsqu'une convention de forfait en heures a été conclue avec un salarié, la rémunération afférente au forfait est au moins égale à la rémunération que le salarié recevrait compte tenu du salaire minimum conventionnel applicable dans l'entreprise et des majorations pour heures supplémentaires prévues à l'article L. 3121-22.

§ 3. Forfait en heures sur l'année

Art. L. 3121-42. Pour les cadres mentionnés à l'article L. 3121-38, lorsque la convention ou l'accord collectif de travail prévoit la conclusion de conventions de forfait en heures sur l'année, l'accord collectif fixe la durée annuelle de travail à partir de laquelle le forfait est établi.

Ces dispositions s'appliquent sans préjudice du respect des dispositions relatives aux documents permettant de comptabiliser les heures de travail accomplies par chaque salarié prévues au titre VII.

Art. L. 3121-43. L'accord collectif peut déterminer des limites journalières et hebdomadaires se substituant :
1° À la durée quotidienne maximale de travail prévue à l'article L. 3121-34 ;
2° Aux durées hebdomadaires maximales de travail prévues au premier alinéa de l'article L. 3121-35 et aux premier et deuxième alinéas de l'article L. 3121-36.

Dans ce cas, l'accord prévoit des modalités de contrôle de l'application de ces nouveaux maxima conventionnels et détermine les conditions de suivi de l'organisation du travail et de la charge de travail des salariés intéressés.

Ces limites conventionnelles doivent respecter les dispositions de l'article L. 3131-1, relatives au repos quotidien, et des articles L. 3132-1, L. 3132-2 et L. 3164-2, relatives au repos hebdomadaire.

Art. L. 3121-44. Une convention ou un accord collectif de branche, de groupe, d'entreprise ou d'établissement peut ouvrir la faculté au salarié qui le souhaite, en accord avec l'employeur, d'accomplir des heures au-delà de la durée annuelle de travail prévue par la convention de forfait.

Cette convention ou cet accord prévoit, notamment :
1° Les conditions dans lesquelles ces heures sont accomplies ;
2° La majoration de salaire à laquelle elles donnent lieu ;
3° Les conditions dans lesquelles le salarié fait connaître son choix.

§ 4. Forfait en jours sur l'année

Art. L. 3121-45. Pour les cadres mentionnés à l'article L. 3121-38, la convention ou l'accord collectif de travail qui prévoit la conclusion de conventions de forfait en jours fixe le nombre de jours travaillés. Ce nombre ne peut dépasser le plafond de deux cent dix-huit jours.

Cette convention ou cet accord prévoit :
1° Les catégories de cadres intéressés au regard de leur autonomie dans l'organisation de leur emploi du temps ;
2° Les modalités de décompte des journées et des demi-journées travaillées et de prise des journées ou demi-journées de repos ;
3° Les conditions de contrôle de son application ;
4° Des modalités de suivi de l'organisation du travail des salariés concernés, de l'amplitude de leurs journées d'activité et de la charge de travail qui en résulte.

En outre, la convention ou l'accord peut prévoir la possibilité d'affecter des jours de repos sur un compte épargne-temps dans les conditions définies par les articles L. 3151-1 et suivants.

Art. L. 3121-46. Une convention ou un accord collectif de branche, de groupe, d'entreprise ou d'établissement peut ouvrir la faculté au salarié qui le souhaite, en accord avec l'employeur, de renoncer à une partie de ses jours de repos en contrepartie d'une majoration de son salaire. La convention ou l'accord collectif de travail détermine notamment le montant de cette majoration ainsi que les conditions dans lesquelles les salariés font connaître leur choix.

Art. L. 3121-47. Les salariés concernés par une convention de forfait en jours ne sont pas soumis aux dispositions relatives :
1° À la durée légale hebdomadaire prévue à l'article L. 3121-10 ;
2° À la durée quotidienne maximale du travail prévue à l'article L. 3121-34 ;
3° Aux durées hebdomadaires maximales de travail prévues au premier alinéa de l'article L. 3121-35 et aux premier et deuxième alinéas de l'article L. 3121-36.

Art. L. 3121-48. Les dispositions de l'article L. 3131-1, relatives au repos quotidien, et des articles L. 3132-1, L. 3132-2 et L. 3164-2, relatives au repos hebdomadaire, sont applicables aux salariés concernés par une convention de forfait en jours.

La convention ou l'accord instituant une telle convention de forfait détermine les modalités concrètes d'application de ces dispositions.

Art. L. 3121-49. Lorsque le nombre de jours travaillés dépasse le plafond annuel fixé par la convention ou l'accord, le salarié bénéficie, au cours des trois premiers mois de l'année suivante, d'un nombre de jours égal à ce dépassement. Ce nombre de jours est calculé après déduction :
1° Du nombre de jours affectés sur un compte épargne-temps ou auxquels le salarié a renoncé dans les conditions prévues à l'article L. 3121-46 ;
2° Des congés payés reportés dans les conditions prévues à l'article L. 3141-21.

Ce nombre de jours réduit le plafond annuel de l'année durant laquelle ils sont pris.

Art. L. 3121-50. Lorsqu'un salarié ayant conclu une convention de forfait en jours ne bénéficie pas d'une réduction effective de sa durée de travail ou perçoit une rémunération manifestement sans rapport avec les sujétions qui lui sont imposées, il peut, nonobstant toute clause contraire, conventionnelle ou contractuelle, saisir le juge judiciaire afin que lui soit allouée une indemnité calculée en fonction du préjudice subi eu égard notamment au niveau du salaire minimum conventionnel applicable ou, à défaut, de celui pratiqué dans l'entreprise, et correspondant à sa qualification.

Sous-section 2. Salariés non cadres

Art. L. 3121-51. Une convention ou un accord collectif de travail, une convention ou un accord d'entreprise ou d'établissement, conclu pour les cadres en application de l'article L. 3121-40, peut préciser que les conventions de forfait en heures sur l'année sont applicables aux salariés itinérants non cadres dont la durée du temps de travail ne peut être prédéterminée ou qui disposent d'une réelle autonomie dans l'organisation de leur emploi du temps pour l'exercice des responsabilités qui leur sont confiées. Dans ce cas, la convention ou l'accord comporte l'ensemble des précisions prévues au deuxième alinéa de l'article L. 3121-40 et à l'article L. 3121-42.

Il peut également préciser que les conventions de forfait en jours sont applicables aux salariés non cadres dont la durée du temps de travail ne peut être prédéterminée et qui disposent d'une réelle autonomie dans l'organisation de leur emploi du temps pour l'exercice des responsabilités qui leur sont confiées, sous réserve qu'ils aient individuellement donné leur accord par écrit. Dans ce cas, la convention ou l'accord comporte les précisions prévues à l'article L. 3121-45.

Sous-section 1. Mise en place des conventions de forfait

Note Voir fiche 14 de la circulaire DGT 20 du 13 novembre 2008 relative à la loi du 20 août 2008 portant notamment réforme du temps de travail.

Chaque année, l'employeur consulte le comité d'entreprise sur l'aménagement du travail sous forme de forfait ainsi que sur les modalités de suivi de la charge de travail des salariés concernés (y compris les forfaits hebdomadaires ou mensuels). Cette procédure se déroule dans le cadre de la consultation sur la durée et l'aménagement du temps de travail (voir art. L. 2323-29, al. 3).

Art. L. 3121-38. La durée du travail de tout salarié peut être fixée par une convention individuelle de forfait en heures sur la semaine ou sur le mois.

Note Ce type de forfait est ouvert aux salariés, cadres ou non cadres, et l'employeur peut l'utiliser même en l'absence d'accord collectif. Cette possibilité existait déjà pour tout salarié, en application de la jurisprudence et de la loi sur la mensualisation de 1978, mais elle n'avait été codifiée que pour les cadres par la loi du 19 janvier 2000 (circ. DGT 20 du 13 nov. 2008 précitée).

Conventions de forfait. *Licéité. Conditions.* Si la Cour de cassation admet la licéité de conventions de forfait (rémunération forfaitaire mensuelle englobant un certain nombre d'heures supplémentaires), elle la subordonne à certaines conditions : nécessité d'un accord exprès ou implicite (cass. soc. 21 juin 2005, n° 03-43.140 ; 31 mars 1998, n° 96-41.878, BC V n° 184 ; 11 janvier 1995, n° 93-41.525, *RJS* 2/95 n° 109 : accord des parties sur les tâches impliquées par les fonctions acceptées donnant au salaire convenu un caractère forfaitaire excluant la rémunération d'heures supplémentaires ; 26 septembre 2007, n° 06-41.543, 19 mai 2009, n° 07-43.557, rectifié par cass. soc. 4 juin 2009 ; 7 avril 2010, n° 08-43.768, *JSL* n° 278, 3 juin 2010, p. 26 ; 21 septembre 2010, n° 09-41.154, *JCP* éd. S 2010, 1453 : même si le principe en est posé par la convention collective, le paiement des heures supplémentaires suivant une convention de forfait ne peut résulter que d'un accord entre les parties), précision sur le nombre d'heures supplémentaires visées par la convention ou sur la durée hebdomadaire de travail que celle-ci concerne (cass. soc. 17 avril 1975, Babeau c/ Comera ; 18 juin 1986, *JS* 1986 SJ 194 ; 28 mars 2001, n° 99-41.729 ; 6 mai 2002, n° 00-42.765), rémunération au moins équivalente à ce à quoi le salarié peut prétendre au titre de la rémunération des heures accomplies dans le cadre de l'horaire normal de travail majorée de la rémunération des heures supplémentaires décomptées [cass. soc. 30 octobre 1996, n° 94-45.192 ; voir aussi cass. soc. 18 décembre 1972, n° 72-40.036, BC V n° 694 ; 4 mai 1999, n° 96-44.612, BC V n° 188 ; 18 janvier 2000, n° 97-45.736, *RJS* 3/00 n° 283 ; 15 juin 2000, n° 98-43.381 (rémunération équivalente au salaire minimum conventionnel augmenté des heures supplémentaires ; 13 juillet 2005, n° 03-47.603, *RJS* 11/05 n° 1100)].

La seule fixation d'une rémunération forfaitaire, sans que soit déterminé le nombre d'heures supplémentaires inclus dans cette rémunération, ne permet pas de caractériser une convention de forfait (cass. soc. 21 mars 2000, n° 97-45.155, BC V n° 111 ; 3 décembre 2003, n° 01-44.041, *RJS* 4/04 n° 417 ; 5 mai 2010, n° 08-43.652, BC V n° 104 ; 3 mai 2011, n° 09-70.813, *JCP* éd. S 2011, 1295, note M. Morand ; *RJS* 7/11 n° 580 ; 8 novembre 2011, n° 10-15.722). Une cour d'appel qui a relevé que le contrat de travail fixait une rémunération forfaitaire et faisait référence à l'horaire de travail en vigueur dans l'entreprise dont la salariée confirmait avoir pris connaissance, et constaté que la rémunération était au moins égale à la rémunération qu'elle aurait dû percevoir augmentée des heures supplémentaires, a estimé que l'employeur rapportait la preuve d'une convention de forfait et a pu limiter le montant des heures supplémentaires dues par l'employeur (cass. soc. 5 mai 2004, n° 01-43.918, BC V n° 121 ; *RJS* 7/04 n° 819).

Caractère contractuel. Le paiement des heures supplémentaires selon un forfait ne peut résulter que d'un accord entre les parties et un usage d'entreprise en ce sens est inopposable au salarié (cass. soc. 31 mars 1998, n° 96-41.878, BC V n° 184 ; *CSB* 1998 B. 129 ; 6 juillet 1999, n° 97-41.290, BC V n° 324 ; *RJS* 10/99 n° 1259 ; 16 décembre 2005, n° 03-45.389). Même si le principe en est posé par la convention collective, le paiement des heures supplémentaires selon un forfait ne peut résulter que d'un accord particulier entre l'employeur et le salarié (cass. soc. 10 mars 2004, n° 01-46.369, BC V n° 77 ; *RJS* 5/04 n° 549 ; 9 avril 2008, n° 07-41.418, BC V n° 82 ; *JCP* éd. S 2008, 1479). La convention de forfait d'heures supplémentaires présente un caractère contractuel et sa modification ne peut résulter que de l'accord des deux parties (cass. soc. 6 juillet 1999, n° 96-45.787, BC V n° 323). À noter que ni l'absence de mention des heures de travail effectuées sur le bulletin de paie ni le fait qu'un salarié se soit abstenu de protestation et réserve n'impliquent nécessairement l'existence d'un accord sur une rémunération forfaitaire (cass. soc. 19 novembre 1997, n° 95-41.110).

Effets. L'existence d'une convention de forfait n'interdit pas au salarié de prétendre au paiement des heures supplémentaires accomplies en sus du forfait convenu (cass. soc. 31 janvier 1996, n° 92-44.026, *RJS* 3/96 n° 293 ; 23 mai 1996, n° 93-41.779 ; 5 février 1997, n° 94-42.222, *RJS* 4/97 n° 425 : activités exceptionnelles imposées au salarié à l'occasion de salons professionnels auxquels l'intéressé avait consacré 11 h/jour ; cass. soc. 5 janvier 2000, n° 120 D, *RJS* 3/00 n° 283). L'usage constant d'une entreprise de rémunérer les heures supplémentaires effectuées au-delà du forfait sous la forme d'une prime d'activité plus avantageuse que la rémunération fondée sur les majorations légales ne constitue pas un mode de règlement contraire aux prescriptions légales (cass. soc. 28 octobre 1998, n° 95-45.085). L'existence d'une convention de forfait ne prive pas le salarié de son droit au repos compensateur (régime ancien) au titre des heures supplémentaires réellement effectuées (cass. soc. 2 février 1994, n° 91-45.514, BC V n° 42 ; voir aussi 10 décembre 1997, n° 95-40.008, *RJS* 1/98 n° 41 ; 5 janvier 2000, n° 97-44.606, *RJS* 3/00 n° 283).

Preuve. La rémunération forfaitaire d'heures supplémentaires ne se présume pas (cass. soc. 19 novembre 1996, n° 94-44.102 ; 8 mars 2007, n° 05-43.622, *RDT* juin 2007, CH, 395, G. Pignarre) et ne peut résulter du seul fait que le salarié avait un salaire très nettement supérieur au salaire minimal conventionnel (cass. soc. 20 juillet 1994, n° 91-40.004, *CSB* 1994 A. 56). La charge de la preuve de l'existence d'une convention de forfait incombe à celui qui l'invoque (cass. soc. 21 novembre 2000, n° 98-44.026, BC V n° 382 ; 17 octobre 2001 n° 99-44.562). Si l'employeur ne rapporte pas cette preuve, il doit payer les heures supplémentaires accomplies par le salarié en sus de l'horaire convenu entre les parties (cass soc. 13 juillet 1988, *CSB* 1988 S. 17).

En cas de litige relatif à l'existence ou au nombre de jours de travail effectués par le salarié dans le cadre d'une convention de forfait jours, la preuve n'incombe spécialement à aucune des parties et le juge ne peut, pour rejeter une demande de paiement de jours travaillés, se fonder sur l'insuffisance des preuves apportées par le salarié mais doit examiner les éléments de nature à justifier les jours effectivement travaillés par le salarié et que l'employeur est tenu de lui fournir (cass. soc. 23 septembre 2009, n° 08-41.377, BC V n° 200 ; *RJS* 12/09 n° 942 ; *JCP* éd. S 2009, 1531, note Fr. Dumont ; 7 décembre 2010, n° 09-42.626, BC V n° 281 ; *JSL* n° 292, 27 janvier 2011, p. 23 ; *JCP* éd. S 2011, 1060, note M. Morand ; *RJS* 4/11 n° 330 ; 6 juillet 2011, n° 10-15.050, *JSL* n° 308, 27 octobre 2011, pp. 12 et s., J-Ph. Lhernould).

Art. L. 3121-39. La conclusion de conventions individuelles de forfait, en heures ou en jours, sur l'année est prévue par un accord collectif d'entreprise ou d'établissement ou, à défaut, par une convention ou un accord de branche. Cet accord collectif préalable détermine les catégories de salariés susceptibles de conclure une convention individuelle de forfait, ainsi que la durée annuelle du travail à partir de laquelle le forfait est établi, et fixe les caractéristiques principales de ces conventions.

Note Les accords collectifs relatifs aux forfaits annuels en heures ou en jours antérieurs au 21 août 2008 restent en vigueur (loi 2008-789 du 20 août 2008, art. 19, III). Si ces accords venaient à être renégociés, l'employeur devrait procéder par avenants au contrat de travail, s'il souhaitait modifier les clauses individuelles de forfait des salariés concernés.

Les modalités de suivi de l'organisation du travail des salariés soumis à un forfait en jours, l'amplitude de leurs journées d'activité et la charge de travail qui en résulte, ainsi que les modalités concrètes d'application des dispositions des articles L. 220-1, L. 221-2 et L. 221-4 CT anciens ne peuvent être prévues que par une convention ou un accord collectif de travail, et ne peuvent en aucun cas être fixées unilatéralement par l'employeur (cass. soc. 13 décembre 2006, n° 05-14.685, BC V n° 382 ; *RJS* 3/07 n° 345, 1re espèce ; *Dr. Soc.* 2007, p. 359, obs. J. Barthélémy ; *JCP* éd. S 2007, 1217, note M. Del Sol).

Art. L. 3121-40. La conclusion d'une convention individuelle de forfait requiert l'accord du salarié. La convention est établie par écrit.

Note Selon l'article L. 212-15-3, I devenu L. 3121-38 CT, dans sa rédaction alors applicable, la durée de travail des cadres ne relevant pas des dispositions des articles L. 212-15-1 et L. 212-15-2 devenus L. 3111-2 et L. 3121-39 CT peut être fixée par des conventions individuelles de forfait établies sur une base hebdomadaire, mensuelle ou annuelle ; il en résulte que ces conventions doivent nécessairement être passées par écrit. C'est à tort que, pour débouter un salarié de sa demande en paiement d'heures supplémentaires pour la période postérieure à la date à laquelle il avait été promu au statut de cadre, une cour d'appel a retenu qu'à compter de sa promotion, l'intéressé avait bénéficié de jours de réduction du temps de travail au titre de forfait annuel en jours, ce dont il résultait que cet accord avait donné au salaire convenu un caractère forfaitaire excluant la rémunération d'heures supplémentaires, alors qu'il résultait de ses constatations qu'aucune convention individuelle de forfait n'avait été passée par écrit entre les parties (cass. soc. 26 mars 2008, n° 06-45.990, 1re branche du 1er moyen, BC V n° 71 ; *JSL* n° 232, 28 avril 2008, p. 19 ; *RJS* 6/08 n° 680 ; *JCP* éd. S 2008, 1375, note Fr. Dumont ; *RDT*, juillet/août 2008, CH, 462, M. Véricel).

De même, s'agissant d'une assistante commerciale licenciée pour faute grave, qui avait saisi la juridiction prud'homale notamment d'une demande en paiement d'un rappel d'heures supplémentaires, doit être cassé l'arrêt d'appel qui, pour rejeter cette demande, a retenu que la convention de forfait en jours ne nécessitait pas un écrit et pouvait être démontrée par tous moyens alors qu'aucune convention de forfait en jours n'avait été passée par écrit entre la société et la salariée (cass. soc. 16 décembre 2008, n° 07-42.107, BC V n° 250 ; *RJS* 2/09 n° 177 ; *JCP* éd. S 2008, 1005, note J-Fr. Cesaro).

Art. L. 3121-41. La rémunération du salarié ayant conclu une convention de forfait en heures est au moins égale à la rémunération minimale applicable dans l'entreprise pour le nombre d'heures correspondant à son forfait, augmentée des majorations pour heures supplémentaires prévues à l'article L. 3121-22.

Sous-section 2. Conventions de forfait sur l'année

§ 1. Conventions de forfait en heures sur l'année

Art. L. 3121-42. Peuvent conclure une convention de forfait en heures sur l'année, dans la limite de la durée annuelle de travail applicable aux conventions individuelles de forfait fixée par l'accord collectif :

1° Les cadres dont la nature des fonctions ne les conduit pas à suivre l'horaire collectif applicable au sein de l'atelier, du service ou de l'équipe auquel ils sont intégrés ;

2° Les salariés qui disposent d'une réelle autonomie dans l'organisation de leur emploi du temps.

Note

• S'agissant des salariés visés au 2°, la restriction aux itinérants non cadres est abandonnée ; par ailleurs, le critère alternatif de « l'horaire ne pouvant être prédéterminé » a été abandonné, au profit de la seule notion d'autonomie dans l'organisation de l'emploi du temps.

• En l'état d'un accord collectif instituant, d'une part, une convention horaire sur une base hebdomadaire de 38h30 avec une rémunération forfaitaire au moins égale à 115 % du salaire minimum conventionnel et, d'autre part, un nombre maximal de jours travaillés dans l'année, une cour d'appel a retenu à bon droit que la modalité de gestion du temps de travail retenue s'analysait en un forfait en heures assorti de la garantie d'un nombre maximal annuel de jours de travail et non en une convention de forfait en jours (cass. soc. 26 mai 2004, n° 02-10.723, BC V n° 144 ; *RJS* 8-9/04 n° 944). En effet, le maintien d'une référence horaire n'est ni incompatible avec l'application d'un décompte en jours ni contraire aux dispositions de la loi du 19 janvier 2000. Dès lors, l'avenant à un accord d'entreprise qui institue un décompte du temps de travail des cadres en heures peut, sans méconnaître les dispositions de cet accord, prévoir que l'activité de ces salariés sera exprimée en jours sur une base annuelle (cass. soc. 5 avril 2006, n° 04-30.143, BC V n° 141 ; *RJS* 6/06 n° 740).

S'agissant de salariés qui, de par les contraintes qui leur étaient imposées, ne disposaient d'aucune autonomie dans la gestion de leur emploi du temps autorisant le recours à un forfait annuel en heures tel que défini par la convention collective applicable, voir cass. soc. 23 juin 2004, n° 02-14.861, *RJS* 10/04 n° 1054.

§ 2. Conventions de forfait en jours sur l'année

Art. L. 3121-43. Peuvent conclure une convention de forfait en jours sur l'année, dans la limite de la durée annuelle de travail fixée par l'accord collectif prévu à l'article L. 3121-39 :

1° Les cadres qui disposent d'une autonomie dans l'organisation de leur emploi du temps et dont la nature des fonctions ne les conduit pas à suivre l'horaire collectif applicable au sein de l'atelier, du service ou de l'équipe auquel ils sont intégrés ;

2° Les salariés dont la durée du temps de travail ne peut être prédéterminée et qui disposent d'une réelle autonomie dans l'organisation de leur emploi du temps pour l'exercice des responsabilités qui leur sont confiées.

Note

• S'agissant des salariés visés au 2°, la restriction aux itinérants non cadres disparaît.

• L'accord collectif doit prévoir la durée annuelle de travail à partir de laquelle le forfait est établi et ce, dans la limite inchangée de 218 jours. La loi prévoit la possibilité de travailler au-delà du nombre de jours prévu à la convention de forfait comme c'était précédemment le cas mais pose des limites et conditions nouvelles.

Il était déjà possible de travailler au-delà de la durée prévue à la convention de forfait, en renonçant à des jours de repos (art. L. 3121-46 ancien) ou en récupérant au cours des trois premiers mois de l'année suivante un nombre de jours égal au dépassement du plafond annuel fixé par la convention ou l'accord (art. L 3121-49 ancien). Cette possibilité est conservée mais modifiée sur deux points :

1) Le nombre maximal de jours travaillés dans l'année est fixé :
– conventionnellement, par accord collectif d'entreprise ou d'établissement ou, à défaut, par accord de branche et ce, dans le respect des repos quotidien et hebdomadaire, des jours fériés chômés dans l'entreprise ainsi que des congés payés ;
– à défaut d'accord collectif, par la loi ; l'article L. 3121-45 fixe à 235 jours le plafond à ne pas dépasser.

2) Un accord collectif n'est pas nécessaire pour permettre et aménager les conditions d'un dépassement ; le salarié volontaire fait connaître son choix de travailler plus par la signature d'un avenant à la convention de forfait qui est conclu pour l'année de dépassement et qui peut être renouvelé chaque année.

Le salarié ne récupère plus un nombre de jours de repos égal au dépassement mais un plafond est instauré pour limiter le travail supplémentaire (circ. DGT 20 du 13 novembre 2008 précitée, fiche 14).

• Toute convention de forfait en jours doit être prévue par un accord collectif dont les stipulations assurent la garantie du respect des durées maximales de travail ainsi que des repos journalier et hebdomadaire. Dès lors que les stipulations de l'accord collectif sur l'organisation du travail applicable dans la branche, dont le respect est de nature à assurer la protection de la sécurité et de la santé du salarié soumis au régime du forfait en jours, n'ont pas été observées par l'employeur, la convention de forfait en jours est privée d'effet et le salarié peut prétendre au paiement d'heures supplémentaires, dont les juges doivent vérifier l'existence et le nombre (cass. soc. 29 juin 2011, n° 09-71.107, *JCP* éd. G 2011, 827, act. C. Lefranc-Hamoniaux ; *JCP* éd. S 2011, 1332, entretien J-Fr. Akandji-Kombé et 1333, doctrine M. Morand ; *RDT*, septembre 2011, CO, 474, B. Van Craeynest et Ph. Masson « Comment réglementer le temps de travail des cadres ? » ; ET, 481, M-Fr. Mazars, S. Laulom et Ch. Déjours, « Pot-pourri autour de l'arrêt du 29 juin 2011. Santé et validité des forfaits en jours » ; *RJS* 8-9/11 n° 696 ; *JSL* n° 304, 29 juillet 2011, p. 8 : « Les forfaits-jours validés sous conditions », M. Hautefort ; *JCP* éd. G 2011, 970, note N. Billon et Z. Baki ; *RDT*, mai 2011, ET, 298, S. Laulom, « L'organisation du temps de travail sous l'influence des droits sociaux européens »). À noter que cette jurisprudence a été rendue sous l'empire de la législation sur les forfaits jours antérieure à la loi TEPA du 20 août 2008, JO 21 (art. L. 3121-45 ancien CT).

Voir aussi cass. soc. 31 janvier 2012, n° 10-19.807, considérant que doit être cassé l'arrêt d'appel qui, pour débouter un salarié de sa demande en paiement d'heures supplémentaires, a, après avoir constaté que le salarié travaillait sans respecter la durée maximale du travail, retenu que ceci était conforme à son contrat de travail et aux accords collectifs régissant la profession et que le paiement des heures effectuées au-delà de la durée maximale quotidienne ne pouvait être imposé à l'employeur du fait de l'existence de la convention de forfait en jours. En statuant ainsi, alors que ni les stipulations non étendues de l'accord cadre sur l'organisation et la durée du travail dans l'industrie chimique, qui, dans le cas de forfait en jours, ne déterminent pas les modalités et les caractéristiques principales des conventions susceptibles d'être conclues mais renvoient à la convention écrite conclue avec le salarié concerné le soin de fixer les modalités de mise en œuvre et de contrôle du nombre de jours travaillés ainsi que la nécessité d'un entretien annuel d'activité du cadre avec sa hiérarchie, ni celles de l'accord d'entreprise, qui se bornent à affirmer que les cadres soumis à un forfait en jours sont tenus de respecter la durée minimale de repos quotidien et hebdomadaire, ne sont de nature à assurer la protection de la sécurité et de la santé du salarié soumis au régime du forfait en jours. En ne déduisant pas de ces dispositions que la convention de forfait en jours était privée d'effet et que le salarié pouvait prétendre au paiement d'heures supplémentaires dont elle devait vérifier l'existence et le nombre, la cour d'appel a violé l'article 151 du Traité sur le fonctionnement de l'Union européenne se référant à la Charte sociale européenne et à la Charte communautaire des droits sociaux fondamentaux des travailleurs, l'article L. 212-15-3 ancien CT, dans sa rédaction applicable au litige, interprété à la lumière de l'article 17, §§ 1 et 4 de la directive 1993/104/CE du Conseil du 23 novembre 1993, des articles 17, § 1, et 19 de la directive 2003/88/CE du Parlement européen et du Conseil du 4 novembre 2003 et de l'article 31 de la Charte des droits fondamentaux de l'Union européenne.

La Cour de cassation revient ainsi sur une jurisprudence antérieure qui considérait que si le défaut d'exécution par l'employeur des stipulations conventionnelles ne mettait pas en cause la validité de la convention de forfait en jours, il ouvrait cependant droit à des dommages et intérêts au profit du salarié (cass. soc. 10 janvier 2010, n° 08-43.201, BC V n° 14, cité sous art. L. 3121-46).

• Les jours d'ancienneté conventionnels doivent être pris en compte pour la détermination du nombre de jours travaillés sur la base duquel est fixé le plafond propre à chaque convention de forfait. Le retrait d'un jour de réduction de temps de travail en raison d'une absence pour maladie à un salarié ayant conclu un forfait jours sur l'année a pour effet d'entraîner une récupération prohibée par l'article L. 212-2-2 [L. 3122-27] CT (cass. soc. 3 novembre 2011, n° 10-18.762, *RJS* 1/12 n° 43 ; *JCP* éd. S 2011, 1567, note M. Morand ; *RDT*, décembre 2011, AC, 674 ; *JSL* n° 313, 3 janvier 2012, pp. 15 et s.).

• Sur les modalités de calcul de la retenue sur salaire à appliquer à un cadre soumis à une convention de forfait annuel en jours sur l'année, ayant participé à un mouvement de grève d'une durée inférieure à une journée ou à une demi-journée de travail, voir cass. soc. 13 novembre 2008, n° 06-44.608, cité sous l'article L. 2511-1 CT. Sur l'absence de retenue sur salaire prévue par un accord collectif dans le même cas, voir cass.soc. 4 mars 2009, n° 07-45.291, BC V n° 56 ; *RJS* 5/09 n° 439 ; *RDT*, mai 2009, CH, 325, H. Tissandier ; *JCP* éd. S 2009, 1444, note R. Vatinet (2e espèce).

Lorsqu'une convention ou un accord collectif limite la possibilité de signer une convention de forfait en jours à certaines catégories de salarié, seuls les salariés remplissant les conditions pour relever de la catégorie en question peuvent conclure ce type de forfait (cass. soc. 3 novembre 2011, n° 10-14.637, *JCP* éd. S 2011, 1577, note M. Morand et éd. G 2011, 1462, note M. Morand ; *RJS* 1/12 n° 42 ; *JSL* nos 311-312, 21 décembre 2011, pp. 25 et s.).

• Si le refus de signature d'une convention de forfait jours proposée en application d'un accord de réduction du temps de travail peut, le cas échéant, justifier le licenciement du salarié, l'employeur ne peut appliquer au salarié qui refuse de la signer la convention individuelle prévue par l'article L. 212-15-3 (ancien) CT (cass. soc. 30 mai 2007, n° 05-41.802, *JSL* n° 215, 10 juillet 2007, p. 24).

• Sur la question de savoir si un salarié, employé sur la base d'une convention de forfait annuel en jours inférieure au plafond légal ou conventionnel, par exemple pour 100 jours par an, doit être qualifié de salarié à temps partiel, voir circ. DRT 2000-07 du 6 décembre 2000. La Cour de cassation a précisé qu'une convention de forfait en jours peut être conclue pour certains cadres pour un nombre de jours inférieur au plafond prévu par l'article L. 212-15-3 (ancien) (cass. soc. 9 juillet 2003, n° 01-42.451, BC V n° 229 ; *RJS* 10/03 n° 1175).

• L'accord collectif qui, après avoir distingué les cadres dirigeants des cadres dont l'horaire était prédéterminé, a défini les cadres autonomes qui ne relevaient d'aucune de ces catégories comme étant ceux dont le rythme de travail ne pouvait, en raison de leur mission, être soumis à l'horaire collectif de travail du service qu'ils dirigeaient ou auquel ils étaient affectés est conforme à la loi. Cette définition, qui permet d'apprécier le degré d'autonomie du personnel d'encadrement concerné, est en effet conforme aux exigences de l'article L. 212-15-3, III (ancien) CT dans la mesure où, d'une part, la convention de forfait doit faire l'objet d'un accord particulier entre l'employeur et le salarié et où, d'autre part, il appartient au juge de vérifier, en cas de litige, que les fonctions effectivement exercées par le cadre ne lui permettent pas d'être soumis à l'horaire collectif de travail. La cour d'appel a ensuite exactement décidé que les dispositions de l'accord relatives au repos quotidien et hebdomadaire étaient conformes aux exigences de l'article L. 212-15-3, III (ancien) CT (cass. soc. 26 mai 2004, n° 02-18.756, BC V n° 143 ; *RJS* 11/04, p. 795 : « Accord de réduction de la durée du travail », rapport M-L Morin ; *Dr. Soc.* 2004, p. 839, obs. P-H Antonmattéi).

• Voir notamment *JCP* éd. S 2008, 1490, P-H d'Ornano, N. Ismaïl, « La convention de forfait en jours sur l'année après la loi 2008-789 du 20 août 2008 ».

Art. L. 3121-44. Le nombre de jours travaillés dans l'année fixé par l'accord collectif prévu à l'article L. 3121-39 ne peut excéder deux cent dix-huit jours.

Art. L. 3121-45. Le salarié qui le souhaite peut, en accord avec son employeur, renoncer à une partie de ses jours de repos en contrepartie d'une majoration de son salaire. L'accord entre le salarié et l'employeur est établi par écrit. Le nombre de jours travaillés dans l'année ne peut excéder un nombre maximal fixé par l'accord prévu à l'article L. 3121-39. À défaut d'accord, ce nombre maximal est de deux cent trente-cinq jours.

Le nombre maximal annuel de jours travaillés doit être compatible avec les dispositions du titre III relatives au repos quotidien, au repos hebdomadaire et aux jours fériés chômés dans l'entreprise, et du titre IV relatives aux congés payés.

Un avenant à la convention de forfait conclue entre le salarié et l'employeur détermine le taux de la majoration applicable à la rémunération de ce temps de travail supplémentaire, sans qu'il puisse être inférieur à 10 %.

Note Les III et IV de l'article 1er de la loi 2008-111 du 8 février 2008 pour le pouvoir d'achat s'appliquent, jusqu'au 31 décembre 2009, à la rémunération des jours auxquels les salariés renoncent dans les conditions prévues à l'article L. 3121-42 [L. 3121-45] CT (loi 2008-789 précitée, art. 23, I).

Art. L. 3121-46. Un entretien annuel individuel est organisé par l'employeur, avec chaque salarié ayant conclu une convention de forfait en jours sur l'année. Il porte sur la charge de travail du salarié, l'organisation du travail dans l'entreprise, l'articulation entre l'activité professionnelle et la vie personnelle et familiale, ainsi que sur la rémunération du salarié.

Note L'article L. 3121-45, dans sa rédaction antérieure à la loi 2008-789 du 20 août 2008, disposait que la convention ou l'accord permettant la conclusion d'une convention de forfait en jours prévoit des modalités de suivi de l'organisation du travail des salariés concernés, de l'amplitude de leurs journées d'activité et de la charge de travail qui en résulte ; dès lors, si le défaut d'exécution par l'employeur de cette stipulation conventionnelle ne met pas en cause la validité de la convention de forfait en jours, il ouvre cependant droit à des dommages et intérêts au profit du salarié (cass. soc. 13 janvier 2010, n° 08-43.201, BC V n° 14 ; *RJS* 3/10 n° 264 ; *JCP* éd. S 2010, 1101, note Fr. Dumont).

Art. L. 3121-47. Lorsqu'un salarié ayant conclu une convention de forfait en jours perçoit une rémunération manifestement sans rapport avec les sujétions qui lui sont imposées, il peut, nonobstant toute clause contraire, conventionnelle ou contractuelle, saisir le juge judiciaire afin que lui soit allouée une indemnité calculée en fonction du préjudice subi, eu égard notamment au niveau du salaire pratiqué dans l'entreprise, et correspondant à sa qualification.

Note Il résulte de la combinaison des articles L. 212-15-3, III [L. 3121-45 à 49 ; L. 3171-3] CT et de la convention collective applicable en l'espèce qu'un régime de forfait en jours ne peut être appliqué qu'aux cadres dont la durée du travail ne peut pas être prédéterminée et qui disposent d'une autonomie dans l'organisation de leur emploi du temps, et que, dans ce cas, le cadre doit bénéficier d'une grande liberté dans l'organisation de son travail à l'intérieur du forfait en jours ; l'indemnité prévue par l'article L. 212-15-4, al. 2 [L. 3121-50] CT n'est due qu'au salarié susceptible d'être, par application des dispositions légales et conventionnelles, soumis à une convention de forfait en jours.

Licencié pour faute grave, un moniteur de golf responsable d'enseignement, cadre selon la classification de la convention collective, a saisi la juridiction prud'homale de demandes relatives notamment au paiement de l'indemnité prévue par l'article

Art. L. 3121-48.

L. 212-15-4 ancien [L. 3121-50] CT. Ayant constaté que l'emploi du temps du salarié était déterminé par sa direction et son supérieur hiérarchique, lesquels définissaient le planning de ses interventions auprès des clients, qu'il ne disposait pas du libre choix de ses repos hebdomadaires, ce dont il se déduisait que, ne disposant d'aucune liberté dans l'organisation de son travail, il n'était pas susceptible de relever du régime du forfait en jours qui lui avait été appliqué, c'est à tort qu'une cour d'appel lui a alloué une indemnité sur le fondement de l'article L. 212-15-4, al. 2 [L. 3121-50] CT (cass. soc. 31 octobre 2007, n° 06-43.876, BC V n° 180 ; *JSL* n° 222, 27 novembre 2007, p. 8, M. Hautefort ; *RJS* 1/08 n° 36).

Sur l'évaluation du préjudice subi par le salarié pour des jours de travail effectués au-delà du forfait, voir aussi cass. soc. 7 décembre 2010, n° 09-42.626, *LS* Jurispr. 01/2011 du 3 janv. 2011 ; *JCP* éd. S 2011, 1060, note M. Morand.

Art. L. 3121-48. Les salariés ayant conclu une convention de forfait en jours ne sont pas soumis aux dispositions relatives :

1° À la durée légale hebdomadaire prévue à l'article L. 3121-10 ;

2° À la durée quotidienne maximale de travail prévue à l'article L. 3121-34 ;

3° Aux durées hebdomadaires maximales de travail prévues au premier alinéa de l'article L. 3121-35 et aux premier et deuxième alinéas de l'article L. 3121-36.

SECTION 5. Dispositions d'application

Art. L. 3121-52. Des décrets en Conseil d'État déterminent les modalités d'application des articles L. 3121-5, L. 3121-10 et L. 3121-34 pour l'ensemble des branches d'activité ou des professions ou pour une branche ou une profession particulière.

Ces décrets déterminent, notamment :

1° Les conditions de recours aux astreintes ;

2° Les dérogations permanentes ou temporaires applicables dans certains cas et pour certains emplois ;

3° Les mesures de contrôle de ces diverses dispositions.

Ces décrets sont pris et révisés après consultation des organisations d'employeurs et de salariés intéressées et au vu, le cas échéant, des résultats des négociations intervenues entre ces dernières.

Note Des décrets d'application sont intervenus notamment en ce qui concerne les entreprises de transport routier (décret 83-40 du 26 janvier 1983 modifié relatif aux modalités d'application des dispositions du code du travail concernant la durée du travail dans les entreprises de transport routier, JO 27, décret 2003-1242 du 22 décembre 2003, JO 24, relatif à la durée du travail dans les entreprises de transport routier de personnes modifié par décret 2006-408 du 6 avril 2006, JO 7, décret 2005-306 du 31 mars 2005, JO 1er avril, relatif à la durée du travail dans les entreprises de transport routier de marchandises), les entreprises de transport par voie de navigation intérieure et batellerie fluviale (décret 83-1111 du 19 décembre 1983, JO 22, modifié par décrets 2007-14 du 4 janvier 2007, JO 5 et 2008-1503 du 30 décembre 2008, JO 31), la SNCF (décret 99-1161 du 29 décembre 1999, JO 30 ; rectif. JO 5 févr. 2000, modifié par décrets 2006-5 du 4 janvier 2006, JO 5, 2008-119 du 7 février 2008, JO 10, 2008-1198 du 19 novembre 2008, JO 20 et 2008-1510 du 30 décembre 2008, JO 31), la RATP (décret 2006-516 du 5 mai 2006, JO 6 annulé par CE 25 juin 2007, n° 294557), les entreprises de transport sanitaire (décret 2009-32 du 9 janvier 2009, JO 11), les entreprises de transport public urbain de voyageurs (décret 2000-118 du 14 février 2000, JO 15 modifié), les établissements de banque, de finance, de crédit, d'épargne et de change (décret 97-326 du 10 avril 1997, JO 11, rectif. JO 12), le personnel des entreprises assurant la restauration dans les trains (décret 2003-849 du 4 septembre 2003, JO 6, modifié par le décret 2006-1336 du 3 novembre 2006, JO 4 et 2008-1503 du 30 décembre 2008, JO 31), les gens de mer (décret 2005-305 du 31 mars 2005, JO 1er avril), le personnel travaillant dans l'animation (décret 2005-908 du 2 août 2005, JO 4).

Pour les hôtels, cafés et restaurants, voir note sous art. L. 3121-22.

Art. L. 3121-53. Il peut être dérogé par convention ou accord collectif de travail étendu ou par convention ou accord d'entreprise ou d'établissement aux dispositions des décrets mentionnés à l'article L. 3121-52 relatives aux conditions de recours aux astreintes.

En cas de dénonciation ou de non-renouvellement de ces conventions ou accords collectifs, les dispositions de ces décrets auxquelles il avait été dérogé redeviennent applicables.

Art. L. 3121-54. Un décret en Conseil d'État détermine les mesures d'application du deuxième alinéa de l'article L. 3121-35, du troisième alinéa de l'article L. 3121-36 et de l'article L. 3121-37.

[Sanctions pénales]

Art. R. 3124-1. *(D. 2008-1131 du 3 nov. 2008, JO 5)* « Le fait de méconnaître les stipulations d'une convention ou d'un accord d'entreprise ou d'établissement, ou, à défaut, celles d'une convention ou d'un accord de branche, conformes aux dispositions des articles L. 3121-11, L. 3121-11-1, L. 3121-15, L. 3121-16, L. 3121-20 et L. 3121-22 à L. 3121-25, ainsi que du IV de l'article 18 de la loi n° 2008-789 du 20 août 2008 portant rénovation de la démocratie sociale et réforme du temps de travail est puni de l'amende prévue pour les contraventions de la quatrième classe. »

Les infractions donnent lieu à autant d'amendes qu'il y a de salariés indûment employés.

Note Les dispositions des articles R. 3124-1 et 2 sont applicables aux marins salariés des entreprises d'armement maritime (loi 2002-73 du 17 janvier 2002, art. 203, JO 18).

Art. R. 3124-2. *(D. 2008-1131 du 3 nov. 2008, JO 5)* « Le fait d'appliquer les stipulations d'une convention ou d'un accord d'entreprise ou d'établissement ou d'une convention ou d'un accord de branche contraires aux dispositions des articles L. 3121-11, L. 3121-11-1, L. 3121-15, L. 3121-16, L. 3121-20 et L. 3121-22 à L. 3121-25, ainsi que du IV de l'article 18 de la loi n° 2008-789 du 20 août 2008 portant rénovation de la démocratie sociale et réforme du temps de travail, est puni d'une amende prévue pour les contraventions de la quatrième classe. »

Les infractions donnent lieu à autant d'amendes qu'il y a de salariés indûment employés.

Art. R. 3124-3. Le fait de méconnaître les dispositions relatives à la durée légale hebdomadaire et à la durée quotidienne maximale du travail prévues par les articles L. 3121-10 et L. 3121-34 ainsi que celles des décrets prévus par les articles L. 3121-52 et L. 3122-46, est puni de l'amende prévue pour les contraventions de la quatrième classe.

Les contraventions donnent lieu à autant d'amendes qu'il y a de salariés indûment employés.

Note Les dispositions de l'article R. 260-1 (ancien) ne s'appliquant pas à l'article R. 261-3 (ancien) CT, la Cour de cassation considère que ce dernier article ne déroge pas expressément au principe du cumul des peines contraventionnelles et qu'il convient, par conséquent, de prononcer, dans un cas d'emploi de salariés dans des conditions irrégulières pendant plusieurs journées consécutives, autant d'amendes qu'il y a eu pour chaque salarié d'infractions journalières constatées (cass. crim. 11 mai 1982, n° 81-93.406, B. crim. n° 121).

Une cour d'appel a fait une exacte application des articles 132-7 c. pén. et R. 261-3 (ancien) CT en refusant de limiter le nombre d'amendes au nombre de salariés concernés par les infractions (soit 34) et en condamnant le prévenu à 158 amendes dès lors qu'il avait été relevé 130 dépassements des durées quotidiennes maximales de travail effectif et 28 dépassements des durées maximales de travail effectif hebdomadaire (cass. crim. 18 avril 2000, n° 99-86.105).

Le régime des sanctions nationales applicables aux infractions à la réglementation communautaire relative aux conditions de travail dans les transports routiers n'est pas incompatible avec le principe de proportionnalité institué par le traité CEE. D'une part, ces sanctions correspondent à celles applicables aux infractions aux règles nationales de même nature et de même importance, notamment celles relatives à la durée du travail et à la circulation routière. D'autre part, elles constituent une mesure dissuasive de nature à inciter l'employeur à contrôler régulièrement le respect des dispositions réglementaires par ses préposés. Ainsi, il n'y a pas lieu de saisir la Cour de justice d'une question préjudicielle (cass. crim. 15 février 1994, n° 93-80.023, B. crim. n° 69 ; *JCP* éd. E 1994.II.620, note O. Godard).

Art. R. 3124-4. Le fait de ne pas accorder les compensations prévues à l'article L. 3121-7 en cas d'astreinte, est puni de l'amende prévue pour les contraventions de la quatrième classe.

Le fait de ne pas remettre à chaque salarié concerné ou de ne pas avoir conservé à la disposition de l'inspection du travail le document récapitulant le nombre d'heures d'astreinte accompli par salarié et par mois et la compensation correspondante est puni de la même peine.

Les contraventions donnent lieu à autant d'amendes qu'il y a de salariés indûment employés.

Art. R. 3124-6. Le fait de méconnaître les dispositions relatives au contingent annuel d'heures supplémentaires prévues par les articles ***(D. 2008-1131 du 3 nov. 2008, JO 5)*** « L. 3121-11, L. 3121-11-1 et L. 3121-15 », est puni de l'amende prévue pour les contraventions de la quatrième classe.

Les infractions donnent lieu à autant d'amendes qu'il y a de salariés indûment employés.

Art. R. 3124-7. Le fait de méconnaître les dispositions relatives aux contreparties aux heures supplémentaires prévues par les articles ***(D. 2008-1131 du 3 nov. 2008, JO 5)*** « L. 3121-11 », L. 3121-22 à ***(D. 2008-1131 du 3 nov. 2008, JO 5)*** « L. 3121-25 ainsi que par le IV de l'article 18 de la loi n° 2008-789 du 20 août 2008 portant rénovation de la démocratie sociale et réforme du temps de travail », est puni de l'amende prévue pour les contraventions de la quatrième classe.

Les infractions donnent lieu à autant d'amendes qu'il y a de salariés indûment employés.

Art. R. 3124-11. Le fait de méconnaître les dispositions relatives aux durées hebdomadaires maximales de travail prévues par les articles L. 3121-35 à L. 3121-37, est puni de l'amende prévue pour les contraventions de la quatrième classe.

Les infractions donnent lieu à autant d'amendes qu'il y a de salariés indûment employés.

[Art. R. 3124-12. Abrogé par décret 2008-1131 du 3 novembre 2008, JO 5.]

Art. R. 3124-13. Le fait de méconnaître les dispositions de l'article R. 3121-23, relatives à la durée maximale hebdomadaire absolue, est puni de l'amende prévue pour les contraventions de la cinquième classe, prononcée autant de fois qu'il y a de salariés concernés par l'infraction.

La récidive est réprimée conformément aux articles 132-11 et 132-15 du code pénal.

Note « En prévoyant, en cas de récidive seulement, le cumul des peines contraventionnelles et, en tout autre cas, le prononcé d'un nombre d'amendes égal au nombre des personnes employées, les dispositions de l'article L. 260-1 (ancien) ont institué, en la matière, un système de répression spécial qui déroge au droit commun et selon lequel, s'il n'y a pas récidive, le nombre d'amendes prononcées en cas de pluralité d'infractions ne peut excéder le nombre des personnes irrégulièrement employées » (cass. ass. plén. 22 janvier 1982, *D.* 157, concl. Cabannes ; *JCP* 1982, n° 19865 avec note R. de Lestang). Dans le même sens, cass. crim. 15 décembre 1987, B. crim. n° 468 et 15 octobre 1991, Faul ; voir aussi cass. crim. 20 novembre 2007, n° 06-86.289 cité sous art. R. 3124-15. Cette dérogation au principe du cumul des peines contraventionnelles n'est pas applicable lorsque les infractions ont été relevées dans des établissements distincts de la même entreprise (cass. crim. 19 novembre 1991, n° 91-81.095, B. crim. n° 419 ; *RJS* 3/92 n° 293).

[Art. R. 3124-14. Abrogé par décret 2008-1131 du 3 novembre 2008, JO 5.]

CHAPITRE II

Répartition et aménagement des horaires

Note La loi fusionne les différents dispositifs d'aménagement du temps de travail dans un cadre légal unique. Les anciennes dispositions légales relatives au travail par cycles (art. L. 3122-3), à la réduction du temps de travail par octroi de journées ou de demi-journées de repos (art. L. 3122-19), à la modulation du temps de travail (art. L. 3122-9), au temps partiel modulé (art. L. 3123-25) sont, en effet, abrogées et remplacées par un cadre légal unique d'aménagement du temps de travail (voir circulaire DGT 20 du 13 nov. 2008 précitée, fiche 11, « L'aménagement du temps de travail » et fiche 12, « Le temps partiel aménagé sur tout ou partie de l'année »).

Les heures supplémentaires seront décomptées dans les conditions fixées par ces accords dans le respect des anciens articles L. 3122-3, L. 3122-9, L. 3122-19 et L. 3123-25 CT. Elles continueront à bénéficier des exonérations fiscales et sociales prévues par l'article 1er de la loi du 21 août 2007 dans les mêmes conditions que précédemment (voir note sous art. L. 3121-22).

Le maintien en vigueur des accords de branche ne fait aucunement obstacle à ce que des entreprises puissent négocier des accords qui ne seraient pas conformes à l'accord de branche. La loi est immédiatement applicable et des accords d'entreprise fixant un aménagement du temps de travail différent de l'accord de branche existant peuvent être immédiatement conclus.

Toutefois, à défaut d'accord d'entreprise, les accords de branche existant conservent tous leurs effets et leurs clauses se trouvent pérennisées pour les entreprises qui n'ont pas la capacité de négocier un aménagement du temps de travail différent, c'est-à-dire concrètement celles de moins de 11 salariés ne disposant pas de représentants du personnel (circ. DGT 20 du 13 novembre 2008 précitée, fiche 11).

(L. 2008-789 du 20 août 2008, art. 20, JO 21)

SECTION 1. Répartition des horaires sur une période supérieure à la semaine et au plus égale à l'année

Note • Les accords conclus en application des articles L. 3122-3 (cycle), L. 3122-9 (modulation), L. 3122-19 (jours de RTT sur l'année) et L. 3123-25 CT (temps partiel modulé) (ou des articles L. 713-8 et 14 du code rural) dans leur rédaction antérieure à la publication de la loi 2008-789 du 20 août 2008 (JO 21) restent en vigueur (loi 2008-789 précitée, art. 20, V).

Ces articles sont rapportés ci-après.

Art. L. 3122-3. Les cycles de travail, dont la durée est fixée à quelques semaines, peuvent être mis en place :
1° Dans les entreprises qui fonctionnent en continu ;
2° Lorsque cette possibilité est autorisée par décret ou prévue par une convention ou un accord collectif de travail étendu ou une convention ou un accord d'entreprise ou d'établissement qui fixe alors la durée maximale du cycle.

Note N'a pas donné de base légale à sa décision le conseil de prud'hommes qui a condamné un employeur, qui avait versé des sommes intitulées « heures complémentaires » destinées à compenser les écarts entre la durée effective de travail et la durée prévue par un accord de réduction du temps de travail prévoyant des cycles (12 semaines pour 420 heures de travail), à payer des heures supplémentaires à un salarié sans, d'une part, vérifier ce que recouvraient les heures payées à ce salarié sous l'appellation « d'heures complémentaires » et sans, d'autre part, rechercher si des heures de travail effectif, ou considérées comme telles, avaient dépassé la durée moyenne de 35 heures calculée sur la durée du cycle de travail (cass. soc. 25 janvier 2006, n° 04-46.695, BC V n° 40 ; *RJS* 4/06 n° 497).

Art. L. 3122-9. Une convention ou un accord collectif de travail étendu ou une convention ou un accord d'entreprise ou d'établissement peut prévoir que la durée hebdomadaire du travail peut varier sur tout ou partie de l'année à condition que, sur un an, cette durée n'excède pas un plafond de 1 607 heures.

La convention ou l'accord peut fixer un plafond inférieur.

La convention ou l'accord précise les données économiques et sociales justifiant le recours à la modulation.

La convention ou l'accord doit respecter les durées maximales quotidiennes et hebdomadaires de travail définies au chapitre Ier.

Art. L. 3122-19. Une convention ou un accord collectif de travail étendu ou une convention ou un accord d'entreprise ou d'établissement peut prévoir que la durée hebdomadaire moyenne sur l'année est réduite, en tout ou partie, en deçà de trente-neuf heures, par l'attribution de journées ou de demi-journées de repos.

Dans ce cas, constituent des heures supplémentaires auxquelles s'appliquent les dispositions relatives au décompte et au paiement des heures supplémentaires, au repos compensateur et au contingent annuel d'heures supplémentaires :
1° Les heures accomplies au-delà de 1 607 heures dans l'année ;
2° Les heures accomplies au-delà de trente-neuf heures ou d'un plafond inférieur fixé par la convention ou l'accord, non déjà décomptées au titre du 1°.

Art. L. 3123-25. Une convention ou un accord collectif de travail étendu ou un accord d'entreprise ou d'établissement peut prévoir que la durée hebdomadaire ou mensuelle peut varier dans certaines limites sur tout ou partie de l'année à condition que, sur un an, la durée hebdomadaire ou mensuelle n'excède pas en moyenne la durée stipulée au contrat de travail.

Cette convention ou cet accord prévoit :
1° Les catégories de salariés concernés ;
2° Les modalités selon lesquelles la durée du travail est décomptée ;
3° La durée minimale de travail hebdomadaire ou mensuelle ;
4° La durée minimale de travail pendant les jours travaillés. Une convention de branche ou un accord professionnel étendu ou une convention ou un accord d'entreprise ou d'établissement peut prévoir plus d'une interruption d'activité ou une interruption supérieure à deux heures ;
5° Les limites à l'intérieur desquelles la durée du travail peut varier, l'écart entre chacune de ces limites et la durée stipulée au contrat de travail ne pouvant excéder le tiers de cette durée. La durée du travail du salarié ne peut être portée à un niveau égal ou supérieur à la durée légale hebdomadaire ;
6° Les modalités selon lesquelles le programme indicatif de la répartition de la durée du travail est communiqué par écrit au salarié ;
7° Les conditions et les délais dans lesquels les horaires de travail sont notifiés par écrit au salarié ;
8° Les modalités et les délais selon lesquels ces horaires peuvent être modifiés, cette modification ne pouvant intervenir moins de sept jours après la date à laquelle le salarié en a été informé. Ce délai peut être ramené à trois jours par convention ou accord collectif de branche étendu ou convention ou accord d'entreprise ou d'établissement.

Art. L. 3122-1. Sauf stipulations contraires d'un accord d'entreprise ou d'établissement, la semaine civile débute le lundi à 0 heure et se termine le dimanche à 24 heures.

Note La possibilité de négocier est plus large qu'avant la loi du 20 août 2008 : la seule adaptation possible consistait à fixer la semaine civile du dimanche 0 h au samedi minuit par accord d'entreprise.

Art. L. 3122-2. Un accord collectif d'entreprise ou d'établissement ou, à défaut, une convention ou un accord de branche peut définir les modalités d'aménagement du temps de travail et organiser la répartition de la durée du travail sur une période supérieure à la semaine et au plus égale à l'année. Il prévoit :

1° Les conditions et délais de prévenance des changements de durée ou d'horaire de travail ;

2° Les limites pour le décompte des heures supplémentaires ;

3° Les conditions de prise en compte, pour la rémunération des salariés, des absences ainsi que des arrivées et départs en cours de période.

Lorsque l'accord s'applique aux salariés à temps partiel, il prévoit les modalités de communication et de modification de la répartition de la durée et des horaires de travail.

Sauf stipulations contraires d'un accord d'entreprise ou d'établissement ou, à défaut, d'une convention ou d'un accord de branche, le délai de prévenance en cas de changement de durée ou d'horaires est fixé à sept jours.

À défaut d'accord collectif, un décret définit les modalités et l'organisation de la répartition de la durée du travail sur plus d'une semaine.

Note Cet article instaure la primauté de la convention ou de l'accord collectif d'entreprise ou d'établissement par rapport à la convention ou l'accord de branche en matière d'aménagement du temps de travail. Les dispositions de l'accord collectif d'entreprise ou d'établissement s'appliquent donc à l'entreprise ou à l'établissement nonobstant les prescriptions de l'accord de branche et ce, quelle que soit la date de conclusion de ce dernier, en vertu de la décision du conseil constitutionnel 2008-568 DC du 7 août 2008 (circ. DGT 20 du 13 novembre 2008 précitée, fiche 11).

• Un arrêt du 28 septembre 2010 précise les conditions de coordination entre contrat de travail et accord collectif dérogatoire de durée du travail lorsque ce dernier modifie le contrat de travail ; la Cour de cassation considère dans cette décision que l'instauration d'une modulation du temps de travail constitue une modification du contrat de travail qui requiert l'accord exprès du salarié (cass. soc. 28 septembre 2010, n° 08-43.161, *SSL* 20 décembre 2010, n° 1472, Ph. Florès « Modulation du temps de travail et modification du contrat de travail » ; *JCP* éd. S 2010, 1466, note M. Morand ; *RJS* 12/10 n° 939 ; *JSL* n° 287, 18 novembre 2010, p. 7 : « Modulation : l'accord collectif ne suffit pas, l'acceptation de chaque salarié est requise », M. Hautefort ; *RDT*, déc. 2010, CH, 725, Fl. Canut ; *D.* 2011, EC, 219, note S. Frossard).

Art. L. 3122-3. Par dérogation aux dispositions de l'article L. 3122-2 dans les entreprises qui fonctionnent en continu, l'organisation du temps de travail peut être organisée sur plusieurs semaines par décision de l'employeur.

Art. L. 3122-4. Lorsqu'un accord collectif organise une variation de la durée de travail hebdomadaire sur tout ou partie de l'année ou lorsqu'il est fait application de la possibilité de calculer la durée du travail sur une période de plusieurs semaines prévue par le décret mentionné à l'article L. 3122-2, constituent des heures supplémentaires, selon le cadre retenu par l'accord ou le décret pour leur décompte :

1° Les heures effectuées au-delà de 1607 heures annuelles ou de la limite annuelle inférieure fixée par l'accord, déduction faite, le cas échéant, des heures supplémentaires effectuées au-delà de la limite haute hebdomadaire éventuellement fixée par l'accord et déjà comptabilisées ;

2° Les heures effectuées au-delà de la moyenne de trente-cinq heures calculée sur la période de référence fixée par l'accord ou par le décret, déduction faite des heures supplémentaires effectuées au-delà de la limite haute hebdomadaire fixée, le cas échéant, par l'accord ou par le décret et déjà comptabilisées.

Note Cet article rappelle le seuil de déclenchement des heures supplémentaires en concordance avec la loi 2007-1223 du 21 août 2007 en faveur du travail, de l'emploi et du pouvoir d'achat.

Ainsi, lorsqu'un accord collectif organise une variation de la durée de travail hebdomadaire sur tout ou partie de l'année ou lorsqu'il est fait application de la possibilité de calculer la durée du travail sur une période de 4 semaines prévue par l'article D. 3122-7-1, constituent des heures supplémentaires, selon le cadre retenu par l'accord ou le décret pour leur décompte :

– les heures effectuées au-delà de 1607 heures annuelles ou de la limite annuelle inférieure fixée par l'accord (déduction faite, le cas échéant, des heures supplémentaires effectuées au-delà de la limite haute hebdomadaire éventuellement fixée par l'accord et déjà comptabilisées) ;

– les heures effectuées au-delà de la moyenne de 35 h calculée sur la période de référence fixée par l'accord (déduction faite, le cas échéant, des heures supplémentaires effectuées au-delà de la limite haute hebdomadaire éventuellement fixée par l'accord et déjà comptabilisées) ;
– les heures effectuées au-delà de la moyenne de 35 h calculée sur la période de référence de quatre semaines au plus fixée par l'article D. 3122-7-1 intervenant en l'absence d'accord, déduction faite, le cas échéant, des heures supplémentaires effectuées au-delà de la limite haute hebdomadaire de 39 h déjà comptabilisées, si l'entreprise aménage le temps de travail sans accord collectif.

L'article 81 *quater* du code général des impôts a été modifié afin de permettre aux salariés et employeurs, couverts par un accord d'aménagement du temps de travail conclu conformément à l'article L. 3122-4, de bénéficier des exonérations sociales et fiscales prévues par la loi du 21 août 2007, au titre des heures supplémentaires effectuées au-delà de 1607 heures annuelles (les heures effectuées entre 1607 heures annuelles et la limite annuelle inférieure fixée par l'accord ne sont pas exonérées) ou de 35 heures en moyenne sur la période de référence, ainsi que des heures complémentaires effectuées (circ. DGT 20 du 13 novembre 2008 précitée, fiche 11).

Art. L. 3122-5. Un accord collectif d'entreprise ou d'établissement ou, à défaut, une convention ou un accord de branche peut prévoir que la rémunération mensuelle des salariés des entreprises organisant la variation de la durée de travail hebdomadaire sur tout ou partie de l'année est indépendante de l'horaire réel et est calculée dans les conditions prévues par l'accord.

Toutefois, lorsque les heures supplémentaires sont accomplies au-delà des limites prévues par l'accord, les rémunérations correspondantes sont payées avec le salaire du mois considéré.

Note « Pour l'application des articles 1er et 4 de la loi n° 2008-111 du 8 février 2008 (exonérations prévues), les articles L. 3121-45, L. 3121-46, L. 3121-51, L. 3122-5, L. 3122-19 et L. 3152-1 CT s'appliquent, jusqu'au 31 décembre 2009, dans leur rédaction antérieure à la publication de la présente loi. Pour l'application de l'article 2 de la loi n° 2008-111 du 8 février 2008 précitée, les mêmes articles du code du travail s'appliquent jusqu'au 31 décembre 2010 dans leur rédaction antérieure à la publication de la présente loi » (loi 2008-789 précitée, art. 23, II).

L'article L. 3122-5 dans sa rédaction antérieure est rapporté ci-après :

Art. L. 3122-5. Lorsque sont organisés des cycles de travail, seules sont considérées comme heures supplémentaires pour l'application des dispositions relatives au décompte et au paiement des heures supplémentaires, au décompte des heures entrant dans le calcul du contingent annuel d'heures supplémentaires et au repos compensateur obligatoire, celles qui dépassent la durée moyenne de trente-cinq heures calculée sur la durée du cycle de travail.

Note Dans les entreprises travaillant en continu par cycles successifs, seules les heures effectuées au-delà d'une durée moyenne hebdomadaire de 35 h (39 h avant le 1er janvier 2000), calculée sur la durée du cycle, sont des heures supplémentaires (cass. soc. 26 mars 2008, n° 06-45.578, BC V n° 70 ; *RDT*, juin 2008, CH, 396, S. Frossard ; *JCP* éd. S 2008, 1421, note Fr. Dumont ; *RJS* 6/08 n° 681).

SECTION 2. Aménagement des horaires

Équipes successives en cycle continu

Art. R. 3122-1. Dans les établissements ou parties d'établissements industriels pratiquant le mode de travail par équipes successives selon un cycle continu, l'affectation d'un salarié à deux équipes successives est interdite, sauf à titre exceptionnel et pour des raisons impérieuses de fonctionnement.

Lorsque l'affectation à une deuxième équipe a prolongé la durée du travail de plus de deux heures, les motifs en sont communiqués dans les quarante-huit heures par l'employeur à l'inspecteur du travail.

Horaires individualisés

Art. L. 3122-23. Pour répondre aux demandes de certains salariés, les employeurs sont autorisés à déroger à la règle de l'horaire collectif de travail et à pratiquer des horaires individualisés sous réserve que le comité d'entreprise ou, s'il n'en existe pas, les délégués du personnel n'y soient pas opposés et que l'inspecteur du travail ou le fonctionnaire de contrôle assimilé soit préalablement informé.

Note

• La procédure de mise en place des horaires individualisés instituée par la loi doit s'appliquer non seulement à la première mise en place mais aussi à toute modification apportée aux horaires individualisés (rép. QE 5811, JO Sén. 19 août 1982, p. 3907).

• De façon tout à fait exceptionnelle, la loi accorde aux représentants du personnel un véritable droit de veto à un projet patronal concernant l'organisation du travail (cass. soc. 16 décembre 1981, *JS* 1982 SJ 35). Si le comité d'établissement peut s'opposer à un projet patronal d'horaires individualisés, il ne peut pas substituer son propre plan à celui de l'employeur et prétendre l'imposer par un vote majoritaire (cass. crim. 4 novembre 1983, *JS* 1984 SJ 11).

• Le droit d'opposition prévu par cet article s'exerce préalablement à la décision de l'employeur d'instituer des horaires personnalisés dérogatoires aux horaires collectifs de travail, l'employeur étant tenu de recueillir l'avis favorable du comité d'entreprise ou des délégués du personnel. Une telle procédure de recueil d'accord des représentants du personnel n'est pas prévue en cas de suppression des horaires personnalisés et donc de retour aux horaires de travail de droit commun. Et se rend coupable d'entrave au fonctionnement du comité d'établissement l'employeur qui refuse de consulter celui-ci sur la question de l'abandon de l'horaire collectif, prévu par le règlement intérieur, au profit de l'instauration d'un horaire individualisé (cass. crim. 16 septembre 2003, n° 02-86.661, B. crim. n° 164 ; *RJS* 1/04 n° 72).

En l'absence, dans l'entreprise, de dispositions instituant une procédure particulière sur la suppression des horaires personnalisés, l'employeur peut revenir sur ces horaires sans avoir à recueillir l'accord préalable du comité d'entreprise ou d'établissement (CA Paris 29 mai 2002, 1re ch., n° 01-9690, *RJS* 12/02 n° 1402).

Mais la mise en place d'horaires individualisés constitue un engagement unilatéral de l'employeur qui ne peut être dénoncé ou suspendu qu'après information des instances représentatives du personnel et des salariés dans un délai suffisant pour permettre d'éventuelles négociations. En disant justifié par une cause réelle et sérieuse le licenciement d'un salarié qui avait refusé d'appliquer une note de service interne suspendant l'horaire variable au sein de son service, alors qu'elle avait relevé que l'employeur avait suspendu unilatéralement le régime d'horaires individualisés dans l'entreprise sans informer préalablement les représentants du personnel ni respecter un délai de prévenance, ce dont il résultait que cette décision était irrégulière et inopposable au salarié et que le refus de celui-ci de s'y soumettre ne pouvait constituer une faute, une cour d'appel a violé les règles régissant la dénonciation des engagements unilatéraux de l'employeur (cass. soc. 10 décembre 2003, n° 02-40.039, *JSL* n° 137, 9 janvier 2004, p. 24 ; *RJS* 3/04 n° 314).

• Lorsque l'employeur apporte aux horaires en vigueur, pour les besoins de l'entreprise, une modification ponctuelle ou individuelle n'affectant pas les conditions générales de travail, cette modification ne nécessite pas l'accord préalable du comité d'entreprise et ne porte pas atteinte à l'engagement unilatéral qu'il a pris à l'égard de l'ensemble des salariés en ce qui concerne les horaires (horaire variable individualisé étalé du lundi au vendredi). Ayant constaté que, sans remettre en cause le principe et les modalités d'aménagement des horaires, l'employeur s'était borné, pour un seul salarié auquel il attribuait des tâches d'entretien et de réparation dont certaines ne pouvaient s'accomplir que le samedi, à adapter, dans l'intérêt de l'entreprise, l'horaire de travail à la spécificité de l'emploi, la cour d'appel a justifié sa décision déboutant le comité de sa demande tendant à faire juger que le salarié embauché ne puisse travailler que selon l'horaire adopté avec son accord, soit à l'exclusion du samedi (cass. soc. 1er juillet 1997, n° 95-12.000, BC V n° 241 ; *CSB* 1997 A. 46).

• Constitue une cause réelle et sérieuse de licenciement le fait, pour une salariée soumise au régime des horaires variables, de ne pas avoir arrêté son compteur individuel au moment où elle cessait son travail, ce qui privait son employeur de la possibilité de contrôler réellement le temps exact de son travail (cass. soc. 22 septembre 1993, n° 92-40.505, *RJS* 11/93 n° 1078).

Art. R. 3122-2. En cas d'horaires individualisés, à défaut de stipulations différentes d'une convention ou d'un accord collectif de travail étendu ou d'un accord d'entreprise ou d'établissement, le report d'heures d'une semaine à une autre ne peut excéder trois heures et le cumul des reports ne peut avoir pour effet de porter le total des heures reportées à plus de dix.

Art. L. 3122-24. Dans les entreprises qui ne disposent pas de représentant du personnel, la pratique des horaires individualisés est autorisée par l'inspecteur du travail après qu'a été constaté l'accord du personnel.

Note Une cour d'appel a pu décider qu'un employeur n'avait pu valablement imposer à une salariée, qui le refusait, un horaire contraire à l'horaire collectif de l'entreprise sans autorisation préalable de l'inspecteur du travail et le condamner à payer à l'intéressée une indemnité pour licenciement sans cause réelle et sérieuse (cass. soc. 3 juin 1998, n° 96-40.309, *CSB* 1998 S. 133).

Art. R. 3122-3. La décision d'autoriser le recours aux horaires individualisés, prise par l'inspecteur du travail en application de l'article L. 3122-24, est notifiée dans les deux mois suivant le dépôt de la demande par l'employeur.

Art. L. 3122-25. Les horaires individualisés peuvent entraîner, dans la limite d'un nombre d'heures fixé par décret, des reports d'heures d'une semaine à une autre. Ces heures ne sont ni comptées ni rémunérées en heures supplémentaires, pourvu qu'elles résultent d'un libre choix du salarié.

Note Après avoir relevé qu'un accord instituant dans une entreprise des horaires individualisés et les conditions de leur report d'une semaine à une autre avait été conclu entre l'employeur et le comité d'entreprise, et non avec un ou plusieurs syndicats de salariés, et en avoir déduit qu'il n'avait ni la valeur ni les effets d'un accord collectif habilité à prévoir des dérogations aux limites légales et réglementaires de report, c'est à bon droit qu'une cour d'appel a décidé que cet accord ne devait pas s'appliquer. Après avoir constaté que la convention collective applicable se bornait à énoncer la possibilité de la mise en place d'horaires individualisés, sans préciser dans quelles limites il pourrait y avoir report d'une semaine sur l'autre et cumul des reports, la cour a pu inviter l'employeur et le salarié demandeur à effectuer le calcul des sommes dues à ce dernier sur la base des dispositions réglementaires (cass. soc. 21 février 2007, n° 04-43.071, BC V n° 30 ; *RJS* 5/07 n° 606 ; *JCP* éd. S 2007, 1291 ; *RDT*, juillet/août 2007, CH, 462, M. Véricel).

Art. L. 3122-26. Les salariés handicapés mentionnés aux 1°, 2°, 3°, 4°, 9°, 10° et 11° de l'article L. 5212-13 bénéficient à leur demande, au titre des mesures appropriées prévues à l'article L. 5213-6, d'aménagements d'horaires individualisés propres à faciliter leur accès à l'emploi, leur exercice professionnel ou le maintien dans leur emploi.

Les aidants familiaux et les proches de la personne handicapée bénéficient dans les mêmes conditions d'aménagements d'horaires individualisés propres à faciliter l'accompagnement de cette personne handicapée.

Récupération des heures perdues

Art. L. 3122-27. Seules peuvent être récupérées, selon des modalités déterminées par décret, les heures perdues par suite d'interruption collective du travail résultant :

1° De causes accidentelles, d'intempéries ou de cas de force majeure ;

2° D'inventaire ;

3° Du chômage d'un jour ou de deux jours ouvrables compris entre un jour férié et un jour de repos hebdomadaire ou d'un jour précédant les congés annuels.

Note • Le caractère limitatif de cette liste ne permet donc pas son allongement par voie conventionnelle et conduit à interdire la récupération des heures perdues du fait du chômage d'un jour férié, d'une grève ou d'un lock-out. En conséquence, les dérogations conventionnelles permises ne peuvent porter que sur les modalités d'application du système.

• Lorsqu'il a été régulièrement décidé que les heures perdues par suite d'une interruption collective de travail pour une journée dite de « pont » seraient récupérées, cette décision s'impose à l'ensemble du personnel, y compris aux salariés qui, lors de l'interruption collective de travail, se trouvent absents pour maladie (cass. soc. 25 mai 1994, n° 91-40.927, *RJS* 7/94 n° 864 ; *CSB* 1994 B. 134).

• Si les heures perdues à la suite du chômage d'un ou de deux jours ouvrables entre un jour férié et un jour de repos hebdomadaire peuvent être récupérées, même si le ou les deux jours ouvrables précèdent le jour férié, un même jour férié ou un même jour de repos ne peut permettre la récupération des heures perdues à la fois pour les jours ouvrables qui le précèdent et ceux qui le suivent (cass. soc. 18 mai 1999, n° 97-13.131, BC V n° 224).

• Cet article, énumérant limitativement les interruptions collectives de travail pouvant donner lieu à récupération, n'a pas prévu le cas d'ouverture de la chasse (cass. soc. 13 octobre 1993, *RJS* 11/93 n° 1105) ou l'interruption du travail lors d'une journée non immédiatement précédée par un jour férié (cass. soc. 28 janvier 1997, n° 92-44.976, *RJS* 3/97 n° 292). Un employeur ne saurait ainsi contraindre un salarié à récupérer les heures perdues dans ces cas de figure.

• L'absence d'avis donné immédiatement à l'inspecteur du travail lorsque le travail est interrompu collectivement par un événement imprévu, si elle constitue une faute de l'employeur pouvant donner lieu au profit des salariés à réparation en fonction du préjudice subi, n'affecte pas pour autant la régularité de la décision de récupération prise par l'employeur (cass. soc. 16 décembre 2005, n° 04-40.905, BC V n° 371, *RJS* 3/06 n° 356).

• Un accord d'entreprise relatif à la réduction du temps de travail n'ayant pu remettre en cause les dispositions de la convention collective du personnel relatives au régime des jours chômés pendant lesquels l'entreprise est fermée, une cour d'appel a pu en déduire qu'une salariée dont l'absence au titre de la réduction du temps de travail avait coïncidé avec trois jours fériés et chômés avait droit à la récupération des jours chômés (cass. soc. 13 décembre 2006, n° 05-42.528, BC V n° 384 ; *RJS* 3/07 n° 348).

• Les dispositions de l'article L. 212-2-2 (L. 3122-27) CT énonçant les cas dans lesquels les heures de travail perdues peuvent être récupérées sont applicables aux conventions de forfaits en jours. En conséquence, le retrait d'un jour de réduction de temps de travail, en raison d'une absence pour maladie, à un salarié ayant conclu un forfait jours sur l'année a pour effet d'entraîner une récupération prohibée par ce texte (cass. soc. 3 novembre 2011, n° 10-18.762, *RJS* 1/12 n° 43 ; *JCP* éd. S 2011, 1567, note M. Morand ; *RDT*, décembre 2011, AC, 674 ; *JSL* n° 313, 3 janvier 2012, pp. 15 et s.).

Art. R. 3122-4. Les heures perdues dans les cas prévus à l'article L. 3122-27 ne sont récupérables que dans les douze mois précédant ou suivant leur perte.

L'inspecteur du travail est préalablement informé par l'employeur des interruptions collectives de travail et des modalités de la récupération.

Si le travail est interrompu par un évènement imprévu, l'information est donnée immédiatement.

Note À noter qu'une convention collective peut réduire le délai de douze mois pendant lequel la récupération peut intervenir, s'agissant d'une disposition plus favorable aux salariés (cass. soc. 14 janvier 1988, n° 84-45.407, BC V n° 49).

Le non-respect par l'employeur de l'obligation d'informer l'inspecteur du travail des interruptions collectives de travail et des modalités de la récupération ne peut donner lieu qu'à des dommages-intérêts, dans le cas où un préjudice en serait résulté pour les salariés (cass. soc. 28 janvier 1997, n° 94-41.784, *RJS* 3/97 n° 292), dont les juges apprécient souverainement le montant (cass. soc. 19 avril 2000, n° 98-41.099, *RJS* 7-8/00 n° 813).

Le défaut de l'autorisation écrite de l'inspecteur du travail, exigée par l'article 3 c du décret du 2 mars 1937 pour les heures de récupération effectuées au-delà du délai de 50 jours à dater de la reprise du travail prévu par l'article 3 b de ce décret, ne s'oppose pas à l'application de l'article D. 212-1 [R. 3122-4] CT avant l'expiration de ce délai. L'inobservation par l'employeur des dispositions de ce dernier texte ne donne pas aux heures de récupération, dans la limite fixée par l'article D. 212-2, al. 2, [R. 3122-5] le caractère d'heures supplémentaires (cass. soc. 5 juillet 1995, n° 92-40.161, SA Sadec c/ Benetteau et a. ; voir aussi cass. soc. 15 avril 1992, n° 88-43.057, BC V n° 279 ; *RJS* 7/92 n° 875 ; 22 octobre 1985, n° 83-40.162, BC V n° 484).

Art. R. 3122-5. Les heures de récupération ne peuvent être réparties uniformément sur toute l'année.

Elles ne peuvent augmenter la durée du travail de l'établissement ou de la partie d'établissement de plus d'une heure par jour, ni de plus de huit heures par semaine.

Art. R. 3122-6. L'employeur ne peut licencier pour insuffisance d'activité, dans le délai d'un mois succédant à une période de récupération, les salariés habituellement employés dans l'établissement ou partie d'établissement où ont été accomplies des heures de récupération ou des heures supplémentaires.

Cette disposition ne s'applique pas aux salariés embauchés temporairement pour faire face à un surcroît extraordinaire de travail.

Art. R. 3122-7. La faculté de récupération est, en cas de chômage extraordinaire et prolongé survenant dans une profession, suspendue pour cette profession :

1° Par arrêté du ministre chargé du travail soit pour l'ensemble du territoire, soit pour une ou plusieurs régions ;

2° Par décision du ***(D. 2009-1377 du 10 nov. 2009, JO 13 ; D. 2010-687 du 24 juin 2010 ; voir D. 2010-1582 du 17 déc. 2010, JO 18, pour outre-mer)*** « directeur régional des entreprises, de la concurrence, de la consommation, du travail et de l'emploi » pour des établissements spécialement déterminés.

(D. 2008-1132 du 4 nov. 2008, JO 5)

Répartition de l'horaire sur une période de quatre semaines au plus

Art. D. 3122-7-1. En l'absence d'accord collectif, la durée du travail de l'entreprise ou de l'établissement peut être organisée sous forme de périodes de travail, chacune d'une durée de quatre semaines au plus.

L'employeur établit le programme indicatif de la variation de la durée du travail. Ce programme est soumis pour avis, avant sa première mise en œuvre, au comité d'entreprise ou, à défaut, aux délégués du personnel, s'ils existent.

Les modifications du programme de la variation font également l'objet d'une consultation du comité d'entreprise ou, à défaut, des délégués du personnel, s'ils existent.

L'employeur communique au moins une fois par an au comité d'entreprise ou, à défaut, aux délégués du personnel un bilan de la mise en œuvre du programme indicatif de la variation de la durée du travail.

Les salariés sont prévenus des changements de leurs horaires de travail dans un délai de sept jours ouvrés au moins avant la date à laquelle ce changement intervient.

Art. D. 3122-7-2. Lorsqu'il est fait application des dispositions de l'article D. 3122-7-1, la rémunération mensuelle des salariés des entreprises organisant des périodes de travail sur quatre semaines au plus est indépendante de l'horaire réel. Elle est calculée sur la base de trente-cinq heures hebdomadaires.

Art. D. 3122-7-3. En application du 2° de l'article L. 3122-4, sont des heures supplémentaires les heures effectuées :

1° Au-delà de trente-neuf heures par semaine.

2° Au-delà de la durée moyenne de trente-cinq heures hebdomadaires calculée sur la période de référence de quatre semaines au plus, déduction faite, le cas échéant, des heures supplémentaires comptabilisées au titre du dépassement de la durée hebdomadaire.

En cas d'arrivée ou départ en cours de période de quatre semaines au plus, les heures accomplies au-delà de trente-cinq heures hebdomadaires sont des heures supplémentaires. Les semaines où la durée de travail est inférieure à trente-cinq heures, le salaire est maintenu sur la base de trente-cinq heures hebdomadaires.

En cas d'absence rémunérée, le temps non travaillé n'est pas récupérable et est valorisé sur la base du temps qui aurait été travaillé si le salarié avait été présent, heures supplémentaires comprises.

Aménagement pour la pratique du sport

Art. L. 3122-28. Tout salarié peut, compte tenu des possibilités de l'entreprise, bénéficier d'aménagements de son horaire de travail pour la pratique régulière et contrôlée d'un sport.

SECTION 3. Travail de nuit

Note • La loi 2001-397 du 9 mai 2001 (JO 10) a mis la législation française en conformité avec le droit communautaire, en levant, d'une part, l'interdiction du travail de nuit des femmes dans l'industrie qui figurait dans les articles L. 213-1 à L. 213-6 (anciens) CT et qui avait été jugée par la CJCE contraire au principe d'égalité de traitement entre les hommes et les femmes (sur la jurisprudence communautaire, voir le « Code annoté européen du travail », *Groupe Revue Fiduciaire*, éd. 2010, note sous article 23 de la directive 2006/54/CE, p. 513) et en instaurant, d'autre part, un régime légal du travail de nuit (définition, modalités de recours, garanties et contreparties au profit des salariés...) dans le cadre de la transposition de la directive 93/104 du 23 novembre 1993 concernant certains aspects sur l'aménagement du temps de travail.

• Voir instruction DGT 2010/06 du 29 juillet 2010 relative aux règles de compétence territoriale en matière de dérogation en durée du travail.

Sous-section 1. Définitions

Art. L. 3122-29. Tout travail entre 21 heures et 6 heures est considéré comme travail de nuit.

Une autre période de neuf heures consécutives, comprise entre 21 heures et 7 heures incluant, en tout état de cause, l'intervalle compris entre 24 heures et 5 heures, peut être substituée à la période mentionnée au premier alinéa par une convention ou un accord collectif de travail étendu ou un accord d'entreprise ou d'établissement.

À défaut d'accord et lorsque les caractéristiques particulières de l'activité de l'entreprise le justifient, cette substitution peut être autorisée par l'inspecteur du travail après consultation des délégués syndicaux et avis du comité d'entreprise ou des délégués du personnel s'il en existe.

Note • Le passage, même partiel, d'un horaire de jour à un horaire de nuit constitue une modification du contrat de travail qui doit être acceptée par le salarié (cass. soc. 7 avril 2004, n° 02-41.486, BC V n° 107 ; *JSL* n° 146, 26 mai 2004, p. 23 ; 3 mai 2007, n° 05-45.690, *JSL* n° 216, 31 juillet 2007, p. 24 ; 2 avril 2008, n° 06-45.736). De même, lorsqu'elle s'accompagne d'un passage d'un horaire de nuit à un horaire de jour ou d'un horaire de jour à un horaire de nuit, la mise en œuvre de la clause de mobilité suppose, nonobstant toute clause contractuelle ou conventionnelle contraire, que le salarié accepte cette mise en œuvre (cass. soc. 14 octobre 2008, n° 07-40.092, BC V n° 190 ; *RJS* 12/08 n° 1161, 2e espèce ; *JCP* éd. S 2008, 1668, note B. Bossu ; *Dr. Soc.* 2009, p. 113, obs. Ch. Radé ; 22 septembre 2009, n° 08-43.034, *JCP* éd. S 2009, 1507 ; 20 janvier 2010, n° 08-43.236).

• Statuant sur l'incidence de la nouvelle définition du travail de nuit, issue de la loi du 9 mai 2001, sur l'attribution des compensations salariales fixées par certaines conventions collectives, la Cour de cassation a décidé que cette définition n'avait pas pour effet de modifier les conditions d'attribution de ces compensations, alors même qu'elles ne prendraient pas en compte la totalité des heures comprises entre 21 h et 6 h (cass. soc. 21 juin 2006, n° 05-42.307, BC V n° 227, arrêt n° 2 ; *JCP* éd. E 2006, n° 48, 30 novembre 2006, ch. 2731, G. Vachet ; *RJS* 8-9/06 n° 954 ; cass. soc. 12 juillet 2006, n° 04-45.441, BC V n° 264 ; 17 juillet 2007, n° 06-42.684 ; 28 septembre 2011, n° 10-16.528). En revanche, lorsque la convention collective ne définit pas la période nocturne ouvrant droit à compensation salariale, il convient de retenir la définition légale du travail de nuit en vigueur le jour où le juge statue (cass. soc. 24 janvier 2007, n° 04-45.585, BC V n° 14, *RDT*, avril 2007, CH, 250, M. Véricel ; *JCP* éd. S 2007,

1218, note S. Brissy ; 30 novembre 2011, n° 10-10.570). Ce faisant, la Cour de cassation a opéré un revirement de jurisprudence. En effet, elle avait considéré dans un premier temps que les majorations salariales conventionnelles devaient s'appliquer à l'ensemble de la tranche horaire 21 h - 6 h, même si les conventions collectives prévoyaient une période plus courte (cass. soc. 16 décembre 2005, n° 04-46.741, BC V n° 372, *JSL* n° 181, 17 janvier 2006, p. 26).

• Au regard d'une convention collective prévoyant une majoration de salaire au profit du personnel effectuant un service continu entre 22 heures et 5 heures, un salarié qui a travaillé successivement de 1 heure 30 à 6 heures, de 2 heures à 6 heures et de 1 heure 30 à 7 heures a effectué un service continu durant la période définie conventionnellement (cass. soc. 16 novembre 2007, n° 06-40.391, BC V n° 193 ; *JCP* éd. S 2008, 1218, note Th. Lahalle ; *RJS* 2108 n° 234).

Art. L. 3122-30. Par dérogation aux dispositions de l'article L. 3122-29, pour les activités de production rédactionnelle et industrielle de presse, de radio, de télévision, de production et d'exploitation cinématographiques, de spectacles vivants et de discothèque, la période de travail de nuit est fixée entre 24 heures et 7 heures.

Une autre période de travail de nuit peut être fixée par une convention ou un accord collectif de branche étendu, un accord d'entreprise ou d'établissement. Cette période de substitution devra comprendre en tout état de cause l'intervalle compris entre 24 heures et 5 heures.

Art. L. 3122-31. Est considéré comme travailleur de nuit tout travailleur qui :

1° Soit accomplit, au moins deux fois par semaine, selon son horaire de travail habituel, au moins trois heures de son temps de travail quotidien durant la période définie à l'article L. 3122-29 ou à l'article L. 3122-30 ;

2° Soit accomplit, au cours d'une période de référence, un nombre minimal d'heures de travail de nuit au sens de ces mêmes articles.

Le nombre minimal d'heures de travail de nuit et la période de référence mentionnés au 2° sont fixés par convention ou accord collectif de travail étendu ou, à défaut, par décret en Conseil d'État pris après consultation des organisations représentatives au niveau national des employeurs et des salariés.

Art. R. 3122-8. En l'absence de définition par une convention ou accord collectif de travail étendu, est considéré comme travailleur de nuit, au sens de l'article L. 3122-31, le travailleur qui accomplit, pendant une période de douze mois consécutifs, deux cent soixante dix heures de travail.

Note La circulaire DRT 2002-09 du 5 mai 2002 relative au travail de nuit (BO TR 2002/11, p. 269) précise les définitions du travail de nuit et du travailleur de nuit, ainsi que les nouvelles garanties et contreparties dont bénéficient les travailleurs de nuit. Elle explique également les dérogations d'ordre conventionnel ou administratif à certaines dispositions et précise les nouveaux pouvoirs de l'inspecteur du travail en cette matière.

Sous-section 2. Conditions de mise en œuvre

Art. L. 3122-32. Le recours au travail de nuit est exceptionnel. Il prend en compte les impératifs de protection de la santé et de la sécurité des travailleurs et est justifié par la nécessité d'assurer la continuité de l'activité économique ou des services d'utilité sociale.

Art. L. 3122-33. La mise en place dans une entreprise ou un établissement du travail de nuit au sens de l'article L. 3122-31 ou son extension à de nouvelles catégories de salariés sont subordonnées à la conclusion préalable d'une convention ou d'un accord collectif de branche étendu ou d'un accord d'entreprise ou d'établissement.

Cette convention ou cet accord collectif comporte les justifications du recours au travail de nuit mentionnées à l'article L. 3122-32.

Art. L. 3122-34. La durée quotidienne du travail accompli par un travailleur de nuit ne peut excéder huit heures.

Il peut être dérogé à ces dispositions par convention ou accord collectif de branche étendu ou par convention ou accord d'entreprise ou d'établissement, dans des conditions déterminées par décret en Conseil d'État, ou lorsqu'il est fait application des dispositions des articles L. 3132-16 et suivants relatifs aux équipes de suppléance.

Il peut également être dérogé aux dispositions du premier alinéa en cas de circonstances exceptionnelles, sur autorisation de l'inspecteur du travail donnée après consultation des délégués syndicaux et après avis du comité d'entreprise ou des délégués du personnel s'il en existe, selon des modalités déterminées par le décret mentionné au deuxième alinéa.

Note Selon le Conseil d'État, l'alinéa 2 de cet article permet aux partenaires conventionnels de déroger à la règle légale limitant à 8 heures la durée quotidienne de travail pour les travailleurs de nuit (CE 26 février 2003, n° 238579, *RJS* 7/03 n° 920).

Art. R. 3122-9. Il peut être dérogé, par convention ou accord collectif de branche étendu ou par convention ou accord d'entreprise ou d'établissement, à la durée maximale quotidienne de huit heures fixée à l'article L. 3122-34 pour les salariés exerçant :

1° Des activités caractérisées par l'éloignement entre le domicile et le lieu de travail du salarié ou par l'éloignement entre différents lieux de travail du salarié ;

2° Des activités de garde, de surveillance et de permanence caractérisées par la nécessité d'assurer la protection des biens et des personnes ;

3° Des activités caractérisées par la nécessité d'assurer la continuité du service ou de la production.

Art. R. 3122-10. Il peut être dérogé à la durée maximale quotidienne de huit heures sur autorisation de l'inspecteur du travail, en cas :

1° De faits résultants des circonstances étrangères à l'employeur, anormales et imprévisibles ;

2° D'évènements exceptionnels dont les conséquences n'auraient pu être évitées.

Art. R. 3122-11. La demande de dérogation à la durée maximale quotidienne de travail, accompagnée des justifications utiles, de l'avis du comité d'entreprise ou, à défaut, des délégués du personnel, s'il en existe, et du procès-verbal de consultation des délégués syndicaux, s'il en existe, est adressée par l'employeur à l'inspecteur du travail.

En l'absence de délégué syndical, de comité d'entreprise et de délégués du personnel, la demande est accompagnée d'un document attestant une information préalable des salariés.

Art. R. 3122-12. La dérogation ne peut être accordée par l'inspecteur du travail que si des périodes de repos d'une durée au moins équivalente au nombre d'heures accomplies au-delà de la durée maximale quotidienne sont attribuées aux salariés intéressés. Ce repos est pris dans les plus brefs délais à l'issue de la période travaillée.

Lorsque, dans des cas exceptionnels, le bénéfice de ce repos n'est pas possible pour des raisons objectives, une contrepartie équivalente permettant d'assurer une protection appropriée au salarié intéressé est prévue par accord collectif de travail.

Art. R. 3122-13. Le recours hiérarchique formé contre la décision de l'inspecteur du travail est porté devant le ***(D. 2009-1377 du 10 nov. 2009, JO 13 ; D. 2010-687 du 24 juin 2010, JO 25 ; voir D. 2010-1582 du 17 déc. 2010, JO 18, pour outre-mer)*** « directeur régional des entreprises, de la concurrence, de la consommation, du travail et de l'emploi » dans le délai d'un mois suivant la date à laquelle les intéressés en ont reçu notification.

Art. R. 3122-14. L'employeur peut déroger, sous sa propre responsabilité, à la durée maximale quotidienne de huit heures lorsque les circonstances mentionnées à l'article R. 3122-10 impliquent :

1° L'exécution de travaux urgents en vue d'organiser des mesures de sauvetage ;

2° La prévention d'accidents imminents ;

3° La réparation d'accidents survenus au matériel, aux installations ou aux bâtiments.

S'il n'a pas encore adressé de demande de dérogation, l'employeur présente immédiatement à l'inspecteur du travail une demande de régularisation accompagnée des justifications, de l'avis du comité d'entreprise ou, à défaut des délégués du personnel, s'il en existe, du procès-verbal de consultation des délégués syndicaux, s'il en existe, et de toutes explications nécessaires sur les causes ayant nécessité une prolongation de la durée quotidienne du travail sans autorisation préalable.

S'il se trouve dans l'attente d'une réponse à une demande de dérogation, il informe immédiatement l'inspecteur du travail de l'obligation où il s'est trouvé d'anticiper la décision attendue et en donne les raisons.

Art. R. 3122-15. L'inspecteur du travail saisi d'une demande de dérogation, en application du présent paragraphe, fait connaître sa décision, dans un délai de quinze jours à compter de la date de réception de la demande, à l'employeur et, s'il y a lieu, aux représentants du personnel.

Art. L. 3122-35. La durée hebdomadaire de travail des travailleurs de nuit, calculée sur une période quelconque de douze semaines consécutives, ne peut dépasser quarante heures.

Une convention ou un accord de branche étendu ou une convention ou un accord d'entreprise ou d'établissement peut porter cette limite à quarante-quatre heures lorsque les caractéristiques propres à l'activité d'un secteur le justifient.

Un décret peut également fixer la liste des secteurs pour lesquels cette durée est fixée entre quarante et quarante-quatre heures.

Art. L. 3122-36. Par dérogation aux dispositions de l'article L. 3122-33, à défaut de convention ou d'accord collectif de travail et à condition que l'employeur ait engagé sérieusement et loyalement des négociations tendant à la conclusion d'un tel accord, les travailleurs peuvent être affectés à des postes de nuit sur autorisation de l'inspecteur du travail accordée notamment après vérification des contreparties qui leur seront accordées au titre de l'obligation définie à l'article L. 3122-39, de l'existence de temps de pause et selon des modalités fixées par décret en Conseil d'État.

L'engagement de négociations loyales et sérieuses implique pour l'employeur d'avoir :

1° Convoqué à la négociation les organisations syndicales représentatives dans l'entreprise et fixé le lieu et le calendrier des réunions ;

2° Communiqué les informations nécessaires leur permettant de négocier en toute connaissance de cause ;

3° Répondu aux éventuelles propositions des organisations syndicales.

Art. R. 3122-16. La demande d'autorisation d'affectation de travailleurs à des postes de nuit présentée à l'inspecteur du travail par l'employeur sur le fondement de l'article L. 3122-36 justifie, de façon circonstanciée :

1° Les contraintes propres à la nature de l'activité ou au fonctionnement de l'entreprise qui rendent nécessaire le travail de nuit eu égard aux exigences de continuité de l'activité économique ou des services d'utilité sociale ;

2° Le caractère loyal et sérieux de l'engagement préalable de négociations dans le délai maximum de douze mois précédant la demande ;

3° L'existence de contreparties et de temps de pause ;

4° La prise en compte des impératifs de protection de la santé et de la sécurité et des salariés.

L'avis des délégués syndicaux et du comité d'entreprise ou des délégués du personnel est joint à la demande. En l'absence de délégué syndical, de comité d'entreprise et de délégué du personnel, la demande est accompagnée d'un document attestant une information préalable des salariés.

L'inspecteur du travail fait connaître sa décision dans un délai de trente jours à compter de la date de réception de la demande à l'employeur et aux représentants du personnel.

Art. R. 3122-17. Le recours hiérarchique dirigé contre la décision de l'inspecteur du travail est porté devant le ***(D. 2009-1377 du 10 nov. 2009, JO 13 ; D. 2010-687 du 24 juin 2010, JO 25 ; voir D. 2010-1582 du 17 déc. 2010, JO 18, pour outre-mer)*** « directeur régional des entreprises, de la concurrence, de la consommation, du travail et de l'emploi », et est formé dans un délai d'un mois suivant la date à laquelle les intéressés ont reçu notification de la décision contestée.

Art. L. 3122-37. Lorsque le travail de nuit est incompatible avec des obligations familiales impérieuses, notamment avec la garde d'un enfant ou la prise en charge d'une personne dépendante, le salarié peut refuser d'accepter ce changement sans que ce refus constitue une faute ou un motif de licenciement.

Art. L. 3122-38. Le médecin du travail est consulté avant toute décision importante relative à la mise en place ou à la modification de l'organisation du travail de nuit.

Les conditions d'application de cette consultation sont déterminées par décret en Conseil d'État.

Sous-section 3. Contreparties accordées aux salariés

Art. L. 3122-39. Les travailleurs de nuit bénéficient de contreparties au titre des périodes de nuit pendant lesquelles ils sont employés sous forme de repos compensateur et, le cas échéant, sous forme de compensation salariale.

Note

• Pour les entreprises dans lesquelles les travailleurs de nuit ne bénéficient pas d'ores et déjà d'une contrepartie sous forme de repos compensateur telle que prévue au premier alinéa de l'article L. 213-4 [L. 3122-39] CT, l'employeur dispose d'un délai d'un an à compter de la date d'entrée en vigueur de la présente loi pour accorder cette contrepartie soit par application d'une convention ou d'un accord collectif étendu, ou d'un accord d'entreprise ou d'établissement, soit, en l'absence de convention ou d'accord, après consultation des délégués syndicaux et avis du comité d'entreprise ou, à défaut, des délégués du personnel (loi 2001-397 du 9 mai 2001, art. 17, XV, JO 10). Il a, en revanche, été jugé que les articles L. 213-1-1 [L. 3122-29 et 30], L. 213-2 [L. 3122-31] et L. 213-4 [L. 3122-39, 40, 41 et L. 3122-36] CT n'instituaient pas une obligation de négocier des contreparties salariales au travail de nuit dans un délai d'un an (cass. soc. 21 juin 2006, n° 05-42.073, BC V n° 227, arrêt n° 1 ; 30 octobre 2007, n° 06-44.051, SAS ITM Logistique Internationale c/ Moreno).

• L'employeur n'est pas tenu d'attribuer, en plus du repos compensateur, une compensation salariale aux travailleurs de nuit, sauf si des dispositions conventionnelles en disposent autrement (cass. soc. 26 octobre 2010, n° 08-70.468, *LS* Jurispr. n° 235/2010 du 7/12/10 ; *JSL* n° 289-290, 23 décembre 2010, p. 33 ; 28 septembre 2011, n° 10-30.536, *JSL* n° 310, 30 novembre 2011, p. 28).

• Sur la question des compensations salariales prévues par une convention collective pour une période plus restreinte que la période 21 h – 6 h, voir note sous article L. 3122-29 CT.

• Sur les conditions d'application de cet article aux intérimaires ayant la qualité de travailleurs de nuit au cours d'une mission, voir accord du 24 juillet 2002 relatif aux modalités de paiement du repos compensateur pour travail de nuit des intérimaires (*LS* 5 septembre 2002, C 2, n° 221).

Art. L. 3122-40. La contrepartie dont bénéficient les travailleurs de nuit est prévue par la convention ou l'accord mentionné à l'article L. 3122-33. Cet accord prévoit, en outre, des mesures destinées :

1° À améliorer les conditions de travail des travailleurs ;

2° À faciliter l'articulation de leur activité nocturne avec l'exercice de responsabilités familiales et sociales, notamment en ce qui concerne les moyens de transport ;

3° À assurer l'égalité professionnelle entre les femmes et les hommes, notamment par l'accès à la formation.

L'accord prévoit également l'organisation des temps de pause.

Art. L. 3122-41. Pour les activités mentionnées à l'article L. 3122-30, lorsque la durée effective du travail de nuit est inférieure à la durée légale, les contreparties mentionnées aux articles L. 3122-39 et L. 3122-40 ne sont pas obligatoirement données sous forme de repos compensateur.

Sous-section 4. Surveillance médicale des travailleurs de nuit

Art. L. 3122-42. Tout travailleur de nuit bénéficie, avant son affectation sur un poste de nuit et à intervalles réguliers d'une durée ne pouvant excéder six mois par la suite, d'une surveillance médicale particulière dont les conditions d'application sont déterminées par décret en Conseil d'État.

Art. R. 3122-18. Les travailleurs de nuit bénéficient d'une surveillance médicale renforcée qui a pour objet de permettre au médecin du travail d'apprécier les conséquences éventuelles du travail de nuit pour leur santé et leur sécurité, notamment du fait des modifications des rythmes chronobiologiques, et d'en appréhender les répercussions potentielles sur leur vie sociale.

Art. R. 3122-19. La surveillance médicale renforcée des travailleurs de nuit s'exerce dans les conditions suivantes :

1° Un travailleur ne peut être affecté à un poste de nuit que s'il a fait l'objet d'un examen préalable par le médecin du travail et si la fiche d'aptitude atteste que son état de santé est compatible avec une telle affectation. Cette fiche indique la date de l'étude du poste de travail et celle de la dernière mise à jour de la fiche d'entreprise lorsqu'elle est exigible. Elle est renouvelée tous les six mois, après examen du travailleur par le médecin du travail ;

2° Le médecin du travail est informé par l'employeur de toute absence, pour cause de maladie, des travailleurs de nuit ;

3° En dehors des visites périodiques, le travailleur peut bénéficier d'un examen médical à sa demande. Le médecin du travail prescrit, s'il le juge utile, des examens spécialisés complémentaires lesquels sont à la charge de l'employeur ;

4° Des recommandations précisant les modalités des examens à pratiquer en vue d'assurer la surveillance médicale des travailleurs de nuit font l'objet, en tant que de besoin, d'un arrêté conjoint des ministres chargés du travail et de l'agriculture.

Art. R. 3122-20. Le médecin du travail analyse les conséquences du travail nocturne, notamment de l'alternance des postes et de la périodicité de cette dernière, lorsque des équipes fonctionnant en alternance comportent un poste de nuit.

À cet effet, il procède, pendant les périodes au cours desquelles sont employés les travailleurs de nuit, à l'étude des conditions de travail et du poste de travail. Il analyse ensuite pour chaque travailleur le contenu du poste et ses contraintes.

À partir des éléments ainsi recueillis, il conseille l'employeur sur les meilleures modalités d'organisation du travail de nuit en fonction du type d'activité des travailleurs.

Art. R. 3122-21. Le médecin du travail informe les travailleurs de nuit, en particulier les femmes enceintes et les travailleurs vieillissants, des incidences potentielles du travail de nuit sur la santé. Cette information tient compte de la spécificité des horaires, fixes ou alternés. Il les conseille sur les précautions éventuelles à prendre.

Art. R. 3122-22. Pour les entreprises employant des travailleurs de nuit, le rapport annuel d'activité du médecin du travail, prévu à l'article D. 4624-42, traite du travail de nuit tel qu'il a été pratiqué dans l'entreprise au cours de l'année considérée.

Sous-section 5. Retour au travail de jour

Art. L. 3122-43. Les travailleurs de nuit qui souhaitent occuper ou reprendre un poste de jour et les salariés occupant un poste de jour qui souhaitent occuper ou reprendre un poste de nuit dans le même établissement ou, à défaut, dans la même entreprise ont priorité pour l'attribution d'un emploi ressortissant à leur catégorie professionnelle ou d'un emploi équivalent.

L'employeur porte à la connaissance de ces salariés la liste des emplois disponibles correspondants.

Art. L. 3122-44. Lorsque le travail de nuit est incompatible avec des obligations familiales impérieuses, notamment avec la garde d'un enfant ou la prise en charge d'une personne dépendante, le salarié peut demander son affectation sur un poste de jour.

Art. L. 3122-45. Le travailleur de nuit, lorsque son état de santé, constaté par le médecin du travail, l'exige, est transféré à titre définitif ou temporaire sur un poste de jour correspondant à sa qualification et aussi comparable que possible à l'emploi précédemment occupé.

L'employeur ne peut prononcer la rupture du contrat de travail du travailleur de nuit du fait de son inaptitude au poste comportant le travail de nuit au sens des articles L. 3122-29 et L. 3122-31, à moins qu'il ne justifie par écrit soit de l'impossibilité dans laquelle il se trouve de proposer un poste dans les conditions fixées au premier alinéa, soit du refus du salarié d'accepter le poste proposé dans ces conditions.

Ces dispositions s'appliquent sans préjudice des articles L. 1226-2 et suivants, et L. 1226-10 et suivants, applicables aux salariés déclarés inaptes à leur emploi ainsi que de l'article L. 4624-1.

SECTION 4. Dispositions d'application

Art. L. 3122-46. Les décrets en Conseil d'État prévus à l'article L. 3121-52 déterminent également les modalités d'application du présent tre pour l'ensemble des branches d'activité ou des professions ou pour une branche ou une profession particulière.

Ces décrets déterminent, notamment :
1° La répartition et l'aménagement des horaires de travail ;
2° Les périodes de repos ;
3° Les modalités de récupération des heures de travail perdues ;
4° Les mesures de contrôle de ces diverses dispositions.

Ces décrets sont pris et révisés après consultation des organisations d'employeurs et de salariés intéressées et au vu des résultats des négociations intervenues entre ces dernières.

Art. L. 3122-47. Il peut être dérogé par convention ou accord collectif de travail étendu ou par convention ou accord d'entreprise ou d'établissement aux dispositions des décrets mentionnés à l'article L. 3121-52 relatives :
1° À l'aménagement et à la répartition des horaires de travail à l'intérieur de la semaine ;
2° Aux périodes de repos ;
3° Aux modalités de récupération des heures de travail perdues lorsque la loi permet cette récupération.

En cas de dénonciation ou de non-renouvellement de ces conventions ou accords collectifs, les dispositions de ces décrets auxquelles il avait été dérogé redeviennent applicables.

[Sanction pénale]

Art. R. 3124-15. Le fait de méconnaître les dispositions relatives au travail de nuit prévues par les articles L. 3122-29 à L. 3122-45, L. 3163-1 et L. 3163-2 ainsi que celles des décrets pris pour leur application, est puni de l'amende prévue pour les contraventions de la cinquième classe, prononcée autant de fois qu'il y a de salariés concernés par l'infraction.

La récidive est réprimée conformément aux articles 132-11 et 132-15 du code pénal.

Note Un employeur ne peut être condamné pour non-respect des dispositions de l'article L. 213-1 [L. 3122-32 et 33] CT relatives au travail de nuit, au paiement d'une amende par salarié irrégulièrement employé au cours de deux nuits distinctes, sans que la cour d'appel se soit assurée, en l'absence de récidive, que des salariés différents avaient été employés lors des deux périodes visées (cass. crim. 20 novembre 2007, n° 06-86.289, *RJS* 5/08 n° 554).

CHAPITRE III

Travail à temps partiel et travail intermittent

SECTION 1. Travail à temps partiel

Note • Les articles issus de l'ordonnance 82-271 du 26 mars 1982 relative au travail à temps partiel qui entendait établir un régime du travail à temps partiel assurant aux salariés un statut comparable à celui des salariés à temps plein ont été plusieurs fois modifiés et notamment par la loi 2000-37 du 19 janvier 2000 (JO 20) qui a mis en conformité le droit français avec le droit européen en donnant une nouvelle définition des salariés à temps partiel.

• *Sur le plan européen,* une directive 97/81/CE du Conseil du 15 décembre 1997 (JOCE L 14/9 du 20 janvier 1998 ; « Code annoté européen du travail », *Groupe Revue Fiduciaire,* éd. 2010, p. 364) a entériné l'accord-cadre sur le travail à temps partiel conclu le 6 juin 1997 par les trois principales organisations de syndicats et d'employeurs au niveau européen : UNICE (Union des confédérations de l'industrie et des employeurs d'Europe), CEEP (Centre européen des entreprises à participation publique), CES (Confédération européenne des syndicats). Les États membres avaient jusqu'au 20 janvier 2000 pour transposer cette directive soit par voie législative, soit par accords entre les partenaires sociaux, les États membres devant prendre toute disposition nécessaire leur permettant d'être à tout moment en mesure de garantir les résultats imposés par la directive. En cas de difficultés particulières ou d'une mise en œuvre par convention collective, ils disposaient au maximum d'une année supplémentaire. L'accord a posé le principe de la non-discrimination entre travailleurs à temps partiel et travailleurs à temps complet, préconisé l'élimination des obstacles au développement du travail à temps partiel et accordé aux partenaires sociaux un rôle particulier dans la maîtrise et le contrôle de cette forme de travail (voir aussi rép. QE 860, JO AN 6 octobre 1997, p. 3319).

• *Champ d'application.* Les dispositions relatives au travail à temps partiel ne concernent que les entreprises, professions et organismes mentionnés à l'article L. 212-4-1 [L. 3122-23] et ne sont donc pas applicables à une personne employant une femme de ménage à temps partiel (cass. soc. 30 juin 1988, n° 85-44.372, Le Devedec c/ Abezzot) ou aux salariés qui exercent leur profession au domicile de leur employeur et qui sont soumis à la convention collective nationale des salariés du particulier employeur du 24 novembre 1999 (cass. soc. 25 mars 2009, n° 07-42.185, *JSL* n° 255, 14 mai 2009, p. 26).

La réglementation relative à la durée hebdomadaire légale du travail et la détermination des périodes d'inaction permettant d'y déroger ne peuvent être transposées en cas de travail à temps partiel et il n'est donc pas possible, en l'absence de disposition légale le prévoyant, d'appliquer un horaire d'équivalence aux salariés employés à temps partiel (cass. crim. 11 mai 1984, n° 83-92.887, B. crim. n° 171 ; cass. soc. 8 juin 1994, n° 90-41.895, BC V n° 192 ; 24 avril 2001, n° 98-45.366, BC V n° 129 ; *RJS* 7/01 n° 864 ; 28 janvier 2005, n° 03-40.382, BC V n° 39, *RJS* 4/05 n° 389 ; cass. soc. 27 septembre 2006, n° 04-43.446, BC V n° 293 ; *RJS* 12/06 n° 1332).

Les dispositions relatives au temps partiel s'appliquent aux salariés travaillant en équipe de suppléance, dès lors que le travail effectué est à temps partiel au sens de l'article L. 212-4-2 [L. 3123-1] CT (cass. soc. 16 mai 2007, n° 05-44.299, BC V n° 81 ; *RJS* 7/07 n° 855, cité sous art. L. 3123-10).

Sous-section 1. Définition

Art. L. 3123-1. Est considéré comme salarié à temps partiel le salarié dont la durée du travail est inférieure :

1° À la durée légale du travail ou, lorsque cette durée est inférieure à la durée légale, à la durée du travail fixée conventionnellement pour la branche ou l'entreprise ou à la durée du travail applicable dans l'établissement ;

2° À la durée mensuelle résultant de l'application, sur cette période, de la durée légale du travail ou, si elle est inférieure, de la durée du travail fixée conventionnellement pour la branche ou l'entreprise ou de la durée du travail applicable dans l'établissement ;

3° À la durée de travail annuelle résultant de l'application sur cette période de la durée légale du travail, soit 1607 heures, ou, si elle est inférieure, de la durée du travail fixée conventionnellement pour la branche ou l'entreprise ou de la durée du travail applicable dans l'établissement.

Note **Définition.** Cet article a notamment été modifié par la loi 2000-37 du 19 janvier 2000 (JO 20) qui a donné du temps partiel une définition en conformité avec celle de la directive 97/81/CE du 15 décembre 1997. L'exigence d'une durée du travail inférieure à 4/5 de la durée légale ou conventionnelle a été abandonnée. La loi 2003-47 du 17 janvier 2003 (JO 18) a précisé les dispositions relatives à la durée du travail annuelle.

Selon l'accord-cadre européen sur le travail à temps partiel du 6 juin 1997 entériné par la directive 97/81/CE du 15 décembre 1997, le « travailleur à temps partiel » est un salarié dont la durée normale de travail, calculée sur une base hebdomadaire ou en moyenne sur une période d'emploi pouvant aller jusqu'à un an, est inférieure à celle d'un travailleur à temps plein comparable, ce dernier étant un salarié à temps plein du même établissement ayant le même type de contrat ou relation de travail et un travail/emploi identique ou similaire, en tenant compte d'autres considérations pouvant inclure l'ancienneté et les qualifications/compétences. Lorsqu'il n'existe aucun travailleur à temps plein comparable dans le même établissement, la comparaison s'effectue par référence à la convention collective applicable ou, à défaut, conformément à la législation, aux conventions collectives ou pratiques nationales.

Sous-section 2. **Mise en œuvre à l'initiative de l'employeur**

Art. L. 3123-2. Des horaires de travail à temps partiel peuvent être mis en œuvre sur le fondement d'une convention collective ou d'un accord de branche étendu ou d'une convention ou d'un accord d'entreprise ou d'établissement.

En l'absence d'accord, ils peuvent être pratiqués après avis du comité d'entreprise ou, à défaut, des délégués du personnel.

En l'absence de représentation du personnel, les horaires de travail à temps partiel peuvent être pratiqués à l'initiative de l'employeur ou à la demande des salariés après information de l'inspecteur du travail.

Art. D. 3123-1. L'avis du comité d'entreprise prévu à l'article L. 3123-2 pour la mise en œuvre d'horaires à temps partiel est transmis dans un délai de quinze jours à l'inspecteur du travail.

Art. L. 3123-3. L'employeur communique au moins une fois par an au comité d'entreprise ou, à défaut, aux délégués du personnel un bilan du travail à temps partiel réalisé dans l'entreprise.

Il communique également ce bilan aux délégués syndicaux de l'entreprise.

Note Sur la possibilité pour les entreprises occupant au moins trois cents salariés de substituer un rapport unique aux informations et documents prévu par les articles L. 2323-51, L. 2323-55 à L. 2323-57 et L. 3123-3, voir article L. 2323-61.

Art. R. 3123-2. Le bilan du travail à temps partiel prévu à l'article L. 3123-3 porte notamment sur :

1° Le nombre, le sexe et la qualification des salariés concernés, ainsi que les horaires de travail à temps partiel pratiqués ;

2° Le nombre d'heures complémentaires accomplies par les salariés à temps partiel.

Lors de la réunion où est discuté ce bilan du travail à temps partiel réalisé, l'employeur explique les raisons qui l'ont amené à refuser à des salariés à temps complet de passer à temps partiel et à des salariés à temps partiel de travailler à temps complet.

Art. L. 3123-4. Le refus par un salarié d'accomplir un travail à temps partiel ne constitue ni une faute ni un motif de licenciement.

Note Le salarié n'est pas obligé d'accepter une transformation de son emploi en emploi à temps partiel ; son refus ne constitue ni une faute ni un motif de licenciement. À noter que la transformation d'un horaire de travail à temps complet en horaire de travail à temps partiel constitue une modification du contrat de travail qui ne peut être réalisée sans l'accord du salarié, peu important que cette modification ait été ou non prévue dans le contrat de travail (cass. soc. 29 juin 1999, n° 97-42.248, BC V n° 306 ; *LS* Jurispr. n° 644, p. 3). Le licenciement prononcé à la suite d'un tel refus ne serait pas nul mais ouvrirait droit aux indemnités prévues en cas de licenciement sans cause réelle et sérieuse. Il faut cependant réserver les cas où la transformation d'un emploi à temps plein en emploi à temps partiel est décidée en raison de difficultés économiques. Le licenciement prononcé à la suite du refus de cette transformation, en raison des difficultés économiques, serait un licenciement pour motif économique, ayant une cause réelle et sérieuse (cass. soc. 30 juin 1992, n° 91-41.045, *RJS* 8-9/92 n° 962 ; voir aussi cass. soc. 24 novembre 1998, n° 96-41.740, BC V n° 512 ; *RJS* 1/99 n°s 9 et 133).

Sous-section 3. **Mise en œuvre à la demande du salarié**

Art. L. 3123-5. Les conditions de mise en place d'horaires à temps partiel à la demande des salariés sont fixées par une convention ou un accord collectif de travail étendu ou une convention ou un accord d'entreprise ou d'établissement.

Cette convention ou cet accord prévoit :

1° Les modalités selon lesquelles les salariés à temps complet peuvent occuper un emploi à temps partiel et les salariés à temps partiel occuper un emploi à temps complet dans le même établissement ou, à défaut, dans la même entreprise ;

2° La procédure à suivre par les salariés pour faire part de leur demande à leur employeur ;

3° Le délai laissé à l'employeur pour y apporter une réponse motivée. En particulier, en cas de refus, celui-ci explique les raisons objectives qui le conduisent à ne pas donner suite à la demande.

Note L'obligation faite par accord au salarié employé à temps partiel qui souhaite bénéficier d'un emploi à temps complet de formuler sa demande par LRAR n'est exigée que comme moyen de preuve (cass. soc. 2 juin 2004, n° 02-40.414, *RJS* 8-9/04 n° 979 ; *JSL* n° 152, 21 septembre 2004, p. 31).

Art. L. 3123-6. En l'absence de convention ou d'accord collectif de travail, le salarié peut demander à bénéficier d'un horaire à temps partiel dans des conditions fixées par voie réglementaire.

Cette demande ne peut être refusée que si l'employeur justifie de l'absence d'emploi disponible relevant de la catégorie professionnelle du salarié ou de l'absence d'emploi équivalent ou s'il peut démontrer que le changement d'emploi demandé aurait des conséquences préjudiciables à la bonne marche de l'entreprise.

Note Il résulte des articles L. 3123-6 et D. 3123-3 CT que les conditions de forme prévues en l'absence de convention ou d'accord collectif de travail ne s'appliquent qu'à la demande du salarié de bénéficier d'un horaire à temps partiel et que la demande du salarié de bénéficier d'un horaire à temps plein n'est en revanche soumise à aucun formalisme (cass. soc. 2 juin 2010, n° 09-41.395, *RDT*, juil./août 2010, AC, 411 ; *RJS* 8-9/10 n° 710).

Art. D. 3123-3. En l'absence de stipulation relative au temps partiel dans la convention ou l'accord collectif de travail, la demande du salarié de bénéficier d'un horaire à temps partiel est adressée à l'employeur par lettre recommandée avec avis de réception.

La demande précise la durée du travail souhaitée ainsi que la date envisagée pour la mise en œuvre du nouvel horaire.

Elle est adressée six mois au moins avant cette date.

L'employeur répond à la demande du salarié par lettre recommandée avec avis de réception dans un délai de trois mois à compter de la réception de celle-ci.

Art. L. 3123-7. Le salarié qui en fait la demande peut bénéficier d'une réduction de la durée du travail sous forme d'une ou plusieurs périodes d'au moins une semaine en raison des besoins de sa vie familiale. Sa durée de travail est fixée dans la limite annuelle fixée à l'article L. 3123-1.

Pendant les périodes travaillées, le salarié est occupé selon l'horaire collectif applicable dans l'entreprise ou l'établissement.

Les dispositions relatives au régime des heures supplémentaires et ***(L. 2008-789 du 20 août 2008, art. 24, JO 21)*** « à la contrepartie obligatoire en repos » s'appliquent aux heures accomplies au cours d'une semaine au-delà de la durée légale ou, en cas d'application d'une convention ou d'un accord d'annualisation du temps de travail, aux heures accomplies au-delà des limites fixées par cette convention ou cet accord.

L'avenant au contrat de travail précise la ou les périodes non travaillées. Il peut également prévoir les modalités de calcul de la rémunération mensualisée indépendamment de l'horaire réel du mois.

Art. L. 3123-8. Les salariés à temps partiel qui souhaitent occuper ou reprendre un emploi à temps complet et les salariés à temps complet qui souhaitent occuper ou reprendre un emploi à temps partiel dans le même établissement, ou à défaut, dans la même entreprise ont priorité pour l'attribution d'un emploi ressortissant à leur catégorie professionnelle ou d'un emploi équivalent. L'employeur porte à la connaissance de ces salariés la liste des emplois disponibles correspondants.

Note

Priorité d'emploi. L'article L. 212-4-9, al. 1er, devenu L. 3123-8 CT, n'exclut pas que la priorité d'emploi qu'il prévoit puisse s'exercer sur un emploi à durée déterminée (cass. soc. 24 septembre 2008, n° 06-46.292, BC V n° 189 ; *Dr. Soc.* 2008, pp. 1232 et s. : « Priorité d'accès des salariés à temps partiel à un emploi à temps plein ou un emploi d'une durée supérieure », Fr. Favennec-Héry ; *RDT*, déc. 2008, CH, 733, Fr. Héas ; *JCP* éd. S 2008, 1169, note A. Barège).

En cas de non-respect par l'employeur de la priorité d'emploi, le salarié peut prétendre au paiement de dommages-intérêts (cass. soc. 26 octobre 1999, n° 97-41.551, BC V n° 414 ; *RJS* 12/99 n° 1542 ; 14 novembre 2007, n° 06-44.271, SA Genes diffusion c/ Claerebout).

A violé cet article (L. 212-4-9, al. 1, ancien) la cour d'appel qui, pour rejeter la demande d'une salariée en paiement de dommages-intérêts pour non-respect de la priorité d'emploi prévue par ce texte, a énoncé que celui-ci n'imposait pas à l'employeur de faire droit à la demande de tout salarié ayant fait acte de candidature, alors que l'employeur avait l'obligation d'accéder à la demande de la salariée dès l'instant qu'elle remplissait les conditions prévues à cet article (ancien art. L. 212-4-5) pour occuper le poste (cass. soc. 29 mars 1995, n° 91-45.378, BC V n° 116).

Pluralité de candidatures. Si les salariés à temps partiel bénéficient d'une priorité d'embauche pour occuper un emploi à temps complet relevant de leur catégorie professionnelle, l'employeur doit, en cas de pluralité de candidatures pour le même emploi, choisir entre les intéressés et, en cas de contestation, communiquer au juge les éléments objectifs sur lesquels il s'est appuyé pour arrêter son choix. Une salariée à temps partiel avait posé sa candidature pour un poste à temps plein mais ne l'avait pas obtenu, l'employeur ayant choisi pour l'occuper une autre employée à temps partiel. Après avoir constaté que le choix de l'employeur avait été motivé par des impératifs d'organisation de l'entreprise, une cour d'appel a pu débouter l'intéressée de sa demande de dommages-intérêts (cass. soc. 7 juillet 1998, n° 95-43.443, BC V n° 373 ; *JSL* 1998 n° 20 p. 14).

Liste des emplois disponibles. Si l'employeur peut porter à la connaissance de ses salariés les emplois disponibles par voie de communication électronique, notamment sur le réseau intranet de l'entreprise, il est tenu, en application de l'article L. 212-4-9 [L. 3123-8] CT, de procéder à une diffusion spécifique concernant les emplois pouvant correspondre à la catégorie professionnelle, ou à un emploi équivalent, des salariés à temps partiel souhaitant occuper un emploi à temps complet ou des salariés à temps complet souhaitant un emploi à temps partiel (cass. soc. 20 avril 2005, n° 03-41.802, BC V n° 152 ; *RJS* 6/05 n° 690 ; *JCP* éd. S 2005, 1007, note P-Y Verkindt).

Sous-section 4. Égalité de traitement avec les salariés à temps plein

Art. L. 3123-9. La période d'essai d'un salarié à temps partiel ne peut avoir une durée calendaire supérieure à celle du salarié à temps complet.

Art. L. 3123-10. Compte tenu de la durée de son travail et de son ancienneté dans l'entreprise, la rémunération du salarié à temps partiel est proportionnelle à celle du salarié qui, à qualification égale, occupe à temps complet un emploi équivalent dans l'établissement ou l'entreprise.

Note La Cour de cassation affirme clairement et sans restriction l'illicéité de toute disposition conventionnelle ou contractuelle ou de toute décision de l'employeur qui ne respecterait pas le principe d'égalité de situation entre salariés à temps partiel et salariés à temps plein qui se traduit, en matière de rémunération et en ce qui concerne tous les éléments de la rémunération, par l'application d'une stricte règle de proportionnalité.

Ainsi, un usage d'entreprise ne peut subordonner le paiement d'une prime à l'occupation d'un emploi à temps complet (cass. soc. 13 avril 1999, n° 97-41.171, BC V n° 177 ; *RJS* 5/99 n° 764). Et un usage consistant à revaloriser le salaire après cinq ou dix ans s'applique aux salariés travaillant à temps partiel, la durée de l'ancienneté étant décomptée pour ces salariés comme s'ils avaient été occupés à temps complet, les périodes non travaillées étant prises en compte en totalité (cass. soc. 29 janvier 2002, n° 99-44.376, BC V n° 40 ; *RJS* 4/02 n° 504).

Ce principe d'égalité de traitement ne saurait priver le salarié employé à temps partiel, selon une répartition de 7,7 heures de travail par jour sur une période de quatre jours, de percevoir une rémunération égale à 7,7 heures de travail en cas de jour férié payé par l'employeur tombant l'un de ses jours de travail (cass. soc. 10 novembre 1993, n° 89-45.049, BC V n° 264 ; *RJS* 1/94 n° 1247).

L'octroi d'une indemnité différentielle compensant la diminution de la rémunération résultant d'une réduction de l'horaire de travail des salariés à temps complet équivalait à une augmentation du salaire horaire de ces salariés. Le salarié à temps partiel dont l'horaire de travail n'a pas été réduit peut ainsi prétendre au versement d'une majoration de son salaire par application de la règle de la proportionnalité des rémunérations (cass. soc. 27 novembre 1986, n° 83-44.574, BC V n° 565 ; cass. soc. 19 novembre 1987, *Dr. Soc.* 1988, p. 447, obs. J. Savatier). De même, les salariés à temps partiel doivent bénéficier, au prorata du temps de travail, d'une prime dite « de compensation » équivalant à une augmentation du salaire horaire à temps plein (cass. soc. 15 avril 1992, n° 88-42.199, BC V n° 281).

Après avoir rappelé que, selon les dispositions de l'article 32 VI de la loi du 19 janvier 2000, le complément de rémunération, accordé aux salariés dont la durée du travail a été réduite en application d'une convention ou d'un accord collectif étendu, n'est pas pris en compte pour déterminer la rémunération des salariés à temps partiel telle que définie à l'article L. 212-4-5, al. 3 [L. 3123-10] CT, une cour d'appel qui a constaté que la réduction du temps de travail des salariés à temps complet de l'entreprise qu'accompagnait une aide dégressive à la réduction du temps de travail avait été mise en place par un accord collectif étendu en date du 10 novembre 1998, a exactement décidé, sans méconnaître le principe « à travail égal, salaire égal », qu'une salariée à temps partiel dont l'horaire de travail avait été maintenu ne pouvait prétendre au versement de ce complément différentiel de salaire (cass. soc. 17 juin 2009, n° 07-41.833, BC V n° 156 ; *RJS* 8-9/09 n° 752 ; *JCP* éd. S 2009, 1374 ; *JSL* n° 263, 5 oct. 2009, p. 28, note N. Gardair-Rérolle).

La mise en place par une société d'une rémunération complémentaire au salaire de base liée aux objectifs de vente porte atteinte au principe d'égalité et à la règle de proportionnalité dans la mesure où les conditions d'attribution de cette rémunération ne distinguent pas les objectifs à atteindre selon la durée du travail et exigent la réalisation du même chiffre d'affaires pour les salariés à temps plein et les salariés à temps partiel (cass. soc. 4 décembre 1990, n° 87-42.341, BC V n° 605 ; *RJS* 1/91 n° 101). Un plan social établi à l'occasion d'un licenciement collectif ne peut écarter les salariés d'un avantage de départ au seul motif qu'ils sont employés à temps partiel (cass. soc. 10 novembre 1992, n° 89-42.884, BC V n° 539 ; *RJS* 12/92 n° 1429 : la prime de départ doit être accordée à ces salariés proportionnellement à leur temps de travail) et une cour d'appel ne peut se fonder sur la qualité de salariée à temps partiel d'une secrétaire pour décider qu'elle doit être licenciée de préférence à un salarié à temps complet (cass. soc. 3 mars 1998, n° 95-41.610, BC V n° 113 ; *Dr. Soc.* 1998, p. 683, F. Favennec-Héry, « Travail à temps partiel et ordre des licenciements ou l'égalité dans le malheur »).

Les dispositions relatives au temps partiel s'appliquent aux salariés travaillant en équipe de suppléance, dès lors que le travail effectué est à temps partiel au sens de l'article L. 212-4-2 [L. 3123-1] CT. Pour condamner l'employeur au paiement de rappel de salaires d'un salarié à temps partiel affecté à une équipe de suppléance, une cour d'appel a pu dire que, travaillant 113 heures par mois, le salarié devait bénéficier du principe de proportionnalité de la rémunération à celle d'un travailleur de même qualification et occupant un emploi équivalent à temps complet dans l'entreprise ou l'établissement, posé par l'article L. 212-4-3, al. 3 [L. 3123-10] CT (cass. soc. 16 mai 2007, n° 05-44.299, BC V n° 81 ; *RJS* 7/07 n° 855).

À l'inverse, les salariés à temps partiel ne peuvent prétendre obtenir une prime d'ancienneté accordée aux salariés à temps plein de même montant que pour ceux-ci, la règle de proportionnalité devant également jouer dans ce cas (cass. soc. 18 février 1988, n° 86-41.980, BC V n° 120). Ainsi, c'est à tort que, pour décider que des salariés employés à mi-temps, qui avaient perçu de leur employeur une prime de vacances et une prime de fin d'année au prorata de leur temps de présence, étaient en droit de bénéficier de la totalité de ces primes, un conseil de prud'hommes a retenu qu'en l'absence de modalité spécifique aux salariés à temps partiel, l'accord d'entreprise réglementant les primes litigieuses devait s'interpréter comme ayant entendu faire bénéficier ces salariés des mêmes avantages que ceux accordés aux salariés à temps complet, alors que cet accord ne comportait aucune disposition plus favorable accordant la prime entière aux salariés à temps partiel (cass. soc. 26 février 1997, n° 95-43.030, *RJS* 4/97 n° 492 ; voir aussi cass. soc. 1er juin 1999, n° 97-41.430, BC V n° 256, s'agissant d'une indemnité de résidence qui doit être versée proportionnellement aux salariés à temps partiel en l'absence de disposition plus favorable ; cass. soc. 27 septembre 2006, n° 05-42.096, Ass. APEI Les Papillons Blancs c/ Jourdain et cass. soc. 27 mars 2008, deux arrêts, nos 06-44.611 et 06-44.614, *RJS* 6/08 n° 673, s'agissant d'une prime de sujétions).

Mais lorsqu'un plan social prévoit le paiement d'une indemnité complémentaire aux salariés, licenciés ou quittant volontairement l'entreprise, d'un montant variable selon l'ancienneté dans l'entreprise sans distinguer entre les salariés à temps plein et les salariés à temps partiel, cette indemnité revêt un caractère *forfaitaire* et ne dépend donc que de la durée d'ancienneté dans l'entreprise (cass. soc. 12 février 2003, n° 02-40.526, BC V n° 51 ; *RJS* 4/03 n° 544). S'agissant de primes à caractère forfaitaire pour tous les salariés prévues par l'accord collectif national applicable dans le réseau des caisses d'épargne (prime de vacances attribuée à tous les salariés, prime de durée d'expérience attribuée aux salariés ayant au moins trois ans d'expérience et prime familiale attribuée aux chefs de famille), c'est à bon droit qu'un conseil de prud'hommes a décidé qu'une salariée de caisse d'épargne, employée à temps partiel, était fondée à prétendre à un rappel de ces primes (cass. soc. 15 septembre 2010, n° 08-45.050, *RJS* 11/10 n° 894 ; *JSL* n° 288, 1er décembre 2010, p. 29 ; voir aussi 7 décembre 2010, n° 09-68.568).

Gratification. La gratification de fin d'année dont doit bénéficier un salarié à temps partiel doit être calculée en prenant en compte les heures complémentaires éventuellement effectuées (cass. soc. 21 mai 2002, n° 00-42.286, BC V n° 168 ; *RJS* 8-9/02 n° 1047).

Art. L. 3123-11. Le salarié à temps partiel bénéficie des droits reconnus au salarié à temps complet par la loi, les conventions et les accords collectifs d'entreprise ou d'établissement sous réserve, en ce qui concerne les droits conventionnels, de modalités spécifiques prévues par une convention ou un accord collectif de travail.

Note

• *Congés payés.* Il résulte des articles L. 212-4-2, al. 9, L. 223-2 et L. 223-11 (anciens) CT que le salarié à temps partiel a droit à un congé dont la durée, qui ne doit pas être réduite à proportion de l'horaire de travail, est égale à celle du congé d'un salarié à plein temps et dont la rémunération est égale au dixième de la rémunération totale qu'il a perçue au cours de la période de référence ou, si elle est plus favorable, au montant de la rémunération qu'il aurait perçu s'il avait continué à travailler. Le conseil de prud'hommes aurait dû procéder au calcul du nombre de jours de congés pris par le salarié sans se borner à retenir comme seuls jours ceux où il devait effectivement travailler. À cet égard, si le point de départ des congés était le premier jour où le salarié aurait dû travailler s'il n'était pas parti, les jours ouvrables jusqu'à la reprise auraient dû être décomptés dans le nombre de jours de congés (cass. soc. 22 février 2000, n° 97-43.515, BC V n° 74 ; *RJS* 4/00 n° 467 ; 10 mai 2001, n° 99-42.566, *RJS* 7/01 n° 944 ; voir ausi cass. soc. 31 janvier 2012, n° 10-30.935, s'agissant de jours de congés conventionnels). Il n'en va autrement que pour les congés revêtant un caractère compensatoire et pour ceux qui sont accordés dans une entreprise où le décompte des jours de congés de toute nature est effectué en jours ouvrés (cass. soc. 31 janvier 2012, n° 10-30.935, précité).

Les salariés travaillant à temps partiel bénéficient des congés payés dans les mêmes conditions que les salariés travaillant à temps complet (en l'espèce, congés supplémentaires conventionnels accordés en jours ouvrés) (cass. soc. 17 mars 1999, n° 96-45.167, BC V n° 130). Sur une réduction des droits à congés supplémentaires pour ancienneté contraire au principe de l'égalité de traitement entre salariés à temps partiel et salariés à temps complet, voir cass. soc. 17 juillet 2001, n° 99-45.105, rectifié par cass. soc. 20 novembre 2001 ; *RJS* 11/01 n° 1375 ; *Dr. Soc.* 2001, p. 1101, obs. F. Favennec-Héry. Le fait qu'un salarié travaillant à temps plein soit passé à temps partiel ne saurait lui faire perdre le bénéfice du nombre de congés supplémentaires pour ancienneté acquis antérieurement (cass. soc. 6 avril 1999, n° 96-42.788, BC V n° 165).

Le salarié qui passe d'un emploi à temps plein à un emploi à temps partiel doit pouvoir bénéficier de la totalité de ses droits à congés payés acquis lors de la période de travail à temps plein (CJUE 22 avril 2010, aff. C-486/08, JOUE C 161/9 du 19.06.2010 ; *RJS* 10/10, n° 817 et p. 647, chron. J-Ph. Lhernould).

Surveillance médicale. Il résulte des articles L. 7221-2 et L. 3123-11 CT que les salariés employés de maison à temps partiel doivent bénéficier, comme les salariés employés de maison à temps complet, de la surveillance médicale [définie au titre II du livre VI de la quatrième partie du code du travail] (cass. soc. 28 septembre 2011, n° 10-14.284).

• Si l'employeur doit accorder au salarié à temps partiel le nombre de jours fériés auquel celui-ci peut prétendre, en revanche, il est fondé à rémunérer ces jours fériés sur la base de la durée théorique journalière de travail du salarié à temps partiel (cass. soc. 5 juin 2008, n° 06-41.203, BC V n° 126 ; *RJS* 8-9/08 n° 943).

• Selon le Conseil d'État, cet article (L. 212-4-5 ancien) ne conditionne pas la validité d'un accord à la présence de dispositions spécifiques aux salariés à temps partiel. Il en résulte que la légalité d'un arrêté d'extension d'un accord de branche n'est pas subordonnée à la présence dans cet accord de telles modalités (CE 26 février 2003, n° 238579, *RJS* 7/03 n° 920).

• En ce qui concerne les droits conventionnels, les « modalités spécifiques » ne peuvent s'entendre que des modalités d'exercice de ces droits [voir cass. soc. 9 avril 1996, n° 92-41.103, BC V n° 146 (modalité d'exercice du droit à promotion)] et non de dispositions portant atteinte au principe d'équité et en particulier à la règle de proportionnalité (cass. soc. 27 novembre 1986 précité ; 4 juillet 1990, n° 87-42.767, SA Prisunic c/ Dhuivonroux).

L'article L. 212-4-5 ancien CT ne permettant que de prévoir des modalités spécifiques d'application des droits conventionnels pour les salariés à temps partiel, a violé cet article la cour d'appel qui a exclu entièrement les travailleurs à temps partiel du bénéfice d'une convention collective (cass. soc. 15 janvier 2002, n° 99-42.546, BC V n° 17 ; *JSL* n° 96, 26 février 2002, p. 27 ; *RJS* 3/02 n° 363 ; voir aussi cass. soc. 7 mai 2002, n° 99-45.036, BC V n° 157 ; *RJS* 7/02 n° 912 : cassation d'un arrêt d'appel ayant retenu qu'une convention collective ne s'appliquait qu'aux médecins du travail exerçant à temps complet ou à mi-temps et que le salarié intéressé, exerçant à temps partiel, ne rentrait pas dans ces catégories, cass. soc. 16 janvier 2008, n° 06-41.471, BC V n° 12 ; 30 novembre 2010, n° 09-41.245 ; 16 mars 2011, n° 09-70.893, *JCP* éd. S 2011, 1462, note Fr. Bousez).

En l'absence de toute disposition conventionnelle spécifique s'appliquant aux jours de congés conventionnels supplémentaires concernant les salariés à temps partiel, un conseil de prud'hommes a décidé à bon droit qu'un employeur n'était pas fondé à réduire le nombre de jours de congés supplémentaires en fonction de la durée du travail des salariés à temps partiel ou de sa répartition dans la semaine (cass. soc. 19 mai 2009, n° 07-44.609, CPAM de Metz c/ Muller et a.).

Après avoir relevé que les jours flottants et le jour de RTT supplémentaire les années bissextiles prévus par un accord ne concernaient que les salariés à temps complet puisqu'ils étaient effectivement destinés à compenser, dans le cadre de la RTT, les heures effectuées au-delà de la durée légale hebdomadaire du travail tandis que les salariés travaillant à temps partiel bénéficiaient conventionnellement de la réduction de la durée du travail selon des modalités adaptées à leur situation, une cour d'appel en a exactement déduit que la demande des salariés à temps partiel en paiement de sommes à titre de jours flottants et du jour de RTT supplémentaire les années bissextiles n'était pas fondée (cass. soc. 17 juin 2009, n° 08-41.077, BC V n° 155 ; *D.* 2009 AJ 1833, note B. Ines ; *RJS* 8-9/09 n° 753 ; *JCP* éd. S 2009 1402, note M. Del Sol ; *RDT*, septembre 2009, AC, 482).

• *Prime conventionnelle.* Une prime conventionnelle, ayant un caractère forfaitaire pour tous les salariés, doit être versée intégralement aux salariés à temps partiel (cass. soc. 14 janvier 2009, n° 07-44.438, Devienne c/ Caisse d'épargne Centre Val de Loire ; voir aussi cass. soc. 17 juin 2009, n° 08-41.077 précité).

Art. L. 3123-12. Pour la détermination des droits liés à l'ancienneté, la durée de celle-ci est décomptée pour le salarié à temps partiel comme s'il avait été occupé à temps complet, les périodes non travaillées étant prises en compte en totalité.

Note *Droits liés à l'ancienneté.* Pour la détermination des droits liés à l'ancienneté, la durée de celle-ci est décomptée pour les salariés à temps partiel comme s'ils avaient été occupés à temps complet, les périodes non travaillées étant prises en compte en totalité. Il s'ensuit qu'un usage consistant à revaloriser le salaire après cinq ou dix ans s'applique aux salariés travaillant à temps partiel (cass. soc. 29 janvier 2002, n° 99-44.376, BC V n° 40 ; *RJS* 4/02 n° 504). La règle de proportionnalité ne s'applique pas au salarié à temps partiel pour les congés supplémentaires pour ancienneté acquis lorsqu'il travaillait à temps plein (cass. soc. 8 juillet 2003, n° 01-41.706, *RJS* 10/03 n° 1240).

Art. L. 3123-13. L'indemnité de licenciement et l'indemnité de départ à la retraite du salarié ayant été occupé à temps complet et à temps partiel dans la même entreprise sont calculées proportionnellement aux périodes d'emploi accomplies selon l'une et l'autre de ces deux modalités depuis leur entrée dans l'entreprise.

Note • *Indemnité de licenciement.* Cet article relatif au mode de calcul de l'indemnité de licenciement s'applique aussi bien à l'indemnité conventionnelle qu'à l'indemnité légale de licenciement (cass. soc. 10 mars 1988, n° 86-41.628, BC V n° 168 ; *Dr. Soc.* 1988, pp. 438 et s.). L'indemnité de licenciement des salariés occupés à temps complet et à temps partiel dans la même entreprise est calculée proportionnellement aux périodes d'emploi effectuées selon l'une ou l'autre de ces modalités depuis leur entrée dans l'entreprise (cass. soc. 1er avril 2003, n° 00-41.428, BC V n° 270 ; *RJS* 6/03 n° 718). Dans la mesure où une convention collective se borne à fixer le taux de l'indemnité conventionnelle de licenciement, il y a lieu d'appliquer à la fois les modalités légales de calcul de l'indemnité (en fonction des périodes d'emploi à temps complet et à temps partiel) et son taux conventionnel (cass. soc. 13 mars 1991, n° 87-45.217, BC V n° 133 ; *CSB* 1991 S. 60 ; dans le même sens, cass. soc. 30 septembre 1992, BC V n° 486 ; *RJS* 11/92 n° 1313 ; 16 février 1994, n° 90-40.362, *RJS* 5/94 n° 626 ; 17 septembre 2008, n° 06-45.256, *RJS* 12/08 n° 1252 pour une indemnité conventionnelle de départ à la retraite).

Sur le calcul de l'indemnité de licenciement des salariés à temps partiel rémunérés à l'heure, voir cass. soc. 10 janvier 1995, n° 92-43.222, BC V n° 20 ; *Dr. Soc.* 1995, p. 193.

• *Indemnité de départ en retraite.* Le conseil de prud'hommes, tenu de respecter à la fois le principe d'égalité entre travailleurs à temps complet et travailleurs à temps partiel posé par l'article L. 212-4-2 (ancien) CT, et la règle posée par l'accord collectif relatif aux retraites selon lequel l'indemnité de départ en retraite des salariés travaillant à temps partiel est calculée en tenant compte proportionnellement des périodes d'emploi effectuées à temps plein et à temps partiel, a exactement fixé la somme revenant à la salariée en la calculant par tranches d'ancienneté (cass. soc. 16 décembre 1998, n° 95-41.413, BC V n° 562).

Sous-section 5. Contrat de travail et horaire de travail

Note • L'article L. 212-4-3 (ancien) CT a été modifié par la loi 2000-37 du 19 janvier 2000 (JO 20). Les stipulations des conventions ou accords collectifs intervenus sur le fondement des dispositions de l'article L. 212-4-3 CT applicables à la date de la publication de la présente loi demeurent en vigueur (loi précitée, art. 12, IX).

Les stipulations des contrats de travail conclus sur le fondement de l'article L. 212-4-3 CT dans sa rédaction applicable avant l'entrée en vigueur de la présente loi et prévoyant une durée du travail calculée sur l'année demeurent en vigueur. Lorsque la limite dans laquelle peuvent être effectuées des heures complémentaires a été portée au-delà du dixième de la durée annuelle fixée au contrat de travail en application d'un accord de branche étendu, chacune des heures complémentaires effectuées au-delà de la durée précitée donne lieu à une majoration de salaire de 25 % (loi précitée, art. 14, II).

Art. L. 3123-14. Le contrat de travail du salarié à temps partiel est un contrat écrit.

Il mentionne :

1° La qualification du salarié, les éléments de la rémunération, la durée hebdomadaire ou mensuelle prévue et, sauf pour les salariés des associations et entreprises d'aide à domicile et les salariés relevant d'un accord collectif de travail conclu en application ***(L. 2008-789 du 20 août 2008, art. 24, JO 21)*** « de l'article L. 3122-2 », la répartition de la durée du travail entre les jours de la semaine ou les semaines du mois ;

2° Les cas dans lesquels une modification éventuelle de cette répartition peut intervenir ainsi que la nature de cette modification ;

3° Les modalités selon lesquelles les horaires de travail pour chaque journée travaillée sont communiqués par écrit au salarié. Dans les associations et entreprises d'aide à domicile, les horaires de travail sont communiqués par écrit chaque mois au salarié ;

4° Les limites dans lesquelles peuvent être accomplies des heures complémentaires au-delà de la durée de travail fixée par le contrat.

Note • **L'écrit.** L'absence de contrat de travail écrit (ou des mentions légales exigées) fait présumer que l'emploi est à temps complet et il incombe à l'employeur, qui conteste cette présomption, de rapporter la preuve, d'une part, qu'il s'agissait d'un emploi à temps partiel, d'autre part, que le salarié n'était pas placé dans l'impossibilité de prévoir à quel rythme il devait travailler et qu'il n'était pas tenu de se tenir constamment à la disposition de son employeur (cass. soc. 25 février 2004, n° 01-46.394, BC V n° 63 ; *JSL* n° 143, 13 avril 2004, p. 14 ; 9 mars 2005, n° 03-40.386, BC V n° 80 ; *Dr. Soc.* 2005, p. 691, obs. Cl. Roy-Loustaunau ; 24 juin 2009, n° 07-41.919, *JSL* n° 262, 16 sept. 2009, p. 26 ; 16 juin 2011, n° 09-72.776, *JSL* n° 304, 29 juillet 2011, p. 26 ; *RJS* 10/11 n° 846) ; voir aussi cass. soc. 20 mai 1998, n° 95-42.124, Raussin c/ SA Primext justifiant pour un VRP le paiement de la ressource minimale forfaitaire prévue par l'accord national interprofessionnel.

Il en résulte que :
– l'employeur est en droit d'exiger la régularisation du contrat jusque-là verbal (cass. soc. 12 mai 1993, n° 89-45.748, *RJS* 6/93 n° 680) ;
– le salarié n'a pas à rapporter la preuve de la durée partielle prétendue de son travail (cass. soc. 19 juin 1990, *CSB* 1990 S. 128 ; voir aussi cass. soc. 31 mars 1999, n° 96-45.471, SARL Rouen Pneus Caux c/ Plessy) ;
– l'employeur a la faculté d'apporter la preuve contraire, c'est-à-dire d'établir l'existence d'un contrat à temps partiel (cass. soc. 25 octobre 1990, *CSB* 1990 A. 62 ; 26 mai 1998, n° 96-40.604, Reiminger c/ SA Berdin). Il appartient à l'employeur qui se prévaut d'un contrat à temps partiel de rapporter la preuve non seulement de

la durée exacte du travail convenu (cass. soc. 19 décembre 1991, *CSB* 1992, B. 17 ; 12 mars 2002, n° 99-44.316, BC V n° 90 ; *Dr. Soc.* 2002, p. 654, obs. Ch. Radé), mais également de sa répartition sur la semaine ou le mois (cass. soc. 29 janvier 1997, n° 94-41.171, BC V n° 39 ; 12 novembre 1997, n° 95-41.746, BC V n° 362 ; *RJS* 12/97 n° 1454 ; 28 janvier 1998, n° 95-43.448, BC V n° 41 ; 31 mars 1999, n° 97-40.887, *RJS* 5/99 n° 761), l'employeur pouvant, à défaut, être condamné à payer un rappel de rémunération sur la base d'un temps complet ; voir notamment cass. soc. 9 avril 2008, n° 06-41.596, BC V n° 84 ; *RDT*, juin 2008, CH, 381, B. Lardy-Pélissier ; *Dr. Soc.* 2008, p. 874, obs. Cl. Roy-Loustaunau ;
– des bulletins de salaire sont insuffisants à établir l'existence d'un contrat de travail à temps partiel (cass. soc. 28 juin 1994, n° 91-40.809, Goaziou c/ Patrick). Mais une cour d'appel a pu estimer que la preuve d'un contrat de travail à temps partiel était rapportée après avoir relevé qu'il résultait des bulletins de salaire que le salarié travaillait en moyenne 124 h/mois et qu'il avait lui-même demandé à l'employeur que leurs rapports soient régis par l'article L. 212-4-3 (ancien) CT (cass. soc. 26 mars 1997, n° 96-40.501, *RJS* 5/97 n° 627).

La durée du travail telle que stipulée au contrat de travail constitue, en principe, un élément du contrat qui ne peut être modifié sans l'accord du salarié, peu important que la rémunération soit maintenue. Après avoir constaté que l'employeur avait imposé au salarié un changement des horaires de permanence entraînant une diminution de son temps de travail effectif et donc de la durée du travail, une cour d'appel a exactement décidé, d'une part, qu'il y avait eu modification du contrat de travail, d'autre part, que la rupture était intervenue aux torts de l'employeur (cass. soc. 30 mars 2011, n° 09-70.853, 2e moyen, *LS* Jurispr. n° 90/2011 du 2/05/11).

La disposition d'une convention collective, prévoyant que la confirmation de la durée du travail peut être adressée au salarié au terme de la période d'essai, ne peut, à elle seule, faire échec à la présomption résultant de cet article (cass. soc. 4 décembre 1990, n° 87-43.516, *CSB* 1991 S. 37).

À noter que le seul fait de ne pas indiquer le volume maximum d'heures complémentaires que peut effectuer le salarié n'entraîne pas la requalification du contrat en contrat à temps complet. Dans cette espèce, le contrat indiquait seulement que le salarié pouvait être amené à effectuer des heures complémentaires (cass. soc. 30 novembre 2010, n° 09-68.609, *LS* Jurispr. n° 247/2010 du 21/12/10).

Travailleurs à domicile. En l'absence d'écrit, la règle de présomption de travail à temps complet doit être appliquée aux travailleurs à domicile lorsque l'employeur, d'une part, n'a pas établi le bulletin ou le carnet mentionné à l'article L. 721-7 [L. 7421-1 et 2] CT et qui doit impérativement être remis aux salariés employés à domicile tant au moment de la remise des travaux à domicile qu'au moment de la livraison du travail et, d'autre part, lorsque aucun élément ne permet de déterminer le nombre d'heures de travail accomplies, dès lors que le temps d'exécution de chaque pièce n'est pas connu (cass. soc. 19 octobre 2005, n° 03-47.343, *RJS* 1/06 n° 92 ; 3 novembre 2010, n° 09-40.255, BC V n° 253).

Recours au chèque emploi-service universel. Lorsque l'employeur et le salarié ont recours au chèque emploi-service universel et que la durée hebdomadaire de travail du salarié n'excède pas huit heures par semaine ou ne dépasse pas quatre semaines consécutives dans l'année, il n'est pas nécessaire d'établir un contrat de travail écrit (art. L. 1271-5 CT). Le chèque emploi-service universel s'est substitué au chèque emploi-service, pour lequel l'article 7 de la convention collective du particulier employeur posait la même règle (voir cass. soc. 27 octobre 2004, n° 03-48.234, BC V n° 276 ; *RJS* 1/05 n° 89 et aussi cass. soc. 13 juin 2007, n° 05-43.013, BC V n° 102 ; voir aussi note sous L. 7221-2).

Clause d'exclusivité. La clause par laquelle un salarié à temps partiel se voit interdire toute autre activité professionnelle soit pour son compte, soit pour le compte d'un tiers, porte atteinte au principe fondamental de libre exercice d'une activité professionnelle et n'est dès lors valable que si elle est indispensable à la protection des intérêts légitimes de l'entreprise et est justifiée par la nature de la tâche à accomplir et proportionnée au but recherché. Si la nullité d'une telle clause n'a pas pour effet d'entraîner la requalification du contrat de travail à temps partiel en contrat de travail à temps complet, elle permet toutefois au salarié d'obtenir réparation du préjudice ayant résulté pour lui de cette clause illicite (cass. soc. 25 février 2004, n° 01-43.392, BC V n° 64 ; *RJS* 5/04 n° 624).

• La durée

Horaire de base. Le contrat doit mentionner l'horaire de base, hebdomadaire ou mensuel et, sauf pour les salariés des associations d'aide à domicile, la répartition de la durée du travail entre les jours de la semaine ou les semaines du mois (voir notamment cass. soc. 4 décembre 2002, n° 00-40.255, BC V n° 369 ; *RJS* 2/03 n° 163 ; 12 novembre 2002, n° 00-40.232, *RJS* 1/03 n° 163).

L'absence d'écrit mentionnant la durée du travail et sa répartition fait présumer que l'emploi est à temps complet et il incombe à l'employeur qui conteste cette présomption de rapporter la preuve, d'une part, de la durée exacte hebdomadaire ou mensuelle convenue, d'autre part, que le salarié n'était pas placé dans l'impossibilité de prévoir à quel rythme il devait travailler et qu'il n'avait pas à se tenir constamment à la disposition de l'employeur (cass. soc. 8 avril 2009, n° 07-41.848, Barry c/ SARL Hors Clichés ; voir aussi 24 juin 2009, n° 07-41.273, Gauthier c/ SCS Barclays Finance).

Un contrat précisant la répartition des heures à effectuer chaque jour est conforme aux prescriptions légales. La fixation des tranches horaires dans le contrat n'est pas exigée (cass. soc. 4 mars 2003, n° 00-46.362, BC V n° 84 ; *RJS* 6/03 n° 823).

En cas de non-respect de la durée du travail contractuellement prévue, le salarié a droit à un complément de salaire sur la base du minimum contractuel (cass. soc. 24 octobre 1996, n° 93-44.792, *RJS* 12/96 n° 1340 ; voir aussi cass. soc. 7 mai 1997, n° 95-40.190, Boutout c/ Vidrequin). L'employeur doit réparer le préjudice subi et assurer l'indemnisation du salarié s'il n'a pas fait de démarche pour faire admettre le salarié au bénéfice de l'allocation de chômage partiel (cass. soc. 10 juillet 1990, *CSB* 1990 S. 129).

Répartition du travail à temps partiel. Un contrat à temps partiel peut être requalifié en contrat à temps complet, lorsque le salarié est mis dans l'impossibilité de prévoir à quel rythme il doit travailler chaque mois et se trouve dans l'obligation de se tenir en permanence à la disposition de l'employeur (cass. soc. 12 juillet 1999, n° 97-41.329, BC V n° 351 ; voir aussi cass. soc. 21 mai 2002, n° 99-45.890, BC V n° 170 ; *RJS* 8-9/02 n° 983 ; 29 septembre 2004, n° 02-43.249, BC V n° 232 ; *RJS* 12/04 n° 1251 ; 19 mai 2010, n° 09-40.056, *RJS* 8-9/10 n° 708).

Mais dès que les salariés peuvent prévoir à quel rythme ils doivent travailler et qu'ils ne sont pas obligés de se tenir constamment à la disposition de l'employeur, il s'agit d'un contrat à temps partiel si les périodes de travail et les disponibilités des salariés ont été clairement précisées (cass. soc. 9 juillet 2003, n° 01-42.451, BC V n° 229 ; *RJS* 10/03 n° 1175 ; voir cass. soc. 26 mai 2010, n° 08-43.606, *JSL* n° 284, 29 sept. 2010, p. 27).

Le fait qu'une clause d'un contrat de travail à temps partiel réserve la possibilité au salarié de refuser les missions qui lui sont confiées ne dispense pas l'employeur d'indiquer dans le contrat la durée du travail et sa répartition (cass. soc. 26 janvier 2011, n° 09-71.349, BC V n° 40 ; *LS* jurispr. n° 33/2011 du 15/02/11 ; *RJS* 4/11 n° 379).

Pour le cas particulier des salariés des associations d'aide à domicile et la possibilité de ne pas mentionner la répartition de la durée du travail, voir cass. soc. 24 juin 2009, n° 07-44.606, Ass. ADMR AM c/ Henry.

Sur les conditions particulières d'exercice de l'activité de VRP et, en ce qui les concerne, la possibilité de ne pas mentionner la répartition de la durée du travail, voir cass. soc. 5 juin 2001, n° 98-46.371, BC V n° 213 ; *RJS* 8-9/01 n° 1092 cité sous art. L. 7311-1 « Travail à temps partiel ».

Art. L. 3123-15. Lorsque, pendant une période de douze semaines consécutives ou pendant douze semaines au cours d'une période de quinze semaines ***(L. 2008-789 du 20 août 2008, art. 24, JO 21)*** « ou sur la période prévue par un accord collectif conclu sur le fondement de l'article L. 3122-2 si elle est supérieure », l'horaire moyen réellement accompli par un salarié a dépassé de deux heures au moins par semaine, ou de l'équivalent mensuel de cette durée, l'horaire prévu dans son contrat, celui-ci est modifié, sous réserve d'un préavis de sept jours et sauf opposition du salarié intéressé.

L'horaire modifié est égal à l'horaire antérieurement fixé auquel est ajoutée la différence entre cet horaire et l'horaire moyen réellement accompli.

Note Lorsque les conditions posées par ce texte sont remplies, l'horaire de travail est modifié et le retour à l'ancien horaire nécessite l'accord exprès du salarié. Dès lors, a violé l'article L. 212-4-3 (ancien) CT la cour d'appel qui, après avoir constaté que l'horaire d'une salariée avait dépassé de plus de deux heures pendant douze semaines consécutives l'horaire prévu dans son contrat, l'a déboutée de sa demande de rappels de salaire au motif, notamment, que l'intéressée ne s'était pas opposée au rétablissement de son ancien horaire de travail (cass. soc. 14 juin 2006, n° 04-45.775, 2d moyen, BC V n° 216 ; *RJS* 8-9/06 n° 1004).

Art. L. 3123-16. L'horaire de travail du salarié à temps partiel ne peut comporter, au cours d'une même journée, plus d'une interruption d'activité ou une interruption supérieure à deux heures.

Toutefois, une convention ou un accord collectif de branche étendu, ou agréé en application de l'article L. 313-12 du code de l'action sociale et des familles, ou une convention ou un accord d'entreprise ou d'établissement peut déroger à ces dispositions :

1° Soit expressément ;

2° Soit en définissant les amplitudes horaires pendant lesquelles les salariés doivent exercer leur activité et leur répartition dans la journée de travail, moyennant des contreparties spécifiques et en tenant compte des exigences propres à l'activité exercée.

Note *Interruption d'activité au cours d'une même journée.* Afin de limiter les abus constatés en matière d'amplitude et de fragmentation de la journée de travail de certains salariés à temps partiel, la loi du 13 juin 1998 (art. 10) subordonnait à l'existence d'un accord de branche étendu la possibilité d'imposer plus d'une interruption d'activité ou une interruption d'une durée de plus de 2 heures au cours d'une même journée. Cette possibilité peut, depuis la loi 2004-391 du 4 mai 2004, être ouverte par convention ou accord d'entreprise ou d'établissement.

« Une coupure au sens de l'article L. 212-4-4 (ancien) sépare deux séquences autonomes de travail tandis qu'une pause constitue un arrêt momentané au sein d'une même séquence de travail. La coupure résulte de l'organisation des horaires de travail tandis que la pause a vocation à permettre un temps de repos. La durée de l'interruption constitue également un indice permettant d'identifier la nature du temps d'interruption du travail » (circ. DRT 2000/07 du 6 décembre 2000, BO TR 2001/1, p. 97).

Sous-section 6. Heures complémentaires

Note • Sans en modifier les règles de fond, la loi du 28 août 2008 a adapté les dispositions du code du travail relatives à la limitation des heures complémentaires pour tenir compte des nouvelles modalités d'aménagement du temps de travail, s'agissant des contrats à temps partiel qui s'inscriraient dans ce cadre.

• La loi 2007-1223 du 21 août 2007 modifiée en faveur du travail, de l'emploi et du pouvoir d'achat (JO 22) a exonéré d'impôt et de charges sociales – réduction des cotisations salariales – (CGI art. 81 *quater*) les heures complémentaires travaillées à partir du 1er octobre 2007 (voir note sous art. L. 3121-22).

Art. L. 3123-17. Le nombre d'heures complémentaires accomplies par un salarié à temps partiel au cours d'une même semaine ou d'un même mois ***(L. 2008-789 du 20 août 2008, art. 20, JO 21)*** « ou sur la période prévue par un accord collectif conclu sur le fondement de l'article L. 3122-2 » ne peut être supérieur au dixième de la durée hebdomadaire ou mensuelle de travail prévue dans son contrat ***(L. 2008-789 du 20 août 2008, art. 20, JO 21)*** « calculée, le cas échéant, sur la période prévue par un accord collectif conclu sur le fondement de l'article L. 3122-2 ».

Les heures complémentaires ne peuvent avoir pour effet de porter la durée du travail accomplie par un salarié au niveau de la durée légale du travail ou à la durée fixée conventionnellement.

Note • Les heures complémentaires ne bénéficient pas des majorations pour heures supplémentaires (cass. soc. 19 mars 1987, n° 84-42.352, BC V n° 177).

• S'il résulte de l'article L. 212-1-1 (ancien) CT que la preuve des heures de travail effectuées n'incombe spécialement à aucune des parties et que l'employeur doit fournir au juge les éléments de nature à justifier les horaires effectivement réalisés par le salarié, il appartient cependant à ce dernier de fournir préalablement au juge des éléments de nature à étayer sa demande. Toutefois, le juge ne peut rejeter une demande en paiement d'heures complémentaires aux motifs que les éléments produits par le salarié ne prouvent pas le bien-fondé de sa demande (cass. soc. 10 mai 2007, n° 05-45.932, BC V n° 71 ; *Dr. Soc.* 2007, p. 1183, obs. D. Jourdan et J. Barthélémy ; *JCP* éd. S 2007, 1509, note F. Favennec-Héry ; voir aussi cass. soc. 30 septembre 2003, n° 02-42.730, BC V n° 248 ; *RJS* 12/03 n° 1452).

• Un salarié avait été engagé par une société suivant un contrat de travail à temps partiel d'une durée de 32 heures par mois avec possibilité d'effectuer des heures complémentaires dans la limite de 130 heures. Après avoir ainsi effectué durant plusieurs mois 113 heures de travail, le salarié avait été avisé par son employeur qu'il n'effectuerait plus que 32 heures par mois. Le salarié avait alors informé son employeur qu'il ne pouvait accepter cette réduction d'horaire et avait saisi la juridiction prud'homale pour obtenir des indemnités de rupture. Doit être cassé l'arrêt ayant débouté le salarié de ses demandes, alors que la cour d'appel avait constaté que le nombre d'heures complémentaires imposées au salarié était supérieur au 10e de la durée mensuelle de travail prévue au contrat (cass. soc. 30 juin 1999, n° 97-41.074, BC V n° 318).

• Les heures complémentaires ne peuvent avoir pour effet de porter la durée du travail au niveau de la durée légale du travail ou de la durée fixée conventionnellement. Lorsque les heures effectuées par un salarié à temps partiel, en exécution d'avenants contractuels, ont eu pour effet de porter la durée hebdomadaire du travail au niveau de la durée fixée conventionnellement, le contrat doit être requalifié en contrat à temps plein et le salarié peut prétendre à des rappels de salaire (cass. soc. 5 avril 2006, n° 04-43.180, BC V n° 143 ; *RJS* 6/06 n° 781 ; 8 avril 2009, n° 07-43.343, Corsi c/ SNC Lidl ; voir aussi cass. soc. 3 juillet 2008, n° 06-46.177 : requalification à temps complet d'un contrat de travail d'un salarié à temps partiel ayant effectué une durée de travail équivalente à un temps plein). Par ailleurs, lorsque, en exécution d'un avenant contractuel, un salarié à temps partiel est passé à temps plein afin de remplacer un salarié absent, cet avenant doit s'analyser comme une modification du contrat de travail du salarié, qui est ainsi en droit de refuser une nouvelle modification le replaçant dans la situation antérieure à cet avenant (cass. soc. 11 janvier 2006, n° 03-46.698, BC V n° 5 ; *RJS* 3/06 n° 304).

• Le salarié engagé à temps partiel qui effectue des heures de travail au-delà de la limite légale applicable aux heures complémentaires, s'il ne peut prétendre au paiement de ces heures suivant le régime des heures supplémentaires, est fondé à réclamer, en sus du paiement de ces heures au taux prévu par son contrat de travail, des dommages-intérêts en réparation du préjudice subi par lui du fait de ce dépassement (cass. soc. 27 février 2001, n° 98-45.610, BC V n° 63 ; *Dr. Soc.* 2001, p. 630, obs. B. Gauriau ; *RJS* 5/01 n° 687 ; 16 novembre 2005, n° 03-41.755, Sté ISS Abilis France c/ Barbarot et a.).

• Le seul accomplissement d'heures complémentaires au-delà de l'horaire contractuel ne crée pas de droits pour une salariée au maintien du même nombre d'heures complémentaires après son congé de maternité (cass. soc. 4 mars 2003, n° 00-46.362, BC V n° 84 ; *RJS* 6/03 n° 823). La solution eût été différente si le contrat de travail avait mentionné que la salariée effectuerait un certain nombre d'heures complémentaires en précisant celui-ci.

• Aucune disposition légale ne prévoit la possibilité de remplacer le paiement des heures complémentaires effectuées par un travailleur à temps partiel par l'octroi d'un repos (cass. soc. 17 février 2010, n° 08-42.828, BC V n° 48 ; *JCP* éd. S 2010, 1169, note Fr. Favennec-Héry ; *RJS* 5/10 n° 478 ; *RDT*, juin 2010, CH, 381, M. Véricel).

Art. L. 3123-18. Une convention ou un accord collectif de branche étendu ou une convention ou un accord d'entreprise ou d'établissement peut porter jusqu'au tiers de la durée stipulée au contrat la limite fixée à l'article L. 3123-17 dans laquelle peuvent être accomplies des heures complémentaires.

Art. L. 3123-19. Lorsque la limite dans laquelle peuvent être accomplies des heures complémentaires est portée au-delà du dixième de la durée hebdomadaire ou mensuelle fixée au contrat de travail ***(L. 2008-789 du 20 août 2008, art. 20, JO 21)*** « calculée, le cas échéant, sur la période prévue par un accord collectif conclu sur le fondement de l'article L. 3122-2 », chacune des heures complémentaires accomplies au-delà du dixième de cette durée donne lieu à une majoration de salaire de 25 %.

Note • Aucun repos compensateur de remplacement n'est prévu par cet article.

• Les articles L. 3123-14, 4°, L. 3123-17 et L. 3123-18 CT, qui constituent des dispositions d'ordre public auxquelles il ne peut être dérogé, ont pour objet de limiter le nombre d'heures que peut effectuer un salarié à temps partiel au-delà de la durée prévue à son contrat ; il en résulte que toutes les heures effectuées au-delà de cette durée, qu'elles soient imposées par l'employeur ou qu'elles soient prévues par avenant au contrat de travail à temps partiel en application d'un accord collectif, sont des heures complémentaires.

Après avoir exactement qualifié d'heures complémentaires toutes les heures effectuées au-delà de la durée du travail inscrite au contrat de la salariée, c'est à bon droit qu'une cour d'appel en a déduit que toutes celles qui avaient été effectuées au-delà de la limite d'un dixième de la durée prévue au contrat devaient supporter la majoration de 25 % prévue par l'article L. 3123-19 CT (cass. soc. 7 décembre 2010, n° 09-42.315, *LS* Jurispr. n° 01/2011 du 3.01.2011).

Art. L. 3123-20. Le refus d'accomplir les heures complémentaires proposées par l'employeur au-delà des limites fixées par le contrat ne constitue pas une faute ou un motif de licenciement. Il en est de même, à l'intérieur de ces limites, lorsque le salarié est informé moins de trois jours avant la date à laquelle les heures complémentaires sont prévues.

Sous-section 7. Modification de la répartition de la durée du travail

Art. L. 3123-21. Toute modification de la répartition de la durée du travail entre les jours de la semaine ou les semaines du mois est notifiée au salarié sept jours au moins avant la date à laquelle elle doit avoir lieu.

Note La répartition du travail à temps partiel, telle qu'elle doit être prévue en application de l'article L. 212-4-3 (ancien) CT, constitue un élément du contrat qui ne peut être modifié sans l'accord du salarié. Une clause du contrat ne peut valablement permettre à l'employeur de modifier l'horaire convenu en prévenant le salarié au moins sept jours à l'avance qu'à la double condition, d'une part, de la détermination par le contrat de la variation possible et, d'autre part, de l'énonciation des cas dans lesquels cette modification pourra intervenir. C'est donc à tort que, pour débouter une salariée de sa demande d'indemnité pour licenciement sans cause réelle et sérieuse, une cour d'appel, après avoir constaté que le travail de l'intéressée avait été d'un commun accord réparti sur quatre jours, a énoncé que le contrat de travail prévoyait la possibilité pour l'employeur de modifier l'horaire convenu « si les circonstances le demandent », que l'exiguïté des locaux justifiait le désir de l'employeur de fixer un mi-temps sur trois jours et que le refus catégorique et non motivé de l'intéressée ne permettait plus le maintien des relations contractuelles, alors que la répartition du travail à temps partiel sur trois jours au lieu de quatre constituait une modification du contrat de travail et alors que la clause contractuelle visée par l'arrêt, en accordant à l'employeur un pouvoir discrétionnaire, ne correspondait pas aux exigences légales (cass. soc. 7 juillet 1998, n° 95-43.443, BC V n° 373 ; *JSL* 1998, n° 20, p. 14 ; voir aussi cass. soc. 16 mai 2007, n° 05-40.670 ; 15 septembre 2010, n° 09-40.473, BC V n° 179 ; *LS* Jurispr. n° 188/2010 du 28/09/10 ; *RDT*, décembre 2010, CH, 710, V. Bonnin).

Après avoir relevé qu'un employeur avait modifié, sans établir d'avenant, le contrat de travail d'un salarié employé à temps partiel, que ce contrat ne comportait plus la mention de la durée du travail et sa répartition et après avoir constaté que l'employeur ne justifiait pas de la durée exacte du travail de l'intéressé, de l'amplitude de ses variations éventuelles et de la répartition de la durée du travail entre les jours de la semaine ou les semaines du mois, une cour d'appel a décidé, à bon droit, que le salarié était employé à temps complet (cass. soc. 15 octobre 2002, n° 01-46.240, BC V n° 311 ; *RJS* 12/02 n° 1452 ; cass. soc. 4 décembre 2002, n° 00-40.255, BC V n° 369 ; *RJS* 2/03 n° 163).

Une cour d'appel, qui a relevé que l'employeur avait modifié la répartition de la durée du travail d'une salariée sans respecter le délai de prévenance de sept jours au moins avant la date d'effet de ces modifications, en a exactement déduit qu'elle avait droit à un rappel de salaire et que son contrat de travail devait être réputé conclu pour un temps complet (cass. soc. 8 avril 2009, n° 08-40.971, *JSL* n° 257, 10 juin 2009, p. 27).

Sur l'obligation du juge de préciser si un employeur a respecté le délai de prévenance de sept jours prévu par cet article avant de mettre en œuvre des modifications de la répartition de la durée du travail, voir cass. soc. 15 septembre 2010, n° 09-40.473, précité.

Il appartient, d'une part, à l'employeur de rapporter la preuve qu'il a respecté le délai de prévenance prévu au contrat ; d'autre part, l'inobservation du délai de prévenance, en cas de modification de la répartition de la durée du travail entre les jours de la semaine, constitue un trouble manifestement illicite nécessitant le rétablissement du salarié dans ses horaires antérieurs (cass. soc. 5 octobre 2011, n° 10-30.599, *RJS* 12/11 n° 1027).

Art. L. 3123-22. Une convention ou un accord collectif de branche étendu ou une convention ou un accord d'entreprise ou d'établissement peut faire varier en deçà de sept jours, jusqu'à un minimum de trois jours ouvrés, le délai dans lequel la modification de la répartition de la durée du travail est notifiée au salarié. Dans les associations et entreprises d'aide à domicile, ce délai peut être inférieur pour les cas d'urgence définis par convention ou accord collectif de branche étendu ou par convention ou accord d'entreprise ou d'établissement.

La convention ou l'accord collectif de branche étendu ou la convention ou l'accord d'entreprise ou d'établissement prévoit des contreparties apportées au salarié lorsque le délai de prévenance est réduit en deçà de sept jours ouvrés.

Art. L. 3123-23. L'accord collectif permettant les dérogations prévues aux articles L. 3123-18, relatif au nombre d'heures complémentaires, et L. 3123-22, relatif au délai de prévenance en cas de modification de la répartition du travail, comporte des garanties relatives à la mise en œuvre, pour les salariés à temps partiel, des droits reconnus aux salariés à temps complet et notamment de l'égalité d'accès aux possibilités de promotion, de carrière et de formation, ainsi qu'à la fixation d'une période minimale de travail continue et à la limitation du nombre des interruptions d'activité au cours d'une même journée.

Art. L. 3123-24. Lorsque l'employeur demande au salarié de changer la répartition de sa durée du travail, alors que le contrat de travail n'a pas prévu les cas et la nature de telles modifications, le refus du salarié d'accepter ce changement ne constitue pas une faute ou un motif de licenciement.

Lorsque l'employeur demande au salarié de changer la répartition de sa durée du travail dans un des cas et selon les modalités préalablement définis dans le contrat de travail, le refus du salarié d'accepter ce changement ne constitue pas une faute ou un motif de licenciement dès lors que ce changement n'est pas compatible avec des obligations familiales impérieuses, avec le suivi d'un enseignement scolaire ou supérieur, avec une période d'activité fixée chez un autre employeur ou avec une activité professionnelle non salariée. Il en va de même en cas de changement des horaires de travail au sein de chaque journée travaillée qui figurent dans le document écrit communiqué au salarié en vertu du 3° de l'article L. 3123-14.

Note Dans le cadre d'un contrat de travail à temps partiel, le refus d'un salarié d'accepter un changement de ses horaires ordonné par l'employeur dans le cadre de son pouvoir de direction peut être légitimé, même si le changement est prévu au contrat, lorsque ce changement n'est pas compatible avec des obligations familiales impérieuses. En retenant une faute grave à l'encontre d'une salariée reclassée sur un autre chantier selon un nouvel horaire – ce qu'elle avait refusé – après la perte par son employeur du chantier sur lequel elle était occupée et en refusant d'examiner l'excuse tirée de ses obligations familiales, une cour d'appel n'a pas légalement justifié sa décision (cass. soc. 9 mai 2001, n° 99-40.111, BC V n° 157 ; *JSL* n° 82, 26 juin 2001, M-Ch. Haller, p. 11 ; *RJS* 7/01 n° 943).

Un salarié peut refuser un changement d'horaires si celui-ci n'est pas compatible avec des obligations familiales impérieuses. Il appartient cependant à l'employeur, en cas de litige, d'établir que cette modification est imposée dans l'intérêt de l'entreprise ; manque à ses obligations contractuelles l'employeur qui ne peut motiver sa décision par l'intérêt de l'entreprise et qui n'a pas, en outre, respecté le délai légal de prévenance de sept jours (cass. soc. 9 juillet 2003, n° 01-42.723, *RJS* 10/03 n° 1239).

Le refus du salarié d'accepter la modification unilatérale du contrat de travail et la fixation par l'employeur de l'horaire à temps partiel ne constitue pas une faute (cass. soc. 16 janvier 2001, n° 98-41.717, BC V n° 5 ; *JSL* n° 73, février 2001, p. 18). De même, le refus d'une salariée d'accepter le changement d'horaires non prévu au contrat de travail qui lui était imposé étant légitime, une cour d'appel a pu condamner son employeur pour licenciement sans cause réelle et sérieuse (cass. soc. 24 mai 2005, n° 03-43.957, SPPH c/ Dalla Muta ; dans le même sens, voir aussi cass. soc. 16 mai 2007, n° 05-40.670, s'agissant d'une clause contractuelle qui, accordant à l'employeur le pouvoir de modifier les horaires en fonction des nécessités de service et ne précisant pas la nature de cette modification, ne répondait pas aux exigences légales).

La rupture du contrat de travail faisant suite à la modification par l'employeur des horaires de travail d'une salariée travaillant à temps partiel et du non-respect du délai de prévenance prévu contractuellement s'analyse en un licenciement sans cause réelle et sérieuse (cass. soc. 16 février 1999, n° 96-45.407, BC V n° 75 ; *RJS* 4/99 n° 607 ; cass. soc. 4 avril 2006, n° 04-42.672, BC V n° 133 ; *RJS* 6/06 n° 782).

La modification de la répartition de l'horaire de travail constitue une modification du contrat de travail à temps partiel. Le juge doit apprécier le caractère réel et sérieux du motif de la modification (cass. soc. 13 décembre 2000, n° 98-44.007, Jotic c/ Maison Chavarot). Ayant constaté qu'un employeur avait imposé cette modification par malignité et non dans l'intérêt de l'entreprise, une cour d'appel a pu décider que le licenciement du salarié consécutif à son refus de l'accepter était dépourvu de cause réelle et sérieuse (cass. soc. 14 octobre 1998, n° 96-43.539, BC V n° 419 ; *D.* 1998 IR 243).

En cas de travail à temps partiel, lorsque l'employeur demande au salarié de changer la répartition de sa durée de travail, le refus du salarié d'accepter ce changement ne saurait constituer une faute ou un motif de licenciement dès lors que ce changement n'est pas compatible avec une période d'activité fixée chez un autre employeur (cass. soc. 28 septembre 2011, n° 09-70.329, *RJS* 12/11 n° 1027).

Lorsque la modification de la répartition de l'horaire de travail est consécutive à l'application d'un accord de réduction du temps de travail, le refus du salarié d'accepter une telle modification ne peut, à lui seul, être constitutif d'une faute grave et le caractère réel et sérieux du licenciement consécutif à ce refus doit être apprécié au regard des seules dispositions de l'accord collectif applicable (cass. soc. 5 avril 2006, n° 04-45.537, BC V n° 138 ; *RJS* 6/06 n° 741).

[Sous-section 8. **Modulation de la durée du travail (art. L. 3123-25 à 28)**
Abrogée par loi 2008-789 du 20 août 2008, art. 20, JO 21.]

Note

La mise en œuvre du travail à temps partiel modulé, au sens de l'article L. 212-4-6 (ancien) CT, qui se traduit par une modification de la répartition du travail par semaine ou sur le mois, constitue, pour le salarié déjà titulaire d'un contrat de travail à temps partiel, une modification de son contrat de travail qui nécessite son accord exprès (cass. soc. 20 février 2008, n° 06-43.349, BC V n° 43 ; *RDT*, avr. 2008, CH, 230, G. Auzero ; 28 septembre 2011, n° 10-19.076, *RJS* 12/11 n° 1028).

Sous-section 9. **Exercice d'un mandat**

Art. L. 3123-29. Le temps de travail mensuel d'un salarié à temps partiel ne peut être réduit de plus d'un tiers par l'utilisation du crédit d'heures auquel il peut prétendre pour l'exercice de mandats qu'il détient au sein d'une entreprise. Le solde éventuel de ce crédit d'heures payées peut être utilisé en dehors des heures de travail de l'intéressé.

Note • L'objet de cet article est de limiter, pour le salarié à temps partiel, le nombre d'heures de délégation prises sur le temps de travail, et non d'autoriser l'employeur à imputer sur celui-ci les heures de délégation utilisées en dehors de ce temps (cass. soc. 5 janvier 1995, n° 90-45.187, Bérard c/ Clinique chir. mutualiste).

• Il résulte des articles L. 212-4-10 et L. 412-20 (anciens) CT que si le crédit d'heures dépasse le tiers du temps de travail mensuel, les heures de délégation prises en dehors de son temps de travail par le représentant du personnel pour l'exercice de son ou de ses mandats doivent être considérées de plein droit comme temps de travail et payées comme tel, peu important que l'intéressé reçoive en outre une allocation au titre de la préretraite progressive, le temps de délégation étant un accessoire nécessaire du contrat de travail en cours et impliquant des contraintes qui doivent être spécialement rémunérées, lorsque les heures de délégation ne s'imputent pas sur le temps de travail effectif (cass. soc. 20 mars 2002, n° 99-45.516, BC V n° 98 ; *RJS* 6/02 n° 750 ; *JSL* n° 101, 14 mai 2002, p. 14, N. Rérolle).

Sous-section 10. Dispositions d'application

Art. L. 3123-30. Des décrets déterminent les modalités d'application des dispositions de la présente section soit pour l'ensemble des professions ou des branches d'activité, soit pour une profession ou une branche particulière.

Si, dans une profession ou une branche, la pratique du travail à temps partiel a provoqué un déséquilibre grave et durable des conditions d'emploi, des décrets, pris après consultation des organisations d'employeurs et de salariés intéressées, peuvent instituer des limitations du recours au travail à temps partiel dans la branche ou la profession concernée.

SECTION 2. Travail intermittent

Note • La loi 2000-37 du 19 janvier 2000 (JO 20) est revenue au contrat de travail intermittent. Ce dernier, institué par l'ordonnance 86-948 du 11 août 1986 (JO 12), avait été abrogé par la loi 93-1313 du 20 décembre 1993 (JO 21) pour être remplacé par le contrat de travail à temps partiel annualisé.

• Les dispositions des conventions ou accords collectifs conclus en application des articles L. 212-4-8 à L. 212-4-11 anciens sur le travail intermittent, abrogés par la loi 93-1313 du 20 décembre 1993, art. 43 (JO 21), sont maintenues en vigueur afin de préserver les situations acquises (loi du 20 décembre 1993 précitée).

• La période de congés payés n'étant assimilée à un travail effectif que pour la détermination de la durée des congés ne peut être prise en compte pour le calcul de la durée du travail retenue par une convention collective pour la conclusion de contrats de travail à durée indéterminée intermittents (cass. soc. 20 mai 1997, n° 93-45.111, *RJS* 7/97 n° 820).

Art. L. 3123-31. Dans les entreprises pour lesquelles une convention ou un accord collectif de travail étendu ou une convention ou un accord d'entreprise ou d'établissement le prévoit, des contrats de travail intermittent peuvent être conclus afin de pourvoir les emplois permanents, définis par cette convention ou cet accord, qui par nature comportent une alternance de périodes travaillées et de périodes non travaillées.

Note Le contrat de travail intermittent conclu malgré l'absence d'une convention ou d'un accord collectif, tels que mentionnés à cet article, est illicite et doit être requalifié en contrat de travail à temps complet (cass. soc. 8 juin 2011, n° 10-15.087, *RDT*, juillet/août, AC, 412 ; *RJS* 8-9/11 n° 697 ; *JSL* n° 304, 29 juillet 2011, p. 25 ; *JCP* éd. S 2011, 1492, note Fr. Bousez ; *Dr. Soc.* 2011, pp. 1205 et s. : « La requalification du contrat de travail intermittent en l'absence de convention collective préalable », Cl. Roy-Loustaunau ; 5 octobre 2011, n° 10-19.650).

La convention ou l'accord collectif prévoyant le recours au travail intermittent doit désigner de façon précise les emplois permanents qui peuvent être pourvus par la conclusion de contrats de travail intermittent. À défaut, les contrats conclus sont irréguliers et peuvent être requalifiés en contrats de travail à durée indéterminée à temps complet (cass. soc. 27 juin 2007, n° 06-41.818, BC V n° 113).

Art. L. 3123-32. Par dérogation aux dispositions de l'article L. 3123-31, les entreprises adaptées mentionnées à l'article L. 5213-13 peuvent conclure un contrat de travail intermittent même en l'absence de convention ou d'accord collectif de travail, dès lors que ce contrat est conclu avec un travailleur handicapé, bénéficiaire de l'obligation d'emploi au sens de l'article L. 5212-13.

Art. L. 3123-33. Le contrat de travail intermittent est un contrat à durée indéterminée. Ce contrat est écrit.

Il mentionne notamment :

1° La qualification du salarié ;

2° Les éléments de la rémunération ;

3° La durée annuelle minimale de travail du salarié ;

4° Les périodes de travail ;

5° La répartition des heures de travail à l'intérieur de ces périodes.

Note

• Ayant relevé, d'une part, que le contrat signé par les parties ne correspondait pas aux conditions légales du contrat de travail intermittent, d'autre part, qu'aux termes de ce même contrat, qui ne fixait ni la durée annuelle minimale de travail ni la répartition des heures de travail au sein des périodes travaillées, la salariée n'intervenait qu'au gré des demandes de la clientèle, selon des horaires variables, en sorte qu'elle se trouvait dans la nécessité de se tenir en permanence à la disposition de l'employeur susceptible de la solliciter à tout moment, sans délai de prévenance, pour une intervention dans une action d'animation, une cour d'appel n'a pas tiré les conséquences légales de ses constatations dont il résultait que le contrat devait être requalifié en contrat à temps complet (cass. soc. 18 juin 2008, n° 07-40.123, *RJS* 11/08 n° 1132).

• Il résulte des dispositions des articles L. 3123-31, L. 3123-33 et L. 3121-22 CT que le contrat de travail intermittent ne constitue pas, en soi, une annualisation du temps de travail autorisant l'employeur à ne décompter les heures supplémentaires qu'au-delà de la durée annuelle légale ou conventionnelle. Ainsi les heures supplémentaires doivent être décomptées, sauf exception légale ou conventionnelle, par semaine travaillée (cass. soc. 16 juin 2010, n° 08-43.244, *JCP* éd. S 2010, 1369, note M. Morand ; *RJS* 10/10 n° 811).

Art. L. 3123-34. Les heures dépassant la durée annuelle minimale fixée au contrat de travail intermittent ne peuvent excéder le tiers de cette durée sauf accord du salarié.

Art. L. 3123-35. Dans les secteurs, dont la liste est déterminée par décret, où la nature de l'activité ne permet pas de fixer avec précision les périodes de travail et la répartition des heures de travail au sein de ces périodes, la convention ou l'accord collectif de travail détermine les adaptations nécessaires et notamment les conditions dans lesquelles le salarié peut refuser les dates et les horaires de travail qui lui sont proposés.

Art. D. 3123-4. ***(D. 2009-498 du 30 avril 2009, JO 3 mai)*** En application de l'article L. 3123-35, est inscrit sur la liste des secteurs dans lesquels la nature de l'activité ne permet pas de fixer avec précision, dans le contrat de travail intermittent, les périodes de travail et la répartition des heures de travail au sein de ces périodes le secteur du spectacle vivant et enregistré.

Art. L. 3123-36. Le salarié titulaire d'un contrat de travail intermittent bénéficie des droits reconnus aux salariés à temps complet sous réserve, en ce qui concerne les droits conventionnels, de modalités spécifiques prévues par la convention ou l'accord collectif de travail étendu ou une convention ou un accord d'entreprise ou d'établissement.

Art. L. 3123-37.

Pour la détermination des droits liés à l'ancienneté, les périodes non travaillées sont prises en compte en totalité.

Art. L. 3123-37. Une convention ou un accord collectif de travail étendu ou une convention ou un accord collectif d'entreprise ou d'établissement peut prévoir que la rémunération versée mensuellement aux salariés titulaires d'un contrat de travail intermittent est indépendante de l'horaire réel et est calculée dans les conditions prévues par la convention ou l'accord.

[Sanctions pénales]

Art. R. 3124-5. Est puni de l'amende prévue pour les contraventions de la cinquième classe, le fait d'employer un salarié à temps partiel ou un salarié en contrat de travail intermittent en omettant d'établir un contrat de travail écrit mentionnant les éléments suivants :

1° Pour un salarié à temps partiel ***(D. 2008-1131 du 3 nov. 2008, JO 5)*** « autre que celui mentionné au 2° », la durée du travail de référence, la répartition de la durée du travail entre les jours de la semaine ou les semaines du mois et les limites dans lesquelles peuvent être accomplies des heures complémentaires ;

2° Pour un salarié employé en application d'une convention ou d'un accord collectif de travail mentionné à l'article ***(D. 2008-1131 du 3 nov. 2008, JO 5)*** « L. 3122-2 », la durée du travail de référence ;

3° Pour un salarié employé en application d'une convention ou d'un accord collectif de travail mentionné à l'article L. 3123-35, la durée annuelle minimale de travail ainsi que les périodes de travail et la répartition des heures de travail à l'intérieur de ces périodes lorsque ces mentions sont obligatoires.

Les contraventions donnent lieu à autant d'amendes qu'il y a de salariés indûment employés.

Art. R. 3124-8. Est puni de l'amende prévue pour les contraventions de la cinquième classe, le fait d'avoir fait accomplir :

1° Par un salarié à temps partiel, des heures complémentaires sans respecter les limites fixées par l'article L. 3123-17 ou par les conventions ou accords collectifs de travail prévus par l'article L. 3123-23 ;

(D. 2008-1131 du 3 nov. 2008, JO 5) « 2° » Par un salarié employé en application d'un contrat de travail intermittent, des heures au-delà de la durée annuelle minimale prévue par ce contrat, sans respecter, en l'absence de l'accord de ce salarié, la limite fixée à l'article L. 3123-34.

Les contraventions donnent lieu à autant d'amendes qu'il y a de salariés indûment employés.

Art. R. 3124-9. Le fait d'employer un salarié à temps partiel sans respecter les limites en nombre ou en durée des interruptions d'activité quotidienne prévues par les articles L. 3123-16 ou par une convention ou un accord collectif de branche ***(D. 2008-1131 du 3 nov. 2008, JO 5)*** « étendu ou agréé prévu par cet article » ou par une convention ou accord d'entreprise ou d'établissement, est puni de l'amende prévue pour les contraventions de la cinquième classe.

Les contraventions donnent lieu à autant d'amendes qu'il y a de salariés indûment employés.

Art. R. 3124-10. Le fait de ne pas accorder une majoration de salaire de 25 % pour chaque heure complémentaire accomplie au-delà du dixième de la durée stipulée au contrat en méconnaissance des dispositions de l'article L. 3123-19 ou du II de l'article 14 de la loi n° 2000-37 du 19 janvier 2000 relative à la réduction négociée du temps de travail, est puni de l'amende prévue pour les contraventions de la quatrième classe.

Les contraventions donnent lieu à autant d'amendes qu'il y a de salariés indûment employés.

CHAPITRE IV

Dispositions pénales

[Le présent chapitre ne comprend pas de dispositions législatives.]

Les articles réglementaires ont été insérés à la suite de chacun des chapitres auxquels ils se rapportent.

TITRE III

REPOS ET JOURS FÉRIÉS

CHAPITRE Ier

Repos quotidien

Note • Les articles L. 3131-1 et L. 3131-2 transposent l'article 3 de la directive européenne du 23 novembre 1993 sur l'aménagement du temps de travail, remplacée, depuis le 2 août 2004, par la directive 2003/88/CE du 4 novembre 2003, « Code annoté européen du travail », *Groupe Revue Fiduciaire*, éd. 2010, p. 339) en créant une durée minimale de repos journalier qui n'existait pas jusqu'alors en droit interne.

• Pour les salariés agricoles, voir art. L. 714-5 et L. 714-6 du code rural et de la pêche maritime.

Art. L. 3131-1. Tout salarié bénéficie d'un repos quotidien d'une durée minimale de onze heures consécutives.

Note • Le seuil communautaire, qui résulte de la directive 93/104/CE du Conseil du 23 novembre 1993, modifiée par la directive 2000/34/CE du Parlement et du Conseil du 22 juin 2000, fixant à 11 heures consécutives la période minimale du repos journalier, se traduit en droit interne par l'interdiction de dépasser l'amplitude journalière de 13 heures, celle-ci étant définie comme le temps séparant la prise de poste de sa fin (cass. soc. 28 septembre 2010, n° 09-41.277, *JCP* éd. S 2011, 1023, note M. Morand ; voir aussi cass. soc. 23 septembre 2009, n° 07-44.226, BC V n° 202 ; *Dr. Soc.* 2010, p. 239, obs. J. Barthélémy ; *RJS* 12/09 n° 940).

En outre, l'amplitude du travail doit être calculée sur une même journée de 0 à 24 heures et ne peut dépasser 13 heures. A violé l'article L. 212-1 CT, dans sa rédaction alors en vigueur, interprété à la lumière de la directive 93/104/CE du 23 novembre 1993, la cour d'appel qui, pour décider que le refus d'une salariée d'accepter de nouveaux horaires de travail n'était pas justifié, a retenu que l'amplitude du travail calculée de 19h30 à 8h30 ne dépassait pas 13 heures, alors que la salariée, qui devait commencer son travail à 5 h pour l'achever à 22 h, était soumise à une amplitude du travail supérieure à 13 heures (cass. soc. 18 décembre 2001, n° 99-43.351, BC V n° 392 ; *Dr. Soc.* 2002, p. 353, obs. J. Barthélémy).

• Selon l'administration du travail, l'amplitude quotidienne peut atteindre 15 heures si la branche a ouvert la faculté de mettre en œuvre un repos quotidien de 9 heures, ce qui est le cas dans les établissements sociaux et médico-sociaux de droit privé à but non lucratif (note DRT du 28 juillet 2003, *LS* n° 13963/64 du 9 septembre 2003).

Selon la CJCE, une réduction de la période de repos journalier de 11 heures consécutives est subordonnée à la condition que des périodes équivalentes de repos compensateur soient accordées aux travailleurs concernés qui succèdent immédiatement aux périodes de travail correspondantes (CJCE 9 septembre 2003, aff. C-151/02, rec. p. I-8389 ; JOUE C 264/14 du 1.11.2003 ; *RJS* 12/03 n° 1455).

• Sur la prise en compte du régime d'équivalence pour la détermination de l'amplitude journalière de travail, voir cass. soc. 23 septembre 2009, n° 07-44.226, précité, cité sous art. L. 3121-9.

• Cet article s'applique quel que soit le type de contrat : la loi du 23 mai 2006 et le décret qui la met en œuvre méconnaissent les objectifs fixés par la directive du 4 novembre 2003, en tant que les titulaires d'un contrat d'engagement éducatif ne bénéficient ni d'un repos quotidien ni d'une protection équivalente (CE 10 octobre 2011, n° 301014, *LSQ* n° 15955 du 13/10/11 ; *RJS* 12/11 n° 983 ; CJUE 14 octobre 2010, aff. C-428/09, JOUE C 346/20 du 18.12.2010 ; *RJS* 2/11, p. 101 (I. D.), chron. M. Schmitt).

Art. L. 3131-2.

Art. L. 3131-2. Une convention ou un accord collectif de travail étendu ou une convention ou un accord d'entreprise ou d'établissement peut déroger à la durée minimale de repos quotidien, dans des conditions déterminées par décret, notamment pour des activités caractérisées par la nécessité d'assurer une continuité du service ou par des périodes d'intervention fractionnées.

Ce décret prévoit également les conditions dans lesquelles il peut être dérogé à cette durée minimale à défaut de convention ou d'accord et, en cas de travaux urgents en raison d'un accident ou d'une menace d'accident, ou de surcroît exceptionnel d'activité.

Note Le salarié ne peut valablement renoncer à la durée minimale de repos journalier prévue par la convention collective (cass. soc. 8 juin 2010, n° 08-45.577, *LS* Jurisp. n° 130/2010 du 29 juin 2010 ; *JSL* nos 281-282, 26 juillet 2010, p. 39).

Art. D. 3131-1. Il peut être dérogé, dans des conditions et selon des modalités fixées par convention ou accord collectif de travail étendu ou par convention ou accord d'entreprise ou d'établissement, à la période minimale de onze heures de repos quotidien par salarié pour ceux exerçant les activités suivantes :

1° Activités caractérisées par l'éloignement entre le domicile et le lieu de travail du salarié ou par l'éloignement entre différents lieux de travail du salarié ;

2° Activités de garde, de surveillance et de permanence caractérisées par la nécessité d'assurer la protection des biens et des personnes ;

3° Activités caractérisées par la nécessité d'assurer la continuité du service ou de la production, notamment pour les établissements ou parties d'établissements pratiquant le mode de travail par équipes successives, chaque fois que le salarié change d'équipe ou de poste et ne peut bénéficier, entre la fin d'une équipe et le début de la suivante, d'une période de repos quotidien de onze heures consécutives ;

4° Activités de manutention ou d'exploitation qui concourent à l'exécution des prestations de transport ;

5° Activités qui s'exercent par période de travail fractionnées dans la journée.

Art. D. 3131-2. En cas de surcroît d'activité, une convention ou un accord collectif de travail étendu ou un accord collectif d'entreprise ou d'établissement peut prévoir une réduction de la durée du repos quotidien.

Art. D. 3131-3. Un accord collectif de travail ne peut avoir pour effet de réduire la durée du repos quotidien en deçà de neuf heures.

Art. D. 3131-4. En cas de surcroît d'activité, en l'absence d'accord collectif de travail, une réduction de la durée du repos quotidien peut être mise en œuvre dans les conditions définies aux articles D. 3121-16 à D. 3121-18.

Note Si cet article ne prévoit pas que les dérogations apportées sur son fondement à la règle de la durée minimale quotidienne de repos ouvrent au profit des travailleurs concernés « des périodes équivalentes de repos », comme le prévoit l'article 17 de la directive 93/104/CE du 23 novembre 1993, il ne saurait cependant être fait grief à l'auteur du décret du 22 juin 1998 attaqué d'avoir méconnu le droit communautaire dès lors que l'article D. 220-7 [D. 3131-6], ajouté au code du travail par le décret attaqué, transpose dans l'ordre interne l'objectif fixé en la matière par la directive (CE 17 mai 1999, n° 199095, *Dr. Ouvr.* 1999, p. 369).

Art. D. 3131-5. L'employeur peut, sous sa seule responsabilité et en informant l'inspecteur du travail, déroger à la période minimale de onze heures de repos quotidien par salarié en cas de travaux urgents dont l'exécution immédiate est nécessaire pour :

1° Organiser des mesures de sauvetage ;

2° Prévenir des accidents imminents ;

3° Réparer des accidents survenus au matériel, aux installations ou aux bâtiments.

Art. D. 3131-6. Le bénéfice des dérogations prévues aux articles D. 3131-1 à D. 3131-5 est subordonné à l'attribution de périodes au moins équivalentes de repos aux salariés intéressés.

Lorsque l'attribution de ce repos n'est pas possible, une contrepartie équivalente est prévue par accord collectif de travail.

Note En premier lieu, si cet article (D. 220-7 ancien) n'a pas défini la notion de période équivalente de repos, ses dispositions impliquent simplement qu'en l'absence de précision donnée par une convention ou un accord collectif étendu, le salarié doit bénéficier d'un nombre d'heures de repos égal à celles dont il n'a pu bénéficier du fait de l'application de la dérogation.

En deuxième lieu, si l'article D. 220-7 ancien ne prévoit aucune disposition dans l'hypothèse où, tout à la fois, il est impossible d'accorder un repos équivalent et où aucun accord collectif ne fixe de contrepartie, il résulte de l'économie générale du décret 98-496 du 22 juin 1998 que, dans le cas ainsi visé, aucune dérogation ne peut être apportée à la règle du repos quotidien.

En troisième lieu, la directive 93/104/CE du 23 novembre 1993 n'interdit pas que la « protection appropriée », qui doit être accordée aux salariés lorsque, dans des cas exceptionnels, l'octroi d'une période équivalente de repos n'est pas possible, soit librement négociée dans le cadre d'un accord collectif, ni que cette protection soit constituée par une contrepartie financière ; ainsi, il ne saurait être utilement soutenu qu'en n'excluant pas une compensation de cette nature, le décret aurait méconnu les objectifs définis par la directive précitée (CE 17 mai 1999, n° 199095, *Dr. Ouvr.* 1999, p. 369).

Art. D. 3131-7. Pour assurer le respect du repos quotidien minimum de onze heures consécutives des salariés qui ne sont pas occupés selon un horaire collectif, l'employeur peut fixer pour l'établissement, l'atelier, le service ou l'équipe au sens de l'article D. 3171-7 une période quotidienne correspondant au moins à la durée de ce repos. Les heures auxquelles commence et finit cette période sont affichées dans l'entreprise.

Si des salariés sont occupés durant la ou les périodes fixées par l'employeur ou lorsque celui-ci n'a pas fixé de période de repos quotidien, le respect de ce dernier doit être démontré par tous moyens.

Art. R. 3135-1. Le fait de ne pas attribuer à un salarié le repos quotidien mentionné aux articles L. 3131-1 et L. 3131-2, est puni de l'amende prévue pour les contraventions de la quatrième classe.

Les contraventions donnent lieu à autant d'amendes qu'il y a de salariés indûment employés.

CHAPITRE II

Repos hebdomadaire

SECTION 1. Principes

Art. L. 3132-1. Il est interdit de faire travailler un même salarié plus de six jours par semaine.

Art. L. 3132-2. Le repos hebdomadaire a une durée minimale de vingt-quatre heures consécutives auxquelles s'ajoutent les heures consécutives de repos quotidien prévu au chapitre Ier.

Note La directive 93/104/CE du 23 novembre 1993 (JOCE L 307 du 13.12.1993) modifiée par la directive 2000/34/CE du 22 juin 2000 – remplacée par la directive 2003/88/CE du 4 novembre 2003 depuis le 2 août 2004 – (« Code annoté européen du travail », *Groupe Revue Fiduciaire,* éd. 2010, p. 339) concernant certains aspects de l'aménagement du temps de travail prévoit une période minimale de repos sans interruption de 24 heures auxquelles s'ajoutent onze heures de repos journalier, soit un repos hebdomadaire minimal de 35 heures. Le législateur a repris cette précision dans la loi 2000-37 du 19 janvier 2000 transposant ainsi complètement cette directive.

Art. L. 3132-3.

L'article 17 § 1 de la directive 93/104/CE permet de déroger aux périodes minimales de repos et aux durées maximales de travail hebdomadaire et de travail de nuit fixées par la directive, lorsque la durée du temps de travail, en raison des caractéristiques particulières de l'activité exercée, n'est pas mesurée et/ou prédéterminée ou peut être déterminée par les travailleurs eux-mêmes. Cette dérogation ne s'applique qu'aux travailleurs dont le temps de travail dans son intégralité n'est pas mesuré ou prédéterminé ou peut être déterminé par les travailleurs eux-mêmes (CJCE 7 septembre 2006, aff. C-484/04, rec. p. I-7471 ; JOUE C 261/3 du 28.10.2006 ; *JCP* éd. S 2006, 1752, note J. Cavallini). Par ailleurs, les États membres doivent garantir le respect de chacune des prescriptions minimales de la directive, y compris le droit des travailleurs de bénéficier d'un repos effectif. Un État membre ne peut donc pas, dans les lignes directrices adressées aux employeurs et aux travailleurs concernant la mise en œuvre du droit au repos, indiquer que l'employeur n'est pas tenu de vérifier que les travailleurs ont réellement bénéficié d'un repos effectif (CJCE 7 septembre 2006, aff. C-484/04, précité).

Art. L. 3132-3. ***(L. 2009-974 du 10 août 2009, JO 11)*** Dans l'intérêt des salariés, le repos hebdomadaire est donné le dimanche.

Note

• Les articles 1er et 2 de la loi 2009-974 du 10 août 2009 ne s'appliquent pas dans les départements de la Moselle, du Bas-Rhin et du Haut-Rhin, à l'exception de l'article L. 3132-3 réaffirmant le principe du repos dominical (loi 2009-974 précitée, art. 3). S'agissant des dispositions régissant ces départements, voir articles L. 3134-2 et s.

• Un comité, constitué de trois parlementaires appartenant à la majorité et de trois parlementaires appartenant à l'opposition, est chargé de veiller au respect du principe du repos dominical posé à l'article L. 3132-3 CT. Ce comité présente un rapport au Parlement dans un délai d'un an à compter de la date de publication de la présente loi (loi 2009-974 précitée, art. 4).

• Avant la loi du 10 août 2009, dans le cadre de la modernisation de la réglementation relative au repos dominical des salariés et à l'ouverture des commerces le dimanche, la règle de principe du droit au repos dominical avait été réaffirmée, le régime des dérogations à ce principe adapté, de façon limitée, pour tenir compte de l'évolution de la vie économique et sociale et permettre la satisfaction des besoins essentiels du pays le dimanche. Voir notamment, en la matière, circulaires DRT 19/92 du 7 octobre 1992 (BO MT 92/23), 26 du 6 décembre 1993 (BO MT 94/4), 94/5 du 24 mai 1994 (BO MT 94/11) rapportées au JO n° 1652 « Le travail le dimanche » ; « Le repos dominical des salariés », guide pratique de la DGT à l'attention des services instructeurs.

• L'article 5, al. 2 de la directive 93/104/CE du 23 novembre 1993 concernant certains aspects de l'aménagement du temps de travail qui inclut en principe, sous réserve de l'appréciation souveraine des États, le dimanche dans la période de repos hebdomadaire, est annulé, faute pour le Conseil d'avoir expliqué « en quoi le dimanche, comme jour de repos hebdomadaire, présenterait un lien plus important avec la santé et la sécurité des travailleurs qu'un autre jour de la semaine » (CJCE 12 novembre 1996, aff. C-84/94, rec. p. I-5755). L'inclusion du dimanche dans la période de repos hebdomadaire étant ainsi laissée à l'appréciation des États membres, l'article L. 221-5 (ancien) CT demeure applicable (cass. crim. 11 janvier 2000, n° 98-84.408).

• Les dispositions de cet article, prises dans le seul intérêt des travailleurs et imposant l'obligation de donner à ces derniers le repos hebdomadaire le dimanche, n'ont pas pour objet de régir les échanges entre les États membres de la Communauté européenne et ne sont pas incompatibles avec les dispositions du traité instituant cette communauté qui interdisent les restrictions quantitatives à l'importation ainsi que les mesures d'effet équivalent (cass. crim. 20 novembre 1990, n° 90-81.160, B. crim. n° 392 ; 8 janvier 1991, n° 90-82.792, *RJS* 3/91 n° 334 ; 14 mai 1991, n° 90-85.280, *RJS* 8-9/91 n° 967). La Cour de justice des Communautés européennes, en suivant un raisonnement différent, admet également la compatibilité entre les dispositions du traité de Rome et la réglementation nationale interdisant d'employer des travailleurs salariés le dimanche (CJCE 28 février 1991, aff. C-312/89, rec. p. I-997 ; *RJS* 4/91 n° 530 b. Voir chron. de X. Prétot, *RJS* 8-9/91, p. 483).

L'exception tirée de l'incompatibilité des dispositions de l'article L. 221-5 (ancien) avec les articles 100, 235 (anciens) et 119 du traité de Rome et avec la directive communautaire 76/207/CEE du 9 février 1976 relative à l'égalité de traitement entre hommes et femmes en ce qui concerne l'accès à l'emploi, à la formation et à la promotion professionnelles et les conditions de travail n'est pas fondée ; en effet, la règle fixant au dimanche le repos hebdomadaire a été prise dans le seul intérêt des travailleurs, hommes ou femmes, et constitue un avantage social. Son application n'est, dès lors, pas de nature à entraîner une discrimination directe ou indirecte au détriment des uns ou des autres (cass. crim. 10 janvier 1995, n° 94-82.490, B. crim. n° 9 ; 27 juin 1995, n° 94-84.182, *JCP* éd. G 1996.II.22573 ; 4 juin 1998, n° 97-82.788 ; 2 mars 1999, n° 97-85.165, B. crim. n° 27, précisant, en outre, que l'article L. 221-5 (ancien) n'est pas contraire aux dispositions de la directive communautaire 97/80/CE du 15 décembre 1997 relative à la charge de la preuve dans le cas de discrimination fondée sur le sexe).

• Une nouvelle répartition de l'horaire de travail ayant pour effet de priver le salarié du repos dominical constitue une modification de son contrat de travail que ce dernier est en droit de refuser (cass. soc. 2 mars 2011, n° 09-43.223, BC V n° 56 ; *JSL* n° 298, 27 avril 2011, p. 17, J-Ph. Lhernould ; *RJS* 5/11 n° 429 ; *JCP* éd. S 2011, 1283, note M. d'Allende).

• *Violation des dispositions relatives au repos dominical.* Le fait pour un employeur d'ouvrir son établissement le dimanche sans qu'il y soit autorisé de droit ou par autorisation préfectorale constitue un trouble manifestement illicite (cass. soc. 16 juin 2010, n° 09-11.214, BC V n° 143 ; *RJS* 8-9/10 n° 678 ; *JCP* éd. S 2010, 1342, note M. d'Allende ; 14 juin 1989, n° 88-15.302, BC V n° 448 ; *CSB* 1989 A. 40).

Le consentement donné par les salariés à l'octroi du repos hebdomadaire un autre jour que le dimanche ne saurait constituer un fait justificatif de nature à permettre à l'employeur poursuivi pour infraction à l'article L. 221-5 (ancien) d'échapper à sa responsabilité pénale (cass. crim. 5 décembre 1989, n° 89-82.001, B. crim. n° 466 ; *CSB* 1990 A. 11).

Le salarié employé habituellement le dimanche dans un établissement ouvert sans autorisation ne peut pas prétendre à la majoration de salaire prévue conventionnellement en cas de travaux exceptionnels le dimanche, mais exclusivement à des dommages-intérêts en réparation du préjudice causé par la violation des dispositions légales relatives au repos dominical (cass. soc. 31 janvier 2006, n° 04-40.985, BC V n° 44 ; *RJS* 4/06 n° 462). Voir aussi cass. soc. 19 décembre 2007, n° 06-41.770 et 8 juin 2011, n° 09-67.051, *RJS* 8-9/11 n° 693 ; *JCP* éd. S 2011, 1441, note D. Asquinazi-Bailleux (réparation du préjudice subi par l'atteinte portée à la vie personnelle du salarié et par les risques engendrés pour sa santé et sa sécurité).

La prise d'acte, par le salarié, de la rupture de son contrat de travail en raison du non-respect, par l'employeur, du droit au repos hebdomadaire produit les effets d'un licenciement sans cause réelle et sérieuse (cass. soc. 7 octobre 2003, n° 01-44.635, *RJS* 12/03 n° 1372).

L'AGS doit garantir le paiement des dommages-intérêts alloués à une salariée pour violation des dispositions relatives au repos dominical (cass. soc. 8 juin 1999, n° 97-40.648, BC V n° 265 ; *CSB* 1999 S. 419).

• L'obligation du repos dominical s'applique à l'ensemble du personnel d'un établissement, aucune distinction ne devant être faite entre les travailleurs occupés dans ledit établissement, selon qu'ils y sont employés pendant un seul jour de la semaine ou pendant les autres jours (cass. crim. 24 mai 1976, n° 75-92.939, B. crim. n° 177 ; 2 octobre 1984, n° 83-90.030, B. crim. n° 281 ; 26 octobre 1993, n° 93-80.743, *RJS* 1/94 n° 95 ; 16 mars 1999, n° 97-84.912), aux salariés placés sous la subordination de l'employeur en dépit de leur lien familial et de leur participation au capital social (cass. crim. 4 octobre 1994, n° 92-85.078, *CSB* 1995 S. 28).

• *Action en justice des syndicats.* Le fait d'occuper le dimanche des salariés appartenant au personnel de l'entreprise constitue un trouble manifestement illicite et le juge des référés peut, à la demande d'une organisation syndicale de travailleurs, sans excéder ses pouvoirs propres, sans porter atteinte à la séparation des pouvoirs et sans prononcer une peine, prendre une mesure de fermeture de l'établissement le dimanche sous astreinte (cass. soc. 14 juin 1989, n° 88-15.302, précité).

Sur la recevabilité de l'action civile exercée par des syndicats de salariés en application des articles L. 411-11 et L. 411-23 (anciens) CT pour atteinte à l'intérêt collectif des salariés de la profession, du fait de la violation de la réglementation sur le repos dominical, voir notamment cass. crim. 22 février 2000, n° 98-88.158.

Depuis un arrêt du 7 mai 1993 de l'Assemblée plénière (n° 91-12.611, BC V n° 10 ; *CSB* 1993 A. 43 ; *JCP* éd. E 1993.II.470, note J. Savatier), les syndicats d'employeurs peuvent aussi, en cas de non-respect de l'article L. 221-5 (ancien), présenter devant le juge des référés une demande tendant à ordonner la fermeture le dimanche d'un établissement, ce que la chambre criminelle et la chambre sociale leur refusaient jusqu'alors en considérant qu'une telle infraction n'était pas de nature à faire naître un préjudice, direct ou indirect, porté à l'intérêt collectif de leur profession (voir notamment cass. soc. 7 février 1990, n° 87-16.503, BC V n° 57 ; *CSB* 1990 A. 19 ; cass. crim. 24 mai 1977, n° 76-90.760, B. crim. n° 185). La méconnaissance par certains commerçants de l'article L. 221-5 (ancien) aux termes duquel le repos hebdomadaire doit être donné le dimanche rompt l'égalité au préjudice de ceux qui, exerçant la même activité, respectent la règle légale et porte ainsi atteinte à l'intérêt collectif de la profession (cass. ass. plén. 7 mai 1993, n° 91-12.611, précité ; voir aussi cass. soc. 17 février 1994, n° 90-11.037, *RJS* 4/94 n° 423 ; *Dr. Soc.* 1995, p. 54 ; 1er mars 1995, n° 93-13.115 ; 11 octobre 1995, n° 94-12.265 ; cass. crim. 29 octobre 1996, n° 95-82.355, B. crim. n° 375 ; *RJS* 2/97 n° 150).

Les syndicats patronaux comprenant des personnes exerçant la même profession, des métiers similaires ou connexes, concourant à l'établissement de produits déterminés ou la même profession libérale au sens de l'article L. 411-2 (ancien) CT sont également recevables à se constituer partie civile dans les poursuites engagées sur le fondement des articles L. 221-5 et R. 262-1 (anciens) CT pour infraction à la règle du repos dominical, dès lors qu'ils justifient d'une atteinte directement portée par cette infraction aux intérêts collectifs de l'ensemble de leurs membres (cass. crim. 14 juin 2000, n° 99-86.806).

Le fait, pour des sociétés installées dans un centre commercial, de faire travailler leurs salariés le dimanche en violation de l'article L. 221-5 (ancien) CT constitue un trouble manifestement illicite. Suite à une demande en référé de syndicats représentant la profession, c'est à bon droit qu'une cour d'appel leur a, en conséquence, interdit toute opération commerciale réalisée en contravention des articles L. 221-4 et s. (anciens) du même code sous astreinte. La cour d'appel n'a pas excédé ses pouvoirs en s'abstenant de préciser la date à laquelle prendrait fin l'interdiction ordonnée, cette date étant nécessairement celle de l'obtention d'une dérogation (cass. soc. 13 juin 2007, n° 06-18.336, BC V n° 103 ; *JCP* éd. S 2007, 1641, note A. Bugada ; *JSL* n° 219, 4 octobre 2007, p. 24).

Art. L. 3132-3-1. ***(L. 2009-974 du 10 août 2009, JO 11)*** Le refus d'un demandeur d'emploi d'accepter une offre d'emploi impliquant de travailler le dimanche ne constitue pas un motif de radiation de la liste des demandeurs d'emploi.

SECTION 2. Dérogations

Sous-section 1. Dérogations au repos hebdomadaire

§ 1. Travaux urgents

Art. L. 3132-4. En cas de travaux urgents dont l'exécution immédiate est nécessaire pour organiser des mesures de sauvetage, pour prévenir des accidents imminents ou réparer des accidents survenus au matériel, aux installations ou aux bâtiments de l'établissement, le repos hebdomadaire peut être suspendu pour le personnel nécessaire à l'exécution de ces travaux.

Cette faculté de suspension s'applique non seulement aux salariés de l'entreprise où les travaux urgents sont nécessaires mais aussi à ceux d'une autre entreprise faisant les réparations pour le compte de la première.

Chaque salarié de cette seconde entreprise, de même que chaque salarié de l'entreprise où sont réalisés les travaux, affecté habituellement aux travaux d'entretien et de réparation, bénéficie d'un repos compensateur d'une durée égale au repos supprimé.

§ 2. Industries traitant des matières périssables ou ayant à répondre à un surcroît extraordinaire de travail

Art. L. 3132-5. Dans certaines industries traitant des matières périssables ou ayant à répondre à certains moments à un surcroît extraordinaire de travail, le repos hebdomadaire des salariés peut être suspendu deux fois au plus par mois, sans que le nombre de ces suspensions dans l'année soit supérieur à six.

Les heures de travail ainsi accomplies le jour du repos hebdomadaire sont considérées comme des heures supplémentaires et sont imputées sur le crédit d'heures supplémentaires prévu par les décrets d'application des dispositions relatives à la durée du travail.

La liste des industries pouvant bénéficier des dispositions prévues au premier alinéa est déterminée par décret en Conseil d'État.

Art. R. 3132-1. Les établissements des industries énumérés dans le tableau suivant, qui attribuent le repos hebdomadaire à tous les salariés le même jour, bénéficient de la suspension du repos hebdomadaire prévue à l'article L. 3132-5 :

Ameublement, tapisserie, passementerie pour meubles.	Gainerie.
Appareils orthopédiques.	Hôtels, restaurants, traiteurs et rôtisseurs.
Balnéaires (établissements).	Impression de la laine peignée, blanchissage, teinture et impression des fils de laine, de coton et de soie destinés au tissage des étoffes de nouveauté.
Bijouterie et joaillerie.	Imprimeries typographiques, lithographiques, en taille-douce.
Biscuits employant le beurre frais (fabriques de).	Jouets, bimbeloterie, petite tabletterie et articles de Paris (fabriques de).
Blanchisseries de linge.	Laiteries, beurreries et fromageries industrielles.
Boîtes de conserves (fabrication et imprimerie sur métaux pour).	Orfèvrerie (polissage, dorure, gravure, ciselage, guillochage et planage en).
Bonneterie fine.	Papier (transformation du), fabrication des enveloppes, du cartonnage, des cahiers d'école, des registres, des papiers de fantaisie.
Boulangeries.	Papiers de tenture.
Brochages des imprimés.	Parfumeries.
Broderie et passementerie pour confections.	Pâtisseries.
Cartons (fabriques de) pour jouets, bonbons, cartes de visites, rubans.	Porcelaine (ateliers de décor sur).
Charcuterie.	Reliure.
Colle et gélatine (fabrication de).	Réparations urgentes de navires et de machines motrices.
Coloriage au patron ou à la main.	Soie (dévidage de la) pour étoffes de nouveauté.
Confections de toute nature.	Teinture, apprêt, blanchiment, impression, gaufrage et moirage des étoffes.
Conserves de fruits et confiserie, conserves de légumes et de poissons.	Tissage des étoffes de nouveauté destinées à l'habillement.
Couronnes funéraires (fabriques de).	Tulles, dentelles et laizes de soie.
Délainage des peaux de mouton (industrie du).	Voiles de navires armés pour la grande pêche (confection et réparation des).
Dorure pour ameublement.	
Dorure pour encadrements.	
Filature, retordage de fils crêpés, bouclés et à bouton, de fils moulinés et multicolores.	
Fleurs (extraction des parfums des).	
Fleurs et plumes.	

§ 3. Travaux dans les ports, débarcadères et stations

Art. L. 3132-6. Dans les ports, débarcadères et stations, l'emploi de salariés aux travaux de chargement et de déchargement le jour de repos hebdomadaire est autorisé dans les mêmes cas et sous les mêmes conditions que lorsque la durée du travail peut être prolongée pour ces mêmes travaux, en vertu des décrets d'application des dispositions relatives à la durée du travail.

Art. R. 3132-2. Les opérations de chargement et de déchargement dans les activités suivantes bénéficient de la dérogation prévue à l'article L. 3132-6 :

1° Travaux extérieurs de construction et de réparation des bateaux de rivière ;
2° Travaux du bâtiment ;
3° Briqueteries en plein air ;
4° Conserveries de fruits, de légumes et de poissons ;
5° Corderies de plein air.

§ 4. Activités saisonnières

Art. L. 3132-7. Dans certaines industries ne fonctionnant que pendant une partie de l'année et dans certains établissements appartenant aux branches d'activité à caractère saisonnier et n'ouvrant en tout ou partie que pendant une période de l'année, le repos hebdomadaire peut être en partie différé dans les conditions prévues par l'article L. 3132-10, sous réserve que chaque travailleur bénéficie au moins de deux jours de repos par mois, autant que possible le dimanche.

La liste des industries et établissements prévus au premier alinéa est déterminée par décret en Conseil d'État.

Art. R. 3132-3. Pour les travaux accomplis en plein air dans les activités suivantes, le repos hebdomadaire peut être différé en application de l'article L. 3132-7 :

1° Travaux extérieurs de construction et de réparation des bateaux de rivière ;
2° Travaux du bâtiment ;
3° Briqueteries ;
4° Corderies.

Art. R. 3132-4. Pour les établissements exerçant les activités suivantes et n'ouvrant en tout ou partie que pendant une période de l'année, le repos hebdomadaire peut être différé en application de l'article L. 3132-7 :

1° Conserveries de fruits, de légumes et de poissons ;
2° Hôtels, restaurants, traiteurs et rôtisseurs ;
3° Établissements de bains des stations balnéaires thermales ou climatiques.

§ 5. Travaux de nettoyage des locaux industriels et de maintenance

Art. L. 3132-8. Lorsqu'un établissement industriel ou commercial attribue le repos hebdomadaire le même jour à tous les salariés, ce repos peut être réduit à une demi-journée pour les salariés affectés aux travaux de nettoyage des locaux industriels et de maintenance qui doivent être réalisés nécessairement le jour de repos collectif et qui sont indispensables pour éviter un retard dans la reprise normale du travail.

Dans ce cas, un repos compensateur est attribué à raison d'une journée entière pour deux réductions d'une demi-journée.

§ 6. Travaux intéressant la défense nationale

Art. L. 3132-9. Dans les établissements de l'État ainsi que dans ceux où sont exécutés des travaux pour le compte de l'État et dans l'intérêt de la défense nationale, le repos hebdomadaire peut être temporairement suspendu par les ministres intéressés.

§ 7. Établissements industriels fonctionnant en continu

Art. L. 3132-10. Dans les établissements industriels fonctionnant en continu, les repos hebdomadaires des salariés affectés aux travaux en continu peuvent être en partie différés dans les conditions suivantes :

1° Chaque salarié bénéficie, dans une période de travail donnée, d'un nombre de repos de vingt-quatre heures consécutives au moins égal au nombre de semaines comprises dans cette période ;

2° Chaque salarié bénéficie le plus possible de repos le dimanche.

Un décret en Conseil d'État détermine les conditions d'application du repos hebdomadaire aux salariés intéressés, les travaux auxquels s'appliquent cette dérogation et pour chacun de ces travaux, la durée maximale de la période de travail mentionnée au 1°.

§ 8. Gardiens et concierges des établissements industriels et commerciaux

Art. L. 3132-11. Les gardiens et concierges des établissements industriels et commerciaux auxquels le repos hebdomadaire ne peut être donné bénéficient d'un repos compensateur.

Cette dérogation n'est pas applicable aux jeunes travailleurs de moins de dix-huit ans.

Sous-section 2. **Dérogations au repos dominical**

Note La loi prévoit des dérogations au repos dominical, les unes étant permanentes de droit (art. L. 3132-12 et 13) ou conventionnelles (L. 3132-14 à 19), les autres étant d'une durée limitée et subordonnées à une autorisation préfectorale ou municipale (L. 3132-20 à 27). Seul le régime des « dérogations temporaires » au repos dominical prévues au § 3 de la présente sous-section a été modifié par la loi 2009-974 du 10 août 2009 (JO 11).

§ 1. Dérogation permanente de droit

Art. L. 3132-12. Certains établissements, dont le fonctionnement ou l'ouverture est rendu nécessaire par les contraintes de la production, de l'activité ou les besoins du public, peuvent de droit déroger à la règle du repos dominical en attribuant le repos hebdomadaire par roulement.

Un décret en Conseil d'État détermine les catégories d'établissements intéressées.

Art. R. 3132-5. Les industries dans lesquelles sont utilisées les matières susceptibles d'altération très rapide et celles dans lesquelles toute interruption de travail entraînerait la perte ou la dépréciation du produit en cours de fabrication ainsi que les catégories d'établissements et établissements mentionnés dans le tableau suivant, sont admis, en application de l'article L. 3132-12, à donner le repos hebdomadaire par roulement pour les salariés employés aux travaux ou activités spécifiés dans ce tableau.

CATÉGORIES D'ÉTABLISSEMENTS	TRAVAUX OU ACTIVITÉS
Industries extractives	
Agglomérés de charbon (fabrication d').	
Alun (établissements traitant les minerais d')	Conduite des fours et des appareils de lessivage.
Bauxite (traitement de la).	Conduite des fours et des appareils de dissolution, de carbonatation et de purification.
Salines et raffineries de sel.	Conduite des chaudières et des appareils d'évaporisation.
Industries agricoles et alimentaires	
Abattoirs.	
Alcools.	Distillation et rectification des produits de la fermentation alcoolique.
Amidonneries.	Opérations de séchage et de décantation.
Beurreries industrielles.	Traitement du lait.
Boyauderies, triperies, cordes à boyau (fabrication de).	
Brasseries (fabrication de bière).	
Caséine (fabrication de).	
Cidre (fabrication du).	
Conserves alimentaires (fabrication de).	
Corps gras (extraction des).	
Cossetes de chicorée (sécheries de).	Conduite des fours.
Fécule (fabrication de).	

CATÉGORIES D'ÉTABLISSEMENTS	TRAVAUX OU ACTIVITÉS
Fromageries industrielles.	
Glaces (fabrication de).	
Lait (établissements industriels pour le traitement du).	
Levure (fabrication de).	
Malteries.	Opération de maltage.
Margarine (fabrication de).	
Minoterie et meunerie.	
Poissons (ateliers de salage, saurage et séchage des).	
Pruneaux (fabrication de).	Étuvage des prunes.
Sucreries.	Fabrication et raffinage.
Vinaigre (fabrication de).	
Industries du cuir, du textile et de l'habillement	
Chamoiseries.	Traitement des peaux fraîches.
Corroieries.	Travaux de séchage.
Cuirs vernis (fabrication de).	Conduite des étuves.
Délainage des peaux de mouton.	Travaux d'étuvage.
Indigo (teinturerie à l').	
Maroquineries et mégisseries.	Mise à l'eau des peaux, levage des pelains et des confits, conduite des étuves.
Moulinage de fils de toute nature.	Surveillance de la marche des machines de moulinage.
Peaux fraîches et en poil (dépôts de).	Salage des peaux.
Pelleteries (ateliers de).	Mouillage des peaux.
Tanneries.	Salage des cuirs frais, dessalage des cuirs, levage des pelains et des premières cuves de basserie.
Toiles cirées (fabrication de).	Service des séchoirs et étuves.
Industries du papier, du carton, de l'édition et de l'imprimerie	
Entreprises de journaux et d'information.	
Papier, carton et pâtes à papier (fabrication de).	
Feutres pour papeterie (fabrication de).	Conduite des foulons.
Industries chimiques	
Acide arsénieux (fabrication d').	Conduite des fours.
Acide azotique monohydraté (fabrication d').	
Acide carbonique liquide (fabrication d').	
Acide chlorhydrique (fabrication d').	
Acides résiduels de la fabrication des produits nitrés (établissements traitant les).	
Acide sulfurique (fabrication d').	
Ammoniaque liquide (fabrication d').	
Camphre (fabrication de).	Raffinage.
Celluloïd (fabrication de).	
Chlore et produits dérivés (fabrication de).	
Chlorydrate d'ammoniaque (fabrication de).	Sublimation.
Colles et gélatines (fabrication de).	Traitement des matières premières ; conduite des autoclaves et des séchoirs.
Cyanamide calcique (fabrication de la).	Préparation de l'azote pur, broyage du carbure, azotation du carbure broyé.
Cyanures alcalins (fabrication de).	
Dynamite (fabrication de).	
Eau oxygénée (fabrication d').	
Électrolyse de l'eau (établissements pratiquant l').	
Engrais animaux (fabrication d').	Transport et traitement des matières.
Éther (fabrication d').	
Extraits tannants et tinctoriaux (fabrication d').	
Glycérine (distillation de la).	
Goudron (usines de distillation du).	

CATÉGORIES D'ÉTABLISSEMENTS	TRAVAUX OU ACTIVITÉS
Huiles de schiste (usines de distillation des).	
Iode (fabrication d').	
Matières colorantes artificielles dérivées du goudron de houille (fabrication de).	
Noir d'aniline (fabrication de).	Conduite de l'oxydation dans la teinture.
Noir minéral (fabrication de).	Noir minéral.
Oxyde de zinc (fabrication d').	
Parfumeries.	Extraction du parfum des fleurs.
Pétrole (raffineries de).	Service des appareils de distillation et des appareils à parafiner.
Phosphore (fabrication de).	
Plaques, papiers et pellicules sensibles pour la photographie (fabrication de).	
Produits chimiques organiques par voie de synthèse (fabrication de).	
Savonneries.	
Sels ammoniacaux (fabrication de).	Conduite des appareils.
Silicates de soude et de potasse (fabrication de).	
Soude (fabrication de).	
Sulfates métalliques (fabrication de).	Conduite des appareils.
Sulfate de soude (fabrication de).	
Sulfate de carbone (fabrication de).	
Sulfure de sodium (fabrication de).	
Superphosphates.	
Viscose (fabrication de).	
Industrie des matières plastiques	
Matières plastiques (transformation des).	Conduite des extrudeuses en continu.
Établissements industriels utilisant des fours	
Bleu outremer (fabrication de).	Conduite des fours.
Carbure de calcium (fabrication de).	Travaux avec four électrique.
Céramique.	Séchage des produits et conduite des fours.
Chaux, ciments, plâtres (fabrication de).	Conduite des fours.
Coke (fabrication de).	Conduite des fours.
Distillation du bois (usines de).	Conduite des fours et appareils.
Dolomie (établissements traitant la).	Conduite des fours.
Fours électriques (établissements employant les).	Travaux accomplis à l'aide des fours électriques.
Galvanisation et étamage du fer (établissements pratiquant la).	Conduite des fours.
Kaolin (établissements de préparation du).	Conduite des fours.
Litharge (fabrication de).	Conduite des fours.
Minium (fabrication de).	Conduite des fours.
Noir animal (fabriques de).	Conduite des fours de cuisson.
Oxyde d'antimoine (fabrication d').	Conduite des fours.
Plumes métalliques (fabrication de).	Conduite des fours.
Silice en poudre (fabrication de la).	Conduite des fours de calcination.
Soufre (fabrication de).	Conduite des fours et sublimation du soufre.
Verreries et cristalleries.	Conduite des fours.
Industries métallurgiques et du travail des métaux	
Accumulateurs électriques (fabrication de).	Formation des plaques et surveillance des fours de fusion du plomb.
Bioxyde de baryum (fabrication de).	
Câbles électriques (fabrication de).	Travaux d'isolation et conduite des étuves.
Fer et fonte émaillés (usines de).	Service des fours de fabrication.
Suifs (fonderies de).	Réception et traitement par l'acide ou le bain-marie.

CATÉGORIES D'ÉTABLISSEMENTS	TRAVAUX OU ACTIVITÉS
Laminoirs et tréfileries de tous métaux.	
Protection des métaux en continu.	
Métaux (usines de production des).	
Autres travaux et industries	
Air comprimé (chantiers de travaux à l').	Production et soufflage de l'air comprimé.
Bougies (fabrication de).	Préparation des acides gras.
Glace (fabrication de).	Fabrication et doucissage des glaces.
Paille pour chapeaux (fabrication de).	Blanchiment de la paille.
Sécheries de bois d'ébénisterie.	Conduite des feux et de la ventilation.
Production et distribution d'énergie, d'eau et du fluides caloporteurs	
Entreprises d'éclairage, de distribution d'eau et de production d'énergie.	
Entreprises de chauffage.	
Électricité (fabrication de charbon pour l').	Cuisson des charbons.
Froid (usines de production du).	Conduite des appareils.
Hydrauliques (établissements utilisant les forces).	Opérations commandées par les forces hydrauliques.
Moulins à vent.	
Commerces de gros et de détail	
Ameublement (établissements de commerce de détail).	
Débits de tabac.	
Distribution de carburants et lubrifiants pour automobiles (postes de).	
Marée (établissements faisant le commerce de la).	
Fleurs naturelles (établissements de commerce en gros des).	
Transports et livraisons	
Entreprises de transport par terre autres que de transport ferroviaire.	
Entreprises de transport ferroviaire.	Conduite des trains et accompagnement dans les trains. Activités liées aux horaires de transports et à l'assurance de la continuité et de la régularité du trafic, y compris les activités de maintenance des installations et des matériels. Activités de garde, de surveillance et de permanence caractérisées par la nécessité d'assurer la protection des personnes et des biens.
Entreprises de transport et de travail aériens.	
Entreprises d'expédition, de transit et d'emballage.	
Aéroports (commerces et services situés dans l'enceinte des).	
Ouvrages routiers à péages (entreprises d'exploitation d').	Service de péage.
Établissements industriels et commerciaux.	Service de transport pour livraisons.
Télécommunications	
Entreprises d'émission et de réception de télécommunication.	
Activités financières	
Caisses d'épargne.	
Change de monnaie.	Activités de change.
Santé et soins	
Établissements de santé et établissements sociaux et médico-sociaux. Pharmacies. Établissements de bains, piscines, hammams, thalassothérapie, balnéothérapie, spa.	
Soins médicaux infirmiers et vétérinaires (établissements et services de).	Service de garde. Toutes activités liées à l'urgence et à la continuité des soins.
Garde d'animaux (établissements et services de).	Toute activité liée à la surveillance, aux soins, à l'entretien et à la nourriture d'animaux.
Pompes funèbres (entreprises de).	

CATÉGORIES D'ÉTABLISSEMENTS	TRAVAUX OU ACTIVITÉS
Assainissement, environnement, voirie et gestion des déchets	
Entreprises d'arrosage, de balayage, de nettoyage et d'enlèvement des ordures ménagères.	
Cabinets de toilette publics.	
Désinfection (entreprises de).	
Équarrissage (entreprises d').	
Surveillance de la qualité de l'air (associations agréées de).	Toutes activités directement liées à l'objet de ces associations.
Établissements industriels et commerciaux.	Travaux de désinfection.
Activités récréatives, culturelles et sportives	
Entreprises de spectacles.	
Musées et expositions.	
Casinos et établissements de jeux.	
Centres culturels, sportifs et récréatifs. Parcs d'attractions.	Toutes activités et commerces situés dans leur enceinte et directement liés à leur objet.
Perception des droits d'auteurs et d'interprètes.	Service de contrôle.
Photographie (ateliers de).	Prise des clichés.
Tourisme	
Assurance (organismes et auxiliaires d').	Service de permanence pour assistance aux voyageurs et touristes.
Syndicats d'initiative et offices de tourisme.	
Tourisme et loisirs (entreprises ou agences de services les concernant).	Réservation et vente d'excursions, de places de spectacles, accompagnement de clientèle.
Consommation immédiate et restauration	
Fabrication de produits alimentaires destinés à la consommation immédiate.	
Hôtels, cafés et restaurants.	
Maintenance, dépannage et réparation	
Garages.	Réparations urgentes de véhicules.
Machines agricoles (ateliers de réparation de).	Réparations urgentes de machines agricoles.
Véhicules (ateliers de réparation de).	Réparations urgentes.
Ascenseurs, monte-charge, matériels aéraulique, thermique et frigorifique (entreprises d'installation d').	Service de dépannage d'urgence.
Maintenance (entreprises et services de).	Travaux de révision, d'entretien, de réparation, de montage et de démontage, y compris les travaux informatiques nécessitant, pour des raisons techniques, la mise hors exploitation des installations, ou qui doivent être réalisés de façon urgente. Travaux de dépannage d'appareils et d'installations domestiques à usage quotidien.
Ingénierie informatique (entreprises et services d').	Infogérance pour les entreprises clientes bénéficiant d'une dérogation permanente permettant de donner aux salariés le repos hebdomadaire par roulement ainsi que pour les entreprises qui ne peuvent subir, pour des raisons techniques impérieuses ou de sécurité, des interruptions de services informatiques. Infogérance de réseaux internationaux.
Services de surveillance, d'animation et d'assistance de services de communication électronique (entreprises de).	Travaux de surveillance, d'assistance téléphonique ou télématique.
Secours et sécurité	
Banques et établissements de crédit.	Service de garde.
Traitement des moyens de paiement (établissements de).	Service d'autorisation de paiement et d'opposition assurant la sécurité des moyens de paiement.
Surveillance, gardiennage (entreprise de).	Service de surveillance, de gardiennage et de lutte contre l'incendie.
Entreprises concessionnaires ou gestionnaires de ports de plaisance.	Surveillance permanente et continue des installations portuaires ainsi que de celle des bateaux amarrés, entrant ou sortant du port. Accueil vingt-quatre heures sur vingt-quatre des plaisanciers. Intervention des équipes de secours (sécurité terre-mer).
Établissements industriels et commerciaux.	Service préventif contre l'incendie.

Art. L. 3132-12.

CATÉGORIES D'ÉTABLISSEMENTS	TRAVAUX OU ACTIVITÉS
Services aux personnes	
Services aux personnes physiques à leur domicile (associations ou entreprises agréées par l'État ou une collectivité territoriale procédant à l'embauche de travailleurs pour les mettre à disposition des personnes).	Toutes activités directement liées à l'objet de ces associations ou de ces entreprises.
Avocats salariés.	Application des dispositions relatives à l'aide juridictionnelle et aux commissions ou désignations d'office.
Location	
Location de DVD et de cassettes vidéo (établissement de).	Activités situées dans ces établissements et directement liées à leur objet.
Promoteurs et agences immobilières.	Locations saisonnières de meublés liés au tourisme.
Entreprises de location de chaises, de moyens de locomotion.	
Marchés, foires et expositions	
Foires et salons régulièrement déclarés, congrès, colloques et séminaires (entreprises d'organisation, d'installation de stands, entreprises participantes).	Organisation des manifestations, expositions, montage et démontage des stands, tenue des stands. Accueil du public.
Marchés installés sur le domaine public et relevant de l'autorité municipale (entreprises d'installation de ces marchés, concessionnaires de droits de place, entreprises et commerces participants).	Installation et démontage des marchés. Tenue des stands. Perception droits de place.
Espaces de présentation et d'exposition permanente dont l'activité est exclusive de toute vente au public, réservés aux producteurs, revendeurs ou prestataires de services.	
Enseignement	
Enseignement (établissement d').	Service d'internat.
Fleurs, graines et jardineries	
Jardineries et graineteries.	Toutes activités situées dans ces établissements et directement liées à leur objet.
Magasins de fleurs naturelles.	
Immobilier	
Promoteurs et agences immobilières.	Bureaux de vente sur les lieux de construction ou d'exposition.

Note

• Seule l'existence d'un arrêté préfectoral de fermeture, pris sur la base d'un accord professionnel, peut restreindre l'usage des dérogations prévues par les articles L. 221-9, R. 221-4 et 4-1 (anciens) CT (circ. DRT 19/92 du 7 octobre 1992).

• Le fait que les établissements visés par un arrêté préfectoral soient autorisés, par l'article L. 221-9, 1° (ancien) CT, à donner le repos hebdomadaire par roulement ne fait pas obstacle à la fixation d'un jour de fermeture hebdomadaire (cass. crim. 21 novembre 2000, n° 99-88.099 ; cass. soc. 7 février 2001, n° 99-13.155).

• Il appartient à celui qui se prévaut du bénéfice d'une dérogation de droit au repos dominical d'en justifier (cass. soc. 16 juin 2010, n° 09-11.214, BC V n° 143 ; *RJS* 8-9/10 n° 678 ; *JCP* éd. S 2010, 1342, note M. d'Allende).

Dès lors, un libraire vendant des journaux qui ne rapporte pas la preuve d'une mise en vente substantielle de journaux ne peut se prévaloir de la dérogation permanente prévue par cet article (cass. crim. 20 décembre 1994, n° 94-81.106, *RJS* 3/95 n° 242).

• Le bénéfice de la dérogation de droit au repos dominical prévue par l'article L. 3132-12 n'est accordé qu'aux entreprises qui exercent, à titre principal, l'une des activités énumérées à l'article R. 3132-5 (cass. soc. 16 juin 2010, n° 09-11.214, précité ; 25 octobre 1994, n° 90-12.753, BC V n° 291 ; *Dr. Soc.* 1995, p. 54).

Un supermarché à rayons multiples n'est pas un établissement assurant la fabrication de produits alimentaires destinés à la consommation immédiate et n'est pas un établissement autorisé de plein droit à donner le repos hebdomadaire par roulement (cass. crim. 25 juillet 1990, n° 89-84.963, B. crim. n° 295 ; *RJS* 8-9/90 n° 676). Un commerce de location et de vente de cassettes vidéo ne constitue pas une entreprise de spectacles au sens des dispositions de cet article (CE 18 février 1991, n° 105056, *RJS* 4/91 n° 470).

Les laboratoires d'analyses médicales qui ne pratiquent aucuns soins ne peuvent invoquer le bénéfice des articles L. 221-9 et R. 221-4-1 (anciens) CT qui autorisent, par dérogation à l'article L. 221-5 [L. 3132-3], les établissements et services de soins médicaux et vétérinaires à donner le repos hebdomadaire par roulement (cass. soc. 19 novembre 1997, n° 95-43.794, BC V n° 390).

Le bénéfice de la dérogation au repos dominical prévue, par l'article L. 221-9, 13° (ancien) CT, en faveur des établissements appartenant aux entreprises qui exercent l'activité d'émission et de réception de télégraphie sans fil n'est accordé que pour les nécessités spécifiques de cette activité. L'activité litigieuse pour laquelle la société France Télécom faisait travailler ses agents le dimanche par roulement consistant en un service de prestations de nature commerciale, il en résultait qu'elle ne se rattachait pas à celle spécifique d'émission et de réception de télégraphie sans fil. La société France Télécom, en sous-traitant ce service à une société, avait violé la règle du repos dominical, violation constitutive d'un trouble manifestement illicite qu'il appartenait au juge des référés de faire cesser (cass. soc. 21 mai 2002, n° 01-00.952, BC V n° 172 ; 3 juin 2009, n° 07-44.255, 1er moyen, *LS* Jurisp. n° 183/2009 du 8 sept. 2009).

S'agissant de syndicats de copropriétaires de résidences assurant à leurs habitants, principalement des personnes retraitées, divers services tels que restauration, accueil, bibliothèque, salle de gymnastique et surveillance, c'est à tort que, pour interdire à ces syndicats de faire travailler leurs salariés le dimanche, une cour d'appel s'est bornée à énoncer qu'aucun d'eux ne revêtait le caractère de l'un des établissements limitativement énumérés par les articles L. 221-9 et R. 221-4 et s. (anciens) CT, alors qu'il lui appartenait de rechercher si les syndicats de copropriétaires n'avaient pas pour activité principale une activité de prestation de services et de soins impliquant une continuité dans le temps justifiant d'accorder le repos par roulement (cass. soc. 18 décembre 2001, n° 98-18.305, BC V n° 393 ; *RJS* 3/02 n° 295). Ces syndicats sont autorisés à donner le repos hebdomadaire par roulement au personnel qu'ils emploient (CA Paris 28 mai 2003, *RJS* 11/03 n° 1277, statuant sur renvoi après cassation).

Art. R. 3132-6. Dans les établissements mentionnés à l'article R. 3132-5 où sont exercées en même temps d'autres industries ou activités, la faculté de donner le repos hebdomadaire par roulement s'applique exclusivement aux fabrications, travaux et activités déterminés dans le tableau figurant à cet article.

Art. R. 3132-7. Outre les catégories d'établissements énumérés à l'article R. 3132-5, sont admis à donner le repos hebdomadaire par roulement les établissements qui, fonctionnant de jour et de nuit à l'aide d'équipes en alternance ont suspendu, pendant douze heures consécutives au moins chaque dimanche, les travaux autres que les travaux urgents et les travaux de nettoyage et de maintenance mentionnés aux articles L. 3132-4 et L. 3132-8.

Art. L. 3132-13. Dans les commerces de détail alimentaire, le repos hebdomadaire peut être donné le dimanche à partir de ***(L. 2009-974 du 10 août 2009, JO 11)*** « treize heures ».

Les salariés âgés de moins de vingt et un ans logés chez leurs employeurs bénéficient d'un repos compensateur, par roulement et par semaine, d'un autre après-midi.

Les autres salariés bénéficient d'un repos compensateur, par roulement et par quinzaine, d'une journée entière.

Art. R. 3132-8. Les établissements auxquels s'appliquent les dispositions de l'article L. 3132-13 sont ceux dont l'activité exclusive ou principale est la vente de denrées alimentaires au détail.

Note S'agissant des commerces qui vendent à la fois des produits alimentaires et des produits non alimentaires, « l'activité principale s'apprécie pour chaque établissement au regard de différents critères : à titre principal, par le chiffre d'affaires réalisé dans l'alimentaire, et de manière complémentaire, par les surfaces occupées et les effectifs employés dans chacune des activités » (rép. QE 87283, JO AN 22 février 2011, p. 1869).

§ 2. Dérogations conventionnelles

Sous-§ 1. Travail en continu

Art. L. 3132-14. Dans les industries ou les entreprises industrielles, une convention ou un accord collectif étendu ou une convention ou un accord d'entreprise ou d'établissement peut prévoir la possibilité d'organiser le travail de façon continue pour des raisons économiques et d'attribuer le repos hebdomadaire par roulement.

À défaut de convention ou d'accord collectif de travail étendu ou de convention ou d'accord d'entreprise, une dérogation peut être accordée par l'inspecteur du travail après consultation des délégués syndicaux et avis du comité d'entreprise ou des délégués du personnel, s'ils existent, dans des conditions déterminées par décret en Conseil d'État.

Note L'accord collectif dont se prévaut une société qui ne concerne que les activités liées à la permanence du fonctionnement et de l'utilisation des réseaux ne rentre pas dans le champ d'application de l'article L. 221-10, 3° [L. 3132-14] CT (cass. soc. 21 mai 2002, n° 01-00.952, BC V n° 172).

Art. R. 3132-9. À défaut de convention ou d'accord collectif de travail étendu ou d'accord d'entreprise prévoyant la possibilité de déroger à l'obligation du repos le dimanche dans les conditions prévues à l'article L. 3132-14, l'organisation du travail de façon continue pour raisons économiques peut être autorisée par l'inspecteur du travail si elle tend à une meilleure utilisation des équipements de production et au maintien ou à l'accroissement du nombre des emplois existants.

Art. L. 3132-15. La durée du travail des salariés travaillant de façon permanente en équipes successives selon un cycle continu ne doit pas être supérieure en moyenne, sur une année, à trente-cinq heures par semaine travaillée.

Sous-§ 2. Équipe de suppléance

Art. L. 3132-16. Dans les industries ou les entreprises industrielles, une convention ou un accord collectif de travail étendu ou une convention ou un accord d'entreprise ou d'établissement peut prévoir que le personnel d'exécution fonctionne en deux groupes dont l'un, dénommé équipe de suppléance, a pour seule fonction de remplacer l'autre pendant le ou les jours de repos accordés au premier groupe.

Le repos hebdomadaire des salariés de l'équipe de suppléance est attribué un autre jour que le dimanche.

Cette dérogation s'applique également au personnel nécessaire à l'encadrement de cette équipe.

Note • La circulaire DRT 94/4 du 21 avril 1994 (BO MT 94/9) précise notamment les modalités d'application de la réglementation relative aux équipes de suppléance (III, 1).

• Cet article [L. 221-5-1, al. 1] doit permettre à des entreprises industrielles d'utiliser à plein leurs équipements en composant leur personnel d'exécution en deux groupes dont l'un a pour fonction de suppléer l'autre pendant le ou les jours de repos accordés en fin de semaine. L'utilisation de cette dérogation est subordonnée à l'intervention d'un accord de branche étendu autorisant le recours à une dérogation au repos dominical et à la conclusion d'un accord d'entreprise ou d'établissement ou à une autorisation de l'inspecteur du travail. Elle s'applique aussi au personnel nécessaire à l'encadrement de l'équipe de suppléance. On observera qu'elle est limitée aux seules entreprises industrielles et ne s'étend pas aux établissements commerciaux. Il incombe donc au salarié qui réclame la majoration de salaire pour travail dominical de rapporter la preuve de son appartenance à une entreprise industrielle au sens de l'article L. 221-5-1 (ancien) CT (cass. soc. 6 février 2001, n° 98-44.987).

Art. L. 3132-17. La convention ou l'accord prévoyant la mise en place d'une équipe de suppléance comporte des dispositions concernant :

1° Les conditions particulières de mise en œuvre de la formation du personnel travaillant en équipe de suppléance et la rémunération du temps de formation ;

2° Les modalités d'exercice du droit des salariés de l'équipe de suppléance d'occuper un emploi autre que de suppléance.

Note Les dispositions obligatoires devant figurer dans les conventions ou accords collectifs prévoyant des équipes de suppléance (art. L. 221-5-1, al. 2 à 4 anciens) ne sont pas applicables aux conventions ou accords conclus avant l'entrée en vigueur de la loi du 3 janvier 1991.

Art. L. 3132-18. À défaut de convention ou d'accord, le recours aux équipes de suppléance est subordonné à l'autorisation de l'inspecteur du travail donnée après consultation des délégués syndicaux et avis du comité d'entreprise ou des délégués du personnel, s'ils existent, dans des conditions déterminées par décret en Conseil d'État.

Art. R. 3132-10. En l'absence de convention ou d'accord collectif de travail étendu ou de convention ou d'accord d'entreprise ou d'établissement le prévoyant, le recours aux équipes de suppléance peut être autorisé par l'inspecteur du travail, s'il tend à une meilleure utilisation des équipements de production et au maintien ou à l'accroissement du nombre des emplois existants.

Note Pour accepter ou refuser le recours à une équipe de suppléance, l'autorité administrative ne peut prendre en considération que les deux éléments visés dans cet article : la meilleure utilisation des équipements et le maintien ou l'accroissement des emplois existants. Le juge administratif exerce un contrôle normal sur les décisions de l'autorité administrative (TA Versailles 7 mai 1991, *RJS* 7/91 n° 846, concl. X. Prétot, pp. 422 et s.).

Art. R. 3132-11. La durée quotidienne du travail des salariés affectés aux équipes de suppléance peut atteindre douze heures lorsque la durée de la période de recours à ces équipes n'excède pas quarante-huit heures consécutives.

Lorsque cette durée est supérieure à quarante-huit heures, la journée de travail ne peut excéder dix heures.

Note Lorsque la période de recours à une équipe de suppléance ne dépasse pas 48 heures, l'administration ne saurait assortir son autorisation d'une limitation de la durée journalière de travail plus rigoureuse que celle prévue par cet article, au motif qu'une durée de douze heures serait excessive eu égard aux conditions de travail rencontrées dans l'entreprise (CE 13 mars 1992, n°s 122271, 122340, *RJS* 8-9/92 n° 997).

Art. R. 3132-12. En cas de recours aux équipes de suppléance en application d'un accord d'entreprise ou d'établissement, l'autorisation de dépasser la durée maximale quotidienne de travail de dix heures est demandée à l'inspecteur du travail.

Art. L. 3132-19. La rémunération des salariés de l'équipe de suppléance est majorée d'au moins 50 % par rapport à celle qui serait due pour une durée équivalente effectuée suivant l'horaire normal de l'entreprise. Cette majoration ne s'applique pas lorsque les salariés de l'équipe de suppléance sont amenés à remplacer durant la semaine les salariés partis en congé.

Sous-§ 3. Procédure administrative

Art. R. 3132-13. La demande tendant à obtenir l'une des dérogations prévues aux articles L. 3132-14 et L. 3132-16 est accompagnée des justifications nécessaires et de l'avis des délégués syndicaux et du comité d'entreprise, ou des délégués du personnel, s'il en existe. Elle est adressée par l'employeur à l'inspecteur du travail.

L'inspecteur du travail fait connaître sa décision à l'employeur ainsi qu'aux représentants du personnel dans le délai de trente jours à compter de la date de la réception de la demande.

Art. R. 3132-14. Le recours hiérarchique dirigé contre la décision de l'inspecteur du travail est porté devant le ***(D. 2009-1377 du 10 nov. 2009, JO 13 ; D. 2010-687 du 24 juin 2010, JO 25 ; voir D. 2010-1582 du 17 déc. 2010, JO 18, pour outre-mer)*** « directeur régional des entreprises, de la concurrence, de la consommation, du travail et de l'emploi ».

Il est formé dans un délai d'un mois suivant la date à laquelle l'intéressé a reçu notification de la décision contestée.

Art. R. 3132-15. La procédure prévue aux articles R. 3132-13 et R. 3132-14 est applicable à la demande d'autorisation de dépasser la durée maximale quotidienne de travail de dix heures en cas de recours aux équipes de suppléance en application d'un accord d'entreprise ou d'établissement.

Elle s'applique également à la demande d'autorisation présentée à l'inspecteur du travail en l'absence d'accord d'entreprise ou d'établissement prévoyant l'utilisation de la dérogation stipulée par convention ou accord collectif étendu.

§ 3. Dérogations temporaires au repos dominical

Note

• La loi 2009-974 du 10 août 2009 (JO 11) a modifié le régime de ces dérogations. Outre la réaffirmation du principe du repos dominical, cette loi :
- simplifie et élargit la possibilité de déroger à ce principe dans les communes d'intérêt touristique ou thermales et dans les zones touristiques d'affluence exceptionnelle ou d'animation culturelle permanente, tous les établissements de vente au détail pouvant désormais, de droit et toute l'année, y donner le repos hebdomadaire par roulement ;
- crée un nouveau cas de dérogation selon lequel, dans les unités urbaines de plus d'un million d'habitants, les établissements de vente au détail mettant à disposition des biens et des services peuvent donner le repos hebdomadaire par roulement, après autorisation administrative, dans un périmètre d'usage de consommation (PUCE).

• Voir circulaire DGT 2009/20 du 31 août 2009 (BO MT 2009/09) portant application de la loi 2009-974 du 10 août 2009 réaffirmant le principe du repos dominical et visant à adapter les dérogations à ce principe dans les communes et zones touristiques et thermales ainsi que dans certaines grandes agglomérations pour les salariés volontaires.

• Sur la réforme du repos dominical, voir notamment « Réforme du repos dominical », M. D'Allende, *JCP* éd. S 2009, 1385 ; « La loi du 10 août 2009 relative au travail dominical : réaffirmation du principe du repos dominical ou généralisation du travail le dimanche ? », M. Véricel, *RDT*, octobre 2009, ET, 573 ; « Le dimanche, un jour comme les autres ? », C. Charbonneau, *CSB* 2009 D. 3.

Sous-§ 1. Dérogations accordées par le préfet

Art. L. 3132-20. Lorsqu'il est établi que le repos simultané, le dimanche, de tous les salariés d'un établissement serait préjudiciable au public ou compromettrait le fonctionnement normal de cet établissement, le repos peut être autorisé par le préfet, soit toute l'année, soit à certaines époques de l'année seulement suivant l'une des modalités suivantes :

1° Un autre jour que le dimanche à tous les salariés de l'établissement ;

2° Du dimanche midi au lundi midi ;

3° Le dimanche après-midi avec un repos compensateur d'une journée par roulement et par quinzaine ;

4° Par roulement à tout ou partie des salariés.

Note

• Voir circulaire DRT 94/5 du 24 mai 1994 concernant l'application des articles relatifs aux dérogations individuelles au repos dominical des salariés du commerce et des services accordées par les préfets (BO MT 94/11).

• Sur les contreparties et garanties légales accordées aux salariés travaillant le dimanche par autorisation préfectorale en application de cet article, voir art. L. 3132-25-3 et 25-4.

• **Repos simultané préjudiciable au public.** La notion de préjudice au public dépend de la nature des produits vendus par l'entreprise. Eu égard notamment à la nature des produits mis en vente dans un magasin de livres, disques audio et vidéocassettes, le repos simultané le dimanche de tout le personnel du magasin exploité sur les Champs-Élysées ne peut être regardé comme étant « préjudiciable au public » au sens des dispositions de cet article (CE 8 juillet 1994, n° 151499, *RJS* 10/94 n° 1140 ; *Dr. Ouvr.* 1994, p. 440 ; 16 octobre 1995, n° 156063, *RJS* 12/95 n° 1249). À l'inverse, le repos simultané le dimanche de tout le personnel d'un magasin de vêtements (CE 8 juillet 1994, n° 153629) ou de magasins vendant des cartes postales, des cadeaux et des souvenirs sur les Champs-Élysées (CE 17 janvier 1997, n° 163523) est de nature à compromettre la satisfaction des besoins de l'importante population touristique fréquentant ces lieux.

La circonstance qu'un établissement soit situé au sein d'un centre commercial, c'est-à-dire d'une structure offrant simultanément en un même lieu de larges possibilités de vente et d'activités de loisirs, est par elle-même sans incidence sur les conditions d'application de cet article (CE 9 décembre 2005, n° 265553, *JCP* éd. G 2006.II.10081, note A. Bugada).

En estimant, pour écarter l'existence d'un préjudice pour le public, que les différents établissements du centre commercial ne pouvaient être regardés, du seul fait de leur emplacement au sein d'une telle structure, comme proposant des activités familiales et en retenant qu'il n'était pas établi que le public soit dans l'impossibilité d'effectuer ses achats les autres jours de la semaine, compte tenu de la situation géographique du centre et de la possibilité de sa desserte par autoroute, la cour administrative d'appel n'a pas commis d'erreur de droit (CE 9 décembre 2005, n° 265553, précité).

Voir « Le travail dominical dans le commerce en question (réflexions à partir d'un pôle économique disputé) », CAA Marseille 6 janvier 2004 (plusieurs arrêts), *Dr. Soc.* 2005, p. 536.

La circonstance que le public visé par une société organisant des cours de soutien scolaire pour des collégiens et lycéens n'est disponible qu'en dehors des temps scolaires ne suffit pas à établir que le refus d'ouverture de cette société le dimanche causerait un préjudice à ce public (CE 30 décembre 2002, n° 244540, *RJS* 4/03 n° 471).

Sur la notion de préjudice au public, voir encore circulaire du 24 mai 1994 précitée.

• **Atteinte au fonctionnement normal de l'établissement.** Pour obtenir une dérogation à la règle du repos simultané le dimanche de tout le personnel, une société ne peut se prévaloir de l'importance de son chiffre d'affaires dominical réalisé grâce à son maintien dans une situation irrégulière de nature à fausser la concurrence, ni invoquer la difficulté du report sur les autres jours de la semaine du chiffre d'affaires réalisé le dimanche sans établir que le repos simultané le dimanche de tout le personnel compromettrait le fonctionnement normal de l'établissement (CE 16 octobre 1995, n° 156063, *RJS* 12/95 n° 1249). De même, la circonstance que la fermeture le dimanche des établissements situés dans un centre commercial risquerait d'entraîner des licenciements, notamment en raison de ce que des personnes supplémentaires ont été embauchées pour répondre au surcroît d'activité résultant de l'ouverture dominicale, ainsi que des baisses de rémunération n'est pas, par elle-même, en l'absence d'atteinte au fonctionnement normal de ces établissements, de nature à justifier la dérogation à la règle du repos dominical des salariés (CE 9 décembre 2005, n° 265553, précité). Mais un préfet ne saurait refuser une dérogation à une société, eu égard à l'importance du chiffre d'affaires réalisé le dimanche par des magasins bénéficiant de dérogations, situés sur des communes limitrophes et proposant des produits concurrents de ceux de la société, la fermeture le dimanche du magasin de cette société implanté dans cette commune risquant d'entraîner d'importants détournements de clientèle à son détriment et, par suite, de compromettre son fonctionnement normal (CE 17 janvier 1997, n° 168027, *RJS* 4/97 n° 426). Voir aussi CE 6 mai 1983, n°s 34858, 35023 ; 28 juillet 2004, n° 254388.

• Le préfet qui a consulté l'union départementale des syndicats CGT n'est pas tenu, en application des dispositions de cet article, de consulter en outre le syndicat CGT de l'établissement intéressé.

La circonstance qu'une activité ne figure pas dans la nomenclature des industries admises de droit à donner le repos hebdomadaire par roulement ne prive pas le préfet de la possibilité d'accorder une dérogation individuelle au titre de cet article, lequel n'exclut pas la prise en compte de motifs qui ne présentent pas un caractère conjoncturel.

Le recours par l'employeur à la constitution d'équipes de suppléance (art. L. 221-5-1 ancien) ou l'organisation du travail en continu sur le fondement d'une convention ou d'un accord collectif étendu (art. L. 221-10 ancien) n'ont pas pour effet de restreindre le champ d'application de l'article L. 221-6 (ancien) (CE 20 octobre 1993, n°s 143024, 143859, *RJS* 1/94 n° 1206, concl. R. Schwartz, p. 690 ; *CSB* 1993 A. 65).

• Pour rejeter la demande d'une société tendant à suspendre l'exécution d'un arrêté préfectoral refusant de lui accorder une dérogation à la règle du repos dominical, le juge du référé ne peut se fonder sur la seule circonstance que la société s'était placée dans une situation irrégulière et ne pouvait, de ce fait, se prévaloir de la perte de chiffre d'affaires et des risques de licenciement qu'entraînerait l'exécution de la décision litigieuse, sans rechercher si l'exécution de l'arrêté en cause portait atteinte de façon suffisamment grave et immédiate aux intérêts de la société ou à d'autres intérêts publics ou privés (CE 24 octobre 2007, n° 304383, *RJS* 1/08 n° 39).

• Voir aussi note sous art. L. 3132-29.

[Art. L. 3132-21. Abrogé par loi 2009-974 du 10 août 2009, art. 2, VII, JO 11.]

Art. L. 3132-22. Les dispositions de l'article L. 3132-20 ne sont pas applicables aux clercs, commis et employés des études et greffes dans les offices ministériels.

Art. L. 3132-23. L'autorisation accordée à un établissement par le préfet peut être étendue à plusieurs ou à la totalité des établissements de la même localité exerçant la même activité, s'adressant à la même clientèle, une fraction d'établissement ne pouvant, en aucun cas, être assimilée à un établissement.

Ces autorisations d'extension ***(L. 2009-974 du 10 août 2009, JO 11)*** « sont toutes retirées lorsque, dans la localité, » la majorité des établissements intéressés le demande.

Art. R. 3132-16. ***(D. 2009-1134 du 21 sept. 2009, JO 22)*** Les autorisations d'extension mentionnées à l'article L. 3132-23 sont prises selon les modalités prévues au premier alinéa de l'article L. 3132-25-4.

Les avis mentionnés au premier alinéa de l'article L. 3132-25-4 sont donnés dans le délai d'un mois. Le préfet statue ensuite dans un délai de huit jours par un arrêté motivé qu'il notifie immédiatement aux demandeurs.

Note

La circonstance, à la supposer établie, que le préfet avait obtenu l'approbation du ministre sur l'octroi d'une dérogation avant de recueillir l'avis des organismes consultés ne suffit pas à établir que ces avis n'ont pas été pris en considération.

Les organismes consultés disposent d'un mois à compter de leur saisine pour formuler leur avis. Ces dispositions ne font pas obstacle à ce que la décision puisse être prise au vu d'un avis exprimé après l'expiration de ce délai (CE 20 octobre 1993, n°s 143024, 143859, cité sous art. L. 3132-20). Ce délai n'étant pas prescrit à peine de nullité, sa méconnaissance ne peut être utilement invoquée pour contester la légalité d'un arrêté préfectoral (CE 16 octobre 1995, n° 156063, *RJS* 12/95 n° 1249).

Art. R. 3132-17. ***(D. 2009-1134 du 21 sept. 2009, JO 22)*** Les autorisations d'extension prévues à l'article L. 3132-23 et les autorisations collectives données en application de l'article L. 3132-25-6 sont applicables aux établissements situés dans la même localité ou dans le même périmètre d'usage de consommation exceptionnel, exerçant la même activité et s'adressant à la même clientèle.

Les autorisations d'extension prévues à l'article L. 3132-23 sont accordées au vu d'un accord collectif applicable à l'établissement concerné par l'extension ou, à défaut, d'une décision unilatérale de l'employeur approuvée par référendum.

Lorsque l'accord collectif prévu à l'article L. 3132-25-3 est applicable à plusieurs établissements exerçant la même activité et s'adressant à la même clientèle, le préfet peut, par une décision collective prise en application de l'article L. 3132-25-6, autoriser ces établissements relevant du champ d'application de cet accord et situés dans le même périmètre d'usage de consommation exceptionnel à donner le repos hebdomadaire par roulement pour tout ou partie du personnel.

Art. L. 3132-24. Les recours présentés contre les décisions prévues aux articles L. 3132-20 et L. 3132-23 ont un effet suspensif.

Note • Les décisions portant refus d'autoriser l'ouverture d'un établissement le dimanche sont justiciables de la procédure du référé-suspension. L'effet suspensif prévu par cet article ne s'applique qu'aux recours formés contre des décisions accordant une autorisation d'ouverture dominicale (CE 13 octobre 2003, n° 257365, *RJS* 1/04 n° 60).

• Le recours formé contre un arrêté préfectoral autorisant une dérogation au repos dominical prévu par l'article L. 3132-24 suspend les effets de cette décision dès son dépôt par le requérant au greffe de la juridiction administrative (cass. soc. 16 juin 2010, n° 09-11.214, BC V n° 143 ; *RJS* 8-9/10 n° 678 ; *JCP* éd. S 2010, 1342, note M. d'Allende ; *RDT*, octobre 2010, CH, 591, M. Véricel).

Art. L. 3132-25. ***(L. 2009-974 du 10 août 2009, JO 11)*** Sans préjudice des dispositions de l'article L. 3132-20, les établissements de vente au détail situés dans les communes d'intérêt touristique ou thermales et dans les zones touristiques d'affluence exceptionnelle ou d'animation culturelle permanente peuvent, de droit, donner le repos hebdomadaire par roulement pour tout ou partie du personnel.

La liste des communes d'intérêt touristique ou thermales intéressées et le périmètre des zones touristiques d'affluence exceptionnelle ou d'animation culturelle permanente sont établis par le préfet sur proposition de l'autorité administrative visée au premier alinéa de l'article L. 3132-26, après avis du comité départemental du tourisme, des syndicats d'employeurs et de salariés intéressés, ainsi que des communautés de communes, des communautés d'agglomération, ***(L. 2010-1563 du 16 déc. 2010, art. 17, XIII, JO 17)*** « des métropoles » et des communautés urbaines, lorsqu'elles existent.

Un décret en Conseil d'État détermine les modalités d'application du présent article.

Note • La loi 2009-974 du 10 août 2009 ayant défini avec précision les catégories d'établissements susceptibles de donner le repos hebdomadaire par roulement dans les communes d'intérêt touristique ou thermales et dans les zones touristiques d'affluence exceptionnelle ou d'animation culturelle permanente, la dérogation prévue à cet article n'est pas contraire à la convention internationale du travail n° 106 relative au repos hebdomadaire dans le commerce et les bureaux (CE 2 décembre 2011, n° 333472).

• L'autorité administrative visée au premier alinéa de l'article L. 3132-26 est le maire.

La loi 2009-974 du 10 août 2009 a été validée par le Conseil constitutionnel dans une décision 2009-588 DC du 6 août 2009, à l'exception du point suivant : l'autorité administrative compétente à Paris pour proposer au préfet qui l'établit la liste des communes d'intérêt touristique ou thermales et le périmètre des zones touristiques d'affluence exceptionnelle ou d'animation culturelle permanente sera le maire et non le préfet de Paris. Sur cette décision, voir « Travail dominical : le Conseil constitutionnel sacrifie la protection du salarié sur l'autel de la consommation », V. Bernaud, *Dr. Soc.* 2009, p. 1081.

• Depuis le 12 août 2009, dans les communes ou zones déjà classées touristiques avant la publication de la loi du 10 août 2009, les établissements remplissant les conditions légales peuvent ouvrir sans avoir à demander d'autorisation. Ils doivent, le cas échéant, respecter les règles de modification du contrat de travail ainsi que les règles légales de consultation du comité d'entreprise ou des délégués du personnel s'ils existent (circ. DGT 2009/20 du 31 août 2009, BO MT 2009/09).

• Sur l'établissement de la liste des communes d'intérêt touristique ou thermales et du périmètre des zones touristiques d'affluence exceptionnelle ou d'animation culturelle permanente, voir aussi circ. DGT 2009/20 du 31 août 2009 et *RDT*, nov. 2009, CH, 659, M. Véricel.

Les communes déjà classées touristiques et les zones déjà classées zone touristique d'affluence exceptionnelle ou d'animation culturelle permanente avant la publication de la loi du 10 août 2009 le demeurent et n'ont pas à engager une nouvelle procédure de classement. La possibilité de déroger au repos dominical est simplement étendue à tous les commerces de vente au détail de ces communes et de ces zones sans qu'une autorisation administrative individuelle ne soit nécessaire (circ. DGT 2009/20 du 31 août 2009).

• **Commerces concernés.** Tout type de commerce de vente au détail est concerné. Outre les commerces de détail alimentaire (voir art. L. 3132-25-5), la circulaire DGT 2009/20 précise que les établissements de vente en gros sont également exclus de cette dérogation.

• **Contreparties.** Aucune contrepartie particulière n'est prévue en faveur des salariés travaillant le dimanche dans les communes et zones touristiques. Néanmoins, il est précisé que :
– la loi ne remet pas en cause, dans les communes et zones déjà classées, les accords ou usages existants qui prévoyaient des contreparties pour les salariés travaillant le dimanche ; dans l'hypothèse où les établissements concernés souhaiteraient modifier ces accords ou usages, les règles habituelles de dénonciation d'un accord ou d'un usage doivent trouver à s'appliquer (circ. DGT 2009/20 du 31 août 2009) ;
– dans les branches couvrant des commerces ou services de détail et dans les commerces ou services de détail, où des dérogations administratives au repos dominical sont applicables, les organisations professionnelles ou l'employeur, d'une part, et les organisations syndicales représentatives, d'autre part, engagent des négociations en vue de la signature d'un accord relatif aux contreparties accordées aux salariés privés de repos dominical, lorsque la branche ou l'entreprise n'est pas déjà couverte par un accord (loi 2009-974 du 10 août 2009, art. 2, IV, JO 11).

• À noter que, s'agissant des zones touristiques à Paris, le préfet d'Île-de-France a remis, le 19 novembre 2009, au ministre du Travail un rapport préconisant une modification de leur délimitation pour augmenter le nombre de magasins ouverts le dimanche (voir *LSQ* n° 15489 du 23 nov. 2009).

• Le recours en annulation formé par une société contre l'arrêté préfectoral lui refusant une dérogation (sur le fondement de l'article L. 221-8-1 [L. 3132-25] ancien) aux dispositions de l'article L. 221-5 [L. 3132-3] CT ne permet pas à cette société de se prévaloir d'une dérogation à l'application de cet article (cass. soc. 25 mars 1997, n° 95-17.884).

[**Art. R. 3132-18.** Abrogé par décret 2009-1134 du 21 septembre 2009, JO 22.]

Art. R. 3132-19. ***(D. 2009-1134 du 21 sept. 2009, JO 22)*** Le préfet se prononce par un arrêté motivé sur la proposition mentionnée au deuxième alinéa de l'article L. 3132-25.

Art. R. 3132-20. ***(D. 2009-1134 du 21 sept. 2009, JO 22)*** « Pour figurer sur la liste des communes d'intérêt touristique ou thermales et des zones touristiques d'affluence exceptionnelle ou d'animation culturelle permanente, les communes ou zones doivent accueillir pendant certaines périodes de l'année une population supplémentaire importante en raison de leurs caractéristiques naturelles, artistiques, culturelles ou historiques ou de l'existence d'installations de loisirs ou thermales à forte fréquentation. »

Les critères notamment pris en compte ***(D. 2009-1134 du 21 sept. 2009, JO 22)*** « pour le classement en commune d'intérêt touristique ou thermale » sont :

1° Le rapport entre la population permanente et la population saisonnière ;
2° Le nombre d'hôtels ;
3° Le nombre de gîtes ;
4° Le nombre de campings ;
5° Le nombre de lits ;
6° Le nombre des places offertes dans les parcs de stationnement d'automobiles.

Art. L. 3132-25-1. ***(L. 2009-974 du 10 août 2009, JO 11)*** Sans préjudice des dispositions de l'article L. 3132-20, dans les unités urbaines de plus de 1 000 000 d'habitants, le repos hebdomadaire peut être donné, après autorisation administrative, par roulement, pour tout ou partie du personnel, dans les établissements de vente au détail qui mettent à disposition des biens et des services dans un périmètre d'usage de consommation exceptionnel caractérisé par des habitudes de consommation dominicale, l'importance de la clientèle concernée et l'éloignement de celle-ci de ce périmètre.

Note • Les unités urbaines de plus d'un million d'habitants sont Paris, Aix-Marseille, Lyon et Lille.

• La dérogation prévue par cet article n'est pas contraire à la convention internationale du travail n° 106 relative au repos hebdomadaire dans le commerce et les bureaux. En effet, d'une part, cette dérogation a pour objet de répondre aux besoins d'une clientèle importante résidant dans de grandes agglomérations ; d'autre part, la satisfaction de ces besoins constitue une considération pertinente au sens des stipulations de ladite convention (CE 2 décembre 2011, n° 333472).

Art. L. 3132-25-2. ***(L. 2009-974 du 10 août 2009, JO 11)*** La liste et le périmètre des unités urbaines mentionnées à l'article L. 3132-25-1 sont établis par le préfet de région sur la base des résultats du recensement de la population.

Sur demande du conseil municipal, au vu de circonstances particulières locales et :
– d'usages de consommation dominicale au sens de l'article L. 3132-25-1 ;
– ou de la proximité immédiate d'une zone frontalière où il existe un usage de consommation dominicale, compte tenu de la concurrence produite par cet usage ;
– le préfet délimite le périmètre d'usage de consommation exceptionnel au sein des unités urbaines, après consultation de l'organe délibérant de la communauté de communes, de la communauté d'agglomération, ***(L. 2010-1563 du 16 déc. 2010, art. 17, XIII, JO 17)*** « de la métropole » ou de la communauté urbaine, lorsqu'elles existent, sur le territoire desquelles est situé ce périmètre.

Le préfet statue après avoir recueilli l'avis du conseil municipal de la ou des communes n'ayant pas formulé la demande visée au présent article et n'appartenant pas à une communauté de communes, une communauté d'agglomération, ***(L. 2010-1563 du 16 déc. 2010, art. 17, XIII, JO 17)*** « une métropole » ou une communauté urbaine dont la consultation est prévue à l'alinéa précédent, lorsque le périmètre sollicité appartient en tout ou partie à un ensemble commercial, au sens de l'article L. 752-3 du code de commerce, situé sur leur territoire.

Note • Sur la délimitation des unités urbaines de plus d'un million d'habitants et du périmètre d'usage de consommation exceptionnel (PUCE), voir aussi circ. DGT 2009/20 du 31 août 2009, BO MT 2009/09 et *RDT*, nov. 2009, CH, 659, M. Véricel.

Sur la délimitation des PUCE, voir encore rép. QE 18741, JO AN 15 septembre 2011, p. 2401.

• S'agissant des ensembles commerciaux implantés sur le territoire de plusieurs communes, en ce qui concerne la délimitation du PUCE, la loi n'exige de demande du conseil municipal que de l'une des communes sur le territoire de laquelle est implanté le centre commercial, les autres conseils municipaux étant néanmoins appelés à donner un avis sur le projet de création. Ainsi, le préfet, au vu de l'avis d'au moins une commune et de l'avis de toutes les autres, appréciera, en tenant compte de l'ensemble des circonstances locales et notamment du poids respectif de chaque commune dans le centre commercial, l'intérêt de délimiter un PUCE (circ. DGT 2009/20 du 31 août 2009).

• La décision par laquelle le préfet de département fixe les limites du périmètre d'usage de consommation exceptionnel ne vaut pas, à elle seule, autorisation pour les établissements commerciaux implantés dans ce périmètre d'occuper du personnel le dimanche (CE 17 novembre 2010, n° 339295).

Art. L. 3132-25-3. ***(L. 2009-974 du 10 août 2009, JO 11)*** Les autorisations prévues aux articles L. 3132-20 et L. 3132-25-1 sont accordées au vu d'un accord collectif ou, à défaut, d'une décision unilatérale de l'employeur prise après référendum.

L'accord collectif fixe les contreparties accordées aux salariés privés du repos dominical ainsi que les engagements pris en termes d'emploi ou en faveur de certains publics en difficulté ou de personnes handicapées.

En l'absence d'accord collectif applicable, les autorisations sont accordées au vu d'une décision unilatérale de l'employeur, prise après avis du comité d'entreprise ou des délégués du personnel, lorsqu'ils existent, approuvée par référendum organisé auprès des personnels concernés par cette dérogation au repos dominical. La décision de l'employeur approuvée par référendum fixe les contreparties accordées aux salariés privés du repos dominical ainsi que les engagements pris en termes d'emploi ou en faveur de certains publics en difficulté ou de personnes handicapées. Dans ce cas, chaque salarié privé du repos du dimanche bénéficie d'un repos compensateur et perçoit pour ce jour de travail une rémunération au moins égale au double de la rémunération normalement due pour une durée équivalente.

Lorsqu'un accord collectif est régulièrement négocié postérieurement à la décision unilatérale prise sur le fondement de l'alinéa précédent, cet accord s'applique dès sa signature en lieu et place des contreparties prévues par cette décision.

Note

• Les accords conclus antérieurement au 10 août 2009 peuvent être pris en compte par le préfet s'ils respectent les conditions posées par la loi (circ. DGT 2009/20 du 31 août 2009, BO MT 2009/09).

• Voir art. R. 3132-17 rapporté sous art. L. 3132-23.

Art. L. 3132-25-4. ***(L. 2009-974 du 10 août 2009, JO 11)*** Les autorisations prévues aux articles L. 3132-20 et L. 3132-25-1 sont accordées pour une durée limitée, après avis du conseil municipal, de la chambre de commerce et d'industrie, de la chambre des métiers et des syndicats d'employeurs et de salariés intéressés de la commune.

Seuls les salariés volontaires ayant donné leur accord par écrit à leur employeur peuvent travailler le dimanche sur le fondement d'une telle autorisation. Une entreprise bénéficiaire d'une telle autorisation ne peut prendre en considération le refus d'une personne de travailler le dimanche pour refuser de l'embaucher. Le salarié d'une entreprise bénéficiaire d'une telle autorisation qui refuse de travailler le dimanche ne peut faire l'objet d'une mesure discriminatoire dans le cadre de l'exécution de son contrat de travail. Le refus de travailler le dimanche pour un salarié d'une entreprise bénéficiaire d'une telle autorisation ne constitue pas une faute ou un motif de licenciement.

L'accord collectif prévu au premier alinéa de l'article L. 3132-25-3 fixe les conditions dans lesquelles l'employeur prend en compte l'évolution de la situation personnelle des salariés privés de repos dominical.

À défaut d'accord collectif applicable, l'employeur demande chaque année à tout salarié qui travaille le dimanche s'il souhaite bénéficier d'une priorité pour occuper ou reprendre un emploi ressortissant à sa catégorie professionnelle ou un emploi équivalent ne comportant pas de travail le dimanche dans le même établissement ou, à défaut, dans la même entreprise. L'employeur l'informe également, à cette occasion, de sa faculté de ne plus travailler le dimanche s'il ne le souhaite plus. En pareil cas, le refus du salarié prend effet trois mois après sa notification écrite à l'employeur.

En outre, le salarié qui travaille le dimanche peut à tout moment demander à bénéficier de la priorité définie à l'alinéa précédent.

En l'absence d'accord collectif, le salarié privé de repos dominical conserve la faculté de refuser de travailler trois dimanches de son choix par année civile. Il doit en informer préalablement son employeur en respectant un délai d'un mois.

Note Voir art. R. 3132-16 rapporté sous art. L. 3132-23.

Art. L. 3132-25-5. ***(L. 2009-974 du 10 août 2009, JO 11)*** Les articles L. 3132-25 et L. 3132-25-1 ne sont pas applicables aux commerces de détail alimentaire qui bénéficient des dispositions de l'article L. 3132-13.

Art. L. 3132-25-6. ***(L. 2009-974 du 10 août 2009, JO 11)*** Les autorisations prévues à l'article L. 3132-25-1 sont accordées pour cinq ans. Elles sont accordées soit à titre individuel, soit à titre collectif, dans des conditions prévues par décret en Conseil d'État, pour des commerces ou services exerçant la même activité.

Sous-§ 2. Dérogations accordées par le maire

Art. L. 3132-26. Dans les établissements de commerce de détail où le repos hebdomadaire a lieu normalement le dimanche, ce repos peut être supprimé les dimanches désignés, pour chaque commerce de détail, par décision du maire. Le nombre de ces dimanches ne peut excéder cinq par an.

À Paris, cette décision est prise par le préfet de Paris.

Note • Les dispositions de cet article relevant du domaine de la loi, l'obtention d'une dérogation par le biais d'une convention collective, un sixième dimanche, serait illégale (rép. QE 12492, JO Sén. 21 janvier 1999, p. 214).

• « Dans ce texte, l'expression « commerce de détail » ne renvoie pas à la notion d'établissement [...]. Les dérogations de fermeture dominicale [doivent] être accordées, par le maire, collectivement par branche d'activité [...]. » (rép. QE 38865, JO AN 29 juillet 1996, p. 4181).

• Il résulte des dispositions des articles L. 3132-26 et L. 3132-27 CT, éclairées par les travaux préparatoires, que les décisions prises sur leur fondement ne peuvent l'être qu'à l'égard d'une catégorie d'établissements exerçant la même activité commerciale, sans pouvoir être limitées à un seul établissement. Par suite, le préfet de Paris a méconnu ces dispositions en accordant à plusieurs grands magasins, qui exercent la même activité commerciale, des autorisations individuelles d'ouverture dominicale à des dates propres à chacune des sociétés (CE 29 octobre 2008, n° 289617, *Rec. Lebon*, p. 373 ; *Dr. Soc.* 2008, pp. 1235 et s. : « La dérogation au repos dominical autorisée par l'article L. 3132-26 du code du travail doit être accordée le même jour à tous les commerces exerçant une même activité », concl. L. Derepas ; *RJS* 2/09 n° 178).

• Lorsqu'un arrêté préfectoral intervenu en application de l'article L. 221-17 [L. 3132-29] a prescrit la fermeture au public d'une catégorie d'établissements pendant la durée du repos hebdomadaire fixé au dimanche, sans spécifier que cette obligation peut souffrir des exceptions à l'occasion, par exemple, de fêtes légales, les établissements visés par ledit arrêté perdent-ils le droit de réclamer le bénéfice de la dérogation prévue à l'article L. 221-19 ? La question, non résolue par la chambre criminelle dans son arrêt du 18 octobre 1988 (cité sous L. 3132-29), l'a été dans un arrêt du 8 août 1994, n° 93-85.207, B. crim. n° 289 : si l'article L. 221-19 [L. 3132-26] permet au maire de supprimer, dans certaines conditions, le repos dominical, il ne l'autorise pas à accorder des dérogations aux dispositions d'un arrêté préfectoral ordonnant la fermeture le dimanche des établissements d'une profession déterminée.

Art. R. 3132-21. L'arrêté du maire ou, à Paris, du Préfet de Paris relatif à la dérogation au repos dominical pour les commerces de détail prévu à l'article L. 3132-26, est pris après avis des organisations d'employeurs et de salariés intéressées.

Art. L. 3132-27. ***(L. 2009-974 du 10 août 2009, JO 11)*** « Chaque salarié privé de repos dominical perçoit une rémunération au moins égale au double de la rémunération normalement due pour une durée équivalente, ainsi qu'un repos compensateur équivalent en temps. »

L'arrêté pris en application de l'article L. 3132-26 détermine les conditions dans lesquelles ce repos est accordé, soit collectivement, soit par roulement dans la quinzaine qui précède ou suit la suppression du repos.

Si le repos dominical est supprimé un dimanche précédant une fête légale, le repos compensateur est donné le jour de cette fête.

Note • Le salarié privé du repos du dimanche doit bénéficier à la fois d'un repos compensateur et d'une majoration de salaire (cass. soc. 12 novembre 1991, n° 90-42.944, BC V n° 486). Le versement d'une prime exceptionnelle ne peut faire échec au droit du salarié privé du repos du dimanche de bénéficier d'un repos compensateur et d'une majoration de salaire (cass. soc. 29 octobre 2003, n° 01-46.016, *RJS* 1/04 n° 62).

La majoration de salaire prévue par cet article n'est pas applicable en dehors des prévisions de ce texte. Un conseil de prud'hommes a décidé, à bon droit, qu'une salariée qui avait demandé à bénéficier du mercredi comme jour de repos, ne pouvait se prévaloir d'une méconnaissance par l'employeur des dispositions de l'article L. 221-5 [L. 3132-3] CT (cass. soc. 5 juillet 1995, n° 91-45.519).

• En vertu des dispositions du second alinéa de l'article L. 221-19 [L. 3132-27] CT, il incombe au préfet de déterminer les modalités du repos compensateur et, notamment, de préciser si le repos auquel les salariés ont droit est accordé collectivement ou par roulement et se trouve fixé dans la quinzaine qui précède ou dans celle qui suit le dimanche travaillé. Le préfet de Paris ne pouvait, sans entacher sa décision d'illégalité, se borner, d'une part, à reproduire dans sa décision d'autorisation d'ouverture les dispositions de ce second alinéa et, d'autre part, à ajouter que les employeurs devaient s'y conformer sauf dispositions plus favorables des conventions collectives (CE 29 octobre 2008, n° 289617, cité sous art. L. 3132-26).

Sous-section 3. Dispositions d'application

Art. L. 3132-28. Les décrets en Conseil d'État prévus par les articles L. 3132-5, L. 3132-7, L. 3132-10 et L. 3132-13 sont pris dans les mêmes formes que celles prévues à l'article L. 3122-46 pour les décrets d'application des dispositions relatives à la durée du travail.

SECTION 3. Décisions de fermeture

Art. L. 3132-29. Lorsqu'un accord est intervenu entre les organisations syndicales de salariés et les organisations d'employeurs d'une profession et d'une zone géographique déterminées sur les conditions dans lesquelles le repos hebdomadaire est donné aux salariés, le préfet peut, par arrêté, sur la demande des syndicats intéressés, ordonner la fermeture au public des établissements de la profession ou de la zone géographique concernée pendant toute la durée de ce repos. Ces dispositions ne s'appliquent pas aux activités dont les modalités de fonctionnement et de paiement sont automatisées.

Note Par décision 2010-89 QPC du 21 janvier 2011 (JO 22), le Conseil constitutionnel a jugé que l'article L. 3132-29 était conforme à la Constitution.

• **Accord entre syndicats d'employeurs et de salariés.** La fermeture au public ne peut être ordonnée par arrêté préfectoral que sur la demande des syndicats patronaux et ouvriers de la profession et de la région intéressées et sur la base d'un accord intervenu entre ces syndicats pour fixer l'attribution du repos hebdomadaire, d'une durée de 24 heures consécutives, un jour quelconque de la semaine. La demande peut se trouver formulée dans le texte même de l'accord intersyndical. Celui-ci peut donner le choix entre deux ou plusieurs jours pour la fermeture hebdomadaire ; la circulaire ministérielle DRT 19-92 du 7 octobre 1992 (BO TR 92/23, p. 67) recommande que les arrêtés préfectoraux laissent le choix, lorsqu'ils prévoient un jour de fermeture autre que le dimanche, entre deux ou plusieurs jours dont le dimanche. Si la fermeture, l'un de ces deux jours, est obligatoire, il n'est pas interdit pour autant aux commerçants de fermer également un autre jour (cass. crim. 12 février 1964, n° 63-92.072, B. crim. n° 52).

L'accord entre les syndicats d'employeurs et de travailleurs sur la base duquel peut être pris l'arrêté préfectoral doit correspondre à la volonté de la majorité indiscutable de tous ceux qui, dans le département, exercent la profession intéressée à titre principal ou accessoire et dont l'établissement est susceptible d'être fermé (cass. soc. 11 octobre 1994, n° 89-21.395, BC V n° 268 ; 31 janvier 1996, n° 93-15.694 ; 25 octobre 1990, n° 88-20.405, BC V n° 509 ; cass. crim. 11 juin 1969, n° 68-92.932, B. crim. n° 197 ; 9 octobre 1990, n° 90-80.063, *RJS* 12/90 n° 981 ; 30 septembre 2008, n° 08-81.203, *JCP* éd. S 2008, 1008, note Th. Lahalle). La signature par certains syndicats d'employeurs et de salariés de la profession d'un accord organisant le repos hebdomadaire selon des modalités différentes de celles de l'arrêté préfectoral ne suffit pas, à elle seule, à établir que celui-ci ne refléterait plus l'opinion de la majorité des professionnels concernés du département (CE 9 novembre 2005, n° 268832, *RJS* 5/06 n° 586).

Si l'accord n'a pas à prendre la forme d'un document écrit et signé dans les conditions prévues au titre III du livre I du code du travail, les dispositions de l'article L. 221-17 [L. 3132-29] impliquent toutefois que l'accord à intervenir entre les syndicats d'employeurs et de travailleurs résulte d'échanges et de discussions menés simultanément et collectivement entre ces différents organismes et non de simples avis recueillis séparément auprès de chacun d'entre eux (CE 30 mars 2005, n° 268603, *RJS* 8-9/05 n° 859). L'accord intervenu entre les partenaires sociaux n'ayant pas la nature d'un accord collectif et n'ayant pas d'effet juridique propre, la légalité de l'arrêté préfectoral pris sur son fondement ne peut pas être remise en cause par l'intervention d'un accord collectif national étendu ultérieur, instituant un régime de repos hebdomadaire plus favorable que le régime initialement prévu par l'accord (CE 15 mai 2006, n° 277361, *Rec. Lebon*, p. 252 ; cass. soc. 12 juillet 2006, n° 04-20.770, BC V n° 266 ; *RJS* 10/06 n° 1077 ; *RDT*, octobre 2006, chron. p. 250).

Pour se prononcer sur la légalité d'un arrêté, le juge peut ordonner toute mesure d'instruction utile pour connaître le nombre total des professionnels concernés et être ainsi en mesure de dire si l'accord conclu exprime la volonté de la majorité d'entre eux (cass. crim. 24 février 1998, n° 97-80.602).

L'arrêté préfectoral ordonnant la fermeture des établissements et parties d'établissements de quelque nature qu'ils soient dans lesquels s'effectue la vente ou la distribution du pain concerne non seulement les commerces spécialisés, mais aussi l'ensemble des établissements, quelle que soit leur forme commerciale, se livrant à la vente du pain. Il doit donc être annulé si l'accord n'exprime pas la volonté de la majorité indiscutable de tous ceux qui exerçaient la profession considérée à titre principal ou accessoire et dont les établissements étaient, pour l'ensemble ou pour une partie de leurs activités, susceptibles d'être fermés (CE 11 décembre 1992, n° 106458, *RJS* 3/93 n° 282). Les boulangeries, boulangeries-pâtisseries et dépôts de pain « constituent une même profession, quel que soit le mode de fabrication, artisanal ou industriel, des denrées vendues ». Les boulangeries industrielles ne sauraient être exclues du champ d'application des arrêtés préfectoraux ordonnant la fermeture au public des établissements d'une profession déterminée pendant toute la durée du repos hebdomadaire (CE 28 mai 2003, n° 247120, *RJS* 11/03 n° 1278).

A privé sa décision de base légale le tribunal de police qui a condamné le gérant d'un supermarché pour violation d'un arrêté préfectoral de fermeture sans rechercher si, conformément à ses allégations, le prévenu exerçait un commerce multiple et si l'accord syndical intervenu exprimait l'opinion de la majorité des professionnels concernés, y compris ceux exerçant un tel commerce, ou si, à défaut, l'arrêté préfectoral avait été pris après une consultation des intéressés, syndiqués ou non, ayant permis de constater l'existence d'une majorité favorable à la fermeture hebdomadaire des commerces en cause (cass. crim. 1er juillet 1997, n° 96-83.433, 2e moyen, B. crim. n° 261).

Une cour d'appel, après avoir constaté qu'une société exerçait à titre principal dans son magasin deux activités distinctes, a limité l'interdiction qu'elle prononçait à la seule activité de dépôt de pain visée par les arrêtés préfectoraux, à l'exclusion de l'activité de restauration rapide. Dès lors, le défaut de consultation du syndicat regroupant les professionnels exerçant cette dernière activité ne pouvait avoir d'incidence sur la légalité des arrêtés préfectoraux (cass. soc. 1er juillet 1997, n° 95-13.831, *RJS* 10/97 n° 1099).

À noter toutefois que l'absence de consultation d'un syndicat n'est susceptible d'affecter la régularité d'un arrêté préfectoral que si l'avis de ce syndicat était de nature à modifier l'expression majoritaire de la volonté des membres de la profession concernée en faveur d'une fermeture hebdomadaire (cass. soc. 23 mai 2001, n° 99-18.144). En conséquence, le professionnel affilié à une organisation n'ayant pas été consultée est soumis aux dispositions de l'arrêté préfectoral, dès lors qu'il n'est pas établi qu'en l'état des organisations consultées, l'accord obtenu n'exprimerait pas l'opinion de la majorité des membres de la profession (cass. crim. 10 mai 2006, n° 05-85.639).

• **Champ d'application de l'arrêté préfectoral.** L'arrêté préfectoral s'applique dans le territoire visé à tous les établissements de la profession en cause, qu'ils emploient ou non du personnel, donc à un magasin de vente au détail de meubles ouvert le dimanche sous la seule surveillance de gardiens (cass. crim. 11 juin 1969, n° 68-91.848,

B. crim. n° 197). En effet, l'obligation de fermeture qui est édictée dans une optique concurrentielle s'applique même aux commerçants travaillant seuls ou avec l'aide des seuls membres de leur famille (cass. crim. 6 juillet 1966, n° 66-90.303, B. crim. n° 195 ; 26 mai 1976, n° 75-92.879, B. crim. n° 187). Elle s'applique également aux établissements autorisés de plein droit, en application des dispositions des articles L. 221-9 et 10 (anciens), à donner le repos hebdomadaire par roulement (CE 7 décembre 1992, n° 91173, *RJS* 3/93 n° 282 ; cass. crim. 16 mai 2000, n° 99-83.739 ; CE 9 novembre 2005, n° 270501, *RJS* 5/06 n° 586). Par ailleurs, les établissements compris dans le champ d'application de l'arrêté préfectoral ne peuvent se prévaloir de l'application d'une autre période de repos définie en vertu de l'article L. 221-16 (ancien) ou d'une convention collective (cass. soc. 4 octobre 2000, n° 98-22.236 ; 23 novembre 2005, n° 03-13.079, *RJS* 5/06 n° 586).

L'arrêté préfectoral a vocation à s'appliquer à tous les établissements pratiquant les activités qu'il vise expressément et ce, même dans l'hypothèse où une de ces activités s'exerce au sein d'une catégorie d'établissement qui n'existait pas encore à la date de sa parution (cass. soc. 1er juillet 1997, n° 95-13.124, *RJS* 10/97 n° 1099).

L'arrêté préfectoral peut viser des parties d'établissement, dès lors qu'il concerne, en termes généraux, des commerces exerçant la même activité (en l'espèce, les terminaux de cuisson et les dépôts de pain), qu'ils se situent dans des magasins spécialisés ou à succursales multiples (cass. soc. 13 octobre 2010, n° 09-14.418, BC V n° 223 ; *LS* Jurisp. n° 220/2010 du 16 nov. 2010 ; voir précédemment cass. crim. 21 août 1996, n° 95-81.101, B. crim. n° 310 ; *CSB* 1996 S. 150 ; cass. soc. 20 janvier 1999, n° 97-16.642, *CSB* 1999 S. 167). Voir aussi ci-après *Magasins à commerces multiples*.

Les dispositions de l'article L. 588-1 du code de la santé publique n'ont ni pour objet ni pour effet de déroger aux dispositions de l'article L. 221-17 [L. 3132-29] CT. Si l'article L. 588-1 prévoit qu'une officine peut rester ouverte pendant un service de garde alors même qu'elle n'assure pas ce service, cette possibilité ne s'applique pas lorsqu'en vertu de l'article L. 221-17 (ancien) CT, le préfet a ordonné la fermeture des officines durant le repos hebdomadaire (CE 9 février 2000, n° 198461, *RJS* 6/00 n° 682).

La vente au détail de denrées alimentaires constitue une profession déterminée au sens de l'article L. 3132-29 CT (cass. crim. 16 mars 2010, n° 08-88.418, 1er moyen, B. crim. n° 51 ; *RJS* 7/10 n° 603).

Magasins à commerces distincts. Dans les magasins où s'exercent quelques commerces distincts, chacun de ceux-ci doit être fermé le jour fixé par l'arrêté qui le réglemente, dès lors que les infractions aux textes régulièrement pris en application de l'article L. 221-17 [L. 3132-29] et s'appliquant à tous ceux qui exercent une profession déterminée à titre principal ou accessoire rompent l'égalité que la loi a entendu établir entre tous les professionnels exerçant la même activité (cass. crim. 15 octobre 1991, n° 90-80.599, B. crim. n° 348 ; *RJS* 1/92 n° 40).

Un établissement consacré à l'équipement de la maison et comportant plusieurs commerces distincts ne saurait être considéré comme un magasin à commerces multiples (ayant pour objet d'offrir à la clientèle les produits les plus divers sans qu'aucun n'ait un caractère accessoire par rapport aux autres) et entre donc dans le champ d'application d'un arrêté préfectoral prescrivant la fermeture au public le dimanche des établissements et parties d'établissement vendant de l'ameublement (CE 14 décembre 1979, n° 10275, *Rec. Lebon*, p. 465). Un artisan cordonnier qui vend au détail des chaussures doit observer, pour la partie de son établissement où s'exerce le commerce de chaussures, l'arrêté préfectoral prescrivant la fermeture le dimanche des magasins de chaussures (cass. crim. 12 novembre 1974, n° 74-90.982, B. crim. n° 329).

Magasins à commerces multiples. En principe, les magasins à commerces multiples, du fait qu'ils relèvent d'une catégorie professionnelle particulière, ne sont pas soumis à l'obligation de fermeture résultant d'un arrêté préfectoral applicable à une des professions exercées dans ce magasin (cass. crim. 22 mars 1973, n° 72-92.256, B. crim. n° 149 ; 21 juillet 1976, n° 75-92.528, B. crim. n° 266). Ainsi, il ne peut être ordonné à une société la fermeture le lundi des dépôts de pain de ses magasins à rayons multiples, l'arrêté préfectoral ne visant que les établissements dans lesquels s'effectuent à titre principal la fabrication, la vente ou la distribution de pain (cass. soc. 25 octobre 1994, n° 90-12.753, BC V n° 291 ; *CSB* 1994 B. 193).

Une solution différente est retenue en présence d'un arrêté préfectoral, *conçu en termes généraux*, visant tous les établissements pratiquant la boulangerie ou le dépôt de pain sans limiter son application aux seuls établissements pratiquant cette activité à titre principal (cass. soc. 25 mars 1997, n° 95-15.248, BC V n° 124 ; *RJS* 10/97 n° 1100 ; 21 mai 1997, n° 95-19.479 ; cass. crim. 3 octobre 2000, n° 00-81.762). De même, l'arrêté préfectoral ordonnant la fermeture un jour par semaine des établissements effectuant à titre principal ou accessoire la fabrication ou la vente au détail ou la distribution de pain est opposable aux exploitants de terminaux de cuisson qui fournissent des produits de boulangerie et se trouvent ainsi en concurrence directe avec les artisans boulangers (cass. crim. 16 mai 2000, n° 99-83.739, précité). En effet, exercent la même profession, au sens de l'article L. 221-17 [L. 3132-29] CT, les établissements dans lesquels s'effectuent, à titre principal ou accessoire, la vente au détail ou la distribution de pain, quel que soit le mode artisanal ou industriel de sa fabrication (cass. soc. 25 avril 2001, n° 99-14.938, *Dr. Soc.* 2001, p. 760, obs. J. Savatier ; 24 mars 2004, n° 02-20.789, BC V n° 97 ; *RJS* 6/04 n° 703).

À noter que l'arrêté préfectoral s'applique à tous les établissements de la profession pratiquant les activités qu'il vise expressément, peu important qu'ils aient ou non adhéré à l'accord intervenu préalablement entre les syndicats d'employeurs et de travailleurs de la profession (cass. soc. 25 avril 2001 et 24 mars 2004 précités).

• **Dérogations. Possibilité (non).** Lorsqu'un arrêté préfectoral est intervenu, aucune dérogation temporaire individuelle (sur le fondement de l'article L. 221-6 ancien) ou collective (sur le fondement de l'article L. 221-19 ancien) ne peut intervenir (voir notamment en ce sens, CE 14 décembre 1979, n° 10275, précité ; cass. crim. 18 octobre 1988, n° 87-91.994, B. crim. n° 355 ; *CSB* 1988 A. 25 ; 8 août 1994, n° 93-85.207, B. crim. n° 289).

Si un arrêté ne peut prévoir aucune possibilité de dérogation individuelle à la règle de fermeture qu'il prescrit, le préfet est compétent pour édicter des exceptions, applicables à toutes les entreprises qui en remplissent les conditions, et qui constituent des modalités d'application de la règle (CE 6 mars 2002, n° 217459, *RJS* 7/02 n° 822).

• **Choix du jour de fermeture.** Si l'article L. 221-17 [L. 3132-29] n'autorise pas le préfet à prévoir des dérogations aux fermetures qu'il prescrit (voir aussi en ce sens CE 2 mars 1992, n° 98654, *RJS* 8-9/92 n° 999 ; cass. crim. 21 juin 1994, n° 92-83.835), il ne fait pas obstacle à ce que les artisans et commerçants aient, de manière égale, la faculté de choisir l'un des jours de la semaine offerts par arrêté préfectoral à l'ensemble de la profession (voir CE 5 octobre 1998, n°s 170841, 172173), dès lors que la détermination du jour de fermeture résulte, pour chacun des exploitants concernés, de la libre appréciation de ses propres intérêts, sans autre condition (cass. crim. 4 janvier 1994, n° 91-86.246, B. crim. n° 4 ; voir aussi cass. soc. 6 mai 1996, n° 94-16.188, *RJS* 6/96 n° 678).

• **Durée de la fermeture.** La fermeture obligatoire ne peut être imposée par le préfet que pendant la durée du repos minimal de 24 heures. Ainsi, dans une profession où le repos hebdomadaire est donné le dimanche (coiffure), un arrêté préfectoral ne peut ordonner la fermeture des salons le lundi, jour de repos supplémentaire prévu dans l'accord syndical (CE 18 février 1991, n° 84631, *Rec. Lebon*, p. 51 ; voir dans le même sens cass. crim. 7 décembre 1993, n° 91-86.733, *RJS* 2/94 n° 155).

• **Légalité de l'arrêté préfectoral.** L'arrêté préfectoral de fermeture constitue un acte réglementaire et n'a donc pas à être motivé en application des dispositions de la loi du 11 juillet 1979 relative à la motivation des actes administratifs (CE 6 mars 2002, n° 217459, *RJS* 7/02 n° 822).

Si le principe de la séparation des pouvoirs des autorités administratives et judiciaires interdit au juge civil de se prononcer sur la légalité d'un acte administratif, il lui appartient, lorsqu'il est saisi d'une contestation de la légalité d'un tel acte, de se prononcer sur le caractère sérieux de cette contestation et, dans l'affirmative, de renvoyer au juge administratif l'appréciation de la légalité dudit acte (cass. soc. 19 novembre 1996, n° 93-19.426 ; 24 octobre 1995, n° 93-21.691). Sur l'exception d'illégalité d'un arrêté préfectoral soulevée devant une cour d'appel statuant en référé n'ayant pas un caractère sérieux, voir notamment cass. soc. 19 février 1997, n° 94-22.205, BC V n° 73 et 5 janvier 2000, n° 98-12.540.

Si l'illégalité d'un arrêté préfectoral ordonnant la fermeture au public le dimanche des établissements de la profession et de la région dans lesquels un accord est intervenu entre les syndicats d'employeurs et de salariés constitue une faute susceptible d'engager la responsabilité de l'État, les préjudices subis par des sociétés condamnées pénalement au paiement d'une indemnité à des syndicats d'employeurs pour avoir méconnu l'arrêté préfectoral ne sont pas la conséquence directe de la faute commise par l'administration, mais trouvent leur origine dans la décision prise par les deux sociétés d'ouvrir leurs établissements le dimanche malgré l'interdiction édictée et l'État ne saurait être condamné à rembourser ces sommes auxdites sociétés (CE 15 mai 1995, n° 91667, *RJS* 7/95 n° 786).

S'agissant des établissements procédant à la vente de pain, voir circ. DRT 95/12 du 19 septembre 1995 rappelant notamment les critères retenus par la jurisprudence pour décider de la validité des arrêtés préfectoraux et de leur opposabilité (*LS* 1995, Bref soc. n° 12024) ; circ. 6 juin 2000, précisant « la notion de profession entendue au sens de l'ensemble des fabricants et des distributeurs qui mettent sur le marché un produit identique destiné à une même clientèle », rép. QE 48953, JO AN 23 octobre 2000, p. 6142.

• **Action syndicale – Recevabilité.** Les syndicats professionnels patronaux sont recevables à ester en justice à propos d'une infraction à un arrêté de fermeture commise par un membre de la profession, s'agissant de l'intérêt collectif des employeurs ou d'un préjudice distinct des charges que leur imposent leurs obligations statutaires (cass. crim. 24 mai 1977, n° 76-90.760, B. crim. n° 185 ; 9 juin 1976, n° 75-91.813, B. crim. n° 203). Seules sont recevables à agir les organisations syndicales représentant la profession exercée par les sociétés contrevenantes (cass. soc. 2 février 1994, n° 90-14.771, BC V n° 40 ; *RJS* 3/94 n° 259).

Voir aussi note sous art. L. 3132-3.

• **Compatibilité avec le traité de Rome.** Les dispositions de l'article L. 221-17 ne sont pas incompatibles avec les stipulations des articles 30 (interdiction des mesures d'effet équivalant aux restrictions quantitatives à l'importation, devenu article 28 CE) et 85 (interdiction aux entreprises de tout accord ou pratique de nature à fausser le jeu de la concurrence, devenu article 81 CE) du traité de Rome [CE 7 décembre 1992, n° 91173, *RJS* 3/93 n° 283 ; voir notamment dans le même sens (compatibilité des articles L. 221-5 et 17 avec l'article 85 du traité de Rome) cass. crim. 31 mars 1992, n° 90-87.686, BC V n° 133 ; *RJS* 10/92 n° 1109 ; cass. crim. 9 mars 1994, n° 93-91.779, *RJS* 5/94 n° 557 ; cass. soc. 11 octobre 1994, n° 89-21.395, BC V n° 268].

Art. R. 3132-22. Lorsqu'un arrêté préfectoral de fermeture au public, pris en application de l'article L. 3132-29, concerne des établissements concourant d'une façon directe à l'approvisionnement de la population en denrées alimentaires, il peut être abrogé ou modifié par le ministre chargé du travail après consultation des organisations professionnelles intéressées.

Cette décision ne peut intervenir qu'après l'expiration d'un délai de six mois à compter de la mise en application de l'arrêté préfectoral.

Art. L. 3132-30. La fermeture prévue à l'article L. 3132-29 ne s'applique pas aux stands des exposants dans l'enceinte des expositions, foires ou salons figurant sur une liste déterminée, après consultation des organisations d'employeurs et de salariés intéressées, par arrêté conjoint des ministres chargés du travail et du commerce.

Les exposants bénéficiant de ces dispositions peuvent accorder le repos hebdomadaire à leurs salariés par roulement.

Art. R. 3132-23. Seules les manifestations dont la durée n'excède pas trois semaines et qui sont organisées par des établissements publics, reconnus d'utilité publique ou ayant obtenu, pendant cinq années consécutives, le parrainage du ministre chargé du commerce peuvent figurer sur la liste mentionnée à l'article L. 3132-30.

SECTION 4. Procédure de référé de l'inspecteur du travail

Art. L. 3132-31. L'inspecteur du travail peut, nonobstant toutes poursuites pénales, saisir en référé le juge judiciaire pour voir ordonner toutes mesures propres à faire cesser dans les établissements de vente au détail et de prestations de services au consommateur l'emploi illicite de salariés en infraction aux dispositions des articles L. 3132-3 et L. 3132-13.

Le juge judiciaire peut notamment ordonner la fermeture le dimanche du ou des établissements concernés. Il peut assortir sa décision d'une astreinte liquidée au profit du Trésor.

Note • Voir aussi L. 3134-15.

• Les dispositions de cet article sont applicables aux salariés mentionnés à l'article 992 du code rural (loi 2000-37 du 19 janvier 2000, art. 33, VI, JO 20).

• L'inspecteur du travail peut utiliser la procédure de référé en cas de violation par les établissements mentionnés à l'article L. 3132-31 d'un arrêté préfectoral de fermeture dominicale (cass. soc. 6 avril 2011, n° 09-68.413, BC V n° 93 ; *JCP* éd. S 2011, 1255, note Y. Pagnerre ; *RJS* 6/11 n° 531 ; *JSL* n° 300, 31 mai 2011, p. 11, J-E Tourreil ; *RDT*, juin 2011, CH, 383, M. Véricel).

• Lorsque l'inspecteur du travail saisit le président du tribunal de grande instance en application de l'article L. 3132-31, il n'est pas tenu de dresser le procès-verbal prévu par l'article L. 8113-7 au soutien d'éventuelles poursuites pénales (cass. soc. 10 mars 2010, n° 08-17.044, BC V n° 64 ; *JCP* éd. S 2010, 1149, note I. Beyneix ; *RJS* 5/10 n° 434 ; *RDT*, mai 2010, CH, 302, M. Véricel ; *JSL* n° 277, 21 mai 2010, p. 23).

• L'instance en liquidation de l'astreinte n'étant que la suite de celle ayant conduit à son prononcé, l'inspecteur du travail, à qui la loi donne qualité pour demander en référé, en vue de la garantie du repos dominical, une mesure que le juge peut assortir d'une astreinte au profit du Trésor, a qualité pour demander la liquidation de l'astreinte prononcée (cass. soc. 1er juin 2005, n° 03-18.897, BC V n° 188 ; *JSL* n° 171, 5 juillet 2005, p. 21 ; *RJS* 8-9/05 n° 860 ; *JCP* éd. G 2005.II.10174, note A. Bugada).

Art. D. 3132-24. Le juge mentionné à l'article L. 3132-31 est le président du tribunal de grande instance.

Art. R. 3135-2. Le fait de méconnaître les dispositions des articles L. 3132-1 à L. 3132-14 et L. 3132-16 à L. 3132-31, relatives au repos hebdomadaire, ainsi que celles des décrets pris pour leur application, est puni de l'amende prévue pour les contraventions de la cinquième classe.

Les contraventions donnent lieu à autant d'amendes qu'il y a de salariés illégalement employés.

La récidive est réprimée conformément aux articles 132-11 et 132-15 du code pénal.

Note • La circulaire DGT 2009/20 du 31 août 2009, BO MT 2009/09, précise que les jugements rendus et les sanctions prononcées pour des ouvertures illégalement constatées antérieures à la promulgation de la loi du 10 août 2009 ne sont pas remis en question.

Selon la Cour de cassation, la loi du 10 août 2009 n'a pas eu pour effet de priver de support légal les infractions au repos dominical constatées avant son entrée en vigueur (cass. crim. 16 mars 2010, n° 09-82.198, B. crim. n° 52 ; *JCP* éd. S 2010, 1227, note M. d'Allende ; *RJS* 7/10 n° 604 ; *Dr. Soc.* 2010, p. 1115, obs. Fr. Duquesne).

• Depuis le décret 92-769 du 6 août 1992 (JO 7), les amendes sont fonction du nombre de contraventions relevées et sont en outre appliquées autant de fois qu'il y a de personnes illégalement employées. Voir en ce sens cass. crim. 10 janvier 1995, n° 94-82.490, B. crim. n° 9 ; 30 juin 1998, n° 97-82.449 ; 8 février 2000, n° 99-81.270.

En prononçant à l'encontre d'une directrice de magasin huit amendes après avoir constaté qu'à huit reprises, des salariés avaient été irrégulièrement employés au cours des quatre dimanches visés par la prévention (ouverture au public du magasin durant quatre dimanches avec, pour chaque journée, deux salariés qui y travaillaient), une cour d'appel a fait l'exacte application des articles 132-7 c. pén. et R. 262-1 [R. 3135-2] CT (cass. crim. 19 octobre 1999, n° 98-86.231).

Peu importe que l'identité des salariés ne soit pas précisée par les juges dès lors que chaque contravention à la règle du repos dominical donne lieu à autant d'amendes qu'il y a de personnes illégalement employées (cass. crim. 7 juillet 1998, n° 97-85.163 ; 30 juin 1998, n° 97-85.280 ; 11 mai 1999, n° 97-85.912).

• A justifié sa décision la cour d'appel qui a prononcé 12 amendes à l'encontre d'un employeur ayant omis de donner le repos dominical, à deux reprises, à 4 salariés et ayant fait travailler plus de 6 jours de suite 2 salariés à 2 reprises, contraventions réprimées par l'article R. 262-1 [R. 3135-2] CT. D'une part, les contraventions à la règle du repos hebdomadaire et à la règle du repos dominical donnent lieu à autant d'amendes qu'il y a de personnes illégalement employées. D'autre part, ces infractions comportent des éléments constitutifs spécifiques qui doivent être réprimés distinctement (cass. crim. 25 novembre 1997, n° 96-86.297, B. crim. n° 401 ; 11 janvier 2000, n° 98-87.599, 3e moyen, B. crim. n° 14, s'agissant d'infractions aux articles L. 221-2 et L. 221-17 [L. 3132-1 et L. 3132-29] CT et 16 mars 2010, n° 08-88.418, 3e moyen, B. crim. n° 51 ; *RJS* 7/10 n° 603 ; *Dr. Soc.* 2010, p. 989, obs. Fr. Duquesne, s'agissant d'infractions aux articles L. 3132-3 et L. 3132-29 CT).

Doit être cassé le jugement d'un tribunal de police ayant condamné le gérant d'un magasin pour violation d'un arrêté préfectoral à trois amendes de 1re classe sur le fondement de l'article R. 610-5 c. pén. alors que cette infraction ne pouvait constituer que la contravention de 5e classe prévue par l'article R. 262-1 [R. 3135-2] CT et qu'elle se trouvait donc soumise, pour son jugement, aux dispositions du code de procédure pénale applicable à cette catégorie de contravention (cass. crim. 1er juillet 1997, n° 96-83.433, B. crim. n° 261 ; 27 mai 1999, n° 98-84.570, *CSB* 1999 A. 39).

• Aussi longtemps qu'une dérogation à la règle légale du repos dominical ne peut être invoquée, toute inobservation de cette disposition constitue une contravention punissable (cass. crim. 24 mai 1977, n° 76-90.763, B. crim. n° 188 ; 15 octobre 1979, n° 78-94.195, B. crim. n° 280).

• L'employeur qui commet une infraction en matière de repos hebdomadaire ne peut éventuellement arguer, pour tenter d'échapper aux sanctions pénales édictées par cet article, de l'accord du salarié ou, en ce qui concerne les arrêtés préfectoraux de fermeture, du fait que son magasin était ouvert sans le concours de personnel salarié, les dispositions législatives et réglementaires en matière de repos hebdomadaire présentant un caractère d'ordre public (cass. crim. 24 et 26 mai 1976, nos 75-92.939 et 75-92.879, B. crim. nos 177 et 187). Il ne peut davantage faire valoir que les mêmes faits, pénalement punissables, commis par un autre commerçant qui avait fait travailler son personnel le dimanche, équivaudraient à une excuse légale (cass. crim. 17 juillet 1986, n° 85-96.478, B. crim. n° 237).

CHAPITRE III

Jours fériés

SECTION 1. Dispositions générales

Art. L. 3133-1. Les fêtes légales ci-après désignées sont des jours fériés :
1° Le 1er Janvier ;
2° Le lundi de Pâques ;
3° Le 1er Mai ;
4° Le 8 Mai ;
5° L'Ascension ;
6° Le lundi de Pentecôte ;
7° Le 14 Juillet ;
8° L'Assomption ;
9° La Toussaint ;
10° Le 11 Novembre ;
11° Le jour de Noël.

Note • Voir aussi articles L. 3133-7 et s. instituant une journée de solidarité pour assurer le financement des actions en faveur de l'autonomie des personnes âgées ou handicapées.

• Dans les départements du Bas-Rhin, du Haut-Rhin et de la Moselle, les jours fériés figurant dans l'ordonnance du 16 août 1892, ainsi que le 11 novembre, le 1er mai, le 8 mai et le 14 juillet sont des jours chômés (loi 2005-296 du 31 mars 2005, JO 1er avr.). Dans ces départements, sont en outre fériés, en application des articles 105 et 105 i du code industriel local maintenu en vigueur par l'article 7 de la loi du

1er juin 1924, le 26 décembre et, dans les communes où existe un temple protestant ou une église mixte, le Vendredi saint. Voir, au sujet du Vendredi saint, cass. soc. 7 juillet 1977 (n° 76-40.423, BC V n° 473) et 6 novembre 1985 (*JS* 1986 SJ 17). Le chômage du Vendredi saint doit donner lieu à indemnisation dans les départements précités dans les conditions précisées par la loi de mensualisation du 19 janvier 1978 qui prend en compte l'ensemble des jours fériés sans mentionner d'exception (cass. soc. 20 novembre 1986, SA CDF Chimie c/ Mulet et a., *JS* 1986 SJ 279).

La loi 89-1008 du 31 décembre 1989 a introduit l'article L. 222-4-1 [L. 3134-14] qui permet au préfet, dans le département de la Moselle, d'autoriser ou d'interdire, le Vendredi saint, l'ouverture des établissements commerciaux.

• La loi 83-550 du 30 juin 1983 (JO 1er juil.) modifiée relative à la commémoration de l'abolition de l'esclavage a disposé que le jour de cette commémoration serait férié dans les départements d'outre-mer qu'elle énumère. Le décret 83-1003 du 23 novembre 1983 (JO 24) a fixé les dates de cette commémoration (Guadeloupe, 27 mai ; Guyane, 10 juin ; Martinique, 22 mai ; La Réunion, 20 décembre ; Mayotte, 27 avril).

• L'article 3 de l'accord national interprofessionnel du 10 décembre 1977 rendu obliga toire par la loi 78-49 du 19 janvier 1978 précisant que le chômage des jours fériés ne peut être la cause d'une réduction de la rémunération, la salariée pouvait prétendre à un complément de salaire au titre de la partie variable de sa rémunération, qui a pu être calculé en fonction de la moyenne journalière des sommes perçues au même titre pendant les jours ouvrés du même mois (cass. soc. 7 mai 1996, n° 92-45.148, BC V n° 177 ; *RJS* 6/96 n° 679).

• *L'interdiction du travail un jour férié* ne peut résulter que d'une convention collective ou d'un usage constant d'entreprise. Un employeur ne peut revenir sur un tel usage qu'en respectant un délai de préavis suffisant pour permettre de nouvelles négociations, faute de quoi il sera tenu de verser les rémunérations dues pour cette journée aux salariés qui ne seront pas venus travailler (cass. soc. 3 juillet 1991, n° 88-40.952, *CSB* 1991 S. 142).

S'agissant d'un employeur qui avait reconnu le droit pour les salariés, entrés dans l'entreprise avant une certaine date, de ne pas travailler les jours fériés, un conseil de prud'hommes a pu décider, en application des dispositions de l'article L. 222-1 [L. 3133-1] CT et de celles de l'accord (art. 3) annexé à la loi de mensualisation du 19 janvier 1978, que cet employeur ne pouvait retirer aux salariés qui n'avaient pas été volontaires pour travailler un 8 mai le salaire de cette journée (cass. soc. 21 mai 1996, n° 94-45.024, BC V n° 191).

• *En l'absence d'une interdiction conventionnelle ou d'un usage,* un employeur est en droit de demander aux salariés ou à certains d'entre eux de venir travailler un jour férié. Ceux d'entre eux auxquels il n'aura pas été fait appel ont droit, s'ils sont mensualisés, au paiement du salaire normal afférent à cette journée (cass. soc. 2 juin 1988, n° 85-43.926). Ceux qui seront venus travailler ont droit aux majorations conventionnelles éventuellement prévues. À noter que la circonstance que les jours fériés aient été récupérés n'est pas de nature à délier l'employeur de l'obligation de payer au salarié un salaire majoré pour les heures travaillées en application de la convention collective (cass. soc. 14 juin 2000, n° 98-42.015).

Les jours fériés n'étant cependant pas, à l'exception du 1er mai, nécessairement chômés, le salarié qui travaille un jour férié n'a droit, à défaut de dispositions particulières résultant de la convention collective ou de son contrat, qu'à son salaire (cass. soc. 4 décembre 1996, n° 94-40.693, BC V n° 421). Mais si certains salariés, auxquels il aura été demandé de venir, ne se sont pas présentés au travail, l'employeur est en droit de pratiquer une retenue correspondante sur leur salaire (cass. soc. 3 octobre 1991, n° 88-43.026, BC V n° 391 ; *CSB* 1991 A. 62 ; 10 octobre 1995, nos 91-43.982 et 91-45.414, BC V n° 267 ; *RJS* 11/95 n° 1137 et 12 juillet 1999, n° 97-43.457).

• À noter que les majorations conventionnelles pour le travail des jours fériés s'appliquent aux salariés engagés précisément pour travailler les jours fériés (cass. soc. 10 janvier 1991, n° 87-43.201, BC V n° 7 ; *CSB* 1991 S. 45).

• *Coïncidence de deux jours fériés.* Lorsque la convention collective garantit un droit à un nombre de congés payés correspondant aux fêtes légales (cass. soc. 30 novembre 2010, n° 09-69.329, BC V n° 275 ; *LS* Bref n° 15749 du 13/12/10 ; *RJS* 2/11 n° 143, 1re espèce ; *JCP* éd. S 2011, 1154, note A. Barège) ou lorsqu'elle garantit un droit au paiement de onze jours fériés par an (cass. soc. 30 novembre 2010, n° 09-42.990, BC V n° 276 ; *LS* Bref n° 15749 du 13/12/10 ; *JSL* n° 292, 27 janvier 2011, p. 28, N. Gardair-Rérolle ; *RJS* 2/11 n° 143, 2e espèce ; *JCP* éd. S 2011, 1066, note Y. Pagnerre ; voir aussi cass. soc. 21 juin 2005, n° 03-17.412), le salarié a droit à un jour de repos supplémentaire ou à une indemnisation. En revanche, le salarié n'y a pas droit lorsque la convention collective se borne à reprendre la liste des jours fériés légaux et à prévoir que « Tous les jours fériés sont chômés et payés lorsqu'ils tombent un jour normalement ouvré dans l'entreprise... » (cass. soc. 29 juin 2011, n° 10-10.955, *RJS* 10/11 n° 806, 2e espèce ; *RDT*, octobre 2011, CH, 579, Fl. Canut ; *JSL* n° 308, 27 octobre 2011, p. 29, N. Gardair-Rérolle ; voir aussi cass. soc. 28 septembre 2010, n° 09-42.281, *RJS* 1/11 n° 45, 2e espèce).

• Sur l'incidence de la grève sur la rémunération des jours fériés, voir note sous art. L. 2511-1 (Effets de la grève).

Art. L. 3133-2. Les heures de travail perdues par suite de chômage des jours fériés ne donnent pas lieu à récupération.

Note Les heures perdues par suite de chômage des jours fériés ne pouvant donner lieu à récupération, le P-DG d'une société est déclaré à bon droit coupable de ne pas avoir payé à des salariés une indemnité de privation de salaire pour la journée du 1er mai, les juges ayant relevé que le mardi était le jour habituellement consacré à la distribution de journaux publicitaires hebdomadaires et qu'à supposer que les salariés n'aient pas subi de pertes de salaires, c'était seulement parce qu'ils avaient ultérieurement compensé leur manque à gagner résultant de l'absence de rémunération le jour considéré, alors qu'une telle compensation est prohibée (cass. crim. 20 septembre 1994, n° 93-84.421, *RJS* 12/94 n° 1383).

Art. L. 3133-3. Le chômage des jours fériés ne peut entraîner aucune perte de salaire pour les salariés totalisant au moins trois mois d'ancienneté dans l'entreprise ou l'établissement et ayant accompli au moins deux cents heures de travail au cours des deux mois précédant le jour férié considéré, sous réserve, pour chaque salarié intéressé, d'avoir été présent le dernier jour de travail précédant le jour férié et le premier jour de travail qui lui fait suite, sauf autorisation d'absence préalablement accordée.

Ces dispositions ne s'appliquent pas aux salariés travaillant à domicile, aux salariés saisonniers, aux salariés intermittents et aux salariés temporaires.

Note Cet article est issu de la loi 78-49 du 19 janvier 1978 (annexe à l'article 1er, art. 3).

SECTION 2. Journée du 1er mai

Art. L. 3133-4. Le 1er mai est jour férié et chômé.

Art. L. 3133-5. Le chômage du 1er mai ne peut être une cause de réduction de salaire.

Les salariés rémunérés à l'heure, à la journée ou au rendement ont droit à une indemnité égale au salaire perdu du fait de ce chômage. Cette indemnité est à la charge de l'employeur.

Note • L'indemnité de privation de salaire n'est pas due s'il n'y a eu aucune perte de rémunération (1er mai tombant un dimanche ou un jour de repos hebdomadaire : cass. soc. 18 novembre 1955, BC IV n° 838). Elle n'est pas davantage due si le 1er mai s'est trouvé situé à l'intérieur d'une période de grève (cass. soc. 5 février 2002, n° 99-43.898, BC V n° 49 ; *RJS* 4/02 n° 479 ; *JSL* n° 97, 12 mars 2002, p. 24) ou durant une absence pour maladie, accident, etc. (rép. QE 141, JO Sén. 24 juin 1959, p. 309).

• Les jours de repos acquis au titre d'un accord de réduction et d'aménagement du temps de travail ne peuvent pas être positionnés sur un jour férié chômé. Le 1er Mai, jour férié et chômé, ne peut constituer, lorsqu'il n'est pas travaillé, une journée de temps libre comptabilisée parmi les jours de repos attribués au titre de l'accord d'annualisation/réduction du temps de travail d'un établissement (cass. soc. 11 juillet 2007, n° 06-41.575, BC V n° 124, arrêt n° 1 ; *JSL* n° 218, 18 septembre 2007, p. 14 ; *RJS* 10/07 n° 1074, 1re espèce).

• Il résulte de la combinaison de l'article L. 222-6 [L. 3133-5] CT et de la loi du 19 janvier 1978 relative à la mensualisation que le salarié a droit au maintien de sa rémunération en cas de chômage d'un jour férié ; cette rémunération inclut les bonifications pour heures supplémentaires lorsque celles-ci prennent la forme d'une majoration de salaire ; elle ne peut, en revanche, être regardée comme comprenant les mêmes bonifications lorsque celles-ci donnent lieu à l'attribution de repos. Ainsi, doivent être annulées les dispositions de la circulaire du 6 décembre 2000 du ministre de l'Emploi et de la Solidarité relative aux questions concernant l'application de la loi du 19 janvier 2002 sur la réduction négociée du temps de travail concernant le traitement des absences pour cause de jour férié chômé. En effet, en indiquant que le jour férié chômé « est pris en compte pour déterminer l'assiette, l'ouverture et le calcul des droits à majoration et à bonification pour heures supplémentaires, y compris lorsque cette bonification est en repos », la circulaire ne se borne pas à tirer les conséquences du principe du maintien de la rémunération mais ajoute une règle nouvelle en prévoyant le maintien des avantages non pécuniaires attribués aux salariés en contrepartie de l'accomplissement d'heures supplémentaires ; la circonstance que le principe d'égalité tel qu'il a été rappelé par le Conseil constitutionnel dans sa décision 99-423 DC du 13 janvier 2000 rendrait nécessaire l'extension aux bonifications en repos du régime applicable aux bonifications en majoration de salaire n'autorisait pas le ministre à se substituer au législateur pour réparer l'atteinte qui aurait été portée à ce principe (CE 6 mars 2002, n° 231530, *JSL* n° 102, 30 mai 2002, p. 7 ; *RJS* 6/02 n° 688).

Art. D. 3133-1. L'indemnité de perte de salaire pour la journée du 1er mai prévue par l'article L. 3133-5 est calculée sur la base de l'horaire de travail et de la répartition de la durée hebdomadaire du travail habituellement pratiquée dans l'établissement.

Note L'indemnité due en cas de chômage du 1er mai doit être égale au salaire perdu du fait du chômage et doit inclure les primes qui ont le caractère de complément de salaire mais non celles qui ont le caractère de remboursement de frais (cass. soc. 10 janvier 1980, n° 78-40.289, BC V n° 48).

Art. L. 3133-6. Dans les établissements et services qui, en raison de la nature de leur activité, ne peuvent interrompre le travail, les salariés occupés le 1er mai ont droit, en plus du salaire correspondant au travail accompli, à une indemnité égale au montant de ce salaire.

Cette indemnité est à la charge de l'employeur.

Note • Selon une réponse ministérielle, peuvent se prévaloir de l'exemption prévue par cet article les établissements bénéficiant du droit d'accorder le repos hebdomadaire par roulement en vertu des articles L. 221-9 et R. 221-4 [L. 3132-12 et R. 3132-5] ainsi que des arrêts préfectoraux pris en application de l'article L. 221-6 (ancien) (rép. QE 31601, JO AN 30 juin 1980, p. 2806). La chambre criminelle de la Cour de cassation nuance cette position et précise que l'article L. 222-7 [L. 3133-6] CT n'institue aucune dérogation de principe au repos du 1er mai en faveur des établissements et services bénéficiant du repos par roulement ; en conséquence, il appartient à celui qui se prévaut de ce texte d'établir que la nature de l'activité exercée ne permet pas d'interrompre le travail le jour du 1er mai (cass. crim. 14 mars 2006, n° 05-83.436, B. crim. n° 74).

• Les majorations de salaires qui peuvent être prévues par le contrat de travail, les usages, les conventions collectives ou les accords, pour le travail des jours fériés, ne se cumulent pas, semble-t-il, avec l'indemnité fixée par l'article L. 222-7 [L. 3133-6] (circ. min. TR 38/48 du 14 mai 1948). Quand le 1er Mai coïncide avec un dimanche, la majoration conventionnelle pour le travail dominical n'est pas à prendre en compte pour le calcul de l'indemnité fixée par l'article L. 222-7 [L. 3133-6], mais l'indemnité conventionnelle est évidemment due (cass. soc. 10 janvier 1980, n° 78-41.092, BC V n° 38).

• Le 1er mai, qui se définit par sa date et non simplement par une durée consécutive de 24 heures, ne peut s'entendre que comme un jour civil calendaire commençant à 0 heure et finissant à 24 heures sans qu'il puisse en être donné une définition variable en fonction des horaires en vigueur dans l'entreprise. Des salariés qui ont travaillé de 0 h à 5 h du matin au cours de ce jour férié ont droit au paiement de l'indemnité prévue par l'article L. 222-7 [L. 3133-6] CT (cass. soc. 8 mars 2007, n° 05-44.330, BC V n° 46 ; *RJS* 5/07 n° 607, 1re espèce ; *JSL* n° 212, 29 mai 2007, p. 21).

• En l'état de dispositions conventionnelles prévoyant que « le salarié appelé, en raison de ses fonctions et des besoins de l'usine, à travailler un jour férié aura droit, à son choix, à un repos compensateur dont la date sera fixée en accord avec la direction ou, à défaut, à une majoration de 100 %, s'ajoutant à ses appointements habituels », et en l'absence d'exclusion des travailleurs de nuit du bénéfice de cette majoration, qui n'était pas non plus exclusivement réservée aux salariés appelés à accomplir, de manière exceptionnelle, leurs travaux un jour férié, un conseil de prud'hommes a pu allouer ladite majoration à des salariés qui avaient travaillé un jour férié de 0 heure à 5 heures (cass. soc. 21 février 2007, n° 05-40.991, BC V n° 29 ; *RDT* mai 2007, CH, 322, M. Véricel ; *RJS* 5/07 n° 607, 2e espèce).

• Il résulte de la combinaison des articles L. 132-4, al. 2 [L. 2251-1] et L. 222-7 [L. 3133-6] CT que l'indemnisation spéciale du 1er Mai ne peut être remplacée par un repos compensateur (cass. soc. 30 novembre 2004, n° 02-45.785, BC V n° 316 ; *RJS* 2/05 n° 162).

L'octroi d'un repos compensateur tel que prévu par la convention collective applicable constitue un avantage supplémentaire qui s'ajoute aux dispositions de cet article. Ainsi, le jugement prud'homal condamnant un employeur à payer aux salariés une indemnité pour les journées des 1er Mai travaillées en plus de la journée de repos, dont ils avaient bénéficié en compensation du travail du 1er Mai, se trouve légalement justifié (cass. soc. 8 octobre 1996, n° 92-44.037, BC V n° 314 ; *RJS* 11/96 n° 1181).

SECTION 3. Journée de solidarité

Art. L. 3133-7. La journée de solidarité instituée en vue d'assurer le financement des actions en faveur de l'autonomie des personnes âgées ou handicapées prend la forme :

1° D'une journée supplémentaire de travail non rémunérée pour les salariés ;

2° De la contribution prévue au 1° de l' ***(L. 2008-351 du 16 avril 2008, JO 17)*** « article L. 14-10-4 du code de l'action sociale et des familles » pour les employeurs.

Note • Par décision 2011-148/154 QPC du 22 juillet 2011 (JO 23), le Conseil constitutionnel a jugé que les articles L. 3133-7 à L. 3133-12 étaient conformes à la Constitution.

• « Sous réserve des dispositions du III de l'article 15, les dispositions de la loi 2004-626 du 30 juin 2004 sont entrées en vigueur le 1er juillet 2004.

En ce qui concerne les dispositions du titre II (dispositions relatives à la journée de solidarité) : 1° La première journée de solidarité intervient entre le 1er juillet 2004 et le 30 juin 2005 ; 2° Les modifications prévues aux 2° et 3° de l'article 2 (voir modifications des articles L. 212-4-2, L. 212-8, L. 212-9 et L. 212-15-3 anciens) et aux articles 3 et 5 sont applicables aux périodes de référence annuelles à compter de celle incluant la première journée de solidarité » (...) (loi 2004-626 précitée, art. 19).

• Sur les conditions de mise en œuvre de la journée supplémentaire de travail due, au titre de la journée de solidarité, par les salariés, voir, *s'agissant de la législation antérieure à la loi 2008-351 du 16 avril 2008*, circulaire DRT 2004-10 du 15 décembre 2004, BO TR 2005/1 du 30 janvier 2005, p. 21 ; circulaire DRT (23 Questions–Réponses) du 20 avril 2005 ; circulaire DRT 14 du 22 novembre 2005 qui assouplit le recours au fractionnement en heures. Le Conseil d'État a annulé les dispositions des circulaires du 15 décembre 2004 et du 20 avril 2005 prévoyant la possibilité de fixer la date de la journée de solidarité par accord d'établissement, ainsi que les dispositions de la circulaire du 20 avril 2005 prévoyant que la journée de solidarité ne pouvait pas être fractionnée (CE 6 septembre 2006, n° 281711, *RJS* 12/06 n° 1286).

• Les articles L. 3133-7 à L. 3133-11 ne sont pas applicables à Saint-Pierre-et-Miquelon (voir article L. 3422-1 CT).

• Un tribunal administratif n'a pas commis d'erreur de droit en jugeant que la mise en place, par la loi du 30 juin 2004 relative à la solidarité pour l'autonomie des personnes âgées et des personnes handicapées (art. 2), d'une journée de solidarité destinée à assurer le financement des actions en faveur de l'autonomie des personnes âgées ou handicapées prenant la forme d'une journée supplémentaire de travail non rémunéré pour les salariés et d'une contribution additionnelle pour les employeurs, ne méconnaît pas la Convention de l'Organisation internationale du travail C 29 sur le travail forcé du 28 juin 1930 et la convention européenne de sauvegarde des droits de l'homme et des libertés fondamentales (CEDH). En effet, si ces conventions interdisent le travail forcé, l'article 2 de la convention de l'OIT et l'alinéa 3 de l'article 4 CEDH excluent que soit considéré comme travail forcé ou obligatoire tout travail ou service formant partie des obligations civiques normales (CE 9 novembre 2007, n° 293987, *JSL* n° 223, 11 décembre 2007, p. 14, J-E Tourreil ; *RJS* 1/08 n° 38).

• Lorsque la journée de solidarité est fixée un jour férié précédemment chômé pour lequel le salarié aurait été rémunéré par l'effet de la mensualisation, l'absence de l'intéressé autorise l'employeur à pratiquer une retenue sur salaire, laquelle ne constitue pas une sanction pécuniaire (cass. soc. 16 janvier 2008, n° 06-43.124, BC V n° 13 ; *RJS* 3/08 n° 293 ; *JSL* n° 227, 11 février 2008, p. 17, obs. M-Ch. Haller : absence injustifiée ; n° 06-42.327, BC V n° 13 : absence pour grève ; 9 juillet 2008, n° 07-40.429 : absence pour grève ; 17 avril 2010, n° 08-40.658, *JSL* n° 278, 3 juin 2010, p. 26 : absence injustifiée).

• La décision de l'employeur tendant à remplacer la journée de solidarité par un jour de congé payé légal est contraire aux dispositions des articles L. 3133-7 et L. 3133-9 CT (cass. soc. 1er juillet 2009, n° 08-40.047, *LS* Jurisp. n° 183/2009 du 8 sept. 2009).

Art. L. 3133-8. ***(L. 2008-351 du 16 avril 2008, JO 17)*** Les modalités d'accomplissement de la journée de solidarité sont fixées par accord d'entreprise ou d'établissement ou, à défaut, par accord de branche.

L'accord peut prévoir :

1° Soit le travail d'un jour férié précédemment chômé autre que le 1er mai ;

2° Soit le travail d'un jour de ***(L. 2008-789 du 20 août 2008, art. 24, JO 21)*** « repos accordé au titre de l'accord collectif conclu en application de l'article L. 3122-2 » ;

3° Soit toute autre modalité permettant le travail de sept heures précédemment non travaillées en application de dispositions conventionnelles ou des modalités d'organisation des entreprises.

À défaut d'accord collectif, les modalités d'accomplissement de la journée de solidarité sont définies par l'employeur, après consultation du comité d'entreprise ou, à défaut, des délégués du personnel s'ils existent.

Toutefois, dans les départements de la Moselle, du Haut-Rhin et du Bas-Rhin, l'accord ou, à défaut, la décision de l'employeur ne peut déterminer ni le premier et le second jour de Noël ni, indépendamment de la présence d'un temple protestant ou d'une église mixte dans les communes, le Vendredi Saint comme la date de la journée de solidarité.

Note

• Voir information DGT 2008/04 du 10 avril 2008 relative à la journée de solidarité. La loi 2008-351 du 16 avril 2008 (JO 17) supprime la disposition législative fixant automatiquement au lundi de Pentecôte la date d'accomplissement de la journée de solidarité dans l'hypothèse où aucun accord collectif ne détermine une date précise pour l'accomplissement de cette journée.

• À compter de la publication de la loi 2008-351 du 16 avril 2008 (JO 17) et à titre exceptionnel pour l'année 2008, à défaut d'accord collectif, l'employeur peut définir unilatéralement les modalités d'accomplissement de la journée de solidarité après consultation du comité d'entreprise ou, à défaut, des délégués du personnel s'ils existent (loi 2008-351 précitée, art. 1er, II). Sur cette possibilité, voir cass. soc. 9 novembre 2010, n° 09-42.064, *RJS* 1/11 n° 46.

• Si la liberté du salarié de ne pas être astreint à accomplir un travail forcé est une liberté fondamentale au sens de l'article L. 521-2 du code de justice administrative, pour la mise en œuvre des dispositions de cet article, le degré de gravité que peut revêtir une mesure affectant la liberté du travail doit prendre en compte les limitations de portée générale apportées à cette liberté qui ont été introduites par le législateur pour permettre certaines interventions jugées nécessaires de la puissance publique dans les relations du travail, notamment sur la durée du travail, les jours fériés et les congés. Il n'apparaît pas, eu égard à l'office du juge des référés pour l'application de la procédure d'urgence de l'article L. 521-2 du code de justice administrative, que la mise en œuvre de la loi sur la journée de solidarité prévoyant qu'en dehors d'accords de branche ou d'entreprise fixant un autre jour, le lundi de Pentecôte sera travaillé et modifiant à cet effet la durée annuelle du travail sans rémunération supplémentaire pour les salariés mensualisés, telle qu'elle résulte des circulaires litigieuses, méconnaisse l'article 4 de la convention européenne de sauvegarde des droits de l'homme et des libertés fondamentales et porte une atteinte grave et manifestement illégale à la liberté du travail du salarié (CE 3 mai 2005, n° 279999, *D.* 2005, JP p. 1465 ; *RJS* 8-9/05 n° 858).

• L'article L. 212-16 CT [L. 3133-8] dans sa version alors en vigueur, qui institue une journée de solidarité en vue d'assurer le financement des actions en faveur de l'autonomie des personnes âgées ou handicapées et précise qu'« en l'absence de convention ou d'accord, la journée de solidarité est le lundi de Pentecôte », ne prive pas les ministres chargés de l'intérieur et des transports du pouvoir de police qu'ils tiennent de l'article R. 411-18 du code de la route en vue d'édicter les restrictions de circulation nécessaires à une bonne circulation sur les voies routières et à la sécurité des transports terrestres. Ces ministres peuvent, en conséquence, édicter sur ce dernier fondement les mesures appropriées sans qu'il puisse leur être reproché de méconnaître les dispositions du code du travail, qui relèvent d'une législation différente. Par suite, le moyen tiré de ce que l'arrêté litigieux méconnaîtrait l'article L. 212-16 CT doit être écarté (CE 16 mai 2007, n° 293842, *RJS* 10/07 n° 1136).

[Art. L. 3133-9. Abrogé par loi 2008-351 du 16 avril 2008, JO 17.]

Art. L. 3133-10. Le travail accompli, dans la limite de sept heures, durant la journée de solidarité ne donne pas lieu à rémunération :

1° Pour les salariés mensualisés dans cette limite de sept heures ;

2° Pour les salariés dont la rémunération est calculée par référence à un nombre annuel de jours de travail conformément à l'article ***(L. 2008-789 du 20 août 2008, art. 24, JO 21)*** « L. 3121-41 », dans la limite de la valeur d'une journée de travail.

Pour les salariés à temps partiel, la limite de sept heures prévue au 1° est réduite proportionnellement à la durée contractuelle.

Art. L. 3133-11. Les heures correspondant à la journée de solidarité, dans la limite de sept heures ou de la durée proportionnelle à la durée contractuelle pour les salariés à temps partiel, ne s'imputent ni sur le contingent annuel d'heures supplémentaires ni sur le nombre d'heures complémentaires prévu au contrat de travail du salarié travaillant à temps partiel. Elles ne donnent pas lieu à ***(L. 2008-789 du 20 août 2008, art. 24, JO 21)*** « contrepartie obligatoire en repos ».

Art. L. 3133-12. Lorsqu'un salarié a déjà accompli, au titre de l'année en cours, une journée de solidarité, s'il s'acquitte d'une nouvelle journée de solidarité en raison d'un changement d'employeur, les heures travaillées ce jour donnent lieu à rémunération supplémentaire et s'imputent sur le contingent annuel d'heures supplémentaires ou sur le nombre d'heures complémentaires prévu au contrat de travail du salarié travaillant à temps partiel. Ces heures donnent lieu à ***(L. 2008-789 du 20 août 2008, art. 24, JO 21)*** « contrepartie obligatoire en repos ».

Toutefois, le salarié peut aussi refuser d'exécuter cette journée supplémentaire de travail sans que ce refus constitue une faute ou un motif de licenciement.

Art. R. 3135-3. Le fait de méconnaître les dispositions des articles L. 3133-4 à L. 3133-6 et D. 3133-1, relatives à la journée du 1er mai, est puni de l'amende prévue pour les contraventions de la quatrième classe.

L'amende est appliquée autant de fois qu'il y a de salariés indûment employés ou rémunérés.

Note Voir notamment cass. crim. 30 septembre 2008, n° 07-87.762, *JCP* éd. S 2008, 1648, note L. Drai.

CHAPITRE IV

Dispositions particulières aux départements de la Moselle, du Bas-Rhin et du Haut-Rhin

Art. L. 3134-1. Les dispositions du présent chapitre s'appliquent dans les départements de la Moselle, du Bas-Rhin et du Haut-Rhin.

Toutefois, elles ne s'appliquent pas aux professions agricoles et de la pêche, aux entreprises de chemin de fer, aux concessions de bacs publics, à l'éducation des enfants et à l'enseignement, aux professions libérales, aux entreprises d'assurance, aux emplois à domicile par une personne physique, aux professions artistiques, aux professions médicales et paramédicales, ainsi qu'à la vente de médicaments.

Les dispositions des chapitres II et III ne sont pas applicables, à l'exception de celles des articles L. 3132-1 à L. 3132-3, L. 3132-14 à L. 3132-19 et L. 3133-2 à L. 3133-12.

Note Les articles L. 3134-1 à L. 3134-13 sont issus de la loi du 26 juillet 1900 sur les professions (respectivement articles 6, 105 a, al. 1, 105 b, al. 1, 105 b, al. 2 et 3, 105 c, al. 1 à 6 et al. 8 et 9, 105 d, 105 e, 105 f, al. 1, 105 g, 105 i, 41 a, 41 b, 105 a, al. 2).

Art. L. 3134-2. L'emploi de salariés dans les entreprises industrielles, commerciales ou artisanales est interdit les dimanches et jours fériés, sauf dans les cas prévus par le présent chapitre.

Art. L. 3134-3. Dans les exploitations de mines, salines et carrières, établissements industriels, chantiers du bâtiment et du génie civil, chantiers navals, le repos donné aux salariés est de :

1° Vingt-quatre heures pour chaque dimanche ou jour férié ;

2° Trente-six heures pour un dimanche et un jour férié consécutifs ;

3° Quarante-huit heures pour les fêtes de Noël, Pâques et Pentecôte.

La période de repos est calculée à partir de minuit et, dans le cas d'un dimanche et d'un jour férié consécutifs, se prolonge jusqu'à dix-huit heures le second jour.

Dans les exploitations où l'on travaille régulièrement par équipe de jour et de nuit, lorsque l'activité est interrompue pendant les vingt-quatre heures qui suivent le commencement de la période de repos, cette dernière ne peut débuter avant dix-huit heures du jour ouvrable précédent ni après six heures du dimanche ou du jour férié.

Art. L. 3134-4. Dans les exploitations commerciales, les salariés ne peuvent être employés le premier jour des fêtes de Noël, de Pâques ou de Pentecôte.

Les autres dimanches et jours fériés, leur travail ne peut dépasser cinq heures.

Par voie de statuts ayant force obligatoire, adoptés après consultation des employeurs et des salariés et publiés selon les formes prescrites, les départements ou communes peuvent réduire la durée du travail ou interdire complètement le travail pour toutes les exploitations commerciales ou pour certaines branches d'activité.

Pendant les quatre dernières semaines précédant Noël ou pour certains dimanches et jours fériés pour lesquels les circonstances locales rendent nécessaire une activité accrue, l'autorité administrative peut porter le nombre d'heures travaillées jusqu'à dix.

Art. L. 3134-5.

Les heures pendant lesquelles le travail a lieu sont déterminées, compte tenu des horaires des services religieux publics, par les dispositions statutaires qui ont réduit la durée des heures de travail et, dans les autres cas, par l'autorité administrative. Elles peuvent être fixées de façon différente pour chaque branche d'activité commerciale.

Les dispositions du présent article sont également applicables à l'emploi des salariés dans les coopératives de consommation et les associations.

Art. L. 3134-5. Les dispositions des articles L. 3134-3 et L. 3134-4 ne sont pas applicables :

1° Aux travaux qui, en cas de nécessité grave ou dans l'intérêt public, doivent être réalisés immédiatement ;

2° Pour un dimanche, à la réalisation d'un inventaire prescrit par la loi ;

3° À la surveillance des installations de l'exploitation, aux travaux de nettoyage et de maintenance nécessaires à la poursuite régulière de l'exploitation elle-même ou d'une autre exploitation, ainsi qu'aux travaux nécessaires à la reprise de la pleine activité les jours ouvrables, si ces travaux ne peuvent être exécutés un jour ouvrable ;

4° Aux travaux nécessaires pour éviter que les matières premières soient altérées ou que les résultats d'une fabrication en cours soient compromis, si ces travaux ne peuvent être exécutés un jour ouvrable ;

5° À la surveillance de l'exploitation, lorsque celle-ci se poursuit les dimanches et jours fériés en application des 1° à 4°.

Pour les travaux mentionnés aux 3° et 4°, durant plus de trois heures ou empêchant les salariés d'assister au service religieux, l'employeur accorde à chaque salarié soit un congé de trente-six heures pleines chaque troisième dimanche, soit le libère de 6 heures à 18 heures au moins chaque deuxième dimanche.

Toutefois, l'autorité administrative peut accorder des dérogations si les salariés ne sont pas empêchés d'assister au service religieux et qu'il leur est accordé, au lieu du dimanche, un repos de vingt-quatre heures pendant un jour de semaine.

Art. R. 3134-1. L'employeur tient un registre des salariés employés les dimanches et jours fériés à des travaux mentionnés aux 1° à 5° de l'article L. 3134-5.

Ce registre comporte pour chaque dimanche et jour férié le nombre de salariés employés, leur durée de travail et la nature des travaux accomplis.

Il est tenu à la disposition de l'autorité de police locale et de l'inspection du travail.

Art. R. 3134-3. L'autorité administrative mentionnée aux articles L. 3134-5, L. 3134-7, L. 3134-8 et L. 3134-12 est le préfet.

Art. L. 3134-6. Des dérogations aux dispositions de l'article L. 3134-3 peuvent être accordées par voie réglementaire pour des catégories d'activités déterminées, notamment pour des exploitations où sont accomplis des travaux qui, par nature, ne peuvent être interrompus ou ajournés, ainsi que pour les activités qui, par nature, sont limitées à certaines périodes de l'année ou sont soumises à une activité d'une intensité inhabituelle à certaines périodes de l'année.

La détermination des travaux autorisés les dimanches et jours fériés dans ces exploitations et les conditions dans lesquelles ils sont autorisés intervient de manière uniforme pour toutes les exploitations de même catégorie et en tenant compte des dispositions du septième alinéa de l'article L. 3134-5.

Art. L. 3134-7. Des dérogations aux dispositions des articles L. 3134-3 et L. 3134-4 peuvent être accordées par l'autorité administrative pour les catégories d'activités dont l'exercice complet ou partiel est nécessaire les dimanches ou les jours fériés pour la satisfaction de besoins de la population présentant un caractère journalier ou se manifestant particulièrement ces jours-là.

Il en est de même pour les exploitations fonctionnant exclusivement ou de manière prépondérante avec des moteurs animés par l'énergie éolienne ou par une énergie hydraulique irrégulière.

Le régime de ces dérogations tient compte des dispositions du huitième alinéa de l'article L. 3134-5. Un décret peut préciser les conditions et modalités de ces dérogations.

Art. L. 3134-8. Des dérogations temporaires aux dispositions de l'article L. 3134-3 peuvent être accordées par l'autorité administrative, selon des modalités déterminées par voie réglementaire, lorsque l'emploi de salariés les dimanches ou jours fériés est nécessaire de façon imprévisible pour éviter un dommage disproportionné.

Art. R. 3134-2. La décision du préfet prévue à l'article L. 3134-8 est tenue à la disposition de l'inspection du travail sur le lieu de travail. Elle est affichée sur le lieu de travail.

Art. L. 3134-9. L'interdiction d'employer les salariés le dimanche ou jours fériés peut être étendue par voie réglementaire à d'autres catégories d'activité.

Les dispositions des articles L. 3134-5 à L. 3134-8 s'appliquent également aux dérogations à cette interdiction.

Art. L. 3134-10. Les articles L. 3134-2 à L. 3134-9 ne s'appliquent pas aux activités de restauration, d'hôtellerie et de débits de boissons, aux représentations musicales et théâtrales, aux expositions ou à d'autres divertissements, ainsi qu'aux entreprises de transport.

Dans ces secteurs d'activité, les employeurs ne peuvent obliger les salariés durant les dimanches et les jours fériés qu'aux seuls travaux qui, en raison de la nature de l'exploitation intéressée, ne peuvent être ajournés ou interrompus.

Art. L. 3134-11. Lorsqu'il est interdit, en application des articles L. 3134-4 à L. 3134-9, d'employer des salariés dans les exploitations commerciales, il est également interdit durant ces jours de procéder à une exploitation industrielle, commerciale ou artisanale dans les lieux de vente au public. Cette disposition s'applique également aux activités commerciales des coopératives de consommation ou associations.

Note Par décision 2011-157 QPC du 5 août 2011 (JO 6), le Conseil constitutionnel a jugé que l'article L. 3134-11 était conforme à la Constitution.

Art. L. 3134-12. Pour des activités dont l'exercice est nécessaire de manière complète ou partielle pour la satisfaction des besoins de la population présentant un caractère journalier ou se manifestant particulièrement les dimanches et jours fériés, l'autorité administrative peut, pour une ou plusieurs communes présentant une continuité territoriale, prescrire, sur demande d'au moins deux tiers des entrepreneurs, l'exploitation les dimanches et jours fériés si les dérogations aux dispositions de l'article L. 3134-3 ont été accordées. L'autorisation peut être délivrée sur demande d'au moins deux tiers des entrepreneurs intéressés.

Les entrepreneurs intéressés et la procédure suivant laquelle le nombre d'entrepreneurs requis est constaté sont déterminés par voie réglementaire.

Art. L. 3134-13. Les jours fériés ci-après désignés sont des jours chômés :

1° Le 1er Janvier ;

2° Le Vendredi Saint dans les communes ayant un temple protestant ou une église mixte ;

3° Le lundi de Pâques ;

4° Le 1er Mai ;

5° Le 8 Mai ;
6° L'Ascension ;
7° Le lundi de Pentecôte ;
8° Le 14 Juillet ;
9° L'Assomption ;
10° La Toussaint ;
11° Le 11 Novembre ;
12° Le premier et le second jour de Noël.

Un décret peut compléter la liste de ces jours fériés compte tenu des situations locales et confessionnelles.

Art. L. 3134-14. Dans le département de la Moselle, l'autorité administrative peut, dans des conditions déterminées par voie réglementaire, autoriser ou interdire l'ouverture des établissements commerciaux le Vendredi Saint et ceci de manière uniforme dans le département, indépendamment de la présence d'un temple protestant ou d'une église mixte dans les communes.

Art. R. 3134-4. La décision prévue à l'article L. 3134-14 est prise par le préfet après consultation des organisations d'employeurs et de salariés des professions du commerce et de la distribution.

Art. L. 3134-15. L'inspecteur du travail peut, nonobstant toutes poursuites pénales, saisir en référé le juge judiciaire pour voir ordonner toutes mesures propres à faire cesser dans les établissements de vente au détail et de prestations de services au consommateur l'emploi illicite de salariés en infraction aux articles L. 3134-10 à L. 3134-12.

Le juge judiciaire peut notamment ordonner la fermeture le dimanche du ou des établissements concernés. Il peut assortir sa décision d'une astreinte liquidée au profit du Trésor.

Note Voir note sous art. L. 3132-31.

Art. D. 3134-5. Le juge mentionné à l'article L. 3134-15 est le président du tribunal de grande instance.

Art. R. 3135-4. Le fait de méconnaître les dispositions particulières aux départements de la Moselle, du Bas-Rhin et du Haut-Rhin des articles L. 3134-3 à L. 3134-9 ou des décrets pris pour leur application, est puni de l'amende prévue pour les contraventions de la cinquième classe.

La récidive est réprimée conformément aux articles 132-11 et 132-15 du code pénal.

CHAPITRE V

Dispositions pénales

[Le présent chapitre ne comprend pas de dispositions législatives.]

Les articles réglementaires ont été insérés à la suite de chacun des chapitres auxquels ils se rapportent.

Art. R. 3135-5. [Voir *infra* après l'article L. 3164-9.]

Art. R. 3135-6. [Voir *infra* après l'article L. 3172-2.]

TITRE IV

CONGÉS PAYÉS ET AUTRES CONGÉS

CHAPITRE Ier

Congés payés

SECTION 1. Droit au congé

Art. L. 3141-1. Tout salarié a droit chaque année à un congé payé à la charge de l'employeur dans les conditions fixées au présent chapitre.

Note • Le droit au congé payé est réservé au salarié lié par un contrat de travail (cass. chambres réunies 21 mai 1965, n° 63-10.266, BC IV n° 5), quelle que soit sa catégorie professionnelle. Ainsi, le fonctionnaire mis à disposition d'un organisme de droit privé, lié à cet organisme par un contrat de travail, a droit, en application des dispositions d'ordre public de l'article L. 223-1 [L. 3141-1], à des congés payés (cass. soc. 13 mars 2001, n° 99-40.139, BC V n° 91, arrêt n° 1 ; *RJS* 6/01 n° 800, 1re espèce). Mais le mandataire (notamment, l'administrateur et président-directeur général d'une société) est dans l'impossibilité de se prévaloir de la législation sur les congés payés (cass. soc. 20 octobre 1976, n° 75-40.690, BC V n° 503).

• Des règles spéciales concernent notamment les travailleurs temporaires (art. L. 1251-19), les concierges d'immeubles à usage d'habitation (art. L. 7213-1 à 7), les travailleurs à domicile (art. R. 7421-2 et note sous Partie 7, Livre 4, titre 2, chapitre 2), les VRP (art. D. 7313-1), les gérants « non salariés » de succursales (art. L. 7322-1), les employés de maison (art. L. 7221-2).

• Sont soumis aux dispositions du livre II [ancien] de ce code les établissements industriels et commerciaux, qu'ils soient publics ou privés ; les dispositions du livre II et spécialement celles des articles L. 223-1 et s. [L. 3141-1 et s.], relatives aux congés annuels, sont donc, en principe, applicables aux agents d'EDF-GDF et de la SNCF. Ces agents sont en outre soumis aux dispositions d'un statut prévu par décret comportant diverses règles spécifiques relatives aux congés payés (conditions d'attribution, durée, rémunération). En vertu du principe fondamental en droit du travail selon lequel la situation des salariés doit être régie, en cas de conflit de normes, par celle qui leur est la plus favorable, il convient, dès l'instant qu'aucune illégalité d'une disposition particulière du statut n'est invoquée, de déterminer si les dispositions de ce statut concernant les congés payés sont plus favorables que celles résultant du régime légal. Cette appréciation doit être globale à raison du caractère indivisible du régime de congés payés institué en tenant compte des nécessités du service public. Cette comparaison n'implique aucune appréciation sur la légalité du décret précité, puisqu'il s'agit seulement de choisir, entre deux textes également applicables, le plus avantageux pour les salariés. Il apparaît que l'ensemble du régime des congés payés prévu par les statuts du personnel d'EDF-GDF et de la SNCF accorde aux agents des avantages supérieurs à ceux qui résulteraient de l'application du code du travail, même si, en ce qui concerne les bases de calcul de l'indemnité de congés payés, lesdits statuts prévoient une disposition moins favorable (cass. soc. 17 juillet 1996, nos 95-41.745 et 95-41.313, BC V nos 296 et 297 ; *RJS* 10/96 n° 1115 ; 25 mars 1997, n° 95-41.537 ; 16 juin 1999, n° 96-43.906).

• L'employeur est soumis à une obligation d'initiative en matière d'octroi des congés payés. En n'accordant pas spontanément à un travailleur le congé payé auquel il a droit chaque année, l'employeur commet une faute et doit réparation du préjudice physique et d'agrément qu'il a causé (cass. soc. 19 octobre 1977, n° 76-40.684, BC V n° 546).

• Seule l'impossibilité pour un salarié d'exercer le droit à congé annuel pendant la période légale ou conventionnelle, du fait de l'employeur, ouvre droit au profit de ce salarié à la réparation du préjudice qui en est résulté (cass. soc. 25 février 1988, n° 85-46.266, BC V n° 146 ; 29 mai 1990, n° 89-40.675, BC V n° 252 ; 27 septembre 2006, n° 04-47.431, *JSL* n° 200, 28 novembre 2006, p. 27).

Ainsi, un ménage de gérants de station-service, qui a la faculté de se faire remplacer et auquel n'a pas été refusé un congé que les intéressés auraient manifesté l'intention de prendre, ne peut obtenir de dommages-intérêts en invoquant un préjudice fondé sur l'interdiction de bénéficier du congé légal annuel, du fait qu'il n'est pas empêché de prendre son congé annuel par l'obligation de tenir la station ouverte en permanence, l'article L. 771-1 [L. 7211-2 et 3] autorisant les gérants à engager du personnel (cass. soc. 22 novembre 1978, *JS* 1979 F 1). Voir aussi note sous art. L. 3141-22.

• Selon la CJCE, le droit au congé annuel payé constitue un principe du droit social communautaire revêtant une importance particulière auquel il ne saurait être dérogé et dont la mise en œuvre par les autorités nationales ne peut être effectuée que dans les limites énoncées par la directive 93/104/CE du 23 novembre 1993 concernant certains aspects de l'aménagement du temps de travail (CJCE 26 juin 2001, aff. C-173/99, rec. p. I-4881 ; *RJS* 10/01 n° 1232). L'article 7 § 1 de cette directive, qui prévoit que chaque travailleur doit bénéficier d'un congé annuel payé d'au moins quatre semaines, s'oppose à ce qu'une disposition nationale, en l'espèce la réglementation des Pays-Bas, permette que des jours de cette période minimale de congés, non pris au cours d'une année donnée, soient remplacés par une indemnité financière au cours d'une année ultérieure (CJCE 6 avril 2006, aff. C-124/05, rec. p. I-3423 ; JOUE C 143/19 du 17.06.2006 ; *RJS* 8-9/06 p. 657). De même, afin d'assurer la prise effective des congés, l'article 7 § 1 s'oppose à ce qu'une partie du salaire versé au titre du travail effectué soit affectée au paiement du congé annuel sans que le travailleur perçoive, à ce titre, un paiement en sus de celui versé au titre du travail effectué. Il ne saurait être dérogé à ce droit par un accord contractuel. Ce même article s'oppose à ce que le paiement du congé annuel minimal fasse l'objet de versements partiels étalés sur la période annuelle de travail correspondante et payés ensemble avec la rémunération au titre du travail effectué, et non d'un versement au titre d'une période déterminée au cours de laquelle le travailleur prend effectivement congé (CJCE 16 mars 2006, aff. C-131/04 et C-257/04, rec. p. I-2531 ; JOUE C 143/7 du 17.06.2006 ; *RJS* 8-9/06 p. 657).

Art. D. 3141-1. L'employeur qui emploie pendant la période fixée pour son congé légal un salarié à un travail rémunéré, même en dehors de l'entreprise, est considéré comme ne donnant pas le congé légal, sans préjudice des dommages et intérêts auxquels il peut être condamné en application de l'article D. 3141-2.

Art. D. 3141-2. Le salarié qui accomplit pendant sa période de congés payés des travaux rémunérés, privant de ce fait des demandeurs d'emploi d'un travail qui aurait pu leur être confié, peut être l'objet d'une action devant le juge d'instance en dommages et intérêts envers le régime d'assurance chômage.

Les dommages et intérêts ne peuvent être inférieurs au montant de l'indemnité due au salarié pour son congé payé.

L'action en dommages et intérêts est exercée à la diligence soit du maire de la commune intéressée, soit du préfet.

L'employeur qui a occupé sciemment un salarié bénéficiaire d'un congé payé peut être également l'objet, dans les mêmes conditions, de l'action en dommages et intérêts prévue par le présent article.

Art. L. 3141-2. Les salariés de retour d'un congé de maternité prévu à l'article L. 1225-17 ou d'un congé d'adoption prévu à l'article L. 1225-37 ont droit à leur congé payé annuel, quelle que soit la période de congé payé retenue, par accord collectif ou par l'employeur, pour le personnel de l'entreprise.

Note • La loi 2006-340 du 23 mars 2006, art. 17 (JO 24) reprend dans cet article la jurisprudence européenne sur ce point.

• Les congés annuels doivent être pris au cours d'une période distincte du congé de maternité. Le conseil de prud'hommes qui a constaté que l'employeur avait mis une salariée dans l'impossibilité de prendre le solde de ses congés payés après son congé de maternité et avant son départ en congé parental a accueilli, à bon droit, sa demande d'indemnité de congés payés sur les semaines litigieuses et de dommages-intérêts (cass. soc. 2 juin 2004, n° 02-42.405, BC V n° 161 ; *RJS* 8-9/04 n° 930 ; *JSL* n° 152, 21 septembre 2004, p. 12 ; *Dr. Soc.* 2004, p. 1028, obs. J-Ph. Lhernould). Voir en ce sens CJCE 18 mars 2004, aff. C-342/01, rec. p. I-2605 ; JOUE C 106/4 du 30.04.2004 ; *RJS* 6/04 n° 780 : une travailleuse doit pouvoir bénéficier de son congé annuel lors d'une période distincte de celle de son congé de maternité, également en cas de coïncidence entre la période de congé de maternité et celle fixée à titre général, par un accord collectif, pour les congés annuels de l'ensemble du personnel. L'article 11, point 2, sous a), de la directive 92/85/CEE du 19 octobre 1992 concernant la mise en œuvre de mesures visant à promouvoir l'amélioration de la sécurité et de la santé des travailleuses enceintes, accouchées ou allaitantes au travail vise également le droit d'une travailleuse à un congé annuel plus long, prévu par la législation nationale, que le minimum prévu par la directive 93/104 du 23 novembre 1993 concernant certains aspects de l'aménagement du temps de travail.

SECTION 2. Durée du congé

Art. L. 3141-3. Le salarié qui ***(L. 2008-789 du 20 août 2008, art. 22, JO 21)*** « justifie avoir travaillé chez le même employeur pendant un temps équivalent à un minimum de dix jours de travail » effectif a droit à un congé de deux jours et demi ouvrables par mois de travail.

La durée totale du congé exigible ne peut excéder trente jours ouvrables.

Note Jusqu'à présent, le droit à congés payés d'un salarié en CDI ne lui était ouvert que s'il avait effectué chez le même employeur au moins un mois de travail effectif (ou une période équivalente) au cours de la période de référence. Désormais, pour prétendre à un congé payé, il lui suffit d'avoir effectivement travaillé pendant un temps équivalant à un minimum de 10 jours chez le même employeur (loi 2008-789 du 20 août 2008, art. 22 ; art. L. 3141-3 CT modifié). Le cadre de « la période de référence » n'est plus évoqué.

Cette nouvelle rédaction du code du travail n'est toujours pas conforme à la jurisprudence de la Cour de justice des Communautés européennes qui considère que le fait de subordonner l'ouverture du droit à congés à un temps minimal de travail effectif est contraire au droit européen.

À cet égard, la Cour de cassation a saisi la CJUE afin qu'elle se prononce (cass. soc. 2 juin 2010, n° 08-44.834, *RJS* 8-9/10 n° 680 ; *RDT*, septembre 2010, CH, 523, M. Véricel) :
- sur la conformité, vis-à-vis de la réglementation européenne, de la condition de 10 jours de travail effectif nécessaire à l'ouverture du droit à congés payés des salariés en CDI ;
- sur la possibilité, en cas de non-conformité, d'invoquer directement devant le juge français la directive 2003/88/CE du 4 novembre 2003 concernant certains aspects de l'aménagement du temps de travail pour faire écarter l'application de la condition de travail effectif de 10 jours.

Dans un arrêt du 24 janvier 2012, la CJUE s'est prononcée sur le premier point, énonçant que l'article 7, § 1, de la directive 2003/88/CE du Parlement européen et du Conseil, du 4 novembre 2003, concernant certains aspects de l'aménagement du temps de travail, doit être interprété en ce sens qu'il s'oppose à des dispositions ou à des pratiques nationales qui prévoient que le droit au congé annuel payé est subordonné à une période de travail effectif minimale de dix jours ou d'un mois pendant la période de référence (aff. C-282/10, *LS* Bref n° 16031 du 1er/02/12).

Sur les conditions d'ouverture du droit à congés payés, voir notamment « L'article 22 de la loi du 22 août 2008 portant réforme des conditions d'ouverture du droit à congés payés : un texte au goût d'inachevé », I. Laurent-Merle, *D.* 2009 EC 893.

Ouverture du droit à congé

Statuant sur la réglementation d'un État membre subordonnant l'acquisition du droit au congé annuel payé à la condition d'avoir accompli une période minimale de treize semaines de travail ininterrompu auprès d'un même employeur, la CJCE a décidé qu'une telle condition était contraire à l'article 7 § 1 de la directive 93/104/CE du Conseil du 23 novembre 1993, concernant certains aspects de l'aménagement du temps de travail, « cette directive devant être interprétée en ce sens qu'elle fait obstacle à ce que les États membres limitent unilatéralement le droit au congé annuel payé conféré à tous les travailleurs, en appliquant une condition d'ouverture dudit droit qui a pour effet d'exclure certains travailleurs du bénéfice de ce dernier » (CJCE 26 juin 2001, aff. C-173/99, rec. p. I-4881 ; *RJS* 10/01 n° 1232).

La Cour de cassation, quant à elle, considère ce type de condition comme valable (cass. soc. 20 septembre 2005, n° 03-46.982, *JSL* n° 177, 10 novembre 2005, p. 26 ; *RJS* 12/05 n° 1224). Dans un arrêt du 7 mars 2007 (n° 05-46.025, BC V n° 40 ; *RJS* 5/07 n° 616 ; *RDT*, juin 2007, CH (IV.) 383, M. Véricel ; *JCP* éd. S 2007, 1346, note Fr. Dumont), elle a précisé que la directive 93/104/CE du 23 novembre 1993, qui fixe des prescriptions minimales de sécurité et de santé en matière d'aménagement du temps de travail, ne s'opposait pas à ce que l'ouverture du droit à congés payés fût soumise à la condition de l'accomplissement d'un travail effectif durant la période de référence, qu'il résultait de l'article L. 223-4 (ancien) CT que les périodes limitées à une durée d'un an pendant lesquelles l'exécution du contrat de travail était suspendue pour cause d'accident du travail ou maladie professionnelle n'étaient assimilées à des périodes de travail effectif que pour la détermination de la durée du congé et n'entraient pas en compte pour l'ouverture du droit à congé régi par l'article L. 223-2 (ancien) du même code.

• Dix jours [antérieurement un mois] de travail effectif. L'article L. 223-2 [L. 3141-3] mentionnant un « temps équivalent à un minimum d'un mois de travail effectif », il convient de faire jouer l'assimilation de quatre semaines ou de vingt-quatre jours prévue par l'article L. 223-4 [L. 3141-4] pour déterminer si le salarié a droit à congé (cass. soc. 19 mars 1991, n° 87-44.564 ; *RJS* 5/91 n° 595 ; 19 juillet 1994, n° 90-43.147, BC V n° 249 ; *RJS* 10/94 n° 1145). En revanche, l'article L. 223-2 [L. 3141-3] se référant à un travail effectif et non pas à un temps assimilé à du travail effectif, il n'y a pas lieu de tenir compte des assimilations faites par l'article L. 223-4 [L. 3141-5] pour le calcul de la durée des congés. Ainsi, les périodes de repos des femmes en couches n'entrent pas en compte pour l'ouverture du droit à congé (cass. soc. 24 juin 1992, n° 89-42.025, BC V n° 411 ; *RJS* 8-9/92 n° 1002) ; elles ne sont prises en considération que pour le calcul de la durée du congé lorsque celui-ci a pu prendre naissance. Il en est de même pour les périodes de suspension du contrat pour cause d'accident du travail ou de maladie professionnelle (cass. soc. 28 octobre 1998, n° 96-44.302 ; 21 juin 2000, n° 98-40.250 ; 18 juin 2002, n° 00-43.756, *RJS* 10/02 n° 1139 ; 11 mai 2005, n° 04-44.065, BC V n° 163 ; *RJS* 7/05 n° 755 ; 31 janvier 2006, n° 03-47.599, BC V n° 49).

Des salariés placés en position de sureffectif provisoire avec dispense de travail et maintien de salaire ne peuvent, à défaut de dispositions particulières, prétendre au paiement d'une indemnité de congés payés puisqu'ils n'ont fourni aucun travail effectif (cass. soc. 8 juillet 1992, n° 90-42.746, BC V n° 460 ; *RJS* 10/92 n° 1110).

Un salarié n'ayant travaillé que 6 jours ne peut pas non plus y prétendre (cass. soc. 11 décembre 1997, n° 96-41.517).

Les droits à congé n'étant acquis qu'à concurrence des mois de travail accomplis par le salarié au cours de la période de référence, le salarié qui quitte son emploi avant la fin de cette période ne peut prétendre aux congés conventionnels supplémentaires qu'au prorata de sa présence dans l'entreprise (cass. soc. 16 juillet 1997, n° 94-43.703, BC V n° 275 ; *RJS* 10/97 n° 1102).

Dès lors que le salarié justifie avoir travaillé effectivement pendant un mois [ancienne législation], son droit à congé est ouvert et sa durée doit être déterminée à raison de 2,5 jours ouvrables par mois de travail effectif ou par mois de travail légalement ou conventionnellement assimilé à une période de travail effectif (peu important que ces périodes soient antérieures au mois de travail effectif si elles se situent dans la période de référence) (cass. soc. 25 novembre 1998, n° 96-44.636, BC V n° 521 ; *RJS* 1/99 n° 54).

En ce qui concerne le droit à congés payés des salariés sous contrat à durée déterminée, voir note sous l'article L. 3141-26.

• Chez le même employeur. Les changements survenant dans la situation juridique de l'employeur sont sans incidence sur les droits des salariés ; le paiement de l'indemnité de congé payé incombe au nouvel employeur en place avant l'ouverture des congés annuels, sous réserve de son droit de réclamer au cédant la partie de l'indemnité se rapportant à la période antérieure au changement d'employeur (voir art. L. 122-12-1 [L. 1224-2] CT et notamment cass. soc. 6 février 1996, n° 92-45.013, *RJS* 3/96 n° 251). En cas de modification de la situation juridique de l'employeur intervenue dans le cadre d'une procédure de redressement judiciaire, voir cass. soc. 14 mai 1997, n° 94-45.109, BC V n° 171).

– En cas de contrats de travail successifs chez le même employeur, les périodes d'activité s'additionnent (rép. QE 496, JO AN 6 mai 1959, p. 446).

– En cas de travail simultané pour plusieurs employeurs, la situation du salarié doit être examinée séparément au regard de chaque employeur.

• **Nouveau congé. Date d'application.** Le droit aux congés ne devenant effectif que le jour où le salarié est admis à en jouir, l'étendue des droits du salarié doit être déterminée par application des dispositions législatives ou conventionnelles en vigueur à cette date. Ainsi, dès lors que la période de prise de congé d'un salarié n'était pas expirée lorsque le bénéfice du congé supplémentaire (réservé aux femmes) a été étendu au personnel de sexe masculin, l'intéressé pouvait y prétendre (cass. soc. 22 juin 1994, n° 92-40.752, BC V n° 210 ; 11 avril 1995, n° 92-41.423, *RJS* 6/95 n° 658 ; 18 juillet 1995, n° 92-42.634).

Durée du congé payé

Le décompte des jours de congés payés pris par le salarié doit être effectué globalement sur l'ensemble de la durée du congé acquis au titre de la période de référence, et non selon les différentes périodes fractionnées du congé (cass. soc. 30 octobre 1997, n° 95-41.947).

• **Durée calculée en jours ouvrables.** Quelle que soit la répartition de la durée du travail à l'intérieur de la semaine, il est décompté six jours ouvrables par semaine (cass. soc. 8 juin 1978, n° 77-40.433, BC V n° 462).

Sauf dispositions contraires plus favorables applicables dans l'entreprise, le décompte de la durée d'absence pour congés payés annuels se fait sur les six jours ouvrables de la semaine. Les dispositions d'une convention fixant la durée des congés payés annuels à deux jours et demi ouvrables par mois de travail effectif ou période assimilée pendant la période de référence, avec majoration pour ancienneté dans la limite de six jours, sont conformes aux articles L. 223-2 à L. 223-9 (anciens) CT. Ces dispositions ne faisant aucune distinction, pour le décompte de la durée d'absence, entre les jours ouvrables travaillés et les jours ouvrables non travaillés, la durée d'absence pour congés payés doit être imputée sur tous les jours ouvrables de la semaine, et non sur les seuls jours qui seraient travaillés par le salarié s'il était présent (cass. soc. 18 janvier 2006, n° 04-41.746, BC V n° 19).

Le premier jour ouvrable de congé est le premier jour où le salarié aurait dû travailler et non le jour chômé dans l'entreprise en raison de la répartition de l'horaire de travail (cass. soc. 19 mars 1992, n° 88-41.421, BC V n° 212 ; *RJS* 5/92 n° 622 ; 15 novembre 2000, n° 98-45.507). En d'autres termes, le point de départ du congé est toujours un jour ouvré dans l'entreprise (également en ce sens, cass. soc. 2 mars 1989, n° 86-44.120, *RJS* 4/89 n° 336). En revanche, si le dernier jour de congé tombe un jour ouvrable, non travaillé dans l'entreprise, qu'il s'agisse par exemple d'un samedi ou d'un lundi, il n'y a pas prolongation du congé d'une journée (cass. soc. 8 novembre 1983, n° 81-41.583, BC V n° 545), ce jour comptant pour le calcul du congé (cass. soc. 7 mai 1998, n° 97-42.503).

Pour le décompte des congés des salariés à temps partiel, la notion de jour ouvrable est identique à celle retenue pour le décompte des congés des salariés à temps plein : il convient de procéder au calcul du nombre de jours de congés pris par le salarié sans se borner à retenir comme seuls jours ceux où il devait effectivement travailler. Si le point de départ des congés est le premier jour où le salarié aurait dû travailler s'il n'était pas parti, tous les jours ouvrables jusqu'à la reprise doivent être décomptés dans le nombre de jours de congés (cass. soc. 22 février 2000, n° 97-43.515, BC V n° 74 ; *RJS* 4/00 n° 467 ; voir aussi cass. soc. 31 janvier 2012, n° 10-30.935, s'agissant de jours de congés conventionnels). Il n'en va autrement que pour les congés revêtant un caractère compensatoire et pour ceux qui sont accordés dans une entreprise où le décompte des jours de congés de toute nature est effectué en jours ouvrés (cass. soc. 31 janvier 2012, n° 10-30.935, précité).

Il résulte des articles L. 223-2, al. 1 devenu L. 3141-3, L. 223-4 devenu L. 3141-4 et L. 3141-5, et L. 222-1 devenu L. 3133-1 CT que les jours de repos compensateurs attribués aux salariés travaillant en continu ou en semi-continu du fait de l'organisation du travail en cycles doivent être assimilés à des jours de travail effectif; ainsi, ces jours de repos ne peuvent être comptés comme des jours de congés payés pour vérifier le respect par l'employeur de l'attribution des trente jours ouvrables de congés payés. Pour les salariés travaillant en continu, doivent être considérés comme jours ouvrables pour le décompte des congés payés tous les jours de l'année, à l'exception des cinquante-deux jours de repos hebdomadaire et de onze jours correspondant à l'ensemble des jours fériés mentionnés à l'article L. 222-1 devenu L. 3133-1 CT (cass. soc. 24 septembre 2008, n° 07-45.370, *JCP* éd. S 2008, 1649, note L. Drai).

Les jours fériés ne sont pas considérés comme jours ouvrables s'ils sont habituellement chômés dans l'entreprise. Ainsi, par exemple, un samedi habituellement non consacré au travail dans l'entreprise en application de l'horaire n'en demeure pas moins ouvrable, mais cesse de l'être s'il coïncide avec un jour férié. Dans le premier cas, il sera pris en compte pour déterminer la durée du congé mais non dans le second (rép. QE 24792, JO AN 2 mai 1983, p. 1999). La Cour de cassation considère de même que lorsque le décompte des congés est effectué en jours ouvrables ou selon des modalités ne remettant pas en cause la notion de jour ouvrable, le congé doit être prolongé d'un jour quand un jour férié coïncide avec un jour ouvrable, même s'il est chômé dans l'entreprise (cass. ass. plén. 21 mars 1997, n° 92-44.778, BC n° 4 ; voir aussi cass. soc. 13 février 1991, n° 89-45.423, BC V n° 74 ; *RJS* 4/91 n° 490 ; 22 janvier 1992, n° 88-43.536, *RJS* 3/92 n° 301 ; 15 novembre 2000, n° 98-45.507, précité ; 7 novembre 2001, n° 99-43.607 ; 13 novembre 2003, n° 01-46.715, *RJS* 1/04 n° 65. En outre, lorsqu'une convention collective prévoit que les jours fériés légaux sont chômés et payés, ils ne peuvent être imputés sur les congés payés (cass. soc. 26 janvier 2011, n° 09-68.309, BC V n° 39 ; *JSL* n° 296, 24 mars 2011, p. 28, N. Gardair-Rérolle ; *JCP* éd. S 2011, 1185, note Th. Lahalle ; *RJS* 5/11 n° 432).

Lorsqu'une disposition conventionnelle accorde, en compensation des fêtes légales se situant un jour ouvrable habituellement chômé dans l'entreprise, un jour de congé exceptionnel qui devra être pris le jour ouvré le plus proche précédant ou suivant la fête légale en cause, les salariés déjà en congé ne peuvent en bénéficier (cass. ass. plén. 21 mars 1997, n° 92-44.778, précité).

Dans une espèce où les salariés avaient saisi la juridiction prud'homale en juillet 1992, afin d'obtenir le paiement d'une journée supplémentaire de congés payés au titre d'un jour férié (samedi 15 août 1987) situé à l'intérieur de leur période de congés, la Cour de cassation a notamment considéré que le point de départ de la prescription en matière d'indemnité de congés payés doit être fixé à l'expiration de la période légale ou conventionnelle au cours de laquelle les congés auraient pu être pris ; si le droit au congé doit être exercé annuellement en nature et si l'indemnité compensatrice de congés payés ne peut se cumuler avec le salaire, la cour d'appel avait relevé que l'employeur avait mis les salariés dans l'impossibilité de prendre la totalité de leurs congés payés et avait pu décider en conséquence que les salariés avaient droit au paiement d'une journée supplémentaire de congé (cass. soc. 4 décembre 1996, n° 93-46.408, BC V n° 416).

Les jours de pont chômés en application d'un accord d'entreprise qui précèdent ou suivent un jour férié ne peuvent être imputés sur les congés payés (cass. soc. 17 avril 1986, n° 83-45.788, BC V n° 158).

Un accord d'entreprise qui tend à substituer un décompte horaire des congés payés au décompte en jours ouvrables est contraire aux dispositions de l'article L. 223-2 (ancien) CT (cass. soc. 11 mars 1998, n° 96-16.553, *RJS* 4/98 n° 478). Voir aussi cass. soc. 19 mai 2004, n° 02-19.866, BC V n° 135 ; *RJS* 7/04 n° 847, énonçant que les caisses de congés payés du bâtiment et des travaux publics sont tenues de calculer les indemnités de congés conformément aux dispositions combinées des articles L. 223-11 et D. 732-7 (anciens) CT et 5-24 de la convention collective nationale des ouvriers employés par les entreprises du bâtiment du 8 octobre 1990.

• **Calcul en jours ouvrés.** De plus en plus, les entreprises, à l'instar des règles appliquées dans la fonction publique, procèdent à un décompte des jours de congés en « jours ouvrés », c'est-à-dire en jours normalement travaillés. Un certain nombre de conventions collectives procèdent aux adaptations nécessaires. Le décompte en jours ouvrés, cinq jours ouvrés correspondant à six jours ouvrables, a le mérite de résoudre les problèmes particulièrement complexes qui se posent lorsque les salariés – et c'est de plus en plus souvent le cas – souhaitent fractionner leurs congés en de multiples parcelles. La Cour de cassation considère qu'aucune disposition n'interdit de calculer l'indemnité de congés payés en jours ouvrés (cass. soc. 4 décembre 1990, n° 85-41.289, BC V n° 616), mais le calcul en jours ouvrés doit garantir aux salariés des droits au moins égaux à ceux résultant du calcul en jours ouvrables prévu par la loi (cass. soc. 8 juillet 1992, n° 90-42.746, BC V n° 460 ; *RJS* 10/92 n° 1110 ; 27 mai 1992, n° 91-40.423, BC V n° 354 ; *RJS* 7/92 n° 877 ; 30 octobre 1997, n° 95-41.947, *RJS* 12/97 n° 1388 ; 19 avril 2000, n° 98-41.037), ce qu'il appartient à l'employeur de démontrer (cass. soc. 21 mai 2008, n° 06-45.600). Les salariés ne peuvent s'opposer à ce mode de calcul, tel qu'il est appliqué par l'employeur, que dans la mesure où il leur est moins favorable que le calcul en jours ouvrables. Doit être cassé l'arrêt de cour d'appel qui a écarté le mode de calcul instauré par l'employeur sans rechercher concrètement si, compte tenu du rythme de travail du salarié, ce mode de calcul était moins favorable au salarié que le mode de calcul en jours ouvrables (cass. soc. 27 mars 1996, n° 92-43.655, *RJS* 7/96 n° 800).

S'agissant des salariés à temps partiel, le décompte des droits à absence en jours ouvrés au titre des congés payés annuels doit se faire sur les jours habituellement ouvrés dans l'établissement, et non sur les seuls jours ouvrés qui auraient été travaillés par le salarié concerné, s'il avait été présent (cass. soc. 9 mai 2006, n° 04-46.011).

Dès lors que les congés sont calculés en jours ouvrés, le jour férié intervenant un jour non ouvré dans l'entreprise est sans incidence sur le décompte du congé (cass. ass. plén. 21 mars 1997, n° 92-44.778, BC n° 4 ; cass. soc. 19 avril 2000, n° 98-41.037, précité ; 27 octobre 2004, n° 02-44.149, BC V n° 279 ; *RJS* 1/05 n° 51). En revanche, un employeur s'étant engagé, lors de l'institution du calcul des congés payés en jours ouvrés dans l'entreprise, à prolonger automatiquement les congés d'une journée dès lors qu'un jour férié coïncidait avec un jour non travaillé, une cour d'appel a pu faire droit à la demande des salariés tendant à obtenir une journée de congé supplémentaire (cass. soc. 28 octobre 1998, n° 97-10.173, *RJS* 1/99 n° 55).

Art. R. 3141-3. Le point de départ de la période prise en compte pour le calcul du droit au congé est fixé au 1er juin de chaque année.

Toutefois, dans les professions où en application de l'article L. 3141-30 l'employeur est tenu de s'affilier à une caisse de congé, le point de départ de l'année de référence est fixé au 1er avril.

Note • La législation relative aux congés payés étant d'ordre public, il ne peut être dérogé aux dispositions de l'article R. 3141-3 CT, qui fixe le point de départ de la période de référence pour la détermination du droit à congés, que dans les cas limitativement énumérés par l'article L. 3141-11 alors applicable. Un accord d'entreprise ne concernant pas l'application d'un régime de modulation ou de réduction du temps de travail ne peut déroger à ces dispositions légales et est, en conséquence, inopposable aux salariés (cass. soc. 23 septembre 2009, n° 08-41.525, *RJS* 12/09 n° 947).

• Il résulte des dispositions de l'article L. 223-7 (ancien) que le défaut de consultation par l'employeur des délégués du personnel et du comité d'entreprise pour la fixation de la période des congés payés ou de l'ordre des départs est constitutif de la contravention spécifique à la législation des congés payés que sanctionnent les articles R. 260-2 et R. 262-6 (anciens), et non du délit d'entrave réprimé par les articles L. 482-1 et L. 483-1 (anciens) (cass. crim. 6 février 1990, n° 87-82.316, B. crim. n° 65).

Art. D. 3141-4. Ne peuvent être déduits du congé annuel :

1° Les absences autorisées ;

2° Les congés de maternité, paternité et d'adoption prévus par les articles L. 1225-17, L. 1225-35 et L. 1225-37 ;

3° Les jours d'absence pour maladie ou accident ;

4° Les jours de chômage ;

5° Les périodes de préavis ;

6° Les périodes obligatoires d'instruction militaire.

Note • **Préavis et congés payés.** La rupture du contrat de travail, notifiée pendant le congé annuel, ne fait courir le délai-congé qu'à la date où le congé annuel prend fin (cass. soc. 8 novembre 1995, n° 92-40.186, *RJS* 12/95 n° 1243). Le salarié démissionnaire ne peut exiger que la durée du préavis auquel il est tenu soit imputée sur celle de son congé payé (rép. QE 7993, JO AN 28 novembre 1957). De même, en cas de licenciement, le droit au préavis et le droit au congé annuel sont dus cumulativement et la période de délai-congé ne peut se confondre avec celle du congé annuel (cass. soc. 12 octobre 1978, n° 77-41.175, BC V n° 667). L'employeur est tenu de prolonger le préavis qui s'est trouvé suspendu pendant les congés payés d'une durée équivalente à ceux-ci (cass. soc. 11 juin 1987, n° 77.41.175). Le délai de préavis ne se trouve suspendu par des congés payés pris postérieurement au licenciement que dans le cas d'un accord des parties ou si les dates en avaient été fixées antérieurement au licenciement (cass. soc. 22 juin 1994, n° 90-45.861, *RJS* 8-9/94 n° 978). Le point de départ d'un préavis donné aux salariés en congé payé ne prend date qu'à l'expiration de la période de congé payé (cass. soc. 14 octobre 1987, n° 84-41.670). Toutefois, l'initiative prise par un salarié, en accord avec son employeur, de prendre ses congés pendant la période de préavis n'est pas contraire à l'ordre public (cass. soc. 7 mai 1987, n° 84-40.839). Il ne peut, dans ce cas, obtenir, en sus de l'indemnité de congés payés, une indemnité compensatrice de préavis (cass. ass. plén. 5 mars 1993, n° 88-45.233, BC n° 7).

• **Incidences de la maladie pendant le congé payé.** Selon la Cour de cassation, « les dispositions de l'article D. 223-5 [D. 3141-4] CT ne concernent pas la période du congé payé mais seulement la durée du travail effectif du salarié pendant la période annuelle de référence servant de base au calcul de congé payé auquel il a droit » (cass. soc. 31 janvier 1980, n° 78-40.970, BC V n° 106 ; 7 mai 1987, n° 84-41.843). Il en découle qu'un salarié ne peut prétendre obtenir ultérieurement des jours de congé, même non rémunérés, pour compenser la maladie survenue pendant son congé (cass. soc. 31 janvier 1980, n° 78-40.970, précité). L'employeur qui a accordé au salarié le congé légalement prévu s'est acquitté de ses obligations pour l'année de référence sans que les divers incidents qui surviendraient pendant ce congé puissent modifier ultérieurement l'étendue de son obligation légale (cass. soc. 18 mars 1975, n° 73-40.824, BC V n° 162).

Par ailleurs, l'employeur ne peut contraindre une salariée atteinte d'une incapacité de travail médicalement constatée à prendre ses congés payés, avant son départ à la retraite, à une période où le contrat de travail est suspendu et les indemnités journalières sollicitées sont dues (cass. soc. 31 octobre 2000, n° 98-23.131, *RJS* 1/01 n° 61).

Une jurisprudence de la CJCE devrait faire évoluer la position de la Cour de cassation en ce qui concerne l'incidence de la maladie sur le congé payé. La CJCE a en effet décidé que l'article 7, § 1, de la directive 2003/88/CE du Parlement européen et du Conseil, du 4 novembre 2003, concernant certains aspects de l'aménagement du temps de travail, s'oppose à des dispositions nationales ou à des conventions collectives prévoyant qu'un travailleur qui est en congé de maladie durant la période de congé annuel fixée dans le calendrier des congés de l'entreprise où il est employé n'a pas le droit, après son rétablissement, de bénéficier de son congé annuel à une autre période que celle initialement fixée, le cas échéant, en dehors de la période de référence correspondante (CJCE 10 septembre 2009, aff. C-277/08, rec. p. I-8405 ; JOUE C 267/20 du 7.11.2009 ; *JCP* éd. S 2009, 1492, note E. Jeansen ; *RJS* 12/09, p. 788, chron. J-Ph. Lhernould). En effet, la CJCE considère qu'un travailleur qui est en congé de maladie durant une période de congé annuel fixée au préalable a le droit, à sa demande et afin qu'il puisse bénéficier effectivement de son congé annuel, de prendre celui-ci à une autre époque que celle coïncidant avec la période de congé de maladie. La fixation de cette nouvelle période de congé annuel, correspondant à la durée du chevauchement entre la période de congé annuel initialement fixée et le congé de maladie, est soumise aux règles et aux procédures de droit national applicables pour la fixation des congés des travailleurs, tenant compte des différents intérêts en présence, notamment, des raisons impérieuses liées aux intérêts de l'entreprise (CJCE 10 septembre 2009, aff. C-277/08, précitée, point 22).

S'agissant de l'indemnité compensatrice de congés payés, la Cour de cassation considère que lorsqu'elle est versée à un salarié malade pendant la durée de ses congés, elle ne peut, tenant lieu de salaire, être cumulée avec une indemnité compensatrice de salaire prévue par une convention collective en cas de maladie (cass. soc. 6 mars 1986, *JS* 1986 F 37 ; dans le même sens, cass. soc. 21 janvier 1987, n° 84-40.934, BC V n° 52 ; 7 juillet 1988, n° 85-45.988, BC V n° 433 ; 9 octobre 1996, n° 93-43.377 : la salariée ayant « perçu pendant sa période de maladie une indemnité égale à son salaire, elle ne pouvait cumuler cette indemnité avec l'indemnité compensatrice de congés payés et recevoir de la sorte une rémunération totale supérieure à celle qu'elle eût perçue si elle avait travaillé »). Dans le cas d'un cumul prévu par une convention collective, voir cass. soc. 13 mars 1991, n° 87-41.918, BC V n° 134 ; *RJS* 5/91 n° 598. En revanche, est admis le cumul de l'indemnité de congés payés avec les prestations en espèces versées par la sécurité sociale (cass. soc. 28 octobre 1958, BC IV n° 1133).

Sur le report des congés en cas d'absence pour maladie, voir note sous art. L. 3141-13 CT.

Art. L. 3141-4. Sont assimilées à un mois de travail effectif pour la détermination de la durée du congé les périodes équivalentes à quatre semaines ou vingt-quatre jours de travail.

Note **• Décompte des périodes de travail effectif**

– Une semaine entière doit être retenue dès lors que le salarié a travaillé conformément à l'horaire auquel il est soumis ; peu importe que la semaine ait comporté un jour férié chômé ou que l'horaire soit réparti sur cinq jours.

– Vingt jours de travail dans une entreprise où l'horaire est réparti sur cinq jours et vingt-deux jours dans une entreprise où l'horaire est réparti sur cinq jours et demi sont équivalents à vingt-quatre jours (rép. QE 5496, JO AN 24 mai 1969, p. 1442).

– En ce qui concerne le calcul du nombre des jours de congés, la Cour de cassation et le ministère du Travail se sont opposés pendant de nombreuses années. La Cour de cassation avait décidé, pour sa part, qu'il convenait de retenir d'abord le nombre de mois de travail continu effectués par le salarié pendant l'année de référence, puis celui des semaines complémentaires groupées par quatre et enfin celui des jours restants groupés par vingt-quatre (cass. soc. 19 juillet 1972, n° 71-41.556, BC V n° 520 ; 10 janvier 1980, n° 78-41.140, BC V n° 47). Le ministère du Travail considérait, au contraire, que le travailleur qui justifie, au cours de la période de référence, de 48 semaines ou de douze fois 24 (ou 22 ou 20 selon l'horaire hebdomadaire) jours de travail effectif avait droit à son congé intégral (rép. QE 25933, JO AN 10 mars 1973, p. 535) et faisait observer que son interprétation était la seule à donner tout son sens à la précision inscrite à l'article L. 223-2 (ancien) « sans que la durée totale du congé exigible puisse excéder vingt-quatre jours (trente jours) ouvrables ». La Cour de cassation, dans son arrêt d'assemblée plénière du 9 janvier 1987 (n° 85-43.471, BC n° 1), a consacré la position du ministère du Travail.

– Le calcul en heures de travail n'est pas autorisé. La durée des congés payés étant déterminée en fonction des mois de travail ou des périodes qui lui sont assimilées, l'étendue des droits d'un salarié en matière de congés payés ne peut être appréciée en équivalence d'heures de travail (cass soc. 4 juin 1987, n° 84-41.754, BC V n° 367).

Art. L. 3141-5. Sont considérées comme périodes de travail effectif pour la détermination de la durée du congé :

1° Les périodes de congé payé ;

2° Les périodes de congé maternité, paternité et d'adoption ;

3° Les ***(L. 2008-789 du 20 août 2008, art. 24, JO 21)*** « contreparties obligatoires en repos prévues par l'article L. 3121-11 » du présent code et l'article L. 713-9 du code rural ***(Ord. 2010-462 du 6 mai 2010, JO 7)*** « et de la pêche maritime » ;

4° Les jours de repos ***(L. 2008-789 du 20 août 2008, art. 24, JO 21)*** « accordés au titre de l'accord collectif conclu en application de l'article L. 3122-2 » ;

5° Les périodes, dans la limite d'une durée ininterrompue d'un an, pendant lesquelles l'exécution du contrat de travail est suspendue pour cause d'accident du travail ou de maladie professionnelle ;

6° Les périodes pendant lesquelles un salarié se trouve maintenu ou rappelé au service national à un titre quelconque.

Note

Périodes assimilées à des périodes de travail effectif. L'énumération donnée par la loi doit être interprétée de façon restrictive (rép. QE 4922, JO AN 23 avril 1948). Ne sont donc pas assimilées à des périodes de travail effectif les périodes de maladie (cass. soc. 8 juin 1994, n° 90-43.014, *RJS* 7/94 n° 866), de grève (cass. soc. 16 décembre 1981, n° 79-42.422, BC V n° 980), de chômage partiel (cass. soc. 19 novembre 1997, n° 95-44.093, BC V n° 389).

À noter que selon l'accord national interprofessionnel du 8 octobre 2009 relatif au chômage partiel, étendu par arrêté du 15 décembre 2009 (JO 27), qui était en vigueur depuis le 1er janvier 2010 et qui a cessé de s'appliquer le 1er janvier 2011, les périodes de chômage partiel étaient prises en compte en totalité pour l'acquisition des droits à congés payés, à partir de la période de référence en cours à la date de la signature de l'accord, à savoir celle ayant débuté le 1er juin 2009.

• Cet article assimile les jours de repos acquis au titre de la réduction du temps de travail à du travail effectif pour le calcul du nombre de jours de congés payés. Pour le reste, ces jours ne sont pas des jours de travail effectif et ne supportent donc aucune des conséquences attachées à cet état, sauf si l'accord qui les institue en décide autrement (circ. DRT 2000-7 du 6 décembre 2000, BO TR 2001/1, p. 97).

• À noter que si l'article 616 c. civ. local applicable dans les départements du Haut-Rhin, du Bas-Rhin et de la Moselle instaure une garantie de salaire en cas d'absence de courte durée, il n'assimile pas, pour la détermination des droits à congé payé, les périodes d'absence pour maladie à un temps de travail effectif (cass. soc. 24 mars 2004, n° 02-40.525, BC V n° 99 ; *RJS* 6/04 n° 766).

• Les absences consécutives à un accident de trajet, un temps considérées comme englobées dans l'énumération (cass. soc. 22 avril 1964, BC IV n° 326), étant de même nature que les absences pour cause d'accident du travail, ne le sont plus (cass. soc. 14 mai 1984, n° 81-42.950, BC V n° 195 ; 31 mars 1994, n° 90-40.328, *RJS* 5/94 n° 561).

• S'agissant de la durée de la suspension de travail imputable à un accident du travail ou une maladie professionnelle, la Cour de cassation avait précisé qu'« elle ne peut être assimilée en totalité à une période de travail effectif qu'à la double condition d'avoir été ininterrompue et de n'avoir pas excédé un an » (cass. soc. 13 mars 1991, n° 87-41.820, *RJS* 5/91 n° 596), peu important, pour l'application de cette règle, que le salarié ait cessé d'envoyer à son employeur les certificats de prolongation d'arrêt de travail (cass. soc. 24 octobre 1996, n° 93-44.792, *RJS* 12/96 n° 1340). Cette jurisprudence a évolué : dans des arrêts plus récents (cass. soc. 23 janvier 2001, n° 98-40.651, BC V n° 22 ; *RJS* 4/01 n° 465 ; 4 décembre 2001, n° 99-45.911, BC V n° 374 ; 17 octobre 2007, n° 06-40.311, *RJS* 1/08 n° 24 ; 30 novembre 2010, n° 09-65.465), la Cour de cassation a abandonné la condition relative au caractère ininterrompu de l'absence et a décidé que doivent être considérées comme des périodes de travail effectif pour la détermination de la durée du congé les périodes de suspension du contrat pour cause d'accident du travail ou de maladie professionnelle, dans la limite d'un an.

À noter que, la directive 2003/88/CE du 4 novembre 2003 concernant certains aspects de l'aménagement du temps de travail n'opérant aucune distinction selon l'origine de l'arrêt de travail, la Cour de cassation a saisi la CJUE afin qu'elle précise (cass. soc. 2 juin 2010, n° 08-44.834, *RJS* 8-9/10 n° 680 ; *RDT*, septembre 2010, CH, 523, M. Véricel) :
– si la directive donne droit à des congés payés d'une durée identique, quelle que soit l'origine de l'absence pour raison de santé ;
– ou si une législation nationale peut faire varier la durée du congé payé selon l'origine de l'absence, dès lors que cette législation prévoit une durée de congé payé annuel supérieure au minimum de 4 semaines prévu par la directive.

Dans un arrêt du 24 janvier 2012, la CJUE a répondu que l'article 7, § 1, de la directive 2003/88/CE doit être interprété en ce sens qu'il ne s'oppose pas à une disposition nationale prévoyant, selon l'origine de l'absence du travailleur en congé de maladie, une durée de congé payé annuel supérieure ou égale à la période minimale de quatre semaines garantie par cette directive (aff. C-282/10, *LS* Bref n° 16031 du 1er/02/12).

• Si, selon l'article L. 122-32-5 (ancien) CT, le salarié qui n'est ni reclassé ni licencié dans le délai d'un mois à compter de la date de l'examen de reprise a droit au paiement du salaire correspondant à l'emploi qu'il occupait avant la suspension de son contrat, l'article L. 223-4 (ancien) CT n'assimile pas, pour l'ouverture du droit à congés payés, cette période à une période de travail effectif (cass. soc. 12 juillet 2004, n° 02-40.763).

• Les dispositions de l'article L. 122-32-1 (ancien), qui ne visent que les droits liés à l'ancienneté, ne sont pas applicables à la détermination du congé auquel peut prétendre un salarié accidenté du travail (cass. soc. 28 mai 1991, n° 88-40.989, BC V n° 269).

Plusieurs autres articles du code assimilent expressément certaines périodes à du temps de travail effectif, notamment :
– l'absence pour participer à l'appel de préparation à la défense (art. L. 3142-73) ;
– les contreparties obligatoires en repos (art. L. 3141-5) ;
– les absences pour se rendre aux examens médicaux obligatoires en cas de grossesse (art. L. 1225-16) ;
– le temps passé hors de l'entreprise par les conseillers prud'hommes salariés pour l'exercice de leurs fonctions (art. L. 1442-6) ou leur stage de formation (art. L. 1442-2), celui passé par le conseiller du salarié pour l'exercice de sa mission (art. L. 1232-9) et par le salarié exerçant une fonction d'assistance ou de représentation devant le conseil de prud'hommes (art. L. 1453-4) ;
– les absences pour congés de formation économique, sociale et syndicale (art. L. 3142-12) ;
– les absences pour congés non rémunérés en vue de favoriser la formation des cadres et animateurs pour la jeunesse (art. L. 3142-44) ;
– les absences pour congés jeunes travailleurs (art. L. 6322-61) ;
– les absences pour congés de formation (art. L. 6322-13), congé de bilan de compétences (art. L. 6322-46) et congé pour validation des acquis de l'expérience (L. 6422-5) ;
– les absences pour stages de formation économique des membres de comités d'entreprise (art. L. 2325-44), les absences pour la formation des membres du CHSCT (art. R. 4614-35) ;
– les congés spéciaux accordés aux salariés candidats ou élus à un mandat parlementaire ou local (art. L. 3142-59), les congés accordés aux représentants d'association ou de mutuelle (art. L. 3142-48) ;
– les jours de congé pour événements familiaux (art. L. 3142-2), la durée du congé de solidarité internationale (art. L. 3142-37).

Les conventions collectives contiennent souvent des dispositions plus favorables. Tel est le cas de dispositions conventionnelles prévoyant la prise en compte comme temps de travail effectif des absences pour maladie dans la limite de six mois (cass. soc. 21 juin 2006, n° 05-40.913, BC V n° 226 ; *JSL* n° 197, 3 octobre 2006, p. 31).

Art. L. 3141-6. L'absence du salarié ne peut avoir pour effet d'entraîner une réduction de ses droits à congé plus que proportionnelle à la durée de cette absence.

Art. L. 3141-7. Lorsque le nombre de jours ouvrables calculé conformément aux articles L. 3141-3 et L. 3141-6 n'est pas un nombre entier, la durée du congé est portée au nombre entier immédiatement supérieur.

Art. L. 3141-8. La durée du congé annuel peut être majorée en raison de l'âge ou de l'ancienneté selon des modalités déterminées par convention ou accord collectif de travail.

Note

• En réservant aux parties la faculté de majorer la durée du congé annuel en raison de l'âge ou de l'ancienneté, la loi du 16 mai 1969, qui a introduit cette disposition, n'a pas entendu maintenir les avantages stipulés aux conventions ou accords antérieurs. Un salarié ne peut prétendre cumuler les congés supplémentaires conventionnels dont il bénéficiait avant la promulgation de ladite loi avec le congé institué par elle (cass. soc. 15 novembre 1973, n° 72-40.566, BC V n° 588). L'ordonnance du 16 janvier 1982, n'a pas modifié cette règle (voir notamment cass. soc. 12 février 2002, n° 00-40.377).

• Voir aussi note sous article L. 3141-10.

Art. L. 3141-9. Les femmes salariées de moins de vingt et un ans au 30 avril de l'année précédente bénéficient de deux jours de congé supplémentaire par enfant à charge. Ce congé est réduit à un jour si le congé légal n'excède pas six jours.

Les femmes salariées de plus de vingt et un ans à la date précitée bénéficient également de deux jours de congé supplémentaire par enfant à charge, sans que le cumul du nombre des jours de congé supplémentaire et de congé annuel ne puisse excéder la durée maximale du congé annuel prévu à l'article L. 3141-3.

Est réputé enfant à charge l'enfant qui vit au foyer et est âgé de moins de quinze ans au 30 avril de l'année en cours.

Note

• Une salariée qui bénéficie, en vertu d'une convention collective, d'un nombre de jours de congé supplémentaires plus élevé que celui auquel elle peut prétendre en vertu du régime légal ne peut cumuler ces congés conventionnels avec ceux accordés par l'article L. 223-5 (ancien) (cass. soc. 21 octobre 1982, n° 80-41.317, BC V n° 574).

• Les jours de congés supplémentaires pour enfant à charge n'étant pas destinés à compenser un désavantage résultant d'un éloignement du travail lié à la grossesse, ni à protéger la maternité ou à corriger une inégalité de fait affectant les femmes en matière d'emploi ou de promotion professionnelle, mais ayant pour objet de favoriser la présence d'un jeune parent auprès d'un enfant mineur de 15 ans, ce congé ne peut être refusé aux hommes qui, assurant la garde et l'éducation de leurs enfants dans les conditions prévues par un accord collectif, se trouvent dans la même situation que les travailleuses et ont ainsi vocation à en bénéficier, au regard des exigences découlant de l'article 157 TFUE (cass. soc. 4 mai 2011, n° 09-72.206, *LS* Jurispr. n° 113/2011 du 31/05/11 ; *RJS* 7/11 n° 573 ; *JSL* n° 302, 30 juin 2011, p. 10, J-Ph. Lhernould ; *JCP* éd. S 2011, 1323, note D. Everaert-Dumont).

Art. L. 3141-10. Les dispositions de la présente section ne portent pas atteinte aux stipulations des conventions ou accords collectifs de travail ou des contrats de travail ni aux usages qui assurent des congés payés de plus longue durée.

Note

• Les congés d'ancienneté prévus par une convention ou un accord antérieur à l'ordonnance du 16 janvier 1982 ayant été fixés en fonction de la durée des congés légaux applicables à la date d'intervention de la convention ou de l'accord, il en résulte que les salariés, s'ils ont la faculté de choisir le régime qui leur est globalement le plus favorable, ne peuvent cumuler les congés légaux fixés par l'ordonnance du 16 janvier 1982 avec les congés d'ancienneté prévus par la convention ou l'accord collectif (cass. ass. plén. 26 avril 1991, n° 90-40.222, BC n° 3 ; *RJS* 6/91 n° 719 ; cass. soc. 5 juin 1991, n° 87-42.278, BC V n° 283 ; cass. soc. 5 mai 2010, n° 08-43.732, *JSL* n° 280, 30 juin 2010, p. 31).

• Les jours acquis au titre de la RTT résultant de la seule différence entre la durée hebdomadaire moyenne réellement pratiquée, soit 39 heures, et la nouvelle durée moyenne hebdomadaire, soit 35 heures ou 1 600 heures annuelles, pendant la période litigieuse, leur nombre ne peut être réduit à due proportion des congés trimestriels conventionnels dont disposent les salariés, ces congés étant étrangers à la mise en œuvre de la réduction du temps de travail (cass. soc. 23 mars 2007, n° 05-43.045, BC V n° 56 ; *RJS* 6/07 n° 791).

• Les jours de récupération, qui sont acquis par le salarié au titre d'un accord d'aménagement et de réduction du temps de travail et représentent la contrepartie des heures de travail qu'il a exécutées en sus de l'horaire légal ou de l'horaire convenu, n'ont ni la même cause ni le même objet que les congés payés d'ancienneté auxquels il a droit, en sus de ses congés légaux annuels. En l'espèce, tous les textes s'appliquent donc (accord sur le temps de travail et accord de branche accordant aux salariés des jours de congés pour ancienneté) et les salariés bénéficient des jours de RTT et des jours de congés pour ancienneté (cass. ass. plén. 24 octobre 2008, n° 07-42.799, BC V n° 4 ; *JCP* éd. S 2008, 1601, note B. Gauriau ; *Dr. Soc.* 2009, pp. 38 et s., avis J. Duplat).

• C'est à tort que, pour débouter un salarié de sa demande en paiement d'un rappel d'indemnité de congés payés, une cour d'appel a retenu que, s'il est vrai qu'aux termes d'un accord collectif, les salariés non cadres bénéficiaient de 25 jours de congés payés par an alors que les cadres bénéficiaient de 30 jours, aucune disposition légale ou conventionnelle n'interdit aux partenaires sociaux de prévoir un nombre de jours de congés différent selon les catégories professionnelles et que les contraintes spécifiques aux cadres, notamment l'importance des responsabilités qui leur sont confiées, justifient une différence de traitement, sans rechercher si l'octroi de l'avantage accordé aux cadres était justifié par des raisons objectives et pertinentes (cass. soc. 1er juillet 2009, n° 07-42.675, BC V n° 168 ; *JCP* éd. S 2009, 1451, note E. Jeansen ; *JSL* n° 260, 29 juillet 2009, p. 7, note M. Hautefort ; *Dr. Soc.* 2009, p. 1002, obs. Ch. Radé ; *RJS* 10/09 n° 760).

Art. L. 3141-11. Un décret en Conseil d'État fixe le début de la période de référence mentionnée à l'article L. 3141-3.

Une autre date peut être fixée par convention ou accord collectif de travail conclu en application ***(L. 2008-789 du 20 août 2008, art. 24, JO 21)*** « de l'article L. 3122-2 ».

SECTION 3. Prise des congés

Sous-section 1. Période de congés et ordre des départs

Art. L. 3141-12. Les congés peuvent être pris dès l'ouverture des droits, sans préjudice des articles L. 3141-13 à L. 3141-20, relatifs aux règles de détermination par l'employeur de la période de prise des congés et de l'ordre des départs et aux règles de fractionnement du congé.

Art. L. 3141-13. La période de prise des congés payés est fixée par les conventions ou accords collectifs de travail. Elle comprend dans tous les cas la période du 1er mai au 31 octobre de chaque année.

À défaut de convention ou accord collectif de travail, cette période est fixée par l'employeur en se référant aux usages et après consultation des délégués du personnel et du comité d'entreprise.

Note **Période des congés.** Elle doit dans tous les cas comprendre la période du 1er mai au 31 octobre de chaque année, ce qui implique qu'elle peut s'étendre sur une période plus longue, voire sur toute l'année, à condition qu'elle englobe la période légale (1er mai – 31 octobre). En principe, le salarié ne peut être contraint à prendre ses vacances en dehors des mois de mai à octobre inclus, mais rien ne s'oppose à ce que, d'un commun accord entre l'employeur et le travailleur ou en application d'une convention collective fixant une période plus étendue – ou différente de la période légale – les congés soient octroyés à tout autre moment de l'année [voir circ. TR 4/56 du 9 avril 1956 et note sous art. L. 3141-18 (congé principal)]. Cependant, certains tribunaux et une partie de la doctrine considèrent que, en l'absence de convention collective, l'employeur peut à bon droit fixer les congés payés d'une catégorie de personnel en dehors de la période légale, dans la mesure où les usages le prévoient. Dans la pratique, compte tenu de la cinquième semaine de congés payés qui doit être prise, en principe, non accolée au congé principal, il ne subsiste plus que l'obligation d'accorder deux semaines de congé continu au cours de la période du 1er mai au 31 octobre.

Prise anticipée. L'employeur ne peut pas imposer au salarié la prise anticipée des congés payés ; un salarié, mis à la retraite au 1er février, est en droit de refuser de prendre en janvier le congé payé auquel il a droit au titre de la période de référence commençant le 1er juin de l'année précédente ; il peut prétendre, malgré ce refus, à l'indemnité compensatrice afférente à cette période (cass. soc. 27 novembre 1991, n° 87-43.059, BC V n° 533 ; 7 novembre 1995, n° 92-41.883, *RJS* 12/95 n° 1251 ; 22 octobre 1997, n° 95-43.884). La preuve d'une acceptation des salariés pour une prise anticipée de leurs congés doit être rapportée par l'employeur qui, à défaut, sera condamné à réparer le préjudice subi par chacun d'eux (cass. soc. 19 juin 1996, n° 93-46.549, *RJS* 8-9/96 n° 934 ; 10 février 1998, n° 95-40.905). Cette preuve n'est pas rapportée lorsque l'employeur se contente d'invoquer l'existence d'un usage dans l'entreprise supposant l'accord préalable des salariés en cas de prise anticipée des congés (cass. soc. 7 février 2006, n° 04-41.558).

Report des congés

Reports prévus par la loi. Le report est légalement prévu, depuis la loi 2006-340 du 23 mars 2006 qui a repris la jurisprudence européenne sur ce point, par l'article L. 3141-2 CT après un congé maternité ou un congé d'adoption. Il est aussi possible lorsque la durée du travail du salarié est décomptée à l'année, dans les conditions prévues à l'article L. 3141-21 CT.

Report des congés en cas d'absence pour maladie, accident du travail ou maladie professionnelle. Eu égard à la finalité qu'assigne aux congés annuels la directive 2003/88/CE du Parlement européen et du Conseil du 4 novembre 2003, concernant certains aspects de l'aménagement du temps de travail, lorsque le salarié s'est trouvé dans l'impossibilité de prendre ses congés payés annuels au cours de l'année prévue par le code du travail ou une convention collective en raison d'absences liées à une maladie, un accident du travail ou une maladie professionnelle, les congés payés acquis doivent être reportés après la date de reprise du travail (cass. soc. 24 février 2009, n° 07-44.488, BC V n° 49 ; *JCP* éd. S 2009, 1152, 2e espèce, note E. Andreo ; *JSL* n° 252, 30 mars 2009, p. 17, note E. Barou et D. Chapellon-Liedhart ; *RDT*, avril 2009, CH, 241, M. Véricel ; *RJS* 5/09 n° 442, 1re espèce ; 25 mars 2009, n° 07-43.767, BC V n° 90 ; *JSL* n° 256, 27 mai 2009, p. 23 ; *RJS* 6/09 n° 519 ; 9 mars 2011, n° 09-66.134, *JCP* éd. S 2011, 1324, note L. Drai).

Cette solution, qui avait déjà été admise par la Cour de cassation pour la maladie professionnelle et l'accident du travail (cass. soc. 27 septembre 2007, n° 05-42.293, BC V n° 147 ; *RDT*, novembre 2007, AC, 628 ; *JSL* n° 221, 13 novembre 2007, p. 14, J-E Tourreil ; *RJS* 12/07 n° 1298, 1re espèce), reprend celle adoptée par la CJCE dans un arrêt du 20 janvier 2009 (aff. C-350/06 et C-520/06, rec. p. I-179 ; JOUE C 69/3 du 21.03.2009 ; *JCP* éd. S 2009, 1152, note E. Andreo ; *RJS* 4/09, p. 263, note J-Ph. Lhernould ; *RDT*, mars 2009, p. 170, CH, M. Véricel ; *JSL* n° 250, 23 février 2009, p. 12, note J-E Tourreil) considérant que l'article 7, § 1, de la directive 2003/88/CE s'oppose à des dispositions ou à des pratiques nationales qui prévoient que le droit au congé annuel payé s'éteint à l'expiration de la période de référence et/ou d'une période de report fixée par le droit national, même lorsque le travailleur a été en congé de maladie durant tout ou partie de la période de référence et que son incapacité de travail a perduré jusqu'à la fin de sa relation de travail, raison pour laquelle il n'a pas pu exercer son droit au congé annuel payé.

La CJUE a récemment précisé que la période de report des congés payés acquis pouvait être limitée dans le temps (CJUE 22 novembre 2011, aff. C-214/10, *LS* Bref n° 15989 du 5 déc. 2011 ; *RJS* 2/12, pp. 84 et s., chron. J-Ph. Lhernould).

À noter qu'en droit interne, la Cour de cassation avait déjà admis le report de congés, en cas d'absence pour maladie, lorsque la convention collective dérogeait, dans un sens favorable aux salariés, au principe selon lequel les congés payés légaux sont pris annuellement sans possibilité de report d'une année sur l'autre (voir notamment cass. soc. 13 janvier 1998, n° 95-40.226, BC V n° 11).

S'agissant du report des congés des fonctionnaires de l'État, voir circ. BCRF1104906C du 22 mars 2011.

Report après un congé parental d'éducation. Dans un arrêt du 28 janvier 2004 (n° 01-46.314, BC V n° 32 ; *RJS* 4/04 n° 423 ; *Dr. Soc.* 2004, p. 431, obs. Ch. Radé), la Cour de cassation avait considéré que le salarié de retour de ce congé perdait ses droits à congés payés acquis avant le début du congé.

Depuis lors, la CJUE a décidé que la clause 2, point 6, de l'accord-cadre sur le congé parental du 14 décembre 1995, annexé à la directive 96/34/CE du Conseil, du 3 juin 1996, s'oppose à une disposition nationale selon laquelle les travailleurs, faisant usage de leur droit au congé parental, perdent, à l'issue de ce congé, des droits à congés annuels payés acquis durant l'année précédant la naissance de leur enfant (CJUE 22 avril 2010, aff. C-486/08, rec. p. I-3527 ; JOUE C 161/9 du 19.06.2010 ; *JSL* nos 281-282, 26 juillet 2010, p. 13 : « Report des congés payés en cas de congé parental : nouvelle zone de friction entre droit de l'UE et Cour de cassation », J-Ph. Lhernould ; *RDT*, septembre 2010, CH, 523, M. Véricel ; *RJS* 10/10, n° 817 et p. 647, chron. J-Ph. Lhernould).

Art. D. 3141-5. La période de prise des congés payés est portée par l'employeur à la connaissance des salariés au moins deux mois avant l'ouverture de cette période.

Note • Une cour d'appel qui a constaté que, faute d'avoir fixé la période d'ouverture des congés, un employeur avait mis un salarié dans l'obligation de renoncer au séjour de vacances qu'il avait prévu, a évalué souverainement le préjudice qui en était résulté (cass. soc. 30 janvier 1996, n° 92-45.168).

• Après avoir relevé qu'un employeur n'avait pas respecté les dispositions de l'article D. 223-4 [D. 3141-5] CT en mettant d'office en congé des salariées, ce qui leur ouvrait droit à l'indemnisation du préjudice subi de ce fait, une cour d'appel, qui a constaté que les salariées avaient refusé de reprendre le travail après le congé malgré l'envoi d'une lettre recommandée, a pu décider que la rupture des contrats de travail leur était imputable (cass. soc. 7 décembre 1995, n° 92-43.099, *RJS* 2/96 n° 128).

Art. L. 3141-14. À l'intérieur de la période des congés et à moins que l'ordre des départs ne résulte des stipulations des conventions ou accords collectifs de travail ou des usages, cet ordre est fixé par l'employeur après avis, le cas échéant, des délégués du personnel.

Pour fixer l'ordre des départs, l'employeur tient compte :

1° De la situation de famille des bénéficiaires, notamment des possibilités de congé, dans le secteur privé ou la fonction publique, du conjoint ou du partenaire lié par un pacte civil de solidarité ;

2° De la durée de leurs services chez l'employeur ;

3° Le cas échéant, de leur activité chez un ou plusieurs autres employeurs.

Note • L'ordre des départs en congé de chaque travailleur à l'intérieur de la période des congés est fixé par l'employeur dans les conditions déterminées par cet article, sans qu'il puisse modifier, en l'absence de circonstances exceptionnelles, l'ordre et les dates de départ dans le délai d'un mois avant la date prévue du départ. Dans deux cas, son pouvoir de décision est toutefois limité :

– si les conjoints travaillent dans une même entreprise, ils ont droit à un congé simultané, mais il s'agit pour eux d'un droit et non d'une obligation ;

– si le salarié doit suivre une cure thermale à des dates déterminées par prescription médicale, l'employeur ne peut refuser d'accorder le congé de l'intéressé (rép. QE 1616, JO AN 13 décembre 1968, p. 5426 et QE 9378, JO AN 31 mai 1982, p. 2292). Sur les cures thermales, voir cass. soc. 4 avril 1978, n° 77-40.320, BC V n° 282 ; 25 octobre 1979, n° 77-40.678, BC V n° 787 ; 26 mars 1980, n° 78-40.811, BC V n° 308.

• Le refus délibéré établi du salarié de tenir compte de la décision prise par l'employeur sur la date de ses congés constitue une faute grave sans que le juge, ait à rechercher l'existence, indifférente, d'une perturbation de l'entreprise en raison de cet acte d'insubordination (cass. soc. 23 mars 2004, n° 01-45.225, *RJS* 6/04 n° 709). De même, constitue une faute grave le départ en congé d'une salariée, unilatéralement décidé par elle, sans autorisation ni justification sérieuse (cass. soc. 19 janvier 2005, n° 02-46.418, *JSL* n° 164, 22 mars 2005, p. 27 ; voir aussi cass. soc. 16 juin 2010, n° 09-40.599).

Art. L. 3141-15. Les conjoints et les partenaires liés par un pacte civil de solidarité travaillant dans une même entreprise ont droit à un congé simultané.

Note Les dispositions d'une convention collective selon lesquelles « l'employeur doit tenir compte du congé du conjoint pour arrêter ses décisions » n'imposent pas à l'employeur de chacun des époux de calquer la date des congés sur ceux du conjoint, si l'activité de l'entreprise ne peut s'en accommoder. Les juges ayant constaté que l'employeur n'avait pas donné son accord à la prise de congés par la salariée durant les vacances scolaires ont pu retenir à son encontre une faute grave privative de toute indemnité liée au licenciement (cass. soc. 19 juin 1997, n° 94-44.997).

Art. L. 3141-16. Sauf en cas de circonstances exceptionnelles, l'ordre et les dates de départ fixés par l'employeur ne peuvent être modifiés dans le délai d'un mois avant la date prévue du départ.

Note **Modification des dates de départ.** Le nouvel employeur, qui ne justifie d'aucune circonstance exceptionnelle, ne peut modifier, dans le délai d'un mois avant le départ, la date des congés du salarié dont le contrat de travail lui a été transféré. Le salarié, licencié faute de s'être présenté sur le chantier à une date fixée par le nouveau titulaire du marché se situant pendant son congé autorisé par son ancien employeur, ne saurait ainsi être débouté de sa demande en dommages-intérêts pour licenciement sans cause réelle et sérieuse (cass. soc. 15 mai 2002, n° 00-41.528, *RJS* 7/02 n° 790 ; voir aussi CA Paris, 16 mai 1991, *RJS* 7/91 n° 849).

La date de remise au salarié de la lettre modifiant les dates de congés constitue le point de départ du délai d'un mois ; ce délai ne s'apprécie donc pas à compter de la date d'expédition de la notification (cass. soc. 4 mars 2003, n° 00-45.410, *RJS* 5/03 n° 624).

Si, en l'absence de circonstances exceptionnelles, une modification est imposée au salarié à l'intérieur du délai d'un mois, ce dernier peut, sans commettre de faute, passer outre à la décision de l'employeur et partir en congé à la date régulièrement prévue (cass. soc. 20 novembre 1980, n° 79-41.040, BC V n° 839 ; 12 février 1987, n° 83-44.828, BC V n° 75 ; 30 mai 1990, n° 87-42.605, BC V n° 256 ; 13 mars 1991, n° 87-45.330 ; voir aussi CA Aix-en-Provence, 18e ch., 24 juin 1997, *RJS* 11/97 n° 1248) et son licenciement est sans cause réelle et sérieuse (cass. soc. 3 juin 1998, n° 96-41.700, BC V n° 294).

Ayant relevé qu'en ajoutant deux jours de congés à ceux initialement prévus, l'employeur avait modifié la date de départ en congés des salariés et que cette modification était intervenue sans que des raisons exceptionnelles justifient que le délai de prévenance ne soit pas respecté, une cour d'appel a pu décider que les salariés étaient en droit d'obtenir réparation du préjudice subi par le retard apporté à la fixation desdits congés (cass. soc. 22 mai 2002, *RJS* 8-9/02 n° 990).

Les circonstances exceptionnelles visées à l'article L. 223-7, al. 3 (ancien) ne concernent que la modification des dates de départ en congé déjà fixées et l'employeur ne peut se prévaloir de ce texte pour justifier la brusque mise en congé des salariés d'un service à la suite d'incidents techniques (cass. crim. 21 novembre 1995, n° 94-81.791, B. crim. n° 355).

Le refus du salarié de reporter la date de son départ en congés payés, alors que l'employeur faisait valoir la nécessité de remplacer à l'étranger, de façon anticipée, un salarié décédé, circonstance exceptionnelle non contestée par l'intéressé, constitue une cause réelle et sérieuse de licenciement (cass. soc. 15 mai 2008, n° 06-44.354, *RJS* 7/08 n° 797).

Sur la notion de circonstance exceptionnelle au sens de cet article, voir aussi notamment CE 11 février 1991, n° 68058, *RJS* 5/91 n° 597.

Art. D. 3141-6. L'ordre des départs en congé est communiqué à chaque salarié un mois avant son départ, et affiché dans les locaux normalement accessibles aux salariés.

Note Des « franchisés » ayant obtenu la requalification de leur contrat en un contrat de salarié ne sauraient être déboutés de leur demande de dommages et intérêts pour congés non pris par la faute de l'employeur, ce dernier n'ayant pas mis en place un système de congés payés conforme aux dispositions légales (cass. soc. 18 juin 2008, n° 06-46.478, *RJS* 10/08 n° 1005).

Sous-section 2. Règles de fractionnement et de report

Art. L. 3141-17. La durée des congés pouvant être pris en une seule fois ne peut excéder vingt-quatre jours ouvrables.

Il peut être dérogé individuellement à cette disposition pour les salariés qui justifient de contraintes géographiques particulières.

Art. L. 3141-18. Lorsque le congé ne dépasse pas douze jours ouvrables, il doit être continu.

Lorsque le congé principal est d'une durée supérieure à douze jours ouvrables et au plus égale à vingt-quatre jours ouvrables, il peut être fractionné par l'employeur avec l'accord du salarié. Dans ce cas, une des fractions est au moins égale à douze jours ouvrables continus compris entre deux jours de repos hebdomadaire.

Note

• Les dispositions obligeant l'employeur à attribuer une fraction continue de douze jours ouvrables pendant la période du 1er mai au 31 octobre sont d'ordre public. Le refus de l'employeur d'accorder la totalité de cette fraction avant le 31 octobre constitue un trouble manifestement illicite qui permet au juge des référés de prendre, en application de l'article R. 516-31 [R. 1455-6] CT, la mesure lui paraissant s'imposer pour faire cesser ce trouble en accordant au salarié concerné la prise de jours de congé avant le 31 octobre (cass. soc. 7 novembre 1989, n° 88-40.957, BC V n° 648 ; *CSB* 1990 A. 5).

• Sur la difficulté qui peut se présenter lorsque l'employeur et le salarié sont d'accord pour fractionner le congé, mais en désaccord sur sa durée lorsque la période des congés comprend un jour férié, voir rép. QE 23821, JO Sén. 25 février 1993, p. 338.

• Après avoir relevé que la période de congé annuel incluait le samedi férié du 15 août, de sorte que l'employeur ayant refusé de prolonger le congé d'un jour, les salariés n'avaient bénéficié que de 23 jours ouvrables continus, une cour d'appel en a exactement déduit l'existence d'un fractionnement du congé. Par ailleurs, c'est dans l'exercice de son pouvoir souverain d'appréciation qu'elle a retenu que la période de congé annuel s'accompagnait de la fermeture de l'établissement (cass. soc. 20 octobre 1998, n° 96-17.652, BC V n° 438).

• **Modalités de fractionnement de la cinquième semaine de congés payés.** Elles n'entrent pas dans les prévisions de cet article. L'avis conforme des délégués du personnel (al. 5) n'est donc pas nécessaire, s'agissant du fractionnement de la cinquième semaine (cass. ch. mixte 10 décembre 1993, n° 87-45.188, BC n° 1 ; *RJS* 1/94 n° 45), et l'accord des salariés concernés ne l'est pas non plus (cass. soc. 7 décembre 1994, n° 91-41.852, *RJS* 1/95 n° 32). La chambre mixte confirme ainsi la position prise par la chambre criminelle (cass. crim. 25 février 1992, n° 90-86.099, B. crim. n° 87 ; *RJS* 7/92 n° 878).

Les salariés peuvent néanmoins se prévaloir d'un usage de l'entreprise fixant la période à laquelle est prise la cinquième semaine, et le non-respect par l'employeur de cet usage cause aux salariés un préjudice dont les juges apprécient souverainement le montant (cass. soc. 16 mai 2000, n° 98-40.499, BC V n° 187 ; *RJS* 7-8/00 n° 817).

Sous réserve du respect des dispositions légales, la fixation de la date des congés payés constitue une prérogative de l'employeur. Ce dernier a pu prévoir que la cinquième semaine de congés serait prise pendant la fermeture de l'entreprise décidée pour tenir compte de la conjoncture économique, dès lors que les salariés n'ayant pas épuisé leurs droits à congés n'ont subi aucune perte de salaires et ne peuvent donc être indemnisés au titre du chômage partiel (cass. ch. mixte 10 décembre 1993, n° 88-42.652, BC n° 2 ; *RJS* 1/94 n° 46). En outre, l'employeur doit mettre le salarié en mesure de prendre sa cinquième semaine dans des conditions normales : ainsi, lorsque, d'un commun accord des parties, le congé principal a été fractionné et fixé à certaines dates, l'employeur qui impose au salarié, au retour de sa première période de congés, la prise de la quatrième semaine à une autre date et fixe en ses lieu et place la cinquième semaine, empêche le salarié de prendre sa cinquième semaine dans des conditions normales et lui cause ainsi un préjudice dont il doit réparation (cass. soc. 19 avril 2000, n° 98-40.790).

Par ailleurs, l'employeur ne peut priver les salariés de leurs droits au paiement des jours de congé supplémentaires dus en cas de fractionnement du congé principal, en qualifiant arbitrairement et unilatéralement de cinquième semaine de congés payés, les congés imputés par lui sur la période de fermeture de l'établissement, dès lors qu'à la date de cette fermeture, les salariés avaient épuisé leurs droits à congés payés et qu'ils n'avaient pas encore acquis de droits à une cinquième semaine de congés payés pour l'année de référence en cours (cass. soc. 12 février 1997, n° 94-42.441).

Art. L. 3141-19.

Art. L. 3141-19. Lorsque le congé est fractionné, la fraction d'au moins douze jours ouvrables continus est attribuée pendant la période du 1er mai au 31 octobre de chaque année.

Les jours restant dus peuvent être accordés en une ou plusieurs fois en dehors de cette période.

Il est attribué deux jours ouvrables de congé supplémentaire lorsque le nombre de jours de congé pris en dehors de cette période est au moins égal à six et un seul lorsque ce nombre est compris entre trois et cinq jours.

Les jours de congé principal dus en plus de vingt-quatre jours ouvrables ne sont pas pris en compte pour l'ouverture du droit à ce supplément.

Des dérogations peuvent être apportées aux dispositions du présent article, soit après accord individuel du salarié, soit par convention ou accord d'entreprise ou d'établissement.

Note

• Selon le ministre du Travail, de la solidarité et de la fonction publique, les dispositions relatives aux jours de fractionnement sont applicables en cas de report des congés payés du fait de la maladie ou de la maternité. « Ainsi, si les congés payés reportés sont pris durant la période légale, ils ne donneront pas lieu à des jours de congé supplémentaires. En revanche, si le salarié et l'employeur conviennent de fixer la date des jours de congés payés reportés en dehors de la période légale, des jours de congé supplémentaires seront accordés au salarié et calculés selon la méthode prévue à l'article L. 3141-19 CT » (rép. QE 74829, JO AN 19 octobre 2010, p. 11475).

• **Congés supplémentaires.** Le droit aux jours de congés supplémentaires naît du seul fait du fractionnement du congé légal (cass. soc. 4 décembre 1990, n° 89-15.583, BC V n° 615 ; 23 novembre 1994, n° 90-44.960, BC V n° 309 ; *RJS* 1/95 n° 33) ; la renonciation à ce droit ne se présume pas (cass. soc. 19 juin 2002, n° 99-45.837, BC V n° 207 ; *RJS* 10/02 n° 1140 ; 20 septembre 2005, n° 03-46.982, *RJS* 12/05 n° 1224). Le salarié peut prétendre au congé supplémentaire de fractionnement à partir de la prise en compte du nombre de jours de congé accordés par anticipation et sans condition en dehors de la période légale (cass. soc. 7 mars 1990, n° 87-40.629, BC V n° 112).

• L'article L. 223-8 (ancien) n'établissant aucune distinction suivant que le fractionnement du congé a été demandé par l'employeur ou choisi par le salarié, le droit à jours de congés supplémentaires en cas de fractionnement existe aussi bien dans l'une que dans l'autre hypothèse (cass. soc. 8 juin 1972, n° 71-40.328, BC V n° 424 ; 4 juillet 2001, n° 99-43-494, *RJS* 10/01, n° 1152 ; 19 décembre 2001, n° 99-45.281, *RJS* 4/02 n° 506 ; cass. crim. 27 mars 1973, n° 72-90.942, B. crim. n° 152 ; cass. soc. 9 avril 2008, n° 06-46.123, *JCP* éd. S 2008, 1353, note L. Drai), et joue même dans le cas où l'entreprise fait bénéficier ses salariés d'un congé conventionnel plus long que le congé légal (cass. soc. 2 décembre 1981, n° 79-41.399, BC V n° 932 ; 23 novembre 1994, n° 90-44.960, BC V n° 309 ; *RJS* 1/95 n° 33). Les parties peuvent toutefois, ainsi que les y autorise le quatrième alinéa de l'article L. 223-8 (ancien), déroger à cette règle par une convention particulière explicite (rép. QE 10024, JO AN 21 mars 1970, p. 667) et l'employeur peut subordonner à une renonciation au bénéfice du congé supplémentaire son acquiescement à une demande de fractionnement de congé. Ainsi, un accord d'entreprise, pris en application de l'article L. 223-8, al. 4 [L. 3141-9] CT, peut prévoir que le fractionnement des congés payés en dehors de la période légale, à la demande du salarié, ne lui ouvre pas droit aux jours de congés supplémentaires prévus par ce texte (cass. soc. 1er décembre 2005, n° 04.40.811, BC V n° 354 ; *JSL* n° 180, 27 décembre 2005, p. 24). En revanche, une simple note de service ne permet pas de refuser le bénéfice des jours supplémentaires de congé s'il n'est pas constaté, en l'absence de dispositions conventionnelles, que chacun des salariés concernés avait individuellement renoncé au bénéfice des jours supplémentaires, la renonciation par le salarié à un droit qu'il tient de la loi ne se présumant pas. Le salarié indûment privé de ses droits en la matière est fondé à réclamer des dommages-intérêts en réparation du préjudice causé par la perte des congés supplémentaires (cass. soc. 10 juillet 1986, n° 83-45.402, BC V n° 381 ; 17 décembre 1987, n° 85-41.979, BC V n° 770 et 4 novembre 1988, n° 86-42.349).

• **Dérogations.** Les dérogations prévues à l'alinéa 4 de l'article L. 223-8 [L. 3141-19, dern. al.] CT ne concernent que les modalités selon lesquelles les congés payés peuvent être fractionnés, aucune dérogation ne pouvant être apportée au principe, posé par l'alinéa 2 du même article [L. 3141-18, al. 2], selon lequel le fractionnement n'est possible qu'avec l'agrément du salarié (cass. soc. 10 mars 2004, n° 01-44.941, BC V n° 85 ; *RJS* 5/04 n° 553).

L'alinéa 4 de l'article L. 223-8 CT [dernier alinéa de cet article] prévoit que des dérogations peuvent être accordées par convention collective aux dispositions selon lesquelles la fraction de douze jours ouvrables continus doit être attribuée pendant la période du 1er mai au 31 octobre de chaque année. Une disposition conventionnelle peut ainsi étendre la période des congés annuels à l'année entière (cass. soc. 3 mai 2000, n° 98-41.845, BC V n° 164 ; *JCP* éd. G 2000.IV.2106) ou accorder aux salariés trois jours de congés supplémentaires si les congés annuels principaux sont pris pour leur totalité en dehors de la période légale (cass. soc. 6 juillet 1994, n° 93-42.360, BC V n° 229 ; *RJS* 8-9/94 n° 1001). Voir aussi cass. soc. 11 juillet 2000, n° 98-40.696, BC V n° 9 ; *RJS* 9-10/00 n° 964, précisant que, lorsque le droit à congés supplémentaires est subordonné à la prise effective de congé au cours de la période définie par l'accord, le salarié qui n'a pas formé de demande de congé pour cette période ne peut y prétendre, même si, du fait de la rupture de son contrat de travail (en l'espèce, départ en retraite), l'intéressé n'a pas pu formuler de demande de congé.

Sur l'absence d'accord individuel du salarié, de convention collective ou d'accord collectif permettant à l'employeur de déroger à l'attribution du congé annuel pendant la période du 1er mai au 31 octobre, voir cass. soc. 7 novembre 1995, n° 91-45.849, *RJS* 1/96 n° 32.

Art. L. 3141-20. Lorsque le congé s'accompagne de la fermeture de l'établissement, le fractionnement peut être réalisé par l'employeur sur avis conforme des délégués du personnel ou, à défaut de délégués, avec l'agrément des salariés.

Note L'avis conforme des délégués du personnel, au sens de cet article, s'entend d'un avis exprès (cass. soc. 29 juin 2011, n° 09-70.688, *LS* Jurispr. n° 148/2011 du 21/07/11 ; *JCP* éd. S 2011, 1442, note M. d'Allende).

Art. L. 3141-21. Si, en vertu d'une disposition légale, la durée du travail d'un salarié est décomptée à l'année, une convention ou un accord collectif étendu ou une convention ou un accord collectif d'entreprise ou d'établissement peut prévoir que les congés ouverts au titre de l'année de référence peuvent faire l'objet de reports.

Dans ce cas, les reports de congés peuvent être effectués jusqu'au 31 décembre de l'année suivant celle pendant laquelle la période de prise de ces congés a débuté.

L'accord précise :

1° Les modalités de rémunération des congés payés reportés, sans préjudice de l'article L. 3141-22 ;

2° Les cas précis et exceptionnels de report ;

3° Les conditions dans lesquelles ces reports peuvent être effectués, à la demande du salarié après accord de l'employeur ;

4° Les conséquences de ces reports sur le respect des seuils annuels fixés aux articles ***(L. 2008-789 du 20 août 2008, art. 24, JO 21)*** « L. 3121-44, L. 3122-2 et L. 3123-1 ». Ce report ne doit pas avoir pour effet de majorer ces seuils dans une proportion plus importante que celle correspondant à la durée ainsi reportée.

Ces dispositions s'appliquent sans préjudice des reports également prévus par l'article L. 3142-100, relatif au congé pour création d'entreprise et au congé sabbatique et les articles L. 3151-1 et suivants, relatifs au compte épargne-temps.

SECTION 4. Indemnités de congés

Art. L. 3141-22. I. – Le congé annuel prévu par l'article L. 3141-3 ouvre droit à une indemnité égale au dixième de la rémunération brute totale perçue par le salarié au cours de la période de référence.

Art. L. 3141-22.

Pour la détermination de la rémunération brute totale, il est tenu compte :
1° De l'indemnité de congé de l'année précédente ;
2° Des indemnités afférentes ***(L. 2008-789 du 20 août 2008, art. 24, JO 21)*** « à la contrepartie obligatoire en repos prévues à l'article L. 3121-11 » ;
3° Des périodes assimilées à un temps de travail par les articles L. 3141-4 et L. 3141-5 qui sont considérées comme ayant donné lieu à rémunération en fonction de l'horaire de travail de l'établissement.

Lorsque la durée du congé est différente de celle prévue à l'article L. 3141-3, l'indemnité est calculée selon les règles fixées ci-dessus et proportionnellement à la durée du congé effectivement dû.

II. – Toutefois, l'indemnité prévue au I ne peut être inférieure au montant de la rémunération qui aurait été perçue pendant la période de congé si le salarié avait continué à travailler.

Cette rémunération, sous réserve du respect des dispositions légales, est calculée en fonction :
1° Du salaire gagné dû pour la période précédant le congé ;
2° De la durée du travail effectif de l'établissement.

III. – Un arrêté du ministre chargé du travail détermine les modalités d'application du présent article dans les professions mentionnées à l'article L. 3141-30.

Note

• **Droit à l'indemnité de congés payés.** L'indemnité de congés payés n'est due qu'au salarié qui prend ses congés ou, s'il ne les prend pas, qui a été empêché de les prendre du fait de l'employeur (cass. soc. 10 février 1998, n° 95-42.334, BC V n° 75). Seule l'impossibilité pour un salarié d'exercer le droit à congé annuel pendant la période de congés payés, du fait de l'employeur, ouvre droit au profit de ce salarié à la réparation du préjudice qui en est résulté (cass. soc. 16 décembre 1997, n° 94-44.606 ; 3 novembre 1994, n° 93-42.331, *RJS* 12/94 n° 1389 ; 7 novembre 1995, n° 92-40.878, *RJS* 1/96 n° 31 ; 6 mai 2002, n° 00-43.655, *RJS* 7/02 n° 828, 2e espèce). Il appartient au salarié demandeur d'établir que l'impossibilité dans laquelle il s'est trouvé de bénéficier de ses congés était du fait de l'employeur (cass. soc. 23 avril 1997, n° 96-43.306 ; 14 octobre 1998, n° 96-40.083, *RJS* 11/98 n° 1372), et les juges du fond doivent rechercher si le salarié avait sollicité la prise de ses congés et s'il avait été mis, du fait de l'employeur, dans l'impossibilité de les prendre (cass. soc. 2 avril 2003, n° 01-41.698, *RJS* 6/03 n° 766). Lorsque le salarié a été privé de tout ou partie de la durée du congé à laquelle il pouvait prétendre du fait de l'employeur, il peut obtenir des dommages-intérêts en réparation du préjudice qui en est résulté pour lui et cela, même s'il a perçu l'indemnité de congé à laquelle il avait droit (cass. soc. 22 février 2000, n° 97-43.515, BC V n° 74 ; *RJS* 4/00 n° 467).

La mention du droit à congés sur le bulletin de paie vaut reconnaissance par l'employeur du fait que les congés restent dus (cass. soc. 30 mars 1999, n° 97-41.257).

N'est pas considéré comme ayant été empêché de prendre son congé du fait de l'employeur :
– le salarié qui n'a pas pris son congé annuel payé et qui a travaillé au service de son employeur, dès lors qu'il n'a pas fait usage de son droit, n'a pas établi que son employeur lui a demandé de reporter ses congés payés à l'exercice suivant ou a fait obstacle à l'usage de son droit à congé payé, et qu'il a perçu l'intégralité de son salaire (cass. soc. 30 mai 1980, n° 78-41.781, BC V n° 471 ; 29 mai 1990, n° 89-40.675, BC V n° 252 ; *CSB* 1990 S. 98 ; 11 octobre 1995, n° 92-41.359, *RJS* 1/96 n° 31 ; 6 mai 2002, n° 00-41.401, *RJS* 7/02 n° 828, 1re espèce) ;
– le salarié qui n'a pas pu prendre son congé avant la date butoir fixée par la convention collective en raison de sa maladie suivie de son invalidité (cass. soc. 3 décembre 1997, n° 95-43.305, *RJS* 1/98 n° 51 ; 20 mai 1998, n° 96-41.307).

Sur le report des congés en cas d'absence du salarié pour accident du travail, maladie professionnelle, maternité ou maladie, voir cass. soc. 27 septembre 2007, n° 05-42.293, BC V n° 147 ; 24 février 2009, n° 07-44.488, BC V n° 49 et 25 mars 2009, n° 07-43.767, BC V n° 90 cités sous art. L. 3141-13 CT.

• **Règles de calcul de l'indemnité de congés payés.** Cet article prévoit deux formules pour le calcul de l'indemnité de congés payés :

– soit le dixième de la rémunération totale perçue au cours de la période de référence (formule dite du dixième),
– soit la rémunération qui aurait été perçue pendant la période de congé si le salarié avait travaillé (formule dite du « maintien du salaire »).

Chaque salarié doit bénéficier de l'application de la formule qui lui est la plus avantageuse. L'employeur qui a appliqué la formule la moins avantageuse pour le salarié est passible d'une condamnation pénale (cass. crim. 15 juin 1962). Un accord collectif comportant un mode de calcul moins avantageux que celui prévu par la loi est inapplicable (cass. soc. 2 mars 1960, BC IV n° 248). Cette règle joue également pour les congés d'une durée différente de la durée légale, les dispositions de l'article L. 223-11 (ancien) étant d'ordre public et s'appliquant également aux congés supplémentaires, d'origine conventionnelle (cass. soc. 26 février 1997, n° 93-46.579, BC V n° 85 ; 26 mars 2002, n° 99-46.097). Ainsi, malgré les termes d'un accord d'entreprise accordant des jours de congé supplémentaires et prévoyant, par jour de congé supplémentaire, une indemnité égale au montant d'une journée de congé normal, les salariés peuvent prétendre, si ce mode est plus avantageux pour eux, à ce que cette indemnité soit calculée sur la base de la rémunération qu'ils auraient perçue pour les jours en cause, s'ils avaient travaillé (cass. soc. 11 février 1982, n° 80-40.163, BC V n° 95).

En prévoyant une durée de congés payés de 70 jours ouvrables ou non, ce qui inclut dans cette durée les repos hebdomadaires et les jours fériés, les dispositions d'un accord collectif obligent l'employeur, pour permettre à chaque salarié de bénéficier de l'indemnisation la plus favorable prévue à l'article L. 3141-22 CT, à calculer l'indemnité de congés payés qui lui est due, sur la base du rapport 60/30e sans qu'il y ait lieu de déduire de cette indemnité la rémunération des jours fériés inclus dans la durée des congés payés (cass. soc. 24 février 2009, n° 07-44.749, BC V n° 48 ; *JCP* éd. S 2009, 1230, note S. Brissy ; *RJS* 6/09 n° 543 ; dans le même sens, notamment cass. soc. 5 juin 2008, n° 06-46.366, BC V n° 125 ; *JCP* éd. S 2008, 1423, note S. Brissy ; *RJS* 8-9/08 n° 909 ; *RDT*, octobre 2008, CH, 608, Fl. Canut ; 15 novembre 2006, n° 05-41.573).

Incidence d'un jour férié. Le salarié ne peut prétendre, pour la durée totale du congé payé, à une indemnité supérieure au dixième de la rémunération perçue au cours de la période de référence que s'il eût perçu une rémunération plus élevée en continuant à travailler pendant ses jours de congé, y compris le jour de remplacement du jour férié accordé (cass. soc. 4 mai 1999, n° 97-13.725).

Fractionnement du congé. Lorsqu'il y a fractionnement du congé, le ministère du Travail estime qu'il est possible, pour la première fraction de congé, que l'employeur se borne à maintenir la rémunération habituelle, une rectification unique intervenant, compte tenu du mode de calcul le plus avantageux pour le salarié, au moment où se trouvent épuisés les droits à congé de la période de référence considérée (circ. TE 13 du 30 août 1978).

• **Détermination de la rémunération à prendre en compte pour l'application de la règle du dixième et de la règle du maintien du salaire.** Doivent être pris en compte dans l'assiette de calcul de l'indemnité de congés payés tous les éléments de rémunération du salarié ne couvrant pas à la fois les périodes de travail et celles de congés payés. Sont ainsi pris en compte la rémunération totale brute du salarié avant toute retenue (circ. min. du 25 avril 1941), les majorations pour heures supplémentaires (cass. soc. 6 mai 1955, BC IV n° 384 ; 13 octobre 1955, BC IV n° 706 ; 16 février 1999, n° 96-43.032), les pourcentages sur le chiffre d'affaires (cass. soc. 11 mai 1988, n° 85-45.816, BC V n° 288), les pourcentages sur la réalisation des objectifs fixés par l'employeur (cass. soc. 19 décembre 1990, n° 88-40.073), les primes de performance (cass. soc. 10 octobre 2001, n° 99-44.300, *RJS* 1/02 n° 48, 2e espèce) ou les primes d'objectif rétribuant de manière directe l'activité du salarié pour réaliser l'objectif assigné et assises sur les périodes travaillées (cass. soc. 30 avril 2003, n° 01-41.874, *RJS* 7/03 n° 899 ; 5 mai 2010, n° 08-44.895, *JSL* n° 284, 29 septembre 2010, p. 26), l'indemnité ou prime d'ancienneté lorsqu'elle ne rémunère pas à la fois les périodes de travail et celles de congés payés mais qu'elle est assise uniquement sur le salaire des périodes de travail (cass. soc. 25 mars 1982, n° 80-40.723, BC V n° 228 ; 11 juin 1987, n° 84-45.122 ; 30 mars 1995, n° 91-43.640), y compris dans ce cas le rappel de cette prime au titre des cinq dernières années (cass. soc. 6 décembre 1979, n° 78-41.408, BC V n° 970), une prime de mission (cass. soc. 4 février 1993, n° 89-40.473, *RJS* 3/93 n° 286) ou une prime d'expatriement (cass. soc. 22 novembre 1979, n° 77-40.643, BC V n° 897) versées pendant une période de travail à l'étranger, dès lors qu'elles ne constituent pas un remboursement de frais réellement exposés mais un complément de rémunération destiné à compenser les inconvénients de l'éloignement, les primes couvrant une sujétion générale de l'exercice du métier et ne compensant pas un risque exceptionnel ou un inconvénient inhabituel, telles qu'une prime de non-accident dans une entreprise de transport (cass. soc. 28 octobre 1963, BC IV n° 745), une prime de vol du personnel navigant (cass. soc. 15 novembre 1972, n° 71-40.281, BC V n° 621 ; voir aussi CJUE 15 septembre 2011, aff. C-155/10, *RJS* 12/11, pp. 819 et s. chron. J-Ph. Lhernould, s'agissant de la prime de vol des pilotes de ligne), une prime d'entretien (cass. soc. 2 avril 1987, n° 84-40.403), une prime d'équipe (cass. soc. 8 octobre 1987, n° 82-42.057), des primes de soirée et de samedi destinées à compenser une servitude permanente de l'emploi (cass. soc. 3 juillet 1990, n° 89-40.340, BC V n° 342 ; 16 octobre 2001, n° 99-44.464, *RJS* 1/02 n° 48, 1re espèce), une prime de remplacement, indépendamment du fait que ledit remplacement ne soit pas permanent, cela ne lui ôtant pas son caractère d'élément de rémunération (cass. soc. 23 mars 2005, n° 03-40.586) ou encore des primes de panier et des remboursements de transports, ne correspondant pas à des frais réellement exposés (cass. soc. 1er avril 1992, n° 88-42.067, BC V n° 237 ; 20 mai 1976, n° 75-40.615, BC V n° 302 ; 4 mai 2011, n° 10-10.651). Doivent également être prises en compte dans l'assiette servant de base au calcul de l'indemnité de congés payés la prise en charge par l'employeur de cotisations dues personnellement par le salarié à une caisse d'allocation vieillesse (cass. soc. 2 mars 1999, n° 96-42.541, *RJS* 5/99 n° 685), l'indemnité prévue par l'article L. 223-15 [L. 3141-29] CT en cas de fermeture de l'entreprise pour une période dépassant la durée des congés légaux (cass. soc. 2 juillet 2002, n° 00-46.011, BC V n° 232 ; *Dr. Soc.* 2002, p. 1006, obs. Ch. Radé ; 22 janvier 2003, n° 00-46.299) ou encore l'indemnité représentative du préavis versée au salarié ayant accepté une convention de conversion et qui est assimilable à un salaire (cass. soc. 24 juin 1998, n° 96-42.977, *RJS* 10/98 n° 1262).

En revanche, n'entrent pas dans l'assiette de calcul de l'indemnité de congés payés les primes ou indemnités qui couvrent l'ensemble de l'année, temps de travail et temps de congé confondus, et dont le montant n'est pas diminué du fait des congés payés, qu'elles soient versées annuellement (cass. soc. 8 juin 2011, n° 09-71.056, *LS* Jurispr. n° 131/2011 du 28/06/11 ; *RJS* 8-9/11 n° 699, s'agissant de primes de treizième mois ; cass. soc. 5 janvier 1978, n° 76-41.136, BC V n° 25 et 20 décembre 2006, n° 04-43.966, s'agissant de primes de vacances et de fin d'année) ou à des échéances plus rapprochées (cass. soc. 3 décembre 1975, n° 74-40.288, BC V n° 589, s'agissant de primes d'assiduité et de rendement versées semestriellement ; cass. soc. 26 mai 1999, n° 97-43.681, s'agissant d'une prime d'assiduité et de ponctualité ; cass. soc. 2 avril 1997, n° 94-41.389, s'agissant d'une prime de treizième mois versée semestriellement ; cass. soc. 16 juin 1998, n° 96-43.187, *RJS* 8-9/98 n° 1002, s'agissant d'une prime d'ancienneté versée tout au long de l'année). Par ailleurs, ne sont pas prises en compte dans l'assiette de l'indemnité de congés payés les indemnités constituant, peu important leur montant forfaitaire, un remboursement de frais réellement exposés (cass. soc. 8 juin 1994, n° 90-43.014, *RJS* 7/94 n° 866 ; 21 mars 1972, n° 71-40.367, BC V n° 236 ; 15 janvier 1976, n° 74-40.721, BC V n° 35), telles une indemnité couvrant des frais de déplacement (cass. soc. 16 juin 2004, n° 03-43.928, BC V n° 164 ; *RJS* 10/04 n° 1110) ou une indemnité d'expatriation, dès lors qu'elle a vocation à rembourser des frais inhérents au séjour à l'étranger (cass. soc. 25 mars 1998, n° 96-40.754, *RJS* 6/98 n° 746).

Mais une prime conventionnelle dite « pour remboursement de frais », calculée en fonction du nombre de jours et destinée à compenser l'impossibilité de prendre un repas à domicile du fait de l'horaire continu, ne visant pas à compenser un risque exceptionnel et ne constituant pas le remboursement de frais réellement exposés par les salariés, mais un complément de rémunération, doit être prise en compte pour le calcul de l'indemnité de congés payés (cass. soc. 9 avril 2008, n° 06-42.768, *RJS* 7/08 n° 798 ; *JSL* n° 234, 28 mai 2008, p. 31).

Les gratifications versées en fin d'année en fonction des résultats de l'entreprise qui présentent à la fois un caractère discrétionnaire et bénévole doivent également être exclues de l'assiette de calcul de l'indemnité de congés payés (cass. soc. 17 mars 1988, n° 85-78.587). N'entrent pas non plus dans l'assiette de calcul de l'indemnité de congés payés le complément de rémunération versé par le comité d'entreprise et le syndicat au salarié en congé syndical (cass. soc. 8 juillet 1992, n° 89-42.563, BC V n° 445 ; *RJS* 10/92 n° 1111), les dommages-intérêts alloués au salarié en cas de brusque rupture d'un contrat à durée déterminée par l'employeur (cass. soc. 16 novembre 1993, n° 90-44.199, BC V n° 270 ; *RJS* 1/94 n° 9 ; 8 novembre 1994, n° 92-42.783 ; 24 mai 1995, n° 92-43.995) ainsi que l'indemnité allouée en compensation du repos compensateur non pris du fait de la contestation par l'employeur des heures supplémentaires effectuées par un salarié, qui a le caractère de dommages-intérêts (cass. soc. 21 mai 2002, n° 99-45.890, BC V n° 170 ; *RJS* 8-9/02 n° 983).

S'agissant des indemnités de chômage partiel, la Cour de cassation les exclut de l'assiette de l'indemnité de congés payés. Sauf dispositions conventionnelles contraires, les périodes de chômage partiel, quelle qu'en soit la durée, n'étant pas assimilées par l'article L. 223-4 (ancien) à un temps de travail effectif, ne sont donc pas considérées comme ayant donné lieu à rémunération en fonction de l'horaire de travail de l'établissement (cass. soc. 19 novembre 1997, n° 95-44.093, BC V n° 389 ; 19 février 1992, n° 88-42.632, BC V n° 107 ; *RJS* 4/92 n° 458).

• **Référence au salaire antérieur.** La Cour de cassation considère que la période « précédant le congé » qui sert à la détermination de l'indemnité de congé doit s'entendre de la période précédant immédiatement le congé, c'est-à-dire le mois précédent, peu important que, pendant cette période, la rémunération ait été réduite du fait du versement de primes inférieures à leur taux habituel en raison de nombreux arrêts volontaires de travail (cass. soc. 14 octobre 1982, n° 80-41.307).

• **Durée du travail effectif à retenir pour l'application de la règle du maintien du salaire.** Pour déterminer la durée du travail effectif de l'établissement, il convient de se référer à l'horaire habituel et il n'y a lieu de tenir compte ni de l'horaire qu'aurait suivi le salarié s'il avait continué à travailler pendant la période des congés, cet horaire pouvant être exceptionnellement allongé en raison précisément des départs en vacances (cass. soc. 21 octobre 1970, n° 69-40.611, BC V n° 544), ni de l'horaire individuel immédiatement antérieur si l'intéressé avait effectué un nombre exceptionnel d'heures supplémentaires (cass. soc. 5 mai 1971). C'est la notion d'horaire habituel du service ou de la catégorie professionnelle qui doit être retenue. Toutefois, si, par accord avec l'employeur, un travailleur pratique habituellement une durée hebdomadaire de travail différente de celle de l'établissement, l'indemnité de congé de l'intéressé est déterminée d'après son propre horaire (rép. QE 2939, JO 28 mars 1952). Dans une espèce concernant un salarié travaillant en horaire alterné (33 h une semaine et 44 h la semaine suivante), la Cour de cassation a approuvé les juges du fond d'avoir décidé que l'indemnité versée à l'intéressé devait être calculée selon l'horaire de 44 h qui aurait été le sien s'il avait travaillé pendant sa semaine de congés (cass. soc. 2 juin 1988, n° 85-41.200, BC V n° 341).

À noter que, lorsqu'un salarié, occupé à temps partiel, prend ou reprend un emploi à temps plein au moment des vacances, il doit incontestablement, selon le ministère du Travail, bénéficier de la règle préférentielle de calcul (rép. QE 41402, JO AN 2 mars 1981).

• **Rémunération forfaitaire.** S'il n'est pas interdit aux parties de convenir d'un salaire forfaitaire, incluant les congés payés, encore faut-il que cette convention soit expresse et que ses modalités n'aboutissent pas, pour le salarié, à un résultat moins favorable que la stricte application des dispositions légales (cass. soc. 2 avril 1997, n° 95-42.320, BC V n° 135 ; 11 mai 1988, n° 86-40.460, BC V n° 286 ; 4 juin 1998, n° 96-41.441, *RJS* 7/98 n° 872 ; 13 avril 1999, n° 96-44.217 ; 4 avril 2006, n° 04-43.764). Un usage d'entreprise ne peut l'imposer au salarié (cass. soc. 16 janvier 2001, n° 98-43.144, *RJS* 4/01 n° 467). Pour les VRP, le versement d'une rémunération forfaitaire incluant l'indemnité de congés payés est également admis, à condition qu'une majoration du taux des commissions soit prévue dans le contrat de travail afin de permettre de vérifier que le salarié a été rempli de ses droits (cass. soc. 30 mai 2000, n° 97-45.946, BC V n° 212 ; *RJS* 9-10/00 n° 1025 ; voir aussi cass. soc. 5 mai 2010, n° 08-44.403, s'agissant d'un salarié payé à la commission).

• **Calcul de l'indemnité de congé payé et du salaire lorsqu'une même période de paie comprend des jours de congé et des jours de travail.** De l'arrêt de la Cour supérieure d'arbitrage du 27 novembre 1972 et de l'arrêt de la Cour de cassation (chambre sociale) du 16 janvier 1974 (BC V n° 43), il résulte que :
– si l'on applique la règle du maintien du salaire, le salarié rémunéré au mois doit recevoir au total une somme égale, au titre du mois où il prend son congé payé, à celle qui lui aurait été versée si ce mois avait été intégralement travaillé ;

– si l'on applique la règle du dixième, il convient d'ajouter au dixième (qui représente l'indemnité de congé payé) le montant des salaires dus pour les heures de travail accomplies au cours de la période de paie incluant le congé payé.

Les dispositions de l'article L. 223-11 (ancien), qui imposent seulement que l'indemnité de congés payés soit au moins égale à la rémunération que le salarié aurait perçue s'il avait travaillé, impliquent que le total de la rémunération des jours travaillés et de l'indemnité de congés payés peut, dans certains cas, être supérieur au salaire mensuel (cass. soc. 12 janvier 1994, n° 91-20.443, *RJS* 2/94 n° 157).

• **Paiement de l'indemnité de congés payés. Charge de la preuve.** La charge de la preuve du paiement de l'indemnité de congés payés incombe à l'employeur. Il lui appartient de produire les éléments de nature à justifier de ce paiement, notamment par la remise du livre de paie ou de tous éléments de nature à le justifier (cass. soc. 19 janvier 1999, n° 97-40.452).

• **Prescription.** L'indemnité de congés payés est soumise à la prescription quinquennale (cass. soc. 17 mars 1999, n° 96-42.642 ; 27 mars 2001, n° 98-42.119, *RJS* 6/01 n° 757). Le point de départ de la prescription doit être fixé à l'expiration de la période légale ou conventionnelle au cours de laquelle les congés auraient pu être pris (cass. soc. 4 décembre 1996, n° 93-46.408, BC V n° 416 ; 12 mars 2002, n° 99-42.993).

Art. D. 3141-7. Le paiement des indemnités dues pour les congés payés est soumis aux règles déterminées par le livre II pour le paiement des salaires.

Note L'indemnité de congé payé est exigible dans les mêmes conditions que le salaire et n'est due qu'à la date où le congé est pris (cass. soc. 25 novembre 1982, n° 81-15.568, BC V n° 646), c'est-à-dire en pratique à la même date que le salaire ; mais rien n'interdit à l'employeur de payer l'indemnité de congé par anticipation (cass. soc. 13 mars 1963, BC IV n° 252).

Sur le point de départ de la prescription en matière d'indemnité de congés payés, voir note sous art. L. 3141-22 CT.

Art. D. 3141-8. L'indemnité de fin de mission, prévue à l'article L. 1251-32, est prise en compte pour la détermination de la rémunération totale prévue à l'article L. 3141-22.

Art. L. 3141-23. Pour la fixation de l'indemnité de congé, il est tenu compte des avantages accessoires et des prestations en nature dont le salarié ne continuerait pas à jouir pendant la durée de son congé.

La valeur de ces avantages et prestations ne peut être inférieure à celle fixée par l'autorité administrative.

Note • Les avantages accessoires et les prestations en nature dont le salarié ne continue pas à jouir pendant la durée de son congé et dont la valeur représentative ne peut être inférieure à l'évaluation résultant de l'arrêté préfectoral, entrent en compte pour l'établissement de l'indemnité de congé payé. Voir l'article L. 3141-22. Il s'agit en pratique de la nourriture et du logement.

• Doit être cassé l'arrêt de cour d'appel qui a inclus dans l'assiette servant à déterminer l'indemnité de congés payés un avantage en nature (véhicule de fonction) maintenu durant les congés payés (cass. soc. 7 mars 2007, n° 05-42.826).

Art. L. 3141-24. Dans les professions où, d'après les stipulations du contrat de travail, la rémunération des salariés est constituée en totalité ou en partie de pourboires, la rémunération à prendre en considération pour la détermination de l'indemnité de congé est évaluée conformément aux règles applicables en matière de sécurité sociale.

L'indemnité de congé ne peut être prélevée sur la masse des pourboires ou du pourcentage perçu pour le service.

Note • Si les pourboires sont prélevés par l'employeur sous forme de pourcentages obligatoirement ajoutés aux notes des clients ou autrement, centralisés et répartis par lui ou par son représentant, leur montant est intégralement retenu pour le calcul de l'indemnité de congés payés ; pour l'application de la règle du maintien du salaire, il est admis que lorsque les congés sont accordés par roulement, il suffit de diviser la masse des pourboires recueillis par les travailleurs présents dans l'établissement par le nombre habituel de parties prenantes pour connaître la somme qui serait revenue au personnel en congé (rép. QE 1195, JO Sén. 28 décembre 1949).

• Si les pourboires sont remis directement par la clientèle au personnel et sont soit conservés par lui, soit centralisés et répartis par un membre du personnel, le salaire de base à retenir pour le calcul de l'indemnité de congé est constitué par les sommes forfaitaires fixées pour le calcul des cotisations de sécurité sociale et ne peut être inférieur au SMIC, mais si des arrêtés, des accords ou des conventions collectives ont fixé des salaires de base supérieurs pour le calcul des cotisations de sécurité sociale, c'est ce salaire de base qui est à retenir pour l'établissement de l'indemnité de congé payé.

Art. L. 3141-25. Les dispositions de la présente section ne portent pas atteinte aux stipulations contractuelles ou aux usages qui assurent des indemnités de congé d'un montant plus élevé.

Note • **Entreprises à statut.** Les dispositions du statut de la SNCF relatives au calcul de la rémunération versée aux agents pendant leurs congés payés forment, avec les règles du même statut relatives à la détermination des droits à congés et avec celles relatives aux conditions selon lesquelles ces congés peuvent être pris, un ensemble indivisible de dispositions qui résultent des nécessités particulières du service public ferroviaire exploité par la SNCF et, notamment, des exigences du principe de continuité. L'application des dispositions de l'article L. 223-13 (ancien) CT aux agents de la SNCF qui impliquerait la remise en cause de cet ensemble de dispositions serait de ce fait incompatible avec les nécessités du service public. Par suite, c'est légalement que les auteurs du statut de la SNCF ont pu édicter les dispositions qui, pour la détermination de la rémunération afférente aux congés payés, s'écartent des modalités retenues par l'article L. 223-13 (ancien) CT (CE 7 juillet 1995, n°s 146028, 149095, 149096, 149097, *RJS* 11/95 n° 1188 ; *Dr. Soc.* 1996, p. 175, note J. Chorin).

Saisie d'une demande en complément d'indemnité de congés payés formée par des agents d'EDF-GDF, la Cour de cassation rappelle, elle aussi, qu'il convient de déterminer si les dispositions du statut relatives aux congés payés sont plus avantageuses pour les salariés que celles résultant du régime légal et que cette appréciation doit être globale à raison du caractère indivisible du régime statutaire institué en tenant compte des nécessités du service public. Elle décide ainsi que, même si, en ce qui concerne les bases de calcul de l'indemnité de congés payés, le statut du personnel d'EDF-GDF prévoit une disposition moins favorable, l'ensemble du régime des congés payés prévu par ce statut accorde aux agents des avantages supérieurs à ceux qui résulteraient de l'application du code du travail (cass. soc. 2 mai 2000, n° 98-43.081).

• L'avantage institué par une convention collective consistant en une majoration d'indemnité de congés payés en fonction de l'ancienneté du salarié, la prise effective des jours correspondants n'étant qu'une option ouverte dans certaines conditions au salarié, un conseil de prud'hommes a pu décider que cet avantage pouvait se cumuler avec la cinquième semaine de congés payés instituée par l'ordonnance du 16 janvier 1982, dès lors que ces avantages n'avaient ni le même objet ni la même cause (cass. soc. 6 octobre 2010, n° 09-42.769, BC V n° 220 ; *RJS* 12/10 n° 943 ; *JSL* n° 287, 18 novembre 2010, p. 31).

Art. L. 3141-26. Lorsque le contrat de travail est rompu avant que le salarié ait pu bénéficier de la totalité du congé auquel il avait droit, il reçoit, pour la fraction de congé dont il n'a pas bénéficié, une indemnité compensatrice de congé déterminée d'après les dispositions des articles L. 3141-22 à L. 3141-25.

Art. L. 3141-26.

L'indemnité est due dès lors que la rupture du contrat de travail n'a pas été provoquée par la faute lourde du salarié, que cette rupture résulte du fait du salarié ou du fait de l'employeur.

Cette indemnité est également due aux ayants droit du salarié dont le décès survient avant qu'il ait pris son congé annuel payé. L'indemnité est versée à ceux des ayants droit qui auraient qualité pour obtenir le paiement des salaires arriérés.

Note • **Indemnité compensatrice de congés payés.** L'indemnité prévue par cet article ne concerne que les congés non pris par le salarié au titre de la période de référence en cours à la date de la rupture du contrat (cass. soc. 11 octobre 1995, n° 92-41.359, *RJS* 1/96 n° 31). Le salarié est toujours fondé à se prévaloir des congés acquis (cass. soc. 25 mars 1998, n° 96-40.185, *RJS* 5/98 n° 600).

En cas de rupture du contrat de travail, les congés payés acquis non pris au cours de l'année prévue par le code du travail ou une convention collective en raison d'absences liées à une maladie, un accident du travail ou une maladie professionnelle doivent être indemnisés au titre de l'article L. 3141-26 CT (cass. soc. 25 mars 2009, n° 07-43.767, BC V n° 90 ; *JSL* n° 256, 27 mai 2009, p. 23 ; *RJS* 6/09 n° 519 ; voir aussi cass. soc. 21 septembre 2010, n° 08-44.368, *JSL* n° 287, 18 novembre 2010, p. 28).

Cette jurisprudence s'aligne sur celle de la CJCE qui considère que l'article 7, § 2, de la directive 2003/88 s'oppose à des dispositions ou à des pratiques nationales qui prévoient que, lors de la fin de la relation de travail, aucune indemnité financière de congé annuel payé non pris n'est payée au travailleur qui a été en congé de maladie durant tout ou partie de la période de référence et/ou d'une période de report, raison pour laquelle il n'a pas pu exercer son droit au congé annuel payé. Pour le calcul de l'indemnité financière, la rémunération ordinaire du travailleur, qui est celle qui doit être maintenue pendant la période de repos correspondant au congé annuel payé, est déterminante (CJCE 20 janvier 2009, aff. C-350/06 et C-520/06, rec. p. I-179 ; JOUE C 69/3 du 21.03.2009 ; *JCP* éd. S 2009, 1152, note E. Andreo ; *RJS* 4/09, p. 263, note J-Ph. Lhernould ; *RDT*, mars 2009, p. 170, CH, M. Véricel ; *JSL* n° 250, 23 février 2009, p. 12, note J-E Tourreil).

À noter que :
– un salarié doit être reçu en sa demande en paiement d'un solde d'indemnité compensatrice de congés payés même si le solde de congés payés litigieux avait été acquis au titre de la période antérieure à la période de référence en cours à la date de la rupture, dès lors cependant qu'il avait été reporté sur cette dernière période avec l'accord de l'employeur ainsi qu'en attestait la mention de ce solde sur les bulletins de paye (cass. soc. 27 septembre 2007, n° 06-41.744, BC V n° 145 ; *RJS* 12/07 n° 1296).
– si l'indemnité de congé payé reçue pendant une période de référence entre dans l'assiette de calcul de l'indemnité compensatrice de congé payé acquis au titre de cette période de référence, cette indemnité compensatrice de congé payé, qui n'indemnise pas un temps assimilé à un temps de travail effectif, ne peut être prise en considération pour le calcul de l'indemnité compensatrice de congé payé au titre de la période de référence suivante (cass. soc. 17 février 1993, n° 89-44.825, *RJS* 4/93 n° 407).

• L'indemnité compensatrice de congés payés porte sur la période de dispense de préavis, « la dispense par l'employeur de l'exécution du travail pendant le délai-congé ne devant entraîner, jusqu'à l'expiration de ce délai, aucune diminution des salaires et avantages, y compris l'indemnité de congés payés, que le salarié aurait reçus s'il avait accompli son travail ». Dans l'hypothèse où le délai-congé conventionnel est supérieur à deux mois, le solde de l'indemnité représentative de préavis versée par l'employeur à un salarié ayant accepté une convention de conversion est assimilable à un salaire et doit donc comprendre l'indemnité compensatrice de congés payés (cass. soc. 31 octobre 2000, n° 98-42.204, BC V n° 355 ; *RJS* 1/01 n° 77).

• Un salarié, licencié pour faute grave sans préavis, doit, si la faute grave n'est pas retenue par le juge, bénéficier de l'indemnité compensatrice de congé payé correspondant au préavis dont il aurait dû bénéficier (cass. soc. 13 juin 1991, n° 89-45.798, BC V n° 297 ; *RJS* 10/91 n° 1102).

• Pour le calcul de l'indemnité compensatrice de congé de salariés licenciés avant d'avoir pu bénéficier de leur congé, il y a lieu de tenir compte de l'horaire de travail réduit qui aurait été maintenu si les intéressés n'avaient pas été licenciés collectivement, le recours à un horaire normal n'ayant été rendu possible qu'à la suite de ces licenciements (cass. soc. 10 mai 1978, n° 77-40.304, BC V n° 353).

• Lorsqu'un salarié n'a pas été en mesure, du fait de l'employeur, de formuler une demande de repos compensateur, il a droit à l'indemnisation du préjudice subi ; celle-ci comporte à la fois le montant de l'indemnité de repos compensateur et le montant de l'indemnité de congés payés afférents (cass. soc. 23 octobre 2001, n° 99-40.879, BC V n° 332 ; *RJS* 1/02 n° 42).

• En cas de modification de la situation juridique de l'employeur intervenant dans le cadre d'une procédure de redressement judiciaire, le nouvel employeur n'est tenu au paiement de l'indemnité compensatrice de congés payés due à un salarié que pour la fraction afférente postérieure à la reprise de son contrat de travail (cass. soc. 19 février 1992, n° 89-45.112, BC V n° 93 ; *RJS* 4/92 n° 411).

• **Salariés sous contrat à durée déterminée** : selon l'article L. 122-3-3 (ancien) CT, par dérogation aux dispositions de l'article L. 223-2 (ancien) CT, les salariés sous contrat à durée déterminée ont droit à une indemnité compensatrice de congés payés au titre du travail effectivement accompli durant ce contrat, quelle qu'ait été sa durée (cass. soc. 4 janvier 2000, n° 97-42.991). Cependant, ces salariés doivent, comme les autres salariés, prendre effectivement les congés qu'ils ont acquis. Ce n'est que dans l'hypothèse où le régime des congés payés applicable dans l'entreprise ne le leur permet pas qu'ils peuvent bénéficier de l'indemnité compensatrice de congés payés (cass. soc. 4 janvier 2000, n° 97-41.374, BC V n° 2).

• **Paiement de l'indemnité compensatrice de congés payés. Charge de la preuve.** A renversé la charge de la preuve le conseil de prud'hommes qui, pour débouter un salarié de sa demande en paiement d'une indemnité compensatrice de congés payés, énonce qu'il a droit à des congés payés mais ne verse pas aux débats son bulletin de salaire et n'apporte pas la preuve de ses prétentions, sans avoir constaté un paiement fait par l'employeur, alors qu'il appartient au débiteur d'une obligation de justifier de sa libération (cass. soc. 29 octobre 1997, n° 95-42.159).

• **Faute lourde :** la faute lourde, définie par la jurisprudence comme une faute traduisant l'intention de nuire du salarié vis-à-vis de l'employeur ou de l'entreprise (voir notamment cass. soc. 29 novembre 1990, n° 88-40.618, BC V n° 599 ; *Dr. Soc.* 1991, p. 105, note G. Couturier ; 10 avril 1996, n° 93-40.193 ; 1er avril 1997, n° 94-42.286), entraîne pour le salarié la perte de l'indemnité compensatrice correspondant à la fraction de congé dont il n'a pas bénéficié au titre de la période de référence en cours. Toutefois, elle n'affecte pas ses droits aux indemnités de congé ou à des compléments d'indemnité correspondant à des périodes de référence écoulées dans la limite de la prescription quinquennale (cass. soc. 28 octobre 1975, n° 74-40.712, BC V n° 490). Ainsi, par exemple, la période de référence débutant le 1er juin de chaque année et se terminant le 31 mai, un salarié, licencié pour faute lourde le 18 juillet 1997, ne peut être privé de son indemnité compensatrice de congés payés pour la période du 1er juin 1996 au 31 mai 1997 (cass. soc. 28 février 2001, n° 98-45.762, *Dr. Soc.* 2001, p. 551, obs. Ch. Radé ; *RJS* 5/01 n° 616).

La faute lourde commise pendant l'exécution du préavis ne prive pas le salarié de son droit à l'indemnité compensatrice de congés payés, laquelle était acquise au jour de la démission (cass. soc. 13 janvier 1993, n° 91-45.260 ; 10 octobre 1995, n° 92-41.069, *CSB* 1995 A. 58 ; voir aussi 23 octobre 1991, n° 88-43.008, BC V n° 430 ; *RJS* 12/91 n° 1329 pour l'indemnité de congé payé).

Art. L. 3141-27. Lorsque, à l'occasion de la rupture de son contrat de travail, un salarié, par suite de l'ordre fixé pour les départs en congé, a pris un congé donnant lieu à une indemnité de congé d'un montant supérieur à celle à laquelle il avait droit au moment de la rupture, il rembourse le trop-perçu à l'employeur.

Le remboursement n'est pas dû si la rupture du contrat de travail par le salarié est provoquée par une faute lourde de l'employeur.

Art. L. 3141-28. Les dispositions des articles L. 3141-26 et L. 3141-27 ne sont pas applicables lorsque l'employeur est tenu d'adhérer à une caisse de congés par application de l'article L. 3141-30.

Art. L. 3141-29.

Art. L. 3141-29. Lorsqu'un établissement ferme pendant un nombre de jours dépassant la durée des congés légaux annuels, l'employeur verse aux salariés, pour chacun des jours ouvrables de fermeture excédant cette durée, une indemnité qui ne peut être inférieure à l'indemnité journalière de congés.

Cette indemnité journalière ne se confond pas avec l'indemnité de congés.

Note

• Le maintien en activité de l'établissement exploité par une société n'étant pas assuré pendant un nombre de jours dépassant la durée fixée pour la durée des congés payés annuels, cette société a l'obligation de régler aux salariés, pendant les périodes d'activité, un salaire mensuel et une indemnité de congés payés calculés en fonction du nombre de semaines d'activité, et, en outre, pour chacun des jours ouvrables de fermeture excédant la durée des congés payés annuels, l'indemnité spécifique prévue à l'article L. 223-15 [L. 3141-29] CT, dont le montant ne peut être inférieur à l'indemnité journalière de congés payés, laquelle ne peut elle-même être inférieure, en application de l'article L. 223-11, al. 3 [L. 3141-22] CT, au montant de la rémunération qui aurait été perçue pendant la période de congé si le salarié avait continué à travailler. Ayant constaté que le système appliqué par l'employeur, qui avait consisté à étaler sur toute l'année le salaire dû à la salariée pour la période d'activité, n'avait pas permis à l'intéressée de percevoir l'indemnité prévue à l'article L. 223-11 [L. 3141-22] CT, une cour d'appel a pu énoncer que, non seulement pendant la période d'activité et les congés payés mais encore pendant la période de fermeture de l'établissement excédant celle des congés payés, les salariés devaient percevoir une somme calculée sur la base du salaire horaire pendant la période d'activité et multiplié par le coefficient 52/12 (cass. soc. 12 février 1997, n° 94-40.605, BC V n° 60 ; voir aussi cass. soc. 8 juillet 2003, n° 01-10.672, BC V n° 222 ; *RJS* 10/03 n° 1204).

• Les dispositions de cet article sont applicables, même lorsque la fermeture de l'entreprise au-delà de la durée des congés payés est motivée par des circonstances extérieures telles que le rythme de l'activité scolaire (cass. soc. 17 décembre 1987, n° 86-41.530, BC V n° 771 ; 14 novembre 1991, n° 87-45.135, BC V n° 502 ; 10 juin 1992, n° 88-44.433, BC V n° 374 ; *RJS* 8-9/92 n° 965 ; 17 décembre 1997, n° 94-43.718, BC V n° 457 ; *RJS* 2/98 n° 181). Les dispositions de cet article étant d'ordre public, l'employeur ne peut faire échec à leur application en invoquant la disposition du contrat de travail relative à la suspension de ses effets pendant la période des vacances scolaires (cass. soc. 28 janvier 1997, n° 94-41.128). La chambre criminelle de la Cour de cassation a également considéré que les salariés d'une société spécialisée dans la restauration collective et notamment scolaire, dont le contrat de travail se trouvait suspendu pendant la période des congés scolaires légaux, à l'exception de celle pendant laquelle le personnel prend ses congés payés légalement acquis, pouvaient prétendre au bénéfice de l'indemnité journalière prévue à l'article L. 223-15 [L. 3141-29], dès lors que les contrats de travail de ces salariés ne pouvaient être considérés comme des contrats de travail intermittents au sens des articles L. 212-4-8 et 4-9 (anciens) (cass. crim. 15 octobre 1991, n° 90-81.112, B. crim. n° 347).

L'indemnité prévue par cet article est due aux salariés dont les contrats à durée déterminée successifs ont été requalifiés, lorsque les périodes non travaillées entre chaque contrat correspondaient à des périodes de fermeture de l'établissement au-delà de la durée légale des congés payés (cass. soc. 13 décembre 2006, n° 04-46.935, BC V n° 383 ; *RJS* 2/07 n° 233). Voir aussi cass. soc. 16 juin 2010, n° 09-40.183, BC V n° 141 ; *RJS* 10/10 n° 778 ; *JCP* éd. S 2010, 1371, note L. Drai, s'agissant des enseignants « intervenants » travaillant dans des établissements privés.

• S'il n'est pas interdit aux parties de convenir d'un salaire forfaitaire, incluant l'indemnité due en cas de fermeture d'un établissement au-delà de la durée fixée pour les congés légaux annuels, encore faut-il que cette convention de forfait soit expresse et que ses modalités n'aboutissent pas, pour le salarié, à un résultat moins favorable que la stricte application des dispositions légales. Un usage d'entreprise ne peut l'imposer au salarié (cass. soc. 16 janvier 2001, n° 98-43.144, *RJS* 4/01 n° 466). Doit ainsi être cassé l'arrêt qui, pour rejeter la demande d'un salarié en paiement d'une indemnité pour fermeture de l'entreprise au-delà de la durée des congés légaux annuels, a énoncé que si aucun écrit ne fait référence à une convention de forfait, il n'est pas établi que le contrat de travail du salarié ait dérogé à un usage constant dans l'entreprise, concernant un forfait global annuel incluant les congés payés et les congés universitaires (cass. soc. 4 juin 1998, n° 96-41.441, *RJS* 7/98 n° 872).

• Une cour d'appel qui a relevé qu'une salariée ne pouvait bénéficier d'un contrat de travail intermittent, ce dont il résultait que l'employeur ne pouvait lui appliquer un système d'annualisation du temps de travail et de lissage de sa rémunération, fût-il prévu par une convention de forfait, a exactement décidé qu'elle devait bénéficier de l'indemnité prévue à l'article L. 223-15 [L. 3141-29] CT (cass. soc. 23 septembre 2009, n° 08-40.114, BC V n° 203 ; *RJS* 12/09 n° 948).

• En cas de fermeture d'un établissement pour mise en congé annuel du personnel pendant la durée légale, les salariés qui ont droit à un congé inférieur à cette durée reçoivent des allocations de chômage partiel. Voir article R. 5122-10 et circulaire DGEFP 2004-26 du 3 novembre 2004 citée sous cet article (BO TR 2004/24 du 5 janvier 2005).

SECTION 5. Caisses de congés payés

Art. L. 3141-30. Des décrets déterminent les professions, industries et commerces pour lesquels l'application des dispositions du présent chapitre comporte des modalités particulières, telles que la constitution de caisses de congés auxquelles les employeurs intéressés s'affilient obligatoirement. Ces dispositions concernent en particulier les salariés qui ne sont pas habituellement occupés de façon continue chez un même employeur au cours de la période reconnue pour l'appréciation du droit au congé.

Ces décrets fixent la nature et l'étendue des obligations des employeurs, les règles d'organisation et de fonctionnement des caisses ainsi que la nature et les conditions d'exercice du contrôle de l'État à leur égard.

Note • Sur le point de départ de l'année de référence pour l'affiliation à une caisse de congés payés, voir article R. 3141-3 et note sous cet article.

• Sur l'obligation d'affiliation à une caisse de congés payés selon l'activité de l'entreprise, voir note sous art. D. 3141-12.

• L'employeur qui a adhéré à une caisse de compensation des congés payés est notamment tenu de verser les cotisations calculées au taux fixé pour chaque exercice social par le conseil d'administration de la caisse et de délivrer à ses salariés un certificat justificatif au moment où ils doivent prendre leur congé pour leur permettre de faire valoir leurs droits. Il doit déclarer à la caisse, chaque mois ou chaque trimestre, les salaires versés au cours de la période en cause ; le salaire comprenant tous les éléments ayant le caractère de rémunération, il doit déclarer les indemnités pour frais professionnels et notamment l'indemnité de panier, faute de quoi il ne remplit pas l'intégralité de ses obligations en matière de déclaration à la caisse des salaires versés (cass. soc. 29 novembre 1979, n° 77-41.438). L'entreprise ne peut se substituer à la caisse des congés payés et est redevable de l'intégralité des cotisations dues sans qu'il puisse être opéré une compensation avec les indemnités de congés payés qu'elle aurait directement versées (cass. soc. 14 octobre 1981, n° 80-13.486, BC V n° 784 ; 12 février 1987, n° 85-11.975, BC V n° 74).

• L'employeur qui n'a pas rempli l'intégralité de ses obligations envers la caisse de compensation des congés payés est tenu de réparer personnellement le préjudice subi par le salarié qui, du fait de sa carence, s'est vu refuser par ladite caisse le paiement d'un complément d'indemnité de congé payé qui lui était dû (cass. soc. 15 novembre 1972, n° 71-40.538, BC V n° 615). Mais, dès lors que l'employeur a été condamné à verser les cotisations réclamées à la caisse et que la procédure de recouvrement est en cours d'exécution, il incombe à la caisse de congés payés de verser au salarié l'indemnité de congé à laquelle il peut prétendre (cass. soc. 17 décembre 1987, n° 85-42.483, BC V n° 766).

• *Redressement judiciaire.* L'article L. 243-5 c. séc. soc. permettant la remise des majorations de retard dues à la date du jugement d'ouverture de la procédure collective n'est pas applicable aux cotisations aux caisses de congés payés, celles-ci ne constituant pas des organismes de sécurité sociale (cass. soc. 8 février 2001, n° 98-12.684, *RJS* 4/01 n° 533). Les caisses de congés payés demeurent redevables des indemnités dues au personnel des entreprises en redressement judiciaire qui leur sont régulièrement affiliées et qui n'ont pas versé leurs cotisations à la caisse si elles n'ont pas pris, à l'égard de l'employeur défaillant, l'une des mesures prévues par leurs statuts (suspension ou radiation) qui ont pour conséquence de dégager la responsabilité de la caisse à l'égard du personnel dont il s'agit à compter d'une date qui doit être précisée au moment où la mesure est signifiée au chef de l'entreprise (rép. QE 18511, JO AN 29 juin 1971).

• Des décrets sont intervenus, notamment en ce qui concerne :
– le bâtiment et les travaux publics. Voir articles D. 3141-12 à 28 (et note sous ces articles) ;
– les artistes du spectacle. Voir articles D. 7121-38 à 49.

Art. L. 3141-31. Les caisses de congés payés peuvent nommer des contrôleurs chargés de collaborer à la surveillance de l'application de la législation sur les congés payés par les employeurs intéressés. Ceux-ci fournissent à tout moment aux contrôleurs toutes justifications établissant qu'ils se sont acquittés de leurs obligations.

Pour l'accomplissement de leur mission les contrôleurs disposent des mêmes pouvoirs que ceux attribués aux inspecteurs du travail. Tout obstacle à l'accomplissement de cette mission est passible des sanctions prévues à l'article L. 8114-1.

Les contrôleurs sont agréés. Cet agrément est révocable à tout moment.

Les contrôleurs ne doivent rien révéler des secrets de fabrication ni des procédés et résultats d'exploitation dont ils pourraient prendre connaissance dans l'exercice de leur mission.

Note Sur la protection du personnel de contrôle des caisses de congés payés contre l'arbitraire, voir notamment rép. QE, JO AN 20 septembre 1993, p. 3096.

[Dispositions réglementaires]

Sous-section 1. Dispositions générales

Art. D. 3141-9. L'employeur qui adhère à une caisse de congés payés, par application de l'article L. 3141-30, délivre au salarié, en cas de rupture du contrat de travail, un certificat justificatif de ses droits à congé compte tenu de la durée de ses services.

Art. D. 3141-10. En vue de la détermination du droit au congé et, le cas échéant, du calcul de l'indemnité à verser aux ayants-droit, les caisses de congés payés font état, dans le décompte des services, de l'ancienneté des services accomplis chez les employeurs dont l'affiliation à une caisse de congé est obligatoire.

Art. D. 3141-11. L'agrément des contrôleurs des caisses de congés payés est délivré pour une durée n'excédant pas cinq ans par arrêté du préfet du département où se trouve le siège de la caisse dont ils relèvent.

Il est renouvelable.

Sous-section 2. Dispositions particulières aux professions du bâtiment et des travaux publics

§ 1. Règles d'affiliation

Art. D. 3141-12. *(D. 2009-493 du 29 avril 2009, JO 2 mai)* Dans les entreprises exerçant une ou plusieurs activités entrant dans le champ d'application des conventions collectives nationales étendues du bâtiment et des travaux publics, le service des congés est assuré, sur la base de celles-ci, par des caisses constituées à cet effet.

Toutefois, lorsque l'entreprise applique, au titre de son activité principale, une convention collective nationale autre que celles mentionnées à l'alinéa précédent et sous réserve d'un accord conclu, conformément à l'article D. 3141-15, entre la caisse de surcompensation mentionnée à l'article D. 3141-22 et l'organisation ou les organisations d'employeurs représentatives de la branche professionnelle concernée, le service des congés peut être assuré par l'entreprise.

Pour l'application du présent article, l'activité principale s'entend comme celle dans laquelle l'entreprise emploie le plus grand nombre de salariés.

Note Les caisses de congés payés remplissant une fonction de caractère exclusivement social et n'exerçant pas d'activité économique, il ne peut être soutenu que l'obligation d'adhérer et de payer des cotisations pour la gestion des congés payés des salariés à la caisse de congés payés du bâtiment constitue un abus de position dominante prohibé par l'article 82 CE (cass. soc. 21 janvier 2009, n° 07-12.411, BC V n° 14 ; *RJS* 4/09 n° 365).

• L'obligation pour une entreprise de s'affilier à une caisse de congés payés dépend de l'activité qu'elle exerce réellement (cass. soc. 15 juin 1999, n° 97-16.713). Peu importent son objet social (cass. soc. 17 janvier 1990, n° 88-15.852) et la convention collective appliquée par l'employeur (cass. soc. 5 octobre 1994, n° 93-40.493). En présence d'un objet social faisant état de prestations de nature à entraîner son adhésion obligatoire à la caisse des congés payés du bâtiment, il incombe à l'entreprise de démontrer que son activité réelle n'entre pas, en tout ou partie, dans le champ d'application de cette obligation (cass. soc. 15 novembre 2006, n° 05-19.124, BC V n° 347 ; *RJS* 2/07 n° 286).

Exerce une activité d'entrepreneur général de bâtiment le constructeur de maisons individuelles sur plan, se chargeant de l'entière responsabilité de la conduite des travaux, peu important qu'il sous-traite tout ou partie des travaux matériels de construction (cass. ch. mixte 10 avril 1992, n° 88-84.489, BC n° 1 ; cass. soc. 28 octobre 1992, n° 89-12.642, BC V n° 525 ; 1er juin 1995, n° 92-18.371, BC V n° 177 ; *CSB* 1995 B. 122). En revanche, le GIE constitué par plusieurs entreprises du bâtiment qui ne procède pas à la réalisation des travaux de construction, mais se borne à faciliter la conclusion de contrats par ses membres sans les conclure lui-même, n'exerce pas une activité d'entrepreneur général de bâtiment (cass. crim. 11 octobre 1994, n° 92-81.526, B. crim. n° 324 ; *CSB* 1995 S. 20). De même, n'est pas tenue de s'affilier à une caisse de congés payés du bâtiment l'entreprise dont l'activité consiste à louer des camions-grues mobiles avec chauffeur à des entreprises diverses dont certaines seulement sont des entreprises du bâtiment, dès lors qu'il ressort des constatations des juges que cette entreprise, qui relève de la convention collective des transports, est un prestataire de services dont l'activité ne figure pas aux classes 33 et 34 de la nomenclature des activités économiques et n'entre pas dans le champ d'application de l'article D. 732-1 (ancien) CT (cass. soc. 28 janvier 1999, n° 96-13.044, *RJS* 3/99 n° 445 ; voir au contraire cass. soc. 11 juillet 2001, n° 99-15.987, *RJS* 10/01 n° 1224, 2e espèce, approuvant une cour d'appel d'avoir décidé qu'une société de location d'engins avec chauffeur sur les chantiers de travaux publics exerçait une activité de travaux publics et devait s'affilier à une caisse de congés payés). Enfin, une société ayant pour objet social la prestation de services et la vente de marchandises dans le domaine des espaces verts et de l'environnement n'a pas à être affiliée à la caisse de congés payés du bâtiment dès lors qu'il résulte des éléments analysés relatifs aux prestations fournies, notamment des factures produites, que ces prestations ne relèvent pas de l'une des rubriques de la nomenclature de 1947 (cass. soc. 12 juillet 2006, n° 04-19.451, BC V n° 265 ; *RJS* 10/06 n° 1127).

À noter que la nature de l'activité exercée par l'entreprise ne dépend pas du matériau utilisé : exerce une activité du bâtiment relevant du groupe 33-22 de la nomenclature annexée au décret du 16 janvier 1947 la société assurant la fabrication à façon, sur commandes appropriées aux chantiers, de menuiseries de bâtiment, peu important que le matériau utilisé soit le PVC, lequel, ignoré lors de l'établissement de la nomenclature de référence, n'est qu'un substitut technique du bois (cass. soc. 4 juillet 2001, n° 99-14.981, *RJS* 10/01 n° 1224, 1re espèce).

• *Entreprises à activités multiples.* Le décret 2009-493 du 29 avril 2009 a modifié les modalités d'affiliation aux caisses de congés payés du BTP. Lorsqu'une entreprise exerce une ou plusieurs activités dans le BTP, le service des congés est toujours assuré par des caisses constituées à cet effet. En revanche, désormais, lorsqu'une entreprise exerce plusieurs activités (dont certaines dans le BTP) et qu'elle applique, au titre de son activité principale, une convention collective autre que celle du BTP et sous réserve d'un accord conclu entre la caisse de surcompensation et les organisations d'employeurs représentatives de la branche professionnelle concernée, elle peut assurer elle-même les congés de ses salariés.

Art. L. 3141-31.

L'employeur qui exerce plusieurs activités, même à titre accessoire, n'est tenu de s'affilier à la caisse de congés payés du bâtiment que pour celles de ses activités qui, aux termes de l'article D. 732-1 [D. 3141-11] et sous les exceptions qu'il prévoit, appartiennent aux groupes 33 et 34 de la nomenclature de 1947 (cass. soc. 7 février 1990, n° 88-10.891, BC V n° 58 ; 4 juillet 2001, n° 99-18.460, *RJS* 10/01 n° 1224, 3e espèce ; 22 mai 2002, n° 00-13.624, *RJS* 8-9/02 n° 1042).

L'obligation d'affiliation n'est pas subordonnée à la condition que l'activité accessoire soit dans le cadre d'une entreprise distincte et il n'est pas exigé que cette activité soit accomplie par un personnel affecté de manière permanente à cette tâche (cass. soc. 29 mai 1990, n° 88-15.649, BC V n° 251 ; 27 mars 1996, n° 94-11.343, *CSB* 1996 B. 119). Lorsque le personnel d'une entreprise est affecté indistinctement à une activité principale non soumise à assujettissement et à une activité accessoire, les cotisations réclamées à l'employeur ne doivent être assises que sur la quote-part des salaires versés au personnel au titre de cette activité accessoire, seule soumise à assujettissement, et cette quote-part doit être calculée à proportion des chiffres d'affaires respectifs des deux branches d'activité (cass. soc. 20 novembre 2001, n° 99-17.713, BC V n° 353 ; *Dr. Soc.* 2002, pp. 216 et s., obs. J. Savatier).

L'obligation d'affiliation au titre d'une activité accessoire subsiste même si cette activité est minime et n'est exercée que par le seul gérant non salarié de l'entreprise sans qu'aucun salarié n'y participe (cass. soc. 30 juin 2004, n° 02-19.035, *JSL* n° 153, 12 octobre 2004, p. 25 ; *RJS* 11/04 n° 1205).

Après avoir relevé qu'une société avait été bénéficiaire d'un chantier de climatisation à la suite d'un appel d'offres, une cour d'appel en a déduit qu'au moins pour partie, son activité relevait de la profession du bâtiment et qu'elle devait s'affilier à une caisse de congés payés du bâtiment (cass. soc. 21 janvier 2009, n° 07-12.411, BC V n° 14).

• Dès lors qu'une personne emploie des salariés pour réaliser une activité de construction, elle doit s'affilier à une caisse de congés payés du bâtiment. Ainsi, le propriétaire d'un ensemble immobilier, qui emploie des salariés (chefs de chantier, maçons, peintres, etc.) pour réaliser une opération de rénovation et de construction de locaux qu'il entend ultérieurement louer pour son propre compte, exerce une activité d'entrepreneur général de bâtiment nécessitant son affiliation à une caisse des congés payés (cass. soc. 8 décembre 2004, n° 03-16.160, BC V n° 329 ; *JCP* éd. G 2005.IV.1179).

• Dès lors que l'entreprise est bien adhérente à la caisse de congés payés, celle-ci ne peut refuser de payer des indemnités de congés payés à un salarié, au seul motif que l'employeur n'est pas à jour de ses cotisations (cass. soc. 2 février 1994, n° 89-41.596, *CSB* 1994 B. 67). En cas de manquement de l'employeur à ses obligations légales, le paiement des indemnités de congés payés ne peut être mis à sa charge et le salarié ne peut prétendre vis-à-vis de l'entreprise qu'à des dommages-intérêts en raison du préjudice subi (cass. soc. 24 novembre 1993, n° 89-43.437, *Cah. prud'h.* 1994, 58). En ce qui concerne la mise en cause des caisses de congés payés devant le juge prud'homal, voir *Cah. prud'h.* 1994, n° 4, chronique.

Voir aussi notes sous art. L. 3141-30 et D. 3141-31.

Art. D. 3141-13. Le régime prévu par la présente sous-section s'applique aux carrières annexées aux entreprises mentionnées ***(D. 2009-493 du 29 avril 2009, JO 2 mai)*** « au premier alinéa de l'article » D. 3141-12 ainsi qu'aux ateliers, chantiers et autres établissements travaillant exclusivement pour le fonctionnement et l'entretien de ces entreprises, qu'ils soient ou non annexés à celles-ci.

Art. D. 3141-14. Le régime prévu par la présente section s'applique également aux entreprises non établies en France mentionnées aux articles L. 1262-1 et L. 1262-2.

Note L'obligation d'affiliation concerne toutes les entreprises exerçant leur activité sur le territoire français, peu important que leur siège social se trouve à l'étranger. C'est donc à bon droit qu'une cour d'appel a condamné une société de droit anglais, ayant son siège en Grande-Bretagne et son principal établissement en France, à payer des cotisations et majorations de congés payés à une caisse, après avoir relevé que l'activité de la société était exercée sur le territoire français, ce qui impliquait que cette société était soumise à l'obligation de poursuivre le paiement des cotisations de congés payés (cass. soc. 22 février 2006, n° 03-18.771, BC V n° 85 ; *RJS* 5/06 n° 641).

Art. D. 3141-15. Des règles particulières d'affiliation peuvent être définies par accord conclu entre la caisse nationale de surcompensation mentionnée à l'article D. 3141-22 et les organisations d'employeurs représentatives d'une branche professionnelle autre que celle du bâtiment et des travaux publics lorsque les entreprises affiliées à ces organisations d'employeurs exercent, à titre secondaire ou accessoire, une ou plusieurs activités impliquant leur affiliation aux caisses mentionnées à l'article D. 3141-12.

Art. D. 3141-16. Les accords mentionnés à l'article D. 3141-15, approuvés par le ministre chargé du travail, indiquent :

1° Les motifs justifiant la mise en œuvre de règles particulières d'affiliation ;

2° Le ou les critères selon lesquels l'affiliation est réalisée, notamment le pourcentage du chiffre d'affaires réalisé s'agissant des activités mentionnées aux articles D. 3141-12 et D. 3141-13 en deçà duquel l'affiliation n'est pas demandée, ainsi que les activités spécifiques à chaque profession exclues du champ d'affiliation ;

3° Les règles applicables aux entreprises qui n'assurent pas la pose des produits qu'elles fabriquent ou qui la sous-traitent.

Art. D. 3141-17. Un arrêté du ministre chargé du travail fixe les pièces justificatives, les garanties à fournir par les caisses de congés payés soit en vue de leur agrément, soit au cours de leur fonctionnement, ainsi que les dispositions que contiennent leurs statuts et règlements.

Art. D. 3141-18. Le ministre chargé du travail autorise les caisses à exercer leur activité dans une circonscription territoriale déterminée après avoir vérifié que le nombre des salariés qui doivent être déclarés à la caisse justifie l'institution de celle-ci.

Art. R. 3141-19. Les statuts et règlements des caisses et toute modification éventuelle de ces textes ne sont applicables qu'après avoir reçu l'approbation du ministre chargé du travail.

Art. D. 3141-20. *(D. 2009-493 du 29 avril 2009, JO 2 mai)* Dans les entreprises mentionnées à l'article D. 3141-12, dont l'activité principale relève du bâtiment, le service des congés des salariés déclarés est assuré par la caisse agréée pour la circonscription territoriale dans laquelle l'entreprise a son siège social.

Dans les entreprises dont l'activité principale relève des travaux publics, ce service est assuré par une caisse à compétence nationale.

Dans les entreprises qui relèvent du statut coopératif, ce service est également assuré par une caisse à compétence nationale.

Art. D. 3141-21. Par dérogation au premier alinéa de l'article D. 3141-20, la caisse de congés compétente pour les entreprises non établies en France mentionnées à l'article D. 3141-14 est celle du lieu d'exécution de la prestation ou du chantier.

En cas de prestations multiples simultanées, l'entreprise peut centraliser ses déclarations à la caisse du lieu de la prestation la plus importante compte tenu de l'effectif qui y est affecté.

Art. D. 3141-22. Les caisses de congés payés s'affilient à une caisse de surcompensation créée pour l'ensemble des entreprises mentionnées à l'article D. 3141-12.

Celle-ci a notamment pour objet de répartir entre les caisses intéressées les charges résultant du paiement par une seule caisse des indemnités dues aux salariés successivement déclarés à différentes caisses.

Art. D. 3141-23. Les salariés appartenant aux établissements mentionnés aux articles D. 3141-12 à D. 3141-15 sont déclarés par l'employeur à la caisse compétente, sauf s'ils sont titulaires d'un contrat de travail à durée déterminée, conclu pour une durée minimum d'un an et ayant acquis date certaine par enregistrement.

Toutefois, en cas de rupture d'un tel contrat avant le terme d'une année, l'employeur verse rétroactivement à la caisse les cotisations correspondant aux salaires perçus par le salarié depuis le début de la période de référence en cours.

Art. D. 3141-24. L'employeur peut faire assurer par la caisse de congés payés, avec l'accord de celle-ci et moyennant le versement des cotisations correspondantes, le service des congés aux salariés dont la déclaration n'est pas obligatoire.

Art. D. 3141-25. Les effets de l'affiliation de l'employeur ne peuvent remonter au-delà de la date d'ouverture de la période de référence écoulée.

Art. L. 3141-31.

Note • Voir note sous art. L. 3141-30.

• L'obligation d'affiliation s'impose aux employeurs dès le 1er avril de la première année de référence (cass. soc. 7 novembre 2006, n° 04-19.870). C'est donc à tort que, pour fixer la date d'effet de l'affiliation d'une société à une caisse de congés payés dans les quinze jours de la signification de sa décision, une cour d'appel a énoncé que la société actuellement non affiliée à la caisse ne peut être condamnée à déclarer les salariés concernés par l'activité de bâtiment, une telle obligation ne pouvant préexister à l'affiliation (cass. soc. 1er décembre 2005, n° 04-11.378, BC V n° 353 ; *RJS* 2/06 n° 228).

Art. D. 3141-26. Les entreprises mentionnées à l'article D. 3141-14, établies dans un autre État membre de la Communauté européenne ou dans l'un des autres États partie à l'accord sur l'Espace économique européen, peuvent s'exonérer des obligations figurant à la présente sous-section si elles justifient que leurs salariés bénéficient de leurs droits à congés payés pour la période de détachement dans des conditions au moins équivalentes à celles prévues par la législation française.

Art. D. 3141-27. Lorsque les entreprises mentionnées à l'article D. 3141-26 sont affiliées à une institution équivalente aux caisses de congés payés, dans le pays où elles sont établies, elles justifient qu'elles sont à jour de leurs obligations à l'égard de ces institutions à la date du commencement de la prestation et qu'elles ont continué à cotiser à l'institution compétente durant le détachement temporaire pour bénéficier de l'exonération.

Art. D. 3141-28. L'employeur affiche à une place convenable et aisément accessible dans les locaux de l'entreprise où s'effectue le paiement des salariés la raison sociale et l'adresse de la caisse de congés payés à laquelle il est affilié.

§ 2. Organisation et fonctionnement

Art. D. 3141-29. La cotisation de l'employeur est déterminée par un pourcentage du montant des salaires payés aux salariés déclarés.

Ce pourcentage est fixé par le conseil d'administration de la caisse de congés payés.

Le règlement intérieur de celle-ci précise les dates et les modes de versement des cotisations, les justifications qui accompagnent ce versement et les vérifications auxquelles se soumettent les adhérents.

Note • L'opposabilité et la mise en œuvre des décisions du conseil d'administration des caisses de congés payés n'étant soumises à aucune modalité particulière de publicité, les personnes affiliées à la caisse de congés payés sont valablement informées des taux de cotisation appliqués par les mentions figurant sur les imprimés de déclaration qui leur sont adressés (cass. soc. 7 avril 2010, n° 08-16.262, BC V n° 87, arrêt n° 1 ; *RJS* 6/10 n° 524, 1re espèce ; *JCP* éd. S 2010, 1370, 2e espèce, note A. Martinon) ou par leur publication dans un journal d'annonces légales (cass. soc. 7 avril 2010, n° 08-14.843, BC V n° 87, arrêt n° 2 ; *RJS* 6/10 n° 524, 2e espèce ; *JCP* éd. S 2010, 1370, 1re espèce, note A. Martinon).

L'employeur affilié à une caisse de congés payés a l'obligation de régler ses cotisations à cette caisse et ne peut s'en exonérer au motif que la caisse n'a pas versé aux salariés concernés les indemnités de congés payés (cass. soc. 15 juin 1999, n° 97-18.070, *Dr. Soc.* 1999, p. 841).

• Les dispositions du code du travail relatives au recouvrement des cotisations à la caisse de congés payés du BTP ne sauraient faire échec au pouvoir de reporter ou échelonner le paiement des sommes dues, que le juge tient de l'article 1244-1 c. civ. (cass. soc. 4 avril 2006, n° 04-15.284, BC V n° 136 ; *RJS* 7/06 n° 897).

Art. D. 3141-30. La durée des congés des salariés déclarés à la caisse est déterminée en application des dispositions générales du présent chapitre. Il en est de même pour les salariés déclarés par les entreprises non établies en France mentionnées aux articles L. 1262-1 et L. 1262-2.

Toutefois, cent cinquante heures de travail effectif sont considérées comme équivalentes à un mois pour la détermination de la durée du congé de ces salariés.

En outre, il est ajouté à l'ensemble des heures de travail accomplies au cours de l'année de référence, cent soixante heures représentant forfaitairement le congé de l'année précédente, lorsque celui-ci a été payé à l'intéressé par l'intermédiaire d'une caisse agréée.

Art. D. 3141-31. La caisse assure le service des congés payés des salariés déclarés par l'employeur.

Toutefois, en cas de défaillance de l'employeur dans le paiement des cotisations, elle verse l'indemnité de congés payés à due proportion des périodes pour lesquelles les cotisations ont été payées, par rapport à l'ensemble de la période d'emploi accomplie pendant l'année de référence. L'employeur défaillant n'est pas dégagé de l'obligation de payer à la caisse les cotisations, majorations de retard et pénalités qui restent dues.

Après régularisation de la situation de l'employeur, la caisse verse au salarié le complément d'indemnité de congés payés dû, calculé suivant les mêmes principes.

Note Une caisse de congés payés du bâtiment ne peut être condamnée au paiement des indemnités de congés payés pour les périodes non couvertes par les cotisations mises à la charge de l'employeur, même lorsque ce dernier a été mis en redressement judiciaire (cass. soc. 14 septembre 2005, n° 03-40.132, *RJS* 11/05 n° 1149).

Art. D. 3141-32. Le salaire horaire pris en considération pour le calcul de l'indemnité de congé est le quotient du montant de la dernière paye versée au salarié dans l'entreprise assujettie qui l'employait en dernier lieu par le nombre d'heures de travail effectuées pendant la période ainsi rémunérée.

En cas de changement des taux de salaires, il est tenu compte de ceux applicables pendant le congé. Toutefois, cette disposition n'est applicable qu'aux salariés qui, au moment de leur congé, sont employés dans une entreprise assujettie.

Note Les caisses de congés payés du bâtiment et des travaux publics sont tenues de calculer les indemnités de congés conformément aux dispositions combinées des articles L. 223-11 et D. 732-7 (anciens) CT et 5-24 de la convention collective nationale des ouvriers employés par les entreprises du bâtiment du 8 octobre 1990. Les congés payés doivent donc être décomptés en jours et c'est à juste titre qu'une caisse de congés payés refuse d'appliquer le décompte horaire prévu par un accord d'entreprise, un tel accord étant contraire aux dispositions de l'article L. 223-2 (ancien) CT (cass. soc. 19 mai 2004, n° 02-19.866, BC V n° 135 ; *RJS* 7/04 n° 847 ; *JSL* n° 148, 29 juin 2004, p. 32).

Art. D. 3141-33. L'indemnité du congé mentionné à l'article L. 3141-3 est le produit du vingt-cinquième du salaire horaire défini à l'article D. 3141-32 par le double du nombre d'heures de travail accomplies au cours de l'année de référence.

Pour chaque jour de congé supplémentaire attribué à quelque titre que ce soit, le salarié reçoit le quotient de l'indemnité mentionnée au premier alinéa par le nombre des jours de congé auquel cette indemnité correspond.

Art. D. 3141-34. L'employeur remet au salarié, avant son départ en congé ou à la date de rupture de son contrat, un certificat en double exemplaire qui permet à ce dernier de justifier de ses droits à congé envers la caisse d'affiliation du dernier employeur.

Ce certificat indique le nombre d'heures de travail effectuées par le salarié dans l'entreprise pendant l'année de référence, le montant du dernier salaire horaire calculé conformément aux dispositions de l'article D. 3141-32 ainsi que la raison sociale et l'adresse de la caisse d'affiliation.

Art. D. 3141-35. Une commission instituée auprès de chaque caisse de congés payés statue sur toutes les contestations qui peuvent s'élever au sujet des droits aux congés des salariés déclarés à la caisse.

Elle est composée, en nombre égal, de membres employeurs et salariés désignés par le ***(D. 2009-1377 du 10 nov. 2009, JO 13 ; D. 2010-687 du 24 juin 2010, JO 25 ; voir D. 2010-1582 du 17 déc. 2010, JO 18, pour outre-mer)*** « directeur régional des entreprises, de la concurrence, de la consommation, du travail et de l'emploi » et choisis parmi les organisations d'employeurs et de salariés représentatives au niveau régional pour les professions assujetties.

Art. D. 3141-36. Les caisses de congés payés sont soumises pour l'application des lois et règlements relatifs aux congés payés, au contrôle de l'inspection du travail dans les professions intéressées.

Art. D. 3141-37. L'employeur justifie à tout moment à l'inspection du travail, aux officiers de police judiciaire et aux contrôleurs agréés de la caisse d'affiliation dont il relève, qu'il est à jour de ses obligations envers celle-ci.

[Sanction pénale]

Art. R. 3143-1. Le fait de méconnaître les dispositions des articles L. 3141-1 à L. 3141-31 et L. 3164-9, relatives aux congés payés, ainsi que celles des décrets pris pour leur application, est puni de l'amende prévue pour les contraventions de la cinquième classe, prononcée autant de fois qu'il y a de salariés concernés par l'infraction.

La récidive est réprimée conformément aux articles 132-11 et 132-15 du code pénal.

Note • Il résulte des dispositions de l'article L. 223-7 [L. 3141-13] que le défaut de consultation par l'employeur des délégués du personnel et du comité d'entreprise pour la fixation de la période des congés payés ou de l'ordre des départs est constitutif de la contravention spécifique à la législation des congés payés que sanctionnent les articles R. 260-2 et R. 262-6 [R. 3141-3], et non du délit d'entrave réprimé par les articles L. 482-1 et L. 483-1 [L. 2316-1 et L. 2328-1] (cass. crim. 6 février 1990, n° 87-82.316, B. crim. n° 65).

• « En prévoyant, en cas de récidive seulement, le cumul des peines contraventionnelles et, en tout autre cas, le prononcé d'un nombre d'amendes égal au nombre des personnes employées, les dispositions de cet article ont institué, en la matière, un système de répression spécial qui déroge au droit commun et selon lequel, s'il n'y a pas récidive, le nombre d'amendes prononcées en cas de pluralité d'infractions ne peut excéder le nombre des personnes irrégulièrement employées » (cass. ass. plén. 22 janvier 1982, n° 79-94.914, *JCP* 1982, n° 19865, note R. de Lestang). Dans le même sens, cass. crim. 15 décembre 1987, n° 87-83.359, B. crim. n° 468 et 15 octobre 1991, n° 89-86.132, Faul. Cette dérogation au principe du cumul des peines contraventionnelles n'est pas applicable lorsque les infractions ont été relevées dans des établissements distincts de la même entreprise (cass. crim. 19 novembre 1991, n° 91-81.095, B. crim. n° 419 ; *RJS* 3/92 n° 293).

CHAPITRE II

Autres congés

SECTION 1. Congés rémunérés

Sous-section 1. Congé pour événements familiaux

Note Ces dispositions s'appliquent à tous les salariés visés à l'article L. 3111-1, aux concierges et employés d'immeuble à usage d'habitation (art. L. 7211-3), aux employés de maison (art. L. 7221-2).

Art. L. 3142-1. Tout salarié bénéficie, sur justification et à l'occasion de certains événements familiaux, d'une autorisation exceptionnelle d'absence de :

1° Quatre jours pour son mariage ;

2° Trois jours pour chaque naissance survenue à son foyer ou pour l'arrivée d'un enfant placé en vue de son adoption. Ces jours d'absence ne se cumulent pas avec les congés accordés pour ce même enfant dans le cadre du congé de maternité ;

3° Deux jours pour le décès d'un enfant ;

4° Deux jours pour le décès du conjoint ou du partenaire lié par un pacte civil de solidarité ;

5° Un jour pour le mariage d'un enfant ;

6° Un jour pour le décès du père, de la mère, du beau-père, de la belle-mère, d'un frère ou d'une sœur.

Note

• Sur le projet de décret créant un congé de quatre jours pour la conclusion d'un pacte civil de solidarité, voir rép. QE 10664, JO Sén. 18 février 2010, p. 386.

Voir aussi délibération 2007-366 du 11 février 2008 de la Halde recommandant que soit consacrée dans la convention collective visée l'extension du bénéfice des avantages rémunérés pour événements familiaux aux salariés unis par un pacte civil de solidarité et recommandant également au ministre du Travail de faire procéder à l'amendement de l'article L. 226-1 [L. 3142-1] CT afin d'étendre l'ensemble des congés pour événements familiaux réservés aux seuls salariés mariés aux salariés unis par un pacte civil de solidarité.

• Congé de mariage du salarié. Congé de naissance. Si cet article permet au salarié qui se marie de s'absenter pendant quatre jours sans diminution de salaire, il ne prévoit aucune indemnité dans le cas où le salarié se marie pendant une période de congé (cass. soc. 20 juin 1984, n° 81-40.286, BC V n° 256). De même, le congé de naissance doit être pris « à l'occasion » de la naissance de l'enfant. Si celle-ci survient lors du congé annuel, elle n'ouvre droit à aucune prolongation du congé, ni à indemnité (cass. soc. 11 octobre 1994, n° 93-42.310).

Les jours d'absence se décomptent normalement en jours ouvrables à partir de la date de l'événement sans tenir compte de l'horaire ou de sa répartition hebdomadaire (rép. QE 44412, JO AN 3 février 1997, p. 589).

La convention collective précisant que les permissions pour événements familiaux seront accordées en « jours ouvrables » sans opérer aucune distinction entre les jours ouvrables travaillés et les jours ouvrables non travaillés, un congé pour événement familial de 3 jours a pu être accordé au salarié à partir d'un samedi non travaillé (cass. soc. 16 juillet 1997, n° 95-42.432, *RJS* 10/97 n° 1103 ; 19 mai 1999, n° 98-40.983).

• Congé pour mariage d'un enfant. Selon cet article, que les dispositions conventionnelles applicables en l'espèce ne font que reprendre, tout salarié bénéficie, sur justification et à l'occasion de certains événements familiaux, d'une autorisation exceptionnelle d'absence, notamment d'un jour pour le mariage d'un enfant, ce jour d'absence n'entraînant pas de réduction de la rémunération. Il en résulte que le jour d'autorisation d'absence ainsi accordé n'a pas à être nécessairement pris le jour de l'événement le justifiant. Ayant constaté que le salarié avait justifié du mariage de sa fille et qu'il avait pris ce congé la veille de cet événement, un conseil de prud'hommes a exactement décidé que l'avenant en indiquant « événements » ne fixe pas dans le temps une date précise, mais fixe une période qui doit être raisonnable durant laquelle le jour chômé et rémunéré est accordé (cass. soc. 16 décembre 1998, n° 96-43.323, BC V n° 569 ; *JCP* éd. E 1999, p. 404 : « Les modalités de prise des jours de congé pour événements familiaux », O. Bonijoly).

Ce congé doit être également accordé pour le second mariage d'un enfant (cass. soc. 28 novembre 1985, n° 84-43.439, *JS* 1986 SJ 36).

• La Cour de cassation a considéré, dans un arrêt de sa chambre sociale du 14 mars 1985 (n° 83-43.443), que le congé pour décès du beau-père ou de la belle-mère n'est ouvert que pour le seul décès du père ou de la mère du conjoint du salarié et non pour le conjoint en cas de remariage de la mère (ou du père) du salarié, car le second mari de la mère du salarié n'a aucun lien de parenté avec ce dernier. Par analogie avec cette position, il ne semble pas possible qu'un congé puisse être exigé par le conjoint qui n'a pas de lien de parenté directe avec l'enfant qui se marie. Une appréciation souple de la situation par son employeur ou la prise d'un jour de congé payé paraissent les solutions les plus adaptées à cette situation (rép. QE 1858, JO AN 16 mars 1998, p. 1500).

Pour bénéficier du congé en raison du décès d'un beau-parent, le salarié doit être effectivement marié. Ce congé ne peut donc pas, en l'absence de dispositions conventionnelles ou d'accord de l'employeur, être attribué en raison du décès d'un parent du concubin (cass. soc. 27 septembre 2006, n° 04-46.708).

Art. L. 3142-2. Les jours d'absence pour événements familiaux n'entraînent pas de réduction de la rémunération. Ils sont assimilés à des jours de travail effectif pour la détermination de la durée du congé annuel.

Note Aucune rémunération, qu'elle soit légale, contractuelle ou conventionnelle, ne peut être réduite en raison de la prise des congés visés à l'article L. 226-1 [L. 3142-1] CT. Ainsi une convention collective, si elle pouvait librement fixer les conditions d'attribution d'une prime trimestrielle de présence, ne pouvait disposer que la prise des jours d'absence autorisée prévus par la loi entraînerait privation de cette prime (cass. soc. 10 décembre 1997, n° 94-44.887).

Sous-section 2. Congé de participation aux instances d'emploi et de formation professionnelle ou à un jury d'examen

Art. L. 3142-3. Lorsqu'un salarié est désigné pour siéger dans une commission, un conseil ou un comité administratif ou paritaire appelé à traiter des problèmes d'emploi et de formation, l'employeur lui accorde le temps nécessaire pour participer aux réunions des instances précitées.

La liste de ces instances est fixée par arrêté interministériel.

Note Cet article a été modifié par la loi 2009-1437 du 24 novembre 2009, art. 20 (JO 25). Voir arrêté du 2 juillet 2009 (JO 27) relatif à la composition et au fonctionnement des commissions professionnelles consultatives instituées auprès du ministère chargé de l'emploi.

Art. L. 3142-3-1. ***(L. 2009-1437 du 24 nov. 2009, art. 20, JO 25)*** Lorsqu'un salarié est désigné pour participer à un jury d'examen ou de validation des acquis de l'expérience, l'employeur lui accorde une autorisation d'absence pour participer à ce jury sous réserve de respecter un délai de prévenance dont la durée est fixée par décret.

Art. D. 3142-5-1. ***(D. 2010-289 du 17 mars 2010, JO 19)*** Le salarié désigné pour participer à un jury d'examen ou de validation des acquis de l'expérience en application des dispositions de l'article L. 3142-3-1 adresse à l'employeur, dans un délai qui ne peut pas être inférieur à quinze jours calendaires avant le début de la session d'examen ou de validation, une demande écrite d'autorisation d'absence indiquant les dates et le lieu de la session. Il joint à sa demande une copie de la convocation à participer à un jury d'examen ou de validation des acquis de l'expérience.

Art. L. 3142-4. L'autorisation d'absence ***(L. 2009-1437 du 24 nov. 2009, art. 20, JO 25)*** « au titre des articles L. 3142-3 ou L. 3142-3-1 » ne peut être refusée par l'employeur que s'il estime, après avis conforme du comité d'entreprise ou, à défaut, des délégués du personnel, que cette absence pourrait avoir des conséquences préjudiciables à la production et à la marche de l'entreprise.

Le refus de cette autorisation d'absence par l'employeur est motivé.

En cas de différend, l'inspecteur du travail peut être saisi par l'une des parties et pris pour arbitre.

Art. L. 3142-5. La participation d'un salarié aux instances ***(L. 2009-1437 du 24 nov. 2009, art. 20, JO 25)*** « et aux jurys mentionnés aux articles L. 3142-3 ou L. 3142-3-1 » n'entraîne aucune diminution de sa rémunération.

Art. L. 3142-6. Un décret détermine les conditions dans lesquelles les dépenses afférentes au maintien du salaire et au remboursement des frais de déplacement sont supportées par les instances mentionnées ***(L. 2009-1437 du 24 nov. 2009, art. 20, JO 25)*** « à l'article L. 3142-3 » ou par l'entreprise.

Dans ce cas, le salaire ainsi que les cotisations sociales obligatoires et, s'il y a lieu, la taxe sur les salaires qui s'y rattachent sont pris en compte au titre de la participation des employeurs au financement de la formation professionnelle prévue à l'article L. 6331-1.

Sous-section 3. **Congés de formation économique et sociale et de formation syndicale**

Art. L. 3142-7. Tout salarié qui souhaite participer à des stages ou sessions de formation économique et sociale ou de formation syndicale organisés soit par des centres rattachés à des organisations syndicales de salariés reconnues représentatives sur le niveau national, soit par des instituts spécialisés, a droit, sur sa demande, à un ou plusieurs congés.

Note • Voir arrêté du 21 décembre 2011 (JO 24) fixant la liste des organismes dont les stages ou sessions sont consacrés à la formation économique, sociale et syndicale.

• Par dérogation au 7° de l'article 34 de la loi 84-16 du 11 janvier 1984, les fonctionnaires de France Télécom ont droit à un congé de formation économique, sociale et syndicale dans les conditions fixées par les chapitres Ier et II du titre V du livre IV du code du travail (loi 2003-1365 du 31 décembre 2003, art. 4, JO 1er janv. 2004).

Art. L. 3142-8. Le ou les congés de formation économique et sociale et de formation syndicale donnent lieu à une rémunération par les employeurs, dans les entreprises de dix salariés et plus, dans des conditions prévues par voie réglementaire.

(L. 2008-789 du 20 août 2008, art. 17, JO 21) « Cette rémunération est versée à la fin du mois au cours duquel la session de formation a eu lieu. »

Art. L. 3142-9. La durée totale des congés de formation économique et sociale et de formation syndicale pris dans l'année par un salarié ne peut excéder douze jours. Elle ne peut excéder dix-huit jours pour les animateurs des stages et sessions.

La durée de chaque congé ne peut être inférieure à deux jours.

Art. L. 3142-10. Le nombre total de jours de congés susceptibles d'être pris chaque année par l'ensemble des salariés de l'établissement au titre des formations prévues à la présente sous-section ainsi qu'aux articles L. 2325-44 et L. 4614-14 relatifs respectivement à la formation des membres du comité d'entreprise et à la formation des représentants du personnel au comité d'hygiène, de sécurité et des conditions de travail, ne peut dépasser un maximum fixé par voie réglementaire compte tenu de l'effectif de l'établissement.

Cet arrêté fixe également, compte tenu de l'effectif de l'établissement, le nombre maximum de jours de congés pouvant être utilisés par les animateurs et par les salariés appelés à exercer des responsabilités syndicales, ainsi que le pourcentage maximum de salariés pouvant être simultanément absents au titre des congés mentionnés au premier alinéa.

Note Voir arrêté du 7 mars 1986 rapporté dans les « Textes non codifiés ». Afin d'éviter que l'absence simultanée de plusieurs salariés ne soit préjudiciable à la bonne marche des entreprises, il a été fixé un pourcentage maximal de salariés pouvant s'absenter simultanément (2 %).

Art. L. 3142-11. Les demandeurs d'emploi peuvent participer aux stages de formation économique et sociale et de formation syndicale dans la limite des durées de douze et dix-huit jours par période annuelle prévues pour les salariés.

Les travailleurs involontairement privés d'emploi continuent de bénéficier du revenu de remplacement auquel ils ont droit pendant la durée des stages considérés.

Art. L. 3142-12. La durée du ou des congés de formation économique et sociale et de formation syndicale ne peut être imputée sur celle du congé payé annuel.

Elle est assimilée à une durée de travail effectif pour la détermination de la durée des congés payés, du droit aux prestations d'assurances sociales et aux prestations familiales ainsi que pour l'ensemble des autres droits résultant pour l'intéressé de son contrat de travail.

Art. L. 3142-13. Le congé de formation économique et sociale et de formation syndicale est de droit, sauf dans le cas où l'employeur estime, après avis conforme du comité d'entreprise ou, s'il n'en existe pas, des délégués du personnel, que cette absence pourrait avoir des conséquences préjudiciables à la production et à la bonne marche de l'entreprise.

Le refus du congé par l'employeur est motivé.

En cas de différend, le refus de l'employeur peut être directement contesté devant le bureau de jugement du conseil de prud'hommes dans des conditions fixées par décret en Conseil d'État.

Note • L'arbitrage de l'inspecteur du travail, en cas de différend entre les parties, a été supprimé, même s'il ressortait des débats qu'« il doit pouvoir continuer à intervenir comme médiateur » (JO AN 14 décembre 1985, p. 6187). C'est le bureau de jugement du conseil de prud'hommes qui doit être saisi. Il statue en dernier ressort (sur le fond) selon les formes applicables au référé.

• Le congé de formation étant de droit, aux termes de cet article, l'employeur n'a l'obligation de le rémunérer que dans la limite fixée par l'article L. 451-1 [R. 3142-1] CT (cass. soc. 4 décembre 1991, n° 88-44.889, BC V n° 558 ; *RJS* 1/92 n° 44).

Art. L. 3142-14. Les conventions ou accords collectifs de travail peuvent :

1° Contenir des dispositions plus favorables que celles prévues par la présente sous-section, notamment en matière de rémunération ;

2° Préciser les périodes de congé les mieux adaptées aux nécessités de chaque profession ;

3° Fixer les modalités du financement de la formation, destiné à couvrir les frais pédagogiques ainsi que les dépenses d'indemnisation des frais de déplacement et d'hébergement des stagiaires et animateurs ;

4° Définir les procédures amiables permettant de régler les difficultés qui peuvent survenir pour l'application des dispositions qui précèdent ;

5° Prévoir la création de fonds mutualisés en vue d'assurer la rémunération des congés et le financement de la formation.

Des accords d'établissement peuvent fixer la répartition des congés par service ou par catégorie professionnelle.

Art. L. 3142-15. Les conditions d'application des dispositions relatives au congé de formation économique et sociale et de formation syndicale, ainsi qu'au personnel des entreprises publiques énumérées par le décret prévu par l'article L. 2233-1 sont déterminées par décret en Conseil d'État.

Art. R. 3142-1. Dans les entreprises de dix salariés et plus, l'employeur rémunère les congés de formation économique et sociale et de formation syndicale dans la limite de 0,08 ‰ du montant des salaires payés pendant l'année en cours. Ce montant est entendu au sens du 1 de l'article 231 du code général des impôts relatif à la taxe sur les salaires.

Les dépenses correspondantes des entreprises sont déductibles, dans la limite fixée au premier alinéa, du montant de la participation des employeurs au financement de la formation professionnelle continue.

Note La rémunération versée à un salarié en stage de formation syndicale (par le comité d'entreprise et le syndicat), en complément de la rémunération partielle légale assurée par l'employeur, n'a pas à être incluse dans l'assiette des salaires servant de base au calcul du treizième mois et de l'indemnité de congés payés (cass. soc. 8 juillet 1992, n° 89-42.563, BC V n° 445 ; *RJS* 10/92 n° 1111).

Art. R. 3142-2. La liste des centres et instituts dont les stages et sessions ouvrent droit aux congés de formation économique et sociale et syndicale est établie par arrêté du ministre chargé du travail pris après avis d'une commission placée sous sa présidence et comprenant :

1° Un représentant du ministre chargé de l'éducation nationale ;

2° Un représentant du ministre chargé de l'agriculture ;
3° Deux représentants de chaque organisation syndicale représentative au plan national.

Note Voir note sous art. L. 3142-7.

La commission d'agrément des centres et instituts dont les stages et sessions ouvrent droit aux congés de formation économique et sociale et syndicale, à caractère consultatif, est prorogée pour une durée de cinq ans (décret 2009-624 du 6 juin 2009, JO 7).

Art. R. 3142-3. Le salarié adresse à l'employeur, au moins trente jours avant le début du congé de formation économique et sociale et de formation syndicale, une demande l'informant de sa volonté de bénéficier de ce congé.

Il précise la date et la durée de l'absence sollicitée ainsi que le nom de l'organisme responsable du stage ou de la session.

Art. R. 3142-4. Le refus du congé de formation économique et sociale et de formation syndicale par l'employeur est notifié à l'intéressé dans un délai de huit jours à compter de la réception de sa demande.

En cas de différend, le bureau de jugement du conseil de prud'hommes saisi en application de l'article L. 3142-13 statue en dernier ressort, selon les formes applicables au référé.

Art. R. 3142-5. L'organisme chargé des stages ou sessions délivre au salarié une attestation constatant la fréquentation effective de celui-ci.

Cette attestation est remise à l'employeur au moment de la reprise du travail.

SECTION 2. Congés non rémunérés

Sous-section 1. Congé de solidarité familiale

Art. L. 3142-16. Tout salarié dont un ascendant, descendant, ***(L. 2010-209 du 2 mars 2010, JO 3)*** « un frère, une sœur ou une personne partageant le même domicile souffre d'une pathologie mettant en jeu le pronostic vital ou est en phase avancée ou terminale d'une affection grave et incurable, quelle qu'en soit la cause » a le droit de bénéficier d'un congé de solidarité familiale, dans des conditions déterminées par décret.

Il peut, avec l'accord de son employeur, transformer ce congé en période d'activité à temps partiel.

(L. 2010-209 du 2 mars 2010, JO 3) « Ce droit bénéficie, dans les mêmes conditions, aux salariés ayant été désignés comme personne de confiance au sens de l'article L. 1111 6 du code de la santé publique. »

Note • Sur l'allocation journalière d'accompagnement d'une personne en fin de vie, voir art. L. 168-1 à 7 et D. 168-1 à 10 c. séc. soc. et circ. DSS/2A/2011/117 du 24 mars 2011.

• Le Gouvernement remet chaque année, avant le 31 décembre, un rapport aux commissions parlementaires compétentes faisant état de la mise en œuvre du versement de l'allocation journalière d'accompagnement d'une personne en fin de vie. Ce rapport établit aussi un état des lieux de l'application de la politique de développement des soins palliatifs à domicile (loi 2010-209 précitée, art. 7).

• Voir notamment « Le nouveau congé d'accompagnement d'une personne en fin de vie accordé à certains salariés », D. Boulmier, *D.* 2000, n° 5.

Art. L. 3142-17. Le congé de solidarité familiale a une durée maximale de trois mois, renouvelable une fois.

Il prend fin soit à l'expiration de cette période, soit dans les trois jours qui suivent le décès de la personne assistée, sans préjudice du bénéfice des dispositions relatives aux congés pour événements personnels et aux congés pour événements familiaux, soit à une date antérieure.

Le salarié informe son employeur de la date prévisible de son retour avec un préavis de trois jours francs.

(L. 2010-209 du 2 mars 2010, JO 3) « Avec l'accord de l'employeur, le congé peut être fractionné, sans pouvoir dépasser la durée maximale prévue au premier alinéa. Dans cette hypothèse, le salarié qui souhaite bénéficier du congé doit avertir son employeur au moins quarante-huit heures avant la date à laquelle il entend prendre chaque période de congé. Les modalités de ce fractionnement, notamment la durée minimale de chaque période de congé, sont fixées par décret. »

Art. L. 3142-18. Le salarié en congé de solidarité familiale ou qui travaille à temps partiel conformément aux dispositions de l'article L. 3142-16 ne peut exercer aucune autre activité professionnelle.

Art. L. 3142-19. À l'issue du congé de solidarité familiale ou de sa période d'activité à temps partiel, le salarié retrouve son emploi ou un emploi similaire assorti d'une rémunération au moins équivalente.

Art. L. 3142-20. La durée du congé de solidarité familiale est prise en compte pour la détermination des avantages liés à l'ancienneté.

Le salarié conserve le bénéfice de tous les avantages qu'il avait acquis avant le début du congé.

Art. L. 3142-21. Toute convention contraire aux articles L. 3142-16, L. 3142-17, L. 3142-19 et L. 3142-20 est nulle.

Art. D. 3142-6. Le salarié adresse à l'employeur, au moins quinze jours avant le début du congé de solidarité familiale, une lettre recommandée avec avis de réception ou remise contre récépissé l'informant de sa volonté de ***(D. 2011-50 du 11 janv. 2011, JO 14)*** « suspendre son contrat de travail à ce titre, de la date de son départ en congé et, le cas échéant, de sa demande de fractionnement ou de transformation en temps partiel de celui-ci ».

Il adresse également un certificat médical, établi par le médecin traitant de la personne que le salarié souhaite assister, attestant que cette personne souffre d'une pathologie mettant en jeu le pronostic vital ***(D. 2011-50 du 11 janv. 2011, JO 14)*** « ou est en phase avancée ou terminale d'une affection grave et incurable ».

Art. D. 3142-7. En cas d'urgence absolue constatée par écrit par le médecin qui établit le certificat médical, le congé de solidarité familiale débute sans délai à la date de réception par l'employeur de la lettre du salarié.

Art. D. 3142-8. Lorsque le salarié décide de renouveler son congé de solidarité familiale ou son activité à temps partiel, il avertit l'employeur, par lettre recommandée avec avis de réception ou lui remet une lettre contre récépissé, au moins quinze jours avant le terme initialement prévu.

Art. D. 3142-8-1. ***(D. 2011-50 du 11 janv. 2011, JO 14)*** En cas de fractionnement du congé, la durée minimale de chaque période de congé est de une journée.

Sous-section 2. Congé de soutien familial

Note Voir circulaire DSS 2007-446 du 18 décembre 2007 relative au congé de soutien familial.

Art. L. 3142-22. Le salarié ayant au moins deux ans d'ancienneté dans l'entreprise a droit à un congé de soutien familial non rémunéré lorsque l'une des personnes suivantes présente un handicap ou une perte d'autonomie d'une particulière gravité :
1° Son conjoint ;
2° Son concubin ;
3° Son partenaire lié par un pacte civil de solidarité ;

4° Son ascendant ;
5° Son descendant ;
6° L'enfant dont il assume la charge au sens de l'article L. 512-1 du code de la sécurité sociale ;
7° Son collatéral jusqu'au quatrième degré ;
8° L'ascendant, le descendant ou le collatéral jusqu'au quatrième degré de son conjoint, concubin ou partenaire lié par un pacte civil de solidarité.

Art. L. 3142-23. Pour bénéficier du congé de soutien familial, la personne aidée doit résider en France de façon stable et régulière et ne doit pas faire l'objet d'un placement en établissement ou chez un tiers autre que le salarié.

Art. L. 3142-24. Le congé de soutien familial est d'une durée de trois mois renouvelable.

Il ne peut excéder la durée d'un an pour l'ensemble de la carrière.

Art. L. 3142-25. Le salarié peut mettre fin de façon anticipée au congé de soutien familial ou y renoncer dans les cas suivants :
1° Décès de la personne aidée ;
2° Admission dans un établissement de la personne aidée ;
3° Diminution importante des ressources du salarié ;
4° Recours à un service d'aide à domicile pour assister la personne aidée ;
5° Congé de soutien familial pris par un autre membre de la famille.

Art. L. 3142-26. Le salarié en congé de soutien familial ne peut exercer aucune activité professionnelle.

Toutefois, il peut être employé par la personne aidée dans les conditions prévues au troisième alinéa de l'article L. 232-7 ou au deuxième alinéa de l'article L. 245-12 du code de l'action sociale et des familles.

Art. L. 3142-27. À l'issue du congé de soutien familial, le salarié retrouve son emploi ou un emploi similaire assorti d'une rémunération au moins équivalente.

Art. L. 3142-28. La durée du congé de soutien familial est prise en compte pour la détermination des avantages liés à l'ancienneté.

Le salarié conserve le bénéfice de tous les avantages qu'il avait acquis avant le début du congé.

Art. L. 3142-29. Le salarié qui suspend son activité par un congé de soutien familial a droit à un entretien avec l'employeur, avant et après son congé, relatif à son orientation professionnelle.

Art. L. 3142-30. Toute convention contraire aux dispositions de la présente sous-section est nulle.

Art. L. 3142-31. Un décret détermine les conditions d'application de la présente sous-section, notamment :
1° Les critères d'appréciation de la particulière gravité du handicap ou de la perte d'autonomie de la personne aidée ;
2° Les conditions dans lesquelles le salarié informe l'employeur de sa volonté de bénéficier d'un congé de soutien familial ou de son intention d'y mettre fin de façon anticipée.

Art. D. 3142-9. Le salarié adresse à l'employeur, au moins deux mois avant le début du congé de soutien familial, une lettre recommandée avec avis de réception ou remise contre récépissé l'informant de sa volonté de suspendre son contrat de travail à ce titre et de la date de son départ en congé.

Il joint à cette lettre les documents mentionnés à l'article D. 3142-12.

Art. D. 3142-10. En cas de renouvellement du congé de soutien familial de façon successive, le salarié avertit l'employeur de cette prolongation au moins un mois avant le terme initialement prévu, par lettre recommandée avec avis de réception.

En cas de renouvellement non successif, les conditions de prévenance définies à l'article D. 3142-9 s'appliquent.

Art. D. 3142-11. Le délai de prévenance, pour une première demande ou un renouvellement du congé de soutien familial, est de quinze jours en cas :

1° D'urgence liée notamment à une dégradation soudaine de l'état de santé de la personne aidée, attestée par certificat médical ;

2° De cessation brutale de l'hébergement en établissement dont bénéficiait la personne aidée, attestée par le responsable de cet établissement.

Art. D. 3142-12. La demande de congé de soutien familial est accompagnée des pièces suivantes :

1° Une déclaration sur l'honneur du lien familial du demandeur avec la personne aidée, tel qu'énoncé à l'article L. 3142-22 ;

2° Une déclaration sur l'honneur du demandeur précisant qu'il n'a pas eu précédemment recours, au long de sa carrière, à un congé de soutien familial ou bien la durée pendant laquelle il a bénéficié de ce congé ;

3° Lorsque la personne aidée est un enfant handicapé à la charge du demandeur, au sens de l'article L. 512-1 du code de la sécurité sociale, ou un adulte handicapé, une copie de la décision prise en application de la législation de sécurité sociale ou d'aide sociale subordonnée à la justification d'un taux d'incapacité permanente au moins égal à 80 % ;

4° Lorsque la personne aidée souffre d'une perte d'autonomie, une copie de la décision d'attribution de l'allocation personnalisée d'autonomie au titre d'un classement dans les groupes I et II de la grille nationale mentionnée à l'article L. 232-2 du code de l'action sociale et des familles.

Art. D. 3142-13. Pour mettre fin de façon anticipée au congé ou y renoncer dans les cas prévus à l'article L. 3142-25, le salarié adresse une demande motivée à l'employeur par lettre recommandée avec avis de réception ou remise contre récépissé, au moins un mois avant la date à laquelle il entend bénéficier de ces dispositions.

En cas de décès de la personne aidée, ce délai est ramené à deux semaines.

Sous-section 3. Congé de solidarité internationale

Art. L. 3142-32. Le salarié ayant au moins douze mois consécutifs ou non d'ancienneté dans l'entreprise a droit à un congé de solidarité internationale pour participer à une mission hors de France pour le compte d'une association à objet humanitaire régie par la loi du 1er juillet 1901 relative au contrat d'association ou inscrite au registre des associations en application de la loi du 19 avril 1908 applicable au contrat d'association dans les départements de la Moselle, du Bas-Rhin et du Haut-Rhin, ou pour le compte d'une organisation internationale dont la France est membre.

La liste de ces associations est fixée par l'autorité administrative.

Note Voir arrêté du 16 juillet 1996 (JO 30) fixant la liste des associations de solidarité internationale bénéficiaires des dispositions relatives au congé de solidarité internationale.

Art. L. 3142-33. La durée du congé de solidarité internationale et la durée cumulée de plusieurs de ces congés pris de façon continue ne peuvent excéder six mois.

Art. L. 3142-34. Le congé de solidarité internationale peut être refusé par l'employeur s'il estime qu'il aura des conséquences préjudiciables à la production et à la marche de l'entreprise.

Ce refus est motivé. Il est notifié au salarié dans un délai de quinze jours après réception de la demande. Il peut être contesté directement devant le bureau de jugement du conseil de prud'hommes, dans des conditions fixées par voie réglementaire.

À défaut de réponse de l'employeur dans un délai de quinze jours, son accord est réputé acquis.

Art. L. 3142-35. En cas d'urgence, le salarié peut solliciter un congé de solidarité internationale d'une durée maximale de six semaines, sous préavis de quarante-huit heures.

L'employeur fait connaître sa réponse dans un délai de vingt-quatre heures. Il n'est pas tenu de motiver son refus et son silence ne vaut pas accord.

Art. L. 3142-36. L'employeur communique semestriellement au comité d'entreprise ou, à défaut, aux délégués du personnel la liste des demandes de congé de solidarité internationale avec l'indication de la suite qui leur a été donnée, ainsi que les motifs de refus de demande de congé.

Art. L. 3142-37. La durée du congé de solidarité internationale est assimilée à une période de travail effectif pour la détermination des avantages légaux et conventionnels liés à l'ancienneté.

Elle ne peut être, sauf d'un commun accord, imputée sur celle du congé annuel.

Art. L. 3142-38. À l'issue du congé de solidarité internationale, ou à l'occasion de son interruption pour cas de force majeure, le salarié retrouve son précédent emploi ou un emploi similaire assorti d'une rémunération au moins équivalente.

Art. L. 3142-39. À l'issue du congé de solidarité internationale, le salarié remet à l'employeur une attestation constatant l'accomplissement de la mission, délivrée par l'association ou l'organisation concernée.

Art. L. 3142-40. Un décret fixe les règles selon lesquelles est déterminé, en fonction de l'effectif de l'établissement, le nombre maximum de salariés susceptibles de bénéficier simultanément du congé de solidarité internationale.

Art. D. 3142-14. Le salarié adresse à l'employeur, au moins trente jours avant le début du congé de solidarité internationale, une lettre recommandée avec avis de réception ou remise contre récépissé l'informant de sa volonté de bénéficier de ce congé.

Il précise la durée de l'absence envisagée et le nom de l'association pour le compte de laquelle la mission sera accomplie.

Art. D. 3142-15. Le bénéfice du congé de solidarité internationale peut être refusé par l'employeur s'il établit que le nombre de salariés, par établissement, bénéficiant déjà du congé à la date de départ envisagée par le salarié demandeur atteint la proportion suivante :

1° Moins de 50 salariés : un bénéficiaire ;
2° 50 à 99 salariés : deux bénéficiaires ;
3° 100 à 199 salariés : trois bénéficiaires ;
4° 200 à 499 salariés : quatre bénéficiaires ;
5° 500 à 999 salariés : cinq bénéficiaires ;
6° 1 000 à 1 999 salariés : six bénéficiaires ;
7° À partir de 2 000 salariés : un bénéficiaire de plus par tranche supplémentaire de 1 000 salariés.

Art. D. 3142-16. Le refus du congé de solidarité internationale par l'employeur est notifié au salarié par lettre recommandée avec avis de réception.

En cas de contestation, le bureau de jugement du conseil de prud'hommes, saisi en application de l'article L. 3142-34, statue en dernier ressort selon les formes applicables au référé.

Sous-section 4. Congé pour catastrophe naturelle

Art. L. 3142-41. Le salarié résidant ou habituellement employé dans une zone touchée par une catastrophe naturelle peut bénéficier d'un congé maximum de vingt jours non rémunérés, pris en une ou plusieurs fois, à sa demande, pour participer aux activités d'organismes apportant une aide aux victimes de catastrophes naturelles.

En cas d'urgence, ce congé peut être pris sous préavis de vingt-quatre heures.

Note Les articles L. 3142-41 et 42 sont issus de la loi 82-600 du 13 juillet 1982 relative à l'indemnisation des victimes de catastrophe naturelle (art. 5, II).

Art. L. 3142-42. Le bénéfice du congé pour catastrophe naturelle peut être refusé par l'employeur s'il estime qu'il aura des conséquences préjudiciables à la production et à la bonne marche de l'entreprise.

Ce refus intervient après consultation du comité d'entreprise ou, à défaut, des délégués du personnel. Il est motivé.

Sous-section 5. Congés de formation de cadres et d'animateurs pour la jeunesse

Art. L. 3142-43. Tout salarié âgé de moins de vingt-cinq ans souhaitant participer aux activités des organisations de jeunesse et d'éducation populaire, des fédérations et des associations sportives agréées par l'autorité administrative, destinées à favoriser la préparation et la formation ou le perfectionnement de cadres et animateurs, a droit, sur sa demande, à un congé non rémunéré de six jours ouvrables par an pouvant être pris en une ou deux fois à la demande du bénéficiaire.

Note Le principe posé par la Cour de cassation (cass. chambres réunies 20 mai 1965) selon lequel le comité d'entreprise peut établir, au titre des œuvres sociales, un régime d'indemnités au bénéfice des salariés bénéficiant d'un congé d'éducation ouvrière, dès lors que ces indemnités sont instituées en faveur des seuls salariés sans aucune distinction entre eux, paraît devoir s'appliquer également aux congés de formation de cadres et d'animateurs pour la jeunesse.

Art. L. 3142-44. La durée du congé de formation de cadres et d'animateurs pour la jeunesse est assimilée à une période de travail effectif pour la détermination de la durée des congés payés ainsi que pour l'ensemble des autres droits résultant pour l'intéressé de son contrat de travail.

Art. L. 3142-45. La durée du congé de formation de cadres et d'animateurs pour la jeunesse ne peut être imputée sur la durée du congé payé annuel.

Le congé ne peut se cumuler avec le congé de formation économique et syndicale qu'à concurrence de douze jours ouvrables pour une même année.

Art. L. 3142-46. Un décret en Conseil d'État détermine, pour l'application de la présente sous-section :

1° Les conditions dans lesquelles l'employeur peut différer le congé, en raison des nécessités propres de son entreprise ou de son exploitation ;

2° Les règles selon lesquelles est déterminé, par établissement, le nombre maximum de salariés susceptibles de bénéficier du congé de formation de cadres et d'animateurs pour la jeunesse au cours d'une année ;

3° Les conditions dans lesquelles les salariés âgés de plus de vingt-cinq ans peuvent être exceptionnellement admis à bénéficier du congé ;

4° Les conditions dans lesquelles le congé est attribué aux agents des services publics et des entreprises publiques ;

5° Les conditions dans lesquelles le congé est attribué au salarié bénéficiant d'un régime de congé plus avantageux que celui qui résulte du chapitre Ier.

Art. D. 3142-17. Le salarié adresse à l'employeur, au moins trente jours avant le début de congé de formation de cadres et d'animateurs pour la jeunesse, une demande écrite l'informant de sa volonté de bénéficier de ce congé.

Il précise la date et la durée de l'absence envisagée et désigne l'organisme responsable du stage ou de la session.

Art. R. 3142-18. Le bénéfice du congé de formation de cadres et d'animateurs pour la jeunesse peut être refusé par l'employeur s'il établit que le nombre de salariés, par établissement, ayant bénéficié du congé durant l'année en cours, atteint la proportion suivante :

1° Moins de 50 salariés : un bénéficiaire ;
2° 50 à 99 salariés : deux bénéficiaires ;
3° 100 à 199 salariés : trois bénéficiaires ;
4° 200 à 499 salariés : quatre bénéficiaires ;

5° 500 à 999 salariés : cinq bénéficiaires ;
6° 1000 à 1999 salariés : six bénéficiaires ;
7° À partir de 2000 salariés : un bénéficiaire de plus par tranche supplémentaire de 1000 salariés.

Art. R. 3142-19. Le bénéfice du congé de formation de cadres et d'animateurs pour la jeunesse peut être refusé par l'employeur s'il établit que ce refus est justifié par des nécessités particulières à son entreprise ou à l'exploitation de celle-ci.

Ce refus ne peut intervenir qu'après consultation du comité d'entreprise ou, à défaut, des délégués du personnel.

Si le salarié renouvelle sa demande après l'expiration d'un délai de quatre mois, un nouveau report ne peut lui être opposé sauf en cas de dépassement du nombre déterminé par l'article R. 3142-18.

Art. D. 3142-20. Le refus du congé de formation de cadres et d'animateurs pour la jeunesse par l'employeur est motivé et notifié à l'intéressé dans les huit jours à compter de la réception de sa demande.

Art. D. 3142-21. Le salarié dont la demande de congé de formation de cadres et d'animateurs pour la jeunesse n'a pas été satisfaite en raison des conditions mentionnées aux articles R. 3142-18 et R. 3142-19 bénéficie d'une priorité pour l'octroi ultérieur de ce congé.

Art. R. 3142-22. Pour les entreprises publiques non prévues à l'article L. 2233-1, des arrêtés pris par les ministres intéressés précisent les organismes appelés à donner leur avis dans les conditions prévues par l'article R. 3142-19.

Art. R. 3142-23. À titre exceptionnel et uniquement pour participer à un seul stage de formation supérieure d'animateurs, un salarié âgé de plus de vingt-cinq ans peut bénéficier du congé de formation de cadres et d'animateurs pour la jeunesse.

Il présente à l'appui de sa demande une attestation délivrée par l'inspecteur départemental de la jeunesse et des sports justifiant qu'il a participé depuis trois ans au moins à l'encadrement d'activités d'animation organisées par des associations figurant sur la liste prévue par le décret n° 63-263 du 18 mars 1963 et qu'il est désigné pour prendre part à un stage de formation supérieure d'animateurs.

Les limitations en fonction de l'effectif prévues à l'article R. 3142-18 ne sont pas applicables aux salariés âgés de plus de vingt-cinq ans. Sous cette réserve, les dispositions des articles R. 3142-19 et D. 3142-20 leur sont applicables.

Art. D. 3142-24. L'organisme chargé des stages ou sessions dispensées dans le cadre du congé de formation de cadres et d'animateurs pour la jeunesse délivre au salarié une attestation constatant la fréquentation effective de celui-ci.

Cette attestation est remise à l'employeur au moment de la reprise du travail.

Sous-section 6. Congé mutualiste de formation

Art. L. 3142-47. Les administrateurs d'une mutuelle au sens de l'article L. 114-16 du code de la mutualité bénéficient d'un congé non rémunéré de formation d'une durée maximale de neuf jours ouvrables par an.

Art. L. 3142-48. La durée du congé mutualiste de formation est assimilée à une période de travail effectif pour la détermination de la durée des congés payés ainsi que pour l'ensemble des autres droits résultant pour l'intéressé de son contrat.

La durée du congé ne peut être imputée sur la durée du congé payé annuel.

Art. L. 3142-49. Le congé mutualiste de formation s'exerce dans les conditions et limites prévues à l'article L. 3142-46.

Art. L. 3142-50. Un décret en Conseil d'État détermine les modalités d'application de la présente sous-section, notamment les conditions dans lesquelles est établie la liste des stages ou organismes ouvrant droit au congé mutualiste de formation.

Art. R. 3142-25. L'administrateur d'une mutuelle adresse à l'employeur, au moins trente jours avant le début du congé mutualiste de formation, une demande écrite l'informant de sa volonté de bénéficier de ce congé.

Il précise la date et la durée de l'absence envisagée et désigne l'organisme responsable du stage ou de la session.

Art. R. 3142-26. La liste des organismes dont les stages ouvrent droit au congé mutualiste est établie par arrêté du ministre chargé de la mutualité après avis de la section permanente du Conseil supérieur de la mutualité.

Sous-section 7. Congé de représentation

Art. L. 3142-51. Lorsqu'un salarié, membre d'une association régie par la loi du 1er juillet 1901 relative au contrat d'association ou inscrite au registre des associations en application de la loi du 19 avril 1908 applicable au contrat d'association dans les départements de la Moselle, du Bas-Rhin et du Haut-Rhin ou d'une mutuelle au sens du code de la mutualité, est désigné comme représentant de cette association ou de cette mutuelle pour siéger dans une instance, consultative ou non, instituée par une disposition législative ou réglementaire auprès d'une autorité de l'État ou d'une collectivité territoriale, l'employeur lui accorde le temps nécessaire pour participer aux réunions de cette instance.

Note Le congé de représentation concerne seulement les salariés, membres d'une association ou d'une mutuelle, désignés afin de représenter celle-ci pour siéger au sein des instances mentionnées dans cet article. Dès lors, la commission départementale, chargée d'établir la liste des commissaires enquêteurs et qui est composée de deux personnalités qualifiées en matière de protection de l'environnement, ne comportant pas, parmi ses membres, de représentants associatifs, ne peut figurer sur la liste des instances mentionnée à l'article R. 225-21 [R. 3142-34] CT (rép. QE 29457, JO AN 14 juin 1999, p. 3611).

• Les représentants d'organisations non gouvernementales qui siègent dans les organisations internationales ne sont pas concernés par le congé de représentation (rép. QE 30943, JO AN 19 mars 2001, p. 1677).

• Voir notamment circulaire DGS 2008-339 du 23 décembre 2008 relative à la mise en œuvre du congé de représentation des usagers dans les instances de santé publique.

Art. L. 3142-52. Le salarié bénéficiant du congé de représentation qui subit, à cette occasion, une diminution de rémunération reçoit de l'État ou de la collectivité territoriale une indemnité compensant, en totalité ou partiellement, le cas échéant, sous forme forfaitaire, la diminution de rémunération.

L'employeur peut décider de maintenir celle-ci en totalité ou partie, au-delà de l'indemnité compensatrice. En ce cas, les sommes versées peuvent faire l'objet d'une déduction fiscale, dans les conditions fixées à l'article 238 *bis* du code général des impôts.

Art. L. 3142-53. La durée du congé de représentation ne peut dépasser neuf jours ouvrables par an. Elle peut être fractionnée en demi-journées.

Elle est assimilée à une période de travail effectif pour la détermination de la durée des congés payés ainsi que pour l'ensemble des autres droits résultant pour l'intéressé de son contrat.

Elle ne peut être imputée sur la durée du congé payé annuel.

Art. L. 3142-54. L'autorisation d'absence ne peut être refusée par l'employeur que dans le cas où il estime, après avis du comité d'entreprise, ou, à défaut, des délégués du personnel, que cette absence aurait des conséquences préjudiciables à la production et à la bonne marche de l'entreprise.

Le refus est motivé à peine de nullité. Il peut être contesté directement devant le bureau de jugement du conseil de prud'hommes qui statue dans des conditions déterminées par voie réglementaire.

Art. L. 3142-55. Un décret en Conseil d'État détermine les modalités d'application de la présente sous-section, notamment :

1° Les conditions d'indemnisation du salarié par l'État ;

2° Les règles selon lesquelles est déterminé, par établissement, le nombre maximum de salariés susceptibles de bénéficier des dispositions du congé de représentation au cours d'une année.

Art. R. 3142-27. Le salarié adresse à l'employeur, au moins quinze jours avant le début du congé de représentation, une demande écrite l'informant de sa volonté de bénéficier de ce congé.

Il précise la date et la durée de l'absence envisagée et désigne l'instance au sein de laquelle il est appelé à siéger.

Art. R. 3142-28. Le bénéfice du congé de représentation peut être refusé par l'employeur s'il établit que le nombre de salariés, par établissement, ayant bénéficié de ce congé, durant l'année en cours, atteint la proportion suivante :

1° Moins de 50 salariés : un bénéficiaire ;

2° 50 à 99 salariés : deux bénéficiaires ;

3° 100 à 199 salariés : trois bénéficiaires ;

4° 200 à 499 salariés : huit bénéficiaires ;

5° 500 à 999 salariés : dix bénéficiaires ;

6° 1 000 à 1 999 salariés : douze bénéficiaires ;

7° À partir de 2 000 salariés : deux bénéficiaires de plus par tranche supplémentaire de 1 000 salariés.

Art. R. 3142-29. Le refus du congé de représentation par l'employeur est motivé et fondé sur les dispositions de l'article L. 3142-54 ou sur les limitations en fonction de l'effectif prévues à l'article R. 3142-28.

Il est notifié au salarié dans les quatre jours à compter de la réception de sa demande.

En cas de contestation, le bureau de jugement du conseil de prud'hommes, saisi en application de l'article L. 3142-54, statue en dernier ressort selon les formes applicables au référé.

Art. R. 3142-30. Le salarié dont la demande n'a pas été satisfaite bénéficie d'une priorité pour l'octroi ultérieur d'un congé de représentation.

Art. R. 3142-31. À l'issue de la réunion de l'instance au titre de laquelle est accordé le congé de représentation, le service responsable de la convocation des membres de cette instance délivre aux salariés une attestation constatant leur présence effective.

Cette attestation est remise à l'employeur au moment de la reprise du travail.

Art. R. 3142-32. Si le salaire n'est pas maintenu ou n'est maintenu que partiellement pendant la durée du congé de représentation, l'employeur délivre au salarié une attestation indiquant le nombre d'heures non rémunérées en raison du congé.

Art. R. 3142-33. Pour chacune des heures non rémunérées en raison du congé, le salarié reçoit de l'État une indemnité dont le montant est égal à celui de la vacation mentionnée à l'article R. 1423-55.

Note Les demandes d'indemnisation doivent être adressées à l'autorité administrative chargée d'assurer le secrétariat de l'instance dans laquelle le salarié est appelé à siéger, accompagnées des pièces justificatives ; chaque département devra préciser par circulaire le service financier auquel les demandes d'indemnisation doivent être transmises par l'autorité administrative (circ. du 5 avril 1996, Min. Trav. et Aff. soc. et min. délégué au Budget, citée dans rép. QE 32870, JO AN 17 juin 1996, p. 3297).

Art. R. 3142-34. La liste des instances mentionnées à l'article L. 3142-51 est établie et tenue à jour par arrêté conjoint du ministre dont elles relèvent et du ministre chargé du budget.

Sous-section 8. Congés des salariés candidats ou élus à un mandat parlementaire ou local

Art. L. 3142-56. L'employeur laisse au salarié, candidat à l'Assemblée nationale ou au Sénat, le temps nécessaire pour participer à la campagne électorale dans la limite de vingt jours ouvrables.

Le même droit est accordé, sur sa demande, dans la limite de dix jours ouvrables au salarié candidat :

1° Au Parlement européen ;

2° Au conseil municipal dans une commune d'au moins 3 500 habitants ;

3° Au conseil général ou au conseil régional ;

4° À l'Assemblée de Corse.

Note Sur les garanties accordées aux titulaires de mandats municipaux, départementaux et régionaux, voir respectivement art. L. 2123-1 et s., L. 3123-1 et s., L. 4135-1 et s. du code général des collectivités territoriales.

S'agissant des conseillers prud'hommes, voir art. L. 1442-5 CT, et des membres d'un conseil d'administration d'un organisme de sécurité sociale, voir art. L. 231-9 et s. c. séc. soc.

Art. L. 3142-57. Le salarié bénéficie à sa convenance des dispositions de l'article L. 3142-56, à condition que chaque absence soit au moins d'une demi-journée entière. Il avertit son employeur vingt-quatre heures au moins avant le début de chaque absence.

Art. L. 3142-58. Sur demande du salarié, la durée des absences est imputée sur celle du congé payé annuel dans la limite des droits qu'il a acquis à ce titre à la date du premier tour de scrutin.

Lorsqu'elles ne sont pas imputées sur le congé payé annuel, les absences ne sont pas rémunérées. Elles donnent alors lieu à récupération en accord avec l'employeur.

Art. L. 3142-59. La durée des absences est assimilée à une période de travail effectif pour la détermination des droits à congés payés ainsi que des droits liés à l'ancienneté résultant des dispositions légales et des stipulations conventionnelles.

Art. L. 3142-60. Le contrat de travail d'un salarié membre de l'Assemblée nationale ou du Sénat est, sur sa demande, suspendu jusqu'à l'expiration de son mandat, s'il justifie d'une ancienneté minimale d'une année chez l'employeur à la date de son entrée en fonction.

Art. L. 3142-61. À l'expiration de son mandat, le salarié retrouve son précédent emploi, ou un emploi analogue assorti d'une rémunération équivalente, dans les deux mois suivant la date à laquelle il a avisé son employeur de son intention de reprendre cet emploi.

Il bénéficie de tous les avantages acquis par les salariés de sa catégorie durant l'exercice de son mandat.

Il bénéficie, en tant que de besoin, d'une réadaptation professionnelle en cas de changement de techniques ou de méthodes de travail.

Art. L. 3142-62. Les dispositions de l'article L. 3142-61 ne sont pas applicables lorsque le mandat a été renouvelé, sauf si la durée de la suspension prévue à l'article L. 3142-60 a été, pour quelque cause que ce soit, inférieure à cinq ans.

Ces dispositions ne s'appliquent pas non plus lorsque le salarié membre de l'Assemblée nationale ou du Sénat est élu dans l'autre de ces deux assemblées.

À l'expiration du ou des mandats renouvelés, le salarié peut cependant solliciter sa réembauche dans des conditions déterminées par voie réglementaire.

Le salarié bénéficie alors pendant un an d'une priorité de réembauche dans les emplois auxquels sa qualification lui permet de prétendre. En cas de réemploi, l'employeur lui accorde le bénéfice de tous les avantages qu'il avait acquis au moment de son départ.

Art. L. 3142-63. Un décret détermine les conditions dans lesquelles les droits des salariés, notamment en matière de prévoyance et de retraite, leur sont conservés durant la durée du mandat.

Art. L. 3142-64. Les dispositions de la présente sous-section sont applicables aux fonctionnaires et aux agents non titulaires de l'État, des collectivités territoriales et de leurs établissements publics ainsi qu'aux personnels des entreprises publiques, sauf s'ils bénéficient de dispositions plus favorables.

Art. L. 3142-64-1. Les maires et les adjoints au maire, les présidents et les vice-présidents de conseil général, les présidents et les vice-présidents de conseil régional bénéficient des dispositions des articles L. 3142-60 à L. 3142-64 dans les conditions prévues, respectivement, aux articles L. 2123-9, L. 3123-7 et L. 4135-7 du code général des collectivités territoriales.

Art. D. 3142-35. Dans le cas mentionné à l'article L. 3142-60, la suspension du contrat de travail prend effet quinze jours après la notification qui en est faite à l'employeur, à la diligence du salarié, par lettre recommandée avec avis de réception.

Art. D. 3142-36. Le salarié membre de l'Assemblée nationale ou du Sénat manifeste son intention de reprendre son emploi en adressant à l'employeur une lettre recommandée avec avis de réception au plus tard dans les deux mois qui suivent l'expiration de son mandat.

Art. D. 3142-37. Le salarié membre de l'Assemblée nationale ou du Sénat qui sollicite sa réembauche à l'expiration du ou des mandats renouvelés adresse à l'employeur une lettre recommandée avec avis de réception au plus tard dans les deux mois qui suivent l'expiration de son mandat.

Sous-section 9. Réserve opérationnelle et service national

§ 1. Réserve opérationnelle

Art. L. 3142-65. Tout salarié ayant souscrit un engagement à servir dans la réserve opérationnelle bénéficie d'une autorisation d'absence de cinq jours par année civile au titre de ses activités dans la réserve.

Art. L. 3142-66. Le réserviste salarié souhaitant bénéficier de l'autorisation d'absence au titre de la réserve opérationnelle présente sa demande par écrit à son employeur un mois au moins à l'avance, en indiquant la date et la durée de l'absence envisagée.

Au-delà de cette durée, le réserviste requiert l'accord de son employeur avec un préavis d'un mois en précisant la date de son départ et la durée de la période qu'il souhaite accomplir, sous réserve de dispositions plus favorables résultant notamment de conventions conclues entre l'employeur et le ministre de la défense.

Lorsque les circonstances l'exigent, le délai de préavis peut, sur arrêté du ministre chargé des armées, être réduit à quinze jours pour les réservistes ayant souscrit avec l'accord de l'employeur la clause de réactivité prévue à l'article 8 de la loi n° 99-894 du 22 octobre 1999 portant organisation de la réserve militaire et du service de défense.

Note Les dispositions de l'article 19 de la loi 2006-449 du 18 avril 2006 dont est issu notamment l'alinéa 3 de cet article ne sont pas applicables à Mayotte, Wallis-et-Futuna, en Polynésie française et en Nouvelle-Calédonie.

Art. D. 3142-38. Le refus de l'employeur d'accorder l'autorisation de participer à une activité dans la réserve opérationnelle est motivé et notifié au salarié ainsi qu'à l'autorité militaire dans les quinze jours à compter de la réception de la demande.

Art. L. 3142-67. Les périodes d'activité dans la réserve opérationnelle sont considérées comme des périodes de travail effectif pour les avantages légaux et conventionnels en matière d'ancienneté, d'avancement, de congés payés et de droits aux prestations sociales.

Art. L. 3142-68. L'employeur ne peut rompre le contrat de travail d'un salarié en raison des absences résultant d'une activité exercée au titre d'un engagement à servir dans la réserve opérationnelle ou faisant suite à un appel ou un rappel des personnes soumises à l'obligation de disponibilité.

À l'issue d'une période exécutée au titre du premier alinéa, le salarié retrouve son précédent emploi.

Art. L. 3142-69. La rupture du contrat de travail ne peut être notifiée ou prendre effet pendant l'accomplissement d'une période d'activité dans la réserve opérationnelle.

Art. L. 3142-70. Lorsque son accord préalable est requis, le refus de l'employeur d'accorder à un salarié l'autorisation de participer à une activité dans la réserve opérationnelle intervient dans des conditions déterminées par voie réglementaire.

§ 2. Service national

Art. L. 3142-71. Le contrat de travail d'un salarié appelé au service national en application du livre II du code du service national est suspendu pendant toute la durée du service national actif.

Lorsqu'il connaît la date de sa libération du service national actif, et au plus tard dans le mois suivant celle-ci, le salarié désirant reprendre l'emploi qu'il occupait précédemment en avertit son ancien employeur.

La réintégration dans l'entreprise est de droit.

Le salarié réintégré bénéficie de tous les avantages acquis au moment de son départ.

Note

• Les dispositions abrogées par la loi 97-1019 du 28 octobre 1997 (JO 8 nov.) restaient applicables aux salariés qui, à sa date d'entrée en vigueur, accomplissaient leur service national.

• Champ d'application

– Ne bénéficient pas du droit à réintégration, sauf convention internationale contraire, les travailleurs de nationalité étrangère ayant exécuté leurs obligations militaires dans leur pays (cass. soc. 25 février 1992, n° 89-40.493, BC V n° 119). Les ressortissants des États membres de l'Union européenne peuvent invoquer le droit à la réintégration (CJCE 15 octobre 1969, aff. 15-69, rec. p. 363 ; *JCP* éd. G, 1970, 16024, note G. Lyon-Caen dans un litige concernant un Italien travaillant en Allemagne et ayant fait son service militaire en Italie ; application du principe de l'égalité de traitement consacré par le traité de Rome et le règlement 1612/68 du 15 octobre 1968, art. 7).

– Les règles édictées par cet article s'appliquent même si des salariés incorporés ont été réformés quelques semaines après (cass. soc. 26 mai 1982, n° 80-40.877, BC V n° 350 ; *JS* 1982 SJ 113).

– La clause d'une convention collective prévoyant la suspension du contrat de travail des salariés qui effectuent leur service militaire ne s'applique pas aux salariés ayant accompli leurs obligations de service national dans les conditions prévues par une loi étrangère (sauf s'il s'agit de ressortissants d'un des États membres de l'Union européenne ou de salariés ayant la double nationalité qui invoquent une convention internationale) (cass. soc. 1er mars 1995, n° 91-41.390, BC V n° 78).

• Réintégration du salarié. Depuis la loi du 28 octobre 1997, la réintégration est désormais de droit. La jurisprudence relative à la réintégration dans les conditions prévues aux alinéas 3 et 4 intéresse les jeunes travailleurs qui effectuaient leur service national le 28 octobre 1997. Elle ne concerne pas les salariés qui ont été appelés sous les drapeaux après cette date.

Pour les salariés qui accomplissaient leur service national en application du livre II du code du service national à la date d'entrée en vigueur de la loi du 28 octobre 1997, il faut noter que :

– La réintégration ne s'impose à l'employeur que si l'emploi précédemment occupé par le salarié n'a pas été supprimé.

– La preuve de la suppression de l'emploi incombe à l'employeur (cass. soc. 16 décembre 1980, n° 79-40.002, BC V n° 903 ; 24 mars 1988, n° 85-43.454).

– Par suppression d'emploi, il faut entendre la suppression du poste lui-même et non le fait qu'il ait été occupé par un remplaçant (cass. soc. 12 juin 1981, n° 79-42.088, BC V n° 542). Mais, après avoir relevé qu'à la suite d'une réorganisation du travail liée à la conjoncture économique, les fonctions antérieurement exercées par l'intéressé avaient été attribuées à un autre travailleur de l'entreprise et que celui-ci les remplissait avec celles qu'il avait déjà, une cour d'appel a pu en déduire que l'emploi occupé par le salarié avant son départ au service national avait été supprimé (cass. soc. 28 mars 1990, n° 87-41.038, *CSB* 1990 S. 89).

– Si l'emploi du salarié n'a pas été supprimé, l'employeur viole ses obligations en réintégrant le salarié dans un emploi différent (scieur) de celui occupé avant le départ au service militaire (monteur) (CA Colmar 13 septembre 1990, *SSL* 1990, n° 588, p. 16).

– Lorsque l'emploi du salarié a été supprimé, l'entreprise n'est pas tenue de proposer à l'intéressé un emploi inférieur à celui qu'il occupait avant son incorporation (cass. soc. 3 mars 1971, n° 69-40.558, BC V n° 173).

– La situation du réintégré est la même que si le contrat avait été simplement suspendu (cass. soc. 28 juin 1973, n° 72-42.179, BC V n° 422) et les services accomplis antérieurement au départ au service national doivent être pris en compte pour déterminer son ancienneté, au regard notamment de la fixation de la durée du préavis (cass. soc. 22 juillet 1985, n° 83-42.033, BC V n° 425).

– Si la réintégration n'est pas prononcée, le contrat de travail n'a pas repris effet, et l'employeur n'a donc ni à licencier l'intéressé ni à lui verser une indemnité de préavis (cass. soc. 17 octobre 1979, n° 78-41.476, BC V n° 743).

– Le refus de réintégration non justifié ouvre droit à dommages-intérêts mais non aux indemnités de licenciement et de préavis (cass. soc. 19 janvier 1989, n° 86-43.782).

• **Licenciement du remplaçant.** Après avoir rappelé les dispositions du code du travail autorisant l'embauche par un contrat à durée déterminée d'un salarié en remplacement d'un autre salarié temporairement absent pour cause de service national et constaté que l'intéressé avait été engagé par un contrat à durée indéterminée, le conseil de prud'hommes a souverainement décidé que le licenciement du salarié ne procédait pas d'une cause réelle et sérieuse et présentait donc un caractère abusif justifiant l'octroi à l'intéressé d'une indemnité pour licenciement abusif (cass. soc. 7 novembre 1990, n° 88-44.751, *CSB* 1990 A. 61).

Art. D. 3142-39. Le salarié notifie à l'employeur son intention de reprendre son emploi après sa libération du service national par lettre recommandée avec avis de réception.

Art. D. 3142-40. Les dispositions de l'article L. 3142-71 sont applicables aux personnes qui, ayant cessé d'être aptes au service national après leur incorporation, ont été classées « réformés temporaires » ou « réformés définitifs » et renvoyées dans leur foyer.

Art. L. 3142-72. Les dispositions de l'article L. 3142-71 sont applicables, lors de leur renvoi dans leurs foyers, aux personnes qui, ayant accompli leur service actif, ont été maintenues au service national.

Art. L. 3142-73. Tout salarié âgé de seize à vingt-cinq ans, qui participe à l'appel de préparation à la défense, bénéficie d'une autorisation d'absence exceptionnelle d'un jour.

Cette absence exceptionnelle a pour but exclusif de permettre au salarié de participer à l'appel de préparation à la défense. Elle n'entraîne pas de réduction de rémunération. Elle est assimilée à une période de travail effectif pour la détermination de la durée de congé annuel.

Art. L. 3142-74. Aucun employeur ne peut rompre le contrat de travail d'un salarié au motif que lui-même ou le salarié se trouve astreint aux obligations du service national, ou se trouve appelé au service national en exécution d'un engagement pour la durée de la guerre, ou rappelé au service national à un titre quelconque.

Toutefois, l'employeur peut rompre le contrat s'il justifie d'une faute grave de l'intéressé, non liée aux obligations du premier alinéa, ou s'il se trouve dans l'impossibilité de maintenir le contrat pour un motif étranger à ces obligations.

Note La rupture d'un contrat de travail à l'essai en raison du rappel du travailleur sous les drapeaux et dans le souci d'éviter la perturbation des services constitue une rupture abusive du contrat (cass. soc. 2 octobre 1974, n° 73-40.581, BC V n° 458).

Art. L. 3142-75. Lorsque le contrat de travail est rompu pour une autre cause légitime par l'une des parties, la rupture du contrat ne peut être notifiée ni prendre effet pendant la période passée au service national.

Ces dispositions ne sont pas applicables si l'objet pour lequel le contrat de travail a été conclu arrive à échéance pendant cette période.

Art. L. 3142-76. En cas de méconnaissance des dispositions du présent paragraphe, la partie lésée a droit à des dommages-intérêts fixés par le juge judiciaire, en plus de l'indemnité de licenciement.

Art. L. 3142-77. Toute stipulation contraire aux dispositions du présent paragraphe est nulle de plein droit.

Sous-section 10. Congé et période de travail à temps partiel pour la création ou la reprise d'entreprise et congé sabbatique

§ 1. Congé et période de travail à temps partiel pour la création ou la reprise d'entreprise

Art. L. 3142-78. Le salarié qui crée ou reprend une entreprise a droit, dans les conditions fixées à la présente sous-section :

1° Soit à un congé pendant lequel le contrat de travail est suspendu ;

2° Soit à une période de travail à temps partiel.

Note • Les prêts que l'entreprise peut accorder au titre de l'aide à la création d'entreprise sont passibles des cotisations de sécurité sociale en tant que complément de rémunération lorsque ce sont des aides non remboursables (cass. soc. 18 juillet 1997, n° 94-20.586, *RJS* 11/97 n° 1277).

• Le droit à congé est subordonné à un projet de création d'entreprise ; le salarié, qui obtient un tel congé et qui, au lieu de créer une entreprise, travaille comme salarié pour le compte d'un autre employeur, peut être licencié (cass. soc. 19 février 1997, n° 95-45.040, *RJS* 4/97 n° 430 : ce licenciement a une cause réelle et sérieuse).

Art. L. 3142-79. Les dispositions de l'article L. 3142-78 s'appliquent également au salarié qui exerce des responsabilités de direction au sein d'une entreprise répondant, au moment où il sollicite son congé, aux critères de jeune entreprise innovante définie par l'article 44 *sexies*-0 A du code général des impôts.

Art. L. 3142-80. La durée maximale du congé ou de la période de travail à temps partiel prévu à l'article L. 3142-78 est d'un an. Elle peut être prolongée d'au plus un an.

Art. L. 3142-81. Le droit au congé ou à une période de travail à temps partiel pour création ou reprise d'entreprise ou pour exercer des responsabilités de direction au sein d'une entreprise répondant aux critères de jeune entreprise innovante est ouvert au salarié qui, à la date de prise d'effet de ce droit, justifie d'une ancienneté dans l'entreprise d'au moins vingt-quatre mois, consécutifs ou non.

Ce droit ne peut être exercé moins de trois ans après la précédente création ou reprise d'entreprise ou après le début de l'exercice de précédentes responsabilités de direction au sein d'une entreprise répondant aux critères de jeune entreprise innovante.

Art. L. 3142-82. Le salarié informe son employeur de la date à laquelle il souhaite partir en congé, ou de la date de début et de l'amplitude de la réduction souhaitée de son temps de travail, ainsi que de la durée envisagée de ce congé, ou de cette réduction dans des conditions déterminées par voie réglementaire.

Toute demande de prolongation d'un congé ou d'une période de travail à temps partiel fait l'objet d'une information à l'employeur dans les mêmes conditions.

Note Lorsque le salarié ne donne pas les informations visées par cet article, l'employeur est fondé à refuser le congé et à licencier le salarié qui passerait outre à ce refus (cass. soc. 13 février 1991, n° 88-43.837, *LS* lég. soc. n° 6553, 25 juillet 1991, p. 11).

Art. D. 3142-41. Le salarié adresse à l'employeur, au moins deux mois avant le début du congé ou de la période de travail à temps partiel pour la création ou la reprise d'entreprise, une demande l'informant de sa volonté de bénéficier de ce congé ou de cette période par lettre recommandée avec avis de réception ou remise contre récépissé.

Le salarié précise l'activité de l'entreprise qu'il prévoit de créer ou de reprendre ou de l'entreprise répondant aux critères de jeune entreprise innovante dans laquelle il prévoit d'exercer des responsabilités de direction.

Art. D. 3142-42. La demande de prolongation d'un congé ou d'une période de travail à temps partiel pour la création ou la reprise d'entreprise précédemment accordés fait l'objet d'une information de l'employeur dans les mêmes conditions, deux mois avant son terme.

Art. D. 3142-43. L'accord de l'employeur est réputé acquis à défaut de réponse dans un délai de trente jours à compter de la présentation de la lettre de demande initiale ou de renouvellement du congé ou de la période de travail à temps partiel pour la création ou la reprise d'entreprise.

Art. L. 3142-83. L'employeur peut différer le départ en congé ou le début de la période de travail à temps partiel dans la limite de six mois à compter de la demande.

Art. D. 3142-44. L'employeur peut différer le départ en congé ou le début de la période de travail à temps partiel pour la création ou la reprise d'entreprise, dans la limite de six mois qui court à compter de la réception de la lettre recommandée prévue à l'article D. 3142-41.

Il informe le salarié par lettre recommandée avec avis de réception ou remise contre récépissé.

Art. L. 3142-84. À l'issue du congé, le salarié retrouve son précédent emploi ou un emploi similaire assorti d'une rémunération au moins équivalente.

Le salarié ne peut invoquer aucun droit à être réemployé avant l'expiration du congé.

Note • Emploi similaire : en ne proposant au salarié que des emplois entraînant une perte de qualification et une réduction de son autorité, l'employeur viole les dispositions de l'article L. 122-32-16 (ancien) (cass. soc. 2 octobre 1997, n° 94-44.797, *RJS* 11/97 n° 1251).

• Cet article ne subordonne à aucune condition la réintégration du salarié dans l'entreprise à l'issue d'un congé pour création d'emploi. En subordonnant la réintégration du salarié à la justification du respect par celui-ci de la finalité de ce congé, l'employeur ajoute à la loi une condition non prévue (CA Versailles 18 décembre 2003, 17e ch., n° 01-3981, *RJS* 5/04 n° 556). Le fait que des salariés n'ont pas cessé, à la date d'expiration de leur congé, leur activité au sein de la société qu'ils ont créée n'autorise pas l'employeur à refuser la réintégration de ces salariés (cass. soc. 21 novembre 1995, n° 92-42.414, *RJS* 1/96 n° 34).

Art. L. 3142-85. Le salarié informe son employeur de son intention soit d'être réemployé, soit de rompre son contrat de travail, dans des conditions déterminées par voie réglementaire.

Les conditions de la rupture sont celles prévues par le contrat de travail, à l'exception de celles relatives au préavis. Le salarié est, de ce fait, dispensé de payer une indemnité de rupture.

Note Le non-respect du délai de 3 mois imparti au salarié pour informer son employeur (L. 122-32-16, al. 2 ancien) n'est pas sanctionné par la rupture automatique du contrat imputable au salarié (cass. soc. 2 juin 1992, n° 91-42.791, BC V n° 360 ; 7 décembre 1993, n° 89-45.434, *RJS* 1/94 n° 49 ; 13 décembre 1995, n° 92-42.687, *RJS* 2/96 n° 130). Il incombe à l'employeur, qui soutient que le retard du salarié à manifester son intention de retrouver son emploi constitue un empêchement à la réintégration, de prononcer un licenciement dont le juge devra apprécier si la cause est réelle et sérieuse (cass. soc. 13 décembre 1995, précité).

Art. D. 3142-45. Le salarié informe l'employeur de son intention soit d'être réemployé, soit de rompre son contrat de travail par lettre recommandée avec avis de réception, au moins trois mois avant la fin de son congé pour la création ou la reprise d'entreprise.

Art. L. 3142-86. Le salarié qui reprend son activité dans l'entreprise à l'issue de son congé bénéficie en tant que de besoin d'une réadaptation professionnelle, notamment en cas de changement de techniques ou de méthodes de travail.

Il n'est pas compté dans les 2 % de salariés pouvant bénéficier simultanément d'un congé individuel de formation prévu à l'article L. 6322-7.

Art. L. 3142-87. Lorsqu'il est envisagé une période de travail à temps partiel, celle-ci donne lieu à un avenant au contrat de travail fixant la durée de cette période et conforme aux prévisions de l'article L. 3123-14.

Toute prolongation de la période de travail à temps partiel à la demande du salarié donne lieu à la signature d'un nouvel avenant dans les mêmes conditions.

Art. L. 3142-88. Dans les entreprises de moins de deux cents salariés, lorsque l'employeur estime, après avis du comité d'entreprise, ou, à défaut, des délégués du personnel, que la transformation d'un contrat de travail à temps plein en contrat de travail à temps partiel aura des conséquences préjudiciables à la production et à la marche de l'entreprise, il peut refuser de conclure le ou les avenants de passage à temps partiel, dans les conditions mentionnées aux articles L. 3142-97 et L. 3142-98.

Art. L. 3142-89. Dans les entreprises de deux cents salariés et plus, l'employeur peut différer la signature du ou des avenants aux contrats de travail, si le pourcentage de salariés de l'entreprise passant simultanément à temps partiel au titre du présent paragraphe dépasse 2 % de l'effectif de l'entreprise, jusqu'à la date à laquelle cette condition de taux est remplie.

Art. D. 3142-46. Les conditions dans lesquelles l'employeur peut différer la signature des avenants aux contrats de travail, conformément à l'article L. 3142-89, sont celles prévues à l'article D. 3142-53.

Art. L. 3142-90. Le salarié dont un avenant à son contrat de travail prévoit le passage à temps partiel ne peut invoquer aucun droit à être réemployé à temps plein avant le terme fixé par cet avenant.

À l'issue de la période de travail à temps partiel convenue, le salarié retrouve une activité à temps plein assortie d'une rémunération au moins équivalente à celle qui lui était précédemment servie.

§ 2. Congé sabbatique

Art. L. 3142-91. Le salarié a droit, dans les conditions prévues à la présente sous-section, à un congé sabbatique, d'une durée minimale de six mois et d'une durée maximale de onze mois, pendant lequel son contrat de travail est suspendu.

Note • Est assimilée à un licenciement sans cause réelle et sérieuse la remise à une salariée, le jour de son départ en congé sabbatique, d'un certificat de travail et d'une attestation pour l'ASSEDIC, portant pour motif de rupture ce congé, de même que la signature d'un solde de tout compte (cass. soc. 7 avril 2009, n° 07-45.709, *JSL* n° 255, 14 mai 2009, p. 25).

• Au cours d'un congé sabbatique, aucune interdiction d'avoir une activité salariée ou non salariée ne s'impose au bénéficiaire du congé, lequel demeure cependant tenu de respecter les obligations de loyauté et de non-concurrence à l'égard de son employeur (cass. soc. 27 novembre 1991, n° 88-43.161, BC V n° 537 ; *RJS* 1/92 n° 43 ; 5 juin 1996, n° 93-42.588, BC V n° 231 ; *RJS* 8-9/96 n° 937 ; 1er avril 2003, n° 00-44.902, *RJS* 6/70 n° 770).

Art. L. 3142-92. Le droit au congé sabbatique est ouvert au salarié justifiant, à la date de départ en congé, d'une ancienneté dans l'entreprise d'au moins trente-six mois, consécutifs ou non, ainsi que de six années d'activité professionnelle, et n'ayant pas bénéficié au cours des six années précédentes dans l'entreprise, d'un congé sabbatique, d'un congé pour création d'entreprise ou d'un congé individuel de formation d'une durée d'au moins six mois.

Art. L. 3142-93. Le salarié informe son employeur de la date de départ en congé sabbatique qu'il a choisie, en précisant la durée de ce congé, dans des conditions déterminées par voie réglementaire.

Art. D. 3142-47. Le salarié informe l'employeur de la date de départ en congé sabbatique qu'il a choisie et de la durée de ce congé, par lettre recommandée avec avis de réception ou remise contre récépissé, au moins trois mois à l'avance.

Art. L. 3142-94. L'employeur peut différer le départ en congé sabbatique dans la limite de six mois à compter d'une date déterminée par voie réglementaire.

Cette durée est portée à neuf mois dans les entreprises de moins de deux cents salariés.

Note L'employeur qui refuse de façon injustifiée d'octroyer un congé sabbatique perd la faculté de différer le départ en congé après l'annulation de son refus (cass. soc. 2 février 1999, n° 96-41.812, BC V n° 54 ; *RJS* 3/99 n° 384).

Art. D. 3142-48. Les délais mentionnés à l'article L. 3142-94, en vue de différer le départ en congé sabbatique d'un salarié, courent à compter de la présentation de la lettre recommandée prévue à l'article D. 3142-47.

Art. L. 3142-95. À l'issue du congé sabbatique, le salarié retrouve son précédent emploi ou un emploi similaire assorti d'une rémunération au moins équivalente.

Il ne peut invoquer aucun droit à être réemployé avant l'expiration du congé.

Note • Si un salarié ne peut exiger d'être réemployé avant l'expiration du congé sabbatique, peut-il renoncer à ce congé avant le début de celui-ci ? Voir *infra* note sous art. L. 3142-102.

• Le congé pour convenances personnelles, pour lequel aucune des formalités propres au départ en congé sabbatique n'a été respectée, n'est pas un congé sabbatique et n'ouvre pas droit à réintégration (cass. soc. 2 mai 1990, n° 87-44.856, *SSL* n° 505, p. 12).

• *Obligation de réintégration dans le même emploi ou dans un emploi similaire.* Le salarié est en droit de refuser un poste impliquant une mutation avec un changement de lieu de travail et de résidence (cass. soc. 26 février 1997, n° 94-41.071, *RJS* 6/97 n° 699) ou une modification des horaires de travail (cass. soc. 15 septembre 2010, n° 09-41.526, *RJS* 11/10 n° 857 ; *JSL* n° 287, 18 novembre 2010, p. 28 ; 16 mars 1989, n° 86-42.328, BC V n° 231).

N'ayant pas été réintégrée dans son emploi ou dans un emploi similaire à l'issue de son congé sabbatique, une salariée pouvait légitimement prendre acte de la rupture de son contrat aux torts de l'employeur, rupture produisant dès lors les effets d'un licenciement sans cause réelle et sérieuse (cass. soc. 4 février 2009, n° 07-43.984, *RJS* 4/09 n° 366 ; *JSL* n° 252, 30 mars 2009, p. 26). Pour des circonstances dans lesquelles la prise d'acte n'est pas justifiée, voir cass. soc. 15 décembre 2010, n° 08-45.378.

Après avoir constaté qu'une salariée de retour de congé sabbatique avait protesté de façon détaillée à propos du nouveau poste proposé dont les contours et la qualification étaient mal définis et que la société n'avait apporté sur ce point aucune réponse convaincante, ce dont il résultait que le caractère similaire du poste proposé n'était pas établi, c'est à bon droit qu'une cour d'appel a dit sans cause réelle et sérieuse le licenciement de la salariée consécutif au refus du poste litigieux (cass. soc. 9 avril 2008, n° 06-45.898, *LS* Jurisprudence n° 114/2008 du 13 mai 2008).

N'est pas constitutif d'une faute grave le refus du poste proposé par l'employeur deux mois après l'expiration du congé sabbatique, la salariée n'ayant retrouvé à cette date ni son précédent emploi, ni un emploi similaire (cass. soc. 3 juin 2009, n° 07-44.786).

• Si, à l'issue du congé sabbatique d'un an, le salarié ne reprend pas son travail et laisse sans réponse la lettre de son employeur lui demandant la cause de son absence, les juges du fond peuvent déduire des circonstances une volonté claire et non équivoque de démissionner (cass. soc. 14 décembre 1995, n° 94-41.782, *RJS* 2/96 n° 131).

§ 3. Dispositions communes au congé pour la création d'entreprise et au congé sabbatique

Sous-§ 1. Possibilités de report ou de refus du congé

Art. L. 3142-96. Sans préjudice des dispositions prévues à la présente sous-section, le départ en congé peut être différé par l'employeur, en fonction du pourcentage de salariés simultanément absents au titre du congé pour la création d'entreprise, pour l'exercice de responsabilités de direction au sein d'une entreprise répondant aux critères de jeune entreprise innovante et au titre du congé sabbatique ou en fonction du pourcentage de jours d'absence prévu au titre de ces congés.

Art. L. 3142-97. Dans les entreprises de moins de deux cents salariés, l'employeur peut refuser un congé pour la création d'entreprise, pour l'exercice de responsabilités de direction au sein d'une entreprise répondant aux critères de jeune entreprise innovante ou un congé sabbatique s'il estime, après avis du comité d'entreprise ou, à défaut, des délégués du personnel, que ce congé aura des conséquences préjudiciables à la production et à la marche de l'entreprise.

L'employeur précise le motif de son refus, à peine de nullité.

Ce refus est, à peine de nullité, porté à la connaissance du salarié.

Le refus de l'employeur peut être contesté directement devant le bureau de jugement du conseil de prud'hommes.

Note • Pour déterminer si l'entreprise emploie au moins 200 salariés, il convient, lorsque plusieurs sociétés ont des liens entre elles, de rechercher si ces sociétés « ont été conjointement employeurs du salarié » ; il ne suffit pas que ces sociétés appartiennent au même groupe (cass. soc. 17 avril 1996, n° 93-41.168, BC V n° 173 ; *RJS* 6/96 n° 681).

• Le jugement qui constate que l'absence du salarié pendant le congé n'aurait pas d'effet préjudiciable pour l'entreprise peut annuler le refus de l'employeur et accorder lui-même le congé sollicité (cass. soc. 2 février 1999, n° 96-41.812, BC V n° 54 ; *RJS* 3/99 n° 384 ; 11 mars 2009, n° 07-44.414).

• La décision de l'employeur d'accorder un congé à temps plein pour création d'entreprise au lieu d'une période à temps partiel demandée par le salarié s'analyse en un refus de cette demande qui, selon cet article, doit être motivé. Deux salariées ont demandé à leur employeur de pouvoir travailler à temps partiel pour création d'entreprise. Après avoir relevé que l'employeur avait, sans justifier sa décision, informé les salariées de l'octroi d'un congé à temps plein, et qu'aucun autre écrit motivé n'avait été notifié aux deux intéressées dans les 30 jours, un conseil de prud'hommes a pu décider, ce refus non motivé étant nul, que la demande d'une période de travail à temps partiel devait être considérée comme acceptée et prendre les mesures nécessaires pour rendre cette décision effective en condamnant l'employeur à établir des avenants aux contrats de travail (cass. soc. 24 septembre 2008, n° 06-44.939, BC V n° 188, ; *JCP* éd. S 2009, 1316, note Fr. Dumont).

Art. L. 3142-98. L'employeur informe le salarié soit de son accord sur la date de départ choisie par l'intéressé, soit du report ou de son refus.

À défaut de réponse de sa part, son accord est réputé acquis.

Art. L. 3142-99. Les conditions d'application du présent sous-paragraphe sont déterminées par voie réglementaire.

Art. D. 3142-49. Dans les entreprises de deux cents salariés et plus, le départ en congé peut être différé par l'employeur, de telle sorte que le pourcentage des salariés simultanément absents de l'entreprise au titre du congé pour la création d'entreprise, pour l'exercice de responsabilités de direction au sein d'une entreprise répondant aux critères de jeune entreprise innovante et au titre du congé sabbatique ne dépasse pas 2 % de l'effectif de cette entreprise, jusqu'à la date à laquelle cette condition de taux est remplie.

Ce taux est limité à 1,5 % lorsqu'il s'agit du seul congé sabbatique.

Art. D. 3142-50. Dans les entreprises de moins de deux cents salariés, le départ en congé peut être différé par l'employeur de telle sorte que le nombre de jours d'absence prévu au titre des congés pour la création d'entreprise ne dépasse pas 2 % du nombre total des jours de travail effectués dans les douze mois précédant le départ en congé. Pour permettre le départ en congé d'un salarié, cette période de douze mois est prolongée dans la limite de quarante-huit mois.

Ce taux est limité à 1,5 % lorsqu'il s'agit du seul congé sabbatique.

Art. D. 3142-51. Le refus de l'employeur d'accorder un congé pour la création d'entreprise ou un congé sabbatique est porté à la connaissance du salarié soit par lettre recommandée avec avis de réception, soit remise contre récépissé.

Art. D. 3142-52. Le salarié peut contester le refus d'accorder le congé pour la création d'entreprise ou le congé sabbatique de l'employeur dans les quinze jours à compter de la réception de sa lettre de refus.

En cas de contestation, le bureau de jugement du conseil de prud'hommes, saisi en application de l'article L. 3142-97, statue en dernier ressort selon les formes applicables au référé.

Art. D. 3142-53. L'employeur informe le salarié de son accord sur la date de départ choisie du congé pour la création d'entreprise ou du congé sabbatique ou de son report par lettre recommandée avec avis de réception ou remise contre récépissé.

À défaut de réponse de sa part, dans un délai de trente jours à compter de la présentation à l'employeur de la lettre prévue aux articles D. 3142-41 ou D. 3142-47, son accord est réputé acquis.

Note Lorsque l'information de la date et de la durée de son départ est faite par le salarié hors du délai légal de trois mois, cette irrégularité, si elle peut conduire l'employeur à différer la date de départ du salarié, ne le dispense en aucun cas de lui répondre dans le délai d'un mois prévu par le code du travail. Dans l'espèce en cause, l'employeur n'ayant pas répondu au salarié dans ce délai, les juges ont estimé que son accord tacite sur la date de départ du salarié était acquis et que son licenciement était donc injustifié (cass. soc. 12 mars 2008, n° 06-43.866, BC V n° 61 ; *JSL* n° 231, 14 avril 2008, p. 18 ; *JCP* éd. S 2008, 1480, note B. Bossu).

Sous-§ 2. Report de congés payés

Art. L. 3142-100. Les congés payés annuels dus au salarié en plus de vingt-quatre jours ouvrables peuvent être reportés, à sa demande, jusqu'au départ en congé pour la création d'entreprise, pour l'exercice de responsabilités de direction au sein d'une entreprise répondant aux critères de jeune entreprise innovante ou en congé sabbatique.

Le cumul de ces congés payés porte au maximum sur six années.

Art. L. 3142-101. Une indemnité compensatrice est perçue par le salarié, au départ en congé pour la création d'entreprise, pour l'exercice de responsabilités de direction au sein d'une entreprise répondant aux critères de jeune entreprise innovante ou en congé sabbatique, pour l'ensemble des congés payés dont il n'a pas bénéficié.

Ces dispositions ne s'appliquent pas lorsque l'employeur est tenu d'adhérer à une caisse de congés payés.

Art. L. 3142-102. En cas de renonciation au congé pour la création d'entreprise, pour l'exercice de responsabilités de direction au sein d'une entreprise répondant aux critères de jeune entreprise innovante ou au congé sabbatique, les congés payés du salarié reportés conformément aux dispositions de l'article L. 3142-100 sont ajoutés aux congés payés annuels dus en application des dispositions des articles L. 3141-1 et suivants.

Les congés payés reportés sont ajoutés aux congés payés annuels, par fraction de six jours, et jusqu'à épuisement, chaque année à compter de la renonciation.

Jusqu'à épuisement des congés payés reportés, tout report au titre de l'article L. 3142-100 est exclu.

Note Bien que cet article prévoie la renonciation du salarié au congé sabbatique, la Cour de cassation juge que le salarié ne peut pas renoncer à un futur congé, dès lors qu'il avait fixé en accord avec l'employeur la date du début de ce congé (cass. soc. 7 mai 1996, n° 92-43.545, BC V n° 180 ; *Dr. Soc.* 1996, p. 975 ; *RJS* 6/96 n° 682 : « Lorsque l'accord des parties s'est réalisé sur une suspension du contrat de travail pour congé sabbatique, l'employeur conserve, sauf abus de sa part, le droit de s'opposer à la dénonciation unilatérale de cet accord par le salarié »). La Cour de cassation vise l'article 1134 c. civ. La discussion est possible : le droit à congé est un droit légal pour le salarié et non un droit résultant d'un accord contractuel (l'accord ne porte que sur la date du départ en congé) ; le titulaire d'un droit peut habituellement y renoncer, sous réserve de l'ordre public et du respect de dispositions spéciales. Aucune règle d'ordre public ne s'oppose à ce qu'un salarié renonce à un congé sabbatique ; quant aux dispositions spéciales, elles interdisent seulement au salarié de renoncer à son congé pendant que celui-ci est en cours (art. L. 3142-95 CT).

Art. L. 3142-103. En cas de rupture du contrat de travail, le salarié perçoit une indemnité compensatrice pour les droits à congé payé reportés conformément aux dispositions de l'article L. 3142-100.

Ces dispositions ne s'appliquent pas lorsque l'employeur est tenu d'adhérer à une caisse de congés payés.

Art. L. 3142-104. Les indemnités compensatrices prévues au présent sous-paragraphe sont calculées conformément aux dispositions des articles L. 3141-22 à L. 3141-25.

§ 4. Dispositions diverses

Art. L. 3142-105. L'inobservation par l'employeur des dispositions des articles L. 3142-84 à L. 3142-86 et des articles L. 3142-90 et L. 3142-95 donne lieu à l'attribution de dommages et intérêts au salarié concerné, en plus de l'indemnité de licenciement lorsque celle-ci est due.

Note Le seul fait pour l'employeur de ne pas réintégrer son salarié dans l'emploi qu'il avait avant son départ en congé sabbatique ou de ne pas lui proposer un emploi similaire donne lieu à l'attribution de dommages-intérêts audit salarié, les juges du fond appréciant souverainement l'existence et l'étendue des préjudices occasionnés au salarié par la perte de son emploi et par le comportement de l'employeur à son égard (cass. soc. 16 mars 1989, n° 86-42.328, BC V n° 231 ; *CSB* 1989 A. 31). Sur les dommages-intérêts auxquels peut prétendre un salarié en cas de non-respect par l'employeur du droit au congé sabbatique, voir rép. QE 5105, JO Sén. 8 octobre 1987, p. 1591.

Art. L. 3142-106. L'employeur communique semestriellement au comité d'entreprise ou, à défaut, aux délégués du personnel, la liste des demandes de congé ou de période de travail à temps partiel pour création d'entreprise, l'exercice de responsabilités de direction au sein d'une entreprise répondant aux critères de jeune entreprise innovante et de congé sabbatique avec l'indication de la suite qui leur a été donnée.

Art. L. 3142-107. Pour l'application des dispositions relatives aux congés et périodes de travail à temps partiel prévues par la présente sous-section, l'ancienneté acquise dans toute autre entreprise du même groupe, au sens de l'article L. 2331-1, est prise en compte au titre de l'ancienneté dans l'entreprise.

Sous-section 11. Réserve dans la sécurité civile, opérations de secours et réserve sanitaire

§ 1. Réserve dans la sécurité civile

Art. L. 3142-108. Pour accomplir son engagement à servir dans la réserve de sécurité civile pendant son temps de travail, le salarié doit obtenir l'accord de son employeur, sous réserve de dispositions plus favorables résultant du contrat de travail, de conventions ou d'accords collectifs de travail ou de conventions conclues entre l'employeur et l'autorité de gestion de la réserve. En cas de refus, l'employeur motive et notifie sa décision à l'intéressé ainsi qu'à l'autorité de gestion de la réserve dans la semaine qui suit la réception de la demande.

Art. L. 3142-109. Pendant la période d'activité dans la réserve de sécurité civile, le contrat de travail du salarié est suspendu.

Art. L. 3142-110. La période d'activité dans la réserve de sécurité civile est considérée comme une période de travail effectif pour les avantages légaux et conventionnels en matière d'ancienneté, de congés payés et de droit aux prestations sociales.

Art. L. 3142-111. Aucun licenciement ou déclassement professionnel, aucune sanction disciplinaire ne peuvent être prononcés à l'encontre d'un salarié en raison des absences résultant de son engagement à servir dans la réserve de sécurité civile.

§ 2. Participation aux opérations de secours

Art. L. 3142-112. Lorsqu'un salarié membre d'une association agréée en matière de sécurité civile est sollicité pour la mise en œuvre du plan Orsec ou à la demande de l'autorité de police compétente en cas d'accident, sinistre ou catastrophe, il lui appartient d'obtenir l'accord de son employeur.

Art. L. 3142-113.

Sauf nécessité inhérente à la production ou à la marche de l'entreprise, l'employeur ne peut s'opposer à l'absence du salarié.

Art. L. 3142-113. Les conditions de prise en compte de l'absence d'un salarié du fait de sa participation à une opération de secours sont définies en accord avec l'employeur, sous réserve de dispositions plus favorables résultant du contrat de travail, de conventions ou d'accords collectifs de travail ou de conventions conclues entre l'employeur et le ministre chargé de la sécurité civile.

Art. L. 3142-114. Aucun licenciement ou déclassement professionnel, aucune sanction disciplinaire ne peuvent être prononcés à l'encontre du salarié mobilisé en raison des absences mentionnées à l'article L. 3142-112.

§ 3. Réserve sanitaire

Art. L. 3142-115. Les dispositions applicables aux réservistes sanitaires sont définies au chapitre III du titre III du livre Ier de la troisième partie du code de la santé publique.

(L. 2007-1631 du 20 novembre 2007, art. 64, JO 21)

Sous-section 12

Congé pour acquisition de la nationalité

Art. L. 3142-116. Tout salarié a le droit de bénéficier, sur justification, d'un congé non rémunéré d'une demi-journée pour assister à sa cérémonie d'accueil dans la citoyenneté française.

[Sanctions pénales]

Art. R. 3143-2. Le fait de méconnaître les dispositions des articles L. 3142-13 et R. 3142-4, relatives au refus d'accorder les congés de formation économique et sociale et de formation syndicale, est puni de l'amende prévue pour les contraventions de la troisième classe.

Art. R. 3143-3. Le fait de méconnaître les dispositions des articles L. 3142-43 à L. 3142-46, relatives aux congés de formation de cadres et d'animateurs pour la jeunesse ainsi que celles des décrets pris pour leur application, est puni de l'amende prévue pour les contraventions de la troisième classe.

Art. R. 3143-4. Le fait de méconnaître les dispositions des articles L. 3142-71, L. 3142-72 et D. 3142-40, relatives au service national, est puni de l'amende prévue pour les contraventions de la cinquième classe.

La récidive est réprimée conformément aux articles 132-11 et 132-15 du code pénal.

CHAPITRE III

Dispositions pénales

[Le présent chapitre ne comprend pas de dispositions législatives.]

Les articles réglementaires ont été insérés à la suite de chacun des chapitres auxquels ils se rapportent.

TITRE V

COMPTE ÉPARGNE-TEMPS

CHAPITRE Ier

(L. 2008-789 du 20 août 2008, art. 25, JO 21) « Objet »

Note • La loi 2005-296 du 31 mars 2005 portant réforme de l'organisation du temps de travail dans l'entreprise avait réécrit le régime du compte épargne-temps dans l'objectif de favoriser le développement de ce dispositif, notamment en renforçant les possibilités de monétisation de ce compte. Voir circulaire DRT 09 du 14 avril 2006 prise en application de la loi 2005-296 du 31 mars 2005.

• La loi 2008-789 du 20 août 2008 portant rénovation de la démocratie sociale et réforme du temps de travail a clarifié les modalités de mise en place et de fonctionnement du compte épargne-temps. Le dispositif lui-même est simplifié : si la loi l'encadre par un rappel des principales dispositions d'ordre public, désormais, l'ensemble des conditions d'alimentation, d'utilisation, de gestion, de liquidation et de transfert des droits épargnés sur un compte épargne-temps sont déterminées par accord collectif.

L'usage de ce dispositif d'aménagement du temps de travail par le salarié répond à la volonté de celui-ci et ne peut être imposé par l'employeur. Toutefois, la loi nouvelle conserve la possibilité pour les partenaires sociaux de négocier une exception à ce caractère volontaire en prévoyant une alimentation collective du compte épargne-temps à l'initiative de l'employeur pour les heures effectuées au-delà de la durée collective du travail.

Le dispositif est également devenu, du fait des différentes modifications d'ordre législatif, le moyen pour le salarié de se constituer une épargne monétaire. Les dispositions nouvelles permettent notamment au salarié qui le souhaite d'utiliser les droits affectés sur son compte épargne-temps pour compléter sa rémunération. En outre, la passerelle entre le compte épargne-temps et l'épargne retraite est consolidée (circ. DGT 20 du 13 novembre 2008, fiche 14).

Art. L. 3151-1. Le compte épargne-temps permet au salarié d'accumuler des droits à congé rémunéré ou de bénéficier d'une rémunération, immédiate ou différée, en contrepartie des périodes de congé ou de repos non prises ***(L. 2008-789 du 20 août 2008, art. 25, JO 21)*** « ou des sommes qu'il y a affectées ».

[Art. L. 3151-2. Abrogé par loi 2008-789 du 20 août 2008, art. 25, JO 21.]

(L. 2008-789 du 20 août 2008, art. 25, JO 21)

CHAPITRE II

Mise en place

Art. L. 3152-1. Le compte épargne-temps peut être institué par convention ou accord d'entreprise ou d'établissement ou, à défaut, par une convention ou un accord de branche.

Note « Pour l'application des articles 1er et 4 de la loi n° 2008-111 du 8 février 2008, les articles L. 3121-45, L. 3121-46, L. 3121-51, L. 3122-5, L. 3122-19 et L. 3152-1 CT s'appliquent, jusqu'au 31 décembre 2009, dans leur rédaction antérieure à la publication de la présente loi.

Pour l'application de l'article 2 de la loi n° 2008-111 du 8 février 2008 précitée, les mêmes articles du code du travail s'appliquent jusqu'au 31 décembre 2010 dans leur rédaction antérieure à la publication de la présente loi » (loi 2008-789 du 20 août 2008, art. 23, II).

L'article L. 3152-1 dans sa rédaction antérieure est rapporté ci-après :

Art. L. 3152-1. Peuvent être affectés au compte épargne-temps, dans les conditions et limites définies par la convention ou l'accord collectif de travail, les éléments suivants :

1° À l'initiative du salarié :
a) Tout ou partie du congé annuel excédant la durée de vingt-quatre jours ouvrables ;
b) Les heures de repos acquises au titre du repos compensateur obligatoire et du repos compensateur de remplacement ;
c) Les heures accomplies au-delà de la durée prévue par la convention individuelle de forfait conclue en application des articles L. 3121-38, L. 3121-42 ou L. 3121-51 ;
d) Les jours de repos et de congés accordés au titre des articles L. 3121-45, L. 3121-51, L. 3122-6 et L. 3122-19 ;

2° À l'initiative de l'employeur, les heures accomplies au-delà de la durée collective du travail, lorsque les caractéristiques des variations de l'activité le justifient.

Une convention ou un accord collectif de groupe peut prévoir la mise en place d'un CET dont les modalités peuvent être définies au niveau de l'entreprise (circ. DGT 20 du 13 novembre 2008, fiche 14).

Art. L. 3152-2. La convention ou l'accord collectif détermine dans quelles conditions et limites le compte épargne-temps peut être alimenté en temps ou en argent à l'initiative du salarié ou, pour les heures accomplies au-delà de la durée collective, à l'initiative de l'employeur. Le congé annuel ne peut être affecté au compte épargne-temps que pour sa durée excédant vingt-quatre jours ouvrables.

Note

• La loi ne liste plus les différents modes d'alimentation « en temps » ou « en argent » pour laisser plus de champ à la négociation. La circulaire du 13 novembre 2008, fiche 14, § 2, apporte des illustrations sur ce qui peut être prévu, tout en soulignant les règles d'ordre public à respecter.

• Constitue un trouble manifestement illicite la décision d'un employeur imposant aux salariés de prendre tous leurs jours de repos acquis au titre de la réduction du temps de travail et de congés payés sans pouvoir alimenter leur compte épargne-temps, en violation des stipulations d'un accord d'entreprise (cass. soc. 8 juin 2011, n° 10-11.979, *LS* Jurisp. n° 131/2011 du 28/06/11 ; *RJS* 8-9/11 n° 700 ; *JCP* éd. S 2011, 1399, note A. Barège).

Art. L. 3152-3. La convention ou l'accord collectif définit les modalités de gestion du compte épargne-temps et détermine les conditions d'utilisation, de liquidation et de transfert des droits d'un employeur à un autre.

CHAPITRE III

Utilisation

Art. L. 3153-1. ***(L. 2008-789 du 20 août 2008, art. 25, JO 21)*** Nonobstant les stipulations de la convention ou de l'accord collectif, tout salarié peut, sur sa demande et en accord avec son employeur, utiliser les droits affectés sur le compte épargne-temps pour compléter sa rémunération ***(L. 2010-1330 du 9 nov. 2010, art. 76, JO 10)*** « ou pour cesser, de manière progressive, son activité ».

Note Jusqu'alors, cette possibilité de monétarisation, même si l'accord de CET ne le permettait pas, n'était prévue que jusqu'à la fin 2009, dans le cadre de la loi « pouvoir d'achat » (loi 2008-111 du 8 février 2008, art. 1, II, JO 9). Ce dispositif est toujours applicable, mais seule la monétarisation des droits affectés sur un CET jusqu'au 31 décembre 2007 ouvre droit à un régime social et fiscal de faveur.

Art. L. 3153-2. ***(L. 2008-789 du 20 août 2008, art. 25, JO 21)*** L'utilisation sous forme de complément de rémunération des droits versés sur le compte épargne-temps au titre du congé annuel n'est autorisée que pour ceux de ces droits correspondant à des jours excédant la durée de trente jours fixée par l'article L. 3141-3.

Art. L. 3153-3. Lorsque la convention ou l'accord collectif de travail prévoit que tout ou partie des droits affectés sur le compte épargne-temps sont utilisés pour contribuer au financement de prestations de retraite qui revêtent un caractère collectif et obligatoire déterminé dans le cadre d'une des procédures mentionnées à l'article L. 911-1 du code de la sécurité sociale, ceux de ces droits qui correspondent à un abondement en temps ou en argent de l'employeur bénéficient des régimes prévus au 2° ou au 2°-0 *bis* de l'article 83 du code général des impôts et aux sixième et septième alinéas de l'article L. 242-1 du code de la sécurité sociale ***(L. 2008-1330 du 17 déc. 2008, art. 19, JO 18)*** « ou aux sixième et septième alinéas de l'article L. 741-10 du code rural » ***(Ord. 2010-462 du 6 mai 2010, JO 7)*** « et de la pêche maritime ».

Lorsque la convention ou l'accord collectif de travail prévoit que tout ou partie des droits affectés sur le compte épargne-temps sont utilisés pour réaliser des versements sur un ou plusieurs plans d'épargne pour la retraite collectifs, ceux de ces droits qui correspondent à un abondement en temps ou en argent de l'employeur bénéficient du régime prévu aux articles L. 3332-11 à L. 3332-13 et à l'article L. 3332-27.

(L. 2008-789 du 20 août 2008, art. 26, JO 21) « Les droits utilisés selon les modalités prévues aux précédents alinéas, qui ne sont pas issus d'un abondement en temps ou en argent de l'employeur, bénéficient dans la limite d'un plafond de dix jours par an de l'exonération prévue à l'article L. 242-4-3 du code de la sécurité sociale ***(L. 2008-1330 du 17 déc. 2008, art. 19, JO 18)*** « ou aux articles L. 741-4 et L. 741-15 du code rural ***(Ord. 2010-462 du 6 mai 2010, JO 7)*** « et de la pêche maritime » en tant qu'ils visent l'article L. 242-4-3 du code de la sécurité sociale » et, selon le cas, des régimes prévus au 2° ou au 2°-0 *bis* de l'article 83 du code général des impôts pour ceux utilisés selon les modalités prévues au premier alinéa ou de l'exonération prévue au *b* du 18° de l'article 81 du même code pour ceux utilisés selon les modalités prévues au deuxième alinéa. »

[**Art. L. 3153-4.** Abrogé par loi 2008-789 du 20 août 2008, art. 25, JO 21.]

(L. 2008-789 du 20 août 2008, art. 27, JO 21)

CHAPITRE IV

Garantie et liquidation des droits

Art. L. 3154-1. Les droits acquis dans le cadre du compte épargne-temps sont garantis dans les conditions de l'article L. 3253-8.

Art. L. 3154-2. Pour les droits acquis, convertis en unités monétaires, qui excèdent le plus élevé des montants fixés par décret en application de l'article L. 3253-17, la convention ou l'accord d'entreprise ou d'établissement ou, à défaut, la convention ou l'accord de branche établit un dispositif d'assurance ou de garantie.

À défaut d'accord collectif avant le 8 février 2009, un dispositif de garantie est mis en place par décret.

Art. L. 3154-3.

Dans l'attente de la mise en place d'un dispositif de garantie, lorsque les droits acquis, convertis en unités monétaires, excèdent le plafond précité, une indemnité correspondant à la conversion monétaire de l'ensemble des droits est versée au salarié.

Art. L. 3154-3. À défaut de dispositions conventionnelles prévoyant les conditions de transfert des droits d'un employeur à un autre, le salarié peut :

1° Percevoir, en cas de rupture du contrat de travail, une indemnité correspondant à la conversion monétaire de l'ensemble des droits qu'il a acquis ;

2° Demander, en accord avec l'employeur, la consignation auprès d'un organisme tiers de l'ensemble des droits, convertis en unités monétaires, qu'il a acquis. Le déblocage des droits consignés se fait au profit du salarié bénéficiaire ou de ses ayants droit dans les conditions fixées par décret.

Note • Dans le cadre d'une procédure de liquidation judiciaire, lorsque des salariés sont repris par un nouvel employeur en application d'un plan de cession muet sur le sort des jours épargnés sur un compte épargne-temps, les salariés ont droit, à défaut de clauses conventionnelles, au versement d'une indemnité correspondant à la conversion monétaire de l'ensemble des droits acquis (cass. soc. 7 avril 2010, n° 09-40.015, BC V n° 85 ; *RJS* 6/10 n° 525 ; *JSL* n° 279, 16 juin 2010, p. 23 ; *JCP* éd. S 2010, 1417 ; *LS* Jurisp. n° 73/2010 du 12 avril 2010).

• Le refus de l'employeur de régler les droits acquis par le salarié sur le compte épargne-temps étant manifestement illicite, un salarié peut demander en référé le déblocage de son compte (cass. soc. 19 octobre 2010, n° 09-41.667, *RJS* 1/11 n° 50).

Art. D. 3154-1. ***(D. 2009-1184 du 5 oct. 2009, JO 7)*** « Dans l'attente de l'établissement d'un dispositif d'assurance ou de garantie financière dans les conditions prévues aux articles D. 3154-2 à D. 3154-4, » lorsque les droits inscrits au compte épargne-temps atteignent le plus haut montant des droits garantis fixés en application de l'article L. 3253-17, les droits supérieurs à ce plafond sont liquidés.

Le salarié perçoit une indemnité correspondant à la conversion monétaire de ces droits.

Art. D. 3154-2. Les droits épargnés dans le compte épargne-temps peuvent excéder le plafond déterminé à l'article D. 3154-1 lorsqu'une convention ou un accord collectif de travail prévoit un dispositif d'assurance ou de garantie financière couvrant les sommes supplémentaires épargnées. ***(D. 2009-1184 du 5 oct. 2009, JO 7)*** « En l'absence d'une telle convention ou d'un tel accord collectif, le dispositif de garantie financière est mis en place par l'employeur. »

(D. 2009-1184 du 5 oct. 2009, JO 7) « Les dispositifs mentionnés à l'alinéa précédent doivent permettre » le paiement des droits acquis par le salarié et des cotisations obligatoires dues à des organismes de sécurité sociale ou à des institutions sociales pour le montant au-delà du plafond susmentionné.

Art. D. 3154-3. La garantie financière ne peut résulter que d'un engagement de caution pris par :
1° Une société de caution mutuelle ;
2° Un organisme de garantie collective ;
3° Une compagnie d'assurance ;
4° Une banque ;
5° Un établissement financier habilité à donner caution.

Art. D. 3154-4. L'engagement de caution fait l'objet d'un contrat écrit précisant les conditions et le montant de la garantie accordée. Ce contrat, tenu à la disposition de l'inspection du travail, stipule la renonciation du garant, en cas de défaillance de l'employeur, au bénéfice de discussion prévu aux articles 2298 à 2301 du code civil.

Art. D. 3154-5. ***(D. 2009-1184 du 5 oct. 2009, JO 7)*** Lorsqu'un salarié demande, en accord avec son employeur, la consignation de l'ensemble des droits acquis sur son compte épargne-temps, convertis en unités monétaires, les sommes sont transférées par ce dernier à la Caisse des dépôts et consignations. Le transfert est accompagné de la demande écrite du salarié et d'une déclaration de consignation renseignée par l'employeur. Le récépissé de la déclaration de consignation, qui fait foi du dépôt des fonds, est remis par la Caisse des dépôts et consignations à l'employeur, qui en informe son salarié.

Les sommes consignées sont rémunérées dans les conditions fixées par l'article L. 518-23 du code monétaire et financier et soumises à la prescription prévue à l'article L. 518-24 du même code.

Art. D. 3154-6. *(D. 2009-1184 du 5 oct. 2009, JO 7)* Le déblocage des droits consignés peut intervenir :

1° À la demande du salarié bénéficiaire, par le transfert de tout ou partie des sommes consignées sur le compte épargne-temps, le plan d'épargne d'entreprise, le plan d'épargne interentreprises ou le plan d'épargne pour la retraite collectif mis en place par son nouvel employeur, dans les conditions prévues par l'accord collectif mettant en place le compte épargne-temps ou par les règlements des plans d'épargne salariale ;

2° À la demande du salarié bénéficiaire ou de ses ayants droit, par le paiement, à tout moment, de tout ou partie des sommes consignées.

TITRE VI

DISPOSITIONS PARTICULIÈRES AUX JEUNES TRAVAILLEURS

Note Les dispositions relatives aux jeunes travailleurs ont été modifiés par l'ordonnance 2001-174 du 22 février 2001 relative à la transposition de la directive 94/33/CE du 22 juin 1994 (JO 24).

CHAPITRE Ier

Définitions

Art. L. 3161-1. Pour l'application des dispositions du présent titre, sont considérés comme des jeunes travailleurs :

1° Les salariés âgés de moins de dix-huit ans ;

2° Les stagiaires âgés de moins de dix-huit ans qui accomplissent des stages d'initiation ou d'application en milieu professionnel dans le cadre d'un enseignement alterné ou du déroulement de leur scolarité.

CHAPITRE II

Durée du travail

Art. L. 3162-1. Les jeunes travailleurs ne peuvent être employés à un travail effectif excédant huit heures par jour et trente-cinq heures par semaine.

À titre exceptionnel, des dérogations à ces dispositions peuvent être accordées dans la limite de cinq heures par semaine par l'inspecteur du travail après avis conforme du médecin du travail de l'établissement.

La durée du travail des intéressés ne peut en aucun cas être supérieure à la durée quotidienne ou hebdomadaire normale du travail des adultes employés dans l'établissement.

Note • S'agissant de l'articulation entre les dispositions spécifiques relatives à la durée du travail des jeunes de moins de 18 ans et l'organisation du travail des entreprises dans lesquelles ils sont employés, il ne semble pas possible d'appliquer une modulation du temps de travail aux jeunes apprentis qui entraînerait un dépassement régulier de la limite hebdomadaire de 35 heures (voir rép. QE 1363, JO Sén. 14 nov. 2002, p. 2720). Voir aussi rép. QE 4654, JO Sén. 9 janv. 2003, p. 145 s'agissant du bilan d'évaluation des conditions d'application des articles L. 213-13 et 14 (anciens) CT demandé aux services de l'administration du travail afin de prendre la mesure des difficultés posées par ces textes (notamment secteur du bâtiment ou activité nécessitant des déplacements quotidiens). Il est cependant précisé qu'à titre exceptionnel, des dérogations au temps de travail des jeunes de moins de 18 ans peuvent être accordées (rép. QE 8444, JO Sén. 4 septembre 2003, p. 2748).

• Voir circulaire DRT 2002-15 du 22 août 2002 relative à la durée du travail des jeunes de moins de 18 ans (BO TR 2002/18, p. 111).

Art. L. 3162-2. L'employeur laisse aux jeunes travailleurs soumis à l'obligation de suivre des cours professionnels pendant la journée de travail le temps et la liberté nécessaires au respect de cette obligation.

Le temps consacré à la formation dans un établissement d'enseignement est considéré comme un temps de travail effectif.

Art. L. 3162-3. Aucune période de travail effectif ininterrompue ne peut excéder, pour les jeunes travailleurs, une durée maximale de quatre heures et demie. Lorsque le temps de travail quotidien est supérieur à quatre heures et demie, les jeunes travailleurs bénéficient d'un temps de pause d'au moins trente minutes consécutives.

Note Voir aussi circulaire DRT 2002-15 du 22 août 2002 citée sous art. L. 3162-1.

[Sanctions pénales]

Art. R. 3165-1. Le fait de méconnaître les dispositions des articles L. 3162-1 et L. 3162-2, relatives à la durée du travail des jeunes travailleurs, est puni de l'amende prévue pour les contraventions de la quatrième classe, prononcée autant de fois qu'il y a de salariés concernés par l'infraction.

Art. R. 3165-2. Le fait d'employer un jeune travailleur pendant une période de travail effectif ininterrompue de plus de quatre heures et demie, en méconnaissance des dispositions de l'article L. 3162-3, est puni de l'amende prévue pour les contraventions de la cinquième classe, prononcée autant de fois qu'il y a de salariés concernés par l'infraction.

Le fait d'employer un jeune travailleur pour un temps de travail quotidien supérieur à quatre heures et demie sans le faire bénéficier d'un temps de pause d'au moins trente minutes consécutives est puni de la même amende.

La récidive est réprimée conformément aux articles 132-11 et 132-15 du code pénal.

CHAPITRE III

Travail de nuit

Art. L. 3163-1. Pour l'application du présent chapitre, est considéré comme travail de nuit :

1° Pour les jeunes travailleurs de plus de seize ans et de moins de dix-huit ans, tout travail entre 22 heures et 6 heures ;

2° Pour les jeunes travailleurs de moins de seize ans, tout travail entre 20 heures et 6 heures.

Note • La directive 94/33/CE du 22 juin 1994 interdit le travail des enfants entre 20 h et 6 h et celui des adolescents entre 22 h et 6 h ou entre 23 h et 7 h. En cas de dérogation autorisée à ce principe, le travail reste interdit entre minuit et 4 h (voir art. 9).

Une modification de la législation française s'avérait donc nécessaire afin d'élargir la période d'interdiction du travail de nuit des enfants entre 20 heures et 22 heures et de porter ainsi cette période de 20 heures à 6 heures. Par ailleurs, il convenait de prévoir l'interdiction du travail de nuit entre minuit et 4 heures pour les jeunes de moins de dix-huit ans en cas de dérogation à l'interdiction du travail de nuit accordée par l'inspection du travail (voir art. L. 3162-1, al. 4).

• La méconnaissance des articles L. 3163-1 et 2 est sanctionnée pénalement par l'article R. 3124-15 situé à la fin du chapitre II du titre II du livre Ier de la troisième partie.

Art. L. 3163-2. Le travail de nuit est interdit pour les jeunes travailleurs.

Pour les jeunes salariés des établissements commerciaux et de ceux du spectacle, des dérogations peuvent être accordées, à titre exceptionnel, par l'inspecteur du travail.

Un décret en Conseil d'État détermine en outre la liste des secteurs pour lesquels les caractéristiques particulières de l'activité justifient une dérogation. Une convention ou un accord collectif de travail étendu ou une convention ou un accord d'entreprise ou d'établissement peut définir les conditions dans lesquelles cette autorisation peut être accordée dans ces secteurs.

Il ne peut être accordé de dérogation entre minuit et 4 heures, sous réserve des cas d'extrême urgence prévus à l'article L. 3163-3.

Il ne peut être accordé de dérogation pour l'emploi de mineurs de moins de seize ans que s'il s'agit de ceux mentionnés à l'article L. 7124-1 dans les entreprises de spectacle, de cinéma, de radiophonie, de télévision ou d'enregistrements sonores.

Art. R. 3163-1. Les secteurs dans lesquels les caractéristiques particulières de l'activité justifient en application des articles L. 3163-2 et L. 6222-26 qu'il puisse être accordé une dérogation à l'interdiction du travail de nuit des jeunes travailleurs sont :

1° L'hôtellerie ;
2° La restauration ;
3° La boulangerie ;
4° La pâtisserie ;
5° Les spectacles ;
6° Les courses hippiques, pour l'ensemble des activités liées à la monte et à la mène en course.

Art. R. 3163-2. Dans les secteurs de l'hôtellerie et de la restauration, le travail de nuit des jeunes travailleurs ne peut être autorisé que de vingt-deux heures à vingt-trois heures trente.

Art. R. 3163-3. Dans les secteurs de la boulangerie et de la pâtisserie, le travail de nuit des jeunes travailleurs peut être autorisé avant six heures et, au plus tôt, à partir de quatre heures pour permettre aux jeunes travailleurs de participer à un cycle complet de fabrication du pain ou de la pâtisserie.

Seuls les établissements où toutes les phases de la fabrication de pain ou de pâtisseries ne sont pas assurées entre six heures et vingt-deux heures peuvent bénéficier de cette dérogation.

Art. R. 3163-4. Dans les secteurs des spectacles et des courses hippiques, le travail de nuit ne peut être autorisé que ***(D. 2008-889 du 2 sept. 2008, JO 4)*** « jusqu'à » vingt-quatre heures.

Dans le secteur des courses hippiques, cette dérogation ne peut être utilisée que deux fois par semaine et trente nuits par an au maximum.

Art. R. 3163-5. La dérogation à l'interdiction du travail de nuit des jeunes travailleurs est accordée par l'inspecteur du travail pour une durée maximale d'une année, renouvelable. Il apprécie les caractéristiques particulières de l'activité justifiant cette dérogation.

À défaut de réponse dans le délai d'un mois suivant le dépôt de la demande, l'autorisation est réputée accordée.

Art. R. 3163-6. Les décrets en Conseil d'État nécessaires à l'application des dispositions du présent chapitre sont pris après avis du ***(D. 2009-289 du 13 mars 2009, JO 15)*** « Conseil d'orientation sur les conditions de travail ».

Art. L. 3163-3. En cas d'extrême urgence, si des travailleurs adultes ne sont pas disponibles, il peut être dérogé aux dispositions des articles L. 3163-1 et L. 3163-2, en ce qui concerne les jeunes travailleurs de seize à dix-huit ans, pour des travaux passagers destinés à prévenir des accidents imminents ou à réparer les conséquences des accidents survenus.

Une période équivalente de repos compensateur leur est accordée dans un délai de trois semaines.

Note Le champ des dérogations visé à cet article devait être modifié pour épouser celui qu'autorise l'article 13 de la directive 94/33/CE du 22 juin 1994 qui renvoie au § 4 de l'article 5 de la directive 89/391/CEE du 12 juin 1989 concernant la mise en œuvre des mesures visant à promouvoir l'amélioration de la sécurité et de la santé des travailleurs au travail. Ce dernier champ vise des circonstances étrangères aux employeurs, anormales et imprévisibles, ou des événements exceptionnels dont les conséquences n'auraient pu être évitées malgré toute la diligence déployée. De plus, la directive du 22 juin 1994 précitée limite les dérogations à des travaux passagers qui ne souffrent aucun retard et pour lesquels des travailleurs adultes ne sont pas disponibles (rapport au président de la République relatif à l'ordonnance 2001-174 du 22 février 2001, JO 24).

[Sanction pénale]

Art. R. 3124-16. Le fait de méconnaître les dispositions de l'article L. 3163-3, applicable au travail des jeunes travailleurs de seize à dix huit ans pour la réalisation de travaux passagers en cas d'extrême urgence, est puni de l'amende prévue pour les contraventions de la quatrième classe, prononcée autant de fois qu'il y a de salariés concernés par l'infraction.

CHAPITRE IV

Repos et congés

SECTION 1. Repos quotidien

Art. L. 3164-1. La durée minimale du repos quotidien des jeunes travailleurs ne peut être inférieure à douze heures consécutives. Cette durée minimale est portée à quatorze heures consécutives s'ils ont moins de seize ans.

La durée minimale de repos continu quotidien des jeunes salariés ne peut être inférieure à douze heures dans le cas des dérogations prévues à l'article L. 3163-2.

Note Avec l'ordonnance 2001-174 du 22 février 2001 (JO 24), le repos quotidien minimal des enfants de moins de 16 ans est passé d'au moins douze heures à au moins quatorze heures consécutives.

Voir aussi circulaire DRT 2002-15 du 22 août 2002 relative à la durée du travail des jeunes de moins de 18 ans.

SECTION 2. Repos hebdomadaire et dominical

Art. L. 3164-2. Les jeunes travailleurs ont droit à deux jours de repos consécutifs par semaine.

Lorsque les caractéristiques particulières de l'activité le justifient, une convention ou un accord collectif de travail étendu ou une convention ou un accord d'entreprise ou d'établissement peut définir les conditions dans lesquelles il peut être dérogé aux dispositions du premier alinéa pour les jeunes libérés de l'obligation scolaire, sous réserve qu'ils bénéficient d'une période minimale de repos de trente-six heures consécutives.

À défaut d'accord, un décret en Conseil d'État définit les conditions dans lesquelles cette dérogation peut être accordée par l'inspecteur du travail.

Note • La directive 94/33/CE du 22 juin 1994 (JOCE L 216 du 20 août 1994, « Code annoté européen du travail », *Groupe Revue Fiduciaire*, éd. 2010, p. 545) relative à la protection des jeunes au travail prévoit que, pour chaque période de sept jours, les enfants et les adolescents bénéficient d'une période minimale de repos de deux jours, si possible consécutifs. Lorsque des raisons techniques ou d'organisation le justifient, la période minimale de repos peut être réduite, mais ne peut, en aucun cas, être inférieure à 36 heures consécutives. Cette période comprend, en principe, le dimanche (art. 10).

• Voir aussi circulaire DRT 2002-15 du 22 août 2002 relative à la durée du travail des jeunes de moins de 18 ans (BO TR 2002/18, p. 111).

Art. L. 3164-3. Les dérogations au repos hebdomadaire prévues par les articles L. 3132-4 et L. 3132-8 ne sont pas applicables aux jeunes travailleurs de moins de dix-huit ans.

Art. L. 3164-4. Un décret en Conseil d'État établit la nomenclature des industries autorisées à bénéficier des dérogations au repos hebdomadaire prévues aux articles L. 3132-5 à L. 3132-7 et pour les jeunes salariés.

Ce décret est pris dans les formes prévues à l'article L. 3121-52 pour les décrets d'application des dispositions relatives à la durée du travail.

Art. L. 3164-5. L'interdiction de travail le dimanche prévue à l'article L. 3132-3 n'est pas applicable aux apprentis âgés de moins de dix-huit ans employés dans les secteurs pour lesquels les caractéristiques particulières de l'activité le justifient et dont la liste est déterminée par décret en Conseil d'État.

Art. R. 3164-1. Les secteurs dans lesquels les caractéristiques particulières de l'activité, justifient, en application de l'article L. 3164-5, l'emploi des apprentis de moins de dix-huit ans les dimanches sont :

1° L'hôtellerie ;

2° La restauration ;

3° Les traiteurs et organisateurs de réception ;

4° Les cafés, tabacs et débits de boisson ;

5° La boulangerie ;

6° La pâtisserie ;

7° La boucherie ;

8° La charcuterie ;

9° La fromagerie-crèmerie ;

10° La poissonnerie ;

11° Les magasins de vente de fleurs naturelles, jardineries et graineteries ;

12° Les établissements des autres secteurs assurant à titre principal la fabrication de produits alimentaires destinés à la consommation immédiate ou dont l'activité exclusive est la vente de denrées alimentaires au détail.

SECTION 3. Jours fériés

Art. L. 3164-6. Les jeunes travailleurs ne peuvent travailler les jours de fête reconnus par la loi.

Note Devant un tribunal de police saisi de la poursuite exercée à son encontre sur le fondement des articles L. 222-4 et R. 262-4 CT alors en vigueur portant interdiction absolue de faire travailler un apprenti les jours fériés, une exploitante de boulangerie a conclu à sa relaxe en se référant à des circulaires administratives autorisant, nonobstant ces articles, l'emploi des apprentis dans les établissements artisanaux un jour de fête légale en cas de besoin impérieux lié au fonctionnement normal de l'entreprise ou de nécessité imposée par la formation professionnelle dispensée. A légalement justifié sa décision le tribunal qui a écarté l'argumentation de la prévenue et l'a condamnée, dès lors que ne pouvaient être utilement invoquées des circulaires à caractère interprétatif qui ne sont pas de nature à empêcher l'application d'une disposition pénale (cass. crim. 18 janvier 2005, n° 04-81.404, B. crim. n° 22 ; *JSL* n° 165, 6 avril 2005, p. 14).

Art. L. 3164-7. Dans les établissement industriels fonctionnant en continu, les jeunes travailleurs peuvent être employés tous les jours de la semaine, sous réserve de bénéficier du repos minimal prévu aux articles L. 3132-2 et L. 3164-2.

Note Voir directive 94/33/CE du 22 juin 1994 (JOCE L 216 du 20 août 1994 ; « Code annoté européen du travail », *Groupe Revue Fiduciaire*, éd. 2010, p. 545), citée sous art. L. 3164-2.

Art. L. 3164-8. Dans les secteurs pour lesquels les caractéristiques particulières de l'activité le justifient et dont la liste est fixée par décret en Conseil d'État, une convention ou un accord collectif de travail étendu ou une convention ou un accord d'entreprise ou d'établissement peut définir les conditions dans lesquelles il peut être dérogé aux dispositions de l'article L. 3164-6, sous réserve que les jeunes travailleurs intéressés par ces dérogations bénéficient des dispositions relatives au repos hebdomadaire fixées aux articles L. 3132-2 et L. 3164-2.

Art. R. 3164-2. Les secteurs dans lesquels les caractéristiques particulières de l'activité justifient, en application de l'article L. 3164-8, l'emploi des jeunes travailleurs les jours de fête reconnus par la loi sont :

1° L'hôtellerie ;
2° La restauration ;
3° Les traiteurs et organisateurs de réception ;
4° Les cafés, tabacs et débits de boisson ;
5° La boulangerie ;
6° La pâtisserie ;
7° La boucherie ;
8° La charcuterie ;
9° La fromagerie-crèmerie ;
10° La poissonnerie ;
11° Les magasins de vente de fleurs naturelles, jardineries et graineteries ;
12° Les établissements des autres secteurs assurant à titre principal la fabrication de produits alimentaires destinés à la consommation immédiate ou dont l'activité exclusive est la vente de denrées alimentaires au détail ;
(D. 2008-889 du 2 sept. 2008, JO 4) « 13° Les spectacles ».

SECTION 4. Congés annuels

Art. L. 3164-9. Quelle que soit leur ancienneté dans l'entreprise, les salariés de moins de vingt et un ans au 30 avril de l'année précédente, ont droit, s'ils le demandent, à un congé de trente jours ouvrables.

Ils ne peuvent exiger aucune indemnité de congé pour les journées de vacances dont ils réclament le bénéfice en plus de celles qu'ils ont acquises à raison du travail accompli au cours de la période de référence.

Dispositions communes

Art. R. 3164-3. Les décrets en Conseil d'État nécessaires à l'application des dispositions du présent chapitre sont pris après avis du ***(D. 2009-289 du 13 mars 2009, JO 15)*** « Conseil d'orientation sur les conditions de travail ».

[Sanctions pénales]

Art. R. 3135-5. Le fait de méconnaître les dispositions des articles L. 3164-2 à L. 3164-4, relatives au repos hebdomadaire et dominical des jeunes travailleurs, ainsi que celles des décrets pris pour leur application, est puni de l'amende prévue pour les contraventions de la cinquième classe.

Les contraventions donnent lieu à autant d'amendes qu'il y a de salariés illégalement employés.

La récidive est réprimée conformément aux articles 132-11 et 132-15 du code pénal.

Art. R. 3165-3. Le fait de méconnaître les dispositions de l'article L. 3164-5, relatives au travail des apprentis le dimanche dans des secteurs pour lesquels des caractéristiques particulières de l'activité le justifient, est puni de l'amende prévue pour les contraventions de la quatrième classe.

Art. R. 3165-4. Le fait de faire travailler un jeune travailleur un jour de fête reconnu par la loi, en méconnaissance des dispositions de l'article L. 3164-6, et des décrets pris pour son application est puni de l'amende prévue pour les contraventions de la cinquième classe.

La récidive est réprimée conformément aux articles 132-11 et 132-15 du code pénal.

Art. R. 3165-5. Le fait d'employer un jeune travailleur tous les jours de la semaine et de ne pas lui accorder le repos minimal, en méconnaissance des dispositions de l'article L. 3164-7, et des décrets pris pour leur application, est puni de l'amende prévue pour les contraventions de la cinquième classe.

La récidive est réprimée conformément aux articles 132-11 et 132-15 du code pénal.

Art. R. 3165-6. Le fait de méconnaître les dispositions de l'article L. 3164-8, relatives aux dérogations du travail les jours fériés pour les jeunes travailleurs, est puni de l'amende prévue pour les contraventions de la quatrième classe.

Art. R. 3165-7. Le fait de méconnaître les dispositions de l'article L. 3164-1, relatives à la durée minimale du repos quotidien des jeunes travailleurs, est puni de l'amende prévue pour les contraventions de la cinquième classe.

La récidive est réprimée conformément aux articles 132-11 et 132-15 du code pénal.

CHAPITRE V

Dispositions pénales

[Le présent chapitre ne comprend pas de dispositions législatives.]

Les articles réglementaires ont été insérés à la suite de chacun des chapitres auxquels ils se rapportent.

TITRE VII

CONTRÔLE DE LA DURÉE DU TRAVAIL ET DES REPOS

CHAPITRE Ier

Contrôle de la durée du travail

SECTION 1. Information des salariés et affichages

Art. L. 3171-1. L'employeur affiche les heures auxquelles commence et finit le travail ainsi que les heures et la durée des repos.

Lorsque la durée du travail est organisée ***(L. 2008-789 du 20 août 2008, art. 24, JO 21)*** « dans les conditions fixées par l'article L. 3122-2, l'affichage comprend la répartition de la durée du travail dans le cadre de cette organisation ».

La programmation individuelle des périodes d'astreinte est portée à la connaissance de chaque salarié dans des conditions déterminées par voie réglementaire.

Note L'horaire doit être affiché sur tous les lieux de travail où il s'applique et un duplicata de l'affiche doit être adressé à l'inspecteur du travail territorialement compétent pour vérifier sur chacun de ces lieux l'application des dispositions du code du travail (cass. crim. 17 janvier 1995, n° 94-80.081, B. crim. n° 22).

SECTION 2. Registres et documents obligatoires

Art. L. 3171-2. Lorsque tous les salariés occupés dans un service ou un atelier ne travaillent pas selon le même horaire collectif, l'employeur établit les documents nécessaires au décompte de la durée de travail, des repos compensateurs acquis et de leur prise effective, pour chacun des salariés concernés.

Les délégués du personnel peuvent consulter ces documents.

SECTION 3. Documents fournis à l'inspecteur du travail

Art. L. 3171-3. L'employeur tient à la disposition de l'inspecteur ou du contrôleur du travail les documents permettant de comptabiliser le temps de travail accompli par chaque salarié.

La nature des documents et la durée pendant laquelle ils sont tenus à disposition sont déterminées par voie réglementaire.

Note • Une cour d'appel ne peut sans contradiction retenir, d'une part, que les documents remis par l'employeur à l'inspecteur du travail et permettant de comptabiliser les heures de travail des salariés d'une agence de société étaient dépourvus de force probante à son égard et constater, d'autre part, que ces documents étaient utilisés par le service comptable de l'entreprise pour l'établissement des bulletins de paie (cass. crim. 29 septembre 1992, n° 91-86.851, B. crim. n° 292).

• L'article L. 611-9, al. 2 (ancien) qui oblige les chefs d'établissement à tenir à la disposition de l'inspecteur du travail, pendant un an, les documents permettant de comptabiliser les horaires de travail, n'est pas incompatible avec les dispositions de l'article 6 de la Convention européenne des droits de l'homme (cass. crim. 5 octobre 1999, n° 97-80.394). Commet le délit d'obstacle à l'accomplissement des devoirs d'un contrôleur du travail l'entrepreneur qui refuse de lui présenter divers documents (fiches, états de frais de déplacement, disques de contrôlographes) de nature à permettre de comptabiliser les heures de travail de chaque salarié et lui donne volontairement des renseignements imprécis et inexacts de nature à limiter, sinon éluder, ses possibilités d'investigation (cass. crim. 4 juin 1991, n° 90-81.159, B. crim. n° 237 ; 28 septembre 1993 cité sous art. L. 8114-1 ; 30 mars 1999, n° 98-80.598 et 6 juin 2001, n° 00-84.840).

• Un employeur est tenu d'établir, pour chacun des agents de maîtrise et cadres-stagiaires de son entreprise, les documents nécessaires au décompte de la durée du travail, des repos compensateurs et de leur prise effective. En effet, exception faite de certains emplois de cadres supérieurs rémunérés par un forfait ne comportant aucune référence à un horaire quelconque, l'existence d'une convention de forfait ne dispense pas l'employeur des obligations prévues par cet article (cass. crim. 14 décembre 1993, n° 93-81.404, B. crim. n° 387).

SECTION 4. **Documents fournis au juge**

Art. L. 3171-4. En cas de litige relatif à l'existence ou au nombre d'heures de travail accomplies, l'employeur fournit au juge les éléments de nature à justifier les horaires effectivement réalisés par le salarié.

Au vu de ces éléments et de ceux fournis par le salarié à l'appui de sa demande, le juge forme sa conviction après avoir ordonné, en cas de besoin, toutes les mesures d'instruction qu'il estime utiles.

Si le décompte des heures de travail accomplies par chaque salarié est assuré par un système d'enregistrement automatique, celui-ci doit être fiable et infalsifiable.

Note

• S'il résulte de l'article L. 212-1-1 [L. 3171-4] que la preuve des heures de travail effectuées n'incombe spécialement à aucune des parties et que l'employeur doit fournir au juge les éléments de nature à justifier les horaires effectivement réalisés par le salarié, il appartient cependant à ce dernier de fournir préalablement au juge des éléments de nature à étayer sa demande (cass. soc. 25 février 2004, n° 01-45.441, BC V n° 62 ; *Dr. Soc.* 2004, p. 665, obs. Ch. Radé ; *RJS* 5/04 n° 548 ; 14 décembre 2006, n° 05-40.844 ; 11 juillet 2007, n° 06-41.706, BC V n° 121 ; *JCP* éd. S 2007, 1668, note C. Puigelier ; 22 septembre 2010, n° 08-43.113). Toutefois, le juge ne peut rejeter une demande en paiement d'heures supplémentaires aux motifs que les éléments produits par le salarié ne prouvent pas le bien-fondé de sa demande (cass. soc. 28 septembre 2010, n° 08-45.522).

Il appartient au juge d'ordonner en cas de besoin, toutes les mesures d'instruction qu'il estime utiles (cass. soc. 18 mai 2004, n° 01-45.622 ; 14 janvier 2009, n° 07-43.322).

• La production d'un décompte établi au crayon par le salarié suffit à étayer une demande en paiement d'heures supplémentaires (cass. soc. 24 novembre 2010, n° 09-40.928, BC V n° 266 ; *LSQ* n° 15743 du 3 déc. 2010 ; *JSL* n° 292, 27 janvier 2011, p. 11, obs. J-Ph. Lhernould ; *RJS* 2/11 n° 142 ; *JCP* éd. S 2011, 1081, note Fr. Dumont). Il en est de même de la production d'un document récapitulatif dactylographié non circonstancié (cass. soc. 15 décembre 2010, n° 08-45.242, BC V n° 297 ; *RJS* 4/11 n° 359, 1re espèce ; *JCP* éd. S 2011, 1130, note L. Sébille). En revanche, ne suffit pas à étayer une telle demande la production des copies de pages d'un agenda rempli par le salarié qui n'étaient corroborées par aucun élément extérieur et étaient contredites par l'attestation versée par l'employeur (cass. soc. 8 juin 2011, n° 09-43.208, *RJS* 8-9/11 n° 695).

• Lorsque le salarié est tenu d'établir des fiches de temps, le juge peut, sans violer la règle de la preuve, se fonder sur ces fiches pour apprécier l'existence d'heures supplémentaires (cass. soc. 19 janvier 1999, BC V n° 29 ; *RJS* 3/99 n° 376 ; 10 mai 2000, n° 98-40.376, *RJS* 9-10/00 n° 958). Mais l'absence de signature par le salarié d'un registre des heures supplémentaires tenu par l'employeur ne saurait suffire à écarter la demande du salarié qui a fourni des éléments de nature à l'étayer (cass. soc. 23 septembre 2005, n° 03-40.574, *JCP* éd. S 2005, 1332, note C. Puigelier).

• Doit être cassé l'arrêt qui, pour rejeter la demande d'un chauffeur routier en paiement d'un rappel de salaire pour heures supplémentaires, a énoncé que les décomptes produits par l'intéressé n'étaient pas hebdomadaires, que le salarié était rémunéré sur une base forfaitaire, que l'employeur avait satisfait à l'obligation de communication des enregistrements au salarié et qu'il n'était nullement établi que celui-ci ait effectué des heures supplémentaires en sus du forfait convenu, sans rechercher si, au vu des éléments fournis par les deux parties, le salarié avait accompli des heures supplémentaires dans le cadre de l'horaire hebdomadaire (cass. soc. 29 janvier 2002, n° 99-41.028, BC V n° 37 ; *RJS* 4/02 n° 424).

• L'employeur doit être en mesure de produire les feuilles d'enregistrement des durées de travail des chauffeurs routiers dans la limite de la prescription quinquennale lorsqu'il existe une contestation sur le nombre d'heures effectuées par le salarié (cass. soc. 2 juin 2004, n° 02-46.811, BC V n° 146 ; *RJS* 10/04 n° 1117 ; voir aussi cass. soc. 1er février 2011, n° 08-44.568).

• A pu débouter une salariée de sa demande en paiement d'heures supplémentaires une cour d'appel qui a notamment relevé qu'aucun des éléments versés au débat ne permet de prouver que le travail de distribution de prospectus réalisé par l'intéressée n'était pas réalisable en 5 heures journalières correspondant à l'horaire mensuel prévu au contrat de travail à temps partiel signé par elle et que les employés de la société sont assez nombreux à attester qu'ils effectuent des heures normales pour lesquelles ils sont rétribués (cass. soc. 18 avril 2000, n° 98-40.314, BC V n° 140 ; *RJS* 6/00 n° 659).

• La quantification préalable de l'ensemble des missions confiées et accomplies par un distributeur de journaux et de prospectus, dans le cadre de l'exécution de son métier, en fonction des critères associés à un référencement horaire du temps de travail, prévue par l'article 2.2.1.2 du chapitre IV de la convention collective nationale de la distribution directe ne saurait, à elle seule, satisfaire aux exigences de l'article L. 3171-4 CT (cass. soc. 16 juin 2010, n° 08-42.758, BC V n° 144 ; *JCP* éd. S 2010, 1272 ; *RJS* 8-9/10 n° 677 ; *JSL* n° 285, 13 octobre 2010, p. 28, N. Gardair-Rérolle ; voir aussi cass. soc. 22 septembre 2011, n° 10-10.928, *JSL* n° 308, 27 octobre 2011, p. 31).

• Si, en cas de litige, la preuve des heures de travail effectuées n'incombe spécialement à aucune des parties conformément aux dispositions de cet article, il n'en va pas de même de la preuve de l'existence d'une convention de forfait dont la charge incombe à celui qui l'invoque (cass. soc. 21 novembre 2000, n° 98-44.026, BC V n° 382 ; *RJS* 1/01 n° 50).

En cas de litige relatif à l'existence ou au nombre de jours de travail effectués par le salarié dans le cadre d'une convention de forfait jours, la preuve n'incombe spécialement à aucune des parties, et le juge ne peut, pour rejeter une demande de paiement de jours travaillés, se fonder sur l'insuffisance des preuves apportées par le salarié mais doit examiner les éléments de nature à justifier les jours effectivement travaillés par le salarié et que l'employeur est tenu de lui fournir (cass. soc. 23 septembre 2009, n° 08-41.377, BC V n° 200 ; *RJS* 12/09 n° 942 ; *JCP* éd. S 2009, 1531, note Fr. Dumont ; 7 décembre 2010, n° 09-42.626, BC V n° 281 ; *JSL* n° 292, 27 janvier 2011, p. 23 ; *JCP* éd. S 2011, 1060, note M. Morand ; *RJS* 4/11 n° 330 ; 6 juillet 2011, n° 10-15.050, *JSL* n° 308, 27 octobre 2011, pp. 12 et s., J-Ph. Lhernould). Il en est de même en cas de litige relatif à l'existence d'un compte épargne-temps et de son alimentation en jours de congés annuels et en jours de réduction du temps de travail pour les jours de travail effectués par le salarié au-delà d'une convention de forfait jours (cass. soc. 10 février 2010, n° 08-45.361, *RJS* 5/10 n° 432).

• Le juge saisi d'une demande en paiement d'heures supplémentaires ne peut y substituer une condamnation à des dommages-intérêts (cass. soc. 23 février 2005, n° 02-42.552, BC V n° 69 ; *JSL* n° 165, 6 avril 2005, p. 24 ; *Dr. Soc.* 2005, p. 575, obs. Ch. Radé). Les dispositions de l'article L. 212-1-1 [L. 3171-4] CT excluent la possibilité de réparer une perte de chance de prouver le nombre d'heures supplémentaires effectuées (cass. soc. 15 octobre 2002, n° 00-40.728, BC V n° 315 ; *RJS* 12/02 n° 1404 ; 12 octobre 2004, n° 02-42.841, *JSL* n° 155, 10 novembre 2004, p. 27).

• Voir notamment « La preuve des heures supplémentaires », J-M Gasser, *RJS* 3/05 p. 175.

• *Employés de maison*. Si les dispositions du code du travail relatives à la durée du travail ne sont pas applicables aux employés de maison qui travaillent au domicile privé de leur employeur et sont soumis à la convention collective nationale de travail des employés de maison, il n'en va pas de même de celles de l'article L. 212-1-1 CT [L. 3171-4] relatives à la preuve de l'existence ou du nombre d'heures de travail effectuées (cass. soc. 19 mars 2003, n° 00-46.686, BC V n° 103 ; *RJS* 6/03 n° 817 [2e espèce] ; *Dr. Soc.* 2003, p. 655, obs. J. Savatier ; 30 juin 2010, n° 08-44.514, *JSL* n° 284, 29 septembre 2010, p. 26).

[Dispositions réglementaires]

SECTION 1. Définition des horaires et affichages

Sous-section 1. Salariés travaillant selon le même horaire collectif

Art. D. 3171-1. Lorsque tous les salariés d'un atelier, d'un service ou d'une équipe travaillent selon le même horaire collectif, un horaire établi selon l'heure légale indique les heures auxquelles commence et finit chaque période de travail.

Aucun salarié ne peut être employé en dehors de cet horaire, sous réserve des dispositions des articles L. 3121-11, ***(D. 2008-1132 du 4 nov. 2008, JO 5)*** « L. 3121-11-1 et L. 3121-15 » relatives au contingent annuel d'heures supplémentaires, et des heures de dérogation permanente prévues par un décret pris en application de l'article L. 3121-52.

Art. D. 3171-2. L'horaire collectif est daté et signé par l'employeur ou, sous la responsabilité de celui-ci, par la personne à laquelle il a délégué ses pouvoirs à cet effet.

Il est affiché en caractères lisibles et apposé de façon apparente dans chacun des lieux de travail auxquels il s'applique. Lorsque les salariés sont employés à l'extérieur, cet horaire est affiché dans l'établissement auquel ils sont attachés.

Art. D. 3171-3. Toute modification de l'horaire collectif donne lieu, avant son application, à une rectification affichée dans les mêmes conditions.

Art. D. 3171-4. Un double de cet horaire collectif et des rectifications qui y sont apportées est préalablement adressé à l'inspecteur du travail.

Art. D. 3171-5. ***(D. 2008-1132 du 4 nov. 2008, JO 5)*** À défaut de précision conventionnelle contraire, dans les entreprises, établissements, ateliers, services ou équipes où s'applique un dispositif d'aménagement du temps de travail dans les conditions fixées à l'article L. 3122-2, ou à l'article D. 3122-7-1, l'affichage indique le nombre de semaines que comporte la période de référence fixée par l'accord ou le décret et, pour chaque semaine incluse dans cette période de référence, l'horaire de travail et la répartition de la durée du travail.

L'affichage des changements de durée ou d'horaire de travail est réalisé en respectant le délai de sept jours prévu par l'article L. 3122-2 ou le délai prévu par la convention ou l'accord collectif de travail.

[**Art. D. 3171-6.** Abrogé par décret 2008-1132 du 4 novembre 2008, JO 5.]

Art. D. 3171-7. En cas d'organisation du travail par relais, par roulement ou par équipes successives, la composition nominative de chaque équipe, y compris les salariés mis à disposition par une entreprise de travail temporaire, est indiquée :

1° Soit par un tableau affiché dans les mêmes conditions que l'horaire ;

2° Soit par un registre tenu constamment à jour et mis à disposition de l'inspecteur du travail et des délégués du personnel.

Sous-section 2. Salariés ne travaillant pas selon le même horaire collectif

Art. D. 3171-8. Lorsque les salariés d'un atelier, d'un service ou d'une équipe, au sens de l'article D. 3171-7, ne travaillent pas selon le même horaire collectif de travail affiché, la durée du travail de chaque salarié concerné est décomptée selon les modalités suivantes :

1° Quotidiennement, par enregistrement, selon tous moyens, des heures de début et de fin de chaque période de travail ou par le relevé du nombre d'heures de travail accomplies ;

2° Chaque semaine, par récapitulation selon tous moyens du nombre d'heures de travail accomplies par chaque salarié.

Note • Les dispositions de cet article imposant à l'employeur d'établir un décompte journalier et hebdomadaire de la durée effective du travail pour chaque salarié non soumis à l'horaire collectif sont d'application générale et visent notamment les activités de distribution de documents publicitaires (cass. crim. 7 septembre 1999, n° 98-85.468, B. crim. n° 183 ; *RJS* 12/99 n° 1467). Le décompte doit être effectué, pour chacun d'eux soit par l'enregistrement des heures de début et de fin de chaque période de travail, soit par le relevé du nombre d'heures de travail effectuées. La seule indication de l'amplitude journalière du travail, sans mention des périodes effectives de coupures et de pauses, ne satisfait pas à ces prescriptions (cass. crim. 25 janvier 2000, n° 98-85.266, B. crim. n° 39 ; *RJS* 4/00 n° 418).

En l'état de motifs d'où il résultait que le mode d'enregistrement des heures de travail, tel qu'il avait été mis en œuvre au sein d'une entreprise ne permettait pas de connaître la durée de travail des salariés concernés et ne satisfaisait donc pas aux prescriptions de cet article, une cour d'appel a justifié sa décision condamnant le directeur d'établissement pour infraction de défaut de décompte quotidien et hebdomadaire de la durée du travail effectif du personnel occupé selon un horaire non collectif (cass. crim. 19 juin 2001, n° 00-86.867, *JSL* n° 87, 2 octobre 2001, p. 14 ; *RJS* 11/01 n° 1298).

• L'existence d'une convention de forfait ne dispense pas l'employeur des obligations prévues par cet article. À défaut pour l'employeur de les avoir respectées, une cour d'appel a pu le déclarer coupable d'emploi de salariés sans moyen de contrôle des horaires de travail, par défaut de décompte quotidien et hebdomadaire de la durée du travail effectif (cass. crim. 27 mai 1999, n° 98-85.284).

Art. D. 3171-9. Les dispositions de l'article D. 3171-8 ne sont pas applicables :

1° Aux salariés concernés par les conventions ou accords collectifs de travail prévoyant des conventions de forfait en heures lorsque ces conventions ou accords fixent les modalités de contrôle de la durée du travail ;

[2° Aux salariés concernés par les conventions ou accords collectifs de branche étendus prévoyant une quantification préalablement déterminée du temps de travail reposant sur des critères objectifs et fixant les modalités de contrôle de la durée du travail.]

Note

2° Il résulte du premier alinéa de l'article L. 212-2 [ancien] CT que les modalités d'application de l'article L. 212-1 [ancien] de ce code, notamment en ce qui concerne le contrôle des heures de travail effectuées par les salariés régis par cet article, sont fixées par un décret en conseil des ministres ; si, en vertu du troisième alinéa du même article, il peut être dérogé par convention ou accord collectif étendu ou par convention ou accord d'entreprise ou d'établissement aux règles fixées par ces décrets, ces dérogations ne peuvent pas concerner les mesures de contrôle du temps de travail.

Le décret 2007-12 du 4 janvier 2007 ouvre la possibilité, pour une convention ou un accord collectif de branche étendu, de prévoir que le temps de travail effectif des salariés exerçant leur activité dans cette branche pourra faire l'objet, par dérogation aux trois premiers alinéas de l'article D. 212-21 [ancien] CT alors en vigueur [D. 3171-8] qui instituent un mode de décompte quotidien et hebdomadaire par enregistrement des heures de travail effectuées, d'un décompte préalable à la prestation de travail reposant sur des critères fixés par cette convention ou cet accord étendu ; il résulte qu'en renvoyant à une convention ou accord collectif étendu le choix, d'une part, de recourir à un mode de décompte de la durée du travail effectué par les salariés entrant dans son champ d'application, sous la seule réserve de fonder ce mode de décompte sur des critères objectifs et, d'autre part, de déterminer les modalités de contrôle des heures de travail, sans préciser les conditions dans lesquelles cette détermination doit intervenir, l'autorité réglementaire a méconnu les dispositions de l'article L. 212-2 [ancien] CT ; **ainsi, le décret attaqué doit être annulé en tant qu'il introduit un b) à l'article D. 212-21 [ancien] CT [2° de D. 3171-9]** (CE 11 mars 2009, n° 303396, *Dr. Soc.* 2009, pp. 721 et s., Th. Renard, « Précompter n'est pas décompter » ; *RJS* 8-9/09 n° 725 ; *RDT*, septembre 2009, CH, 523).

Art. R. 3171-9-1. ***(D. 2010-778 du 8 juil. 2010, JO 10)*** Les dispositions de l'article D. 3171-8 ne sont pas applicables aux salariés exerçant une activité de distribution ou de portage de documents. Le temps de travail de ces salariés fait l'objet d'une qualification préalable selon des modalités établies par convention ou accord collectif de branche étendu, en fonction du secteur géographique sur lequel s'effectue le travail, de la part relative dans ce secteur de l'habitat collectif et de l'habitat individuel, du nombre de documents à distribuer et du poids total à emporter. La convention ou l'accord collectif de branche étendu peut fixer des critères complémentaires.

L'employeur remet au salarié, avant chacune de ses missions, le document qui évalue *a priori* sa durée de travail à partir des critères susmentionnés. Ce document est tenu à la disposition de l'inspecteur ou du contrôleur du travail pendant une durée d'un an.

Art. D. 3171-10. La durée du travail des ***(D. 2008-1132 du 4 nov. 2008, JO 5)*** « salariés mentionnés à l'article L. 3121-43 » est décomptée chaque année par récapitulation du nombre de journées ou demi-journées travaillées par chaque salarié.

Sous-section 3. Informations annexées au bulletin de paie

Art. D. 3171-11. ***(D. 2008-1132 du 4 nov. 2008, JO 5)*** À défaut de précision conventionnelle contraire, les salariés sont informés du nombre d'heures de repos compensateur de remplacement et de contrepartie obligatoire en repos portés à leur crédit par un document annexé au bulletin de paie. Dès que ce nombre atteint sept heures, ce document comporte une mention notifiant l'ouverture du droit à repos et l'obligation de le prendre dans un délai maximum de deux mois après son ouverture.

Note Ayant constaté que, nonobstant l'absence de l'état mensuel prévu à l'article D. 212-22 [D. 3171-11] CT, le total des heures de repos compensateur des salariés était régulièrement mentionné sur les bulletins de paie eux-mêmes ainsi que les heures majorées et les heures de récupération, une cour d'appel a pu en déduire que les salariés étaient régulièrement et correctement informés de leurs droits en matière de repos compensateur et ne pouvaient, de ce fait, prétendre à une quelconque indemnisation (cass. soc. 20 septembre 2005, n° 03-46.823).

Art. D. 3171-12. Lorsque des salariés d'un atelier, d'un service ou d'une équipe ne travaillent pas selon le même horaire collectif de travail affiché, un document mensuel, dont le double est annexé au bulletin de paie, est établi pour chaque salarié.

Ce document comporte les mentions prévues à l'article D. 3171-11 ainsi que :

1° Le cumul des heures supplémentaires accomplies depuis le début de l'année ;

2° Le nombre d'heures de repos compensateur de remplacement acquis en application de l'article L. 3121-24 ;

3° Le nombre d'heures de repos compensateur effectivement prises au cours du mois ;

4° Le nombre de jours de repos effectivement pris au cours du mois, dès lors qu'un dispositif de réduction du temps de travail par attribution de journées ou de demi-journées de repos dans les conditions fixées par ***(D. 2008-1132 du 4 nov. 2008, JO 5)*** « les articles L. 3122-2 et D. 3122-7-1 » s'applique dans l'entreprise ou l'établissement.

Art. D. 3171-13. Dans les entreprises et établissements qui appliquent un dispositif d'aménagement du temps de travail en application des dispositions ***(D. 2008-1132 du 4 nov. 2008, JO 5)*** « de l'article L. 3122-2 », le total des heures de travail accomplies depuis le début de la période de référence est mentionné à la fin de celle-ci ou lors du départ du salarié si celui-ci a lieu en cours de période, sur un document annexé au dernier bulletin de paie de cette période.

Sous-section 4. Accès aux documents et informations

Art. D. 3171-14. Le droit d'accès aux informations nominatives prévu à l'article 39 de la loi n° 78-17 du 6 janvier 1978 relative à l'informatique, aux fichiers et aux libertés est applicable aux documents comptabilisant la durée de travail des salariés.

Art. D. 3171-15. Les documents mentionnés aux articles D. 3171-7 à D. 3171-13 peuvent être sous format électronique lorsque des garanties de contrôle équivalentes sont maintenues.

En cas de traitement automatisé des données nominatives, l'employeur communique à l'inspecteur du travail le récépissé attestant qu'il a accompli la déclaration préalable prévue par la loi n° 78-17 du 6 janvier 1978 précitée.

SECTION 2. Documents fournis à l'inspecteur du travail

Art. D. 3171-16. L'employeur tient à la disposition de l'inspection du travail :

1° Pendant une durée d'un an, y compris dans le cas d'horaires individualisés, les documents existant dans l'entreprise ou l'établissement permettant de comptabiliser les heures de travail accomplies par chaque salarié ;

2° Pendant une durée d'un an, le document récapitulant le nombre d'heures d'astreinte accompli chaque mois par le salarié ainsi que la compensation correspondante ;

3° Pendant une durée de trois ans, les documents existant dans l'entreprise ou l'établissement permettant de comptabiliser le nombre de jours de travail accomplis par les salariés intéressés par des conventions de forfait.

Art. D. 3171-17. Un duplicata de l'affiche mentionnée à l'article L. 3171-1 est envoyé à l'inspection du travail.

[Sanctions pénales]

Art. R. 3173-1. Le fait de ne pas transmettre à l'inspection du travail un duplicata de l'affiche mentionnée à l'article L. 3171-1, est puni de l'amende prévue pour les contraventions de la quatrième classe.

Cette amende est appliquée autant de fois qu'il y a de personnes employées dans des conditions susceptibles d'être sanctionnées au titre des dispositions de cet article.

Art. R. 3173-2. Le fait de méconnaître les dispositions des deux premiers alinéas de l'article L. 3171-1 et celles de l'article L. 3171-2 relatives au contrôle de la durée du travail, est puni de l'amende prévue pour les contraventions de la quatrième classe.

Cette amende est appliquée autant de fois qu'il y a de personnes employées dans des conditions susceptibles d'être sanctionnées au titre des dispositions de cet article.

Art. R. 3173-3. Le fait de ne pas présenter à l'inspection du travail les documents permettant de comptabiliser les heures de travail accomplies par chaque salarié, en méconnaissance des dispositions de l'article L. 3171-3, est puni de l'amende prévue pour les contraventions de la troisième classe.

Art. R. 3173-4. ***(D. 2010-778 du 8 juil. 2010, JO 10)*** Le fait de ne pas établir et de ne pas remettre au salarié le document mentionné au dernier alinéa de l'article R. 3171-9-1 est puni de l'amende prévue pour les contraventions de la quatrième classe.

Cette amende est appliquée autant de fois qu'il y a de personnes employées dans des conditions susceptibles d'être sanctionnées au titre des dispositions de cet article.

Le fait de ne pas présenter ce document à l'inspection du travail est puni de l'amende prévue pour les contraventions de la troisième classe.

CHAPITRE II

Contrôle du repos hebdomadaire

Art. L. 3172-1. Des décrets en Conseil d'État déterminent :

1° Les conditions dans lesquelles est organisé le contrôle des jours de repos pour tous les établissements, que le repos hebdomadaire soit collectif ou organisé par roulement ;

2° Les conditions dans lesquelles l'employeur avise l'inspecteur du travail de la mise en œuvre des dérogations au repos hebdomadaire.

Art. L. 3172-2. Les chambres de discipline dont relèvent les offices ministériels assurent, sous le contrôle du procureur de la République, l'application des dispositions relatives au repos hebdomadaire aux clercs, commis et employés des études et greffes dans ces offices.

Art. R. 3172-1. Dans les entreprises et établissements dont tous les salariés sans exception ne bénéficient pas du repos hebdomadaire toute la journée du dimanche, l'employeur affiche les jours et heures de repos collectif attribués à tout ou partie des salariés :

1° Soit un autre jour que le dimanche ;
2° Soit du dimanche midi au lundi midi ;
3° Soit le dimanche après-midi sous réserve du repos compensateur ;
4° Soit suivant tout autre mode exceptionnel permis par la loi.

L'affiche est facilement accessible et lisible et un exemplaire est adressé, avant affichage, à l'inspecteur du travail.

Art. R. 3172-2. Dans les entreprises et établissements qui n'accordent pas le repos hebdomadaire selon l'une des modalités prévues à l'article R. 3172-1, un registre spécial mentionne les noms des salariés soumis à un régime particulier de repos et indique ce régime.

Pour chaque salarié, le registre précise le jour et les fractions de journées choisies pour le repos.

Art. R. 3172-3. L'inscription des salariés récemment embauchés sur le registre spécial des salariés soumis à un régime particulier de repos hebdomadaire est obligatoire après un délai de six jours.

Jusqu'à l'expiration de ce délai, et à défaut d'inscription sur le registre, l'inspection du travail ne peut réclamer qu'un cahier régulièrement tenu portant l'indication du nom et la date d'embauche des salariés.

Art. R. 3172-4. Le registre spécial est tenu constamment à jour.

La mention des journées de repos dont bénéficie un salarié peut toujours être modifiée à condition de le porter au registre avant de recevoir exécution. Toutefois, cette modification ne peut priver le remplaçant du repos auquel il a droit.

Art. R. 3172-5. Le registre spécial est tenu à la disposition de l'inspection du travail qui le vise au cours de sa visite.

Il est communiqué aux salariés qui en font la demande.

Art. R. 3172-6. L'employeur qui veut suspendre le repos hebdomadaire en application de l'article L. 3132-4, en cas de travaux urgents, informe immédiatement l'inspecteur du travail et, sauf cas de force majeure, avant le commencement du travail.

Il l'informe des circonstances qui justifient la suspension du repos hebdomadaire. Il indique la date et la durée de cette suspension et spécifie le nombre de salariés auxquels elle s'applique.

Lorsque des travaux urgents sont exécutés par une entreprise distincte, l'avis du chef, du directeur ou du gérant de cette entreprise mentionne la date du jour de repos compensateur assuré aux salariés.

Art. R. 3172-7. L'employeur qui veut suspendre le repos hebdomadaire en application de l'article L. 3132-5, relatif aux industries traitant des matières périssables ou ayant à répondre à un surcroît extraordinaire de travail, informe immédiatement l'inspecteur du travail et, sauf cas de force majeure, avant le commencement du travail.

Il l'informe des circonstances qui justifient la suspension du repos hebdomadaire. Il indique la date et la durée de cette suspension et spécifie le nombre de salariés auxquels elle s'applique.

L'information indique également les deux jours de repos mensuels réservés aux salariés.

Art. R. 3172-8. L'employeur qui veut suspendre le repos hebdomadaire en application de l'article L. 3132-7, relatif aux activités saisonnières, informe immédiatement l'inspecteur du travail et, sauf cas de force majeure, avant le commencement du travail.

Il l'informe des circonstances qui justifient la suspension du repos hebdomadaire. Il indique la date et la durée de cette suspension et spécifie le nombre de salariés auxquels elle s'applique.

Art. R. 3172-9. En cas de suspension du repos hebdomadaire en application des articles R. 3172-6 à R. 3172-8, la copie de l'avis est affichée dans l'établissement pendant toute la durée de la dérogation.

[Sanction pénale]

Art. R. 3135-6. Le fait de méconnaître les dispositions des articles L. 3172-1 et L. 3172-2, relatives au contrôle du repos hebdomadaire, ainsi que celles des décrets pris pour leur application, est puni de l'amende prévue pour les contraventions de la cinquième classe.

Les contraventions donnent lieu à autant d'amendes qu'il y a de salariés illégalement employés.

La récidive est réprimée conformément aux articles 132-11 et 132-15 du code pénal.

CHAPITRE III

Dispositions pénales

[Le présent chapitre ne comprend pas de dispositions législatives.]

Les articles réglementaires ont été insérés à la suite de chacun des chapitres auxquels ils se rapportent.

LIVRE II

SALAIRE ET AVANTAGES DIVERS

TITRE Ier

CHAMP D'APPLICATION

CHAPITRE UNIQUE

Art. L. 3211-1. Les dispositions du présent livre sont applicables aux employeurs de droit privé et à leurs salariés.

Art. D. 3211-1. Les dispositions du chapitre premier du titre III relatif au salaire minimum de croissance et celles des articles R. 3232-8 à R. 3232-10 ne sont pas applicables aux jeunes travailleurs titulaires d'un contrat d'apprentissage.

TITRE II

ÉGALITÉ DE RÉMUNÉRATION ENTRE LES FEMMES ET LES HOMMES

Note • **Dispositions normatives de l'OIT et textes européens.** Les notions de « rémunération » et d'« égalité » de rémunération y sont ainsi définies :

La convention n° 100 de l'Organisation internationale du travail (ratifiée en 1953) : « Le terme " rémunération " comprend le salaire ou traitement ordinaire, de base ou minimum, et tous autres avantages, payés directement ou indirectement, en espèces ou en nature, par l'employeur au travailleur en raison de l'emploi de ce dernier » ; « L'expression " égalité de rémunération entre la main-d'œuvre masculine et la main-d'œuvre féminine pour un travail de valeur égale " se réfère aux taux de rémunération fixés sans discrimination fondée sur le sexe » ;

L'article 157 TFUE (ex-art. 141 TCE et 119 TCEE) (voir « Code annoté européen du travail », *Groupe Revue Fiduciaire*, éd. 2010, p. 64) : « 1. Chaque État membre assure l'application du principe de l'égalité des rémunérations entre travailleurs masculins et travailleurs féminins pour un même travail ou un travail de même valeur.

2. Aux fins du présent article, on entend par rémunération le salaire ou traitement ordinaire de base ou minimal, et tous autres avantages payés directement ou indirectement, en espèces ou en nature, par l'employeur au travailleur en raison de l'emploi de ce dernier.

L'égalité de rémunération, sans discrimination fondée sur le sexe, implique :

a) que la rémunération accordée pour un même travail payé à la tâche soit établie sur la base d'une même unité de mesure ;

b) que la rémunération accordée pour un travail payé au temps soit la même pour un même poste de travail.

3. Le Parlement européen et le Conseil, statuant selon la procédure législative ordinaire et après consultation du Comité économique et social, adoptent des mesures visant à assurer l'application du principe de l'égalité des chances et de l'égalité de traitement entre les hommes et les femmes en matière d'emploi et de travail, y compris le principe de l'égalité des rémunérations pour un même travail ou un travail de même valeur.

4. Pour assurer concrètement une pleine égalité entre hommes et femmes dans la vie professionnelle, le principe de l'égalité de traitement n'empêche pas un État membre de maintenir ou d'adopter des mesures prévoyant des avantages spécifiques destinés

à faciliter l'exercice d'une activité professionnelle par le sexe sous-représenté ou à prévenir ou compenser des désavantages dans la carrière professionnelle. »

La directive 75/117/CEE du Conseil du 10 février 1975 concernant le rapprochement des législations des États membres relatives à l'application du principe de l'égalité de rémunération entre les travailleurs masculins et les travailleurs féminins (JOCE L 45 du 19.02.75) avait invité les États membres non seulement à supprimer les discriminations entre les hommes et les femmes qui découlent de dispositions législatives, réglementaires ou administratives et qui sont contraires au principe de l'égalité des rémunérations, mais aussi à prendre les mesures nécessaires pour que les dispositions qui figurent dans des conventions collectives, des barèmes ou accords de salaires, ou des contrats individuels de travail, et qui sont contraires au principe de l'égalité des rémunérations soient nulles, puissent être déclarées nulles ou puissent être amendées.

La directive 2006/54/CE du Parlement européen et du Conseil du 5 juillet 2006 relative à la mise en œuvre du principe de l'égalité des chances et de l'égalité de traitement entre hommes et femmes en matière d'emploi et de travail a procédé à une refonte des directives antérieures relatives à ces questions (JOUE L 204/23 du 26.07.2006). Voir, à propos de cette directive « refonte », « L'égalité de traitement entre les hommes et les femmes en matière d'emploi et de travail », M-Th. Lanquetin, *Dr. Soc.* 2007, p. 861 ; Code annoté européen du travail, *Groupe Revue Fiduciaire*, éd. 2010, p. 484.

• S'agissant du travail des détenus, la Commission des Communautés européennes a précisé qu'elle estimait que « le principe de l'égalité des rémunérations est applicable dans la mesure où les sommes perçues par les détenus masculins et féminins constituent bien une « rémunération », octroyée en contrepartie d'un « même travail » ou d'un « travail auquel est attribuée une valeur égale » au sens de l'article 119 du traité CEE et de l'article 1er de la directive 75/117/CEE du Conseil du 10 février 1975 concernant le rapprochement des législations des États membres relative à l'application du principe de l'égalité de rémunération entre les travailleurs masculins et les travailleurs féminins » (rép. QE 55/78, JOCE C 188 du 7.08.78, p. 29).

Voir également sur le plan plus général de l'égalité professionnelle entre hommes et femmes (première partie, livre premier, titre IV) et les notes sous les articles L. 1141-1 à L. 1144-3.

CHAPITRE Ier

Principes

Art. L. 3221-1. Les dispositions des articles L. 3221-2 à L. 3221-7 sont applicables, outre aux employeurs et salariés mentionnés à l'article L. 3211-1, à ceux non régis par le code du travail et, notamment, aux agents de droit public.

Art. L. 3221-2. Tout employeur assure, pour un même travail ou pour un travail de valeur égale, l'égalité de rémunération entre les femmes et les hommes.

Note Il ressort d'un arrêt du 4 février 1988 (CJCE, aff. 157/86, Rec. p. 673) que si l'article 119 du traité CEE [art. 157 TFUE] s'oppose, pour un travail égal ou de valeur égale, à toute discrimination fondée sur le sexe, cette disposition s'applique, *a fortiori*, lorsque le salarié concerné accomplit « un travail de valeur supérieure à celle du travail de la personne retenue comme base de comparaison ». Le principe de l'égalité de rémunération entre travailleurs masculins et féminins « pour un même travail » s'applique non seulement aux travailleurs des deux sexes occupés simultanément par un même employeur, mais également en cas d'occupation successive par un même employeur de travailleurs de sexes différents au même poste de travail (CJCE 27 mars 1980, aff. 129/79, Rec. p. 1275 ; CA Toulouse 17 mars 1995, *RJS* 11/95 n° 1132).

Voir les articles de Th. Aubert-Monpeyssen, « Principe à travail égal, salaire égal et politiques de gestion des rémunérations », *Dr. Soc.* 2005, p. 18 ; G. Auzero, « L'application du principe d'égalité de traitement dans l'entreprise », *Dr. Soc.* 2006,

p. 822 ; A. Lyon-Caen, « À travail égal, salaire égal. Une règle en quête de sens », *RDT* 2006, 16 ; Th. Aubert-Monpeyssen et J-M Gasser, « Que peut-on attendre du principe " à travail égal, salaire égal " ? », *RDT* 2007, controverse p. 632 ; J-M Gasser, « Les justifications de l'inégalité des rémunérations ou que reste-t-il du principe " à travail égal, salaire égal " ? », *RJS* 8-9/07, chron. p. 687 ; P-Y Verkindt, « L'égalité de rémunération entre les hommes et les femmes », *Dr. Soc.* 2008, p. 1051 ; Y. Meyrat, « L'égalité de traitement à la croisée des chemins », *RDT* 2008, p. 648 ; G. Auzero et J-M Chonnier, « Les conventions et accords collectifs de travail à l'épreuve de l'égalité de traitement », *Dr. Soc.* 2011, p. 52 ; J-E Ray, « À travail inégal, salaire inégal », *Dr. Soc.* 2011, p. 42.

L'épouse d'un gardien d'immeuble accomplissant le même travail que son mari en la même qualité doit recevoir une rémunération identique à celle de son conjoint, en l'absence de spécification des tâches (cass. soc. 19 février 1992, n° 88-45.217, BC V n° 98 ; *CSB* 1992 A. 20).

S'il apparaît que des emplois différents mais de valeur égale sont tenus par des hommes et des femmes, l'attribution d'une prime dite d'assiduité aux seuls travailleurs masculins est constitutive d'infraction à la règle de l'égalité de rémunération (cass. crim. 22 juin 1977, *JS* 1977 n° 1).

Une disposition réservant certains avantages aux salariées du sexe féminin tels que l'octroi de primes de crèche, d'allocations pour frais de garde ou d'allocation de naissance est nulle de plein droit ; le versement de ces primes doit être accordé aux pères comme aux mères de famille (cass. soc. 27 février 1991, n° 90-42.239, BC V n° 101 ; *CSB* 1991 A. 23 : primes de crèche ; cass. soc. 8 octobre 1996, n° 92-42.291, BC V n° 311 ; *RJS* 11/96 n° 1178 : allocation de naissance et allocation pour frais de garde).

À noter que l'article 2, §§ 1 et 4 [ancien] de la directive 76/207/CEE ne s'oppose pas à une réglementation instaurée par un ministère aux fins de lutter contre une sous-représentation importante des femmes en son sein et qui, dans un contexte caractérisé par une insuffisance avérée de structures d'accueil adéquates et abordables, réserve aux seuls fonctionnaires féminins les places de garderie subventionnées en nombre limité qu'il met à disposition de son personnel, tandis que les fonctionnaires masculins ne peuvent y avoir accès que dans des cas d'urgence relevant de l'appréciation de l'employeur. Il n'en va toutefois de la sorte que pour autant que l'exception ainsi prévue en faveur des fonctionnaires masculins soit notamment interprétée en ce sens qu'elle permet à ceux d'entre eux qui assument seuls la garde de leurs enfants d'avoir accès à ce système de garderie aux mêmes conditions que les fonctionnaires féminins (CJCE 19 mars 2002, aff. C-476/99, Rec. p. I-2891 ; JOCE C 118/7 du 18.05.2002 ; *RJS* 7/02 n° 913 et p. 613 (II. D), chron. J-Ph. Lhernould).

Art. L. 3221-3. Constitue une rémunération au sens du présent chapitre, le salaire ou traitement ordinaire de base ou minimum et tous les autres avantages et accessoires payés, directement ou indirectement, en espèces ou en nature, par l'employeur au salarié en raison de l'emploi de ce dernier.

Note Selon les débats parlementaires (loi du 22 décembre 1972), la notion de « rémunération » doit être entendue comme comprenant l'ensemble des éléments objectivement mesurables du salaire (salaire de base, primes et avantages divers), sans qu'il s'agisse du salaire effectivement perçu, qui comporte, lui, des éléments subjectifs.

Constitue une rémunération une cotisation au régime de retraite payée par l'employeur au nom des employés au moyen d'un montant complémentaire du salaire brut, qui concourt, de ce fait, à déterminer le montant du salaire (CJCE 11 mars 1981, aff. 69/80, Rec. p. 767), une prime de Noël (CJCE 21 octobre 1999, aff. C-333/97, Rec. p. I-7243 ; JOCE C 20/5 du 22.01.2000), le dédommagement octroyé en vertu d'une décision de justice en cas de violation du droit de ne pas être licencié de façon abusive (CJCE 9 février 1999, aff. C-167/97, Rec. p. I-623 ; JOCE C 100/4 du 10.04.1999), une indemnité complémentaire de licenciement (CJCE 17 février 1993, aff. C-173/91, Rec. p. I-673), l'indemnité de congés payés (cass. soc. 22 juin 1994, n° 92-40.752, BC V n° 210 ; *RJS* 8-9/94 n° 1000 ; 9 avril 1996, n° 94-43.279, BC V n° 144 ; *CSB* 1996 A. 43) ou encore une indemnité de départ à la retraite (cass. soc. 30 janvier 2008, n° 06-17.531, BC V n° 29 ; *RJS* 4/08 n° 417).

Les titres-restaurants représentent un avantage en nature qui entre dans les composantes de la rémunération. Les salariés intérimaires doivent en bénéficier comme les salariés permanents (cass. soc. 29 novembre 2006, n° 05-42.853, BC V n° 366 ; *Dr. Soc.* 2007, p. 355, obs. Ch. Radé).

Le principe de l'égalité des rémunérations est entendu de façon très large : sont considérées comme rémunérations les prestations dues par les régimes à caractère professionnel, peu important qu'elles soient versées postérieurement à la cessation de la relation d'emploi (CJCE 17 mai 1990, aff. C-262/88, Rec. p. I-01889 ; *RJS* 10/90 n° 834 ; Rec. p. 1944, concl. W. Van Gerven ; dans le même sens, CJCE 6 octobre 1993, aff. C-109/91, Rec. p. I-04879 ; *RJS* 12/93 n° 1252). Voir également A. Zarca, « Le Conseil d'État, le traité CE et l'égalité des rémunérations entre hommes et femmes. À propos de l'arrêt d'Amato du 29 décembre 2004 », *Dr. Soc.* 2006, p. 82.

Toutefois, des différences dans les conditions de rémunération de travailleurs de sexe différent peuvent exister dès lors qu'elles ne peuvent pas être attribuées à une source unique (CJCE 17 septembre 2002, aff. C-320/00, Rec. p. I-07325 ; JOCE C 274/11 du 9.11.2002 ; *RJS* 12/02 n° 1454). Selon l'avocat général Geelhoed, l'applicabilité directe de l'article 141 CE s'étend aux salariés employés par la même personne juridique, par le même groupe de personnes juridiques, ou par des collectivités publiques soumises à une tutelle commune [...]. Dans tous les cas, il convient de rechercher la présence d'une source commune.

Au sein d'une unité économique et sociale, composée de personnes juridiques distinctes, il ne peut y avoir de comparaison entre les conditions de rémunération des salariés compris dans l'unité économique et sociale que si ces conditions sont fixées par la loi, une convention ou un accord collectif commun, ainsi que dans le cas où le travail de ces salariés est accompli dans un même établissement (cass. soc. 1er juin 2005, n° 04-42.143, BC V n° 185 ; *Dr. Soc.* 2005, p. 1049 ; voir aussi cass. soc. 2 juin 2010, n° 08-44.152, *LS* Jurispr. n° 123/2010 du 22 juin 2010). Il faut donc identifier une source commune mais également un même lieu de travail.

Des salariés agents de droit privé dont la rémunération résulte de négociations salariales annuelles dans le cadre d'une convention collective ne se trouvent pas dans une situation identique à celle des fonctionnaires avec lesquels ils revendiquent une égalité de traitement (cass. soc. 11 octobre 2005, n° 04-43.024, *RJS* 12/05 n° 1208). Mais il en va autrement s'agissant d'un complément de rémunération, fixé par décision de l'employeur applicable à l'ensemble du personnel sur le critère de la fonction ou du poste de travail occupé (cass. ass. plén. 27 février 2009, n° 08-40.059, BC n° 2 ; *Dr. Soc.* 2009, p. 792, rapport H. Mas ; *RDT*, mai 2009, CH, 316, H. Tissandier).

Art. L. 3221-4. Sont considérés comme ayant une valeur égale, les travaux qui exigent des salariés un ensemble comparable de connaissances professionnelles consacrées par un titre, un diplôme ou une pratique professionnelle, de capacités découlant de l'expérience acquise, de responsabilités et de charge physique ou nerveuse.

Note **Notion de « travail de valeur égale ».** En vue de permettre une meilleure application du principe de l'égalité de rémunération, la loi 83-635 du 13 juillet 1983 concernant l'égalité professionnelle entre les femmes et les hommes a complété l'article L. 140-2 (L. 3221-4) dans le souci de fixer des critères de comparaison précis entre travaux non identiques. En outre, l'article 119 du traité (141 CE) s'applique directement à toutes formes de discrimination susceptibles d'être constatées à l'aide des seuls critères d'identité de travail et d'égalité de rémunération retenus par l'article précité, sans que des mesures communautaires ou nationales déterminant ces critères soient nécessaires pour la mise en œuvre de ceux-ci (CJCE 11 mars 1981, aff. 69/80, Rec. p. 767).

La règle « à travail égal, salaire égal » n'a vocation à s'appliquer qu'à l'égard des salariés d'une même entreprise (cass. soc. 12 juillet 2006, n° 04-46.104, *RJS* 11/06 n° 1186). Elle est sans application lorsque des salariés appartiennent à des entreprises différentes, peu important qu'ils soient soumis à la même convention collective (cass. soc. 24 septembre 2008, n° 06-45.579, BC V n° 175 ; *RJS* 11/08 n° 1070, 1re espèce) ou que les entreprises appartiennent à un même groupe (cass. soc. 14 septembre 2010, n° 08-44.180, *RJS* 11/10 n° 849 ; 23 novembre 2011, n° 10-24.897). Elle ne pourra être invoquée par des salariés mis à disposition d'une entreprise dans laquelle les salariés bénéficient d'avantages reconnus en vertu soit d'un engagement unilatéral, soit d'un statut de droit public. Il convient alors de se référer à l'employeur d'origine pour déterminer l'applicabilité du principe (cass. soc. 6 juillet 2005, n° 03-43.074, BC V n° 235 ; *RJS* 10/05 n° 979 ; *Dr. Soc.* 2006, p. 98, obs. Ch. Radé).

Effectuent un travail de valeur égale les salariés dont les fonctions sont différentes mais d'importance comparable dans le fonctionnement de l'entreprise (cass. soc. 6 juillet 2010, n° 09-40.021, BC V n° 158 ; *RJS* 10/10 n° 764 ; *JCP* éd. G 2010, 974, note C. Puigelier ; *JSL* n° 285, 13 octobre 2010, p. 10, J-E Tourreil ; *Dr. Soc.* 2010, pp. 1076 et s., avis S. Zientara-Logeay ; *RDT*, décembre 2010, CH, 723, Th. Aubert-Monpeyssen).

Il ne peut y avoir de différences de traitement entre salariés d'établissements différents d'une même entreprise exerçant un travail égal ou de valeur égale, à moins qu'elles ne reposent sur des raisons objectives dont le juge doit contrôler concrètement la réalité et la pertinence (cass. soc. 21 janvier 2009, n° 07-43.452, BC V n° 15 ; *RJS* 4/09 n° 350 ; *JCP* éd. S 2009, 1151, note J-Fr. Cesaro ; *Dr. Soc.* 2009, pp. 399 et s., Ch. Radé ; *RDT*, mai 2009, CH, 321, Th. Aubert-Monpeyssen ; *JSL* n° 251, 10 mars 2009, p. 19, J-E Tourreil ; 28 octobre 2009, n° 08-40.457, BC V n° 239 ; *RJS* 1/10 n° 41 ; *JCP* éd. S 2010, 1008, note J-Fr. Cesaro ; 8 juin 2011, n° 10-30.162, *RJS* 8-9/11 n° 689 ; *JSL* n° 304, 29 juillet 2011, p. 13, J-Ph. Lhernould).

Une différence de statut juridique entre des salariés effectuant un travail de même valeur au service du même employeur ne suffit pas, à elle seule, à caractériser une différence de situation au regard de l'égalité de traitement en matière de rémunération (cass. soc. 15 mai 2007, n° 05-42.894, BC V n° 75 ; *Dr. Soc.* 2007, p. 896, obs. Ch. Radé ; *RJS* 7/07 n° 848 ; 6 juillet 2011, n° 09-65.554, *RJS* 11/11 n° 854 ; *JCP* éd. S 2011, 1545, note M. Bailly).

La seule différence de diplômes, d'un niveau équivalent, ne permet pas de fonder une différence de rémunération entre des salariés qui exercent les mêmes fonctions, sauf s'il est démontré par des justifications, dont il appartient au juge de contrôler la réalité et la pertinence, que la possession d'un diplôme spécifique atteste de connaissances particulières utiles à l'exercice de la fonction occupée (cass. soc. 16 décembre 2008, n° 07-42.107, BC V n° 250 ; *JSL* n° 248, 28 janvier 2009, p. 12, J-E Tourreil ; *JCP* éd. S 2009, 1005, note J-Fr. Cesaro ; *RJS* 2/09 n° 177 ; *Dr. Soc.* 2009, p. 361, obs. Ch. Radé ; *RDT*, mars 2009, CH, 173, Th. Aubert-Monpeyssen ; 24 mars 2010, n° 08-42.093, *RJS* 6/10 n° 519, 2e espèce ; *Dr. Soc.* 2010, p. 584, obs. Ch. Radé). Ainsi, l'exigence d'un diplôme requis par une convention collective pour l'exercice de certaines fonctions constitue un élément objectif et pertinent justifiant une différence de salaire (cass. soc. 10 novembre 2009, n° 07-45.528, BC V n° 252 ; *RJS* 1/10 n° 42). De même, le fait que des salariés effectuant un travail identique soient titulaires de diplômes sanctionnant des formations professionnelles de niveaux et durées inégales peut justifier une différence de rémunération entre eux (cass. soc. 17 mars 2010, n° 08-43.088, BC V n° 70 ; *RJS* 6/10 n° 519, 1re espèce ; *RDT*, juin 2010, CH, 377, R. Laulier ; *JCP* éd. S 2010, 1257, note C. Puigelier ; *Dr. Soc.* 2010, p. 583, obs. Ch. Radé).

La seule différence de catégorie professionnelle ne saurait en elle-même justifier, pour l'attribution d'un avantage, une différence de traitement entre les salariés placés dans une situation identique au regard dudit avantage, cette différence devant reposer sur des raisons objectives dont le juge doit contrôler concrètement la réalité et la pertinence (cass. soc. 20 février 2008, n° 05-45.601, BC V n° 39 ; *RJS* 5/08 n° 512 ; *JSL* n° 231, 14 avril 2008, p. 13, M-Ch. Haller ; *Dr. Soc.* 2008, p. 530, Ch. Radé ; *JCP* éd. S 2008, 1305, note D. Everaert-Dumont ; 1er juillet 2009, n° 07-42.675, BC V n° 168 ; *RJS* 10/09 n° 760 ; *JCP* éd. S 2009, 1451, note E. Jeansen ; 7 avril 2010, n° 08-44.865, BC V n° 86 ; *RJS* 6/10 n° 570 ; *RDT*, juin 2010, CH, 517, B. Bossu). Repose sur une raison objective et pertinente la stipulation d'un accord collectif qui fonde une différence de traitement sur une différence de catégorie professionnelle, dès lors que cette différence de traitement a pour objet ou pour but de prendre en compte les spécificité de la situation des salariés relevant d'une catégorie déterminée, tenant notamment aux conditions d'exercice des fonctions, à l'évolution de carrière ou aux modalités de rémunération (cass. soc. 8 juin 2011, 2 arrêts, nos 10-14.725 et 10-11.933, *JCP* éd. S 2011, 1321, note J. Daniel ; *JSL* n° 303, 13 juillet 2011, p. 9, J-Ph. Lhernould ; *RJS* 8-9/11, pp. 599 et s. rapport H. Gosselin et n° 655 ; *Dr. Soc.* 2011, p. 986, obs. P-H Antonmattei).

La seule circonstance que les salariés aient été engagés avant ou après l'entrée en vigueur d'un accord collectif ne saurait suffire à justifier des différences de traitement entre eux, pour autant que cet accord collectif n'a pas pour objet de compenser un préjudice subi par les salariés présents dans l'entreprise lors de son entrée en vigueur (cass. soc. 21 février 2007, n° 05-43.136, BC V n° 27 ; *RJS* 5/07 n° 298 ; *Dr. Soc.* 2007, p. 647, obs. Ch. Radé ; 4 février 2009, 3 arrêts, n°s 07-41.406, 07-11.884 et 07-42.024, BC V n°s 35, 36 et 37 ; *RJS* 4/09 n°s 351 et 352 ; *Dr. Soc.* 2009, pp. 399 et s., Ch. Radé ; *JCP* éd. S 2009, 1198, note M. d'Allende ; 8 juin 2011, n° 10-16.498, *RJS* 8-9/11 n° 653). La même solution s'applique dans le cas d'une dénonciation d'un engagement unilatéral (cass. soc. 12 février 2008, n° 06-45.397, BC V n° 36 ; *RJS* 4/08 n° 374 ; *JSL* n° 229, 12 mars 2008, p. 14, M-Ch. Haller).

Le maintien d'un avantage individuel acquis en cas de mise en cause de l'application d'un accord collectif ne méconnaît pas le principe « à travail égal, salaire égal » (cass. soc. 4 décembre 2007, n° 06-44.041, BC V n° 203 ; *RJS* 2/08 n° 205 ; 27 octobre 2010, n° 09-41.292, *LS* Jurispr. n° 220/2010 du 16/11/10). Voir également note sous articles L. 2261-13 et 14.

Par ailleurs, l'obligation à laquelle est légalement tenu le nouvel employeur, en cas de transfert d'une entité économique, de maintenir au bénéfice des salariés qui y sont rattachés les droits qu'ils tiennent d'un usage en vigueur au jour du transfert, justifie la différence de traitement qui en résulte par rapport aux autres salariés (cass. soc. 11 janvier 2012, n° 10-14.614, *LS* Jurispr. n° 17/2012 du 24/01/12).

Outre le contrôle de la réalité et de la pertinence des raisons objectives sur lesquelles doit reposer la différence de traitement, le juge doit s'assurer qu'elles sont étrangères à toute discrimination prohibée et qu'elles sont proportionnées à l'objectif légitimement poursuivi (cass. soc. 17 avril 2008, n° 06-45.270, cité sous l'article L. 1132-1). Un employeur ne peut se soustraire à son obligation de justifier, de façon objective et pertinente, une différence de rémunération (cass. soc. 30 avril 2009, n° 07-40.527, BC V n° 121 ; *RDT*, septembre 2009, CH, 516, note Th. Aubert-Monpeyssen ; *RJS* 7/09 n° 631 ; *JSL* n° 256, 27 mai 2009, p. 18, J-E Tourreil ; *Dr. Soc.* 2009, p. 1006, obs. Ch. Radé ; voir aussi cass. soc. 16 novembre 2007, n° 05-45.438, *RJS* 2/08 n° 185 : en l'espèce, la preuve d'éléments objectifs de nature à justifier la différence de traitement entre les salariés n'était pas rapportée).

Voir l'article de Ch. Radé, « Variations autour de la justification des atteintes au principe " à travail égal, salaire égal " », *Dr. Soc.* 2009, p. 399 ; G. Vachet, « À travail égal, salaire égal », *Dr. Soc.* 2008, p. 1046.

Travailleurs à temps partiel. Une différence de rémunération entre travailleurs à temps plein et travailleurs à temps partiel ne constitue une discrimination prohibée que si elle est un moyen indirect pour réduire la rémunération des travailleurs à temps partiel en raison du fait que le groupe de travailleurs se compose exclusivement ou de façon prépondérante de personnes du sexe féminin (CJCE 31 mars 1981, aff. 96/80, Rec. p. 911). L'article 119 du traité CEE est violé par une société de grands magasins qui exclut les employés à temps partiel du régime de pensions d'entreprise lorsque cette mesure frappe un nombre beaucoup plus élevé de femmes que d'hommes, à moins que l'entreprise n'établisse que ladite mesure s'explique par des facteurs objectivement justifiés et étrangers à toute discrimination fondée sur le sexe (CJCE 15 mai 1986, aff. 222/84, Rec. p. 1651). Une législation qui prévoit l'allongement de l'expérience requise pour être dispensé de passer l'examen d'entrée nécessaire à l'exercice de la profession de conseil fiscal dans le cadre d'une activité à temps partiel est contraire à l'article 3 § 1 [ancien] de la directive 76/207/CEE du 9 février 1976 si elle frappe un nombre beaucoup plus élevé de femmes que d'hommes, sauf si elle est justifiée par des critères objectifs et étrangers à toute discrimination fondée sur le sexe (CJCE 2 octobre 1997, aff. C-100/95, Rec. p. I-5289).

Voir aussi art. L. 1142-1 et s. (égalité professionnelle) et L. 6112-1 (égalité d'accès à la formation professionnelle).

Égalité de rémunération entre travailleurs du même sexe. La règle de l'égalité de rémunération entre les hommes et les femmes est une application de la règle générale « à travail égal, salaire égal », énoncée par les articles L. 133-5, 4° [L. 2261-22 et R. 2261-1] et L. 136-2, 8° [L. 2271-1] CT ; il s'ensuit que l'employeur est tenu d'assurer l'égalité de rémunération entre tous les salariés de l'un ou l'autre sexe, pour autant que les salariés en cause sont placés dans une situation identique (cass. soc. 29 octobre 1996, n° 92-43.680, BC V n° 359 ; *RJS* 12/96 n° 1272 ; *Dr. Soc.* 1996, p. 1014, obs. A. Lyon-Caen ; *CSB* 1997 A. 1 ; voir Ph. Waquet, « Retour sur l'arrêt Ponsolle », *RDT* 2008, Études p. 22). Ne méconnaît pas le principe « à travail égal, salaire égal » l'employeur qui justifie par des raisons objectives et matériellement vérifiables la différence de rémunération entre des salariés effectuant un même travail ou un travail de valeur égale (cass. soc. 21 juin 2005, n° 02-42.658, BC V n° 206 ; *Dr. Soc.* 2005, p. 1047 ; en l'espèce, l'employeur avait été confronté à la nécessité de recruter de toute urgence une directrice de crèche pour un remplacement et lui avait accordé une rémunération supérieure à celle que percevait la salariée remplacée). Tout salarié doit être rémunéré pour les fonctions réellement exercées (cass. soc. 2 juin 2004, n° 01-44.449, *RJS* 8-9/04 n° 878 : un interne en médecine doit être payé pour cette fonction, peu importe qu'il soit titulaire d'un diplôme algérien de docteur en médecine et non d'un diplôme français).

Art. L. 3221-5. Les disparités de rémunération entre les établissements d'une même entreprise ne peuvent pas, pour un même travail ou pour un travail de valeur égale, être fondées sur l'appartenance des salariés de ces établissements à l'un ou l'autre sexe.

Art. L. 3221-6. Les différents éléments composant la rémunération sont établis selon des normes identiques pour les femmes et pour les hommes.

Les catégories et les critères de classification et de promotion professionnelles ainsi que toutes les autres bases de calcul de la rémunération, notamment les modes d'évaluation des emplois, doivent être communs aux salariés des deux sexes.

Note Lorsqu'une entreprise applique un système de rémunération caractérisé par un manque total de transparence, l'employeur a la charge de prouver que sa pratique salariale n'est pas discriminatoire, dès lors que le travailleur féminin établit, par rapport à un nombre relativement important de salariés, que la rémunération moyenne des travailleurs féminins est inférieure à celle des travailleurs masculins (CJCE 17 octobre 1989, aff. 109/88, Rec. p. 3199 ; *CSB* 1990 A. 9). Voir article de A. Johansson, « La preuve de l'atteinte au principe "à travail égal, salaire égal" et l'article 1315 du code civil », *RJS* 12/05, chron. p. 823.

Lorsqu'une salariée établit que les femmes sont moins payées que les hommes occupant le même emploi de manutentionnaire, il appartient à l'employeur de justifier, par un élément objectif concernant la valeur du travail effectué et le caractère pénible des tâches accomplies par les uns et par les autres, la différence de rémunération. Si l'employeur ne rapporte pas la preuve de l'existence de cet élément objectif, les femmes salariées ont droit à un rappel de salaires au titre de l'égalité entre hommes et femmes (cass. soc. 12 février 1997, n° 95-41.694, BC V n° 58 ; *CSB* 1997 A. 25 ; *Dr. Soc.* 1997, p. 526 ; voir aussi CJCE 26 juin 2001, aff. C-381/99, Rec. p. I-04961). Il incombe à l'employeur de justifier la différence de traitement entre les hommes et les femmes, et il appartient au juge d'apprécier si les raisons objectives invoquées par l'employeur s'avèrent ou non convaincantes (cass. soc. 19 décembre 2000, n° 98-43.331, BC V n° 436 ; *RJS* 3/01 n° 305).

Le salarié qui se prétend lésé par une discrimination salariale doit soumettre au juge les éléments de fait susceptibles de caractériser une inégalité de traitement et il incombe à l'employeur de rapporter la preuve d'éléments étrangers à toute discrimination, justifiant l'inégalité de traitement dont se plaignent les salariés (cass. soc. 13 janvier 2004, n° 01-46.407, BC V n° 1 ; *RJS* 3/04 n° 290 ; voir aussi cass. soc. 20 octobre 2010, n° 08-19.748, BC V n° 242 ; *JSL* n° 288, 1er décembre 2010, p. 24 ; *RJS* 1/11 n° 10 ; *Dr. Soc.* 2011, p. 97, obs. Ch. Radé ; *JCP* éd. S 2011, 1025, note C. Leborgne-Ingelaere). Caractérisent des éléments objectifs de nature à justifier une différence de rémunération la différence de qualité de travail entre deux salariés (cass. soc. 8 novembre 2005, n° 03-46.080, *RJS* 1/06 n° 47), des parcours professionnels spécifiques ayant abouti à des situations différentes (cass. soc. 3 mai 2006, n° 03-42.920, BC V n° 160 ; *RDT* 2006, 108, note G. Pignarre ; *Dr. Soc.* 2006, p. 1049, obs. M-Th. Lanquetin : différence de salaire justifiée par la précarité induite par un statut d'intermittent ; cass. soc. 28 avril 2006, n° 03-47.171, BC V n° 152 ; *RJS* 7/06 n° 838), ou encore une procédure de reconnaissance des compétences par un jury indépendant (cass. soc. 17 octobre 2006, n° 05-40.393, BC V n° 306 ; *Dr. Soc.* 2006, p. 1186, obs. Ch. Radé). Peuvent également justifier une différence de rémunération l'ancienneté, à condition qu'elle ne soit pas prise en compte dans une prime spéciale (cass. soc. 8 juin 2011, n° 10-15.198, *LS* Jurispr. n° 131/2011 du

28/06/11 ; *JSL* n° 304, 29 juillet 2011, p. 27), et l'expérience (cass. soc. 29 juin 2011, n° 10-15.082, *RJS* 10/11 n° 800). Selon la CJCE, le recours au critère de l'ancienneté est légitime en ce qu'il permet de reconnaître l'expérience acquise par un salarié. Néanmoins, l'employeur pourra être conduit à justifier du recours à ce critère si un salarié fournit des éléments susceptibles de faire naître des doutes sur l'aptitude de ce critère à atteindre un objectif légitime (CJCE 3 octobre 2006, aff. C-17/05, Rec. p. I-9583 ; JOUE C 294/10 du 2.12.2006 ; *RDT*, décembre 2006, CH, 393, Th. Aubert-Monpeyssen). En sens contraire, voir cass. soc. 28 septembre 2004, n° 03-41.825, BC V n° 228 ; *RJS* 12/04 n° 1287 : en l'espèce, l'employeur n'avait pu établir d'éléments objectifs justifiant la différence de rémunération. Également cass. soc. 24 septembre 2008, n° 06-45.747, BC V n° 175 ; *RJS* 10/08 n° 1070, 2e espèce. Mais le principe d'égalité de rémunération consacré à l'article 119 du traité CE (devenu art. 141 du traité CE) ne s'oppose pas au versement d'une allocation forfaitaire aux seuls travailleurs féminins qui partent en congé de maternité, dès lors que cette allocation est destinée à compenser les désavantages résultant pour ces femmes de leur éloignement du travail (CJCE 16 septembre 1999, aff. C-212/98, Rec. p. I-5723 ; JOCE C 47/10 du 19.02.2000 ; *RJS* 11/99 n° 1414). Cette solution est reprise par la Cour de cassation (cass. soc. 21 mars 2000, n° 98-45.485, BC V n° 110 ; *RJS* 5/00 n° 536 ; *Dr. Soc.* 2000, p. 645). L'article 141 du traité CE et la directive 75/117/CEE du 10 février 1975 ne s'opposent pas à ce que le calcul de l'indemnité de congédiement prenne en compte, au titre de l'ancienneté dans l'emploi, la durée des services militaires accomplis majoritairement par les hommes, mais pas celle des congés parentaux pris le plus souvent par les femmes (CJCE 8 juin 2004, aff. C-220/02, Rec. p. I-5907 ; JOUE C 190/2 du 24.07.2004 ; *RJS* 1/05, p. 9, chron. J-Ph. Lhernould) ; les causes de suspension du contrat de travail étant de nature différente, les salariés qui en bénéficient ne se trouvent pas dans des situations comparables.

Si un employeur peut accorder des avantages particuliers à certains salariés, c'est à la condition que tous les salariés de l'entreprise placés dans une situation identique puissent bénéficier de l'avantage ainsi accordé, et que les règles déterminant l'octroi de cet avantage soient préalablement définies et contrôlables (cass. soc. 18 janvier 2000, n° 98-44.745, BC V n° 25 ; *Dr. Soc.* 2000, p. 436).

Lorsque la différence de traitement entre des salariés placés dans une situation identique au regard de l'avantage considéré résulte des termes mêmes de l'accord collectif, il y a lieu de faire application du principe d'égalité de traitement sans recourir nécessairement à une comparaison entre les salariés de l'entreprise effectuant le même travail ou un travail de valeur égale (cass. soc. 23 mars 2011, n° 09-42.666, BC V n° 79 ; *RJS* 6/11 n° 496 ; *Dr. Soc.* 2011, p. 592, obs. Ch. Radé ; *JCP* éd. S 2011, 1243, note J-Fr. Cesaro ; *JSL* n° 299, 16 mai 2011, p. 19 : « Mode de preuve d'une inégalité de traitement : la comparaison n'est pas toujours nécessaire », J-E Tourreil).

Voir l'article de M-A Moreau : « Les justifications des discriminations », *Dr. Soc.* 2004, p. 1112.

Art. L. 3221-7. Est nulle de plein droit toute disposition figurant notamment dans un contrat de travail, une convention ou accord collectif de travail, un accord de salaires, un règlement ou barème de salaires résultant d'une décision d'un employeur ou d'un groupement d'employeurs et qui, contrairement aux articles L. 3221-2 à L. 3221-6, comporte, pour un ou des salariés de l'un des deux sexes, une rémunération inférieure à celle de salariés de l'autre sexe pour un même travail ou un travail de valeur égale.

La rémunération plus élevée dont bénéficient ces derniers salariés est substituée de plein droit à celle que comportait la disposition entachée de nullité.

Note

• La disposition conventionnelle prévoyant une différence de rémunération pour un travail égal ou à valeur égale entre des travailleurs de sexe différent est nulle de plein droit et la rémunération la plus élevée est substituée de plein droit à celle que comportait la disposition entachée de nullité. L'indemnité de congés payés constituant une rémunération au sens des articles 119 du traité de Rome et L. 140-2 (devenu L. 3221-3) CT, c'est à bon droit qu'un conseil de prud'hommes, ayant constaté qu'un employeur s'était abstenu de mettre en conformité les dispositions de la convention collective instituant au profit des seules mères de famille un congé supplémentaire de deux jours ouvrés par enfant à charge de moins de 15 ans, au regard du principe d'égalité professionnelle, a condamné l'employeur à payer un rappel d'indemnité de congés aux pères de famille pour les années non prescrites (cass. soc. 26 février 1997, n° 94-40.474 ; 9 avril 1996, n° 94-43.279, BC V n° 144 ; 27 février 1991, n° 90-42.239, BC V n° 101).

• **Rôle des juridictions nationales.** Il incombe aux juridictions nationales d'assurer la protection juridique découlant pour les justiciables de l'effet direct des dispositions du traité, de veiller à la mise en œuvre correcte de l'article 119 (141 CE), de donner aux dispositions internes applicables, dans toute la mesure où une marge d'appréciation leur est accordée par le droit national, une interprétation et une application conformes aux exigences du droit communautaire, et de laisser, pour autant qu'une telle interprétation conforme n'est pas possible, inappliquée toute règle nationale contraire (CJCE 4 février 1988, aff. 157/86, Rec. p. 673 ; CJCE 28 septembre 1994, aff. C-200/91, Rec. p. I-04389, *RJS* 12/94 n° 1447 ; CJCE 19 juin 1990, aff. C-213/89, Rec. p. I-2433).

En cas de violation de la directive 76/207 par des dispositions législatives ou des dispositions de conventions collectives introduisant une discrimination contraire à celle-ci, les juridictions nationales sont tenues d'écarter ladite discrimination par tous les moyens possibles et, notamment, en appliquant lesdites dispositions au bénéfice du groupe défavorisé, sans avoir à demander ou à attendre l'élimination préalable de celles-ci par le législateur, par la négociation collective ou autrement (CJCE 20 mars 2003, aff. C-187/00, Rec. p. I-2741 ; JOUE C 112/2 du 10.05.03).

Art. L. 3221-8. Lorsque survient un litige relatif à l'application du présent chapitre, les règles de preuve énoncées à l'article L. 1144-1 s'appliquent.

Art. L. 3221-9. Les inspecteurs du travail ou, le cas échéant, les autres fonctionnaires de contrôle assimilés sont chargés, dans le domaine de leurs compétences respectives, concurremment avec les officiers et agents de police judiciaire, de constater les infractions à ces dispositions.

Note Cet article a été modifié par la loi 2011-525 du 17 mai 2011, art. 170, JO 18.

Art. L. 3221-10. Un décret en Conseil d'État détermine les modalités d'application du présent chapitre.

Art. R. 3221-1. L'inspecteur du travail peut exiger communication des différents éléments qui concourent à la détermination des rémunérations dans l'entreprise, notamment des normes, catégories, critères et bases de calcul mentionnés à l'article L. 3221-6.

Il peut procéder à une enquête contradictoire au cours de laquelle l'employeur et les salariés intéressés peuvent se faire assister d'une personne de leur choix.

En cas de mise en œuvre d'une procédure de règlement des difficultés dans les conditions prévues à l'article R. 2261-1, il prend connaissance des avis et observations formulés au cours de celle-ci.

Art. R. 3221-2. Dans les établissements où travaillent des femmes, le texte des articles L. 3221-1 à L. 3221-7 sont [est] affichés [affiché] à une place convenable aisément accessible dans les lieux de travail ainsi que dans les locaux ou à la porte des locaux où se fait l'embauche.

Il en est de même pour les dispositions réglementaires pris[es] pour l'application de ces articles.

CHAPITRE II

Dispositions pénales

Art. L. 3222-1. Les dispositions des articles 132-58 à 132-62 du code pénal relatives à l'ajournement du prononcé de la peine sont applicables dans le cas de poursuites pour infraction aux dispositions des articles L. 3221-2 à L. 3221-7, sous réserve des mesures particulières prévues par le présent article.

L'ajournement comporte injonction à l'employeur de définir, après consultation du comité d'entreprise ou, à défaut, des délégués du personnel, et dans un délai déterminé, les mesures propres à assurer dans l'entreprise en cause le rétablissement de l'égalité professionnelle entre les femmes et les hommes. L'ajournement peut comporter également injonction à l'employeur d'exécuter dans le même délai les mesures définies.

Le juge peut ordonner l'exécution provisoire de sa décision.

Art. L. 3222-2. À l'audience de renvoi et au vu des mesures définies et, le cas échéant, exécutées par l'employeur, la juridiction apprécie s'il y a lieu de prononcer une dispense de peine ou d'infliger les peines prévues par la loi.

Toutefois, dans le cas où le délai prévu au deuxième alinéa de l'article L. 3222-1 n'a pas été respecté, la juridiction peut prononcer un nouvel et dernier ajournement et impartir un nouveau délai au prévenu pour exécuter l'injonction.

Note Le juge peut donc, comme en cas d'infraction aux règles concernant l'égalité professionnelle, ajourner le prononcé de la peine et même prononcer, par la suite, une dispense de peine.

Art. R. 3222-1. Le fait de méconnaître les dispositions relatives à l'égalité de rémunération entre les femmes et les hommes prévues aux articles L. 3221-2 à L. 3221-6, est puni de l'amende prévue pour les contraventions de la cinquième classe.

L'amende est appliquée autant de fois qu'il y a de travailleurs rémunérés dans des conditions illégales.

La récidive est réprimée conformément aux articles 132-11 et 132-15 du code pénal.

Art. R. 3222-2. Le fait de ne pas communiquer les éléments concourant à la détermination des rémunérations dans l'entreprise, en méconnaissance des dispositions de l'article R. 3221-1, est puni de l'amende prévue pour les contraventions de la troisième classe.

Art. R. 3222-3. Le fait de ne pas afficher dans les lieux de travail ainsi que dans les locaux ou à la porte des locaux où se fait l'embauche, les articles relatifs à l'égalité de rémunération entre les femmes et les hommes, conformément aux dispositions de l'article R. 3221-2, est puni de l'amende prévue pour les contraventions de la troisième classe.

TITRE III

DÉTERMINATION DU SALAIRE

CHAPITRE Ier

Salaire minimum interprofessionnel de croissance

Note La loi 2008-1258 du 3 décembre 2008 (JO 4) a modifié les règles de détermination du SMIC.

Un groupe d'experts se prononce chaque année sur l'évolution du salaire minimum de croissance. Le rapport qu'il établit à cette occasion est adressé à la Commission nationale de la négociation collective et au gouvernement. Il est rendu public.

Le gouvernement remet à la Commission nationale de la négociation collective, préalablement à la fixation annuelle du salaire minimum, une analyse des comptes économiques de la nation et un rapport sur les conditions économiques générales. Si ce rapport s'écarte de celui établi par le groupe d'experts, le gouvernement motive par écrit ces différences auprès de la Commission nationale de la négociation collective.

Un décret détermine les modalités d'application des alinéas précédents, notamment les conditions dans lesquelles sont désignés les experts visés ci-dessus, garantissant leur indépendance (loi 2008-1258 du 3 décembre 2008, art. 24, I, JO 4).

SECTION 1. Champ d'application

Art. L. 3231-1. Les dispositions du présent chapitre sont applicables, outre aux employeurs et salariés mentionnés à l'article L. 3211-1, au personnel des établissements publics à caractère industriel et commercial et au personnel de droit privé des établissements publics administratifs.

Note Les dispositions relatives au salaire minimum de croissance s'appliquent aux salariés relevant des professions ou activités définies par l'article L. 3211-1. Elles s'appliquent également aux entreprises publiques et établissements publics à caractère industriel et commercial ainsi qu'aux établissements publics déterminés par décret qui assurent une mission de service public à caractère industriel et commercial, lorsqu'ils emploient du personnel dans des conditions de droit privé.

Le Conseil d'État a élargi ce champ d'application au secteur public, précisant qu'un agent non titulaire d'une commune doit percevoir le SMIC (CE 23 avril 1982, n° 36851, *D.* 1983, 8).

La rédaction de cet article a mis fin aux exclusions concernant les employés de maison, les concierges d'immeubles à usage d'habitation et les salariés habituellement nourris et logés. Voir, sur ce dernier point, cass. soc. 31 mars 1982 (n° 80-40.019, BC V n° 242) ; 23 juin 1982 (n° 80-40.936, BC V n° 411). En ce qui concerne les gérants non salariés, voir note sous art. L. 7322-2.

Application du SMIC à un VRP exclusif, effectuant de la vente à domicile (cass. soc. 22 mai 1996, n° 95-40.200, BC V n° 195 ; *RJS* 7/96 n° 857 ; 13 octobre 2004, n° 01-45.325, BC V n° 255 ; *Dr. Soc.* 2004, p. 1141, obs. Ch. Radé : salarié effectuant une partie de son travail dans les locaux de l'entreprise et dont le contrat de travail prévoyait une activité exclusive au service de l'employeur).

SECTION 2. Principes

Art. L. 3231-2. Le salaire minimum de croissance assure aux salariés dont les rémunérations sont les plus faibles :

1° La garantie de leur pouvoir d'achat ;

2° Une participation au développement économique de la nation.

Note Le manquement de l'employeur à son obligation de paiement d'une rémunération au moins égale au salaire minimum de croissance cause nécessairement un préjudice au salarié dont il appartient au juge d'apprécier le montant (cass. soc. 29 juin 2011, n° 10-12.884, *RJS* 10/11 n° 797).

Art. L. 3231-3. Sont interdites, dans les conventions ou accords collectifs de travail, les clauses comportant des indexations sur le salaire minimum de croissance ou des références à ce dernier en vue de la fixation et de la révision des salaires prévus par ces conventions ou accords.

Note Une clause d'indexation automatique du salaire sur le taux d'inflation est illicite (cass. soc. 13 décembre 2006, n° 05-44.073, BC V n° 374 ; *RJS* 3/07 n° 316).

Sont également prohibées les clauses contractuelles prévoyant des indexations sur le SMIC (cass. soc. 18 mars 1992, n° 88-43.434, BC V n° 188 ; *RJS* 5/92 n° 618 : clause prévoyant une rémunération brute horaire égale au SMIC augmentée de 7 %).

SECTION 3. Modalités de fixation

Sous-section 1. Garantie du pouvoir d'achat des salariés

Art. L. 3231-4. La garantie du pouvoir d'achat des salariés prévue au 1° de l'article L. 3231-2 est assurée par l'indexation du salaire minimum de croissance sur l'évolution de l'indice national des prix à la consommation institué comme référence par voie réglementaire.

Note Pour l'application de cet article, l'indice de référence est l'indice des prix à la consommation, hors tabac, des ménages urbains dont le chef est ouvrier ou employé.

Art. L. 3231-5. Lorsque l'indice national des prix à la consommation atteint un niveau correspondant à une hausse d'au moins 2 % par rapport à l'indice constaté lors de l'établissement du salaire minimum de croissance immédiatement antérieur, le salaire minimum de croissance est relevé dans la même proportion à compter du premier jour du mois qui suit la publication de l'indice entraînant ce relèvement.

Sous-section 2. Participation des salariés au développement économique de la nation

Art. L. 3231-6. La participation des salariés au développement économique de la nation prévue au 2° de l'article L. 3231-2 est assurée, indépendamment de l'application de l'article L. 3231-4, par la fixation du salaire minimum de croissance, chaque année avec effet au ***(L. 2008-1258 du 3 déc. 2008, art. 24, JO 4)*** « 1er janvier ».

Art. L. 3231-7. Le taux du salaire minimum de croissance est fixé par voie réglementaire à l'issue d'une procédure déterminée par décret.

Note À compter du 1er janvier 2012, le montant du SMIC applicable en métropole, en Guadeloupe, en Guyane, en Martinique, à la Réunion, à Saint-Barthélemy, à Saint-Martin et à Saint-Pierre-et-Miquelon s'établit à 9,22 € de l'heure (décret 2011-1926 du 22 décembre 2011, JO 23).

Voir circulaires DRT 2003-06 du 14 avril 2003 relative au temps de travail et au SMIC-Fiches techniques (BO TR 2003/9, p. 41), DSS/5B 2003-282 du 12 juin 2003 portant application du titre III de la loi 2003-47 du 17 janvier 2003 relative aux salaires, au temps de travail et au développement de l'emploi (BO MASTS 2003/38, p. 151).

Art. L. 3231-8. En aucun cas, l'accroissement annuel du pouvoir d'achat du salaire minimum de croissance ne peut être inférieur à la moitié de l'augmentation du pouvoir d'achat des salaires horaires moyens enregistrés par l'enquête trimestrielle du ministère chargé du travail.

L'indice de référence peut être modifié par voie réglementaire.

Art. L. 3231-9. Les relèvements annuels successifs du salaire minimum de croissance doivent tendre à éliminer toute distorsion durable entre sa progression et l'évolution des conditions économiques générales et des revenus.

Sous-section 3. Autres modalités de fixation

Art. L. 3231-10. En cours d'année, le salaire minimum de croissance peut être porté, par voie réglementaire, à un niveau supérieur à celui qui résulte de l'application des dispositions de l'article L. 3231-5.

Art. L. 3231-11. Les améliorations du pouvoir d'achat intervenues en application de l'article L. 3231-10 depuis le ***(L. 2008-1258 du 3 déc. 2008, art. 24, JO 4)*** « 1er janvier » de l'année précédente entrent en compte pour l'application, lors de la fixation annuelle du salaire minimum de croissance, de la règle fixée à l'article L. 3231-8.

SECTION 4. Minimum garanti

Art. L. 3231-12. Un minimum garanti est déterminé en fonction de l'évolution de l'indice national des prix à la consommation par application des dispositions de l'article L. 3231-4. Il intervient notamment pour l'évaluation des avantages en nature.

Ce minimum garanti peut être porté, par voie réglementaire, à un niveau supérieur à celui résultant de l'application du premier alinéa.

Art. L. 3231-12.

Note À compter du 1er janvier 2012, le montant du minimum garanti est fixé, en métropole, en Guadeloupe, en Guyane, en Martinique, à la Réunion, à Saint-Barthélemy, à Saint-Martin et à Saint-Pierre-et-Miquelon, à 3,44 € (décret 2011-1926 du 22 décembre 2011, JO 23).

[Dispositions réglementaires]

SECTION 1. Dispositions générales

Art. R.* 3231-1. ***(D. 2008-243 du 7 mars 2008, JO 12)*** Les décrets prévus aux articles L. 3231-4, L. 3231-7, L. 3231-8, L. 3231-10 et L. 3231-12 sont pris en conseil des ministres.

Les décrets prévus aux articles L. 3231-4, L. 3231-8 et L. 3231-10 sont pris après avis de la Commission nationale de la négociation collective.

Art. R.* 3231-2. ***(D. 2008-243 du 7 mars 2008, JO 12)*** L'indice des prix à la consommation retenu pour l'application des articles L. 3231-4 et L. 3231-12 est l'indice mensuel des prix à la consommation hors tabac des ménages urbains dont le chef est ouvrier ou employé.

Art. D. 3231-3. Le salaire minimum de croissance applicable aux jeunes travailleurs de moins de dix-huit ans comporte un abattement fixé à :

1° 20 % avant dix-sept ans ;

2° 10 % entre dix-sept et dix-huit ans.

Cet abattement est supprimé pour les jeunes travailleurs justifiant de six mois de pratique professionnelle dans la branche d'activité dont ils relèvent.

Note Les dispositions de cet article s'appliquent alors même que le salarié a moins de seize ans et que les dispositions prohibant le travail salarié d'enfants de moins de seize ans ont été violées (cass. soc. 17 janvier 1996, n° 92-44.475, *RJS* 3/96 n° 288 : l'employeur ne saurait se prévaloir de textes édictés dans un souci de protection des mineurs et qu'il a lui-même transgressés).

SECTION 2. Modalités de fixation

Sous-section 1. Garantie du pouvoir d'achat des salariés

Art. R.* 3231-4. ***(D. 2008-243 du 7 mars 2008, JO 12)*** Lorsque le salaire minimum de croissance est relevé en application des dispositions de l'article L. 3231-5, un arrêté conjoint des ministres chargés du travail, de l'agriculture et de l'économie et des finances fait connaître le nouveau montant de ce salaire.

Art. D. 3231-5. Les salariés définis à l'article L. 3231-1 âgés de dix-huit ans révolus, reçoivent de leurs employeurs, lorsque leur salaire horaire contractuel est devenu inférieur au salaire minimum de croissance en vigueur, un complément calculé de façon à porter leur rémunération au montant de ce salaire minimum de croissance.

Art. D. 3231-6. Le salaire horaire à prendre en considération pour l'application de l'article D. 3231-5 est celui qui correspond à une heure de travail effectif compte tenu des avantages en nature et des majorations diverses ayant le caractère de fait d'un complément de salaire.

Sont exclues les sommes versées à titre de remboursement de frais, les majorations pour heures supplémentaires prévues par la loi et la prime de transport.

Note • **Notion d'heure de travail effectif.** Sur la notion de travail effectif, voir les articles L. 3121-1 à 4 CT et leur note.
La chambre sociale de la Cour de cassation a précisé que lorsque, pendant leurs pauses, les salariés ne sont pas à la disposition de l'employeur de sorte que celles-ci ne constituent pas du temps de travail effectif, les primes les rémunérant, qui ne sont

pas la contrepartie du travail et dont la détermination dépend de facteurs généraux sur lesquels les salariés n'influent pas, sont exclues du salaire devant être comparé au SMIC (cass. soc. 13 juillet 2010, n° 09-42.890, BC V n° 178 ; *RJS* 10/10 n° 762 ; *Dr. Soc.* 2010, p. 1112, obs. Ch. Radé ; *JCP* éd. S 2010, 1536, note J-Ph. Tricoit). Cette solution a été confirmée par la chambre criminelle (cass. crim. 15 février 2011, n° 10-87.019, B. crim. n° 28 ; *RJS* 4/11 n° 329, 2e espèce ; *JSL* n° 297, 13 avril 2011, pp. 18 et s., M. Hautefort ; *JCP* éd. S 2011, 1193, 4e espèce, étude Th. Lahalle ; *Dr. Soc.* 2011, p. 719, arrêt n° 1, obs. Fr. Duquesne ; 15 février 2011, n° 10-83.988, B. crim. n° 27 ; *RDT*, mai 2011, CH, 319, G. Pignarre ; 22 novembre 2011, n° 11-80.013, *LSQ* n° 16012 du 5 janvier 2012). Voir aussi rép. QE 14824, JO AN 1er février 2011, p. 1063.

• **Notion de salaire horaire.** Cette expression doit s'entendre du salaire perçu par le salarié pour une heure de travail effectif, quel que soit le mode de rémunération pratiqué au temps ou au rendement (cass. soc. 25 mai 2005, n° 03-44.301, BC V n° 179 ; *Dr. Soc.* 2005, p. 924 : en l'espèce, le contrat de travail prévoyait une rémunération au rendement ; 31 janvier 2006, n° 04-41.724, *RJS* 4/06 n° 442).

En cas de travail à la tâche et en l'absence d'indication dans le contrat de travail permettant de déterminer le temps de travail effectif relatif à chaque tâche, le salarié a droit à être rémunéré au taux du SMIC pour le nombre d'heures effectuées (cass. soc. 25 septembre 1990, n° 87-40.493, BC V n° 383 ; *CSB* 1991 S. 17 ; 25 mai 2005, n° 03-44.301 et 31 janvier 2006, n° 04-41.724, précités).

• *Complément de rémunération.* Lorsque l'employeur a versé un complément de rémunération pour les mois où le salarié n'atteignait pas le SMIC, il peut, par la suite, opérer des déductions correspondantes pour les mois où la rémunération du salarié dépassait le SMIC. Pour la Cour de cassation, cette pratique n'est pas contraire aux dispositions légales ou réglementaires (cass. soc. 19 décembre 2007, n° 06-42.550, BC V n° 218).

• **Éléments de rémunération entrant en compte pour la détermination du SMIC.** La question des primes à inclure ou à exclure est restée longtemps controversée, malgré les efforts de clarification du ministère du Travail, en raison, notamment, de tendances divergentes au sein de la Cour de cassation, la chambre sociale étant favorable à une assez large exclusion alors que la chambre criminelle se montre favorable à l'inclusion d'un assez grand nombre de primes.

Doivent être incluses les « gueltes » des vendeurs, peu important qu'elles consistent en un pourcentage imprévisible et aléatoire sur le montant des ventes (cass. soc. 30 mars 1994, n° 92-40.351, *RJS* 5/94 n° 553), une prime d'hôtesse enquêtrice versée pour chacun des rendez-vous pris par la salariée et perçue en contrepartie ou à l'occasion du travail (cass. soc. 13 mars 1990, n° 87-41.726, BC V n° 116), l'indemnisation de l'amplitude de la journée de travail dès lors qu'elle s'ajoute au salaire de base garanti et est garantie dans les mêmes conditions (cass. crim. 18 juillet 1991, n° 89-83.128, B. crim. n° 303 ; *CSB* 1991 S. 123), la prime de polyvalence compensant la formation du salarié à plusieurs postes de travail (cass. soc. 29 mars 1995, n° 93-41.906, *RJS* 5/95 n° 514 ; *Dr. Soc.* 1995, p. 503).

Doivent être exclues les primes d'ancienneté (cass. soc. 12 novembre 1992, n° 89-45.090, *RJS* 12/92 n° 1385 ; cass. crim. 3 janvier 1986, n° 84-95.123, B. crim. n° 4), d'assiduité (cass. crim. 10 mai 1983, n° 82-90.654, B. crim. n° 137 ; 27 janvier 1987, n° 84-95.098, B. crim. n° 46), les majorations pour travail des dimanches et des jours fériés déterminées en fonction du rythme de travail (cass. soc. 29 mars 1995, n° 93-41.906, *RJS* 5/95 n° 514 : ces majorations constituent non une contrepartie du travail mais la compensation de sujétions particulières), les primes de résultats fondées sur les résultats financiers de l'entreprise (cass. crim. 5 novembre 1996, n° 95-82.994, B. crim. n° 393 ; *RJS* 2/97 n° 145 ; cass. soc. 7 avril 2004, n° 02-41.616), la prime de « non-accident » présentant un caractère aléatoire (cass. soc. 3 juillet 2001, n° 99-42.758, BC V n° 243), l'indemnité de non-concurrence, quelles que soient les modalités de son versement (cass. soc. 14 janvier 1988, n° 85-42.047, BC V n° 43), les remboursements de frais exposés pour les besoins de l'activité professionnelle et dans l'intérêt de l'employeur (cass. soc. 10 novembre 2004, n° 02-41.881, BC V n° 282 ; *RJS* 3/05 n° 275).

Quant aux primes faisant l'objet d'un versement unique en fin d'année (13e mois) ou de versements dont la périodicité est supérieure à celle de la paie, le ministère du Travail considère que leur inclusion dans le SMIC n'est pas possible, sauf si elles font l'objet d'un paiement fractionné et, dans ce cas, elles ne peuvent entrer en compte que pour le montant effectivement payé à chaque échéance de paie (circ. 3-81 du 29 juillet 1981). Pour la Cour de cassation, les primes perçues en cours d'année, en contrepartie ou à l'occasion du travail, constituent, pour les mois où elles sont versées, un élément de salaire entrant dans le calcul du SMIC (cass. soc. 2 mars 1994, n° 89-45.881, BC V n° 76).

La chambre criminelle considère, quant à elle, qu'une prime de fin d'année ne peut être fractionnée pour remédier à l'insuffisance de salaire ; se rend coupable d'infraction à la législation sur le SMIC l'employeur qui complète la rémunération d'une partie de son personnel, de façon à la porter au montant du SMIC, au moyen d'acomptes prélevés mensuellement sur la prime de fin d'année (cass. crim. 29 novembre 1988, n° 86-92.449, B. crim. n° 405 ; *CSB* 1989 A. 12).

Sous-section 2. Participation des salariés au développement économique de la nation

Art. R.* 3231-7. ***(D. 2008-243 du 7 mars 2008, JO 12)*** Le taux du salaire minimum de croissance déterminé en application de l'article L. 3231-6 est fixé à l'issue de la procédure suivante :

1° La Commission nationale de la négociation collective reçoit en temps utile, du gouvernement, une analyse des comptes économiques de la nation et un rapport sur les conditions économiques générales ;

2° La commission délibère sur ces éléments et, compte tenu des modifications déjà intervenues en cours d'année, transmet au gouvernement un avis motivé accompagné d'un rapport relatant, s'il y a lieu, la position de la majorité et celle des minorités.

Sous-section 3. Avantages en nature

Art. D. 3231-8. Les dispositions de la présente sous-section ne sont pas applicables aux salariés des professions agricoles, au personnel navigant de la marine marchande, aux concierges et employés d'immeuble à usage d'habitation ainsi qu'aux employés de maison lorsque leur rémunération est, de manière habituelle, constituée, pour partie, par la fourniture de la nourriture et du logement.

Art. D. 3231-9. Lorsque la rémunération d'un salarié est, de manière habituelle, constituée, pour partie, par la fourniture de la nourriture et du logement ou d'autres avantages en nature, le salaire minimum en espèces garanti est déterminé en déduisant du salaire minimum de croissance les sommes fixées pour évaluer l'avantage en nature.

Note Si la rémunération de l'employé au pair est, en principe, versée en nature, cette rémunération, éventuellement augmentée d'une rémunération en espèces, doit correspondre au travail fourni et ne peut être inférieure au montant du salaire minimum prévu par la convention collective applicable (cass. soc. 17 mars 1993, n° 89-40.317) ou, à défaut de convention collective applicable, du SMIC (cass. soc. 19 mai 1993, n° 91-45.157).

Art. D. 3231-10. Lorsque l'employeur fournit la nourriture, toute ou partie, cette prestation en nature est évaluée par convention ou accord collectif de travail.

À défaut, la nourriture est évaluée par journée à deux fois le minimum garanti ou, pour un seul repas, à une fois ce minimum.

Art. D. 3231-11. Pour les salariés auxquels l'employeur fournit le logement, cette prestation en nature est évaluée par convention ou accord collectif de travail.

À défaut, le logement est évalué à 0,02 € par jour.

Art. D. 3231-12. Les avantages en nature, autres que la nourriture ou le logement, sont évalués d'après leur valeur réelle, au prix de revient pour l'employeur.

Art. D. 3231-13. Pour le personnel des hôtels, cafés, restaurants et des établissements ou organismes dans lesquels des denrées alimentaires ou des boissons sont consommées sur place et pour le personnel de cuisine des autres établissements, qui en raison des conditions particulières de leur travail ou des usages, sont nourris gratuitement par l'employeur ou reçoivent une indemnité compensatrice, la nourriture calculée conformément aux dispositions de l'article D. 3231-10, n'entre en compte que pour la moitié de sa valeur.

Art. D. 3231-14. Dans tous les cas où le salarié, logé et nourri, perçoit une rémunération en espèces supérieure au minimum résultant des dispositions de la présente sous-section, l'application de ces dispositions n'entraîne aucune modification de cette rémunération.

Note L'avenant n° 1 du 13 juillet 2004 à la convention collective nationale des hôtels, cafés, restaurants disposait que les entreprises ne devaient plus procéder aux déductions prévues par les articles précédents. L'arrêté d'extension de cet avenant a été annulé par la décision du Conseil d'État du 18 octobre 2006 (n° 276359, *Rec. Lebon* p. 427).

Art. D. 3231-15. Pour les salariés des professions agricoles auxquels l'employeur fournit la nourriture et le logement ou l'un de ces avantages en nature, à défaut de convention ou d'accord collectif de travail, la prestation journalière de nourriture est évaluée à deux fois et demie le taux horaire du minimum garanti prévu à l'article L. 3231-12. La prestation mensuelle de logement est évaluée à huit fois ce même taux.

L'évaluation des autres avantages en nature est fixée par convention ou accord collectif.

Art. R. 3231-16. Une convention ou un accord collectif de travail ou le contrat de travail ne peut comporter de clauses prévoyant l'attribution, au titre d'avantage en nature, de boissons alcoolisées aux travailleurs.

Ces dispositions ne s'appliquent pas aux boissons servies à l'occasion des repas constituant un avantage en nature.

SECTION 3. Minimum garanti

Art. R.* 3231-17. ***(D. 2008-243 du 7 mars 2008, JO 12)*** Lorsque le salaire minimum de croissance est relevé en application des dispositions de l'article L. 3231-5, un arrêté conjoint des ministres chargés du travail, de l'agriculture et de l'économie et des finances fait connaître le minimum garanti défini à l'article L. 3231-12.

CHAPITRE II

Rémunération mensuelle minimale

SECTION 1. Dispositions générales

Art. L. 3232-1. Tout salarié dont l'horaire de travail est au moins égal à la durée légale hebdomadaire, perçoit, s'il n'est pas apprenti, une rémunération au moins égale au minimum fixé dans les conditions prévues à la section 2.

Ces dispositions ne s'appliquent pas aux salariés temporaires.

Art. L. 3232-2. Le gouvernement présente chaque année, en annexe au projet de loi de finances, un rapport sur l'application du présent chapitre indiquant notamment :

1° Le nombre de salariés bénéficiaires de l'allocation complémentaire établie par l'article L. 3232-5 ;

2° Le coût du versement de l'allocation prévue au 1° pour l'année écoulée ;

3° Le nombre de bénéficiaires des allocations publiques de chômage total et des allocations publiques de chômage partiel ainsi que les mesures prises en application de l'article L. 3232-9.

SECTION 2. Modalités de fixation

Art. L. 3232-3. La rémunération mensuelle minimale est égale au produit du montant du salaire minimum de croissance tel qu'il est fixé en application des articles L. 3231-2 à L. 3231-12, par le nombre d'heures correspondant à la durée légale hebdomadaire pour le mois considéré.

Art. L. 3232-3.

Elle ne peut excéder, après déduction des cotisations obligatoires retenues par l'employeur, la rémunération nette qui aurait été perçue pour un travail effectif de même durée payé au taux du salaire minimum de croissance.

Note L'article 32 de la loi 2000-37 du 19 janvier 2000 (JO 20) garantit aux salariés, dont la durée du travail a été réduite à 35 heures ou plus, un salaire mensuel qui ne peut être inférieur au produit du salaire minimum de croissance en vigueur à la date de la réduction par le nombre d'heures correspondant à la durée collective qui leur était applicable, dans la limite de 169 heures. Cette garantie est assurée par le versement d'un complément différentiel de salaire.

Les salariés embauchés à temps complet postérieurement à la réduction de la durée collective de travail et occupant des emplois équivalents ne devaient pas percevoir une rémunération inférieure à ce minimum.

Les salariés qui ont continué à travailler 39 heures par semaine ont droit au paiement de l'indemnité conventionnelle de réduction du temps de travail et au paiement au taux majoré des heures accomplies au-delà de 35 heures, en application d'un accord collectif ayant fixé la durée du travail à 35 heures et ayant prévu le versement d'une indemnité de réduction du temps de travail (cass. soc. 4 juin 2002, n° 01-01.318, BC V n° 193 ; *RJS* 8-9/02 n° 984). L'article 8 de la loi 2003-47 du 17 janvier 2003 (JO 18) dispose que l'indemnité différentielle versée pour garantir le maintien du salaire en cas de réduction du temps de travail n'est due qu'à compter de la date d'entrée en vigueur des accords ou des décisions unilatérales relatifs à la réduction collective du travail. Cette entrée en vigueur était subordonnée à l'agrément ministériel concernant les établissements du secteur sanitaire et social. Les dispositions de l'article 8 précité s'appliquent sous réserve des décisions de justice passées en force de chose jugée ; elles ne s'appliquent pas aux instances engagées avant le 18 septembre 2002. Selon la Cour de cassation, la loi du 17 janvier 2003 est, en effet, inspirée par d'« impérieux motifs d'intérêt général » qui visent à « aménager les effets d'une jurisprudence nouvelle de nature à compromettre la pérennité du service public de la santé et de la protection sociale » (cass. soc. 20 octobre 2004, n°s 03-42.628, 03-41.740 et 03-41.593, BC V n°s 266, 264 et 265 ; *RJS* 1/05 n° 47). Or, caractérise un bien, au sens de l'article 1er du protocole n° 1 à la Conv. EDH, l'intérêt patrimonial qui constitue une « espérance légitime » de pouvoir obtenir le paiement de rappels de salaires pour les compléments différentiels de salaire prévus par un accord collectif en vue d'assurer aux salariés la garantie du maintien de leur rémunération mensuelle en vigueur à la date de la réduction collective du temps de travail ; dès lors, il appartient au juge saisi de demandes de rappels de salaire portant sur une période antérieure à l'entrée en vigueur de la loi du 17 janvier 2003, ce dont il doit déduire l'existence d'une espérance légitime, de vérifier si l'application rétroactive de cette loi respecte un juste équilibre entre les exigences de l'intérêt général et les impératifs de sauvegarde du droit au respect des biens (cass. soc. 24 novembre 2010, n° 08-44.181, BC V n° 268 ; *JCP* éd. S 2011, 1078, note E. Jeansen ; *RJS* 3/11 n° 240 ; *RDT*, avril 2011, CH, 257, Ph. Flores).

Lorsque les contrats de travail se poursuivent, par application de l'article L. 1224-1, le nouvel employeur est tenu de verser aux salariés le même complément différentiel de salaire que celui dont ils bénéficiaient à la date de la modification intervenue dans la situation juridique de l'employeur (loi 2000-37 du 19 janvier 2000, art. 2, JO 20).

La Cour de cassation considère par application de cet article qu'un employeur, qui affecte un salarié embauché avec un contrat prévoyant un horaire de 169 heures mensuelles sur un chantier où la durée du travail n'est que de 36 heures par semaine, lui doit un complément de salaire portant sa rémunération au niveau de la rémunération mensuelle minimale (cass. soc. 11 décembre 1990, n° 87-43.355, BC V n° 631 ; *CSB* 1991 A. 14 ; dans le même sens, cass. soc. 25 mai 1993, n° 89-45.167, BC V n° 145 ; *RJS* 7/93 n° 773).

Sauf les cas où la loi en dispose autrement, un salarié a droit à une rémunération au moins égale au SMIC pour le nombre d'heures qu'il a effectué. Cela n'implique pas que l'activité du salarié s'inscrive dans un horaire de travail contrôlable (cass. soc. 10 novembre 2004, n° 02-41.881, BC V n° 282 ; *RJS* 3/05 n° 275 ; 14 octobre 2009, n° 08-42.496). Cette solution est reprise dans deux arrêts du 31 janvier 2006 ; dans l'un, il s'agissait d'un vendeur « travaillant en dehors de tout horaire vérifiable » et, dans l'autre, d'un distributeur de prospectus qui n'était soumis à aucun horaire (n°s 04-41.724 et 04-41.217, *RJS* 4/06 n° 442).

Art. L. 3232-4. La rémunération mensuelle minimale est réduite à due concurrence lorsque :

1° Au cours du mois considéré, le salarié a accompli un nombre d'heures inférieur à celui qui correspond à la durée légale hebdomadaire en cas de suspension du contrat de travail ;

2° Le contrat de travail a débuté ou s'est terminé au cours du mois considéré.

Note Un salarié n'a pas droit à une rémunération mensuelle minimale lorsque l'établissement a été fermé au cours du mois pour mise en congé annuel du personnel ; il n'a droit qu'aux allocations pour privation partielle d'emploi pour les jours où il ne bénéficiait pas lui-même de congés payés (cass. soc. 2 avril 1992, n° 88-42.817, BC V n° 242).

SECTION 3. Allocation complémentaire

Art. L. 3232-5. Lorsque, par suite d'une réduction de l'horaire de travail au-dessous de la durée légale hebdomadaire pour des causes autres que celles énumérées à l'article L. 3232-4, un salarié a perçu au cours d'un mois, à titre de salaire et d'allocations légales ou conventionnelles de chômage partiel, une somme totale inférieure à la rémunération minimale, il lui est alloué une allocation complémentaire égale à la différence entre la rémunération minimale et la somme qu'il a effectivement perçue.

Pour l'application du présent chapitre, sont assimilées aux allocations légales ou conventionnelles de chômage partiel, les indemnités pour intempéries prévues aux articles L. 5424-6 et suivants.

Art. L. 3232-6. Les dispositions fiscales et sociales relatives aux allocations et contributions prévues à l'article L. 5428-1 sont applicables à l'allocation complémentaire.

Art. L. 3232-7. L'allocation complémentaire est à la charge de l'employeur.

Art. R. 3232-1. Pour l'application de l'article L. 3232-5, sont considérés comme des éléments constitutifs du salaire les avantages en nature et les majorations diverses ayant le caractère de fait d'un complément de salaire.

Sont exclues les sommes versées à titre de remboursement de frais et la prise en charge des frais de transport.

Art. R. 3232-2. Lors du paiement de l'allocation complémentaire, il est remis au salarié un document indiquant :

1° Le taux du salaire minimum de croissance ;

2° Le nombre d'heures correspondant à la durée légale du travail ;

3° Les déductions obligatoires ayant permis de déterminer le montant de la rémunération mensuelle minimale ;

4° Les montants du salaire et des diverses allocations constituant les éléments de la rémunération mensuelle minimale versée au salarié.

SECTION 4. Remboursement par l'État

Art. L. 3232-8. L'État rembourse à l'employeur une fraction de l'allocation complémentaire.

Le montant cumulé de ce remboursement et de l'allocation de chômage partiel prévue à l'article L. 5122-1 ne peut excéder la moitié de la différence entre la rémunération mensuelle minimale et le salaire net perçu par un travailleur. Ce salaire correspond au nombre d'heures pendant lesquelles celui-ci a effectivement travaillé au cours du mois considéré.

Art. R. 3232-3. L'aide de l'État prévue à l'article L. 3232-8 est fixée à 50 % du montant de l'allocation complémentaire.

Art. R. 3232-4. L'aide de l'État est versée sur production d'états nominatifs, par l'employeur, faisant apparaître les modalités de calcul de l'allocation complémentaire et visés par l'inspecteur du travail.

Le versement intervient dans un délai de trois mois suivant l'envoi à l'inspecteur du travail des états précités.

Art. R. 3232-5. En cas de réduction de l'horaire de travail susceptible d'entraîner l'application de l'article L. 3232-8, l'employeur informe l'inspecteur du travail et lui fournit toutes indications sur les causes de cette réduction, les effectifs et les qualifications des salariés intéressés.

Art. R. 3232-6. En cas de procédure de sauvegarde, de redressement, de liquidation judiciaire ou de difficultés financières de l'employeur, le préfet peut, sur proposition du ***(D. 2009-1377 du 10 nov. 2009, JO 13 ; D. 2010-687 du 24 juin 2010, JO 25 ; voir D. 2010-1582 du 17 déc. 2010, JO 18, pour outre-mer)*** « directeur régional des entreprises, de la concurrence, de la consommation, du travail et de l'emploi », faire ordonner le paiement direct aux salariés de la part de l'allocation complémentaire à la charge de l'État.

Art. R. 3232-7. L'inspecteur du travail vérifie si la rémunération versée aux salariés au cours de l'année civile écoulée a bien été répartie sur douze mois.

Dans l'hypothèse où, ces rémunérations n'ayant pas été correctement établies compte tenu de l'emploi des intéressés, cette vérification fait apparaître un report abusif en fin d'année de certains éléments de la rémunération ou des inégalités non justifiées entre les rémunérations mensuelles, les redressements nécessaires sont effectués dans le calcul de la participation de l'État au versement des allocations complémentaires et dans la détermination des charges sociales incombant à l'employeur et aux salariés.

SECTION 5. Dispositions d'application

Art. L. 3232-9. Des décrets en Conseil d'État déterminent les modalités d'application du présent chapitre, notamment :

1° Les conditions, les modalités et les délais de remboursement par l'État de la part lui incombant dans l'allocation complémentaire ;

2° En tant que de besoin, les modalités particulières applicables aux salariés de l'agriculture, aux salariés du bâtiment et des travaux publics, aux marins professionnels, aux dockers professionnels, aux salariés travaillant à domicile, aux salariés intermittents, aux travailleurs handicapés, ainsi qu'aux salariés saisonniers pendant la période normale de leur activité. Ces décrets peuvent prévoir le calcul de la rémunération minimale sur une période autre que mensuelle.

Art. R. 3232-8. En cas de réduction d'activité, le travailleur à domicile employé au cours d'un même mois par plusieurs employeurs adresse à l'inspecteur du travail toutes justifications lui permettant de totaliser les heures de travail accomplies ainsi que les rémunérations perçues au cours du mois et de déterminer l'allocation complémentaire éventuellement due.

Cette aide est versée directement au salarié par l'État. L'employeur rembourse au Trésor, à la demande du préfet, dans un délai de trois mois la part de l'allocation complémentaire se trouvant à sa charge. Cette part est proportionnelle à l'importance de la réduction d'activité imposée au salarié. Le préfet adresse à l'employeur les indications lui permettant de vérifier le montant de sa participation.

Art. R. 3232-9. La procédure prévue à l'article R. 3232-8 s'applique aux salariés titulaires d'un contrat de travail intermittent lorsqu'ils sont employés au cours d'un même mois par plusieurs employeurs successifs.

Art. R. 3232-10. Les réductions de l'horaire de l'établissement employant des salariés saisonniers, qui se produisent pour la troisième année consécutive à la même époque, sont considérées comme se situant en dehors de la période normale d'activité.

CHAPITRE III

Dispositions pénales

[Le présent chapitre ne comprend pas de dispositions législatives.]

Art. R. 3233-1. Est puni de l'amende prévue pour les contraventions de la cinquième classe le fait de payer :

1° Des salaires inférieurs au salaire minimum de croissance prévu par les articles L. 3231-1 à L. 3231-12 ;

2° Des rémunérations inférieures à la rémunération mensuelle minimale prévue par l'article L. 3232-1.

L'amende est appliquée autant de fois qu'il y a de salariés rémunérés dans des conditions illégales.

La récidive est réprimée conformément aux articles 132-11 et 132-15 du code pénal.

En cas de pluralité de contraventions entraînant des peines de récidive, l'amende est appliquée autant de fois qu'il a été relevé de nouvelles contraventions.

Note Une régularisation ultérieure ne fait pas disparaître l'infraction constituée par le paiement, à leur échéance normale, de salaires inférieurs au SMIC (cass. crim. 6 octobre 1977, *JS* 1977 F 5).

TITRE IV

PAIEMENT DU SALAIRE

CHAPITRE Ier

Dispositions générales

Art. L. 3241-1. Sous réserve des dispositions législatives imposant le paiement des salaires sous une forme déterminée, le salaire est payé en espèces ou par chèque barré ou par virement à un compte bancaire ou postal.

Toute stipulation contraire est nulle.

En dessous d'un montant mensuel déterminé par décret, le salaire est payé en espèces au salarié qui le demande.

Au-delà d'un montant mensuel déterminé par décret, le salaire est payé par chèque barré ou par virement à un compte bancaire ou postal.

Note • Le paiement du salaire par chèque ou virement est obligatoire à partir de 1 500 € (décrets 85-1073 du 7 octobre 1985, JO 11 et 2001-96 du 2 février 2001, JO 3).

• En cas de paiement par chèque ou virement, la date du paiement de la rémunération au salarié est celle à laquelle son compte bancaire ou postal est crédité de la somme correspondante (rép. QE 6843, JO AN 28 juin 1967, p. 807).

L'origine du paiement tardif du salaire, quelle que soit sa cause (incident informatique, erreur comptable, etc.) n'est pas susceptible d'exonérer l'employeur de sa responsabilité (rép. QE 82832, JO AN 29 mars 2011, p. 3196).

• L'inscription d'une créance en compte courant équivaut à un paiement (cass. soc. 15 octobre 2002, n° 00-41.975, BC V n° 309 ; *Dr. Soc.* 2002, p. 1142, obs. Ch. Radé : salarié devenu associé de l'entreprise et ayant accepté que ses rémunérations non payées soient inscrites au crédit d'un compte courant d'associé). Le versement des salaires sur un compte courant ne peut être opéré qu'avec l'accord exprès du salarié (cass. soc. 23 février 2005, n° 03-40.482, BC V n° 65 ; *RJS* 5/05 n° 584).

• Le salaire ne peut être versé sous la forme d'une mise en participation (cass. soc. 16 septembre 2009, n° 08-41.191, BC V n° 187 ; *JCP* éd. S 2010, 1186, note R. Vatinet).

Art. R. 3241-1. Le salaire est versé un jour ouvrable sauf en cas de paiement réalisé par virement.

CHAPITRE II

Mensualisation

Art. L. 3242-1. La rémunération des salariés est mensuelle et indépendante, pour un horaire de travail effectif déterminé, du nombre de jours travaillés dans le mois. Le paiement mensuel neutralise les conséquences de la répartition inégale des jours entre les douze mois de l'année.

Pour un horaire équivalent à la durée légale hebdomadaire, la rémunération mensuelle due au salarié se calcule en multipliant la rémunération horaire par les 52/12 de la durée légale hebdomadaire.

Le paiement de la rémunération est effectué une fois par mois. Un acompte correspondant, pour une quinzaine, à la moitié de la rémunération mensuelle, est versé au salarié qui en fait la demande.

Ces dispositions ne s'appliquent pas aux salariés travaillant à domicile, aux salariés saisonniers, aux salariés intermittents et aux salariés temporaires.

Note La mensualisation des salariés a été généralisée par la loi 78-49 du 19 janvier 1978 (JO 20) et le paiement mensuel des salaires (avec possibilité de versement d'un acompte correspondant, pour une quinzaine, à la moitié de la rémunération mensuelle) s'applique désormais à tous les travailleurs (à l'exception des travailleurs à domicile, saisonniers, intermittents, temporaires, agricoles, ainsi que des travailleurs des entreprises publiques dont les conditions de travail sont définies par un statut législatif ou réglementaire). Voir circulaire TE 1/138 du 27 juin 1978 (JO 1er juillet, rectif. JO 9 juillet).

• Le ministère du Travail a précisé que si le paiement du salaire afférent à une période de travail doit être effectué dans le délai le plus rapproché de la fin de cette période, il peut cependant être admis que l'établissement des comptes individuels exige quelque délai pour permettre aux employeurs l'achèvement des opérations comptables. Aussi ne lui apparaît-il pas opportun, dans le souci d'assurer aux entreprises une certaine souplesse de gestion, de fixer une date limite de paiement des salaires dès lors que l'intervalle de temps entre deux paies successives n'excède pas la périodicité maximale prévue par cet article (rép. QE 63035, JO AN 26 août 1985, p. 4035).

• La jurisprudence est particulièrement rigoureuse quant au respect de l'obligation de verser une fois par mois au moins les salaires des salariés mensualisés. Dans un arrêt du 17 décembre 1987 (n° 86-41.530, BC V n° 771 ; *Dr. Ouvr.* 1988, p. 346), elle a rappelé que l'article L. 143-2 [L. 3242-1] CT ne laisse pas à l'employeur la faculté de différer le paiement du salaire au-delà du délai mensuel qu'il prévoit, condamnant en l'espèce la pratique consistant à répartir le salaire par fractions égales sur une période d'un an, de manière à permettre au salarié de percevoir une rémunération même pendant les périodes où il ne travaille pas. L'employeur qui verse certains mois une rémunération supérieure au minimum mensuel ne se libère pas pour autant de sa dette relative aux périodes pendant lesquelles une rémunération insuffisante a été acquittée (cass. soc. 7 mai 1991, n° 87-43.242, *CSB* 1991 S. 139).

Le retard dans le paiement du salaire constitue un manquement de l'employeur à une obligation essentielle du contrat de travail et donc une rupture du contrat de travail s'analysant en un licenciement (cass. soc. 24 octobre 2001, n° 99-45.068, *RJS* 1/02 n° 3). Le paiement des heures supplémentaires et des jours fériés avec un décalage dans le temps ne peut être considéré comme un manquement aux obligations de l'employeur dès lors qu'il résulte de l'organisation du service et de la pratique en vigueur dans l'entreprise (cass. soc. 7 avril 1999, n° 96-45.601, *RJS* 5/99 n° 668).

Des difficultés financières ne peuvent justifier le manquement à l'obligation de payer les salaires (cass. soc. 20 juin 2006, n° 05-40.662, BC V n° 217 ; *RDT*, oct. 2006, CH, 252, G. Pignarre). À défaut d'actes positifs caractérisant l'intention du salarié de nover sa créance, une cour d'appel ne peut déduire de l'absence de réclamation du paiement de ses salaires une volonté non équivoque d'éteindre l'obligation en paiement des salaires pour lui substituer une obligation nouvelle découlant d'un prêt (cass. soc. 20 février 2007, n° 05-43.030, *RDT*, mai 2007, CH, 325, G. Pignarre).

S'agissant des éléments de la rémunération qui, en raison de leur mode d'acquisition, constituent une créance subordonnée à une condition ou affectée d'un terme, lorsque le délai d'acquisition n'est pas acquis (s'agissant de commissions d'un salarié employé par une compagnie d'assurances), la créance n'est ni certaine ni liquide et n'est pas exigible (cass. soc. 22 mai 2002, n° 00-41.876, *RJS* 8-9/02 n° 977). La mise en place d'un système informatique de comptabilité ne saurait constituer une cause de justification de nature à faire disparaître l'infraction contraventionnelle (cass. crim. 3 juin 1982, n° 81-94.348).

• S'agissant de créances salariales, le juge ne peut accorder à l'employeur aucun délai de paiement (cass. soc. 18 novembre 1992, n° 91-40.596, BC V n° 555 ; *RJS* 1/93 n° 39 ; 14 janvier 1997, n° 94-40.114) ; le juge peut, en revanche, en application de l'article 1244 c. civ., accorder au débiteur un délai pour le paiement de créances indemnitaires telles que l'indemnité de licenciement (même arrêt).

• L'employeur n'a pas la faculté de différer le paiement du SMIC en pratiquant une compensation d'une période de paye sur l'autre (cass. soc. 29 janvier 2002, n° 99-44.842, BC V n° 36 ; *Dr. Soc.* 2002, p. 460, obs. Ch. Radé).

• Manque à son obligation de payer l'intégralité du salaire et engage ainsi sa responsabilité contractuelle l'employeur ayant, pendant des années, précompté par erreur la CSG et la CRDS à un salarié domicilié fiscalement en Allemagne (cass. soc. 31 octobre 2006, n° 05-40.302, BC V n° 319 ; *RDT*, janv. 2007, 44, note G. Pignarre).

Art. L. 3242-2. La mensualisation n'exclut pas les divers modes de calcul du salaire aux pièces, à la prime ou au rendement.

Art. L. 3242-3. Les salariés ne bénéficiant pas de la mensualisation sont payés au moins deux fois par mois, à seize jours au plus d'intervalle.

Note Pour les ouvriers non mensualisés, les circulaires ministérielles TR 25-48 du 2 avril 1948 et TE 2-69 du 9 janvier 1969 permettent à l'inspecteur du travail d'accorder des dérogations à la règle suivant laquelle le paiement du salaire doit être fait au moins deux fois par mois à seize jours au plus d'intervalle lorsque la rémunération au rendement est appliquée ou qu'il est fait usage de procédés mécanographiques ou électroniques pour l'établissement de la paie. Une telle tolérance ne peut être accordée que sous réserve, d'une part, que toutes les précautions soient prises en vue d'assurer aux ouvriers intéressés le versement, à titre d'acomptes, de sommes se rapprochant le plus possible et par excès, plutôt que par défaut, de la rémunération due, d'autre part, que les délégués du personnel aient donné leur accord. La circulaire du 9 janvier 1969 met l'accent sur l'opportunité de fournir non seulement aux délégués du personnel, mais encore à l'ensemble des salariés intéressés toutes informations utiles sur les raisons de la modification envisagée et sur les conditions dans lesquelles se ferait la paie et recommande que ces informations soient fournies suffisamment à l'avance et de façon nette et détaillée.

Art. L. 3242-4. Pour tout travail aux pièces dont l'exécution dure plus d'une quinzaine, les dates de paiement peuvent être fixées d'un commun accord. Toutefois, le salarié reçoit des acomptes chaque quinzaine et est intégralement payé dans la quinzaine qui suit la livraison de l'ouvrage.

CHAPITRE III

Bulletin de paie

Art. L. 3243-1. Les dispositions du présent chapitre s'appliquent à toutes les personnes salariées ou travaillant à quelque titre ou en quelque lieu que ce soit pour un ou plusieurs employeurs et quels que soient le montant et la nature de leurs rémunérations, la forme, ou la validité de leur contrat.

Art. L. 3243-2. Lors du paiement du salaire, l'employeur remet aux personnes mentionnées à l'article L. 3243-1 une pièce justificative dite bulletin de paie. ***(L. 2009-526 du 12 mai 2009, JO 13)*** « Avec l'accord du salarié concerné, cette remise peut être effectuée sous forme électronique, dans des conditions de nature à garantir l'intégrité des données. » Il ne peut exiger aucune formalité de signature ou d'émargement autre que celle établissant que la somme reçue correspond bien au montant net figurant sur ce bulletin.

Les mentions devant figurer sur le bulletin ou y être annexées sont déterminées par décret en Conseil d'État.

Note • Tout paiement de rémunération oblige l'employeur à délivrer un bulletin de paye (cass. soc. 22 février 2006, n° 05-42.003, *RJS* 5/06 n° 571 ; cette règle vaut quel que soit le montant de la somme allouée). La loi 2009-526 du 12 mai 2009 (JO 13) autorise les entreprises à mettre en place un bulletin de paie dématérialisé, effectué sous forme électronique. Sur cette autorisation, voir « La remise électronique du bulletin de paie », T. Piette-Coudol, *JCP* éd. S 2010, 1440. Voir aussi norme AFNOR NF Z42-025, mai 2011, sur la gestion du bulletin de paye électronique (texte intégral disponible sur le site Internet de l'AFNOR).

• La définition du champ d'application de cet article a une portée extrêmement vaste, débordant le cadre du contrat de travail proprement dit ; elle se rattache, comme le champ d'application du régime général de la sécurité sociale, à la notion de dépendance économique.

• L'obligation de remise d'un bulletin de paie est étendue aux salariés des professions agricoles. Le décret 2006-214 du 22 février 2006 (JO 24) réglemente le bulletin de paie des marins (entrée en vigueur le 1er août 2006).

• Les versements annuels de commissions à un salarié, rétribué pour partie au fixe, doivent obligatoirement être accompagnés de la remise de bulletins de paie faisant mention de cette fraction de la rémunération (cass. soc. 12 mai 1970, n° 69-40.342, BC V n° 327).

• Le paiement par chèque ne dispense pas de la remise d'un bulletin de paie (rép. QE 12151, JO AN 23 janvier 1965, p. 134). La remise d'un chèque en paiement du salaire n'a valeur libératoire pour l'employeur qu'en cas d'encaissement effectif par le salarié ; si le chèque a été égaré ou non encaissé pour cause de forclusion, le salarié peut en réclamer un second à l'employeur, quitte à supporter les frais éventuels occasionnés par la délivrance d'un nouveau chèque (cass. soc. 20 février 1990, n° 87-43.897 ; 13 janvier 2010, n° 08-41.356, *JSL* n° 271, 11 février 2010, p. 26).

• La délivrance d'un bulletin de paie ne mentionnant qu'une partie de la rémunération et des heures de travail ne satisfait pas à l'obligation prévue par cet article. L'omission de cette formalité légale, s'ajoutant à l'absence de tenue du registre du personnel, révèle le délit de travail clandestin (cass. crim. 27 septembre 1994, n° 93-84.665, B. crim. n° 306 ; *RJS* 12/94 n° 1374 ; 22 février 2000, n° 99-84.643, *RJS* 5/00 n° 562). Il faut cependant que soit établi le caractère intentionnel pour caractériser le travail dissimulé (cass. soc. 20 janvier 2010, n° 08-43.476, BC V n° 17, arrêt n° 2 ; 14 décembre 2006, n° 04-48.011, *RJS* 2/07 n° 256), celui-ci ne pouvant se déduire de la seule absence de mention des heures supplémentaires sur le bulletin de paye (cass. soc. 29 juin 2005, n° 04-40.758, BC V n° 222 ; *RJS* 10/05 n° 1015 ; 22 juin 2011, n° 09-67.993, *JCP* éd. S 2011, 1505). Les juges du fond apprécient souverainement l'existence de l'élément intentionnel (cass. soc. 19 janvier 2005, n° 02-40.085, BC V n° 13 ; *RJS* 3/05 n° 301, 1re espèce ; 20 février 2008, n° 06-44.964, BC V n° 42 ; *RJS* 5/08 n° 579 ; 20 janvier 2010, n° 08-43.476, précité). Voir note sous l'article L. 8221-5 CT.

• Les salariés peuvent intenter, en cas de non-remise du bulletin de paie, une action en remise sous astreinte et solliciter du juge l'octroi de dommages-intérêts (cass. soc. 19 avril 1958, BC V n° 391). Le défaut de remise du bulletin de paie peut constituer une faute suffisamment grave pour justifier la résiliation du contrat de travail, sans que le salarié ait à respecter le préavis (cass. soc. 24 mars 1971, n° 70-40.047, BC V n° 237). Si l'obligation de remettre un bulletin de paie n'impose pas à l'employeur la remise en main propre au salarié (cass. soc. 7 juin 1995, n° 91-44.919, BC V n° 184 ; *RJS* 8-9/95 n° 901 : la remise par voie postale est autorisée), elle ne se confond pas avec une simple obligation de mettre à la disposition du salarié, sur les lieux du travail, le bulletin de paie (cass. soc. 19 mai 1998, n° 97-41.814, BC V n° 266 ; *RJS* 7/98 n° 865 ; *Dr. Soc.* 1998, p. 723, obs. C. Marraud). Lorsque le bulletin de salaire a été remis au salarié devant le bureau de conciliation, il ne peut être reproché à l'employeur d'avoir manqué à ses obligations en le délivrant tardivement (cass. soc. 5 octobre 2004, n° 02-44.487, *RJS* 12/04 n° 1280).

• Le bulletin de paie ne suffit pas à lui seul à établir la preuve du versement des sommes dues. Voir note sous l'article L. 3243-3 CT.

• Le rappel de primes dues sur plusieurs mois peut figurer sur un seul bulletin de paie établi lors de leur paiement (cass. soc. 30 novembre 2010, n° 09-41.065, BC V n° 277 ; *RJS* 2/11 n° 139 ; *JCP* éd. S 2011, 1093, note J-Ph. Tricoit). Voir, sur ce point, *JSL* n° 299, 16 mai 2011, p. 4 : « Payer les condamnations salariales », D. Fabre.

• La remise d'un bulletin de paie est obligatoire lorsque l'indemnité transactionnelle, globale et forfaitaire, comprend divers éléments de rémunération (cass. soc. 16 juin 1998, n° 96-41.768, BC V n° 324 ; *RJS* 8-9/98 n° 984).

Art. R. 3243-1. Le bulletin de paie prévu à l'article L. 3243-2 comporte :

1° Le nom et l'adresse de l'employeur ainsi que, le cas échéant, la désignation de l'établissement dont dépend le salarié ;

2° La référence de l'organisme auquel l'employeur verse les cotisations de sécurité sociale, le numéro sous lequel ces cotisations sont versées et, pour les employeurs inscrits au répertoire national des entreprises et des établissements prévu à l'article 1er du décret n° 73-314 du 14 mars 1973, le numéro de la nomenclature des activités économiques (code de l'activité principale exercée) caractérisant l'activité de l'entreprise ou de l'établissement mentionné au second alinéa de l'article 5 de ce décret ;

3° S'il y a lieu, l'intitulé de la convention collective de branche applicable au salarié ou, à défaut, la référence au code du travail pour les dispositions relatives à la durée des congés payés du salarié et à la durée des délais de préavis en cas de cessation de la relation de travail ;

4° Le nom et l'emploi du salarié ainsi que sa position dans la classification conventionnelle qui lui est applicable. La position du salarié est notamment définie par le niveau ou le coefficient hiérarchique qui lui est attribué ;

5° La période et le nombre d'heures de travail auxquels se rapporte le salaire en distinguant, s'il y a lieu, les heures payées au taux normal et celles qui comportent une majoration pour heures supplémentaires ou pour toute autre cause et en mentionnant le ou les taux appliqués aux heures correspondantes :

a) La nature et le volume du forfait auquel se rapporte le salaire des salariés dont la rémunération est déterminée sur la base d'un forfait hebdomadaire ou mensuel en heures, d'un forfait annuel en heures ou en jours ;

b) L'indication de la nature de la base de calcul du salaire lorsque, par exception, cette base de calcul n'est pas la durée du travail ;

6° La nature et le montant des accessoires de salaire soumis aux cotisations salariales et patronales mentionnées aux articles R. 3243-2 et R. 3243-3 ;

7° Le montant de la rémunération brute du salarié ;

8° La nature et le montant de tous les ajouts et retenues réalisés sur la rémunération brute ;

9° Le montant de la somme effectivement reçue par le salarié ;

10° La date de paiement de cette somme ;

11° Les dates de congé et le montant de l'indemnité correspondante, lorsqu'une période de congé annuel est comprise dans la période de paie considérée.

(D. 2008-1501 du 30 déc. 2008, JO 31) « 12° Le montant de la prise en charge des frais de transport publics ou des frais de transports personnels. »

Note

• *Mentions obligatoires.* Les mentions devant figurer sur le bulletin de paie et visées par l'article R. 3243-1, 4° sont cumulatives. Les mentions de l'emploi et de la classification doivent être précisées ; la référence à la classification conventionnelle ne suffit pas (cass. crim. 23 novembre 1993, n° 93-80.845, B. crim. n° 352 ; *RJS* 3/94 n° 255). Elles permettent aux salariés de vérifier si leur rémunération correspond bien à leur qualification professionnelle (cass. soc. 23 février 1994, n° 90-45.422, *RJS* 4/94 n° 415). C'est à l'employeur qui conteste la mention relative à l'emploi, portée sur le bulletin de paie, de rapporter la preuve de son inexactitude au regard des fonctions exercées par le salarié (cass. soc. 19 mars 2003, n° 01-40.128, *Dr. Soc.* 2003, p. 662, obs. Ch. Radé).

La mention de la convention collective sur le bulletin de paie vaut reconnaissance de l'application de la convention à l'entreprise (cass. soc. 18 novembre 1998, n° 96-42.991,

BC V n° 499 ; *RJS* 1/99 n° 74 ; *Dr. Soc.* 1999, p. 101 ; 18 juillet 2000, n° 97-44.897, BC V n° 295 ; *Dr. Soc.* 2000, p. 921, obs. J-Y Frouin ; 21 février 2008, n° 06-46.424, *RJS* 5/08 n° 575). Le salarié peut demander l'application de la convention collective mentionnée sur le bulletin de paie (cass. soc. 10 janvier 2001, n° 98-40.578, *RJS* 3/01 n° 321 ; 21 février 2008, n° 06-46.424, précité). Toutefois, la Cour de cassation a jugé que la mention d'une convention collective sur un bulletin de paie vaut présomption d'application de ladite convention ; il s'agit là d'une présomption simple et l'employeur est donc admis à apporter la preuve contraire (cass. soc. 15 novembre 2007, n° 06-44.008, BC V n° 191 ; *RJS* 1/08 n° 54 ; *JSL* n° 223, 11 décembre 2007, p. 17, M-Ch. Haller ; 9 novembre 2011, n° 10-14.348, *JSL* n° 314, 26 janvier 2012, p. 32 ; voir également note sous art. L. 2254-1 CT).

Le bulletin de paie doit faire apparaître distinctement la période et le nombre d'heures payées au taux normal et les heures payées à un taux majoré, quelle que soit la cause de cette majoration (art. R. 3243-1, 5° CT).

• Pour les salariés rémunérés sur la base de conventions de forfait, il faut mentionner la nature et le volume du forfait qui peut être hebdomadaire ou mensuel ; la convention de forfait peut être également établie en heures ou en jours sur l'année (art. L. 3121-43 et 45 CT).

Il faut indiquer la nature de la base de calcul quand celle-ci n'est pas établie sur la durée du travail.

• La mention sur le bulletin de paie des droits à repos nés de l'accomplissement d'heures supplémentaires n'a qu'une valeur informative ; en cas de contestation, la charge de la preuve de leur octroi effectif incombe à l'employeur (cass. soc. 7 mai 2008, n° 06-43.058, BC V n° 102 ; *RDT* 2008, CH, 463, M. Véricel ; *RJS* 7/08 n° 789). Il en est de même s'agissant des jours pris au titre de la réduction du temps de travail (cass. soc. 9 juin 2010, n° 09-40.544, *LS* Jurispr. n° 130/2010 du 29 juin 2010).

• La date d'ancienneté figurant dans le bulletin de paie vaut présomption de reprise d'ancienneté sauf à l'employeur à rapporter la preuve contraire (cass. soc. 21 septembre 2011, n° 09-72.054, *RJS* 11/11 n° 858 ; *JSL* n° 308, 27 octobre 2011, p. 23).

• La fourniture, par l'employeur, d'un logement et d'un véhicule constitue un avantage en nature qu'il y a lieu d'inclure dans le montant de la rémunération du salarié et qui doit être indiqué sur le bulletin de paie qui lui est remis (cass. soc. 31 janvier 2012, n° 10-24.388).

• *Particularités concernant les mentions relatives aux congés payés.* Certaines tolérances sont admises par le ministère du Travail au sujet de la mention obligatoire des dates de congé et du montant de l'indemnité compensatrice (circ. n° 13 du 30 août 1978) :
a) la mention des dates de congé, lorsque celles-ci sont connues tardivement, peut être portée sur le bulletin de paie du mois suivant celui au cours duquel le congé a été effectivement pris ;
b) l'indication du montant de l'indemnité de congé payé n'est pas obligatoire lorsque la rémunération habituelle est maintenue pour le mois au cours duquel le congé est pris ;
c) si le congé est fractionné ou si, au moment où il est accordé, certains éléments du calcul de l'indemnité font défaut, l'indication de la rémunération habituelle suffit, sous réserve d'une rectification unique pour l'année lorsque seront épuisés les droits à congé de la période de référence considérée (1er cas) ou lorsque tous les éléments de calcul seront connus (2e cas).

L'employeur n'a pas l'obligation de faire figurer séparément sur la fiche de paie la rémunération correspondant aux jours fériés compris dans une période de congé (cass. soc. 4 décembre 1990, n° 85-41.289, BC V n° 616).

La mention sur le bulletin de salaire de la nature et du montant des sommes versées n'a pas pour effet de contractualiser les avantages qui y sont décrits (cass. soc. 5 octobre 2010, n° 08-45.467, *JCP* éd. S 2010, 1486 ; *JSL* nos 289-290, 23 décembre 2010, p. 35).

Art. R. 3243-2. Pour l'application du 8° de l'article R. 3243-1, le regroupement des retenues relatives aux cotisations et aux contributions salariales est autorisé dès lors que ces prélèvements sont appliqués à une même assiette et destinés à un même organisme collecteur. Dans ce cas, le bulletin de paie est présenté avec des titres précisant l'objet de ces prélèvements.

Le taux, le montant ainsi que la composition de chacun de ces prélèvements sont communiqués au salarié au moins une fois par an ou lorsque prend fin le contrat de travail, soit sur le bulletin de paie, soit sur un document pouvant lui être annexé.

Art. R. 3243-3. Le bulletin de paie ou un récapitulatif annuel remis au salarié mentionne la nature, le montant et le taux des cotisations et contributions patronales assises sur la rémunération brute.

Lorsque ces cotisations et contributions sont mentionnées sur le bulletin de paie, elles peuvent être regroupées dans les mêmes conditions et selon les mêmes modalités de communication au salarié que celles prévues pour les cotisations et contributions salariales mentionnées à l'article R. 3243-2.

Les employeurs de main-d'œuvre agricoles auxquels le montant de cotisations est notifié trimestriellement peuvent mentionner ces cotisations après le paiement des cotisations patronales, en précisant la période sur laquelle elles portent.

Art. R. 3243-4. Il est interdit de faire mention sur le bulletin de paie de l'exercice du droit de grève ou de l'activité de représentation des salariés.

La nature et le montant de la rémunération de l'activité de représentation figurent sur une fiche annexée au bulletin de paie qui a le même régime juridique que celui-ci et que l'employeur établit et fournit au salarié.

Note Il est interdit de faire mention de l'exercice du droit de grève ainsi que de l'activité de représentation des salariés. Des mentions permettant d'identifier les heures de délégation accomplies par des salariés protégés sont illicites (cass. soc. 18 février 2004, n° 01-46.565, BC V n° 55 ; *Dr. Soc.* 2004, p. 559, obs. Ch. Radé).

Toute formule du type « heures assimilées » ou « heures travaillées II » laissant apparaître une distinction entre les heures rémunérées est prohibée (cass. soc. 3 février 1993, n° 90-45.619, *RJS* 6/93 n° 613). Voir J-M Verdier : « Mentions du bulletin de paie, heures de délégation et temps de grève », *JCP* éd. E n° 1-1989, p. 4.

Art. R. 3243-5. Le bulletin de paie comporte en caractères apparents une mention incitant le salarié à le conserver sans limitation de durée.

Note Avant la codification de 2008, les articles réglementaires concernant le bulletin de paie avaient été notamment modifiés par le décret 94-761 du 31 août 1994 (JO 2 septembre) qui a traduit en droit interne certaines des obligations prévues par la directive européenne du 14 octobre 1991 visant à informer les salariés des conditions applicables au contrat de travail ou à la relation de travail, le décret 2000-70 du 28 janvier 2000 (JO 29) et le décret 2005-239 du 14 mars 2005 (JO 18) simplifiant les mentions concernant les cotisations et contributions patronales et salariales. Une circulaire ministérielle du 30 juin 2005 (JO 7 sept.) explicite les modalités de regroupement des contributions patronales.

Art. R. 3243-6. Par dérogation aux dispositions prévues à l'article R. 3243-1, le bulletin de paie des salariés liés par contrats conclus par une personne physique pour un service rendu à son domicile peut ne pas comporter les mentions suivantes :

1° La position du salarié dans la classification conventionnelle qui lui est applicable ;

2° Le montant de la rémunération brute du salarié ;

3° La nature et le montant des cotisations patronales de sécurité sociale assises sur cette rémunération brute.

Art. L. 3243-3. L'acceptation sans protestation ni réserve d'un bulletin de paie par le travailleur ne peut valoir de sa part renonciation au paiement de tout ou partie du salaire et des indemnités ou accessoires de salaire qui lui sont dus en application de la loi, du règlement, d'une convention ou d'un accord collectif de travail ou d'un contrat.

Cette acceptation ne peut valoir non plus compte arrêté et réglé au sens ***(L. 2008-561 du 17 juin 2008, JO 18)*** « de l'article » 1269 du code de procédure civile.

Note • Nonobstant la délivrance de fiches de paie, il incombe à l'employeur de rapporter la preuve du paiement du salaire conformément au droit commun (cass. soc. 11 janvier 2006, n° 04-41.231, BC V n° 6 ; *RJS* 3/06 n° 346). La preuve par témoins n'est possible que pour des sommes inférieures à 1500 €. Cette preuve peut être établie par l'employeur au moyen des relevés bancaires de l'entreprise (cass. soc. 19 novembre 2008, n° 07-43.640).

• Les effets d'une acceptation sans protestation ni réserve du bulletin de paie concernent deux questions nettement distinctes : la preuve du paiement des salaires et indemnités, d'une part, la renonciation à une créance de salaires, d'autre part.

La Cour de cassation a d'abord jugé que l'acceptation sans protestation ni réserve du bulletin valait présomption simple du paiement des sommes qui y figurent (cass. soc. 20 mai 1966, BC V n° 482, *JCP* 1966.IV.94) et qu'il appartenait au salarié d'apporter la preuve contraire (cass. soc. 15 avril 1992, n° 88-45.094, *SSL* 1992, n° 601, p. 16 ; 8 juillet 1992, n° 89-43.902, *ibid.* 1992, n° 612, p. 16). Puis, dans un arrêt rendu le 2 février 1999 (n° 96-44.798, BC V n° 48), la Cour de cassation a affirmé que le bulletin de paie ne faisait pas présumer le paiement ; l'employeur doit justifier, notamment par la production de pièces comptables, le paiement du salaire (voir dans le même sens cass. soc. 18 novembre 2003, n° 01-44.671, *RJS* 1/04 n° 18). Enfin, la Cour de cassation a précisé que c'est à l'employeur, débiteur du paiement du salaire à son salarié, de prouver qu'il s'est libéré de sa dette et que l'acceptation sans protestation ni réserve d'un bulletin de paie par le salarié ne fait pas présumer le paiement des sommes qui y figurent (voir notamment cass. soc. 22 septembre 2010, n° 09-42.289, *JSL* n° 288, 1er décembre 2010, p. 28).

La renonciation à un droit ne se présumant pas, celle-ci ne peut résulter du fait que le salarié établit lui-même ses bulletins de paie et n'a jamais émis la moindre protestation (cass. soc. 16 mars 1994, n° 90-44.085, *RJS* 6/94 n° 702 ; 27 octobre 1993, n° 90-42.216, *Dr. Soc.* 1993, p. 964).

• S'agissant de primes dont la mention devrait figurer sur le bulletin de paie, aussi bien en application de cet article que de l'article R. 3243-1 CT, c'est à l'employeur qu'incombe la preuve de leur versement (cass. soc. 8 février 1979, n° 77-41.593, BC V n° 131 ; 17 décembre 1985, n° 83-42.234, BC V n° 623). Il ne peut être cependant déduit de la seule inobservation des dispositions d'une convention collective imposant la ventilation entre prime d'ancienneté et salaire de base sur le bulletin de paie que le salarié n'a pas été rempli de ses droits (cass. soc. 10 juillet 1980, n° 78-41.759, BC V n° 649). Voir aussi cass. soc. 15 octobre 1981, n° 79-42.195, BC V n° 792 ; 2 mars 1983, n° 80-42.242, BC V n° 119 et 5 juin 1991, n° 87-45.090, BC V n° 281 ; *Dr. Soc.* 1992, p. 16 : les dispositions de cet article n'interdisent pas à l'employeur de rapporter la preuve du paiement d'une prime dont la mention ne figure pas au bulletin de paie.

• Le salarié qui perçoit un salaire supérieur à la rémunération globale à laquelle il peut prétendre au regard de son ancienneté dans l'entreprise doit démontrer ne pas avoir été rempli de ses droits au regard de la convention collective (cass. soc. 16 novembre 2004, n° 02-47.149, BC V n° 289 ; *Dr. Soc.* 2005, p. 218 : en l'espèce, la convention collective prévoyait une rémunération globale minimum calculée en fonction de l'ancienneté mais n'instituait pas de prime d'ancienneté distincte).

• Un employeur peut demander au salarié de lui restituer un trop-perçu dès lors qu'il avait versé certaines sommes par erreur (cass. soc. 24 novembre 1993, n° 89-44.820, BC V n° 288 ; *RJS* 1/94 n° 36). Il appartient au demandeur en restitution de prouver que ce qui a été payé n'était pas dû (cass. soc. 20 octobre 1998, n° 96-41.698, BC V n° 434 ; *RJS* 12/98 n° 1489).

• Les cotisations précomptées par l'employeur et payées sans cause à l'URSSAF sont sujettes à répétition ; le salarié peut en demander le remboursement à l'URSSAF sans que soit exigée la preuve de l'erreur commise par l'employeur (cass. soc. 14 octobre 1993, nos 91-12.892 et 89-21.886, BC V nos 236 et 238, *RJS* 11/93 n° 1136). Les juges ne peuvent suppléer d'office le moyen résultant d'une prescription, par application de l'article 2223 c. civ. (cass. soc. 27 octobre 1993, n° 90-45.950, *RJS* 1/94 n° 71).

Art. L. 3243-4. L'employeur conserve un double des bulletins de paie des salariés ***(L. 2009-526 du 12 mai 2009, JO 13)*** « ou les bulletins de paie remis aux salariés sous forme électronique » pendant cinq ans.

Art. L. 3243-5. Il peut être dérogé à la conservation des bulletins de paie, pour tenir compte du recours à d'autres moyens, notamment informatiques, dans les conditions prévues au deuxième alinéa de l'article L. 8113-6.

Note Sur la valeur juridique des fiches de paie envoyées par Internet, « il importe de veiller à la fiabilité ainsi qu'à la sécurité des réseaux communiquant ces documents », mais cet article « ne prévoit aucun formalisme particulier quant au support ou à la forme » de cette pièce justificative (rép. QE 9993, JO Sén. 15 juillet 2004, p. 1590). Voir l'article L. 3243-2 sur les conditions de nature à garantir l'intégrité des données.

CHAPITRE IV

Pourboires

Art. L. 3244-1. Dans tous les établissements commerciaux où existe la pratique du pourboire, toutes les perceptions faites « pour le service » par l'employeur sous forme de pourcentage obligatoirement ajouté aux notes des clients ou autrement, ainsi que toutes sommes remises volontairement par les clients pour le service entre les mains de l'employeur, ou centralisées par lui, sont intégralement versées au personnel en contact avec la clientèle et à qui celle-ci avait coutume de les remettre directement.

Note • Lorsque les pourboires sont remis directement au personnel, sans intervention de l'employeur dans la perception ou la centralisation des sommes correspondantes, les articles L. 3244-1 et s. ne trouvent pas application.

• Les sommes versées, soit sous forme de pourcentage ajouté aux notes, soit volontairement par les clients, doivent être intégralement versées au personnel en contact avec la clientèle (cass. soc. 16 juillet 1996, n° 93-43.646 ; 19 juin 1990, n° 87-41.769, BC V n° 292). Peuvent seuls bénéficier de la répartition des pourboires les membres du personnel en contact avec la clientèle (cass. soc. 6 mai 1998, n° 96-40.077, BC V n° 227 ; *RJS* 6/98 n° 737), quelle que soit la catégorie du personnel à qui les sommes sont matériellement remises (cass. soc. 9 mai 2000, n° 98-20.146, BC V n° 169 ; *Dr. Soc.* 2000, p. 773, obs. Ch. Radé ; 18 juillet 2001, n° 99-41.214, BC V n° 277 ; *RJS* 11/01 n° 1287). Si des prélèvements ont été effectués à tort au profit de salariés qui n'avaient pas droit à une part des pourboires, les salariés intéressés pourront obtenir de l'employeur la part qui aurait dû leur être versée, mais seulement dans la limite des sommes non prescrites par le délai de cinq ans (cass. soc. 9 octobre 1996, n° 94-43.202, *RJS* 11/96 n° 1180).

• Le personnel en contact avec la clientèle s'entend par exemple des garçons et maîtres d'hôtel (cass. soc. 5 juillet 1967, BC IV n° 565), mais non du personnel de cuisine (cass. soc. 29 avril 1970, n° 69-40.197, BCxV n° 283 ; 5 novembre 1970, n° 69-40.105, BC V n° 592), des salariés d'un bar-restaurant investis de tâches purement administratives excluant tout contact avec la clientèle (cass. soc. 25 mai 1976, n° 75-40.059, BC V n° 316), de l'écailleur d'un établissement de dégustation de fruits de mer (cass. soc. 3 mars 1976, n° 74-40.771, BC V n° 133), des preneurs d'ordre prenant, par téléphone, les commandes des clients (cass. soc. 18 juin 1997, n° 94-43.634, *RJS* 11/97 n° 1295).

L'activité exercée par un casino entrant dans le champ d'application de l'article L. 147 1 [L. 3244-1] CT, il ne peut y être dérogé ni par les contrats de travail ni par l'accord appliqué par l'employeur (cass. soc. 9 mars 1994, n° 91-17.543, BC V n° 85 ; *Dr. Soc.* 1995, p. 71). La répartition des pourboires collectés aux tables de jeux des casinos doit s'effectuer entre le personnel des services de jeux, d'une part, et les employés des services périphériques, d'autre part, indépendamment des pourboires qui peuvent leur être remis personnellement à l'occasion de leurs propres fonctions (cass. soc. 29 septembre 2004, n° 02-43.500, BC V n° 235 ; *RJS* 12/04 n° 1285 ; *Dr. Soc.* 2004, p. 1142, obs. Ch. Radé).

• Dès lors que l'employeur a dû régler la TVA sur les pourboires destinés au personnel, son montant ne saurait être laissé à sa charge et doit être déduit de la masse à répartir entre les salariés concernés (cass. soc. 6 mai 1998, n° 96-40.077, précité).

• Viole l'article L. 147-1 [L. 3244-1] et encourt les sanctions pénales prévues à l'article R. 3246-2 (anciennement R. 154-3) l'employeur qui impute sur les pourboires les sommes payées aux représentants du personnel au titre des heures de délégation et les indemnités garantissant le maintien du salaire pendant les périodes d'arrêt de travail pour maladie (cass. crim. 26 juillet 1989, n° 88-86.040, B. crim. n° 302).

Art. R. 3244-1. L'employeur justifie de l'encaissement et de la remise aux salariés des pourboires.

Note L'employeur doit tenir une comptabilité pour justifier de la répartition des pourboires entre le personnel (cass. soc. 29 avril 1970, n° 69-40.197, BC V n° 283).

Un salarié membre du personnel d'un casino, titulaire d'un droit sur une partie des pourboires versés au personnel des jeux, est fondé à en vérifier l'utilisation par l'employeur qui en est débiteur (cass. soc. 4 février 1981, n° 78-41.008, BC V n° 103).

Art. R. 3244-2. Les conventions collectives ou, à défaut, des décrets en Conseil d'État pris après consultation des organisations d'employeurs et de salariés intéressées, déterminent par profession ou par catégorie professionnelle, nationalement ou régionalement :

1° Les modes de justification à la charge de l'employeur ;

2° Les catégories de personnel qui prennent part à la répartition des pourboires ;

3° Les modalités de cette répartition.

Note • Deux décrets sont intervenus concernant, l'un, l'ancien département de la Seine (décret du 4 juin 1936), l'autre, le département du Var (décret du 11 décembre 1946).

• À noter, s'agissant de l'application du décret du 4 juin 1936 concernant la Seine, que l'employeur n'a pas la possibilité d'invoquer la circonstance de variétés d'horaires des membres du personnel pour constituer des masses de pourboires différentes en vue de la répartition de ceux-ci (cass. soc. 11 décembre 1986, *JS* 1987, SJ 20).

Art. L. 3244-2. Les sommes mentionnées à l'article L. 3244-1 s'ajoutent au salaire fixe, sauf dans le cas où un salaire minimum a été garanti par l'employeur.

Note • Les pourboires doivent être inclus dans le SMIC ; l'appréciation du montant des pourboires, dont l'employeur doit apporter la preuve que le salarié les a effectivement perçus, doit se faire mensuellement, l'employeur ne pouvant opérer de compensation d'un mois sur l'autre (cass. soc. 15 janvier 1962, *JCP* 1962.II.12922).

• En aucun cas l'indemnité de congés payés ne peut être prélevée sur la masse des pourboires (art. L. 3141-24 et sa note).

• L'employeur, qui a versé à un serveur de restaurant le salaire minimum qu'il lui a garanti, lui est redevable de la différence entre ce salaire garanti et les sommes correspondant à la répartition des perceptions faites pour le service sous forme de pourcentage obligatoirement ajouté aux notes des clients (cass. soc. 8 février 1978, *JS* 1978 F 41).

CHAPITRE V

Action en paiement et prescription

Art. L. 3245-1. *(L. 2008-561 du 17 juin 2008, JO 18)* L'action en paiement ou en répétition du salaire se prescrit par cinq ans conformément à l'article 2224 du code civil.

Note **Champ d'application.** La loi 2008-561 du 17 juin 2008 (JO 18) a uniformisé les délais de prescription en matière civile à 5 ans. Voir « La réforme de la prescription et le droit du travail », *SSL* 2008 n° 1361-62, p. 2, entretien P. Sargos.

Les décisions rapportées ci-dessous ont été en partie rendues dans le cadre des dispositions légales antérieures à la loi du 17 juin 2008.

Pour déterminer si la prescription quinquennale est applicable, il faut se référer notamment à la périodicité de la créance. Se prescrivent par cinq ans les actions en paiement des salaires et généralement tout ce qui est payable par année ou à des termes périodiques plus courts (cass. soc. 29 mai 1991, n° 88-42.736, BC V n° 274 ; 5 mai 1993, n° 91-45.767, *RJS* 6/93 n° 615). Elle ne s'appliquera pas, quelle que soit la nature de la créance, si celle-ci a une périodicité de paiement supérieure à l'année (cass. soc. 5 mai 1993, n° 91-45.767, précité ; 5 janvier 1995, n° 91-44.214, *RJS* 2/95 n° 132).

La prescription quinquennale s'applique à toute action afférente au salaire, sans qu'il y ait lieu de distinguer selon qu'il s'agit d'une action en paiement ou en restitution de ce paiement (cass. soc. 23 juin 2004, n° 02-41.877, BC V n° 182 ; *RJS* 10/04 n° 1039). La nature des sommes réclamées est aussi déterminante. La Cour de cassation a énoncé que la prescription prévue à l'article L. 143-14 [L. 3245-1] CT s'applique à toute action engagée à raison de sommes afférentes aux salaires dus au titre du contrat de travail (cass. soc. 13 janvier 2004, n° 01-47.128, BC V n° 2 ; *Dr. Soc.* 2004, p. 311, obs. Ch. Radé), sauf si la créance, même périodique, dépend d'éléments qui ne sont pas connus du créancier, en particulier lorsque ces éléments résultent de déclarations que le débiteur est tenu de faire (cass. soc. 9 décembre 2010, n° 09-40.548, 2e moyen).

Aux termes de l'article 2223 [2247] c. civ., les juges ne peuvent suppléer d'office le moyen tiré de la prescription (cass. soc. 29 juin 2005, n° 03-41.966, BC V n° 224 ; *RJS* 10/05 n° 961 ; 6 juillet 2011, n° 10-13.551).

La prescription quinquennale s'applique à toute action engagée à raison de sommes afférentes aux salaires dues au titre du contrat de travail. Tel est le cas de :
– l'indemnité de congés payés (cass. soc. 17 mars 1999, n° 96-42.642, *RJS* 5/99 n° 687) ;
– la contrepartie financière de l'obligation de non-concurrence qui a la nature d'une indemnité compensatrice de salaire (cass. soc. 26 septembre 2002, n° 00-40.461, BC V n° 283 ; *RJS* 12/02 n° 1388) ;
– la demande de remboursement de sommes prélevées à tort sur le salaire au titre de cotisations de retraite complémentaire (cass. soc. 31 janvier 1996, n° 93-43.801, BC V n° 37 ; *RJS* 3/96 n° 291 ; 19 mai 1998, n° 96-40.799, BC V n° 269 ; *RJS* 7/98 n° 866) ou au titre d'un vol de marchandises appartenant à l'entreprise (cass. soc. 3 mars 2004, n° 01-44.557, *RJS* 5/04 n° 541, 2e espèce) ;
– la demande de remboursement par l'employeur de la part des cotisations sociales salariales qu'il a acquittées (cass. soc. 18 juillet 2000, n° 97-44.215, BC V n° 293 ; *RJS* 11/00 n° 1095 ; 6 avril 1999, n° 96-44.162, BC V n° 161 ; *RJS* 5/99 n° 745) ;
– la demande, avec versement de dommages-intérêts pour licenciement sans cause réelle et sérieuse, tendant à l'annulation d'un protocole de rupture conventionnelle, qui, requalifié en transaction, était intervenu avant le licenciement et était entaché d'une nullité relative se prescrivant par cinq ans (cass. soc. 14 janvier 2003, n° 00-41.880, BC V n° 6 ; *Dr. Soc.* 2003, p. 441, obs. J. Mouly) ;
– la demande tendant au versement de sommes qui auraient dû être payées au titre du repos compensateur (cass. soc. 24 février 2009, n° 07-43.308, *JSL* n° 253, 14 avril 2009, p. 27 ; en matière d'astreinte, voir aussi cass. soc. 5 mai 2004, n° 02-44.949, *RJS* 7/04 n° 816) ou au titre de l'absence de prise d'un repos hebdomadaire (cass. soc. 23 juin 2004, n° 02-41.877, BC V n° 182) ;
– la demande tendant au remboursement d'indemnités kilométriques et de repas liées à l'exécution d'un travail salarié (cass. soc. 12 juillet 2006, n° 04-48.687, BC V n° 242 ; *RJS* 10/06 n° 1068 ; *RDT* 2006, 324, note G. Pignarre ; 30 juin 2010, n° 08-42.836, *JSL* n° 284, 29 septembre 2010, p. 27). À noter que l'employeur peut fixer un délai pour la production par les salariés de leurs justificatifs de frais professionnels. Ce délai doit être plus court que le délai de prescription de cinq ans et l'employeur peut s'en prévaloir pour refuser un remboursement demandé hors délai (cass. soc. 29 septembre 2009, n° 07-45.722, *RJS* 12/09 n° 906) ;
– la demande tendant au versement, à la suite de la requalification de contrats à durée déterminée ou de missions d'intérim en contrat à durée indéterminée, de sommes au titre de la rémunération des journées de travail non effectuées (cass. soc. 23 juin 2010, n° 08-45.241 ; 11 mars 2009, n° 07-42.613, *JSL* n° 256, 27 mai 2009, p. 25).

En revanche, la prescription quinquennale ne s'applique pas :
– à une prime de participation (cass. soc. 26 janvier 1989, n° 86-43.081, BC V n° 81) ;
– à l'indemnité de licenciement (cass. soc. 14 avril 1988, n° 85-46.027, BC V n° 228) ;
– à l'indemnité de rupture abusive (cass. soc. 15 juillet 1967, BC IV n° 567) ;
– à l'action indemnitaire liée à la requalification d'un contrat à durée déterminée en contrat à durée indéterminée (cass. soc. 18 mai 2004, n° 01-45.622, *RJS* 7/04 n° 795) ;
– à une allocation de fin de carrière, payable en une seule fois à l'occasion du départ à la retraite du salarié (cass. soc. 4 mars 1992, n° 88-45.753, BC V n° 148) ;
– au paiement de commissions sur le chiffre d'affaires dont le salarié n'avait pu connaître le montant (cass. soc. 12 février 1992, n° 89-41.082, BC V n° 86 ; *RJS* 3/92 n° 287) ;

– à la rémunération fixée à une somme forfaitaire pour une artiste engagée en vertu d'un contrat de travail d'artiste interprète, cette rémunération ne présentant pas le caractère de salaire (cass. soc. 25 janvier 2006, n° 03-46.618, BC V n° 23 ; *RJS* 4/06 n° 498) ;
– à une indemnité forfaitaire pour travail dissimulé (cass. soc. 10 mai 2006, n° 04-42.608, BC V n° 170) ;
– à une demande de dommages-intérêts fondée sur l'article L. 412-2, al. 4 [L. 2141-8] CT ayant pour objet d'indemniser l'ensemble du préjudice subi par le salarié du fait d'une discrimination (cass. soc. 11 octobre 2000, n° 98-43.472, *RJS* 12/00 n° 1263 ; 30 janvier 2002, n° 00-45.266).

À noter que la prescription qui peut être opposée à une demande de rappel de salaire ne s'étend pas à la demande d'indemnisation d'un préjudice présentée par le salarié (cass. soc. 16 juin 1988, n° 85-46.350, *CSB* 1989 S. 18), sauf si cette demande tend, en réalité, sous couvert de dommages-intérêts, à obtenir le paiement de salaires prescrits (cass. soc. 9 octobre 1996, n° 94-43.202, *RJS* 11/96 n° 1180).

Sur la question de l'action en paiement de rémunération supplémentaire d'invention de salarié, voir rép. QE 82640, JO AN 18 avril 2006, p. 4234 ; *JCP* éd. S 2006, 1689, note J-P Martin.

Point de départ de la prescription. La loi 2008-561 du 17 juin 2008 (JO 18) fixe le point de départ au « jour où le titulaire d'un droit a connu ou aurait dû connaître les faits ». La prescription quinquennale commence à courir à partir de la date d'exigibilité du salaire (cass. soc. 26 septembre 1990, n° 87-41.629) et à compter de la date d'exigibilité de chacune des fractions de la somme réclamée (cass. soc. 14 avril 1988, n° 85-46.027, BC V n° 228 ; 26 janvier 2005, n° 02-45.655, BC V n° 26).

En matière d'indemnités de congés payés, le point de départ de la prescription doit être fixé à l'expiration de la période légale ou conventionnelle au cours de laquelle les congés auraient pu être pris (cass. soc. 4 décembre 1996, n° 93-46.408, BC V n° 416 ; *RJS* 1/97 n° 51).

À noter que les droits nés de la prestation de travail d'un salarié sont entrés dans son patrimoine avant son décès. Les héritiers et le conjoint survivant en sont saisis de plein droit, peu important que le salarié n'ait pas intenté d'action avant son décès pour réclamer les sommes dues (cass. soc. 29 octobre 2002, n° 00-41.269, BC V n° 323 ; *RJS* 1/03 n° 36).

Interruption. Les règles de droit commun concernant les causes d'interruption de la prescription sont applicables. Ni une simple lettre recommandée avec accusé de réception (cass. soc. 16 janvier 1985, *JS* 1985 SJ 103) ni une citation devant la juridiction prud'homale, déclarée caduque, n'interrompent le cours de la prescription (cass. soc. 21 mai 1996, n° 92-44.347, BC V n° 193 ; *RJS* 7/96 n° 795).

En revanche, la lettre de l'employeur dans laquelle celui-ci reconnaît le principe de sa dette et accepte de la régler partiellement interrompt la prescription pour la totalité de la créance invoquée (cass. soc. 22 octobre 1996, n° 93-44.148, BC V n° 340 ; *RJS* 3/97 n° 285).

Un accord collectif d'entreprise réglant la question du remboursement des frais professionnels n'interrompt pas la prescription concernant le paiement des frais exposés antérieurement à sa signature (cass. soc. 16 juin 2011, n° 10-14.727, *RJS* 10/11 n° 802, 2e espèce).

La procédure prud'homale étant orale, dès lors que le salarié avait formé sa demande nouvelle, devant les conseillers rapporteurs, en présence de l'employeur, la prescription avait été interrompue, peu important que des conclusions formalisant cette demande n'aient été déposées qu'ultérieurement lors de l'audience à laquelle l'affaire a été plaidée (cass. soc. 22 mars 2000, n° 98-40.608, BC V n° 120).

Si, en principe, l'interruption de la prescription ne peut s'étendre d'une action à l'autre, il en est autrement lorsque les deux actions, au cours d'une même instance, concernent l'exécution du même contrat de travail (cass. soc. 8 avril 2010, n° 08-42.307, 1er moyen, BC V n° 91 ; *RJS* 6/10 n° 520 ; 26 janvier 2011, n° 09-71.900).

Ainsi, l'effet interruptif s'étend de plein droit aux demandes reconventionnelles dès lors qu'elles procèdent du contrat de travail ayant lié les parties, peu important la date de leur explicitation (cass. soc. 21 décembre 2006, n° 04-47.426, BC V n° 411 ; *Dr. Soc.* 2007, p. 358, obs. Ch. Radé ; *RDT*, 2007, CH 184, G. Pignarre).

CHAPITRE VI

Dispositions pénales

[Le présent chapitre ne comprend pas de dispositions législatives.]

Art. R. 3246-1. Le fait de méconnaître les modalités de paiement du salaire prévues aux articles L. 3241-1, ***(D. 2009-289 du 13 mars 2009, JO 15)*** « L. 3242-1, alinéa 3, » L. 3242-3 et L. 3242-4, est puni de l'amende prévue pour les contraventions de la troisième classe.

Art. R. 3246-2. Le fait de méconnaître les dispositions relatives au bulletin de paie des articles ***(D. 2009-289 du 13 mars 2009, JO 15)*** « L. 3243-1, L. 3243-2 et L. 3243-4 » et des articles R. 3243-1 à ***(D. 2009-289 du 13 mars 2009, JO 15)*** « R. 3243-5 », est puni de l'amende prévue pour les contraventions de la troisième classe.

Art. R. 3246-3. Le fait de méconnaître les dispositions relatives aux pourboires des articles L. 3244-1 et L. 3244-2 et celle des décrets en Conseil d'État prévus à l'article R. 3244-2, est puni de l'amende prévue pour les contraventions de la troisième classe.

Art. R. 3246-4. Le fait de méconnaître les dispositions légales relatives aux accessoires du salaire est puni de la peine d'amende prévue pour les contraventions de la quatrième classe.

L'amende est prononcée autant de fois qu'il y a de salariés intéressés.

TITRE V

PROTECTION DU SALAIRE

CHAPITRE Ier

Retenues

Art. L. 3251-1. L'employeur ne peut opérer une retenue de salaire pour compenser des sommes qui lui seraient dues par un salarié pour fournitures diverses, quelle qu'en soit la nature.

Note • La portée de l'interdiction de compensation est limitée aux seules dettes contractées par les salariés envers leurs employeurs « pour fournitures diverses, quelle qu'en soit la nature », sous réserve des exceptions prévues (cass. soc. 16 novembre 1960, *D.* 1961, 219). La notion de « fournitures diverses » n'a pas été explicitée véritablement par la jurisprudence et l'on peut penser qu'elle se réfère à des « fournitures d'objets ou de prestations » mais non à des créances liquides. Si le logement fourni par l'employeur au salarié n'est pas l'accessoire du contrat de travail, il ne peut y avoir compensation entre les sommes dues au titre de cette location et le salaire du travailleur (cass. soc. 13 octobre 1998, n° 96-42.373, *RJS* 11/98 n° 1370). L'utilisation du terme « salaires » donne par ailleurs à penser que, lorsqu'il y a interdiction de compensation, cette interdiction ne joue pas, à l'occasion de la résiliation du contrat de travail, sur les sommes dues par l'employeur auxquelles la réglementation ou la jurisprudence ne reconnaissent pas le caractère de salaires : indemnités de licenciement, indemnité de clientèle des VRP, indemnité pour rupture abusive. La compensation ne joue pas pour l'indemnité compensatrice de préavis due au salarié mais joue pour l'indemnité de licenciement qui n'est pas la contrepartie d'un travail fourni (cass. soc. 23 juin 1988, n° 85-44.158, BC V n° 383 ; *Dr. Soc.* 1989, p. 131, obs. J. Savatier). La retenue sur salaire pour le remboursement des contraventions afférentes à un véhicule professionnel mis au service du salarié est illégale, fût-elle prévue par un contrat de travail (cass. soc. 11 janvier 2006, n° 03-43.587, BC V n° 7 ; *RJS* 3/06 n° 347 ; 27 septembre 2011, n° 10-14.079).

• Dans le cas où la créance de l'employeur porte sur des sommes qui ne correspondent pas à des fournitures, les règles générales de compensation (art. 1293 c. civ.) paraissent devoir s'appliquer dans la limite de la portion saisissable du salaire. Cette règle s'applique notamment :

– à l'indemnité compensatrice de préavis due par le salarié, dans la mesure où son montant est fixé par le contrat individuel de travail, la convention collective ou le règlement intérieur (cass. soc. 10 juin 1976, n° 75-40.027, BC V n° 361 et cass. soc. 5 mars 1987, *JS* 1987, SJ 102). Toutefois, un arrêt du 29 octobre 1991 (n° 88-45.004, *RJS* 12/91 n° 1321) a remis en cause la jurisprudence antérieure, approuvant un conseil de prud'hommes d'avoir condamné un employeur, qui avait retenu sur le dernier salaire mensuel l'indemnité compensatrice de préavis non effectué due par un salarié démissionnaire, à verser ce salaire à l'intéressé. Cette solution a été confirmée ; un employeur ne peut opérer de compensation entre le salaire qu'il doit et l'indemnité de préavis due par le salarié (cass. soc. 28 avril 1994, n° 90-46.044, BC V n° 155 ; *Dr. Soc.* 1994, p. 704) ;

– au remboursement des dépenses engagées par l'employeur pour la formation professionnelle du salarié (sommes dues en exécution d'une clause de dédit-formation : cass. soc. 21 mars 2000, n° 99-40.003, BC V n° 118 ; *Dr. Soc.* 2000, p. 596 ; *RJS* 6/00 n° 676) ;

– à la contribution salariale à la sécurité sociale non précomptée au moment de la remise du salaire (cass. soc. 25 février 1997, n° 94-44.788, BC V n° 82 ; *RJS* 4/97 n° 462 ; *Dr. Soc.* 1997, p. 415) ;

– au remboursement de prêts d'argent (cass. soc. 10 février 1971) ;

– aux sommes excédentaires que l'employeur a versées à un salarié malade par rapport aux obligations qu'imposait la convention collective et qu'il entend déduire du montant de l'indemnité de licenciement (cass. soc. 10 décembre 1975, n° 74-40.050, BC V n° 598).

Bien entendu, les règles posées à l'article L. 3251-3 CT s'appliqueront concurremment dans la mesure où les créances de l'employeur ont le caractère d'avances sur salaires, par exemple un prêt (voir note sous art. L. 3251-3 CT).

• Les exceptions aux règles de la compensation légale ne s'étendent pas aux créances et dettes faisant l'objet d'une demande en compensation judiciaire dont l'appréciation appartient aux juges du fond (cass. soc. 10 janvier 1974, n° 73-40.116, BC V n° 34).

• Il est interdit à tout employeur d'opérer, sur le salaire d'un étranger venu travailler en France, des retenues, sous quelque dénomination que ce soit, à l'occasion de son engagement (cass. soc. 17 juillet 2001, n° 98-43.981, BC V n° 275 ; *RJS* 11/01 n° 1370).

• La responsabilité pécuniaire d'un salarié à l'égard de son employeur ne peut résulter que de sa faute lourde, même en ce qui concerne le droit à compensation prévu par l'article L. 144-1 [L. 3251-2] CT (cass. soc. 20 avril 2005, n° 03-40.069, BC V n° 148 ; *RJS* 6/05 n° 636, s'agissant d'un employeur ayant retenu sur le salaire une somme correspondant au coût d'un badge détérioré ; 2 mars 2011, n° 09-71.000, *LS* Jurispr. n° 66/2011 du 29/03/11 ; *JCP* éd. S 2011, 1416, note A. Martinon, s'agissant d'un employeur ayant déduit du solde de tout compte d'un salarié démissionnaire les frais de remise en état de son véhicule de fonction ; voir aussi cass. soc. 21 octobre 2008, n° 07-40.809, BC V n° 197 ; *RDT*, février 2009, CH, 112, G. Pignarre ; *RJS* 12/08 n° 1174, sur l'impossibilité d'une compensation entre la dette salariale de l'employeur et la perte de recettes imputable au salarié).

Art. L. 3251-2. Par dérogation aux dispositions de l'article L. 3251-1, une compensation entre le montant des salaires et les sommes qui seraient dues à l'employeur peut être opérée dans les cas de fournitures suivants :

1° Outils et instruments nécessaires au travail ;

2° Matières ou matériaux dont le salarié a la charge et l'usage ;

3° Sommes avancées pour l'acquisition de ces mêmes objets.

Note Les cas où la compensation des salaires et des fournitures est autorisée doivent être interprétés restrictivement ; il ne suffit pas, s'il ne s'agit pas d'instruments de travail, que le salarié en ait la charge, c'est-à-dire la garde ; il faut encore qu'il en ait l'usage (cass. soc. 9 octobre 1968, BC V n° 426 ; 24 mars 1993, n° 90-44.491, BC V n° 96 ; *RJS*

5/93 n° 515 : une société confie des marchandises à un vendeur ; le contrat prévoit que les manquants seront facturés à ce vendeur et débités à chaque inventaire. Le salarié n'ayant pas l'usage des marchandises fournies par l'employeur, les sommes réclamées pour les manquants ne pouvaient se compenser avec le montant des salaires).

Lorsque la compensation est autorisée par l'article L. 144-1 [L. 3251-2] CT, elle ne peut s'exercer que dans la limite de la quotité saisissable du salaire, en application de l'article L. 145-2 [L. 3252-2] CT (cass. soc. 21 mars 2000, n° 99-40.003, BC V n° 118 ; *Dr. Soc.* 2000, p. 596 ; *RJS* 6/00 n° 676). Elle ne pourrait avoir pour effet de ramener le salaire à un niveau inférieur au SMIG (devenu SMIC) (cass. soc. 19 novembre 1959, n° 57-40.656, BC IV n° 1154 ; *JCP* 1960.II.11397).

Art. L. 3251-3. En dehors des cas prévus au 3° de l'article L. 3251-2, l'employeur ne peut opérer de retenue de salaire pour les avances en espèces qu'il a faites, que s'il s'agit de retenues successives ne dépassant pas le dixième du montant des salaires exigibles.

La retenue opérée à ce titre ne se confond pas avec la partie saisissable ou cessible.

Les acomptes sur un travail en cours ne sont pas considérés comme des avances.

Note

• L'expression « avance en espèces » concerne tous les paiements effectués au salarié soit en monnaie ayant cours légal, soit par chèque ou virement en banque ou à un compte postal (cass. soc. 18 décembre 1986, *JS* 1987 SJ 52). Les paiements effectués par l'employeur au titre des cotisations salariales au lieu et place du salarié ne constituent pas des avances en espèces (cass. soc. 25 février 1997, n° 94-44.788, BC V n° 82 ; *RJS* 4/97 n° 462).

• La distinction entre « avance » (somme versée en contrepartie d'un travail non effectué encore) et « acompte » (fraction du salaire correspondant au travail déjà effectué) est parfois délicate.

• Un prêt consenti par un employeur à l'un de ses salariés a le caractère d'une avance et ne peut donner lieu, sur les salaires dus au bénéficiaire, qu'à la compensation du dixième (cass. soc. 7 décembre 1989, n° 87-42.430, BC V n° 701). Elle est, en revanche, compensable pour le tout avec les dommages-intérêts mis à la charge de l'employeur (cass. soc. 21 novembre 1984, *JS* 1985 F 29). (Pour un autre exemple de sommes qualifiées « prêts » de l'employeur, voir cass. soc. 5 mai 1993, n° 90-40.801, BC V n° 125 ; *RJS* 6/93 n° 616).

Le trop-perçu par un salarié, qui s'analyse en une avance en espèces, ne peut donner lieu à une retenue excédant le dixième du salaire exigible (cass. soc. 3 novembre 2011, n° 10-16.660, *RJS* 1/12 n° 41).

• Ne peuvent être qualifiées d'avances sur salaire les sommes empruntées à son employeur par une salariée pour supporter les frais d'un déménagement et qui avaient fait l'objet de traites régulièrement signées par l'intéressée ; c'est à bon droit qu'un conseil de prud'hommes n'a pas fait droit à une demande de compensation entre les sommes dues à ce titre et les dettes de salaires (cass. soc. 18 décembre 1986, précité).

Art. L. 3251-4. Il est interdit à l'employeur, sous réserve des dispositions de l'article 1382 du code civil, d'imposer aux salariés des versements d'argent ou d'opérer des retenues d'argent sous la dénomination de frais ou sous toute autre dénomination pour quelque objet que ce soit, à l'occasion de l'exercice normal de leur travail dans les secteurs suivants :

1° Hôtels, cafés, restaurants et établissements similaires ;
2° Entreprises de spectacle, cercles et casinos ;
3° Entreprises de transport.

Note

Sont interdites une contribution des garçons de café au paiement de la femme de ménage chargée à leur place du nettoyage (cass. soc. 26 janvier 1972, n° 70-40.325, BC V n° 61 ; *D.* 1972, 230), la retenue d'un pourcentage sur la masse des pourboires pour payer la casse (cass. soc. 10 janvier 1952, *D.* 1952, 180 ; CA Paris, 22e ch.,

24 janvier 1969, *JCP* 1969.II.15947), une retenue sur le salaire d'un agent de la SNCF correspondant à des communications téléphoniques personnelles excédant son forfait (cass. soc. 18 février 2003, n° 00-45.931, BC V n° 58 ; *RJS* 6/03 n° 818 ; *JSL* n° 122, 24 avril 2003, p. 22 ; *Dr. Soc.* 2003, p. 459 : « L'office du juge et l'acte réglementaire illégal : pour en finir avec une certaine hypocrisie », Ch. Radé).

Art. R. 3255-1. Le fait d'imposer au salarié des versements d'argent ou d'opérer des retenues d'argent sous la dénomination de frais ou sous toute autre dénomination pour quelque objet que ce soit, à l'occasion de son embauche, à l'occasion de l'exercice normal de son travail ou de la rupture de son contrat de travail dans les secteurs mentionnés à l'article L. 3251-4, est puni de l'amende prévue pour les contraventions de la quatrième classe.

Ces peines sont indépendantes des restitutions et des dommages-intérêts auxquels peuvent donner lieu les faits incriminés.

CHAPITRE II

Saisies et cessions

Art. L. 3252-1. Les dispositions du présent chapitre sont applicables aux sommes dues à titre de rémunération à toute personne salariée ou travaillant, à quelque titre ou en quelque lieu que ce soit, pour un ou plusieurs employeurs, quels que soient le montant et la nature de sa rémunération, la forme et la nature de son contrat.

Art. L. 3252-2. Sous réserve des dispositions relatives aux pensions alimentaires prévues à l'article L. 3252-5, les sommes dues à titre de rémunération ne sont saisissables ou cessibles que dans des proportions et selon des seuils de rémunération affectés d'un correctif pour toute personne à charge, déterminés par décret en Conseil d'État.

Ce décret précise les conditions dans lesquelles ces seuils et correctifs sont révisés en fonction de l'évolution des circonstances économiques.

Note La saisie des rémunérations dues par un employeur est soumise aux dispositions du code du travail, que le contrat de travail soit ou non en cours d'exécution (cass. ass. plén. 9 juillet 2004, n° 02-21.040, BC n° 11 ; *RJS* 11/04 n° 1149).

Les règles de saisie concernent seulement la rémunération. Les indemnités versées à un salarié qui ont pour objet de compenser un préjudice constituent une rémunération et sont soumises aux règles de saisie (cass. soc. 30 janvier 2008, n° 06-17.531, BC V n° 29 ; *RJS* 4/08 n° 417 : les juges distinguent ici selon que l'indemnité est versée au salarié en raison d'un départ volontaire à la retraite et qui n'a donc pas pour objet de compenser un préjudice ou à l'occasion d'une mise à la retraite et qui vient compenser un préjudice).

Art. L. 3252-3. Pour la détermination de la fraction insaisissable, il est tenu compte du montant de la rémunération, de ses accessoires ainsi que de la valeur des avantages en nature, après déduction des cotisations et contributions sociales obligatoires.

(L. 2008-1249 du 1er déc. 2008, art. 18, JO 3) « Il est en outre tenu compte d'une fraction insaisissable égale au montant forfaitaire mentionné au 2° de l'article L. 262-2 du code de l'action sociale et des familles applicable au foyer du salarié. »

Il n'est pas tenu compte des indemnités insaisissables, des sommes allouées à titre de remboursement de frais exposés par le travailleur et des allocations ou indemnités pour charges de famille.

Note ***À compter du 01.06.2012**, les mots : « applicable au foyer du salarié » sont remplacés par les mots : « applicable à un foyer composé d'une seule personne » (ordonnance 2011-1895 du 19 décembre 2011, JO 20).*

> À noter que la loi 2011-1862 du 13 décembre 2011, JO 14 avait introduit la même modification à compter du 01.01.2013.
>
> La compensation entre le salaire et les sommes dues à l'employeur en application d'une clause de dédit-formation ne peut porter que sur la fraction saisissable du salaire (cass. soc. 21 mars 2000, n° 99-40.003, BC V n° 118 ; *RJS* 6/00 n° 676 ; *Dr. Soc.* 2000, p. 596).

Art. L. 3252-4. Lorsqu'un débiteur perçoit de plusieurs payeurs des sommes saisissables ou cessibles dans les conditions prévues par le présent chapitre, la fraction saisissable est calculée sur l'ensemble de ces sommes.

Les retenues sont opérées selon les modalités déterminées par le juge.

> *Note* ***À compter du 01.01.2013****, à la fin du second alinéa de cet article, les mots : « le juge » sont remplacés par les mots : « décret en Conseil d'État » (loi 2011-1862 du 13 décembre 2011, JO 14, art. 3).*

Art. L. 3252-5. Le prélèvement direct du terme mensuel courant et des six derniers mois impayés des pensions alimentaires peut être poursuivi sur l'intégralité de la rémunération. Il est d'abord imputé sur la fraction insaisissable et, s'il y a lieu, sur la fraction saisissable.

Toutefois, une somme est, dans tous les cas, laissée à la disposition du salarié dans des conditions déterminées par décret en Conseil d'État.

Art. L. 3252-6. ***(L. 2010-1609 du 22 déc. 2010, art. 12, JO 23)*** Le juge du tribunal d'instance connaît de la saisie des rémunérations dans les conditions prévues à l'article L. 221-8 du code de l'organisation judiciaire.

> *Note* L'article 12 de la loi 2010-1609 du 22 décembre 2010 est entré en vigueur le 1er septembre 2011 (loi 2010-1609 du 22 décembre 2010, art. 43, JO 23).

Art. L. 3252-7. Les rémunérations ne peuvent faire l'objet d'une saisie conservatoire.

Art. L. 3252-8. En cas de pluralité de saisies, les créanciers viennent en concours sous réserve des causes légitimes de préférence.

> *Note* ***À compter du 01.01.2013****, cet article est complété par un alinéa ainsi rédigé : « Toutefois, les créances résiduelles les plus faibles, prises dans l'ordre croissant de leur montant, sans que celles-ci puissent excéder un montant fixé par décret, sont payées prioritairement dans les conditions fixées par ce décret. » (loi 2011-1862 du 13 décembre 2011, JO 14, art. 3).*

Art. L. 3252-9. Le tiers saisi fait connaître :
1° La situation de droit existant entre lui-même et le débiteur saisi ;
2° Les cessions, saisies, avis à tiers détenteur ou paiement direct de créances d'aliments en cours d'exécution.

Le tiers employeur saisi qui s'abstient sans motif légitime de faire cette déclaration ou fait une déclaration mensongère peut être condamné par le juge au paiement d'une amende civile sans préjudice d'une condamnation à des dommages et intérêts et de l'application des dispositions du deuxième alinéa de l'article L. 3252-10.

Art. L. 3252-10. Le tiers saisi verse mensuellement les retenues pour lesquelles la saisie est opérée dans les limites des sommes disponibles.

À défaut, le juge, même d'office, le déclare débiteur des retenues qui auraient dû être opérées et qu'il détermine, s'il y a lieu, au vu des éléments dont il dispose.

Art. L. 3252-11.

Le recours du tiers saisi contre le débiteur ne peut être exercé qu'après mainlevée de la saisie.

Note *À compter du 01.01.2013, le deuxième alinéa de cet article est ainsi rédigé : « À défaut, le juge, même d'office, le déclare débiteur des retenues qui auraient dû être opérées. Il peut, pour déterminer le montant de ces retenues, s'adresser aux organismes fiscaux et sociaux dans les conditions prévues à l'article 39 de la loi n° 91-650 du 9 juillet 1991 portant réforme des procédures civiles d'exécution pour obtenir les informations relatives au montant de la rémunération perçue par le débiteur ainsi que sur la composition de sa famille. » (loi 2011-1862 du 13 décembre 2011, JO 14, art. 3).*

Art. L. 3252-11. Les parties peuvent se faire représenter par :

1° Un avocat ;

2° Un officier ministériel du ressort, lequel est dispensé de produire une procuration ;

3° Un mandataire de leur choix muni d'une procuration.

Si ce mandataire représente le créancier saisissant, sa procuration doit être spéciale à l'affaire pour laquelle il représente son mandant.

Art. L. 3252-12. En cas de saisie portant sur une rémunération sur laquelle une cession a été antérieurement consentie et régulièrement notifiée, le cessionnaire est de droit réputé saisissant pour les sommes qui lui restent dues, tant qu'il est en concours avec d'autres créanciers saisissants.

Art. L. 3252-13. Le juge peut décider, à la demande du débiteur ou du créancier et en considération de la quotité saisissable de la rémunération, du montant de la créance et du taux des intérêts dus, que la créance cause de la saisie produira intérêt à un taux réduit à compter de l'autorisation de saisie ou que les sommes retenues sur la rémunération s'imputeront d'abord sur le capital.

Les majorations de retard prévues par l'article 3 de la loi n° 75-619 du 11 juillet 1975 relative au taux de l'intérêt légal cessent de s'appliquer aux sommes retenues à compter du jour de leur prélèvement sur la rémunération.

[Dispositions réglementaires]

SECTION 1. Dispositions communes

Art. R. 3252-1. Le créancier muni d'un titre exécutoire constatant une créance liquide et exigible peut faire procéder à la saisie des sommes dues à titre de rémunération par un employeur à son débiteur.

Note L'état des créances, même visé par un juge-commissaire, ne confère pas à ce relevé le caractère d'un titre exécutoire (cass. com. 2 mai 2001, n° 97-19.536, BC IV n° 82 ; *RJS* 8-9/01 n° 1022).

Art. R. 3252-2. ***(D. 2011-1909 du 20 déc. 2011, JO 22)*** « La proportion dans laquelle les sommes dues à titre de rémunération sont saisissables ou cessibles, en application de l'article L. 3252-2, est fixée comme suit :

1° Le vingtième, sur la tranche inférieure ou égale à 3 590 € ;

2° Le dixième, sur la tranche supérieure à 3 590 € et inférieure ou égale à 7 030 € ;

3° Le cinquième, sur la tranche supérieure à 7 030 € et inférieure ou égale à 10 510 € ;

4° Le quart, sur la tranche supérieure à 10 510 € et inférieure ou égale à 13 950 € ;

5° Le tiers, sur la tranche supérieure à 13 950 € et inférieure ou égale à 17 410 € ;

6° Les deux tiers, sur la tranche supérieure à 17 410 € et inférieure ou égale à 20 910 € ;

7° La totalité, sur la tranche supérieure à 20 910 €. »

Note Le décret 2011-1909 du 20 décembre 2011 précité a fixé le nouveau barème des saisies et cessions des rémunérations annuelles entré en vigueur le 1er janvier 2012.

Art. R. 3252-3. Les seuils déterminés à l'article R. 3252-2 sont augmentés d'un montant de ***(D. 2011-1909 du 20 déc. 2011, JO 22)*** « 1 360 » € par personne à la charge du débiteur saisi ou du cédant, sur justification présentée par l'intéressé.

Pour l'application du premier alinéa, sont considérés comme personnes à charge :

1° Le conjoint, le partenaire lié par un pacte civil de solidarité ou le concubin du débiteur, dont les ressources personnelles sont inférieures au montant ***(D. 2009-716 du 18 juin 2009, JO 19)*** « forfaitaire du revenu de solidarité active mentionné au 2° de l'article L. 262-2 du code de l'action sociale et des familles, fixé pour un foyer composé d'une seule personne » tel qu'il est fixé chaque année par décret ;

2° L'enfant ouvrant droit aux prestations familiales en application des articles L. 512-3 et L. 512-4 du code de la sécurité sociale et se trouvant à la charge effective et permanente du débiteur au sens de l'article L. 513-1 du même code. Est également considéré comme étant à charge l'enfant à qui ou pour l'entretien duquel le débiteur verse une pension alimentaire ;

3° L'ascendant dont les ressources personnelles sont inférieures au montant ***(D. 2009-716 du 18 juin 2009, JO 19)*** « forfaitaire du revenu de solidarité active mentionné au 2° de l'article L. 262-2 du code de l'action sociale et des familles, fixé pour un foyer composé d'une seule personne » et qui habite avec le débiteur ou auquel le débiteur verse une pension alimentaire.

Art. R. 3252-4. Les seuils et correctifs prévus à l'article R. 3252-3 sont révisés annuellement par décret en fonction de l'évolution de l'indice des prix à la consommation, hors tabac, des ménages urbains dont le chef est ouvrier ou employé tel qu'il est fixé au mois d'août de l'année précédente dans la série France entière. Ils sont arrondis à la dizaine d'euros supérieure.

Art. R. 3252-5. La somme laissée dans tous les cas à la disposition du salarié dont la rémunération fait l'objet d'une saisie ou d'une cession, en application du second alinéa de l'article L. 3252-5, est égale au montant ***(D. 2009-716 du 18 juin 2009, JO 19)*** « forfaitaire mentionné au 2° de l'article L. 262-2 du code de l'action sociale et des familles fixé pour un foyer composé d'une seule personne ».

Note Il existe une fraction insaisissable du salaire qui doit être au moins égale au RSA pour une personne seule, soit 474,93 € au 1er janvier 2012 (décret 2011-2040 du 28 décembre 2011, JO 30).

Art. R. 3252-6. Sauf disposition contraire, les notifications et convocations faites en application du présent chapitre sont adressées par lettre recommandée avec avis de réception.

Art. R. 3252-7. Le juge d'instance compétent pour connaître de la saisie des sommes dues à titre de rémunération est celui du domicile du débiteur.

Si celui-ci réside à l'étranger ou n'a pas de domicile connu, la procédure est portée devant le juge d'instance du lieu où demeure le tiers saisi.

Art. R. 3252-8. Les contestations auxquelles donne lieu la saisie sont formées, instruites et jugées selon les règles de la procédure ordinaire devant le tribunal d'instance. ***(D. 2011-1202 du 28 sept. 2011, art. 12, JO 29)*** « Elles sont dispensées de l'acquittement de la contribution pour l'aide juridique prévue par l'article 1635 *bis* Q du code général des impôts. »

Note Le décret 2011-1202 précité est applicable aux instances introduites depuis le 01.10.2011 pour les dispositions relatives à la contribution pour l'aide juridique.

Art. R. 3252-9. Il est tenu au greffe de chaque tribunal d'instance des fiches individuelles sur lesquelles sont mentionnés tous les actes d'une nature quelconque, décisions et formalités auxquels donne lieu l'exécution des dispositions du présent chapitre.

Les fiches peuvent être tenues sur support électronique. Le système de traitement des informations en garantit l'intégrité et la confidentialité et permet d'en assurer la conservation.

Art. R. 3252-10. Le régisseur installé auprès du greffe du tribunal d'instance verse les sommes dont il est comptable au préposé de la Caisse des dépôts et consignations le plus rapproché du siège du tribunal auprès duquel le greffe est installé, qui lui ouvre un compte spécial.

Il opère ses retraits pour les besoins des répartitions, sur leur simple quittance, en justifiant de l'autorisation du greffier en chef.

Art. L. 3252-13.

SECTION 2. Saisie des sommes dues à titre de rémunération

Sous-section 1. Conciliation

Art. R. 3252-11. Le juge d'instance, lorsqu'il connaît d'une saisie des sommes dues à titre de rémunération, exerce les pouvoirs du juge de l'exécution, conformément à l'article L. 221-8 du code de l'organisation judiciaire.

Art. R. 3252-12. La procédure de saisie des sommes dues à titre de rémunération est précédée, à peine de nullité, d'une tentative de conciliation, en chambre du conseil.

Art. R. 3252-13. La demande est formée par requête remise ou adressée au greffe par le créancier.

Outre les mentions prescrites par l'article 58 du code de procédure civile, la requête contient, à peine de nullité :

1° Les nom et adresse de l'employeur du débiteur ;

2° Le décompte distinct des sommes réclamées en principal, frais et intérêts échus ainsi que l'indication du taux des intérêts ;

3° Les indications relatives aux modalités de versement des sommes saisies.

Une copie du titre exécutoire est jointe à la requête.

Art. R. 3252-14. Le greffier avise le demandeur des lieu, jour et heure de la tentative de conciliation par tout moyen.

Art. R. 3252-15. Le greffier convoque le débiteur à l'audience.

La convocation :

1° Mentionne les nom, prénom et adresse du créancier ou, s'il s'agit d'une personne morale, sa dénomination et son siège social ;

2° Indique les lieu, jour et heure de la tentative de conciliation ;

3° Contient l'objet de la demande et l'état des sommes réclamées, avec le décompte distinct du principal, des frais et des intérêts échus ;

4° Indique au débiteur qu'il doit élever lors de cette audience toutes les contestations qu'il peut faire valoir et qu'une contestation tardive ne suspendrait pas le cours des opérations de saisie ;

5° Reproduit les dispositions de l'article L. 3252-11 relatives à la représentation des parties.

Art. R. 3252-16. Le créancier et le débiteur sont convoqués quinze jours au moins avant la date de l'audience.

Art. R. 3252-17. Le jour de l'audience, le juge tente de concilier les parties.

Art. R. 3252-18. Si le débiteur manque aux engagements pris à l'audience, le créancier peut demander au greffe de procéder à la saisie sans nouvelle conciliation. Le créancier joint un décompte des sommes perçues en exécution de la conciliation.

Art. R. 3252-19. Si le créancier ne comparaît pas, il est fait application des dispositions de l'article 468 du code de procédure civile.

Si le débiteur ne comparaît pas, il est procédé à la saisie, à moins que le juge n'estime nécessaire une nouvelle convocation.

Si les parties ne se sont pas conciliées, il est procédé à la saisie après que le juge a vérifié le montant de la créance en principal, intérêts et frais et, s'il y a lieu, tranché les contestations soulevées par le débiteur.

Sous-section 2. Opérations de saisie

Art. R. 3252-20. Le greffier en chef veille au bon déroulement des opérations de saisie.

Art. R. 3252-21. Au vu du procès-verbal de non-conciliation, le greffier procède à la saisie dans les huit jours.

Si l'audience de conciliation a donné lieu à un jugement, le greffier procède à la saisie dans les huit jours suivant la notification du jugement s'il est exécutoire et, à défaut, suivant l'expiration des délais de recours contre ce jugement.

Art. R. 3252-22. L'acte de saisie établi par le greffe contient :

1° Les nom, prénoms et domicile du débiteur et du créancier ou, s'il s'agit d'une personne morale, sa dénomination et son siège social ;

2° Le décompte distinct des sommes pour lesquelles la saisie est pratiquée, en principal, frais et intérêts échus ainsi que l'indication du taux des intérêts ;

3° Le mode de calcul de la fraction saisissable et les modalités de son règlement ;

4° L'injonction d'effectuer au greffe, dans un délai de quinze jours, la déclaration prévue par l'article L. 3252-9 ;

5° La reproduction des articles L. 3252-9 et L. 3252-10.

Art. R. 3252-23. L'acte de saisie est notifié à l'employeur.

Il en est donné copie au débiteur saisi par lettre simple avec l'indication qu'en cas de changement d'employeur, la saisie sera poursuivie entre les mains du nouvel employeur.

Art. R. 3252-24. L'employeur fournit au greffe, dans les quinze jours au plus tard à compter de la notification de l'acte de saisie, les renseignements mentionnés dans l'article L. 3252-9.

Cette déclaration peut être consultée au greffe par le créancier, le débiteur ou leur mandataire. À leur demande, le greffier en délivre une copie.

Art. R. 3252-25. L'amende civile prévue par l'article L. 3252-9 ne peut excéder 3 000 €.

Art. R. 3252-26. L'employeur informe le greffe, dans les huit jours, de tout événement qui suspend la saisie ou y met fin.

Sous-section 3. **Effets de la saisie**

Art. R. 3252-27. L'employeur adresse tous les mois au greffe une somme égale à la fraction saisissable du salaire.

Lorsqu'il n'existe qu'un seul créancier saisissant, le versement est réalisé au moyen d'un chèque libellé conformément aux indications données par celui-ci. Le greffier l'adresse dès sa réception, et après mention au dossier, au créancier ou à son mandataire. L'employeur peut également procéder par virement, établi, conformément aux indications données par le créancier. Dans ce cas, il lui incombe de justifier auprès du greffe de la date et du montant du virement.

S'il existe plusieurs créanciers saisissants, le versement est fait par chèque ou par virement établi à l'ordre du régisseur installé auprès du greffe du tribunal d'instance.

Art. R. 3252-28. Si l'employeur omet d'effectuer les versements en exécution d'une saisie, le juge rend à son encontre une ordonnance le déclarant personnellement débiteur conformément à l'article L. 3252-10. L'ordonnance est notifiée à l'employeur. Le greffier informe le créancier et le débiteur.

À défaut d'opposition dans les quinze jours de la notification, l'ordonnance devient exécutoire. L'exécution en est poursuivie à la requête de la partie la plus diligente.

Art. R. 3252-29. La mainlevée de la saisie résulte soit d'un accord des créanciers, soit de la constatation par le juge de l'extinction de la dette.

Elle est notifiée à l'employeur dans les huit jours.

Sous-section 4. **Pluralité de saisies**

Art. R. 3252-30. Le créancier muni d'un titre exécutoire peut, sans tentative de conciliation préalable, intervenir à une procédure de saisie des sommes dues à titre de rémunération en cours, afin de participer à la répartition des sommes saisies.

Cette intervention est formée par requête remise contre récépissé ou adressée au greffe.

La requête contient les mentions prescrites par l'article R. 3252-13.

(D. 2011-1202 du 28 sept. 2011, art. 12, JO 29) « À moins qu'elle ne soit présentée par un créancier dans la procédure, la requête est accompagnée de la justification de l'acquittement de la contribution pour l'aide juridique prévue par l'article 1635 *bis* Q du code général des impôts. »

Note Le décret 2011-1202 précité est applicable aux instances introduites depuis le 01.10.2011 pour les dispositions relatives à la contribution pour l'aide juridique.

Art. R. 3252-31. Après que le juge a vérifié le montant de la créance nouvelle faisant l'objet d'une intervention d'une saisie en cours en principal, intérêts et frais, le greffier notifie l'intervention au débiteur ainsi qu'aux créanciers qui sont déjà dans la procédure.

Lors de la première intervention, le greffier informe l'employeur que les versements sont désormais effectués à l'ordre du régisseur installé auprès du greffe du tribunal d'instance.

Art. R. 3252-32. L'intervention d'un nouveau créancier peut être contestée à tout moment de la procédure de saisie.

Le débiteur peut encore, la saisie terminée, agir en répétition à ses frais contre l'intervenant qui aurait été indûment payé.

Art. R. 3252-33. Un créancier partie à la procédure peut, par voie d'intervention, réclamer les intérêts échus et les frais et dépens liquidés ou vérifiés depuis la saisie.

Sous-section 5. Répartition

Art. R. 3252-34. La répartition des sommes versées, en cas de saisie de sommes dues à titre de rémunération, au régisseur installé auprès du greffe du tribunal d'instance est opérée au moins tous les six mois, à moins que dans l'intervalle les sommes atteignent un montant suffisant pour désintéresser les créanciers.

Art. R. 3252-35. Le greffier notifie à chaque créancier l'état de répartition.

Si une intervention a été contestée, les sommes revenant au créancier intervenant sont consignées. Elles lui sont remises si la contestation est rejetée. Dans le cas contraire, ces sommes sont distribuées aux créanciers ou restituées au débiteur selon le cas.

Art. R. 3252-36. L'état de répartition peut être contesté dans le délai de quinze jours de sa notification.

À défaut de contestation formée dans ce délai, le greffier envoie à chaque créancier un chèque du montant des sommes qui lui reviennent. En cas de contestation de l'état de répartition, il est procédé au versement des sommes dues aux créanciers après que le juge a statué sur la contestation.

Sous-section 6. Incidents

Art. R. 3252-37. La notification à l'employeur d'un avis à tiers détenteur conforme aux articles L. 262 et L. 263 du livre des procédures fiscales suspend le cours de la saisie jusqu'à l'extinction de l'obligation du redevable, sous réserve des procédures de paiement direct engagées pour le recouvrement des pensions alimentaires.

L'employeur informe le comptable public de la saisie en cours. Le comptable indique au greffe du tribunal la date de l'avis à tiers détenteur et celle de sa notification au redevable. La suspension de la saisie est notifiée aux créanciers par le greffier.

Après extinction de la dette du redevable, le comptable en informe le greffe qui avise les créanciers de la reprise des opérations de saisie.

Art. R. 3252-38. ***(D. 2010-433 du 29 avril 2010, JO 2 mai)*** En cas de notification à l'employeur d'une opposition à tiers détenteur, conformément à l'article L. 1617-5 du code général des collectivités territoriales, ou d'une saisie à tiers détenteur, conformément à l'article L. 273 A du livre des procédures fiscales, l'employeur informe le comptable public de la saisie en cours.

Le comptable adresse au greffe du tribunal une copie de l'opposition à tiers détenteur ou de la saisie à tiers détenteur et lui indique la date de sa notification au redevable. Le greffier en avise les créanciers qui sont déjà parties à la procédure.

La répartition est effectuée par le greffe conformément aux articles R. 3252-34 à R. 3252-36. À cet effet, l'opposition à tiers détenteur et la saisie à tiers détenteur sont assimilées à une intervention.

Le cas échéant, le greffe avise l'employeur que les versements sont désormais effectués à l'ordre du régisseur installé auprès du greffe du tribunal d'instance. Le comptable public informe le greffe de toute extinction, de toute suspension et de toute reprise des effets de l'opposition à tiers détenteur ou de la saisie à tiers détenteur.

Art. R. 3252-39. En cas de notification d'une demande de paiement direct d'une créance alimentaire, l'employeur verse au débiteur la fraction de la rémunération prévue à l'article L. 3252-5. Il verse au créancier d'aliments les sommes qui lui sont dues. Si ces sommes n'excèdent pas la fraction insaisissable de la rémunération, l'employeur en remet le reliquat au débiteur.

L'employeur continue de verser au greffe la fraction saisissable de la rémunération, après imputation, le cas échéant, des sommes versées au créancier d'aliments.

Art. R. 3252-40. Lorsque le débiteur perçoit plusieurs rémunérations, le juge détermine les employeurs chargés d'opérer les retenues.

Si l'un d'eux est en mesure de verser la totalité de la fraction saisissable, la saisie peut être pratiquée entre ses mains.

Art. R. 3252-41. Si le créancier transfère son domicile, il en avise le greffe, à moins qu'il n'ait comparu par mandataire.

Art. R. 3252-42. Lorsque, sans changer d'employeur, le débiteur transfère son domicile hors du ressort du tribunal saisi de la procédure, celle-ci est poursuivie devant ce même tribunal. Les dossiers des saisies susceptibles d'être ensuite pratiquées contre le débiteur lui sont transmis. Le greffier avise les créanciers.

Art. R. 3252-43. Lorsque le lien de droit entre le débiteur et l'employeur prend fin, les fonds détenus par le régisseur sont répartis.

Art. R. 3252-44. En cas de changement d'employeur, la saisie peut être poursuivie par le nouvel employeur, sans conciliation préalable, si la demande est faite dans l'année qui suit l'avis donné par l'ancien employeur. À défaut, la saisie prend fin et les fonds sont répartis.

Si, en outre, le débiteur a transféré le lieu où il demeure dans le ressort d'un autre tribunal d'instance, le créancier est également dispensé de conciliation préalable à la condition que la demande de saisie soit faite au greffe de ce tribunal dans le délai prévu au premier alinéa.

SECTION 3. Cession des sommes dues à titre de rémunération

Art. R. 3252-45. La cession des sommes dues à titre de rémunération s'opère par une déclaration du cédant en personne au greffe du tribunal du lieu où il demeure.

Une copie de la déclaration est remise ou notifiée au cessionnaire.

Art. R. 3252-46. À la demande du cessionnaire le greffier notifie la cession à l'employeur.

Cette notification rend la cession opposable aux tiers. Elle est dénoncée au débiteur.

La cession qui n'est pas notifiée dans le délai d'un an est périmée.

Art. R. 3252-47. À compter de la notification de la cession, l'employeur verse directement au cessionnaire le montant des sommes cédées dans la limite de la fraction saisissable.

Art. R. 3252-48. En cas de saisie d'une somme due à titre de rémunération faisant l'objet d'une cession préalable, le greffier notifie l'acte de saisie au cessionnaire, l'informe qu'en application de l'article L. 3252-12 il vient en concours avec le saisissant pour la répartition des sommes saisies et l'invite à produire un relevé du montant de ce qui lui reste dû.

Le greffier informe l'employeur que les versements sont désormais effectués à l'ordre du régisseur.

Art. R. 3252-49. Si la saisie prend fin avant la cession, le cessionnaire retrouve les droits qu'il tenait de l'acte de cession.

Le greffier en avise l'employeur et l'informe que les sommes cédées sont à nouveau versées directement au cessionnaire. Il en avise également ce dernier.

CHAPITRE III

Privilèges et assurance

SECTION 1. Dispositions générales

Art. L. 3253-1. Les créances résultant du contrat de travail sont garanties dans les conditions prévues au 4° de l'article 2331 et au 2° de l'article 2375 du code civil, relatifs aux privilèges sur les biens mobiliers et immobiliers du débiteur.

En outre, en cas de sauvegarde, de redressement ou de liquidation judiciaire, elles sont garanties, conformément aux articles L. 625-7 et L. 625-8 du code de commerce, dans les conditions prévues aux articles L. 3253-2 à L. 3253-21.

Note

• Le privilège général sur les meubles et sur les immeubles du débiteur bénéficie à tous les salariés, y compris ceux réputés salariés du fait de la loi (travailleurs à domicile, VRP, etc.).

• Il porte sur la généralité des meubles ou, à défaut, sur la généralité des immeubles et garantit :
- les rémunérations des salariés et apprentis pour les six derniers mois de travail, peu important que le contrat de travail ait pris fin plus de six mois avant le jugement déclaratif (cass. soc. 15 mars 1983, n° 82-11.348, BC V n° 159) ;
- les rémunérations des gens de service pour l'année échue et l'année courante ;
- l'indemnité de congés payés (légale ou conventionnelle) ;
- l'indemnité de préavis (correspondant au préavis légal, conventionnel ou usuel) ;
- l'indemnité de licenciement (prévue par la loi, la convention collective, l'accord collectif d'établissement, le règlement de travail en agriculture ou les usages) : pour la portion inférieure ou égale au plafond résultant de l'article L. 3253-2 et de l'article D. 3253-1 et pour le quart de la portion dépassant ce plafond (l'indemnité de licenciement des journalistes est donc couverte par le privilège) ;
- l'indemnité de rupture abusive du contrat de travail qui correspond maintenant à l'indemnité accordée en cas de :
  - licenciement pour une cause qui n'est pas réelle et sérieuse (au moins égale aux salaires des six derniers mois, dans les entreprises de plus de dix salariés),
  - licenciement sans observation de la procédure préalable (au plus égale à un mois de salaire) ;
- les indemnités prévues dans le cadre de la loi relative au contrat de travail à durée déterminée (indemnité de fin de contrat prévue à l'article L. 1243-8 – indemnité de rupture anticipée prévue à l'article L. 1243-4 CT) ;
- l'indemnité de précarité d'emploi des travailleurs temporaires (art. L. 1251-32 CT) ;
- les indemnités prévues dans le cadre de la loi relative à la protection de l'emploi des salariés victimes d'un accident du travail (indemnités prévues aux articles L. 1226-14, 15 et 21 CT).

Le privilège général des salaires sur les meubles vient au quatrième rang et celui sur les immeubles au deuxième.

SECTION 2. Privilèges et assurance en cas de procédure de sauvegarde, de redressement ou de liquidation judiciaire

Sous-section 1. Privilèges

Art. L. 3253-2. Lorsqu'une procédure de sauvegarde, de redressement ou de liquidation judiciaire est ouverte, les rémunérations de toute nature dues aux salariés pour les soixante derniers jours de travail sont, déduction faite des acomptes déjà perçus, payées, nonobstant l'existence de toute autre créance privilégiée, jusqu'à concurrence d'un plafond mensuel identique pour toutes les catégories de bénéficiaires.

Ce plafond est fixé par voie réglementaire sans pouvoir être inférieur à deux fois le plafond retenu pour le calcul des cotisations de sécurité sociale.

Note • Le superprivilège garantit les rémunérations de toute nature dues aux salariés et apprentis, aux VRP statutaires, aux marins du commerce.

L'expression « rémunérations de toute nature » couvre les salaires, appointements, commissions, primes, pourboires, gratifications, indemnités de préavis (correspondant au préavis légal ou conventionnel ou usuel), indemnités de congé (correspondant seulement au congé légal), les contributions dues par l'employeur dans le cadre des conventions de reclassement personnalisé ainsi que les indemnités figurant à l'article L. 3253-3. Elle exclut les sommes tendant au remboursement de frais engagés par les salariés (frais professionnels ou de déplacement), l'indemnité de licenciement, l'indemnité de rupture abusive du contrat à durée indéterminée et l'indemnité pour rupture anticipée du contrat à durée déterminée.

Concernant la rémunération des artistes interprètes, les juges du fond doivent rechercher si cette rémunération est fonction du salaire reçu pour la production de leur interprétation, exécution ou présentation ou, au contraire, si elle est fonction du seul produit de l'exploitation d'un enregistrement. Ne peuvent bénéficier du superprivilège les créances entrant dans cette seconde catégorie (cass. soc. 21 juin 2004, n° 02-15.296, BC V n° 173 ; *RJS* 10/04 n° 1108).

• Le montant des créances couvertes est limité :
– à une certaine période : 60 derniers jours de travail ou d'apprentissage pour les salariés et apprentis ; 90 derniers jours de travail pour les VRP ; 90 derniers jours de travail ou la dernière période de paiement si celle-ci est d'une durée plus longue pour les marins du commerce. Les 60 ou 90 derniers jours de travail à retenir sont les derniers jours de travail non payés, sans qu'il y ait à tenir compte du fait que le contrat de travail a pris fin plus de six mois avant le jugement déclaratif (cass. soc. 15 mars 1983, n° 82-11.348, BC V n° 159) ;
– par l'existence d'un plafond fixé par l'article D. 3253-1.

• Le code comporte :
– un superprivilège pour les salaires et les créances assimilées (art. L. 3253-3 CT) et pour l'indemnité de congés payés (art. L. 3253-4 CT) ;
– un plafond calculé sur deux ou trois mois pour les créances de salaires et assimilées ; un mois pour l'indemnité de congés payés.

Il doit y avoir un calcul séparé pour chacune de ces deux catégories de créance.

Pour le calcul du superprivilège des salaires, un calcul unique doit être fait (cass. soc. 6 mars 1968), en tenant compte, d'une part, des salaires et de leurs accessoires (y compris l'indemnité de préavis), d'autre part, de la période de travail pour laquelle joue le superprivilège : autrement dit, selon le cas, une fois (période de travail non payée d'un mois), deux fois (période de travail non payée de 60 jours) ou trois fois pour les VRP et les marins du commerce (période de travail non payée de 90 jours).

Art. D. 3253-1. Le plafond mensuel prévu à l'article L. 3253-2 est fixé à deux fois le plafond retenu, par mois, pour le calcul des cotisations de sécurité sociale.

Art. L. 3253-3. Les rémunérations prévues au premier alinéa de l'article L. 3253-2 comprennent :

1° Les salaires, appointements ou commissions proprement dites ;

2° Les accessoires et notamment l'indemnité compensatrice prévue à l'article L. 1226-14, l'indemnité compensatrice de préavis prévue à l'article L. 1234-5, l'indemnité de fin de contrat prévue à l'article L. 1243-8 et l'indemnité de fin de mission prévue à l'article L. 1251-32.

Art. L. 3253-4. Les indemnités de congés payés sont, nonobstant l'existence de toute créance privilégiée, payées jusqu'à concurrence d'un plafond identique à celui établi pour une période de trente jours de rémunération par l'article L. 3253-1.

Note Pour le calcul du superprivilège de l'indemnité de congés payés, un calcul distinct doit être fait dans le cadre du plafond mensuel qui lui est applicable (cass. soc. 6 mars 1968).

Art. L. 3253-5.

Art. L. 3253-5. Les sommes dues aux façonniers par leurs donneurs d'ordres sont payées, lorsque ces derniers font l'objet d'une procédure de sauvegarde, de redressement ou de liquidation judiciaire, nonobstant l'existence de toute autre créance privilégiée à l'exception de celles garanties par l'article L. 3253-2, à due concurrence du montant total des rémunérations de toute nature dues aux salariés de ces façonniers, au titre des soixante derniers jours de travail ou d'apprentissage précédant l'ouverture de la procédure.

Sous-section 2. Assurance contre le risque de non-paiement

§ 1. Principes

Art. L. 3253-6. Tout employeur de droit privé assure ses salariés, y compris ceux détachés à l'étranger ou expatriés mentionnés à l'article L. 5422-13, contre le risque de non-paiement des sommes qui leur sont dues en exécution du contrat de travail, en cas de procédure de sauvegarde, de redressement ou de liquidation judiciaire.

Note Une loi 2008-89 du 30 janvier 2008 (JO 31) a transposé en droit interne les dispositions d'une directive 2002/74/CE du 23 septembre 2002 relative à la garantie des créances impayées dans les procédures d'insolvabilité transnationale (voir *infra* articles L. 3253-18-1 et s. CT). Une directive 2008/94/CE du 22 octobre 2008 (JOUE L 283/36 du 28.10.2008) relative à la protection des salariés en cas d'insolvabilité de l'employeur a été adoptée (*RDT* 2009, p. 163, note J-Ph. Lhernould).

• **Employeurs relevant de l'AGS.** Relèvent de l'AGS les commerçants, les personnes inscrites au répertoire des métiers, les agriculteurs, les personnes physiques exerçant une activité professionnelle indépendante ainsi que les personnes morales de droit privé, les caisses primaires de sécurité sociale (cass. soc. 1er juin 1978, n° 77-13.652, BC V n° 427), les personnes morales de droit privé chargées de la gestion d'un service public (cass. soc. 12 janvier 1978, n° 76-10.230, BC V n° 38), notamment les URSSAF (cass. soc. 21 avril 1988, n° 85-14.659, BC V n° 245). Les sociétés civiles professionnelles d'huissiers sont, malgré l'existence d'un régime d'assurance propre institué par la loi du 25 juin 1973 (qui ne concerne que les conséquences à l'égard du personnel des sanctions disciplinaires susceptibles d'être prononcées contre les huissiers), assujetties à l'obligation de cotiser au régime de l'AGS (cass. soc. 7 novembre 1990, n° 89-14.474, BC V n° 521 ; *RJS* 12/90 n° 973).

Une société de télévision est soumise à la législation sur les sociétés anonymes ; ayant la qualité de personne morale de droit privé, elle doit assurer ses salariés contre le risque de non-paiement en cas de procédure de redressement ou de liquidation judiciaires (cass. soc. 29 février 2000, n° 98-13.264, BC V n° 78 ; *RJS* 4/00 n° 413).

L'article L. 3253-6 ne fait pas de distinction entre le caractère principal ou accessoire d'une activité commerciale et le caractère accessoire d'une telle activité n'exclut pas son caractère habituel (cass. soc. 3 novembre 1977, n° 76-10.697, BC V n° 583). Ainsi, un courtier d'assurances est assujetti au paiement des cotisations prévues par cet article dès lors que, d'une part, il est inscrit au registre du commerce comme tel, ne conteste pas avoir la qualité de commerçant et a perçu du fait de celle-ci, pendant l'année correspondante, des rémunérations susceptibles d'être imposées comme bénéfices industriels et commerciaux et que, d'autre part, il est soumis au régime d'assurance chômage institué par l'article L. 5422-1 CT, les deux conditions se trouvant ainsi réunies (cass. soc. 3 novembre 1977, n° 76-10.697, précité).

Ne sont pas assujettis : les entreprises dont les textes qui en régissent le fonctionnement sont inconciliables avec les dispositions de la loi du 25 janvier 1985 relative au redressement et à la liquidation judiciaires des entreprises, telles Air France (cass. soc. 17 avril 1991, n° 89-16.708, BC V n° 199 ; *Dr. Soc.* 1991, p. 497, concl. G. Picca) et la SEITA (cass. soc. 6 novembre 1991, n° 88-17.869, BC V n° 476), les employeurs de gens de maison, les agents d'assurances, personnes physiques, n'ayant pas la qualité de commerçants (cass. soc. 27 février 1985, n° 83-15.490, BC V n° 121).

• **Procédure de redressement ou de liquidation judiciaires.** L'ouverture ou le prononcé de la procédure de liquidation judiciaire de l'employeur n'entraîne pas en soi la rupture des contrats de travail de ses salariés au sens de l'article L. 3253-8, 2° CT (cass. soc. 16 décembre 2003, n° 02-40.109, *RJS* 2/04 n° 210).

La liquidation d'une société d'assurance provoquée par le retrait de l'agrément dans les conditions de l'article L. 326-2 c. assurances ne prive pas les salariés du bénéfice de la garantie contre le risque de non-paiement des sommes dues en exécution du contrat de travail (cass. soc. 15 juin 2010, n° 08-70.391, BC V n° 135 ; *LS* Jurispr. n° 135/2010 du 6 juillet 2010 ; *RJS* 8-9/10 n° 651).

• **Salariés bénéficiant de l'AGS.** Les salariés bénéficient de l'AGS, que leur contrat de travail soit à durée indéterminée ou déterminée, à temps plein ou à temps partiel. Les travailleurs temporaires et les apprentis jouissent des mêmes droits au regard de l'AGS que les autres salariés. En revanche, des dirigeants de société et les mandataires sociaux ne pourront pas bénéficier de l'AGS, invoquant un contrat de travail apparent ; ainsi pour un salarié qui, nommé gérant avec les pouvoirs les plus étendus, détenait la majorité des parts de la société, administrait seul celle-ci et avait cessé de se trouver dans un état de subordination, même dans l'exercice de ses fonctions techniques (cass. soc. 7 février 1979, n° 77-11.841, BC V n° 122) ; ainsi également pour l'associé d'une SARL, égalitaire avec son frère gérant de droit de la société avec lequel il partageait la direction (cass. soc. 4 mars 1981, n° 79-16.504, BC V n° 183). En outre, la directive 2008/94/CE ne s'oppose pas à une disposition du droit national qui exclut un salarié du bénéfice de la garantie de paiement des créances impayées des salariés au motif qu'il détenait, seul ou conjointement avec des parents proches, une part essentielle de l'entreprise concernée et a exercé une influence considérable sur les activités de celle-ci dans les six mois précédant la demande de mise en liquidation de cette entreprise (CJUE 10 février 2011, aff. C-30/10, *JCP* éd. S 2011, 1212, note J. Cavallini).

Bénéficient de l'AGS non seulement les salariés travaillant en France, mais également les salariés détachés à l'étranger et les salariés expatriés visés à l'article L. 5422-13 CT. Bénéficient également de l'AGS des salariés étrangers, recrutés à l'étranger, qui ne sont ni détachés ni expatriés au sens de l'article L. 5422-13 CT, du moment qu'ils exécutent partiellement le contrat de travail en France (cass. soc. 30 juin 1993, n° 90-45.115, *RJS* 10/93 n° 990). Si la demande d'admission au dispositif de désendettement des rapatriés installés dans une profession non salariée suspend les poursuites exercées contre le débiteur, elle n'a pas pour effet de priver les salariés de leur droit à garantie des créances nées de l'exécution et de la rupture du contrat de travail (cass. soc. 7 juin 2006, n° 04-42.547, BC V n° 208 ; *RJS* 8-9/06 n° 949).

Insolvabilité transnationale. Faisant application du règlement communautaire 1346/2000 du 29 mai 2000 relatif aux procédures d'insolvabilité, la Cour de cassation a jugé que toute décision ouvrant une procédure d'insolvabilité prise par une juridiction d'un État membre est reconnue dans tous les autres États membres dès qu'elle produit ses effets dans l'État d'ouverture et produit, sans aucune autre formalité dans tout autre État membre, les effets que lui attribue la loi de l'État d'ouverture (cass. soc. 14 octobre 2009, n° 08-40.723, BC V n° 218 ; *RJS* 1/10 n° 44 ; *JCP* éd. S 2009, 1560, note A. Martinon : en l'espèce, les juges se prononçaient sur les conséquences de la prise d'acte par des salariés travaillant en France pour une société de droit allemand ayant fait l'objet d'une procédure collective en Allemagne).

L'AGS doit garantir le paiement des créances des salariés ayant exercé leur activité dans un établissement situé en France et qui a été fermé à la suite d'une décision de faillite prise dans un autre État membre (cass. soc. 2 juillet 2002, n° 99-46.140, BC V n° 228 ; *RJS* 10/02 n° 1128 ; *JSL* n° 109, 8 octobre 2002, p. 18, J-E Tourreil ; *Dr. Soc.* 2002, p. 1004, obs. Ch. Radé ; voir aussi cass. soc. 3 juin 2003, n° 01-41.697, BC V n° 183 ; *JSL* n° 127, 8 juillet 2003, p. 19, J-E Tourreil ; *RJS* 8-9/03, p. 658, avis, P. Lyon-Caen et n° 1020, 2e espèce ; *Dr. Soc.* 2003, p. 837, Y. Chagny). Cette solution est applicable dès lors que le salarié exerce son activité salariée en France où son employeur était établi et ce, quelle que soit la nature juridique de cet établissement (cass. soc. 26 avril 2006, n° 03-47.334, BC V n° 144 ; *RJS* 7/06 n° 843). C'est ce critère du lieu d'exécution de la prestation de travail qui a été retenu dans l'article 9 de la directive européenne 2008/94/CE du 22 octobre 2008 (JOUE L 283 du 28.10.2008 ; « Code annoté européen du travail », *Groupe Revue Fiduciaire*, éd. 2010 pp. 1065 à 1081).

Lorsqu'un salarié exerce son activité dans un autre État membre pour le compte d'une société française ayant son siège en France, pas d'établissement dans l'autre État membre, et cotisant auprès de l'AGS, cette institution doit garantir le paiement de la créance salariale du salarié en cas d'insolvabilité de son employeur (cass. soc. 21 septembre 2011, n° 08-41.512, *RJS* 11/11 n° 878 ; *JCP* éd. S 2011, 1581, note L. Fin-Langer).

Par ailleurs, lorsque la procédure collective d'apurement du passif de l'employeur est ouverte dans un pays extérieur à l'Union européenne, les salariés qui exercent ou exerçaient habituellement leur travail en France bénéficient de l'AGS à condition que la procédure ait fait l'objet d'une décision d'*exequatur* (cass. soc. 3 juin 2003, n° 00-45.948, BC V n° 184 ; *JSL* n° 127, 8 juillet 2003, p. 19, J-E Tourreil ; *RJS* 8-9/03, p. 658, avis, P. Lyon-Caen et n° 1020, 3e espèce ; *Dr. Soc.* 2003, p. 837, Y. Chagny).

Art. L. 3253-7. Le droit du salarié est garanti indépendamment de l'observation par l'employeur tant des prescriptions de la présente section que des obligations dont il est tenu à l'égard des institutions prévues à l'article L. 3253-14.

§ 2. Créances couvertes par l'assurance

Art. L. 3253-8. L'assurance mentionnée à l'article L. 3253-6 couvre :

1° Les sommes dues aux salariés à la date du jugement d'ouverture de toute procédure de redressement ou de liquidation judiciaire, ainsi que les contributions dues par l'employeur dans le cadre ***(L. 2011-893 du 28 juil. 2011, art. 44, JO 29)*** « du contrat de sécurisation professionnelle » ;

2° Les créances résultant de la rupture des contrats de travail intervenant :

a) Pendant la période d'observation ;

b) Dans le mois suivant le jugement qui arrête le plan de sauvegarde, de redressement ou de cession ;

c) Dans les quinze jours suivant le jugement de liquidation ;

d) Pendant le maintien provisoire de l'activité autorisé par le jugement de liquidation judiciaire ***(Ord. 2008-1345 du 18 déc. 2008, art. 167, JO 19, entrée en vigueur le 15.02.2009)*** « et dans les quinze jours suivant la fin de ce maintien de l'activité » ;

3° Les créances résultant de la rupture du contrat de travail des salariés auxquels a été ***(L. 2011-893 du 28 juil. 2011, art. 44, JO 29)*** « proposé le contrat de sécurisation professionnelle », sous réserve que l'administrateur, l'employeur ou le liquidateur, selon le cas, ait proposé ***(L. 2011-893 du 28 juil. 2011, art. 44, JO 29)*** « ce contrat » aux intéressés au cours de l'une des périodes indiquées au 2°, y compris les contributions dues par l'employeur dans le cadre de ***(L. 2011-893 du 28 juil. 2011, art. 44, JO 29)*** « ce contrat » et les salaires dus pendant le délai de réponse du salarié ;

4° Lorsque le tribunal prononce la liquidation judiciaire, dans la limite d'un montant maximal correspondant à un mois et demi de travail, les sommes dues :

a) Au cours de la période d'observation ;

b) Au cours des quinze jours suivant le jugement de liquidation ;

c) Au cours du mois suivant le jugement de liquidation pour les représentants des salariés prévus par les articles L. 621-4 et L. 631-9 du code de commerce ;

d) Pendant le maintien provisoire de l'activité autorisé par le jugement de liquidation ***(Ord. 2008-1345 du 18 déc. 2008, art. 167, JO 19, entrée en vigueur le 15.02.2009)*** « et au cours des quinze jours suivant la fin de ce maintien de l'activité ».

La garantie des sommes et créances mentionnées aux 1°, 2° et 4° inclut les cotisations et contributions sociales et salariales d'origine légale, ou d'origine conventionnelle imposée par la loi.

Note Les modifications de cet article, issues de l'ordonnance 2008-1345 du 18 décembre 2008 (JO 19), ne sont pas applicables aux procédures en cours le 15 février 2009 (ordonnance précitée, art. 173). Par ailleurs, elles ne sont pas applicables en Nouvelle-Calédonie, ni dans les îles Wallis et Futuna (ordonnance précitée, art. 171 et 172).

Créances garanties par l'AGS

Les sommes dues au salarié en exécution du contrat de travail. La garantie de l'AGS s'applique à toutes les créances indemnitaires, fût-ce pour préjudice moral, découlant de la rupture du contrat de travail intervenue avant l'ouverture de la procédure collective ; l'indemnité transactionnelle ayant pour objet de réparer un préjudice lié à la rupture du contrat de travail relève de l'article L. 143-11-1, al. 2, 1° [L. 3253-8, 1°] (cass. soc. 24 septembre 2002, n° 00-42.971, *RJS* 12/02 n° 1399, 2e espèce). Le transfert d'une entité économique autonome n'interdit pas au salarié d'opposer à son premier employeur une créance née avant la date du transfert ; et toute créance indemnitaire et salariale d'un salarié née avant la liquidation de l'employeur de la rupture et de l'exécution du contrat de travail relève de la garantie de l'AGS (cass. soc. 28 janvier 2004, n° 01-47.356, BC V n° 28 ; *RJS* 4/04 n° 383).

La garantie de l'AGS ne peut être mise en œuvre qu'à la condition que le contrat ait été rompu par l'administrateur, l'employeur ou le liquidateur judiciaire. La créance indemnitaire, résultant du seul départ à la retraite du salarié après le jugement d'ouverture de la procédure de redressement judiciaire et au cours de la période d'observation, ne bénéficie pas de cette garantie (cass. soc. 20 avril 2005, n° 02-47.063, BC V n° 147 ; *RJS* 7/05 n° 743).

Entrent dans cette catégorie :

– les indemnités de congés payés, même si elles ne sont payables que postérieurement au jugement déclaratif du règlement judiciaire du moment qu'elles sont dues pour une période antérieure au prononcé du règlement judiciaire (cass. soc. 14 janvier 1987, n° 85-10.358, BC V n° 17) ; des mensualités impayées échues postérieurement au jugement mais résultant d'un accord conclu avant le jugement d'ouverture de la procédure collective (cass. soc. 23 novembre 2004, n° 02-41.836, BC V n° 293 ; *RJS* 2/05 n° 157) ;

– le remboursement d'une caution versée par un gérant salarié pour couvrir d'éventuels déficits de gestion (cass. soc. 23 septembre 1992, n° 89-43.489, *RJS* 2/93 n° 158, 1re espèce : la caution versée en exécution du contrat de travail, son remboursement se rattache à l'exécution du contrat) ;

– les rappels de salaires dus à la date d'ouverture de la procédure collective et les indemnités de rupture du contrat de travail lorsque celle-ci est intervenue pendant la période d'observation (cass. soc. 20 mai 1992, n° 90-43.286, BC V n° 321 ; *RJS* 2/93 n° 155) ;

– les sommes dues par l'employeur aux salariés en vertu d'un accord d'entreprise (cass. soc. 5 avril 1995, n° 91-42.280, *RJS* 6/95 n° 652) à l'exception toutefois des indemnités subordonnées à une « condition » (cass. soc. 12 avril 1995, n° 92-18.005, BC V n° 132 ; *Dr. Soc.* 1995, p. 603 ; *CSB* 1995 A. 39) ;

– les sommes dues au salarié en application d'une convention collective de branche, alors même que celles-ci le sont en raison de l'abstention fautive de l'employeur de s'acquitter de cotisations obligatoires auprès d'un organisme chargé de servir les indemnités en cas de maladie (cass. soc. 28 octobre 1997, n° 94-42.272, BC V n° 338 ; *RJS* 12/97 n° 1447) ; la majoration d'une indemnité conventionnelle de licenciement due aux salariés à titre d'indemnisation du préjudice que leur cause la rupture de leur contrat de travail (cass. soc. 12 juin 2001, n° 00-41.944, *RJS* 8-9/01 n° 1024) ;

– le capital-décès dû à la veuve d'un cadre en vertu de la convention collective nationale de retraite et de prévoyance des cadres (cass. soc. 8 novembre 1994, n° 93-11.239, BC V n° 293 ; *RJS* 1/95 n° 27 ; *Dr. Soc.* 1995, p. 58 ; *CSB* 1995 A. 5). Il en est ainsi même lorsque l'employeur a omis de souscrire le contrat de prévoyance donnant droit à l'allocation décès ; la créance de la veuve ne résulte pas d'une action en responsabilité contre l'employeur mais d'une disposition de la convention collective applicable dans l'entreprise (cass. soc. 8 juillet 1997, n° 94-42.555, BC V n° 248 ; *CSB* 1997 A. 54 ; *RJS* 11/97 n° 1242) ;

– les dommages-intérêts dus en application d'un accord de médiation dès lors que cet accord n'a pas été conclu en vue de frauder aux droits de l'AGS (cass. soc. 25 janvier 2006, n° 03-45.444, BC V n° 22 ; *RJS* 4/06 n° 448) ;

– les dommages-intérêts dus au salarié en raison de l'inexécution par l'employeur d'une obligation résultant du contrat de travail (absence d'information sur les droits en matière de repos compensateur : cass. soc. 16 mars 1999, n° 96-45.812, BC V n° 114 ; *RJS* 5/99 n° 670, 1re espèce ; réparation du retard apporté par le représentant des créanciers à transmettre au salarié les documents nécessaires à l'adhésion à la convention de conversion : cass. soc. 2 mars 1999, n° 96-43.604, BC V n° 89 ; *RJS* 5/99 n° 670, 2e espèce ; réparation du préjudice subi du fait de son licenciement sans cause réelle et sérieuse : cass. soc. 8 juin 1999, n° 97-40.659, BC V n° 266 ; *RJS* 7/99 n° 922, 2e espèce ; réparation du préjudice moral lié aux conditions d'une rupture abusive : cass. soc. 29 janvier 2003, n° 00-42.630, BC V n° 26 ; *RJS* 4/03 n° 465, 1re espèce ; réparation du préjudice causé par le retard de l'employeur à payer les indemnités de rupture : cass. soc. 10 juillet 2001, n° 99-43.912, BC V n° 251 ; *RJS*

11/01 n° 1292 ; paiement des salaires et indemnités de congés payés alloués au titre de la période de protection d'une salariée en état de grossesse, son licenciement, prononcé avant l'ouverture de la liquidation judiciaire de l'employeur étant nul : cass. soc. 29 janvier 2003, n° 00-46.048, BC V n° 25 ; réparation du préjudice résultant d'un prêt illicite de main-d'œuvre : cass. soc. 9 novembre 2004, n° 02-45.048, BC V n° 280 ; *RJS* 1/05 n° 44 ; rupture d'un contrat d'apprentissage imputable à l'employeur et antérieure à l'ouverture de la procédure de liquidation judiciaire : cass. soc. 24 septembre 2002, n° 00-42.187, BC V n° 280 ; *RJS* 12/02 n° 1399, 1re espèce ; dommages-intérêts dus à raison de l'inexécution par l'employeur de son obligation d'affilier le salarié à une caisse de retraite complémentaire : cass. soc. 8 janvier 2002, n° 99-44.220, BC V n° 1 ; *Dr. Soc.* 2002, p. 371, obs. Ch. Radé) ;
– une indemnité destinée à réparer le préjudice résultant d'une réduction unilatérale du salaire, appliquée par l'employeur antérieurement au jugement judiciaire (cass. soc. 6 octobre 2004, n° 02-42.300, *RJS* 12/04 n° 1292) ;
– la contrepartie pécuniaire d'une clause de non-concurrence, qui est une créance due mois par mois pendant la durée de l'interdiction de concurrence. L'AGS doit garantir le paiement de la contrepartie financière à une clause de non-concurrence, peu important que toutes les échéances ne soient pas encore exigibles (cass. soc. 20 juin 2006, n° 04-48.493, BC V n° 218 ; *RJS* 10/06 n° 1070). La Cour de cassation abandonne l'interprétation restrictive jusqu'alors retenue (cass. soc. 6 mai 1997, n° 94-42.699, BC V n° 162 ; *Dr. Soc.* 1997, p. 751) ;
– l'indemnisation due aux représentants du personnel dont le licenciement a été prononcé en méconnaissance de leur statut protecteur (cass. soc. 3 avril 2001, n° 99-40.758, BC V n° 120 ; *RJS* 6/01 n° 746) ;
– les sommes prévues par le plan social pour favoriser le reclassement ou contribuer à l'indemnisation du préjudice causé par la rupture (cass. soc. 25 mai 2004, n° 02-42.503, *RJS* 8-9/04 n° 918) ; l'indemnité réparant le préjudice résultant du défaut de proposition de mesures d'évaluation professionnelle et d'accompagnement en vue du reclassement et l'indemnité réparant le préjudice découlant du défaut de concertation avec les institutions représentatives du personnel (cass. soc. 24 juin 2008, n° 07-41.972, BC V n° 139 ; *RJS* 10/08 n° 998) ; la prime de création d'entreprise prévue au plan social et destinée à aider les salariés licenciés à se reclasser (cass. soc. 30 avril 2003, n° 00-46.820, BC V n° 150 ; *JSL* n° 125, 11 juin 2003, p. 24 ; *RJS* 7/03 n° 886, 3e espèce) ;
– une prime et une indemnité de rupture qui résultent, tant dans leur principe que dans leur montant, des stipulations du contrat de travail et qui gardent la nature de créances dues en exécution du contrat de travail ; le fait qu'elles aient été prévues par une transaction ne permet pas d'affirmer qu'elles constituent un nouvel engagement de l'employeur que l'AGS n'aurait pas à garantir (cass. soc. 3 avril 2001, n° 99-42.183, BC V n° 116 ; *RJS* 6/01 n° 745) ;
– les droits constitués au profit des salariés au titre de la participation aux résultats de l'entreprise (cass. soc. 30 septembre 2004, n° 02-16.439, BC V n° 242 ; *TPS* décembre 2004, p. 25, comm. 358) ; mais la garantie de l'AGS ne s'applique pas aux versements de sommes effectués par les salariés sur un plan d'épargne d'entreprise du seul fait de l'affectation de ces sommes à ce plan. La garantie ne joue que si les sommes dues au titre de la participation revêtent la forme d'un titre de créance sur l'entreprise (cass. soc. 28 novembre 2007, n° 05-45.354, BC V n° 198 ; *RJS* 2/08 n° 189 : la garantie ne joue pas si les sommes ont été employées à l'acquisition de parts d'un fonds commun de placement dont les salariés sont devenus propriétaires) ;
– la rémunération due à un comédien avant amortissement d'un film (cass. soc. 17 mai 2005, n° 02-47.541, BC V n° 166 ; *RJS* 11/05 n° 1148 : en l'espèce, la Cour de cassation se fonde sur l'article L. 762-1 [L. 7121-3] CT d'où il résulte que le contrat par lequel un producteur s'assure le concours d'un artiste en vue de sa production est présumé être un contrat de travail, quel que soit le mode ou le montant de sa rémunération) ;
– l'indemnité forfaitaire prévue à l'article L. 8223-1 CT, en cas de travail dissimulé, qui se cumule avec les dommages-intérêts pour violation de l'ordre des licenciements ; la garantie de l'AGS s'applique à l'une et aux autres (cass. soc. 12 janvier 2006, n° 04-41.769, BC V n° 13 ; *RJS* 3/06 n° 369, 7e espèce ; 20 juin 2007, n° 05-43.453, *RJS* 11/07 n° 1182).

N'entrent pas dans cette catégorie :

– les salaires et primes que le salarié laisse sur un compte de la société dénommé compte courant lorsque la commune intention du salarié et de l'employeur est de

modifier la nature de la créance (cass. soc. 22 juin 1993, n° 90-46.005, BC V n° 174 ; *RJS* 8-9/93 n° 873, 2e espèce ; si, au contraire, les juges, appréciant la commune intention des parties, estiment que celles-ci n'ont pas eu la volonté de modifier la nature de la créance d'origine salariale, les sommes portées en compte courant sont garanties par l'AGS : cass. soc. 22 juin 1993, n° 91-42.289, *RJS* 8-9/93 n° 873, 3e espèce ; 18 mai 1995, n° 92-41.115, *CSB* 1995 A. 38) ;
– les sommes dues par un employeur, en application d'un plan social, aux personnes licenciées pour motif économique de plus de cinquante ans et n'ayant pas atteint l'âge de la préretraite afin de compléter l'allocation de fin de droits (cass. soc. 25 mai 1993, n° 89-44.419, *RJS* 7/93 n° 749 : ces sommes ne sont pas dues en exécution du contrat de travail) ;
– la somme due par l'employeur aux organismes gestionnaires au titre du financement d'une convention de conversion, car ce n'est pas une créance du salarié (cass. soc. 18 juillet 2000, n° 98-42.864, *RJS* 12/00 n° 1255) ;
– le paiement d'une contrepartie pécuniaire à la clause de non-concurrence payable mois par mois alors qu'aucune créance n'était encore due à l'intéressé pendant la période d'observation et dans le mois suivant l'adoption d'un plan de redressement (cass. soc. 27 octobre 1999, n° 96-43.941, BC V n° 416 ; *RJS* 12/99 n° 1465) ;
– l'aide individuelle pour la réinsertion des travailleurs immigrés dans leur pays d'origine, due en vertu d'une convention passée par l'employeur et l'Office national de l'immigration (cass. soc. 24 février 1993, n° 89-42.863, BC V n° 65 ; *RJS* 4/93 n° 402) ;
– les sommes dues en application de l'article 700 NCPC qui sont nées d'une procédure judiciaire et ne sont pas dues en exécution du contrat de travail (cass. soc. 2 mars 1999, n° 97-40.044, BC V n° 87 ; *Dr. Soc.* 1999, p. 533) ;
– les créances du salarié qui résultent d'une action en responsabilité dirigée contre l'employeur et non pas de l'exécution du contrat de travail lorsque les cotisations dues à l'assureur par l'employeur n'ont pas été payées ; la créance litigieuse ne relevait pas de l'exécution du contrat de travail, mais d'une action en responsabilité contre l'employeur (cass. soc. 4 mai 1993, n° 92-40.395, *RJS* 6/93 n° 617 ; 15 mars 1994, n° 92-44.576, *RJS* 4/94 n° 418 ; 5 avril 1995, n° 91-45.397, *RJS* 6/95 n° 652, 2e espèce : somme retenue sur salaire et non versée par l'employeur à la caisse de prévoyance) ;
– les sommes dues par un employeur en réparation du préjudice causé par les souffrances physiques et morales endurées par la victime d'un accident du travail, dû à la faute inexcusable de l'employeur (cass. soc. 21 octobre 1998, n° 96-20.978, BC V n° 442 ; *RJS* 12/98 n° 1491 : ces sommes doivent en effet être versées directement au salarié par la caisse de sécurité sociale qui en récupère le montant sur l'employeur ;
– les cotisations à un régime de retraite complémentaire prévu par une convention collective ou un accord d'entreprise qui constituent seulement une dette de l'entreprise envers l'institution gestionnaire du régime de retraite (cass. soc. 28 mars 2000, n° 98-42.494, *RJS* 5/00 n° 540) ;
– la somme due à un salarié en vertu d'une astreinte prononcée par une décision de justice (cass. soc. 8 octobre 2003, n° 01-43.263, *RJS* 12/03 n° 1400).

Les sommes dues aux salariés à la date du jugement d'ouverture de toute procédure de redressement ou de liquidation judiciaire

Les jugements ouvrant la procédure de redressement ou de liquidation judiciaires ont l'autorité absolue de chose jugée et sont opposables à tous. Les créances du salarié nées avant le jugement d'ouverture sont donc garanties par l'AGS (cass. soc. 6 juin 2000, n° 98-42.083, BC V n° 215 ; *RJS* 7-8/00 n° 812). Dès lors, en l'absence de prononcé de liquidation judiciaire, l'AGS n'a pas à garantir le paiement des créances nées postérieurement au redressement judiciaire et résultant de la poursuite du contrat de travail (cass. soc. 1er février 2012, n° 10-17.394).

Le juge qui prononce la résiliation d'un contrat d'apprentissage peut en fixer la date au jour où l'une des parties a manqué à ses obligations ou au jour où la demande de résiliation a été formée. Ayant constaté que, avant la liquidation judiciaire, l'employeur avait interrompu le paiement des salaires, manquant ainsi gravement à ses obligations, une cour d'appel a pu prononcer la résiliation du contrat d'apprentissage à ses torts et fixer la date de rupture au jour où l'apprentie avait saisi la juridiction prud'homale, peu important que le liquidateur judiciaire ait réglé par la suite le montant des salaires dus au moment de l'ouverture de la procédure. La date de résiliation étant antérieure à la liquidation judiciaire, la cour en a exactement déduit que la créance indemnitaire de la salariée relevait de la garantie de l'AGS (cass. soc. 1er octobre 2003, n° 01-40.125, BC V n° 249 ; *RJS* 12/03 n° 1421).

Les créances résultant de la rupture des contrats de travail, intervenant après l'ouverture de la procédure de sauvegarde, de redressement, de cession ou de liquidation

Les créances résultant d'une rupture du contrat de travail survenue après l'ouverture de ces procédures ne sont garanties par l'AGS que lorsque la rupture intervient dans les périodes précisées par l'article L. 143-11-1 [L. 3253-8] CT, c'est-à-dire dans le mois suivant le jugement qui arrête le plan de sauvegarde (cass. soc. 10 mars 2009, n° 07-45.326, BC V n° 65 ; *RJS* 5/09 n° 436 ; 28 septembre 2010, n° 09-65.438, *RJS* 12/10 n° 937 ; *JCP* éd. S 2010, 1496, note Th. Lahalle), le plan de redressement (cass. soc. 9 novembre 2005, n° 03-47.963, BC V n° 314 ; *RJS* 1/06 n° 51), le plan de cession (cass. soc. 19 octobre 2010, n° 09-67.074, *RJS* 1/11 n° 43) ou dans les 15 jours suivant le jugement de liquidation (cass. soc. 14 octobre 2009, n° 07-45.257, BC V n° 222 ; *RJS* 12/09 n° 924 ; *JCP* éd. S 2009, 1559, note Fr. Dumont) et pendant le maintien provisoire de l'activité autorisé par le jugement de liquidation judiciaire ; le salarié privé de la garantie AGS parce que le liquidateur n'a pas procédé au licenciement dans le délai légal peut engager la responsabilité civile du liquidateur négligent (cass. com. 6 juillet 1993, n° 91-14.707, BC IV n° 281 ; *RJS* 10/93 n° 991) ou celle de l'employeur qui ne lui aurait pas communiqué les éléments nécessaires (cass. soc. 10 mai 2001, n° 99-41.575, *RJS* 7/01 n° 863).

Seule une ordonnance du premier président arrêtant l'exécution provisoire du jugement qui adopte le plan de redressement peut avoir pour effet de prolonger la durée de la période d'observation et, par là, de différer la notification des licenciements prévus dans le jugement (cass. soc. 21 septembre 2005, n° 04-40.529, BC V n° 267 ; *RJS* 11/05 n° 1096).

L'AGS doit garantir le paiement des créances indemnitaires résultant de la rupture des contrats de travail, peu important le fait qu'aucune lettre de licenciement ne leur ait été notifiée (cass. soc. 6 juin 2007, n° 05-40.892, BC V n° 92 ; *Dr. Soc.* 2007, p. 987, note Ch. Radé ; *RJS* 8-9/07 n° 958 : en l'espèce, le liquidateur avait manifesté son intention de rompre les contrats de travail de salariés protégés dans le délai de quinze jours suivant le jugement de liquidation judiciaire ; les contrats de travail des salariés, qui n'avaient plus ni travail ni salaire, ont été effectivement rompus à cette date ; voir aussi cass. soc. 19 octobre 2010, n° 09-65.560, *RJS* 1/11 n° 42).

Les créances indemnitaires résultant de la rupture du contrat de travail, nées régulièrement après le jugement prononçant la liquidation judiciaire pour les besoins du déroulement de cette procédure, doivent être payées à leur échéance, peu important que l'activité ait cessé immédiatement (cass. soc. 16 juin 2010, n° 08-19.351, BC V n° 140 ; *RJS* 10/10 n° 766).

La garantie de l'AGS n'est pas due pour les indemnités de rupture allouées au salarié lorsque son contrat de travail n'a pas été rompu par le liquidateur dans le délai de quinze jours du jugement de liquidation (cass. soc. 3 avril 2002, n° 99-44.288, BC V n° 117 ; avis de l'avocat général P. Lyon-Caen, *Dr. Soc.* 2002, p. 527 ; cass. soc. 1er octobre 2003, n° 01-40.176, *RJS* 12/03 n° 1396 ; 16 décembre 2003, n° 02-40.109, *RJS* 2/04 n° 210 ; 5 novembre 2009, n° 08-43.296, *RJS* 1/10 n° 46). Mais le liquidateur ayant délivré au salarié, dans les 15 jours suivant le jugement de liquidation, une attestation Assédic faisant état d'un licenciement, une cour d'appel a pu en déduire que le contrat de travail avait été rompu à la date de délivrance de ce document et que la garantie de l'AGS était due pour les indemnités de rupture et dommages-intérêts dus au salarié (cass. soc. 14 janvier 2004, n° 01-47.229, *RJS* 3/04 n° 312).

À défaut de rupture du contrat de travail, l'AGS ne doit aucune garantie (plan de redressement par cession de l'entreprise ne prévoyant aucun licenciement économique : cass. soc. 6 juillet 1999, n° 97-42.231, BC V n° 322 ; *RJS* 8-9/99 n° 1027).

Le paiement de l'aide individuelle de réinsertion due par l'employeur en vertu d'une convention passée entre l'employeur et l'ONI et non en exécution du contrat de travail n'est pas garanti (cass. soc. 24 février 1993, n° 89-42.863, BC V n° 65 ; *RJS* 4/93 n° 402).

L'indemnité versée mensuellement en compensation d'une clause contractuelle de non-concurrence à un salarié licencié entre la date du jugement de redressement judiciaire et celle de la liquidation judiciaire n'est garantie par l'AGS que dans la limite d'un montant maximal correspondant à un mois et demi de travail (cass. soc. 28 juin 1995, n° 93-42.532, *RJS* 11/95 n° 1136).

Art. D. 3253-2. Le montant maximal de garantie prévu au 4° de l'article L. 3253-8 est égal à :

1° Trois fois le plafond retenu par mois pour le calcul des cotisations de sécurité sociale pour un mois et demi de salaire ;

2° Deux fois ce plafond, pour un mois de salaire.

Art. L. 3253-9. Sont également couvertes les créances résultant du licenciement des salariés bénéficiaires d'une protection particulière relative au licenciement dès lors que l'administrateur, l'employeur ou le liquidateur, selon le cas, a manifesté, au cours des périodes mentionnées au 2° de l'article L. 3253-8, son intention de rompre le contrat de travail.

Note Tous les salariés bénéficiant d'une protection spéciale en matière de licenciement sont visés et donc, notamment, outre les représentants du personnel et des syndicats, les salariés en congé de maternité ou d'adoption, les victimes d'accidents de travail.

Si le mandataire liquidateur a prononcé le licenciement d'une salariée rentrant de congé maternité quatre mois après le jugement de liquidation judiciaire, sans avoir, dans les quinze jours suivant ce jugement, manifesté l'intention de rompre son contrat, la garantie de l'AGS n'est pas acquise (cass. soc. 18 décembre 1991, n° 89-42.188, BC V n° 591 ; *CSB* 1992 A. 12).

Art. L. 3253-10. Sont également couvertes, lorsqu'elles revêtent la forme d'un droit de créance sur l'entreprise, les sommes dues aux titres de l'intéressement, de la participation des salariés aux fruits de l'expansion ou d'un fonds salarial.

Note Les sommes dues au titre de l'intéressement et de la participation sont garanties par l'AGS ; les droits constitués au profit des salariés au titre de la participation aux résultats de l'entreprise revêtent la forme d'un droit de créance sur l'entreprise, quel que soit leur emploi pendant le temps de leur indisponibilité (cass. soc. 30 septembre 2004, n° 02-16.439, BC V n° 242 ; *TPS* décembre 2004, p. 25, comm. 358).

Art. L. 3253-11. Sont également couverts les arrérages de préretraite dus à un salarié ou à un ancien salarié en application d'un accord professionnel ou interprofessionnel, d'une convention collective ou d'un accord d'entreprise.

Ces dispositions s'appliquent lorsque l'accord ou la convention prévoit le départ en préretraite à cinquante-cinq ans au plus tôt.

La garantie prévue par le présent article est limitée dans des conditions déterminées par décret.

Note Les arrérages de préretraite dus à un salarié ou à un ancien salarié en application d'un accord professionnel ou interprofessionnel, d'une convention collective ou d'un accord d'entreprise sont couverts par l'AGS (cass. soc. 10 avril 1991, n° 88-45.688, BC V n° 175 ; *RJS* 5/91 n° 584).

L'allocation complémentaire de préretraite n'est pas couverte par l'AGS dès lors qu'elle résulte d'un engagement unilatéral de l'employeur (cass. soc. 2 novembre 1993, n° 90-42.661, *RJS* 12/93 n° 1203).

Une indemnité de départ en retraite versée aux salariés atteignant l'âge de 60 ans, après l'ouverture de la procédure collective, constitue une créance sur la masse qui n'est pas garantie par l'AGS (cass. soc. 19 décembre 1990, n° 89-16.129, BC V n° 680).

Art. D. 3253-3. Les arrérages de préretraite dus en application d'un accord professionnel ou interprofessionnel, d'une convention collective ou d'un accord d'entreprise bénéficient de la garantie prévue à l'article L. 3253-11 lorsque la conclusion de cet accord ou de cette convention est antérieure de six mois à la date du jugement d'ouverture de la procédure de sauvegarde ou de redressement judiciaire.

Art. L. 3253-12. Les créances mentionnées aux articles L. 3253-10 et L. 3253-11 sont garanties :

1° Lorsqu'elles sont exigibles à la date du jugement d'ouverture de la procédure ;

2° Lorsque, si un plan organisant la sauvegarde ou le redressement judiciaire de l'entreprise intervient à l'issue de la procédure, elles deviennent exigibles du fait de la rupture du contrat de travail, dans les délais prévus au 2° de l'article L. 3253-8 ;

3° Lorsque intervient un jugement de liquidation judiciaire ou un jugement arrêtant le plan de cession totale de l'entreprise.

Art. L. 3253-13. L'assurance prévue à l'article L. 3253-6 ne couvre pas les sommes qui concourent à l'indemnisation du préjudice causé par la rupture du contrat de travail dans le cadre d'un licenciement pour motif économique, en application d'un accord d'entreprise ou d'établissement ou de groupe ou d'une décision unilatérale de l'employeur, lorsque l'accord a été conclu et déposé ou la décision notifiée moins de dix-huit mois avant la date du jugement d'ouverture de la procédure de sauvegarde, de redressement ou de liquidation judiciaire.

Note Cet article exclut du dispositif de garantie par l'AGS les cas dans lesquels un accord collectif ou une décision unilatérale de l'employeur est intervenu moins de dix-huit mois avant la date du jugement d'ouverture de la procédure de redressement ou de liquidation judiciaires. Cette « durée inspirée de la période suspecte prévue à l'article L. 621-7 c. com. » vise à limiter « les effets de pratiques abusives » (rép. QE 9611, JO Sén. 8 juillet 2004, p. 1524), telles que, par exemple, la demande d'indemnités de licenciement fondées sur un accord conclu trois jours avant la cessation des paiements de l'employeur par des signataires connaissant l'impossibilité pour ce dernier de faire face aux obligations que l'accord mettait à sa charge (cass. soc. 16 juin 2010, n° 09-42.114). Lorsque la créance du salarié résulte d'un accord d'entreprise conclu postérieurement au jugement arrêtant le plan de cession, l'AGS doit sa garantie (cass. soc. 30 septembre 2009, n° 08-42.076, BC V n° 213 ; *RJS* 12/09 n° 939).

§ 3. Institutions de garantie contre le risque de non-paiement

Art. L. 3253-14. L'assurance prévue à l'article L. 3253-6 est mise en œuvre par une association créée par les organisations nationales professionnelles d'employeurs représentatives et agréée par l'autorité administrative.

Cette association conclut une convention de gestion avec ***(L. 2008-126 du 13 févr. 2008, art. 16, JO 14)*** « l'organisme gestionnaire » du régime d'assurance chômage ***(L. 2008-126 du 13 févr. 2008, art. 17, JO 14 ; D. 2009-1708 du 30 déc. 2009, JO 31, entrée en vigueur le 01.01.2011)*** « et avec l'Agence centrale des organismes de sécurité sociale pour le recouvrement des cotisations mentionnées à l'article L. 3253-18 ».

(L. 2008-126 du 13 févr. 2008, art. 17, JO 14 ; D. 2009-1708 du 30 déc. 2009, JO 31, entrée en vigueur le 01.01.2011) « En cas de dissolution de cette association, l'autorité administrative confie à l'organisme prévu à l'article L. 5427-1 la gestion du régime d'assurance institué à l'article L. 3253-6, à l'exception du recouvrement des cotisations mentionnées à l'article L. 3253-18 confié aux organismes mentionnés à l'article L. 5422-16 ».

Cette association et ***(L. 2008-126 du 13 févr. 2008, JO 14)*** « l'organisme précité » constituent les institutions de garantie contre le risque de non-paiement.

Note Cette association et, dans le cas prévu au troisième alinéa, les organismes gestionnaires du régime d'assurance chômage constituent les institutions de garantie contre le risque de non-paiement. Les institutions mentionnées par cet article peuvent refuser le règlement d'une créance figurant sur le relevé des créances salariales pour quelque cause que ce soit ; elles sont recevables à former tierce opposition au jugement rendu dans une instance à laquelle elles n'ont été ni parties ni représentées (cass. soc. 22 mars 2006, n° 03-46.097, *RJS* 6/06 n° 733).

Art. R. 3253-4. L'autorité administrative mentionnée à l'article L. 3253-14 est le ministre chargé du travail.

Art. L. 3253-15. Les institutions de garantie mentionnées à l'article L. 3253-14 avancent les sommes comprises dans le relevé établi par le mandataire judiciaire, même en cas de contestation par un tiers.

Elles avancent également les sommes correspondant à des créances établies par décision de justice exécutoire, même si les délais de garantie sont expirés.

Les décisions de justice sont de plein droit opposables à l'association prévue à l'article L. 3253-14.

Lorsque le mandataire judiciaire a cessé ses fonctions, le greffier du tribunal ou le commissaire à l'exécution du plan, selon le cas, adresse un relevé complémentaire aux institutions de garantie mentionnées à l'article L. 3253-14, à charge pour lui de reverser les sommes aux salariés et organismes créanciers.

Note **Mise en œuvre de la garantie.** L'AGS doit faire l'avance des sommes nécessaires au règlement des créances résultant de la rupture des contrats de travail intervenant pendant le maintien provisoire de l'activité autorisé par le jugement de liquidation judiciaire de l'employeur, dès lors que le représentant des créanciers ne dispose pas des fonds nécessaires, peu important que les associés d'un groupement d'employeurs placé en liquidation judiciaire soient solidairement responsables du passif salarial (cass. soc. 9 mars 2004, n° 02-41.851, BC V n° 74 ; *RJS* 5/04 n° 542 ; *SSL* n° 1189, 8 novembre 2004, P. Fadeuilhe « Les groupements d'employeurs et la liquidation judiciaire »).

Art. L. 3253-16. Les institutions de garantie mentionnées à l'article L. 3253-14 sont subrogées dans les droits des salariés pour lesquels elles ont réalisé des avances :

1° Pour l'ensemble des créances, lors d'une procédure de sauvegarde ;

2° Pour les créances garanties par le privilège prévu aux articles L. 3253-2, L. 3253-4 et L. 7313-8 et les créances avancées au titre du 3° de l'article L. 3253-8, lors d'une procédure de redressement ou de liquidation judiciaire. Les autres sommes avancées dans le cadre de ces procédures leur sont remboursées dans les conditions prévues par les dispositions du livre VI du code de commerce pour le règlement des créances nées antérieurement au jugement d'ouverture de la procédure. Elles bénéficient alors des privilèges attachés à celle-ci.

Note L'AGS, qui a fait l'avance de sommes dues en vertu d'une décision exécutoire et qui est légalement subrogée dans les droits du salarié, n'est pas tenue de justifier, avant de déclarer sa créance, que la dette salariale de l'employeur résultant de cette décision a été portée sur l'état des créances (cass. soc. 13 juillet 2010, n° 08-20.736, *RJS* 10/10 n° 767 ; *JCP* éd. S 2010, 1553, note A. Martinon).

Art. L. 3253-17. La garantie des institutions de garantie mentionnées à l'article L. 3253-14 est limitée, toutes créances du salarié confondues, à un ou des montants déterminés par décret, en référence au plafond mensuel retenu pour le calcul des contributions du régime d'assurance chômage.

Art. D. 3253-5. Le montant maximum de la garantie prévue à l'article L. 3253-17 est fixé à six fois le plafond mensuel retenu pour le calcul des contributions au régime d'assurance chômage.

Ce montant est fixé à cinq fois ce plafond lorsque le contrat de travail dont résulte la créance a été conclu moins de deux ans et six mois au moins avant la date du jugement d'ouverture de la procédure collective, et à quatre fois ce plafond si le contrat dont résulte la créance a été conclu moins de six mois avant la date du jugement d'ouverture.

Il s'apprécie à la date à laquelle est due la créance du salarié et au plus tard à la date du jugement arrêtant le plan ou prononçant la liquidation judiciaire.

Note • Ces dispositions, issues du décret 2003-884 du 24 juillet 2003, s'appliquent aux procédures ouvertes depuis son entrée en vigueur, soit le 29 juillet 2003.

Le principe d'un plafonnement avait été posé par les articles L. 143-11-8 [L. 3253-17] et D. 143-2 [D. 3253-5] CT. Ainsi avait été institué un plafond dit « 13 » égal à treize fois le plafond mensuel retenu pour le calcul des contributions au régime d'assurance chômage quand les créances résultaient des dispositions législatives, réglementaires ou de stipulations d'une convention collective et lorsque le contrat de travail était antérieur de plus de six mois à la décision prononçant le redressement judiciaire. Les autres créances étaient garanties dans la limite de quatre fois le plafond susvisé. L'application de ces plafonds suscitait un accroissement significatif des litiges. Le décret 2003-884 du 24 juillet 2003 a modifié le montant maximal des créances versées par l'AGS. L'abandon des plafonds 13 et 4 déterminés par la source de la créance au profit des plafonds 6, 5 et 4, en fonction de l'ancienneté du contrat de travail (...), devrait réduire les occasions de contentieux entre l'AGS et les salariés, donc permettre un règlement plus rapide en leur faveur (...) (rép. QE 24783, JO AN 3 novembre 2003, p. 8411).

• Le montant maximum de la garantie s'apprécie à la date à laquelle est due la créance du salarié et plus tard à la date du jugement arrêtant le plan ou prononçant la liquidation judiciaire. Ainsi, pour des salariés licenciés avant la date d'entrée en vigueur du décret ayant modifié l'alinéa 1er de l'article D. 143-2 [D. 3253-5] CT, le montant maximum de leur créance devait être calculé conformément aux dispositions alors en vigueur (cass. soc. 19 avril 2005, n° 04-41.362, BC V n° 142 ; *RJS* 7/05 n° 744 ; 7 juin 2006, n° 04-46.675, BC V n° 207 ; *RJS* 8-9/06 n° 950).

Lorsque les créances salariales, en raison des dates différentes auxquelles elles sont nées, relèvent, les unes du plafond 13, fixé par l'article D. 143-2 de l'ancien code du travail, les autres du plafond 6, fixé par l'article D. 3253-5 CT, ces plafonds leur sont respectivement applicables, dans la limite globale du plafond 13 alors applicable (cass. soc. 3 mai 2011, n° 10-14.927, *RJS* 7/11 n° 613).

§ 4. Financement

Art. L. 3253-18. L'assurance est financée par des cotisations des employeurs assises sur les rémunérations servant de base au calcul des contributions au régime d'assurance chômage.

(L. 2008-126 du 13 févr. 2008, art. 17, 2°, JO 14 ; D. 2009-1708 du 30 déc. 2009, JO 31 ; entrée en vigueur le 01.01.2011) « Le recouvrement, le contrôle de ces cotisations et leur contentieux suivent les règles prévues à l'article L. 5422-16. »

(L. 2008-89 du 30 janv. 2008, art. 11, JO 31)

§ 5. Dispositions applicables dans le cas où l'employeur est établi dans un autre État membre de la Communauté européenne ou de l'Espace économique européen

Note

• Les articles L. 3253-18-1 à L. 3253-18-9 retranscrivent en droit interne les dispositions de la directive 2002/74/CE du 23 septembre 2002 relative à la garantie des créances impayées dans les procédures d'insolvabilité transnationale. Cette directive a été abrogée par la directive 2008/94/CE du 22 octobre 2008 (JOUE L 283 du 28.10.2008) relative à la protection des travailleurs salariés en cas d'insolvabilité de l'employeur.

• Voir note sous article L. 3253-6.

Art. L. 3253-18-1. Les institutions de garantie mentionnées à l'article L. 3253-14 assurent le règlement des créances impayées des salariés qui exercent ou exerçaient habituellement leur activité sur le territoire français, pour le compte d'un employeur dont le siège social, s'il s'agit d'une personne morale, ou, s'il s'agit d'une personne physique, l'activité ou l'adresse de l'entreprise est situé dans un autre État membre de la Communauté européenne ou de l'Espace économique européen, lorsque cet employeur se trouve en état d'insolvabilité.

Art. L. 3253-18-2. Un employeur est considéré comme se trouvant en état d'insolvabilité au sens de l'article L. 3253-18-1 lorsqu'a été demandée l'ouverture d'une procédure collective fondée sur son insolvabilité, prévue par les dispositions législatives, réglementaires et administratives d'un État membre de la Communauté européenne ou de l'Espace économique européen, qui entraîne le dessaisissement partiel ou total de cet employeur ainsi que la désignation d'un syndic ou de toute personne exerçant une fonction similaire à celle du mandataire judiciaire, de l'administrateur judiciaire ou du liquidateur, et que l'autorité compétente en application de ces dispositions a :

1° Soit décidé l'ouverture de la procédure ;

2° Soit constaté la fermeture de l'entreprise ou de l'établissement de l'employeur ainsi que l'insuffisance de l'actif disponible pour justifier l'ouverture de la procédure.

Art. L. 3253-18-3. La garantie due en application de l'article L. 3253-18-1 porte sur les créances impayées mentionnées à l'article L. 3253-8.

Toutefois, les délais prévus aux 2° et 3° de l'article L. 3253-8 sont portés à trois mois à compter de toute décision équivalente à une décision de liquidation ou arrêtant un plan de redressement.

Art. L. 3253-18-4. Si les créances ne peuvent être payées en tout ou partie sur les fonds disponibles, les institutions de garantie mentionnées à l'article L. 3253-14 procèdent au versement des fonds sur présentation par le syndic étranger ou par toute autre personne exerçant une fonction similaire à celle du mandataire judiciaire, de l'administrateur judiciaire ou du liquidateur, des relevés des créances impayées.

Le dernier alinéa de l'article L. 3253-19 est applicable.

Art. L. 3253-18-5. Les sommes figurant sur ces relevés et restées impayées sont directement versées au salarié dans les huit jours suivant la réception des relevés des créances.

Par dérogation au premier alinéa, l'avance des contributions dues par l'employeur dans le cadre ***(L. 2011-893 du 28 juil. 2011, art. 44, JO 29)*** « du contrat de sécurisation professionnelle » mentionnées au 1° de l'article L. 3253-8 est versée à l' ***(L. 2008-126 du 13 févr. 2008, JO 14)*** « organisme gestionnaire du régime d'assurance chômage ».

Art. L. 3253-18-6. L'article L. 3253-15 est applicable à l'exception du dernier alinéa.

Lorsque le mandataire judiciaire, l'administrateur judiciaire ou le liquidateur reçoit d'une institution située dans un autre État membre équivalente aux institutions de garantie mentionnées à l'article L. 3253-14 les sommes dues aux salariés, il reverse immédiatement ces sommes aux salariés concernés.

Le mandataire judiciaire ou le liquidateur transmet à toute institution située dans un autre État membre équivalente aux institutions de garantie mentionnées à l'article L. 3253-14 les relevés des créances impayées.

Art. L. 3253-18-7. Les articles L. 3253-7, L. 3253-10 à L. 3253-13 et L. 3253-17 sont applicables aux procédures définies aux articles L. 3253 18-1 et L. 3253-18-2. Les jugements mentionnés à l'article L. 3253-12 s'entendent de toute décision équivalente prise par l'autorité étrangère compétente.

Les institutions mentionnées à l'article L. 3253-14 sont subrogées dans les droits des salariés pour lesquels elles ont réalisé des avances.

Art. L. 3253-18-8. Lorsque le syndic étranger ou toute personne exerçant une fonction similaire à celle du mandataire judiciaire, de l'administrateur judiciaire ou du liquidateur a cessé ses fonctions ou dans le cas mentionné au 2° de l'article L. 3253-18-2, les institutions de garantie versent les sommes dues au salarié sur présentation, par celui-ci, des pièces justifiant du montant de sa créance. Dans ce cas, les dispositions relatives aux relevés des créances ne sont pas applicables.

Art. L. 3253-18-9. Les institutions mentionnées à l'article L. 3253-14 informent, en cas de demande, toutes autres institutions de garantie des États membres de la Communauté européenne ou de l'Espace économique européen sur la législation et la réglementation nationales applicables en cas de mise en œuvre d'une procédure d'insolvabilité définie aux articles L. 3253-18-1 et L. 3253-18-2.

Sous-section 3. **Établissement et liquidation des créances**

Art. L. 3253-19. Le mandataire judiciaire établit les relevés des créances dans les conditions suivantes :

1° Pour les créances mentionnées aux articles L. 3253-2 et L. 3253-4, dans les dix jours suivant le prononcé du jugement d'ouverture de la procédure ;

2° Pour les autres créances également exigibles à la date du jugement d'ouverture de la procédure, dans les trois mois suivant le prononcé du jugement ;

3° Pour les salaires et les indemnités de congés payés couvertes en application du 3° de l'article L. 3253-8 et les salaires couverts en application du dernier alinéa de ce même article, dans les dix jours suivant l'expiration des périodes de garantie prévues à ce 3° et ce, jusqu'à concurrence du plafond mentionné aux articles L. 3253-2, L. 3253-4 et L. 7313-8 ;

4° Pour les autres créances, dans les trois mois suivant l'expiration de la période de garantie.

Les relevés des créances précisent le montant des cotisations et contributions mentionnées au dernier alinéa de l'article L. 3253-8 dues au titre de chacun des salariés intéressés.

Note

• Relevé des créances salariales

Il est établi par le représentant des créanciers et soumis pour vérification au représentant des salariés. Suivant la nature des créances, quatre relevés distincts doivent être dressés dans des délais précis.

Le représentant des créanciers doit établir les relevés des créances résultant du contrat de travail dans les délais prévus par cet article. Le salarié dont les relevés résultant du contrat de travail n'ont pas été établis dans les délais légaux est recevable à demander le paiement desdites créances directement devant le bureau de jugement du conseil de prud'hommes (cass. soc. 26 février 2003 n° 00-46.174, BC V n° 69 ; *RJS* 5/03 n° 612, 2e espèce ; *Dr. Soc.* 2003, p. 667, obs. D. Boulmier).

• Contestations

– Deux apports très importants de la loi de 1985 concernent : a) la faculté donnée au salarié qui conteste le sort fait à sa créance de saisir le conseil de prud'hommes et de mettre, éventuellement, en cause l'AGS ; b) la possibilité pour l'AGS de contester sa garantie « pour quelque cause que ce soit ».

– Les contestations postérieures au jugement ouvrant la procédure de redressement judiciaire peuvent s'élever lorsqu'un salarié constate que sa créance ne figure pas (en totalité ou pour partie) sur le relevé des créances, lorsque l'AGS refuse de prendre en charge (en totalité ou partie) une créance figurant sur le relevé, lorsqu'un tiers (à l'exception du représentant des créanciers, du représentant des salariés, du débiteur et de l'Assédic) conteste le relevé des créances.

Contestation du relevé par le salarié et délai de forclusion. Il dispose d'un délai de deux mois à compter de la publication du relevé pour saisir le conseil de prud'hommes. Le délai de forclusion ne court pas lorsque le représentant des créanciers n'a pas informé le salarié de son existence et de son point de départ (cass. soc. 25 juin 2002, n° 00-44.704, BC V n° 210 ; *RJS* 10/02 n° 1127). La forclusion n'est opposable au salarié que s'il a été personnellement informé par le liquidateur judiciaire de la date du dépôt au greffe de l'état des créances résultant de son contrat de travail et du point de départ du délai de forclusion (cass. soc. 13 mai 2008, n° 06-44.125, *RJS* 7/08 n° 783). Le salarié est recevable à appeler en cause l'AGS pour l'entendre condamner à garantir la créance qui, sur sa réclamation, serait jugée devoir figurer sur le relevé des créances (cass. soc. 30 mai 1990, n° 87-43.422, BC V n° 253 ; *CSB* 1990 S. 145).

Contestations nées du refus de l'AGS. L'Assédic doit prévenir de son refus le représentant des créanciers qui en avise le représentant des salariés et le salarié concerné ; celui-ci peut saisir le conseil de prud'hommes (bureau de jugement). Doivent être mis en cause le représentant des créanciers et l'employeur (ou l'administrateur).

Compétence prud'homale exclusive. Le bureau de jugement du conseil de prud'hommes est seul compétent pour connaître des litiges opposant un salarié au représentant des créanciers dès lors qu'ils sont relatifs à des créances devant figurer sur le relevé et que le salarié entend obtenir la mise en cause de l'AGS, peu important qu'il ait appelé en garantie une partie étrangère à la procédure collective de l'employeur (cass. soc. 21 juin 2005, n° 02-42.499, BC V n° 209 ; *RJS* 10/05 n° 984). S'agissant d'un litige relatif au refus de l'Assédic de régler des créances, doit être cassé l'arrêt de cour d'appel qui a admis la recevabilité de l'action du liquidateur et la compétence du tribunal de commerce, les salariés ayant seuls qualité pour engager l'action et le conseil de prud'hommes étant seul compétent pour en connaître (cass. soc. 21 mars 1989, n° 87-19.377, BC V n° 233 ; *CSB* 1989 A. 29).

Outre les relevés des créances visées par le juge-commissaire, seules les décisions rendues par la juridiction prud'homale doivent être portées sur l'état des créances salariales et ouvrent aux salariés les droits à l'assurance contre le risque de non-paiement des sommes qui leur sont dues en exécution du contrat de travail (cass. soc. 14 mars 2000, n° 97-45.335, BC V n° 102 ; *RJS* 4/00 n° 414).

Art. L. 3253-20. Si les créances ne peuvent être payées en tout ou partie sur les fonds disponibles avant l'expiration des délais prévus par l'article L. 3253-19, le mandataire judiciaire demande, sur présentation des relevés, l'avance des fonds nécessaires aux institutions de garantie mentionnées à l'article L. 3253-14.

Dans le cas d'une procédure de sauvegarde, le mandataire judiciaire justifie à ces institutions, lors de sa demande, que l'insuffisance des fonds disponibles est caractérisée. Ces institutions peuvent contester, dans un délai déterminé par décret en Conseil d'État, la réalité de cette insuffisance devant le juge-commissaire. Dans ce cas, l'avance des fonds est soumise à l'autorisation du juge-commissaire.

Note L'AGS intervient pour garantir le règlement des créances dues au salarié en exécution du contrat de travail, dès lors que le représentant des créanciers ne dispose pas des sommes nécessaires à ce règlement, peu important qu'un tiers soit susceptible de garantir également tout ou partie de ces créances (cass. soc. 1er décembre 1993, n° 91-40.761, BC V n° 297 ; *RJS* 1/94 n° 39). Les fonds doivent être versés dans des délais impérativement fixés qui varient selon la nature des créances et le moment où elles sont nées. Il semble que reste « valable » la décision prise par la Cour de cassation dans un arrêt du 22 octobre 1981 (n° 80-13.001, BC V n° 813), précisant que l'AGS n'est pas fondée à imputer sur le montant de sa garantie le versement partiel du montant de la créance d'un salarié fait par un tiers après le jugement déclarant la mise en liquidation judiciaire de l'employeur mais avant tout règlement par l'AGS. À noter que les sommes avancées doivent l'être :

– même si la fixation du montant définitif de la créance intervient après l'expiration des délais de garantie ;
– en cas de contestation par un tiers ;
– s'agissant de « créances établies par décision de justice exécutoire », notion substituée par la loi du 17 juillet 2001 à la notion de « créances définitivement établies par décision de justice » (sur cette notion antérieure à la loi de 2001, voir notamment cass. soc. 1er juin 1994, n° 91-43.477, BC V n° 183 ; *RJS* 8-9/94 n° 991 ; 18 novembre 2003, n° 01-43.735, *RJS* 1/04 n° 51).

Le juge ne peut condamner l'AGS à payer directement au salarié les sommes dues mais doit en ordonner le versement au liquidateur de l'entreprise (cass. soc. 26 janvier 2000, n° 96-42.376, BC V n° 39 ; *RJS* 3/00 n° 281).

Les fonds avancés sont reversés immédiatement aux salariés créanciers, à l'exclusion des créanciers subrogés ; voir notamment cass. soc. 25 avril 1984 (n° 82-12.476, BC V n° 141) décidant qu'une banque ayant versé certaines sommes aux salariés et s'étant fait subroger dans leur privilège peut demander que sa créance soit inscrite et prise en charge par l'AGS.

L'avance des contributions de l'employeur au financement des conventions de reclassement personnalisé sera directement versée aux organismes gestionnaires visés par l'article L. 5427-1 CT.

Art. R. 3253-6. Le délai de contestation prévu au second alinéa de l'article L. 3253-20 est de dix jours à compter de la réception par l'organisme gestionnaire du régime d'assurance chômage

(D. 2008-1010 du 29 sept. 2008, art. 7, JO 30) « mentionné à l'article L. 3253-14 » de la demande de fonds par le mandataire judiciaire.

Note Voir note sous l'article R. 1235-1.

Art. L. 3253-21. Les institutions de garantie mentionnées à l'article L. 3253-14 versent au mandataire judiciaire les sommes figurant sur les relevés et restées impayées :

1° Dans les cinq jours suivant la réception des relevés mentionnés aux 1° et 3° de l'article L. 3253-19 ;

2° Dans les huit jours suivant la réception des relevés mentionnés aux 2° et 4° du même article.

Par dérogation, l'avance des contributions de l'employeur au financement ***(L. 2011-893 du 28 juil. 2011, art. 44, JO 29)*** « du contrat de sécurisation professionnelle » est versée directement ***(L. 2008-126 du 13 févr. 2008, art. 16, JO 14, entrée en vigueur le 01.01.2011)*** « aux organismes chargés du recouvrement mentionnés à l'article L. 5427-1 ».

Le mandataire judiciaire reverse immédiatement les sommes qu'il a reçues aux salariés et organismes créanciers, à l'exclusion des créanciers subrogés, et en informe le représentant des salariés.

SECTION 3. Privilèges spéciaux

Art. L. 3253-22. Les sommes dues aux entrepreneurs de travaux publics ne peuvent être frappées de saisie-arrêt ni d'opposition au préjudice soit des salariés, soit des fournisseurs créanciers à raison de fournitures de matériaux de toute nature servant à la construction des ouvrages.

Les sommes dues aux salariés à titre de salaire sont payées de préférence à celles dues aux fournisseurs.

Note • ***À compter du 01.06.2012****, le mot « saisie-arrêt » est remplacé par le mot « saisie » (ordonnance 2011-1895 du 19 décembre 2011, art. 3, JO 20).*

• Le privilège édicté par cet article, institué par le décret du 26 pluviôse an II, ne peut être étendu aux ouvriers ou fournisseurs des sous-traitants (cass. civ. 19 avril 1912).

Art. L. 3253-23. Peuvent faire valoir une action directe ou des privilèges spéciaux :

1° Dans les conditions fixées à l'article 1798 du code civil, les salariés des secteurs du bâtiment et des travaux publics ;

2° Dans les conditions fixées aux 1° et 3° de l'article 2332 du code civil, les salariés des entreprises agricoles ;

3° Dans les conditions fixées au 9° de l'article 2332 du code civil, les auxiliaires salariés des travailleurs à domicile ;

4° Les caisses de congé pour le paiement des cotisations qui leur sont dues en application des articles L. 3141-30 et L. 5424-6 et suivants. Ce privilège qui garantit le recouvrement de ces cotisations pendant un an à dater de leur exigibilité porte sur les biens meubles des débiteurs et prend rang immédiatement après celui des salariés établis par le 4° de l'article 2331 du code civil. Les immeubles des débiteurs sont également grevés d'une hypothèque légale prenant rang à la date de son inscription ;

5° Dans les conditions fixées à l'article 89 du code du domaine public fluvial et de la navigation intérieure, les salariés employés à la construction, à la réparation, l'armement et à l'équipement du bateau.

Note L'action directe conférée aux ouvriers par l'article 1798 c. civ. et visée à l'article L. 3253-23 doit être intentée devant les tribunaux compétents suivant les règles du droit commun et non devant les conseils de prud'hommes (cass. civ. 19 février 1913).

CHAPITRE IV

Économats

Art. L. 3254-1. Il est interdit à tout employeur :
1° D'annexer à son établissement un économat destiné à la vente, directe ou indirecte, aux salariés et à leurs familles de denrées ou marchandises de quelque nature que ce soit ;
2° D'imposer au salarié l'obligation de dépenser tout ou partie de leur salaire dans des magasins désignés par lui.

Art. L. 3254-2. L'interdiction prévue à l'article L. 3254-1 ne vise pas les cas suivants :
1° Lorsque le contrat de travail stipule que le salarié logé et nourri reçoit en outre un salaire déterminé en argent ;
2° Lorsque, pour l'exécution d'un contrat de travail, l'employeur cède au salarié des fournitures à prix coûtant.

Art. L. 3255-1. Le fait de méconnaître les dispositions de l'article L. 3254-1, relatives aux économats, est puni d'une amende de 3750 €.

CHAPITRE V

Dispositions pénales

Les articles législatifs et réglementaires ont été insérés à la fin de chacun des chapitres auxquels ils se rapportent.

TITRE VI

AVANTAGES DIVERS

CHAPITRE Ier

Frais de transport

SECTION 1. Champ d'application

Art. L. 3261-1. Les dispositions du présent chapitre s'appliquent, outre aux employeurs mentionnés à l'article L. 3211-1, aux employeurs du secteur public.

(L. 2008-1330 du 17 déc. 2008, art. 20, JO 18)

SECTION 2. Prise en charge des frais de transports publics

Art. L. 3261-2. L'employeur prend en charge, dans une proportion et des conditions déterminées par voie réglementaire, le prix des titres d'abonnements souscrits par ses salariés pour leurs déplacements entre leur résidence habituelle et leur lieu de travail accomplis au moyen de transports publics de personnes ou de services publics de location de vélos.

Note Depuis le 1er janvier 2009, la prise en charge des frais de transports publics n'est plus limitée à la région Île-de-France ; elle est étendue à l'ensemble du territoire et englobe les services publics de location de vélos.

SECTION 3. Prise en charge des frais de transports personnels

Art. L. 3261-3. L'employeur peut prendre en charge, dans les conditions prévues à l'article L. 3261-4, tout ou partie des frais de carburant engagés pour leurs déplacements entre leur résidence habituelle et leur lieu de travail par ceux de ses salariés :

1° Dont la résidence habituelle ou le lieu de travail est situé en dehors de la région d'Ile-de-France et d'un périmètre de transports urbains défini par l'article 27 de la loi n° 82-1153 du 30 décembre 1982 d'orientation des transports intérieurs ;

2° Ou pour lesquels l'utilisation d'un véhicule personnel est rendue indispensable par des conditions d'horaires de travail particuliers ne permettant pas d'emprunter un mode collectif de transport.

Dans les mêmes conditions, l'employeur peut prendre en charge les frais exposés pour l'alimentation de véhicules électriques ***(L. 2010-788 du 12 juil. 2010, art. 57, JO 13)*** « ou hybrides rechargeables et permettre la recharge desdits véhicules sur le lieu de travail ».

Le bénéfice de cette prise en charge ne peut être cumulé avec celle prévue à l'article L. 3261-2.

Note Les articles L. 3261-3 et L. 3261-4 CT s'appliquent sans préjudice des dispositions des conventions et accords collectifs existants prévoyant une prise en charge des frais de transports personnels des salariés exonérée dans les conditions en vigueur à la date de publication de la loi 2008-1330 du 17 décembre 2008 (art. 20, IV, JO 18).

Art. L. 3261-4. La prise en charge des frais de carburant mentionnée à l'article L. 3261-3 est mise en œuvre :

1° Pour les entreprises entrant dans le champ d'application de l'article L. 2242-1, par accord entre l'employeur et les représentants d'organisations syndicales représentatives dans l'entreprise ;

2° Pour les autres entreprises, par décision unilatérale de l'employeur après consultation du comité d'entreprise ou, à défaut, des délégués du personnel s'il en existe.

SECTION 4. Dispositions d'application

Art. L. 3261-5. Un décret en Conseil d'État détermine les modalités des prises en charge prévues par les articles L. 3261-2 et L. 3261-3, notamment pour les salariés ayant plusieurs employeurs et les salariés à temps partiel, ainsi que les sanctions pour contravention aux dispositions du présent chapitre.

Note Le décret 2008-1501 du 30 décembre 2008 (JO 31) précise les modalités de prise en charge des frais de transport en commun et celles des frais de transports personnel. Mais, dans ce dernier cas, la prise en charge est facultative. Voir aussi circulaire DGT/DSS 2009-1 du 28 janvier 2009 portant application de l'article 20 de la loi 2008-1330 du 17 décembre 2008 relatif aux frais de transport entre la résidence habituelle et le lieu de travail des salariés.

[Dispositions réglementaires]

(D. 2008-1501 du 30 déc. 2008, JO 31)

SECTION 1. Prise en charge des frais de transports publics

Art. R. 3261-1. La prise en charge par l'employeur des titres d'abonnement, prévue à l'article L. 3261-2, est égale à 50 % du coût de ces titres pour le salarié.

Art. R. 3261-2. L'employeur prend en charge les titres souscrits par les salariés, parmi les catégories suivantes :

1° Les abonnements multimodaux à nombre de voyages illimité ainsi que les abonnements annuels, mensuels, hebdomadaires ou à renouvellement tacite à nombre de voyages illimité émis par la Société nationale des chemins de fer (SNCF) ainsi que par les entreprises de transport public, les régies et les autres personnes mentionnées au II de l'article 7 de la loi n° 82-1153 du 30 décembre 1982 d'orientation des transports intérieurs ;

2° Les cartes et abonnements mensuels, hebdomadaires ou à renouvellement tacite à nombre de voyages limité délivrés par la Régie autonome des transports parisiens (RATP), la Société nationale des chemins de fer (SNCF), les entreprises de l'Organisation professionnelle des transports d'Ile-de-France ainsi que par les entreprises de transport public, les régies et les autres personnes mentionnées au II de l'article 7 de la loi n° 82-1153 du 30 décembre 1982 d'orientation des transports intérieurs ;

3° Les abonnements à un service public de location de vélos.

Note

• S'agissant des titres délivrés par la SNCF, les réservations effectuées par les salariés n'entrent pas dans le champ de la prise en charge obligatoire par l'employeur (rép. QE 60263, JO AN 19 janvier 2010, p. 660).

• Sur une application stricte de l'article R. 3261-2, voir rép. QE 92650, JO AN 1er mars 2011, p. 2092.

Art. R. 3261-3. La prise en charge par l'employeur est effectuée sur la base des tarifs deuxième classe. Le bénéficiaire peut demander la prise en charge du ou des titres de transport lui permettant d'accomplir le trajet de la résidence habituelle à son lieu de travail dans le temps le plus court. Lorsque le titre utilisé correspond à un trajet supérieur au trajet nécessaire pour accomplir dans le temps le plus court le trajet de la résidence habituelle au lieu de travail, la prise en charge est effectuée sur la base de l'abonnement qui permet strictement de faire ce dernier trajet.

Art. R. 3261-4. L'employeur procède au remboursement des titres achetés par les salariés dans les meilleurs délais et, au plus tard, à la fin du mois suivant celui pour lequel ils ont été validés. Les titres dont la période de validité est annuelle font l'objet d'une prise en charge répartie mensuellement pendant la période d'utilisation.

Art. R. 3261-5. La prise en charge des frais de transport par l'employeur est subordonnée à la remise ou, à défaut, à la présentation des titres par le salarié.

Pour être admis à la prise en charge, les titres doivent permettre d'identifier le titulaire et être conformes aux règles de validité définies par l'établissement public, la régie, l'entreprise ou la personne mentionnés à l'article R. 3261-2, ou, le cas échéant, par la personne chargée de la gestion du service public de location de vélos.

Lorsque le titre d'abonnement à un service public de location de vélos ne comporte pas les noms et prénoms du bénéficiaire, une attestation sur l'honneur du salarié suffit pour ouvrir droit à la prise en charge des frais d'abonnement.

Pour les salariés intérimaires, une attestation sur l'honneur adressée à l'entreprise de travail temporaire mentionnée à l'article L. 1251-45, qui est leur employeur, suffit pour ouvrir droit à la prise en charge des frais d'abonnement à un service de transport public de voyageurs ou à un service public de location de vélos.

Art. R. 3261-6. Un accord collectif de travail peut prévoir d'autres modalités de preuve et de remboursement des frais de transport, sans que les délais de remboursement des titres puissent excéder ceux mentionnés à l'article R. 3261-4.

Art. R. 3261-7. En cas de changement des modalités de preuve ou de remboursement des frais de transport, l'employeur avertit les salariés au moins un mois avant la date fixée pour le changement.

Art. R. 3261-8. L'employeur peut refuser la prise en charge lorsque le salarié perçoit déjà des indemnités représentatives de frais pour ses déplacements entre sa résidence habituelle et son ou ses lieux de travail d'un montant supérieur ou égal à la prise en charge prévue à l'article R. 3261-1.

Art. R. 3261-9. Le salarié à temps partiel, employé pour un nombre d'heures égal ou supérieur à la moitié de la durée légale hebdomadaire ou conventionnelle, si cette dernière lui est inférieure, bénéficie d'une prise en charge équivalente à celle d'un salarié à temps complet.

Art. L. 3261-5.

Le salarié à temps partiel, employé pour un nombre d'heures inférieur à la moitié de la durée du travail à temps complet défini conformément au premier alinéa, bénéficie d'une prise en charge calculée à due proportion du nombre d'heures travaillées par rapport à la moitié de la durée du travail à temps complet.

Art. R. 3261-10. Le salarié qui exerce son activité sur plusieurs lieux de travail au sein d'une même entreprise qui n'assure pas le transport entre ces différents lieux et entre ces lieux et la résidence habituelle du salarié peut prétendre à la prise en charge du ou des titres de transport lui permettant de réaliser l'ensemble des déplacements qui lui sont imposés entre sa résidence habituelle et ses différents lieux de travail, ainsi qu'entre ces lieux de travail.

SECTION 2. Prise en charge des frais de transports personnels

Art. R. 3261-11. Lorsque l'employeur prend en charge tout ou partie des frais de carburant ou d'alimentation électrique d'un véhicule engagés par ses salariés, il en fait bénéficier, selon les mêmes modalités et en fonction de la distance entre le domicile et le lieu de travail, l'ensemble des salariés remplissant les conditions prévues à l'article L. 3261-3.

L'employeur doit disposer des éléments justifiant cette prise en charge. Il les recueille auprès de chaque salarié bénéficiaire qui les lui communique.

Art. R. 3261-12. Sont exclus du bénéfice de la prise en charge des frais de carburant ou d'alimentation électrique d'un véhicule :

1° Les salariés bénéficiant d'un véhicule mis à disposition permanente par l'employeur avec prise en charge par l'employeur des dépenses de carburant ou d'alimentation électrique d'un véhicule ;

2° Les salariés logés dans des conditions telles qu'ils ne supportent aucuns frais de transport pour se rendre à leur travail ;

3° Les salariés dont le transport est assuré gratuitement par l'employeur.

Art. R. 3261-13. En cas de changement des modalités de remboursement des frais de carburant ou d'alimentation électrique d'un véhicule, l'employeur avertit les salariés au moins un mois avant la date fixée pour le changement.

Art. R. 3261-14. Le salarié à temps partiel, employé pour un nombre d'heures égal ou supérieur à la moitié de la durée légale hebdomadaire ou conventionnelle, si cette dernière lui est inférieure, bénéficie d'une prise en charge équivalente à celle d'un salarié à temps complet.

Le salarié à temps partiel, employé pour un nombre d'heures inférieur à la moitié de la durée du travail à temps complet défini conformément au premier alinéa, bénéficie d'une prise en charge calculée à due proportion du nombre d'heures travaillées par rapport à la moitié de la durée du travail à temps complet.

Art. R. 3261-15. Le salarié qui exerce son activité sur plusieurs lieux de travail au sein d'une même entreprise qui n'assure pas le transport entre ces différents lieux et entre ces lieux et la résidence habituelle du salarié peut prétendre à la prise en charge des frais de carburant ou d'alimentation électrique d'un véhicule engagés lui permettant de réaliser l'ensemble des déplacements qui lui sont imposés entre sa résidence habituelle et ses différents lieux de travail, ainsi qu'entre ces lieux de travail.

SECTION 3. Dispositions pénales

Art. R. 3261-16. Le fait pour l'employeur de méconnaître les dispositions des articles L. 3261-1 à L. 3261-4 est puni de l'amende prévue pour les contraventions de la quatrième classe.

CHAPITRE II

Titres-restaurant

Note • Issues de l'ordonnance 67-830 du 27 septembre 1967 (JO 28) et du décret 67-1165 du 22 décembre 1967 (JO 28), les dispositions relatives aux titres-restaurant ont été intégrées dans le code du travail lors de sa recodification en 2008. Depuis lors, elles ont fait l'objet de plusieurs modifications afin d'élargir les possibilités d'utilisation du titre-restaurant (lois 2009-879 du 21 juillet 2009, art. 113, JO 22 et 2010-874 du 27 juillet 2010, art. 2, JO 28 ; décrets 2010-220 du 3 mars 2010, JO 4 et 2010-1460 du 30 novembre 2010, JO 2 déc.).

Un arrêté du 3 mars 2010 (JO 4) a modifié les conditions dans lesquelles peuvent être utilisés les titres-restaurant. Alors qu'ils ne permettaient (arrêté du 22 décembre 1967) que de régler un repas comportant obligatoirement un plat chaud, ils peuvent désormais être utilisés « en paiement de préparations immédiatement consommables, y compris de fruits et légumes immédiatement consommables ». Sur cette possibilité, voir aussi rép. QE 73842, JO AN 4 mai 2010, p. 5013.

• Sur les conditions générales d'octroi des titres-restaurant, voir : rép. QE 19169, JO AN 20 juillet 1987, p. 4128 précisant notamment : a) qu'il n'y a aucune obligation légale de mettre en place un système de titres-restaurant mais que, dès lors qu'un tel avantage social est mis en place dans une entreprise, il doit être équivalent pour chaque salarié ; b) qu'un salarié, dont les horaires de travail ne recoupent pas l'interruption utilisée habituellement pour prendre un repas, ne peut prétendre aux titres-restaurant ; rép. QE 16175, JO Sén. 26 septembre 1996, p. 2505 précisant que les salariés travaillant de nuit doivent percevoir la même indemnité de repas que celle perçue par les salariés de jour, le décret 67-1165 du 22 décembre 1967 (art. 3, al. 2) disposant qu'un salarié ne peut recevoir qu'un titre-restaurant par repas compris dans son horaire de travail journalier ; rép. QE 10276, JO AN 1er juin 1998, p. 3012 rappelant les conditions supplémentaires que doivent remplir les commerçants non spécialisés (dont les grandes surfaces) pour pouvoir accepter des tickets-restaurant (rayon traiteur devant être équipé d'une caisse enregistreuse distincte des autres caisses de l'établissement et acceptant, seule, ce mode de paiement) (décret du 22 décembre 1967, art. 15).

L'attribution de tickets-restaurant n'est pas obligatoire pour les entreprises disposant d'un local de restauration. Une cour d'appel, qui a constaté qu'une convention collective se bornait à faire bénéficier le personnel des dispositions de l'ordonnance du 27 septembre 1967, a décidé à bon droit que l'employeur, qui avait créé un restaurant au sein de l'établissement par accord avec le comité d'entreprise, n'était pas tenu d'attribuer des tickets-restaurant aux salariés (cass. soc. 18 juillet 2000, BC V n° 287 ; *RJS* 11/00 n° 1100). Voir article R. 4228-22.

Un employeur ne peut réserver l'octroi de tickets-restaurant à une seule catégorie professionnelle de son entreprise sans justifier d'une raison objective et pertinente pouvant légitimer cette disparité (cass. soc. 20 fevrier 2008, n° 05-45.601, BC V n° 39). Il ne peut non plus décider de n'accorder de titres-restaurant qu'aux salariés résidant en dehors de la commune du lieu de l'entreprise (CA Montpellier, 22 octobre 1992, *RJS* 12/92 n° 1392). En revanche, le bénéfice des titres-restaurant peut être soumis à conditions (cass. soc. 16 septembre 2009, n° 08-42.040 : en l'espèce, quinze jours au minimum de travail au cours du mois).

La Cour de cassation considère qu'aucune disposition de la réglementation régissant les titres-restaurant n'interdit à l'employeur de prévoir une tarification différente en fonction de l'éloignement du lieu de travail par rapport au domicile des salariés (cass. soc. 22 janvier 1992, n° 88-40.938, BC V n° 26 ; *RJS* 3/92 n° 296).

• Compte tenu de sa nature et de son objet, le titre-restaurant ne saurait être assimilé à une prime ou à une gratification (cass. soc. 14 février 1995, n° 91-43.963) ; il constitue un avantage en nature payé par l'employeur entrant dans la rémunération du salarié (cass. soc. 29 novembre 2006, n° 05-42.853, BC V n° 366 ; *RJS* 2/07 n° 295 ; *Dr. Soc.* 2007, p. 355, obs. Ch. Radé ; *JCP* éd. S 2007, 1240, note Fr. Bousez).

SECTION 1. **Émission**

Art. L. 3262-1. Le titre-restaurant est un titre spécial de paiement remis par l'employeur aux salariés pour leur permettre d'acquitter en tout ou en partie le prix du repas consommé au restaurant ou ***(L. 2010-874 du 27 juil. 2010, art. 2, JO 28)*** « acheté auprès d'une personne ou d'un organisme mentionné au deuxième alinéa de l'article L. 3262-3. Ce repas peut être composé de fruits et légumes, qu'ils soient ou non directement consommables ».

Ces titres sont émis :

1° Soit par l'employeur au profit des salariés directement ou par l'intermédiaire du comité d'entreprise ;

2° Soit par une entreprise spécialisée qui les cède à l'employeur contre paiement de leur valeur libératoire et, le cas échéant, d'une commission.

Un décret détermine les conditions d'application du présent article.

Art. L. 3262-2. L'émetteur de titres-restaurant ouvre un compte bancaire ou postal sur lequel sont uniquement versés les fonds qu'il perçoit en contrepartie de la cession de ces titres.

Toutefois, cette règle n'est pas applicable à l'employeur émettant ses titres au profit des salariés lorsque l'effectif n'excède par vingt-cinq salariés.

Le montant des versements est égal à la valeur libératoire des titres mis en circulation. Les fonds provenant d'autres sources, et notamment des commissions éventuellement perçues par les émetteurs ne peuvent être versés aux comptes ouverts en application du présent article.

Art. L. 3262-3. Les comptes prévus à l'article L. 3262-2 sont des comptes de dépôts de fonds intitulés « comptes de titres-restaurant ».

Sous réserve des dispositions des articles L. 3262-4 et L. 3262-5, ils ne peuvent être débités qu'au profit de personnes ou d'organismes exerçant la profession de restaurateur, d'hôtelier restaurateur ou une activité assimilée, ***(L. 2009-879 du 21 juil. 2009, art. 113, JO 22)*** « ou la profession de détaillant en fruits et légumes ».

Les émetteurs spécialisés mentionnés au 2° de l'article L. 3262-1, qui n'ont pas déposé à l'avance à leur compte de titres-restaurant le montant de la valeur libératoire des titres-restaurant qu'ils cèdent à des employeurs, ne peuvent recevoir de ces derniers, en contrepartie de cette valeur, que des versements effectués au crédit de leur compte, à l'exclusion d'espèces, d'effets ou de valeurs quelconques.

Note Un décret fixe les conditions d'application de l'extension de l'utilisation du titre-restaurant auprès des détaillants en fruits et légumes (loi 2009-879 du 21 juillet 2009, art. 113, IV).

SECTION 2. **Utilisation**

Art. L. 3262-4. En cas de procédure de sauvegarde, de redressement ou de liquidation judiciaire de l'émetteur, les salariés détenteurs de titres non utilisés mais encore valables et échangeables à la date du jugement déclaratif peuvent, par priorité à toute autre créance privilégiée ou non, se faire rembourser immédiatement, sur les fonds déposés aux comptes ouverts en application de l'article L. 3262-2, le montant des sommes versées pour l'acquisition de ces titres-restaurant.

Art. L. 3262-5. Les titres qui n'ont pas été présentés au remboursement par un restaurant ***(L. 2009-879 du 21 juil. 2009, art. 113, JO 22)*** « ou un détaillant en fruits et légumes » avant la fin du deuxième mois suivant l'expiration de leur période d'utilisation sont définitivement périmés.

Sous réserve de prélèvements autorisés par le décret prévu à l'article L. 3262-7, la contre-valeur des titres périmés est versée au budget des activités sociales et culturelles des entreprises auprès desquelles les salariés se sont procuré leurs titres.

SECTION 3. Exonérations

Art. L. 3262-6. *(L. 2008-1443 du 30 déc. 2008, JO 31)* Conformément à l'article 81 du code général des impôts, lorsque l'employeur contribue à l'acquisition des titres par le salarié bénéficiaire, le complément de rémunération qui en résulte pour le salarié est exonéré d'impôt sur le revenu dans la limite prévue au 19° dudit article.

Note Cet article s'applique à compter de l'imposition des revenus de 2008. L'article 61 de la loi de finances rectificative 2008-1425 du 27 décembre 2008 (JO 28) précise les conditions de cette exonération d'impôt sur le revenu.

SECTION 4. Dispositions d'application

Art. L. 3262-7. Un décret en Conseil d'État détermine les modalités d'application du présent titre, notamment :

1° Les mentions qui figurent sur les titres-restaurant et les conditions d'apposition de ces mentions ;

2° Les conditions d'utilisation et de remboursement de ces titres ;

3° Les règles de fonctionnement des comptes bancaires ou postaux spécialement affectés à l'émission et à l'utilisation des titres-restaurant ;

4° Les conditions du contrôle de la gestion des fonds mentionnées à l'article L. 3262-2.

Conditions d'émission et de validité

Art. R. 3262-1. Les titres-restaurant comportent, en caractères très apparents, les mentions suivantes :

1° Les nom et adresse de l'émetteur ;

2° Les nom et adresse de la personne de l'établissement bancaire à qui les titres sont présentés au remboursement par les restaurateurs ***(D. 2010-220 du 3 mars 2010, JO 4)*** « ou les détaillants en fruits et légumes » ;

3° Le montant de la valeur libératoire du titre ;

4° L'année civile d'émission ;

5° La période d'utilisation par les salariés bénéficiaires, telle qu'elle est définie à l'article R. 3262-5 ;

6° Le numéro dans une série continue de nombres caractérisant l'émission ;

7° Les nom et adresse du restaurateur ***(D. 2010-220 du 3 mars 2010, JO 4)*** « ou du détaillant en fruits et légumes » chez qui le repas a été consommé.

Art. R. 3262-2. Les mentions prévues aux 1° à 4° et 6° de l'article R. 3262-1 sont apposées au recto du titre par l'émetteur.

L'employeur indique, avant de remettre les titres aux salariés, la période d'utilisation mentionnée au 5° de ce même article si elle n'a pas été apposée par l'émetteur.

Les mentions prévues au 7° sont apposées par le restaurateur ***(D. 2010-220 du 3 mars 2010, JO 4)*** « ou le détaillant en fruits et légumes » au moment de l'acceptation du titre.

Art. R. 3262-3. Les titres-restaurant émis conformément aux dispositions du présent chapitre sont dispensés du droit de timbre.

Utilisation

Art. R. 3262-4. ***(D. 2010-1460 du 30 nov. 2010, JO 2 déc.)*** Les titres-restaurant ne peuvent être utilisés que dans les restaurants et auprès des organismes ou entreprises assimilés ainsi qu'auprès des détaillants en fruits et légumes, afin d'acquitter en tout ou en partie le prix d'un repas.

Ce repas peut être composé de préparations alimentaires directement consommables, le cas échéant à réchauffer ou à décongeler, notamment de produits laitiers.

Il peut également être composé de fruits et légumes, qu'ils soient ou non directement consommables.

Art. R. 3262-5. Les titres-restaurant ne peuvent être présentés en paiement d'un repas à un restaurateur *(D. 2010-220 du 3 mars 2010, JO 4)* « ou à un détaillant en fruits et légumes » que pendant l'année civile et la période d'utilisation dont ils font mention.

La période d'utilisation ne peut être inférieure à un mois, ni excéder un trimestre. Elle commence le premier jour et finit le dernier jour d'un mois, d'un bimestre ou d'un trimestre de l'année civile considérée.

Les titres non utilisés au cours de cette période et rendus par les salariés bénéficiaires à leur employeur au plus tard au cours de la quinzaine suivante sont échangés gratuitement contre un nombre égal de titres valables pour la période ultérieure.

Art. R. 3262-6. Les titres-restaurant émis ou acquis par une entreprise ne peuvent être utilisés que par les salariés de cette entreprise.

Art. R. 3262-7. Un même salarié ne peut recevoir qu'un titre-restaurant par repas compris dans son horaire de travail journalier. Ce titre ne peut être utilisé que par le salarié auquel l'employeur l'a remis.

Art. R. 3262-8. Les titres-restaurant ne sont pas utilisables les dimanches et jours fériés, sauf s'ils portent de manière très apparente une mention contraire apposée par l'employeur, sous sa responsabilité, au bénéfice exclusif des salariés travaillant pendant ces mêmes jours.

Art. R. 3262-9. Les titres-restaurant ne peuvent être utilisés que dans le département du lieu de travail des salariés bénéficiaires et les départements limitrophes, à moins qu'ils ne portent de manière très apparente une mention contraire apposée par l'employeur, sous sa responsabilité, au bénéfice exclusif de ceux des salariés qui sont, du fait de leurs fonctions, appelés à des déplacements à longue distance.

Art. R. 3262-10. Un même repas ne peut être payé avec plusieurs titres-restaurant.

Art. R. 3262-11. Le salarié qui quitte l'entreprise remet à l'employeur, au moment de son départ, les titres-restaurant en sa possession. Il est remboursé du montant de sa contribution à l'achat de ces titres.

Conditions de remboursement

Art. R. 3262-12. Lorsque l'employeur a acquis ses titres-restaurant auprès d'un émetteur spécialisé, il peut obtenir de celui-ci au cours du mois qui suit la période d'utilisation l'échange de ses titres inutilisés en ne versant que la commission normalement perçue par l'émetteur lors de la vente de ces titres.

Dans ce cas, le montant des commissions correspondant aux titres dont la non utilisation incombe aux salariés est remboursable par ces derniers à l'employeur.

Art. R. 3262-13. En application des dispositions de l'article L. 3262-5, la contre-valeur des titres-restaurant perdus ou périmés est versée à l'émetteur par l'établissement bancaire qui tient son compte de titres-restaurant.

L'émetteur est autorisé à opérer sur cette somme un prélèvement, dont le taux maximum est fixé par arrêté du ministre chargé de l'économie et des finances, et qui est destiné à couvrir forfaitairement les frais de répartition entraînés par l'application de l'article R. 3262-14 et les frais d'expert comptable prévus à l'article R. 3262-33.

Art. R. 3262-14. Lorsque l'émetteur est l'employeur mentionné au 1° de l'article L. 3262-1, il verse le solde disponible après le prélèvement prévu à l'article R. 3262-13 au comité d'entreprise s'il en existe un ou, à défaut, l'affecte dans un délai de six mois au budget des activités sociales et culturelles de son entreprise.

Lorsqu'il s'agit d'un émetteur spécialisé mentionné au 2° du même article, il répartit ce solde entre les comités d'entreprise des entreprises qui lui ont acheté des titres ou, à défaut, entre ces entreprises elles-mêmes, à due proportion des achats de titres opérés au cours de la période d'émission des titres perdus ou périmés. En l'absence de comité d'entreprise, chaque entreprise utilise le solde lui revenant conformément aux dispositions du premier alinéa.

Art. R. 3262-15. En l'absence de motif légitime justifiant un retard de présentation et lorsque les titres-restaurant sont présentés postérieurement à l'évaluation mentionnée au second alinéa, leur montant ne peut être remboursé au restaurateur ***(D. 2010-220 du 3 mars 2010, JO 4)*** « ou au détaillant en fruits et légumes » par imputation sur le compte ouvert en application de l'article L. 3262-2.

Les modalités et la périodicité de l'évaluation du montant des titres-restaurant périmés sont fixées par arrêté du ministre chargé de l'économie et des finances.

Fonctionnement et contrôle des comptes de titres-restaurant

Fonctionnement

Art. R. 3262-16. L'établissement bancaire qui ouvre l'un des comptes des titres-restaurant prévus à l'article L. 3262-2 remet au titulaire de ce compte une attestation d'ouverture de compte en triple exemplaire.

Le titulaire du compte remet l'un de ces exemplaires au directeur des impôts dont il relève et le second à la Commission nationale des titres-restaurant mentionnée à la section 5. Il est délivré récépissé de ces remises.

Art. R. 3262-17. L'établissement bancaire adresse mensuellement à la Commission nationale des titres-restaurant le relevé de tous les mouvements de fonds affectant les comptes de titres-restaurant, à l'exception des seuls paiements aux restaurateurs et assimilés ***(D. 2010-220 du 3 mars 2010, JO 4)*** « et aux détaillants en fruits et légumes ».

Art. R. 3262-18. Lorsque l'établissement bancaire qui tient le compte fait établir les formules de titres-restaurant qui seront utilisées par l'émetteur titulaire de ce compte, ces formules ne sont remises à l'émetteur qu'après versement à ce compte d'une provision égale à la valeur libératoire des titres.

Art. R. 3262-19. Les titres-restaurant sont directement payables aux restaurateurs ***(D. 2010-220 du 3 mars 2010, JO 4)*** « et aux détaillants en fruits et légumes » par l'établissement bancaire qui tient le compte de l'émetteur.

Avant de procéder au paiement, l'organisme payeur s'assure, selon les modalités prévues aux articles R. 3262-26 à R. 3262-31, que le présentateur exerce la profession de restaurateur, ***(D. 2010-220 du 3 mars 2010, JO 4)*** « d'hôtelier restaurateur, ou une activité assimilée ou une activité de détaillant en fruits et légumes prévues au deuxième alinéa de l'article L. 3262-3 ».

Art. R. 3262-20. Dans les entreprises de plus de vingt-cinq salariés, lorsque l'employeur émet lui-même ses titres, il verse au crédit de son compte, dans le délai maximum de huit jours à partir de la cession des titres aux salariés, la totalité des fonds correspondant à la valeur libératoire de ces titres.

Art. R. 3262-21. Lorsque les titres sont émis par une entreprise spécialisée, elle ne peut accepter en paiement que des versements correspondant à la valeur libératoire de ces titres.

Ces versements sont opérés :

1° Soit par virement direct à un compte de titres-restaurant ;

2° Soit au moyen de chèques bancaires à barrement spécial désignant l'établissement bancaire où le compte est ouvert et portant la mention « compte de titres-restaurant ».

Art. R. 3262-22. La délivrance de titres par un émetteur spécialisé est subordonnée :

1° Soit à la constitution d'une provision équivalente à la valeur libératoire des titres cédés ;

2° Soit au règlement simultané des titres-restaurant conformément à l'article R. 3262-21.

Dans le cas d'un chèque demeuré impayé, la provision correspondante est immédiatement rétablie.

Art. R. 3262-23. Un émetteur spécialisé est habilité à se faire ouvrir plusieurs comptes de titres-restaurant dans plusieurs établissements bancaires. Il peut opérer des virements d'un compte à l'autre.

Art. R. 3262-24. Sous la responsabilité de l'émetteur spécialisé, les sommes portées au crédit des comptes de titres-restaurant peuvent faire l'objet de placements temporaires sous réserve que leur montant demeure à tout moment immédiatement réalisable pour sa valeur nominale initiale.

Art. R. 3262-25. Les titres sont présentés au remboursement par les restaurateurs *(D. 2010-220 du 3 mars 2010, JO 4)* « ou les détaillants en fruits et légumes » à l'émetteur. Ce dernier donne ordre à l'établissement bancaire qui tient son compte d'en effectuer le paiement par imputation au débit de ce compte.

Ce paiement est opéré au moyen soit de virements bancaires, soit de chèques émis ou virés par cet établissement.

Le paiement est effectué dans un délai qui ne peut excéder vingt et un jours à compter de la réception du titre aux fins de règlement.

Condition d'exercice de la profession de restaurateur ou assimilé
***(D. 2010-220 du 3 mars 2010, JO 4)* « ou des détaillants en fruits et légumes »**

Art. R. 3262-26. L'exercice de la profession de restaurateur *(D. 2010-220 du 3 mars 2010, JO 4)* « ou de détaillant en fruits et légumes » exigé par les dispositions de l'article L. 3262-3 est vérifié par la Commission nationale des titres-restaurant mentionnée à la section 5 d'après les renseignements de notoriété dont elle dispose et au besoin par référence au numéro d'activité d'entreprise adopté par l'Institut national de la statistique et des études économiques (I.N.S.E.E.) et par les unions pour le recouvrement des cotisations de sécurité sociale (URSSAF).

(D. 2010-220 du 3 mars 2010, JO 4) « Les pièces que la commission peut demander au professionnel concerné pour l'application de l'alinéa ci-dessus sont précisées par arrêté du ministre chargé de l'économie et des finances. »

Art. R. 3262-27. Les personnes, les entreprises ou les organismes qui proposent à la vente au détail, à titre habituel et au moins six mois par an, des préparations alimentaires *(D. 2010-1460 du 30 nov. 2010, JO 2 déc.)* « mentionnées au deuxième alinéa de l'article R. 3262-4 » sans être en possession du numéro de code d'activité accordé aux restaurateurs et hôteliers restaurateurs peuvent être assimilés à ces derniers, à la condition d'avoir transmis par lettre recommandée avec avis de réception à la commission un dossier complet.

(D. 2010-220 du 3 mars 2010, JO 4) « La commission des titres-restaurant vérifie également que les préparations offertes sont conformes aux dispositions mentionnées à l'article R. 3262-4.

La composition du dossier mentionné au premier alinéa et les pièces nécessaires à la vérification par la commission prévue au deuxième alinéa de la conformité des préparations offertes sont précisées par un arrêté du ministre chargé de l'économie et des finances. »

Art. R. 3262-28. Les personnes, entreprises ou organismes qui assurent uniquement les prestations de portage ou de livraison de repas à domicile ne peuvent bénéficier de l'assimilation à l'activité de restaurateur.

Art. R. 3262-29. Lorsque le dossier qu'a fait parvenir le demandeur de l'assimilation à la profession de restaurateur est complet et qu'il en résulte que l'intéressé remplit les conditions fixées à l'article R. 3262-27 pour bénéficier de cette assimilation, la commission lui adresse une attestation par lettre recommandée avec avis de réception.

Dès réception de cette attestation, l'assimilation est réputée accordée.

Art. R. 3262-30. Lorsque le dossier n'est pas complet, la commission adresse au demandeur de l'assimilation une lettre recommandée avec avis de réception mentionnant les pièces justificatives manquantes à produire dans le délai d'un mois suivant la réception de cette lettre recommandée. À défaut d'envoi des pièces complémentaires demandées dans le délai imparti, l'assimilation est réputée refusée.

À la réception des pièces complémentaires demandées, si l'intéressé remplit les conditions fixées à l'article R. 3262-27, la commission lui adresse une attestation par lettre recommandée avec avis de réception.

Dès réception de cette attestation, l'assimilation est réputée accordée.

Art. R. 3262-31. Lorsque, dans le délai d'un mois suivant la date de réception du dossier figurant sur l'avis de réception, la commission n'a pas adressé au demandeur de l'assimilation une attestation de dossier complet ou ne lui a pas demandé la production de pièces justificatives manquantes, l'assimilation est réputée accordée.

Art. R. 3262-32. Pour l'application du 2° de l'article R. 3262-36, les personnes, entreprises ou organismes assimilés aux restaurateurs adressent à nouveau au secrétariat de la commission, sous trente jours au terme d'un délai de douze mois suivant la date à laquelle l'assimilation est réputée leur avoir été accordée, les pièces du dossier mentionné à l'article R. 3262-27, mises à jour à la date d'expiration du délai de douze mois, afin de justifier de leur activité de vente de préparations alimentaires ***(D. 2010-1460 du 30 nov. 2010, JO 2 déc.)*** « mentionnées au deuxième alinéa de l'article R. 3262-4 » dans les conditions définies à ce même article.

À défaut d'avoir satisfait à l'obligation prévue au premier alinéa, les personnes, entreprises ou organismes assimilés ne bénéficient plus de l'assimilation aux restaurateurs.

Note Sur le champ d'application de cet article, voir décret 2008-244 du 7 mars 2008, art. 4 (JO 12).

Contrôle de la gestion

Art. R. 3262-33. L'émetteur de titres-restaurant fait appel à un expert comptable chargé de constater au moins une fois par an les opérations accomplies par cet émetteur.

Les constatations de cet expert comptable sont consignées dans un rapport que l'émetteur tient à la disposition de tout agent de contrôle.

Art. R. 3262-34. Par dérogation à l'article R. 3262-33, si l'émission des titres est assurée par l'employeur et qu'il existe un comité d'entreprise, ce dernier opère le contrôle de la gestion des fonds.

Art. R. 3262-35. Un arrêté du ministre chargé de l'économie et des finances détermine les modalités d'application des articles R. 3262-33 et R. 3262-34.

Commission nationale des titres-restaurant

Missions

Art. R. 3262-36. La Commission nationale des titres-restaurant est chargée :

1° D'accorder l'assimilation à la profession de restaurateur aux personnes, entreprises ou organismes qui satisfont ***(D. 2010-1460 du 30 nov. 2010, JO 2 déc.)*** « aux conditions prévues à l'article R. 3262-4 et aux articles R. 3262-26 à R. 3262-32 » ;

2° De constater les cas où ***(D. 2010-220 du 3 mars 2010, JO 4)*** « les restaurateurs, les personnes, entreprises, organismes assimilés ou les détaillants en fruits et légumes » ont cessé leur activité ou ne satisfont plus aux conditions ouvrant droit au remboursement des titres-restaurant ;

3° De vérifier l'exercice de la profession de restaurateur ***(D. 2010-220 du 3 mars 2010, JO 4)*** « ou de celle de détaillant en fruits et légumes » conformément aux dispositions de l'article R. 3262-26 ;

4° De réunir les informations relatives aux conditions d'application du présent chapitre et de les transmettre aux administrations compétentes ;

5° De fournir aux émetteurs et aux utilisateurs de titres-restaurant les renseignements pratiques dont ils peuvent avoir besoin ;

6° De faciliter l'accord des parties intéressées sur les améliorations qui peuvent être apportées à l'émission et à l'utilisation des titres-restaurant ;

7° D'étudier et de transmettre à l'administration les propositions de modification de la réglementation des titres-restaurant ;

8° D'exercer un contrôle sur le fonctionnement des comptes de titres-restaurant ouverts par les entreprises émettrices afin d'assurer que sont respectées les obligations qui leur sont imposées ainsi que celles ***(D. 2010-220 du 3 mars 2010, JO 4)*** « des restaurateurs, organismes ou entreprises assimilées et des détaillants en fruits et légumes. »

Art. R. 3262-37. Pour permettre à la commission d'exercer la mission de contrôle prévue au 8° de l'article R. 3262-36, chaque société ou entreprise émettrice de titres-restaurant communique, au secrétariat de la commission, le rapport annuel établi par l'expert-comptable désigné à l'article R. 3262-33. Elle lui communique également, chaque mois :

1° Un état récapitulatif des entrées et sorties de titres-restaurant au cours du mois écoulé ;

2° Un état récapitulatif des mouvements ayant affecté, au cours du même mois, les fonds détenus au titre des comptes de titres-restaurant.

Art. R. 3262-38. À la demande de la commission, la société ou l'entreprise émettrice de titres-restaurant transmet au secrétariat :

1° L'état récapitulatif des restaurateurs et organismes ou entreprises, ***(D. 2010-220 du 3 mars 2010, JO 4)*** « des détaillants en fruits et légumes » qui, dans une circonscription donnée au cours d'une période donnée, ont présenté des titres de remboursement ;

2° Tout document comptable ou commercial de nature à justifier la régularité des opérations.

Art. R. 3262-39. La commission peut faire opérer, à tout moment par un expert-comptable, des contrôles auprès des entreprises émettrices et des émetteurs spécialisés.

Organisation et fonctionnement

Art. R. 3262-40. La Commission nationale des titres-restaurant comprend notamment des représentants des organisations représentatives d'employeurs et de salariés, des syndicats de restaurateurs et ***(D. 2010-1460 du 30 nov. 2010, JO 2 déc.)*** « de détaillants de fruits et légumes, et » des entreprises ayant pour activité principale l'émission de titres-restaurant.

Art. R. 3262-41. La composition et le fonctionnement de la commission sont déterminés par un arrêté conjoint des ministres chargés du travail et de l'économie et des finances.

Note Voir arrêté du 22 juin 2011 (JO 30) fixant la composition de la Commission nationale des titres-restaurant.

Art. R. 3262-42. Les membres de la commission ne sont pas rémunérés.

Art. R. 3262-43. Le secrétariat de la commission est assuré par les services du ministre chargé de l'économie et des finances.

Le secrétaire général est désigné en accord avec le ministre chargé du travail.

Art. R. 3262-44. La commission est assistée d'un ou de plusieurs experts-comptables et désignés, sur sa proposition, par arrêté conjoint des ministres chargés du travail et de l'économie et des finances.

Art. R. 3262-45. La commission peut créer dans un département ou un groupe de départements des comités consultatifs dont la composition est analogue à la sienne.

Art. R. 3262-46. Le fait de méconnaître les dispositions du premier et du troisième alinéa de l'article L. 3262-2, de l'article L. 3262-3 et du second alinéa de l'article L. 3262-5, est puni de l'amende prévue pour les contraventions de la quatrième classe.

Il en est de même des infractions aux dispositions des articles R. 3262-1, R. 3262-2, R. 3262-4 à R. 3262-11, R. 3262-16, R. 3262-17, R. 3262-20 à R. 3262-25, R. 3262-33 à R. 3262-35 et R. 3262-37 à R. 3262-39 ainsi que des entraves mises à l'exercice de la mission de contrôle impartie à la commission prévue à l'article R. 3262-36.

CHAPITRE III

Chèques-vacances

Art. L. 3263-1. Les dispositions relatives aux chèques-vacances sont prévues aux articles L. 411-1 à L. 411-17 du code du tourisme.

LIVRE III

(L. 2008-1258 du 3 déc. 2008, art. 1er, JO 4) « DIVIDENDE DU TRAVAIL : » INTÉRESSEMENT, PARTICIPATION ET ÉPARGNE SALARIALE

Note • L'ordonnance du 21 octobre 1986 relative à l'intéressement et à la participation des salariés aux résultats de l'entreprise et à l'actionnariat des salariés, qui n'avait pas été insérée dans le code du travail, a d'abord été modifiée par la loi 90-1002 du 7 novembre 1990 (JO 11) puis par la loi 94-640 du 25 juillet 1994 (JO 27) relative à l'amélioration de la participation des salariés dans l'entreprise, qui l'a codifiée.

Depuis lors, les dispositions légales relatives à l'épargne salariale ont été modifiées à de nombreuses reprises, notamment par :
- la loi 2001-152 du 19 février 2001 (JO 20) sur l'épargne salariale ;
- la loi 2003-775 du 21 août 2003 (JO 22) portant réforme des retraites ;
- la loi du 30 décembre 2003 (JO 31) ;
- la loi du 4 mai 2004 (JO 5) relative à la formation professionnelle tout au long de la vie et au dialogue social ;
- l'ordonnance 2004-804 du 9 août 2004 (JO 11) relative au soutien à la consommation et à l'investissement ;
- la loi 2005-842 du 26 juillet 2005 (JO 27) pour la confiance et la modernisation de l'économie ;
- la loi 2005-882 du 2 août 2005 en faveur des petites et moyennes entreprises ;
- la loi 2006-1770 du 30 décembre 2006 (JO 31) qui a modifié sensiblement le régime des dispositifs existants (intéressement, participation, plans d'épargne) et a notamment prévu la possibilité pour les entreprises de verser un supplément d'intéressement ou de participation ;
- la loi 2008-1258 du 3 décembre 2008 (JO 4) qui a notamment introduit la possibilité d'un déblocage immédiat des droits à participation, la faculté pour l'employeur de mettre en place un plan d'épargne pour la retraite collectif (PERCO) par décision unilatérale en cas d'échec des négociations, et plusieurs mesures temporaires visant à encourager la conclusion ou la renégociation d'un accord d'intéressement (crédit d'impôt, prime exceptionnelle). Cette loi comporte d'autres mesures visant à développer l'épargne salariale, notamment la faculté de conclure un accord type d'intéressement au niveau de la branche professionnelle, l'élargissement de l'accès des chefs d'entreprise et de leur conjoint collaborateur ou associé aux différents mécanismes d'épargne salariale ou la possibilité d'abondement initial au PERCO même en l'absence de contribution du salarié ;
- la loi 2010-1330 du 9 novembre 2010 (JO 10) portant réforme des retraites qui comporte des mesures relatives à l'épargne retraite, désormais définie comme visant à compléter les pensions dues au titre des régimes de retraite par répartition légalement obligatoires, en permettant de disposer, à partir du départ à la retraite, de ressources provenant d'une épargne constituée individuellement ou collectivement à partir de versements sur une base volontaire ou obligatoire réalisés à titre privé ou lors de l'activité professionnelle (loi précitée, art. 107).

Les dispositions réglementaires prises pour l'application de ces lois résultent du décret 87-544 du 17 juillet 1987, codifié par le décret 95-377 du 11 avril 1995 (JO 12), puis des décrets 2001-703 et 704 du 31 juillet 2001 (JO 3 août), 2003-384 du 23 avril 2003 (JO 25), 2004-400 du 7 mai 2004 (JO 8), 2009-350 et 351 du 30 mars 2009. L'ensemble des dispositions légales et réglementaires sur l'épargne salariale a été commenté par l'administration dans une circulaire interministérielle en date du 14 septembre 2005 (JO 1er novembre). Sur les modifications apportées aux mécanismes de l'épargne salariale par la loi du 30 décembre 2006, voir lettre circulaire ACOSS 2007-48 du 6 mars 2007 et circulaire DSS/5B/DGT/RT3 2007/199 du 15 mai 2007 (*JCP* éd. S n° 24, 12 juin 2007, 1452). Sur les modifications résultant de la loi du 3 décembre 2008 et des décrets 2009-350 et 351 du 30 mars 2009, voir la circulaire « Questions-Réponses » DGT 2009-13 du 19 mai 2009 relative à la loi en faveur des revenus du travail.

• Voir *Revue fiduciaire*, HS 2011-5, novembre 2011 « Épargne salariale – Actionnariat salarié ».

• Les dispositions des chapitres II, III et IV du titre IV du livre IV [deuxième partie, livre III : titres II, III et IV] du code du travail sont applicables à l'ensemble des personnels de France Télécom (loi 2003-1365 du 31 décembre 2003, art. 6).

Les dispositions des chapitres III et IV du titre IV du livre IV [deuxième partie, livre III : titres III et IV] du code du travail sont applicables à l'ensemble des personnels de La Poste (loi 2005-516 du 20 mai 2005, art. 9).

Les chapitres Ier, III et IV du titre IV du livre IV [deuxième partie, livre III : titres I, III et IV] du code du travail sont applicables aux personnels de l'État mis à la disposition de la DCN (Direction des constructions navales) ou de ses filiales (loi 2004-1487 du 30 décembre 2004, art. 2, modifiée par loi 2006-1770 du 30 décembre 2006, art. 26).

Les décrets 92-1322 du 18 décembre 1992, 96-255 du 26 mars 1996 (JO 29), 2000-384 du 27 avril 2000 (JO 5 mai) ont modifié le décret 87-948 du 26 novembre 1987 déterminant les entreprises publiques et sociétés nationales soumises aux textes relatifs à la participation financière des salariés dans l'entreprise.

Prime de partage des profits

La loi 2011-894 du 28 juillet 2011 (JO 29) a institué une « prime de partage des profits » ou « prime dividendes ».

Cette prime s'applique aux attributions de dividendes autorisées à partir du 1er janvier 2011 au titre du dernier exercice clos ; son application est prévue jusqu'à l'intervention, au plus tard le 31 décembre 2013, d'une loi suivant les résultats d'une négociation nationale interprofessionnelle sur le partage de la valeur ajoutée. Elle ne s'applique pas à Mayotte.

Entreprises concernées. La prime concerne uniquement les sociétés commerciales employant habituellement au moins 50 salariés, l'effectif étant calculé selon les mêmes modalités que pour la participation des salariés aux résultats. La société a l'obligation de distribuer une prime de partage des profits à l'ensemble de ses salariés lorsque elle attribue à ses associés ou actionnaires, des dividendes dont le montant par part sociale ou par action est en augmentation par rapport à la moyenne des dividendes par part sociale ou par action versés au titre des deux exercices précédents.

Pour les sociétés appartenant à un groupe tenu de mettre en place un comité de groupe au sens du I de l'article L. 2331-1, c'est au niveau de la décision d'attribution de dividendes de l'entreprise dominante que s'apprécie la condition d'augmentation ou non des dividendes par rapport aux deux exercices précédents. Si tel est le cas, l'obligation de mettre en place la prime s'applique dans toutes les sociétés commerciales de 50 salariés et plus appartenant à ce groupe.

S'agissant des salariés de filiales de droit français de sociétés étrangères, c'est au niveau des dividendes attribués par la filiale qu'il conviendra de vérifier la condition d'augmentation ou non par rapport aux deux exercices précédents.

Sont exemptés de la prime les employeurs ayant déjà attribué au titre de l'année en cours au bénéfice de l'ensemble de leurs salariés, par accord d'entreprise, un avantage pécuniaire qui n'est pas imposé par la loi ou des dispositions conventionnelles, alloué en tout ou partie en contrepartie de l'augmentation des dividendes (ex : supplément de participation ou d'intéressement, attribution gratuite d'actions).

Les sociétés commerciales employant habituellement moins de 50 salariés peuvent se soumettre volontairement à la prime de partage des profits, pourvu que la condition d'augmentation des dividendes soit remplie. Elles peuvent alors agir soit à leur initiative, soit par un accord conclu selon l'une des modalités prévues pour les accords de participation.

Mise en place. La prime doit être instituée par un accord conclu dans les 3 mois de l'attribution de dividendes autorisée par l'assemblée générale des actionnaires. Pour les attributions de dividendes déjà intervenues à la date de promulgation de la loi, les employeurs ont jusqu'au 31 octobre 2011 pour conclure un accord. Cet accord peut être conclu selon l'une ou l'autre des modalités prévues pour les accords de participation. Si aucun accord n'est conclu au terme de la négociation, un procès-verbal de désaccord est établi, dans lequel sont consignées les propositions initiales de l'employeur, les propositions respectives des parties en leur dernier état, et la prime que l'employeur s'engage à attribuer unilatéralement, après avis du comité d'entreprise ou, à défaut, des délégués du personnel, s'ils existent.

L'employeur qui n'engagerait pas les négociations en vue de la conclusion d'un accord sur la prime est passible des mêmes sanctions pénales que sur le contenu de la négociation annuelle obligatoire (un an de prison et/ou une amende de 3 750 €).

Information et dépôt. Une note d'information est remise à chaque salarié concerné, précisant le montant de la prime, les modalités de répartition ainsi que la date de son versement. L'accord ou la décision unilatérale de l'employeur doit être déposé auprès de la DIRECCTE dont dépend l'entreprise, ou l'entreprise dominante pour les accords de groupe. Ce dépôt doit être effectué avant le versement de la prime et conditionne les exonérations sociales.

Bénéficiaires. Tous les salariés inscrits à l'effectif de l'entreprise au cours de l'exercice au titre duquel les dividendes sont attribués, bénéficient de la prime. Il est possible de prévoir une condition d'ancienneté au plus égale à trois mois, mais uniquement dans le cas où la prime est instituée par voie d'accord.

Montant et répartition de la prime. Sous réserve de ne pas être symbolique, le montant de la prime est librement fixé dans le cadre de la négociation entre partenaires sociaux ou, à défaut d'accord, par l'employeur. La répartition de la prime peut être soit uniforme, soit modulée selon les critères prévus pour la participation (montant des salaires, durée de présence dans l'entreprise au cours de l'exercice, ou selon ces deux critères à l'exclusion de tout autre). L'employeur doit veiller à ce que la prime ne se substitue ni à des augmentations de rémunération, ni à des éléments de rémunération entrant dans l'assiette des cotisations de sécurité sociale versés par l'employeur ou qui deviendraient obligatoires en application de règles légales, conventionnelles ou contractuelles.

La prime attribuée est exonérée de cotisations dans la limite de 1 200 € par an et par salarié, mais assujettie à la CSG, à la CRDS et au forfait social. La prime est soumise à l'impôt sur le revenu.

Pour l'entreprise, la prime est déductible du résultat imposable, sous réserve qu'elle corresponde à un travail effectif et ne soit pas excessive eu égard à l'importance du service rendu (rescrit fiscal 2011-28, FE, 18 octobre 2011).

Pour aller plus loin, voir article 1er de la loi 2011-894 du 28 juillet 2011, rapporté dans les Textes non codifiés et circulaire interministérielle du 29 juillet 2011.

TITRE Ier

INTÉRESSEMENT

CHAPITRE Ier

Champ d'application

Art. L. 3311-1. Les dispositions du présent titre sont applicables aux employeurs de droit privé ainsi qu'à leurs salariés.

Elles sont également applicables :

1° Aux établissements publics à caractère industriel et commercial ;

2° Aux établissements publics administratifs lorsqu'ils emploient du personnel de droit privé.

Un décret en Conseil d'État détermine les conditions dans lesquelles les dispositions du présent titre sont applicables aux entreprises publiques et aux sociétés nationales ne pouvant pas conclure une convention ou un accord collectif de travail mentionné à l'article L. 3312-5.

Note

• Les dispositions relatives à l'intéressement des salariés ne sont applicables qu'aux entreprises publiques, aux établissements publics à caractère industriel et commercial et aux établissements publics qui assurent à la fois une mission de service public à caractère administratif et à caractère industriel et commercial. Elles ne sont donc pas applicables dans un centre hospitalier public (cass. soc. 6 juillet 2011, n° 10-15.348, *RJS* 10/11 n° 829).

• Il résulte de la combinaison des articles L. 441-1, L. 131-2 et L. 134-1 (anciens) CT que les dispositions relatives à l'intéressement des salariés ne sont applicables aux établissements publics qui assurent tout à la fois une mission de service public à caractère administratif et à caractère industriel et commercial que s'ils figurent sur une liste déterminée par décret et emploient du personnel dans les conditions du droit privé. Les chambres de commerce et d'industrie n'étant pas, en tant qu'établissements publics qui peuvent gérer des services industriels et commerciaux, dans le champ des dispositions précitées relatives à l'intéressement, dès lors qu'aucun décret n'est intervenu conformément à l'article L. 134-1 (ancien) CT, une cour d'appel a décidé à juste titre qu'une chambre de commerce et d'industrie ne pouvait pas bénéficier des dispositions de l'article L. 441-1 (ancien) CT, de sorte que les sommes versées dans le cadre des accords d'intéressement devaient être réintégrées dans l'assiette des cotisations (cass. soc. 23 mars 2004, n° 02-14.575, *JSL* n° 147, 8 juin 2004, p. 28).

• Les dispositions du code du travail relatives à l'intéressement des salariés à l'entreprise sont applicables à l'ensemble des personnels de La Poste et de France Télécom (loi 2003-1365 du 31 décembre 2003, art. 6).

• Un groupement d'intérêt économique n'est pas exclu des entreprises visées par l'article 1er de l'ordonnance 86-1134 du 21 octobre 1986 et, pour le calcul de l'intéressement, l'accord peut prendre en compte les résultats des entreprises membres du groupement (cass. soc. 1er juin 2005, n° 03-30.295, BC V n° 186). Cette solution jurisprudentielle a été reprise par l'article L. 3314-3 CT qui autorise les groupements d'intérêt économique ainsi que les groupements d'employeurs à instaurer un régime d'intéressement prenant en compte les résultats ou les performances des entreprises membres du groupement.

• *Fonction publique.* Le décret 2011-1038 du 29 août 2011 (JO 1er sept.) a mis en place un dispositif d'intéressement collectif dans les administrations de l'État.

Art. R. 3311-1. Dans les entreprises publiques dont le personnel est soumis pour les conditions de travail à un statut législatif ou réglementaire, les accords d'intéressement peuvent fixer un montant maximum des sommes à distribuer dans la limite du cinquième du total des salaires bruts versés aux salariés intéressés.

Art. R. 3311-2. Dans les entreprises publiques, les accords d'intéressement ne peuvent entrer en application qu'après avoir été homologués par arrêté du ministre chargé de l'économie et du ministre de tutelle après avis de la commission interministérielle de coordination des salaires.

Art. R. 3311-3. ***(D. 2009-350 du 30 mars 2009, JO 31)*** Les dispositions du présent titre sont également applicables aux personnes mentionnées aux articles L. 3312-2 et L. 3312-3.

Art. D. 3311-4. ***(D. 2009-351 du 30 mars 2009, JO 31)*** Les salariés d'un groupement d'employeurs qui n'a pas mis en place un dispositif d'intéressement peuvent bénéficier du dispositif d'intéressement mis en place dans chacune des entreprises du groupement auprès de laquelle ils sont mis à disposition si l'accord le prévoit.

CHAPITRE II

Mise en place de l'intéressement

Art. L. 3312-1. L'intéressement a pour objet d'associer collectivement les salariés aux résultats ou aux performances de l'entreprise.

Il présente un caractère aléatoire et résulte d'une formule de calcul liée à ces résultats ou performances.

Il est facultatif.

Art. L. 3312-2. Toute entreprise qui satisfait aux obligations incombant à l'employeur en matière de représentation du personnel peut instituer, par voie d'accord, un intéressement collectif des salariés.

(L. 2008-1258 du 3 déc. 2008, art. 7, JO 4) « Le salarié d'un groupement d'employeurs peut bénéficier du dispositif d'intéressement mis en place dans chacune des entreprises adhérentes du groupement auprès de laquelle il est mis à disposition dans des conditions fixées par décret. »

Note • *Crédit d'impôt.* Afin d'encourager l'intéressement, la loi 2008-1258 du 30 décembre 2008 sur les revenus du travail a prévu un crédit d'impôt en faveur des entreprises qui, entre le 4 décembre 2008 et le 31 décembre 2014, concluent un accord d'intéressement ou un avenant à un accord en cours augmentant le volume des primes distribuables.

Dans les entreprises où aucun accord n'était en vigueur au titre des quatre exercices précédant celui de la première application de l'accord, ce crédit d'impôt était égal à 20 % des sommes dues au titre de l'exercice.

Les entreprises dans lesquelles un accord d'intéressement était déjà en vigueur bénéficiaient d'un crédit d'impôt égal à 20 % de la différence entre le montant des primes dues en application de l'accord renégocié et la moyenne des primes dues au titre de l'accord précédent.

L'article 131 de la loi 2010-1657 de finances pour 2011 a prorogé ce dispositif en y apportant certains aménagements :
- le crédit d'impôt intéressement est désormais réservé aux entreprises dans lesquelles la participation n'est pas obligatoire (CGI art. 244 *quater* T modifié). Ainsi, pour le calcul des crédits d'impôt intéressement acquis au titre des primes versées à compter du 1er janvier 2011, le bénéfice du crédit d'impôt est réservé aux entreprises employant habituellement moins de 50 salariés et ayant conclu un accord d'intéressement ;
- l'assiette du crédit d'impôt calculé à partir de 2011 est limitée à la hausse des primes d'un exercice à l'autre et d'un accord à l'autre mais, en contrepartie, le taux du crédit d'impôt est porté de 20 à 30 % ;
- le bénéfice du crédit d'impôt intéressement est encadré par la limite communautaire relative aux aides de minimis qui plafonne le montant total des aides librement accordées aux entreprises (règlement CE 1998/2006 ; CGI art. 244 *quater* T-VI nouveau).

La loi 2011-900 du 29 juillet 2011, art. 20 a précisé la date d'application de ces aménagements et a introduit des mesures transitoires pour les entreprises de 50 à 249 salariés.

• *À titre expérimental*, jusqu'au 31 décembre 2012, les entreprises employant habituellement moins de cinquante salariés peuvent conclure un accord d'intéressement pour une durée de un an au lieu de 3 en principe. Cet intéressement annuel doit obéir à toutes les conditions et caractéristiques de l'intéressement triennal.

Pour 2011, par dérogation à la règle posée par l'article L. 3314-4, la date limite de conclusion de cet accord a été exceptionnellement portée au 31 octobre 2011 lorsque la période de calcul est annuelle.

Avant le 31 décembre 2012, le Gouvernement présentera au Parlement un bilan des accords et des mesures intervenus. Ce rapport pourra proposer des adaptations législatives découlant de ce bilan (article 1er, XII et XIII de la loi 2011-894 du 28 juillet 2011, JO 29, rapporté dans les Textes non codifiés et circulaire interministérielle du 29 juillet 2011 relative à la prime de partage des profits, questions 62 à 65).

Art. L. 3312-3. Dans les entreprises dont l'effectif habituel est compris entre un et ***(L. 2008-1258 du 3 déc. 2008, art. 12, JO 4)*** « deux cent cinquante » salariés, peuvent bénéficier des dispositions du présent titre :

1° Les chefs de ces entreprises ;

2° Les présidents, directeurs généraux, gérants ou membres du directoire s'il s'agit de personnes morales ;

3° Le conjoint du chef d'entreprise s'il a le statut de conjoint collaborateur ou de conjoint associé mentionné à l'article L. 121-4 du code de commerce.

Toutefois, un accord d'intéressement ne peut être conclu dans une entreprise dont l'effectif est limité à un salarié si celui-ci a également la qualité de président, directeur général, gérant ou membre du directoire.

Art. L. 3312-4. Les sommes attribuées aux bénéficiaires en application de l'accord d'intéressement ou au titre du supplément d'intéressement mentionné à l'article

L. 3314-10 n'ont pas le caractère de rémunération, au sens de l'article L. 242-1 du code de la sécurité sociale et de l'article L. 741-10 du code rural ***(Ord. 2010-462 du 6 mai 2010, JO 7)*** « et de la pêche maritime », ni de revenu professionnel au sens de l'article L. 131-6 du code de la sécurité sociale et de l'article L. 731-14 du code rural ***(Ord. 2010-462 du 6 mai 2010, JO 7)*** « et de la pêche maritime » pour l'application de la législation de la sécurité sociale. Ces sommes ne peuvent se substituer à aucun des éléments de rémunération, au sens des mêmes articles, en vigueur dans l'entreprise ou qui deviennent obligatoires en vertu de dispositions légales ou de clauses contractuelles.

Toutefois, en cas de suppression totale ou partielle d'un élément de rémunération, cette règle de non-substitution ne peut avoir pour effet de remettre en cause les exonérations prévues tant au présent article qu'aux articles L. 3315-1 à L. 3315-3, dès lors qu'un délai de douze mois s'est écoulé entre le dernier versement de cet élément de rémunération et la date d'effet de cet accord.

Les sommes mentionnées au premier alinéa n'ont pas le caractère d'élément de salaire pour l'application de la législation du travail.

Note Les sommes attribuées aux salariés, en vertu d'un accord d'intéressement, n'ont pas le caractère d'éléments de salaire ; la Cour de cassation rappelle le principe de non-substitution de l'intéressement au salaire (s'agissant d'une prime instituée par un accord d'entreprise lui conférant un caractère obligatoire pour l'employeur : cass. soc. 27 janvier 1994, n° 91-17.528, BC V n° 34 ; *RJS* 3/94 n° 283 ; 9 mai 1996, n° 93-21.874, BC V n° 184 ; *RJS* 6/96 n° 694). Un accord d'intéressement conclu en même temps que celui supprimant une prime réalise la substitution prohibée (cass. soc. 9 octobre 2001, n° 98-43.905, BC V n° 305 ; *RJS* 12/01 n° 1448). Cette solution concerne également les cas de substitution simplement partielle à un élément du salaire (cass. soc. 21 mars 1996, n° 94-11.611, BC V n° 109 ; *RJS* 6/96 n° 695 ; 29 octobre 1998, n° 97-11.256, BC V n° 469). La substitution partielle de l'intéressement à un élément du salaire versé par l'employeur est établie lorsque la mise en œuvre de l'accord d'intéressement, qui comporte une formule de calcul ayant pour effet d'augmenter le produit de l'intéressement quand la prime de bilan diminue, s'accompagne d'une réduction, sans raison objective, du montant de cette prime (cass. soc. 17 février 2004, n° 02-30.480, *RJS* 5/04 n° 583).

Lorsque la substitution prohibée résulte de la concomitance de deux accords, l'un supprimant une prime instituée par un accord antérieur, l'autre instituant un intéressement, ces deux accords sont privés d'effet et les salariés peuvent prétendre au paiement de la prime instituée par l'accord initial, non seulement pour la période correspondant à la durée de l'accord d'intéressement mais aussi pour la période postérieure à l'application de cet accord (cass. soc. 9 novembre 2005, n° 03-43.526, *RJS* 1/06 n° 70).

Conditions d'application du principe de non-substitution. Le délai pendant lequel une prime d'intéressement ne peut se substituer à un élément de rémunération est fixé à douze mois entre le dernier versement de l'élément de rémunération en tout ou partie supprimé et la date d'effet de l'accord qui est le début de l'exercice de référence du calcul de la prime. « Par exemple, pour un élément de rémunération supprimé dont le dernier versement s'effectue le 31 décembre 2000, le principe de non-substitution ne pourra être invoqué dès lors que l'accord d'intéressement prend effet à compter du 1er janvier 2002 » (circ. 14 septembre 2005, JO 1er nov.).

Art. L. 3312-5. Les accords d'intéressement sont conclus pour une durée de trois ans, selon l'une des modalités suivantes :

1° Par convention ou accord collectif de travail ;

2° Par accord entre l'employeur et les représentants d'organisations syndicales représentatives dans l'entreprise ;

3° Par accord conclu au sein du comité d'entreprise ;

4° À la suite de la ratification, à la majorité des deux tiers du personnel, d'un projet d'accord proposé par l'employeur. Lorsqu'il existe dans l'entreprise une ou plusieurs organisations syndicales représentatives ou un comité d'entreprise, la ratification est demandée conjointement par l'employeur et une ou plusieurs de ces organisations ou ce comité.

(L. 2008-1258 du 3 déc. 2008, art. 8, JO 4) « Si aucune des parties habilitées à négocier ou à ratifier un accord d'intéressement dans les conditions prévues aux 1°, 2° et 3° ne demande de renégociation dans les trois mois précédant la date d'échéance de l'accord, ce dernier est renouvelé par tacite reconduction, si l'accord d'origine en prévoit la possibilité. »

Note

• L'intéressement, qui est facultatif, ne peut être institué dans l'entreprise que selon les modalités fixées par l'article L. 3312-5. Dès lors, il n'entre pas dans les pouvoirs du juge de déterminer le contenu d'un accord d'intéressement, fût-ce en se référant aux clauses d'un accord antérieur, et d'en imposer l'application, et cela même lorsque l'employeur n'a pas satisfait à l'obligation d'engager, lorsque les salariés de l'entreprise ne sont pas couverts par un accord d'intéressement, ou un accord de participation, ou un plan d'épargne d'entreprise, ou un plan d'épargne pour la mise à la retraite collectif, une négociation à cette fin dans le cadre de la négociation annuelle obligatoire dans l'entreprise (cass. soc. 2 mars 2010, n° 08-12.238, *LS* Jurispr. n° 54/2010 du 16/03/10 ; *RJS* 5/10 n° 456 ; *JCP* éd. S 2010, 1247, note A. Martinon).

• *Renouvellement de l'accord par tacite reconduction.* La circulaire DGT 2009-13 du 19 mai 2009 a précisé que :
– la reconduction tacite conduit à un nouvel accord de trois ans, la loi du 3 décembre 2008 n'ayant pas modifié la durée triennale de l'intéressement ;
– une demande de renégociation interdit la tacite reconduction. En cas d'échec de la renégociation, la poursuite de l'intéressement dans l'entreprise nécessitera un nouvel accord.

Art. L. 3312-6. Dans les entreprises ou les groupes disposant d'un accord d'intéressement et concourant avec d'autres entreprises à une activité caractérisée et coordonnée, un accord peut être conclu pour prévoir que tout ou partie des salariés bénéficie d'un intéressement de projet.

Cet accord d'intéressement de projet est négocié dans les conditions prévues au présent chapitre s'il n'implique que tout ou partie des salariés d'une même entreprise ou d'un même groupe. Il est négocié selon des modalités identiques à celles prévues au premier alinéa de l'article L. 3333-2 s'il concerne tout ou partie des salariés d'entreprises qui ne constituent pas un groupe.

Dans les deux cas, la majorité des deux tiers requise pour la ratification s'entend sur les personnels entrant dans le champ d'application du projet.

L'accord définit un champ d'application et une période de calcul spécifiques, qui peuvent différer de ceux prévus aux articles L. 3311-1 et L. 3312-5 sans pouvoir excéder trois ans.

L'application à l'intéressement de projet des dispositions du premier alinéa de l'article L. 3312-4 ne donne pas lieu à application de l'article L. 131-7 du code de la sécurité sociale.

Art. R. 3312-2. Les dispositions du présent titre sont applicables à l'intéressement de projet mentionné à l'article L. 3312-6.

Art. L. 3312-7. Lorsqu'il existe un comité d'entreprise, le projet d'accord d'intéressement lui est soumis pour avis avant sa signature, dans un délai déterminé par voie réglementaire.

Art. R. 3312-1. Le projet d'accord d'intéressement est soumis au comité d'entreprise pour avis au moins quinze jours avant sa signature.

Art. L. 3312-8. *(L. 2008-1258 du 3 déc. 2008, art. 3, JO 4)* Un régime d'intéressement peut être établi au niveau de la branche. Les entreprises de la branche qui le souhaitent bénéficient de ce régime. Elles concluent à cet effet un accord dans les conditions prévues à l'article L. 3312-5.

CHAPITRE III

Contenu et régime des accords

SECTION 1. Contenu des accords

Art. L. 3313-1. L'accord d'intéressement institue un système d'information du personnel et de vérification des modalités d'exécution de l'accord.

Il comporte notamment un préambule indiquant les motifs de l'accord ainsi que les raisons du choix des modalités de calcul de l'intéressement et des critères de répartition de ses produits.

Art. L. 3313-2. L'accord d'intéressement définit notamment :

1° La période pour laquelle il est conclu ;

2° Les établissements concernés ;

3° Les modalités d'intéressement retenues ;

4° Les modalités de calcul de l'intéressement et les critères de répartition de ses produits dans le respect des dispositions prévues aux articles L. 3314-1 à L. 3314-7 ;

5° Les dates de versement ;

6° Les conditions dans lesquelles le comité d'entreprise ou une commission spécialisée créée par lui ou, à défaut, les délégués du personnel disposent des moyens d'information nécessaires sur les conditions d'application des clauses du contrat ;

7° Les procédures convenues pour régler les différends qui peuvent surgir dans l'application de l'accord ou lors de sa révision.

Note • Tout accord d'intéressement doit préciser les critères et les modalités servant au calcul et à la répartition des produits de l'intéressement. Un accord d'intéressement qui ne définit pas la notion d'objectifs à laquelle il se réfère n'ouvre pas droit à exonération de cotisations (cass. soc. 27 juin 2000, n° 98-11.909, BC V n° 252 ; dans le même sens, voir aussi cass. soc 20 mars 1997, n° 95-16.930, BC V n° 122, s'agissant d'un accord d'intéressement dont les modalités d'attribution sont laissées à la discrétion de l'employeur).

Sur le degré de précision exigé de la formule de calcul inscrite dans l'accord, voir cass. soc. 21 septembre 2005, n° 03-30.002, *RJS* 12/05 n° 1236.

• **Modalités de calcul de l'intéressement au sein d'un groupe.** Pour le calcul de l'intéressement, un accord d'intéressement peut prendre en compte les résultats de certaines des entreprises du groupe au sein duquel cet accord s'applique (cass. soc. 16 mai 2007, n° 05-17.288, *RJS* 7/07 n° 878).

• Sur le respect des caractères collectif et aléatoire de la formule de calcul de l'intéressement prévue dans l'accord, voir note sous article L. 3314-2.

• **Sécurisation des accords.** Voir article L. 3345-3.

SECTION 2. Régime des accords

Sous-section 1. Dépôt et contrôle administratif

Art. L. 3313-3. L'accord d'intéressement est déposé auprès de l'autorité administrative dans un délai déterminé par voie réglementaire.

Note Un accord d'établissement comportant des stipulations ne figurant pas dans l'accord national doit faire l'objet d'un dépôt à la direction départementale du travail et de l'emploi ; l'accord non déposé ne peut ouvrir droit à exonération (cass. soc. 20 février 1997, n° 95-10.730, *RJS* 4/97 n° 447 ; 22 octobre 1998, n° 97-11.804, *RJS* 12/98 n° 1537).

À noter que l'article L. 3345-1 prévoit que l'accord d'intéressement, l'accord de participation et le règlement d'un plan d'épargne salariale, lorsqu'ils sont conclus concomitamment, peuvent faire l'objet d'un dépôt commun dans les conditions aux accords d'intéressement.

Art. D. 3313-1. L'accord d'intéressement est déposé à la ***(D. 2009-1377 du 10 nov. 2009, JO 13 ; D. 2010-687 du 24 juin 2010, JO 25 ; voir D. 2010-1582 du 17 déc. 2010, JO 18, pour outre-mer)*** « direction régionale des entreprises, de la concurrence, de la consommation, du travail et de l'emploi » du lieu où il a été conclu par la partie la plus diligente, dans un délai de quinze jours à compter de la date limite prévue à l'article L. 3314-4.

Art. D. 3313-2. Lorsqu'un accord de branche d'intéressement ouvre des choix aux parties signataires au niveau de l'entreprise, l'accord déposé peut ne contenir que les clauses résultant de ces choix.

L'adhésion à un accord de branche d'intéressement n'ouvrant pas de possibilité de choix, ou ouvrant un choix qui n'a pas été exercé, donne lieu à une simple notification à la ***(D. 2009-1377 du 10 nov. 2009, JO 13 ; D. 2010-687 du 24 juin 2010, JO 25 ; voir D. 2010-1582 du 17 déc. 2010, JO 18, pour outre-mer)*** « direction régionale des entreprises, de la concurrence, de la consommation, du travail et de l'emploi ».

Art. D. 3313-3. Lorsque l'accord qui assure l'intéressement des salariés à l'entreprise résulte d'une formule de calcul prenant en compte les résultats de l'une ou plusieurs des entreprises qui lui sont liées, au sens de l'article L. 233-16 du code de commerce, la liste de ces entreprises dont le siège social est situé en France est annexée au texte de l'accord déposé.

Il est fait mention, pour chaque entreprise liée, de l'adresse de son siège social, de ses effectifs ainsi que des dates de conclusion, d'effet et de dépôt de l'accord d'intéressement en vigueur dans l'entreprise.

Art. D. 3313-4. Le ***(D. 2009-1377 du 10 nov. 2009, JO 13 ; D. 2010-687 du 24 juin 2010, JO 25 ; voir D. 2010-1582 du 17 déc. 2010, JO 18, pour outre-mer)*** « directeur régional des entreprises, de la concurrence, de la consommation, du travail et de l'emploi » accuse, sans délai, réception de l'accord et des autres documents mentionnés à la présente sous-section.

Sous-section 2. Modification dans la situation juridique de l'entreprise

Art. L. 3313-4. En cas de modification survenue dans la situation juridique de l'entreprise, par fusion, cession ou scission et lorsque cette modification rend impossible l'application de l'accord d'intéressement, cet accord cesse de produire effet entre le nouvel employeur et les salariés de l'entreprise.

En l'absence d'accord d'intéressement applicable à la nouvelle entreprise, celle-ci engage dans un délai de six mois une négociation, selon l'une des modalités prévues à l'article L. 3312-5, en vue de la conclusion éventuelle d'un nouvel accord.

Note

• L'impossibilité d'appliquer un accord d'intéressement au sens de ces dispositions relève de l'appréciation souveraine des juges du fond (cass. soc. 13 mai 2003, n° 01-14.565, BC V n° 159 ; *RJS* 7/03 n° 922 ; *JSL* n° 128, 29 juillet 2003, p. 22). Voir « Le sort des régimes d'épargne salariale lors de transferts d'entreprise », *JCP* éd. S 2007, 1466, étude G. Jolivet et H. Ouaissi.

• Lorsqu'un accord d'intéressement existe dans l'entreprise d'accueil, les salariés repris doivent en bénéficier. À cet égard, il a été jugé que les disparités entre rémunérations provoquées par la reprise de salariés en application de l'article L. 1224-1 CT, ne peuvent être résolues, même au nom du principe « à travail égal, salaire égal », par la renonciation de ces derniers aux avantages de l'intéressement en vigueur dans l'entreprise qui les reprend. Un tel renoncement remet nécessairement en cause le caractère de rémunération collective que doit présenter l'intéressement pour ouvrir droit à l'exonération des cotisations sociales (cass. civ., 2e ch., 12 mars 2009, n° 08-10.770, *RJS* 7/09 n° 654 ; *JCP* éd. S 2009, 1453, note R. Vatinet).

Art. L. 3313-4.

Modification et dénonciation

Art. D. 3313-5. L'accord d'intéressement ne peut être modifié ou dénoncé que par l'ensemble des signataires et dans la même forme que sa conclusion, sauf en cas de dénonciation prévu au deuxième alinéa de l'article L. 3345-2.

Art. D. 3313-6. L'avenant modifiant l'accord d'intéressement en vigueur est déposé selon les mêmes formalités et délais que l'accord.

Art. D. 3313-7. La dénonciation est notifiée au ***(D. 2009-1377 du 10 nov. 2009, JO 13 ; D. 2010-687 du 24 juin 2010, JO 25 ; voir D. 2010-1582 du 17 déc. 2010, JO 18, pour outre-mer)*** « directeur régional des entreprises, de la concurrence, de la consommation, du travail et de l'emploi ».

Pour être applicable à l'exercice en cours, la dénonciation respecte les mêmes conditions de délais et de dépôt que l'accord.

(D. 2009-351 du 30 mars 2009, JO 31)

Reconduction tacite

Art. D. 3313-7-1. Lorsque aucune des parties ne demande de renégociation dans les conditions prévues à l'article L. 3312-5, le renouvellement de cet accord est notifié par la partie la plus diligente au ***(D. 2009-1377 du 10 nov. 2009, JO 13 ; D. 2010-687 du 24 juin 2010, JO 25 ; voir D. 2010-1582 du 17 déc. 2010, JO 18, pour outre-mer)*** « directeur régional des entreprises, de la concurrence, de la consommation, du travail et de l'emploi ».

La notification respecte les mêmes conditions de délais et de dépôt que l'accord.

Information des salariés

Art. D. 3313-8. Une note d'information, qui mentionne notamment les dispositions prévues à l'article D. 3313-11, est remise au salarié bénéficiaire d'un accord d'intéressement.

Art. D. 3313-9. La somme attribuée à un salarié en application de l'accord d'intéressement fait l'objet d'une fiche distincte du bulletin de paie.

Cette fiche mentionne :

1° Le montant global de l'intéressement ;

2° Le montant moyen perçu par les bénéficiaires ;

3° Le montant des droits attribués à l'intéressé ;

4° La retenue opérée au titre de la contribution sociale généralisée et de la contribution au remboursement de la dette sociale.

Elle comporte également, en annexe, une note rappelant les règles essentielles de calcul et de répartition prévues par l'accord d'intéressement.

(D. 2009-351 du 30 mars 2009, JO 31) « Avec l'accord du salarié concerné, la remise de cette fiche distincte peut être effectuée par voie électronique, dans des conditions de nature à garantir l'intégrité des données. »

Art. D. 3313-10. Lorsqu'un salarié susceptible de bénéficier de l'intéressement quitte l'entreprise avant que celle-ci ait été en mesure de calculer les droits dont il est titulaire, l'employeur lui demande l'adresse à laquelle il pourra être informé de ses droits et lui demande de le prévenir de ses changements d'adresse éventuels.

Lorsque l'accord d'intéressement a été mis en place après que des salariés susceptibles d'en bénéficier ont quitté l'entreprise, ou lorsque le calcul et la répartition de l'intéressement interviennent après un tel départ, la fiche et la note prévue à l'article D. 3313-9 sont également adressées à ces bénéficiaires pour les informer de leurs droits.

Art. D. 3313-11. Lorsque le bénéficiaire ne peut être atteint à la dernière adresse indiquée par lui, les sommes auxquelles il peut prétendre sont tenues à sa disposition par l'entreprise pendant une durée d'un an à compter de la date limite de versement de l'intéressement prévue à l'article L. 3314-9.

Passé ce délai, ces sommes sont remises à la Caisse des dépôts et consignations où l'intéressé peut les réclamer ***(D. 2009-351 du 30 mars 2009, JO 31)*** « jusqu'au terme du délai prévu au ***(D. 2011-1450 du 7 nov. 2011, JO 8)*** " 10° *bis* de l'article L. 135-3 du code de la sécurité sociale ". »

Note *Second alinéa.* Depuis l'intervention de la loi 2010-1594 du 20 décembre 2010 (art. 9, JO 21), les sommes issues de l'intéressement et qui n'ont pas été réclamées au bout de 30 ans sont versées par la Caisse des dépôts et consignation au Fonds de solidarité vieillesse et non plus au fonds de réserve pour les retraites ; la référence faite par cet article au « 7° de l'article L. 135-7 du code de la sécurité sociale » n'est donc plus adaptée ; il conviendrait de lui substituer une référence au « 10° *bis* de l'article L. 135-3 du code de la sécurité sociale ».

CHAPITRE IV

Calcul, répartition et distribution de l'intéressement

SECTION 1. Calcul de l'intéressement

Art. L. 3314-1. Les modalités de calcul de l'intéressement peuvent varier selon les établissements et les unités de travail. À cet effet, l'accord d'intéressement peut renvoyer à des accords d'établissement.

Note Les modalités de calcul de l'intéressement doivent être définies par l'accord. Cet article prévoit qu'elles peuvent varier selon les établissements et les unités de travail mais n'autorise pas l'application de modalités différentes selon les catégories professionnelles. Sur la notion d'unité de travail, la circulaire du 14 septembre 2005 (JO 1er nov.) a indiqué « qu'elle renvoyait à différentes structures qui sont fonction de l'activité exercée par l'entreprise pendant la durée de l'accord, qu'il pouvait s'agir d'un bureau, d'un service, d'un atelier, d'une unité de production, d'un magasin, ces structures devant présenter un caractère de stabilité suffisant afin qu'elles soient compatibles avec les périodes de calcul retenues dans l'accord ; qu'on pouvait considérer, par exemple, que le service commercial d'une entreprise constituait une unité de travail ; mais que, dans tous les cas, l'unité de travail ne pouvait se confondre avec une catégorie de salariés ». De son côté, à l'occasion d'un litige concernant les VRP, la Cour de cassation a précisé que, de par leur situation, leur mode de rémunération et leurs conditions de travail, ces salariés constituaient, non pas une unité de travail, mais une catégorie professionnelle pour laquelle la loi n'autorise pas l'application de modalités de calcul de l'intéressement différentes (cass. soc. 20 juin 2006, n° 04-45.932, BC V n° 219 ; *RJS* 10/06 n° 1102 ; *JCP* éd. S 2006, 1842, note R. Vatinet ; voir dans le même sens, cass. soc. 16 mars 2011, n° 09-72.384, *LS* Jurispr. n° 70/2011 du 5 avril 2011 ; *RJS* 6/11 n° 542).

Art. L. 3314-2. Pour ouvrir droit aux exonérations prévues aux articles L. 3315-1 à L. 3315-3, l'intéressement collectif des salariés doit présenter un caractère aléatoire et résulter d'une formule de calcul liée :

1° Soit aux résultats ou aux performances de l'entreprise au cours d'une année ou d'une période d'une durée inférieure, exprimée en nombre entier de mois au moins égal à trois ;

2° Soit aux résultats de l'une ou plusieurs de ses filiales au sens de l'article L. 233-16 du code de commerce, dès lors que, à la date de conclusion de l'accord, au moins deux tiers des salariés de ces filiales situées en France sont couverts par un accord d'intéressement.

Note **• Intéressement collectif présentant un caractère aléatoire**

Caractère aléatoire. Aux termes de cet article, l'intéressement doit présenter un caractère aléatoire. En cas de litige, il appartient aux juges de vérifier si la formule de calcul prévue par l'accord satisfait ou non à cette exigence légale. Alors qu'auparavant, la Cour de cassation exerçait son contrôle sur ce point (voir notamment cass. soc. 26 novembre 1998, n° 96-19.367, *RJS* 3/99 n° 403 ; 18 janvier 2001, n° 99-15.129), elle considère aujourd'hui que l'appréciation du caractère aléatoire relève du pouvoir souverain des juges du fond (cass. soc. 17 décembre 2002, n° 01-20.472, BC V n° 394 ; *RJS* 3/03 n° 370 ; 29 octobre 2003, n° 01-21.466, *RJS* 1/04 n° 84). Néanmoins, la Cour de cassation maintient son contrôle sur la motivation des juges du fond : dès lors qu'ils constatent l'existence d'un aléa, même faible, les juges doivent en déduire que l'accord d'intéressement satisfait aux exigences légales (cass. soc. 2 juillet 2003, n° 00-22.101, 3e moyen, *JSL* n° 130, 19 septembre 2003, p. 26 ; *RJS* 10/03 n° 1199).

Caractère collectif. La totalité des sommes distribuées doit avoir un caractère de rémunération collective. Répond au critère de rémunération collective une prime d'intéressement basée sur la participation collective aux résultats financiers de l'entreprise (cass. soc. 5 janvier 1995, n° 92-14.912, BC V n° 9 ; *Dr. Soc.* 1995, p. 194). Voir également cass. soc. 9 mars 1995, *Dr. Soc.* 1995, p. 514.

De même, un accord d'intéressement prévoyant que la masse à répartir sera égale à un pourcentage fixé à l'avance de la valeur ajoutée annuelle constitue un mode de rémunération collective, peu important que la somme à répartir ne soit pas calculée à partir des résultats de l'exploitation (cass. soc. 24 octobre 1996, n° 94-16.484, BC V n° 346 ; *Dr. Soc.* 1996, p. 1109, note J. Savatier).

Enfin, un accord d'intéressement peut, sans en méconnaître le caractère collectif, prendre en considération des critères tenant à l'amélioration de la sécurité dans l'entreprise (en l'espèce, taux de fréquence des accidents du travail). Il est toutefois indispensable, d'une part, que l'accord ne puisse aboutir à la diminution ou à la suppression de la prime d'intéressement que pour l'ensemble des salariés d'un établissement, sans en désavantager aucun individuellement et, d'autre part, qu'il n'ait pas pour conséquence de sanctionner l'absence d'un salarié consécutive à un accident du travail, enfin, qu'il ne fasse pas obstacle au principe de la responsabilité, tant civile que pénale, de l'employeur ou du chef d'établissement (cass. soc. 24 septembre 2002, n° 00-18.290, BC V n° 277 ; *RJS* 12/02 n° 1422).

En revanche, lorsqu'un accord d'intéressement fait dépendre tout ou partie de l'intéressement pour chaque salarié de ses performances individuelles, il s'agit d'un mode de rémunération individuelle et non collective (cass. soc. 9 mai 1996, n° 93-21.888, BC V n° 182 ; *RJS* 6/96 n° 693. Et les sommes distribuées doivent être réintégrées dans l'assiette des cotisations (cass. soc. 8 octobre 1998, n° 97-10.677, *RJS* 11/98 n° 1388). De même, la clause prévoyant une répartition tenant compte du mérite des salariés fait perdre à ces sommes leur caractère collectif, et interdit dès lors les exonérations prévues par la loi (cass. soc. 23 mai 1996, n° 94-15.177, BC V n° 200 ; *RJS* 7/96 n° 819).

N'est pas conforme au caractère collectif de l'intéressement la disposition d'un accord permettant de minorer la part revenant à un salarié ayant fait preuve d'insuffisance caractérisée dans son travail, voire de la supprimer en cas de faute grave (cass. soc. 26 octobre 1995, n° 93-13.962, *RJS* 12/95 n° 1264). Des exclusions ou des minorations retirent aux primes d'intéressement leur caractère de rémunération collective ; celles-ci ne peuvent donc ouvrir droit aux exonérations (cass. soc. 9 mai 1996, n° 94-12.650, BC V n° 183 ; *RJS* 6/96 n° 692, 2e espèce ; voir aussi cass. soc. 8 novembre 2011, n° 10-15.722, *LS* Jurispr. n° 228/2011 du 22/11/11 précisant que la clause excluant du bénéfice de l'intéressement les salariés licenciés pour faute grave constitue une sanction pécuniaire prohibée).

La clause d'un accord d'intéressement, en instituant une pénalisation des absences, prive les primes du caractère de rémunération collective, de sorte que celles-ci ne peuvent ouvrir droit à exonérations (cass. soc. 1er avril 1999, n° 97-17.515, BC V n° 150 ; *RJS* 6/99 n° 837). De même, la disposition d'un accord d'intéressement, qui a pour effet d'exclure du bénéfice de l'intéressement non seulement les salariés ayant moins de six mois d'ancienneté au cours de l'exercice, mais aussi ceux qui, remplissant la condition d'ancienneté, ne justifieraient pas de six mois de présence en raison d'absences non assimilées à un temps de travail effectif, ôte leur caractère de rémunération collective aux primes distribuées en exécution de l'accord, peu important l'application qui a pu en être faite et l'action indemnitaire dont disposeraient les salariés (cass. soc. 21 octobre 2003, n° 01-21.353, BC V n° 257 ; *RJS* 1/04 n° 85). Pour d'autres illustrations, voir aussi cass. soc. 3 juin 1999, n° 97-21.399, *RJS* 8-9/99 n° 1109 ; 19 juillet 2000, n° 3554, *RJS* 1/01 n° 71.

En revanche, pour la répartition des primes d'intéressement, l'article L. 441-2 [L. 3314-5] permet de prendre en considération les absences des salariés au cours de l'exercice, à condition toutefois que l'abattement pratiqué soit strictement proportionnel à la durée des absences. Dans une telle hypothèse, le fait qu'un salarié soit privé du bénéfice de la répartition de l'intéressement en raison de son absence pendant la durée de tout l'exercice n'a pas pour conséquence de priver l'intéressement de son caractère collectif (cass. soc. 25 février 2003, n° 00-21.268, BC V n° 67 ; *RJS* 5/03 n° 648).

À noter que le non-respect du caractère collectif de l'intéressement peut également résulter des conditions dans lesquelles l'accord a été mis en œuvre ; ainsi, une cour d'appel, qui constate que si des accords d'intéressement conclus au sein d'une entreprise sont conformes à la loi, l'application qui en a été faite ne respectait pas le caractère collectif de l'intéressement, peut confirmer la réintégration des primes ainsi versées dans l'assiette des cotisations de sécurité sociale (cass. soc. 9 décembre 2003, n° 02-30.562, *RJS* 2/04 n° 243, 2e espèce).

À cet égard, il a été jugé qu'un salarié ne peut renoncer au bénéfice de l'intéressement collectif (cass. soc. 8 décembre 2010, n° 09-42.161, *LS* Jurispr. n° 252/2010 du 28/12/10), un tel renoncement remettant en outre nécessairement en cause le caractère de rémunération collective que doit présenter l'accord d'intéressement (cass. civ., 2e ch., 12 mars 2009, n° 08-10.770, cité sous article L. 3313-4).

Bénéficiaires. Sous réserve d'une durée minimale d'ancienneté dans l'entreprise qui peut être exigée [et ne peut excéder trois mois depuis la loi 2001-152 du 19 février 2001 (JO 20) voir article L. 3342-1 CT], tous les salariés de l'entreprise où a été conclu un accord d'intéressement doivent bénéficier des produits de l'intéressement. Il en résulte qu'un tel accord ne peut valablement écarter du bénéfice de l'intéressement une catégorie de salariés, en l'espèce VRP multicarte (cass. soc. 23 novembre 1999, n° 97-42.979, BC V n° 454). De même, les dispositions d'un accord qui excluent du bénéfice de l'intéressement les salariés n'appartenant plus à l'entreprise lors du versement de la prime méconnaissent le caractère de rémunération collective que doit présenter l'intéressement pour ouvrir droit à l'exonération des cotisations sociales. La réintégration dans l'assiette des cotisations de la totalité des primes litigieuses ne constitue pas l'application d'une pénalité, mais résulte de ce que les conditions légales de l'exonération n'étaient pas remplies, de sorte que le redressement ne pouvait être limité aux seules primes qui auraient dû être versées aux salariés exclus irrégulièrement du bénéfice de l'intéressement. Le moyen tiré de l'inobservation du principe de proportionnalité de la sanction avec le fait qui lui sert de fondement (Convention européenne de sauvegarde des droits de l'homme, art. 6) est dès lors inopérant (cass. soc. 18 mai 2000, n° 98-22.219). Voir aussi cass. soc. 27 juin 2000, n° 98-11.909, BC V n° 252 ; *RJS* 11/00, concl. P. Lyon-Caen, énonçant qu'à la différence du stagiaire qui, lorsqu'il n'est pas titulaire d'un contrat de travail, ne peut prétendre à l'intéressement à l'entreprise dans les conditions définies par l'ordonnance 86-1134 du 21 octobre 1986, l'apprenti dont le statut est défini par les articles L. 117-1 et s. [L. 6221-1 et s.] CT bénéficie des dispositions de l'accord d'intéressement, applicables à l'ensemble des salariés, qui sont compatibles avec sa situation de jeune travailleur en première formation ; des accords ayant exclu les apprentis de leur champ d'application, ne répondent pas aux dispositions de l'article 2 de l'ordonnance précitée selon lesquelles l'accord d'intéressement doit profiter à tous les salariés de l'établissement pour ouvrir droit à exonération. Les dispositions d'un accord collectif excluant du bénéfice de ce droit des salariés licenciés pour faute lourde ne peuvent pas non plus recevoir application (cass. soc. 12 octobre 1995, n° 93-18.391, BC V n° 272 ; *RJS* 11/95 n° 1154 ; 9 mai 1996, n° 94-17.175, BC V n° 181 ; *RJS* 6/96 n° 692, 1re espèce). Et un salarié ne peut être privé du paiement de la prime d'intéressement correspondant à la période de préavis qu'il a été dispensé d'exécuter (cass. soc. 28 janvier 1998, n° 95-42.250, BC V n° 42 ; *Dr. Soc.* 1998, p. 280).

Périodes de calcul. La période de calcul de l'intéressement est le plus souvent l'exercice, mais cette période de calcul peut être différente de l'exercice comptable, fiscal ou social. Ainsi, une entreprise dont l'exercice fiscal est l'année civile peut retenir, par exemple dans le cadre d'un accord d'intéressement aux performances, une période annuelle de calcul débutant le 1er juillet et finissant le 30 juin de l'année suivante.

Toutefois, lorsque l'intéressement aux résultats se réfère à des ratios et indicateurs établis dans le bilan comptable, la période de calcul coïncide logiquement avec l'exercice comptable.

Les signataires de l'accord peuvent aussi retenir une période de calcul inférieure à l'exercice : l'article L. 3314-2 CT prévoit que la formule de calcul puisse retenir des périodes de calcul d'une durée inférieure à une année, exprimée en nombre entier de mois au moins égal à trois. Il ne saurait donc y avoir de période de calcul inférieure au trimestre, non plus que plusieurs périodes infra-annuelles de durées différentes dans un accord (par exemple, une année divisée en deux trimestres et un semestre), puisque la loi prévoit que l'accord doit choisir une période infra-annuelle de référence. On ne saurait donc segmenter l'année qu'en périodes de calcul de trois, quatre ou six mois (circ. 14 septembre 2005, précitée).

Lorsque les seuils de déclenchement de l'intéressement sont liés à la réalisation d'objectifs fixés au titre d'un exercice donné, l'absence de définition d'objectifs pour un exercice et de dispositif conventionnel suppléant à cette carence ne permettent pas de servir d'intéressement au titre de la période considérée (cass. soc. 18 mai 2011, n° 09-70.818, *RJS* 11/11 n° 892).

Les conditions de la prise en compte des résultats des filiales. La loi du 19 février 2001 (art. 11-II) a permis d'asseoir l'intéressement, dans le cadre d'un accord d'entreprise (maison mère ou holding), sur les résultats de l'une ou de plusieurs de ses filiales (françaises ou étrangères), au sens de l'article L. 233-16 c. com., soit celles appartenant au périmètre de consolidation des comptes.

Une condition impérative est toutefois posée : à la date de conclusion de l'accord d'intéressement, deux tiers des salariés des filiales françaises dont les résultats sont pris en compte dans l'accord doivent être couverts par un accord d'intéressement (circ. 14 septembre 2005 précitée).

Art. L. 3314-3. L'intéressement aux résultats des salariés d'un groupement d'intérêt économique ou d'un groupement d'employeurs peut prendre en compte les résultats ou les performances des entreprises membres du groupement.

Note Voir note sous article L. 3311-1.

Art. L. 3314-4. Pour ouvrir droit aux exonérations prévues aux articles L. 3315-1 à L. 3315-3, l'accord d'intéressement doit avoir été conclu avant le premier jour de la deuxième moitié de la période de calcul suivant la date de sa prise d'effet.

SECTION 2. Répartition de l'intéressement

Art. L. 3314-5. La répartition de l'intéressement entre les bénéficiaires peut être uniforme, proportionnelle à la durée de présence dans l'entreprise au cours de l'exercice ou proportionnelle aux salaires. L'accord peut également retenir conjointement ces différents critères. Ces critères peuvent varier selon les établissements et les unités de travail. À cet effet, l'accord peut renvoyer à des accords d'établissement.

Sont assimilées à des périodes de présence :

1° Les périodes de congé de maternité prévu à l'article L. 1225-17 et de congé d'adoption prévu à l'article L. 1225-37 ;

2° Les périodes de suspension du contrat de travail consécutives à un accident du travail ou à une maladie professionnelle en application de l'article L. 1226-7.

Note Les critères de répartition de la prime d'intéressement sont ceux prévus par cet article (répartition uniforme, proportionnelle à la durée de présence dans l'entreprise pendant l'exercice ou proportionnelle aux salaires ou leur combinaison). Est illicite l'accord comportant un critère de répartition fondé sur le paiement aux VRP d'une part variable de rémunération, ce critère n'étant pas prévu par la loi (cass. soc. 16 mars 2011, n° 09-72.384, *LS* Jurispr. n° 70/2011 du 5/04/11 ; *RJS* 6/11 n° 542). Sur la notion d'unité de travail, voir note sous article L. 3314-1.

Lorsque la répartition de l'intéressement est effectuée proportionnellement à la durée de présence dans l'entreprise au cours de l'exercice, les périodes de suspension du contrat de travail en raison d'un accident du travail sont assimilées à du temps de présence « sans limitation de durée » ; il en est de même des périodes non travaillées dans le cadre d'un travail à temps partiel thérapeutique consécutif à un accident du travail (cass. soc. 16 juin 2011, n° 08-44.616, *RJS* 11/11 n° 893).

Art. L. 3314-6. Pour les personnes mentionnées à l'article L. 3312-3, lorsqu'elle est proportionnelle aux salaires, la répartition prend en compte la rémunération annuelle ou le revenu professionnel imposé à l'impôt sur le revenu au titre de l'année précédente, dans la limite d'un plafond égal au salaire le plus élevé versé dans l'entreprise.

Art. L. 3314-7. L'accord d'intéressement homologué en application de l'ordonnance n° 59-126 du 7 janvier 1959 tendant à favoriser l'association ou l'intéressement des travailleurs à l'entreprise peut continuer de retenir les critères de répartition fondés sur l'ancienneté et la qualification tel qu'il a été homologué dans ce cadre, dès lors qu'il aura été renouvelé sans discontinuité depuis sa dernière homologation.

Art. D. 3314-2. Les primes versées aux salariés en application de l'accord d'intéressement et déductibles du résultat imposable en application de l'article L. 3315-1 peuvent provenir de la répartition, entre l'ensemble des salariés de l'entreprise ou d'un ou plusieurs établissements, selon le champ d'application de l'accord :

1° Soit d'une somme globale résultant du mode d'intéressement retenu pour cette entreprise ou ce ou ces établissements ;

2° Soit de sommes dont les critères et modalités de calcul et de répartition peuvent être, le cas échéant, adaptés aux différents établissements ou unités de travail dans les conditions prévues par l'accord.

Art. R. 3314-3. Lorsque la répartition de l'intéressement est proportionnelle aux salaires, les salaires à prendre en compte au titre des périodes de congés, de maternité et d'adoption ainsi que des périodes de suspension consécutives à un accident du travail ou à une maladie professionnelle sont ceux qu'aurait perçus le bénéficiaire s'il avait été présent.

Art. R. 3314-4. Les dispositions du présent titre sont, à l'exception de celles des articles D. 3313-5 à D. 3313-7, applicables au supplément d'intéressement prévu à l'article L. 3314-10 et à l'accord spécifique de répartition auquel il peut donner lieu.

SECTION 3. Distribution de l'intéressement

Art. L. 3314-8. Le montant global des primes distribuées aux bénéficiaires ne doit pas dépasser annuellement 20 % du total des salaires bruts et, le cas échéant, de la rémunération annuelle ou du revenu professionnel des bénéficiaires mentionnés à l'article L. 3312-3 imposé à l'impôt sur le revenu au titre de l'année précédente versés aux personnes concernées.

Le montant des primes distribuées à un même bénéficiaire ne peut, au titre d'un même exercice, excéder une somme égale à la moitié du montant du plafond annuel moyen retenu pour le calcul des cotisations de sécurité sociale.

Art. D. 3314-1. Les salaires à prendre en considération pour le calcul du plafond prévu au premier alinéa de l'article L. 3314-8 sont le total des salaires bruts versés à l'ensemble des salariés de l'entreprise ou d'un ou plusieurs établissements, suivant le champ d'application de l'accord d'entreprise.

Art. L. 3314-9. Toute somme versée aux bénéficiaires en application de l'accord d'intéressement au-delà du dernier jour du septième mois suivant la clôture de l'exercice produit des intérêts calculés au taux légal. Ces intérêts, à la charge de l'entreprise, sont versés en même temps que le principal et bénéficient du régime d'exonération prévu aux articles L. 3315-1 à L. 3315-3.

Lorsque la formule de calcul de l'intéressement retient une période inférieure à une année, les intérêts commencent à courir le premier jour du troisième mois suivant la fin de la période de calcul de l'intéressement.

Art. L. 3314-10. Le conseil d'administration ou le directoire peut décider de verser un supplément d'intéressement collectif au titre de l'exercice clos, dans le respect des plafonds mentionnés à l'article L. 3314-8 et selon les modalités de répartition prévues par l'accord d'intéressement ou par un accord spécifique conclu selon les modalités prévues à l'article L. 3312-5.

Ces sommes peuvent notamment être affectées à la réalisation d'un plan d'épargne d'entreprise, d'un plan d'épargne interentreprises ou d'un plan d'épargne pour la retraite collectif.

Dans une entreprise où il n'existe ni conseil d'administration, ni directoire, l'employeur peut décider le versement d'un supplément d'intéressement, dans les conditions prévues au présent article.

L'application au supplément d'intéressement des dispositions du premier alinéa de l'article L. 3312-4 ne donne pas lieu à application de l'article L. 131-7 du code de la sécurité sociale.

Note La circulaire DSS/5B/DGT/RT3/2007/199 du 15 mai 2007 a apporté des réponses aux interrogations les plus fréquentes sur les dispositions résultant de la loi 2006-1770 du 30 décembre 2006, et notamment celles relatives au supplément d'intéressement et de participation.

CHAPITRE V

Régime social et fiscal de l'intéressement

Art. L. 3315-1. Les entreprises qui mettent en œuvre l'intéressement dans les conditions prévues au présent titre peuvent déduire des bases retenues pour l'assiette de l'impôt sur les sociétés ou de l'impôt sur le revenu le montant des sommes versées en espèces aux bénéficiaires en application de l'accord d'intéressement.

Ces sommes sont soumises à l'impôt sur le revenu selon les règles fixées au a du 5 de l'article 158 du code général des impôts.

Ces dispositions ne sont pas applicables aux sommes versées aux exploitants individuels, aux associés de sociétés de personnes et assimilées n'ayant pas opté pour leur assujettissement à l'impôt sur les sociétés et aux conjoints collaborateurs et associés.

Note La loi 2000-1352 du 30 décembre 2000, art. 10 (JO 31) a aligné l'assiette de la taxe sur les salaires sur celle des cotisations de sécurité sociale pour les rémunérations versées à compter du 1er janvier 2002.

Art. L. 3315-2. Lorsqu'un bénéficiaire a adhéré à un plan d'épargne d'entreprise mentionné au titre III et qu'il affecte, dans un délai prévu par voie réglementaire, à la réalisation de ce plan tout ou partie des sommes qui lui sont attribuées par l'entreprise au titre de l'intéressement, ces sommes sont exonérées d'impôt sur le revenu dans la limite d'un montant égal à la moitié du plafond annuel moyen retenu pour le calcul des cotisations de sécurité sociale.

Art. L. 3315-3. Lorsqu'un bénéficiaire mentionné au troisième alinéa de l'article L. 3315-1 qui a adhéré à un plan d'épargne salariale prévu au titre III affecte à la réalisation de ce plan tout ou partie des sommes qui lui sont attribuées par l'entreprise au titre de l'intéressement, ces sommes sont exclues de l'assiette des bénéfices non commerciaux et de l'assiette des bénéfices industriels et commerciaux, dans la limite d'un plafond égal à la moitié du plafond annuel moyen retenu pour le calcul des cotisations de sécurité sociale.

Art. L. 3315-4. Les accords d'intéressement conclus au sein d'un groupe de sociétés établies dans plusieurs États membres de la Communauté européenne ouvrent droit aux exonérations prévues aux articles L. 3315-1 à L. 3315-3 pour les primes versées à leurs salariés ainsi qu'aux personnes mentionnées à l'article L. 3312-3 par les entreprises situées en France, parties à ces accords.

Art. L. 3315-5. Lorsqu'un accord, valide au sens de l'article L. 2232-2, a été conclu ou déposé hors délai, il produit ses effets entre les parties mais n'ouvre droit aux exonérations que pour les périodes de calcul ouvertes postérieurement au dépôt.

TITRE II

PARTICIPATION AUX RÉSULTATS DE L'ENTREPRISE

Note • Voir « Développement de la participation des salariés (loi 2006-1770 du 30 décembre 2006, titre I) », *JCP* éd. S 2007, 1001, étude R. Vatinet.

• L'ensemble des dispositions légales et réglementaires relatives à la participation obligatoire des salariés aux résultats de l'entreprise qui vise à la constitution d'une épargne salariale et à son orientation vers un secteur déterminé de l'économie nationale étant d'ordre public absolu, il ne peut y être dérogé qu'avec l'autorisation expresse de la loi (cass. soc. 23 mai 2007, n° 04-20.157, BC V n° 83 ; *JCP* éd. G 2007.II.10183, note R. Vatinet et éd. S 2007, 1748, note G. Bordier).

CHAPITRE Ier

Champ d'application

Art. L. 3321-1. Les dispositions du présent titre sont applicables aux employeurs de droit privé et à leurs salariés.

(L. 2008-1258 du 3 déc. 2008, art. 9, JO 4, applicable au 01.05.08) « Un décret en Conseil d'État détermine les établissements publics de l'État à caractère industriel et commercial et les sociétés, groupements ou personnes morales, quel que soit leur statut juridique, dont plus de la moitié du capital est détenue directement par l'État, qui sont soumis aux dispositions du présent titre. Ce décret fixe les conditions dans lesquelles ces dispositions leur sont applicables. »

(L. 2008-1258 du 3 déc. 2008, art. 9, JO 4, applicable au 01.05.08) « Les dispositions du présent titre sont également applicables aux sociétés, groupements ou personnes morales, quel que soit leur statut juridique, dont plus de la moitié du capital est détenue, ensemble ou séparément, indirectement par l'État et directement ou indirectement par ses établissements publics, s'ils ne bénéficient pas de subventions d'exploitation, ne sont pas en situation de monopole et ne sont pas soumis à des prix réglementés.

Un décret en Conseil d'État peut déterminer les sociétés, groupements ou personnes morales, quel que soit leur statut juridique, dont plus de la moitié du capital est détenue, ensemble ou séparément, indirectement par l'État et directement ou indirectement par ses établissements publics, bénéficiant de subventions d'exploitation, étant en situation de monopole ou soumis à des prix réglementés, qui sont soumis aux dispositions du présent titre. Ce décret fixe les conditions dans lesquelles ces dispositions leur sont applicables. »

Note • Les dispositions de cet article sont applicables rétroactivement au 1er mai 2008. Les entreprises et établissements publics qui entraient légalement dans le champ de la participation à cette date demeurent soumis au même régime (loi 2008-1258, art. 9, II).

• Voir décret 87-948 du 26 novembre 1987 déterminant les entreprises publiques et sociétés nationales soumises aux dispositions concernant la participation financière des salariés dans l'entreprise, modifié par décrets 92-1322 du 18 décembre 1992, 96-255 du 26 mars 1996, 2000-384 du 27 avril 2000 (JO 5 mai), 2001-1177 du 12 décembre 2001 (JO 13), 2003-571 du 27 juin 2003 (JO 28) et 2005-1650 du 27 décembre 2005 (JO 28).

Ce texte dresse la liste des établissements publics et des sociétés, groupements ou personnes morales, qui sont soumis de plein droit, ainsi que leurs filiales majoritaires, au régime de participation. Outre les entreprises inscrites sur cette liste, sont désormais assujetties de plein droit à la participation, sans qu'il soit besoin pour certaines d'entre elles de formuler une demande d'autorisation, les filiales d'entreprises publiques telles que définies par la loi, à l'exception de celles qui bénéficient de subventions d'exploitation, sont en situation de monopole ou soumises à des prix réglementés.

Il est ainsi mis fin aux incertitudes soulevées par divers contentieux sur l'application ou non de la participation à certaines filiales d'entreprises publiques qui, sans voir remettre en cause le régime qui leur était précédemment applicable (mise en œuvre de la participation sur autorisation), doivent appliquer la participation depuis le 1er janvier 2006, pour autant qu'elles ne bénéficient pas de subventions d'exploitation, ne soient pas en situation de monopole ni soumises à des prix réglementés (circ. 14 septembre 2005, JO 1er nov.).

• Les dispositions du décret 87-948 du 26 novembre 1987 modifié, définissant les conditions dans lesquelles les entreprises publiques et les sociétés nationales ainsi que leurs filiales peuvent être assujetties à la participation obligatoire, ne posent de conditions particulières à cet assujettissement que pour les entreprises publiques et les sociétés nationales, et distinguent celles qui figurent sur la liste de l'article 4 ou dont plus de la moitié du capital est détenu par l'une de celles-ci et celles qui ne remplissent pas ces conditions, les premières étant assujetties de plein droit, les dernières pouvant l'être sur autorisation ministérielle. Il en résulte qu'une personne de droit privé, ayant pour objet une activité purement commerciale qui n'est ni une entreprise publique ni une société nationale, peu important l'origine du capital, n'entre pas dans le champ d'application du décret et doit être soumise aux dispositions de l'article 7 de l'ordonnance du 21 octobre 1986. En rejetant la demande du comité d'entreprise d'une société à la condamnation de cette dernière à conclure un accord de participation, alors que cette société qui emploie plus de 100 salariés est constituée en la forme d'une SARL et qu'elle exploite une activité concurrentielle d'hôtellerie, une cour d'appel a violé les textes susvisés (cass. soc. 6 juin 2000, n° 98-20.304, BC V n° 216).

Art. L. 3321-2. Un décret en Conseil d'État détermine les conditions dans lesquelles le présent titre est appliqué aux sociétés mères et aux sociétés filiales.

Art. R. 3321-1. *(D. 2009-350 du 30 mars 2009, JO 31)* Les dispositions du présent titre, à l'exception des articles R. 3322-1, R. 3322-2, D. 3323-4, R. 3323-6, R. 3323-10 et D. 3324-1, sont également applicables aux personnes mentionnées au deuxième alinéa de l'article L. 3323-6 et au troisième alinéa de l'article L. 3324-2.

Art. D. 3321-2. *(D. 2009-351 du 30 mars 2009, JO 31)* Les salariés d'un groupement d'employeurs qui n'a pas mis en place un dispositif de participation peuvent bénéficier des dispositifs de participation mis en place dans chacune des entreprises du groupement auprès de laquelle ils sont mis à disposition si l'accord le prévoit.

CHAPITRE II

Mise en place de la participation

SECTION 1. Mise en place dans l'entreprise

Art. L. 3322-1. La participation a pour objet de garantir collectivement aux salariés le droit de participer aux résultats de l'entreprise.

Elle prend la forme d'une participation financière à effet différé, calculée en fonction du bénéfice net de l'entreprise, constituant la réserve spéciale de participation.

Elle est obligatoire dans les entreprises mentionnées au présent chapitre.

(L. 2008-1258 du 3 déc. 2008, art. 6, JO 4) « Elle concourt à la mise en œuvre de la gestion participative dans l'entreprise. »

Art. L. 3322-2. Les entreprises employant habituellement cinquante salariés et plus garantissent le droit de leurs salariés à participer aux résultats de l'entreprise. Il en va de même pour les entreprises constituant une unité économique et sociale de cinquante salariés et plus reconnue dans les conditions prévues à l'article L. 2322-4.

La base, les modalités de calcul, ainsi que les modalités d'affectation et de gestion de la participation sont fixées par accord dans les conditions prévues par le présent titre.

(L. 2008-1258 du 3 déc. 2008, art. 7, JO 4) « Le salarié d'un groupement d'employeurs peut bénéficier du dispositif de participation mis en place dans chacune des entreprises adhérentes du groupement auprès de laquelle il est mis à disposition dans des conditions fixées par décret. »

Note • L'effectif à partir duquel la participation est obligatoire s'apprécie au niveau de l'entreprise et non de l'établissement (cass. soc. 24 janvier 2006, n° 03-43.073, BC V n° 20).

• Un accord de participation n'étant obligatoire que dans les entreprises de 50 salariés et plus, un tel accord, même conclu pour une durée déterminée, peut valablement prévoir par une clause particulière qu'il ne s'appliquera pas en cas d'abaissement des effectifs de l'entreprise en dessous de 50 personnes (cass. soc. 18 septembre 2002, n° 99-15.454, BC V n° 271 ; *RJS* 11/02 n° 1264 ; *Dr. Soc.* 2002, p. 1002, obs. J. Savatier ; *JSL* n° 113, 10 décembre 2002, p. 24).

• Dès lors que la clause de renouvellement par tacite reconduction d'un accord de participation ne comporte aucune stipulation excluant son application en cas d'abaissement de l'effectif de l'entreprise en dessous du seuil d'assujettissement au régime de participation, une cour d'appel a exactement décidé que, à défaut de dénonciation de l'accord par l'employeur dans les conditions qu'il prévoyait, l'entreprise était demeurée soumise au régime de participation pendant les exercices postérieurs litigieux, peu important le nombre de salariés alors employés (cass. soc. 3 mai 2007, n° 05-12.340, BC V n° 68 ; *RJS* 7/07 n° 875).

Art. R. 3322-1. La condition d'emploi habituel prévue à l'article L. 3322-2 est remplie dès lors que l'effectif de cinquante salariés prévu à cet article a été atteint, au cours de l'exercice considéré, pendant une durée de six mois au moins, consécutifs ou non.

Dans les entreprises dont l'activité est saisonnière, cette condition est remplie si cet effectif a été atteint pendant au moins la moitié de la durée d'activité saisonnière.

Note Pour la mise en place de la participation aux résultats de l'entreprise, le calcul de l'effectif doit être effectué mois par mois au cours des 12 mois précédents, l'effectif au titre d'un mois donné se calculant nécessairement à la fin de la période considérée. En outre, les salariés titulaires d'un contrat à durée indéterminée à temps plein sont pris en compte, pour une unité, dans l'effectif du mois au cours duquel ils ont été engagés (cass. soc. 8 décembre 2010, n° 09-65.380, BC V n° 287.

Art. R. 3322-2. Les entreprises constituant une unité économique et sociale mettent en place la participation, soit par un accord unique couvrant l'unité économique et sociale, soit par des accords distincts couvrant l'ensemble des salariés de ces entreprises.

Art. L. 3322-3. Si une entreprise ayant conclu un accord d'intéressement vient à employer au moins cinquante salariés, les obligations de la présente section ne s'appliquent qu'à la date d'expiration de l'accord d'intéressement.

À cette date, un accord de participation peut être conclu dans les conditions de l'article L. 3324-2 sur une base de calcul et de répartition reprenant celle de l'accord d'intéressement ayant expiré.

Art. L. 3322-4. Pour l'appréciation du seuil de cinquante salariés, l'effectif des salariés employés habituellement par les entreprises de travail temporaire est calculé en ajoutant au nombre des salariés permanents le nombre moyen par jour ouvrable des salariés qui ont été liés par un contrat de travail temporaire au cours de l'exercice.

Art. L. 3322-5. Dans les entreprises nouvelles dont la création ne résulte pas d'une fusion, totale ou partielle, d'entreprises préexistantes, les accords de participation sont conclus à partir du troisième exercice clos après leur création.

Art. L. 3322-6. Les accords de participation sont conclus selon l'une des modalités suivantes :

1° Par convention ou accord collectif de travail ;

2° Par accord entre l'employeur et les représentants d'organisations syndicales représentatives dans l'entreprise ;

3° Par accord conclu au sein du comité d'entreprise ;

4° À la suite de la ratification, à la majorité des deux tiers du personnel, d'un projet de contrat proposé par l'employeur. S'il existe dans l'entreprise une ou plusieurs organisations syndicales représentatives ou un comité d'entreprise, la ratification est demandée conjointement par l'employeur et une ou plusieurs de ces organisations ou ce comité.

Note Si, lorsque les effectifs de l'entreprise ont atteint le seuil rendant la participation obligatoire, l'employeur est tenu de mettre en place un régime de participation, il n'a pas l'obligation d'engager une négociation à cet effet avec le comité d'entreprise, de sorte que ce dernier ne dispose d'aucun droit propre à la mise en place d'un régime de participation (cass. soc. 18 janvier 2011, n° 08-19.398, *LS* Jurispr. n° 23/2011 du 1/02/11 ; *RJS* 4/11 n° 356).

Art. L. 3322-7. Par dérogation à l'article L. 3322-6, un accord de groupe peut être passé entre les sociétés d'un même groupe ou seulement certaines d'entre elles.

Cet accord est conclu selon l'une des modalités suivantes :

1° Entre le mandataire des sociétés intéressées et le ou les salariés appartenant à l'une des entreprises du groupe mandatés à cet effet par une ou plusieurs organisations syndicales représentatives ;

2° Entre le mandataire des sociétés intéressées et les représentants mandatés par chacun des comités d'entreprise concernés ;

3° À la suite de la ratification, à la majorité des deux tiers du personnel, d'un projet d'accord proposé par le mandataire des sociétés du groupe. S'il existe dans les sociétés intéressées une ou plusieurs organisations syndicales représentatives ou, lorsque toutes les sociétés du groupe sont intéressées, s'il existe un comité de groupe, la ratification est demandée conjointement par le mandataire des sociétés du groupe et soit une ou plusieurs de ces organisations, soit la majorité des comités d'entreprise des sociétés concernées, soit le comité de groupe. La majorité des deux tiers est appréciée au niveau de l'ensemble des sociétés concernées.

Art. L. 3322-8. Un décret en Conseil d'État détermine les modalités de calcul de l'effectif de l'entreprise pour l'application de l'article L. 3322-2.

SECTION 2. Mise en place dans la branche

Art. L. 3322-9. Un régime de participation, établi selon les modalités prévues à l'article L. 3324-1 ou à l'article L. 3324-2, est négocié par branche, au plus tard le 30 décembre 2009.

Les entreprises de la branche peuvent opter pour l'application de l'accord ainsi négocié, selon les modalités prévues à l'article L. 3322-6.

Si l'accord de branche prévoit, conformément aux dispositions du chapitre III du titre III, la mise en place d'un plan d'épargne interentreprises, l'entreprise est libre d'opter pour l'adhésion à celui-ci dans les conditions prévues à cet article.

À défaut d'initiative de la partie patronale au plus tard le 31 décembre 2007, la négociation s'engage dans les quinze jours suivant la demande d'une organisation de salariés représentative.

CHAPITRE III

Contenu et régime des accords

SECTION 1. Contenu des accords

Art. L. 3323-1. L'accord de participation détermine :

1° Les conditions dans lesquelles les salariés sont informés de l'application des dispositions du présent titre ;

2° La nature et les modalités de gestion des droits reconnus aux salariés sur les sommes constituant la réserve spéciale de participation prévue à l'article L. 3324-1.

Information des salariés

Art. D. 3323-12. Les salariés sont informés de l'existence et du contenu de l'accord de participation par tout moyen prévu à cet accord et, à défaut, par voie d'affichage.

Art. D. 3323-13. L'employeur présente, dans les six mois qui suivent la clôture de chaque exercice, un rapport au comité d'entreprise ou à la commission spécialisée éventuellement créée par ce comité.

Ce rapport comporte notamment :

1° Les éléments servant de base au calcul du montant de la réserve spéciale de participation des salariés pour l'exercice écoulé ;

2° Des indications précises sur la gestion et l'utilisation des sommes affectées à cette réserve.

Art. D. 3323-14. Lorsque le comité d'entreprise est appelé à siéger pour examiner le rapport relatif à l'accord de participation, les questions ainsi examinées font l'objet de réunions distinctes ou d'une mention spéciale à son ordre du jour.

Le comité peut se faire assister par l'expert-comptable prévu à l'article L. 2325-35.

Art. D. 3323-15. Lorsqu'il n'existe pas de comité d'entreprise, le rapport relatif à l'accord de participation est présenté aux délégués du personnel et adressé à chaque salarié présent dans l'entreprise à l'expiration du délai de six mois suivant la clôture de l'exercice.

Art. D. 3323-16. La somme attribuée à un salarié en application de l'accord de participation fait l'objet d'une fiche distincte du bulletin de paie.

Cette fiche mentionne :

1° Le montant total de la réserve spéciale de participation pour l'exercice écoulé ;

2° Le montant des droits attribués à l'intéressé ;

3° La retenue opérée au titre de la contribution sociale généralisée et de la contribution au remboursement de la dette sociale ;

4° S'il y a lieu, l'organisme auquel est confiée la gestion de ces droits ;

5° La date à partir de laquelle ces droits sont négociables ou exigibles ;

6° Les cas dans lesquels ces droits peuvent être exceptionnellement liquidés ou transférés avant l'expiration de ce délai.

(D. 2011-1450 du 7 nov. 2011, JO 8) « 7° Les modalités d'affectation par défaut au plan d'épargne pour la retraite collectif des sommes attribuées au titre de la participation, conformément aux dispositions de l'article L. 3324-12. »

Elle comporte également, en annexe, une note rappelant les règles de calcul et de répartition prévues par l'accord de participation.

(D. 2009-351 du 30 mars 2009, JO 31) « Avec l'accord du salarié concerné, la remise de cette fiche distincte peut être effectuée par voie électronique, dans des conditions de nature à garantir l'intégrité des données. »

Art. D. 3323-17. Chaque salarié est informé des sommes et valeurs qu'il détient au titre de la participation dans les six mois qui suivent la clôture de chaque exercice.

Art. D. 3323-18. Lorsque l'accord de participation a été mis en place après que des salariés susceptibles d'en bénéficier ont quitté l'entreprise, ou lorsque le calcul et la répartition de la réserve spéciale de participation interviennent après un tel départ, la fiche et la note prévues à l'article D. 3323-16 sont également adressées à ces bénéficiaires pour les informer de leurs droits.

Art. L. 3323-2.

Art. L. 3323-2. L'accord de participation peut prévoir l'affectation des sommes constituant la réserve spéciale de participation :

1° À des comptes ouverts au nom des intéressés en application d'un plan d'épargne salariale remplissant les conditions fixées au titre III ;

2° À un compte que l'entreprise doit consacrer à des investissements. Les salariés ont sur l'entreprise un droit de créance égal au montant des sommes versées.

(L. 2010-1330 du 9 nov. 2010, art. 110, JO 10) « Tout accord de participation existant à la date de promulgation de la loi n° 2010-1330 du 9 novembre 2010 portant réforme des retraites doit être mis en conformité avec le présent article et l'article L. 3323-3 au plus tard le 1er janvier 2013. »

Note Jusqu'à l'intervention de la loi 2010-1330 du 9 novembre 2010, les dispositions de cet article et de l'article L. 3323-3 n'étaient pas applicables aux accords de participation conclus avant le 1er janvier 2007. Les entreprises qui appliqueraient de tels accords ont jusqu'au 1er janvier 2013 pour les mettre en conformité avec les règles d'affectation de droit commun.

Art. L. 3323-3. Un accord de participation ne peut prévoir l'affectation des sommes constituant la réserve spéciale de participation uniquement à un compte courant bloqué.

Gestion de la réserve spéciale

Art. D. 3324-25. ***(D. 2009-351 du 30 mars 2009, JO 31)*** « Lorsque les parties ont choisi d'utiliser la réserve spéciale de participation dans les conditions prévues au 1° de l'article L. 3323-2, les entreprises réalisent les versements correspondants avant le premier jour du cinquième mois suivant la clôture de l'exercice au titre duquel la participation est attribuée. »

Passé ce délai, les entreprises complètent les versements prévus au premier alinéa par un intérêt de retard égal à 1,33 fois le taux moyen de rendement des obligations des sociétés privées publié par le ministre chargé de l'économie.

Les intérêts sont versés en même temps que le principal et employés dans les mêmes conditions.

Art. D. 3324-26. Lorsque la réserve spéciale de participation est consacrée à l'acquisition de titres émis par des sociétés d'investissement à capital variable, le portefeuille de ces sociétés est composé, au moins pour la moitié, de valeurs d'entreprises dont le siège est situé dans un État membre de la Communauté européenne ou d'un autre État partie à l'accord sur l'Espace économique européen.

Ces sociétés inscrivent au nom de chacun des bénéficiaires le nombre d'actions ou de coupures d'actions correspondant aux sommes qui reviennent à celui-ci.

Art. D. 3324-27. Lorsque l'accord de participation prévoit que les sommes revenant aux salariés seront utilisées selon une ou plusieurs des modalités mentionnées à l'article L. 3323-2 et laisse aux salariés la possibilité de choisir individuellement le mode de gestion des sommes qui leur sont attribuées, il prévoit les modalités d'exercice de ce choix et précise le sort des droits des salariés n'ayant pas expressément opté pour l'un des modes de placement proposés.

Art. D. 3324-28. Lorsque l'accord de participation offre plusieurs instruments de placement, il précise les modalités selon lesquelles le salarié peut modifier l'affectation de son épargne.

Toutefois, l'accord peut prévoir des restrictions à la possibilité de modification du choix de placement initial dans les cas qu'il définit. Il précise alors la ou les modifications pouvant intervenir à l'occasion du départ du salarié de l'entreprise.

Sans préjudice des dispositions du cinquième alinéa de l'article L. 214-39 et du septième alinéa de l'article L. 214-40 du code monétaire et financier, les signataires de l'accord peuvent modifier l'affectation de l'épargne des salariés investis dans des organismes de placement collectif en valeurs mobilières lorsque les caractéristiques des nouveaux organismes sont identiques à celles des organismes antérieurement prévus.

Art. D. 3324-29. Lorsque les droits à participation sont affectés, au cours ou à l'issue de la période de blocage, à un plan d'épargne d'entreprise, le délai d'indisponibilité couru de ces sommes au moment de l'affectation s'impute sur la durée de blocage prévue par le plan d'épargne d'entreprise.

Art. D. 3324-30. L'accord de participation prévoyant le choix individuel entre le versement immédiat ou le réinvestissement des intérêts précise le régime applicable à défaut d'option exercée par le salarié.

Art. D. 3324-31. En l'absence de stipulation des accords, les revenus des droits de créance des salariés sont versés annuellement aux bénéficiaires.

Art. D. 3324-32. Lorsque les intérêts correspondants aux sommes placées dans les conditions prévues au 2° de l'article L. 3323-2 sont réinvestis, ils sont capitalisés annuellement.

Art. D. 3324-33. Les sommes attribuées au titre de la participation et affectées à un fonds d'investissement de l'entreprise sont rémunérées pour tous les salariés à un taux identique. Ce taux ne peut être inférieur au taux moyen de rendement des obligations des sociétés privées publié par le ministre chargé de l'économie.

Art. D. 3324-34. Les fonds communs de placement constitués en application d'un accord de participation sont régis par les règles applicables aux fonds communs de placement d'entreprise mentionnés aux articles L. 214-39 et L. 214-40 du code monétaire et financier.

En outre, le règlement du fonds peut prévoir la possibilité pour celui-ci de recevoir, à la demande de tout salarié disposant, en application du 2° de l'article L. 3323-2, d'un droit de créance sur une entreprise au titre de la participation des salariés, les sommes qui lui ont été attribuées à ce titre. Dans ce cas, les sommes sont versées directement par l'entreprise dans les deux mois qui suivent la décision du salarié.

Art. D. 3324-35. Lorsqu'aucun accord de participation n'a été conclu, les sommes inscrites en compte courant portent intérêt à compter du premier jour du ***(D. 2011-1450 du 7 nov. 2011, JO 8)*** « cinquième » mois suivant la clôture de l'exercice au titre duquel la participation est attribuée.

Art. D. 3324-36. Lorsqu'un salarié titulaire de droits sur la réserve spéciale de participation quitte l'entreprise sans faire valoir ses droits à déblocage ou avant que l'entreprise ait été en mesure de liquider à la date de son départ la totalité des droits dont il est titulaire, l'employeur :

1° Lui remet l'état récapitulatif prévu à l'article L. 3341-7 ;

2° Lui demande l'adresse à laquelle doivent lui être envoyés les avis de mise en paiement des dividendes et d'échéance des intérêts, des titres remboursables et des avoirs devenus disponibles, et, le cas échéant, le compte sur lequel les sommes correspondantes doivent lui être versées ;

3° L'informe qu'il l'avisera des éventuels changements d'adresse de l'entreprise ou de l'organisme gestionnaire.

Note L'injonction faite à l'employeur de fournir à un salarié, titulaire de droits sur la réserve de participation et ayant quitté l'entreprise avant que celle-ci ait été en mesure de liquider la totalité de ses droits, « tout renseignement et document lui permettant de percevoir la participation due aux salariés » comporte nécessairement l'obligation de satisfaire aux prescriptions légales concernant l'information du salarié licencié sur ses droits éventuels à la participation aux résultats de l'entreprise et de lui remettre l'attestation prévue par l'article R. 442-15 [D. 3324-36] CT (cass. soc. 27 mai 1999, n° 97-41.283, BC V n° 240 ; *RJS* 7/99 n° 949).

Art. D. 3324-37. Lorsque le bénéficiaire ne peut être atteint à la dernière adresse indiquée par lui, les sommes auxquelles il peut prétendre sont tenues à sa disposition par l'entreprise pendant une durée d'un an à compter de la date d'expiration du délai prévu soit à l'article L. 3323-5, soit à l'article L. 3324-10 selon le cas.

Passé ce délai, ces sommes sont remises à la Caisse des dépôts et consignations où l'intéressé peut les réclamer ***(D. 2009-351 du 30 mars 2009, JO 31)*** « jusqu'au terme du délai prévu au ***(D. 2011-1450 du 7 nov. 2011, JO 8)*** " 10° *bis* de l'article L. 135-3 du code de la sécurité sociale "».

Note Voir note sous article D. 3313-11.

Art. D. 3324-38. La conservation des parts de fonds communs de placement et des actions de sociétés d'investissement à capital variable (SICAV) acquises en application du 1° de l'article L. 3323-2 continue d'être assurée par l'organisme qui en est chargé et auprès duquel l'intéressé peut les réclamer ***(D. 2009-351 du 30 mars 2009, JO 31)*** « jusqu'au terme du délai prévu au ***(D. 2011-1450 du 7 nov. 2011, JO 8)*** " 10° *bis* de l'article L. 135-3 du code de la sécurité sociale " ».

Art. D. 3324-39. En cas de décès du salarié, ses ayants droit demandent la liquidation de ses droits.

Le régime fiscal prévu au 4 du III de l'article 150-0 A du code général des impôts cesse de leur être attaché à compter du septième mois suivant le décès.

Art. D. 3324-40. Lorsque la déclaration des résultats d'un exercice est rectifiée par l'administration ou par le juge de l'impôt, le montant de la participation des salariés au bénéfice de cet exercice fait l'objet d'un nouveau calcul, compte tenu des rectifications apportées.

Le montant de la réserve spéciale de participation est modifié en conséquence au cours de l'exercice pendant lequel les rectifications opérées par l'administration ou par le juge de l'impôt sont devenues définitives ou ont été formellement acceptées par l'entreprise. Ce montant est majoré d'un intérêt dont le taux est égal au taux moyen de rendement des obligations des sociétés privées publié par le ministre chargé de l'économie et qui court à partir du premier jour du ***(D. 2009-351 du 30 mars 2009, JO 31)*** « cinquième » mois de l'exercice qui suit celui au titre duquel les rectifications ont été opérées.

Note Ce texte ne fait aucune distinction entre une modification à la hausse ou à la baisse ; il en résulte que le champ d'application de ce texte n'est pas limité au seul cas de hausse de la réserve spéciale de participation, mais s'applique aussi en cas de baisse de celle-ci (cass. soc. 1er juillet 1998, n° 96-16.471, BC V n° 357 ; *RJS* 8-9/98 n° 1032).

• Pour pouvoir prétendre à une répartition de la réserve, les salariés doivent avoir été présents dans l'entreprise au cours de l'année d'exercice où est apprécié le montant de la réserve de participation (cass. soc. 10 mars 1998, n° 96-16.473, BC V n° 125 ; *RJS* 4/98 n° 504).

• Les dispositions de cet article ne s'appliquent que dans l'hypothèse où le montant de la réserve spéciale de participation est modifié à la suite de rectifications opérées par l'administration ou par le juge de l'impôt. En règle générale, les salariés qui ont contribué à la formation du résultat bénéficiaire d'une entreprise au cours d'un exercice comptable ont vocation à en percevoir les fruits.

En l'espèce, le tribunal a constaté qu'une erreur avait été commise dans l'assiette de calcul de la réserve spéciale de participation au titre des exercices 1994 et 1995 ayant pour effet de minorer la participation au titre de ces exercices et de majorer l'intéressement ; en décidant que l'accord conclu entre les partenaires sociaux, en juillet 1996, pour corriger cette erreur n'était pas opposable à l'intéressé qui avait quitté l'entreprise avant sa conclusion et en lui accordant pour les exercices litigieux, au cours desquels il était présent, une somme correspondant à la différence entre le complément dû au titre de la participation et le trop-perçu au titre de l'intéressement, le tribunal a légalement justifié sa décision (cass. soc. 5 juin 2001, n° 99-14.037, BC V n° 207 ; *JSL* n° 83, 12 juillet 2001, p. 21 ; *RJS* 8-9/01 n° 1048).

SECTION 2. Régime des accords

Sous-section 1. Dépôt

Art. L. 3323-4. Les accords de participation sont déposés auprès de l'autorité administrative.

Ce dépôt conditionne l'ouverture du droit aux exonérations prévues au chapitre V.

Note Tous les accords de participation (y compris ceux des entreprises publiques) doivent faire l'objet d'un dépôt auprès de l'unité territoriale de la Direccte du lieu de leur conclusion. Ce dépôt ne peut avoir lieu avant la fin du délai d'opposition, si un tel délai s'applique (huit jours pour un accord d'entreprise, quinze jours pour un accord de branche).

Si le dépôt des accords de participation ne constitue pas une condition de validité de ces accords, l'absence de dépôt ne limitant pas leurs effets entre les parties, cette formalité conditionne l'ouverture du droit aux exonérations fiscales et sociales : sont donc soumises à cotisations les sommes attribuées en exécution d'un accord de participation antérieurement à son dépôt (cass. soc. 8 décembre 2010, n° 09-11.217, *RJS*

5/11 n° 443 ; 30 mars 1995, n° 93-10495, *RJS* 5/95 n° 542). Il en est de même pour les renouvellements d'accords et les avenants.

Les partenaires sociaux qui, au sein d'une entreprise, ont choisi d'utiliser les possibilités de conclusion offertes par la loi du 4 mai 2004 le précisent clairement dans la lettre d'envoi de leur accord afin d'éviter toute confusion avec les modalités traditionnelles de conclusion des accords d'épargne salariale, notamment pour la conclusion en CE ou le mandatement qui existent dans les deux cas de figure (circ. 14 septembre 2005, JO 1er nov.).

À noter que l'article L. 3345-1 prévoit que l'accord d'intéressement, l'accord de participation et le règlement d'un plan d'épargne salariale, lorsqu'ils sont conclus concomitamment, peuvent faire l'objet d'un dépôt commun dans les conditions aux accords d'intéressement.

Art. D. 3323-1. L'accord de participation est déposé à la ***(D. 2009-1377 du 10 nov. 2009, JO 13 ; D. 2010-687 du 24 juin 2010, JO 25 ; voir D. 2010-1582 du 17 déc. 2010, JO 18, pour outre-mer)*** « direction régionale des entreprises, de la concurrence, de la consommation, du travail et de l'emploi » du lieu où il a été conclu.

Art. D. 3323-2. Dans l'hypothèse où un accord de branche de participation ouvre des choix aux parties signataires au niveau de l'entreprise, l'accord déposé à la ***(D. 2009-1377 du 10 nov. 2009, JO 13 ; D. 2010-687 du 24 juin 2010, JO 25 ; voir D. 2010-1582 du 17 déc. 2010, JO 18, pour outre-mer)*** « direction régionale des entreprises, de la concurrence, de la consommation, du travail et de l'emploi » peut ne contenir que les clauses résultant de ces choix.

L'adhésion à un accord mentionné au premier alinéa n'ouvrant pas de possibilité de choix, ou ouvrant un choix qui n'a pas été exercé, donne lieu à une simple notification à la ***(D. 2009-1377 du 10 nov. 2009, JO 13 ; D. 2010-687 du 24 juin 2010, JO 25 ; voir D. 2010-1582 du 17 déc. 2010, JO 18, pour outre-mer)*** « direction régionale des entreprises, de la concurrence, de la consommation, du travail et de l'emploi ».

Art. D. 3323-3. Si le régime de participation est mis en place à l'initiative de l'entreprise, la décision précisant les modalités de cet assujettissement unilatéral est déposée avec le procès-verbal de la consultation du comité d'entreprise ou, à défaut, des délégués du personnel prévue au deuxième alinéa de l'article L. 3323-6.

Art. D. 3323-4. Lorsqu'un accord de participation de groupe est conclu, les documents déposés à la ***(D. 2009-1377 du 10 nov. 2009, JO 13 ; D. 2010-687 du 24 juin 2010, JO 25 ; voir D. 2010-1582 du 17 déc. 2010, JO 18, pour outre-mer)*** « direction régionale des entreprises, de la concurrence, de la consommation, du travail et de l'emploi » comportent :

1° Quel que soit le mode de conclusion de l'accord, les mandats habilitant le mandataire des différentes sociétés intéressées à signer l'accord de groupe ;

2° Si l'accord a été conclu avec un ou plusieurs salariés appartenant à l'une des entreprises du groupe mandatés à cet effet par une ou plusieurs organisations syndicales, les mandats les habilitant à signer l'accord de groupe ;

3° Si l'accord a été conclu avec les représentants mandatés par chacun des comités d'entreprise intéressés, les procès-verbaux de séance établissant que la délégation du personnel statuant à la majorité a explicitement donné mandat à ces représentants pour signer l'accord de groupe ;

4° Si l'accord résulte, après consultation de l'ensemble des salariés inscrits à l'effectif de chacune des sociétés intéressées, de la ratification par les deux tiers de ces salariés du projet proposé par le mandataire de ces sociétés :

a) Soit l'émargement, sur la liste nominative de l'ensemble des salariés de chacune des sociétés intéressées, des salariés signataires ;

b) Soit un procès-verbal rendant compte de la consultation, au niveau de chacune des entreprises ou au niveau du groupe.

Art. R. 3323-5. Lorsque la ratification d'un accord de groupe est demandée conjointement par le mandataire des sociétés intéressées et une ou plusieurs organisations syndicales, ou la majorité des comités d'entreprise des sociétés intéressées, ou le comité de groupe, il en est fait mention dans les documents déposés.

Art. R. 3323-6. Lorsque le projet d'accord de groupe ratifié par les salariés ne fait pas mention d'une demande conjointe, il est déposé avec l'accord :

1° Une attestation des différents chefs d'entreprise intéressés selon laquelle ils n'ont été saisis d'aucune désignation de délégué syndical ;

2° Et, pour les entreprises assujetties à la législation sur les comités d'entreprise, un procès-verbal de carence datant de moins de quatre ans.

Art. D. 3323-7. Le ***(D. 2009-1377 du 10 nov. 2009, JO 13 ; D. 2010-687 du 24 juin 2010, JO 25 ; voir D. 2010-1582 du 17 déc. 2010, JO 18, pour outre-mer)*** « direction régionale des entreprises, de la concurrence, de la consommation, du travail et de l'emploi » accuse, sans délai, réception de l'accord de branche de participation et des autres documents mentionnés à la présente sous-section.

Dénonciation de l'accord

Art. D. 3323-8. La partie qui dénonce un accord de participation ou l'employeur, dans le cas où le régime de participation a été mis en place conformément au deuxième alinéa de l'article L. 3323-6, notifie aussitôt cette décision au ***(D. 2009-1377 du 10 nov. 2009, JO 13 ; D. 2010-687 du 24 juin 2010, JO 25 ; voir D. 2010-1582 du 17 déc. 2010, JO 18, pour outre-mer)*** « directeur régional des entreprises, de la concurrence, de la consommation, du travail et de l'emploi ».

La dénonciation d'un accord conclu au sein d'un comité d'entreprise est constatée au procès-verbal de la séance au cours de laquelle cette dénonciation a eu lieu.

Sous-section 2. Dispositions applicables en l'absence d'accord

Art. L. 3323-5. Lorsque, dans un délai d'un an suivant la clôture de l'exercice au titre duquel sont nés les droits des salariés, un accord de participation n'a pas été conclu, cette situation est constatée par l'inspecteur du travail et les dispositions du 2° de l'article L. 3323-2 sont applicables.

Les sommes ainsi attribuées aux salariés sont versées à des comptes courants qui, sous réserve des cas prévus par décret en application de l'article L. 3324-10, sont bloqués pour huit ans ***(L. 2008-1258 du 3 déc. 2008, art. 4, JO 4)*** « , sauf si le salarié demande le versement de tout ou partie des sommes correspondantes dans des conditions fixées par décret. La demande peut être présentée à l'occasion de chaque versement effectué au titre de la répartition de la réserve spéciale de participation. Les sommes précitées, versées à des comptes courants, » portent intérêt à un taux fixé par arrêté du ministre chargé du budget et de l'économie.

La provision pour investissement prévue à l'article L. 3325-3 ne peut être constituée.

Note

• La modification de cet article, issue de la loi 2008-1258 du 3 décembre 2008 et qui introduit la possibilité d'un déblocage immédiat de la participation, est applicable aux droits à participation des salariés aux résultats de l'entreprise attribués au titre des exercices clos après la promulgation de cette loi, soit le 3 décembre 2008 (art. 4, VIII).

• *Sanction du défaut d'accord :* si une entreprise théoriquement assujettie à la participation eu égard à ses effectifs n'a pas mis en place d'accord de participation, elle ne pourra être sanctionnée pour défaut d'accord que si son bénéfice fiscal est suffisant pour permettre de calculer une réserve spéciale de participation au profit de ses salariés.

Le régime d'autorité prévu par cet article pénalise à la fois les salariés, car le blocage des avoirs est de huit ans au lieu de cinq, et l'entreprise, car les sommes placées en comptes courants bloqués sont rémunérées à un taux majoré égal à 1,33 fois le taux moyen de rendement des obligations des sociétés privées publié par le ministre chargé de l'économie (arrêté du 10 octobre 2001, JO 18).

En outre, s'agissant d'un dispositif intervenant en l'absence d'accord, il ne permet aucun aménagement des points normalement négociables par les partenaires sociaux : les bénéficiaires sont tous les salariés de l'entreprise sans qu'aucune ancienneté puisse être exigée, la répartition de la réserve spéciale de participation se fait au prorata des salaires perçus (un accord aurait pu prévoir une répartition pour tout ou partie au prorata du temps de présence, ou uniforme, ou une juxtaposition des trois modes de répartition), la réserve de participation est placée en comptes courants bloqués avec versement annuel obligatoire des intérêts (circ. 14 septembre 2005, JO 1er nov.).

• Les dispositions de cet article prévoyant l'intervention d'autorité de l'inspecteur du travail ne concerne que la mise en place des accords et non la modification d'un accord existant (cass. soc. 19 novembre 1998, n° 96-22.869, BC V n° 510).

• L'absence de constat par l'inspecteur du travail du défaut de conclusion d'un contrat de participation dans le délai d'un an suivant la clôture de l'exercice au titre duquel sont nés les droits des salariés d'une entreprise ne prive pas ces derniers du droit de demander au juge de faire application du régime légal de participation prévu par l'article L. 442-12 [L. 3323-5] lorsque les conditions de sa mise en œuvre sont réunies (cass. soc. 13 septembre 2005, n° 03-10.502, BC V n° 250 ; *Dr. Soc.* 2005, p. 1051, obs. J. Savatier ; *RJS* 11/05 n° 1128).

• Voir aussi note sous article L. 3326-1.

Sous-section 3. Participation volontaire

Art. L. 3323-6. Les entreprises qui ne sont pas tenues de mettre en application un régime de participation peuvent, par un accord de participation, se soumettre volontairement aux dispositions du présent titre.

(L. 2008-1258 du 3 déc. 2008, art. 11, JO 4) « Les chefs de ces entreprises ou, s'il s'agit de personnes morales, leurs présidents, directeurs généraux, gérants ou membres du directoire, ainsi que le conjoint du chef d'entreprise s'il bénéficie du statut de conjoint collaborateur ou de conjoint associé mentionné à l'article L. 121-4 du code de commerce, peuvent bénéficier de ce régime. »

En cas d'échec des négociations, l'employeur peut mettre en application unilatéralement un régime de participation conforme aux dispositions du présent titre. Le comité d'entreprise ou, à défaut, les délégués du personnel sont consultés sur le projet d'assujettissement unilatéral à la participation au moins quinze jours avant son dépôt auprès de l'autorité administrative.

Ces entreprises, ***(L. 2008-1258 du 3 déc. 2008, art. 11, JO 4)*** « leurs salariés et les bénéficiaires visés au deuxième alinéa se voient appliquer le » régime social et fiscal prévu au chapitre V.

Note Un régime de retraite supplémentaire à prestations définies répondant aux caractéristiques des régimes mentionnés au premier alinéa du I de l'article L. 137-11 c. séc. soc. réservé par l'employeur à une ou certaines catégories de ses salariés ou aux personnes visées au deuxième alinéa de l'article L. 3323-6 et au troisième alinéa de l'article L. 3324-2 CT ne peut être mis en place dans une entreprise que si l'ensemble des salariés bénéficie d'au moins un des dispositifs suivants :

1° Plan d'épargne pour la retraite collectif prévu au chapitre IV du titre III du livre III de la troisième partie du code du travail ;

2° Régime de retraite supplémentaire auquel l'affiliation est obligatoire et mis en place dans les conditions prévues à l'article L. 911-1 c. séc. soc.

Lorsqu'un régime de retraite supplémentaire mentionné ci-dessus existe dans l'entreprise à la date de promulgation de la loi 2010-1330 du 9 novembre 2010 (JO 10), cette entreprise est tenue de mettre en place, au plus tard le 31 décembre 2012, pour l'ensemble de ses salariés, l'un des dispositifs prévus par les 1° et 2°, sauf si le régime n'accueille plus de nouvelles personnes adhérentes à compter de sa date de fermeture lorsque celle-ci est antérieure à la promulgation de cette loi (loi précitée, art. 111).

Sous-section 4. Participation dans les entreprises agricoles

Art. L. 3323-7. Une convention ou un accord de branche étendu peut prévoir la mise en application d'un régime de participation dans les entreprises agricoles employant des salariés mentionnés aux 1° à 3°, 6° et 7° de l'article L. 722-20 du code rural ***(Ord. 2010-462 du 6 mai 2010, JO 7)*** « et de la pêche maritime » selon des modalités dérogeant aux dispositions de l'article L. 3324-1.

Ces entreprises et leurs salariés bénéficient alors, dans les mêmes conditions, du régime social et fiscal prévu au chapitre V.

Sous-section 5. Modification dans la situation juridique de l'entreprise

Art. L. 3323-8. Lorsque survient une modification dans la situation juridique de l'entreprise, par fusion, cession ou scission, rendant impossible l'application d'un accord de participation, cet accord cesse de produire effet entre le nouvel employeur et le personnel de l'entreprise.

En l'absence d'accord de participation applicable à la nouvelle entreprise, celle-ci engage, dans un délai de six mois à compter de la clôture de l'exercice au cours duquel est intervenue la modification, une négociation en vue de la conclusion d'un nouvel accord, selon l'un des modes prévus à l'article L. 3322-6.

Note Les dispositions de cet article sont applicables aux accords de groupe comme aux accords conclus au niveau de l'entreprise (CA Versailles 7 février 2002, 1re ch., n° 00-2, *RJS* 7/02 n° 862).

Voir : « Le sort des régimes d'épargne salariale lors de transferts d'entreprise », *JCP* éd. S 2007, 1466, étude G. Jolivet et H. Ouaissi.

Sous-section 6. Sociétés coopératives ouvrières de production, coopératives agricoles et entreprises publiques

Art. L. 3323-9. Les dispositions du présent titre ainsi que celles régissant les sociétés coopératives ouvrières de production et les coopératives agricoles sont adaptées, par décret en Conseil d'État, pour les rendre applicables à ces sociétés.

(L. 2008-1258 du 3 déc. 2008, art. 4, JO 4) « Par dérogation à l'article L. 3324-10, l'accord de participation applicable dans ces sociétés peut prévoir que tout ou partie de la réserve spéciale de participation n'est exigible qu'à l'expiration d'un délai de cinq ans à compter de l'ouverture de ces droits. »

Note Le 2e alinéa de cet article est applicable aux droits à participation des salariés aux résultats de l'entreprise attribués au titre des exercices clos après la promulgation de la loi 2008-1258, soit le 3 décembre 2008.

Art. L. 3323-10. Les dispositions du présent titre ne sont pas applicables aux exercices antérieurs à l'exercice suivant ***(L. 2008-1258 du 3 déc. 2008, art. 9, JO 4, applicable au 01.05.08)*** « le 1er janvier 2005 » pour les sociétés, groupements ou personnes morales, quel que soit leur statut juridique, dont plus de la moitié du capital est détenue, ensemble ou séparément, directement ou indirectement, par les établissements publics et les entreprises publiques mentionnées au deuxième alinéa de l'article L. 3321-1, à l'exception de celles et ceux pour lesquels ces dispositions s'appliquaient en vertu du décret n° 87-948 du 26 novembre 1987 dans sa rédaction antérieure ***(L. 2008-1258 du 3 déc. 2008, art. 9, JO 4, applicable au 01.05.08)*** « au 1er janvier 2005 ».

Note Les entreprises et établissements publics qui entraient légalement dans le champ de la participation au 1er mai 2008 demeurent soumis au même régime (loi 2008-1258, art. 9, II).

Art. R. 3323-9. Dans les sociétés coopératives ouvrières de production, la réserve spéciale de participation des salariés est calculée sur les bases suivantes :

1° Le bénéfice est réputé égal, pour chaque exercice, aux excédents nets de gestion définis à l'article 32 de la loi n° 78-763 du 19 juillet 1978 portant statut des sociétés coopératives ouvrières de production, déduction faite de la fraction égale à 25 % de ceux-ci, prévue au 3° de l'article 33 de cette loi. Ce bénéfice est diminué d'une somme calculée par application à celui-ci du taux de droit commun de l'impôt sur les sociétés ;

2° Les capitaux propres de l'entreprise sont réputés égaux au montant du capital social effectivement libéré à la clôture de l'exercice considéré.

Art. R. 3323-10. La part des excédents nets de gestion répartie entre les salariés en application du 3° de l'article 33 de la loi du 19 juillet 1978 précitée peut, aux termes d'un accord de participation, être affectée en tout ou partie à la constitution de la réserve spéciale de participation.

Dans ce cas, la réserve spéciale de participation et la provision pour investissement sont constituées avant la clôture des comptes de l'exercice.

Art. R. 3323-11. Un accord de participation conclu au sein d'une société coopérative ouvrière de production peut prévoir que l'emploi de la réserve spéciale de participation en parts sociales, quelle que soit la forme juridique de la société, est réservé aux associés employés dans l'entreprise.

CHAPITRE IV

Calcul et gestion de la participation

SECTION 1. Calcul de la réserve spéciale de participation

Art. L. 3324-1. La réserve spéciale de participation des salariés est constituée comme suit :

1° Les sommes affectées à cette réserve spéciale sont, après clôture des comptes de l'exercice, calculées sur le bénéfice réalisé en France métropolitaine et dans les départements d'outre-mer ***(Ord. 2008-205 du 27 févr. 2008, JO 1er mars)*** « , à Saint-Barthélemy et à Saint-Martin », tel qu'il est retenu pour être imposé à l'impôt sur le revenu ou aux taux de l'impôt sur les sociétés prévus au deuxième alinéa et au b du I de l'article 219 du code général des impôts et majoré des bénéfices exonérés en application des dispositions des articles 44 *sexies*, 44 *sexies* A, 44 *septies*, 44 *octies*, 44 *octies* A, 44 *undecies* ***(L. 2011-1977 du 28 déc. 2011, art. 10, II, JO 29)*** « et 208 C » du code général des impôts ***(Abrogé par L. 2011-1977 du 28 déc. 2011, art. 17, JO 29)*** « *sans que, pour les entreprises qui n'ont pas conclu d'accord de participation conformément à l'article L. 3324-2, ce bénéfice puisse être diminué des déficits constatés au cours des exercices antérieurs de plus de cinq ans à l'exercice en cours* ». Ce bénéfice est diminué de l'impôt correspondant qui, pour les entreprises soumises à l'impôt sur le revenu, est déterminé dans les conditions déterminées par décret en Conseil d'État ;

2° Une déduction représentant la rémunération au taux de 5 % des capitaux propres de l'entreprise est opérée sur le bénéfice net ainsi défini ;

3° Le bénéfice net est augmenté du montant de la provision pour investissement prévue à l'article L. 3325-3. Si cette provision est rapportée au bénéfice imposable d'un exercice déterminé, son montant est exclu, pour le calcul de la réserve de participation, du bénéfice net à retenir au titre de l'exercice au cours duquel ce rapport a été opéré ;

4° La réserve spéciale de participation des salariés est égale à la moitié du chiffre obtenu en appliquant au résultat des opérations effectuées conformément aux dispositions des 1° et 2° le rapport des salaires à la valeur ajoutée de l'entreprise.

Note

• La modification apportée au 1° par la loi 2011-1977 du 28 décembre 2011, art. 17, JO 29, s'applique à compter des exercices ouverts à partir du 21 septembre 2011.

• Voir *infra* articles D. 3324-1 à 6.

• Une entreprise occupant habituellement au moins 50 salariés n'est légalement tenue de constituer une réserve spéciale de participation qu'autant que le bénéfice de l'exercice réalisé en France métropolitaine et dans les départements d'outre-mer, tel qu'il est retenu pour être imposé au taux de droit commun de l'impôt sur les sociétés ou de l'impôt sur le revenu, excède, après déduction de l'impôt correspondant, la rémunération au taux de 5 % des capitaux propres de l'entreprise (cass. soc. 20 décembre 2006, n° 04-16.661, BC V n° 394 ; *RJS* 3/07 n° 364 ; *Dr. Soc.* 2007, p. 368, obs. J. Savatier ; *JCP* éd. S 2007, 1381, note R. Vatinet).

• Une réserve spéciale de participation doit être constituée dans les entreprises employant habituellement au moins cinquante salariés dès lors que ces entreprises sont soumises à la loi française, peu important que les contrats de travail des salariés bénéficiaires soient, le cas échéant, soumis à une autre loi (cass. soc. 22 mai 2001, n° 99-12.902, BC V n° 179).

Art. L. 3324-2. L'accord de participation peut établir un régime de participation comportant une base de calcul et des modalités différentes de celles définies à l'article L. 3324-1. Cet accord ne dispense de l'application des règles définies à cet article que si, respectant les principes posés par le présent titre, il comporte pour les salariés des avantages au moins équivalents. La base de calcul retenue peut ainsi être le tiers du bénéfice net fiscal. La réserve spéciale de participation peut être calculée en prenant en compte l'évolution de la valeur des actions ou parts sociales de l'entreprise ou du groupe au cours du dernier exercice clos.

Lorsqu'un accord est conclu au sein d'un groupe de sociétés, l'équivalence des avantages consentis aux salariés s'apprécie globalement au niveau du groupe et non entreprise par entreprise.

(L. 2008-1258 du 3 déc. 2008, art. 11, JO 4) « Dans les entreprises dont l'effectif habituel est compris entre un et deux cent cinquante salariés, la part de la réserve spéciale de participation excédant le montant qui aurait résulté d'un calcul effectué en application de l'article L. 3324-1 peut être répartie entre les salariés et les chefs de ces entreprises, les présidents, directeurs généraux, gérants ou membres du directoire s'il s'agit de personnes morales, le conjoint du chef d'entreprise s'il a le statut de conjoint collaborateur ou de conjoint associé mentionné à l'article L. 121-4 du code de commerce. »

L'accord n'ouvre droit au régime social et fiscal prévu au chapitre V que si la réserve spéciale de participation n'excède pas la moitié du bénéfice net comptable, ou, au choix des parties, l'un des trois plafonds suivants :

1° Le bénéfice net comptable diminué de 5 % des capitaux propres ;

2° Le bénéfice net fiscal diminué de 5 % des capitaux propres ;

3° La moitié du bénéfice net fiscal.

L'accord précise le plafond retenu.

Note • Voir note sous article L. 3323-6.

• Le caractère aléatoire de la participation des salariés aux résultats de l'entreprise, auquel est subordonnée l'exonération des cotisations sociales, s'oppose à ce que les dispositions d'un accord relatives au calcul du montant de la réserve spéciale soient modifiées en connaissance des résultats de l'exercice à partir desquels elle est établie (cass. soc. 19 novembre 1998, n° 96-22.869, BC V n° 510 ; *RJS* 1/99 n° 82).

• Pour aller plus loin, voir *RF Comptable* n° 379, janvier 2011, Dossier « La participation aux résultats de l'entreprise ».

Art. L. 3324-3. Dans les entreprises relevant de l'impôt sur le revenu, le bénéfice à retenir, avant déduction de l'impôt correspondant, est égal au bénéfice imposable de cet exercice, diminué :

1° De la rémunération normale du travail du chef d'entreprise lorsque cette rémunération n'est pas admise dans les frais généraux pour l'assiette de l'impôt de droit commun ;

2° Des résultats déficitaires enregistrés au cours des cinq années antérieures qui ont été imputés sur des revenus d'une autre nature mais n'ont pas déjà été pris en compte pour le calcul de la participation afférente aux exercices précédents.

Art. L. 3324-4. Un décret en Conseil d'État détermine le mode de calcul, éventuellement forfaitaire, de la réduction opérée au titre de l'impôt sur le revenu prévue à l'article L. 3324-3.

Note Voir *infra* article R. 3324-7.

Art. D. 3324-1. Les salaires à retenir pour le calcul du montant de la réserve spéciale de participation des salariés mentionnée à l'article L. 3324-1 sont les rémunérations au sens de l'article L. 242-1 du code de la sécurité sociale.

(D. 2009-351 du 30 mars 2009, JO 31) « Lorsque l'accord de participation prévoit que les salariés d'un groupement d'employeurs mis à la disposition de l'entreprise bénéficient de ses dispositions, le montant de leurs salaires correspondant à leur activité dans l'entreprise utilisatrice est ajouté au montant des salaires des salariés de l'entreprise. Ce montant est communiqué à l'entreprise par le groupement d'employeurs. »

Note • Les salaires à retenir pour le calcul du montant de la réserve spéciale de participation des salariés étant constitués, selon l'article D. 3324-1, par les rémunérations définies à l'article L. 242-1 c. séc. soc., l'employeur n'est pas fondé à contester l'intégration dans l'assiette de calcul de la réserve spéciale de participation des sommes déclarées à l'administration avoir été versées à titre de salaires (cass. soc. 17 mai 2011, n° 10-10.957, deux premières branches du 1er moyen, *LS* Jurispr. n° 113/2011 du 31/05/11 ; *RJS* 8-9/11 n° 718).

• Les rémunérations servant de base au calcul de la réserve spéciale de participation s'appréciant par référence à l'assiette de calcul des cotisations de sécurité sociale, les frais professionnels peuvent être déduits des rémunérations pour ce calcul dans les conditions et limites fixées par arrêté interministériel (cass. soc. 17 mai 2011, n° 10-10.957, quatre dernières branches du 1er moyen).

• Les rémunérations à prendre en compte pour le calcul de la réserve spéciale de participation pour les périodes d'absence visées aux articles L. 122-26 et L. 122-32-1 [L. 1226-7] CT, dans le cas où l'employeur ne maintient pas intégralement les salaires, sont celles qu'auraient perçues les salariés concernés pendant les mêmes périodes s'ils avaient travaillé (circ. 14 septembre 2005, JO 1er nov.).

• Si les enseignants recrutés par l'État et mis à la disposition d'un organisme de droit privé ont vocation à bénéficier de la réserve de participation comme tous les salariés de l'établissement dès lors qu'ils sont liés à cet organisme par un contrat de travail, leurs rémunérations, versées par l'État, ne figurant ni dans les comptes de cet organisme ni dans sa déclaration annuelle des salaires, ne peuvent être retenues comme des charges de personnel telles que prévues à l'article R. 442-2 [D. 3324-2] et être prises en compte pour le calcul de réserve de participation (cass. soc. 1er juillet 1998, n° 96-17.076, BC V n° 356).

Art. D. 3324-2. La valeur ajoutée de l'entreprise mentionnée au 4° de l'article L. 3324-1 est déterminée en faisant le total des postes du compte de résultats énumérés ci-après, pour autant qu'ils concourent à la formation d'un bénéfice réalisé en France métropolitaine et dans les départements d'outre-mer :

1° Les charges de personnel ;

2° Les impôts, taxes et versements assimilés, à l'exclusion des taxes sur le chiffre d'affaires ;

3° Les charges financières ;

4° Les dotations de l'exercice aux amortissements ;

5° Les dotations de l'exercice aux provisions, à l'exclusion des dotations figurant dans les charges exceptionnelles ;

6° Le résultat courant avant impôts.

Art. D. 3324-3. Par dérogation aux dispositions de l'article D. 3324-2, la valeur ajoutée des entreprises de banque et d'assurances est déterminée comme suit :

1° Pour les établissements de crédit, par le revenu bancaire hors taxe augmenté des produits nets du portefeuille titres et des revenus des immeubles. Le revenu bancaire est égal à la différence entre, d'une part, les perceptions opérées sur les clients et, d'autre part, les frais financiers de toute nature ;

2° Pour les entreprises d'assurances régies par le code des assurances et les entreprises de réassurance, par la différence existant entre, d'une part, la somme des primes nettes d'impôts et des produits de placements et, d'autre part, le total des dotations aux provisions techniques et des prestations payées au cours de l'exercice aux assurés et bénéficiaires de contrats d'assurances.

Art. D. 3324-4. Les capitaux propres mentionnés au 2° de l'article L. 3324-1 comprennent le capital, les primes liées au capital social, les réserves, le report à nouveau, les provisions qui ont supporté l'impôt ainsi que les provisions réglementées constituées en franchise d'impôts par application d'une disposition particulière du code général des impôts. Leur montant est retenu d'après les valeurs figurant au bilan de clôture de l'exercice au titre duquel la réserve spéciale de participation est calculée. Toutefois, en cas de variation du capital au cours de l'exercice, le montant du capital et des primes liées au capital social est pris en compte à due proportion du temps.

La réserve spéciale de participation des salariés ne figure pas parmi les capitaux propres.

Pour les sociétés de personnes et les entreprises individuelles, la somme définie ci-dessus est augmentée des avances en compte courant faites par les associés ou l'exploitant. La quotité des avances à retenir au titre de chaque exercice est égale à la moyenne algébrique des soldes des comptes courants en cause tels que ces soldes existent à la fin de chaque trimestre civil inclus dans l'exercice considéré.

Le montant des capitaux propres auxquels s'applique le taux de 5 % prévu au 2° de l'article susmentionné est obtenu en retranchant des capitaux propres définis aux alinéas précédents ceux qui sont investis à l'étranger calculés à due proportion du temps en cas d'investissement en cours d'année.

Le montant de ces capitaux est égal au total des postes nets de l'actif correspondant aux établissements situés à l'étranger après application à ce total du rapport des capitaux propres aux capitaux permanents.

Le montant des capitaux permanents est obtenu en ajoutant au montant des capitaux propres, les dettes à plus d'un an autres que celles incluses dans les capitaux propres.

Art. D. 3324-5. Par dérogation aux dispositions de l'article D. 3324-4, les capitaux propres comprennent, en ce qui concerne les offices publics et ministériels dont le titulaire n'a pas la qualité de commerçant :

1° D'une part, la valeur patrimoniale du droit de présentation appartenant au titulaire de l'office ;

2° D'autre part, la valeur nette des autres biens affectés à l'usage professionnel et appartenant au titulaire de l'office au premier jour de la période au titre de laquelle la participation est calculée.

Art. D. 3324-6. La valeur patrimoniale du droit de présentation est estimée dans les conditions prévues pour les cessions d'offices publics et ministériels mentionnés à l'article D. 3324-5.

Cette estimation est établie au 1er janvier de la première année d'application du régime de participation des salariés à l'office intéressé ou, en cas de changement de titulaire, à la date de cession de cet office.

La valeur nette des autres biens affectés à l'usage professionnel et appartenant au titulaire de l'office est égale à leur prix de revient diminué du montant des amortissements qui s'y rapportent.

Art. R. 3324-7. Dans les entreprises relevant de l'impôt sur le revenu, l'impôt à retenir pour le calcul du bénéfice net s'obtient en appliquant au bénéfice imposable de l'exercice rectifié dans les conditions prévues à l'article L. 3324-3, le taux moyen d'imposition à l'impôt sur le revenu de l'exploitant.

Ce taux moyen est égal à cent fois le chiffre obtenu en divisant l'impôt sur le revenu dû pour l'exercice considéré par le montant des revenus soumis à cet impôt. Toutefois le taux moyen retenu est, dans tous les cas, limité au taux de droit commun de l'impôt sur les sociétés.

Art. D. 3324-8. Dans les entreprises soumises au régime fiscal des sociétés de personnes, le bénéfice net est obtenu par la somme des éléments suivants :

1° La fraction du bénéfice imposable de l'exercice qui revient à ceux des associés passibles de l'impôt sur les sociétés diminué de l'impôt que ces entreprises auraient acquitté si elles étaient personnellement soumises à l'impôt sur les sociétés, calculé au taux de droit commun de cet impôt ;

2° La fraction du bénéfice imposable de l'exercice rectifiée dans les conditions prévues à l'article L. 3324-3 qui revient aux associés personnes physiques, diminuée des impôts supportés par chacun de ces associés à ce titre, calculés conformément aux dispositions de l'article R. 3324-7. Toutefois, le montant total des impôts imputables est dans tous les cas limité à la somme qui résulterait de l'application à cette fraction du bénéfice imposable rectifiée du taux de droit commun de l'impôt sur les sociétés ;

3° La fraction du bénéfice net de l'exercice calculé, conformément aux 1° et 2° à partir de la fraction du bénéfice imposable de l'exercice revenant aux associés qui seraient eux-mêmes des entreprises soumises au régime fiscal des sociétés de personnes.

Art. D. 3324-9. Le bénéfice net des associés des entreprises soumises au régime fiscal des sociétés de personnes est calculé sans tenir compte de la quote-part du résultat de ces entreprises qui leur revient, ni de l'impôt qui correspond à ce résultat.

SECTION 2. Répartition de la réserve spéciale de participation

Art. L. 3324-5. La répartition de la réserve spéciale de participation entre les ***(L. 2008-1258 du 3 déc. 2008, art. 11, JO 4)*** « bénéficiaires » est calculée proportionnellement au salaire perçu dans la limite de plafonds déterminés par décret. ***(L. 2008-1258 du 3 déc. 2008, art. 11, JO 4)*** « Pour les bénéficiaires visés au deuxième alinéa de l'article L. 3323-6 et au troisième alinéa de l'article L. 3324-2, la répartition est calculée proportionnellement à la rémunération annuelle ou au revenu professionnel imposé à l'impôt sur le revenu au titre de l'année précédente, plafonnés au niveau du salaire le plus élevé versé dans l'entreprise, et dans les limites de plafonds de répartition individuelle déterminés par le même décret. »

Toutefois, l'accord de participation peut décider que cette répartition entre les ***(L. 2008-1258 du 3 déc. 2008, art. 11, JO 4)*** « bénéficiaires » est uniforme, proportionnelle à la durée de présence dans l'entreprise au cours de l'exercice, ou retenir conjointement plusieurs de ces critères.

L'accord peut fixer un salaire plancher servant de base de calcul à la part individuelle.

Le plafond de répartition individuelle déterminé par le décret prévu au premier alinéa ne peut faire l'objet d'aucun aménagement, à la hausse ou à la baisse, y compris par un accord mentionné à l'article L. 3323-1.

Note La répartition de la réserve spéciale de participation entre les bénéficiaires peut être uniforme, proportionnelle à la durée de présence dans l'entreprise au cours de l'exercice ou s'opérer en combinant ces critères. La durée de présence s'entend du travail effectif et de toutes les périodes assimilées à un travail effectif. Une condition d'ancienneté peut être fixée par les signataires de l'accord ; elle ne peut cependant excéder trois mois (voir art. L. 3342-1).

Utilisation des critères de répartition : la répartition de la participation peut être différenciée en fonction du ou des critères retenus. Si le critère du salaire ou celui de la durée de présence est retenu, la répartition ne peut être que proportionnelle à ces critères (il ne peut être question notamment de surpénaliser l'absentéisme), sous réserve de l'application de clauses plus favorables telles l'instauration d'un salaire plancher et/ou d'un salaire plafond.

Il en va de même en cas d'utilisation conjointe de ces critères. Dans ce cas, il convient de considérer que les critères ne peuvent être combinés pour s'appliquer à une masse unique de participation, ce qui contreviendrait au principe de proportionnalité retenu par le législateur (...). Chaque critère doit donc s'appliquer à une « sous-masse » distincte : par exemple, 30 % répartis de manière uniforme, 30 % répartis au prorata du temps de présence, 40 % répartis proportionnellement aux salaires.

D'une façon générale, hormis le critère uniforme, la répartition de la réserve spéciale de participation doit se faire en application d'une proportionnalité rigoureuse. La définition de la présence ou du salaire ne peut conduire à faire échec à cette proportionnalité voulue par le législateur (circ. 14 septembre 2005, JO 1er nov.).

Sous réserve d'une durée minimale d'ancienneté dans l'entreprise, qui peut être exigée et ne peut excéder six [trois actuellement] mois, tous les salariés de l'entreprise où a été conclu un accord de participation doivent pouvoir bénéficier de la répartition des résultats de l'entreprise, sans que puisse leur être opposé le fait que leur salaire n'est pas assujetti à la taxe sur les salaires et n'est pas pris en compte pour le calcul de la réserve spéciale de participation. Il en résulte qu'un tel accord ne peut valablement écarter du bénéfice de la répartition de la réserve spéciale de participation une catégorie de salariés. Plusieurs accords, conclus au sein d'un groupe pour définir les modalités de la participation des personnels des différentes sociétés du groupe aux résultats de ces sociétés, prévoyaient leur application à l'ensemble du personnel des sociétés signataires dans la limite de leurs activités rémunérées par des salaires entrant dans le champ d'application de la taxe sur les salaires. Plusieurs salariés, employés par une filiale du groupe en Arabie saoudite, se plaignant d'avoir été exclus du bénéfice de ces accords ont saisi le tribunal de grande instance. C'est à bon droit qu'une cour d'appel a décidé que ces salariés avaient droit, pendant leurs périodes de détachement à l'étranger, au bénéfice de la réserve spéciale de participation. Par la seule constatation que les salariés appartenaient au personnel d'une société ayant conclu un accord de participation, la cour a légalement justifié sa décision (cass. soc. 22 mai 2001, n° 99-12.902, BC V n° 179 ; *Dr. Soc.* 2003, p. 138, obs. J. Savatier ; *JSL* n° 82, 26 juin 2001, p. 22 ; *RJS* 8-9/01 n° 1047).

De plus, les modalités de calcul et la répartition de la réserve spéciale de participation entre les salariés bénéficiaires ne pouvant faire l'objet d'une distinction suivant que les salariés d'une même entreprise travaillent en France ou à l'étranger (cass. soc. 29 octobre 2002, n° 00-14.787, BC V n° 324), une cour d'appel a décidé à bon droit qu'un salarié étant demeuré le salarié d'une société française pendant la durée de son expatriation, la partie de la rémunération qui lui avait été payée par la filiale étrangère de cette société au cours de cette période devait être prise en considération pour le calcul de ses droits à participation (cass. soc. 6 décembre 2007, n° 06-10.858, *JSL* n° 225, 14 janvier 2008, p. 26 ; *RJS* 2/08 n° 208).

Plafond de répartition individuelle. L'ensemble des dispositions légales et réglementaires relatives à la participation obligatoire des salariés aux résultats de l'entreprise qui vise à la constitution d'une épargne salariale et à son orientation vers un secteur déterminé de l'économie nationale étant d'ordre public absolu, il ne peut y être dérogé qu'avec l'autorisation expresse de la loi. L'article R. 442-6 [D. 3324-12] CT, qui fixe le plafond du montant des droits susceptibles d'être attribués à un même salarié pour un même exercice, ne prévoit pas une telle dérogation. C'est donc à tort qu'une cour d'appel a énoncé que les dispositions de cet article ne sont d'ordre public absolu qu'en ce qu'elles fixent une limite à ne pas dépasser, et que, par suite, la clause d'un accord de participation qui retenait un plafond inférieur au plafond d'attribution réglementaire devait recevoir application dès lors que le plafond qu'elle prévoyait était plus favorable aux salariés (cass. soc. 23 mai 2007, n° 04-20.157, BC V n° 83 ; *JCP* éd. S 2007, 1748, note G. Bordier).

Art. L. 3324-6. Sont assimilées à des périodes de présence, quel que soit le mode de répartition retenu par l'accord :

1° Les périodes de congé de maternité prévu à l'article L. 1225-17 et de congé d'adoption prévu à l'article L. 1225-37 ;

2° Les périodes de suspension du contrat de travail consécutives à un accident du travail ou à une maladie professionnelle en application de l'article L. 1226-7.

Note Voir note sous article L. 3314-5, s'agissant de l'assimilation à du temps de présence des périodes non travaillées ou de temps partiel thérapeutique consécutives à un accident du travail.

Art. L. 3324-7. Les sommes qui n'auraient pu être mises en distribution en raison des règles définies aux articles L. 3324-5 et L. 3324-6 font l'objet d'une répartition immédiate entre tous les salariés ***(L. 2008-1258 du 3 déc. 2008, art. 11, JO 4)*** « et, le cas échéant, les bénéficiaires visés au deuxième alinéa de l'article L. 3323-6 et au troisième alinéa de l'article L. 3324-2, » auxquels ont été versées, en application de ces articles, des sommes d'un montant inférieur au plafond des droits individuels déterminé par décret. Ce plafond ne peut être dépassé du fait de cette répartition supplémentaire.

Les sommes qui, en raison des règles définies par l'article précité et celles du premier alinéa du présent article, n'auraient pu être mises en distribution demeurent dans la réserve spéciale de participation des salariés pour être réparties au cours des exercices ultérieurs.

Note Ces dispositions prévoient que les sommes qui n'ont pu être distribuées en raison du plafond individuel de versement font l'objet d'une nouvelle répartition entre tous les salariés n'ayant pas atteint ledit plafond, selon les mêmes modalités de répartition, et qu'en aucun cas ce plafond ne pourra être dépassé du fait de cette répartition supplémentaire. La circulaire du 14 septembre 2005 (JO 1er nov.) a précisé que si des sommes subsistent encore après cette nouvelle répartition, il est procédé à une nouvelle répartition entre tous les salariés n'ayant pas atteint le plafond, et ainsi de suite. Si un reliquat subsiste encore alors que tous les salariés ont atteint le plafond individuel, il demeure dans la réserve spéciale de participation des salariés et sera réparti au cours des exercices ultérieurs.

Art. L. 3324-8. Lorsqu'un accord unique est conclu au sein d'une unité économique et sociale en application de l'article L. 3322-2 pour les entreprises qui n'entrent pas dans un même périmètre de consolidation ou de combinaison des comptes au sens du deuxième alinéa de l'article L. 3344-1, la répartition des sommes est effectuée entre tous les salariés ***(L. 2008-1258 du 3 déc. 2008, art. 11, JO 4)*** « et, le cas échéant, les bénéficiaires visés au deuxième alinéa de l'article L. 3323-6 et au troisième alinéa de l'article L. 3324-2, » employés dans les entreprises sur la base du total des réserves de participation constituées dans chaque entreprise.

Art. L. 3324-9. Le conseil d'administration ou le directoire peut décider de verser un supplément de réserve spéciale de participation au titre de l'exercice clos, dans le respect des plafonds mentionnés à l'article L. 3324-5 et selon les modalités de répartition prévues par l'accord de participation ou par un accord spécifique conclu selon les modalités prévues à l'article L. 3322-6.

Si l'entreprise dispose d'un accord de participation conclu conformément à l'article L. 3324-2, la réserve spéciale de participation, y compris le supplément, ne peut excéder le plafond prévu au dernier alinéa de cet article. En l'absence d'un tel accord, elle ne peut excéder le plus élevé des plafonds mentionnés à l'avant-dernier alinéa du même article.

Dans une entreprise où il n'existe ni conseil d'administration, ni directoire, l'employeur peut décider le versement d'un supplément de réserve spéciale de participation, dans les conditions prévues au présent article.

L'application au supplément de réserve spéciale de participation des dispositions du second alinéa de l'article L. 3325-1 ne donne pas lieu à application de l'article L. 131-7 du code de la sécurité sociale.

Note La circulaire DSS/5B/DGT/RT3/2007/199 du 15 mai 2007 apporte des réponses aux interrogations les plus fréquentes sur les dispositions résultant de la loi 2006-1770 du 30 décembre 2007 et notamment celles relatives au supplément d'intéressement et de participation.

Art. D. 3324-10. Le salaire servant de base à la répartition proportionnelle de la réserve spéciale de participation est égal au total des rémunérations, au sens de l'article L. 242-1 du code de la sécurité sociale, perçues par chaque bénéficiaire au cours de l'exercice considéré sans que ce total puisse excéder une somme, qui est identique pour tous les salariés et figure dans l'accord. Cette somme est au plus égale à quatre fois le plafond annuel retenu pour la détermination du montant maximum des cotisations de sécurité sociale et d'allocations familiales.

(D. 2009-351 du 30 mars 2009, JO 31) « Pour les salariés des groupements d'employeurs bénéficiaires de la participation dans leur entreprise utilisatrice, le salaire servant de base à la répartition proportionnelle est le salaire mentionné au dernier alinéa de l'article D. 3324-1. Pour les bénéficiaires mentionnés au deuxième alinéa de l'article L. 3323-6 et au troisième alinéa de l'article L. 3324-2 s'appliquent les dispositions du premier alinéa de l'article L. 3324-5. »

Art. D. 3324-11. Pour les périodes d'absence liées au congé de maternité ou au congé d'adoption et pour les périodes de suspension du contrat de travail consécutives à un accident du travail ou à une maladie professionnelle, les salaires à prendre en compte sont ceux qu'aurait perçus le bénéficiaire s'il n'avait pas été absent.

Art. D. 3324-12. Le montant des droits susceptibles d'être attribués à un même salarié ne peut, pour un même exercice, excéder une somme égale aux trois quarts du montant du plafond prévu à l'article D. 3324-10.

Art. D. 3324-13. Lorsque le salarié n'a pas accompli une année entière dans la même entreprise, les plafonds prévus aux articles D. 3324-10 et D. 3324-12 sont calculés à due proportion de la durée de présence.

Art. D. 3324-14. Les sommes qui demeurent dans la réserve spéciale de participation des salariés, en application du deuxième alinéa de l'article L. 3324-7, ne peuvent ouvrir droit au bénéfice des déductions et exonérations prévues aux articles L. 3325-1 et L. 3325-2 qu'au titre des exercices au cours desquels elles sont réparties.

Art. D. 3324-15. Les plafonds prévus aux articles D. 3324-10 et D. 3324-12 s'appliquent à la totalité de la participation attribuée à chaque salarié.

Art. R. 3324-16. Les dispositions du présent titre sont, à l'exception de celles des articles R. 3322-1, D. 3323-8 à R. 3323-11, D. 3324-1 à D. 3324-10 et D. 3325-1 à R. 3326-1, applicables au supplément de réserve spéciale de participation prévu à l'article L. 3324-9 et à l'accord spécifique de répartition auquel il peut donner lieu.

SECTION 3. *(L. 2008-1258 du 3 déc. 2008, art. 4, JO 4)* « Règles de disponibilité des droits des salariés »

Note Voir note sous article L. 3324-10.

Art. L. 3324-10. Les droits constitués en application des dispositions du présent titre sont négociables ou exigibles à l'expiration d'un délai de cinq ans à compter de l'ouverture de ces droits ***(L. 2008-1258 du 3 déc. 2008, art. 4, JO 4)*** « , sauf si le salarié demande le versement de tout ou partie des sommes correspondantes dans des conditions fixées par décret. La demande peut être présentée à l'occasion de chaque versement effectué au titre de la répartition de la réserve spéciale de participation. Toutefois, un accord collectif qui, en application de l'article L. 3324-2, établit un régime de participation comportant une base de calcul différente de celle établie à l'article L. 3324-1, peut prévoir que tout ou partie de la part des sommes versées aux salariés au titre de la participation aux résultats de l'entreprise supérieure à la répartition d'une réserve spéciale de participation calculée selon les modalités de l'article L. 3324-1 n'est négociable ou exigible qu'à l'expiration d'un délai de cinq ans à compter de l'ouverture de ces droits. »

(L. 2008-1258 du 3 déc. 2008, art. 4, JO 4) « Lorsque les sommes ont été affectées dans les conditions prévues à l'article L. 3323-2, » un décret en Conseil d'État détermine les conditions liées à la situation ou aux projets du salarié, dans lesquelles ces droits peuvent être exceptionnellement liquidés ou transférés avant l'expiration de ces délais.

Note Les modifications de cet article, issues de la loi 2008-1258 du 3 décembre 2008 et qui introduisent la possibilité d'un déblocage immédiat de la participation, sont applicables aux droits à participation des salariés aux résultats de l'entreprise attribués au titre des exercices clos après la promulgation de cette loi, soit le 3 décembre 2008 (art. 4, VIII).

Art. R. 3324-21-1. *(D. 2009-350 du 30 mars 2009, JO 31)* L'accord de participation prévoit les modalités d'information de chaque bénéficiaire.

(D. 2011-1449 du 7 nov. 2011, JO 8) « Cette information porte notamment sur :

a) Les sommes qui sont attribuées au titre de la participation ;
b) Le montant dont il peut demander en tout ou partie le versement ;
c) Le délai dans lequel il peut formuler sa demande ;
d) L'affectation d'une quote-part de ces sommes au plan d'épargne pour la retraite collectif, en cas d'absence de réponse de sa part, conformément aux dispositions de l'article L. 3424-12 ; »

La demande du bénéficiaire est formulée dans un délai de quinze jours à compter de la date à laquelle il a été informé du montant qui lui est attribué. L'accord précise la date à laquelle le bénéficiaire est présumé avoir été informé.

En l'absence de stipulation conventionnelle, le bénéficiaire formule sa demande dans un délai de quinze jours à compter de la réception de la lettre recommandée avec avis de réception ou remise contre récépissé l'informant du montant qui lui est attribué et du montant dont il peut demander en tout ou partie le versement.

Si le bénéficiaire ne demande pas le versement de ces sommes dans le délai de quinze jours mentionné ci-dessus, elles ne sont négociables ou exigibles qu'à l'expiration d'un délai de cinq ans à compter du premier jour du cinquième mois suivant l'exercice au titre duquel les droits sont nés, conformément aux dispositions de l'article L. 3324-10, ou d'un délai de huit ans, dans les mêmes conditions, conformément aux dispositions de l'article L. 3323-5.

(D. 2011-1449 du 7 nov. 2011, JO 8) « Toutefois, lorsque ces sommes sont inscrites sur un plan d'épargne pour la retraite collectif, leur délivrance ne peut intervenir qu'à l'échéance ou dans les conditions prévues à l'article L. 3314-14. »

Note Jusqu'à la renégociation des accords prévue au premier alinéa de cet article et au plus tard le 30 avril 2010, les modalités d'information des bénéficiaires peuvent être fixées par l'employeur, après consultation du comité d'entreprise ou, à défaut, des délégués du personnel, au titre du premier exercice clos depuis la promulgation de la loi du 3 décembre 2008 susvisée (décret 2009-350 précité, art. 5). Toutefois, l'entreprise qui a engagé la consultation de ses salariés avant le 31 mars 2009 n'aura pas à procéder à une seconde consultation (circ. DGT 2009-13 du 19 mai 2009, question-réponse 18).

Art. D. 3324-21-2. *(D. 2009-351 du 30 mars 2009, JO 31)* Lorsqu'un bénéficiaire demande le versement de la participation conformément aux dispositions de l'article R. 3324-21-1, les entreprises effectuent ce versement avant le premier jour du cinquième mois suivant la clôture de l'exercice au titre duquel la participation est attribuée.

Passé ce délai, les entreprises complètent le versement prévu au premier alinéa par un intérêt de retard égal à 1,33 fois le taux moyen de rendement des obligations des sociétés privées publié par le ministre chargé de l'économie.

Les intérêts sont versés en même temps que le principal.

Note La date du « premier jour du cinquième mois suivant la clôture de l'exercice » fixée par cet article ne s'impose que comme date limite de versement. À cet égard, la circulaire DGT 2009-13 du 19 mai 2009 (question-réponse 17) précise que les sommes dues aux salariés peuvent être versées de manière anticipée dès lors que ces derniers peuvent exercer leur choix comme prévu par la loi. Ainsi, un accord déjà institué pourrait par exemple garder comme référence le premier jour du quatrième mois, à condition que l'entreprise ait matériellement la possibilité d'interroger le salarié et que celui-ci dispose bien d'un délai de quinze jours pour lui répondre avant la date de départ de l'indisponibilité conventionnellement retenue dans l'accord.

Art. R. 3324-22. *(D. 2009-350 du 30 mars 2009, JO 31)* « Dans le cas où le bénéficiaire n'a pas opté pour la disponibilité immédiate, les cas dans lesquels, en application de l'article L. 3324-10, les droits constitués au profit des bénéficiaires peuvent être exceptionnellement liquidés avant l'expiration des délais fixés au premier alinéa de cet article et au deuxième alinéa de l'article L. 3323-5 sont les suivants : »

1° Le mariage ou la conclusion d'un pacte civil de solidarité par l'intéressé ;
2° La naissance ou l'arrivée au foyer d'un enfant en vue de son adoption, dès lors que le foyer compte déjà au moins deux enfants à sa charge ;

3° Le divorce, la séparation ou la dissolution d'un pacte civil de solidarité lorsqu'ils sont assortis d'un jugement prévoyant la résidence habituelle unique ou partagée d'au moins un enfant au domicile de l'intéressé ;

4° L'invalidité de l'intéressé, de ses enfants, de son conjoint ou de son partenaire lié par un pacte civil de solidarité. Cette invalidité s'apprécie au sens des 2° et 3° de l'article L. 341-4 du code de la sécurité sociale ou est reconnue par décision de la commission des droits et de l'autonomie des personnes handicapées, à condition que le taux d'incapacité atteigne au moins 80 % et que l'intéressé n'exerce aucune activité professionnelle ;

5° Le décès de l'intéressé, de son conjoint ou de son partenaire lié par un pacte civil de solidarité ;

6° La rupture du contrat de travail, ***(D. 2009-350 du 30 mars 2009, JO 31)*** « la cessation de son activité par l'entrepreneur individuel, la fin du mandat social, la perte du statut de conjoint collaborateur ou de conjoint associé ; »

7° L'affectation des sommes épargnées à la création ou reprise, par l'intéressé, ses enfants, son conjoint ou son partenaire lié par un pacte civil de solidarité, d'une entreprise industrielle, commerciale, artisanale ou agricole, soit à titre individuel, soit sous la forme d'une société, à condition d'en exercer effectivement le contrôle au sens de l'article R. 5141-2, à l'installation en vue de l'exercice d'une autre profession non salariée ou à l'acquisition de parts sociales d'une société coopérative de production ;

8° L'affectation des sommes épargnées à l'acquisition ou agrandissement de la résidence principale emportant création de surface habitable nouvelle telle que définie à l'article R. 111-2 du code de la construction et de l'habitation, sous réserve de l'existence d'un permis de construire ou d'une déclaration préalable de travaux, ou à la remise en état de la résidence principale endommagée à la suite d'une catastrophe naturelle reconnue par arrêté ministériel ;

9° La situation de surendettement de l'intéressé définie à l'article L. 331-2 du code de la consommation, sur demande adressée à l'organisme gestionnaire des fonds ou à l'employeur, soit par le président de la commission de surendettement des particuliers, soit par le juge lorsque le déblocage des droits paraît nécessaire à l'apurement du passif de l'intéressé.

Note L'ensemble des cas de déblocage anticipé est d'interprétation stricte ; voir précisions dans circulaire du 14 septembre 2005 relative à l'épargne salariale (JO 1er nov.).

Art. R. 3324-23. La demande du salarié de liquidation anticipée est présentée dans un délai de six mois à compter de la survenance du fait générateur, sauf dans les cas de rupture du contrat de travail, décès, invalidité et surendettement. Dans ces derniers cas, elle peut intervenir à tout moment.

La levée anticipée de l'indisponibilité intervient sous forme d'un versement unique qui porte, au choix du salarié, sur tout ou partie des droits susceptibles d'être débloqués.

Art. R. 3324-24. Le jugement arrêtant le plan de cession totale de l'entreprise, ou ouvrant ou prononçant la liquidation judiciaire de l'entreprise rend immédiatement exigibles les droits à participation non échus en application de l'article L. 643-1 du code de commerce et de l'article L. 3253-10 du présent code.

SECTION 4. Paiement et déblocage anticipé

Art. L. 3324-11. Les entreprises peuvent payer directement aux salariés ***(L. 2008-1258 du 3 déc. 2008, art. 11, JO 4)*** « et, le cas échéant, aux bénéficiaires visés au deuxième alinéa de l'article L. 3323-6 et au troisième alinéa de l'article L. 3324-2, » les sommes leur revenant lorsque celles-ci n'atteignent pas un montant fixé par un arrêté ministériel.

Note En application de cet article, les entreprises peuvent verser directement aux salariés les sommes leur revenant au titre de la participation lorsque celles-ci n'atteignent pas 80 € (arrêté du 10 octobre 2001, JO 18).

Art. D. 3324-41. Pour obtenir le transfert des sommes qu'il détient au titre de la participation, le salarié indique à l'entreprise qu'il quitte les avoirs qu'il souhaite transférer en utilisant les mentions faites dans l'état récapitulatif ou dans le dernier relevé dont il dispose et lui demande de liquider ces avoirs.

Art. D. 3324-42. Lorsque le transfert est réalisé vers un plan d'épargne d'entreprise dont il bénéficie au sein de la nouvelle entreprise qui l'emploie, le salarié précise dans sa demande l'affectation de son épargne au sein du plan ou des plans qu'il a choisis.

Lorsque le transfert est réalisé vers un plan dont il bénéficie au titre d'un nouvel emploi, le salarié communique à l'entreprise qu'il a quittée le nom et l'adresse de son nouvel employeur et de l'établissement mentionné à l'article R. 3333-5. Il informe ces derniers de ce transfert et de l'affectation de son épargne.

Art. D. 3324-43. L'entreprise que le salarié quitte procède elle-même à la liquidation des sommes bloquées en application du 2° de l'article L. 3323-2 ou de l'article L. 3323-5 et demande sans délai à l'établissement chargé du registre des comptes la liquidation des actions ou parts détenues au sein des plans d'épargne.

La liquidation réalisée, l'entreprise transfère les sommes correspondantes vers le plan concerné, en indiquant les périodes d'indisponibilité déjà courues ainsi que les éléments nécessaires à l'application de la législation sociale.

Art. D. 3324-44. L'arrêté ministériel prévu à l'article L. 3324-11 est pris conjointement par les ministres chargés de l'économie et du travail.

SECTION 5. Affectation à un plan d'épargne salariale

Art. L. 3324-12. ***(L. 2010-1330 du 9 nov. 2010, art. 110, JO 10)*** « Lorsque le salarié, et le cas échéant le bénéficiaire visé au deuxième alinéa de l'article L. 3323-6 et au troisième alinéa de l'article L. 3324-2, ne demande pas le versement en tout ou partie des sommes qui lui sont attribuées au titre de la participation dans les conditions prévues à l'article L. 3324-10 ou qu'il ne décide pas de les affecter dans l'un des dispositifs prévus par l'article L. 3323-2, sa quote-part de réserve spéciale de participation, dans la limite de celle calculée à l'article L. 3324-1, est affectée, pour moitié, dans un plan d'épargne pour la retraite collectif lorsqu'il a été mis en place dans l'entreprise et, pour moitié, dans les conditions prévues par l'accord mentionné à l'article L. 3323-1. Les modalités d'information du salarié sur cette affectation sont déterminées par décret.

Les modalités d'affectation de la part des sommes versées aux salariés au titre de la participation aux résultats de l'entreprise supérieure à celle calculée selon les modalités de l'article L. 3324-1 peuvent être fixées par l'accord de participation. »

Le plan peut également être alimenté, suivant les modalités qu'il fixe, par les versements complémentaires de l'entreprise et les versements opérés volontairement par les salariés.

Note Les alinéas 1 et 2 sont applicables aux droits à participation attribués au titre des exercices clos après la promulgation de la loi 2010-1330 précitée.

Évaluation des titres

Art. D. 3324-17. Dans le cas prévu au 1° de l'article L. 3323-2, l'accord de participation détermine la forme des titres attribués, les modalités de conservation de ces titres et les mesures prises pour assurer le respect de l'interdiction de les négocier pendant cinq ans, sauf dans les cas prévus à l'article R. 3324-22.

Art. D. 3324-18. En cas d'attribution d'actions de l'entreprise, les titres sont évalués sur la base de la moyenne de leur cours de bourse pendant les vingt jours de cotation précédant la date de leur attribution. Cette moyenne est obtenue par référence au premier cours coté de chaque séance.

Art. D. 3324-19. Lorsque les titres ne sont pas admis aux négociations sur un marché réglementé, le prix auquel les titres sont attribués est déterminé conformément aux méthodes définies à l'article L. 3332-20, sans préjudice des dispositions légales qui fixent les conditions de détermination de la valeur de certaines catégories de titres.

Art. D. 3324-20. Les titres sont évalués par l'entreprise, sous le contrôle du commissaire aux comptes, au moins une fois par exercice et chaque fois qu'un événement ou une série d'événements intervenus au cours d'un exercice sont susceptibles de conduire à une évolution substantielle de la valeur des actions de l'entreprise.

Il est, en outre, procédé à une évaluation par des experts au moins tous les cinq ans. ***(D. 2009-351 du 30 mars 2009, JO 31)*** « Cette évaluation est facultative dans les entreprises mentionnées au troisième alinéa de l'article L. 3332-20 dont les titres sont évalués en application du deuxième alinéa de ce même article. »

Art. D. 3324-21. Les salariés attributaires d'actions de l'entreprise peuvent négocier les droits de souscription ou d'attribution afférents à ces titres même au cours de la période où ceux-ci ne sont pas négociables en application de l'article L. 3324-10.

CHAPITRE V

Régime social et fiscal de la participation

Art. L. 3325-1. Les sommes portées à la réserve spéciale de participation au cours d'un exercice sont déductibles pour l'assiette de l'impôt sur les sociétés ou de l'impôt sur le revenu exigible au titre de l'exercice au cours duquel elles sont réparties entre les salariés.

Elles ne sont pas prises en considération pour l'application de la législation du travail et de la sécurité sociale.

Note Les sommes portées à la réserve spéciale de participation ne sont pas prises en considération pour l'application de la législation du travail. C'est donc à bon droit qu'une cour d'appel en a déduit, peu important les modalités de répartition de la réserve spéciale de participation, que les sommes dues à une salariée en exécution de l'accord de participation des salariés aux résultats de l'entreprise n'étaient pas de nature salariale et pouvaient en conséquence faire l'objet d'une saisie conservatoire (cass. soc. 1er février 2005, n° 02-14.452, *JSL* n° 163, 8 mars 2005, p. 26 ; *RJS* 4/05 n° 422).

Art. L. 3325-2. Les sommes ***(L. 2008-1258 du 3 déc. 2008, art. 4, JO 4)*** « affectées dans les conditions prévues à l'article L. 3323-2 » sont exonérées d'impôt sur le revenu.

Les revenus provenant des sommes attribuées au titre de la participation et recevant la même affectation qu'elles sont exonérés dans les mêmes conditions. Ils se trouvent alors frappés de la même indisponibilité que ces sommes et sont définitivement exonérés à l'expiration de la période d'indisponibilité correspondante.

Après l'expiration de la période d'indisponibilité, l'exonération est toutefois maintenue pour les revenus provenant de sommes utilisées pour acquérir des actions de l'entreprise ou versées à des organismes de placement extérieurs à l'entreprise tels que ceux énumérés au 1° de l'article L. 3323-2, tant que les salariés ***(L. 2008-1258 du 3 déc. 2008, art. 11, JO 4)*** « et, le cas échéant, les bénéficiaires visés au deuxième alinéa de l'article L. 3323-6 et au troisième alinéa de l'article L. 3324-2 » ne demandent pas la délivrance des droits constitués à leur profit.

Cette exonération est maintenue dans les mêmes conditions lorsque les salariés transfèrent sans délai au profit des organismes de placement mentionnés au 1° de l'article L. 3323-2 les sommes initialement investies dans l'entreprise conformément aux dispositions du 2° de cet article.

Cette exonération est également maintenue dans les mêmes conditions lorsque ces mêmes sommes sont retirées par les salariés pour être affectées à la constitution du capital d'une société ayant pour objet exclusif de racheter tout ou partie du capital de leur entreprise dans les conditions prévues à l'article 83 *bis* du code général des impôts.

Note La modification de cet article, issue de l'article 4 de la loi 2008-1258, est applicable aux droits à participation des salariés aux résultats de l'entreprise attribués au titre des exercices clos après la promulgation de cette loi, soit le 3 décembre 2008 (art. 4, VIII).

Art. L. 3325-3. Les conditions dans lesquelles les entreprises peuvent constituer en franchise d'impôt une provision pour investissement sont fixées par le code général des impôts.

Art. L. 3325-4. Les dispositions du présent chapitre sont applicables au supplément de réserve spéciale de participation mentionné à l'article L. 3324-9.

Art. D. 3325-1. Sur demande de l'entreprise, l'attestation du montant du bénéfice net et des capitaux propres est établie soit par le commissaire aux comptes, soit par l'inspecteur des impôts.

Dans ce dernier cas, la demande est accompagnée d'un état annexe rempli par l'entreprise, conformément à un modèle arrêté par le ministre chargé de l'économie.

Art. D. 3325-2. L'attestation est délivrée par l'inspecteur des impôts dans les trois mois qui suivent celui de la demande de l'entreprise ou, si la déclaration fiscale des résultats correspondants à l'exercice considéré est souscrite après la présentation de cette demande, dans les trois mois qui suivent celui du dépôt de cette déclaration.

Art. D. 3325-3. Lorsqu'aucune demande d'attestation n'a été présentée six mois après la clôture d'un exercice, l'inspecteur du travail peut se substituer à l'entreprise pour obtenir cette attestation.

Art. D. 3325-4. La modification d'assiette du bénéfice net intervenue après la délivrance d'une attestation donne lieu à l'établissement d'une attestation rectificative établie dans les mêmes conditions que l'attestation initiale.

Art. D. 3325-5. La constitution en franchise d'impôt de la provision pour investissement prévue à l'article L. 3325-3 et au II de l'article 237 *bis* A du code général des impôts est subordonnée au respect des dispositions prévues à l'article 171 *bis* de l'annexe II au code général des impôts.

Art. D. 3325-6. L'avoir fiscal et le crédit d'impôt attachés aux revenus des valeurs mobilières attribuées aux salariés ou acquises pour leur compte au titre de la participation donnent lieu à délivrance d'un certificat distinct, conformément aux dispositions de l'article 77 de l'annexe II au code général des impôts et sous les deux modalités suivantes :

1° Lorsque ces revenus sont totalement exonérés, conformément aux dispositions de l'article L. 3325-2, le certificat est établi pour la totalité de l'avoir fiscal ou du crédit d'impôt au nom de l'organisme chargé de la conservation des titres et la restitution de l'avoir fiscal ou du crédit d'impôt mentionné sur ce certificat est demandée par cet organisme ;

2° Lorsque l'exonération ne porte que sur la moitié de ces revenus le certificat établi au nom de l'organisme chargé de la conservation des titres ne mentionne que la moitié de l'avoir fiscal ou du crédit d'impôt qui s'attache à ces revenus. La restitution demandée par l'organisme porte alors sur un montant réduit de moitié.

Art. D. 3325-7. La demande de restitution, accompagnée du certificat, est adressée au service des impôts du siège de l'organisme qui l'a établie.

La restitution est opérée au profit de cet organisme, à charge pour lui d'employer les sommes correspondantes de la même façon que les revenus auxquels elles se rattachent.

CHAPITRE VI

Contestations et sanctions

Art. L. 3326-1. Le montant du bénéfice net et celui des capitaux propres de l'entreprise sont établis par une attestation de l'inspecteur des impôts ou du commissaire aux comptes. Ils ne peuvent être remis en cause à l'occasion des litiges nés de l'application du présent titre.

Les contestations relatives au montant des salaires et au calcul de la valeur ajoutée prévus au 4° de l'article L. 3324-1 sont réglées par les procédures stipulées par les accords de participation. À défaut, elles relèvent des juridictions compétentes en matière d'impôts directs. Lorsqu'un accord de participation est intervenu, les juridictions ne peuvent être saisies que par les signataires de cet accord.

Tous les autres litiges relatifs à l'application du présent titre sont de la compétence du juge judiciaire.

Note • Le montant du bénéfice net pris en compte pour le calcul de la réserve spéciale de participation est celui qui résulte d'une attestation établie par l'inspecteur des impôts ou le commissaire aux comptes. Il ne peut être remis en cause à l'occasion des litiges relatifs à la participation aux résultats de l'entreprise (cass. soc. 8 décembre 2010, n° 09-65.810, BC V n° 288). C'est donc à tort que, pour débouter un salarié de sa demande tendant à la liquidation de ses droits à la participation, une cour d'appel a retenu que les documents fiscaux produits par l'employeur révélaient un bénéfice fiscal nul (cass. soc. 11 mars 2009, n° 08-41.140, BC V n° 80 ; *RJS* 6/09 n° 565 ; *JCP* éd. S 2009, 1454, note R. Vatinet).

• L'impossibilité de remettre en cause le montant du bénéfice net de l'entreprise est applicable aux syndicats qui agissent en exécution d'un accord de participation, qu'ils en soient signataires ou non (cass. soc. 9 février 2010, n° 08-11.338, *RJS* 4/10 n° 363). De même, le montant du bénéfice net et celui des capitaux propres de l'entreprise établis par une attestation du commissaire aux comptes ne peuvent être remis en cause par le comité d'entreprise à l'occasion d'un litige né de l'application des dispositions relatives à la participation des salariés aux résultats de l'entreprise (cass. soc. 7 novembre 2001, n° 00-12.216, *RJS* 1/02 n° 64).

En revanche, l'AGS, tiers au contrat de travail, dispose d'un droit propre de contester le principe et l'étendue du bénéfice net et de celui des capitaux propres établis par une attestation de l'inspecteur des impôts ou du commissaire aux comptes (cass. soc. 10 février 1999, n° 96-22.157, BC V n° 62 ; *RJS* 3/99 n° 402).

• Le législateur a entendu attribuer compétence à la juridiction judiciaire pour connaître des litiges relatifs à l'obligation pour une entreprise de mettre en œuvre les dispositions du code du travail relatives à la participation des salariés aux résultats de l'entreprise, et le constat par l'inspecteur du travail de l'absence d'accord n'a pas le caractère d'un acte administratif détachable de ce contentieux qui relèverait, à ce titre, de la compétence du juge administratif. Dès lors, la demande tendant à ce que soit ordonnée la suspension de l'acte par lequel un inspecteur du travail a constaté qu'une société n'avait pas conclu d'accord de participation dans les délais impartis, qui porte nécessairement sur l'application à la société en cause de la législation relative à la participation, ne relève pas de la compétence de la juridiction administrative (CE 18 juin 2003, n° 254727, *RJS* 10/03 n° 1198).

• Selon cet article, le juge judiciaire est en principe compétent pour tous les litiges portant sur un accord de participation, de sorte qu'un litige relatif au calcul de la réserve spéciale de participation mais ne remettant pas en cause le montant des salaires déclarés à l'administration fiscale relève de la juridiction judiciaire (cass. soc. 2 décembre 2008, n° 07-16.615, 1er moyen, BC V n° 241 ; *RJS* 2/09 n° 202).

• Le litige portant sur la réintégration dans l'assiette des cotisations de sommes versées par une société à ses salariés au titre d'un accord de participation, non déposé, n'est pas un litige individuel ou collectif entre salariés et employeur à l'occasion de la mise en œuvre d'un accord de participation visé par les articles L. 442-13 [L. 3326-1], dern. al. et R. 442-26 (ancien) CT, et le tribunal des affaires de sécurité sociale est compétent pour en connaître (cass. soc. 27 mai 1999, n° 96-20.681, BC V n° 243).

Art. R. 3326-1. Les litiges relatifs à l'application du présent titre, autres que ceux mentionnés aux premier et deuxième alinéas de l'article L. 3326-1, relèvent du tribunal de grande instance dans les conditions fixées à l'article R. 311-1 du code de l'organisation judiciaire.

Art. L. 3326-2. Des astreintes peuvent être prononcées par le juge judiciaire contre les entreprises qui n'exécutent pas les obligations qui leur incombent en application du présent titre.

Les salariés de l'entreprise en cause et le procureur de la République dans le ressort duquel cette entreprise est située ont seuls qualité pour agir.

L'astreinte a un caractère provisoire et est liquidée par le juge après exécution par l'entreprise de ses obligations. Il est tenu compte, lors de sa liquidation, notamment du préjudice effectivement causé et de la résistance opposée par l'entreprise.

TITRE III

PLANS D'ÉPARGNE SALARIALE

CHAPITRE Ier

Champ d'application

Art. L. 3331-1. Les dispositions du présent titre sont applicables aux employeurs de droit privé ainsi qu'à leurs salariés.

Art. R. 3331-1. *(D. 2009-350 du 30 mars 2009, JO 31)* Les dispositions du présent titre, à l'exception de l'article D. 3334-3-1, sont également applicables aux personnes mentionnées au dernier alinéa de l'article L. 3332-2.

Art. D. 3331-2. *(D. 2009-351 du 30 mars 2009, JO 31)* Les salariés d'un groupement d'employeurs qui n'a pas mis en place un plan d'épargne salariale peuvent bénéficier du plan d'épargne salariale mis en place dans chacune des entreprises du groupement auprès de laquelle ils sont mis à disposition si le règlement le prévoit.

Art. D. 3331-3. *(D. 2009-351 du 30 mars 2009, JO 31)* L'ancienneté des personnes mentionnées au dernier alinéa de l'article L. 3332-2 éventuellement requise par le règlement se décompte à compter de la date d'effet du contrat individuel.

CHAPITRE II

Plan d'épargne d'entreprise

SECTION 1. Conditions de mise en place

Sous-section 1. Bénéficiaires

Art. L. 3332-1. Le plan d'épargne d'entreprise est un système d'épargne collectif ouvrant aux salariés de l'entreprise la faculté de participer, avec l'aide de celle-ci, à la constitution d'un portefeuille de valeurs mobilières.

Art. R. 3332-1. Le règlement du plan d'épargne d'entreprise comporte, en annexe, les critères de choix et la liste des instruments de placement ainsi que les notices des sociétés d'investissement à capital variable (SICAV) et des fonds communs de placement offerts aux adhérents.

Art. R. 3332-2. Lorsque le plan offre plusieurs instruments de placement, son règlement précise les modalités selon lesquelles l'adhérent peut modifier l'affectation de son épargne entre ces instruments.

Toutefois, le règlement du plan peut prévoir des restrictions à la faculté de modifier le choix de placement initial dans des cas qu'il définit. L'investissement des sommes qui ont bénéficié du supplément d'abondement dans les conditions prévues au deuxième alinéa de l'article L. 3332-11 ne peut être modifié.

Art. R. 3332-3. Le règlement du plan précise les modifications du choix de placement initial pouvant intervenir à l'occasion du départ du salarié de l'entreprise.

Sans préjudice des dispositions du cinquième alinéa de l'article L. 214-39 et du septième alinéa de l'article L. 214-40 du code monétaire et financier, les signataires de l'accord peuvent modifier l'affectation de l'épargne des salariés investie dans des organismes de placement collectif en valeurs mobilières lorsque les caractéristiques des nouveaux organismes sont identiques à celles des organismes antérieurement prévus.

Lorsque la modification de l'affectation des sommes intervient durant la période d'indisponibilité, la durée totale de celle-ci n'est pas remise en cause.

Art. L. 3332-2. Les anciens salariés ayant quitté l'entreprise à la suite d'un départ à la retraite ou en préretraite peuvent continuer à effectuer des versements au plan d'épargne d'entreprise.

Dans les entreprises dont l'effectif habituel est compris entre un et *(L. 2008-1258 du 3 déc. 2008, art. 12, JO 4)* « deux cent cinquante » salariés, peuvent également participer aux plans d'épargne d'entreprise :

1° Les chefs de ces entreprises ;

2° Les présidents, directeurs généraux, gérants ou membres du directoire, s'il s'agit de personnes morales ;

3° Le conjoint du chef d'entreprise s'il a le statut de conjoint collaborateur ou de conjoint associé mentionné à l'article L. 121-4 du code de commerce.

(L. 2008-1258 du 3 déc. 2008, art. 7, JO 4) « Le salarié d'un groupement d'employeurs peut bénéficier du plan d'épargne salariale mis en place dans chacune des entreprises adhérentes du groupement auprès de laquelle il est mis à disposition dans des conditions fixées par décret. »

(L. 2008-1258 du 3 déc. 2008, art. 13, JO 4) « Les travailleurs non salariés visés à l'article L. 134-1 du code de commerce ou au titre IV du livre V du code des assurances ayant un contrat individuel avec une entreprise dont ils commercialisent des produits peuvent bénéficier du plan d'épargne salariale mis en place dans l'entreprise, si le règlement le prévoit, dans des conditions fixées par décret. »

Sous-section 2. Mise en place

Art. L. 3332-3. Le plan d'épargne d'entreprise peut être établi dans l'entreprise à l'initiative de celle-ci ou par un accord avec le personnel, notamment en vue de recevoir les versements effectués en application des titres Ier et II relatifs à l'intéressement et à la participation des salariés aux résultats de l'entreprise.

Note Selon cet article, les plans d'épargne d'entreprise peuvent être établis dans toute entreprise à l'initiative de celle-ci ou par un accord avec le personnel. Il résulte de l'article R. 443-1 [R. 3332-7] CT que ce n'est que lorsque les plans sont établis en vertu d'accords avec le personnel qu'ils doivent être conclus selon l'une des procédures énumérées à l'article L. 442-10 [L. 3322-6] (cass. soc. 21 novembre 2000, n° 98-18.605, BC V n° 379).

Art. L. 3332-4. Lorsque l'entreprise compte au moins un délégué syndical ou est dotée d'un comité d'entreprise, le plan d'épargne d'entreprise est négocié dans les conditions prévues à l'article L. 3322-6. Si, au terme de la négociation, aucun accord n'a été conclu, un procès-verbal de désaccord est établi dans lequel sont consignées en leur dernier état les propositions respectives des parties et les mesures que l'employeur entend appliquer unilatéralement.

Toutefois, ces dispositions ne sont pas applicables à la modification des plans d'épargne d'entreprise mis en place à l'initiative de l'entreprise avant la date de publication de la loi n° 2004-804 du 9 août 2004 pour le soutien à la consommation et à l'investissement.

Art. L. 3332-5. Lorsque le plan d'épargne d'entreprise n'est pas établi en vertu d'un accord avec le personnel, le comité d'entreprise, quand il existe, ou, à défaut, les délégués du personnel sont consultés sur le projet de règlement du plan au moins quinze jours avant son dépôt auprès de l'autorité administrative.

Art. L. 3332-6. Lors de la négociation des accords prévus aux titres Ier et II, la question de l'établissement d'un plan d'épargne d'entreprise est examinée.

Sous-section 3. Information des salariés

Art. L. 3332-7. Le règlement du plan d'épargne d'entreprise détermine les conditions dans lesquelles le personnel est informé de son existence et de son contenu.

Note L'employeur est, en vertu de cet article, et dès la souscription d'un plan d'épargne d'entreprise, débiteur d'une obligation d'information qui ne porte pas seulement sur l'existence de ce plan mais doit aussi concerner son contenu (cass. soc. 5 mars 2008, n° 06-45.205, BC V n° 45 ; *RJS* 5/08 n° 577) ; il en résulte qu'il lui appartient d'informer en temps utile chacun des salariés, y compris ceux en arrêt maladie, des modifications intervenues par rapport au règlement initial portant sur les dates auxquelles les versements des salariés doivent être réalisés (cass. soc. 17 juin 2009, n° 07-45.560, 2e moyen, BC V n° 150 ; *RJS* 8-9/09 n° 738 ; *JCP* éd. S 2009, 1455, note R. Vatinet, 2e espèce).

Art. L. 3332-8. Lorsque le plan d'épargne d'entreprise n'est pas établi en vertu d'un accord avec le personnel, les entreprises communiquent la liste nominative de la totalité de leurs salariés à l'établissement habilité pour les activités de conservation ou d'administration d'instruments financiers, en application de l'article L. 542-1 du code monétaire et financier, auquel elles ont confié la tenue des comptes des adhérents. Cet établissement informe nominativement par courrier chaque salarié de l'existence d'un plan d'épargne d'entreprise dans l'entreprise.

Ces dispositions ne s'appliquent pas aux entreprises ayant remis à l'ensemble de leurs salariés une note d'information individuelle sur l'existence et le contenu du plan prévue par le règlement du plan d'épargne d'entreprise.

Sous-section 4. Dépôt

Art. L. 3332-9. Les règlements des plans d'épargne d'entreprise sont déposés auprès de l'autorité administrative.

Art. R. 3332-4. Le règlement du plan d'épargne d'entreprise mentionné aux articles L. 3332-7 et L. 3332-9 est déposé à la ***(D. 2009-1377 du 10 nov. 2009, JO 13 ; D. 2010-687 du 24 juin 2010, JO 25 ; voir D. 2010-1582 du 17 déc. 2010, JO 18, pour outre-mer)*** « direction régionale des entreprises, de la concurrence, de la consommation, du travail et de l'emploi ».

Art. R. 3332-5. Si le plan d'épargne d'entreprise est mis en place à l'initiative de l'entreprise, le procès-verbal de consultation du comité d'entreprise ou, à défaut, des délégués du personnel est déposé avec le règlement du plan.

Art. R. 3332-6. Le ***(D. 2009-1377 du 10 nov. 2009, JO 13 ; D. 2010-687 du 24 juin 2010, JO 25 ; voir D. 2010-1582 du 17 déc. 2010, JO 18, pour outre-mer)*** « directeur régional des entreprises, de la concurrence, de la consommation, du travail et de l'emploi » accuse, sans délai, réception de l'accord et des documents mentionnés à la présente sous-section.

Art. R. 3332-7. Le plan d'épargne d'entreprise, établi par accord avec le personnel, est conclu selon l'une des modalités prévues à l'article L. 3322-6.

SECTION 2. Versements

Art. L. 3332-10. Les versements annuels d'un salarié ou d'une personne mentionnée à l'article L. 3332-2 aux plans d'épargne d'entreprise auxquels il participe ne peuvent excéder un quart de sa rémunération annuelle ou de son revenu professionnel imposé à l'impôt sur le revenu au titre de l'année précédente.

Pour le conjoint du chef d'entreprise mentionné au 3° du même article et pour le salarié dont le contrat de travail est suspendu, qui n'ont perçu aucune rémunération au titre de l'année précédente, les versements ne peuvent excéder le quart du montant annuel du plafond prévu à l'article L. 241-3 du code de la sécurité sociale.

Le montant des droits inscrits à un compte épargne-temps et qui sont utilisés pour alimenter un plan d'épargne pour la retraite collectif défini au chapitre IV n'est pas pris en compte pour l'appréciation du plafond mentionné au premier alinéa. Il en est de même des droits utilisés pour alimenter un plan d'épargne d'entreprise, à condition qu'ils servent à l'acquisition de titres de l'entreprise ou d'une entreprise qui lui est liée au sens des articles L. 3344-1 et L. 3344-2, ou de parts ou d'actions d'organismes de placement collectif en valeurs mobilières mentionnés aux articles L. 214-40 et ***(Ord. 2011-915 du 1er août 2011, art. 29, JO 2)*** « L. 214-41 » du code monétaire et financier.

Art. L. 3332-11. Les sommes versées annuellement par une ou plusieurs entreprises pour un salarié ou une personne mentionnée à l'article L. 3332-2 ne peuvent excéder un plafond fixé par voie réglementaire pour les versements à un plan d'épargne d'entreprise, sans pouvoir excéder le triple de la contribution du bénéficiaire. ***(L. 2008-1258 du 3 déc. 2008, art. 14, JO 4)*** « Cette contribution peut être constituée des sommes provenant de l'intéressement, de la participation aux résultats de l'entreprise et des versements volontaires des bénéficiaires. »

L'entreprise peut majorer ces sommes à concurrence du montant consacré par le salarié ou la personne mentionnée à l'article L. 3332-2 à l'acquisition d'actions ou de certificats d'investissement émis par l'entreprise ou par une entreprise liée à celle-ci au sens de l'article L. 225-180 du code de commerce, sans que cette majoration puisse excéder 80 %.

Note Le taux de 80 % issu de la loi du 30 décembre 2004 est applicable aux sommes versées par les entreprises depuis le 1er janvier 2006.

Art. R. 3332-8. Le plafond prévu à l'article L. 3332-11 est fixé à 8 % du montant annuel du plafond prévu à l'article L. 241-3 du code de la sécurité sociale.

Art. L. 3332-12. La modulation éventuelle des sommes versées par l'entreprise ne saurait résulter que de l'application de règles à caractère général, qui ne peuvent, en outre, en aucun cas avoir pour effet de rendre le rapport entre le versement de l'entreprise et celui du salarié ou de la personne mentionnée à l'article L. 3332-2 croissant avec la rémunération de ce dernier.

Note

- Le caractère collectif du système d'épargne d'entreprise s'oppose à ce que le montant des versements de l'employeur soit fondé sur les critères de performance individuelle des salariés (cass. soc. 10 décembre 2003, n° 01-21.096, *RJS* 2/04 n° 244 ; 26 octobre 2000, n° 99-11.401, BC V n° 347 ; *SSL* 29 janvier 2001, n° 1013, p. 73 ; *RJS* 1/01 n° 73 ; 4 juillet 2002, n° 01-20.308, *RJS* 11/02 n° 1265).
- Le caractère collectif du système d'épargne d'entreprise s'opposant à ce que le montant des versements de l'employeur puisse être fixé par celui-ci en dehors de tout critère prédéterminé résultant de l'acte ou de l'accord ayant établi le plan d'épargne d'entreprise, l'URSSAF est fondée à réintégrer dans l'assiette des cotisations dues par une société les sommes versées par elle dans ces conditions à ses salariés sous forme d'abondements de leur compte sur le plan d'épargne d'entreprise (cass. soc. 12 décembre 1996, n° 95-11.487, BC V n° 438 ; *RJS* 1/97 n° 71 ; 23 mars 2000, n° 98-20.398, BC V n° 121 ; 10 janvier 2006, n° 04-30.048, *RJS* 3/06 n° 368). Inverse la charge de la preuve le tribunal qui, pour annuler une contrainte de l'URSSAF, retient essentiellement que, ayant été versées par l'employeur et affectées au plan d'épargne par les salariés intéressés, les sommes litigieuses constituaient des abondements ouvrant droit à exonération (cass. soc. 23 mars 2000 précité).

Art. L. 3332-13. Les sommes versées par l'entreprise ne peuvent se substituer à aucun des éléments de rémunération, au sens de l'article L. 242-1 du code de la sécurité sociale, en vigueur dans l'entreprise au moment de la mise en place d'un plan mentionné au présent article ou qui deviennent obligatoires en vertu de règles légales ou contractuelles. Toutefois, cette règle ne peut avoir pour effet de remettre en cause les exonérations fiscales et sociales prévues à l'article L. 3332-27, dès lors qu'un délai de douze mois s'est écoulé entre le dernier versement de l'élément de rémunération en tout ou partie supprimé et la date de mise en place du plan.

Note Il résulte de ces dispositions que l'employeur ne peut pas s'acquitter de son obligation de paiement de tout ou partie du salaire sous forme de versement au plan d'épargne d'entreprise. Doit donc être cassé le jugement qui, pour débouter un salarié de sa demande en paiement d'une prime conventionnelle de treizième mois, a retenu que l'employeur avait décidé avec l'avis conforme des délégués du personnel que la seconde moitié de cette prime serait versée sur le plan d'épargne d'entreprise (cass. soc. 10 mai 2007, n° 05-45.676, BC V n° 72 ; *RJS* 7/07 n° 879).

Art. L. 3332-14. Les actions gratuites attribuées aux salariés dans les conditions prévues aux articles L. 225-197-1 à L. 225-197-3 du code de commerce, sans préjudice des dispositions particulières prévues par le présent alinéa, peuvent être versées, à l'expiration de la période d'acquisition mentionnée au cinquième alinéa du I de l'article L. 225-197-1 du même code, sur un plan d'épargne d'entreprise, dans la limite d'un montant égal à 7,5 % du plafond annuel de la sécurité sociale par adhérent, sous réserve d'une attribution à l'ensemble des salariés de l'entreprise.

La répartition des actions entre les salariés fait l'objet d'un accord d'entreprise. À défaut d'accord, elle fait l'objet d'une décision du conseil d'administration, du directoire ou du chef d'entreprise.

La répartition peut être uniforme, proportionnelle à la durée de présence dans l'entreprise au cours de l'exercice ou proportionnelle aux salaires ou retenir conjointement ces différents critères.

Art. R. 3332-9. Un plan d'épargne d'entreprise peut recueillir, à l'initiative des participants, les versements des sommes issues de l'intéressement, de la participation, des versements volontaires et des contributions des entreprises prévues à l'article L. 3332-11.

Le règlement du plan d'épargne d'entreprise peut prévoir, pour chaque versement volontaire des participants, un montant minimum par support de placement. Celui-ci ne peut toutefois pas excéder une somme fixée par arrêté conjoint des ministres chargés de l'économie et du travail.

Note En application de cet article, le montant annuel minimal de versement qui peut être prévu par le règlement des plans d'épargne ne peut excéder 160 € (arrêté du 10 octobre 2001, JO 18).

Art. D. 3332-9-1. ***(D. 2009-351 du 30 mars 2009, JO 31)*** Les versements annuels d'un bénéficiaire mentionné au dernier alinéa de l'article L. 3332-2 aux plans d'épargne salariale auxquels il participe ne peuvent excéder un quart de son revenu professionnel imposé à l'impôt sur le revenu au titre de l'année précédente.

Art. R. 3332-10. Les sommes versées par les adhérents à un plan d'épargne d'entreprise, les sommes complémentaires versées par l'entreprise, les sommes attribuées au titre de l'intéressement et affectées volontairement par des salariés à ce plan d'épargne ainsi que les sommes attribuées aux salariés au titre de la participation aux résultats et affectées à la réalisation de ce plan sont, dans un délai de quinze jours à compter respectivement de leur versement par l'adhérent ou de la date à laquelle elles sont dues, employées à l'acquisition d'actions de sociétés d'investissement à capital variable ou de parts de fonds communs de placement d'entreprise ou de titres émis par l'entreprise ou, le cas échéant, par des sociétés créées dans les conditions prévues à l'article 11 de la loi n° 84-578 du 9 juillet 1984 sur le développement de l'initiative économique.

Art. R. 3332-11. L'affectation à la réalisation du plan des sommes complémentaires que l'entreprise s'est engagée à verser intervient concomitamment aux versements de l'adhérent ou, au plus tard, à la fin de chaque exercice et avant le départ de l'adhérent de l'entreprise.

Art. R. 3332-12. Les sommes attribuées au titre de l'intéressement que les salariés souhaitent affecter à la réalisation d'un plan d'épargne d'entreprise sont versées dans ce plan dans un délai maximum de quinze jours à compter de la date à laquelle elles ont été perçues.

Art. R. 3332-13. Lorsque l'ancien salarié de l'entreprise n'a pas accès à un plan d'épargne pour la retraite collectif, il peut continuer à effectuer des versements dans le plan d'épargne pour la retraite collectif de son ancienne entreprise. Sauf dans ce cas, l'ancien salarié qui l'a quittée pour un motif autre que le départ en retraite ou en préretraite ne peut effectuer de nouveaux versements au plan d'épargne d'entreprise.

Toutefois, lorsque le versement de l'intéressement, ***(D. 2009-350 du 30 mars 2009, JO 31)*** « ou de la participation, » au titre de la dernière période d'activité du salarié intervient après son départ de l'entreprise, il peut affecter cet intéressement ***(D. 2009-350 du 30 mars 2009, JO 31)*** « ou cette participation » au plan d'épargne de l'entreprise qu'il vient de quitter. Le règlement du plan peut prévoir que ce versement fait l'objet d'un versement complémentaire de l'entreprise suivant les conditions prévues pour l'ensemble des salariés.

SECTION 3. **Composition et gestion du plan**

Art. L. 3332-15. Les sommes recueillies par un plan d'épargne d'entreprise peuvent être affectées à l'acquisition :

1° De titres émis par des sociétés d'investissement à capital variable régies par les ***(Ord. 2011-915 du 1er août 2011, art. 29, JO 2)*** « articles L. 214-7 à L. 214-7-4 » du code monétaire et financier ;

2° De parts de fonds communs de placement ou des titres émis par des sociétés d'investissement à capital variable régis par les articles L. 214-39 et L. 214-40 du code monétaire et financier ;

3° D'actions émises par des sociétés mentionnées au paragraphe II de l'article 83 *bis* et à l'article 220 *quater* A du code général des impôts ;

4° D'actions émises par des sociétés créées dans les conditions prévues à l'article 220 *nonies* du code général des impôts.

Les actifs des fonds communs de placement peuvent également comprendre soit exclusivement des valeurs mobilières émises par l'entreprise ou par une entreprise du même groupe au sens des articles L. 3344-1 et L. 3344-2, soit des valeurs mobilières diversifiées émises par une personne morale ayant son siège dans un État partie à l'accord sur l'Espace économique européen comprenant ou non des titres de l'entreprise, y compris les titres de capital émis par les entreprises régies par la loi n° 47-1775 du 10 septembre 1947 portant statut de la coopération, sans préjudice des dispositions spécifiques qui régissent, le cas échéant, la souscription de ces titres par les salariés.

Lorsque tout ou partie de l'épargne recueillie par le plan est destinée à être consacrée à l'acquisition de valeurs mobilières émises par l'entreprise ou par une entreprise du même groupe au sens des articles L. 3344-1 et L. 3344-2, l'institution d'un fonds commun de placement n'est pas obligatoire pour la gestion de cet investissement.

Le règlement du plan d'épargne d'entreprise peut prévoir que les fonds communs de placement régis par l'article L. 214-39 du code monétaire et financier qui peuvent recevoir les sommes versées dans le plan disposent d'un conseil de surveillance commun. Il peut également fixer la composition des conseils de surveillance des fonds communs de placement régis par les articles L. 214-39 et L. 214-40 du même code. En ce cas, il est fait application des dispositions de ces articles. Le règlement précise les modalités de désignation de ces conseils.

L'entreprise dont les titres ne sont pas admis aux négociations sur un marché réglementé et qui a proposé ses titres aux adhérents de son plan d'épargne d'entreprise sans déterminer le prix de cession conformément aux dispositions légales relatives à l'évaluation de ses titres ne bénéficie pas, au titre de cette opération, des exonérations fiscales et sociales prévues aux articles L. 3332-22 et L. 3332-27.

Note Les dispositions du dernier alinéa, introduites par la loi 2005-842 du 26 juillet 2005, art. 44 (JO 27), sont entrées en vigueur un an après la publication de cette loi.

Art. L. 3332-16. Un plan d'épargne d'entreprise établi par accord avec le personnel peut prévoir l'affectation des sommes versées à un fonds dédié au rachat des titres de cette entreprise ou d'actions émises par des sociétés créées dans les conditions prévues à l'article 220 *nonies* du code général des impôts, ainsi que de titres d'une entreprise du même groupe au sens du deuxième alinéa de l'article L. 3344-1, dans le cadre d'une opération de rachat réservée aux salariés.

Les sommes ou valeurs inscrites aux comptes des participants, sur décision individuelle de ces derniers, doivent être détenues jusqu'au terme de l'opération de rachat mentionnée au 2°, sans que la durée de détention puisse être inférieure à cinq ans. Toutefois, un décret précise les cas dans lesquels les sommes ou valeurs mentionnées ci-dessus peuvent être exceptionnellement débloquées avant l'expiration de ce délai.

Par dérogation aux dispositions de l'article L. 3332-17, l'actif de ce fonds peut être investi à 95 % en titres de l'entreprise.

Par dérogation aux dispositions de l'article L. 214-40 du code monétaire et financier, les membres du conseil de surveillance sont élus par l'ensemble des salariés porteurs de parts.

La mise en place de ce fonds est subordonnée aux conditions suivantes :

1° Au moins quinze salariés, ou au moins 30 % des salariés si les effectifs de l'entreprise n'excèdent pas cinquante salariés, sont impliqués dans l'opération de rachat réservée aux salariés ;

2° L'accord avec le personnel précise l'identité des salariés impliqués dans l'opération, le contrôle final de l'entreprise au sens de l'article L. 233-16 du code de commerce et le terme de l'opération.

Art. L. 3332-17. ***(L. 2008-776 du 4 août 2008, art. 81, JO 5)*** « Le règlement du plan d'épargne d'entreprise prévoit qu'une partie des sommes recueillies peut être affectée à l'acquisition de parts de fonds investis, dans les limites prévues à l'article L. 214-39 du code monétaire et financier, dans les entreprises solidaires au sens de l'article L. 3332-17-1 du présent code. »

Le règlement du plan d'épargne d'entreprise ouvre à ses participants au moins une possibilité d'acquérir soit des titres émis par des sociétés d'investissement à capital variable mentionnés au 1° de l'article L. 3332-15, soit des parts de fonds communs de placement d'entreprise dont l'actif est composé de valeurs mobilières admises aux négociations sur un marché réglementé et, à titre accessoire, de liquidités, selon les règles fixées en application de l'article ***(Ord. 2011-915 du 1er août 2011, art. 29, JO 2)*** « L. 214-20 » du code monétaire et financier, ou de parts d'organismes de placement collectif en valeurs mobilières dont l'actif est ainsi composé. Cette disposition n'est pas exigée lorsqu'un plan d'épargne de groupe ou un plan d'épargne interentreprises de même durée minimum de placement offre aux participants de l'entreprise la possibilité de placer les sommes versées dans un organisme de placement collectif en valeurs mobilières présentant les mêmes caractéristiques.

Lorsqu'un fonds commun de placement d'entreprise mentionné au 2° de l'article L. 3332-15 est investi en titres de l'entreprise et que ceux ci ne sont pas admis aux négociations sur un marché réglementé, l'actif de ce fonds doit comporter au moins un tiers de titres liquides. Cette condition n'est pas exigée dans l'un des cas suivants :

1° Lorsqu'il est instauré un mécanisme garantissant la liquidité de ces valeurs dans des conditions déterminées par décret ;

2° Lorsque, pour l'application du présent livre, l'entreprise, la société qui la contrôle ou toute société contrôlée par elle au sens de l'article L. 233-16 du code de commerce s'est engagée à racheter, dans la limite de 10 % de son capital social, les titres non admis aux négociations sur un marché réglementé détenus par le fonds commun de placement d'entreprise.

Dans ce dernier cas, la valeur liquidative du fonds commun de placement d'entreprise est publiée au moins une fois par an. Après communication de la valeur d'expertise de l'entreprise, les salariés disposent d'un délai de deux mois avant la publication de la valeur liquidative du fonds pour présenter leur demande de souscription, de rachat ou d'arbitrage de leurs avoirs.

Un fonds commun de placement peut détenir au plus 30 % de titres émis par un fonds commun de placement mentionné à la sous-section 7 ou à la sous-section 9 de la section 1 du chapitre IV du titre Ier du livre II du code monétaire et financier.

Art. L. 3332-17-1.

Note Le 1er alinéa de cet article est applicable aux règlements déposés depuis le 1er décembre 2008. Les règlements déjà déposés ou déposés dans les trois mois suivant la publication de la loi 2008-776 avaient jusqu'au 1er janvier 2010 pour se conformer à ce 1er alinéa (loi 2008-776 du 4 août 2008, art. 81, II, JO 5).

Art. L. 3332-17-1. *(L. 2008-776 du 4 août 2008, art. 81, JO 5)* Sont considérées comme entreprises solidaires au sens du présent article les entreprises dont les titres de capital, lorsqu'ils existent, ne sont pas admis aux négociations sur un marché réglementé et qui :
– soit emploient des salariés dans le cadre de contrats aidés ou en situation d'insertion professionnelle ;
– soit, si elles sont constituées sous forme d'associations, de coopératives, de mutuelles, d'institutions de prévoyance ou de sociétés dont les dirigeants sont élus par les salariés, les adhérents ou les sociétaires, remplissent certaines règles en matière de rémunération de leurs dirigeants et salariés. Ces règles sont définies par décret.

Les entreprises solidaires sont agréées par l'autorité administrative.

Sont assimilés à ces entreprises les organismes dont l'actif est composé pour au moins 35 % de titres émis par des entreprises solidaires ou les établissements de crédit dont 80 % de l'ensemble des prêts et des investissements sont effectués en faveur des entreprises solidaires.

Art. R. 3332-14. L'entreprise tient le registre des comptes administratifs ouverts au nom de chaque adhérent.

Ce registre comporte, par adhérent, les sommes affectées au plan d'épargne ainsi que la ventilation des investissements réalisés et les délais d'indisponibilité restant à courir.

Art. R. 3332-15. La tenue du registre des comptes administratifs peut être déléguée. Dans ce cas, le contrat de délégation précise les modalités d'information du délégataire.

Les coordonnées de la personne chargée de la tenue du registre sont mentionnées dans le règlement du plan d'épargne d'entreprise.

Art. R. 3332-16. La personne chargée de la tenue du registre des comptes administratifs établit un relevé des actions ou des parts appartenant à chaque adhérent. Une copie de ce relevé est adressée, au moins une fois par an, aux intéressés avec l'indication de l'état de leur compte.

Art. R. 3332-17. Les frais de tenue de compte-conservation des anciens salariés de l'entreprise lorsqu'ils ne sont pas pris en charge par l'entreprise peuvent être perçus par prélèvement sur les avoirs dans les conditions fixées par l'accord de participation ou par l'accord collectif instituant le plan d'épargne d'entreprise ou, à défaut, par le règlement du fonds.

Art. R. 3332-18. Les dispositions de l'article D. 3324-34 sont applicables aux fonds communs de placement constitués pour l'emploi des sommes affectées à la réalisation d'un plan d'épargne d'entreprise.

Art. R. 3332-19. Pour l'application du cinquième alinéa de l'article L. 3332-17, la valeur d'expertise de l'entreprise est déterminée selon les modalités prévues aux articles R. 3332-22 et R. 3332-23.

L'employeur informe individuellement les salariés de cette valeur d'expertise, de son évolution par rapport à la dernière valeur communiquée, de la date de la prochaine publication de la valeur liquidative du fonds commun de placement de l'entreprise, des coordonnées de l'établissement auquel ils peuvent adresser leur demande de souscription, de rachat ou d'arbitrage de leurs avoirs, ainsi que du délai dans lequel ils peuvent adresser cette demande. Cet établissement et le conseil de surveillance du fonds sont également informés par l'employeur.

Art. R. 3332-20. Lorsque la situation juridique d'une entreprise ayant mis en place un plan d'épargne d'entreprise est modifiée, notamment par fusion, cession, absorption ou scission, les signataires de l'accord ou, lorsque le plan n'a pas été mis en place en application d'un accord, l'employeur, peuvent décider de transférer les avoirs des salariés dans le plan d'épargne de la nouvelle entreprise, si celui-ci comporte des organismes de placement collectif en valeurs mobilières dont les caractéristiques sont identiques à celles des organismes prévus dans le plan d'origine.

En cas d'impossibilité juridique de réunir les signataires initiaux, le transfert peut être mis en place par un accord avec le personnel ou avec les comités d'entreprise concernés.

Art. R. 3332-21. Dans le cas prévu à l'article R. 3332-20, lorsque le plan d'épargne salariale n'a pas été institué en application d'un accord avec le personnel, le comité d'entreprise quand il existe ou, à défaut, les délégués du personnel, sont consultés sur le projet de transfert au moins quinze jours avant sa réalisation effective.

Art. R. 3332-21-1. *(D. 2009-304 du 18 mars 2009, JO 20)* Les entreprises solidaires définies au deuxième alinéa de l'article L. 3332-17-1 emploient des salariés dont 30 % au moins ont été recrutés :

1° Dans le cadre de contrats de travail régis par les chapitres II et IV du titre III du livre Ier de la cinquième partie ;

2° Dans le cadre de contrats de professionnalisation dans les conditions prévues à l'article D. 6325-23 ;

3° Parmi les personnes mentionnées à l'article L. 5131-1 ;

4° Parmi les personnes dont la qualité de travailleur handicapé a été reconnue en application de l'article L. 5213-2.

Dans le cas d'une entreprise individuelle, ces conditions s'appliquent à la personne de l'entrepreneur individuel.

Art. D. 3332-21-2. *(D. 2009-304 du 18 mars 2009, JO 20)* Au sein des entreprises solidaires définies au troisième alinéa de l'article L. 3332-17-1, la moyenne des sommes versées, à l'exception des remboursements de frais dûment justifiés, aux cinq salariés ou dirigeants les mieux rémunérés n'excède pas, au titre de l'année pour un emploi à temps complet, cinq fois la rémunération annuelle perçue par un salarié à temps complet sur la base de la durée légale du travail et du salaire minimum de croissance. Pour les sociétés, les dirigeants s'entendent au sens des personnes mentionnées au premier alinéa du 1° de l'article 885 O *bis* du code général des impôts.

Art. R. 3332-21-3. *(D. 2009-304 du 18 mars 2009, JO 20)* L'entreprise solidaire au sens du présent article est agréée par décision du préfet du département où l'entreprise a son siège social. Lorsque l'entreprise a son siège social dans un autre État membre de la Communauté européenne, elle présente sa demande d'agrément au préfet du département de son principal établissement en France. Le préfet statue sur la demande d'agrément dans un délai maximal de trois mois suivant le dépôt de la demande. L'absence de réponse au-delà de ce délai vaut décision d'acceptation.

Cet agrément est accordé pour une durée de deux ans pour une première demande et de cinq ans en cas de renouvellement.

Toutefois, pour l'application du présent article, les structures d'insertion par l'activité économique conventionnées par l'État, mentionnées à l'article L. 5132-2, ainsi que les entreprises adaptées conventionnées par l'État, mentionnées à l'article L. 5213-13 sont agréées de plein droit.

Art. R. 3332-21-4. *(D. 2009-304 du 18 mars 2009, JO 20)* Les titres émis par des entreprises solidaires s'entendent des titres de capital, des titres obligataires, des billets à ordre, des bons de caisse, des avances en comptes courants, des titres participatifs et des prêts participatifs émis ou consentis par ces mêmes entreprises.

Art. R. 3332-21-5. *(D. 2009-304 du 18 mars 2009, JO 20)* Les entreprises solidaires indiquent dans l'annexe de leurs comptes annuels les informations qui attestent du respect des conditions fixées par les articles R. 3332-21-1 à R. 3332-21-4.

Évaluation des titres

Art. R. 3332-22. Lorsque les instruments de placement d'un plan d'épargne d'entreprise comportent la possibilité d'investir en titres de l'entreprise qui ne sont pas admis aux négociations sur un marché réglementé, leur évaluation est déterminée conformément aux méthodes définies à l'article L. 3332-20, sans préjudice des dispositions légales spécifiques qui fixent les conditions de détermination de la valeur de ces titres.

Art. R. 3332-23. Les titres sont évalués par l'entreprise, sous le contrôle du commissaire aux comptes, au moins une fois par exercice et chaque fois qu'un événement ou une série d'événements intervenus au cours d'un exercice sont susceptibles de conduire à une évolution substantielle de la valeur des actions de l'entreprise.

Il est, en outre, procédé à une évaluation par des experts au moins tous les cinq ans. *(D. 2009-350 du 30 mars 2009, JO 31)* « Cette évaluation est facultative dans les entreprises mentionnées au troisième alinéa de l'article L. 3332-20 dont les titres sont évalués en application du deuxième alinéa du même article. »

SECTION 4. **Augmentation de capital**

Art. L. 3332-18. Les sociétés peuvent procéder à des augmentations de capital réservées aux adhérents d'un plan d'épargne d'entreprise.

Art. L. 3332-19. Lorsque les titres sont admis aux négociations sur un marché réglementé, le prix de cession est fixé d'après les cours de Bourse.

La décision fixant la date de souscription est prise par le conseil d'administration, le directoire ou leur délégué.

Lorsque l'augmentation de capital est concomitante à une première introduction sur un marché réglementé, le prix de souscription est déterminé par référence au prix d'admission sur le marché, à condition que la décision du conseil d'administration ou du directoire, ou de leur délégué, intervienne au plus tard dix séances de Bourse après la date de la première cotation.

Le prix de souscription ne peut être supérieur à ce prix d'admission sur le marché ni, lorsqu'il s'agit de titres déjà cotés sur un marché réglementé, à la moyenne des cours cotés aux vingt séances de Bourse précédant le jour de la décision fixant la date d'ouverture de la souscription. Il ne peut, en outre, être inférieur de plus de 20 % à ce prix d'admission ou à cette moyenne, ou de 30 % lorsque la durée d'indisponibilité prévue par le plan en application des articles L. 3332-25 et L. 3332-26 est supérieure ou égale à dix ans.

Art. L. 3332-20. Lorsque les titres ne sont pas admis aux négociations sur un marché réglementé, le prix de cession est déterminé conformément aux méthodes objectives retenues en matière d'évaluation d'actions en tenant compte, selon une pondération appropriée à chaque cas, de la situation nette comptable, de la rentabilité et des perspectives d'activité de l'entreprise. Ces critères sont appréciés, le cas échéant, sur une base consolidée ou, à défaut, en tenant compte des éléments financiers issus de filiales significatives.

À défaut, le prix de cession est déterminé en divisant par le nombre de titres existants le montant de l'actif net réévalué d'après le bilan le plus récent. Celui-ci est ainsi déterminé à chaque exercice sous le contrôle du commissaire aux comptes.

(L. 2008-1258 du 3 déc. 2008, art. 21, JO 4) « À compter du troisième exercice clos, le prix de cession des titres émis par des entreprises employant moins de cinq cents salariés peut être déterminé, au choix de l'entreprise, selon l'une des méthodes décrites aux deux alinéas précédents. »

Le prix de souscription ne peut être ni supérieur au prix de cession ainsi déterminé, ni inférieur de plus de 20 % à celui-ci ou de 30 % lorsque la durée d'indisponibilité prévue par le plan, en application des articles L. 3332-25 et L. 3332-26, est supérieure ou égale à dix ans.

Art. L. 3332-21. L'assemblée générale qui décide l'augmentation de capital peut prévoir l'attribution gratuite d'actions ou d'autres titres donnant accès au capital.

L'avantage total résultant de cette attribution et, le cas échéant, de l'écart entre le prix de souscription et la moyenne des cours mentionnée à l'article L. 3332-19, ou entre le prix de souscription et le prix de cession déterminé en application de l'article L. 3332-20, ne peut pas dépasser l'avantage dont auraient bénéficié les adhérents au plan d'épargne si cet écart avait été de 20 % ou de 30 % lorsque la durée d'indisponibilité prévue par le plan en application des articles L. 3332-25 et L. 3332-26 est supérieure ou égale à dix ans.

Par ailleurs, l'assemblée générale peut également prévoir une attribution gratuite d'actions ou d'autres titres donnant accès au capital, sous réserve que la prise en compte de leur contre-valeur pécuniaire, évaluée au prix de souscription, n'ait pour effet de dépasser les limites prévues à l'article L. 3332-11.

Art. L. 3332-22. L'avantage constitué par l'écart entre le prix de souscription et la moyenne des cours mentionnés à l'article L. 3332-19, par l'écart entre le prix de souscription et le prix de cession déterminé en application de l'article L. 3332-20 et, le cas échéant, par l'attribution gratuite d'actions ou de titres donnant accès au capital est exonéré d'impôt sur le revenu et de taxe sur les salaires et n'entre pas dans l'assiette des cotisations sociales définie à l'article L. 242-1 du code de la sécurité sociale.

Art. L. 3332-23. Lorsqu'une société propose aux adhérents d'un plan d'épargne d'entreprise de souscrire des obligations qu'elle a émises, le prix de cession est fixé selon des conditions déterminées par décret en Conseil d'État.

Art. L. 3332-24. La présente section s'applique aux cessions par une société de ses titres, dans la limite de 10 % du total des titres qu'elle a émis, aux adhérents d'un plan d'épargne d'entreprise.

Art. R. 3332-24. Lorsqu'une société procède à des augmentations de capital ou à des cessions de titres réservées aux adhérents à un plan d'épargne d'entreprise, par l'intermédiaire d'un fonds commun de placement, le bulletin de souscription est signé par le gestionnaire du fonds.

La société émettrice notifie au gestionnaire du fonds le nombre d'actions souscrites ou le nombre de titres cédés. Le gestionnaire informe chaque adhérent du nombre de parts souscrit et lui adresse un relevé nominatif mentionnant la date de cessibilité de ces parts.

Art. R. 3332-25. Lorsqu'une société propose aux adhérents d'un plan d'épargne d'entreprise d'acquérir des actions ou des certificats d'investissement qu'elle a émis, soit par achat, soit par souscription, et qu'un plan d'épargne commun à plusieurs entreprises du même groupe au sens des articles L. 3344-1 et L. 3344-2 a été mis en place afin de permettre aux adhérents à ce plan d'acquérir les actions ou les certificats d'investissement de cette société, les dispositions des articles L. 3332-11 et L. 3332-27 s'appliquent dans chacune des entreprises du groupe participant au plan d'épargne d'entreprise commun.

Art. R. 3332-26. Lorsque les obligations mentionnées à l'article L. 3332-23 sont admises aux négociations sur un marché réglementé, ces titres sont évalués à leur valeur de marché.

Art. R. 3332-27. Lorsque les obligations mentionnées à l'article L. 3332-23 ne sont pas admis aux négociations sur un marché réglementé, ces titres sont évalués à leur valeur nominale augmentée du coupon couru.

Dans ce cas, ou bien la société émettrice, ou une entreprise du même groupe au sens des articles L. 3344-1 et L. 3344-2, s'engage à racheter ces titres à première demande du souscripteur à leur valeur nominale augmentée du coupon couru, ou bien il est instauré un mécanisme équivalent, garantissant leur rachat à ces mêmes conditions. En outre, lorsque ces titres de créance figurent à l'actif d'un fonds commun de placement ou d'une société d'investissement à capital variable régis par les articles L. 214-39, L. 214-40 ou ***(D. 2011-922 du 1er août 2011, art. 26, JO 3)*** « L. 214-41 » du code monétaire et financier, la méthode de valorisation est définie par un expert indépendant, lors de la souscription par le fonds de ces titres et chaque fois qu'un évènement ou une série d'évènements ultérieurs sont susceptibles de conduire à une évolution substantielle du risque de défaillance de l'entreprise.

SECTION 5. Indisponibilité des sommes, déblocage anticipé et liquidation

Art. L. 3332-25. Sauf dans les cas énumérés par le décret en Conseil d'État prévu à l'article L. 3324-10, les actions ou parts acquises pour le compte des salariés et des anciens salariés leur sont délivrées à l'expiration d'un délai minimum de cinq ans courant à compter de la date d'acquisition des titres.

Ce délai ne s'applique pas si la liquidation des avoirs acquis dans le cadre du plan d'épargne d'entreprise sert à lever des options consenties dans les conditions prévues à l'article L. 225-177 ou à l'article L. 225-179 du code de commerce. Les actions ainsi souscrites ou achetées sont versées dans le plan d'épargne et ne sont disponibles qu'à l'expiration d'un délai minimum de cinq ans à compter de ce versement. Toutefois, les actions peuvent être apportées à une société ou à un fonds commun de placement dont l'actif est exclusivement composé de titres de capital ou donnant accès au capital émis par l'entreprise ou par une entreprise du même groupe au sens du deuxième alinéa de l'article L. 3344-1. Le délai de cinq ans mentionné au présent alinéa reste applicable, pour la durée restant à courir à la date de l'apport, aux actions ou parts reçues en contrepartie de l'apport.

Art. L. 3332-26. Les actions gratuites mentionnées à l'article L. 3332-14 ne sont disponibles qu'à l'expiration d'un délai minimum de cinq ans à compter de leur versement sur le plan.

Les dispositions des articles L. 225-197-4 et L. 225-197-5 du code de commerce sont applicables.

Art. R. 3332-28. Les cas dans lesquels les actions ou parts acquises pour le compte des adhérents leur sont délivrées avant l'expiration du délai d'indisponibilité minimum de cinq ans sont les cas énumérés à l'article R. 3324-22.

Note Cet article a été modifié par le décret 2009-350 du 30 mars 2009 (JO 31).

Art. R. 3332-29. Les faits en raison desquels, en application du deuxième alinéa de l'article L. 3332-16, les droits constitués au profit des participants peuvent être exceptionnellement débloqués avant l'expiration du terme de l'opération de rachat mentionné au 2° de cet article sont les suivants :

1° L'invalidité du salarié, appréciée au sens des 2° et 3° de l'article L. 341-4 du code de la sécurité sociale ;

2° La mise à la retraite du salarié ;

3° Le décès du salarié.

En cas de décès du salarié, il appartient à ses ayants droit de demander la liquidation de ses droits. Dans ce cas, les dispositions du 4 du III de l'article 150-0-A du code général des impôts cessent d'être applicables à l'expiration des délais fixés par l'article 641 du même code.

Art. R. 3332-30. Les dispositions des articles D. 3324-37 à D. 3324-39 s'appliquent aux investissements réalisés au sein de plans d'épargne d'entreprise, selon les modalités précisées par le règlement de ces plans.

SECTION 6. Régime social et fiscal

Art. L. 3332-27. Les sommes mentionnées à l'article L. 3332-11 peuvent être déduites par l'entreprise de son bénéfice pour l'assiette de l'impôt sur les sociétés ou de l'impôt sur le revenu, selon le cas.

Elles ne sont pas prises en considération pour l'application de la législation du travail et de la sécurité sociale.

Elles sont exonérées de l'impôt sur le revenu des bénéficiaires.

Pour ouvrir droit à ces exonérations fiscales et sociales, les règlements des plans d'épargne d'entreprise établis à compter de la publication de la loi n° 2001-152 du 19 février 2001 sur l'épargne salariale doivent être déposés dans les conditions prévues à l'article L. 3332-9.

Note • La loi 2000-1352 du 30 décembre 2000, art. 10 (JO 31) a aligné l'assiette de la taxe sur les salaires sur celle des cotisations de sécurité sociale pour les rémunérations versées depuis le 1er janvier 2002.

• **Dépôt des accords et règlements.** Les règlements des plans d'épargne d'entreprise doivent être déposés à la direction départementale du travail, de l'emploi et de la formation professionnelle [unité territoriale de la Direccte] du lieu où ils ont été établis. Ce dépôt ne peut avoir lieu avant la fin du délai d'opposition si un tel délai s'applique (8 jours pour un accord d'entreprise). Il faut entendre par règlement tout document, quelle que soit sa dénomination, établi unilatéralement par l'employeur ou négocié, qui pose les règles d'un PEE. Cette obligation ne concerne que les plans établis à compter de la publication de la loi du 19 février 2001. Les avenants à des accords signés antérieurement à cette date n'ont pas à être déposés. Cependant, si l'avenant contient des modifications substantielles qui en font en réalité un nouveau règlement, le dépôt doit être effectué (circ. 14 septembre 2005, JO 1er nov.). Ainsi, le règlement institué par des sociétés postérieurement à la publication de la loi du 19 février 2001, supprimant le montant minimum des versements complémentaires imposé par le règlement dans son état antérieur, doit faire l'objet d'un dépôt à la direction départementale du travail, de l'emploi et de la formation professionnelle pour ouvrir droit aux exonérations sociales (cass. soc. 16 décembre 2008, n° 07-14.610, BC V n° 256).

À noter que l'article L. 3345-1 prévoit que l'accord d'intéressement, l'accord de participation et le règlement d'un plan d'épargne salariale, lorsqu'ils sont conclus concomitamment, peuvent faire l'objet d'un dépôt commun dans les conditions aux accords d'intéressement.

Art. R. 3332-31. L'avoir fiscal et le crédit d'impôt attachés aux revenus du portefeuille collectif ou des titres détenus individuellement acquis dans le cadre d'un plan d'épargne d'entreprise donnent lieu à la délivrance d'un certificat distinct, conformément aux dispositions de l'article 77 de l'annexe II au code général des impôts.

Lorsque ces revenus sont totalement exonérés, conformément aux dispositions des deux premières phrases du II de l'article 163 bis B du code général des impôts, le certificat est établi pour la totalité de l'avoir fiscal ou du crédit d'impôt au nom de l'organisme chargé de la conservation des titres. La restitution de l'avoir fiscal ou du crédit d'impôt mentionné sur ce certificat est demandée par cet organisme.

Art. R. 3332-32. La demande de restitution de l'avoir fiscal ou du crédit d'impôt, accompagnée du certificat, est adressée au service des impôts du siège de l'organisme qui l'a établie.

La restitution est opérée au profit de cet organisme, à charge pour ce dernier d'employer les sommes correspondantes de la même façon que les revenus auxquels elles se rattachent.

SECTION 7. Dispositions d'application

Art. L. 3332-28. Un décret en Conseil d'État détermine les modalités d'application du présent chapitre.

CHAPITRE III

Plan d'épargne interentreprises

Art. L. 3333-1. Sous réserve des dispositions particulières du présent chapitre, les dispositions relatives au plan d'épargne d'entreprise sont applicables au plan d'épargne interentreprises.

Art. L. 3333-2. Un plan d'épargne interentreprises peut être institué par accord collectif conclu dans les conditions prévues au livre II de la deuxième partie.

Si ce plan est institué entre plusieurs employeurs pris individuellement, il peut également être conclu au sein du comité d'entreprise ou à la suite de la ratification à la majorité des deux tiers du personnel de chaque entreprise du projet d'accord instituant le plan. Dans ce cas, l'accord est approuvé dans les mêmes termes au sein de chacune des entreprises et celles qui souhaitent y adhérer ou en sortir doivent recueillir l'accord de leur comité d'entreprise ou de la majorité des deux tiers de leur personnel.

Art. L. 3333-3. L'accord fixe le règlement du plan d'épargne interentreprises.

Ce règlement détermine notamment :

1° Les entreprises signataires ou le champ d'application professionnel et géographique ;

2° La nature des sommes qui peuvent être versées ;

3° Les différentes possibilités d'affectation des sommes recueillies, en particulier le nombre, l'orientation de gestion et le profil de risque des fonds utilisés ;

4° Les conditions dans lesquelles les frais de tenue de compte sont pris en charge par les employeurs ;

5° La liste de différents taux et plafonds d'abondement parmi lesquels les entreprises souhaitant effectuer des versements complémentaires à ceux de leurs salariés pourront opter ;

6° Les conditions dans lesquelles sont désignés les membres des conseils de surveillance des fonds communs de placement prévus par le règlement du plan et les modalités de fonctionnement des conseils.

Art. L. 3333-4. Le plan d'épargne interentreprises peut recueillir des sommes provenant de l'intéressement, de la participation aux résultats de l'entreprise, de versements volontaires des salariés et des personnes mentionnées à l'article L. 3332-2 appartenant aux entreprises entrant dans le champ de l'accord et, le cas échéant, des versements complémentaires de ces entreprises.

Art. L. 3333-5. Le règlement peut prévoir que les sommes issues de la participation mise en place dans une entreprise peuvent être affectées à un fonds d'investissement créé dans l'entreprise en application du 2° de l'article L. 3323-2.

Lorsqu'il prévoit de recueillir les sommes issues de la participation, l'accord instituant le plan d'épargne interentreprises dispense les entreprises mentionnées aux articles L. 3323-6 et L. 3323-7 de conclure un accord de participation. Son règlement inclut alors les clauses prévues aux articles L. 3323-1 à L. 3323-3 et L. 3324-5.

Art. L. 3333-6. Par dérogation aux dispositions du 2° de l'article L. 3332-15, le plan d'épargne interentreprises ne peut pas prévoir l'acquisition de parts de fonds communs de placement régis par l'article L. 214-40 du code monétaire et financier.

Lorsque le plan prévoit l'acquisition de parts de fonds communs de placement régis par l'article L. 214-39 du même code, ceux-ci ne peuvent détenir plus de 10 % de titres non admis aux négociations sur un marché réglementé. Cette limitation ne s'applique pas aux parts et actions d'organismes de placement collectif en valeurs mobilières éventuellement détenus par le fonds.

Art. L. 3333-7. Un avenant au plan d'épargne interentreprises peut être conclu selon les modalités prévues au présent chapitre.

Toutefois, le règlement d'un plan institué entre plusieurs employeurs pris individuellement et ouvert à l'adhésion d'autres entreprises peut prévoir qu'un avenant relatif aux 2°, 3° et 5° du règlement de ce plan peut être valablement conclu s'il est ratifié par une majorité des entreprises parties prenantes au plan.

(L. 2009-1255 du 19 oct. 2009, art. 18, JO 20) « En outre, pour intégrer les modifications rendues nécessaires par des dispositions législatives ou réglementaires postérieures à l'institution du plan, la modification du règlement d'un plan institué entre plusieurs employeurs pris individuellement doit faire l'objet d'une information des entreprises parties prenantes au plan et s'applique à condition que la majorité des entreprises parties prenantes ne s'y oppose pas dans un délai d'un mois à compter de la date d'envoi de l'information. En cas contraire, le plan est fermé à tout nouveau versement. Ces modifications ne sont pas opposables aux entreprises qui n'en ont pas été préalablement informées. »

Note *3e alinéa.* Pour simplifier l'adoption des avenants « de mise en conformité », une nouvelle procédure visant à recueillir l'accord par défaut des entreprises remplace l'ancienne dérogation.

Art. L. 3333-8. Un décret en Conseil d'État détermine les modalités d'application du présent chapitre.

Art. R. 3333-1. Les dispositions relatives aux versements, à la composition et à la gestion du plan d'épargne entreprise prévues aux articles ***(D. 2009-350 du 30 mars 2009, JO 31)*** « R. 3332-8 » à R. 3332-14, puis des articles R. 3332-16 au [à] R. 3332-18 ainsi que celles relatives à l'indisponibilité des sommes et au régime social et fiscal prévues aux articles R. 3332-28 à R. 3332-32, s'appliquent au plan d'épargne interentreprises.

Note Du fait du renvoi à l'article R. 3332-8, le plafond annuel de l'abondement versé au bénéfice d'un adhérent à un plan d'épargne d'entreprise, égal à 8 % du plafond annuel de la sécurité sociale, s'applique aussi aux plans d'épargne interentreprises.

Art. R. 3333-2. Le plan d'épargne interentreprises peut recueillir les sommes issues soit de la participation prévue par accord ou mise en place conformément au deuxième alinéa de l'article L. 3323-6, soit de l'accord qui institue le plan.

Art. R. 3333-3. En cas de participation volontaire dans les conditions de l'article L. 3323-6, l'accord instituant le plan d'épargne interentreprises précise la formule de calcul de la réserve spéciale de participation.

Si l'accord n'a pas retenu la formule prévue aux articles L. 3324-1 et L. 3324-3, il comporte, conformément à l'article L. 3324-2, la clause d'équivalence des avantages et l'un des quatre plafonds prévus du quatrième au sixième alinéas de cet article.

Art. R. 3333-4. Le règlement du plan d'épargne interentreprises précise les modalités de la contribution des entreprises qui ne peut être inférieure à la prise en charge des frais de tenue de compte.

En cas de liquidation de l'entreprise, les frais de tenue de compte dus postérieurement à la liquidation sont mis à la charge des participants.

Art. R. 3333-5. L'accord instituant le plan d'épargne interentreprises désigne les sociétés ou établissements qui sont chargés de la tenue du registre mentionné à l'article R. 3332-14.

CHAPITRE IV

Plan d'épargne pour la retraite collectif

Note • Aux termes de l'article 82 de la loi de finances pour 2004 (2003-1311 du 30 décembre 2003, JO 31), le plan partenarial d'épargne salariale volontaire pour la retraite est devenu le plan d'épargne pour la retraite collectif.

• Le plan d'épargne pour la retraite collectif peut être une institution de retraite professionnelle collective. Sur son administration, voir ordonnance 2006-344 du 23 mars 2006 relative aux retraites professionnelles supplémentaires, art. 8 (JO 24).

SECTION 1. Mise en place

Art. L. 3334-1. Sous réserve des dispositions particulières du présent chapitre et des articles L. 3332-18 à L. 3332-24, les dispositions relatives au plan d'épargne d'entreprise sont applicables au plan d'épargne pour la retraite collectif.

Art. L. 3334-2. Un plan d'épargne pour la retraite collectif peut être mis en place ***(L. 2008-1258 du 3 déc. 2008, art. 16, JO 4)*** « à l'initiative de l'entreprise ou » par accord collectif de travail dans les conditions prévues au livre II de la deuxième partie sans recourir aux services de l'institution mentionnée au I de l'article 8 de l'ordonnance n° 2006-344 du 23 mars 2006, lorsque ce plan n'est pas proposé sur le territoire d'un autre État membre ou dans un autre État partie à l'accord sur l'Espace économique européen. Dans ce cas, l'accord mettant en place le plan précise les modalités d'exécution des obligations mentionnées au dernier alinéa du I et aux premier et deuxième alinéas du II de cet article.

(L. 2008-1258 du 3 déc. 2008, art. 16, JO 4) « Lorsque l'entreprise compte au moins un délégué syndical ou est dotée d'un comité d'entreprise, le plan d'épargne pour la retraite collectif est négocié dans les conditions prévues à l'article L. 3322-6. Si, au terme de la négociation, aucun accord n'a été conclu, un procès-verbal de désaccord est établi dans lequel sont consignées en leur dernier état les propositions respectives des parties et les mesures que l'employeur entend appliquer unilatéralement. »

Art. L. 3334-3. L'entreprise qui a mis en place un plan d'épargne d'entreprise depuis plus de ***(L. 2008-1258 du 3 déc. 2008, art. 18, JO 4)*** « trois » ans ouvre une négociation en vue de la mise en place d'un plan d'épargne pour la retraite collectif ou d'un contrat mentionné au b du 1 du I de l'article 163 *quatervicies* du code général des impôts ou d'un régime mentionné au 2° de l'article 83 du même code.

Art. L. 3334-4. Le plan d'épargne pour la retraite collectif peut également être créé en tant que plan d'épargne interentreprises dans les conditions prévues au chapitre III.

Art. L. 3334-5. Le plan d'épargne pour la retraite collectif ne peut être mis en place que si les salariés et les personnes mentionnées à l'article L. 3332-2 ont la possibilité d'opter pour un plan de durée plus courte régi par cet article ou par le plan d'épargne interentreprises.

Art. L. 3334-5-1. ***(L. 2008-1258 du 3 déc. 2008, art. 17, JO 4)*** Un plan d'épargne pour la retraite collectif peut prévoir l'adhésion par défaut des salariés de l'entreprise, sauf avis contraire de ces derniers. Les salariés sont informés de cette clause dans des conditions prévues par décret.

SECTION 2. **Versements**

Art. L. 3334-6. Le plan d'épargne pour la retraite collectif peut recevoir, à l'initiative des participants, les versements des sommes issues de l'intéressement, de la participation ainsi que d'autres versements volontaires et des contributions des entreprises prévues aux articles L. 3332-11 à L. 3332-13 et L. 3334-10.

(L. 2008-1258 du 3 déc. 2008, art. 19, JO 4) « En outre, si le règlement du plan le prévoit, les entreprises peuvent effectuer un versement initial dans ce plan, dans la limite d'un plafond fixé par décret, même en l'absence de contribution du salarié. Ce versement est soumis au même régime social et fiscal que les contributions des entreprises visées au premier alinéa. »

Note — *2e alinéa.* Voir article D. 3334-3-2.

Art. L. 3334-7. Un ancien salarié peut continuer à effectuer des versements sur le plan d'épargne pour la retraite collectif. Ces versements ne bénéficient pas des versements complémentaires de l'entreprise et les frais afférents à leur gestion sont à la charge exclusive de l'ancien salarié qui effectue ces versements.

Cette possibilité n'est pas ouverte au salarié qui a accès à un plan d'épargne pour la retraite collectif dans la nouvelle entreprise où il est employé.

Art. L. 3334-8. Les droits inscrits au compte épargne-temps peuvent être versés sur le plan d'épargne pour la retraite collectif ***(L. 2010-1330 du 9 nov. 2010, art. 108, JO 10)*** « ou contribuer au financement de prestations de retraite qui revêtent un caractère collectif et obligatoire déterminé dans le cadre d'une des procédures mentionnées à l'article L. 911-1 du code de la sécurité sociale.

En l'absence de compte épargne-temps dans l'entreprise, le salarié peut, dans la limite de cinq jours par an, verser les sommes correspondant à des jours de repos non pris sur le plan d'épargne pour la retraite collectif ou faire contribuer ces sommes au financement de prestations de retraite qui revêtent un caractère collectif et obligatoire déterminé dans le cadre d'une des procédures mentionnées à l'article L. 911-1 du code de la sécurité sociale. Le congé annuel ne peut être affecté à l'un de ces dispositifs que pour sa durée excédant vingt-quatre jours ouvrables.

Les sommes ainsi épargnées bénéficient de l'exonération prévue à l'article L. 242-4-3 du même code ou aux articles L. 741-4 et L. 741-15 du code rural et de la pêche maritime en tant qu'ils visent l'article L. 242-4-3 du code de la sécurité sociale.

Elles bénéficient également, selon le cas, des régimes prévus aux 2° ou 2° 0 *bis* de l'article 83 du code général des impôts ou de l'exonération prévue au *b* du 18° de l'article 81 du même code. »

Art. L. 3334-9. Par dérogation aux dispositions des articles L. 3332-11 à L. 3332-13 et L. 3334-10, les sommes issues de la participation qui sont versées au plan d'épargne pour la retraite collectif peuvent donner lieu à versement complémentaire de l'entreprise dans les limites prévues à ces articles.

Art. L. 3334-10. Les sommes provenant d'un compte épargne-temps dans les conditions mentionnées au deuxième alinéa de l'article L. 3153-3, correspondant à un abondement de l'employeur et transférées sur un ou plusieurs plans d'épargne pour la retraite collectifs, sont assimilées à des versements des employeurs à un ou plusieurs de ces plans.

SECTION 3. Composition et gestion du plan

Art. L. 3334-11. Les participants au plan d'épargne pour la retraite collectif bénéficient d'un choix entre au moins trois organismes de placement collectif en valeurs mobilières présentant différents profils d'investissement.

(L. 2010-1330 du 9 nov. 2010, art. 109, JO 10) « Il leur est également proposé une allocation de l'épargne permettant de réduire progressivement les risques financiers dans des conditions fixées par décret. »

Art. L. 3334-12. Par dérogation aux dispositions du 2° de l'article L. 3332-15, le plan d'épargne pour la retraite collectif ne peut pas prévoir l'acquisition de parts de fonds communs de placement régis par l'article L. 214-40 du code monétaire et financier, ni d'actions de sociétés d'investissement à capital variable régies par l'article ***(Ord. 2011-915 du 1er août 2011, art. 29, JO 2)*** « L. 214-41 » du même code, ni de titres de l'entreprise ou d'une société qui lui est liée au sens des articles L. 3344-1 et L. 3344-2.

Lorsque le plan prévoit l'acquisition de parts de fonds communs de placement régis par l'article L. 214-39 du code monétaire et financier et sans préjudice des dispositions du seizième alinéa de cet article, ceux-ci ne peuvent détenir plus de 5 % de titres non admis aux négociations sur un marché réglementé ou plus de 5 % de titres de l'entreprise qui a mis en place le plan ou de sociétés qui lui sont liées au sens des articles L. 3344-1 et L. 3344-2. Cette limitation ne s'applique pas aux parts et actions d'organismes de placement collectif en valeurs mobilières éventuellement détenues par le fonds.

Art. L. 3334-13. Le règlement du plan d'épargne pour la retraite collectif prévoit qu'une partie des sommes recueillies peut être affectée à l'acquisition de parts de fonds investis, dans les limites prévues à l'article L. 214-39 du code monétaire et financier, dans les entreprises solidaires ***(L. 2008-776 du 4 août 2008, art. 81, JO 5)*** « au sens de l'article L. 3332-17-1 du présent code ».

SECTION 4. Indisponibilité, déblocage anticipé et délivrance des sommes

Art. L. 3334-14. Les sommes ou valeurs inscrites aux comptes des participants sont détenues jusqu'au départ à la retraite.

Toutefois, dans des cas liés à la situation ou au projet du participant, ces sommes ou valeurs peuvent être exceptionnellement débloquées avant le départ en retraite.

Art. L. 3334-15.

Art. L. 3334-15. Sans préjudice des cas de déblocage anticipé prévus à l'article L. 3334-14, la délivrance des sommes ou valeurs inscrites aux comptes des participants s'effectue sous forme de rente viagère acquise à titre onéreux.

Toutefois, l'accord qui établit le plan d'épargne pour la retraite collectif peut prévoir des modalités de délivrance en capital et de conversion en rente de ces sommes ou valeurs, ainsi que les conditions dans lesquelles chaque participant au plan exprime son choix.

SECTION 5. Dispositions d'application

Art. L. 3334-16. Un décret en Conseil d'État détermine les modalités d'application du présent chapitre.

Art. R. 3334-1. Les dispositions relatives aux versements, à la composition, à la gestion du plan d'épargne entreprise et à l'évaluation des titres prévues aux articles R. 3332-9 à R. 3332-23 ainsi que celles relatives à l'indisponibilité des sommes et au régime social et fiscal prévues aux articles R. 3332-30 à R. 3332-32 s'appliquent au plan d'épargne pour la retraite collectif.

Art. R. 3334-1-1. *(D. 2011-1449 du 7 nov. 2011, JO 8)* I. – Dans la limite fixée à l'article L. 3334-8, les jours de congés investis dans le plan d'épargne pour la retraite collectif, à la demande du salarié, le sont pour la valeur de l'indemnité de congés calculée selon les dispositions des articles L. 3141-22 à L. 3141-25.

II. – Le règlement du plan d'épargne pour la retraite collectif prévoit les modalités d'affectation par défaut des sommes correspondant à la quote-part de réserve spéciale de participation attribuée au bénéficiaire, affectée au plan d'épargne pour la retraite collectif lorsqu'il a été mis en place dans l'entreprise, conformément aux dispositions de l'article L. 3324-12.

À défaut de disposition conventionnelle, les sommes sont affectées à l'organisme de placement collectif en valeurs mobilières présentant le profil d'investissement le moins risqué parmi les supports mentionnés à l'article L. 3334-12 et L. 3334-13 composant le plan dans le plan d'épargne pour la retraite collectif de l'entreprise ou, à défaut, dans le plan d'épargne pour la retraite collectif du groupe. En l'absence de l'un et de l'autre de ces plans, les sommes sont affectées dans le plan d'épargne pour la retraite collectif interentreprises, lorsqu'il a été mis en place. »

Note Le II de l'article R. 3334-1-1 (affectation par défaut de la moitié de la participation sur le PERCO) s'applique aux droits à participation attribués au titre des exercices clos après la promulgation de la loi 2010-1330 du 9 novembre 2010 portant réforme des retraites.

Art. R. 3334-1-2. *(D. 2011-1449 du 7 nov. 2011, JO 8, entrée en vigueur le 01.04.2012)* Pour l'application du second alinéa de l'article L. 3334-11, le règlement du plan d'épargne pour la retraite collectif définit les conditions dans lesquelles est proposée à chaque participant une option d'allocation de l'épargne ayant pour objectif de réduire progressivement les risques financiers pesant sur la valeur des actifs détenus dans les organismes de placement collectif en valeurs mobilières du plan.

Lorsque le participant a choisi cette option, celle-ci est organisée de la manière suivante :

1° L'allocation de l'épargne conduit à une augmentation progressive de la part des sommes investies dans un ou des organismes de placement collectif en valeurs mobilières présentant un profil d'investissement à faible risque, tel que défini lors de l'agrément prévu par l'article L. 214-3 du code monétaire et financier ;

2° Deux ans au plus tard avant l'échéance de sortie du plan d'épargne pour la retraite collectif, le portefeuille de parts que le participant détient doit être composé, à hauteur d'au moins 50 % des sommes investies, de parts dans des fonds communs de placement présentant un profil d'investissement à faible risque.

Le règlement du plan détermine les modalités selon lesquelles les sommes et parts investies par le participant sont progressivement transférées sur les supports d'investissement répondant aux exigences du présent article, en tenant compte de l'horizon de placement retenu ou, à défaut, de l'échéance de sortie du plan.

Note L'inclusion dans les règlements des PERCO d'une modalité d'allocation d'épargne sécurisée doit intervenir au plus tard le 1er avril 2012.

Art. R. 3334-1-3. ***(D. 2011-1449 du 7 nov. 2011, JO 8, entrée en vigueur le 01.04.2012)*** L'information relative à l'option prévue à l'article R. 3334-1-2 est assurée par l'établissement habilité pour les activités de conservation ou d'administration d'instruments financiers auquel a été confiée la tenue de compte des participants. L'information est adressée, avec le relevé de compte individuel annuel mentionné à l'article L. 3341-7, à chaque participant à compter de son quarante-cinquième anniversaire.

Art. R. 3334-2. Le plafond prévu à l'article L. 3332-11 est fixé à 16 % du montant annuel du plafond prévu à l'article L. 241-3 du code de la sécurité sociale.

Art. R. 3334-3. ***(D. 2011-1449 du 7 nov. 2011, JO 8)*** « Le règlement du plan » d'épargne pour la retraite collectif prévoit les conditions de délivrance des sommes ou valeurs inscrites aux comptes des participants sous forme de rente viagère acquise à titre onéreux.

Toutefois, lorsque l'accord collectif prévoit des modalités de délivrance en capital ou de conversion en rente des sommes ou valeurs inscrites aux comptes des participants, chaque participant exprime son choix lors du déblocage des sommes ou valeurs selon les modalités et dans les conditions définies par cet accord.

Art. D. 3334-3-1. ***(D. 2009-351 du 30 mars 2009, JO 31)*** Lorsque le règlement du plan d'épargne pour la retraite collectif prévoit l'adhésion par défaut des salariés, l'entreprise en informe chaque salarié suivant les modalités prévues par le règlement du plan. Le salarié dispose d'un délai de quinze jours à compter de cette communication pour renoncer de manière expresse à cette adhésion.

Le salarié peut être informé par voie électronique, dans des conditions de nature à garantir l'intégrité des données.

Art. D. 3334-3-2. ***(D. 2009-351 du 30 mars 2009, JO 31)*** Le versement initial d'une entreprise dans le plan d'épargne pour la retraite collectif prévu au second alinéa de l'article L. 3334-6 bénéficie à l'ensemble des adhérents qui satisfont aux conditions d'ancienneté éventuellement prévues par le règlement du plan. Son montant, éventuellement modulé dans les conditions prévues par le règlement, ne peut excéder 1 % du montant annuel du plafond prévu à l'article L. 241-3 du code de la sécurité sociale. Ce versement est pris en compte pour apprécier le respect du plafond d'abondement prévu par le règlement et du plafond mentionné à l'article R. 3334-2.

Art. R. 3334-4. Les cas dans lesquels, en application de l'article L. 3334-14, les droits constitués dans le cadre du plan d'épargne pour la retraite collectif au profit des salariés peuvent être, sur leur demande, exceptionnellement liquidés avant le départ à la retraite sont les suivants :

1° L'invalidité de l'intéressé, de ses enfants, de son conjoint ou de son partenaire lié par un pacte civil de solidarité. Cette invalidité s'apprécie au sens des 2° et 3° de l'article L. 341-4 du code de sécurité sociale, ou est reconnue par décision de la commission des droits et de l'autonomie des personnes handicapées prévue à l'article L. 241-5 du code de l'action sociale et des familles à condition que le taux d'incapacité atteigne au moins 80 % et que l'intéressé n'exerce aucune activité professionnelle. Le déblocage pour chacun de ces motifs ne peut intervenir qu'une seule fois ;

2° Le décès de l'intéressé, de son conjoint ou de son partenaire lié par un pacte civil de solidarité. En cas de décès de l'intéressé, il appartient à ses ayants droit de demander la liquidation de ses droits et les dispositions du 4 du III de l'article 150-0-A du code général des impôts cessent d'être applicables à l'expiration des délais fixés par l'article 641 du même code ;

3° L'affectation des sommes épargnées à l'acquisition de la résidence principale ou à la remise en état de la résidence principale endommagée à la suite d'une catastrophe naturelle reconnue par arrêté interministériel ;

4° La situation de surendettement du participant définie à l'article L. 331-2 du code de la consommation, sur demande adressée à l'organisme gestionnaire des fonds ou à l'employeur, soit par le président de la commission de surendettement des particuliers, soit par le juge lorsque le déblocage des droits paraît nécessaire à l'apurement du passif de l'intéressé ;

5° L'expiration des droits à l'assurance chômage de l'intéressé.

Art. R. 3334-5. La levée anticipée de l'indisponibilité intervient sous forme d'un versement unique qui porte, au choix de l'intéressé, sur tout ou partie des droits susceptibles d'être débloqués.

CHAPITRE V

Transferts

Art. L. 3335-1. En cas de modification survenue dans la situation juridique d'une entreprise ayant mis en place un plan d'épargne d'entreprise, notamment par fusion, cession, absorption ou scission, rendant impossible la poursuite de l'ancien plan d'épargne, les sommes qui y étaient affectées peuvent être transférées dans le plan d'épargne de la nouvelle entreprise, après information des représentants du personnel dans des conditions prévues par décret.

Dans ce cas, le délai d'indisponibilité écoulé des sommes transférées s'impute sur la durée de blocage prévue par le nouveau plan.

Note Voir : « Le sort des régimes d'épargne salariale lors de transferts d'entreprise », *JCP* éd. S 2007, 1466, étude G. Jolivet et H. Ouaissi.

Art. L. 3335-2. ***(L. 2008-1258 du 3 déc. 2008, art. 10, JO 4, applicable au 01.05.08)*** Les sommes détenues par un salarié, au titre de la réserve spéciale de la participation des salariés aux résultats de l'entreprise, dont il n'a pas demandé la délivrance au moment de la rupture de son contrat de travail, peuvent être affectées dans le plan d'épargne mentionné aux articles L. 3332-1, L. 3333-1 et L. 3334-1 de son nouvel employeur. Dans ce cas, le délai d'indisponibilité écoulé des sommes transférées s'impute sur la durée de blocage prévue par le plan d'épargne mentionné aux articles L. 3332-1 et L. 3333-1 sur lequel elles ont été transférées, sauf si ces sommes sont utilisées pour souscrire à une augmentation de capital prévue à l'article L. 3332-18.

Les sommes détenues par un salarié dans un plan d'épargne mentionné aux articles L. 3332-1 et L. 3333-1 peuvent être transférées, à la demande du salarié, avec ou sans rupture de son contrat de travail, dans un autre plan d'épargne mentionné aux mêmes articles, comportant dans son règlement une durée de blocage d'une durée minimale équivalente à celle figurant dans le règlement du plan d'origine. Dans ce cas, le délai d'indisponibilité déjà écoulé des sommes transférées s'impute sur la durée de blocage prévue par le plan sur lequel elles ont été transférées, sauf si ces sommes sont utilisées pour souscrire à une augmentation de capital prévue à l'article L. 3332-18.

Les sommes détenues par un salarié dans un plan d'épargne mentionné aux articles L. 3332-1, L. 3333-1 et L. 3334-1 peuvent être transférées, à la demande du salarié, avec ou sans rupture de son contrat de travail, dans un plan d'épargne mentionné à l'article L. 3334-1.

Les sommes transférées ne sont pas prises en compte pour l'appréciation du plafond mentionné au premier alinéa de l'article L. 3332-10. Elles ne donnent pas lieu au versement complémentaire de l'entreprise prévu à l'article L. 3332-11, sauf si le transfert a lieu à l'expiration de leur délai d'indisponibilité ou si les sommes sont transférées d'un plan d'épargne mentionné aux articles L. 3332-1, L. 3333-1 vers un plan d'épargne mentionné à l'article L. 3334-1. Les sommes qui ont bénéficié du supplément d'abondement dans les conditions prévues au deuxième alinéa de l'article L. 3332-11 ne peuvent être transférées, sauf si le règlement du plan au titre duquel le supplément d'abondement a été versé l'autorise.

Art. D. 3335-1. Pour obtenir le transfert des sommes qu'il détient au sein d'un plan d'épargne, le salarié indique à l'entreprise qu'il quitte les avoirs qu'il souhaite transférer en utilisant les mentions faites dans l'état récapitulatif ou dans le dernier relevé dont il dispose et lui demande de liquider ces avoirs.

Art. D. 3335-2. Lorsque le transfert est réalisé vers un plan dont il bénéficie au sein de la nouvelle entreprise qui l'emploie, le salarié précise dans sa demande l'affectation de son épargne au sein du plan ou des plans qu'il a choisis.

Lorsque le transfert est réalisé vers un plan dont le salarié bénéficie au titre d'un nouvel emploi, le salarié communique à l'entreprise qu'il a quittée le nom et l'adresse de son nouvel employeur et de l'établissement mentionné à l'article R. 3332-15. Il informe ces derniers de ce transfert et de l'affectation de son épargne.

Art. D. 3335-3. L'entreprise procède elle-même à la liquidation des sommes bloquées en application du 2° de l'article L. 3323-2 ou de l'article L. 3323-5 et demande sans délai à l'établissement chargé du registre des comptes la liquidation des actions ou parts détenues au sein des plans d'épargne.

La liquidation réalisée, l'entreprise transfère les sommes correspondantes vers le plan concerné, en indiquant les périodes d'indisponibilité déjà courues ainsi que les éléments nécessaires à l'application de la législation sociale.

TITRE IV

DISPOSITIONS COMMUNES

CHAPITRE Ier

Représentation et information des salariés

SECTION 1. Participation aux assemblées générales des actionnaires de la société

Art. L. 3341-1. Les dispositions de la présente section sont applicables aux salariés de l'entreprise, membres des conseils de surveillance des fonds communs de placement d'entreprise prévus aux articles L. 214-39 et L. 214-40 du code monétaire et financier.

Art. D. 3341-1. Le salarié désigné comme mandataire des actionnaires salariés de l'entreprise, dans les conditions de l'article L. 225-106 du code de commerce, confirme par écrit à l'employeur, au plus tard quarante huit heures après sa désignation, son intention de participer à l'assemblée générale des actionnaires en indiquant la durée prévisible de son absence.

Art. D. 3341-2. L'employeur n'est pas tenu de rémunérer le temps passé hors de l'entreprise pendant les heures de travail pour l'exercice du mandat de représentation, ni de défrayer le salarié mandaté de ses frais de déplacement.

SECTION 2. Formation économique, financière et juridique des représentants des salariés

Art. L. 3341-2. Les administrateurs ou les membres du conseil de surveillance représentant les salariés actionnaires ou élus par les salariés bénéficient, dans les conditions et les limites prévues à l'article L. 3142-13, d'un stage de formation économique, financière et juridique d'une durée maximale de cinq jours dispensé par un organisme figurant sur une liste arrêtée par l'autorité administrative dans des conditions prévues par voie réglementaire.

Art. D. 3341-3. Bénéficient d'une formation à l'exercice de leurs fonctions dans les six mois suivant la prise de poste :

1° Les administrateurs désignés en application de l'article L. 225-23 du code de commerce ;

2° Les membres des conseils de surveillance désignés en application de l'article L. 225-71 du même code ;

3° Les membres des conseils de surveillance des fonds communs de placement d'entreprise.

Art. D. 3341-4. La liste prévue à l'article L. 3341-2 est arrêtée par le préfet de région, après avis du comité de coordination régional de l'emploi et de la formation professionnelle.

Art. L. 3341-3. Le temps consacré à la formation économique, financière et juridique est pris sur le temps de travail et est rémunéré comme tel. Il est imputé sur la durée du congé de formation économique, sociale et syndicale prévu aux articles L. 3142-7 et suivants.

Les dépenses correspondantes des entreprises sont déductibles du montant de la participation des employeurs au financement de la formation professionnelle continue prévu à l'article L. 6331-1.

Art. L. 3341-4. Les dispositions de la présente section sont applicables aux salariés de l'entreprise, membres des conseils de surveillance des fonds communs de placement d'entreprise prévus aux articles L. 214-39 et L. 214-40 du code monétaire et financier.

SECTION 3. Information des représentants du personnel

Art. L. 3341-5. L'accord de participation ou le règlement d'un plan d'épargne salariale peuvent prévoir les conditions dans lesquelles le comité d'entreprise ou une commission spécialisée créée par lui ou, à défaut, les délégués du personnel disposent des moyens d'information nécessaires sur les conditions d'application de cet accord ou de ce règlement.

SECTION 4. Information des salariés

Art. L. 3341-6. Tout salarié d'une entreprise proposant un dispositif d'intéressement, de participation, un plan d'épargne entreprise, un plan d'épargne interentreprises ou un plan d'épargne pour la retraite collectif reçoit, lors de la conclusion de son contrat de travail, un livret d'épargne salariale présentant l'ensemble de ces dispositifs.

Note L'obligation de remettre un livret d'épargne salariale dès la conclusion du contrat de travail s'applique aux embauches intervenues depuis le 1er janvier 2007, quel que soit le type de contrat de travail qui a été conclu.

Art. R. 3341-5. Le livret d'épargne salariale prévu à l'article L. 3341-6 est établi sur tout support durable et est remis à chaque salarié lors de la conclusion de son contrat de travail. Il comporte :

1° Un rappel des dispositifs suivants :
a) L'intéressement ;
b) La participation ;
c) Le plan d'épargne d'entreprises ;
d) Le plan d'épargne interentreprises ;
e) Le plan d'épargne pour la retraite collectif ;

2° Le cas échéant, une attestation indiquant la nature et le montant des droits liés à la réserve spéciale de participation ainsi que la date à laquelle seront répartis les droits éventuels du salarié au titre de l'exercice en cours ;

(D. 2011-1449 du 7 nov. 2011, JO 8) « 3° L'indication des modalités d'affectation par défaut au plan d'épargne pour la retraite collectif des sommes attribuées au titre de la participation, conformément aux dispositions de l'article L. 3324-12 ; »

(D. 2011-1449 du 7 nov. 2011, JO 8) « 4° » L'état récapitulatif mentionné à l'article L. 3341-7 lorsque le salarié quitte l'entreprise.

(D. 2009-350 du 30 mars 2009, JO 31) « Les dispositions du présent article s'appliquent aux bénéficiaires d'un accord d'intéressement, de participation ou d'un plan d'épargne salariale mentionnés à l'article L. 3312-3, au deuxième alinéa de l'article L. 3323-6, au troisième alinéa de l'article L. 3324-2 et au dernier alinéa de l'article L. 3332-2. »

Art. L. 3341-7. Tout bénéficiaire quittant l'entreprise reçoit un état récapitulatif de l'ensemble des sommes et valeurs mobilières épargnées ou transférées au sein de l'entreprise dans le cadre des dispositifs prévus aux titres II et III.

Cet état distingue les actifs disponibles, en mentionnant tout élément utile au salarié pour en obtenir la liquidation ou le transfert, et ceux qui sont affectés au plan d'épargne pour la retraite collectif, en précisant les échéances auxquelles ces actifs seront disponibles ainsi que tout élément utile au transfert éventuel vers un autre plan.

L'état récapitulatif est inséré dans un livret d'épargne salariale dont les modalités de mise en place et le contenu sont fixés par un décret en Conseil d'État.

Le numéro d'inscription au répertoire national d'identification des personnes physiques est la référence pour la tenue du livret du salarié. Il peut figurer sur les relevés de compte individuels et l'état récapitulatif.

Note En cas de remise tardive de l'état récapitulatif d'épargne salariale prévu par cet article, l'employeur ne peut être condamné à indemniser le salarié que si ce dernier démontre que l'absence d'information qui en est résulté lui a causé un préjudice (cass. soc. 18 mai 2011, n° 10-11.043, *LS* Bref n° 15871 du 6/06/11 ; *JSL* n° 303, 13 juillet 2011, p. 27).

Art. R. 3341-6. L'état récapitulatif comporte les informations et mentions suivantes :

1° L'identification du bénéficiaire ;

2° La description de ses avoirs acquis ou transférés dans l'entreprise par accord de participation et plans d'épargne dans lesquels il a effectué des versements, avec mention le cas échéant des dates auxquelles ces avoirs sont disponibles ;

3° L'identité et l'adresse des teneurs de registre mentionnés à l'article R. 3332-15 auprès desquels le bénéficiaire a un compte.

Art. L. 3341-8. Les références de l'ensemble des établissements habilités pour les activités de conservation ou d'administration d'instruments financiers en application de l'article L. 542-1 du code monétaire et financier, gérant des sommes et valeurs mobilières épargnées ou transférées par le salarié dans le cadre des dispositifs prévus au présent livre, figurent sur chaque relevé de compte individuel et chaque état récapitulatif.

CHAPITRE II

Conditions d'ancienneté

Art. L. 3342-1. Tous les salariés d'une entreprise compris dans le champ des accords d'intéressement et de participation ou des plans d'épargne salariale bénéficient de leurs dispositions.

Toutefois, une condition d'ancienneté dans l'entreprise ou dans le groupe d'entreprises défini aux articles L. 3344-1 et L. 3344-2 peut être exigée. Elle ne peut excéder trois mois. Pour la détermination de l'ancienneté éventuellement requise, sont pris en compte tous les contrats de travail exécutés au cours de la période de calcul et des douze mois qui la précèdent. Le salarié temporaire est réputé compter trois mois d'ancienneté dans l'entreprise ou dans le groupe qui l'emploie s'il a été mis à la disposition d'entreprises utilisatrices pendant une durée totale d'au moins soixante jours au cours du dernier exercice.

La condition maximale d'ancienneté de trois mois, prévue au premier alinéa, remplace de plein droit, à compter de la date de publication de la loi n° 2001-152 du 19 février 2001 sur l'épargne salariale, toute condition maximale d'ancienneté supérieure figurant dans les accords d'intéressement et de participation et dans les règlements de plan d'épargne d'entreprise en vigueur à cette même date.

Note • Dès lors que l'ancienneté éventuellement exigée par l'accord est atteinte, le salarié a vocation à bénéficier de la participation sur la totalité de son temps d'appartenance juridique à l'entreprise au cours de l'exercice au titre duquel est calculée la participation : ceci exclut notamment la possibilité de subordonner le bénéfice de la participation à une condition de présence effective ou continue du salarié, ou de présence à une date déterminée, comme, par exemple, à la date de calcul des parts individuelles ou à celle de la signature de l'accord. De même, la résiliation du contrat de travail, quelle qu'en soit la cause, ne peut entraîner la suppression des droits acquis par le salarié au titre de la participation. Enfin, dès lors que l'ancienneté exigée par le contrat est atteinte, le salarié a vocation à bénéficier de la participation sur la totalité de son appartenance juridique à l'entreprise au cours de l'exercice de référence, sans que puisse être déduite la période d'acquisition de l'ancienneté (circ. 14 septembre 2005, JO 1er nov.).

• Les salariés pigistes, étant salariés dès lors qu'ils sont collaborateurs réguliers de l'entreprise de presse, ils doivent bénéficier de la mesure spéciale de participation prévue par l'accord de participation en faveur de tous les salariés de l'entreprise comptant une certaine ancienneté (cass. soc. 10 janvier 2001, n° 99-10.731, *RJS* 3/01 n° 323).

Art. D. 3342-1. *(D. 2009-351 du 30 mars 2009, JO 31)* Le salarié d'un groupement d'employeurs qui bénéficie d'un accord d'intéressement, de participation ou d'un plan d'épargne salariale, mis en place dans une entreprise du groupement auprès de laquelle il est mis à disposition, prévoyant une condition d'ancienneté qui ne peut excéder trois mois, conformément aux dispositions de l'article L. 3342-1, est réputé compter trois mois d'ancienneté s'il a été mis à disposition de l'entreprise pendant une durée totale d'au moins soixante jours au cours du dernier exercice.

CHAPITRE III

Versements sur le compte épargne-temps

Art. L. 3343-1. Si la convention ou l'accord instituant un compte épargne-temps le prévoit, le salarié peut verser dans ce compte tout ou partie des primes qui lui sont attribuées en application d'un accord d'intéressement, ainsi que, à l'issue de leur période d'indisponibilité, tout ou partie des sommes issues de la répartition de la réserve de participation, les sommes qu'il a versées dans un plan d'épargne d'entreprise et celles versées par l'entreprise en application des articles L. 3332-11 à L. 3332-13 et L. 3334-10.

Lorsque des droits à congé rémunéré ont été accumulés en contrepartie du versement des sommes énumérées au premier alinéa, les indemnités compensatrices correspondantes ne bénéficient pas de l'exonération de cotisations sociales prévues aux articles L. 3312-4, L. 3325-1 à L. 3325-3 et L. 3332-27. Elles sont exonérées de l'impôt sur le revenu des bénéficiaires.

L'accord d'intéressement précise les modalités selon lesquelles le choix du salarié s'opère lors de la répartition de l'intéressement.

CHAPITRE IV

Mise en place dans un groupe d'entreprises et dans les entreprises dépourvues d'épargne salariale

SECTION 1. Mise en place dans un groupe d'entreprises

Art. L. 3344-1. L'intéressement, la participation ou un plan d'épargne d'entreprise peut être mis en place au sein d'un groupe constitué par des entreprises juridiquement indépendantes, mais ayant établi entre elles des liens financiers et économiques.

Toutefois, les dispositifs d'augmentation du capital prévus aux articles L. 3332-18 et suivants ainsi que de majoration des sommes versées annuellement par une ou plusieurs entreprises prévus au deuxième alinéa de l'article L. 3332-11 ne peuvent s'appliquer qu'au sein d'un groupe d'entreprises incluses dans le même périmètre de consolidation ou de combinaison des comptes en application des dispositions suivantes :

1° Article L. 345-2 du code des assurances pour les entreprises régies par ce code ;
2° Article L. 233-16 du code de commerce pour les entreprises régies par ce code ;

3° Article L. 511-36 du code monétaire et financier pour les établissements de crédit ;
4° Dispositions du code de la mutualité pour les mutuelles ;
5° Article L. 931-34 du code de la sécurité sociale pour les institutions de prévoyance.

Art. L. 3344-2. Les dispositifs d'augmentation du capital mentionnés à l'article L. 3344-1 peuvent également être mis en place au sein d'un groupe constitué par des sociétés régies par la loi n° 47-1775 du 10 septembre 1947 portant statut de la coopération, les unions qu'elles ont constituées et les filiales que celles-ci détiennent.

SECTION 2. Entreprises dépourvues de dispositif d'épargne salariale

Art. L. 3344-3. Dans les entreprises dépourvues de délégué syndical dans lesquelles un ou des délégués du personnel sont présents et aucun accord d'intéressement ou de participation n'est en vigueur, l'employeur propose, tous les trois ans, un examen des conditions dans lesquelles pourraient être mis en œuvre un ou plusieurs des dispositifs mentionnés aux titres Ier à III.

CHAPITRE V

Dépôt et contrôle de l'autorité administrative

SECTION 1. Dépôt

Art. L. 3345-1. L'accord d'intéressement, l'accord de participation et le règlement d'un plan d'épargne salariale, lorsqu'ils sont conclus concomitamment, peuvent faire l'objet d'un dépôt commun dans les conditions applicables aux accords d'intéressement.

Art. D. 3345-1. Lorsqu'un accord d'intéressement ou de participation, ou un plan d'épargne d'entreprise, interentreprises ou pour la retraite collectif est conclu autrement que dans le cadre d'une convention ou d'un accord collectif de travail, les documents qui sont déposés à la ***(D. 2009-1377 du 10 nov. 2009, JO 13 ; D. 2010-687 du 24 juin 2010, JO 25 ; voir D. 2010-1582 du 17 déc. 2010, JO 18, pour outre-mer)*** « direction régionale des entreprises, de la concurrence, de la consommation, du travail et de l'emploi » comportent :

1° Si l'accord a été conclu entre l'employeur et les représentants d'organisations syndicales, la mention que ces représentants ont la qualité de délégués syndicaux ou, à défaut, le texte du mandat les habilitant à signer l'accord ;

2° Si l'accord a été conclu au sein d'un comité d'entreprise entre l'employeur et la délégation du personnel statuant à la majorité, le procès-verbal de la séance ;

3° Si l'accord résulte, après consultation de l'ensemble des salariés inscrit à l'effectif de l'entreprise, de la ratification par les deux tiers des salariés du projet proposé par l'employeur :
a) Soit l'émargement, sur la liste nominative de l'ensemble des salariés, des salariés signataires ;
b) Soit un procès-verbal rendant compte de la consultation.

Art. D. 3345-2. Lorsque la ratification d'un accord est demandée conjointement par l'employeur et une ou plusieurs organisations syndicales de salariés ou le comité d'entreprise, il en est fait mention dans les documents déposés.

Art. D. 3345-3. Lorsque le projet ratifié par les salariés ne fait pas mention d'une demande conjointe, sont déposés avec l'accord une attestation de l'employeur selon laquelle il n'a été saisi d'aucune désignation de délégué syndical et, pour les entreprises assujetties à la législation sur les comités d'entreprise, un procès-verbal de carence datant de moins de deux ans.

Art. D. 3345-4. Le dépôt d'un des accords ou règlements mentionnés à l'article D. 3345-1, de leurs avenants et de leurs annexes, est opéré ***(D. 2009-351 du 30 mars 2009, JO 31)*** « dans les conditions prévues au premier et au deuxième alinéas de l'article D. 2231-2 ».

Art. D. 3345-5. Le ***(D. 2009-1377 du 10 nov. 2009, JO 13 ; D. 2010-687 du 24 juin 2010, JO 25 ; voir D. 2010-1582 du 17 déc. 2010, JO 18, pour outre-mer)*** « directeur régional des entreprises, de la concurrence, de la consommation, du travail et de l'emploi » accuse, sans délai, réception de l'accord et des autres documents mentionnés au présent chapitre.

SECTION 2. Contrôle de l'autorité administrative

Art. L. 3345-2. L'autorité administrative dispose d'un délai de quatre mois à compter du dépôt d'un accord d'intéressement, d'un accord de participation ou d'un règlement d'un plan d'épargne salariale pour demander, après consultation de l'organisme en charge du recouvrement des cotisations de sécurité sociale dont relève l'entreprise, le retrait ou la modification des dispositions contraires aux dispositions légales.

Sur le fondement de cette demande, l'accord ou le règlement peut être dénoncé à l'initiative d'une des parties en vue de la renégociation d'un accord conforme aux dispositions légales.

Art. L. 3345-3. En l'absence de demande de l'autorité administrative pendant le délai de quatre mois, aucune contestation ultérieure de la conformité des termes de l'accord ou du règlement aux dispositions légales en vigueur au moment de sa conclusion ne peut avoir pour effet de remettre en cause les exonérations fiscales et sociales attachées aux avantages accordés aux salariés au titre des exercices en cours ou antérieurs à la contestation.

Note Cet article, applicable aux accords d'intéressement, de participation et aux plans d'épargne salariale, reprend les dispositions de l'ancien article L. 441-2 CT qui avait institué un système de sécurisation juridique des accords d'intéressement consistant à interdire toute contestation d'un accord n'ayant pas fait l'objet de remarques de la part de l'administration dans les quatre mois suivant son dépôt.

Ce système de sécurisation juridique est applicable aux avenants de mise en conformité.

Lorsque l'administration a fait des observations sur un accord d'intéressement régulièrement déposé et qu'un avenant modificatif de mise en conformité a été déposé par la suite dans les formes et délais prescrits, la fin de non-recevoir (résultant du silence de l'administration après le dépôt de l'accord) instituée pour assurer la sécurité juridique des personnes redevables de cotisations sociales peut être opposée à l'URSSAF, pour la période couverte par le délai de reprise, sur les points mis en conformité dans l'avenant. Mais, cette fin de non-recevoir ne peut pas être étendue aux points que l'avenant n'aurait pas mis en conformité (cass. civ., 2e ch., 11 juin 2009, n° 08-14.279, *RJS* 11/09 n° 871).

Art. L. 3345-4. La présente section est également applicable aux accords de participation et aux accords instituant des plans d'épargne interentreprises conclus dans une branche.

CHAPITRE VI

(L. 2008-1258 du 3 déc. 2008, art. 20, JO 4) « Conseil d'orientation de la participation, de l'intéressement, de l'épargne salariale et de l'actionnariat salarié »

Art. L. 3346-1. *(L. 2008-1258 du 3 déc. 2008, art. 20, JO 4)* Le Conseil d'orientation de la participation, de l'intéressement, de l'épargne salariale et de l'actionnariat salarié a pour missions :

1° De promouvoir auprès des entreprises et des salariés les dispositifs de participation, d'intéressement, d'épargne salariale et d'actionnariat salarié ;

2° D'évaluer ces dispositifs et de formuler toute proposition susceptible de favoriser leur diffusion.

Il peut en outre être saisi par le Gouvernement et par les commissions compétentes de chaque assemblée de toute question entrant dans son champ de compétences. Les rapports et recommandations établis par le conseil d'orientation sont communiqués au Parlement et rendus publics.

Le conseil d'orientation est présidé par le Premier ministre ou par son représentant. Un décret détermine sa composition et ses modalités de fonctionnement, dans des conditions de nature à assurer son indépendance et sa représentativité et à garantir la qualité de ses travaux.

[Dispositions réglementaires]

(D. 2009-351 du 30 mars 2009, JO 31)

Art. D. 3346-1. Le Conseil d'orientation de la participation, de l'intéressement, de l'épargne salariale et de l'actionnariat salarié est composé de trente-cinq membres, répartis comme suit :

1° Dix membres représentant les partenaires sociaux :
a) Un membre désigné par la Confédération générale du travail (CGT) ;
b) Un membre désigné par la Confédération française démocratique du travail (CFDT) ;
c) Un membre désigné par la Confédération générale du travail-Force ouvrière (CGT-FO) ;
d) Un membre désigné par la Confédération française des travailleurs chrétiens (CFTC) ;
e) Un membre désigné par la Confédération française de l'encadrement-Confédération générale des cadres (CFE-CGC) ;
f) Un membre désigné par le Mouvement des entreprises de France (MEDEF) ;
g) Un membre désigné par la Confédération générale des petites et moyennes entreprises (CGPME) ;
h) Un membre désigné par l'Union professionnelle artisanale (UPA) ;
i) Un membre désigné par la Fédération nationale des syndicats d'exploitants agricoles (FNSEA) ;
j) Un membre désigné par l'Union nationale des professions libérales (UNAPL) ;

2° Six représentants des administrations :
a) Le directeur général du travail ;
b) Le directeur des affaires civiles et du sceau ;
c) *(D. 2010-291 du 18 mars 2010, JO 19)* « Le directeur général du Trésor » ;
d) Le directeur de la législation fiscale ;
e) Le directeur de l'animation de la recherche, des études et des statistiques ;
f) Le directeur de la sécurité sociale ;

3° Le président du Conseil de l'emploi, des revenus et de la cohésion sociale ou son représentant ;
4° Le président du Conseil d'orientation pour les retraites ou son représentant ;
5° Le président de l'Autorité des marchés financiers ou son représentant ;
6° Deux députés et deux sénateurs désignés par leur assemblée respective ;
7° Douze personnalités choisies en raison de leur compétence et de leur expérience.

Art. D. 3346-2. Le Premier ministre désigne le vice-président du Conseil d'orientation de la participation, de l'intéressement, de l'épargne salariale et de l'actionnariat salarié parmi les membres mentionnés au 7°.

Art. D. 3346-3. Les désignations prévues au 6° de l'article D. 3346-1 sont renouvelées à chaque renouvellement général de l'Assemblée nationale en ce qui concerne les députés et à chaque renouvellement triennal du Sénat en ce qui concerne les sénateurs.

Les membres du conseil mentionnés aux 1° et 7° du même article sont nommés pour une durée de trois ans par arrêté du ministre chargé du travail.

Art. D. 3346-4. Sauf dispositions législatives contraires, les administrations de l'État et les établissements publics de l'État sont tenus de communiquer au Conseil d'orientation de la participation, de l'intéressement, de l'épargne salariale et de l'actionnariat salarié les éléments d'information et les études dont ils disposent et qui apparaissent nécessaires à ce conseil pour l'exercice de ses missions. Le conseil leur fait connaître ses besoins afin qu'ils soient pris en compte dans les programmes de travaux statistiques et d'études de ces administrations et de ces établissements.

Art. D. 3346-5. Les fonctions des membres du conseil ne sont pas rémunérées.

Des frais de déplacement et de séjour peuvent être alloués aux membres du conseil dans les conditions fixées par arrêté conjoint des ministres chargés du travail et du budget.

Art. D. 3346-6. Le conseil se réunit sur convocation de son président ou de son vice-président. Les membres, autres que ceux prévus aux 3°, 4° et 5° de l'article D. 3346-3, ne sont pas autorisés à se faire représenter et siègent personnellement lors des réunions du conseil.

Art. D. 3346-7. Pour son fonctionnement, le conseil dispose de crédits gérés par le secrétariat général rattaché au ministre chargé du travail. Le secrétariat général assure l'organisation des travaux du conseil ainsi que l'établissement de ses rapports.

La direction générale du travail assure le secrétariat général du Conseil d'orientation de la participation, de l'intéressement, de l'épargne salariale et de l'actionnariat salarié.

LIVRE IV

DISPOSITIONS RELATIVES À L'OUTRE-MER

TITRE Ier

DISPOSITIONS GÉNÉRALES

CHAPITRE UNIQUE

Art. L. 3411-1. Les dispositions générales prévues par l'article L. 1511-1 sont également applicables aux dispositions du présent livre.

Note Quelle que soit la terminologie qu'il emploie, le code du travail ne trouve effet, sauf exception expresse, que dans les départements métropolitains ou d'outre-mer, à Saint-Barthélemy, à Saint-Martin et à Saint-Pierre-et-Miquelon.

TITRE II

DÉPARTEMENTS D'OUTRE-MER, SAINT-BARTHÉLEMY, SAINT-MARTIN ET SAINT-PIERRE-ET-MIQUELON

CHAPITRE Ier

Dispositions générales

Art. L. 3421-1. Les dispositions générales prévues par ***(Ord. 2008-205 du 27 févr. 2008, JO 1er mars)*** « les articles L. 1521-1 à L. 1521-4 » sont également applicables aux dispositions du présent titre.

CHAPITRE II

Durée du travail, repos et congés

Art. L. 3422-1. Les articles L. 3133-7 à L. 3133-11, relatifs à la journée de solidarité, ne sont pas applicables à Saint-Pierre-et-Miquelon.

CHAPITRE III

Salaire et avantages divers

SECTION 1. Salaire minimum de croissance

Art. L. 3423-1. Lorsque le salaire minimum applicable en métropole est relevé en application des articles L. 3231-4 et L. 3231-5, le salaire minimum de chaque département d'outre-mer ***(Ord. 2008-205 du 27 févr. 2008, JO 1er mars)*** « , de Saint-Barthélemy et de Saint-Martin » est relevé à la même date et dans les mêmes proportions.

Note • Les articles L. 814-1 à L. 814-4 [L. 3423-1 à 4] ne sont plus applicables à Saint-Pierre-et-Miquelon (ordonnance 2005-57 du 26 janvier 2005, art. 2, JO 28).

• Cet article met fin à l'application théorique à Saint-Pierre-et-Miquelon des articles du code du travail relatifs au salaire minimum de croissance dans les départements d'outre-mer. Ces dispositions particulières, dont l'applicabilité dans cette collectivité n'apparaît pas clairement à leur lecture mais résulte de la succession dans le temps des différents statuts de Saint-Pierre-et-Miquelon, n'ont jamais eu d'utilité dans l'archipel où, dès l'origine, a toujours été appliqué le montant du salaire minimum applicable en métropole (rapport au président de la République relatif à l'ordonnance 2005-57 du 26 janvier 2005, JO 28).

• À compter du 1er janvier 2012, en métropole, en Guadeloupe, en Guyane, en Martinique, à La Réunion, à Saint-Barthélemy, à Saint-Martin et à Saint-Pierre-et-Miquelon, le montant du salaire minimum de croissance applicable s'établit à 9,22 € de l'heure et le montant du minimum garanti prévu à l'article L. 3231-12 CT est fixé à 3,44 € (décret 2011-1926 du 22 décembre 2011, JO 23).

Art. L. 3423-2. Le salaire minimum de croissance de chaque département d'outre-mer ***(Ord. 2008-205 du 27 févr. 2008, JO 1er mars)*** « , de Saint-Barthélemy et de Saint-Martin » est fixé chaque année compte tenu de la situation économique locale telle qu'elle résulte notamment des comptes économiques du département considéré par décret en conseil des ministres.

Art. L. 3423-3. En cours d'année, le salaire minimum de croissance de chaque département d'outre-mer ***(Ord. 2008-205 du 27 févr. 2008, JO 1er mars)*** « , de Saint-Barthélemy et de Saint-Martin » peut être porté par voie réglementaire à un niveau supérieur à celui qui résulte de l'application des dispositions de l'article L. 3423-1.

Art. L. 3423-4. Les améliorations du pouvoir d'achat intervenues en cours d'année entrent en compte pour la fixation annuelle du salaire minimum de croissance de chaque département d'outre-mer ***(Ord. 2008-205 du 27 févr. 2008, JO 1er mars)*** « , de Saint-Barthélemy et de Saint-Martin » en application de la règle fixée à l'article L. 3423-2.

SECTION 2. Rémunération mensuelle minimale

Sous-section 1. Dispositions générales

Art. L. 3423-5. Les dispositions relatives à la rémunération mensuelle minimale prévues aux articles L. 3232-1 et suivants sont applicables dans les départements d'outre-mer ***(Ord. 2008-205 du 27 févr. 2008, JO 1er mars)*** « , à Saint-Barthélemy et à Saint-Martin », sous réserve des adaptations prévues par la présente section.

Art. L. 3423-6. Tout salarié mentionné à l'article L. 3211-1 qui ne perçoit pas d'allocations légales et conventionnelles pour privation partielle d'emploi et qui est lié à son employeur par un contrat de travail comportant un horaire de travail hebdomadaire au moins égal à vingt heures de travail effectif perçoit une rémunération minimale.

Sous-section 2. Modalités de fixation

Art. L. 3423-7. La rémunération mensuelle minimale est égale au produit du montant du salaire minimum de croissance tel qu'il est fixé en application des articles L. 3231-2 à L. 3231-12 et L. 3423-1 à L. 3423-4, par le nombre d'heures correspondant à la durée contractuelle du travail pour le mois considéré.

Elle ne peut excéder, après déduction des cotisations obligatoires retenues par l'employeur, la rémunération nette qui aurait été perçue pour un travail effectif égal à la durée légale du travail payé au taux du salaire minimum de croissance.

Art. L. 3423-8.

Art. L. 3423-8. La rémunération mensuelle minimale est réduite à due concurrence lorsque :

1° Au cours du mois considéré, le travailleur a accompli un nombre d'heures inférieur à la durée contractuelle du travail pour l'un des motifs suivants :

a) Suspension du contrat de travail, notamment par suite d'absence du salarié ou par suite de maladie, d'accident ou de maternité ;

b) Effet direct d'une cessation collective du travail ;

2° Le contrat de travail a débuté ou s'est terminé au cours du mois considéré.

Art. R. 3423-1. Pour déterminer la rémunération mensuelle minimale garantie d'un salarié, il est retenu le nombre d'heures correspondant à la durée contractuelle du travail pour le mois considéré dans l'entreprise qui l'emploie. Les heures correspondant aux fêtes légales sont comprises dans cette durée.

Art. R. 3423-2. Lorsqu'un accord ou une convention de mensualisation, ou un contrat de travail à temps partiel, prévoit le règlement des salaires sur une base mensuelle uniforme, comprise entre vingt heures et la durée légale du travail, la rémunération mensuelle minimale est égale au produit du montant du salaire minimum de croissance par le nombre d'heures fixé par cet accord ou cette convention de mensualisation, ou par ce contrat de travail.

Art. R. 3423-3. Lorsqu'une convention, un accord collectif de travail ou un contrat de travail à temps partiel annualisé prévoit que la rémunération mensuelle des salariés est indépendante de l'horaire réel, la rémunération mensuelle minimale applicable aux salariés concernés est égale au produit du salaire minimum de croissance par le nombre d'heures moyen mensuel fixé par cette convention ou cet accord, ou ce contrat de travail.

Sous-section 3. Allocation complémentaire

Art. L. 3423-9. Lorsque, par suite d'une réduction de l'horaire de travail au-dessous de la durée contractuelle pour des causes autres que celles qui sont énumérées au 1° de l'article L. 3423-8, un salarié a perçu au cours d'un mois, à titre de salaire et d'allocations légales ou conventionnelles pour privation partielle d'emploi, une somme totale inférieure à la rémunération minimale, il lui est alloué une allocation complémentaire égale à la différence entre la rémunération minimale et la somme qu'il a effectivement perçue.

Ces dispositions s'appliquent sans préjudice de celles prévues au deuxième alinéa de l'article L. 3232-5.

Art. R. 3423-4. À l'occasion du paiement de l'allocation complémentaire prévue à l'article L. 3423-9, il est remis au salarié un document mentionnant :

1° Le taux du salaire minimum de croissance ;

2° Le nombre d'heures correspondant à la durée contractuelle du travail ;

3° Les déductions obligatoires ayant permis de déterminer le montant de la rémunération mensuelle minimale ;

4° Les montants du salaire et des diverses allocations constituant les éléments de la rémunération mensuelle versée au salarié.

Art. R. 3423-5. Pendant toute la période d'inactivité, le salarié bénéficiant des dispositions du présent chapitre reste, dans le cadre du contrat de travail, à la disposition de l'entreprise qui l'emploie au moment de l'arrêt de travail.

Remboursement par l'État

Art. R. 3423-6. Le salarié qui perçoit une rémunération de substitution pendant la période au titre de laquelle il bénéficie de la rémunération mensuelle minimale, en méconnaissance de l'obligation prévue à l'article R. 3423-5, rembourse l'aide mensuelle versée par l'État au titre de cette rémunération mensuelle minimale.

Un ordre de reversement est émis par le préfet et recouvré par le trésorier-payeur général.

Art. R. 3423-7. Des traitements automatisés d'informations nominatives relatives aux salariés bénéficiaires de la rémunération mensuelle minimale peuvent être créés.

Ces informations sont destinées à permettre aux agents de contrôle mentionnés à l'article L. 8271-7 d'assurer l'application de la procédure de restitution des sommes indûment perçues, prévue à l'article R. 3423-6.

Dispositions particulières à certaines catégories de travailleurs

Art. R. 3423-8. La rémunération mensuelle minimale est réduite à due proportion lorsque le travailleur perçoit, en application des dispositions légales, une rémunération horaire inférieure au salaire minimum de croissance.

Art. R. 3423-9. En cas de réduction d'activité, le salarié à temps partiel et le travailleur à domicile employés au cours d'un même mois par plusieurs employeurs adressent à l'inspecteur du travail toutes justifications lui permettant de totaliser les heures de travail accomplies ainsi que les rémunérations perçues au cours du mois et de déterminer l'allocation complémentaire éventuellement due.

L'allocation complémentaire est payée directement au salarié par le préfet.

L'employeur rembourse au Trésor public, à la demande du préfet, dans un délai de trois mois, la part des allocations complémentaires à sa charge. Cette part est proportionnelle à l'importance de la réduction d'activité imposée au salarié. Le préfet adresse à l'employeur les indications lui permettant de vérifier le montant de sa participation.

Paiement du salaire

Art. D. 3423-10. Les modalités d'application de l'article R. 3244-2 relatif à la répartition des pourboires, sont déterminées par arrêté préfectoral.

(D. 2009-289 du 13 mars 2009, JO 15)

Dispositions pénales

Art. R. 3423-11. Est puni de l'amende prévue pour les contraventions de la cinquième classe le fait de payer :

1° Des salaires inférieurs au salaire minimum de croissance prévu par les articles L. 3423-1 à L. 3423-4 ;

2° Des rémunérations inférieures à la rémunération mensuelle minimale prévue par les articles L. 3423-5 et L. 3423-6.

L'amende est appliquée autant de fois qu'il y a de salariés rémunérés dans des conditions illégales.

La récidive est réprimée conformément aux articles 132-11 et 132-15 du code pénal. En cas de pluralité de contraventions entraînant des peines de récidive, l'amende est appliquée autant de fois qu'il a été relevé de nouvelles contraventions.

TITRE III

MAYOTTE, WALLIS-ET-FUTUNA ET TERRES AUSTRALES ET ANTARCTIQUES FRANÇAISES

CHAPITRE UNIQUE

Intéressement, participation et épargne salariale

Art. L. 3431-1. Les salariés des entreprises soumises aux dispositions du livre III exerçant leur activité à Mayotte, à Wallis-et-Futuna ou dans les Terres australes et antarctiques françaises bénéficient de l'intéressement, de la participation et du plan d'épargne salariale dans les mêmes conditions que les salariés de ces entreprises travaillant dans les départements de métropole, d'outre-mer ***(Ord. 2008-205 du 27 févr. 2008, JO 1er mars)*** « , à Saint-Barthélemy et à Saint-Martin » ou à Saint-Pierre-et-Miquelon.

Note L'ordonnance 2005-57 du 26 janvier 2005, art. 1er, JO 28, précise les articles du code du travail (ici intéressement, participation et plan d'épargne salariale) appelés à trouver effet sur le territoire de la République au-delà de son champ géographique habituel qui se limite aux départements métropolitains ou d'outre-mer et à Saint-Pierre-et-Miquelon et, depuis l'ordonnance 2008-205 du 27 février 2008 (JO 1er mars) à Saint-Barthélemy et Saint-Martin.

QUATRIÈME PARTIE

SANTÉ ET SÉCURITÉ AU TRAVAIL

LIVRE Ier

DISPOSITIONS GÉNÉRALES

TITRE Ier

CHAMP ET DISPOSITIONS D'APPLICATION

CHAPITRE UNIQUE

SECTION 1. Champ d'application

Art. L. 4111-1. Sous réserve des exceptions prévues à l'article L. 4111-4, les dispositions de la présente partie sont applicables aux employeurs de droit privé ainsi qu'aux travailleurs.

Elles sont également applicables :

1° Aux établissements publics à caractère industriel et commercial ;

2° Aux établissements publics administratifs lorsqu'ils emploient du personnel dans les conditions du droit privé ;

3° Aux établissements de santé, sociaux et médico-sociaux mentionnés à l'article 2 de la loi n° 86-33 du 9 janvier 1986 portant dispositions statutaires relatives à la fonction publique hospitalière.

Note

Se trouvent inclus dans ce champ d'application les établissements d'hospitalisation publics, les hospices publics, les maisons de retraite publiques (sauf celles rattachées au bureau d'aide sociale de Paris), les établissements relevant des services départementaux d'aide sociale à l'enfance, les établissements à caractère public pour mineurs handicapés (sauf les établissements nationaux et les établissements d'enseignement ou d'éducation surveillée), les ateliers des établissements d'enseignement technique ou professionnel (voir art. L. 4111-3).

Un membre d'une communauté religieuse avait été victime d'un accident qui s'était produit dans des locaux exploités par l'association des témoins de Jéhovah. C'est à tort que, pour relaxer le président de l'association du chef d'infractions à la réglementation relative à la sécurité du travail, une cour d'appel a retenu le caractère prétendument cultuel de l'association et son objet religieux, alors, d'une part, que les membres permanents de celle-ci travaillaient dans un établissement présentant un caractère industriel, au sein d'un service organisé dont les conditions d'exécution n'étaient pas déterminées par ces membres et que, d'autre part, quelle qu'ait été l'intention des parties, il ne pouvait être dérogé à la réglementation d'ordre public relative à la sécurité des travailleurs (cass. crim. 14 janvier 2003, n° 01-87.300, B. crim. n° 8 ; *RJS* 4/03 n° 472).

Art. L. 4111-2. Pour les établissements mentionnés aux 1° à 3° de l'article L. 4111-1, les dispositions de la présente partie peuvent faire l'objet d'adaptations, par décret pris, sauf dispositions particulières, en Conseil d'État, compte tenu des caractéristiques particulières de certains de ces établissements et des organismes de représentation du personnel existants. Ces adaptations assurent les mêmes garanties aux salariés.

Note Les dispositions de cette partie sont notamment applicables :
– aux fonctionnaires de France Télécom, sous réserve des adaptations, précisées par décret en Conseil d'État (voir décret 2004-1247 du 22 novembre 2004, JO 25), qui sont justifiées par la situation particulière des fonctionnaires de France Télécom (loi 2003-1365 du 31 décembre 2003, art. 4) ;
– aux fonctionnaires et agents non titulaires des offices publics de l'habitat. Les institutions représentatives prévues au titre I du livre VI se substituent, pour les personnels visés à l'alinéa précédent, aux comités techniques [paritaires] prévus par l'ordonnance 2007-137 du 1er février 2007 (loi 84-53 du 26 janvier 1984, art. 120, modifié par ordonnance 2007-137 du 1er février 2007, art. 3).

Art. L. 4111-3. Les ateliers des établissements publics dispensant un enseignement technique ou professionnel ***(L. 2011-901 du 28 juil. 2011, art. 15, JO 30)*** « , ainsi que ceux des établissements et services sociaux et médico-sociaux mentionnés aux 2°, *a* du 5° et 12° du I de l'article L. 312-1 du code de l'action sociale et des familles accueillant des jeunes handicapés ou présentant des difficultés d'adaptation et au 4° du même I, de même que ceux des établissements et services conventionnés ou habilités par la protection judiciaire de la jeunesse, dispensant des formations professionnelles au sens du V du même article, » sont soumis, pour leurs personnels comme pour ***(L. 2011-901 du 28 juil. 2011, art. 15, JO 30)*** « les jeunes accueillis en formation professionnelle », aux dispositions suivantes de la présente partie :

1° Dispositions particulières applicables aux femmes enceintes, venant d'accoucher ou allaitant, et aux jeunes travailleurs prévues par les chapitres II et III du titre V ;

2° Obligations des employeurs pour l'utilisation des lieux de travail prévues par le titre II du livre II ;

3° Dispositions relatives aux équipements de travail et moyens de protection prévues par le livre III ;

4° Dispositions applicables à certains risques d'exposition prévues par le livre IV ;

5° Dispositions relatives à la prévention des risques de manutention des charges prévues par le titre IV du livre V.

Un décret détermine les conditions de mise en œuvre de ces dispositions compte tenu des finalités spécifiques des établissements d'enseignement.

Note Voir décrets 91-1162 du 7 novembre 1991 (JO 14) relatif au rôle de l'inspection du travail dans les ateliers des établissements publics dispensant un enseignement technique ou professionnel et 93-602 du 27 mars 1993 (JO 28) relatif aux missions de l'inspection du travail en agriculture dans les établissements publics d'enseignement technique et de formation professionnelle agricoles.

Art. L. 4111-4. ***(L. 2009-526 du 12 mai 2009, JO 13)*** Les dispositions de la présente partie peuvent être complétées ou adaptées par décret pour tenir compte des spécificités des entreprises et établissements relevant des mines, des carrières et de leurs dépendances.

Note Le décret 2008-1347 du 17 décembre 2008 (JO 19) relatif à l'information et à la formation des travailleurs sur les risques pour leur santé et leur sécurité est applicable aux entreprises et établissements mentionnés à cet article. Toutefois, des dispositions spécifiques peuvent être adoptées par décret, à la condition qu'elles soient au moins équivalentes à celles prévues par le décret précité. Pour son application aux entreprises et établissements mentionnés au 1° de l'article L. 4111-4 CT, les expressions : « document unique d'évaluation des risques » ainsi que « délégués du personnel » et « agents de l'inspection du travail » désignent respectivement le « document de sécurité et de santé », les « délégués mineurs, délégués permanents de la surface ou délégués du personnel concernés », selon le cas et s'ils existent, et les « agents de l'autorité administrative compétents en matière de police des mines et carrières exerçant les fonctions de l'inspection du travail » (décret 2008-1347, art. 7 et 8).

La République française n'a pas correctement transposé l'article 2 de la directive 89/391/CEE dans la mesure où l'article L. 231-1-1 du code du travail français (devenu L. 4111-4) prévoit des exceptions, relatives au champ d'application de la législation en cause, différentes de celles prévues par l'article 2 de la directive. En l'occurrence, les entreprises RATP et SNCF relèveraient des exceptions prévues à l'article L. 231-1-1 CT et ne seraient, dès lors, pas astreintes au respect des obligations imposées par les différents articles de la directive 89/391. En ne prenant pas, dans le délai prescrit, toutes les dispositions législatives, réglementaires et administratives nécessaires pour se conformer à l'article 2 de la directive 89/391/CEE du Conseil, du 12 juin 1989, concernant la mise en œuvre de mesures visant à promouvoir l'amélioration de la sécurité et de la santé des travailleurs au travail, la République française a manqué aux obligations qui lui incombent en vertu de cette directive (CJCE 5 juin 2008, aff. C-226/06, rec. p. I-86 ; JOUE C 183/2 du 19.07.2008 ; *RJS* 10/08 n° 1053).

Si les mines et carrières, et leurs dépendances, ne sont pas soumises aux dispositions du code du travail relatives à l'hygiène et à la sécurité, une installation qui n'est pas indispensable à l'exploitation de sables siliceux marins ne constitue pas la dépendance d'une mine ou carrière au sens de l'article L. 231-1-1 (ancien) et n'entre pas dans le champ d'application de cet article. Au surplus, les prescriptions de l'article R. 233-8 CT étant reprises à l'article 5 du titre « Équipement de travail » du règlement général des industries extractives, elles auraient été applicables même si l'accident s'était produit dans une installation dépendant de l'exploitation (cass. crim. 25 janvier 2000, n° 97-86.355).

S'agissant des transports routiers, dans le cadre du droit communautaire, sont notamment applicables : le règlement (CE) 561/2006 du Parlement européen et du Conseil du 15 mars 2006 relatif à l'harmonisation de certaines dispositions de la législation sociale dans le domaine des transports par route, modifiant les règlements (CEE) 3821/85 et (CE) 2135/98 du Conseil et abrogeant le règlement (CEE) 3820/85 du Conseil (JOUE L 102 du 11.04.2006, entrée en vigueur le 11 avril 2007, à l'exception de l'article 10, § 5, de l'article 26, §§ 3 et 4, et de l'article 27, qui entrent en vigueur le 1er mai 2006) ; la directive 2006/22/CE du Parlement européen et du Conseil du 15 mars 2006 modifiée, établissant les conditions minimales à respecter pour la mise en œuvre des règlements du Conseil (CEE) 3820/85 et (CEE) 3821/85 concernant la législation sociale relative aux activités de transport routier et abrogeant la directive 88/599/CEE du Conseil (JOUE L 102 du 11.04.2006, entrée en vigueur le 1er mai 2006) ; voir aussi arrêté du 31 décembre 2009 modifiant l'arrêté du 9 mai 2007 transposant la directive 2006/22/CE ; la directive 2002/15/CE du 11 mars 2002 relative à l'aménagement du temps de travail des personnes exécutant des activités mobiles de transport routier ; la directive 2003/59/CE du 15 juillet 2003 modifiée relative à la qualification et à la formation continue des conducteurs de véhicules affectés aux transports de marchandises ou de voyageurs (voir « Code annoté européen du travail », *Groupe Revue Fiduciaire*, éd. 2010). Voir notamment décret 86-1130 du 17 octobre 1986 relatif à l'application de ces règlements, modifié par les décrets 95-602 du 5 mai 1995, 2005-280 du 24 mars 2005 (JO 27), 2008-269 du 18 mars 2008 (JO 20) et 2010-855 du 23 juillet 2010 (JO 25).

La sanction prévue par la législation d'un État membre à l'encontre de l'employeur d'un chauffeur qui a enfreint la réglementation communautaire sur les transports routiers est licite, même si l'employeur n'a commis aucune faute ni même ne s'est rendu coupable de négligence, à condition que ladite sanction soit analogue à celle qui serait appliquée en cas de violation de la loi nationale et soit proportionnée à la gravité de l'infraction commise (CJCE 10 juillet 1990, aff. C-326/88, rec. p. I-2911).

Le régime des sanctions nationales applicables aux infractions à la réglementation communautaire relative aux conditions de travail dans les transports routiers n'est pas incompatible avec le principe de proportionnalité institué par le traité CEE, dès lors que ces sanctions correspondent, d'une part, à celles applicables aux infractions aux règles nationales de même nature et de même importance (notamment, celles relatives à la durée du travail et à la circulation routière) et constituent, d'autre part, une mesure dissuasive de nature à inciter l'employeur à contrôler régulièrement le respect des dispositions réglementaires par ses préposés (cass. crim. 15 février 1994, n° 93-80.023, B. crim. n° 69 ; *RJS* 6/94 n° 781).

Art. L. 4111-5. Pour l'application de la présente partie, les travailleurs sont les salariés, y compris temporaires, et les stagiaires, ainsi que toute personne placée à quelque titre que ce soit sous l'autorité de l'employeur.

SECTION 2. Dispositions d'application

Art. L. 4111-6. Des décrets en Conseil d'État déterminent :

1° Les modalités de l'évaluation des risques et de la mise en œuvre des actions de prévention pour la santé et la sécurité des travailleurs prévues aux articles L. 4121-3 à L. 4121-5 ;

2° Les mesures générales de santé et de sécurité ;

3° Les prescriptions particulières relatives soit à certaines professions, soit à certains modes de travail, soit à certains risques ;

4° Les conditions d'information des travailleurs sur les risques pour la santé et la sécurité et les mesures prises pour y remédier ;

5° Les conditions dans lesquelles les formations à la sécurité sont organisées et dispensées.

Note

• 3°. Voir note sous article R. 4643-38.

• Voir notamment décret 2005-1325 du 26 octobre 2005 (JO 28) relatif aux règles de sécurité applicables lors des travaux réalisés dans le cadre d'un chantier de dépollution pyrotechnique, modifié par décret 2010-1260 du 22 octobre 2010 (JO 24), et arrêté du 20 avril 2007 (JO 16 mai) fixant les règles relatives à l'évaluation des risques et à la prévention des accidents dans les établissements pyrotechniques, modifié par arrêté du 11 septembre 2008 (JO 11 oct.) ; arrêté du 12 septembre 2011 (JO 23 oct.) fixant les règles de détermination des distances d'isolement relatives aux chantiers de dépollution pyrotechnique.

TITRE II

PRINCIPES GÉNÉRAUX DE PRÉVENTION

Note

De très nombreuses directives visant à assurer la sécurité, l'hygiène et la santé sur les lieux du travail ont été prises dans le cadre du droit communautaire (voir « Code annoté européen du travail », *Groupe Revue Fiduciaire*, éd. 2010 et notamment : directive 89/391/CEE du Conseil du 12 juin 1989 concernant la mise en œuvre de mesures visant à promouvoir l'amélioration de la sécurité et de la santé des travailleurs au travail (voir F. Meyer et F. Kessler, *Dr. Ouvr.* 1992, 161), directive 89/686/CEE du Conseil du 21 décembre 1989 modifiée relative à la conception des machines et des équipements de protection individuelle, directives 89/655 et 89/656/CEE du Conseil du 30 novembre 1989 modifiées relatives à l'utilisation par les travailleurs des équipements de travail et des équipements de protection individuelle, directive 90-269 du 29 mai 1990 concernant les prescriptions minimales de sécurité et de santé relatives à la manutention manuelle de charges, directive 2009/148/CE du 30 novembre 2009 concernant la protection des travailleurs contre les risques liés à une exposition à l'amiante pendant le travail, directive 92-57 du 24 juin 1992 relative aux prescriptions minimales de sécurité et de santé à mettre en œuvre sur les chantiers temporaires ou mobiles du bâtiment et du génie civil et directive 2006/42/CE du 17 mai 2006 relative aux machines. Une loi 91-1414 du 31 décembre 1991 (JO 7 janv. 1992) est intervenue pour transposer les directives européennes dans la législation française. Plusieurs décrets ont transposé les directives européennes pour organiser la prévention des risques dans l'entreprise et plus particulièrement une prévention renforcée de certains risques.

• Évaluation scientifique des risques et renforcement de la surveillance sanitaire

L'agence publique de la santé au travail, prévue par le plan Santé au travail (PST) 2005-2009, a été créée par l'ordonnance 2005-1087 du 1er septembre 2005. Les structures de l'Agence française de sécurité sanitaire de l'environnement (AFSSE) ont été modifiées pour donner naissance à l'Agence française de sécurité sanitaire de l'environnement et du travail (AFSSET). Il s'agit d'une nouvelle agence d'évaluation scientifique des risques compétente dans les deux domaines de la protection des travailleurs et des milieux environnementaux. L'AFSSET met fin à cette anomalie que constituait l'absence de la santé au travail dans le dispositif français de sécurité sanitaire et permettra, à l'avenir, d'avoir une source de veille et d'expertise scientifique publique, indispensable à la préservation de la santé du salarié sur son lieu de travail. Cette agence a pour mission de fournir les études et l'expertise indépendantes qui faisaient jusqu'à présent défaut aux pouvoirs publics pour asseoir scientifiquement le processus d'élaboration des normes relatives à la protection des salariés en milieu professionnel. Elle organisera, à cet effet, un réseau d'expertise, en prenant appui sur les autres établissements et organismes experts dans une perspective de prévention des risques professionnels. Elle travaillera en collaboration étroite avec l'Institut de veille sanitaire (InVS), qui concourt à la protection des travailleurs par sa fonction de surveillance des populations (voir rép. QE 67033, JO AN 13 décembre 2005, p. 11572).

Voir décret 2006-676 du 8 juin 2006 (JO 10) relatif à l'Agence française de sécurité sanitaire de l'environnement et du travail (c. santé publ. art. R. 1336-1 à 25).

L'Agence française de sécurité sanitaire des aliments et l'Agence française de sécurité sanitaire de l'environnement et du travail sont fusionnées dans une *agence nationale chargée de la sécurité sanitaire de l'alimentation, de l'environnement et du travail* (ordonnance 2010-18 du 7 janvier 2010, JO 8, portant création de cette agence ; entrée en vigueur à une date fixée par décret et au plus tard le 1er juillet 2010).

Un deuxième plan santé au travail (PST2) 2010-2014 a comme objectifs majeurs de diminuer les expositions aux risques d'accidents du travail et de maladies professionnelles et de développer une politique de prévention active.

• **Le Plan régional de santé au travail (PRST).** Ce plan définit le plan d'action territoriale en matière de protection de la santé au travail, en déclinaison du Plan santé au travail 2010-2014 (PST), ainsi que l'organisation et les moyens mobilisés par les services déconcentrés (notamment les DIRECCTE) en lien avec les acteurs locaux de la prévention (caisses d'assurance retraite et de la santé au travail - CARSAT - et caisses générales de sécurité sociale) en vue d'atteindre les objectifs fixés.

Les conditions de réalisation de la concertation avec les différents acteurs, notamment grâce à la mise en place des comités régionaux de prévention des risques professionnels, doivent être explicitées dans les PRST.

Voir circulaire DGT 2010/07 relative à la mise en œuvre territoriale du plan santé au travail 2010-2014 (PST2) du 30 juillet 2010 et note sous article R. 4641-30.

• Voir notamment « Prévention des risques professionnels », *RF Social*, cah. jurid. janv. 2004, n° 27 ; « L'influence du droit pénal sur l'organisation de la sécurité dans l'entreprise », D. Mayer, *D.* 1998 chron. p. 256 ; *Dr Soc.* juin 2007, « La sécurité dans l'entreprise, aspects de droit du travail ».

CHAPITRE Ier

Obligations de l'employeur

Art. L. 4121-1. L'employeur prend les mesures nécessaires pour assurer la sécurité et protéger la santé physique et mentale des travailleurs.

Ces mesures comprennent :

1° Des actions de prévention des risques professionnels ***(L. 2010-1330 du 9 nov. 2010, art. 61, JO 10)*** « et de la pénibilité au travail » ;

2° Des actions d'information et de formation ;

3° La mise en place d'une organisation et de moyens adaptés.

L'employeur veille à l'adaptation de ces mesures pour tenir compte du changement des circonstances et tendre à l'amélioration des situations existantes.

Note

• **Obligation de sécurité de résultat de l'employeur.** En vertu du contrat de travail le liant à son salarié, l'employeur est tenu envers celui-ci d'une obligation de sécurité de résultat, notamment en ce qui concerne les maladies professionnelles contractées par ce salarié du fait des produits fabriqués ou utilisés par l'entreprise. Le manquement à cette obligation a le caractère d'une faute inexcusable lorsque l'employeur avait, ou aurait dû avoir, conscience du danger auquel était exposé le salarié et qu'il n'a pas pris les mesures nécessaires pour l'en préserver (cass. soc. 28 février 2002, n° 00-11.793, BC V n° 81, arrêt n° 3 ; *RJS* 5/02 n° 618 ; cass. civ., 2e ch., 12 mai 2011, n° 10-17.231 ; voir aussi les arrêts « amiante » de la Cour de cassation du 28 février 2002, I. Monteillet, *RJS* 5/02, chron. p. 403 ; *Dr. Soc.* 2002, n° 9/10, p. 828 : « Obligation de sécurité et faute inexcusable de l'employeur » ; cass. civ., 2e ch., 6 avril 2004, n° 02-30.688, BC II n° 153 ; *RJS* 6/04 n° 755). Une cour d'appel ne peut, dès lors, pour dire que l'employeur n'a pas commis de faute inexcusable, retenir que celui-ci n'a pas commis de faute d'une gravité exceptionnelle (cass. civ., 2e ch., 14 octobre 2003, n° 02-30.231, BC II n° 300 ; *RJS* 12/03 n° 1439).

Cette jurisprudence a été transposée aux accidents du travail dans un arrêt du 11 avril 2002 (n° 00-16.535, BC V n° 127 ; *RJS* 6/02 n° 727) ; voir notamment P. Morvan, « Le " déflocage " de la faute inexcusable », *RJS* 6/02, p. 495 et aussi cass. ass. plén. 24 juin 2005, n° 03-30.038, BC n° 7 ; *RJS* 10/05 n° 1037.

• À noter qu'il appartient à l'employeur qui considère injustifiée la prise d'acte de la rupture par un salarié qui, étant victime d'un accident du travail, invoque une inobservation des règles de prévention et de sécurité, de démontrer que la survenance de cet accident est étrangère à tout manquement à son obligation de sécurité de résultat (cass. soc. 12 janvier 2011, n° 09-70.838, *LS* Bref n° 15779 du 24/01/11 ; *RJS* 3/11 n° 231 ; *JSL* n° 294, 24 février 2011, p. 9 : « Le régime de la prise d'acte consécutive à un accident du travail », J-Ph. Lhernould ; *RDT*, juillet/août, CH, 445, M. Véricel).

Le salarié expatrié, dont l'affection n'est pas prise en charge au titre de la législation sur les accidents du travail ou les maladies professionnelles, peut engager une action contre son employeur sur le fondement du droit commun de la responsabilité civile contractuelle en invoquant le manquement de l'employeur à son obligation de sécurité (salarié travaillant à l'étranger dans un lieu particulièrement exposé au risque, ayant alerté son employeur - qui n'a pris aucune mesure de protection - sur les dangers qu'il encourait en demandant son rapatriement) (cass. soc. 7 décembre 2011, n° 10-22.875, *LS* Bref n° 15996 du 14/12/11 ; *RDT*, janvier 2012, AC, 6).

La Cour de cassation a de même considéré que, s'agissant d'une manutentionnaire de chariots-repas dans un hôpital ayant été reconnue atteinte d'une maladie professionnelle avec un taux d'incapacité permanente partielle et ayant saisi une juridiction de sécurité sociale d'une demande d'indemnisation complémentaire pour faute inexcusable de l'employeur, le non-respect par ce dernier des prescriptions générales du code du travail en matière de manutention des charges peut constituer une faute inexcusable de sa part, même en l'absence de mises en garde du CHSCT ou du médecin du travail (cass. civ., 2e ch., 18 novembre 2010, n° 09-17.275, BC II n° 191 ; *JCP* éd. S 2011, 1128, note Th. Tauran).

L'employeur est tenu, à l'égard de son personnel, d'une obligation de sécurité de résultat qui lui impose de prendre les mesures nécessaires pour assurer de manière effective la sécurité et protéger la santé des travailleurs ; il lui est interdit, dans l'exercice de son pouvoir de direction, de prendre des mesures qui auraient pour objet ou pour effet de ne pas respecter cette obligation. Après avoir relevé qu'un employeur n'avait pas veillé, entre 1999 et 2001, à faire subir les examens médicaux annuels obligatoires, et constaté, d'une part, qu'il avait placé une salariée occupant le poste de comptable, présentant des signes apparents de décompensation anxio-dépressive, dans une situation difficile en lui demandant d'effectuer, en plus de ses tâches et dans un climat social tendu, la comptabilité dégradée d'une autre institution avec des suspicions de malversation et qu'il en était résulté une angoisse professionnelle accrue avec troubles, d'autre part, que les relations de la salariée avec son supérieur avaient aggravé la pathologie de celle-ci, une cour d'appel a ainsi caractérisé l'existence de mesures ayant eu pour objet ou pour effet de compromettre la santé de la salariée (cass. soc. 24 juin 2009, n° 08-41.050, *JSL* n° 262 du 16 septembre 2009).

L'employeur, tenu d'une obligation de sécurité de résultat en matière de protection de la santé et de la sécurité des travailleurs dans l'entreprise, doit en assurer l'effectivité ; il ne peut, dès lors, laisser un salarié reprendre son travail après une période d'absence d'au moins huit jours pour cause d'accident du travail sans le faire bénéficier, lors de la reprise du travail ou au plus tard dans les huit jours de celle-ci, d'un examen par le médecin du travail destiné à apprécier son aptitude à reprendre son ancien emploi, la nécessité d'une adaptation des conditions de travail ou d'une réadaptation, ou éventuellement de l'une et de l'autre de ces mesures ; à défaut, l'employeur ne peut résilier le contrat de travail à durée indéterminée du salarié, dont le droit à la sécurité dans le travail a ainsi été méconnu, que s'il justifie soit d'une faute grave de ce dernier, soit de l'impossibilité où il se trouve, pour un motif non lié à l'accident, de maintenir ledit contrat (cass. soc. 28 février 2006, n° 05-41.555, BC V n° 87 ; *RJS* 5/06 n° 555 ; *JSL* 28 mars 2006, p. 21 ; *Dr. Soc.* 2006, p. 653 : « De l'obligation de sécurité de l'employeur au droit à la santé des salariés », S. Bourgeot et M. Blatman ; *Dr. Soc.* 2006, p. 514, note J. Savatier) ; voir aussi cass. soc. 13 décembre 2006, n° 05-44.580, BC V n° 373, 2nd moyen : une cour d'appel, qui a constaté qu'un salarié avait repris son travail et continué à travailler au-delà des huit jours de la reprise sans passer la visite médicale prévue par l'article R. 241-51 (al. 1 à 3) CT, a pu condamner l'employeur à verser au salarié des dommages et intérêts ; cass. soc. 25 mars 2009, n° 07-44.408, BC V n° 82 ; *JCP* éd. S 2009, 1227, note P-Y Verkindt ; *Dr. Soc.* 2009, p. 741, obs. J. Savatier ; *RJS* 7/09 n° 626 ; *JSL* n° 258, 30 juin 2009 ; cass. soc. 16 juin 2009, n° 08-41.519, BC V n° 147 ; *RJS* 8-9/09 n° 706 ; *JCP* éd. S 2009, 1438, note P-Y Verkindt ; *JSL* n° 263, 5 octobre 2009, p. 22 : un employeur ne peut laisser un salarié reprendre son travail après une succession d'arrêts de travail pour maladie ni lui proposer une mutation géographique sans lui avoir fait passer une visite de reprise auprès du médecin du travail afin de s'assurer de son aptitude à l'emploi envisagé.

Le non-respect par l'employeur des règles relatives aux visites médicales qui concourent à la protection de la santé et de la sécurité des salariés constitue un manquement à son obligation de sécurité de résultat et justifie la prise d'acte par le salarié de la rupture de son contrat de travail aux torts de l'employeur (cass. soc. 22 septembre 2011, n° 10-13.568, 6e moyen, *RJS* 12/11 n° 985 ; *JSL* n° 309, 18 novembre 2011, p. 28).

Il est interdit à l'employeur, dans l'exercice de son pouvoir de direction, de prendre des mesures qui auraient pour objet ou pour effet de compromettre la santé et la sécurité des salariés. S'agissant d'une nouvelle organisation mise en place par l'employeur de nature à compromettre la santé et la sécurité des travailleurs concernés et dont la mise en œuvre a dû en conséquence être suspendue, voir cass. soc. 5 mars 2008, n° 06-45.888, BC V n° 46 ; *RJS* 5/08 n° 509 ; *Dr. Soc.* 2008, p. 605, obs. P. Chaumette ; *RDT*, mai 2008, CH, 316, L. Lerouge ; *JSL* n° 231, 14 avril 2008, p. 10. Voir aussi caractérisant un manquement de l'employeur à l'obligation de sécurité de résultat l'altération de la santé d'un salarié résultant de la dégradation de ses conditions de travail et des pressions imposées par la restructuration de son entreprise, l'employeur, pourtant alerté, n'ayant pris aucune mesure pour résoudre les difficultés exposées (cass. soc. 17 février 2010, n° 08-44.298, *RJS* 5/10 n° 435 ; *JSL* n° 275, 19 avril 2010, p. 27).

• Selon l'article L. 4121-1 CT, l'employeur prend les mesures nécessaires pour assurer la sécurité et protéger la santé physique et mentale des travailleurs, et, selon l'article L. 1251-21 CT, pendant la durée de la mission, l'entreprise utilisatrice est responsable des conditions d'exécution du travail telles qu'elles sont déterminées par les dispositions légales et conventionnelles applicables au lieu de travail, notamment pour ce qui a trait à la santé et la sécurité au travail ; il en résulte que l'entreprise de travail temporaire et l'entreprise utilisatrice sont tenues, à l'égard des salariés mis à disposition, d'une obligation de sécurité de résultat dont elles doivent assurer l'effectivité, chacune au regard des obligations que les textes mettent à leur charge en matière de prévention des risques (cass. soc. 30 novembre 2010, n° 08-70.390, *LS* Jurispr. 240/2010 du 14 déc. 2010).

• Selon l'article R. 3511-1 c. santé publ., l'interdiction de fumer dans les lieux affectés à un usage collectif s'applique dans tous les lieux fermés et couverts qui constituent des lieux de travail ; en application des articles R. 3511-4 et R. 3511-5 c. santé publ., dans les établissements mentionnés aux articles L. 231-1 et L. 231-1-1 (anciens) CT, il appartient à l'employeur qui entendrait déroger à cette interdiction dans les locaux de travail autres que ceux affectés à l'ensemble des salariés, tels les bureaux à usage collectif, d'établir, après consultation du médecin du travail, du CHSCT ou, à défaut, des délégués du personnel, un plan d'organisation ou d'aménagement destiné à assurer la protection des non-fumeurs. Ayant relevé qu'un employeur, malgré les réclamations d'une salariée, s'était borné à interdire aux autres salariés de fumer en sa présence et à apposer des panneaux d'interdiction de fumer dans le bureau à usage collectif qu'elle occupait, une cour d'appel en a exactement déduit que l'employeur, tenu d'une obligation de sécurité de résultat vis-à-vis de ses salariés en ce qui concerne leur protection contre le tabagisme dans l'entreprise, n'avait pas satisfait aux exigences imposées par les textes précités et a pu, en conséquence, décider que les griefs invoqués par la salariée à l'appui de sa prise d'acte justifiaient la rupture du contrat de travail, de sorte qu'elle produisait les effets d'un licenciement sans cause réelle et sérieuse (cass. soc. 29 juin 2005, n° 03-44.412, BC V n° 219 ; *JSL* n° 172, 26 juillet 2005, p. 7 et n° 178, 29 novembre 2005, p. 4 ; *JCP* éd. S 2005, 1154, note F. Favennec-Héry ; *RJS* 10/05 n° 945 ; *Dr. Soc.* 2005, p. 971, note J. Savatier). Sur la prise d'acte de la rupture de son contrat de travail par un salarié, au motif que son employeur l'avait, en violation de la législation, laissé constamment exposé aux fumées de cigarette, qui produit les effets d'un licenciement sans cause réelle et sérieuse, voir cass. soc. 6 octobre 2010, n° 09-65.103, BC V n° 215 ; *JCP* éd. S 2011, 1043, note P-Y Verkindt ; *RJS* 12/10 n° 940 ; *JSL* n° 287, 18 novembre 2010, p. 12, J-E Tourreil.

• L'employeur est également tenu envers ses salariés d'une obligation de sécurité de résultat en matière de protection de la santé et de la sécurité des travailleurs dans l'entreprise, de harcèlement moral ; l'absence de faute de sa part ne peut l'exonérer de sa responsabilité envers des salariés victimes du harcèlement moral d'un directeur d'établissement (cass. soc. 21 juin 2006, n° 05-43.914, BC V n° 223 ; *RJS* 8-9/06 n° 916, rapp. L. Leblanc, p. 670 ; voir aussi, dans le même sens, cass.soc. 3 février 2010, n° 08-44.019, BC V n° 30, arrêt n° 1 ; *JCP* éd. S 2010, 1125, 4e espèce, étude C. Leborgne-Ingelaere ; cass. soc. 3 février 2010, n° 08-40.144, BC V n° 30, arrêt n° 2 ; *RJS* 4/10 n° 348, 1re espèce ; *RDT*, mai 2010, CH, 303, M. Véricel ; *JSL* n° 273, 22 mars 2010, p. 8, s'agissant d'un salarié victime de violences physiques ou morales exercées par l'un ou l'autre des salariés, quand bien même l'employeur aurait pris des mesures en vue de faire cesser ces agissements ; 15 décembre 2010 n° 09-41.099, *LS* Jurisp n° 11/2011 du 17/01/11 ; 29 juin 2011, n° 09-69.444, *RJS* 10/11 n° 749. L'employeur doit répondre des agissements des personnes qui exercent, de fait ou de droit, une autorité sur les salariés (cass. soc. 19 octobre 2011, n° 09-68.272, *LS* Bref n° 15965 du 27/10/11 ; *JCP* éd. S 2011, 1569, note C. Leborgne-Ingelaere).

• Si, en application de la législation du travail, l'employeur a l'obligation générale d'assurer la sécurité et la protection de la santé des travailleurs placés sous son autorité, il incombe aux autorités publiques chargées de la prévention des risques professionnels de se tenir informées des dangers que peuvent courir les travailleurs dans le cadre de leur activité professionnelle, compte tenu, notamment, des produits et substances qu'ils manipulent ou avec lesquels ils sont en contact et d'arrêter, en l'état des connaissances scientifiques, au besoin à l'aide d'études ou d'enquêtes complémentaires, les mesures les plus appropriées pour limiter, et si possible, éliminer ces dangers.

En relevant, d'une part, que le caractère nocif des poussières d'amiante était connu depuis le début du XXe siècle et que le caractère cancérigène de celles-ci avait été mis en évidence dès le milieu des années cinquante, et, d'autre part, que si les autorités publiques avaient inscrit progressivement, à partir de 1945, sur la liste des maladies professionnelles, les diverses pathologies invalidantes, voire mortelles, dues à l'exposition professionnelle à l'amiante, ces autorités n'avaient entrepris, avant 1977, aucune recherche afin d'évaluer les risques pesant sur les travailleurs exposés aux poussières d'amiante, ni pris de mesures aptes à éliminer ou, tout au moins, à limiter les dangers liés à une telle exposition, une Cour administrative d'appel n'a pas dénaturé les faits qui lui étaient soumis. Elle a pu en déduire que, du fait de ces carences dans la prévention des risques liés à l'exposition des travailleurs aux poussières d'amiante, l'État avait commis une faute de nature à engager sa responsabilité (CE 3 mars 2004, n° 241150, *D.* 2004 JC 973 : « Amiante : la responsabilité de l'État est, enfin, reconnue par le Conseil d'État », note H. Arbousset ; *Dr. Soc.* 2004, p. 569, obs. X. Prétot).

• Les dispositions de l'article L. 230-2 ancien (L. 4121-1 à 4) ne sont pas pénalement sanctionnées (cass. crim. 14 octobre 1997, n° 96-83.356, B. crim. n° 334).

• **Stress au travail.** En vertu de la directive-cadre 89/391 concernant la mise en œuvre des mesures visant à promouvoir l'amélioration de la sécurité et de la santé des travailleurs au travail, et des articles L. 4121-1 à 5 CT, les employeurs prennent les mesures nécessaires pour assurer la sécurité et protéger la santé physique et mentale des travailleurs. Cette obligation couvre également les problèmes de stress au travail dans la mesure où ils présentent un risque pour la santé et la sécurité. Voir accord national interprofessionnel sur le stress au travail du 2 juillet 2008 étendu par arrêté du 23 avril 2009 (JO 6 mai) rapporté dans « Textes non codifiés », rubrique « Santé », transposant l'accord cadre européen du 8 octobre 2004. Compte tenu de l'arrêté d'extension, tous les employeurs doivent désormais appliquer les dispositions de cet accord, les représentants du personnel devant être associés à cette démarche.

Sur les grandes orientations du plan santé au travail (PST2) notamment en termes de prévention contre le stress au travail, voir rép. QE 78631, JO AN 6 septembre 2011, p. 9627.

• **Harcèlement et violence au travail.** L'accord national interprofessionnel (ANI) sur le harcèlement et la violence au travail du 26 mars 2010 (voir TNC) a été étendu par un arrêté du 23 juillet 2010 (JO 31). Ses dispositions sont ainsi obligatoires pour l'ensemble des employeurs et des salariés compris dans son champ d'application. Signé par tous les syndicats (CFDT, FO, CFE-CGC, CGT et CFTC), il transpose l'accord-cadre européen du 26 avril 2007 sur le harcèlement et la violence au travail. Il définit notamment les notions de harcèlement et de violence au travail, et invite les employeurs à identifier, prévenir et gérer de tels agissements.

• Voir notamment « L'obligation de sécurité de résultat de la Cour de cassation en six étapes », M. Blatman, *SSL* févr. 2007, n° 1295 ; « Les cancers professionnels et la sanction pénale », N. Ferré, *RDT*, oct. 2008, 583.

Art. L. 4121-2. L'employeur met en œuvre les mesures prévues à l'article L. 4121-1 sur le fondement des principes généraux de prévention suivants :

1° Éviter les risques ;

2° Évaluer les risques qui ne peuvent pas être évités ;

3° Combattre les risques à la source ;

4° Adapter le travail à l'homme, en particulier en ce qui concerne la conception des postes de travail ainsi que le choix des équipements de travail et des méthodes de travail et de production, en vue notamment de limiter le travail monotone et le travail cadencé et de réduire les effets de ceux-ci sur la santé ;

5° Tenir compte de l'état d'évolution de la technique ;

6° Remplacer ce qui est dangereux par ce qui n'est pas dangereux ou par ce qui est moins dangereux ;

7° Planifier la prévention en y intégrant, dans un ensemble cohérent, la technique, l'organisation du travail, les conditions de travail, les relations sociales et l'influence des facteurs ambiants, notamment les risques liés au harcèlement moral, tel qu'il est défini à l'article L. 1152-1 ;

8° Prendre des mesures de protection collective en leur donnant la priorité sur les mesures de protection individuelle ;

9° Donner les instructions appropriées aux travailleurs.

Art. L. 4121-3. L'employeur, compte tenu de la nature des activités de l'établissement, évalue les risques pour la santé et la sécurité des travailleurs, y compris dans le choix des procédés de fabrication, des équipements de travail, des substances ou préparations chimiques, dans l'aménagement ou le réaménagement des lieux de travail ou des installations et dans la définition des postes de travail.

À la suite de cette évaluation, l'employeur met en œuvre les actions de prévention ainsi que les méthodes de travail et de production garantissant un meilleur niveau de protection de la santé et de la sécurité des travailleurs. Il intègre ces actions et ces méthodes dans l'ensemble des activités de l'établissement et à tous les niveaux de l'encadrement.

Note Dans une démarche de prévention et d'aide à l'évaluation des risques professionnels, le ministère du Travail a proposé aux différents acteurs intervenant en la matière un guide intitulé « Évaluer pour prévenir – Comprendre pour agir ».

Art. L. 4121-3.

(D. 2011-354 du 30 mars 2011, JO 31) « SECTION 1. **Document unique d'évaluation des risques »**

Art. R. 4121-1. L'employeur transcrit et met à jour dans un document unique les résultats de l'évaluation des risques pour la santé et la sécurité des travailleurs à laquelle il procède en application de l'article L. 4121-3.

Cette évaluation comporte un inventaire des risques identifiés dans chaque unité de travail de l'entreprise ou de l'établissement, ***(D. 2008-1382 du 19 déc. 2008, JO 24)*** « y compris ceux liés aux ambiances thermiques. »

Note • « Ce texte concrétise le principe posé par la loi du 31 décembre 1991 et achève de mettre le droit français en conformité avec l'article 9-1 a) de la directive européenne 89/391/CEE du 12 juin 1989 (voir « Code annoté européen du travail », *Groupe Revue Fiduciaire*, éd. 2010, p. 604). Il crée une obligation de formaliser dans un document unique les résultats de l'évaluation a priori des risques que l'employeur est tenu de mener dans son entreprise » (circ. DRT 2001-5 du 15 novembre 2001 relative aux entreprises à risques, BO TR 2001/24, p. 315). La non-transcription ou la non-mise à jour des résultats de l'évaluation des risques par les entreprises concernées sont punies d'une amende de 1 500 € (3 000 € en cas de récidive) (art. R. 4741-1 CT). Ces sanctions sont applicables à compter du 8 novembre 2002 (décret du 5 novembre 2001 précité).

Voir aussi circulaire DRT 2002-6 du 18 avril 2002 prise pour l'application du décret 2001-1016 du 5 novembre 2001 précité (BO TR 2002/10, p. 19) ; rép. QE 126, JO AN 6 novembre 2002, p. 4461 ; rép. QE 16119, JO AN 13 octobre 2003, p. 7813 ; rép. QE 22025, JO AN 29 septembre 2003, p. 7471.

• Sur la distinction entre « notice d'hygiène et de sécurité » et « document unique », voir circulaire DRT 2006-10 du 14 avril 2006 relative à la sécurité des travailleurs sur les sites à risques industriels majeurs.

Art. R. 4121-2. La mise à jour du document unique d'évaluation des risques est réalisée :

1° Au moins chaque année ;

2° Lors de toute décision d'aménagement important modifiant les conditions de santé et de sécurité ou les conditions de travail, au sens de l'article L. 4612-8 ;

3° Lorsqu'une information supplémentaire intéressant l'évaluation d'un risque dans une unité de travail est recueillie.

Art. R. 4121-3. Dans les établissements dotés d'un comité d'hygiène, de sécurité et des conditions de travail, le document unique d'évaluation des risques est utilisé pour l'établissement du rapport et du programme de prévention des risques professionnels annuels prévus à l'article L. 4612-16.

Art. R. 4121-4. ***(D. 2008-1347 du 17 déc. 2008, JO 19)*** Le document unique d'évaluation des risques est tenu à la disposition :

1° Des travailleurs ;

2° Des membres du comité d'hygiène, de sécurité et des conditions de travail ou des instances qui en tiennent lieu ;

3° Des délégués du personnel ;

4° Du médecin du travail ;

5° Des agents de l'inspection du travail ;

6° Des agents des services de prévention des organismes de sécurité sociale ;

7° Des agents des organismes professionnels de santé, de sécurité et des conditions de travail mentionnés à l'article L. 4643-1 ;

8° Des inspecteurs de la radioprotection mentionnés à l'article L. 1333-17 du code de la santé publique et des agents mentionnés à l'article L. 1333-18 du même code, en ce qui concerne les résultats des évaluations liées à l'exposition des travailleurs aux rayonnements ionisants, pour les installations et activités dont ils ont respectivement la charge.

Un avis indiquant les modalités d'accès des travailleurs au document unique est affiché à une place convenable et aisément accessible dans les lieux de travail. Dans les entreprises ou établissements dotés d'un règlement intérieur, cet avis est affiché au même emplacement que celui réservé au règlement intérieur.

Note Sur la question relative aux sanctions encourues par les entreprises ne respectant pas l'obligation de tenir à disposition des salariés le document unique d'évaluation des risques, voir rép. QE 90094, JO AN 1er février 2011, p. 1079. L'article L. 4741-1 CT sanctionne d'une amende de 3750 € le fait pour l'employeur ou le préposé de méconnaître par sa faute personnelle les dispositions du titre 1er du livre Ier de la partie IV du code du travail. L'article R. 4121-4 CT indique que le document unique est tenu à disposition, notamment, des travailleurs. Cet article relevant du titre 1er du livre Ier de la partie IV du code du travail, les agents de l'inspection du travail, sur le fondement de l'article L. 4741-1 CT peuvent dresser un procès-verbal aux employeurs qui ne respectent pas l'obligation de mettre à la disposition des travailleurs le document unique d'évaluation des risques.

Art. L. 4121-3-1. ***(L. 2010-1330 du 9 nov. 2010, art. 60, JO 10).*** Pour chaque travailleur exposé à un ou plusieurs facteurs de risques professionnels déterminés par décret et liés à des contraintes physiques marquées, à un environnement physique agressif ou à certains rythmes de travail susceptibles de laisser des traces durables identifiables et irréversibles sur sa santé, l'employeur consigne dans une fiche, selon des modalités déterminées par décret, les conditions de pénibilité auxquelles le travailleur est exposé, la période au cours de laquelle cette exposition est survenue ainsi que les mesures de prévention mises en œuvre par l'employeur pour faire disparaître ou réduire ces facteurs durant cette période. Cette fiche individuelle est établie en cohérence avec l'évaluation des risques prévue à l'article L. 4121-3. Elle est communiquée au service de santé au travail qui la transmet au médecin du travail. Elle complète le dossier médical en santé au travail de chaque travailleur. Elle précise de manière apparente et claire le droit pour tout salarié de demander la rectification des informations contenues dans ce document. Le modèle de cette fiche est fixé par arrêté du ministre chargé du travail après avis du Conseil d'orientation sur les conditions de travail.

Une copie de cette fiche est remise au travailleur à son départ de l'établissement, en cas d'arrêt de travail excédant une durée fixée par décret ou de déclaration de maladie professionnelle. Les informations contenues dans ce document sont confidentielles et ne peuvent pas être communiquées à un autre employeur auprès duquel le travailleur sollicite un emploi. En cas de décès du travailleur, ses ayants droit peuvent obtenir cette copie.

Note Cet article est applicable aux expositions intervenues à compter d'une date fixée par décret et **au plus tard le 1er janvier 2012** (loi 2010-1330 précitée, art. 118, IV).

• « I. – À titre expérimental, jusqu'au 31 décembre 2013, un accord collectif de branche peut créer un dispositif d'allègement ou de compensation de la charge de travail des salariés occupés à des travaux pénibles.

Les salariés peuvent bénéficier de ce dispositif s'ils ont été exposés pendant une durée minimale définie par l'accord à un des facteurs de pénibilité définis à l'article L. 4121-3-1 du code du travail et ont cumulé pendant une durée définie par le même accord deux de ces facteurs. Ils doivent ne pas remplir les conditions pour liquider leur retraite à taux plein.

L'allègement de la charge de travail peut prendre la forme :
– d'un passage à temps partiel pour toute la durée restant à courir jusqu'à ce que le salarié puisse faire valoir ses droits à retraite, durée pendant laquelle le salarié bénéficie d'une indemnité complémentaire fixée par l'accord ;
– de l'exercice d'une mission de tutorat au sein de l'entreprise du salarié, mission au titre de laquelle le salarié bénéficie d'une indemnité complémentaire fixée par l'accord.

La compensation de la charge de travail peut prendre la forme :
– du versement d'une prime ;
– de l'attribution de journées supplémentaires de repos ou de congés.

Les droits attribués au titre de la compensation de la charge de travail peuvent être versés sous la forme d'un abondement au compte épargne-temps du salarié, dans les conditions prévues à l'article L. 3152-2 du code du travail.

L'accord définit les conditions dans lesquelles il est créé, au sein de la branche concernée, un fonds dédié à la prise en charge des dispositifs d'allègement ou de compensation de la pénibilité. Il fixe aussi les modalités de l'institution, au profit de ce fonds, d'une contribution à la charge des entreprises de la branche et les modalités de la mutualisation du montant de la collecte ainsi réalisée entre les entreprises de la branche. L'accord prévoit, dans des conditions définies par décret en Conseil d'État, une exonération de la contribution à ce fonds pour les entreprises de la branche couvertes par un accord collectif d'entreprise mentionné au II. Les entreprises ainsi exonérées ne peuvent bénéficier de la prise en charge des dispositifs d'allègement ou de compensation de la pénibilité par le fonds dédié de la branche.

L'accord prévoit également les conditions d'application du dispositif d'allègement ou de compensation de la charge de travail des salariés temporaires occupés à des travaux pénibles.

Le Gouvernement remet au Parlement, avant le 30 septembre 2013, un rapport procédant à l'évaluation de ce dispositif.

II. – Il est créé jusqu'au 31 décembre 2013 auprès de la Caisse nationale de l'assurance maladie des travailleurs salariés un Fonds national de soutien relatif à la pénibilité, destiné à contribuer aux actions mises en œuvre par les entreprises couvertes par un accord collectif de branche mentionné au I. Peuvent également bénéficier de l'intervention de ce fonds les entreprises couvertes par un accord collectif d'entreprise créant un dispositif d'allègement ou de compensation de la charge de travail pour les salariés occupés à des travaux pénibles mentionné au même I. Les recettes de ce fonds sont constituées par une dotation de l'État et une dotation de la branche Accidents du travail et maladies professionnelles, qui ne peut être supérieure à celle de l'État.

Les modalités d'application du présent II sont fixées par décret en Conseil d'État ». (loi 2010-1330 précité, art. 86, JO 10). Voir décret 2011-1969 du 26 décembre 2011 (JO 28) relatif au Fonds national de soutien relatif à la pénibilité.

• « Un comité scientifique constitué avant le 31 mars 2011 a pour mission d'évaluer les conséquences de l'exposition aux facteurs de pénibilité sur l'espérance de vie avec et sans incapacité des travailleurs. La composition de ce comité est fixée par décret. » (loi 2010-1330 précitée, art. 88).

• « Avant le 1er janvier 2014, le Gouvernement présente au Parlement un rapport établissant un bilan de l'application du présent titre (pénibilité du parcours professionnel).

Sur la base des travaux du comité scientifique mentionné à l'article 88, ce rapport formule des propositions en vue de prendre en compte la pénibilité à effets différés. » (loi 2010-1330 précitée, art. 89).

• Sur la prévention de la pénibilité, voir loi 2010-1330 du 9 novembre 2010, art. 77 (V) et décrets 2011-824 et 2011-823 du 7 juillet 2011 (JO 9) relatif aux accords conclus en faveur de la prévention de la pénibilité et concernant la pénalité pour défaut d'accord ou de plan d'action relatif à la prévention de la pénibilité mentionnée à l'article L. 138-29 c. séc. soc., rapportés dans les Textes non codifiés, rubrique Santé.

• Sur le modèle de fiche prévu à cet article, voir arrêté du 30 janvier 2012, JO 31.

(D. 2011-354 du 30 mars 2011, JO 31)

SECTION 2. Pénibilité

Art. D. 4121-5. Les facteurs de risques mentionnés à l'article L. 4121-3-1 sont :

1° Au titre des contraintes physiques marquées :

a) Les manutentions manuelles de charges définies à l'article R. 4541-2 ;

b) Les postures pénibles définies comme positions forcées des articulations ;

c) Les vibrations mécaniques mentionnées à l'article R. 4441-1 ;

2° Au titre de l'environnement physique agressif :

a) Les agents chimiques dangereux mentionnés aux articles R. 4412-3 et R. 4412-60, y compris les poussières et les fumées ;

b) Les activités exercées en milieu hyperbare définies à l'article R. 4461-1 ;

c) Les températures extrêmes ;
d) Le bruit mentionné à l'article R. 4431-1 ;
3° Au titre de certains rythmes de travail :
a) Le travail de nuit dans les conditions fixées aux articles L. 3122-29 à L. 3122-31 ;
b) Le travail en équipes successives alternantes ;
c) Le travail répétitif caractérisé par la répétition d'un même geste, à une cadence contrainte, imposée ou non par le déplacement automatique d'une pièce ou par la rémunération à la pièce, avec un temps de cycle défini.

Note Le décret 2011-354 du 30 mars 2011 relatif à la définition des facteurs de risques est applicable, s'agissant du suivi des expositions des travailleurs, aux expositions intervenues à compter d'une date qui sera fixée par un décret ultérieur et au plus tard au 1er janvier 2012.

Art. D. 4121-6. ***(D. 2012-136 du 30 janv. 2012, JO 31)*** Pour chaque travailleur exposé à un ou plusieurs facteurs de risques professionnels mentionnés à l'article D. 4121-5, la fiche prévue à l'article L. 4121-3-1, dénommée fiche de prévention des expositions, mentionne :

1° Les conditions habituelles d'exposition appréciées, notamment, à partir du document unique d'évaluation des risques ainsi que les événements particuliers survenus ayant eu pour effet d'augmenter l'exposition ;

2° La période au cours de laquelle cette exposition est survenue ;

3° Les mesures de prévention, organisationnelles, collectives ou individuelles, mises en oeuvre pour faire disparaître ou réduire les facteurs de risques durant cette période.

Art. D. 4121-7. ***(D. 2012-136 du 30 janv. 2012, JO 31)*** La fiche est mise à jour lors de toute modification des conditions d'exposition pouvant avoir un impact sur la santé du travailleur. Cette mise à jour prend en compte l'évolution des connaissances sur les produits et méthodes utilisés et conserve les mentions relatives aux conditions antérieures d'exposition.

La fiche mise à jour est communiquée au service de santé au travail.

Art. D. 4121-8. ***(D. 2012-136 du 30 janv. 2012, JO 31)*** Une copie de la fiche de prévention des expositions est remise au travailleur en cas d'arrêt de travail d'au moins trente jours consécutif à un accident du travail ou une maladie professionnelle et d'au moins trois mois dans les autres cas. Elle est par ailleurs tenue à tout moment à sa disposition.

Art. D. 4121-9. ***(D. 2012-136 du 30 janv. 2012, JO 31)*** Pour le travailleur réalisant des activités de confinement et de retrait de l'amiante ou des activités et interventions sur des matériaux ou appareils susceptibles de libérer des fibres d'amiante, les informations mentionnées à l'article L. 4121-3-1 sont consignées sur la fiche d'exposition prévue à l'article R. 4412-110. Cette dernière est alors également soumise aux dispositions des articles L. 4121-3-1 et à celles des articles D. 4121-6, D. 4121-7 et D. 4121-8.

Pour le travailleur réalisant des interventions ou des travaux en milieu hyperbare, les informations mentionnées à l'article L. 4121-3-1 sont consignées sur la fiche de sécurité prévue à l'article R. 4461-13. Cette dernière est alors également soumise aux dispositions des articles L. 4121-3 et à celles des articles D. 4121-6, D. 4121-7 et D. 4121-8.

Art. L. 4121-4. Lorsqu'il confie des tâches à un travailleur, l'employeur, compte tenu de la nature des activités de l'établissement, prend en considération les capacités de l'intéressé à mettre en œuvre les précautions nécessaires pour la santé et la sécurité.

Art. L. 4121-5. Lorsque dans un même lieu de travail les travailleurs de plusieurs entreprises sont présents, les employeurs coopèrent à la mise en œuvre des dispositions relatives à la santé et à la sécurité au travail.

[Sanction pénale]

Art. R. 4741-1. Le fait de ne pas transcrire ou de ne pas mettre à jour les résultats de l'évaluation des risques, dans les conditions prévues aux articles R. 4121-1 et R. 4121-2, est puni de l'amende prévue pour les contraventions de cinquième classe.

La récidive est réprimée conformément aux articles 132-11 et 132-15 du code pénal.

Art. R. 4741-1-1. ***(D. 2012-134 du 30 janv. 2012, JO 31)*** Le fait de ne pas remplir ou actualiser la fiche de prévention des expositions, dans les conditions prévues par l'article L. 4121-3-1 et le décret pris pour son application, est puni de l'amende prévue pour les contraventions de la cinquième classe.

L'amende est appliquée autant de fois qu'il y a de travailleurs concernés par l'infraction.

La récidive est réprimée conformément aux articles 132-11 et 132-15 du code pénal.

CHAPITRE II

Obligations des travailleurs

Art. L. 4122-1. Conformément aux instructions qui lui sont données par l'employeur, dans les conditions prévues au règlement intérieur pour les entreprises tenues d'en élaborer un, il incombe à chaque travailleur de prendre soin, en fonction de sa formation et selon ses possibilités, de sa santé et de sa sécurité ainsi que de celles des autres personnes concernées par ses actes ou ses omissions au travail.

Les instructions de l'employeur précisent, en particulier lorsque la nature des risques le justifie, les conditions d'utilisation des équipements de travail, des moyens de protection, des substances et préparations dangereuses. Elles sont adaptées à la nature des tâches à accomplir.

Les dispositions du premier alinéa sont sans incidence sur le principe de la responsabilité de l'employeur.

Note **Obligation de sécurité pesant sur le salarié.** Cette obligation est explicitement rappelée dans cet article. Elle reprend celle exprimée dans la directive-cadre 89/391/CEE du 12 juin 1989, art. 13. Voir « Code annoté européen du travail », *Groupe Revue Fiduciaire*, éd. 2010, p. 595.

Voir aussi notamment « L'obligation de sécurité du salarié », *Act. Jur. CFDT* n° 160, mai 2003.

• En cas de manquement à l'obligation qui lui est faite par l'article L. 230-3 (ancien) CT de prendre soin de sa sécurité et de sa santé, ainsi que de celles des autres personnes concernées du fait de ses actes ou de ses omissions au travail, un salarié engage sa responsabilité et une faute grave peut être retenue contre lui. Ayant constaté qu'un salarié, chef de chantier, n'avait pas respecté l'obligation de porter un casque de sécurité, une cour d'appel a pu décider qu'il avait commis une faute grave (cass. soc. 23 mars 2005, n° 03-42.404, BC V n° 99 ; *RJS* 6/05 n° 641 ; *TPS* juin 2005, comm. 172, p. 15, note P-Y Verkindt ; *D.* 2005, Jurisp. 1758, note H. Kobina Gaba ; *JSL* n° 166, 19 avril 2005, p. 11). Voir aussi cass. soc. 30 septembre 2005, n° 04-40.625, BC V n° 278 ; *RJS* 12/05 n° 1223 ; *Dr. Soc.* 2006, p. 102, obs. J. Savatier ; *JCP* éd. G 2006.II.10012, note S. Molla, s'agissant d'un directeur technique ayant commis différents manquements d'une particulière gravité en dépit d'instructions précises et cass. soc. 23 juin 2010, n° 09-41.607, BC V n° 151 ; *Dr. Soc.* 2010, p. 954 : « L'obligation de sécurité du délégataire de pouvoir », Fr. Duquesne, s'agissant d'un salarié, titulaire d'une délégation de pouvoirs en matière d'hygiène et de sécurité, n'ayant pris aucune mesure pour prévenir un accident.

S'agissant du licenciement du directeur d'un service entretien, à la suite du décès de deux salariés d'une entreprise extérieure, à laquelle il avait été confié la fourniture d'une nouvelle tuyauterie sur une centrale hydraulique, tués par projection d'huile sous haute pression lors du démontage de l'ancienne installation, une cour d'appel, qui a constaté qu'il entrait dans les attributions du salarié de passer les commandes relatives à la maintenance des installations de la société, de définir avec les entreprises intervenantes les conditions de leur intervention et de les renseigner sur les mesures de sécurité, qu'il n'avait pas correctement établi le plan de prévention et n'avait pas averti des dangers liés à cette intervention qu'il connaissait pourtant, a décidé, à bon droit, que ce salarié avait commis une faute grave (cass. soc. 28 février 2002, n° 00-41.220, BC V n° 82 ; *JSL* n° 99, 9 avril 2002, p. 14 : « L'étendue de l'obligation de sécurité à la charge du salarié », M-Ch. Haller ; *RJS* 5/02 n° 582 ; *Dr. Soc.*

2002, p. 533 : « En marge des affaires de l'amiante : l'obligation de sécurité du salarié », R. Vatinet).

Après avoir constaté qu'un salarié avait laissé son chien pendant trois heures à l'intérieur de son véhicule stationné sur le parking de l'entreprise et n'avait pas été en mesure de l'empêcher d'attaquer une salariée sur le parking, une cour d'appel, ayant ainsi caractérisé un manquement du salarié à son obligation de ne pas mettre en danger, dans l'enceinte de l'entreprise, d'autres membres du personnel, a pu décider que le licenciement de l'intéressé était fondé sur une cause réelle et sérieuse (cass. soc. 4 octobre 2011, n° 10-18.862, Colaccico c/ Sté Véolia transports Rhône Alpes interurbain).

• Les obligations pesant sur l'employeur en matière de sécurité ne sont pas exclusives de celles incombant au salarié qui, aux termes de cet article, doit prendre soin, en fonction de sa formation et selon ses possibilités, de sa sécurité et de sa santé ainsi que de celles des autres personnes concernées du fait de ses actes ou omissions ; il en résulte que des accords d'intéressement peuvent, sans en méconnaître le caractère collectif, prendre en considération des critères tenant à l'amélioration de la sécurité dans l'entreprise. L'accord litigieux (intéressement des salariés prévoyant la prise en considération du taux de fréquence des accidents du travail) ne pouvant aboutir à la diminution ou à la suppression de la prime d'intéressement que pour l'ensemble des salariés d'un établissement, dont aucun n'est susceptible d'être désavantagé, n'ayant pas pour conséquence de sanctionner l'absence d'un salarié consécutive à un accident du travail, ne faisant pas obstacle au principe de la responsabilité, tant civile que pénale, des employeurs ou chefs d'établissement, c'est dès lors à bon droit que le tribunal a décidé que les primes d'intéressement devaient être exclues de l'assiette des cotisations (cass. soc. 24 septembre 2002, n° 00-18.290, BC V n° 277 ; *JSL* n° 110, 24 octobre 2002, p. 18 ; *RJS* 12/02 n° 1422 ; *Dr. Soc.* 2002, p. 1054: « Obligation du salarié et performances de l'entreprise en matière de sécurité », B. Gauriau).

• Un salarié a été licencié pour faute grave à la suite d'un contrôle d'alcoolémie effectué sur un chantier par son supérieur hiérarchique alors que, au volant d'un véhicule, il transportait un autre salarié de l'entreprise avec un taux d'alcoolémie de 0,7 gramme. Le règlement intérieur de l'entreprise prévoyait l'interdiction d'accéder aux lieux de travail en état d'ivresse, le recours à l'alcootest pour vérifier le taux d'alcoolémie d'un salarié conducteur et la faculté pour le salarié averti d'exiger la présence d'un tiers et de solliciter une contre-expertise. Doit être cassé l'arrêt qui, pour dire que le licenciement était dépourvu de cause réelle et sérieuse, retient que si le contrôle d'alcoolémie effectué conformément aux dispositions du règlement intérieur visé dans le contrat de travail du salarié s'est révélé positif, le recours à l'alcootest n'est justifié que s'il a pour objet de prévenir ou de faire cesser immédiatement une situation dangereuse et ne saurait permettre de constater une éventuelle faute disciplinaire, alors cependant que les dispositions d'un règlement intérieur permettant d'établir sur le lieu de travail l'état d'ébriété d'un salarié en recourant à un contrôle de son alcoolémie sont licites dès lors, d'une part, que les modalités de ce contrôle en permettent la contestation, d'autre part, qu'eu égard à la nature du travail confié à ce salarié, un tel état d'ébriété est de nature à exposer les personnes ou les biens à un danger, de sorte qu'il peut constituer une faute grave (cass. soc. 22 mai 2002, n° 99-45.878, BC V n° 176 ; *JSL* n° 104, 27 juin 2002, p. 9 ; *Dr. Soc.* 2002, p. 781, obs. Fr. Duquesne ; *RJS* 11/02 n° 1233).

Art. L. 4122-2. Les mesures prises en matière de santé et de sécurité au travail ne doivent entraîner aucune charge financière pour les travailleurs.

Note Une société ne peut, sans fondement valable, refuser la prise en charge de l'entretien des vêtements de travail dont elle impose le port à ses salariés, tant pour des raisons d'hygiène et de sécurité inhérentes aux tâches exercées par certaines que pour des raisons de simple stratégie commerciale au regard de tâches exercées par d'autres (CA Versailles, 1re ch., 29 juin 2006, n° 05-3947, *RJS* 11/06 n° 1183).

• Indépendamment des dispositions de l'article L. 231-11 [L. 4122-2] CT selon lesquelles les mesures concernant la sécurité, l'hygiène et la santé au travail ne doivent en aucun cas entraîner de charges financières pour les travailleurs, il résulte des dispositions combinées des articles 1135 c. civ. et L. 121-1 [L. 1221-1] CT que les frais qu'un salarié expose pour les besoins de son activité professionnelle et dans l'intérêt de l'employeur doivent être supportés par ce dernier. Alors que les salariés d'une entreprise devaient porter une tenue de travail, pour des raisons d'hygiène, de sécurité, de contact avec la clientèle ou de stratégie commerciale, des syndicats ont saisi la juridiction prud'homale aux fins de voir enjoindre à l'employeur d'assurer le coût de l'entretien de ces tenues vestimentaires. Ayant constaté que pour chacune des catégories d'emplois concernés, le port du vêtement de travail était obligatoire et qu'il était inhérent à l'emploi, une cour d'appel a exactement décidé que l'employeur devait assurer la charge de leur entretien (cass. soc. 21 mai 2008, n° 06-44.044, BC V n° 108 ; *RDT*, juil./août 2008, AC, 423 ; *RJS* 8-9/08 n° 896 ; *RDT*, sept. 2008, CH, 536, J-Y Frouin ; *JCP* éd. S 2008, 1538, note B. Bossu).

TITRE III

DROITS D'ALERTE ET DE RETRAIT

CHAPITRE Ier

Principes

Art. L. 4131-1. Le travailleur alerte immédiatement l'employeur de toute situation de travail dont il a un motif raisonnable de penser qu'elle présente un danger grave et imminent pour sa vie ou sa santé ainsi que de toute défectuosité qu'il constate dans les systèmes de protection.

Il peut se retirer d'une telle situation.

L'employeur ne peut demander au travailleur qui a fait usage de son droit de retrait de reprendre son activité dans une situation de travail où persiste un danger grave et imminent résultant notamment d'une défectuosité du système de protection.

Note La loi du 23 décembre 1982 a institué au profit des salariés, en cas de danger grave et imminent, un droit d' « alerte » et de « retrait » assorti de garanties (art. L. 4131-3 et 4), la seule obligation pesant sur le salarié désirant se retirer d'une situation dangereuse étant de le signaler à l'employeur ou à son représentant (circ. DRT 93/15 du 25 mars 1993, BO TR 93/10, p. 99).

Notion de danger grave et imminent. Selon le ministre chargé du travail, la loi du 23 décembre 1982 a entendu « viser les situations où le risque est susceptible de se réaliser brusquement et dans un délai rapproché ». Le maintien du salarié à un poste contre-indiqué par le médecin du travail qui aurait suggéré la modification du poste de travail de l'intéressé ou sa mutation ne constitue pas un tel danger, le cas visé par le législateur ne correspondant en effet « généralement pas aux propositions de mutation ou d'aménagement de poste, à moins d'indication expresse contraire du médecin du travail » (rép. QE 37923, JO AN 26 décembre 1983, p. 5497 et 73904, JO AN 23 décembre 1985, p. 5903).

Jurisprudence. Le droit de retrait prévu par cet article constitue pour le salarié un droit et non une obligation (cass. soc. 9 décembre 2003, n° 02-47.579, *RJS* 2/04 n° 216).

Les dispositions de l'article L. 231-8 [L. 4131-1] n'imposent pas au salarié de signaler par écrit à son employeur l'existence d'une situation dangereuse ; en le prescrivant, le règlement intérieur d'une entreprise impose aux salariés, dans l'exercice de leur droit de retrait d'une situation de travail qu'ils estiment dangereuse, une sujétion qui n'est pas justifiée par les nécessités de sécurité dans l'entreprise (CE 12 juin 1987, n° 72388, *Dr. Soc.* 1987, p. 654, note J. Savatier ; CE 11 juillet 1990, n° 85416, *JCP* 1991, p. 56, obs. O. Godard). De même, l'obligation d'information du responsable hiérarchique assortie de celle immédiate de consignation par écrit avant retrait, signée soit par le salarié, soit par un témoin ou par le supérieur hiérarchique, imposées par un règlement intérieur sont de nature à restreindre l'usage du droit de retrait prévu par l'article L. 4131-1 et la suppression d'une telle clause doit être ordonnée (cass. soc. 28 mai 2008, n° 07-15.744, BC V n° 120 ; *JSL* n° 236, 30 juin 2008, p. 8). La cause du danger grave ou imminent pour la vie ou la santé du salarié ne se trouve pas nécessairement dans un motif étranger à la personne du salarié, « la condition d'extériorité du danger n' [étant] pas exigée d'une manière exclusive par les articles L. 231-8 et 8-1 CT (L. 4131-1, 3 et 4) » (cass. soc. 20 mars 1996, n° 93-40.111, BC V n° 107 ; *JCP* éd. E 1996.II.850, note G. Lachaise ; *RJS* 5/96, p. 319, concl. Y. Chauvy).

S'agissant d'une salariée ayant un motif raisonnable de penser que le maintien à son poste de travail présentait un danger grave et imminent sur sa santé, voir cass. soc. 11 décembre 1986, *JCP* 1987.II.20807, note O. Godard ; de salariés fondés à se prévaloir d'une situation dangereuse pour leur vie ou leur santé pour cesser leur travail en raison du défaut persistant de conformité des installations de l'entreprise avec les normes de sécurité, voir cass. soc. 1er mars 1995, n° 91-43.406, *CSB* 1995 B. 76 ; d'un salarié ayant pu exercer son droit de retrait en refusant de conduire un camion faisant l'objet d'une interdiction de circuler, voir cass. soc. 5 juillet 2000, n° 98-43.481, Sté Pinault équipement c/ Zawierta ; d'un salarié qui, la veille du jour où il avait refusé de conduire un autobus au motif que la direction du véhicule était trop dure et sa suspension trop ferme, avait été examiné par le médecin du travail à la suite d'une période d'arrêt de travail provoquée par un accident du travail et avait été déclaré apte à la conduite sous réserve que lui soit confié un véhicule à la direction souple : la cour d'appel a pu en déduire que l'intéressé avait nécessairement exercé son droit d'alerte et avait un motif raisonnable de penser que la conduite de l'autobus qui lui était confié pouvait présenter un danger grave et imminent pour sa santé (cass. soc. 10 mai 2001, n° 00-43.437, *RJS* 7/01 n° 872) ; d'un salarié invoquant, pour justifier son absence un soir, la mise en place d'une procédure de retrait, action indissociable de l'action des autres salariés ayant eu un motif raisonnable de penser que leur situation de travail présentait un danger grave et imminent pour leur vie ou leur santé (cass. soc. 6 juin 2000, n° 97-42.927, Da Silva et a. c/ SA Sitras et a.) ; d'un salarié occupé à l'aménagement d'un chemin, au moyen d'une pelle mécanique, qui a usé de son droit de retrait d'une situation dangereuse, estimant que sa sécurité n'était pas assurée en raison d'un risque d'effondrement (cass. crim. 8 octobre 2002, n° 01-85.550, B. crim n° 181 : cassation pour motifs contradictoires de l'arrêt d'appel qui a infirmé la déclaration de culpabilité du chef de centre pour infraction de sanction abusive de l'exercice du droit de retrait du salarié) ; de salariés ayant exercé leur droit de retrait qui n'avaient pas un motif raisonnable de penser que leur situation de travail présentait un danger grave et imminent (appréciation souveraine des juges du fond), voir cass. soc. 20 janvier 1993, n° 91-42.028, BC V n° 22 ; *JCP* éd. E 1993.II.494 ; du refus d'une salariée d'utiliser son véhicule de travail constitutif d'une faute grave, la salariée ne justifiant pas d'un motif raisonnable de penser que la situation de travail dans laquelle elle se trouvait présentait un danger grave et imminent pour sa vie et sa santé (cass. soc. 23 mai 2001, n° 99-42.577, Kerdraon c/ Sté Créole d'Andaine) ; de la crainte d'une agression pour un convoyeur de fonds, ne pouvant justifier, à elle seule, l'exercice du droit de retrait dès lors qu'aucun danger effectif n'apparaissait imminent et que l'employeur n'avait méconnu aucune obligation de sécurité relative aux conditions de travail (CA Aix en-Provence, 9e ch., 8 novembre 1995, Sté Sécuripost c/ Lacombe, *JCP* éd. E 1996.II.859).

La cour d'appel, qui a estimé qu'à l'exception de la sécurité du quartier du vieux port, il n'y avait pas de motif raisonnable de penser qu'il existait un danger grave et imminent de nature à justifier l'exercice du droit de retrait sur les autres lignes du réseau, a pu débouter les chauffeurs d'une entreprise de transport de leur demande en paiement de leur salaire pour la journée concernée et les condamner, en conséquence, à rembourser à leur employeur les sommes versées en exécution des jugements de première instance (cass. soc. 23 avril 2003, n° 01-44.806, BC V n° 136 ; *RJS* 8-9/03 n° 1027 ; *Dr. Soc.* 2003, p. 805 : « Le retrait de situation dangereuse fondé sur l'insécurité du travail en zone urbaine », J. Savatier).

Sur la décision d'un conseil de prud'hommes ayant retenu qu'il n'était pas établi qu'un conducteur-receveur de tramway ait fait grève mais ayant estimé qu'il avait un motif raisonnable de penser que la situation dans laquelle il se trouvait à la suite de l'agression de collègues de travail présentait un danger grave et imminent pour sa vie ou sa santé et qui a fait droit à sa demande de paiement d'une somme au titre du salaire de la journée en cause, voir cass. soc. 19 mai 2010, n° 09-40.353.

Voir aussi note sous art. L. 2511-1 « Droit de retrait d'une situation dangereuse ».

Art. L. 4131-2. Le représentant du personnel au comité d'hygiène, de sécurité et des conditions de travail, qui constate qu'il existe une cause de danger grave et imminent, notamment par l'intermédiaire d'un travailleur, en alerte immédiatement l'employeur selon la procédure prévue au premier alinéa de l'article L. 4132-2.

Note L'exercice par un salarié de son droit d'alerte ou de retrait n'est pas subordonné à la procédure d'intervention du comité d'hygiène, de sécurité et des conditions de travail prévue par l'article L. 231-9 [L. 4131-2] CT (cass. soc. 10 mai 2001, n° 00-43.437, *RJS* 7/01 n° 872).

L'employeur ne saurait refuser à un représentant du personnel au CHSCT qui l'avise d'un danger imminent de se rendre sur les lieux ni de lui fournir à cet effet les moyens nécessaires (cass. soc. 10 octobre 1989, n° 86-44.112, BC V n° 580).

Voir cass. soc. 21 juillet 1993, n° 2892 D, *RJS* 8-9/93 n° 878, cité sous art. L. 4614-9.

Art. L. 4131-3. Aucune sanction, aucune retenue de salaire ne peut être prise à l'encontre d'un travailleur ou d'un groupe de travailleurs qui se sont retirés d'une situation de travail dont ils avaient un motif raisonnable de penser qu'elle présentait un danger grave et imminent pour la vie ou pour la santé de chacun d'eux.

Note • D'une part, aucune sanction, aucune retenue de salaire ne peut être prise à l'encontre d'un travailleur ou d'un groupe de travailleurs qui se sont retirés d'une situation de travail dont ils avaient un motif légitime de penser qu'elle présentait un danger grave ou imminent pour chacun d'eux; d'autre part, l'employeur, tenu d'une obligation de sécurité de résultat en matière de protection et de sécurité au travail, doit en assurer l'effectivité; il s'ensuit qu'est nul le licenciement prononcé par l'employeur pour un motif lié à l'exercice légitime par le salarié du droit de retrait de son poste de travail dans une situation de danger (cass. soc. 28 janvier 2009, n° 07-44.556, BC V n° 82 ; *JCP* éd. S 2009, 1227, note P-Y Verkindt ; *Dr. Soc.* 2009, p. 741, obs. J. Savatier ; *RJS* 7/09 n° 626).

• S'il est exact que les salariés, qui se retirent d'une situation de travail au motif qu'elle présente un danger grave et imminent pour la vie ou pour la santé de chacun d'eux, n'exercent pas le droit de grève, ils peuvent néanmoins faire l'objet, indépendamment de toute sanction, d'une retenue sur salaire s'ils n'avaient pas un motif raisonnable de penser que la situation présentait un tel danger (cass. soc. 11 juillet 1989, n° 86-43.497, BC V n° 516).

Lorsque les conditions du droit de retrait individuel ne sont pas réunies, le salarié s'expose à une retenue sur salaire, peu important qu'il reste à la disposition de l'employeur. L'employeur n'est par ailleurs pas tenu de saisir préalablement le juge sur l'appréciation du bien-fondé de l'exercice du droit de retrait par le salarié (cass. crim. 25 novembre 2008, n° 07-87.650, B. crim. n° 239 ; *JSL* n° 248, 28 janvier 2009, p. 18 ; *RJS* 2/09 n° 180 ; *Dr. Soc.* 2009, p. 369, obs. P. Chaumette).

• Il résulte du principe général dont s'inspire cet article qu'aucune sanction ni aucune retenue de salaire ne peut être prise à l'encontre d'un salarié ou d'un agent public qui s'est retiré d'une situation de travail dont il avait un motif raisonnable de penser qu'elle présentait un danger grave et imminent pour sa vie ou pour sa santé. S'agissant d'un agent technique qui avait refusé à deux reprises d'exécuter des travaux prescrits par le maire et qui s'était vu infliger une sanction d'exclusion temporaire des fonctions (3 jours), si son premier refus pouvait à bon droit être regardé comme fautif par le maire, son second refus ne pouvait être sanctionné, l'opération, qui consistait à fixer des illuminations à partir d'une échelle et d'un godet de tracteur levé à quatre mètres du sol dans lequel il devait prendre place, pouvant être regardée comme présentant un danger grave et imminent pour sa vie ou sa santé (TA Besançon 10 octobre 1996, n° 960071, Glory c/ Commune de Chatenois-les-Forges, *Dr. Soc.* 1996, p. 1037).

Le juge doit rechercher si le salarié ayant exercé le droit de retrait justifiait d'un motif raisonnable de penser que la situation de travail présentait un danger grave et imminent pour sa vie et sa santé et nécessitait une mesure de protection collective (destinée à éviter les chutes de personnes). Il ne saurait, en l'absence de cette recherche, débouter le salarié, licencié pour refus d'exécution d'un travail, de ses demandes d'indemnités (cass. soc. 9 mai 2000, n° 97-44.234, BC V n° 175, rectifié par cass. soc. 23 mai 2000).

Ne repose ni sur une faute grave ni sur une cause réelle et sérieuse le licenciement d'un salarié qui a exercé son droit de retrait après s'être plaint par courrier, à deux reprises, des conditions d'insécurité dans lesquelles il travaillait : son employeur ne lui avait adressé aucune réponse pour lui expliquer les mesures prises pour assurer sa sécurité et n'avait pas, lors de l'entretien préalable, contesté les incidents de vol, dégradations et menaces physiques répétées dans l'entreprise, ayant même indiqué avoir pris contact avec le commissariat pour régler ces incidents (CA Agen, ch. soc., 28 janvier 2003, RG 01/00999, BICC 595 du 1er avril 2004).

Art. L. 4131-4. Le bénéfice de la faute inexcusable de l'employeur prévue à l'article L. 452-1 du code de la sécurité sociale est de droit pour le ou les travailleurs qui seraient victimes d'un accident du travail ou d'une maladie professionnelle alors qu'eux-mêmes ou un représentant du personnel au comité d'hygiène, de sécurité et des conditions de travail avaient signalé à l'employeur le risque qui s'est matérialisé.

Note **Faute inexcusable.** Le bénéfice de la faute inexcusable est de droit pour le salarié ayant signalé à l'employeur un risque qui s'est matérialisé. C'est le cas lorsque la chute d'un salarié a été provoquée par le caractère glissant des marches de l'escalier, dépourvu en outre de main courante, et que cette situation dangereuse pour les usagers avait été signalée par l'intéressé à son employeur (cass. soc. 17 juillet 1998, n° 96-20.988, BC V n° 398).

CHAPITRE II

Conditions d'exercice des droits d'alerte et de retrait

Art. L. 4132-1. Le droit de retrait est exercé de telle manière qu'elle [il] ne puisse créer pour autrui une nouvelle situation de danger grave et imminent.

Note Un salarié ayant « abandonné son poste sans prendre les plus élémentaires précautions de sécurité » peut être licencié et le licenciement sera jugé fondé (cass. soc. 17 octobre 1989, *JS UIMM*, 1989, p. 460).

Art. L. 4132-2. Lorsque le représentant du personnel au comité d'hygiène, de sécurité et des conditions de travail alerte l'employeur en application de l'article L. 4131-2, il consigne son avis par écrit dans des conditions déterminées par voie réglementaire.

L'employeur procède immédiatement à une enquête avec le représentant du comité d'hygiène, de sécurité et des conditions de travail qui lui a signalé le danger et prend les dispositions nécessaires pour y remédier.

Art. D. 4132-1. L'avis du représentant du personnel au comité d'hygiène, de sécurité et des conditions de travail, prévu à l'article L. 4131-2 [L. 4132-2], est consigné sur un registre spécial dont les pages sont numérotées et authentifiées par le tampon du comité.

Cet avis est daté et signé. Il indique :

1° Les postes de travail concernés par la cause du danger constaté ;

2° La nature et la cause de ce danger ;

3° Le nom des travailleurs exposés.

Art. D. 4132-2. Le registre spécial est tenu, sous la responsabilité de l'employeur, à la disposition des représentants du personnel au comité d'hygiène, de sécurité et des conditions de travail.

Art. L. 4132-3. En cas de divergence sur la réalité du danger ou la façon de le faire cesser, notamment par arrêt du travail, de la machine ou de l'installation, le comité d'hygiène, de sécurité et des conditions de travail est réuni d'urgence, dans un délai n'excédant pas vingt-quatre heures.

L'employeur informe immédiatement l'inspecteur du travail et l'agent du service de prévention de la caisse régionale d'assurance maladie, qui peuvent assister à la réunion du comité d'hygiène, de sécurité et des conditions de travail.

Art. L. 4132-4. À défaut d'accord entre l'employeur et la majorité du comité d'hygiène, de sécurité et des conditions de travail sur les mesures à prendre et leurs conditions d'exécution, l'inspecteur du travail est saisi immédiatement par l'employeur.

L'inspecteur du travail met en œuvre soit l'une des procédures de mise en demeure prévues à l'article L. 4721-1, soit la procédure de référé prévue aux articles L. 4732-1 et L. 4732-2.

Art. L. 4132-5. L'employeur prend les mesures et donne les instructions nécessaires pour permettre aux travailleurs, en cas de danger grave et imminent, d'arrêter leur activité et de se mettre en sécurité en quittant immédiatement le lieu de travail.

TITRE IV

INFORMATION ET FORMATION DES TRAVAILLEURS

CHAPITRE Ier

Obligation générale d'information et de formation

Art. L. 4141-1. L'employeur organise et dispense une information des travailleurs sur les risques pour la santé et la sécurité et les mesures prises pour y remédier.

Art. L. 4141-2. L'employeur organise une formation pratique et appropriée à la sécurité au bénéfice :

1° Des travailleurs qu'il embauche ;

2° Des travailleurs qui changent de poste de travail ou de technique ;

3° Des salariés temporaires, à l'exception de ceux auxquels il est fait appel en vue de l'exécution de travaux urgents nécessités par des mesures de sécurité et déjà dotés de la qualification nécessaire à cette intervention ;

4° À la demande du médecin du travail, des travailleurs qui reprennent leur activité après un arrêt de travail d'une durée d'au moins vingt et un jours.

Cette formation est répétée périodiquement dans des conditions déterminées par voie réglementaire ou par convention ou accord collectif de travail.

Note **Formation pratique à la sécurité.** Le dirigeant d'une entreprise qui met des salariés à la disposition d'une autre entreprise ne s'exonère pas de l'obligation préalable qui lui est faite de leur donner une formation appropriée à la sécurité. Pour le déclarer coupable d'infraction à l'article L. 231-3-1 (ancien) CT pour n'avoir pas organisé une formation pratique et appropriée en matière de sécurité au bénéfice de son salarié mis à disposition, une cour d'appel a pu retenir que le stage invoqué par le dirigeant remontait à plus de 2 ans avant l'accident et qu'il n'était pas établi qu'il portait sur le genre de travaux effectués par l'intéressé sur le chantier en cause (cass. crim. 16 septembre 1997, n° 96-82.618, B. crim. n° 299 ; *RJS* 1/98 n° 47).

Est fondée la condamnation d'un employeur tenu d'assurer une formation dont le but était, en l'espèce, de faire assimiler à un jeune manœuvre, saisonnier de surcroît, le fonctionnement d'une machine puissante, dès lors qu'il apparaît que cette formation avait été hâtive et que l'emploi de l'appareil en cause présentait des difficultés, peu important les fautes d'imprudence commises par le jeune travailleur, victime d'un accident mortel du travail (cass. crim. 26 janvier 1988, n° 86-93.518). Est caractérisé le délit de défaut de formation à la sécurité, les juges ayant retenu qu'il n'était pas établi que la fiche d'information ait été remise à la victime avant l'accident et qu'en tout état de cause, cette remise ne pouvait constituer « la formation pratique appropriée » exigée par l'article L. 231-3-1 (ancien) CT, au profit, notamment, des salariés intérimaires. Il en résulte que le prévenu, directeur d'établissement disposant seul des compétences, du pouvoir et des moyens nécessaires pour assurer le respect de la réglementation relative à la sécurité des travailleurs, n'a pas accompli toutes les diligences à cet effet (cass. crim. 10 octobre 2000, n° 99-87.611). Sur l'absence d'une formation adéquate compte tenu du poste de travail, voir cass. crim. 16 janvier 2001, n° 00-82.402, B. crim. n° 15 ; *RJS* 5/01 n° 615 ; 1er février 2005, n° 04-82.788 ; sur une carence de formation à la sécurité à l'origine d'un accident du travail, voir cass. crim. 27 novembre 2001, n° 00-86.239 ; 30 mars 2005, n° 04-85.720 ; 28 février 2006, n° 05-83.602 ; 16 mars 2010, n° 09-82.041, *Dr. Soc.* 2010, p. 991, obs. Fr. Duquesne.

Une cour d'appel a pu déclarer le président d'une société coupable de blessures involontaires et d'infraction à la sécurité des travailleurs à la suite d'un accident survenu à un salarié, après avoir notamment retenu, d'une part, que la victime, à qui il avait été demandé d'effectuer une opération de maintenance sur une extrudeuse, n'avait reçu aucune formation spécifique et que le prévenu ne pouvait utilement invoquer les formations dispensées en matière de secours et d'incendie ni celle concernant la conduite de la machine dans ses éléments essentiels et, d'autre part, qu'il appartenait au prévenu de s'assurer de la conformité de la machine aux normes de la réglementation française et de l'absence de danger dans son utilisation, ces exigences constituant les diligences normales qui lui incombaient compte tenu de son statut et des moyens dont il disposait. Il en résultait que le prévenu, qui avait contribué à créer la situation ayant permis la réalisation du dommage et n'avait pas pris les mesures permettant de l'éviter en assurant une formation spécifique à la maintenance de l'extrudeuse, avait violé de façon manifestement délibérée une obligation particulière de prudence ou de sécurité prévue par la loi ou le règlement (cass. crim. 12 mai 2009, n° 08-82.187).

N'est pas fondé l'arrêt de cour d'appel condamnant un employeur pour infraction aux règles de sécurité du travail, alors qu'il ne pouvait notamment être retenu à sa charge d'avoir omis de donner au salarié (intérimaire) la formation pratique et appropriée en matière de sécurité au bénéfice d'un salarié changeant de poste de travail prévue par l'article L. 231-3-1 (ancien) CT, alors que le changement provisoire d'affectation s'était fait à la seule initiative du salarié et d'un régleur à l'insu de l'employeur, et que l'existence d'une faute personnelle qu'aurait commise ce dernier n'était donc pas caractérisée (cass. crim. 23 octobre 1990, n° 89-84.718, B. crim. n° 354).

Art. L. 4141-3. L'étendue de l'obligation d'information et de formation à la sécurité varie selon la taille de l'établissement, la nature de son activité, le caractère des risques qui y sont constatés et le type d'emploi des travailleurs.

Art. L. 4141-4. Le financement des actions de formation à la sécurité est à la charge de l'employeur.

Il ne peut imputer ce financement sur la participation prévue à l'article L. 6331-1 que pour les actions de formation mentionnées à l'article L. 6313-1.

[Dispositions réglementaires]

SECTION 1. *(D. 2008-1347 du 17 déc. 2008, JO 19)*
« Objet et organisation de l'information et de la formation à la sécurité »

Art. R. 4141-1. La formation à la sécurité concourt à la prévention des risques professionnels.

Elle constitue l'un des éléments du programme annuel de prévention des risques professionnels prévu au 2° de l'article L. 4612-16.

Art. L. 4141-4.

Note Le ministre chargé du travail a précisé que cette formation à la sécurité dont doivent bénéficier tous les salariés ne se confond pas avec la formation au secourisme (rép. QE 17310, JO AN 25 août 1979).

Art. R. 4141-2. ***(D. 2008-1347 du 17 déc. 2008, JO 19)*** L'employeur informe les travailleurs sur les risques pour leur santé et leur sécurité d'une manière compréhensible pour chacun. Cette information ainsi que la formation à la sécurité sont dispensées lors de l'embauche et chaque fois que nécessaire.

Art. R. 4141-3. La formation à la sécurité a pour objet d'instruire le travailleur des précautions à prendre pour assurer sa propre sécurité et, le cas échéant, celle des autres personnes travaillant dans l'établissement.

Elle porte sur :
1° Les conditions de circulation dans l'entreprise ;
2° Les conditions d'exécution du travail ;
3° La conduite à tenir en cas d'accident ou de sinistre.

Art. R. 4141-3-1. ***(D. 2008-1347 du 17 déc. 2008, JO 19)*** L'employeur informe les travailleurs sur les risques pour leur santé et leur sécurité. Cette information porte sur :

1° Les modalités d'accès au document unique d'évaluation des risques, prévu à l'article R. 4121-1 ;

2° Les mesures de prévention des risques identifiés dans le document unique d'évaluation des risques ;

3° Le rôle du service de santé au travail et, le cas échéant, des représentants du personnel en matière de prévention des risques professionnels ;

4° Le cas échéant, les dispositions contenues dans le règlement intérieur, prévues aux alinéas 1° et 2° de l'article L. 1321-1 ;

(D. 2010-78 du 21 janv. 2010, JO 22) « 5° Les consignes de sécurité incendie et instructions mentionnées à l'article R. 4227-37 ainsi que l'identité des personnes chargées de la mise en œuvre des mesures prévues à l'article R. 4227-38. »

Art. R. 4141-4. Lors de la formation à la sécurité, l'utilité des mesures de prévention prescrites par l'employeur est expliquée au travailleur, en fonction des risques à prévenir.

Art. R. 4141-5. La formation dispensée tient compte de la formation, de la qualification, de l'expérience professionnelles et de la langue, parlée ou lue, du travailleur appelé à en bénéficier.

(D. 2008-1347 du 17 déc. 2008, JO 19) « Le temps consacré à la formation et à l'information, mentionnées à l'article R. 4141-2, est considéré comme temps de travail. La formation et l'information en question se déroulent pendant l'horaire normal de travail. »

Art. R. 4141-6. ***(D. 2008-1347 du 17 déc. 2008, JO 19)*** Le médecin du travail est associé par l'employeur à l'élaboration des actions de formation à la sécurité et à la détermination du contenu de l'information qui doit être dispensée en vertu de l'article R. 4141-3-1.

Art. R. 4141-7. Les formations à la sécurité sont conduites avec le concours, le cas échéant, de l'organisme professionnel de santé, de sécurité et des conditions de travail prévu à l'article L. 4643-1, et celui des services de prévention des organismes de sécurité sociale.

Art. R. 4141-8. En cas d'accident du travail grave ou de maladie professionnelle ou à caractère professionnel grave, l'employeur procède, après avoir pris toute mesure pour satisfaire aux dispositions de l'article L. 4221-1, à l'analyse des conditions de circulation ou de travail.

Il organise, s'il y a lieu, au bénéfice des travailleurs intéressés, les formations à la sécurité prévues par le présent chapitre.

Il en est de même en cas d'accident du travail ou de maladie professionnelle ou à caractère professionnel présentant un caractère répété :
1° Soit à un même poste de travail ou à des postes de travail similaires ;
2° Soit dans une même fonction ou des fonctions similaires.

Art. R. 4141-9. Lorsqu'un travailleur reprend son activité après un arrêt de travail d'une durée d'au moins vingt et un jours, il bénéficie, à la demande du médecin du travail, des formations à la sécurité prévues par le présent chapitre.

Lorsque des formations spécifiques sont organisées, elles sont définies par le médecin du travail.

Art. R. 4141-10. Les dispositions du présent chapitre s'appliquent sans préjudice des formations particulières prévues pour certains risques ou certaines activités ou opérations par les livres III à V.

SECTION 2. Conditions de circulation

Art. R. 4141-11. La formation à la sécurité relative aux conditions de circulation des personnes est dispensée sur les lieux de travail.

Elle a pour objet d'enseigner au travailleur, à partir des risques auxquels il est exposé :

1° Les règles de circulation des véhicules et engins de toute nature sur les lieux de travail et dans l'établissement ;

2° Les chemins d'accès aux lieux dans lesquels il est appelé à travailler ainsi qu'aux locaux sociaux ;

3° Les issues et dégagements de secours à utiliser en cas de sinistre ;

4° Les consignes d'évacuation, en cas notamment d'explosion, de dégagements accidentels de gaz ou liquides inflammables ou toxiques, si la nature des activités exercées le justifie.

Art. R. 4141-12. En cas de modification des conditions habituelles de circulation sur les lieux de travail ou dans l'établissement ou de modification des conditions d'exploitation présentant notamment des risques d'intoxication, d'incendie ou d'explosion, l'employeur procède, après avoir pris toutes mesures pour satisfaire aux dispositions de l'article L. 4221-1 relatives à l'utilisation des lieux de travail, à l'analyse des nouvelles conditions de circulation et d'exploitation.

L'employeur organise, s'il y a lieu, au bénéfice des travailleurs intéressés, une formation à la sécurité répondant aux dispositions de l'article R. 4141-11.

SECTION 3. Conditions d'exécution du travail

Art. R. 4141-13. La formation à la sécurité relative aux conditions d'exécution du travail a pour objet d'enseigner au travailleur, à partir des risques auxquels il est exposé :

1° Les comportements et les gestes les plus sûrs en ayant recours, si possible, à des démonstrations ;

2° Les modes opératoires retenus s'ils ont une incidence sur sa sécurité ou celle des autres travailleurs ;

3° Le fonctionnement des dispositifs de protection et de secours et les motifs de leur emploi.

Art. R. 4141-14. La formation à la sécurité relative aux conditions d'exécution du travail s'intègre à la formation ou aux instructions professionnelles que reçoit le travailleur.

Elle est dispensée sur les lieux du travail ou, à défaut, dans les conditions équivalentes.

Art. R. 4141-15. En cas de création ou de modification d'un poste de travail ou de technique exposant à des risques nouveaux et comprenant l'une des tâches ci-dessous énumérées, le travailleur bénéficie, s'il y a lieu, après analyse par l'employeur des nouvelles conditions de travail, d'une formation à la sécurité sur les conditions d'exécution du travail :

1° Utilisation de machines, portatives ou non ;

2° Manipulation ou utilisation de produits chimiques ;

3° Opérations de manutention ;

4° Travaux d'entretien des matériels et installations de l'établissement ;

5° Conduite de véhicules, d'appareils de levage ou d'engins de toute nature ;

6° Travaux mettant en contact avec des animaux dangereux ;

7° Opérations portant sur le montage, le démontage ou la transformation des échafaudages ;

8° Utilisation des techniques d'accès et de positionnement au moyen de cordes.

Art. R. 4141-16. En cas de changement de poste de travail ou de technique, le travailleur exposé à des risques nouveaux ou affecté à l'une des tâches définies à l'article R. 4141-15 bénéficie de la formation à la sécurité prévue par ce même article.

Cette formation est complétée, s'il y a modification du lieu de travail, par une formation relative aux conditions de circulation des personnes.

SECTION 4. Conduite à tenir en cas d'accident ou de sinistre

Art. R. 4141-17. La formation à la sécurité sur les dispositions à prendre en cas d'accident ou de sinistre a pour objet de préparer le travailleur à la conduite à tenir lorsqu'une personne est victime d'un accident ou d'une intoxication sur les lieux du travail.

Art. R. 4141-18. Le travailleur affecté à l'une des tâches énumérées à l'article R. 4141-15 bénéficie d'une formation à la conduite à tenir en cas d'accident ou de sinistre.

Art. R. 4141-19. Lors d'un changement de poste de travail ou de technique, le travailleur exposé à des risques nouveaux ou affecté à l'une des tâches définies à l'article R. 4141-15 bénéficie d'une formation à la sécurité relative à la conduite à tenir en cas d'accident ou de sinistre.

Art. R. 4141-20. La formation à la sécurité sur les dispositions à prendre en cas d'accident ou de sinistre est dispensée dans le mois qui suit l'affectation du travailleur à son emploi.

CHAPITRE II

Formations et mesures d'adaptation particulières

Art. L. 4142-1. En fonction des risques constatés, des actions particulières de formation à la sécurité sont conduites dans certains établissements avec le concours, le cas échéant, des organismes professionnels d'hygiène, de sécurité et des conditions de travail prévus à l'article L. 4643-1 et des services de prévention des caisses régionales d'assurance maladie.

Art. L. 4142-2. Les salariés titulaires d'un contrat de travail à durée déterminée et les salariés temporaires affectés à des postes de travail présentant des risques particuliers pour leur santé ou leur sécurité bénéficient d'une formation renforcée à la sécurité, dans les conditions prévues à l'article L. 4154-2.

Par dérogation aux dispositions de l'article L. 4141-4, le financement de ces actions de formation est à la charge de l'entreprise utilisatrice.

Art. L. 4142-3. Dans les établissements comprenant au moins une installation figurant sur la liste prévue au IV de l'article L. 515-8 du code de l'environnement ou mentionnée à ***(Ord. 2011-91 du 20 janv. 2011, art. 11, JO 25, entrée en vigueur le 01.03.2011)*** « l'article L. 211-2 du code minier », l'employeur définit et met en œuvre une formation aux risques des chefs d'entreprises extérieures et de leurs salariés ainsi que des travailleurs indépendants qu'il accueille, dans les conditions prévues à l'article L. 4522-2.

Par dérogation aux dispositions de l'article L. 4141-4, le financement de ces actions de formation est à la charge de l'entreprise utilisatrice.

Art. L. 4142-4. Toute modification apportée au poste de travail pour des raisons de sécurité, qui entraînerait une diminution de la productivité, est suivie d'une période d'adaptation de deux semaines au moins pendant laquelle tout mode de rémunération au rendement est interdit. La rémunération est établie sur la moyenne des deux semaines précédant la modification.

CHAPITRE III

Consultation des représentants du personnel

Art. L. 4143-1. Le comité d'entreprise ou, à défaut, les délégués du personnel et le comité d'hygiène, de sécurité et des conditions de travail sont consultés sur les programmes de formation et veillent à leur mise en œuvre effective.

Ils sont également consultés :

1° Sur le programme et les modalités pratiques de la formation renforcée des salariés titulaires d'un contrat de travail à durée déterminée et des salariés temporaires affectés à des postes de travail présentant des risques particuliers, prévue à l'article L. 4142-2 ainsi que sur les conditions d'accueil de ces salariés à ces postes ;

2° Sur la formation prévue à l'article L. 4142-3 dans les établissements comprenant une installation figurant sur la liste prévue au IV de l'article L. 515-8 du code de l'environnement ou mentionnée à ***(Ord. 2011-91 du 20 janv. 2011, art. 11, JO 25, entrée en vigueur le 01.03.2011)*** « l'article L. 211-2 du code minier ».

Note Les dispositions du code du travail (L. 231-3-2 devenu L. 4141-3) permettant d'exclure, en fonction du nombre de salariés, une certaine catégorie d'entreprises de l'obligation d'information des travailleurs sur les risques pour leur santé et leur sécurité incombant à l'employeur ne sont pas conformes aux prescriptions de l'article 10, § 1, de la directive 89/391/CEE. En ne prenant pas, dans le délai prescrit, toutes les dispositions législatives, réglementaires et administratives nécessaires pour se conformer à l'article 10, § 1, de la directive 89/391/CEE du Conseil, du 12 juin 1989, concernant la mise en œuvre de mesures visant à promouvoir l'amélioration de la sécurité et de la santé des travailleurs au travail, la République française a manqué aux obligations qui lui incombent en vertu de cette directive (CJCE 5 juin 2008, aff. C-226/06, rec. p. I-86 ; JOUE C 183/2 du 19.07.2008 ; *RJS* 10/08 n° 1053).

Art. R. 4143-1. Le comité d'hygiène, de sécurité et des conditions de travail participe à la préparation des formations à la sécurité.

Art. R. 4143-2. Lors de la consultation annuelle sur la formation professionnelle prévue à l'article L. 2323-33, l'employeur informe le comité d'entreprise des formations à la sécurité menées au cours de l'année écoulée en faisant ressortir le montant des sommes imputées sur la participation au développement de la formation professionnelle continue, conformément au second alinéa de l'article L. 4141-4.

Dans les entreprises de plus de trois cents salariés, un rapport détaillé est remis au comité, ainsi qu'un programme des actions de formation à la sécurité proposées pour l'année à venir au bénéfice des nouveaux embauchés, des travailleurs changeant de poste ou de technique et des salariés temporaires.

Note N'a pas légalement justifié sa décision la cour d'appel qui, pour déclarer non établi le délit d'entrave pour défaut d'information relatif à la formation à la sécurité des travailleurs temporaires, a retenu qu'il existait une commission de concertation composée de représentants du comité d'entreprise et chargée d'étudier le plan de formation alors qu'elle avait constaté que l'information ne répondait pas aux exigences de l'article R. 231-45 (ancien) CT (cass. crim. 19 juin 2001, n° 00-80.489, B. crim. n° 150).

TITRE V

DISPOSITIONS PARTICULIÈRES À CERTAINES CATÉGORIES DE TRAVAILLEURS

CHAPITRE Ier

Champ d'application

Art. L. 4151-1. Les dispositions du présent titre sont applicables aux employeurs de droit privé ainsi qu'aux travailleurs.

Elles sont également applicables :

1° Aux établissements mentionnés aux 1° à 3° de l'article L. 4111-1 ;

2° Aux mines et carrières ainsi qu'à leurs dépendances ;

3° Aux entreprises de transports dont le personnel est régi par un statut.

CHAPITRE II

Femmes enceintes, venant d'accoucher ou allaitant

Art. L. 4152-1. Il est interdit d'employer les femmes enceintes, venant d'accoucher ou allaitant à certaines catégories de travaux qui, en raison de leur état, présentent des risques pour leur santé ou leur sécurité.

Ces catégories de travaux sont déterminées par voie réglementaire.

Note Voir notamment décret 96-364 du 30 avril 1996 (JO 2 mai) interdisant d'affecter des femmes enceintes à des travaux les exposant au plomb et à certains travaux en milieu hyperbare.

Art. L. 4152-2. Conformément aux dispositions des articles L. 1225-12 et suivants, l'employeur propose à la salariée en état de grossesse médicalement constatée, venant d'accoucher ou allaitant, qui occupe un poste l'exposant à des risques déterminés par voie réglementaire, un autre emploi compatible avec son état de santé.

[Dispositions réglementaires]

SECTION 1. Dispositions générales

Art. R. 4152-1. Les femmes enceintes ainsi que les mères dans les six mois qui suivent leur accouchement et pendant la durée de leur allaitement bénéficient, conformément à l'article R. 4624-19, d'une surveillance médicale renforcée.

Art. R. 4152-2. Indépendamment des dispositions relatives à l'allaitement prévues par les articles L. 1225-31 et R. 4152-13 et suivants, les femmes enceintes ou allaitant doivent pouvoir se reposer en position allongée, dans des conditions appropriées.

SECTION 2. Travaux exposant à des agents biologiques

Art. D. 4152-3. Lorsque les résultats de l'évaluation des risques à des agents biologiques pathogènes révèlent l'existence d'un risque d'exposition au virus de la rubéole ou au toxoplasme, il est interdit d'exposer une femme enceinte, sauf si la preuve existe que cette dernière est suffisamment protégée contre ces agents par son état d'immunité.

L'employeur prend, après avis du médecin du travail, les mesures nécessaires au respect de cette interdiction.

SECTION 3. Travaux exposant aux rayonnements ionisants

Art. D. 4152-4. Les travailleurs exposés à des rayonnements ionisants sont informés des effets potentiellement néfastes de l'exposition aux rayonnements sur l'embryon, en particulier lors du début de la grossesse, et sur le fœtus.

Cette information sensibilise les femmes quant à la nécessité de déclarer le plus précocement possible leur état de grossesse et porte à leur connaissance les mesures d'affectation temporaire prévues à l'article L. 1225-7 et les dispositions protectrices prévues par la présente section.

Art. D. 4152-5. Lorsque, dans son emploi, la femme enceinte est exposée à des rayonnements ionisants, l'exposition de l'enfant à naître est, pendant le temps qui s'écoule entre la déclaration de grossesse et l'accouchement, aussi faible que raisonnablement possible, et en tout état de cause inférieur à 1 mSv.

Art. D. 4152-6. Conformément aux ***(D. 2010-750 du 2 juil. 2010, JO 4)*** « articles R. 4451-45 et R. 4451-49 », la femme enceinte ne peut être affectée à des travaux requérant un classement en catégorie A et sa formation tient compte des règles particulières qui lui sont applicables.

Art. D. 4152-7. Il est interdit d'affecter ou de maintenir une femme allaitant à un poste de travail comportant un risque d'exposition interne à des rayonnements ionisants.

SECTION 4. Utilisation d'équipements de travail

Art. D. 4152-8. Il est interdit d'employer une femme enceinte ou allaitant aux travaux à l'aide d'engins du type marteau-piqueur mus à l'air comprimé.

SECTION 5. Travaux exposant aux agents chimiques dangereux

Art. D. 4152-9. Il est interdit d'employer une femme enceinte ou allaitant aux travaux suivants et de les [l'] admettre de manière habituelle dans les locaux affectés à ces travaux :

1° Préparation et conditionnement des esters thiophosphoriques ;

2° Emploi du mercure et de ses composés aux travaux de secrétage dans l'industrie de la couperie de poils.

Art. D. 4152-10. Il est interdit d'affecter ou de maintenir les femmes enceintes et les femmes allaitant à des postes de travail les exposant aux agents chimiques suivants :

1° Agents classés toxiques pour la reproduction de catégorie 1 ou 2 ;

2° Benzène ;

3° Dérivés suivants des hydrocarbures aromatiques :

a) Dérivés nitrés et chloronitrés des hydrocarbures benzoniques ;

b) Dinitrophénol ;

c) Aniline et homologues, benzidine et homologues, naphtylamines et homologues.

Toutefois, l'interdiction relative aux dérivés des hydrocarbures aromatiques ne s'applique pas lorsque les opérations sont réalisées en appareils clos en marche normale.

Art. D. 4152-11. L'employeur informe les femmes sur les effets potentiellement néfastes de l'exposition à certaines substances chimiques sur la fertilité, l'embryon, le fœtus ou l'enfant dans les conditions prévues à l'article R. 4412-89.

SECTION 6. Manutention des charges

Art. D. 4152-12. L'usage du diable pour le transport de charges est interdit à la femme enceinte.

SECTION 7. Local dédié à l'allaitement

Art. R. 4152-13. Le local dédié à l'allaitement prévu à l'article L. 1225-32 est :

1° Séparé de tout local de travail ;

2° Aéré et muni de fenêtres ou autres ouvrants à châssis mobiles donnant directement sur l'extérieur ;

3° Pourvu d'un mode de renouvellement d'air continu ;

4° Convenablement éclairé ;

5° Pourvu d'eau en quantité suffisante ou à proximité d'un lavabo ;

6° Pourvu de sièges convenables pour l'allaitement ;

7° Tenu en état constant de propreté. Le nettoyage est quotidien et réalisé hors de la présence des enfants ;

8° Maintenu à une température convenable dans les conditions hygiéniques.

Art. R. 4152-14. Dans les établissements soumis à des dispositions particulières en matière de santé et sécurité au travail, le local dédié à l'allaitement est séparé de tout local affecté à des travaux pour lesquels ont été édictées ces dispositions particulières.

Cette séparation est telle que le local est protégé contre les risques qui ont motivé ces dispositions.

Art. R. 4152-15. Les enfants ne peuvent séjourner dans le local dédié à l'allaitement que pendant le temps nécessaire à l'allaitement.

Aucun enfant atteint ou paraissant atteint d'une maladie contagieuse ne doit être admis dans ce local.

Des mesures sont prises contre tout risque de contamination.

L'enfant qui, après admission, paraît atteint d'une maladie contagieuse ne doit pas être maintenu dans le local.

Art. R. 4152-16. Le local dédié à l'allaitement a une surface suffisante pour pouvoir abriter un nombre d'enfants de moins d'un an, compte tenu du nombre de femmes employées dans l'établissement.

Art. R. 4152-17. Le local dédié à l'allaitement a une hauteur de trois mètres au moins sous plafond. Il a au moins, par enfant, une superficie de trois mètres carrés.

Un même local ne peut pas contenir plus de douze berceaux. Toutefois, lorsque le nombre des enfants vient à dépasser ce maximum, le ***(D. 2009-1377 du 10 nov. 2009, JO 13 ; D. 2010-687 du 24 juin 2010, JO 25 ; voir D. 2010-1582 du 17 déc. 2010, JO 18, pour outre-mer)*** « directeur régional des entreprises, de la concurrence, de la consommation, du travail et de l'emploi » peut en autoriser provisoirement le dépassement.

Lorsqu'il y a plusieurs salles, celles-ci sont desservies par un vestibule.

Art. R. 4152-18. Le local dédié à l'allaitement ne comporte pas de communication directe avec des cabinets d'aisance, égouts, puisards.

Il est maintenu à l'abri de toute émanation nuisible.

Art. R. 4152-19. Les revêtements des sols et des parois du local dédié à l'allaitement permettent un entretien efficace et sont refaits chaque fois que la propreté l'exige.

Art. R. 4152-20. L'employeur fournit pour chaque enfant un berceau et un matériel de literie.

Il fournit également du linge en quantité suffisante pour que les enfants puissent être changés aussi souvent que nécessaire.

Le matériel et les effets sont tenus constamment en bon état d'entretien et de propreté.

Pendant la nuit, tous les objets dont se compose la literie sont disposés de manière à être aérés.

Art. R. 4152-21. Le local dédié à l'allaitement est tenu exclusivement par du personnel qualifié en nombre suffisant.

Ce personnel se tient dans un état de propreté rigoureuse.

Art. R. 4152-22. Il est tenu :

1° Un registre sur lequel sont inscrits les nom, prénoms et la date de naissance de chaque enfant, les nom, adresse et profession de la mère, la date de l'admission, la constatation des vaccinations, l'état de l'enfant au moment de l'admission et, s'il y a lieu, au moment des réadmissions ;

2° Un registre sur lequel sont mentionnés nominativement les enfants présents chaque jour.

Art. R. 4152-23. Le local dédié à l'allaitement est surveillé par un médecin désigné par l'employeur.

Ce dernier fait connaître à l'inspecteur du travail le nom et l'adresse de ce médecin.

Le médecin visite le local au moins une fois par semaine. Il consigne ses observations sur le registre prévu au 2° de l'article R. 4152-22.

Un règlement intérieur signé par le médecin est affiché à l'entrée du local.

Art. R. 4152-24. Le local dédié à l'allaitement est équipé de moyens de réchauffer les aliments. Ces derniers sont conformes aux prescriptions réglementaires prévues pour les établissements et services d'accueil des enfants de moins de six ans.

Art. R. 4152-25. Des mesures sont prises pour qu'aucune personne pouvant constituer une cause de contamination n'ait accès au local dédié à l'allaitement.

Art. R. 4152-26. Personne ne doit passer la nuit dans le local dédié à l'allaitement où les enfants passent la journée.

Art. R. 4152-27. L'eau du local dédié à l'allaitement est à température réglable. Des moyens de nettoyage et de séchage appropriés sont mis à disposition.

Le matériel et les effets sont tenus constamment en bon état d'entretien et de propreté.

Art. R. 4152-28. La rémunération du médecin et du personnel du local dédié à l'allaitement ainsi que la fourniture et l'entretien du matériel et des effets énumérés aux articles R. 4152-20 et R. 4152-27 sont à la charge de l'employeur.

Aucune contribution ne peut être réclamée aux mères dont les enfants fréquentent le local.

(D. 2011-45 du 11 janv. 2011, JO 13)

SECTION 8. Interventions et travaux en milieu hyperbare

Art. D. 4152-29. Il est interdit d'affecter ou de maintenir les femmes enceintes à des postes de travail exposant à une pression relative supérieure à 100 hectopascals.

[Sanctions pénales]

Art. L. 4743-1. En cas d'infraction aux dispositions relatives au travail des jeunes et des femmes enceintes, venant d'accoucher ou allaitant, l'affichage du jugement peut, suivant les circonstances et en cas de récidive seulement, être ordonné par la juridiction.

La juridiction peut également ordonner, dans le même cas, l'insertion du jugement, aux frais du contrevenant, dans un ou plusieurs journaux du département.

Art. R. 4743-1. Le fait d'employer une femme enceinte, venant d'accoucher ou allaitant à des travaux interdits, en méconnaissance de l'article L. 4152-1 et des décrets pris pour son application, est puni de l'amende prévue pour les contraventions de la cinquième classe.

La récidive est réprimée conformément aux articles 132-11 et 132-15 du code pénal.

Art. R. 4743-2. Le fait de méconnaître les dispositions des articles R. 4152-13 à R. 4152-28, relatives au local dédié à l'allaitement, est puni de l'amende prévue pour les contraventions de la cinquième classe, prononcée autant de fois qu'il y a de travailleurs concernés par l'infraction.

La récidive de la contravention prévue au présent article est réprimée conformément aux articles 132-11 et 132-15 du code pénal.

En cas de pluralité de contraventions entraînant les peines de la récidive, l'amende est appliquée autant de fois qu'il a été relevé de nouvelles infractions.

CHAPITRE III

Jeunes travailleurs

SECTION 1. Âge d'admission

Art. L. 4153-1. Il est interdit d'employer des travailleurs de moins de seize ans, sauf s'il s'agit :

1° De mineurs de quinze ans et plus titulaires d'un contrat d'apprentissage, dans les conditions prévues à l'article L. 6222-1 ;

2° D'élèves de l'enseignement général lorsqu'ils font des visites d'information organisées par leurs enseignants ou, durant les deux dernières années de leur scolarité obligatoire, lorsqu'ils suivent ***(L. 2011-893 du 28 juil. 2011, art. 16, JO 29)*** « des périodes d'observation mentionnées à l'article L. 332-3-1 du code de l'éducation ou » des séquences d'observation et selon des modalités déterminées par décret ;

3° D'élèves qui suivent un enseignement alterné ou un enseignement professionnel durant les deux dernières années de leur scolarité obligatoire, lorsqu'ils accomplissent des stages d'initiation, d'application ou des périodes de formation en milieu professionnel selon des modalités déterminées par décret.

Note • « La loi 2000-37 du 19 janvier 2000 clarifie la question de l'applicabilité des règles légales en matière de durée du travail aux jeunes effectuant des stages ou des périodes en entreprise en dehors d'un contrat ou d'une relation de travail. » L'ordonnance 2001-174 du 22 février 2001 (JO 24) « donne un fondement légal assuré à la pratique des stages en entreprise tels que les visites d'information ou les stages d'observation en entreprise effectués notamment par les élèves de troisième. Cette sécurisation législative s'avère nécessaire compte tenu des contentieux locaux nés d'une interprétation stricte de l'article L. 211-1 (ancien) interdisant tout emploi de jeunes à quelque titre que ce soit. Elle impose l'existence d'une convention entre l'établissement scolaire ou l'établissement de formation et l'entreprise. »

Le décret 2003-812 du 26 août 2003, JO 29 (voir c. éduc., partie III) précise les modalités d'accueil en milieu professionnel d'élèves mineurs de moins de 16 ans. Il faut différencier les stages d'initiation, les stages d'application en milieu professionnel et les visites d'information ou les séquences d'observation. Voir aussi circulaire 2003-134 du 8 septembre 2003 (BO EN 34, 18 sept. 2003) et rép. QE 35206, JO AN 6 juillet 2004, p. 5130.

• Pour l'application des dispositions du 1° et 2° du I de l'article L. 4153-1 CT, voir décret 2007-126 du 29 janvier 2007 (JO 31) relatif aux modalités d'accueil en milieu professionnel des élèves de l'enseignement et de la formation professionnelle agricoles (c. rural et de la pêche maritime art. R. 715-1 à R. 715-1-5).

• Les stages en entreprise ne relevant ni de l'article L. 4153-1 CT, ni de la formation professionnelle tout au long de la vie telle que définie par la sixième partie du même code font l'objet entre le stagiaire, l'entreprise d'accueil et l'établissement d'enseignement d'une convention dont les modalités sont déterminées par décret.

Ces stages sont intégrés à un cursus pédagogique scolaire ou universitaire selon des modalités définies par décret.

Ils ne peuvent pas avoir pour objet l'exécution d'une tâche régulière correspondant à un poste de travail permanent de l'entreprise (art. L. 612-8 c. éduc.). Sur la durée des stages en entreprises, voir art. L. 612-9 à 11 c. éduc. rapportés dans TNC, rubrique « Stages en entreprise ».

• Le décret 2010-661 du 15 juin 2010 relatif à la prise en charge du tutorat des jeunes embauchés ou stagiaires, et notamment son article 1er, ouvre la possibilité, pour les employeurs, de déduire les dépenses de tutorat (rémunération des tuteurs) des sommes prélevées au titre de la participation des employeurs au développement de la formation professionnelle continue dans le cadre du plan de formation. Par ailleurs, ces dépenses exonératoires sont imputables à hauteur d'un plafond de 230 € par mois et par stagiaire, et pour une durée maximale de trois mois. Cette mesure va bénéficier aux jeunes stagiaires âgés de moins de 26 ans. Ce dispositif s'applique à la fois aux stages régis par l'article L. 4153-1 CT et aux stages visés par l'article 9 de la loi 2006-396 du 31 mars 2006 pour l'égalité des chances. Il concerne les dépenses engagées par les employeurs avant le 31 décembre 2011 (voir rép. QE 77611, JO AN du 7 sept. 2010, p. 9730).

• Voir aussi décret 2010-1780 du 31 décembre 2010 (JO 1er janv. 2011) instaurant un dispositif d'initiation aux métiers en alternance (c. éduc. art. D. 337-172 à 182) et décret 2012-222 du 15 février 2012, JO 17, relatif aux dispositifs d'alternance personnalisés durant les 2 derniers niveaux de l'enseignement au collège).

• Des périodes d'observation en entreprise d'une durée maximale d'une semaine peuvent être proposées durant les vacances scolaires aux élèves des deux derniers niveaux de l'enseignement des collèges ou aux élèves des lycées, en vue de l'élaboration de leur projet d'orientation professionnelle. Dans l'exercice de leurs compétences, les chambres consulaires apportent leur appui à l'organisation de ces périodes (c. éduc. art. L. 332-3-1 issu de la loi 2011-893 du 28 juillet 2011, art. 15).

Art. L. 4153-2. Dans les cas prévus aux 2° et 3° de l'article L. 4153-1, une convention est passée entre l'établissement d'enseignement dont relève l'élève et l'entreprise.

Aucune convention ne peut être conclue avec une entreprise pour l'admission ou l'emploi d'un élève dans un établissement lorsque les services de contrôle ont établi que les conditions de travail sont de nature à porter atteinte à la sécurité, à la santé ou à l'intégrité physique ou morale des personnes qui y sont présentes.

Art. L. 4153-3. Les dispositions de l'article L. 4153-1 ne font pas obstacle à ce que les mineurs de plus de quatorze ans soient autorisés pendant leurs vacances scolaires à exercer des travaux adaptés à leur âge, à condition de leur assurer un repos effectif d'une durée au moins égale à la moitié de chaque période de congés.

Les modalités d'application de ces dispositions sont déterminées par décret.

Art. L. 4153-4. L'inspecteur du travail peut à tout moment requérir un examen médical d'un jeune travailleur âgé de quinze ans et plus pour constater si le travail dont il est chargé excède ses forces.

Dans ce cas, l'inspecteur du travail peut exiger son renvoi de l'établissement.

Les conditions d'application du présent article sont déterminées par décret.

Art. L. 4153-5. Les dispositions des articles L. 4153-1 à L. 4153-3 ne sont pas applicables dans les établissements où ne sont employés que les membres de la famille sous l'autorité soit du père, soit de la mère, soit du tuteur, sous réserve qu'il s'agisse de travaux occasionnels ou de courte durée, ne pouvant présenter des risques pour leur santé ou leur sécurité.

La liste de ces travaux est déterminée par décret.

Note Cet article assure la transposition de la directive 94/33/CE du 22 juin 1994 relative à la protection des jeunes au travail modifiée (JOCE L 216/12 du 20.08.1994 ; « Code annoté européen du travail », *Groupe Revue Fiduciaire*, éd. 2010, p. 545). La loi pose en effet le principe de l'interdiction des travaux nuisibles, préjudiciables ou dangereux pour les jeunes concernés par le travail familial, à charge pour le pouvoir réglementaire de procéder, par décret en Conseil d'État, à l'identification de ces travaux (rapport au Président de la République relatif à l'ordonnance 2001-174 du 22 février 2001).

Art. L. 4153-6. Il est interdit d'employer ou de recevoir en stage des mineurs dans les débits de boissons à consommer sur place. Cette interdiction ne s'applique pas au conjoint du débitant et de ses parents et alliés jusqu'au quatrième degré inclusivement.

Dans les débits de boissons agréés, cette interdiction ne s'applique pas aux mineurs de plus de seize ans s'ils bénéficient d'une formation comportant une ou plusieurs périodes accomplies en entreprise leur permettant d'acquérir une qualification professionnelle sanctionnée par un diplôme ou un titre à finalité professionnelle enregistré dans le répertoire national des certifications professionnelles dans les conditions prévues au II de l'article L. 335-6 du code de l'éducation.

L'agrément est accordé, refusé, non renouvelé ou retiré dans des conditions déterminées par décret en Conseil d'État.

Art. L. 4153-7. Il est interdit aux père, mère, tuteurs ou employeurs, et généralement à toute personne ayant autorité sur un enfant ou en ayant la garde, de le placer sous la conduite de vagabonds, de personnes sans moyens de subsistance ou se livrant à la mendicité.

Sous-section 1. Emploi pendant les vacances scolaires

Art. D. 4153-1. Les dispositions de la présente sous-section s'appliquent aux mineurs âgés de quatorze à moins de seize ans susceptibles de travailler pendant les vacances scolaires en application de l'article L. 4153-3.

Art. D. 4153-2. L'emploi du mineur est autorisé uniquement pendant les périodes de vacances scolaires comportant au moins quatorze jours ouvrables ou non.

Art. D. 4153-3. La durée du travail du mineur ne peut excéder trente-cinq heures par semaine ni sept heures par jour.

Sa rémunération ne peut être inférieure au salaire minimum de croissance, compte tenu d'un abattement au plus égal à 20 %.

Art. D. 4153-4. L'emploi du mineur ne peut être autorisé que pour des travaux qui n'entraînent, eu égard à l'âge de l'intéressé, aucune fatigue anormale, tant à raison de la nature des tâches à accomplir qu'à raison des conditions dans lesquelles elles doivent être accomplies.

Il est notamment interdit d'employer l'intéressé à des travaux répétitifs ou accomplis dans une ambiance ou à un rythme leur conférant une pénibilité caractérisée.

Art. D. 4153-5. L'employeur qui envisage d'employer un mineur adresse une demande écrite à l'inspecteur du travail au moins quinze jours avant la date prévue d'embauche.

La demande comporte :
1° Les nom, prénoms, âge et domicile de l'intéressé ;
2° La durée du contrat de travail ;
3° La nature et les conditions de travail envisagées ;
4° L'horaire de travail ;
5° Le montant de la rémunération ;
6° L'accord écrit et signé du représentant légal de l'intéressé.

Art. R. 4153-6. Lorsque l'inspecteur du travail n'a pas adressé de refus motivé à l'embauche d'un mineur, dans un délai de huit jours francs à compter de l'envoi de la demande de l'employeur, l'autorisation est réputée accordée. Le cachet de la poste fait foi.

Lorsque dans ce même délai, l'inspecteur du travail a conditionné son autorisation à une ou plusieurs modifications ou adjonctions dans le libellé de la demande, cette décision vaut autorisation d'embauche, sous réserve que l'employeur respecte, dans l'exécution du contrat, les obligations résultant des modifications ou adjonctions demandées.

Art. D. 4153-7. L'autorisation de l'inspecteur du travail peut être retirée à tout moment s'il est constaté que le mineur est employé soit dans des conditions non conformes à l'autorisation, soit en méconnaissance des dispositions du présent code.

Sous-section 2. Agrément des débits de boisson

Art. R. 4153-8. L'agrément du débit de boissons prévu à l'article L. 4153-6 est délivré à l'exploitant par le préfet, pour une durée de cinq ans renouvelable, après vérification que les conditions d'accueil du jeune travailleur sont de nature à assurer sa santé, sa sécurité et son intégrité physique ou morale.

Le préfet recueille l'avis du directeur départemental des affaires sanitaires et sociales.

Note Voir note en début de code sur la réforme de l'administration territoriale de l'État.

Art. R. 4153-9. Le silence gardé pendant plus de deux mois sur une demande d'agrément vaut décision de rejet.

Art. R. 4153-10. À l'issue de la période de cinq ans, l'exploitant agréé forme une nouvelle demande d'agrément, instruite dans les mêmes conditions que la première demande.

Art. R. 4153-11. En cas de changement d'exploitant du débit de boissons, la demande d'agrément est renouvelée.

Art. R. 4153-12. Le préfet peut retirer ou suspendre l'agrément lorsque les conditions requises pour l'accueil du mineur ne sont plus de nature à assurer sa santé, sa sécurité et son intégrité physique ou morale.

Sous-section 3. Contrôle

Art. D. 4153-13. Pour l'application des dispositions du présent chapitre, l'employeur justifie, à la demande de l'inspection du travail, de la date de naissance de chaque travailleur âgé de moins de dix-huit ans qu'il emploie.

Sous-section 4. Décision de renvoi par l'inspecteur du travail

Art. D. 4153-14. La décision de l'inspecteur du travail de renvoyer de l'établissement un jeune travailleur de quinze ans et plus, en application de l'article L. 4153-4, est prise sur avis conforme du médecin inspecteur du travail ou d'un médecin désigné par le médecin inspecteur du travail et, si les parents le demandent, après examen contradictoire.

SECTION 2. Travaux interdits

Art. L. 4153-8. Il est interdit d'employer des travailleurs de moins de dix-huit ans à certaines catégories de travaux les exposant à des risques pour leur santé, leur sécurité, leur moralité ou excédant leurs forces.

Ces catégories de travaux sont déterminées par voie réglementaire.

Sous-section 1. Travaux portant atteinte aux bonnes mœurs et à la moralité

Art. D. 4153-15. Il est interdit d'employer des jeunes travailleurs âgés de moins de dix-huit ans à la confection, à la manutention et à la vente d'écrits, imprimés, affiches, dessins, gravures, peintures, emblèmes, images ou autres objets dont la vente, l'offre, l'exposition, l'affichage ou la distribution sont réprimés par les lois pénales comme contraires aux bonnes mœurs.

Note La nature ou l'exercice des missions de service civique ne peuvent exposer les personnes mineures aux risques et activités mentionnés aux articles D. 4153-15 à D. 4153-40 CT (décret 2011-1004 du 24 août 2011, JO 26).

Art. D. 4153-16. Il est interdit d'employer des jeunes travailleurs âgés de moins de seize ans dans les locaux où sont confectionnés, manutentionnés ou vendus des écrits, imprimés, affiches, gravures, peintures, emblèmes, images ou autres objets qui, même s'ils ne sont pas réprimés par des lois pénales, sont de nature à blesser leur moralité.

Sous-section 2. Travaux à l'extérieur

Art. D. 4153-17. Il est interdit d'employer des jeunes travailleurs âgés de moins de seize ans aux étalages extérieurs des commerces de détail.

Art. D. 4153-18. Il est interdit d'employer des jeunes travailleurs âgés de moins de dix-huit ans aux étalages extérieurs des commerces de détail après vingt heures ou lorsque la température est inférieure à 0° C.

Art. D. 4153-19. Les jeunes travailleurs âgés de moins de dix-huit ans ne peuvent être employés aux étalages extérieurs des commerces de détail pendant plus de six heures par jour et pendant plus de deux heures consécutives. Chaque période de deux heures est séparée par des intervalles d'une heure au moins.

En cas de froid, des moyens de chauffage suffisants sont aménagés pour les intéressés à l'intérieur de l'établissement.

Sous-section 3. Utilisation d'équipements de travail

Art. D. 4153-20. Il est interdit d'employer des jeunes travailleurs âgés de moins de seize ans de façon continue au travail des métiers dits « à la main » et des presses de toute nature mues par l'opérateur.

Art. D. 4153-21. Il est interdit d'employer les jeunes travailleurs âgés de moins de dix-huit ans aux travaux suivants :

1° Réparation, en marche, d'équipements de travail ;

2° Opérations ou interventions de toute nature, en marche, telles que visites, vérifications, nettoyage, graissage, sur des équipements de travail comportant des organes en mouvement, à moins que des dispositifs appropriés ne les mettent à l'abri de tout contact avec ces organes ;

3° Travail des cisailles, presses de toute nature, outils tranchants, autres que ceux mus par la force de l'opérateur lui-même ;

4° Alimentation en marche des scies, machines à cylindres, broyeurs, malaxeurs, mus mécaniquement.

Art. D. 4153-22. Il est interdit d'employer les jeunes travailleurs de moins de dix-huit ans à la conduite de tracteurs agricoles ou forestiers non munis de dispositifs de protection contre le renversement ainsi que des moissonneuses-batteuses et autres machines à usage agricole comportant des fonctions ou mouvements multiples.

Art. L. 4153-8.

Art. D. 4153-23. Dans les établissements et exploitations agricoles, il est interdit d'employer les jeunes travailleurs de moins de seize ans :

1° À la conduite de tondeuses et d'engins automoteurs à essieu unique ;

2° Aux travaux dans les puits, conduites de gaz, canaux de fumée, cuves, réservoirs, citernes, fosses et galeries ;

3° Aux travaux d'élagage et d'éhoupage.

Art. D. 4153-24. Il est interdit d'employer les jeunes travailleurs âgés de moins de dix-huit ans aux travaux à l'aide d'engins du type marteau-piqueur mus à l'air comprimé et aux travaux de scellement à l'aide de pistolet à explosion.

Sous-section 4. Travaux exposant à des agents chimiques dangereux

Art. D. 4153-25. Il est interdit d'employer les jeunes travailleurs âgés de moins de seize ans au service des cuves, bassins, réservoirs ou récipients de toute nature contenant des liquides, gaz ou vapeurs inflammables, nocifs, toxiques ou corrosifs.

Art. D. 4153-26. Il est interdit d'employer les jeunes travailleurs âgés de moins de dix-huit ans aux travaux les exposant aux agents chimiques dangereux énumérés ci-dessous et de les admettre de manière habituelle dans les locaux affectés à ces travaux :

1° Acide cyanhydrique : fabrication et emploi industriel ;

2° Acide fluorhydrique : fabrication et utilisation directe au dépolissage du verre ;

3° Acide nitrique fumant : fabrication et manutention ;

4° Arsenic et ses composés oxygénés et sulfurés : fabrication, manipulation et emploi ;

5° Chlore : production et emploi dans la fabrication des hypochlorites ainsi que dans le blanchiment de la pâte à papier et de la cellulose ;

6° Esters thiophosphoriques : fabrication et conditionnement ;

7° Explosifs : fabrication et manipulation des engins, artifices ou objets divers en contenant ;

8° Mercure : travaux exposant aux vapeurs de mercure, et à ses composés ;

9° Méthyle : fabrication du bromure de méthyle, opérations de désinsectisation ou désinfection ;

10° Minerais sulfureux : grillage de ces minerais ;

11° Nitrocellulose : fabrication et utilisation à la préparation des produits nitrés qui en découlent, notamment celluloïde et collodion ;

12° Travaux exposant au plomb et à ses composés ;

13° Travaux suivants exposant à la silice libre :

a) Taille à la main, broyage, tamisage, sciage et polissage à sec de roches ou matières contenant de la silice libre ;

b) Démolition des fours industriels comportant des matériaux réfractaires contenant de la silice libre ;

c) Nettoyage, décapage et polissage au jet de sable, sauf lorsque ces travaux sont accomplis en système clos ;

d) Travaux de ravalement des façades au jet de sable ;

e) Nettoyage, ébarbage, roulage, décochage de pièces de fonderie ;

14° Tétrachloréthane : fabrication et emploi ;

15° Tétrachlorure de carbone : fabrication et emploi.

Art. D. 4153-27. Il est interdit d'employer les jeunes travailleurs âgés de moins de dix-huit ans aux travaux les exposant aux agents chimiques dangereux suivants :

1° Acétylène : surveillance des générateurs fixes d'acétylène ;

2° Acide sulfurique fumant ou oléum : fabrication et manutention ;

3° Anhydride chromique : fabrication et manutention ;

4° Benzène, sauf pour les besoins de leur formation professionnelle ;

5° Chlorure de vinyle monomère ;

6° Cyanures : manipulation ;

7° Hydrocarbures aromatiques : travaux exposant à l'action des dérivés suivants, sauf si les opérations sont faites en appareils clos en marche normale :

a) Dérivés nitrés et chloronitrés des hydrocarbures benzéniques, dinitrophénol ;

b) Aniline et homologues, benzidine et homologues, naphtylamines et homologues ;

8° Lithine : fabrication et manipulation ;
9° Lithium métal : fabrication et manipulation ;
10° Potassium métal : fabrication et manutention ;
11° Sodium métal : fabrication et manutention ;
12° Soude caustique : fabrication et manipulation.

Art. D. 4153-28. Il est interdit d'employer les jeunes travailleurs de moins de dix-huit ans :
1° Aux activités de retrait ou de confinement d'amiante ou de matériaux contenant de l'amiante, mentionnées à l'article R. 4412-114 ;
2° Aux activités et interventions susceptibles de provoquer l'émission de fibres d'amiante, mentionnées à l'article R. 4412-139, sur des flocages ou des calorifugeages contenant de l'amiante.

Sous-section 5. Travaux exposant à un risque électrique

Art. D. 4153-29. Il est interdit de laisser les jeunes travailleurs âgés de moins de dix-huit ans :
1° Accéder à toute zone d'un établissement ou chantier où ils pourraient entrer en contact avec des conducteurs nus sous tensions, excepté s'il s'agit d'installations à très basse tension, au sens et sous réserve des dispositions générales relatives à la protection des travailleurs dans les établissements qui mettent en œuvre des courants électriques ;
2° Accéder à des postes de production, de distribution et de transformation de basse et haute tension ;
3° Procéder à toute manœuvre d'appareils généraux de production ou d'alimentation d'un atelier ou d'un ensemble de machines ou d'appareils électriques, quelle que soit la catégorie de la tension mise en œuvre ;
4° Exécuter tous travaux de surveillance ou d'entretien intéressant des installations électriques dans lesquelles la tension dépasse 600 volts en courant continu et 250 volts en courant alternatif.

Sous-section 6. Travaux avec des appareils à pression et travaux en milieu hyperbare

Art. D. 4153-30. Il est interdit d'employer les jeunes travailleurs âgés de moins de seize ans au service des appareils de production, d'emmagasinage ou de mise en œuvre de gaz comprimés, liquéfiés ou dissous, soumis aux prescriptions du décret du 18 janvier 1943 portant règlement sur les appareils à pression de gaz.

Art. D. 4153-31. Il est interdit d'employer les jeunes travailleurs de moins de dix-huit ans au service des appareils à pression soumis aux prescriptions du décret du 2 avril 1926 portant règlement sur les appareils à vapeur autres que ceux placés à bord des bateaux.

Art. D. 4153-32. Il est interdit d'employer les jeunes travailleurs âgés de moins de dix-huit ans aux travaux en milieu hyperbare.

Sous-section 7. Travaux exposant aux rayonnements ionisants

Art. D. 4153-33. Il est interdit d'employer les jeunes travailleurs de moins de dix-huit ans aux travaux susceptibles de les exposer à l'action des rayonnements ionisants et de les admettre de manière habituelle dans les locaux affectés à ces travaux.

Art. D. 4153-34. Les jeunes travailleurs âgés de seize à dix-huit ans autorisés lors de leur formation, dans les conditions prévues à l'article D. 4153-41, à être occupés à des travaux les exposant aux rayonnements ionisants ne peuvent recevoir au cours de douze mois consécutifs une dose efficace supérieure à 6 mSv ou des doses équivalentes supérieures aux valeurs suivantes :
1° 150 mSv pour les mains, les avant-bras, les pieds et les chevilles ;
2° 150 mSv pour la peau. Cette limite s'applique à la dose moyenne sur toute surface de 1 cm^2, quelle que soit la surface exposée ;
3° 45 mSv pour le cristallin.

Conformément aux ***(D. 2010-750 du 2 juil. 2010, JO 4)*** « articles R. 4451-45 et R. 4451-49 », ces travailleurs ne peuvent être affectés à des travaux requérant un classement en catégorie A et leur formation tient compte des règles particulières qui leur sont applicables.

Sous-section 8. Travaux au contact d'animaux

Art. D. 4153-35. Il est interdit d'employer les jeunes travailleurs âgés de moins de dix-huit ans aux travaux suivants et de les admettre de manière habituelle dans les locaux affectés à ces travaux :
1° Abattage des animaux dans les abattoirs, sauf pour les apprentis en dernière année ;
2° Travaux dans les ménageries d'animaux féroces ou venimeux.

Sous-section 9. Travaux du bâtiment et travaux publics

Art. D. 4153-36. Sauf dérogation prévue à l'article D. 4153-48, il est interdit d'employer les jeunes travailleurs âgés de moins de dix-huit ans, sur les chantiers de bâtiment et de travaux publics, ***(D. 2009-289 du 13 mars 2009, JO 15)*** « à des travaux en élévation.

Les travaux suivants sont également interdits : »
1° Travaux sur nacelles suspendues, échafaudages volants, échelles suspendues et plates-formes élévatrices sur mâts ou élévateurs à nacelle ;
2° Montage et démontage des échafaudages et de tous autres dispositifs de protection ;
3° Travaux de montage-levage en élévation ;
4° Montage et démontage d'appareils de levage ;
5° Conduite d'appareils de levage autres que les élévateurs guidés fonctionnant en cage close ;
6° Guidage au sol du conducteur des appareils de levage ;
7° Arrimage, accrochage ou réception des charges en élévation ;
8° Conduite des engins, véhicules de manutention et de terrassement ;
9° Ponçage et bouchardage de pierres dures ;
10° Travaux de démolition ;
11° Percement des galeries souterraines ;
12° Terrassement en fouilles étroites et profondes, boisage de fouilles et galeries, travaux d'étaiement ;
13° Travaux dans les égouts ;
14° Travaux au rocher, notamment perforation et abattage.

Sous-section 10. Travail du verre

Art. D. 4153-37. Sauf dérogation prévue à l'article D. 4153-49, il est interdit d'employer les jeunes travailleurs âgés de moins de seize ans au cueillage du verre dans les verreries automatiques et les jeunes travailleurs de moins de quinze ans dans les autres verreries.

Il est interdit d'employer les jeunes travailleurs de moins de seize ans au soufflage du verre dans les fabriques de verre creux.

Il est interdit d'employer les jeunes travailleurs de moins de dix-sept ans au cueillage et au soufflage du verre dans les fabriques de verre plat et à la conduite des machines dans les verreries mécaniques.

Le poids du verre mis en œuvre par les jeunes travailleurs de moins de dix-sept ans ne peut dépasser un kilogramme, sauf sur avis conforme du médecin du travail.

Sous-section 11. Travaux au contact du métal en fusion

Art. D. 4153-38. Il est interdit d'employer les jeunes travailleurs âgés de moins de dix-sept ans aux travaux de coulée des métaux en fusion et de les admettre de manière habituelle dans les locaux affectés à ces travaux.

Sous-section 12. Manutention des charges

Art. D. 4153-39. Il est interdit de laisser les jeunes travailleurs âgés de moins de dix-huit ans porter, traîner ou pousser des charges pesant plus de :
1° 15 kg pour un travailleur masculin de quatorze ou quinze ans ;
2° 20 kg pour un travailleur masculin de seize ou dix-sept ans ;
3° 8 kg pour un travailleur féminin de quatorze ou quinze ans ;
4° 10 kg pour un travailleur féminin de seize ou dix-sept ans.

Le transport sur brouettes est également interdit aux travailleurs de moins de dix-huit ans pour les charges supérieures à 40 kg, brouette comprise.

Art. D. 4153-40. L'usage du diable pour le transport de charges est interdit aux jeunes travailleurs âgés de moins de dix-huit ans.

SECTION 3. Travaux réglementés

Art. L. 4153-9. Par dérogation aux dispositions de l'article L. 4153-8, les travailleurs de moins de dix-huit ans ne peuvent être employés à certaines catégories de travaux mentionnés à ce même article que sous certaines conditions déterminées par voie réglementaire.

Sous-section 1. Dérogations accordées pour les élèves et apprentis

Note • Voir circ. DGT 4 du 1er février 2007 relative à la délivrance de la dérogation prévue aux articles D. 4153-41 à 46.

• L'inspection du travail ne saurait accorder de dérogation demandée par un service de l'État, une collectivité territoriale ou un établissement public administratif sur la base de cet article (R. 234-22) [D. 4153-41 à 46]. De telles dérogations ne peuvent relever que des textes et de leur application par les corps de contrôle spécifiques à ces services publics employeurs (rép. QE 11361, JO AN 30 juin 2003, p. 5130).

Art. D. 4153-41. Les jeunes travailleurs âgés de moins de dix-huit ans titulaires d'un contrat d'apprentissage, ainsi que les élèves préparant un diplôme de l'enseignement technologique ou professionnel, peuvent être autorisés à utiliser au cours de leur formation professionnelle les équipements de travail dont l'usage est interdit à la section 2.

Note Voir circulaire DGT-DGESCO-DGFAR-DGER 2007-10 du 25 octobre 2007 relative à l'âge minimal de délivrance de la dérogation prévue à l'article R. 234-22 [D. 4153-41 à 46] CT, pour les élèves inscrits en enseignement professionnel ou technologique (BO TR 2007/11).

Art. D. 4153-42. Il peut être également dérogé dans les formes et conditions prévues par la présente section aux interdictions prévues :

1° Aux articles D. 4153-26 et D. 4153-27 à l'exception du 5°, pour les travaux exposant à des agents chimiques dangereux ;

2° À l'article D. 4153-32, pour les travaux en milieu hyperbare ;

3° À l'article D. 4153-33, pour les travaux exposant aux rayonnements ionisants ;

4° À l'article D. 4153-35, pour les travaux au contact d'animaux ;

5° À l'article D. 4153-38, pour les travaux en [au] contact du métal en fusion.

Art. D. 4153-43. Les autorisations sont accordées par l'inspecteur du travail, après avis favorable du médecin du travail ou du médecin chargé de la surveillance des élèves.

Une autorisation du professeur ou du moniteur d'atelier est requise pour chaque emploi.

Art. R. 4153-44. La demande d'autorisation complète est adressée à l'inspecteur du travail par lettre recommandée avec avis de réception. Elle comporte l'avis favorable du médecin et du professeur ou du moniteur d'atelier responsable.

Le silence gardé par l'inspecteur du travail pendant un délai de deux mois vaut autorisation.

Note Dans le cadre de la transposition de la directive européenne 94/33/CE du 22 juin 1994 relative à la protection des jeunes au travail, il est envisagé de substituer à la procédure actuelle de décision préalable de l'inspection du travail une obligation à la charge de l'employeur et des formateurs de vérifier la conformité des matériels utilisés et de l'application des règles de sécurité, l'inspection du travail procédant à des contrôles du respect de ces obligations sur site (rép. QE 28478, JO AN 30 sept. 2008, p. 8456).

Art. D. 4153-45. Les autorisations accordées par l'inspecteur du travail sont renouvelables chaque année pour les élèves. Elles demeurent valables pour toute la durée du contrat pour les apprentis, en l'absence de modification des équipements de travail, des conditions de sécurité et de l'environnement de travail et sous réserve de l'envoi, chaque année, à l'inspecteur du travail d'un nouvel avis favorable du médecin du travail.

Art. L. 4153-9.

Elles sont révocables à tout moment si les conditions justifiant leur délivrance cessent d'être remplies.

Art. D. 4153-46. En cas d'autorisation d'utilisation des équipements de travail, des mesures sont prises pour assurer l'efficacité du contrôle exercé par le professeur ou le moniteur d'atelier.

Art. D. 4153-47. Les jeunes travailleurs munis du certificat d'aptitude professionnelle correspondant à l'activité qu'ils exercent peuvent participer aux travaux et être autorisés à utiliser les équipements de travail mentionnés à la section 2, sous réserve de l'avis favorable du médecin du travail.

Note Aux termes de cet article, les jeunes travailleurs munis du certificat d'aptitude professionnelle correspondant à l'activité qu'ils exercent ne peuvent être autorisés à utiliser les machines sur lesquelles, en vertu des articles R. 234-12 et s. (anciens), il est interdit de faire travailler les jeunes de moins de 18 ans que sous réserve de l'avis favorable du médecin du travail, machines au nombre desquelles figurent les presses de toute nature. N'est donc pas fondé l'arrêt de cour d'appel qui, pour débouter de sa demande d'indemnités un jeune salarié licencié pour faute grave et qui prétendait avoir été illégalement affecté sur une machine dangereuse, énonce que l'intéressé « confond » les machines limitativement énumérées à l'article R. 234-12 (ancien) avec la « plieuse préréglée sur laquelle il travaillait » et que l'intervention du médecin du travail n'était pas nécessaire (cass. soc. 15 novembre 1990, n° 88-43.986, BC V n° 568 ; *CSB* 1991 B. 14).

Sous-section 2. Autres dérogations

Art. D. 4153-48. Sur les chantiers de bâtiment et de travaux publics, l'emploi des jeunes travailleurs âgés de moins de dix-huit ans à des travaux en élévation peut être autorisé si leur aptitude médicale à ces travaux a été constatée.

Une consigne écrite détermine les conditions d'emploi et de surveillance des intéressés.

Art. D. 4153-49. Les jeunes travailleurs âgés de moins de seize ans peuvent être employés au cueillage ou au soufflage du verre dans un but de formation professionnelle et sous réserve de ne pas participer aux équipes de production.

Les jeunes travailleurs âgés de plus de seize ans peuvent être employés au cueillage et au soufflage de verre plat et comme conducteur de machine de fabrication mécanique sur autorisation de l'inspecteur du travail accordée après enquête. Les autorisations sont révocables à tout moment si les conditions justifiant leur délivrance cessent d'être remplies.

[Sanctions pénales]

Art. L. 4743-1. En cas d'infraction aux dispositions relatives au travail des jeunes et des femmes enceintes, venant d'accoucher ou allaitant, l'affichage du jugement peut, suivant les circonstances et en cas de récidive seulement, être ordonné par la juridiction.

La juridiction peut également ordonner, dans le même cas, l'insertion du jugement, aux frais du contrevenant, dans un ou plusieurs journaux du département.

Art. L. 4743-2. ***(L. 2009-526 du 12 mai 2009, JO 13)*** Est puni d'un emprisonnement de cinq ans et d'une amende de 75 000 € le fait, pour le père, la mère, le tuteur ou l'employeur, et généralement toute personne ayant autorité sur un enfant ou en ayant la garde, de le placer sous la conduite de vagabonds, de personnes sans moyen de subsistance ou se livrant à la mendicité, en méconnaissance des dispositions de l'article L. 4153-7.

La condamnation entraîne de plein droit, pour les tuteurs, la destitution de la tutelle. Les pères et mères peuvent être privés de l'autorité parentale.

Art. R. 4743-3. Le fait d'employer un travailleur de moins de dix-huit ans à des travaux interdits, en méconnaissance de l'article L. 4153-8 et des décrets pris pour son application, est puni de l'amende prévue pour les contraventions de la cinquième classe.

La récidive est réprimée conformément aux articles 132-11 et 132-15 du code pénal.

Art. R. 4743-4. Le fait d'employer un travailleur de moins de dix-huit ans à des travaux mentionnés à l'article L. 4153-9, en méconnaissance des conditions énoncées à ce même article et de celles des décrets pris pour son application, est puni de l'amende prévue pour les contraventions de la cinquième classe.

La récidive est réprimée conformément aux articles 132-11 et 132-15 du code pénal.

Art. R. 4743-5. Le fait de méconnaître les dispositions relatives à l'âge d'admission prévues aux articles L. 4153-1 à L. 4153-5 ainsi que celles des décrets pris pour leur application est puni de l'amende prévue pour les contraventions de la cinquième classe.

La récidive est réprimée conformément aux articles 132-11 et 132-15 du code pénal.

Art. R. 4743-6. L'amende prévue à l'article R. 4743-5 est appliquée autant de fois qu'il y a de personnes employées dans des conditions contraires aux prescriptions mentionnées à ce même article.

En cas de pluralité de contraventions entraînant les peines de la récidive, l'amende est appliquée autant de fois qu'il a été relevé de nouvelles infractions.

Art. R. 4743-7. Le fait, pour un exploitant d'un débit de boissons à consommer sur place, sans avoir obtenu l'agrément prévu à l'article R. 4153-8, d'employer ou de recevoir en stage des mineurs, à l'exception du conjoint du débitant ou de ses parents ou alliés jusqu'au quatrième degré inclusivement, est puni de l'amende prévue pour les contraventions de la cinquième classe.

La récidive est réprimée conformément aux articles 132-11 et 132-15 du code pénal.

CHAPITRE IV

Salariés titulaires d'un contrat de travail à durée déterminée et salariés temporaires

SECTION 1. Travaux interdits

Art. L. 4154-1. Il est interdit de recourir à un salarié titulaire d'un contrat de travail à durée déterminée ou à un salarié temporaire pour l'exécution de travaux particulièrement dangereux figurant sur une liste établie par voie réglementaire. Cette liste comporte notamment certains des travaux qui font l'objet d'une surveillance médicale renforcée au sens de la réglementation relative à la médecine du travail.

L'autorité administrative peut exceptionnellement autoriser une dérogation à cette interdiction dans des conditions déterminées par voie réglementaire.

Art. D. 4154-1. Il est interdit d'employer des salariés titulaires d'un contrat de travail à durée déterminée et des salariés temporaires pour l'exécution des travaux les exposant aux agents chimiques dangereux suivants :

1° Amiante : opérations d'entretien ou de maintenance sur des flocages ou calorifugeages ; travaux de confinement, de retrait ou et de démolition ;

2° Amines aromatiques suivantes : benzidine, ses homologues, ses sels et ses dérivés chlorés, 3,3'diméthoxybenzidine (ou dianisidine), 4-aminobiphényle (ou amino-4 diphényle) ;

3° Arsenite de sodium ;

4° Arséniure d'hydrogène (ou hydrogène arsénié) ;

5° Auramine et magenta (fabrication) ;

6° Béryllium et ses sels ;

7° Bêta-naphtylamine, N, N-bis(2-chloroéthyl)-2-naphtylamine (ou chlornaphazine), o-toluidine (ou orthotoluidine) ;

8° Brome liquide ou gazeux, à l'exclusion des composés ;

9° Cadmium : travaux de métallurgie et de fusion ;

10° Composés minéraux solubles du cadmium ;

11° Chlore gazeux, à l'exclusion des composés ;

12° Chlorométhane (ou chlorure de méthyle) ;
13° Chlorure de vinyle lors de la polymérisation ;
14° Dichlorure de mercure (ou bichlorure de mercure), oxycyanure de mercure et dérivés alkylés du mercure ;
15° Dioxyde de manganèse (ou bioxyde de manganèse) ;
16° Fluor gazeux et acide fluorhydrique ;
17° Iode solide ou vapeur, à l'exclusion des composés ;
18° Oxychlorure de carbone ;
19° Paraquat ;
20° Phosphore, pentafluorure de phosphore, phosphure d'hydrogène (ou hydrogène phosphoré) ;
21° Poussières de lin : travaux exposant à l'inhalation ;
22° Poussières de métaux durs ;
23° Rayonnements ionisants : travaux accomplis dans des zones où le débit de dose horaire est susceptible d'être supérieur à 2 millisieverts ;
24° Sulfure de carbone ;
25° Tétrachloroéthane ;
26° Tétrachlorométhane (ou tétrachlorure de carbone) ;
27° Travaux de désinsectisation des bois (pulvérisation du produit, trempage du bois, empilage ou sciage des bois imprégnés, traitement des charpentes en place) ***(D. 2009-1289 du 23 oct. 2009, JO 25)*** « et des grains lors de leur stockage ».

Note • Les articles D. 4154-1 à 6 sont issus de l'arrêté du 8 octobre 1990, abrogé, qui fixait la liste des travaux pour lesquels il ne peut être fait appel aux salariés sous contrat de travail à durée déterminée ou aux salariés des entreprises de travail temporaire.

Le 21° de cet article a été modifié par le décret 2009-1289 du 23 octobre 2009 (JO 25).

• La dérogation exceptionnelle accordée par l'autorité administrative à l'interdiction de recourir au travail temporaire pour effectuer certains travaux particulièrement dangereux doit être préalable à l'affectation du salarié temporaire à l'un des travaux dont la liste est fixée à l'article D. 4154-1 CT (cass. soc. 30 novembre 2010, n° 08-70.390, BC V n° 270 ; *RJS* 2/11 n° 185 ; *JCP* éd. S 2011, 1183, note Fr. Bousez).

Dérogations

Art. D. 4154-2. Les interdictions prévues à l'article D. 4154-1 ne s'appliquent pas lorsque les travaux sont accomplis à l'intérieur d'appareils hermétiquement clos en marche normale.

Art. D. 4154-3. L'employeur peut être autorisé, en application du second alinéa de l'article L. 4154-1, à employer des salariés titulaires d'un contrat de travail à durée déterminée ou des salariés temporaires pour accomplir les travaux mentionnés à l'article D. 4154-1.

La demande d'autorisation est adressée au ***(D. 2009-1377 du 10 nov. 2009, JO 13 ; D. 2010-687 du 24 juin 2010, JO 25 ; voir D. 2010-1582 du 17 déc. 2010, JO 18, pour outre-mer)*** « directeur régional des entreprises, de la concurrence, de la consommation, du travail et de l'emploi » par lettre recommandée avec avis de réception. Elle est accompagnée de l'avis du comité d'hygiène, de sécurité et des conditions de travail ou, à défaut, des délégués du personnel ainsi que de l'avis du médecin du travail.

Art. D. 4154-4. Le ***(D. 2009-1377 du 10 nov. 2009, JO 13 ; D. 2010-687 du 24 juin 2010, JO 25 ; voir D. 2010-1582 du 17 déc. 2010, JO 18, pour outre-mer)*** « directeur régional des entreprises, de la concurrence, de la consommation, du travail et de l'emploi », saisi d'une demande d'autorisation, prend sa décision dans un délai d'un mois à compter de la présentation de la lettre recommandée, après enquête de l'inspecteur du travail et avis du médecin inspecteur du travail permettant de vérifier que des mesures particulières de prévention, notamment une formation appropriée à la sécurité, assurent une protection efficace des travailleurs contre les risques dus aux travaux.

Art. R. 4154-5. L'autorisation du ***(D. 2009-1377 du 10 nov. 2009, JO 13 ; D. 2010-687 du 24 juin 2010, JO 25 ; voir D. 2010-1582 du 17 déc. 2010, JO 18, pour outre-mer)*** « directeur régional des entreprises, de la concurrence, de la consommation, du travail et de l'emploi » est réputée acquise si aucune réponse n'a été notifiée à l'employeur dans le délai d'un mois.

Le recours de l'employeur contre toute décision de rejet est adressée, par lettre recommandée avec avis de réception, au ***(D. 2009-1377 du 10 nov. 2009, JO 13 ; D. 2010-687 du 24 juin 2010, JO 25 ; voir D. 2010-1582 du 17 déc. 2010, JO 18, pour outre-mer)*** « directeur régional des entreprises, de la concurrence, de la consommation, du travail et de l'emploi », qui statue dans un délai d'un mois à compter de la réception de la demande.

Le silence gardé par le directeur régional dans un délai d'un mois vaut acceptation de la demande.

Art. D. 4154-6. L'autorisation du ***(D. 2009-1377 du 10 nov. 2009, JO 13 ; D. 2010-687 du 24 juin 2010, JO 25 ; voir D. 2010-1582 du 17 déc. 2010, JO 18, pour outre-mer)*** « directeur régional des entreprises, de la concurrence, de la consommation, du travail et de l'emploi » peut être retirée lorsque les conditions ayant justifié sa délivrance ne sont plus réunies.

SECTION 2. Obligations particulières d'information et de formation

Art. L. 4154-2. ***(L. 2009-526 du 12 mai 2009, JO 13)*** Les salariés titulaires d'un contrat de travail à durée déterminée, les salariés temporaires et les stagiaires en entreprise affectés à des postes de travail présentant des risques particuliers pour leur santé ou leur sécurité bénéficient d'une formation renforcée à la sécurité ainsi que d'un accueil et d'une information adaptés dans l'entreprise dans laquelle ils sont employés.

La liste de ces postes de travail est établie par l'employeur, après avis du médecin du travail et du comité d'hygiène, de sécurité et des conditions de travail ou, à défaut, des délégués du personnel, s'il en existe. Elle est tenue à la disposition de l'inspecteur du travail.

Art. L. 4154-3. ***(L. 2009-526 du 12 mai 2009, JO 13)*** La faute inexcusable de l'employeur prévue à l'article L. 452-1 du code de la sécurité sociale est présumée établie pour les salariés titulaires d'un contrat de travail à durée déterminée, les salariés temporaires et les stagiaires en entreprise victimes d'un accident du travail ou d'une maladie professionnelle alors qu'affectés à des postes de travail présentant des risques particuliers pour leur santé ou leur sécurité ils n'auraient pas bénéficié de la formation à la sécurité renforcée prévue par l'article L. 4154-2.

Note *Faute inexcusable de l'employeur.* Les conditions d'application de l'article L. 231-8, al. 3 [L. 4154-3 ancien] CT étant, en l'espèce, réunies, les juges ont pu décider, après avoir souverainement estimé que les circonstances de l'accident n'étaient pas déterminées, que l'employeur ne s'exonérait pas de la présomption mise à sa charge (cass. soc. 4 avril 1996, n° 94-11.319, BC V n° 135 ; *RJS* 5/96 n° 521).

Des manutentionnaires intérimaires, affectés à un poste de travail présentant des risques particuliers pour leur santé et leur sécurité, sans avoir bénéficié de la formation à la sécurité renforcée prévue par la loi, et placés sous les ordres d'un contremaître insuffisamment qualifié et non formé, n'auraient pas pénétré à l'intérieur de l'installation s'ils avaient été informés de ce que l'appareil émettait une radiation résiduelle tant qu'il restait sous tension et si les diverses prescriptions du décret du 2 octobre 1986 avaient été respectées. Une cour d'appel a pu en déduire que l'imprudence des salariés était absorbée par les fautes inexcusables de l'employeur, qui constituaient la cause déterminante de l'accident (cass. soc. 27 mars 1997, n° 95-17.459, *Dr. Ouvr.* 1998, p. 208).

Sur la faute inexcusable d'une société utilisatrice n'ayant pas donné au salarié intérimaire la formation appropriée aux fonctions qu'elle lui confiait, voir cass. soc. 5 février 1998, n° 96-10.396, BC V n° 69 ; sur la faute inexcusable résultant d'un défaut de formation à la sécurité, ne pouvant être retenue à l'encontre ni de la société utilisatrice ni de l'entreprise de travail temporaire, voir cass. soc. 11 décembre 1997, n° 96-11.454, BC V n° 437, modifié par cass. soc. 19 février 1998 ; *RJS* 2/98 n° 240. Voir aussi cass. soc. 6 février 2003, n° 01-20.936 : faute retenue, le salarié se trouvant, au moment de l'accident, affecté à un poste dangereux sans avoir reçu de formation à la sécurité et l'employeur n'ayant pas rapporté une preuve contraire de nature à l'exonérer de cette présomption.

Art. L. 4154-4. Lorsqu'il est fait appel, en vue de l'exécution de travaux urgents nécessités par des mesures de sécurité, à des salariés temporaires déjà dotés de la qualification nécessaire à cette intervention, le chef de l'entreprise utilisatrice leur donne toutes les informations nécessaires sur les particularités de l'entreprise et de son environnement susceptibles d'avoir une incidence sur leur sécurité.

LIVRE II

DISPOSITIONS APPLICABLES AUX LIEUX DE TRAVAIL

TITRE Ier

OBLIGATIONS DU MAÎTRE D'OUVRAGE POUR LA CONCEPTION DES LIEUX DE TRAVAIL

CHAPITRE Ier

Principes généraux

Note Le décret 92-332 du 31 mars 1992 (JO 1er avril) (modifié par le décret 94-347 du 2 mai 1994, JO 4) a eu pour objet de transposer la partie de la directive 89/654/CEE du 30 novembre 1989 concernant les prescriptions minimales de sécurité et de santé pour les lieux de travail utilisés pour la première fois.

Art. L. 4211-1. Le maître d'ouvrage entreprenant la construction ou l'aménagement de bâtiments destinés à recevoir des travailleurs se conforme aux dispositions légales visant à protéger leur santé et sécurité au travail.

Art. L. 4211-2. Pour l'application des dispositions relatives à la conception des lieux de travail, des décrets en Conseil d'État, pris en application de l'article L. 4111-6 déterminent :

1° Les règles de santé et de sécurité auxquelles se conforment les maîtres d'ouvrage lors de la construction ou l'aménagement de bâtiments destinés à recevoir des travailleurs ;

2° Les locaux et dispositifs ou aménagements de toute nature dont sont dotés les bâtiments que ces décrets désignent en vue d'améliorer les conditions de santé et de sécurité des travailleurs affectés à leur construction ou à leur entretien.

Ces décrets sont pris après avis des organisations professionnelles d'employeurs et de salariés intéressées.

Champ d'application et définitions

Art. R. 4211-1. Les dispositions du présent titre déterminent, en application de l'article L. 4211-1, les règles auxquelles se conforme le maître d'ouvrage entreprenant la construction ou l'aménagement de bâtiments destinés à recevoir des travailleurs, que ces opérations nécessitent ou non l'obtention d'un permis de construire.

Note L'article 2 du décret 83-722 du 2 août 1983 (JO 5) énumère les opérations auxquelles les dispositions des articles R. 235-1 à R. 235-5 (anciens) ne sont pas applicables.

Art. R. 4211-2. Pour l'application du présent titre, on entend par lieux de travail les lieux destinés à recevoir des postes de travail, situés ou non dans les bâtiments de l'établissement, ainsi que tout autre endroit compris dans l'aire de l'établissement auquel le travailleur a accès dans le cadre de son travail.

Les champs, bois et autres terrains faisant partie d'un établissement agricole ou forestier mais situés en dehors de la zone bâtie d'un tel établissement ne sont pas considérés comme des lieux de travail.

Dossier de maintenance

Art. R. 4211-3. Le maître d'ouvrage élabore et transmet aux utilisateurs, au moment de la prise de possession des locaux et au plus tard dans le mois qui suit, un dossier de maintenance des lieux de travail.

Ce dossier comporte notamment, outre les notices et dossiers techniques prévus aux articles R. 4212-7, R. 4213-4 et R. 4215-3, les dispositions prises :

1° Pour le nettoyage des surfaces vitrées en élévation et en toiture en application de l'article R. 4214-2 ;

2° Pour l'accès en couverture, notamment :
a) Les moyens d'arrimage pour les interventions de courte durée ;
b) Les possibilités de mise en place rapide de garde-corps ou de filets de protection pour les interventions plus importantes ;
c) Les chemins de circulation permanents pour les interventions fréquentes ;

3° Pour faciliter l'entretien des façades, notamment les moyens d'arrimage et de stabilité d'échafaudage ou de nacelle ;

4° Pour faciliter les travaux d'entretien intérieur, notamment pour :
a) Le ravalement des halls de grande hauteur ;
b) Les accès aux machineries d'ascenseurs ;
c) Les accès aux canalisations en galerie technique, ou en vide sanitaire ;

(D. 2011-1461 du 7 nov. 2011, JO 9) « *5° Pour la localisation des espaces d'attente sécurisés au sens des articles R. 4216-2-1, R. 4216-2-2 et R. 4216-2-3, il précise les caractéristiques de ces espaces.* »

Note • Les dispositions du décret 2011-1461 du 7 novembre 2011 (JO 9) sont applicables : 1° Aux opérations de construction d'un bâtiment neuf ou de construction d'une partie neuve d'un bâtiment existant pour lesquelles une demande de permis de construire ou une déclaration préalable est déposée plus de six mois après la date de publication du présent décret (10.05.2012) ; 2° Aux opérations de construction d'un bâtiment neuf ou de construction d'une partie neuve d'un bâtiment existant ne nécessitant ni permis de construire ni déclaration préalable, dont le début des travaux est postérieur de plus de six mois à la date indiquée ci-dessus (10.05.2012).

• « L'élaboration de ce dossier est une obligation de présenter les dispositions pour faciliter la maintenance, mais en laissant au maître d'ouvrage le choix de celles-ci (…). Néanmoins il peut être utile au maître d'œuvre de recueillir l'avis de l'inspecteur du travail pour trouver des solutions concrètes et consensuelles (…) mais il n'en demeure pas moins que le maître d'ouvrage reste le responsable des dispositions choisies (…) » (rép. QE 29872, JO AN 25 décembre 1995, p. 5503).

Art. R. 4211-4. Le dossier de maintenance des lieux de travail indique, lorsqu'ils ont été aménagés à cet effet, les locaux techniques de nettoyage et les locaux sanitaires pouvant être mis à disposition des travailleurs chargés des travaux d'entretien.

Art. R. 4211-5. Le dossier de maintenance des lieux de travail est tenu à la disposition de l'inspection du travail et des agents des services de prévention des organismes de sécurité sociale.

[Sanctions pénales]

Art. L. 4744-1. Le fait pour un maître d'ouvrage de faire construire ou aménager un ouvrage en méconnaissance des obligations mises à sa charge en application des articles L. 4211-1 et L. 4211-2 est puni des peines prévues aux articles L. 480-4 et L. 480-5 du code de l'urbanisme.

Art. L. 4744-7. Outre les officiers de police judiciaire et les inspecteurs du travail, les infractions définies aux articles L. 4744-1 à L. 4744-5 sont constatées par les personnes prévues à l'article L. 480-1 du code de l'urbanisme.

CHAPITRE II

Aération et assainissement

[Le présent chapitre ne comprend pas de dispositions législatives.]

Art. R. 4212-1. Le maître d'ouvrage conçoit et réalise les bâtiments et leurs aménagements de façon à ce que les locaux fermés dans lesquels les travailleurs sont appelés à séjourner soient conformes aux règles d'aération et d'assainissement prévues aux articles R. 4222-1 à R. 4222-17.

Art. R. 4212-2. Les installations de ventilation sont conçues de manière à :

1° Assurer le renouvellement de l'air en tous points des locaux ;

2° Ne pas provoquer, dans les zones de travail, de gêne résultant notamment de la vitesse, de la température et de l'humidité de l'air, des bruits et des vibrations ;

3° Ne pas entraîner d'augmentation significative des niveaux sonores résultant des activités envisagées dans les locaux.

Art. R. 4212-3. Toutes dispositions sont prises lors de l'installation des équipements de ventilation, de captage ou de recyclage pour permettre leur entretien régulier et les contrôles ultérieurs d'efficacité.

Art. R. 4212-4. Les parois internes des circuits d'arrivée d'air ne comportent pas de matériaux qui peuvent se désagréger ou se décomposer en émettant des poussières ou des substances dangereuses pour la santé des travailleurs.

Art. R. 4212-5. Dans les locaux à pollution non spécifique définis à l'article R. 4222-3, le maître d'ouvrage :

1° Prévoit un système de filtration de l'air neuf lorsqu'il existe un risque de pollution de cet air par des particules solides et que son introduction est mécanique ;

2° Prend les mesures nécessaires pour que l'air pollué en provenance des locaux à pollution spécifique définis à l'article précité ne pénètre pas.

Art. R. 4212-6. Le maître d'ouvrage prévoit dans les locaux sanitaires l'introduction d'un débit minimal d'air déterminé par le tableau suivant :

DÉSIGNATION DES LOCAUX	DÉBIT MINIMAL d'air introduit (en mètres cubes par heure et par local)
Cabinet d'aisances isolé (**)	30
Salle de bains ou de douches isolée (**)	45
Commune avec un cabinet d'aisances	60
Bains, douches et cabinets d'aisances groupés	30 + 15 N (*)
Lavabos groupés	10 + 5 N (*)
N (*) : nombre d'équipements dans le local (**) : pour un cabinet d'aisances, une salle de bains ou de douches avec ou sans cabinet d'aisances, le débit minimal d'air introduit peut être limité à 15 mètres cubes par heure si ce local n'est pas à usage collectif.	

Art. R. 4212-7. Le maître d'ouvrage précise, dans une notice d'instructions qu'il transmet à l'employeur, les dispositions prises pour la ventilation et l'assainissement des locaux et les informations nécessaires à l'entretien des installations, au contrôle de leur efficacité et à l'établissement de la consigne d'utilisation prévue à l'article R. 4222-21.

CHAPITRE III

Éclairage, insonorisation et ambiance thermique

[Le présent chapitre ne comprend pas de dispositions législatives.]

SECTION 1. Éclairage

Note • Le décret 92-332 du 31 mars 1992 (JO 1er avril) est relatif aux dispositions concernant la sécurité et la santé que doivent observer les maîtres d'ouvrage lors de la construction de lieux de travail ou lors de leurs modifications, extensions ou transformations.

Voir aussi circ. DRT 95-07 du 14 avril 1995 relative aux lieux de travail (BO TR 95/10, p. 119).

• Les dispositions de ce décret, y compris celles des renvois aux articles du chapitre II du titre III du livre II du code du travail (ancien), sont applicables depuis le 1er janvier 1993. Toutefois, les dispositions de ce décret ne sont pas applicables : 1° Aux opérations de construction ou d'aménagement de bâtiments pour lesquelles la demande de permis de construire est antérieure aux dates d'effet ci-dessus mentionnées ; 2° Aux opérations ne nécessitant pas de permis de construire, lorsque le début des travaux est antérieur à ces mêmes dates.

Art. R. 4213-1. Le maître d'ouvrage conçoit et réalise les bâtiments et leurs aménagements de façon à ce qu'ils satisfassent aux règles d'éclairage prévues aux articles R. 4223-2 à R. 4223-11.

Art. R. 4213-2. Les bâtiments sont conçus et disposés de telle sorte que la lumière naturelle puisse être utilisée pour l'éclairage des locaux destinés à être affectés au travail, sauf dans les cas où la nature technique des activités s'y oppose.

Art. R. 4213-3. Les locaux destinés à être affectés au travail comportent à hauteur des yeux des baies transparentes donnant sur l'extérieur, sauf en cas d'incompatibilité avec la nature des activités envisagées.

Art. R. 4213-4. Le maître d'ouvrage consigne dans une notice d'instructions qu'il transmet à l'employeur les niveaux minimum d'éclairement, pendant les périodes de travail, des locaux, dégagements et emplacements, ainsi que les informations nécessaires à la détermination par l'employeur des règles d'entretien du matériel.

SECTION 2. Insonorisation

Art. R. 4213-5. Les locaux dans lesquels doivent être installés des équipements de travail susceptibles d'exposer les travailleurs à un niveau d'exposition sonore quotidienne supérieure à 85 dB(A) sont conçus, construits ou aménagés, compte tenu de l'état des techniques, de façon à :

1° Réduire la réverbération du bruit sur les parois de ces locaux lorsque cette réverbération occasionne une augmentation notable du niveau d'exposition des travailleurs ;

2° Limiter la propagation du bruit vers les autres locaux occupés par des travailleurs.

Note • Applicables depuis le 1er janvier 1990, ces dispositions (art. R. 4213-5 et 6) ne le sont toutefois pas : 1° Aux opérations de construction ou d'aménagement de bâtiments pour lesquelles la demande de permis de construire est antérieure à la date d'effet ci-dessus mentionnée ; 2° Aux opérations exemptées de permis de construire lorsque le début des travaux est antérieur à cette même date (décret 88-930 du 20 septembre 1988, art. 2, JO 24).

• Voir aussi arrêté d'application du 30 août 1990 relatif à la correction acoustique des locaux de travail (JO 27 sept.) et lettre-circulaire DRT 93-25 du 19 novembre 1993 (BO TR 94/2, p. 119).

Art. R. 4213-6. Un arrêté conjoint des ministres chargés du travail, de l'agriculture et de la construction détermine les prescriptions techniques nécessaires à l'application de la présente section.

SECTION 3. Ambiance thermique

Art. R. 4213-7. Les équipements et caractéristiques des locaux de travail sont conçus de manière à permettre l'adaptation de la température à l'organisme humain pendant le temps de travail, compte tenu des méthodes de travail et des contraintes physiques supportées par les travailleurs.

Art. R. 4213-8. Les équipements et caractéristiques des locaux annexes aux locaux de travail, notamment des locaux sanitaires, de restauration et médicaux, sont conçus de manière à permettre l'adaptation de la température à la destination spécifique de ces locaux.

Art. R. 4213-9. Les dispositions de la présente section ne font pas obstacle à celles des articles L. 111-9 et L. 111-10 du code de la construction et de l'habitation relatives aux caractéristiques thermiques des bâtiments autres que d'habitation.

CHAPITRE IV

Sécurité des lieux de travail

[Le présent chapitre ne comprend pas de dispositions législatives.]

SECTION 1. Caractéristiques des bâtiments

Art. R. 4214-1. Les bâtiments destinés à abriter des lieux de travail sont conçus et réalisés de manière à pouvoir résister, dans leur ensemble et dans chacun de leurs éléments, à l'effet combiné de leur poids, des charges climatiques extrêmes et des surcharges maximales correspondant à leur type d'utilisation.

Ils respectent les règles antisismiques prévues, le cas échéant, par les dispositions en vigueur.

Art. R. 4214-2. Les bâtiments et leurs équipements sont conçus et réalisés de telle sorte que les surfaces vitrées en élévation ou en toiture puissent être nettoyées sans danger pour les travailleurs accomplissant ce travail et pour ceux présents dans le bâtiment et autour de celui-ci. Chaque fois que possible, des solutions de protection collective sont choisies.

Art. R. 4214-3. Les planchers des locaux sont exempts de bosses, de trous ou de plans inclinés dangereux.

Ils sont fixes, stables et non glissants.

Art. R. 4214-4. Les surfaces des planchers, des murs et des plafonds sont conçues de manière à pouvoir être nettoyées ou ravalées en vue d'obtenir des conditions d'hygiène appropriées.

Art. R. 4214-5. Les ouvrants en élévation ou en toiture sont conçus de manière à ne pas constituer, en position d'ouverture, un danger pour les travailleurs.

Art. R. 4214-6. Les parois transparentes ou translucides sont signalées par un marquage à hauteur de vue.

Elles sont constituées de matériaux de sécurité ou sont disposées de telle sorte que les travailleurs ne puissent pas être blessés si ces parois volent en éclats.

Art. R. 4214-7. Les portes et portails obéissent aux caractéristiques définies aux articles R. 4224-9 et suivants.

Leurs dimensions et leurs caractéristiques sont déterminées en fonction de la nature et de l'usage des pièces ou enceintes qu'ils desservent, en tenant compte des dispositions du chapitre VI relatives à la prévention des incendies et à l'évacuation.

Art. R. 4214-8. Les portes et portails automatiques comportent un système de sécurité interrompant immédiatement tout mouvement d'ouverture ou de fermeture lorsque ce mouvement peut causer un dommage à une personne.

Ils sont conçus de manière à pouvoir être ouverts manuellement, sauf s'ils s'ouvrent automatiquement en cas de panne d'énergie.

Un arrêté conjoint des ministres chargés du travail, de l'agriculture et de la construction précise, en tant que de besoin, les règles de sécurité auxquelles ces portes et portails obéissent.

Note Voir arrêté du 21 décembre 1993 (JO 13 janv. 1994).

SECTION 2. Voies de circulation et accès

Art. R. 4214-9. L'implantation et les dimensions des voies de circulation, y compris les escaliers et les échelles fixes sont déterminées en tenant compte des dispositions du chapitre VI relatives à la prévention des incendies et l'évacuation.

Les voies de circulation sont conçues de telle sorte que :

1° Les piétons ou les véhicules puissent les utiliser facilement, en toute sécurité, conformément à leur affectation ;

2° Les travailleurs employés à proximité des voies de circulation n'encourent aucun danger.

Art. R. 4214-10. Les portes et les dégagements destinés aux piétons sont situés, par rapport aux voies de circulation destinées aux véhicules, à une distance telle qu'elle garantisse aux piétons une circulation sans danger.

Art. R. 4214-11. Dès que l'importance de la circulation des véhicules ou le danger lié à l'utilisation et à l'équipement des locaux le justifie, le marquage au sol des voies de circulation est mis en évidence.

Ce marquage obéit à la réglementation en vigueur relative à la signalisation dans les lieux de travail.

Art. R. 4214-12. À proximité des portails destinés essentiellement à la circulation des véhicules, des portes pour les piétons sont aménagées, signalées de manière bien visible et dégagées en permanence.

Art. R. 4214-13. Les articles R. 4214-9 à R. 4214-12 s'appliquent également aux voies de circulation principales sur le terrain de l'entreprise, ainsi qu'aux voies de circulation utilisées pour la surveillance et l'entretien régulier des installations de l'entreprise.

Art. R. 4214-14. Lorsque la nature des activités envisagées est susceptible d'entraîner sur les lieux de travail des zones de danger qui n'ont pu être évitées, ces zones sont signalées de manière visible et matérialisées par des dispositifs destinés à éviter que les travailleurs non autorisés y pénètrent.

Art. R. 4214-15. ***(D. 2008-1325 du 15 déc. 2008, JO 17, entrée en vigueur le 18.12.2010)*** Lors de l'installation dans un bâtiment destiné à accueillir des travailleurs d'escaliers mécaniques et de trottoirs roulants, d'ascenseurs, de monte-charges, d'installations de parcage de véhicules et d'élévateurs de personnes dont la vitesse n'excède pas 0,15 mètre par seconde, le maître d'ouvrage s'assure que ces équipements sont conçus et mis en place conformément aux règles en vigueur lors de cette installation.

Note

• Les entreprises intervenantes concernées établissent, avant le 18 décembre 2010, la liste des monte-charges et des élévateurs de personnes n'excédant pas une vitesse de 0,15 mètre par seconde qui, en application de l'article R. 4543-2, doivent faire l'objet d'une étude de sécurité. Les études relatives aux équipements figurant sur cette liste doivent être réalisées, par tiers, dans les trois ans suivant cette date (décret 2008-1325 du 15 décembre 2008, art. 17, JO 17).

• Voir arrêté du 29 décembre 2010 (JO 8 janv.) relatif aux vérifications générales périodiques portant sur les ascenseurs et les monte-charges ainsi que sur les élévateurs de personnes n'excédant pas une vitesse de 0,15 m/s, installés à demeure et circulaire DGT/2011/02 du 21 janvier 2011 concernant la mise en œuvre du décret 2008-1325 du 15 décembre 2008 relatif à la sécurité des ascenseurs, monte-charges et équipements assimilés sur les lieux de travail ainsi qu'à la sécurité des travailleurs intervenant sur ces équipements et de l'arrêté du 29 décembre 2010 précité.

Art. R. 4214-16. ***(D. 2008-1325 du 15 déc. 2008, JO 17, entrée en vigueur le 18.12.2010)*** Lors de leur installation, le maître d'ouvrage s'assure que les escaliers mécaniques et les trottoirs roulants, les ascenseurs, les monte-charges, les installations de parcage de véhicules et les élévateurs de personnes dont la vitesse n'excède pas 0,15 mètre par seconde sont installés de manière à permettre les interventions et travaux énumérés à l'article R. 4543-1 dans des conditions sûres, ergonomiques et préservant la santé des intervenants.

Art. R. 4214-17. Les postes de travail, voies de circulation et autres emplacements ou installations à l'air libre destinés à être occupés ou utilisés par des travailleurs lors de leurs activités sont conçus de telle sorte que la circulation des piétons et des véhicules puisse se faire de manière sûre.

Art. L. 4211-2.

SECTION 3. Quais et rampes de chargement

Art. R. 4214-18. Les dispositions des articles R. 4214-9 à R. 4214-12 s'appliquent également aux quais de chargement extérieurs de l'entreprise.

Art. R. 4214-19. Les dimensions des charges susceptibles d'être transportées sont prises en compte pour la conception et la disposition des quais et rampes de chargement.

Art. R. 4214-20. Les quais de chargement comportent au moins une issue.

Lorsque leur longueur est supérieure à 20 mètres, ils ont une issue à chaque extrémité.

Art. R. 4214-21. Les rampes et quais de chargement sont disposés et aménagés de manière à éviter aux travailleurs les risques de chute.

SECTION 4. Aménagement des lieux et postes de travail

Art. R. 4214-22. Les dimensions des locaux de travail, notamment leur hauteur et leur surface, sont telles qu'elles permettent aux travailleurs d'exécuter leur tâche sans risque pour leur santé, leur sécurité ou leur bien-être.

L'espace libre au poste de travail, compte tenu du mobilier, est prévu pour que les travailleurs disposent d'une liberté de mouvement suffisante.

Lorsque, pour des raisons propres au poste de travail, ces dispositions ne peuvent être respectées, il est prévu un espace libre suffisant à proximité de ce poste.

Art. R. 4214-23. Lorsque l'effectif prévu est au moins égal à deux cents dans les établissements industriels ou à cinq cents dans les autres établissements, un local destiné aux premiers secours, facilement accessible avec des brancards et pouvant contenir les installations et le matériel de premiers secours, est aménagé.

Les locaux médicaux dont les caractéristiques sont déterminées par l'arrêté mentionné à l'article R. 4624-30 peuvent être utilisés comme locaux de premiers secours sous réserve de remplir les conditions prévues au premier alinéa.

Le local de premiers secours comporte une signalisation.

Art. R. 4214-24. Si des postes de travail extérieurs sont prévus, ceux-ci sont conçus et aménagés suivant les prescriptions de l'article R. 4225-1.

Art. R. 4214-25. La signalisation de santé et de sécurité installée sur les lieux de travail est conforme aux dispositions de l'arrêté mentionné à l'article R. 4224-24.

(D. 2009-1272 du 21 oct. 2009, JO 23)

SECTION 5. Accessibilité des lieux de travail aux travailleurs handicapés

Note

• Les dispositions de cette section sont applicables :
1° Aux opérations de construction d'un bâtiment neuf ou d'une partie neuve d'un bâtiment existant pour lesquelles une demande de permis de construire ou, le cas échéant, une déclaration préalable est déposée plus de six mois après le 23 octobre 2009, date de publication du décret, soit à compter du 24 avril 2010 ;
2° Aux opérations de construction d'un bâtiment neuf ou d'une partie neuve d'un bâtiment existant ne nécessitant ni permis de construire ni déclaration préalable, dont le début des travaux est postérieur de plus de six mois au 23 octobre 2009, soit à compter du 24 avril 2010.

• L'aménagement des lieux de travail doit être prévu en tenant compte des personnes handicapées pour faciliter leur accès au travail et pour assurer leur sécurité, notamment en cas d'évacuation. Voir arrêté du 27 juin 1994 (JO 16 juil.) relatif aux dispositions destinées à rendre accessibles les lieux de travail aux personnes handicapées rendu dans le cadre antérieur au décret 2009-1272 du 21 octobre 2009.

Art. R. 4214-26. Les lieux de travail, y compris les locaux annexes, aménagés dans un bâtiment neuf ou dans la partie neuve d'un bâtiment existant sont accessibles aux personnes handicapées, quel que soit leur type de handicap.

Les lieux de travail sont considérés comme accessibles aux personnes handicapées lorsque celles-ci peuvent accéder à ces lieux, y circuler, les évacuer, se repérer, communiquer, avec la plus grande autonomie possible.

Les lieux de travail sont conçus de manière à permettre l'adaptation des postes de travail aux personnes handicapées ou à rendre ultérieurement possible l'adaptation des postes de travail.

Note Auparavant, l'obligation d'aménager les lieux de travail était modulée selon le nombre de personnes handicapés que le bâtiment recevait. Ce critère est, avec le décret 2009-1272 du 21 octobre 2009, supprimé.

Art. R. 4214-27. Les accès, portes, dégagements et ascenseurs desservant les postes de travail et les locaux annexes tels que locaux sanitaires, locaux de restauration, parcs de stationnement, sont conçus de manière à permettre l'accès et l'évacuation des personnes handicapées, notamment celles circulant en fauteuil roulant.L'aménagement des postes de travail est réalisé ou rendu ultérieurement possible.

Note ***Art. R. 4214-27.*** *Des dérogations aux dispositions de l'article R. 4214-26 peuvent être accordées par le préfet, après avis de la commission consultative départementale de sécurité et d'accessibilité, en cas d'impossibilité technique résultant de l'environnement du bâtiment.*

Cet article, issu du décret 2009-1272 du 21 octobre 2009, art. 1er, a été annulé par le Conseil d'État, arrêt rapporté ci-après.

Il résulte des dispositions des articles L. 111-7 et L. 111-7-1 du code de la construction et de l'habitation, éclairées par les travaux parlementaires ayant précédé l'adoption de la loi du 11 février 2005, que le législateur, qui n'a, par les articles L. 111-7-2 et L. 111-7-3, issues de la même loi, ouvert certaines possibilités de dérogation aux règles relatives à l'accessibilité des logements aux personnes handicapées que pour les travaux sur des bâtiments existants, n'a pas entendu permettre au pouvoir réglementaire d'ouvrir des possibilités de dérogations à ces règles en ce qui concerne un bâtiment neuf ou la partie neuve d'un bâtiment existant, hormis le cas des propriétaires construisant ou améliorant un logement pour leur propre usage, pour lequel l'article L. 111-7 spécifie que ces normes ne sont pas obligatoires. Dès lors, les associations requérantes sont fondées à soutenir que l'article 1er du décret du 21 octobre 2009 est entaché d'illégalité en tant qu'il insère dans le code du travail l'article R. 4214-27 prévoyant d'autres dérogations que celles dont la loi a admis la possibilité. Il y a lieu, par suite, d'annuler, l'article 1er de ce décret, en tant qu'il insère l'article R. 4214-27 dans le code du travail (CE 1er juin 2011, n° 334892, *JCP* éd. G 2011, 996, note Y. Dagorne-Labbe).

Art. R. 4214-28. Un arrêté des ministres chargés du travail, de l'agriculture et de la construction détermine les modalités d'application propres à assurer l'accessibilité des lieux de travail en ce qui concerne, notamment, les circulations horizontales et verticales, les portes et les sas intérieurs, les revêtements des sols et des parois, les dispositifs d'éclairage et d'information, le stationnement automobile.

(D. 2011-1461 du 7 nov. 2011, JO 9) *« Cet arrêté précise les caractéristiques des espaces d'attente sécurisés et de leurs équivalents, et notamment les règles qui président à leur implantation, à la détermination de leur capacité d'accueil, à leur équipement ainsi que les spécifications techniques auxquelles ils doivent satisfaire en vue d'assurer la protection prévue au deuxième alinéa de l'article R. 4216-2-1. »*

Note Sur la date d'entrée en vigueur du décret 2011-1461 du 7 novembre 2011, voir note sous article R. 4211-3.

Art. L. 4211-2.

CHAPITRE V

Installations électriques

[Le présent chapitre ne comprend pas de dispositions législatives.]

[Dispositions réglementaires]

(D. 2010-1017 du 30 août 2010, JO 1er sept.)

CHAPITRE V

Installations électriques des bâtiments et de leurs aménagements

Note Les dispositions du chapitre V dans leur rédaction antérieure au décret 2010-1017 du 30 août 2010 restent applicables : 1° Aux opérations de construction ou d'aménagement de bâtiments pour lesquelles la demande de permis de construire est antérieure à la publication du présent décret ; 2° Aux opérations ne nécessitant pas de permis de construire, lorsque le début des travaux est antérieur à cette même date.

SECTION 1. Obligations générales du maître d'ouvrage

Art. R. 4215-1. Le maître d'ouvrage s'assure que les installations électriques sont conçues et réalisées de façon à prévenir les risques de choc électrique, par contact direct ou indirect, ou de brûlure et les risques d'incendie ou d'explosion d'origine électrique.

Art. R. 4215-2. Le maître d'ouvrage établit et transmet à l'employeur un dossier technique comportant la description et les caractéristiques des installations électriques réalisées.

Le contenu du dossier technique est précisé par un arrêté conjoint des ministres du travail, de l'agriculture et de la construction.

Ce dossier technique fait partie du dossier de maintenance des lieux de travail prévu à l'article R. 4211-3.

SECTION 2. Prescriptions relatives à la conception et à la réalisation des installations électriques

Art. R. 4215-3. Les installations sont conçues et réalisées de telle façon que :

1° Aucune partie active dangereuse ne soit accessible aux travailleurs, sauf dans les locaux et emplacements à risques particuliers de choc électrique, qui font l'objet de prescriptions particulières fixées aux articles R. 4226-9, R. 4226-10 et R. 4226-11 ;

2° En cas de défaut d'isolement, aucune masse ne présente, avec une autre masse ou un élément conducteur, une différence de potentiel dangereuse pour les travailleurs.

Art. R. 4215-4. Toutes dispositions sont prises pour éviter que les parties actives ou les masses d'une installation soient portées à des tensions qui seraient dangereuses pour les personnes, du fait de leur voisinage avec une installation dont le domaine de tension est supérieur, ou du fait de défaut à la terre dans une telle installation.

Art. R. 4215-5. Toutes dispositions sont prises pour éliminer les risques liés à l'élévation normale de température des matériels électriques, notamment les risques de brûlure pour les travailleurs ou les risques de dégradation des objets voisins, en particulier ceux sur lesquels ces matériels prennent appui.

Art. R. 4215-6. Les caractéristiques des matériels sont choisies de telle façon qu'ils puissent supporter sans dommage pour les personnes et, le cas échéant, sans altérer leurs fonctions de sécurité, les effets mécaniques et thermiques produits par toute surintensité, et ce pendant le temps nécessaire au fonctionnement des dispositifs destinés à interrompre cette surintensité.

Les appareillages assurant les fonctions de connexion, de sectionnement, de commande et de protection sont choisis et installés de façon à pouvoir assurer ces fonctions.

Les conducteurs des canalisations fixes sont protégés contre les surintensités.

Les matériels contenant des diélectriques liquides inflammables et les transformateurs de type sec sont mis en œuvre et protégés de façon à prévenir les risques d'incendie.

Art. R. 4215-7. Des dispositifs de sectionnement assurent la séparation de l'installation électrique, des circuits ou des appareils d'utilisation, de leurs sources d'alimentation et permettent d'effectuer en sécurité toute opération sur l'installation, les circuits ou les appareils d'utilisation.

Art. R. 4215-8. Des dispositifs permettent, en cas d'urgence, de couper l'alimentation électrique de circuits ou de groupes de circuits en cas d'apparition d'un danger inattendu de choc électrique, d'incendie ou d'explosion.

Art. R. 4215-9. Les canalisations électriques sont mises en place selon les prescriptions particulières à chaque mode de pose.

Art. R. 4215-10. L'identification des circuits et des appareillages est assurée de façon pérenne.

La localisation et le repérage des canalisations permettent les vérifications, essais, réparations ou transformations de l'installation.

Le repérage des conducteurs permet de connaître leur fonction dans les circuits.

Art. R. 4215-11. Les matériels électriques sont choisis et installés en tenant compte de la tension et de manière à supporter en toute sécurité les conditions d'environnement particulières au lieu dans lequel ils sont installés et auxquelles ils peuvent être soumis.

Art. R. 4215-12. Dans les locaux ou sur les emplacements exposés à des risques d'incendie ou d'explosion, les installations électriques sont conçues et réalisées en tenant compte de ces risques.

Art. R. 4215-13. Les locaux ou emplacements réservés à la production, la conversion ou la distribution de l'électricité, appelés locaux ou emplacements de service électrique, sont conçus et réalisés de façon à assurer tout à la fois :

1° L'accessibilité aux matériels et l'aisance de déplacement et de mouvement ;

2° La protection contre les chocs électriques ;

3° La prévention des risques de brûlure et d'incendie ;

4° La prévention des risques d'apparition d'atmosphère toxique ou asphyxiante causée par l'émission de gaz ou de vapeurs en cas d'incident d'exploitation des matériels électriques ;

5° L'éclairage de sécurité.

Art. R. 4215-14. Les références des normes d'installation homologuées, applicables aux installations électriques, sont publiées au *Journal officiel* de la République française par arrêté des ministres chargés du travail, de l'agriculture et de la construction.

Un arrêté de ces mêmes ministres peut déclarer une disposition contenue dans ces normes non applicable si elle ne répond pas ou contrevient aux prescriptions du présent chapitre.

Art. R. 4215-15. Les installations électriques, réalisées conformément aux dispositions correspondantes des normes d'installation mentionnées à l'article R. 4215-14 et de leurs guides d'application, sont réputées satisfaire aux prescriptions du présent chapitre.

Art. R. 4215-16. Les matériels électriques ayant pour fonction le sectionnement, la protection contre les surintensités, la protection contre les chocs électriques sont conformes soit aux normes françaises homologuées qui leur sont applicables, soit aux spécifications techniques de la législation dans un autre État membre de l'Union européenne ou d'un État partie à l'accord instituant l'Espace économique européen, assurant un niveau de sécurité équivalent.

Art. R. 4215-17. Les installations d'éclairage de sécurité sont conçues et réalisées conformément aux dispositions de l'arrêté prévu à l'article R. 4227-14.

CHAPITRE VI

Risques d'incendies et d'explosions et évacuation

[Le présent chapitre ne comprend pas de dispositions législatives.]

SECTION 1. Dispositions générales

Art. R. 4216-1. Les dispositions du présent chapitre ne s'appliquent pas aux immeubles de grande hauteur, au sens du code de la construction et de l'habitation, pour lesquels des dispositions particulières sont applicables.

Elles ne font pas obstacle aux dispositions plus contraignantes prévues pour les établissements recevant du public, au sens de l'article R. 123-2 du code de la construction et de l'habitation ou pour les bâtiments d'habitation.

Art. R. 4216-2. Les bâtiments et les locaux sont conçus et réalisés de manière à permettre en cas de sinistre :

1° L'évacuation rapide de la totalité des occupants dans des conditions de sécurité maximale ;

(D. 2011-1461 du 7 nov. 2011, JO 9) « *1° L'évacuation rapide de la totalité des occupants ou leur évacuation différée, lorsque celle-ci est rendue nécessaire, dans des conditions de sécurité maximale ;* »

2° L'accès de l'extérieur et l'intervention des services de secours et de lutte contre l'incendie ;

3° La limitation de la propagation de l'incendie à l'intérieur et à l'extérieur des bâtiments.

Note Sur la date d'entrée en vigueur du décret 2011-1461 du 7 novembre 2011, voir note sous article R. 4211-3.

Art. R. 4216-2-1. **(D. 2011-1461 du 7 nov. 2011, JO 9)** *Les lieux de travail situés dans les bâtiments neufs ou dans les parties neuves de ces bâtiments sont dotés, à chaque niveau, d'espaces d'attente sécurisés ou d'espaces équivalents, dont le nombre et la capacité d'accueil varient en fonction de la disposition des lieux de travail et de l'effectif des personnes handicapées susceptibles d'être présentes.*

Les espaces d'attente sécurisés sont des zones ou des locaux conçus et aménagés en vue de préserver, avant leur évacuation, les personnes handicapées ayant besoin d'une aide extérieure pour cette évacuation des conséquences d'un incendie. Ils doivent offrir une protection contre les fumées, les flammes, le rayonnement thermique et la ruine du bâtiment pendant une durée minimale d'une heure. Le maître d'ouvrage s'assure de la compatibilité entre la stabilité au feu de la structure et la présence d'espaces d'attente sécurisés pour que la ruine du bâtiment n'intervienne pas avant l'évacuation des personnes.

Les espaces d'attente sécurisés peuvent être situés dans tous les espaces accessibles aux personnes handicapées, à l'exception des sous-sols et des locaux à risques particuliers au sens des articles R. 4227-22 et R. 4227-24.

Note Sur l'entrée en vigueur des articles R. 4216-2-1, 2-2 et 2-3, voir note sous article R. 4211-3.

Art. R. 4216-2-2. **(D. 2011-1461 du 7 nov. 2011, JO 9)** *Est équivalent à un espace d'attente sécurisé, dès lors qu'il offre une accessibilité et une protection identiques à celles mentionnées au deuxième alinéa de l'article R. 4216-2-1 :*

1° Le palier d'un escalier mentionné à l'article R. 4216-26, s'il est équipé de portes coupe-feu de degré une heure ;

2° Le local d'attente d'un ascenseur mentionné à l'article R. 4216-26, s'il est équipé de portes coupe-feu de degré une heure ;

3° Un espace à l'air libre.

Art. R. 4216-2-3. **(D. 2011-1461 du 7 nov. 2011, JO 9)** *Un niveau d'un lieu de travail est exempté de l'obligation d'être doté d'espaces d'attente sécurisés ou d'espaces équivalents quand il remplit l'une des conditions suivantes :*

1° Il est situé en rez-de-chaussée et comporte un nombre suffisant de dégagements, prévus à l'article R. 4216-8, accessibles aux personnes handicapées ;

2° Il comporte au moins deux compartiments, mentionnés à l'article R. 4216-27, dont la capacité d'accueil est suffisante eu égard au nombre de personnes handicapées susceptibles d'être présentes. Le passage d'un compartiment à l'autre se fait en sécurité en cas d'incendie et est possible quel que soit le handicap.

Art. R. 4216-3. Les bâtiments et locaux sont isolés de ceux occupés par des tiers conformément aux dispositions applicables à ces derniers.

Art. R. 4216-4. Pour l'application du présent chapitre, l'effectif théorique des personnes susceptibles d'être présentes comprend l'effectif des salariés, majoré, le cas échéant, de l'effectif du public susceptible d'être admis et calculé suivant les règles précisées par la réglementation relative à la protection du public contre les risques d'incendie et de panique dans les établissements recevant du public.

SECTION 2. Dégagements

Art. R. 4216-5. Chaque dégagement a une largeur minimale de passage proportionnée au nombre total de personnes appelées à l'emprunter. Cette largeur est calculée en fonction d'une largeur type appelée unité de passage de 0,60 mètre.

Toutefois, quand un dégagement ne comporte qu'une ou deux unités de passage, la largeur est respectivement portée de 0,60 mètre à 0,90 mètre et de 1,20 mètre à 1,40 mètre.

Art. R. 4216-6. Les dégagements des bâtiments et locaux obéissent aux dispositions des articles R. 4227-4 à R. 4227-14 à l'exception des articles R. 4227-5 et R. 4227-12.

Toutefois, pour l'application des dispositions de l'article R. 4227-10, la largeur des escaliers à prendre en compte est au moins égale à deux unités de passage, au sens de l'article R. 4216-5.

Art. R. 4216-7. Aucune saillie ou dépôt ne doit réduire la largeur réglementaire des dégagements.

Toutefois, les aménagements fixes sont admis jusqu'à une hauteur maximale de 1,10 mètre, à condition qu'ils ne fassent pas saillie de plus de 0,10 mètre.

Art. R. 4216-8. Les locaux auxquels les travailleurs ont normalement accès sont desservis par des dégagements dont le nombre et la largeur exigibles sont précisés dans le tableau suivant :

EFFECTIF	NOMBRE de dégagements	NOMBRE TOTAL d'unités de passage
Moins de 20 personnes	1	1
De 20 à 50 personnes	1 + 1 dégagement accessoire *(a)* ou 1 *(b)*	1 2
De 51 à 100 personnes	2 ou 1 + 1 dégagement accessoire *(a)*	2 2
De 101 à 200 personnes	2	3
De 201 à 300 personnes	2	4
De 301 à 400 personnes	2	5
De 401 à 500 personnes	2	6

Au-dessus des 500 premières personnes :
- le nombre des dégagements est augmenté d'une unité par 500 ou fraction de 500 personnes ;
- la largeur cumulée des dégagements est calculée à raison d'une unité de passage pour 100 personnes ou fraction de 100 personnes.

Dans le cas de rénovation ou d'aménagement d'un établissement dans un immeuble existant, la largeur de 0,90 m peut être ramenée à 0,80 m.

(a) Un dégagement accessoire peut être constitué par une sortie, un escalier, une coursive, une passerelle, un passage souterrain ou un chemin de circulation, rapide et sûr, d'une largeur minimale de 0,60 m, ou encore, par un balcon filant, une terrasse, une échelle fixe.
(b) Cette solution est acceptée si le parcours pour gagner l'extérieur n'est pas supérieur à 25 mètres et si les locaux desservis ne sont pas en sous-sol.

Art. R. 4216-9. Pour les locaux situés en sous-sol et dont l'effectif est supérieur à cent personnes, les dégagements sont déterminés en prenant pour base l'effectif ainsi calculé :

1° L'effectif des personnes est arrondi à la centaine supérieure ;

2° L'effectif est majoré de 10 % par mètre ou fraction de mètre au-delà de deux mètres de profondeur.

Art. R. 4216-10. Seuls les locaux dont la nature technique des activités le justifie peuvent être situés à plus de six mètres en dessous du niveau moyen des seuils d'évacuation.

Art. R. 4216-11. La distance maximale à parcourir pour gagner un escalier en étage ou en sous-sol n'est jamais supérieure à quarante mètres.

Le débouché au niveau du rez-de-chaussée d'un escalier s'effectue à moins de vingt mètres d'une sortie sur l'extérieur.

Les itinéraires de dégagements ne comportent pas de cul-de-sac supérieur à dix mètres.

Art. R. 4216-12. Les marches obéissent aux caractéristiques suivantes :

1° Elles ne sont pas glissantes ;

2° S'il n'y a pas de contremarche, les marches successives se recouvrent de 5 centimètres ;

3° Il est interdit de placer une ou deux marches isolées dans les circulations principales ;

4° Les dimensions des marches des escaliers sont conformes aux règles de l'art ;

5° Les volées ne comptent pas plus de 25 marches ;

6° Les paliers ont une largeur égale à celle des escaliers et, en cas de volées non contrariées, leur longueur est supérieure à 1 mètre ;

7° Les escaliers tournants sont à balancement continu sans autre palier que ceux desservant les étages ;

8° Les dimensions des marches sur la ligne de foulée à 0,60 mètre du noyau ou du vide central sont conformes aux règles de l'art ;

9° Le giron extérieur des marches est inférieur à 0,42 mètre.

SECTION 3. Désenfumage

Note Un arrêté du 5 août 1992 (JO 12), modifié par arrêtés du 22 septembre 1995 (JO 3 oct.) et du 10 septembre 1998 (JO 22), a été pris pour l'application de ces articles.

Art. R. 4216-13. Les locaux de plus de 300 mètres carrés situés en rez-de-chaussée et en étage, les locaux de plus de 100 mètres carrés aveugles et ceux situés en sous-sol ainsi que tous les escaliers comportent un dispositif de désenfumage naturel ou mécanique.

Art. R. 4216-14. Les dispositifs de désenfumage naturel sont constitués en partie haute et en partie basse d'une ou plusieurs ouvertures communiquant avec l'extérieur, en vue de l'évacuation des fumées et l'amenée d'air.

La surface totale des sections d'évacuation des fumées est supérieure au centième de la superficie du local desservi avec un minimum de un mètre carré. Il en est de même pour celle des amenées d'air.

Chaque dispositif d'ouverture du dispositif de désenfumage est aisément manœuvrable à partir du plancher.

Art. R. 4216-15. En cas de désenfumage mécanique, le débit d'extraction est calculé sur la base d'un mètre cube par seconde par 100 mètres carrés.

Art. R. 4216-16. Les modalités d'application des dispositions de la présente section sont définies par arrêté conjoint des ministres chargés du travail, de l'agriculture et de la construction.

SECTION 4. Chauffage des locaux

Art. R. 4216-17. Les bâtiments et locaux sont conçus et réalisés de manière à respecter les dispositions des articles R. 4227-16 et R. 4227-18 à R. 4227-20 sur le chauffage des locaux ainsi que celles des réglementations particulières relatives :

1° Aux installations fixes destinées au chauffage et à l'alimentation en eau chaude ;

2° Aux installations de gaz combustibles et d'hydrocarbures liquéfiés ;

3° Au stockage et à l'utilisation des produits pétroliers.

Art. R. 4216-18. Indépendamment de l'application, s'il y a lieu, des règles propres aux bâtiments d'habitation, de bureaux ou recevant du public, les installations fixes destinées au chauffage et à l'alimentation en eau chaude ne doivent pas présenter de risque pour la santé et la sécurité des travailleurs.

Ces installations sont conçues de manière à ne pas aggraver les risques d'incendie ou d'explosion inhérents aux activités du bâtiment, à ne pas provoquer d'émission de substances dangereuses, insalubres ou gênantes et à ne pas être la cause de brûlures ou d'inconfort pour les travailleurs.

Les modalités d'application de ces dispositions sont précisées par arrêté conjoint des ministres chargés du travail, de l'agriculture et de la construction.

Art. R. 4216-19. Lorsque le chauffage est réalisé au moyen de générateur d'air chaud à combustion, la pression du circuit d'air doit toujours être supérieure à la pression des gaz brûlés.

Un dispositif de sécurité assure automatiquement l'extinction ou la mise en veilleuse de l'appareil ou de l'échangeur de chauffage de l'air et l'arrêt des ventilateurs lorsque la température de l'air dépasse 120° C. Toutefois, ce dispositif n'est pas exigible pour les appareils indépendants émettant de la chaleur dans les seuls locaux où ils sont installés, ou lorsque le réchauffage de l'air est assuré par un échangeur ne pouvant atteindre cette température.

Toute matière combustible est interdite à l'intérieur des conduits de distribution ou de reprise, à l'exception des accessoires des organes terminaux situés dans une pièce.

Cette prescription s'applique également aux installations de ventilation mécanique contrôlée et à toutes les gaines mettant en communication plusieurs niveaux.

Art. R. 4216-20. L'usage de la brasure tendre, dont la température de fusion du métal d'apport est inférieure à 450° C, est interdit pour les canalisations amenant les liquides ou gaz combustibles.

SECTION 5. Stockage ou manipulation de matières inflammables

Art. R. 4216-21. Les bâtiments et locaux sont conçus et réalisés de manière à respecter :

1° Les dispositions relatives à la prévention des explosions prévues aux articles R. 4227-42 et suivants ;

2° Les dispositions ***(D. 2010-1018 du 30 août 2010, JO 1er sept., entrée en vigueur le 01.07.2011)*** « de l'article R. 4215-12 » ;

3° Les dispositions spécifiques de l'arrêté prévu par l'article R. 4227-27 pour les installations industrielles utilisant le gaz combustible et les hydrocarbures liquéfiés.

Art. R. 4216-22. Les locaux ou les emplacements dans lesquels doivent être entreposées ou manipulées des substances ou préparations classées explosives, comburantes ou extrêmement inflammables, ainsi que des matières dans un état physique susceptible d'engendrer des risques d'explosion ou d'inflammation instantanée disposent d'une ventilation permanente appropriée.

Art. R. 4216-23. Les locaux mentionnés à l'article R. 4216-22 ainsi que ceux dans lesquels sont entreposées ou manipulées des substances ou préparations classées facilement inflammables ou des matières dans un état physique tel qu'elles sont susceptibles de prendre feu instantanément au contact d'une flamme ou d'une étincelle et de propager rapidement l'incendie, sont conçus et réalisés de telle sorte que :

1° Aucun poste habituel de travail ne puisse se trouver à plus de dix mètres d'une issue donnant sur l'extérieur ou sur un local donnant lui-même sur l'extérieur ;

2° Les portes de ces locaux s'ouvrent vers l'extérieur ;

3° Si les fenêtres de ces locaux sont munies de grilles ou grillages, ceux-ci s'ouvrent très facilement de l'intérieur.

SECTION 6. Bâtiments dont le plancher bas du dernier niveau est situé à plus de huit mètres du sol

Art. R. 4216-24. Afin de prendre en compte l'augmentation des risques en cas de sinistre, les bâtiments dont le plancher bas du dernier niveau est situé à plus de huit mètres du sol extérieur ont une structure d'une stabilité au feu de degré une heure et des planchers coupe-feu de même degré.

Ils sont isolés de tout bâtiment ou local occupé par des tiers, au minimum par des parois coupe-feu de degré une heure ou par des sas comportant des portes pare-flammes de degré demi-heure munies de ferme-porte et s'ouvrant vers l'intérieur du sas.

Art. R. 4216-25. Les bâtiments mentionnés à l'article R. 4216-24 sont accessibles au moins sur une façade aux services d'incendie et de secours.

Art. R. 4216-26. Les escaliers et ascenseurs des bâtiments mentionnés à l'article R. 4216-24 sont :

1° Soit encloisonnés dans des cages coupe-feu de degré une heure comportant des portes pare-flammes de degré demi-heure et, pour les escaliers, un dispositif de désenfumage en partie supérieure ;

2° Soit à l'air libre.

Art. R. 4216-27. La distribution intérieure des bâtiments mentionnés à l'article R. 4216-24 permet, notamment par des recoupements ou des compartimentages, de limiter la propagation du feu et des fumées.

L'aménagement intérieur des locaux, notamment les revêtements des murs, des sols et des plafonds, les tentures et les rideaux répond à des caractéristiques de réaction au feu permettant d'éviter un développement rapide d'un incendie susceptible de compromettre l'évacuation.

Art. R. 4216-28. Les dispositions de la présente section s'appliquent compte tenu de la classification des matériaux et des éléments de construction en fonction de leur comportement au feu, telle qu'elle est définie aux articles R. 121-1 et suivants du code de la construction et de l'habitation et par les arrêtés du ministre de l'intérieur pris en application de l'article R. 121-5 de ce même code.

Note Un arrêté du 5 août 1992 (JO 12), modifié par arrêtés du 22 septembre 1995 (JO 3 oct.) et du 10 septembre 1998 (JO 22), précise les prescriptions relatives à la classification des matériaux et des éléments de construction en fonction de leur comportement au feu.

Art. R. 4216-29. Un arrêté conjoint des ministres chargés du travail, de l'agriculture et de la construction définit les modalités d'application des dispositions de la présente section, notamment :

1° Les caractéristiques des sorties et celles de l'isolement latéral du bâtiment avec un autre bâtiment ;

2° La classification des matériaux et des éléments de construction de certaines parties du bâtiment ;

3° Les règles de désenfumage.

SECTION 7. Moyens de prévention et de lutte contre l'incendie

Art. R. 4216-30. Les bâtiments et locaux sont conçus ou aménagés de manière à respecter les dispositions relatives aux moyens de prévention et de lutte contre l'incendie prévues aux articles R. 4227-28 à R. 4227-41.

SECTION 8. Prévention des explosions

Art. R. 4216-31. Les bâtiments et locaux sont conçus et réalisés de manière à respecter les dispositions relatives à la prévention des explosions prévues par les articles R. 4227-42 à R. 4227-54.

Note Les dispositions du décret 2002-1554 du 24 décembre 2002 sont entrées en vigueur le 1er juillet 2003. Toutefois, elles ne sont pas applicables : 1° Aux opérations de construction ou d'aménagement de bâtiments pour lesquelles la demande de permis de construire est antérieure au 1er juillet 2003 ; 2° Aux opérations ne nécessitant pas de permis de construire, lorsque le début des travaux est antérieur à cette même date.

SECTION 9. Dispenses de l'autorité administrative

Art. R. 4216-32. Le ***(D. 2009-1377 du 10 nov. 2009, JO 13 ; D. 2010-687 du 24 juin 2010, JO 25 ; voir D.2010-1582 du 17 déc. 2010, JO 18, pour outre-mer)*** « directeur régional des entreprises, de la concurrence, de la consommation, du travail et de l'emploi » peut dispenser d'une partie de l'application des dispositions du présent chapitre, notamment dans le cas de réaménagement de locaux ou de bâtiments existants, sur proposition de mesures compensatoires assurant un niveau de sécurité jugé équivalent.

Art. R. 4216-33. La dispense est accordée, après enquête de l'inspecteur du travail.

Elle est accordée après avis :

1° Du comité d'hygiène, de sécurité et des conditions de travail ou, à défaut, des délégués du personnel ;

2° De la commission centrale de sécurité ou de la commission consultative départementale de sécurité et d'accessibilité pour les établissements recevant du public.

Art. R. 4216-34. Le silence gardé pendant plus de quatre mois par le ministre compétent saisi d'un recours hiérarchique contre une décision prise en application de l'article R. 4216-33 vaut décision de rejet.

CHAPITRE VII

Installations sanitaires, restauration

[Le présent chapitre ne comprend pas de dispositions législatives.]

Art. R. 4217-1. Les bâtiments et locaux sont conçus et réalisés conformément aux exigences des articles :

1° R. 4228-1 à R. 4228-15, relatifs aux installations sanitaires ;

2° R. 4228-22 à R. 4228-25, relatifs aux locaux de restauration et de repos.

Note En ce qui concerne les opérations auxquelles ne sont pas applicables les articles R. 235-2-12 et 2-13 [R. 4217-1 et 2], voir note sous article R. 4213-5.

Art. R. 4217-2. Lorsque, en application de l'article R. 4228-10, il doit être réalisé dix cabinets d'aisances, l'un d'entre eux, ainsi qu'un lavabo placé à proximité, sont aménagés de manière à en permettre l'accès et l'usage autonome par des personnes handicapées circulant en fauteuil roulant.

Lorsque le nombre des cabinets d'aisances est inférieur à dix, l'un d'entre eux et un lavabo sont conçus de telle sorte que, en présence de personnes handicapées physiques, des travaux simples suffisent à réaliser les aménagements prévus au premier alinéa.

TITRE II

OBLIGATIONS DE L'EMPLOYEUR POUR L'UTILISATION DES LIEUX DE TRAVAIL

CHAPITRE Ier

Principes généraux

Art. L. 4221-1. Les établissements et locaux de travail sont aménagés de manière à ce que leur utilisation garantisse la sécurité des travailleurs.

Ils sont tenus dans un état constant de propreté et présentent les conditions d'hygiène et de salubrité propres à assurer la santé des intéressés.

Les décrets en Conseil d'État prévus à l'article L. 4111-6 déterminent les conditions d'application du présent titre.

Note Les dispositions légales et réglementaires du code du travail en matière de sécurité (en l'espèce, décret du 10 juillet 1913 modifié concernant les prescriptions de sécurité applicables aux ascenseurs et monte-charges) s'appliquent « non seulement aux locaux où l'activité professionnelle de l'employeur s'exerce habituellement mais aussi à tous chantiers extérieurs sur lesquels les préposés de l'employeur interviennent sur instructions de celui-ci » (cass. crim. 11 octobre 1994, n° 93-83.967, B. crim. n° 325 ; *RJS* 12/94 n° 1388).

Art. L. 4221-1.

Art. R. 4221-1. Pour l'application du présent titre, on entend par lieux de travail les lieux destinés à recevoir des postes de travail situés ou non dans les bâtiments de l'établissement, ainsi que tout autre endroit compris dans l'aire de l'établissement auquel le travailleur a accès dans le cadre de son travail.

Les champs, bois et autres terrains faisant partie d'un établissement agricole ou forestier, mais situés en dehors de la zone bâtie d'un tel établissement, ne sont pas considérés comme des lieux de travail.

CHAPITRE II

Aération, assainissement

[Le présent chapitre ne comprend pas de dispositions législatives.]

SECTION 1. Principes et définitions

Art. R. 4222-1. Dans les locaux fermés où les travailleurs sont appelés à séjourner, l'air est renouvelé de façon à :

1° Maintenir un état de pureté de l'atmosphère propre à préserver la santé des travailleurs ;

2° Éviter les élévations exagérées de température, les odeurs désagréables et les condensations.

Note — Ni la circonstance qu'un local fasse l'objet d'un libre accès à partir du rez-de-chaussée, sans porte ou autre dispositif de fermeture, ni celle qu'il soit occupé de façon épisodique ne sont de nature à l'exclure du champ d'application de l'article R. 232-5 [R. 4222-1 et 2]. Dès lors qu'il ne ressort pas du dossier que le local comporterait des ouvrants donnant directement sur l'extérieur et que la pièce du rez-de-chaussée ne saurait être regardée comme un « local adjacent » au sous-sol par l'intermédiaire duquel ce dernier pourrait être ventilé, l'administration a considéré à bon droit que l'aération de ce local situé en sous-sol d'un magasin devait être assurée par ventilation mécanique et soumise, à ce titre, aux dispositions des articles R. 232-5-3 à 5-9 (CE 26 juillet 1996, n° 161595, *RJS* 10/96 n° 1051).

Art. R. 4222-2. Les règles applicables à l'aération, à la ventilation et à l'assainissement des locaux sont fixées suivant la nature et les caractéristiques de ces locaux.

Art. R. 4222-3. Pour l'application du présent chapitre, on entend par :

1° Air neuf, l'air pris à l'air libre hors des sources de pollution ;

2° Air recyclé, l'air pris et réintroduit dans un local ou un groupe de locaux. L'air pris hors des points de captage de polluants et réintroduit dans le même local après conditionnement thermique n'est pas considéré comme de l'air recyclé ;

3° Locaux à pollution non spécifique, les locaux dans lesquels la pollution est liée à la seule présence humaine, à l'exception des locaux sanitaires ;

4° Locaux à pollution spécifique, les locaux dans lesquels des substances dangereuses ou gênantes sont émises sous forme de gaz, vapeurs, aérosols solides ou liquides autres que celles qui sont liées à la seule présence humaine ainsi que locaux pouvant contenir des sources de micro-organismes potentiellement pathogènes et locaux sanitaires ;

5° Ventilation mécanique, la ventilation assurée par une installation mécanique ;

6° Ventilation naturelle permanente, la ventilation assurée naturellement par le vent ou par l'écart de température entre l'extérieur et l'intérieur ;

7° Poussière totale, toute particule solide dont le diamètre aérodynamique est au plus égal à 100 micromètres ou dont la vitesse limite de chute, dans les conditions normales de température, est au plus égale à 0,25 mètre par seconde ;

8° Poussière alvéolaire, toute poussière susceptible d'atteindre les alvéoles pulmonaires ;

9° Diamètre aérodynamique d'une poussière, le diamètre d'une sphère de densité égale à l'unité ayant la même vitesse de chute dans les mêmes conditions de température et d'humidité relative.

SECTION 2. Locaux à pollution non spécifique

Art. R. 4222-4. Dans les locaux à pollution non spécifique, l'aération est assurée soit par ventilation mécanique, soit par ventilation naturelle permanente.

Dans ce dernier cas, les locaux comportent des ouvrants donnant directement sur l'extérieur et leurs dispositifs de commande sont accessibles aux occupants.

Art. R. 4222-5. L'aération par ventilation naturelle, assurée exclusivement par ouverture de fenêtres ou autres ouvrants donnant directement sur l'extérieur, est autorisée lorsque le volume par occupant est égal ou supérieur à :

1° 15 mètres cubes pour les bureaux et les locaux où est accompli un travail physique léger ;
2° 24 mètres cubes pour les autres locaux.

Art. R. 4222-6. Lorsque l'aération est assurée par ventilation mécanique, le débit minimal d'air neuf à introduire par occupant est fixé dans le tableau suivant :

DÉSIGNATION DES LOCAUX	DÉBIT MINIMAL d'air neuf par occupant (en mètres cubes par heures)
Bureaux, locaux sans travail physique	25
Locaux de restauration, locaux de vente, locaux de réunion	30
Ateliers et locaux avec travail physique léger	45
Autres ateliers et locaux	60

Art. R. 4222-7. Les locaux réservés à la circulation et les locaux qui ne sont occupés que de manière épisodique peuvent être ventilés par l'intermédiaire des locaux adjacents à pollution non spécifique sur lesquels ils ouvrent.

Art. R. 4222-8. L'air envoyé après recyclage dans les locaux à pollution non spécifique est filtré.

L'air recyclé n'est pas pris en compte pour le calcul du débit minimal d'air neuf prévu à l'article R. 4222-6.

En cas de panne du système d'épuration ou de filtration, le recyclage est arrêté.

Art. R. 4222-9. Il est interdit d'envoyer après recyclage dans un local à pollution non spécifique l'air pollué d'un local à pollution spécifique.

SECTION 3. Locaux à pollution spécifique

Art. R. 4222-10. Dans les locaux à pollution spécifique, les concentrations moyennes en poussières totales et alvéolaires de l'atmosphère inhalée par un travailleur, évaluées sur une période de huit heures, ne doivent pas dépasser respectivement 10 et 5 milligrammes par mètre cube d'air.

Art. R. 4222-11. Pour chaque local à pollution spécifique, la ventilation est réalisée et son débit déterminé en fonction de la nature et de la quantité des polluants ainsi que, le cas échéant, de la quantité de chaleur à évacuer, sans que le débit minimal d'air neuf puisse être inférieur aux valeurs fixées à l'article R. 4222-6.

Lorsque l'air provient de locaux à pollution non spécifique, il est tenu compte du nombre total d'occupants des locaux desservis pour déterminer le débit minimal d'entrée d'air neuf.

Art. R. 4222-12. Les émissions sous forme de gaz, vapeurs, aérosols de particules solides ou liquides, de substances insalubres, gênantes ou dangereuses pour la santé des travailleurs sont supprimées, y compris, par la mise en œuvre de procédés d'humidification en cas de risque de suspension de particules, lorsque les techniques de production le permettent.

À défaut, elles sont captées au fur et à mesure de leur production, au plus près de leur source d'émission et aussi efficacement que possible, notamment en tenant compte de la nature, des caractéristiques et du débit des polluants ainsi que des mouvements de l'air.

S'il n'est techniquement pas possible de capter à leur source la totalité des polluants, les polluants résiduels sont évacués par la ventilation générale du local.

Art. R. 4222-13. Les installations de captage et de ventilation sont réalisées de telle sorte que les concentrations dans l'atmosphère ne soient dangereuses en aucun point pour la santé et la sécurité des travailleurs et qu'elles restent inférieures aux valeurs limites d'exposition fixées aux articles R. 4222-10 et R. 4412-149.

Les dispositifs d'entrée d'air compensant les volumes extraits sont conçus et disposés de façon à ne pas réduire l'efficacité des systèmes de captage.

Un dispositif d'avertissement automatique signale toute défaillance des installations de captage qui n'est pas directement décelable par les occupants des locaux.

Art. R. 4222-14. L'air provenant d'un local à pollution spécifique ne peut être recyclé que s'il est efficacement épuré. Il ne peut être envoyé après recyclage dans d'autres locaux que si la pollution de tous les locaux concernés est de même nature. En cas de recyclage, les concentrations de poussières et substances dans l'atmosphère du local doivent demeurer inférieures aux valeurs limites d'exposition professionnelle définies aux articles R. 4222-10, R. 4412-149 et R. 4412-150.

Art. R. 4222-15. Des prescriptions particulières, prises en application du 3° de l'article L. 4111-6, interdisent ou limitent, le cas échéant, l'utilisation du recyclage pour certaines catégories de substances ou catégories de locaux.

Art. R. 4222-16. Les installations de recyclage comportent un système de surveillance permettant de déceler les défauts des dispositifs d'épuration. En cas de défaut, les mesures nécessaires sont prises par l'employeur pour maintenir le respect des valeurs limites d'exposition professionnelle définies aux articles R. 4222-10 et R. 4412-149, le cas échéant, en arrêtant le recyclage.

Art. R. 4222-17. En cas de recyclage de l'air, les conditions du recyclage sont portées à la connaissance du médecin du travail, des membres du comité d'hygiène, de sécurité et des conditions de travail ou, à défaut, des délégués du personnel.

Ces personnes sont également consultées sur toute nouvelle installation ou toute modification des conditions de recyclage.

SECTION 4. Pollution par les eaux usées

Art. R. 4222-18. L'atmosphère des locaux de travail et de leurs dépendances est tenu[e] constamment à l'abri de toute émanation provenant d'égouts, fosses, puisards, fosses d'aisances ou de toute autre source d'infection.

Art. R. 4222-19. Dans les établissements qui déversent les eaux résiduaires ou de lavage dans un égout public ou privé, toute communication entre l'égout et l'établissement est munie d'un intercepteur hydraulique.

Cet intercepteur hydraulique est fréquemment nettoyé, et sa garde d'eau assurée en permanence.

SECTION 5. Contrôle et maintenance des installations

Art. R. 4222-20. L'employeur maintient l'ensemble des installations mentionnées au présent chapitre en bon état de fonctionnement et en assure régulièrement le contrôle.

Art. R. 4222-21. L'employeur indique dans une consigne d'utilisation les dispositions prises pour la ventilation et fixe les mesures à prendre en cas de panne des installations.

Cette consigne est établie en tenant compte, s'il y a lieu, des indications de la notice d'instructions fournie par le maître d'ouvrage conformément à l'article R. 4212-7.

Elle est soumise à l'avis du médecin du travail, du comité d'hygiène, de sécurité et des conditions de travail ou, à défaut, des délégués du personnel.

Art. R. 4222-22. Des arrêtés conjoints des ministres chargés du travail et de l'agriculture fixent :
1° Les méthodes de mesure de concentration, de débit, d'efficacité de captage, de filtration et d'épuration ;
2° La nature et la fréquence du contrôle des installations mentionnées au présent chapitre.

Note Voir arrêté du 9 octobre 1987 (JO 22) relatif aux contrôles de l'aération et de l'assainissement des locaux de travail pouvant être prescrits par l'inspecteur du travail, complété par l'arrêté du 24 décembre 1993 (JO 29).

SECTION 6. Travaux en espace confiné

Art. R. 4222-23. Dans les puits, conduites de gaz, carneaux, conduits de fumée, cuves, réservoirs, citernes, fosses, galeries et dans les lieux où il n'est pas possible d'assurer de manière permanente le respect des dispositions du présent chapitre, les travaux ne sont entrepris qu'après vérification de l'absence de risque pour la santé et la sécurité des travailleurs et, le cas échéant, après assainissement de l'atmosphère et vidange du contenu.

Art. R. 4222-24. Pendant l'exécution des travaux, la ventilation est réalisée suivant les prescriptions de l'article R. 4222-6 ou R. 4222-11, selon qu'il s'agit d'un local à pollution non spécifique ou d'un local à pollution spécifique, de manière à maintenir la salubrité de l'atmosphère et à en assurer un balayage permanent, sans préjudice, pour les travaux souterrains, des dispositions des articles R. 4534-43 à R. 4534-49.

SECTION 7. Protection individuelle

Art. R. 4222-25. Si l'exécution des mesures de protection collective prévues par le présent chapitre est impossible, des équipements de protection individuelle sont mis à la disposition des travailleurs.

Ces équipements sont choisis et adaptés en fonction de la nature des travaux à accomplir et présentent des caractéristiques d'efficacité compatibles avec la nature du risque auquel les travailleurs sont exposés. Ils ne doivent pas les gêner dans leur travail ni, autant que possible, réduire leur champ visuel.

Note Sur le défaut de mise à disposition des équipements de protection individuelle choisis et adaptés, voir notamment cass. crim. 19 décembre 1995, n° 94-84.644.

Art. R. 4222-26. L'employeur prend les mesures nécessaires pour que les équipements de protection individuelle soient effectivement utilisés, maintenus en bon état de fonctionnement et désinfectés avant d'être attribués à un nouveau titulaire.

CHAPITRE III

Éclairage, ambiance thermique

[Le présent chapitre ne comprend pas de dispositions législatives.]

SECTION 1. Éclairage

Art. R. 4223-1. Les dispositions de la présente section fixent les règles relatives à l'éclairage et à l'éclairement :

1° Des locaux de travail et de leurs dépendances, notamment les passages et escaliers ;

2° Des espaces extérieurs où sont accomplis des travaux permanents ;

3° Des zones et voies de circulation extérieures empruntées de façon habituelle pendant les heures de travail.

Art. R. 4223-2. L'éclairage est assuré de manière à :

1° Éviter la fatigue visuelle et les affections de la vue qui en résultent ;

2° Permettre de déceler les risques perceptibles par la vue.

Art. R. 4223-3. Les locaux de travail disposent autant que possible d'une lumière naturelle suffisante.

Note L'exigence d'une lumière naturelle suffisante au poste de travail doit se limiter au domaine du possible, c'est-à-dire sans modification des locaux existants (voir circ. DRT 95-07 du 14 avril 1995, BO TR 95/10, p. 119).

Art. R. 4223-4. Pendant la présence des travailleurs dans les lieux mentionnés à l'article R. 4223-1, les niveaux d'éclairement mesurés au plan de travail ou, à défaut, au sol, sont au moins égaux aux valeurs indiquées dans le tableau suivant :

LOCAUX AFFECTÉS AU TRAVAIL et leurs dépendances	VALEURS MINIMALES d'éclairement
Voies de circulation intérieure	40 lux
Escaliers et entrepôts	60 lux
Locaux de travail, vestiaires, sanitaires	120 lux
Locaux aveugles affectés à un travail permanent	200 lux

ESPACES EXTÉRIEURS	VALEURS MINIMALES d'éclairement
Zones et voies de circulation extérieures	10 lux
Espaces extérieurs où sont effectués des travaux à caractère permanent	40 lux

Art. R. 4223-5. Dans les zones de travail, le niveau d'éclairement est adapté à la nature et à la précision des travaux à exécuter.

Art. R. 4223-6. En éclairage artificiel, le rapport des niveaux d'éclairement, dans un même local, entre celui de la zone de travail et l'éclairement général est compris entre 1 et 5.

Il en est de même pour le rapport des niveaux d'éclairement entre les locaux contigus en communication.

Art. R. 4223-7. Les postes de travail situés à l'intérieur des locaux de travail sont protégés du rayonnement solaire gênant soit par la conception des ouvertures, soit par des protections fixes ou mobiles appropriées.

Art. R. 4223-8. Les dispositions appropriées sont prises pour protéger les travailleurs contre l'éblouissement et la fatigue visuelle provoqués par des surfaces à forte luminance ou par des rapports de luminance trop importants entre surfaces voisines.

Les sources d'éclairage assurent une qualité de rendu des couleurs en rapport avec l'activité prévue et ne doivent pas compromettre la sécurité des travailleurs.

Les phénomènes de fluctuation de la lumière ne doivent pas être perceptibles ni provoquer d'effet stroboscopique.

Art. R. 4223-9. Toutes dispositions sont prises afin que les travailleurs ne puissent se trouver incommodés par les effets thermiques dus au rayonnement des sources d'éclairage mises en œuvre.

Les sources d'éclairage sont aménagées ou installées de façon à éviter tout risque de brûlure.

Art. R. 4223-10. Les organes de commande d'éclairage sont facilement accessibles.

Dans les locaux aveugles, ils sont munis de voyants lumineux.

Art. R. 4223-11. Le matériel d'éclairage est installé de manière à pouvoir être entretenu aisément.

L'employeur fixe les règles d'entretien périodique du matériel en vue d'assurer le respect des dispositions de la présente section.

Les règles d'entretien sont consignées dans un document qui est communiqué aux membres du comité d'hygiène, de sécurité et des conditions de travail ou, à défaut, aux délégués du personnel.

Art. R. 4223-12. Les dispositions des articles R. 4223-6, R. 4223-7, R. 4223-8, premier alinéa, et R. 4223-10 ne sont pas applicables aux opérations de bâtiment et de génie civil définies à l'article R. 4534-1.

SECTION 2. Ambiance thermique

Art. R. 4223-13. Les locaux fermés affectés au travail sont chauffés pendant la saison froide.

Le chauffage fonctionne de manière à maintenir une température convenable et à ne donner lieu à aucune émanation délétère.

Note La dimension des locaux en cause et la circonstance que les portes des ateliers devaient être fréquemment ouvertes pour permettre la manutention de pièces très volumineuses n'ont pas pour effet de retirer à ces locaux le caractère de locaux fermés devant être chauffés convenablement pendant la saison froide. En estimant que les températures relevées lors de leur enquête dans ces ateliers n'étaient pas convenables au sens de l'article R. 232-6 (ancien) CT, l'inspecteur du travail et le directeur régional du travail et de l'emploi n'ont pas fondé leur décision de mise en demeure sur une qualification erronée des circonstances de l'espèce (CE 6 mai 1996, n° 143207, *JCP* 1996, éd. E, Pan. 599 ; *RJS* 7/96 n° 825).

Art. R. 4223-14. La température des locaux annexes, tels que locaux de restauration, locaux de repos, locaux pour les travailleurs en service de permanence, locaux sanitaires et locaux de premiers secours, obéit à la destination spécifique de ces locaux.

Art. R. 4223-15. L'employeur prend, après avis du médecin du travail et du comité d'hygiène, de sécurité et des conditions de travail ou, à défaut, des délégués du personnel, toutes dispositions nécessaires pour assurer la protection des travailleurs contre le froid et les intempéries.

CHAPITRE IV

Sécurité des lieux de travail

[Le présent chapitre ne comprend pas de dispositions législatives.]

SECTION 1. Caractéristiques des lieux de travail

Art. R. 4224-1. Les lieux de travail soumis aux dispositions du titre Ier lors de leur construction ou de leur aménagement sont utilisés en conformité avec ces dispositions.

En cas de changement de destination, ils sont aménagés pour être rendus conformes aux dispositions régissant cette nouvelle destination à la date des travaux d'aménagement.

Art. R. 4224-2. Les bâtiments abritant des lieux de travail ont des structures et une solidité appropriées à leur utilisation.

Art. R. 4224-3. Les lieux de travail intérieurs et extérieurs sont aménagés de telle façon que la circulation des piétons et des véhicules puisse se faire de manière sûre.

Art. R. 4224-4. L'employeur prend toutes dispositions pour que seuls les travailleurs autorisés à cet effet puissent accéder aux zones de danger. Les mesures appropriées sont prises pour protéger ces travailleurs.

Art. R. 4224-5. ***(D. 2009-289 du 13 mars 2009, JO 15)*** « Les puits, trappes et ouvertures de descente sont clôturés. »

Les passerelles, planchers en encorbellement, plates-formes en surélévation, ainsi que leurs moyens d'accès, sont construits, installés ou protégés de telle sorte que les travailleurs appelés à les utiliser ne soient pas exposés à des chutes.

Art. R. 4224-6. Les ponts volants ou les passerelles pour le chargement ou le déchargement des navires ou bateaux sont installés de manière à former un tout rigide et sont munis de garde-corps des deux côtés.

Art. R. 4224-7. Les cuves, bassins et réservoirs sont construits, installés et protégés dans les conditions assurant la sécurité des travailleurs.

Leur installation ou, à défaut, leurs dispositifs de protection sont tels qu'ils empêchent les travailleurs d'y tomber.

Art. R. 4224-8. L'accès et l'intervention sur les toits en matériaux fragiles n'offrant pas une résistance suffisante sont effectués conformément aux articles R. 4534-88, R. 4534-89 et R. 4534-93 applicables aux opérations de bâtiment et de génie civil.

SECTION 2. Portes et portails

Art. R. 4224-9. Les portes et portails en va-et-vient sont transparents ou possèdent des panneaux transparents.

Art. R. 4224-10. Les parties transparentes sont constituées de matériaux de sécurité ou protégées contre l'enfoncement de sorte que les travailleurs ne puissent être blessés en cas de bris de ces surfaces.

Art. R. 4224-11. Les portes et portails coulissants sont munis d'un système de sécurité les empêchant de sortir de leur rail et de tomber.

Les portes et portails s'ouvrant vers le haut sont munis d'un système de sécurité les empêchant de retomber.

Art. R. 4224-12. Les portes et portails sont entretenus et contrôlés régulièrement.

Lorsque leur chute peut présenter un danger pour les travailleurs, notamment en raison de leurs dimensions, de leur poids ou de leur mode de fixation, la périodicité des contrôles et les interventions sont consignées dans le dossier prévu à l'article R. 4224-17.

Art. R. 4224-13. Les portes et portails automatiques fonctionnent sans risque d'accident pour les travailleurs.

Les caractéristiques auxquelles obéissent les installations nouvelles et existantes de portes et portails automatiques ainsi que leurs conditions de maintenance et de vérification sont définies par arrêté conjoint des ministres chargés du travail et de l'agriculture.

Note Voir arrêté du 21 décembre 1993 (JO 13 janv.) relatif aux portes et portails automatiques et semi-automatiques sur les lieux de travail.

SECTION 3. Matériel de premiers secours et secouriste

Art. R. 4224-14. Les lieux de travail sont équipés d'un matériel de premiers secours adapté à la nature des risques et facilement accessible.

Note Voir notamment note MCM/TD 0021 du 20 janvier 1997 : « Organisation des soins d'urgence – Délivrance de médicaments dans les situations d'urgence – Responsabilité des médecins du travail et des chefs d'entreprise ».

Art. R. 4224-15. Un membre du personnel reçoit la formation de secouriste nécessaire pour donner les premiers secours en cas d'urgence dans :

1° Chaque atelier où sont accomplis des travaux dangereux ;

2° Chaque chantier employant vingt travailleurs au moins pendant plus de quinze jours où sont réalisés des travaux dangereux.

Les travailleurs ainsi formés ne peuvent remplacer les infirmiers.

Art. R. 4224-16. En l'absence d'infirmiers, ou lorsque leur nombre ne permet pas d'assurer une présence permanente, l'employeur prend, après avis du médecin du travail, les mesures nécessaires pour assurer les premiers secours aux accidentés et aux malades. Ces mesures qui sont prises en liaison notamment avec les services de secours d'urgence extérieurs à l'entreprise sont adaptées à la nature des risques.

Ces mesures sont consignées dans un document tenu à la disposition de l'inspecteur du travail.

Note
- Voir note MCM/TD 0021 du 20 janvier 1997 citée sous art. R. 4224-14.
- Voir arrêté du 5 décembre 2002 relatif à la prise en compte des acquis pour les titulaires du certificat de sauveteur-secouriste du travail et pour les titulaires de l'attestation de formation aux premiers secours (JO 28).

SECTION 4. Maintenance, entretien et vérifications

Art. R. 4224-17. Les installations et dispositifs techniques et de sécurité des lieux de travail sont entretenus et vérifiés suivant une périodicité appropriée.

Toute défectuosité susceptible d'affecter la santé et la sécurité des travailleurs est éliminée le plus rapidement possible.

La périodicité des contrôles et les interventions sont consignées dans un dossier qui est, le cas échéant, annexé au dossier de maintenance des lieux de travail prévu à l'article R. 4211-3. Ce dossier regroupe notamment la consigne et les documents prévus en matière d'aération, d'assainissement et d'éclairage aux articles R. 4222-21 et R. 4223-11.

Art. R. 4224-17-1. ***(D. 2008-1325 du 15 déc. 2008, JO 17, entrée en vigueur le 18.12.2010)*** Lorsqu'un ou plusieurs ascenseurs sont en service dans les locaux d'un établissement, l'employeur s'assure que le propriétaire prend les mesures nécessaires pour se conformer :

1° Aux dispositions des articles R. 125-2 à R. 125-2-6 du code de la construction et de l'habitation relatives à l'entretien et au contrôle technique ;

2° Aux dispositions des articles R. 125-1-1 à R. 125-1-4 du code de la construction et de l'habitation relatives à la mise en sécurité des ascenseurs.

Le propriétaire met à la disposition de l'employeur les informations nécessaires.

Note Voir note sous article R. 4214-15.

Art. R. 4224-17-2. ***(D. 2008-1325 du 15 déc. 2008, JO 17, entrée en vigueur le 18.12.2010)*** L'employeur informe le propriétaire de tout défaut de fonctionnement d'un ascenseur susceptible d'affecter la sécurité des personnes et prend les mesures nécessaires pour interdire l'utilisation de l'équipement tant qu'il n'a pas été remédié à ce défaut.

Art. R. 4224-18. Les locaux de travail et leurs annexes sont régulièrement entretenus et nettoyés. Ils sont exempts de tout encombrement.

Le médecin du travail et le comité d'hygiène, de sécurité et des conditions de travail, ou, à défaut, les délégués du personnel, émettent un avis sur les mesures à prendre pour satisfaire à ces obligations.

Art. R. 4224-19. Lorsque l'entreprise quitte les locaux, l'employeur restitue le dossier de maintenance des lieux de travail au propriétaire ou le transmet à l'occupant suivant.

SECTION 5. Signalisation et matérialisation relatives à la santé et à la sécurité

Art. R. 4224-20. Lorsqu'il n'est pas possible, compte tenu de la nature du travail, d'éviter des zones de danger comportant notamment des risques de chute de personnes ou des risques de chute d'objets, et même s'il s'agit d'activités ponctuelles d'entretien ou de réparation, ces zones sont signalées de manière visible.

Elles sont également matérialisées par des dispositifs destinés à éviter que les travailleurs non autorisés pénètrent dans ces zones.

Art. R. 4224-21. Lorsque le contenu transporté par les tuyauteries présente un danger, ces tuyauteries font l'objet d'une signalisation permettant de déterminer la nature du contenu transporté.

Art. R. 4224-22. Un marquage est apposé à hauteur de vue sur les portes transparentes.

Art. R. 4224-23. Le matériel de premiers secours fait l'objet d'une signalisation par panneaux.

Art. R. 4224-24. La signalisation relative à la santé et à la sécurité au travail est conforme à des caractéristiques déterminées par arrêté conjoint des ministres chargés du travail et de l'agriculture.

Ces dispositions n'affectent pas l'utilisation de la signalisation relative aux trafics routier, ferroviaire, fluvial, maritime et aérien, pour ce qui concerne ces trafics à l'intérieur de l'établissement.

Note S'agissant de la signalisation de sécurité et de santé au travail, voir arrêté du 4 novembre 1993 (JO 17 déc.) complété par arrêté du 8 juillet 2003 (JO 26).

Art. L. 4221-1.

CHAPITRE V

Aménagement des postes de travail

[Le présent chapitre ne comprend pas de dispositions législatives.]

SECTION 1. Postes de travail extérieurs

Art. R. 4225-1. Les postes de travail extérieurs sont aménagés de telle sorte que les travailleurs :

1° Puissent rapidement quitter leur poste de travail en cas de danger ou puissent rapidement être secourus ;

2° Soient protégés contre la chute d'objets ;

3° Dans la mesure du possible :
a) Soient protégés contre les conditions atmosphériques ;
b) Ne soient pas exposés à des niveaux sonores nocifs ou à des émissions de gaz, vapeurs, aérosols de particules solides ou liquides de substances insalubres, gênantes ou dangereuses ;
c) Ne puissent glisser ou chuter.

SECTION 2. Confort au poste de travail

Sous-section 1. Mise à disposition de boissons

Art. R. 4225-2. L'employeur met à la disposition des travailleurs de l'eau potable et fraîche pour la boisson.

Note Sur la mise à disposition de fontaines d'eau pour les salariés sur leurs lieux de travail, laissée à la libre appréciation de l'employeur dans le cadre de son pouvoir d'organisation des conditions de travail et dans la limite de l'entretien et du bon fonctionnement des appareils de distribution, voir rép. QE 112868, JO AN 6 septembre 2011, p. 9650.

Art. R. 4225-3. Lorsque des conditions particulières de travail conduisent les travailleurs à se désaltérer fréquemment, l'employeur met gratuitement à leur disposition au moins une boisson non alcoolisée.

La liste des postes de travail concernés est établie par l'employeur, après avis du médecin du travail et du comité d'hygiène, de sécurité et des conditions de travail ou, à défaut, des délégués du personnel.

Les boissons et les aromatisants mis à disposition sont choisis en tenant compte des souhaits exprimés par les travailleurs et après avis du médecin du travail.

Art. R. 4225-4. L'employeur détermine l'emplacement des postes de distribution des boissons, à proximité des postes de travail et dans un endroit remplissant toutes les conditions d'hygiène.

L'employeur veille à l'entretien et au bon fonctionnement des appareils de distribution, à la bonne conservation des boissons et à éviter toute contamination.

Sous-section 2. Mise à disposition de sièges

Art. R. 4225-5. Un siège approprié est mis à la disposition de chaque travailleur à son poste de travail ou à proximité de celui-ci.

SECTION 3. Travailleurs handicapés

Art. R. 4225-6. Le poste de travail ainsi que les locaux sanitaires et de restauration que les travailleurs handicapés sont susceptibles d'utiliser dans l'établissement sont aménagés de telle sorte que ces travailleurs puissent y accéder aisément.

Leurs postes de travail ainsi que les signaux de sécurité qui les concernent sont aménagés si leur handicap l'exige.

Art. R. 4225-7. Des installations sanitaires appropriées sont mises à la disposition des *(D. 2009-1272 du 21 oct. 2009, JO 23)* « travailleurs handicapés ».

Art. R. 4225-8. *(D. 2009-1272 du 21 oct. 2009, JO 23)* Le système d'alarme sonore prévu à l'article R. 4227-34 est complété par un ou des systèmes d'alarme adaptés au handicap des personnes concernées employées dans l'entreprise en vue de permettre leur information en tous lieux et en toutes circonstances.

Note Cet article est applicable depuis le 24 avril 2010.

CHAPITRE VI

Installations électriques

[Le présent chapitre ne comprend pas de dispositions législatives.]

[Dispositions réglementaires]

(D. 2010-1016 du 30 août 2010, JO 1er sept., entrée en vigueur le 01.07.2011)

Note Les installations électriques permanentes existantes à la date d'entrée en vigueur du décret 2010-1016 du 30 août 2010 et conformes aux dispositions du décret 88-1056 du 14 novembre 1988 pris pour l'exécution des dispositions du livre II du code du travail (titre III : Hygiène, sécurité et conditions du travail) en ce qui concerne la protection des travailleurs dans les établissements qui mettent en œuvre des courants électriques sont réputées satisfaire aux prescriptions des articles R. 4226-5 à R. 4226-13 CT dans leur rédaction résultant du décret 2010-1016.

SECTION 1. Champ d'application et définitions

Art. R. 4226-1. Les dispositions du présent chapitre fixent les règles relatives à l'utilisation des installations électriques permanentes et temporaires. Elles fixent également les règles relatives à la réalisation, par l'employeur, d'installations électriques temporaires ou d'installations électriques permanentes nouvelles ou relatives aux adjonctions et modifications apportées par celui-ci aux installations électriques existantes.

Art. R. 4226-2. Les installations électriques comprennent l'ensemble des matériels électriques mis en œuvre pour la production, la conversion, la distribution ou l'utilisation de l'énergie électrique.

Les installations électriques sont classées, comme suit, en fonction de la plus grande des tensions nominales, existant soit entre deux quelconques de leurs conducteurs, soit entre l'un d'entre eux et la Terre :

1° Domaine très basse tension (par abréviation TBT) : installations dans lesquelles la tension ne dépasse pas 50 volts en courant alternatif ou 120 volts en courant continu lisse ;

2° Domaine basse tension (par abréviation BT) : installations dans lesquelles la tension excède 50 volts sans dépasser 1 000 volts en courant alternatif ou excède 120 volts sans dépasser 1 500 volts en courant continu lisse ;

3° Domaine haute tension A (par abréviation HTA) : installations dans lesquelles la tension excède 1 000 volts sans dépasser 50 000 volts en courant alternatif, ou excède 1 500 volts sans dépasser 75 000 volts en courant continu lisse ;

4° Domaine haute tension B (par abréviation HTB) : installations dans lesquelles la tension excède 50 000 volts en courant alternatif ou excède 75 000 volts en courant continu lisse.

Pour les courants autres que les courants continus lisses, les valeurs de tension figurant aux alinéas qui précèdent correspondent à des valeurs efficaces.

Art. R. 4226-3. Les installations électriques temporaires soumises aux dispositions du présent chapitre comprennent :

1° Les installations telles que celles des structures, baraques, stands situés dans des champs de foire, des marchés, des parcs de loisirs, des cirques et des lieux d'expositions ou de spectacle ;

2° Les installations des chantiers du bâtiment et des travaux publics ;

3° Les installations utilisées pendant les phases de construction ou de réparation, à terre, de navires, de bateaux ou d'aéronefs ;

4° Les installations des chantiers forestiers et des activités agricoles.

Art. R. 4226-4. Les dispositions du présent chapitre ne s'appliquent pas aux distributions d'énergie électrique régies par la loi du 15 juin 1906 sur les distributions d'énergie.

Dans le cas des installations de traction électrique, cette exclusion s'étend aux chantiers d'extension, de transformation et d'entretien de ces installations, aux équipements électriques du matériel roulant ferroviaire ainsi qu'aux installations techniques et de sécurité ferroviaires.

SECTION 2. Dispositions générales

Art. R. 4226-5. L'employeur maintient l'ensemble des installations électriques permanentes en conformité avec les dispositions relatives à la conception des installations électriques applicables à la date de leur mise en service.

Toutefois, une spécification technique nouvelle résultant de l'évolution technique peut être rendue applicable aux installations existantes, par arrêté des ministres chargés du travail et de l'agriculture, si elle permet de prévenir des atteintes graves à la santé et à la sécurité des travailleurs.

Art. R. 4226-6. Les réalisations d'installations électriques permanentes nouvelles ainsi que les adjonctions ou modifications de structure d'installations électriques permanentes existantes et les réalisations des installations électriques temporaires sont exécutées conformément aux dispositions des articles R. 4215-3 à R. 4215-13, R. 4215-16 et R. 4215-17 relatives à la conception des installations électriques.

Les dispositions des articles R. 4215-14 à R. 4215-16 sont applicables aux installations électriques réalisées par ou pour l'employeur.

Le cas échéant, l'employeur complète et met à jour le dossier technique prévu à l'article R. 4215-2.

Art. R. 4226-7. Les installations électriques et les matériels électriques qui les composent font l'objet de mesures de surveillance et donnent lieu en temps utile aux opérations de maintenance.

SECTION 3. Dispositions particulières à certains locaux ou emplacements

Art. R. 4226-8. Pour l'application des articles R. 4226-5 et R. 4226-6 dans les locaux ou emplacements où des atmosphères explosives peuvent se présenter, l'employeur met en œuvre les dispositions de la section 6 du chapitre VII du présent titre relatives à la prévention des explosions.

Dans ces locaux ou emplacements, la maintenance, les mesurages et les essais ne peuvent être entrepris qu'après autorisation écrite du chef d'établissement et selon ses instructions. Si les matériels utilisés pour réaliser ces opérations ne sont pas prévus spécialement pour ce type d'emplacements, ces emplacements sont préalablement rendus non dangereux.

Art. R. 4226-9. Les locaux ou emplacements réservés à la production, la conversion ou la distribution d'électricité sont considérés comme présentant des risques particuliers de choc électrique, quelle que soit la tension, lorsque la protection contre les contacts directs est assurée par obstacle ou par éloignement ou, en basse tension, lorsque la protection contre les contacts directs n'est pas obligatoire.

Ces locaux ou emplacements sont signalés de manière visible et sont matérialisés par des dispositifs destinés à en empêcher l'accès aux personnes non autorisées. Les portes d'accès à ces locaux ou emplacements doivent être fermées et équipées d'un système de fermeture pouvant s'ouvrir librement de l'intérieur.

Les règles d'accès à ces locaux ou emplacements sont précisées à l'article R. 4544-6.

Art. R. 4226-10. Les locaux ou emplacements où la présence de parties actives accessibles dangereuses résulte d'une nécessité technique inhérente aux principes mêmes de fonctionnement des matériels ou installations sont également considérés comme présentant des risques particuliers de choc électrique.

Des arrêtés du ministre chargé du travail ou du ministre chargé de l'agriculture fixent les prescriptions particulières à l'agencement et à l'utilisation de ces locaux ou emplacements ainsi que les mesures applicables à leur utilisation.

Note Voir arrêté du 15 décembre 2011 (JO 29) relatif aux dispositions particulières applicables aux installations de galvanoplastie et d'électrophorèse, aux cellules d'électrolyse et aux fours électriques à arc et arrêté du 16 décembre 2011 (JO 29) relatif aux dispositions particulières applicables à certains laboratoires et plates-formes d'essais.

SECTION 4. Autres dispositions particulières

Art. R. 4226-11. Les installations de soudage électrique présentant, en fonctionnement normal, des risques particuliers de choc électrique sont réalisées et utilisées conformément aux prescriptions de sécurité fixées par arrêté du ministre chargé du travail et du ministre chargé de l'agriculture.

Note Voir arrêté du 19 décembre 2011 (JO 28) relatif aux circuits électriques mis en œuvre dans le soudage électrique à l'arc et par résistance et dans les techniques connexes.

Art. R. 4226-12. Les conditions d'utilisation et de raccordement des appareils électriques amovibles sont fixées par arrêté des ministres chargés du travail et de l'agriculture.

Note Voir arrêté du 20 décembre 2011 (JO 27 janv. 2012).

Art. R. 4226-13. Les conditions d'utilisation et de maintenance de l'éclairage de sécurité sont fixées par arrêté des ministres chargés du travail et de l'agriculture.

SECTION 5. Vérification des installations électriques

Sous-section 1. Vérification des installations électriques permanentes

Art. R. 4226-14. L'employeur fait procéder à la vérification initiale des installations électriques lors de leur mise en service et après qu'elles ont subi une modification de structure, en vue de s'assurer qu'elles sont conformes aux prescriptions de sécurité prévues au présent chapitre.

Note Voir arrêtés du 21 décembre 2011 et du 26 décembre 2011 (JO 29) cités sous articles R. 4226-15 et R. 4226-18.

Art. R. 4226-15. La vérification initiale est réalisée par un organisme accrédité à cet effet.

Note Voir arrêté du 21 décembre 2011 (JO 29) relatif aux modalités d'accréditation des organismes chargés des vérifications initiales des installations électriques et sur demande de l'inspection du travail.

Art. R. 4226-16. L'employeur procède ou fait procéder, périodiquement, à la vérification des installations électriques afin de s'assurer qu'elles sont maintenues en conformité avec les règles de santé et de sécurité qui leur sont applicables.

Note Voir arrêté du 22 décembre 2011 (JO 27 janv. 2012) relatif aux critères de compétence des personnes chargées d'effectuer les vérifications périodiques des installations électriques et de mettre en œuvre les processus de vérification des installations électriques temporaires.

Art. R. 4226-17. Les vérifications périodiques sont réalisées soit par un organisme accrédité, soit par une personne qualifiée appartenant à l'entreprise et dont la compétence est appréciée par l'employeur au regard de critères énoncés dans un arrêté du ministre chargé du travail et du ministre chargé de l'agriculture.

Art. R. 4226-18. Les modalités et, le cas échéant, la périodicité des vérifications prévues aux articles R. 4226-14, R. 4226-16, R. 4226-21 ainsi que le contenu des rapports de vérification correspondants sont fixés par arrêté des ministres chargés du travail et de l'agriculture.

Note Voir arrêté du 26 décembre 2011 (JO 29) relatif aux vérifications ou processus de vérification des installations électriques ainsi qu'au contenu des rapports correspondants.

Art. R. 4226-19. Les résultats des vérifications prévues aux articles R. 4226-14 et R. 4226-16 ainsi que les justifications des travaux et modifications effectués pour porter remède aux défectuosités constatées sont consignés sur un registre.

Lorsque les vérifications sont effectuées par un organisme accrédité, les rapports établis à la suite de ces vérifications sont annexés à ce registre.

Art. R. 4226-20. Le registre prévu à l'article R. 4223-19 et les rapports de vérification peuvent être tenus et conservés dans les conditions prévues à l'article L. 8113-6.

Sous-section 2. Vérification des installations électriques temporaires

Art. R. 4226-21. Les dispositions des articles R. 4222-18 à R. 4222-20 sont applicables aux installations électriques temporaires.

Pour ces installations, l'employeur applique un processus de vérification spécifique afin de s'assurer qu'elles sont réalisées en conformité avec les règles de santé et de sécurité qui leur sont applicables et qu'elles demeurent conformes à ces règles nonobstant les modifications dont elles font l'objet.

Un arrêté des ministres chargés du travail et de l'agriculture détermine, selon la catégorie et le classement des installations, les cas où il est fait appel, pour effectuer cette vérification, à un organisme accrédité ou à une personne qualifiée au sens de l'article R. 4226-17.

Note Voir arrêté du 22 décembre 2011 (JO 27 janv. 2012) précité sous article R. 4226-16 et arrêté du 26 décembre 2011 (JO 29) précité sous article R. 4226-18.

CHAPITRE VII

Risques d'incendies et d'explosions et évacuation

[Le présent chapitre ne comprend pas de dispositions législatives.]

SECTION 1. Champ d'application

Art. R. 4227-1. Les dispositions du présent chapitre ne font pas obstacle aux dispositions plus contraignantes prévues pour les établissements recevant du public, au sens de l'article R. 123-2 du code de la construction et de l'habitation ou pour les bâtiments d'habitation.

Elles ne s'appliquent pas aux immeubles de grande hauteur, au sens de l'article R. 122-2 du code de la construction et de l'habitation, pour lesquels des dispositions spécifiques sont applicables.

Art. R. 4227-2. L'application des dispositions relatives à la prévention des incendies et à l'évacuation, prévues pour les nouvelles constructions ou les nouveaux aménagements au chapitre VI du titre premier, dispense de l'application des mesures équivalentes du présent chapitre.

Art. R. 4227-3. L'effectif théorique des personnes susceptibles d'être présentes à prendre en compte pour l'application du présent chapitre comprend l'effectif des travailleurs, majoré, le cas échéant, de l'effectif du public susceptible d'être admis et calculé suivant les règles relatives à la protection du public contre les risques d'incendie et de panique pour les établissements recevant du public.

SECTION 2. Dégagements

Art. R. 4227-4. Les établissements comportent des dégagements tels que portes, couloirs, circulations, escaliers, rampes, répartis de manière à permettre une évacuation rapide de tous les occupants dans des conditions de sécurité maximale.

Ces dégagements sont toujours libres. Aucun objet, marchandise ou matériel ne doit faire obstacle à la circulation des personnes ou réduire la largeur des dégagements au-dessous des minima fixés à l'article R. 4227-5.

Ces dégagements sont disposés de manière à éviter les culs-de-sac.

Art. R. 4227-5. Les locaux auxquels les travailleurs ont normalement accès sont desservis par des dégagements dont le nombre et la largeur exigibles s'établissent comme suit :

EFFECTIF	NOMBRE de dégagements	LARGEUR totale cumulée
Moins de 20 personnes	1	0,80 m
De 20 à 100 personnes	1	1,50 m
De 101 à 300 personnes	2	2 m
De 301 à 500 personnes	2	2,5 m
Au-delà des cinq cents premières personnes : – le nombre minimum des dégagements doit être augmenté d'une unité par cinq cents personnes ou fraction de cinq cents personnes ; – la largeur totale des dégagements doit être augmentée de 0,50 mètre par cent personnes ou fraction de cent personnes. La largeur de tout dégagement faisant partie des dégagements réglementaires ne doit jamais être inférieure à 0,80 mètre.		

Art. R. 4227-6. Les portes obéissent aux caractéristiques suivantes :

1° Les portes susceptibles d'être utilisées pour l'évacuation de plus de cinquante personnes s'ouvrent dans le sens de la sortie ;

2° Les portes faisant partie des dégagements réglementaires s'ouvrent par une manœuvre simple ;

3° Toute porte verrouillée est manœuvrable de l'intérieur dans les mêmes conditions qu'au 2° et sans clé.

Art. R. 4227-7. Les portes coulissantes, à tambour ou s'ouvrant vers le haut ne peuvent constituer des portes de secours. Elles ne sont pas considérées comme des dégagements réglementaires.

Toutefois les portes coulissantes motorisées qui, en cas de défaillance du dispositif de commande ou du dispositif d'alimentation, libèrent la largeur totale de la baie par effacement latéral ou par débattement sur l'extérieur par simple poussée peuvent constituer des dégagements réglementaires.

Art. R. 4227-8. L'existence d'ascenseurs, monte-charge[s], chemins ou tapis roulants ne peut justifier une diminution du nombre et de la largeur des dégagements.

Art. R. 4227-9. Les escaliers se prolongent jusqu'au niveau d'évacuation sur l'extérieur.

Les parois et les marches ne comportent pas de matériaux de revêtement classés, selon leur réaction au feu, dans une catégorie de rang inférieur à celle précisée par arrêté conjoint des ministres chargés du travail et de l'agriculture.

Note Voir arrêté du 31 mai 1994 (JO 3 juin).

Art. R. 4227-10. Les escaliers sont munis de rampe ou de main-courante.

Ceux d'une largeur au moins égale à 1,5 mètre en sont munis de chaque côté.

Art. R. 4227-11. Les escaliers desservant les étages sont dissociés, au niveau de l'évacuation sur l'extérieur, de ceux desservant les sous-sols.

Art. R. 4227-12. Les largeurs minimales fixées à l'article R. 4227-5 sont augmentées de la moitié pour les escaliers desservant les sous-sols.

Art. R. 4227-13. Une signalisation indique le chemin vers la sortie la plus proche ***(D. 2011-1461 du 7 nov. 2011, JO 9)*** « ainsi que le chemin vers l'espace d'attente sécurisé ou l'espace équivalent le plus proche. Une autre signalisation identifie ces espaces. »

Art. L. 4221-1.

Les dégagements qui ne servent pas habituellement de passage pendant la période de travail sont signalés par la mention sortie de secours.

Note • Sur la date d'entrée en vigueur du décret 2011-1461 du 7 novembre 2011, voir note sous article R. 4211-3.

• Voir arrêté du 4 novembre 1993 (JO 17 déc.) pour la signalisation et arrêté du 26 février 2003 (JO 18 mars) relatif aux circuits et installations de sécurité. Voir aussi circulaire DRT 2003-07 du 2 avril 2003 concernant l'application de ce dernier arrêté (BO TR 2003/9, p. 33).

Art. R. 4227-14. Les établissements disposent d'un éclairage de sécurité permettant d'assurer l'évacuation des personnes en cas d'interruption accidentelle de l'éclairage normal.

(D. 2010-1018 du 30 août 2010, JO 1er sept., entrée en vigueur le 01.07.2011) « La conception, la mise en œuvre et les conditions d'exploitation et de maintenance de cet éclairage ainsi que les locaux qui peuvent en être dispensés en raison de leur faible superficie ou de leur faible fréquentation sont définis par un arrêté des ministres chargés du travail et de l'agriculture. »

Note Voir arrêté du 14 décembre 2011 (JO 30) relatif aux installations d'éclairage de sécurité.

SECTION 3. Chauffage des locaux

Art. R. 4227-15. Les dispositions de la présente section s'appliquent sans préjudice de l'application des réglementations relatives :

1° Aux installations fixes destinées au chauffage et à l'alimentation en eau chaude ;

2° Aux installations de gaz combustibles et d'hydrocarbures liquéfiés ;

3° Au stockage et à l'utilisation des produits pétroliers.

Art. R. 4227-16. Il est interdit d'employer pour le chauffage des combustibles liquides dont le point éclair est inférieur à 55° C.

Art. R. 4227-17. Il est interdit de remplir les réservoirs des appareils de chauffage au cours du fonctionnement de l'appareil ou dans une pièce comportant des flammes, des éléments incandescents ou des surfaces portées à plus de 100° C.

Art. R. 4227-18. Les appareils de production-émission de chaleur, ainsi que leurs tuyaux et cheminées, sont installés de façon à ne pouvoir communiquer le feu aux matériaux de construction, aux matières et objets susceptibles d'être placés à proximité et aux vêtements des travailleurs.

Art. R. 4227-19. Les canalisations amenant les liquides ou gaz combustibles aux appareils fixes de production-émission de chaleur sont entièrement métalliques et assemblées par soudure.

L'emploi des conduites en plomb est interdit.

Art. R. 4227-20. Les circuits alimentant les installations comportent un dispositif d'arrêt d'urgence de l'alimentation en énergie de l'ensemble des appareils.

Le dispositif d'arrêt est manœuvrable à partir d'un endroit accessible en permanence et signalé.

SECTION 4. Emploi et stockage de matières explosives et inflammables

[Art. R. 4227-21. Abrogé par décret 2010-1018 du 30 août 2010, JO 1er sept., depuis le 01.07.2011.]

Art. R. 4227-22. Les locaux ou les emplacements dans lesquels sont entreposées ou manipulées des substances ou préparations classées explosives, comburantes ou extrêmement inflammables, ainsi que des matières dans un état physique susceptible d'engendrer des risques d'explosion ou d'inflammation instantanée, ne contiennent aucune source d'ignition telle que foyer, flamme, appareil pouvant donner lieu à production extérieure d'étincelles ni aucune surface susceptible de provoquer par sa température une auto-inflammation des substances, préparations ou matières précitées.

Ces locaux disposent d'une ventilation permanente appropriée.

Art. R. 4227-23. Outre l'interdiction de fumer dans les lieux collectifs, prévue à l'article L. 3511-7 du code de la santé publique, il est interdit de fumer dans les emplacements situés à l'air libre mentionnés à l'article R. 4227-22.

Cette interdiction fait l'objet d'une signalisation conforme à la réglementation en vigueur.

Art. R. 4227-24. Les locaux mentionnés à l'article R. 4227-22 ainsi que ceux dans lesquels sont entreposées ou manipulées des substances ou préparations classées facilement inflammables ou des matières dans un état physique tel qu'elles sont susceptibles de prendre feu instantanément au contact d'une flamme ou d'une étincelle et de propager rapidement l'incendie, sont utilisés de telle sorte que :

1° Aucun poste habituel de travail ne se trouve à plus de 10 mètres d'une issue donnant sur l'extérieur ou sur un local donnant lui-même sur l'extérieur ;

2° Les portes de ces locaux s'ouvrent vers l'extérieur ;

3° Si les fenêtres de ces locaux sont munies de grilles ou grillages, ceux-ci s'ouvrent très facilement de l'intérieur.

Art. R. 4227-25. Il est interdit de déposer et de laisser séjourner les substances, préparations ou matières mentionnées aux articles R. 4227-22 et R. 4227-24 dans les escaliers, passages et couloirs, sous les escaliers ainsi qu'à proximité des issues des locaux et bâtiments.

Art. R. 4227-26. Les chiffons, cotons et papiers imprégnés de liquides inflammables ou de matières grasses sont, après usage, enfermés dans des récipients métalliques clos et étanches.

Art. R. 4227-27. Un arrêté des ministres chargés du travail et de l'agriculture détermine les dispositions spécifiques relatives aux installations industrielles utilisant le gaz combustible et les hydrocarbures liquéfiés.

SECTION 5. Moyens de prévention et de lutte contre l'incendie

Sous-section 1. Moyens d'extinction

Art. R. 4227-28. L'employeur prend les mesures nécessaires pour que tout commencement d'incendie puisse être rapidement et efficacement combattu dans l'intérêt du sauvetage des travailleurs.

Art. R. 4227-29. Le premier secours contre l'incendie est assuré par des extincteurs en nombre suffisant et maintenus en bon état de fonctionnement.

Il existe au moins un extincteur portatif à eau pulvérisée d'une capacité minimale de 6 litres pour 200 mètres carrés de plancher.

Il existe au moins un appareil par niveau.

Lorsque les locaux présentent des risques d'incendie particuliers, notamment des risques électriques, ils sont dotés d'extincteurs dont le nombre et le type sont appropriés aux risques.

Art. R. 4227-30. Si nécessaire, l'établissement est équipé de robinets d'incendie armés, de colonnes sèches, de colonnes humides, d'installations fixes d'extinction automatique d'incendie ou d'installations de détection automatique d'incendie.

Art. R. 4227-31. Les dispositifs d'extinction non automatiques sont d'accès et de manipulation faciles.

Art. R. 4227-32. Quand la nécessité l'impose, une quantité de sable ou de terre meuble proportionnée à l'importance de l'établissement, à la disposition des locaux et à la nature des travaux exécutés est conservée à proximité des emplacements de travail, avec un moyen de projection, pour servir à éteindre un commencement d'incendie.

Art. R. 4227-33. Les installations d'extinction font l'objet d'une signalisation durable aux endroits appropriés.

Sous-section 2. Systèmes d'alarme

Art. R. 4227-34. Les établissements dans lesquels peuvent se trouver occupées ou réunies habituellement plus de cinquante personnes, ainsi que ceux, quelle que soit leur importance, où sont manipulées et mises en œuvre des matières inflammables mentionnées à l'article R. 4227-22 sont équipés d'un système d'alarme sonore.

Art. R. 4227-35. L'alarme sonore générale est donnée par bâtiment si l'établissement comporte plusieurs bâtiments isolés entre eux.

Art. R. 4227-36. Le signal sonore d'alarme générale est tel qu'il ne permet pas la confusion avec d'autres signalisations utilisées dans l'établissement. Il est audible de tout point du bâtiment pendant le temps nécessaire à l'évacuation, avec une autonomie minimale de cinq minutes.

Sous-section 3. Consigne de sécurité incendie

Art. R. 4227-37. Dans les établissements mentionnés à l'article R. 4227-34, une consigne de sécurité incendie est établie et affichée de manière très apparente :

1° Dans chaque local pour les locaux dont l'effectif est supérieur à cinq personnes et pour les locaux mentionnés à l'article R. 4227-24 ;

2° Dans chaque local ou dans chaque dégagement desservant un groupe de locaux dans les autres cas.

(D. 2010-78 du 21 janv. 2010, JO 22) « Dans les autres établissements, des instructions sont établies, permettant d'assurer l'évacuation rapide des personnes occupées ou réunies dans les locaux. »

(D. 2011-1461 du 7 nov. 2011, JO 9) *« Dans les autres établissements, des instructions sont établies, permettant d'assurer l'évacuation des personnes présentes dans les locaux dans les conditions prévues au 1° de l'article R. 4216-2. »*

Note Sur l'entrée en vigueur des dispositions du décret 2011-1461 du 7 novembre 2011 qui remplaceront le dernier alinéa de cet article, voir article R. 4211-3.

Art. R. 4227-38. La consigne de sécurité incendie indique :

1° Le matériel d'extinction et de secours qui se trouve dans le local ou à ses abords ;

2° Les personnes chargées de mettre ce matériel en action ;

3° Pour chaque local, les personnes chargées de diriger l'évacuation des travailleurs et éventuellement du public ;

4° Les mesures spécifiques liées, le cas échéant, à la présence de handicapés ;

(D. 2011-1461 du 7 nov. 2011, JO 9) *« 4° Les mesures spécifiques liées à la présence de personnes handicapées, et notamment le nombre et la localisation des espaces d'attentes sécurisés ou des espaces équivalents ; »*

5° Les moyens d'alerte ;

6° Les personnes chargées d'aviser les sapeurs-pompiers dès le début d'un incendie ;

7° L'adresse et le numéro d'appel téléphonique du service de secours de premier appel, en caractères apparents ;

8° Le devoir, pour toute personne apercevant un début d'incendie, de donner l'alarme et de mettre en œuvre les moyens de premier secours, sans attendre l'arrivée des travailleurs spécialement désignés.

Note Sur l'entrée en vigueur du décret 2011-1461 du 7 novembre 2011, voir note sous article R. 4211-3.

Art. R. 4227-39. La consigne de sécurité incendie prévoit des essais et visites périodiques du matériel et des exercices au cours desquels les travailleurs apprennent à reconnaître les caractéristiques du signal sonore d'alarme générale, **(D. 2011-1461 du 7 nov. 2011, JO 9)** *« à localiser et à utiliser les espaces d'attente sécurisés ou les espaces équivalents, »* à se servir des moyens de premier secours et à exécuter les diverses manœuvres nécessaires.

Ces exercices et essais périodiques ont lieu au moins tous les six mois. Leur date et les observations auxquelles ils peuvent avoir donné lieu sont consignées sur un registre tenu à la disposition de l'inspection du travail.

Note Sur l'entrée en vigueur du décret 2011-1461 du 7 novembre 2011, voir note sous article R. 4211-3.

Art. R. 4227-40. La consigne de sécurité incendie est communiquée à l'inspection du travail.

Art. R. 4227-41. Des arrêtés conjoints des ministres chargés du travail et de l'agriculture peuvent préciser certaines dispositions relatives aux moyens de prévention et de lutte contre l'incendie et rendre obligatoires certaines normes concernant ce matériel.

Note Sur les systèmes d'alarme sonore, voir arrêté du 4 novembre 1993, art. 14 (JO 17 déc.).

SECTION 6. Prévention des explosions

Note Les dispositions du décret 2002-1553 sont entrées en vigueur le 1er juillet 2003. Toutefois, elles n'ont été applicables au plus tard qu'au 1er juillet 2006 aux lieux de travail comprenant des emplacements où des atmosphères explosives pouvaient se présenter et qui étaient déjà utilisés avant le 30 juin 2003, les chefs d'établissement devant néanmoins satisfaire aux prescriptions de l'article R. 232-12-26 (ancien) CT avant le 1er juillet 2003.

Art. R. 4227-42. Les dispositions de la présente section ne s'appliquent pas aux lieux ou activités suivants :

1° Zones servant directement au traitement médical de patients et pendant celui-ci ;

2° Utilisation des appareils à gaz ;

3° Fabrication, maniement, utilisation, stockage et transport d'explosifs et de substances chimiques instables.

Art. R. 4227-43. Est une atmosphère explosive, au sens de la présente section, un mélange avec l'air, dans les conditions atmosphériques, de substances inflammables sous forme de gaz, vapeurs, brouillards ou poussières, dans lequel, après inflammation, la combustion se propage à l'ensemble du mélange non brûlé.

Art. R. 4227-44. Afin d'assurer la prévention des explosions et la protection contre celles-ci, l'employeur prend les mesures techniques et organisationnelles appropriées au type d'exploitation sur la base des principes de prévention et dans l'ordre de priorité suivant :

1° Empêcher la formation d'atmosphères explosives ;

2° Si la nature de l'activité ne permet pas d'empêcher la formation d'atmosphères explosives, éviter leur inflammation ;

3° Atténuer les effets nuisibles d'une explosion pour la santé et la sécurité des travailleurs.

Art. R. 4227-45. Les mesures prises par l'employeur sont, au besoin, combinées et complétées avec des mesures destinées à prévenir la propagation des explosions.

Elles font l'objet d'un réexamen périodique et chaque fois que se produisent des changements importants dans les conditions d'exécution du travail.

Art. R. 4227-46. L'employeur évalue les risques créés ou susceptibles d'être créés par des atmosphères explosives en tenant compte au moins :

1° De la probabilité que des atmosphères explosives puissent se présenter et persister ;

2° De la probabilité que des sources d'inflammation, y compris des décharges électrostatiques, puissent se présenter et devenir actives et effectives ;

3° Des installations, des substances et préparations utilisées, des procédés et de leurs interactions éventuelles ;

4° De l'étendue des conséquences prévisibles d'une explosion.

Art. R. 4227-47. L'évaluation des risques d'explosion est globale et, le cas échéant, combinée avec les résultats de l'évaluation des autres risques, identifiés dans chaque unité de travail de l'entreprise ou de l'établissement.

Art. R. 4227-48. Pour l'évaluation des risques d'explosion, il est tenu compte des emplacements qui sont ou peuvent être reliés par des ouvertures aux emplacements où des atmosphères explosives peuvent se présenter.

Art. R. 4227-49. Lorsque des atmosphères explosives peuvent se former en quantités susceptibles de présenter un risque pour la santé et la sécurité des travailleurs ou d'autres personnes, l'employeur prend les mesures nécessaires pour que :

1° Le milieu de travail permette un travail en toute sécurité ;

2° Une surveillance adéquate soit assurée et des moyens techniques appropriés utilisés ;

3° Une formation des travailleurs en matière de protection contre les explosions soit délivrée ;

4° Les travailleurs soient équipés, en tant que de besoin, de vêtements de travail adaptés contre les risques d'inflammation.

Note Sur les éventuelles conséquences financières pour les entreprises de ces dispositions, voir QE 18949, JO AN 13 juillet 2004, p. 5371.

Art. R. 4227-50. L'employeur subdivise en zones les emplacements dans lesquels des atmosphères explosives peuvent se présenter et veille à ce que les prescriptions minimales visant à assurer la protection des travailleurs soient appliquées dans ces emplacements.

Des arrêtés conjoints des ministres chargés du travail et de l'agriculture déterminent les règles de classification des emplacements et les prescriptions minimales mentionnées au premier alinéa.

Note Voir arrêté du 8 juillet 2003 relatif à la protection des travailleurs susceptibles d'être exposés à une atmosphère explosive (JO 26).

Art. R. 4227-51. Les accès des emplacements dans lesquels des atmosphères explosives peuvent se présenter en quantités susceptibles de présenter un risque pour la santé et la sécurité des travailleurs sont signalés conformément aux dispositions de l'arrêté relatif à la signalisation de santé et de sécurité au travail prévu par l'article R. 4224-24.

Art. R. 4227-52. L'employeur établit et met à jour un document relatif à la protection contre les explosions, intégré au document unique d'évaluation des risques.

Ce document comporte les informations relatives au respect des obligations définies aux articles R. 4227-44 à R. 4227-48, notamment :

1° La détermination et l'évaluation des risques d'explosion ;

2° La nature des mesures prises pour assurer le respect des objectifs définis à la présente section ;

3° La classification en zones des emplacements dans lesquels des atmosphères explosives peuvent se présenter ;

4° Les emplacements auxquels s'appliquent les prescriptions minimales prévues par l'article R. 4227-50 ;

5° Les modalités et les règles selon lesquelles les lieux et les équipements de travail, y compris les dispositifs d'alarme, sont conçus, utilisés et entretenus pour assurer la sécurité ;

6° Le cas échéant, la liste des travaux devant être accomplis selon les instructions écrites de l'employeur ou dont l'exécution est subordonnée à la délivrance d'une autorisation par l'employeur ou par une personne habilitée par celui-ci à cet effet ;

7° La nature des dispositions prises pour que l'utilisation des équipements de travail soit sûre, conformément aux dispositions prévues au livre III.

Art. R. 4227-53. Lorsque des travailleurs de plusieurs entreprises sont présents sur un même lieu de travail, le chef de l'entreprise utilisatrice précise dans le document relatif à la protection contre les explosions le but, les mesures et les modalités de mise en œuvre de la coordination générale des mesures de prévention qui lui incombe en application des dispositions des articles R. 4511-5 à R. 4511-8.

Art. R. 4227-54. Le document relatif à la protection contre les explosions est élaboré avant le commencement du travail et est révisé lorsque des modifications, des extensions ou des transformations notables sont apportées notamment aux lieux, aux équipements de travail ou à l'organisation du travail.

SECTION 7. Dispenses partielles accordées par l'autorité administrative

Art. R. 4227-55. Le ***(D. 2009-1377 du 10 nov. 2009, JO 13 ; D. 2010-687 du 24 juin 2010, JO 25 ; voir D. 2010-1582 du 17 déc. 2010, JO 18, pour outre-mer)*** « directeur régional des entreprises, de la concurrence, de la consommation, du travail et de l'emploi » peut accorder une dispense temporaire ou permanente d'une partie des prescriptions prévues par le présent chapitre à un établissement, sur proposition de mesures compensatoires assurant un niveau de sécurité jugé équivalent, lorsqu'il est reconnu qu'il est pratiquement impossible d'appliquer l'une de ces prescriptions.

Art. R. 4227-56. La dispense est accordée après enquête de l'inspection du travail.

Elle est accordée après avis :

1° Du comité d'hygiène, de sécurité et des conditions de travail ou, à défaut, des délégués du personnel ;

2° De la commission consultative départementale de sécurité et d'accessibilité pour les établissements recevant du public.

Art. R. 4227-57. Le silence gardé pendant plus de quatre mois par le ministre compétent saisi d'un recours hiérarchique contre une décision du ***(D. 2009-1377 du 10 nov. 2009, JO 13 ; D. 2010-687 du 24 juin 2010, JO 25 ; voir D. 2010-1582 du 17 déc. 2010, JO 18, pour outre-mer)*** « directeur régional des entreprises, de la concurrence, de la consommation, du travail et de l'emploi » vaut décision de rejet.

CHAPITRE VIII

Installations sanitaires, restauration et hébergement

[Le présent chapitre ne comprend pas de dispositions législatives.]

SECTION 1. Installations sanitaires

Sous-section 1. Dispositions générales

Art. R. 4228-1. L'employeur met à la disposition des travailleurs les moyens d'assurer leur propreté individuelle, notamment des vestiaires, des lavabos, des cabinets d'aisances et, le cas échéant, des douches.

Sous-section 2. Vestiaires collectifs

Art. R. 4228-2. Les vestiaires collectifs et les lavabos sont installés dans un local spécial de surface convenable, isolé des locaux de travail et de stockage et placé à proximité du passage des travailleurs.

Lorsque les vestiaires et les lavabos sont installés dans des locaux séparés, la communication entre ceux-ci doit pouvoir s'effectuer sans traverser les locaux de travail ou de stockage et sans passer par l'extérieur.

Art. R. 4228-3. Le sol et les parois des locaux affectés aux vestiaires collectifs et lavabos sont tels qu'ils permettent un nettoyage efficace.

Ces locaux sont tenus en état constant de propreté.

Art. R. 4228-4. Les locaux affectés aux vestiaires collectifs et lavabos sont aérés conformément aux règles d'aération et d'assainissement du chapitre II et convenablement chauffés.

Art. R. 4228-5. Dans les établissements employant un personnel mixte, des installations séparées sont prévues pour les travailleurs masculins et féminins.

Art. R. 4228-6. Les vestiaires collectifs sont pourvus d'un nombre suffisant de sièges et d'armoires individuelles ininflammables.

Ces armoires permettent de suspendre deux vêtements de ville.

Lorsque les vêtements de travail sont susceptibles d'être souillés de matières dangereuses, salissantes ou malodorantes, les armoires comprennent un compartiment réservé à ces vêtements.

Les armoires individuelles sont munies d'une serrure ou d'un cadenas.

Art. L. 4221-1.

Sous-section 3. **Lavabos et douches**

Art. R. 4228-7. Les lavabos sont à eau potable.

L'eau est à température réglable et est distribuée à raison d'un lavabo pour dix travailleurs au plus.

Des moyens de nettoyage et de séchage ou d'essuyage appropriés sont mis à la disposition des travailleurs. Ils sont entretenus ou changés chaque fois que cela est nécessaire.

Art. R. 4228-8. Dans les établissements où sont réalisés certains travaux insalubres et salissants, des douches sont mises à la disposition des travailleurs.

La liste de ces travaux ainsi que les conditions de mises à disposition des douches sont fixées par arrêté des ministres chargés du travail ou de l'agriculture et, en tant que de besoin, par le ministre chargé de la santé.

Note

• Voir arrêté du 23 juillet 1947 modifié (Textes non codifiés).

• Le temps passé à la douche ne devant pas, aux termes de cet article, être décompté dans la durée du travail effectif, il en résulte que le montant de la rémunération afférente au temps de douche doit apparaître distinctement sur les bulletins de salaire. À défaut, la rémunération est présumée n'avoir pas été versée et il appartient à l'employeur d'établir qu'il s'est acquitté de ses obligations à cet égard (cass. soc. 19 novembre 1996, n° 94-44.243, Sté Choletaise d'abattage c/ Amaro et a. ; 24 juin 1998, n° 97-40.810, BC V n° 336).

• Dès lors que des salariés effectuent des travaux nécessitant la prise d'une douche quotidienne, l'employeur doit payer le temps quotidien de douche au tarif normal des heures de travail (cass. soc. 11 février 2004, n° 01-46.405, BC V n° 53 ; *RJS* 5/04 n° 544 ; voir aussi cass. soc. 17 octobre 2007, n° 06-41.444).

• Voir aussi note sous article L. 3121-1 et R. 3121-2.

Art. R. 4228-9. Le sol et les parois du local affecté aux douches sont tels qu'ils permettent un nettoyage efficace.

Le local est tenu en état constant de propreté.

La température de l'eau des douches est réglable.

Sous-section 4. **Cabinets d'aisances**

Art. R. 4228-10. Il existe au moins un cabinet d'aisances et un urinoir pour vingt hommes et deux cabinets pour vingt femmes. L'effectif pris en compte est le nombre maximal de travailleurs présents simultanément dans l'établissement. Un cabinet au moins comporte un poste d'eau.

Dans les établissements employant un personnel mixte, les cabinets d'aisances sont séparés pour le personnel féminin et masculin. Les cabinets d'aisances réservés aux femmes comportent un récipient pour garnitures périodiques.

Note Les dispositions des articles R. 232-2 et R. 232-2-5 (anciens) n'interdisent pas que les cabinets d'aisances et les urinoirs – qui doivent être mis, par les employeurs, à la disposition des travailleurs – soient les mêmes que ceux utilisés par la clientèle (TA Versailles 30 novembre 1993, Sté Harmonie Décor c/ DDTE d'Ile-de-France, *RJS* 3/94 n° 260).

Art. R. 4228-11. Les cabinets d'aisances ne peuvent communiquer directement avec les locaux fermés dans lesquels les travailleurs sont appelés à séjourner.

Ils sont aménagés de manière à ne dégager aucune odeur.

Ils sont équipés de chasse d'eau et pourvus de papier hygiénique.

Art. R. 4228-12. Les cabinets d'aisances sont aérés conformément aux règles d'aération et d'assainissement du chapitre II et convenablement chauffés.

Art. R. 4228-13. Le sol et les parois des cabinets d'aisances sont en matériaux imperméables permettant un nettoyage efficace.

L'employeur fait procéder au nettoyage et à la désinfection des cabinets d'aisances et des urinoirs au moins une fois par jour.

Art. R. 4228-14. Les portes des cabinets d'aisances sont pleines et munies d'un dispositif de fermeture intérieure décondamnable de l'extérieur.

Art. R. 4228-15. Les effluents des cabinets d'aisances sont évacués conformément aux règlements sanitaires.

Sous-section 5. Dispenses accordées par l'inspecteur du travail

Art. R. 4228-16. Lorsque l'aménagement des vestiaires collectifs, lavabos et douches ne peut, pour des raisons tenant à la disposition des locaux de travail, être réalisé dans les conditions prévues par la présente section ou, pour les travailleurs handicapés, conformément à l'article R. 4225-7, l'employeur peut demander à l'inspecteur du travail de le dispenser de certaines de ces obligations.

Art. R. 4228-17. La dispense accordée par l'inspecteur du travail est subordonnée à la prise des mesures nécessaires pour assurer aux travailleurs des conditions d'hygiène correspondant dans toute la mesure du possible aux obligations mentionnées à l'article R. 4228-16.

Art. R. 4228-18. L'inspecteur du travail prend sa décision après avis du médecin du travail et du comité d'hygiène, de sécurité et des conditions de travail ou, à défaut, des délégués du personnel.

SECTION 2. Restauration et repos

Art. R. 4228-19. Il est interdit de laisser les travailleurs prendre leur repas dans les locaux affectés au travail.

Note Cette interdiction ne vise pas le « casse-croûte » pris pendant les pauses.

Art. R. 4228-20. Aucune boisson alcoolisée autre que le vin, la bière, le cidre et le poiré n'est autorisée sur le lieu de travail.

Note • Les dispositions de cet article n'interdisent pas à l'employeur de proscrire toutes les boissons alcoolisées s'il l'estime opportun dans l'intérêt de la discipline et le salarié qui passe outre à l'interdiction d'introduction de boissons alcoolisées commet une faute qui peut même, dans certaines conditions, être qualifiée de faute grave (cass. soc. 3 octobre 1969, *D.* 1970, 110). Mais toute disposition du règlement intérieur qui prescrirait, de manière générale, le recours à l'alcootest ne serait pas conforme aux prescriptions légales (voir circ. min. DRT 5-83 du 15 mars 1983, non publiée au JO).

• En tout état de cause (c. santé publ., art. 3322-8), les distributeurs automatiques de boissons ne peuvent débiter que des boissons sans alcool.

• En ce qui concerne la lutte et la prévention de l'alcoolisme en milieu de travail, voir rép. QE 51807 et 56650, JO AN 19 novembre 1984, pp. 5052 et 5057 ; rép. QE 1177, JO AN 10 novembre 1997, p. 3964. Voir aussi R. Rezenthel, « L'alcoolisme sur le lieu de travail », *Gaz. Pal.* 18-19 septembre 1998, doctr. p. 2 ; Avis 114 du comité consultatif national d'éthique (CCNE) du 19 mai 2011, « Usage de l'alcool, des drogues et toxicomanie en milieu de travail. Enjeux éthiques liés à leurs risques et à leur détection. »

• Sur les conduites « addictives », liées à l'usage de la drogue, à la consommation d'alcool, et à leurs conséquences, en milieu de travail, voir rép. QE 44411, JO AN 13 décembre 2005, p. 11558.

• S'agissant d'un salarié licencié pour faute grave à qui il était reproché la consommation et la détention d'alcool dans l'enceinte de l'entreprise, doit être cassé l'arrêt qui, pour dire que la faute grave était établie, a retenu, sans constater la consommation par l'intéressé d'alcool, que la visite réalisée dans le vestiaire individuel du salarié, à son insu, était irrégulière et qu'une seconde visite effectuée en sa présence, sans opposition de sa part, réalisée dans l'urgence eu égard à la nécessité de préserver les preuves, avait, par son caractère régulier, validé la découverte de la détention d'alcool effectuée au cours de la première visite. En effet, d'une part, la cour avait relevé que la première visite avait été effectuée dans des conditions irrégulières, et que cette irrégularité ne pouvait être couverte par une visite ultérieure, quelles que soient les conditions de celle-ci, et, d'autre part, n'ayant pas constaté que le second grief de consommation d'alcool était établi, il en résultait que le licenciement était sans cause réelle et sérieuse (cass. soc. 6 juillet 2005, n° 04-42.553, *JSL* n° 175, 4 octobre 2005, p. 25).

• Voir aussi, s'agissant de la distribution de boissons dans les entreprises, art. R. 4225-2 à 4.

Art. R. 4228-21. Il est interdit de laisser entrer ou séjourner dans les lieux de travail des personnes en état d'ivresse.

Art. R. 4228-22. Dans les établissements dans lesquels le nombre de travailleurs souhaitant prendre habituellement leur repas sur les lieux de travail est au moins égal à vingt-cinq, l'employeur, après avis du comité d'hygiène, de sécurité et des conditions de travail ou à défaut des délégués du personnel, met à leur disposition un local de restauration.

Ce local est pourvu de sièges et de tables en nombre suffisant et comporte un robinet d'eau potable, fraîche et chaude, pour dix usagers.

Il est doté d'un moyen de conservation ou de réfrigération des aliments et des boissons et d'une installation permettant de réchauffer les plats.

Art. R. 4228-23. Dans les établissements dans lesquels le nombre de travailleurs souhaitant prendre habituellement leur repas sur les lieux de travail est inférieur à vingt-cinq, l'employeur met à leur disposition un emplacement leur permettant de se restaurer dans de bonnes conditions de santé et de sécurité.

Par dérogation à l'article R. 4228-19, cet emplacement peut, sur autorisation de l'inspecteur du travail et après avis du médecin du travail, être aménagé dans les locaux affectés au travail, dès lors que l'activité de ces locaux ne comporte par l'emploi de substances ou de préparations dangereuses.

Art. R. 4228-24. Après chaque repas, l'employeur veille au nettoyage du local de restauration ou de l'emplacement permettant de se restaurer et des équipements qui y sont installés.

Art. R. 4228-25. À défaut de local de repos, lorsque la nature des activités l'exige et après avis du comité d'hygiène, de sécurité et des conditions de travail ou, à défaut, des délégués du personnel, le local de restauration ou l'emplacement permettant de se restaurer doit pouvoir être utilisé, en dehors des heures de repas, comme local ou emplacement de repos.

Les sièges mis à la disposition des travailleurs pour cet usage comportent des dossiers.

SECTION 3. Hébergement

Art. R. 4228-26. Il est interdit d'héberger les travailleurs dans les locaux affectés à un usage industriel ou commercial.

Art. R. 4228-27. La surface et le volume habitables, au sens de l'article R. 111-2 du code de la construction et de l'habitation, des locaux affectés à l'hébergement des travailleurs ne peuvent être inférieurs à 6 mètres carrés et 15 mètres cubes par personne. Les parties de locaux d'une hauteur inférieure à 1,90 mètre ne sont pas comptées comme surface habitable.

Ces locaux sont aérés de façon permanente.

Ils sont équipés de fenêtres ou autres ouvrants de surface transparente donnant directement sur l'extérieur et munis d'un dispositif d'occultation.

Le travailleur doit pouvoir clore le logement et y accéder librement.

Note Le caractère d'installations mobiles d'un cirque n'a pas pour effet de les soustraire au champ d'application des dispositions du code du travail relatives à la restauration et à l'hébergement des travailleurs (CE 6 mai 1996, n° 146824, *RJS* 7/96 n° 824).

Art. R. 4228-28. Les équipements et caractéristiques des locaux affectés à l'hébergement doivent permettre de maintenir la température intérieure à 18° C au moins et d'éviter les condensations et les températures excessives.

Les installations électriques doivent être conformes aux dispositions réglementaires prises en application de la présente partie.

Art. R. 4228-29. Chaque couple dispose d'une chambre.

Chaque personne ou chaque couple dispose pour son usage exclusif d'une literie et du mobilier nécessaires, qui sont maintenus propres et en bon état.

Art. R. 4228-30. Les pièces à usage de dortoir ne sont occupées que par des personnes du même sexe.

Le nombre de personnes par pièce est limité à six.

Les lits sont distants les uns des autres de 80 centimètres au moins.

Il est interdit d'installer des lits superposés.

Art. R. 4228-31. Les revêtements des sols et des parois des locaux affectés à l'hébergement permettent un entretien efficace et sont refaits chaque fois que la propreté l'exige.

Art. R. 4228-32. Les locaux affectés à l'hébergement sont maintenus dans un état constant de propreté et d'hygiène.

Art. R. 4228-33. Des lavabos à eau potable et à température réglable ainsi que des serviettes et du savon sont mis à la disposition des travailleurs hébergés, à raison d'un lavabo pour trois personnes.

Art. R. 4228-34. Des cabinets d'aisances et des urinoirs sont installés à proximité des pièces destinées à l'hébergement dans les conditions déterminées par les articles R. 4228-11 et suivants.

Art. R. 4228-35. Des douches à température réglable sont installées à proximité des pièces destinées à l'hébergement, dans des cabines individuelles, à raison d'une cabine pour six personnes.

Art. R. 4228-36. Les dispositions des articles R. 4228-26 à R. 4228-35 ne sont pas applicables dans les établissements agricoles, dont les dispositions relatives à l'hébergement des travailleurs sont prévues au livre VII du code rural ***(Ord. 2010-462 du 6 mai 2010, JO 7)*** « et de la pêche maritime ».

Art. R. 4228-37. Les dispositions relatives à l'hébergement des travailleurs sont également applicables aux installations établies en dehors des limites des établissements ou chantiers.

Le contrôle de l'inspection du travail porte notamment sur l'installation et l'aménagement intérieur des locaux.

LIVRE III
ÉQUIPEMENTS DE TRAVAIL ET MOYENS DE PROTECTION

TITRE Ier
CONCEPTION ET MISE SUR LE MARCHÉ DES ÉQUIPEMENTS DE TRAVAIL ET DES MOYENS DE PROTECTION

CHAPITRE Ier
Règles générales

SECTION 1. Principes

Art. L. 4311-1. Les équipements de travail destinés à être exposés, mis en vente, vendus, importés, loués, mis à disposition ou cédés à quelque titre que ce soit sont conçus et construits de sorte que leur mise en place, leur utilisation, leur réglage, leur maintenance, dans des conditions conformes à leur destination, n'exposent pas les personnes à un risque d'atteinte à leur santé ou leur sécurité.

Les moyens de protection, qui font l'objet des opérations mentionnées au premier alinéa, sont conçus et fabriqués de manière à protéger les personnes, dans des conditions d'utilisation et de maintenance conformes à leur destination, contre les risques pour lesquels ils sont prévus.

Art. L. 4311-2. Les équipements de travail sont les machines, appareils, outils, engins, matériels et installations.

Les moyens de protection sont les protecteurs et dispositifs de protection, les équipements et produits de protection individuelle.

Art. L. 4311-3. Il est interdit d'exposer, de mettre en vente, de vendre, d'importer, de louer, de mettre à disposition ou de céder à quelque titre que ce soit des équipements de travail et des moyens de protection qui ne répondent pas aux règles techniques du chapitre II et aux procédures de certification du chapitre III.

Note Le dirigeant d'une société ayant vendu un matériel non conforme aux prescriptions du code du travail en matière de sécurité engage sa responsabilité pénale lorsque le défaut de sécurité inhérent à la machine utilisée est à l'origine d'un accident (cass. crim. 11 février 1992, n° 90-80.652, *RJS* 7/92 n° 876). Voir aussi cass. crim. 22 septembre 1998, n° 97-82.318, condamnant le directeur général d'une société pour avoir vendu une sableuse non construite, protégée ou commandée dans des conditions assurant la sécurité de son utilisateur (qui avait été, en l'espèce, victime d'un accident).

Faute pour l'importateur d'un matériel italien d'avoir mis la juridiction répressive en mesure d'apprécier si les exigences de sécurité imposées par la loi italienne étaient équivalentes à celles de la réglementation française, il est à bon droit déclaré pénalement responsable pour avoir commercialisé en France des machines sans respecter la procédure de vérification préalable de conformité (cass. crim. 23 juin 1992, n° 90-86.669, *JCP* éd. E 1993.II.397, note O. Godard).

Art. L. 4311-4. Par dérogation aux dispositions de l'article L. 4311-3, sont permises, pour une durée déterminée, l'exposition et l'importation aux fins d'exposition dans les foires et salons autorisés d'équipements de travail ou de moyens de protection neufs ne satisfaisant pas aux dispositions de l'article L. 4311-1.

Dans ce cas, un avertissement dont les caractéristiques sont déterminées par arrêté conjoint du ministre chargé du travail et du ministre chargé de l'agriculture est placé à proximité de l'équipement de travail ou du moyen de protection faisant l'objet de l'exposition, pendant toute la durée de celle-ci.

Note Un arrêté du 22 octobre 2009 (JO 21 nov.) fixe les caractéristiques de l'avertissement. Celui-ci doit être rédigé de façon compréhensible en français, avec des caractères d'une taille et d'une forme permettant une lecture aisée. Il figure sur un panneau placé de manière à assurer la visibilité de l'avertissement et à désigner sans ambiguïté l'équipement qu'il concerne. L'arrêté du 22 octobre 2009 est applicable depuis le 29 décembre 2009. À cette date, l'arrêté du 16 novembre 1992 fixant les caractéristiques de l'avertissement exigé par l'article L. 233-5-3, III (ancien) CT est abrogé.

Art. L. 4311-5. L'acheteur ou le locataire d'un équipement de travail ou d'un moyen de protection qui a été livré dans des conditions contraires aux dispositions des articles L. 4311-1 et L. 4311-3 peut, nonobstant toute clause contraire, demander la résolution de la vente ou du bail dans le délai d'une année à compter du jour de la livraison.

Le tribunal qui prononce cette résolution peut accorder des dommages et intérêts à l'acheteur ou au locataire.

Art. L. 4311-6. Outre les inspecteurs et les contrôleurs du travail, les agents des douanes, les agents de la concurrence, de la consommation et de la répression des fraudes, les ingénieurs des mines, les ingénieurs de l'industrie et des mines sont compétents pour constater par procès-verbal, en dehors des lieux d'utilisation des équipements de travail et moyens de protection, les infractions aux dispositions des articles L. 4311-1 à L. 4311-4 commises à l'occasion de leur exposition, leur mise en vente, leur vente, leur importation, leur location, leur mise à disposition ou leur cession à quelque titre que ce soit.

Les agents de la concurrence, de la consommation et de la répression des fraudes disposent à cet effet des pouvoirs prévus au livre II du code de la consommation.

SECTION 2. Dispositions d'application

Art. L. 4311-7. Pour l'application des dispositions du présent titre, des décrets en Conseil d'État, pris après avis des organisations professionnelles d'employeurs et de salariés intéressées, déterminent :

1° Les équipements de travail et les moyens de protection soumis aux obligations de sécurité définies à l'article L. 4311-1 ;

2° Les règles techniques auxquelles satisfait chaque type d'équipement de travail et de moyen de protection, prévues au chapitre II ;

3° Les procédures de certification de conformité aux règles techniques auxquelles sont soumis les fabricants, importateurs et cédants, selon le type d'équipement de travail et de moyen de protection, ainsi que les garanties dont ils bénéficient prévues au chapitre III ;

4° Les conditions dans lesquelles l'autorité administrative habilitée à contrôler la conformité peut demander au fabricant ou à l'importateur, en application de l'article L. 4313-1, communication d'une documentation technique ;

5° Les conditions dans lesquelles est organisée la procédure de sauvegarde prévue à l'article L. 4314-1 ;

6° Les conditions dans lesquelles le respect de normes est réputé satisfaire aux règles techniques ainsi que celles dans lesquelles certaines d'entre elles peuvent être rendues obligatoires.

Art. L. 4311-7.

[Dispositions réglementaires]

Note Le décret 2008-1156 du 7 novembre 2008 (JO 9) relatif aux équipements de travail et aux équipements de protection individuelle est entré en vigueur le 29 décembre 2009. Il résulte, principalement, de l'obligation de transposer la directive 2006/42/CE du 17 mai 2006 modifiée relative aux machines et modifiant la directive 95/16/CE – entrée en vigueur le 29 juin 2006 – (JOUE L 157 du 9.06.2006 ; « Code annoté européen du travail », *Groupe Revue Fiduciaire*, éd. 2010, p. 702). Une circulaire DGT 2010-01 du 4 février 2010 précise les conséquences de l'intervention du décret 2008-1156 du 7 novembre 2008 sur la mise en œuvre des dispositions du code du travail relatives aux équipements de travail et aux équipements de protection individuelle.

Voir aussi note DGT/SAFSL 2010 du 9 mars 2010 sur le contrôle de la conformité des équipements de travail et la surveillance du marché.

SECTION 1. Définitions et champs d'application

Sous-section 1. Dispositions communes

Art. R. 4311-1. Est considéré comme « mis pour la première fois sur le marché », « neuf » ou « à l'état neuf », tout équipement de travail ou moyen de protection n'ayant pas été effectivement utilisé dans un État membre de la Communauté européenne et faisant l'objet d'une exposition, d'une mise en vente, d'une vente, d'une importation, d'une location, d'une mise à disposition ou cession à quelque titre que ce soit.

Art. R. 4311-2. Est considéré comme « d'occasion », tout équipement de travail ou moyen de protection ayant déjà été effectivement utilisé dans un État membre de la Communauté européenne et faisant l'objet d'une exposition, d'une mise en vente, d'une vente, d'une importation, d'une location, d'une mise à disposition ou d'une cession à quelque titre que ce soit.

Art. R. 4311-3. Est considéré comme « maintenu en service », tout équipement de travail ou moyen de protection ayant déjà été effectivement utilisé dans un État membre de la Communauté européenne lorsque les opérations mentionnées à l'article R. 4311-2 sont réalisées au sein d'une même entreprise.

Il en est de même en cas de modification affectant la situation juridique de l'entreprise, notamment par succession, vente, fusion, transformation du fonds, mise en société.

(D. 2008-1156 du 7 nov. 2008, art. 2, JO 9, applicable au 29.12.2009)

Sous-section 2. Équipements de travail obéissant à des règles pour la mise sur le marché

§ 1. Machines

Art. R. 4311-4. Sont soumis aux obligations de conception et de construction, pour la mise sur le marché des « machines », les équipements de travail désignés ci-après par le mot : « machines » et figurant dans la liste ci-dessous :

1° Machines ;
2° Équipements interchangeables ;
3° Composants de sécurité ;
4° Accessoires de levage ;
5° Chaînes, câbles, sangles ;
6° Dispositifs amovibles de transmission mécanique.

Note Voir arrêté du 22 octobre 2009 (JO 10) fixant le contenu de la déclaration CE de conformité relative aux machines au sens de l'article R. 4311-4 CT, applicable depuis le 29 décembre 2009.

Art. R. 4311-4-1. Répond à la définition de machine :

1° Un ensemble équipé ou destiné à être équipé d'un système d'entraînement autre que la force humaine ou animale appliquée directement, composé de pièces ou d'organes liés entre eux dont au moins un est mobile et qui sont réunis de façon solidaire en vue d'une application définie ;

2° Un ensemble mentionné au 1° auquel manquent seulement des organes de liaison au site d'utilisation ou de connexion aux sources d'énergie et de mouvement ;

3° Un ensemble mentionné aux 1° et 2°, prêt à être installé et qui ne peut fonctionner en l'état qu'après montage sur un moyen de transport ou installation dans un bâtiment ou une construction ;

4° Un ensemble de machines mentionnées aux 1°, 2° et 3° ou un ensemble de quasi-machines définies à l'article R. 4311-6, qui, afin de concourir à un même résultat, sont disposées et commandées de manière à être solidaires dans leur fonctionnement ;

5° Un ensemble de pièces ou d'organes liés entre eux, dont un au moins est mobile, qui sont réunis en vue de soulever des charges et dont la seule force motrice est une force humaine directement appliquée.

Art. R. 4311-4-2. Est un équipement interchangeable un dispositif qui, après la mise en service d'une machine ou d'un tracteur, est assemblé à celle-ci ou à celui-ci par l'opérateur lui-même pour modifier sa fonction ou apporter une fonction nouvelle, dans la mesure où cet équipement n'est pas un outil.

Art. R. 4311-4-3. Est un composant de sécurité un composant :

1° Qui sert à assurer une fonction de sécurité ;

2° Qui est mis isolément sur le marché ;

3° Dont la défaillance ou le mauvais fonctionnement met en danger la sécurité des personnes ;

4° Qui n'est pas indispensable au fonctionnement de la machine ou qui, du point de vue de ce seul fonctionnement, pourrait être remplacé par un composant ordinaire.

Un arrêté ministériel pris par le ministre chargé du travail ou le ministre chargé de l'agriculture liste des [les] composants qui remplissent les critères énumérés au premier alinéa.

Note Voir arrêté du 27 octobre 2009 (JO 5 nov.) présentant une liste indicative de composants de sécurité, applicable depuis le 29 décembre 2009.

Art. R. 4311-4-4. Est un accessoire de levage un composant ou équipement non lié à la machine de levage, permettant la préhension de la charge, placé soit entre la machine et la charge, soit sur la charge elle-même ou destiné à faire partie intégrante de la charge et [qui] est mis isolément sur le marché.

Sont considérés comme accessoires de levage les élingues et leurs composants.

Art. R. 4311-4-5. Est une chaîne, un câble ou une sangle au sens du 5° de l'article R. 4311-4 une chaîne, un câble ou une sangle conçu et fabriqué pour le levage et faisant partie d'une machine de levage ou d'un accessoire de levage.

Art. R. 4311-4-6. Est un dispositif amovible de transmission mécanique un composant amovible destiné à la transmission de puissance entre une machine automotrice ou un tracteur et une autre machine en les reliant au premier palier fixe. Lorsque ce dispositif est mis sur le marché avec le protecteur, l'ensemble est considéré comme constituant un seul produit.

Art. R. 4311-5. Les obligations de conception et de construction pour la mise sur le marché des machines ne s'appliquent pas aux produits suivants :

1° Produits qui, bien que répondant à la définition de machines, sont soumis, de manière exclusive et spécifique, aux dispositions issues de la transposition, hors du code du travail, de directives européennes définissant leurs règles de conception et de construction ;

2° Composants de sécurité destinés à être utilisés comme pièces de rechange pour remplacer des composants identiques et fournis par le fabricant de la machine d'origine ;

3° Matériels spécifiques pour fêtes foraines ou parcs d'attraction ;

4° Machines spécialement conçues ou mises en service en vue d'un usage nucléaire et dont la défaillance peut engendrer une émission de radioactivité ;

5° Armes, y compris les armes à feu ;

6° Moyens de transport suivants :

a) Tracteurs agricoles ou forestiers pour les risques visés par les dispositions de transposition de la directive 2003/37/CE, à l'exclusion des machines montées sur ces véhicules ;

b) Véhicules à moteur et leurs remorques visés par les dispositions de transposition de la directive 70/156/CEE du Conseil du 6 février 1970 concernant le rapprochement des législations des États membres relatives à la réception des véhicules à moteur et de leurs remorques, à l'exclusion des machines montées sur ces véhicules ;

c) Véhicules visés par les dispositions de transposition de la directive 2002/24/CE du Parlement européen et du Conseil du 18 mars 2002 relative à la réception des véhicules à moteur à deux ou trois roues, à l'exclusion des machines montées sur ces véhicules ;
d) Véhicules à moteur destinés exclusivement à la compétition ;
e) Moyens de transport par air, par eau et par réseaux ferroviaires, à l'exclusion des machines montées sur ces moyens de transport ;

7° Bateaux pour la navigation maritime et les unités mobiles off-shore ainsi que les machines installées à bord de ces bateaux ou unités ;

8° Machines spécialement conçues et construites à des fins militaires ou de maintien de l'ordre ;

9° Machines spécialement conçues et construites à des fins de recherche pour une utilisation temporaire en laboratoire ;

10° Ascenseurs équipant les puits de mine ;

11° Machines prévues pour déplacer des artistes pendant des représentations artistiques ;

12° Produits électriques et électroniques ci-après, dans la mesure où ils sont visés par les dispositions de transposition de la directive 73/23/CEE du Conseil du 19 février 1973 modifiée concernant le rapprochement des législations des États membres relatives au matériel électrique destiné à être employé dans certaines limites de tension :
a) Appareils électroménagers à usage domestique ;
b) Équipements audio et vidéo ;
c) Équipements informatiques ;
d) Machines de bureau courantes ;
e) Mécanismes de connexion et de contrôle basse tension ;
f) Moteurs électriques ;

13° Équipements électriques à haute tension suivants :
a) Appareillages de connexion et de commande ;
b) Transformateurs.

§ 2. Quasi-machines

Art. R. 4311-6. Est soumis aux règles des articles R. 4313-7 à R. 4313-11 prévues pour la mise sur le marché d'une quasi-machine tout produit répondant à la définition suivante :

Ensemble qui constitue presque une machine, mais qui ne peut assurer à lui seul une application définie.

Une quasi-machine est uniquement destinée à être incorporée ou assemblée à d'autres machines ou à d'autres quasi-machines ou équipements en vue de constituer une machine mentionnée au 1° de l'article R. 4311-4-1.

Un système d'entraînement est une quasi-machine.

§ 3. Autres équipements de travail auxquels s'appliquent des dispositions pour la mise sur le marché

Art. R. 4311-7. Les équipements de travail auxquels s'appliquent des obligations de conception et de construction autres que celles prévues pour la mise sur le marché des machines sont les suivants :
1° Tracteurs agricoles ou forestiers, ainsi que leurs entités techniques, systèmes et composants, à l'exclusion de ceux qui sont spécialement conçus pour les forces armées, la protection civile, les services de lutte contre l'incendie ou les services responsables du maintien de l'ordre ;
2° Électrificateurs de clôture.

Sous-section 3. *(D. 2008-1156 du 7 nov. 2008, art. 3, JO 9, applicable au 29.12.2009)* « Équipements de protection individuelle »

Art. R. 4311-8. Les équipements de protection individuelle, auxquels s'appliquent les obligations de conception et de fabrication prévues à l'article L. 4311-1, sont des dispositifs ou moyens destinés à être portés ou tenus par une personne en vue de la protéger contre un ou plusieurs risques susceptibles de menacer sa santé ou sa sécurité.

Art. R. 4311-9. Sont considérés comme des équipements de protection individuelle, au sens de l'article *(D. 2008-1156 du 7 nov. 2008, art. 3, JO 9)* « R. 4311-8 » :
1° Un ensemble constitué par plusieurs dispositifs ou moyens, associés de façon solidaire en vue de protéger une personne contre un ou plusieurs risques susceptibles d'être encourus simultanément ;

2° Un dispositif ou moyen protecteur solidaire, de façon dissociable ou non dissociable, d'un équipement individuel non protecteur, tel que vêtement de travail, porté ou tenu par une personne en vue de déployer une activité ;

3° Tout composant interchangeable d'un équipement de protection individuelle, indispensable à son bon fonctionnement et utilisé exclusivement pour cet équipement de protection individuelle.

Art. R. 4311-10. Les systèmes de liaison permettant de raccorder un équipement de protection individuelle à un dispositif extérieur complémentaire, même lorsque ces systèmes de liaison ne sont pas destinés à être portés ou tenus en permanence par l'utilisateur pendant la durée d'exposition aux risques, sont considérés comme faisant partie intégrante de l'équipement de protection individuelle.

Art. R. 4311-11. Ne sont pas considérés comme des équipements de protection individuelle, au sens de l'article ***(D. 2008-1156 du 7 nov. 2008, art. 3, JO 9)*** « R. 4311-8 » :

1° Les équipements de protection individuelle conçus et fabriqués spécifiquement pour les forces armées ou du maintien de l'ordre ;

2° Les équipements de protection individuelle destinés à la protection ou à la sauvegarde des personnes embarquées à bord des navires ou aéronefs, et qui ne sont pas portés en permanence ;

3° Les équipements d'autodéfense contre les agressions, tels que générateurs aérosols et armes individuelles de dissuasion ;

4° Les équipements de protection individuelle conçus et fabriqués pour un usage privé contre :

a) Les conditions atmosphériques, tels que couvre-chef, vêtements de saison, chaussures et bottes, parapluies ;

b) L'humidité, l'eau, tels que gants de vaisselle ;

c) La chaleur, tels que gants ;

5° Les casques et visières destinés aux usagers de véhicules à moteur à deux ou trois roues ;

6° Les équipements de protection individuelle qui font l'objet d'une réglementation particulière prise en application ***(D. 2008-1156 du 7 nov. 2008, art. 3, JO 9)*** « de l'article L. 221-3 » du code de la consommation, de la loi du 24 mai 1941 relative à la normalisation et du titre III du livre V du code de la santé publique ;

7° Les composants d'équipements de protection individuelle destinés à y être incorporés et qui ne sont ni essentiels ni indispensables au bon fonctionnement des équipements de protection individuelle ;

8° Les appareils portatifs pour la détection et la signalisation de risques et facteurs de nuisance.

SECTION 2. Dispositions d'application

Art. R. 4311-12. ***(D. 2008-1156 du 7 nov. 2008, art. 4, JO 9)*** Les machines ainsi que les équipements de protection individuelle respectivement soumis aux règles techniques pertinentes des annexes I et II du présent titre, lorsqu'ils sont conçus et construits conformément aux normes reprises dans la collection des normes nationales et dont les références ont été publiées au *Journal officiel de l'Union européenne*, sont réputés satisfaire aux règles des annexes, traitées par ces normes.

Art. R. 4311-13. ***(D. 2008-1156 du 7 nov. 2008, art. 4, JO 9)*** Dans les cas autres que ceux mentionnés à l'article R. 4311-12, un décret peut rendre des normes obligatoires.

CHAPITRE II

Règles techniques de conception

[Le présent chapitre ne comprend pas de dispositions législatives.]

Note • S'agissant des dispositions diverses et transitoires relatives à l'entrée en vigueur des règles techniques et procédures de certification applicables aux équipements de travail et moyens de protection neufs, ou considérés comme neufs, voir le titre II du décret 92-767 précité, modifié par décrets 93-40 du 11 janvier 1993, art. 2 (JO 13), 94-1217 du 23 décembre 1994 (JO 31) et 96-725 du 14 août 1996, art. 37, II (JO 18).

• Voir note au-dessus de l'article R. 4311-1.

Art. L. 4311-7.

SECTION 1. *(D. 2008-1156 du 7 nov. 2008, art. 5, JO 9, applicable au 29.12.2009)*
« Équipements de travail »

(D. 2008-1156 du 7 nov. 2008, art. 5, JO 9)

« Sous-section 1. **Équipements de travail neufs ou considérés comme neufs**

Art. R. 4312-1. Les machines neuves ou considérées comme neuves au sens de l'article R. 4311-1 sont soumises aux règles techniques prévues par l'annexe I figurant à la fin du présent titre.

Art. R. 4312-1-1. Les tracteurs et leurs entités techniques, systèmes ou composants sont soumis au décret n° 2005-1236 du 30 septembre 2005 relatif aux règles, prescriptions et procédures applicables aux tracteurs agricoles ou forestiers et à leurs dispositifs.

Note Voir décret 2011-455 du 22 avril 2011 (JO 24) modifiant et complétant le décret 2005-1236 du 30 septembre 2005 relatif aux règles, prescriptions et procédures applicables aux tracteurs agricoles ou forestiers et à leurs dispositifs et arrêté du 22 avril 2011 (JO 24) modifiant l'arrêté du 22 novembre 2005 relatif à la réception CE des tracteurs agricoles ou forestiers et de leurs systèmes, composants et entités techniques.

Art. R. 4312-1-2. Les électrificateurs de clôture sont soumis au décret n° 96-216 du 14 mars 1996 relatif aux règles techniques et à la procédure de certification applicables aux électrificateurs de clôture. »

Sous-section 2. **Équipements d'occasion**

Note Les articles R. 4312-2 à R. 4312-5 sont les anciens articles R. 4312-19 à R. 4312-22 (décret 2008-1156 du 7 novembre 2008, art. 6, JO 9).

Art. R. 4312-2. Les machines d'occasion, soumises lors de leur mise en service à l'état neuf aux règles techniques de conception et de construction prévues à l'annexe I de l'article R. 4312-1, demeurent soumises aux règles de cette annexe.

Celles de ces machines qui n'étaient pas soumises à ces règles lors de leur mise en service à l'état neuf sont soumises aux règles techniques d'utilisation définies par le chapitre IV du titre II.

Art. R. 4312-3. Les accessoires de levage, les câbles, chaînes et sangles de levage d'occasion, quelle que soit leur date de mise en service à l'état neuf, sont soumis aux règles techniques de conception et de construction prévues à l'annexe I de l'article R. 4312-1.

Art. R. 4312-4. Les composants de sécurité d'occasion, quelle que soit leur date de mise en service à l'état neuf, sont soumis aux règles techniques de conception et de construction prévues à l'annexe I de l'article R. 4312-1.

Toutefois, les structures de protection conformes au décret n° 90-490 du 15 juin 1990 et les autres composants de sécurité conformes à un modèle ayant fait l'objet d'un visa d'examen technique ou d'une attestation d'examen de type délivré conformément aux décrets pris pour l'application de l'article L. 233-5 du code du travail, dans sa rédaction issue de la loi n° 76-1106 du 6 décembre 1976, en vigueur jusqu'au 31 décembre 1992, sont considérés comme conformes à l'obligation définie au premier alinéa.

Art. R. 4312-5. À condition de satisfaire aux obligations définies à l'article L. 4311-1, les matériels d'occasion peuvent, quand ils sont conformes à la réglementation des matériels d'occasion en vigueur dans l'État membre de la Communauté européenne dont ils proviennent, faire l'objet des seules opérations mentionnées à ce même article.

Dans ce cas, le certificat de conformité prévu par l'article *(D. 2008-1156 du 7 nov. 2008, art. 6, JO 9)* « R. 4313-15 » indique de manière précise les références de la réglementation appliquée.

S'il y [a] lieu, ces matériels sont mis par l'employeur en conformité avec les règles techniques d'utilisation prévues par le chapitre IV du titre II.

SECTION 2. Équipements de protection individuelle

Note Les articles R. 4312-6 à R. 4312-9 sont les anciens articles R. 4312-23 à R. 4312-26.

Sous-section 1. Équipements neufs ou considérés comme neufs

Art. R. 4312-6. Les équipements de protection individuelle, neufs ou considérés comme neufs, sont soumis aux règles techniques de conception et de fabrication prévues par l'annexe II figurant à la fin du présent titre.

Sous-section 2. Équipements d'occasion

Art. R. 4312-7. Les équipements de protection individuelle d'occasion, quelle que soit leur date de mise en service à l'état neuf, sont soumis aux règles techniques de conception et de fabrication prévues par l'annexe II figurant à la fin du présent titre.

Ils sont accompagnés de la notice d'instructions les concernant.

Note Voir arrêté du 22 octobre 2009 (JO 4 nov.) portant constitution des éléments attestant du maintien en état de conformité des équipements de protection individuelle d'occasion faisant l'objet d'une location ou d'une mise à disposition réitérée, prévus à l'article R. 4313-16 (entrée en vigueur le 29.12.2009).

Art. R. 4312-8. Les équipements de protection individuelle d'occasion suivants ne peuvent être exposés, mis en vente, vendus, importés, loués, mis à disposition ou cédés à quelque titre que ce soit en vue de leur mise en service ou utilisation :

1° Équipements à usage unique ;

2° Équipements dont la date de péremption ou la durée d'utilisation est dépassée ;

3° Équipements ayant subi un dommage quelconque, même réparés ;

4° Casques de protection de la tête contre les chocs mécaniques ;

5° Équipements de protection contre les agents infectieux ;

6° Équipements mentionnés par l'article ***(D. 2008-1156 du 7 nov. 2008, art. 7, JO 9)*** « R. 4313-82 », à l'exception des appareils de protection respiratoire destinés à la plongée.

Art. R. 4312-9. Les équipements de protection individuelle d'occasion suivants peuvent être mis à disposition ou loués pour la pratique d'activités non professionnelles sportives ou de loisirs, ***(D. 2008-1156 du 7 nov. 2008, art. 7, JO 9)*** « sous réserve du respect des dispositions de l'article R. 4313-16 » :

1° Casques de cavaliers ;

2° Équipements de protection contre les chutes de hauteur.

CHAPITRE III

Procédures de certification de conformité

Note Le décret 2008-1156 du 7 novembre 2008 (JO 9) relatif aux équipements de travail et aux équipements de protection individuelle, applicable depuis le 29 décembre 2009, transpose en droit français la directive 2006/42/CE du 17 mai 2006 modifiée relative aux machines et modifiant la directive 95/16/CE (refonte) - entrée en vigueur le 29 juin 2006 - (JOUE L 157 du 9.06.2006). Voir « Code annoté européen du travail », *Groupe Revue Fiduciaire*, éd. 2010, p. 702). Voir aussi circulaire DGT 2010-01 du 4 février 2010 concernant la mise en œuvre du décret du 7 novembre 2008.

Art. L. 4313-1. L'autorité administrative habilitée à contrôler la conformité des équipements de travail et des moyens de protection peut demander au fabricant ou à l'importateur communication d'une documentation technique dont le contenu est déterminé par voie réglementaire.

Les personnes ayant accès à cette documentation technique sont tenues au secret professionnel pour toutes les informations relatives aux procédés de fabrication et d'exploitation.

Art. L. 4313-1.

[Dispositions réglementaires]

(D. 2008-1156 du 7 nov. 2008, art. 8, JO 9, applicable au 29.12.2009)

SECTION 1. Formalités préalables à la mise sur le marché

Sous-section 1. Machines, quasi-machines et équipements de protection individuelle neufs ou considérés comme neufs

§ 1. Machines et équipements de protection individuelle

Art. R. 4313-1. Le fabricant, l'importateur ou tout autre responsable de la mise sur le marché d'un exemplaire neuf ou considéré comme neuf d'une machine ainsi que d'un équipement de protection individuelle, respectivement soumis aux règles techniques des annexes I ou II, établit et signe une déclaration CE de conformité par laquelle il atteste que cette machine ou cet équipement de protection individuelle est conforme aux règles techniques pertinentes de l'annexe qui le concerne et a satisfait aux procédures d'évaluation de la conformité applicables.

Note Voir arrêtés du 22 octobre 2009 (JO 9 et 10 déc.) fixant respectivement le modèle de la déclaration de conformité CE relative aux équipements de protection individuelle et le contenu de la déclaration CE de conformité relative aux machines au sens de cet article, applicables depuis le 29 décembre 2009. À cette date, les arrêtés du 18 décembre 1992 fixant le modèle de déclaration de conformité CE relative aux équipements de protection individuelle et le contenu de la déclaration de conformité CE relative aux équipements de travail et moyens de protection sont abrogés.

Art. R. 4313-2. La déclaration CE de conformité est remise au preneur lors de la vente, de la location, de la cession ou de la mise à disposition à quelque titre que ce soit d'une machine.

Art. R. 4313-3. Un marquage de conformité, constitué par le sigle CE, est apposé de manière visible, lisible et indélébile sur chaque exemplaire de machine ainsi que sur chaque exemplaire d'équipement de protection individuelle.

Note Voir arrêté du 22 octobre 2009 (JO 20 déc.) relatif au marquage CE des machines et des équipements de protection individuelle.

Art. R. 4313-4. Lorsque, compte tenu des caractéristiques de l'équipement de protection individuelle, l'apposition du marquage CE sur les exemplaires n'est pas possible, celui-ci figure sur l'emballage.

Art. R. 4313-5. Le marquage CE est apposé par le fabricant, l'importateur ou tout autre responsable de la mise sur le marché qui atteste qu'une machine ou un équipement de protection individuelle est conforme aux règles techniques pertinentes de l'annexe figurant à la fin de ce titre qui le concerne et a satisfait aux procédures d'évaluation de la conformité applicables.

Art. R. 4313-6. L'exposition, la mise en vente, la vente, la location, l'importation, la cession ou la mise à disposition à quelque titre que ce soit d'une machine ou d'un équipement de protection individuelle neuf ou considéré comme neuf soumis à une procédure d'évaluation de la conformité est subordonnée à la constitution par le fabricant, l'importateur ou par tout autre responsable de la mise sur le marché d'un dossier technique relatif aux moyens mis en œuvre pour en assurer la conformité aux règles techniques applicables.

Ce dossier est disponible ou peut l'être dans de brefs délais.

Note Voir arrêté du 22 octobre 2009 (JO 10) fixant le contenu du dossier technique de fabrication exigé par cet article pour les machines et les équipements de protection individuelle, applicable depuis le 29 décembre 2009. À cette date, l'arrêté du 18 décembre 1992 fixant le contenu de la documentation technique de fabrication des machines et des équipements de protection individuelle est abrogé.

§ 2. Quasi-machines

Art. R. 4313-7. Le fabricant, l'importateur ou tout autre responsable de la mise sur le marché d'une quasi-machine veille, avant sa mise sur le marché, à ce que soient établies :

1° La documentation technique pertinente ;

2° La notice d'assemblage ;

3° La déclaration d'incorporation.

Note Voir arrêté du 22 octobre 2009 (JO 10) fixant les éléments constituant la documentation pertinente d'une quasi-machine.

Art. R. 4313-8. La documentation technique pertinente précise les règles techniques de l'annexe I figurant à la fin du présent titre qui sont appliquées pour la quasi-machine. Elle couvre la conception, la fabrication et le fonctionnement de la quasi-machine dans la mesure nécessaire à l'évaluation de la conformité avec ces règles techniques.

Cette documentation technique est disponible ou peut l'être dans de brefs délais.

Art. R. 4313-9. La notice d'assemblage d'une quasi-machine contient la description des conditions à remplir pour une incorporation adéquate dans la machine finale ne compromettant pas la santé et la sécurité.

Elle est rédigée dans la langue officielle de la Communauté européenne acceptée par le fabricant de la machine dans laquelle la quasi-machine est destinée à être incorporée.

Art. R. 4313-10. Le fabricant, l'importateur ou tout autre responsable de la mise sur le marché d'une quasi-machine établit et signe une déclaration d'incorporation par laquelle il déclare les règles techniques de l'annexe I figurant à la fin du présent titre qui sont appliquées à la quasi-machine, précise que la documentation prévue à l'article R. 4313-8 est constituée et, le cas échéant, indique les autres dispositions réglementaires transposant des directives européennes auxquelles la quasi-machine est conforme.

Art. R. 4313-11. La notice d'assemblage ainsi que la déclaration d'incorporation accompagnent la quasi-machine jusqu'à son incorporation dans la machine finale et font partie du dossier technique de cette machine.

§ 3. Dispositions d'application

Art. R. 4313-12. Des arrêtés conjoints des ministres chargés du travail, de l'agriculture, des douanes, de l'industrie et de la consommation fixent :

1° Le contenu de la déclaration de conformité pour les machines ;

2° Le modèle de la déclaration de conformité pour les équipements de protection individuelle ;

3° Le contenu de la déclaration d'incorporation pour les quasi-machines ;

4° L'emplacement, le modèle du marquage CE et les autres indications qui l'accompagnent ;

5° Les éléments constitutifs du dossier technique d'une machine ou d'un équipement de protection individuelle ;

6° Les éléments constitutifs de la documentation pertinente pour les quasi-machines.

Art. R. 4313-13. La délivrance de la déclaration CE de conformité ou de la déclaration d'incorporation ainsi que l'apposition du marquage CE réalisés dans un État membre de la Communauté européenne produisent les mêmes effets que les formalités correspondantes réalisées dans les conditions prévues par la présente sous-section.

Sous-section 2. Équipements de travail et équipements de protection individuelle d'occasion

Art. R. 4313-14. Lors de la vente, de la location, de la cession ou de la mise à disposition à quelque titre que ce soit, en vue de son utilisation, d'un équipement de travail d'occasion ainsi que lors de la vente ou de la cession à quelque titre que ce soit, en vue de son utilisation, d'un équipement de protection individuelle d'occasion mentionné à la section 1 du chapitre Ier du présent titre, le responsable de l'opération remet au preneur un certificat de conformité par lequel il atteste que le produit concerné est conforme aux règles techniques qui lui sont applicables.

Note Voir arrêté du 22 octobre 2009 (JO 10 déc.) fixant le modèle du certificat de conformité d'un équipement de travail et d'un équipement de protection individuelle d'occasion, applicable depuis le 29 décembre 2009. À cette date, l'arrêté du 18 décembre 1992 fixant le modèle de certificat de conformité relatif aux équipements de travail et moyens de protection d'occasion est abrogé.

Art. R. 4313-15. Le contenu du certificat de conformité est prévu par arrêté conjoint des ministres chargés du travail, de l'agriculture, des douanes, de l'industrie et de la consommation.

Art. R. 4313-16. Le responsable de la location ou de la mise à disposition réitérée d'un équipement de protection individuelle d'occasion s'assure du maintien en état de conformité de cet équipement en suivant, notamment, les instructions prévues au a du I du paragraphe 1.4 de l'annexe II qui figurent à la fin du présent titre et en procédant, le cas échéant, aux vérifications générales périodiques prévues à l'article R. 4323-99.

Un arrêté des ministres chargés du travail ou de l'agriculture précise les éléments dont le responsable des opérations prévues au présent article dispose afin d'établir le maintien en conformité de l'équipement de protection individuelle. Il communique ces éléments sur demande du preneur de l'équipement de protection individuelle ou des autorités de contrôle.

Note Voir arrêté du 22 octobre 2009 (JO 4 nov.) portant constitution des éléments attestant du maintien en état de conformité des équipements de protection individuelle d'occasion faisant l'objet d'une location ou d'une mise à disposition réitérée, prévus à cet article (entrée en vigueur le 29.12.2009).

Sous-section 3. Interdictions

Art. R. 4313-17. Il est interdit d'exposer, de mettre en vente, de vendre, d'importer, de louer, de mettre à disposition ou de céder à quelque titre que ce soit un équipement de travail ou un équipement de protection individuelle pour lesquels les formalités préalables à la mise sur le marché n'ont pas été accomplies.

Lorsque ni le fabricant ni l'importateur n'ont satisfait aux obligations qui leur incombent conformément au présent chapitre, celles-ci, à l'exception des obligations prévues pour les machines par la sous-section 2 de la section 2 du chapitre III et pour les équipements de protection individuelle par la sous-section 3 de la section 2 du chapitre III, sont accomplies par tout responsable d'une opération mentionnée au premier alinéa.

Note • La chambre criminelle a pu juger que la délivrance par un vendeur français ou étranger d'une attestation d'examen CE de type ne dispense pas le chef d'entreprise, en tant qu'utilisateur, de s'assurer que les machines et appareils qu'il emploie sont conformes à la réglementation en matière d'hygiène et de sécurité (cass. crim. 6 juin 1990, n° 89-86.002, B. crim. n° 230).

• La faute commise par le constructeur de la machine, qui a délivré au prévenu un certificat erroné de conformité à la réglementation du travail, n'est pas de nature à exonérer le chef d'entreprise de son obligation personnelle de veiller à ce que le matériel utilisé soit muni de tous les dispositifs de protection utiles à la sécurité des travailleurs (cass. crim. 23 juin 1993, n° 88-82.938, *RJS* 10/93 n° 993).

Art. R. 4313-18. Il est interdit d'apposer sur une machine ou sur un équipement de protection individuelle, sur son emballage ou sur tout document le concernant tout marquage, signe ou inscription de nature à induire en erreur sur la signification, le graphisme, ou les deux à la fois, du marquage CE.

Un autre marquage peut être apposé sur les machines ainsi que sur les équipements de protection individuelle s'il ne porte pas préjudice à la visibilité, à la lisibilité ainsi qu'à la signification du marquage CE.

SECTION 2. Les procédures d'évaluation de la conformité

Sous-section 1. Dispositions communes

Art. R. 4313-19. L'issue de la procédure d'évaluation de la conformité d'une machine ou d'un équipement de protection individuelle, prévue à la présente section, peut être subordonnée :

1° Au résultat de vérifications même inopinées, réalisées par des organismes notifiés dans les locaux de fabrication ou de stockage de machines ou d'équipements de protection individuelle qui, s'ils se révélaient non conformes, seraient susceptibles d'exposer les personnes intéressées à un risque grave ;

2° Au résultat d'examen ou d'essais, même destructifs, lorsque l'état de la technique le requiert.

Sous-section 2. Procédures d'évaluation de la conformité applicables aux machines ainsi qu'aux équipements de protection individuelle

§ 1. Évaluation de la conformité avec contrôle interne de la fabrication dite aussi procédure "d'autocertification CE"

Art. R. 4313-20. La procédure de contrôle interne de la fabrication est la procédure par laquelle le fabricant s'assure qu'une machine ou un équipement de protection individuelle satisfait aux règles techniques pertinentes de l'annexe applicable et établit, sous sa responsabilité, une déclaration de conformité en ce sens.

Art. R. 4313-21. Le fabricant prend les mesures nécessaires pour garantir, dans le processus de fabrication, que la machine ou l'équipement de protection individuelle est conforme à la machine ou à l'équipement de protection individuelle faisant l'objet du dossier technique ainsi qu'aux règles techniques pertinentes.

Art. R. 4313-22. Le fabricant, l'importateur ou tout autre responsable de la mise sur le marché établit pour chaque type de machine ou d'équipement de protection individuelle le dossier technique prévu à l'article R. 4313-6.

§ 2. Examen CE de type

Art. R. 4313-23. La procédure dite "examen CE de type" est la procédure par laquelle un organisme notifié constate et atteste qu'un modèle de machine ou d'équipement de protection individuelle est conforme aux règles techniques le concernant.

Art. R. 4313-24. La demande d'examen CE de type ne peut être introduite par le fabricant ou l'importateur qu'auprès d'un seul organisme notifié dans la Communauté européenne pour un modèle de machine ou d'équipement de protection individuelle.

Art. R. 4313-25. La demande d'examen CE de type comporte :

1° Les nom et adresse du fabricant ou de l'importateur ;

2° Le lieu de fabrication de la machine ou de l'équipement de protection individuelle ;

3° Le dossier technique prévu par l'article R. 4313-6.

Art. R. 4313-26. Lorsqu'il s'agit d'une machine, la demande d'examen CE de type est accompagnée d'un exemplaire du modèle ou de l'indication du lieu où le modèle peut être examiné.

Lorsqu'il s'agit d'un équipement de protection individuelle, la demande est accompagnée du nombre d'exemplaires du modèle nécessaire à l'examen.

Art. R. 4313-27. Lorsque l'organisme notifié a son siège en France, la correspondance relative à la demande d'examen CE de type et le dossier technique sont rédigés en français ou dans une langue officielle de la Communauté européenne acceptée par l'organisme notifié.

Art. R. 4313-28. L'organisme notifié, saisi de la demande d'examen CE de type, procède à l'examen du dossier technique et à l'examen du modèle de machine ou d'équipement de protection individuelle.

Art. R. 4313-29. Lorsqu'il s'agit d'une machine, l'organisme notifié procède aux examens et essais lui permettant de s'assurer que :

1° Le dossier technique comporte tous les éléments nécessaires ;

2° La machine a été fabriquée conformément aux indications contenues dans le dossier technique ;

3° La machine peut être utilisée en sécurité dans les conditions prévues d'utilisation ;

4° S'il s'agit d'un composant de sécurité mentionné au 3° de l'article R. 4311-4, que ce composant est apte à remplir les fonctions de sécurité prévues ;

5° Si le dossier technique fait référence à des normes mentionnées à l'article L. 4311-7, ces normes ont été correctement utilisées ;

6° La machine est conforme aux règles techniques qui lui sont applicables.

Art. R. 4313-30. Lorsqu'il s'agit d'un équipement de protection individuelle, l'organisme notifié procède aux examens et essais lui permettant de s'assurer que :

1° Le dossier technique comporte tous les éléments nécessaires. Si ce dossier fait référence à des normes mentionnées à l'article L. 4311-7, l'organisme s'assure qu'il comporte toutes les indications exigées par ces normes. Si ce dossier ne fait pas référence à de telles normes ou ne s'y réfère qu'en application d'une partie des règles techniques applicables ou s'il n'existe pas de telles normes, l'organisme s'assure que, pour l'équipement soumis à examen, les spécifications techniques utilisées pour l'application des règles techniques ne se référant pas à ces normes sont conformes à ces règles techniques ;

2° Le modèle d'équipement de protection individuelle a été fabriqué conformément aux indications contenues dans le dossier technique et peut être utilisé en sécurité conformément à sa destination. L'organisme s'assure que l'équipement de protection individuelle est conforme aux règles techniques qui lui sont applicables. À cet effet, il réalise les examens et essais appropriés pour s'assurer, selon le cas, de la conformité du modèle d'équipement de protection individuelle :

a) Soit aux normes auxquelles fait référence le dossier technique ;

b) Soit aux spécifications techniques utilisées si ces spécifications techniques ont été au préalable reconnues conformes aux règles techniques applicables à l'équipement de protection individuelle.

Art. R. 4313-31. Lorsque l'organisme notifié décide que le modèle de machine ou d'équipement de protection individuelle examiné est conforme aux règles techniques le concernant, il établit une attestation d'examen CE de type.

L'attestation reproduit les conclusions de l'examen, indique les conditions dont elle est éventuellement assortie et comprend les descriptions et dessins nécessaires pour identifier le modèle faisant l'objet de l'attestation.

Art. R. 4313-32. Lorsque l'organisme notifié décide que le modèle de machine ou d'équipement de protection individuelle n'est pas conforme aux règles techniques le concernant, il fait connaître au demandeur son refus de lui délivrer une attestation d'examen CE de type et en informe les autres organismes notifiés de la Communauté européenne.

Art. R. 4313-33. L'organisme notifié informe le demandeur, par lettre recommandée avec accusé de réception, de la date à laquelle le dossier technique est complet. Il lui fait connaître sa décision sur la demande d'examen CE de type, par lettre recommandée avec avis de réception, dans un délai de trois mois, à compter de cette date.

Art. R. 4313-34. Lorsque l'organisme n'a pas fait connaître sa décision dans le délai prévu à l'article précédent, le demandeur peut, au plus tard dans les deux mois qui suivent l'expiration de ce délai, saisir le ministre chargé du travail d'une réclamation. Celui-ci peut autoriser le demandeur à s'adresser à un autre organisme notifié.

Art. R. 4313-35. Les décisions portant délivrance ou refus d'une attestation d'examen CE de type peuvent, lorsqu'elles sont prises par un organisme notifié situé sur le territoire français, faire l'objet d'une réclamation devant le ministre chargé du travail, au plus tard dans un délai de deux mois à compter de la notification de la décision au demandeur.

Art. R. 4313-36. Si la décision d'un organisme notifié n'apparaît pas justifiée, le ministre chargé du travail, saisi d'une réclamation, peut réformer cette décision après avis du ***(D. 2009-289 du 13 mars 2009, JO 15)*** « Conseil d'orientation sur les conditions de travail », après que le réclamant, le demandeur de l'attestation d'examen CE de type s'il est différent du réclamant et l'organisme notifié en cause, ont été invités à présenter leurs observations. Il prend sa décision dans un délai de deux mois.

Le silence gardé pendant plus de deux mois sur une réclamation vaut décision de rejet.

Art. R. 4313-37. Préalablement à l'exposition, la mise en vente, la vente, l'importation, la location, la mise à disposition ou la cession à quelque titre que ce soit d'un exemplaire neuf de machine ou d'équipement de protection individuelle ayant fait l'objet d'une attestation d'examen CE de type, le responsable de l'opération s'assure de la conformité de l'exemplaire en cause avec le modèle pour lequel a été délivrée l'attestation.

La déclaration CE de conformité prévue par l'article R. 4313-1 ne peut être établie et délivrée et le marquage CE de conformité prévu par l'article R. 4313-3 ne peut être apposé que si l'exemplaire concerné est conforme au modèle pour lequel l'attestation d'examen CE de type a été délivrée.

Art. R. 4313-38. Toute modification d'une machine ou d'un équipement de protection individuelle, ayant fait l'objet d'une attestation d'examen CE de type, réalisée par le fabricant ou l'importateur, est portée à la connaissance de l'organisme ayant délivré l'attestation.

L'organisme prend connaissance de ces modifications et s'assure que celles-ci n'exigent pas un nouvel examen de conformité. Dans ce cas, il fait savoir au fabricant ou à l'importateur que l'attestation d'examen CE de type reste valable pour le modèle ainsi modifié.

Dans le cas contraire, l'organisme fait savoir au fabricant ou à l'importateur que l'attestation d'examen CE de type cesse d'être valable. Si le fabricant ou l'importateur entend maintenir ces modifications, il dépose une nouvelle demande d'examen CE de type dans les conditions et selon les modalités prévues par la présente sous-section.

Art. R. 4313-39. L'attestation d'examen CE de type peut être retirée à tout moment par l'organisme notifié qui l'a délivrée s'il apparaît à l'expérience que les règles techniques applicables ne sont pas prises en compte.

La décision est prise après que le titulaire de l'attestation a été appelé à présenter ses observations. Cette décision est motivée par des non-conformités suffisamment importantes pour justifier la remise en cause de la décision initiale.

L'organisme notifié informe de sa décision le ministre chargé du travail et les autres organismes notifiés de la Communauté européenne.

La décision de retrait peut faire l'objet d'une réclamation dans les conditions prévues à l'article R. 4313-35.

Art. R. 4313-40. S'agissant des machines, le fabricant ou l'importateur demande à l'organisme notifié qui a délivré une attestation d'examen CE de type de réexaminer la validité de cette attestation, tous les cinq ans.

Art. R. 4313-41. Si l'organisme notifié, après avoir procédé aux examens nécessaires, estime que l'attestation reste valable compte tenu de l'état de la technique, il la renouvelle pour une durée de cinq ans.

Art. R. 4313-42. Les décisions de renouvellement ou de refus de renouvellement d'une attestation d'examen CE de type peuvent faire l'objet d'une réclamation dans les conditions fixées à l'article R. 4313-35.

Sous-section 3. Le système d'assurance qualité complète

Art. R. 4313-43. La procédure d'assurance qualité complète est celle par laquelle un organisme notifié évalue, approuve le système de qualité d'un fabricant de machines et en contrôle l'application.

À cette fin, l'organisme notifié s'assure que toutes les mesures ont été prises concernant la conception, la fabrication, l'inspection finale et le stockage.

Art. R. 4313-44. Pour obtenir l'approbation de son système de qualité, le fabricant introduit, auprès d'un organisme, une demande d'évaluation qui comprend :

1° Le nom et l'adresse du fabricant ;

2° Les lieux de conception, de fabrication, d'inspection, d'essai et de stockage ;

3° Le dossier technique prévu à l'article R. 4313-6 pour un modèle de chaque machine citée à l'article ***(D. 2011-1480 du 9 nov. 2011, JO 10)*** « R. 4313-78 » ;

4° La documentation sur le système de qualité ;

5° Une déclaration écrite spécifiant qu'une même demande n'a pas été introduite auprès d'un autre organisme notifié.

Art. R. 4313-45. Le système d'assurance qualité est mis en œuvre pour assurer la conformité des machines aux règles techniques les concernant. À cette fin tous les éléments, exigences et dispositions adoptés par le fabricant figurent dans une documentation tenue de manière systématique et rationnelle sous forme de mesures, procédures et instructions écrites. Cette documentation comprend, en particulier, une description adéquate :

1° Des objectifs de qualité, de l'organigramme et des responsabilités et des pouvoirs des cadres en matière de conception et de qualité des machines ;

2° Des solutions techniques adoptées pour se conformer aux règles techniques applicables ;

3° Des techniques mises en œuvre en termes d'inspection et de vérification ainsi que des actions mises en œuvre lors de la conception puis de la fabrication ;

4° Des inspections et essais effectués avant, pendant et après la fabrication avec indication de leur fréquence ;

5° Des dossiers de qualité : rapport d'inspection, résultats d'essais et d'étalonnage, rapport sur la qualification du personnel concerné ;

6° Des moyens prévus pour contrôler la réalisation de la conception et de la qualité voulues des machines ainsi que le fonctionnement effectif du système qualité.

Art. R. 4313-46. Lorsqu'il évalue le système de qualité, l'organisme notifié considère que les éléments du système qualité qui sont conformes à la norme harmonisée pertinente satisfont aux prescriptions correspondantes de l'article R. 4313-45.

Art. R. 4313-47. Pour l'évaluation du système de qualité d'un fabricant de machine, l'organisme notifié s'appuie sur une équipe d'auditeurs qui compte, au moins, un membre expérimenté dans l'évaluation de la technologie des machines. Cette équipe procède à l'examen du dossier technique prévu à l'article R. 4313-6. La procédure d'évaluation comporte une visite d'inspection dans les installations du fabricant.

Art. R. 4313-48. Après avoir procédé à l'évaluation du système, l'organisme notifie sa décision d'approbation du système qualité ou de refus.

La décision de l'organisme notifié peut faire l'objet d'une réclamation dans les conditions prévues par l'article R. 4313-35.

Art. R. 4313-49. Le fabricant informe l'organisme notifié de tout projet de modification de ce système approuvé. L'organisme notifié examine les modifications proposées et décide s'il continue de répondre aux dispositions de l'article R. 4313-45. La décision est notifiée et peut faire l'objet d'une réclamation dans les conditions prévues à l'article R. 4313-35.

Art. R. 4313-50. Le fabricant s'engage à remplir toutes les conditions nécessaires pour que le système de qualité approuvé demeure effectif.

Art. R. 4313-51. L'organisme notifié contrôle, par surveillance, que le fabricant remplit correctement les obligations qui découlent du système d'assurance qualité approuvé.

Art. R. 4313-52. Le fabricant autorise l'organisme notifié à accéder aux lieux de conception, de fabrication, d'inspection, d'essais et de stockage et fournit toutes les informations nécessaires, notamment :

1° La documentation sur le système de qualité ;

2° Les dossiers de qualité prévus, d'une part, dans la partie du système de qualité consacrée à la conception et, d'autre part, dans la partie consacrée à sa fabrication.

Art. R. 4313-53. L'organisme notifié procède à des audits périodiques pour s'assurer que le fabricant maintient et applique le système de qualité approuvé. Il fournit un rapport d'audit au fabricant.

La fréquence des audits est telle qu'une réévaluation complète est menée tous les trois ans.

Art. R. 4313-54. L'organisme notifié effectue, à l'improviste chez le fabricant, des visites dont la nécessité et la fréquence sont déterminées sur la base du système de contrôle géré par l'organisme. Au nombre des critères de choix de l'organisme figurent :

1° Les résultats des visites de surveillance antérieure ;

2° Le suivi qu'impose la mise en œuvre de mesures correctives ;

3° Les conditions spéciales liées à l'approbation du système ;

4° Les modifications significatives dans l'organisation du processus, des mesures ou des techniques de production.

Le cas échéant, l'organisme fait effectuer des essais. Les visites et les essais font l'objet d'un rapport remis au fabricant.

Art. R. 4313-55. Le fabricant tient à disposition des autorités nationales, pendant dix ans à compter de la dernière date de fabrication, les éléments à transmettre avec toute demande d'évaluation du système qualité énumérés à l'article R. 4313-44 ainsi que les décisions et rapports prévus aux articles R. 4313-48, R. 4313-49, R. 4313-53 et R. 4313-54.

Art. R. 4313-56. Lorsque l'organisme estime que les conditions nécessaires à l'approbation du système de qualité ne sont plus remplies, il retire cette approbation. Ce retrait interdit la mise sur le marché de la machine.

Sous-section 4. Procédures d'évaluation de la conformité applicables aux équipements de protection individuelle

§ 1. Le système de garantie de qualité CE

Art. R. 4313-57. Le "système de garantie de qualité CE" est la procédure par laquelle un organisme notifié atteste que le fabricant a pris toutes mesures nécessaires pour que le procédé de fabrication, y compris l'inspection finale et les essais des équipements de protection individuelle, assure l'homogénéité de sa production et la conformité de chaque exemplaire d'équipement de protection individuelle soumis à cette procédure avec le modèle ayant fait l'objet de l'attestation d'examen CE de type et avec les règles techniques qui lui sont applicables.

Art. R. 4313-58. Pour chaque modèle d'équipement de protection individuelle fabriqué, un organisme notifié choisi par le fabricant prélève un échantillonnage adéquat de l'équipement de protection individuelle à des intervalles aléatoires, au moins une fois par an. Sous sa responsabilité, il l'examine et réalise sur cet échantillonnage les essais appropriés définis par les normes mentionnées au 6° de l'article L. 4311-7 ou nécessaires pour s'assurer de la conformité des échantillons d'équipement de protection individuelle avec les règles techniques qui leur sont applicables. L'organisme notifié, s'il n'est pas celui qui a délivré l'attestation d'examen CE de type, prend contact avec ce dernier en cas de difficulté pour apprécier la conformité des équipements de protection individuelle prélevés dans l'échantillonnage. L'organisme notifié adresse au fabricant un rapport d'expertise dans un délai de deux mois suivant celle-ci.

Art. R. 4313-59. Lorsque le rapport prévu par l'article R. 4313-58 conclut à une absence d'homogénéité de la production ou à l'absence de conformité des échantillons d'équipement de protection individuelle examinés avec le modèle décrit dans l'attestation d'examen CE de type et les règles techniques applicables, l'organisme notifié prend les mesures qui s'imposent en fonction des défauts constatés et en informe le ministre chargé du travail. Le délai dans lequel le rapport d'expertise est adressé au fabricant est réduit au temps strictement nécessaire pour la rédaction et la transmission de ce rapport.

Art. R. 4313-60. Les mesures mentionnées à l'article R. 4313-59 peuvent être constituées par une augmentation de la périodicité des prélèvements d'échantillonnage, une demande de modification des procédés de fabrication y compris d'inspection finale, une demande de rappel ou de mise au rebut des lots défectueux. La charge financière résultant de la mise en œuvre de ces mesures est supportée par le fabricant. Si ces mesures n'apparaissent pas suffisantes ou ne sont pas respectées, la procédure de sauvegarde prévue au chapitre IV peut être mise en œuvre.

Art. R. 4313-61. Les possibilités de réclamation prévues par l'article R. 4313-35 sont applicables aux décisions de l'organisme notifié prévues au présent paragraphe.

§ 2. Le système d'assurance qualité CE de la production avec surveillance

Art. R. 4313-62. Le système d'assurance qualité CE de la production avec surveillance est la procédure par laquelle un fabricant :

1° Fait approuver un système d'assurance qualité par un organisme notifié de son choix ;

2° Confie à cet organisme le soin de contrôler, par surveillance, qu'il remplit correctement les obligations résultant du système d'assurance qualité approuvé.

Art. R. 4313-63. Pour être approuvé, le système d'assurance qualité CE de la production, proposé par le fabricant, garantit que chaque exemplaire d'équipement de protection individuelle, soumis à cette procédure, est conforme au modèle ayant fait l'objet de l'attestation d'examen CE de type et aux règles techniques qui lui sont applicables.

Art. R. 4313-64. Pour bénéficier d'un système approuvé d'assurance qualité, le fabricant dépose une demande d'évaluation de son système auprès d'un organisme notifié de son choix. Cette demande comporte :

1° Toutes les informations relatives aux équipements de protection individuelle envisagés, y compris le dossier technique prévu à l'article R. 4313-6 relatif au modèle ayant fait l'objet d'une attestation d'examen CE de type ;

2° La documentation sur le système d'assurance qualité ;

3° L'engagement de remplir les obligations découlant du système d'assurance qualité et de maintenir l'efficacité de ce système.

Art. R. 4313-65. La documentation sur le système d'assurance qualité comprend notamment une description :

1° Des objectifs de qualité, de l'organigramme et de la répartition des compétences chez le fabricant dans les domaines relatifs à la qualité des équipements de protection individuelle ;

2° Des examens, inspections et essais à réaliser par le fabricant ;

3° Des moyens destinés à vérifier le fonctionnement efficace du système d'assurance qualité.

Art. R. 4313-66. L'organisme notifié, choisi par le fabricant pour évaluer le système d'assurance qualité, réalise les vérifications nécessaires pour déterminer si ce système est de nature à assurer la conformité de la production avec les règles techniques applicables.

Cette conformité est présumée lorsque le système d'assurance qualité du fabricant met en œuvre les normes harmonisées pertinentes.

Art. R. 4313-67. L'organisme notifié, pour évaluer le système d'assurance qualité, procède à cette fin à toutes les évaluations objectives nécessaires des éléments de ce système. Il s'assure notamment que le système garantit la conformité de chaque exemplaire d'équipement de protection individuelle avec le modèle ayant fait l'objet d'une attestation d'examen CE de type.

L'organisme notifie sa décision au fabricant.

Art. R. 4313-68. Le fabricant informe l'organisme qui a approuvé son système d'assurance qualité de tout projet de modification de ce système.

L'organisme examine les modifications proposées et décide si le système d'assurance qualité continue de répondre aux dispositions des articles R. 4313-64 à R. 4313-67. L'organisme notifie au fabricant sa décision quant au système d'assurance qualité modifié.

Art. R. 4313-69. L'organisme notifié contrôle, par surveillance, que le fabricant remplit correctement les obligations qui découlent du système d'assurance qualité approuvé.

Art. R. 4313-70. Le fabricant autorise l'organisme notifié à accéder aux lieux d'inspection, d'essais et de stockage des équipements de protection individuelle et fournit toute information nécessaire, notamment :

1° La documentation sur le système d'assurance qualité, y compris les manuels de qualité ;

2° La documentation technique.

Art. R. 4313-71. L'organisme notifié procède périodiquement à des enquêtes et contrôles pour s'assurer que le fabricant maintient et applique le système d'assurance qualité approuvé. Il fournit un rapport d'expertise au fabricant. L'organisme peut procéder à des visites inopinées chez le fabricant. Il fournit un rapport de visite au fabricant et, le cas échéant, un rapport d'expertise. Les rapports de l'organisme notifié sont adressés au fabricant dans les conditions fixées par les articles R. 4313-58 et R. 4313-59.

Art. R. 4313-72. Lorsque l'organisme notifié a conclu à une application défectueuse du système d'assurance qualité approuvé, il peut, selon la gravité des défauts constatés :

– soit demander les modifications nécessaires du système ;

– soit décider le retrait de l'approbation.

Art. R. 4313-73. En cas de retrait de l'approbation du système d'assurance qualité, la fabrication ne peut se poursuivre qu'après que le fabricant a mis en œuvre un système de garantie de qualité CE conforme aux dispositions du paragraphe 1 de la présente sous-section. La procédure de sauvegarde prévue au chapitre IV peut également être mise en œuvre.

Art. R. 4313-74. Les possibilités de réclamation prévues par l'article R. 4313-35 sont applicables aux décisions de l'organisme notifié prévues par le présent paragraphe.

SECTION 3. Les procédures d'évaluation de la conformité applicables à chaque catégorie de machines, équipements de travail ou d'équipements de protection individuelle

§ 1. Machines et autres équipements de travail

Art. R. 4313-75. À l'exception de celles figurant à l'article R. 4313-78, les machines sont soumises à la procédure d'évaluation de la conformité avec contrôle interne de la fabrication.

Les tracteurs agricoles ou forestiers et leurs entités techniques, systèmes ou composants sont soumis aux procédures de réception CE ou, à défaut, d'homologation nationale, définies par le décret n° 2005-1236 du 30 septembre 2005 relatif aux règles, prescriptions et procédures applicables aux tracteurs agricoles ou forestiers et à leurs dispositifs.

Les électrificateurs de clôture sont soumis à la procédure d'examen de type définie par le décret n° 96-216 du 14 mars 1996 relatif aux règles techniques et à la procédure de certification applicables aux électrificateurs de clôture.

Art. R. 4313-76. Lorsque la machine est mentionnée à l'article R. 4313-78 et est fabriquée conformément aux normes harmonisées mentionnées à l'article L. 4311-7, et pour autant que ces normes couvrent l'ensemble des règles techniques pertinentes, le fabricant applique l'une des procédures suivantes :

1° La procédure d'évaluation de la conformité avec contrôle interne de la fabrication ;

2° La procédure d'examen CE de type ainsi que le contrôle interne de la fabrication ;

3° La procédure d'assurance qualité complète.

Art. R. 4313-77. Lorsque la machine est mentionnée à l'article R. 4313-78 et n'est pas fabriquée conformément aux normes harmonisées mentionnées à l'article L. 4311-7 ou si les normes harmonisées ne couvrent pas l'ensemble des règles techniques pertinentes, le fabricant applique l'une des procédures suivantes :

1° La procédure d'examen CE de type ainsi que le contrôle interne de la fabrication ;

2° La procédure d'assurance qualité complète.

Art. R. 4313-78. Les machines neuves ou considérées comme neuves soumises, soit aux procédures définies à l'article R. 4313-76, soit à celles prévues à l'article R. 4313-77, sont les suivantes :

1° Scies circulaires (monolames et multilames) pour le travail du bois et des matériaux ayant des caractéristiques physiques similaires ou pour le travail de la viande et des matériaux ayant des caractéristiques physiques similaires, des types suivants :

a) Machines à scier, à une ou plusieurs lames en position fixe en cours de coupe, ayant une table ou un support de pièce fixe avec avance manuelle de la pièce ou avec entraîneur amovible ;

b) Machines à scier, à une ou plusieurs lames en position fixe en cours de coupe, à table-chevalet ou chariot à mouvement alternatif, à déplacement manuel ;

c) Machines à scier, à une ou plusieurs lames en position fixe en cours de coupe, possédant par construction un dispositif d'avance intégré des pièces à scier, à chargement ou à déchargement manuel ;

d) Machines à scier, à une ou plusieurs lames mobiles en cours de coupe, à dispositif d'avance intégré, à chargement ou à déchargement manuel ;

2° Machines à dégauchir à avance manuelle pour le travail du bois ;

3° Machines à raboter sur une face possédant par construction un dispositif d'avance intégré, à chargement ou à déchargement manuel pour le travail du bois ;

4° Scies à ruban à chargement ou à déchargement manuel pour le travail du bois et des matériaux ayant des caractéristiques physiques similaires ou pour le travail de la viande et des matériaux ayant des caractéristiques physiques similaires, des types suivants :

a) Machines à scier à lame en position fixe en cours de coupe, à table ou à support de pièce fixe ou à mouvement alternatif ;

b) Machines à scier à lame montée sur un chariot à mouvement alternatif ;

5° Machines combinées des types mentionnées aux 1°, 2°, 3°, 4°, 7° du présent article pour le travail du bois et des matériaux ayant des caractéristiques physiques similaires ;

6° Machines à tenonner à plusieurs broches à avance manuelle pour le travail du bois ;

7° Toupies à axe vertical à avance manuelle pour le travail du bois et des matériaux ayant des caractéristiques physiques similaires ;

8° Scies à chaîne, portatives, pour le travail du bois ;

9° Presses, y compris les plieuses, pour le travail à froid des métaux, à chargement ou à déchargement manuel dont les éléments mobiles peuvent avoir une course supérieure à 6 mm et une vitesse supérieure à 30 mm/s ;

10° Machines de moulage des plastiques par injection ou compression à chargement ou à déchargement manuel ;
11° Machines de moulage de caoutchouc par injection ou compression à chargement ou à déchargement manuel ;
12° Machines pour les travaux souterrains des types suivants :
a) Locomotives et bennes de freinage ;
b) Soutènements marchants hydrauliques ;
13° Bennes de ramassage d'ordures ménagères à chargement manuel, comportant un mécanisme de compression ;
14° Dispositifs amovibles de transmission mécanique, y compris leurs protecteurs ;
15° Protecteurs des dispositifs amovibles de transmission mécanique ;
16° Ponts élévateurs pour véhicules ;
17° Appareils de levage de personnes ou de personnes et d'objets, présentant un danger de chute verticale supérieure à 3 mètres ;
18° Machines portatives de fixation à charge explosive et autres machines à chocs ;
19° Dispositifs de protection destinés à détecter la présence de personnes ;
20° Protecteurs mobiles motorisés avec dispositif de verrouillage destinés à être utilisés dans les machines mentionnées au 9°, 10° et 11° ;
21° Blocs logiques assurant des fonctions de sécurité ;
22° Structures de protection contre le retournement (ROPS) ;
23° Structures de protection contre les chutes d'objets (FOPS).

Art. R. 4313-79. Un ensemble de machines constitué par l'assemblage d'une machine ou d'un tracteur avec un équipement interchangeable n'est pas tenu de satisfaire à la procédure de certification de conformité applicable à cet ensemble si les deux parties constitutives sont compatibles entre elles et si chacune de ces parties a satisfait à la procédure d'évaluation de la conformité qui lui est applicable.

§ 2. Équipements de protection individuelle

Art. R. 4313-80. Sont soumis à la procédure de contrôle interne de la fabrication dite procédure d'autocertification CE définie par l'article R. 4313-20 les équipements de protection individuelle neufs ou considérés comme neufs qui ont pour but de protéger l'utilisateur contre :
1° Les agressions mécaniques dont les effets sont superficiels ;
2° Les produits d'entretien peu dangereux dont les effets sont facilement réversibles ;
3° Les risques encourus lors de la manipulation des pièces chaudes n'exposant pas à une température supérieure à 50 °C, ni à des chocs dangereux ;
4° Les conditions atmosphériques qui ne sont ni exceptionnelles ni extrêmes ;
5° Les petits chocs et vibrations n'affectant pas des parties vitales du corps et qui ne peuvent pas provoquer de lésions irréversibles.

Art. R. 4313-81. Les équipements de protection individuelle neufs ou considérés comme neufs, autres que ceux mentionnés à l'article R. 4313-80, sont soumis à la procédure d'examen CE de type définie par les articles R. 4313-23 à R. 4313-42.

Art. R. 4313-82. Outre la procédure d'examen CE de type, les équipements de protection individuelle suivants, neufs ou considérés comme neufs, sont soumis, au choix du fabricant, soit à la procédure de système de garantie de qualité CE définie par les articles R. 4313-57 à R. 4313-61, soit à la procédure de système d'assurance qualité CE de la production avec surveillance définie par les articles R. 4313-62 à R. 4313-74 :
1° Appareils de protection respiratoire filtrants qui protègent contre les aérosols solides ou liquides ou les gaz dangereux ou radiotoxiques ;
2° Appareils de protection respiratoire qui isolent totalement de l'atmosphère d'intervention et appareils de plongée ;
3° Équipements de protection individuelle offrant une protection limitée dans le temps contre les agressions chimiques ou contre les rayonnements ionisants ;
4° Équipements d'intervention dans les ambiances chaudes dont les effets sont comparables à ceux d'une température d'air égale ou supérieure à 100 °C, avec ou sans rayonnement infrarouge, flammes ou grosses projections de matières en fusion ;
5° Équipements d'intervention dans des ambiances froides dont les effets sont comparables à ceux d'une température d'air inférieure ou égale à – 50 °C ;
6° Équipements de protection individuelle destinés à protéger contre les chutes de hauteur ;
7° Équipements de protection individuelle destinés à protéger des risques électriques pour les travaux sous tension dangereuse ou équipements utilisés comme isolants contre une haute tension.

SECTION 4. Organismes notifiés

Art. R. 4313-83. Les organismes notifiés sont les organismes chargés de mettre en œuvre les procédures d'évaluation de la conformité ou de réaliser des opérations de contrôle de conformité définies par le présent chapitre. Ils sont habilités par arrêté du ministre chargé du travail et notifiés à la Commission européenne ainsi qu'aux autres États membres.

Note Voir arrêté du 28 décembre 2009 (JO 7 janv. 2010) relatif aux conditions d'habilitation des organismes notifiés pour mettre en œuvre les procédures d'évaluation de la conformité des équipements de protection individuelle.

Art. R. 4313-84. ***(D. 2009-289 du 13 mars 2009, JO 15)*** Pour les équipements de travail ou les moyens de protection destinés à un usage spécifiquement agricole ou forestier, les attributions du ministre chargé du travail sont exercées par le ministre chargé de l'agriculture.

Art. R. 4313-85. L'habilitation est accordée à un organisme en fonction de son indépendance, de ses compétences, de son intégrité ainsi que de la disposition des moyens pour remplir sa mission et faire face aux responsabilités qui en découlent.

Un arrêté ministériel précise les conditions nécessaires pour qu'un organisme remplisse ces critères et, notamment, le rôle imparti à l'accréditation.

Note Voir arrêté du 22 octobre 2009 (JO 26) relatif aux conditions d'habilitation des organismes notifiés pour mettre en œuvre les procédures d'évaluation de la conformité des machines (entrée en vigueur le 29.12.2009).

Art. R. 4313-86. Afin de permettre au ministre chargé du travail d'apprécier les garanties présentées par les organismes habilités, ceux-ci s'engagent à permettre aux personnes désignées par le ministre d'accéder à leurs locaux et de procéder à toutes les investigations permettant de vérifier qu'ils continuent de satisfaire aux conditions mentionnées à la présente section.

Art. R. 4313-87. Le silence gardé par le ministre chargé du travail pendant plus de quatre mois sur une demande d'habilitation vaut décision de rejet.

Art. R. 4313-88. En cas de manquement aux obligations définies à la présente section, l'habilitation est retirée par arrêté du ministre chargé du travail après avis du ***(D. 2009-289 du 13 mars 2009, JO 15)*** « Conseil d'orientation sur les conditions de travail » et après que le responsable de l'organisme a été invité à présenter ses observations.

Cet arrêté précise les conditions dans lesquelles les dossiers détenus par l'organisme sont mis à la disposition du ministre chargé du travail.

Art. R. 4313-89. Les décisions des organismes habilités peuvent faire l'objet d'une réclamation dans les conditions prévues à l'article R. 4313-35.

SECTION 5. Communication à l'autorité administrative et mesures de contrôle

Art. R. 4313-90. La déclaration CE de conformité prévue à l'article R. 4313-1 est présentée par le fabricant, l'importateur ou tout autre responsable de la mise sur le marché sur leur demande aux agents de l'inspection du travail ainsi qu'aux agents mentionnés à l'article L. 4311-6.

Le certificat de conformité prévu par l'article R. 4313-14 est présenté dans les mêmes conditions par le responsable de l'opération mentionnée à ce même article.

Art. R. 4313-91. Les ministres chargés du travail, de l'agriculture, des douanes, de l'industrie et de la consommation peuvent, chacun en ce qui le concerne, au moment de la mise sur le marché d'une machine ou d'un équipement de protection individuelle, demander au fabricant, à l'importateur, à tout autre responsable de la mise sur le marché, communication du dossier technique prévu par l'article ***(D. 2011-1480 du 9 nov. 2011, JO 10)*** « R. 4313-6 ».

Dans les conditions prévues à l'alinéa précédent, les ministres cités à cet alinéa peuvent, s'agissant d'une quasi-machine, demander communication de la documentation technique ou de la notice d'assemblage prévues à l'article R. 4313-7.

Le délai fixé pour répondre à cette demande tient compte du temps nécessaire pour rendre ce dossier ou cette documentation disponible.

Art. R. 4313-92. La demande de communication de dossier ou de documentation technique prévus à l'article L. 4313-1 est motivée.

L'absence de communication de ce dossier ou de cette documentation dans le délai prescrit constitue un indice de non-conformité de l'équipement de travail ou de l'équipement de protection individuelle aux règles techniques qui lui sont applicables, susceptible d'entraîner la mise en œuvre de la procédure de sauvegarde prévue à l'article L. 4314-1.

Art. R. 4313-93. La période au cours de laquelle une demande de communication de dossier ou de documentation technique peut être présentée se poursuit pendant dix ans après la dernière date de fabrication.

Art. R. 4313-94. Les ministres mentionnés à l'article R. 4313-91 peuvent, dans les conditions définies à ce même article, demander au fabricant communication des rapports de l'organisme notifié prévus par les articles R. 4313-58 et R. 4313-71.

Art. R. 4313-95. Les décisions prises en application du présent chapitre sont motivées et mentionnent les voies et délais de recours.

CHAPITRE IV

Procédure de sauvegarde

Art. L. 4314-1. Une procédure de sauvegarde est organisée permettant :

1° Soit de s'opposer à ce que des équipements de travail ou des moyens de protection ne répondant pas aux obligations de sécurité et à tout ou partie des règles techniques auxquelles doit satisfaire chaque type d'équipement de travail et de moyen de protection fassent l'objet des opérations mentionnées aux articles L. 4311-3 et L. 4321-2 ;

2° Soit de subordonner l'accomplissement de ces opérations à des vérifications, épreuves, règles d'entretien, modifications des modes d'emploi des équipements de travail ou moyens de protection concernés.

(D. 2008-1156 du 7 nov. 2008, art. 9, JO 9, applicable au 29.12.2009) « SECTION 1. Procédure de sauvegarde d'initiative nationale »

Note Voir circulaire DGT 2010-01 du 4 février 2010 concernant la mise en œuvre du décret du 7 novembre 2008.

Art. R. 4314-1. La procédure de sauvegarde prévue à l'article L. 4314-1 s'applique lorsqu'il apparaît qu'un modèle d'équipement de travail ou d'*(D. 2008-1156 du 7 nov. 2008, art. 9, JO 9)* « équipement de protection individuelle » ou que des exemplaires mis sur le marché compromettent la santé et la sécurité des personnes en ne répondant pas aux obligations de sécurité définies à l'article L. 4311-1 et à tout ou partie des règles techniques prévues par le chapitre II. Dans ce cas, l'exposition, la mise en vente, la vente, la location, l'importation, la cession ou la mise à disposition à quelque titre que ce soit, la mise en service et l'utilisation de cet équipement de travail ou *(D. 2008-1156 du 7 nov. 2008, art. 9, JO 9)* « équipement de protection individuelle » peuvent être soit interdites ou restreintes, soit subordonnées à des vérifications, épreuves, modifications des modes d'emploi et règles d'entretien des équipements de travail et *(D. 2008-1156 du 7 nov. 2008, art. 9, JO 9)* « équipements de protection individuelle » concernés.

Art. R. 4314-2. *(D. 2008-1156 du 7 nov. 2008, art. 9, JO 9)* La procédure de sauvegarde est mise en œuvre, après que le fabricant ou l'importateur a été invité à présenter ses observations, par arrêté du ministre chargé du travail, qui en informe le *(D. 2009-289 du 13 mars 2009, JO 15)* « Conseil d'orientation sur les conditions de travail » ainsi que les ministres chargés de l'agriculture, des douanes, de l'industrie et de la consommation.

Note Voir, par exemple, deux arrêtés du 18 novembre 2009 (JO 26) portant interdiction de mise sur le marché et d'utilisation d'une combinaison étanche aux pulvérisations de produits chimiques (combinaison de protection de type 4).

Art. R. 4314-3. Lorsque les opérations mentionnées à l'article R. 4314-1 sont subordonnées à des vérifications, épreuves, modifications des modes d'emploi et règles d'entretien des équipements de travail et moyens de protection, le fabricant et toute personne responsable d'une de ces opérations prennent toutes dispositions pour en informer les utilisateurs.

Art. R. 4314-4. Les dispositions du présent chapitre ne s'appliquent pas aux tracteurs agricoles ou forestiers, à leurs entités techniques, à leurs systèmes ou composants pour lesquels la procédure de sauvegarde est réglementée selon des modalités particulières.

(D. 2008-1156 du 7 nov. 2008, art. 9, JO 9, applicable au 29.12.2009) « SECTION 2. Procédure de sauvegarde consécutive à un avis de la Commission européenne »

Art. R. 4314-5. *(D. 2008-1156 du 7 nov. 2008, art. 9, JO 9)* La procédure de sauvegarde est également mise en œuvre lorsque le ministre chargé du travail est avisé par la Commission européenne :

1° Qu'une mesure d'interdiction ou de restriction prise par un autre État membre est considérée comme justifiée ;

2° Que, s'agissant des machines, du fait des lacunes d'une norme à laquelle le fabricant se réfère, toutes les machines potentiellement dangereuses doivent être retirées du marché ou voir leur mise sur le marché soumise à des conditions spéciales.

Dans ces cas, un avis au Journal officiel de la République française précise les équipements concernés et les motifs pour lesquels est prise une mesure d'interdiction ou de restriction.

(D. 2008-1156 du 7 nov. 2008, art. 9, JO 9, applicable au 29.12.2009) « SECTION 3. Recours »

Art. R. 4314-6. Les décisions prises en application du présent chapitre sont motivées et mentionnent les voies et délais de recours.

ANNEXE I
(applicable le 29 décembre 2009)

RÈGLES TECHNIQUES EN MATIÈRE DE SANTÉ ET DE SÉCURITÉ ***(D. 2011-1480 du 9.11.2011)*** « APPLICABLES AUX MACHINES NEUVES OU CONSIDÉRÉES COMME NEUVES MENTIONNÉES À L'ARTICLE R. 4312-1 DU CODE DU TRAVAIL »

Note Cette annexe est issue du décret 2008-1156 du 7 novembre 2008, art. 13 (JO 9) dont les dispositions sont entrées en application le ***29 décembre 2009***. Toutefois, la mise sur le marché des appareils portatifs de fixation et autres machines à chocs, mentionnées au paragraphe 2.2.2 de l'annexe 1 figurant à la fin du titre II du livre III de la quatrième partie du code du travail, conformes aux dispositions d'application de la convention pour la reconnaissance réciproque des poinçons d'épreuves des armes à feu portatives et au règlement du 1er juillet 1969, reste autorisée jusqu'au 29 juin 2011 (se rapporter au Nouveau Code annoté du travail, éd. 2009).

Le décret 2011-1480 du 9 novembre 2011 relatif aux équipements de travail et aux équipements de protection individuelle transpose la directive 2009/127/CE du Parlement européen et du Conseil modifiant la directive 2006/42/CE en ce qui concerne les machines destinées à l'application des pesticides. Il précise notamment les règles qui doivent être suivies pour la conception et la construction des machines destinées à l'application de pesticides afin que celles-ci puissent être utilisées, réglées et entretenues sans exposition involontaire de l'environnement aux pesticides (entrée en vigueur le 15 décembre 2011 pour les dispositions relatives aux machines destinées à l'application de pesticides).

Principes généraux

1° Le fabricant d'une machine veille à ce qu'une évaluation des risques soit effectuée afin de déterminer les règles techniques qui s'appliquent à la machine. La machine est ensuite conçue et construite en prenant en compte les résultats de l'évaluation des risques.

Par le processus itératif d'évaluation et de réduction des risques visé ci-dessus, le fabricant :

– détermine les limites de la machine, comprenant son usage normal et tout mauvais usage raisonnablement prévisible ;

– recense les dangers pouvant découler de la machine et les situations dangereuses associées ;

– estime les risques, compte tenu de la gravité d'une éventuelle blessure ou atteinte à la santé et de leur probabilité ;

– évalue les risques, en vue de déterminer si une réduction des risques est nécessaire, conformément à l'objectif de la présente directive ;

– élimine les dangers ou réduit les risques associés à ces dangers en appliquant des mesures de protection, selon l'ordre de priorité établi au paragraphe 1.1.2 b.

2° Les obligations qui résultent des règles techniques ne s'appliquent que lorsque le danger correspondant existe pour la machine considérée, lorsqu'elle est utilisée dans les conditions prévues par le fabricant mais aussi dans des situations anormales prévisibles. En tout état de cause, les principes d'intégration de la sécurité visés au paragraphe 1.1.2 et les obligations concernant le marquage des machines et la notice d'instructions visées aux paragraphes 1.7.3 et 1.7.4 s'appliquent.

3° Les règles techniques énoncées dans la présente annexe sont obligatoires. Toutefois, compte tenu de l'état de la technique, les objectifs qu'elles fixent peuvent ne pas être atteints. Dans ce cas, la machine est, dans la mesure du possible, conçue et construite pour tendre vers ces objectifs.

4° La présente annexe comprend plusieurs parties. La première a une portée générale et est applicable à tous les types de machines. D'autres parties visent certains types de dangers plus particuliers. Il est néanmoins impératif d'examiner l'intégralité de la présente annexe afin d'être sûr de satisfaire à toutes les règles techniques pertinentes. Lors de la conception d'une machine, les règles techniques de la partie générale et les règles techniques d'une ou de plusieurs des autres parties de l'annexe sont prises en compte selon les résultats de l'évaluation des risques effectuée conformément au 1° des présents principes généraux.

(D. 2011-1480 du 9.11.2011, en vigueur le 15.12.2011)

« 5° Les règles techniques de santé et de sécurité sont des dispositions obligatoires relatives à la conception et à la construction des produits couverts par la présente annexe afin d'assurer un niveau élevé de protection de la santé et de la sécurité des personnes, le cas échéant des animaux domestiques et des biens et, s'il y a lieu, de l'environnement.

Les règles techniques de santé et de sécurité relatives à la protection de l'environnement s'appliquent uniquement aux machines mentionnées au point 2.4 de cette annexe. »

6° Les équipements visés par les dispositions de l'annexe I, issue de la transposition de la directive 98/37/CE modifiée, conçus et construits conformément aux dispositions de cette annexe, maintenus en conformité avec ces dispositions et mis sur le marché avant le 29 décembre 2009, sont considérés comme conformes aux dispositions de la présente annexe.

1. Règles techniques applicables à tout type de machines

1.1. *Généralités*

1.1.1. Définitions

Aux fins de la présente annexe, on entend par :

a) « Danger » : une source éventuelle de blessure ou d'atteinte à la santé ;

b) « Zone dangereuse » : toute zone à l'intérieur ou autour d'une machine dans laquelle une personne est soumise à un risque pour sa sécurité ou pour sa santé ;

c) « Personne exposée » : toute personne se trouvant entièrement ou partiellement dans une zone dangereuse ;

d) « Opérateur » : la ou les personnes chargées d'installer, de faire fonctionner, de régler, d'entretenir, de nettoyer, de dépanner ou de déplacer une machine ;

e) « Risque » : combinaison de la probabilité et de la gravité d'une lésion ou d'une atteinte à la santé pouvant survenir dans une situation dangereuse ;

f) « Protecteur » : élément de machine utilisé spécifiquement pour assurer une protection au moyen d'une barrière matérielle ;

g) « Dispositif de protection » : dispositif, autre qu'un protecteur, qui réduit le risque, seul ou associé à un protecteur ;

h) « Usage normal » : utilisation d'une machine selon les informations fournies dans la notice d'instructions ;

i) « Mauvais usage raisonnablement prévisible » : usage de la machine d'une manière non prévue dans la notice d'instructions, mais qui est susceptible de résulter d'un comportement humain aisément prévisible.

1.1.2. Principes d'intégration de la sécurité

a) La machine est conçue et construite pour être apte à assurer sa fonction et pour qu'on puisse la faire fonctionner, la régler et l'entretenir sans exposer quiconque à un risque lorsque ces opérations sont accomplies, dans les conditions prévues par le fabricant, mais en tenant également compte de tout mauvais usage raisonnablement prévisible.

Les mesures prises visent à supprimer tout risque durant la durée d'existence prévisible de la machine, y compris les phases de transport, de montage, de démontage, de mise hors service et de mise au rebut.

b) En choisissant les solutions les plus adéquates, sont appliqués, par le fabricant, les principes suivants, dans l'ordre indiqué :

– éliminer ou réduire les risques dans toute la mesure du possible par intégration de la sécurité à la conception et à la construction de la machine ;

– prendre les mesures de protection nécessaires vis-à-vis des risques ne pouvant être éliminés ;

– informer les utilisateurs des risques résiduels dus à l'efficacité incomplète des mesures de protection adoptées, indiquer si une formation particulière est requise et signaler s'il est nécessaire de prévoir un équipement de protection individuelle.

c) Lors de la conception et de la construction de la machine et lors de la rédaction de la notice d'instructions, le fabricant envisage non seulement l'usage normal de la machine mais également tout mauvais usage raisonnablement prévisible.

La machine est conçue et construite de manière à éviter qu'elle puisse être utilisée de façon anormale, si un tel mode d'utilisation engendre un risque. Le cas échéant, la notice d'instructions attire l'attention de l'utilisateur sur les contre-indications d'emploi de la machine qui, d'après l'expérience, pourraient se présenter.

d) La machine est conçue et construite pour tenir compte des contraintes imposées à l'opérateur par l'utilisation nécessaire ou prévisible d'un équipement de protection individuelle.

e) La machine est livrée avec tous les équipements spéciaux et les accessoires, essentiels pour qu'elle puisse être réglée, entretenue et utilisée en toute sécurité.

1.1.3. Matériaux et produits

Les matériaux utilisés pour la construction de la machine ou les produits employés ou créés lors de son utilisation ne doivent pas mettre en danger la santé et la sécurité des personnes. En particulier, lors de l'emploi de fluides, la machine est conçue et construite pour éviter les risques dus au remplissage, à l'utilisation, à la récupération et à l'évacuation.

1.1.4. Éclairage

La machine est fournie avec un éclairage incorporé, adapté aux opérations, là où, malgré un éclairage ambiant ayant une intensité normale, l'absence d'un tel dispositif pourrait créer un risque.

La machine est conçue et construite de façon qu'il n'y ait ni zone d'ombre gênante, ni éblouissement irritant, ni effet stroboscopique dangereux, sur les éléments mobiles, dû à l'éclairage.

Les parties intérieures qui doivent être inspectées et réglées fréquemment, ainsi que les zones d'entretien, sont munies de dispositifs d'éclairage appropriés.

1.1.5. Conception de la machine en vue de sa manutention

La machine ou chacun de ses éléments est conçu et construit de manière à :
– pouvoir être manutentionné et transporté en toute sécurité ;
– être emballé ou pour pouvoir être entreposé en toute sécurité et sans détériorations.

La machine et ses éléments sont conçus et construits de manière telle que, lors de leur transport, il ne puisse se produire de déplacements inopinés ni de dangers dus à l'instabilité, lorsque cette machine ou ses éléments sont manutentionnés selon la notice d'instructions.

Lorsque la masse, les dimensions ou la forme de la machine ou de ses éléments n'en permettent pas le déplacement à la main, la machine ou chacun de ses éléments est :
– soit muni d'accessoires permettant la préhension par un moyen de levage ;
– soit conçu de manière à pouvoir être muni de tels accessoires ;
– soit d'une forme telle que les moyens de levage normaux peuvent s'adapter facilement.

Lorsque la machine ou l'un de ses éléments est conçu et construit pour être déplacé manuellement, il est :
– soit facilement déplaçable ;
– soit doté des moyens de préhension permettant de le déplacer en toute sécurité.

Des dispositions particulières sont prévues pour la manutention des outils ou des parties de machines qui, même légers, peuvent être dangereux.

1.1.6. Ergonomie

Dans les conditions prévues d'utilisation, la gêne, la fatigue et les contraintes physiques et psychiques de l'opérateur sont réduites au minimum de manière à prendre en considération les principes ergonomiques consistant à :
– tenir compte de la variabilité des opérateurs en ce qui concerne leurs données morphologiques, leur force et leur résistance ;
– offrir assez d'espace pour les mouvements des différentes parties du corps de l'opérateur ;
– éviter un rythme de travail déterminé par la machine ;
– éviter une surveillance qui nécessite une concentration prolongée ;
– adapter l'interface homme-machine aux caractéristiques prévisibles des opérateurs.

1.1.7. Poste de travail

Le poste de travail est conçu et construit de manière à éviter tout risque dû aux gaz d'échappement ou au manque d'oxygène.

Si la machine est destinée à être utilisée dans un environnement dangereux, présentant des risques pour la santé et la sécurité de l'opérateur ou si la machine, elle-même, est à l'origine d'un environnement dangereux, des moyens suffisants sont prévus pour assurer à l'opérateur de bonnes conditions de travail et une protection contre tout danger prévisible.

Le cas échéant, le poste de travail est muni d'une cabine adéquate conçue, construite ou équipée pour répondre aux conditions susmentionnées. La sortie permet une évacuation rapide. En outre, il convient de prévoir, le cas échéant, une issue de secours dans une direction différente de la sortie normale.

1.1.8. Siège

Le cas échéant et lorsque les conditions de travail le permettent, les postes de travail faisant partie intégrante de la machine sont conçus pour l'installation de sièges.

S'il est prévu que l'opérateur soit en position assise au cours de son travail et si le poste de travail fait partie intégrante de la machine, le siège est fourni avec la machine.

Le siège assure à l'opérateur une position stable. En outre, le siège et la distance le séparant des organes de service peuvent être adaptés à l'opérateur.

Si la machine est sujette à des vibrations, le siège est conçu et construit de manière à réduire au niveau le plus bas raisonnablement possible les vibrations transmises à l'opérateur. L'ancrage du siège est prévu pour résister à toutes les contraintes qu'il peut subir. S'il n'y a pas de plancher sous les pieds de l'opérateur, celui-ci dispose de repose-pieds antidérapants.

1.2. *Systèmes de commande*

1.2.1. Sécurité et fiabilité des systèmes de commande

Les systèmes de commande sont conçus et construits de manière à éviter toute situation dangereuse. Ils sont avant tout conçus et construits de manière :
– à résister aux contraintes de service et aux influences extérieures normales ;
– à ce qu'une défaillance du matériel ou du logiciel du système de commande n'entraîne pas de situation dangereuse ;
– à ce que des erreurs affectant la logique du système de commande n'entraînent pas de situation dangereuse ;
– à ce qu'une erreur humaine raisonnablement prévisible au cours du fonctionnement n'entraîne pas de situation dangereuse.

En particulier, il convient d'être attentif à ce que :
– la machine ne puisse se mettre en marche inopinément ;
– les paramètres de la machine ne puissent changer sans qu'un ordre ait été donné à cet effet, lorsque ce changement peut entraîner des situations dangereuses ;
– la machine ne soit empêchée de s'arrêter si l'ordre d'arrêt a déjà été donné ;
– aucun élément mobile de la machine ni aucune pièce maintenue par la machine ne puisse tomber ou être éjecté ;
– l'arrêt automatique ou manuel des éléments mobiles, quels qu'ils soient, ne soit empêché ;
– les dispositifs de protection restent pleinement opérationnels ou donnent un ordre d'arrêt ;
– les parties du système de commande liées à la sécurité s'appliquent de manière cohérente à la totalité d'un ensemble de machines ou de quasi-machines.

En cas de commande sans câble, un arrêt automatique se produit lorsque les bons signaux de commande ne sont pas reçus, notamment en cas d'interruption de la communication.

1.2.2. Organes de service

Les organes de service sont :
– clairement visibles et identifiables grâce à des pictogrammes, le cas échéant ;
– placés de façon à pouvoir être actionnés en toute sécurité, sans hésitation ni perte de temps et sans équivoque ;
– conçus de façon que le mouvement des organes de service soit cohérent avec l'effet commandé ;
– disposés hors des zones dangereuses sauf, si nécessaire, pour certains organes de service, tels qu'un arrêt d'urgence et une console d'apprentissage pour les robots ;
– situés de façon que le fait de les actionner ne puisse engendrer de risques supplémentaires ;
– conçus ou protégés de façon que l'effet voulu, s'il peut entraîner un danger, ne puisse être obtenu que par une action volontaire ;

– fabriqués de façon à résister aux forces prévisibles. Une attention particulière est apportée aux dispositifs d'arrêt d'urgence qui risquent d'être soumis à des forces importantes.

Lorsqu'un organe de service est conçu et construit pour permettre plusieurs actions différentes, c'est-à-dire que son action n'est pas univoque, l'action commandée est affichée en clair et, si nécessaire, fait l'objet d'une confirmation.

Les organes de service ont une configuration telle que leur disposition, leur course et leur résistance sont compatibles avec l'action commandée, compte tenu des principes de l'ergonomie.

La machine est munie des dispositifs de signalisation nécessaires pour la faire fonctionner en toute sécurité.

La machine est conçue et construite de manière que, depuis le poste de commande, l'opérateur puisse lire les indications de ces dispositifs.

La machine est conçue et construite de manière que, depuis chaque poste de commande, l'opérateur puisse s'assurer qu'il n'y a personne dans les zones dangereuses ou alors le système de commande est conçu et construit de manière que la mise en marche soit impossible tant qu'une personne se trouve dans la zone dangereuse.

Si cela n'est pas possible, le système de commande est conçu et construit de manière que toute mise en marche de la machine soit précédée d'un signal d'avertissement sonore ou visuel. Les personnes exposées doivent avoir le temps de quitter la zone dangereuse ou d'empêcher le démarrage de la machine.

Si nécessaire, des moyens sont prévus pour que la machine ne puisse être commandée qu'à partir de postes de commande situés dans une ou plusieurs zones ou emplacements prédéterminés.

Quand il y a plusieurs postes de commande, le système de commande est conçu de façon que l'utilisation de l'un d'eux empêche l'utilisation des autres, sauf en ce qui concerne les dispositifs d'arrêt et d'arrêt d'urgence.

Quand une machine dispose de plusieurs postes de travail, chaque poste est pourvu de tous les organes de service requis sans que les opérateurs se gênent ou se mettent l'un l'autre dans une situation dangereuse.

1.2.3. Mise en marche

La mise en marche d'une machine ne peut s'effectuer que par une action volontaire sur un organe de service prévu à cet effet.

Il en est de même :
– pour la remise en marche après un arrêt, quelle qu'en soit la cause ;
– pour la commande d'une modification importante des conditions de fonctionnement.

Toutefois, la remise en marche ou la modification des conditions de fonctionnement peut être effectuée par une action volontaire sur un organe autre que l'organe de service prévu à cet effet, à condition que cela n'entraîne pas de situation dangereuse.

Dans le cas d'une machine fonctionnant en mode automatique, la mise en marche, la remise en marche après un arrêt ou la modification des conditions de fonctionnement peuvent se produire sans intervention, à condition que cela n'entraîne pas de situation dangereuse.

Si une machine comprend plusieurs organes de service de mise en marche et que, de ce fait, les opérateurs peuvent se mettre mutuellement en danger, des dispositifs complémentaires sont prévus pour exclure ce risque. Si la sécurité exige que la mise en marche ou l'arrêt se fasse selon une séquence déterminée, des dispositifs sont prévus pour assurer que ces opérations vont se faire dans l'ordre exact.

1.2.4. Arrêt

1.2.4.1. Arrêt normal

La machine est munie d'un organe de service permettant son arrêt complet en toute sécurité.

Chaque poste de travail est muni d'un organe de service permettant d'arrêter tout ou partie des fonctions de la machine, en fonction des dangers existants, de manière à sécuriser la machine.

L'ordre d'arrêt de la machine est prioritaire sur les ordres de mise en marche.

La machine est conçue et construite de manière que son arrêt ou celui de ses fonctions dangereuses ayant été obtenu, l'alimentation en énergie des actionneurs concernés est interrompue.

1.2.4.2. Arrêt pour des raisons de service

Lorsque, pour des raisons de service, il convient de recourir à une commande d'arrêt qui n'interrompt pas l'alimentation en énergie des actionneurs, la fonction arrêt est surveillée et maintenue.

1.2.4.3. Arrêt d'urgence

La machine est munie d'un ou de plusieurs dispositifs d'arrêt d'urgence permettant d'éviter des situations dangereuses qui sont en train de se produire ou qui sont imminentes.

Sont exclues de cette obligation :
– les machines pour lesquelles un dispositif d'arrêt d'urgence ne réduirait pas le risque, soit parce qu'il ne diminuerait pas le temps nécessaire pour obtenir l'arrêt, soit parce qu'il ne permettrait pas de prendre les mesures particulières requises pour faire face au risque ;
– les machines portatives tenues ou guidées à la main.

Le dispositif est tel qu'il :
– comprend des organes de service clairement identifiables, bien visibles et rapidement accessibles ;
– provoque l'arrêt du processus dangereux aussi rapidement que possible, sans créer de risque supplémentaire ;
– au besoin, déclenche ou permet de déclencher certains mouvements de protection.

Lorsqu'on cesse d'actionner le dispositif d'arrêt d'urgence après avoir donné un ordre d'arrêt, cet ordre est maintenu par un blocage du dispositif d'arrêt d'urgence jusqu'à ce que celui-ci soit volontairement débloqué ; il n'est pas possible d'enclencher le dispositif sans actionner une commande d'arrêt ; la désactivation du dispositif n'étant obtenue que par une action appropriée et n'ayant pas pour effet de remettre la machine en marche mais autorisant seulement un redémarrage.

La fonction d'arrêt d'urgence est disponible et opérationnelle à tout moment, quel que soit le mode opératoire.

Les dispositifs d'arrêt d'urgence viennent à l'appui d'autres mesures de protection ; ils ne les remplacent pas.

1.2.4.4. Ensembles de machines

Dans le cas de machines ou d'éléments de machines conçus pour travailler ensemble, ceux-ci sont conçus et construits de telle manière que les commandes d'arrêt, y compris les dispositifs d'arrêt d'urgence, puissent arrêter non seulement la machine, mais aussi tous les équipements associés si leur maintien en fonctionnement peut constituer un danger.

1.2.5. Sélection des modes de commande ou de fonctionnement

Le mode de commande ou de fonctionnement sélectionné a la priorité sur tous les autres modes de commande ou de fonctionnement, à l'exception de l'arrêt d'urgence.

Si la machine a été conçue et construite pour permettre son utilisation selon plusieurs modes de commande ou de fonctionnement exigeant des mesures de protection ou des procédures de travail différentes, elle est munie d'un sélecteur de mode verrouillable dans chaque position. Chaque position du sélecteur est clairement identifiable et correspond à un seul mode de commande ou de fonctionnement.

Le sélecteur peut être remplacé par d'autres moyens de sélection permettant de limiter l'utilisation de certaines fonctions de la machine à certaines catégories d'opérateurs.

Si, pour certaines opérations, la machine est conçue et construite pour pouvoir fonctionner alors qu'un protecteur a été déplacé ou retiré ou qu'un dispositif de protection a été neutralisé, le sélecteur de mode de commande ou de fonctionnement est prévu pour simultanément :
– désactiver tous les autres modes de commande ou de fonctionnement ;
– n'autoriser la mise en œuvre des fonctions dangereuses que par des organes de service nécessitant une action maintenue ;
– n'autoriser la mise en œuvre des fonctions dangereuses que dans des conditions de risque réduit tout en évitant tout danger découlant d'un enchaînement de séquences ;
– empêcher toute mise en œuvre des fonctions dangereuses par une action volontaire ou involontaire sur les capteurs de la machine.

Si ces quatre conditions ne peuvent être remplies simultanément, le sélecteur de mode de commande ou de fonctionnement est prévu pour activer d'autres mesures de protection conçues et construites de manière à garantir une zone d'intervention sûre.

En outre, la machine est conçue et construite de manière que, à partir du poste de réglage, l'opérateur puisse avoir la maîtrise du fonctionnement des éléments sur lesquels il agit.

1.2.6. Défaillance de l'alimentation en énergie

La machine est conçue et construite de manière que l'interruption, le rétablissement après une interruption ou la variation, quel qu'en soit le sens, de l'alimentation en énergie de la machine n'entraîne pas de situations dangereuses.

En particulier, il convient d'être attentif à ce que :
– la machine ne puisse se mettre en marche inopinément ;
– les paramètres de la machine ne puissent changer sans qu'un ordre ait été donné à cet effet, lorsque ce changement peut entraîner des situations dangereuses ;
– la machine ne soit empêchée de s'arrêter si l'ordre d'arrêt a déjà été donné ;
– aucun élément mobile de la machine ni aucune pièce maintenue par la machine ne puisse tomber ou être éjecté ;
– l'arrêt automatique ou manuel des éléments mobiles, quels qu'ils soient, ne puisse être empêché ;
– les dispositifs de protection restent pleinement opérationnels ou donnent un ordre d'arrêt.

1.3. *Mesures de protection contre les risques mécaniques*

1.3.1. Risque de perte de stabilité

La machine ainsi que ses éléments et ses équipements sont conçus et construits de manière à être suffisamment stables pour éviter le renversement, la chute ou les mouvements incontrôlés durant le transport, le montage, le démontage et toute autre action impliquant la machine.

Si la forme même de la machine ou son installation prévue ne permet pas d'assurer une stabilité suffisante, des moyens de fixation appropriés sont prévus et indiqués dans la notice d'instructions.

1.3.2. Risque de rupture en service

1° Les différentes parties de la machine ainsi que les liaisons entre elles sont conçues et construites pour résister aux contraintes auxquelles elles sont soumises pendant l'utilisation.

Les matériaux utilisés présentent une résistance suffisante, adaptée aux caractéristiques de l'environnement de travail prévu par le fabricant, notamment en ce qui concerne les phénomènes de fatigue, de vieillissement, de corrosion et d'abrasion.

La notice d'instructions indique les types et fréquences des inspections et entretiens nécessaires pour des raisons de sécurité. Elle indique, le cas échéant, les pièces sujettes à usure ainsi que les critères de remplacement.

Si, malgré les précautions prises, un risque de rupture ou d'éclatement subsiste, les parties concernées sont montées, disposées ou protégées de manière que leurs fragments soient retenus, évitant ainsi des situations dangereuses.

Les conduites rigides ou souples véhiculant des fluides, en particulier sous haute pression, sont conçues et construites pour supporter les sollicitations internes et externes prévues ; elles sont solidement attachées ou protégées pour que, en cas de rupture, elles ne puissent occasionner de risques.

2° En cas d'acheminement automatique de la matière à usiner vers l'outil, pour éviter des risques pour les personnes, il convient que soient remplies les conditions suivantes :
– lors du contact outil/pièce, l'outil doit avoir atteint sa condition normale de travail ;
– lors de la mise en marche ou de l'arrêt de l'outil (volontaire ou involontaire), le mouvement d'acheminement et le mouvement de l'outil doivent être coordonnés.

1.3.3. Risques dus aux chutes, aux éjections d'objets

Des précautions sont prises pour éviter les risques dus aux chutes ou aux éjections d'objets.

1.3.4. Risques dus aux surfaces, aux arêtes ou aux angles

Les éléments accessibles de la machine comportent, dans la mesure où leur fonction le permet, ni arêtes vives, ni angles vifs, ni surfaces rugueuses susceptibles de provoquer des blessures.

1.3.5. Risques dus aux machines combinées

Une machine combinée, c'est-à-dire une machine prévue pour effectuer plusieurs opérations différentes avec reprise manuelle de la pièce entre chaque opération est conçue et construite de manière que chaque élément puisse être utilisé séparément sans que les autres éléments présentent un risque pour les personnes susceptibles d'être exposées.

Dans ce but, chacun des éléments, s'il n'est pas protégé, peut être mis en marche ou arrêté individuellement.

1.3.6. Risques dus aux variations des conditions de fonctionnement

Dans le cas d'opérations dans des conditions d'utilisation différentes, la machine est conçue et construite de telle manière que le choix et le réglage de ces conditions puissent être effectués de manière sûre et fiable.

1.3.7. Risques liés aux éléments mobiles

Les éléments mobiles de la machine sont conçus et construits de manière à éviter les risques de contact qui pourraient entraîner des accidents ou, lorsque des risques subsistent, sont munis de protecteurs ou de dispositifs de protection.

Toutes les dispositions nécessaires sont prises pour empêcher le blocage involontaire des éléments mobiles concourant au travail. Dans les cas où, malgré les précautions prises, un blocage est susceptible de se produire, les dispositifs de protection et outils spécifiques nécessaires sont, le cas échéant, prévus afin de permettre un déblocage en toute sécurité.

La notice d'instructions et, si possible, une indication sur la machine mentionnent ces dispositifs de protection spécifiques et la manière de les utiliser.

1.3.8. Choix d'une protection contre les risques engendrés par les éléments mobiles

Les protecteurs ou dispositifs de protection conçus pour la protection contre les risques engendrés par les éléments mobiles sont choisis en fonction du type de risque. Les critères ci-après sont utilisés pour faciliter le choix.

1.3.8.1. Éléments mobiles de transmission

Les protecteurs conçus pour protéger les personnes contre les dangers liés aux éléments mobiles de transmission sont :
– soit des protecteurs fixes mentionnés au paragraphe 1.4.2.1 ;

– soit des protecteurs mobiles avec dispositif de verrouillage mentionnés au paragraphe 1.4.2.2. Cette dernière solution est retenue si des interventions fréquentes sont prévues.

1.3.8.2. Éléments mobiles concourant au travail

Les protecteurs ou dispositifs de protection conçus pour protéger les personnes contre les dangers liés aux éléments mobiles concourant au travail sont :
– soit des protecteurs fixes mentionnés au paragraphe 1.4.2.1 ;
– soit des protecteurs mobiles avec dispositif de verrouillage mentionnés au paragraphe 1.4.2.2 ;
– soit des dispositifs de protection mentionnés au paragraphe 1.4.3 ;
– soit une combinaison des éléments ci-dessus.

Toutefois, lorsque certains éléments mobiles concourant directement au travail ne peuvent être rendus complètement inaccessibles pendant leur fonctionnement en raison des opérations qui nécessitent l'intervention de l'opérateur, ces éléments sont munis :
– de protecteurs fixes ou de protecteurs mobiles avec dispositif de verrouillage empêchant l'accès aux parties des éléments mobiles, non utilisées pour le travail ; et
– de protecteurs réglables mentionnés au point 1.4.2.3 limitant l'accès aux parties des éléments mobiles auxquelles il est nécessaire d'accéder.

1.3.9. Risques dus aux mouvements non commandés

Quand un élément d'une machine a été arrêté, toute dérive à partir de sa position d'arrêt, quelle qu'en soit la cause hormis l'action sur les organes de service, est empêchée sauf si elle ne présente pas de danger.

1.4. *Caractéristiques requises pour les protecteurs et les dispositifs de protection*

1.4.1. Règles de portée générale

Les protecteurs et les dispositifs de protection :
– sont de construction robuste ;
– sont solidement maintenus en place ;
– n'occasionnent [pas] de dangers supplémentaires ;
– ne sont pas facilement contournés ou rendus inopérants ;
– sont situés à une distance suffisante de la zone dangereuse ;
– restreignent le moins possible la vue sur le cycle de travail ;
et
– permettent les interventions indispensables pour la mise en place ou le remplacement des outils ainsi que pour l'entretien, en limitant l'accès exclusivement au secteur où le travail doit être réalisé, et, si possible, sans démontage du protecteur ou neutralisation du dispositif de protection.

En outre, dans la mesure du possible, les protecteurs assurent une protection contre l'éjection ou la chute de matériaux et d'objets ainsi que contre les émissions produites par la machine.

(D. 2011-1480 du 9.11.2011) « 1.4.2. Règles particulières pour les protecteurs. »

1.4.2.1. Protecteurs fixes

Les protecteurs fixes sont fixés au moyen de systèmes qui ne peuvent être ouverts ou démontés qu'avec des outils.

Les systèmes de fixation sont solidaires des protecteurs ou de la machine lors du démontage des protecteurs.

Dans la mesure du possible, les protecteurs ne peuvent rester en place en l'absence de leurs fixations.

1.4.2.2. Protecteurs mobiles avec dispositif de verrouillage

1° Les protecteurs mobiles sont conçus et construits :
– pour, dans la mesure du possible, rester solidaires de la machine lorsqu'ils sont ouverts ;
– de façon que leur réglage nécessite une action volontaire.

2° Les protecteurs mobiles sont associés à un dispositif de verrouillage :
– empêchant la mise en marche de fonctions dangereuses de la machine jusqu'à ce qu'ils soient fermés,
et
– donnant un ordre d'arrêt dès qu'ils ne sont plus fermés.

3° Lorsqu'un opérateur peut atteindre la zone dangereuse avant que le risque lié aux fonctions dangereuses d'une machine ait cessé, outre le dispositif de verrouillage, les protecteurs mobiles sont associés à un dispositif d'interverrouillage :
– empêchant la mise en marche de fonctions dangereuses de la machine jusqu'à ce que les protecteurs soient fermés et verrouillés,
et
– maintenant les protecteurs fermés et verrouillés jusqu'à ce que le risque de blessure lié aux fonctions dangereuses de la machine ait cessé.

4° Les protecteurs mobiles avec dispositif de verrouillage sont conçus de façon que l'absence ou la défaillance d'un de leurs organes empêche la mise en marche ou provoque l'arrêt des fonctions dangereuses de la machine.

1.4.2.3. Protecteurs réglables limitant l'accès

Les protecteurs réglables limitant l'accès aux parties des éléments mobiles strictement nécessaires au travail :
– peuvent être réglés manuellement ou automatiquement selon la nature du travail à réaliser ;
– peuvent être réglés aisément sans l'aide d'un outil.

1.4.3. Règles particulières pour les dispositifs de protection

Les dispositifs de protection sont conçus et incorporés au système de commande de manière que :
– les éléments mobiles ne puissent être mis en mouvement aussi longtemps que l'opérateur peut les atteindre ;
– les personnes ne puissent atteindre les éléments mobiles tant qu'ils sont en mouvement,
et [que]
– l'absence ou la défaillance d'un de leurs organes empêche la mise en marche ou provoque l'arrêt des éléments mobiles.

Le réglage des dispositifs de protection nécessite une action volontaire.

1.5. *Risques dus à d'autres dangers*

1.5.1. Alimentation en énergie électrique

Lorsque la machine est alimentée en énergie électrique, elle est conçue, construite et équipée de ***(D. 2011-1480 du 9.11.2011)*** « façon » à prévenir, ou à pouvoir prévenir, tous les dangers d'origine électrique.

Les objectifs de sécurité prévus par les dispositions assurant la transposition de la directive n° 3/23/CEE s'appliquent aux machines. Toutefois, les obligations concernant l'évaluation de la conformité et la mise sur le marché ou la mise en service des machines en ce qui concerne les dangers dus à l'énergie électrique sont régies exclusivement par les dispositions de la présente directive.

1.5.2. Électricité statique

La machine est conçue et construite pour empêcher ou limiter l'apparition de charges électrostatiques potentiellement dangereuses ou être équipée des moyens permettant de les écouler.

1.5.3. Alimentation en énergie autre qu'électrique

Lorsque la machine est alimentée par une énergie autre qu'électrique, elle est conçue, construite et équipée de manière à éviter tous les risques potentiels liés à ces sources d'énergie.

1.5.4. Erreurs de montage

Les erreurs susceptibles d'être commises lors du montage ou du remontage de certaines pièces, qui pourraient être à l'origine de risques, sont rendues impossibles par la conception et la construction de ces pièces ou, à défaut, par des indications figurant sur les pièces elles-mêmes ou sur leurs carters. Les mêmes indications figurent sur les éléments mobiles ou sur leur carter lorsqu'il est nécessaire de connaître le sens du mouvement pour éviter un risque.

Le cas échéant, la notice d'instructions donne des renseignements complémentaires sur ces risques.

Lorsqu'un branchement défectueux peut être à l'origine de risques, les raccordements erronés sont rendus impossibles par la conception ou, à défaut, par des indications figurant sur les éléments à raccorder et, le cas échéant, sur les moyens de raccordement.

1.5.5. Températures extrêmes

Des dispositions sont prises pour éviter tout risque de blessure, par contact ou à distance, avec des éléments de machine ou des matériaux à température élevée ou très basse.

Les dispositions nécessaires sont également prises pour éviter les risques d'éjection de matières chaudes ou très froides ou pour assurer une protection contre ces risques.

1.5.6. Incendie

La machine est conçue et construite de manière à éviter tout risque d'incendie ou de surchauffe provoqué par la machine elle-même ou par les gaz, liquides, poussières, vapeurs et autres substances produites ou utilisées par la machine.

1.5.7. Explosion

La machine est conçue et construite de manière à éviter tout risque d'explosion provoqué par la machine elle-même ou par les gaz, liquides, poussières, vapeurs et autres substances produites ou utilisées par la machine.

La machine doit être est conforme aux dispositions des dispositions issues de la transposition des directives communautaires particulières, en ce qui concerne les risques d'explosion dus à son utilisation dans une atmosphère explosible.

1.5.8. Bruit

La machine est conçue et construite de manière que les risques résultant de l'émission du bruit aérien soient réduits au niveau le plus bas, compte tenu du progrès technique et de la disponibilité de moyens permettant de réduire le bruit, notamment à la source.

Le niveau d'émission sonore est évalué par rapport à des données comparatives d'émissions relatives à des machines similaires.

1.5.9. Vibrations

La machine est conçue et construite de manière que les risques résultant des vibrations produites par la machine soient réduits au niveau le plus bas, compte tenu du progrès technique et de la disponibilité de moyens permettant de réduire les vibrations, notamment à la source.

Le niveau de vibration est évalué par rapport à des données comparatives d'émissions relatives à des machines similaires.

1.5.10. Rayonnements

Les rayonnements indésirables de la machine sont éliminés ou réduits à des niveaux n'ayant pas d'effet néfaste sur les personnes.

Tout rayonnement ionisant fonctionnel émis par la machine est limité au niveau le plus bas nécessaire au bon fonctionnement de la machine lors de son installation, de son fonctionnement et de son nettoyage. Lorsqu'un risque existe, les mesures de protection nécessaires sont prises.

Tout rayonnement non ionisant fonctionnel émis par la machine lors de son installation, de son fonctionnement et de son nettoyage est limité à des niveaux n'ayant pas d'effet néfaste sur les personnes.

1.5.11. Rayonnements extérieurs

La machine est conçue et construite de façon que les rayonnements extérieurs ne perturbent pas son fonctionnement.

1.5.12. Rayonnements laser

En cas d'utilisation d'équipements laser, il y a lieu de tenir compte des dispositions suivantes :

– l'équipement laser sur une machine est conçu et construit de manière à éviter tout rayonnement involontaire ;

– l'équipement laser sur une machine est protégé de manière que ni les rayonnements utiles, ni le rayonnement produit par réflexion ou par diffusion, ni le rayonnement secondaire ne portent atteinte à la santé ;

– les équipements optiques pour l'observation ou le réglage de l'équipement laser sur une machine sont tels qu'aucun risque pour la santé n'est créé par les rayonnements laser.

1.5.13. Émission de matières et de substances dangereuses

La machine est conçue et construite de manière à éviter les risques d'inhalation, d'ingestion, de contact avec la peau, les yeux et les muqueuses et de pénétration percutanée de matières et de substances dangereuses qu'elle produit.

Lorsque le risque ne peut être éliminé, la machine est équipée de manière que les matières et substances dangereuses puissent être confinées, évacuées, précipitées par pulvérisation d'eau, filtrées ou traitées par toute autre méthode pareillement efficace.

Lorsque le processus n'est pas totalement confiné lors du fonctionnement normal de la machine, les dispositifs de confinement ou d'évacuation sont placés de manière à produire le maximum d'effet.

1.5.14. Risque de rester prisonnier dans une machine

La machine est conçue, construite ou équipée de moyens empêchant qu'une personne y soit enfermée ou, si ce n'est pas possible, lui permettant de demander de l'aide.

1.5.15. Risque de glisser, de trébucher ou de tomber

Les parties de la machine où des personnes sont susceptibles de se déplacer ou de stationner sont conçues et construites de façon à empêcher que ces personnes ne glissent, trébuchent ou tombent.

Le cas échéant, ces parties de la machine sont munies de mains courantes fixes par rapport aux utilisateurs leur permettant de conserver leur stabilité.

1.5.16. Foudre

La machine nécessitant une protection contre les effets de la foudre pendant son utilisation est équipée d'un système permettant d'évacuer la charge électrique résultante à la terre.

1.6. *Entretien*

1.6.1. Entretien de la machine

Les points de réglage et d'entretien sont situés en dehors des zones dangereuses. Les opérations de réglage, d'entretien, de réparation et de nettoyage de la machine et les interventions sur la machine peuvent être effectuées lorsque la machine est à l'arrêt.

Si une ou plusieurs des conditions précédentes ne peuvent, pour des raisons techniques, être satisfaites, des mesures sont prises pour que ces opérations puissent être effectuées en toute sécurité conformément au paragraphe 1.2.5.

Dans le cas d'une machine automatisée et éventuellement d'autres machines, un dispositif de connexion permettant de monter un équipement de diagnostic des pannes est prévu.

Les éléments d'une machine automatisée dont le remplacement fréquent est prévu peuvent être démontés et remontés facilement et en toute sécurité. L'accès à ces éléments permet d'effectuer ces tâches avec les moyens techniques nécessaires selon un mode opératoire prévu.

1.6.2. Accès aux postes de travail ou aux points d'intervention

La machine est conçue et construite de manière à permettre l'accès, en toute sécurité, à tous les emplacements où une intervention est nécessaire durant le fonctionnement, le réglage et l'entretien de la machine.

1.6.3. Séparation de la machine de ses sources d'énergie

La machine est munie de dispositifs permettant de l'isoler de toutes les sources d'énergie. Ces dispositifs sont clairement identifiés. Ils sont verrouillables si la reconnexion risque de présenter un danger pour les personnes. Les dispositifs sont également verrouillables lorsque l'opérateur ne peut pas, de tous les emplacements auxquels il a accès, vérifier que l'alimentation en énergie est toujours coupée.

Dans le cas d'une machine pouvant être alimentée en énergie électrique par une prise de courant, le retrait de la prise suffit, à condition que l'opérateur puisse vérifier, de tous les emplacements auxquels il a accès, que la prise est toujours retirée.

Après que l'alimentation a été coupée, toute énergie résiduelle ou stockée dans les circuits de la machine peut être évacuée normalement, sans risque pour les personnes.

Par dérogation à l'exigence énoncée aux alinéas précédents, certains circuits peuvent demeurer connectés à leur source d'énergie afin de permettre, par exemple, le maintien de pièces, la sauvegarde d'informations, l'éclairage des parties intérieures, etc. Dans ce cas, des dispositions particulières sont prises pour assurer la sécurité des opérateurs.

1.6.4. Intervention de l'opérateur

La machine est conçue, construite et équipée de façon à limiter les interventions des opérateurs. Si l'intervention d'un opérateur ne peut être évitée, la machine est conçue et construite pour que cette intervention puisse être effectuée facilement et en toute sécurité.

1.6.5. Nettoyage des parties intérieures

La machine est conçue et construite de façon qu'il soit possible de nettoyer les parties intérieures de la machine ayant contenu des substances ou des préparations dangereuses sans y pénétrer ; de même, il doit être possible de procéder à tout déblocage éventuel, de l'extérieur. S'il est impossible d'éviter de pénétrer dans la machine, celle-ci est conçue et construite de façon que le nettoyage puisse être effectué en toute sécurité.

1.7. *Informations*

1.7.1. Informations et avertissements sur la machine

Les informations et les avertissements sur la machine sont de préférence apposés sous forme de symboles ou de pictogrammes faciles à comprendre. Toute information et tout avertissement écrit ou verbal est exprimé en français et accompagné, sur demande, de versions dans toute autre langue officielle de la Communauté comprise par les opérateurs.

1.7.1.1. Informations et dispositifs d'information

Les informations nécessaires à la conduite d'une machine sont fournies sous une forme qui ne prête pas à équivoque et qui est facile à comprendre. Ces informations ne sont pas excessives au point de surcharger l'opérateur.

Les écrans de visualisation ou tout autre moyen de communication interactif entre l'opérateur et la machine sont faciles à comprendre et à utiliser.

1.7.1.2. Dispositifs d'alerte

Lorsque la santé et la sécurité des personnes peuvent être mises en danger par un fonctionnement défectueux d'une machine qui fonctionne sans surveillance, cette machine est équipée de manière à donner un avertissement sonore ou lumineux adéquat.

Si la machine est munie de dispositifs d'alerte, ils ne prêtent pas à équivoque et sont facilement perçus. Des mesures sont prises pour permettre à l'opérateur de vérifier que les dispositifs d'alerte fonctionnent à tout moment.

Les prescriptions résultant de la transposition des directives communautaires particulières concernant les couleurs et signaux de sécurité sont applicables.

1.7.2. Avertissement sur les risques résiduels

Lorsque des risques demeurent en dépit de l'intégration de la sécurité dans la conception de la machine et de la prise de mesures de protection et de mesures de prévention complémentaires, les avertissements nécessaires, y compris des dispositifs d'avertissement sont prévus.

1.7.3. Marquage des machines

I. – Chaque machine porte, de manière visible, lisible et indélébile, les indications minimales suivantes :

a) La raison sociale et l'adresse complète du fabricant ;
b) La désignation de la machine ;
c) Le marquage « CE » ;
d) La désignation de la série ou du type ;
e) Le numéro de série s'il existe ;
f) L'année de construction, à savoir l'année au cours de laquelle le processus de fabrication a été achevé. Il est interdit d'antidater ou de postdater la machine lors de l'apposition du marquage « CE ».

En outre, la machine conçue et construite pour être utilisée en atmosphère explosible porte cette indication.

II. – La machine porte également toutes les indications concernant son type qui sont indispensables à sa sécurité d'emploi. Ces informations sont soumises aux règles prévues au paragraphe 1.7.1.

III. – Lorsqu'un élément de la machine est prévu pour être manutentionné, au cours de son utilisation, avec des moyens de levage, sur cet élément est inscrite sa masse, d'une manière lisible, indélébile et non ambiguë.

1.7.4. Notice d'instructions

Chaque machine est accompagnée d'une notice d'instructions en français.

La notice d'instructions qui accompagne la machine est une « notice originale » ou une « traduction de la notice originale », auquel cas, la traduction est accompagnée d'une « notice originale ».

Par dérogation, la notice d'entretien destinée à être utilisée par un personnel spécialisé qui dépend du fabricant peut être fournie dans une seule des langues communautaires comprises par ce personnel.

La notice d'instructions est rédigée selon les principes énoncés ci-après.

1.7.4.1. Principes généraux de rédaction de la notice d'instructions

La notice d'instructions est rédigée en français et peut l'être dans une ou plusieurs langues officielles de la Communauté. La mention « Notice originale » figure sur les versions linguistiques de cette notice d'instructions qui ont été vérifiées par le fabricant.

Lorsqu'il n'existe pas de « Notice originale » en français, une traduction dans cette langue est fournie par le fabricant ou par la personne qui introduit la machine en France. Cette traduction porte la mention « Traduction de la notice originale ».

Le contenu de la notice d'instructions couvre non seulement l'usage normal de la machine, mais prend également en compte le mauvais usage raisonnablement prévisible.

Dans le cas de machines destinées à des utilisateurs non professionnels, la rédaction et la présentation de la notice d'instructions tiennent compte du niveau de formation générale et de la perspicacité que l'on peut raisonnablement attendre de ces utilisateurs.

1.7.4.2. Contenu de la notice d'instructions

Chaque notice contient, le cas échéant, au moins les informations suivantes :

a) La raison sociale et l'adresse complète du fabricant ;

b) La désignation de la machine, telle qu'indiquée sur la machine elle-même, à l'exception du numéro de série conformément au paragraphe 1.7.3 ;

c) La déclaration CE de conformité ou un document présentant le contenu de la déclaration CE de conformité, indiquant les caractéristiques de la machine, sans inclure nécessairement le numéro de série et la signature ;

d) Une description générale de la machine ;

e) Les plans, schémas, descriptions et explications nécessaires pour l'utilisation, l'entretien et la réparation de la machine ainsi que pour la vérification de son bon fonctionnement ;

f) Une description du ou des postes de travail susceptibles d'être occupés par les opérateurs ;

g) Une description de l'usage normal de la machine ;

h) Des avertissements concernant les contre-indications d'emploi de la machine qui, d'après l'expérience, peuvent exister ;

i) Les instructions de montage, d'installation et de raccordement, y compris les plans, les schémas, les moyens de fixation et la désignation du châssis ou de l'installation sur laquelle la machine est prévue pour être montée ;

j) Les instructions relatives à l'installation et au montage destinées à diminuer le bruit et les vibrations ;

k) Les instructions concernant la mise en service et l'utilisation de la machine et, le cas échéant, des instructions concernant la formation des opérateurs ;

l) Les informations sur les risques résiduels qui subsistent malgré le fait que la sécurité a été intégrée à la conception de la machine et que des mesures de protection et des mesures de prévention complémentaires ont été prises ;

m) Les instructions concernant les mesures de protection à prendre par les utilisateurs, y compris, le cas échéant, l'équipement de protection individuelle à prévoir ;

n) Les caractéristiques essentielles des outils pouvant être montés sur la machine ;

o) Les conditions dans lesquelles les machines répondent à l'exigence de stabilité en cours d'utilisation, de transport, de montage ou de démontage, lorsqu'elles sont hors service, ou pendant les essais ou les pannes prévisibles ;

p) Les instructions permettant de faire en sorte que les opérations de transport, de manutention et de stockage soient effectuées en toute sécurité, en indiquant la masse de la machine et de ses différents éléments lorsqu'ils sont prévus pour être, de façon régulière, transportés séparément ;

q) Le mode opératoire à respecter en cas d'accident ou de panne ; si un blocage est susceptible de se produire, le mode opératoire à respecter pour permettre un déblocage en toute sécurité ;

r) La description des opérations de réglage et d'entretien à effectuer par l'utilisateur, ainsi que les mesures de prévention à respecter ;

s) Les instructions conçues afin que le réglage et l'entretien puissent être effectués en toute sécurité, y compris les mesures de protection à prendre durant ces opérations ;

t) Les spécifications concernant les pièces de rechange à utiliser, lorsque cela a une incidence sur la santé et la sécurité des opérateurs ;

u) Les informations concernant l'émission de bruit aérien suivantes :

– le niveau de pression acoustique d'émission pondéré A aux postes de travail, lorsqu'il dépasse 70 dB (A) ; si ce niveau est inférieur ou égal à 70 dB (A), il convient de le mentionner ;

– la valeur maximale de la pression acoustique d'émission instantanée pondérée C aux postes de travail, lorsqu'elle dépasse 63 Pa (130 dB par rapport à 20 µPa) ;

– le niveau de puissance acoustique pondéré A émis par la machine lorsque le niveau de pression acoustique d'émission pondéré A aux postes de travail dépasse 80 dB (A).

Ces valeurs sont soit réellement mesurées pour la machine visée, soit établies à partir de mesures effectuées pour une machine techniquement comparable qui est représentative de la machine à produire.

Lorsque la machine est de très grandes dimensions, l'indication du niveau de puissance acoustique pondéré A peut être remplacée par l'indication des niveaux de pression acoustique d'émission pondérés A en des emplacements spécifiés autour de la machine.

Lorsque les normes harmonisées ne sont pas appliquées, les données acoustiques sont mesurées en utilisant la méthode la plus appropriée pour la machine. Lorsque des valeurs d'émission sonore sont indiquées, les incertitudes entourant ces valeurs sont précisées.

Les conditions de fonctionnement de la machine pendant le mesurage et les méthodes utilisées pour le mesurage sont décrites.

Lorsque le ou les postes de travail ne sont pas ou ne peuvent pas être définis, le niveau de pression acoustique pondéré A est mesuré à 1 m de la surface de la machine et à une hauteur de 1,60 m au-dessus du sol ou de la plate-forme d'accès. La position et la valeur de la pression acoustique maximale sont indiquées.

Lorsque des dispositions résultant de la transposition de directives communautaires particulières prévoient d'autres prescriptions pour la mesure des niveaux de pression ou de puissance acoustiques, ces dispositions sont appliquées et les prescriptions correspondantes du présent point ne s'appliquent pas.

v) Lorsque la machine est susceptible d'émettre des rayonnements non ionisants risquant de nuire aux personnes, en particulier aux personnes porteuses de dispositifs médicaux implantables actifs ou non actifs, des informations concernant le rayonnement émis pour l'opérateur et les personnes exposées.

1.7.4.3. Documents commerciaux

Les documents commerciaux présentant la machine ne sont pas en contradiction avec la notice d'instructions en ce qui concerne les aspects de santé et de sécurité. Les documents commerciaux décrivant les caractéristiques de performance de la machine contiennent les mêmes informations concernant les émissions que la notice d'instructions.

2. Règles techniques complémentaires pour certaines catégories de machines

Les machines destinées à l'industrie alimentaire, les machines destinées à l'industrie cosmétique ou pharmaceutique, les machines tenues ou guidées à la main, les machines portatives de fixation et d'autres machines à choc, ***(D. 2011-1480 du 9.11.2011, en vigueur le 15.12.2011)*** « les machines à bois et matériaux ayant des caractéristiques physiques similaires et les machines destinées à l'application des pesticides » répondent à l'ensemble des règles techniques décrites dans la présente partie conformément au 4° des principes généraux figurant au début de la présente annexe.

2.1. *Machines destinées à l'industrie alimentaire et machines destinées à l'industrie cosmétique ou pharmaceutique*

2.1.1. Généralités

Les machines destinées à être utilisées avec des denrées alimentaires ou avec des produits cosmétiques ou pharmaceutiques sont conçues et construites de manière à éviter tout risque d'infection, de maladie ou de contagion.

Elles obéissent aux règles suivantes :

a) Les matériaux en contact ou destinés à être en contact avec les denrées alimentaires ou les produits cosmétiques ou pharmaceutiques satisfont aux conditions fixées par les dispositions issues des directives les concernant. La machine est conçue et construite de manière que ces matériaux puissent être nettoyés avant chaque utilisation ; lorsque cela n'est pas possible, des éléments à usage unique sont utilisés ;

b) Toutes les surfaces en contact avec les denrées alimentaires ou les produits cosmétiques ou pharmaceutiques autres que les surfaces des éléments à usage unique sont :

– lisses et ne possèdent ni rugosité ni anfractuosité pouvant abriter des matières organiques, la même exigence s'appliquant aux raccordements entre deux surfaces ;

– conçues et construites de manière à réduire au minimum les saillies, les rebords et les renfoncements des assemblages ;

– telles qu'elles puissent être facilement nettoyées et désinfectées, si nécessaire, après enlèvement de parties facilement démontables ; les congés de raccordement des surfaces intérieures ont un rayon suffisant pour permettre un nettoyage complet ;

c) Les liquides, gaz et aérosols provenant des denrées alimentaires, des produits cosmétiques ou des produits pharmaceutiques, ainsi que des fluides de nettoyage, de désinfection et de rinçage peuvent être complètement évacués de la machine, si possible, dans une position « nettoyage » ;

d) La machine est conçue et construite de manière à éviter toute infiltration de substance, toute pénétration d'êtres vivants, notamment d'insectes, ou accumulation de matières organiques dans des parties qui ne peuvent pas être nettoyées ;

e) La machine est conçue et construite de manière qu'aucun produit auxiliaire dangereux pour la santé, y compris les lubrifiants utilisés, ne puisse entrer en contact avec les denrées alimentaires, les produits cosmétiques ou pharmaceutiques. Le cas échéant, la machine est conçue et construite de façon à permettre de vérifier que cette exigence est toujours respectée.

2.1.2. Notice d'instructions

La notice d'instructions des machines destinées aux industries alimentaires et des machines utilisées avec des produits cosmétiques ou pharmaceutiques indique les produits et méthodes de nettoyage, de désinfection et de rinçage préconisés, non seulement pour les parties facilement accessibles, mais aussi pour les parties auxquelles l'accès est impossible ou déconseillé.

2.2. *Machines portatives tenues ou guidées à la main*

2.2.1. Généralités

Les machines portatives tenues ou guidées à la main ont :

a) Selon leur type, une surface d'appui de dimension suffisante et un nombre suffisant de moyens de préhension et de maintien de dimension appropriée, disposés de manière que la stabilité de la machine soit assurée dans les conditions de fonctionnement normales ;

b) Sauf si cela est techniquement impossible ou lorsqu'il existe un organe de service indépendant, lorsque les moyens de préhension ne peuvent pas être lâchés en toute sécurité, sont munies d'organes de service de mise en marche ou d'arrêt manuels disposés de manière telle que l'opérateur ne doive lâcher les moyens de préhension pour les actionner ;

c) Ne présentent pas de risques dus à leur mise en marche involontaire ou à leur maintien en fonctionnement après que l'opérateur a lâché les moyens de préhension ; des mesures équivalentes sont prises si cette exigence n'est techniquement pas réalisable ;

d) Permettent, en cas de nécessité, de contrôler visuellement la zone dangereuse et l'action de l'outil sur le matériau travaillé.

Les moyens de préhension des machines portatives sont conçus et construits de manière que la mise en marche et l'arrêt soient aisés.

2.2.1.1. Notice d'instructions

La notice d'instructions donne les indications suivantes concernant les vibrations émises par les machines portatives tenues et guidées à la main :

a) La valeur totale des vibrations auxquelles est exposé le système main-bras lorsqu'elle dépasse 2,5 m/s² ou, le cas échéant, la mention que cette valeur ne dépasse pas 2,5 m/s² ;

b) L'incertitude de mesure.

Ces valeurs sont soit réellement mesurées pour la machine visée, soit établies à partir de mesures effectuées pour une machine techniquement comparable qui est représentative de la machine à produire.

Lorsque les normes harmonisées ne sont pas appliquées, les vibrations sont mesurées en utilisant le code de mesurage le plus approprié pour la machine.

Les conditions de fonctionnement de la machine pendant le mesurage et les méthodes utilisées pour le mesurage ou la référence de la norme harmonisée appliquée sont spécifiées.

2.2.2. Appareils portatifs de fixation et autres machines à chocs

2.2.2.1. Généralités

Les appareils portatifs de fixation et autres machines à chocs sont conçus et construits de manière que :

– l'énergie soit transmise à l'élément subissant le choc par la pièce intermédiaire qui est solidaire de l'appareil ;

– un dispositif de validation empêche le choc si la machine n'est pas positionnée correctement avec une pression suffisante sur le matériau de base ;

– un déclenchement involontaire soit empêché ; le cas échéant, une séquence appropriée d'actions sur le dispositif de validation et sur celui de commande est requise pour déclencher le choc ;

– un déclenchement involontaire soit empêché lors de la manutention ou en cas de heurt ;

– les opérations de chargement et de déchargement puissent être effectuées facilement et en toute sécurité.

Si nécessaire, l'équipement de l'appareil de pare-éclats est possible et le ou les protecteurs appropriés sont fournis par le fabricant de la machine.

2.2.2.2. Notice d'instructions

La notice d'instructions donne les indications nécessaires en ce qui concerne :

– les accessoires et les équipements interchangeables pouvant être utilisés avec la machine ;

– les éléments de fixation appropriés ou autres éléments à exposer au choc pouvant être utilisés avec la machine ;

– le cas échéant, les cartouches appropriées à utiliser.

2.3. *Machines à bois et matériaux ayant des caractéristiques physiques similaires*

Les machines à bois et matériaux ayant des caractéristiques physiques similaires obéissent aux règles suivantes :

a) La machine est conçue, construite ou équipée de manière que la pièce à usiner puisse être placée et guidée en toute sécurité ; lorsque la pièce est tenue à la main sur une table de travail, celle-ci assure une stabilité suffisante pendant le travail et ne gêne pas le déplacement de la pièce ;

b) Lorsque la machine est susceptible d'être utilisée dans des conditions entraînant un risque d'éjection des pièces à usiner ou de parties de celles-ci, elle est conçue, construite ou équipée de manière à empêcher l'éjection ou, si cela n'est pas possible, pour que l'éjection n'entraîne pas de risques pour l'opérateur ou les personnes exposées ;

c) La machine est équipée de freins automatiques arrêtant l'outil dans un temps suffisamment court lorsqu'il y a risque de contact avec l'outil pendant qu'il ralentit ;

d) Lorsque l'outil est intégré à une machine non entièrement automatisée, celle-ci est conçue et construite de manière à éliminer ou à réduire le risque de blessures involontaires.

(D. 2011-1480 du 9.11.2011, en vigueur le 15.12.2011)
« 2.4. Machines destinées à l'application des pesticides.

2.4.1. Définition.

“Machines destinées à l'application des pesticides” : machines spécifiquement destinées à l'application de produits phytopharmaceutiques au sens de l'article 2, paragraphe 1, du règlement (CE) n° 1107/2009 du Parlement européen et du Conseil du 21 octobre 2009 concernant la mise sur le marché de produits phytopharmaceutiques.

2.4.2. Généralités.

Le fabricant de machines destinées à l'application des pesticides ou le responsable de la mise sur le marché s'assure qu'une évaluation des risques d'exposition involontaire de l'environnement aux pesticides est effectuée conformément au processus d'évaluation et de réduction des risques énoncé au 1° des principes généraux figurant au début de la présente annexe. Compte tenu de cette évaluation, les machines destinées à l'application des pesticides sont conçues et construites de manière à pouvoir être utilisées, réglées et entretenues sans exposition involontaire de l'environnement aux pesticides. Les fuites sont prévenues à tout moment.

2.4.3. Commandes et surveillance.

L'application des pesticides à partir des postes de travail peut être commandée et surveillée facilement et précisément ainsi qu'arrêtée immédiatement.

2.4.4. Remplissage et vidange.

Les machines sont conçues et construites de manière à faciliter le remplissage précis avec la quantité requise de pesticides et à assurer la vidange aisée et complète tout en évitant le déversement de pesticides et la contamination de la source d'alimentation en eau au cours de ces opérations.

2.4.5. Application de pesticides.

2.4.5.1. Taux d'application.

Les machines sont pourvues de moyens permettant de régler de manière aisée, précise et fiable le taux d'application.

2.4.5.2. Distribution, dépôt et dérive de pesticides.

Les machines sont conçues et construites de manière à assurer que les pesticides sont déposés sur les zones cibles, à réduire les pertes dans les autres zones et à prévenir toute dérive de pesticides dans l'environnement. Le cas échéant, une distribution égale et un dépôt homogène des pesticides sont assurés.

2.4.5.3. Essais.

Afin de s'assurer que les pièces correspondantes des machines répondent aux exigences énoncées aux points 2.4.5.1 et 2.4.5.2, le fabricant ou le responsable de la mise sur le marché effectue ou fait effectuer, pour chaque type de machine concernée, des essais appropriés.

2.4.5.4. Pertes au cours de l'arrêt.

Les machines sont conçues et construites de manière à prévenir les pertes lorsque la fonction d'application des pesticides est à l'arrêt.

2.4.6. Maintenance.

2.4.6.1. Nettoyage

Les machines sont conçues et construites de manière à permettre un nettoyage facile et complet sans contamination de l'environnement.

2.4.6.2. Entretien.

Les machines sont conçues et construites de manière à faciliter le remplacement des pièces usées sans contamination de l'environnement.

2.4.7. Vérifications.

Il est possible de connecter facilement aux machines les instruments de mesure nécessaires pour vérifier le bon fonctionnement des machines.

2.4.8. Marquage des buses, des tamis et des filtres.

Les buses, les tamis et les filtres sont marqués de manière à ce que leurs type et taille puissent être clairement identifiés.

2.4.9. Indication du pesticide utilisé.

Les machines sont munies d'un équipement spécifique sur lequel l'opérateur peut indiquer le nom du pesticide utilisé.

2.4.10. Notice d'instructions.

La notice d'instructions comporte les informations suivantes :

a) Les mesures de prévention à mettre en œuvre lors du mélange, du remplissage, de l'application, de la vidange, du nettoyage et des opérations d'entretien et de transport afin d'éviter la contamination de l'environnement ;

b) Les conditions d'utilisation détaillées pour les différents cadres opérationnels envisagés, notamment les préparations et réglages correspondants requis pour assurer que les pesticides sont déposés sur les zones cibles tout en réduisant autant que possible les pertes dans les autres zones, pour prévenir toute dérive dans l'environnement et, le cas échéant, pour assurer une distribution égale et un dépôt homogène des pesticides ;

c) La variété de types et de tailles des buses, des tamis et des filtres qui peuvent être utilisés avec les machines ;

d) La fréquence des vérifications ainsi que les critères et la méthode de remplacement des pièces sujettes à usure susceptible d'altérer le bon fonctionnement des machines, telles que les buses, les tamis et les filtres ;

e) Les prescriptions relatives au calibrage, à l'entretien journalier, à la mise en l'état en vue de la période hivernale ainsi que celles concernant les autres vérifications nécessaires pour assurer le bon fonctionnement des machines ;

f) Les types de pesticides qui peuvent provoquer un mauvais fonctionnement des machines ;

g) L'indication, mise à jour par l'opérateur, sur l'équipement spécifique visé au point 2.4.9, du nom du pesticide utilisé ;

h) La connexion et l'utilisation d'équipements et d'accessoires spéciaux, et les mesures de prévention nécessaires à mettre en œuvre ;

i) L'indication selon laquelle les machines peuvent être soumises à des exigences nationales de vérifications périodiques par des organismes désignés selon des modalités définies par ces exigences nationales ;

j) Les caractéristiques des machines qui doivent être vérifiées pour s'assurer de leur bon fonctionnement ;

k) Les instructions concernant le raccordement des instruments de mesure nécessaires. »

3. Règles techniques complémentaires pour pallier les dangers dus à la mobilité des machines

L'ensemble des règles techniques décrites dans la présente partie s'appliquent aux machines présentant des dangers dus à leur mobilité conformément au 4° des principes généraux figurant au début de la présente annexe.

3.1. *Généralités*

3.1.1. Définitions

a) « Machine présentant des dangers dus à sa mobilité » :

– machine dont le fonctionnement exige soit la mobilité pendant le travail, soit un déplacement continu ou semi-continu suivant une succession de postes de travail fixes ; ou

– machine qui fonctionne sans déplacement, mais qui peut être munie de moyens permettant de la déplacer plus facilement d'un endroit à un autre.

b) « Conducteur » : opérateur chargé du déplacement d'une machine. Le conducteur peut soit être transporté par la machine, soit accompagner la machine à pied, soit la guider par commande à distance.

3.2. *Postes de travail*

3.2.1. Poste de conduite

La visibilité depuis le poste de conduite est telle que le conducteur peut en toute sécurité, pour lui-même et pour les personnes exposées, faire fonctionner la machine et ses outils dans les conditions d'utilisation prévisibles. En cas de besoin, des dispositifs appropriés remédient aux risques résultant de l'insuffisance de la vision directe.

La machine sur laquelle le conducteur est transporté est conçue et construite de façon que, du poste de conduite, il n'y ait pas de risque pour le conducteur s'il entre par mégarde en contact avec les roues ou les chenilles.

Le poste de conduite du conducteur porté est conçu et construit de façon à pouvoir être équipé d'une cabine, à condition que cela n'augmente pas les risques et qu'il y ait de l'espace pour cela. La cabine comporte un emplacement destiné au rangement des instructions nécessaires au conducteur.

3.2.2. Siège

Lorsqu'il existe un risque que les opérateurs ou d'autres personnes, transportés par la machine, puissent être écrasés entre des éléments de la machine et le sol si la machine se retourne ou bascule, notamment dans le cas d'une machine équipée d'une structure de protection visée aux points 3.4.3 ou 3.4.4, leur siège est conçu ou équipé avec un système de retenue de manière à maintenir les personnes sur leur siège sans s'opposer ni aux mouvements nécessaires au travail ni aux mouvements par rapport à la structure résultant de la suspension des sièges. Ces systèmes de retenue ne sont pas installés s'ils augmentent le risque.

3.2.3. Postes destinés aux autres personnes

Si les conditions d'utilisation prévoient que des personnes autres que le conducteur peuvent être occasionnellement ou régulièrement transportées par la machine ou y travailler, des postes appropriés sont prévus permettant le transport ou le travail sans risque.

Les deuxième et troisième alinéas du paragraphe 3.2.1. s'appliquent également aux emplacements prévus pour les personnes autres que le conducteur.

3.3. *Systèmes de commandes*

Si nécessaire, des mesures sont prises pour empêcher un usage non autorisé des commandes.

Dans le cas de commandes à distance, chaque unité de commande indique clairement quelles sont la ou les machines destinées à être commandées par l'unité en question.

Le système de commande à distance est conçu et construit de façon à avoir un effet uniquement sur :
- la machine concernée ;
- les fonctions concernées.

La machine commandée à distance est conçue et construite de façon à ne répondre qu'aux signaux des unités de commande prévues.

3.3.1. Organes de service

Depuis le poste de conduite, le conducteur peut actionner tous les organes de service nécessaires au fonctionnement de la machine, sauf pour les fonctions dont la mise en œuvre ne peut se faire en toute sécurité que par des organes de service situés ailleurs. Ces fonctions incluent notamment celles dont la charge incombe à des opérateurs autres que le conducteur ou pour lesquelles le conducteur quitte le poste de conduite pour pouvoir les commander en toute sécurité.

Lorsqu'il existe des pédales, elles sont conçues, construites et disposées de telle sorte qu'elles puissent être actionnées en toute sécurité par le conducteur avec le minimum de risque de fausse manœuvre. Elles présentent une surface antidérapante et sont facilement nettoyables.

Lorsque le fait d'actionner les organes de service peut entraîner des risques, notamment des mouvements dangereux, ces organes, sauf ceux ayant des positions prédéterminées, reviennent en position neutre dès que l'opérateur cesse de les actionner.

Dans le cas de machines à roues, le mécanisme de direction est conçu et construit de manière à réduire la force des mouvements brusques du volant ou du levier de direction résultant de chocs sur les roues directrices.

Toute commande de verrouillage du différentiel est conçue et disposée de telle sorte qu'elle permette de déverrouiller le différentiel lorsque la machine est en mouvement.

Le paragraphe 1.2.2, sixième alinéa, concernant les signaux d'avertissement sonore ou visuel ne s'applique qu'en cas de marche arrière.

3.3.2. Mise en marche/déplacement

Tout déplacement d'une machine automotrice à conducteur porté n'est possible que si le conducteur est aux commandes.

Lorsque, pour les besoins de son fonctionnement, une machine est équipée de dispositifs dépassant son gabarit normal (par exemple, stabilisateurs, flèche, etc.), le conducteur dispose des moyens lui permettant de vérifier facilement, avant de déplacer la machine, que ces dispositifs sont dans une position définie permettant un déplacement sûr.

Il en est de même pour tous les autres éléments qui, pour permettre un déplacement sûr, doivent être dans une position définie, verrouillée si nécessaire.

Lorsqu'il n'en résulte pas d'autres risques, le déplacement de la machine est subordonné au placement des éléments cités ci-avant en position de sécurité.

La machine est conçue et construite de manière qu'un déplacement involontaire ne puisse se produire lors de la mise en marche du moteur.

3.3.3. Fonction de déplacement

Sans préjudice de la réglementation relative à la circulation routière, les machines automotrices, ainsi que les remorques, sont conçues et construites de manière à respecter les règles de ralentissement, d'arrêt, de freinage et d'immobilisation, assurant la sécurité dans toutes les conditions de fonctionnement, de charge, de vitesse, d'état du sol et de déclivité prévues.

La machine automotrice est conçue et construite de manière que son conducteur puisse la ralentir et l'arrêter au moyen d'un dispositif principal. Dans la mesure où la sécurité l'exige en cas de défaillance du dispositif principal ou en l'absence de l'énergie nécessaire pour actionner ce dispositif, un dispositif de secours ayant un organe de service entièrement indépendant et aisément accessible permet le ralentissement et l'arrêt.

Dans la mesure où la sécurité l'exige, un dispositif de stationnement est prévu pour maintenir l'immobilisation de la machine. Ce dispositif peut être combiné avec l'un des dispositifs visés au deuxième alinéa, à condition qu'il s'agisse d'un dispositif purement mécanique.

La machine commandée à distance est munie de dispositifs lui permettant de s'arrêter automatiquement et immédiatement et d'empêcher un fonctionnement potentiellement dangereux, dans les situations suivantes :
- lorsque le conducteur en a perdu le contrôle ;
- lors de la réception d'un signal d'arrêt ;
- lorsqu'une défaillance est détectée dans une partie du système liée à la sécurité ;
- quand aucun signal de validation n'a été détecté dans un délai spécifié.

Le paragraphe 1.2.4 ne s'applique pas à la fonction de déplacement.

3.3.4. Déplacement de machines à conducteur à pied

Tout déplacement d'une machine automotrice à conducteur à pied n'est possible que si le conducteur actionne en continu l'organe de service correspondant. En particulier, un déplacement ne peut se produire lors de la mise en marche du moteur.

Les systèmes de commande des machines à conducteur à pied sont conçus de manière à réduire au minimum les risques dus au déplacement inopiné de la machine vers le conducteur, notamment les risques :
- d'écrasement ;
- de blessure provoquée par des outils rotatifs.

La vitesse de déplacement de la machine est compatible avec la vitesse d'un conducteur à pied.

Dans le cas de machines sur lesquelles peut être monté un outil rotatif, cet outil ne peut être actionné lorsque la marche arrière est enclenchée, sauf dans le cas où le déplacement de la machine résulte du mouvement de l'outil. Dans ce dernier cas, la vitesse en marche arrière est telle qu'elle ne présente pas de danger pour le conducteur.

3.3.5. Défaillance du circuit de commande

La machine est conçue et construite de manière telle qu'une défaillance dans l'alimentation de la direction assistée, quand elle existe, n'empêche pas de diriger la machine pendant le temps nécessaire pour l'arrêter.

3.4. *Protection contre les risques mécaniques*

3.4.1. Mouvements non commandés

La machine est conçue, construite et, le cas échéant, montée sur son support mobile de façon que, lors de son déplacement, les oscillations incontrôlées de son centre de gravité n'affectent pas sa stabilité ou n'exercent [pas] de contraintes excessives sur sa structure.

3.4.2. Éléments mobiles de transmission

Par exception au paragraphe 1.3.8.1, dans le cas des moteurs, les protecteurs mobiles empêchant l'accès aux parties mobiles dans le compartiment moteur ne sont pas dotés de dispositif de verrouillage si, pour les ouvrir, il faut utiliser un outil ou une clé ou actionner une commande située dans le poste de conduite, à condition que celui-ci soit situé dans une cabine entièrement fermée munie d'une serrure permettant d'empêcher les personnes non autorisées d'y pénétrer.

3.4.3. Retournement et basculement

Lorsque, pour une machine automotrice avec conducteur porté, et éventuellement opérateurs ou autres personnes portés, il existe un risque de retournement ou de basculement, la machine est munie d'une structure de protection appropriée, à moins que cela n'augmente le risque.

Cette structure est telle que, en cas de retournement ou de basculement, elle garantit aux personnes portées un volume limite de déformation adéquat.

(D. 2011-1480 du 9.11.2011) « Afin de vérifier si la structure répond à l'exigence mentionnée au deuxième alinéa, le fabricant effectue ou fait effectuer, pour chaque type de structure, des essais appropriés. »

3.4.4. Chutes d'objets

Lorsque, pour une machine automotrice avec conducteur porté, et éventuellement opérateurs ou autres personnes portés, il existe un risque dû à des chutes d'objets ou de matériaux, la machine est conçue et construite de manière à tenir compte de ces risques et est munie, si ses dimensions le permettent, d'une structure de protection appropriée.

Cette structure est telle que, en cas de chutes d'objets ou de matériaux, elle garantit aux personnes portées un volume limite de déformation adéquat.

Afin de vérifier si la structure répond à l'exigence visée au deuxième alinéa, le fabricant effectue ou fait effectuer, pour chaque type de structure, des essais appropriés.

3.4.5. Moyens d'accès

Les mains courantes et marchepieds sont conçus, construits et disposés de manière que les opérateurs les utilisent instinctivement et n'utilisent pas les organes de service pour faciliter l'accès.

3.4.6. Dispositifs de remorquage

Toute machine utilisée pour remorquer ou destinée à être remorquée est équipée de dispositifs de remorquage ou d'attelage conçus, construits et disposés de façon à assurer un attelage et un désattelage aisés et sûrs et à empêcher un désattelage involontaire pendant l'utilisation.

Dans la mesure où la charge sur le timon l'exige, ces machines sont équipées d'un support avec une surface d'appui adaptée à la charge et au sol.

3.4.7. Transmission de puissance entre la machine automotrice (ou le tracteur) et la machine réceptrice

Les dispositifs amovibles de transmission mécanique reliant une machine automotrice ou un tracteur au premier palier fixe d'une machine réceptrice sont conçus et construits de manière que, sur toute leur longueur, toute partie en mouvement durant le fonctionnement soit protégée.

Du côté de la machine automotrice ou du tracteur, la prise de force à laquelle est attelé le dispositif amovible de transmission mécanique est protégée soit par un protecteur fixé et lié à la machine automotrice ou au tracteur, soit par tout autre dispositif assurant une protection équivalente.

Ce protecteur peut être ouvert pour accéder au dispositif amovible de transmission. Une fois qu'il est en place, un espace suffisant demeure pour empêcher que l'arbre moteur n'endommage le protecteur lorsque la machine (ou le tracteur) est en mouvement.

Du côté de la machine réceptrice, l'arbre récepteur est enfermé dans un carter de protection fixé à la machine.

La présence d'un limiteur de couple ou d'une roue libre n'est autorisée, pour la transmission par cardan, que du côté de son attelage à la machine réceptrice. Dans ce cas, il convient d'indiquer sur le dispositif amovible de transmission mécanique le sens de montage.

Toute machine réceptrice dont le fonctionnement nécessite la présence d'un dispositif amovible de transmission mécanique la reliant à une machine automotrice ou à un tracteur possède un système d'accrochage du dispositif amovible de transmission mécanique de telle sorte que, lorsque la machine est dételée, le dispositif amovible de transmission mécanique et son protecteur ne soient pas endommagés par contact avec le sol ou avec un élément de la machine.

Les éléments extérieurs du protecteur sont conçus, construits et disposés de telle sorte qu'ils ne puissent pas tourner avec le dispositif amovible de transmission mécanique. Le protecteur doit recouvrir la transmission jusqu'aux extrémités des mâchoires intérieures dans le cas de joints de cardans simples et au moins jusqu'au centre du ou des joints extérieurs dans le cas de cardans dits à grand angle.

Si des accès aux postes de travail sont prévus à proximité du dispositif amovible de transmission mécanique, ils sont conçus et construits de façon à éviter que les protecteurs de ces arbres ne puissent servir de marchepieds, à moins qu'ils ne soient conçus et construits à cette fin.

3.5. *Mesures de protection contre d'autres risques*

3.5.1. Accumulateurs

Le logement des accumulateurs est conçu et construit de manière à empêcher la projection d'électrolyte sur l'opérateur, même en cas de retournement ou de basculement, et d'éviter l'accumulation de vapeurs aux emplacements occupés par les opérateurs.

La machine est conçue et construite de manière que les accumulateurs puissent être déconnectés à l'aide d'un dispositif facilement accessible prévu à cet effet.

3.5.2. Incendie

En fonction des risques prévus par le fabricant, la machine est conçue et construite de manière à, si ses dimensions le permettent :
– soit permettre la mise en place d'extincteurs facilement accessibles ;
– soit être munie de systèmes d'extinction faisant partie intégrante de la machine.

3.5.3. Émissions de substances dangereuses

Le paragraphe 1.5.13, deuxième et troisième paragraphes, ne s'applique pas lorsque la machine a pour fonction principale de pulvériser des produits. Cependant, la machine est conçue et construite de manière que l'opérateur soit protégé contre le risque d'exposition à de telles émissions dangereuses.

3.6. *Informations et indications*

3.6.1. Signalisation, signaux et avertissements

Chaque machine comporte des moyens de signalisation ou des plaques d'instructions concernant l'utilisation, le réglage et l'entretien chaque fois que cela est nécessaire pour assurer la santé et la sécurité des personnes. Ceux-ci sont choisis, conçus et réalisés de façon à être clairement visibles et indélébiles.

Sans préjudice des dispositions de la réglementation relative à la circulation routière, les machines à conducteur porté sont dotées des équipements suivants :

– un avertisseur sonore permettant d'avertir les personnes ;

– un système de signalisation lumineuse tenant compte des conditions d'utilisation prévues ; cette dernière exigence ne s'applique pas aux machines destinées exclusivement aux travaux souterrains et dépourvues d'énergie électrique ;

– le cas échéant, une connexion appropriée entre la remorque et la machine permettant de faire fonctionner les signaux.

Les machines commandées à distance dont les conditions d'utilisation normale exposent les personnes aux risques de choc ou d'écrasement sont munies des moyens appropriés pour signaler leurs déplacements ou de moyens pour protéger les personnes contre ces risques. Il en est de même pour les machines dont l'utilisation suppose un va-et-vient constant sur un même axe lorsque le conducteur ne voit pas directement la zone à l'arrière de la machine.

La machine est construite de manière que les dispositifs d'avertissement et de signalisation ne puissent être mis hors service involontairement. Chaque fois que cela est indispensable à la sécurité, ces dispositifs sont munis de moyens permettant d'en contrôler le bon fonctionnement, et toute défaillance est rendue apparente à l'opérateur.

Lorsque les mouvements d'une machine ou de ses outils sont particulièrement dangereux, une signalisation figure sur la machine, interdisant de s'en approcher pendant qu'elle fonctionne. Cette signalisation est lisible à une distance suffisante pour assurer la sécurité des personnes appelées à se trouver à proximité.

3.6.2. Marquage

Sur chaque machine sont portées, de manière lisible et indélébile, les indications suivantes :

– la puissance nominale exprimée en kilowatts (kW) ;

– la masse en kilogrammes (kg) dans la configuration la plus usuelle, et, le cas échéant :

– l'effort de traction maximal prévu au crochet d'attelage en newtons (N) ;

– l'effort vertical maximal prévu sur le crochet d'attelage en newtons (N).

3.6.3. Notice d'instructions

3.6.3.1. Vibrations

La notice d'instructions donne les indications suivantes concernant les vibrations transmises par la machine au système main-bras ou à l'ensemble du corps :

– la valeur totale des vibrations auxquelles est exposé le système main-bras lorsqu'elle dépasse 2,5 m/s^2 ou, le cas échéant, la mention que cette valeur ne dépasse pas 2,5 m/s^2 ;

– la valeur moyenne quadratique maximale pondérée en fréquence de l'accélération à laquelle est exposé l'ensemble du corps lorsqu'elle dépasse 0,5 m/s^2. Si cette valeur ne dépasse pas 0,5 m/s^2, il faut le mentionner ;

– l'incertitude de mesure.

Ces valeurs sont soit réellement mesurées pour la machine visée, soit établies à partir de mesures effectuées pour une machine techniquement comparable qui est représentative de la machine à produire.

Lorsque les normes harmonisées ne sont pas appliquées, les vibrations sont mesurées en utilisant le code de mesure le plus approprié pour la machine.

Les conditions de fonctionnement de la machine pendant le mesurage et les codes de mesure utilisés sont décrits.

3.6.3.2. Usages multiples

La notice d'instructions des machines permettant plusieurs usages selon l'équipement mis en œuvre et la notice d'instructions des équipements interchangeables comportent les informations nécessaires pour permettre le montage et l'utilisation en toute sécurité de la machine de base et des équipements interchangeables qui peuvent être montés sur celle-ci.

4. Règles techniques complémentaires pour pallier les dangers dus aux opérations de levage

L'ensemble des règles techniques pertinentes décrites dans la présente partie s'applique aux machines présentant des dangers dus aux opérations de levage conformément au 4° des principes généraux figurant au début de la présente annexe.

4.1. *Généralités*

4.1.1. Définitions

a) « Opération de levage » : opération de déplacement de charges unitaires composées d'objets ou de personnes nécessitant, à un moment donné, un changement de niveau.

b) « Charge guidée » : charge dont la totalité du déplacement se fait le long de guides rigides ou souples dont la position dans l'espace est déterminée par des points fixes.

c) « Coefficient d'utilisation » : rapport arithmétique entre la charge qu'un composant peut retenir, garantie par le fabricant, et la charge maximale d'utilisation indiquée sur le composant.

d) « Coefficient d'épreuve » : rapport arithmétique entre la charge utilisée pour effectuer les épreuves statiques ou dynamiques d'une machine ou d'un accessoire de levage et la charge maximale d'utilisation indiquée sur la machine ou l'accessoire de levage respectivement.

e) « Épreuve statique » : essai qui consiste à inspecter la machine ou l'accessoire de levage et ensuite à lui appliquer une force correspondant à la charge maximale d'utilisation multipliée par le coefficient d'épreuve statique approprié, puis, après relâchement, à inspecter à nouveau la machine ou l'accessoire de levage afin de s'assurer qu'aucun dommage n'est apparu.

f) « Épreuve dynamique » : essai qui consiste à faire fonctionner la machine de levage dans toutes ses configurations possibles, à la charge maximale d'utilisation multipliée par le coefficient d'épreuve dynamique approprié, en tenant compte du comportement dynamique de la machine, en vue de vérifier le bon fonctionnement de celle-ci.

g) « Habitacle » : partie de la machine dans laquelle prennent place les personnes ou où sont placés les objets afin d'être levés.

4.1.2. Mesures de protection contre les risques mécaniques

4.1.2.1. Risques dus au manque de stabilité

La machine est conçue et construite de façon que la stabilité exigée au paragraphe 1.3.1 soit assurée en service et hors service, y compris pendant toutes les phases du transport, du montage et du démontage, lors de défaillances prévisibles d'un élément et également pendant la réalisation des épreuves effectuées conformément à la notice d'instructions. À cette fin, le fabricant utilise les méthodes de vérification appropriées.

4.1.2.2. Machine circulant le long de guidages ou sur des chemins de roulement

La machine est pourvue de dispositifs qui agissent sur les guidages ou chemins de roulement afin d'éviter les déraillements.

Toutefois, si, malgré la présence de tels dispositifs, il subsiste un risque de déraillement ou de défaillance d'un organe de guidage ou de roulement, des dispositifs sont prévus pour empêcher la chute d'équipements, d'éléments ou de la charge ainsi que le renversement de la machine.

4.1.2.3. Résistance mécanique

La machine, les accessoires de levage ainsi que leurs éléments sont conçus et construits de manière à résister aux contraintes auxquelles ils sont soumis en service et, s'il y a lieu, hors service, dans les conditions d'installation et de fonctionnement prévues et dans toutes les configurations possibles, compte tenu, le cas échéant, des effets des facteurs atmosphériques et des forces exercées par les personnes. Ces règles sont également applicables pendant le transport, le montage et le démontage.

La machine et les accessoires de levage sont conçus et construits de manière à éviter des défaillances dues à la fatigue et à l'usure, compte tenu de l'usage prévu.

Les matériaux employés sont choisis en tenant compte des milieux d'utilisation prévus, notamment en ce qui concerne la corrosion, l'abrasion, les chocs, les températures extrêmes, la fatigue, la fragilité et le vieillissement.

La machine et les accessoires de levage sont conçus et construits de manière à supporter les surcharges au cours des épreuves statiques sans déformation permanente ni défectuosité manifeste. Les calculs de résistance prennent en compte la valeur du coefficient d'épreuve statique qui est choisi de manière à garantir un niveau de sécurité adéquat ; ce coefficient a, en règle générale, les valeurs suivantes :

– machines mues par la force humaine et accessoires de levage : 1,5 ;

– autres machines : 1,25.

La machine est conçue et construite de manière à supporter sans défaillance les épreuves dynamiques effectuées avec la charge maximale d'utilisation multipliée par le coefficient d'épreuve dynamique. Ce coefficient d'épreuve dynamique est choisi de manière à garantir un niveau de sécurité adéquat ; ce coefficient est, en règle générale, égal à 1,1.

D'une manière générale, ces épreuves sont effectuées aux vitesses nominales prévues. Au cas où le circuit de commande de la machine autorise plusieurs mouvements simultanés, les épreuves sont effectuées dans les conditions les moins favorables, en règle générale en combinant les mouvements en question.

4.1.2.4. Poulies, tambours, galets, câbles et chaînes

Les poulies, tambours et galets ont un diamètre compatible avec les dimensions des câbles ou des chaînes dont ils peuvent être munis.

Les tambours et galets sont conçus, construits et mis en place de façon que les câbles ou chaînes dont ils sont munis puissent s'enrouler sans quitter la gorge.

Les câbles utilisés directement pour le levage ou le supportage de la charge ne comportent aucune épissure autre que celles de leurs extrémités. Les épissures sont cependant tolérées dans les installations qui sont destinées, par leur conception, à être modifiées régulièrement en fonction des besoins d'utilisation.

Le coefficient d'utilisation de l'ensemble câble et terminaison est choisi de manière à garantir un niveau de sécurité adéquat. Ce coefficient est, en règle générale, égal à 5.

Le coefficient d'utilisation des chaînes de levage est choisi de manière à garantir un niveau de sécurité adéquat. Ce coefficient est, en règle générale, égal à 4.

Afin de vérifier si le coefficient d'utilisation adéquat est atteint, le fabricant effectue ou fait effectuer les essais appropriés pour chaque type de chaîne et de câble utilisé directement pour le levage de la charge et pour chaque type de terminaison de câble.

4.1.2.5. Accessoires de levage et leurs éléments

Les accessoires de levage et leurs éléments sont dimensionnés en tenant compte des phénomènes de fatigue et de vieillissement pour un nombre de cycles de fonctionnement conforme à la durée de vie prévue dans les conditions de service spécifiées pour une application donnée.

En outre :

a) Le coefficient d'utilisation des ensembles câble métallique et terminaison est choisi de manière à garantir un niveau de sécurité adéquat ; ce coefficient est, en règle générale, égal à 5. Les câbles ne comportent aucune épissure ou boucle autre que celles de leurs extrémités ;

b) Lorsque des chaînes à maillons soudés sont utilisées, elles sont du type à maillons courts. Le coefficient d'utilisation des chaînes est choisi de manière à garantir un niveau de sécurité adéquat ; ce coefficient est, en règle générale, égal à 4.

(D. 2011-1480 du 9.11.2011) « c) » Le coefficient d'utilisation des câbles ou élingues en fibres textiles dépend du matériau, du procédé de fabrication, des dimensions et de l'utilisation. Ce coefficient est choisi de manière à garantir un niveau de sécurité adéquat ; il est, en règle générale, égal à 7, à condition qu'il soit démontré que les matériaux utilisés sont de très bonne qualité et que le procédé de fabrication soit approprié à l'usage prévu. Dans le cas contraire, le coefficient est, en règle générale, fixé à un niveau plus élevé afin d'obtenir un niveau de sécurité équivalent. Les câbles et élingues en fibres textiles ne comportent aucun nœud, liaison ou épissure autres que ceux de l'extrémité de l'élingue ou de bouclage d'une élingue sans fin ;

(D. 2011-1480 du 9.11.2011) « d) » Le coefficient d'utilisation de tous les composants métalliques d'une élingue, ou utilisés avec une élingue, est choisi de manière à garantir un niveau de sécurité adéquat ; ce coefficient est, en règle générale, égal à 4 ;

(D. 2011-1480 du 9.11.2011) « e) » La charge maximale d'utilisation d'une élingue multibrin est déterminée sur la base du coefficient d'utilisation du brin le plus faible, du nombre de brins et d'un facteur minorant qui dépend du mode d'élingage ;

(D. 2011-1480 du 9.11.2011) « f) » Afin de vérifier si le coefficient d'utilisation adéquat est atteint, le fabricant effectue ou fait effectuer les essais appropriés pour chaque type d'élément mentionné aux points a, b, c et d.

4.1.2.6. Contrôle des mouvements

Les dispositifs de contrôle des mouvements agissent de manière que la machine sur laquelle ils sont installés demeure en situation de sécurité.

a) La machine est conçue, construite ou équipée de dispositifs de manière à maintenir l'amplitude des mouvements de leurs éléments dans les limites prévues. L'action de ces dispositifs est, le cas échéant, précédée d'un avertissement.

b) Lorsque plusieurs machines fixes ou sur rails peuvent fonctionner simultanément dans le même lieu avec des risques de collision, ces machines sont conçues et construites de manière à pouvoir être équipées de systèmes permettant d'éviter ces risques.

c) La machine est conçue et construite de manière que les charges ne puissent glisser dangereusement ou tomber inopinément en chute libre, même en cas de défaillance partielle ou totale de l'alimentation en énergie ou lorsque l'opérateur cesse d'actionner la machine.

d) La machine est conçue et construite de manière qu'il ne soit pas possible, dans les conditions normales de fonctionnement, de faire descendre la charge sous le seul contrôle d'un frein à friction, sauf lorsque la fonction de la machine nécessite une telle application.

e) Les dispositifs de préhension sont conçus et construits de manière à éviter de faire tomber par mégarde les charges.

4.1.2.7. Mouvements des charges lors de la manutention

L'implantation du poste de travail des machines permet la surveillance maximale des trajectoires des éléments en mouvement, afin d'éviter toute collision avec des personnes, du matériel ou d'autres machines fonctionnant simultanément, qui pourrait présenter un danger. Les machines à charge guidée sont conçues et construites pour empêcher que les personnes soient blessées du fait des mouvements de la charge, de l'habitacle ou des éventuels contrepoids.

4.1.2.8. Machines desservant des paliers fixes

4.1.2.8.1. Déplacements de l'habitacle

Les déplacements de l'habitacle d'une machine desservant des paliers fixes se font le long de guides rigides pour ce qui est des déplacements vers les paliers ou aux paliers. Les systèmes guidés par des ciseaux sont aussi considérés comme des guidages rigides.

4.1.2.8.2. Accès à l'habitacle

Lorsque les personnes ont accès à l'habitacle, la machine est conçue et construite de manière que l'habitacle reste immobile durant l'accès, en particulier pendant le chargement et le déchargement.

La machine est conçue et construite de manière que la différence de niveau entre l'habitacle et le palier desservi n'occasionne pas de risques de trébuchement.

4.1.2.8.3. Risques dus au contact avec l'habitacle en mouvement

Le cas échéant, afin de satisfaire l'exigence énoncée au second alinéa du paragraphe 4.1.2.7, le volume parcouru est rendu inaccessible durant le fonctionnement normal.

Lorsque, durant l'inspection ou l'entretien, il existe un risque que les personnes situées sous l'habitacle ou au-dessus soient écrasées entre l'habitacle et un élément fixe, un espace libre suffisant est prévu, soit au moyen de refuges, soit au moyen de dispositifs mécaniques bloquant le déplacement de l'habitacle.

4.1.2.8.4. Risques dus à une charge tombant de l'habitacle

Lorsqu'il existe un risque dû à une charge tombant de l'habitacle, la machine est conçue et construite de manière à éviter ce risque.

4.1.2.8.5. Paliers

Les machines sont conçues et construites de manière à éviter les risques dus aux contacts des personnes situées aux paliers avec l'habitacle en mouvement ou avec d'autres éléments mobiles.

Lorsqu'il existe un risque lié à la chute de personnes dans le volume parcouru lorsque l'habitacle n'est pas présent aux paliers, des protecteurs sont installés pour éviter ce risque. Ces protecteurs sont prévus pour ne pas s'ouvrir du côté du volume parcouru. Ils sont munis d'un dispositif de verrouillage commandé par la position de l'habitacle qui évite :
– les déplacements dangereux de l'habitacle jusqu'à ce que les protecteurs soient fermés et verrouillés ;
– l'ouverture dangereuse d'un protecteur avant que l'habitacle ne se soit arrêté au palier correspondant.

4.1.3. Aptitude à l'emploi

Lors de la mise sur le marché ou de la première mise en service d'une machine ou d'accessoires de levage, le fabricant s'assure, par des mesures appropriées qu'il prend ou fait prendre, que la machine et les accessoires de levage prêts à être utilisés, qu'ils soient mus par la force humaine ou par un moteur, peuvent accomplir leurs fonctions prévues en toute sécurité.

Les épreuves statiques et dynamiques visées au paragraphe 4.1.2.3 sont effectuées sur toute machine de levage prête à être mise en service.

Lorsque la machine ne peut être montée dans les locaux du fabricant, les mesures appropriées sont prises sur le lieu d'utilisation. En tout état de cause, les mesures sont prises soit dans les locaux du fabricant, soit sur le lieu d'utilisation.

4.2. *Règles pour les machines mues par une énergie autre que la force humaine*

4.2.1. Commande des mouvements

Les organes de service commandant les mouvements de la machine ou de ses équipements nécessitent une action maintenue. Cependant, pour les mouvements partiels ou complets pour lesquels il n'y a pas de risque de collision avec la charge ou la machine, on peut remplacer lesdits organes par des organes de service autorisant des arrêts automatiques à des positions présélectionnées sans que l'opérateur actionne la commande en continu.

4.2.2. Contrôle des sollicitations

Les machines d'une charge maximale d'utilisation au moins égale à 1000 kg ou dont le moment de renversement est au moins égal à 40000 Nm sont équipées de dispositifs avertissant le conducteur et empêchant les mouvements dangereux en cas :
– de surcharge, par dépassement de la charge maximale d'utilisation ou du moment maximal d'utilisation dû à la charge ; ou
– de dépassement du moment de renversement.

4.2.3. Installations guidées par des câbles

Les câbles porteurs, tracteurs ou porteurs-tracteurs sont tendus par contrepoids ou par un dispositif permettant de contrôler la tension en permanence.

4.3. *Information et marquages*

4.3.1. Chaînes, câbles et sangles

Chaque longueur de chaîne, câble ou sangle de levage ne faisant pas partie d'un ensemble comporte un marquage ou, si un marquage n'est pas possible, une plaquette ou une bague inamovible portant les nom et adresse du fabricant et l'identification de l'attestation correspondante.

L'attestation susmentionnée comporte au moins les indications suivantes :
a) Le nom et l'adresse du fabricant ;
b) Une description de la chaîne ou du câble comportant :
– ses dimensions nominales ;
– sa construction ;
– le matériau de fabrication ; et,
– tout traitement métallurgique spécial subi par le matériel ;
c) La méthode d'essai utilisée ;
d) La charge maximale à laquelle la chaîne ou le câble devrait être soumis en service. Une fourchette de valeurs peut être indiquée en fonction des applications prévues.

4.3.2. Accessoires de levage

Chaque accessoire de levage porte les renseignements suivants :
– identification du matériau quand cette information est nécessaire pour la sécurité d'emploi ;
– charge maximale d'utilisation.

Pour les accessoires de levage sur lesquels le marquage est matériellement impossible, les renseignements visés au premier alinéa figurent sur une plaquette ou d'autres moyens équivalents et solidement fixés à l'accessoire.

Ces renseignements sont lisibles et placés à un endroit tel qu'ils ne risquent pas de disparaître sous l'effet de l'usure ou de compromettre la résistance de l'accessoire.

4.3.3. Machines de levage

La charge maximale d'utilisation est marquée de façon très visible sur la machine. Ce marquage est lisible, indélébile et en clair.

Lorsque la charge maximale d'utilisation dépend de la configuration de la machine, chaque poste de travail est équipé d'une plaque de charges donnant, de préférence sous la forme de croquis ou de tableaux, les charges d'utilisation permises pour chaque configuration.

Sur les machines uniquement destinées au levage d'objets, équipées d'un habitacle qui permet l'accès des personnes, figure une indication claire et indélébile interdisant le levage de personnes. Cette indication est visible à chacun des emplacements permettant l'accès.

4.4. *Notice d'instructions*

4.4.1. Accessoires de levage

Chaque accessoire de levage ou chaque lot commercialement indivisible d'accessoires de levage est accompagné d'une notice d'instructions donnant au minimum les indications suivantes :

a) L'usage prévu ;

b) Les limites d'emploi (notamment pour les accessoires de levage tels que les ventouses magnétiques ou sous vide qui ne satisfont pas pleinement aux règles du paragraphe 4.1.2.6, point e) ;

c) Les instructions pour le montage, l'utilisation et l'entretien ;

d) Le coefficient d'épreuve statique utilisé.

4.4.2. Machines de levage

Chaque machine de levage est accompagnée d'une notice d'instructions qui comprend les indications concernant :

a) Les caractéristiques techniques de la machine, notamment :

– la charge maximale d'utilisation et, le cas échéant, une copie de la plaque ou du tableau de charges visés au paragraphe 4.3.3, deuxième alinéa ;

– les réactions aux appuis ou aux scellements et, le cas échéant, les caractéristiques des chemins de roulement ;

– s'il y a lieu, la définition et les moyens d'installation des lestages ;

b) Le contenu du carnet de suivi de la machine, s'il n'est pas fourni avec la machine ;

c) Les conseils d'utilisation, notamment pour remédier à l'insuffisance de vision directe de la charge qu'a l'opérateur ;

d) S'il y a lieu, un rapport d'essai précisant les épreuves statiques et dynamiques effectuées par ou pour le fabricant ;

e) Pour les machines qui ne sont pas montées dans les locaux du fabricant dans leur configuration d'utilisation, les instructions nécessaires pour prendre les mesures mentionnées au paragraphe 4.1.3 avant la première mise en service.

5. Règles techniques complémentaires pour les machines destinées à des travaux souterrains

L'ensemble des règles techniques pertinentes décrites dans la présente partie s'appliquent aux machines destinées à des travaux souterrains conformément au 4° des principes généraux figurant au début de la présente annexe.

5.1. *Risques dus au manque de stabilité*

Les soutènements marchants sont conçus et construits de manière à maintenir une direction donnée lors de leur déplacement et ne pas se renverser avant et pendant la mise sous pression et après la décompression. Ils disposent d'ancrages pour les plaques de tête des étançons hydrauliques individuels.

5.2. *Circulation*

Les soutènements marchants permettent une circulation sans entraves des personnes.

5.3. *Organes de service*

Les organes de service d'accélération et de freinage du déplacement des machines sur rails sont conçus et construits pour être actionnés à la main. Toutefois, les dispositifs de validation peuvent être actionnés au pied.

Les organes de service des soutènements marchants sont conçus et disposés de manière à permettre que, pendant l'opération de ripage, les opérateurs soient abrités par un soutènement en place. Les organes de service sont protégés contre tout déclenchement involontaire.

5.4. *Arrêt*

Les machines automotrices sur rails destinées à des travaux souterrains sont équipées d'un dispositif de validation agissant sur le circuit de commande du déplacement de la machine tel que le déplacement est arrêté si le conducteur ne contrôle plus le déplacement.

5.5. Incendie

Le deuxième tiret du paragraphe 3.5.2. est obligatoire pour les machines qui comportent des parties hautement inflammables.

Le système de freinage des machines destinées à des travaux souterrains est conçu et construit de manière à ne pas produire d'étincelles ou être à l'origine d'incendies.

Les machines à moteur à combustion interne destinées à des travaux souterrains sont équipées exclusivement d'un moteur utilisant un carburant à faible tension de vapeur et qui exclut toute étincelle d'origine électrique.

5.6. *Émissions de gaz d'échappement*

Les moteurs à combustion interne sont conçus et construits de telle sorte que les émissions de gaz d'échappement ne sont pas évacuées vers le haut.

6. Règles techniques complémentaires pour les machines présentant des dangers particuliers dus au levage de personnes

L'ensemble des règles techniques pertinentes décrites dans la présente partie s'applique aux machines présentant des dangers dus au levage de personnes conformément au 4° des principes généraux figurant au début de la présente annexe.

6.1. *Généralités*

6.1.1. Résistance mécanique

L'habitacle, y compris les trappes, est conçu et construit de façon à offrir l'espace et la résistance correspondant au nombre maximal de personnes pouvant se trouver dans l'habitacle et à la charge maximale d'utilisation.

Les coefficients d'utilisation des composants figurant aux paragraphes 4.1.2.4 et 4.1.2.5 qui ne sont pas suffisants pour les machines destinées au levage de personnes sont, en règle générale, doublés. La machine destinée au levage de personnes ou de personnes et d'objets est équipée d'une suspension ou d'un système de support de l'habitacle conçu et construit de manière à assurer un niveau global de sécurité adéquat et à éviter le risque de chute de l'habitacle.

Lorsque des câbles ou des chaînes sont utilisés pour suspendre l'habitacle, en règle générale, au moins deux câbles ou chaînes, indépendants, sont requis, chacun disposant de son propre ancrage.

6.1.2. Contrôle des sollicitations pour les machines mues par une énergie autre que la force humaine

Les règles figurant au paragraphe 4.2.2 s'appliquent quelles que soient les valeurs de la charge maximale d'utilisation et du moment de renversement, à moins que le fabricant puisse démontrer qu'il n'existe pas de risques de surcharge ou de renversement.

6.2. *Organes de service*

Lorsque les règles de sécurité n'imposent pas d'autres solutions, l'habitacle est, en règle générale, conçu et construit de manière que les personnes s'y trouvant disposent de moyens de commande des mouvements de montée, de descente et, le cas échéant, d'autres déplacements de l'habitacle.

Ces organes de service ont la priorité sur tout autre organe commandant le même mouvement, à l'exception des dispositifs d'arrêt d'urgence.

Les organes de service de ces mouvements nécessitent une action maintenue, sauf si l'habitacle lui-même est complètement clos.

6.3. *Risques pour les personnes se trouvant dans l'habitacle*

6.3.1. Risques dus aux déplacements de l'habitacle

La machine de levage de personnes est conçue, construite ou équipée de façon que les accélérations et décélérations de l'habitacle ne créent pas de risques pour les personnes.

6.3.2. Risques de chute des personnes hors de l'habitacle

La machine est conçue et construite de manière que l'habitacle ne puisse s'incliner au point de créer un risque de chute de ses occupants, y compris lorsque la machine et l'habitacle sont en mouvement.

Lorsque l'habitacle est conçu en tant que poste de travail, il faut en assurer la stabilité et empêcher les mouvements dangereux.

Si les mesures mentionnées au paragraphe 1.5.15 ne sont pas suffisantes, l'habitacle est équipé de points d'ancrage en nombre adapté au nombre de personnes pouvant se trouver dans l'habitacle. Les points d'ancrage sont suffisamment résistants pour permettre l'utilisation d'équipements de protection individuelle destinés à protéger contre les chutes d'une certaine hauteur.

Les trappes dans le plancher ou le plafond ou les portillons latéraux sont conçues et construites de manière à empêcher l'ouverture inopinée, et leur sens d'ouverture s'oppose au risque de chute en cas d'ouverture inopinée.

6.3.3. Risques dus à la chute d'objets sur l'habitacle

Lorsqu'il existe un risque de chute d'objets sur l'habitacle mettant en danger les personnes, l'habitacle est équipé d'un toit de protection.

6.4. *Machines desservant des paliers fixes*

6.4.1. Risques pour les personnes se trouvant dans l'habitacle

L'habitacle est conçu et construit de manière à éviter les risques dus au contact entre les personnes ou les objets dans l'habitacle, d'une part, et tout élément fixe ou mobile, d'autre part. Le cas échéant, l'habitacle lui-même est complètement clos avec des portes équipées d'un dispositif de verrouillage qui empêche les mouvements dangereux de l'habitacle quand les portes ne sont pas fermées. Les portes restent fermées si l'habitacle s'arrête entre deux paliers, lorsqu'il existe un risque de chute hors de l'habitacle.

La machine est conçue, construite et, le cas échéant, équipée de dispositifs de manière à éviter le déplacement non contrôlé de l'habitacle vers le haut ou vers le bas. Ces dispositifs peuvent arrêter l'habitacle à sa charge maximale d'utilisation et à la vitesse maximale prévisible.

L'arrêt dû à l'action de ce dispositif ne provoque [pas] de décélération dangereuse pour les occupants, dans tous les cas de charge.

6.4.2. Commandes situées aux paliers

La machine est conçue et construite de manière que les commandes, autres que celles à utiliser en cas d'urgence, situées aux paliers ne puissent déclencher les mouvements de l'habitacle lorsque :
– les organes de service de l'habitacle fonctionnent ;
– l'habitacle n'est pas à un palier.

6.4.3. Accès à l'habitacle

Les protecteurs aux paliers et sur l'habitacle sont conçus et construits de manière à assurer le transfert en toute sécurité vers et depuis l'habitacle, compte tenu de l'ensemble prévisible d'objets et de personnes à lever.

6.5. *Marquages*

Sur l'habitacle sont portées les indications nécessaires pour assurer la sécurité, notamment :
– le nombre de personnes pouvant se trouver dans l'habitacle ;
– la charge maximale d'utilisation.

ANNEXE II

DÉFINISSANT LES RÈGLES TECHNIQUES DE CONCEPTION ET DE FABRICATION PRÉVUES PAR L'ARTICLE ***(D. 2011-1480 du 9.11.2011)*** « R. 4312-6 »

1. Règles générales applicables à tous les équipements de protection individuelle

1.0. *Généralités et champ d'application*

Les présentes règles générales s'appliquent à l'ensemble des équipements de protection individuelle neufs mentionnés ***(D. 2011-1480 du 9.11.2011)*** « aux articles R. 4311-8 à R. 4311-10 ».

1.0.0. Définition

On entend par utilisateur toute personne qui porte ou tient un équipement de protection individuelle tel que défini par ***(D. 2011-1480 du 9.11.2011)*** « les articles R. 4311-8 à R. 4311-10 », en vue de se protéger contre un ou plusieurs risques susceptibles de menacer son intégrité physique.

1.1. *Principes de protection*

1.1.1. Ergonomie

Les équipements de protection individuelle sont conçus et fabriqués de façon telle que, dans les conditions d'emploi prévisibles auxquelles ils sont destinés, l'utilisateur puisse déployer normalement l'activité l'exposant à des risques, tout en disposant d'une protection appropriée d'un niveau aussi élevé que possible.

1.1.2. Niveaux et classes de protection

1.1.2.1. Niveaux de protection aussi élevés que possible

Le niveau de protection qui résulte de la conception de l'équipement de protection individuelle est celui au-delà duquel les contraintes résultant du port de l'équipement de protection individuelle s'opposeraient à son utilisation effective pendant la durée d'exposition au risque, ou au déploiement normal de l'activité.

1.1.2.2. Classes de protection appropriées à différents niveaux de risque

Lorsque diverses conditions d'emploi prévisibles conduisent à distinguer plusieurs niveaux d'un même risque, les équipements de protection individuelle sont conçus et fabriqués en fonction des différentes classes de protection appropriées à chaque niveau de risque.

1.2. *Innocuité des équipements de protection individuelle*

1.2.1. Absence de risques et autres facteurs de nuisance autogènes

Les équipements de protection individuelle sont conçus et fabriqués de façon à ne pas engendrer de risques et autres facteurs de nuisance, dans les conditions prévisibles d'emploi.

1.2.1.1. Matériaux constitutifs appropriés

Les matériaux constitutifs des équipements de protection individuelle et leurs éventuels produits de dégradation ne doivent pas nuire à l'hygiène ou à la santé de l'utilisateur.

1.2.1.2. Parties d'un équipement de protection individuelle en contact avec l'utilisateur

Toute partie d'un équipement de protection individuelle en contact ou susceptible d'entrer en contact avec l'utilisateur pendant la durée du port présente un état de surface adéquat et est notamment dépourvue d'aspérités, arêtes vives ou pointes saillantes susceptibles de provoquer une irritation excessive ou des blessures.

1.2.1.3. Entraves maximales admissibles pour l'utilisateur

Les équipements de protection individuelle s'opposent le moins possible aux gestes à accomplir, aux postures à prendre et à la perception sensorielle. Ils ne doivent pas être à l'origine de gestes qui mettent l'utilisateur ou d'autres personnes en danger.

1.3. *Facteurs de confort et d'efficacité*

1.3.1. Adaptation à la morphologie de l'utilisateur

Les équipements de protection individuelle sont conçus et fabriqués de façon telle qu'ils puissent être placés aussi aisément que possible sur l'utilisateur dans la position appropriée et s'y maintenir pendant la durée prévisible du port, compte tenu des facteurs d'ambiance, des gestes à accomplir et des postures à prendre. Pour ce faire, les équipements de protection individuelle s'adaptent au mieux à la morphologie de l'utilisateur, par tout moyen approprié, tel que des systèmes de réglage et de fixation adéquats, ou une variété suffisante de tailles et pointures.

1.3.2. Légèreté et solidité de construction

Les équipements de protection individuelle sont aussi légers que possible, sans préjudice de leur solidité de construction ni de leur efficacité.

Les équipements de protection individuelle possèdent une résistance suffisante contre les effets des facteurs d'ambiance inhérents aux conditions prévisibles d'emploi.

1.3.3. Compatibilité des équipements de protection individuelle destinés à être portés simultanément par l'utilisateur

Lorsque, selon les conditions d'emploi définies par la notice d'instructions, plusieurs modèles d'équipements de protection individuelle de genres ou types différents sont destinés à assurer simultanément la protection de parties voisines du corps, ils doivent être compatibles entre eux.

1.4. *Notice d'instructions*

I. – Chaque équipement de protection individuelle est accompagné d'une notice d'instructions contenant, outre le nom et l'adresse du fabricant ou de l'importateur ainsi que le nom, l'adresse et le numéro d'identification de l'organisme qui a procédé à l'examen CE de type, les données suivantes :

a) Les instructions de stockage, d'emploi, de nettoyage, d'entretien, de révision et de désinfection. Les produits de nettoyage, d'entretien ou de désinfection préconisés ne doivent avoir, dans le cadre de leur mode d'emploi, aucun effet nocif sur les équipements de protection individuelle ni sur l'utilisateur ;

b) Les performances obtenues lors d'examens techniques visant à s'assurer des niveaux ou classes de protection des équipements de protection individuelle ;

c) Les accessoires utilisables avec les équipements de protection individuelle, ainsi que les caractéristiques des pièces de rechange appropriées ;

d) Les classes de protection appropriées à différents niveaux de risques et les limites d'utilisation correspondantes ;

e) La date ou le délai de péremption des équipements de protection individuelle ou de certains de leurs composants dans les conditions fixées par les règles définies aux 2 et 3, notamment par le paragraphe 2.4 ;

f) Le genre d'emballage approprié au transport des équipements de protection individuelle ;

g) La signification du marquage, lorsqu'il en existe un.

La notice doit en outre comporter toute autre indication prévue par la présente annexe.

II. – La notice d'instructions doit être rédigée en français, de façon précise et compréhensible.

2. Règles supplémentaires communes à plusieurs genres ou types d'équipements de protection individuelle

2.0. *Application*

En complément aux autres règles techniques définies par la présente annexe, les équipements de protection individuelle présentant les caractéristiques communes respectivement prévues par les paragraphes ci-après obéissent aux règles techniques qu'ils définissent.

2.1. *Équipements de protection individuelle comportant des systèmes de réglage*

Lorsque des équipements de protection individuelle comportent des systèmes de réglage, ceux-ci sont conçus et fabriqués de façon telle que, après avoir été ajustés, ils ne puissent se dérégler indépendamment de la volonté de l'utilisateur dans les conditions prévisibles d'emploi.

2.2. *Équipements de protection individuelle enveloppant les parties du corps à protéger*

Les équipements de protection individuelle enveloppant les parties du corps à protéger sont suffisamment aérés pour limiter la transpiration résultant du port. À défaut, ils sont dotés si cela est techniquement possible de dispositifs permettant d'absorber la sueur.

2.3. *Équipements de protection individuelle du visage, des yeux ou des voies respiratoires*

Les équipements de protection individuelle du visage, des yeux ou des voies respiratoires restreignent le moins possible le champ visuel et la vue de l'utilisateur.

Les systèmes oculaires de ces équipements de protection individuelle possèdent un degré de neutralité optique compatible avec la nature plus ou moins minutieuse ou prolongée des activités prévisibles de l'utilisateur.

Ils sont si nécessaire traités de manière à éviter la formation de buée ou dotés de dispositifs permettant d'éviter celle-ci.

Les modèles des équipements de protection individuelle destinés aux utilisateurs faisant l'objet d'une correction oculaire doivent être compatibles avec le port de lunettes ou lentilles de contact correctrices.

2.4. *Équipements de protection individuelle sujets à un vieillissement*

Lorsque les performances des équipements de protection individuelle sont susceptibles d'être affectées de façon sensible par un phénomène de vieillissement, la date de fabrication ou la date de péremption sont marquées, de façon indélébile et sans risque de mauvaise interprétation, sur l'emballage et, si possible, sur chaque exemplaire ou composant interchangeable d'équipement de protection individuelle.

À défaut de pouvoir s'engager sur la durée de vie d'un équipement de protection individuelle, la notice d'instructions prévue par le paragraphe 1.4 comporte les données permettant de déterminer un délai de péremption raisonnablement praticable, compte tenu du niveau de qualité du modèle et des conditions effectives de stockage, d'emploi, de nettoyage, de révision et d'entretien.

Dans le cas où une altération rapide et sensible des performances des équipements de protection individuelle est susceptible de résulter du vieillissement imputable à la mise en œuvre périodique du procédé de nettoyage préconisé, un marquage indiquant le nombre maximal de nettoyages au-delà duquel il y a lieu de réviser ou de réformer l'équipement est apposé sur chaque exemplaire ou, à défaut, mentionné dans la notice d'instructions.

2.5. *Équipements de protection individuelle susceptibles d'être happés au cours de leur utilisation*

Lorsque les conditions prévisibles d'emploi incluent en particulier un risque de happement de l'équipement de protection individuelle par un objet en mouvement susceptible d'engendrer de ce fait un danger pour l'utilisateur, l'équipement de protection individuelle possède un seuil de résistance approprié au-delà duquel la rupture d'un de ses éléments constitutifs permet d'éliminer le danger.

2.6. *Équipements de protection individuelle destinés à une utilisation en atmosphère explosible*

Les équipements de protection individuelle destinés à une utilisation en atmosphère explosible sont conçus et fabriqués de façon telle qu'ils ne puissent être le siège d'un arc ou d'une étincelle d'origine électrique, électrostatique, ou résultant d'un choc, susceptibles d'enflammer un mélange explosible.

2.7. *Équipements de protection individuelle devant être mis en place ou ôtés rapidement*

Les équipements de protection individuelle destinés à des interventions rapides ou devant être mis en place rapidement sont conçus et fabriqués de façon à pouvoir être mis en place dans un laps de temps aussi bref que possible. Les équipements de protection individuelle devant être ôtés rapidement sont conçus et fabriqués à cet effet.

Lorsque les équipements de protection individuelle comportent des dispositifs permettant de les maintenir en position appropriée sur l'utilisateur ou de les ôter, ils sont conçus et fabriqués de manière à pouvoir être manœuvrés aisément et rapidement.

2.8. *Équipements de protection individuelle d'intervention dans des situations très dangereuses*

La notice d'instructions délivrée avec les équipements de protection individuelle d'intervention dans les situations très dangereuses comporte les données destinées aux personnes compétentes, entraînées et qualifiées pour les interpréter et les faire appliquer par l'utilisateur.

Elle décrit en outre la procédure à mettre en œuvre pour s'assurer sur l'utilisateur équipé que son équipement de protection individuelle est correctement ajusté et apte à fonctionner.

Lorsque l'équipement de protection individuelle comporte un dispositif d'alarme fonctionnant lorsqu'il y a défaut du niveau de protection normalement assuré, celui-ci est conçu et agencé de façon telle que l'alarme puisse être perçue par l'utilisateur dans les conditions prévisibles d'emploi de l'équipement de protection individuelle.

2.9. *Équipements de protection individuelle comportant des composants réglables par l'utilisateur ou amovibles*

Lorsque des équipements de protection individuelle comportent des composants réglables par l'utilisateur ou amovibles à des fins de rechange, ceux-ci sont conçus et fabriqués de manière à pouvoir être réglés, montés et démontés aisément sans outil.

2.10. *Équipements de protection individuelle raccordables à un autre dispositif complémentaire extérieur*

Lorsque des équipements de protection individuelle sont dotés d'un système de liaison raccordable à un autre dispositif complémentaire, leur organe de raccordement est conçu et fabriqué de manière à ne pouvoir être monté que sur un dispositif de type approprié.

2.11. *Équipements de protection individuelle comportant un système à circulation de fluide*

Lorsque des équipements de protection individuelle comportent un système à circulation de fluide, celui-ci est de nature à assurer un renouvellement approprié du fluide au voisinage de l'ensemble de la partie du corps à protéger, quels que soient les gestes, postures ou mouvements de l'utilisateur dans les conditions prévisibles d'emploi.

2.12. *Équipements de protection individuelle portant une ou plusieurs marques de repérage ou de signalisation concernant la santé et la sécurité*

Les marques de repérage ou de signalisation concernant directement ou indirectement la santé et la sécurité figurant sur les équipements de protection individuelle sont parfaitement lisibles et le demeurent pendant la durée de vie prévisible de ces équipements de protection individuelle. Ces marques sont complètes, précises et compréhensibles, afin d'éviter toute mauvaise interprétation. En particulier, lorsque de telles marques comportent des mots ou des phrases, ceux-ci sont rédigés en français.

Lorsque les dimensions restreintes d'un équipement de protection individuelle ou composant d'équipement de protection individuelle ne permettent pas d'y apposer tout ou partie du marquage nécessaire, celui-ci est mentionné sur l'emballage et dans la notice d'instruction prévue par le paragraphe 1.4.

2.13. *Équipements de protection individuelle vestimentaires appropriés à la signalisation visuelle de l'utilisateur*

Les équipements de protection individuelle vestimentaires destinés à des conditions prévisibles d'emploi dans lesquelles il est nécessaire de signaler individuellement et visuellement la présence de l'utilisateur comportent un ou plusieurs dispositifs ou moyens judicieusement placés, émetteurs d'un rayonnement visible direct ou réfléchi ayant une intensité lumineuse et des propriétés photométriques et colorimétriques appropriées.

2.14. *Équipements de protection individuelle destinés à protéger contre plusieurs risques encourus simultanément*

Tout équipement de protection individuelle destiné à protéger l'utilisateur contre plusieurs risques susceptibles d'être encourus simultanément est conçu et fabriqué de manière à satisfaire à toutes les règles spécifiques à chacun de ces risques telles qu'elles sont prévues par la présente annexe.

3. Règles supplémentaires spécifiques aux risques à prévenir

3.0. *Application*

En complément aux autres règles techniques définies par la présente annexe, les équipements de protection individuelle obéissent aux règles techniques définies par les paragraphes ci-après qui leur sont respectivement applicables en fonction des risques qu'ils sont destinés à prévenir.

3.1. *Protection contre les chocs mécaniques*

3.1.1. Chocs résultant de chutes ou de projections d'objets et d'impacts d'une partie du corps contre un obstacle

Les équipements de protection individuelle appropriés aux risques de chocs résultant de chutes ou de projections d'objets ou d'impacts d'une partie du corps contre un obstacle sont conçus et fabriqués de manière à pouvoir amortir les effets de ce choc en évitant toute lésion, en particulier par écrasement ou pénétration de la partie protégée, jusqu'à un niveau d'énergie du choc au-delà duquel les dimensions ou la masse excessives du dispositif amortisseur s'opposeraient à l'utilisation effective des équipements de protection individuelle pendant la durée prévisible du port.

3.1.2. Chutes de personnes

3.1.2.1. Prévention des chutes par glissade

Les semelles d'usure des articles chaussants destinés à la prévention des glissades sont conçues, fabriquées ou dotées de dispositifs rapportés appropriés, de façon à assurer une bonne adhérence, par engrènement ou par frottement en fonction de la nature ou de l'état du sol.

3.1.2.2. Prévention des chutes de hauteur

Les équipements de protection individuelle destinés à prévenir les chutes de hauteur ou leurs effets comportent un dispositif de préhension du corps et un système de liaison raccordable à un point d'ancrage sûr. Ils sont conçus et fabriqués de façon telle que, lorsqu'ils sont utilisés dans les conditions prévisibles d'emploi, la dénivellation du corps soit aussi faible que possible pour éviter tout impact contre un obstacle, sans que la force de freinage atteigne pour autant le seuil d'occurrence de lésions corporelles, ni celui d'ouverture ou de rupture d'un composant de ces équipements de protection individuelle d'où pourrait résulter la chute de l'utilisateur.

Ils assurent en outre, à l'issue du freinage, une position correcte de l'utilisateur lui permettant, le cas échéant, d'attendre des secours.

La notice d'instruction prévue par le paragraphe 1.4 précise :
- les caractéristiques requises pour le point d'ancrage sûr, ainsi que le tirant d'air minimal nécessaire en dessous de l'utilisateur ;
- la façon adéquate d'endosser le dispositif de préhension du corps et de raccorder son système de liaison au point d'ancrage sûr.

3.1.3. Vibrations mécaniques

Les équipements de protection individuelle destinés à prévenir les effets des vibrations mécaniques sont conçus et fabriqués de manière à pouvoir en atténuer de façon appropriée les composantes vibratoires nocives pour la partie du corps à protéger.

3.2. *Protection contre la compression statique d'une partie du corps*

Les équipements de protection individuelle destinés à protéger une partie du corps contre des contraintes de compression statique sont conçus et fabriqués de manière à pouvoir en atténuer les effets de façon à éviter des lésions aiguës ou des affections chroniques.

3.3. *Protection contre les agressions physiques telles que frottements, piqûres, coupures, morsures*

Les matériaux constitutifs et autres composants des équipements de protection individuelle destinés à la protection de tout ou partie du corps contre des agressions mécaniques superficielles telles que des frottements, piqûres, coupures ou morsures, sont tels que ces équipements de protection individuelle possèdent une résistance à l'abrasion, à la perforation et à la coupure par tranchage appropriée aux conditions prévisibles d'emploi.

3.4. *Prévention des noyades*

3.4.0. Gilets de sécurité, brassières et combinaisons de sauvetage

Les équipements de protection individuelle destinés à la prévention des noyades sont conçus et fabriqués de manière à pouvoir faire remonter aussi vite que possible à la surface, sans porter atteinte à sa santé, l'utilisateur éventuellement épuisé ou sans connaissance plongé dans un milieu liquide et le faire flotter dans une position lui permettant de respirer dans l'attente des secours. Ils présentent, à cet effet, une flottabilité intrinsèque totale ou partielle suffisante, ou, à défaut, obtenue par gonflage soit au moyen d'un gaz libéré automatiquement ou manuellement, soit à la bouche.

Dans les conditions prévisibles d'emploi :
- les équipements de protection individuelle mentionnés au premier alinéa sont tels qu'ils peuvent résister, sans préjudice de leur bon fonctionnement, aux effets de l'impact avec le milieu liquide ainsi qu'aux facteurs d'ambiance inhérents à ce milieu ;
- les équipements de protection individuelle gonflables sont tels qu'ils peuvent se gonfler rapidement et complètement.

Lorsque des conditions prévisibles d'emploi particulières l'exigent, les équipements de protection individuelle mentionnés au premier alinéa comportent en outre :
- s'ils sont gonflables, l'ensemble des dispositifs de gonflage mentionnés au premier alinéa ;
- un dispositif de signalisation lumineuse ou sonore ;
- un dispositif d'accrochage et de préhension du corps permettant d'extraire l'utilisateur du milieu liquide.

Les équipements de protection individuelle mentionnés au premier alinéa sont appropriés à un emploi prolongé pendant toute la durée de l'activité exposant l'utilisateur éventuellement habillé à un risque de chute ou nécessitant sa plongée dans le milieu liquide.

3.4.1. Aides à la flottabilité

Les équipements d'aide à la flottabilité assurent un degré de flottabilité efficace en fonction de leur utilisation prévisible, un port sûr et apportant un soutien positif dans l'eau. Dans les conditions prévisibles d'emploi, ils n'entravent pas la liberté des mouvements de l'utilisateur et lui permettent notamment de nager ou d'agir pour échapper à un danger ou pour secourir d'autres personnes.

3.5. *Protection contre les effets nuisibles du bruit*

Les équipements de protection individuelle destinés à la prévention des effets nuisibles du bruit sont conçus et fabriqués de manière à pouvoir atténuer celui-ci de manière appropriée.

Chaque équipement de protection individuelle destiné à la prévention des effets nuisibles du bruit porte un marquage indiquant le niveau d'affaiblissement acoustique et le niveau de confort qu'il procure. En cas d'impossibilité, ce marquage est apposé sur l'emballage.

3.6. *Protection contre la chaleur ou le feu*

Les équipements de protection individuelle destinés à préserver tout ou partie du corps contre les effets de la chaleur ou du feu possèdent un pouvoir d'isolation thermique et une résistance mécanique appropriés aux conditions prévisibles d'emploi.

3.6.1. Matériaux constitutifs et autres composants des équipements de protection individuelle contre la chaleur ou le feu

Les matériaux constitutifs et autres composants destinés à la protection contre la chaleur rayonnante et convective sont caractérisés par un coefficient de transmission approprié du flux thermique incident et par un degré d'incombustibilité suffisamment élevé pour éviter tout risque d'auto-inflammation dans les conditions prévisibles d'emploi.

Lorsque la partie externe de ces matériaux et composants doit avoir un pouvoir réfléchissant, celui-ci est approprié au flux de chaleur émis par rayonnement dans le domaine de l'infrarouge.

Les matériaux et autres composants d'équipements de protection individuelle destinés à des interventions de durée brève à l'intérieur d'ambiances chaudes et ceux d'équipements de protection individuelle susceptibles de recevoir des projections de produits chauds, telles que de grosses projections de matières en fusion, ont une capacité calorifique suffisante pour ne restituer la plus grande partie de la chaleur emmagasinée qu'après que l'utilisateur s'est éloigné du lieu d'exposition aux risques et débarrassé de son équipement de protection individuelle.

Les matériaux et autres composants d'équipements de protection individuelle susceptibles de recevoir de grosses projections de produits chauds sont conçus et fabriqués de manière à amortir suffisamment les chocs mécaniques, dans les conditions précisées par le paragraphe 3.1.1.

Les matériaux et autres composants d'équipements de protection individuelle susceptibles d'être en contact accidentel avec une flamme et ceux qui entrent dans la fabrication d'équipements de lutte contre le feu sont caractérisés par un degré d'ininflammabilité correspondant au niveau de risque encouru dans les conditions prévisibles d'emploi. Ils ne fondent pas sous l'action de la flamme ni ne contribuent à la propagation de celle-ci.

3.6.2. Équipements de protection individuelle complets prêts à l'usage

Dans les conditions prévisibles d'emploi des équipements de protection individuelle contre la chaleur ou le feu, complets, prêts à l'usage :

1° La quantité de chaleur transmise à l'utilisateur à travers son équipement de protection individuelle est suffisamment faible pour que la chaleur accumulée pendant la durée du port dans la partie du corps à protéger n'atteigne en aucun cas le seuil de douleur ni un niveau tel qu'elle soit susceptible d'être à l'origine d'une quelconque nuisance à la santé.

2° Les équipements de protection individuelle s'opposent si nécessaire à la pénétration des liquides ou vapeurs et ne sont pas à l'origine de brûlures résultant de contacts entre leur enveloppe protectrice et l'utilisateur.

Lorsque des équipements de protection individuelle comportent des dispositifs de réfrigération permettant d'absorber la chaleur incidente par évaporation d'un liquide ou par sublimation d'un solide, ils sont conçus de façon telle que les substances volatiles ainsi dégagées soient évacuées à l'extérieur de l'enveloppe protectrice et non pas vers l'utilisateur.

Lorsque des équipements de protection individuelle comportent un appareil de protection respiratoire, celui-ci assure, dans les conditions prévisibles d'emploi, la fonction de protection qui lui est impartie.

La notice d'instructions relative à chaque équipement de protection individuelle destiné à des interventions de durée brève à l'intérieur d'ambiances chaudes comporte les données permettant de déterminer la durée d'exposition maximale admissible de l'utilisateur à la chaleur transmise par les équipements.

3.7. *Protection contre le froid*

Les équipements de protection individuelle destinés à préserver tout ou partie du corps contre les effets du froid possèdent un pouvoir d'isolation thermique et une résistance mécanique appropriés à leurs conditions prévisibles d'emploi.

3.7.1. Matériaux constitutifs et autres composants des équipements de protection individuelle contre le froid

Les matériaux constitutifs et autres composants des équipements de protection individuelle destinés à la protection contre le froid sont caractérisés par un coefficient de transmission du flux thermique incident aussi faible que l'exigent les conditions prévisibles d'emploi. Les matériaux et autres composants souples des équipements de protection individuelle destinés à des interventions à l'intérieur d'ambiances froides conservent le degré de souplesse approprié aux gestes à accomplir et aux postures à prendre.

Les matériaux et autres composants d'équipements de protection individuelle susceptibles de recevoir de grosses projections de produits froids amortissent suffisamment les chocs mécaniques dans les conditions précisées par le paragraphe 3.1.1.

3.7.2. Équipements de protection individuelle complets, prêts à l'usage

Dans les conditions prévisibles d'emploi des équipements de protection individuelle contre le froid, complets, prêts à l'usage :

1° Le flux transmis à l'utilisateur à travers son équipement de protection individuelle est tel que le froid accumulé pendant la durée du port en tout point de la partie du corps à protéger, y compris les extrémités des doigts ou des orteils dans le cas de la main ou du pied, n'atteigne en aucun cas le seuil de douleur ni un niveau tel qu'il soit susceptible d'être à l'origine d'une quelconque nuisance à la santé.

2° Les équipements de protection individuelle s'opposent dans la mesure du possible à la pénétration de liquides tels que, par exemple, l'eau de pluie et ne doivent pas être à l'origine de lésions résultant de contacts entre leur enveloppe protectrice et l'utilisateur.

Lorsque des équipements de protection individuelle comportent un appareil de protection respiratoire, celui-ci assure, dans les conditions prévisibles d'emploi, la fonction de protection qui lui est impartie.

La notice d'instructions relative à chaque équipement de protection individuelle destiné à des interventions de durée brève à l'intérieur d'ambiances froides comporte les données permettant de déterminer la durée d'exposition maximale admissible de l'utilisateur au froid transmis par les équipements.

3.8. *Protection contre les chocs électriques*

Les équipements de protection individuelle destinés à protéger tout ou partie du corps contre les effets du courant électrique possèdent un degré d'isolation approprié aux valeurs des tensions auxquelles l'utilisateur est susceptible d'être exposé dans les conditions prévisibles les plus défavorables.

À cet effet, les matériaux constitutifs et autres composants de ces équipements de protection individuelle sont tels que le courant de fuite, mesuré à travers l'enveloppe protectrice dans des conditions d'essai mettant en œuvre des tensions correspondant à celles susceptibles d'être rencontrées in situ, soit aussi faible que possible et en tout cas inférieur à la valeur conventionnelle maximale admissible correspondant au seuil de tolérance.

Les équipements de protection individuelle destinés exclusivement aux travaux ou manœuvres sur les installations électriques sous tension ou susceptibles d'être sous tension comportent, ainsi que leur emballage, un marquage indiquant en particulier la classe de protection ou la tension d'utilisation y afférente, le numéro de série et la date de fabrication. Ces équipements de protection individuelle comportent en outre, à l'extérieur de l'enveloppe protectrice, un espace réservé au marquage ultérieur de la date de mise en service et des essais ou examens à effectuer de façon périodique.

La notice d'instructions prévue par le paragraphe 1.4 précise l'usage exclusif de ces équipements de protection individuelle, ainsi que la nature et la périodicité des essais diélectriques auxquels ceux-ci sont assujettis.

3.9. *Protection contre les rayonnements*

3.9.1. Rayonnements non ionisants

Les équipements de protection individuelle destinés à la prévention des effets aigus ou chroniques des sources de rayonnements non ionisants sur l'œil sont conçus et fabriqués de manière à pouvoir absorber ou réfléchir la majeure partie de l'énergie rayonnée dans les longueurs d'onde nocives, sans altérer pour autant de façon excessive la transmission de la partie non nocive du spectre visible, la perception des contrastes et la distinction des couleurs, lorsque les conditions prévisibles d'emploi l'exigent.

À cet effet, les oculaires protecteurs sont conçus et fabriqués de manière à disposer notamment, pour chaque onde nocive, d'un facteur spectral de transmission tel que la densité d'éclairement énergétique du rayonnement susceptible d'atteindre l'œil de l'utilisateur à travers le filtre soit aussi faible que possible.

En outre, les oculaires sont tels qu'ils ne se détériorent ni ne perdent leurs propriétés sous l'effet du rayonnement émis dans les conditions prévisibles d'emploi et chaque exemplaire est caractérisé par le numéro d'échelon de protection auquel correspond la courbe de la distribution spectrale de son facteur de transmission.

Les oculaires destinés à des sources de rayonnement du même genre sont classés dans l'ordre croissant de leurs numéros d'échelons de protection. La notice d'instructions prévue par le paragraphe 1.4 comporte les courbes de transmission permettant de choisir l'équipement de protection individuelle le plus approprié, compte tenu de facteurs inhérents aux conditions d'emploi effectives, tels que la distance par rapport à la source et la distribution spectrale de l'énergie rayonnée à cette distance.

Chaque exemplaire d'oculaire filtrant comporte le numéro d'échelon de protection qu'il assure.

3.9.2. Rayonnements ionisants

3.9.2.1. Protection contre la contamination radioactive externe

Les matériaux constitutifs et autres composants des équipements de protection individuelle destinés à protéger tout ou partie du corps contre les poussières, gaz, liquides radioactifs ou leurs mélanges sont tels que ces équipements s'opposent efficacement à la pénétration des contaminants dans les conditions prévisibles d'emploi.

L'étanchéité requise est obtenue, selon la nature ou l'état des contaminants, par l'imperméabilité de l'enveloppe protectrice ou par tout autre moyen approprié tel que des systèmes de ventilation et des pressurisations s'opposant à la rétrodiffusion de ces contaminants.

Lorsque des mesures de décontamination sont applicables aux équipements de protection individuelle, ceux-ci peuvent en être l'objet de façon non préjudiciable à leur réemploi dans les conditions définies par la notice d'instructions.

3.9.2.2. Protection limitée contre l'irradiation externe

Les équipements de protection individuelle destinés à protéger l'utilisateur contre l'exposition externe aux rayonnements tels que rayonnement électronique bêta, photonique X ou gamma, sont tels qu'ils peuvent atténuer suffisamment les effets de celle-ci.

Les matériaux constitutifs et autres composants de ces équipements de protection individuelle sont tels que le niveau de protection procuré à l'utilisateur soit aussi élevé que l'exigent les conditions prévisibles d'emploi, sans que les entraves aux gestes, postures ou déplacements de ce dernier entraînent pour autant un accroissement de la durée d'exposition.

Les équipements de protection individuelle comportent un marquage de signalisation indiquant la nature ainsi que l'épaisseur du ou des matériaux constitutifs correspondant aux conditions prévisibles d'emploi.

3.10. *Protection contre les substances ou préparations dangereuses et agents infectieux*

3.10.1. Protection respiratoire

Les équipements de protection individuelle destinés à la protection des voies respiratoires contre les substances ou préparations dangereuses ou contre les agents infectieux sont tels qu'ils permettent d'alimenter l'utilisateur en air respirable lorsque ce dernier est exposé à une atmosphère polluée ou dont la concentration en oxygène est insuffisante.

L'air respirable fourni à l'utilisateur par son équipement de protection individuelle est obtenu par des moyens appropriés, notamment par un apport provenant d'une source non polluée ou après filtration de l'air pollué à travers le dispositif ou moyen protecteur.

Les matériaux constitutifs et autres composants de ces équipements de protection individuelle sont tels que la fonction et l'hygiène respiratoires de l'utilisateur soient assurées de façon appropriée pendant la durée du port, dans les conditions prévisibles d'emploi.

Le degré d'étanchéité de la pièce faciale, les pertes de charge à l'inspiration ainsi que, pour les appareils filtrants, le pouvoir d'épuration sont tels que, dans le cas d'une atmosphère polluée, la pénétration des contaminants soit suffisamment faible pour ne pas porter atteinte à la santé ou à l'hygiène de l'utilisateur.

Les équipements de protection individuelle comportent un marquage d'identification du fabricant. Ils comportent également l'indication des caractéristiques propres à chaque type d'équipement permettant, avec la notice d'instructions, à tout utilisateur entraîné et qualifié de faire usage de façon appropriée de cet équipement.

En outre, dans le cas des appareils filtrants, la notice d'instructions indique la date limite de stockage du filtre tel que conservé dans son emballage d'origine.

3.10.2. Protection contre les contacts cutanés ou oculaires

Les équipements de protection individuelle destinés à éviter les contacts superficiels de tout ou partie du corps avec des substances ou préparations dangereuses ou avec des agents infectieux sont tels qu'ils peuvent s'opposer à la pénétration ou à la diffusion de tels substances, préparations ou agents au travers de l'enveloppe protectrice, dans les conditions prévisibles d'emploi.

À cet effet, les matériaux constitutifs et autres composants de ces équipements de protection individuelle sont de nature à assurer une totale étanchéité, autorisant, si besoin est, un usage quotidien éventuellement prolongé ou, à défaut, une étanchéité limitée nécessitant une restriction de la durée du port.

Lorsqu'en raison de leur nature et des conditions prévisibles de leur mise en œuvre, certaines substances ou préparations dangereuses ou certains agents infectieux sont dotés d'un pouvoir de pénétration élevé d'où résulte un laps de temps de protection limité pour les équipements de protection individuelle correspondants, ceux-ci font l'objet d'essais permettant de les classer en fonction de leur efficacité. Les équipements de protection individuelle comportent un marquage indiquant notamment les noms ou, à défaut, les codes des substances, préparations ou agents utilisés pour les essais ainsi que le temps de protection y afférent. En outre, la notice d'instructions prévue par le paragraphe 1.4 indique la signification des codes, la description détaillée des essais et les données permettant de déterminer la durée maximale admissible du port de l'équipement dans les diverses conditions prévisibles d'emploi.

3.11. *Dispositifs de sécurité des équipements de plongée*

1. L'appareil respiratoire des équipements de plongée permet d'alimenter l'utilisateur en mélange gazeux respirable, dans les conditions prévisibles d'emploi et compte tenu notamment de la profondeur d'immersion maximale.

2. Lorsque les conditions prévisibles d'emploi l'exigent, les équipements de plongée comportent :

a) Une combinaison assurant la protection de l'utilisateur contre la pression résultant de la profondeur d'immersion ou contre le froid, conformément aux paragraphes 3.2 et 3.7 à 3.7.2 ;

b) Un dispositif d'alarme destiné à prévenir en temps opportun l'utilisateur d'un manque d'alimentation ultérieur en mélange gazeux respirable, conformément au paragraphe 2.8 ;

c) Une combinaison de sauvetage permettant à l'utilisateur de remonter à la surface, conformément au paragraphe 3.4.1.

TITRE II

UTILISATION DES ÉQUIPEMENTS DE TRAVAIL ET DES MOYENS DE PROTECTION

CHAPITRE Ier

Règles générales

Note Le décret 93-41 du 11 janvier 1993 (JO 13), applicable au 15 janvier 1993, transpose la directive 89/656/CEE du 30 novembre 1989 modifiée (JOCE L 393 du 30.12.1989 ; « Code annoté européen du travail », *Groupe Revue Fiduciaire,* éd. 2010, p. 638) concernant les prescriptions minimales de sécurité et de santé pour l'utilisation par les travailleurs au travail d'équipements de protection individuelle.

Voir instruction DRT 93-13 du 18 mars 1993 fixant les orientations pour l'application de ce décret (BO TR 93/9, p. 101).

SECTION 1. Principes

Art. L. 4321-1. Les équipements de travail et les moyens de protection mis en service ou utilisés dans les établissements destinés à recevoir des travailleurs sont équipés, installés, utilisés, réglés et maintenus de manière à préserver la santé et la sécurité des travailleurs, y compris en cas de modification de ces équipements de travail et de ces moyens de protection.

Art. L. 4321-2. Il est interdit de mettre en service ou d'utiliser des équipements de travail et des moyens de protection qui ne répondent pas aux règles techniques de conception du chapitre II et aux procédures de certification du chapitre III du titre Ier.

Art. L. 4321-3. Par dérogation aux dispositions de l'article L. 4321-2, est permise, aux seules fins de démonstration, l'utilisation des équipements de travail neufs ne répondant pas aux dispositions de l'article L. 4311-1. Les mesures nécessaires, destinées à éviter toute atteinte à la sécurité et la santé des travailleurs chargés de la démonstration et des personnes exposées aux risques qui en résultent, sont alors mises en œuvre.

Dans ce cas, un avertissement dont les caractéristiques sont déterminées par arrêté conjoint du ministre chargé du travail et du ministre chargé de l'agriculture est placé à proximité de l'équipement de travail faisant l'objet de la démonstration, pendant toute la durée de celle-ci.

Note Voir note sous l'article L. 4311-4.

Art. R. 4321-1. L'employeur met à la disposition des travailleurs les équipements de travail nécessaires, appropriés au travail à réaliser ou convenablement adaptés à cet effet, en vue de préserver leur santé et leur sécurité.

Art. R. 4321-2. L'employeur choisit les équipements de travail en fonction des conditions et des caractéristiques particulières du travail. Il tient compte des caractéristiques de l'établissement susceptibles d'être à l'origine de risques lors de l'utilisation de ces équipements.

Art. R. 4321-3. Lorsque les mesures prises en application des articles R. 4321-1 et R. 4321-2 ne peuvent pas être suffisantes pour préserver la santé et la sécurité des travailleurs, l'employeur prend toutes autres mesures nécessaires à cet effet, en agissant notamment sur l'installation des équipements de travail, l'organisation du travail ou les procédés de travail.

Art. R. 4321-4. L'employeur met à la disposition des travailleurs, en tant que de besoin, les équipements de protection individuelle appropriés et, lorsque le caractère particulièrement insalubre ou salissant des travaux l'exige, les vêtements de travail appropriés. Il veille à leur utilisation effective.

Art. R. 4321-5. Les équipements de protection individuelle et les vêtements de travail mis à la disposition des travailleurs en application des dispositions de la présente partie ne constituent pas des avantages en nature au sens de l'article L. 3141-23.

SECTION 2. Dispositions d'application

Art. L. 4321-4. Pour l'application des dispositions du présent titre, des décrets en Conseil d'État, pris après avis des organisations professionnelles d'employeurs et de salariés intéressées, déterminent les mesures d'organisation, les conditions de mise en œuvre et les prescriptions techniques auxquelles est subordonnée l'utilisation des équipements de travail et moyens de protection soumis aux obligations de sécurité définies à l'article L. 4321-1.

Art. L. 4321-5. Les modalités d'application des décrets en Conseil d'État mentionnés à l'article L. 4321-4 peuvent être définies par des conventions ou des accords conclus entre l'autorité administrative et les organisations professionnelles nationales d'employeurs représentatives.

Art. R. 4321-6. Les conventions ou accords prévus à l'article L. 4321-5 sont conclus entre les ministres chargés du travail ou de l'agriculture et les organisations professionnelles nationales d'employeurs représentatives.

Note Cet article [L. 233-5-1, IV], ajouté par la loi 96-452 du 28 mai 1996 (JO 29) entérine sur le plan législatif la voie conventionnelle engagée entre le ministère du Travail et les branches professionnelles pour la mise en conformité des machines en service avec les normes européennes (voir notamment BO TR 96/3, p. 51, Point sur la démarche des secteurs professionnels).

CHAPITRE II

Maintien en état de conformité

[Le présent chapitre ne comprend pas de dispositions législatives.]

Art. R. 4322-1. Les équipements de travail et moyens de protection, quel que soit leur utilisateur, sont maintenus en état de conformité avec les règles techniques de conception et de construction applicables lors de leur mise en service dans l'établissement, y compris au regard de la notice d'instructions.

Ces dispositions ne font pas obstacle à l'application des règles d'utilisation prévues au chapitre IV.

Note Voir note technique n° 9 du 2 août 1995 relative aux vérifications générales périodiques des équipements de travail (BO TR 95/17, p. 65).

Art. R. 4322-2. Les moyens de protection détériorés pour quelque motif que ce soit, y compris du seul fait de la survenance du risque contre lequel ils sont prévus et dont la réparation n'est pas susceptible de garantir le niveau de protection antérieur à la détérioration, sont immédiatement remplacés et mis au rebut.

Art. R. 4322-3. La notice d'instructions des équipements de travail et moyens de protection est tenue à la disposition de l'inspection du travail, du service de prévention des organismes de sécurité sociale et de l'organisme agréé saisi conformément à l'article R. 4722-26.

CHAPITRE III

Mesures d'organisation et conditions d'utilisation des équipements de travail et des équipements de protection individuelle

[Le présent chapitre ne comprend pas de dispositions législatives.]

SECTION 1. Information et formation des travailleurs

Art. R. 4323-1. L'employeur informe de manière appropriée les travailleurs chargés de l'utilisation ou de la maintenance des équipements de travail :

1° De leurs conditions d'utilisation ou de maintenance ;

2° Des instructions ou consignes les concernant ***(D. 2008-1156 du 7 nov. 2008, art. 10, JO 9, applicable le 29.12.2009)*** « notamment celles contenues dans la notice d'instructions du fabricant » ;

3° De la conduite à tenir face aux situations anormales prévisibles ;

4° Des conclusions tirées de l'expérience acquise permettant de supprimer certains risques.

Note

• Voir circulaire DGT 2010-01 du 4 février 2010 concernant la mise en œuvre du décret du 7 novembre 2008.

• A justifié sa décision déclarant coupables une société et son dirigeant du délit de blessures involontaires l'arrêt de cour d'appel qui a relevé que le technicien de maintenance et l'agent de production affecté au fonctionnement de la machine n'avaient pas reçu une formation suffisante à la sécurité au sens des articles R. 233-2 et R. 233-3 (anciens) CT et que les organes de service du matériel n'étaient pas clairement identifiables ainsi que le prescrit l'article R. 233-19 (ancien) du même code, et ajouté que la responsabilité pénale de la société était engagée du fait de ces manquements et que le dirigeant avait commis une faute caractérisée exposant autrui à un risque d'une particulière gravité qu'il ne pouvait ignorer compte tenu de son expérience et de sa compétence technique (cass. crim. 6 novembre 2008, n° 07-80.031, B. crim. n° 265 ; *RJS* 3/08 n° 298 ; *RDT*, juillet/août 2008, CH, 464, J-Fr. Dreuille).

Art. R. 4323-2. L'employeur informe de manière appropriée tous les travailleurs de l'établissement des risques les concernant dus :

1° Aux équipements de travail situés dans leur environnement immédiat de travail, même s'ils ne les utilisent pas personnellement ;

2° Aux modifications affectant ces équipements.

Art. R. 4323-3. La formation à la sécurité dont bénéficient les travailleurs chargés de l'utilisation ou de la maintenance des équipements de travail est renouvelée et complétée aussi souvent que nécessaire pour prendre en compte les évolutions de ces équipements.

Art. R. 4323-4. Indépendamment de la formation prévue à l'article R. 4323-3, les travailleurs affectés à la maintenance et à la modification des équipements de travail reçoivent une formation spécifique relative aux prescriptions à respecter, aux conditions d'exécution des travaux et aux matériels et outillages à utiliser.

Cette formation est renouvelée et complétée aussi souvent que nécessaire pour prendre en compte les évolutions des équipements de travail et des techniques correspondantes.

Art. R. 4323-5. L'employeur tient à la disposition des membres du comité d'hygiène, de sécurité et des conditions de travail ou, à défaut, des délégués du personnel, une documentation sur la réglementation applicable aux équipements de travail utilisés.

SECTION 2. Installation des équipements de travail

Art. R. 4323-6. Les équipements de travail et leurs éléments sont installés et doivent pouvoir être utilisés de manière à assurer leur stabilité.

Art. R. 4323-7. Les équipements de travail sont installés, disposés et utilisés de manière à réduire les risques pour les utilisateurs de ces équipements et pour les autres travailleurs.

Ils sont installés, ainsi que leurs éléments, de façon à permettre aux travailleurs d'accomplir les opérations de production et de maintenance dans les meilleures conditions de sécurité possibles.

Art. R. 4323-8. Un espace libre suffisant est prévu entre les éléments mobiles des équipements de travail et les éléments fixes ou mobiles de leur environnement.

Art. R. 4323-9. L'environnement de travail est organisé de telle sorte que toute énergie ou substance utilisée ou produite puisse être amenée et évacuée en toute sécurité.

Art. R. 4323-10. Les équipements de travail et leurs éléments sont implantés de telle sorte qu'ils ne s'opposent pas à l'emploi des outils, accessoires, équipements et engins nécessaires pour exécuter en toute sécurité les opérations de mise en œuvre et de réglage relevant de l'opérateur, ou les opérations de maintenance.

Art. R. 4323-11. Les équipements de travail sont installés et, en fonction des besoins, équipés de telle sorte que les travailleurs puissent accéder et se maintenir en sécurité et sans fatigue excessive à tous les emplacements nécessaires pour l'utilisation, le réglage et la maintenance de ces équipements et de leurs éléments.

Art. R. 4323-12. Les passages et les allées de circulation des travailleurs entre les équipements de travail ont une largeur d'au moins 80 centimètres.

Le profil et l'état du sol de ces passages et les allées permettent le déplacement en sécurité.

Art. R. 4323-13. Aucun poste de travail permanent ne peut être situé dans le champ d'une zone de projection d'éléments dangereux.

SECTION 3. Utilisation et maintenance des équipements de travail

Art. R. 4323-14. Le montage et le démontage des équipements de travail sont réalisés de façon sûre, en respectant les instructions du fabricant.

La remise en service d'un équipement de travail après une opération de maintenance ayant nécessité le démontage des dispositifs de protection est précédée d'un essai permettant de vérifier que ces dispositifs sont en place et fonctionnent correctement.

Art. R. 4323-15. Lorsque des transmissions, mécanismes et équipements de travail comportant des organes en mouvement susceptibles de présenter un risque sont en fonctionnement, les travailleurs ne peuvent être admis à procéder à la vérification, à la visite, au nettoyage, au débourrage, au graissage, au réglage, à la réparation et à toute autre opération de maintenance.

Préalablement à l'exécution à l'arrêt de tels travaux, toutes mesures sont prises pour empêcher la remise en marche inopinée des transmissions, mécanismes et équipements de travail en cause.

Lorsqu'il est techniquement impossible d'accomplir à l'arrêt certains de ces travaux, des dispositions particulières sont prises pour empêcher l'accès aux zones dangereuses ou pour mettre en œuvre des conditions de fonctionnement, une organisation du travail ou des modes opératoires permettant de préserver la sécurité des travailleurs. L'employeur rédige une instruction à cet effet. Dans ce cas, les travaux ne peuvent être accomplis que par des travailleurs affectés à la maintenance et au démontage des équipements de travail.

Note Il appartient au titulaire d'une délégation de pouvoirs chargé des questions de sécurité d'assurer le respect des prescriptions du code du travail interdisant à tout travailleur de procéder, pendant leur marche, à la vérification ou à la réparation des machines (cass. crim. 15 octobre 1991, n° 89-86.633, *RJS* 3/92 n° 298).

Art. R. 4323-16. Lorsque, pour des raisons d'ordre technique, les éléments mobiles d'un équipement de travail ne peuvent être rendus inaccessibles, il est interdit de permettre aux travailleurs, lorsqu'ils portent des vêtements non ajustés ou flottants, d'utiliser cet équipement, de procéder à des interventions sur celui-ci ou de circuler à sa proximité.

Art. R. 4323-17. Lorsque les mesures prises en application des articles R. 4321-1 et R. 4321-2 ne peuvent pas être suffisantes pour préserver la santé et assurer la sécurité des travailleurs, l'employeur prend les mesures nécessaires pour que :

1° Seuls les travailleurs désignés à cet effet utilisent l'équipement de travail ;

2° La maintenance et la modification de cet équipement de travail ne soient réalisées que par les seuls travailleurs affectés à ce type de tâche.

Art. R. 4323-18. Les machines à amenage manuel des pièces à travailler ou à déplacement manuel des outillages sont équipées des outils et accessoires appropriés évitant que les phénomènes de rejet ou d'entraînement pouvant survenir créent un risque pour les travailleurs.

Les machines à travailler le bois destinées au dégauchissage, au rabotage, au toupillage pour lesquelles la pièce à usiner est amenée manuellement au contact des outils en rotation sont équipées de dispositifs anti-rejet tels que des outils à section circulaire à limitation de pas d'usinage ou des outils anti-rejet appropriés.

Art. R. 4323-19. Des arrêtés des ministres chargés du travail ou de l'agriculture déterminent les équipements de travail et les catégories d'équipements de travail pour lesquels un carnet de maintenance est établi et tenu à jour par l'employeur en vue de s'assurer que sont accomplies les opérations de maintenance nécessaires au fonctionnement de l'équipement de travail dans des conditions permettant de préserver la santé et la sécurité des travailleurs.

Ces arrêtés précisent la nature des informations portées sur le carnet de maintenance.

Note Voir arrêté du 2 mars 2004 (JO 31) relatif au carnet de maintenance des appareils de levage et circulaire DRT 2005-04 du 24 mars 2005 relative à l'application de cet arrêté (BO TR 2005/05).

Art. R. 4323-20. Le carnet de maintenance est tenu à la disposition de l'inspection du travail, des agents des services de prévention des organismes de sécurité sociale ainsi que de l'Organisme professionnel de prévention du bâtiment et des travaux publics, s'il y a lieu, et du comité d'hygiène, de sécurité et des conditions de travail de l'établissement ou, à défaut, des délégués du personnel.

Art. R. 4323-21. Le carnet de maintenance peut être tenu et conservé sur tout support dans les conditions prévues par l'article L. 8113-6.

SECTION 4. Vérifications des équipements de travail

Sous-section 1. Vérification initiale

Art. R. 4323-22. Des arrêtés du ministre chargé du travail ou du ministre chargé de l'agriculture déterminent les équipements de travail et les catégories d'équipements de travail pour lesquels l'employeur procède ou fait procéder à une vérification initiale, lors de leur mise en service dans l'établissement, en vue de s'assurer qu'ils sont installés conformément aux spécifications prévues, le cas échéant, par la notice d'instructions du fabricant et peuvent être utilisés en sécurité.

Cette vérification est réalisée dans les mêmes conditions que les vérifications périodiques prévues à la sous-section 2.

Sous-section 2. Vérifications périodiques

Note Voir notamment :
- arrêté du 4 juin 1993 (JO 15) complétant l'arrêté du 5 mars 1993 (JO 17) soumettant certains équipements de travail [des établissements agricoles visés à l'article L. 231-1 (ancien) (arrêté du 24 juin 1993, JO 7 juil.)] à l'obligation de faire l'objet des vérifications générales périodiques prévues à l'article R. 233-11 (ancien), en ce qui concerne le contenu desdites vérifications, arrêté du 1er mars 2004 (JO 31) relatif aux vérifications des appareils et accessoires de levage qui abroge et remplace un arrêté du 9 juin 1993 (entrée en vigueur un an après sa date de publication), modifié notamment par arrêté du 29 décembre 2010 (JO 8 janv.) relatif aux vérifications générales périodiques portant sur les ascenseurs et les monte-charges ainsi que sur les élévateurs de personnes n'excédant pas une vitesse de 0.15 m/s, installés à demeure ;
- note technique 9 du 2 août 1995 relative aux vérifications générales périodiques des équipements de travail (BO TR 95/17, p. 65) ;
- arrêté du 21 décembre 2004 (JO 31) relatif aux vérifications des échafaudages et modifiant l'annexe de l'arrêté du 22 décembre 2000 (JO 31) relatif aux conditions et modalités d'agrément des organismes pour la vérification de l'état de conformité des équipements de travail ;
- arrêté du 3 mars 2004 (JO 31) relatif aux examens approfondis des grues à tour ;

- circulaire DRT 2005-04 du 24 mars 2005 relative à l'application de l'arrêté du 1er mars 2004 relatif aux vérifications des appareils et accessoires de levage, de l'arrêté du 2 mars 2004 relatif au carnet de maintenance des appareils de levage et de l'arrêté du 3 mars 2004 relatif à l'examen approfondi des grues à tour, et ses annexes ;
- circulaire DRT 2005-08 du 27 juin 2005 relative à la mise en œuvre du décret du 1er septembre 2004 relatif à l'utilisation des équipements de travail mis à disposition pour des travaux temporaires en hauteur (voir note sous Section 8) et de l'arrêté du 21 décembre 2004 (BO TR 2005/8 du 30 août 2005, p. 38).

Art. R. 4323-23. Des arrêtés du ministre chargé du travail ou du ministre chargé de l'agriculture déterminent les équipements de travail ou les catégories d'équipement de travail pour lesquels l'employeur procède ou fait procéder à des vérifications générales périodiques afin que soit décelée en temps utile toute détérioration susceptible de créer des dangers.

Ces arrêtés précisent la périodicité des vérifications, leur nature et leur contenu.

Art. R. 4323-24. Les vérifications générales périodiques sont réalisées par des personnes qualifiées, appartenant ou non à l'établissement, dont la liste est tenue à la disposition de l'inspection du travail.

Ces personnes sont compétentes dans le domaine de la prévention des risques présentés par les équipements de travail soumis à vérification et connaissent les dispositions réglementaires afférentes.

Art. R. 4323-25. Le résultat des vérifications générales périodiques est consigné sur le ou les registres de sécurité mentionnés à l'article L. 4711-5.

Art. R. 4323-26. Lorsque les vérifications périodiques sont réalisées par des personnes n'appartenant pas à l'établissement, les rapports établis à la suite de ces vérifications sont annexés au registre de sécurité.

À défaut, les indications précises relatives à la date des vérifications, à la date de remise des rapports correspondants et à leur archivage dans l'établissement sont portées sur le registre de sécurité.

Art. R. 4323-27. Le registre de sécurité et les rapports peuvent être tenus et conservés sur tout support dans les conditions prévues par l'article L. 8113-6.

Sous-section 3. Vérification lors de la remise en service

Art. R. 4323-28. Des arrêtés des ministres chargés du travail ou de l'agriculture déterminent les équipements de travail et les catégories d'équipements de travail pour lesquels l'employeur procède ou fait procéder à une vérification, dans les conditions prévues à la sous-section 2, lors de leur remise en service après toute opération de démontage et remontage ou modification susceptible de mettre en cause leur sécurité, en vue de s'assurer de l'absence de toute défectuosité susceptible de créer des situations dangereuses.

SECTION 5. Dispositions particulières applicables aux équipements de travail servant au levage de charges

Note Le décret 98-1084 du 2 décembre 1998 (JO 3) applicable depuis le 5 décembre 1998 a transposé la directive 95/63/CE du 5 décembre 1995 (JOCE L 335 du 30 décembre 1995) modifiant la directive 89/655/CEE du 30 novembre 1989 concernant les prescriptions minimales de sécurité et de santé pour l'utilisation par les travailleurs au travail d'équipements de travail (JOCE L 393 du 30.12.1989), abrogée et remplacée par la directive 2009/104/CE du 16 septembre 2009 (JOUE L 260 du 3.10.2009 ; « Code annoté européen du travail », *Groupe Revue Fiduciaire*, éd. 2010, p. 624). Voir circulaire DRT 99/7 du 15 juin 1999 sur l'application du décret 98-1084 du 2 décembre 1998 (BO TR 99/14, p. 93).

Art. R. 4323-29. Les équipements de travail démontables ou mobiles servant au levage de charges sont utilisés de manière à garantir la stabilité de l'équipement de travail durant son emploi dans toutes les conditions prévisibles, compte tenu de la nature des appuis.

Art. R. 4323-30. Toutes mesures sont prises et toutes consignes sont données pour que, à aucun moment, les organes des équipements de travail servant au levage de charges, quels qu'ils soient, ainsi que les charges suspendues ne puissent entrer en contact direct ou provoquer un amorçage avec les parties actives d'installations électriques non isolées, ou détériorer les installations électriques environnantes.

Art. R. 4323-31. Le levage des personnes n'est permis qu'avec un équipement de travail et les accessoires prévus à cette fin.

Art. R. 4323-32. Par dérogation à l'article R. 4323-31, un équipement de travail non prévu pour le levage de personnes peut être utilisé :

1° Soit pour accéder à un poste de travail ou pour exécuter un travail lorsque l'utilisation d'un équipement spécialement conçu pour le levage des personnes est techniquement impossible ou expose celles-ci à un risque plus important lié à l'environnement de travail. Un arrêté conjoint des ministres chargés du travail et de l'agriculture précise les spécifications relatives aux équipements, leurs conditions d'utilisation, ainsi que celles de charges, de visibilité, de déplacement, d'aménagement, de fixation de l'habitacle et d'accès à celui-ci ;

2° Soit, en cas d'urgence, lorsque l'évacuation des personnes le nécessite.

Note

• Les dispositions des articles R. 4323-31 et 32 sont applicables depuis le 1er janvier 2000. Jusqu'à cette date, les dispositions de l'article 26 (b) du décret 47-1592 du 23 août 1947 et de l'article 44 du décret 65-48 du 8 janvier 1965 demeuraient en vigueur (décret du 2 décembre 1998, art. 6, al. 2).

• Voir arrêtés du 2 décembre 1998 (JO 4) relatif, pour l'un, à la hauteur des appareils de levage de charges non guidées et fixant, pour l'autre, les conditions auxquelles doivent satisfaire les équipements de levage de charges pour pouvoir être utilisés pour le levage de personnes (application le 1er janvier 2000 pour ce dernier arrêté).

Sous réserve des dispositions du 2e alinéa de l'article 6 du décret du 2 décembre 1998, le décret du 23 août 1947 et les articles 25, 39, 44, 55, 56 et 57 du décret du 8 janvier 1965 sont abrogés. Toutefois, les prescriptions techniques figurant dans ces dispositions demeurent applicables aux équipements de travail concernés jusqu'au 5 décembre 2002 (décret du 2 décembre 1998, art. 4 et 5).

Art. R. 4323-33. Il est interdit de soulever, hors essais ou épreuves, une charge supérieure à celle marquée sur l'appareil et, le cas échéant, sur la plaque de charge.

Art. R. 4323-34. Des mesures sont prises pour empêcher la chute ou l'accrochage des matériaux, agrès ou toutes autres pièces soulevées.

Art. R. 4323-35. Lorsqu'un équipement de travail servant au levage de charges est à l'arrêt, aucune charge ne peut être suspendue au crochet.

Art. R. 4323-36. Il est interdit de transporter des charges au-dessus des personnes, sauf si cela est requis pour le bon déroulement des travaux. Dans ce cas, un mode opératoire est défini et appliqué.

Art. R. 4323-37. Lorsque la charge d'un appareil de levage croise une voie de circulation, des mesures spéciales sont prises pour prévenir tout danger résultant de la chute éventuelle de la charge transportée.

Art. R. 4323-38. Lorsque deux ou plusieurs équipements servant au levage de charges non guidées sont installés ou montés sur un lieu de travail de telle sorte que leurs champs d'action se recouvrent, des mesures sont prises pour éviter les collisions entre les charges ou avec des éléments des équipements de travail eux-mêmes.

Art. R. 4323-39. Pendant l'emploi d'un équipement de travail mobile servant au levage de charges non guidées, des mesures sont prises pour éviter son basculement, son renversement, son déplacement et son glissement inopinés.

Art. R. 4323-40. Lorsque les appareils de levage circulent sur des voies ou chemins de roulement, les extrémités de ces voies ou chemins de roulement sont munies de dispositifs atténuant les chocs en fin de course.

Art. R. 4323-41. Le poste de manœuvre d'un appareil de levage est disposé de telle façon que le conducteur puisse suivre des yeux les manœuvres réalisées par les éléments mobiles de l'appareil.

Lorsque le conducteur d'un équipement de travail servant au levage de charges non guidées ne peut observer le trajet entier de la charge ni directement ni par des dispositifs auxiliaires fournissant les informations utiles, un chef de manœuvre, en communication avec le conducteur, aidé, le cas échéant, par un ou plusieurs travailleurs placés de manière à pouvoir suivre des yeux les éléments mobiles pendant leur déplacement, dirige le conducteur. Des mesures d'organisation sont prises pour éviter des collisions susceptibles de mettre en danger des personnes.

Art. R. 4323-42. Lorsque le travailleur accroche ou décroche une charge à la main, les travaux sont organisés de telle sorte que ces opérations puissent être réalisées en toute sécurité.

Pendant ces opérations aucune manœuvre de l'appareil de levage ne peut être réalisée tant que ce travailleur n'a pas donné son accord.

Art. R. 4323-43. Lorsqu'une charge doit être levée simultanément par deux ou plusieurs équipements de travail servant au levage de charges non guidées, un mode opératoire est défini et appliqué pour assurer la bonne coordination des opérateurs et des opérations.

Art. R. 4323-44. En prévision d'une panne partielle ou complète de l'alimentation en énergie, et si les équipements de travail servant au levage de charges non guidées ne peuvent pas retenir ces charges, des mesures sont prises pour éviter d'exposer des travailleurs aux risques qui peuvent en résulter.

Il est interdit de laisser les charges suspendues sans surveillance, sauf si l'accès à la zone de danger est empêché et si la charge a été accrochée et est maintenue en toute sécurité.

Art. R. 4323-45. Il est interdit de balancer les charges pour les déposer en un point qui ne peut être atteint normalement par l'appareil de levage.

Il est également interdit de soulever ou de tirer les charges en oblique, sauf à l'aide d'appareils conçus à cette fin.

Art. R. 4323-46. Lorsqu'il dépasse une hauteur fixée par arrêté conjoint des ministres chargés du travail et de l'agriculture, l'emploi à l'air libre d'un équipement de travail servant au levage de charges non guidées cesse dès que la dégradation des conditions météorologiques est susceptible de compromettre la sécurité de leur fonctionnement et d'exposer toute personne à un risque.

Dans ce cas, l'employeur se dote des moyens et des informations lui permettant d'avoir connaissance de l'évolution des conditions météorologiques.

Des mesures de protection sont prises, notamment pour empêcher le renversement de l'équipement de travail.

Art. R. 4323-47. Les accessoires de levage sont choisis et utilisés en fonction des charges à manutentionner, des points de préhension, du dispositif d'accrochage et des conditions atmosphériques et compte tenu du mode et de la configuration d'élingage.

Tout assemblage d'accessoires de levage permanent est clairement marqué pour permettre à l'utilisateur d'en connaître les caractéristiques.

Art. R. 4323-48. Les contenants des charges en vrac destinés à être accrochés à un équipement de travail servant au levage sont aptes à résister aux efforts subis pendant le chargement, le transport, la manutention et le stockage de la charge et à s'opposer à l'écoulement intempestif de tout ou partie de celle-ci au cours des mêmes opérations.

Art. R. 4323-49. Les accessoires de levage sont entreposés de telle sorte qu'ils ne puissent être endommagés ou détériorés.

Dès lors qu'ils présentent des défectuosités susceptibles d'entraîner une rupture, ils sont retirés du service.

Art. L. 4321-5.

SECTION 6. Dispositions particulières applicables aux équipements de travail mobiles

Art. R. 4323-50. Les voies de circulation empruntées par les équipements de travail mobiles ont un gabarit suffisant et présentent un profil permettant leur déplacement sans risque à la vitesse prévue par la notice d'instructions. Elles sont maintenues libres de tout obstacle.

Art. R. 4323-51. Lorsqu'un équipement de travail mobile évolue dans une zone de travail, l'employeur établit des règles de circulation adéquates et veille à leur bonne application.

Art. R. 4323-52. Des mesures d'organisation sont prises pour éviter que des travailleurs à pied ne se trouvent dans la zone d'évolution des équipements de travail mobiles.

Lorsque la présence de travailleurs à pied est néanmoins requise pour la bonne exécution des travaux, des mesures sont prises pour éviter qu'ils ne soient blessés par ces équipements.

Art. R. 4323-53. Les équipements de travail mobiles munis d'un moteur à combustion ne sont introduits et employés dans les zones de travail que si est garanti dans ces zones, en quantité suffisante, un air ne présentant pas de risques pour la santé et la sécurité des travailleurs.

Art. R. 4323-54. La présence des travailleurs sur des équipements de travail mobiles mus mécaniquement n'est autorisée que sur des emplacements sûrs et aménagés à cet effet.

Si des travaux doivent être accomplis pendant le déplacement, la vitesse est adaptée.

SECTION 7. Autorisation de conduite pour l'utilisation de certains équipements de travail mobiles ou servant au levage de charges

Art. R. 4323-55. La conduite des équipements de travail mobiles automoteurs et des équipements de travail servant au levage est réservée aux travailleurs qui ont reçu une formation adéquate.

Cette formation est complétée et réactualisée chaque fois que nécessaire.

Art. R. 4323-56. La conduite de certains équipements présentant des risques particuliers, en raison de leurs caractéristiques ou de leur objet, est subordonnée à l'obtention d'une autorisation de conduite délivrée par l'employeur.

L'autorisation de conduite est tenue à la disposition de l'inspection du travail et des agents du service de prévention des organismes de sécurité sociale.

Note

• S'agissant d'un gérant de société déclaré coupable du délit de blessures involontaires d'un ouvrier intérimaire mis à disposition en qualité de manutentionnaire pour l'avoir notamment affecté à un poste nécessitant l'utilisation d'un chariot mobile automoteur, sans procéder à une évaluation rigoureuse de son aptitude et de sa capacité à conduire en toute sécurité cet équipement de travail et sans lui délivrer une autorisation de conduite conforme notamment aux dispositions de l'article R. 233-13-19, devenu l'article R. 4323-56 CT, commettant ainsi une faute caractérisée en exposant l'utilisateur de la machine à un risque d'une particulière gravité qu'il ne pouvait ignorer, voir cass. crim. 13 avril 2010, n° 09-81.504.

• Sur la contradiction qui existerait entre les conseils donnés par les services de prévention de la caisse nationale d'assurance maladie des travailleurs salariés (CNAMTS) aux entreprises, obligeant leurs salariés à être titulaires d'un « certificat d'aptitude à la conduite en sécurité (CACES) », et les dispositions réglementaires relatives à la conduite d'équipements de travail mobiles ou servant au levage prévoyant effectivement, pour la conduite de certains équipements, listés par arrêté (arrêté du 2 décembre 1998), l'obligation d'être titulaire d'une autorisation de conduite dont la délivrance est de la responsabilité de l'employeur, voir rép. QE 7836, JO AN 8 janv. 2008, p. 217.

Art. R. 4323-57. Des arrêtés des ministres chargés du travail ou de l'agriculture déterminent :

1° Les conditions de la formation exigée à l'article R. 4323-55 ;

2° Les catégories d'équipements de travail dont la conduite nécessite d'être titulaire d'une autorisation de conduite ;

3° Les conditions dans lesquelles l'employeur s'assure que le travailleur dispose de la compétence et de l'aptitude nécessaires pour assumer, en toute sécurité, la fonction de conducteur d'un équipement de travail ;

4° La date à compter de laquelle, selon les catégories d'équipements, entre en vigueur l'obligation d'être titulaire d'une autorisation de conduite.

Note Voir arrêtés du 2 décembre 1998 (JO 4) relatifs à la formation à la conduite des équipements de travail mobiles automoteurs et des équipements de levage de charges ou de personnes.

SECTION 8. Dispositions particulières applicables à l'exécution de travaux temporaires en hauteur et à certains équipements de travail utilisés à cette fin

Note • Le décret 2004-924 du 1er septembre 2004 relatif à l'utilisation des équipements de travail mis à disposition pour des travaux temporaires en hauteur a transposé la directive 2001/45/CE du 27 juin 2001 (JOCE L 195 du 19.07.2001) modifiant la directive 89/655/CEE concernant les prescriptions minimales de sécurité et de santé pour l'utilisation par les travailleurs au travail d'équipements de travail, abrogée et remplacée par la directive 2009/104/CE du 16 septembre 2009 (JOUE L 260 du 3.10.2009 ; « Code annoté européen du travail », *Groupe Revue Fiduciaire*, éd. 2010, p. 624).

• Voir circulaire DRT 2005-08 du 27 juin 2005 relative à la mise en œuvre du décret du 1er septembre 2004 (BO TR 2005/8 du 30 août 2005, p. 31).

• Sur les conséquences du décret 2004-924 du 1er septembre 2004 relatif à l'utilisation des équipements de travail mis à disposition pour des travaux temporaires en hauteur, voir aussi rép. QE 102442, JO AN 21 novembre 2006, p. 12209 ; 100031, JO AN 21 novembre 2006, p. 12207.

• S'agissant d'un dirigeant de fait, coupable d'infraction aux règles de sécurité concernant les travaux en hauteur, voir notamment cass. crim. 12 mai 2009, n° 08-85.047.

Sous-section 1. Travaux réalisés à partir d'un plan de travail

Art. R. 4323-58. Les travaux temporaires en hauteur sont réalisés à partir d'un plan de travail conçu, installé ou équipé de manière à préserver la santé et la sécurité des travailleurs.

Le poste de travail est tel qu'il permet l'exécution des travaux dans des conditions ergonomiques.

Art. R. 4323-59. La prévention des chutes de hauteur à partir d'un plan de travail est assurée :

1° Soit par des garde-corps intégrés ou fixés de manière sûre, rigides et d'une résistance appropriée, placés à une hauteur comprise entre un mètre et 1,10 m et comportant au moins :
a) Une plinthe de butée de 10 à 15 cm, en fonction de la hauteur retenue pour les garde-corps ;
b) Une main courante ;
c) Une lisse intermédiaire à mi-hauteur ;

2° Soit par tout autre moyen assurant une sécurité équivalente.

Art. R. 4323-60. Lorsque les dispositions de l'article R. 4323-59 ne peuvent être mises en œuvre, des dispositifs de recueil souples sont installés et positionnés de manière à permettre d'éviter une chute de plus de trois mètres.

Art. R. 4323-61. Lorsque des dispositifs de protection collective ne peuvent être mis en œuvre à partir d'un plan de travail, la protection individuelle des travailleurs est assurée au moyen d'un système d'arrêt de chute approprié ne permettant pas une chute libre de plus d'un mètre ou limitant dans les mêmes conditions les effets d'une chute de plus grande hauteur.

Lorsqu'il est fait usage d'un tel équipement de protection individuelle, un travailleur ne doit jamais rester seul, afin de pouvoir être secouru dans un délai compatible avec la préservation de sa santé.

L'employeur précise dans une notice les points d'ancrage, les dispositifs d'amarrage et les modalités d'utilisation de l'équipement de protection individuelle.

Sous-section 2. Travaux réalisés au moyen d'équipements de travail

Art. R. 4323-62. Lorsque les travaux temporaires en hauteur ne peuvent être exécutés à partir du plan de travail tel que mentionné à l'article R. 4323-58, les équipements de travail appropriés sont choisis pour assurer et maintenir des conditions de travail sûres.

La priorité est donnée aux équipements de travail assurant une protection collective.

Les dimensions de l'équipement de travail sont adaptées à la nature des travaux à exécuter et aux contraintes prévisibles et permettent la circulation sans danger.

Des mesures propres à minimiser les risques inhérents à l'utilisation du type d'équipement retenu sont mises en œuvre. En cas de besoin, des dispositifs de protection pour éviter ou arrêter la chute et prévenir la survenance de dommages corporels pour les travailleurs sont installés et mis en œuvre dans les conditions prévues aux articles R. 4323-60 et R. 4323-61.

Art. R. 4323-63. Il est interdit d'utiliser les échelles, escabeaux et marchepieds comme poste de travail.

Toutefois, ces équipements peuvent être utilisés en cas d'impossibilité technique de recourir à un équipement assurant la protection collective des travailleurs ou lorsque l'évaluation du risque a établi que ce risque est faible et qu'il s'agit de travaux de courte durée ne présentant pas un caractère répétitif.

Art. R. 4323-64. Il est interdit d'utiliser les techniques d'accès et de positionnement au moyen de cordes pour constituer un poste de travail.

Toutefois, en cas d'impossibilité technique de recourir à un équipement assurant la protection collective des travailleurs ou lorsque l'évaluation du risque établit que l'installation ou la mise en œuvre d'un tel équipement est susceptible d'exposer des travailleurs à un risque supérieur à celui résultant de l'utilisation des techniques d'accès ou de positionnement au moyen de cordes, celles-ci peuvent être utilisées pour des travaux temporaires en hauteur. Après évaluation du risque, compte tenu de la durée de certains travaux et de la nécessité de les exécuter dans des conditions adaptées du point de vue ergonomique, un siège muni des accessoires appropriés est prévu.

Sous-section 3. Conditions générales de travail, d'accès et de circulation en hauteur

Art. R. 4323-65. Les dispositifs de protection collective sont conçus et installés de manière à éviter leur interruption aux points d'accès aux postes de travail, notamment du fait de l'utilisation d'une échelle ou d'un escalier.

Lorsque cette interruption est nécessaire, des mesures sont prises pour assurer une sécurité équivalente.

Art. R. 4323-66. Toutes mesures sont prises pour éviter que l'exécution d'un travail particulier conduise à l'enlèvement temporaire de dispositifs de protection collective pour éviter les chutes.

Si cet enlèvement est nécessaire, le travail ne peut être entrepris et réalisé sans l'adoption préalable de mesures de sécurité compensatoires efficaces.

Après l'interruption ou la fin de ce travail particulier, des dispositifs de protection collective sont mis en place pour éviter les chutes, assurant un niveau de sécurité équivalent.

Art. R. 4323-67. Les postes de travail pour la réalisation de travaux en hauteur sont accessibles en toute sécurité. Le moyen d'accès le plus approprié à ces postes est choisi en tenant compte de la fréquence de circulation, de la hauteur à atteindre et de la durée d'utilisation. Ce moyen garantit l'accès dans des conditions adaptées du point de vue ergonomique et permet de porter rapidement secours à toute personne en difficulté et d'assurer l'évacuation en cas de danger imminent.

La circulation en hauteur doit pouvoir s'effectuer en sécurité. Le passage, dans un sens ou dans l'autre, entre un moyen d'accès et des plates-formes, planchers ou passerelles ne doit pas créer de risques de chute.

Art. R. 4323-68. Il est interdit de réaliser des travaux temporaires en hauteur lorsque les conditions météorologiques ou liées à l'environnement du poste de travail sont susceptibles de compromettre la santé et la sécurité des travailleurs.

Sous-section 4. Caractéristiques et conditions particulières d'utilisation des différent[e]s catégories d'équipements de travail

§ 1. *Échafaudages*

Art. R. 4323-69. Les échafaudages ne peuvent être montés, démontés ou sensiblement modifiés que sous la direction d'une personne compétente et par des travailleurs qui ont reçu une formation adéquate et spécifique aux opérations envisagées.

Le contenu de cette formation est précisé aux articles R. 4141-13 et R. 4141-17. Il comporte, notamment :

1° La compréhension du plan de montage, de démontage ou de transformation de l'échafaudage ;

2° La sécurité lors du montage, du démontage ou de la transformation de l'échafaudage ;

3° Les mesures de prévention des risques de chute de personnes ou d'objets ;

4° Les mesures de sécurité en cas de changement des conditions météorologiques qui pourrait être préjudiciable aux personnes en affectant la sécurité de l'échafaudage ;

5° Les conditions en matière d'efforts de structure admissibles ;

6° Tout autre risque que les opérations de montage, de démontage et de transformation précitées peuvent comporter.

Cette formation est renouvelée dans les conditions prévues à l'article R. 4323-3.

Art. R. 4323-70. La personne qui dirige le montage, le démontage ou la modification d'un échafaudage et les travailleurs qui y participent disposent de la notice du fabricant ou du plan de montage et de démontage, notamment de toutes les instructions qu'ils peuvent comporter.

Lorsque le montage de l'échafaudage correspond à celui prévu par la notice du fabricant, il est réalisé conformément à la note de calcul à laquelle renvoie cette notice.

Lorsque cette note de calcul n'est pas disponible ou que les configurations structurelles envisagées ne sont pas prévues par celle-ci, un calcul de résistance et de stabilité est réalisé par une personne compétente.

Lorsque la configuration envisagée de l'échafaudage ne correspond pas à un montage prévu par la notice, un plan de montage, d'utilisation et de démontage est établi par une personne compétente.

Ces documents sont conservés sur le lieu de travail.

Art. R. 4323-71. Une protection appropriée contre le risque de chute de hauteur et le risque de chute d'objet est assurée avant l'accès à tout niveau d'un échafaudage lors de son montage, de son démontage ou de sa transformation.

Art. R. 4323-72. Les matériaux constitutifs des éléments d'un échafaudage sont d'une solidité et d'une résistance appropriées à leur emploi.

Les assemblages sont réalisés de manière sûre, à l'aide d'éléments compatibles d'une même origine et dans les conditions pour lesquelles ils ont été testés.

Ces éléments font l'objet d'une vérification de leur bon état de conservation avant toute opération de montage d'un échafaudage.

Art. R. 4323-73. La stabilité de l'échafaudage doit être assurée.

Tout échafaudage est construit et installé de manière à empêcher, en cours d'utilisation, le déplacement d'une quelconque de ses parties constituantes par rapport à l'ensemble.

Art. R. 4323-74. Les échafaudages fixes sont construits et installés de manière à supporter les efforts auxquels ils sont soumis et à résister aux contraintes résultant des conditions atmosphériques, notamment des effets du vent. Ils sont ancrés ou amarrés à tout point présentant une résistance suffisante ou protégés contre le risque de glissement et de renversement par tout autre moyen d'efficacité équivalente.

La surface portante a une résistance suffisante pour s'opposer à tout affaissement d'appui.

Art. R. 4323-75. Le déplacement ou le basculement inopiné des échafaudages roulants lors du montage, du démontage et de l'utilisation est empêché par des dispositifs appropriés.

Aucun travailleur ne doit demeurer sur un échafaudage roulant lors de son déplacement.

Art. R. 4323-76. La charge admissible d'un échafaudage est indiquée de manière visible sur l'échafaudage ainsi que sur chacun de ses planchers.

Art. R. 4323-77. Les échafaudages sont munis sur les côtés extérieurs de dispositifs de protection collective tels que prévus à l'article R. 4323-59.

Art. R. 4323-78. Les dimensions, la forme et la disposition des planchers d'un échafaudage sont appropriées à la nature du travail à exécuter et adaptées aux charges à supporter. Elles permettent de travailler et de circuler de manière sûre. Les planchers des échafaudages sont montés de telle sorte que leurs composants ne puissent pas se déplacer lors de leur utilisation. Aucun vide de plus de 20 centimètres ne doit exister entre le bord des planchers et l'ouvrage ou l'équipement contre lequel l'échafaudage est établi.

Lorsque la configuration de l'ouvrage ou de l'équipement ne permet pas de respecter cette limite de distance, le risque de chute est prévenu par l'utilisation de dispositifs de protection collective ou individuelle dans les conditions et selon les modalités définies aux articles R. 4323-58 à R. 4323-61. Il en va de même lorsque l'échafaudage est établi contre un ouvrage ou un équipement ne dépassant pas d'une hauteur suffisante le niveau du plancher de cet échafaudage.

Art. R. 4323-79. Des moyens d'accès sûrs et en nombre suffisant sont aménagés entre les différents planchers de l'échafaudage.

Art. R. 4323-80. Lorsque certaines parties d'un échafaudage ne sont pas prêtes à l'emploi notamment pendant le montage, le démontage ou les transformations, ces parties constituent des zones d'accès limité qui sont équipées de dispositifs évitant que les personnes non autorisées puissent y pénétrer.

Les mesures appropriées sont prises pour protéger les travailleurs autorisés à pénétrer dans ces zones.

§ 2. Échelles, escabeaux et marchepieds

Art. R. 4323-81. L'employeur s'assure que les échelles, escabeaux et marchepieds sont constitués de matériaux appropriés compte tenu des contraintes du milieu d'utilisation. Ces matériaux et leur assemblage sont d'une solidité et d'une résistance adaptées à l'emploi de l'équipement et permettent son utilisation dans des conditions adaptées du point de vue ergonomique.

Art. R. 4323-82. Les échelles, escabeaux et marchepieds sont placés de manière à ce que leur stabilité soit assurée en cours d'accès et d'utilisation et que leurs échelons ou marches soient horizontaux.

Art. R. 4323-83. L'employeur s'assure que les échelles fixes sont conçues, équipées ou installées de manière à prévenir les chutes de hauteur.

Après évaluation du risque au regard de la hauteur d'ascension pour lesquelles ces échelles sont conçues, des paliers de repos convenablement aménagés sont prévus afin d'assurer la progression dans des conditions adaptées du point de vue ergonomique.

Art. R. 4323-84. Les échelles portables sont appuyées et reposent sur des supports stables, résistants et de dimensions adéquates notamment afin de demeurer immobiles.

Afin qu'elles ne puissent ni glisser ni basculer pendant leur utilisation, les échelles portables sont soit fixées dans la partie supérieure ou inférieure de leurs montants, soit maintenues en place au moyen de tout dispositif antidérapant ou par toute autre solution d'efficacité équivalente.

Art. R. 4323-85. Les échelles suspendues sont attachées d'une manière sûre et, à l'exception de celles en corde, de façon à ne pas se déplacer et à éviter les mouvements de balancement.

Art. R. 4323-86. Les échelles composées de plusieurs éléments assemblés et les échelles à coulisse sont utilisées de telle sorte que l'immobilisation des différents éléments les uns par rapport aux autres soit assurée.

La longueur de recouvrement des plans d'une échelle à coulisse doit toujours être suffisante pour assurer la rigidité de l'ensemble.

Art. R. 4323-87. Les échelles d'accès sont d'une longueur telle qu'elles dépassent d'au moins un mètre le niveau d'accès, à moins que d'autres mesures aient été prises pour garantir une prise sûre.

Art. R. 4323-88. Les échelles sont utilisées de façon à permettre aux travailleurs de disposer à tout moment d'une prise et d'un appui sûrs.

Le port de charges reste exceptionnel et limité à des charges légères et peu encombrantes. Il ne doit pas empêcher le maintien d'une prise sûre.

§ 3. Cordes

Art. R. 4323-89. L'utilisation des techniques d'accès et de positionnement au moyen de cordes est conditionnée au respect des conditions suivantes :

1° Le système comporte au moins une corde de travail, constituant un moyen d'accès, de descente et de soutien, et une corde de sécurité, équipée d'un système d'arrêt des chutes. Ces deux dispositifs sont ancrés séparément et les deux points d'ancrage font l'objet d'une note de calcul élaborée par l'employeur ou une personne compétente ;

2° Les travailleurs sont munis d'un harnais antichute approprié, l'utilisent et sont reliés par ce harnais à la corde de sécurité et à la corde de travail ;

3° La corde de travail est équipée d'un mécanisme sûr de descente et de remontée et comporte un système autobloquant qui empêche la chute de l'utilisateur au cas où celui-ci perdrait le contrôle de ses mouvements. La corde de sécurité est équipée d'un dispositif antichute mobile qui accompagne les déplacements du travailleur ;

4° Les outils et autres accessoires à utiliser par un travailleur sont attachés par un moyen approprié, de manière à éviter leur chute ;

5° Le travail est programmé et supervisé de telle sorte qu'un secours puisse être immédiatement porté au travailleur en cas d'urgence ;

6° Les travailleurs reçoivent une formation adéquate et spécifique aux opérations envisagées et aux procédures de sauvetage. Le contenu de cette formation est précisé aux articles R. 4141-13 et R. 4141-17. Elle est renouvelée dans les conditions prévues à l'article R. 4323-3.

Art. R. 4323-90. Dans des circonstances spécifiques où, compte tenu de l'évaluation du risque, l'utilisation d'une deuxième corde rendrait le travail plus dangereux, le recours à une seule corde peut être autorisé, à condition que le travailleur concerné ne reste jamais seul. Ces circonstances spécifiques ainsi que les mesures appropriées pour assurer la sécurité sont déterminées par arrêté du ministre chargé du travail ou du ministre chargé de l'agriculture.

SECTION 9. Dispositions particulières pour l'utilisation des équipements de protection individuelle

Sous-section 1. Caractéristiques des équipements et conditions d'utilisation

Art. R. 4323-91. Les équipements de protection individuelle sont appropriés aux risques à prévenir et aux conditions dans lesquelles le travail est accompli. Ils ne sont pas eux-mêmes à l'origine de risques supplémentaires.

Ils doivent pouvoir être portés, le cas échéant, après ajustement, dans des conditions compatibles avec le travail à accomplir et avec les principes de l'ergonomie.

Art. R. 4323-92. Des arrêtés conjoints des ministres chargés du travail et de l'agriculture déterminent, en tant que de besoin, la valeur de l'exposition quotidienne admissible que l'équipement de protection individuelle peut laisser subsister.

Art. R. 4323-93. En cas de risques multiples exigeant le port simultané de plusieurs équipements de protection individuelle, ces équipements doivent être compatibles entre eux et maintenir leur efficacité par rapport aux risques correspondants.

Art. R. 4323-94. Les équipements de protection individuelle contre les effets aigus ou chroniques des sources de rayonnements non ionisants sur l'œil sont tels que la densité d'éclairement énergétique du rayonnement susceptible d'atteindre les yeux de l'utilisateur ne présente pas de dangers.

Art. R. 4323-95. Les équipements de protection individuelle et les vêtements de travail mentionnés à l'article R. 4321-4 sont fournis gratuitement par l'employeur qui assure leur bon fonctionnement et leur maintien dans un état hygiénique satisfaisant par les entretiens, réparations et remplacements nécessaires.

Ces dispositions ne font pas obstacle aux conditions de fournitures des équipements de protection individuelle prévues par l'article L. 1251-23, pour les salariés temporaires.

Art. R. 4323-96. Les équipements de protection individuelle sont réservés à un usage personnel dans le cadre des activités professionnelles de leur attributaire.

Toutefois, si la nature de l'équipement ainsi que les circonstances exigent l'utilisation successive de cet équipement de protection individuelle par plusieurs personnes, les mesures appropriées sont prises pour qu'une telle utilisation ne pose aucun problème de santé ou d'hygiène aux différents utilisateurs.

Art. R. 4323-97. L'employeur détermine, après consultation du comité d'hygiène, de sécurité et des conditions de travail, les conditions dans lesquelles les équipements de protection individuelle sont mis à disposition et utilisés, notamment celles concernant la durée de leur port. Il prend en compte la gravité du risque, la fréquence de l'exposition au risque, les caractéristiques du poste de travail de chaque travailleur, et les performances des équipements de protection individuelle en cause.

Art. R. 4323-98. Les équipements de protection individuelle sont utilisés conformément à leur destination.

Sous-section 2. Vérifications périodiques

Art. R. 4323-99. Des arrêtés des ministres chargés du travail ou de l'agriculture déterminent les équipements de protection individuelle et catégories d'équipement de protection individuelle pour lesquels l'employeur procède ou fait procéder à des vérifications générales périodiques afin que soit décelé en temps utile toute défectuosité susceptible d'être à l'origine de situations dangereuses ou tout défaut d'accessibilité contraire aux conditions de mise à disposition ou d'utilisation déterminées en application de l'article R. 4323-97.

Ces arrêtés précisent la périodicité des vérifications et, en tant que de besoin, leur nature et leur contenu.

Note

• Voir arrêté du 19 mars 1993 (JO 28) fixant la liste des équipements de protection individuelle qui doivent faire l'objet des vérifications générales périodiques prévues à cet article (al. 1er).

• Voir arrêté du 22 octobre 2009 (JO 4 nov.) portant constitution des éléments attestant du maintien en état de conformité des équipements de protection individuelle d'occasion faisant l'objet d'une location ou d'une mise à disposition réitérée, prévus à l'article R. 4313-16 (entrée en vigueur le 29 décembre 2009).

Art. R. 4323-100. Les vérifications périodiques sont réalisées par des personnes qualifiées, appartenant ou non à l'établissement, dont la liste est tenue à la disposition de l'inspection du travail.

Ces personnes ont la compétence nécessaire pour exercer leur mission en ce qui concerne les équipements de protection individuelle soumis à vérification et connaître les dispositions réglementaires correspondantes.

Art. R. 4323-101. Le résultat des vérifications périodiques est consigné sur le ou les registres de sécurité mentionnés à l'article L. 4711-5.

Art. R. 4323-102. Lorsque les vérifications périodiques sont réalisées par des personnes n'appartenant pas à l'établissement, les rapports établis à la suite de ces vérifications sont annexés au registre de sécurité.

À défaut, les indications précises relatives à la date des vérifications, à la date de remise des rapports correspondants et à leur archivage dans l'établissement sont portées sur le registre de sécurité.

Art. R. 4323-103. Le registre de sécurité et les rapports peuvent être tenus et conservés sur tout support dans les conditions prévues par l'article L. 8113-6.

Sous-section 3. Information et formation des travailleurs

Art. R. 4323-104. L'employeur informe de manière appropriée les travailleurs devant utiliser des équipements de protection individuelle :

1° Des risques contre lesquels l'équipement de protection individuelle les protège ;

2° Des conditions d'utilisation de cet équipement, notamment les usages auxquels il est réservé ;

3° Des instructions ou consignes concernant les équipements de protection individuelle ;

4° Des conditions de mise à disposition des équipements de protection individuelle.

Art. R. 4323-105. L'employeur élabore une consigne d'utilisation reprenant de manière compréhensible les informations mentionnées aux 1° et 2° de l'article R. 4323-104.

Il tient cette consigne à la disposition des membres du comité d'hygiène, de sécurité et des conditions de travail ou, à défaut, des délégués du personnel, ainsi qu'une documentation relative à la réglementation applicable à la mise à disposition et à l'utilisation des équipements de protection individuelle concernant les travailleurs de l'établissement.

Note Sur le gérant d'une société déclaré, à la suite de l'accident mortel d'un salarié, coupable d'homicide involontaire pour n'avoir pas donné de consignes précises de sécurité à ses ouvriers, ni assuré leur formation quant au port des dispositifs de protection, voir cass. crim. 27 février 1996, n° 95-82.369.

Art. R. 4323-106. L'employeur fait bénéficier les travailleurs devant utiliser un équipement de protection individuelle d'une formation adéquate comportant, en tant que de besoin, un entraînement au port de cet équipement.

Cette formation est renouvelée aussi souvent que nécessaire pour que l'équipement soit utilisé conformément à la consigne d'utilisation.

(D. 2008-1325 du 15 déc. 2008, JO 17, entrée en vigueur le 18.12.2010)

SECTION 10. Dispositions particulières applicables aux ascenseurs et équipements de travail desservant des niveaux définis à l'aide d'un habitacle

Note • Les entreprises intervenantes concernées établissent, avant le 18 décembre 2010, la liste des monte-charges et des élévateurs de personnes n'excédant pas une vitesse de 0,15 mètre par seconde qui, en application de l'article R. 4543-2, doivent faire l'objet d'une étude de sécurité. Les études relatives aux équipements figurant sur cette liste doivent être réalisées, par tiers, dans les trois ans suivant cette date (décret 2008-1325 du 15 décembre 2008, art. 7, JO 17).

• Voir arrêté du 29 décembre 2010 (JO 8 janv.) relatif aux vérifications générales périodiques portant sur les ascenseurs et les monte-charges ainsi que sur les élévateurs de personnes n'excédant pas une vitesse de 0,15 m/s, installés à demeure et circulaire DGT/2011/02 du 21 janvier 2011 concernant la mise en œuvre du décret 2008-1325 du 15 décembre 2008 relatif à la sécurité des ascenseurs, monte-charges et équipements assimilés sur les lieux de travail ainsi qu'à la sécurité des travailleurs intervenant sur ces équipements et de l'arrêté du 29 décembre 2010 précité.

Art. R. 4323-107. Les dispositions de la présente section sont applicables aux ascenseurs et aux équipements de travail desservant des niveaux définis à l'aide d'un habitacle, soit le long d'une course verticale parfaitement définie dans l'espace, soit le long d'une course guidée sensiblement verticale.

Art. R. 4323-108. L'accès aux locaux, installations ou emplacements où il n'est nécessaire de pénétrer que pour les opérations de vérification et de maintenance des ascenseurs et équipements de travail mentionnés à l'article R. 4323-107 n'est autorisé qu'aux personnes chargées de leur réalisation et à celles qui ont reçu une formation appropriée sur les risques relatifs à ces équipements.

Art. R. 4323-109. Lorsque l'appareil est exclusivement destiné à transporter des objets, il est interdit aux personnes de l'utiliser. Cette interdiction est rappelée de manière apparente lorsque l'équipement est doté d'un habitacle accessible.

CHAPITRE IV

Utilisation des équipements de travail non soumis à des règles de conception lors de leur première mise sur le marché

[Le présent chapitre ne comprend pas de dispositions législatives.]

Note • Le décret 93-40 du 11 janvier 1993 (JO 13) a fixé les prescriptions techniques applicables :
- depuis le 1er janvier 1997, à tous les équipements de travail en service dans les entreprises avant le 1er janvier 1993 et maintenus en service à la date du 1er janvier 1997 (obligation de mise en conformité prévue par le 2° du III de l'article L. 233-5-1 ancien) ;
- depuis le 15 janvier 1993, aux équipements de travail nouveaux mis en service dans les établissements ;
- depuis le 15 janvier 1993, aux machines d'occasion cédées en vue de leur utilisation (voir instruction DRT 93-13 du 18 mars 1993 fixant les orientations pour l'application de ce décret, BO TR 93/9, p. 101).

Ce décret assure la transposition de la directive 89/655/CEE modifiée du 30 novembre 1989 (JOCE L 393 du 30.12.1989) concernant les prescriptions minimales de sécurité et de santé pour l'utilisation par les travailleurs au travail d'équipements de travail. Cette directive a été abrogée et remplacée par la directive 2009/104/CE du 16 septembre 2009 (JOUE L 260 du 3.10.2009). Voir « Code annoté européen du travail », *Groupe Revue Fiduciaire,* éd. 2010, p. 624.

• Sur la mise en conformité des machines dangereuses, les assouplissements apportés en la matière par l'administration et la démarche partenariale engagée par les pouvoirs publics avec les branches professionnelles intéressées (étalement des mises en conformité avant et après le 1er janvier 1997 dès qu'il est justifié), voir notamment circ. DRT-CT5 du 24 juillet 1995, *BS Fr. Lef.* 8-9/95 ; rép. QE 27854, JO AN 18 septembre 1995, p. 3991, rép. QE 11221, JO Sén. 21 septembre 1995, p. 1831, 983, JO AN 13 octobre 1997, p. 3415 ; point sur la démarche des secteurs professionnels au 1er décembre 1995, BO TR 96/3, p. 51 ; F. Meyer, *JCP* éd. E 1996.I.587 : « La mise en conformité des équipements de travail déjà en service après l'adoption par le Conseil d'une directive modificative (95/63 du 5 décembre 1995, JOCE L 335/28 du 30.12.1995) de la directive 89/655 ».

• Le décret 98-1084 du 2 décembre 1998 (JO 3) a complété les prescriptions techniques auxquelles est subordonnée l'utilisation des équipements de travail.

SECTION 1. Prescriptions techniques communes

Sous-section 1. Protecteurs et dispositifs de protection

Art. R. 4324-1. Les éléments mobiles de transmission d'énergie ou de mouvements des équipements de travail présentant des risques de contact mécanique pouvant entraîner des accidents sont équipés de protecteurs ou de dispositifs appropriés empêchant l'accès aux zones dangereuses ou arrêtant, dans la mesure où cela est techniquement possible, les mouvements d'éléments dangereux avant que les travailleurs puissent les atteindre.

Note Une salariée d'une société, alors qu'elle procédait au nettoyage d'un séchoir à raisin, a eu la main et l'avant-bras droits happés par le rouleau de la machine. A justifié sa décision la cour d'appel qui a retenu que la responsabilité de l'intéressé procédait de sa nomination en qualité de directeur général, qui lui a conféré les pouvoirs les plus étendus pour représenter la société et ajouté qu'en cette qualité, en ne faisant pas en sorte que la machine à trier le raisin soit équipée des dispositifs de protection appropriés empêchant l'accès à ses zones dangereuses, il avait manifestement violé une obligation particulière de sécurité imposée par l'article R. 233-15 [R. 4324-1] CT qu'il ne pouvait ignorer (cass. crim. 20 mai 2008, n° 07-86.873, *Dr. Soc.* 2008, p. 1132, obs. Fr. Duquesne).

Art. R. 4324-2. Les équipements de travail mus par une source d'énergie autre que la force humaine comportant des éléments mobiles concourant à l'exécution du travail et pouvant entraîner des accidents par contact mécanique sont disposés, protégés, commandés ou équipés de telle sorte que les opérateurs ne puissent atteindre la zone dangereuse.

Toutefois, lorsque certains de ces éléments mobiles ne peuvent être rendus inaccessibles en tout ou partie pendant leur fonctionnement compte tenu des opérations à accomplir et nécessitent l'intervention de l'opérateur, ces éléments mobiles sont, dans la mesure de ce qui est techniquement possible, munis de protecteurs ou dispositifs de protection. Ceux-ci limitent l'accessibilité et interdisent notamment l'accès aux parties des éléments non utilisées pour le travail.

Lorsque l'état de la technique ne permet pas de satisfaire aux dispositions des premier et deuxième alinéas, les équipements de travail sont disposés, protégés, commandés ou équipés de façon à réduire les risques au minimum.

Les dispositions du présent article sont également applicables aux équipements de travail servant au levage de charges mus à la main.

Note Voir notamment note technique du 27 décembre 1999 relative à la protection des travailleurs sur presses plieuses (BO TR 2000/20, p. 69), instruction du 20 septembre 2002 précisant certaines mesures techniques et organisationnelles relatives à la prévention des risques professionnels liés aux presses plieuses hydrauliques (BO TR 2002/22, p. 77) et note technique sur la prévention des risques professionnels liés aux presses plieuses.

Art. R. 4324-3. Les protecteurs et les dispositifs de protection prévus aux articles R. 4324-1 et R. 4324-2 obéissent aux caractéristiques suivantes :

1° Ils sont de construction robuste, adaptée aux conditions d'utilisation ;

2° Ils n'occasionnent pas de risques supplémentaires, la défaillance d'un de leurs composants ne compromettant pas leur fonction de protection ;

3° Ils ne peuvent pas être facilement ôtés ou rendus inopérants ;

4° Ils sont situés à une distance suffisante de la zone dangereuse, compatible avec le temps nécessaire pour obtenir l'arrêt des éléments mobiles ;

5° Ils permettent de repérer parfaitement la zone dangereuse ;

6° Ils ne limitent pas plus que nécessaire l'observation du cycle de travail ;

7° Ils permettent les interventions indispensables pour la mise en place ou le remplacement des éléments ainsi que pour les travaux d'entretien, ceci en limitant l'accès au seul secteur où le travail doit être réalisé et, si possible, sans démontage du protecteur ou du dispositif de protection.

Art. R. 4324-4. Les éléments d'un équipement de travail pour lesquels il existe un risque de rupture ou d'éclatement sont équipés de protecteurs appropriés.

Art. R. 4324-5. Les équipements de travail sont installés et équipés pour éviter les dangers dus à des chutes ou des projections d'objets tels que pièces usinées, éléments d'outillage, copeaux, déchets.

Art. R. 4324-6. Les éléments d'un équipement de travail destinés à la transmission de l'énergie calorifique, notamment les canalisations de vapeur ou de fluide thermique, sont disposés, protégés ou isolés de façon à prévenir tout risque de brûlure.

Art. R. 4324-7. Les prescriptions techniques prévues par le présent chapitre, notamment les caractéristiques des protecteurs prévus par les articles R. 4324-1 à R. 4324-3, sont précisées en tant que de besoin par des arrêtés du ministre chargé du travail ou du ministre chargé de l'agriculture selon les catégories de matériels concernées.

Sous-section 2. Organes de service de mise en marche et d'arrêt

Art. R. 4324-8. La mise en marche des équipements de travail ne peut être obtenue que par l'action d'un opérateur sur l'organe de service prévu à cet effet, sauf si cette mise en marche, obtenue autrement, ne présente aucun risque pour les opérateurs intéressés.

Cette disposition ne s'applique pas à la mise en marche d'un équipement de travail résultant de la séquence normale d'un cycle automatique.

Art. R. 4324-9. Les organes de service d'un équipement de travail sont clairement visibles et identifiables.

Ils font, en tant que de besoin, l'objet d'un marquage approprié.

Art. R. 4324-10. Les organes de service sont disposés en dehors des zones dangereuses, sauf en cas d'impossibilité ou de nécessité de service, par exemple pour un dispositif d'arrêt d'urgence ou une console de réglage ou d'apprentissage.

Ils sont situés de telle sorte que leur manœuvre ne puisse engendrer de risques supplémentaires.

Art. R. 4324-11. Les organes de service sont choisis pour éviter toute manœuvre non intentionnelle pouvant avoir des effets dangereux.

Ils sont disposés de façon à permettre une manœuvre sûre, rapide et sans équivoque.

Art. R. 4324-12. Les organes de mise en marche sont disposés de telle sorte que l'opérateur est capable, depuis leur emplacement, de s'assurer de l'absence de personnes dans les zones dangereuses.

Lorsque cela est impossible, toute mise en marche est précédée automatiquement d'un signal d'avertissement sonore ou visuel. Le travailleur exposé doit avoir le temps et les moyens de se soustraire rapidement à des risques engendrés par le démarrage ou éventuellement par l'arrêt de l'équipement de travail.

Art. R. 4324-13. Tout équipement de travail est muni des organes de service nécessaires permettant son arrêt général dans des conditions sûres.

Art. R. 4324-14. Chaque poste de travail ou partie d'équipement de travail est muni d'un organe de service permettant d'arrêter, en fonction des risques existants, soit tout l'équipement de travail, soit une partie seulement, de manière que l'opérateur soit en situation de sécurité.

Cet organe d'arrêt est tel que :

1° L'arrêt de l'équipement de travail a priorité sur les ordres de mise en marche ;

2° L'arrêt de l'équipement de travail ou de ses éléments dangereux étant obtenu, l'alimentation en énergie des actionneurs concernés est interrompue.

Art. R. 4324-15. Chaque machine est munie d'un ou de plusieurs dispositifs d'arrêt d'urgence clairement identifiables, accessibles et en nombre suffisant, permettant d'éviter des situations dangereuses risquant ou en train de se produire.

Sont exclues de cette obligation :

1° Les machines pour lesquelles un dispositif d'arrêt d'urgence ne serait pas en mesure de réduire le risque, soit parce qu'il ne réduirait pas le temps d'obtention de l'arrêt normal, soit parce qu'il ne permettrait pas de prendre les mesures particulières nécessitées par le risque ;

2° Les machines portatives et les machines guidées à la main.

Sous-section 3. Dispositifs d'alerte et de signalisation

Art. R. 4324-16. Un équipement de travail comporte les avertissements, signalisations et dispositifs d'alerte indispensables pour assurer la sécurité des travailleurs.

Ces avertissements, signalisations et dispositifs d'alerte sont choisis et disposés de façon à être perçus et compris facilement, sans ambiguïté.

Art. R. 4324-17. Lorsque les opérateurs ont la possibilité de choisir et de régler les caractéristiques techniques de fonctionnement d'un équipement de travail, celui-ci comporte toutes les indications nécessaires pour que ces opérations soient accomplies d'une façon sûre.

La vitesse limite au-delà de laquelle un équipement de travail peut présenter des risques est précisée clairement.

Sous-section 4. Isolation et dissipation des énergies

Art. R. 4324-18. Les équipements de travail sont munis de dispositifs clairement identifiables et facilement accessibles permettant de les isoler de chacune de leurs sources d'alimentation en énergie.

Art. R. 4324-19. La séparation des équipements de travail de leurs sources d'alimentation en énergie est obtenue par la mise en œuvre de moyens adaptés permettant que les opérateurs intervenant dans les zones dangereuses puissent s'assurer de cette séparation.

Art. R. 4324-20. La dissipation des énergies accumulées dans les équipements de travail doit pouvoir s'effectuer aisément, sans que puisse être compromise la sécurité des travailleurs.

Lorsque la dissipation des énergies ne peut être obtenue, la présence de ces énergies est rendue non dangereuse par la mise en œuvre de moyens adaptés mis à la disposition des opérateurs.

Sous-section 5. Risques électrique et d'incendie

Art. R. 4324-21. *(D. 2010-1018 du 30 août 2010, JO 1er sept., entrée en vigueur le 01.07.2011)* Les installations électriques des équipements de travail sont réalisées de façon à prévenir les risques d'origine électrique, conformément aux prescriptions fixées par arrêté des ministres chargés du travail et de l'agriculture.

Note Voir arrêté du 23 décembre 2011 (JO 29) relatif aux installations électriques des équipements de travail non soumis à des règles de conception lors de leur première mise en service.

Art. R. 4324-22. Les équipements de travail mettant en œuvre des produits ou des matériaux dégageant des gaz, vapeurs, poussières ou autres déchets inflammables sont munis de dispositifs protecteurs permettant notamment d'éviter qu'une élévation de température d'un élément ou des étincelles d'origine électrique ou mécanique puissent entraîner un incendie ou une explosion.

Sous-section 6. Éclairage

Art. R. 4324-23. Les zones de travail, de réglage ou de maintenance d'un équipement de travail sont convenablement éclairées en fonction des travaux à accomplir.

SECTION 2. Prescriptions complémentaires pour le levage de charges et le levage et le déplacement des travailleurs

Note

- Les articles de cette section et de la section 3 ont été introduits par le décret 98-1084 du 2 décembre 1998, art. 3 (JO 3).
- Les équipements de travail auxquels s'appliquent les prescriptions techniques prévues par l'article 3 du décret précité doivent satisfaire à ces prescriptions au plus tard le 5 décembre 2002. Toutefois, ces prescriptions ne sont pas applicables aux équipements soumis aux règles techniques de conception et de construction définies à l'annexe I prévue par l'article R. 233-84 (ancien) CT (décret 98-1084, art. 7).
- Les équipements de travail qui satisfont aux prescriptions qui leur sont respectivement applicables en vertu des décrets 47-1592 du 23 août 1947, 65-48 du 8 janvier 1965, 80-1091 du 24 décembre 1980, 86-594 du 14 mars 1986, 89-78 du 7 février 1989, de l'arrêté du 30 juillet 1974 modifié et de l'arrêté du 25 avril 1977 modifié sont considérés comme satisfaisant aux prescriptions techniques prévues par l'article 3 du décret du 2 décembre 1998.

À cette fin, les chefs d'établissement doivent prendre toutes mesures visant à s'assurer de la conformité effective de leurs matériels aux prescriptions susvisées (décret 98-1084, art. 8).

Sous-section 1. Levage des charges

Art. R. 4324-24. Les équipements de travail servant au levage des charges sont équipés et installés de manière à assurer leur solidité et leur stabilité pendant l'emploi, compte tenu notamment des charges à lever et des contraintes induites aux points de suspension ou de fixation aux structures.

Art. R. 4324-25. Les appareils servant au levage de charges portent une indication visible de la ou des charges maximales d'utilisation et, le cas échéant, une plaque de charge donnant la charge nominale pour chaque configuration de l'appareil.

Art. R. 4324-26. Les accessoires de levage sont marqués de façon à permettre d'en identifier les caractéristiques essentielles à une utilisation sûre.

Art. R. 4324-27. Si un équipement de travail servant au levage n'est pas destiné au levage de personnes et s'il existe une possibilité de confusion, une signalisation appropriée est apposée de manière visible.

Art. R. 4324-28. Les équipements de travail servant au levage de charges sont équipés et installés de manière à réduire les risques liés aux mouvements des charges de façon que celles-ci :

1° Ne heurtent pas les travailleurs ;

2° Ne dérivent pas dangereusement ;

3° Ne se décrochent pas inopinément.

Sous-section 2. Levage et déplacement des travailleurs

Art. R. 4324-29. Les équipements de travail servant au levage et au déplacement de travailleurs sont choisis ou équipés pour :

1° Éviter les risques de chute de l'habitacle, lorsqu'il existe, au moyen de dispositifs appropriés ;

2° Éviter les risques de chute de l'utilisateur hors de l'habitacle, lorsqu'il existe ;

3° Éviter les risques d'écrasement, de coincement ou de heurt de l'utilisateur ;

4° Garantir la sécurité des travailleurs bloqués, en cas d'accident, dans l'habitacle et permettre leur dégagement.

SECTION 3. Prescriptions complémentaires pour les équipements de travail mobiles

Art. R. 4324-30. Les équipements de travail mobiles avec travailleurs portés sont choisis, compte tenu des travaux à accomplir et des conditions effectives d'utilisation, de manière à prévenir les risques de retournement ou de renversement de l'équipement et de chute d'objets.

Art. R. 4324-31. Lorsque le risque de retournement ou de renversement d'un équipement de travail mobile ne peut pas être complètement évité, cet équipement est muni soit d'une structure l'empêchant de se renverser de plus d'un quart de tour, soit d'une structure ou de tout autre dispositif d'effet équivalent garantissant un espace suffisant autour des travailleurs portés si le mouvement peut continuer au-delà de cette limite.

De telles structures de protection ne sont pas requises lorsque l'équipement est stabilisé pendant l'emploi ou lorsque le retournement ou le renversement en est rendu impossible du fait de la conception de l'équipement.

Art. R. 4324-32. Lorsque le risque de chute d'objets ne peut pas être complètement évité, l'équipement de travail mobile est équipé d'une structure de protection contre ce risque.

Art. R. 4324-33. Les structures de protection contre le retournement, le renversement ou la chute d'objets peuvent être intégrées dans une cabine.

Art. R. 4324-34. Si l'équipement de travail mobile n'est pas muni des points d'ancrage permettant de recevoir une structure de protection, des mesures sont prises pour prévenir le risque de retournement ou de renversement de l'équipement ou de chute d'objets, tels que la limitation de son utilisation, de sa vitesse et l'aménagement des zones de circulation et de travail.

Art. R. 4324-35. S'il existe un risque qu'un travailleur porté, lors d'un retournement ou d'un renversement, soit écrasé entre des parties de l'équipement de travail mobile et le sol, l'équipement est muni d'un système de retenue des travailleurs portés sur leur siège, sauf si l'état de la technique et les conditions effectives d'utilisation l'interdisent.

Art. R. 4324-36. Les équipements de travail mobiles avec travailleurs portés sont aménagés de façon à réduire au minimum les risques pour ces travailleurs pendant le déplacement, notamment les risques de contact avec les roues, chenilles, ou autres éléments mobiles concourant au déplacement.

Art. R. 4324-37. Lorsque le blocage intempestif des éléments de transmission d'énergie entre un équipement de travail mobile et ses accessoires ou remorques peut engendrer des risques spécifiques, cet équipement de travail est aménagé ou équipé de façon qu'il puisse être remédié à ce blocage. Lorsque celui-ci ne peut pas être empêché, toutes mesures sont prises pour éviter les conséquences dommageables pour les travailleurs.

Art. R. 4324-38. Si les éléments de transmission d'énergie entre équipements de travail mobiles risquent de s'encrasser et de se détériorer en traînant par terre, des fixations sont prévues.

Art. R. 4324-39. Les équipements de travail mobiles automoteurs sont munis de dispositifs empêchant une mise en marche par des personnes non habilitées.

Art. R. 4324-40. Les équipements de travail mobiles automoteurs sont munis d'un dispositif de freinage et d'arrêt.

Dans la mesure où la sécurité l'exige, notamment pour les équipements dont le système de freinage est fortement sollicité, un dispositif de secours actionné par des commandes aisément accessibles ou par des systèmes automatiques permet le freinage et l'arrêt en cas de défaillance du dispositif principal.

Art. R. 4324-41. Les équipements de travail mobiles comportant des éléments qui, pendant le travail, dépassent le gabarit, sont, pendant leur transport ou leur déplacement munis des dispositifs nécessaires pour maintenir ces éléments dans une position de sécurité.

Ces dispositifs permettent au conducteur de vérifier sans difficultés, préalablement au déplacement ou au transport, que les éléments concernés sont effectivement maintenus dans une position de sécurité.

Note Les équipements de travail auxquels s'applique cette prescription devaient y satisfaire au plus tard le 5 décembre 2002 (décret 2002-1404 du 3 décembre 2002, art. 5).

Art. R. 4324-42. Lorsque le champ de vision direct du conducteur est insuffisant, les équipements de travail mobiles automoteurs sont munis de dispositifs auxiliaires, améliorant la visibilité.

Lorsque ces équipements sont utilisés de nuit ou dans des lieux obscurs, ils sont munis d'un dispositif d'éclairage adapté au travail à réaliser.

Art. R. 4324-43. Les équipements de travail mobiles automoteurs commandés à distance sont munis d'un dispositif permettant l'arrêt automatique lorsqu'ils sortent du champ de contrôle.

S'ils peuvent heurter des travailleurs, ces équipements ou ceux fonctionnant sans conducteur sont équipés de dispositifs de protection ou de protecteurs contre ces risques, sauf si d'autres dispositifs appropriés sont en place pour contrôler le risque de heurt.

Art. R. 4324-44. En cas de mouvement simultané de plusieurs équipements de travail mobiles automoteurs roulant sur rails, ces équipements sont munis de moyens réduisant les conséquences d'une collision éventuelle.

Art. R. 4324-45. Les équipements de travail mobiles automoteurs qui, par eux-mêmes ou du fait de leurs remorques ou de leur chargement, présentent des risques d'incendie sont munis de dispositifs de lutte contre l'incendie, sauf si le lieu d'utilisation en est équipé à des endroits suffi samment rapprochés.

(D. 2008-1325 du 15 déc. 2008, JO 17, entrée en vigueur le 18.12.2010)

SECTION 4. Prescriptions complémentaires pour les équipements de travail desservant des niveaux définis à l'aide d'un habitacle

Note Voir note au-dessus de l'article R. 4323-107.

Art. R. 4324-46. Les dispositions de la présente section s'appliquent aux équipements de travail suivants, desservant des niveaux définis à l'aide d'un habitacle, soit le long d'une course verticale parfaitement définie dans l'espace, soit le long d'une course guidée sensiblement verticale, lorsqu'ils ne sont pas soumis aux règles techniques de l'annexe I prévue par l'article R. 4312-1 :

1° Les monte-charges inaccessibles aux personnes compte tenu des dimensions de l'habitacle;

2° Les monte-charges accessibles pour les opérations de chargement ou de déchargement mais munis d'un organe de commande situé à l'extérieur de l'habitacle, ne pouvant être actionné de l'intérieur;

3° Les élévateurs de personnes n'excédant pas une vitesse de 0,15 mètre par seconde ;
4° Les ascenseurs de chantier.

Note Voir arrêté du 29 décembre 2010 (JO 8 janv.) relatif aux vérifications générales périodiques portant sur les ascenseurs et les monte-charges ainsi que sur les élévateurs de personnes n'excédant pas une vitesse de 0,15 m/s, installés à demeure et circulaire DGT/2011/02 du 21 janvier 2011 concernant la mise en œuvre du décret 2008-1325 du 15 décembre 2008 relatif à la sécurité des ascenseurs, monte-charges et équipements assimilés sur les lieux de travail ainsi qu'à la sécurité des travailleurs intervenant sur ces équipements et de l'arrêté du 29 décembre 2010 précité.

Art. R. 4324-47. Lorsqu'un équipement est prévu pour l'accès ou le déplacement de personnes, il est installé ou équipé de manière à éviter :

1° Tout risque de chute de celles-ci à l'arrêt de l'habitacle au palier ;

2° Lors de l'accès à l'équipement, pour le chargement ou le déchargement, tout mouvement ou déplacement dangereux de l'habitacle.

Art. R. 4324-48. Les équipements sont installés ou équipés de manière à empêcher tout risque de contact des personnes présentes dans l'environnement de l'installation avec l'habitacle en mouvement ou tout autre élément mobile. Dès qu'un protecteur est ouvert, des dispositifs empêchent tout mouvement dangereux de l'habitacle.

Les équipements sont installés ou équipés de manière à supprimer tout risque de chute d'une charge de l'habitacle.

Art. R. 4324-49. Les interventions de vérification et de maintenance s'effectuent depuis un emplacement sûr permettant un accès aisé et sécurisé aux organes concernés, à partir de l'ouverture d'un protecteur.

Un dispositif d'arrêt permet l'accès en toute sécurité dans le volume parcouru par l'habitacle.

Afin de prévenir le risque d'écrasement entre l'habitacle et tout élément fixe, le personnel intervenant au-dessous ou au-dessus de l'habitacle dispose d'un espace libre ou d'un refuge lui permettant d'accéder et de se maintenir aux emplacements nécessaires en toute sécurité.

Art. R. 4324-50. Les équipements sont installés ou équipés de manière à empêcher tout risque de chute de personne dans la gaine, lorsque l'habitacle n'est pas au palier. À cette fin, ils sont équipés de protecteurs munis d'un dispositif empêchant tout mouvement dangereux de l'habitacle jusqu'à leur fermeture et leur verrouillage effectifs.

Ces protecteurs sont maintenus fermés et verrouillés pendant le déplacement de l'habitacle jusqu'à son arrêt. Ils sont munis d'un dispositif de déverrouillage de secours rendu accessible depuis l'extérieur de la gaine.

L'accès à la gaine, à partir des paliers autres que celui au niveau duquel se trouve l'habitacle, est rendu impossible en service normal.

Art. R. 4324-51. Les voies et accès aux équipements, les habitacles accessibles aux personnes ainsi que les espaces en gaine où ont lieu des opérations de vérification et de maintenance sont dotés d'un éclairage approprié.

Art. R. 4324-52. Les équipements sont installés ou équipés de manière à éviter les risques, pour les personnes, d'entrer en contact avec les objets transportés ou tout élément fixe ou mobile situé à l'extérieur de l'habitacle.

Ils sont notamment équipés de dispositifs faisant obstacle à tout déplacement dangereux de l'habitacle, à une augmentation de sa vitesse mettant en danger la sécurité des personnes ou à sa chute libre. Ces dispositifs ne doivent pas avoir pour effet une décélération dangereuse pour ces personnes, y compris pour celles qui effectuent les opérations mentionnées à l'article R. 4543-1.

Art. R. 4324-53. Lorsque l'habitacle est accessible aux personnes, l'équipement est doté d'un dispositif de secours permettant leur dégagement rapide, y compris en cas de défaillance de la source d'énergie.

LIVRE IV

PRÉVENTION DE CERTAINS RISQUES D'EXPOSITION

TITRE Ier

RISQUES CHIMIQUES

Note • Le décret 92-1261 du 3 décembre 1992 (JO 5), applicable au 1er janvier 1993, transpose en droit français les directives européennes relatives à la prévention du risque chimique. Il fixe les obligations s'imposant aux fabricants importateurs et vendeurs de substances ou préparations dangereuses lors de leur mise sur le marché et les mesures de prévention dans l'entreprise, notamment celles concernant les agents ou procédés cancérogènes.

• Sur le plan européen, voir notamment directive 98/24/CE du 7 avril 1998 modifiée concernant la protection de la santé et de la sécurité des travailleurs contre les risques liés à des agents chimiques sur le lieu de travail (JOCE L 131 du 5.05.1998 ; « Code annoté européen du travail », *Groupe Revue Fiduciaire*, éd. 2010, p. 812), directive fixant les prescriptions minimales en la matière et incluant plusieurs directives antérieures abrogées (80/1107/CEE du 27 novembre 1980, 82/605/CEE du 28 juillet 1982, 88/364/CEE du 9 juin 1988). Sa transposition dans le droit interne des États membres a dû se faire au plus tard le 5 mai 2001. Une directive 2000/39/CE du 8 juin 2000 a établi une première liste de valeurs limites d'exposition professionnelle de caractère indicatif en application de la directive 98/24/CE (JOCE L 142 du 16.06.2000) ; une directive 2006/15/CE du 7 février 2006 en a établi une deuxième (JOUE L 38/36 du 9.02.2006) et une directive 2009/161/UE du 17 décembre 2009 une troisième (JOUE L 338 du 19.12.2009). Voir aussi « Code annoté européen du travail », *Groupe Revue Fiduciaire*, éd. 2010, pp. 828 à 839.

Voir aussi notamment règlement (CE) 1907/2006 modifié du Parlement européen et du Conseil du 18 décembre 2006 concernant l'enregistrement, l'évaluation et l'autorisation des substances chimiques, ainsi que les restrictions applicables à ces substances (REACH), instituant une agence européenne des produits chimiques, modifiant la directive 1999/45/CE et abrogeant le règlement (CEE) 793/93 du Conseil et le règlement (CE) 1488/94 de la Commission ainsi que la directive 76/769/CEE du Conseil et les directives 91/155/CEE, 93/67/CEE, 93/105/CE et 2000/21/CE de la Commission (JOUE L 396 du 30.12.2006) et règlement (CE) 1272/2008 modifié du 16 décembre 2008 relatif à la classification, à l'étiquetage et à l'emballage des substances et des mélanges, modifiant et abrogeant les directives 67/548/CEE et 1999/45/CE et modifiant le règlement (CE) 1907/2006 (JOUE L 353 du 31.12.2008).

• À noter que l'article 12 de la loi 2008-757 du 1er août 2008 (JO 2) relative à la responsabilité environnementale et à diverses dispositions d'adaptation au droit communautaire dans le domaine de l'environnement autorise le Gouvernement à prendre par voie d'ordonnances, dans un délai de douze mois à compter de la date de publication de la présente loi, toutes mesures afin d'adapter les dispositions législatives relatives aux risques chimiques du titre Ier du livre IV de la quatrième partie du code du travail, les dispositions pénales du titre IV du livre VII de la quatrième partie du même code, à divers règlements et directives du Parlement européen et du Conseil, et notamment au règlement (CE) 1907/2006 du 18 décembre 2006 précité. Voir aussi loi 2011-12 du 5 janvier 2011, JO 6, portant diverses dispositions d'adaptation de la législation européenne au droit de l'Union européenne autorisant le Gouvernement à prendre par ordonnances les mesures relevant de la loi, nécessaires à l'adaptation de la législation, notamment aux règlements (CE) 1272/2008 du 16 décembre 2008 et (CE) 1907/2006 du 18 décembre 2006 (REACH) précités.

CHAPITRE Ier

Mise sur le marché des substances et *(Ord. 2011-1922 du 22 déc. 2011, JO 23)* « mélanges »

Note Dans ce chapitre les termes « préparation » ont été remplacés par « mélange » afin de se conformer à la nouvelle terminologie issue du règlement 1272/2008 du 16 décembre 2008 relatif à la classification, à l'étiquetage et à l'emballage des substances et mélanges.

SECTION 1. Mesures générales et dispositions d'application

Art. L. 4411-1. Dans l'intérêt de la santé et de la sécurité au travail, la fabrication, la mise en vente, la vente, l'importation, la cession à quelque titre que ce soit ainsi que l'utilisation des substances et ***(Ord. 2011-1922 du 22 déc. 2011, JO 23)*** « mélanges dangereux » pour les travailleurs peuvent être limitées, réglementées ou interdites.

Ces limitations, réglementations ou interdictions peuvent être établies même lorsque l'utilisation de ces substances et ***(Ord. 2011-1922 du 22 déc. 2011, JO 23)*** « mélanges » est réalisée par l'employeur lui-même ou par des travailleurs indépendants.

Art. L. 4411-2. Des décrets en Conseil d'État, pris après avis des organisations professionnelles d'employeurs et de salariés intéressées, déterminent les mesures d'application du présent chapitre et peuvent notamment organiser des procédures spéciales lorsqu'il y a urgence à suspendre la commercialisation ou l'utilisation des substances et ***(Ord. 2011-1922 du 22 déc. 2011, JO 23)*** « mélanges dangereux », et prévoir les modalités d'indemnisation des travailleurs atteints d'affections causées par ces produits.

SECTION 2. Fabrication, importation et vente

Sous-section 1. Déclaration des substances et préparations

§ 1. Mise sur le marché

Art. L. 4411-3. ***(Ord. 2011-1922 du 22 déc. 2011, JO 23)*** La fabrication, la mise sur le marché, l'utilisation des substances, telles quelles ou contenues dans des mélanges ou des articles, et la mise sur le marché des mélanges sont soumises aux dispositions du règlement (CE) n° 1907/2006 du Parlement européen et du Conseil du 18 décembre 2006 concernant l'enregistrement, l'évaluation et l'autorisation des substances chimiques ainsi que les restrictions applicables à ces substances (REACH) et aux dispositions du règlement (CE) n° 1272/2008 du Parlement européen et du Conseil du 16 décembre 2008 relatif à la classification, à l'étiquetage et à l'emballage des substances et des mélanges.

Note • L'ordonnance 2011-1922 du 22 décembre 2011 (JO 23) modifie cet article en précisant que la mise sur le marché des substances et des mélanges est soumise au règlement 1272/2008 du 16 décembre 2008 relatif à la classification, à l'étiquetage et à l'emballage des substances et des mélanges, en plus du règlement REACH.

• Jusqu'au 1er juin 2009, et conformément aux dispositions du 3 de l'article 67 et du 4 de l'article 141 du règlement (CE) 1907/2006, les mesures suivantes peuvent être prises par arrêté conjoint des ministres chargés de l'environnement, de la santé et du travail pour des substances et préparations présentant des dangers graves ou des risques non valablement maîtrisés, pour les travailleurs, la santé humaine ou l'environnement ainsi que pour les produits manufacturés, les articles ou les équipements les contenant :

1° Interdiction provisoire ou permanente, totale ou partielle, de fabrication, d'importation, d'exportation, de transport, de mise sur le marché ou de certains usages ;

2° Prescription tendant à restreindre ou à réglementer la fabrication, l'importation, l'exportation, la mise sur le marché, l'emploi pour certains usages, la récupération, la régénération, le recyclage, la destruction, le stockage, le transport, la composition, l'étiquetage, l'emballage, la dénomination commerciale et la publicité, ainsi que toute autre condition nécessaire à la préservation de la santé humaine ou de l'environnement.

Ces mesures restent en vigueur jusqu'au 1er juin 2013 (ordonnance 2009-229 du 26 février 2009, art. 4, JO 27).

• Voir notamment décrets 92-1074 du 2 octobre 1992 et 94-647 du 27 juillet 1994 modifiés relatifs à la mise sur le marché, à l'utilisation et à l'élimination de certaines substances et préparations dangereuses et aussi décret 2006-761 du 30 juin 2006 (JO 1er juil.) relatif à la protection des travailleurs contre les risques liés à l'inhalation de poussières d'amiante.

Voir notamment arrêté du 13 octobre 1998 (JO 6 nov.) relatif aux limitations de mise sur le marché et d'emploi de substances et préparations dangereuses ; arrêté du 15 mars 2007 (JO 27) modifiant l'arrêté du 7 août 1997 modifié relatif aux limitations de mise sur le marché et d'emploi de certains produits contenant des substances dangereuses.

§ 2. Information des autorités

Art. L. 4411-4. Les fabricants, les importateurs ou ***(Ord. 2009-229 du 26 févr. 2009, JO 27)*** « tout responsable de la mise sur le marché » de substances ou de ***(Ord. 2011-1922 du 22 déc. 2011, JO 23)*** « mélanges dangereux destinés à être utilisés » dans des établissements employant des travailleurs fournissent à un organisme compétent désigné par l'autorité administrative toutes les informations nécessaires sur ces produits, notamment leur composition.

Il peut leur être imposé de participer à la conservation et à l'exploitation de ces informations et de contribuer à la couverture des dépenses qui en résultent.

§ 3. Exceptions

Art. L. 4411-5. ***(Ord. 2009-229 du 26 févr. 2009, JO 27)*** Les dispositions du paragraphe 2 ne s'appliquent pas au fabricant, à l'importateur ou à tout responsable de la mise sur le marché de certaines catégories de ***(Ord. 2011-1922 du 22 déc. 2011, JO 23)*** « mélanges » soumises à d'autres procédures de déclaration lorsque ces procédures prennent en compte les risques encourus par les travailleurs.

Sous-section 2. Protection des utilisateurs et acheteurs

§ 1. Information des utilisateurs

Art. L. 4411-6. Sans préjudice de l'application des dispositions légales non prévues par le présent code, les vendeurs ou distributeurs de substances ou de ***(Ord. 2011-1922 du 22 déc. 2011, JO 23)*** « mélanges dangereux », ainsi que les employeurs qui en font usage, procèdent à l'étiquetage de ces substances ou ***(Ord. 2011-1922 du 22 déc. 2011, JO 23)*** « mélanges » dans des conditions déterminées ***(Ord. 2011-1922 du 22 déc. 2011, JO 23)*** « par le règlement (CE) n° 1272/2008 du Parlement européen et du Conseil du 16 décembre 2008 relatif à la classification, à l'étiquetage et à l'emballage des substances et des mélanges et » par voie réglementaire.

Note Voir notamment arrêté du 7 février 2007 (JO 17, rectif. JO 24 mars) et arrêté du 7 décembre 2009 (JO 16) modifiant l'arrêté du 9 novembre 2004 (JO 18), définissant les critères de classification, l'emballage et l'étiquetage des préparations dangereuses et transposant la directive 2006/8/CE du 23 janvier 2006 ; arrêté du 20 avril 1994 (JO 8 mai) relatif à la déclaration, la classification, l'emballage et l'étiquetage des substances modifié notamment par arrêtés du 7 janvier 1997 (JO 6 avril, rectif. JO 12), du 8 juin 1998 (JO 3 juil.), du 28 août 1998 (JO 10 sept.) (voir circ. DRT 99/10 du 13 août 1999 concernant les dispositions réglementaires applicables aux fibres minérales artificielles, BO TR 99/20, p. 23), du 8 octobre 1999 (JO 16, rectif. JO 20 nov.), du 27 juin 2000 (JO 25 juil.), du 30 juin 2001 (JO 31 juil.), du 9 novembre 2004 (JO 18), du 16 janvier 2009 (JO 22) et du 7 décembre 2009 (JO 16) ; arrêté du 7 août 1997 (JO 17) relatif aux limitations de mise sur le marché et d'emploi de certains produits contenant des substances dangereuses, modifié notamment par arrêtés des 13 octobre 1998 (JO 6 nov.), 19 avril 2001, 2 juin 2003 (JO 1er juil.), 3 janvier 2003 (JO 9), 26 juillet 2004 (JO 5 sept.), 28 octobre 2004 (JO 20 nov.) et 15 mars 2007 (JO 27).

Voir aussi circ. DRT 13 du 24 mai 2006 relative à l'emballage et l'étiquetage des substances et des préparations dangereuses ainsi qu'à la fiche de données de sécurité (FDS) (BO TR 2006/06).

§ 2. Résolution de la vente

Art. L. 4411-7. L'acheteur d'une substance ou d'*__(Ord. 2011-1922 du 22 déc. 2011, JO 23)__* « un mélange dangereux » qui a été livré dans des conditions contraires aux dispositions des articles L. 4411-1 et L. 4411-3 peut, même en présence d'une clause contraire, dans le délai d'une année à compter du jour de la livraison, demander la résolution de la vente.

La juridiction qui prononce cette résolution peut accorder des dommages et intérêts à l'acheteur.

SECTION 1. Dispositions générales

Art. R. 4411-1. (*__D. 2009-289 du 13 mars 2009, JO 15)__* Pour l'application du présent titre, lorsque les substances ou préparations mentionnées à l'article L. 4411-1 sont utilisées principalement dans des établissements et exploitations agricoles, les attributions du ministre chargé du travail sont exercées par le ministre chargé de l'agriculture.

Art. R. 4411-2. Des arrêtés conjoints des ministres chargés du travail, de l'industrie, de l'environnement, de la santé, de la consommation et de l'agriculture fixent :

1° La classification applicable aux substances ayant fait l'objet au niveau communautaire d'un classement dans les catégories dangereuses mentionnées à l'article R. 4411-6 ;

2° Les modalités et les critères de classement dans ces catégories des autres substances ainsi que des préparations ;

3° Le symbole d'identification et l'indication du danger de chacune des catégories ainsi que les phrases types mentionnant les risques particuliers et les conseils de prudence.

Note Voir arrêté du 20 avril 1994 modifié – précité sous art. L. 4411-6 – (JO 8 mai) qui a pour objet de définir les informations à fournir en application du I de l'article R. 231-52 (ancien) et les règles de classification des substances dangereuses, d'organiser les conditions dans lesquelles les organismes agréés (art. L. 231-7, al. 3 et 4 anciens) assurent la conservation et l'exploitation des dossiers de déclaration qu'ils reçoivent au titre des I et II de l'article R. 231-52 (ancien) et de fixer la liste et les conditions d'emballage et d'étiquetage des substances dangereuses (entrée en vigueur fixée par l'art. 25 dudit arrêté).

Voir circ. DRT 13 du 24 mai 2006 relative à l'emballage et l'étiquetage des substances et des préparations dangereuses ainsi qu'à la fiche de données de sécurité (FDS) (BO TR 2006/06).

Voir aussi décret 2002-540 du 18 avril 2002 (JO 20) relatif à la classification des déchets et arrêté du 8 juillet 2003 (JO 2 oct.).

SECTION 2. Définitions et principes de classement

Art. R. 4411-3. On entend par substances, les éléments chimiques et leurs composés tels qu'ils se présentent à l'état naturel ou tels qu'ils sont obtenus par tout procédé de production contenant éventuellement tout additif nécessaire pour préserver la stabilité du produit et toute impureté résultant du procédé, à l'exclusion de tout solvant pouvant être séparé sans affecter la stabilité de la substance ni modifier sa composition.

Art. R. 4411-4. On entend par préparations, les mélanges ou solutions composés de deux substances ou plus.

Art. R. 4411-5. On entend par intermédiaire de synthèse, une substance chimique produite, conservée ou utilisée uniquement pour un traitement chimique afin d'être transformée en une autre ou en d'autres substances chimiques.

Art. R. 4411-6. Sont considérées comme dangereuses, les substances et préparations correspondant aux catégories suivantes :

1° Explosibles : substances et préparations solides, liquides, pâteuses ou gélatineuses qui, même sans intervention d'oxygène atmosphérique, peuvent présenter une réaction exothermique avec développement rapide de gaz et qui, dans des conditions d'essais déterminées, détonent, déflagrent rapidement ou, sous l'effet de la chaleur, explosent en cas de confinement partiel ;

2° Comburantes : substances et préparations qui, au contact d'autres substances, notamment inflammables, présentent une réaction fortement exothermique ;

3° Extrêmement inflammables : substances et préparations liquides dont le point d'éclair est extrêmement bas et le point d'ébullition bas, ainsi que substances et préparations gazeuses qui, à température et pression ambiantes, sont inflammables à l'air ;

4° Facilement inflammables : substances et préparations :

a) Qui peuvent s'échauffer au point de s'enflammer à l'air à température ambiante sans apport d'énergie ;

b) À l'état solide, qui peuvent s'enflammer facilement par une brève action d'une source d'inflammation et continuer à brûler ou à se consumer après l'éloignement de cette source ;

c) À l'état liquide, dont le point d'éclair est très bas ;

d) Ou qui, au contact de l'eau ou de l'air humide, produisent des gaz extrêmement inflammables en quantités dangereuses ;

5° Inflammables : substances et préparations liquides, dont le point d'éclair est bas ;

6° Très toxiques : substances et préparations qui, par inhalation, ingestion ou pénétration cutanée en très petites quantités, entraînent la mort ou nuisent à la santé de manière aiguë ou chronique ;

7° Toxiques : substances et préparations qui, par inhalation, ingestion ou pénétration cutanée en petites quantités, entraînent la mort ou nuisent à la santé de manière aiguë ou chronique ;

8° Nocives : substances et préparations qui, par inhalation, ingestion ou pénétration cutanée, peuvent entraîner la mort ou nuire à la santé de manière aiguë ou chronique ;

9° Corrosives : substances et préparations qui, en contact avec des tissus vivants, peuvent exercer une action destructrice sur ces derniers ;

10° Irritantes : substances et préparations non corrosives qui, par contact immédiat, prolongé ou répété avec la peau ou les muqueuses, peuvent provoquer une réaction inflammatoire ;

11° Sensibilisantes : substances et préparations qui, par inhalation ou pénétration cutanée, peuvent donner lieu à une réaction d'hypersensibilisation telle qu'une exposition ultérieure à la substance ou à la préparation produit des effets néfastes caractéristiques ;

12° Cancérogènes : substances et préparations qui, par inhalation, ingestion ou pénétration cutanée, peuvent provoquer un cancer ou en augmenter la fréquence :

a) Cancérogènes de catégorie 1 : substances et préparations que l'on sait être cancérogènes pour l'homme ;

b) Cancérogènes de catégorie 2 : substances et préparations pour lesquelles il existe une forte présomption que l'exposition de l'homme à de telles substances et préparations peut provoquer un cancer ou en augmenter la fréquence ;

c) Cancérogènes de catégorie 3 : substances et préparations préoccupantes pour l'homme en raison d'effets cancérogènes possibles, mais pour lesquelles les informations disponibles sont insuffisantes pour classer ces substances et préparations dans la catégorie 2 ;

13° Mutagènes : substances et préparations qui, par inhalation, ingestion ou pénétration cutanée, peuvent produire des défauts génétiques héréditaires ou en augmenter la fréquence :

a) Mutagènes de catégorie 1 : substances et préparations que l'on sait être mutagènes pour l'homme ;

b) Mutagènes de catégorie 2 : substances et préparations pour lesquelles il existe une forte présomption que l'exposition de l'homme à de telles substances et préparations peut produire des défauts génétiques héréditaires ou en augmenter la fréquence ;

c) Mutagènes de catégorie 3 : substances et préparations préoccupantes pour l'homme en raison d'effets mutagènes possibles, mais pour lesquelles les informations disponibles sont insuffisantes pour classer ces substances et préparations dans la catégorie 2 ;

14° Toxiques pour la reproduction : substances et préparations qui, par inhalation, ingestion ou pénétration cutanée, peuvent produire ou augmenter la fréquence d'effets nocifs non héréditaires dans la progéniture ou porter atteinte aux fonctions ou capacités reproductives :

a) Toxiques pour la reproduction de catégorie 1 : substances et préparations que l'on sait être toxiques pour la reproduction de l'homme ;

b) Toxiques pour la reproduction de catégorie 2 : substances et préparations pour lesquelles il existe une forte présomption que l'exposition de l'homme à de telles substances et préparations peut produire ou augmenter la fréquence d'effets nocifs non héréditaires dans la progéniture ou porter atteinte aux fonctions ou capacités reproductives ;

c) Toxiques pour la reproduction de catégorie 3 : substances et préparations préoccupantes en raison d'effets toxiques possibles pour la reproduction, mais pour lesquelles les informations disponibles sont insuffisantes pour classer ces substances et préparations dans la catégorie 2 ;

15° Dangereuses pour l'environnement : substances et préparations qui, si elles entraient dans l'environnement, présenteraient ou pourraient présenter un risque immédiat ou différé pour une ou plusieurs de ses composantes.

SECTION 3. **Fabrication, importation et vente**

Sous-section 1. **Déclaration des substances nouvelles**

[Art. R. 4411-7 à R. 4411-36. Abrogés par décret 2008-1310 du 11 décembre 2008, JO 13.]

Sous-section 2. **Dispenses de déclaration**

[Art. R. 4411-37 à R. 4411-41. Abrogés par décret 2008-1310 du 11 décembre 2008, JO 13.]

Sous-section 3. **Information des autorités pour la prévention des risques**

§ 1. Dispositions communes

Art. R. 4411-42. Les informations sur toute substance ou préparation dangereuse, fournies en application de l'article L. 4411-4, ont pour objet de permettre de prévenir les effets sur la santé ou de répondre à toute demande d'ordre médical destinée au traitement des affections induites par les produits, en particulier en cas d'urgence.

Art. R. 4411-43. ***(D. 2008-1310 du 11 déc. 2008, JO 13)*** L'organisme auquel sont fournies les informations est agréé par arrêté du ministre chargé du travail.

L'arrêté d'agrément fixe les modalités techniques de la mission de cet organisme.

L'agrément peut être retiré dans les mêmes formes, après que l'organisme agréé a été appelé à présenter ses observations, lorsque celui-ci ne se conforme pas aux prescriptions réglementaires en vigueur ou qu'il n'est plus en mesure d'assurer sa mission.

Art. R. 4411-44. Les dispositions de la présente sous-section ne s'appliquent pas aux substances et aux préparations suivantes :

1° Produits radioactifs auxquels s'applique le titre V du présent livre ;

2° Déchets définis au II de l'article L. 541-1 du code de l'environnement ;

3° Médicaments à usage humain ou vétérinaire mentionnés à l'article L. 5111-1 du code de la santé publique et produits cosmétiques mentionnés à l'article L. 5131-1 du même code ;

4° Produits phytopharmaceutiques au sens de l'article L. 253-1 du code rural ***(Ord. 2010-462 du 6 mai 2010, JO 7)*** « et de la pêche maritime » ;

5° Munitions, matières explosives et explosifs ;

6° Denrées alimentaires destinées au consommateur final ;

7° Aliments pour animaux destinés au consommateur final ;

8° Matières fertilisantes et supports de culture au sens du chapitre V du titre V du livre II du code rural ***(Ord. 2010-462 du 6 mai 2010, JO 7)*** « et de la pêche maritime ».

Art. R. 4411-45. Les informations reçues en application de la présente sous-section ne peuvent être utilisées que pour répondre à des demandes de renseignements émanant de tiers en vue de prévenir les risques professionnels imputables à ces produits ou d'assurer le traitement des affections induites.

Art. R. 4411-46. Si le responsable de la mise sur le marché ne peut pas fournir, dans les délais impartis, tout ou partie des informations mentionnées dans la présente sous-section, il indique à l'organisme agréé le nom du responsable qui est en mesure de le faire.

Art. R. 4411-47. Si le responsable de la mise sur le marché conteste la demande de l'organisme agréé, il en saisit le ministre chargé du travail et envoie copie de son recours à l'organisme agréé.

Le ministre chargé du travail notifie sa décision dans un délai de quinze jours au responsable de la mise sur le marché et à l'organisme agréé.

Le silence gardé par le ministre pendant plus de quinze jours vaut décision de rejet.

Art. R. 4411-48. Toute personne qui a fourni des informations mentionnées à la présente section bénéficie, pour celles-ci, d'un droit d'accès et de rectification auprès de l'organisme agréé.

Art. R. 4411-49. Les pièces à fournir en application de la présente section sont rédigées en langue française.

§ 2. (D. 2008-1310 du 11 déc. 2008, JO 13) « Préparations très toxiques, toxiques ou corrosives »

Art. R. 4411-50. Dans les trente jours qui suivent la première mise sur le marché d'une préparation considérée comme très toxique, toxique ou corrosive, le responsable de la mise sur le marché adresse à l'organisme agréé les informations nécessaires à la prévention des risques induits par ce produit et au traitement des intoxications.

Note Les articles R. 4411-50 et 53 ont été modifiés par le décret 2008-1310 du 11 décembre 2008 (JO 13).
Voir arrêté du 18 décembre 1996 (JO 24) cité sous art. R. 4411-13.

Art. R. 4411-51. La nature des informations fournies, qui comprennent notamment la composition chimique et la fiche de données de sécurité ou les informations correspondantes prévues à l'article R. 4411-73 est précisée par arrêté conjoint des ministres chargés du travail, de l'agriculture et de la santé.

Note Voir arrêté du 5 janvier 1993 (JO 31) définissant la nature des informations à fournir lors de la déclaration d'une préparation ou d'une substance considérée comme toxique ou corrosive.

Art. R. 4411-52. *(D. 2008-1310 du 11 déc. 2008, JO 13)* Tout changement de nom commercial et toute modification de la composition d'une préparation doivent être déclarés à l'organisme agréé. Cette actualisation doit être accompagnée de la fiche de données de sécurité et des informations mentionnées à l'article R. 4411-50.

Art. R. 4411-53. Sur demande de l'organisme agréé et dans des délais fixés par celui-ci en fonction des circonstances, en particulier de l'urgence, les responsables de la mise sur le marché fournissent, pour toute préparation figurant sur la liste, les éléments complémentaires nécessaires à l'appréciation du risque et indispensables au médecin dans le cadre de son intervention.

§ 3. Substances mises sur le marché sous un nom commercial et préparations dangereuses autres que très toxiques, toxiques ou corrosives

Art. R. 4411-54. Dans le cas d'une substance mise sur le marché sous un nom commercial ou d'une préparation dangereuse autre que très toxique, toxique ou corrosive, le responsable de la mise sur le marché fournit, dans les délais fixés par l'organisme agréé et sur sa demande, tous les éléments propres à prévenir les risques résultant de l'utilisation de la substance ou de la préparation considérée, en particulier la fiche de données de sécurité ou les informations correspondantes prévues à l'article R. 4411-73.

[**Art. R. 4411-55.** Abrogé par décret 2008-1310 du 11 décembre 2008, JO 13.]

Sous-section 4. **Protection des secrets industriels et commerciaux**

Art. R. 4411-56. Les personnes ayant fourni des informations en application *(D. 2008-1310 du 11 déc. 2008, JO 13)* « de la sous-section 3 » font connaître, le cas échéant, à l'organisme agréé intéressé celles des informations dont la diffusion leur apparaît de nature à entraîner la divulgation de secrets industriels et commerciaux.

Les dispositions de la présente sous-section ne peuvent faire obstacle à la fourniture des renseignements prévus à l'article R. 4411-61 ni à l'application des dispositions du présent chapitre.

[**Art. R. 4411-57 à R. 4411-59.** Abrogés par décret 2008-1310 du 11 décembre 2008, JO 13.]

Art. R. 4411-60. Les pièces à fournir en application ***(D. 2008-1310 du 11 déc. 2008, JO 13)*** « des sous-sections 3 et 4 » sont rédigées en langue française.

Art. R. 4411-61. ***(D. 2008-1310 du 11 déc. 2008, JO 13)*** L'organisme agréé prévu à la sous-section 3 assure la conservation et l'exploitation des informations et dossiers qu'il reçoit. Un arrêté des ministres chargés du travail et de l'agriculture fixe les conditions dans lesquelles l'organisme exerce cette mission.

Art. R. 4411-62. ***(D. 2008-1310 du 11 déc. 2008, JO 13)*** « L'organisme agréé est habilité à fournir à toute personne qui en fait la demande et intéressée par la protection des travailleurs, notamment au médecin du travail et aux membres des comités d'hygiène, de sécurité et des conditions de travail, les renseignements qu'il détient relatifs : »

1° Aux dangers que présente une substance ou une préparation qui la contient ;

2° Aux précautions à prendre dans son emploi, son stockage, son transport ou son élimination ;

3° À la nature et la teneur de toute substance dangereuse contenue dans une préparation, à l'exclusion des informations relevant du secret industriel et commercial.

[**Art. R. 4411-63.** Abrogé par décret 2008-1310 du 11 décembre 2008, JO 13.]

Art. R. 4411-64. ***(D. 2008-1310 du 11 déc. 2008, JO 13)*** « L'organisme agréé » est également habilité à fournir aux inspecteurs du travail, aux médecins inspecteurs du travail, à un médecin du travail désigné par la Caisse centrale de mutualité sociale agricole, aux ingénieurs de prévention des ***(D. 2009-1377 du 10 nov. 2009, JO 13 ; D. 2010-687 du 24 juin 2010, JO 25 ; voir D. 2010-1582 du 17 déc. 2010, JO 18, pour outre-mer)*** « directions régionales des entreprises, de la concurrence, de la consommation, du travail et de l'emploi », aux ingénieurs-conseils des caisses régionales de l'assurance maladie et aux agents chargés du contrôle de la prévention, agréés et assermentés, mentionnés au deuxième alinéa de l'article 1244-3 du code rural ***(Ord. 2010-462 du 6 mai 2010, JO 7)*** « et de la pêche maritime », tout renseignement qu'il détient sur la composition des préparations.

Il est également habilité à fournir ces mêmes renseignements aux chefs de service et aux médecins des centres antipoison prévus par l'article L. 6141-4 du code de la santé publique qui sont tenus de garder le secret dans les conditions fixées par l'article R. 1341-8 du même code et, en cas d'intoxication concernant le public, aux médecins inspecteurs de la santé publique ainsi qu'aux ingénieurs sanitaires.

Les demandes de renseignements au titre du présent article sont faites par écrit à l'organisme agréé qui les enregistre.

Art. R. 4411-65. ***(D. 2008-1310 du 11 déc. 2008, JO 13)*** L'organisme agréé et les autorités administratives prennent toutes dispositions pour que les informations reconnues par eux ou par l'autorité compétente d'un État membre de la Communauté européenne comme relevant du secret industriel et commercial ne soient accessibles qu'aux personnes qu'ils ont désignées pour en assurer la garde et qui sont astreintes au secret.

[**Art. R. 4411-66 à R. 4411-68.** Abrogés par décret 2008-1310 du 11 décembre 2008, JO 13.]

SECTION 4. Protection des utilisateurs et acheteurs

Sous-section 1. Étiquetage et emballage

Art. R. 4411-69. Des arrêtés conjoints des ministres chargés du travail, de l'industrie, de l'environnement et de l'agriculture déterminent la nature des substances ou préparations dangereuses et la proportion au-dessus de laquelle la présence d'une substance dangereuse dans une préparation rend obligatoire l'apposition de l'étiquette ou de l'inscription prévue à l'article L. 4411-6.

Ces arrêtés déterminent la couleur, les dimensions des étiquettes ou inscriptions, les indications qui figurent sur celles-ci, ainsi que les conditions auxquelles satisfont les récipients, sacs ou enveloppes contenant ces substances et préparations.

(D. 2009-289 du 13 mars 2009, JO 15) « Ces récipients, sacs ou enveloppes sont solides et étanches. »

Art. R. 4411-70. L'étiquette ou l'inscription figurant sur tout récipient, sac ou enveloppe contenant des substances ou préparations dangereuses indique le nom et l'origine de ces substances ou préparations et les dangers que présente leur emploi.

Art. R. 4411-71. Toute substance ou préparation, qui ne fait pas l'objet d'un des arrêtés mentionnés à l'article R. 4411-69 mais donne lieu à la fourniture des informations mentionnées à l'article

L. 4411-3, est étiquetée et emballée par le fabricant, l'importateur ou le vendeur sur la base de ces informations et des règles générales fixées par ces arrêtés.

Art. R. 4411-72. Les substances auxquelles, en raison des quantités mises sur le marché ou de leur utilisation à des fins de recherche et de développement scientifique, s'appliquent les dispositions des articles R. 4411-19 à R. 4411-22 sont, dans la mesure où leurs propriétés dangereuses sont connues du déclarant, emballées et étiquetées en fonction de ces propriétés et dans des conditions conformes aux arrêtés mentionnés à l'article R. 4111-69.

Lorsque les essais et recherches sont en cours, l'étiquette porte la mention : « Attention : substance non encore testée complètement ».

L'étiquetage est rédigé en français.

Sous-section 2. Fiche de données de sécurité

Art. R. 4411-73. ***(D. 2009-289 du 13 mars 2009, JO 15)*** « Le fournisseur » d'une substance ou préparation dangereuse fournit au destinataire de cette substance ou préparation une fiche de données de sécurité conforme aux exigences prévues au titre IV et à l'annexe II du règlement (CE) n° 1907/2006 du Parlement et du Conseil du 18 décembre 2006 concernant l'enregistrement, l'évaluation et l'autorisation des substances chimiques, ainsi que les restrictions applicables à ces substances (REACH), instituant une agence européenne des produits chimiques, modifiant la directive 1999/45/CE et abrogeant le règlement (CEE) n° 793/93 du Conseil et le règlement (CE) n° 1488/94 de la Commission ainsi que la directive 76/769/CEE du Conseil et les directives 91/155/CEE, 93/67/CEE, 93/105/CE et 2000/21/CE de la Commission.

Sous-section 3. Utilisation de dénominations de remplacement

Art. R. 4411-74. Lorsque le responsable de la mise sur le marché d'une préparation peut apporter la preuve que la divulgation sur l'étiquette ou sur la fiche de données de sécurité de l'identité chimique d'une substance, à l'exception des substances actives contenues dans les produits phytopharmaceutiques mentionnés à l'article R. 253-1 du code rural ***(Ord. 2010-462 du 6 mai 2010, JO 7)*** « et de la pêche maritime », porte atteinte au secret industriel, il peut être autorisé à désigner cette substance, sur l'étiquette ainsi que sur la fiche de données de sécurité, à l'aide d'une dénomination de remplacement, qui peut identifier les groupes chimiques fonctionnels les plus importants.

La dénomination de remplacement doit fournir suffisamment d'informations sur la substance pour que les précautions nécessaires en matière de santé et de sécurité puissent être prises.

Art. R. 4411-75. L'autorisation d'utiliser une dénomination de remplacement ne peut être délivrée que pour certaines substances irritantes ou nocives précisées par l'arrêté mentionné à l'article R. 4411-79.

Elle ne peut être accordée lorsqu'il existe, pour la substance concernée, une valeur limite d'exposition professionnelle, au sens des articles R. 4412-149 et R. 4412-150.

Art. R. 4411-76. Le responsable de la mise sur le marché adresse le dossier de demande d'autorisation :

1° Au ministre chargé de l'environnement pour les produits biocides mentionnés à l'article L. 522-1 du code de l'environnement ;

2° Au ministre chargé de l'agriculture pour les produits phytopharmaceutiques mentionnés à l'article L. 253-1 du code rural ***(Ord. 2010-462 du 6 mai 2010, JO 7)*** « et de la pêche maritime » ;

3° Au ministre chargé du travail lorsque la préparation est exclusivement destinée à un usage professionnel et n'entre pas dans les catégories définies aux 1° et 2° ;

4° Au ministre chargé de la santé dans les autres cas.

Art. R. 4411-77. L'autorisation est délivrée conjointement par les ministres chargés du travail, de l'agriculture, de la santé, de l'environnement et de la consommation pour une durée de trois ans, après avis d'un organisme agréé.

Le silence gardé par les ministres pendant plus de quatre mois à compter de la date de réception de la demande complète d'autorisation vaut décision de rejet.

Art. R. 4411-78. Lorsque l'autorisation d'utiliser une dénomination de remplacement est accordée, le responsable de la mise sur le marché transmet une copie de la décision aux autorités compétentes des États membres de la Communauté européenne dans lesquels il souhaite commercialiser la préparation.

Il porte à la connaissance du ministre compétent pour connaître de sa demande tout élément de nature à modifier les informations déjà fournies. S'il rend lui-même publiques des informations auparavant confidentielles, il est tenu de l'en informer.

Art. R. 4411-79. Des arrêtés conjoints des ministres chargés du travail, de la santé, de l'agriculture, de l'environnement et de la consommation précisent la nature des substances irritantes ou nocives pour lesquelles l'autorisation peut être demandée, déterminent le contenu du dossier de demande et désignent l'organisme agréé chargé de donner un avis sur les demandes.

Art. R. 4411-80. Les autorisations délivrées par les autres États membres de la Communauté européenne valent autorisation au titre de la présente sous-section.

Art. R. 4411-81. L'autorisation d'utiliser une dénomination de remplacement peut être retirée si les conditions ayant justifié son octroi ne sont plus remplies. Le retrait ne peut intervenir qu'après que le responsable de la mise sur le marché de la préparation a été invité à présenter ses observations.

Le responsable de la mise sur le marché transmet une copie de la décision de retrait aux autorités compétentes des États membres de la Communauté européenne dans lesquels la préparation est commercialisée.

Art. R. 4411-82. L'identité chimique d'une substance pour laquelle une autorisation d'utiliser une dénomination de remplacement a été délivrée ne peut être communiquée qu'aux personnes mentionnées à l'article R. 4411-63 et au deuxième alinéa de l'article R. 4411-64.

Sous-section 4. Dispositions d'urgence

Art. R. 4411-83. En cas d'urgence motivée par un grave danger pour les travailleurs, le ministre chargé du travail peut, par arrêté, limiter, réglementer ou interdire la commercialisation ou l'utilisation, à quelque titre que ce soit, ainsi que l'emploi d'une substance ou préparation dangereuse, sans recueillir l'avis du ***(D. 2009-289 du 13 mars 2009, JO 15)*** « Conseil d'orientation sur les conditions de travail ».

La durée de validité de l'arrêté ne peut excéder six mois non renouvelables. Elle peut toutefois être portée à douze mois après avis du ***(D. 2009-289 du 13 mars 2009, JO 15)*** « Conseil d'orientation sur les conditions de travail ».

Art. R. 4411-84. Lorsque est intervenu un règlement ou un arrêté pris par application des articles L. 4411-1 et R. 4411-83, les fabricants, importateurs ou vendeurs prennent toutes dispositions pour informer les utilisateurs.

CHAPITRE II

Mesures de prévention des risques chimiques

Note Voir circulaire DRT 12 du 24 mai 2006 (BO TR 2006/06) relative aux règles générales de prévention du risque chimique et aux règles particulières à prendre contre les risques d'exposition aux agents cancérogènes, mutagènes ou toxiques pour la reproduction.

Art. L. 4412-1. Les règles de prévention des risques pour la santé et la sécurité des travailleurs exposés à des risques chimiques sont déterminées par décret en Conseil d'État pris en application de l'article L. 4111-6.

SECTION 1. Dispositions applicables aux agents chimiques dangereux

Sous-section 1. Champ d'application et définitions

Art. R. 4412-1. Les dispositions de la présente section sont applicables aux activités dans lesquelles les travailleurs sont exposés ou susceptibles d'être exposés au cours de leur travail à des agents chimiques dangereux.

Art. R. 4412-2. Pour l'application du présent chapitre, on entend par :

1° Activité impliquant des agents chimiques, tout travail dans lequel des agents chimiques sont utilisés ou destinés à être utilisés dans tout processus, y compris la production, la manutention, le stockage, le transport, l'élimination et le traitement, ou au cours duquel de tels agents sont produits ;

2° Agent chimique, tout élément ou composé chimique, soit en l'état, soit au sein d'une préparation, tel qu'il se présente à l'état naturel ou tel qu'il est produit, utilisé ou libéré, notamment sous forme de déchet, du fait d'une activité professionnelle, qu'il soit ou non produit intentionnellement et qu'il soit ou non mis sur le marché.

Art. R. 4412-3. Pour l'application du présent chapitre, un agent chimique dangereux est :

1° Tout agent chimique qui satisfait aux critères de classement des substances ou préparations dangereuses tels que définis à l'article R. 4411-6 ;

2° Tout agent chimique qui, bien que ne satisfaisant pas aux critères de classement, en l'état ou au sein d'une préparation, peut présenter un risque pour la santé et la sécurité des travailleurs en raison de ses propriétés physico-chimiques, chimiques ou toxicologiques et des modalités de sa présence sur le lieu de travail ou de son utilisation, y compris tout agent chimique pour lequel des décrets prévoient une valeur limite d'exposition professionnelle.

Art. R. 4412-4. Pour l'application du présent chapitre, on entend par :

1° Danger, la propriété intrinsèque d'un agent chimique susceptible d'avoir un effet nuisible ;

2° Risque, la probabilité que le potentiel de nuisance soit atteint dans les conditions d'utilisation et/ou d'exposition ;

3° Surveillance de la santé, l'évaluation de l'état de santé d'un travailleur en fonction de son exposition à des agents chimiques spécifiques sur le lieu de travail ;

4° Valeur limite biologique, la limite de concentration dans le milieu biologique approprié de l'agent concerné, de ses métabolites ou d'un indicateur d'effet ;

5° Valeur limite d'exposition professionnelle, sauf indication contraire, la limite de la moyenne pondérée en fonction du temps de la concentration d'un agent chimique dangereux dans l'air de la zone de respiration d'un travailleur au cours d'une période de référence déterminée.

Sous-section 2. Évaluation des risques

Art. R. 4412-5. L'employeur évalue les risques encourus pour la santé et la sécurité des travailleurs pour toute activité susceptible de présenter un risque d'exposition à des agents chimiques dangereux.

Cette évaluation est renouvelée périodiquement, notamment à l'occasion de toute modification importante des conditions pouvant affecter la santé ou la sécurité des travailleurs.

Note Le directeur d'usine poursuivi après un accident du travail pour blessures involontaires et infractions à la sécurité du travail pour n'avoir pas procédé à une évaluation des risques encourus et n'avoir pas fait équiper les emplacements de travail où étaient utilisées des substances chimiques dangereuses de moyens efficaces assurant l'évacuation des dégagements gazeux a commis une faute caractérisée exposant autrui à un risque d'une particulière gravité qu'il ne pouvait ignorer (cass. crim. 24 avril 2001, n° 00-85.911).

Art. R. 4412-6. Pour l'évaluation des risques, l'employeur prend en compte, notamment :

1° Les propriétés dangereuses des agents chimiques présents sur les lieux de travail ;

2° Les informations relatives à la santé et à la sécurité communiquées par le fournisseur de produits chimiques en application des articles R. 4411-2, R. 4411-73 et R. 4411-84 ;

3° Les renseignements complémentaires qui lui sont nécessaires obtenus auprès du fournisseur ou d'autres sources aisément accessibles ;

4° La nature, le degré et la durée de l'exposition ;

5° Les conditions dans lesquelles se déroulent les activités impliquant des agents chimiques, y compris le nombre et le volume de chacun d'eux ;

6° Les valeurs limites d'exposition professionnelle et les valeurs limites biologiques fixées par décret ;

7° L'effet des mesures de prévention prises ou à prendre sur le risque chimique ;

8° Les conclusions fournies par le médecin du travail concernant la surveillance médicale des travailleurs ;

9° Les travaux conduits et propositions émises par les intervenants en prévention des risques professionnels mentionnés à l'article R. 4623-26.

Art. R. 4412-7. L'évaluation des risques inclut toutes les activités au sein de l'entreprise ou de l'établissement, y compris l'entretien et la maintenance.

Dans le cas d'activités comportant une exposition à plusieurs agents chimiques dangereux, l'évaluation prend en compte les risques combinés de l'ensemble de ces agents.

Art. R. 4412-8. Toute activité nouvelle impliquant des agents chimiques dangereux ne peut être entreprise qu'après réalisation de l'évaluation des risques et mise en œuvre des mesures de prévention appropriées.

Art. R. 4412-9. Les résultats de l'évaluation des risques chimiques sont communiqués, sous une forme appropriée, au comité d'hygiène, de sécurité et des conditions de travail ou, à défaut, aux délégués du personnel et, en l'absence de représentation du personnel, à tout travailleur intervenant dans l'entreprise ainsi qu'au médecin du travail.

Cette communication intervient, en particulier, à la suite de la mise à jour des résultats de l'évaluation ou de toute modification importante des méthodes et des conditions de travail susceptible d'affecter la santé et la sécurité des travailleurs.

Art. R. 4412-10. Les résultats de l'évaluation des risques sont consignés dans le document unique d'évaluation des risques prévu à l'article R. 4121-1.

Sous-section 3. Mesures et moyens de prévention

Art. R. 4412-11. L'employeur définit et applique les mesures de prévention visant à supprimer ou à réduire au minimum le risque d'exposition à des agents chimiques dangereux :

1° En concevant et en organisant des méthodes de travail adaptées ;

2° En prévoyant un matériel adéquat ainsi que des procédures d'entretien régulières qui protègent la santé et la sécurité des travailleurs ;

3° En réduisant au minimum le nombre de travailleurs exposés ou susceptibles de l'être, tout en tenant compte des risques encourus par un travailleur isolé ;

4° En réduisant au minimum la durée et l'intensité de l'exposition ;

5° En imposant des mesures d'hygiène appropriées ;

6° En réduisant au minimum nécessaire la quantité d'agents chimiques présents sur le lieu de travail pour le type de travail concerné ;

7° En concevant des procédures de travail adéquates, notamment des dispositions assurant la sécurité lors de la manutention, du stockage et du transport sur le lieu de travail des agents chimiques dangereux et des déchets contenant de tels agents.

Art. R. 4412-12. Lorsque les résultats de l'évaluation des risques révèlent un risque pour la santé et la sécurité des travailleurs, l'employeur met en œuvre les dispositions suivantes :

1° Mesures et moyens de prévention prévus aux articles R. 4412-15 à R. 4412-22 ;

2° Vérifications des installations et appareils de protection collective prévues à la sous-section 4 ;

3° Contrôle de l'exposition prévu à la sous-section 5 ;

4° Mesures en cas d'accident prévues à la sous-section 6 ;

5° Établissement de la notice de poste prévue à l'article R. 4412-39 ;

6° Suivi et surveillance médicale des travailleurs prévus à la sous-section 8.

Art. R. 4412-13. Lorsque les résultats de l'évaluation des risques montrent que les quantités dans lesquelles un agent chimique dangereux est présent sur le lieu de travail ne présentent qu'un risque faible pour la santé et la sécurité des travailleurs et que les mesures de prévention prises en application des articles L. 4121-1 à L. 4121-5 et R. 4412-11 sont suffisantes pour réduire ce risque, les dispositions de l'article R. 4412-12 ne sont pas applicables.

Art. R. 4412-14. Quels que soient les résultats de l'évaluation des risques, les dispositions de l'article R. 4412-12 s'appliquent à la production, la fabrication ou l'utilisation au travail des agents chimiques dangereux faisant l'objet d'une mesure d'interdiction en application de l'article L. 4411-1.

Art. R. 4412-15. Le risque que présente un agent chimique dangereux pour la santé et la sécurité des travailleurs doit être supprimé.

Lorsque la suppression de ce risque est impossible, ce dernier est réduit au minimum par la substitution d'un agent chimique dangereux par un autre agent chimique ou par un procédé non dangereux ou moins dangereux.

Art. R. 4412-16. Lorsque la substitution d'un agent chimique dangereux n'est pas possible au regard de la nature de l'activité et de l'évaluation des risques, le risque est réduit au minimum par la mise en œuvre, par ordre de priorité, des mesures suivantes :

1° Conception des procédés de travail et contrôles techniques appropriés ;

2° Utilisation des équipements et des matériels adéquats de manière à éviter ou à réduire le plus possible la libération d'agents chimiques dangereux sur le lieu de travail ;

3° Application, à la source du risque, des mesures efficaces de protection collective, telles qu'une bonne ventilation et des mesures appropriées d'organisation du travail ;

4° Utilisation, si l'exposition ne peut être réduite par d'autres moyens, de moyens de protection individuelle, y compris d'équipements de protection individuelle.

Art. R. 4412-17. L'employeur prend les mesures techniques et définit les mesures d'organisation du travail appropriées pour assurer la protection des travailleurs contre les dangers découlant des propriétés chimiques et physico-chimiques des agents chimiques.

Ces mesures portent, notamment, sur le stockage, la manutention et l'isolement des agents chimiques incompatibles.

À cet effet, l'employeur prend les mesures appropriées pour empêcher :

1° La présence sur le lieu de travail de concentrations dangereuses de substances inflammables ou de quantités dangereuses de substances chimiques instables ;

2° Les risques de débordement ou d'éclaboussures, ainsi que de déversement par rupture des parois des cuves, bassins, réservoirs et récipients de toute nature contenant des produits susceptibles de provoquer des brûlures d'origine thermique ou chimique.

Art. R. 4412-18. Lorsque les mesures techniques et d'organisation prévues à l'article R. 4412-17 ne sont pas réalisables au regard de la nature de l'activité, l'employeur prend, par ordre de priorité, les dispositions nécessaires pour :

1° Éviter la présence sur le lieu de travail de sources d'ignition susceptibles de provoquer des incendies ou des explosions, ou l'existence de conditions défavorables pouvant aboutir à ce que des substances ou des mélanges de substances chimiques instables aient des effets physiques dangereux ;

2° Atténuer les effets nuisibles pour la santé et la sécurité des travailleurs en cas d'incendie ou d'explosion résultant de l'inflammation de substances inflammables, ou les effets dangereux dus aux substances ou aux mélanges de substances chimiques instables.

Art. R. 4412-19. L'employeur assure l'entretien des équipements de protection individuelle et des vêtements de travail.

Lorsque l'entretien est réalisé à l'extérieur de l'établissement, le chef de l'entreprise chargé du transport et de l'entretien est informé de l'éventualité et de la nature de la contamination ainsi que de ses dangers conformément aux règles de coordination de la prévention prévue à l'article R. 4511-5.

Le transport des vêtements contaminés est réalisé dans des récipients sûrs et identifiables.

Art. R. 4412-20. L'employeur, pour toutes les activités comportant un risque d'exposition à des agents chimiques dangereux, prévoit des mesures d'hygiène appropriées afin que les travailleurs ne mangent pas, ne boivent pas et ne fument pas dans les zones de travail concernées.

Art. R. 4412-21. L'accès aux locaux de travail où sont utilisés des agents chimiques dangereux est limité aux personnes dont la mission l'exige.

Ces locaux font l'objet d'une signalisation appropriée rappelant notamment l'interdiction d'y pénétrer sans motif de service et l'existence d'un risque d'émissions dangereuses pour la santé, y compris accidentelles.

Note Voir arrêté du 4 novembre 1993 relatif à la signalisation de sécurité et de santé au travail (JO 17 déc.).

Art. R. 4412-22. Lors de travaux susceptibles d'exposer à des gaz délétères dans des espaces confinés tels que les puits, conduites de gaz, canaux de fumée, fosses d'aisances, cuves ou appareils quelconques, les travailleurs sont attachés ou protégés par un autre dispositif de sécurité.

Sous-section 4. Vérifications des installations et appareils de protection collective

Art. R. 4412-23. L'employeur assure régulièrement la vérification et le maintien en parfait état de fonctionnement des installations et appareils de protection collective.

Art. R. 4412-24. L'employeur établit, après avis du comité d'hygiène, de sécurité et des conditions de travail ou, à défaut, des délégués du personnel, une notice fixant les conditions de l'entretien des installations et des appareils de protection collective et les procédures à mettre en œuvre pour assurer leur surveillance, notamment pour détecter d'éventuelles défaillances et les éliminer.

Art. R. 4412-25. Des visites périodiques destinées à s'assurer de l'état des cuves, bassins et réservoirs contenant des produits corrosifs ont lieu à intervalles n'excédant pas un an.

Ces visites sont réalisées par une personne qualifiée sous la responsabilité de l'employeur.

Art. R. 4412-26 Les résultats des vérifications prévues par la présente sous-section sont consignés dans les conditions prévues à l'article D. 4711-2.

Sous-section 5. Contrôle de l'exposition

Note Le décret 2009-1570 du 15 décembre 2009 et deux arrêtés d'application du même jour ont pour objectif de rationaliser la réglementation relative aux contrôles techniques permettant de mesurer l'exposition des travailleurs aux agents chimiques dangereux. Ils réaménagent le dispositif concernant les contrôles techniques des valeurs limites d'exposition professionnelle (VLEP) et le contrôle des valeurs limites biologiques (VLB).

Le dispositif d'agrément ministériel des organismes chargés des contrôles est remplacé par un dispositif d'accréditation auprès du Comité français d'accréditation (Cofrac) ou par tout organisme équivalent (désigné en application du règlement (CE) 765/2008 du 9 juillet 2008), l'encadrement des conditions de réalisation des contrôles renforcé et les données d'exposition centralisées pour leur étude et leur exploitation. Voir circulaire DGT 2010/03 du 13 avril 2010 relative au contrôle du risque chimique sur les lieux de travail explicitant les modalités de mise en œuvre de ce dispositif.

(D. 2009-1570 du 15 déc. 2009, JO 17)

§ 1. Contrôle des valeurs limites d'exposition professionnelle

Art. R. 4412-27. Pour l'application du 3° de l'article R. 4412-12, l'employeur procède de façon régulière au mesurage de l'exposition des travailleurs aux agents chimiques dangereux présents dans l'atmosphère des lieux de travail.

Lorsque des valeurs limites d'exposition professionnelle ont été établies pour un agent chimique dangereux en application des articles R. 4412-149 ou R. 4412-150, l'employeur fait procéder à des contrôles techniques par un organisme accrédité dans les conditions prévues aux articles R. 4724-8 à R. 4724-13.

Ces contrôles techniques sont effectués au moins une fois par an et lors de tout changement susceptible d'avoir des conséquences néfastes sur l'exposition des travailleurs. Ils donnent lieu à un rapport, communiqué conformément aux dispositions de l'article R. 4412-30.

Note Jusqu'au 31 décembre 2009, les contrôles techniques destinés à vérifier, en application des articles R. 4412-27 et R. 4412-76 CT, le respect des valeurs limites d'exposition professionnelle aux agents chimiques fixées par les articles R. 4412-149 et R. 4412-150 de ce code peuvent, à titre transitoire, être effectués par les organismes qui disposaient, à la date d'entrée en vigueur du présent décret, d'un agrément en cours de validité délivré sur le fondement de l'article R. 4724-8 du même code, dans sa rédaction en vigueur avant cette date (décret 2009-1570 du 15 décembre 2009, art. 12, JO 17). Voir art. R. 4724-8 ancien rapporté dans note sous R. 4724-8.

Les dispositions des articles R. 4412-27 et R. 4412-76 CT ne s'appliquent aux valeurs limites d'exposition professionnelle indicatives prévues à l'article R. 4412-150 CT qu'**à compter du 1er janvier 2012** (décret 2009-1570 précité, art. 13).

Art. R. 4412-28. En cas de dépassement d'une valeur limite d'exposition professionnelle fixée à l'article R. 4412-149 ou de dépassement d'une concentration fixée à l'article R. 4222-10, l'employeur prend immédiatement les mesures de prévention et de protection propres à assurer la protection des travailleurs.

Art. R. 4412-29. En cas de dépassement d'une valeur limite d'exposition professionnelle indicative prévue à l'article R. 4412-150, l'employeur procède à l'évaluation des risques afin de déterminer des mesures de prévention et de protection adaptées.

Art. R. 4412-30. Les résultats des mesurages et les rapports de contrôle technique sont communiqués par l'employeur au médecin du travail et au comité d'hygiène, de sécurité et des conditions de travail ou, à défaut, aux délégués du personnel.

Ils sont tenus à la disposition de l'inspecteur du travail, du médecin inspecteur du travail ainsi que des agents des services de prévention des organismes de sécurité sociale.

Art. R. 4412-31. Les mesurages et les contrôles techniques opérés en application du présent paragraphe doivent respecter les modalités et les méthodes fixées en application de l'article R. 4412-151.

§ 2. Contrôle des valeurs limites biologiques

Art. R. 4412-32. Lorsqu'il est informé par le médecin du travail du dépassement d'une valeur limite biologique d'un agent chimique dangereux très toxique, toxique, nocif, corrosif, irritant, sensibilisant ou d'un agent chimique cancérogène, mutagène ou toxique pour la reproduction de catégorie 3, dans les conditions prévues ***(D. 2009-1570 du 15 déc. 2009, JO 17)*** « à l'article R. 4412-51-1 », l'employeur :

1° Procède à l'évaluation des risques conformément à la sous-section 2 ;

2° Met en œuvre les mesures et moyens de prévention prévus aux articles R. 4412-11, R. 4412-15 et R. 4412-16.

Sous-section 6. **Mesures en cas d'accident ou d'incident**

Art. R. 4412-33. Des systèmes d'alarme et autres systèmes de communication sont installés afin de permettre, en cas d'accident, d'incident ou d'urgence dû à la présence d'agents chimiques dangereux sur le lieu de travail :

1° Une réaction appropriée ;

2° La mise en œuvre immédiate, en tant que de besoin, des mesures qui s'imposent ;

3° Le déclenchement des opérations de secours, d'évacuation et de sauvetage.

Les mesures à mettre en œuvre, notamment les règles d'évacuation des travailleurs, sont définies préalablement par écrit.

Art. R. 4412-34. En présence d'agents chimiques dangereux sur les lieux de travail, des installations de premier secours appropriées sont mises à disposition. Des exercices de sécurité pertinents sont organisés à intervalles réguliers.

Art. R. 4412-35. Lorsqu'un accident, un incident ou une urgence survient, l'employeur prend immédiatement des mesures pour en atténuer les effets et en informer les travailleurs.

L'employeur met en œuvre les mesures appropriées pour remédier le plus rapidement possible à la situation et afin de rétablir une situation normale.

Art. R. 4412-36. Seuls les travailleurs indispensables à l'exécution des réparations ou d'autres travaux nécessaires au rétablissement de la situation sont autorisés à travailler dans la zone affectée. Ils doivent disposer d'équipements de protection individuelle appropriés qu'ils sont tenus d'utiliser pendant la durée de leur intervention. En tout état de cause, l'exposition des travailleurs ne peut pas être permanente et doit être limitée pour chacun au strict nécessaire.

Les personnes non protégées ne sont pas autorisées à rester dans la zone affectée.

Art. R. 4412-37. L'employeur veille à ce que les informations sur les mesures d'urgence se rapportant à des agents chimiques dangereux soient disponibles, notamment pour les services d'intervention, internes ou externes, compétents en cas d'accident ou d'incident.

Ces informations comprennent :

1° Une mention préalable des dangers de l'activité, des mesures d'identification du danger, des précautions et des procédures pertinentes afin que les services d'urgence puissent préparer leurs propres procédures d'intervention et mesures de précaution ;

2° Toute information disponible sur les dangers susceptibles de se présenter lors d'un accident ou d'une urgence ;

3° Les mesures définies en application des articles R. 4412-33 et R. 4412-34.

Sous-section 7. **Information et formation des travailleurs**

Art. R. 4412-38. L'employeur veille à ce que les travailleurs ainsi que le comité d'hygiène, de sécurité et des conditions de travail ou, à défaut, les délégués du personnel :

1° Reçoivent des informations sous des formes appropriées et périodiquement actualisées sur les agents chimiques dangereux se trouvant sur le lieu de travail, telles que notamment leurs noms, les risques pour la santé et la sécurité qu'ils comportent et, le cas échéant, les valeurs limites d'exposition professionnelle et les valeurs limites biologiques qui leur sont applicables ;

2° Aient accès aux fiches de données de sécurité fournies par le fournisseur des agents chimiques ;

3° Reçoivent une formation et des informations sur les précautions à prendre pour assurer leur protection et celle des autres travailleurs présents sur le lieu de travail. Sont notamment portées à leur connaissance les consignes relatives aux mesures d'hygiène à respecter et à l'utilisation des équipements de protection individuelle.

Art. R. 4412-39. L'employeur établit une notice, dénommée notice de poste, pour chaque poste de travail ou situation de travail exposant les travailleurs à des agents chimiques dangereux. Cette notice, actualisée en tant que de besoin, est destinée à informer les travailleurs des risques auxquels leur travail peut les exposer et des dispositions prises pour les éviter.

La notice rappelle les règles d'hygiène applicables ainsi que, le cas échéant, les consignes relatives à l'emploi des équipements de protection collective ou individuelle.

Sous-section 8. **Suivi des travailleurs et surveillance médicale**

[*§ 1.* **Art. R. 4412-40 à R. 4412-43.** Abrogés par décret 2012-134 du 30 janvier 2012, JO 31.]

Note

• Voir décret 2009-1547 du 11 décembre 2009 (JO 13) relatif au suivi médical post-professionnel des agents de l'État exposés à l'amiante.

• Voir arrêté du 6 décembre 2011 (JO 15) modifiant l'arrêté du 28 février 1995 pris en application de l'article D. 461-25 c. séc. soc. fixant le modèle type d'attestation d'exposition et les modalités d'examen dans le cadre du suivi post-professionnel des salariés ayant été exposés à des agents ou procédés cancérogènes.

§ 2. Surveillance médicale

Sous-§ 1. Examens médicaux et fiche d'aptitude

Art. R. 4412-44. Un travailleur ne peut être affecté à des travaux l'exposant à des agents chimiques dangereux ***(D. 2009-289 du 13 mars 2009, JO 15)*** « pour la santé » que s'il a fait l'objet d'un examen médical préalable par le médecin du travail et si la fiche médicale d'aptitude établie à cette occasion atteste qu'il ne présente pas de contre-indication médicale à ces travaux.

Note

• Les dispositions de l'article R. 231-56-11 (ancien) CT qui prévoient qu'un travailleur ne peut être affecté à des travaux l'exposant à un agent cancérogène, mutagène ou toxique pour la reproduction que si le médecin du travail atteste qu'il ne présente pas de contre-indication médicale à ces travaux, visent seulement à confier au médecin du travail le soin de déceler les risques particuliers à certains salariés et, par suite, d'éviter que les personnes les plus vulnérables soient exposées à des agents cancérogènes, mutagènes ou toxiques pour la reproduction. En aucun cas, elles n'impliquent que le médecin du travail garantisse au salarié l'absence de tout risque ou de toute dangerosité de l'exposition aux agents litigieux et n'ont pas davantage pour effet de transférer au médecin du travail la responsabilité qui incombe à l'employeur en matière de protection de la santé des travailleurs (CE 9 octobre 2002, n°s 231869 et 236838, *RJS* 1/03 n° 49).

• Il résulte de l'article R. 231-56-11 (ancien) CT que ne constitue pas une faute le refus du salarié d'effectuer une tâche à l'accomplissement de laquelle il ne peut être affecté dès lors que l'employeur n'a pas exécuté les obligations mises à sa charge pour assurer la protection de la santé au travail. Doit être cassé l'arrêt de cour d'appel qui, pour juger que le licenciement pour faute d'une salariée en raison de son refus d'exécuter des travaux impliquant la manipulation de produits cytostatiques était fondé sur une cause réelle et sérieuse, a retenu que l'intéressée n'avait à aucun moment exercé son droit de retrait et ne s'était jamais prévalue d'une situation de travail dont elle aurait eu un motif de penser qu'elle présentait un danger grave et imminent pour sa vie ou sa santé, se bornant à faire état d'une incapacité psychologique et technique, alors que la cour avait constaté que les tâches demandées à la salariée l'exposaient à un agent cancérogène, mutagène ou toxique pour la reproduction et que la fiche d'aptitude délivrée par le médecin du travail ne comportait aucune mention relative à l'absence de contre-indication à ces travaux (cass. soc. 18 décembre 2007, n° 06-43.801, BC V n° 212 ; *RJS* 3/08 n° 294).

Art. R. 4412-45. L'examen médical pratiqué comprend un examen clinique général et, selon la nature de l'exposition, un ou plusieurs examens spécialisés complémentaires auxquels le médecin du travail procède ou fait procéder. Ces examens sont à la charge de l'employeur.

Art. R. 4412-46. Chaque travailleur est informé par le médecin du travail des résultats et de l'interprétation des examens médicaux généraux et complémentaires dont il a bénéficié.

Art. R. 4412-47. La fiche médicale d'aptitude indique la date de l'étude du poste de travail et celle de la dernière mise à jour de la fiche d'entreprise.

Cette fiche est renouvelée au moins une fois par an, après examen par le médecin du travail.

Note Le 2e alinéa de cet article est abrogé à compter du 01.07.2012 par le décret 2012-135 du 30 janvier 2012, JO 31.

Art. R. 4412-48. Le travailleur ou l'employeur peut contester auprès de l'inspecteur du travail les mentions portées sur la fiche médicale d'aptitude, dans les quinze jours qui suivent sa délivrance.

L'inspecteur du travail prend sa décision après avis conforme du médecin inspecteur du travail, qui peut faire pratiquer, aux frais de l'employeur, des examens complémentaires par les spécialistes de son choix.

Art. R. 4412-49. Les instructions techniques, précisant les modalités des examens médicaux que respectent les médecins du travail, sont déterminées, en tant que de besoin, par arrêté conjoint des ministres chargés du travail et de l'agriculture.

Art. R. 4412-50. En dehors des visites périodiques, l'employeur fait examiner par le médecin du travail tout travailleur exposé à des agents chimiques mentionnés à l'article R. 4412-44 qui se déclare incommodé par des travaux qu'il exécute. Cet examen peut être réalisé à la demande du travailleur.

Le médecin du travail est informé par l'employeur des absences, pour cause de maladie d'une durée supérieure à dix jours, des travailleurs exposés à ces agents chimiques.

Art. R. 4412-51. ***(D. 2009-1570 du 15 déc. 2009, JO 17)*** Le médecin du travail prescrit les examens médicaux nécessaires à la surveillance biologique des expositions aux agents chimiques. Le travailleur est informé par le médecin des résultats de ces examens et de leur interprétation.

Le médecin du travail informe l'employeur de l'interprétation anonyme et globale des résultats de cette surveillance biologique des expositions aux agents chimiques, en garantissant le respect du secret médical.

Note Voir note sous article R. 4412-41.

Art. R. 4412-51-1. ***(D. 2009-1570 du 15 déc. 2009, JO 17)*** Les analyses destinées à vérifier le respect des valeurs limites biologiques fixées par décret sont réalisées par les organismes mentionnés à l'article R. 4724-15.

En cas de dépassement, le médecin du travail, s'il considère que ce dépassement résulte de l'exposition professionnelle, en informe l'employeur, sous une forme non nominative.

Art. R. 4412-51-2. ***(D. 2009-1570 du 15 déc. 2009, JO 17)*** Un arrêté conjoint des ministres chargés du travail et de l'agriculture précise les modalités ainsi que les méthodes à mettre en œuvre pour le contrôle du respect des valeurs limites biologiques.

Art. R. 4412-52. Si un travailleur est atteint d'une maladie professionnelle, d'une maladie ou d'une anomalie susceptible de résulter d'une exposition à des agents chimiques dangereux, à l'exception des agents cancérogènes et mutagènes définis à l'article R. 4412-60, le médecin du travail détermine la pertinence et la nature des examens éventuellement nécessaires pour les travailleurs ayant subi une exposition comparable.

Si un travailleur est atteint soit d'une maladie professionnelle, soit d'une anomalie susceptible de résulter d'une exposition à des agents cancérogènes ou mutagènes, tous les travailleurs ayant subi une exposition comparable sur le même lieu de travail font l'objet d'un examen médical, assorti éventuellement d'examens complémentaires.

Art. R. 4412-53. Dans les cas de maladie ou d'anomalie prévus à l'article R. 4412-52, une nouvelle évaluation des risques est réalisée en vue d'assurer une meilleure protection de la santé et de la sécurité des travailleurs.

Sous-§ 2. Dossier médical

Art. R. 4412-54. Le médecin du travail constitue et tient, pour chaque travailleur exposé aux agents chimiques dangereux ***(D. 2012-134 du 30 janv. 2012, JO 31)*** « pour la santé », un dossier individuel contenant :

(D. 2012-134 du 30 janv. 2012, JO 31) « 1° Une copie de la fiche prévue à l'article L. 4121-3-1 ; »
2° Les dates et les résultats des examens médicaux complémentaires pratiqués.

Art. R. 4412-55. Le dossier médical est conservé pendant au moins cinquante ans après la fin de la période d'exposition, dans les conditions prévues à l'article D. 4624-46 du présent code ou à l'article R. 717-27 du code rural ***(Ord. 2010-462 du 6 mai 2010, JO 7)*** « et de la pêche maritime ».

Art. R. 4412-56. Le dossier médical est communiqué, sur sa demande, au médecin inspecteur du travail et peut être adressé, avec l'accord du travailleur, à un médecin de son choix.

Art. R. 4412-57. Si l'établissement vient à disparaître ou si le travailleur change d'établissement, l'ensemble du dossier médical est transmis au médecin inspecteur du travail, à charge pour celui-ci de l'adresser, à la demande du travailleur, au médecin du travail désormais compétent.

[*Sous-§ 3.* **Art. R. 4412-58.** Abrogé par décret 2012-134 du 30 janvier 2012, JO 31.]

Note L'attestation d'exposition aux agents chimiques dangereux établie pour l'application de l'article R. 4412-58 jusqu'à la date d'entrée en vigueur du décret 2012-134 du 30 janvier 2012 précité est remise au travailleur à son départ de l'établissement.

SECTION 2. Dispositions particulières aux agents chimiques dangereux cancérogènes, mutagènes et toxiques pour la reproduction

Note Sur la prévention et le contrôle des risques professionnels engendrés par les substances et agents cancérogènes, voir convention 139 du BIT adoptée le 24 juin 1974, directive 2004/37/CE du 29 avril 2004 concernant la protection des travailleurs contre les risques liés à l'exposition à des agents cancérigènes ou mutagènes au travail (JOUE L 158 du 30.04.2004 ; rectif. JOUE L 229 du 29.06.2004 ; « Code annoté européen du travail », *Groupe Revue Fiduciaire*, éd. 2010, p. 855).

Le décret 2001-97 du 1er février 2001 qui établit les règles particulières de prévention des risques cancérogènes, mutagènes ou toxiques pour la reproduction a transposé les directives 97/42/CE et 99/38/CE relatives aux agents cancérogènes et mutagènes, recodifiées, comme la directive 90/394/CEE relative aux agents cancérogènes, dans le cadre de la directive 2004/37/CE.

Voir circulaire DRT 12 du 24 mai 2006 relative aux règles générales de prévention du risque chimique et aux règles particulières à prendre contre les risques d'exposition aux agents cancérogènes, mutagènes ou toxiques pour la reproduction. Voir aussi rép QE 80156, JO AN 24 octobre 2006, p. 11079 s'agissant des mesures de prévention mises en place à l'égard des salariés exposés à des solvants, rép. QE 102442, JO AN 21 novembre 2006, p. 12209.

Sous-section 1. Champ d'application et définitions

Art. R. 4412-59. Les dispositions de la présente section sont applicables aux activités dans lesquelles les travailleurs sont exposés ou susceptibles d'être exposés au cours de leur travail à des agents chimiques cancérogènes mutagènes ou toxiques pour la reproduction. Elles ne font pas obstacle aux mesures particulières prises par décret pour certains agents ou procédés cancérogènes, mutagènes ou toxiques pour la reproduction.

Les activités mentionnées au premier alinéa ne sont pas soumises aux dispositions de la section 1 à l'exception des dispositions suivantes :

1° Définitions de la sous-section 1 ;

2° Mesures et dispositions à prendre contre les dangers découlant des propriétés chimiques et physico-chimiques des agents chimiques prévues aux articles R. 4412-17 et R. 4412-18 ;

3° Mesures à prendre en cas d'intervention dans un espace confiné prévues à l'article R. 4412-22 ;

4° Vérifications périodiques des installations et appareils de protection collective prévues à la sous-section 4 ;

5° Mesures à prendre en cas d'accident ou incident prévues à la sous-section 6 ;

6° Notice de poste prévue à l'article R. 4412-39 ;

7° Suivi des travailleurs et surveillance médicale prévus à la sous-section 8.

Note Voir décret 2009-1546 du 11 décembre 2009 (JO 13) relatif au suivi médical post-professionnel des agents de l'État exposés à un agent cancérogène, mutagène ou toxique pour la reproduction.

Art. R. 4412-60. On entend par agent cancérogène, mutagène ou toxique pour la reproduction, toute substance ou préparation classée cancérogène, mutagène ou toxique pour la reproduction de catégorie 1 ou 2 ainsi que toute substance, toute préparation ou tout procédé défini comme tel par arrêté conjoint des ministres chargés du travail et de l'agriculture.

Note Voir arrêté du 5 janvier 1993 (JO 19 févr.) fixant la liste des substances, préparations et procédés cancérogènes complété par arrêté du 18 septembre 2000 (JO 28) et arrêté du 13 juillet 2006 (JO 29).

Sous-section 2. Évaluation des risques

Art. R. 4412-61. Pour toute activité susceptible de présenter un risque d'exposition à des agents cancérogènes, mutagènes ou toxiques pour la reproduction, l'employeur évalue la nature, le degré et la durée de l'exposition des travailleurs afin de pouvoir apprécier les risques pour leur santé ou leur sécurité et de définir les mesures de prévention à prendre.

Un arrêté conjoint des ministres chargés du travail et de l'agriculture peut préciser les conditions de cette évaluation.

Art. R. 4412-62. L'évaluation des risques d'exposition aux agents cancérogènes, mutagènes ou toxiques pour la reproduction est renouvelée régulièrement, notamment pour prendre en compte l'évolution des connaissances sur les produits utilisés et lors de tout changement des conditions pouvant affecter l'exposition des travailleurs.

Art. R. 4412-63. Toute activité nouvelle impliquant des agents cancérogènes, mutagènes ou toxiques pour la reproduction ne peut être entreprise qu'après réalisation de l'évaluation des risques et mise en œuvre des mesures de prévention appropriées.

Art. R. 4412-64. L'employeur tient à la disposition des membres du comité d'hygiène, de sécurité et des conditions de travail ou, à défaut, des délégués du personnel, ainsi que du médecin du travail, de l'inspection du travail et des agents des services de prévention des organismes de sécurité sociale, les éléments ayant servi à l'évaluation des risques.

Les résultats de cette évaluation sont consignés dans le document unique d'évaluation des risques.

Art. R. 4412-65. Pour l'évaluation du risque, toutes les expositions susceptibles de mettre en danger la santé ou la sécurité des travailleurs sont prises en compte, y compris l'absorption percutanée ou transcutanée.

Sous-section 3. Mesures et moyens de prévention

Art. R. 4412-66. Lorsque l'utilisation d'un agent cancérogène, mutagène ou toxique pour la reproduction est susceptible de conduire à une exposition, l'employeur réduit l'utilisation de cet agent sur le lieu de travail, notamment en le remplaçant, dans la mesure où cela est techniquement possible, par une substance, une préparation ou un procédé qui, dans ses conditions d'emploi, n'est pas ou est moins dangereux pour la santé ou la sécurité des travailleurs.

L'employeur consigne le résultat de ses investigations dans le document unique d'évaluation des risques.

Art. R. 4412-67. Lorsque les résultats de l'évaluation des risques prévue à la sous-section 2 révèlent un risque pour la santé ou la sécurité des travailleurs, l'exposition des travailleurs est évitée.

Art. R. 4412-68. Lorsque le remplacement d'un agent cancérogène, mutagène ou toxique pour la reproduction par une substance, une préparation ou un procédé sans danger ou moins dangereux pour la sécurité ou la santé n'est pas réalisable, l'employeur prend les dispositions nécessaires pour que la production et l'utilisation de l'agent cancérogène, mutagène ou toxique pour la reproduction aient lieu dans un système clos.

Art. R. 4412-69. Lorsque l'application d'un système clos n'est pas réalisable, l'employeur fait en sorte que le niveau d'exposition des travailleurs soit réduit à un niveau aussi bas qu'il est techniquement possible.

Art. R. 4412-70. Dans tous les cas d'utilisation d'un agent cancérogène, mutagène ou toxique pour la reproduction l'employeur applique les mesures suivantes :

1° Limitation des quantités de cet agent sur le lieu de travail ;

2° Limitation du nombre de travailleurs exposés ou susceptibles de l'être ;

3° Mise au point de processus de travail et de mesures techniques permettant d'éviter ou de minimiser le dégagement d'agents ;

4° Évacuation des agents conformément aux dispositions des articles R. 4222-12 et R. 4222-13 ;

5° Utilisation de méthodes appropriées de mesure des agents, en particulier pour la détection précoce des expositions anormales résultant d'un événement imprévisible ou d'un accident ;

6° Application de procédures et de méthodes de travail appropriées ;

7° Mise en œuvre de mesures de protection collectives ou, lorsque l'exposition ne peut être évitée par d'autres moyens, de mesures de protection individuelles ;

8° Mise en œuvre de mesures d'hygiène, notamment de nettoyage régulier des sols, murs et autres surfaces ;

9° Information des travailleurs ;

10° Délimitation des zones à risque et utilisation de signaux adéquats d'avertissement et de sécurité, y compris les signaux « défense de fumer », dans les zones où les travailleurs sont exposés ou susceptibles de l'être ;

11° Mise en place de dispositifs pour les cas d'urgence susceptibles d'entraîner des expositions anormalement élevées, en particulier lors d'éventuelles ruptures du confinement des systèmes clos ;

12° Utilisation de moyens permettant le stockage, la manipulation et le transport sans risque des produits, notamment par l'emploi de récipients hermétiques étiquetés de manière claire, nette et visible ;

13° Collecte, stockage et évacuation sûrs des déchets.

Art. R. 4412-71. Lorsqu'un agent cancérogène, mutagène ou toxique pour la reproduction présente d'autres dangers, l'employeur met également en œuvre les mesures appropriées pour supprimer ou réduire les autres risques résultant de l'utilisation de cet agent.

Art. R. 4412-72. Pour toutes les activités pour lesquelles il existe un risque de contamination par des agents cancérogènes, mutagènes ou toxiques pour la reproduction, l'employeur prend les mesures appropriées suivantes :

1° Veiller à ce que les travailleurs ne mangent pas, ne boivent pas et ne fument pas dans les zones de travail concernées ;

2° Fournir des vêtements de protection ou tous autres vêtements appropriés, les placer dans un endroit déterminé, les vérifier et les nettoyer, si possible avant et, en tout cas, après chaque utilisation et les réparer ou remplacer s'ils sont défectueux, conformément aux dispositions de l'article R. 4323-95 ;

3° Veiller à ce que les travailleurs ne sortent pas de l'établissement avec les équipements de protection individuelle ou les vêtements de travail.

Art. R. 4412-73. Lorsque l'entretien des équipements de protection individuelle et des vêtements est assuré à l'extérieur de l'entreprise, le chef de l'entreprise chargé du transport et de l'entretien est informé de l'éventualité et de la nature de la contamination, conformément aux règles de coordination de la prévention prévue à l'article R. 4511-5.

Art. R. 4412-74. Au vu des résultats de l'évaluation des risques, l'employeur prend les mesures appropriées pour que les zones où se déroulent les activités révélant un risque pour la santé ou la sécurité ne puissent être accessibles à d'autres travailleurs que ceux qui, en raison de leur travail ou de leur fonction, sont amenés à y pénétrer.

Art. R. 4412-75. Pour certaines activités telles que l'entretien ou la maintenance des équipements et installations, pour lesquelles la possibilité d'une augmentation sensible de l'exposition est prévisible et à l'égard desquelles toutes les possibilités de prendre d'autres mesures techniques de prévention sont déjà épuisées, l'employeur détermine, après avis du médecin du travail, du comité d'hygiène, de sécurité et des conditions de travail ou, à défaut, des délégués du personnel, les mesures nécessaires pour réduire le plus possible la durée d'exposition des travailleurs et pour assurer leur protection durant ces activités.

L'employeur met à disposition des travailleurs un vêtement de protection et un équipement individuel de protection respiratoire. Il veille à ce qu'ils soient effectivement portés aussi longtemps que l'exposition persiste. Celle-ci ne peut pas être permanente et est limitée pour chaque travailleur au strict nécessaire.

Les mesures appropriées sont prises pour que les zones où se déroulent les activités mentionnées au premier alinéa soient clairement délimitées et signalées et pour que leur accès soit interdit à toute personne non autorisée.

Sous-section 4. **Contrôle de l'exposition**

(D. 2009-1570 du 15 déc. 2009, JO 17)

§ 1. Contrôle des valeurs limites d'exposition professionnelle

Art. R. 4412-76. L'employeur procède de façon régulière au mesurage de l'exposition des travailleurs aux agents cancérogènes, mutagènes ou toxiques pour la reproduction présents dans l'atmosphère des lieux de travail.

Lorsque des valeurs limites d'exposition professionnelle ont été établies, en application des articles R. 4412-149 ou R. 4412-150, pour un agent cancérogène, mutagène ou toxique pour la reproduction, l'employeur fait procéder à des contrôles techniques par un organisme accrédité dans les conditions prévues aux articles R. 4724-8 à R. 4724-13.

Ces contrôles techniques sont effectués au moins une fois par an et lors de tout changement susceptible d'avoir des conséquences néfastes sur l'exposition des travailleurs. Ils donnent lieu à un rapport, communiqué conformément aux dispositions de l'article R. 4412-79.

Note Voir note sous l'article R. 4412-27.

Art. R. 4412-77. En cas de dépassement d'une valeur limite d'exposition professionnelle contraignante prévue à l'article R. 4412-149, l'employeur arrête le travail aux postes de travail concernés, jusqu'à la mise en œuvre des mesures propres à assurer la protection des travailleurs.

Art. R. 4412-78. En cas de dépassement d'une valeur limite d'exposition professionnelle indicative prévue à l'article R. 4412-150, l'employeur procède à l'évaluation des risques afin de déterminer des mesures de prévention et de protection adaptées.

Art. R. 4412-79. Les résultats des mesurages et les rapports de contrôle technique sont communiqués par l'employeur au médecin du travail et au comité d'hygiène, de sécurité et des conditions de travail ou, à défaut, aux délégués du personnel.

Ils sont tenus à la disposition de l'inspecteur du travail, du médecin inspecteur du travail ainsi que des agents des services de prévention des organismes de sécurité sociale.

Art. R. 4412-80. Les mesurages et les contrôles techniques opérés en application du présent paragraphe doivent respecter les modalités et les méthodes fixées en application de l'article R. 4412-151.

[Art. R. 4412-81. Abrogé de fait par le décret 2009-1570 du 15 décembre 2009, JO 17.]

§ 2. Contrôle des valeurs limites biologiques

Art. R. 4412-82. Lorsqu'il est informé par le médecin du travail du dépassement d'une valeur limite biologique, dans les conditions prévues à l'article ***(D. 2009-1570 du 15 déc. 2009, JO 17)*** « R. 4412-51-1 », l'employeur :

1° Procède à l'évaluation des risques conformément à la sous-section 2 ;

2° Met en œuvre les mesures et moyens de prévention prévus aux articles R. 4412-67 à R. 4412-73 ;

3° Procède aux contrôles des valeurs limites d'exposition professionnelle prévus à la sous-section 4 ;

(D. 2009-1570 du 15 déc. 2009, JO 17) « 4° Arrête le travail aux postes concernés jusqu'à la mise en œuvre des mesures propres à assurer la protection des travailleurs. »

Sous-section 5. **Mesures en cas d'accidents ou d'incidents**

Art. R. 4412-83. En cas d'incident ou d'accident susceptible d'entraîner une exposition anormale à des agents chimiques cancérigènes, mutagènes ou toxiques pour la reproduction, seuls les travailleurs indispensables pour l'exécution des réparations et d'autres travaux nécessaires sont autorisés à travailler dans la zone affectée jusqu'au rétablissement de la situation normale et tant que les causes de l'exposition anormale ne sont pas éliminées.

Art. R. 4412-84. L'employeur met à la disposition des travailleurs autorisés à travailler dans la zone affectée par l'incident ou l'accident un vêtement de protection et un équipement individuel de protection respiratoire. Il veille à ce qu'ils soient effectivement portés.

Art. R. 4412-85. Afin de maintenir ou restaurer les conditions de salubrité dans la zone affectée, l'élimination des agents est réalisée de telle sorte qu'elle ne crée pas de nouveaux risques pour les travailleurs de l'établissement ou l'environnement de ce même établissement.

Sous-section 6. **Information et formation des travailleurs**

Art. R. 4412-86. Si les résultats de l'évaluation des risques révèlent un risque pour la santé ou la sécurité des travailleurs, l'employeur tient à la disposition des travailleurs exposés et du comité d'hygiène, de sécurité et des conditions de travail ou, à défaut, des délégués du personnel des informations appropriées sur :

1° Les activités ou les procédés industriels mis en œuvre, y compris les raisons pour lesquelles des agents cancérogènes, mutagènes ou toxiques pour la reproduction sont utilisés ;

2° Les quantités fabriquées ou utilisées de substances ou préparations qui contiennent des agents cancérogènes mutagènes ou toxiques pour la reproduction ;

3° Le nombre de travailleurs exposés ;

4° Les mesures de prévention prises ;

5° Le type d'équipement de protection à utiliser ;

6° La nature et le degré de l'exposition, notamment sa durée ;

7° Les cas de substitution par un autre produit.

Art. R. 4412-87. L'employeur organise, en liaison avec le comité d'hygiène, de sécurité et des conditions de travail ou, à défaut, les délégués du personnel et le médecin du travail, l'information et la formation à la sécurité des travailleurs susceptibles d'être exposés à l'action d'agents cancérogènes, mutagènes ou toxiques pour la reproduction.

Cette information et cette formation concernent, notamment :

1° Les risques potentiels pour la santé, y compris les risques additionnels dus à la consommation du tabac ;

2° Les précautions à prendre pour prévenir l'exposition ;

3° Les prescriptions en matière d'hygiène ;

4° Le port et l'emploi des équipements et des vêtements de protection ;

5° Les mesures à prendre par les travailleurs, notamment par le personnel d'intervention, pour la prévention d'incidents et en cas d'incident.

Art. R. 4412-88. L'information et la formation à la sécurité sont adaptées à l'évolution des risques et à l'apparition de risques nouveaux. Elles sont répétées régulièrement. Elles favorisent une application des règles de prévention adaptée à l'évolution des connaissances et des techniques.

Art. R. 4412-89. L'information des travailleurs porte sur les effets potentiellement néfastes de l'exposition aux substances chimiques sur la fertilité, sur l'embryon en particulier lors du début de la grossesse, sur le fœtus et pour l'enfant en cas d'allaitement.

Elle sensibilise les femmes quant à la nécessité de déclarer le plus précocement possible leur état de grossesse et les informe sur les possibilités de changement temporaire d'affectation et les travaux interdits prévus respectivement aux articles L. 1225-7 et D. 4152-10.

Art. R. 4412-90. L'employeur informe les travailleurs de la présence d'agents cancérogènes, mutagènes ou toxiques pour la reproduction dans les installations.

Il veille à ce que les récipients annexes qui contiennent de tels agents soient étiquetés de manière claire et lisible. Le danger est signalé par tout moyen approprié.

Art. R. 4412-91. Les travailleurs et les membres du comité d'hygiène, de sécurité et des conditions de travail ou, à défaut, les délégués du personnel doivent pouvoir vérifier que les dispositions de la présente section sont appliquées, notamment en ce qui concerne :
1° Les conséquences sur la santé et la sécurité des choix et de l'utilisation des vêtements et équipements de protection ;
2° Les mesures prises pour les activités susceptibles d'augmenter sensiblement l'exposition mentionnées au premier alinéa de l'article R. 4412-75.

Art. R. 4412-92. Les travailleurs et les membres du comité d'hygiène, de sécurité et des conditions de travail ou, à défaut, les délégués du personnel, ainsi que le médecin du travail, sont informés le plus rapidement possible des expositions anormales, y compris celles mentionnées à l'article R. 4412-75, de leurs causes et des mesures prises ou à prendre pour y remédier.

Art. R. 4412-93. Les informations prévues à l'article R. 4412-86 sont tenues à la disposition du médecin du travail, de l'inspection du travail, du médecin inspecteur du travail et des agents des services de prévention des organismes de sécurité sociale.

SECTION 3. Risques d'exposition à l'amiante

Note

• Le décret 2006-761 du 30 juin 2006 a repris, en les renforçant et en les insérant dans le code du travail, les dispositions du décret 96-98 du 7 février 1996 qui est abrogé.

• Voir instruction DGT 2011/10 du 23 novembre 2011 relative aux mesures à mettre en œuvre en matière de prévention de l'exposition à l'amiante au cours de la période transitoire précédant la réforme réglementaire consécutive aux avis de l'AFSSET et aux résultats de la campagne META (méthode de microscopie analytique à transmission électronique).

Sous-section 1. Champ d'application et définitions

Art. R. 4412-94. Les dispositions de la présente section s'appliquent :
1° Aux activités de confinement et de retrait de l'amiante, définies à l'article R. 4412-114 ;
2° Aux activités et interventions sur des matériaux ou appareils susceptibles de libérer des fibres d'amiante, définies à l'article R. 4412-139.

Art. R. 4412-95. Indépendamment des dispositions de la présente section, les activités mentionnées à l'article R. 4412-94 susceptibles d'exposer à l'inhalation de poussières d'amiante, sont soumises aux dispositions particulières relatives à la prévention des risques d'exposition aux agents cancérogènes, mutagènes et toxiques pour la reproduction de la section 2, à l'exception des contrôles des valeurs limites d'exposition professionnelle prévus par les articles R. 4412-76 à R. 4412-81.

Art. R. 4412-96. On entend par matériau friable contenant de l'amiante tout matériau susceptible d'émettre des fibres sous l'effet de chocs, de vibrations ou de mouvements d'air.

On entend par matériaux non friables contenant de l'amiante les matériaux contenant de l'amiante autres que ceux mentionnés au premier alinéa.

Sous-section 2. Dispositions communes à toutes les activités

§ 1. Information et formation des travailleurs

Art. R. 4412-97. La notice de poste prévue à l'article R. 4412-39 est transmise pour avis au médecin du travail. Cet avis est communiqué au comité d'hygiène, de sécurité et des conditions de travail ou, à défaut, aux délégués du personnel.

Art. R. 4412-98. La formation à la sécurité est aisément compréhensible par le travailleur.

Elle porte notamment sur :

1° Les produits et dispositifs susceptibles de contenir de l'amiante ;

2° Les modalités de travail recommandées ;

3° Le rôle et l'utilisation des équipements de protection collectifs et individuels.

Note L'alinéa 1er a été modifié par le décret 2009-289 du 13 mars 2009 (JO 15).

Art. R. 4412-99. L'employeur ou, le cas échéant, l'organisme de formation, valide les acquis de la formation sous la forme d'une attestation de compétence délivrée au travailleur.

Art. R. 4412-100. Le contenu et les modalités de la formation, notamment les conditions de sa validation et de son renouvellement, sont précisés par une convention ou un accord collectif de branche étendu selon la taille de l'entreprise et la nature de l'activité exercée.

À défaut d'accord, ils sont précisés par un arrêté conjoint des ministres chargés du travail et de l'agriculture.

Note Voir arrêté du 22 décembre 2009, JO 30, définissant les modalités de la formation des travailleurs à la prévention des risques liés à l'amiante modifié par arrêté du 23 mai 2011, JO 26 (entrée en vigueur le 1er janvier 2012 du titre Ier et de l'article 10).

§ 2. Organisation du travail

Art. R. 4412-101. L'employeur tient compte de la pénibilité de chaque tâche pour déterminer :

1° La durée maximale du temps de travail avec port ininterrompu d'un équipement de protection respiratoire individuelle ;

2° Le temps nécessaire aux opérations d'habillage, de déshabillage et de décontamination des travailleurs, dans les conditions prévues à l'article L. 3121-3 ;

3° Le temps consacré aux pauses après le port ininterrompu d'un équipement de protection respiratoire individuelle, sans préjudice des dispositions de l'article L. 3121-33.

Art. R. 4412-102. L'employeur détermine et met en œuvre les mesures nécessaires pour réduire la durée et le niveau d'exposition autant qu'il est techniquement possible, aussi longtemps que le risque d'exposition à l'inhalation de poussières d'amiante subsiste.

Art. R. 4412-103. Pour l'application du présent paragraphe, l'employeur consulte préalablement le médecin du travail, le comité d'hygiène, de sécurité et des conditions de travail ou, à défaut, les délégués du personnel.

§ 3. Valeur limite d'exposition professionnelle

Art. R. 4412-104. La concentration moyenne en fibres d'amiante dans l'air inhalé par un travailleur ne doit pas dépasser 0,1 fibre par centimètre cube sur une heure de travail.

§ 4. Contrôle des niveaux d'empoussièrement

Art. R. 4412-105. En fonction des résultats de l'évaluation des risques, l'employeur contrôle les niveaux d'empoussièrement en fibres d'amiante afin de garantir le respect de la valeur limite fixée à l'article R. 4412-104.

Art. R. 4412-106. Les prélèvements sont faits sur des postes de travail en situation significative de l'exposition personnelle à l'inhalation des poussières d'amiante.

Ils sont réalisés par des personnes possédant les compétences requises.

Les échantillons prélevés sont analysés par un laboratoire accrédité à cet effet.

Note Voir arrêté du 4 mai 2007 (JO 16) relatif à la mesure de la concentration en fibres d'amiante sur les lieux de travail et aux conditions d'accréditation des laboratoires.

Art. R. 4412-107. La stratégie de prélèvement est établie par l'employeur, après avis du médecin du travail, du comité d'hygiène, de sécurité et des conditions de travail ou, à défaut, des délégués du personnel, ainsi que du laboratoire accrédité pour le prélèvement.

Art. R. 4412-108. Toute situation anormale entraîne, sans délai, la suspension des travaux par l'employeur jusqu'à la mise en œuvre des mesures propres à remédier à la situation.

Afin de vérifier l'efficacité de ces mesures, l'employeur procède, sans délai, à un nouveau contrôle du niveau d'empoussièrement en fibres d'amiante.

L'inspecteur du travail est informé le plus rapidement possible de toute situation anormale, de ses causes et des mesures prises pour y remédier.

Art. R. 4412-109. Les conditions et les résultats des contrôles sont communiqués par l'employeur au médecin du travail et au comité d'hygiène, de sécurité et des conditions de travail ou, à défaut, aux délégués du personnel.

Ils sont tenus à la disposition de l'inspecteur du travail, du médecin inspecteur du travail, ainsi que des agents des services de prévention des organismes de sécurité sociale.

§ 5. Fiche d'exposition

Art. R. 4412-110. ***(D. 2012-134 du 30 janv. 2012, JO 31)*** L'employeur établit, pour chaque travailleur exposé, une fiche d'exposition indiquant :

1° La nature du travail réalisé, les caractéristiques des matériaux et appareils en cause, les périodes d'exposition et les autres risques ou nuisances d'origine chimique, physique ou biologique du poste de travail ;

2° Les dates et les résultats des contrôles de l'exposition au poste de travail ainsi que la durée et l'importance des expositions accidentelles ;

3° Les procédés de travail utilisés ;

4° Les équipements de protection collective et individuelle utilisés.

§ 6. Traitement des déchets

Art. R. 4412-111. Les déchets de toute nature susceptibles de libérer des fibres d'amiante sont conditionnés et traités de manière à ne pas provoquer d'émission de poussières pendant leur manutention, leur transport, leur entreposage et leur stockage.

Art. R. 4412-112. Les déchets sont transportés hors du lieu de travail aussitôt que possible dans des emballages appropriés et fermés, avec apposition de l'étiquetage prévu par le décret n° 88-466 du 28 avril 1988 relatif aux produits contenant de l'amiante.

Art. R. 4412-113. Les déchets sont transportés et éliminés conformément aux dispositions du chapitre Ier du titre IV du livre V du code de l'environnement.

Sous-section 3. **Dispositions spécifiques aux activités de confinement et de retrait d'amiante**

§ 1. Champ d'application

Art. R. 4412-114. Les dispositions de la présente sous-section s'appliquent aux activités dont la finalité est le retrait ou le confinement par fixation, imprégnation ou encoffrement de l'amiante ou de matériaux en contenant, et qui portent notamment sur des bâtiments, des navires, des structures, des appareils ou des installations, y compris dans les cas de démolition.

§ 2. Qualification des entreprises

Art. R. 4412-115. La réalisation des travaux de confinement et de retrait d'amiante friable ou tous travaux de confinement et de retrait d'amiante non friable présentant des risques particuliers est conditionnée par l'obtention par l'entreprise d'un certificat de qualification délivré par des organismes accrédités à cet effet, justifiant de sa capacité de réaliser de tels travaux.

Art. R. 4412-116. Des arrêtés conjoints des ministres chargés du travail et de l'agriculture déterminent :

1° Les organismes chargés de l'accréditation et les conditions d'accréditation des organismes certificateurs mentionnés à l'article R. 4412-115 en tenant compte de leurs compétences techniques ;

2° Les travaux à risques particuliers mentionnés au même article ;

3° Les critères techniques de certification des entreprises, en tenant compte, notamment, des moyens humains disponibles, des procédures d'organisation, des équipements et des techniques utilisés, ainsi que les conditions de délivrance du certificat de qualification.

Note Voir arrêté du 22 février 2007 définissant les travaux de confinement et de retrait de matériaux non friables contenant de l'amiante, présentant des risques particuliers en vue de la certification des entreprises chargées de ces travaux et arrêté du même jour définissant les conditions de certification de ces entreprises (JO 1er mars) modifié par arrêté du 13 octobre 2009 (JO 21).

§ 3. Évaluation des risques

Art. R. 4412-117. Pour l'exercice des activités de retrait et de confinement définies à l'article R. 4412-114 et sans préjudice des résultats de l'évaluation des risques, l'employeur procède à une évaluation des risques particulière afin de déterminer, notamment, la nature, la durée et le niveau de l'exposition des travailleurs à l'inhalation de poussières provenant de l'amiante ou de matériaux contenant de l'amiante.

Art. R. 4412-118. Dans le cadre de l'évaluation des risques, l'employeur demande notamment, selon le cas :

1° Au propriétaire d'un immeuble bâti soumis aux dispositions du code de la santé publique, en particulier des articles R. 1334-22, R. 1334-27 et R. 1334-28, les résultats des recherches et repérages des matériaux contenant de l'amiante ;

2° À l'armateur d'un navire soumis aux dispositions du décret n° 98-332 du 29 avril 1998 relatif à la prévention des risques dus à l'amiante à bord des navires, les résultats des recherches des matériaux contenant de l'amiante.

§ 4. Plan de démolition, de retrait ou de confinement

Art. R. 4412-119. En fonction des résultats de l'évaluation des risques, l'employeur établit un plan de démolition, de retrait ou de confinement précisant notamment :

1° Le type et les quantités d'amiante manipulés ;

2° Le lieu où les travaux sont réalisés, la date de commencement, la durée probable et le nombre de travailleurs impliqués ;

3° Les méthodes mises en œuvre lorsque les travaux impliquent la manipulation d'amiante ou de matériaux en contenant ;

4° Les caractéristiques des équipements à utiliser pour la protection et la décontamination des travailleurs ainsi que celles des moyens de protection des autres personnes qui se trouvent sur le lieu ou à proximité des travaux ;

5° La fréquence et les modalités des contrôles réalisés sur le chantier ;

6° Les durées et temps déterminés en application de l'article R. 4412-101.

Art. R. 4412-120. Les attestations de compétence des travailleurs impliqués ainsi que, le cas échéant, les résultats des recherches et repérages des matériaux contenant de l'amiante sont joints au plan de démolition, de retrait ou de confinement.

Art. R. 4412-121. Dans le cas d'une démolition, le plan de démolition prévoit le retrait préalable de l'amiante et des matériaux en contenant.

Le retrait préalable n'est cependant pas obligatoire lorsqu'il causerait un plus grand risque pour les travailleurs que si l'amiante ou les matériaux en contenant étaient laissés en place.

L'absence de retrait est dûment justifiée dans le plan de démolition.

Art. R. 4412-122. Le plan de démolition, de retrait ou de confinement est soumis à l'avis du médecin du travail, du comité d'hygiène, de sécurité et des conditions de travail ou, à défaut, des délégués du personnel.

Art. R. 4412-123. Le plan de démolition, de retrait ou de confinement est transmis, un mois avant le démarrage des travaux, à l'inspecteur du travail, aux agents des services de prévention des organismes de sécurité sociale et, le cas échéant, à l'Organisme professionnel de prévention du bâtiment et des travaux publics.

En cas de travaux justifiés, dans le plan de retrait, par une situation d'urgence liée à un sinistre, ce délai peut être réduit à huit jours, sauf opposition de l'inspecteur du travail.

Art. R. 4412-124. L'employeur signale à l'inspection du travail et aux agents des services de prévention des organismes de sécurité sociale tout changement dans les conditions de travail susceptible d'entraîner une augmentation significative de l'exposition à la poussière provenant de l'amiante ou des matériaux contenant de l'amiante.

§ 5. Mesures et moyens de prévention

Sous-§ 1. Confinement et retrait d'amiante ou de matériaux friables contenant de l'amiante

Art. R. 4412-125. Toute opération de confinement et de retrait d'amiante ou de matériaux friables contenant de l'amiante est précédée d'une phase de préparation du chantier comprenant :

1° L'évacuation, après décontamination, hors du lieu ou du local à traiter, sous réserve que cette évacuation n'entraîne pas de dégradation des lieux susceptible de libérer des fibres d'amiante, de tous les composants, équipements ou parties d'équipement dont la présence risque de nuire au déroulement du chantier ou qui sont difficilement décontaminables ;

2° La mise hors tension de tous les circuits et équipements électriques qui se trouvent dans ou à proximité immédiate de la zone de travail afin de réaliser un traitement à l'humide. Un traitement à sec est admissible dans les seuls cas où ni la mise hors tension ni l'isolement des circuits et équipements électriques ne sont possibles ;

3° La dépollution, par aspiration avec un équipement doté d'un dispositif de filtration absolue, de toutes les surfaces et équipements du local à traiter ;

4° Le confinement du chantier par :

a) La neutralisation des différents dispositifs de ventilation, de climatisation ou tout autre système pouvant être à l'origine d'un échange d'air entre l'intérieur et l'extérieur de la zone à traiter ;

b) L'obstruction de toutes les ouvertures donnant directement sur la zone à traiter ;

c) La construction d'une enveloppe étanche au passage de l'air et de l'eau autour des éléments de construction, des structures ou des équipements à traiter, y compris en partie basse, sur le sol.

Art. R. 4412-126. Un tunnel comportant cinq compartiments (sas) permettant la décontamination des intervenants et des équipements constitue pour les personnes la seule voie d'accès depuis l'extérieur vers la zone de travail.

Lorsque les travailleurs sont équipés de vêtements jetables ou lorsque la mise en place d'un système à cinq compartiments s'avère techniquement impossible, un tunnel à trois compartiments peut être utilisé.

Art. R. 4412-127. La protection collective des travailleurs est assurée dans les conditions suivantes :

1° La zone de travail est maintenue en dépression par rapport au milieu extérieur par la mise en place d'extracteurs adaptés, équipés de préfiltres et de filtres absolus à très haute efficacité, d'un rendement supérieur à 99,99 % selon la norme NFX 44-013 ;

2° Un dispositif de mesures vérifie en permanence le niveau de la dépression ;

3° Un test à l'aide d'un générateur de fumée est effectué avant le début des travaux pour s'assurer de l'étanchéité de la zone ;

4° Pendant la durée des travaux, il est procédé périodiquement à une pulvérisation de liquides permettant la sédimentation des fibres en suspension dans l'air afin d'abaisser au niveau le plus faible possible la concentration en fibres d'amiante dans l'atmosphère.

Art. R. 4412-128. Tout intervenant dans la zone de travail est équipé en permanence des équipements de protection individuelle suivants :

1° Vêtements de travail étanches équipés de capuches, fermés au cou, aux chevilles et aux poignets, décontaminables ou, à défaut, jetables. En fin d'utilisation, les vêtements jetables sont traités comme des déchets d'amiante, conformément aux articles R. 4412-111 et suivants ;

2° Appareil de protection respiratoire isolant à adduction d'air comprimé, avec masque complet, cagoule ou encore scaphandre. Dans le cas où la configuration de la zone de travail rend impraticable ou dangereuse l'utilisation d'appareils isolants, des appareils de protection respiratoire filtrants anti-poussières à ventilation assistée avec masque complet, de classe d'efficacité TMP 3 (norme NF EN 147) peuvent être utilisés. Ces appareils doivent fournir un débit d'air en charge d'au moins 160 litres par minute.

Les appareils de protection respiratoire doivent être décontaminables.

Art. R. 4412-129. En cours de chantier, une surveillance de l'étanchéité, des rejets d'air et d'eau ainsi que de l'atmosphère de la zone dans laquelle sont effectuées les opérations est réalisée suivant un programme préétabli pour toute la durée du chantier.

Un registre est tenu, consignant l'ensemble des résultats de cette surveillance.

Ce registre comporte, en outre :
1° Les résultats des analyses effectuées dans le compartiment où se fait l'enlèvement de la protection respiratoire ;
2° Le nombre de vérifications effectuées ainsi que le nombre de changements des préfiltres et filtres absolus des protections individuelles et collectives.

Sous-§ 2. Confinement et retrait de matériaux non friables contenant de l'amiante

Art. R. 4412-130. Toute opération de confinement ou de retrait de matériaux non friables à base d'amiante est précédée d'une phase de préparation du chantier comprenant :
1° Le confinement du chantier qui, selon l'empoussièrement attendu en fonction des techniques employées, peut aller du confinement exigé au 4° de l'article R. 4412-125 jusqu'à un confinement plus limité permettant d'empêcher l'émission de fibres d'amiante à l'extérieur de la zone concernée ;
2° Dans tous les cas, une aspiration avec filtration absolue.

Art. R. 4412-131. Lorsque le retrait concerne des éléments dans lesquels l'amiante est fortement lié, notamment lorsqu'il s'agit de retirer des éléments contenant de l'amiante situés en enveloppe extérieure de bâtiment, les mesures prévues à l'article R. 4412-130 ne sont pas applicables.

Dans ce cas un démontage des éléments est effectué par un procédé de déconstruction évitant au maximum l'émission de fibres.

Art. R. 4412-132. Dans tous les cas où le retrait de l'amiante nécessite d'intervenir sur les matériaux contenant de l'amiante, une technique d'abattage des poussières est mise en œuvre, si possible à la source.

Le matériel utilisé est, lorsqu'il peut en être doté, équipé d'un dispositif d'aspiration à filtration absolue.

Art. R. 4412-133. En fonction de l'évaluation du risque, tout intervenant est équipé :
1° De vêtements de travail étanches avec capuche, fermés au cou, aux chevilles et aux poignets. En fin d'utilisation, les vêtements jetables sont traités comme des déchets d'amiante, conformément aux articles R. 4412-111 et suivants ;
2° D'un appareil de protection respiratoire isolant à adduction d'air comprimé avec masque complet, cagoule ou scaphandre ou d'un appareil de protection respiratoire filtrant anti-poussières à ventilation assistée avec masque complet, de classe d'efficacité TMP 3 (norme NF EN 147).

Lors de l'enlèvement, sans détérioration, d'éléments dans lesquels l'amiante est fortement lié, une protection respiratoire de type P 3 est admise.

Sous-§ 3. Dispositions applicables en fin de travaux

Art. R. 4412-134. Avant toute restitution de la zone en vue de l'exercice d'une quelconque activité et préalablement à l'enlèvement de tout dispositif de confinement, total ou partiel, il est procédé :
1° À un examen visuel incluant l'ensemble des zones susceptibles d'avoir été polluées ;
2° Au nettoyage approfondi de la zone par aspiration avec un équipement doté d'un dispositif de filtration à haute efficacité ;
3° À la fixation des fibres éventuellement résiduelles sur les parties traitées.

Art. R. 4412-135. Dans le cas de retrait ou confinement de flocages ou calorifugeages contenant de l'amiante et après nettoyage de la zone, une mesure du niveau d'empoussièrement est réalisée conformément à l'article R. 1334-21 du code de la santé publique.

§ 6. Formation

Art. R. 4412-136. La formation des travailleurs prévue aux articles R. 4412-87 et R. 4412-98 est assurée par des organismes certifiés par des organismes accrédités à cet effet.

L'attestation de compétence prévue à l'article R. 4412-99 est délivrée par l'organisme de formation certifié.

Art. R. 4412-137. Des arrêtés conjoints des ministres chargés du travail et de l'agriculture déterminent :

1° Les organismes chargés de l'accréditation et les conditions d'accréditation des organismes certificateurs mentionnés à l'article R. 4412-115, en tenant compte de leurs compétences techniques ;

2° La durée de formation des travailleurs, en tenant compte de la nature de l'activité exercée ;

3° Les critères techniques de certification des organismes de formation mentionnés, en tenant compte notamment de leur qualification, des méthodes de formation, des moyens et des techniques pédagogiques mis en œuvre, ainsi que les conditions de délivrance de l'attestation de compétence.

§ 7. Surveillance médicale

Art. R. 4412-138. Un arrêté conjoint des ministres chargés du travail et de l'agriculture détermine les recommandations et fixe les instructions techniques que le médecin du travail respecte dans le cadre de la surveillance médicale renforcée, notamment la nature et la périodicité des examens.

Sous-section 4. **Dispositions particulières aux activités et interventions sur des matériaux ou appareils susceptibles de libérer des fibres d'amiante**

§ 1. Champ d'application

Art. R. 4412-139. Les dispositions de la présente sous-section s'appliquent aux activités ne relevant pas de la sous-section 3 ainsi qu'aux interventions susceptibles de provoquer l'émission de fibres d'amiante, qui portent notamment sur des bâtiments, des navires, des structures, des appareils ou installations.

Ces dispositions s'appliquent également aux opérations de bâtiment et de génie civil réalisées sur des terrains amiantifères.

§ 2. Définition d'un mode opératoire

Art. R. 4412-140. Pour toute activité définie à l'article R. 4412-139 et dans le cadre de l'évaluation des risques, l'employeur établit un mode opératoire précisant :

1° La nature de l'activité ;

2° Le type et les quantités d'amiante manipulées ;

3° Le type de lieux où les travaux sont réalisés et le nombre de travailleurs impliqués ;

4° Les méthodes mises en œuvre lorsque les travaux impliquent la manipulation d'amiante ou de matériaux en contenant ;

5° Les caractéristiques des équipements à utiliser pour la protection et la décontamination des travailleurs ainsi que celles des moyens de protection des autres personnes qui se trouvent sur le lieu ou à proximité des travaux.

Art. R. 4412-141. Le mode opératoire est soumis à l'avis du médecin du travail, du comité d'hygiène, de sécurité et des conditions de travail ou, à défaut, des délégués du personnel.

Art. R. 4412-142. Le mode opératoire est transmis à l'inspecteur du travail, aux agents des services de prévention des organismes de sécurité sociale et, le cas échéant, à l'Organisme professionnel de prévention du bâtiment et des travaux publics.

Une nouvelle transmission est faite lors de tout changement important des méthodes de travail mises en œuvre et des équipements de protection utilisés.

§ 3. Dispositions préalables à chaque intervention

Art. R. 4412-143. Pour chaque intervention définie à l'article R. 4412-139, l'employeur évalue, par tout moyen approprié au type d'intervention, le risque éventuel de présence d'amiante.

Note Cet article a été modifié par le décret 2009-289 du 13 mars 2009 (JO 15).

Art. R. 4412-144. Pour l'évaluation du risque de présence d'amiante, l'employeur demande en particulier :

1° Au propriétaire d'un immeuble bâti soumis aux dispositions du code de la santé publique, en particulier des articles R. 1334-22 et R. 1334-28, les résultats des recherches et repérages des matériaux contenant de l'amiante ;

2° À l'armateur d'un navire soumis aux dispositions du décret n° 98-332 du 29 avril 1998 relatif à la prévention des risques dus à l'amiante à bord des navires, les résultats des recherches des matériaux contenant de l'amiante.

Art. R. 4412-145. L'employeur informe le propriétaire du bâtiment ou l'armateur du navire de toute présence d'amiante mise en évidence lors de l'évaluation des risques.

Art. R. 4412-146. L'employeur procède à une évaluation des risques liés à l'intervention, en tenant compte des éléments recueillis sur la présence d'amiante, afin de déterminer notamment la nature, la durée et le niveau de l'exposition des travailleurs à l'inhalation des poussières provenant de l'amiante ou de matériaux contenant de l'amiante.

Art. R. 4412-147. L'employeur signale à l'inspecteur du travail et aux agents des services de prévention des organismes de sécurité sociale tout changement dans les conditions de travail susceptible d'entraîner une augmentation significative de l'exposition à l'inhalation des poussières provenant de l'amiante ou des matériaux contenant de l'amiante.

À cet effet, il modifie le mode opératoire prévu ***(D. 2009-289 du 13 mars 2009, JO 15)*** « à l'article R. 4412-140 ».

Art. R. 4412-148. Un arrêté conjoint des ministres chargés du travail et de l'agriculture précise en tant que de besoin les règles techniques que respectent les entreprises qui réalisent des activités ou des interventions définies à l'article R. 4412-139, en tenant compte notamment des équipements, des procédures et des techniques utilisés.

SECTION 4. Règles particulières à certains agents chimiques dangereux

Sous-section 1. Fixation des valeurs limites d'exposition professionnelle

Art. R. 4412-149. Les concentrations des agents chimiques présents dans l'atmosphère des lieux de travail figurant dans le tableau suivant ne doivent pas dépasser, dans la zone de respiration des travailleurs, les valeurs limites d'exposition professionnelle définies ci-après :

DÉNOMINATION	NUMÉRO CE (1)	NUMÉRO CAS (2)	VALEUR LIMITE d'exposition professionnelle 8 h (3)			VALEUR LIMITE d'exposition professionnelle Court terme (4)			OBSERVATIONS	MESURES transitoires
			mg/m3 (5)	ppm (6)	fibres par cm3	mg/m3	ppm	fibres par cm3		
Acétate d'isopentyle.	204-662-3	123-92-2	270	50		540	100		–	–
Acétate de 2-méthoxy-1-éthyléthyle.	203-603-9	108-65-6	275	50		550	100		Peau (7)	–
Acétate de 1-méthylbutyle.	210-946-8	626-38-0	270	50		540	100		–	–
Acétate de pentyle.	211-047-3	628-63-7	270	50		540	100		–	–
Acétone.	200-662-2	67-64-1	1 210	500		2 420	1 000		–	–
Acétonitrile.	200-835-2	75-05-8	70	40		–	–		Peau (7)	
Acide chlorhydrique.	231-595-7	7647-01-0	–	–		7,6	5		–	–
2-aminoéthanol.	205-483-3	141-43-5	2,5	1		7,6	3		Peau (7)	
Ammoniac anhydre.	231-635-3	7664-41-7	7	10		14	20		–	–
Azide de sodium.	247-852-1	26628-22-8	0,1			0,3			Peau (7)	–
Benzène.	200-753-7	71-43-2	3,25	1		–	–		Peau (7)	–
Bois (poussières de).			1			–	–		–	–
Brome.	231-778-1	7726-95-6	0,7	0,1		–	–		–	
Butanone.	201-159-0	78-93-3	600	200		900	300		Peau (7)	–
Chlore.	231-959-5	7782-50-5	–	–		1,5	0,5		–	
Chlorobenzène.	203-628-5	108-90-7	23	5		70	15		–	–
Chloroforme.	200-663-8	67-66-3	10	2		–	–		Peau (7)	–
Chlorure de vinyle monomère.	200-831-0	75-01-4	2,59	1		–	–		–	–
Cumène.	202-704-5	98-82-8	100	20		250	50		Peau (7)	–

DÉNOMINATION	NUMÉRO CE (1)	NUMÉRO CAS (2)	VALEUR LIMITE d'exposition professionnelle			VALEUR LIMITE d'exposition professionnelle			OBSERVATIONS	MESURES transitoires
			8 h (3)			Court terme (4)				
			mg/m³ (5)	ppm (6)	fibres par cm³	mg/m³	ppm	fibres par cm³		
Cyclohexane.	203-806-2	110-82-7	700	200		–	–		–	
Cyclohexanone.	203-631-1	108-94-1	40,8	10		81,6	20		–	–
1,2-dichlorobenzène.	202-425-9	95-50-1	122	20		306	50		Peau (7)	–
N, N-diméthylacétamide.	204-826-4	127-19-5	7,2	2		36	10		Peau (7)	–
Diméthylamine.	204-697-4	124-40-3	1,9	1		3,8	2		–	–
Diéthylamine.	203-716-3	109-89-7	15	5		30	10		–	
Éthylamine.	200-834-7	75-04-7	9,4	5		28,2	15		–	–
Éthylbenzène.	202-849-4	100-41-4	88,4	20		442	100		Peau (7)	–
Fibres céramiques réfractaires classées cancérogènes.					0,1					Valeur limite (3) : 0,5 fibres par cm³ jusqu'au 30 juin 2009.
Fluorure d'hydrogène.	231-634-8	7664-39-3	1,5	1,8		2,5	3		–	–
n-heptane.	205-563-8	142-82-5	1 668	400		2 085	500		–	–
Heptane-2-one.	203-767-1	110-43-0	238	50		475	100		Peau (7)	–
Heptane-3-one.	203-388-1	106-35-4	95	20		–	–		–	–
n-hexane.	203-777-6	110-54-3	72	20		–	–		–	
Méthanol.	200-659-6	67-56-1	260	200		–	–		Peau (7)	
(2-méthoxyméthyl éthoxy)-propanol.	252-104-2	34590-94-8	308	50		–	–		Peau (7)	–
1-méthoxypropane-2-ol.	203-539-1	107-98-2	188	50		375	100		Peau (7)	–
4-méthylpentane-2-one.	203-550-1	108-10-1	83	20		208	50		–	–
Morpholine.	203-815-1	110-91-8	36	10		72	20		–	
Oxyde de diéthyle.	200-467-2	60-29-7	308	100		616	200		–	–
Pentachlorure de phosphore.	233-060-3	10026-13-8	1	–		–	–		–	
Pentane.	203-092-4	109-66-0	3 000	1 000		–	–		–	
Phénol.	203-632-7	108-95-2	7,8	2		15,6	4		Peau (7)	–
Phosgène.	200-870-3	75-44-5	0,08	0,02		0,4	0,1		–	–
Phosphine.	232-260-8	7803-51-2	0,14	0,1		–	–		–	
Plomb métallique et ses composés.			0,1						Limite pondérale définie en plomb métal (Pb).	–
Silice (poussières alvéolaires de quartz).			0,1							
Silice (poussières alvéolaires de cristobalite).			0,05							
Silice (poussières alvéolaires de tridymite).			0,05							

DÉNOMINATION	NUMÉRO CE (1)	NUMÉRO CAS (2)	VALEUR LIMITE d'exposition professionnelle 8 h (3)			VALEUR LIMITE d'exposition professionnelle Court terme (4)			OBSERVATIONS	MESURES transitoires
			mg/m³ (5)	ppm (6)	fibres par cm³	mg/m³	ppm	fibres par cm³		
Sulfotep.	222-995-2	3689-24-5	0,1	–		–	–		Peau (7)	–
Tétrahydrofurane.	203-726-8	109-99-9	150	50		300	100		Peau (7)	–
Toluène.	203-625-9	108-88-3	192	50		384	100		Peau (7)	–
1,2,4-trichlorobenzène.	204-428-0	120-82-1	15,1	2		37,8	5		Peau (7)	–
1,1,1-trichloroéthane.	200-756-3	71-55-6	555	100		1 110	200		–	–
Triéthylamine.	204-469-4	121-44-8	4,2	1		12,6	3		Peau (7)	–
1,2,3-triméthylbenzène.	208-394-8	526-73-8	100	20		250	50		–	–
1,2,4-triméthylbenzène.	202-436-9	95-63-6	100	20		250	50		–	–
1,3,5-triméthylbenzène (mésitylène).	203-604-4	108-67-8	100	20		250	50		–	–
m-xylène.	203-576-3	108-38-3	221	50		442	100		Peau (7)	–
o-xylène.	202-422-2	95-47-6	221	50		442	100		Peau (7)	–
p-xylène.	203-396-5	106-42-3	221	50		442	100		Peau (7)	–
Xylène : mélange d'isomères.	215-535-7	1330-20-7	221	50		442	100		Peau (7)	–

(1) Inventaire européen des substances chimiques existantes (EINECS). (2) Numéro du Chemical Abstract Service (American Chemical Society). (3) Mesurée ou calculée par rapport à une période de référence de huit heures, moyenne pondérée dans le temps. (4) Valeur limite au-dessus de laquelle il ne doit pas y avoir d'exposition et qui se rapporte à une période de quinze minutes sauf indication contraire. (5) mg/m³ : milligrammes par mètre cube d'air à 20° C et 101,3 kPa (760 mm de mercure). (6) ppm : partie par million en volume dans l'air (ml/m³). (7) La mention « peau » accompagnant la limite d'exposition professionnelle indique la possibilité d'une pénétration cutanée importante.

Note • Voir arrêté du 20 décembre 2004 (JO 28) relatif à la méthode de mesure pour le contrôle du respect des concentrations en poussières de bois dans l'atmosphère des lieux de travail, rép. QE 67937, JO AN 13 décembre 2005, p. 11574 et rép. QE 89038, JO AN 25 juillet 2006, p. 7832.

• Voir aussi arrêté du 26 octobre 2007 (JO 28) relatif à la méthode de mesure à mettre en œuvre pour le contrôle de la valeur limite d'exposition professionnelle relative aux fibres céramiques réfractaires.

Art. R. 4412-150. Des valeurs limites d'exposition professionnelle indicatives, constituant des objectifs de prévention, peuvent être fixées par arrêté conjoint des ministres chargés du travail et de l'agriculture.

Note La liste des valeurs limites d'exposition professionnelle indicatives prévues à cet article est établie par un arrêté du 30 juin 2004 (JO 11 juil.) modifié par arrêté du 9 février 2006 (JO 10) et arrêté du 26 octobre 2007 (JO 28).

Art. R. 4412-151. Les modalités de prélèvement, les méthodes et moyens à mettre en œuvre pour mesurer les concentrations dans l'air des agents chimiques dangereux ainsi que les caractéristiques et conditions d'utilisation des équipements de protection individuelle contre ces agents sont fixés par arrêté conjoint des ministres chargés du travail et de l'agriculture.

Sous-section 2. Fixation des valeurs limites biologiques

Art. R. 4412-152. Pour les travailleurs exposés au plomb et à ses composés, les valeurs limites biologiques à ne pas dépasser sont fixées à :

1° 400 microgrammes de plomb par litre de sang pour les hommes ;

2° 300 microgrammes de plomb par litre de sang pour les femmes.

Note Voir arrêté du 15 décembre 2009 (JO 17) relatif aux contrôles du respect des valeurs limites biologiques fixées à cet article pour les travailleurs exposés au plomb et à ses composés et aux conditions d'accréditation des laboratoires chargés des analyses (entrée en vigueur à compter du 1er janvier 2012).

[Art. R. 4412-153. Abrogé par décret 2009-1570 du 15 déc. 2009, JO 17].

Sous-section 3. Silice cristalline

Art. R. 4412-154. Lorsque l'évaluation des risques met en évidence la présence simultanée de poussières alvéolaires contenant de la silice cristalline et d'autres poussières alvéolaires non silicogènes, la valeur limite d'exposition professionnelle correspondant au mélange est fixée par la formule suivante :

$$Cns/Vns + Cq/0{,}1 + Cc/0{,}05 + Ct/0{,}05 \leq 1$$

Art. R. 4412-155. Dans la formule énoncée à l'article R. 4412-154, on entend par :

1° Cns, la concentration en poussières alvéolaires non silicogènes en mg/m^3, qui correspond à la différence entre la concentration totale des poussières alvéolaires et la somme des concentrations correspondant aux silices cristallines ;

2° Vns, la valeur limite moyenne de concentration en poussières alvéolaires non silicogènes, en mg/m^3, admise sur huit heures, telle que définie par l'article R. 4222-10 ;

3° Cq, la concentration en quartz en mg/m^3 ;

4° Cc, la concentration en cristobalite en mg/m^3 ;

5° Ct, la concentration en tridymite en mg/m^3.

Les chiffres de 0,1 et 0,05 représentent les valeurs limites correspondantes, telles que fixées à l'article R. 4412-149.

Sous-section 4. Plomb et ses composés

Art. R. 4412-156. Les travailleurs exposés au plomb ou à ses composés disposent de deux locaux aménagés en vestiaires collectifs situés près de la sortie de l'établissement, le premier étant exclusivement réservé au rangement des vêtements de ville et le second au rangement des vêtements de travail.

Des douches assurent la communication entre les deux vestiaires.

Note Les dispositions de cet article sont entrées en vigueur le 1er juillet 2004 (décret 2003-1254, art. 5, II).

Art. R. 4412-157. L'employeur veille à ce que les travailleurs exposés n'accèdent au second vestiaire qu'après avoir déposé dans le premier leurs vêtements de ville et ne pénètrent dans ce dernier, postérieurement à toute intervention les exposant au plomb et à ses composés, qu'après leur passage dans les installations de douches.

Art. R. 4412-158. L'employeur veille à ce que les travailleurs ne mangent pas et ne fument pas en vêtement de travail.

Les travailleurs mangent en vêtement de ville ou en combinaison jetable, fournie par l'employeur.

Art. R. 4412-159. Lorsque le lavage des vêtements de travail est réalisé par une entreprise extérieure, ces vêtements sont transportés dans des récipients clos, comportant un affichage clairement lisible indiquant la présence de plomb, sans préjudice des dispositions prévues à l'article R. 4412-73.

Art. R. 4412-160. Une surveillance médicale renforcée des travailleurs est assurée :

1° Soit si l'exposition à une concentration de plomb dans l'air est supérieure à 0,05 mg/m^3, calculée comme une moyenne pondérée en fonction du temps sur une base de huit heures ;

2° Soit si une plombémie supérieure à 200 µg/l de sang pour les hommes ou 100 µg/l de sang pour les femmes est mesurée chez un travailleur.

Note Voir arrêté du 15 décembre 2009 (JO 17) précité sous l'article R. 4412-152.

Art. R. 4412-161. L'emploi de l'hydrocarbonate de plomb, ou céruse, du sulfate de plomb et de toute préparation renfermant l'une de ces substances est interdit dans tous les travaux de peinture.

Sous-section 5. Benzène

Art. R. 4412-162. Il est interdit d'employer des dissolvants ou diluants renfermant, en poids, plus de 0,1 % de benzène, sauf lorsqu'ils sont utilisés en vase clos.

Cette interdiction s'applique dans les mêmes conditions à toute préparation notamment aux carburants, utilisés comme dissolvants ou diluants.

Sous-section 6. Chrome et ses composés

Art. R. 4412-163. L'utilisation en milieu professionnel de ciment ou de préparations contenant du ciment est interdite s'ils contiennent, lorsqu'ils sont hydratés, plus de 0,000 2 % de chrome hexavalent, ou chrome VI, soluble du poids sec total du ciment.

Art. R. 4412-164. L'interdiction prévue à l'article R. 4412-163 ne s'applique pas à l'emploi de ciment et de préparations contenant du ciment dans le cadre de systèmes clos et totalement automatisés dans lesquels le ciment et les préparations sont traités exclusivement par des machines et où il n'existe aucun risque de contact avec la peau.

TITRE II

PRÉVENTION DES RISQUES BIOLOGIQUES

CHAPITRE Ier

Dispositions générales

Note

• Voir notamment directive 2000/54/CE du Parlement européen et du Conseil du 18 septembre 2000 concernant la protection des travailleurs contre les risques liés à l'exposition à des agents biologiques au travail (JOCE L 262 du 17.10.2000 ; « Code annoté européen du travail », *Groupe Revue Fiduciaire*, éd. 2010, p. 840).

• Voir aussi arrêté du 30 juin 1998 (JO 22 juil.) modifiant l'arrêté du 18 juillet 1994 (JO 30) modifié fixant la liste des agents biologiques pathogènes.

Art. L. 4421-1. Les règles de prévention des risques pour la santé et la sécurité des travailleurs exposés à des agents biologiques sont déterminées par décret en Conseil d'État pris en application de l'article L. 4111-6.

Art. R. 4421-1. Les dispositions du présent titre sont applicables dans les établissements dans lesquels la nature de l'activité peut conduire à exposer les travailleurs à des agents biologiques.

Toutefois, les dispositions des articles R. 4424-2, R. 4424-3, R. 4424-7 à R. 4424-10, R. 4425-6 et R. 4425-7 ne sont pas applicables lorsque l'activité, bien qu'elle puisse conduire à exposer des travailleurs, n'implique pas normalement l'utilisation délibérée d'un agent biologique et que l'évaluation des risques prévue au chapitre III ne met pas en évidence de risque spécifique.

Art. R. 4421-2. Au sens du présent titre, on entend par :

1° Agents biologiques, les micro-organismes, y compris les micro-organismes génétiquement modifiés, les cultures cellulaires et les endoparasites humains susceptibles de provoquer une infection, une allergie ou une intoxication ;

2° Micro-organisme, une entité microbiologique, cellulaire ou non, capable de se reproduire ou de transférer du matériel génétique ;

3° Culture cellulaire, le résultat de la croissance in vitro de cellules isolées d'organismes multicellulaires.

Art. R. 4421-3. Les agents biologiques sont classés en quatre groupes en fonction de l'importance du risque d'infection qu'ils présentent :

1° Le groupe 1 comprend les agents biologiques non susceptibles de provoquer une maladie chez l'homme ;

2° Le groupe 2 comprend les agents biologiques pouvant provoquer une maladie chez l'homme et constituer un danger pour les travailleurs. Leur propagation dans la collectivité est peu probable et il existe généralement une prophylaxie ou un traitement efficaces ;

3° Le groupe 3 comprend les agents biologiques pouvant provoquer une maladie grave chez l'homme et constituer un danger sérieux pour les travailleurs. Leur propagation dans la collectivité est possible, mais il existe généralement une prophylaxie ou un traitement efficaces ;

4° Le groupe 4 comprend les agents biologiques qui provoquent des maladies graves chez l'homme et constituent un danger sérieux pour les travailleurs. Le risque de leur propagation dans la collectivité est élevé. Il n'existe généralement ni prophylaxie ni traitement efficace.

Art. R. 4421-4 Sont considérés comme agents biologiques pathogènes, au sens du présent titre, les agents biologiques des groupes 2, 3 et 4.

La liste de ces agents est fixée par arrêté conjoint des ministres chargés du travail, de l'agriculture et de la santé.

Note Voir arrêté du 18 juillet 1994 (JO 30) modifié par arrêté du 30 juin 1998 (JO 22 juil.) fixant la liste des agents biologiques pathogènes et arrêté du 13 août 1996 (JO 7 sept.) cité sous art. R. 4424-7.

CHAPITRE II

Principes de prévention

[Le présent chapitre ne comprend pas de dispositions législatives.]

Art. R. 4422-1. L'employeur prend des mesures de prévention visant à supprimer ou à réduire au minimum les risques résultant de l'exposition aux agents biologiques, conformément aux principes de prévention énoncés à l'article L. 4121-2.

CHAPITRE III

Évaluation des risques

[Le présent chapitre ne comprend pas de dispositions législatives.]

Art. R. 4423-1. Pour toute activité susceptible de présenter un risque d'exposition à des agents biologiques, l'employeur détermine la nature, la durée et les conditions de l'exposition des travailleurs.

Pour les activités impliquant une exposition à des agents biologiques appartenant à plusieurs groupes, les risques sont évalués en tenant compte du danger présenté par tous les agents biologiques présents ou susceptibles de l'être du fait de cette activité.

Art. R. 4423-2. L'évaluation des risques est réalisée sur le fondement du classement prévu à l'article R. 4421-3 et des maladies professionnelles dues à l'exposition aux agents biologiques.

Cette évaluation tient compte de toutes les informations disponibles, notamment de celles relatives aux infections susceptibles d'être contractées par les travailleurs du fait de leur activité professionnelle et de celles concernant les effets allergisants et toxiques pouvant résulter de l'exposition aux agents biologiques.

Art. R. 4423-3. Lors de l'évaluation des risques, l'employeur porte une attention particulière sur les dangers des agents biologiques susceptibles d'être présents dans l'organisme des patients ou de personnes décédées et chez les animaux vivants ou morts, dans les échantillons, les prélèvements et les déchets qui en proviennent.

Art. R. 4423-4. L'employeur tient à la disposition de l'inspection du travail et des agents du service de prévention des organismes de sécurité sociale les éléments ayant servi à l'évaluation des risques.

Art. L. 4421-1.

CHAPITRE IV

Mesures et moyens de prévention

[Le présent chapitre ne comprend pas de dispositions législatives.]

SECTION 1. Dispositions communes à toutes les activités

Art. R. 4424-1. Lorsque la nature de l'activité le permet, l'employeur évite l'utilisation d'un agent biologique dangereux pour la santé des travailleurs, en le remplaçant par un agent biologique qui, compte tenu des conditions d'emploi et de l'état des connaissances, n'est pas ou est moins dangereux.

Art. R. 4424-2. Lorsque les résultats de l'évaluation des risques révèlent l'existence d'un risque pour la santé ou la sécurité des travailleurs, toute exposition à un agent biologique dangereux est évitée.

Art. R. 4424-3. Lorsque l'exposition des travailleurs à un agent biologique dangereux ne peut être évitée, elle est réduite en prenant les mesures suivantes :

1° Limitation au niveau le plus bas possible du nombre de travailleurs exposés ou susceptibles de l'être ;

2° Définition des processus de travail et des mesures de contrôle technique ou de confinement visant à éviter ou à minimiser le risque de dissémination d'agents biologiques sur le lieu de travail ;

3° Signalisation dont les caractéristiques et les modalités sont fixées par un arrêté conjoint des ministres chargés du travail, de l'agriculture et de la santé ;

4° Mise en œuvre de mesures de protection collective ou, lorsque l'exposition ne peut être évitée par d'autres moyens, de mesures de protection individuelle ;

5° Mise en œuvre de mesures d'hygiène appropriées permettant de réduire ou, si possible, d'éviter le risque de dissémination d'un agent biologique hors du lieu de travail ;

6° Établissement de plans à mettre en œuvre en cas d'accidents impliquant des agents biologiques pathogènes ;

7° Détection, si elle est techniquement possible, de la présence, en dehors de l'enceinte de confinement, d'agents biologiques pathogènes utilisés au travail ou, à défaut, de toute rupture de confinement ;

8° Mise en œuvre de procédures et moyens permettant en toute sécurité, le cas échéant, après un traitement approprié, d'effectuer le tri, la collecte, le stockage, le transport et l'élimination des déchets par les travailleurs. Ces moyens comprennent, notamment, l'utilisation de récipients sûrs et identifiables ;

9° Mise en œuvre de mesures permettant, au cours du travail, de manipuler et de transporter sans risque des agents biologiques pathogènes.

Art. R. 4424-4. Pour les activités qui impliquent des agents biologiques pathogènes, l'employeur établit une consigne de sécurité interdisant l'introduction, par les travailleurs et pour leur propre usage, dans les lieux de travail où existe un risque de contamination :

1° De nourriture et de boissons ;

2° D'articles pour fumeurs ;

3° De cosmétiques et de mouchoirs autres que les mouchoirs en papier, qui devront être éliminés comme des déchets contaminés.

Art. R. 4424-5. Pour les activités qui impliquent des agents biologiques pathogènes, l'employeur :

1° Fournit aux travailleurs des moyens de protection individuelle, notamment des vêtements de protection appropriés ;

2° Veille à ce que les moyens de protection individuelle soient enlevés lorsque le travailleur quitte le lieu de travail ;

3° Fait en sorte, lorsqu'ils sont réutilisables, que les moyens de protection individuelle soient rangés dans un endroit spécifique, nettoyés, désinfectés et vérifiés avant et après chaque utilisation et, s'il y a lieu, réparés ou remplacés ;

4° Met à la disposition des travailleurs des installations sanitaires appropriées, un dispositif de lavage oculaire et des antiseptiques pour la peau ainsi que, s'il y a lieu, des collyres prescrits par le médecin du travail ;

5° Pour les activités impliquant le prélèvement, la manipulation et le traitement d'échantillons d'origine humaine ou animale, met au point des procédures et met à disposition des travailleurs des matériels adaptés visant à minimiser les risques de contamination.

Art. R. 4424-6. Les moyens de protection individuelle contre les agents biologiques pathogènes, non réutilisables, sont considérés comme des déchets contaminés.

SECTION 2. Dispositions particulières à certaines activités

Art. R. 4424-7. Dans les lieux où des travailleurs sont susceptibles d'être en contact avec des agents biologiques pathogènes pouvant être présents dans l'organisme de patients ou de personnes décédées ou chez des animaux vivants ou morts, des mesures appropriées sont prises pour préserver la santé et la sécurité des travailleurs, notamment par une information sur les procédés de décontamination et de désinfection et la mise en œuvre des procédés permettant de manipuler et d'éliminer sans risque les déchets contaminés.

Un arrêté conjoint des ministres chargés du travail, de l'agriculture et de la santé fixe, en tant que de besoin, des procédures d'élimination des déchets contaminés.

Note • Voir arrêté du 4 novembre 2002 fixant les procédures de décontamination et de désinfection à mettre en œuvre pour la protection des travailleurs dans les lieux où ils sont susceptibles d'être en contact avec des agents biologiques pathogènes pouvant être présents chez des animaux vivants et morts (...) ainsi que les mesures d'isolement applicables dans les locaux où se trouvent des animaux susceptibles d'être contaminés par des agents biologiques des groupes 3 ou 4 (JO 13 déc.).

• Voir arrêté du 6 janvier 2006 (JO 20) modifiant l'arrêté du 24 novembre 2003 relatif aux emballages des déchets d'activités de soins à risques infectieux et assimilés et des pièces anatomiques d'origine humaine.

• Voir circulaire DHOS/E4/DGS/SD7B/DRT/CT2 2005-34 du 11 janvier 2005 relative au conditionnement des déchets d'activités de soins à risques infectieux et assimilés (BO TR 2005/03).

Art. R. 4424-8. Dans les services accueillant des patients ou dans les locaux où se trouvent des animaux susceptibles d'être contaminés par des agents biologiques des groupes 3 ou 4, un arrêté des ministres chargés du travail, de l'agriculture et de la santé définit les mesures d'isolement ou de confinement.

Art. R. 4424-9. Dans les laboratoires, notamment ceux réalisant des analyses de biologie médicale et dans les locaux destinés aux animaux de laboratoire contaminés ou susceptibles de l'être par des agents biologiques pathogènes, des mesures de confinement appropriées au résultat de l'évaluation des risques sont prises.

Il en est de même pour les procédés industriels utilisant des agents biologiques pathogènes.

Lorsqu'au terme de l'évaluation des risques un doute subsiste quant au classement d'un agent biologique dont l'utilisation industrielle pourrait comporter un risque grave pour la santé des travailleurs, le niveau et les mesures de confinement adoptés sont ceux correspondant au moins à un agent du groupe 3.

Un arrêté conjoint des ministres chargés du travail, de l'agriculture et de la santé précise les dispositions relatives aux mesures et aux niveaux de confinement selon la nature de l'agent biologique et de l'activité considérée.

Note Voir arrêté du 16 juillet 2007 (JO 4 août) fixant les mesures techniques de prévention, notamment de confinement, à mettre en œuvre dans les laboratoires de recherche, d'enseignement, d'analyses, d'anatomie et cytologie pathologiques, les salles d'autopsie et les établissements industriels et agricoles où les travailleurs sont susceptibles d'être exposés à des agents biologiques pathogènes.

Art. R. 4424-10. Les laboratoires dont l'objectif n'est pas de travailler avec des agents biologiques pathogènes adoptent, en cas d'incertitude quant à la présence de ces agents, au moins le niveau de confinement requis pour les agents du groupe 2 et, si nécessaire, celui correspondant à ceux des groupes 3 ou 4.

CHAPITRE V

Information et formation des travailleurs

[Le présent chapitre ne comprend pas de dispositions législatives.]

SECTION 1. Information

Art. R. 4425-1. L'employeur fournit sur le lieu de travail des instructions écrites et, le cas échéant, des affiches portant sur la procédure à suivre :

1° En cas d'accident ou d'incident grave mettant en cause un agent biologique pathogène ;

2° Lors de la manipulation de tout agent biologique du groupe 4, notamment lors de son élimination.

Art. R. 4425-2. L'employeur informe les travailleurs, le comité d'hygiène, de sécurité et des conditions de travail ou, à défaut, les délégués du personnel et le médecin du travail :

1° Sans délai, de tout accident ou incident ayant pu entraîner la dissémination d'un agent biologique susceptible de provoquer chez l'homme une infection ou une maladie grave ;

2° Le plus rapidement possible, de la cause de cet accident ou incident et des mesures prises ou à prendre pour remédier à la situation.

Art. R. 4425-3. Des dispositions spécifiques, intégrées s'il y a lieu au règlement intérieur, rappellent aux travailleurs leur obligation de signaler immédiatement tout accident ou incident mettant en cause un agent biologique pathogène.

Art. R. 4425-4. Lorsque les résultats de l'évaluation des risques révèlent l'existence d'un risque pour la santé ou la sécurité des travailleurs, l'employeur tient à la disposition des travailleurs intéressés et du comité d'hygiène, de sécurité et des conditions de travail ou, à défaut, des délégués du personnel les informations suivantes :

1° Les activités au cours desquelles les travailleurs sont exposés à des agents biologiques pathogènes, les procédures, les méthodes de travail et les mesures et moyens de protection et de prévention correspondants ;

2° Le nombre de travailleurs exposés ;

3° Le nom et l'adresse du médecin du travail ;

4° Le nom de la personne qui, le cas échéant, est chargée par l'employeur, et sous sa responsabilité, d'assurer en cette matière la sécurité sur le lieu de travail ;

5° Un plan d'urgence pour la protection des travailleurs contre l'exposition aux agents biologiques des groupes 3 ou 4 en cas de défaillance du confinement physique.

Art. R. 4425-5. Les éléments d'information mentionnés à l'article R. 4425-4 sont également tenus à la disposition des agents de l'inspection du travail, des agents du service de prévention des organismes de sécurité sociale et du médecin du travail.

SECTION 2. Formation

Art. R. 4425-6. L'employeur organise au bénéfice des travailleurs une formation à la sécurité portant sur :

1° Les risques pour la santé et les prescriptions en matière d'hygiène ;

2° Les précautions à prendre pour éviter l'exposition ;

3° Le port et l'utilisation des équipements et des vêtements de protection individuelle ;

4° Les modalités de tri, de collecte, de stockage, de transport et d'élimination des déchets ;

5° Les mesures à prendre pour prévenir ou pallier les incidents ;

6° La procédure à suivre en cas d'accident.

Art. R. 4425-7. La formation à la sécurité est dispensée avant que les travailleurs n'exercent une activité impliquant un contact avec des agents biologiques.

Elle est répétée régulièrement et est adaptée à l'évolution des risques ainsi que lors de la modification significative des procédés de travail.

CHAPITRE VI

Surveillance médicale

[Le présent chapitre ne comprend pas de dispositions législatives.]

SECTION 1. Liste des travailleurs exposés

Art. R. 4426-1. L'employeur établit, après avis du médecin du travail, une liste des travailleurs exposés à des agents biologiques des groupes 3 ou 4.

Il indique le type de travail réalisé, et, lorsque c'est possible, l'agent biologique auquel les travailleurs sont exposés ainsi que les données relatives aux expositions, aux accidents et aux incidents.

La liste est communiquée au médecin du travail.

Art. R. 4426-2. La liste des travailleurs exposés est conservée au moins dix ans après la fin de l'exposition.

Toutefois, lorsque les agents biologiques sont susceptibles de provoquer des maladies présentant une longue période d'incubation, elle est conservée aussi longtemps que des manifestations pathologiques sont possibles.

Art. R. 4426-3. Chaque travailleur a accès aux informations contenues dans la liste des travailleurs exposés qui le concernent personnellement.

Art. R. 4426-4. Lorsque l'établissement cesse ses activités, la liste des travailleurs exposés est adressée au médecin inspecteur du travail.

SECTION 2. Mise en œuvre de la surveillance renforcée

Art. R. 4426-5. La fiche médicale d'aptitude établie en application des articles D. 4624-47 et D. 4626-35 est renouvelée au moins tous les ans.

Note *Cet article est abrogé **à compter du 01.07.2012** par le décret 2012-135 du 30 janvier 2012, JO 31.*

Art. R. 4426-6. L'évaluation des risques permet d'identifier les travailleurs pour lesquels des mesures spéciales de protection peuvent être nécessaires.

Sans préjudice des vaccinations prévues aux articles L. 3111-4 et L. 3112-1 du code de la santé publique, l'employeur recommande, s'il y a lieu et sur proposition du médecin du travail, aux travailleurs non immunisés contre les agents biologiques pathogènes auxquels ils sont ou peuvent être exposés de réaliser, à sa charge, les vaccinations appropriées.

Art. R. 4426-7. Un arrêté conjoint des ministres chargés du travail, de l'agriculture et de la santé fixe les recommandations en matière de surveillance médicale renforcée des travailleurs susceptibles d'être exposés à des agents biologiques.

SECTION 3. Dossier médical spécial

Art. R. 4426-8. Un dossier médical spécial est tenu par le médecin du travail pour chaque travailleur susceptible d'être exposé à des agents biologiques pathogènes.

Une mention de ce dossier spécial est faite au dossier médical prévu aux articles D. 4624-46 et D. 4626-33 du présent code ou à l'article R. 717-27 du code rural ***(Ord. 2010-462 du 6 mai 2010, JO 7)*** « et de la pêche maritime ».

Art. R. 4426-9. Le dossier médical spécial est établi à la suite des examens prévus à l'article R. 4426-7. Il est conservé pendant dix ans à compter de la cessation de l'exposition.

Toutefois, lorsque les agents biologiques sont susceptibles de provoquer des maladies présentant une longue période d'incubation, le dossier médical spécial est conservé pendant une période plus longue, pouvant atteindre quarante ans après la cessation de l'exposition connue.

Art. R. 4426-10. Lorsque l'entreprise disparaît ou lorsque le travailleur change d'entreprise, le dossier médical spécial est transmis soit au médecin du travail de la nouvelle entreprise, soit au médecin inspecteur du travail, à charge pour celui-ci de l'adresser, le cas échéant, à la demande du travailleur au médecin du travail désormais compétent.

Le dossier médical est communiqué, à la demande du travailleur, au médecin désigné par lui.

Art. R. 4426-11. Des informations et des conseils sont donnés aux travailleurs sur la surveillance médicale dont ils devraient pouvoir bénéficier après la fin de l'exposition.

SECTION 4. Suivi des pathologies

Art. R. 4426-12. Le médecin du travail est informé par l'employeur des décès et des absences pour cause de maladie des travailleurs exposés à des agents biologiques pathogènes, lorsque ces absences excèdent des durées fixées par arrêté conjoint des ministres chargés du travail, de la santé et de l'agriculture en fonction de la nature des activités exercées et des conditions d'exposition aux agents biologiques.

Art. R. 4426-13. Lorsqu'il s'avère qu'un travailleur est atteint d'une infection ou d'une maladie inscrite dans un tableau de maladie professionnelle et pouvant résulter d'une exposition à des agents biologiques, tous les travailleurs susceptibles d'avoir été exposés sur le même lieu de travail font l'objet d'un examen médical, assorti éventuellement d'examens complémentaires.

Si l'infection ou la maladie n'est pas inscrite dans un tableau de maladies professionnelles, le médecin du travail peut proposer aux autres travailleurs ayant subi une exposition analogue de bénéficier d'une surveillance médicale.

Une nouvelle évaluation du risque d'exposition est en outre réalisée conformément aux dispositions du chapitre III.

CHAPITRE VII

Déclaration administrative

[Le présent chapitre ne comprend pas de dispositions législatives.]

Art. R. 4427-1. La première utilisation d'agents biologiques pathogènes est déclarée à l'inspecteur du travail au moins trente jours avant le début des travaux.

Art. R. 4427-2. La déclaration d'une première utilisation d'agents biologiques pathogènes comprend :

1° La dénomination et le siège social de l'entreprise et l'adresse de l'établissement ;
2° Le nom et l'adresse du médecin du travail ;
3° Le nom et la qualité du responsable sécurité, s'il existe, sur le lieu de travail ;
4° Le résultat de l'évaluation des risques d'exposition à des agents biologiques ;
5° L'espèce ou, à défaut, le genre auquel appartient chaque agent biologique concerné ;
6° Les mesures de protection et de prévention envisagées.

Art. R. 4427-3. Une déclaration de première utilisation est également adressée à l'inspecteur du travail, au moins trente jours avant leur première utilisation, pour les agents biologiques non encore classés au sens de l'article R. 4421-4, dès lors qu'existe une présomption de leur caractère pathogène.

Art. R. 4427-4. La déclaration de première utilisation n'est pas obligatoire pour les laboratoires réalisant des analyses de biologie médicale. Ceux-ci sont uniquement tenus de déclarer leur intention de fournir un service de diagnostic pour les agents biologiques du groupe 4.

Art. R. 4427-5. La déclaration de première utilisation est renouvelée chaque fois qu'un changement important des procédés ou des procédures la rend caduque.

TITRE III

PRÉVENTION DES RISQUES D'EXPOSITION AU BRUIT

Note Ce titre, issu du décret 2006-892 du 19 juillet 2006 qui transpose la directive 2003/10/CE du 6 février 2003 modifiée, concernant les prescriptions minimales de sécurité et de santé relatives à l'exposition des travailleurs aux risques dus aux agents physiques (bruit) (JOUE L 42 du 15.02.2003 ; « Code annoté européen du travail », *Groupe Revue fiduciaire*, éd. 2010, p. 766) est entré en vigueur le 21 juillet 2006. Toutefois, cette section est entrée en vigueur le 14 février 2008 en ce qui concerne les établissements dans lesquels de la musique est jouée en direct ou dans lesquels de la musique enregistrée est diffusée pour le divertissement, à l'exception des dispositions de l'article R. 231-129 [R. 4722-17, 18, 27 ; R. 4724-1 et 18] CT qui sont entrées en vigueur le 21 juillet 2006.

CHAPITRE Ier

Dispositions générales

Art. L. 4431-1. Les règles de prévention des risques pour la santé et la sécurité des travailleurs exposés au bruit sont déterminées par décret en Conseil d'État pris en application de l'article L. 4111-6.

SECTION 1. Définitions

Art. R. 4431-1. Pour l'application du présent titre, les paramètres physiques utilisés comme indicateurs du risque sont définis comme suit :

1° Le niveau de pression acoustique de crête est le niveau de la valeur maximale de la pression acoustique instantanée mesurée avec la pondération fréquentielle C ;

2° Le niveau d'exposition quotidienne au bruit est la moyenne pondérée dans le temps des niveaux d'exposition au bruit pour une journée de travail nominale de huit heures ;

3° Le niveau d'exposition hebdomadaire au bruit est la moyenne pondérée dans le temps des niveaux d'exposition quotidienne au bruit pour une semaine nominale de cinq journées de travail de huit heures.

Un arrêté conjoint des ministres chargés du travail et de l'agriculture précise le mode de calcul de ces paramètres physiques.

Note Voir arrêté du 19 juillet 2006 (JO 29) pris pour l'application des articles R. 231-126 [R. 4431-1], R. 231-128 [R. 4433-1 à 7] et R. 231-129 [R. 4722-17, 18, 27 ; R. 4724-1 et 18] CT (entrée en vigueur le 1er janvier 2007).

SECTION 2. Valeurs limites d'exposition professionnelle

Art. R. 4431-2. Les valeurs limites d'exposition et les valeurs d'exposition déclenchant une action de prévention sont fixées dans le tableau suivant :

VALEURS D'EXPOSITION	NIVEAU D'EXPOSITION
1° Valeurs limites d'exposition	Niveau d'exposition quotidienne au bruit de 87 dB(A) ou niveau de pression acoustique de crête de 140 dB(C)
2° Valeurs d'exposition supérieures déclenchant l'action de prévention prévue à l'article R. 4434-3, au 2° de l'article R. 4434-7, et à l'article R. 4435-1	Niveau d'exposition quotidienne au bruit de 85 dB(A) ou niveau de pression acoustique de crête de 137 dB(C)
3° Valeurs d'exposition inférieures déclenchant l'action de prévention prévue au 1° de l'article R. 4434-7 et aux articles R. 4435-2 et R. 4436-1	Niveau d'exposition quotidienne au bruit de 80 dB(A) ou niveau de pression acoustique de crête de 135 dB(C)

Art. L. 4431-1.

Note La directive 2003/10/CE du 6 février 2003 concernant les prescriptions minimales de sécurité et de santé relatives à l'exposition des travailleurs aux risques dus aux agents physiques (bruit) telle que modifiée par la directive 2007/30/CE du 20 juin 2007 doit être interprétée en ce sens qu'un employeur dans l'entreprise duquel le niveau d'exposition quotidienne des travailleurs au bruit est supérieur à 85 dB(A), mesuré sans tenir compte des effets de l'utilisation des protecteurs auditifs individuels, ne satisfait pas aux obligations résultant de cette directive par la simple mise à disposition des travailleurs de tels protecteurs auditifs permettant de réduire l'exposition quotidienne au bruit à moins de 80 dB(A). En effet, cet employeur doit mettre en œuvre un programme de mesures techniques ou organisationnelles visant à réduire une telle exposition au bruit à un niveau inférieur à 85 dB(A), mesuré sans tenir compte des effets de l'utilisation des protecteurs auditifs individuels.

La directive précitée n'exige pas d'un employeur qu'il verse un complément salarial aux travailleurs qui sont exposés à un niveau de bruit supérieur à 85 dB(A), mesuré sans tenir compte de l'effet de l'utilisation des protecteurs auditifs individuels, du seul fait qu'il n'a pas mis en œuvre un programme de mesures techniques ou organisationnelles visant à réduire le niveau d'exposition quotidienne au bruit. Toutefois, le droit national doit prévoir des mécanismes adéquats assurant qu'un travailleur exposé à un niveau de bruit supérieur à 85 dB(A), mesuré sans tenir compte de l'effet de l'utilisation des protecteurs auditifs individuels, peut faire valoir le respect, par l'employeur, des obligations préventives prévues à l'article 5, § 2, de cette directive (CJUE 19 mai 2011, aff. C-256/10, C 261/10, Barcenilla Fernández, Macedo Lozano).

Art. R. 4431-3. Pour l'application des valeurs limites d'exposition définies au 1° de l'article R. 4431-2, la détermination de l'exposition effective du travailleur au bruit tient compte de l'atténuation assurée par les protecteurs auditifs individuels portés par le travailleur.

Les valeurs d'exposition définies aux 2° et 3° de ce même article ne prennent pas en compte l'effet de l'utilisation de ces protecteurs.

Art. R. 4431-4. Dans des circonstances dûment justifiées auprès de l'inspecteur du travail et pour des activités caractérisées par une variation notable d'une journée de travail à l'autre de l'exposition quotidienne au bruit, le niveau d'exposition hebdomadaire au bruit peut être utilisé au lieu du niveau d'exposition quotidienne pour évaluer les niveaux de bruit auxquels les travailleurs sont exposés, aux fins de l'application des valeurs limites d'exposition et des valeurs déclenchant l'action de prévention.

Cette substitution ne peut être faite qu'à condition que le niveau d'exposition hebdomadaire au bruit indiqué par un contrôle approprié ne dépasse pas la valeur limite d'exposition de 87 dB(A) et que des mesures appropriées soient prises afin de réduire au minimum les risques associés à ces activités.

CHAPITRE II

Principes de prévention

[Le présent chapitre ne comprend pas de dispositions législatives.]

Art. R. 4432-1. L'employeur prend des mesures de prévention visant à supprimer ou à réduire au minimum les risques résultant de l'exposition au bruit, en tenant compte du progrès technique et de la disponibilité de mesures de maîtrise du risque à la source.

Art. R. 4432-2. La réduction des risques d'exposition au bruit se fonde sur les principes généraux de prévention mentionnés à l'article L. 4121-1.

Art. R. 4432-3. L'exposition d'un travailleur, compte tenu de l'atténuation assurée par les protecteurs auditifs individuels portés par ce dernier, ne peut en aucun cas dépasser les valeurs limites d'exposition définies au 1° de l'article R. 4431-2.

CHAPITRE III

Évaluation des risques

[Le présent chapitre ne comprend pas de dispositions législatives.]

Art. R. 4433-1. L'employeur évalue et, si nécessaire, mesure les niveaux de bruit auxquels les travailleurs sont exposés.

Cette évaluation et ce mesurage ont pour but :

1° De déterminer les paramètres physiques définis à l'article R. 4431-1 ;

2° De constater si, dans une situation donnée, les valeurs d'exposition fixées à l'article R. 4431-2 sont dépassées.

Art. R. 4433-2. L'évaluation des niveaux de bruit et, si nécessaire, leur mesurage sont planifiés et réalisés par des personnes compétentes, avec le concours, le cas échéant, du service de santé au travail.

Ils sont réalisés à des intervalles appropriés, notamment lorsqu'une modification des installations ou des modes de travail est susceptible d'entraîner une élévation des niveaux de bruit.

En cas de mesurage, celui-ci est renouvelé au moins tous les cinq ans.

Art. R. 4433-3. Les résultats de l'évaluation des niveaux de bruit et du mesurage sont conservés sous une forme susceptible d'en permettre la consultation pendant une durée de dix ans.

Art. R. 4433-4. Les résultats des mesurages sont communiqués au médecin du travail en vue de leur conservation avec le dossier médical des travailleurs exposés.

Ils sont tenus à la disposition des membres du comité d'hygiène, de sécurité et des conditions de travail et des délégués du personnel.

Ils sont également tenus, sur leur demande, à la disposition de l'inspection du travail ou des agents des services de prévention des organismes de sécurité sociale et des organismes professionnels de santé, de sécurité et des conditions de travail mentionnés à l'article L. 4643-1.

Art. R. 4433-5. Lorsqu'il procède à l'évaluation des risques, l'employeur prend en considération les éléments suivants :

1° Le niveau, le type et la durée d'exposition, y compris toute exposition au bruit impulsif ;

2° Les valeurs limites d'exposition et les valeurs d'exposition déclenchant l'action de prévention fixées au chapitre Ier ;

3° Toute incidence sur la santé et la sécurité des travailleurs particulièrement sensibles à ce risque, notamment les femmes enceintes ;

4° Compte tenu de l'état des connaissances scientifiques et dans la mesure où cela est techniquement réalisable, toute incidence sur la santé et la sécurité des travailleurs résultant d'interactions entre le bruit et des substances toxiques pour l'ouïe d'origine professionnelle et entre le bruit et les vibrations ;

5° Toute incidence indirecte sur la santé et la sécurité des travailleurs résultant d'interactions entre le bruit et les signaux d'alarme ou d'autres sons qu'il importe d'observer afin de réduire le risque d'accidents ;

6° Les renseignements sur les émissions sonores, fournis par les fabricants d'équipements de travail, en application des règles techniques de conception mentionnées à l'article R. 4312-1 ;

7° L'existence d'équipements de travail permettant de réduire les émissions sonores et susceptibles d'être utilisés en remplacement des équipements existants ;

8° La prolongation de l'exposition au bruit au-delà des heures de travail, dans des lieux placés sous la responsabilité de l'employeur ;

9° Les conclusions du médecin du travail concernant la surveillance de la santé des travailleurs ;

10° La mise à disposition de protecteurs auditifs individuels ayant des caractéristiques adéquates d'atténuation.

Art. R. 4433-6. Lorsque les résultats de l'évaluation des risques mettent en évidence des risques pour la santé ou la sécurité des travailleurs, l'employeur détermine les mesures à prendre conformément aux articles R. 4432-3 et R. 4434-6, ainsi qu'aux dispositions des chapitres IV et V.

L'employeur consulte à cet effet le comité d'hygiène, de sécurité et des conditions de travail ou, à défaut, les délégués du personnel.

Art. R. 4433-7. Un arrêté conjoint des ministres chargés du travail et de l'agriculture précise les conditions du mesurage des niveaux de bruit.

Art. L. 4431-1.

CHAPITRE IV

Mesures et moyens de prévention

[Le présent chapitre ne comprend pas de dispositions législatives.]

SECTION 1. Prévention collective

Art. R. 4434-1. La réduction des risques d'exposition au bruit se fonde sur, notamment :

1° La mise en œuvre d'autres procédés de travail ne nécessitant pas d'exposition au bruit ou nécessitant une exposition moindre ;

2° Le choix d'équipements de travail appropriés émettant, compte tenu du travail à accomplir, le moins de bruit possible ;

3° Dans le cas d'équipements de travail utilisés à l'extérieur des bâtiments, la possibilité de mettre à la disposition des travailleurs des matériels conformes aux dispositions prises en application du décret n° 95-79 du 23 janvier 1995 concernant la lutte contre le bruit et relatif aux objets bruyants et aux dispositifs d'insonorisation ;

4° La modification de la conception et de l'agencement des lieux et postes de travail ;

5° L'information et la formation adéquates des travailleurs afin qu'ils utilisent correctement les équipements de travail en vue de réduire au minimum leur exposition au bruit ;

6° Des moyens techniques pour réduire le bruit aérien en agissant sur son émission, sa propagation, sa réflexion, tels que réduction à la source, écrans, capotages, correction acoustique du local ;

7° Des moyens techniques pour réduire le bruit de structure, par exemple par l'amortissement ou par l'isolation ;

8° Des programmes appropriés de maintenance des équipements de travail et du lieu de travail ;

9° La réduction de l'exposition au bruit par une meilleure organisation du travail, en limitant la durée et l'intensité de l'exposition et en organisant convenablement les horaires de travail, en prévoyant notamment des périodes de repos.

Art. R. 4434-2. Lorsque les valeurs d'exposition supérieures, définies au 2° de l'article R. 4431-2, sont dépassées, l'employeur établit et met en œuvre un programme de mesures techniques ou d'organisation du travail visant à réduire l'exposition au bruit, en prenant en considération, notamment, les mesures mentionnées à l'article R. 4434-1.

Art. R. 4434-3. Les lieux de travail où les travailleurs sont susceptibles d'être exposés à un bruit dépassant les valeurs d'exposition supérieures, définies au 2° de l'article R. 4431-2, font l'objet d'une signalisation appropriée.

Ces lieux sont délimités et font l'objet d'une limitation d'accès lorsque cela est techniquement faisable et que le risque d'exposition le justifie.

Art. R. 4434-4. Lorsque la nature de l'activité conduit à faire bénéficier les travailleurs de l'usage de locaux de repos placés sous la responsabilité de l'employeur, le bruit dans ces locaux est réduit à un niveau compatible avec leur fonction et leurs conditions d'utilisation.

Art. R. 4434-5. En liaison avec le médecin du travail, l'employeur adapte les mesures de prévention prévues au présent chapitre aux besoins des travailleurs particulièrement sensibles aux risques résultant de l'exposition au bruit.

Art. R. 4434-6. Lorsqu'en dépit des mesures de prévention mises en œuvre en application du présent chapitre, des expositions dépassant les valeurs limites d'exposition sont constatées, l'employeur :

1° Prend immédiatement des mesures pour réduire l'exposition à un niveau inférieur à ces valeurs limites ;

2° Détermine les causes de l'exposition excessive et adapte les mesures de protection et de prévention en vue d'éviter tout renouvellement.

SECTION 2. Protection individuelle

Art. R. 4434-7. En cas d'impossibilité d'éviter les risques dus à l'exposition au bruit par d'autres moyens, des protecteurs auditifs individuels, appropriés et correctement adaptés, sont mis à la disposition des travailleurs dans les conditions suivantes :

1° Lorsque l'exposition au bruit dépasse les valeurs d'exposition inférieures définies au 3° de l'article R. 4431-2, l'employeur met des protecteurs auditifs individuels à la disposition des travailleurs ;

2° Lorsque l'exposition au bruit égale ou dépasse les valeurs d'exposition supérieures définies au 2° [de] l'article R. 4431-2, l'employeur veille à ce que les protecteurs auditifs individuels soient effectivement utilisés.

Art. R. 4434-8. Les protecteurs auditifs individuels sont choisis de façon à éliminer le risque pour l'ouïe ou à le réduire le plus possible.

Ils sont choisis après avis des travailleurs intéressés, du médecin du travail et, éventuellement, des agents des services de prévention des organismes de sécurité sociale et des organismes de santé, de sécurité et des conditions de travail mentionnés à l'article L. 4643-1.

Art. R. 4434-9. L'employeur vérifie l'efficacité des mesures prises en application du présent chapitre.

Art. R. 4434-10. L'employeur conserve les références des types et modèles de protecteurs auditifs individuels affectés aux travailleurs en vue d'en assurer un remplacement adéquat lorsqu'ils sont usagés.

CHAPITRE V

Surveillance médicale

[Le présent chapitre ne comprend pas de dispositions législatives.]

Art. R. 4435-1. Le médecin du travail exerce une surveillance médicale renforcée pour les travailleurs exposés à des niveaux de bruit supérieurs aux valeurs d'exposition supérieures définies au 2° de l'article R. 4431-2.

Cette surveillance a pour objectif le diagnostic précoce de toute perte auditive due au bruit et la préservation de la fonction auditive.

Note *Cet article est abrogé* ***à compter du 01.07.2012*** *par le décret 2012-135 du 30 janvier 2012, JO 31.*

Art. R. 4435-2. Un travailleur dont l'exposition au bruit dépasse les valeurs d'exposition inférieures définies au 3° de l'article R. 4431-2 bénéficie, à sa demande ou à celle du médecin du travail, d'un examen audiométrique préventif. Cet examen a pour objectif le diagnostic précoce de toute perte auditive due au bruit et la préservation de la fonction auditive, lorsque l'évaluation et les mesurages prévus à l'article R. 4433-1 révèlent un risque pour la santé du travailleur.

Art. R. 4435-3. Lorsque la surveillance de la fonction auditive fait apparaître qu'un travailleur souffre d'une altération identifiable de l'ouïe, le médecin du travail apprécie le lien entre cette altération et une exposition au bruit sur le lieu de travail.

Le travailleur est informé par le médecin du travail du résultat et de l'interprétation des examens médicaux dont il a bénéficié.

Art. R. 4435-4. Lorsqu'une altération de l'ouïe est susceptible de résulter d'une exposition au bruit sur le lieu de travail, l'employeur :

1° Revoit en conséquence l'évaluation des risques, réalisée conformément au chapitre III ;

2° Complète ou modifie les mesures prévues pour supprimer ou réduire les risques conformément aux chapitres IV et V ;

3° Tient compte de l'avis du médecin du travail pour la mise en œuvre de toute mesure jugée nécessaire pour supprimer ou réduire les risques conformément aux chapitres IV et V, y compris l'éventuelle affectation du travailleur à un autre poste ne comportant plus de risque d'exposition.

Dans ce cas, le médecin du travail détermine la pertinence et la nature des examens éventuellement nécessaires pour les autres travailleurs ayant subi une exposition semblable.

Art. R. 4435-5. Un arrêté conjoint des ministres chargés du travail et de l'agriculture détermine les recommandations et fixe les instructions techniques que respecte le médecin du travail lors de ses contrôles, notamment la nature et la périodicité des examens.

Art. L. 4431-1.

CHAPITRE VI

Information et formation des travailleurs

[Le présent chapitre ne comprend pas de dispositions législatives.]

Art. R. 4436-1. Lorsque l'évaluation des risques fait apparaître que des travailleurs sont exposés sur leur lieu de travail à un niveau sonore égal ou supérieur aux valeurs d'exposition inférieures, définies au 3° de l'article R. 4431-2, l'employeur veille à ce que ces travailleurs reçoivent des informations et une formation en rapport avec les résultats de l'évaluation des risques et avec le concours du service de santé au travail.

Ces informations et cette formation portent, notamment, sur :

1° La nature de ce type de risque ;

2° Les mesures prises en application des chapitres IV et V, et, en cas de dépassement des valeurs limites d'exposition, de l'article R. 4434-6 en vue de supprimer ou de réduire au minimum les risques résultant de l'exposition au bruit, y compris les circonstances dans lesquelles les mesures s'appliquent ;

3° Les valeurs limites d'exposition et les valeurs d'exposition déclenchant l'action de prévention fixées au chapitre premier ;

4° Les résultats des évaluations et des mesurages du bruit réalisés en application du chapitre III, accompagnés d'une explication relative à leur signification et aux risques potentiels ;

5° L'utilisation correcte des protecteurs auditifs individuels ;

6° L'utilité et la façon de dépister et de signaler des symptômes d'altération de l'ouïe ;

7° Les conditions dans lesquelles les travailleurs ont droit à une surveillance médicale renforcée ;

8° Les pratiques professionnelles sûres, afin de réduire au minimum l'exposition au bruit.

CHAPITRE VII

Dérogations

[Le présent chapitre ne comprend pas de dispositions législatives.]

Art. R. 4437-1. Dans des cas exceptionnels où, en raison de la nature du travail et en l'absence d'alternative technique, l'utilisation permanente des protecteurs auditifs individuels est susceptible d'entraîner un risque plus grand pour la santé ou la sécurité que leur non-utilisation, l'inspecteur du travail peut accorder des dérogations aux dispositions de l'article R. 4432-3 et des 1° et 2° de l'article R. 4434-7.

Art. R. 4437-2. L'employeur précise, dans la demande de dérogation adressée à l'inspecteur du travail, les circonstances qui justifient cette dérogation et la transmet avec l'avis du comité d'hygiène, de sécurité et des conditions de travail ou, à défaut, des délégués du personnel ainsi que celui du médecin du travail.

Art. R. 4437-3. La dérogation de l'inspecteur du travail est assortie de conditions garantissant, compte tenu des circonstances particulières, que les risques qui en résultent sont réduits au minimum.

Les travailleurs intéressés font l'objet d'un contrôle audiométrique périodique.

Art. R. 4437-4. La dérogation accordée par l'inspecteur du travail est d'une durée d'un an, renouvelable.

Elle est retirée dès que les circonstances qui l'ont justifiée disparaissent.

TITRE IV

PRÉVENTION DES RISQUES D'EXPOSITION AUX VIBRATIONS MÉCANIQUES

CHAPITRE Ier

Dispositions générales

Note • Le décret 2005-746 est entré en vigueur le 6 juillet 2005.

« Toutefois, les dispositions du III de l'article R. 231-122 (ancien) CT ne sont applicables qu'au terme d'une période transitoire de cinq ans, le 6 juillet 2010, lorsque des équipements de travail mis en service avant le 6 juillet 2007 ne permettent pas de respecter les valeurs limites d'exposition, malgré la mise en œuvre de mesures techniques tenant compte des derniers progrès et des mesures d'organisation du travail. Un arrêté des ministres chargés du travail et de l'agriculture, pris avant le 6 juillet 2007, détermine les catégories d'équipements qui remplissent ces conditions.

Pour les équipements utilisés dans les secteurs agricole et sylvicole, un arrêté du ministre chargé de l'agriculture et de la forêt peut prolonger de quatre ans la période transitoire mentionnée à l'alinéa ci-dessus. Cet arrêté détermine, en fonction des mesures techniques et d'organisation qui peuvent être mises en œuvre, la durée de cette prolongation, ainsi que les catégories d'équipements en cause » (décret précité, art. 2).

• Voir directive 2002/44/CE du 25 juin 2002 modifiée concernant les prescriptions minimales de sécurité et de santé relatives à l'exposition des travailleurs aux risques dus aux agents physiques (vibrations), « Code annoté européen du travail », *Groupe Revue Fiduciaire*, éd. 2010, p. 757.

Art. L. 4441-1. Les règles de prévention des risques pour la santé et la sécurité des travailleurs exposés aux vibrations mécaniques sont déterminées par décret en Conseil d'État pris en application de l'article L. 4111-6.

Art. R. 4441-1. Au sens du présent titre, on entend par :

1° Vibration transmise aux mains et aux bras, une vibration mécanique qui, lorsqu'elle est transmise aux mains et aux bras chez l'homme, entraîne des risques pour la santé et la sécurité des travailleurs, notamment des troubles vasculaires, des lésions ostéo-articulaires ou des troubles neurologiques ou musculaires ;

2° Vibration transmise à l'ensemble du corps, une vibration mécanique qui, lorsqu'elle est transmise à l'ensemble du corps, entraîne des risques pour la santé et la sécurité des travailleurs, notamment des lombalgies et des microtraumatismes de la colonne vertébrale.

Art. R. 4441-2. Les paramètres physiques caractérisant l'exposition aux vibrations mécaniques sont définis comme la valeur d'exposition journalière aux vibrations rapportée à une période de référence de huit heures.

Un arrêté conjoint des ministres chargés du travail et de l'agriculture précise le mode de détermination de ces paramètres physiques.

Note Voir arrêté du 6 juillet 2005 (JO 28 août) pris pour l'application des articles R. 231-118 [R. 4441-1 et 2], R. 231- 120 [R. 4444-1 à 7] et R. 231-121 [R. 4722-19 ; R. 4724-1, 18, 20 et 27] CT.

CHAPITRE II

Principes de prévention

[Le présent chapitre ne comprend pas de dispositions législatives.]

Art. R. 4442-1. L'employeur prend des mesures de prévention visant à supprimer ou à réduire au minimum les risques résultant de l'exposition aux vibrations mécaniques, en tenant compte du progrès technique et de l'existence de mesures de maîtrise du risque à la source.

Art. R. 4442-2. La réduction des risques d'exposition aux vibrations mécaniques se fonde sur les principes généraux de prévention prévus à l'article L. 4121-2.

CHAPITRE III

Valeurs limites d'exposition

[Le présent chapitre ne comprend pas de dispositions législatives.]

Art. R. 4443-1. L'exposition journalière d'un travailleur aux vibrations mécaniques, rapportée à une période de référence de huit heures, ne peut dépasser les valeurs limites d'exposition suivantes :
1° 5 m/s^2 pour les vibrations transmises aux mains et aux bras ;
2° 1,15 m/s^2 pour les vibrations transmises à l'ensemble du corps.

Note Voir arrêtés du 4 mai 2007 (JO 10) et du 3 juillet 2007 (JO 24) déterminant les catégories d'équipements de travail, mis en service avant le 6 juillet 2007, susceptibles de ne pas permettre de respecter les valeurs limites d'exposition fixées à cet article. En tout état de cause, les valeurs limites fixées à cet article s'appliquent le 6 juillet 2010.

Art. R. 4443-2. La valeur d'exposition journalière rapportée à une période de référence de huit heures déclenchant l'action de prévention prévue à l'article R. 4445-1 et à l'article R. 4446-1 est fixée à :
1° 2,5 m/s^2 pour les vibrations transmises aux mains et aux bras ;
2° 0,5 m/s^2 pour les vibrations transmises à l'ensemble du corps.

CHAPITRE IV

Évaluation des risques

[Le présent chapitre ne comprend pas de dispositions législatives.]

Art. R. 4444-1. L'employeur évalue et, si nécessaire, mesure les niveaux de vibrations mécaniques auxquels les travailleurs sont exposés.

Cette évaluation et ce mesurage ont pour but de déterminer les paramètres physiques définis à l'article R. 4441-2 et d'apprécier si, dans une situation donnée, les valeurs d'exposition fixées au chapitre III sont dépassées.

Art. R. 4444-2. L'évaluation des niveaux de vibrations mécaniques et, si nécessaire, le mesurage sont planifiés et réalisés par des personnes compétentes à des intervalles appropriés avec le concours, le cas échéant, du service de santé au travail.

Art. R. 4444-3. Les résultats de l'évaluation des niveaux de vibrations mécaniques ou du mesurage sont conservés sous une forme susceptible d'en permettre la consultation pendant une durée de dix ans.

Art. R. 4444-4. Les résultats de l'évaluation des niveaux de vibrations mécaniques ou du mesurage sont tenus à la disposition des membres du comité d'hygiène, de sécurité et des conditions de travail, des délégués du personnel ainsi que du médecin du travail.

Ils sont également tenus, sur leur demande, à la disposition de l'inspection du travail, des agents des services de prévention des organismes de sécurité sociale et des agents des organismes de santé, de sécurité et des conditions de travail mentionnés [à] l'article L. 4643-1.

Art. R. 4444-5. Lorsqu'il procède à l'évaluation des risques, l'employeur prend en considération :
1° Le niveau, le type et la durée d'exposition, y compris l'exposition à des vibrations intermittentes ou à des chocs répétés ;
2° Les valeurs limites d'exposition ou les valeurs d'exposition déclenchant l'action de prévention fixées à l'article R. 4443-2 ;

3° Toute incidence sur la santé et la sécurité des travailleurs particulièrement sensibles à ce risque, notamment les femmes enceintes et les jeunes travailleurs de moins de 18 ans ;
4° Toute incidence indirecte sur la sécurité des travailleurs résultant d'interactions entre les vibrations mécaniques et le lieu de travail ou d'autres équipements, notamment lorsque les vibrations mécaniques gênent la manipulation correcte des commandes ou la bonne lecture des appareils indicateurs, ou nuisent à la stabilité des structures ;
5° Les renseignements sur les émissions vibratoires, fournis par les fabricants des équipements de travail, en application des règles techniques de conception auxquels ils sont soumis ;
6° L'existence d'équipements de travail permettant de réduire les niveaux d'exposition aux vibrations mécaniques et susceptibles d'être utilisés en remplacement ;
7° La prolongation de l'exposition à des vibrations transmises à l'ensemble du corps au-delà des heures de travail, par exemple lorsque la nature de l'activité amène un travailleur à utiliser des locaux de repos exposés aux vibrations, sous la responsabilité de l'employeur ;
8° Des conditions de travail particulières, comme les basses températures ;
9° Les conclusions tirées par le médecin du travail de la surveillance de la santé des travailleurs.

Art. R. 4444-6. Lorsque les résultats de l'évaluation des risques mettent en évidence des risques pour la santé ou la sécurité des travailleurs dus aux vibrations mécaniques, l'employeur met en œuvre les mesures prévues aux chapitres II, III et VII ainsi que, sous réserve des prérogatives du médecin du travail, au chapitre VI.

Art. R. 4444-7. Un arrêté des ministres chargés du travail et de l'agriculture précise les conditions de l'évaluation des niveaux de vibrations mécaniques et du mesurage.

CHAPITRE V

Mesures et moyens de prévention

[Le présent chapitre ne comprend pas de dispositions législatives.]

Art. R. 4445-1. Lorsque les valeurs d'exposition journalière déclenchant l'action de prévention fixées à l'article R. 4443-2 sont dépassées, l'employeur établit et met en œuvre un programme de mesures techniques ou organisationnelles visant à réduire au minimum l'exposition aux vibrations mécaniques et les risques qui en résultent, en prenant en considération notamment, les mesures mentionnées à l'article R. 4445-2.

Art. R. 4445-2. La réduction des risques d'exposition aux vibrations mécaniques se fonde sur, notamment :
1° La mise en œuvre d'autres procédés de travail permettant de réduire les valeurs d'exposition journalière aux vibrations mécaniques ;
2° Le choix d'équipements de travail appropriés, bien conçus sur le plan ergonomique et produisant, compte tenu du travail à accomplir, le moins de vibrations possible ;
3° La fourniture d'équipements auxiliaires réduisant les risques de lésions dues à des vibrations, tels que des sièges atténuant efficacement les vibrations transmises à l'ensemble du corps ou des poignées atténuant efficacement les vibrations transmises aux mains et aux bras ;
4° Des programmes appropriés de maintenance des équipements de travail et du lieu de travail ;
5° La modification de la conception et de l'agencement des lieux et postes de travail ;
6° L'information et la formation adéquates des travailleurs afin qu'ils utilisent correctement et de manière sûre les équipements de travail, de façon à réduire au minimum leur exposition à des vibrations mécaniques ;
7° La limitation de la durée et de l'intensité de l'exposition ;
8° L'organisation différente des horaires de travail, prévoyant notamment des périodes de repos ;
9° La fourniture aux travailleurs exposés de vêtements les maintenant à l'abri du froid et de l'humidité.

Art. R. 4445-3. Les équipements de protection individuelle contre les effets nuisibles des vibrations mécaniques sont tels qu'ils réduisent les vibrations en dessous des niveaux portant atteinte à la santé et à la sécurité.

Art. R. 4445-4. Lorsque la nature de l'activité conduit à faire bénéficier les travailleurs de locaux de repos placés sous la responsabilité de l'employeur et exposés aux vibrations, sauf cas de force majeure, l'exposition de l'ensemble du corps aux vibrations dans ces locaux demeure à un niveau compatible avec leur fonction et conditions d'utilisation.

Art. R. 4445-5. En liaison avec le médecin du travail, l'employeur adapte les mesures de prévention prévues au présent chapitre aux besoins des travailleurs particulièrement sensibles aux risques résultant de l'exposition aux vibrations.

Art. R. 4445-6. Lorsqu'en dépit des mesures mises en œuvre en application du présent chapitre, les valeurs limites d'exposition ont été dépassées, l'employeur :

1° Prend immédiatement des mesures pour ramener l'exposition au-dessous de celles-ci ;

2° Détermine les causes du dépassement des valeurs limites d'exposition et adapte les mesures de protection et de prévention en vue d'éviter un nouveau dépassement.

CHAPITRE VI

Surveillance médicale

[Le présent chapitre ne comprend pas de dispositions législatives.]

Art. R. 4446-1. Le médecin du travail exerce une surveillance médicale renforcée pour les travailleurs exposés à un niveau de vibrations mécaniques supérieur aux valeurs limites d'exposition fixées à l'article R. 4443-2.

Note — *Cet article est abrogé **à compter du 01.07.2012** par le décret 2012-135 du 30 janvier 2012, JO 31.*

Art. R. 4446-2. Lorsqu'un travailleur est atteint d'une maladie ou d'une affection identifiable, considérée par le médecin du travail comme résultant d'une exposition à des vibrations mécaniques sur le lieu de travail, ce travailleur est informé par le médecin des résultats et de l'interprétation des examens médicaux dont il a bénéficié.

Art. R. 4446-3. L'employeur est informé de toute conclusion significative provenant de la surveillance médicale renforcée exercée par le médecin du travail, dans le respect du secret médical.

L'employeur en tire toutes les conséquences utiles, et notamment :

1° Revoit l'évaluation des risques conformément au chapitre IV ;

2° Revoit les mesures prévues pour supprimer ou réduire les risques conformément au chapitre V ;

3° Tient compte de l'avis du médecin du travail pour la mise en œuvre de toute mesure jugée nécessaire pour supprimer ou réduire les risques conformément au chapitre V, y compris l'éventuelle affectation du travailleur à un autre poste ne comportant plus de risque d'exposition.

Art. R. 4446-4. Le médecin du travail détermine la pertinence et la nature des examens éventuellement nécessaires pour les travailleurs ayant subi une exposition semblable à celle d'un travailleur atteint d'une maladie ou affection susceptible de résulter d'une exposition à des vibrations.

CHAPITRE VII

Information et formation des travailleurs

[Le présent chapitre ne comprend pas de dispositions législatives.]

Art. R. 4447-1. Lorsque l'évaluation des risques fait apparaître que des travailleurs sont exposés à des risques dus aux vibrations mécaniques, l'employeur veille à ce que ces travailleurs reçoivent des informations et une formation en rapport avec le résultat de l'évaluation des risques et avec le concours du service de santé au travail.

Ces informations et cette formation portent, notamment, sur :

1° Les mesures prises en application du chapitre V en vue de supprimer ou de réduire au minimum les risques résultant des vibrations mécaniques ;

2° Les résultats des évaluations et des mesurages de l'exposition aux vibrations mécaniques réalisés en application [du] chapitre V ;

3° Les valeurs limites d'exposition et les valeurs d'exposition déclenchant l'action de prévention ;
4° Les lésions que pourraient entraîner l'utilisation d'équipements de travail produisant des vibrations, ainsi que l'utilité et la façon de dépister et de signaler les symptômes de ces lésions ;
5° Les conditions dans lesquelles les travailleurs ont droit à une surveillance médicale renforcée ;
6° Les pratiques professionnelles sûres permettant de réduire au minimum les risques dus à l'exposition à des vibrations mécaniques.

TITRE V

(L. 2009-526 du 12 mai 2009, JO 13) « PRÉVENTION DES RISQUES D'EXPOSITION AUX RAYONNEMENTS »

CHAPITRE Ier

(L. 2009-526 du 12 mai 2009, JO 13) « Prévention des risques d'exposition aux rayonnements ionisants »

Note Ces articles ont été introduits par l'ordonnance 2001-270 du 28 mars 2001 (JO 31) relative à la transposition de directives communautaires dans le domaine de la protection contre les rayonnements ionisants (voir notamment directives 90/641/EURATOM du 4 décembre 1990 et 96/29/EURATOM du 13 mai 1996, « Code annoté européen du travail », *Groupe Revue Fiduciaire*, éd. 2010, pp. 881 à 910).

Voir circulaire DGT/ASN 13 du 16 novembre 2007 relative à la coordination de l'action des inspecteurs de la radioprotection et des inspecteurs et contrôleurs du travail en matière de prévention des risques liés aux rayonnements ionisants (BO TR 2007/12).

Voir aussi circulaire DGT/ASN 04 du 21 avril 2010 relative aux mesures de prévention des risques d'exposition aux rayonnements ionisants (Fiche 1 : Obligations de l'employeur en matière de radioprotection ; Fiche 2 : Contrôles techniques de radioprotection ; Fiche 3 : Équipement de protection individuelle ; Fiche 4 : Information et formation des travailleurs ; Fiche 5 : Suivi radiologique des travailleurs classés ; Fiche 6 : Suivi médical des travailleurs ; Fiche 7 : Situations anormales de travail ; Fiche 8 : Personne compétente en radioprotection ; Fiche 9 : Liste des arrêtés et décisions d'application ; Fiche 10 : Glossaire).

Art. L. 4451-1. Les règles de prévention des risques pour la santé et la sécurité des travailleurs ***(L. 2009-526 du 12 mai 2009, JO 13)*** « , y compris les travailleurs indépendants et les employeurs, » exposés aux rayonnements ionisants sont fixées dans le respect des principes généraux de radioprotection des personnes énoncés à l'article L. 1333-1 du code de la santé publique et des obligations prévues à l'article L. 1333-10 du même code.

Art. L. 4451-2. Un décret en Conseil d'État détermine les modalités d'application aux travailleurs des dispositions de l'article L. 4451-1, notamment :
1° Les valeurs limites que doit respecter l'exposition de ces travailleurs ;
2° Les références d'exposition et les niveaux qui leur sont applicables, compte tenu des situations particulières d'exposition ;
3° Les éventuelles restrictions ou interdictions concernant les activités, procédés, dispositifs ou substances dangereux pour les travailleurs.

Art. L. 4451-2.

[Dispositions réglementaires]

(D. 2010-750 du 2 juil. 2010, JO 4) « CHAPITRE Ier

Prévention des risques d'exposition aux rayonnements ionisants »

(D. 2010-750 du 2 juil. 2010, JO 4) « SECTION 1 ». Principes et dispositions d'application

(D. 2010-750 du 2 juil. 2010, JO 4) « Sous-section 1 ». Champ d'application

Art. R. 4451-1. Les dispositions du présent titre s'appliquent, dans le respect des principes énoncés à l'article L. 1333-1 du code de la santé publique, dès lors que des travailleurs sont susceptibles d'être exposés à un risque dû aux rayonnements ionisants :

1° Résultant d'activités nucléaires soumises à un régime d'autorisation ou de déclaration en application de l'article L. 1333-4 du code de la santé publique ou des activités nucléaires intéressant la défense mentionnées au III de l'article 2 de la loi n° 2006-686 du 13 juin 2006 relative à la transparence et à la sécurité en matière nucléaire ;

2° Survenant au cours d'interventions mentionnées à l'article L. 1333-1 du code de la santé publique réalisées en situation d'urgence radiologique ou résultant d'une exposition durable aux rayonnements ionisants, telles que définies en application du 3° de l'article L. 1333-20 du même code.

Note Voir décret 2004-1489 du 30 décembre 2004 (JO 31) autorisant l'utilisation par l'Institut de radioprotection et de sûreté nucléaire du répertoire national d'identification des personnes physiques dans un traitement automatisé de données à caractère personnel relatives à la surveillance des travailleurs exposés aux rayonnements ionisants.

Art. R. 4451-2. Les dispositions *(D. 2010-750 du 2 juil. 2010, JO 4)* « de la section 7 » sont applicables lorsque la présence sur le lieu de travail de radionucléides naturels, non utilisés pour leurs propriétés radioactives ou de rayonnements cosmiques, entraîne une augmentation notable de l'exposition des travailleurs, par rapport au niveau naturel du rayonnement, de nature à porter atteinte à leur santé.

Lorsque les mesures de prévention prévues *(D. 2010-750 du 2 juil. 2010, JO 4)* « à la section 7 » ne permettent pas de réduire l'exposition des travailleurs en dessous des niveaux mentionnés à *(D. 2010-750 du 2 juil. 2010, JO 4)* « cette même section », les établissements concernés sont alors soumis aux dispositions des *(D. 2010-750 du 2 juil. 2010, JO 4)* « sections 1 à 6 » dans les conditions précisées aux *(D. 2010-750 du 2 juil. 2010, JO 4)* « articles R. 4451-143 et R. 4451-144 ».

Art. R. 4451-3. Seules les dispositions prévues à l' *(D. 2010-750 du 2 juil. 2010, JO 4)* « article R. 4451-53 », relatives aux sources orphelines, définies à l'article R. 1333-93 du code de la santé publique, sont applicables aux établissements dans lesquels ces sources sont susceptibles d'être découvertes ou manipulées.

Art. R. 4451-4. Les dispositions du présent *(D. 2010-750 du 2 juil. 2010, JO 4)* « chapitre » s'appliquent à tout travailleur non salarié, selon les modalités fixées à l'article R. 4451-9, dès lors qu'il existe, pour lui-même ou pour d'autres personnes, un risque d'exposition mentionné aux articles R. 4451-1 et R. 4451-2.

Art. R. 4451-5. Les dispositions du présent *(D. 2010-750 du 2 juil. 2010, JO 4)* « chapitre » ne s'appliquent pas aux expositions résultant des radionucléides contenus naturellement dans le corps humain, du rayonnement cosmique régnant au niveau du sol ou du rayonnement résultant des radionucléides présents dans la croûte terrestre non perturbée.

Art. R. 4451-6. Le décret en Conseil d'État déterminant les règles de prévention des risques d'exposition aux rayonnements ionisants prévu à l'article L. 4451-2 est pris après avis de l'Autorité de sûreté nucléaire.

(D. 2010-750 du 2 juil. 2010, JO 4) « Sous-section 2 ». Principes de radioprotection

Art. R. 4451-7. L'employeur prend les mesures générales administratives et techniques, notamment en matière d'organisation du travail et de conditions de travail, nécessaires pour assurer la prévention des accidents du travail et des maladies professionnelles susceptibles d'être causés par l'exposition aux rayonnements ionisants résultant des activités ou des interventions mentionnées à l'article R. 4451-1 ainsi que de celles mentionnées au deuxième alinéa de l'article R. 4451-2.

Note Voir arrêté du 2 mars 2004 (JO 26) fixant les conditions particulières d'emploi applicables aux dispositifs destinés à la radiographie industrielle utilisant le rayonnement gamma.

Art. R. 4451-8. Lorsque le chef de l'entreprise utilisatrice fait intervenir une entreprise extérieure ou un travailleur non salarié, il assure la coordination générale des mesures de prévention qu'il prend et de celles prises par le chef de l'entreprise extérieure ou le travailleur non salarié, conformément aux dispositions des articles R. 4511-1 et suivants.

À cet effet, le chef de l'entreprise utilisatrice communique à la personne ou au service compétent en radioprotection, mentionnés aux ***(D. 2010-750 du 2 juil. 2010, JO 4)*** « articles R. 4451-103 et suivants », les informations qui lui sont transmises par les chefs des entreprises extérieures en application de l'article R. 4511-10. Il transmet les consignes particulières applicables en matière de radioprotection dans l'établissement aux chefs des entreprises extérieures qui les portent à la connaissance des personnes compétentes en radioprotection qu'ils ont désignées.

Chaque chef d'entreprise est responsable de l'application des mesures de prévention nécessaires à la protection des travailleurs qu'il emploie, notamment, de la fourniture, de l'entretien et du contrôle des appareils et des équipements de protection individuelle et des instruments de mesures de l'exposition individuelle.

Des accords peuvent être conclus entre le chef de l'entreprise utilisatrice et les chefs des entreprises extérieures ou les travailleurs non salariés concernant la mise à disposition des appareils et des équipements de protection individuelle ainsi que des instruments de mesures de l'exposition individuelle.

Art. R. 4451-9. Le travailleur non salarié exerçant une activité mentionnée à l'article R. 4451-4 met en œuvre les mesures de protection vis-à-vis de lui-même comme des autres personnes susceptibles d'être exposées à des rayonnements ionisants par son activité.

À cet effet, il prend les dispositions nécessaires afin d'être suivi médicalement dans les conditions prévues ***(D. 2010-750 du 2 juil. 2010, JO 4)*** « à la section 4 ».

Art. R. 4451-10. Les expositions professionnelles individuelles et collectives aux rayonnements ionisants sont maintenues en deçà des limites prescrites par les dispositions du ***(D. 2010-750 du 2 juil. 2010, JO 4)*** « présent chapitre » au niveau le plus faible qu'il est raisonnablement possible d'atteindre.

Art. R. 4451-11. Dans le cadre de l'évaluation des risques, l'employeur, en collaboration, le cas échéant, avec le chef de l'entreprise extérieure ou le travailleur non salarié, procède à une analyse des postes de travail qui est renouvelée périodiquement et à l'occasion de toute modification des conditions pouvant affecter la santé et la sécurité des travailleurs.

Lors d'une opération se déroulant dans la zone contrôlée définie à l' ***(D. 2010-750 du 2 juil. 2010, JO 4)*** « article R. 4451-18 », l'employeur :

1° Fait procéder à une évaluation prévisionnelle de la dose collective et des doses individuelles que les travailleurs sont susceptibles de recevoir lors de l'opération ;

2° Fait définir par la personne compétente en radioprotection, désignée en application de l' ***(D. 2010-750 du 2 juil. 2010, JO 4)*** « article R. 4451-103 », des objectifs de dose collective et individuelle pour l'opération fixés au niveau le plus bas possible compte tenu de l'état des techniques et de la nature de l'opération à réaliser et, en tout état de cause, à un niveau ne dépassant pas les valeurs limites fixées aux articles D. 4152-5, D. 4153-34, R. 4451-12 et R. 4451-13. À cet effet, les responsables de l'opération apportent leur concours à la personne compétente en radioprotection ;

3° Fait mesurer et analyser les doses de rayonnement effectivement reçues au cours de l'opération pour prendre les mesures assurant le respect des principes de radioprotection énoncés à l'article L. 1333-1 du code de la santé publique. Lorsque la technique le permet, ces mesures sont effectuées de manière continue pour permettre une lecture immédiate de leurs résultats.

(D. 2010-750 du 2 juil. 2010, JO 4) « Sous-section 3 ». Valeurs limites d'exposition

Art. R. 4451-12. La somme des doses efficaces reçues par exposition externe et interne ne doit pas dépasser 20 mSv sur douze mois consécutifs.

Art. L. 4451-2.

Note À compter de la date d'entrée en vigueur du décret 2003-296 du 31 mars 2003 (JO 2 avril), pendant une période de deux ans, la somme des doses efficaces reçues par exposition externe et interne définie au I de l'article R. 231-76 [R. 4451-12] CT est fixée à 35 mSv sur douze mois consécutifs, sans qu'elle puisse dépasser 100 mSv sur cinq années consécutives à partir de cette même date (art. 5, I du décret précité).

Art. R. 4451-13. Les limites de doses équivalentes pour les différentes parties du corps exposées sont les suivantes :

1° Pour les mains, les avant-bras, les pieds et les chevilles, l'exposition reçue au cours de douze mois consécutifs ne peut dépasser 500 mSv ;

2° Pour la peau, l'exposition reçue au cours de douze mois consécutifs ne peut dépasser 500 mSv. Cette limite s'applique à la dose moyenne sur toute surface de 1 cm^2, quelle que soit la surface exposée ;

3° Pour le cristallin, l'exposition reçue au cours de douze mois consécutifs ne peut dépasser 150 mSv.

Art. R. 4451-14. Les limites fixées aux articles D. 4152-5, D. 4153-34, R. 4451-12 et R. 4451-13 ne s'appliquent pas aux expositions subies par les travailleurs du fait des examens médicaux auxquels ils sont soumis.

Art. R. 4451-15. Il peut être dérogé aux valeurs limites d'exposition fixées aux articles R. 4451-12 et R. 4451-13 :

1° Au cours d'expositions exceptionnelles, préalablement justifiées devant être réalisées dans certaines zones de travail et pour une durée limitée, sous réserve de l'obtention préalable d'une autorisation spéciale, du respect des dispositions ***(D. 2010-750 du 2 juil. 2010, JO 4)*** « de la section 5 » et de la programmation des expositions individuelles, dans la limite d'un plafond n'excédant pas deux fois la valeur limite annuelle d'exposition fixée aux articles R. 4451-12 et R. 4451-13 ;

2° Au cours d'expositions professionnelles de personnes intervenant dans une situation d'urgence radiologique définie en application du 3° de l'article L. 1333-20 du code de la santé publique, sous réserve du respect des dispositions ***(D. 2010-750 du 2 juil. 2010, JO 4)*** « de la section 5 relative aux situations anormales de travail » et de la programmation des expositions individuelles sur la base des niveaux de référence d'exposition fixés en application des dispositions précitées du code de la santé publique. Un dépassement de ces niveaux de référence peut être admis exceptionnellement dans le cadre d'opérations de secours visant à sauver des vies humaines pour des intervenants volontaires et informés du risque que comporte leur intervention.

Art. R. 4451-16. Les méthodes de calcul de la dose efficace et des doses équivalentes sont définies par décision de l'Autorité de sûreté nucléaire homologuée par les ministres chargés du travail et de l'agriculture.

Dans le cas particulier d'activités nucléaires définies au 1° de l'article R. 4451-1, et lorsque la connaissance des paramètres de l'exposition permet une estimation plus précise, d'autres méthodes peuvent être utilisées dès lors qu'elles ont été approuvées par décision de l'Autorité de sûreté nucléaire homologuée par les ministres chargés du travail et de l'agriculture et qu'elles ont été soumises pour avis au comité d'hygiène, de sécurité et des conditions de travail ou, à défaut, aux délégués du personnel.

Note Voir arrêté du 1er septembre 2003 (JO 13 nov.) définissant les modalités de calcul des doses efficaces et des doses équivalentes résultant de l'exposition des personnes aux rayonnements ionisants.

Art. R. 4451-17. S'agissant de l'exposition externe, la mesure de référence utilisée pour vérifier le respect des valeurs limites repose sur la dosimétrie mentionnée au 1° de l' ***(D. 2010-750 du 2 juil. 2010, JO 4)*** « article R. 4451-62 ».

Lorsque les résultats de la dosimétrie passive et de la dosimétrie opérationnelle, mentionnée à l' ***(D. 2010-750 du 2 juil. 2010, JO 4)*** « article R. 4451-67 », ne sont pas concordants, le médecin du travail détermine la dose reçue par le travailleur en ayant recours, si nécessaire, à l'appui technique ou méthodologique de l'Institut de radioprotection et de sûreté nucléaire.

(D. 2010-750 du 2 juil. 2010, JO 4) « SECTION 2 ». Aménagement technique des locaux de travail

(D. 2010-750 du 2 juil. 2010, JO 4) « Sous-section 1 ». Zone surveillée et zone contrôlée

Art. R. 4451-18. Après avoir procédé à une évaluation des risques et recueilli l'avis de la personne compétente en radioprotection mentionnée à l' *(D. 2010-750 du 2 juil. 2010, JO 4)* « article R. 4451-103 », l'employeur détenteur, à quelque titre que ce soit, d'une source de rayonnements ionisants délimite, au vu des informations délivrées par le fournisseur de la source, autour de la source :

1° Une zone surveillée, dès lors que les travailleurs sont susceptibles de recevoir, dans les conditions normales de travail, une dose efficace dépassant 1 mSv par an ou bien une dose équivalente dépassant un dixième de l'une des limites fixées à l'article R. 4451-13 ;

2° Une zone contrôlée dès lors que les travailleurs sont susceptibles de recevoir, dans les conditions normales de travail, une dose efficace de 6 mSv par an ou bien une dose équivalente dépassant trois dixièmes de l'une des limites fixées à l'article R. 4451-13.

Note La dose efficace à compter de laquelle le chef d'établissement est tenu, en application du 2°, de délimiter une zone contrôlée est fixée à 15 mSv durant une période de dix-huit mois à partir de l'entrée en vigueur du décret 2003-296 du 31 mars 2003 (JO 2 avril, art. 5, II du décret précité).

Art. R. 4451-19. L'accès à la zone contrôlée est réservé aux personnes à qui a été remise la notice prévue à l' *(D. 2010-750 du 2 juil. 2010, JO 4)* « article R. 4451-52 ».

Les salles de repos ne peuvent être incluses dans la zone contrôlée.

Art. R. 4451-20. À l'intérieur de la zone contrôlée et lorsque l'exposition est susceptible de dépasser certains niveaux fixés par une décision de l'Autorité de sûreté nucléaire prise en application de l' *(D. 2010-750 du 2 juil. 2010, JO 4)* « article R. 4451-28 », l'employeur prend toutes dispositions pour que soient délimitées des zones spécialement réglementées ou interdites.

Ces zones font l'objet d'une signalisation distincte et de règles d'accès particulières.

Note Voir aussi arrêté du 15 mai 2006 (JO 15 juin) relatif aux conditions de délimitation et de signalisation des zones surveillées et contrôlées, et des zones spécialement réglementées ou interdites, compte tenu de l'exposition aux rayonnements ionisants, ainsi qu'aux règles d'hygiène, de sécurité et d'entretien qui y sont imposées.

Art. R. 4451-21. L'employeur s'assure que la zone contrôlée ou la zone surveillée est toujours convenablement délimitée.

Il apporte, le cas échéant, les modifications nécessaires à la délimitation de la zone au vu des résultats des contrôles réalisés en application des *(D. 2010-750 du 2 juil. 2010, JO 4)* « articles R. 4451-29 et R. 4451-30 » et après toute modification apportée à l'installation, à son mode d'utilisation ou à celui des sources, à l'équipement ou au blindage, ainsi qu'après tout incident ou tout accident.

Art. R. 4451-22. L'employeur consigne, dans le document unique d'évaluation des risques, les résultats de l'évaluation des risques retenus pour délimiter les zones surveillée ou contrôlée.

Art. R. 4451-23. À l'intérieur des zones surveillée et contrôlée, les sources de rayonnements ionisants sont signalées et les risques d'exposition externe et, le cas échéant, interne font l'objet d'un affichage remis à jour périodiquement.

Cet affichage comporte également les consignes de travail adaptées à la nature de l'exposition et aux opérations envisagées.

Art. R. 4451-24. Dans les zones où il existe un risque d'exposition interne, l'employeur prend toutes dispositions propres à éviter tout risque de dispersion des substances radioactives à l'intérieur et à l'extérieur de la zone.

Art. R. 4451-25. Les opérations réalisées en zone surveillée ou en zone contrôlée sont réalisées dans les conditions définies à la *(D. 2010-750 du 2 juil. 2010, JO 4)* « sous-section 6 de la section 3 ».

Art. R. 4451-26. Dans les zones surveillée[s] et contrôlée[s] où un risque de contamination existe, l'employeur veille à ce que les travailleurs ne mangent pas, ne boivent pas, ne fument pas et respectent les règles d'hygiène corporelle adaptées.

Art. R. 4451-27. Un arrêté des ministres chargés du travail et de l'agriculture, pris après avis de l'Autorité de sûreté nucléaire, et de l'Institut de radioprotection et de sûreté nucléaire fixe pour les zones surveillées et contrôlées :

1° Les conditions de délimitation et de signalisation ;

2° Les règles d'hygiène, de sécurité et d'entretien qui y sont applicables ;

3° Les règles qui en régissent l'accès ;

4° Les règles relatives à l'affichage prévu à l' *(D. 2010-750 du 2 juil. 2010, JO 4)* « article R. 4451-23 ».

Art. R. 4451-28. Une décision de l'Autorité de sûreté nucléaire, homologuée par les ministres chargés du travail et de l'agriculture, précise :

1° Les paramètres d'exposition permettant de vérifier le respect des valeurs de dose fixées aux 1° et 2° de l' *(D. 2010-750 du 2 juil. 2010, JO 4)* « article R. 4451-18 » ainsi que les niveaux mentionnés à l' *(D. 2010-750 du 2 juil. 2010, JO 4)* « article R. 4451-20 » compte tenu notamment des débits de dose et de la contamination radioactive ;

2° Les caractéristiques matérielles des limites de zone.

(D. 2010-750 du 2 juil. 2010, JO 4) « Sous-section 2 ». Contrôles techniques

(D. 2010-750 du 2 juil. 2010, JO 4) « § 1 ». *Sources, appareils émetteurs de rayonnements ionisants, dispositifs de protection et d'alarme et instruments de mesure*

Art. R. 4451-29. L'employeur procède ou fait procéder à un contrôle technique de radioprotection des sources et des appareils émetteurs de rayonnements ionisants, des dispositifs de protection et d'alarme ainsi que des instruments de mesure utilisés.

Ce contrôle technique comprend, notamment :

1° Un contrôle à la réception dans l'entreprise ;

2° Un contrôle avant la première utilisation ;

3° Un contrôle lorsque les conditions d'utilisation sont modifiées ;

4° Un contrôle périodique des sources et des appareils émetteurs de rayonnements ionisants ;

5° Un contrôle périodique des dosimètres opérationnels mentionnés à l' *(D. 2010-750 du 2 juil. 2010, JO 4)* « article R. 4451-67 » et des instruments de mesure utilisés pour les contrôles prévus au présent article et à l' *(D. 2010-750 du 2 juil. 2010, JO 4)* « article R. 4451-30 », qui comprend une vérification de leur bon fonctionnement et de leur emploi correct ;

6° Un contrôle en cas de cessation définitive d'emploi pour les sources non scellées.

Note Voir arrêté du 26 octobre 2005 (JO 27) définissant les modalités de contrôle de radioprotection en application, notamment, de l'article R. 231-84 (ancien) CT.

(D. 2010-750 du 2 juil. 2010, JO 4) « § 2 ». *Ambiance de travail*

Art. R. 4451-30. Afin de permettre l'évaluation de l'exposition externe et interne des travailleurs, l'employeur procède ou fait procéder à des contrôles techniques d'ambiance.

Ces contrôles comprennent notamment :

1° En cas de risques d'exposition externe, la mesure des débits de dose externe avec l'indication des caractéristiques des rayonnements en cause ;

2° En cas de risques d'exposition interne, les mesures de la concentration de l'activité dans l'air et de la contamination des surfaces avec l'indication des caractéristiques des substances radioactives présentes.

Lorsque ces contrôles ne sont pas réalisés de manière continue, leur périodicité est définie conformément à une décision de l'Autorité de sûreté nucléaire prise en application de l' *(D. 2010-750 du 2 juil. 2010, JO 4)* « article R. 4451-34 ».

(D. 2010-750 du 2 juil. 2010, JO 4) « § 3 ». *Organisation des contrôles*

Art. R. 4451-31. Les contrôles techniques mentionnés aux ***(D. 2010-750 du 2 juil. 2010, JO 4)*** « articles R. 4451-29 et R. 4451-30 » sont réalisés par la personne ou le service compétent en radioprotection mentionnés à l' ***(D. 2010-750 du 2 juil. 2010, JO 4)*** « article R. 4451-103 » et suivants.

Art. R. 4451-32. Indépendamment des contrôles réalisés en application de l' ***(D. 2010-750 du 2 juil. 2010, JO 4)*** « article R. 4451-31 », l'employeur fait procéder périodiquement, par un organisme agréé mentionné à l'article R. 1333-95 du code de la santé publique ou par l'Institut de radioprotection et de sûreté nucléaire, aux contrôles des sources et des appareils émetteurs de rayonnements ionisants mentionnés au 4° de l' ***(D. 2010-750 du 2 juil. 2010, JO 4)*** « article R. 4451-29 » et aux contrôles d'ambiance mentionnés à l' ***(D. 2010-750 du 2 juil. 2010, JO 4)*** « article R. 4451-30 ».

Art. R. 4451-33. L'employeur peut confier les contrôles mentionnés aux ***(D. 2010-750 du 2 juil. 2010, JO 4)*** « articles R. 4451-29 et R. 4451-30 » :

1° Soit à un organisme agréé mentionné à l'article R. 1333-95 du code de la santé publique, différent de celui procédant aux contrôles mentionnés à l' ***(D. 2010-750 du 2 juil. 2010, JO 4)*** « article R. 4451-32 » ;

2° Soit à l'Institut de radioprotection et de sûreté nucléaire.

Art. R. 4451-34. Une décision de l'Autorité de sûreté nucléaire, homologuée par les ministres chargés du travail et de l'agriculture, précise les modalités techniques et la périodicité des contrôles prévus aux ***(D. 2010-750 du 2 juil. 2010, JO 4)*** « paragraphes 1 et 2 », compte tenu de la nature de l'activité exercée et des caractéristiques des appareils et sources utilisés.

Note Voir arrêté du 21 mai 2010 (JO 15 août) portant homologation de la décision 2010-DC-0175 de l'Autorité de sûreté nucléaire du 4 février 2010 précisant les modalités techniques et les périodicités des contrôles prévus aux articles R. 4452-12 et 13 CT (devenus R. 4451-29 et 30 CT) ainsi qu'aux articles R. 1333-7 et R. 1333-95 du code de la santé publique.

(D. 2010-750 du 2 juil. 2010, JO 4) « § 4 ». *Exploitation des résultats*

Art. R. 4451-35. Les contrôles des organismes mentionnés à l' ***(D. 2010-750 du 2 juil. 2010, JO 4)*** « article R. 4451-32 » font l'objet de rapports écrits, mentionnant la date et la nature des vérifications, les noms et qualités de la ou des personnes les ayant réalisés ainsi que les éventuelles non-conformités relevées.

Ces rapports sont transmis à l'employeur, qui les conserve pendant au moins dix ans.

Ils sont tenus à la disposition de l'inspecteur du travail.

Art. R. 4451-36. En cas de constat de non-conformité susceptible d'entraîner une exposition des travailleurs au-delà des limites de dose prévues aux articles D. 4152-5, D. 4153-34, R. 4451-12 et R. 4451-13, l'organisme ayant réalisé les contrôles mentionnés à l' ***(D. 2010-750 du 2 juil. 2010, JO 4)*** « article R. 4451-32 » en informe sans délai l'employeur, qui prend toute mesure appropriée pour remédier à cette situation.

L'employeur en informe le comité d'hygiène, de sécurité et des conditions de travail ou, à défaut, les délégués du personnel, l'inspecteur du travail et, selon le cas, l'Autorité de sûreté nucléaire ou le délégué à la sûreté nucléaire et à la radioprotection pour les activités et installations intéressant la défense mentionnés à l'article R.* 1411-7 du code de la défense.

Une décision de l'Autorité de sûreté nucléaire, homologuée par les ministres chargés du travail et de l'agriculture, définit les cas de non-conformité mentionnés, compte tenu de la nature et de l'ampleur du risque. Elle précise, le cas échéant, que les documents relatifs à ces cas peuvent être conservés pendant une durée supérieure à dix ans.

Art. R. 4451-37. Les résultats des contrôles prévus aux ***(D. 2010-750 du 2 juil. 2010, JO 4)*** « paragraphes 1 et 2 » sont consignés dans le document unique d'évaluation des risques avec :

1° Un relevé actualisé des sources et des appareils émettant des rayonnements ionisants utilisés ou stockés dans l'établissement ;

2° Les informations concernant les modifications apportées à chaque source ou appareil émetteur ou dispositif de protection ;

3° Les observations faites par les organismes mentionnés à l' ***(D. 2010-750 du 2 juil. 2010, JO 4)*** « article R. 4451-32 » à l'issue d'un contrôle.

(D. 2010-750 du 2 juil. 2010, JO 4) « Sous-section 3 ». Relevés des sources et appareils émetteurs de rayonnements ionisants

Art. R. 4451-38. L'employeur transmet, au moins une fois par an, une copie du relevé actualisé des sources et des appareils émettant des rayonnements ionisants utilisés ou stockés dans l'établissement à l'Institut de radioprotection et de sûreté nucléaire, qui les centralise et les conserve pendant au moins dix ans.

Art. R. 4451-39. Dans le respect des exigences liées à la défense nationale, l'Institut de radioprotection et de sûreté nucléaire tient les relevés des sources et des appareils émettant des rayonnements ionisants à la disposition de l'inspecteur du travail et des inspecteurs et agents mentionnés à l' *(D. 2010-750 du 2 juil. 2010, JO 4)* « article R. 4451-129 ».

Il transmet, pour ce qui concerne les activités nucléaires soumises à un régime d'autorisation ou de déclaration en application de l'article L. 1333-4 du code de la santé publique, au moins une fois par an, aux ministres chargés du travail et de l'agriculture ainsi qu'à l'Autorité de sûreté nucléaire une liste des établissements intéressés et des sources qu'ils détiennent.

(D. 2010-750 du 2 juil. 2010, JO 4) « Sous-section 4 ». Protections collective et individuelle

Art. R. 4451-40. L'employeur définit les mesures de protection collective adaptées à la nature de l'exposition susceptible d'être subie par les travailleurs exposés.

La définition de ces mesures prend en compte les autres facteurs de risques professionnels susceptibles d'apparaître sur le lieu de travail, notamment lorsque leurs effets conjugués sont de nature à aggraver les effets de l'exposition aux rayonnements ionisants.

Elle est faite après consultation de la personne compétente en radioprotection mentionnée à l' *(D. 2010-750 du 2 juil. 2010, JO 4)* « article R. 4451-103 », du médecin du travail et du comité d'hygiène, de sécurité et des conditions de travail ou, à défaut, des délégués du personnel.

Art. R. 4451-41. Lorsque l'exposition ne peut être évitée et que l'application de mesures individuelles de protection permet de ramener les doses individuelles reçues à un niveau aussi bas que raisonnablement possible, l'employeur, après consultation des personnes mentionnées à l' *(D. 2010-750 du 2 juil. 2010, JO 4)* « article R. 4451-40 », définit ces mesures et les met en œuvre.

Art. R. 4451-42. Pour le choix des équipements de protection individuelle, l'employeur recueille l'avis du médecin du travail et tient compte des contraintes et des risques inhérents à leur port.

Le médecin du travail détermine la durée maximale pendant laquelle ces équipements peuvent être portés de manière ininterrompue.

Art. R. 4451-43. Les chefs des entreprises extérieures déterminent les moyens de protection individuelle pour leurs propres travailleurs compte tenu des mesures prévues par le plan de prévention établi en application de l'article R. 4512-6.

(D. 2010-750 du 2 juil. 2010, JO 4) « SECTION 3 ». Conditions d'emploi et de suivi des travailleurs exposés

(D. 2010-750 du 2 juil. 2010, JO 4) « Sous-section 1 ». Catégories de travailleurs

Art. R. 4451-44. En vue de déterminer les conditions dans lesquelles sont réalisées la surveillance radiologique et la surveillance médicale, les travailleurs susceptibles de recevoir, dans les conditions habituelles de travail, une dose efficace supérieure à 6 mSv par an ou une dose équivalente supérieure aux trois dixièmes des limites annuelles d'exposition fixées à l'article R. 4451-13, sont classés par l'employeur dans la catégorie A, après avis du médecin du travail.

Art. R. 4451-45. Les femmes enceintes et les jeunes travailleurs mentionnés aux articles D. 4152-5 et D. 4153-34 ne peuvent être affectés à des travaux qui requièrent un classement en catégorie A.

Art. R. 4451-46. Les travailleurs exposés aux rayonnements ionisants ne relevant pas de la catégorie A sont classés en catégorie B dès lors qu'ils sont soumis dans le cadre de leur activité professionnelle à une exposition à des rayonnements ionisants susceptible d'entraîner des doses supérieures à l'une des limites de dose fixées à l'article R. 1333-8 du code de la santé publique.

(D. 2010-750 du 2 juil. 2010, JO 4) « Sous-section 2 ». **Formation**

Art. R. 4451-47. Les travailleurs susceptibles d'intervenir en zone surveillée, en zone contrôlée ou sur les lieux de travail des établissements mentionnés au deuxième alinéa de l'article R. 4451-2 bénéficient d'une formation à la radioprotection organisée par l'employeur.

Cette formation porte sur :

1° Les risques liés à l'exposition aux rayonnements ionisants ;

2° Les procédures générales de radioprotection mises en œuvre dans l'établissement ;

3° Les règles de prévention et de protection fixées par les dispositions du *(D. 2010-750 du 2 juil. 2010, JO 4)* « présent chapitre ».

La formation est adaptée aux procédures particulières de radioprotection touchant au poste de travail occupé ainsi qu'aux règles de conduite à tenir en cas de situation anormale.

Art. R. 4451-48. Lorsque les travailleurs sont susceptibles d'être exposés à des sources de haute activité telles que mentionnées à l'article R. 1333-33 du code de la santé publique, la formation est renforcée, en particulier sur les aspects relatifs à la sûreté et aux conséquences possibles de la perte du contrôle adéquat des sources.

Art. R. 4451-49. Pour les femmes enceintes et les jeunes travailleurs mentionnés aux articles D. 4152-5 et D. 4153-34, la formation tient compte des règles de prévention particulières qui leur sont applicables.

Art. R. 4451-50. La formation est renouvelée périodiquement et au moins tous les trois ans.

Elle est en outre renouvelée chaque fois que nécessaire dans les cas et selon les conditions fixées aux articles R. 4141-9 et R. 4141-15.

(D. 2010-750 du 2 juil. 2010, JO 4) « Sous-section 3 ». **Information**

Art. R. 4451-51. L'employeur porte à la connaissance de chaque travailleur amené à intervenir en zone surveillée, en zone contrôlée ou sur les lieux de travail des établissements mentionnés au deuxième alinéa de l'article R. 4451-2 le nom et les coordonnées de la ou des personnes compétentes en radioprotection.

Art. R. 4451-52. L'employeur remet à chaque travailleur, avant toute opération dans une zone contrôlée, une notice rappelant les risques particuliers liés au poste occupé ou à l'opération à accomplir, les règles de sécurité applicables, ainsi que les instructions à suivre en cas de situation anormale.

Art. R. 4451-53. Dans les établissements mentionnés à l'article R. 4451-3, notamment dans les installations destinées à la récupération ou au recyclage de métaux, dans les centres d'incinération, dans les centres d'enfouissement technique et dans les lieux caractérisés par d'importants flux de transports et de mouvements de marchandises, l'employeur procède à une information des travailleurs sur la découverte possible d'une source orpheline définie à l'article R. 1333-93 du code de la santé publique.

Cette information est accompagnée de conseils et d'une formation portant sur la détection visuelle de ces sources et de leurs contenants, sur les rayonnements ionisants et sur leurs effets ainsi que sur les mesures à prendre sur le site en cas de détection et de soupçon concernant la présence d'une telle source.

(D. 2010-750 du 2 juil. 2010, JO 4) « Sous-section 4 ». **Certificat d'aptitude à la manipulation d'appareils de radiologie industrielle**

Art. R. 4451-54. Seules les personnes titulaires d'un certificat d'aptitude peuvent manipuler les appareils de radiologie industrielle figurant sur une liste fixée par une décision de l'Autorité de sûreté nucléaire homologuée par les ministres chargés du travail et de l'agriculture.

Cette liste tient compte de la nature de l'activité exercée, des caractéristiques et, le cas échéant, des modalités de mise en œuvre de l'appareil.

Note Voir arrêté du 2 mars 2004 (JO 26) cité sous article R. 4451-7, arrêté du 21 décembre 2007 (JO 28) portant homologation de la décision 2007-DC-0074 de l'Autorité de sûreté nucléaire du 29 novembre 2007 fixant la liste des appareils ou catégories d'appareils pour lesquels la manipulation requiert le certificat d'aptitude mentionné à cet article, arrêté du 24 novembre 2009 (JO 2 déc.) portant homologation de la décision 2009-DC-0151 de l'Autorité de sûreté nucléaire du 17 juillet 2009 modifiant la décision 2007-DC-0074 du 29 novembre 2007, et arrêté du 21 décembre 2007 (JO 28) définissant les modalités de formation et de délivrance du certificat d'aptitude à manipuler les appareils de radiologie industrielle (CAMARI).

Art. R. 4451-55. Le certificat d'aptitude à la manipulation des appareils de ***(D. 2009-289 du 13 mars 2009, JO 15)*** « radiologie » industrielle est délivré par l'Institut de radioprotection et de sûreté nucléaire.

Art. R. 4451-56. Un arrêté des ministres chargés du travail et de l'agriculture, pris après avis de l'Autorité de sûreté nucléaire et de l'Institut de radioprotection et de sûreté nucléaire, détermine :

1° Le contenu et la durée de la formation des travailleurs intéressés, en tenant compte de la nature de l'activité exercée et des caractéristiques des appareils utilisés ;

2° La qualification des personnes chargées de la formation ;

3° Les modalités de contrôle des connaissances ;

4° Les conditions de délivrance et de renouvellement du certificat d'aptitude ;

5° La durée de validité de ce certificat.

(D. 2010-750 du 2 juil. 2010, JO 4) « Sous-section 5 ». **Fiche d'exposition**

Art. R. 4451-57. L'employeur établit pour chaque travailleur une fiche d'exposition comprenant les informations suivantes :

1° La nature du travail accompli ;

2° Les caractéristiques des sources émettrices auxquelles le travailleur est exposé ;

3° La nature des rayonnements ionisants ;

4° Les périodes d'exposition ;

5° Les autres risques ou nuisances d'origine physique, chimique, biologique ou organisationnelle du poste de travail.

Art. R. 4451-58. En cas d'exposition anormale, l'employeur porte sur la fiche d'exposition la durée et la nature de cette dernière.

Art. R. 4451-59. Une copie de la fiche d'exposition est remise au médecin du travail.

Elle est communiquée, sur sa demande, à l'inspection du travail.

Art. R. 4451-60. Chaque travailleur intéressé est informé de l'existence de la fiche d'exposition et a accès aux informations y figurant le concernant.

Art. R. 4451-61. Sans préjudice des dispositions prises en application de l'article L. 4614-9, les informations mentionnées à la ***(D. 2010-750 du 2 juil. 2010, JO 4)*** « présente sous-section » sont recensées par poste de travail et tenues à la disposition des membres du comité d'hygiène, de sécurité et des conditions de travail ou, à défaut, des délégués du personnel.

(D. 2010-750 du 2 juil. 2010, JO 4) « Sous-section 6 ». **Surveillance individuelle de l'exposition des travailleurs aux rayonnements ionisants**

(D. 2010-750 du 2 juil. 2010, JO 4) *« § 1 ». Suivi dosimétrique de référence*

Art. R. 4451-62. Chaque travailleur appelé à exécuter une opération en zone surveillée, en zone contrôlée ou sur les lieux de travail des établissements mentionnés au deuxième alinéa de l'article R. 4451-2 fait l'objet d'un suivi dosimétrique adapté au mode d'exposition :

1° Lorsque l'exposition est externe, le suivi dosimétrique est assuré par des mesures individuelles, appelées dosimétrie passive ;

2° Lorsque l'exposition est interne, le suivi dosimétrique est assuré par des mesures d'anthroporadiométrie ou des analyses de radio-toxicologie ;

3° Lorsque l'exposition est liée à la radioactivité naturelle mentionnée ***(D. 2010-750 du 2 juil. 2010, JO 4)*** « à la section 7 », le suivi dosimétrique est assuré selon les modalités définies par l'arrêté prévu à l' ***(D. 2010-750 du 2 juil. 2010, JO 4)*** « article R. 4451-144 ».

Art. R. 4451-63. En cas de dépassement de l'une des valeurs limites d'exposition fixées aux articles D. 4152-5, D. 4153-34, R. 4451-12 et R. 4451-13, le médecin du travail et l'employeur en sont immédiatement informés par l'un des organismes chargés de la surveillance de l'exposition des travailleurs aux rayonnements ionisants mentionnés à l' ***(D. 2010-750 du 2 juil. 2010, JO 4)*** « article R. 4451-64 ».

Le médecin du travail en informe le salarié intéressé.

Art. R. 4451-64. Les mesures ou les calculs de l'exposition externe ou interne prévus à l' ***(D. 2010-750 du 2 juil. 2010, JO 4)*** « article R. 4451-62 » sont réalisés par l'un des organismes suivants :

1° L'Institut de radioprotection et de sûreté nucléaire ;

2° Un service de santé au travail titulaire d'un certificat d'accréditation ;

3° Un organisme ou un laboratoire d'analyses de biologie médicale titulaires d'un certificat d'accréditation et agréés par l'Autorité de sûreté nucléaire.

Art. R. 4451-65. Le silence gardé pendant plus de quatre mois, à compter de la réception d'une demande d'agrément, en application du 3° de l' ***(D. 2010-750 du 2 juil. 2010, JO 4)*** « article R. 4451-64 » par l'administration, vaut décision de rejet.

Art. R. 4451-66. L'Institut de radioprotection et de sûreté nucléaire vérifie la qualité des mesures de l'exposition interne et externe réalisées par les organismes mentionnés aux 2° et 3° de l' ***(D. 2010-750 du 2 juil. 2010, JO 4)*** « article R. 4451-64 ».

(D. 2010-750 du 2 juil. 2010, JO 4) *« § 2 ». Suivi dosimétrique opérationnel*

Art. R. 4451-67. Tout travailleur appelé à exécuter une opération en zone contrôlée ou sur les lieux de travail des établissements mentionnés au deuxième alinéa de l'article R. 4451-2 fait l'objet, du fait de l'exposition externe, d'un suivi par dosimétrie opérationnelle.

Lorsque l'exposition est liée à la radioactivité naturelle mentionnée ***(D. 2010-750 du 2 juil. 2010, JO 4)*** « à la section 7 », le suivi dosimétrique est assuré selon les modalités définies par l'arrêté prévu à l' ***(D. 2010-750 du 2 juil. 2010, JO 4)*** « article R. 4451-144 ».

(D. 2010-750 du 2 juil. 2010, JO 4) *« § 3 ». Communication et exploitation des résultats dosimétriques*

Art. R. 4451-68. Les résultats de la dosimétrie mentionnée aux ***(D. 2010-750 du 2 juil. 2010, JO 4)*** « paragraphes 1 et 2 » sont communiqués périodiquement à l'Institut de radioprotection et sûreté nucléaire par :

1° Les organismes mentionnés à l' ***(D. 2010-750 du 2 juil. 2010, JO 4)*** « article R. 4451-64 », pour ce qui concerne la dosimétrie de référence ;

2° La personne compétente en radioprotection mentionnée aux ***(D. 2010-750 du 2 juil. 2010, JO 4)*** « articles R. 4451-103 » et suivants, pour ce qui concerne la dosimétrie opérationnelle.

Art. R. 4451-69. Sous leur forme nominative, les résultats du suivi dosimétrique et les doses efficaces reçues sont communiqués au travailleur intéressé ainsi qu'au médecin désigné à cet effet par celui-ci et, en cas de décès ou d'incapacité, à ses ayants droit.

Ils sont également communiqués au médecin du travail dont il relève et, le cas échéant, au médecin du travail de l'établissement dans lequel il intervient.

Au vu de ces résultats, le médecin du travail peut prescrire, au titre de la surveillance médicale, les examens qu'il estime nécessaires et, en cas d'exposition interne, des examens anthroporadiométriques ou des analyses radiotoxicologiques et peut proposer à l'employeur des mesures individuelles au titre de l'article L. 4624-1.

Art. R. 4451-70. L'employeur reçoit communication des résultats nominatifs de la dosimétrie opérationnelle mise en œuvre dans l'établissement. Il préserve la confidentialité de ces informations.

(D. 2009-289 du 13 mars 2009, JO 15) « Il peut avoir connaissance des résultats de la dosimétrie passive sous une forme excluant toute identification des travailleurs. »

Art. R. 4451-71. Aux fins de procéder à l'évaluation prévisionnelle et à la définition des objectifs prévus au 2° de l'article R. 4451-11, avant la réalisation d'opérations dans la zone contrôlée ou surveillée, la personne compétente en radioprotection, mentionnée à l' ***(D. 2010-750 du 2 juil. 2010, JO 4)*** « article R. 4451-103 », demande communication des doses efficaces reçues sous une forme nominative sur une période de référence n'excédant pas les douze derniers mois.

Art. R. 4451-72. Lorsque, notamment au cours ou à la suite d'une opération, la personne compétente en radioprotection estime, au vu des doses efficaces reçues, qu'un travailleur est susceptible de recevoir ultérieurement, eu égard à la nature des travaux qui lui sont confiés, des doses dépassant les valeurs limites fixées aux articles *(D. 2009-289 du 13 mars 2009, JO 15)* « D. 4152-5, D. 4153-34, » R. 4451-12 et R. 4451-13, elle en informe immédiatement l'employeur et le médecin du travail.

Ce dernier en informe alors le travailleur intéressé.

Art. R. 4451-73. Les agents de l'inspection du travail ainsi que les agents mentionnés à l' *(D. 2010-750 du 2 juil. 2010, JO 4)* « article R. 4451-129 », s'ils en font la demande, ont accès, sous leur forme nominative, aux doses efficaces reçues par les travailleurs ainsi qu'aux résultats de la dosimétrie passive et de la dosimétrie opérationnelle.

Art. R. 4451-74. *(D. 2009-289 du 13 mars 2009, JO 15)* « Au titre des mesures d'évaluation et de prévention prévues à l'article L. 4121-2, l'employeur peut exploiter ou bien faire exploiter à des fins statistiques sans limitation de durée les résultats de la dosimétrie passive et de la dosimétrie opérationnelle sous une forme excluant toute identification des travailleurs. »

L'inspection du travail peut demander communication de ces statistiques.

(D. 2010-750 du 2 juil. 2010, JO 4) « § 4 ». Dispositions d'application

Art. R. 4451-75. Un arrêté conjoint des ministres chargés du travail et de l'agriculture, pris après avis de l'Autorité de sûreté nucléaire et de l'Institut de radioprotection et de sûreté nucléaire, fixe pour l'application des *(D. 2010-750 du 2 juil. 2010, JO 4)* « paragraphes 1 et 2 » :

1° Les modalités et conditions de mise en œuvre du suivi dosimétrique individuel ;

2° Les délais, les fréquences et les moyens matériels mis en œuvre, relatifs à l'accès aux informations recueillies et à la transmission de celles-ci.

Note — Voir arrêté du 30 décembre 2004 (JO 31) relatif à la carte individuelle de suivi médical et aux informations individuelles de dosimétrie des travailleurs exposés aux rayonnements ionisants.

Art. R. 4451-76. Un arrêté conjoint des ministres chargés du travail et de l'agriculture, pris après avis de l'Autorité de sûreté nucléaire et de l'Institut de radioprotection et de sûreté nucléaire, fixe les conditions de délivrance du certificat d'accréditation mentionné à l' *(D. 2010-750 du 2 juil. 2010, JO 4)* « article R. 4451-64 » ainsi que les conditions et les modalités de délivrance de l'agrément prévu à ce même article.

Note — Voir arrêté du 6 décembre 2003 (JO 7 janv. 2004) modifié par arrêté du 21 décembre 2007 (JO 28) relatif aux conditions de délivrance du certificat et de l'agrément pour les organismes en charge de la surveillance individuelle de l'exposition des travailleurs aux rayonnements ionisants.

(D. 2010-750 du 2 juil. 2010, JO 4) « Sous-section 7 ». **Mesures à prendre en cas de dépassements des valeurs limites**

Art. R. 4451-77. Dans le cas où l'une des valeurs limites fixées aux articles D. 4152-5, D. 4153-34, R. 4451-12 et R. 4451-13 a été dépassée, l'employeur informe de ce dépassement le comité d'hygiène, de sécurité et des conditions de travail ou, à défaut, les délégués du personnel ainsi que l'inspecteur du travail.

Il précise les causes présumées, les circonstances et les mesures envisagées pour éviter le renouvellement de ce dépassement.

L'employeur en informe également, selon le cas, l'Autorité de sûreté nucléaire dans les conditions prévues à l' *(D. 2010-750 du 2 juil. 2010, JO 4)* « article R. 4451-99 » ou le délégué à la sûreté nucléaire et à la radioprotection pour les activités et installations intéressant la défense.

Art. R. 4451-78. Dans les cas prévus à l' *(D. 2010-750 du 2 juil. 2010, JO 4)* « article R. 4455-77 », le médecin du travail prend toute disposition qu'il estime utile.

Toute exposition ultérieure du travailleur concerné requiert son avis.

Art. R. 4451-79. Pendant la période où la dose reçue demeure supérieure à l'une des valeurs limites, le travailleur bénéficie des mesures de surveillance médicale applicables aux travailleurs relevant de la catégorie A et prévues aux ***(D. 2010-750 du 2 juil. 2010, JO 4)*** « articles R. 4451-84 à R. 4451-87 et R. 4451-91 ».

Pendant cette période, il ne peut être affecté à des travaux l'exposant aux rayonnements ionisants sauf en cas de situation d'urgence radiologique.

Art. R. 4451-80. Pendant la période où la dose reçue demeure supérieure à l'une des valeurs limites, si le travailleur est titulaire d'un contrat de travail à durée déterminée ou d'un contrat de travail temporaire, il ne peut être affecté, pendant la prorogation du contrat prévue par l'article L. 1243-12 ou pendant l'exécution du ou des contrats prévus à l'article L. 1251-34, à des travaux l'exposant aux rayonnements ionisants sauf en cas de situation d'urgence radiologique.

Art. R. 4451-81. Sans préjudice de l'application des mesures définies à la ***(D. 2010-750 du 2 juil. 2010, JO 4)*** « présente sous-section », lorsque le dépassement de l'une des valeurs limites résulte de conditions de travail non prévues, la personne compétente en radioprotection, sous la responsabilité de l'employeur, prend les mesures pour :

1° Faire cesser dans les plus brefs délais les causes de dépassement, y compris, si nécessaire, par la suspension du travail en cause ;

2° Procéder ou faire procéder par l'Institut de radioprotection et de sûreté nucléaire dans les quarante-huit heures après la constatation du dépassement à l'étude des circonstances dans lesquelles celui-ci s'est produit ;

3° Faire procéder à l'évaluation des doses équivalentes reçues par les travailleurs et leur répartition dans l'organisme ;

4° Étudier ou faire étudier par l'Institut de radioprotection et de sûreté nucléaire les mesures à prendre pour remédier à toute défectuosité et en prévenir un éventuel renouvellement ;

5° Faire procéder aux contrôles prévus à l' ***(D. 2010-750 du 2 juil. 2010, JO 4)*** « article R. 4451-32 ».

(D. 2010-750 du 2 juil. 2010, JO 4) « SECTION 4 ». **Surveillance médicale**

(D. 2010-750 du 2 juil. 2010, JO 4) « Sous-section 1 ». **Examens médicaux**

Art. R. 4451-82. Un travailleur ne peut être affecté à des travaux l'exposant à des rayonnements ionisants qu'après avoir fait l'objet d'un examen médical par le médecin du travail et sous réserve que la fiche médicale d'aptitude établie par ce dernier atteste qu'il ne présente pas de contre-indication médicale à ces travaux.

Cette fiche indique la date de l'étude du poste de travail et la date de la dernière mise à jour de la fiche d'entreprise.

Note Voir arrêté du 8 décembre 2005 (JO 13) relatif au contrôle d'aptitude médicale, à la surveillance radiologique et aux actions de formation ou d'information au bénéfice des personnels intervenants engagés dans la gestion d'une situation d'urgence radiologique.

Art. R. 4451-83. Le travailleur ou l'employeur peut contester les mentions de la fiche médicale d'aptitude dans les quinze jours qui suivent sa délivrance.

La contestation est portée devant l'inspecteur du travail. Ce dernier statue après avis conforme du médecin inspecteur du travail, qui peut faire pratiquer, aux frais de l'employeur, des examens complémentaires par des spécialistes de son choix.

Art. R. 4451-84. Les travailleurs classés en catégorie A ou B en application des ***(D. 2010-750 du 2 juil. 2010, JO 4)*** « articles R. 4451-44 et R. 4451-46 » sont soumis à une surveillance médicale renforcée.

Ils bénéficient d'un examen médical au moins une fois par an qui comprend un examen clinique général et, selon la nature de l'exposition, un ou plusieurs examens spécialisés complémentaires auxquels le médecin du travail procède ou fait procéder.

Ces examens sont à la charge de l'employeur.

Note Cet article est remplacé **à compter du 01.07.2012** par l'article R. 4451-84 en italique ci-dessous.

Art. R. 4451-84. **(D. 2012-135 du 30 janv. 2012, JO 31, entrée en vigueur le 01.07.2012)** *Les travailleurs classés en catégorie A en application des dispositions de l'article R. 4451-44 bénéficient d'un suivi de leur état de santé au moins une fois par an.*

Art. R. 4451-85. Dans le cadre de la surveillance médicale des travailleurs, le médecin du travail est destinataire des résultats de toutes les mesures ou contrôles qu'il juge pertinents pour apprécier l'état de santé des travailleurs.

Art. R. 4451-86. Après toute exposition interne ou externe intervenue dans les situations définies aux articles R. 4451-15 et ***(D. 2010-750 du 2 juil. 2010, JO 4)*** « R. 4451-77 », le médecin du travail établit un bilan dosimétrique de cette exposition et un bilan de ses effets sur chaque travailleur exposé.

Il recourt si nécessaire à l'Institut de radioprotection et de sûreté nucléaire.

Art. R. 4451-87. Un arrêté conjoint des ministres chargés du travail, de la santé et de l'agriculture définit les recommandations et les instructions techniques adressées au médecin du travail et précise les modalités des examens spécialisés complémentaires.

(D. 2010-750 du 2 juil. 2010, JO 4) « Sous-section 2 ». **Dossier individuel**

Art. R. 4451-88. Le médecin du travail constitue et tient, pour chaque travailleur exposé, un dossier individuel contenant :

1° Le double de la fiche d'exposition prévue à l' ***(D. 2010-750 du 2 juil. 2010, JO 4)*** « article R. 4451-57 » ;

2° Les dates et les résultats du suivi dosimétrique de l'exposition individuelle aux rayonnements ionisants, les doses efficaces reçues ainsi que les dates des expositions anormales et les doses reçues au cours de ces expositions ;

3° Les dates et les résultats des examens médicaux complémentaires pratiqués en application de l' ***(D. 2010-750 du 2 juil. 2010, JO 4)*** « article R. 4451-84 ».

Art. R. 4451-89. Le dossier individuel du travailleur est communiqué, sur sa demande, au médecin inspecteur du travail et peut être adressé, avec l'accord du travailleur, au médecin choisi par celui-ci.

Art. R. 4451-90. Le dossier individuel est conservé pendant au moins cinquante ans après la fin de la période d'exposition.

Si l'établissement vient à disparaître ou si le travailleur change d'établissement, l'ensemble du dossier est transmis au médecin inspecteur du travail, à charge pour celui-ci de l'adresser, à la demande du travailleur, au médecin du travail désormais compétent.

(D. 2010-750 du 2 juil. 2010, JO 4) « Sous-section 3 ». **Carte de suivi médical**

Art. R. 4451-91. Une carte individuelle de suivi médical est remise par le médecin du travail à tout travailleur de catégorie A ou B.

Les données contenues dans cette carte sont transmises à l'Institut de radioprotection et de sûreté nucléaire.

Art. R. 4451-92. Un arrêté conjoint des ministres chargés du travail et de l'agriculture, pris après avis de l'Autorité de sûreté nucléaire et de l'Institut de radioprotection et de sûreté nucléaire, fixe :

1° Le contenu de la carte individuelle de suivi médical ;

2° Les modalités de sa délivrance ainsi que de la transmission, à l'Institut de radioprotection et de sûreté nucléaire, des données qu'elle contient.

Note Voir arrêté du 30 décembre 2004 (JO 31) relatif à la carte individuelle de suivi médical et aux informations individuelles de dosimétrie des travailleurs exposés aux rayonnements ionisants.

(D. 2010-750 du 2 juil. 2010, JO 4) « SECTION 5 ». Situations anormales de travail

(D. 2010-750 du 2 juil. 2010, JO 4) « Sous-section 1 ». Autorisations spéciales et urgences radiologiques

Art. R. 4451-93. Les expositions soumises à autorisation spéciale en application de l'article R. 4451-15 ne peuvent intervenir qu'après accord de l'inspecteur du travail.

Les demandes d'autorisation spéciale sont accompagnées :

1° Des justifications utiles ;

2° Des indications relatives à la programmation des plafonds de doses prévisibles et au calendrier des travaux ;

3° Des avis du médecin du travail, du comité d'hygiène, de sécurité et des conditions de travail ou, à défaut, des délégués du personnel et de l'Institut de radioprotection et de sûreté nucléaire.

Art. R. 4451-94. L'inspecteur du travail fait connaître sa décision à l'employeur ainsi que, s'il y a lieu, aux représentants du personnel, dans un délai de quinze jours suivant la date de la réception de la demande d'autorisation spéciale.

Il en informe, selon le cas, l'Autorité de sûreté nucléaire ou le délégué à la sûreté nucléaire et à la radioprotection pour les activités et installations intéressant la défense.

Art. R. 4451-95. Les travaux ou les opérations exposant aux rayonnements ionisants dans les situations soumises à autorisation spéciale ou d'urgence radiologique définies à l'article R. 4451-15 ne peuvent être confiés qu'aux travailleurs :

1° Appartenant à la catégorie A définie à l' *(D. 2010-750 du 2 juil. 2010, JO 4)* « article R. 4451-44 » ;

2° Ne présentant pas d'inaptitude médicale ;

3° Ayant été inscrits sur une liste préalablement établie à cet effet ;

4° Ayant reçu une information appropriée sur les risques et les précautions à prendre pendant les travaux ou l'opération ;

5° N'ayant pas reçu, dans les douze mois qui précèdent, une dose supérieure à l'une des valeurs limites annuelles fixées aux articles R. 4451-12 et R. 4451-13 pour les expositions soumises à autorisation spéciale.

Note Voir arrêté du 8 décembre 2005 (JO 13) cité sous article R. 4451-82.

Art. R. 4451-96. Seuls les travailleurs volontaires peuvent réaliser les travaux ou les opérations prévues dans les situations d'urgence radiologique. Ils disposent à cet effet des moyens de dosimétrie individuelle adaptés à la situation.

(D. 2010-750 du 2 juil. 2010, JO 4) « Sous-section 2 ». Mesures en cas d'accident

Art. R. 4451-97. L'employeur aménage ses installations et prend toutes dispositions utiles pour que, en cas d'accident :

1° Les travailleurs puissent être rapidement évacués des locaux de travail ;

2° Les travailleurs exposés puissent, lorsque leur état le justifie, recevoir des soins appropriés dans les plus brefs délais ;

3° Les contrôles permettant de prévenir un risque de contamination soient mis en œuvre.

Art. R. 4451-98. L'employeur met en place une équipe de sécurité, dotée de matériel spécifique, chargée de mettre en œuvre les mesures de prévention et d'intervention en cas d'accident dans les établissements dans lesquels sont implantés :

1° Soit une ou plusieurs installations nucléaires de base telles que définies au III de l'article 28 de la loi n° 2006-686 du 13 juin 2006 relative à la transparence et à la sécurité en matière nucléaire ;

2° Soit une installation nucléaire de base mentionnée à l'article R.* 1333-40 du code de la défense.

(D. 2010-750 du 2 juil. 2010, JO 4) « Sous-section 3 ». Déclaration d'événement significatif

Art. R. 4451-99. Pour ce qui concerne les activités nucléaires soumises à un régime d'autorisation ou de déclaration en application de l'article L. 1333-4 du code de la santé publique, l'employeur déclare tout événement significatif ayant entraîné ou étant susceptible d'entraîner le dépassement d'une des valeurs limites fixées aux articles D. 4152-5, D. 4153-34, R. 4451-12 et R. 4451-13 à l'Autorité de sûreté nucléaire.

L'employeur procède à l'analyse de ces événements afin de prévenir de futurs événements.

Art. R. 4451-100. Une décision de l'Autorité de sûreté nucléaire, homologuée par les ministres chargés du travail et de l'agriculture, fixe les critères définissant l'événement significatif ainsi que les critères de déclaration et de gestion de ces événements par l'employeur, compte tenu de la nature et de l'importance du risque.

Art. R. 4451-101. L'Autorité de sûreté nucléaire centralise et vérifie les informations relatives aux événements significatifs déclarés et les tient à la disposition de l'inspecteur du travail.

Art. R. 4451-102. L'Autorité de sûreté nucléaire transmet un bilan des déclarations des employeurs, au moins une fois par an, aux ministres chargés du travail et de l'agriculture.

(D. 2010-750 du 2 juil. 2010, JO 4) « SECTION 6 ». Organisation de la radioprotection

(D. 2010-750 du 2 juil. 2010, JO 4) « Sous-section 1 ». Personne compétente en radioprotection

(D. 2010-750 du 2 juil. 2010, JO 4) « § 1 ». Désignation

Art. R. 4451-103. L'employeur désigne au moins une personne compétente en radioprotection lorsque la présence, la manipulation, l'utilisation ou le stockage d'une source radioactive scellée ou non scellée ou d'un générateur électrique de rayonnements ionisants entraîne un risque d'exposition pour les travailleurs de l'établissement ainsi que pour ceux des entreprises extérieures ou les travailleurs non salariés intervenant dans cet établissement.

Art. R. 4451-104. Dans les établissements dans lesquels les travailleurs sont exposés à la radioactivité naturelle, mentionnés au deuxième alinéa de l'article R. 4451-2, l'employeur désigne une personne compétente en radioprotection dans les conditions fixées à l' *(D. 2010-750 du 2 juil. 2010, JO 4)* « article R. 4451-103 ».

Art. R. 4451-105. Dans les établissements comprenant au moins une installation nucléaire de base mentionnée à l' *(D. 2010-750 du 2 juil. 2010, JO 4)* « article R. 4451-98 » ainsi que dans les établissements comprenant une installation ou une activité soumise à autorisation en application du titre premier du livre V du code de l'environnement ou de l'article L. 1333-4 du code de la santé publique, la personne compétente en radioprotection est choisie parmi les travailleurs de l'établissement.

Lorsque, compte tenu de la nature de l'activité et de l'ampleur du risque, plusieurs personnes compétentes en radioprotection sont désignées, elles sont regroupées au sein d'un service interne, appelé service compétent en radioprotection, distinct des services de production et des services opérationnels de l'établissement.

Art. R. 4451-106. Dans les établissements autres que ceux mentionnés à l' *(D. 2010-750 du 2 juil. 2010, JO 4)* « article R. 4451-105 », l'employeur peut désigner une personne compétente en radioprotection externe à l'établissement qui exerce ses fonctions dans les conditions fixées, compte tenu de la nature de l'activité et de l'ampleur du risque, par une décision de l'Autorité de sûreté nucléaire homologuée par les ministres chargés du travail et de l'agriculture.

Note Voir arrêté du 24 novembre 2009 (JO 2 déc.) portant homologation de la décision 2009-DC-0147 de l'Autorité de sûreté nucléaire du 16 juillet 2009 fixant les conditions d'exercice des fonctions d'une personne compétente en radioprotection externe à l'établissement en application de l'article R. 4456-4 [R. 4451-106] CT.

Art. R. 4451-107. La personne compétente en radioprotection, interne ou externe, est désignée par l'employeur après avis du comité d'hygiène, de sécurité et des conditions de travail ou, à défaut, des délégués du personnel.

Art. R. 4451-108. La personne compétente en radioprotection est titulaire d'un certificat délivré à l'issue d'une formation à la radioprotection dispensée par des personnes dont la qualification est certifiée par des organismes accrédités.

Art. R. 4451-109. Un arrêté conjoint des ministres chargés du travail et de l'agriculture, pris après avis de l'Autorité de sûreté nucléaire et de l'Institut de radioprotection et de sûreté nucléaire, détermine :

1° Le contenu et la durée de la formation des travailleurs intéressés, en tenant compte de la nature de l'activité exercée et des caractéristiques des sources de rayonnements ionisants utilisés ;

2° La qualification des personnes chargées de la formation ;

3° Les modalités de contrôle des connaissances ;

4° Les conditions techniques de délivrance et de renouvellement du certificat ;

5° La durée de validité du certificat ;

6° Les modalités et conditions d'accréditation des organismes de certification mentionnés à l' ***(D. 2010-750 du 2 juil. 2010, JO 4)*** « article R. 4451-108 ».

Note Voir arrêté du 26 octobre 2005 (JO 23 nov.) modifié par arrêtés du 13 janvier 2006 (JO 7 févr.) et du 21 décembre 2007 (JO 28) relatif aux modalités de formation de la personne compétente en radioprotection et de la certification du formateur.

(D. 2010-750 du 2 juil. 2010, JO 4) *« § 2 ». Missions*

Art. R. 4451-110. La personne compétente en radioprotection est consultée sur la délimitation des zones surveillée ou contrôlée et sur la définition des règles particulières qui s'y appliquent.

Art. R. 4451-111. La personne compétente en radioprotection participe à la définition et à la mise en œuvre de la formation à la sécurité des travailleurs exposés, organisée en application de l' ***(D. 2010-750 du 2 juil. 2010, JO 4)*** « article R. 4451-47 ».

Art. R. 4451-112. Sous la responsabilité de l'employeur et en liaison avec le comité d'hygiène, de sécurité et des conditions de travail ou, à défaut, avec les délégués du personnel, la personne compétente en radioprotection :

1° Participe à la constitution du dossier de déclaration ou de demande d'autorisation prévues à l'article L. 1333-4 du code de la santé publique ;

2° Procède à une évaluation préalable permettant d'identifier la nature et l'ampleur du risque encouru par les travailleurs exposés. À cet effet, les personnes assurant l'encadrement des travaux ou des opérations lui apportent leur concours ;

3° Définit, après avoir procédé à cette évaluation, les mesures de protection adaptées à mettre en œuvre. Elle vérifie leur pertinence au vu des résultats des contrôles techniques et de la dosimétrie opérationnelle ainsi que des doses efficaces reçues ;

4° Recense les situations ou les modes de travail susceptibles de justifier une exposition subordonnée à la délivrance de l'autorisation spéciale requise en application de l'article R. 4451-15, définit les objectifs de dose collective et individuelle pour chaque opération et s'assure de leur mise en œuvre ;

5° Définit les moyens nécessaires requis en cas de situation anormale.

Art. R. 4451-113. Lorsqu'une opération comporte un risque d'exposition aux rayonnements ionisants pour des travailleurs relevant d'entreprises extérieures ou pour des travailleurs non salariés, le chef de l'entreprise utilisatrice associe la personne compétente en radioprotection à la définition et à la mise en œuvre de la coordination générale des mesures de prévention prévue à l'article R. 4451-8.

À ce titre, la personne compétente en radioprotection désignée par le chef de l'entreprise utilisatrice prend tous contacts utiles avec les personnes compétentes en radioprotection que les chefs d'entreprises extérieures sont tenus de désigner.

(D. 2010-750 du 2 juil. 2010, JO 4) *« § 3 ». Moyens*

Art. R. 4451-114. L'employeur met à la disposition de la personne compétente et, lorsqu'il existe, du service compétent en radioprotection les moyens nécessaires à l'exercice de ses missions.

Il s'assure que l'organisation de l'établissement leur permet d'exercer leurs missions en toute indépendance, notamment vis-à-vis des services de production.

Lorsque l'employeur désigne plusieurs personnes compétentes, il précise l'étendue de leurs responsabilités respectives.

(D. 2010-750 du 2 juil. 2010, JO 4) « Sous-section 2 ». **Participation du médecin du travail**

Art. R. 4451-115. Le médecin du travail collabore à l'action de la personne compétente en radioprotection.

Art. R. 4451-116. Le médecin du travail apporte son concours à l'employeur pour établir et actualiser la fiche d'exposition prévue par l' *(D. 2010-750 du 2 juil. 2010, JO 4)* « article R. 4451-57 ».

Art. R. 4451-117. Le médecin du travail participe à l'information des travailleurs sur les risques potentiels pour la santé de l'exposition aux rayonnements ionisants ainsi que sur les autres facteurs de risques susceptibles de les aggraver.

Il participe également à l'élaboration de la formation à la sécurité prévue à l' *(D. 2010-750 du 2 juil. 2010, JO 4)* « article R. 4451-47 ».

Art. R. 4451-118. Le médecin du travail peut formuler toute proposition à l'employeur quant aux choix des équipements de protection individuelle en prenant en compte leurs modalités d'utilisation.

(D. 2010-750 du 2 juil. 2010, JO 4) « Sous-section 3 ». **Information du comité d'hygiène, de sécurité et des conditions de travail**

Art. R. 4451-119. Le comité d'hygiène, de sécurité et des conditions de travail ou, à défaut, les délégués du personnel, reçoit de l'employeur :

1° Au moins une fois par an, un bilan statistique des contrôles techniques d'ambiance et du suivi dosimétrique prévus par les *(D. 2010-750 du 2 juil. 2010, JO 4)* « articles R. 4451-37 et R. 4451-62 » permettant d'apprécier l'évolution des expositions internes et externes des travailleurs ;

2° Les informations concernant les situations de dépassement de l'une des valeurs limites ainsi que les mesures prises pour y remédier ;

3° Les informations concernant les dépassements observés par rapport aux objectifs de doses collectives et individuelles mentionnés au 2° de l'article R. 4451-11.

Art. R. 4451-120. Le comité d'hygiène, de sécurité et des conditions de travail ou, à défaut, les délégués du personnel, a accès :

1° Aux résultats des contrôles prévus aux *(D. 2010-750 du 2 juil. 2010, JO 4)* « articles R. 4451-29 et R. 4451-30 » ;

2° Aux résultats, sous forme non nominative, des évaluations des doses reçues par les travailleurs prévues aux *(D. 2010-750 du 2 juil. 2010, JO 4)* « sous-sections 1 à 3 de la section 7 ».

Art. R. 4451-121. Le comité d'hygiène, de sécurité et des conditions de travail ou, à défaut, les délégués du personnel, reçoit, à sa demande, communication des mesures d'organisation prises par l'employeur concernant les zones surveillée ou contrôlée.

(D. 2010-750 du 2 juil. 2010, JO 4) « Sous-section 4 ». **Travaux soumis à certificat de qualification**

Art. R. 4451-122. Les entreprises qui assurent des travaux de maintenance, des travaux d'intervention ou mettent en œuvre des appareils émettant des rayonnements ionisants ne peuvent exercer les activités figurant sur une liste fixée par arrêté qu'après avoir obtenu un certificat de qualification justifiant de leur capacité à accomplir des travaux sous rayonnements ionisants.

Ce certificat peut préciser le secteur d'activité dans lequel elles sont habilitées à intervenir.

Art. R. 4451-123. Les entreprises de travail temporaire qui mettent à disposition des travailleurs pour la réalisation de travaux mentionnés à l' *(D. 2010-750 du 2 juil. 2010, JO 4)* « article R. 4451-122 » sont soumises aux obligations de ce même article.

Art. R. 4451-124. Un arrêté conjoint des ministres chargés du travail et de l'agriculture, pris après avis de l'Autorité de sûreté nucléaire et de l'Institut de radioprotection et de sûreté nucléaire, détermine :

1° Les modalités et conditions d'accréditation des organismes chargés de la certification ;

2° Les modalités et conditions de certification des entreprises mentionnées à l' *(D. 2010-750 du 2 juil. 2010, JO 4)* « article R. 4451-122 », en tenant compte de leurs compétences techniques et du secteur d'activité dans lequel elles peuvent intervenir ;

3° La liste des activités ou des catégories d'activité pour lesquelles cette certification est requise en tenant compte de la nature et de l'importance du risque.

(D. 2010-750 du 2 juil. 2010, JO 4) « Sous-section 5 ». Participation de l'Institut de radioprotection et de sûreté nucléaire

Art. R. 4451-125. Pour l'exécution de la mission de participation à la veille permanente en matière de radioprotection qui lui est confiée par le décret n° 2002-254 du 22 février 2002 relatif à l'Institut de radioprotection et de sûreté nucléaire, et en particulier de la gestion et de l'exploitation des données dosimétriques concernant les travailleurs, ainsi qu'en application de l'article 4 de la loi n° 2006-686 du 13 juin 2006 relative à la transparence et à la sécurité en matière nucléaire, l'Institut de radioprotection et de sûreté nucléaire :

1° Centralise, vérifie et conserve au moins cinquante ans l'ensemble des résultats des mesures individuelles de l'exposition des travailleurs mentionnés à la *(D. 2010-750 du 2 juil. 2010, JO 4)* « sous-section 6 de la section 3 » ainsi que les données contenues dans la carte individuelle de suivi médical mentionnée à l' *(D. 2010-750 du 2 juil. 2010, JO 4)* « article R. 4451-91 », en vue de les exploiter à des fins statistiques ou épidémiologiques ;

2° Reçoit les résultats des évaluations effectuées en application des *(D. 2010-750 du 2 juil. 2010, JO 4)* « sous-sections 1 à 3 de la section 7 » ;

3° Tient à la disposition de l'inspection du travail ainsi que des agents mentionnés à l' *(D. 2010-750 du 2 juil. 2010, JO 4)* « article R. 4451-129 » l'ensemble des résultats des mesures individuelles de l'exposition des travailleurs aux rayonnements ionisants.

Art. R. 4451-126. Dans le respect des exigences liées à la défense nationale, l'Institut de radioprotection et de sûreté nucléaire peut communiquer les résultats à des organismes d'études et de recherche avec lesquels il conclut une convention.

Il publie les conclusions des études menées. Ces organismes les exploitent conformément aux dispositions du chapitre IX de la loi n° 78-17 du 6 janvier 1978 relative à l'informatique, aux fichiers et aux libertés.

Art. R. 4451-127. L'Institut de radioprotection et de sûreté nucléaire s'assure du respect des règles de confidentialité en ce qui concerne l'accès aux informations mentionnées à la *(D. 2010-750 du 2 juil. 2010, JO 4)* « sous-section 6 de la section 3 » sous leur forme nominative.

Art. R. 4451-128. L'Institut de radioprotection et de sûreté nucléaire rend compte dans un rapport annuel transmis au ministre chargé du travail et de l'agriculture ainsi que, selon le cas, à l'Autorité de sûreté nucléaire ou au délégué à la sûreté nucléaire et à la radioprotection pour les activités et installations intéressant la défense :

1° Des difficultés rencontrées en matière de surveillance radiologique des travailleurs ;

2° Des niveaux d'exposition aux rayonnements ionisants des travailleurs, compte tenu notamment de la nature des activités professionnelles.

(D. 2010-750 du 2 juil. 2010, JO 4) « Sous-section 6 ». Contrôle

Art. R. 4451-129. L'employeur tient à la disposition des inspecteurs de la radioprotection mentionnés à l'article L. 1333-17 du code de la santé publique, des agents mentionnés à l'article L. 1333-18 du même code et des agents des services de prévention des organismes de sécurité sociale l'ensemble des informations et documents auxquels a accès l'inspecteur du travail.

Art. R. 4451-130. L'employeur communique, à leur demande et pour les installations dont ils ont la charge, aux inspecteurs des installations classées pour la protection de l'environnement le relevé des sources et des appareils émettant des rayonnements ionisants prévu à l' *(D. 2010-750 du 2 juil. 2010, JO 4)* « article R. 4451-37 ».

(D. 2010-750 du 2 juil. 2010, JO 4) « SECTION 7 ». Règles applicables en cas d'exposition professionnelle liée à la radioactivité naturelle

(D. 2010-750 du 2 juil. 2010, JO 4) « Sous-section 1 ». Exposition résultant de l'emploi ou du stockage de matières contenant des radionucléides naturels

Art. R. 4451-131. Lorsque dans un établissement sont employées ou stockées des matières, non utilisées en raison de leurs propriétés radioactives, mais contenant naturellement des radionucléides, ou sont produits des résidus à partir de ces matières, l'employeur procède à une évaluation des doses reçues par les travailleurs en ayant recours à des mesures dont les modalités techniques sont définies par arrêté conjoint des ministres chargés du travail et de l'agriculture, pris après avis de l'Autorité de sûreté nucléaire et de l'Institut de radioprotection et de sûreté nucléaire.

Art. R. 4451-132. L'employeur communique les résultats de l'évaluation des doses reçues à l'Autorité de sûreté nucléaire et à l'Institut de radioprotection et de sûreté nucléaire.

Art. R. 4451-133. Si les résultats de l'évaluation mettent en évidence des expositions individuelles susceptibles d'atteindre ou de dépasser une dose efficace de 1 mSv par an, l'employeur étudie les possibilités techniques permettant d'éviter ou de réduire l'exposition des travailleurs, notamment en ayant recours à un procédé ou à un produit offrant de meilleures garanties pour la santé et la sécurité des travailleurs.

Art. R. 4451-134. Si le remplacement par un procédé ou un produit différent n'est pas réalisable, l'employeur définit et met en œuvre les processus de travail et les mesures techniques afin de réduire les expositions individuelles et collectives à un niveau aussi bas qu'il est techniquement possible.

Art. R. 4451-135. Un arrêté conjoint des ministres chargés du travail et de l'agriculture, pris après avis de l'Autorité de sûreté nucléaire et de l'Institut de radioprotection et de sûreté nucléaire, fixe la liste des activités ou des catégories d'activités professionnelles concernées par les dispositions de l' ***(D. 2010-750 du 2 juil. 2010, JO 4)*** « article R. 4451-131 », compte tenu des quantités de radionucléides détenus ou des niveaux d'exposition susceptibles d'être mesurés.

(D. 2010-750 du 2 juil. 2010, JO 4) « Sous-section 2 ». Exposition au radon d'origine géologique

Art. R. 4451-136. Dans les établissements situés dans les départements ou parties de départements figurant sur la liste prévue à l'article R. 1333-15 du code de la santé publique, où les travailleurs, en raison de la situation de leurs lieux de travail, sont exposés à l'activité du radon, l'employeur fait procéder à des mesures de cette activité par un organisme agréé mentionné à l'article R. 1333-15 du code de la santé publique ou par l'Institut de radioprotection et de sûreté nucléaire.

Lorsque les résultats des mesures effectuées sont supérieurs aux niveaux fixés par une décision de l'Autorité de sûreté nucléaire, l'employeur met en œuvre les actions nécessaires pour réduire l'exposition aussi bas que raisonnablement possible.

Note Voir arrêté du 7 août 2008 (JO 2 sept.) relatif à la gestion du risque lié au radon dans les lieux de travail.

Art. R. 4451-137. ***(D. 2010-750 du 2 juil. 2010, JO 4)*** L'organisme agréé communique les résultats des mesures effectuées à l'employeur et à l'Institut de radioprotection et de sûreté nucléaire qui les tient à la disposition de l'Autorité de sûreté nucléaire.

Art. R. 4451-138. Un arrêté conjoint des ministres chargés du travail et de l'agriculture, pris après avis de l'Autorité de sûreté nucléaire et de l'Institut de radioprotection et de sûreté nucléaire, fixe :

1° La liste des activités ou des catégories d'activités professionnelles concernées par les dispositions de l' ***(D. 2010-750 du 2 juil. 2010, JO 4)*** « article R. 4451-136 », compte tenu le cas échéant des caractéristiques géologiques du sous-sol ;

2° Les modalités et conditions d'application de ce même article.

Art. R. 4451-139. Une5 décision de l'Autorité de sûreté nucléaire, homologuée par les ministres chargés du travail et de l'agriculture, fixe, compte tenu de la nature et de l'ampleur du risque, les niveaux prévus à l' ***(D. 2010-750 du 2 juil. 2010, JO 4)*** « article R. 4451-136 ».

Note Voir arrêté du 8 décembre 2008 (JO 17) portant homologation de la décision 2008-DC-0110 de l'Autorité de sûreté nucléaire du 26 septembre 2008 relative à la gestion du risque lié au radon dans les lieux de travail.

(D. 2010-750 du 2 juil. 2010, JO 4) « Sous-section 3 ». Exposition aux rayonnements ionisants à bord d'aéronefs en vol

Art. R. 4451-140. Lorsque des travailleurs sont affectés pour tout ou partie de leur temps de travail à l'exécution de tâches à bord d'aéronefs en vol, l'employeur procède à une évaluation des doses susceptibles d'être reçues par ceux-ci, en ayant recours, si nécessaire, à l'Institut de radioprotection et de sûreté nucléaire.

Il communique les résultats de cette évaluation à l'Institut de radioprotection et de sûreté nucléaire.

Art. R. 4451-141. Si les résultats de l'évaluation des doses susceptibles d'être reçues mettent en évidence des expositions individuelles susceptibles d'atteindre ou de dépasser une dose efficace de 1 mSv par an, l'employeur prend les mesures générales administratives et techniques nécessaires pour réduire l'exposition.

Il programme, à ce titre, l'exécution des tâches pour diminuer les doses reçues lors des vols, notamment lorsqu'une grossesse est déclarée par un membre du personnel.

Art. R. 4451-142. Un arrêté des ministres chargés du travail et des transports, pris après avis de l'Autorité de sûreté nucléaire et de l'Institut de radioprotection et de sûreté nucléaire, fixe les modalités d'évaluation de l'exposition et de communication des résultats mentionnés à l' *(D. 2010-750 du 2 juil. 2010, JO 4)* « article R. 4451-140 ».

Note Voir arrêté du 8 décembre 2003 (JO 7 févr. 2004) fixant les modalités de mise en œuvre de la protection contre les rayonnements ionisants des travailleurs affectés à l'exécution de tâches à bord d'aéronefs en vol.

(D. 2010-750 du 2 juil. 2010, JO 4) « Sous-section 4 ». **Dispositions communes**

Art. R. 4451-143. Lorsque les mesures de prévention des risques mises en œuvre en application des *(D. 2010-750 du 2 juil. 2010, JO 4)* « sous-sections 1 à 3 » ne permettent pas de réduire l'exposition des travailleurs au-dessous des niveaux mentionnés à *(D. 2010-750 du 2 juil. 2010, JO 4)* « ces sous-sections », les établissements concernés sont alors soumis aux dispositions prévues aux *(D. 2010-750 du 2 juil. 2010, JO 4)* « sections 1 à 6 », à l'exception des dispositions prévues à l' *(D. 2010-750 du 2 juil. 2010, JO 4)* « article R. 4451-29 » autres que celles du 5°.

Sont également exclues :

1° Pour les établissements mentionnés *(D. 2010-750 du 2 juil. 2010, JO 4)* « au paragraphe 2 », les dispositions relatives aux zones surveillées et contrôlées prévues à la *(D. 2010-750 du 2 juil. 2010, JO 4)* « sous-section 1 de la section 2 » ainsi que celles relatives au suivi dosimétrique opérationnel prévu à l' *(D. 2010-750 du 2 juil. 2010, JO 4)* « article R. 4451-67 » ;

2° Pour les aéronefs en vol, les dispositions relatives aux zones surveillées et contrôlées prévues à la *(D. 2010-750 du 2 juil. 2010, JO 4)* « sous-section 1 de la section 2 », celles relatives aux contrôles d'ambiance de travail prévues à l' *(D. 2010-750 du 2 juil. 2010, JO 4)* « article R. 4451-30 » ainsi que celles relatives au suivi dosimétrique opérationnel prévu à l' *(D. 2010-750 du 2 juil. 2010, JO 4)* « article R. 4451-67 ».

Art. R. 4451-144. Des arrêtés des ministres chargés du travail, de l'agriculture et, selon le cas, du ministre chargé des transports, pris après avis de l'Autorité de sûreté nucléaire et de l'Institut de radioprotection et de sûreté nucléaire, fixent, en tant que de besoin, pour les établissements mentionnés à l' *(D. 2010-750 du 2 juil. 2010, JO 4)* « article R. 4451-143 » :

1° Les règles spécifiques applicables pour la délimitation et la signalisation des zones surveillées ou contrôlées, les règles d'hygiène, de sécurité et d'entretien qui y sont applicables, celles qui en régissent l'accès ainsi que celles relatives à l'affichage prévu aux *(D. 2010-750 du 2 juil. 2010, JO 4)* « articles R. 4451-23 et R. 4451-24 » ;

2° Les conditions et les moyens nécessaires à la mise en œuvre de la surveillance radiologique prévue à la *(D. 2010-750 du 2 juil. 2010, JO 4)* « sous-section 6 de la section 3 », en fonction de la nature et de l'importance du risque.

(L. 2009-526 du 12 mai 2009, JO 13) « CHAPITRE II

Prévention des risques d'exposition aux rayonnements optiques artificiels »

[Le présent chapitre ne comprend pas de dispositions législatives.]

[Dispositions réglementaires]

(D. 2010-750 du 2 juil. 2010, JO 4)

CHAPITRE II

Prévention des risques d'exposition aux rayonnements optiques artificiels

SECTION 1. Définitions

Art. R. 4452-1. Pour l'application du présent chapitre, on entend par :

1° Rayonnements optiques : tous les rayonnements électromagnétiques d'une longueur d'onde comprise entre 100 nanomètres et 1 millimètre. Le spectre des rayonnements optiques se subdivise en rayonnements ultraviolets, en rayonnements visibles et en rayonnements infrarouges :

a) Rayonnements ultraviolets : rayonnements optiques d'une longueur d'onde comprise entre 100 nanomètres et 400 nanomètres. Le domaine de l'ultraviolet se subdivise en rayonnements UVA (315-400 nanomètres), UVB (280-315 nanomètres) et UVC (100-280 nanomètres) ;

b) Rayonnements visibles : les rayonnements optiques d'une longueur d'onde comprise entre 380 nanomètres et 780 nanomètres ;

c) Rayonnements infrarouges : les rayonnements optiques d'une longueur d'onde comprise entre 780 nanomètres et 1 millimètre. Le domaine de l'infrarouge se subdivise en rayonnements IRA (780-1400 nanomètres), IRB (1400-3000 nanomètres) et IRC (3000 nanomètres – 1 millimètre) ;

2° Laser (amplification de lumière par une émission stimulée de rayonnements) : tout dispositif susceptible de produire ou d'amplifier des rayonnements électromagnétiques de longueur d'onde correspondant aux rayonnements optiques, essentiellement par le procédé de l'émission stimulée contrôlée ;

3° Rayonnements laser : les rayonnements optiques provenant d'un laser ;

4° Rayonnements incohérents : tous les rayonnements optiques autres que les rayonnements laser ;

5° Valeurs limites d'exposition : les valeurs limites du niveau d'exposition aux rayonnements optiques, fondées directement sur des effets avérés sur la santé et des considérations biologiques, dont le respect garantit que les travailleurs exposés à des sources artificielles de rayonnement optique sont protégés de tout effet nocif connu sur la santé ;

6° Éclairement énergétique (E) ou densité de puissance : puissance rayonnée incidente par superficie unitaire sur une surface, exprimée en watts par mètre carré (W.m–2) ;

7° Exposition énergétique (H) : l'intégrale de l'éclairement énergétique par rapport au temps, exprimée en joules par mètre carré (J.m–2) ;

8° Luminance énergétique (L) : le flux énergétique ou la puissance par unité d'angle solide et par unité de surface, exprimé en watts par mètre carré par stéradian (W.m–2.sr–1) ;

9° Niveau : la combinaison d'éclairement énergétique, d'exposition énergétique et de luminance énergétique à laquelle est exposé un travailleur.

SECTION 2. Principes de prévention

Art. R. 4452-2. L'employeur, par des mesures de prévention des risques à la source et en tenant compte du progrès technique, prend les dispositions visant à supprimer ou, à défaut, à réduire au minimum les risques résultant de l'exposition aux rayonnements optiques artificiels.

Art. R. 4452-3. L'employeur veille à ce que les travailleurs exposés à des rayonnements optiques artificiels reçoivent une information sur les risques éventuels liés à ce type de rayonnements.

Art. R. 4452-4. La réduction des risques d'exposition aux rayonnements optiques artificiels se fonde sur les principes généraux de prévention mentionnés à l'article L. 4121-2.

SECTION 3. Valeurs limites d'exposition professionnelle

Art. R. 4452-5. L'exposition des travailleurs ne peut dépasser les valeurs limites d'exposition aux rayonnements incohérents autres que ceux émis par les sources naturelles de rayonnement optique fixées à l'annexe I figurant à la fin du présent chapitre.

Art. R. 4452-6. L'exposition des travailleurs ne peut dépasser les valeurs limites d'exposition pour les rayonnements laser fixées à l'annexe II figurant à la fin du présent chapitre.

SECTION 4. Évaluation des risques

Art. R. 4452-7. L'employeur évalue les risques résultant de l'exposition aux rayonnements optiques artificiels, notamment afin de vérifier le respect des valeurs limites d'exposition définies aux articles R. 4452-5 et R. 4452-6. Si une évaluation à partir des données documentaires techniques disponibles ne permet pas de conclure à l'absence de risque, il calcule et, le cas échéant, mesure les niveaux de rayonnements optiques artificiels auxquels les travailleurs sont exposés.

Art. R. 4452-8. Lorsqu'il procède à l'évaluation des risques, l'employeur prend en considération :

1° Le niveau, le domaine des longueurs d'onde et la durée de l'exposition à des sources artificielles de rayonnement optique ;

2° Les valeurs limites d'exposition définies aux articles R. 4452-5 et R. 4452-6 ;

3° Toute incidence sur la santé et la sécurité des travailleurs ;

4° Toute incidence éventuelle sur la santé et la sécurité des travailleurs résultant d'interactions, sur le lieu de travail, entre des rayonnements optiques artificiels et des substances chimiques photosensibilisantes ;

5° Tout effet indirect tel qu'un aveuglement temporaire, une explosion ou un incendie ;
6° L'existence d'équipements de remplacement conçus pour réduire les niveaux d'exposition à des rayonnements optiques artificiels ;
7° Dans la mesure du possible, les informations appropriées issues des recommandations des instances sanitaires ;
8° L'exposition à plusieurs sources de rayonnements optiques artificiels ;
9° Le classement d'un laser, conformément à une norme définie par l'arrêté mentionné à l'article R. 4452-12, dans la ou les classes de lasers intrinsèquement dangereux en cas d'exposition directe au faisceau ou d'exposition à ses réflexions ;
10° L'information fournie par les fabricants de sources de rayonnements optiques artificiels et d'équipements de travail associés conformément à la réglementation applicable.

Art. R. 4452-9. L'évaluation des risques est réalisée par l'employeur après consultation du comité d'hygiène, de sécurité et des conditions de travail ou, à défaut, des délégués du personnel, avec le concours, le cas échéant, du service de santé au travail.

Cette évaluation est renouvelée périodiquement, notamment lorsqu'une modification des installations ou des modes de travail est susceptible de faire varier les niveaux d'exposition aux rayonnements optiques artificiels et dans le cas prévu à l'article R. 4452-30.

En cas de mesurage des niveaux d'exposition, celui-ci est renouvelé au moins tous les cinq ans.

Art. R. 4452-10. Les résultats de l'évaluation des risques sont consignés dans le document unique d'évaluation des risques prévu à l'article R. 4121-1.

Ils sont communiqués par l'employeur au médecin du travail et au comité d'hygiène, de sécurité et des conditions de travail ou, à défaut, aux délégués du personnel.

Ils sont également tenus, sur leur demande, à la disposition de l'inspection du travail, des agents des services de prévention des organismes de sécurité sociale et des organismes de santé, de sécurité et des conditions de travail mentionnés à l'article L. 4643-1.

Art. R. 4452-11. Lorsque les résultats de l'évaluation des risques mettent en évidence la moindre possibilité de dépassement des valeurs limites d'exposition des travailleurs, l'employeur détermine les mesures de prévention, de formation et de suivi médical à prendre, conformément aux dispositions des sections 5, 6 et 7.

Art. R. 4452-12. Un arrêté conjoint des ministres chargés du travail et de l'agriculture précise les modalités de l'évaluation des risques et du calcul et du mesurage des niveaux de rayonnements optiques artificiels.

SECTION 5. Mesures et moyens de prévention

Art. R. 4452-13. La réduction des risques d'exposition aux rayonnements optiques artificiels se fonde notamment sur :
1° La mise en œuvre d'autres procédés de travail n'exposant pas aux rayonnements optiques artificiels ou entraînant une exposition moindre ;
2° Le choix d'équipements de travail appropriés émettant, compte tenu du travail à effectuer, le moins de rayonnements optiques artificiels possible ;
3° La limitation de la durée et de l'intensité des expositions ;
4° La conception, l'agencement des lieux et postes de travail et leur modification ;
5° Des moyens techniques pour réduire l'exposition aux rayonnements optiques artificiels en agissant sur leur émission, leur propagation, leur réflexion, tels qu'écrans, capotages ;
6° Des programmes appropriés de maintenance des équipements de travail et du lieu de travail ;
7° L'information et la formation adéquates des travailleurs.

Art. R. 4452-14. Les lieux de travail où, d'après les résultats de l'évaluation des risques définie à la section 4, les travailleurs sont susceptibles d'être exposés à des rayonnements optiques artificiels dépassant les valeurs limites d'exposition définies aux articles R. 4452-5 et R. 4452-6 font l'objet d'une signalisation appropriée. Ces lieux sont en outre circonscrits, lorsque cela est techniquement possible, et leur accès est limité.

Art. R. 4452-15. En liaison avec le médecin du travail, l'employeur adapte les mesures de prévention prévues à la présente section aux besoins des travailleurs appartenant à des groupes à risques particulièrement sensibles.

Art. R. 4452-16. Lorsqu'il n'est pas possible d'éviter les risques dus à l'exposition aux rayonnements optiques artificiels par d'autres moyens, des équipements de protection individuelle, appropriés et adaptés, sont mis à la disposition des travailleurs. Lorsque les niveaux d'exposition fixés aux articles R. 4452-5 et R. 4452-6 sont dépassés, l'employeur veille à leur port effectif.

Art. R. 4452-17. Les équipements de protection individuelle sont tels qu'ils réduisent les expositions à un niveau qui ne dépasse pas les valeurs limites d'exposition définies aux articles R. 4452-5 et R. 4452-6.

Ils sont adoptés après consultation du comité d'hygiène, de sécurité et des conditions de travail ou, à défaut, des délégués du personnel, du médecin du travail et, éventuellement, avec le concours des agents des services de prévention des organismes de sécurité sociale et des organismes de santé, de sécurité et des conditions de travail mentionnés à l'article L. 4643-1. Ils sont choisis en concertation avec les travailleurs.

Art. R. 4452-18. Lorsqu'en dépit des mesures de prévention mises en œuvre en application de la présente section, des expositions dépassant les valeurs limites d'exposition sont constatées, l'employeur :

1° Prend immédiatement des mesures pour réduire l'exposition à un niveau inférieur à ces valeurs limites ;

2° Détermine les causes du dépassement des valeurs limites d'exposition et adapte en conséquence les mesures de protection et de prévention en vue d'éviter tout nouveau dépassement.

SECTION 6. Information et formation des travailleurs

Art. R. 4452-19. Les mesures de formation portent notamment sur :

1° Les sources de rayonnements optiques artificiels se trouvant sur le lieu de travail ;

2° Les risques pour la santé et la sécurité pouvant résulter d'une exposition excessive aux rayonnements optiques artificiels ainsi que les valeurs limites d'exposition applicables ;

3° Les résultats de l'évaluation des risques définie à la section 4 ainsi que les mesures prises en application de la section 5 en vue de supprimer ou de réduire les risques résultant des rayonnements optiques artificiels ;

4° Les précautions à prendre par les travailleurs pour assurer leur protection et celle des autres travailleurs présents sur le lieu de travail ;

5° L'utilisation correcte des équipements de travail et des équipements de protection individuelle ;

6° La conduite à tenir en cas d'accident ;

7° La manière de repérer les effets nocifs d'une exposition sur la santé et de les signaler ;

8° Les conditions dans lesquelles les travailleurs sont soumis à une surveillance médicale.

Art. R. 4452-20. L'employeur établit une notice de poste pour chaque poste de travail ou situation de travail où, d'après les résultats de l'évaluation des risques définie à la section 4, les travailleurs sont susceptibles d'être exposés à des rayonnements optiques artificiels dépassant les valeurs limites d'exposition définies aux articles R. 4452-5 et R. 4452-6.

La notice est destinée à informer les travailleurs des risques auxquels leur travail peut les exposer et des dispositions prises pour les éviter.

Elle rappelle en particulier les règles de sécurité applicables et les consignes relatives à l'emploi des équipements de protection collective ou individuelle.

Art. R. 4452-21. Lorsqu'il est fait usage de lasers des classes mentionnées au 9° de l'article R. 4452-8, l'employeur s'assure qu'il dispose, par lui-même ou chez ses salariés, de la compétence appropriée pour la réalisation, sous sa responsabilité, des missions suivantes :

1° Participation aux évaluations des risques encourus par les travailleurs intervenant à proximité de machines ou d'appareils à laser ;

2° Participation à la mise en œuvre sur le site de toutes les mesures propres à assurer la santé et la sécurité des travailleurs intervenant à proximité de machines ou d'appareils à laser ;

3° Participation à l'amélioration continue de la prévention des risques à partir de l'analyse des situations de travail.

SECTION 7. Suivi des travailleurs et surveillance médicale

Art. R. 4452-22. L'employeur tient une liste actualisée des travailleurs susceptibles d'être exposés à des rayonnements optiques artificiels dépassant les valeurs limites d'exposition définies aux articles R. 4452-5 et R. 4452-6.

Cette liste précise la nature de l'exposition, sa durée ainsi que son niveau, tel qu'il est connu, le cas échéant, par les résultats du calcul ou du mesurage.

Art. R. 4452-23. L'employeur établit pour ces travailleurs une fiche d'exposition comprenant les informations suivantes :

1° La nature du travail accompli ;
2° Les caractéristiques des sources émettrices auxquelles le travailleur est exposé ;
3° La nature des rayonnements ;
4° Le cas échéant, les résultats des mesurages des niveaux de rayonnements optiques artificiels ;
5° Les périodes d'exposition.

Art. R. 4452-24. En cas d'exposition anormale, l'employeur porte sur la fiche d'exposition la durée et la nature de cette dernière.

Art. R. 4452-25. Une copie de la fiche d'exposition est remise au médecin du travail. Elle est tenue à disposition, sur sa demande, de l'inspection du travail.

Art. R. 4452-26. Chaque travailleur intéressé est informé de l'existence de la fiche d'exposition et a accès aux informations y figurant le concernant.

Art. R. 4452-27. Un travailleur ne peut être affecté à des travaux où il est susceptible d'être exposé à des rayonnements optiques artificiels dépassant les valeurs limites d'exposition définies aux articles R. 4452-5 et R. 4452-6 que s'il a fait l'objet d'un examen médical préalable par le médecin du travail.

Note • Cet article est abrogé ***à compter du 01.07.2012*** par le décret 2012-135 du 30 janvier 2012, JO 31.

• Les travailleurs affectés, à la date d'entrée en vigueur du décret 2010-750 du 2 juillet 2010 (5 juil.), à des travaux mentionnés à cet article et qui n'ont pas bénéficié d'un examen médical prenant en compte les risques liés à l'exposition aux rayonnements optiques artificiels, font l'objet d'un tel examen dans le délai maximum d'un an après le 5 juillet (décret 2010-750 précité, art. 6).

Art. R. 4452-28. La fiche médicale d'aptitude indique la date de l'étude du poste de travail et celle de la dernière mise à jour de la fiche d'entreprise.

Note Cet article est abrogé ***à compter du 01.07.2012*** par le décret 2012-135 du 30 janvier 2012, JO 31.

Art. R. 4452-29. Lorsqu'une exposition au-delà des valeurs limites est détectée ou lorsque la surveillance médicale fait apparaître qu'un travailleur est atteint d'une maladie ou d'une anomalie susceptible de résulter d'une exposition à des rayonnements optiques artificiels, le médecin du travail informe le travailleur des résultats le concernant et lui indique les suites médicales nécessaires. Il détermine la pertinence et la nature des examens éventuellement nécessaires pour les travailleurs ayant subi une exposition comparable.

Art. R. 4452-30. Quand une maladie ou une anomalie mentionnée à l'article R. 4452-29 lui est signalée par le médecin du travail, une nouvelle évaluation des risques est réalisée par l'employeur.

Art. R. 4452-31. Le médecin du travail constitue et tient, pour chaque travailleur susceptible d'être exposé à des rayonnements optiques artificiels dépassant les valeurs limites d'exposition définies aux articles R. 4452-5 et R. 4452-6, un dossier individuel contenant :

1° Une copie de la fiche d'exposition prévue à l'article R. 4452-23 ;
2° Les dates et les résultats des examens médicaux pratiqués.

ANNEXE I (Rayonnements optiques incohérents) et **ANNEXE II** (Rayonnements optiques lasers) **au chapitre II du titre V du livre IV de la quatrième partie du code du travail (partie réglementaire).** Voir JO 153 du 4 juillet 2010, texte n°11.

(L. 2009-526 du 12 mai 2009, JO 13) « CHAPITRE III

Prévention des risques d'exposition aux champs électromagnétiques »

Art. L. 4453-1. *(L. 2010-788 du 12 juil. 2010, art. 183, JO 13)* Les règles de prévention des risques pour la santé et la sécurité des travailleurs exposés aux champs électromagnétiques sont déterminés par décret en Conseil d'État pris en application de l'article L. 4111-6.

Ce décret se conforme aux principes de prévention fixés aux articles L. 4121-1 et L. 4121-2.

TITRE VI

(L. 2009-526 du 12 mai 2009, JO 13) « AUTRES RISQUES »

[Le présent titre ne comprend pas de dispositions législatives]

(D. 2011-45 du 11 janv. 2011, JO 13)

CHAPITRE Ier

Prévention des risques en milieu hyperbare

Note Voir notamment décret 90-277 du 28 mars 1990 (JO 29) relatif à la protection des travailleurs intervenant en milieu hyperbare et arrêté du 28 janvier 1991 modifié (JO 2 mars) définissant les modalités de formation à la sécurité des personnels intervenant dans les opérations hyperbares.

Les titulaires de certificats d'aptitude à l'hyperbarie délivrés antérieurement à la date d'entrée en vigueur du décret 2011-45 du 11 janvier 2011 (JO 13) conservent le bénéfice des aptitudes définies dans ces certificats. Pour l'application du décret 2011-45, les intitulés des classes et les pressions relatives maximales mentionnées à l'article 3 du décret 90-277 du 28 mars 1990 ont pour équivalence les intitulés et pressions relatives maximales figurant en annexe au décret 2011-45 (décret 2011-45 précité, art. 5).

SECTION 1. Définitions et dispositions générales

Art. R. 4461-1. Les dispositions du présent chapitre s'appliquent dès lors que des travailleurs sont exposés à une pression relative supérieure à 100 hectopascals dans l'exercice des activités suivantes réalisées avec ou sans immersion :

1° Travaux hyperbares exécutés par des entreprises soumises à certification et dont la liste est fixée par l'arrêté prévu à l'article R. 4461-48, en tenant compte de la nature et de l'importance du risque, comprenant notamment les travaux industriels, de génie civil ou maritimes ;

2° Interventions en milieu hyperbare réalisées à d'autres fins que celles des travaux mentionnés au 1°, notamment dans le cadre d'activités physiques ou sportives, culturelles, scientifiques, techniques, maritimes, aquacoles, médicales, de sécurité, de secours et de défense.

Art. R. 4461-2. La pression relative considérée par le présent chapitre est la pression absolue au niveau des voies respiratoires du travailleur, au moment où elle atteint sa valeur maximale pendant la durée de travail, diminuée de la pression atmosphérique locale.

SECTION 2. Évaluation des risques

Sous-section 1. Document unique

Art. R. 4461-3. Dans le cadre de l'évaluation des risques prévue à l'article R. 4121-1, l'employeur consigne en particulier les éléments suivants dans le document unique d'évaluation :

1° Le niveau, le type et la durée d'exposition au risque hyperbare des travailleurs ;

2° L'incidence sur la santé et la sécurité des travailleurs exposés à ce risque ;
3° L'incidence sur la santé et la sécurité des autres risques liés aux interventions et leurs interactions avec le risque hyperbare ;
4° Les variables d'environnement tels que les courants, la météorologie, la température, la turbidité et tout autre élément ayant une incidence sur les conditions d'intervention ;
5° Les caractéristiques techniques des équipements de travail ;
6° Les recommandations spécifiques du médecin du travail concernant la surveillance de la santé des travailleurs.

Note Pour l'application de cet article et lorsqu'il s'agit d'interventions archéologiques sous-marines et subaquatiques, sont substitués au mot : « l'employeur » les mots : « le ministre chargé de la culture ou son représentant ».

Sous-section 2. Conseiller à la prévention hyperbare

Art. R. 4461-4. I. – L'employeur désigne une personne chargée d'assurer la fonction de conseiller à la prévention hyperbare. Sous la responsabilité de l'employeur, ce conseiller participe notamment :
1° À l'évaluation des risques prévue à l'article R. 4461-3 ;
2° À la mise en œuvre de toutes les mesures propres à assurer la santé et la sécurité des travailleurs intervenant en milieu hyperbare ;
3° À l'amélioration continue de la prévention des risques à partir de l'analyse des situations de travail.

II. – Ne peut être désigné en qualité de conseiller à la prévention hyperbare que le travailleur titulaire du certificat prévu au II de l'article R. 4461-27.

La durée de validité de ce certificat ainsi que les conditions de son renouvellement sont fixées par l'arrêté prévu à l'article R. 4461-30.

III. – Dans les entreprises de moins de dix salariés, l'employeur peut occuper cette fonction à la condition d'être titulaire du certificat mentionné au II ci-dessus.

Note Pour l'application de cet article et lorsqu'il s'agit d'interventions archéologiques sous-marines et subaquatiques, sont substitués au mot : « l'employeur » les mots : « le ministre chargé de la culture ou son représentant ».

Art. R. 4461-5. L'employeur porte à la connaissance de chaque travailleur amené à intervenir en milieu hyperbare le nom et les coordonnées du conseiller à la prévention hyperbare mentionné à l'article R. 4461-4.

SECTION 3. Mesures et moyens de prévention

Sous-section 1. Organisation du travail en milieu hyperbare

§. 1. Procédures et méthodes d'intervention, procédures de secours et manuel de sécurité hyperbare

Art. R. 4461-6. Les procédures, et leurs paramètres, retenues pour les différentes méthodes d'intervention ou d'exécution de travaux sont fixées par des arrêtés conjoints du ministre chargé du travail et, chacun en ce qui le concerne, des ministres intéressés.

Chaque arrêté précise notamment :
1° Les gaz ou mélanges gazeux respiratoires autorisés, en application des dispositions de la sous-section 2 ci-après ;
2° Les durées d'intervention ou d'exécution des travaux, tenant compte de l'exposition du travailleur ;
3° Les caractéristiques et conditions d'utilisation des appareils respiratoires ;
4° La composition des équipes lorsque, par dérogation aux dispositions de la section 5 du présent chapitre, il est nécessaire que celles-ci soient renforcées pour tenir compte des méthodes et conditions d'intervention ou d'exécution de travaux particulières, en milieu hyperbare ;
5° Les prescriptions d'utilisation applicables aux enceintes pressurisées habitées, notamment aux caissons de recompression, aux systèmes de plongées à saturation, aux caissons hyperbares

thérapeutiques, aux tourelles de plongées, aux bulles de plongées et aux caissons hyperbares des tunneliers ;

6° Les procédures et moyens de compression et de décompression ;

7° Les méthodes d'intervention et d'exécution de travaux ainsi que les procédures de secours et la conduite à tenir devant les accidents liés à l'exposition au risque hyperbare.

Art. R. 4461-7. L'employeur établit, pour chacun de ses établissements, un manuel de sécurité hyperbare, en tenant compte des résultats de l'évaluation des risques consignés dans le document unique prévu à l'article R. 4461-3.

Ce manuel précise notamment :

1° Les fonctions, compétences et les rôles respectifs des différentes catégories de travailleurs intervenant lors des opérations ;

2° Les équipements requis selon les méthodes d'intervention employées par l'entreprise et les vérifications devant être effectuées avant leur mise en œuvre ;

3° Les règles de sécurité à observer au cours des différents types d'opérations ainsi que celles à respecter préalablement et ultérieurement à ces opérations, en particulier dans les déplacements entraînant des modifications de pression ayant des conséquences sur la santé et en cas d'intervention dans les conditions mentionnées à l'article R. 4461-49 ;

4° Les éléments devant être pris en compte par les travailleurs lors du déroulement des opérations tels que les caractéristiques des lieux, les variables d'environnement, les interférences avec d'autres opérations, la pression relative ;

5° Les méthodes d'intervention et d'exécution des travaux ;

6° Les procédures d'alerte et d'urgence, les moyens de secours extérieurs à mobiliser, les moyens de recompression disponibles et leur localisation.

Note Pour l'application de cet article et lorsqu'il s'agit d'interventions archéologiques sous-marines et subaquatiques, sont substitués au mot : « l'employeur » les mots : « le ministre chargé de la culture ou son représentant ».

Art. R. 4461-8. Le manuel de sécurité hyperbare, établi en liaison avec le conseiller à la prévention hyperbare, est soumis à l'avis préalable du médecin du travail et du comité d'hygiène, de sécurité et des conditions de travail ou, à défaut, des délégués du personnel.

Il est mis à jour périodiquement notamment à l'occasion de toute modification importante des conditions d'intervention ou d'exécution de travaux.

Note Pour l'application de cet article et lorsqu'il s'agit d'interventions archéologiques sous-marines et subaquatiques, sont substitués au mot : « l'employeur » les mots : « le ministre chargé de la culture ou son représentant ».

Art. R. 4461-9. L'employeur remet un exemplaire du manuel de sécurité hyperbare au conseiller à la prévention hyperbare qui veille à la disponibilité de ce manuel sur le site d'intervention ou de travaux.

L'employeur le tient à la disposition des travailleurs et du comité d'hygiène, de sécurité et des conditions de travail ou, à défaut, des délégués du personnel.

À bord des navires, le manuel de sécurité hyperbare est également tenu à la disposition des délégués de bord mentionnés à l'article L. 5543-2 du code des transports.

Art. R. 4461-10. L'employeur établit, sur la base de l'évaluation des risques réalisée pour chaque poste de travail et mentionnée à l'article R. 4461-3, une notice de poste remise à chaque travailleur afin de l'informer sur les risques auxquels son travail peut l'exposer et les dispositions prises pour les éviter ou les réduire. Cette notice, tenue à jour, rappelle les règles d'hygiène et de sécurité applicables ainsi que, le cas échéant, les consignes relatives à l'emploi des mesures de protection collective ou des équipements de protection individuelle.

Note Pour l'application de cet article et lorsqu'il s'agit d'interventions archéologiques sous-marines et subaquatiques, sont substitués au mot : « l'employeur » les mots : « le ministre chargé de la culture ou son représentant ».

Art. R. 4461-11. Lorsque le chef de l'entreprise utilisatrice fait intervenir une entreprise extérieure ou un travailleur indépendant, il assure la coordination générale des mesures de prévention qu'il prend et de celles prises par le chef de l'entreprise extérieure ou le travailleur indépendant, conformément aux dispositions des articles R. 4511-1 et suivants.

Il transmet les consignes particulières applicables à l'établissement en matière de prévention du risque hyperbare aux chefs des entreprises extérieures ou aux travailleurs indépendants auxquels il fait appel. Il leur remet notamment le manuel de sécurité hyperbare applicable à l'établissement au sein duquel ils sont appelés à intervenir.

Chaque chef d'entreprise est responsable, chacun en ce qui le concerne, de l'application des mesures de prévention nécessaires à la protection des travailleurs qu'il emploie, notamment de la fourniture, de l'entretien et du contrôle des appareils et mesures de protection collective et des équipements de protection individuelle.

Des accords peuvent être conclus entre le chef de l'entreprise utilisatrice et les chefs des entreprises extérieures ou les travailleurs indépendants concernant les modalités de mise à disposition des moyens de protection collective, des appareils et des équipements de protection individuelle, ainsi que des gaz respiratoires.

§ 2. Fiche de sécurité

Art. R. 4461-12. L'employeur s'assure de l'adéquation des qualifications et de l'aptitude médicale de chaque travailleur avec la fonction qu'il lui a confiée.

Art. R. 4461-13. Sur le site d'intervention ou de travaux hyperbares, pour chaque intervention à des fins de travaux ou à d'autres fins, l'employeur établit une fiche de sécurité sur laquelle il indique :

1° La date et le lieu de l'intervention ou des travaux ;

2° L'identité des travailleurs concernés ainsi que leur fonction et, s'il s'agit de travailleurs indépendants ou de salariés d'une entreprise extérieure, l'identification de celle-ci ;

3° Les paramètres relatifs à l'intervention ou aux travaux, notamment les durées d'exposition et les pressions relatives ;

4° Les mélanges utilisés.

Un modèle de ce document est intégré dans le manuel de sécurité hyperbare.

Note Cette fiche de sécurité est notamment soumise aux dispostions des articles D. 4121-6 à 8. Voir article D. 4121-9.

Sous-section 2. **Règles techniques**

§ 1. Gaz et mélanges gazeux respiratoires

Sous-§ 1. Principes

Art. R. 4461-14. Sauf pour les interventions en apnée mentionnées à l'article R. 4461-42, les interventions et travaux en milieu hyperbare sont pratiqués en respirant de l'air, un autre mélange gazeux ou de l'oxygène pur dans les conditions fixées à la présente sous-section.

Art. R. 4461-15. L'employeur détermine le gaz respiratoire le plus approprié aux conditions de travail.

Art. R. 4461-16. La respiration d'air comprimé est autorisée jusqu'à la pression relative de 6000 hectopascals. Au-delà de 6000 hectopascals, des mélanges respiratoires spécifiques doivent être utilisés.

Sous-§ 2. Composition des gaz

Art. R. 4461-17. Sans préjudice des valeurs limites d'exposition professionnelle fixées aux articles R. 4222-10, R. 4412-149 et R. 4412-150, l'air ou les mélanges respirés au cours des interventions et travaux doivent présenter les caractéristiques suivantes :

1° S'agissant du gaz carbonique, une pression partielle inférieure à 10 hectopascals ;

2° S'agissant du monoxyde de carbone, une pression partielle inférieure à 5 pascals ;

3° S'agissant de la vapeur d'eau, pour les expositions d'une durée supérieure à 24 heures, un degré hygrométrique compris entre 60 pour 100 et 80 pour 100 ;

4° S'agissant des vapeurs d'huile, une pression partielle exprimée en équivalent méthane inférieure à 0,5 hectopascal et une concentration inférieure à 0,5 mg/m^3.

La masse volumique d'un mélange respiratoire ne doit pas excéder 9 grammes par litre à la pression d'utilisation.

Art. R. 4461-18. La pression partielle d'azote dans un mélange respiré doit être inférieure à 5 600 hectopascals.

Art. R. 4461-19. La pression partielle d'oxygène d'un mélange respiré ne doit pas :

I. – Être inférieure à 160 hectopascals et, dans une enceinte hyperbare de travail, être supérieure à 25 pour 100 de la pression relative.

II. – Dépasser les valeurs suivantes :

1° En période d'activités physiques, en dehors des phases de compression et de décompression et pour des durées continues d'exposition n'excédant pas respectivement 3, 4, 5, 6 et 8 heures : 1 600 hectopascals, 1 400 hectopascals, 1 200 hectopascals, 1 000 hectopascals et 900 hectopascals ;

2° Lors de la phase de décompression en immersion, 1 600 hectopascals ;

3° Lors de la phase de décompression au sec, 2 200 hectopascals pour une décompression d'une durée inférieure à 24 heures et 800 hectopascals pour une décompression d'une durée supérieure à 24 heures ;

4° Lors des phases de compression ou de repos à saturation, entre 300 hectopascals et 450 hectopascals ;

5° Lors d'une recompression d'urgence après un accident de décompression, 2 800 hectopascals, sauf prescription médicale différente.

Art. R. 4461-20. Par dérogation au I de l'article R. 4461-19, la respiration d'oxygène pur sous pression avec un appareil de protection respiratoire individuel est autorisée durant les périodes de décompression conformément aux procédures de décompression définies au 6° de l'article R. 4461-6.

§ 2. Équipements de protection individuelle

Art. R. 4461-21. L'employeur met à disposition les équipements de protection individuelle spécifiques à la nature de l'intervention ou des travaux, comprenant notamment les appareils respiratoires, les appareils respiratoires de secours et les accessoires appropriés aux méthodes d'intervention et de secours.

> *Note* Par dérogation aux articles R. 4461-21 et R. 4461-25 CT, l'employeur peut autoriser un travailleur titulaire d'un certificat d'aptitude à l'hyperbarie mention B « archéologie sous-marine et subaquatique » à utiliser son propre équipement de protection individuelle, après s'être assuré qu'il est approprié au travail à réaliser ou convenablement adapté à cet effet, conformément aux articles R. 4321-1 et s. CT.

Art. R. 4461-22. Doivent être constamment disponibles pour prévenir une défaillance d'alimentation en gaz respirable :

1° Un réservoir de gaz de secours ou un moyen de contrôle continu de la pression permettant d'alerter le travailleur ;

2° Un dispositif d'alimentation de secours.

§ 3. Contrôle des gaz et détendeurs

Art. R. 4461-23. L'employeur s'assure, en procédant ou en faisant procéder, par analyse, et avant leur utilisation, de :

1° La conformité des gaz respiratoires, fournis par des compresseurs, aux valeurs limites d'exposition professionnelle fixées par la présente sous-section ;

2° La conformité de la teneur en oxygène des mélanges autres que l'air aux valeurs limites d'exposition professionnelle fixées par la présente sous-section ;

3° En cas d'utilisation de mélanges binaires ou ternaires, la conformité de la teneur en azote et, le cas échéant, en hélium.

Art. R. 4461-24. L'employeur consigne les résultats des analyses mentionnées à l'article R. 4461-23 et les tient à disposition des personnes mentionnées à l'article R. 4121-4.

Lorsque les gaz sont destinés à être utilisés par une entreprise extérieure, ils sont accompagnés d'une fiche mentionnant le résultat de ces analyses.

Art. R. 4461-25. L'employeur assure la maintenance et le contrôle des détendeurs destinés à ramener la pression du gaz d'un réservoir à la pression d'utilisation.

Note Voir note sous article R. 4461-21 CT.

Art. R. 4461-26. Un arrêté conjoint du ministre chargé du travail et, chacun en ce qui le concerne, des ministres intéressés précise la périodicité et les modalités selon lesquelles sont effectuées :

1° Les analyses de gaz prévues à l'article R. 4461-23 ;

2° Les opérations de maintenance et de contrôle prévues à l'article R. 4461-25.

SECTION 4. Formation

Sous-section 1. Certificat d'aptitude à l'hyperbarie et certificat de conseiller à la prévention hyperbare

Art. R. 4461-27. I. – Seuls peuvent intervenir en milieu hyperbare les travailleurs titulaires d'un certificat d'aptitude à l'hyperbarie délivré à l'issue d'une formation dispensée dans les conditions prévues par la présente section.

II. – Seuls peuvent exercer les fonctions de conseiller à la prévention hyperbare les travailleurs titulaires du certificat mentionné à l'article R. 4461-4 délivré à l'issue d'une formation dispensée dans les conditions prévues par la présente section.

III. – La durée de validité de ces certificats ainsi que les modalités et conditions de leur renouvellement sont fixées par les arrêtés prévus à l'article R. 4461-30.

L'obligation de détention de ces certificats n'est pas applicable aux travailleurs qui justifient d'une formation acquise de façon prépondérante dans l'Union, ou d'un diplôme, certificat ou autre titre délivré dans un État membre de l'Union européenne, ou délivré par une autorité d'un pays tiers, à condition que soit fournie une attestation de l'autorité compétente de l'État membre qui a reconnu le titre, certificat ou un autre titre attestant de la formation et de la qualification de cette personne par une autorité ou d'une formation acquise remplissant les mêmes objectifs pédagogiques que ceux figurant au I du R. 4461-30.

Art. R. 4461-28. I. – Les certificats d'aptitude à l'hyperbarie et de conseiller à la prévention hyperbare indiquent notamment :

1° La mention correspondant à l'activité professionnelle exercée ;

2° La classe définissant, compte tenu de la pression relative maximale, la zone dans laquelle le travailleur peut intervenir ou la zone d'intervention ou de travaux pour laquelle le conseiller à la prévention hyperbare peut proposer les mesures de prévention adaptées.

II. – Les mentions relatives aux activités professionnelles sont définies comme suit :

1° Mention A : Travaux subaquatiques effectués par des entreprises soumises à certification telle que définie à l'article R. 4461-43 ;

2° Mention B : Interventions subaquatiques :
a) Activités physiques ou sportives ;
b) Archéologie sous-marine et subaquatique ;
c) Arts, spectacles et médias ;
d) Cultures marines et aquaculture ;
e) Défense ;
f) Pêche et récoltes subaquatiques ;
g) Secours et sécurité ;
h) Techniques, sciences et autres interventions ;

3° Mention C : Interventions sans immersion :
a) Défense ;
b) Médical ;
c) Secours et sécurité ;
d) Techniques, sciences et autres interventions ;

4° Mention D : Travaux sans immersion effectués par des entreprises soumises à certification telle que définie à l'article R. 4461-43.

III. – Les classes sont définies comme suit :
1° Classe 0 : pour une pression relative maximale n'excédant pas 1 200 hectopascals ;
2° Classe I : pour une pression relative maximale n'excédant pas 3 000 hectopascals ;
3° Classe II : pour une pression relative maximale n'excédant pas 5 000 hectopascals ;
4° Classe III : pour une pression relative supérieure à 5 000 hectopascals.

IV. – Le certificat d'aptitude à l'hyperbarie est accompagné d'un livret de suivi des interventions ou d'exécution de travaux en milieu hyperbare.

Sous-section 2. **Organisation de la formation**

Art. R. 4461-29. Les formations réalisées en vue de la délivrance des certificats d'aptitude à l'hyperbarie et de conseiller à la prévention hyperbare le sont par :

1° Un organisme habilité dans les conditions et selon les modalités définies à la sous-section 3 ci-après, pour les formations donnant lieu à la délivrance d'un certificat d'aptitude à l'hyperbarie mention B, pour les activités suivantes :
a) Archéologie sous-marine et subaquatique ;
b) Secours et sécurité ;

2° Un organisme certifié par un organisme de certification accrédité dans les conditions prévues à l'article R. 4724-1, pour les autres formations.

Art. R. 4461-30. Pour la réalisation des formations, des arrêtés conjoints du ministre chargé du travail et, chacun en ce qui le concerne, des ministres intéressés, fixent :

I. – Pour la réalisation des formations, en tenant compte de l'ampleur et la nature du risque lié à chaque type d'intervention ou de travaux en milieu hyperbare :
1° Les objectifs pédagogiques, la durée des formations des travailleurs intéressés et les conditions d'accès aux formations ;
2° La qualification des personnes chargées de ces formations ;
3° Les modalités de contrôle des connaissances acquises à l'issue des formations ;
4° Les conditions d'organisation de la formation des travailleurs concernés.

II. – Pour la délivrance des certificats prévus aux articles R. 4461-4 et R. 4461-27 :
1° Les conditions de délivrance, la durée de validité et les modalités de renouvellement du certificat d'aptitude à l'hyperbarie et du certificat de conseiller à la prévention hyperbare ;
2° Les informations devant figurer sur le certificat d'aptitude à l'hyperbarie et sur le certificat de conseiller à la prévention hyperbare.

Note Annexe au décret 2011-45 du 11 janvier 2011 (JO 13).

Table de correspondance des classes et pressions relatives figurant dans les certificats d'aptitude à l'hyperbarie

CLASSES ET PRESSIONS RELATIVES figurant à l'article 3 du décret n° 90-277 du 28 mars 1990 abrogé relatif à la protection des travailleurs intervenant en milieu hyperbare	**CLASSES ET PRESSIONS RELATIVES équivalentes fixées à l'article R. 4461-30 du code du travail**
Classe I A : pour une pression relative maximale n'excédant pas 1 200 hectopascals (1,2 bar)	Classe 0 : pour une pression relative maximale n'excédant pas 1 200 hectopascals
Classe I B : pour une pression relative maximale n'excédant pas 4 000 hectopascals (4 bar)	Classe I : pour une pression relative maximale n'excédant pas 3 000 hectopascals
Classe II : pour une pression relative maximale n'excédant pas 6 000 hectopascals (6 bar)	Classe II : pour une pression relative maximale n'excédant pas 5 000 hectopascals
Classe III : pour une pression relative maximale supérieure à 6 000 hectopascals (6 bar)	Classe III : pour une pression relative supérieure à 5 000 hectopascals

Art. R. 4461-31. Les organismes de formation mentionnés à l'article R. 4461-29 transmettent, dans un délai maximum d'un mois à compter de la délivrance des certificats d'aptitude à l'hyperbarie et de conseiller à la prévention hyperbare, les informations suivantes à un organisme désigné par le ministre chargé du travail :

1° L'identité, la date de naissance et les coordonnées de résidence des titulaires du certificat délivré ;

2° La date de délivrance du certificat ainsi que la mention et la classe obtenues.

Cet organisme centralise, vérifie et consolide ces informations pour constituer et tenir à jour le fichier national des travailleurs hyperbares. Il détermine les modalités pratiques de transmission de ces informations et les porte à la connaissance des organismes de formation mentionnés à l'article R. 4461-29. Il transmet dans un rapport annuel au ministre chargé du travail les éléments statistiques et informations relatifs à ce fichier.

Dans le cadre de leur mission de contrôle, les agents des services de l'inspection du travail et les services déconcentrés de l'État chargés des sports, de l'intérieur et de la mer ont accès sur demande à ces informations individuelles nominatives.

Sous-section 3. Habilitation, accréditation et certification

§ 1. Habilitation

Art. R. 4461-32. I. – La demande d'habilitation des organismes de formation, mentionnés au 1° de l'article R. 4461-29, est adressée, par pli recommandé avec demande d'avis de réception, aux services centraux compétents des ministères chargés :

1° De la sécurité civile et de l'intérieur pour ce qui concerne la mention B « secours et sécurité » ;

2° De la culture pour ce qui concerne la mention B « archéologie sous-marine et subaquatique ».

II. – Ce dossier comprend des informations relatives :

1° À l'identification de l'organisme ;

2° Aux catégories d'intervention pour lesquelles l'habilitation est demandée ;

3° Aux moyens mis en œuvre ;

4° Aux modalités de financement de ces formations.

Le dossier est réputé complet, si le service instructeur a délivré un accusé de réception ou n'a pas fait connaître, dans le délai d'un mois à compter de sa réception, au demandeur, par lettre recommandée avec demande d'avis de réception, la liste des pièces manquantes ou incomplètes.

L'autorité administrative compétente se prononce dans un délai de deux mois à compter de la présentation d'une demande complète. L'habilitation est réputée acquise au terme de ce délai. En cas d'octroi de l'habilitation, l'autorité administrative compétente en informe l'organisme désigné à l'article R. 4461-29.

III. – L'habilitation est valable pour une durée de trois ans. Elle peut être renouvelée par l'autorité administrative compétente, pour une durée identique, sur demande du titulaire de l'habilitation adressée au plus tard quatre mois avant sa date d'expiration, par lettre recommandée avec demande d'avis de réception. Les dispositions du II s'appliquent à ces demandes de renouvellement.

Art. R. 4461-33. Pour délivrer l'habilitation mentionnée au 1° de l'article R. 4461-29, l'autorité administrative compétente s'assure en particulier que les modalités et conditions d'organisation répondent aux exigences fixées par les arrêtés mentionnés à l'article R. 4461-30.

Lorsque les modalités et conditions d'organisation ne répondent plus aux exigences fixées par les arrêtés mentionnés à l'article R. 4461-30, l'autorité administrative compétente retire l'habilitation délivrée.

Le retrait est prononcé par décision motivée après l'expiration d'un délai de trente jours suivant la notification d'une mise en demeure au titulaire de l'habilitation précisant les griefs formulés à son encontre.

Art. R. 4461-34. Toutes les modifications portant sur les 2°, 3° et 4° du II de l'article R. 4461-32 sont subordonnées à une autorisation préalable après avoir été transmises à l'autorité administrative compétente par pli recommandé avec demande d'avis de réception. Le silence gardé par l'autorité administrative compétente pendant un délai de trente jours à compter de la date de délivrance de l'accusé de réception du pli recommandé vaut acceptation de ces modifications.

Les modifications portant sur le 1° du II de l'article R. 4461-32 font l'objet d'une déclaration annuelle.

Art. R. 4461-35. L'habilitation mentionnée au 1° de l'article R. 4461-29 délivrée par l'autorité administrative compétente devient caduque si :

1° L'organisme de formation n'a pas mis en œuvre de formation dans les douze mois qui suivent sa délivrance ;

2° L'organisme de formation n'a pas mis en œuvre de formation pendant douze mois consécutifs.

Toutefois, les dispositions des 1° et 2° ne trouvent pas à s'appliquer lorsque l'autorité administrative compétente prend une décision en ce sens en raison de circonstances particulières.

§ 2. Accréditation et certification

Art. R. 4461-36. Pour obtenir l'accréditation prévue au 2° de l'article R. 4461-29, l'organisme candidat doit remplir les conditions prévues par le référentiel d'accréditation défini par le Comité français d'accréditation (COFRAC) mentionné à l'article R. 4724-1.

Des arrêtés conjoints du ministre chargé du travail et, chacun en ce qui le concerne, des ministres intéressés déterminent les garanties minimales que doivent présenter les organismes de formation mentionnés au 2° de l'article R. 4461-29, notamment en ce qui concerne :

1° La qualification des personnes chargées de la formation ;

2° Les méthodes et capacités pédagogiques adaptées au but poursuivi ;

3° La capacité d'évaluation préalable des candidats au regard de leur compétence professionnelle ou de leur diplôme ;

4° La capacité de se conformer au référentiel de formation comprenant les éléments figurant au I du R. 4461-30 ;

5° La capacité à assurer un contrôle des connaissances et des acquis.

SECTION 5. **Organisation des interventions et travaux en milieu hyperbare**

Sous-section 1. **Dispositions communes**

Art. R. 4461-37. Les interventions et travaux en milieu hyperbare ne peuvent être effectuées par une personne seule sans surveillance.

Art. R. 4461-38. En application des dispositions réglementaires qui s'appliquent à son établissement, prévues à l'article R. 4461-6, l'employeur adapte la composition de l'équipe d'intervention ou de travaux en fonction de la nature et de l'ampleur du risque.

Art. R. 4461-39. L'employeur s'assure que les méthodes et conditions d'intervention et d'exécution des travaux sont consignées sur le livret individuel hyperbare de chaque travailleur, mentionné au IV de l'article R. 4461-28.

Sous-section 2. **Dispositions spécifiques aux interventions en milieu hyperbare**

§ 1. Équipe d'intervention

Art. R. 4461-40. Les équipes réalisant une intervention en milieu hyperbare, mentionnée au 2° de l'article R. 4461-1, sont constituées d'au moins deux personnes :

1° Un opérateur intervenant en milieu hyperbare titulaire du certificat d'aptitude à l'hyperbarie ;

2° Un surveillant, formé pour donner en cas d'urgence les premiers secours, qui veille à la sécurité des travailleurs intervenant en milieu hyperbare à partir d'un lieu adapté soumis à la pression atmosphérique locale et regroupant les moyens de communication, d'alerte et de secours.

Art. R. 4461-41. Au cours d'une intervention en milieu hyperbare, les travailleurs peuvent occuper alternativement des fonctions différentes au sein de l'équipe sous réserve qu'ils aient les compétences et aptitudes requises conformément au 1° de l'article R. 4461-7.

§ 2. Interventions en apnée

Art. R. 4461-42. I. – La pratique de l'apnée est autorisée pour les travailleurs disposant d'un certificat d'aptitude mention B « activités physiques ou sportives ». Les conditions d'exercice de cette pratique sont celles déterminées au chapitre II du titre II du livre III du code du sport.

II. – Pour les travailleurs titulaires d'un certificat comportant une autre des mentions B visées au II de l'article R. 4461-28, la pratique de l'apnée est autorisée sous réserve que la pression relative d'exposition ne soit pas supérieure à 1 000 hectopascals.

Des arrêtés conjoints des ministres chargés du travail, et, chacun en ce qui le concerne, des ministres intéressés précisent les activités ouvertes à cette pratique et les conditions et modalités d'exercice des interventions en apnée.

Sous-section 3. Dispositions spécifiques aux travaux en milieu hyperbare

Art. R. 4461-43. Les travaux en milieu hyperbare, mentionnés au 1° de l'article R. 4461-1, ne peuvent être effectués que par des entreprises ayant obtenu un certificat délivré par un organisme de certification, accrédité dans les conditions de l'article R. 4724-1.

Art. R. 4461-44. Les entreprises de travail temporaire qui mettent à disposition des travailleurs pour la réalisation de travaux mentionnés à l'article R. 4461-43 sont soumises aux obligations de ce même article.

§ 1. Équipe de travaux

Art. R. 4461-45. Les équipes réalisant des travaux en milieu hyperbare, mentionnés au 1° de l'article R. 4461-1, sont constituées d'au moins trois personnes entre lesquelles sont réparties les cinq fonctions suivantes :

1° Un opérateur intervenant en milieu hyperbare, titulaire du certificat d'aptitude à l'hyperbarie mentionné à l'article R. 4461-27 ;

2° Un aide opérateur chargé de l'environnement de travail de l'opérateur, titulaire du certificat d'aptitude à l'hyperbarie mentionné à l'article R. 4461-27 ;

3° Un opérateur de secours chargé, en cas de situation anormale de travail, de prêter assistance à l'opérateur intervenant en milieu hyperbare ;

4° Un surveillant qui veille à la sécurité des travailleurs intervenant en milieu hyperbare à partir d'un lieu adapté soumis à la pression atmosphérique locale et regroupant les moyens de communication, d'alerte et de secours et chargé notamment de la gestion des paramètres du milieu hyperbare et de la communication avec l'opérateur ;

5° Un chef d'opération hyperbare chargé, sous la responsabilité de l'employeur, de s'assurer de la mise en œuvre des mesures de prévention des risques prévues dans le manuel de sécurité hyperbare sur le site et de la coordination de l'équipe. Il s'assure que les méthodes et conditions d'intervention sont consignées sur le livret individuel hyperbare de chaque travailleur.

Art. R. 4461-46. Au cours de travaux en milieu hyperbare, les travailleurs peuvent occuper alternativement des fonctions différentes au sein de l'équipe sous réserve qu'ils aient les compétences requises conformément au 1° de l'article R. 4461-7.

Dans les conditions prévues au 4° de l'article R. 4461-6, les fonctions suivantes peuvent être cumulées au sein d'une même équipe de travaux :

Chef d'opération hyperbare et surveillant ;

Aide opérateur et opérateur de secours.

§ 2. Équipements de travail

Art. R. 4461-47. L'équipement de travail s'entend comme comprenant l'ensemble des éléments permettant :

1° L'exécution de travaux en situation d'hyperbarie ;

2° La surveillance des travailleurs en situation d'hyperbarie ;

3° La production, le transfert, le stockage, la distribution et le contrôle des gaz respiratoires ;

4° Les secours.

Un arrêté conjoint des ministres chargés du travail et de l'agriculture précise les spécifications techniques et opérationnelles auxquelles doivent satisfaire ces équipements.

§ 3. Dispositif de certification

Art. R. 4461-48. Un arrêté conjoint des ministres chargés du travail, de la mer, de l'intérieur, de l'agriculture et de la culture détermine :

1° Les modalités et conditions d'accréditation des organismes chargés de la certification ;
2° Les modalités et conditions de certification des entreprises en tenant compte de leurs compétences techniques et du secteur d'activité dans lequel elles peuvent intervenir ;
3° La liste des activités ou des catégories d'activités pour lesquelles cette certification est requise.

SECTION 6. Situations exceptionnelles d'interventions et de travaux exécutés en milieu hyperbare

Art. R. 4461-49. Dans le cas de la survenance d'un événement impromptu nécessitant la modification ponctuelle de l'organisation de travail initialement définie, l'employeur peut demander au travailleur de déroger aux pressions maximales autorisées par son certificat d'aptitude à l'hyperbarie, sous réserve de mettre en œuvre les mesures de sécurité nécessaires telles que définies au 3° de l'article R. 4461-7.

Il consigne cette intervention dans le livret individuel hyperbare du travailleur concerné.

Ce travailleur, qui accepte cette intervention, ne peut être conduit à dépasser les valeurs de pression relative maximale suivantes :
1° Pour la classe I : 4000 hectopascals ;
2° Pour la classe II : 6000 hectopascals.

Le refus ne peut être constitutif d'une faute du salarié entraînant une sanction disciplinaire.

LIVRE V

PRÉVENTION DES RISQUES LIÉS À CERTAINES ACTIVITÉS OU OPÉRATIONS

TITRE Ier

TRAVAUX RÉALISÉS DANS UN ÉTABLISSEMENT PAR UNE ENTREPRISE EXTÉRIEURE

Note • Le décret 92-158 du 20 février 1992 (JO 22) (*JCP* éd. E 1992.I.169) fixe les prescriptions particulières d'hygiène et de sécurité applicables aux travaux effectués dans un établissement par une entreprise extérieure. Voir circulaire d'application 93-14 du 18 mars 1993, BO TR 93/10, p. 73 et CE 12 juin 1995, nos 150584 et 150585, *Rec. Lebon*, p. 240, annulant partiellement cette circulaire.

Le décret 77-1321 du 29 novembre 1977 modifié par le décret 82-150 du 10 février 1982 fixant les prescriptions particulières d'hygiène et de sécurité applicables aux travaux effectués dans un établissement par une entreprise extérieure est abrogé, excepté en ce qui concerne les travaux relatifs à la construction et à la réparation navales.

• L'État et les collectivités territoriales doivent respecter les mesures techniques contenues dans le décret du 20 février 1992 et cela, même s'ils ne sont pas visés expressément à l'article L. 231-1 (ancien) CT (lettre min. du 30 juillet 1993 « Les notes de la mission », cah. 23, oct. 93, doc. 3-609).

• Les prescriptions du décret du 29 novembre 1977, abrogé et remplacé par le décret du 20 février 1992, ne font pas obstacle à l'application des dispositions générales du code du travail relatives à l'hygiène, à la sécurité et aux conditions de travail (cass. crim. 8 novembre 1994, n° 93-81.274, B. crim. n° 355 ; *RJS* 1/95 n° 31).

• Les prescriptions particulières d'hygiène et de sécurité prévues par le décret du 29 novembre 1977, alors en vigueur, ne sont applicables qu'aux travaux exécutés dans un établissement d'une entreprise, ou dans ses dépendances ou chantiers, par une entreprise extérieure. Ont méconnu ce texte les juges qui ont écarté l'argumentation du directeur d'une société « E » faisant valoir que le décret précité n'était pas applicable aux faits de la cause, alors que l'intervention de la société « E » dans les locaux de la société « F » n'avait pas pour objet l'exécution de travaux, au sens de l'article 1er du décret du 29 novembre 1977, mais la fourniture d'une prestation de services (gestion du restaurant d'entreprise de la société « F ») hors du champ d'application dudit décret (cass. crim. 5 mars 1997, n° 95-82.532, B. crim. n° 89).

• Les prescriptions du décret du 29 novembre 1977 abrogé et remplacé par le décret du 20 février 1992 n'exonèrent pas le sous-traitant de l'obligation de veiller au respect des prescriptions réglementaires assurant la protection de ses salariés lui incombant personnellement (cass. crim. 20 septembre 1994, n° 94-80.017, *RJS* 1/95 n° 30).

CHAPITRE Ier

Dispositions générales

Art. L. 4511-1. Les règles de prévention des risques pour la santé et la sécurité des travailleurs, liés aux travaux réalisés dans un établissement par une entreprise extérieure, sont déterminées par décret en Conseil d'État pris en application des articles L. 4111-6 et L. 4611-8.

SECTION 1. Champ d'application

Art. R. 4511-1. Les dispositions du présent titre s'appliquent au chef de l'entreprise utilisatrice et au chef de l'entreprise extérieure lorsqu'une entreprise extérieure fait intervenir des travailleurs pour exécuter ou participer à l'exécution d'une opération, quelle que soit sa nature, dans un établissement d'une entreprise utilisatrice, y compris dans ses dépendances ou chantiers.

Art. R. 4511-2. Les dispositions du présent titre ne s'appliquent pas aux travaux relatifs à la construction et à la réparation navales.

Art. R. 4511-3. Les dispositions du présent titre ne s'appliquent pas aux chantiers de bâtiment ou de génie civil soumis à l'obligation de coordination prévue à l'article L. 4532-2, ni aux autres chantiers clos et indépendants.

Toutefois, le chef de l'entreprise utilisatrice coopère avec le coordonnateur en matière de sécurité et de protection de la santé, dans les conditions fixées à l'article R. 4532-14.

Lorsque ces chantiers sont soumis à l'obligation d'établir un plan général de coordination en matière de sécurité et de protection de la santé prévu à l'article L. 4532-8, le chef de l'entreprise utilisatrice reçoit copie de ce plan et participe, sur sa demande, aux travaux du collège interentreprises de sécurité, de santé et des conditions de travail, s'il en existe un.

Art. R. 4511-4. On entend par opération, au sens du présent titre, les travaux ou prestations de services réalisés par une ou plusieurs entreprises afin de concourir à un même objectif.

SECTION 2. Coordination de la prévention

Art. R. 4511-5. Le chef de l'entreprise utilisatrice assure la coordination générale des mesures de prévention qu'il prend et de celles que prennent [prend] l'ensemble des chefs des entreprises extérieures intervenant dans son établissement.

Art. R. 4511-6. Chaque chef d'entreprise est responsable de l'application des mesures de prévention nécessaires à la protection des travailleurs qu'il emploie.

Art. R. 4511-7. La coordination générale des mesures de prévention a pour objet de prévenir les risques liés à l'interférence entre les activités, les installations et matériels des différentes entreprises présentes sur un même lieu de travail.

Art. R. 4511-8. Au titre de la coordination générale des mesures de prévention, le chef de l'entreprise utilisatrice alerte le chef de l'entreprise extérieure intéressée lorsqu'il est informé d'un danger grave concernant un des travailleurs de cette entreprise, même s'il estime que la cause du danger est exclusivement le fait de cette entreprise, afin que les mesures de prévention nécessaires puissent être prises par l'employeur intéressé.

En outre, il demande au propriétaire de l'établissement les dossiers techniques regroupant les informations relatives à la recherche et à l'identification des matériaux contenant de l'amiante prévus aux articles R. 1334-22, R. 1334-27 et R. 1334-28 du code de la santé publique. Il communique ces documents au chef de l'entreprise extérieure intervenant dans l'établissement.

Art. R. 4511-9. Pour l'application des dispositions du présent titre, le chef de l'entreprise extérieure ne peut déléguer ses attributions qu'à un travailleur doté de l'autorité, de la compétence et des moyens nécessaires.

Ce dernier est désigné, lorsque c'est possible, parmi un des travailleurs appelés à participer à l'exécution des opérations prévues dans l'établissement de l'entreprise utilisatrice.

Art. R. 4511-10. Les chefs des entreprises extérieures font connaître par écrit à l'entreprise utilisatrice :

1° La date de leur arrivée et la durée prévisible de leur intervention ;
2° Le nombre prévisible de travailleurs affectés ;
3° Le nom et la qualification de la personne chargée de diriger l'intervention ;
4° Les noms et références de leurs sous-traitants, le plus tôt possible et en tout état de cause avant le début des travaux dévolus à ceux-ci ;
5° L'identification des travaux sous-traités.

Art. R. 4511-11. Le chef de l'entreprise utilisatrice et les chefs des entreprises extérieures tiennent les informations mentionnées à l'article R. 4511-10 à la disposition :

1° Du comité d'hygiène, de sécurité et des conditions de travail compétent ;

2° Des médecins du travail compétents ;

3° De l'inspection du travail ;

4° Des agents des services de prévention des organismes de sécurité sociale ;

5° Le cas échéant, des agents de l'Organisme professionnel de prévention du bâtiment et des travaux publics.

Art. R. 4511-12. Les chefs des entreprises extérieures fournissent à l'inspection du travail, sur sa demande, l'état des heures réellement passées à l'exécution de l'opération par les travailleurs qui y sont affectés.

CHAPITRE II

Mesures préalables à l'exécution d'une opération

[Le présent chapitre ne comprend pas de dispositions législatives.]

SECTION 1. Dispositions générales

Art. R. 4512-1. Lorsque, après le début de l'intervention, une entreprise extérieure recourt à de nouveaux sous-traitants, les procédures prévues par le présent chapitre sont à nouveau applicables à ces derniers.

SECTION 2. Inspection commune préalable

Art. R. 4512-2. Il est procédé, préalablement à l'exécution de l'opération réalisée par une entreprise extérieure, à une inspection commune des lieux de travail, des installations qui s'y trouvent et des matériels éventuellement mis à disposition des entreprises extérieures.

Note Toutes les entreprises concourant à l'exécution d'une même opération, au sens de l'article R. 237-1, al. 5 (ancien) CT, doivent participer de manière simultanée à l'inspection préalable dont l'objet est d'assurer leur information réciproque dans l'intérêt de la sécurité des travailleurs (cass. crim. 16 février 1999, n° 97-86.290, B. crim. n° 24 ; *RJS* 4/99 n° 528).

Art. R. 4512-3. Au cours de l'inspection commune préalable, le chef de l'entreprise utilisatrice :

1° Délimite le secteur de l'intervention des entreprises extérieures ;

2° Matérialise les zones de ce secteur qui peuvent présenter des dangers pour les travailleurs ;

3° Indique les voies de circulation que pourront emprunter ces travailleurs ainsi que les véhicules et engins de toute nature appartenant aux entreprises extérieures ;

4° Définit les voies d'accès de ces travailleurs aux locaux et installations à l'usage des entreprises extérieures prévus à l'article R. 4513-8.

Art. R. 4512-4. Le chef de l'entreprise utilisatrice communique aux chefs des entreprises extérieures ses consignes de sécurité applicables aux travailleurs chargés d'exécuter l'opération, y compris durant leurs déplacements.

Art. R. 4512-5. Les employeurs se communiquent toutes informations nécessaires à la prévention des risques, notamment la description des travaux à accomplir, des matériels utilisés et des modes opératoires dès lors qu'ils ont une incidence sur la santé et la sécurité.

SECTION 3. Plan de prévention

Art. R. 4512-6. Au vu des informations et éléments recueillis au cours de l'inspection commune préalable, les chefs des entreprises utilisatrice et extérieures procèdent en commun à une analyse des risques pouvant résulter de l'interférence entre les activités, installations et matériels.

Art. L. 4511-1.

Lorsque ces risques existent, les employeurs arrêtent d'un commun accord, avant le début des travaux, un plan de prévention définissant les mesures prises par chaque entreprise en vue de prévenir ces risques.

Note • Le directeur d'un établissement qui n'avait pas délégué ses pouvoirs en matière de sécurité ayant commis une faute personnelle en relation avec le décès d'un salarié d'une entreprise effectuant des travaux de maintenance sur un mélangeur de l'établissement en omettant d'établir un plan de prévention avec le dirigeant de l'entreprise extérieure préalablement à l'exécution des travaux et en ne fournissant pas d'instructions précises à l'ensemble des intervenants pour assurer la mise hors tension de cet appareil pendant toute la durée des travaux, une cour d'appel a justifié sa décision déclarant ce directeur coupable d'homicide involontaire et d'infractions aux règles de sécurité (cass. crim. 12 mai 1998, n° 97-82.188, B. crim. n° 159 ; *RJS* 10/98 n° 1234).

• A justifié sa décision la cour d'appel qui a condamné le président d'une entreprise utilisatrice pour homicide involontaire par inobservation des règlements, pour n'avoir pas établi par écrit un plan de prévention avec le responsable d'une société extérieure avant l'exécution des travaux. Il résulte de ses constatations que l'établissement d'un plan de sécurité aurait permis d'éviter l'accident et qu'en ne faisant pas établir ce plan, le prévenu a commis une faute caractérisée au sens des dispositions de l'article 121-3, al. 4 c. pén. dans leur rédaction issue de la loi du 10 juillet 2000 (cass. crim. 10 octobre 2000, n° 99-87.280, *RJS* 4/01 n° 464).

• Sur la faute caractérisée du dirigeant d'une entreprise donneuse d'ordres poursuivi pour n'avoir pas préalablement aux travaux procédé à l'inspection des lieux, à l'analyse des risques et au plan de prévention des risques, voir notamment cass. crim. 2 octobre 2001, n° 00-86.917.

• Selon les articles 2 et 3 du code de procédure pénale, le droit d'exercer l'action civile devant la juridiction pénale n'appartient qu'à ceux qui ont personnellement souffert du dommage directement causé par l'infraction. A méconnu ces dispositions la cour d'appel qui, dans des poursuites engagées contre le directeur de production d'une entreprise et le gérant de l'entreprise intervenante sur le fondement des articles R. 237-7 et R. 237-8 (anciens) CT pour absence d'analyse des risques et non-établissement d'un plan de prévention, admet la recevabilité de l'action civile des salariés au motif que cette infraction a été directement la cause de l'incendie ayant détruit les locaux de l'entreprise où ils étaient employés, alors qu'elle n'était pas la cause directe du préjudice invoqué par eux, lié à la perte de leur emploi (cass. crim. 13 mars 2001, n° 00-82.581, B. crim. n° 62 ; *RJS* 7/07 n° 876).

Art. R. 4512-7. Le plan de prévention est établi par écrit et arrêté avant le commencement des travaux dans les deux cas suivants :

1° Dès lors que l'opération à réaliser par les entreprises extérieures, y compris les entreprises sous-traitantes auxquelles elles peuvent faire appel, représente un nombre total d'heures de travail prévisible égal au moins à 400 heures sur une période inférieure ou égale à douze mois, que les travaux soient continus ou discontinus. Il en est de même dès lors qu'il apparaît, en cours d'exécution des travaux, que le nombre d'heures de travail doit atteindre 400 heures ;

2° Quelle que soit la durée prévisible de l'opération, lorsque les travaux à accomplir sont au nombre des travaux dangereux figurant sur une liste fixée, respectivement, par arrêté du ministre chargé du travail et par arrêté du ministre chargé de l'agriculture.

Note • Voir arrêtés du 19 mars 1993 (JO 27) et du 10 mai 1994 (JO 20) [établissements agricoles] fixant la liste des travaux dangereux pour lesquels il est établi par écrit un plan de prévention.

• Il résulte de la combinaison des articles R. 237-1, dern. al., et R. 237-8, al. 2 (anciens) CT que les travaux dangereux visés par le second de ces textes concernent l'ensemble des prestations nécessaires à la réalisation de l'opération. Par ailleurs, les motifs de l'arrêt, dont il se déduit que l'utilisation du serre-joint défectueux, inadaptée en l'espèce, aurait été nécessairement écartée si le plan de prévention avait été établi, caractérisent le lien de causalité entre le non-respect de la réglementation spéciale de sécurité reproché au prévenu (non-établissement notamment d'un plan de prévention) et les dommages subis par le salarié en raison de la chute de la pièce (cass. crim. 4 août 1998, n° 97-85.021, B. crim. n° 223).

• Sur l'absence de plan de prévention écrit dans lequel auraient pu être définis les moyens de nature à éviter la chute de la victime lors d'un accident dû à l'impréparation du chantier, voir cass. crim. 3 avril 2002, n° 01-83.160, B. crim. n° 77.

• Encourt la cassation l'arrêt infirmant le jugement ayant déclaré coupables un employeur et son chef d'agence, alors qu'il appartenait à la cour de rechercher si, indépendamment de la faute retenue à la charge de la victime (déplacement, sans la replier, de l'échelle pour aller élaguer l'arbre suivant), que les juges ne qualifiaient pas d'exclusive, d'une part, l'absence sur le chantier de personne compétente ayant pour unique fonction de s'assurer que les salariés ne franchissaient pas la limite de la zone de travail et, d'autre part, le défaut de justification écrite des raisons impérieuses empêchant la mise hors tension des lignes électriques et d'établissement d'un plan de prévention écrit n'avaient pas concouru à la réalisation de l'accident (cass. crim. 10 mai 2006, n° 05-85.387).

Art. R. 4512-8. Les mesures prévues par le plan de prévention comportent au moins les dispositions suivantes :

1° La définition des phases d'activité dangereuses et des moyens de prévention spécifiques correspondants ;

2° L'adaptation des matériels, installations et dispositifs à la nature des opérations à réaliser ainsi que la définition de leurs conditions d'entretien ;

3° Les instructions à donner aux travailleurs ;

4° L'organisation mise en place pour assurer les premiers secours en cas d'urgence et la description du dispositif mis en place à cet effet par l'entreprise utilisatrice ;

5° Les conditions de la participation des travailleurs d'une entreprise aux travaux réalisés par une autre en vue d'assurer la coordination nécessaire au maintien de la sécurité et, notamment, de l'organisation du commandement.

Art. R. 4512-9. Chaque entreprise concernée fournit la liste des postes occupés par les travailleurs susceptibles de relever de la surveillance médicale renforcée prévue par l'article R. 4624-19 ou, s'il s'agit d'un salarié agricole, par l'article R. 717-16 du code rural ***(Ord. 2010-462 du 6 mai 2010, JO 7)*** « et de la pêche martime », en raison des risques liés aux travaux réalisés dans l'entreprise utilisatrice. Cette liste figure dans le plan de prévention.

Art. R. 4512-10. Le plan de prévention fixe la répartition des charges d'entretien entre les entreprises extérieures dont les travailleurs utilisent les locaux et installations prévus à l'article R. 4513-8 et mis à disposition par l'entreprise utilisatrice.

Art. R. 4512-11. Les dossiers techniques regroupant les informations relatives à la recherche et à l'identification des matériaux contenant de l'amiante prévus aux articles R. 1334-22, R. 1334-27 et R. 1334-28 du code de la santé publique sont joints au plan de prévention

Art. R. 4512-12. Lorsque l'établissement d'un plan de prévention par écrit est obligatoire, en application de l'article R. 4512-7 :

1° Ce plan est tenu, pendant toute la durée des travaux, à la disposition de l'inspection du travail, des agents de prévention des organismes de sécurité sociale et, le cas échéant, de l'Organisme professionnel de prévention du bâtiment et des travaux publics ;

2° Le chef de l'entreprise utilisatrice informe par écrit l'inspection du travail de l'ouverture des travaux.

SECTION 4. Travail isolé

Art. R. 4512-13. Lorsque l'opération est réalisée de nuit ou dans un lieu isolé ou à un moment où l'activité de l'entreprise utilisatrice est interrompue, le chef de l'entreprise extérieure intéressé prend les mesures nécessaires pour qu'aucun travailleur ne travaille isolément en un point où il ne pourrait être secouru à bref délai en cas d'accident.

Art. R. 4512-14. Pour les travaux accomplis dans un établissement agricole, les dispositions de l'article R. 4512-13 ne s'appliquent qu'aux travaux réalisés dans les locaux de l'exploitation, de l'entreprise ou de l'établissement ou à proximité de ceux-ci.

SECTION 5. Information des travailleurs

Art. R. 4512-15. Avant le début des travaux et sur le lieu même de leur exécution, le chef de l'entreprise extérieure fait connaître à l'ensemble des travailleurs qu'il affecte à ces travaux les dangers spécifiques auxquels ils sont exposés et les mesures de prévention prises en application du présent titre.

Il précise notamment les zones dangereuses ainsi que les moyens adoptés pour les matérialiser. Il explique l'emploi des dispositifs collectifs et individuels de protection.

Il montre à ces travailleurs les voies à emprunter pour accéder au lieu d'intervention et le quitter, pour accéder aux locaux et installations mis à leur disposition ainsi que, s'il y a lieu, les issues de secours.

Art. R. 4512-16. Le temps consacré à l'information des travailleurs est assimilé à du temps de travail effectif.

CHAPITRE III

Mesures à prendre pendant l'exécution des opérations

[Le présent chapitre ne comprend pas de dispositions législatives.]

SECTION 1. Inspections et réunions périodiques de coordination

Art. R. 4513-1. Pendant l'exécution des opérations, chaque entreprise met en œuvre les mesures prévues par le plan de prévention.

Le chef de l'entreprise utilisatrice s'assure auprès des chefs des entreprises extérieures que les mesures décidées sont exécutées. Il coordonne les mesures nouvelles à prendre lors du déroulement des travaux.

Art. R. 4513-2. Le chef de l'entreprise utilisatrice organise, avec les chefs des entreprises extérieures qu'il estime utile d'inviter, des inspections et réunions périodiques, selon une périodicité qu'il définit, afin d'assurer, en fonction des risques ou lorsque les circonstances l'exigent :

1° Soit la coordination générale dans l'enceinte de l'entreprise utilisatrice ;

2° Soit la coordination des mesures de prévention pour une opération donnée ;

3° Soit la coordination des mesures rendues nécessaires par les risques liés à l'interférence entre deux ou plusieurs opérations.

Art. R. 4513-3. Les chefs des entreprises intéressées par les opérations en cause sont informés de la date à laquelle se tiennent les inspections et réunions périodiques de coordination.

Lorsqu'ils l'estiment nécessaire en fonction des risques, les chefs des entreprises extérieures qui ne sont pas conviés participent, sur leur demande, aux réunions et inspections organisées par l'entreprise utilisatrice.

En l'absence de réunion ou d'inspection, les chefs des entreprises extérieures peuvent, lorsqu'ils l'estiment nécessaire pour la sécurité des travailleurs, demander au chef de l'entreprise utilisatrice d'organiser de telles réunions ou inspections.

Art. R. 4513-4. Les mesures prises lors de la coordination font l'objet d'une mise à jour du plan de prévention.

Art. R. 4513-5. Lorsque l'ensemble des opérations des entreprises extérieures présentes dans l'établissement conduit à l'emploi de travailleurs pour une durée totale supérieure à 90 000 heures pour les douze mois à venir, les inspections et réunions périodiques de coordination se tiennent au moins tous les trois mois.

Ces dispositions s'appliquent, y compris lorsque sont mises en œuvre les dispositions des deuxième et troisième alinéas de l'article R. 4513-3.

Art. R. 4513-6. Lorsque de nouveaux travailleurs sont affectés à l'exécution des travaux en cours d'opération, le chef de l'entreprise extérieure en informe le chef de l'entreprise utilisatrice.

Le chef de l'entreprise ***(D. 2009-289 du 13 mars 2009, JO 15)*** « extérieure » est tenu, à l'égard de ces travailleurs, aux obligations d'information prévues à l'article R. 4512-15.

Art. R. 4513-7. Le chef de l'entreprise utilisatrice s'assure auprès des chefs des entreprises extérieures qu'ils ont donné aux travailleurs des instructions appropriées aux risques liés à la présence dans son établissement de plusieurs entreprises.

SECTION 2. Locaux et installations à l'usage des entreprises extérieures

Art. R. 4513-8. Les installations sanitaires, les vestiaires collectifs et les locaux de restauration sont mis par l'entreprise utilisatrice à la disposition des entreprises extérieures présentes dans l'établissement, excepté lorsque ces dernières mettent en place un dispositif équivalent.

Des installations supplémentaires sont mises en place, si nécessaire, sur la base de l'effectif moyen des travailleurs des entreprises extérieures devant être employés au cours de l'année à venir de manière habituelle dans l'établissement de l'entreprise utilisatrice.

SECTION 3. Surveillance médicale

Art. R. 4513-9. Lorsque l'établissement d'un plan de prévention par écrit est obligatoire, en application de l'article R. 4512-7, ce plan est tenu à la disposition du médecin du travail de l'entreprise utilisatrice et des médecins du travail des entreprises extérieures intéressées.

Ceux-ci sont informés de ses mises à jour.

Le plan de prévention et ses mises à jour leur sont communiqués sur leur demande.

Art. R. 4513-10. Le médecin du travail de l'entreprise extérieure communique au médecin du travail de l'entreprise utilisatrice, sur demande de ce dernier, les éléments du dossier médical individuel des travailleurs de l'entreprise extérieure qui lui sont nécessaires.

Le médecin du travail de l'entreprise utilisatrice fournit au médecin du travail de l'entreprise extérieure, sur demande de ce dernier, les indications sur les risques particuliers que présentent les travaux pour la santé des travailleurs intéressés de l'entreprise extérieure.

Art. R. 4513-11. Le médecin du travail de l'entreprise utilisatrice assure, pour le compte de l'entreprise extérieure, la réalisation des examens complémentaires rendus nécessaires par la nature et la durée des travaux réalisés par le travailleur de l'entreprise extérieure dans l'entreprise utilisatrice.

Les résultats sont communiqués au médecin du travail de l'entreprise extérieure, notamment en vue de la détermination de l'aptitude médicale du salarié.

Art. R. 4513-12. Par accord entre les chefs de l'entreprise utilisatrice et de l'entreprise extérieure et les médecins du travail intéressés, l'examen périodique prévu aux articles R. 4624-16 et suivants et, pour les salariés agricole[s], à l'article R. 717-15 du code rural ***(Ord. 2010-462 du 6 mai 2010, JO 7)*** « et de la pêche martime », peut être réalisé par le médecin du travail de l'entreprise utilisatrice pour le compte de l'entreprise extérieure.

Le médecin du travail de l'entreprise utilisatrice communique les résultats au médecin de l'entreprise extérieure, notamment en vue de la détermination de l'aptitude médicale.

Note Cet article est remplacé **à compter du 01.07.2012** par l'article R. 4513-12 en italique ci-dessous.

Art. R. 4513-12. **(D. 2012-135 du 30 janv. 2012, JO 31, entrée en vigueur le 01.07.2012)** *Par accord entre les chefs de l'entreprise utilisatrice et de l'entreprise extérieure et les médecins du travail intéressés, l'examen périodique prévu aux articles R. 4624-16 et R. 4624-17 et pour les salariés agricoles, à l'article R. 717-15 du code rural et de la pêche maritime, peut être réalisé par le médecin du travail de l'entreprise utilisatrice pour le compte de l'entreprise extérieure. Cet accord peut également prévoir que le médecin du travail de l'entreprise utilisatrice et, le cas échéant, les autres membres de l'équipe pluridisciplinaire de santé au travail, mènent les actions sur le milieu de travail prévues aux articles R. 4624-1 et suivants pour le compte des salariés de l'entreprise extérieure.*

Le médecin du travail de l'entreprise utilisatrice communique les résultats au médecin de l'entreprise extérieure, notamment en vue de la détermination de l'aptitude médicale.

Art. R. 4513-13. Les conditions dans lesquelles le médecin du travail de l'entreprise extérieure a accès aux postes de travail occupés ou susceptibles d'être occupés par les travailleurs de l'entreprise extérieure sont fixées entre l'entreprise utilisatrice et l'entreprise extérieure, après avis des médecins du travail intéressés.

Art. L. 4511-1.

CHAPITRE IV

Rôle des institutions représentatives du personnel

[Le présent chapitre ne comprend pas de dispositions législatives.]

SECTION 1. Dispositions communes

Art. R. 4514-1. Les comités d'hygiène, de sécurité et des conditions de travail de l'entreprise utilisatrice et des entreprises extérieures sont informés :

1° De la date de l'inspection commune préalable par les chefs des entreprises intéressées, dès qu'ils en ont connaissance et au plus tard trois jours avant qu'elle ait lieu. En cas d'urgence, ils sont informés sur le champ ;

2° De la date des inspections et réunions périodiques de coordination, au plus tard trois jours avant qu'elles aient lieu. En cas d'urgence, ils sont informés sur le champ ;

3° De toute situation d'urgence et de gravité mentionnée au 3° de l'article L. 4614-6.

Art. R. 4514-2. Lorsque l'établissement d'un plan de prévention par écrit est obligatoire, en application de l'article R. 4512-7, ce plan est tenu à la disposition du comité d'hygiène, de sécurité et des conditions de travail de l'entreprise utilisatrice et de ceux des entreprises extérieures.

Ces comités sont informés de ses mises à jour.

Ce plan et ses mises à jour leur sont communiqués sur leur demande.

Ils reçoivent toutes informations nécessaires à l'exercice de leurs missions.

Art. R. 4514-3. Le comité d'hygiène, de sécurité et des conditions de travail de l'entreprise utilisatrice compétent charge, s'il l'estime nécessaire, un ou plusieurs de ses membres appartenant à la délégation du personnel de participer à l'inspection commune préalable.

Les comités d'hygiène, de sécurité et des conditions de travail des entreprises extérieures intéressées participent, s'ils l'estiment nécessaire, à l'inspection commune préalable, dans les conditions prévues à l'article R. 4514-9.

Les membres des comités désignés pour participer à l'inspection commune préalable émettent un avis sur les mesures de prévention. Cet avis est porté sur le plan de prévention lorsque ce plan doit être établi par écrit.

Note En dehors des hypothèses régies par les articles R. 237-23, R. 237-24 et R. 237-28 [R. 4514-3 et 4 ; R. 4514-8, 9 et 10] CT, aucune disposition législative ou réglementaire ne donne compétence au CHSCT de l'entreprise extérieure pour intervenir dans l'enceinte de l'entreprise utilisatrice. Dès lors, en énonçant que « le CHSCT de l'entreprise extérieure a vocation à effectuer des enquêtes en cas de risques ou d'accident survenu à tout salarié de son entreprise, dans l'enceinte de l'entreprise utilisatrice » et en prévoyant les moyens d'accès à l'entreprise utilisatrice pour les CHSCT des entreprises extérieures, sans que cet accès soit subordonné à l'accord du chef d'entreprise dans les cas non prévus par le décret précité du 20 février 1992, la circulaire 93-14 du 18 mars 1993 édicte une disposition réglementaire entachée d'incompétence (CE 12 juin 1995, n°s 150584 et 150585, *Rec. Lebon* p. 240 ; *JCP* éd. E 1995.II.713).

Art. R. 4514-4. Des inspections et réunions périodiques de coordination sont organisées à la demande motivée de deux représentants du personnel au comité d'hygiène, de sécurité et des conditions de travail de l'entreprise utilisatrice.

À la demande motivée de deux représentants du personnel au comité d'hygiène, de sécurité et des conditions de travail de l'entreprise extérieure, les dispositions prévues aux deuxième et troisième alinéas de l'article R. 4513-3 sont mises en œuvre par le chef de l'entreprise extérieure.

Art. R. 4514-5. Aux lieux d'entrée et de sortie du personnel de l'entreprise utilisatrice sont affichés :

1° Les noms et lieux de travail des membres du comité d'hygiène, de sécurité et des conditions de travail de l'entreprise utilisatrice et des entreprises extérieures ;

2° Le nom du médecin du travail de l'entreprise utilisatrice ;

3° Le lieu où est située l'infirmerie de l'entreprise utilisatrice.

SECTION 2. Comité d'hygiène, de sécurité et des conditions de travail de l'entreprise utilisatrice

Art. R. 4514-6. Le comité d'hygiène, de sécurité et des conditions de travail de l'entreprise utilisatrice charge, s'il l'estime nécessaire, un ou plusieurs de ses membres appartenant à la délégation du personnel de participer aux inspections et réunions périodiques de coordination.

Ces membres émettent un avis sur les mesures de prévention. Cet avis est porté sur le plan de prévention lorsque ce plan doit être établi par écrit.

Art. R. 4514-7. Lorsqu'il peut y avoir des risques liés à l'interférence entre les activités, les installations et matériels des différentes entreprise[s], le comité d'hygiène, de sécurité et des conditions de travail de l'entreprise utilisatrice procède, dans le cadre de ses missions, aux inspections et enquêtes prévues aux articles L. 4612-4 et L. 4612-5, sur les lieux de travail temporairement occupés par des travailleurs d'entreprises extérieures.

Art. R. 4514-7-1. ***(D. 2008-467 du 19 mai 2008, JO 21)*** Les représentants des entreprises extérieures au comité d'hygiène, de sécurité et des conditions de travail de l'entreprise utilisatrice, élargi en application de l'article L. 4523-11, ne sont pas considérés comme appartenant à la délégation du personnel du comité d'hygiène, de sécurité et des conditions de travail de l'entreprise utilisatrice.

SECTION 3. Comité d'hygiène, de sécurité et des conditions de travail de l'entreprise extérieure

Art. R. 4514-8. Le comité d'hygiène, de sécurité et des conditions de travail de l'entreprise extérieure charge, s'il l'estime nécessaire, un ou plusieurs de ses membres appartenant à la délégation du personnel de participer aux inspections et réunions périodiques de coordination, lorsqu'il est prévu que l'entreprise extérieure y participe.

Ces membres émettent un avis sur les mesures de prévention. Cet avis est porté sur le plan de prévention lorsque ce plan doit être établi par écrit.

Art. R. 4514-9. Avant le début des travaux, lorsqu'un représentant du personnel au comité d'hygiène, de sécurité et des conditions de travail est appelé à faire partie de l'équipe intervenant dans l'entreprise utilisatrice et que le comité entend participer à l'inspection commune préalable, en application du deuxième alinéa de l'article R. 4514-3, ce représentant du personnel est désigné pour participer à cette inspection.

Dans le cas contraire, le comité peut désigner un représentant du personnel élu titulaire d'un autre mandat, s'il est appelé à être affecté dans l'entreprise utilisatrice.

Art. R. 4514-10. Les dispositions de l'article R. 4514-9 s'appliquent pendant l'exécution des travaux lorsque le comité d'hygiène, de sécurité et des conditions de travail de l'entreprise extérieure entend faire application du premier alinéa de l'article R. 4514-8.

CHAPITRE V

Dispositions particulières aux opérations de chargement et de déchargement

[Le présent chapitre ne comprend pas de dispositions législatives.]

SECTION 1. Champ d'application

Art. R. 4515-1. Les dispositions du présent chapitre s'appliquent aux opérations de chargement ou de déchargement réalisées par des entreprises extérieures transportant des marchandises, en provenance ou à destination d'un lieu extérieur à l'enceinte de l'entreprise utilisatrice, dite « entreprise d'accueil ».

Elles dérogent aux dispositions relatives :

1° À la transmission à l'inspection du travail de l'état des heures passées à l'exécution de l'opération, prévue à l'article R. 4511-12 ;

2° À l'inspection commune préalable prévue aux articles R. 4512-2 à R. 4512-5 ;

3° Au plan de prévention prévu aux articles R. 4512-6 à R. 4512-11 ;

4° À l'information et à la communication au comité d'hygiène, de sécurité et des conditions de travail des renseignements et documents prévues aux articles R. 4514-1 et R. 4514-2.

Art. R. 4515-2. On entend par opération de chargement ou de déchargement, l'activité concourant à la mise en place ou à l'enlèvement sur ou dans un engin de transport routier, de produits, fonds et valeurs, matériels ou engins, déchets, objets et matériaux de quelque nature que ce soit.

Art. R. 4515-3. On entend par opérations de chargement ou de déchargement à caractère répétitif, celles qui portent sur des produits ou substances de même nature, sont accomplies sur les mêmes emplacements, selon le même mode opératoire, et mettent en œuvre les mêmes types de véhicules et de matériels de manutention.

SECTION 2. Protocole de sécurité

Art. R. 4515-4. Les opérations de chargement ou de déchargement font l'objet d'un document écrit, dit « protocole de sécurité », remplaçant le plan de prévention.

Art. R. 4515-5. Le protocole de sécurité comprend les informations utiles à l'évaluation des risques de toute nature générés par l'opération ainsi que les mesures de prévention et de sécurité à observer à chacune des phases de sa réalisation.

Art. R. 4515-6. Pour l'entreprise d'accueil, le protocole de sécurité comprend, notamment, les informations suivantes :

1° Les consignes de sécurité, particulièrement celles qui concernent l'opération de chargement ou de déchargement ;

2° Le lieu de livraison ou de prise en charge, les modalités d'accès et de stationnement aux postes de chargement ou de déchargement accompagnées d'un plan et des consignes de circulation ;

3° Les matériels et engins spécifiques utilisés pour le chargement ou le déchargement ;

4° Les moyens de secours en cas d'accident ou d'incident ;

5° L'identité du responsable désigné par l'entreprise d'accueil, auquel l'employeur ***(D. 2009-289 du 13 mars 2009, JO 15)*** « délègue, le cas échéant, ses attributions ».

Art. R. 4515-7. Pour le transporteur, le protocole de sécurité décrit, notamment :

1° Les caractéristiques du véhicule, son aménagement et ses équipements ;

2° La nature et le conditionnement de la marchandise ;

3° Les précautions ou sujétions particulières résultant de la nature des substances ou produits transportés, notamment celles imposées par la réglementation relative au transport de matières dangereuses.

Art. R. 4515-8. Le protocole de sécurité est établi dans le cadre d'un échange entre les employeurs intéressés, préalablement à la réalisation de l'opération.

Chacune des opérations ne revêtant pas le caractère répétitif défini à l'article R. 4515-3 donne lieu à un protocole de sécurité spécifique.

Art. R. 4515-9. Les opérations de chargement ou de déchargement impliquant les mêmes entreprises et revêtant un caractère répétitif font l'objet d'un seul protocole de sécurité établi préalablement à la première opération.

Ce protocole de sécurité reste applicable aussi longtemps que les employeurs intéressés considèrent que les conditions de déroulement des opérations n'ont subi aucune modification significative, dans l'un quelconque de leurs éléments constitutifs.

Art. R. 4515-10. Lorsque le prestataire ne peut pas être identifié préalablement par l'entreprise d'accueil ou lorsque l'échange préalable n'a pas permis de réunir toutes les informations nécessaires, par dérogation aux dispositions de l'article R. 4515-8, l'employeur de l'entreprise d'accueil fournit et recueille par tout moyen approprié les éléments qui se rapportent au protocole de sécurité.

Art. R. 4515-11. Les chefs d'établissement des entreprises d'accueil et de transport tiennent un exemplaire de chaque protocole de sécurité, daté et signé, à la disposition :

1° Des comités d'hygiène, de sécurité et des conditions de travail des entreprises intéressées ;

2° De l'inspection du travail.

TITRE II

INSTALLATIONS NUCLÉAIRES DE BASE ET INSTALLATIONS SUSCEPTIBLES DE DONNER LIEU À DES SERVITUDES D'UTILITÉ PUBLIQUE

CHAPITRE Ier

Champ d'application

Art. L. 4521-1. Les dispositions du présent titre sont applicables dans les établissements comprenant au moins une installation nucléaire de base au sens de la loi n° 2006-686 du 13 juin 2006 relative à la transparence et à la sécurité en matière nucléaire ou une installation figurant sur la liste prévue au IV de l'article L. 515-8 du code de l'environnement ou soumise aux ***(Ord. 2011-91 du 20 janv. 2011, art. 11, JO 25, entrée en vigueur le 01.03.2011)*** « dispositions des articles L. 211-2 et L. 211-3, des titres II à VII et du chapitre II du titre VIII du livre II du code minier ».

CHAPITRE II

Coordination de la prévention

Art. L. 4522-1. Dans les établissements mentionnés à l'article L. 4521-1, lorsqu'un travailleur ou le chef d'une entreprise extérieure ou un travailleur indépendant est appelé à réaliser une intervention pouvant présenter des risques particuliers en raison de sa nature ou de la proximité de cette installation, le chef d'établissement de l'entreprise utilisatrice et le chef de l'entreprise extérieure définissent conjointement les mesures de prévention prévues aux articles L. 4121-1 à L. 4121-4.

Le chef d'établissement de l'entreprise utilisatrice veille au respect par l'entreprise extérieure des mesures que celle-ci a la responsabilité d'appliquer, compte tenu de la spécificité de l'établissement, préalablement à l'exécution de l'opération, durant son déroulement et à son issue.

Art. L. 4522-2. L'employeur définit et met en œuvre au bénéfice des chefs d'entreprises extérieures et des travailleurs qu'ils emploient ainsi que des travailleurs indépendants, avant le début de leur première intervention dans l'enceinte de l'établissement, une formation pratique et appropriée aux risques particuliers que leur intervention peut présenter en raison de sa nature ou de la proximité de l'installation classée.

Cette formation est dispensée sans préjudice de celles prévues par les articles L. 4141-2 et L. 4142-1. Ses modalités de mise en œuvre, son contenu et les conditions de son renouvellement peuvent être précisés par convention ou accord collectif de branche ou par convention ou accord collectif d'entreprise ou d'établissement.

CHAPITRE III

Comité d'hygiène, de sécurité et des conditions de travail

SECTION 1. Attributions particulières

Art. L. 4523-1. Les dispositions du présent chapitre s'appliquent sans préjudice de celles prévues au titre Ier du livre VI relatives au comité d'hygiène, de sécurité et des conditions de travail.

Art. L. 4523-2. Le comité d'hygiène, de sécurité et des conditions de travail est consulté sur la liste des postes de travail liés à la sécurité de l'installation. Cette liste est établie par l'employeur dans des conditions déterminées par décret en Conseil d'État.

Art. L. 4523-3.

Le comité est également consulté avant toute décision de sous-traiter une activité, jusqu'alors réalisée par les salariés de l'établissement, à une entreprise extérieure appelée à réaliser une intervention pouvant présenter des risques particuliers en raison de sa nature ou de la proximité de l'installation.

Art. L. 4523-3. Le comité d'hygiène, de sécurité et des conditions de travail est informé à la suite de tout incident qui aurait pu entraîner des conséquences graves. Il peut procéder à l'analyse de l'incident et proposer toute action visant à prévenir son renouvellement. Le suivi de ces propositions fait l'objet d'un examen dans le cadre de la réunion de bilan et de programme annuels, prévue à l'article L. 4612-16.

Art. L. 4523-4. Dans les établissements comportant une ou plusieurs installations nucléaires de base, le comité d'hygiène, de sécurité et des conditions de travail est informé par l'employeur de la politique de sûreté et peut lui demander communication des informations sur les risques liés à l'exposition aux rayonnements ionisants et sur les mesures de sûreté et de radioprotection prises pour prévenir ou réduire ces risques ou expositions, dans les conditions définies aux articles L. 124-1 à L. 124-6 du code de l'environnement.

Le comité est consulté par l'employeur sur la définition et les modifications ultérieures du plan d'urgence interne mentionné à l'article L. 1333-6 du code de la santé publique. Il peut proposer des modifications de ce plan à l'employeur qui justifie auprès du comité les suites qu'il donne à ces propositions.

Un décret en Conseil d'État détermine le délai dans lequel le comité formule son avis.

Art. L. 4523-5. Le comité d'hygiène, de sécurité et des conditions de travail peut faire appel à un expert en risques technologiques, dans des conditions déterminées par décret en Conseil d'État.

Toutefois, ces dispositions ne sont pas applicables dans les établissements comprenant au moins une installation nucléaire de base.

Art. R. 4523-1. La liste des postes de travail liés à la sécurité de l'installation prévue à l'article L. 4523-2 précise, le cas échéant, au titre des actions de prévention prévues aux articles L. 4121-3 et L. 4121-4 :

1° Les postes qui ne peuvent être confiés à des salariés titulaires d'un contrat de travail à durée déterminée ou à des salariés temporaires ;

2° Les postes destinés à être occupés par les salariés de l'établissement ;

3° Les postes dont les tâches exigent la présence d'au moins deux personnes qualifiées.

Art. R. 4523-2. Le comité d'hygiène, de sécurité et des conditions de travail peut décider de faire appel à l'expert en risques technologiques mentionné à l'article L. 4523-5 à l'occasion de la demande d'autorisation préfectorale prévue par l'article L. 512-1 du code de l'environnement et avant d'émettre l'avis prévu à l'article R. 4612-4.

Le comité peut prendre sa décision à compter de la réunion au cours de laquelle il est informé sur les documents joints à la demande d'autorisation communiquée au préfet.

Cet expert, choisi après consultation du service instructeur de la demande d'autorisation, remet son rapport au comité avant la clôture de l'enquête publique. Il le présente en réunion du comité avant la consultation de ce dernier sur l'ensemble du dossier.

Art. R. 4523-3. Le comité d'hygiène, de sécurité et des conditions de travail peut faire appel à l'expert en risques technologiques mentionné à l'article L. 4523-5 en cas de danger grave en rapport avec l'installation classée.

L'expert présente son rapport dans le délai de quarante-cinq jours à compter de sa saisine.

Art. R. 4523-4. Les représentants des entreprises extérieures mentionnés à l'article L. 4523-11 disposent d'une voix consultative au comité d'hygiène, de sécurité et des conditions de travail élargi.

Art. R. 4523-4-1. *(D. 2009-289 du 13 mars 2009, JO 15)* Les accidents du travail pour lesquels le comité d'hygiène, de sécurité et des conditions de travail élargi est réuni, en application de l'article L. 4523-13, sont les accidents ayant entraîné ou ayant pu entraîner des conséquences graves.

SECTION 2. Composition

Art. L. 4523-6. Le nombre de représentants du personnel au comité d'hygiène, de sécurité et des conditions de travail est augmenté par voie de convention collective ou d'accord collectif de travail entre l'employeur et les organisations syndicales représentatives dans l'entreprise.

SECTION 3. Fonctionnement

Art. L. 4523-7. Le nombre d'heures de délégation prévu à l'article L. 4614-3, accordé aux représentants du personnel au comité d'hygiène, de sécurité et des conditions de travail pour exercer leurs fonctions, est majoré de 30 %.

Art. L. 4523-8. L'autorité chargée de la police des installations est prévenue des réunions du comité d'hygiène, de sécurité et des conditions de travail et peut y assister dès lors que des questions relatives à la sécurité des installations sont inscrites à l'ordre du jour.

Art. L. 4523-9. Les représentants du personnel au comité d'hygiène, de sécurité et des conditions de travail sont informés par l'employeur de la présence de l'autorité chargée de la police des installations, lors de ses visites, et peuvent présenter leurs observations écrites.

SECTION 4. Formation des représentants

Art. L. 4523-10. Les représentants du personnel au comité d'hygiène, de sécurité et des conditions de travail, y compris, le cas échéant, les représentants des salariés des entreprises extérieures, bénéficient d'une formation spécifique correspondant aux risques ou facteurs de risques particuliers, en rapport avec l'activité de l'entreprise.

Les conditions dans lesquelles cette formation est dispensée et renouvelée peuvent être définies par convention ou accord collectif de branche, d'entreprise ou d'établissement.

SECTION 5. Comité élargi

Art. L. 4523-11. Lorsque la réunion du comité d'hygiène, de sécurité et des conditions de travail a pour objet de contribuer à la définition des règles communes de sécurité dans l'établissement et à l'observation des mesures de prévention définies en application de l'article L. 4522-1, le comité est élargi à une représentation des chefs d'entreprises extérieures et des travailleurs qu'ils emploient selon des conditions déterminées par convention ou accord collectif de branche, d'entreprise ou d'établissement. Cette convention ou cet accord détermine également les modalités de fonctionnement du comité élargi.

À défaut de convention ou d'accord, le comité est élargi et fonctionne dans des conditions déterminées par décret en Conseil d'État.

Note Voir décret 2008-467 du 19 mai 2008 (JO 21) rapporté ci-après et circulaire DGT 2009-18 du 16 juillet 2009 relative au CHSCT d'un établissement à risques technologiques ou comprenant une installation nucléaire.

Art. L. 4523-12. Les dispositions de l'article L. 4523-11 ne sont pas applicables aux établissements comprenant au moins une installation nucléaire de base dans lesquels les chefs d'entreprises extérieures et les représentants de leurs salariés sont associés à la prévention des risques particuliers liés à l'activité de l'établissement, selon des modalités mises en œuvre avant la publication de la loi n° 2006-686 du 13 juin 2006 relative à la transparence et à la sécurité en matière nucléaire et répondant à des caractéristiques définies par décret.

Art. L. 4523-13. Le comité d'hygiène, de sécurité et des conditions de travail élargi se réunit au moins une fois par an. Il est également réuni lorsque s'est produit un accident du travail dont la victime est une personne extérieure intervenant dans l'établissement.

Art. L. 4523-14. La représentation des entreprises extérieures au comité d'hygiène, de sécurité et des conditions de travail élargi est fonction de la durée de leur intervention, de la nature de cette dernière et de leur effectif intervenant dans l'établissement.

Les salariés des entreprises extérieures sont désignés, parmi les salariés intervenant régulièrement sur le site, par le comité d'hygiène, de sécurité et des conditions de travail de leur établissement ou, à défaut, par les délégués du personnel ou, en leur absence, par les membres de l'équipe appelés à intervenir dans l'établissement.

Art. L. 4523-15. L'employeur et les chefs des entreprises extérieures prennent respectivement les dispositions relevant de leurs prérogatives pour permettre aux salariés des entreprises extérieures désignés au comité d'hygiène, de sécurité et des conditions de travail élargi d'exercer leurs fonctions.

Le comité peut inviter, à titre consultatif et occasionnel, le chef d'une entreprise extérieure.

Art. L. 4523-16. Les salariés d'entreprises extérieures qui siègent ou ont siégé en qualité de représentants du personnel dans un comité d'hygiène, de sécurité et des conditions de travail élargi sont tenus à une obligation de discrétion à l'égard des informations présentant un caractère confidentiel et données comme telles par l'employeur.

Ils sont tenus au secret professionnel pour toutes les questions relatives aux procédés de fabrication.

Art. L. 4523-17. Les salariés d'entreprises extérieures qui siègent ou ont siégé en qualité de représentants du personnel dans un comité d'hygiène, de sécurité et des conditions de travail élargi bénéficient de la protection prévue par le livre IV de la deuxième partie.

(D. 2008-467 du 19 mai 2008, JO 21)

Dispositions relatives à l'élargissement du comité, applicables en l'absence de convention ou d'accord collectif

Désignation des entreprises extérieures et de leurs représentants

Art. R. 4523-5. Pour élargir la composition du comité d'hygiène, de sécurité et des conditions de travail de l'entreprise utilisatrice à une représentation des entreprises extérieures, en application de l'article L. 4523-11, il incombe :

1° Au chef d'établissement de l'entreprise utilisatrice d'identifier les entreprises extérieures répondant aux critères définis à l'article R. 4523-6 et de sélectionner parmi celles-ci les entreprises appelées à désigner un ou des représentants ;

2° Au chef de chaque entreprise extérieure de désigner nominativement les représentants de son entreprise.

Art. R. 4523-6. L'identification et la sélection des entreprises extérieures par l'entreprise utilisatrice s'effectuent sur la base des trois critères cumulatifs suivants :

1° La nature des risques particuliers liés à l'intervention et susceptibles de porter atteinte à la sécurité des travailleurs présents au sein ou à proximité de l'installation, qui constitue le critère prépondérant ;

2° L'importance des effectifs intervenant ou appelés à intervenir, exprimée en nombre moyen d'hommes par jour présents au sein ou à proximité de l'installation durant une période de douze mois consécutifs ;

3° La durée des interventions prévisibles à compter du jour de la consultation du comité d'hygiène, de sécurité et des conditions de travail, prévue à l'article R. 4523-8.

Art. R. 4523-7. Le chef d'établissement de l'entreprise utilisatrice classe la liste des entreprises extérieures répondant aux critères définis à l'article R. 4523-6 par ordre de pertinence. Il mentionne les entreprises qu'il envisage de sélectionner et, pour chacune d'elles, sa représentation soit par un ou des salariés, soit par un représentant de la direction, soit par une représentation des salariés et de la direction.

Le nombre total de représentants des salariés des entreprises extérieures est égal au nombre de représentants du personnel de l'entreprise utilisatrice, dans la limite de trois représentants par entreprise extérieure. Le nombre de représentants de la direction des entreprises extérieures est au plus égal au nombre d'entreprises sélectionnées pour désigner une représentation de salariés.

Art. R. 4523-8. Le chef d'établissement de l'entreprise utilisatrice communique cette liste au comité d'hygiène, de sécurité et des conditions de travail, accompagnée des éléments qui justifient la composition retenue au regard des critères fixés à l'article R. 4523-6. Après un délai de trente jours au moins et soixante jours au plus suivant cette communication, le comité d'hygiène, de sécurité et des conditions de travail rend son avis sur la liste et la représentation mentionnées à l'article R. 4523-7.

Art. R. 4523-9. Dans les quinze jours suivant la consultation du comité d'hygiène, de sécurité et des conditions de travail, le chef d'établissement de l'entreprise utilisatrice :

1° Communique aux chefs des entreprises extérieures figurant sur la liste mentionnée à l'article R. 4523-7 l'avis du comité d'hygiène, de sécurité et des conditions de travail prévu à l'article R. 4523-8 et les consulte avant d'arrêter la liste des entreprises extérieures appelées à désigner une représentation de leur direction ;

2° Arrête la liste des entreprises extérieures appelées à désigner une représentation de salariés et le nombre de représentants par entreprise ;

3° Envoie sa décision aux chefs des entreprises sélectionnées ;

4° Envoie sa décision à l'inspecteur du travail, accompagnée des éléments qui la motivent et du procès-verbal de la réunion de consultation du comité d'hygiène, de sécurité et des conditions de travail.

Art. R. 4523-10. Dans les trente jours suivant l'envoi de la décision de sélection des entreprises extérieures, chaque chef d'entreprise extérieure sélectionnée :

1° Organise la désignation des représentants des salariés ou, selon les cas, de la direction de son entreprise au comité d'hygiène, de sécurité et des conditions de travail élargi de l'entreprise utilisatrice, selon les modalités fixées à l'article R. 4523-11 ;

2° Transmet au chef d'établissement de l'entreprise utilisatrice les noms et adresses des représentants désignés.

Art. R. 4523-11. Les représentants des salariés des entreprises extérieures sont désignés parmi ceux qui sont intervenus régulièrement, sur ou à proximité de l'installation de l'entreprise utilisatrice, durant les douze derniers mois ou parmi ceux qui sont appelés à y intervenir régulièrement durant les douze prochains mois.

Ils sont désignés par le comité d'hygiène, de sécurité et des conditions de travail constitué dans leur établissement ou, à défaut, par leurs délégués du personnel.

En l'absence de comité d'hygiène, de sécurité et des conditions de travail et de délégués du personnel, la représentation des salariés est désignée par les salariés qui, au jour du vote au scrutin secret, interviennent régulièrement dans l'établissement de l'entreprise utilisatrice depuis douze mois au moins ou sont appelés à y intervenir régulièrement au cours des douze prochains mois. Le procès-verbal de désignation des salariés, accompagné de la liste d'émargement datée et signée par les personnes ayant participé à la désignation et par leur employeur ou son représentant, est tenu à la disposition de l'inspecteur du travail.

Art. R. 4523-12. Dès qu'il en a connaissance, le chef de l'entreprise utilisatrice transmet à l'inspecteur du travail les noms des représentants des entreprises extérieures désignés selon les modalités prévues à l'article R. 4523-11.

Art. R. 4523-13. Le chef d'établissement de l'entreprise utilisatrice affiche la liste nominative des représentants des entreprises extérieures au comité d'hygiène, de sécurité et des conditions de travail élargi au même emplacement que celui réservé aux informations mentionnées à l'article R. 4514-5. Il adresse cette liste, qui doit être actualisée au moins tous les deux ans selon les modalités fixées aux articles R. 4523-7 à R. 4523-12, à toutes les entreprises extérieures.

Fonctionnement du comité élargi

Art. R. 4523-14. Les représentants des entreprises extérieures au comité d'hygiène, de sécurité et des conditions de travail de l'entreprise utilisatrice sont désignés pour une durée de deux ans renouvelable. Si, pendant la durée normale de son mandat, un représentant cesse ses fonctions, il est remplacé dans le délai d'un mois, pour la période du mandat restant à courir, sauf si cette période est inférieure à trois mois. Les modalités de ce remplacement sont celles fixées aux articles R. 4523-10 et R. 4523-11.

Note À titre transitoire, le premier mandat des représentants des salariés des entreprises extérieures au comité d'hygiène, de sécurité et des conditions de travail de l'entreprise utilisatrice élargi prend fin à la date d'expiration du mandat en cours des membres du comité d'hygiène, de sécurité et des conditions de travail de l'entreprise utilisatrice.

Art. R. 4523-15. Les réunions du comité d'hygiène, de sécurité et des conditions de travail de l'entreprise utilisatrice en formation élargie se tiennent séparément de celles du comité en formation ordinaire.

L'ordre du jour de la réunion du comité élargi et les documents joints sont transmis par le président du comité, selon les modalités fixées à l'article R. 4614-3, au moins trente jours avant la date fixée pour la réunion.

Le temps passé en réunion du comité élargi est considéré comme temps de travail et payé à l'échéance normale.

Note La première réunion du comité en formation élargie se tient dans les six mois suivant la publication du décret 2008-467 du 19 mai 2008 (JO 21).

Art. R. 4523-16. Les procès-verbaux des réunions du comité élargi sont transmis aux personnes qui y siègent et sont tenus à la disposition de toutes les entreprises extérieures.

Dérogation applicable aux établissements comprenant une installation nucléaire de base

Art. R. 4523-17. Les établissements comprenant une installation nucléaire de base qui ne sont pas soumis aux dispositions relatives au comité d'hygiène, de sécurité et des conditions de travail élargi, en application de l'article L. 4523-12, répondent aux caractéristiques suivantes :

1° Une instance est exclusivement dédiée au dialogue interentreprises dans le but d'améliorer la sécurité des travailleurs et de contribuer à la prévention des risques professionnels liés à l'interférence entre les activités, les installations et les matériels des différentes entreprises présentes sur un même lieu de travail. Elle se réunit au moins une fois par an ;

2° La sélection des entreprises extérieures appelées à désigner des représentants pour siéger à cette instance fait l'objet d'une consultation de la représentation du personnel ou syndicale de l'entreprise utilisatrice ;

3° Le critère prépondérant de sélection des entreprises extérieures est la nature des risques particuliers liés à l'intervention extérieure, qui sont susceptibles de porter atteinte à la sécurité des travailleurs présents au sein ou à proximité de l'installation nucléaire de base ;

4° Les représentants des salariés des entreprises extérieures sont désignés parmi ceux qui interviennent régulièrement sur ou à proximité de l'installation nucléaire de base. Ils exercent leurs fonctions durant leur temps de travail ;

5° Les président et secrétaire de comité d'hygiène, de sécurité et des conditions de travail des établissements de l'entreprise utilisatrice situés à proximité de l'installation nucléaire de base sont invités aux réunions de l'instance prévue au présent article ;

6° Les procès-verbaux des réunions de cette instance sont tenus à la disposition de toutes les entreprises extérieures.

CHAPITRE IV

Comité interentreprises de santé et de sécurité au travail

Art. L. 4524-1. Dans le périmètre d'un plan de prévention des risques technologiques mis en place en application de l'article L. 515-15 du code de l'environnement, un comité interentreprises de santé et de sécurité au travail est institué par l'autorité administrative.

Il assure la concertation entre les comités d'hygiène, de sécurité et des conditions de travail des établissements comprenant au moins une installation figurant sur la liste prévue au IV de l'article L. 515-8 du code de l'environnement ou soumise aux ***(Ord. 2011-91 du 20 janv. 2011, art. 11, JO 25, entrée en vigueur le 01.03.2011)*** « dispositions des articles L. 211-2 et L. 211-3, des titres II à VII et du chapitre II du titre VIII du Livre II du code minier » situés dans ce périmètre.

Il contribue à la prévention des risques professionnels susceptibles de résulter des interférences entre les activités et les installations des différents établissements.

La composition du comité interentreprises, les modalités de sa création, de la désignation de ses membres et de son fonctionnement sont déterminées par décret en Conseil d'État.

SECTION 1. Mise en place

Art. R. 4524-1. Lorsqu'un plan de prévention des risques technologiques a été prescrit en application de l'article L. 515-15 du code de l'environnement, le préfet met en place un comité interentreprises de santé et de sécurité au travail.

Ce comité représente tous les établissements comprenant au moins une installation susceptible de donner lieu à des servitudes d'utilité publique en application de l'article L. 515-8 du même code ou mentionnée aux articles 3-1 et 104 à 104-8 du code minier, situés dans le périmètre de ce plan.

Art. R. 4524-2. Lorsque le périmètre d'exposition au risque couvre tout ou partie du territoire de plusieurs départements, le préfet qui organise la mise en place du comité interentreprises de santé et de sécurité au travail est celui du département le plus exposé.

SECTION 2. Missions

Art. R. 4524-3. Pour l'exercice de leur mission, les membres du comité interentreprises de santé et de sécurité au travail peuvent émettre des observations, des préconisations et proposer des actions de prévention.

Art. R. 4524-4. Le comité interentreprises de santé et de sécurité au travail est informé, par le préfet, des dispositions du plan de prévention des risques technologiques.

SECTION 3. Composition

Art. R. 4524-5. Le comité interentreprises de santé et de sécurité au travail est composé du président de chacun des comités d'hygiène, de sécurité et des conditions de travail concernés et de représentants des salariés, à raison d'un membre titulaire et d'un membre suppléant.

Ses membres sont désignés, en son sein, par la délégation du personnel de chacun des comités.

Art. R. 4524-6. Les représentants du personnel au comité interentreprises sont désignés pour une durée de trois ans renouvelable.

Leur mandat prend fin dès qu'ils cessent d'être représentants des salariés au comité d'hygiène, de sécurité et des conditions de travail de leur établissement. Il est procédé à leur remplacement dans les conditions prévues à l'article R. 4524-5.

SECTION 4. Fonctionnement

Art. R. 4524-7. Le comité interentreprises de santé et de sécurité au travail est présidé par le ***(D. 2009-1377 du 10 nov. 2009, JO 13 ; D. 2010-687 du 24 juin 2010, JO 25 ; voir D. 2010-1582 du 17 déc. 2010, JO 18, pour outre-mer)*** « directeur régional des entreprises, de la concurrence, de la consommation, du travail et de l'emploi » ou son représentant.

Lorsque le périmètre d'exposition au risque couvre tout ou partie du territoire de plusieurs départements, le comité est présidé par le ***(D. 2009-1377 du 10 nov. 2009, JO 13 ; D. 2010-687 du 24 juin 2010, JO 25 ; voir D. 2010-1582 du 17 déc. 2010, JO 18, pour outre-mer)*** « directeur régional des entreprises, de la concurrence, de la consommation, du travail et de l'emploi » du département le plus exposé.

Art. R. 4524-8. Le comité interentreprises de santé et de sécurité au travail est réuni par le président au moins une fois par an ou à la demande motivée d'un tiers de ses membres.

Seuls ses membres ont voix délibérative.

Art. R. 4524-9. Le préfet peut inviter les présidents et les secrétaires des comités d'hygiène, de sécurité et des conditions de travail constitués dans d'autres établissements et situés dans le périmètre de ce plan, à assister aux réunions du comité mis en place à cet effet en raison de risques particuliers liés à leur implantation ou à leur activité.

Les inspecteurs du travail et les inspecteurs des installations classées, compétents pour contrôler ces établissements, sont invités à participer aux réunions du comité interentreprises.

Le président peut inviter toute personne susceptible d'éclairer les débats en raison de sa compétence.

Art. R. 4524-10. Les chefs d'établissement intéressés communiquent au comité interentreprises toutes les informations utiles à l'exercice de ses missions, notamment :

1° La politique de prévention des accidents majeurs qu'ils conduisent ;

2° Les systèmes de gestion de la sécurité mis en œuvre dans chaque établissement et les résultats des contrôles de ces systèmes, audits et revues de direction, organisés par les chefs d'établissement ;

3° Les risques d'accidents majeurs, identifiés comme susceptibles d'affecter les établissements voisins comportant des installations classées ;

4° Les plans d'urgence et les exercices relatifs à ces plans d'urgence ;

5° Les enseignements tirés du retour d'expérience des établissements concernés ;

6° Les projets de modification ou d'extension des installations à l'origine du risque, le plus en amont possible.

CHAPITRE V

Dispositions particulières en matière d'incendie et de secours

Art. L. 4525-1. Sans préjudice de l'application des autres mesures prévues par le présent code, relatives à la prévention des incendies et des explosions, des moyens appropriés, humains et matériels, de prévention, de lutte contre l'incendie et de secours sont prévus afin de veiller en permanence à la sécurité des personnes occupées dans l'enceinte de l'établissement.

L'employeur définit ces moyens en fonction du nombre de personnes employées dans l'enceinte de l'établissement et des risques encourus.

Il consulte le comité d'hygiène, de sécurité et des conditions de travail sur la définition et la modification de ces moyens.

CHAPITRE VI

Dispositions particulières en cas de danger grave et imminent et droit de retrait

Art. L. 4526-1. En cas de danger grave et imminent, l'employeur informe, dès qu'il en a connaissance, l'inspecteur du travail, le service de prévention des organismes de sécurité sociale et, selon le cas, l'Autorité de sûreté nucléaire, l'inspection des installations classées ou l'ingénieur chargé de l'exercice de la police des installations mentionnées à ***(Ord. 2011-91 du 20 janv. 2011, art. 11, JO 25, entrée en vigueur le 01.03.2011)*** l'article L. 211-2 du code minier », de l'avis émis par le représentant du comité d'hygiène, de sécurité et des conditions de travail en application de l'article L. 4132-2.

L'employeur précise à cette occasion les suites qu'il entend donner à cet avis.

TITRE III

BÂTIMENT ET GÉNIE CIVIL

Note • Sur le plan réglementaire, est intervenu un décret 94-1159 du 26 décembre 1994 (JO 29) concernant l'organisation de la coordination (*Dr. Soc.* 1995, p. 472 : « Sur l'intégration de la sécurité du travail et l'organisation de la coordination sur les chantiers », G. Proutière-Maulion). Il précise (art. 5) que les articles R. 238-1 à R. 238-4, R. 238-16 à R. 238-39 et le 2e alinéa – modifié – de l'article R. 237-1 (anciens) CT seront applicables pour la première fois :

1° Aux opérations de bâtiment et de génie civil dont la phase de conception sera entreprise :
– à partir du 1er mars 1995 pour celles dont le montant excède 12 millions de francs, toutes dépenses, honoraires et taxes confondus ;
– à partir du 1er janvier 1996 pour les autres opérations.

2° En ce qui concerne les opérations engagées avant les dates mentionnées au 1° : à partir du début de la phase de réalisation du projet de l'ouvrage, dès lors qu'il est prévisible que l'exécution des travaux du gros œuvre ou du lot principal ne sera pas achevée le 1er janvier 1996.

Sont également intervenus un décret 95-543 du 4 mai 1995 (JO 6) relatif au collège interentreprises de sécurité, de santé et des conditions de travail, deux décrets 95-607 (modifié par décrets 2002-1404 du 3 décembre 2002, JO 4, 2004-924 du 1er septembre 2004, JO 3 et 2008-244 du 7 mars 2008, art. 9, JO 12) et 95-608 du 6 mai 1995 (JO 7) applicables aux travailleurs indépendants et aux employeurs exerçant directement une activité sur les chantiers de bâtiment ou de génie civil, un décret 2003-68 du 24 janvier 2003 (JO 26) relatif à la coordination en matière de sécurité et de protection de la santé lors des opérations de bâtiment ou de génie civil.

• Voir aussi circulaire du 10 avril 1996 relative à la coordination sur les chantiers de bâtiment et de génie civil (BO TR 96/10, p. 21) dont les annexes rappellent notamment les documents obligatoires et leur objet ainsi que les différentes obligations des intervenants sur un chantier au moyen de tableaux synoptiques ; circulaire DRT 2004-05 du 14 mai 2004 relative à la campagne européenne sur la santé et la sécurité dans le bâtiment (BO TR 2004/11, p. 229).

CHAPITRE Ier

Principes de prévention

Note • La loi 93-1418 du 31 décembre 1993 (JO 1er janv.) a modifié les dispositions du code du travail applicables aux opérations de bâtiment et de génie civil en vue d'assurer la sécurité et de protéger la santé des travailleurs transposant ainsi la directive du Conseil 92/57/CEE du 24 juin 1992 modifiée par directive 2007/30/CE du 20 juin 2007 (JOUE L 165 du 27.06.2007) concernant les prescriptions minimales de sécurité et de santé à mettre en œuvre sur les chantiers temporaires ou mobiles (JOCE L 245 ; « Code annoté européen du travail », *Groupe Revue Fiduciaire,* éd. 2010, p. 660).

• Il résulte de l'article 3-1 du décret 90-277 du 28 mars 1990 relatif à la protection des travailleurs intervenant en milieu hyperbare que les travaux en milieu hyperbare ne peuvent être effectués que par des travailleurs titulaires d'un certificat d'aptitude à l'hyperbarie approprié à la nature des opérations et détenteurs d'un livret individuel. Selon la directive 92/57/CEE du 24 juin 1992 concernant les prescriptions minimales de sécurité et de santé à mettre en œuvre sur les chantiers temporaires ou mobiles, le respect des prescriptions minimales propres à garantir un meilleur niveau de sécurité et de santé sur lesdits chantiers constitue un impératif pour assurer la sécurité et la santé des travailleurs. Les indépendants et les employeurs, lorsqu'ils exercent eux-mêmes une activité professionnelle sur un chantier temporaire ou mobile, peuvent, par leurs activités, mettre en péril la sécurité et la santé des travailleurs. Dès lors, il y a lieu d'étendre aux indépendants et aux employeurs, lorsqu'ils exercent eux-mêmes une activité professionnelle sur le chantier, certaines dispositions pertinentes des directives 89/655 et 89/656 du 30 novembre 1989 concernant les prescriptions minimales de sécurité et de santé pour l'utilisation par les travailleurs au travail d'équipements de travail et de protection individuelle. Il résulte des dispositions combinées des textes susvisés que les conditions d'obtention du certificat d'aptitude à l'hyperbarie et du livret individuel, exigées pour l'exécution de travaux en milieu hyperbare sont applicables tant aux travailleurs salariés qu'aux entrepreneurs intervenant à titre indépendant (cass. soc. 12 octobre 1999, n° 96-20.361, BC V n° 379).

Art. L. 4531-1. Afin d'assurer la sécurité et de protéger la santé des personnes qui interviennent sur un chantier de bâtiment ou de génie civil, le maître d'ouvrage, le maître d'œuvre et le coordonnateur en matière de sécurité et de protection de la santé mentionné à l'article L. 4532-4 mettent en œuvre, pendant la phase de conception, d'étude et d'élaboration du projet et pendant la réalisation de l'ouvrage, les principes généraux de prévention énoncés aux 1° à 3° et 5° à 8° de l'article L. 4121-2.

Ces principes sont pris en compte notamment lors des choix architecturaux et techniques ainsi que dans l'organisation des opérations de chantier, en vue :

1° De permettre la planification de l'exécution des différents travaux ou phases de travail se déroulant simultanément ou successivement ;

2° De prévoir la durée de ces phases ;

3° De faciliter les interventions ultérieures sur l'ouvrage.

Art. L. 4531-2. Pour les opérations de bâtiment ou de génie civil entreprises par les communes ou groupements de communes de moins de 5000 habitants, le maître d'œuvre peut se voir confier, sur délégation du maître d'ouvrage, l'application des principes généraux de prévention prévus au premier alinéa de l'article L. 4531-1 ainsi que les règles de coordination prévues au chapitre II.

Note • Sur la délégation du maître d'ouvrage au maître d'œuvre, pour les communes de moins de 5000 habitants, voir notamment rép. QE 99, JO Sén. 1er janvier 1998, p. 33. L'intention du législateur de 1993 a été de permettre aux petites communes et à leurs maires, qui ne disposent pas de services techniques, de transférer leurs obligations en matière de coordination de sécurité (rép. QE 12640, JO AN 11 mai 1998, p. 2691).

• L'article L. 235-1 (ancien) CT, qui fixe les règles de prévention et de coordination applicables aux opérations de bâtiment et de génie civil, permet aux communes ou groupements de communes de moins de 5000 habitants effectuant de telles opérations de confier au maître d'œuvre, par délégation, l'application des règles de prévention énumérées par ce texte. A justifié sa décision la cour d'appel qui, pour relaxer une commune de moins de 5000 habitants poursuivie des chefs d'homicide involontaire et infractions à la sécurité du travail à la suite d'un accident mortel provoqué par la chute de matériaux entreposés devant le domicile d'un particulier en vue de travaux d'assainissement confiés par cette commune à une entreprise, énonce que l'infraction aux dispositions de l'article L. 235-1 (ancien) CT ne peut être retenue à l'égard de la commune, qui avait délégué ses obligations comme ce texte lui en donnait le pouvoir (cass. crim. 14 mars 2006, n° 05-82.834, B. crim. n° 73).

Art. L. 4531-3. Lorsque, sur un même site, plusieurs opérations de bâtiment ou de génie civil doivent être conduites dans le même temps par plusieurs maîtres d'ouvrage, ceux-ci se concertent afin de prévenir les risques résultant de l'interférence de ces interventions.

CHAPITRE II

Coordination lors des opérations de bâtiment et de génie civil

SECTION 1. Déclaration préalable

Art. L. 4532-1. Lorsque la durée ou le volume prévus des travaux d'une opération de bâtiment ou de génie civil excède certains seuils, le maître d'ouvrage adresse avant le début des travaux une déclaration préalable :

1° À l'autorité administrative ;

2° À l'organisme professionnel de santé, de sécurité et des conditions de travail prévu par l'article L. 4111-6 dans la branche d'activité du bâtiment et des travaux publics ;
3° Aux organismes de sécurité sociale compétents en matière de prévention des risques professionnels.

Le texte de cette déclaration, dont le contenu est précisé par arrêté ministériel, est affiché sur le chantier.

Note Voir arrêté du 7 mars 1995 (JO 18) fixant le contenu de la déclaration préalable.

Art. R. 4532-1. Les opérations de bâtiment et de génie civil sont classées en trois catégories :
1° Première catégorie : opérations soumises à l'obligation de constituer un collège interentreprises de sécurité, de santé et des conditions de travail ;
2° Deuxième catégorie : opérations soumises à l'obligation de déclaration préalable prévue à l'article L. 4532-1 ne relevant pas de la première catégorie ;
3° Troisième catégorie : opérations soumises à l'obligation d'établir un plan général de coordination simplifié en application des articles R. 4532-52 et R. 4532-54 et autres opérations ne relevant pas des première et deuxième catégories.

Note Le 3e et le dernier alinéas de cet article, tels que modifiés par le décret 2003-68 du 24 janvier 2003, art. 3, sont applicables aux opérations de bâtiment et de génie civil dont la phase de conception, d'étude et d'élaboration a débuté après le 1er octobre 2003.

Art. R. 4532-2. Les opérations de bâtiment ou de génie civil, soumises à l'obligation de déclaration préalable prévue à l'article L. 4532-1, sont celles pour lesquelles l'effectif prévisible des travailleurs doit dépasser vingt travailleurs à un moment quelconque des travaux et dont la durée doit excéder trente jours ouvrés, ainsi que celles dont le volume prévu des travaux doit être supérieur à 500 hommes-jours.

Art. R. 4532-3. La déclaration préalable est adressée à l'inspecteur du travail et aux organismes mentionnés à l'article L. 4532-1 territorialement compétents au lieu de l'opération.

Elle est adressée à la date de dépôt de la demande de permis de construire lorsque celui-ci est requis ou, lorsque celui-ci n'est pas requis, au moins trente jours avant le début effectif des travaux.

SECTION 2. Mission de coordination et coordonnateur en matière de sécurité et de protection de la santé

Art. L. 4532-2. Une coordination en matière de sécurité et de santé des travailleurs est organisée pour tout chantier de bâtiment ou de génie civil où sont appelés à intervenir plusieurs travailleurs indépendants ou entreprises, entreprises sous-traitantes incluses, afin de prévenir les risques résultant de leurs interventions simultanées ou successives et de prévoir, lorsqu'elle s'impose, l'utilisation des moyens communs tels que les infrastructures, les moyens logistiques et les protections collectives.

Note Une obligation générale de coordination doit être assurée, lorsque plusieurs travailleurs indépendants ou entreprises interviennent sur un même chantier, par un « coordonnateur » désigné par le maître d'ouvrage.

Ces dispositions ont une vocation plus spécifique (opérations de bâtiment et de génie civil) que les obligations générales de coordination, notamment celles prises sur le fondement combiné de l'article L. 230-2, I, dernier alinéa et des articles L. 231-2, al. 2 et L. 236-12 (anciens) CT. De même, le décret du 26 décembre 1994 et le décret 92-158 du 20 février 1992 ont des champs d'application respectifs et leur application combinée, dans le cadre d'une même opération, n'est pas possible (voir circ. du 10 avril 1996 précitée).

(...) Les chantiers de 3e catégorie visés à l'article R. 238-8 (ancien) sont soumis à l'application de l'article L. 235-3 (ancien) (...). Seuls les chantiers dont les travaux portent soit sur la structure même d'un ouvrage ou d'une construction soit sur des éléments « de clos et de couvert » qui font apparaître des risques de coactivité sont soumis à la désignation d'un coordonnateur. En revanche, les travaux d'entretien usuel, de réfection, d'électricité ou de plomberie n'entrent pas dans la catégorie susvisée et sont exclus du champ d'application de la loi. La circulaire d'application DRT 96-5 du 10 avril 1996 précise en facilitant la distinction entre les chantiers relevant de la coordination et ceux soumis au décret 92-158 du 20 février 1992, notamment pour les travaux de faible importance réalisés par les services communaux et plus précisément ceux de génie civil (rép. QE 14487, JO Sén. 16 mai 1996, p. 1220).

A violé l'article 111-3 c. pén. la cour d'appel qui, après avoir condamné un salarié pour homicide involontaire, l'a déclaré, en outre, coupable d'avoir, étant chargé de la coordination des travaux de deux entreprises sur le chantier où s'est produit l'accident, omis d'organiser convenablement la coordination en matière de sécurité, faits prévus et réprimés par les articles R. 238-18, 3°, et L. 235-3 (anciens) CT, alors que les textes visés, s'ils déterminent des obligations à l'égard du coordonnateur chargé de la sécurité de l'ouvrage, ne qualifient aucune sanction pénale et n'édictent aucune peine à l'égard du salarié investi de cette mission (cass. crim. 1er septembre 2005, n° 03-87.949).

Art. L. 4532-3. La coordination en matière de sécurité et de santé est organisée tant au cours de la conception, de l'étude et de l'élaboration du projet qu'au cours de la réalisation de l'ouvrage.

Art. L. 4532-4. Le maître d'ouvrage désigne un coordonnateur en matière de sécurité et de protection de la santé pour chacune des deux phases de conception et de réalisation ou pour l'ensemble de celles-ci.

Note Sur des manquements à l'obligation de désignation du coordinateur de sécurité, voir notamment cass. crim. 14 octobre 2003, n° 03-80.537 ; 23 avril 2003, n° 01-87.682.

Art. L. 4532-5. Sauf dans les cas prévus à l'article L. 4532-7, les dispositions nécessaires pour assurer aux personnes chargées d'une mission de coordination, l'autorité et les moyens indispensables à l'exercice de leur mission sont déterminées par voie contractuelle, notamment par les contrats de maîtrise d'œuvre.

Art. L. 4532-6. L'intervention du coordonnateur ne modifie ni la nature ni l'étendue des responsabilités qui incombent, en application des autres dispositions du présent code, à chacun des participants aux opérations de bâtiment et de génie civil.

Note Sur le problème de la responsabilité des maires, en leur qualité de maîtres d'ouvrage, et de celle de leurs agents exerçant une fonction de coordination du chantier, voir notamment rép. QE 96, JO AN 20 novembre 1997, p. 3220.

Art. L. 4532-7. Pour les opérations de bâtiment ou de génie civil entreprises par un particulier pour son usage personnel, celui de son conjoint, partenaire lié par un pacte civil de solidarité, concubin ou de ses ascendants ou descendants, la coordination est assurée :

1° Lorsqu'il s'agit d'opérations soumises à l'obtention d'un permis de construire, par la personne chargée de la maîtrise d'œuvre pendant la phase de conception, d'étude et d'élaboration du projet, et par la personne qui assure effectivement la maîtrise du chantier pendant la phase de réalisation de l'ouvrage ;

2° Lorsqu'il s'agit d'opérations non soumises à l'obtention d'un permis de construire, par l'un des entrepreneurs présents sur le chantier au cours des travaux.

Sous-section 1. Obligations du maître d'ouvrage

Art. R. 4532-4. Le maître d'ouvrage désigne un coordonnateur en matière de sécurité et de protection de la santé dès le début de la phase d'élaboration de l'avant-projet sommaire, au sens de l'article 4 du décret n° 93-1268 du 29 novembre 1993 relatif aux missions de maîtrise d'œuvre confiées par des maîtres d'ouvrage publics à des prestataires de droit privé, ou de la phase d'élaboration de son équivalent, lorsque l'opération n'est pas soumise à une telle élaboration.

Note Les dispositions des articles R. 4532-4 et 5, telles que modifiées par le décret 2003-68 du 24 janvier 2003, art. 1er, sont applicables aux opérations de bâtiment et de génie civil dont la phase de conception, d'étude et d'élaboration a débuté après le 1er octobre 2003.

Art. R. 4532-5. Lorsque le maître d'ouvrage désigne, pour la phase de réalisation de l'ouvrage, un coordonnateur distinct de celui de la phase de conception, d'étude et d'élaboration du projet, cette désignation intervient avant le lancement de la consultation des entreprises.

Art. R. 4532-6. Afin notamment d'assurer au coordonnateur l'autorité et les moyens nécessaires au bon déroulement de sa mission, le maître d'ouvrage prévoit, dès les études d'avant-projet de l'ouvrage, la coopération entre les différents intervenants dans l'acte de construire et le coordonnateur.

Les modalités pratiques de cette coopération font l'objet d'un document joint aux contrats conclus avec les différents intervenants.

Art. R. 4532-7. Le maître d'ouvrage demande au propriétaire du bâtiment les dossiers techniques regroupant les informations relatives à la recherche et à l'identification des matériaux contenant de l'amiante prévus aux articles R. 1334-22, R. 1334-27 et R. 1334-28 du code de la santé publique.

Il communique ces documents au maître d'œuvre et au coordonnateur.

Art. R. 4532-8. Le maître d'ouvrage veille à ce que le coordonnateur soit associé pendant toutes les phases de l'opération à l'élaboration et à la réalisation du projet de l'ouvrage, en particulier en lui donnant accès à toutes les réunions organisées par le maître d'œuvre et en le rendant destinataire, dans un délai compatible avec l'exercice de sa mission, de toutes les études réalisées par celui-ci.

Art. R. 4532-9. Le maître d'ouvrage tient compte, lorsqu'il les estime justifiées, des observations du coordonnateur ou adopte des mesures d'une efficacité au moins équivalente.

Art. R. 4532-10. Dans le cas d'opérations entreprises par un particulier non soumises à l'obtention d'un permis de construire, prévu au 2° de l'article L. 4532-7, la coordination est assurée, pendant chacune de ses interventions sur le chantier, par l'entreprise dont la part de main-d'œuvre dans l'opération est la plus élevée.

Lorsque cette entreprise interrompt ou met fin à son intervention, l'entreprise qui répond à son tour au critère défini au premier alinéa prend en charge la coordination.

Chaque changement de titulaire de la mission de coordination donne préalablement lieu à concertation entre les entrepreneurs concernés.

Sous-section 2. Coordonnateur en matière de sécurité et de protection de la santé

§ 1. Missions du coordonnateur

Art. R. 4532-11. Le coordonnateur veille à ce que les principes généraux de prévention définis aux articles L. 4531-1 et L. 4535-1 soient effectivement mis en œuvre.

(D. 2009-289 du 13 mars 2009, JO 15) « Il exerce ses missions sous la responsabilité du maître d'ouvrage. »

Note • Il entre dans la mission du coordonnateur de veiller à la mise en œuvre effective des principes généraux de prévention des risques, en vérifiant que le chantier est exécuté selon les prescriptions techniques prévues lors de la conception du projet et en adaptant si nécessaire le plan général de coordination, afin d'assurer la sécurité de toutes les personnes intervenant sur ledit chantier, soit simultanément, soit successivement (cass. crim. 16 septembre 2008, n° 06-82.369, *JCP* éd. S 2009, 1006, note Th. Lahalle).

• Pour retenir la culpabilité du chef d'homicide involontaire d'une EURL coordinatrice en matière de sécurité et de son gérant, une cour d'appel a énoncé qu'en laissant un panneau d'affichage en position instable en appui contre un mur dans l'enceinte d'un chantier dont il avait omis d'interdire l'accès aux personnes non autorisées, le gérant n'a pas accompli les diligences normales qui lui incombaient compte tenu de ses compétences, du pouvoir et des moyens dont il disposait ainsi que des prérogatives propres à la mission que la loi lui confiait, et a commis une faute caractérisée ayant exposé autrui à un risque d'une particulière gravité qu'en sa qualité de coordonnateur de sécurité, titulaire d'une attestation de compétence, il ne pouvait ignorer ; elle a ajouté que l'EURL était pénalement responsable du délit d'homicide involontaire commis pour son compte par son gérant. En statuant ainsi, et dès lors qu'il incombe au coordonnateur en matière de sécurité, dans la phase de réalisation de l'ouvrage, d'anticiper les situations de risque pouvant résulter notamment des dispositions prises par les entreprises intervenant sur le chantier, la cour d'appel a justifié sa décision (cass. crim. 9 juin 2009, n° 08-82.847, B. crim. n° 117 ; *JCP* éd. S 2009, act. 387 ; *JSL* n° 262 du 16 sept. 2009).

Art. R. 4532-12. Le coordonnateur, au cours de la conception, de l'étude et de l'élaboration du projet de l'ouvrage :

1° Élabore le plan général de coordination lorsqu'il est requis ;

2° Constitue le dossier d'intervention ultérieure sur l'ouvrage ;

3° Ouvre un registre-journal de la coordination dès la signature du contrat ou de l'avenant spécifique ;

4° Définit les sujétions relatives à la mise en place et à l'utilisation des protections collectives, des appareils de levage, des accès provisoires et des installations générales, notamment les installations électriques. Il mentionne dans les pièces écrites leur répartition entre les différents corps d'état ou de métier qui interviendront sur le chantier ;

5° Assure le passage des consignes et la transmission des documents mentionnés aux 1° à 4° au coordonnateur de la phase de réalisation de l'ouvrage lorsque celui-ci est différent.

Note Le 3°, tel que modifié par le décret 2003-68 du 24 janvier 2003, art. 7, est applicable aux opérations de bâtiment et de génie civil dont la phase de conception, d'étude et d'élaboration a débuté après le 1er octobre 2003.

Art. R. 4532-13. Le coordonnateur, au cours de la réalisation de l'ouvrage :

1° Organise entre les entreprises, y compris sous-traitantes, qu'elles se trouvent ou non présentes ensemble sur le chantier, la coordination de leurs activités simultanées ou successives, les modalités de leur utilisation en commun des installations, matériels et circulations verticales et horizontales, leur information mutuelle ainsi que l'échange entre elles des consignes en matière de sécurité et de protection de la santé. À cet effet, il procède avec chaque entreprise, préalablement à l'intervention de celle-ci, à une inspection commune au cours de laquelle sont en particulier précisées, en fonction des caractéristiques des travaux que cette entreprise s'apprête à exécuter, les consignes à observer ou à transmettre et les observations particulières de sécurité et de santé prises pour l'ensemble de l'opération. Cette inspection commune est réalisée avant remise du plan particulier de sécurité et de protection de la santé lorsque l'entreprise est soumise à l'obligation de le rédiger ;

2° Veille à l'application correcte des mesures de coordination qu'il a définies ainsi que des procédures de travail qui interfèrent ;

3° Tient à jour et adapte le plan général de coordination et veille à son application ;

4° Complète en tant que de besoin le dossier d'intervention ultérieure sur l'ouvrage.

Art. R. 4532-14. Le coordonnateur tient compte des interférences avec les activités d'exploitation sur le site à l'intérieur ou à proximité duquel est implanté le chantier et à cet effet, notamment :

1° Procède avec le chef de l'établissement en activité, préalablement au commencement des travaux, à une inspection commune visant à :

a) Délimiter le chantier ;

b) Matérialiser les zones du secteur dans lequel se situe le chantier qui peuvent présenter des dangers spécifiques pour les travailleurs des entreprises appelées à intervenir ;

(D. 2008-1382 du 19 déc. 2008, JO 24) « *c)* Préciser les voies de circulation que pourront emprunter les travailleurs, les véhicules et engins de toute nature des entreprises concourant à la réalisation des travaux, ainsi qu'à définir, pour les chantiers non clos et non indépendants, les installations sanitaires, les vestiaires, les locaux de restauration et le local ou les aménagements mentionnés à l'article R. 4534-142-1 auxquels auront accès leurs travailleurs. »

2° Communique aux entreprises appelées à intervenir sur le chantier les consignes de sécurité arrêtées avec le chef d'établissement et, en particulier, celles qu'elles devront donner à leurs travailleurs, ainsi que, s'agissant des chantiers non clos et non indépendants, l'organisation prévue pour assurer les premiers secours en cas d'urgence et la description du dispositif mis en place à cet effet dans l'établissement.

Art. R. 4532-15. Le coordonnateur préside le collège interentreprises de sécurité, de santé et des conditions de travail lorsque sa création est requise.

Art. R. 4532-16. Le coordonnateur prend les dispositions nécessaires pour que seules les personnes autorisées puissent accéder au chantier.

§ 2. Conditions et modalités d'exercice de la mission

Art. R. 4532-17. ***(D. 2009-289 du 13 mars 2009, JO 15)*** « Sauf dans les cas d'opérations entreprises par un particulier pour son usage personnel, prévus à l'article L. 4532-7, nul » ne peut exercer la fonction de coordonnateur s'il ne possède la compétence requise conformément aux dispositions des paragraphes 3 et 4.

Art. R. 4532-18. Une personne morale en mesure d'affecter à cette fonction une personne physique compétente peut être désignée en tant que coordonnateur.

Art. R. 4532-19. Une personne physique qui exerce la fonction de coordonnateur, en son nom propre ou au nom de l'organisme qui l'emploie, ne peut pas être chargée de la fonction de contrôleur technique prévue à l'article L. 111-23 du code de la construction et de l'habitation dans le cadre d'une même opération de bâtiment ou de génie civil.

(D. 2009-289 du 13 mars 2009, JO 15) « Sauf dans les cas d'opérations entreprises par un particulier pour son usage personnel, prévus à l'article L. 4532-7, cette » personne ne peut pas, lorsque l'opération excède le montant fixé par l'article R. 4533-1, être chargée d'une autre fonction dans le cadre de la même opération. Toutefois, cette disposition n'est pas applicable aux opérations de bâtiment ou de génie civil entreprises par les communes ou groupements de communes de moins de 5000 habitants, dans lesquels il est fait application de l'article L. 4531-2.

Note

• Le 2e alinéa ajouté par le décret 2003-68 du 24 janvier 2003 est applicable aux opérations de bâtiment et de génie civil dont la phase de conception, d'étude et d'élaboration a débuté après le 1er octobre 2003.

• Pour l'application des dispositions des articles R. 238-6 à R. 238-15 (anciens) CT, les coordonnateurs doivent avoir suivi la formation spécifique de coordination en matière de sécurité et de protection de la santé, correspondant au niveau de compétence requis avant le 1er janvier 1997, pour la compétence de niveau 1, avant le 1er janvier 1998, pour la compétence de niveau 2, avant le 1er janvier 1999, pour la compétence de niveau 3 (décret 94-1159 du 26 décembre 1994, art. 3, JO 29).

Art. R. 4532-20. La mission de coordination fait l'objet de contrats ou d'avenants spécifiques écrits.

Elle est rémunérée distinctement.

La rémunération tient compte, notamment, du temps passé sur le chantier par le coordonnateur et, le cas échéant, des frais de fonctionnement occasionnés par la mise en place du collège interentreprises de sécurité, de santé et des conditions de travail, en particulier, des frais de secrétariat.

Art. R. 4532-21. Lorsque le coordonnateur est employé par le maître d'ouvrage et lié à celui-ci par un contrat de travail, la mission de coordination fait l'objet d'un document écrit permettant d'individualiser chaque opération.

Art. R. 4532-22. Le contrat, l'avenant ou le document :

1° Définit le contenu de la mission confiée au coordonnateur, les moyens, notamment financiers, que le maître d'ouvrage met à la disposition de celui-ci ainsi que l'autorité qu'il lui confère par rapport à l'ensemble des intervenants dans l'opération, maître d'œuvre et entrepreneurs, employeurs ou travailleurs indépendants ;

2° Précise les obligations du coordonnateur, notamment les modalités de sa présence aux réunions lors de la phase de conception, d'étude et d'élaboration du projet et aux réunions de chantier pendant la phase de réalisation de l'ouvrage.

Note

Les dispositions du 2° sont applicables aux opérations de bâtiment et de génie civil dont la phase de conception, d'étude et d'élaboration a débuté après le 1er octobre 2003.

§ 3. Compétences

Note Le décret 2011-39 du 10 janvier 2011 (JO 12) relatif aux compétences et à la formation des coordonnateurs de sécurité et de protection de la santé entre en vigueur le 1er juillet 2012. Les agréments délivrés postérieurement à sa publication ont une durée maximale d'un an. Les agréments en cours de validité à la date du 1er juillet 2012 demeurent valables jusqu'à leur terme, sauf retrait dans les conditions prévues à l'article R. 4532-36 dans sa rédaction en vigueur à la date de publication du présent décret (décret 2011-39 précité, art. 3).

Art. R. 4532-23. Les trois niveaux de compétence de coordonnateur en matière de sécurité et de protection de la santé sont :

1° Niveau 1 : aptitude à coordonner toutes opérations ;

2° Niveau 2 : aptitude à coordonner les opérations des deuxième et troisième catégories ;

3° Niveau 3 : aptitude à coordonner les opérations de troisième catégorie.

Art. R. 4532-24. Pour ce qui concerne les opérations des première et deuxième catégories, l'aptitude à coordonner est distincte pour la phase de conception, d'étude et d'élaboration du projet et pour la phase de réalisation de l'ouvrage.

Art. R. 4532-25. Est réputée compétente, pour exercer la fonction de coordonnateur durant la phase de conception, d'étude et d'élaboration du projet de l'ouvrage, la personne physique qui justifie à la fois :

1° D'une expérience professionnelle en architecture, ingénierie ou maîtrise d'œuvre d'une durée minimale de cinq ans pour la compétence de niveau 1 et 2 ou de trois ans pour la compétence de niveau 3 ;

2° D'une formation spécifique de coordonnateur en matière de sécurité et de protection de la santé correspondant au niveau de compétence considéré, actualisée tous les cinq ans, dans l'année civile qui suit l'échéance de la dernière attestation de compétence prévue à l'article R. 4532-31.

Note • À compter du **01.07.2012**, le décret 2011-39 du 10 janvier 2011 (JO 12) remplace les 1° et 2° de cet article par deux alinéas ainsi rédigés :

« *1° Soit d'une expérience professionnelle en architecture, ingénierie ou maîtrise d'œuvre d'une durée minimale de cinq ans pour la compétence de niveaux 1 et 2 ou de trois ans pour la compétence de niveau 3, soit d'un diplôme de niveau au moins égal à la licence en architecture ou dans le domaine de la construction, du bâtiment et des travaux publics ou de la prévention des risques professionnels, pour la compétence de niveau 3 ;*

2° D'une formation spécifique de coordonnateur en matière de sécurité et de protection de la santé adaptée, d'une part, à l'expérience professionnelle ou au diplôme du candidat et, d'autre part, au niveau de compétence défini à l'article R. 4532-23. Cette formation est actualisée tous les cinq ans, dans l'année civile qui suit l'échéance de la dernière attestation de compétence prévue à l'article R. 4532-31. »

• Lorsque l'actualisation de leur formation mentionnée au b du 1° et au b du 2° de l'article R. 238-10 (ancien) CT n'a pu être assurée, les coordonnateurs concernés conservent, dès lors qu'ils apportent la preuve de leur inscription pour actualiser leur formation auprès d'un des organismes de formation agréés, le bénéfice de leur attestation de compétence mentionnée à l'article R. 238-13 (ancien) du même code pendant une durée maximale de 18 mois suivant la date de publication du décret 2003-68 du 24 janvier 2003 (JO 26, art. 11).

Art. R. 4532-26. Est réputée compétente, pour exercer la fonction de coordonnateur durant la phase de réalisation de l'ouvrage la personne physique qui justifie à la fois :

1° D'une expérience professionnelle en matière de contrôle des travaux, d'ordonnancement, de pilotage et de conduite des travaux ou de maîtrise de chantier, ou de fonction de coordonnateur ou d'agent en matière de sécurité, d'une durée minimale de cinq ans pour la compétence de niveau 1 et 2 ou de trois ans pour la compétence de niveau 3 ;

2° D'une formation spécifique de coordonnateur en matière de sécurité et de protection de la santé correspondant au niveau de compétence considéré, actualisée tous les cinq ans, dans l'année civile qui suit l'échéance de la dernière attestation de compétence prévue à l'article R. 4532-31.

Note • À compter du **01.07.2012**, le décret 2011-39 du 10 janvier 2011 (JO 12) remplace les 1° et 2° de cet article par deux alinéas ainsi rédigés :

« 1° Soit d'une expérience professionnelle en matière de contrôle des travaux, d'ordonnancement, de pilotage et de conduite des travaux ou de maîtrise de chantier ou en tant que coordonnateur ou agent en matière de sécurité, d'une durée minimale de cinq ans pour la compétence de niveaux 1 et 2 ou de trois ans pour la compétence de niveau 3, soit d'un diplôme de niveau au moins égal à la licence en architecture ou dans le domaine de la construction, du bâtiment et des travaux publics ou de la prévention des risques professionnels, pour la compétence de niveau 3 ;

2° D'une formation spécifique de coordonnateur en matière de sécurité et de protection de la santé adaptée, d'une part, à l'expérience professionnelle ou au diplôme du candidat et, d'autre part, au niveau de compétence défini à l'article R. 4532-23. Cette formation est actualisée tous les cinq ans, dans l'année civile qui suit l'échéance de la dernière attestation de compétence prévue à l'article R. 4532-31. »

• N'a pas donné de base légale à sa décision la cour d'appel qui, pour débouter les parties civiles de leurs demandes après avoir relaxé la société maître d'ouvrage des chefs d'homicides et blessures involontaires, a énoncé notamment que cette société avait accompli les diligences normales en désignant un coordonnateur de sécurité de niveau correspondant à l'opération projetée et justifiant, par l'attestation de compétence produite, d'un stage de formation tenant compte de l'expérience professionnelle acquise, sans constater que le coordonnateur désigné par le maître d'ouvrage justifiait de l'expérience professionnelle visée à l'article R. 238-10, 2°, devenu les articles R. 4532-26, R. 4532-27, R. 4532-28 CT (cass. crim. 16 septembre 2008, n° 06-82.369, *JCP* éd. S 2009, 1006, note Th. Lahalle).

Art. R. 4532-27. Le coordonnateur qui a exercé pendant cinq ans sa fonction à un niveau de compétence donné peut se voir reconnaître le niveau de compétence immédiatement supérieur, s'il a préalablement acquis, à l'issue de la formation correspondante, l'attestation de compétence correspondant à ce niveau.

Note À compter du **01.07.2012**, le décret 2011-39 du 10 janvier 2011 (JO 12) complète cet article par un second alinéa ainsi rédigé :

« S'il est titulaire de l'un des diplômes visés au 1° de l'article R. 4532-25 ou de l'article R. 4532-26, la condition de durée d'exercice mentionnée au premier alinéa est réduite à deux ans. »

Art. R. 4532-28. L'aptitude peut être étendue à la phase pour laquelle elle n'a pas été initialement prévue lorsque le coordonnateur apporte la preuve de l'acquisition de l'expérience professionnelle requise.

Cette expérience professionnelle est vérifiée par l'organisme de formation de son choix et portée par ce dernier sur l'attestation de compétence prévue à l'article R. 4532-31.

Art. R. 4532-29. Le maître d'ouvrage justifie, sur demande de l'inspection du travail, de la compétence du coordonnateur qu'il a désigné.

§ 4. Formation du coordonnateur et organisme de formation

Art. R. 4532-30. Nul ne peut exercer la fonction de formateur de coordonnateur :

1° S'il ne peut justifier d'un niveau de compétence au moins égal à celui exigé pour les coordonnateurs aux articles R. 4532-25 et R. 4532-26, excepté lorsqu'il fait partie du personnel qualifié de l'un des organismes de prévention mentionnés au 2° ;

2° S'il n'a lui-même préalablement suivi un stage de formation de formateur auprès de l'Organisme professionnel de prévention dans le bâtiment et les travaux publics ou de l'Institut national de recherche et de sécurité.

Note À compter du **01.07.2012**, le décret 2011-39 du 10 janvier 2011 (JO 12) remplace cet article par les dispositions suivantes :

« Art. R. 4532-30. Peut exercer la fonction de formateur de coordonnateurs la personne physique qui justifie à la fois :

1° D'un niveau de compétence au moins égal à celui exigé pour les coordonnateurs aux articles R. 4532-25 et R. 4532-26, excepté lorsqu'elle fait partie du personnel qualifié de l'un des organismes de prévention mentionnés au 2° ;

2° Du suivi d'un stage de formation de formateurs auprès de l'Organisme professionnel de prévention dans le bâtiment et les travaux publics, de l'Institut national de recherche et de sécurité ou d'un organisme établi dans un autre État membre de l'Union européenne ou partie à l'accord sur l'Espace économique européen autorisé dans cet État à pratiquer une telle activité de formation, sous réserve que la formation dispensée soit reconnue équivalente à celle prévue en application du présent paragraphe. »

Art. R. 4532-31. La durée et le contenu de la formation des coordonnateurs et des formateurs sont adaptés à chaque niveau de compétence recherché.

Chaque niveau de compétence tient compte de l'expérience professionnelle acquise.

La formation donne lieu à un contrôle de capacité à l'issue du stage et à la délivrance, par l'organisme de formation, d'une attestation de compétence.

Note À compter du **01.07.2012**, le décret 2011-39 du 10 janvier 2011 (JO 12) remplace les deux premiers alinéas de cet article par un alinéa ainsi rédigé :

« La durée et le contenu de la formation des coordonnateurs et des formateurs sont adaptés au niveau de compétence recherché ainsi qu'à l'expérience professionnelle ou au diplôme des candidats. »

Art. R. 4532-32. L'admission à un stage de formation de coordonnateur ou de formateur est prononcée par l'organisme de formation, après qu'il a vérifié que les conditions d'expérience professionnelle sont satisfaites.

Note À compter du **01.07.2012**, le décret 2011-39 du 10 janvier 2011 (JO 12) insère les mots « ou de diplôme » après les mots « les conditions d'expérience professionnelle ».

Art. R. 4532-33. Le refus d'admission à un stage de formation est motivé.

Il peut faire l'objet d'une réclamation :

1° Pour ce qui concerne les formateurs, auprès du ministre chargé du travail ;

2° Pour ce qui concerne les coordonnateurs, auprès du ***(D. 2009-1377 du 10 nov. 2009, JO 13 ; D. 2010-687 du 24 juin 2010, JO 25 ; voir D. 2010-1582 du 17 déc. 2010, JO 18, pour outre-mer)*** « directeur régional des entreprises, de la concurrence, de la consommation, du travail et de l'emploi » .

Les modalités de la procédure ainsi que le délai à statuer sont ceux prévus aux articles R. 4723-1 à R. 4723-3.

Note • Cet article a été modifié par le décret 2008-1503 du 30 décembre 2008 (JO 31).

• À compter du **01.07.2012**, le décret 2011-39 du 10 janvier 2011 (JO 12) remplace cet article par les dispositions suivantes :

« Art. R. 4532-33. Le refus d'admission à un stage de formation de formateurs est motivé. Il peut faire l'objet, dans les formes et délai prévus à l'article R. 4723-1, d'une réclamation auprès du ministre chargé du travail, qui statue dans le délai prévu aux articles R. 4723-2 et R. 4723-3. »

Art. R. 4532-34. La formation du coordonnateur est assurée par des organismes de formation préalablement agréés par arrêté conjoint des ministres chargés du travail et de l'agriculture. Le silence gardé pendant plus de quatre mois sur une demande d'agrément vaut décision de rejet.

Sont dispensés d'agrément, l'Organisme professionnel de prévention dans le bâtiment et les travaux publics ainsi que les services de prévention des organismes de sécurité sociale.

Note • Voir arrêtés des 7 mars 1995 (JO 26), 31 janvier 1997 (JO 20 février), 20 avril 1999 (JO 24) et 25 février 2003 (JO 6 mars), relatifs aux conditions d'agrément des organismes de formation de formateurs de coordonnateurs.

• Voir circulaire DRT 2002-14 du 16 juillet 2002 relative à la révision de la formation des coordonnateurs de chantiers en matière de sécurité et de protection de la santé (BO TR 2002/16, p. 61).

• À compter du **01.07.2012**, le décret 2011-39 du 10 janvier 2011 (JO 12) remplace cet article par les dispositions suivantes :

« Art. R. 4532-34. Peuvent assurer la formation de coordonnateurs prévue aux articles R. 4532-25 et R. 4532-26 l'Organisme professionnel de prévention dans le bâtiment et les travaux publics et les organismes de formation certifiés, au vu d'un référentiel garantissant qu'ils satisfont aux exigences issues du présent code, par un organisme bénéficiant à cette fin d'une accréditation délivrée par un organisme mentionné au premier alinéa de l'article R. 4724-1. »

Art. R. 4532-35. La formation des coordonnateurs est dispensée dans chaque organisme par des formateurs remplissant les conditions prévues à l'article R. 4532-30.

Toutefois, pour des domaines requérant des compétences particulières, ces organismes peuvent faire appel à d'autres personnes justifiant de la qualification adéquate, sous réserve que le volume horaire qui leur est imparti n'excède pas la moitié du volume horaire total du cycle de formation.

Art. R. 4532-36. L'agrément de l'organisme de formation qui ne se conforme pas aux obligations réglementaires ou ne remplit pas sa mission peut lui être retiré à tout moment, après qu'il a été appelé à présenter ses observations.

Note

*À compter du **01.07.2012**, cet article est abrogé par le décret 2011-39 du 10 janvier 2011 (JO 12).*

Art. R. 4532-37. Un arrêté conjoint des ministres chargés du travail et de l'agriculture fixe :

1° Les conditions d'agrément et de contrôle des organismes de formation ;

2° La durée et le contenu de chaque formation, y compris de la formation actualisée mentionnée aux 2° des articles R. 4532-25 et R. 4532-26 ;

3° Les modalités de la vérification prévue à l'article R. 4532-32, du contrôle de capacité ainsi que les indications à faire figurer sur l'attestation correspondante ;

4° Les conditions d'intervention de l'Organisme professionnel de prévention du bâtiment et des travaux publics ou de l'Institut national de recherche et de sécurité dans les stages d'actualisation de la formation.

Note

• Voir arrêté du 25 février 2003 (JO 6 mars) modifiant l'arrêté du 7 mars 1995 modifié (JO 26) relatif à la formation des coordonnateurs et des formateurs de coordonnateurs ainsi qu'à l'agrément d'organismes de formation.

• Sur la mise en place d'une formation sur les risques liés à l'amiante pour les coordinateurs « sécurité et protection de la santé », voir rép. QE 89414, JO AN 21 novembre 2006, p. 12203.

• À compter du **01.07.2012**, le décret 2011-39 du 10 janvier 2011 (JO 12) remplace cet article par les dispositions suivantes :

« Art. R. 4532-37. Un arrêté conjoint des ministres chargés du travail et de l'agriculture détermine :

1° Les garanties minimales que doivent présenter les organismes de formation mentionnés à l'article R. 4532-34, relatives notamment aux méthodes et qualités pédagogiques des personnes chargées de la formation et à la capacité à évaluer les candidats au regard de leur compétence professionnelle ou de leur diplôme, à se conformer au référentiel de formation prévu au 2° et à assurer le contrôle des connaissances et des acquis ;

2° Le référentiel des formations prévues aux articles R. 4532-25 et R. 4532-26, précisant leurs objectifs, leur durée et leur contenu ;

3° Les indications à faire figurer sur l'attestation prévue à l'article R. 4532-31 ;

4° Les conditions d'organisation de la formation de formateurs par l'Organisme professionnel de prévention du bâtiment et des travaux publics et par l'Institut national de recherche et de sécurité et celles de leur contribution aux stages d'actualisation de la formation ;

5° Les conditions de reconnaissance du caractère équivalent de la formation mentionnée à l'article R. 4532-30. »

Sous-section 3. Registre-journal

Art. R. 4532-38. Le coordonnateur consigne sur le registre-journal de la coordination, au fur et à mesure du déroulement de l'opération :

1° Les comptes rendus des inspections communes, les consignes à transmettre et les observations particulières prévues au 1° de l'article R. 4532-13, qu'il fait viser par les entreprises concernées ;

2° Les observations ou notifications qu'il juge nécessaire de faire au maître d'ouvrage, au maître d'œuvre ou à tout autre intervenant sur le chantier, qu'il fait viser dans chaque cas par les intéressés avec leur réponse éventuelle ;

3° Dès qu'il en a connaissance, les noms et adresses des entrepreneurs contractants, cocontractants et sous-traitants, ainsi que la date approximative d'intervention de chacun d'eux sur le chantier, et, par entreprise, l'effectif prévisible des travailleurs affectés au chantier et la durée prévue des travaux. Cette liste est, si nécessaire, précisée au moment de l'intervention sur le chantier et tenue à jour ;

4° Le procès-verbal de passation de consignes avec le coordonnateur appelé à lui succéder.

Art. R. 4532-39. Une copie du procès-verbal de transmission du dossier d'intervention ultérieure sur l'ouvrage mentionné à l'article R. 4532-97 est annexée au registre-journal.

Art. R. 4532-40. Le coordonnateur présente le registre-journal, sur leur demande, au maître d'œuvre, à l'inspection du travail, aux agents des services de prévention des organismes de sécurité sociale, aux agents de l'Organisme professionnel de prévention du bâtiment et des travaux publics, et, lorsqu'il est constitué, aux membres du collège interentreprises de sécurité, de santé et des conditions de travail.

Art. R. 4532-41. Le registre-journal est conservé par le coordonnateur pendant une durée de cinq ans à compter de la date de réception de l'ouvrage.

SECTION 3. Plan général de coordination en matière de sécurité et de protection de la santé

Art. L. 4532-8. Lorsque plusieurs entreprises sont appelées à intervenir sur un chantier qui, soit fait l'objet de la déclaration préalable prévue à l'article L. 4532-1, soit nécessite l'exécution d'un ou de plusieurs des travaux inscrits sur une liste de travaux comportant des risques particuliers déterminée par arrêté des ministres chargés du travail et de l'agriculture, le maître d'ouvrage fait établir par le coordonnateur un plan général de coordination en matière de sécurité et de protection de la santé.

Ce plan est rédigé dès la phase de conception, d'étude et d'élaboration du projet et tenu à jour pendant toute la durée des travaux.

Note

• Le plan général de coordination établi sur certains chantiers par le coordonnateur dès la phase de conception, d'étude, et d'élaboration du projet répond au souci d'une sécurité « intégrée ».

• Voir arrêté du 25 février 2003 (JO 6 mars) fixant une liste de travaux comportant des risques particuliers.

Sous-section 1. Opérations de première et deuxième catégories

Art. R. 4532-42. Le maître d'ouvrage, ou l'entrepreneur principal en cas de sous-traitance, mentionne dans les documents remis aux entrepreneurs, que le chantier sur lequel ils seront appelés à travailler en cas de conclusion d'un contrat est soumis à l'obligation de plan général de coordination en matière de sécurité et de protection de la santé.

Art. R. 4532-43. Le plan général de coordination est un document écrit qui définit l'ensemble des mesures propres à prévenir les risques découlant de l'interférence des activités des différents intervenants sur le chantier, ou de la succession de leurs activités lorsqu'une intervention laisse subsister après son achèvement des risques pour les autres entreprises.

Art. R. 4532-44. Le plan général de coordination est joint aux autres documents remis par le maître d'ouvrage aux entrepreneurs qui envisagent de contracter. Il énonce notamment :

1° Les renseignements d'ordre administratif intéressant le chantier, et notamment ceux complétant la déclaration préalable ;

2° Les mesures d'organisation générale du chantier arrêtées par le maître d'œuvre en concertation avec le coordonnateur ;

3° Les mesures de coordination prises par le coordonnateur en matière de sécurité et de santé et les sujétions qui en découlent concernant, notamment :

a) Les voies ou zones de déplacement ou de circulation horizontales ou verticales ;

b) Les conditions de manutention des différents matériaux et matériels, en particulier pour ce qui concerne l'interférence des appareils de levage sur le chantier ou à proximité, ainsi que la limitation du recours aux manutentions manuelles ;

c) La délimitation et l'aménagement des zones de stockage et d'entreposage des différents matériaux, en particulier s'il s'agit de matières ou de substances dangereuses ;

d) Les conditions de stockage, d'élimination ou d'évacuation des déchets et des décombres ;

e) Les conditions d'enlèvement des matériaux dangereux utilisés ;

f) L'utilisation des protections collectives, des accès provisoires et de l'installation électrique générale ;

g) Les mesures prises en matière d'interactions sur le site ;

4° Les sujétions découlant des interférences avec des activités d'exploitation sur le site à l'intérieur ou à proximité duquel est implanté le chantier ;

5° Les mesures générales prises pour assurer le maintien du chantier en bon ordre et en état de salubrité satisfaisant, notamment :

a) Pour les opérations de construction de bâtiment, les mesures arrêtées par le maître de l'ouvrage en application de l'article R. 4533-1 ;

b) Pour les opérations de génie civil, les dispositions prises par le maître d'ouvrage pour établir des conditions telles que les locaux destinés au personnel du chantier soient conformes aux prescriptions qui leur sont applicables en matière de santé, de sécurité et de conditions de travail ;

6° Les renseignements pratiques propres au lieu de l'opération concernant les secours et l'évacuation des travailleurs ainsi que les mesures communes d'organisation prises en la matière ;

7° Les modalités de coopération entre les entrepreneurs, employeurs ou travailleurs indépendants.

Art. R. 4532-45. Le plan général de coordination rappelle, dans le cas de la constitution d'un collège interentreprises de sécurité, de santé et des conditions de travail, la mission de ce collège en la matière.

Art. R. 4532-46. Les dossiers techniques regroupant les informations relatives à la recherche et à l'identification des matériaux contenant de l'amiante prévus aux articles R. 1334-22, R. 1334-27 et R. 1334-28 du code de la santé publique sont joints au plan général de coordination.

Art. R. 4532-47. Le plan général de coordination est complété et adapté en fonction de l'évolution du chantier et de la durée effective à consacrer aux différents types de travaux ou phases de travail.

Ces modifications sont portées à la connaissance des entreprises.

Art. R. 4532-48. Le plan général de coordination intègre, notamment, au fur et à mesure de leur élaboration et en les harmonisant, les plans particuliers de sécurité et de santé ainsi que, lorsqu'ils sont requis, les plans de prévention prévus par d'autres dispositions du code du travail.

Art. R. 4532-49. Dès la phase de consultation des entreprises, le maître d'ouvrage adresse le plan général de coordination, sur leur demande, à l'inspection du travail, à l'Organisme professionnel de prévention du bâtiment et des travaux publics et au service de prévention des organismes de sécurité sociale.

Art. R. 4532-50. Le plan général de coordination tenu sur le chantier peut être consulté par :

1° Les membres des comités d'hygiène, de sécurité et des conditions de travail ou, à défaut, les délégués du personnel, appelés à intervenir sur le chantier ;

2° Le médecin du travail ;

3° Les membres du collège interentreprises de sécurité, de santé et des conditions de travail ;

4° L'inspection du travail ;

5° L'Organisme professionnel de prévention du bâtiment et des travaux publics ;

6° Le service de prévention des organismes de sécurité sociale.

Art. R. 4532-51. Le plan général de coordination tenu sur le chantier est conservé par le maître d'ouvrage pendant une durée de cinq années à compter de la date de réception de l'ouvrage.

Sous-section 2. Opérations de troisième catégorie

Note Les dispositions de cette sous-section, issues du décret 2003-68 du 24 janvier 2003, art. 9, sont applicables aux opérations de bâtiment et de génie civil dont la phase de conception, d'étude et d'élaboration a débuté après le 1er octobre 2003.

Art. R. 4532-52. Lorsqu'il est prévu, pour une opération de bâtiment ou de génie civil faisant intervenir plusieurs entreprises et n'appartenant pas à la première ou à la deuxième catégorie, d'exécuter des travaux présentant des risques particuliers inscrits sur la liste fixée par l'arrêté prévu par l'article L. 4532-8, le coordonnateur établit par écrit, avant la phase de consultation des entreprises, un plan général simplifié de coordination en matière de sécurité et de protection de la santé.

Ce plan prend en considération les mesures propres à prévenir les risques découlant de l'interférence de ces travaux avec les autres activités des différents intervenants sur le chantier, ou de la succession de leurs activités lorsqu'une intervention laisse subsister après son achèvement un des risques particuliers énumérés dans la même liste.

Art. R. 4532-53. Les dossiers techniques regroupant les informations relatives à la recherche et à l'identification des matériaux contenant de l'amiante prévus aux articles R. 1334-22, R. 1334-27 et R. 1334-28 du code de la santé publique sont joints au plan général simplifié de coordination.

Art. R. 4532-54. Lorsque, lors d'une opération de troisième catégorie, un coordonnateur a connaissance, après le début des travaux, de l'existence d'un ou plusieurs des travaux présentant des risques particuliers inscrits sur la liste fixée par l'arrêté prévu par l'article L. 4532-8, il prend toutes les mesures utiles afin de rédiger, avant toute poursuite des travaux, le plan général simplifié de coordination en matière de sécurité et de protection de la santé.

Les sujétions découlant de l'observation de ce plan sont définies, le cas échéant, par voie d'avenants aux différents contrats conclus avec les entreprises chargées de l'exécution des travaux.

Art. R. 4532-55. Sont applicables au plan général simplifié de coordination et, dès son élaboration, à celui établi en application de l'article R. 4532-54, les dispositions des articles R. 4532-42 et R. 4532-47 à R. 4532-51.

SECTION 4. Plan particulier de sécurité et de protection de la santé

Art. L. 4532-9. Sur les chantiers soumis à l'obligation d'établir un plan général de coordination, chaque entreprise, y compris les entreprises sous-traitantes, appelée à intervenir à un moment quelconque des travaux, établit, avant le début des travaux, un plan particulier de sécurité et de protection de la santé. Ce plan est communiqué au coordonnateur.

Toute entreprise appelée à exécuter seule des travaux dont la durée et le volume prévus excèdent certains seuils établit également ce plan. Elle le communique au maître d'ouvrage.

Note • Un plan particulier de sécurité et de protection de la santé (de même nature que le plan d'hygiène et de sécurité visé aux articles L. 235-3 et 4 anciens) doit être établi sur certains chantiers, avant le début des travaux, par chacune des entreprises intervenantes.

• Sur le président d'une société qui a commis une faute caractérisée, au sens de l'article 121-3, al. 4 c. pén. dans sa rédaction issue de la loi du 10 juillet 2000 en n'ayant pas remis au coordonnateur des travaux le plan particulier de sécurité prévu par cet article et en ayant contrevenu aux prescriptions du décret du 8 janvier 1965 en laissant les salariés de sa société travailler à proximité d'une trémie sans que celle-ci ait été clôturée par des garde-corps ou obturée convenablement, ce qui avait concouru à l'accident mortel d'un salarié occupé à la mise en place de vitrages, voir cass. crim. 24 octobre 2000, n° 00-82.467, *RJS* 4/01 n° 464.

• Avant le début des travaux, un plan particulier de sécurité et de protection de la santé est adressé au coordonnateur par chacune des entreprises.

Doit être cassé l'arrêt qui, pour rejeter la demande d'un architecte avec lequel une société civile immobilière, ayant entrepris la réalisation d'un immeuble, avait conclu une convention de coordination sécurité santé, en paiement de ses honoraires, a retenu que le registre journal était excessivement concis et ne correspondait pas précisément à l'objet de la mission du coordonnateur, que le plan particulier de sécurité et de protection de la santé était nettement insuffisant, et que l'architecte ne justifiait donc pas avoir réalisé complètement ses obligations contractuelles alors que l'établissement du plan particulier de sécurité et de protection de la santé ne relève pas du coordonnateur, mais des entrepreneurs (cass. civ., 3e ch., 11 mai 2006, n° 05-14.425, BC III n° 117 ; *D.* 2006 IR 1486).

Sous-section 1. **Opérations de première et deuxième catégories**

Art. R. 4532-56. L'entrepreneur tenu de remettre un plan particulier de sécurité et de santé au coordonnateur ou au maître d'ouvrage, en application du premier alinéa de l'article L. 4532-9, dispose de trente jours à compter de la réception du contrat signé par le maître de l'ouvrage pour établir ce plan.

Art. R. 4532-57. L'entrepreneur qui intervient seul remet au maître d'ouvrage un plan particulier de sécurité, en application du deuxième alinéa de l'article L. 4532-9, lorsqu'il est prévu qu'il réalisera des travaux d'une durée supérieure à un an et qu'il emploiera, à un moment quelconque des travaux, plus de cinquante travailleurs pendant plus de dix jours ouvrés consécutifs.

Il dispose du délai prévu à l'article R. 4532-56.

Art. R. 4532-58. Dès la conclusion du contrat de l'entreprise, le coordonnateur communique à chacun des entrepreneurs appelés à intervenir sur un chantier soumis à l'obligation de plan général de coordination, les noms et adresses des entrepreneurs contractants.

Il transmet à chaque entrepreneur qui en fait la demande les plans particuliers de sécurité et de protection de la santé établis par les autres entrepreneurs.

Art. R. 4532-59. En cas d'opération de construction de bâtiment, le coordonnateur communique aux autres entrepreneurs les plans particuliers de sécurité et de santé des entrepreneurs chargés du gros œuvre ou du lot principal et de ceux ayant à exécuter des travaux présentant des risques particuliers, tels qu'énumérés sur la liste prévue à l'article L. 4532-8.

Art. R. 4532-60. L'entrepreneur qui fait exécuter le contrat conclu avec le maître d'ouvrage, en tout ou partie, par un ou plusieurs sous-traitants remet à ceux-ci :

1° Un exemplaire du plan général de coordination ;

2° Le cas échéant, un document précisant les mesures d'organisation générales qu'il a retenues pour la partie du chantier dont il a la responsabilité et qui sont de nature à avoir une incidence sur la santé et la sécurité des travailleurs.

Art. R. 4532-61. Pour l'élaboration du plan particulier de sécurité, le sous-traitant tient compte des informations fournies par l'entrepreneur, notamment de celles qui sont contenues dans le plan général de coordination.

Il tient également compte des informations contenues dans le document prévu au 2° de l'article R. 4532-60.

Art. R. 4532-62. À compter de la réception du contrat signé par l'entrepreneur, le sous-traitant dispose d'au moins trente jours pour établir le plan particulier de sécurité.

Ce délai est réduit à huit jours pour les travaux du second œuvre lorsqu'il s'agit d'une opération de bâtiment ou pour les lots ou travaux accessoires dans le cas d'une opération de génie civil, dès lors que ceux-ci ne figurent pas sur la liste des travaux comportant des risques particuliers prévue à l'article L. 4532-8.

Art. R. 4532-63. Le plan particulier de sécurité indique :

1° Les nom et adresse de l'entrepreneur ;

2° L'évolution prévisible de l'effectif sur le chantier ;

3° Le cas échéant, les noms et qualité de la personne chargée de diriger l'exécution des travaux.

Art. R. 4532-64. Le plan particulier de sécurité est adapté aux conditions spécifiques de l'intervention sur le chantier.

À cet effet, outre la prise en compte des mesures de coordination générale décidées par le coordonnateur et l'énumération des installations de chantier et des matériels et dispositifs prévus pour la réalisation de l'opération, le plan mentionne, en les distinguant :

1° Les mesures spécifiques prises par l'entreprise pour prévenir les risques spécifiques découlant :

a) De l'exécution par d'autres entreprises de travaux dangereux pouvant avoir une incidence sur la santé et la sécurité des travailleurs de l'entreprise ou du travailleur indépendant ;

b) Des contraintes propres au chantier ou à son environnement, en particulier en matière de circulations ou d'activités d'exploitation particulièrement dangereuses ;

2° La description des travaux et des processus de travail de l'entreprise pouvant présenter des risques pour la santé et la sécurité des autres intervenants sur le chantier, notamment lorsqu'il s'agit de travaux comportant des risques particuliers tels que ceux énumérés sur la liste prévue à l'article L. 4532-8 ;

3° Les dispositions à prendre pour prévenir les risques pour la santé et la sécurité que peuvent encourir les travailleurs de l'entreprise lors de l'exécution de ses propres travaux.

Art. R. 4532-65. Lorsqu'il ressort du plan général de coordination et de l'évaluation préalable des risques menée par l'entreprise que des mesures mentionnées à l'article R. 4532-64 n'ont pas à être prises du fait de l'absence de risques, résultant en particulier de l'exécution de travaux figurant sur la liste prévue à l'article L. 4532-8, l'employeur le mentionne expressément sur le plan.

Art. R. 4532-66. Le plan particulier de sécurité :

1° Analyse de manière détaillée les procédés de construction et d'exécution ainsi que les modes opératoires retenus dès lors qu'ils ont une incidence particulière sur la santé et la sécurité des travailleurs sur le chantier ;

2° Définit les risques prévisibles liés aux modes opératoires, aux matériels, dispositifs et installations mis en œuvre, à l'utilisation de produits, aux déplacements des travailleurs, à l'organisation du chantier ;

3° Indique les mesures de protection collective ou, à défaut, individuelle, adoptées pour parer à ces risques ainsi que les conditions dans lesquelles sont contrôlés l'application de ces mesures et l'entretien des moyens matériels qui s'y rattachent ;

4° Précise les mesures prises pour assurer la continuité des solutions de protection collective lorsque celles-ci requièrent une adaptation particulière.

Art. R. 4532-67. Le plan particulier de sécurité comporte de manière détaillée :

1° Les dispositions en matière de secours et d'évacuation, notamment :

a) Les consignes de premiers secours aux victimes d'accidents et aux malades ;

b) Le nombre de travailleurs du chantier formés pour donner les premiers secours en cas d'urgence ;

c) Le matériel médical existant sur le chantier ;

d) Les mesures prises pour évacuer, dans les moindres délais, dans un établissement hospitalier de toute victime d'accident semblant présenter des lésions graves ;

2° Les mesures assurant l'hygiène des conditions de travail et celle des locaux destinés aux travailleurs. Il mentionne, pour chacune des installations prévues, leur emplacement sur le chantier et leur date de mise en service prévisible.

Art. R. 4532-68. Lorsque les dispositions en matière de secours et d'évacuation sont prévues par le plan général de coordination, mention peut [en] être faite dans le plan particulier de sécurité du renvoi au plan général de coordination.

Art. R. 4532-69. Le plan particulier de sécurité peut être consulté pour avis, avant toute intervention sur le chantier, par le médecin du travail ainsi que par les membres des comités d'hygiène, de sécurité et des conditions de travail ou, à défaut, les délégués du personnel.

Art. R. 4532-70. L'entrepreneur chargé du gros œuvre ou du lot principal ainsi que celui appelé à exécuter des travaux présentant des risques particuliers figurant sur la liste de travaux prévue à l'article L. 4532-8, adressent à l'inspection du travail, au service de prévention des organismes de sécurité sociale et à l'Organisme professionnel de prévention du bâtiment et des travaux publics, avant toute intervention sur le chantier, un exemplaire du plan particulier de sécurité. Ils joignent les avis du médecin du travail et des membres du comité d'hygiène, de sécurité et des conditions de travail ou, à défaut, des délégués du personnel, s'ils ont été donnés dans les conditions prévues à l'article R. 4532-69.

Art. R. 4532-71. Un exemplaire à jour du plan particulier de sécurité est tenu disponible en permanence sur le chantier. Sont joints, y compris pour les entrepreneurs non mentionnés à l'article R. 4532-70, les avis du médecin du travail et du comité d'hygiène, de sécurité et des conditions de travail prévus à l'article R. 4532-69.

Art. R. 4532-72. Lorsqu'une mesure de prévention prévue au plan n'a pu être appliquée, l'entrepreneur indique sur le plan les moyens d'une efficacité au moins équivalente qui ont été mis en œuvre. Cette substitution est portée à la connaissance du coordonnateur et des personnes et organismes mentionnés à l'article R. 4532-70.

Art. R. 4532-73. Le plan particulier de sécurité tenu sur le chantier peut être consulté par :

1° Les membres du collège interentreprises de sécurité, de santé et des conditions de travail ;

2° Les membres du comité d'hygiène, de sécurité et des conditions de travail ou, à défaut, les délégués du personnel ;

3° Le médecin du travail ;

4° L'inspection du travail ;

5° Le service de prévention des organismes de sécurité sociale ;

6° L'Organisme professionnel de prévention du bâtiment et des travaux publics.

Art. R. 4532-74. Le plan particulier de sécurité tenu sur le chantier est conservé par l'entrepreneur pendant une durée de cinq années à compter de la date de réception de l'ouvrage.

Sous-section 2. Opérations de troisième catégorie

Note Les dispositions de cette sous-section, issues du décret 2003-68 du 24 janvier 2003, art. 10, sont applicables aux opérations de bâtiment et de génie civil dont la phase de conception, d'étude et d'élaboration a débuté après le 1er octobre 2003.

Art. R. 4532-75. Pour les opérations soumises à l'obligation de plan général simplifié de coordination en matière de sécurité et de protection de la santé prévue aux articles R. 4532-52 et R. 4532-54, chaque entrepreneur appelé à exécuter des travaux présentant des risques particuliers figurant sur la liste de travaux prévue à l'article L. 4532-8 établit par écrit, préalablement à leur début ou à leur poursuite, un plan particulier simplifié de sécurité et de protection de la santé. Le plan évalue ces risques et décrit les consignes à observer ou à transmettre aux travailleurs appelés à intervenir sur le chantier et les conditions de santé et de sécurité dans lesquelles vont être exécutés les travaux.

Art. R. 4532-76. Sont applicables au plan particulier simplifié, les dispositions des articles R. 4532-56 à R. 4532-62, de l'article R. 4532-63, des 2° et 3° de l'article R. 4532-64 et des articles R. 4532-69 à R. 4532-74.

SECTION 5. Collège interentreprises de sécurité, de santé et des conditions de travail

Note Les dispositions réglementaires de cette section ont été introduites par le décret 95-543 du 4 mai 1995 (JO 6) qui est applicable pour la première fois : 1° Aux opérations de bâtiment et de génie civil dont la phase de conception sera entreprise à partir de la date de publication du présent décret ; 2° En ce qui concerne les opérations engagées avant la date mentionnée au 1° : à partir du début de la phase de réalisation du projet de l'ouvrage, dès lors qu'il est prévisible que l'exécution des travaux du gros œuvre ou du lot principal ne sera pas achevée le 1er janvier 1996.

Art. L. 4532-10. Lorsque le nombre des entreprises, travailleurs indépendants et entreprises sous-traitantes inclus, et l'effectif des travailleurs dépassent certains seuils, le maître d'ouvrage constitue un collège interentreprises de sécurité, de santé et des conditions de travail.

Art. L. 4532-11. Les opinions que les travailleurs employés sur le chantier émettent dans l'exercice de leurs fonctions au sein du collège interentreprises ne peuvent motiver une sanction ou un licenciement.

Art. L. 4532-12. Le maître d'ouvrage ainsi que l'entrepreneur qui entend sous-traiter une partie des travaux mentionnent dans les contrats conclus respectivement avec les entrepreneurs ou les sous-traitants l'obligation de participer à un collège interentreprises de sécurité, de santé et des conditions de travail.

Art. L. 4532-13. Le collège interentreprises de sécurité, de santé et des conditions de travail peut définir, notamment sur proposition du coordonnateur, certaines règles communes destinées à assurer le respect des mesures de sécurité et de protection de la santé applicables au chantier.

Il vérifie que l'ensemble des règles prescrites, soit par lui-même, soit par le coordonnateur, sont effectivement mises en œuvre.

Art. L. 4532-14. L'intervention du collège interentreprises de sécurité, de santé et des conditions de travail ne modifie pas la nature et l'étendue des responsabilités qui incombent aux participants à l'opération de bâtiment ou de génie civil en application des autres dispositions du présent code, ni les attributions des institutions représentatives du personnel compétentes en matière de santé, de sécurité et des conditions de travail.

Art. L. 4532-15. Les salariés désignés comme membres du collège interentreprises disposent du temps nécessaire, rémunéré comme temps de travail, pour assister aux réunions de ce collège.

Sous-section 1. Conditions de mise en place

Art. R. 4532-77. Le maître d'ouvrage constitue un collège interentreprises de sécurité, de santé et des conditions de travail lorsque le chantier doit dépasser un volume de 10000 hommes-jours et que le nombre d'entreprises, travailleurs indépendants et entreprises sous-traitantes inclus, est supérieur à dix s'il s'agit d'une opération de bâtiment ou à cinq s'il s'agit d'une opération de génie civil.

Cette constitution est effective au plus tard vingt-et-un jours avant le début des travaux.

Sous-section 2. Composition

Art. R. 4532-78. Le collège interentreprises de sécurité, de santé et des conditions de travail comprend :

1° Les coordonnateurs en matière de santé et de sécurité ;
2° Le maître d'œuvre désigné par le maître d'ouvrage ;
3° Les entrepreneurs ;
4° Des salariés employés sur le chantier, avec voix consultative.

Art. R. 4532-79. Peuvent assister aux réunions du collège interentreprises à titre consultatif :

1° Les médecins du travail ;
2° Les représentants de l'inspection du travail ;
3° Les représentants de l'Organisme professionnel de prévention du bâtiment et des travaux publics ;
4° Les représentants du service de prévention des organismes de sécurité sociale.

Art. R. 4532-80. Pendant la durée de son intervention sur le chantier, chaque entreprise est représentée au collège interentreprises par :

1° Le chef de l'entreprise ou son représentant habilité à cet effet ;
2° Un salarié effectivement employé sur le chantier, désigné par le comité d'hygiène, de sécurité et des conditions de travail ou, à défaut, par les délégués du personnel ou, en leur absence, choisi par les membres de l'équipe appelée à intervenir sur le chantier.

Art. R. 4532-81. Chaque entreprise communique les noms de ses deux représentants au président du collège interentreprises, au plus tard avant la réunion d'adoption de son règlement prévue à l'article R. 4532-92.

Art. R. 4532-82. Ne sont pas tenues de participer aux travaux du collège interentreprises les entreprises dont il est prévu qu'elles n'occuperont pas sur le chantier au moins dix travailleurs pendant au moins quatre semaines, dès lors qu'elles n'auront pas à exécuter l'un des travaux figurant sur la liste de travaux comportant des risques particuliers prévue à l'article L. 4532-8.

Art. R. 4532-83. La liste nominative des représentants des entreprises et des autres membres du collège interentreprises, ainsi que des personnes qui peuvent assister aux réunions du collège à titre consultatif, est tenue à jour et affichée sur le chantier par le coordonnateur.

Sous-section 3. Fonctionnement

Art. R. 4532-84. Le collège interentreprises de sécurité, de santé et des conditions de travail est présidé par le coordonnateur en matière de sécurité et de protection de la santé désigné pour la phase de réalisation de l'ouvrage en application de l'article L. 4532-3.

Art. R. 4532-85. Le collège interentreprises se réunit pour la première fois dès que deux entreprises au moins sont effectivement présentes sur le chantier, puis au moins tous les trois mois sur convocation de son président.

En outre, il est réuni par celui-ci :
1° À la demande de la majorité des représentants ayant voix délibérative ;
2° À la demande motivée du tiers des membres représentant les salariés ;
3° À la suite de tout accident ayant eu ou ayant pu avoir des conséquences graves.

Art. R. 4532-86. Les réunions du collège interentreprises ont lieu sur le chantier dans un local approprié et, sauf cas exceptionnels justifiés par l'urgence, pendant les heures de travail.

Les réunions sont précédées par une inspection du chantier.

Art. R. 4532-87. L'ordre du jour des séances du collège interentreprises peut évoquer toute question entrant dans le cadre de ses missions, notamment, la formation et l'information des travailleurs.

La convocation et l'ordre du jour des séances sont établis par le président du collège interentreprises. Sauf en cas de réunion d'urgence, ils sont communiqués quinze jours au moins avant la date de réunion aux membres du collège, à l'inspection du travail, à l'Organisme professionnel de prévention du bâtiment et des travaux publics et au service de prévention des organismes de sécurité sociale. Le procès-verbal de la réunion précédente est joint à cet envoi.

Les membres du collège interentreprises peuvent demander par écrit au président de porter à l'ordre du jour toute question relevant de sa compétence dans les huit jours qui suivent la réception de la convocation.

Art. R. 4532-88. Les procès-verbaux des réunions du collège interentreprises sont consignés sur un registre tenu à la disposition de l'inspection du travail, de l'Organisme professionnel de prévention du bâtiment et des travaux publics et du service de prévention des organismes de sécurité sociale.

Les procès-verbaux font ressortir, notamment :
1° Les décisions prises par le collège interentreprises ;
2° Le compte rendu des inspections du chantier ;
3° Les formations à la sécurité dispensées par les entreprises en application de l'article L. 4141-2 ainsi que les formations à la sécurité complémentaires décidées par le collège interentreprises.

Art. R. 4532-89. Les membres du collège interentreprises peuvent consulter le registre des procès-verbaux de ses réunions à tout moment.

Le registre est conservé par le coordonnateur pendant une durée de cinq années à compter de la date de réception de l'ouvrage.

Art. R. 4532-90. Les règles de fonctionnement du collège interentreprises sont précisées par un règlement.

Ce règlement prévoit, notamment :
1° La fréquence accrue des réunions du collège en fonction de l'importance et de la nature des travaux ;
2° Les procédures propres à assurer le respect des règles communes relatives à la santé, à la sécurité et aux conditions de travail ;
3° Les conditions de la vérification de l'application des mesures prises par le coordonnateur ou par le collège interentreprises ;

4° La procédure de règlement des difficultés qui pourraient s'élever entre ses membres ;
5° Les attributions du président.

Art. R. 4532-91. Le projet de règlement du collège interentreprises est élaboré par le coordonnateur pendant la phase de conception, d'étude et d'élaboration du projet.

Il est annexé aux documents du dossier de consultation adressés par le maître d'ouvrage aux entrepreneurs et, en l'absence de consultation, à chaque marché ou contrat conclu pour une opération entrant dans les prévisions de l'article R. 4532-77.

En cas de sous-traitance, l'entrepreneur principal communique à chacun de ses sous-traitants le règlement du collège, ou son projet si le règlement n'a pas encore été adopté au moment de la conclusion du contrat de sous-traitance.

Art. R. 4532-92. Sur l'initiative de son président, le collège interentreprises est réuni, en temps utile, aux fins d'adoption du règlement du collège.

Le président transmet le règlement, dès son adoption, à l'inspection du travail, à l'Organisme professionnel de prévention du bâtiment et des travaux publics et au service de prévention des organismes de sécurité sociale.

Le procès-verbal de la séance au cours de laquelle a été adopté le règlement est joint à cette transmission. Ce procès-verbal mentionne les résultats du vote émis à l'occasion de cette adoption.

Art. R. 4532-93. Lorsque, sur un chantier soumis à la présente section, il a été prévu de différer l'attribution de certains lots, les entreprises appelées à intervenir après la constitution du collège interentreprises ont l'obligation d'y participer dès leur intervention sur le chantier.

Elles se conforment également au règlement du collège et communiquent au président le nom de leurs représentants dans les conditions prévues à l'article R. 4532-81.

Art. R. 4532-94. Les comités d'hygiène, de sécurité et des conditions de travail ou, à défaut, les délégués du personnel des établissements appelés à intervenir sur le chantier reçoivent les copies des procès-verbaux du collège interentreprises et peuvent saisir par écrit le président de ce dernier de toute question relevant de sa compétence.

Le président répond par écrit aux observations formulées et en informe les membres du collège en temps utile et, au plus tard, lors de la réunion qui suit la demande des intéressés.

SECTION 6. Interventions ultérieures sur l'ouvrage

Art. L. 4532-16. Sauf dans les cas prévus à l'article L. 4532-7, au fur et à mesure du déroulement des phases de conception, d'étude et d'élaboration du projet puis de la réalisation de l'ouvrage, le maître d'ouvrage fait établir et compléter par le coordonnateur un dossier rassemblant toutes les données de nature à faciliter la prévention des risques professionnels lors d'interventions ultérieures.

Art. R. 4532-95. Le dossier d'intervention ultérieure sur l'ouvrage prévu à l'article L. 4532-16 rassemble, sous bordereau, tous les documents, tels que les plans et notes techniques, de nature à faciliter l'intervention ultérieure sur l'ouvrage, ainsi que le dossier technique regroupant les informations relatives à la recherche et à l'identification des matériaux contenant de l'amiante prévus aux articles R. 1334-22 et R. 1334-28 du code de la santé publique.

Il comporte notamment, s'agissant des bâtiments destinés à recevoir des travailleurs, le dossier de maintenance des lieux de travail prévu à l'article R. 4211-3 ;

Pour ce qui concerne les autres ouvrages, il comporte, notamment, les dispositions prévues aux 1° à 4° de l'article R. 4211-3 et à l'article R. 4211-4.

Art. R. 4532-96. Le dossier d'intervention ultérieur est constitué dès la phase de conception de l'ouvrage par le coordonnateur qui en a la responsabilité et transmis au coordonnateur chargé de la phase de réalisation des travaux lorsque celui-ci est différent. Cette transmission fait l'objet d'un procès-verbal joint au dossier.

Art. R. 4532-97. Le dossier d'intervention ultérieure sur l'ouvrage est remis au maître d'ouvrage par le coordonnateur en fonctions lors de la réception de l'ouvrage. Cette transmission fait l'objet d'un procès-verbal joint au dossier.

Le dossier est joint aux actes notariés établis à chaque mutation de l'ouvrage.

Dans le cas d'une copropriété, un exemplaire du dossier est également remis au syndic de l'immeuble.

Art. R. 4532-98. Lors de toute nouvelle opération pour laquelle un coordonnateur en matière de sécurité et de santé est requis, un exemplaire du dossier d'intervention ultérieure sur l'ouvrage est remis au coordonnateur en matière de sécurité et de santé désigné par le maître de l'ouvrage.

Le coordonnateur apporte au dossier les modifications et compléments éventuels découlant des nouveaux travaux.

Les règles de transmission prévues à la présente section s'appliquent au dossier mis à jour.

SECTION 7. Travaux d'extrême urgence

Art. L. 4532-17. En cas de travaux d'extrême urgence dont l'exécution immédiate est nécessaire pour prévenir des accidents graves et imminents ou organiser des mesures de sauvetage, les obligations suivantes ne s'appliquent pas :

1° Envoi de la déclaration préalable prévue à l'article L. 4532-1 ;

2° Établissement d'un plan général de coordination en matière de sécurité et de protection de la santé prévu à l'article L. 4532-8 ;

3° Établissement et envoi d'un plan particulier de sécurité et de protection de la santé prévu à l'article L. 4532-9.

SECTION 8. Dispositions d'application

Art. L. 4532-18. Des décrets en Conseil d'État déterminent les conditions d'application du présent ***(L. 2009-526 du 12 mai 2009, JO 13)*** « chapitre ».

[Sanctions pénales]

Art. L. 4744-2. Le fait pour un maître d'ouvrage de ne pas adresser à l'autorité administrative la déclaration préalable prévue à l'article L. 4532-1 est puni d'une amende de 4500 €.

Art. L. 4744-3. Le fait pour un maître d'ouvrage de faire ouvrir un chantier ne disposant pas de voies et réseaux divers satisfaisant aux dispositions du décret mentionné au 7° de l'article L. 4532-18 est puni d'une amende de 22500 €.

L'interruption du travail peut être ordonnée dans les conditions prévues à l'article L. 480-2 du code de l'urbanisme.

Art. L. 4744-4. Est puni d'une amende de 9000 € le fait pour un maître d'ouvrage :

1° De ne pas désigner de coordonnateur en matière de sécurité et de santé, en méconnaissance de l'article L. 4532-4, ou de ne pas assurer au coordonnateur l'autorité et les moyens indispensables à l'exercice de sa mission, en méconnaissance de l'article L. 4532-5 ;

2° De désigner un coordonnateur ne répondant pas à des conditions définies par décret pris en application de l'article L. 4532-18 ;

3° De ne pas faire établir le plan général de coordination prévu à l'article L. 4532-8 ;

4° De ne pas faire constituer le dossier des interventions ultérieures sur l'ouvrage prévu à l'article L. 4532-16.

La récidive est punie d'un emprisonnement d'un an et d'une amende de 15000 €. La juridiction peut, en outre, prononcer les peines prévues à l'article L. 4741-5.

Art. L. 4744-5. Le fait pour l'entrepreneur de ne pas remettre au maître d'ouvrage ou au coordonnateur le plan particulier de sécurité et de protection de la santé des travailleurs prévu à l'article L. 4532-9 est puni d'une amende de 9000 €.

La récidive est punie d'un emprisonnement d'un an et d'une amende de 15000 €. La juridiction peut, en outre, prononcer les peines prévues à l'article L. 4741-5.

Art. L. 4532-18.

Art. L. 4744-6. Le fait pour les travailleurs indépendants, ainsi que pour les employeurs lorsqu'ils exercent eux-mêmes une activité sur un chantier de bâtiment ou de génie civil, de ne pas mettre en œuvre les obligations qui leur incombent, en application des décrets mentionnés à l'article L. 4111-6, ainsi que les obligations des articles L. 4311-1 à L. 4311-3, L. 4321-1, L. 4321-2, L. 4411-1 à L. 4411-6, du 8° de l'article L. 4532-18 et de l'article L. 4535-1, est puni d'une amende de 4500 €.

Art. L. 4744-7. Outre les officiers de police judiciaire et les inspecteurs du travail, les infractions définies aux articles L. 4744-1 à L. 4744-5 sont constatées par les personnes prévues à l'article L. 480-1 du code de l'urbanisme.

Art. R. 4741-4. Est puni de la peine d'amende prévue pour les contraventions de la cinquième classe le fait, pour un maître d'ouvrage :

1° De ne pas avoir mentionné dans les contrats, en méconnaissance de l'article L. 4532-12, l'obligation de participer à un collège interentreprises de sécurité, de santé et des conditions de travail ;

2° De ne pas avoir constitué, en méconnaissance de l'article R. 4532-77, un collège interentreprises de sécurité, de santé et des conditions de travail ;

3° De ne pas avoir annexé aux documents du dossier de consultation adressé aux entreprises, ou aux marchés ou contrats conclus avec elles, en méconnaissance de l'article R. 4532-91, le projet de règlement du collège ;

4° De ne pas s'être assuré, en méconnaissance de l'article R. 4532-94 de l'envoi aux comités d'hygiène, de sécurité et des conditions de travail ou, à défaut, aux délégués du personnel des entreprises ou établissements intervenant sur le chantier, des procès-verbaux des réunions du collège.

La récidive est réprimée conformément aux articles 132-11 et 132-15 du code pénal.

Art. R. 4741-5. Est puni de la peine d'amende prévue pour les contraventions de la cinquième classe le fait, pour l'entrepreneur ou le sous-traitant :

1° De ne pas avoir laissé les travailleurs émettre des opinions pendant les réunions du collège ou de les avoir sanctionnés ou licenciés, en méconnaissance de l'article L. 4532-11 ;

2° De ne pas avoir fait mentionner dans les contrats de sous-traitance l'obligation de participer à un collège interentreprises de sécurité, de santé et des conditions de travail, en méconnaissance de l'article L. 4532-12 ;

3° De ne pas avoir laissé aux travailleurs désignés comme membres du collège le temps nécessaire pour assister aux réunions du collège ou d'avoir refusé de rémunérer ce temps comme temps de travail en méconnaissance de l'article L. 4532-15 ;

4° De ne pas avoir désigné de représentants au collège en méconnaissance de l'article R. 4532-80 ;

5° De ne pas avoir participé ou d'avoir empêché son représentant de participer aux réunions du collège dans les conditions prévues aux articles R. 4532-85 et R. 4532-86.

La récidive est réprimée conformément aux articles 132-11 et 132-15 du code pénal.

CHAPITRE III

Prescriptions techniques applicables avant l'exécution des travaux

[Le présent chapitre ne comprend pas de dispositions législatives.]

SECTION 1. Voies et réseaux divers

Art. R. 4533-1. Lorsque le montant d'une opération de construction de bâtiment excède 760 000 €, le chantier relatif à cette opération dispose, en un point au moins de son périmètre, d'une desserte en voirie, d'un raccordement à des réseaux de distribution d'eau potable et d'électricité, d'une évacuation des matières usées, dans des conditions telles que les locaux destinés aux travailleurs du chantier soient conformes aux dispositions qui leur sont applicables en matière de santé et de sécurité au travail.

Le maître d'ouvrage prend les mesures nécessaires, avant toute intervention des entrepreneurs et des sous-traitants sur le chantier dans les conditions prévues à la présente section.

Art. R. 4533-2. Une voie d'accès au chantier est construite pour permettre aux véhicules et aux piétons de parvenir en un point au moins du périmètre d'emprise du chantier.

Cette voie est prolongée dans le chantier par d'autres voies permettant aux travailleurs d'accéder aux zones où sont installés les divers locaux qui leur sont destinés.

Les voies d'accès sont constamment praticables. Les eaux pluviales sont drainées et évacuées.

Ces voies sont convenablement éclairées.

Art. R. 4533-3. Le raccordement à un réseau de distribution d'eau potable est réalisé de manière à permettre une alimentation suffisante des divers points d'eau prévus dans les locaux destinés aux travailleurs.

Art. R. 4533-4. Le raccordement à un réseau de distribution électrique permet de disposer d'une puissance suffisante pour alimenter les divers équipements et installations prévus dans les locaux destinés aux travailleurs.

Art. R. 4533-5. Les matières usées sont évacuées conformément aux règlements sanitaires en vigueur.

SECTION 2. Dérogations

Art. R. 4533-6. Le ***(D. 2009-1377 du 10 nov. 2009, JO 13 ; D. 2010-687 du 24 juin 2010, JO 25 ; voir D. 2010-1582 du 17 déc. 2010, JO 18, pour outre-mer)*** « directeur régional des entreprises, de la concurrence, de la consommation, du travail et de l'emploi » peut, sur la demande du maître d'ouvrage, accorder des dérogations à titre exceptionnel :

1° Aux règles d'accès prévues à l'article R. 4533-2 lorsque la configuration du chantier ou son isolement s'oppose soit à l'aménagement de tout ou partie des voies prévues à cet article, soit au respect des conditions fixées par celui-ci ;

2° Aux règles de raccordement prévues aux articles R. 4533-3 et R. 4533-4 lorsqu'il n'existe pas de réseau de distribution d'eau potable ou d'électricité à proximité du chantier.

Art. R. 4533-7. Les dérogations du ***(D. 2009-1377 du 10 nov. 2009, JO 13 ; D. 2010-687 du 24 juin 2010, JO 25 ; voir D. 2010-1582 du 17 déc. 2010, JO 18, pour outre-mer)*** « directeur régional des entreprises, de la concurrence, de la consommation, du travail et de l'emploi » sont accordées sous réserve de la mise en œuvre de mesures compensatrices d'hygiène et de sécurité.

Elles sont prises après consultation de l'Organisme professionnel de prévention du bâtiment et des travaux publics.

Elles fixent la durée de leur application.

CHAPITRE IV

Prescriptions techniques de protection durant l'exécution des travaux

[Le présent chapitre ne comprend pas de dispositions législatives.]

Note Les dispositions réglementaires sont issues du décret 65-48 du 8 janvier 1965 portant règlement d'administration publique pour l'exécution des dispositions du livre II du code du travail – ancien – (Titre II - Hygiène et sécurité des travailleurs) en ce qui concerne les mesures particulières de protection et de salubrité applicables aux établissements dont le personnel exécute des travaux du bâtiment, des travaux publics et tous autres travaux concernant les immeubles.

SECTION 1. Champ d'application

Art. R. 4534-1. Les dispositions du présent chapitre s'appliquent aux employeurs du bâtiment et des travaux publics, dont les travailleurs accomplissent, même à titre occasionnel, des travaux de terrassement, de construction, d'installation, de démolition, d'entretien, de réfection, de nettoyage, toutes opérations annexes et tous autres travaux prévus par le présent chapitre, portant sur des immeubles par nature ou par destination.

Elles s'appliquent également aux autres employeurs dont les travailleurs accomplissent les mêmes travaux.

Art. R. 4534-2. Les dispositions du présent chapitre ne s'appliquent pas aux travaux de démontage, d'entretien ou de maintenance portant sur des immeubles par destination, y compris ceux mentionnés à l'article 524 du code civil, dès lors qu'ils sont soumis aux conditions d'installations des équipements de travail prévues aux articles R. 4323-7 à R. 4323-12.

SECTION 2. Mesures générales de sécurité

Sous-section 1. Chutes de personnes

Art. R. 4534-3. Les parties d'une construction qui ne sont pas livrables au service du chantier et dont l'accès présente des dangers pour les personnes sont nettement délimitées et visiblement signalées.

Leur accès est interdit par des dispositifs matériels.

Art. R. 4534-4. Les ouvertures d'une construction donnant sur le vide, telles que les baies, sont munies, une fois le gros œuvre d'un étage terminé, de garde-corps placés à 90 cm des planchers et de plinthes d'une hauteur de 15 cm au moins, sauf si ces ouvertures comportent des dispositifs de protection d'une efficacité au moins équivalente ou si leur accès a été interdit en application des dispositions de l'article R. 4534-3.

Art. R. 4534-5. Lorsque, pour l'exécution des travaux à l'intérieur d'une construction, sont installées des plates-formes coupant les ouvertures en bordure du vide dans leur hauteur, à une distance verticale de plus de 90 cm de la partie supérieure des ouvertures, un garde-corps et une plinthe sont établis au droit de ces ouvertures.

Art. R. 4534-6. Les orifices des puits, des galeries d'une inclinaison de plus de 45°, et les ouvertures, telles que celles qui sont prévues pour le passage des ascenseurs, ou telles que les trémies de cheminées ou les trappes, pouvant exister dans les planchers d'une construction ainsi que dans les planchers des échafaudages, passerelles ou toutes autres installations, sont clôturés ***(D. 2009-289 du 13 mars 2009, JO 15)*** « ou obturés » :

1° Soit par un garde-corps placé à une hauteur de 90 cm et une plinthe d'une hauteur minimale de 15 cm ;

2° Soit par un plancher provisoire jointif convenablement fixé ;

3° Soit par tout autre dispositif équivalent.

Sous-section 2. Rangement et éclairage du chantier

Art. R. 4534-7. Les matériaux se trouvant sur le chantier sont empilés et disposés de manière à ne pas mettre des travailleurs en danger.

Art. R. 4534-8. Il est interdit de laisser à l'abandon sur le chantier des planches munies de pointes saillantes.

Art. R. 4534-9. Les lieux où sont exécutés des travaux, ainsi que leur accès, sont convenablement éclairés.

Sous-section 3. Travaux faisant appel à des véhicules, appareils et engins de chantier

Art. R. 4534-10. Lorsqu'un chantier comporte habituellement un important mouvement de camions ou de tous autres véhicules de transport, des pistes spécialement réservées à la circulation de ces véhicules et convenablement balisées sont aménagées.

Art. R. 4534-11. Lorsque le conducteur d'un camion exécute une manœuvre, notamment de recul, dans des conditions de visibilité insuffisantes, un ou plusieurs travailleurs dirigent le conducteur et avertissent, par la voix ou par des signaux conventionnels, les personnes survenant dans la zone où évolue le véhicule.

Les mêmes mesures sont prises lors du déchargement d'une benne de camion.

Art. R. 4534-12. Le véhicule, l'appareil ou l'engin de chantier mobile qui se trouve, sans son conducteur, à l'arrêt sur un terrain en pente est maintenu immobilisé par tout moyen approprié.

Art. R. 4534-13. Il est interdit d'entreprendre un travail sous la benne d'un camion ou sous une partie mobile d'un engin de chantier sans que soit utilisé un dispositif approprié pour empêcher un accident en cas de défaillance du dispositif normal de retenue.

Dans les bétonnières, le dispositif courant d'arrêt de la benne agissant sur le câble de manœuvre est doublé par un dispositif complémentaire d'immobilisation en position haute. Ce dispositif est indépendant du mécanisme de manœuvre, fixé en attente au châssis, et toujours prêt à être utilisé.

Art. R. 4534-14. Les crics sont munis d'un dispositif capable de s'opposer à un retour de manivelle.

Sous-section 4. Examens, vérifications, registres

Art. R. 4534-15. Le matériel, les engins, les installations et les dispositifs de protection de toute nature utilisés sur un chantier sont, avant leur mise ou remise en service, examinés dans toutes leurs parties en vue de s'assurer qu'ils sont conformes aux dispositions du présent chapitre.

Art. R. 4534-16. Les examens du matériel, des engins, des installations ou des dispositifs de sécurité sont renouvelés aussi souvent que nécessaire, notamment :

1° Après chaque démontage ou modification, ou lorsque l'une de leurs parties a été remplacée ;

2° À la suite de toute défaillance ayant entraîné ou non un accident ;

3° Après tout effort anormal ou incident ayant pu provoquer un désordre dans les installations.

Art. R. 4534-17. Tant qu'il n'a pas été procédé aux examens et, éventuellement, aux réparations nécessaires, le matériel, l'engin, l'installation ou le dispositif de sécurité dont l'état paraît défectueux est retiré du service.

Le matériel, l'engin, l'installation ou le dispositif réformé est définitivement retiré du service.

Art. R. 4534-18. L'employeur fait réaliser les examens par une personne compétente désignée à cet effet.

Le nom et la qualité de cette personne sont consignés sur un registre de sécurité. Ce registre est conservé sur le chantier ou, en cas d'impossibilité, au siège de l'établissement.

Art. R. 4534-19. Un registre d'observations est mis à la disposition des travailleurs et des membres du comité d'hygiène, de sécurité et des conditions de travail ou, à défaut, des délégués du personnel.

Ceux-ci y consignent leurs observations relatives à l'état du matériel et des installations, l'existence de causes susceptibles d'en compromettre la solidité et l'application des dispositions du présent chapitre.

L'employeur peut également y consigner ses observations.

Art. R. 4534-20. Le registre d'observations est tenu à la disposition de l'inspection du travail, du médecin du travail, des agents de l'Organisme professionnel de prévention du bâtiment et des travaux publics, du service de prévention des organismes de sécurité sociale, ainsi que des membres du collège interentreprises de sécurité, de santé et des conditions de travail.

Il est conservé sur le chantier ou, en cas d'impossibilité, au siège de l'établissement.

SECTION 3. Opération de chargement ou de déchargement en hauteur

Art. R. 4534-21. Les recettes sont aménagées de telle sorte que les travailleurs chargés des opérations de chargement ou de déchargement ne soient pas obligés, pour tirer la charge, de se pencher au-dessus du vide.

Toutefois, pour le chargement ou le déchargement de matériaux ou d'objets d'un poids inférieur ou égal à 50 kilogrammes, il peut être mis à la disposition des travailleurs, d'une part, des crochets d'une longueur suffisante pour amener les charges à l'aplomb du plancher de la recette, ou tout autre dispositif équivalent, d'autre part, des appuis leur permettant d'assurer efficacement leur équilibre.

SECTION 4. Travaux de terrassement à ciel ouvert

Art. R. 4534-22. Afin de prendre s'il y a lieu les mesures de sécurité appropriées et avant de commencer des travaux de terrassement, l'employeur s'informe auprès du service de voirie compétent dans le cas de travaux sur le domaine public ou auprès du propriétaire dans le cas de travaux sur le domaine privé :

1° De l'existence éventuelle de terres rapportées ;

2° De l'emplacement et de la nature des canalisations ou câbles souterrains pouvant se trouver dans la zone où les travaux seront entrepris ;

3° Des risques d'imprégnation du sous-sol par des émanations ou produits nocifs.

Art. R. 4534-23. Les arbres, les blocs de pierre, ainsi que le matériel, les matériaux et objets de toute nature se trouvant à proximité de l'emplacement où des fouilles sont entreprises, sont enlevés ou solidement maintenus lorsqu'il apparaît que leur équilibre risque d'être compromis lors de l'exécution des travaux.

Art. R. 4534-24. Les fouilles en tranchée de plus de 1,30 mètre de profondeur et d'une largeur égale ou inférieure aux deux tiers de la profondeur sont, lorsque leurs parois sont verticales ou sensiblement verticales, blindées, étrésillonnées ou étayées.

Les parois des autres fouilles en tranchée, ainsi que celles des fouilles en excavation ou en butte sont aménagées, eu égard à la nature et à l'état des terres, de façon à prévenir les éboulements. À défaut, des blindages, des étrésillons ou des étais appropriés à la nature et à l'état des terres sont mis en place. Ces mesures de protection ne sont pas réduites ou supprimées lorsque les terrains sont gelés.

Ces mesures de protection sont prises avant toute descente d'un travailleur ou d'un employeur dans la fouille pour un travail autre que celui de la mise en place des dispositifs de sécurité.

Lorsque nul n'a à descendre dans la fouille, les zones situées à proximité du bord et qui présenteraient un danger pour les travailleurs sont nettement délimitées et visiblement signalées.

Note En s'abstenant d'établir le signalement des zones dangereuses, prévu à cet article (al. 4), dont le respect aurait permis d'éviter la chute de la victime dans la tranchée, cause de son décès, l'employeur a commis une faute caractérisée exposant autrui à un risque d'une particulière gravité qu'il ne pouvait ignorer, au sens de l'article 121-3 c. pén. Du fait de la faute ainsi commise pour son compte par son représentant, la responsabilité pénale de la personne morale est également engagée (cass. crim. 24 mai 2011, n° 10-82.285, *JCP* éd. S 2011, 1476, note A. Martinon).

Art. R. 4534-25. Pour la détermination de l'inclinaison à donner aux parois ou pour l'établissement des blindages, des étrésillons et des étais des fouilles en tranchée ou en excavation, il est tenu compte des surcharges dues aux constructions ou aux dépôts de toute nature, tels que matériaux divers, déblais, matériel, existant dans le voisinage, ainsi que des surcharges et des ébranlements prévisibles dus à la circulation sur les voies carrossables, les pistes de circulation et les voies ferrées se trouvant à proximité des fouilles.

Art. R. 4534-26. La reprise des fondations en sous-œuvre ne peut être exécutée que par petites portions et au fur et à mesure que les blindages, les étrésillons ou les étais mis en place assurent une sécurité suffisante.

Toutefois, cette prescription ne fait pas obstacle à l'emploi de procédés particuliers assurant aux travailleurs une sécurité au moins équivalente.

Art. R. 4534-27. Les pentes et les crêtes des parois sont débarrassées des éléments dont la chute présente un danger.

Art. R. 4534-28. Lorsque des parties en surplomb d'un terrain ne peuvent être abattues, des mesures appropriées, telles qu'étaiement et consolidation, sont prises pour empêcher leur éboulement.

Art. R. 4534-29. La mise en place des blindages, étrésillons ou étais est accomplie dès que l'avancement des travaux le permet.

Art. R. 4534-30. Lorsque les divers éléments d'un blindage sont assemblés hors de la fouille, la hauteur de ces éléments est au moins égale à la profondeur totale de la fouille.

Pour éviter tout renversement ou déplacement, le blindage, après avoir été descendu dans la fouille, est convenablement calé.

Art. R. 4534-31. Afin d'empêcher les chutes de déblais, de matériaux, d'outils ou d'objets de toute nature à l'intérieur des fouilles en tranchée de plus de 1,30 mètre de profondeur, celles-ci sont entourées de plinthes d'une hauteur de 15 centimètres au moins ou comportent un blindage dont les éléments constituants dépassent le niveau du sol d'une hauteur minimale de 15 centimètres.

Art. R. 4534-32. Des déblais ou du matériel ne peuvent être déposés le long d'une tranchée de plus de 1,30 mètre de profondeur que s'il est possible de ménager une berme d'une largeur de 40 centimètres au moins.

Cette berme reste constamment dégagée de tout dépôt.

Art. R. 4534-33. Des mesures, telles que le creusement de cunettes et l'exécution de drainages sont prises pour limiter les infiltrations provenant des eaux de ruissellement.

En outre, des mesures, telles que la mise en service de pompes, sont prévues pour remédier aux effets des infiltrations qui pourraient se produire.

Art. R. 4534-34. Après une période de pluie ou de gel, il est procédé à un examen du talus des fouilles en excavation ou en tranchée. S'il y a lieu, le blindage est consolidé.

L'employeur fait procéder à cet examen par une personne compétente. Le nom et la qualité de cette personne sont consignés sur le registre de sécurité.

Art. R. 4534-35. Les fouilles en tranchée ou en excavation comportent les moyens nécessaires à une évacuation rapide des travailleurs.

Art. R. 4534-36. Lorsque des travailleurs sont appelés à franchir une tranchée de plus de 40 centimètres de largeur, des moyens de passage sont mis en place.

Art. R. 4534-37. Il ne peut être procédé à l'enlèvement d'un blindage, d'un étrésillon ou d'un étai que lorsque des mesures de protection efficaces ont été prises contre les risques d'éboulement.

Art. R. 4534-38. L'abattage en sous-cave ne peut être réalisé qu'à l'aide d'engins mus mécaniquement et à condition qu'il n'en résulte aucun danger pour les travailleurs.

Lors de l'exécution de tels travaux, des mesures sont prises pour interdire l'accès de la zone dans laquelle l'éboulement est appelé à se produire.

Art. R. 4534-39. En cas de découverte d'un engin susceptible d'exploser, le travail est immédiatement interrompu au voisinage jusqu'à ce que les autorités compétentes aient fait procéder à l'enlèvement de l'engin.

SECTION 5. Travaux souterrains

Sous-section 1. Éboulements et chutes de blocs

Art. R. 4534-40. Dans tous les ouvrages souterrains, les risques d'éboulement ou de chutes de blocs sont prévenus, selon des modalités appropriées à la hauteur de l'ouvrage :

1° Soit au moyen d'un soutènement appuyé ou suspendu et d'un garnissage approprié à la nature des terrains ;

2° Soit grâce à la surveillance, au sondage et à la purge méthodique des parements et de la couronne.

Art. R. 4534-41. Les parois des puits et des galeries souterraines, le toit de ces dernières, ainsi que les travaux de consolidation réalisés ou les dispositifs de soutènement mis en place, sont examinés :

1° À la reprise de chaque poste de travail, sur toute la hauteur des puits et sur toute la longueur des galeries ;

2° Après chaque tir de mine, sur une longueur de 50 mètres au moins en arrière du front de tir.

Ces examens sont réalisés par une personne compétente choisie par l'employeur. Le nom et la qualité de cette personne sont consignés sur le registre de sécurité.

Art. R. 4534-42. Lorsqu'un puits ou une galerie souterraine sont destinés à recevoir un revêtement maçonné ou bétonné, les éléments du dispositif de soutènement ne sont enlevés qu'au fur et à mesure de l'avancement des travaux et seulement dans la mesure où, eu égard à la stabilité du terrain traversé, cet enlèvement ne peut nuire à la sécurité des travailleurs.

Des précautions similaires sont prises pour l'exécution de travaux d'abattage latéral ainsi que pour l'exécution de travaux de comblement.

Art. L. 4532-18.

Sous-section 2. Ventilation

Art. R. 4534-43. La qualité de l'air des galeries souterraines en cours de percement et des puits en cours de fonçage doit être compatible avec la santé et la sécurité des travailleurs.

Art. R. 4534-44. Lorsque l'aération naturelle d'une galerie en cours de percement est insuffisante, l'assainissement de l'atmosphère est obtenu au moyen d'une installation de ventilation mécanique.

Cette installation de ventilation assure au front de taille un débit minimal d'air de vingt-cinq litres par seconde et par homme.

L'air introduit est prélevé loin de toute source de pollution.

Art. R. 4534-45. Dans les galeries souterraines en cours de percement où il est fait usage d'explosifs, la ventilation est réalisée dans les conditions suivantes :

1° Il est introduit au front de taille, au moyen d'une installation de ventilation mécanique, 200 litres au moins d'air par seconde et par mètre carré de la plus grande section de galerie ventilée. L'air introduit est prélevé loin de toute source de pollution ;

2° Après chaque tir, une aspiration est réalisée le plus près possible du front de taille, afin d'éliminer au maximum les poussières en suspension ;

3° Éventuellement, une ventilation auxiliaire permet d'accélérer l'absorption du bouchon de tir.

Art. R. 4534-46. Lorsqu'il est fait usage de moteurs à combustion interne ou qu'il existe des émanations nocives, les quantités minimales d'air à introduire prévues par les articles R. 4534-44 et R. 4534-45 sont augmentées de telle sorte que la qualité de l'air demeure compatible avec la santé et la sécurité des travailleurs.

Art. R. 4534-47. Lorsqu'une galerie est percée ou lorsqu'un puits est foncé dans une roche renfermant de la silice libre, seuls des fleurets à injection d'eau ou munis d'un dispositif efficace pour le captage à sec des poussières sont utilisés.

Une consigne indique les postes de travail où il est nécessaire de renforcer les mesures de protection collective par l'utilisation d'un appareil respiratoire approprié. Cette consigne précise, en outre, pour chaque poste de travail, la durée maximale de port de l'appareil et les conditions de son entretien.

Art. R. 4534-48. Dans les travaux où il est fait usage d'explosifs ainsi que dans ceux qui sont exécutés dans des terrains renfermant de la silice libre, les déblais sont arrosés.

Art. R. 4534-49. Dans les galeries souterraines et les puits où des émanations de gaz susceptibles de former avec l'air un mélange détonant sont à craindre, l'usage de lampes ou d'appareils à feu nu est interdit.

Sous-section 3. Circulation

Art. R. 4534-50. Dans les puits dont la profondeur dépasse vingt-cinq mètres, les treuils utilisés pour le transport des travailleurs sont mus mécaniquement.

Art. R. 4534-51. Tant qu'il y a des travailleurs dans une galerie souterraine ou au fond d'un puits, la présence d'un travailleur est requise en permanence pour la manœuvre du treuil.

Lorsque la profondeur d'un puits dépasse six mètres, le service d'un treuil mû à la main est assuré par deux travailleurs au moins.

Art. R. 4534-52. Les puits dans lesquels est installée une descenderie par échelles, des paliers de repos d'une dimension suffisante pour accueillir au moins deux travailleurs sont établis à six mètres au plus les uns des autres. Les volées ainsi délimitées peuvent être verticales.

À chaque palier, des poignées fixes sont placées de façon à en permettre facilement l'accès.

Art. R. 4534-53. Lorsqu'une galerie est percée dans un terrain où des venues d'eau importantes et soudaines sont à craindre, cette galerie comporte des issues permettant une évacuation rapide des travailleurs. À défaut, des mesures appropriées, telles que l'aménagement de niches surélevées en nombre suffisant, sont mises en œuvre.

Lorsqu'un puits est foncé dans un terrain analogue à celui mentionné au premier alinéa, des échelles de secours sont installées du fond du puits à l'orifice au jour ou à un emplacement sûr.

Art. R. 4534-54. Dans les galeries souterraines où se trouvent disposées des voies ferrées, à défaut d'un espace libre de 55 centimètres mesuré entre la partie la plus saillante du matériel roulant et les parties les plus saillantes des parois de la galerie, il est aménagé, au fur et à mesure de l'avancement des travaux et tous les 10 mètres au plus, une niche de sûreté ayant des dimensions suffisantes pour abriter simultanément deux travailleurs et ayant au moins 60 centimètres de profondeur.

En cas d'impossibilité, la sécurité des travailleurs est assurée d'une autre manière par des mesures appropriées. L'employeur porte préalablement ces mesures à la connaissance de l'inspection du travail.

Sous-section 4. Signalisation et éclairage

Art. R. 4534-55. Les orifices des puits et des galeries d'une inclinaison de plus de 45° sont convenablement signalés la nuit.

Art. R. 4534-56. Les ouvertures ou dénivellations existant dans le sol d'une galerie, les passages resserrés, les abaissements de voûte ainsi que tous obstacles pouvant présenter un danger ou une gêne pour la circulation des travailleurs, des véhicules ou des convois sont convenablement signalés par des moyens appropriés, tels que la pose de feux de position ou de dispositifs réfléchissants d'une efficacité équivalente.

À défaut d'un éclairage suffisant, des dispositifs avertisseurs sont prévus, tels que chaînettes et fils pendants, balais souples, dont le contact permet de signaler aux travailleurs la présence d'un obstacle.

Art. R. 4534-57. À défaut d'un éclairage suffisant dans les galeries où circulent des véhicules ou des convois, les postes de travail sont signalés par des feux très visibles et les véhicules ou convois sont munis :

1° À l'avant, d'un feu blanc ;

2° À l'arrière, d'un feu rouge, soit d'un dispositif réfléchissant de même couleur ou d'une efficacité équivalente.

Art. R. 4534-58. Sauf dans les galeries pourvues d'un éclairage fixe suffisant, les véhicules sont munis d'un projecteur capable d'éclairer sur une distance au moins égale au parcours d'arrêt du véhicule ou du convoi.

Art. R. 4534-59. Lorsque les chantiers souterrains sont éclairés électriquement, un éclairage de sécurité destiné à être utilisé en cas d'arrêt du courant pendant le temps nécessaire pour assurer l'évacuation du chantier est mis à la disposition des travailleurs.

SECTION 6. Travaux de démolition

Art. R. 4534-60. Avant de commencer les travaux de démolition d'un ouvrage, l'employeur vérifie la résistance et [de] la stabilité de chacune des parties de cet ouvrage, notamment des planchers.

S'il y a lieu, des étaiements sûrs sont mis en place.

Art. R. 4534-61. Aucun travailleur ne peut être chargé d'un travail de démolition ou de démontage pour lequel il n'est pas compétent et qui comporte, pour lui ou pour les autres travailleurs du chantier, un risque anormal.

Art. R. 4534-62. Dès que les travaux nécessitent l'emploi de dix travailleurs, un chef d'équipe est exclusivement affecté à la surveillance des travaux.

Au moins un chef d'équipe est désigné pour dix travailleurs.

Lorsque des travaux nécessitent l'intervention simultanée de plusieurs équipes, les chefs de ces équipes sont placés sous l'autorité d'un chef unique.

Art. R. 4534-63. La démolition des ouvrages en béton armé ou en matériaux précontraints, ainsi que la démolition des ouvrages soutenus par une charpente métallique, ne peut être accomplie que sous la direction de travailleurs ayant l'expérience des techniques particulières mises en œuvre pour la démolition de ces ouvrages.

Art. R. 4534-64. Les travailleurs ne peuvent être employés à des hauteurs différentes que si les précautions sont prises pour assurer la sécurité de ceux qui travaillent dans les plans inférieurs.

Art. R. 4534-65. Les murs à abattre sont préalablement débarrassés de toutes les pièces de bois ou de fer en saillie qui ne sont pas scellées ou qui, bien que scellées, sont en saillie de plus de deux mètres.

Art. R. 4534-66. Lorsque, dans une construction, des éléments présentant une certaine élasticité sont soumis à des contraintes et qu'un fouettement peut résulter de leur rupture ou de leur brusque libération, ou que leur dépose peut avoir des conséquences graves sur la stabilité de tout ou partie de la construction, il ne peut être procédé à leur enlèvement que d'une manière sûre et, s'agissant de travailleurs, conformément aux directives de l'employeur.

Art. R. 4534-67. Lorsque la démolition d'un pan de mur ou de tout autre élément de construction est réalisée par des tractions exercées au moyen de câbles métalliques, de cordages ou de tous autres dispositifs similaires, la zone dans laquelle le pan de mur ou l'élément de construction viendra s'écrouler est délimitée avec soin.

Art. R. 4534-68. Lorsque la démolition d'un pan de mur ou de tout autre élément de construction est réalisée au moyen de poussées ou de chocs, des mesures appropriées sont prises pour empêcher l'écroulement du mur ou de l'élément de construction du côté où se trouvent les travailleurs.

Art. R. 4534-69. Lorsque à la suite de la démolition de certains éléments d'un ouvrage, l'équilibre des parties restantes ou des constructions voisines paraît compromis, des mesures, telles que la pose d'étais, sont prises pour prévenir tout risque d'écroulement.

Art. R. 4534-70. Le sapement d'un ouvrage au moyen d'un engin mû mécaniquement n'est autorisé que s'il n'en résulte aucun danger.

Art. R. 4534-71. Un plancher de travail est mis en place pour les travaux de démolition réalisés à une hauteur de plus de six mètres au-dessus du sol.

Le plancher situé en bordure du vide est clôturé par des garde-corps et des plinthes établis conformément aux dispositions de l'article R. 4534-78.

Art. R. 4534-72. Lorsque les travaux de démolition sont réalisés à une hauteur qui ne dépasse pas 6 mètres au-dessus du sol, l'installation d'un plancher de travail n'est pas obligatoire, sous réserve des dispositions suivantes :

1° Les travaux ne peuvent être confiés qu'à des travailleurs qualifiés ;

2° Il est interdit de laisser monter des travailleurs sur des murs à déraser de moins de 35 centimètres d'épaisseur.

Art. R. 4534-73. Le port du casque de protection est obligatoire pour les travaux de démolition.

SECTION 7. Utilisation de plates-formes de travail, passerelles et escaliers

Sous-section 1. Plates-formes de travail

Art. R. 4534-74. Les dispositions de la présente section ne font pas obstacles à celles applicables à l'exécution des travaux temporaires en hauteur et aux équipements de travail utilisés à cette fin prévues aux articles R. 4323-58 et suivants.

Art. R. 4534-75. Les plates-formes de travail, les passerelles et les escaliers sont :

1° Construits de manière qu'aucune de leurs parties ne puisse subir une flexion exagérée ou inégale ;

2° Construits et entretenus de manière à réduire autant que possible, compte tenu des conditions existantes, les risques de trébuchement ou de glissement de personnes ;

3° Maintenus libres de tout encombrement inutile ;

4° Constamment débarrassés de tous gravats et décombres.

Art. R. 4534-76. Les plates-formes de travail sont établies sur des parties solides de la construction.

Les plates-formes servant à l'exécution de travaux à l'intérieur des constructions prennent appui sur des traverses reposant sur des solives. Elles ne peuvent s'appuyer sur des hourdis de remplissage.

Art. R. 4534-77. Les plates-formes de travail et les boulins supportant leur plancher obéissent aux caractéristiques prévues pour les échafaudages aux articles R. 4323-69 et suivants.

Art. R. 4534-78. Les plates-formes de travail sont munies, sur les côtés extérieurs :

1° De garde-corps constitués par deux lisses placées l'une à un mètre, l'autre à 45 centimètres au-dessus du plancher ;

2° De plinthes d'une hauteur de 15 centimètres au moins.

Toutefois, ces dispositions ne font pas obstacle à l'établissement de dispositifs de protection d'une efficacité au moins équivalente.

Art. R. 4534-79. Les garde-corps des plates-formes de travail sont solidement fixés à l'intérieur des montants.

Art. R. 4534-80. Lorsque des plates-formes de travail reposent sur des chevalets ou des tréteaux, ces derniers ne sont pas espacés de plus de 2 mètres. Ils sont rigides, ont leurs pieds soigneusement étrésillonnés et reposent sur des points d'appui résistants.

Il est interdit de les surélever par des moyens de fortune, de les superposer et de les disposer sur le plancher d'un autre échafaudage ou d'une autre plate-forme.

Sous-section 2. Passerelles et escaliers

Art. R. 4534-81. Les planchers des passerelles obéissent aux dispositions relatives aux planchers des plates-formes de travail.

Art. R. 4534-82. Les passerelles ainsi que les diverses installations sur lesquelles circulent des personnes sont munies, en bordure du vide, de garde-corps placés à une hauteur de 90 centimètres et de plinthes de 15 centimètres de hauteur au moins ou de tous autres dispositifs de protection d'une efficacité au moins équivalente.

Art. R. 4534-83. Lorsque les passerelles sont rendues glissantes par suite de verglas, de gelée ou de neige, des mesures sont prises pour prévenir toute glissade.

Art. R. 4534-84. Les escaliers qui ne sont pas munis de leurs rampes définitives sont bordés, du côté du vide, de garde-corps et de plinthes.

SECTION 8. Travaux sur toitures

Art. R. 4534-85. Lorsque des travailleurs sont appelés à intervenir sur un toit présentant des dangers de chute de personnes ou de matériaux d'une hauteur de plus de trois mètres, des mesures appropriées sont prises pour éviter toute chute.

Art. R. 4534-86. Les échafaudages utilisés pour exécuter des travaux sur les toitures sont munis de garde-corps constitués par des éléments jointifs ou écartés de sorte qu'ils ne puissent permettre le passage d'un corps humain. Ces garde-corps ont une solidité suffisante pour s'opposer efficacement à la chute dans le vide d'une personne ayant perdu l'équilibre.

À défaut d'échafaudages appropriés, des dispositifs de protection collective d'une efficacité au moins équivalente sont mis en place.

Lorsque l'utilisation de ces dispositifs de protection est reconnue impossible, le port d'un système d'arrêt de chute est obligatoire.

Art. R. 4534-87. Lorsqu'il existe des dispositifs permanents de protection, tels que crochets de service, rambardes, mains courantes, ceux-ci ne peuvent être utilisés qu'après avoir été examinés en vue de s'assurer de leur solidité.

Ces examens sont accomplis par une personne compétente choisie par l'employeur. Le nom et la qualité de cette personne sont consignés sur le registre de sécurité.

Art. R. 4534-88. Les travailleurs intervenant sur des toitures en matériaux d'une résistance insuffisante, tels que vitres, plaques en agglomérés à base de ciment, tôles, ou vétustes, travaillent sur des échafaudages, plates-formes de travail, planches ou échelles leur permettant de ne pas prendre directement appui sur ces matériaux.

Les dispositifs ainsi interposés entre ces travailleurs et la toiture portent sur une étendue de toiture comprenant plusieurs éléments de charpente, dont un à chaque extrémité des dispositifs, et sont agencés de manière à prévenir tout effet de bascule.

Au fur et à mesure de l'avancement des travaux, ces dispositifs doivent pouvoir, le cas échéant, être déplacés sans que les travailleurs aient à prendre directement appui sur la couverture.

Art. R. 4534-89. Lorsque le respect des dispositions de l'article R. 4534-88 est impossible, des dispositifs propres à prévenir efficacement les conséquences d'une chute sont installés en dessous de la toiture.

Lorsque la mise en place de ces dispositifs est impossible, le port d'un système d'arrêt de chute est obligatoire.

Art. R. 4534-90. Lors des travaux de vitrage sur toiture, les débris de verre sont immédiatement enlevés.

Art. R. 4534-91. Les échelles plates, dites « échelles de couvreurs », sont fixées de manière à ne pouvoir ni glisser ni basculer.

Art. R. 4534-92. Les antennes de radio ou de télévision, les haubans ainsi que les obstacles de toute nature pouvant exister sur les parties de toiture sur lesquelles les travailleurs sont appelés à circuler sont signalés, pendant la durée des travaux, par les dispositifs visibles.

Art. R. 4534-93. Lorsque des travailleurs réalisent fréquemment, pendant plus d'une journée, sur des chéneaux, chemins de marche ou tous autres lieux de passage, des déplacements comportant des risques de chute sur une toiture en matériaux d'une résistance insuffisante, cette toiture, à défaut de garde-corps ou d'un dispositif permanent de protection, est recouverte de planches ou de tous autres dispositifs capables d'arrêter une personne ayant perdu l'équilibre.

Art. R. 4534-94. Il est interdit de travailler sur des toits rendus glissants par les circonstances atmosphériques, sauf s'il existe des dispositifs de protection installés à cet effet.

SECTION 9. Montage, démontage et levage de charpentes et ossatures

Art. R. 4534-95. Lors des travaux de montage, de démontage et de levage de charpentes et ossatures, toutes mesures sont prises pour réduire au minimum les travaux et déplacements en hauteur qui exposent les travailleurs à un risque de chute.

À cette fin, il est procédé, chaque fois que cela est possible, à l'assemblage des pièces au sol et à la mise en œuvre de dispositifs d'accrochage ou de décrochage à distance.

Art. R. 4534-96. Lorsque, dans les travaux de montage, de démontage et de levage de charpentes et ossatures, les travailleurs sont appelés à accéder à un poste de travail ou à circuler en se trouvant exposé[s] à un risque de chute dans le vide, l'employeur prend l'une des mesures suivantes :

1° Installation d'échelles de service en nombre suffisant fixées en tête et au pied, et des paliers de repos convenablement aménagés ;

2° Installation de passerelles munies de garde-corps placés à une hauteur de 90 centimètres et de plinthes de 15 centimètres de hauteur au moins, susceptibles d'être déplacées à l'aide d'un appareil de levage ;

3° Élévation, dans les conditions prévues par l'article R. 4534-98, des travailleurs dans les nacelles, ou tous autres dispositifs similaires, suspendues à un appareil de levage.

Art. R. 4534-97. Lorsque, dans les travaux de montage, de démontage et de levage de charpentes et ossatures, des travailleurs sont appelés à intervenir en se trouvant exposé à un risque de chute dans le vide, l'employeur prend l'une des mesures suivantes :

1° Installation de planchers de travail fixes, munis de garde-corps placés à une hauteur de 90 centimètres et de plinthes de 15 centimètres de hauteur au moins ;

2° Mise en œuvre, dans les conditions prévues par l'article R. 4534-98, de plates-formes de travail mobiles, ou tous autres dispositifs similaires, suspendues à un appareil de levage.

Art. R. 4534-98. Les plates-formes de travail, nacelles et dispositifs similaires utilisés pour le transport ou le travail en élévation des travailleurs employés à des travaux mentionnés à la présente section, ainsi que les appareils de levage auxquels ces plates-formes, nacelles ou dispositifs similaires sont suspendus, obéissent aux dispositions relatives au levage des personnes prévues par les articles R. 4323-31 et R. 4323-32.

Art. R. 4534-99. À défaut de l'installation des dispositifs prévus par les articles R. 4534-96 et R. 4534-97, ou à défaut de l'utilisation de nacelles et de plates-formes de travail, ou tous autres dispositifs similaires, suspendues à un appareil de levage, sont installés :

1° Soit des auvents, éventails ou planchers propres à empêcher une chute libre de plus de trois mètres ;

2° Soit des filets, ou tous autres dispositifs présentant une élasticité au moins équivalente, propres à empêcher une chute libre de plus de six mètres.

Art. R. 4534-100. Les dispositifs prévus aux 1° et 2° de l'article R. 4534-99 sont agencés de manière à prévenir les effets de bascule ou de rebondissement.

Art. R. 4534-101. Lorsque la mise en œuvre des mesures de sécurité prévues par les articles R. 4534-96 à R. 4534-99 paraît impossible, le port d'un système d'arrêt de chute est obligatoire.

Art. R. 4534-102. Le port d'un casque de protection est obligatoire pour les travaux de montage, de démontage et de levage de charpentes et ossatures.

SECTION 10. Travaux de construction comportant la mise en œuvre d'éléments préfabriqués lourds ou de béton précontraint

Art. R. 4534-103. Lors de l'exécution des travaux de construction comportant la mise en œuvre d'éléments préfabriqués lourds, la stabilité de chacun de ces éléments est assurée, dès sa mise en place, par des dispositifs rigides appropriés.

L'enlèvement des dispositifs mis en œuvre ne peut être accompli que sur l'ordre du chef de chantier et sous son contrôle personnel.

Art. R. 4534-104. La mise en tension des armatures du béton précontraint ainsi que l'enlèvement des vérins utilisés pour cette opération ne peuvent être réalisés que sous la surveillance du chef de chantier ou d'un agent des cadres ou d'un ingénieur désigné par l'employeur en raison de sa compétence.

Cet agent veille à la mise en place de dispositifs appropriés pour protéger efficacement les travailleurs contre le danger qui pourrait résulter d'une libération intempestive de l'énergie emmagasinée dans les armatures au cours de leur mise en tension.

SECTION 11. Étaiements, cintres et coffrages

Art. R. 4534-105. La conception des étaiements d'une hauteur de plus de six mètres est justifiée par une note de calcul et leur construction réalisée conformément à un plan de montage préalablement établi, sauf en cas d'urgence ou d'impossibilité. La note de calcul et le plan de montage sont conservés sur le chantier.

Ces dispositions ne sont pas applicables aux étaiements mis en œuvre pour l'exécution des travaux souterrains.

Art. R. 4534-106. L'enlèvement des cintres et des coffrages ainsi que l'enlèvement des charpentes soutenant ces installations ne peut être réalisé que sous le contrôle d'une personne compétente désignée par l'employeur.

SECTION 12. Travaux au voisinage de lignes, canalisations et installations électriques

Sous-section 1. Lignes, canalisations et installations intérieures et extérieures de haute tension et de basse tension B et lignes, canalisations et installations situées à l'extérieur de locaux et de basse tension A

§ 1. Champ d'application

Art. R. 4534-107. Les dispositions de la présente sous-section s'appliquent lors de l'exécution de travaux au voisinage de lignes, canalisations et installations électriques :

1° Situées à l'extérieur de locaux et du domaine basse tension A (BTA), c'est-à-dire dont la tension excède 50 volts, sans dépasser 500 volts en courant alternatif, ou excède 120 volts, sans dépasser 750 volts en courant continu lisse ;

2° Situées à l'extérieur ou à l'intérieur de locaux et du domaine basse tension B (BTB), c'est-à-dire dont la tension excède 500 volts, sans dépasser 1 000 volts en courant alternatif, ou excède 750 volts, sans dépasser 1 500 volts en courant continu lisse ;

3° Situées à l'extérieur ou à l'intérieur de locaux et du domaine haute tension A (HTA), c'est-à-dire dont la tension excède 1 000 volts en courant alternatif sans dépasser 50 000 volts ou excède 1 500 volts sans dépasser 75 000 volts en courant continu lisse ;

4° Situées à l'extérieur ou à l'intérieur de locaux et du domaine haute tension B (HTB), c'est-à-dire dont la tension excède 50 000 volts en courant alternatif ou excède 75 000 volts en courant continu lisse.

§ 2. Distances minimales de sécurité

Art. R. 4534-108. L'employeur qui envisage d'accomplir des travaux au voisinage de lignes ou d'installations électriques s'informe auprès de l'exploitant, qu'il s'agisse du représentant local de la distribution d'énergie ou de l'exploitant de la ligne ou installation publique ou privée en cause, de la valeur des tensions de ces lignes ou installations. Au vu de ces informations, l'employeur s'assure qu'au cours de l'exécution des travaux les travailleurs ne sont pas susceptibles de s'approcher ou d'approcher les outils, appareils ou engins qu'ils utilisent, ou une partie quelconque des matériels et matériaux qu'ils manutentionnent, à une distance dangereuse des pièces conductrices nues normalement sous tension, notamment, à une distance inférieure à :

1° Trois mètres pour les lignes ou installations dont la plus grande des tensions, en valeur efficace pour le courant alternatif, existant en régime normal entre deux conducteurs quelconques est inférieure à 50 000 volts ;

2° Cinq mètres pour les lignes ou installations dont la plus grande des tensions, en valeur efficace pour le courant alternatif, existant en régime normal entre deux conducteurs quelconques est égale ou supérieure à 50 000 volts.

Art. R. 4534-109. Il est tenu compte, pour déterminer les distances minimales à respecter par rapport aux pièces conductrices nues normalement sous tension :

1° De tous les mouvements possibles des pièces conductrices nues sous tension de la ligne, canalisation ou installation électrique ;

2° De tous les mouvements, déplacements, balancements, fouettements, notamment en cas de rupture éventuelle d'un organe, ou chutes possibles des engins utilisés pour les travaux envisagés.

Art. R. 4534-110. L'employeur qui envisage de réaliser des travaux de terrassement, des fouilles, des forages ou des enfoncements s'informe, auprès du service de voirie compétent en cas de travaux sur le domaine public, auprès du propriétaire en cas de travaux sur le domaine privé et, dans tous les cas, auprès du représentant local de la distribution d'énergie électrique, s'il existe des canalisations électriques souterraines, qu'elles soient ou non enterrées, à l'intérieur du périmètre des travaux projetés ou à moins de 1,50 mètre à l'extérieur de ce périmètre.

§ 3. Travaux exécutés hors tension

Art. R. 4534-111. L'employeur ne peut accomplir les travaux qu'après la mise hors tension de l'installation électrique, à moins que l'exploitant ait fait connaître par écrit qu'il ne peut, pour une raison qu'il juge impérieuse, procéder à la mise hors tension.

Dans ce dernier cas, l'employeur se conforme aux prescriptions du paragraphe 4.

Art. R. 4534-112. Lorsqu'il a été convenu de mettre hors tension la ligne, la canalisation ou l'installation électrique, souterraine ou non, l'employeur demande à l'exploitant de faire procéder à cette mise hors tension.

Il fixe, après accord écrit de l'exploitant, les dates auxquelles les travaux pourront avoir lieu et, pour chaque jour, l'heure du début et de la fin des travaux. Ces indications, utiles pour l'organisation des travaux, ne dispensent pas d'établir et de remettre l'attestation de mise hors tension et l'avis de cessation de travail.

Art. R. 4534-113. Le travail ne peut commencer que lorsque l'employeur est en possession de l'attestation de mise hors tension écrite, datée et signée par l'exploitant.

Art. R. 4534-114. Lorsque le travail a cessé, qu'il soit interrompu ou terminé, l'employeur s'assure que les travailleurs ont évacué le chantier ou ne courent plus aucun risque. Il établit alors et signe l'avis de cessation de travail qu'il remet à l'exploitant, cette remise valant décharge.

Art. R. 4534-115. Lorsque l'employeur a délivré l'avis de cessation de travail, il ne peut reprendre les travaux que s'il est en possession d'une nouvelle attestation de mise hors tension.

Art. R. 4534-116. L'attestation de mise hors tension et l'avis de cessation de travail sont conformes à un modèle fixé par un arrêté du ministre chargé du travail.

La remise en mains propres de ces documents peut être remplacée par l'échange de messages téléphoniques ou électroniques enregistrés sur un carnet spécial et relus en retour, avec le numéro d'enregistrement, lorsque le temps de transmission d'un document écrit augmenterait dans une mesure excessive la durée de l'interruption de la distribution.

Art. R. 4534-117. En cas de travaux exécutés dans le voisinage d'une ligne, canalisation ou installation électrique du domaine basse tension A (BTA), et dans ce cas seulement, l'employeur peut, sous réserve de l'accord écrit de l'exploitant, procéder à la mise hors tension avant les travaux et au rétablissement de la tension après les travaux.

L'employeur :

1° N'ordonne le début du travail qu'après avoir vérifié que la mise hors tension est effective ;

2° Signale de façon visible la mise hors tension ;

3° Se prémunit contre le rétablissement inopiné de la tension pendant la durée des travaux, de préférence en condamnant, en position d'ouverture, les appareils de coupure ou de sectionnement correspondants ;

4° Ne rétablit la tension que lorsque les travaux ont cessé et que les travailleurs ne courent plus aucun danger.

§ 4. Travaux exécutés sous tension

Art. R. 4534-118. Lorsque l'exploitant a fait connaître par écrit qu'il ne peut, pour une raison qu'il juge impérieuse, mettre hors tension la ligne, la canalisation ou l'installation électrique au voisinage de laquelle les travaux seront accomplis, l'employeur arrête, avant le début des travaux et en accord avec l'exploitant, les mesures de sécurité à prendre.

L'employeur porte, au moyen de la consigne prévue par l'article R. 4534-125, ces mesures à la connaissance des travailleurs.

Art. R. 4534-119. Lorsque les travaux à réaliser se situent au voisinage d'une ligne ou d'une installation électrique autre qu'une canalisation souterraine et que l'exploitant, pour une raison qu'il juge impérieuse, estime qu'il ne peut mettre hors tension cette ligne ou cette installation, la consigne prévue par l'article R. 4534-125 précise les mesures à prendre pour mettre la ligne ou l'installation hors d'atteinte des travailleurs.

Si la ligne ou l'installation électrique est du domaine basse tension A (BTA), cette mise hors d'atteinte est réalisée :

1° Soit en mettant en place des obstacles efficaces solidement fixés ;

2° Soit en isolant par recouvrement les conducteurs ou autres pièces nus sous tension, ainsi que le neutre.

Art. R. 4534-120. S'il n'est pas possible de recourir aux mesures prévues à l'article R. 4534-119, la consigne prévue par l'article R. 4534-125 prescrit aux travailleurs de porter des gants isolants mis à leur disposition par l'employeur ainsi que des vêtements à manches longues et une coiffe. Ces mesures ne font pas obstacle aux mesures propres à isoler les travailleurs par rapport au sol.

Art. R. 4534-121. Lorsque la ligne ou l'installation électrique est des domaines basse tension B (BTB), haute tension A (HTA) et haute tension B (HTB), la mise hors d'atteinte de cette ligne ou de cette installation est réalisée en mettant en place des obstacles efficaces solidement fixés devant les conducteurs ou pièces nus sous tension, ainsi que devant le neutre.

Si cette mesure ne peut être envisagée, la zone de travail est délimitée matériellement, dans tous les plans possibles, par une signalisation très visible, telle que pancartes, barrières, rubans. La consigne prévue par l'article R. 4534-125 précise les conditions dans lesquelles cette délimitation est réalisée. En outre, l'employeur désigne une personne compétente ayant pour unique fonction de s'assurer que les travailleurs ne franchissent pas la limite de la zone de travail et de les alerter dans le cas contraire.

Les mises hors d'atteinte susceptibles d'amener des travailleurs à une distance dangereuse des pièces conductrices nues normalement sous tension, ainsi que l'intervention directe sur des lignes, installations électriques ou pièces nues normalement sous tension, ne peuvent être accomplies que par des travailleurs compétents et pourvus du matériel approprié.

Art. R. 4534-122. Lorsque des travaux de terrassement, des fouilles, des forages ou des enfoncements sont à réaliser au voisinage de canalisations électriques souterraines de quelque classe que ce soit, le parcours des canalisations et l'emplacement des installations sont balisés de façon très visible à l'aide de pancartes, banderoles, fanions, peintures ou tous autres dispositifs ou moyens équivalents. Ce balisage est réalisé en tenant compte des informations recueillies par application des articles R. 4534-110 à R. 4534-118. Il est accompli avant le début des travaux et maintenu pendant toute leur durée.

En outre, l'employeur désigne une personne compétente pour surveiller les travailleurs et les alerter dès qu'ils s'approchent ou approchent leurs outils à moins de 1,50 mètre des canalisations et installations électriques souterraines.

Art. R. 4534-123. Lorsque des engins de terrassement, de transport, de levage ou de manutention doivent être utilisés ou déplacés au voisinage d'une ligne, installation ou canalisation électrique de quelque classe que ce soit, et que l'exploitant, pour une raison qu'il juge impérieuse, estime qu'il ne peut mettre hors tension cette ligne, installation ou canalisation, les emplacements à occuper et les itinéraires à suivre par ces engins sont choisis, dans toute la mesure du possible, de manière à éviter qu'une partie quelconque des engins approche de la ligne, installation ou canalisation à une distance inférieure aux distances minimales de sécurité fixées par les articles R. 4534-108 et R. 4534-110.

S'il ne peut en être ainsi, la consigne prévue par l'article R. 4534-125 précise les précautions à prendre pour éviter de tels rapprochements, même s'il existe des limiteurs de déplacement des éléments mobiles ou si des dispositions appropriées d'avertissement ou d'arrêt ont été prises.

§ 5. Dispositions communes

Art. R. 4534-124. En cas de désaccord entre l'employeur et l'exploitant, soit sur la possibilité de mettre l'installation hors tension, soit, dans le cas où la mise hors tension est reconnue impossible, sur les mesures à prendre pour assurer la protection des travailleurs, les contestations sont portées par l'employeur devant l'inspecteur du travail, qui tranche le litige, en accord, s'il y a lieu, avec le service chargé du contrôle de la distribution d'énergie électrique en cause.

Art. R. 4534-125. En application des dispositions de la présente sous-section et avant le début des travaux, l'employeur :

1° Fait mettre en place les dispositifs protecteurs nécessaires ;

2° Informe les travailleurs, au moyen d'une consigne écrite, sur les mesures de protection à mettre en œuvre lors de l'exécution des travaux.

Sous-section 2. **Lignes, canalisations et installations situées à l'intérieur des locaux et de basse tension A**

Art. R. 4534-126. Les dispositions de la présente sous-section s'appliquent lors de l'exécution de travaux à l'intérieur de locaux ne comportant que des lignes ou installations électriques du domaine basse tension A (BTA) au sens de l'article R. 4534-107.

Art. R. 4534-127. Lorsque les travailleurs risquent, au cours de l'exécution des travaux, d'entrer directement ou indirectement en contact soit avec un conducteur ou pièce conductrice sous tension nu ou insuffisamment isolé, soit avec une masse métallique pouvant être mise accidentellement sous tension, les travaux ne sont réalisés que lorsque la ligne ou l'installation a été mise hors tension.

Excepté le cas où les travaux sont exécutés dans des locaux très conducteurs et le cas où les travailleurs sont susceptible d'avoir les pieds ou les mains humides, il peut être dérogé aux dispositions du premier alinéa lorsque l'exploitant a fait connaître par écrit qu'il ne peut, pour une raison qu'il juge impérieuse, mettre la ligne ou l'installation hors tension, sous réserve toutefois que les travaux soient exécutés dans les conditions fixées par les articles R. 4534-129 et R. 4534-130.

Art. R. 4534-128. En cas de mise hors tension de la ligne ou de l'installation, l'employeur demande à l'exploitant ou à l'usager de la ligne ou de l'installation de procéder à cette mise hors tension ou obtient de lui l'autorisation de la réaliser lui-même.

L'employeur :

1° N'ordonne le début du travail qu'après avoir vérifié que la mise hors tension est effective ;

2° Signale de façon visible la mise hors tension ;

3° Se prémunit contre le rétablissement inopiné de la tension pendant la durée des travaux, de préférence en condamnant, en position d'ouverture, les appareils de coupure ou de sectionnement correspondants ;

4° Ne rétablit la tension que lorsque les travaux ont cessé et que le personnel ne court plus aucun danger.

Art. R. 4534-129. Lorsque les travaux sont réalisés alors que la ligne ou l'installation demeure sous tension, les parties de la ligne ou de l'installation susceptibles de provoquer des contacts dangereux sont mises hors d'atteinte :

1° Soit en disposant des obstacles efficaces solidement fixés ;

2° Soit en faisant procéder ou en procédant à une isolation efficace par recouvrement des conducteurs et pièces nus ou insuffisamment isolés sous tension ou susceptibles d'y être portés.

Art. R. 4534-130. Les dispositions de l'article R. 4534-129 ne font pas obstacle à la mise en œuvre, en accord avec l'usager, de toute autre mesure de protection appropriée à chaque cas considéré, telle que l'isolation des travailleurs au moyen de vêtements, de gants, de coiffures ou de planchers isolants.

L'employeur porte, au moyen d'une consigne, à la connaissance des travailleurs intéressés les mesures de sécurité mises en œuvre.

SECTION 13. Travaux de soudage, de rivetage, de sablage ou de découpage

Art. R. 4534-131. Les travaux de soudage, de rivetage et de sablage ne peuvent être confiés qu'à des travailleurs compétents.

Des moyens de protection individuelle, tels que des gants, des guêtres ou cuissards, des tabliers ou gilets de protection, des baudriers « supports de tas », des masques ou cagoules, des lunettes de sûreté, sont mis à la disposition de ces travailleurs et de leurs aides, afin de les protéger contre les risques de brûlure ou de projections de matières.

Art. R. 4534-132. Des appareils respiratoires empêchant l'inhalation des vapeurs ou poussières nocives sont mis à la disposition des travailleurs qui réalisent des travaux de soudage, de rivetage ou de découpage sur des éléments recouverts de peinture au minium de plomb, ainsi qu'à la disposition des travailleurs qui réalisent des travaux de métallisation ou de sablage.

Ces appareils sont maintenus en bon état de fonctionnement et désinfectés avant d'être attribués à un nouveau titulaire.

Art. R. 4534-133. Lorsque des travaux de soudage à l'arc sont accomplis sur un chantier, des écrans masquent les arcs aux personnes autres que les soudeurs ou leurs aides, afin de supprimer les risques d'éblouissement et les dangers du rayonnement ultra-violet.

À défaut d'écrans protecteurs, les zones dangereuses sont délimitées et convenablement signalées.

SECTION 14. Travaux exposant à des risques de projection

Art. R. 4534-134. Des mesures sont prises pour éviter que les travailleurs puissent être blessés par des projections de béton, de mortier ou de ciment mis en œuvre par des moyens mécaniques ou pneumatiques.

Art. R. 4534-135. Le port de lunettes de sûreté est obligatoire pour tous travaux sur des matériaux durs susceptibles de produire des éclats.

SECTION 15. Travaux exposant à des risques de noyade

Art. R. 4534-136. Lorsque des travailleurs sont exposés à des risques de noyade, l'employeur prend, indépendamment des mesures de sécurité prescrites par le présent chapitre, les mesures particulières de protection suivantes :

1° Les travailleurs exposés sont munis de gilets de sauvetage ;

2° Un signal d'alarme est prévu ;

3° Le cas échéant, une barque au moins, conduite par des mariniers sachant nager et plonger, est placée en permanence auprès des postes de travail les plus dangereux. Cette barque est équipée de gaffes, de cordages et de bouées de sauvetage. Le nombre de barques de sauvetage est en rapport avec le nombre de travailleurs exposés au risque de noyade ;

4° Lorsque des travaux sont réalisés la nuit, des projecteurs orientables sont installés, afin de permettre l'éclairage de la surface de l'eau, et les mariniers sont munis de lampes puissantes ;

5° Lorsqu'un chantier fixe occupant plus de vingt travailleurs pendant plus de quinze jours est éloigné de tout poste de secours, un appareil de respiration artificielle ou tout autre dispositif ou moyen d'une efficacité au moins équivalente est placé en permanence sur le chantier.

SECTION 16. Mesures d'hygiène

Art. R. 4534-137. Sous réserve de l'observation des dispositions correspondantes prévues par la présente section, il peut être dérogé, dans les chantiers dont la durée n'excède pas quatre mois, aux obligations relatives :

1° Aux installations sanitaires, prévues par les articles R. 4228-2 à R. 4228-7 et R. 4228-10 à R. 4228-18 ;

2° À la restauration, prévues par les articles R. 4228-22 à R. 4228-25.

Art. R. 4534-138. Les locaux de travail fermés qui appartiennent, sont loués ou sont gérés par les entreprises chargées des travaux ainsi que ceux mis à la disposition de ces entreprises sur les chantiers soumis à l'obligation de coordination en matière de sécurité et de protection de la santé, répondent aux dispositions suivantes :

1° Règles d'aération et d'assainissement prévues aux articles R. 4222-1 à R. 4222-17 et R. 4222-20 à R. 4222-22 ;

2° Règles relatives à l'ambiance thermique, au froid et aux intempéries prévues aux articles R. 4223-13 et R. 4223-15 ;

3° Règles relatives à la sécurité des lieux de travail prévues par les R. 4224-2 à R. 4224-18 ;

4° Règles relatives à [l]'aménagement des lieux de travail prévues à l'article R. 4225-5.

Art. R. 4534-139. L'employeur met à la disposition des travailleurs un local-vestiaire :

1° Convenablement aéré et éclairé, et suffisamment chauffé ;

2° Nettoyé au moins une fois par jour et tenu en état constant de propreté ;

3° Pourvu d'un nombre suffisant de sièges.

Il est interdit d'y entreposer des produits ou matériels dangereux ou salissants ainsi que des matériaux.

Lorsque l'exiguïté du chantier ne permet pas d'équiper le local d'armoires-vestiaires individuelles en nombre suffisant, le local est équipé de patères en nombre suffisant.

Pour les chantiers souterrains, le local est installé au jour.

Art. R. 4534-140. Lorsque les installations prévues à l'article R. 4534-139 ne sont pas adaptées à la nature du chantier, des véhicules de chantier spécialement aménagés à cet effet peuvent être utilisés pour permettre aux travailleurs d'assurer leur propreté individuelle, de disposer de cabinets d'aisances, de vestiaires et, si possible, de douches à l'abri des intempéries.

L'utilisation d'un local en sous-sol est exceptionnelle et n'est tolérée que s'il est possible de le tenir en état constant de propreté, de l'aérer et de l'éclairer convenablement.

Art. R. 4534-141. Les employeurs mettent à la disposition des travailleurs une quantité d'eau potable suffisante pour assurer leur propreté individuelle. Lorsqu'il est impossible de mettre en place l'eau courante, un réservoir d'eau potable d'une capacité suffisante est raccordé aux lavabos afin de permettre leur alimentation.

Dans les chantiers mentionnés à l'article R. 4534-137, sont installés des lavabos ou des rampes, si possible à température réglable, à raison d'un orifice pour dix travailleurs.

Des moyens de nettoyage et de séchage ou d'essuyage appropriés, entretenus et changés chaque fois que nécessaire, sont mis à disposition des travailleurs.

Art. R. 4534-142. Lorsque des travailleurs prennent leur repas sur le chantier, un local réfectoire est mis à leur disposition.

Ce local répond aux exigences suivantes :

1° Il est pourvu de tables et de chaises en nombre suffisant :

2° Il dispose d'au moins un appareil permettant d'assurer le réchauffage ou la cuisson des aliments et d'un garde-manger destiné à protéger les aliments d'une capacité suffisante et, si possible, d'un réfrigérateur ;

3° Il est tenu en parfait état de propreté.

Art. R. 4534-142-1. ***(D. 2008-1382 du 19 déc. 2008, JO 24)*** Les travailleurs disposent soit d'un local permettant leur accueil dans des conditions de nature à préserver leur santé et leur sécurité en cas de survenance de conditions climatiques susceptibles d'y porter atteinte, soit d'aménagements de chantiers les garantissant dans des conditions équivalentes.

Art. R. 4534-143. L'employeur met à la disposition des travailleurs de l'eau potable et fraîche pour la boisson, à raison de trois litres au moins par jour et par travailleur.

Les conventions collectives nationales prévoient les situations de travail, notamment climatiques, pour lesquelles des boissons chaudes non alcoolisées sont mises gratuitement à la disposition des travailleurs.

Art. R. 4534-144. Sur les chantiers, des cabinets d'aisance conformes aux dispositions ***(D. 2009-289 du 13 mars 2009, JO 15)*** « des articles R. 4228-11 à R. 4228-15 » sont mis à la disposition des travailleurs.

Art. R. 4534-145. Lorsque la disposition des lieux ne permet pas de mettre en place les véhicules de chantier, le local réfectoire et les cabinets d'aisance, prévus aux articles R. 4534-140, R. 4534-142 et R. 4534-144, l'employeur recherche à proximité du chantier un local ou un emplacement offrant des conditions au moins équivalentes.

SECTION 17. Hébergement

Art. R. 4534-146. Dans les chantiers où sont logés des travailleurs, les locaux affectés au logement satisfont aux obligations de l'employeur en matière de prévention des risques d'incendies et d'évacuation, prévues aux articles R. 4227-1 à R. 4227-14, et d'hébergement, prévues aux articles R. 4228-26 à R. 4228-35.

Toutefois, s'agissant d'installations provisoires, ces dispositions ne font pas obstacle à l'utilisation de logements mobiles tels que voitures ou remorques routières, sous réserve que des mesures compensatrices soient mises en œuvre afin d'assurer aux travailleurs des conditions d'hébergement au moins équivalentes.

Art. R. 4534-147. Les voies d'accès aux logements des travailleurs sont entretenues de telle sorte qu'elles soient praticables et convenablement éclairées.

Art. R. 4534-148. Les comités d'hygiène, de sécurité et des conditions de travail ou, à défaut, les délégués du personnel des entreprises appelées à intervenir sur les chantiers où il est prévu de loger des travailleurs, ainsi que le comité interentreprises de sécurité, de santé et des conditions de travail, sont consultés sur les installations prévues.

Art. R. 4534-149. Les situations dans lesquelles les travailleurs déplacés sont logés à proximité du chantier et nourris sont déterminées par les conventions collectives nationales concernant ces travailleurs.

Art. R. 4534-150. Il est interdit à l'employeur de laisser les travailleurs loger sur le terrain mis à sa disposition par le maître d'ouvrage, à moins que les logements occupés présentent des garanties d'hygiène correspondant au moins à celles prévues par la présente section.

Art. R. 4534-151. L'inspecteur du travail peut accorder des dérogations lorsque l'application des mesures prévues par la présente section est rendue difficile par les conditions d'exploitation du chantier.

SECTION 18. Premiers secours

Art. R. 4534-152. Des mesures appropriées sont prises pour donner rapidement les premiers secours au travailleur blessé au cours du travail.

SECTION 19. Affichage et information

Art. R. 4534-153. Les obligations prévues par le présent chapitre sont affichées dans le local-vestiaire prévu par l'article R. 4534-139.

Elles sont affichées à une place convenable, aisément accessibles et tenues dans un bon état de lisibilité.

Art. R. 4534-154. Dans les chantiers où la durée des travaux dépasse une semaine, l'employeur indique, par un avis, l'adresse ou le numéro téléphonique du service d'urgence auquel s'adresser en cas d'accident.

Art. R. 4534-155. Dans les chantiers autres que ceux mentionnés à l'article R. 4534-137, un document rappelant les obligations prévues par le présent chapitre est remis à chaque travailleur intéressé.

SECTION 20. Dérogations

Art. R. 4534-156. Les ministres chargés du travail et de l'agriculture peuvent, par décision prise sur le rapport de l'inspecteur ou du contrôleur du travail, et après avis du ***(D. 2009-289 du 13 mars 2009, JO 15)*** « Conseil d'orientation sur les conditions de travail », autoriser pour un ou des chantiers déterminés et, le cas échéant, pour une certaine nature de travaux, des dérogations temporaires et limitées à certaines dispositions du présent chapitre.

Ils peuvent également autoriser par arrêté, pour une durée déterminée, des dérogations de portée générale à certaines dispositions.

Ces décisions et arrêtés ne peuvent intervenir que sous réserve de prévoir des mesures compensatrices de sécurité.

CHAPITRE V

Dispositions applicables aux travailleurs indépendants

Art. L. 4535-1. Les travailleurs indépendants, ainsi que les employeurs lorsqu'ils exercent directement une activité sur un chantier de bâtiment et de génie civil, mettent en œuvre, vis-à-vis des autres personnes intervenant sur le chantier comme d'eux-mêmes, les principes généraux de prévention fixés aux 1°, 2°, 3°, 5° et 6° de l'article L. 4121-2 ainsi que les dispositions des articles L. 4111-6, L. 4311-1, L. 4321-1, L. 4321-2, L. 4411-1 et L. 4411-6.

Note Cet article a étendu aux travailleurs indépendants l'obligation de respecter vis-à-vis des autres intervenants sur le chantier et pour eux-mêmes certains principes généraux de prévention.

Voir décret 95-607 du 6 mai 1995 (JO 7) modifié (voir note sous Titre III du Livre V de la Partie 4) fixant la liste des prescriptions réglementaires que doivent respecter les travailleurs indépendants ainsi que les employeurs lorsqu'ils exercent directement une activité sur un chantier de bâtiment ou de génie civil et décret 95-608 (même date) modifiant le code du travail et divers textes réglementaires en vue de les rendre applicables à ces travailleurs indépendants et à ces employeurs.

SECTION 1. Prescriptions techniques durant l'exécution de travaux de bâtiment et de génie civil

Art. R. 4535-1. Sous réserve des adaptations prévues par la présente section, les travailleurs indépendants ainsi que les employeurs qui exercent directement une activité sur un chantier de bâtiment et de génie civil sont soumis aux dispositions du chapitre IV à l'exception de celles relatives aux mesures générales d'hygiène, prévues par la section 16, et au logement provisoire des travailleurs, prévues par la section 17.

Art. R. 4535-2. Les travailleurs indépendants ainsi que les employeurs, lorsqu'ils exercent directement une activité sur un chantier de bâtiment et de génie civil, ne sont soumis aux dispositions prévues en matière d'examen du matériel, des engins, installations ou dispositifs de sécurité par l'article R. 4534-18 que sur les chantiers soumis à obligation de coordination en matière de sécurité et de santé des travailleurs mentionnés à l'article L. 4532-2, à l'exception des opérations entreprises par un particulier pour son usage personnel mentionné au 2° de l'article L. 4532-7.

De même, le respect des dispositions des premier et deuxième alinéas de l'article R. 4534-86 et celles de l'article R. 4534-99 n'est pas obligatoire pour ces travailleurs, sous réserve qu'ils utilisent effectivement un système d'arrêt de chute.

Art. R. 4535-3. Pour les travaux au voisinage de lignes, canalisations et installations électriques, le travailleur indépendant peut suivre la procédure prévue à l'article R. 4534-117, sous réserve de respecter les prescriptions des 2° à 4° du même article.

Il suit la procédure prévue à l'article R. 4534-128 en respectant les prescriptions des 2° à 4° du même article.

Art. R. 4535-4. Lors des travaux mentionnés à l'article R. 4534-132, les travailleurs indépendants et les employeurs, lorsqu'ils exercent directement une activité sur un chantier de bâtiment et de génie civil, portent des appareils respiratoires appropriés et en bon état de fonctionnement.

Art. R. 4535-5. Lors des travaux exposant à des risques de noyade mentionnés à l'article R. 4534-136, les travailleurs indépendants et les employeurs, lorsqu'ils exercent directement une activité sur un chantier de bâtiment et de génie civil, portent des gilets de sauvetage.

SECTION 2. Utilisation d'équipements de travail et de protection individuelle

Art. R. 4535-6. Lorsqu'ils utilisent des équipements de travail et des équipements de protection individuelle, les travailleurs indépendants ainsi que les employeurs qui exercent directement une activité sur un chantier de bâtiment et de génie civil sont soumis aux dispositions suivantes :

1° Règles générales d'utilisation des équipements de travail et des moyens de protection prévues aux articles R. 4321-1 à R. 4321-5 ;

2° Obligation de maintien en conformité prévue à l'article R. 4322-1 ;

3° Règles d'installation et d'utilisation des équipements de travail prévues aux articles R. 4323-6, R. 4323-14 et R. 4323-18 ;

4° Règles de vérification des équipements de travail prévues aux articles R. 4323-22 à R. 4323-28 ;

5° Dispositions particulières applicables aux équipements de travail servant au levage de charges prévues aux articles R. 4323-29 à R. 4323-36, R. 4323-39, R. 4323-40 et R. 4323-44 à R. 4323-49 ;

6° Dispositions particulières applicables aux équipements de travail mobiles prévues à l'article R. 4323-53 ;

7° Formation à la conduite prévue à l'article R. 4323-55 ;

8° Dispositions particulières applicables aux travaux en hauteur prévues aux articles R. 4323-58 à R. 4323-89 ;

9° Règles d'utilisation et de vérifications des équipements de protection individuelle prévues aux articles R. 4323-91 à R. 4323-94 et R. 4323-98 à R. 4323-103.

Note La disposition prescrivant aux travailleurs indépendants ainsi qu'aux employeurs lorsqu'ils exercent directement une activité sur un chantier de bâtiment ou de génie civil de respecter l'obligation définie au premier alinéa de l'article R. 233-13-19 [R. 4323-55 à 57] CT est applicable depuis le 1er juillet 2003 (décret 2002-1404 du 3 décembre 2002, art. 5).

Art. R. 4535-7. S'ils répondent aux critères de qualification et de compétence définis par les articles R. 4323-24 et R. 4323-100, les travailleurs indépendants peuvent procéder eux-mêmes aux vérifications périodiques des équipements de travail et des équipements de protection individuelle.

Dans les situations prévues aux articles R. 4722-23 et suivants, les travailleurs indépendants consignent les résultats de ces vérifications, ainsi que le nom et la qualité de la personne qui les a réalisées sur le registre prévu à l'article R. 4534-18.

SECTION 3. Risques chimiques

Sous-section 1. Mesures générales de prévention des risques chimiques

Art. R. 4535-8. Lorsqu'ils sont exposés ou susceptibles d'être exposés à des agents chimiques dangereux autres que des agents cancérogènes, mutagènes ou toxiques pour la reproduction, les travailleurs indépendants ainsi que les employeurs qui exercent directement une activité sur un chantier de bâtiment et de génie civil sont soumis aux dispositions relatives aux risques d'exposition aux agents chimiques dangereux suivantes :

1° Champ d'application et définitions prévus aux articles R. 4412-1 à R. 4412-4 ;

2° Évaluation des risques prévue aux articles R. 4412-5 à R. 4412-8 et à l'article R. 4412-10 ;

3° Mesures et moyens de prévention prévus aux articles R. 4412-11 à R. 4412-22 à l'exception du 3° de l'article R. 4412-11 ;

4° Vérifications des installations et appareils de protection collective prévues aux articles R. 4412-23 et R. 4412-26 ;

5° Mesures en cas d'accident ou d'incident prévues aux articles R. 4412-33 à R. 4412-37 ;

6° Surveillance médicale prévue aux articles R. 4412-44 à R. 4412-57.

Sous-section 2. Agents cancérogènes, mutagènes ou toxiques pour la reproduction

Art. R. 4535-9. Lorsqu'ils sont exposés ou susceptibles d'être exposés à des agents chimiques dangereux cancérogènes, mutagènes ou toxiques pour la reproduction, les travailleurs indépendants ainsi que les employeurs qui exercent directement une activité sur un chantier de bâtiment et de génie civil sont soumis aux dispositions relatives aux risques d'exposition aux agents cancérogènes, mutagènes et toxiques pour la reproduction suivantes :

1° Champ d'application et définitions prévus aux articles R. 4412-59 à R. 4412-60 ;

2° Évaluation des risques prévue aux articles R. 4412-61 à R. 4412-65 à l'exception du premier alinéa de l'article R. 4412-64 ;

3° Mesures et moyens de prévention prévus aux articles R. 4412-66 à R. 4412-75 à l'exception du 2° de l'article R. 4412-70 ;

4° Mesures à prendre en cas d'accidents ou d'incidents prévues aux articles R. 4412-83 à R. 4412-85.

Ils sont également soumis aux dispositions relatives aux risques d'exposition aux agents chimiques dangereux suivantes :

1° Champ d'application et définitions prévus aux articles R. 4412-1 à R. 4412-4 ;

2° Mesures et dispositions à prendre contre les dangers découlant des propriétés chimiques et physico-chimiques des agents chimiques prévues aux articles R. 4412-7 et R. 4412-18 ;

3° Vérifications des installations et appareils de protection collective prévues aux articles R. 4412-23 à R. 4412-26 ;

4° Mesures en cas d'accident ou d'incident prévues aux articles R. 4412-33 à R. 4412-37 ;

5° Surveillance médicale prévue aux articles R. 4412-44 à R. 4412-57.

Sous-section 3. Activités de confinement et de retrait d'amiante et activités et interventions sur des matériaux et appareils susceptibles de libérer des fibres d'amiante

Art. R. 4535-10. Lorsqu'ils sont susceptibles d'être exposés à l'inhalation de poussières d'amiante à l'occasion d'activités de confinement et de retrait d'amiante ou d'activités ou interventions sur des matériaux et appareils susceptibles de libérer des fibres d'amiante, les travailleurs indépendants ainsi que les employeurs qui exercent directement une activité sur un chantier de bâtiment et de génie civil sont soumis aux dispositions particulières relatives aux risques d'exposition à l'amiante de la section 3 du chapitre II du titre Ier du livre IV, à l'exception des articles R. 4412-97, R. 4412-101, R. 4412-105 à R. 4412-109.

Ils sont également soumis aux dispositions de l'article R. 4535-9.

SECTION 4. Risque hyperbare

(D. 2011-45 du 11 janv. 2011, JO 13)

Art. R. 4535-11. Les travailleurs indépendants ainsi que les employeurs qui exercent directement une activité sur un chantier de bâtiment et de génie civil sont soumis aux dispositions du titre VI du livre IV du code du travail.

Note Le décret 2010-1018 du 30 août 2010 (JO 1er sept.) (entrée en vigueur le 01.07.2011) a déjà créé une section 4 comprenant les articles R. 4535-11 et R. 4535-12 CT.

(D. 2010-1018 du 30 août 2010, JO 1er sept., entrée en vigueur le 01.07.2011)

SECTION 4. Risques électriques

Sous-section 1. Utilisation des installations électriques

Art. R. 4535-11. Les travailleurs indépendants et les employeurs qui exercent directement une activité sur un chantier de bâtiment et de génie civil sont soumis aux dispositions des articles R. 4226-1 à R. 4226-21. *(Numérotation en double. Voir aussi R. 4535-11 ci-dessus)*

Sous-section 2. Opérations sur ou au voisinage des installations électriques

Art. R. 4535-12. Les travailleurs indépendants ou les employeurs qui exercent directement une activité sur un chantier de bâtiment et de génie civil, lorsqu'ils effectuent des opérations sur les installations électriques ou dans leur voisinage, ont un niveau de connaissance des risques liés à l'électricité et des mesures à prendre pour intervenir en sécurité équivalent à celui des travailleurs auxquels sont confiées ces opérations.

TITRE IV

AUTRES ACTIVITÉS ET OPÉRATIONS

CHAPITRE Ier

Manutention des charges

Note Le décret 92-958 du 3 septembre 1992 (JO 9) relatif aux prescriptions minimales de sécurité et de santé concernant la manutention manuelle de charges comportant des risques, notamment dorso-lombaires, pour les travailleurs a transposé la directive 90/269/CEE du Conseil du 29 mai 1990 (JOCE L 156 du 21.06.1990 ; « Code annoté européen du travail », *Groupe Revue Fiduciaire*, éd. 2010 pp. 646 à 650).

Art. L. 4541-1. Les règles de prévention des risques pour la santé et la sécurité des travailleurs résultant de la manutention des charges sont déterminées par décret en Conseil d'État pris en application de l'article L. 4111-6.

SECTION 1. Dispositions générales

Art. R. 4541-1. Les dispositions du présent ***(D. 2009-289 du 13 mars 2009, JO 15)*** « chapitre » s'appliquent à toutes les manutentions dites manuelles comportant des risques, notamment dorso-lombaires, pour les travailleurs en raison des caractéristiques de la charge ou des conditions ergonomiques défavorables.

Note Une manutentionnaire de chariots-repas dans un hôpital ayant été reconnue atteinte d'une maladie professionnelle avec un taux d'incapacité permanente partielle a saisi une juridiction de sécurité sociale d'une demande d'indemnisation complémentaire en raison de la faute inexcusable de son employeur. Pour rejeter sa demande, une cour d'appel, après avoir énoncé que les dispositions de l'article R. 231-66 [R. 4541-1 et 2] CT imposent à l'employeur de prendre les mesures d'organisation appropriées ou d'utiliser les moyens adéquats pour éviter le recours à la manutention manuelle comportant des risques pour les travailleurs en raison de la charge ou des conditions ergonomiques défavorables, a retenu qu'en l'absence de précisions relatives aux charges pesant sur les poignets de la salariée, ces dispositions étaient insuffisantes, à elles seules, et en l'absence de prescriptions plus précises ou de mises en garde spécifiques du CHSCT ou du médecin du travail, pour considérer que l'hôpital aurait dû avoir conscience du danger que la manutention prolongée des plateaux pouvait entraîner pour les articulations des poignets de son employée. En statuant ainsi, alors que les dispositions de l'article R. 231-66 [R. 4541-1 et 2] CT, applicables en la cause, visent l'ensemble des manutentions manuelles comportant tout risque pour les travailleurs en raison des caractéristiques de la charge ou des conditions ergonomiques défavorables, la cour d'appel a violé la loi (cass. civ., 2e ch., 18 novembre 2010, n° 09-17.275).

Art. R. 4541-2. On entend par manutention manuelle, toute opération de transport ou de soutien d'une charge, dont le levage, la pose, la poussée, la traction, le port ou le déplacement, qui exige l'effort physique d'un ou de plusieurs travailleurs.

SECTION 2. Principes de prévention

Art. R. 4541-3. L'employeur prend les mesures d'organisation appropriées ou utilise les moyens appropriés, et notamment les équipements mécaniques, afin d'éviter le recours à la manutention manuelle de charges par les travailleurs.

Art. R. 4541-4. Lorsque la nécessité d'une manutention manuelle de charges ne peut être évitée, notamment en raison de la configuration des lieux où cette manutention est réalisée, l'employeur prend les mesures d'organisation appropriées ou met à la disposition des travailleurs les moyens adaptés, si nécessaire en combinant leurs effets, de façon à limiter l'effort physique et à réduire le risque encouru lors de cette opération.

SECTION 3. **Évaluation des risques**

Art. R. 4541-5. Lorsque la manutention manuelle ne peut pas être évitée, l'employeur :

1° Évalue les risques que font encourir les opérations de manutention pour la santé et la sécurité des travailleurs ;

2° Organise les postes de travail de façon à éviter ou à réduire les risques, notamment dorso-lombaires, en mettant en particulier à la disposition des travailleurs des aides mécaniques ou, à défaut de pouvoir les mettre en œuvre, les accessoires de préhension propres à rendre leur tâche plus sûre et moins pénible.

Art. R. 4541-6. Pour l'évaluation des risques et l'organisation des postes de travail, l'employeur tient compte :

1° Des caractéristiques de la charge, de l'effort physique requis, des caractéristiques du milieu de travail et des exigences de l'activité ;

2° Des facteurs individuels de risque, définis par arrêté conjoint des ministres chargés du travail et de l'agriculture.

Note Voir arrêté du 29 janvier 1993 (JO 19 févr.).

SECTION 4. **Mesures et moyens de prévention**

Art. R. 4541-7. L'employeur veille à ce que les travailleurs reçoivent des indications estimatives et, chaque fois que possible, des informations précises sur le poids de la charge et sur la position de son centre de gravité ou de son côté le plus lourd lorsque la charge est placée de façon excentrée dans un emballage.

Art. R. 4541-8. L'employeur fait bénéficier les travailleurs dont l'activité comporte des manutentions manuelles :

1° D'une information sur les risques qu'ils encourent lorsque les activités ne sont pas exécutées d'une manière techniquement correcte, en tenant compte des facteurs individuels de risque définis par l'arrêté prévu à l'article R. 4541-6 ;

2° D'une formation adéquate à la sécurité relative à l'exécution de ces opérations. Au cours de cette formation, essentiellement à caractère pratique, les travailleurs sont informés sur les gestes et postures à adopter pour accomplir en sécurité les manutentions manuelles.

Art. R. 4541-9. Lorsque le recours à la manutention manuelle est inévitable et que les aides mécaniques prévues au 2° de l'article R. 4541-5 ne peuvent pas être mises en œuvre, un travailleur ne peut être admis à porter d'une façon habituelle des charges supérieures à 55 kilogrammes qu'à condition d'y avoir été reconnu apte par le médecin du travail, sans que ces charges puissent être supérieures à 105 kilogrammes.

Toutefois, les femmes ne sont pas autorisées à porter des charges supérieures à 25 kilogrammes ou à transporter des charges à l'aide d'une brouette supérieures à 40 kilogrammes, brouette comprise.

Art. R. 4541-10. L'expéditeur de tout colis ou objet pesant 1 000 kilogrammes ou plus de poids brut destiné à être transporté par mer ou voie navigable intérieure porte, sur le colis, l'indication de son poids marquée à l'extérieur de façon claire et durable.

Dans les cas exceptionnels où il est difficile de déterminer le poids exact, le poids marqué peut être un poids maximum établi d'après le volume et la nature du colis.

À défaut de l'expéditeur, cette obligation incombe au mandataire chargé par lui de l'expédition du colis.

SECTION 5. **Surveillance médicale**

Art. R. 4541-11. Un arrêté conjoint des ministres chargés du travail et de l'agriculture précise les recommandations à faire au médecin du travail, notamment pour lui permettre d'exercer son rôle de conseiller de l'employeur pour l'évaluation des risques et l'organisation des postes de travail.

Note Cet article est abrogé **à compter du 01.07.2012** par le décret 2012-135 du 30 janvier 2012, JO 31.

Voir arrêté du 15 juin 1993 (JO 11 août) déterminant les recommandations que les médecins du travail doivent observer en matière d'évaluation des risques et d'organisation des postes de travail comportant le recours à la manutention manuelle de charges.

CHAPITRE II

Utilisation d'écrans de visualisation

Note Ces dispositions sont issues du décret 91-451 du 14 mai 1991 (JO 16) relatif à la prévention des risques liés au travail sur des équipements de travail comportant des écrans de visualisation qui transpose la directive 90/270/CEE modifiée du 29 mai 1990 concernant les prescriptions minimales de sécurité et de santé relative au travail sur des équipements à écran de visualisation (JOCE L 156 du 21.06.1990 ; rectif. JOCE L 171 du 4.07.1990 ; « Code annoté européen du travail », *Groupe Revue Fiduciaire*, éd. 2010, p. 650).

[Le présent chapitre ne comprend pas de dispositions législatives.]

SECTION 1. Champ d'application et définitions

Art. R. 4542-1. Les dispositions du présent chapitre s'appliquent aux travailleurs qui utilisent de façon habituelle et pendant une partie non négligeable du temps de travail des équipements de travail comportant des écrans de visualisation.

Toutefois, elles ne s'appliquent pas aux équipements suivants :

1° Les postes de conduite de véhicules ou d'engins ;

2° Les systèmes informatiques à bord d'un moyen de transport ;

3° Les systèmes informatiques destinés à être utilisés en priorité par le public ;

4° Les systèmes portables dès lors qu'ils ne font pas l'objet d'une utilisation soutenue à un poste de travail ;

5° Les machines à calculer, les caisses enregistreuses et tout équipement possédant un petit dispositif de visualisation de données ou de mesures nécessaires à l'utilisation directe de cet équipement.

Art. R. 4542-2. Pour l'application des dispositions du présent chapitre, on entend par écran de visualisation, un écran alphanumérique ou graphique quel que soit le procédé d'affichage utilisé.

On entend par poste de travail, l'ensemble comprenant un équipement de travail comportant notamment un écran de visualisation, un clavier ou un dispositif de saisie de données, des périphériques, un siège et une table ou une surface de travail, ainsi que l'environnement de travail immédiat.

SECTION 2. Évaluation des risques

Art. R. 4542-3. Après analyse des conditions de travail et évaluation des risques de tous les postes comportant un écran de visualisation, l'employeur prend les mesures appropriées pour remédier aux risques constatés.

SECTION 3. Mesures et moyens de prévention

Art. R. 4542-4. L'employeur organise l'activité du travailleur de telle sorte que son temps quotidien de travail sur écran soit périodiquement interrompu par des pauses ou par des changements d'activité réduisant la charge de travail sur écran.

Art. R. 4542-5. Pour l'élaboration, le choix, l'achat et la modification de logiciels ainsi que pour la définition des tâches impliquant l'utilisation d'écrans de visualisation, l'employeur prend en compte les facteurs suivants, dans la mesure où les exigences ou les caractéristiques intrinsèques de la tâche ne s'y opposent pas :

1° Le logiciel est adapté à la tâche à exécuter ;

2° Le logiciel est d'un usage facile et est adapté au niveau de connaissance et d'expérience de l'utilisateur ;
3° Les systèmes fournissent aux travailleurs des indications sur leur déroulement ;
4° Les systèmes affichent l'information dans un format et à un rythme adaptés aux opérateurs ;
5° Les principes d'ergonomie sont appliqués en particulier au traitement de l'information par l'homme.

Art. R. 4542-6. L'écran de visualisation obéit aux caractéristiques suivantes :
1° Les caractères sont d'une bonne définition et formés d'une manière claire, d'une dimension suffisante et avec un espace adéquat entre les caractères et les lignes ;
2° L'image est stable ;
3° La luminance ou le contraste entre les caractères et le fond de l'écran sont facilement adaptables par l'utilisateur de terminaux à écrans et facilement adaptables aux conditions ambiantes ;
4° L'écran est orientable et inclinable facilement pour s'adapter aux besoins de l'utilisateur. Il peut être installé sur un pied séparé ou sur une table réglable ;
5° L'écran est exempt de reflets et de réverbérations susceptibles de gêner l'utilisateur.

Art. R. 4542-7. Le clavier de l'écran de visualisation obéit aux caractéristiques suivantes :
1° Il est inclinable et dissocié de l'écran pour permettre au travailleur d'avoir une position confortable qui ne provoque pas de fatigue des avant-bras ou des mains ;
2° L'espace devant le clavier est suffisant pour permettre un appui pour les mains et les avant-bras de l'utilisateur ;
3° Le clavier a une surface mate pour éviter les reflets ;
4° La disposition du clavier et les caractéristiques des touches tendent à faciliter son utilisation ;
5° Les symboles des touches sont suffisamment contrastés et lisibles à partir de la position de travail normale.

Art. R. 4542-8. L'espace de travail obéit aux caractéristiques suivantes :
1° Le plateau de la table ou de la surface de travail a une surface peu réfléchissante et de dimensions suffisantes pour permettre de modifier l'emplacement respectif de l'écran, du clavier, des documents et du matériel accessoire ;
2° Le support de documents est stable et réglable. Il se situe de telle façon que les mouvements inconfortables de la tête, du dos et des yeux soient évités au maximum ;
3° L'espace de travail est suffisant pour permettre une position confortable pour les travailleurs.

Art. R. 4542-9. Le siège est, s'il y a lieu, adaptable en hauteur et en inclinaison.

Un repose-pieds est mis à la disposition des travailleurs qui en font la demande.

Art. R. 4542-10. Les dimensions et l'aménagement du poste de travail assurent suffisamment de place pour permettre au travailleur de changer de position et de se déplacer.

Art. R. 4542-11. Les dispositions des articles R. 4542-6 à R. 4542-10 ne s'appliquent que dans la mesure où les éléments considérés existent dans le poste de travail et où les caractéristiques de la tâche en rendent l'application possible.

SECTION 4. Ambiance physique de travail

Art. R. 4542-12. Les équipements des postes de travail ne doivent pas produire un surcroît de chaleur susceptible de constituer une gêne pour les travailleurs.

Art. R. 4542-13. Les radiations, à l'exception de la partie visible du spectre électromagnétique, sont réduites à des niveaux négligeables pour la protection de la santé et de la sécurité des travailleurs.

Art. R. 4542-14. Un taux d'humidité satisfaisant est établi et maintenu dans les locaux affectés au travail sur écran de visualisation.

Art. R. 4542-15. Le bruit émis par les équipements du poste de travail est pris en compte lors de l'aménagement du poste de façon, en particulier, à ne pas perturber l'attention et l'audition.

SECTION 5. Information et formation des travailleurs

Art. R. 4542-16. L'employeur assure l'information et la formation des travailleurs sur les modalités d'utilisation de l'écran et de l'équipement de travail dans lequel cet écran est intégré.

Chaque travailleur en bénéficie avant sa première affectation à un travail sur écran de visualisation et chaque fois que l'organisation du poste de travail est modifiée de manière substantielle.

SECTION 6. Surveillance médicale

Art. R. 4542-17. Un travailleur ne peut être affecté à des travaux sur écran de visualisation que s'il a fait l'objet d'un examen médical préalable et approprié des yeux et de la vue par le médecin du travail.

Cet examen est renouvelé à intervalles réguliers et lors des visites médicales périodiques.

Art. R. 4542-18. L'employeur fait examiner par le médecin du travail tout travailleur se plaignant de troubles pouvant être dus au travail sur écran de visualisation.

Si les résultats des examens médicaux le rendent nécessaire, un examen ophtamologique est pratiqué.

Art. R. 4542-19. Si les résultats de la surveillance médicale rendent nécessaire une correction et si les dispositifs de correction normaux ne peuvent être utilisés, les travailleurs sur écran de visualisation reçoivent des dispositifs de correction spéciaux en rapport avec le travail concerné.

Ces dispositifs ne peuvent entraîner aucune charge financière additionnelle pour les travailleurs.

(L. 2009-526 du 12 mai 2009, JO 13) « CHAPITRE III

Interventions sur les équipements élévateurs et installés à demeure »

[Le présent chapitre ne comprend pas de dispositions législatives.]

[Dispositions réglementaires]

(D. 2008-1325 du 15 déc. 2008, JO 17, entrée en vigueur le 18.12.2010)

Interventions sur les équipements élévateurs et installés à demeure

Note • Les entreprises intervenantes concernées établissent, avant le *18 décembre 2010*, la liste des monte-charges et des élévateurs de personnes n'excédant pas une vitesse de 0,15 mètre par seconde qui, en application de l'article R. 4543-2, doivent faire l'objet d'une étude de sécurité. Les études relatives aux équipements figurant sur cette liste doivent être réalisées, par tiers, dans les trois ans suivant cette date (décret 2008-1325 du 15 décembre 2008, art. 7, JO 17).

• Voir arrêté du 29 décembre 2010 (JO 8 janv.) relatif aux vérifications générales périodiques portant sur les ascenseurs et les monte-charges ainsi que sur les élévateurs de personnes n'excédant pas une vitesse de 0,15 m/s, installés à demeure et circulaire DGT/2011/02 du 21 janvier 2011 concernant la mise en œuvre du décret 2008-1325 du 15 décembre 2008 relatif à la sécurité des ascenseurs, monte-charges et équipements assimilés sur les lieux de travail ainsi qu'à la sécurité des travailleurs intervenant sur ces équipements et de l'arrêté du 29 décembre 2010 précité.

SECTION 1. Champ d'application

Art. R. 4543-1. Les dispositions des sections 2 à 6 du présent chapitre sont applicables, sans préjudice de celles du titre Ier du présent livre, aux interventions de vérification, de maintenance, de contrôle technique ainsi qu'aux travaux de réparation et de transformation effectués sur les équipements installés à demeure suivants : ascenseurs, monte-charges, élévateurs de personnes dont la vitesse n'excède pas 0,15 mètre par seconde, escaliers mécaniques, trottoirs roulants ou installations de parcage automatique de véhicules.

SECTION 2. Étude de sécurité spécifique

Art. R. 4543-2. Les interventions et travaux mentionnés à l'article R. 4543-1 ne peuvent être réalisés sur un équipement qui n'a pas fait l'objet d'une étude de sécurité spécifique, effectuée par l'entreprise chargée de ces interventions et travaux, dénommée "entreprise intervenante". Cette étude est réalisée dans les six semaines suivant la prise en charge de l'équipement par l'entreprise.

Art. R. 4543-3. L'étude est confiée à une personne compétente dans le domaine de la prévention des risques et connaissant les dispositions applicables aux interventions et travaux mentionnés à l'article R. 4543-1 ainsi que les dispositions réglementaires applicables aux équipements concernés.

Art. R. 4543-4. L'étude de sécurité spécifique est mise à jour, dans un délai de six semaines, lorsque survient un événement susceptible d'affecter l'évaluation des risques, notamment :

1° En cas de transformation importante ;

2° À la réception, pour les ascenseurs, du rapport d'inspection du contrôleur technique ;

3° Après l'intervention de mesures consécutives au signalement d'une situation de danger grave et imminent dans les conditions de l'article L. 4131-1.

Art. R. 4543-5. Le rapport de contrôle technique défini à l'article R. 125-2-4 du code de la construction et de l'habitation est réputé constituer l'étude de sécurité de l'entreprise intervenante qui réalise ce contrôle. Pour cette entreprise, il vaut étude de sécurité préalable aux vérifications qu'elle réalise ultérieurement sur le même équipement.

Art. R. 4543-6. Sauf dans le cas prévu à l'article R. 4543-5, l'étude de sécurité spécifique reste la propriété de l'entreprise intervenante. Il en est remis copie au propriétaire de l'appareil.

Art. R. 4543-7. Le chef de l'entreprise intervenante tient l'étude de sécurité à la disposition de l'inspecteur ou du contrôleur du travail, des agents des services de prévention des organismes de sécurité sociale, du médecin du travail et des membres du comité d'hygiène, de sécurité et des conditions de travail ou, en l'absence d'un tel comité, des délégués du personnel.

Art. R. 4543-8. Lorsque le dossier de maintenance élaboré en application de l'article R. 4211-3 du code du travail existe, son détenteur met à la disposition de l'entreprise intervenante celles des pièces de ce dossier qui précisent les conditions d'accès aux équipements.

Art. R. 4543-9. Pour chaque équipement pris en charge dans le cadre de la réalisation d'interventions ou travaux mentionnés à l'article R. 4543-1, l'étude de sécurité spécifique complète le document unique d'évaluation des risques de l'entreprise intervenante, en tenant compte des caractéristiques particulières de l'équipement et des risques de chute ou d'écrasement.

Art. R. 4543-10. L'étude de sécurité comporte toutes les données permettant au chef de l'entreprise intervenante de définir et de mettre en œuvre les mesures de prévention qui s'imposent pour assurer la sécurité et préserver la santé des personnes chargées de l'intervention ou des travaux.

À ce titre, elle comporte notamment :

1° La description de l'équipement ;

2° Les conditions d'accès aux différentes parties de l'équipement, et notamment la machinerie ;

3° Le descriptif des dispositifs d'aide à la manutention ;

4° L'évaluation de l'équipement et de son installation au regard de la sécurité des travailleurs chargés des interventions ou des travaux ainsi que les mesures de prévention, y compris les modes opératoires, pertinentes ;

5° L'appréciation de la validité et de l'exhaustivité des documents techniques disponibles.

Art. R. 4543-11. Une fiche signalétique annexée à l'étude de sécurité spécifique récapitule l'ensemble des risques mis en évidence. Cette récapitulation peut être réalisée à l'aide de pictogrammes. Lorsque la nature du risque exige que des mesures particulières de prévention soient prises, la fiche signalétique renvoie, par tout moyen approprié, à la consultation de l'étude de sécurité pour la mise en œuvre de ces mesures.

SECTION 3. Information des travailleurs intervenants

Art. R. 4543-12. Le personnel de l'entreprise intervenante a accès à l'étude de sécurité spécifique, avant l'exécution des interventions ou des travaux.

Art. R. 4543-13. La fiche signalétique est tenue en permanence à la disposition des travailleurs de l'entreprise intervenante soit dans le local de machinerie de l'ascenseur ou du monte-charge, soit dans un lieu proche, pour les autres équipements.

Elle est communiquée par le propriétaire de l'équipement à toute personne appelée, du fait de ses fonctions, à pénétrer dans les parties normalement inaccessibles de l'appareil.

SECTION 4. Organisation de l'intervention

Art. R. 4543-14. Le chef de l'entreprise intervenante organise les interventions ou travaux de manière à assurer la sécurité et à préserver la santé des travailleurs qui les effectuent.

À ce titre, il prend les mesures de prévention appropriées en vue d'éviter tout risque pouvant résulter, pour les travailleurs et les autres personnes exposées, de l'éventuelle neutralisation des dispositifs de sécurité.

Art. R. 4543-15. Le chef de l'entreprise intervenante définit les interventions ou travaux nécessitant l'emploi de plus d'un travailleur, en fonction de leur caractère pénible, répétitif ou complexe.

Lors de l'intervention de deux ou plusieurs travailleurs, le chef de l'entreprise intervenante prend les mesures de prévention nécessaires pour éliminer les risques liés à la simultanéité de l'activité de ces travailleurs et pour assurer une communication satisfaisante entre eux.

Art. R. 4543-16. Lors de l'organisation des interventions ou travaux mentionnés à l'article R. 4543-15, le chef de l'entreprise intervenante définit les modes opératoires appropriés à la technologie de l'équipement et à son environnement.

Cette organisation prend en compte :

1° Les conséquences de l'introduction de nouvelles technologies ;

2° Les conclusions tirées de l'expérience acquise et de l'analyse des accidents du travail ;

3° Les formations et les qualifications professionnelles des personnels au regard de l'aptitude nécessaire à la réalisation des interventions ou travaux.

Art. R. 4543-17. Lorsqu'un ou plusieurs appareils circulent simultanément dans la même gaine, les interventions ou travaux sur l'un d'eux sont effectués lorsque les autres ont été mis à l'arrêt, sauf si la séparation entre les équipements permet d'assurer la sécurité des intervenants.

Art. R. 4543-18. Lorsque les interventions ou travaux exigent la présence d'un travailleur en toit de cabine et que l'équipement est doté du dispositif de commande de manœuvre d'inspection, ces interventions ou travaux ne peuvent être entrepris qu'après vérification du bon fonctionnement de ce dispositif selon une méthode permettant de s'assurer de la prise de contrôle.

SECTION 5. Travailleurs isolés

Art. R. 4543-19. Un travailleur isolé doit pouvoir signaler toute situation de détresse et être secouru dans les meilleurs délais.

Art. R. 4543-20. Un travailleur isolé ne peut réaliser des interventions ou travaux qui :

1° Comportent le port manuel d'une masse supérieure à 30 kg, la pose ou la dépose manuelle d'éléments d'appareils d'une masse supérieure à 50 kg, ou la pose ou la dépose des câbles de traction d'ascenseur ;

2° Exigent le port d'un équipement de protection individuelle respiratoire isolant ou filtrant à ventilation assistée.

Art. R. 4543-21. Un travailleur isolé ne peut réaliser des interventions ou travaux qui conduisent à sa présence sur le toit de l'habitacle d'un équipement pendant son déplacement qu'aux conditions cumulatives suivantes :

1° L'équipement est doté d'un dispositif de commande de manœuvre d'inspection conçu et installé de manière à garantir la sécurité des intervenants ;

2° La prévention du risque de chute est assurée :

a) Prioritairement, par la conception de l'installation ou par la mise en œuvre de mesures de protection collective ;

b) À défaut, par le port d'un équipement de protection individuelle empêchant toute sortie du travailleur de la surface du toit de l'habitacle, sous réserve que cette protection soit adaptée à la nature du risque compte tenu de la technologie de l'équipement, de la nature et de la durée des interventions ou travaux ainsi que de la possibilité de les réaliser dans des conditions ergonomiques.

SECTION 6. Formation des travailleurs

Art. R. 4543-22. Tout travailleur effectuant les interventions ou travaux mentionnés à l'article R. 4543-1, y compris les travailleurs temporaires ou sous contrat à durée déterminée, reçoit de l'entreprise qui l'emploie une formation particulière. Cette formation est renouvelée aussi souvent que nécessaire, notamment lors de l'introduction de nouvelles technologies.

Cette formation porte notamment :

1° Sur l'évaluation du risque figurant dans l'étude de sécurité en vue de faciliter la compréhension des mesures d'organisation et techniques qu'elle préconise et leur mise en œuvre ;

2° Sur les méthodes de travail et les procédures d'intervention applicables aux équipements sur lesquels le travailleur peut être amené à intervenir ;

3° Sur les équipements de travail et les équipements de protection individuelle qui doivent être utilisés.

Art. R. 4543-23. La formation comporte une période d'exercices pratiques effectuée sous le contrôle d'un tuteur désigné par l'employeur. Ce tuteur dispose de la qualification nécessaire et connaît notamment les principes de sécurité applicables aux interventions ou travaux.

La durée de la période de tutorat est définie par l'employeur en fonction de la qualification et de l'expérience du travailleur. Elle permet à celui-ci d'acquérir les savoir-faire correspondant au contenu théorique de la formation.

Art. R. 4543-24. L'accomplissement de la formation spécifique prévue à la présente section fait l'objet d'une attestation nominative remise au travailleur par l'employeur, après une évaluation effectuée par ce dernier. Cette attestation porte la date à laquelle elle a été délivrée, et mentionne la durée de la formation.

L'employeur tient à la disposition de l'inspecteur ou du contrôleur du travail, ainsi que des agents des services de prévention des organismes de sécurité sociale les copies des attestations de formation spécifique qu'il a délivrées.

SECTION 7. Montage et démontage des ascenseurs

Art. R. 4543-25. Les dispositions de la présente section s'appliquent au montage et au démontage des ascenseurs, sans préjudice de celles du titre III du présent livre.

Art. R. 4543-26. Le montage et le démontage des ascenseurs sont réalisés en suivant une méthode sûre. Celle-ci est établie pour le montage et, le cas échéant, pour le démontage sur la base des éléments fournis par le constructeur.

La méthode de montage des ascenseurs tient, notamment, compte des documentations et indications prévues au B de l'article 7 du décret n° 2000-810 du 24 août 2000 relatif à la mise sur le marché des ascenseurs.

Pendant toutes les phases de démontage d'un ascenseur, la stabilité de la cabine est assurée et son toit ne peut être utilisé comme poste de travail que s'il satisfait aux dispositions des articles R. 4323-58 à R. 4323-61.

Art. R. 4543-27. Toute opération de levage ou de maintien en hauteur de la cabine est effectuée au moyen d'un appareil de levage approprié.

Art. R. 4543-28. Tout salarié se déplaçant dans la trémie dispose des équipements de travail et des équipements de protection individuelle prévus par les articles R. 4323-62 et R. 4323-64.

(L. 2009-526 du 12 mai 2009, JO 13) « CHAPITRE IV

Opérations sur les installations électriques et dans leur voisinage »

[Le présent chapitre ne comprend pas de dispositions législatives.]

[Dispositions réglementaires]

(D. 2010-1118 du 22 sept. 2010, JO 24, entrée en vigueur le 01.07.2011)

CHAPITRE IV

Opérations sur les installations électriques ou dans leur voisinage

SECTION 1. Champ d'application et définitions

Art. R. 4544-1. Les dispositions du présent chapitre comportent les prescriptions particulières aux opérations effectuées sur des installations électriques ou dans leur voisinage.

Elles ne s'appliquent pas aux installations des distributions d'énergie électrique régies par la loi du 15 juin 1906 sur les distributions d'énergie.

Dans le cas des installations de traction électrique, cette exclusion s'étend aux chantiers d'extension, de transformation et d'entretien de ces installations, aux équipements électriques du matériel roulant ferroviaire ainsi qu'aux installations techniques et de sécurité ferroviaires.

Art. R. 4544-2. Pour l'application des dispositions du présent chapitre, on entend par opérations sur les installations électriques :

1° Dans les domaines haute et basse tension, les travaux hors tension, les travaux sous tension, les manœuvres, les essais, les mesurages et les vérifications ;

2° Dans le domaine basse tension, les interventions.

On entend par opérations effectuées dans le voisinage d'installations électriques les opérations d'ordre électrique et non électrique effectuées dans une zone définie autour de pièces nues sous tension, dont les dimensions varient en fonction du domaine de tension. Un arrêté des ministres chargés du travail et de l'agriculture précise ces dimensions.

Art. R. 4544-3. La définition des opérations sur les installations électriques ou dans leur voisinage ainsi que les modalités recommandées pour leur exécution figurent dans les normes homologuées dont les références sont publiées au *Journal officiel* de la République française par arrêté des ministres chargés du travail et de l'agriculture.

SECTION 2. Obligations générales de l'employeur

Art. R. 4544-4. L'employeur définit et met en œuvre les mesures de prévention de façon à supprimer ou, à défaut, à réduire autant qu'il est possible le risque d'origine électrique lors des opérations sur les installations électriques ou dans leur voisinage. À cet effet, il s'assure que :

1° Les travaux sont effectués hors tension, sauf s'il ressort de l'évaluation des risques que les conditions d'exploitation rendent dangereuse la mise hors tension ou en cas d'impossibilité technique ;

2° Les opérations effectuées au voisinage de pièces nues sous tension sont limitées aux cas où il n'a pas été possible de supprimer ce voisinage soit en consignant l'installation ou la partie d'installation à l'origine de ce voisinage soit à défaut, en assurant la protection par éloignement, obstacle ou isolation ;

3° Les opérations d'ordre non électrique dans le voisinage de pièces nues sous tension sont limitées aux seules opérations qui concourent à l'exploitation et à la maintenance des installations électriques.

SECTION 3. Prescriptions particulières

Art. R. 4544-5. Les travaux hors tension sont réalisés dans les conditions suivantes :

1° La partie de l'installation sur laquelle ils sont effectués doit être préalablement identifiée et consignée, de telle façon que, pendant toute la durée des travaux, aucune tension ne subsiste, ne puisse apparaître ou réapparaître dans cette partie d'installation ;

2° La tension ne doit pouvoir être rétablie dans la partie d'installation considérée qu'après que l'installation a été déconsignée, et que si le rétablissement de la tension ne présente aucun risque.

Art. R. 4544-6. Dans le cas de travaux effectués au voisinage de parties actives nues sous tension des domaines HTA ou HTB mentionnés aux 3° et 4° de l'article R. 4226-2, une surveillance permanente est assurée par une personne habilitée, désignée à cet effet, qui veille à l'application des mesures de sécurité prescrites.

L'accès aux locaux ou emplacements à risques particuliers de choc électrique mentionnés à l'article R. 4226-9 est réservé aux personnes titulaires d'une habilitation appropriée. Toutefois, pour des opérations d'ordre non électrique, d'autres personnes peuvent être autorisées à y pénétrer, à la condition d'avoir été informées des instructions de sécurité à respecter vis-à-vis des risques électriques et d'être placées sous la surveillance constante d'une personne habilitée et désignée à cet effet.

Art. R. 4544-7. Les travaux sous tension, y compris lorsqu'ils sont confiés à une entreprise extérieure, ne peuvent être entrepris que sur un ordre écrit du chef de l'établissement dans lequel ils sont effectués, justifiant la nécessité de travailler sous tension.

Art. R. 4544-8. Pour la réalisation de travaux sous tension, l'employeur met en œuvre les mesures de prévention qui comprennent, compte tenu de l'évaluation des risques :

1° La définition des modes opératoires appropriés ;

2° Le choix des équipements de travail appropriés aux conditions et caractéristiques des travaux à effectuer ainsi que des équipements de protection individuelle et des vêtements de travail, appropriés aux risques et aux conditions dans lesquelles les travaux sont effectués.

Ces mesures de prévention sont conformes aux normes homologuées dont les références sont précisées par arrêté des ministres chargés du travail et de l'agriculture.

SECTION 4. Travailleurs autorisés à effectuer des opérations sur les installations électriques ou dans leur voisinage

Art. R. 4544-9. Les opérations sur les installations électriques ou dans leur voisinage ne peuvent être effectuées que par des travailleurs habilités.

Art. R. 4544-10. Un travailleur est habilité dans les limites des attributions qui lui sont confiées. L'habilitation, délivrée par l'employeur, spécifie la nature des opérations qu'il est autorisé à effectuer.

Avant de délivrer l'habilitation, l'employeur s'assure que le travailleur a reçu la formation théorique et pratique qui lui confère la connaissance des risques liés à l'électricité et des mesures à prendre pour intervenir en sécurité lors de l'exécution des opérations qui lui sont confiées.

L'employeur délivre, maintient ou renouvelle l'habilitation selon les modalités contenues dans les normes mentionnées à l'article R. 4544-3.

L'employeur remet à chaque travailleur un carnet de prescriptions établi sur la base des prescriptions pertinentes de ces normes, complété, le cas échéant, par des instructions de sécurité particulières au travail effectué.

Art. R. 4544-11. *Les travailleurs qui effectuent des travaux sous tension sont titulaires d'une habilitation spécifique.*

Cette habilitation est délivrée par l'employeur après certification des travailleurs par un organisme de certification accrédité.

Un arrêté des ministres chargés du travail et de l'agriculture fixe :

1° Les compétences requises pour les travailleurs qui effectuent des travaux sous tension ;

2° Les critères d'évaluation qui sont utilisés par l'organisme de certification ;

3° Les normes au vu desquelles sont accrédités les organismes de certification.

Note *Les dispositions de cet article s'appliquent **à compter du 1er janvier 2013**.*

LIVRE VI

INSTITUTIONS ET ORGANISMES DE PRÉVENTION

TITRE Ier

COMITÉ D'HYGIÈNE, DE SÉCURITÉ ET DES CONDITIONS DE TRAVAIL

Note La réglementation concernant les comités d'hygiène, de sécurité et des conditions de travail résulte de la loi 82-1097 du 23 décembre 1982 (JO 26) modifiée par la loi 91-1414 du 31 décembre 1991 (JO 7 janvier 1992) relative à la prévention des risques professionnels et portant transposition de directives européennes relatives à la santé et à la sécurité du travail. La loi 2003-699 du 30 juillet 2003 (JO 31) relative à la prévention des risques technologiques et naturels et à la réparation des dommages complète ce dispositif. Voir aussi décrets 83-844 du 23 septembre 1983 (JO 25), 93-449 du 23 mars 1993 (JO 25), circulaire d'application 93-15 du 25 mars 1993, BO TR 93/10, p. 99 et CE 12 juin 1995, n°s 150584 et a., *Rec. Lebon*, p. 240 ; *JCP* éd. E 1995.II.713, annulant partiellement cette circulaire ; circ. DRT 93/12 du 17 mars 1993 relative aux élections professionnelles, F 2.

S'agissant de la fonction publique, le décret 2011-774 du 28 juin 2011 (JO 30) a rénové le dispositif applicable dans les administrations de l'État et les établissements publics administratifs issu du décret 82-453 du 28 mai 1982 relatif à l'hygiène et la sécurité du travail ainsi qu'à la prévention médicale dans la fonction publique, dans le cadre de la mise en œuvre d'un accord du 20 novembre 2009.

La réglementation issue de la loi de 1982 se caractérise essentiellement par l'obligation de constituer un CHSCT dans tous les établissements industriels, commerciaux et agricoles occupant au moins cinquante salariés, un élargissement des missions dévolues au CHSCT, le fait qu'en l'absence de CHSCT, les délégués du personnel sont investis des missions de cette institution et le droit pour les membres du CHSCT, représentants du personnel, de bénéficier de la formation nécessaire à l'exercice de leur mission. La loi du 31 décembre 1991 a notamment renforcé les moyens d'action des CHSCT, étendu leur mission au domaine de la protection de l'environnement et élargi leur implantation dans le secteur du bâtiment et des travaux publics (mise en place dans tous les établissements comptant au moins 50 salariés). Le décret du 23 mars 1993 a fixé les modalités d'application de ces différentes mesures.

La loi 2003-699 du 30 juillet 2003 a notamment élargi la représentation du CHSCT dans les établissements à hauts risques et a renforcé ses moyens et attributions. Voir notamment circulaire DRT 2006/10 et note DRT-DPPR du 14 avril 2006 relative à la sécurité des travailleurs sur les sites à risques industriels majeurs

CHAPITRE Ier

Règles générales

Note **Personnalité morale.** Les CHSCT étant dotés d'une possibilité d'expression collective pour la défense des intérêts dont ils ont la charge sont aussi dotés de la personnalité morale ; ce principe est posé par un arrêt de la chambre sociale de la Cour de cassation du 17 avril 1991 (n° 89-17.993, BC V n° 206 ; *JCP* éd. E 1991.II.229, note H. Blaise ; *Dr. Soc.* 1991, p. 516).

Constitution de partie civile. Si les CHSCT ont pour mission de contribuer à la protection de la santé et de la sécurité des salariés de l'entreprise ainsi qu'à l'amélioration de leurs conditions de travail, et s'ils sont dotés, dans ce but, d'une faculté d'expression collective pour la défense des intérêts dont ils ont la charge, il n'en demeure pas moins que, pour se constituer partie civile en cours d'instruction, ils doivent justifier de la possibilité d'un préjudice direct et personnel découlant des infractions poursuivies, comme l'exige l'article 2 du code de procédure pénale. Tel n'est pas le cas s'agissant de délits d'homicides et de blessures involontaires subis par des tiers à cet organisme suite à un accident dans l'entreprise (cass. crim. 11 octobre 2005, n° 05-82.414, B. crim. n° 254 ; *RJS* 1/06 n° 56 ; *Dr. Soc.* 2006, p. 43, obs. Fr. Duquesne).

SECTION 1. **Conditions de mise en place**

Art. L. 4611-1. Un comité d'hygiène, de sécurité et des conditions de travail est constitué dans tout établissement de cinquante salariés et plus.

La mise en place d'un comité n'est obligatoire que si l'effectif d'au moins cinquante salariés a été atteint pendant douze mois consécutifs ou non au cours des trois années précédentes.

Note **Cadre de la mise en place.** *Établissements de moins de cinquante salariés :*

a) les délégués du personnel sont investis (sans moyens supplémentaires) des missions dévolues aux membres du CHSCT (al. 4) ;

b) plusieurs entreprises de moins de 50 salariés peuvent se regrouper pour constituer un CHSCT (al. 5) ;

c) dans les établissements de moins de 50 salariés, la création d'un CHSCT peut être décidée par l'inspecteur du travail (al. 3).

Établissements d'au moins cinquante salariés : le CHSCT étant institué dans le cadre de l'établissement et, le cas échéant, par secteur d'activités, l'institution de plusieurs CHSCT implique, sauf le cas prévu à l'article L. 4613-4 CT (établissement de 500 salariés et plus), soit l'existence de plusieurs établissements, chacun doté d'un comité d'établissement, soit celle de secteurs d'activités différents (cass. soc. 29 janvier 2003, n° 01-60.802, BC V n° 35 ; *Dr. Soc.* 2003, p. 451, obs. J. Savatier ; *RJS* 4/03 n° 473).

À l'inverse, sauf accord collectif, un même CHSCT ne peut regrouper des salariés dépendant de plusieurs établissements dotés chacun d'un comité d'établissement, de sorte que seuls les salariés de l'établissement concerné peuvent être désignés au sein du CHSCT de cet établissement et que le collège désignatif ne peut être constitué que des membres élus de ce même établissement (cass. soc. 17 juin 2009, n° 08-60.438, BC V n° 157 ; *JSL* n° 259, 13 juillet 2009, p. 10 ; *RJS* 8-9/09 n° 728 ; *JCP* éd. S 2009, 1483, note J-B Cottin).

Établissements occupant habituellement au moins cinq cents salariés : ils sont dotés de plusieurs CHSCT, voir article L. 4613-4.

Effectifs. S'agissant du mode de calcul des effectifs pour la création ou la suppression des CHSCT, ce sont les règles concernant les comités d'entreprise qui sont applicables. Voir notamment note sous l'article L. 2312-8.

Les règles de l'article L. 236-1, al. 2 [L. 4611-1] ne sont applicables qu'à la mise en place du CHSCT et non à la détermination du crédit d'heures alloué aux membres de cette institution (voir note sous art. L. 236-7 [L. 4614-3]).

Étant pris en compte dans l'effectif de l'entreprise utilisatrice qui les occupe, sauf dans le cas prévu par le 3e alinéa de l'article L. 431-2 [L. 1111-2, fin 2°] CT, les travailleurs temporaires qui ne travaillent pas dans l'entreprise de travail temporaire sont exclus de l'effectif de celle-ci pour la mise en place dans les établissements des CHSCT et pour la détermination du nombre de représentants du personnel auxdits comités (cass. soc. 26 septembre 2002, n° 01-60.676, BC V n° 300).

Art. L. 4611-2. À défaut de comité d'hygiène, de sécurité et des conditions de travail dans les établissements de cinquante salariés et plus, les délégués du personnel ont les mêmes missions et moyens que les membres de ces comités. Ils sont soumis aux mêmes obligations.

Note *Absence de CHSCT :* les missions de l'institution sont dévolues aux délégués du personnel qui bénéficient (établissements d'au moins 50 salariés) ou non (établissements de moins de 50 salariés) des mêmes moyens que ceux dont auraient disposé les membres du CHSCT. Voir circulaire du 25 mars 1993 précitée (situation de carence).

Art. L. 4611-3. Dans les établissements de moins de cinquante salariés, les délégués du personnel sont investis des missions dévolues aux membres du comité d'hygiène, de sécurité et des conditions de travail qu'ils exercent dans le cadre des moyens prévus aux articles L. 2315-1 et suivants. Ils sont soumis aux mêmes obligations.

Art. L. 4611-4. L'inspecteur du travail peut imposer la création d'un comité d'hygiène, de sécurité et des conditions de travail dans les établissements de moins de cinquante salariés lorsque cette mesure est nécessaire, notamment en raison de la nature des travaux, de l'agencement ou de l'équipement des locaux.

Cette décision peut être contestée devant le ***(L. 2011-525 du 17 mai 2011, art. 170, JO 18)*** « directeur régional des entreprises, de la concurrence, de la consommation, du travail et de l'emploi ».

Art. L. 4611-5. Dans la branche d'activité du bâtiment et des travaux publics, les dispositions de l'article L. 4611-4 ne s'appliquent pas.

Dans les entreprises de cette branche employant au moins cinquante salariés dans lesquelles aucun établissement n'est tenu de mettre en place un comité, l'autorité administrative peut en imposer la création lorsque cette mesure est nécessaire en raison du danger particulier de l'activité ou de l'importance des risques constatés. Cette décision intervient sur proposition de l'inspecteur du travail saisi par le comité d'entreprise ou, en l'absence de celui-ci par les délégués du personnel.

La mise en place d'un comité d'hygiène, de sécurité et des conditions de travail ne dispense pas les entreprises de leur obligation d'adhérer à un organisme professionnel d'hygiène, de sécurité et des conditions de travail prévu par l'article L. 4643-2.

Art. L. 4611-6. Les entreprises de moins de cinquante salariés peuvent se regrouper sur un plan professionnel ou interprofessionnel en vue de constituer un comité d'hygiène, de sécurité et des conditions de travail.

Art. L. 4611-7. Les dispositions du présent titre ne font pas obstacle aux dispositions plus favorables concernant le fonctionnement, la composition ou les pouvoirs des comités d'hygiène, de sécurité et des conditions de travail qui résultent d'accords collectifs ou d'usages.

Note Voir notamment cass. soc. 10 décembre 1987, n° 86-43.410, BC V n° 728, considérant que la loi du 23 décembre 1982 n'a pas rendu caducs les usages antérieurs.

• Aucune disposition légale n'autorise à ce qu'il soit dérogé au mode de désignation des membres de la délégation du personnel au CHSCT tel que fixé par l'article L. 236-5 ancien (cass. soc. 10 janvier 1989, n° 88-60.331, BC V n° 8, 10 mai 1994, *RJS* 6/94 n° 707) qui n'entre pas dans les aménagements conventionnels prévus par cet article (cass. soc. 16 décembre 2009, n° 09-60.156, BC V n° 289 ; *RJS* 3/10 n° 266).

• Relèvent du domaine des aménagements conventionnels prévus par l'article L. 236-13 CT les conditions de désignation des membres des CHSCT dans la mesure où celles-ci concernent directement la composition desdits comités (cass. soc. 7 mai 2002, n° 00-60.342, BC V n° 146 ; *JSL* n° 103, 13 juin 2002, p. 26 ; *RJS* 7/02 n° 825, cité sous art. L. 4613-1, Secteurs d'activité).

• La seule application d'une loi ayant prévu l'élection de délégués suppléants au CHSCT ne peut constituer un avantage acquis (cass. soc. 3 mars 1993, n° 92-60.225, *RJS* 4/93 n° 405).

• Si, aux termes de cet article, il n'est pas fait obstacle aux dispositions plus favorables concernant le fonctionnement, la composition ou les pouvoirs des CHSCT qui résultent d'accords collectifs ou d'usages, l'arrêté du directeur général de l'Assistance publique à Paris, ayant prévu la désignation de représentants du personnel suppléants dans les comités d'hygiène et de sécurité d'établissements de l'Assistance publique, avant l'instauration par la loi du 23 décembre 1982 des CHSCT, qui a le caractère d'un acte réglementaire, ne saurait être regardé comme un accord collectif ou un usage (CE 5 mai 1993, n° 103165, *RJS* 7/93 n° 754).

• Le tribunal d'instance qui a constaté qu'aucun accord collectif n'avait prévu l'existence dans l'entreprise d'un représentant syndical au CHSCT, lequel n'est pas prévu par la loi, a pu annuler la désignation par une organisation syndicale d'un tel représentant (cass. soc. 29 mars 2000, n° 99-60.158, UD FO des Yvelines c/ Sté Groupe Dalkia et a.).

• Un employeur, lié par un accord collectif ayant décidé que les organisations syndicales pourraient, dans les entreprises de plus de 300 salariés, désigner parmi le personnel un représentant assistant avec voix consultative aux réunions du CHSCT, ne peut refuser à une organisation syndicale le bénéfice de cette disposition sous le prétexte qu'elle n'en est pas signataire (cass. soc. 20 novembre 1991, 2 arrêts, n°s 89-12.787 et 88-20.039, BC V n° 522).

SECTION 2. Dispositions d'application

Art. L. 4611-8. Des décrets en Conseil d'État déterminent les mesures nécessaires à l'application du présent titre.

Ils en adaptent les dispositions aux entreprises ou établissements où le personnel est dispersé, ainsi qu'aux entreprises ou établissements opérant sur un même site, dans un même immeuble ou un même local.

CHAPITRE II

Attributions

SECTION 1. Missions

Note **Mission. Cadre.** Les missions du CHSCT s'exercent au sein de l'établissement à l'égard des seuls salariés de celui-ci, ainsi que de ceux mis à la disposition de l'établissement par une entreprise extérieure, y compris les travailleurs temporaires. N'entre pas dans ce cadre le déplacement d'un membre du comité au sein d'une entreprise sous-traitante, à l'égard de laquelle seules ses instances propres de représentation du personnel sont compétentes (cass. soc. 1er avril 1992, n° 88-44.530, *CSB* 1992 B. 86).

En énonçant que « les CHSCT des entreprises extérieures ont également une compétence générale pour les salariés présents sur le site et pour ce qui relève des mesures de coordination, dans la mesure où leur entreprise est concernée », la circulaire 93-14 du 18 mars 1993 méconnaît la portée des dispositions de l'article L. 236-2 (ancien) CT (CE 12 juin 1995, nos 150584 et a., *Rec. Lebon*, p. 240 ; *JCP* éd. E 1995.II.713).

Voir notamment « Le CHSCT et la réduction du temps de travail », P-Y Verkindt, *Dr. Soc.* avril 2004, p. 362 ; « Le CHSCT et la prévention des risques professionnels », Ph. Rozec, *JCP* éd. S 2006, 1981.

Art. L. 4612-1. Le comité d'hygiène, de sécurité et des conditions de travail a pour mission :

1° De contribuer à la protection de la santé physique et mentale et de la sécurité des travailleurs de l'établissement et de ceux mis à sa disposition par une entreprise extérieure ;

2° De contribuer à l'amélioration des conditions de travail, notamment en vue de faciliter l'accès des femmes à tous les emplois et de répondre aux problèmes liés à la maternité ;

3° De veiller à l'observation des prescriptions légales prises en ces matières.

Note • Le CHSCT, qui a la personnalité morale, a le droit d'ester en justice ; il entre dans sa mission, aux termes de cet article de contribuer à la protection de la santé et de la sécurité des travailleurs de l'établissement et de ceux mis à sa disposition par une entreprise extérieure. Par suite, dès lors que l'action en justice d'un CHSCT devant les juridictions pénales n'est pas étrangère à sa mission, les frais de procédure exposés par ce dernier, qui n'a aucune ressource propre, doivent être pris en charge par l'employeur en l'absence d'abus, peu important que cette action ait été déclarée irrecevable en application de l'article 2 du code de procédure pénale, faute de préjudice direct et personnel né des infractions poursuivies (cass. soc. 2 décembre 2009, n° 08-18.409, BC V n° 275 ; *JCP* éd. S 2010, 1049 ; *RJS* 2/10 n° 190).

• Le projet d'un employeur d'évaluation du personnel au moyen d'entretiens annuels doit être soumis à la consultation du CHSCT chargé, par application de l'article L. 236-2, al. 1er (ancien) CT, de contribuer à la protection de la santé des salariés (cass. soc. 28 novembre 2007, n° 06-21.964, BC V n° 201 ; *RDT*, févr. 2008, CH, 111, L. Lerouge ; *JSL* n° 224, 26 déc. 2007, p. 9).

• *Crédit d'heures.* Le temps passé par un membre du CHSCT à son information personnelle ne peut être inclus dans les heures de délégation que si l'information se rattache directement à une difficulté particulière à son entreprise. Tel n'est pas le cas du temps passé à une réunion d'un syndicat consacrée au bilan des CHSCT et à la mise en place des élus de ce syndicat dans ces comités (cass. soc. 1er avril 1998, n° 95-45.387, SNC Peugeot Poissy c/ Martin).

Il n'entre pas dans le mandat d'un membre du CHSCT d'organiser une réunion ayant pour objet de contester des projets ne concernant pas directement l'entreprise et relatifs à des modifications éventuelles du droit du travail (cass. soc. 26 février 1992, n° 88-45.284, BC V n° 137 ; voir aussi *Dr. Soc.* 1992, p. 464, rapport Ph. Waquet).

Art. L. 4612-2. Le comité d'hygiène, de sécurité et des conditions de travail procède à l'analyse des risques professionnels auxquels peuvent être exposés les travailleurs de l'établissement ainsi qu'à l'analyse des conditions de travail. Il procède également à l'analyse des risques professionnels auxquels peuvent être exposées les femmes enceintes. ***(L. 2010-1330 du 9 nov. 2010, art. 62, JO 10)*** « Il procède à l'analyse de l'exposition des salariés à des facteurs de pénibilité. »

Art. L. 4612-3. Le comité d'hygiène, de sécurité et des conditions de travail contribue à la promotion de la prévention des risques professionnels dans l'établissement et suscite toute initiative qu'il estime utile dans cette perspective. Il peut proposer notamment des actions de prévention du harcèlement moral et du harcèlement sexuel. Le refus de l'employeur est motivé.

Art. L. 4612-4. Le comité d'hygiène, de sécurité et des conditions de travail procède, à intervalles réguliers, à des inspections.

La fréquence de ces inspections est au moins égale à celle des réunions ordinaires du comité.

Note **Inspections et enquêtes.** Si la loi prévoit que le CHSCT procède librement aux inspections qu'il entend mener, il réserve les enquêtes à des hypothèses définies de façon limitative. Dès lors, en énonçant que le comité peut effectuer d'autres enquêtes de son choix, la circulaire 93-15 du 25 mars 1993 pose une règle qui n'est pas contenue dans la loi et est, par suite, entachée d'incompétence (CE 12 juin 1995, nos 150584 et a., *Rec. Lebon*, p. 240 ; *JCP* éd. E 1995.II.713).

Les inspections effectuées à intervalles réguliers, conformément à l'article L. 236-2, al. 3 [L. 4612-4] CT, n'entrent pas dans les prévisions de l'article L. 236-7, al. [6] [L. 4614-6] CT, de sorte que le temps passé à une visite partielle d'atelier s'impute sur le crédit d'heures (cass. crim. 17 février 1998, n° 96-82.118, B. crim. n° 63 ; *RJS* 6/98 n° 743).

Hors les cas de danger grave et imminent conférant à un représentant du personnel au CHSCT un droit d'alerte, l'initiative des missions d'inspection n'est confiée, aux termes des articles L. 4612-1 et L. 4612-4 CT qu'au comité lui-même (cass. soc. 19 janvier 2010, n° 08-45.092, *RJS* 4/10 n° 307).

Art. L. 4612-5. Le comité d'hygiène, de sécurité et des conditions de travail réalise des enquêtes en matière d'accidents du travail ou de maladies professionnelles ou à caractère professionnel.

Art. L. 4612-6. Le comité d'hygiène, de sécurité et des conditions de travail peut demander à entendre le chef d'un établissement voisin dont l'activité expose les travailleurs de son ressort à des nuisances particulières. Il est informé des suites réservées à ses observations.

Art. L. 4612-7. Lors des visites de l'inspecteur ou du contrôleur du travail, les représentants du personnel au comité d'hygiène, de sécurité et des conditions de travail sont informés de sa présence par l'employeur et peuvent présenter leurs observations.

Art. R. 4612-1. Le comité d'hygiène, de sécurité et des conditions de travail définit les missions qu'il confie à ses membres pour l'accomplissement des tâches qui relèvent de sa compétence.

Art. R. 4612-2. Les enquêtes du comité d'hygiène, de sécurité et des conditions de travail en cas d'accidents du travail ou de maladies professionnelles ou à caractère professionnel sont réalisées par une délégation comprenant au moins :

1° L'employeur ou un représentant désigné par lui ;

2° Un représentant du personnel siégeant à ce comité.

Art. R. 4612-2-1. ***(D. 2012-134 du 30 janv. 2012, JO 31)*** Les membres du comité d'hygiène, de sécurité et des conditions de travail peuvent se faire présenter l'ensemble des livres, registres et documents non nominatifs rendus obligatoires par la partie IV du présent code.

SECTION 2. Consultations obligatoires

Art. L. 4612-8. Le comité d'hygiène, de sécurité et des conditions de travail est consulté avant toute décision d'aménagement important modifiant les conditions de santé et de sécurité ou les conditions de travail et, notamment, avant toute transformation importante des postes de travail découlant de la modification de l'outillage, d'un changement de produit ou de l'organisation du travail, avant toute modification des cadences et des normes de productivité liées ou non à la rémunération du travail.

Note

Consultation. L'avis du CHSCT ne peut résulter que d'une décision prise à l'issue d'une délibération collective et non de l'expression d'opinions individuelles de ses membres (cass. soc. 10 janvier 2012, n° 10.23.206).

Même lorsqu'il confie à un représentant le soin de présider le CHSCT, il appartient au chef d'établissement, avant de prendre une décision d'aménagement important modifiant les conditions d'hygiène et de sécurité ou les conditions de travail, de s'assurer que le CHSCT a été consulté, sous peine d'entrave. Et une délégation de pouvoirs en matière d'hygiène et de sécurité à l'un de ses préposés ne l'exonère pas de sa responsabilité pénale en cas de défaut de consultation du CHSCT (cass. crim. 28 novembre 1989, n° 89-82.015, B. crim. n° 452 ; 15 mars 1994, n° 93-82.109, B. crim. n° 100).

Les décisions qui se bornent à définir les principes de la nouvelle organisation d'une direction d'EDF n'affectent pas, en l'espèce, directement les conditions de travail des agents de cette direction, dès lors que le CHSCT n'a pas à être consulté. Mais la consultation du CHSCT n'ayant pas été effectuée en ce qui concerne les questions relatives à la sécurité et aux conditions de travail liées à la mise en œuvre du nouveau régime de sujétions de service défini par des notes pour l'ensemble d'une direction, ces notes ont été édictées à l'issue d'une procédure irrégulière et sont dès lors entachées d'illégalité (CE 17 mars 1997, 2 arrêts, n°s 125349 et 149547, *RJS* 6/97 n° 762).

Ayant fait ressortir que le projet de transfert d'une partie de l'activité d'une société à l'une de ses filiales avait pour conséquence le reclassement de 200 salariés au sein de la société, ceux-ci étant contraints de suivre des formations pour s'adapter à leurs nouveaux emplois et voyant leurs conditions de travail modifiées notamment quant à la mobilité géographique, une cour d'appel a exactement décidé que la société n'avait pas respecté ses obligations légales en ne consultant pas le CHSCT avant de prendre une décision importante modifiant les conditions de travail du personnel (cass. soc. 12 juillet 2005, n° 03-10.633, Sté Air France c/ Cté central d'entreprise d'Air France et a.).

Constitue une décision d'aménagement important modifiant les conditions de travail au sens de cet article un projet de regroupement sur un même site d'un service commun réparti sur plusieurs sites intéressant 80 salariés, dont la mise en œuvre doit entraîner le transfert hors de leur secteur géographique d'origine ou le changement des attributions de ces salariés. En l'absence d'un CHSCT unique compétent pour l'ensemble des sites concernés, le projet qui excède nécessairement les prérogatives de chacun des CHSCT impose la consultation de tous les CHSCT territorialement compétents pour ces sites (cass. soc. 30 juin 2010, n° 09-13.640, *Dr. Soc.* 2010, p. 1006).

Sur les domaines de compétence du CHSCT, voir aussi circulaire du 25 mars 1993 précitée.

Voir aussi note sous art. L. 4614-12.

Art. L. 4612-8-1. Le comité d'hygiène, de sécurité et des conditions de travail peut faire appel à titre consultatif et occasionnel au concours de toute personne de l'établissement qui lui paraîtrait qualifiée.

Art. L. 4612-9. Le comité d'hygiène, de sécurité et des conditions de travail est consulté sur le projet d'introduction et lors de l'introduction de nouvelles technologies mentionnés à l'article L. 2323-13 sur les conséquences de ce projet ou de cette introduction sur la santé et la sécurité des travailleurs.

Dans les entreprises dépourvues de comité d'hygiène, de sécurité et des conditions de travail, les délégués du personnel ou, à défaut, les salariés sont consultés.

Art. L. 4612-10. Le comité d'hygiène, de sécurité et des conditions de travail est consulté sur le plan d'adaptation établi lors de la mise en œuvre de mutations technologiques importantes et rapides prévues à l'article L. 2323-14.

Art. L. 4612-11. Le comité d'hygiène, de sécurité et des conditions de travail est consulté sur les mesures prises en vue de faciliter la mise, la remise ou le maintien au travail des accidentés du travail, des invalides de guerre, des invalides civils et des travailleurs handicapés, notamment sur l'aménagement des postes de travail.

Art. L. 4612-12. Le comité d'hygiène, de sécurité et des conditions de travail est consulté sur les documents se rattachant à sa mission, notamment sur le règlement intérieur.

Art. L. 4612-13. Indépendamment des consultations obligatoires prévues par la présente section, le comité d'hygiène, de sécurité et des conditions de travail se prononce sur toute question de sa compétence dont il est saisi par l'employeur, le comité d'entreprise et les délégués du personnel.

Art. L. 4612-14. Lorsqu'il tient de la loi un droit d'accès aux registres mentionnés à l'article L. 8113-6, le comité d'hygiène, de sécurité et des conditions de travail est consulté préalablement à la mise en place d'un support de substitution dans les conditions prévues à ce même article.

Art. L. 4612-15. Dans les établissements comportant une ou plusieurs installations soumises à autorisation au titre de l'article L. 512-1 du code de l'environnement ou soumise aux ***(Ord. 2011-91 du 20 janv. 2011, art. 11, JO 25, entrée en vigueur le 01.03.2011)*** « dispositions des articles L. 211-2 et L. 211-3, des titres II à VII et du chapitre II du titre VIII du livre II du code minier », les documents établis à l'intention des autorités publiques chargées de la protection de l'environnement sont portés à la connaissance du comité d'hygiène, de sécurité et des conditions de travail par l'employeur, dans des conditions déterminées par voie réglementaire.

Art. R. 4612-3. Les dispositions de la présente section s'appliquent aux établissements comportant une ou plusieurs installations soumises à autorisation en application de l'article L. 512-1 du code de l'environnement ou mentionnées aux articles 3-1 et 104 à 104-8 du code minier.

Art. R. 4612-4. Les documents joints à la demande d'autorisation, prévue à l'article L. 512-1 du code de l'environnement, sont portés à la connaissance du comité d'hygiène, de sécurité et des conditions de travail préalablement à leur envoi au préfet.

Le comité est consulté sur le dossier établi par l'employeur à l'appui de sa demande, dans le délai d'un mois à compter de la clôture de l'enquête publique prévue à l'article L. 512-2 du même code.

Il émet un avis motivé sur ce dossier après avoir pris connaissance des résultats de cette enquête.

Le président du comité transmet cet avis au préfet dans un délai de quarante-cinq jours à compter de la clôture du registre de l'enquête publique.

Art. R. 4612-5. Le comité d'hygiène, de sécurité et des conditions de travail émet un avis :

1° Sur le plan d'opération interne prévu à l'article R. 512-29 du code de l'environnement ;

2° Sur la teneur des informations transmises au préfet en application des articles R. 512-3 et R. 512-6 ainsi que du premier alinéa de l'article R. 512-33 du même code.

Le président du comité transmet ces avis au préfet dans un délai de trente jours à compter de la consultation.

Art. R. 4612-5-1. *(D. 2008-467 du 19 mai 2008, JO 21)* Dans les établissements comportant une installation nucléaire de base, le comité d'hygiène, de sécurité et des conditions de travail émet un avis sur tout projet d'élaboration ou de modification du plan d'urgence interne, après un délai de trente jours au moins et soixante jours au plus suivant la communication du dossier, sauf cas exceptionnel justifié par l'urgence.

Art. R. 4612-6. Le comité d'hygiène, de sécurité et des conditions de travail est informé par l'employeur des prescriptions imposées par les autorités publiques chargées de la protection de l'environnement.

SECTION 3. Rapport et programme annuels

Art. L. 4612-16. Au moins une fois par an, l'employeur présente au comité d'hygiène, de sécurité et des conditions de travail :

1° Un rapport annuel écrit faisant le bilan de la situation générale de la santé, de la sécurité et des conditions de travail dans son établissement et des actions menées au cours de l'année écoulée dans les domaines définis aux sections 1 et 2. Dans ce cadre, la question du travail de nuit est traitée spécifiquement.

2° Un programme annuel de prévention des risques professionnels et d'amélioration des conditions de travail. Ce programme fixe la liste détaillée des mesures devant être prises au cours de l'année à venir, ainsi que, pour chaque mesure, ses conditions d'exécution et l'estimation de son coût.

Note Cet article (1°) a été modifié par la loi 2009-526 du 12 mai 2009 (JO 13).

Art. L. 4612-17. Le comité d'hygiène, de sécurité et des conditions de travail émet un avis sur le rapport et sur le programme annuels de prévention. Il peut proposer un ordre de priorité et l'adoption de mesures supplémentaires.

Lorsque certaines des mesures prévues par l'employeur ou demandées par le comité n'ont pas été prises au cours de l'année concernée par le programme, l'employeur énonce les motifs de cette inexécution, en annexe au rapport annuel.

L'employeur transmet pour information le rapport et le programme annuels au comité d'entreprise accompagnés de l'avis du comité d'hygiène, de sécurité et des conditions de travail.

Le procès-verbal de la réunion du comité consacrée à l'examen du rapport et du programme est joint à toute demande présentée par l'employeur en vue d'obtenir des marchés publics, des participations publiques, des subventions, des primes de toute nature ou des avantages sociaux ou fiscaux.

Art. L. 4612-18. Dans les entreprises du bâtiment et des travaux publics employant entre cinquante et deux cent quatre-vingt-dix-neuf salariés et n'ayant pas de comité d'hygiène, de sécurité et des conditions de travail, les dispositions de la présente section sont mises en œuvre par le comité d'entreprise.

Art. R. 4612-7. Des arrêtés conjoints des ministres chargés du travail, de l'agriculture et des transports déterminent :

1° Les informations figurant au rapport annuel, notamment le bilan des conditions de la manutention manuelle de charges ;

2° La nature des renseignements que les comités d'hygiène, de sécurité et des conditions de travail fournissent à l'administration.

Note Un arrêté du 12 décembre 1985 (JO 16 janv. 1986) est venu préciser les informations devant figurer au rapport faisant le bilan général de l'hygiène, de la sécurité et des conditions de travail, ainsi que des actions menées au cours de l'année écoulée et entrant dans le champ de compétence du CHSCT (présentation de l'établissement, principaux indicateurs, faits saillants, moyens et actions, supplément concernant les salariés saisonniers) et un arrêté du 15 septembre 1988 (JO 27 oct.) a modifié les annexes de l'arrêté du 8 août 1986 (JO 8 nov.) déterminant la nature des renseignements à fournir par les CHSCT à l'administration.

Art. R. 4612-8. Le programme annuel de prévention des risques professionnels et d'amélioration des conditions de travail est établi à partir des analyses mentionnées à l'article L. 4612-2 et, s'il y a lieu, des informations figurant au bilan social prévu à l'article L. 2323-68.

Ce programme fixe la liste détaillée des mesures devant être prises au cours de l'année à venir dans les mêmes domaines afin de satisfaire, notamment :

1° Aux principes généraux de prévention prévus aux articles L. 4121-1 à L. 4121-5 et L. 4221-1 ;

2° À l'information et à la formation des travailleurs prévues aux articles L. 4141-1 à L. 4143-1 ;

3° À l'information et à la formation des salariés titulaires d'un contrat de travail à durée déterminée et des salariés temporaires prévues aux articles L. 4154-2 et L. 4154-4 ;

4° À la coordination de la prévention prévue aux articles L. 4522-1 et L. 4522-2.

Art. R. 4612-9. L'avis du comité d'hygiène, de sécurité et des conditions de travail sur le rapport et le programme annuels est transmis pour information à l'inspecteur du travail.

CHAPITRE III

Composition et désignation

Art. L. 4613-1. Le comité d'hygiène, de sécurité et des conditions de travail comprend l'employeur et une délégation du personnel dont les membres sont désignés par un collège constitué par les membres élus du comité d'entreprise et les délégués du personnel.

L'employeur transmet à l'inspecteur du travail le procès-verbal de la réunion de ce collège.

Note **Collège désignatif. Mise en place. Réunion et composition.** Il doit être réuni à l'initiative de l'employeur, il comprend les membres titulaires et les membres suppléants, seuls les membres titulaires prenant part au vote. Lorsque l'entreprise où un tel collège doit être constitué est dotée d'une délégation unique du personnel dans les termes de l'article L. 431-1-1 [L. 2326-1] CT, seuls les représentants titulaires composant cette délégation peuvent prendre part à la désignation des membres du CHSCT (cass. soc. 7 mai 2002, n° 01-60.505, BC V n° 147 ; *RJS* 7/02 n° 826).

Les membres du collège désignatif doivent se réunir en un même lieu et à la même date pour procéder par voie d'élection à la désignation des membres du CHSCT. Le tribunal d'instance qui a relevé que l'accord collectif dérogeant à cette règle de nature électorale, qui n'entre pas dans les aménagements conventionnels visés à l'article L. 236-13 [L. 4611-7] CT, n'était pas unanime, a légalement justifié sa décision annulant l'élection de deux salariés en tant que membres du CHSCT (cass. soc. 14 janvier 2004, n° 02-60.814, BC V n° 13 ; *RJS* 3/04 n° 319, 2e espèce).

La convocation par l'employeur des membres du collège désignatif constitue une formalité substantielle, à défaut de laquelle la désignation des membres du CHSCT est nulle (cass. soc. 4 avril 2001, n° 99-60.527, Sobh c/ Saturne courses Top Chrono). Les représentants du personnel suppléants ne peuvent participer à la désignation des membres de la délégation du personnel au CHSCT que lorsqu'ils remplacent un titulaire (cass. soc. 19 novembre 1986, n° 85-60.684, BC V n° 548). L'employeur doit convoquer les membres suppléants du collège chargé de la désignation. En effet, les suppléants ayant pour mission de remplacer les titulaires en cas d'empêchement, leur convocation constitue une formalité substantielle à défaut de laquelle la désignation est nulle (cass. soc. 17 mars 1998, n° 96-60.363, BC V n° 155 ; dans un sens différent, cass. crim. 1er décembre 1987, n° 85-96.612, B. crim. n° 442). Sur les règles applicables dans l'hypothèse d'un cumul des mandats de représentant du personnel du comité d'entreprise et de délégué du personnel, voir circulaire du 25 mars 1993 précitée.

Le collège désignatif ne peut être constitué que des membres élus de l'établissement (cass. soc. 17 juin 2009, n° 08-60.438, BC V n° 157 ; *JSL* n° 259, 13 juillet 2009, p. 10 ; *RJS* 8-9/09 n° 728 ; *JCP* éd. S 2009, 1483).

Lorsqu'il n'existe qu'une seule institution (délégué du personnel ou comité d'entreprise), le collège désignatif est valablement constitué par les membres de cette institution (circ. min. précitée). En revanche, un comité ne peut être mis en place en l'absence de toute autre représentation du personnel dans l'établissement (cass. soc. 21 mai 1986, n° 85-60.414, BC V n° 238).

Lorsqu'il n'existe qu'un comité d'entreprise commun à tous les établissements d'une entreprise, le collège désignatif du CHSCT d'un de ces établissements doit comprendre chacun des membres du comité d'entreprise ainsi que les délégués du personnel de l'établissement correspondant au CHSCT (cass. soc. 31 janvier 2001, n° 99-60.526, BC V n° 32 ; *RJS* 6/01 n° 753).

Même si le CHSCT ne couvre qu'un secteur d'activité au sein de l'établissement, le collège désignatif comprend les membres élus du comité d'établissement et les délégués du personnel élus dans le périmètre d'implantation de ce comité. Pour annuler la désignation des membres des CHSCT d'agences au sein d'une société, un tribunal d'instance a considéré qu'il avait à tort été procédé à l'élection des membres des CHSCT d'agences par tous les élus, délégués du personnel et membres de chaque comité d'établissement, qui avaient vocation à élire les membres des CHSCT de chaque branche alors qu'il aurait dû être mis en place autant de collèges électoraux que de CHSCT d'agences, chaque collège comprenant la totalité des membres du comité d'établissement, mais seulement les délégués du personnel des CHSCT concernés. En statuant ainsi, le tribunal d'instance qui a limité le nombre des délégués du personnel composant le collège désignatif de chaque CHSCT d'agence a violé l'article L. 236-5 (ancien) CT (cass. soc. 30 mai 2001, n° 99-60.474, BC V n° 192 ; *RJS* 10/01 n° 1149).

En l'absence d'accord collectif, le collège désignatif est constitué de tous les membres titulaires du comité d'établissement et de tous les délégués du personnel élus dans le périmètre de ce comité, peu important que le CHSCT du siège ait été institué sur la base d'un critère géographique coïncidant avec celui retenu pour l'élection des délégués du personnel et non pas sur celle d'un secteur d'activité (cass. soc. 8 décembre 2010, n° 10-60.087, BC V n° 286 ; *Dr. Soc.* 2011, p. 227, obs. Fr. Petit ; *JSL* n° 292, 27 janvier 2011, p. 21 ; *RJS* 2/11 n° 163).

Le collège chargé de désigner les membres du CHSCT, dont la composition doit être appréciée à sa date de réunion, ne peut comprendre d'anciens élus dont le mandat ne pouvait être prorogé par le règlement intérieur du comité d'entreprise (cass. soc. 13 juin 1990, *RJS* 7/90 n° 584).

L'existence d'une unité économique et sociale dont fait partie une société organisant des élections des membres du CHSCT n'a de conséquence ni sur le cadre de désignation du CHSCT ni sur la composition du collège désignatif (cass. soc. 16 janvier 2008, n° 06-60.286, BC V n° 5 ; *RJS* 4/08 n° 435 ; *Dr. Soc.* 2008, p. 560, Fr. Petit ; *JCP* éd. S 2008, 1255, note J-B Cottin).

Un tribunal d'instance ne peut annuler l'élection des membres du CHSCT pour non-convocation par l'employeur du collège désignatif, alors qu'était contestée devant lui l'absence d'une réunion préparatoire du collège électoral portant sur les modalités du vote, laquelle n'est pas prévue par le code du travail, et non pas la convocation du collège en vue de l'élection (cass. soc. 11 février 2009, n° 08-60.443, *RJS* 4/09 n° 360).

Désignation de la délégation du personnel. Les membres de la délégation du personnel au CHSCT sont désignés par un collège constitué par les membres élus du comité d'entreprise ou d'établissement et les délégués du personnel, sans qu'il y ait lieu de prendre en considération le nombre de voix obtenues aux élections du 1er degré (cass. soc. 10 avril 1991, n° 90-60.353, BC V n° 183).

Modalités de la désignation

La désignation des membres de la délégation du personnel au CHSCT ne peut résulter que d'un vote du collège qui en est chargé et un accord collectif ne peut déroger à cette règle (cass. soc. 24 juin 1998, n° 97-60.631, BC V n° 343 et 24 juin 1998, n° 96-60.449, *RJS* 8-9/98 n° 1024 ; 16 janvier 2008, n° 06-15.679, BC V n° 7 ; *RJS* 4/08 n° 436). Les modalités de désignation des représentants du personnel au CHSCT n'entrent pas dans les aménagements conventionnels prévus par l'article L. 4611-7 CT et il n'appartient qu'aux membres du collège désignatif et non aux organisations syndicales d'arrêter les modalités de cette désignation, parmi lesquelles les modalités du scrutin. C'est à tort qu'un tribunal d'instance a validé un protocole d'accord préélectoral conclu dans une entreprise entre l'employeur et des organisations syndicales arrêtant les modalités de désignation des membres du CHSCT (cass. soc. 16 décembre 2009, n° 09-60.156, BC V n° 289 ; *RJS* 3/10 n° 266).

De même, est nulle la désignation par cooptation du remplaçant d'un membre démissionnaire opérée en vertu d'un usage (cass. soc. 4 juillet 1990, n° 89-60.158, BC V n° 353).

Par ailleurs, si un accord unanime peut définir les modalités de désignation des membres de la délégation du personnel au CHSCT, il ne peut être dérogé à l'obligation de procéder à un vote par scrutin secret (cass. soc. 25 octobre 2006, n° 06-60.012, BC V n° 318 ; *RJS* 1/07 n° 67 ; voir aussi cass. soc. 24 juin 1998, n° 97-60.334, *RJS* 8-9/98 n° 1025). Si le secret du scrutin doit s'appliquer à la désignation des membres du CHSCT, celle-ci n'a pas nécessairement à avoir lieu sous enveloppe. En l'espèce, conformément à l'accord unanime des membres du collège désignatif, les bulletins de vote avaient été collectés après avoir été pliés par les électeurs et le secret du vote avait ainsi été bien assuré (cass. soc. 22 septembre 2010, n° 10-60.046, BC V n° 189 ; *Dr. Soc.* 2010, p. 1260, obs. Fr. Petit ; *JCP* éd. S 2010, 1473 ; *RJS* 11/10 n° 869). En revanche, le vote qui a lieu à main levée n'est pas valable. La désignation des membres concernés peut donc être annulée (cass. soc. 31 mai 2011, n° 10-60.226, *JSL* n° 303, 13 juillet 2011, p. 26).

L'accord unanime qui permet de déroger aux règles de droit commun en matière d'élections professionnelles doit être exprès et non équivoque (cass. soc. 31 janvier 2001, n° 99-60.526, BC V n° 32) mais n'est pas nécessairement passé par écrit (cass. soc. 22 septembre 2010, n° 10-60.046, précité).

Il appartient au collège désignatif, et non à l'employeur, d'arrêter les modalités d'élection des membres de la délégation du personnel au CHSCT ; le collège désignatif est seul habilité en fonction des circonstances à fixer une date limite de dépôt des candidatures ainsi que les modalités de celles-ci (cass. soc. 26 septembre 2002, n° 01-60.676, BC V n° 300 ; voir aussi cass. soc. 21 novembre 1990, BC V n° 581) ; de même, le choix d'un vote par correspondance ne peut résulter d'une décision unilatérale de l'employeur (cass. soc. 12 mars 2003, n° 01-60.793, BC V n° 97).

Il n'appartient pas non plus au juge, saisi après le déroulement des élections, de décider de modalités particulières de désignation des représentants du personnel au CHSCT, notamment d'un appel à candidatures (cass. soc. 14 décembre 2010, n° 10-16.089, *Dr. Soc.* 2011, p. 231, obs. L. Pécaut-Rivolier ; *RJS* 2/11 n° 164).

A légalement justifié sa décision d'annuler la désignation d'un représentant au CHSCT le tribunal d'instance qui a relevé, qu'alors que le collège désignatif avait prévu des modalités d'information des salariés sur les conditions dans lesquelles ils pouvaient se porter candidats à l'élection partielle, l'employeur n'avait pas effectué cette information, par quelque mode que ce soit (cass. soc. 26 mai 2010, n° 09-60.413, BC V n° 118 ; *RJS* 8-9/10 n° 693 ; *JCP* éd. S 2010, 1336, note J-B Cottin ; *Dr. Soc.* 2010, p. 1003, obs. Fr. Petit).

À défaut d'accord unanime entre les membres du collège désignatif, la délégation du personnel au CHSCT est élue au scrutin de liste avec représentation proportionnelle à la plus forte moyenne et à un seul tour (cass. soc. 13 février 2003, n° 01-60.751, BC V n° 55 ; 7 mai 2003, n° 01-60.607, *RJS* 7/03 n° 914 ; 17 septembre 2003, n° 02-60.671,

RJS 12/03 n° 1406 ; 2 février 2005, n° 04-60.010, Tournemire c/ Vigier). Et il n'appartient qu'aux membres du collège désignatif, par une décision unanime, d'adopter un mode de scrutin différent du scrutin de liste avec représentation proportionnelle à la plus forte moyenne (cass. soc. 17 mars 2004, n° 03-60.122, BC V n° 94 ; *JSL* n° 145, 11 mai 2004, p. 22 ; *RJS* 6/04 n° 705). Le tribunal d'instance, qui a relevé que l'élection d'une délégation du personnel au CHSCT organisée au sein d'un établissement selon les règles du scrutin majoritaire ne résultait pas d'un accord unanime des membres du collège désignatif, a justifié sa décision déclarant nulle et de nul effet la désignation de la délégation (cass. soc. 13 février 2003, n° 01-60.751, BC V n° 55 ; *RJS* 4/03 n° 474 ; *JSL* n° 121, 8 avril 2003, p. 25). N'est pas réunie l'unanimité des membres du collège désignatif requise pour décider par accord d'un autre mode de scrutin que le scrutin de liste avec représentation proportionnelle à la plus forte moyenne suite au départ de la réunion du collège désignatif de certains élus remplacés par des élus d'autres listes (cass. soc. 20 juin 2007, n° 06-60.146, rectifié par cass. soc. 25 septembre 2007, *RJS* 10/07 n° 1077).

L'élection au CHSCT a lieu, à défaut d'accord, au scrutin de liste avec représentation proportionnelle et attribution des sièges, d'abord, au quotient électoral, ensuite, sur la base de la plus forte moyenne et au cas où il ne reste qu'un siège à pourvoir en présence de deux listes qui ont la même moyenne, en se rapportant au nombre de voix obtenues et enfin, dans le seul cas où les moyennes et le nombre de voix sont identiques, au bénéfice de l'âge. Un tribunal d'instance, en présence d'une moyenne identique entre deux listes dont l'une avait obtenu quatre voix et l'autre deux voix, a exactement décidé que le dernier siège devait être attribué au candidat de la liste qui avait obtenu le plus grand nombre de suffrages (cass. soc. 25 septembre 2001, n° 00-60.169, *JSL* n° 89, 6 novembre 2001, p. 26 ; voir encore : cass. soc. 21 janvier 1988, n° 86-60.517, BC V n° 71 ; 28 février 1989, n° 88-60.098, BC V n° 152 ; 3 octobre 1989, n° 88-60.741, BC V n° 563 ; 24 juin 1998, n° 97-60.305, *RJS* 8-9/98 n° 1026). La répartition des sièges entre les catégories de personnel n'emporte aucune modification des règles de l'élection, ni du nombre des sièges revenant à chaque liste ; il convient de répartir les sièges entre les listes avant de les attribuer aux candidats selon la catégorie du personnel à laquelle ils appartiennent (cass. soc. 8 janvier 1997, n° 95-60.864, BC V n° 12 ; cass. soc. 16 avril 2008, n° 07-60.408, BC V n° 88 ; *RJS* 6/08 n° 685 ; *RDT*, juin 2008, AC, 350 ; *JCP* éd. S 2008, 1379, note J-B Cottin). Toute candidature individuelle constitue une liste et le panachage des listes n'est, en principe, pas admis (cass. soc. 13 juillet 1993, n° 92-60.344, BC V n° 208 ; 7 mai 2003, n° 02-60.607, *RJS* 7/03 n° 914 ; 12 mars 2008, n° 07-60.262, *RJS* 6/08 n° 684).

Les dérogations aux règles déterminant la répartition des sièges entre les représentants du personnel de maîtrise ou des cadres et ceux des autres catégories de personnel au sein d'un CHSCT ne peuvent être fondées que sur une disproportion manifeste entre, d'une part, l'effectif de la première catégorie et celui des autres catégories, y compris les travailleurs mis à disposition par des entreprises extérieures et les travailleurs intérimaires et, d'autre part, leur représentation respective au sein de ce comité telle qu'elle résulte des dispositions de l'article R. 236-1 (ancien) CT (CE 2 juillet 2007, n° 281404, *JCP* éd. S 2007, 1722, note B. Gauriau ; *RJS* 11/07 n° 1183 ; *JSL* n° 222, 27 nov. 2007, p. 4, chron. J-B Cottin).

En cas de partage de voix entre les candidats en présence, il convient, en l'absence d'accord sur ce point, d'appliquer les principes généraux du droit électoral selon lesquels l'élection est acquise au plus âgé d'entre eux (cass. soc. 10 juillet 1990, n° 89-61.121, BC V n° 360).

Le droit de rayer les noms de candidats est inhérent au scrutin de liste dans les élections des représentants du personnel de sorte que, sauf accord unanime des membres du collège désignatif, chaque électeur peut en faire usage lors de la désignation des membres du CHSCT conformément aux dispositions des articles L. 2314-24 et L. 2324-22 CT (cass. soc. 30 novembre 2011, n° 11-11.560, *LS* Jurispr. n° 242/2011 du 13/12/11).

Scrutins séparés

Les membres élus du comité d'entreprise et les délégués du personnel, constituant le collège désignatif, ne peuvent valablement décider de le scinder en deux collèges, dont le premier désigne les représentants des cadres et agents de maîtrise et le second les représentants des autres salariés, car l'article L. 236-5 (ancien) CT a institué un collège unique (cass. soc. 10 décembre 1987, n° 86-60.488, BC V n° 727).

Si rien ne s'oppose à ce que le collège unique procède à la désignation des représentants du CHSCT par deux scrutins séparés, dont l'un aux fins de désignation du représentant appartenant au personnel de maîtrise ou cadre (cass. soc. 17 octobre 1989, n° 88-60.781, BC V n° 598 ; *CSB* 1989 S. 122 ; 21 septembre 1993, *RJS* 11/93 n° 1107 ; 29 mars 1994, *JS UIMM* 1994, n° 94, 572 ; 17 juillet 1996, n° 95-60.904, Synd. CGT Auchan c/ Sté Auchan Flandre Littoral et a.), cette modalité de désignation ne peut résulter que d'un accord unanime entre les membres du collège électoral (cass. soc. 26 janvier 1999, n° 97-60.511, *RJS* 3/99 n° 393).

Sans méconnaître l'objet du litige, relatif à la régularité des élections des membres de chacun des quatre CHSCT de l'entreprise par la voie de deux scrutins successifs, dont un pour la désignation du ou des représentants du personnel de maîtrise ou des cadres prévue par l'article R. 236-1 (ancien) CT, un tribunal d'instance, après avoir relevé que le collège désignatif avait voté dans son ensemble lors de chaque scrutin, a exactement décidé que chaque élection se faisait au scrutin de liste avec représentation proportionnelle à la plus forte moyenne et à un tour, avec calcul du quotient électoral et de la plus forte moyenne selon le nombre de suffrages exprimés et de sièges à pourvoir à l'occasion de chaque scrutin (cass. soc. 30 octobre 2001, n° 00-60.230, BC V n° 335 ; *RJS* 1/02 n° 46).

Critères de désignation. « La réglementation n'a prévu aucune condition particulière à remplir pour être désigné au comité » (voir circ. du 25 mars 1993 précitée). Tout salarié de l'établissement a vocation à être membre du comité (cass. soc. 10 octobre 1989, BC V n° 579) s'il y travaille effectivement. Ainsi, un salarié mis à la disposition d'une société ne peut être désigné comme membre du CHSCT de son entreprise d'origine où il a cessé de travailler (cass. soc. 4 juillet 1989, n° 88-60.512, BC V n° 499). Mais un salarié mis à la disposition d'un GIE par l'une des sociétés membres de ce groupement peut être désigné en qualité de membre du CHSCT d'un établissement de cette société (cass. soc. 31 mai 1994, n° 93-60.388, *Dr. Ouvr.* 1994, p. 434).

De même, peut être désigné en qualité de représentant du personnel au CHSCT tout salarié travaillant dans le cadre duquel le comité est mis en place, peu important qu'il exerce ses fonctions à l'extérieur de l'établissement – ingénieur commercial exerçant des fonctions commerciales itinérantes – (cass. soc. 4 mars 2009, n° 08-60.468, BC V n° 60 ; *RJS* 5/09 n° 440 ; *Dr. Soc.* 2009, p. 543 : « Qui est éligible au CHSCT ? », Fr. Petit ; *JCP* éd. S 2009, 1254).

Les conditions de travail des travailleurs temporaires, même lorsqu'ils sont exclusivement mis à disposition d'entreprises utilisatrices, dépendent cependant aussi de l'entreprise de travail temporaire. Il en résulte que ces salariés, qui font partie des effectifs de l'entreprise de travail temporaire et y sont électeurs, sont comme les autres salariés éligibles au CHSCT de l'entreprise qui les emploie (cass. soc. 22 septembre 2010, n° 09-60.454, *RJS* 11/10 n° 893 ; *JCP* éd. S 2010, 1472 ; *Dr. Soc.* 2010, p. 1262, obs. Fr. Petit).

Aucune condition de capacité électorale n'est fixée pour la désignation de membre de la délégation du personnel au CHSCT (cass. soc. 9 juillet 1996, n° 95-60.797, BC V n° 272 ; *RJS* 8-9/96 n° 931).

Seuls les cadres détenant, sur un service, un département ou un établissement de l'entreprise, une délégation particulière d'autorité établie par écrit permettant de les assimiler à un chef d'entreprise sont exclus de l'électorat et de l'éligibilité aux fonctions de représentant du personnel (cass. soc. 23 novembre 2005, n° 04-60.344, Degrave c/ SAS EMP). S'agissant d'un salarié bénéficiant d'une délégation de pouvoirs permettant de l'assimiler au chef d'entreprise et dont le mandat de membre de CHSCT avait cessé à la même date, voir cass. soc. 5 décembre 2007, n° 06-43.980. Mais le salarié qui a reçu un unique mandat pour représenter ou assister l'employeur lors d'une réunion des délégués du personnel ne détient pas des pouvoirs permettant de l'assimiler au chef d'entreprise et est éligible au CHSCT (cass. soc. 17 mars 1998, n° 96-60.324, *RJS* 5/98 n° 619).

Les conditions de la désignation au CHSCT doivent être remplies à la date du scrutin prévu pour cette désignation et une personne qui n'est plus, à cette date, salariée de l'entreprise ne peut plus y être désignée (cass. soc. 15 novembre 1995, n° 95-60.805, BC V n° 298 ; *RJS* 12/95 n° 1250).

Secteurs d'activité. Un salarié d'un établissement d'une entreprise peut être désigné membre d'un CHSCT correspondant, au sein de cet établissement, à un secteur d'activité dans lequel il ne travaille pas (cass. soc. 17 avril 1991, n° 90-60.387, BC V n° 205 ;

RJS 5/91 n° 591 ; 12 octobre 2005, n° 04-60.518, SARL Sécuritas France c/ Féd. CFDT Services et a.). Un aménagement conventionnel peut être apporté à ce principe, sur la base de l'article L. 236-13 [L. 4611-7] CT. Ainsi, après avoir rappelé qu'aux termes d'un accord collectif, le découpage proposé comportait six CHSCT de secteurs avec des acteurs toujours plus impliqués, ayant une formation plus adaptée dans le domaine de la sécurité et issus exclusivement de leur secteur d'activité, c'est à bon droit qu'un tribunal d'instance a décidé qu'au regard de la mission des CHSCT, la règle d'appartenance au secteur d'activité du CHSCT de secteur était plus favorable à l'ensemble des salariés dans la mesure où elle leur assurait des représentants au fait des éventuelles difficultés du secteur concerné et a, en conséquence, annulé la désignation d'un salarié ne travaillant plus dans le secteur correspondant à ce CHSCT (cass. soc. 7 mai 2002, n° 00-60.342, BC V n° 146 ; *JSL* n° 103, 13 juin 2002, p. 26 ; *RJS* 7/02 n° 825).

Cumul de mandats. Le représentant du personnel au CHSCT peut être délégué du personnel, membre du comité d'entreprise ou délégué syndical (pour ce dernier cumul, voir cass. soc. 13 janvier 1999, n° 97-60.483, BC V n° 22).

Art. L. 4613-2. La composition de la délégation des représentants du personnel, en fonction de l'effectif de l'entreprise, les autres conditions de désignation des représentants du personnel ainsi que la liste des personnes qui assistent avec voix consultative aux séances du comité, compte tenu des fonctions qu'elles exercent dans l'établissement, sont déterminées par décret en Conseil d'État.

Le ou les médecins du travail chargés de la surveillance médicale du personnel figurent obligatoirement sur la liste mentionnée au premier alinéa.

Note **Membres occasionnels.** Devraient notamment être appelés à participer avec voix consultative à certaines réunions du CHSCT le responsable de la formation, le conseiller du travail, l'assistant du service social et l'infirmière du travail (circ. min. 93-15 du 25 mars 1993 précitée).

Art. L. 4613-3. Les contestations relatives à la délégation des représentants du personnel au comité sont de la compétence du juge judiciaire.

Lorsqu'une contestation rend indispensable le recours à une mesure d'instruction, les dépenses afférentes à cette mesure sont à la charge de l'État.

Note • L'article L. 236-5, al. 4 (ancien) CT ne prévoit la compétence du tribunal d'instance qui statue en dernier ressort qu'en ce qui concerne les contestations relatives à la délégation des représentants du personnel au CHSCT. Dès lors, n'est pas recevable le pourvoi en cassation introduit par un salarié contre le jugement d'un tribunal d'instance qui avait annulé sa désignation en qualité de représentant syndical conventionnel au CHSCT, ce jugement ayant été rendu en premier ressort (cass. soc. 16 février 2005, n° 04-60.073, BC V n° 55 ; *JSL* n° 165, 6 avril 2005, p. 26 ; *RJS* 5/05 n° 529).

La compétence du tribunal d'instance est limitée aux matières dont un texte lui a expressément attribué connaissance et cet article ne lui a dévolu, en ce qui concerne le CHSCT, que les contestations relatives à la délégation du personnel dans lesquelles ne peut être comprise celle de désignation d'un représentant syndical audit comité, qui n'est pas assimilable au délégué syndical (cass. soc. 15 octobre 1987, n° 86-60.552, Ydier c/ SA Orly restauration ; voir notamment dans le même sens cass. soc. 18 juin 1986, *JS* 1986, SJ 187 ; 10 décembre 1986, n° 86-60.032, BC V n° 593).

• L'immixtion de l'employeur dans les opérations électorales justifie l'annulation de la désignation des membres du CHSCT (cass. soc. 14 mai 1997, n° 96-60.175, Sté Dassault Aviation c/ Peschang et a.). De même, la présence de personnes n'ayant pas la qualité d'électeurs dans la composition du bureau de vote constitue une irrégularité entraînant nécessairement la nullité du scrutin (cass. soc. 16 janvier 2008, n° 06-60.286, BC V n° 5 ; *RJS* 4/08 n° 435).

• L'employeur ne peut, en cette matière d'ordre public que constituent des élections professionnelles, et même avec l'accord des organisations syndicales, se faire juge de leur validité lorsqu'il y a été procédé (cass. soc. 12 mars 1991, *RJS* 4/91 n° 476).

Dès lors que l'action en justice d'un CHSCT devant les juridictions pénales n'est pas étrangère à sa mission, les frais de procédure exposés par ce dernier, qui n'a aucune ressource propre, doivent être pris en charge par l'employeur en l'absence d'abus, peu important que cette action ait été déclarée irrecevable en application de l'article 2 c. proc. pén., faute de préjudice direct et personnel né des infractions poursuivies (cass. soc. 2 décembre 2009, n° 08-18.409, BC V n° 275 ; *RJS* 2/10 n° 190 ; *JCP* éd. S 2010, 1049). Sur la prise en charge des frais de procédure et des honoraires d'avocats par l'employeur lors d'une contestation du CHSCT portant sur la désignation du président de cette instance dès lors qu'aucun abus du CHSCT n'était établi, voir cass. soc. 25 juin 2002, n° 00-13.375, BC V n° 215 ; *Dr. Soc.* 2002, p. 1027, obs. Fr. Duquesne. Voir aussi note sous article L. 4611-7.

Art. L. 4613-4. Dans les établissements de cinq cents salariés et plus, le comité d'entreprise détermine, en accord avec l'employeur, le nombre des comités d'hygiène, de sécurité et des conditions de travail devant être constitués, eu égard à la nature, la fréquence et la gravité des risques, aux dimensions et à la répartition des locaux ou groupes de locaux, au nombre des travailleurs occupés dans ces locaux ou groupes de locaux ainsi qu'aux modes d'organisation du travail. Il prend, le cas échéant, les mesures nécessaires à la coordination de l'activité des différents comités d'hygiène, de sécurité et des conditions de travail.

En cas de désaccord avec l'employeur, le nombre des comités distincts ainsi que les mesures de coordination sont fixés par l'inspecteur du travail. Cette décision est susceptible d'un recours hiérarchique devant le ***(L. 2011-525 du 17 mai 2011, art. 170, JO 18)*** « directeur régional des entreprises, de la concurrence, de la consommation, du travail et de l'emploi ».

Note

• Il résulte de cet article qu'en l'absence d'accord du comité d'entreprise avec l'employeur déterminant le nombre des CHSCT et de décision de l'inspecteur du travail statuant dans les conditions ainsi définies, il ne peut être procédé à la désignation de la délégation du personnel au sein d'un CHSCT, peu important l'existence d'un accord collectif ayant fixé le nombre de CHSCT dans l'établissement (cass. soc. 28 septembre 2011, n° 10-60.219, *RJS* 12/11 n° 986).

• Dans un établissement de plus de 500 salariés où ont été constitués plusieurs CHSCT conformément à l'article L. 236-6 [L. 4613-4] CT, un salarié travaillant effectivement dans l'établissement ne peut faire partie de la délégation du personnel que dans un des CHSCT ainsi constitués (cass. soc. 28 novembre 2001, n° 00-60.359, *RJS* 2/02 n° 187).

• L'accord d'établissement pris avec les organisations syndicales sur le nombre de CHSCT ne peut valoir détermination régulière du nombre de CHSCT et être pris en compte par l'administration du travail (TA Versailles 20 février 1996, Sté des Av. M. Dassault c/ Ministère du Travail, de l'Emploi et de la Formation professionnelle, *RJS* 8-9/96 n° 930).

• La réclamation prévue à cet article, et dirigée contre une décision de l'inspecteur du travail fixant le nombre des CHSCT en cas de désaccord entre le comité d'entreprise ou d'établissement et l'employeur, peut être formulée par le comité d'entreprise ou d'établissement comme par le chef d'établissement. Le refus d'une réclamation par le directeur régional doit être motivé (CE 25 mai 1994, n° 127283, *RJS* 8-9/94 n° 999). Un syndicat a également qualité pour contester devant le ministre la décision prise par le directeur régional (TA Versailles 20 février 1996 précité).

• Voir « La détermination du nombre des CHSCT pour certaines agences de banque », CE 3 octobre 1994, n° 98037, *Dr. Soc.* 1995, p. 159, concl. Ch. Maugüé.

SECTION 1. Composition

Art. R. 4613-1. La délégation du personnel au comité d'hygiène, de sécurité et des conditions de travail est composée comme suit :

1° Établissements de 199 salariés et moins, trois salariés dont un appartenant au personnel de maîtrise ou des cadres ;

2° Établissements de 200 à 499 salariés, quatre salariés dont un appartenant au personnel de maîtrise ou des cadres ;

3° Établissements de 500 à 1 499 salariés, six salariés dont deux appartenant au personnel de maîtrise ou des cadres ;

4° Établissements de 1 500 salariés et plus, neuf salariés, dont trois appartenant au personnel de maîtrise ou des cadres.

Note • Lorsque l'effectif de l'entreprise ou de l'établissement est de 1 500 salariés au moins, la délégation du personnel au CHSCT comprend 9 membres dont 3 appartiennent au personnel de maîtrise ou aux cadres. Lorsque la convention collective se borne à distinguer entre cadres et techniciens, il appartient au juge de rechercher parmi ces derniers ceux qui, par les fonctions et les pouvoirs qu'ils exercent, ont un degré d'autonomie permettant de les ranger dans la catégorie du personnel de maîtrise (cass. soc. 25 septembre 2002, n° 01-60.705, BC V n° 279 ; *JSL* n° 110, 24 octobre 2002, p. 22 ; *RJS* 12/02 n° 1408).

• Un technicien exerçant ses attributions de manière autonome et ayant une marge d'initiative certaine dans la mise en œuvre des techniques et une réelle responsabilité fait partie de la catégorie des cadres et agents de maîtrise au sens de cet article (cass. soc. 12 janvier 2005, n° 04-60.186, Synd. FO Adisseo c/ Synd. CGT et a.).

• Il n'y a lieu à modification des règles normales d'attribution des sièges, en vue de pourvoir un siège réservé, qu'autant que le jeu de ces règles aboutirait, soit à ce qu'aucun candidat appartenant à la catégorie bénéficiaire ne soit élu, soit à ce que plusieurs soient élus. Toutefois, un siège réservé ne peut être attribué à un candidat n'ayant obtenu aucune voix (cass. soc. 12 novembre 1997, n° 96-60.337, BC V n° 372 ; *RJS* 12/97 n° 1407).

• S'il est exact que la dénonciation d'un usage n'a pas à être motivée, elle est néanmoins nulle s'il est établi que le motif qui a entraîné la décision de l'employeur est illicite. La dénonciation de l'usage fixant à dix le nombre des représentants du personnel au CHSCT constituant une mesure de rétorsion destinée à entraver l'exercice de la mission des membres du CHSCT est abusive et la société est, à bon droit, déboutée de sa demande d'annulation des élections au CHSCT (cass. soc. 26 novembre 1996, n° 95-60.987, *RJS* 1/97 n° 109).

Art. R. 4613-2. L'inspecteur du travail peut autoriser des dérogations aux règles déterminant la répartition des sièges entre les représentants du personnel de maîtrise ou des cadres et ceux des autres catégories de personnel.

Art. R. 4613-3. Dans un établissement de cinq cents salariés et plus, lorsque plusieurs comités sont institués, en application de l'article L. 4613-4, la délégation du personnel au sein de chacun de ces comités est constituée conformément à l'article R. 4613-1.

Art. R. 4613-4. Lorsque les entreprises du bâtiment et des travaux publics mettent en place un comité d'hygiène, de sécurité et des conditions de travail, en application de l'article L. 4611-5, les règles énoncées à l'article R. 4613-1 s'appliquent.

SECTION 2. Désignation

Art. R. 4613-5. Les représentants du personnel au comité d'hygiène, de sécurité et des conditions de travail sont désignés pour une durée de deux ans. Leur mandat est renouvelable.

Lorsque, pendant la durée normale de son mandat, un représentant du personnel cesse ses fonctions, il est remplacé dans le délai d'un mois, pour la période du mandat restant à courir. Il n'est pas pourvu à son remplacement si la période de mandat restant à courir est inférieure à trois mois.

Note • La suspension du contrat de travail (congé de maladie) n'est pas un cas de cessation de fonctions (cass. soc. 8 juillet 1998, n° 97-60.333, BC V n° 376 ; *RJS* 8-9/98 n° 999).

• La perte, par un membre du CHSCT, de son mandat de délégué du personnel n'entraîne pas la cessation de ses fonctions de membre élu du CHSCT (cass. soc. 7 février 1990, n° 89-60.590, BC V n° 53).

• Un siège au CHSCT devenu vacant avant l'expiration normale du mandat de son titulaire ne peut être pourvu que par le collège désignatif prévu à l'article L. 236-5 [L. 4613-1] CT (cass. soc. 28 novembre 2001, n° 00-60.308, *RJS* 2/02 n° 186).

• Aucune disposition du code du travail ne donne pouvoir au comité d'entreprise de prononcer la révocation du mandat d'un membre du CHSCT, qui lui conférait déjà la qualité de salarié protégé au moment où il a été désigné délégué syndical (cass. soc. 14 janvier 2004, n° 01-60.783, BC V n° 15 ; *RJS* 3/04 n° 320).

• Le salarié dont il convenait d'assurer le remplacement occupant l'un des deux sièges réservés aux cadres et agents de maîtrise, il ne pouvait être remplacé que par un salarié appartenant à cette même catégorie, peu important qu'un autre élu du CHSCT, ouvrier au jour de sa désignation, ait, par suite d'une promotion, occupé un emploi d'agent de maîtrise lors du remplacement litigieux (cass. soc. 24 septembre 2008, n° 07-60.463, BC V n° 183 ; *RJS* 12/08 n° 1201 ; *JCP* éd. S 2008, 1673, note J-B Cottin).

Art. R. 4613-6. Lorsque le mandat du comité d'hygiène, de sécurité et des conditions de travail vient à expiration, ou lorsqu'un siège de ce comité devient vacant et doit être pourvu dans les conditions prévues à l'article R. 4613-5, le collège chargé de désigner les membres de la représentation du personnel se réunit dans un délai de quinze jours à compter des dates d'expiration du mandat ou d'ouverture de la vacance.

Le procès-verbal de la réunion du collège renouvelant le comité ou palliant la vacance du siège est remis dès sa conclusion à l'employeur. Ce dernier l'adresse à l'inspecteur du travail, dans un délai de huit jours à compter de la réception.

Note

• Les membres de la délégation du personnel au CHSCT sont investis de leurs prérogatives dès la proclamation des résultats et jusqu'à expiration effective de leurs mandats. Il en résulte que tout renouvellement du CHSCT ne peut intervenir qu'à compter du terme de ces mandats. Ayant constaté qu'un employeur avait convoqué le collège désignatif le 29 mai alors que le mandat des anciens membres expirait le 3 juin, un tribunal d'instance a pu annuler cette désignation (cass. soc. 14 janvier 2004, n° 02-60.225, BC V n° 16 ; *RJS* 3/04 n° 319).

• La violation en connaissance de cause des dispositions de cet article relatif au renouvellement du CHSCT suffit à caractériser, en tous ses éléments, tant matériels qu'intentionnel, le délit d'entrave au fonctionnement du CHSCT (cass. crim. 3 mars 1998, n° 96-85.098, B. crim. n° 81).

• La connaissance par l'employeur du procès-verbal des travaux du collège ne résulte pas de son seul envoi par courrier interne à la direction (cass. soc. 11 juin 1996, n° 95-60.808, BC V n° 235 ; *RJS* 7/96 n° 798).

Art. R. 4613-7. En application de l'article L. 4611-6, lorsqu'un comité d'hygiène, de sécurité et des conditions de travail a été institué par accord entre plusieurs entreprises de moins de cinquante salariés, le collège appelé à désigner les représentants du personnel est constitué par l'ensemble des représentants élus du personnel des entreprises parties à l'accord, à moins que cet accord n'en dispose autrement.

Art. R. 4613-8. La liste nominative des membres de chaque comité d'hygiène, de sécurité et des conditions de travail est affichée dans les locaux affectés au travail.

Elle indique l'emplacement de travail habituel des membres du comité.

Note

Le tribunal ayant retenu que le procès-verbal de l'élection n'avait pas été porté à la connaissance des salariés, ni de l'inspecteur du travail, et que la convocation adressée pour la réunion du CHSCT – mentionnant le nom de la salariée dont la désignation était contestée – n'établissait pas que les travaux du collège désignatif avaient été portés à la connaissance du salarié demandant l'annulation, le délai de 15 jours pour contester la désignation n'avait pas commencé à courir et sa demande était donc recevable (cass. soc. 26 mai 2010, n° 09-60.413, BC V n° 118 ; *RJS* 8-9/10 n° 693 ; *JCP* éd. S 2010, 1336, note J-B Cottin ; *Dr. Soc.* 2010, p. 1003, obs. Fr. Petit).

SECTION 3. Recours et contestations

Art. R. 4613-9. Lorsque, en application de l'article L. 4611-4, la décision de l'inspecteur du travail d'imposer la création d'un comité d'hygiène, de sécurité et des conditions de travail fait l'objet d'une réclamation devant le ***(D. 2009-1377 du 10 nov. 2009, JO 13 ; D. 2010-687 du 24 juin 2010, JO 25 ; voir D. 2010-1582 du 17 déc. 2010, JO 18, pour outre-mer)*** « directeur régional des entreprises, de la concurrence, de la consommation, du travail et de l'emploi », cette dernière s'exerce dans les conditions de délai et de procédure fixées à l'article R. 4723-1.

Art. R. 4613-10. Le recours hiérarchique prévu à l'article L. 4613-4 contre la décision de l'inspecteur du travail fixant le nombre de comités d'hygiène, de sécurité et des conditions de travail dans les établissements de cinq cents salariés et plus ainsi que les mesures nécessaires à la coordination de ces différents comités est exercé dans les conditions de délai et de procédure fixées à l'article R. 4723-1.

Art. R. 4613-11. Le tribunal d'instance statue en dernier ressort sur les contestations relatives à la délégation des représentants du personnel au comité d'hygiène, de sécurité et des conditions de travail prévues à l'article L. 4613-3.

Le tribunal d'instance est saisi des contestations par voie de déclaration au greffe.

Cette déclaration n'est recevable que si elle est faite dans les quinze jours suivant la désignation.

Note

• L'instance visant à régler un litige relatif à la détermination des effectifs en vue des élections des membres du CHSCT n'ayant pas le même objet que celle tendant à l'annulation des opérations électorales, une fois celles-ci intervenues, cette dernière demeure recevable (cass. soc. 1er avril 2008, n° 07-60.317, BC V n° 78 ; *RDT*, mai 2008, AC, 279 ; *JCP* éd. S 2008, 1372, note B. Boubli ; *RJS* 6/08 n° 686).

• Tout salarié (même non électeur ou non candidat) ayant vocation à être membre du CHSCT a qualité pour contester la régularité des opérations électorales (cass. soc. 10 octobre 1989, n° 88-60.710, BC V n° 579).

• Il résulte de cet article que la contestation relative à la désignation des membres CHSCT est effectuée dans le délai de quinze jours suivant cette désignation ; l'annulation ultérieure des élections des membres du comité d'entreprise et des délégués du personnel n'a pas pour effet d'ouvrir un nouveau délai de forclusion (cass. soc. 16 novembre 2011, n° 11-11.486, *LS* Jurispr. n° 233/2011 du 29/11/11).

• La contestation de la candidature d'un salarié à la délégation du personnel au CHSCT, qui n'est soumise à aucun délai, peut être présentée dans les 15 jours qui suivent la désignation du candidat (cass. soc. 18 février 2004, n° 03-60.110, BC V n° 57 ; *RJS* 5/04 n° 552).

• La date qui figure sur l'accusé de réception de la lettre d'envoi du recours doit être retenue comme étant celle à laquelle a été effectuée la déclaration prévue par cet article (cass. soc. 29 juin 2005, n° 04-60.467, Poole et a. c/ Clifford Chance et a.).

• N'a pas donné de base légale à sa décision le tribunal qui, pour déclarer irrecevable comme tardive la contestation, par un salarié, de la désignation des membres de la délégation du personnel au CHSCT, a retenu que le délai de 15 jours pendant lequel le tribunal d'instance pouvait être saisi avait commencé à courir à partir de la date de désignation des membres de la délégation du personnel au CHSCT et non, comme le demandeur le soutenait, à la date où il en avait eu connaissance, alors qu'il ne résultait pas de ses constatations que les travaux du collège désignatif aient été portés à la connaissance du salarié à la date de la désignation (cass. soc. 26 novembre 2003, n° 02-60.712, BC V n° 300 ; *RJS* 2/04 n° 215). De même doit être cassée la décision d'un tribunal d'instance qui a déclaré la requête d'un employeur irrecevable car tardive sans constater, à aucun moment, que les travaux du collège désignatif avaient été portés à sa connaissance avant le point de départ du délai de 15 jours (cass soc. 28 septembre 2011, n° 10-60.355).

• Un salarié licencié pour faute grave le 24 octobre 2003, invoquant sa qualité de salarié protégé en raison de son élection au CHSCT intervenue le 28 mars précédent, a saisi la juridiction prud'homale d'une demande en nullité de son licenciement. Après avoir constaté que sa désignation en qualité de représentant du personnel au sein du

CHSCT résultait d'un vote du collège désignatif et que l'employeur n'avait pas contesté cette élection dans les délais prévus par l'article R. 236-5-1 [R. 4613-11 et 12] CT, une cour d'appel a pu accueillir sa demande (cass. soc. 12 février 2008, n° 06-44.121, BC V n° 35 ; *RJS* 4/08 n° 450).

• Les décisions du tribunal d'instance ne peuvent faire l'objet d'une tierce opposition (cass. soc. 18 décembre 1991, n° 90-60.536, Mercier et a. c/ Synd. CFE-CGC et a.).

Art. R. 4613-12. Le tribunal d'instance statue dans les dix jours de sa saisine sans frais ni forme de procédure et sur avertissement qu'il donne trois jours à l'avance à toutes les parties intéressées.

La décision du tribunal est notifiée par le greffe dans les trois jours par lettre recommandée avec avis de réception.

Le délai du pourvoi en cassation est de dix jours. Le pourvoi est formé, instruit et jugé dans les conditions fixées par les articles 999 à 1008 du code de procédure civile.

CHAPITRE IV

Fonctionnement

SECTION 1. Présidence et modalités de délibération

Art. L. 4614-1. Le comité d'hygiène, de sécurité et des conditions de travail est présidé par l'employeur.

Art. R. 4614-1. Le secrétaire du comité d'hygiène, de sécurité et des conditions de travail est choisi parmi les représentants du personnel au sein de ce comité.

Note • En application de l'article 24 de la convention collective de la chimie prévoyant qu'un ingénieur ou cadre, désigné par les ingénieurs et cadres de l'établissement, siégera au CHSCT en supplément de l'effectif réglementaire, un salarié, élu par les ingénieurs et cadres d'une entreprise, a été désigné secrétaire d'un CHSCT ; un syndicat a saisi le tribunal de grande instance d'une demande en annulation de cette désignation. C'est à tort que, pour rejeter cette demande, une cour d'appel a retenu que les dispositions légales et réglementaires ne faisaient pas obstacle à ce que le représentant supplémentaire élu par les ingénieurs et cadres en application de la convention précitée qui, selon ce texte, « siège « au comité et se distingue des membres qui « assistent « aux séances avec voix consultative, est ainsi membre à part entière du comité, représentant du personnel puisqu'il est élu directement par les ingénieurs et cadres, fut désigné comme secrétaire. En effet, le salarié, qui n'avait pas été élu par un vote du collège désignatif ne pouvait, dès lors, être désigné comme secrétaire du comité (cass. soc. 16 janvier 2008, n° 06-15.679, BC V n° 7 ; *RJS* 4/08 n° 436 ; *JSL* n° 229, 12 mars 2008, p. 28).

• Le secrétaire du CHSCT est pris parmi les représentants du personnel. Ainsi, le représentant supplémentaire élu par les ingénieurs et cadres de l'établissement en application d'une convention collective qui n'a pas été élu par un vote du collège désignatif ne peut, dès lors, être désigné comme secrétaire du comité (cass. soc. 16 janvier 2008, n° 06-15.679, BC V n° 7 ; *RJS* 4/08, n° 436 ; *JCP* éd. S 2008, 1224).

Art. L. 4614-2. Les décisions du comité d'hygiène, de sécurité et des conditions de travail portant sur ses modalités de fonctionnement et l'organisation de ses travaux sont adoptées à la majorité des membres présents, conformément à la procédure définie au premier alinéa de l'article L. 2325-18.

Il en est de même des résolutions que le comité adopte.

Note Lorsqu'un vote s'avère nécessaire, les règles fixées en ce qui concerne le comité d'entreprise s'appliquent ; voir note sous art. L. 2325-18.

SECTION 2. Heures de délégation

Art. L. 4614-3. L'employeur laisse à chacun des représentants du personnel au comité d'hygiène, de sécurité et des conditions de travail le temps nécessaire à l'exercice de leurs fonctions.

Ce temps est au moins égal à :
1° Deux heures par mois dans les établissements employant jusqu'à 99 salariés ;
2° Cinq heures par mois dans les établissements employant de 100 à 299 salariés ;
3° Dix heures par mois dans les établissements employant de 300 à 499 salariés ;
4° Quinze heures par mois dans les établissements employant de 500 à 1 499 salariés ;
5° Vingt heures par mois dans les établissements employant 1 500 salariés et plus.

Ce temps peut être dépassé en cas de circonstances exceptionnelles.

Note

• **Variation de l'effectif.** Incidence sur le crédit d'heures. Il résulte de cet article qui fixe, en fonction de l'effectif de l'établissement, le contingent d'heures alloué mensuellement à titre individuel aux membres du CHSCT que la variation de l'effectif au-delà ou en deçà d'un des seuils ainsi fixés doit être prise en compte dès le mois suivant pour la fixation du nombre d'heures de délégation (cass. soc. 6 novembre 1991, n° 88-42.895, BC V n° 481 ; *RJS* 12/91 n° 1325 ; cass. soc. 7 octobre 1992, n° 89-40.821, *RJS* 11/92 n° 1263).

• **Dépassement du crédit d'heures pour circonstances exceptionnelles.** L'obligation, pesant sur l'employeur de payer à l'échéance normale comme temps de travail le temps nécessaire au représentant du personnel au CHSCT pour l'exercice de ses fonctions, sauf à contester ensuite devant la juridiction compétente l'usage fait du temps alloué, est limitée aux heures dont le nombre est fixé par la loi ou par un accord collectif plus favorable. Elle ne s'étend pas à celles qui sont prises en fonction de circonstances exceptionnelles dont il appartient au salarié, en cas de contestation de l'employeur, d'établir l'existence ainsi que la conformité de leur utilisation avec l'objet du mandat représentatif préalablement à tout paiement par l'employeur (cass. soc. 10 juin 1997, n° 94-42.546, BC V n° 217 ; *Dr. Soc.* 1997, p. 989 ; 25 novembre 1997, n° 95-43.412, BC V n° 404). En l'absence de circonstances exceptionnelles, le salarié ne peut prétendre à une rémunération des heures dépassant le contingent et une retenue sur son salaire est justifiée (cass. soc. 8 juillet 2009, n° 08-42.546).

La survenance de cinq accidents du travail dans le même mois, nécessitant des enquêtes et l'établissement d'un compte-rendu, constituent des circonstances exceptionnelles justifiant le dépassement du crédit d'heures de délégation mensuel (cass. soc. 3 octobre 2007, n° 05-43.180, *JSL* n° 224, 26 déc. 2007, p. 28).

Art. L. 4614-4. Lorsque plusieurs comités d'hygiène, de sécurité et des conditions de travail sont créés dans un même établissement, dans les conditions prévues à l'article L. 4613-4, les heures de délégation attribuées aux représentants du personnel sont calculées en fonction de l'effectif de salariés relevant de chaque comité.

Note

Lorsque, dans un établissement de plus de 500 salariés, il existe plusieurs CHSCT, le temps passé aux réunions de coordination ne s'impute pas sur le crédit d'heures (circ. DRT 93/15 du 25 mars 1993).

Art. L. 4614-5. Les représentants du personnel peuvent répartir entre eux les heures de délégation dont ils disposent. Ils en informent l'employeur.

Art. L. 4614-6. Le temps passé en heures de délégation est de plein droit considéré comme temps de travail et payé à l'échéance normale. Lorsque l'employeur conteste l'usage fait de ce temps, il lui appartient de saisir la juridiction compétente.

Est également payé comme temps de travail effectif et n'est pas déduit des heures de délégation, le temps passé :
1° Aux réunions ;

2° Aux enquêtes menées après un accident du travail grave ou des incidents répétés ayant révélé un risque grave ou une maladie professionnelle ou à caractère professionnel grave ;

3° À la recherche de mesures préventives dans toute situation d'urgence et de gravité, notamment lors de la mise en œuvre de la procédure de danger grave et imminent prévue à l'article L. 4132-2.

Note Le paiement des heures est régi par les mêmes dispositions que pour les délégués du personnel et les membres du comité d'entreprise (voir note sous art. L. 2143-13).

• *Temps passé aux enquêtes.* La loi prévoyant que le temps passé par les membres du CHSCT aux enquêtes menées après un accident du travail grave ayant révélé un risque grave est payé comme temps de travail, un conseil de prud'hommes, après avoir constaté que la société ne discutait pas le principe de la rémunération du temps consacré à l'enquête, a pu décider qu'avant toute contestation sur la durée de l'enquête, l'employeur devait rémunérer le temps normalement consacré par le salarié membre du CHSCT à cette enquête (cass. soc. 25 novembre 1997, n° 95-42.139, BC V n° 403).

• Sur l'existence d'un usage constant dans l'entreprise – non dénoncé – et selon lequel les heures consacrées aux réunions préliminaires du CHSCT sont rémunérées, voir cass. soc. 16 février 1994, *RJS* 4/94 n° 426.

• Les heures de délégation ou de réunion que le salarié à temps partiel prend en dehors de son temps de travail normal en raison des nécessités de son mandat de représentant du personnel au CHSCT doivent être rémunérées comme du temps de travail effectif, sans qu'il soit fait application des dispositions limitant la durée du travail à temps partiel (cass. soc. 21 septembre 2011, n° 10-13.681, *RJS* 11/11 n° 881). La participation d'un salarié, travaillant exclusivement la nuit, aux réunions du comité d'entreprise et du CHSCT pendant la journée, a lieu en dehors de son temps de travail et doit être rémunérée en sus (cass. soc. 11 juin 2008, n° 07-40.823, BC V n° 133 ; *RJS* 8-9/08 n° 912 ; *JCP* éd S 2008, 1497, note J-Y Kerbourc'h ; *RDT*, septembre 2008, CH, 538, F. Signoretto).

• Le temps consacré par les membres du CHSCT aux contrôles effectués dans les bâtiments de l'entreprise par les sociétés chargées des réparations ou de l'entretien, qui ne constituent pas des réunions au sens des articles L. 236-2-1 et L. 236-7, al. 1er et 6 (anciens) CT, doit s'imputer sur le temps de délégation (cass. soc. 20 décembre 2006, n° 05-42.507, BC V n° 406 ; *RJS* 4/07 n° 445).

• *Temps de transport.* En énonçant que le temps de transport devait être regardé comme un moyen nécessaire aux déplacements et pris en charge comme tel, alors que l'article L. 236-7 [L. 4614-6] CT précise le temps nécessaire que le chef d'établissement est tenu de laisser à chacun des représentants du personnel au CHSCT et les cas dans lesquels le temps passé à l'accomplissement des missions du comité est également payé comme temps de travail effectif sans être déduit du crédit d'heures prévu, la circulaire 93-14 du 18 mars 1993 a posé une règle qui n'est pas prévue dans la loi et, par suite, édicte une disposition réglementaire entachée d'incompétence (CE 12 juin 1995, nos 150584 et a., *Rec. Lebon*, p. 240 ; *JCP* éd. E 1995.II.713).

• A violé les articles L. 236-7 et R. 516-30 (anciens) CT la cour d'appel qui, pour déclarer incompétente une juridiction des référés saisie par un employeur en vue d'obtenir des justifications sur l'utilisation par un salarié de ses heures de délégation déjà rémunérées, a estimé qu'il existait une contestation sérieuse sur l'utilisation desdites heures, alors que l'obligation d'un salarié d'indiquer l'utilisation de ces heures ne se heurte à aucune contestation sérieuse (cass. soc. 4 février 2004, n° 01-46.478, BC V n° 36 ; *RJS* 4/04 n° 421).

SECTION 3. **Réunions**

Art. L. 4614-7. Le comité d'hygiène, de sécurité et des conditions de travail se réunit au moins tous les trimestres à l'initiative de l'employeur, plus fréquemment en cas de besoin, notamment dans les branches d'activité présentant des risques particuliers.

Art. L. 4614-8.

Note L'absence de réunion du CHSCT est, comme le refus opposé par l'employeur de réunir le comité en dépit de la demande formulée par deux de ses membres, constitutive du délit d'entrave (cass. crim. 27 septembre 1989, n° 88-85.727, B. crim. n° 333 ; 26 mai 1992, CMR, cité dans note du ministère du Travail du 11 août 1994). Lorsqu'il est saisi d'une demande motivée présentée par deux membres au moins du CHSCT, représentants du personnel, le chef d'établissement doit réunir cet organisme sans pouvoir se faire juge du bien-fondé de cette demande (cass. crim. 4 janvier 1990, n° 88-83.311, B. crim. n° 11).

Art. L. 4614-8. L'ordre du jour de chaque réunion est établi par le président et le secrétaire.

Il est transmis aux membres du comité et à l'inspecteur du travail dans des conditions déterminées par voie réglementaire.

Note • La disposition prévoyant que l'ordre du jour des réunions est établi par le président et le secrétaire dudit comité est impérative et son inobservation (président du comité ayant modifié unilatéralement l'ordre du jour) est constitutive d'entrave au fonctionnement régulier de ce comité (cass. crim. 4 janvier 1990, n° 88-83.311, B. crim. n° 11).

• Le CHSCT ne peut valablement délibérer que sur un sujet en lien avec une question inscrite à l'ordre du jour (cass. soc. 22 janvier 2008, n° 06-18.979, BC V n° 15 ; *JCP* éd. S 2008, 1239, note J-B Cottin ; *RJS* 4/08 n° 438).

• Une cour d'appel, qui a relevé que l'ordre du jour de la réunion d'un CHSCT prévoyait l'information et la consultation du CHSCT sur deux projets présentés par la direction, a retenu à bon droit que la désignation d'un expert sur ces deux questions avait un lien implicite mais nécessaire avec la question inscrite à l'ordre du jour. La cour d'appel, appréciant souverainement la nécessité de recourir à la mesure d'expertise, a estimé que le projet était un projet important modifiant les conditions de travail au sens de l'article L. 236-2 [L. 4612-8] CT (cass. soc. 13 novembre 2007, n° 06-13.205, Société Manufacture française des pneumatiques Michelin SCA c/ CHSCT de la SCA).

Art. L. 4614-9. Le comité d'hygiène, de sécurité et des conditions de travail reçoit de l'employeur les informations qui lui sont nécessaires pour l'exercice de ses missions, ainsi que les moyens nécessaires à la préparation et à l'organisation des réunions et aux déplacements imposés par les enquêtes ou inspections.

Les membres du comité sont tenus à une obligation de discrétion à l'égard des informations présentant un caractère confidentiel et données comme telles par l'employeur.

Ils sont tenus au secret professionnel pour toutes les questions relatives aux procédés de fabrication.

Note • **Préparation et organisation des réunions.** « Ces moyens doivent notamment comprendre, au minimum, les moyens de dactylographie nécessaire, de reproduction, de transmission et de diffusion des procès-verbaux (par exemple, des panneaux d'affichage ou tout autre moyen adéquat de diffusion) et une documentation juridique et technique adaptée aux risques particuliers de l'entreprise. Lorsque l'importance des établissements le justifie, un local devra être mis à la disposition du comité. Dans le cas contraire, en cas d'impossibilité, des dispositions devront être prises pour que, au minimum, le secrétaire et les membres du CHSCT disposent ponctuellement d'un local pour travailler et de moyens pour entreposer la documentation » (circ. du 25 mars 1993 précitée). Aucune disposition législative ou réglementaire ne prévoyant de local, la circulaire a édicté une disposition à caractère réglementaire entachée d'incompétence (CE 12 juin 1995, n°s 150584 et a., *Rec. Lebon*, p. 240 ; *JCP* éd. E 1995.II.713).

• **Moyen de déplacement.** « (...) Les moyens nécessaires pourront consister, selon les cas, en remboursement de frais de déplacement engagés ou en mise à disposition des moyens de déplacement. [Ils] comprendront également le temps nécessaire au déplacement (...) » (circ. du 25 mars 1993 précitée). En édictant à propos des moyens nécessaires au fonctionnement des comités que « ces moyens comprendront également le temps nécessaire au déplacement », la circulaire a posé une règle de caractère général dépassant les cas énumérés à l'article L. 236-7 CT et a. par suite, édicté une disposition réglementaire entachée d'incompétence. Il en va de même lorsqu'elle énonce que le temps consacré aux visites préalables aux réunions doit être regardé comme un temps passé aux réunions et, par conséquent, ne doit pas faire l'objet d'une computation sur le crédit d'heures (CE 12 juin 1995, précité).

Un membre du CHSCT, ne prétendant pas avoir agi dans le cadre des dispositions de l'article L. 231-9 ancien relatif aux visites d'un membre du comité sur les lieux où existerait une cause de danger imminent et ne produisant aucun justificatif de l'existence d'une mission individuelle à lui confiée par le comité, ne saurait demander à son employeur la prise en charge de ses frais de déplacement pour l'exercice de sa mission (cass. soc. 21 juillet 1993, n° 91-42.384, *RJS* 8-9/93 n° 878).

A légalement justifié sa décision condamnant un employeur à payer à un salarié, membre du CHSCT, des frais de déplacement pour assister à une réunion du CHSCT, le conseil de prud'hommes qui a constaté qu'en raison de l'heure de la réunion, le départ la veille s'imposait (cass. soc. 5 octobre 1999, n° 97-41.590, BC V n° 363).

• **Information du CHSCT.** « Il s'agit d'une obligation générale qui ne saurait se réduire aux documents qui doivent être fournis au titre de certaines obligations réglementaires. » (circ. précitée).

« La loi du 23 décembre 1982 relative aux CHSCT a prévu que les comités pourront procéder à des enquêtes en matière d'accidents du travail et de maladies professionnelles ou à caractère professionnel. Aussi ceux-ci doivent-ils être informés de la survenance de tels accidents ou maladies. Néanmoins ni la loi, ni le décret d'application n'ont enfermé les modalités de cette information dans des conditions strictes de forme et de délai (...) [Le législateur] n'a pas imposé que le comité soit informé immédiatement de tous les accidents ou les maladies survenus dont la gravité peut être extrêmement variable. En revanche (...) il est clair que le chef d'établissement doit avertir le comité dans les plus brefs délais de la survenance de tout accident susceptible de donner lieu à une enquête, le défaut d'information ou son retard pouvant, le cas échéant, être constitutif du délit d'entrave mentionné à l'article L. 263-2-2 CT. »

Par ailleurs, « l'information dont doit bénéficier le comité ne se limite pas aux documents et rapports dont la communication est expressément mentionnée par [les textes] (...) De même, la périodicité de cette information ne saurait se borner au rythme trimestriel des réunions du comité. Comme l'on ne peut contester que les informations mentionnées au registre d'infirmerie figurent parmi celles nécessaires au fonctionnement du comité, les membres de ce dernier (...) paraissent fondés à exiger sa communication conformément au premier alinéa de [cet] article » (rép. QE 53621, JO AN 19 novembre 1983, p. 5056).

Art. L. 4614-10. Le comité d'hygiène, de sécurité et des conditions de travail est réuni à la suite de tout accident ayant entraîné ou ayant pu entraîner des conséquences graves ou à la demande motivée de deux de ses membres représentants du personnel.

Art. L. 4614-11. L'inspecteur du travail est prévenu de toutes les réunions du comité d'hygiène, de sécurité et des conditions de travail et peut y assister.

Art. R. 4614-2. Outre le médecin du travail, le responsable du service de sécurité et des conditions de travail ou, à défaut, l'agent chargé de la sécurité et des conditions de travail assiste, s'il existe, à titre consultatif, aux réunions du comité d'hygiène, de sécurité et des conditions de travail.

Note Sur la question de savoir s'il serait opportun de doter les ingénieurs de sécurité d'un statut particulier, voir rép. QE 10820, JO Sén. 26 mai 1983, p. 760.

Art. R. 4614-3. L'ordre du jour des réunions du comité d'hygiène, de sécurité et des conditions de travail est transmis par le président aux membres du comité et à l'inspecteur du travail. Cette transmission est faite, sauf cas exceptionnel justifié par l'urgence, quinze jours au moins avant la date fixée pour la réunion.

L'ordre du jour est transmis dans les mêmes conditions aux agents des services de prévention des organismes de sécurité sociale qui peuvent assister aux réunions du comité.

Lorsqu'une réunion du comité comporte l'examen de documents écrits, ceux-ci sont joints à l'envoi de l'ordre du jour.

Art. R. 4614-4. Les réunions du comité d'hygiène, de sécurité et des conditions de travail ont lieu dans l'établissement, dans un local approprié et, sauf exception justifiée par l'urgence, pendant les heures de travail.

Les procès-verbaux des réunions ainsi que le rapport et le programme annuels mentionnés à l'article L. 4612-16 sont conservés dans l'établissement. Ils sont tenus à la disposition de l'inspecteur du travail, du médecin inspecteur du travail et des agents des services de prévention des organismes de sécurité sociale.

Art. R. 4614-5. Les documents mentionnés à l'article L. 4711-1 sont présentés au comité d'hygiène, de sécurité et des conditions de travail au cours de la réunion qui suit leur réception par l'employeur.

Chaque membre du comité peut à tout moment demander la transmission de ces documents.

Le président informe le comité des observations de l'inspecteur du travail, du médecin inspecteur du travail et des agents des services de prévention des organismes de sécurité sociale au cours de la réunion qui suit leur intervention.

Note

Sur le fait – constitutif d'entrave – de ne révéler au CHSCT ni le contenu, ni même l'existence des observations de la caisse régionale d'assurance maladie et de ne lui donner connaissance que des « têtes de chapitre » de la lettre de l'inspecteur du travail, voir cass. crim. 30 mai 1989, n° 87-83.423, *RJS* 8-9/1989 n° 685.

SECTION 4. Recours à un expert

Art. L. 4614-12. Le comité d'hygiène, de sécurité et des conditions de travail peut faire appel à un expert agréé :

1° Lorsqu'un risque grave, révélé ou non par un accident du travail, une maladie professionnelle ou à caractère professionnel est constaté dans l'établissement ;

2° En cas de projet important modifiant les conditions de santé et de sécurité ou les conditions de travail, prévu à l'article L. 4612-8.

Les conditions dans lesquelles l'expert est agréé par l'autorité administrative et rend son expertise sont déterminées par voie réglementaire.

Note

• **Risque grave.** Ce n'est qu'au cas où un risque grave est constaté dans l'établissement qu'une expertise peut être ordonnée. Doit donc être annulée la délibération du CHSCT d'un établissement ayant demandé une expertise en application de cet article, en raison du suicide d'un salarié et d'accidents de la circulation ayant touché, la même année, des membres du personnel lors de déplacements liés à l'implantation de leurs sites d'activités, aucun risque grave n'ayant été constaté au sein même de l'établissement (cass. soc. 3 avril 2001, n° 99-14.002, BC V n° 121 ; *RJS* 6/01, n° 55). En revanche, la situation de tension chronique extrême existant au sein d'un établissement, génératrice de troubles chez plusieurs salariés, constitue un risque grave pour la santé et la sécurité dûment constaté au sens de l'article L. 236-9 [L. 4614-12] CT justifiant le recours du CHSCT à une expertise (CA Versailles 24 novembre 2004, 14e ch., n° 04-7486, *RJS* 7/05 n° 753 ; CA Paris 31 mars 2006, 14e ch., n° 05-19.203, *RJS* 10/06 n° 1078). Sur un risque grave d'atteinte à la santé des salariés d'un établissement (fusions d'entités, fermetures de sites, transferts d'activités menées deux années auparavant ayant abouti à une compression des effectifs et obligé à des déménagements nombreux, à la disparition de certains emplois sans soutien pour les salariés démunis de tout travail, à une aggravation des conditions de travail et à l'apparition d'un stress sur le site lié aux évolutions permanentes de l'organisation de l'entreprise) justifiant le recours à une expertise, voir cass. soc. 2 mars 2011, n° 09-11.545.

Les dispositions de cet article n'imposent pas, en ce qui concerne le risque grave, que celui-ci soit imminent ni qu'il soit soudain ou révélé par un accident mortel ou non, ou encore un événement exceptionnel et brutal. L'appréciation de la gravité du risque relève des juges du fond (voir notamment CA Nancy 25 juin 1996, Sté Trailor c/ CHSCT de l'usine de la Sté Trailor à Lunéville, *RJS* 11/96 n° 1182).

Cet article ne pose pas non plus comme condition au recours du CHSCT à une expertise le fait que celui-ci ne puisse pas trouver à l'intérieur de l'entreprise les personnes ou services susceptibles d'apporter une réponse à ses préoccupations ou qu'il se soit heurté à l'inertie de l'employeur (même arrêt).

En précisant que le CHSCT devait avoir une vision globale des problèmes, ce qui impliquait l'étude par l'expert, pour l'atelier concerné, des méthodes de production conduisant à une réduction des fumées de soudure, une cour d'appel a exactement appliqué l'article L. 236-9 [L. 4614-12] CT (cass. soc. 19 décembre 1990, n° 89-16.091, BC V n° 694 ; *RJS* 2/91 n° 191).

La mission d'expertise confiée à un expert par la délibération d'un CHSCT doit être cantonnée à l'analyse et à la prévention des risques mentionnés dans cette délibération. Ainsi lorsqu'un CHSCT constate qu'il existe un risque grave pour la santé des salariés et décide à ce titre de nommer un expert, celui-ci ne peut pas étendre d'autorité son analyse aux risques psychosociaux, alors que ce point n'est pas évoqué par la délibération du comité (cass. soc. 19 mai 2010, n° 08-19.316).

Même si la constitution d'un CHSCT central n'est pas prévue légalement, la Cour d'appel de Paris reconnaît à un CHSCT central le droit de recourir à un expert rémunéré par l'employeur dès lors que les conditions légales sont remplies (CA Paris 10 mai 2010, n° 09-25078, ch. 6-1, APHP c/ CHSCT central de l'APHP).

• **Modification des conditions d'hygiène, de sécurité ou des conditions de travail.** Le projet, qui n'a pas le caractère d'une simple étude préalable à la mise au point d'un avant-projet ou d'un projet éventuel, a pu être retenu, à juste titre, par le juge comme suffisamment avancé pour que le CHSCT y soit associé et soit en droit de se faire assister d'un expert (CA Nancy 25 juin 1996, précitée).

Les dispositions de l'article L. 236-9 [L. 4614-12] CT permettent au CHSCT de recourir à un expert pour l'éclairer sur la nouvelle organisation du travail et lui permettre d'avancer des propositions de prévention. Le rattachement d'une société « A » au réseau de transport collectif d'une société « B » impliquant une harmonisation des horaires de travail des salariés postés avec ceux de la société « B », la société « A » avait consulté le comité d'établissement et le CHSCT, à qui le médecin du travail avait fourni les informations utiles sur les conséquences de ce changement. Après avoir relevé que le changement d'horaires affectait directement 255 salariés postés sur un effectif de 400 et que le médecin du travail avait rappelé que le travail posté était en soi perturbateur des rythmes biologiques et conclu qu'il était préférable de se rapprocher de ces rythmes, une cour d'appel en a exactement déduit que les conditions posées par l'article L. 236-9 [L. 4614-12] CT, qui permet au CHSCT de recourir à une expertise, étaient réunies (cass. soc. 24 octobre 2000, n° 98-18.240, BC V n° 345 ; *RJS* 1/01 n° 56).

En annulant la désignation d'un expert par le CHSCT, après avoir relevé que le projet de réorganisation des tâches était un projet important pour le comité de production thermique qui entraînait des modifications dans les conditions de travail d'un nombre significatif de salariés et qui conduisait, sur le plan qualitatif, à un changement déterminant des conditions de travail des salariés, une cour d'appel a violé l'article L. 236-9 [L. 4614-12] CT (cass. soc. 14 février 2001, n° 98-21.438, BC V n° 54 ; *RJS* 6/01 n° 754).

Une démarche devant aboutir à la définition d'un nouveau métier de la logistique constitue un projet important modifiant les conditions de travail autorisant le CHSCT à faire appel à un expert (cass. soc. 1er mars 2000, n° 97-18.721, RNUR c/ CHSCT n° 2 de l'usine Renault Douai). Il en va ainsi, de même, d'un projet de « redéfinition et harmonisation » de l'organisation de l'astreinte présenté par l'employeur lui-même comme la conséquence de trois changements qualifiés d'importants dans la structure de l'entreprise et le service proposé aux clients, comportant notamment l'augmentation du nombre des périodes d'astreintes (cass. soc. 12 décembre 2001, n° 99-18.980, Sté Alcatel réseaux d'entreprise c/ CHSCT Sté Alcatel réseaux d'entreprise) et d'un projet d'extension du périmètre d'action des « remiseurs-dégareurs » modifiant de façon significative les tâches, l'organisation et les cadences du travail (cass. soc. 16 septembre 2008, n° 07-18.754, CHSCT de l'unité de production maintenance de Clichy c/ SNCF).

Le projet de réorganisation mis en place à l'initiative de la direction d'un groupe entraînant la disparition d'une société appelée à devenir un simple établissement d'une nouvelle entité, une nouvelle organisation de ses établissements et le transfert d'une partie de son personnel au service d'une société relevant d'un autre groupe, est de nature à modifier les conditions de travail du personnel de la société et justifie le recours à un expert par le CHSCT de cette dernière, alors même que d'autres entreprises sont concernées par ces modifications (cass. soc. 29 septembre 2009, n° 08-17.023, BC V n° 211 ; *RJS* 12/09 n° 946 ; *JCP* éd. S 2009, 1586 ; *RDT*, janvier 2010, CH, 48, F. Signoretto).

Sur un projet ayant une incidence directe sur l'activité, le lieu et les conditions de travail des salariés constituant par son ampleur un projet important et également un risque grave justifiant l'appel à un expert, voir cass. soc. 26 octobre 2010, n° 09-12.922. Sur un projet de réorganisation administrative impliquant non seulement le déplacement géographique de nombreux salariés, mais aussi une évolution de leurs tâches constituant un projet important modifiant les conditions de santé et de sécurité justifiant le recours à un expert, voir cass. soc. 30 mars 2011, n° 09-68.161.

Le nombre de salariés concernés ne détermine pas à lui seul l'importance du projet. Un projet emportant réorganisation d'un service n'étant pas de nature à modifier les conditions de santé et de sécurité des salariés ou leurs conditions de travail, la décision du CHSCT de recourir à une mesure d'expertise a pu être annulée (cass. soc. 10 février 2010, n° 08-15.086, BC V n° 40 ; *RJS* 4/10 n° 349).

• La décision de recourir à un expert, prise par le CHSCT d'un établissement public en application de cet article, n'étant pas au nombre des marchés de service énumérés limitativement par l'article 8 du décret 2005-1742 du 30 décembre 2005 portant application de l'ordonnance 2005-649 du 6 juin 2005 relative aux marchés passés par certaines personnes publiques ou privées non soumises au code des marchés public, une cour d'appel n'avait pas à rechercher si les modalités de désignation de l'expert par le CHSCT répondaient à des règles particulières de la commande publique.

Par ailleurs, ayant relevé que l'arrêté du 2 décembre 2005 créant un CHSCT central confiait à ce dernier les mêmes missions et prérogatives qu'aux CHSCT légalement institués, la cour d'appel en a exactement déduit que lorsque les conditions posées par l'article L. 4614-12 étaient réunies, le CHSCT central pouvait recourir à la désignation d'un expert (cass. soc. 14 décembre 2011, n° 10-20.378, *LS* Jurispr. n° 253/2011 du 27/12/11).

Art. L. 4614-13. Les frais d'expertise sont à la charge de l'employeur.

L'employeur qui entend contester la nécessité de l'expertise, la désignation de l'expert, le coût, l'étendue ou le délai de l'expertise, saisit le juge judiciaire.

L'employeur ne peut s'opposer à l'entrée de l'expert dans l'établissement. Il lui fournit les informations nécessaires à l'exercice de sa mission.

L'expert est tenu aux obligations de secret et de discrétion définies à l'article L. 4614-9.

Note Si le CHSCT peut faire appel à un expert lorsqu'un risque grave est constaté dans l'établissement, en cas de désaccord avec l'employeur sur la nécessité d'une telle expertise, la décision est prise en urgence par le président du tribunal de grande instance (cass. soc. 1er décembre 1993, n° 91-11.245, BC V n° 301).

Si la contestation de l'employeur sur la nécessité de l'expertise ne peut concerner que le point de savoir si le projet litigieux est un projet important modifiant les conditions d'hygiène et de sécurité ou les conditions de travail, une cour d'appel, qui a relevé que le projet de la direction concernait le réaménagement de l'organigramme en redéfinissant des divisions, en prévoyant la restructuration de l'encadrement, la simplification de la gestion, mais ne prévoyait nullement de transformation des postes de travail, aucun changement de métier, aucun nouvel outil, ni modification des cadences ou des normes de productivité a pu, en l'état de constatations, dont il résultait que le projet n'était pas un projet important au sens de l'article L. 236-9 [L. 4614-12] CT, décider que le recours du CHSCT à une expertise n'était pas justifié (cass. soc. 26 juin 2001, n° 99-16.096, BC V n° 231, arrêt n° 1 ; *RJS* 10/01 n° 1150, 1re espèce).

Une cour d'appel a légalement justifié sa décision de suspendre l'exécution de la délibération d'un CHSCT désignant un expert, qui n'avait pas pour objet un projet important, mais seulement la mise en œuvre d'une décision nationale définitive n'impliquant pas l'élaboration de dispositions spéciales à l'échelon du CHSCT local (cass. soc. 10 mai 2005, n° 03-16.595, CHSCT EDF-GDF c/ Sté EDF-Électricité de France et a.).

La saisine du CHSCT par l'employeur pour consultation ne fait pas obstacle à la contestation par ce dernier de la décision du CHSCT de recourir à une mesure d'expertise et l'appréciation de la nécessité de cette expertise relève du pouvoir souverain des juges du fond (cass. soc. 25 juin 2003, n° 01-13.826, BC V n° 211 ; *RJS* 10/03 n° 1177 ; *JSL* n° 130, 19 septembre 2003, p. 17).

Sauf abus manifeste, le juge n'a pas à contrôler le choix de l'expert auquel le CHSCT a décidé de faire appel dans le cadre du pouvoir qui lui est donné par l'article L. 236-9 [L. 4614-12] CT (cass. soc. 26 juin 2001, n° 99-11.563, BC V n° 231, arrêt n° 2 ; *RJS* 10/01 n° 1150, 2e espèce). L'employeur doit supporter le coût de l'expertise et les frais de la procédure de contestation éventuelle de cette expertise (frais, honoraires, dépens) dès lors qu'aucun abus du CHSCT n'est établi [cass. soc. 12 janvier 1999, n° 97-12.794, BC V n° 19 ; *Dr. Soc.* 1999, p. 301 ; 14 février 2001, n° 98-21.438, BC V n° 54 ; 26 juin 2001, n° 99-11.563, BC V n° 231, arrêt n° 1 ; *RJS* 10/01 n° 1150 ; n° 99-18.249, BC V n° 231, arrêt n° 3 ; *RJS* 10/01 n° 1150 ; 8 décembre 2004, n° 03-15.535, BC V n° 328 ; *RJS* 2/05 n° 163 ; 6 avril 2005, n° 02-19.414, BC V n° 129 ; *RJS* 6/05 n° 640 ; *JCP* éd. S 2005, 1038, note B. Boubli (frais de contestation d'une ordonnance de référé)].

En retenant que le coût d'une mission d'expertise décidée par le CHSCT lors de sa réunion était manifestement surévalué, une cour d'appel a fait ressortir l'abus de la désignation et a ainsi pu annuler la décision du CHSCT de désigner un expert (cass. soc. 26 juin 2001, n° 99-18.249, BC V n° 231, arrêt n° 3 ; *RJS* 10/01 n° 1150, 3e espèce).

• **Délai.** L'absence de respect du délai dans lequel doit être faite l'expertise n'est pas sanctionnée par la nullité de la délibération du CHSCT ou de l'expertise (CA Nancy 25 juin 1996, *RJS* 11/96 n° 1182).

• Sur l'usage du droit à l'expertise par les comités d'entreprise ou les CHSCT, voir rép. QE 19023, JO Sén. 13 juillet 2000, p. 2506.

Art. R. 4614-6. Les experts auxquels le comité d'hygiène, de sécurité et des conditions de travail peut faire appel en application de l'article L. 4614-12 sont agréés pour le ou les domaines suivants :

1° Santé et sécurité au travail ;

2° Organisation du travail et de la production.

Note

• Cet article a été modifié par le décret 2011-1953 du 23 décembre 2011, JO 27 (entrée en vigueur le 01.01.2012).

• *Champ de l'expertise.* Le domaine « santé et sécurité du travail » recouvre l'analyse des situations de travail dans ses aspects essentiellement « physiques » en termes de pénibilité et de nuisances et concerne l'hygiène, la sécurité, la prévention des risques professionnels.

« L'organisation du travail et de la production » vise l'analyse socio-technique des conditions de travail portant notamment sur le contenu du travail, la durée du travail, les cadences, les conditions d'utilisation des équipements, la coordination… (voir circ. du 25 mars 1993 précitée).

• Dès lors que l'expert choisi par le CHSCT dispose d'un agrément ministériel dans les domaines de la santé, de la sécurité au travail, de l'organisation du travail et de la production, tout abus dans le choix de l'expert est exclu et une société ne peut le contester en soutenant que l'expert ne dispose d'aucune compétence technique dans le domaine d'intervention (cass. soc. 8 juillet 2009, n° 08-16.676, BC V n° 183 ; *JCP* éd. S 2009, 1456 ; *RJS* 10/09 n° 805).

Art. R. 4614-7. Les experts, personnes physiques ou morales, sont agréés par ***(D. 2011-1953 du 23 déc. 2011, JO 27, entrée en vigueur le 01.01.2012)*** « arrêté du ministre chargé du travail ». Cet agrément est pris après avis du ***(D. 2009-289 du 13 mars 2009, JO 15)*** « Conseil d'orientation sur les conditions de travail ».

L'arrêté fixe la durée de validité de chacun des agréments. ***(D. 2011-1953 du 23 déc. 2011, JO 27, entrée en vigueur le 01.01.2012)*** « Elle » ne peut excéder ***(D. 2011-1953 du 23 déc. 2011, JO 27, entrée en vigueur le 01.01.2012)*** « cinq ans », renouvelable.

L'arrêté précise ***(D. 2011-1953 du 23 déc. 2011, JO 27, entrée en vigueur le 01.01.2012)*** « le ou les domaines dans lesquels l'expert agréé intervient. »

Art. R. 4614-8. ***(D. 2011-1953 du 23 déc. 2011, JO 27, entrée en vigueur le 01.01.2012)*** Pour délivrer l'agrément, il est notamment tenu compte :
– de l'expérience professionnelle et des compétences du demandeur pour mener des expertises dans le ou les domaines mentionnés à l'article R. 4614-6 pour lesquels l'agrément est sollicité ;
– de la pertinence des méthodes d'intervention proposées ;
– des engagements déontologiques relatifs à la prévention des conflits d'intérêt et à la pratique professionnelle de l'expertise au regard des règles définies selon les modalités prévues à l'article R. 4614-9 ;
– de la compatibilité de l'agrément demandé avec les activités du demandeur autres que d'expertise.

Art. R. 4614-9. ***(D. 2011-1953 du 23 déc. 2011, JO 27, entrée en vigueur le 01.01.2012)*** L'agrément peut être suspendu pour une durée n'excédant pas un an ou retiré par le ministre chargé du travail, après avis du Conseil d'orientation sur les conditions de travail, et après que l'expert agréé a été mis à même de présenter ses observations, lorsque les conditions prévues à l'article R. 4614-8 cessent d'être remplies ou lorsque la qualité des expertises cesse d'être conforme aux obligations professionnelles, méthodologiques et déontologiques définies par arrêté de ce ministre. Ce même arrêté détermine les modalités de contrôle du respect des obligations précitées.

Note Voir arrêté du 23 décembre 2011, JO 27, fixant les obligations des experts agréés auxquels le CHSCT peut faire appel et les modalités d'instruction des demandes d'agrément.

[**Art. R. 4614-10.** Abrogé par décret 2011-1953 du 23 décembre 2011, JO 27, à compter du 01.01.2012.]

Art. R. 4614-11. ***(D. 2011-1953 du 23 déc. 2011, JO 27, entrée en vigueur le 01.01.2012)*** La demande d'agrément justifie de l'expérience et de la compétence du demandeur pour procéder à des expertises dans le ou les domaines mentionnés à l'article R. 4614-6 pour lesquels l'agrément est sollicité.

Elle est adressée au ministre chargé du travail, par tous moyens, y compris électronique, permettant d'établir une date certaine avant le 1er mars ou avant le 1er septembre de l'année en cours pour produire effet respectivement au 1er juillet de la même année et au 1er janvier de l'année suivante. Le silence gardé pendant plus de quatre mois à compter de la date limite de réception de la demande vaut décision de rejet.

Art. R. 4614-12. La demande d'agrément est accompagnée des pièces suivantes :

1° Statuts de la personne morale ou identification de la personne physique ;

2° Liste des administrateurs et du personnel de direction lorsqu'il s'agit d'une personne morale ;

3° Liste des personnes appelées à réaliser effectivement les expertises, avec toutes indications permettant d'apprécier, pour chacune d'elles, sa qualification et son expérience dans le ou les domaines de l'agrément sollicité ;

4° Note détaillée exposant les principales méthodes d'intervention mises en œuvre ;

(D. 2011-1953 du 23 déc. 2011, JO 27, entrée en vigueur le 01.01.2012) « 5° Déclaration des activités autres que les expertises mentionnées à l'article L. 4614-12 ; »

6° Tarifs applicables aux expertises réalisées dans le cadre de l'agrément prévu par l'article L. 4614-12 ;

(D. 2011-1953 du 23 déc. 2011, JO 27, entrée en vigueur le 01.01.2012) « Si le dossier est incomplet, le ministre en informe le demandeur et l'invite à produire les pièces ou informations manquantes, dans un délai qu'il fixe, et qui ne peut être inférieur à huit jours. »

Art. R. 4614-13. Lorsqu'il est saisi d'une demande d'agrément, le ministre chargé du travail peut procéder aux contrôles ou inspections nécessaires à la vérification de l'aptitude des experts.

Pour l'instruction des demandes d'agrément, le ministre chargé du travail peut demander à l'Agence nationale pour l'amélioration des conditions de travail et à l'Institut national de recherche et de sécurité de lui apporter leur concours, ***(D. 2011-1953 du 23 déc. 2011, JO 27, entrée en vigueur*** *le 01.01.2012)* « selon des modalités fixées par arrêté de ce ministre ». Le ministre chargé du travail et ces organismes peuvent demander tous documents et informations utiles ou procéder aux entretiens nécessaires à l'instruction des demandes d'agrément.

Note Voir arrêté du 23 décembre 2011, JO 27 précité sous l'article R. 4614-9.

Art. R. 4614-14. ***(D. 2011-1953 du 23 déc. 2011, JO 27, entrée en vigueur le 01.01.2012)*** « Les experts » agréés adressent au ***(D. 2011-1953 du 23 déc. 2011, JO 27, entrée en vigueur le 01.01.2012)*** « ministre chargé du travail », avant le 31 décembre de chaque année, la liste des expertises réalisées au cours de l'année ***(D. 2011-1953 du 23 déc. 2011, JO 27, entrée en vigueur le 01.01.2012)*** « civile » écoulée. ***(D. 2011-1953 du 23 déc. 2011, JO 27, entrée en vigueur le 01.01.2012)*** « Ils fournissent, à sa demande », une copie des rapports auxquels ont donné lieu ces expertises.

Art. R. 4614-15. ***(D. 2011-1953 du 23 déc. 2011, JO 27, entrée en vigueur le 01.01.2012)*** Les experts agréés peuvent sous-traiter une partie des travaux que nécessite l'expertise.

Le sous-traitant est lui-même agréé sauf s'il intervient en tant qu'organisme habilité à réaliser des contrôles techniques ou des vérifications de conformité, dans le cadre de la réglementation relative à la santé et la sécurité au travail.

Dans ce cas, le sous-traitant ne peut être la personne ou l'organisme ayant procédé précédemment à ce contrôle ou à cette vérification.

Art. R. 4614-16. Toute modification des listes des personnes, des statuts, des tarifs pratiqués, ***(D. 2011-1953 du 23 déc. 2011, JO 27, entrée en vigueur le 01.01.2012)*** « mentionnés » à l'article R. 4614-12, est déclarée au ministre chargé du travail.

Art. R. 4614-17. ***(D. 2011-1953 du 23 déc. 2011, JO 27, entrée en vigueur le 01.01.2012)*** « Les experts » agréés sont tenus au secret professionnel pour toutes les questions relatives aux procédés de fabrication dont ils auraient eu connaissance dans le cadre des expertises.

Art. R. 4614-18. L'expertise faite en application du 2° de l'article L. 4614-12 est réalisée dans le délai d'un mois. Ce délai peut être prolongé pour tenir compte des nécessités de l'expertise. Le délai total ne peut excéder quarante-cinq jours.

Art. R. 4614-19. Le président du tribunal de grande instance statue en urgence sur les contestations de l'employeur relatives à la nécessité de l'expertise, la désignation de l'expert, le coût, l'étendue ou le délai de l'expertise.

Art. R. 4614-20. Lorsque le président du tribunal de grande instance est appelé à prendre la décision mentionnée au deuxième alinéa de l'article L. 4614-13, il statue en la forme des référés.

Note En cas de contestation de l'expertise par l'employeur, la procédure se déroule comme une procédure de référé quant au mode de saisine du tribunal, aux modes de comparution ou de représentation des parties et aux débats à l'audience mais le président du tribunal de grande instance statue au fond.

La demande fondée sur le fait que le critère légal du recours à l'expert ne serait pas satisfait relève de la saisine du président du tribunal non pas en référé mais en la forme des référés pour qu'il soit statué au fond (TGI Versailles 16 décembre 2004, n° 04-1767, ord. réf., *RJS* 7/05 n° 752).

SECTION 5. **Formation**

Note Si, selon l'article L. 236-10, al. 4 (ancien) CT, la charge financière de la formation des représentants du personnel au CHSCT incombe à l'employeur dans des conditions et limites fixées par voie réglementaire, les dispositions des articles R. 236-15 à 22 (anciens) imposent l'application de l'article L. 236-10 (ancien) et ne limitent pas cette prise en charge financière par l'employeur (cass. soc. 8 juin 1999, n° 96-45.833, BC V n° 271 ; *RJS* 7/99 n° 929).

Art. L. 4614-14.

Art. L. 4614-14. Les représentants du personnel au comité d'hygiène, de sécurité et des conditions de travail bénéficient de la formation nécessaire à l'exercice de leurs missions. Cette formation est renouvelée lorsqu'ils ont exercé leur mandat pendant quatre ans, consécutifs ou non.

Dans les établissements où il n'existe pas de comité d'hygiène, de sécurité et des conditions de travail, et dans lesquels les délégués du personnel sont investis des missions de ce comité, les délégués du personnel bénéficient de la formation prévue au premier alinéa.

Art. L. 4614-15. Dans les établissements de trois cents salariés et plus, la formation est assurée dans les conditions prévues à l'article L. 2325-44.

Pour les établissements de moins de trois cents salariés, ces conditions sont fixées par convention ou accord collectif de travail ou, à défaut, par des dispositions spécifiques déterminées par voie réglementaire.

Art. L. 4614-16. La charge financière de la formation des représentants du personnel au comité d'hygiène, de sécurité et des conditions de travail incombe à l'employeur dans des conditions et limites déterminées par voie réglementaire.

Sous-section 1. Contenu et organisation de la formation

Art. R. 4614-21. La formation des représentants du personnel aux comités d'hygiène, de sécurité et des conditions de travail a pour objet :

1° De développer leur aptitude à déceler et à mesurer les risques professionnels et leur capacité d'analyse des conditions de travail ;

2° De les initier aux méthodes et procédés à mettre en œuvre pour prévenir les risques professionnels et améliorer les conditions de travail.

Art. R. 4614-22. La formation est dispensée dès la première désignation des représentants du personnel au comité d'hygiène, de sécurité et des conditions de travail.

Elle est dispensée selon un programme théorique et pratique préétabli qui tient compte :

1° Des caractéristiques de la branche professionnelle de l'entreprise ;

2° Des caractères spécifiques de l'entreprise ;

3° Du rôle du représentant au comité d'hygiène, de sécurité et des conditions de travail dans l'entreprise.

Art. R. 4614-23. Le renouvellement de la formation des représentants du personnel aux comités d'hygiène, de sécurité et des conditions de travail fait l'objet de stages distincts de celui organisé en application de l'article R. 4614-21.

Ce renouvellement a pour objet de permettre au représentant du personnel d'actualiser ses connaissances et de se perfectionner. À cet effet, le programme établi par l'organisme de formation a un caractère plus spécialisé. Il est adapté aux demandes particulières du stagiaire et tient compte notamment des changements technologiques et d'organisation affectant l'entreprise, l'établissement ou la branche d'activité.

Art. R. 4614-24. Dans les établissements de moins de trois cents salariés, la durée de la formation des représentants au ***(D. 2011-774 du 28 juin 2011, art. 30, JO 30)*** «comité d'hygiène, de sécurité et des conditions de travail» [au travail] est de trois jours.

Sous-section 2. Obligations des organismes de formation

Art. R. 4614-25. La formation des représentants du personnel au comité d'hygiène, de sécurité et des conditions de travail est dispensée soit par des organismes figurant sur une liste arrêtée par le ministre chargé du travail selon la procédure prévue à l'article R. 3142-2, soit par des organismes agréés par le préfet de région selon la procédure prévue à l'article R. 2325-8.

Note Un arrêté du 21 décembre 2011 (JO 24) fixe la liste des organismes dont les stages ou sessions sont consacrés à la formation économique, sociale et syndicale.

Art. R. 4614-26. Les organismes qui demandent à figurer sur la liste arrêtée par le préfet de région établissent leur aptitude à assurer, conformément aux dispositions de la sous-section 1, la formation des représentants du personnel au comité d'hygiène, de sécurité et des conditions de travail.

Ils justifient notamment des capacités de leurs formateurs et de l'expérience acquise par ces derniers en matière de prévention des risques professionnels et de conditions de travail.

Le préfet de région se prononce après avis du comité de coordination régional de l'emploi et de la formation professionnelle.

Le silence gardé pendant plus de quatre mois sur une demande d'agrément vaut décision de rejet.

Art. R. 4614-27. Lorsqu'un organisme cesse de répondre aux qualifications ayant justifié son inscription sur la liste préfectorale, il en est radié par décision motivée du préfet de région.

Cette décision est prise après avis du comité de coordination régional de l'emploi et de la formation professionnelle.

Art. R. 4614-28. L'organisme de formation délivre, à la fin du stage, une attestation d'assiduité que l'intéressé remet à son employeur lorsqu'il reprend son travail.

Art. R. 4614-29. Les organismes de formation remettent chaque année avant le 30 mars, au ministre chargé du travail ou aux préfets de région selon les cas, un compte rendu de leurs activités au cours de l'année écoulée. Ce compte rendu indique le nombre des stages organisés ainsi que leurs programmes.

Sous-section 3. Congés de formation

Art. R. 4614-30. Le représentant du personnel au comité d'hygiène, de sécurité et des conditions de travail qui souhaite bénéficier de son droit à un congé de formation en fait la demande à l'employeur. Cette demande précise la date à laquelle il souhaite prendre son congé, la durée de celui-ci, le prix du stage et le nom de l'organisme chargé de l'assurer.

La demande de congé est présentée au moins trente jours avant le début du stage. À sa date de présentation, elle est imputée par priorité sur les contingents mentionnés à l'article L. 3142-10.

Art. R. 4614-31. Le congé de formation est pris en une seule fois à moins que le bénéficiaire et l'employeur ne décident d'un commun accord qu'il le sera en deux fois.

Art. R. 4614-32. Lorsque pour refuser la demande de congé, l'employeur estime que l'absence du salarié pourrait avoir des conséquences préjudiciables à la production et à la bonne marche de l'entreprise, le refus est notifié à l'intéressé dans un délai de huit jours à compter de la réception de la demande.

Dans ce cas, le congé formation peut être reporté dans la limite de six mois.

Sous-section 4. Dépenses de formation

Art. R. 4614-33. Les frais de déplacement au titre de la formation des représentants du personnel au comité d'hygiène, de sécurité et des conditions de travail sont pris en charge par l'employeur à hauteur du tarif de seconde classe des chemins de fer applicable au trajet le plus direct depuis le siège de l'établissement jusqu'au lieu de dispense de la formation.

Les frais de séjour sont pris en charge à hauteur du montant de l'indemnité de mission fixée en application de la réglementation applicable aux déplacements temporaires des fonctionnaires.

Art. R. 4614-34. ***(D. 2008-558 du 13 juin 2008, JO 15)*** Les dépenses afférentes à la rémunération des organismes de formation sont prises en charge par l'employeur, à concurrence d'un montant qui ne peut dépasser, par jour et par stagiaire, l'équivalent de trente-six fois le montant horaire du salaire minimum de croissance.

Art. R. 4614-35. Le temps consacré à la formation des représentants du personnel au comité d'hygiène, de sécurité et des conditions de travail est pris sur le temps de travail et rémunéré comme tel.

Art. L. 4614-16.

Note Le temps consacré à la formation des représentants du personnel au CHSCT et celui consacré à la formation économique des membres titulaires du CE étant pris sur le temps de travail et rémunéré comme tel, il en résulte qu'un salarié participant, sur sa demande, à de telles formations ne peut prétendre à une rémunération supérieure à celle qu'il aurait perçue s'il ne les avait pas suivies. Ainsi, s'agissant d'un salarié à temps partiel, la rémunération du temps consacré à cette formation excédant la durée hebdomadaire n'a pas à être prise en charge par l'employeur (cass. soc. 15 juin 2010, n° 09-65.180, *Dr. Soc.* 2010, p. 1006, obs. L. Pécaut-Rivolier).

De même, si un représentant du personnel, travaillant à temps partiel, suit la formation en dehors de son horaire de travail, l'employeur n'a pas à lui payer les heures complémentaires correspondantes (cass. soc. 21 septembre 2011, n° 10-13.681, *RJS* 11/11 n° 882).

Art. R. 4614-36. Les dépenses de rémunération des organismes de formation et les frais de déplacement et de séjour exposés par les stagiaires ne s'imputent pas sur la participation au développement de la formation professionnelle continue prévue à l'article L. 6331-1.

Dans les entreprises de moins de trois cents salariés, les dépenses engagées au titre de la rémunération du temps de formation des stagiaires sont déductibles dans la limite de 0,08 % du montant des salaires payés pendant l'année en cours, du montant de la participation des employeurs au financement de la formation professionnelle continue.

Note Cet article est la transposition des articles R. 236-20 et R. 236-22-2, phrase 2, anciens, ce dernier visant, pour la déductibilité des dépenses engagées au titre de la rémunération du temps de formation, la limite prévue au 2e alinéa de l'article L. 451-1 ancien qui est de 0,08 ‰ (et non de 0,08 % comme indiqué dans l'article R. 4614-36) des salaires payés pendant l'année en cours.

CHAPITRE V

Comité d'hygiène, de sécurité et des conditions de travail dans certains établissements de santé, sociaux et médico-sociaux

[Le présent chapitre ne comprend pas de dispositions législatives.]

SECTION 1. Champ d'application et définitions

Art. R. 4615-1. Les dispositions des chapitres premier à IV s'appliquent aux établissements de santé, sociaux et médico-sociaux et aux syndicats interhospitaliers mentionnés à l'article 2 de la loi n° 86-33 du 9 janvier 1986 portant dispositions statutaires relatives à la fonction publique hospitalière, sous réserve des dispositions particulières prévues par le présent chapitre.

Art. R. 4615-2. Pour l'application des dispositions des articles L. 4612-13 et L. 4612-17 et de celles du présent chapitre, le ***(D. 2011-184 du 15 févr. 2011, art. 55, JO 17)*** « comité technique » se substitue au comité d'entreprise.

SECTION 2. Conditions de mise en place

Art. R. 4615-3. Des comités d'hygiène, de sécurité et des conditions de travail sont constitués dans les établissements ou syndicats interhospitaliers qui emploient au moins cinquante agents.

L'effectif à prendre en considération est l'effectif réel de l'ensemble des personnels, y compris les personnels médicaux, employés dans l'établissement ou le syndicat interhospitalier au 31 décembre de la dernière année civile.

Art. R. 4615-4. Lorsque dans les établissements ou les syndicats interhospitaliers employant moins de cinquante agents un comité d'hygiène, de sécurité et des conditions de travail n'a pas été constitué, les représentants du personnel au comité technique paritaire de l'établissement ou du syndicat interhospitalier exercent, dans le cadre des moyens dont ils disposent en tant que membres du ***(D. 2011-184 du 15 févr. 2011, art. 55, JO 17)*** « comité technique », les missions dévolues aux membres du comité d'hygiène, de sécurité et des conditions de travail. Ils sont soumis aux mêmes obligations que ces derniers.

Art. R. 4615-5. Lorsqu'au cours de son mandat, un représentant cesse ses fonctions dans l'établissement ou le syndicat interhospitalier, il est remplacé dans le délai d'un mois, dans les formes prévues à l'article R. 4615-11. Il en est de même des représentants frappés des incapacités prononcées en application des articles L. 5 à L. 7 du code électoral.

Dans les établissements où il n'existe pas d'organisation syndicale, il n'est pas procédé au remplacement d'un représentant du personnel non médecin, non pharmacien et non odontologiste cessant ses fonctions lorsque la période du mandat restant à courir est inférieure à trois mois.

Art. R. 4615-6. Les représentants mentionnés au 1° de l'article R. 4615-9 cessent de faire partie du comité d'hygiène, de sécurité et des conditions de travail lorsque l'organisation qui les a désignés en a fait la demande par écrit au chef d'établissement ou au secrétaire général du syndicat interhospitalier.

Ils sont remplacés dans le délai d'un mois, dans les formes prévues à l'article R. 4615-11.

Art. R. 4615-7. Le chef d'établissement ou le secrétaire général du syndicat interhospitalier arrête la liste nominative des membres du comité d'hygiène, de sécurité et des conditions de travail.

Art. R. 4615-8. Le chef d'établissement ou le secrétaire général du syndicat interhospitalier informe l'autorité de tutelle de sa réclamation éventuelle contre la décision de créer un comité d'hygiène, de sécurité et des conditions de travail ou de créer des comités distincts, prise par l'inspecteur du travail en application des articles L. 4611-4 et L. 4613-4.

SECTION 3. Composition et désignation

Art. R. 4615-9. La délégation du personnel au comité d'hygiène, de sécurité et des conditions de travail comporte un nombre égal de titulaires et de suppléants. Elle comprend :

1° Des représentants des personnels non médecins, non pharmaciens et non odontologistes à raison de :

a) Trois représentants dans les établissements et syndicats interhospitaliers de 199 agents et moins ;

b) Quatre représentants dans les établissements et syndicats interhospitaliers de 200 à 499 agents ;

c) Six représentants dans les établissements et syndicats interhospitaliers de 500 à 1499 agents ;

d) Neuf représentants dans les établissements et syndicats interhospitaliers de 1 500 agents et plus ;

2° Des représentants des personnels médecins, pharmaciens et odontologistes à raison de :

a) Un représentant dans les établissements et syndicats interhospitaliers de 2 500 agents et moins ;

b) Deux représentants dans les établissements et syndicats interhospitaliers de plus de 2 500 agents.

Note Ni les dispositions législatives ou réglementaires du code du travail ni aucun autre texte ne prévoient l'institution de délégués suppléants des personnels dans les CHSCT (CE 5 mai 1993, n° 103165, *RJS* 7/93 n° 754). Voir aussi note sous art. L. 4611-7.

Art. R. 4615-10. Le renouvellement des représentants du personnel intervient dans un délai de trois mois à compter du renouvellement des commissions paritaires consultatives départementales. Le mandat est renouvelable.

Art. R. 4615-11. Les représentants mentionnés au 1° de l'article R. 4615-9 sont désignés par les organisations syndicales existant dans l'établissement ou le syndicat interhospitalier lors de la constitution ou du renouvellement du comité.

Les sièges sont attribués proportionnellement au nombre de voix recueilli par chacune des organisations syndicales, dans l'établissement ou le syndicat interhospitalier, à l'occasion du renouvellement des commissions paritaires consultatives départementales. Lorsqu'il reste des sièges à pourvoir, les sièges restants sont attribués sur la base de la plus forte moyenne.

Lorsqu'il n'existe pas d'organisation syndicale, les représentants sont élus par l'ensemble du personnel au scrutin uninominal à un tour. Chaque candidat au siège de représentant titulaire se présente avec un candidat suppléant appelé à le remplacer en cas d'indisponibilité.

Les représentants mentionnés au 2° de l'article R. 4615-9 sont désignés par la commission médicale d'établissement en son sein.

Art. L. 4614-16.

Tout représentant suppléant désigné selon le cas par une organisation syndicale ou la commission médicale d'établissement peut siéger en remplacement de tout représentant titulaire désigné dans les mêmes conditions.

SECTION 4. Fonctionnement

Art. R. 4615-12. Le comité d'hygiène, de sécurité et des conditions de travail est présidé par le chef d'établissement ou le secrétaire général du syndicat interhospitalier ou son représentant.

Outre les médecins du travail, assistent aux réunions du comité à titre consultatif, lorsqu'ils existent :
1° Le responsable des services économiques ;
2° L'ingénieur ou, à défaut, le technicien chargé de l'entretien des installations ;
3° L'infirmier général ;
4° Un professeur des universités-praticien hospitalier chargé de l'enseignement de l'hygiène.

Art. R. 4615-13. Dans les établissements de cinq cents salariés et plus, pour l'application de l'article L. 4613-4, le chef d'établissement ou le secrétaire général du syndicat interhospitalier prend les décisions après consultation du ***(D. 2011-184 du 15 févr. 2011, art. 55, JO 17)*** « comité technique ».

Lorsque plusieurs comités d'hygiène, de sécurité et des conditions de travail sont institués, la délégation du personnel au sein de chacun de ces comités est constituée conformément aux règles fixées à l'article R. 4615-9. Cette composition tient compte du nombre des agents relevant de la compétence de chacun des comités d'hygiène, de sécurité et des conditions de travail constitués.

SECTION 5. Formation

Art. R. 4615-14. La formation des représentants du personnel aux comités d'hygiène, de sécurité et des conditions de travail, qui revêt un caractère théorique et pratique, a pour objet :

1° De développer leur aptitude à déceler et à mesurer les risques professionnels et leur capacité d'analyse des conditions de travail ;

2° De les initier aux méthodes et procédés à mettre en œuvre pour prévenir les risques professionnels et améliorer les conditions de travail, en tenant compte des caractéristiques des établissements mentionnés à l'article 2 du titre IV du statut général des fonctionnaires de l'État et des collectivités territoriales.

Art. R. 4615-15. Les organismes chargés d'assurer la formation d'un représentant du personnel aux comités d'hygiène, de sécurité et des conditions de travail sont :

1° Soit les organismes figurant sur la liste établie en application de l'article 1er du décret du 6 mai 1988 relatif à l'attribution du congé pour formation syndicale dans la fonction publique hospitalière ;

2° Soit les organismes figurant sur la liste mentionnée à l'article R. 4614-25.

Art. R. 4615-16. Un congé de formation avec traitement est attribué aux représentants titulaires du personnel au comité d'hygiène, de sécurité et des conditions de travail.

La durée maximale de ce congé de formation est de cinq jours. Tout nouveau mandat ouvre droit au renouvellement de ce congé.

Le congé de formation est, à la demande du bénéficiaire, pris en une ou deux fois.

Art. R. 4615-17. Le représentant du personnel au comité d'hygiène, de sécurité et des conditions de travail qui souhaite bénéficier de son droit à un congé de formation en fait la demande au chef d'établissement. La demande précise la date à laquelle il souhaite prendre son congé, la durée de celui-ci, le prix du stage et le nom de l'organisme chargé de l'assurer.

La demande de congé est présentée au moins trente jours avant le début du stage. À sa date de présentation, elle est imputée en priorité sur le contingent fixé au premier alinéa de l'article 2 du décret n° 88-676 du 6 mai 1988 relatif à l'attribution du congé pour formation syndicale dans la fonction publique hospitalière.

Art. R. 4615-18. Si les nécessités du service l'imposent, le congé de formation peut être refusé après avis de la commission administrative paritaire compétente siégeant en formation plénière. En ce qui concerne les agents non titulaires, la commission consultée est la commission compétente à l'égard des agents titulaires exerçant les mêmes fonctions que l'agent non titulaire intéressé.

La décision de refus est motivée.

Art. R. 4615-19. Les dépenses prises en charge par l'établissement au titre de la formation des représentants du personnel au comité d'hygiène, de sécurité et des conditions de travail ne s'imputent pas sur le financement des actions de formation prévues par le décret n° 90-319 du 5 avril 1990 relatif à la formation professionnelle continue des agents de la fonction publique hospitalière.

Art. R. 4615-20. Les frais de déplacement et de séjour sont pris en charge par l'établissement dans les conditions applicables aux agents relevant du titre IV du statut général des fonctionnaires de l'État et des collectivités territoriales.

Art. R. 4615-21. Les dépenses relatives à la rémunération des organismes de formation sont prises en charge dans les conditions fixées par l'article R. 4614-34.

[Sanction pénale]

Art. L. 4742-1. Le fait de porter atteinte ou de tenter de porter atteinte soit à la constitution, soit à la libre désignation des membres, soit au fonctionnement régulier du comité d'hygiène, de sécurité et des conditions de travail, notamment par la méconnaissance des dispositions du livre IV de la deuxième partie relatives à la protection des représentants du personnel à ce comité, est puni d'un emprisonnement d'un an et d'une amende de 3750 €.

Note

• Les dispositions pénales de l'article L. 263-2-2 (ancien) CT relatives aux entraves au fonctionnement régulier des CHSCT, qui sont d'interprétation stricte, ne s'appliquent qu'aux organismes énumérés par ce texte. Ces dispositions ne peuvent, faute de mention dans ce texte, être étendues au bénéfice du comité de coordination, créé conformément à l'article L. 236-6 (ancien) du même code (cass. crim. 12 avril 2005, n° 04-83.101, B. crim. n° 129 ; *JSL* n° 171, 5 juillet 2005, p. 22 ; *Dr. Soc.* 2005, pp. 856 et s., obs. Fr. Duquesne ; *RJS* 11/05 n° 1114).

• Pour relaxer l'ancien président du conseil d'administration de l'Opéra de Paris du délit d'omission de constitution d'un CHSCT, une cour d'appel a pu énoncer que le prévenu avait désigné un nouveau directeur avec mission d'organiser les élections professionnelles, que les divergences syndicales et les procédures judiciaires engagées avaient retardé la mise en place du comité et qu'aucune faute n'était caractérisée à l'encontre du prévenu (cass. crim. 1er juin 1999, n° 98-80.866).

• Un accident grave dont a été victime un salarié n'avait pas été évoqué lors de la réunion du CHSCT tenue après sa survenance. Le fait que le CHSCT n'ait été informé qu'après l'intervention de l'inspecteur du travail lors d'une réunion ayant eu lieu 2 mois et demi après la précédente caractérise une méconnaissance de l'obligation d'information du CHSCT en connaissance de cause constitutive d'entrave au fonctionnement du CHSCT (cass. crim. 10 octobre 2000, n° 99-87.611).

• N'a pas justifié sa décision la cour d'appel qui a déclaré coupable d'entrave un cadre administratif pour avoir omis de consulter le CHSCT avant de procéder à des travaux d'aménagement de locaux et de modification de l'outil de travail, en se fondant sur une délégation de pouvoirs inopérante et sans rechercher si, dans l'exercice de ses fonctions de président du CHSCT, il avait personnellement porté atteinte au fonctionnement régulier de cet organe (cass. crim. 14 octobre 2003, n° 03-81.366, B. crim. n° 190).

• Sur l'entrave au fonctionnement du CHSCT du fait de l'absence de consultation sur une décision d'aménagement importante modifiant les conditions de travail, voir cass. crim. 9 mai 2001, n° 00-82.030 ; sur l'entrave à la constitution et au fonctionnement d'un CHSCT par l'empêchement délibéré de son fonctionnement pendant plus de trois mois, dans l'attente de la décision à intervenir sur la contestation de l'élection des membres du CHSCT, voir cass. crim. 25 février 2003, n° 02-82.293, B. crim. n° 53 ; *RJS* 6/03 n° 764 ; sur l'entrave constituée par le refus de l'employeur de régler les frais de déplacement des représentants du personnel travaillant sur des sites éloignés, ayant entraîné la restriction de la participation de ces salariés aux réunions organisées à l'initiative de l'employeur au siège social de l'entreprise, voir cass. crim. 22 novembre 2005, n° 04-87.451, B. crim. n° 307 ; *RJS* 2/06 n° 224.

TITRE II

SERVICES DE SANTÉ AU TRAVAIL

Note • La loi 2002-73 du 17 janvier 2002, art. 193 (JO 18) a remplacé dans ce titre (titre IV du livre II ancien) les mots « services de médecine du travail » et « services médicaux du travail » par « services de santé au travail » et les mots « service médical du travail » par « service de santé au travail ». Les décrets 2003-546 du 24 juin 2003 (JO 26) et 2004-760 du 28 juillet 2004 (JO 30) ont effectué ce changement dans la partie réglementaire du même titre.

• Voir notamment, sur la nature juridique de l'institution, *Dr. Soc.* 1980 « La médecine du travail : œuvre sociale », J. Pélissier, S. 23 et « Perspectives », P. Cabannes, S. 31 ; sur les obligations déontologiques des médecins du travail, se reporter notamment au décret 95-1000 du 6 septembre 2005 (JO 8) portant code de déontologie médicale ; « L'évolution de la médecine du travail », L. Doré, *Dr. Soc.* 2004, p. 931 ; « Les perspectives de la médecine du travail – Réflexion à partir d'une réforme », M. Babin, *Dr. Soc.* 2005, p. 653 ; rapport H. Gosselin « Aptitude et inaptitude au travail - Diagnostic et perspectives », *LS* 7 mai 2007, n° 117/2007.

Sur les conséquences du décret 2004-760 du 28 juillet 2004 relatif à la réforme de la médecine du travail, voir notamment rép. QE 47234, JO AN 13 décembre 2005, p. 11559.

Voir aussi « La médecine du travail est-elle menacée? » P. Frimat et F. Guillon, *RDT* 2011, p 86 ; « Pénurie de médecins du travail et visites médicales obligatoires – Quelles responsabilités? Quelles perspectives? » M-C Amauger-Lattes, *Dr. Soc.* 2011, p. 351.

• La loi 2011-867 du 20 juillet 2011(JO 24) relative à l'organisation de la médecine du travail remanie la mission et le fonctionnement des services de santé au travail, dont les services interentreprises. Elle prévoit notamment une assistance de l'employeur dans sa mission de prévention des risques professionnels et renforce le rôle et la protection du médecin du travail. Voir notamment *RF* 15 sept. 2011, FH 3413, p. 23 ; *JCP* éd. S 2011, 1421, M. Caron et P-Y Verkindt « La réforme de la médecine du travail n'est plus (tout à fait) un serpent de mer » ; 1422, M. Babin, « La réforme de la médecine du travail : quels changements pour l'entreprise ? » ; *RDT*, décembre 2011, ET, 682, « La loi 2011-867 du 20 juillet 2011 relative à l'organisation de la médecine du travail. Renforcement de la protection des salariés ou renforcement de l'autorité patronale sur les services de santé au travail », M. Véricel ; *JCP* éd. S 2011, 1541, « Un avenir pour la santé au travail sans "aptitude périodique" est possible... », S. Fantoni-Quinton, G. Leclercq, P-Y Verkindt, P. Frimat.

• Le décret 2012-137 du 30 janvier 2012 relatif à l'organisation et au fonctionnement des services de santé au travail qui entrera en vigueur le 1er juillet 2012, détermine les conditions d'organisation et de fonctionnement des services de santé au travail mentionnés à l'article L. 4622-17 CT, précise, en particulier, les différentes formes possibles de services (service de santé au travail de groupe, d'entreprise, d'établissement, interentreprises, etc.), les conditions de leur création ainsi que leurs relations avec les directions régionales de la concurrence, de la consommation, du travail et de l'emploi, le rôle et les modalités de fonctionnement de la commission médico-technique et des instances de surveillance et de consultation. Le décret 2012-135 du 30 janvier 2012 (JO 31) relatif à l'organisation de la médecine du travail qui entrera en vigueur le 1er juillet 2012, précise les missions des services de santé au travail interentreprises, notamment celles du médecin du travail et définit les actions et moyens des différents membres de l'équipe pluridisciplinaire. Il prévoit en outre les modalités du suivi individuel de l'état de santé du salarié (surveillances médicales périodique et renforcée) et précise les conditions d'exercice de la fonction d'intervenant en prévention des risques professionnels externes aux services de santé au travail.

• S'agissant du droit communautaire, se reporter à la recommandation de la Commission aux États membres du 20 juillet 1962 relative à la médecine du travail dans l'entreprise (JOCE 31 août ; « Code annoté européen du travail », *Groupe Revue Fiduciaire*, éd. 2010, p. 585). Voir aussi directive 89/391/CEE du 12 juin 1989 relative à la mise en œuvre de mesures visant à promouvoir l'amélioration de la sécurité et de la santé des travailleurs au travail (JOCE L 183 du 29 juin 1989 ; « Code annoté européen du travail » précité, p. 595).

• Sur les problèmes que posent les déclarations d'inaptitude au travail et les propositions que peuvent faire les médecins du travail (art. L. 4624-1) pour maintenir dans l'entreprise les salariés devenus inaptes à reprendre leur emploi, voir notes sous art. L. 1226-4 et 10 et L. 4624-1 (protection de l'emploi des salariés victimes d'accidents du travail).

CHAPITRE Ier

Champ d'application

Art. L. 4621-1. Les dispositions du présent livre sont applicables aux employeurs de droit privé ainsi qu'aux travailleurs.

(L. 2009-526 du 12 mai 2009, JO 13) « Elles sont également applicables aux établissements mentionnés aux 1°, 2° et 3° de l'article L. 4111-1. »

Note • Sont notamment assujettis à la médecine du travail :
– toutes les entreprises du secteur agricole. À noter que pour les entreprises et établissements agricoles, les services de santé au travail sont organisés, conformément aux dispositions des articles L. 717-1 à 6 et R. 717-1 à 73 du code rural et de la pêche maritime ; voir aussi arrêté du 20 octobre 2004 (JO 6 nov.) fixant la liste des travaux effectués dans les entreprises agricoles et nécessitant une surveillance médicale ;
– les entreprises de transport dont le personnel est régi par un statut ;
– les mines, minières et carrières (art. 212 et s. c. minier) ;
– les entreprises de travail temporaire (art. D. 4625-1 à 21). Mais si l'activité exercée par un utilisateur de main-d'œuvre temporaire nécessite une surveillance médicale spéciale, c'est à ce dernier qu'il incombe de faire procéder aux examens y afférents (art. L. 1251-22) ;
– les entreprises foraines (art. D. 4622-26 et R. 4624-15) ;
– les employeurs occupant des apprentis ;
– les personnes occupant des concierges, employés d'immeubles ou femmes de ménage d'immeubles à usage d'habitation ainsi que celles occupant des employés de maison (art. L. 7211-3, L. 7221-2 et R. 7214-1 à 21).

La Cour de cassation a jugé qu'il résultait des articles L. 7221-2 et L. 3123-11 CT que les salariés employés de maison à temps partiel doivent bénéficier, comme les salariés employés de maison à temps complet, de la surveillance médicale [définie au titre II du livre VI de la quatrième partie] CT (cass. soc. 28 septembre 2011, n° 10-14.284, *JCP* éd. S 2011, 1520, note D. Boulmier ; *JSL* n° 309, 18 novembre 2011, pp. 29 et s., N. Gardair-Rérolle ; *RJS* 12/11 n° 1020).

• La surveillance médicale de catégories particulières de travailleurs est précisée par la loi 2011-867 du 20 juillet 2011 (JO 24) aux articles L. 4625-1 et 2.

• Des dispositions particulières existent par ailleurs, concernant notamment les femmes enceintes, les mères dans les six mois qui suivent leur accouchement et pendant la durée de l'allaitement, les handicapés, les travailleurs de moins de 18 ans, les migrants récents, les salariés des groupements d'employeurs, les départements d'outre-mer.

• En ce qui concerne les gérants non salariés auxquels est applicable le statut fixé par les articles L. 7322-1 et s., le ministre chargé du travail considère qu'ils ne relèvent pas de la médecine du travail (lettre min. 75-135).

• Les dispositions du code du travail relatives à la médecine du travail s'appliquent aux fonctionnaires et agents non titulaires des offices publics de l'habitat (loi 84-53 du 26 janvier 1984, art. 120, modifié par ordonnance 2007-137 du 1er février 2007, art. 3).

• Voir « Les bases juridiques dans les différentes médecines du travail », Dr P. Loiret, G. Arnaud et M. Saux, *Gaz. Pal.* 1994, 2, doctr. 1112.

Art. R. 4621-1. Les dispositions du présent titre ne s'appliquent pas aux entreprises et établissements agricoles, dont les services de santé au travail sont régis par le livre VII du code rural ***(Ord. 2010-462 du 6 mai 2010, JO 7)*** « et de la pêche maritime ».

Art. L. 4622-1.

Note Cet article est remplacé, **à compter du 01.07.2012**, par l'article R. 4621-1 en italique ci-dessous.

Art. R. 4621-1. ***(D. 2012-135 du 30 janv. 2012, JO 31, entrée en vigueur le 01.07.2012)*** *Les dispositions du présent titre ne s'appliquent pas aux entreprises et établissements agricoles, dont les services de santé au travail sont régis par le livre VII du code rural et de la pêche maritime.*

CHAPITRE II

Missions et organisation

SECTION 1. Principes

Art. L. 4622-1. Les employeurs relevant du présent titre organisent des services de santé au travail.

Art. L. 4622-2. ***(L. 2011-867 du 20 juil. 2011, art. 1er, JO 24)*** Les services de santé au travail ont pour mission exclusive d'éviter toute altération de la santé des travailleurs du fait de leur travail. À cette fin, ils :

1° Conduisent les actions de santé au travail, dans le but de préserver la santé physique et mentale des travailleurs tout au long de leur parcours professionnel ;

2° Conseillent les employeurs, les travailleurs et leurs représentants sur les dispositions et mesures nécessaires afin d'éviter ou de diminuer les risques professionnels, d'améliorer les conditions de travail, de prévenir la consommation d'alcool et de drogue sur le lieu de travail, de prévenir ou de réduire la pénibilité au travail et la désinsertion professionnelle et de contribuer au maintien dans l'emploi des travailleurs ;

3° Assurent la surveillance de l'état de santé des travailleurs en fonction des risques concernant leur sécurité et leur santé au travail, de la pénibilité au travail et de leur âge ;

4° Participent au suivi et contribuent à la traçabilité des expositions professionnelles et à la veille sanitaire.

Art. L. 4622-3. Le rôle du médecin du travail est exclusivement préventif. Il consiste à éviter toute altération de la santé des travailleurs du fait de leur travail, notamment en surveillant leurs conditions d'hygiène au travail, les risques de contagion et leur état de santé.

Art. L. 4622-4. ***(L. 2011-867 du 20 juil. 2011, art. 1er, JO 24)*** Dans les services de santé au travail autres que ceux mentionnés à l'article L. 4622-7, les missions définies à l'article L. 4622-2 sont exercées par les médecins du travail en toute indépendance. Ils mènent leurs actions en coordination avec les employeurs, les membres du comité d'hygiène, de sécurité et des conditions de travail ou les délégués du personnel et les personnes ou organismes mentionnés à l'article L. 4644-1.

Note • Le syndicat national professionnel des médecins du travail n'est pas fondé à demander l'annulation du décret du 24 juin 2003 pris pour l'application de l'article L. 241-2 (ancien) CT. En premier lieu, l'instauration au profit d'intervenants en prévention des risques professionnels d'un statut protecteur analogue à celui dont bénéficient les salariés protégés relève des principes fondamentaux du droit du travail au sens de l'article 34 de la Constitution et, donc, de la compétence du législateur. En conséquence, elle ne pouvait figurer dans le décret. En deuxième lieu, les garanties reconnues à ces intervenants par les dispositions du décret ne sont pas incompatibles avec les objectifs de la directive 89/391/CEE du Conseil en date du 12 juin 1989 concernant la mise en œuvre de mesures visant à promouvoir l'amélioration de la sécurité et de la santé des travailleurs au travail. En troisième lieu, en ouvrant aux intervenants un droit d'accès aux informations relatives aux risques pour la santé dans des conditions de nature à garantir le caractère confidentiel des données individuelles, les dispositions du décret ne sauraient porter atteinte au respect du secret médical à l'égard des salariés, dont la garantie est assurée par les dispositions de l'article 226-13 c. pén. Enfin, les dispositions du décret qui précisent les relations entre le médecin du travail et les intervenants n'excluent pas que soient transmises aux médecins du travail toutes les informations relatives aux risques professionnels (CE 20 octobre 2004, n° 258379, *RJS* 1/05 n° 49).

• L'article 7 § 1 de la directive 89/391/CEE relatif aux services de protection et de prévention prévoit que l'employeur désigne un ou plusieurs travailleurs pour s'occuper des activités de protection et des activités de prévention des risques professionnels de l'entreprise et/ou de l'établissement. L'article 7 § 5 prévoit que les travailleurs désignés doivent avoir les capacités nécessaires et disposer des moyens requis pour prendre en charge des activités de protection et de prévention, en tenant compte de la taille de l'entreprise et/ou de l'établissement et/ou des risques auxquels les travailleurs sont exposés ainsi que de leur répartition dans l'ensemble de l'entreprise et/ou de l'établissement. L'article 7 § 8 dispose qu'il incombe aux États membres de définir ces capacités et aptitudes, sans toutefois renvoyer à des critères ou à d'autres éléments pour éclairer les États membres dans la transposition de cette disposition.

Il ne saurait être prétendu qu'il est nécessaire que la législation nationale transposant les dispositions en cause contienne une référence à une constatation objective de ce que l'intéressé a suivi une formation appropriée ou qu'il a effectivement acquis l'expérience et les connaissances requises pour les tâches en question que si l'objectif de protection de la sécurité et de la santé des travailleurs au travail ne saurait être atteint par d'autres moyens. Il y a lieu de vérifier si la définition des capacités et aptitudes retenue par le royaume de Suède satisfait aux exigences et aux objectifs de la directive. Il en ressort que l'employeur dispose d'indications suffisantes pour lui permettre de déterminer le niveau des capacités et aptitudes nécessaires aux travailleurs chargés de la sécurité, ainsi que du contenu de la formation dont ils doivent bénéficier le cas échéant. Au vu de ces considérations, il y a lieu de conclure que la Commission n'a pas établi que les dispositions suédoises définissant les capacités et aptitudes nécessaires pour les personnes désignées afin de mettre en œuvre les mesures de prévention et les mesures de protection en ce qui concerne la santé et la sécurité ne répondent pas à l'objectif spécifique de l'article 7 § 8 de la directive (CJCE 15 juin 2006, aff. C-459/04, rec. p. I-79 ; JOUE C 190/4 du 12.08.2006 ; *JCP* éd. S 2006, 1636, note J. Cavallini).

Art. L. 4622-5. Selon l'importance des entreprises, les services de santé au travail peuvent être propres à une seule entreprise ou communs à plusieurs.

Art. L. 4622-6. Les dépenses afférentes aux services de santé au travail sont à la charge des employeurs.

Dans le cas de services communs à plusieurs entreprises, ces frais sont répartis proportionnellement au nombre des salariés.

Note Sur l'harmonisation sur le territoire des frais des services de santé au travail par les entreprises adhérentes, voir rép. QE 64926, JO AN 13 décembre 2005, p. 11565.

SECTION 2. Services de santé au travail interentreprises

Art. L. 4622-7. Lorsque le service de santé au travail est assuré par un groupement ou organisme distinct de l'établissement employant les travailleurs bénéficiaires de ce service, les responsables de ce groupement ou de cet organisme sont soumis, dans les mêmes conditions que l'employeur et sous les mêmes sanctions, aux prescriptions du présent titre.

Art. L. 4622-8. ***(L. 2011-867 du 20 juil. 2011, art. 1er, JO 24)*** Les missions des services de santé au travail sont assurées par une équipe pluridisciplinaire de santé au travail comprenant des médecins du travail, des intervenants en prévention des risques professionnels et des infirmiers. Ces équipes peuvent être complétées par des assistants de services de santé au travail et des professionnels recrutés après avis des médecins du travail. Les médecins du travail animent et coordonnent l'équipe pluridisciplinaire.

Art. L. 4622-9. ***(L. 2011-867 du 20 juil. 2011, art. 1er, JO 24)*** Les services de santé au travail comprennent un service social du travail ou coordonnent leurs actions avec celles des services sociaux du travail prévus à l'article L. 4631-1.

Art. L. 4622-10. ***(L. 2011-867 du 20 juil. 2011, art. 1er, JO 24)*** Les priorités des services de santé au travail sont précisées, dans le respect des missions générales prévues à l'article L. 4622-2, des orientations de la politique nationale en matière de protection et de promotion de la santé et de la sécurité au travail, d'amélioration des conditions de travail, ainsi que de son volet régional, et en fonction des réalités locales, dans le cadre d'un contrat pluriannuel d'objectifs et de moyens conclu entre le service, d'une part, l'autorité administrative et les organismes de sécurité sociale compétents, d'autre part, après avis des organisations d'employeurs, des organisations syndicales de salariés représentatives au niveau national et des agences régionales de santé.

Les conventions prévues à l'article L. 422-6 du code de la sécurité sociale sont annexées à ce contrat.

La durée, les conditions de mise en œuvre et les modalités de révision des contrats d'objectifs et de moyens prévus au premier alinéa sont déterminées par décret.

Art. L. 4622-11. ***(L. 2011-867 du 20 juil. 2011, art. 3, JO 24)*** Le service de santé au travail est administré paritairement par un conseil composé :

1° De représentants des employeurs désignés par les entreprises adhérentes ;

2° De représentants des salariés des entreprises adhérentes, désignés par les organisations syndicales représentatives au niveau national et interprofessionnel.

Le président, qui dispose d'une voix prépondérante en cas de partage des voix, est élu parmi les représentants mentionnés au 1°. Il doit être en activité.

Le trésorier est élu parmi les représentants mentionnés au 2°.

Les modalités d'application du présent article sont déterminées par décret.

Art. L. 4622-12. ***(L. 2011-867 du 20 juil. 2011, art. 4, JO 24)*** L'organisation et la gestion du service de santé au travail sont placées sous la surveillance :

1° Soit d'un comité interentreprises constitué par les comités d'entreprise intéressés ;

2° Soit d'une commission de contrôle composée pour un tiers de représentants des employeurs et pour deux tiers de représentants des salariés. Son président est élu parmi les représentants des salariés.

Art. L. 4622-13. ***(L. 2011-867 du 20 juil. 2011, art. 5, JO 24)*** Dans le service de santé au travail interentreprises, une commission médico-technique a pour mission de formuler des propositions relatives aux priorités du service et aux actions à caractère pluridisciplinaire conduites par ses membres.

Art. L. 4622-14. ***(L. 2011-867 du 20 juil. 2011, art. 5, JO 24)*** Le service de santé au travail interentreprises élabore, au sein de la commission médico-technique, un projet de service pluriannuel qui définit les priorités d'action du service et qui s'inscrit dans le cadre du contrat d'objectifs et de moyens prévu à l'article L. 4622-10. Le projet est soumis à l'approbation du conseil d'administration.

Art. L. 4622-15. ***(L. 2011-867 du 20 juil. 2011, art. 11, JO 24)*** Toute convention intervenant directement ou par personne interposée entre le service de santé au travail et son président, son directeur ou l'un de ses administrateurs doit être soumise à l'autorisation préalable du conseil d'administration.

Il en est de même des conventions auxquelles une des personnes visées au premier alinéa est indirectement intéressée.

Sont également soumises à autorisation préalable les conventions intervenant entre le service de santé au travail et une entreprise si le président, le directeur ou l'un des administrateurs du service de santé au travail est propriétaire, associé indéfiniment responsable, gérant, administrateur, membre du conseil de surveillance ou, de façon générale, dirigeant de cette entreprise.

Lorsque les trois premiers alinéas sont applicables au président du service de santé au travail ou à l'un de ses administrateurs, il ne peut prendre part au vote sur l'autorisation sollicitée.

Lorsque les conventions portent sur des opérations courantes ou conclues à des conditions usuelles, elles font uniquement l'objet d'une communication au président et aux membres du conseil d'administration.

Art. L. 4622-16. ***(L. 2011-867 du 20 juil. 2011, art. 13, JO 24)*** Le directeur du service de santé au travail interentreprises met en œuvre, en lien avec l'équipe pluridisciplinaire de santé au travail et sous l'autorité du président, les actions approuvées par le conseil d'administration dans le cadre du projet de service pluriannuel.

SECTION 3. Dispositions d'application

Art. L. 4622-17. Des décrets déterminent les conditions d'organisation et de fonctionnement des services de santé au travail ainsi que les adaptations à ces conditions dans les services de santé des établissements de santé, sociaux et médico-sociaux.

Note Cet article est l'ancien article L. 4622-8 renuméroté par la loi 2011-867 du 20 juillet 2011, art. 1er, 3°, JO 24. Voir décrets précités ci-avant sous Titre II « Services de santé au travail ».

[Dispositions réglementaires]

Note Ce chapitre II « Missions et organisation » de la partie réglementaire est remplacé, **à compter du 01.07.2012**, par le chapitre II figurant à la suite en italique (après l'article D. 4622-76).

SECTION 1. Organisation des services de santé au travail

Note • Les dispositions réglementaires concernant l'organisation et le fonctionnement des services de santé au travail résultent principalement des décrets 79-231 du 20 mars 1979 (JO 22), 85-947 du 16 août 1985 (JO 8 sept.), 86-569 du 14 mars 1986 (JO 17), [entré en vigueur le 1er janvier 1987, suspendu et à nouveau applicable au 1er janvier 1989], 88-1198 du 28 décembre 1988 (JO 30), 2003-546 du 24 juin 2003 (JO 26) et 2004-760 du 28 juillet 2004 (JO 30) relatif à la réforme de la médecine du travail. Ce décret s'applique dans les départements d'outre-mer et à Saint-Pierre-et-Miquelon. Il modifie notamment la périodicité des examens médicaux, les critères de mise en place des services de santé et le statut du médecin du travail.

Voir aussi circulaire DRT 03 du 7 avril 2005 sur la réforme de la médecine du travail (BO TR 2005/5 du 30 mai 2005) ; circulaire DGT 01 du 5 février 2007 relative à l'application de la santé au travail à destination des salariés et des sites éloignés.

La loi 2011-867 du 20 juillet 2011 (JO 24) a réformé en dernier lieu l'organisation de la médecine du travail. Voir décrets 2012-137 et 135 du 30 janvier 2012 (JO 31) respectivement relatifs à l'organisation et au fonctionnement des services de santé au travail et à l'organisation de la médecine du travail qui entreront en vigueur le 1er juillet 2012.

• **Commissions régionales de médecine du travail.** Le décret 86-568 du 14 mars 1986 (JO 18) portant création de commissions régionales de la médecine du travail est abrogé. Les rapports soumis aux commissions régionales de la médecine du travail à la date de publication du présent décret sont transférés aux comités régionaux de la prévention des risques professionnels dès leur installation (décret 2007-761 du 10 mai 2007 relatif aux comités régionaux de la prévention des risques professionnels, art. 4).

Art. L. 4622-17.

Art. D. 4622-1. Le service de santé au travail est organisé sous la forme :

1° Soit d'un service de santé au travail d'entreprise, un service de santé au travail interétablissements en cas de pluralité d'établissements, un service de santé au travail d'établissement ou un service de santé au travail commun aux entreprises constituant une unité économique et sociale ;

2° Soit d'un service de santé au travail interentreprises.

Art. D. 4622-2. Lorsque, pour organiser le service de santé au travail, l'entreprise a le choix entre les deux formes de service prévues à l'article D. 4622-1, ce choix est fait par l'employeur.

Le comité d'entreprise ou, à défaut, les délégués du personnel préalablement consultés peuvent s'opposer à cette décision. L'opposition est motivée.

> *Note* L'absence de consultation du comité d'entreprise ou le fait de ne pas prendre en considération son opposition est de nature à caractériser le délit d'entrave.

Art. D. 4622-3. Lorsque le comité d'entreprise ou les délégués du personnel se sont opposés à la décision de l'employeur, cette décision est subordonnée à l'autorisation du ***(D. 2009-1377 du 10 nov. 2009, JO 13 ; D. 2010-687 du 24 juin 2010, JO 25 ; voir D. 2010-1582 du 17 déc. 2010, JO 18, pour outre-mer)*** « directeur régional des entreprises, de la concurrence, de la consommation, du travail et de l'emploi ».

Le ***(D. 2009-1377 du 10 nov. 2009, JO 13 ; D. 2010-687 du 24 juin 2010, JO 25 ; voir D. 2010-1582 du 17 déc. 2010, JO 18, pour outre-mer)*** « directeur régional des entreprises, de la concurrence, de la consommation, du travail et de l'emploi » se prononce après avis du médecin inspecteur du travail.

Art. R. 4622-4. La demande d'autorisation adressée au ***(D. 2009-1377 du 10 nov. 2009, JO 13 ; D. 2010-687 du 24 juin 2010, JO 25 ; voir D. 2010-1582 du 17 déc. 2010, JO 18, pour outre-mer)*** « directeur régional des entreprises, de la concurrence, de la consommation, du travail et de l'emploi » est accompagnée du procès-verbal de la réunion du comité d'entreprise ou de l'avis des délégués du personnel. Elle précise les raisons du choix opéré par l'employeur.

L'autorisation est réputée accordée si aucune réponse n'a été notifiée à l'employeur dans le délai d'un mois à compter de la réception de sa demande.

Les autorisations et les refus d'autorisation sont motivés. En cas d'autorisation implicite, les motifs sont fournis, sur demande, dans le délai d'un mois.

SECTION 2. Services de santé au travail d'entreprise ou commun aux entreprises constituant une unité économique et sociale

Sous-section 1. Mise en place et administration

§ 1. Services de santé au travail d'entreprise

Art. D. 4622-5. Un service de santé au travail d'entreprise ou d'établissement est mis en place lorsque l'effectif de salariés placés sous surveillance médicale ou le nombre d'examens médicaux pratiqués atteint ou dépasse les deux tiers des plafonds mentionnés à l'article R. 4623-10.

Ce service de santé au travail peut également être mis en place lorsque l'effectif de salariés suivis ou le nombre d'examens médicaux pratiqués dépasse le huitième de l'un de ces plafonds.

> *Note* • Les dispositions de cet article sont entrées en vigueur un an après sa publication (soit le 30 juillet 2005) pour les services de santé au travail existant à la date de cette publication (décret 2004-760 du 28 juillet 2004, art. 32, I).
>
> • S'agissant de « l'effectif de salariés placés sous surveillance médicale », voir circulaire DRT 03 du 7 avril 2005 sur la réforme de la médecine du travail – définition au début du II de ladite circulaire (BO TR 2005/5 du 30 mai 2005).

Art. D. 4622-6. Le service de santé au travail est administré par l'employeur sous la surveillance du comité d'entreprise ou d'établissement.

À ce titre, le comité est saisi pour avis des questions relatives à l'organisation et au fonctionnement du service de santé au travail.

Le comité présente ses observations sur le rapport annuel mentionné à l'article D. 4622-70, relatif à l'organisation, au fonctionnement, à la gestion financière du service de santé au travail et sur les rapports d'activité des médecins du travail.

Art. D. 4622-7. Le comité d'entreprise ou d'établissement est informé des observations formulées et des mises en demeure notifiées par l'inspection du travail dans le domaine de la santé au travail ainsi que des observations d'ordre technique faites par l'inspection médicale du travail.

Art. D. 4622-8. Des modalités particulières de gestion du service de santé au travail peuvent être établies par accord entre l'employeur et le comité d'entreprise ou d'établissement.

§ 2. Services de santé au travail interétablissements

Art. D. 4622-9. Un service de santé au travail interétablissements peut être créé entre plusieurs établissements d'une entreprise lorsque l'effectif de salariés placés sous surveillance médicale ou le nombre d'examens médicaux pratiqués dépasse le huitième des plafonds mentionnés aux 1° et 2° de l'article R. 4623-9.

La création de ce service est subordonnée à l'application des dispositions de la section 1 ainsi qu'aux conditions d'agrément prévues à la sous-section 2.

Art. D. 4622-10. Le service de santé au travail interétablissements est administré par l'employeur sous la surveillance du comité central d'entreprise et des comités d'établissement intéressés.

Art. D. 4622-11. Chaque comité d'établissement du service de santé au travail interétablissements a des attributions identiques à celles définies aux articles D. 4622-6 à D. 4622-8 pour ce qui concerne l'organisation et le fonctionnement du service de santé au travail dans l'établissement.

Art. D. 4622-12. Le comité central d'entreprise présente ses observations sur le rapport annuel relatif à l'organisation, au fonctionnement, à la gestion financière du service de santé au travail interétablissements de l'entreprise et sur les rapports d'activité des médecins du travail.

§ 3. Services de santé au travail communs aux entreprises constituant une unité économique et sociale

Art. D. 4622-13. Lorsqu'une unité économique et sociale a été reconnue entre des entreprises distinctes dans les conditions prévues à l'article L. 2322-4 et que soit l'effectif de salariés suivis, soit le nombre d'examens médicaux pratiqués dépasse la moitié des plafonds mentionnés aux articles R. 4623-9 et R. 4623-10, un service de santé au travail commun à ces entreprises peut être créé.

Ce service est institué par un accord conclu entre les employeurs et les organisations syndicales représentatives au niveau national intéressées.

Art. D. 4622-14. Excepté dans le cas où il est administré paritairement du fait de l'accord conclu par l'employeur, le service de santé au travail est placé sous la surveillance du comité d'entreprise commun qui exerce alors les attributions prévues aux articles D. 4622-6 à D. 4622-8.

Sous-section 2. Agrément

Art. D. 4622-15. Le service de santé au travail d'entreprise ou d'établissement ou commun aux entreprises constituant une unité économique et sociale fait, après avis du médecin inspecteur du travail, l'objet d'un agrément préalable par le ***(D. 2009-1377 du 10 nov. 2009, JO 13 ; D. 2010-687 du 24 juin 2010, JO 25 ; voir D. 2010-1582 du 17 déc. 2010, JO 18, pour outre-mer)*** « directeur régional des entreprises, de la concurrence, de la consommation, du travail et de l'emploi ».

La demande d'agrément est renouvelée tous les cinq ans.

Les demandes d'agrément et de renouvellement d'agrément sont accompagnées d'un dossier dont les éléments sont déterminés par arrêté du ministre chargé du travail.

Note Les agréments délivrés en application des dispositions des articles D. 4622-15 et D. 4622-36 CT dans leur rédaction antérieure au décret 2012-137 du 30 janvier 2012, JO 31 (entrée en vigueur le 01.07.2012) restent valables jusqu'à la date de leur échéance.

Art. R. 4622-16. Le silence gardé pendant plus de quatre mois sur une demande d'agrément ou de renouvellement d'agrément vaut décision de rejet.

Le silence gardé pendant plus de quatre mois par le ministre chargé du travail saisi d'un recours hiérarchique sur une décision prise en application du présent article vaut décision de rejet.

Art. D. 4622-17. Le ***(D. 2009-1377 du 10 nov. 2009, JO 13 ; D. 2010-687 du 24 juin 2010, JO 25 ; voir D. 2010-1582 du 17 déc. 2010, JO 18, pour outre-mer)*** « directeur régional des entreprises, de la concurrence, de la consommation, du travail et de l'emploi » peut autoriser le rattachement, au service de santé au travail qu'il agrée, d'un établissement de l'entreprise situé dans le ressort d'une autre région, sous réserve de l'accord du directeur régional géographiquement compétent.

Art. D. 4622-18. L'agrément d'un service de santé au travail ne peut être refusé que pour des motifs tirés de la non-conformité aux prescriptions du présent titre.

Tout refus d'agrément est motivé.

Art. D. 4622-19. Lorsque le ***(D. 2009-1377 du 10 nov. 2009, JO 13 ; D. 2010-687 du 24 juin 2010, JO 25 ; voir D. 2010-1582 du 17 déc. 2010, JO 18, pour outre-mer)*** « directeur régional des entreprises, de la concurrence, de la consommation, du travail et de l'emploi » constate que les conditions de fonctionnement du service de santé au travail d'entreprise ou d'établissement ne satisfont pas aux obligations résultant des prescriptions du présent titre, il peut, après avis du médecin-inspecteur du travail et sous réserve d'un engagement précis et daté de mise en conformité de la part de l'employeur :

1° Mettre fin à l'agrément précédemment accordé ;

2° Délivrer un agrément pour une durée maximale d'un an, non renouvelable. Si, à l'issue de cette période, l'employeur satisfait à ces obligations, l'agrément lui est accordé pour cinq ans.

Art. D. 4622-20. Lorsque sont constatées des infractions au présent titre, le ***(D. 2009-1377 du 10 nov. 2009, JO 13 ; D. 2010-687 du 24 juin 2010, JO 25 ; voir D. 2010-1582 du 17 déc. 2010, JO 18, pour outre-mer)*** « directeur régional des entreprises, de la concurrence, de la consommation, du travail et de l'emploi » peut, sur le rapport de l'inspecteur du travail et après avis du médecin inspecteur du travail, retirer, par une décision motivée, les agréments délivrés en application de la présente sous-section.

Cette mesure ne peut intervenir que lorsque l'employeur, préalablement invité par lettre recommandée avec avis de réception à faire cesser l'infraction dans un délai fixé par le directeur régional à six mois au maximum, n'a pas accompli dans ce délai les diligences nécessaires.

Art. D. 4622-21. En cas de réduction de l'effectif au-dessous des plafonds prévus aux articles D. 4622-5 et D. 4622-9, le ***(D. 2009-1377 du 10 nov. 2009, JO 13 ; D. 2010-687 du 24 juin 2010, JO 25 ; voir D. 2010-1582 du 17 déc. 2010, JO 18, pour outre-mer)*** « directeur régional des entreprises, de la concurrence, de la consommation, du travail et de l'emploi » peut autoriser le maintien du service de santé au travail, après avis, selon le cas, du comité d'entreprise, du comité d'établissement ou du comité central d'entreprise.

SECTION 3. Services de santé au travail interentreprises

Sous-section 1. Organisation du service de santé au travail

§ 1. Mise en place et administration

Art. D. 4622-22. Les entreprises et établissements qui ne relèvent pas d'un service de santé au travail d'entreprise ou d'établissement ou d'un service de santé au travail interétablissement[s], en application des dispositions des articles D. 4622-5 et D. 4622-9, organisent ou adhèrent à un service de santé au travail interentreprises.

Note Les dispositions de cet article, dans sa rédaction issue de l'article 6 du décret 2004-760 précité, sont entrées en vigueur un an après sa publication (soit le 30 juillet 2005) pour les services de santé au travail existant à la date de cette publication (décret 2004-760 précité, art. 32, I).

Art. D. 4622-23. Le service de santé au travail interentreprises a pour objet exclusif la pratique de la médecine du travail. Il est constitué sous la forme d'un organisme à but non lucratif, doté de la personnalité civile et de l'autonomie financière.

Il est administré par le président de cet organisme, sous la surveillance du comité interentreprises ou de la commission de contrôle mentionnée à l'article D. 4622-42.

Des modalités particulières de gestion peuvent être établies par accord entre le président du service de santé au travail interentreprises et le comité interentreprises ou, à défaut, les organisations syndicales de salariés intéressées représentatives au niveau national.

Note Les associations gérant un service interentreprises de médecine du travail doivent être regardées comme exerçant, dans le seul intérêt des entreprises adhérentes, une activité à caractère lucratif, et sont donc passibles de l'impôt sur les sociétés, de l'imposition forfaitaire annuelle, de la taxe d'apprentissage et de la taxe professionnelle. Ces associations sont assujetties à la TVA (CE 6 avril 1998, n° 173776).

Art. D. 4622-24. Lorsqu'ils ont conclu un accord de coopération pour la mise en œuvre des mesures de prévention relatives à la santé et à la sécurité de leurs salariés, des établissements travaillant sur un même site et appartenant à des entreprises différentes peuvent constituer un service de santé au travail, par dérogation aux dispositions des articles D. 4622-5 et D. 4622-9.

La création de ce service est autorisée par le ***(D. 2009-1377 du 10 nov. 2009, JO 13 ; D. 2010-687 du 24 juin 2010, JO 25 ; voir D. 2010-1582 du 17 déc. 2010, JO 18, pour outre-mer)*** « directeur régional des entreprises, de la concurrence, de la consommation, du travail et de l'emploi », après consultation des comités d'entreprise ou d'établissement intéressés et lorsque l'effectif des salariés suivis ou le nombre d'examens médicaux pratiqués atteint les deux tiers des plafonds mentionnés à l'article R. 4623-10.

Art. R. 4622-25. Le comité d'entreprise est consulté sur le choix du service de santé au travail interentreprises.

Art. D. 4622-26. Les entreprises foraines adhèrent à un service de santé au travail interentreprises territorialement compétent :

1° Soit pour la commune de résidence ou pour la commune de rattachement de l'employeur ;

2° Soit pour l'une des communes où l'entreprise exerce habituellement son activité.

Art. D. 4622-27. Des membres représentants du personnel de la commission de contrôle participent, avec voix délibérative, au conseil d'administration des services interentreprises de santé au travail à raison d'un tiers des sièges du conseil.

Un compte rendu de chaque réunion du conseil d'administration est adressé au ***(D. 2009-1377 du 10 nov. 2009, JO 13 ; D. 2010-687 du 24 juin 2010, JO 25 ; voir D. 2010-1582 du 17 déc. 2010, JO 18, pour outre-mer)*** « directeur régional des entreprises, de la concurrence, de la consommation, du travail et de l'emploi ».

Art. D. 4622-28. Le service de santé au travail interentreprise[s] fait connaître au ***(D. 2009-1377 du 10 nov. 2009, JO 13 ; D. 2010-687 du 24 juin 2010, JO 25 ; voir D. 2010-1582 du 17 déc. 2010, JO 18, pour outre-mer)*** « directeur régional des entreprises, de la concurrence, de la consommation, du travail et de l'emploi », dans les trois mois, tous changements survenus dans son administration ou sa direction, ainsi que toute modification apportée à ses statuts et règlement intérieur.

Art. D. 4622-29. Sauf avis contraire du ***(D. 2009-1377 du 10 nov. 2009, JO 13 ; D. 2010-687 du 24 juin 2010, JO 25 ; voir D. 2010-1582 du 17 déc. 2010, JO 18, pour outre-mer)*** « directeur régional des entreprises, de la concurrence, de la consommation, du travail et de l'emploi », un service de santé au travail interentreprises ne peut s'opposer à l'adhésion d'une entreprise relevant de sa compétence.

§ 2. Cessation d'adhésion

Art. D. 4622-30. La cessation de l'adhésion à un service de santé au travail interentreprises est décidée par l'employeur, sauf opposition du comité d'entreprise ou, à défaut, des délégués du personnel préalablement consultés. L'opposition est motivée.

La décision de l'employeur est subordonnée à l'autorisation du ***(D. 2009-1377 du 10 nov. 2009, JO 13 ; D. 2010-687 du 24 juin 2010, JO 25 ; voir D. 2010-1582 du 17 déc. 2010, JO 18, pour outre-mer)*** « directeur régional des entreprises, de la concurrence, de la consommation, du travail et de l'emploi » qui se prononce après avis du médecin inspecteur du travail.

Note La cessation de l'adhésion au service médical interentreprises existant n'ayant pas été inscrite à l'ordre du jour de la réunion du comité d'entreprise, le comité ne pouvait valablement délibérer à ce sujet. Doit être cassé l'arrêt ayant rejeté la demande du comité tendant à la suspension de la procédure relative à la cessation de l'adhésion au service médical interentreprises et à la reprise d'une nouvelle consultation sans constater que, lors de la deuxième réunion, l'ordre du jour avait été arrêté par l'employeur et le secrétaire du comité ou que le comité était réuni à la majorité de ses membres sur cette question (cass. soc. 9 juillet 1996, n° 94-17.628, BC V n° 271 ; *RJS* 11/96 n° 1187).

Art. R. 4622-31. La demande d'autorisation de cessation d'adhésion à un service de santé au travail interentreprises, en cas d'opposition, est accompagnée du procès-verbal de la réunion du comité d'entreprise ou de l'avis des délégués du personnel. Cette demande précise les motifs de l'employeur.

L'autorisation est réputée accordée si aucune réponse n'a été notifiée à l'employeur dans le délai d'un mois à compter de la réception de sa demande.

L'autorisation et le refus d'autorisation sont motivés. En cas d'autorisation implicite, les motifs sont fournis, sur demande, dans le délai d'un mois.

§ 3. Secteurs médicaux

Art. D. 4622-32. Le service de santé au travail interentreprises est organisé en secteurs médicaux soit géographiques et professionnels, soit géographiques et interprofessionnels.

Art. D. 4622-33. Le nombre de médecins du travail affectés à un secteur médical ne peut être supérieur à celui correspondant à l'emploi de six médecins du travail à temps complet, sans que leur nombre puisse excéder huit.

Le ***(D. 2009-1377 du 10 nov. 2009, JO 13 ; D. 2010-687 du 24 juin 2010, JO 25 ; voir D. 2010-1582 du 17 déc. 2010, JO 18, pour outre-mer)*** « directeur régional des entreprises, de la concurrence, de la consommation, du travail et de l'emploi » peut, après avis du médecin inspecteur du travail, accorder une dérogation.

Art. D. 4622-34. Chaque secteur médical comporte au moins un centre médical fixe.

Dans chaque centre médical fixe ou mobile est affichée la liste nominative :

1° Des médecins du travail attachés au secteur médical avec l'indication des lieux où ils peuvent être joints ;

2° Des membres de la commission consultative de secteur ou, à défaut, de la commission de contrôle ou des membres du comité interentreprises, avec indication des lieux où ils peuvent être joints.

Note Des locaux mis à disposition d'une association, une demi-journée par semaine et sans engagement de durée, ne peuvent être regardés comme constituant un centre médical fixe au sens des dispositions de cet article (CE 18 février 1991, n° 79696, *Rec. Lebon*, p. 52 ; *RJS* 4/91 n° 478).

Sous-section 2. Approbations et agréments

Art. D. 4622-35. Les décisions fixant la compétence géographique et professionnelle d'un service de santé au travail interentreprises ainsi que leurs modifications sont, avant d'être mises en application, approuvées par le ou les ***(D. 2009-1377 du 10 nov. 2009, JO 13 ; D. 2010-687 du 24 juin 2010, JO 25 ; voir D. 2010-1582 du 17 déc. 2010, JO 18, pour outre-mer)*** « directeurs régionaux des entreprises, de la concurrence, de la consommation, du travail et de l'emploi ».

Cette approbation est faite après avis du ou des médecins inspecteurs du travail.

Note Une association interentreprises de médecine du travail est fondée à demander la suspension de l'exécution des décisions d'un directeur régional du travail, de l'emploi et de la formation professionnelle portant approbation de la compétence géographique et professionnelle de l'association et relatives notamment à son agrément pour divers secteurs médicaux de la région en tant que ces décisions ont pour effet de limiter la durée de l'approbation et des agréments délivrés (CE 30 mai 2005, n° 263153).

Art. D. 4622-36. Chaque secteur médical fait l'objet d'un agrément par période de cinq années par le ***(D. 2009-1377 du 10 nov. 2009, JO 13 ; D. 2010-687 du 24 juin 2010, JO 25 ; voir D. 2010-1582 du 17 déc. 2010, JO 18, pour outre-mer)*** « directeur régional des entreprises, de la concurrence, de la consommation, du travail et de l'emploi ».

L'agrément est délivré après avis du médecin inspecteur du travail.

Note Voir note sous article D. 4622-15.

Art. D. 4622-37. Les approbations et agréments ne peuvent être refusés pour des motifs autres que ceux tirés des besoins en médecine du travail ou de la non-conformité aux prescriptions du présent titre.

Tout refus d'approbation ou d'agrément est motivé.

Art. D. 4622-38. Les demandes d'approbation ou de renouvellement d'agrément sont accompagnées d'un dossier dont les éléments sont fixés par arrêté du ministre chargé du travail.

Note Un arrêté du 28 mars 1979 (JO 10 avril) énumère les éléments composant le dossier visé à cet article.

Art. D. 4622-39. Lorsque le ***(D. 2009-1377 du 10 nov. 2009, JO 13 ; D. 2010-687 du 24 juin 2010, JO 25 ; voir D. 2010-1582 du 17 déc. 2010, JO 18, pour outre-mer)*** « directeur régional des entreprises, de la concurrence, de la consommation, du travail et de l'emploi » constate que les conditions de fonctionnement du secteur médical ne satisfont pas aux obligations résultant des dispositions du présent titre, il peut, après avis du médecin inspecteur du travail, et sous réserve d'un engagement précis et daté de mise en conformité de la part du service de santé au travail, mettre fin à l'agrément précédemment accordé et délivrer un agrément pour une durée maximale d'un an, non renouvelable.

Lorsqu'à l'issue de cette période, le service de santé au travail satisfait à ces obligations, l'agrément lui est accordé pour cinq ans.

Art. R. 4622-40. Le silence gardé pendant plus de quatre mois sur une demande d'approbation, d'agrément ou de renouvellement d'agrément vaut décision de rejet.

Le silence gardé pendant plus de quatre mois par le ministre chargé du travail saisi d'un recours hiérarchique sur une telle décision vaut décision de rejet.

Art. D. 4622-41. Lorsque sont constatées des infractions au présent titre, le ***(D. 2009-1377 du 10 nov. 2009, JO 13 ; D. 2010-687 du 24 juin 2010, JO 25 ; voir D. 2010-1582 du 17 déc. 2010, JO 18, pour outre-mer)*** « directeur régional des entreprises, de la concurrence, de la consommation, du travail et de l'emploi » peut, après avis du médecin inspecteur du travail, modifier ou retirer, par une décision motivée, l'approbation ou l'agrément donnés en application de la présente sous-section.

Ces mesures ne peuvent intervenir que lorsque le président du service de santé au travail interentreprises, invité par lettre recommandée avec avis de réception à faire cesser l'infraction dans un délai fixé par le directeur régional à six mois au maximum, n'a pas accompli dans ce délai les diligences nécessaires.

Sous-section 3. Organes de surveillance et de consultation

§ 1. Dispositions communes aux comité interentreprises et commission de contrôle

Art. D. 4622-42. Excepté dans le cas où le service de santé au travail interentreprises est administré paritairement en application d'un accord entre les organisations d'employeurs et de salariés représentatives au niveau national intéressées, son organisation et sa gestion sont placées sous la surveillance :

1° Soit du comité interentreprises prévu à l'article R. 2323-28 ;

2° Soit d'une commission de contrôle dont la composition est définie à l'article D. 4622-46.

Note Sur le contrôle des services de santé au travail, voir circulaire DRT 03 du 7 avril 2005, § 4 (BO TR 2005/5 du 30 mai 2005).

Art. D. 4622-43. Le comité interentreprises ou la commission de contrôle est consulté en temps utile sur l'organisation et le fonctionnement du service de santé au travail.

Son avis est notamment sollicité sur :

1° L'état prévisionnel des recettes et des dépenses ainsi que sur l'exécution du budget du service de santé au travail ;

2° La modification de la compétence géographique ou professionnelle du service de santé au travail ;

3° Les créations, suppressions ou modifications de secteurs médicaux ;

4° Les créations et suppressions d'emploi de médecin du travail ;
5° Les recrutements de médecins du travail en contrat de travail à durée déterminée ;
6° Les décisions de recrutement et de licenciement de l'intervenant en prévention des risques professionnels prévues à l'article R. 4623-33.

Note S'agissant d'un médecin du travail qui avait fait l'objet d'une mise à pied en raison de son refus d'être affecté à une entreprise qui relevait de son secteur géographique, l'avis de la commission de contrôle, aux termes de cet article, ne s'imposait pas dès lors qu'il s'agissait de modifier, non le secteur, mais le groupe d'entreprises affecté au médecin du travail dans le secteur (cass. soc. 4 novembre 2003, n° 01-45.003, *JSL* n°s 135-136, 18 décembre 2003, p. 21).

Art. D. 4622-44. Le comité interentreprises ou la commission de contrôle est informé :
1° De tout changement d'affectation d'un médecin d'une entreprise ou d'un établissement de cinquante salariés et plus ;
2° De l'activité des commissions consultatives des secteurs médicaux mentionnées à l'article D. 4622-58 ;
3° Des observations et des mises en demeure de l'inspection du travail relatives à la médecine du travail et des mesures prises pour s'y conformer ;
4° Des observations d'ordre technique faites par l'inspection médicale du travail et des mesures prises pour s'y conformer ;
5° Des suites données aux suggestions qu'il a formulées ;
6° Des plans d'activité mentionnés à l'article D. 4624-33 et des avis auxquels ils ont donné lieu ;
7° De l'état d'application des clauses des accords ou conventions collectifs relatives à l'activité et aux missions des services de santé au travail dès lors que ces accords ou conventions intéressent une ou plusieurs des entreprises adhérentes à ces services.

Art. D. 4622-45. Le comité interentreprises ou la commission de contrôle se prononce sur le rapport annuel relatif à l'organisation, au fonctionnement et à la gestion financière du service de santé au travail et sur le rapport d'activité de chaque médecin du travail.

Le comité interentreprises ou la commission de contrôle peut faire toutes propositions relatives à l'organisation, au fonctionnement, à l'équipement et au budget du service de santé au travail interentreprises, notamment sur le financement des examens médicaux complémentaires prévus à l'article R. 4624-25.

§ 2. Dispositions particulières à la commission de contrôle

Art. D. 4622-46. Lorsqu'une commission de contrôle est constituée, elle comprend, outre son président, neuf membres au moins et vingt et un membres au plus.

Ces membres sont issus des entreprises adhérentes au service de santé au travail à raison d'un tiers de représentants des employeurs et de deux tiers de représentants des salariés.

Art. D. 4622-47. La commission de contrôle est constituée puis renouvelée à la diligence du président du service de santé au travail.

Lorsque par défaut de candidatures la commission de contrôle n'a pas été constituée ou renouvelée, un procès-verbal est établi par le président. Celui-ci affiche le procès-verbal dans le service de santé au travail. Il le transmet dans les quinze jours au ***(D. 2009-1377 du 10 nov. 2009, JO 13 ; D. 2010-687 du 24 juin 2010, JO 25 ; voir D. 2010-1582 du 17 déc. 2010, JO 18, pour outre-mer)*** « directeur régional des entreprises, de la concurrence, de la consommation, du travail et de l'emploi ».

Art. D. 4622-48. Les représentants des salariés sont désignés, parmi les salariés des entreprises adhérentes, par les organisations syndicales de salariés représentatives au niveau national.

La répartition des sièges fait l'objet d'un accord entre le président du service de santé au travail et les organisations syndicales de salariés représentatives au niveau national intéressées.

Art. D. 4622-49. La composition de la commission de contrôle ainsi que toute modification intervenant dans cette composition sont communiquées, dans le délai d'un mois, au ***(D. 2009-1377 du 10 nov. 2009, JO 13 ; D. 2010-687 du 24 juin 2010, JO 25 ; voir D. 2010-1582 du 17 déc. 2010, JO 18, pour outre-mer)*** « directeur régional des entreprises, de la concurrence, de la consommation, du travail et de l'emploi ».

Art. D. 4622-50. Les difficultés soulevées par l'application des articles D. 4622-46 à D. 4622-49 sont tranchées par le ***(D. 2009-1377 du 10 nov. 2009, JO 13 ; D. 2010-687 du 24 juin 2010, JO 25 ; voir D. 2010-1582 du 17 déc. 2010, JO 18, pour outre-mer)*** « directeur régional des entreprises, de la concurrence, de la consommation, du travail et de l'emploi ».

Art. D. 4622-51. La durée du mandat des membres de la commission de contrôle est de trois ans, renouvelable.

Art. D. 4622-52. Les membres de la commission de contrôle bénéficient, dans les trois mois qui suivent leur nomination, de la formation nécessaire à l'exercice de leur mandat. Cette formation est à la charge du service de santé au travail.

En cas de renouvellement de leur mandat et lorsqu'ils ont exercé leurs fonctions pendant trois ans, consécutifs ou non, les membres de la commission de contrôle bénéficient, dans les mêmes conditions, d'un stage de perfectionnement et d'actualisation de leurs connaissances.

Le contenu et les conditions d'organisation de ces formations peuvent être précisés par accord collectif de branche.

Art. D. 4622-53. La commission de contrôle est présidée par le président du service de santé au travail ou son représentant dûment mandaté.

Elle se réunit au moins trois fois par an. Elle peut également se réunir à la demande de la majorité de ses membres. Les représentants des salariés à la commission désignent parmi eux le secrétaire de la commission.

Art. D. 4622-54. L'ordre du jour des réunions de la commission de contrôle est arrêté par le président du service de santé au travail et le secrétaire de la commission.

Il est transmis par le président aux membres de la commission au moins quinze jours avant la date de la réunion, accompagné des documents correspondants.

Il est communiqué, dans les mêmes conditions, à l'inspecteur du travail et au ***(D. 2009-1377 du 10 nov. 2009, JO 13 ; D. 2010-687 du 24 juin 2010, JO 25 ; voir D. 2010-1582 du 17 déc. 2010, JO 18, pour outre-mer)*** « directeur régional des entreprises, de la concurrence, de la consommation, du travail et de l'emploi ».

Art. D. 4622-55. Le président ne participe pas au vote lorsqu'il consulte la commission de contrôle en application des dispositions de l'article D. 4622-43.

Art. D. 4622-56. Le procès-verbal de chaque réunion, cosigné par le président et le secrétaire de la commission, est transmis au ***(D. 2009-1377 du 10 nov. 2009, JO 13 ; D. 2010-687 du 24 juin 2010, JO 25 ; voir D. 2010-1582 du 17 déc. 2010, JO 18, pour outre-mer)*** « directeur régional des entreprises, de la concurrence, de la consommation, du travail et de l'emploi » dans le délai d'un mois à compter de la date de la réunion.

Art. D. 4622-57. Les membres salariés de la commission de contrôle sont indemnisés intégralement par leur employeur des pertes de salaires résultant de l'exercice de leur mandat. Cette indemnisation prend notamment en compte le temps de déplacement et les frais de transport.

Le service de santé au travail interentreprises rembourse à l'employeur les frais ainsi engagés.

§ 3. Commission consultative paritaire de secteur

Art. D. 4622-58. Une commission consultative paritaire de secteur peut être instituée pour chaque secteur médical. Elle est constituée à la diligence du président du service de santé au travail.

Art. D. 4622-59. La commission consultative de secteur est consultée sur l'organisation du secteur médical.

Elle se prononce sur le rapport annuel relatif au fonctionnement du secteur médical et sur le rapport annuel d'activité du ou des médecins du travail.

Elle est notamment informée :

1° Des observations formulées et des mises en demeure notifiées par l'inspection du travail relatives à la médecine du travail ;

2° Des observations d'ordre technique faites par l'inspection médicale du travail.

Art. D. 4622-60. Les représentants des salariés à la commission consultative de secteur sont désignés par les organisations syndicales de salariés représentatives au niveau national.

Art. L. 4622-17.

La répartition des sièges entre les représentants des salariés fait l'objet d'un accord entre le président du service de santé au travail et les organisations syndicales de salariés représentatives au niveau national intéressées.

Art. D. 4622-61. L'inspecteur du travail tranche les difficultés soulevées par :
1° La constitution de la commission consultative de secteur ;
2° La désignation des salariés à cette commission ;
3° La répartition des sièges entre les représentants du personnel.

Art. D. 4622-62. La commission consultative de secteur est présidée par le président du service de santé au travail interentreprises ou son représentant dûment mandaté.

Elle se réunit au moins une fois par an.

L'ordre du jour des réunions est arrêté par le président du service de santé au travail.

Le procès-verbal de chaque réunion est transmis au ***(D. 2009-1377 du 10 nov. 2009, JO 13 ; D. 2010-687 du 24 juin 2010, JO 25 ; voir D. 2010-1582 du 17 déc. 2010, JO 18, pour outre-mer)*** « directeur régional des entreprises, de la concurrence, de la consommation, du travail et de l'emploi » dans le délai d'un mois à compter de la date de la réunion.

Art. D. 4622-63. La durée du mandat des membres de la commission consultative du secteur médical est de trois ans, renouvelable.

Art. D. 4622-64. Les membres salariés des commissions sont indemnisés intégralement par l'employeur des pertes de salaires résultant de l'exercice de leur mandat. Cette indemnisation prend notamment en compte le temps de déplacement et les frais de transport.

Le service de santé au travail interentreprises rembourse à l'employeur les frais ainsi engagés.

Sous-section 4. Documents et rapports

§ 1. Document signé par l'employeur et le président du service de santé au travail interentreprises

Art. D. 4622-65. Dans les entreprises et établissements dotés d'un comité d'hygiène, de sécurité et des conditions de travail, les modalités d'application de la législation relative à la médecine du travail sont définies dans un document signé par l'employeur et le président du service de santé au travail interentreprises.

Ce document est établi par l'employeur après avis du ou des médecins du travail intervenant dans l'entreprise. Il est ensuite soumis au comité d'entreprise ou d'établissement ou, à défaut, aux délégués du personnel.

Art. D. 4622-66. Le document établi par l'employeur comporte les indications relatives :
1° Au lieu d'exercice de la surveillance médicale des salariés ;
2° Au personnel du service de santé au travail ;
3° Au nombre et à la catégorie des salariés à surveiller ;
4° Aux risques professionnels auxquels les salariés sont exposés ;
5° Aux réunions du comité d'hygiène, de sécurité et des conditions de travail ;
6° Aux temps dont les médecins du travail disposent pour remplir leurs fonctions.

Ce document indique les dispositions essentielles des plans d'activité en milieu de travail prévus à l'article D. 4624-33.

Un arrêté du ministre chargé du travail précise les autres indications qui figurent dans ce document.

Art. D. 4622-67. Le document établi par l'employeur est mis à jour au moins une fois par an.

Il est tenu à la disposition de l'inspecteur du travail et du médecin inspecteur du travail.

Art. D. 4622-68. Pour les entreprises et établissements non dotés d'un comité d'hygiène, de sécurité et des conditions de travail, l'employeur, après avis du médecin du travail, adresse chaque année au président du service de santé au travail interentreprises une déclaration portant sur le nombre et la catégorie des salariés à surveiller et les risques professionnels auxquels ils sont exposés.

Art. D. 4622-69. En cas de contestation de l'une des instances consultées sur le nombre et la catégorie des salariés à surveiller ou les risques professionnels auxquels ils sont exposés, l'employeur saisit l'inspecteur du travail. L'inspecteur du travail dispose d'un délai d'un mois pour faire connaître ses observations. La signature du document ne peut intervenir qu'après réception des observations de l'inspecteur ou, à défaut, à l'expiration de ce délai.

§ 2. *Rapports annuels*

Art. D. 4622-70. L'employeur ou le président du service de santé au travail interentreprises établit et présente le rapport annuel relatif à l'organisation, au fonctionnement et à la gestion financière du service de santé au travail, selon le cas :

1° Aux comités d'entreprise ;
2° Aux comités d'établissement ;
3° Aux comités interentreprises ;
4° Aux conseils d'administration paritaires ;
5° Aux commissions de contrôle.

Cette présentation est faite au plus tard à la fin du quatrième mois qui suit l'année pour laquelle il a été établi.

Art. D. 4622-71. L'employeur ou le président du service de santé au travail interentreprises communique un exemplaire des rapports mentionnés à l'article D. 4622-70, soit aux inspecteurs du travail, soit aux ***(D. 2009-1377 du 10 nov. 2009, JO 13 ; D. 2010-687 du 24 juin 2010, JO 25 ; voir D. 2010-1582 du 17 déc. 2010, JO 18, pour outre-mer)*** « directeurs régionaux des entreprises, de la concurrence, de la consommation, du travail et de l'emploi » chargés du contrôle des services de santé au travail interentreprises.

Cette communication, accompagnée des observations de l'instance compétente selon le cas, est faite dans le délai d'un mois à compter de sa présentation devant l'instance intéressée.

L'employeur et le président communiquent dans les mêmes délais un exemplaire de ces rapports aux médecins inspecteurs du travail.

Art. D. 4622-72. Un arrêté du ministre chargé du travail fixe le modèle de rapport annuel.

Art. D. 4622-73. Un rapport comptable d'entreprise, certifié par un commissaire aux comptes, est versé en complément des rapports prévus à l'article D. 4622-45, au plus tard avant la fin du premier semestre suivant l'exercice considéré.

SECTION 4. **Commission médico-technique**

Art. D. 4622-74. Dans les services de santé au travail employant au moins trois médecins du travail, une commission médico-technique a pour mission de formuler des propositions relatives aux priorités du service et aux actions à caractère pluridisciplinaire conduites par ses membres.

Elle est consultée, en temps utile, sur les questions relatives, notamment :

1° À la mise en œuvre des compétences médicales, techniques et organisationnelles au sein du service de santé au travail ;
2° À l'équipement du service ;
3° À l'organisation d'actions en milieu de travail et des examens médicaux ;
4° À l'organisation d'enquêtes et de campagnes.

Art. D. 4622-75. La commission médico-technique est constituée à la diligence de l'employeur ou du président du service de santé au travail.

Elle est composée :

1° De l'employeur ou du président du service de santé au travail ou de son représentant ;
2° Des médecins du travail du service ou, s'il y a lieu, de leurs délégués ;
3° Des intervenants en prévention des risques professionnels du service ou, s'il y a lieu, de leurs délégués élus à raison d'un titulaire et d'un suppléant pour huit intervenants.

Art. D. 4622-76. La commission médico-technique se réunit au moins trois fois par an.

Elle communique ses conclusions, selon le cas, au comité d'entreprise, au conseil d'administration paritaire, au comité interentreprises, à la commission de contrôle, à la commission consultative de secteur. Elle présente chaque année à ces instances l'état de ses réflexions et travaux.

(D. 2012-135 du 30 janv. 2012, JO 31, entrée en vigueur le 01.07.2012)

Note Ce chapitre II « Missions et organisation » remplace, **à compter du 01.07.2012**, le chapitre II figurant ci-dessus.

SECTION 1. Organisation des services de santé au travail

Art. D. 4622-1. **(D. 2012-137 du 30 janv. 2012, JO 31, entrée en vigueur le 01.07.2012)** *Le service de santé au travail est organisé sous la forme :*

1° Soit d'un service autonome, qui peut être un service de groupe au sens de l'article L. 2331-1, d'entreprise, inter-établissements, d'établissement ou commun aux entreprises constituant une unité économique et sociale ;

2° Soit d'un service de santé au travail interentreprises.

Art. D. 4622-2. **(D. 2012-137 du 30 janv. 2012, JO 31, entrée en vigueur le 01.07.2012)** *Lorsque, pour organiser le service de santé au travail, l'entreprise a le choix entre les deux formes de service prévues à l'article D. 4622-1, ce choix est fait par l'employeur.*

Le comité d'entreprise préalablement consulté peut s'opposer à cette décision. L'opposition est motivée.

Art. D. 4622-3. **(D. 2012-137 du 30 janv. 2012, JO 31, entrée en vigueur le 01.07.2012)** *Lorsque le comité d'entreprise s'est opposé à la décision de l'employeur, celui-ci saisit le directeur régional des entreprises, de la concurrence, de la consommation, du travail et de l'emploi, qui se prononce sur la forme du service, après avis du médecin inspecteur du travail.*

Art. R. 4622-4. *Le choix par l'employeur de la forme du service est réputée approuvée par le directeur régional des entreprises, de la concurrence, de la consommation, du travail et de l'emploi si aucune opposition ne lui a été notifiée dans le délai d'un mois à compter de la réception de sa saisine.*

SECTION 2. Services autonomes de santé au travail

Sous-section 1. Services de santé au travail de groupe, d'entreprise ou d'établissement

Art. D. 4622-5. **(D. 2012-137 du 30 janv. 2012, JO 31, entrée en vigueur le 01.07.2012)** *Un service de santé au travail de groupe, d'entreprise ou d'établissement peut être institué lorsque l'effectif de salariés suivis atteint ou dépasse 500 salariés.*

Le service de santé au travail de groupe est institué par accord entre tout ou partie des entreprises du groupe.

Art. D. 4622-6. **(D. 2012-137 du 30 janv. 2012, JO 31, entrée en vigueur le 01.07.2012)** *Le service de santé au travail d'entreprise ou d'établissement est administré par l'employeur sous la surveillance du comité d'entreprise.*

Le comité est consulté sur les questions relatives à l'organisation et au fonctionnement du service de santé au travail.

Art. D. 4622-7. **(D. 2012-137 du 30 janv. 2012, JO 31, entrée en vigueur le 01.07.2012)** *Le comité d'entreprise est informé des observations formulées et des mises en demeure notifiées par l'inspection du travail dans le domaine de la santé au travail ainsi que des observations d'ordre technique faites par l'inspection médicale du travail.*

Art. D. 4622-8. **(D. 2012-137 du 30 janv. 2012, JO 31, entrée en vigueur le 01.07.2012)** *Des modalités particulières de gestion du service de santé au travail peuvent être établies par accord de groupe, d'entreprise ou à défaut par accord entre l'employeur et le comité d'entreprise.*

Dans le cas d'un service de santé au travail de groupe, l'accord prévoit les conditions dans lesquelles s'exercent la surveillance et la consultation prévues à l'article D. 4622-6.

Sous-section 2. Services de santé au travail interétablissements

Art. D. 4622-9. **(D. 2012-137 du 30 janv. 2012, JO 31, entrée en vigueur le 01.07.2012)** *Un service de santé au travail inter-établissements peut être créé entre plusieurs établissements d'une entreprise lorsque l'effectif de salariés suivis atteint ou dépasse 500 salariés.*

La création de ce service est soumise aux dispositions de la section 1 ainsi qu'aux conditions d'agrément prévues à la sous-section 1 de la section 4.

Art. D. 4622-10. **(D. 2012-137 du 30 janv. 2012, JO 31, entrée en vigueur le 01.07.2012)** *Le service de santé au travail inter-établissements est administré par l'employeur sous la surveillance du comité central d'entreprise et des comités d'établissement intéressés.*

Art. D. 4622-11. **(D. 2012-137 du 30 janv. 2012, JO 31, entrée en vigueur le 01.07.2012)** *Pour la surveillance du service de santé au travail inter-établissements, chaque comité d'établissement exerce les mêmes attributions que celles définies aux articles D. 4622-6 à D. 4622-8 pour ce qui concerne l'organisation et le fonctionnement du service de santé au travail dans l'établissement.*

Sous-section 3. Services de santé au travail communs aux entreprises constituant une unité économique et sociale

Art. D. 4622-12. **(D. 2012-137 du 30 janv. 2012, JO 31, entrée en vigueur le 01.07.2012)** *Lorsqu'une unité économique et sociale a été reconnue entre des entreprises distinctes dans les conditions prévues à l'article L. 2322-4 et que l'effectif de salariés suivis atteint ou dépasse 500 salariés, un service de santé au travail commun à ces entreprises peut être créé, après accord du comité d'entreprise commun.*

Art. D. 4622-13. **(D. 2012-137 du 30 janv. 2012, JO 31, entrée en vigueur le 01.07.2012)** *Sauf dans le cas où il est administré paritairement en application de l'accord conclu par l'employeur, le service de santé au travail est placé sous la surveillance du comité d'entreprise commun qui exerce alors les attributions prévues aux articles D. 4622-6 à D. 4622-8.*

SECTION 3. Services de santé au travail interentreprises

Sous-section 1. Organisation du service de santé au travail

§ 1. Mise en place et administration

Art. D. 4622-14. **(D. 2012-137 du 30 janv. 2012, JO 31, entrée en vigueur le 01.07.2012)** *Les entreprises et établissements qui ne relèvent pas d'un service autonome de santé au travail en application de la section 2 organisent ou adhèrent à un service de santé au travail interentreprises.*

Toutefois, une entreprise ou un établissement, quel que soit son effectif, peut faire suivre ses salariés par un service de santé au travail d'entreprise dans les cas suivants :

1° L'entreprise ou l'établissement appartient à un groupe au sens de l'article L. 2331-1 ;

2° L'entreprise ou l'établissement intervient régulièrement en tant qu'entreprise extérieure auprès d'une entreprise, dans les conditions prévues à l'article R. 4511-1.

Dans les cas prévus aux 1° et 2°, une convention est conclue entre l'entreprise qui a organisé le service de santé au travail et l'entreprise ou l'établissement concerné. Le comité de l'entreprise ou de l'établissement concerné préalablement consulté peut s'y opposer. L'opposition est motivée.

Art. D. 4622-15. **(D. 2012-137 du 30 janv. 2012, JO 31, entrée en vigueur le 01.07.2012)** *Le service de santé au travail interentreprises est constitué sous la forme d'un organisme à but non lucratif, doté de la personnalité civile et de l'autonomie financière.*

Lorsqu'il comprend un service social du travail, ce dernier est animé par un assistant social du travail ou par un conseiller du travail. L'assistant social du travail est un assistant social diplômé d'État ayant acquis un diplôme équivalent à celui de conseiller du travail.

Art. D. 4622-16. **(D. 2012-137 du 30 janv. 2012, JO 31, entrée en vigueur le 01.07.2012)** *Lorsqu'ils ont conclu un accord de coopération pour la mise en œuvre des mesures de prévention relatives à la santé et à la sécurité de leurs salariés, des établissements travaillant sur un même site et appartenant à des entreprises différentes peuvent constituer un service de santé au travail, par dérogation aux dispositions des articles D. 4622-5, D. 4622-9 et D. 4622-12.*

La création de ce service est autorisée par le directeur régional des entreprises, de la concurrence, de la consommation, du travail et de l'emploi, après consultation des comités d'entreprise intéressés et lorsque l'effectif des salariés suivis atteint ou dépasse 500 salariés.

Art. R. 4622-17. Le comité d'entreprise est consulté sur le choix du service de santé au travail interentreprises.

Art. D. 4622-18. **(D. 2012-137 du 30 janv. 2012, JO 31, entrée en vigueur le 01.07.2012)** *Les entreprises foraines adhèrent à un service de santé au travail interentreprises territorialement compétent :*

1° Soit pour la commune de résidence ou pour la commune de rattachement de l'employeur ;

2° Soit pour l'une des communes où l'entreprise exerce habituellement son activité.

Art. D. 4622-19. **(D. 2012-137 du 30 janv. 2012, JO 31, entrée en vigueur le 01.07.2012)** *Les représentants des employeurs au conseil d'administration du service de santé au travail interentreprises sont désignés par les entreprises adhérentes après avis des organisations professionnelles d'employeurs représentatives au plan national interprofessionnel ou professionnel.*

En l'absence de dispositions statutaires particulières du service de santé au travail interentreprises, lorsque des candidats aux fonctions de président et de trésorier ont obtenu le même nombre de voix, le poste est attribué au plus âgé des candidats.

La durée du mandat des membres du conseil d'administration est de quatre ans.

Un compte rendu de chaque réunion du conseil d'administration est tenu à disposition du directeur régional des entreprises, de la concurrence, de la consommation, du travail et de l'emploi.

Art. D. 4622-20. **(D. 2012-137 du 30 janv. 2012, JO 31, entrée en vigueur le 01.07.2012)** *Le service de santé au travail interentreprises fait connaître au directeur régional des entreprises, de la concurrence, de la consommation, du travail et de l'emploi, dans les trois mois, tout changement survenu dans son administration ou sa direction ainsi que toute modification apportée à ses statuts.*

Art. D. 4622-21. **(D. 2012-137 du 30 janv. 2012, JO 31, entrée en vigueur le 01.07.2012)** *Sauf avis contraire du directeur régional des entreprises, de la concurrence, de la consommation, du travail et de l'emploi, un service de santé au travail interentreprises ne peut s'opposer à l'adhésion d'une entreprise relevant de sa compétence.*

§ 2. Adhésion et cessation d'adhésion

Art. D. 4622-22. **(D. 2012-137 du 30 janv. 2012, JO 31, entrée en vigueur le 01.07.2012)** *Les droits et obligations réciproques du service de santé au travail interentreprises et de ses adhérents sont déterminés dans les statuts ou le règlement intérieur de celui-ci. Ces statuts et ce règlement sont communiqués à l'entreprise, lors de la demande d'adhésion, avec la grille des cotisations du service de santé au travail interentreprises et un document détaillant les contreparties individualisées de l'adhésion.*

Dans les six mois suivant l'adhésion, l'employeur adresse au président du service de santé au travail un document précisant le nombre et la catégorie des salariés à suivre et les risques professionnels auxquels ils sont exposés. Ce document est établi après avis du ou des médecins du travail intervenant dans l'entreprise. Il est ensuite soumis au comité d'entreprise.

Il est tenu à disposition du directeur régional des entreprises, de la concurrence, de la consommation, du travail et de l'emploi.

Art. D. 4622-23. **(D. 2012-137 du 30 janv. 2012, JO 31, entrée en vigueur le 01.07.2012)** *La cessation de l'adhésion à un service de santé au travail interentreprises est décidée par l'employeur, sauf opposition du comité d'entreprise préalablement consulté. L'opposition est motivée.*

En cas d'opposition, la décision de l'employeur est subordonnée à l'autorisation du directeur régional des entreprises, de la concurrence, de la consommation, du travail et de l'emploi qui se prononce après avis du médecin inspecteur du travail.

En l'absence d'opposition, l'employeur informe le directeur régional des entreprises, de la concurrence, de la consommation, du travail et de l'emploi de sa décision.

Art. R. 4622-24. *L'autorisation de cessation d'adhésion à un service de santé au travail interentreprises est réputée accordée par le directeur régional des entreprises, de la concurrence, de la consommation, du travail et de l'emploi si aucune opposition n'a été notifiée à l'employeur dans le délai d'un mois à compter de la réception de sa demande.*

L'autorisation et le refus d'autorisation sont motivés. En cas d'autorisation implicite, les motifs sont fournis, sur demande, dans le délai d'un mois.

§ 3. Secteurs

Art. D. 4622-25. **(D. 2012-137 du 30 janv. 2012, JO 31, entrée en vigueur le 01.07.2012)** *Le service de santé au travail interentreprises est organisé en secteurs géographiques, professionnels ou interprofessionnels.*

Art. D. 4622-26. **(D. 2012-137 du 30 janv. 2012, JO 31, entrée en vigueur le 01.07.2012)** *L'équipe pluridisciplinaire prévue à l'article L. 4622-8 intervient dans chacun des secteurs.*

Le nombre de médecins du travail affectés à un secteur est déterminé par l'agrément prévu à la sous-section 1 de la section 4.

Art. D. 4622-27. **(D. 2012-137 du 30 janv. 2012, JO 31, entrée en vigueur le 01.07.2012)** *Chaque secteur comporte au moins un centre médical fixe.*

Dans chaque centre médical fixe ou mobile est affichée la liste nominative avec leurs coordonnées :
1° Des médecins du travail du secteur ;
2° Des autres membres de l'équipe pluridisciplinaire ;
3° Des membres de la commission de contrôle ou des membres du comité interentreprises.

Sous-section 2. Commission médico-technique

Art. D. 4622-28. **(D. 2012-137 du 30 janv. 2012, JO 31, entrée en vigueur le 01.07.2012)** *La commission médico-technique prévue à l'article L. 4622-13 élabore le projet pluriannuel de service. Elle est informée de la mise en œuvre des priorités du service et des actions à caractère pluridisciplinaire.*

Elle est en outre consultée sur les questions relatives :
1° À la mise en œuvre des compétences pluridisciplinaires au sein du service de santé au travail ;
2° À l'équipement du service ;
3° À l'organisation des actions en milieu de travail, des examens médicaux et des entretiens infirmiers ;
4° À l'organisation d'enquêtes et de campagnes ;
5° Aux modalités de participation à le veille sanitaire.

Elle peut également être consultée sur toute question relevant de sa compétence.

Art. D. 4622-29. **(D. 2012-137 du 30 janv. 2012, JO 31, entrée en vigueur le 01.07.2012)** *La commission médico-technique est constituée à la diligence du président du service de santé au travail.*

Elle est composée :
1° Du président du service de santé au travail ou de son représentant ;
2° Des médecins du travail du service ou, s'il y a lieu, de leurs délégués ;
3° Des intervenants en prévention des risques professionnels du service ou, s'il y a lieu, de leurs délégués élus à raison d'un titulaire et d'un suppléant pour huit intervenants ;
4° Des infirmiers ou, s'il y a lieu, de leurs délégués élus à raison d'un titulaire et d'un suppléant pour huit infirmiers ;
5° Des assistants de services de santé au travail ou, s'il y a lieu, de leurs délégués élus à raison d'un titulaire et d'un suppléant pour huit assistants ;
6° Des professionnels recrutés après avis des médecins du travail ou, s'il y a lieu, de leurs délégués élus à raison d'un titulaire et d'un suppléant pour huit professionnels.

Art. D. 4622-30. **(D. 2012-137 du 30 janv. 2012, JO 31, entrée en vigueur le 01.07.2012)** *La commission médico-technique se réunit au moins trois fois par an.*

Elle établit son règlement intérieur.

Elle communique ses conclusions au conseil d'administration et, selon le cas, au comité interentreprises ou à la commission de contrôle. Elle les tient à disposition du médecin inspecteur du travail.

Elle présente chaque année à ces instances l'état de ses réflexions et travaux.

Art. L. 4622-17.

Sous-section 3. Organes de surveillance et de consultation

§ 1. Dispositions communes

Art. D. 4622-31. **(D. 2012-137 du 30 janv. 2012, JO 31, entrée en vigueur le 01.07.2012)** *Le comité interentreprises ou la commission de contrôle est consulté sur l'organisation et le fonctionnement du service de santé au travail sur :*

1° L'état prévisionnel des recettes et des dépenses ainsi que l'exécution du budget du service de santé au travail ;

2° La modification de la compétence géographique ou professionnelle du service de santé au travail ;

3° Les créations, suppressions ou modifications de secteurs ;

4° Les créations et suppressions d'emploi de médecin du travail, d'intervenant en prévention des risques professionnels ou d'infirmier ;

5° Les recrutements de médecins du travail en contrat de travail à durée déterminée ;

6° La nomination, le changement d'affectation, le licenciement, la rupture conventionnelle du contrat de travail, la rupture du contrat de travail à durée déterminée dans les cas prévus à l'article L. 4623-5-1 et le transfert d'un médecin du travail ;

7° Le licenciement d'un intervenant en prévention des risques professionnels ou d'un infirmier.

Le comité ou la commission peut en outre être consulté sur toute question relevant de sa compétence.

Art. D. 4622-32. **(D. 2012-137 du 30 janv. 2012, JO 31, entrée en vigueur le 01.07.2012)** *Le comité interentreprises ou la commission de contrôle est informé :*

1° De tout changement de secteur ou d'affectation d'un médecin d'une entreprise ou d'un établissement de cinquante salariés et plus ;

2° Des observations et des mises en demeure de l'inspection du travail relatives aux missions des services de santé au travail et des mesures prises pour s'y conformer ;

3° Des observations d'ordre technique faites par l'inspection médicale du travail et des mesures prises pour s'y conformer ;

4° Des suites données aux suggestions qu'il a formulées ;

5° De l'état d'application des clauses des accords ou conventions collectifs relatives à l'activité et aux missions des services de santé au travail dès lors que ces accords ou conventions intéressent une ou plusieurs des entreprises adhérentes à ces services.

§ 2. Dispositions particulières à la commission de contrôle

Art. D. 4622-33. **(D. 2012-137 du 30 janv. 2012, JO 31, entrée en vigueur le 01.07.2012)** *La commission de contrôle comprend neuf membres au moins et vingt et un membres au plus, issus des entreprises adhérant au service de santé au travail.*

Art. D. 4622-34. **(D. 2012-137 du 30 janv. 2012, JO 31, entrée en vigueur le 01.07.2012)** *La commission de contrôle est constituée puis renouvelée à la diligence du président du service de santé au travail.*

Lorsque, par défaut de candidatures, la commission de contrôle n'a pas été constituée ou renouvelée, un procès-verbal est établi par le président. Celui-ci affiche le procès-verbal dans le service de santé au travail. Il le transmet dans les quinze jours au directeur régional des entreprises, de la concurrence, de la consommation, du travail et de l'emploi.

Art. D. 4622-35. **(D. 2012-137 du 30 janv. 2012, JO 31, entrée en vigueur le 01.07.2012)** *Les représentants des salariés sont désignés par les organisations syndicales de salariés représentatives au niveau national et interprofessionnel.*

Les représentants des employeurs sont désignés par les entreprises adhérentes après avis des organisations professionnelles d'employeurs représentatives au plan national interprofessionnel ou professionnel.

La répartition des sièges pour les représentants des employeurs et les représentants des salariés fait l'objet respectivement d'un accord entre le président du service de santé au travail et les organisations professionnelles d'employeurs représentatives au plan national interprofessionnel ou professionnel et d'un accord entre le président du service de santé au travail et les organisations syndicales de salariés représentatives au niveau national et interprofessionnel intéressées.

La fonction de trésorier du conseil d'administration est incompatible avec celle de président de la commission de contrôle.

Art. D. 4622-36. **(D. 2012-137 du 30 janv. 2012, JO 31, entrée en vigueur le 01.07.2012)** *La composition de la commission de contrôle ainsi que toute modification intervenant dans cette composition sont communiquées, dans le délai d'un mois, au directeur régional des entreprises, de la concurrence, de la consommation, du travail et de l'emploi.*

Art. D. 4622-37. **(D. 2012-137 du 30 janv. 2012, JO 31, entrée en vigueur le 01.07.2012)** *Les difficultés soulevées par l'application des articles D. 4622-33 à D. 4622-36 sont tranchées par le directeur régional des entreprises, de la concurrence, de la consommation, du travail et de l'emploi.*

Art. D. 4622-38. **(D. 2012-137 du 30 janv. 2012, JO 31, entrée en vigueur le 01.07.2012)** *La durée du mandat des membres de la commission de contrôle est de quatre ans.*

Art. D. 4622-39. **(D. 2012-137 du 30 janv. 2012, JO 31, entrée en vigueur le 01.07.2012)** *Les membres de la commission de contrôle bénéficient, dans les trois mois qui suivent leur nomination, de la formation nécessaire à l'exercice de leur mandat, auprès de l'organisme de leur choix. Cette formation est à la charge du service de santé au travail.*

En cas de renouvellement de leur mandat et lorsqu'ils ont exercé leurs fonctions pendant trois ans, consécutifs ou non, les membres de la commission de contrôle bénéficient, dans les mêmes conditions, d'un stage de perfectionnement et d'actualisation de leurs connaissances.

Le contenu et les conditions d'organisation de ces formations peuvent être précisés par accord collectif de branche.

Art. D. 4622-40. **(D. 2012-137 du 30 janv. 2012, JO 31, entrée en vigueur le 01.07.2012)** *La commission élabore son règlement intérieur, qui précise notamment :*

1° Le nombre de réunions annuelles de la commission ;

2° La possibilité et les modalités de réunions extraordinaires ;

3° Les modalités selon lesquelles les représentants des employeurs désignent parmi eux le secrétaire de la commission ;

4° Les conditions d'élaboration de l'ordre du jour de chaque réunion.

Art. D. 4622-41. **(D. 2012-137 du 30 janv. 2012, JO 31, entrée en vigueur le 01.07.2012)** *L'ordre du jour des réunions de la commission de contrôle est arrêté par le président et le secrétaire de la commission.*

Il est transmis par le président aux membres de la commission au moins quinze jours avant la date de la réunion, accompagné des documents correspondants.

Ce délai est porté à dix jours en cas de mise à pied d'un médecin du travail, dans le cadre de la procédure prévue au quatrième alinéa de l'article R. 4623-20.

L'ordre du jour est communiqué, dans les mêmes conditions, au directeur régional des entreprises, de la concurrence, de la consommation, du travail et de l'emploi.

Art. D. 4622-42. **(D. 2012-137 du 30 janv. 2012, JO 31, entrée en vigueur le 01.07.2012)** *Le procès-verbal de chaque réunion, cosigné par le président et le secrétaire de la commission, est tenu à disposition du directeur régional des entreprises, de la concurrence, de la consommation, du travail et de l'emploi dans le délai d'un mois à compter de la date de la réunion.*

Art. D. 4622-43. **(D. 2012-137 du 30 janv. 2012, JO 31, entrée en vigueur le 01.07.2012)** *Les membres salariés de la commission de contrôle sont indemnisés intégralement par leur employeur de toute éventuelle perte de rémunération résultant de l'exercice de leur mandat. Cette indemnisation prend notamment en compte le temps de déplacement et les frais de transport.*

Le service de santé au travail interentreprises rembourse à l'employeur les frais ainsi engagés.

Sous-section 4. **Contractualisation**

Art. D. 4622-44. **(D. 2012-137 du 30 janv. 2012, JO 31, entrée en vigueur le 01.07.2012)** *Le contrat pluriannuel d'objectifs et de moyens mentionné à l'article L. 4622-10 est conclu entre chaque service de santé au travail agréé d'une part, le directeur régional des entreprises, de la concurrence, de la consommation, du travail et de l'emploi et les organismes de prévention des caisses de sécurité sociale d'autre part, après avis du comité régional de prévention des risques professionnels siégeant dans une formation restreinte composée des collèges mentionnés aux 2° et 3° de l'article R. 4641-31.*

Les membres de la formation restreinte concernés au titre de la déclaration individuelle d'intérêts prévue à l'article D. 4641-34 ne prennent pas part à la consultation.

Art. D. 4622-45. **(D. 2012-137 du 30 janv. 2012, JO 31, entrée en vigueur le 01.07.2012)** *Le contrat pluriannuel définit des actions visant à :*

1° Mettre en œuvre les priorités d'actions du projet de service pluriannuel prévu à l'article L. 4612-14 et faire émerger des bonnes pratiques ;

2° Améliorer la qualité individuelle et collective de la prévention des risques professionnels et des conditions de travail ;

3° Mettre en œuvre les objectifs régionaux de santé au travail définis dans les plans régionaux de santé au travail ;

4° Promouvoir une approche collective et concertée et les actions en milieu de travail ;

5° Mutualiser, y compris entre les services de santé au travail, des moyens, des outils, des méthodes, des actions, notamment en faveur des plus petites entreprises ;

6° Cibler des moyens et des actions sur certaines branches professionnelles, en faveur de publics particuliers ou sur la prévention de risques spécifiques ;

7° Permettre le maintien dans l'emploi des salariés et lutter contre la désinsertion professionnelle.

Art. D. 4622-46. **(D. 2012-137 du 30 janv. 2012, JO 31, entrée en vigueur le 01.07.2012)** *Le contrat pluriannuel indique les moyens mobilisés par les parties, la programmation des actions et les modalités de collaboration pour atteindre des objectifs chiffrés. Il détermine également les modalités de suivi, de contrôle et d'évaluation des résultats, à l'aide d'indicateurs quantitatifs et qualitatifs.*

Art. D. 4622-47. **(D. 2012-137 du 30 janv. 2012, JO 31, entrée en vigueur le 01.07.2012)** *Le contrat pluriannuel est conclu pour une durée maximale de cinq ans. Il peut être révisé par voie d'avenants.*

SECTION 4. **Dispositions communes**

Sous-section 1. **Agréments**

Art. D. 4622-48. **(D. 2012-137 du 30 janv. 2012, JO 31, entrée en vigueur le 01.07.2012)** *Chaque service de santé au travail fait l'objet d'un agrément, pour une période de cinq ans, par le directeur régional des entreprises, de la concurrence, de la consommation, du travail et de l'emploi, après avis du médecin inspecteur du travail.*

Le directeur régional peut autoriser le rattachement, au service de santé au travail qu'il agrée, d'un établissement ou d'une entreprise situé dans le ressort d'une autre région, sous réserve de l'accord du directeur régional géographiquement compétent.

L'agrément fixe l'effectif maximal de travailleurs suivis par médecin du travail ou, pour les services de santé au travail interentreprises, par l'équipe pluridisciplinaire de santé au travail.

Art. D. 4622-49. **(D. 2012-137 du 30 janv. 2012, JO 31, entrée en vigueur le 01.07.2012)** *L'agrément ne peut être refusé que pour des motifs tirés de la non-conformité aux prescriptions du présent titre.*

Tout refus d'agrément est motivé.

Art. D. 4622-50. **(D. 2012-137 du 30 janv. 2012, JO 31, entrée en vigueur le 01.07.2012)** *La demande d'agrément ou de renouvellement d'agrément est accompagnée d'un dossier dont les éléments sont fixés par arrêté du ministre chargé du travail qui tient compte notamment de la couverture géographique assurée, professionnelle ou interprofessionnelle, des moyens affectés ainsi que des locaux et des équipements dédiés et, le cas échéant, de la mise en œuvre des dispositions du contrat pluriannuel d'objectifs et de moyens par le service de santé au travail interentreprises.*

La demande de renouvellement d'agrément est présentée au moins quatre mois avant le terme de l'agrément en cours.

Art. D. 4622-51. **(D. 2012-137 du 30 janv. 2012, JO 31, entrée en vigueur le 01.07.2012)** *Lorsque le directeur régional des entreprises, de la concurrence, de la consommation, du travail et de l'emploi constate que les conditions de fonctionnement du service de santé ne satisfont pas aux obligations résultant des dispositions du présent titre, il peut, après avis du médecin inspecteur du travail :*

1° Soit mettre fin à l'agrément accordé et délivrer un agrément pour une durée maximale de deux ans non renouvelable, sous réserve d'un engagement précis et daté de mise en conformité de la part du service de santé au travail ; lorsqu'à l'issue de cette période, le service de santé au travail satisfait à ces obligations, l'agrément lui est accordé pour cinq ans ;

2° Soit modifier ou retirer, par une décision motivée, l'agrément délivré.

Ces mesures ne peuvent intervenir que lorsque le service de santé au travail, invité par lettre recommandée avec avis de réception à se mettre en conformité dans un délai fixé par le directeur régional à six mois au maximum, n'a pas accompli dans ce délai les diligences nécessaires.

Le président du service de santé au travail informe individuellement les entreprises adhérentes de la modification ou du retrait de l'agrément.

Art. R. 4622-52. *Le silence gardé pendant plus de quatre mois sur une demande d'agrément ou de renouvellement d'agrément vaut décision d'agrément.*

Le silence gardé pendant plus de quatre mois par le ministre chargé du travail saisi d'un recours hiérarchique sur une décision relative à l'agrément vaut décision d'agrément.

Art. D. 4622-53. **(D. 2012-137 du 30 janv. 2012, JO 31, entrée en vigueur le 01.07.2012)** *Chaque année, le directeur régional des entreprises, de la concurrence, de la consommation, du travail et de l'emploi présente la politique régionale d'agrément au comité régional de la prévention des risques professionnels dans une formation restreinte composée des collèges mentionnés aux 2° et 3° de l'article R. 4641-31.*

Sous-section 2. Rapports

Art. D. 4622-54. **(D. 2012-137 du 30 janv. 2012, JO 31, entrée en vigueur le 01.07.2012)** *L'employeur ou le président du service de santé au travail interentreprises établit et présente le rapport annuel relatif à l'organisation, au fonctionnement et à la gestion financière du service de santé au travail soit au comité d'entreprise, soit au comité interentreprises ou à la commission de contrôle et au conseil d'administration.*

Cette présentation est faite au plus tard à la fin du quatrième mois qui suit l'année pour laquelle il a été établi.

L'instance mentionnée au premier alinéa peut faire toute proposition relative à l'organisation, au fonctionnement, à l'équipement et au budget du service de santé au travail, notamment sur le financement des examens médicaux complémentaires prévus à l'article R. 4624-25.

Art. D. 4622-55. **(D. 2012-137 du 30 janv. 2012, JO 31, entrée en vigueur le 01.07.2012)** *L'employeur ou le président du service de santé au travail interentreprises communique un exemplaire du rapport mentionné à l'article D. 4622-54 au directeur régional des entreprises, de la concurrence, de la consommation, du travail et de l'emploi chargé du contrôle du service.*

Cette communication, accompagnée des observations de l'instance compétente selon le cas, est faite dans le délai d'un mois à compter de sa présentation devant l'instance intéressée.

Art. D. 4622-56. **(D. 2012-137 du 30 janv. 2012, JO 31, entrée en vigueur le 01.07.2012)** *Un arrêté du ministre chargé du travail fixe le modèle de rapport annuel.*

Art. D. 4622-57. **(D. 2012-137 du 30 janv. 2012, JO 31, entrée en vigueur le 01.07.2012)** *Un rapport comptable d'entreprise, certifié par un commissaire aux comptes, est versé en complément du rapport prévu à l'article D. 4622-54 au plus tard avant la fin du premier semestre suivant l'exercice considéré.*

CHAPITRE III

Personnels concourant aux services de santé au travail

SECTION UNIQUE. Médecin du travail

Sous-section 1. Recrutement et conditions d'exercice

Art. L. 4623-1. Un diplôme spécial est obligatoire pour l'exercice des fonctions de médecin du travail.

(L. 2011-867 du 20 juil. 2011, art. 12, JO 24) « Par dérogation au premier alinéa, un décret fixe les conditions dans lesquelles les services de santé au travail peuvent recruter, après délivrance d'une licence de remplacement et autorisation par les conseils départementaux compétents de l'ordre des médecins, à titre temporaire, un interne de la spécialité qui exerce sous l'autorité d'un médecin du travail du service de santé au travail expérimenté. »

Note Un décret du 17 octobre 1957 a précisé que le certificat d'études spéciales de médecine du travail et d'hygiène industrielle était obligatoire à compter du 1er janvier 1959 pour l'exercice des fonctions de médecin du travail. Voir *infra* art. R. 4623-2.

Art. L. 4623-2. Un décret détermine les conditions dans lesquelles les fonctions de médecin du travail peuvent être déclarées incompatibles avec l'exercice de certaines autres activités médicales.

Art. L. 4623-3. Le médecin du travail est un médecin autant que possible employé à temps complet qui ne pratique pas la médecine de clientèle courante.

Note • Est fondé le jugement du tribunal administratif annulant la décision de l'inspecteur du travail qui avait autorisé le licenciement d'un médecin du travail occupé à temps partiel et exerçant en clientèle privée, en considération du fait que des médecins ne pratiquant pas la médecine en clientèle courante avaient posé leur candidature aux fonctions de l'intéressé. En effet, les dispositions de l'article L. 241-8 [L 4623-3] CT ne sont pas applicables aux entreprises qui, en raison de leurs effectifs, ne peuvent employer un médecin du travail à temps complet (CE 29 juillet 1983, n° 24533, *JS* 1983, F 100).

• Il résulte des articles L. 241-2 (ancien) CT et 99 du décret du 6 septembre 1995 portant code de déontologie médicale que les médecins du travail ne sont pas au nombre des médecins qui sont appelés à donner des soins aux patients au sens des dispositions de l'article L. 162-1-2 c. séc. soc. qui prévoient que « le carnet de santé ne peut être communiqué qu'aux médecins appelés à donner des soins au patient ». Dès lors, en prévoyant que les médecins du travail ne pouvaient avoir accès au contenu dudit carnet, le ministre du Travail n'a pas méconnu le sens des dispositions sus-rappelées (CE 1er décembre 1997, nos 185361 et a.).

Sous-section 2. Protection

Art. L. 4623-4. Tout licenciement d'un médecin du travail envisagé par l'employeur est soumis pour avis, soit au comité d'entreprise, soit au comité interentreprises ou à la commission de contrôle du service interentreprises.

Dans les services interentreprises administrés paritairement, le projet de licenciement est soumis au conseil d'administration.

Art. L. 4623-5. Le licenciement d'un médecin du travail ne peut intervenir qu'après autorisation de l'inspecteur du travail dont dépend le service de santé au travail, après avis du médecin inspecteur du travail.

Toutefois, en cas de faute grave, l'employeur peut prononcer la mise à pied immédiate de l'intéressé dans l'attente de la décision définitive. En cas de refus de licenciement, la mise à pied est annulée et ses effets supprimés de plein droit.

Note La loi 2002-73 du 17 janvier 2002 (JO 18) et le décret 2004-760 du 28 juillet 2004 (JO 30) ont modifié la procédure de licenciement du médecin du travail. Ce licenciement, qui doit obligatoirement être soumis pour avis à l'institution représentative du personnel compétente, ne peut intervenir que sur autorisation de l'inspecteur du travail, alors qu'auparavant cette autorisation n'était requise qu'à défaut d'accord de l'institution représentative du personnel. La jurisprudence rapportée ci-après, rendue dans le cadre de l'ancienne réglementation, conserve néanmoins son intérêt.

• **Champ d'application.** Les dispositions légales qui assurent une protection exceptionnelle et exorbitante du droit commun à certains salariés, en raison du mandat ou des fonctions qu'ils exercent dans l'intérêt de l'ensemble des travailleurs, s'appliquent à la rupture du contrat de travail à l'initiative de l'employeur pendant la période d'essai ; il en est ainsi des dispositions relatives au médecin du travail (cass. soc. 26 octobre 2005, n° 03-44.585, BC V n° 306, arrêt n° 1 ; *RJS* 1/06 n° 63).

Les règles protectrices en matière de licenciement sont applicables en cas de mise à la retraite. La circulaire DRT 03 du 7 avril 2005 précitée précise que la mise à la retraite des médecins du travail à l'initiative de l'employeur est soumise à la mise en œuvre de la procédure spécifique, par analogie avec la jurisprudence relative à la mise à la retraite des représentants du personnel (voir cass. soc. 5 mars 1996, n° 92-42.490, BC V n° 84 ; 12 juillet 2006, n° 04-48.351, BC V n° 248 ; *RJS* 10/06 n° 1089). Il a été jugé par ailleurs que si la convention collective permettait à l'employeur de proposer la mise à la retraite du médecin, elle ne le dispensait pas, faute d'accord du médecin, d'obtenir l'agrément du comité d'entreprise (cass. crim. 2 février 1982, n° 81-91.352, B. crim. n° 38).

Le « statut d'Établissement public autonome aéroport de la ville de Paris » prévoit, dans ses dispositions générales, qu'il est applicable dans sa totalité au personnel propre de l'établissement et aucune disposition n'exclut les médecins du travail de son champ d'application. Si les conditions particulières de nomination, de licenciement et d'exercice des fonctions des médecins du travail, qui proviennent de la nature même de l'institution telle que déterminée par le code du travail, protègent leurs fonctions, elles n'empêchent pas l'application générale du statut aux médecins du travail liés par un contrat de travail à l'aéroport de Paris (cass. soc. 24 octobre 2000, n° 97-45.403, BC V n° 346).

La procédure prévue par la loi ne s'appliquant qu'à la nomination et au licenciement du médecin du travail, une cour d'appel a pu décider que la sanction disciplinaire de mise à pied, infligée, sans que cette procédure ait été observée, à un médecin du travail en raison de son refus d'être affectée à une entreprise qui relevait de son secteur géographique, était justifiée (cass. soc. 4 novembre 2003, n° 01-45.003, *JSL* n°s 135-136, 18 décembre 2003, p. 21).

• **Rôle de l'inspecteur du travail.** Saisi d'une demande d'autorisation de licenciement d'un médecin du travail, présentée par un employeur souhaitant adhérer à un service interentreprises, l'inspecteur du travail ne peut se contenter de « constater la nouvelle situation » mais doit rechercher si le licenciement de l'intéressé est ou non en rapport avec l'exercice normal de ses fonctions (CE 5 février 1988, n° 54534, voir note F. Moderne, *JCP* éd. G 1988, n° 50) ; lorsque le licenciement n'est pas sans rapport avec l'exercice des fonctions, l'inspecteur du travail est tenu de refuser l'autorisation de licenciement sollicitée (CE 6 mai 1996, n° 162343, *RJS* 7/96 n° 799). S'agissant d'une demande de licenciement fondée sur un motif de caractère économique, voir CAA Bordeaux 19 octobre 2006, n° 05-969, 06-193, 1re ch., Ass. interprof. de Médecine du travail de la Martinique, *RJS* 1/07 n° 70.

Lorsqu'une demande d'autorisation de licenciement d'un salarié bénéficiant d'une protection particulière est fondée sur des éléments qui se rattachent au comportement de l'intéressé et qui, sans caractériser l'existence d'une faute, rendraient impossible, selon l'employeur, la poursuite du contrat de travail, il appartient à l'inspecteur du travail et, éventuellement, au ministre compétent de rechercher, sous le contrôle du juge de l'excès de pouvoir, si ces éléments présentent un caractère objectif et si, en raison du niveau élevé des responsabilités exercées par le salarié, ils peuvent, eu égard à l'ensemble des règles applicables au contrat de travail et compte tenu des atteintes susceptibles d'être portées au fonctionnement de l'organisme en cause, justifier légalement l'octroi d'une autorisation de licenciement. En revanche, la perte de confiance de l'employeur envers le salarié ne peut jamais constituer, par elle-même, un motif pouvant servir de base à une autorisation de licenciement. À de nombreuses reprises, l'intéressé, médecin du travail, est entré en conflit tant avec la direction de la caisse de mutualité sociale agricole qu'avec le médecin-chef responsable de la section de médecine du travail ; en particulier, il s'est opposé aux orientations définies par la caisse comme aux propositions du médecin-chef concernant le fonctionnement du service, il a fréquemment contesté l'autorité hiérarchique du médecin-chef, notamment en s'abstenant d'informer celui-ci de ses activités ; ainsi, les faits retenus par l'inspecteur du travail à l'encontre du requérant étaient d'une gravité suffisante pour justifier l'octroi d'une autorisation de licenciement pour faute. Il en résulte que le médecin du travail n'est pas fondé à soutenir que le tribunal administratif a rejeté à tort sa demande tendant à l'annulation de la décision autorisant son licenciement (CE 21 décembre 2001, n° 224605, *Rec. Lebon* p. 669 ; *RJS* 3/02 n° 304).

• **Motifs du licenciement.** Une faute grave ou lourde commise par le médecin du travail dans l'exercice de ses fonctions ou, en l'absence de toute faute, un motif réel et sérieux, peuvent justifier son licenciement (cass. soc. 17 mars 1961, *D.* 1961, 425 ; cass. soc. 16 mars 1978, n° 76-41.101, BC V n° 205 ; cass. soc. 5 octobre 1978, n° 77-40.295, BC V n° 643 ; cass. soc. 28 juin 1989, Thiebaut c/ Ass. médecine du travail Est de Paris). Mais c'est à tort que, pour débouter un médecin du travail de ses demandes indemnitaires consécutives à son licenciement, une cour d'appel a retenu que l'interdiction temporaire d'activité prononcée à son encontre le privait du bénéfice de la protection légale et que les faits qui lui étaient reprochés (défaut d'information de l'employeur de cette interdiction temporaire) étaient constitutifs d'une faute lourde (cass. soc. 6 juillet 2011, n° 10-13.805, *JCP* éd. S 2011, 1456, note A. Barège ; *JSL* n° 307, 13 octobre 2011, p. 24). Le médecin du travail devant conserver intégralement sa liberté de décision sur l'inaptitude des salariés, présente un caractère abusif le licenciement d'un médecin du travail dès lors qu'il a pu être constaté que l'employeur avait fait pression sur l'intéressé qui s'était borné à revendiquer son indépendance (cass. soc. 23 février 1966, Ass. médicale interentreprises c/ Fouquet) et avait repoussé les ingérences de son employeur (cass. soc. 10 octobre 1979, n° 78-12.275, BC V n° 703 ; *Dr. Soc.* 1980, n° spécial avril, S 109, obs. J. Savatier). Ne commet pas de faute dans l'exercice du droit de licenciement un service interentreprises qui met fin au contrat à durée indéterminée d'un médecin du travail occupé à temps plein, au motif que celui-ci voulait cumuler ses fonctions avec celles de P-DG d'une société commerciale, situation qui pouvait être de nature à compromettre son indépendance (cass. soc. 9 décembre 1964, BC IV n° 683).

• **Non-respect des dispositions protectrices. Incidence.** Le licenciement d'un médecin du travail sans que soient respectées les formes légales (en l'espèce non-consultation préalable de la commission de contrôle) est nul (cass. soc. 12 mai 1965, BC IV n° 374). Il constitue un trouble manifestement illicite justifiant la compétence du juge des référés (cass. soc. 7 mai 1987, n° 84-41.005, BC V n° 274).

Commet l'infraction prévue à l'article R. 241-31 (ancien) CT le service interentreprises de médecine du travail qui prend l'initiative de rompre ou de constater la rupture du contrat de travail d'un médecin du travail sans respecter la procédure préalable propre à ces praticiens, peu important, au plan de l'infraction poursuivie, à qui incombait l'imputabilité de la rupture ni, *a fortiori*, si celle-ci avait une cause réelle et sérieuse (cass. crim. 2 octobre 1985, *JS* 1985 SJ 324).

Action civile des syndicats. Le licenciement d'un médecin du travail au mépris des dispositions de l'article R. 241-31 (ancien) CT portant nécessairement préjudice à l'intérêt collectif de la profession, une cour d'appel a pu, statuant en référé, condamner une entreprise à verser au syndicat national professionnel des médecins du travail la somme d'un franc en réparation de son préjudice (cass. soc. 7 mai 1987, précité ; voir aussi cass. crim. 9 mai 1978, *JS* 1978 F 68 ; *Dr. Soc.* 1979, p. 452).

Art. L. 4623-5-1. ***(L. 2011-867 du 20 juil. 2011, art. 7, JO 24)*** La rupture du contrat de travail à durée déterminée d'un médecin du travail avant l'échéance du terme en raison d'une faute grave ou de son inaptitude médicale, ou à l'arrivée du terme lorsque l'employeur n'envisage pas de renouveler un contrat comportant une clause de renouvellement, ne peut intervenir qu'après autorisation de l'inspecteur du travail dont dépend le service de santé au travail, après avis du médecin inspecteur du travail, dans les conditions prévues à l'article L. 4623-5.

Note Les articles L. 4623-5-1 à 5-3 et l'article L. 1237-15 complété renforcent la protection du médecin du travail.

Art. L. 4623-5-2. ***(L. 2011-867 du 20 juil. 2011, art. 8, JO 24)*** L'arrivée du terme du contrat de travail à durée déterminée n'entraîne sa rupture qu'après constatation par l'inspecteur du travail que celle-ci n'est pas en lien avec l'exercice des missions de médecin du travail et ne constitue pas une mesure discriminatoire.

L'employeur saisit l'inspecteur du travail un mois avant l'arrivée du terme.

L'inspecteur du travail statue avant la date du terme du contrat.

Art. L. 4623-5-3. ***(L. 2011-867 du 20 juil. 2011, art. 9, JO 24)*** Le transfert d'un médecin du travail compris dans un transfert partiel de service de santé au travail par application de l'article L. 1224-1 ne peut intervenir qu'après autorisation de l'inspecteur du travail dont dépend le service de santé au travail, après avis du médecin inspecteur du travail. L'inspecteur du travail s'assure que le transfert n'est pas en lien avec l'exercice des missions du médecin du travail et ne constitue pas une mesure discriminatoire.

Art. L. 4623-6. Lorsque le ministre compétent annule, sur recours hiérarchique, la décision de l'inspecteur du travail autorisant le licenciement d'un médecin du travail, celui-ci a le droit, s'il le demande dans un délai de deux mois à compter de la notification de la décision, d'être réintégré dans son emploi ou dans un emploi équivalent conformément aux dispositions de l'article L. 2422-1.

Il en est de même lorsque le juge administratif a annulé une décision de l'inspecteur du travail ou du ministre compétent autorisant un tel licenciement.

Art. L. 4623-7. Lorsque l'annulation d'une décision d'autorisation est devenue définitive, le médecin du travail a droit au paiement d'une indemnité correspondant à la totalité du préjudice subi au cours de la période écoulée entre son licenciement et sa réintégration s'il a demandé cette dernière dans le délai de deux mois à compter de la notification de la décision.

L'indemnité correspond à la totalité du préjudice subi au cours de la période écoulée entre son licenciement et l'expiration du délai de deux mois s'il n'a pas demandé sa réintégration.

Ce paiement s'accompagne du versement des cotisations correspondant à cette indemnité qui constitue un complément de salaire.

Art. L. 4623-8. ***(L. 2011-867 du 20 juil. 2011, art. 1er, JO 24)*** Dans les conditions d'indépendance professionnelle définies et garanties par la loi, le médecin du travail assure les missions qui lui sont dévolues par le présent code.

> *Note* L'indépendance professionnelle d'un médecin lié dans son exercice par un contrat ou un statut à un autre médecin, une administration, une collectivité ou tout autre organisme public ou privé est précisée à l'article R. 4127-95 c. santé publ.

[Dispositions réglementaires]

> *Note* Ce chapitre III « Personnels concourant aux services de santé au travail » de la partie réglementaire est remplacé, **à compter du 01.07.2012**, par le chapitre III figurant à la suite en italique (après l'article R. 4623-56).

SECTION 1. Médecin du travail

Sous-section 1. Missions du médecin du travail

Art. R. 4623-1. Le médecin du travail est le conseiller de l'employeur, des travailleurs, des représentants du personnel et des services sociaux, en ce qui concerne notamment :

1° L'amélioration des conditions de vie et de travail dans l'entreprise ;
2° L'adaptation des postes, des techniques et des rythmes de travail à la physiologie humaine ;
3° La protection des travailleurs contre l'ensemble des nuisances, et notamment contre les risques d'accidents du travail ou d'utilisation des produits dangereux ;
4° L'hygiène générale de l'établissement ;
5° L'hygiène dans les services de restauration ;
6° La prévention et l'éducation sanitaires dans le cadre de l'établissement en rapport avec l'activité professionnelle ;
7° La construction ou les aménagements nouveaux ;
8° Les modifications apportées aux équipements ;
9° La mise en place ou la modification de l'organisation du travail de nuit.

Afin d'exercer ces missions, le médecin du travail conduit des actions sur le milieu de travail et procède à des examens médicaux.

Art. L. 4623-8.

Note • La participation du médecin du travail à une réunion d'information proposée par l'inspecteur du travail visant à exposer au personnel de l'entreprise les règles d'hygiène jusqu'alors méconnues relève principalement de son initiative et de son domaine personnel d'activité. Le fait pour le président du service médical interentreprises de s'y opposer caractérise une atteinte portée aux attributions propres du médecin du travail (cass. crim. 15 octobre 1985, n° 83-92.133, B. crim. n° 317 ; *Dr. Soc.* 1986, p. 793).

• S'agissant d'un chef d'entreprise déclaré coupable de la contravention de non-consultation du médecin du travail préalablement à l'exécution de la construction d'un nouvel atelier, voir cass. crim. 15 mars 1994, n° 93-82.109, B. crim. n° 100.

Sous-section 2. Recrutement, nomination, affectation et conditions d'exercice

§ 1. Recrutement

Art. R. 4623-2. Un docteur en médecine en possession de l'autorisation d'exercer ne peut pratiquer la médecine du travail que s'il remplit l'une des conditions suivantes :

1° Être titulaire du certificat d'études spéciales de médecine du travail ;

2° Être titulaire du diplôme d'études spécialisées de médecine du travail ;

3° Avoir été inscrit au tableau de l'ordre comme spécialiste en médecine du travail dans les conditions prévues aux deuxième et huitième alinéas de l'article 9 de la loi n° 91-73 du 18 janvier 1991 ;

4° Avoir été autorisé, à titre exceptionnel, à poursuivre son exercice en tant que médecin du travail en application de l'article 28 de la loi n° 98-535 du 1er juillet 1998 ou de l'article 189 de la loi n° 2002-73 du 17 janvier 2002 de modernisation sociale ;

5° Être titulaire d'une capacité en médecine de santé au travail et de prévention des risques professionnels.

Note • « L'enseignement de la médecine du travail fait actuellement l'objet d'un diplôme d'études spécialisées, délivré après validation de quatre années d'internat accessibles par concours. Ce diplôme, mis en place dans le cadre du nouveau régime du troisième cycle des études médicales résultant de la loi 82-1098 du 23 décembre 1982, a succédé, comme dans la plupart des disciplines, à un autre diplôme, le certificat d'études spéciales, qui, bien qu'accessible sans concours, avait aussi le caractère de diplôme national et faisait de ce fait l'objet d'une réglementation soumettant les candidats au même cursus, au même programme et aux mêmes conditions d'examen quelle que soit l'université auprès de laquelle ils s'inscrivaient. Dans ces conditions, c'est à juste titre que le code du travail vise ces deux diplômes pour la pratique de la médecine du travail… » (rép. QE 839, JO Sén. 8 septembre 1988, p. 1002).

• Ces dispositions ont été complétées par le décret 94-290 du 13 avril 1994 (JO 14) permettant l'exercice de la médecine du travail par des médecins qui, sans être titulaires du certificat d'études spéciales de médecine du travail ou du diplôme d'études spécialisées de médecine du travail, sont inscrits au tableau de l'Ordre comme spécialistes en médecine du travail. La question de l'extension du droit d'exercer la médecine du travail aux médecins inscrits au tableau de l'Ordre comme médecins spécialistes en médecine du travail n'ayant été soumise sous aucune forme à la commission permanente du Conseil supérieur de la prévention des risques professionnels, en violation de l'article R. 231-14 [R. 4641-2] CT, l'article 1er du décret du 13 avril 1994 avait été annulé par le Conseil d'État (CE 3 mars 1995, n° 159222, *RJS* 5/95 n° 523). L'avis du Conseil supérieur de la prévention des risques professionnels étant intervenu le 7 juillet 1995, un décret 96-188 du 12 mars 1996 (JO 14) a de nouveau inséré à l'alinéa 1er de l'article R. 241-29 [R. 4623-2] CT l'adjonction qui avait été annulée. Le Conseil d'État a, dans un arrêt du 21 octobre 1998, n° 179771, Synd. nat. profess. des médecins du travail, rejeté la requête du Syndicat national professionnel des médecins du travail en annulation de ce dernier décret.

• « L'article 189 de la loi 2002-73 du 17 janvier 2002 (JO 18) a instauré un mécanisme visant à régulariser la situation de médecins exerçant la médecine du travail ou de prévention sans tous les titres requis. Ce dispositif prévoit que les intéressés continuent à exercer la médecine du travail ou de prévention sous réserve, d'une part, de suivre une formation théorique de 2 ans et, d'autre part, de satisfaire à des épreuves terminales de connaissance au plus tard avant la fin de l'année universitaire 2003-2004 » (rép. QE 25978, JO AN 1er décembre 2003, p. 9177).

• Voir notamment arrêté du 21 octobre 2002 relatif à l'enseignement dispensé aux médecins admis à titre exceptionnel à exercer la médecine du travail et la médecine de prévention (JO 29) et arrêté du 28 mai 1997 (JO 1er juin) relatif au contenu de la formation spécifique des médecins du travail chargés de la surveillance médicale des travailleurs des entreprises extérieures intervenant dans les installations nucléaires de base.

Art. R. 4623-3. Le médecin du travail fait enregistrer ses titres auprès de l'inspection médicale du travail compétente, dans le mois qui suit son entrée en fonction dans un service de santé au travail.

Art. R. 4623-4. Le médecin du travail est lié par un contrat de travail conclu avec l'employeur ou le président du service de santé au travail interentreprises, dans les conditions prévues par le code de déontologie médicale.

Note • **Contrat de travail.** Le contrat liant le médecin du travail à l'employeur ou au président du service interentreprises est un contrat de travail, lequel, de surcroît, doit, selon les dispositions du code de déontologie, être écrit. L'absence de contrat écrit ne prive toutefois pas le médecin du travail des garanties prévues en matière de licenciement (CE 22 novembre 1967).

• **Contrat type.** Le conseil national de l'Ordre des médecins dispose d'un pouvoir réglementaire pour la rédaction des clauses des « contrats types » établis sur le fondement de l'article 49 du décret du 28 novembre 1955 portant code de déontologie médicale, et dont les prescriptions s'imposent aux signataires de contrats ayant pour objet l'exercice de la médecine au service d'entreprises, de collectivités ou d'institutions de droit privé. Les « contrats types » constituent des actes réglementaires pouvant être l'objet d'un recours pour excès de pouvoir devant la juridiction administrative, au même titre que la décision du conseil national de l'Ordre d'en adopter les dispositions, qui en est indissociable (CE 13 mai 1987, n° 13751 ; *Dr. Soc.* 1987, p. 749, concl. De Clausade).

• **Salaires.** « L'individualisation des salaires du médecin du travail qui s'accompagnerait d'un contrôle du contenu de l'activité des médecins du travail pourrait porter atteinte aux règles d'exercice de la médecine du travail, à la déontologie médicale et à l'indépendance professionnelle du médecin [...]. Le comité d'entreprise, dans les services d'entreprise, et la commission de contrôle, dans les services médicaux interentreprises, doivent être consultés sur cette pratique qui peut remettre en cause les règles d'exercice de la médecine du travail » (rép. QE 34070, JO AN 8 avril 1996, p. 1949).

• Voir aussi L. Melennec, « Le médecin salarié. Les critères du salariat médical », *Gaz. Pal.* 8-9 avril 1998, p. 2.

§ 2. Nomination

Art. R. 4623-5. Le médecin du travail ne peut être nommé qu'avec l'accord soit du comité d'entreprise, soit du comité interentreprises ou de la commission de contrôle du service de santé au travail interentreprises.

Dans les services de santé au travail interentreprises administrés paritairement, le médecin du travail ne peut être nommé qu'avec l'accord du conseil d'administration.

Note Le comité d'entreprise est compétent pour donner son accord sur la nomination du médecin du travail et non sur le choix effectué par la direction entre les différents candidats (CE 20 avril 1984, n° 33691, *JS* 1984, F 65 ; *Dr. Soc.* 1984, p. 559).

Art. R. 4623-6. Lors de la nomination du médecin du travail, le comité d'entreprise ou les organes de surveillance mentionnés à l'article D. 4622-42 ont communication des données suivantes :

1° L'effectif des salariés suivis par le médecin nommé ;

2° La liste des entreprises surveillées dans les services de santé au travail interentreprises ;
3° Le secteur auquel le médecin du travail est affecté dans les services d'entreprise.

Ces données sont mises à jour annuellement.

Art. R. 4623-7. Lors de la nomination du médecin du travail, la consultation, selon les cas, du comité d'entreprise, du comité interentreprises, de la commission de contrôle du service interentreprises ou du conseil d'administration intervient au plus tard avant la fin de la période d'essai.

À défaut d'accord, la nomination ne peut intervenir que sur autorisation de l'inspecteur du travail prise après avis du médecin inspecteur du travail.

§ 3. Affectation

Art. R. 4623-8. Lorsque l'effectif d'une entreprise ou d'un service de santé au travail interentreprises correspond à l'emploi d'un seul médecin du travail à temps plein ou à temps partiel, il ne peut être fait appel à plusieurs médecins du travail.

Des dérogations peuvent être accordées, à titre exceptionnel, par le ***(D. 2009-1377 du 10 nov. 2009, JO 13 ; D. 2010-687 du 24 juin 2010, JO 25 ; voir D. 2010-1582 du 17 déc. 2010, JO 18, pour outre-mer)*** « directeur régional des entreprises, de la concurrence, de la consommation, du travail et de l'emploi » après avis du médecin inspecteur du travail.

Art. R. 4623-9. Dans les services de santé au travail interentreprises chaque médecin est affecté à un groupe d'entreprises ou d'établissements déterminés.

Après prise en compte du temps consacré à l'action en milieu de travail tel que défini à l'article R. 4624-2, le groupe confié à chaque médecin est déterminé par :
1° Un nombre maximal d'entreprises ou d'établissements attribués ;
2° Un effectif maximal de travailleurs placés sous surveillance médicale, dont le nombre est pondéré par un coefficient représentant la périodicité des examens médicaux telle que définie aux articles R. 4624-16 et R. 4624-20 ;
3° Un nombre maximal annuel d'examens médicaux.

La liste des entreprises et établissements ainsi que les effectifs des travailleurs correspondants et, le cas échéant, le document établi par l'employeur en application de l'article D. 4622-65 sont communiqués à chaque médecin du travail.

Art. R. 4623-10. Pour un médecin du travail à plein temps, le nombre maximal d'entreprises ou d'établissements attribués est fixé à 450, le nombre maximal annuel d'examens médicaux à 3200 et l'effectif maximal de salariés placés sous surveillance médicale à 3300.

Ces plafonds, appliqués à un médecin du travail à temps partiel, sont calculés à due proportion de son temps de travail.

Note Sur la charge de travail du médecin du travail, voir circulaire DRT 03 du 7 avril 2005 précitée, § 2.4. (BO TR 2005/5 du 30 mai 2005).

Art. R. 4623-11. Dans les services de santé au travail d'entreprise ou d'établissement employant plusieurs médecins du travail, chacun d'eux est affecté à un secteur déterminé de l'entreprise, défini par elle et dont l'effectif salarié lui est communiqué.

Ce secteur d'entreprise est déterminé en fonction d'un effectif de salariés suivis, dans les conditions définies à l'article R. 4623-9.

§ 4. Changement d'affectation

Art. R. 4623-12. La procédure d'autorisation et d'information relative à la nomination du médecin, définie aux articles R. 4623-5 à R. 4623-7, s'applique avant toute décision :
1° Dans les services de santé au travail d'entreprise ou d'établissement, en cas de changement de secteur d'un médecin du travail lorsque ce changement est contesté par l'intéressé ou, selon les cas, par le comité d'entreprise ou, à défaut, par les délégués du personnel de l'établissement que le médecin du travail avait précédemment en charge ;
2° Dans les services de santé au travail interentreprises, en cas de changement d'affectation à un médecin du travail d'une entreprise ou d'un établissement, ainsi qu'en cas de changement de secteur d'un médecin du travail, lorsque ces changements sont contestés par le médecin du travail, par l'employeur ou par le comité d'entreprise ou, à défaut, par les délégués du personnel de l'entreprise ou de l'établissement que le médecin du travail avait précédemment en charge.

Art. R. 4623-13. À défaut d'accord des instances consultées, ou de l'employeur, les changements de secteur et d'affectation du médecin du travail ne peuvent intervenir que sur autorisation de l'inspecteur du travail délivrée après avis du médecin inspecteur du travail.

Un document annuel faisant état de ces changements, ainsi que des autres changements d'affectation d'une entreprise ou d'un établissement de plus de cinquante salariés, est tenu à disposition de l'inspecteur du travail, du ***(D. 2009-1377 du 10 nov. 2009, JO 13 ; D. 2010-687 du 24 juin 2010, JO 25 ; voir D. 2010-1582 du 17 déc. 2010, JO 18, pour outre-mer)*** « directeur régional des entreprises, de la concurrence, de la consommation, du travail et de l'emploi » ainsi que du médecin inspecteur du travail.

Art. R. 4623-14. Pour l'application des procédures prévues aux paragraphes 2 et 3 ainsi qu'au présent paragraphe, le comité d'entreprise, le comité interentreprises ou la commission de contrôle se prononce par un vote à bulletin secret, à la majorité de ses membres, régulièrement convoqués, présents ou représentés.

Chaque membre ne peut disposer du pouvoir que d'un seul autre membre.

§ 5. Conditions d'exercice

Art. R. 4623-15. Le médecin du travail agit dans l'intérêt exclusif de la santé et de la sécurité des salariés dont il assure la surveillance médicale.

Son indépendance est garantie dans l'ensemble des missions définies aux articles L. 4622-3 et L. 4622-4.

Note

• Sur l'indépendance du médecin du travail, voir circulaire DRT 03 du 7 avril 2005, § 3 (BO TR 2005/5 du 30 mai 2005).

• **Exercice des fonctions.** Difficilement conciliable avec la pratique de la médecine de soins en clientèle, l'exercice de la médecine du travail est incompatible avec la pratique d'une spécialité médicale (CE 3 novembre 1967, n° 67822, *Rec. Lebon,* p. 406) et celle du contrôle médical des arrêts de travail des salariés effectué à l'initiative des employeurs.

• « (...) Un employeur ne peut en aucun cas recourir à un médecin de ville pour réaliser le suivi médical dont doivent bénéficier ses salariés. (...) Seuls les médecins du travail sont compétents pour apprécier l'aptitude d'un salarié au poste de travail auquel l'employeur envisage de l'affecter. » Un avis médical rendu sur ce point par un médecin de ville n'aurait aucune valeur juridique. Voir rép. QE 30476, JO AN 5 novembre 2001, p. 6328.

• **Secret médical.** Est fondé l'arrêt de cour d'appel qui estime qu'en paralysant par son attitude le fonctionnement du service médical (refus de remettre les clés des fichiers médicaux à un autre médecin du service de médecine du travail interentreprises auquel il appartenait), le médecin du travail licencié a commis une voie de fait génératrice d'un trouble manifestement illicite (cass. soc. 20 février 1986, n° 83-41.671, BC V n° 30 ; *JS* 1986 F 30).

Art. R. 4623-16. Le médecin du travail assure personnellement l'ensemble de ses fonctions. Elles sont exclusives de toute autre fonction dans les établissements dont il a la charge.

Note

L'article L. 4622-3 CT prévoit que le rôle des médecins du travail est exclusivement préventif et l'article R. 4623-16 CT énonce que le médecin du travail assure personnellement l'ensemble de ses fonctions et que celles-ci sont exclusives de toute autre fonction dans les établissements dont il a la charge. Le code du travail a ainsi établi un régime d'incompatibilité entre les fonctions de médecine du travail et de médecine d'aptitude. En conséquence, une note du directeur des ressources humaines de la SNCF ne peut légalement prévoir que les examens d'aptitude prévus par l'arrêté du 30 juillet 2003 pour les personnels exerçant des fonctions de sécurité sur le réseau ferré national seront réalisés par les médecins du travail (CE 7 juin 2006, n° 279632, *JCP* éd. S 2006, 1792, note A. Noury).

Art. R. 4623-17. Le médecin du travail absent pour une durée supérieure à trois mois est remplacé.

Sous-section 3. Participation aux organes de surveillance et de consultation

Art. R. 4623-18. Lorsque l'ordre du jour comporte des questions relatives à l'organisation et au fonctionnement des services de santé au travail ou des questions qui concernent les missions des médecins telles que définies à l'article L. 4622-3, le médecin du travail ou, en cas de pluralité de médecins, le ou les délégués des médecins assistent, avec voix consultative, aux réunions :

1° Du comité d'entreprise ;
2° Du comité interétablissements ;
3° De la commission de contrôle ;
4° De la commission consultative paritaire de secteur ;
(D. 2009-289 du 13 mars 2009, JO 15) « 5° Du conseil d'administration. »

Art. R. 4623-19. Dans les services de santé au travail d'entreprise, les délégués des médecins du travail sont élus à raison d'un titulaire et d'un suppléant pour huit médecins.

Dans les services interentreprises, ils sont élus à raison d'un titulaire et d'un suppléant par secteur médical.

La durée du mandat des délégués est de trois ans.

L'employeur ou le président du service de santé au travail organise l'élection.

Sous-section 4. Protection en cas de licenciement

Art. R. 4623-20. Lorsque le licenciement d'un médecin du travail est envisagé, le comité d'entreprise, le comité interentreprises ou la commission de contrôle du service interentreprises ou le conseil d'administration, selon le cas, se prononce après audition de l'intéressé.

L'entretien préalable prévu à l'article L. 1232-2 précède la consultation de ces instances.

Art. R. 4623-21. Le comité d'entreprise ou la commission de contrôle se prononce par un vote à bulletin secret, à la majorité de ses membres, régulièrement convoqués, présents ou représentés.

Chaque membre ne peut disposer du pouvoir que d'un seul autre membre.

Note Le comité d'entreprise se prononce à la majorité de ses membres présents ou absents (cass. crim. 9 mai 1978, *JS* 1978, F 68 et 4 mars 1980, B. crim. n° 78 rendu dans la même affaire).

Art. R. 4623-22. La demande d'autorisation de licenciement d'un médecin du travail est adressée à l'inspecteur du travail dont dépend le service de santé au travail qui l'emploie, par lettre recommandée avec avis de réception.

La demande énonce les motifs du licenciement envisagé. Elle est accompagnée du procès-verbal de la réunion du comité d'entreprise ou de la commission de contrôle.

Sauf dans le cas d'une mise à pied, la demande est transmise dans les quinze jours suivant la délibération du comité ou de la commission de contrôle.

En cas de mise à pied, la consultation du comité d'entreprise ou de la commission de contrôle a lieu dans un délai de dix jours à compter de la mise à pied. La demande d'autorisation de licenciement est transmise à l'inspecteur du travail dans les quarante-huit heures suivant la délibération du comité ou de la commission de contrôle.

Art. R. 4623-23. L'inspecteur du travail procède à une enquête contradictoire au cours de laquelle le médecin du travail peut, sur sa demande, se faire assister par une personne de son choix appartenant au personnel du service de santé au travail ou de l'entreprise.

L'inspecteur du travail prend sa décision dans un délai de quinze jours, réduit à huit jours en cas de mise à pied. Ce délai court à compter de la réception de la demande motivée présentée par l'employeur. Il n'est prolongé que si les nécessités de l'enquête le justifient.

Art. R. 4623-24. La décision de l'inspecteur du travail est motivée. Elle est notifiée par lettre recommandée avec avis de réception :

1° À l'employeur ;
2° Au médecin du travail ;
3° Au comité d'entreprise ou à la commission de contrôle.

Note La décision par laquelle l'inspecteur du travail a autorisé le licenciement d'un médecin du travail se substitue entièrement à la délibération de la commission de contrôle du service interentreprises ayant refusé son accord au licenciement. Par suite, les moyens tirés d'irrégularités dont serait entachée la délibération de cette commission sont inopérants (CE 12 octobre 1990, n° 91532, *RJS* 2/91 n° 192).

Art. R. 4623-25. Le ministre peut annuler ou réformer la décision de l'inspecteur du travail sur le recours de l'employeur ou du médecin du travail.

Ce recours est introduit dans un délai de deux mois à compter de la notification de la décision de l'inspecteur.

Le silence gardé pendant plus de quatre mois sur ce recours vaut décision de rejet.

Note Cet article a été modifié par le décret 2008-1503 du 30 décembre 2008 (JO 31).

SECTION 2. Intervenant en prévention des risques professionnels

Sous-section 1. Missions

Art. R. 4623-26. Afin d'assurer l'application des dispositions de l'article L. 4622-4, le service de santé au travail fait appel aux compétences d'un intervenant en prévention des risques professionnels.

Note • Voir arrêté du 24 décembre 2003 (JO 31) et circulaire DRT 2004-01 du 13 janvier 2004 relatifs à la mise en œuvre de l'obligation de pluridisciplinarité dans les services de santé au travail. Voir aussi circulaire DRT 2005-05 du 20 juin 2005 relative au dispositif d'habilitation des intervenants en prévention des risques professionnels et visant à favoriser la mise en œuvre de la pluridisciplinarité (BO TR 2005/8 du 30 août 2005, p. 28).

• Si, à l'appui d'un recours contre une circulaire, toute personne y ayant intérêt peut faire valoir que les dispositions impératives qu'elle comporte fixent, dans le silence des textes, une règle nouvelle entachée d'incompétence, l'administration n'est jamais tenue de prendre une circulaire pour interpréter l'état du droit existant. Il ne peut donc être reproché au ministre des affaires sociales de n'avoir pas prévu de dispositions rappelant les règles relatives à l'indépendance des intervenants en prévention des risques professionnels dans la circulaire 2004-01 du 13 janvier 2004 attaquée (CE 30 mars 2005, n° 266127, *RJS* 8-9/05 n° 938).

• Les CRAM se voient reconnaître, par la volonté du législateur, une double mission : d'une part, répondre à l'appel des services de santé et des entreprises par la mobilisation de leurs propres ressources ; d'autre part, s'assurer de la compétence des autres personnes ou organismes – qualifiés d'intervenants en prévention des risques professionnels (IPRP) – auxquels il peut être fait appel. Le rôle ainsi confié aux organismes de prévention, et notamment aux CRAM, se distingue de leurs missions traditionnelles, qui ne sont en rien modifiées. L'intervention des agents des CRAM au titre de la pluridisciplinarité ne peut se confondre avec les attributions, de contrôle notamment, que leur confèrent le code de la sécurité sociale et le code du travail : c'est un rôle de conseil et d'expertise, destiné à renforcer et à élargir l'action du médecin du travail. L'action pluridisciplinaire est par ailleurs soumise au respect du secret médical et du secret professionnel, garantissant ainsi l'indépendance et l'étanchéité nécessaire entre les différentes missions et prérogatives des caisses (rép. QE 28560, JO AN 27 janvier 2004, p. 641).

• Voir jurisprudence citée sous article L. 4622-4.

Art. R. 4623-27. L'intervenant en prévention des risques professionnels participe, dans un objectif exclusif de prévention, à la préservation de la santé et de la sécurité des travailleurs et à l'amélioration des conditions de travail.

Sous-section 2. Conditions d'intervention

Art. R. 4623-28. L'intervenant en prévention des risques professionnels peut être :

1° Une personne employée par l'entreprise ou le service de santé au travail interentreprises et habilitée en application de l'article R. 4623-36 ;

2° Une caisse régionale d'assurance maladie ;

3° L'Organisme professionnel de prévention du bâtiment et des travaux publics ;

4° Une association régionale du réseau de l'Agence nationale pour l'amélioration des conditions de travail ;

5° Toute personne ou tout organisme habilité en application de l'article R. 4623-36.

Art. R. 4623-29. Lorsque l'entreprise a le choix entre un service de santé au travail d'entreprise ou interentreprises, elle ne peut faire appel à des compétences extérieures que si ses propres compétences sont insuffisantes.

Art. R. 4623-30. L'intervention de l'intervenant en prévention des risques professionnels est subordonnée à la conclusion d'une convention entre celui-ci et l'employeur ou le président du service de santé au travail interentreprises.

Cette convention précise :

1° Les activités confiées à l'intervenant ainsi que les modalités de leur exercice ;

2° Les moyens mis à la disposition de l'intervenant ainsi que les règles garantissant son accès aux lieux de travail et l'accomplissement de ses missions, notamment la présentation de ses propositions, dans des conditions assurant son indépendance.

Art. R. 4623-31. La conclusion de la convention avec l'intervenant en prévention des risques professionnels est précédée de l'avis du comité d'entreprise et du comité d'hygiène, de sécurité et des conditions de travail ainsi que, le cas échéant, de l'avis des instances de surveillance mentionnées à l'article D. 4622-42.

Dans les services de santé au travail interentreprises administrés paritairement, la convention est conclue après avis du conseil d'administration.

Art. R. 4623-32. La convention ne peut comporter de clauses autorisant l'intervenant à réaliser des actes relevant de la compétence médicale du médecin du travail et des infirmiers éventuellement placés sous son autorité.

Art. R. 4623-33. Le comité d'entreprise ou les organes de surveillance mentionnés à l'article D. 4622-42 sont consultés avant tout recrutement ou licenciement de la personne employée par l'entreprise ou le service de santé au travail interentreprises en qualité d'intervenant en prévention des risques professionnels.

Note Voir CE 20 octobre 2004, n° 258379, cité sous article L. 4622-4.

Art. R. 4623-34. L'intervenant en prévention des risques professionnels a accès aux informations relatives aux risques pour la santé et la sécurité des travailleurs ainsi qu'aux mesures et aux activités de protection et de prévention nécessaires à l'accomplissement de ses missions.

Ce droit d'accès s'exerce dans des conditions garantissant le caractère confidentiel des données individuelles, ainsi que la protection des informations mentionnées à l'article R. 4624-9.

Art. R. 4623-35. Les services de santé au travail définissent les modalités de la collaboration entre l'intervenant en prévention des risques professionnels et le médecin du travail.

Les informations relatives à la santé au travail recueillies par l'intervenant sont transmises au médecin du travail.

Sous-section 3. Habilitation

Art. R. 4623-36. L'habilitation des personnes ou organismes intervenant en qualité d'intervenant en prévention des risques professionnels est délivrée par un collège régional composé d'un nombre égal de représentants de la caisse régionale d'assurance maladie, de l'association régionale pour l'amélioration des conditions de travail et du comité régional de l'Organisme professionnel de prévention du bâtiment et des travaux publics.

Note • Voir arrêté du 24 décembre 2003 (JO 31).

• Voir CE 20 octobre 2004, n° 258379, cité sous article L. 4622-4.

Art. R. 4623-37. L'habilitation de l'intervenant est accordée en fonction :

1° De ses garanties d'indépendance et de compétence ;

2° De l'expérience acquise dans le domaine de la prévention des risques professionnels et de l'amélioration des conditions de travail ;

3° Des moyens dont il dispose pour exécuter les missions pour lesquelles il est habilité.

Art. R. 4623-38. Les conditions auxquelles satisfont les personnes ou les organismes pour être habilités sont définies par un arrêté du ministre chargé du travail. Cet arrêté précise notamment le niveau des diplômes requis ou les compétences professionnelles exigées. Il fixe également l'organisation et le fonctionnement du collège régional.

Art. R. 4623-39. Lorsqu'elle est délivrée à une personne physique, l'habilitation n'est pas soumise à renouvellement.

Lorsqu'elle est délivrée à une personne morale, l'habilitation a une durée de cinq ans, renouvelable.

L'habilitation est valable sur l'ensemble du territoire national.

Art. R. 4623-40. La demande d'habilitation est adressée en trois exemplaires sous pli recommandé avec avis de réception, ou remise contre récépissé à l'un des organismes suivants :

1° La caisse régionale d'assurance maladie ;

2° L'association régionale du réseau de l'Agence nationale pour l'amélioration des conditions de travail ;

3° Le comité régional de l'Organisme professionnel de prévention du bâtiment et des travaux publics du lieu où le candidat a son siège ou exerce son activité principale.

Il ne peut être déposé plus d'une demande par an.

Art. R. 4623-41. La demande d'habilitation n'est examinée que si elle est accompagnée d'un dossier justificatif dont le modèle est fixé par arrêté du ministre chargé du travail.

Le dossier est réputé complet lorsque, dans un délai d'un mois à compter de sa réception, l'organisme ayant reçu la demande n'a pas fait connaître au demandeur, par lettre recommandée avec avis de réception, les informations manquantes ou incomplètes.

Le collège régional notifie sa décision au demandeur dans un délai de trois mois à compter de la date à laquelle le dossier est réputé complet. L'absence de réponse vaut rejet de la demande.

Art. R. 4623-42. Le retrait de l'habilitation de l'intervenant en prévention des risques professionnels peut être sollicité auprès du collège régional compétent par :

1° L'employeur ;

2° Le président du service de santé au travail interentreprises ;

3° Le comité d'hygiène, de sécurité et des conditions de travail ;

4° Le comité d'entreprise ;

5° Les instances de surveillance prévues à l'article D. 4622-42 ;

6° Le ***(D. 2009-1377 du 10 nov. 2009, JO 13 ; D. 2010-687 du 24 juin 2010, JO 25 ; voir D. 2010-1582 du 17 déc. 2010, JO 18, pour outre-mer)*** « directeur régional des entreprises, de la concurrence, de la consommation, du travail et de l'emploi ».

Art. R. 4623-43. Le retrait de l'habilitation de l'intervenant en prévention des risques professionnels est prononcé :

1° Après que la personne ou l'organisme intéressé a été appelé à présenter ses observations ;

2° Lorsque l'intervenant en prévention des risques professionnels ne se conforme pas aux prescriptions légales ou n'est plus en mesure d'assurer sa mission.

SECTION 3. Interne en médecine du travail

Art. R. 4623-44. Les services de santé au travail peuvent être agréés, dans les conditions prévues par les articles L. 632-5 et L. 632-10 du code de l'éducation, comme organismes extra-hospitaliers accueillant en stage les internes inscrits au diplôme d'études spécialisées de médecine du travail.

Art. L. 4623-8.

Art. R. 4623-45. L'interne en médecine du travail ne peut exercer dans les services de santé au travail qu'après avoir accompli :

1° Pour un interne issu du concours défini à l'article 15 du décret n° 88-321 du 7 avril 1988, deux semestres de formation, dont un dans un service hospitalier agréé spécifiquement pour cette spécialité ;

2° Pour un interne issu du concours défini à l'article 39 du décret mentionné au 1°, un semestre de formation dans un service hospitalier ou une administration publique agréés spécifiquement pour cette spécialité.

Art. R. 4623-46. L'interne en médecine du travail ne peut exercer plus de deux semestres consécutifs dans le même service de santé au travail pour l'obtention du diplôme d'études spécialisées.

Art. R. 4623-47. Les stages réalisés par l'interne en médecine du travail agréés font l'objet de conventions conformément aux dispositions de l'article 8 du décret n° 83-785 du 2 septembre 1983 et de l'article 28 du décret n° 88-321 du 7 avril 1988.

Les modalités de ces conventions sont précisées par un arrêté des ministres chargés du travail, de l'enseignement supérieur et de la santé.

Art. R. 4623-48. La convention de stage est établie entre :

1° L'employeur responsable du service de santé au travail d'entreprise ou d'établissement ou le président du service de santé au travail interentreprises dans lequel le stage d'un interne en médecine du travail est réalisé ;

2° Le directeur de l'unité de formation et de recherche de médecine dont relève cet interne ;

3° Le directeur général du centre hospitalier régional auquel il est rattaché.

Le projet de convention est transmis pour avis, quinze jours au moins avant sa signature, au médecin inspecteur du travail.

Art. R. 4623-49. La convention de stage indique, notamment :

1° Les conditions de la validation du stage, prévue à l'article 29 du décret n° 88-321 du 7 avril 1988 ;

2° Les modalités de remboursement, par l'entreprise ou le service de santé au travail interentreprises d'accueil à l'établissement hospitalier de rattachement de l'interne, des rémunérations versées à ce dernier ;

3° Le nom du médecin du travail, maître de stage ;

4° L'effectif complémentaire de salariés qu'il prend en charge du fait de l'affectation auprès de lui d'un interne et qu'il confie à ce dernier par délégation et sous sa responsabilité. Cet effectif ne peut en aucun cas excéder les deux tiers de celui qui peut être confié à un médecin du travail en application de l'article R. 4623-10.

Art. R. 4623-50. Le médecin du travail, maître de stage, auprès duquel l'interne réalise son stage exerce au moins à mi-temps dans le service de santé au travail qui accueille cet interne.

Il dispose d'au moins dix-sept heures par mois pour assurer la formation de ce dernier. Il en est obligatoirement tenu compte pour réduire dans une proportion correspondante l'effectif des salariés dont il assure la surveillance.

SECTION 4. Personnel infirmier

Art. R. 4623-51. Les établissements industriels de 200 à 800 salariés emploient au moins un infirmier et, au-delà de cet effectif, un infirmier supplémentaire par tranche de 600 salariés.

Les autres établissements de 500 à 1 000 salariés emploient au moins un infirmier et, au-delà de cet effectif, un infirmier supplémentaire par tranche de 1 000 salariés.

Note

• Sur le rôle du personnel infirmier voir circ. min. TE 25 du 25 juin 1975 et rép. QE 22700, JO AN 7 février 1983, p. 723.

Voir aussi note MCM/TD 0021 du 20 janvier 1997 : « Organisation des soins d'urgence – Délivrance de médicaments dans les situations d'urgence – Responsabilité des médecins du travail et des chefs d'entreprise ».

• Pour déclarer un responsable d'entreprise coupable d'avoir omis, étant responsable d'une entreprise de plus de 200 salariés, au mépris d'une mise en demeure de l'inspecteur du travail et des dispositions de cet article, d'embaucher un personnel infirmier à temps complet, une cour d'appel retient notamment qu'il n'importe pas que la mise en demeure fût régulière ou irrégulière, dès lors que l'infraction est caractérisée par le défaut d'emploi d'une infirmière à temps complet. En l'état de ces seuls motifs, et dès lors que l'exigence d'une mise en demeure de l'inspection du travail préalable, prévue par les articles L. 234-1 et L. 241-10 (anciens) CT, n'est pas applicable à la contravention à l'article R. 241-35 [R. 4623-51] dudit code, qui ne concerne que l'effectif du personnel infirmier employé par l'entreprise, la cour d'appel a justifié sa décision (cass. crim. 3 septembre 2002, n° 01-87.422, *JSL* n° 111, 12 novembre 2002, p. 23).

Art. R. 4623-52. Dans les établissements industriels de moins de 200 salariés et dans les autres établissements de moins de 500 salariés, un infirmier est recruté si le médecin du travail et le comité d'entreprise en font la demande.

Lorsque l'employeur conteste la demande, la décision est prise par l'inspecteur du travail après avis du médecin inspecteur du travail.

Art. R. 4623-53. L'employeur recrute, avec l'accord du médecin du travail, un infirmier possédant le diplôme d'État ou ayant l'autorisation d'exercer sans limitation dans les conditions prévues par le code de la santé publique.

Art. R. 4623-54. L'infirmier a notamment pour mission d'assister le médecin du travail dans l'ensemble de ses activités.

L'infirmier est mis à la disposition du médecin du travail du service de santé au travail interentreprises.

Art. R. 4623-55. Lorsque le nombre d'infirmiers le permet, les heures de travail des intéressés sont réparties de manière à ce qu'au moins l'un d'entre eux soit toujours présent pendant les heures normales de travail des salariés.

SECTION 5. Secrétaire médical

Art. R. 4623-56. Dans les services de santé au travail interentreprises, un secrétaire médical assiste chaque médecin du travail dans ses activités.

Le secrétaire médical est recruté avec l'accord du médecin du travail.

(D. 2012-135 du 30 janv. 2012, JO 31, entrée en vigueur le 01.07.2012)

Note Ce chapitre III « Personnels concourant aux services de santé au travail » remplace, **à compter du 01.07.2012**, le chapitre III figurant ci-dessus.

SECTION 1. Médecin du travail

Sous-section 1. Missions du médecin du travail

Art. R. 4623-1. *Le médecin du travail est le conseiller de l'employeur, des travailleurs, des représentants du personnel et des services sociaux, notamment sur :*

1° L'amélioration des conditions de vie et de travail dans l'entreprise ;

2° L'adaptation des postes, des techniques et des rythmes de travail à la santé physique et mentale, notamment en vue de préserver le maintien dans l'emploi des salariés ;

3° La protection des travailleurs contre l'ensemble des nuisances, et notamment contre les risques d'accidents du travail ou d'exposition à des agents chimiques dangereux ;

4° L'hygiène générale de l'établissement ;

5° L'hygiène dans les services de restauration ;

6° La prévention et l'éducation sanitaires dans le cadre de l'établissement en rapport avec l'activité professionnelle ;

7° La construction ou les aménagements nouveaux ;

8° Les modifications apportées aux équipements ;

9° La mise en place ou la modification de l'organisation du travail de nuit.

Art. L. 4623-8.

Afin d'exercer ces missions, le médecin du travail conduit des actions sur le milieu de travail, avec les autres membres de l'équipe pluridisciplinaire dans les services de santé au travail interentreprises, et procède à des examens médicaux.

Dans les services de santé au travail interentreprises, l'équipe pluridisciplinaire et, le cas échéant, le service social du travail se coordonnent avec le service social du travail de l'entreprise.

Sous-section 2. **Recrutement, nomination, affectation et conditions d'exercice**

§ 1. Recrutement

Art. R. 4623-2. *Seul un médecin remplissant l'une des conditions suivantes peut pratiquer la médecine du travail :*

1° Être qualifié en médecine du travail ;

2° Avoir été autorisé, à titre exceptionnel, à poursuivre son exercice en tant que médecin du travail en application de l'article 28 de la loi n° 98-535 du 1er juillet 1998 ou de l'article 189 de la loi n° 2002-73 du 17 janvier 2002 de modernisation sociale ;

3° Être titulaire d'une capacité en médecine de santé au travail et de prévention des risques professionnels.

Art. R. 4623-3. *Le médecin du travail communique ses titres à l'inspection médicale du travail, dans le mois qui suit son entrée en fonction dans un service de santé au travail.*

Art. R. 4623-4. *Le médecin du travail est lié par un contrat de travail conclu avec l'employeur ou le président du service de santé au travail interentreprises, dans les conditions prévues par le code de déontologie médicale prévu à l'article L. 4127-1 du code de la santé publique.*

§ 2. Nomination

Art. R. 4623-5. *Le médecin du travail est nommé et affecté avec l'accord du comité d'entreprise ou, dans les services de santé au travail interentreprises, avec l'accord du comité interentreprises ou de la commission de contrôle, ainsi que du conseil d'administration.*

Art. R. 4623-6. *Les instances mentionnées à l'article R. 4623-5 se prononcent par un vote à bulletin secret, à la majorité de leurs membres, régulièrement convoqués, présents ou représentés. Chaque membre ne peut disposer du pouvoir que d'un seul autre membre.*

Art. R. 4623-7. *Les instances mentionnées à l'article R. 4623-5 ont communication des données suivantes :*

1° L'effectif des salariés suivis par le médecin nommé ;

2° Dans les services de santé au travail d'entreprise ou d'établissement, le secteur auquel le médecin du travail est affecté ;

3° Dans les services de santé au travail de groupe, inter-établissements ou commun aux entreprises constituant une unité économique et sociale, la liste des entreprises ou établissements surveillés par le médecin du travail ;

4° Dans les services de santé au travail interentreprises, la liste des entreprises surveillées par le médecin du travail.

Art. R. 4623-8. *La consultation des instances mentionnées à l'article R. 4623-5 intervient au plus tard avant la fin de la période d'essai.*

À défaut d'accord de ces instances, la nomination intervient sur autorisation de l'inspecteur du travail prise après avis du médecin inspecteur du travail.

Art. R. 4623-9. *Lorsque l'effectif d'une entreprise, d'un établissement ou d'un service de santé au travail interentreprises correspond à l'emploi d'un seul médecin du travail à temps plein ou à temps partiel, il ne peut être fait appel à plusieurs médecins du travail.*

Des dérogations peuvent être accordées, à titre exceptionnel, par le directeur régional des entreprises, de la concurrence, de la consommation, du travail et de l'emploi après avis du médecin inspecteur du travail.

Art. R. 4623-10. *Dans les services de santé au travail interentreprises, une liste d'entreprises et d'établissements indiquant les effectifs de travailleurs correspondants et les risques professionnels auxquels ils sont exposés est attribuée à chaque médecin.*

Art. R. 4623-11. *Dans les services autonomes de santé au travail employant plusieurs médecins du travail, chacun d'eux est affecté à un secteur déterminé, défini par l'employeur et dont l'effectif salarié lui est communiqué.*

§ 3. Changement d'affectation

Art. R. 4623-12. *La procédure prévue à l'article R. 4623-5 s'applique également :*

1° Dans les services autonomes de santé au travail, en cas de changement de secteur ou d'entreprise du groupe suivi par un médecin du travail, lorsque ce changement est contesté par l'intéressé ou par le comité d'entreprise concerné ;

2° Dans les services de santé au travail interentreprises :

a) *En cas de changement d'affectation d'une entreprise ou d'un établissement à un médecin du travail, lorsque ce changement est contesté par le médecin du travail, par l'employeur ou par le comité d'entreprise concerné ;*

b) *En cas de changement de secteur d'un médecin du travail, lorsque ce changement est contesté par le médecin du travail, par le comité interentreprises ou la commission de contrôle du service ou son conseil d'administration.*

Art. R. 4623-13. *À défaut d'accord des instances mentionnées à l'article R. 4623-5 ou de l'employeur, les changements de secteur et d'affectation du médecin du travail interviennent sur autorisation de l'inspecteur du travail délivrée après avis du médecin inspecteur du travail.*

Un document annuel faisant état de ces changements, ainsi que de tout autre changement d'affectation d'une entreprise ou d'un établissement de plus de cinquante salariés, est tenu à disposition du directeur régional des entreprises, de la concurrence, de la consommation, du travail et de l'emploi ainsi que du médecin inspecteur du travail.

§ 4. Modalités d'exercice

Art. R. 4623-14. *Le médecin du travail assure personnellement l'ensemble de ses fonctions, dans le cadre des missions définies à l'article R. 4623-1. Elles sont exclusives de toute autre fonction dans les établissements dont il a la charge et dans le service interentreprises dont il est salarié.*

Toutefois, le médecin du travail peut confier certaines activités, sous sa responsabilité, dans le cadre de protocoles écrits, aux infirmiers, aux assistants de service de santé au travail ou, lorsqu'elle est mise en place, aux membres de l'équipe pluridisciplinaire. Pour les professions dont les conditions d'exercice relèvent du code de la santé publique, ces activités sont exercées dans la limite des compétences respectives des professionnels de santé déterminées par les dispositions de ce code.

Art. R. 4623-15. *Le médecin du travail peut être remplacé durant son absence.*

Lorsque la durée de l'absence excède trois mois, son remplacement est de droit.

Lorsque la durée de l'absence est inférieure à trois mois, le médecin du travail peut être remplacé par un médecin du travail, par un collaborateur médecin ou par un interne en médecine du travail dans les conditions mentionnées à l'article R. 4623-26.

Sous-section 3. Participation aux organes de surveillance et de consultation

Art. R. 4623-16. *Lorsque l'ordre du jour comporte des questions relatives à l'organisation et au fonctionnement des services de santé au travail ou des questions qui concernent les missions des médecins telles que définies à l'article L. 4622-3, le médecin du travail ou, en cas de pluralité de médecins, le ou les délégués des médecins assistent, avec voix consultative, aux réunions :*

1° Du comité d'entreprise lorsqu'ils relèvent d'un service autonome de santé au travail ;

2° Du comité interentreprises ou de la commission de contrôle ainsi que du conseil d'administration lorsqu'ils relèvent d'un service de santé au travail interentreprises.

Art. R. 4623-17. *Dans les services autonomes de santé au travail, les délégués des médecins du travail sont élus à raison d'un titulaire et d'un suppléant pour huit médecins, dans la limite de quatre titulaires et quatre suppléants.*

Dans les services interentreprises, ils sont élus à raison d'un titulaire et d'un suppléant par secteur, dans la limite de quatre titulaires et quatre suppléants.

La durée du mandat des délégués est de trois ans.

L'employeur ou le président du service de santé au travail organise l'élection.

Sous-section 4. **Procédure d'autorisation applicable à la rupture ou au transfert du contrat**

Art. R. 4623-18. *Lorsqu'est envisagé le licenciement ou la rupture conventionnelle du contrat de travail d'un médecin du travail, ou en cas de rupture de son contrat de travail à durée déterminée dans les cas prévus à l'article L. 4623-5-1, le comité d'entreprise, le comité interentreprises ou la commission de contrôle ainsi que le conseil d'administration, selon le cas, se prononcent après audition de l'intéressé. L'entretien préalable prévu à l'article L. 1232-2 précède la consultation de l'instance.*

Art. R. 4623-19. *Les instances mentionnées à l'article R. 4623-18 se prononcent par un vote à bulletin secret, à la majorité de leurs membres, régulièrement convoqués, présents ou représentés.*

Chaque membre ne peut disposer du pouvoir que d'un seul autre membre.

Art. R. 4623-20. *La demande d'autorisation de licenciement d'un médecin du travail ou de rupture du contrat de travail à durée déterminée dans les cas prévus à l'article L. 4623-5-1 est adressée à l'inspecteur du travail dont dépend le service de santé au travail qui l'emploie, par lettre recommandée avec avis de réception.*

La demande énonce les motifs du licenciement ou de la rupture anticipée ou du non-renouvellement du contrat de travail à durée déterminée. Elle est accompagnée du procès-verbal de la réunion des instances mentionnées à l'article R. 4623-18.

La demande est transmise dans les quinze jours suivant la délibération des instances mentionnées à l'article R. 4623-18.

En cas de mise à pied, la consultation de ces instances a lieu dans un délai de dix jours à compter de la mise à pied.

La demande d'autorisation de licenciement ou de rupture du contrat à durée déterminée avant l'échéance du terme ou de non-renouvellement du contrat à durée déterminée est transmise à l'inspecteur du travail dans les quarante-huit heures suivant la délibération des instances mentionnées à l'article R. 4623-18.

Art. R. 4623-21. *L'inspecteur du travail procède à une enquête contradictoire au cours de laquelle le médecin du travail peut, sur sa demande, se faire assister par une personne de son choix appartenant au personnel du service de santé au travail ou de l'entreprise.*

L'inspecteur du travail prend sa décision dans un délai de quinze jours, réduit à huit jours en cas de mise à pied. Ce délai court à compter de la réception de la demande motivée présentée par l'employeur. Il n'est prolongé que si les nécessités de l'enquête le justifient.

Art. R. 4623-22. *La décision de l'inspecteur du travail est motivée. Elle est notifiée par lettre recommandée avec avis de réception :*

1° À l'employeur ;

2° Au médecin du travail ;

3° Au comité d'entreprise, au comité interentreprises ou à la commission de contrôle.

Art. R. 4623-23. *Lors du transfert partiel de l'entreprise ou de l'établissement auquel appartient le médecin du travail, seules les dispositions des articles R. 4623-21 et R. 4623-22 s'appliquent. La demande d'autorisation de transfert prévue à l'article L. 4623-5-3 est adressée à l'inspecteur du travail par lettre recommandée avec avis de réception quinze jours avant la date arrêtée pour le transfert.*

Art. R. 4623-24. *Le ministre peut annuler ou réformer la décision de l'inspecteur du travail mentionnée à l'article R. 4623-20 sur le recours de l'employeur ou du médecin du travail.*

Ce recours est introduit dans un délai de deux mois à compter de la notification de la décision de l'inspecteur.

Le silence gardé pendant plus de quatre mois sur ce recours vaut décision de rejet.

SECTION 2. **Collaborateur médecin**

Art. R. 4623-25. Le service de santé au travail ou l'employeur peut recruter des collaborateurs médecins. Ces médecins s'engagent à suivre une formation en vue de l'obtention de la qualification en médecine du travail auprès de l'ordre des médecins. Ils sont encadrés par un médecin qualifié en médecine du travail qu'ils assistent dans ses missions.

SECTION 3. **Interne en médecine du travail**

Art. R. 4623-26. Les services de santé au travail peuvent être agréés, dans les conditions prévues par l'article L. 632-5 du code de l'éducation, comme organismes extrahospitaliers accueillant en stage les internes inscrits au diplôme d'études spécialisées de médecine du travail ou les étudiants inscrits en deuxième cycle des études médicales.

Art. R. 4623-27. L'interne en médecine du travail est soumis aux dispositions relatives au régime de l'internat déterminé en application de l'article L. 6153-1 du code de la santé publique et à l'organisation du troisième cycle des études médicales fixée en application de l'article L. 632-2 du code de l'éducation.

Art. R. 4623-28. Peuvent être autorisés à exercer la médecine du travail en remplacement d'un médecin du travail temporairement absent, l'interne en médecine du travail disposant du niveau d'études requis par l'article L. 4131-2 du code de la santé publique et autorisé par le conseil départemental de l'ordre des médecins dans les conditions fixées par ce même article. L'interne en médecine du travail peut aussi être autorisé à exercer la médecine du travail dans l'attente de la prise de fonction d'un médecin du travail.

SECTION 4. **Personnel infirmier**

Sous-section 1. **Dispositions communes**

Art. R. 4623-29. L'infirmier recruté dans un service de santé au travail est diplômé d'État ou a l'autorisation d'exercer sans limitation dans les conditions prévues par le code de la santé publique. Si l'infirmier n'a pas suivi une formation en santé au travail, l'employeur l'y inscrit au cours des douze mois qui suivent son recrutement et favorise sa formation continue.

Art. R. 4623-30. Dans le respect des dispositions des articles R. 4311-1 et suivants du code de la santé publique, l'infirmier exerce ses missions propres ainsi que celles définies par le médecin du travail, sur la base du protocole mentionné à l'article R. 4623-14 du présent code.

Art. R. 4623-31. Un entretien infirmier peut être mis en place pour réaliser les activités confiées à l'infirmier par le protocole prévu à l'article R. 4623-14. Cet entretien donne lieu à la délivrance d'une attestation de suivi infirmier qui ne comporte aucune mention relative à l'aptitude ou l'inaptitude médicale du salarié.

L'infirmier peut également, selon les mêmes modalités, effectuer des examens complémentaires et participer à des actions d'information collectives conçues en collaboration avec le médecin du travail et validées par lui dans le respect des règles liées à l'exercice de la profession d'infirmier déterminées en application de l'article L. 4311-1 du code de la santé publique.

Sous-section 2. **Le personnel infirmier en entreprise**

Art. R. 4623-32. Dans les établissements industriels de 200 à 800 salariés, est présent au moins un infirmier et, au-delà de cet effectif, un infirmier supplémentaire par tranche de 600 salariés.

Dans les autres établissements de 500 à 1 000 salariés, est présent au moins un infirmier et, au-delà de cet effectif, un infirmier supplémentaire par tranche de 1 000 salariés.

Art. R. 4623-33. Dans les établissements industriels de moins de 200 salariés et dans les autres établissements de moins de 500 salariés, un infirmier est présent si le médecin du travail et le comité d'entreprise en font la demande.

Lorsque l'employeur conteste la demande, la décision est prise par l'inspecteur du travail après avis du médecin inspecteur du travail.

Art. R. 4623-34. *En présence d'un médecin du travail dans l'entreprise, il assure ses missions en coopération avec ce dernier.*

Lorsque le médecin du travail du service de santé au travail interentreprises intervient dans l'entreprise, il lui apporte son concours. L'équipe pluridisciplinaire se coordonne avec lui.

Sous-section 3. Le personnel infirmier au sein des services de santé au travail interentreprises

Art. R. 4623-35. *L'infirmier est recruté après avis du ou des médecins du travail.*

Art. R. 4623-36. *Les missions de l'infirmier sont exclusivement préventives, à l'exception des situations d'urgence.*

SECTION 5. Intervenant en prévention des risques professionnels des services de santé au travail interentreprises

Art. R. 4623-37. *L'intervenant en prévention des risques professionnels a des compétences techniques ou organisationnelles en matière de santé et de sécurité au travail. Il dispose du temps nécessaire et des moyens requis pour exercer ses missions.*

Il ne peut subir de discrimination en raison de ses activités de prévention.

Il assure ses missions dans des conditions garantissant son indépendance.

Art. R. 4623-38. *L'intervenant en prévention des risques professionnels participe, dans un objectif exclusif de prévention, à la préservation de la santé et de la sécurité des travailleurs et à l'amélioration des conditions de travail. Dans ce cadre, il assure des missions de diagnostic, de conseil, d'accompagnement et d'appui, et communique les résultats de ses études au médecin du travail.*

Art. R. 4623-39. *Lorsque le service de santé au travail ne dispose pas des compétences techniques nécessaires à son intervention, il fait appel, le cas échéant, à un intervenant en prévention des risques professionnels enregistré en application des dispositions de l'article L. 4644-1.*

SECTION 6. Assistant de service de santé au travail

Art. R. 4623-40. *Dans les services de santé au travail interentreprises, l'assistant de service de santé au travail apporte une assistance administrative au médecin du travail et aux autres membres de l'équipe pluridisciplinaire dans leurs activités.*

Il contribue également à repérer les dangers et à identifier les besoins en santé au travail, notamment dans les entreprises de moins de vingt salariés. Il participe à l'organisation, à l'administration des projets de prévention et à la promotion de la santé au travail et des actions du service dans ces mêmes entreprises.

[Sanctions pénales]

Art. L. 4745-1. Le fait de méconnaître les dispositions des articles L. 4621-1 à ***(L. 2011-867 du 20 juil. 2011, art. 16, JO 24)*** « L. 4624-3 et L. 4644-1 » et des règlements pris pour leur application est puni, en cas de récidive dans le délai de trois ans, d'un emprisonnement de quatre mois et d'une amende de 3750 €.

La juridiction peut également ordonner, à titre de peine complémentaire, l'affichage du jugement aux portes de l'établissement de la personne condamnée, aux frais de celle-ci, dans les conditions prévues à l'article 131-35 du code pénal, et son insertion, intégrale ou par extraits, dans les journaux qu'elle désigne. Ces frais ne peuvent excéder le montant maximum de l'amende encourue.

Art. R. 4745-1. Le fait de méconnaître les dispositions relatives aux missions et à l'organisation des services de santé au travail, prévues aux articles L. 4622-1 à L. 4622-7 ainsi que celles des décrets pris pour leur application, est puni de l'amende prévue pour les contraventions de la cinquième classe.

Art. R. 4745-2. Le fait de méconnaître les dispositions relatives au recrutement, aux conditions d'exercice et à la protection dont bénéficie le médecin du travail, prévues aux articles L. 4623-1 à L. 4623-7 et celles des décrets pris pour leur application, est puni de l'amende prévue pour les contraventions de la cinquième classe.

Note **À compter du 01.07.2012**, à cet article, après les mots : « L. 4623-7 » sont insérés les mots « et L. 1237-15 » (décret 2012-135 du 30 janvier 2012, JO 31).

Art. R. 4745-3. Le fait de méconnaître les dispositions relatives à l'action du médecin du travail, prévues à l'article L. 4624-1 et celles des décrets pris pour leur application, est puni de l'amende prévue pour les contraventions de la cinquième classe.

Art. R. 4745-4. Le fait, pour un employeur ou son préposé, de ne pas avoir organisé des services sociaux du travail dans un établissement dont l'effectif est égal ou supérieur à deux cent cinquante, en méconnaissance de l'article L. 4631-1, est puni de l'amende prévue pour les contraventions de la quatrième classe.

CHAPITRE IV

(L. 2011-867 du 20 juil. 2011, art. 1er, JO 24) « Actions et moyens des membres des équipes pluridisciplinaires de santé au travail »

Art. L. 4624-1. Le médecin du travail est habilité à proposer des mesures individuelles telles que mutations ou transformations de postes, justifiées par des considérations relatives notamment à l'âge, à la résistance physique ou à l'état de santé physique et mentale des travailleurs.

L'employeur est tenu de prendre en considération ces propositions et, en cas de refus, de faire connaître les motifs qui s'opposent à ce qu'il y soit donné suite.

En cas de difficulté ou de désaccord, l'employeur ou le salarié peut exercer un recours devant l'inspecteur du travail. Ce dernier prend sa décision après avis du médecin inspecteur du travail.

Note Voir notamment J. Duplat, « Inaptitude. La portée de la décision de l'inspecteur du travail », *SSL* 19 avril 2004, n° 1165, p. 6 ; P-H d'Ornano, « Les préconisations formulées par le médecin du travail dans le cadre de l'article L. 241-10-1 du code du travail », *JCP* éd. S 2008, 1229 ; T. Kapp, « La contestation de l'avis du médecin du travail devant l'inspecteur du travail », *Dr. Soc.* 2011, p. 159.

Propositions de mesures individuelles

• **Caractère obligatoire.** L'employeur, tenu d'une obligation de sécurité de résultat en matière de protection de la santé et de la sécurité des travailleurs dans l'entreprise, doit en assurer l'effectivité en prenant en considération les mesures individuelles préconisées par le médecin du travail, même en l'absence d'avis d'inaptitude (cass. soc. 23 septembre 2009, n° 08-42.629, BC V n° 189 ; *JCP* éd. S 2009, 1494, note A. Martinon ; *RJS* 12/09 n° 945 ; *Dr. Soc.* 2010, p. 80, note J. Savatier ; *RDT*, janvier 2010, CH, 30, M. Véricel). Ainsi, n'a pas respecté les prescriptions de l'article L. 241-10-1 [L. 4624-1] CT l'employeur qui, en présence d'un avis d'aptitude du médecin du travail portant la mention : « quand possibilités, un changement de poste avec moins de manutention serait préférable », n'a pas cherché à fournir au salarié un poste compatible avec ces recommandations et a prononcé un avertissement en raison de sa faible productivité, alors que les réserves du médecin du travail étaient de nature à expliquer l'insuffisance de résultats reprochée au salarié et que l'employeur ne pouvait ignorer les difficultés qu'il rencontrait (cass. soc. 19 décembre 2007, n° 06-43.918, BC V n° 216 ; *JSL* n° 226, 28 janvier 2008, p. 14, obs. M-Ch. Haller ; *RJS* 3/08 n° 295, 1re espèce).

En cas de refus de prendre en considération les recommandations du médecin du travail, l'employeur est tenu de faire connaître les motifs qui s'opposent à ce qu'il y soit donné suite. N'est donc pas légalement justifié l'arrêt d'une cour d'appel qui, pour décider qu'un employeur avait satisfait à ses obligations en proposant à une salariée d'être réintégrée à l'issue de son arrêt maladie dans l'agence où elle était précédemment affectée, a retenu que l'avis du médecin du travail était un avis d'aptitude assorti du simple souhait de voir proposer à la salariée un poste situé dans une autre agence, qui n'entraînait pour l'employeur aucune obligation, sans constater que l'employeur justifiait de motifs l'empêchant de suivre les recommandations du médecin du travail (cass. soc. 19 décembre 2007, n° 06-46.134, *RJS* 3/08 n° 295, 2e espèce).

Enfin, dans l'hypothèse où le salarié déclaré inapte par le médecin du travail, refuse le poste qui lui est proposé en contestant sa compatibilité avec les recommandations du médecin du travail, il appartient à l'employeur de solliciter à nouveau l'avis de ce dernier (cass. soc. 6 février 2008, n° 06-44.413, BC V n° 33 ; *JCP* éd. S 2008, 1185, note P-Y Verkindt ; *RJS* 4/08 n° 440 ; *RDT*, avril 2008, CH, 232, J. Lévy-Amsallem ; *JSL* n° 229, 12 mars 2008, p. 11, J-E Tourreil ; 23 septembre 2009, n° 08-42.525, BC V n° 206 ; *RDT*, décembre 2009, CH, 710, note Th. Pasquier ; *RJS* 12/09 n° 918 ; *Dr. Soc.* 2010, p. 80, note J. Savatier ; 26 janvier 2011, n° 10-10.096, *JSL* n° 296, 24 mars 2011, p. 26).

Lorsque le salarié, déclaré partiellement inapte à son poste à l'issue du premier examen médical de reprise par le médecin du travail, fait valoir que l'employeur n'a pas adapté son poste de travail conformément aux recommandations de ce médecin, il appartient à l'employeur, qui a réaffecté l'intéressé à son emploi habituel, de justifier de l'adaptation de son poste de travail ou des raisons pour lesquelles une telle adaptation était impossible (cass. soc. 14 octobre 2009, n° 08-42.878, BC V n° 221 ; *RJS* 12/09 n° 904 ; *JCP* éd. S 2010, 1009, note P-Y Verkindt).

À noter que les dispositions de l'article L. 4624-1 CT ne font pas obstacle à ce que l'employeur puisse, sans manifester de désaccord, solliciter de nouveau l'avis du médecin du travail sur l'état de santé d'un salarié déclaré apte, sous certaines réserves, à reprendre une activité au sein de l'entreprise, notamment au vu des conditions dans lesquelles ce salarié exerce son activité à l'issue d'une absence pour cause de maladie (CE 20 novembre 2009, n° 315965, *JCP* éd. S 2010, 1010, note P-Y Verkindt).

• Même en cas de maladie non professionnelle, l'employeur est tenu d'une obligation de reclassement du salarié déclaré inapte (cass. soc. 22 octobre 1996, n° 93-43.787, BC V n° 337).

• Non seulement le médecin du travail est habilité, par cet article, à proposer des mesures individuelles telles que mutations ou transformations de postes, mais l'employeur doit, avant de procéder à un licenciement, solliciter de telles propositions si le médecin du travail a omis d'en formuler (cass. soc. 27 mars 1990, n° 87-41.391, *RJS* 6/90 n° 469 ; 28 mars 1995, n° 91-45.076, *CSB* 1995 S. 82 ; 9 mai 1995, n° 91-43.749, BC V n° 149 ; *RJS* 6/95 n° 638 ; 22 octobre 1996, n° 93-43.787, précité).

• L'employeur est condamné pour licenciement sans cause réelle et sérieuse lorsque le caractère hâtif de sa décision de licenciement fait apparaître qu'il n'a pas pris en considération les propositions formulées par le médecin du travail (cass. soc. 7 avril 1987, n° 84-41.665, BC V n° 187) ou n'a pas cherché à les mettre en œuvre (cass. soc. 21 novembre 1995, n° 92-42.107), lorsqu'il licencie sans même que soient étudiées les modalités d'aménagement préconisées par le médecin du travail et sans qu'il soit tenu le moindre compte de ses recommandations (cass. soc. 29 janvier 1997, n° 94-45.386). Ainsi ne rapporte pas la preuve de son impossibilité de prendre en considération les propositions du médecin du travail recommandant une reprise d'emploi à mi-temps l'employeur qui, dès qu'il avait eu connaissance de l'inaptitude d'une salariée pour exercer son emploi à temps complet, lui avait immédiatement répondu qu'il ne pouvait lui proposer un emploi à temps partiel, alors qu'une autre salariée de l'entreprise avait sollicité à la même époque un emploi à mi-temps (cass. soc. 15 juin 1993, n° 90-42.892, BC V n° 168 ; *RJS* 10/93 n° 975). Voir aussi cass. soc. 15 juin 1993, n° 90-43.483 : employeur ne rapportant pas la preuve qu'aucun des postes de travail identiques à celui auquel était apte le salarié n'avait été disponible entre la date d'avis du médecin du travail et celle du licenciement intervenu plusieurs mois plus tard ; 9 avril 1996, n° 93-41.076 : employeur n'établissant pas qu'il était dans l'impossibilité d'affecter le salarié à un poste compatible avec les contre-indications médicales, ce que la taille de l'entreprise et les compétences de l'intéressé auraient permis.

Dans une affaire où le médecin du travail avait conclu à l'inaptitude physique définitive d'un salarié dans le secteur du bâtiment, sans le déclarer inapte à tout emploi dans l'entreprise, une cour d'appel, après avoir énoncé que l'employeur doit prendre en considération, au besoin en les sollicitant, les propositions du médecin du travail en vue du reclassement du salarié, a constaté que la société avait d'autres secteurs d'activités en dehors de celui du bâtiment et que la procédure de licenciement avait été introduite le jour même de la délivrance du certificat du médecin du travail, sans recherche d'éventuelles solutions de reclassement, ni justification d'une impossibilité d'un tel reclassement et a pu décider que le licenciement intervenu dans ces conditions était sans cause réelle et sérieuse (cass. soc. 27 octobre 1993, n° 90-42.560, BC V n° 250 ; *RJS* 12/93 n° 1189).

L'avis d'inaptitude à tout emploi dans l'entreprise délivré par le médecin du travail ne dispense pas l'employeur de rechercher les possibilités de reclassement par la mise en œuvre de mesures telles que mutations ou transformations de postes de travail au sein de l'entreprise et, le cas échéant, du groupe auquel elle appartient (cass. soc. 16 septembre 2009, n° 08-42.212, BC V n° 185 ; *Dr. Soc.* 2009, p. 1190, note J. Savatier ; *JCP* éd. S 2009, 1523, note P-Y Verkindt ; *RJS* 11/09 n° 848 ; 6 février 2008, n° 06-44.898, *RJS* 4/08 n° 411 ; 28 mars 2007, n° 06-40.098, *JSL* n° 212, 29 mai 2007, p. 25). À noter que le classement d'un salarié en invalidité 2e catégorie par la sécurité sociale, qui obéit à une finalité distincte et relève d'un régime juridique différent, est sans incidence sur l'obligation de reclassement du salarié inapte qui incombe à l'employeur par application des dispositions du code du travail (cass. soc. 9 juillet 2008, n° 07-41.318, BC V n° 151 ; *RJS* 10/08 n° 982 ; *JCP* éd. S 2008, 1507, note P-Y Verkindt ; *Dr. Soc.* 2008, p. 1138, obs. J. Savatier).

La consultation d'un médecin autre que le médecin du travail ne peut être substituée à celle de celui-ci (cass. soc. 28 juin 2006, n° 04-47.672, BC V n° 230 ; *JCP* éd. S 2006, 1793, note J-Y Frouin).

• Même lorsque la décision de licenciement n'intervient pas très rapidement après l'avis d'inaptitude et la proposition de mesures individuelles, l'employeur peut être condamné pour ne pas avoir pris réellement en considération les propositions du médecin du travail (voir notamment cass. soc. 14 janvier 1997, n° 93-46.633, employeur n'ayant pas, aux seuls motifs de l'inaptitude de la salariée et d'une indisponibilité de postes, tenté de procéder au reclassement de l'intéressée dans tous les emplois proposés par le médecin du travail).

En outre, même lorsque les propositions du médecin du travail sont imprécises, l'employeur doit les prendre en considération (cass. soc. 3 décembre 1992, n° 91-44.025, *CSB* 1993 A. 6 : le médecin du travail avait émis un avis d'inaptitude en indiquant qu'un autre poste de travail pourrait être confié à ce salarié ; l'employeur, qui avait licencié ce salarié, est, à juste titre, condamné pour licenciement sans cause réelle et sérieuse).

L'employeur qui a procédé au licenciement d'un salarié pour inaptitude sans prendre en considération les propositions du médecin du travail relatives à l'aménagement du poste de travail ni préciser pourquoi il lui était impossible de modifier les locaux et qui n'a pas saisi de la difficulté l'inspecteur du travail n'a pas satisfait aux obligations mises à sa charge par l'article L. 241-10-1 [L. 4624-1] CT (cass. soc. 19 juillet 1995, n° 91-44.544, BC V n° 254 ; *CSB* 1995 A. 53 ; *RJS* 10/95 n° 1016).

De même, l'employeur, qui a procédé de façon prématurée au licenciement pour inaptitude sans prendre en considération les propositions du médecin du travail relatives à l'intérêt de faire procéder à une étude ergonomique pour étudier les possibilités d'adapter le poste du salarié, partiellement inapte, à ses capacités physiques diminuées, sans saisir l'inspecteur du travail du recours prévu à l'article L. 241-10-1 [L. 4624-1] CT s'il était en désaccord avec les propositions du médecin du travail, n'a pas satisfait aux obligations mises à sa charge par l'article L. 122-32-5 (ancien) CT (cass. soc. 28 octobre 1998, n° 96-44.395, BC V n° 464 ; *Dr. Soc.* 1999, pp. 8 et s., note J. Savatier ; *RJS* 12/98 n° 1473 ; *JSL* n° 25, 1er décembre 1998, p. 16, M-Ch. Haller).

Si l'exercice par le salarié du recours à l'inspecteur du travail prévu à l'article L. 241-10-1 [L. 4624-1] CT ne subordonne pas le licenciement de l'intéressé à une autorisation préalable de l'inspecteur du travail et ne suspend pas le délai d'un mois imparti à l'employeur pour procéder au licenciement du salarié déclaré par le médecin du travail inapte à son emploi, il résulte des constatations de la cour d'appel que l'employeur avait procédé de façon prématurée au licenciement sans prendre en considération la possibilité retenue par l'inspecteur du travail, saisi en raison de la contestation élevée par le salarié, de reclasser ce dernier sur un poste aménagé moyennant une aide financière de l'AGEFIPH qu'il lui appartenait de solliciter (cass. soc. 28 janvier 2004, n° 01-46.913, BC V n° 31 ; *RJS* 4/04 n° 401).

• L'employeur doit tirer rapidement les conséquences de la déclaration d'inaptitude par le médecin du travail (reclasser le salarié à un poste correspondant à ses capacités physiques restantes ou le licencier) : « si le salarié n'est pas reclassé dans l'entreprise à l'issue d'un délai d'un mois à compter de la date de l'examen médical de reprise du travail ou s'il n'est pas licencié, l'employeur est tenu de verser à l'intéressé, dès l'expiration de ce délai, le salaire correspondant à l'emploi que celui-ci occupait avant la suspension de son contrat de travail » (voir art. L. 1226-4 et 11 et leurs notes et note sous art. R. 4624-31). Sur les difficultés d'application de la loi 92-1446 du 31 décembre 1992, voir notamment rép. QE 4738, JO AN 2 février 1998, p. 568.

Contestation de l'avis du médecin du travail

Dans un premier temps, la jurisprudence distinguait nettement les deux éléments contenus dans l'avis émis par le médecin du travail, l'un concernant l'aptitude du salarié, l'autre concernant les postes qui pourraient être confiés au salarié. L'inspecteur du travail ne pouvait être saisi qu'en cas de désaccord ou de difficultés concernant l'aptitude du salarié à tenir l'emploi pour lequel il avait été embauché ou celui qui lui était offert à l'occasion d'une mutation nécessitée par son état de santé (cass. crim. 3 avril 1984, *JS* 1984 F 66) ou concernant l'appréciation émise par le médecin sur l'état de santé du travailleur ou la nature des postes que cet état de santé lui permettait d'occuper (CE 27 juillet 1984, n° 37075, *Rec. Lebon*, p. 304 ; *Dr. Soc.* 1985, p. 57).

Une décision d'une cour administrative d'appel a fixé l'étendue de la compétence de l'inspecteur du travail au regard de l'articulation des dispositions des articles L. 122-24-4 et L. 241-10-1 (anciens) CT. La cour a précisé qu' « il résulte de ces dispositions que l'inspecteur du travail ne peut intervenir en vertu de l'article L. 241-10-1 (ancien) CT qu'en cas de désaccord sur l'appréciation émise par le médecin du travail sur l'état de santé du salarié, sur les mesures individuelles que ce médecin a proposées ou sur les propositions de reclassement du salarié ou d'adaptation de son poste de travail formulées par l'employeur, au besoin après avoir sollicité, à cette fin, les propositions écrites du médecin du travail et qu'il ne lui appartient pas d'apprécier l'incidence de l'état de santé sur le contrat de travail lui-même ou sur les conditions dans lesquelles l'exécution de celui-ci devrait théoriquement se poursuivre » (CAA Paris, 3e ch., 20 novembre 1997, *RJS* 10/98 n° 1231).

De son côté, s'agissant d'un employeur qui avait procédé de façon prématurée au licenciement pour inaptitude d'un salarié, sans prendre en considération les propositions du médecin du travail relatives à l'intérêt de faire procéder à une étude ergonomique pour étudier les possibilités d'adapter le poste du salarié à ses capacités physiques diminuées, la Cour de cassation a, dans un arrêt du 28 octobre 1998 (n° 96-44.395, précité) précisé qu' « il appartenait à l'employeur de saisir l'inspecteur du travail du recours prévu à l'article L. 241-10-1 [L. 4624-1] CT s'il était en désaccord avec les propositions du médecin du travail ». La cour d'appel a ainsi pu décider en l'espèce que « l'employeur n'avait pas satisfait aux obligations mises à sa charge par l'article L. 122-32-5 (ancien) CT ».

• **Recevabilité et objet du recours.** Le recours administratif devant l'inspecteur du travail prévu par le dernier alinéa de l'article L. 241-10-1 [L. 4624-1] CT n'est ouvert qu'en cas de difficulté ou désaccord sur l'avis du médecin du travail portant sur l'inaptitude physique du salarié à son poste de travail antérieur, son aptitude physique au poste de reclassement proposé, la nécessité d'une adaptation des conditions de travail ou d'une réadaptation du salarié (cass. soc. 28 juin 2006, n° 04-45.600, BC V n° 234 ; *JCP* éd. S 2006, 1794, note P-Y Verkindt). Le recours du salarié portant sur l'avis du médecin du travail sur son aptitude à occuper son emploi peut même être introduit après que son licenciement ait pris effet (CE 27 juin 2011, n° 334834, *RJS* 10/11 n° 775 ; *Dr. Soc.* 2011, pp. 1043 et s., concl. R. Keller).

Ce recours s'applique que l'accident ou la maladie soit d'origine professionnelle ou non (CE 12 février 2003, n° 235869, *RJS* 6/03 n° 765 ; *Dr. Soc.* 2003, p. 717, note P. Chaumette) et le salarié n'a pas l'obligation d'informer l'employeur de l'exercice du recours (cass. soc. 3 février 2010, n° 08-44.455, BC V n° 35 ; *RJS* 4/10 n° 332 ; *JSL* n° 274, 6 avril 2010, p. 8, obs. M. Hautefort ; *JCP* éd. S 2010, 1150, note L. Drai ; *RDT*, mai 2010, CH, 304, M. Véricel).

De plus, il est ouvert à tous les salariés recrutés faisant l'objet d'une appréciation de leur aptitude par le médecin du travail et non pas seulement à ceux qui ont été définitivement recrutés au terme de leur période d'essai. Un inspecteur du travail a donc pu s'estimer compétemment saisi au titre des dispositions du dernier alinéa de l'article L. 241-10-1 [L. 4624-1] CT par une salariée qui a fait l'objet d'un avis d'inaptitude par le médecin du travail lors de sa visite médicale d'embauche (CE 17 juin 2009, n° 314729, *Dr. Soc.* 2009, pp. 941 et s., note Y. Struillou et p. 1137, obs. P. Chaumette ; *RDT*, janvier 2010, CH, 30, M. Véricel ; *JSL* n° 266, 25 novembre 2009, p. 19, M-Ch. Haller).

• **Compétence exclusive de l'inspecteur du travail.** L'avis du médecin du travail ne peut faire l'objet, tant de la part de l'employeur que de la part du salarié (CE 4 octobre 1991, n° 112032, *RJS* 12/91 n° 1326 ; 6 avril 2001, n° 217895, *RJS* 7/01 n° 856), que d'un recours administratif devant l'inspecteur du travail (cass. soc. 2 février 1994, n° 88-42.711, BC V n° 43 ; *Dr. Soc.* 1994, p. 379 ; 29 janvier 1997, n° 93-46.443) et, en l'absence d'un tel recours, cet avis s'impose aux parties (cass. soc. 9 octobre 2001, n° 98-46.144, BC V n° 313 ; *RJS* 12/01 n° 1416 ; 16 septembre 2009, n° 08-42.212, BC V n° 185 ; *Dr. Soc.* 2009 p. 1190, note J. Savatier ; *JCP* éd. S 2009, 1523, note P-Y Verkindt ; *RJS* 11/09 n° 848).

Il n'appartient pas aux juges du fond de substituer leur appréciation à celle du médecin du travail sur l'aptitude d'un salarié à occuper un poste de travail (cass. soc. 10 novembre 2009, n° 08-42.674, BC V n° 253 ; *JCP* éd. S 2010, 1009, note P-Y Verkindt ; *RJS* 1/10 n° 30 ; *Dr. Soc.* 2010, p. 243, obs. J. Savatier ; 15 février 2011, n° 09-72.467) et le juge judiciaire ne peut pas ordonner une expertise aux fins de contrôler le bien-fondé de l'avis médical (cass. soc. 12 mars 1987, n° 85-16.121, BC V n° 165 ; *Dr. Soc.* 1987, p. 604 ; 2 février 1994, n° 88-42.711, précité). Par ailleurs, il n'appartient pas au juge judiciaire, saisi d'une contestation afférente à la licéité du licenciement d'un salarié déclaré inapte à son poste de travail, de se prononcer sur le respect par le médecin du travail de son obligation de procéder à une étude de poste et des conditions de travail dans l'entreprise (cass. soc. 19 décembre 2007, n° 06-46.147, BC V n° 222 ; *RJS* 3/08 n° 270 ; *RDT*, avril 2008, CH, 246, M. Véricel ; *Dr. Soc.* 2008, p. 387, obs. J. Savatier ; *JSL* n° 227, 11 février 2008, p. 23).

• **Décision de l'inspecteur du travail.** Il résulte des dispositions de l'article L. 241-10-1 [L. 4624-1] CT qu'en cas de désaccord concernant les propositions du médecin du travail, il appartient à l'inspecteur du travail, éclairé par l'avis du médecin-inspecteur, de prendre la décision finale, sans pouvoir enjoindre au médecin du travail de formuler de nouvelles propositions après avoir annulé celles qu'il a déjà émises. Ainsi, a commis une erreur de droit la cour administrative d'appel qui a jugé que l'inspecteur du travail n'avait pas méconnu l'étendue de sa compétence en annulant, par sa décision, l'avis du médecin du travail. Il appartient à l'inspecteur du travail de se prononcer lui-même sur l'aptitude d'un salarié à tenir son poste de travail, sans pouvoir se borner à annuler les propositions du médecin du travail et à lui enjoindre d'en formuler de nouvelles (CE 27 septembre 2006, n° 275845, *Rec. Lebon* p. 422 ; *Dr. Soc.* 2006, p. 1117, note J. Savatier ; *RJS* 1/07 n° 69).

L'inspecteur du travail, saisi par l'une des parties, se prononce définitivement sur cette aptitude, et son appréciation, qu'elle soit confirmative ou infirmative de l'avis du médecin du travail, doit être regardée comme portée dès la date à laquelle cet avis a été émis (CE 16 avril 2010, n° 326553, *Rec. Lebon* p. 125 ; *Dr. Soc.* 2010, pp. 629 et s., concl. G. Dumortier ; *RJS* 7/10 n° 593).

Lorsque l'inspecteur du travail est amené, en cas de difficulté ou de désaccord, à décider de l'aptitude professionnelle du salarié, par application des dispositions de l'article L. 241-10-1 [L. 4624-1] CT, il doit, comme le médecin du travail, indiquer les considérations de fait de nature à éclairer l'employeur sur son obligation de proposer au salarié un emploi approprié à ses capacités. Une telle obligation qui n'implique pas de faire état des considérations médicales qui justifient sa position, peut être mise en œuvre dans le respect du secret médical. La décision rendue par un inspecteur du travail sur l'aptitude d'un salarié, qui se borne à faire référence à un avis du médecin-inspecteur du travail ne comportant aucune considération de fait propre à éclairer l'employeur et le salarié sur les tâches que ce dernier serait susceptible d'exercer dans l'entreprise, ne respecte pas les prescriptions de l'article L. 122-32-5 (ancien) CT (CE 3 décembre 2003, n° 254000, *RJS* 2/04 n° 200 ; *TPS* février 2004, p. 10).

• Lorsque la décision administrative conclut à l'aptitude du salarié à son poste de travail, l'employeur, qui l'avait affecté à un autre emploi du fait de la déclaration d'inaptitude, doit le réintégrer dans ses précédentes fonctions et, en cas de difficultés, l'employeur est tenu de solliciter à nouveau l'avis du médecin (cass. soc. 28 janvier 2010, n° 08-42.702, *RJS* 4/10 n° 331).

En outre, l'annulation de l'avis d'inaptitude du médecin du travail ne fait pas disparaître rétroactivement l'obligation pour l'employeur de reprendre le paiement des salaires à l'issue du délai d'un mois après l'avis mais provoque, à la date du prononcé de l'annulation, une nouvelle suspension du contrat de travail de sorte que tant que le recours administratif n'a pas abouti, les salaires restent dus jusqu'à la nouvelle suspension du contrat de travail résultant de cette annulation (cass. soc. 28 avril 2011, n° 10-13.775, *RJS* 7/11 n° 598 ; *JSL* n° 302, 30 juin 2011, p. 26).

• La procédure légale de contestation de l'avis du médecin du travail prévue à cet article n'implique aucunement la suspension de l'exécution du contrat de travail (cass. soc. 14 janvier 1998, n° 95-42.155, *RJS* 4/98 n° 448). Mais à partir du moment où l'inspecteur du travail décide d'annuler les avis sur l'aptitude du salarié délivrés par le médecin du travail dans le cadre de la visite médicale de reprise du travail prévue à l'article R. 241-51 (ancien) CT, le contrat de travail est de nouveau suspendu, de sorte que le salarié ne peut prétendre au paiement des salaires (cass. soc. 10 novembre 2004, n° 02-44.926, BC V n° 281 ; *RJS* 1/05 n° 33 ; *Dr. Soc.* 2005, p. 223, obs. J. Savatier).

Salariés protégés. L'inspecteur du travail, lorsqu'il est saisi tout à la fois d'un recours formé par un salarié protégé sur le fondement de l'article L. 241-10-1 [L. 4624-1] et d'une demande d'autorisation de licencier ce salarié pour inaptitude physique, ne peut se prononcer sur la demande d'autorisation de licenciement sans avoir statué sur le recours, après avis du médecin-inspecteur. De même, le ministre, saisi d'un recours hiérarchique contre une décision de l'inspecteur du travail, ne peut autoriser le licenciement pour inaptitude physique du salarié sans disposer, lorsqu'a été exercé le recours prévu par l'article L. 241-10-1 [L. 4624-1], de la décision de l'inspecteur du travail statuant sur ce recours et de l'avis du médecin-inspecteur du travail ayant précédé cette décision. En l'absence d'une décision de l'inspecteur du travail, il appartient au ministre de saisir l'inspecteur aux fins que celui-ci se prononce sur le recours formé sur le fondement de l'article L. 241-10-1 [L. 4624-1] (CE 7 octobre 2009, n° 319107, *JCP* éd. S 2010, 1032, note P-Y Verkindt).

• **Procédure de contestation ayant abouti à un refus de reconnaître l'inaptitude du salarié. Effets sur le licenciement prononcé.** D'une part, le salarié n'ayant pas l'obligation d'informer l'employeur de l'exercice de son recours devant l'inspecteur du travail contre l'avis d'inaptitude (cass. soc. 3 février 2010, n° 08-44.455, précité), le licenciement d'un salarié en raison de son inaptitude à tout emploi dans l'entreprise régulièrement constatée par le médecin du travail n'est pas subordonné à la décision préalable de l'inspecteur du travail (cass. soc. 8 avril 2004, n° 01-45.693, BC V n° 118 ; *JSL* n° 145, 11 mai 2004, p. 13, M. Hautefort ; *RJS* 6/04 n° 681 et p. 435, chron. S. Bourgeot ; *Dr. Soc.* 2004, p. 788, obs. J. Savatier ; 14 décembre 2005, n° 04-40.336). D'autre part, lorsque l'inspecteur du travail, saisi en application de l'article L. 241-10-1 [L. 4624-1] CT, décide de ne pas reconnaître l'inaptitude, ou que, sur recours contentieux, sa décision la reconnaissant est annulée, le licenciement n'est pas nul mais devient privé de cause (cass. soc. 26 novembre 2008, n° 07-43.598, BC V n° 233 ; *JCP* éd. S 2009, 1054, note P-Y Verkindt ; *RJS* 2/09 n° 168 ; *JSL* n° 246, 24 décembre 2008, p. 9, M. Hautefort ; *Dr. Soc.* 2009, p. 257, note J. Savatier (2e espèce) ; 9 février 2005, n° 03-44.486, BC V n° 50 ; *RJS* 4/05 n° 395, 2e espèce ; *Dr. Soc.* 2005, p. 696, obs. J. Savatier) et le salarié a droit, non à sa réintégration dans l'entreprise, mais à une indemnité qui ne peut être inférieure au salaire des six derniers mois prévue par l'article L. 122-14-4 (ancien) CT (cass. soc. 8 avril 2004, n° 01-45.693 et 14 décembre 2005, n° 04-40.336, précités).

Art. L. 4624-2. ***(L. 2010-1330 du 9 nov. 2010, art. 60, JO 10)*** Un dossier médical en santé au travail, constitué par le médecin du travail, retrace dans le respect du secret médical les informations relatives à l'état de santé du travailleur, aux expositions auxquelles il a été soumis ainsi que les avis et propositions du médecin du travail, notamment celles formulées en application de l'article L. 4624-1. Ce dossier ne peut être communiqué qu'au médecin de son choix, à la demande de l'intéressé. En cas de risque pour la santé publique ou à sa demande, le médecin du travail le transmet au médecin inspecteur du travail. Ce dossier peut être communiqué à un autre médecin du travail dans la continuité de la prise en charge, sauf refus du travailleur. Le travailleur, ou en cas de décès de celui-ci toute personne autorisée par les articles L. 1110-4 et L. 1111-7 du code de la santé publique, peut demander la communication de ce dossier.

Note Cet article est applicable aux expositions intervenues à compter d'une date fixée par décret et **au plus tard le 1er janvier 2012** (loi 2010-1330 précitée, art. 118, IV).

Art. L. 4624-3. ***(L. 2011-867 du 20 juil. 2011, art. 2, JO 24)*** I. – Lorsque le médecin du travail constate la présence d'un risque pour la santé des travailleurs, il propose par un écrit motivé et circonstancié des mesures visant à la préserver.

L'employeur prend en considération ces propositions et, en cas de refus, fait connaître par écrit les motifs qui s'opposent à ce qu'il y soit donné suite.

II. – Lorsque le médecin du travail est saisi par un employeur d'une question relevant des missions qui lui sont dévolues en application de l'article L. 4622-3, il fait connaître ses préconisations par écrit.

III. – Les propositions et les préconisations du médecin du travail et la réponse de l'employeur, prévues aux I et II du présent article, sont tenues, à leur demande, à la disposition du comité d'hygiène, de sécurité et des conditions de travail ou, à défaut, des délégués du personnel, de l'inspecteur ou du contrôleur du travail, du médecin inspecteur du travail ou des agents des services de prévention des organismes de sécurité sociale et des organismes mentionnés à l'article L. 4643-1.

Note Depuis la loi 2011-867 du 20 juillet 2011 relative à l'organisation de la médecine du travail, le rôle du médecin du travail ne se cantonne plus à la santé des salariés pris individuellement, mais il apprécie aussi les éventuels risques pour la santé de la collectivité des salariés de l'entreprise concernée.

Art. L. 4624-4. ***(L. 2011-867 du 20 juil. 2011, art. 1er, JO 24)*** Des décrets en Conseil d'État précisent les modalités d'action des personnels concourant aux services de santé au travail ainsi que les conditions d'application du présent chapitre.

[Dispositions réglementaires]

Note Ce chapitre IV « Actions et moyens des membres de l'équipe pluridisciplinaire de santé au travail » de la partie réglementaire est remplacé, **à compter du 01.07.2012**, par le chapitre IV figurant à la suite en italique (après l'article D. 4624-50).

SECTION 1. **Actions sur le milieu de travail**

Art. R. 4624-1. Le médecin du travail a libre accès aux lieux de travail.

Il réalise la visite des entreprises et établissements dont il a la charge soit à son initiative, soit à la demande de l'employeur ou du comité d'hygiène, de sécurité et des conditions de travail ou, à défaut, des délégués du personnel.

Art. R. 4624-2. L'employeur ou le président du service interentreprises prend toutes mesures pour permettre au médecin du travail de consacrer à ses missions en milieu de travail le tiers de son temps de travail.

Ce temps comporte au moins cent cinquante demi-journées de travail effectif chaque année, réparties mensuellement, pour un médecin à plein temps. Pour un médecin à temps partiel, cette obligation est calculée proportionnellement à son temps de travail.

Note En relevant qu'une médecin du travail avait, d'une part, reçu communication d'un emploi du temps hebdomadaire fixant avec précision les horaires qui lui étaient impartis pour assurer ses missions en milieu de travail dans les conditions prévues à cet article, d'autre part, consacré tout ou partie des horaires ainsi prévus à l'exercice de vacations rémunérées au profit d'un autre employeur, une cour n'a pas jugé qu'elle avait, de ce seul fait, commis une faute dans l'exécution de son contrat de travail, mais s'est bornée à constater des faits, au demeurant non contestés, de nature à faire présumer un tel manquement ; dès lors, après avoir relevé, par une appréciation souveraine des faits, qu'aucune pièce du dossier n'était assortie d'éléments justificatifs suffisamment précis et probants de nature à établir que l'intéressée s'acquittait de l'intégralité de ses missions de prévention en milieu de travail, à son domicile ou en dehors des horaires habituels de travail, la cour a pu, sans méconnaître les règles gouvernant la charge de la preuve, juger que l'intéressée avait manqué aux obligations contractuelles qui la liaient à son employeur et que ce manquement constituait une faute suffisamment grave pour justifier son licenciement (CE 10 avril 2002, n° 220907, *JSL* n° 106, 30 juillet 2002, p. 24 ; *Dr. Soc.* 2002, p. 627).

Art. R. 4624-3. Le médecin du travail est associé :
1° À l'étude de toute nouvelle technique de production ;
2° À la formation à la sécurité prévue à l'article L. 4141-2 et à celle des secouristes.

Art. R. 4624-4. Afin d'éviter toute altération de la santé des travailleurs du fait de leur travail, le médecin du travail est informé :

1° De la nature et de la composition des produits utilisés ainsi que de leurs modalités d'emploi, indépendamment des dispositions des articles L. 4411-1 à L. 4411-5. L'employeur transmet notamment au médecin du travail les fiches de données de sécurité fournies par le fournisseur de ces produits ;

2° Des résultats de toutes les mesures et analyses réalisées dans les domaines mentionnés à l'article R. 4623-1.

Note Voir arrêté du 5 janvier 1993 fixant les modalités d'élaboration et de transmission des fiches de données de sécurité (JO 7 févr.) modifié par arrêtés du 7 février 1997 (JO 21) et du 9 novembre 2004 (JO 18). La circulaire DRT 06-13 du 24 mai 2006 précise les conditions d'application des dispositions du code du travail relatives à la fiche de données de sécurité.

Art. R. 4624-5. Le médecin du travail peut demander à tout moment à ce que les attestations, consignes, résultats, rapports de vérification et de contrôle mentionnés à l'article L. 4711-1 lui soient communiqués.

Art. R. 4624-6. L'employeur prend en considération les avis présentés par le médecin du travail sur l'application de la législation sur les emplois réservés et les travailleurs handicapés. Il lui fait connaître les motifs qui s'opposent à ce qu'il y soit donné suite.

Ces dispositions ne font pas obstacle à l'application de l'article L. 4624-1.

En cas de difficulté ou de désaccord, la décision est prise par l'inspecteur du travail, après avis du médecin inspecteur du travail.

Note Voir note sous article L. 4624-1.

Art. R. 4624-7. Dans l'exercice de ses fonctions, le médecin du travail peut, aux frais de l'employeur, réaliser ou faire réaliser des prélèvements et des mesures aux fins d'analyses.

Il peut également faire procéder à des analyses ou mesures qu'il estime nécessaires par un organisme accrédité ou par un organisme agréé choisi sur une liste établie par le ministre chargé du travail.

En cas de désaccord entre l'employeur et le médecin du travail, la décision est prise par l'inspecteur du travail, après avis du médecin inspecteur du travail. Le médecin du travail avertit l'employeur, à charge pour celui-ci d'informer les travailleurs ainsi que le comité d'hygiène, de sécurité et des conditions de travail, des risques éventuels et des moyens de protection dont il doit être fait usage.

Art. R. 4624-8. Le service de santé au travail communique à chaque employeur intéressé les rapports et les résultats des études du médecin du travail portant sur son action en milieu de travail. L'employeur porte ces rapports et résultats à la connaissance du comité d'hygiène, de sécurité et des conditions de travail ou, à défaut, des délégués du personnel.

Art. R. 4624-9. Il est interdit au médecin du travail de révéler les secrets de fabrication et les procédés d'exploitation dont il pourrait prendre connaissance dans l'exercice de ses fonctions.

La méconnaissance de ces interdictions est punie conformément à l'article 226-13 du code pénal.

SECTION 2. Examens médicaux

Note • À l'issue d'un délai de dix-huit mois à compter de la promulgation de la loi 2011-867 du 20 juillet 2011 relative à l'organisation de la médecine du travail (soit le 24 janvier 2013), les clauses des accords collectifs comportant des obligations en matière d'examens médicaux réalisés par le médecin du travail différentes de celles prévues par le code du travail ou le code rural et de la pêche maritime sont réputées caduques (loi 2011-867 précitée, art. 1-IV).

• À l'heure actuelle, les dispositions réglementaires concernant les examens médicaux résultent principalement des textes suivants :

Décret 86-569 du 14 mars 1986 relatif à l'organisation et au fonctionnement des services médicaux du travail.

Les modifications apportées par ce texte concernent notamment le droit pour le salarié de bénéficier d'une visite médicale à sa demande (R. 4624-18), la visite de reprise après un accident du travail qui n'est plus obligatoire qu'après une absence d'au moins huit jours, tout arrêt d'une durée inférieure devant simplement être signalé au médecin du travail (art. R. 4624-24). En outre, ont été introduites des dispositions qui fixent les conditions dans lesquelles le médecin du travail peut prononcer l'inaptitude d'un salarié à son poste de travail (art. R. 4624-31).

Décret 2004-760 du 28 juillet 2004 (JO 30). Ce texte a notamment porté la périodicité des examens médicaux de 1 à 2 ans sauf en ce qui concerne les examens pratiqués dans le cadre d'une surveillance médicale renforcée (voir art. R. 4624-19).

Arrêté du 12 janvier 1984 (JO 21, rectif. JO 24 févr.). Ce texte fixe les caractéristiques auxquelles doivent correspondre les locaux médicaux lorsque les examens du médecin du travail ont lieu dans l'entreprise.

Circulaire ministérielle du 2 mai 1985 (BO TR 85/23-24 du 2 juillet 1985). Ce texte définit le rôle et les missions du médecin du travail à l'égard des salariées en état de grossesse.

Circulaire DRT 03 du 7 avril 2005, § 2.2. (BO TR 2005/5 du 30 mai 2005) sur le suivi médical des salariés.

• **Caractère obligatoire des examens médicaux.** Les examens médicaux s'imposent tant à l'employeur qu'au salarié. S'agissant des visites de reprise du travail, le ministre chargé du travail a indiqué qu'il appartenait à l'employeur de ne pas autoriser la reprise du travail avant d'avoir eu connaissance de l'avis du service médical (rép. QE 10970, JO AN 27 juin 1970, p. 331). La Cour de cassation a adopté la même position en précisant que l'employeur est fondé à refuser d'autoriser à reprendre son travail une salariée qui, après avoir été victime d'un accident de trajet, persiste dans son refus de subir la visite médicale de reprise prescrite par le code du travail (cass. soc. 26 mai 1983, *JS* 1983 SJ 155). Un tel refus réitéré, malgré plusieurs injonctions de l'employeur, constitue une faute grave (cass. soc. 29 novembre 2006, n° 04-47.302, BC V n° 361 ; *JSL* n° 203, 16 janvier 2007, p. 22 ; *JCP* éd. S 2007, 1039, note P-Y Verkindt ; *RJS* 2/07 n° 213 ; *RDT*, mars 2007, CH, 167, G. Auzero ; *Dr. Soc.* 2007, p. 248, obs. J. Savatier ; voir aussi cass. soc. 17 octobre 2000, n° 97-45.286, *RJS* 1/01 n° 33 : refus constitutif d'une faute dont le juge apprécie le caractère sérieux). De même, le refus du salarié de se soumettre au contrôle médical annuel peut constituer une cause réelle et sérieuse de licenciement (cass. soc. 29 mai 1986, n° 83-45.409, BC V n° 262). Mais l'employeur qui envisage de licencier un salarié en raison de ses nombreuses absences pour maladie n'est pas tenu de requérir du médecin du travail un examen du salarié en vue de rechercher s'il est apte à occuper un autre emploi (cass. soc. 10 décembre 1985, n° 83-42.186, BC V n° 597 ; *JS* 1986 SJ 4).

• **Rôle de l'employeur.** Outre l'obligation de sécurité de résultat à laquelle il est tenu (voir cass. soc. 28 février 2006, n° 05-41.555 et 13 décembre 2006, n° 05-44.580 cités sous art. L. 4121-1 CT), l'employeur doit faire diligence pour que les salariés se soumettent aux examens obligatoires. S'agissant d'une visite de reprise après un arrêt de maladie, une cour d'appel a pu condamner un employeur à verser des indemnités de rupture et des dommages-intérêts pour licenciement sans cause réelle et sérieuse à une salariée à laquelle il avait refusé l'autorisation de reprendre son travail tant qu'elle n'aurait pas présenté un certificat « de reprise » de la médecine du travail : la cour d'appel a énoncé à bon droit que c'était à l'employeur de prendre l'initiative d'un tel contrôle médical et que le fait de ne pas l'avoir fait lui rendait imputable la rupture du contrat de travail (cass. soc. 12 mars 1987, n° 84-43.003, *JS* 1987 SJ 98). Un salarié n'ayant pu reprendre son travail dans des délais normaux en raison des carences de l'employeur qui avait tardé, d'une manière excessive, à prendre les dispositions nécessaires pour qu'il puisse bénéficier d'un examen par un médecin du travail, la rupture était imputable à l'employeur (cass. soc. 13 mai 1992, n° 89-40.425, BC V n° 301).

Voir aussi note sous article R. 4624-21.

• Responsabilité pénale de l'employeur

– Elle se trouve engagée dès lors que l'employeur n'organise pas un service de santé au travail.

– Le fait pour un salarié, bien que convoqué par deux fois à une visite médicale d'embauchage, de ne pas s'y rendre, ne constitue pas une circonstance exonératoire pour l'employeur dont la responsabilité se trouve engagée (cass. crim. 4 mai 1976, n° 75-92.127 ; *Dr. Soc.* 1977, p. 47, note J. Savatier). La décision prise par la Cour de cassation dans cet arrêt semble transposable dans le domaine des visites annuelles et des visites de reprise du travail en raison de la formulation quasi identique retenue par le code du travail en ce qui concerne les trois types de visite (en sens contraire, J. Savatier, *Dr. Soc.* 1977, n° 1, note sous l'arrêt du 4 mai 1976). On notera à cet égard que les examens complémentaires s'imposant au salarié, c'est à bon droit qu'en cas de refus du salarié de s'y soumettre, le médecin du travail émet un avis d'inaptitude définitive de l'intéressé à poursuivre ou reprendre son emploi et repose sur une cause réelle et sérieuse le licenciement d'un salarié décidé au vu d'un tel avis (cass. soc. 20 mai 1980, n° 78-41.741, BC V n° 435 ; *JS* 1980 F 60).

– Engage sa responsabilité l'ETT qui omet de signaler à l'utilisateur l'inaptitude d'un intérimaire, signalée par le médecin du travail, à effectuer certains travaux (cass. crim. 23 janvier 1979, n° 77-91.278, B. crim. n° 31 ; *JS* 1979 F 34).

• Responsabilité civile de l'employeur

– *Absence de visite médicale.* Lorsque l'absence de visite médicale obligatoire due à une faute de l'employeur a causé un préjudice au salarié et que peut être établie l'existence d'un lien de causalité entre cette faute et ce préjudice, la responsabilité de l'employeur se trouve engagée (CA Paris 29 avril 1974, Sté routière Enumen c/ Caulier). Mais l'employeur ne peut être tenu de réparer que les conséquences de son retard et non le dommage total de la maladie non imputable en elle-même au travail (cass. soc. 10 juin 1976, n° 75-40.329, BC V n° 360).

En l'absence d'un lien de causalité entre l'état de santé d'un salarié et l'absence de visite médicale du médecin du travail, imputable à l'employeur, la responsabilité de ce dernier ne saurait être engagée (cass. soc. 13 février 1980, *JS* 1980 F 39).

– *Fautes de technique médicale.* En cas de faute commise par le médecin du travail qui peut engager sa responsabilité civile personnelle (voir notamment cass. soc. 8 décembre 1960, *Dr. Soc.* 1961, p. 314 et cass. civ. 16 février 1970, BC I n° 60), la responsabilité civile, délictuelle ou contractuelle, de l'employeur peut également être recherchée (cass. soc. 8 décembre 1960, précité ; voir également étude de Jambu-Merlin et Dr Arondel, *Dr. Soc.* 1963, p. 334).

– Sur la responsabilité civile du médecin du travail et de l'employeur des salariés, voir *Dr. Soc.* 1980, S. 77 « Médecine du travail et responsabilité civile », A. Jeammaud.

Sous-section 1. Examen d'embauche

Art. R. 4624-10. Le salarié bénéficie d'un examen médical avant l'embauche ou au plus tard avant l'expiration de la période d'essai par le médecin du travail.

Les salariés soumis à une surveillance médicale renforcée en application des dispositions de l'article R. 4624-19 ainsi que ceux qui exercent l'une des fonctions mentionnées à l'article L. 421-1 du code de l'aviation civile bénéficient de cet examen avant leur embauche.

Note

Aucun principe général du droit, et notamment le principe de protection de la santé garanti par le préambule de la Constitution du 27 octobre 1946, ne faisait obstacle à ce que l'article 12 du décret du 28 décembre 1988 modifiât, même dans un sens défavorable aux salariés, les dispositions de l'ancien article R. 241-48 (ancien) CT en apportant des aménagements limités aux conditions d'organisation d'un examen médical avant l'embauchage prévu par ces dispositions (CE 8 juillet 1994, n° 105471, *Rec. Lebon* p. 356 ; *JCP* éd. G 1994.IV.2151).

• L'employeur, tenu d'une obligation de sécurité de résultat, doit en assurer l'effectivité. L'absence de visite médicale d'embauche constitue un manquement de l'employeur qui cause nécessairement au salarié un préjudice (cass. soc. 5 octobre 2010, n° 09-40.913, *RJS* 12/10 n° 941).

• Il appartient à l'employeur de prendre les dispositions nécessaires pour soumettre le salarié à la visite médicale d'embauche dans le délai légal. La carence de l'association interentreprises de la médecine du travail qu'il invoque ne libère pas l'employeur de son obligation et exclut la force majeure autorisant la rupture anticipée d'un contrat à durée déterminée (cass. soc. 28 mars 2001, n° 99-41.626, *RJS* 7/01 n° 840).

• Il appartient à l'employeur de provoquer la vérification spéciale d'aptitude physique du salarié nécessitée par sa qualité de travailleur handicapé ; en l'espèce, le salarié n'ayant pas été soumis dès son embauche à l'examen médical prévu par cet article, l'employeur ne pouvait se prévaloir de l'inaptitude de ce dernier pour s'exonérer du paiement de l'indemnité de préavis (cass. soc. 10 juillet 2002, n° 00-41.238, BC V n° 241 ; *Dr. Soc.* 2002, p. 1008, obs. J. Savatier).

• Les renseignements relatifs à l'état de santé du candidat à un emploi ne peuvent être confiés qu'au médecin chargé de l'examen médical d'embauche. Lorsque l'employeur décide que le salarié recruté avec une période d'essai prendra ses fonctions avant l'accomplissement de cet acte médical, il ne peut se prévaloir d'un prétendu dol du salarié quant à son état de santé ou à son handicap, que ce dernier n'a pas à lui révéler (cass. soc. 21 septembre 2005, n° 03-44.855, BC V n° 262 ; *JSL* n° 176, 20 octobre 2005, p. 19, J-E Tourreil ; *JCP* éd. S 2005, 1331, note P-Y Verkindt ; *RJS* 12/05 n° 1163 ; *Dr. Soc.* 2006, p. 106, obs. J. Savatier).

• Interrogé sur la visite médicale d'embauche et le suivi médical des salariés recrutés sous contrat nouvelle embauche et/ou par des employeurs utilisant le dispositif de chèque emploi TPE, le ministre de l'Emploi a précisé que la période de consolidation du CNE, d'une durée de deux années, ne saurait être assimilée à une période d'essai (l'employeur ne peut donc pas faire réaliser la visite médicale d'embauche à tout moment au cours de cette période, encore moins 24 mois après l'engagement). Par ailleurs, le chèque emploi TPE est un dispositif destiné à simplifier les formalités sociales liées à l'emploi de salariés, réservé aux employeurs de France métropolitaine n'ayant pas plus de cinq salariés. Le salarié peut être recruté sur la base d'un contrat à durée indéterminée de droit commun, d'un contrat nouvelle embauche ou d'un contrat à durée déterminée. L'article R. 241-48 [R. 4624-10 à 14] CT demeure pleinement applicable au salarié quel que soit le régime juridique de son contrat de travail et le mode de déclaration utilisé, lequel salarié devra faire l'objet d'un examen médical obligatoirement avant sa mise au travail et bénéficiera également du suivi médical garanti par les dispositions législatives et réglementaires (rép. QE 74370, JO AN 26 septembre 2006, p. 10107).

Art. R. 4624-11. L'examen médical d'embauche a pour finalité :

1° De s'assurer que le salarié est médicalement apte au poste de travail auquel l'employeur envisage de l'affecter ;

2° De proposer éventuellement les adaptations du poste ou l'affectation à d'autres postes ;

3° De rechercher si le salarié n'est pas atteint d'une affection dangereuse pour les autres travailleurs.

Art. R. 4624-12. Sauf si le médecin du travail l'estime nécessaire ou lorsque le salarié en fait la demande, un nouvel examen médical d'embauche n'est pas obligatoire lorsque les conditions suivantes sont réunies :

1° Le salarié est appelé à occuper un emploi identique ;

2° Le médecin du travail intéressé est en possession de la fiche d'aptitude établie en application de l'article D. 4624-47 ;

3° Aucune inaptitude n'a été reconnue lors du dernier examen médical intervenu au cours :

a) Soit des douze mois précédents lorsque le salarié est à nouveau embauché par le même employeur ;

b) Soit des six derniers mois lorsque le salarié change d'entreprise.

Art. R. 4624-13. La dispense d'examen médical d'embauche n'est pas applicable :

1° Aux salariés bénéficiant d'une surveillance médicale intéressant certaines professions ou certains modes de travail en application du 3° de l'article L. 4111-6 ;

2° Aux salariés relevant d'une surveillance médicale renforcée en application des dispositions de l'article R. 4624-19.

Art. R. 4624-14. La dispense d'examen médical d'embauche peut s'appliquer, en cas de pluralité d'employeurs, sous réserve que ceux-ci aient conclu un accord prévoyant notamment les modalités de répartition de la charge de la surveillance médicale.

Art. R. 4624-15. Lorsqu'une entreprise foraine est appelée à embaucher un salarié lors de son passage dans une localité éloignée d'un centre d'examen du service de santé au travail auquel elle est affiliée, l'examen d'embauche peut avoir lieu lors du prochain passage dans une localité où fonctionne un de ces centres.

Lorsque le salarié ainsi embauché est âgé de moins de dix-huit ans, il est muni d'une attestation d'aptitude à la profession exercée, remise après examen médical passé dans un service médical de main-d'œuvre. Cette attestation est conservée par l'employeur.

Sous-section 2. Examens périodiques

Art. R. 4624-16. Le salarié bénéficie d'examens médicaux périodiques, au moins tous les vingt-quatre mois, par le médecin du travail, en vue de s'assurer du maintien de son aptitude médicale au poste de travail occupé. Le premier de ces examens a lieu dans les vingt-quatre mois qui suivent l'examen d'embauche.

Note

• La périodicité des examens médicaux a été portée de 1 à 2 ans par le décret 2004-760 du 28 juillet 2004 (JO 30). Les examens pratiqués dans le cadre d'une surveillance médicale renforcée restent annuels.

• « La modulation de la périodicité des examens médicaux, allant de un à deux ans selon la nature de la surveillance médicale, simple ou renforcée, est une réorganisation fonctionnelle de la médecine du travail qui a été mise en place pour permettre au médecin du travail de réaliser pleinement son action correctrice sur le milieu de travail, action qui sert, en retour, la surveillance médicale individuelle des salariés et le conseil aux employeurs et travailleurs en matière de santé, de sécurité et d'hygiène au travail. Il ne s'agit pas d'une mesure à vocation économique, bien que le Gouvernement ait veillé à ce que la réforme de la médecine du travail (...) n'induise pas de frais supplémentaires pour les entreprises. Si la réforme de structure de la médecine du travail comporte d'importantes innovations, elle n'a en rien modifié la question du financement des services de santé au travail dont le principe demeure fixé par la loi fondatrice de 1946, la loi précisant uniquement que les dépenses des services de santé au travail interentreprises sont prises en charge par les entreprises adhérentes proportionnellement à l'effectif salarié. L'appel de fonds auquel procède le service de santé au travail pour prendre en charge les frais de médecine du travail est organisé librement par le service et il n'y a pas lieu de le rapporter à un nombre ni à une périodicité d'examens médicaux » (rép. QE 18974, JO Sén. 1er décembre 2005, p. 3102).

• Doit être cassé le jugement qui, pour rejeter la demande d'un salarié en paiement de dommages-intérêts pour non-respect par l'employeur de la législation relative à la médecine du travail, a dit que le salarié pouvait fournir à son médecin la radiographie effectuée lors de la visite médicale d'embauche, qu'il pouvait solliciter de son employeur une visite médicale et qu'il ne justifiait pas de son préjudice, sans rechercher si l'absence de visite médicale dans le délai de douze mois suivant son embauche n'avait pas entraîné un retard dans le dépistage de la tuberculose dont souffrait le salarié, lui causant un préjudice (cass. soc. 24 avril 2001, n° 99-42.346, *RJS* 7/01 n° 874).

Art. R. 4624-17. Les examens périodiques pratiqués dans le cadre de la surveillance médicale renforcée définie à l'article R. 4624-19 sont renouvelés au moins une fois par an.

Ces dispositions ne font pas obstacle à l'application des dispositions particulières à certaines professions ou certains modes de travail prévues au 3° de l'article L. 4111-6.

Art. R. 4624-18. Tout salarié bénéficie d'un examen médical à la demande de l'employeur ou à sa demande. La demande du salarié ne peut motiver aucune sanction.

Note Après avoir constaté le refus d'un salarié de se soumettre, au motif de son état de santé, à une instruction de son employeur consistant à effectuer des interventions extérieures, une cour d'appel a relevé que le salarié avait passé de sa propre initiative, en application de l'article R. 241-49 [R. 4624-18] CT, une visite médicale devant le médecin du travail et que cette visite n'avait donné lieu à aucune réserve de la part de ce médecin. Le refus du salarié d'exécuter les tâches dévolues en conformité avec son contrat de travail n'étant pas fondé sur son état de santé, la cour a pu décider que le comportement du salarié était de nature à rendre impossible son maintien dans l'entreprise pendant la durée du préavis et constituait une faute grave, peu important l'avis de son médecin traitant contre-indiquant le port de charges lourdes (cass. soc. 9 octobre 2001, n° 98-46.144, BC V n° 313 ; *RJS* 12/01 n° 1416).

Sous-section 3. **Surveillance médicale renforcée**

Art. R. 4624-19. Bénéficient d'une surveillance médicale renforcée :

1° Les salariés affectés à certains travaux comportant des exigences ou des risques déterminés par les dispositions particulières intéressant certaines professions ou certains modes de travail. Des accords collectifs de branche étendus peuvent préciser les métiers et postes concernés ainsi que convenir de situations relevant d'une telle surveillance en dehors des cas prévus par la réglementation ;

2° Les salariés qui viennent de changer de type d'activité ou d'entrer en France, pendant une période de dix-huit mois à compter de leur nouvelle affectation ;

3° Les travailleurs handicapés ;

4° Les femmes enceintes ;

5° Les mères dans les six mois qui suivent leur accouchement et pendant la durée de leur allaitement ;

6° Les travailleurs âgés de moins de dix-huit ans.

Note Un arrêté du 11 juillet 1977 a fixé la liste des travaux nécessitant une surveillance médicale spéciale (voir Textes non codifiés). Voir aussi circ. min. du 29 avril 1980 relative à la mise en œuvre de cette surveillance spéciale.

Art. R. 4624-20. Le médecin du travail est juge de la fréquence et de la nature des examens que comporte la surveillance médicale renforcée.

Ces dispositions ne font pas obstacle aux examens périodiques pratiqués en application des dispositions de la sous-section 2.

Note La circonstance que le médecin du travail est juge de la fréquence des examens que comporte la surveillance médicale renforcée ne permet pas d'éluder le renouvellement annuel des examens périodiques pratiqués dans le cadre de la surveillance médicale renforcée (art. R. 4624-17 et 19) (cass. soc. 26 octobre 2010, n° 09-42.634, BC V n° 249 ; *RJS* 1/11 n° 49 ; *JSL* n° 289-290, 23 décembre 2010, p. 20, obs. M. Hautefort ; *JCP* éd. S 2011, 1187, note Ch. Willmann).

Sous-section 4. **Examen de reprise du travail**

Art. R. 4624-21. Le salarié bénéficie d'un examen de reprise de travail par le médecin du travail :

1° Après un congé de maternité ;

2° Après une absence pour cause de maladie professionnelle ;

3° Après une absence d'au moins huit jours pour cause d'accident du travail ;

4° Après une absence d'au moins vingt et un jours pour cause de maladie ou d'accident non professionnel ;

5° En cas d'absences répétées pour raisons de santé.

Note • Le décret 2004-1456 du 23 décembre 2004 (JO 30) a introduit dans le code de la sécurité sociale un article permettant la consultation du médecin du travail par le médecin-conseil au cours d'un arrêt de travail de plus de trois mois :

« **Art. D. 323-3.** En cas d'interruption de travail de plus de trois mois, le médecin-conseil peut, à son initiative ou à celle du médecin traitant, saisir le médecin du travail pour avis sur la capacité de l'assuré à reprendre son travail.

Lorsqu'il saisit le médecin du travail à son initiative, le médecin-conseil en informe préalablement le médecin traitant.

Dans tous les cas, l'assuré est également informé.

Dans le cadre de ses missions, le médecin du travail, après l'examen médical de préreprise mentionné à l'article R. 241-51 du code du travail, organisé avec l'accord de l'intéressé, communique au médecin-conseil, sous vingt jours à compter de la réception de sa saisine, les éléments pertinents à prendre en compte par ce dernier dans l'exercice de ses missions, notamment celles mentionnées aux articles L. 315-1, L. 315-2, L. 323-3 et L. 341-1 du code de la sécurité sociale, afin de préparer le retour à l'emploi. »

• Sur la localisation des visites médicales de reprise du travail, voir rép. QE 44674, JO AN du 30 mars 2010, p. 3749.

Examen de reprise du travail

• L'employeur, tenu d'une obligation de sécurité de résultat en matière de protection de la santé et de la sécurité des travailleurs dans l'entreprise, doit en assurer l'effectivité ; il ne peut dès lors laisser un salarié reprendre son travail après une période d'absence d'au moins huit jours pour cause d'accident du travail sans le faire bénéficier lors de la reprise du travail, ou au plus tard dans les huit jours de celle-ci, d'un examen par le médecin du travail destiné à apprécier son aptitude à reprendre son ancien emploi, la nécessité d'une adaptation des conditions de travail ou d'une réadaptation ou éventuellement de l'une et de l'autre de ces mesures ; à défaut, l'employeur ne peut résilier le contrat de travail à durée indéterminée du salarié, dont le droit à la sécurité dans le travail a ainsi été méconnu, que s'il justifie soit d'une faute grave de ce dernier, soit de l'impossibilité où il se trouve, pour un motif non lié à l'accident, de maintenir ledit contrat (cass. soc. 28 février 2006, n° 05-41.555, BC V n° 87 ; *RJS* 5/06 n° 555 ; *JSL* n° 186, 28 mars 2006, p. 21, J-E Tourreil ; *Dr. Soc.* 2006, p. 514, note J. Savatier et p. 653, note S. Bourgeot et M. Blatman ; 25 mars 2009, n° 07-44.408, BC V n° 82 ; *JCP* éd. S 2009, 1227, note P-Y Verkindt ; *Dr. Soc.* 2009, p. 741, obs. J. Savatier ; *RJS* 7/09 n° 626 ; 22 juin 2011, n° 10-14.316, *RJS* 10/11 n° 780). Le non-respect par l'employeur de ses obligations relatives à la visite médicale de reprise cause nécessairement un préjudice au salarié (cass. soc. 13 décembre 2006, n° 05-44.580, BC V n° 373 ; *JSL* n° 203, 16 janvier 2007, p. 17). C'est par ailleurs un manquement suffisamment grave pour justifier la prise d'acte par la salariée de la rupture de son contrat de travail (cass. soc. 6 octobre 2010, n° 09-66.140, BC V n° 222 ; *RJS* 12/10 n° 921 ; *JSL* n° 287, 18 novembre 2010, p. 21 ; *JCP* éd. S 2011, 1027, note P-Y Verkindt).

L'employeur ne peut pas non plus laisser un salarié reprendre son travail après une succession d'arrêts de travail pour maladie ni lui proposer une mutation géographique sans lui avoir fait passer une visite de reprise auprès du médecin du travail afin de s'assurer de son aptitude à l'emploi envisagé (cass. soc. 16 juin 2009, n° 08-41.519 BC V n° 147 ; *JCP* éd. S 2009, 1438, note P-Y Verkindt ; *RJS* 8-9/09 n° 706).

• Aucun salarié ne peut être licencié, sauf inaptitude constatée par le médecin du travail, en raison de son état de santé ou de son handicap. En l'absence de constatation par le médecin du travail de l'inaptitude du salarié à reprendre l'emploi précédemment occupé ou tout emploi dans l'entreprise, le licenciement prononcé au seul motif d'un classement en invalidité deuxième catégorie est nul et cause nécessairement au salarié un préjudice qu'il appartient aux juges du fond de réparer (cass. soc. 13 janvier 1998, n° 95-45.439, BC V n° 9. Voir aussi cass. soc. 4 juin 1998, n° 96-42.256 ; 28 juin 2000, n° 98-45.180).

Dès lors que le salarié informe son employeur de son classement en invalidité deuxième catégorie sans manifester la volonté de ne pas reprendre le travail, il appartient à l'employeur de prendre l'initiative de faire procéder à une visite de reprise, laquelle met fin à la suspension du contrat de travail (cass. soc. 25 janvier 2011, n° 09-42.766, BC V n° 30 ; *RJS* 4/11 n° 314 ; *JCP* éd. S 2011, 1152, note C. Leborgne-Ingelaere ; *JSL* n° 296, 24 mars 2011, p. 25 ; 15 février 2011, n° 09-43.172, BC V n° 47 ; *RJS* 5/11 n° 415 ; *JSL* n° 297, 13 avril 2011, p. 24). Le classement en invalidité ne concerne que l'application de la législation sur la sécurité sociale et la suspension du contrat de travail ne prend fin que par la visite de reprise effectuée par le médecin du travail dans les conditions prévues aux articles R. 241-51 et R. 241-51-1 (anciens) CT (cass. soc. 12 octobre 1999, n° 97-40.835, BC V n° 376 ; *RJS* 11/99 n° 1365).

• Seul l'examen pratiqué par le médecin du travail dont doit bénéficier le salarié à l'issue des périodes de suspension lors de la reprise du travail, en application des alinéas 1 à 3 de l'article R. 241-51 [R. 4624-21 et 22] CT, met fin à la période de suspension du contrat de travail (cass. soc. 30 janvier 1991, n° 87-41.967, BC V n° 47 ;

12 novembre 1997, 3 arrêts, n°s 94-43.839, 95-40.632 et 94-40.912, BC V n° 365 et n° 366 ; *Dr. Soc.* 1998, p. 20, concl. Y. Chauvy et p. 113, note J. Savatier ; *RJS* 12/97 n°s 1359 et 1361 ; 6 avril 1999, n° 96-45.056, BC V n° 157, précisant qu'il importe peu que le salarié ait continué à bénéficier d'un arrêt de travail de son médecin traitant ; *Dr. Soc.* 1999, p. 562, J. Savatier ; *RJS* 5/99 n° 659 ; dans le même sens, voir aussi cass. soc. 19 janvier 2005, n° 03-41.904, BC V n° 9 ; *RJS* 3/05 n° 267, 1re espèce et 19 janvier 2005, n° 03-41.479, BC V n° 8 ; *RJS* 3/05 n° 267, 2e espèce ; 5 janvier 2011, n° 08-70.060, BC V n° 4 ; *RJS* 3/11 n° 229 ; *JCP* éd. S 2011, 1094, note P-Y Verkindt) ; il importe peu également que le salarié ait été, à l'issue de la visite de reprise, déclaré par le médecin du travail apte à reprendre le travail dans le cadre d'un mi-temps thérapeutique (cass. soc. 26 octobre 1999, n° 97-41.314, BC V n° 410 ; *RJS* 12/99 n° 1457 ; 12 décembre 2000, n° 98-46.036, BC V n° 415 ; *RJS* 2/01 n° 191).

En l'absence de la visite de reprise prévue aux alinéas 1 à 3 de l'article R. 241-51 [R. 4624-21 et 22] CT, le contrat de travail se trouve toujours suspendu en conséquence de l'accident du travail dont a été victime un salarié, peu important qu'à la date de la rupture le salarié ait été déclaré consolidé de son accident par la caisse primaire d'assurance maladie et qu'il soit pris en charge par les organismes sociaux au titre de la maladie (cass. soc. 16 mai 2000, n° 98-42.942, BC V n° 180 ; *RJS* 7-8/00 n° 792). La période de suspension du contrat ne prend pas fin à la date de consolidation (cass. soc. 5 février 1992, n° 88-45.067, BC V n° 69 ; 12 juillet 1999, n° 97-41.671).

À noter cependant que lorsque la visite médicale de reprise est subie après un congé de maternité, elle a pour seul objet d'apprécier l'aptitude de l'intéressée à reprendre son ancien emploi, la nécessité d'une adaptation des conditions de travail ou d'une réadaptation de la salariée ou éventuellement de l'une et de l'autre de ces mesures, et n'a pas pour effet de différer jusqu'à cette date, la période de protection instituée par l'article L. 122-25-2 [L. 1225-4] CT (cass. soc. 29 septembre 2004, n° 02-42.461, BC V n° 239 ; *JSL* n° 154, 26 octobre 2004, p. 13 ; *RJS* 12/04 n° 1274, 2e espèce ; *TPS*, novembre 2004, comm. 326, p. 11 ; *Dr. Soc.* 2004, p. 1091, obs. J. Savatier).

Le salarié dont le contrat de travail est suspendu pour maladie et qui reprend son travail avant d'avoir fait l'objet de la visite médicale de reprise est soumis au pouvoir disciplinaire de l'employeur (cass. soc. 16 novembre 2005, n° 03-45.000, BC V n° 323 ; *Dr. Soc.* 2006, p. 231, obs. J. Savatier ; *RJS* 2/06 n° 194).

La circonstance que le salarié se trouve, à l'issue de l'arrêt de travail provoqué par l'accident du travail ou la maladie professionnelle, en arrêt de travail pour cause de maladie non professionnelle ne s'oppose pas à ce que le médecin du travail se prononce dans le cadre de la visite prévue aux trois premiers alinéas de l'article R. 241-51 [R. 4624-21 et 22] CT sur l'aptitude du salarié à reprendre l'emploi qu'il occupait antérieurement à l'accident du travail (cass. soc. 4 mai 1999, n° 97-40.547, BC V n° 185 ; *RJS* 6/99 n° 816).

La visite de reprise, dont l'initiative appartient normalement à l'employeur, peut aussi être sollicitée par le salarié soit auprès de son employeur, soit auprès du médecin du travail en avertissant l'employeur de cette demande (cass. soc. 12 novembre 1997, n° 94-43.839, précité ; 10 mars 1998, n° 95-43.871, BC V n° 133 ; *Dr. Soc.* 1998, p. 504 ; *RJS* 4/98 n° 447 ; 25 novembre 1998, n° 97-42.427). Mais la visite d'un salarié qui, à l'issue d'un arrêt de travail pour maladie, sans se présenter à son travail afin que l'employeur organise la visite de reprise, a pris l'initiative de se rendre chez un médecin du travail sans en avertir son employeur, ne remplit pas les conditions de l'article R. 241-51, al. 1 et 3, devenus R. 4624-21 et R. 4624-22 CT pour être qualifiée de visite de reprise (cass. soc. 4 février 2009, n° 07-44.498, BC V n° 38 ; *RJS* 4/09 n° 333 ; 26 janvier 2011, n° 09-65.715, *JSL* n° 295, 10 mars 2011, p. 26). En pareille hypothèse, la décision d'inaptitude prise par le médecin du travail ne s'impose pas à l'employeur et la prise d'acte par le salarié de la rupture de son contrat de travail en raison de l'absence de recherche de reclassement n'étant pas justifiée, elle s'analyse en une démission (cass. soc. 20 janvier 2010, n° 08-44.240, *RJS* 4/10 n° 333) ; en outre, l'examen médical ne constituant pas un examen de reprise opposable à l'employeur, ce dernier n'est pas tenu de prononcer un licenciement ou de reprendre, dans le délai d'un mois, le paiement des salaires (cass. soc. 9 juin 2010, n° 08-42.669, *RJS* 8-9/10 n° 660).

À noter que l'examen au terme duquel un médecin du travail a rendu un avis d'inaptitude totale et définitive en visant l'existence d'un danger immédiat et l'article R. 241-51-1 (ancien) CT lui permettant de déclarer l'inaptitude du salarié après un seul examen, correspond à une visite de reprise (cass. soc. 26 janvier 2011, n° 09-68.544, BC V n° 31 ; *RJS* 4/11 n° 320 ; *JSL* n° 295, 10 mars 2011, p. 23).

Si en cas de carence de l'employeur, le salarié peut solliciter lui-même la visite de reprise à condition d'en aviser au préalable l'employeur, l'initiative de la saisine du médecin du travail appartient normalement à l'employeur dès que le salarié qui remplit les conditions pour en bénéficier en fait la demande (cass. soc. 9 juillet 2003, n° 01-42.906) et le refus de l'employeur s'analyse en un licenciement (cass. soc. 12 octobre 1999, n° 97-40.835, BC V n° 376 ; *RJS* 11/99 n° 1365 ; 15 octobre 2003, n° 01-43.571 ; 28 octobre 2009, n° 08-43.251, BC V n° 233 ; *JCP* éd. S 2010, 1046, 2e espèce, note A. Martinon ; *RJS* 1/10 n° 27). Ainsi le salarié, qui n'a pas pu reprendre le travail dans les délais normaux en raison des carences de l'employeur qui avait tardé, d'une manière excessive, à prendre les dispositions nécessaires pour qu'il puisse bénéficier d'un examen par le médecin du travail, peut notamment demander des dommages-intérêts pour rupture abusive, de telles circonstances rendant la rupture imputable à l'employeur (cass. soc. 19 janvier 1999, n° 96-44.954, BC V n° 27 ; *RJS* 3/99 n° 345). De même, lorsqu'un salarié se présente à l'entreprise à l'issue de son arrêt de travail pour maladie, mais que son employeur ne prend pas les dispositions nécessaires pour que soit assurée la visite médicale de reprise et se borne à l'affecter à des tâches de rangement ne correspondant pas à ses fonctions contractuelles, la rupture du contrat de travail qui en résulte s'analyse en un licenciement sans cause réelle et sérieuse (cass. soc. 26 janvier 2005, n° 03-40.893, BC V n° 24 ; *RJS* 4/05 n° 374). En revanche, lorsque l'employeur demande au salarié de patienter jusqu'au retour de congé du médecin pour qu'une solution soit trouvée à sa situation, le salarié ne peut pas demander de dommages-intérêts en réparation du préjudice fondé sur l'organisation tardive des visites médicales (cass. soc. 21 septembre 2011, n° 10-16.153, *RJS* 12/11 n° 963 2e espèce).

L'employeur doit prendre l'initiative de cette visite médicale et convoquer le salarié par tous moyens. Un employeur n'ayant pas organisé lui-même la visite de reprise, une cour d'appel a pu en déduire que le salarié ne s'y étant pas présenté n'avait pas commis de manquement. En outre, le contrat de travail étant demeuré suspendu en raison de l'absence de visite de reprise, la cour a pu en déduire que le salarié qui ne s'était pas présenté à son poste n'avait pas commis de faute (cass. soc. 28 avril 2011, n° 09-40.487, BC V n° 99 ; *JCP* éd. S 2011, 1273, note Th. Lahalle ; *JSL* n° 301, 17 juin 2011, p. 17, M. Hautefort ; *RJS* 7/11 n° 594).

Une cour d'appel, qui a constaté que le salarié avait repris le travail sans avoir été soumis à la visite médicale de reprise, a exactement décidé que le licenciement avait été prononcé au cours de la période de suspension du contrat de travail provoquée par l'accident du travail dont l'intéressé avait été victime (cass. soc. 10 novembre 1998, n° 96-43.811, BC V n° 481 ; *RJS* 12/98 n° 1472 ; *JSL* 1999 n° 37, p. 4).

• Le salarié qui n'a été examiné par le médecin du travail que dans le cadre d'une visite de préreprise et ne s'est pas présenté à la visite médicale de reprise malgré plusieurs injonctions de l'employeur commet une faute dont le juge apprécie le caractère sérieux (cass. soc. 17 octobre 2000, n° 97-45.286, *RJS* 1/01 n° 33).

• La fiche d'inaptitude à la reprise du travail établie par le médecin du travail à l'issue d'un arrêt de travail pour maladie a pour seul effet de différer la reprise du travail et ne peut être assimilée à une déclaration d'inaptitude au poste de travail (cass. soc. 18 novembre 1992, n° 90-44.500, *CSB* 1993 A. 6 ; *Dr. Soc.* 1993, p. 59).

Art. R. 4624-22. L'examen de reprise a pour objet d'apprécier l'aptitude médicale du salarié à reprendre son ancien emploi, la nécessité d'une adaptation des conditions de travail ou d'une réadaptation du salarié ou éventuellement de l'une et de l'autre de ces mesures.

Cet examen a lieu lors de la reprise du travail et au plus tard dans un délai de huit jours.

Note Sur le délai de huit jours (al. 2), délai maximal dans lequel doit avoir lieu la visite médicale de reprise du salarié, voir rép. QE 7610, JO AN 2 mars 1998, p. 1207.

Art. R. 4624-23. En vue de faciliter la recherche des mesures nécessaires, lorsqu'une modification de l'aptitude au travail est prévisible, un examen médical de préreprise préalable à la reprise du travail peut être sollicité à l'initiative du salarié, du médecin traitant ou du médecin conseil des organismes de sécurité sociale, préalablement à la reprise du travail.

L'avis du médecin du travail est sollicité à nouveau lors de la reprise effective de l'activité professionnelle.

Note • Le médecin du travail, conformément à cet article, peut être appelé, notamment à la demande du salarié, à apprécier l'aptitude d'un salarié absent pour maladie avant que ne soit envisagée la reprise du travail. Une cour d'appel a décidé à bon droit que l'employeur, qui n'envisage pas de licencier le salarié pour inaptitude, n'a pas à prendre l'initiative d'un examen par le médecin du travail du salarié qui n'a pas demandé à reprendre le travail et qu'il appartient, éventuellement, au salarié de solliciter cet examen, s'il le juge utile (cass. soc. 18 juillet 1996, n° 95-45.264, BC V n° 298 ; *RJS* 10/96 n° 1035 ; *CSB* 1996 A. 59 ; voir aussi note sous art. L. 1226-4).

Si cet article prévoit la consultation du médecin du travail préalablement à la reprise du travail dans le but de faciliter la recherche des mesures nécessaires lorsqu'une modification de l'aptitude de l'intéressé est prévisible, cette visite ne constitue pas la visite de reprise qui seule met fin à la période de suspension du contrat de travail (voir notamment cass. soc. 11 juillet 2000, n° 98-40.901, *JSL* n° 66, 19 octobre 2000, p. 32) et ne le dispense pas de l'examen imposé par ce texte lors de la reprise effective de son activité professionnelle. Une cour d'appel, qui a constaté que les avis du médecin du travail invoqués par une salariée avaient été délivrés en cours de suspension de son contrat de travail et que cette dernière avait, sans discontinuer, adressé à l'employeur des avis de prolongation d'arrêt de travail de son médecin traitant, sans jamais demander à reprendre le travail, a énoncé, à bon droit, que tant que la reprise effective du travail n'avait pas eu lieu et que la visite de reprise n'avait pas été effectuée, le contrat de travail demeurait suspendu et l'employeur n'était tenu à aucune obligation [cass. soc. 12 novembre 1997, n° 95-40.632, BC V n° 366 ; *Dr. Soc.* 1998, p. 20, concl. Y. Chauvy ; *RJS* 12/97 n° 1359, 2e espèce ; 12 novembre 1997, n° 94-40.912, BC V n° 366 ; *Dr. Soc.* 1998, p. 113, note J. Savatier ; *RJS* 12/97 n° 1359, 1re espèce (salariée ayant refusé, lorsqu'elle y avait été invitée par l'employeur, de se soumettre à la visite de reprise à l'issue de la suspension)]. Voir aussi cass. soc. 4 juin 1998, n° 95-45.311, BC V n° 297 ; *RJS* 8-9/98 n° 977 ; 6 mai 1998, n° 96-40.506, BC V n° 226.

En revanche, ne constitue pas une visite de préreprise – mais la visite de reprise – l'examen médical au cours duquel le médecin du travail se prononce sur l'aptitude du salarié à reprendre son emploi, ce dont l'employeur a connaissance (cass. soc. 15 décembre 2004, n° 03-40.315).

• Le fait pour l'employeur de ne pas s'associer à la démarche du salarié de saisir le médecin du travail en application de l'article R. 241-51 (ancien) CT ne peut caractériser un manquement de l'employeur à son obligation de reclassement des salariés inaptes (cass. soc. 18 juin 2002 n° 00-41.138, *JSL* n° 108, 19 septembre 2002, p. 28 ; *RJS* 10/02 n° 1108).

• Un modèle de fiche de liaison entre les médecins-conseils des organismes de sécurité sociale du régime général et les médecins du travail a été établi par un arrêté du 3 novembre 1989 (JO 17). Les modalités de son utilisation ont été précisées par une lettre ministérielle DRT 11-90 du 4 juillet 1990.

• Voir notamment « La protection du salarié victime d'un accident du travail », P. Pochet, *JCP* éd. E 2000, 1948 ; S. Bourgeot, « Les avis sur l'aptitude du salarié délivrés par le médecin du travail », *LS* 4 octobre 2005, n° 925 ; rapport H. Gosselin « Aptitude et inaptitude au travail – Diagnostic et perspectives », *LS* 7 mai 2007 n° 117/2007.

Art. R. 4624-24. Le médecin du travail est informé de tout arrêt de travail d'une durée inférieure à huit jours pour cause d'accident du travail afin de pouvoir apprécier, notamment, l'opportunité d'un nouvel examen médical.

Sous-section 5. Examens complémentaires

Art. R. 4624-25. Le médecin du travail peut prescrire les examens complémentaires nécessaires :

1° À la détermination de l'aptitude médicale au poste de travail, notamment au dépistage des affections comportant une contre-indication à ce poste de travail ;

2° Au dépistage des maladies à caractère professionnel prévues à l'article L. 461-6 du code de la sécurité sociale et des maladies professionnelles non concernées par les dispositions réglementaires prises en application du 3° de l'article L. 4111-6 ;

3° Au dépistage des maladies dangereuses pour l'entourage.

Art. L. 4624-4.

Note C'est au médecin du travail et non à l'employeur qu'il incombe de prescrire des examens complémentaires. Ces examens médicaux complémentaires s'imposant au salarié, c'est à bon droit qu'en cas de refus du salarié de s'y soumettre, le médecin émet un avis d'inaptitude définitive du salarié à reprendre (ou poursuivre) son emploi et le licenciement d'un salarié, au vu d'un tel avis, repose sur une cause réelle et sérieuse, l'employeur ne pouvant passer outre l'avis du médecin du travail (cass. soc. 20 mai 1980, n° 78-41.741, BC V n° 435).

Art. R. 4624-26. Les examens complémentaires sont à la charge soit de l'employeur, soit du service de santé au travail interentreprises, lesquels donnent au médecin du travail le moyen d'assurer le respect de l'anonymat de ces examens.

Le médecin du travail choisit l'organisme chargé de pratiquer les examens.

Art. R. 4624-27. En cas de désaccord entre l'employeur et le médecin du travail sur la nature et la fréquence de ces examens, la décision est prise par le médecin inspecteur du travail.

La nature et la fréquence de certains examens complémentaires sont fixées par arrêté du ministre chargé du travail pris après avis du ministre chargé de la santé.

Sous-section 6. Déroulement des examens médicaux

Art. R. 4624-28. Le temps nécessité par les examens médicaux, y compris les examens complémentaires, est soit pris sur les heures de travail des salariés sans qu'aucune retenue de salaire puisse être opérée, soit rémunéré comme temps de travail normal lorsque ces examens ne peuvent avoir lieu pendant les heures de travail.

Le temps et les frais de transport nécessités par ces examens sont pris en charge par l'employeur.

Note Le temps nécessité par la visite médicale ne saurait être pris sur le temps de pause ou de congés (rép. QE 23218, JO AN 15 novembre 1999, p. 6582).

Sur la prise en charge par l'employeur du temps et des frais de transport nécessités par les examens médicaux, voir cass. soc. 4 juin 2008, n°s 06-45.819 et 06-45.820 (deux arrêts).

Art. R. 4624-29. Dans les établissements industriels de 200 salariés et plus et dans les autres établissements de 500 salariés et plus, les examens médicaux sont réalisés dans l'établissement.

Des dérogations peuvent être accordées par l'inspecteur du travail après avis du médecin inspecteur du travail.

Art. R. 4624-30. Un arrêté du ministre chargé du travail détermine les caractéristiques auxquelles répondent les locaux médicaux fixes ou mobiles et leurs équipements, en fonction de l'importance du service de santé au travail. Cet arrêté précise le matériel minimum nécessaire au médecin du travail pour l'exercice de ses missions.

Sous-section 7. Déclaration d'inaptitude

Art. R. 4624-31. Sauf dans le cas où le maintien du salarié à son poste de travail entraîne un danger immédiat pour sa santé ou sa sécurité ou celles des tiers, le médecin du travail ne peut constater l'inaptitude médicale du salarié à son poste de travail qu'après avoir réalisé :

1° Une étude de ce poste ;

2° Une étude des conditions de travail dans l'entreprise ;

3° Deux examens médicaux de l'intéressé espacés de deux semaines, accompagnés, le cas échéant, des examens complémentaires.

Note • Les dispositions du décret 2010-244 du 9 mars 2010 (JO 11) relatif à l'indemnisation du salarié déclaré inapte suite à un accident du travail ou à une maladie professionnelle sont applicables aux victimes déclarées inaptes, conformément aux dispositions de cet article, à compter du 1.07.2010.

• L'article R. 4624-31 n'imposant pas que la constatation de l'inaptitude soit faite lors d'un examen médical de reprise consécutif à une suspension du contrat de travail, le médecin du travail peut la constater après tout examen médical qu'il pratique au cours de l'exécution du contrat de travail (cass. soc. 8 avril 2010, n° 09-40.975, BC V n° 95 ; *JSL* n° 277, 21 mai 2010, p. 14, obs. J-E Tourreil ; *RJS* 6/10 n° 503 ; *RDT*, juillet/août 2010, CH, 433, G. Auzero ; 21 septembre 2011, n° 10-14.748, *RJS* 11/11 n° 867), y compris lors de la visite médicale d'embauche opérée après le recrutement du salarié (CE 17 juin 2009, n° 314729, *Dr. Soc.* 2009, pp. 941 et s., note Y. Struillou et p. 1137, obs. P. Chaumette ; *RDT*, janvier 2010, CH, 30, M. Véricel ; *JSL* n° 266, 25 novembre 2009, p. 19, M-Ch. Haller).

• Il résulte des articles L. 122-45 et R. 241-51-1 [L. 1132-1 et R. 4624-31] CT que lorsque l'inaptitude n'a pas été constatée dans les conditions prévues à l'article R. 241-51-1 [R. 4624-31] CT (salarié n'ayant subi qu'un seul examen médical), il appartient à l'employeur de faire subir au salarié, dans le délai de quinze jours, le second examen médical prévu par cet article. À défaut, le licenciement prononcé est nul (cass. soc. 16 juillet 1998, n° 95-45.363, BC V n° 393 ; *Dr. Soc.* 1998, p. 872, obs. S. Bourgeot, *RJS* 10/98 n° 1203 ; 16 février 1999, n° 96-45.394, BC V n° 76 ; *RJS* 4/99 n° 500 ; *Dr. Soc.* 1999, p. 528, obs. J. Savatier ; *CSB* 1999 S. 241 ; 21 mars 2007, n° 06-41.678, *RJS* 5/07 n° 583 ; voir aussi cass. soc. 15 juillet 1998, n° 96-40.768, BC V n° 390 ; *RJS* 10/98 n° 1202 ; cass. soc. 16 mai 2000, n° 97-42.410, BC V n° 182 : l'examen pratiqué par le médecin du travail, dans le cadre de la visite annuelle des salariés, non suivi d'une saisine du médecin du travail en vue de faire pratiquer le second examen médical prévu par cet article, ne peut être considéré comme le premier des deux examens exigés par ce texte).

La carence de l'employeur de saisir, comme il le doit, après un premier examen, le médecin du travail pour faire pratiquer le second des examens exigés par l'article R. 241-51-1 [R. 4624-31] CT, constitue une faute dont il doit réparation (cass. soc. 12 mars 2008, n° 07-40.039, BC V n° 62 ; *RJS* 5/08 n° 535 ; *JSL* n° 232, 28 avril 2008, p. 23 ; *Dr. Soc.* 2008, p. 612, obs. J. Savatier ; *JCP* éd. S 2008, 1332, note P-Y Verkindt). Dans ce cas, le salarié n'a pas à réintégrer l'entreprise ni à reprendre le travail et ne peut dès lors se voir reprocher une absence injustifiée (cass. soc. 28 avril 2011, n° 09-68.303, *RJS* 7/11 n° 596).

À noter que l'avis d'aptitude avec réserve (travaux de manutention) d'un médecin du travail, qui équivaut à une inaptitude à tout poste dans l'entreprise, ne doit pas priver le salarié des deux examens médicaux prévus par l'article R. 241-51-1 [R. 4624-31] (cass. soc. 9 octobre 2001, n° 98-46.099, BC V n° 307 ; *RJS* 12/01 n° 1417).

• Sauf dans le cas où le maintien du salarié à son poste de travail entraîne un danger immédiat pour la santé ou la sécurité de l'intéressé ou celles des tiers, le médecin du travail ne peut constater l'inaptitude du salarié à son poste de travail qu'après deux examens médicaux espacés de deux semaines. Il s'ensuit que cette inaptitude ne peut être déclarée après un seul examen médical que si la situation de danger résulte de l'avis du médecin du travail. En application de l'article L. 1132-1 CT, le licenciement prononcé pour inaptitude à la suite d'un seul examen médical ne portant pas mention du danger immédiat est nul (cass. soc. 4 juin 2002, n° 00-42.873, BC V n° 192 ; *RJS* 8-9/02 n° 964). Lorsque le licenciement est nul, le salarié a droit à réintégration dans son emploi ou, à défaut, dans un emploi équivalent. Il en résulte qu'en cas de licenciement prononcé en raison de l'état de santé d'un salarié dont l'inaptitude n'a pas été constatée conformément aux exigences du double examen médical de reprise, la réintégration de l'intéressé doit être ordonnée s'il le demande (cass. soc. 26 mai 2004, n° 02-41.325, BC V n° 139 ; *RJS* 8-9/04 n° 903, 1re espèce ; *TPS* août-septembre 2004, comm. 253, note P-Y Verkindt ; *Dr. Soc.* 2004, p. 907, obs. J. Savatier).

• Le licenciement prononcé en raison de l'état de santé d'un salarié dont l'inaptitude n'a pas été constatée à l'issue de deux examens médicaux espacés d'un délai minimum de deux semaines est nul en application de l'article L. 1132-1 CT (cass. soc. 20 septembre 2006, n° 05-40.241, BC V n° 275 ; *JCP* éd. S 2006, 1890, note P-Y Verkindt ; *Dr. Soc.* 2006, p. 1117 ; *RDT*, déc. 2006, CH, 385, G. Pignarre ; *RJS* 11/06 n° 1169). Les deux examens médicaux devant être espacés de deux semaines, le délai fixé par ce texte court à partir de la date du premier de ces examens médicaux. Ainsi, lorsque le premier examen se tient le mardi 4 juillet, le second peut valablement avoir lieu le mardi 18 juillet suivant (cass. soc. 8 décembre 2004, n° 02-44.203, BC V n° 319 ; *RJS* 2/05 n° 146).

• Aucune disposition du code du travail ne prévoyant la nullité du licenciement lorsque l'employeur engage la procédure de licenciement avant que le médecin du travail ne se soit prononcé définitivement sur l'aptitude du salarié à son poste de travail, le licenciement prononcé au vu des deux certificats établis par le médecin du travail dans le cadre de la visite médicale de reprise n'est pas nul. En revanche, dans une telle hypothèse, aucune tentative de reclassement n'a pu être effectuée et le licenciement est dépourvu de cause réelle et sérieuse (cass. soc. 26 janvier 2005, n° 03-40.332, BC V n° 25 ; *JSL* n° 162, 22 février 2005, p. 20, obs. J-E Tourreil).

• *Rédaction du certificat médical d'inaptitude impliquant l'existence d'une situation de danger immédiat.* Selon l'article R. 241-51-1 [R. 4624-31] CT, sauf dans le cas où le maintien du salarié à son poste de travail entraîne un danger immédiat pour la santé ou la sécurité de l'intéressé ou celles des tiers, le médecin du travail ne peut constater l'inaptitude d'un salarié à son poste de travail qu'après deux examens médicaux espacés de deux semaines ; il s'ensuit que cette inaptitude ne peut être déclarée après un seul examen médical que si la situation de danger résulte de l'avis du médecin du travail ou si cet avis indique, outre la référence à l'article R. 241-51-1 [R. 4624-31] CT, qu'une seule visite est effectuée (cass. soc. 1er décembre 2005, n° 04-48.607, BC V n° 345 ; *RJS* 2/06 n° 197 ; 20 janvier 2010, n° 08-45.270, BC V n° 19 ; *JCP* éd. S 2010, 1127, note P-Y Verkindt ; *RJS* 4/10 n° 330 ; *JSL* n° 274, 6 avril 2010, p. 24 ; 28 avril 2011, n° 10-14.671). La seule mention de l'article R. 241-51-1 [R. 4624-31] CT ne suffit pas à caractériser la situation de danger immédiat qui permet au médecin du travail de constater l'inaptitude du salarié au terme d'un seul examen médical (cass. soc. 11 mai 2005, n° 03-45.174, BC V n° 155 ; *JSL* n° 169, 7 juin 2005, p. 20 ; *RJS* 7/05 n° 730 ; *JCP* éd. S 2005, 1070, note D. Asquinazi-Bailleux). De même, l'inaptitude physique n'est pas régulièrement constatée à la suite d'un avis qui, s'il indiquait bien qu'une seule visite était effectuée, ne faisait état d'aucun danger immédiat, même si cette situation de danger immédiat était précisée dans une lettre annexée (cass. soc. 21 mai 2008, n° 07-41.380, BC V n° 109 ; *JSL* n° 237, 15 juillet 2008, p. 25 ; *JCP* éd. S 2008, 1434, note P-Y Verkindt ; *RJS* 8-9/08 n° 884 ; voir aussi cass. soc. 16 décembre 2010, n° 09-66.954, BC V n° 300 ; *JCP* éd. S 2011, 1044, note P-Y Verkindt ; *RJS* 2/11 n° 123 ; *JSL* n° 293, 10 février 2011, p. 24 ; *RDT*, février 2011, CH, 126, E. Serverin et T. Grumbach) ou postérieure à l'avis (cass. soc. 19 octobre 2005, n° 03-48.383, BC V n° 292 ; *JSL* n° 178, 29 novembre 2005, p. 12 ; *RJS* 1/06 n° 37 ; 21 septembre 2011, n° 10-14.692). Enfin, une cour d'appel ne pouvait pas refuser de déclarer nul le licenciement d'un salarié après avoir constaté que l'avis du médecin du travail ne mentionnait pas, outre la référence à l'article R. 4624-31 CT, qu'une seule visite était effectuée, la mention d'une procédure d'urgence ne pouvant y suppléer (cass. soc. 20 janvier 2010, n° 08-45.270 précité).

• Le médecin du travail ayant déclaré une salariée temporairement inapte, le refus par l'employeur de la laisser accéder à son poste de travail ne constitue pas un trouble manifestement illicite ou une voie de fait. Dès lors, a violé l'article R. 516-31 [R. 1455-6] la cour d'appel qui, pour ordonner à l'employeur de laisser la salariée accéder à son poste de travail et de lui payer son salaire, a énoncé que ni la loi ni l'accord d'entreprise ne prévoyaient l'interdiction d'accès au lieu de travail d'un salarié ayant fait l'objet d'un avis d'aptitude différée (cass. soc. 21 janvier 1997, n° 93-43.617, BC V n° 27 ; *RJS* 3/97 n° 295).

• *Recours.* En l'absence d'une procédure prévue par les textes, constatant qu'il existe une divergence de vues entre le médecin traitant et le médecin du travail ayant déclaré un salarié inapte à tenir son emploi, les juges du fond ne peuvent ordonner une expertise médicale aux fins de contrôler le bien-fondé de l'avis du médecin du travail que l'employeur est tenu de suivre (cass. soc. 8 juin 1983, *JS* 1983 SJ 156). Si l'avis du médecin du travail peut être contesté par le salarié devant l'inspecteur du travail, selon la voie administrative, le juge judiciaire ne peut ordonner une expertise aux fins de contrôler le bien-fondé de cet avis (cass. soc. 12 mars 1987, n° 85-16.121, BC V n° 165 ; voir aussi cass. soc. 8 novembre 1994, n° 90-15.468, *CSB* 1994 S. 167 et note sous article L. 4624-1). Par ailleurs, il n'appartient pas au juge judiciaire, saisi d'une contestation afférente à la licéité du licenciement d'un salarié déclaré inapte à son poste de travail, de se prononcer sur le respect par le médecin du travail de son obligation de procéder à une étude de poste et des conditions de travail dans l'entreprise (cass. soc. 19 décembre 2007, n° 06-46.147, BC V n° 222 ; *JSL* n° 227, 11 février 2008, p. 23 ; *RJS* 3/08 n° 270).

Art. R. 4624-32. Avant d'émettre son avis, le médecin du travail peut consulter le médecin inspecteur du travail.

Les motifs de son avis sont consignés dans le dossier médical du salarié.

SECTION 3. Documents et rapports

Sous-section 1. Plan d'activité

Art. D. 4624-33. Le médecin du travail établit chaque année, en fonction de l'état et des besoins de santé des salariés, un plan d'activité en milieu de travail.

Ce plan porte sur les risques de l'établissement, les postes et les conditions de travail.

Art. D. 4624-34. Le plan d'activité prévoit, notamment, les études à entreprendre ainsi que le nombre et la fréquence minimaux des visites des lieux de travail dans les établissements dont le médecin a la charge.

Art. D. 4624-35. Le plan d'activité peut concerner une ou plusieurs entreprises et être commun à plusieurs médecins du travail.

Art. D. 4624-36. Le plan d'activité ou, dans le cas d'un plan concernant plusieurs entreprises, les éléments du plan propres à l'entreprise sont transmis à l'employeur.

Ce dernier le soumet pour avis et sur le rapport du médecin du travail au comité d'hygiène, de sécurité et des conditions de travail intéressé, ou, à défaut, aux délégués du personnel.

Sous-section 2. Fiche d'entreprise

Art. D. 4624-37. Pour chaque entreprise ou établissement, le médecin du travail établit et met à jour une fiche d'entreprise ou d'établissement sur laquelle figurent, notamment, les risques professionnels et les effectifs de salariés qui y sont exposés.

Note

• Pour les entreprises et établissements occupant moins de onze salariés, les dispositions des articles D. 4624-37 à 41 sont entrées en vigueur le 1er janvier 2006 (décret 2004-760, art. 32, III). Depuis cette date, en effet, la fiche d'entreprise ou d'établissement, qui était établie uniquement dans les entreprises et établissements de plus de 10 salariés, est généralisée à toute entreprise ou établissement.

• La fiche d'entreprise, remise à l'employeur, est un document qui lui est particulièrement utile dans la mise en œuvre de son obligation d'évaluation des risques professionnels (voir note sous art. R. 4121-1 et circulaire DRT 2002-6 du 18 avril 2002).

• Voir article L. 4121-3-1 concernant la fiche de prévention des expositions.

Art. D. 4624-38. Pour les entreprises adhérentes à un service de santé au travail interentreprises, la fiche d'entreprise est établie dans l'année qui suit l'adhésion de l'entreprise ou de l'établissement à ce service.

Art. D. 4624-39. La fiche d'entreprise est transmise à l'employeur.

Elle est présentée au comité d'hygiène, de sécurité et des conditions de travail en même temps que le bilan annuel prévu à l'article L. 4612-16.

Art. D. 4624-40. La fiche d'entreprise est tenue à la disposition de l'inspecteur du travail et du médecin inspecteur du travail.

Elle peut être consultée par les agents des services de prévention des caisses régionales d'assurance maladie et par ceux des organismes professionnels de santé, de sécurité et des conditions de travail mentionnés à l'article L. 4643-1.

Art. D. 4624-41. Le modèle de fiche d'entreprise est fixé par arrêté du ministre chargé du travail.

Sous-section 3. Rapport annuel d'activité

Art. D. 4624-42. Le médecin du travail établit un rapport annuel d'activité dans la forme prévue par un arrêté du ministre chargé du travail.

Note

Voir arrêté du 13 décembre 1990 fixant les modèles de rapport annuel du médecin du travail (JO 1er février 1991).

Art. D. 4624-43. Le rapport annuel d'activité est présenté par le médecin du travail, selon le cas :

1° Au comité d'entreprise ;

2° Au conseil d'administration paritaire ;

3° À la commission de contrôle du service de santé au travail interentreprises ;

4° Au comité interentreprises ou, éventuellement, à la commission paritaire consultative de secteur.

Cette présentation intervient au plus tard à la fin du quatrième mois qui suit l'année pour laquelle le rapport a été établi.

Art. D. 4624-44. L'employeur ou le président du service de santé au travail transmet, dans le délai d'un mois à compter de sa présentation devant l'organe compétent, un exemplaire du rapport annuel d'activité du médecin à l'inspecteur du travail ou au ***(D. 2009-1377 du 10 nov. 2009, JO 13 ; D. 2010-687 du 24 juin 2010, JO 25 ; voir D. 2010-1582 du 17 déc. 2010, JO 18, pour outre-mer)*** « directeur régional des entreprises, de la concurrence, de la consommation, du travail et de l'emploi ». Cette transmission est accompagnée des éventuelles observations formulées par l'organe de contrôle.

Il adresse les mêmes documents au médecin inspecteur du travail.

Art. D. 4624-45. Dans les entreprises ou établissements de plus de 300 salariés, le médecin du travail établit un rapport annuel d'activité propre à l'entreprise. Ce rapport est transmis exclusivement au comité d'entreprise dans les conditions prévues à l'article D. 4624-44, ainsi qu'au comité d'hygiène, de sécurité et des conditions de travail.

Il en est de même dans les autres entreprises ou établissements lorsque le comité intéressé en fait la demande.

Sous-section 4. **Dossier médical et fiches médicales d'aptitude**

Art. D. 4624-46. Au moment de la visite d'embauche, le médecin du travail constitue un dossier médical qu'il ne peut communiquer qu'au médecin inspecteur du travail, ou, à la demande de l'intéressé, au médecin de son choix.

Ce dossier est complété après chaque examen médical ultérieur.

Le modèle du dossier médical, la durée et les conditions de sa conservation sont fixés par arrêté du ministre chargé du travail.

Note

• Jusqu'à l'intervention des arrêtés prévus par les articles D. 4624-46 et 49, restent en vigueur les arrêtés antérieurs relatifs aux dossiers médicaux et aux fiches d'aptitude (arrêtés des 23 et 24 juin 1970, JO 12 sept.).

• Le médecin du travail, qui paralyse par son attitude le fonctionnement du service de santé au travail et refuse que les dossiers des salariés soient mis, après son licenciement, à la disposition d'un autre médecin du travail, lié lui-même par le secret médical, commet une voie de fait génératrice d'un trouble manifestement illicite (cass. soc. 20 février 1986, n° 83-41.671, BC V n° 30 ; *Dr. Soc.* 1986, p. 792).

• En vertu des articles 9 c. civ., 4 et 96 du code de déontologie des médecins issu du décret 95-1000 du 6 septembre 1995 et R. 241-56 [D. 4624-46] CT, le dossier médical d'un salarié, couvert par le secret médical qui s'impose au médecin qui le tient, ne peut en aucun cas être communiqué à son employeur. Ce dernier ne peut, dès lors, se voir reprocher de ne pas avoir accompagné le dossier de reclassement d'une salariée des informations tirées de son dossier médical (cass. soc. 10 juillet 2002, n° 00-40.209, BC V n° 251 ; *RJS* 10/02 n° 1138 ; *Dr. Soc.* 2002, p. 1010, obs. J. Savatier ; *JSL* n° 112, 26 novembre 2002, p. 25).

Art. D. 4624-47. À l'issue de chacun des examens médicaux prévus à la section ***(D. 2009-289 du 13 mars 2009, JO 15)*** « 2 », le médecin du travail établit une fiche médicale d'aptitude en double exemplaire.

Il en remet un exemplaire au salarié et transmet l'autre à l'employeur, qui le conserve pour être présenté à tout moment, sur leur demande, à l'inspecteur du travail et au médecin inspecteur du travail.

(D. 2010-244 du 9 mars 2010, JO 11) « Lorsque le médecin du travail constate que l'inaptitude du salarié est susceptible d'être en lien avec un accident ou une maladie d'origine professionnelle, il remet à ce dernier le formulaire de demande prévu à l'article D. 433-3 du code de la sécurité sociale. »

Note • Les dispositions du décret 2010-244 du 9 mars 2010 (JO 11) sont applicables aux victimes déclarées inaptes, conformément aux dispositions de l'article R. 4624-31 CT, à compter du 01.07.2010.

• La fiche d'aptitude transmise à l'employeur ne doit comporter qu'un avis général sur l'aptitude du salarié à prendre, poursuivre ou reprendre le travail envisagé (ou qui est le sien) et l'indication éventuelle des postes auxquels il ne doit pas être affecté et de ceux qui lui conviendraient le mieux ; l'indication de l'état de grossesse d'une postulante à un emploi ne doit pas figurer sur une telle fiche (rép. QE 1192, JO AN 23 mai 1970, p. 1920).

Art. D. 4624-48. Lorsque le salarié en fait la demande ou lorsqu'il quitte l'entreprise, le médecin du travail établit une fiche médicale en double exemplaire.

Il en remet un exemplaire au salarié et conserve le second dans le dossier médical de l'intéressé.

Note La fiche médicale remise par le médecin du travail au salarié lors de son départ doit au moins mentionner l'identification du travailleur, la date d'entrée dans l'entreprise, le dernier poste de travail occupé, la date du dernier examen clinique et la conclusion d'aptitude, l'adresse du service médical et le nom du médecin du travail ayant établi la fiche. Le contenu de cette fiche fixé par arrêté du 23 juin 1970 est appelé à être prochainement modifié dans le cadre de la réflexion engagée sur la connaissance des expositions à des risques de maladies professionnelles et le suivi médical post-professionnel. Cette fiche médicale étant peu utilisée, les médecins inspecteurs régionaux du travail et de la main-d'œuvre ont pour mission d'informer et de sensibiliser les médecins du travail sur son importance (rép. QE 28667, JO AN 20 septembre 1999, p. 5510).

Art. D. 4624-49. Le modèle de la fiche d'aptitude et des fiches médicales est fixé par arrêté du ministre chargé du travail.

SECTION 4. Recherches, études et enquêtes

Art. D. 4624-50. Le médecin du travail peut participer, notamment en liaison avec le médecin inspecteur du travail, à toutes recherches, études et enquêtes, en particulier à caractère épidémiologique, entrant dans le cadre de ses missions.

(D. 2012-135 du 30 janv. 2012, JO 31, entrée en vigueur le 01.07.2012)

Note Ce chapitre IV « Actions et moyens des membres de l'équipe pluridisciplinaire de santé au travail » de la partie réglementaire remplace, **à compter du 01.07.2012**, le chapitre IV figurant ci-dessus.

SECTION 1. Actions sur le milieu de travail

Art. R. 4624-1. *Les actions sur le milieu de travail s'inscrivent dans la mission des services de santé au travail définie à l'article L. 4622-2. Elles comprennent notamment :*

1° La visite des lieux de travail ;

2° L'étude de postes en vue de l'amélioration des conditions de travail, de leur adaptation dans certaines situations ou du maintien dans l'emploi ;

3° L'identification et l'analyse des risques professionnels ;

4° L'élaboration et la mise à jour de la fiche d'entreprise ;

5° La délivrance de conseils en matière d'organisation des secours et des services d'urgence ;

6° La participation aux réunions du comité d'hygiène, de sécurité et des conditions de travail ;

7° La réalisation de mesures métrologiques ;

8° L'animation de campagnes d'information et de sensibilisation aux questions de santé publique en rapport avec l'activité professionnelle ;

9° Les enquêtes épidémiologiques ;

10° La formation aux risques spécifiques ;
11° L'étude de toute nouvelle technique de production ;
12° L'élaboration des actions de formation à la sécurité prévues à l'article L. 4141-2 et à celle des secouristes.

Art. R. 4624-2. *Les actions sur le milieu de travail sont menées :*
1° Dans les entreprises disposant d'un service autonome de médecine du travail, par le médecin du travail, en collaboration avec les services chargés des activités de protection des salariés et de prévention des risques professionnels dans l'entreprise ;
2° Dans les entreprises adhérant à un service de santé au travail interentreprises, par l'équipe pluridisciplinaire de santé au travail, sous la conduite du médecin du travail et dans le cadre des objectifs fixés par le projet pluriannuel prévu à l'article L. 4622-14.

Art. R. 4624-3. *Le médecin du travail a libre accès aux lieux de travail.*

Il y réalise des visites soit à son initiative, soit à la demande de l'employeur ou du comité d'hygiène, de sécurité et des conditions de travail ou, à défaut, des délégués du personnel.

Art. R. 4624-4. *L'employeur ou le président du service interentreprises prend toutes mesures pour permettre au médecin du travail de consacrer à ses missions en milieu de travail le tiers de son temps de travail, dans le cadre des actions mentionnées à l'article R. 4624-1.*

Ce temps comporte au moins cent cinquante demi-journées de travail effectif chaque année, pour un médecin à plein temps. Pour un médecin à temps partiel, cette obligation est calculée proportionnellement à son temps de travail.

Art. R. 4624-4. *Afin d'éviter toute altération de la santé des travailleurs du fait de leur travail, le médecin du travail ou, dans les services de santé au travail interentreprises, l'équipe pluridisciplinaire est informé :*
1° De la nature et de la composition des produits utilisés ainsi que de leurs modalités d'emploi. L'employeur transmet notamment au médecin du travail les fiches de données de sécurité délivrées par le fournisseur de ces produits ;
2° Des résultats de toutes les mesures et analyses réalisées dans les domaines mentionnés à l'article R. 4623-1.

Note — Du fait d'une erreur de numérotation, deux articles «R. 4624-4» figurent dans le décret 2012-135 du 30 janvier 2012.

Art. R. 4624-5. *Le médecin du travail ou, dans les services de santé au travail interentreprises, l'équipe pluridisciplinaire a accès à tous les documents non nominatifs rendus obligatoires par la présente partie.*

Ce droit d'accès s'exerce dans des conditions garantissant le caractère confidentiel des données ainsi que la protection des informations mentionnées à l'article R. 4624-9.

Art. R. 4624-6. *L'employeur prend en considération les avis présentés par le médecin du travail sur l'application des dispositions relatives à l'emploi des travailleurs handicapés. Il lui fait connaître les motifs qui s'opposent à ce qu'il y soit donné suite.*

En cas de difficulté ou de désaccord, la décision est prise par l'inspecteur du travail, après avis du médecin inspecteur du travail.

Art. R. 4624-7. *Dans l'exercice de ses fonctions, le médecin du travail peut, aux frais de l'employeur, réaliser ou faire réaliser des prélèvements et des mesures aux fins d'analyses. Il peut également faire procéder à des analyses ou mesures qu'il estime nécessaires par un organisme habilité. En cas de désaccord entre l'employeur et le médecin du travail, la décision est prise par l'inspecteur du travail, après avis du médecin inspecteur du travail.*
Le médecin du travail avertit l'employeur, qui informe les travailleurs concernés ainsi que le comité d'hygiène, de sécurité et des conditions de travail, des risques éventuels et des moyens de protection dont il doit être fait usage.

Art. R. 4624-8. *Le médecin du travail communique à l'employeur les rapports et les résultats des études menées par lui ou, dans les services de santé au travail interentreprises, l'équipe pluridisciplinaire, dans le cadre de son action en milieu de travail. L'employeur porte ces rapports et résultats à la connaissance du comité d'hygiène, de sécurité et des conditions de travail ou, à défaut, des délégués du personnel. Il les tient à disposition du médecin inspecteur du travail.*

Art. R. 4624-9. *Il est interdit au médecin du travail et, dans les services de santé au travail interentreprises, aux autres membres de l'équipe pluridisciplinaire, de révéler les secrets de fabrication et les procédés d'exploitation dont il pourrait prendre connaissance dans l'exercice de ses fonctions.*

La méconnaissance de ces interdictions est punie conformément à l'article 226-13 du code pénal.

SECTION 2. Suivi individuel de l'état de santé du salarié

Sous-section 1. Examen d'embauche

Art. R. 4624-10. *Le salarié bénéficie d'un examen médical avant l'embauche ou au plus tard avant l'expiration de la période d'essai par le médecin du travail.*

Les salariés soumis à une surveillance médicale renforcée en application des dispositions de l'article R. 4624-18 ainsi que ceux qui exercent l'une des fonctions mentionnées à l'article L. 6511-1 du code des transports bénéficient de cet examen avant leur embauche.

Art. R. 4624-11. *L'examen médical d'embauche a pour finalité :*

1° De s'assurer que le salarié est médicalement apte au poste de travail auquel l'employeur envisage de l'affecter ;

2° De proposer éventuellement les adaptations du poste ou l'affectation à d'autres postes ;

3° De rechercher si le salarié n'est pas atteint d'une affection dangereuse pour les autres travailleurs ;

4° D'informer le salarié sur les risques des expositions au poste de travail et le suivi médical nécessaire ;

5° De sensibiliser le salarié sur les moyens de prévention à mettre en œuvre.

Art. R. 4624-12. *Sauf si le médecin du travail l'estime nécessaire ou lorsque le salarié en fait la demande, un nouvel examen médical d'embauche n'est pas obligatoire lorsque les conditions suivantes sont réunies :*

1° Le salarié est appelé à occuper un emploi identique présentant les mêmes risques d'exposition ;

2° Le médecin du travail intéressé est en possession de la fiche d'aptitude établie en application de l'article R. 4624-47 ;

3° Aucune inaptitude n'a été reconnue lors du dernier examen médical intervenu au cours :

a) Soit des vingt-quatre mois précédents lorsque le salarié est à nouveau embauché par le même employeur ;

b) Soit des douze derniers mois lorsque le salarié change d'entreprise.

Art. R. 4624-13. *La dispense d'examen médical d'embauche n'est pas applicable :*

1° Aux salariés bénéficiant d'une surveillance médicale intéressant certaines professions ou certains modes de travail en application du 3° de l'article L. 4111-6 ;

2° Aux salariés relevant d'une surveillance médicale renforcée en application des dispositions de l'article R. 4624-18.

Art. R. 4624-14. *Un seul examen médical d'embauche est réalisé en cas de pluralité d'employeurs, sous réserve que ceux-ci aient conclu un accord entre employeurs ou soient couverts par un accord collectif de branche prévoyant notamment les modalités de répartition de la charge financière de la surveillance médicale.*

Art. R. 4624-15. *Lorsqu'une entreprise foraine est appelée à embaucher un salarié lors de son passage dans une localité éloignée d'un centre d'examen du service de santé au travail auquel elle est affiliée, l'examen d'embauche peut avoir lieu lors du prochain passage dans une localité où fonctionne un de ces centres.*

Lorsque le salarié ainsi embauché est âgé de moins de dix-huit ans, il est muni d'une attestation d'aptitude à la profession exercée, remise après examen médical passé dans un service médical de main-d'œuvre. Cette attestation est conservée par l'employeur.

Sous-section 2. Examens périodiques

Art. R. 4624-16. Le salarié bénéficie d'examens médicaux périodiques, au moins tous les vingt-quatre mois, par le médecin du travail. Ces examens médicaux ont pour finalité de s'assurer du maintien de l'aptitude médicale du salarié au poste de travail occupé et de l'informer sur les conséquences médicales des expositions au poste de travail et du suivi médical nécessaire.

Sous réserve d'assurer un suivi adéquat de la santé du salarié, l'agrément du service de santé au travail peut prévoir une périodicité excédant vingt-quatre mois lorsque sont mis en place des entretiens infirmiers et des actions pluridisciplinaires annuelles, et, lorsqu'elles existent, en tenant compte des recommandations de bonnes pratiques existantes.

Art. R. 4624-17. Indépendamment des examens périodiques, le salarié bénéficie d'un examen par le médecin du travail à la demande de l'employeur ou à sa demande.

La demande du salarié ne peut motiver aucune sanction.

Sous-section 3. Surveillance médicale renforcée

Art. R. 4624-18. Bénéficient d'une surveillance médicale renforcée :

1° Les travailleurs âgés de moins de dix-huit ans ;

2° Les femmes enceintes ;

3° Les salariés exposés :

a) À l'amiante ;

b) Aux rayonnements ionisants ;

c) Au plomb dans les conditions prévues à l'article R. 4412-160 ;

d) Au risque hyperbare ;

e) Au bruit dans les conditions prévues au 2° de l'article R. 4434-7 ;

f) Aux vibrations dans les conditions prévues à l'article R. 4443-2 ;

g) Aux agents biologiques des groupes 3 et 4 ;

h) Aux agents cancérogènes, mutagènes ou toxiques pour la reproduction de catégories 1 et 2 ;

4° Les travailleurs handicapés.

Art. R. 4624-19. Sous réserve de la périodicité des examens prévue aux articles R. 4624-16 et R. 4451-84, le médecin du travail est juge des modalités de la surveillance médicale renforcée, en tenant compte des recommandations de bonnes pratiques existantes.

Cette surveillance comprend au moins un ou des examens de nature médicale selon une périodicité n'excédant pas vingt-quatre mois.

Sous-section 4. Examens de préreprise et de reprise du travail

Art. R. 4624-20. En vue de favoriser le maintien dans l'emploi des salariés en arrêt de travail d'une durée de plus de trois mois, une visite de préreprise est organisée par le médecin du travail à l'initiative du médecin traitant, du médecin conseil des organismes de sécurité sociale ou du salarié.

Art. R. 4624-21. Au cours de l'examen de préreprise, le médecin du travail peut recommander :

1° Des aménagements et adaptations du poste de travail ;

2° Des préconisations de reclassement ;

3° Des formations professionnelles à organiser en vue de faciliter le reclassement du salarié ou sa réorientation professionnelle.

À cet effet, il s'appuie sur le service social du travail du service de santé au travail interentreprises ou sur celui de l'entreprise.

Sauf opposition du salarié, il informe l'employeur et le médecin conseil de ces recommandations afin que toutes les mesures soient mises en œuvre en vue de favoriser le maintien dans l'emploi du salarié.

Art. R. 4624-22. Le salarié bénéficie d'un examen de reprise du travail par le médecin du travail :

1° Après un congé de maternité ;

2° Après une absence pour cause de maladie professionnelle ;

3° Après une absence d'au moins trente jours pour cause d'accident du travail, de maladie ou d'accident non professionnel.

Art. R. 4624-23. L'examen de reprise a pour objet :

1° De délivrer l'avis d'aptitude médicale du salarié à reprendre son poste ;

2° De préconiser l'aménagement, l'adaptation du poste ou le reclassement du salarié ;

3° D'examiner les propositions d'aménagement, d'adaptation du poste ou de reclassement faites par l'employeur à la suite des préconisations émises par le médecin du travail lors de la visite de préreprise.

Dès que l'employeur a connaissance de la date de la fin de l'arrêt de travail, il saisit le service de santé au travail qui organise l'examen de reprise dans un délai de huit jours à compter de la reprise du travail par le salarié.

Art. R. 4624-24. Le médecin du travail est informé de tout arrêt de travail d'une durée inférieure à trente jours pour cause d'accident du travail afin de pouvoir apprécier, notamment, l'opportunité d'un nouvel examen médical et, avec l'équipe pluridisciplinaire, de préconiser des mesures de prévention des risques professionnels.

Sous-section 5. Examens complémentaires

Art. R. 4624-25. Le médecin du travail peut prescrire les examens complémentaires nécessaires :

1° À la détermination de l'aptitude médicale du salarié au poste de travail, notamment au dépistage des affections comportant une contre-indication à ce poste de travail ;

2° Au dépistage d'une maladie professionnelle ou à caractère professionnel susceptible de résulter de l'activité professionnelle du salarié ;

3° Au dépistage des maladies dangereuses pour l'entourage du salarié.

Art. R. 4624-26. Les examens complémentaires sont à la charge de l'employeur lorsqu'il dispose d'un service autonome de santé au travail et du service de santé au travail interentreprises dans les autres cas.

Le médecin du travail choisit l'organisme chargé de pratiquer les examens.

Ils sont réalisés dans des conditions garantissant le respect de leur anonymat.

Art. R. 4624-27. En cas de désaccord entre l'employeur et le médecin du travail sur la nature et la fréquence de ces examens, la décision est prise par le médecin inspecteur du travail.

Sous-section 6. Déroulement des examens médicaux

Art. R. 4624-28. Le temps nécessité par les examens médicaux, y compris les examens complémentaires, est soit pris sur les heures de travail des salariés sans qu'aucune retenue de salaire puisse être opérée, soit rémunéré comme temps de travail normal lorsque ces examens ne peuvent avoir lieu pendant les heures de travail.

Le temps et les frais de transport nécessités par ces examens sont pris en charge par l'employeur.

Art. R. 4624-29. Dans les établissements industriels de 200 salariés et plus et dans les autres établissements de 500 salariés et plus, les examens médicaux sont réalisés dans l'établissement.

Des dérogations peuvent être accordées par l'inspecteur du travail après avis du médecin inspecteur du travail.

Art. R. 4624-30. Un arrêté du ministre chargé du travail détermine les caractéristiques auxquelles répondent les centres d'examens médicaux fixes ou mobiles et leurs équipements, en fonction de l'importance du service de santé au travail. Cet arrêté précise le matériel minimum nécessaire au médecin du travail pour l'exercice de ses missions.

Sous-section 7. Déclaration d'inaptitude

Art. R. 4624-31. Le médecin du travail ne peut constater l'inaptitude médicale du salarié à son poste de travail que s'il a réalisé :

1° Une étude de ce poste ;

2° Une étude des conditions de travail dans l'entreprise ;

3° Deux examens médicaux de l'intéressé espacés de deux semaines, accompagnés, le cas échéant, des examens complémentaires.

Lorsque le maintien du salarié à son poste de travail entraîne un danger immédiat pour sa santé ou sa sécurité ou celles des tiers ou lorsqu'un examen de préreprise a eu lieu dans un délai de trente jours au plus, l'avis d'inaptitude médicale peut être délivré en un seul examen.

Art. R. 4624-32. *Avant d'émettre son avis, le médecin du travail peut consulter le médecin inspecteur du travail.*

Art. R. 4624-33. *Les motifs de l'avis du médecin du travail sont consignés dans le dossier médical en santé au travail du salarié.*

Sous-section 8. Contestation des avis médicaux d'aptitude ou d'inaptitude

Art. R. 4624-34. *L'avis médical d'aptitude ou d'inaptitude mentionne les délais et voies de recours.*

Art. R. 4624-35. *En cas de contestation de cet avis médical par le salarié ou l'employeur, le recours est adressé dans un délai de deux mois, par lettre recommandée avec avis de réception, à l'inspecteur du travail dont relève l'entreprise. La demande énonce les motifs de la contestation.*

Art. R. 4624-36. *La décision de l'inspecteur du travail peut être contestée dans un délai de deux mois devant le ministre chargé du travail.*

SECTION 3. Documents et rapports

Sous-section 1. Fiche d'entreprise

Art. D. 4624-37. **(D. 2012-137 du 30 janv. 2012, JO 31, entrée en vigueur le 01.07.2012)** *Pour chaque entreprise ou établissement, le médecin du travail ou, dans les services de santé au travail interentreprises, l'équipe pluridisciplinaire établit et met à jour une fiche d'entreprise ou d'établissement sur laquelle figurent, notamment, les risques professionnels et les effectifs de salariés qui y sont exposés.*

Art. D. 4624-38. **(D. 2012-137 du 30 janv. 2012, JO 31, entrée en vigueur le 01.07.2012)** *Pour les entreprises adhérentes à un service de santé au travail interentreprises, la fiche d'entreprise est établie dans l'année qui suit l'adhésion de l'entreprise ou de l'établissement à ce service.*

Art. D. 4624-39. **(D. 2012-137 du 30 janv. 2012, JO 31, entrée en vigueur le 01.07.2012)** *La fiche d'entreprise est transmise à l'employeur.*

Elle est présentée au comité d'hygiène, de sécurité et des conditions de travail ou à défaut aux délégués du personnel en même temps que le bilan annuel prévu à l'article L. 4612-16.

Art. D. 4624-40. **(D. 2012-137 du 30 janv. 2012, JO 31, entrée en vigueur le 01.07.2012)** *La fiche d'entreprise est tenue à la disposition du directeur régional des entreprises, de la concurrence, de la consommation, du travail et de l'emploi et du médecin inspecteur du travail.*

Elle peut être consultée par les agents des services de prévention des organismes de sécurité sociale et par ceux des organismes professionnels de santé, de sécurité et des conditions de travail mentionnés à l'article L. 4643-1.

Art. D. 4624-41. **(D. 2012-137 du 30 janv. 2012, JO 31, entrée en vigueur le 01.07.2012)** *Le modèle de fiche d'entreprise est fixé par arrêté du ministre chargé du travail.*

Sous-section 2. Rapport annuel d'activité

Art. D. 4624-42. **(D. 2012-137 du 30 janv. 2012, JO 31, entrée en vigueur le 01.07.2012)** *Le médecin du travail établit un rapport annuel d'activité dans la forme prévue par un arrêté du ministre chargé du travail.*

Art. D. 4624-43. **(D. 2012-137 du 30 janv. 2012, JO 31, entrée en vigueur le 01.07.2012)** *Le rapport annuel d'activité est remis par le médecin du travail :*

1° Pour les services autonomes, au comité d'entreprise ou d'établissement compétent ;

2° Pour les services interentreprises, au conseil d'administration et, selon le cas, au comité interentreprises ou à la commission de contrôle.

Cette présentation intervient au plus tard à la fin du quatrième mois qui suit l'année pour laquelle le rapport a été établi.

Art. D. 4624-44. **(D. 2012-137 du 30 janv. 2012, JO 31, entrée en vigueur le 01.07.2012)** *L'employeur ou le président du service de santé au travail transmet, dans le délai d'un mois à compter de sa présentation devant l'organe compétent, un exemplaire du rapport annuel d'activité du médecin au directeur régional des entreprises, de la concurrence, de la consommation, du travail et de l'emploi et au médecin inspecteur du travail. Cette transmission est accompagnée des éventuelles observations formulées par l'organe de surveillance.*

Art. D. 4624-45. **(D. 2012-137 du 30 janv. 2012, JO 31, entrée en vigueur le 01.07.2012)** *Dans les entreprises ou établissements de plus de trois cents salariés, le médecin du travail établit un rapport annuel d'activité propre à l'entreprise. Ce rapport est transmis au comité d'entreprise dans les conditions prévues à l'article D. 4624-44 ainsi qu'au comité d'hygiène, de sécurité et des conditions de travail.*

Il en est de même dans les autres entreprises ou établissements lorsque le comité intéressé en fait la demande.

Sous-section 3. Dossier médical en santé au travail et fiches médicales d'aptitude

Art. D. 4624-46. **(D. 2012-137 du 30 janv. 2012, JO 31, entrée en vigueur le 01.07.2012)** *Au moment de la visite d'embauche, le médecin du travail constitue le dossier médical en santé au travail prévu par l'article L. 4624-2. Le dossier médical, la durée et les conditions de sa conservation répondent aux exigences du code de la santé publique.*

Art. R. 4624-47. *À l'issue de chacun des examens médicaux prévus à la section 2, le médecin du travail établit une fiche médicale d'aptitude en double exemplaire.*

Il en remet un exemplaire au salarié et transmet l'autre à l'employeur, qui le conserve pour être présenté à tout moment, sur leur demande, à l'inspecteur du travail et au médecin inspecteur du travail.

Lorsque le médecin du travail constate que l'inaptitude du salarié est susceptible d'être en lien avec un accident ou une maladie d'origine professionnelle, il remet à ce dernier le formulaire de demande prévu à l'article D. 433-3 du code de la sécurité sociale.

Art. R. 4624-48. *Lorsque le salarié en fait la demande ou lorsqu'il quitte l'entreprise, le médecin du travail établit une fiche médicale en double exemplaire.*

Il en remet un exemplaire au salarié et conserve le second dans le dossier médical de l'intéressé.

Art. R. 4624-49. *Le modèle de la fiche d'aptitude et des fiches médicales est fixé par arrêté du ministre chargé du travail.*

SECTION 4. Recherches, études et enquêtes

Art. D. 4624-50. **(D. 2012-137 du 30 janv. 2012, JO 31, entrée en vigueur le 01.07.2012)** *Le médecin du travail participe, notamment en liaison avec le médecin inspecteur du travail, à toutes recherches, études et enquêtes, en particulier à caractère épidémiologique, entrant dans le cadre de ses missions.*

CHAPITRE V

Surveillance médicale *(L. 2011-867 du 20 juil. 2011, art. 14, JO 24)* « de catégories particulières de travailleurs »

Art. L. 4625-1. *(L. 2011-867 du 20 juil. 2011, art. 14, JO 24)* Un décret détermine les règles relatives à l'organisation, au choix et au financement du service de santé au travail ainsi qu'aux modalités de surveillance de l'état de santé des travailleurs applicables aux catégories de travailleurs suivantes :

1° Salariés temporaires ;

2° Stagiaires de la formation professionnelle ;

3° Travailleurs des associations intermédiaires ;

4° Travailleurs exécutant habituellement leur contrat de travail dans une entreprise autre que celle de leur employeur ;

5° Travailleurs éloignés exécutant habituellement leur contrat de travail dans un département différent de celui où se trouve l'établissement qui les emploie ;

6° Travailleurs détachés temporairement par une entreprise non établie en France ;

7° Travailleurs saisonniers.

Ces travailleurs bénéficient d'une protection égale à celle des autres travailleurs.

Des règles et modalités de surveillance adaptées ne peuvent avoir pour effet de modifier la périodicité des examens médicaux définie par le présent code.

Des règles adaptées relatives à l'organisation du service de santé au travail ne peuvent avoir pour effet de modifier les modalités de composition et de fonctionnement du conseil d'administration prévues à l'article L. 4622-11.

Pour tenir compte de spécificités locales en matière de recours à des travailleurs saisonniers, l'autorité administrative peut approuver des accords adaptant les modalités définies par décret sous réserve que ces adaptations garantissent un niveau au moins équivalent de protection de la santé aux travailleurs concernés.

Art. L. 4625-2. *(L. 2011-867 du 20 juil. 2011, art. 10, JO 24)* Un accord collectif de branche étendu peut prévoir des dérogations aux règles relatives à l'organisation et au choix du service de santé au travail ainsi qu'aux modalités de surveillance de l'état de santé des travailleurs dès lors que ces dérogations n'ont pas pour effet de modifier la périodicité des examens médicaux définie par le présent code.

Ces dérogations concernent les catégories de travailleurs suivantes :

1° Artistes et techniciens intermittents du spectacle ;

2° Mannequins ;

3° Salariés du particulier employeur ;

4° Voyageurs, représentants et placiers.

L'accord collectif de branche étendu après avis du Conseil national de l'ordre des médecins peut prévoir que le suivi médical des salariés du particulier employeur et des mannequins soit effectué par des médecins non spécialisés en médecine du travail qui signent un protocole avec un service de santé au travail interentreprises. Ces protocoles prévoient les garanties en termes de formation des médecins non spécialistes, les modalités de leur exercice au sein du service de santé au travail ainsi que l'incompatibilité entre la fonction de médecin de soin du travailleur ou de l'employeur et le suivi médical du travailleur prévu par le protocole. Ces dispositions ne font pas obstacle à l'application de l'article L. 1133-3.

En cas de difficulté ou de désaccord avec les avis délivrés par les médecins mentionnés au septième alinéa du présent article, l'employeur ou le travailleur peut solliciter un examen médical auprès d'un médecin du travail appartenant au service de santé au travail interentreprises ayant signé le protocole.

Note • En l'absence d'accord étendu dans un délai de douze mois à compter de la date de promulgation de la loi 2011-867 du 20 juillet 2011 (JO 24), un décret en Conseil d'État pris après avis du Conseil national de l'ordre des médecins détermine les règles applicables à ces catégories de travailleurs.

Le Gouvernement remet au Parlement un rapport sur l'évaluation du recours à des médecins non spécialisés en médecine du travail prévu à l'article L. 4625-2 CT, dans un délai de trois ans après l'entrée en vigueur de la loi 2011-867 précitée.

• Cet article ne s'applique pas aux VRP des exploitations, entreprises et établissements agricoles (art. L. 717-1 du code rural et de la pêche maritime).

[Dispositions réglementaires]

Note Ce chapitre V « Surveillance médicale de catégories particulières de travailleurs » de la partie réglementaire est remplacé, **à compter du 01.07.2012**, par le chapitre V figurant à la suite en italique (après l'article D. 4625-21).

SECTION 1. Champ d'application

Art. D. 4625-1. Les dispositions des chapitres premier à IV sont applicables à la surveillance médicale des salariés temporaires, sous réserve des modalités particulières prévues par le présent chapitre.

Note • Voir circulaire ministérielle 92/5 du 17 février 1992 modifiée par circulaire DRT 03 du 7 avril 2005 relative à la réforme de la médecine du travail, précitée.

• Voir directive 91/383/CEE du 25 juin 1991 complétant les mesures visant à promouvoir l'amélioration de la sécurité et de la santé au travail des travailleurs ayant une relation de travail à durée déterminée ou une relation de travail intérimaire (JOCE L 206 du 29 juillet 1991 ; « Code annoté européen du travail », *Groupe Revue Fiduciaire*, éd. 2010, p. 656).

• Voir aussi L. Casaux, « La médecine du travail des salariés temporaires », *Dr. Soc.* 1994, p. 943 ; S. Douay et S. Fantoni-Quinton, « Le suivi médical des travailleurs intérimaires. Brèves remarques sur son devenir », *Dr. Soc.* 2004, n° 6, p. 636.

SECTION 2. Agrément du service de santé au travail et secteur médical

Sous-section 1. Agrément du service de santé au travail

Art. D. 4625-2. Pour les entreprises de travail temporaire, les demandes d'agrément et de renouvellement des services de santé au travail sont accompagnées d'un dossier spécifique dont les éléments sont fixés par arrêté du ministre chargé du travail.

Note Un arrêté du 14 octobre 1991 (JO 13 nov.) a fixé la composition des dossiers de demande d'approbation de compétence et de demande d'agrément des services médicaux chargés de la médecine du travail des salariés temporaires.

Art. D. 4625-3. L'agrément du service de santé au travail est notamment subordonné à la condition que ce dernier s'engage à participer au fichier commun prévu par l'article D. 4625-17.

Art. D. 4625-4. Pour l'application des dispositions relatives à l'affectation des médecins du travail prévues aux articles R. 4623-9 à R. 4623-11, chaque salarié temporaire est compté pour une unité dans l'effectif de l'entreprise de travail temporaire qui l'emploie, dès sa première mise à disposition d'une entreprise utilisatrice, quels que soient le nombre et la durée des missions réalisées dans l'année.

Sous-section 2. Secteur médical

Art. D. 4625-5. Les services de santé au travail interentreprises habilités à exercer les missions de santé au travail pour les salariés temporaires constituent un secteur médical à compétence géographique propre réservé à ces salariés.

Art. D. 4625-6. Le secteur médical institué dans les services de santé au travail interentreprises n'est pas soumis à l'obligation prévue à l'article D. 4622-34 de créer au moins un centre médical fixe.

Lorsqu'aucun centre médical fixe n'est créé, le secteur médical est rattaché au centre d'un autre secteur du même service.

Art. D. 4625-7. Dans les services de santé au travail interentreprises, l'affectation d'un médecin du travail au secteur médical chargé des salariés temporaires ne peut être faite à titre exclusif. Une dérogation peut être accordée après avis du médecin inspecteur du travail par le ***(D. 2009-1377 du 10 nov. 2009, JO 13 ; D. 2010-687 du 24 juin 2010, JO 25 ; voir D. 2010-1582 du 17 déc. 2010, JO 18, pour outre-mer)*** « directeur régional des entreprises, de la concurrence, de la consommation, du travail et de l'emploi », lorsque les caractéristiques particulières du secteur médical l'exigent.

SECTION 3. Action du médecin du travail

Sous-section 1. Action sur le milieu de travail

Art. R. 4625-8. Les conditions dans lesquelles le médecin de l'entreprise de travail temporaire a accès aux postes de travail utilisés ou susceptibles d'être utilisés par des salariés temporaires sont fixées entre l'entreprise utilisatrice et l'entreprise de travail temporaire, après avis des médecins du travail intéressés.

Sous-section 2. Examens médicaux

Art. R. 4625-9. L'examen médical d'embauche prévu à l'article R. 4624-10 est réalisé par le médecin du travail de l'entreprise de travail temporaire.

L'examen peut avoir pour finalité de rechercher si le salarié est médicalement apte à exercer plusieurs emplois, dans la limite de trois.

Art. R. 4625-10. Le médecin du travail de l'entreprise de travail temporaire peut ne pas réaliser un nouvel examen d'embauche avant une nouvelle mission si les conditions suivantes sont réunies :

1° Le salarié ne demande pas un nouvel examen et le médecin n'estime pas celui-ci nécessaire, notamment au vu des informations relatives aux caractéristiques particulières du poste mentionnées au 4° de l'article L. 1251-43 et des informations mentionnées aux articles D. 4625-19 et suivants ;

2° Le médecin a pris connaissance de la fiche médicale d'aptitude établie en application de l'article D. 4624-47 :

a) Soit pour le compte de la même entreprise de travail temporaire,

b) Soit pour le compte d'une autre entreprise de travail temporaire ;

3° L'aptitude médicale ou l'une des aptitudes reconnues lors de l'examen médical d'embauche réalisé à l'occasion d'une mission précédente correspondent aux caractéristiques particulières du poste et aux informations mentionnées aux articles D. 4625-19 et suivants ;

4° Aucune inaptitude n'a été reconnue lors du dernier examen médical intervenu soit au cours des douze mois qui précèdent, si le travailleur est mis à disposition par la même entreprise de travail temporaire, soit au cours des six mois qui précèdent dans le cas d'un changement d'entreprise de travail temporaire.

Art. R. 4625-11. Lorsqu'un décret intéressant certaines professions, certains modes de travail ou certains risques pris en application au 3° de l'article L. 4111-6 prévoit la réalisation d'examens obligatoires destinés à vérifier l'absence de contre-indication au poste de travail, notamment avant l'affectation, ces examens sont réalisés par le médecin du travail de l'entreprise utilisatrice, qui se prononce sur l'existence ou l'absence de contre-indication.

Art. R. 4625-12. Les examens complémentaires pratiqués au titre de la surveillance médicale renforcée sont réalisés par le médecin du travail de l'entreprise utilisatrice qui se prononce, éventuellement, sur l'aptitude médicale du salarié à occuper le poste de travail.

Le médecin du travail de l'entreprise de travail temporaire est informé du résultat de ces examens.

SECTION 4. Documents et rapports

Art. D. 4625-13. Dans les entreprises de travail temporaire, le document prévu à l'article D. 4622-65 comporte des indications particulières, fixées par arrêté du ministre chargé du travail.

Note Un arrêté du 15 octobre 1991 (JO 9 nov.) précise les indications qui doivent figurer dans le document prévu par l'article D. 4622-65.

Art. D. 4625-14. Le rapport annuel relatif à l'organisation, le [au] fonctionnement et à la gestion financière du service de santé au travail et les rapports d'activité du médecin du travail comportent des éléments particuliers consacrés à la surveillance médicale des salariés temporaires.

Art. D. 4625-15. Pour l'établissement de la fiche d'entreprise, il n'est pas tenu compte des salariés temporaires.

SECTION 5. **Dossier médical et fichier commun**

Art. D. 4625-16. Le médecin du travail de l'entreprise de travail temporaire constitue, complète et conserve le dossier médical prévu à l'article D. 4624-46.

Art. D. 4625-17. Dans la zone géographique déterminée, selon le cas, par le ou les ***(D. 2009-1377 du 10 nov. 2009, JO 13 ; D. 2010-687 du 24 juin 2010, JO 25 ; voir D. 2010-1582 du 17 déc. 2010, JO 18, pour outre-mer)*** « directeurs régionaux des entreprises, de la concurrence, de la consommation, du travail et de l'emploi », après avis du ou des médecins inspecteurs du travail, lorsqu'il existe plusieurs services de santé au travail qui sollicitent un agrément pour assurer les missions de la médecine du travail des salariés temporaires, ces services constituent un fichier commun.

Ce fichier a pour finalité le regroupement des fiches d'aptitude médicale de ces salariés.

Art. D. 4625-18. Les entreprises qui adhèrent aux services de santé au travail assurant les missions de la médecine du travail des salariés temporaires ne peuvent accéder qu'aux informations attestant l'aptitude du salarié à un ou plusieurs emplois.

SECTION 6. **Communication d'informations entre entreprises de travail temporaire et entreprises utilisatrices**

Art. D. 4625-19. Lors de la signature du contrat de mise à disposition, l'entreprise de travail temporaire et l'entreprise utilisatrice se communiquent l'identité de leur service de santé au travail.

L'entreprise utilisatrice indique à l'entreprise de travail temporaire si le poste de travail occupé par le salarié comporte :

1° Des travaux mentionnés par les décrets pris en application du 3° de l'article L. 4111-6 relatif à certaines professions ou certains modes de travail ;

2° Des travaux soumis à surveillance médicale renforcée.

Les médecins du travail de l'entreprise de travail temporaire et de l'entreprise utilisatrice sont également informés.

Art. D. 4625-20. Les informations nécessaires à l'exercice des missions de médecine du travail au bénéfice des salariés temporaires sont communiquées par l'entreprise de travail temporaire à l'entreprise utilisatrice et aux autres entreprises de travail temporaire intéressées.

Art. D. 4625-21. Le médecin du travail de l'entreprise utilisatrice et le médecin du travail de l'entreprise de travail temporaire échangent les renseignements nécessaires à l'accomplissement de leur mission.

(D. 2012-135 du 30 janv. 2012, JO 31, entrée en vigueur le 01.07.2012)

Note Ce chapitre V « Surveillance médicale de catégories particulières de travailleurs » remplace, **à compter du 01.07.2012**, le chapitre V figurant ci-dessus.

SECTION 1. ***Travailleur temporaire***

Sous-section 1. ***Champ d'application***

Art. D. 4625-1. **(D. 2012-137 du 30 janv. 2012, JO 31, entrée en vigueur le 01.07.2012)** *Les dispositions des chapitres Ier à IV sont applicables à la surveillance médicale des salariés temporaires, sous réserve des modalités particulières prévues par le présent chapitre.*

Sous-section 2. **Agrément du service de santé au travail et secteur**

§ 1. Agrément du service de santé au travail

Art. D. 4625-2. **(D. 2012-137 du 30 janv. 2012, JO 31, entrée en vigueur le 01.07.2012)** *Pour les entreprises de travail temporaire, la demande d'agrément et de renouvellement des services de santé au travail est accompagnée d'un dossier spécifique dont les éléments sont fixés par arrêté du ministre chargé du travail.*

Art. D. 4625-3. **(D. 2012-137 du 30 janv. 2012, JO 31, entrée en vigueur le 01.07.2012)** *L'agrément du service de santé au travail est notamment subordonné à la condition que ce dernier s'engage à participer au fichier commun prévu par l'article D. 4625-17.*

Art. D. 4625-4. **(D. 2012-137 du 30 janv. 2012, JO 31, entrée en vigueur le 01.07.2012)** *Pour l'application des dispositions relatives à la nomination et à l'affectation des médecins du travail, chaque salarié temporaire est compté pour une unité dans l'effectif de l'entreprise de travail temporaire qui l'emploie, dès sa première mise à disposition d'une entreprise utilisatrice, quels que soient le nombre et la durée des missions réalisées dans l'année.*

§ 2. Secteur

Art. D. 4625-5. **(D. 2012-137 du 30 janv. 2012, JO 31, entrée en vigueur le 01.07.2012)** *Le service de santé au travail interentreprises agréé pour exercer les missions de santé au travail pour les salariés temporaires constitue un secteur à compétence géographique propre réservé à ces salariés.*

Ce secteur peut être commun à plusieurs services de santé au travail interentreprises agréés pour exercer les missions de santé au travail pour les salariés temporaires.

Art. D. 4625-6. **(D. 2012-137 du 30 janv. 2012, JO 31, entrée en vigueur le 01.07.2012)** *Le secteur réservé aux salariés temporaires n'est pas soumis à l'obligation prévue à l'article D. 4622-27 de créer au moins un centre médical fixe.*

Lorsque aucun centre médical fixe n'est créé, ce secteur est rattaché au centre d'un autre secteur du même service.

Art. D. 4625-7. **(D. 2012-137 du 30 janv. 2012, JO 31, entrée en vigueur le 01.07.2012)** *L'affectation d'un médecin du travail au secteur réservé aux salariés temporaires ne peut être faite à titre exclusif. Une dérogation peut être accordée après avis du médecin inspecteur du travai par le directeur régional des entreprises, de la concurrence, de la consommation, du travail et de l'emploi, lorsque les caractéristiques particulières du secteur l'exigent.*

Sous-section 3. **Action du médecin du travail**

§ 1. Action sur le milieu de travail

Art. R. 4625-8. Les conditions dans lesquelles le médecin du travail de l'entreprise de travail temporaire a accès aux postes de travail utilisés ou susceptibles d'être utilisés par des salariés temporaires sont fixées entre l'entreprise utilisatrice et l'entreprise de travail temporaire, après avis des médecins du travail intéressés.

§ 2. Examens médicaux

Art. R. 4625-9. L'examen médical d'embauche prévu à l'article R. 4624-10 est réalisé par le médecin du travail de l'entreprise de travail temporaire.

L'examen peut avoir pour finalité de rechercher si le salarié est médicalement apte à exercer plusieurs emplois, dans la limite de trois.

Les entreprises de travail temporaire ont également la possibilité de s'adresser aux services suivants pour faire assurer l'examen médical d'embauche :

1° Un service interentreprises de santé au travail proche du lieu de travail du salarié temporaire ou professionnel ;

2° Le service autonome de l'entreprise utilisatrice auprès de laquelle est détaché le salarié temporaire.

Les entreprises de travail temporaire informent le médecin inspecteur régional du travail de leur intention de recourir à cette faculté.

Les entreprises de travail temporaire recourant à cette faculté communiquent au service de santé au travail concerné les coordonnées de leur service de médecine du travail habituel afin de faciliter l'échange d'informations entre les deux services dans le respect des obligations de confidentialité.

Art. R. 4625-10. *Sauf si le salarié le demande, le médecin du travail de l'entreprise de travail temporaire peut ne pas réaliser un nouvel examen d'embauche avant une nouvelle mission si les conditions suivantes sont réunies :*

1° Le médecin n'estime pas celui-ci nécessaire, notamment au vu des informations relatives aux caractéristiques particulières du poste mentionnées au 4° de l'article L. 1251-43 et des informations mentionnées aux articles D. 4625-19 et suivants ;

2° Le médecin a pris connaissance de la fiche médicale d'aptitude établie en application de l'article R. 4624-47 :

a) Soit pour le compte de la même entreprise de travail temporaire ;

b) Soit pour le compte d'une autre entreprise de travail temporaire ;

3° L'aptitude médicale ou l'une des aptitudes reconnues lors de l'examen médical d'embauche réalisé à l'occasion d'une mission précédente correspondent aux caractéristiques particulières du poste et aux informations mentionnées aux articles D. 4625-19 et suivants ;

4° Aucune inaptitude n'a été reconnue lors du dernier examen médical intervenu soit au cours des vingt-quatre mois qui précèdent, si le travailleur est mis à disposition par la même entreprise de travail temporaire, soit au cours des douze mois qui précèdent dans le cas d'un changement d'entreprise de travail temporaire.

Art. R. 4625-11. *Lorsqu'un décret intéressant certaines professions, certains modes de travail ou certains risques pris en application du 3° de l'article L. 4111-6 prévoit la réalisation d'examens obligatoires destinés à vérifier l'absence de contre-indication au poste de travail, notamment avant l'affectation, ces examens sont réalisés par le médecin du travail de l'entreprise utilisatrice, qui se prononce sur l'existence ou l'absence de contre-indication.*

Art. R. 4625-12. Les examens pratiqués au titre de la surveillance médicale renforcée sont réalisés par le médecin du travail de l'entreprise utilisatrice qui se prononce, éventuellement, sur l'aptitude médicale du salarié à occuper le poste de travail.

Le médecin du travail de l'entreprise de travail temporaire est informé du résultat de ces examens.

Sous-section 4. **Documents et rapports**

Art. D. 4625-13. **(D. 2012-137 du 30 janv. 2012, JO 31, entrée en vigueur le 01.07.2012)** *Dans les entreprises de travail temporaire, le document prévu à l'article D. 4622-22 comporte des indications particulières, fixées par arrêté du ministre chargé du travail.*

Art. D. 4625-14. **(D. 2012-137 du 30 janv. 2012, JO 31, entrée en vigueur le 01.07.2012)** *Le rapport annuel relatif à l'organisation, au fonctionnement et à la gestion financière du service de santé au travail et les rapports d'activité du médecin du travail comportent des éléments particuliers consacrés à la surveillance médicale des salariés temporaires.*

Art. D. 4625-15. **(D. 2012-137 du 30 janv. 2012, JO 31, entrée en vigueur le 01.07.2012)** *Pour l'établissement de la fiche d'entreprise, il n'est pas tenu compte des salariés temporaires.*

Sous-section 5. **Dossier médical et fichier commun**

Art. D. 4625-16. **(D. 2012-137 du 30 janv. 2012, JO 31, entrée en vigueur le 01.07.2012)** *Le médecin du travail de l'entreprise de travail temporaire constitue, complète et conserve le dossier médical en santé au travail prévu à l'article L. 4624-2.*

Art. D. 4625-17. **(D. 2012-137 du 30 janv. 2012, JO 31, entrée en vigueur le 01.07.2012)** *Dans la zone géographique déterminée, selon le cas, par le ou les directeurs régionaux des entreprises, de la* *concurrence, de la consommation, du travail et de l'emploi, après avis du ou des médecins inspecteurs du travail, lorsqu'il existe plusieurs services de santé au travail qui sollicitent un agrément pour assurer les missions de la médecine du travail des salariés temporaires, ces services constituent un fichier commun.*

Ce fichier a pour finalité le regroupement des fiches d'aptitude médicale de ces salariés.

Art. D. 4625-18. **(D. 2012-137 du 30 janv. 2012, JO 31, entrée en vigueur le 01.07.2012)** *Les entreprises qui adhèrent aux services de santé au travail assurant les missions de la médecine du travail des salariés temporaires ne peuvent accéder qu'aux informations attestant l'aptitude du salarié à un ou plusieurs emplois.*

Sous-section 6. ***Communication d'informations entre entreprises de travail temporaire et entreprises utilisatrices***

Art. D. 4625-19. **(D. 2012-137 du 30 janv. 2012, JO 31, entrée en vigueur le 01.07.2012)** *Lors de la signature du contrat de mise à disposition du salarié temporaire, l'entreprise de travail temporaire et l'entreprise utilisatrice se communiquent l'identité de leur service de santé au travail.*

L'entreprise utilisatrice indique à l'entreprise de travail temporaire si le poste de travail occupé par le salarié comporte :

1° Des travaux mentionnés par les décrets pris en application du 3° de l'article L. 4111-6 relatif à certaines professions ou certains modes de travail ;

2° Des travaux soumis à surveillance médicale renforcée.

Les médecins du travail de l'entreprise de travail temporaire et de l'entreprise utilisatrice sont également informés.

Art. D. 4625-20. **(D. 2012-137 du 30 janv. 2012, JO 31, entrée en vigueur le 01.07.2012)** *Les informations nécessaires à l'exercice des missions de médecine du travail au bénéfice des salariés temporaires sont communiquées par l'entreprise de travail temporaire à l'entreprise utilisatrice et aux autres entreprises de travail temporaire intéressées.*

Art. D. 4625-21. **(D. 2012-137 du 30 janv. 2012, JO 31, entrée en vigueur le 01.07.2012)** *Le médecin du travail de l'entreprise utilisatrice et le médecin du travail de l'entreprise de travail temporaire échangent les renseignements nécessaires à l'accomplissement de leur mission.*

SECTION 2. ***Salarié saisonnier***

Art. D. 4625-22. **(D. 2012-137 du 30 janv. 2012, JO 31, entrée en vigueur le 01.07.2012)** *Un examen médical d'embauche est obligatoire pour les salariés saisonniers recrutés pour une durée au moins égale à quarante-cinq jours de travail effectif sauf en ce qui concerne les salariés recrutés pour un emploi équivalent à ceux précédemment occupés si aucune inaptitude n'a été reconnue lors du dernier examen médical intervenu au cours des vingt-quatre mois précédents.*

Pour les salariés saisonniers recrutés pour une durée inférieure à quarante-cinq jours, le service de santé au travail organise des actions de formation et de prévention. Ces actions peuvent être communes à plusieurs entreprises.

Le comité d'hygiène, de sécurité et des conditions de travail est consulté sur ces actions. »

CHAPITRE VI

Services de santé au travail des établissements de santé, sociaux et médico-sociaux

[Le présent chapitre ne comprend pas de dispositions législatives.]

SECTION 1. **Champ d'application**

Art. D. 4626-1. Les dispositions des chapitres Ier à V s'appliquent aux établissements de santé, sociaux et médico-sociaux et aux syndicats interhospitaliers mentionnés à l'article 2 de la loi n° 86-33 du 9 janvier 1986 portant dispositions particulières relatives à la fonction publique hospitalière, sous réserve des dispositions du présent chapitre.

SECTION 2. Services de santé au travail

Sous-section 1. Organisation

Art. D. 4626-2. Le service de santé au travail est organisé comme suit :

1° Dans les établissements ou syndicats interhospitaliers de plus de mille cinq cents agents, sous la forme d'un service propre à l'établissement ou au syndicat ;

2° Dans les établissements ou syndicats interhospitaliers comptant mille cinq cents agents et moins :

a) Soit sous la forme d'un service propre à l'établissement ou au syndicat interhospitalier ;

b) Soit sous la forme d'un service commun à plusieurs établissements ou syndicats interhospitaliers ;

c) Soit par convention avec un service de santé au travail interentreprises tel que défini aux articles D. 4622-22 et suivants lorsque la création d'un service propre ou d'un service commun se révélerait impossible.

Art. D. 4626-3. Lorsqu'en application du *b* du 2° de l'article D. 4626-2, le service de santé au travail est commun à plusieurs établissements, il peut être géré par l'un des établissements ou par un syndicat interhospitalier.

Lorsque ce service est commun à des établissements et syndicats interhospitaliers, il est géré par l'un de ces établissements ou l'un de ces syndicats interhospitaliers.

Lorsqu'il est commun à plusieurs syndicats interhospitaliers, il est géré par l'un d'eux.

Art. D. 4626-4. L'effectif à prendre en considération pour l'organisation du service de santé au travail est l'effectif réel de l'ensemble des agents y compris les personnels médicaux, employés dans l'établissement ou le syndicat au 31 décembre de la dernière année civile.

Art. D. 4626-5. Lorsque le service de santé au travail est commun à plusieurs établissements ou syndicats, le montant total des dépenses est réparti, en fin d'année, entre les établissements et syndicats intéressés proportionnellement au nombre d'agents employés par chacun d'eux.

Sous-section 2. Rapport annuel

Art. D. 4626-6. Le chef d'établissement ou le secrétaire général du syndicat établit chaque année un rapport sur l'organisation, le fonctionnement et la gestion financière du service de santé au travail. Il est élaboré selon un modèle fixé par arrêté conjoint des ministres chargés de la santé et du travail.

Art. D. 4626-7. Le rapport annuel est présenté pour avis au ***(D. 2011-184 du 15 févr. 2011, art. 55, JO 17)*** « comité technique » et au comité d'hygiène, de sécurité et des conditions de travail. Il est transmis, assorti des avis et observations de ces comités, dans un délai de deux mois à compter de sa présentation :

1° À l'assemblée gestionnaire ;

2° À l'autorité de tutelle ;

3° Au médecin inspecteur du travail et à l'inspecteur du travail.

Art. D. 4626-8. Les dispositions de l'article D. 4626-7 s'appliquent lorsque l'établissement ou le syndicat a conclu une convention avec un service de santé au travail interentreprises.

Lorsqu'un service de santé au travail est commun à plusieurs établissements ou syndicats interhospitaliers, un rapport commun est établi. Il retrace l'activité du service commun dans chacun des établissements ou syndicats concernés. Un exemplaire de ce rapport est adressé au chef d'établissement ou au secrétaire général du syndicat, à l'assemblée gestionnaire, au ***(D. 2011-184 du 15 févr. 2011, art. 55, JO 17)*** « comité technique », au comité d'hygiène, de sécurité et des conditions de travail de chaque établissement ou syndicat ainsi qu'aux destinataires prévus aux 2° et 3° de l'article précité.

SECTION 3. Médecin du travail

Art. R. 4626-9. Les médecins du travail sont recrutés parmi les médecins remplissant les conditions prévues à l'article R. 4623-2.

Art. R. 4626-10. Le certificat d'études spéciales de médecine du travail et le diplôme d'études spécialisés de médecine du travail ne sont pas obligatoires pour les médecins chargés d'un service de médecine préventive du personnel en fonction à la date du 8 septembre 1985.

Art. R. 4626-11. Le médecin du travail est lié par un contrat de travail conclu avec l'établissement ou le syndicat interhospitalier chargé de la gestion du service de santé au travail dans les conditions prévues par le code de déontologie médicale conformément à un modèle de contrat établi par arrêté conjoint des ministres chargés de la santé et du travail.

Note Un arrêté du 10 avril 1991 (JO 15 mai) établit le modèle de contrat passé entre les médecins du travail et les établissements mentionnés à l'article 2 du titre IV du statut général des fonctionnaires.

Art. R. 4626-12. Le médecin du travail ne peut être nommé ou licencié que sur avis conforme de l'inspecteur du travail. Cet avis est pris après consultation du ***(D. 2011-184 du 15 févr. 2011, art. 55, JO 17)*** « comité technique » de l'établissement gestionnaire et du médecin inspecteur du travail.

Art. R. 4626-13. Le médecin du travail assure personnellement l'ensemble de ses fonctions.

Elles sont exclusives de toute autre fonction dans l'établissement ou le syndicat interhospitalier.

Toutefois, dans les centres hospitaliers régionaux faisant partie d'un centre hospitalier et universitaire les fonctions de médecin du travail peuvent être confiées à un professeur des universités-praticien hospitalier en médecine du travail dans les conditions définies à l'article R. 4626-12. Dans ce cas, les dispositions des articles R. 4626-9 et R. 4626-11 ne sont pas applicables.

Note Voir CE 9 février 1994, n° 99311, *RJS* 5/94 n° 560.

Art. R. 4626-14. Sous réserve des dispositions du décret n° 83-863 du 23 septembre 1983 relatif au travail à temps partiel des agents non titulaires des établissements publics de santé, tout service de santé au travail comprend un médecin du travail employé à temps complet pour mille cinq cents agents.

Pour tout effectif ou fraction inférieure à mille cinq cents agents, il est fait appel à un médecin du travail employé à temps partiel.

Note Voir CE 9 février 1994, n° 99311, *RJS* 5/94 n° 560.

Art. R. 4626-15. Lorsque le service de santé au travail comprend plusieurs médecins, la coordination administrative de leurs activités peut être confiée à l'un d'entre eux.

Art. R. 4626-16. Dans le cas d'un service de santé au travail commun, le temps consacré aux déplacements est compté dans le temps de travail du médecin.

Art. R. 4626-17. Les établissements et syndicats interhospitaliers mettent à la disposition du médecin du travail le personnel nécessaire au bon fonctionnement du service selon des normes fixées par arrêté conjoint des ministres chargés de la santé et du travail.

Note Voir arrêté du 11 juin 1990 (JO 14 juil.).

Art. R. 4626-18. Les caractéristiques auxquelles répondent les locaux médicaux et leurs équipements sont déterminées en fonction de l'importance du service de santé au travail par arrêté conjoint des ministres chargés de la santé et du travail.

Note Voir arrêté du 11 juin 1990 (JO 14 juil.).

SECTION 4. Action du médecin du travail

Sous-section 1. Action sur le milieu de travail

Art. R. 4626-19. Le médecin du travail est informé par le chef d'établissement ou le secrétaire général du syndicat interhospitalier de toute déclaration de maladie professionnelle, de maladie contractée pendant le travail et d'accident du travail.

Il établit, s'il l'estime nécessaire, un rapport sur les mesures à prendre pour éviter la répétition de tels faits. Ce rapport est adressé au comité d'hygiène, de sécurité et des conditions de travail ainsi qu'au chef d'établissement ou au secrétaire général du syndicat qui en adresse copie à l'autorité de tutelle, à l'inspecteur du travail et au médecin inspecteur du travail.

Art. R. 4626-20. Le médecin du travail consacre à ses missions en milieu de travail le tiers de son temps de travail.

Art. R. 4626-21. Le médecin du travail assiste, avec voix consultative, aux réunions du ***(D. 2011-184 du 15 févr. 2011, art. 55, JO 17)*** « comité technique » lorsque l'ordre du jour de ce dernier comporte des questions intéressant la santé, la sécurité et les conditions de travail.

Sous-section 2. Examens médicaux

§ 1. Examen médical préalable à la prise de fonction et vaccinations

Art. R. 4626-22. L'agent fait l'objet, avant sa prise de fonction, d'un examen médical par le médecin du travail. Celui-ci est informé du poste auquel cet agent est affecté.

Art. R. 4626-23. L'examen médical comporte notamment :

1° Une épreuve cutanée à la tuberculine, sauf production d'un certificat de moins de trois mois émanant d'un pneumophtisiologue agréé ;

2° Une radiographie pulmonaire, sauf si l'intéressé fournit un cliché pulmonaire datant de moins de trois mois.

Art. R. 4626-24. Le médecin du travail procède ou fait procéder aux examens complémentaires prévus par les dispositions en vigueur pour certaines catégories de travailleurs exposés à des risques particuliers.

Art. R. 4626-25. Le médecin du travail veille, sous la responsabilité du chef d'établissement ou du secrétaire général du syndicat, à l'application des dispositions du code de la santé publique sur les vaccinations obligatoires.

Il procède lui-même ou fait procéder à ces vaccinations ainsi qu'à celles qui seraient imposées par une épidémie. Les agents peuvent les faire pratiquer par le médecin de leur choix. Ils fournissent un certificat détaillé.

Le médecin du travail est habilité à pratiquer les vaccinations qui sont recommandées en cas de risques particuliers de contagion.

§ 2. Examens périodiques

Art. R. 4626-26. Les agents bénéficient d'un examen médical au moins une fois par an.

Des examens plus fréquents peuvent être réalisés, à la diligence du médecin, pour les catégories d'agents exposés eux-mêmes à des risques particuliers ou susceptibles d'exposer leur entourage à des risques collectifs.

§ 3. Surveillance médicale renforcée

Art. R. 4626-27. Bénéficient d'une surveillance médicale renforcée :

1° Les femmes enceintes ;

2° Les mères d'un enfant âgé de moins de deux ans ;

3° Les jeunes travailleurs âgés de moins de dix-huit ans ;

4° Les travailleurs handicapés ;

5° Les agents réintégrés après un congé de longue durée ou de longue maladie ;

6° Les agents ayant changé de type d'activité ou d'établissement pendant une période de dix-huit mois à compter de leur nouvelle affectation.

Art. R. 4626-28. Le médecin du travail se conforme aux dispositions légales relatives aux travaux nécessitant une surveillance médicale renforcée.

§ 4. Examen de reprise du travail

Art. R. 4626-29. L'agent bénéficie d'un examen de reprise par le médecin du travail :

1° Après un congé de maternité ;

2° Après une absence pour cause de maladie professionnelle ;

3° Après une absence pour cause d'accident du travail ;
4° Après une absence de trois semaines au moins pour cause de maladie non professionnelle ;
5° Après une absence de plus de trois mois.

§ 5. Examens complémentaires

Art. R. 4626-30. Le médecin du travail peut prescrire les examens complémentaires nécessaires :

1° À la détermination de l'aptitude de l'agent au poste de travail et notamment au dépistage des affections comportant une contre-indication à ce poste de travail ;

2° Au dépistage d'une maladie professionnelle ou susceptible de l'être ou imputable au service ;

3° Au dépistage des affections susceptibles d'exposer l'entourage de l'agent à des risques de contagion.

À cet effet, il est informé de tout changement d'affectation et peut, à cette occasion, prendre l'initiative de procéder à un nouvel examen de l'agent.

§ 6. Déroulement des examens médicaux

Art. R. 4626-31. Les examens médicaux prévus à la présente sous-section sont à la charge de l'établissement ou du syndicat, lequel fournit au médecin du travail le moyen d'assurer le respect de l'anonymat des examens.

Dans la mesure où ces examens ne peuvent être réalisés dans l'établissement ou le syndicat, le médecin choisit l'organisme chargé de les pratiquer.

SECTION 5. Documents et rapports

Sous-section 1. Rapport annuel d'activité

Art. D. 4626-32. Le médecin du travail établit chaque année, selon les modalités prévues par arrêté conjoint des ministres chargés de la santé et du travail, un rapport d'activité qu'il présente au ***(D. 2011-184 du 15 févr. 2011, art. 55, JO 17)*** « comité technique ».

Ce rapport, assorti de l'avis du ***(D. 2011-184 du 15 févr. 2011, art. 55, JO 17)*** « comité technique », est transmis au chef d'établissement ou au secrétaire général du syndicat et au médecin inspecteur du travail dans un délai d'un mois à compter de sa présentation.

Le chef d'établissement ou le secrétaire général du syndicat adresse une copie du rapport au comité d'hygiène, de sécurité et des conditions de travail, à l'assemblée gestionnaire et à l'autorité de tutelle.

Sous-section 2. Dossier médical et fiche médicale d'aptitude

Art. D. 4626-33. Au moment de la visite d'embauche, le médecin du travail constitue un dossier médical, qui est complété après chaque examen médical ultérieur. Toutes dispositions sont prises pour assurer le secret médical et l'inviolabilité du fichier tenu par le médecin.

Lorsqu'un agent en fait la demande, un double de ce dossier est remis à son médecin traitant.

Art. D. 4626-34. Lorsque l'agent quitte l'établissement ou le syndicat, un double du dossier médical peut être remis, avec son accord, au médecin chargé de la protection médicale du personnel dans sa nouvelle affectation.

En cas de refus de cet accord, la liste des vaccinations pratiquées et les résultats des tests tuberculiniques sont transmis.

Art. D. 4626-35. Le médecin du travail établit, à l'issue de chacun des examens médicaux prévus à la sous-section 2 de la section 4, une fiche médicale d'aptitude, dans la forme prévue par arrêté conjoint des ministres chargés de la santé et du travail.

Cette fiche ne contient aucun renseignement sur la nature des affections dont l'agent serait ou aurait été atteint. Elle mentionne uniquement les contre-indications ou les recommandations concernant l'affectation éventuelle à certains postes de travail.

Elle est établie en double exemplaire, dont l'un est remis à l'agent et l'autre conservé dans son dossier administratif.

Note Voir arrêté du 11 juin 1990 (JO 14 juil.).

TITRE III

SERVICE SOCIAL DU TRAVAIL

CHAPITRE Ier

Mise en place et missions

Art. L. 4631-1. Un service social du travail est organisé dans tout établissement employant habituellement deux cent cinquante salariés et plus.

Art. L. 4631-2. Le service social du travail agit sur les lieux mêmes du travail pour suivre et faciliter la vie personnelle des travailleurs.

Il collabore étroitement avec le service de santé au travail. Il se tient en liaison constante avec les organismes de prévoyance, d'assistance et de placement en vue de faciliter aux travailleurs l'exercice des droits que leur confère la législation sociale.

Art. D. 4631-1. Le service social agit sur les lieux mêmes du travail pour suivre et faciliter la vie personnelle des travailleurs, notamment des femmes, des jeunes et des travailleurs handicapés.

Il peut éventuellement agir en dehors des lieux de travail pour seconder l'action des services sociaux sur les questions en rapport avec l'activité professionnelle.

CHAPITRE II

Organisation et fonctionnement

[Le présent chapitre ne comprend pas de dispositions législatives.]

Art. D. 4632-1. Dans l'exercice de ses missions dans le domaine social, le comité d'entreprise s'appuie sur le service social.

Le comité établit chaque année un rapport sur l'organisation, le fonctionnement et la gestion financière du service social. Ce rapport est adressé à l'inspecteur du travail dont dépend l'entreprise.

Note Le régime juridique spécial prévu pour la gestion des services sociaux s'applique obligatoirement aux services dont la création est obligatoire et non aux services facultatifs. Le comité d'entreprise n'a pas à être consulté sur le maintien ou le licenciement de la personne dirigeant un service social facultatif créé par l'employeur, fonctionnant à l'aide d'un personnel recruté et rémunéré par lui et dont le comité d'entreprise n'avait jamais réclamé la gestion (cass. crim. 9 avril 1975, n° 74-91.668, B. crim. n° 87).

Si un comité d'entreprise revendique la gestion directe d'un service social facultatif créé par l'employeur, il peut demander que lui soient versés les fonds destinés au fonctionnement de ce service. Mais si le comité d'entreprise prend l'initiative de créer un service social facultatif, ce service reste complètement indépendant de l'employeur qui n'est pas tenu de verser une subvention particulière pour son fonctionnement.

Art. D. 4632-2. Lorsque plusieurs entreprises possèdent déjà ou envisagent de créer un service social commun et ont, par application de l'article R. 2323-33, créé un comité interentreprises chargé de sa gestion, celui-ci établit chaque année un rapport sur l'organisation, le fonctionnement et la gestion financière du service social. Ce rapport est adressé à l'inspecteur du travail.

Les difficultés pouvant naître de l'application du présent article, notamment entre les employeurs et la délégation des salariés siégeant au comité, ou entre plusieurs entreprises ou des comités d'entreprise, sont portées devant l'inspecteur du travail.

Art. L. 4631-2.

Art. D. 4632-3. Le service social du travail dispose d'un bureau au moins.

Art. D. 4632-4. Le service social est assuré par un conseiller du travail qui exerce les fonctions de conseiller technique pour les questions sociales auprès du comité d'entreprise. Le conseiller du travail peut être chargé par lui de l'organisation et de la direction des institutions sociales de l'entreprise.

Il assiste de droit, avec voix consultative, à toutes les réunions du comité ou des commissions spéciales consacrées, selon leur ordre du jour, à des questions sociales.

Il assure les tâches d'ordre social dévolues par l'employeur au service social sur le lieu de travail.

Il réalise, tous les trois mois, un compte rendu de son activité au comité d'entreprise et à l'employeur.

Note

Conseiller du travail. Antérieurement à la réforme intervenue en 1982 des CHS, le conseiller du travail était membre de droit au CHS. Actuellement le CHSCT peut faire, en tant que de besoin, appel au conseiller du travail, à titre consultatif.

Embauchage et licenciement des conseillers du travail. Voir CE 11 juin 1948, Sté Desmarais ; 20 janvier 1956, Palmi ; cass. soc. 18 décembre 1952, BC III n° 931 ; 31 mai 1965, BC IV n° 410 ; 20 novembre 1980, n° 78-41.236, BC V n° 838 ; cass. crim. 9 avril 1975, n° 74-91.668, B. crim. n° 87.

Voir « La mutation professionnelle des conseillers du travail », O. Ducrot, *Dr. Soc.* 1990, p. 880.

Art. D. 4632-5. Le conseiller du travail est désigné et maintenu en fonction après accord, selon le cas, entre l'employeur et le comité d'entreprise ou entre les employeurs et le comité interentreprises.

En cas de désaccord, la décision est prise par l'inspecteur du travail.

Art. D. 4632-6. Le conseiller du travail consacre au moins trois demi-journées par semaine pour chaque groupe de deux cent cinquante salariés.

Art. D. 4632-7. Le conseiller du travail doit être titulaire du diplôme spécial délivré par le ministre chargé du travail.

Art. D. 4632-8. Le conseiller du travail agit sur les lieux du travail afin :

1° De veiller au bien-être du travailleur dans l'entreprise et de faciliter son adaptation au travail ;

2° D'étudier plus particulièrement les problèmes soulevés par l'emploi des femmes, des jeunes et des travailleurs handicapés ;

3° De coordonner et de promouvoir les réalisations sociales décidées par l'employeur et par le comité d'entreprise et d'exercer auprès de ce dernier les fonctions de conseiller technique pour les questions sociales ;

4° De concourir à toute action d'ordre éducatif entreprise par le comité d'entreprise.

Art. D. 4632-9. Le conseiller du travail collabore avec le service de santé au travail de l'entreprise. Il recherche, en accord avec l'employeur et le comité d'entreprise ou le comité interentreprises, les améliorations susceptibles d'être apportées aux conditions de travail, au bien-être des travailleurs et au fonctionnement des œuvres sociales de l'entreprise ou interentreprises.

Art. D. 4632-10. Le conseiller du travail est en liaison constante avec les organismes de prévoyance, d'assistance, de placement, des diverses institutions sociales et les services sociaux de la sécurité sociale et de la santé publique en vue de faciliter aux travailleurs l'exercice des droits que lui confère la législation sociale et de les orienter, le cas échéant, vers les organismes compétents.

Art. D. 4632-11. Le conseiller du travail responsable, dans les entreprises ou les services interentreprises, de l'initiative, de l'étude et de la mise en place des réalisations sociales décidées par le comité d'entreprise et l'employeur exerce les fonctions de conseiller chef du travail.

TITRE IV

INSTITUTIONS *(L. 2011-867 du 20 juil. 2011, art. 1er, 6°, entrée en vigueur à la date de publication des décrets prévus au II de l'article L. 4644-1 et au plus tard le 01.06.2012, JO 24)* « ET PERSONNES » CONCOURANT À L'ORGANISATION DE LA PRÉVENTION

Note Sur l'entrée en vigueur de la loi 2011-867, voir note sous article L. 4644-1.

CHAPITRE Ier

(D. 2008-1217 du 25 nov. 2008, JO 27) « Conseil d'orientation sur les conditions de travail et comités régionaux de la prévention des risques professionnels »

[Le présent chapitre ne comprend pas de dispositions législatives.]

(D. 2008-1217 du 25 nov. 2008, JO 27)

SECTION 1. Conseil d'orientation sur les conditions de travail

Note • « Le Conseil d'orientation sur les conditions de travail, placé auprès du ministre chargé du travail, participe à l'élaboration de la politique nationale en matière de protection et de promotion de la santé et de la sécurité au travail, ainsi que d'amélioration des conditions de travail.

Le Conseil d'orientation sur les conditions de travail comprend un comité permanent, une commission générale et des commissions spécialisées.

Son comité permanent est assisté d'un observatoire de la pénibilité chargé d'apprécier la nature des activités pénibles dans le secteur public et le secteur privé, et en particulier celles ayant une incidence sur l'espérance de vie. Cet observatoire propose au comité permanent toute mesure de nature à améliorer les conditions de travail des salariés exposés à ces activités.

L'observatoire de la pénibilité du Conseil d'orientation sur les conditions de travail est composé de représentants de l'État, de représentants des organisations d'employeurs les plus représentatives au plan national, de représentants des organisations syndicales de salariés représentatives au plan national interprofessionnel et de personnalités qualifiées.

Les conclusions de l'observatoire de la pénibilité sont rendues publiques » (loi 2010-1330 du 9 novembre 2010, art. 78, JO 10).

• Le mandat des membres du Conseil supérieur de la prévention des risques professionnels et de ceux de la Commission nationale d'hygiène et de sécurité du travail en agriculture, dans leur composition en vigueur à la date de la publication du présent décret, est prolongé jusqu'à l'installation du Conseil d'orientation sur les conditions de travail prévu aux articles R. 4641-1 et s. CT dans leur rédaction issue du présent décret et au plus tard jusqu'au 31 décembre 2008 (décret 2008-1217 précité, art. 3, I).

Sous-section 1. Dispositions générales

§ 1. *Missions et organisation*

Art. R. 4641-1. Le Conseil d'orientation sur les conditions de travail, placé auprès du ministre chargé du travail, participe à l'élaboration de la politique nationale en matière de protection et de promotion de la santé et de la sécurité au travail, ainsi que d'amélioration des conditions de travail.

Art. L. 4642-1.

Note Voir arrêté du 26 décembre 2008 (JO 15 janv.) relatif à la création des commissions spécialisées du Conseil d'orientation sur les conditions de travail.

Art. R. 4641-2. Le conseil est consulté sur :

1° Les projets d'orientation des politiques publiques et de plans nationaux d'action relevant de ses domaines de compétence ;

2° Les projets de loi ou d'ordonnance relatifs à la protection et à la promotion de la santé et de la sécurité au travail dans les établissements mentionnés aux articles L. 4111-1 et L. 4111-3 ;

3° Les projets de décrets et d'arrêtés pris en application des dispositions législatives de la quatrième partie du présent code ou des textes mentionnés au 2° ci-dessus ;

4° Les projets de décrets et d'arrêtés pris en application des dispositions législatives des chapitres V, VI et VII du titre Ier du livre VII du code rural ***(Ord. 2010-462 du 6 mai 2010, JO 7)*** « et de la pêche maritime » ;

5° Les projets d'instruments internationaux relatifs à la santé et à la sécurité au travail, à l'amélioration des conditions de travail et à la prévention des risques professionnels.

Il constitue, pour le ministre chargé de l'agriculture, l'organisme mentionné à l'article R. 717-74 du code rural ***(Ord. 2010-462 du 6 mai 2010, JO 7)*** « et de la pêche maritime » consulté sur les projets de textes réglementaires applicables aux établissements agricoles.

Le conseil formule des recommandations et des propositions d'orientation en matière de conditions de travail et de prévention des risques professionnels. Il peut, de sa propre initiative, soumettre des avis et des propositions dans les matières mentionnées aux 1° et 5°.

Note La formalité de consultation du Conseil d'orientation des conditions de travail, requise en application de l'article R. 4641-2 CT dans sa rédaction issue du présent décret, est réputée avoir été satisfaite lorsque les projets de loi, d'ordonnance, de décret ou d'arrêté publiés postérieurement à l'installation dudit Conseil ont fait l'objet, avant la date de cette installation, d'une consultation du Conseil supérieur de la prévention des risques professionnels et de la Commission nationale d'hygiène et de sécurité du travail en agriculture, dans les conditions prévues aux articles R. 4641-2 CT et R. 717-75 du code rural, dans leur rédaction en vigueur antérieurement à la publication du présent décret (décret 2008-1217 précité, art. 3, II).

Art. R. 4641-3. Le Conseil d'orientation sur les conditions de travail comprend les formations suivantes :

1° Un comité permanent, présidé par le ministre chargé du travail ou, en son absence, par une personne qualifiée désignée pour un mandat de trois ans renouvelable ;

2° Une commission générale, présidée par le président de la section sociale du Conseil d'État, vice-président du conseil, ou, en son absence, par un président de commission spécialisée ;

3° Des commissions spécialisées, dont le nombre et les attributions, à l'exception de la commission spécialisée chargée des questions relatives aux activités agricoles mentionnée à l'article R. 4641-22, sont fixés par arrêté du ministre chargé du travail.

§ 2. Composition et désignation

Art. R. 4641-4. Chacune des formations du conseil comprend :

1° Le collège des départements ministériels intéressés ;

2° Le collège des partenaires sociaux, comportant un nombre égal de représentants des salariés et des employeurs ;

3° Le collège des organismes nationaux d'expertise et de prévention ;

4° Le collège des personnes qualifiées et des représentants d'associations ou des organisations professionnelles de la prévention, comportant :

a) Des experts scientifiques ou techniques de la prévention en entreprise ;

b) Des représentants d'associations de victimes de risques professionnels et d'organisations de professionnels de la prévention.

Art. D. 4641-5. Les membres des formations du conseil sont désignés dans les conditions suivantes :

1° Au titre du collège des départements ministériels :

a) Le directeur général du travail ;

b) Le directeur général de la santé ;

c) Le directeur général des infrastructures, des transports et de la mer ;
d) Le directeur général de la fonction publique ;
e) Le directeur général des collectivités locales ;
f) Le directeur général des entreprises ;
g) Le directeur général de la prévention des risques ;
h) Le directeur des affaires financières, sociales et logistiques ;
i) Le directeur de la sécurité sociale ;
j) Le ***(D. 2010-271 du 15 mars 2010, JO 16)*** « directeur général de l'offre de soins » ;
k) Le chef du service de l'inspection générale des affaires sociales ;

2° Au titre du collège des partenaires sociaux :
a) Des représentants des salariés désignés sur proposition des organisations syndicales de salariés représentatives au plan national ;
b) Des représentants des employeurs désignés sur proposition des organisations professionnelles représentatives au plan national ;

3° Au titre du collège des organismes nationaux d'expertise et de prévention, le directeur de :

a) ***(D. 2011-385 du 11 avril 2011, art. 14, JO 13)*** « L'Agence nationale de sécurité sanitaire de l'alimentation, de l'environnement et du travail » ;
b) L'Institut de veille sanitaire ;
c) L'Agence nationale pour l'amélioration des conditions de travail ;
d) L'Institut national de recherche et de sécurité ;
e) La Caisse nationale d'assurance maladie des travailleurs salariés ;
f) La Caisse centrale de la mutualité sociale agricole ;
g) L'Organisme professionnel de prévention du bâtiment et des travaux publics ;
h) L'Institut de radioprotection et de sécurité nucléaire.
[*i)* ***Abrogé par D. 2011-385 du 11 avril 2011, art. 14, JO 13.***]

4° Au titre du collège des personnes qualifiées et des représentants d'associations ou des organisations professionnelles de la prévention :
a) Neuf personnes qualifiées, dont le président et le vice-président de la commission des accidents du travail et des maladies professionnelles de la Caisse nationale d'assurance maladie des travailleurs salariés. Les sept autres membres sont désignés par arrêté du ministre chargé du travail pour une durée de trois ans renouvelable ;
b) Trois représentants d'associations de victimes des risques professionnels et des organisations professionnelles de prévention, désignés par arrêté du ministre chargé du travail pour une durée de trois ans renouvelable ;

Ce collège comporte au moins une personne spécialiste de médecine du travail.

Art. D. 4641-6. Les organisations et organismes représentés au sein du collège des partenaires sociaux et du collège des organismes nationaux d'expertise et de prévention notifient au secrétariat général du conseil la répartition de leurs membres au sein des différentes formations.

La répartition des membres du collège des départements ministériels ainsi que du collège des personnes qualifiées au sein des différentes formations du conseil est assurée par décision du directeur général du travail. Dans le cas de la commission spécialisée chargée des questions relatives aux activités agricoles, cette décision est prise conjointement avec le directeur des affaires financières, sociales et logistiques.

§ 3. Fonctionnement

Art. R. 4641-7. Chaque formation du conseil se réunit au moins une fois par an à l'initiative du ministre chargé du travail ou, pour la commission spécialisée chargée des questions relatives aux activités agricoles, à l'initiative du ministre chargé de l'agriculture. Elle peut également être réunie sur la demande de la moitié, au moins, de ses membres. La convocation et l'ordre du jour de ces réunions sont établis par le secrétariat général du conseil. Sauf en cas d'urgence, la convocation et les documents qui s'y rapportent sont adressés aux membres quinze jours au moins avant la séance.

Art. D. 4641-8. Le Conseil d'orientation sur les conditions de travail est assisté par un secrétaire général nommé par le ministre chargé du travail. Le secrétaire général assure, sous l'autorité du président, l'organisation des travaux du comité permanent ainsi que l'établissement de ses rapports.

Le secrétariat de la commission générale et des commissions spécialisées du conseil est assuré par la direction générale du travail.

Art. R. 4641-9. Les avis du Conseil d'orientation sur les conditions de travail ou de ses formations, requis en application de l'article R. 4641-2, sont retracés dans le compte rendu des séances, établis par le secrétaire général ou, pour la commission spécialisée chargée des questions relatives aux activités agricoles, sur la proposition des services du ministre chargé de l'agriculture. S'il le juge nécessaire, le président fait procéder à un vote.

Art. D. 4641-10. La création d'un groupe de travail par une formation du conseil est subordonnée à l'adoption, par celle-ci, d'un mandat écrit, précisant les objectifs, le calendrier prévisionnel et les modalités selon lesquelles ce groupe rapporte ses travaux à la formation qui lui a donné mandat.

La formation compétente propose au ministre chargé du travail la désignation d'un président et de rapporteurs techniques du groupe. Ces fonctions ne peuvent être confiées à un membre du conseil issu des collèges des départements ministériels et des organismes nationaux d'expertise et de prévention.

Art. R. 4641-11. À la demande du conseil ou de ses formations, les administrations et les établissements publics de l'État leur communiquent les éléments d'information, les statistiques et les études disponibles nécessaires à l'exercice de leurs missions.

Le conseil fait connaître aux administrations et établissements publics de l'État son programme de travail afin qu'ils le prennent en compte dans leurs programmes de travaux statistiques et d'études.

Art. D. 4641-12. Les frais de déplacement exposés par les membres du conseil ou de ses formations pour participer aux réunions leur sont remboursés, sur leur demande, sur la base du barème applicable aux frais de déplacement des fonctionnaires de l'État.

Sous-section 2. **Comité permanent et observatoire de la pénibilité**

Art. R. 4641-13. Le comité permanent :

1° Organise un suivi des statistiques sur les conditions de travail et les risques professionnels des travailleurs ;

2° Établit un état des lieux ou réalise toute étude se rapportant aux conditions de travail ;

3° Propose des orientations ou toute recommandation qui lui paraissent de nature à répondre aux objectifs d'amélioration des conditions de travail et de prévention des risques professionnels ;

4° Examine le bilan annuel des conditions de travail et de la prévention établi par les services du ministre chargé du travail ainsi que les bilans annuels des comités régionaux de prévention des risques professionnels.

Le comité permanent remet au ministre chargé du travail une synthèse annuelle portant sur les évolutions constatées dans le domaine des conditions de travail et de la prévention des risques professionnels. À son initiative, ou à la demande des ministres représentés au comité, il établit des rapports particuliers relatifs à des thèmes entrant dans son domaine de compétence.

Le comité permanent est assisté d'un observatoire de la pénibilité chargé d'apprécier la nature des activités pénibles dans le secteur public et le secteur privé, et en particulier celles ayant une incidence sur l'espérance de vie. Cet observatoire propose au comité permanent toute mesure de nature à améliorer les conditions de travail des salariés exposés à ces activités.

Art. D. 4641-14. Le comité permanent comprend :

1° Huit représentants des salariés, désignés ainsi qu'il suit :

a) Deux par la Confédération générale du travail (CGT) ;

b) Deux par la Confédération française démocratique du travail (CFDT) ;

c) Deux par la Confédération générale du travail-Force ouvrière (CGT-FO) ;

d) Un par la Confédération française des travailleurs chrétiens (CFTC) ;

e) Un par la Confédération française de l'encadrement-Confédération générale des cadres (CFE-CGC) ;

2° Huit représentants des employeurs, désignés ainsi qu'il suit :

a) Trois par le Mouvement des entreprises de France (MEDEF) ;

b) Un par la Confédération générale des petites et moyennes entreprises (CGPME) ;

c) Un par l'Union professionnelle artisanale (UPA) ;

d) Un conjointement par la Fédération nationale des syndicats d'exploitants agricoles (FNSEA) et la Confédération nationale de la mutualité, de la coopération et du crédit agricoles (CNMCCA) ;

e) Un pour l'Union nationale des professions libérales (UNAPL) ;

f) Un au titre des entreprises publiques, désigné par le ministre chargé du travail après consultation du Mouvement des entreprises de France ;

3° L'ensemble des membres des premier, troisième et quatrième collèges cités à l'article R. 4641-4.

Art. D. 4641-15. L'observatoire de la pénibilité, présidé par le ministre chargé du travail ou, en son absence, par une personne qualifiée désignée pour un mandat de trois ans renouvelable, comprend :

1° Onze représentants des salariés, désignés ainsi qu'il suit :
a) Deux par la Confédération générale du travail (CGT) ;
b) Deux par la Confédération française démocratique du travail (CFDT) ;
c) Deux par la Confédération générale du travail-Force ouvrière (CGT-FO) ;
d) Un par la Confédération française des travailleurs chrétiens (CFTC) ;
e) Un par la Confédération française de l'encadrement-Confédération générale des cadres (CFE-CGC) ;
f) Un pour la Fédération syndicale unitaire (FSU) ;
g) Un pour l'Union nationale des syndicats autonomes (UNSA) ;
h) Un pour l'Union nationale solidaire ;

2° Onze représentants des employeurs, désignés ainsi qu'il suit :
a) Quatre par le Mouvement des entreprises de France (MEDEF) ;
b) Un par la Confédération générale des petites et moyennes entreprises (CGPME) ;
c) Un par l'Union professionnelle artisanale (UPA) ;
d) Un conjointement par la Fédération nationale des syndicats d'exploitants agricoles (FNSEA) et la Confédération nationale de la mutualité, de la coopération et du crédit agricoles (CNMCCA) ;
e) Un pour l'Union nationale des professions libérales (UNAPL) ;
f) Trois au titre des entreprises publiques, désignés par le ministre chargé du travail après consultation du Mouvement des entreprises de France ;

3° L'ensemble des membres des premier, troisième et quatrième collèges cités à l'article R. 4641-4.

Sous-section 3. Commission générale

Art. R. 4641-16. La commission générale :
1° Rend l'avis du Conseil d'orientation sur les conditions de travail prévu à l'article R. 4641-2, lorsqu'il est consulté sur les projets de loi et d'ordonnance ainsi que sur les projets de décret pris sur le rapport du ministre chargé du travail ; cet avis rend compte, s'il y a lieu, de la position de la commission spécialisée chargée des questions relatives aux activités agricoles lorsqu'elle se prononce au titre de l'article R. 4641-22 ;
2° Adopte les avis d'initiative du conseil.

Art. D. 4641-17. La commission générale comprend :
1° Cinq représentants des salariés, ainsi désignés :
a) Un par la Confédération générale du travail (CGT) ;
b) Un par la Confédération française démocratique du travail (CFDT) ;
c) Un par la Confédération générale du travail-Force ouvrière (CGT-FO) ;
d) Un par la Confédération française des travailleurs chrétiens (CFTC) ;
e) Un par la Confédération française de l'encadrement-Confédération générale des cadres (CFE-CGC) ;

2° Cinq représentants des employeurs, ainsi désignés :
a) Un par le Mouvement des entreprises de France (MEDEF) ;
b) Un par la Confédération générale des petites et moyennes entreprises (CGPME) ;
c) Un par l'Union professionnelle artisanale (UPA) ;
d) Un conjointement par la Fédération nationale des syndicats d'exploitants agricoles (FNSEA) et la Confédération nationale de la mutualité, de la coopération et du crédit agricoles (CNMCCA) ;
e) Un pour l'Union nationale des professions libérales (UNAPL) ;

3° Cinq représentants des départements ministériels ;

4° Cinq représentants des organismes nationaux d'expertise et de prévention ;

5° Les présidents des commissions spécialisées.

Art. D. 4641-18. La commission générale peut, de sa propre initiative ou sur proposition d'une commission spécialisée, adopter un règlement intérieur précisant les modalités pratiques de travail des différentes formations du conseil.

Sous-section 4. Commissions spécialisées

Art. R. 4641-19. Les commissions spécialisées :
1° Préparent les travaux de la commission générale ;
2° Rendent les avis du Conseil d'orientation sur les conditions de travail prévu à l'article R. 4641-2, lorsqu'il est consulté sur les projets d'instruments internationaux, sur les projets de décrets autres que ceux pris sur le rapport du ministre chargé du travail, ainsi que sur les projets d'arrêtés.

Art. D. 4641-20. Les commissions spécialisées, à l'exception de la commission spécialisée chargée des questions relatives aux activités agricoles, comprennent :

1° Cinq représentants des salariés, ainsi désignés :
a) Un par la Confédération générale du travail (CGT) ;
b) Un par la Confédération française démocratique du travail (CFDT) ;
c) Un par la Confédération générale du travail-Force ouvrière (CGT-FO) ;
d) Un par la Confédération française des travailleurs chrétiens (CFTC) ;
e) Un par la Confédération française de l'encadrement-Confédération générale des cadres (CFE-CGC) ;

2° Cinq représentants des employeurs, ainsi désignés :
a) Un par le Mouvement des entreprises de France (MEDEF) ;
b) Un par la Confédération générale des petites et moyennes entreprises (CGPME) ;
c) Un par l'Union professionnelle artisanale (UPA) ;
d) Un conjointement par la Fédération nationale des syndicats d'exploitants agricoles (FNSEA) et la Confédération nationale de la mutualité, de la coopération et du crédit agricoles (CNMCCA) ;
e) Un pour l'Union nationale des professions libérales (UNAPL) ;

3° Cinq représentants des départements ministériels ;

4° Cinq représentants des organismes nationaux d'expertise et de prévention ;

5° Quatre personnes qualifiées désignées, à raison de leurs compétences personnelles au regard des attributions de la commission dont une, au plus, représentant une personne morale.

Art. D. 4641-21. Les présidents des commissions spécialisées sont nommés par arrêté du ministre chargé du travail parmi les membres du collège mentionnés au 4° de l'article R. 4641-4, à l'exception du président de la commission spécialisée chargée des questions relatives aux activités agricoles.

Art. R. 4641-22. La commission spécialisée chargée des questions relatives aux activités agricoles est consultée, en application des dispositions de l'article R. 4641-2, lorsque les textes présentés sont pris sur rapport du ministre chargé de l'agriculture.

Par exception aux dispositions de l'article R. 4641-19, elle peut être également saisie par le ministre chargé de l'agriculture soit d'autres projets de loi, d'ordonnance, de décret ou d'arrêté lorsqu'ils intéressent l'hygiène et la sécurité des travailleurs en agriculture, soit de questions relatives à ces matières. Elle peut proposer à ce ministre toutes mesures susceptibles d'être prises en ce domaine. Le compte rendu de ses travaux est communiqué à la commission générale.

Art. D. 4641-23. La commission spécialisée chargée des questions relatives aux activités agricoles comprend :

1° Cinq représentants des salariés, ainsi désignés :
a) Un par la Confédération générale du travail (CGT) ;
b) Un par la Confédération française démocratique du travail (CFDT) ;
c) Un par la Confédération générale du travail-Force ouvrière (CGT-FO) ;
d) Un par la Confédération française des travailleurs chrétiens (CFTC) ;
e) Un par la Confédération française de l'encadrement-Confédération générale des cadres (CFE-CGC) ;

2° Cinq représentants des employeurs, ainsi désignés :
a) Un par la Fédération nationale des syndicats d'exploitants agricoles (FNSEA) ;
b) Un par la Fédération nationale des syndicats d'exploitants forestiers, scieurs et industriels du bois (FNB) ;
c) Un par COOP de France ;
d) Un par Entrepreneurs des territoires ;
e) Un pour l'Union nationale des entrepreneurs du paysage (UNEP) ;

3° Cinq représentants des départements ministériels ;

4° Cinq représentants des organismes nationaux d'expertise et de prévention ;

5° Cinq personnes qualifiées désignées, à raison de leurs compétences au regard des attributions de la commission dont une, au plus, représentant une personne morale.

Art. D. 4641-24. La commission spécialisée chargée des questions relatives aux activités agricoles est présidée par une personne qualifiée ou, à défaut, par un représentant du ministère chargé de l'agriculture, nommés par arrêté conjoint des ministres chargés de l'agriculture et du travail.

SECTION 2. Comités régionaux de la prévention des risques professionnels

Sous-section 1. Missions

Art. R. 4641-30. Le comité régional de la prévention des risques professionnels est un organisme consultatif placé auprès du préfet de région. Il participe à la définition du volet régional de la politique de protection de la santé et de la sécurité au travail et d'amélioration des conditions de travail.

À cette fin :

1° Il participe à l'élaboration et à l'actualisation de diagnostics territoriaux portant sur les conditions de travail et la prévention des risques professionnels ;

2° Il est consulté sur le plan régional de la santé au travail, qui fixe à l'échelle régionale des objectifs, des actions et des moyens en matière d'amélioration de la santé et de la sécurité au travail. Ce plan constitue le programme de prévention des risques liés au travail du plan régional de santé publique, mentionné à l'article L. 1411-11 du code de la santé publique ;

3° Il rend un avis sur les orientations régionales des politiques publiques intéressant la santé et la sécurité au travail, qui lui sont soumis par les autorités publiques.

Note La circulaire DGT 2010/07 relative à la mise en œuvre territoriale du plan santé au travail 2010-2014 (PST2) du 30 juillet 2010 met à jour la circulaire DRT du 10 juillet 2006 relative à la mise en œuvre du plan régional santé au travail et précise les modalités de mise en œuvre, au niveau territorial, du plan santé au travail 2 (PST2) et d'élaboration du PRST.

Sous-section 2. Composition

Art. R. 4641-31. Le comité régional de la prévention des risques professionnels comprend :

1° Le préfet de région, président ;

2° Un collège de représentants des administrations régionales de l'État ;

3° Un collège de représentants, en nombre égal, des organisations d'employeurs et de salariés représentatives au niveau national ;

4° Un collège des organismes régionaux d'expertise et de prévention ;

5° Un collège de personnes qualifiées, comprenant :

a) Des experts scientifiques ou techniques de la prévention en entreprise ;

b) Des représentants d'associations de victimes de risques professionnels et d'organisations de professionnels de la prévention.

Art. D. 4641-32. Les membres du comité régional sont :

1° Au titre du collège des administrations régionales de l'État :

a) Le ***(D. 2009-1377 du 10 nov. 2009, JO 13 ; D. 2010-687 du 24 juin 2010, JO 25 ; voir D. 2010-1582 du 17 déc. 2010, JO 18, pour outre-mer)*** « directeur régional des entreprises, de la concurrence, de la consommation, du travail et de l'emploi » et trois autres membres de ce service qu'il désigne ;

b) Le directeur régional des affaires sanitaires et sociales ;

c) Le ***(D. 2009-235 du 27 févr. 2009, art. 5, JO 28)*** « directeur régional de l'environnement, de l'aménagement et du logement » ;

2° Au titre du collège des partenaires sociaux :

a) Deux représentants de la Confédération générale du travail (CGT) ;

b) Deux représentants de la Confédération française démocratique du travail (CFDT) ;

c) Deux représentants de la Confédération générale du travail – Force ouvrière (CGT-FO) ;

d) Un représentant de la Confédération française des travailleurs chrétiens (CFTC) ;

e) Un représentant de la Confédération française de l'encadrement – Confédération générale des cadres (CFE-CGC) ;

f) Quatre représentants du Mouvement des entreprises de France (MEDEF), dont deux issus d'organisations de branche ;

g) Deux représentants de la Confédération générale des petites et moyennes entreprises (CGPME) ;

h) Un représentant de l'Union professionnelle artisanale (UPA) ;

i) Un représentant de la Fédération nationale des syndicats d'exploitants agricoles (FNSEA) ;

3° Au titre du collège des représentants d'organismes d'expertise et de prévention :

a) Le directeur de la Caisse régionale d'assurance maladie des travailleurs salariés ;

b) Le directeur de l'association régionale pour l'amélioration des conditions de travail ;

c) Le directeur d'une caisse de mutualité sociale agricole, désigné par accord entre les caisses situées dans le ressort de la région ;

d) Le directeur du comité régional de l'Organisme professionnel de prévention du bâtiment et des travaux publics ;

4° Au titre du collège des personnes qualifiées :

a) Huit personnes physiques désignées par arrêté préfectoral, dont le président et le vice-président de l'observatoire régional de santé au travail ;

b) Deux représentants de personnes morales désignés par arrêté préfectoral.

Note Cet article a été modifié par le décret 2008-1510 du 30 décembre 2008 (JO 31).

Voir circulaire DGT 2009/03 précisant la composition des comités régionaux de prévention des risques professionnels.

1°, b. Voir note sur la réforme de l'administration territoriale de l'État en début de code.

Art. D. 4641-33. Les membres du comité régional désignés au titre du collège des personnes qualifiées sont nommés pour une durée de trois ans renouvelable.

Ces dispositions ne s'appliquent pas au président et au vice-président de l'observatoire régional de santé au travail, qui sont désignés pour la durée de leur mandat.

Art. D. 4641-34. Les membres du comité régional mentionnés aux 2° à 4° de l'article D. 4641-32 remplissent et actualisent une déclaration individuelle d'intérêts déposée à la ***(D. 2009-1377 du 10 nov. 2009, JO 13 ; D. 2010-687 du 24 juin 2010, JO 25 ; voir D. 2010-1582 du 17 déc. 2010, JO 18, pour outre-mer)*** « direction régionale des entreprises, de la concurrence, de la consommation, du travail et de l'emploi ». Ils ne participent pas aux travaux susceptibles de comporter un conflit d'intérêts.

Sous-section 3. Organisation et fonctionnement

Art. R. 4641-35. Seuls le président et les membres du comité régional de la prévention des risques professionnels des premier et deuxième collèges ont voix délibérative.

Art. D. 4641-36. Le comité régional se réunit, en fonction de l'ordre du jour, en formation délibérante ou en formation plénière.

Art. D. 4641-37. Le comité régional se réunit en formation délibérante pour :

1° Rendre l'avis du comité lorsqu'il est consulté par les autorités publiques sur le projet de plan régional de la santé au travail ou sur les orientations régionales des politiques publiques intéressant la santé et la sécurité au travail ;

2° Adopter les avis que le comité sur sa propre initiative.

Lorsqu'un vote est demandé soit par le président, soit par la moitié des représentants du collège des partenaires sociaux, il est acquis à la majorité des membres présents ayant voix délibérative. En cas de partage des voix, la voix du président est prépondérante.

Art. D. 4641-38. Le comité régional se réunit au moins une fois par an en séance plénière. Il se réunit également à l'initiative de son président ou à la demande d'une moitié, au moins, des représentants du collège des partenaires sociaux.

Art. D. 4641-39. Le fonctionnement du comité régional est régi par les dispositions du décret n° 2006-672 du 8 juin 2006 relatif à la création, à la composition et au fonctionnement de commissions administratives à caractère consultatif ainsi que par le règlement intérieur qu'il établit.

Sous-section 4. Indemnités et dépenses de déplacements

Art. D. 4641-40. Les frais de déplacement exposés, dans le ressort de la région, par les membres du comité régional de la prévention des risques professionnels pour participer aux réunions du comité peuvent, sur leur demande, leur être remboursés par la ***(D. 2009-1377 du 10 nov. 2009, JO 13 ; D. 2010-687 du 24 juin 2010, JO 25 ; voir D. 2010-1582 du 17 déc. 2010, JO 18, pour outre-mer)*** « direction régionale des entreprises, de la concurrence, de la consommation, du travail et de l'emploi », dans les conditions prévues par la réglementation en vigueur pour les fonctionnaires de l'État.

CHAPITRE II

Agence nationale pour l'amélioration des conditions de travail

SECTION 1. Missions

Art. L. 4642-1. L'Agence nationale pour l'amélioration des conditions de travail a pour mission :

1° De contribuer au développement et à l'encouragement de recherches, d'expériences ou réalisations en matière d'amélioration des conditions de travail ;

2° De rassembler et de diffuser les informations concernant, en France et à l'étranger, toute action tendant à améliorer les conditions de travail ;

3° D'appuyer les démarches d'entreprise en matière d'évaluation et de prévention des risques professionnels.

Note Voir arrêté du 14 avril 2008 (JO 26) fixant les règles d'attribution des subventions du Fonds pour l'amélioration des conditions de travail.

SECTION 2. Composition

Art. L. 4642-2. L'Agence nationale pour l'amélioration des conditions de travail est administrée par un conseil d'administration qui comprend en nombre égal :

1° Des représentants des organisations d'employeurs représentatives au niveau national ;

2° Des représentants des organisations syndicales de salariés représentatives au niveau national ;

3° Des représentants des ministres intéressés et de personnes qualifiées.

En outre, participent au conseil d'administration, à titre consultatif, un représentant de chacune des commissions chargées des affaires sociales au Parlement, ainsi qu'un représentant de la section chargée des affaires sociales au ***(L. 2010-704 du 28 juin 2010, JO 29)*** « Conseil économique, social et environnemental ».

SECTION 3. Dispositions d'application

Art. L. 4642-3. Un décret en Conseil d'État détermine les modalités d'application du présent chapitre.

[Dispositions réglementaires]

SECTION 1. Missions

Art. R. 4642-1. Dans le cadre des missions énoncées à l'article L. 4642-1, l'Agence nationale pour l'amélioration des conditions de travail est chargée :

1° D'appuyer les démarches d'entreprises en matière d'évaluation et de prévention des risques professionnels, en liaison avec la médecine du travail et les autres organismes intéressés ;

2° D'apporter un appui méthodologique en vue de favoriser une diminution de l'exposition des salariés aux risques, par une approche organisationnelle ;

3° De faciliter l'implication de l'ensemble des acteurs intéressés dans cette démarche ;

4° De servir de correspondant à toute institution étrangère ou internationale traitant de l'amélioration des conditions de travail ;

5° D'établir à ces différentes fins toutes les liaisons utiles avec les organisations professionnelles, les entreprises, les établissements d'enseignement et, plus généralement, tout organisme traitant des problèmes d'amélioration des conditions de travail.

Art. R. 4642-2. L'Agence nationale pour l'amélioration des conditions de travail a pour objet d'entreprendre et de favoriser toute action tendant à améliorer les conditions de travail, notamment dans les domaines suivants :

1° L'organisation du travail et du temps de travail ;

2° L'environnement physique du salarié et l'adaptation des postes et locaux de travail ;

3° La participation des salariés à l'organisation du travail ;

4° Les méthodes d'étude et d'appréciation des conditions de travail. À cette fin, elle est chargée, en particulier :
a) De rassembler et diffuser l'information utile ;
b) D'organiser des échanges et des rencontres ;
c) De coordonner et susciter des recherches ;
d) D'inciter les constructeurs à concevoir des machines et des bâtiments industriels adaptés ;
e) D'apporter son concours à des actions de formation ;
f) De susciter et d'encourager le développement d'opérations et d'expériences dans les services publics et les entreprises, notamment en fournissant des informations et en donnant la possibilité de consulter des experts.

Note Voir arrêté du 14 avril 2008 (JO 26) fixant les règles d'attribution des subventions du Fonds pour l'amélioration des conditions de travail (FACT).

Art. R. 4642-3. L'Agence nationale pour l'amélioration des conditions de travail est un établissement public à caractère administratif placé sous la tutelle du ministre chargé du travail.

Note • Voir décret 97-410 du 25 avril 1997 (JO 27) modifié par décret 98-795 du 7 septembre 1998 (JO 9) fixant les conditions contractuelles applicables aux agents de l'ANACT.

• Certains établissements publics, telle l'Agence nationale pour l'amélioration des conditions de travail (ANACT), sont amenés à exercer leurs missions à Mayotte, en Nouvelle-Calédonie ou en Polynésie française. Il en est de même des organismes professionnels d'hygiène, de sécurité et des conditions de travail, tel l'organisme professionnel de prévention du bâtiment et des travaux publics (OPPBT) dont l'activité est coordonnée par l'ANACT. Ce faisant, ils sortent des limites géographiques que leur impartit le code du travail qui les régit. L'ordonnance 2005-57 du 26 janvier 2005 (art. L. 4831-1 CT) donne une base légale à l'intervention de ces établissements publics dans le respect des compétences dévolues aux collectivités dans lesquelles ils opèrent (rapport au président de la République relatif à l'ordonnance 2005-57 du 26 janvier 2005, JO 28).

SECTION 2. Organisation et fonctionnement

Sous-section 1. Conseil d'administration

Art. R. 4642-4. Le conseil d'administration de l'Agence nationale pour l'amélioration des conditions de travail comprend :

1° Neuf représentants des employeurs nommés par le ministre chargé du travail dans les conditions suivantes :
a) Cinq représentants, sur proposition du Mouvement des entreprises de France (MEDEF) ;
b) Un représentant des entreprises publiques, après consultation du Mouvement des entreprises de France (MEDEF) ;
c) Un représentant, sur proposition de la Confédération générale des petites et moyennes entreprises (CGPME) ;
d) Un représentant, sur proposition de la Fédération nationale des syndicats d'exploitants agricoles (FNSEA) ;
e) Un représentant, sur proposition de l'Union professionnelle artisanale (UPA) ;

2° Neuf représentants de salariés nommés par le ministre chargé du travail dans les conditions suivantes :
a) Trois représentants, sur proposition de la Confédération générale du travail (CGT) ;
b) Deux représentants, sur proposition de la Confédération française démocratique du travail (CFDT) ;
c) Deux représentants, sur proposition de la Confédération générale du travail – Force ouvrière (CGT-FO) ;
d) Un représentant, sur proposition de la Confédération française de l'encadrement – Confédération générale des cadres (CFE-CGC) ;
e) Un représentant, sur proposition de la Confédération française des travailleurs chrétiens (CFTC) ;

3° Trois personnes qualifiées en matière de conditions de travail nommées pour trois ans par le ministre chargé du travail ;

4° Six représentants des ministres intéressés, à raison de :
a) Un représentant du ministre chargé du travail ;
b) Un représentant du ou des ministres chargés des transports et de la marine marchande ;
c) Un représentant du ministre chargé de l'agriculture ;
d) Un représentant du ou des ministres chargés de l'industrie, du commerce et de l'artisanat ;
e) Un représentant du ministre chargé de la construction ;
f) Un représentant du ministre chargé des droits des femmes, nommés par le ministre du travail, sur proposition, en tant que de besoin, du ministre compétent.

(D. 2010-822 du 14 juil. 2010, JO 21) « Chacun des membres mentionnés aux 1° et 2° a un suppléant désigné dans les mêmes conditions que le titulaire. »

Art. R. 4642-5. Le conseil d'administration de l'Agence nationale pour l'amélioration des conditions de travail élit un président parmi ses membres, à la majorité absolue.

Son président est assisté par un directeur nommé par le ministre chargé du travail.

Art. R. 4642-6. La désignation des personnalités prévues au quatrième alinéa de l'article L. 4642-2 est notifiée, selon le cas, par le président de l'Assemblée nationale, le président du Sénat ou par le président du ***(D. 2010-886 du 29 juil. 2010, JO 30)*** « Conseil économique, social et environnemental » au ministre chargé du travail. Ce dernier en informe le président du conseil d'administration de l'Agence nationale pour l'amélioration des conditions de travail.

Art. R. 4642-7. Le conseil d'administration est réuni au moins quatre fois par an, sur convocation de son président.

Le président du conseil d'administration réunit également celui-ci sur demande de la moitié de ses membres en exercice.

Art. R. 4642-8. En plus des personnalités prévues au quatrième alinéa de l'article L. 4642-2, assistent avec voix consultative aux réunions du conseil d'administration :
1° Le membre du corps du contrôle général économique et financier de l'agence ;
2° Le directeur et l'agent comptable de celle-ci ;
3° En tant que de besoin, les représentants des ministres qui ne siègent pas au conseil d'administration lorsque le conseil est appelé à connaître de questions entrant dans les attributions de ces ministres ;
4° Toute personne dont il paraît utile de recueillir l'avis.

Art. R. 4642-9. L'ordre du jour de chaque réunion est arrêté par le président.

Toute question dont l'inscription a été demandée par six membres au moins du conseil d'administration est portée à l'ordre du jour.

Art. R. 4642-10. Les délibérations du conseil d'administration ne sont valables que si la moitié au moins des membres en exercice sont présents.

Art. R. 4642-11. Les délibérations du conseil d'administration sont prises à la majorité des membres présents. En cas de partage, la voix du président est prépondérante.

Art. R. 4642-12. Le procès-verbal de chaque séance, signé par le président, est adressé dans les quinze jours suivant la séance qu'il retrace au ministre chargé du travail et au ministre chargé des finances.

Art. R. 4642-13. Indépendamment des attributions qu'il tient des décrets n° 53-1227 du 10 décembre 1953 relatif à la réglementation comptable applicable aux établissements publics nationaux à caractère administratif et n° 62-1587 du 29 décembre 1962 portant règlement général sur la comptabilité publique, le conseil d'administration délibère sur les orientations de l'activité de l'Agence.

Il arrête, sur proposition du directeur, l'organisation intérieure de l'Agence ainsi que le règlement intérieur.

Il donne un avis sur toute question qui lui est soumise par le président du conseil d'administration ou par le ministre chargé du travail et, le cas échéant, par d'autres ministres.

Art. R. 4642-14. Le conseil d'administration de l'Agence nationale pour l'amélioration des conditions de travail délibère sur le budget de l'agence, ainsi que sur le programme des actions menées par elle.

Art. R. 4642-15. Les délibérations du conseil d'administration sont exécutoires lorsque, dans les vingt jours suivant la notification du procès-verbal, le ministre chargé du travail n'a pas fait connaître son opposition motivée.

Toutefois, ne sont exécutoires qu'après avoir été approuvées par arrêté conjoint des ministres chargés du travail et de l'économie et des finances les délibérations portant sur le budget, le compte financier, les emprunts, les acquisitions, les aliénations et échanges d'immeubles.

Art. R. 4642-16. Les ministres chargés du travail et des finances peuvent, par arrêté conjoint, exempter d'approbation certaines délibérations relatives aux modifications du budget ainsi qu'aux acquisitions, aliénations et échanges d'immeubles.

Art. R. 4642-17. Les membres du conseil d'administration de l'Agence nationale ont droit au remboursement des frais de déplacement et de séjour effectivement supportés par eux à l'occasion des réunions du conseil, conformément aux dispositions du décret n° 2006-781 du 3 juillet 2006 fixant les conditions et les modalités de règlement des frais occasionnés par les déplacements temporaires des personnels civils de l'État.

Sous-section 2. Directeur de l'Agence

Art. R. 4642-18. Le directeur de l'Agence nationale pour l'amélioration des conditions de travail est nommé par arrêté du ministre chargé du travail.

Art. R. 4642-19. Le directeur représente l'Agence en justice et dans tous les actes de la vie civile.

Il assure la direction administrative, technique et financière de l'Agence. Il en est l'ordonnateur.

Il conclut, au nom de l'Agence, toute convention et contrat. Il a autorité sur l'ensemble du personnel qu'il engage, nomme et licencie.

Le directeur de l'Agence est assisté dans ses tâches par un directeur adjoint.

Il peut déléguer sa signature à d'autres agents, à l'exclusion de l'agent comptable.

Sous-section 3. Comité scientifique

Art. R. 4642-20. Un comité scientifique contribue au suivi et à l'évaluation des actions menées par l'Agence nationale pour l'amélioration des conditions de travail. Il est nommé par arrêté du ministre chargé du travail. Les avis de ce comité sont transmis au conseil d'administration.

Art. R. 4642-21. Le comité scientifique est consulté par le conseil d'administration, préalablement à la délibération prévue à l'article R. 4642-14, sur le projet de programme des actions que mène l'agence. Il est informé de l'exécution de ce programme.

Art. R. 4642-22. Les règles relatives à la composition du comité scientifique ainsi que les modalités de désignation de ses membres et de son président sont fixées par arrêté du ministre chargé du travail, après avis du conseil d'administration de l'Agence.

Note Un arrêté du 23 décembre 1997 (JO 1er janvier 1998) fixe la composition du comité scientifique et les règles de désignation de ses membres.

Sous-section 4. Concours des associations régionales

Art. R. 4642-23. En vue de développer les initiatives pour l'amélioration des conditions de travail dans les régions et d'y apporter son concours, l'Agence peut conclure des conventions avec des associations régies par la loi du 1er juillet 1901 qui ont notamment pour objet l'amélioration des conditions de travail.

Art. R. 4642-24. La conclusion de conventions avec des associations ne peut intervenir que si ces dernières sont dotées d'une instance d'orientation comprenant notamment des représentants, en nombre égal, des organisations d'employeurs et des organisations salariés qui siègent au conseil d'administration de l'Agence et que leurs activités sont également financées par d'autres personnes morales de droit public.

Art. R. 4642-25. Les conventions conclues avec les associations déterminent les conditions dans lesquelles l'Agence leur apporte son concours et coordonne leurs actions régionales en matière d'amélioration des conditions de travail.

SECTION 3. Ressources de l'Agence

Art. R. 4642-26. Les crédits budgétaires nécessaires à la mise en place et au fonctionnement de l'Agence sont inscrits au budget de l'État au titre de la mission relevant du travail.

Art. R. 4642-27. Les ressources de l'Agence comprennent :
1° Les subventions de l'État ;
2° Les concours qu'elle peut recevoir des collectivités locales et des autres organismes publics ou privés ;
3° La rémunération des services rendus ;
4° Le produit des emprunts ;
5° Les dons et legs et leurs revenus ;
6° Toutes les ressources prévues par les dispositions en vigueur.

Art. R. 4642-28. Le régime financier de l'Agence est, sous réserve des dispositions résultant du présent chapitre, celui que fixent les décrets n° 53-1227 du 10 décembre 1953 relatif à la réglementation comptable applicable aux établissements publics nationaux à caractère administratif et n° 62-1587 du 29 décembre 1962 portant règlement général sur la comptabilité publique.

Art. R. 4642-29. L'Agence est soumise au contrôle financier de l'État conformément aux dispositions du décret du 25 octobre 1935 instituant le contrôle financier des offices et établissements autonomes de l'État.

CHAPITRE III

Organismes et commissions de santé et de sécurité

SECTION 1. Organismes professionnels de santé, de sécurité et des conditions de travail

Art. L. 4643-1. Des organismes professionnels de santé, de sécurité et des conditions de travail sont constitués dans les branches d'activité présentant des risques particuliers.

Ces organismes sont chargés notamment :
1° De promouvoir la formation à la sécurité ;
2° De déterminer les causes techniques des risques professionnels ;
3° De susciter les initiatives professionnelles en matière de prévention ;
4° De proposer aux pouvoirs publics toutes mesures dont l'expérience a fait apparaître l'utilité.

Art. L. 4643-2. Les organismes professionnels de santé, de sécurité et des conditions de travail associent les représentants des organisations professionnelles d'employeurs et de salariés représentatives.

Leur activité est coordonnée par l'Agence nationale pour l'amélioration des conditions de travail.

Art. L. 4643-3. Des décrets en Conseil d'État déterminent l'organisation, le fonctionnement ainsi que les modalités de participation des employeurs au financement des organismes prévus par la présente section.

Note Voir notamment décret 85-682 du 4 juillet 1985 modifié, codifié aux articles R. 4643-2 à 42, relatif à l'OPPBTP et arrêté du 19 décembre 2011 (JO 27) modifiant en dernier lieu l'arrêté du 16 décembre 1999 modifié fixant le taux de cotisation des entreprises du bâtiment et des travaux publics à l'OPPBTP (pour 2012, 0,11 % du montant des salaires versés par l'employeur, y compris le montant des indemnités de congés payés pour lesquelles une cotisation est perçue par les caisses de congés payés instituées dans la branche) ainsi que le salaire de référence horaire de la contribution due au titre de l'emploi de travailleurs temporaires (11,52 €, y compris l'indemnité compensatrice de congés payés).

SECTION 2. Commissions de santé et de sécurité

Art. L. 4643-4. Des commissions de santé et de sécurité, instituées par conventions et accords collectifs de travail et composées de représentants des employeurs et des salariés, sont chargées de promouvoir la formation à la sécurité et de contribuer à l'amélioration des conditions de santé et de sécurité.

Ces dispositions ne sont pas applicables aux exploitations et aux entreprises agricoles qui ne disposent pas de comité d'hygiène, de sécurité et des conditions de travail. Ces exploitations et entreprises relevant [relèvent] de l'article L. 717-7 du code rural ***(Ord. 2010-462 du 6 mai 2010, JO 7)*** « et de la pêche maritime », relatif aux commissions paritaires d'hygiène, de sécurité et des conditions de travail en agriculture.

À défaut de constitution de commissions dans les conditions prévues au premier alinéa, leur mission est assurée par des organismes professionnels de santé, de sécurité et des conditions de travail constitués dans les branches d'activité présentant des risques particuliers prévus à l'article L. 4643-1.

Note Voir décret 99-905 du 22 octobre 1999 relatif aux commissions paritaires d'hygiène, de sécurité et des conditions de travail en agriculture (JO 26) modifié par décret 2006-1665 du 22 décembre 2006 (JO 24).

[Dispositions réglementaires]

SECTION 1. Dispositions générales

Art. R. 4643-1. Dans les branches d'activité où existe un organisme professionnel de santé, de sécurité et des conditions de travail, prévu à l'article L. 4643-1, cet organisme est chargé de promouvoir la formation à la sécurité et d'apporter son concours technique pour sa mise en œuvre.

SECTION 2. Organisme professionnel de prévention du bâtiment et des travaux publics

Note Les dispositions de cette section sont issues du décret 85-682 du 4 juillet 1985 relatif à l'organisme professionnel de prévention du bâtiment et des travaux publics (JO 9).

Sous-section 1. Missions

Art. R. 4643-2. L'Organisme professionnel de prévention du bâtiment et des travaux publics a pour mission, notamment, de contribuer à la promotion de la prévention des accidents du travail et des maladies professionnelles ou à caractère professionnel ainsi qu'à l'amélioration des conditions de travail dans les entreprises adhérentes.

Art. R. 4643-3. Afin de remplir sa mission, l'Organisme professionnel de prévention du bâtiment et des travaux publics :

1° Participe à la veille en matière de risques professionnels ;

2° Conduit les études relatives aux conditions de travail ;

3° Analyse les causes des risques professionnels ;

4° Suscite les initiatives des professionnels de la branche du bâtiment et des travaux publics ainsi que de toutes les personnes qui interviennent dans le processus de construction pour une meilleure prise en compte de la sécurité dans les procédés de fabrication ;

5° Propose aux pouvoirs publics toutes mesures résultant du retour d'expérience organisé dans la profession ;

6° Exerce des actions d'information et de conseil en matière de prévention ;

7° Contribue à la formation à la sécurité ;

8° Participe aux travaux menés dans le cadre de l'Union européenne dans son champ de compétences.

Sous-section 2. Composition

Art. R. 4643-4. Les entreprises qui relèvent des caisses de congés payés des professions du bâtiment et des travaux publics adhèrent à l'Organisme professionnel de prévention du bâtiment et des travaux publics.

Sous-section 3. Organisation et fonctionnement

§ 1. Comité national

Art. R. 4643-5. L'Organisme professionnel de prévention du bâtiment et des travaux publics comprend un comité national qui règle, par ses délibérations, les affaires de l'organisme.

À ce titre, le conseil du comité national :

1° Détermine les orientations de l'organisme, fixe le programme annuel et adopte le rapport d'activité, conformément à la politique générale de prévention et d'amélioration des conditions de travail définie par le ministre chargé du travail et en concertation avec les organismes chargés de la santé et de la sécurité et de l'amélioration des conditions de travail ;

2° Anime, coordonne et contrôle l'action des comités régionaux de prévention prévus à l'article R. 4643-19 ;

3° Vote le budget ;

4° Approuve le bilan et les comptes de résultats de l'exercice ;

5° Autorise les acquisitions et les ventes de biens immobiliers ainsi que les emprunts. Le comité national peut déléguer cette compétence au bureau ;

6° Se prononce sur les conditions générales de recrutement, d'emploi et de rémunération du personnel ;

7° Nomme le secrétaire général ;

8° Établit le règlement intérieur type du comité national et des comités régionaux de prévention.

Art. R. 4643-6. Le conseil du comité national comprend dix membres, dont cinq sont désignés par les organisations professionnelles d'employeurs représentatives au plan national et cinq par les organisations syndicales de salariés représentatives au plan national. Le ministre chargé du travail procède à la répartition des sièges entre les organisations.

Dix suppléants sont désignés dans les mêmes conditions.

Les désignations sont soumises à l'approbation du ministre chargé du travail. Le mandat d'un représentant peut prendre fin à la demande de l'organisation qui l'avait désigné.

Art. R. 4643-7. Le conseil du comité national élit, chaque année, en son sein, un bureau composé d'un président et d'un vice-président appelé à remplacer le président en cas d'absence ou d'empêchement.

Lorsque le président appartient à la catégorie des membres représentant les employeurs, le vice-président est choisi parmi les membres représentant les salariés et inversement.

Art. R. 4643-8. Le conseil du comité national se réunit sur la convocation de son président et sur l'ordre du jour fixé par lui. Il est également réuni à la demande de la majorité de ses membres ou du ministre chargé du travail.

Il ne peut délibérer que si trois membres au moins appartenant à chaque catégorie sont présents. À défaut, il est convoqué une nouvelle fois dans les quinze jours et sur le même ordre du jour, il délibère sans condition de nombre.

Art. R. 4643-9. Sauf convocation du conseil du comité national en cas d'urgence motivée, les dossiers relatifs à l'ordre du jour sont adressés aux membres ainsi qu'aux représentants avec voix consultative, quinze jours au moins avant la date fixée sur la convocation.

Art. R. 4643-10. Le secrétaire général prépare et exécute les délibérations du conseil comité national.

Il est le chef des services de l'organisme, recrute et dirige le personnel.

Il définit l'organisation opérationnelle de l'organisme qu'il propose au conseil du comité national pour accord.

Art. R. 4643-11. Le secrétaire général, un représentant de la Caisse nationale d'assurance maladie et le représentant du ministre chargé du travail assistent aux séances du comité national avec voix consultative. Ce dernier peut jouer le rôle d'arbitre en cas de nécessité.

Le comité national peut faire appel à toute personne qualifiée.

Art. R. 4643-12. Les délibérations du comité national, énumérées à l'article R. 4643-5 sont exécutoires de plein droit, à l'exception de celles portant sur le vote du budget.

Ces dernières sont adoptées et rendues exécutoires dans les conditions suivantes :
1° Le budget primitif, détaillé selon le plan comptable applicable aux établissements de droit privé, est adopté par le conseil du comité national au plus tard vingt et un jours avant le début de l'année auquel il s'applique. Il n'est exécutoire que si, dans le délai de vingt et un jours de son adoption, le ministre chargé du travail n'a pas fait connaître son opposition. L'adoption du budget primitif est précédée, dans le courant du mois d'octobre, d'un débat d'orientation au sein du comité national destiné à préparer le budget primitif de l'année suivante à la lumière, notamment, de l'exécution du budget en cours et du programme annuel envisagé pour l'année à venir ;
2° À défaut d'adoption du budget primitif dans le délai prévu ou d'approbation, le ministre chargé du travail peut autoriser l'organisme à reconduire le budget de l'exercice précédent selon la règle dite du douzième ;
3° Les modifications à apporter en cours d'exercice à l'exécution du budget primitif sont approuvées par le conseil du comité national. Elles ne sont exécutoires que si le ministre chargé du travail n'a pas fait connaître son opposition dans le délai de quinze jours de leur adoption.

Art. R. 4643-13. Le conseil du comité national est assisté, pour le suivi des questions financières, d'un comité financier.

Le comité financier comprend le président et le vice-président de l'Organisme professionnel de prévention du bâtiment et des travaux publics, un représentant désigné par chacun des deux collèges siégeant au comité national, le secrétaire général de l'organisme et le représentant désigné par le ministre chargé du travail.

Le président de l'organisme préside le comité financier.

Art. R. 4643-14. Le comité financier se réunit en tant que de besoin, et au moins deux fois par an, sur convocation du secrétaire général.

Art. R. 4643-15. Le comité financier donne son avis sur le projet de budget primitif de l'organisme, ainsi que sur les modifications de ce budget envisagées en cours de gestion, et sur le financement des investissements.

Au cours de ses réunions, il se prononce sur l'état de l'exécution du budget en cours qui lui est présenté par le secrétaire général de l'organisme.

Art. R. 4643-16. Les documents relatifs à l'ordre du jour du comité financier sont transmis, par le secrétaire général, aux membres du comité quinze jours avant sa tenue, sauf en cas d'urgence.

Art. R. 4643-17. Le secrétaire général porte à la connaissance du comité national les avis du comité financier lors de la première réunion qui suit celle de ce dernier.

Art. R. 4643-18. Le comité national s'adjoint, en qualité de conseiller technique, un médecin choisi parmi les médecins du travail assurant la surveillance médicale des salariés de la branche d'activité.

§ 2. Comités régionaux

Art. R. 4643-19. L'Organisme professionnel de prévention du bâtiment et des travaux publics comprend des comités régionaux de prévention chargés, notamment :
1° De conduire les actions en vue de l'amélioration de l'hygiène, de la santé, de la sécurité et des conditions de travail sur tous les lieux dans lesquels interviennent les entreprises adhérentes ;
2° De mettre en œuvre, sous le contrôle du comité national et conformément au programme d'actions adopté par le conseil du comité national, les programmes d'action de l'Organisme professionnel de prévention du bâtiment et des travaux publics dans leur champ de compétence territorial.

Art. R. 4643-20. Le conseil du comité régional de prévention assure l'organisation et le fonctionnement des services mis à sa disposition par le comité national, conformément aux orientations définies par celui-ci.

Il adopte le programme régional d'action annuel en cohérence avec celui défini par le conseil du comité national.

Il fixe ses prévisions de dépenses.

Il établit son règlement intérieur conformément au règlement intérieur type établi par le conseil du comité national.

Art. R. 4643-21. Le comité national fixe le nombre des comités régionaux de prévention.

Art. R. 4643-22. Chaque conseil de comité régional de prévention comprend dix membres nommés par le conseil du comité national, à raison de cinq sur proposition des organisations professionnelles d'employeurs représentatives au plan national et cinq sur proposition des organisations syndicales de salariés représentatives au plan national.

Dix suppléants sont désignés dans les mêmes conditions.

Art. R. 4643-23. Le conseil de comité régional de prévention élit, chaque année, en son sein, un bureau composé d'un président et d'un vice-président, lequel est chargé de remplacer le président en cas d'absence ou d'empêchement.

Lorsque le président appartient à la catégorie des membres désignés sur proposition des organisations professionnelles d'employeurs, le vice-président est choisi parmi les membres désignés sur proposition des organisations syndicales de salariés, et inversement.

Art. R. 4643-24. Le conseil de comité régional de prévention se réunit sur la convocation de son président et sur l'ordre du jour fixé par lui. Il est également réuni à la demande de la majorité de ses membres ou du ***(D. 2009-1377 du 10 nov. 2009, JO 13 ; D. 2010-687 du 24 juin 2010, JO 25 ; voir D. 2010-1582 du 17 déc. 2010, JO 18, pour outre-mer)*** « directeur régional des entreprises, de la concurrence, de la consommation, du travail et de l'emploi ».

Il ne peut délibérer que si trois membres au moins appartenant à chaque catégorie sont présents. À défaut, convoqué une nouvelle fois dans les quinze jours et sur le même ordre du jour, il délibère sans condition de nombre.

Le responsable opérationnel du comité régional, un représentant de la caisse régionale d'assurance maladie et le directeur régional du travail, de l'emploi et de la formation professionnelle siègent avec voix consultative. Ce dernier peut jouer le rôle d'arbitre en cas de nécessité.

Le conseil régional peut faire appel à toute personne qualifiée.

Art. R. 4643-25. Les responsables opérationnels régionaux préparent et exécutent les délibérations des conseils des comités régionaux de prévention.

Ils dirigent, par délégation du secrétaire général, les services et le personnel mis à leur disposition.

Art. R. 4643-26. Chaque comité régional s'adjoint, en qualité de conseiller technique, un médecin choisi parmi les médecins du travail assurant la surveillance médicale des salariés de la branche d'activité.

Art. R. 4643-27. L'action du comité régional de prévention est mise en œuvre notamment par des ingénieurs et des techniciens de prévention, dont les modalités de recrutement sont fixées par délibération du conseil du comité national.

§ 3. Membres des comités

Art. R. 4643-28. Nul ne peut appartenir au conseil du comité national ou à celui d'un comité régional de prévention s'il ne justifie de l'exercice, pendant cinq années au moins, d'une profession, d'un métier ou d'une activité salariée dans la branche du bâtiment et des travaux publics.

Art. R. 4643-29. L'employeur laisse aux salariés membres d'un conseil d'un comité de l'organisme le temps nécessaire à l'exercice de leurs fonctions.

L'organisme assure aux intéressés le maintien de leur rémunération pendant les absences correspondantes ou, le cas échéant, rembourse, à la demande de l'employeur, les charges supportées par lui à ce titre.

Art. R. 4643-30. Les membres du conseil du comité national et le secrétaire général, dûment mandatés par lui et les membres du personnel de l'organisme, mandatés par le secrétaire général, ont libre accès dans les établissements et chantiers des entreprises adhérentes.

Les membres du conseil du comité régional de prévention et le responsable opérationnel de ce comité, dûment mandatés par lui et les membres du personnel mandaté par ce responsable, ont libre accès dans les établissements et chantiers des entreprises adhérentes de la circonscription.

Dans ces établissements et chantiers, les personnes mentionnées aux premier et deuxième alinéas peuvent, au cours de leurs visites, demander communication des documents mentionnés à l'article L. 4711-1. Les représentants mandatés peuvent porter à la connaissance de l'inspecteur du travail les manquements répétés ou les infractions graves qu'ils constatent aux dispositions légales en matière de santé et sécurité au travail.

Art. R. 4643-31. De leur propre initiative ou à la demande d'un délégué du personnel, les personnes mentionnées aux premier et deuxième alinéas de l'article R. 4643-30 procèdent aux enquêtes techniques sur les causes des accidents du travail et des maladies professionnelles ou à caractère professionnel dans les entreprises qui ne disposent pas d'un comité d'hygiène, de sécurité et des conditions de travail.

Dans les autres entreprises, ces personnes peuvent participer à ces enquêtes à la demande de l'employeur ou d'un membre du comité d'hygiène, de sécurité et des conditions de travail.

Art. R. 4643-32. L'ordre du jour des réunions du comité d'hygiène, de sécurité et des conditions de travail est communiqué au comité régional de prévention dans les conditions fixées par l'article R. 4614-3.

Un représentant mandaté du comité régional peut assister aux réunions avec voix consultative.

Art. R. 4643-33. Les membres du comité du conseil national et des comités des conseils régionaux ainsi que les salariés de l'Organisme professionnel de prévention du bâtiment et des travaux publics sont tenus de ne rien révéler des secrets dont ils pourraient avoir connaissance dans l'exercice de leurs fonctions.

Ils ne peuvent faire état de procédés de fabrication améliorant la prise en compte de la sécurité qu'avec l'accord exprès de l'employeur qui en dispose.

Art. R. 4643-34. Les employeurs des entreprises adhérentes déclarent au comité régional, dans les quarante-huit heures, tout accident grave.

On entend par accident grave, au sens du présent article, l'accident ayant entraîné la mort ou paraissant devoir entraîner une incapacité permanente ou ayant révélé l'existence d'un danger grave, même si les conséquences ont pu en être évitées, ainsi que toute maladie professionnelle ou à caractère professionnel.

Les employeurs communiquent au comité régional, à sa demande, tous renseignements statistiques nécessaires à l'exercice de sa mission, ainsi que toutes informations de nature à permettre un bon déroulement des enquêtes prévues à l'article R. 4643-31.

Ils transmettent au comité régional une copie de la déclaration d'ouverture de tout chantier ou autre lieu de travail à caractère temporaire prévue au second alinéa de l'article R. 8113-1.

§ 4. Dispositions financières

Art. R. 4643-35. Les ressources de l'Organisme professionnel de prévention du bâtiment et des travaux publics comprennent :

1° Les cotisations des entreprises adhérentes ;

2° À titre exceptionnel, la rémunération des services rendus qui par leur nature, leur importance ou leur durée excéderaient les limites habituelles des interventions de l'organisme ;

3° Le produit des ventes des productions et publications ;

4° Les produits financiers.

Art. R. 4643-36. Les cotisations sont constituées :

1° Par une fraction du montant des salaires versés aux salariés permanents par les entreprises adhérentes, augmenté des indemnités de congés payés pour lesquelles une cotisation est perçue par les caisses de congés payés instituées dans la branche du bâtiment et des travaux publics ;

2° Par une contribution au titre des salariés temporaires mis à la disposition de ces entreprises. Cette contribution est assise sur le produit obtenu en multipliant le nombre d'heures de travail accomplies par les salariés temporaires auxquels les entreprises adhérentes font appel par le salaire de référence fixé dans les conditions prévues à l'article R. 4643-38.

Art. R. 4643-37. Les entreprises dotées d'un comité d'hygiène, de sécurité et des conditions de travail peuvent être admises à cotiser à taux réduit par décision du comité régional de prévention dont elles relèvent, compte tenu de leurs résultats en matière de prévention tels qu'ils ressortent, notamment, des documents mentionnés à l'article L. 4612-16.

Art. R. 4643-38. Un arrêté du ministre chargé du travail, pris après avis du conseil du comité national de l'Organisme professionnel de prévention du bâtiment et des travaux publics, fixe le taux plein et le taux réduit des cotisations.

Il fixe le salaire de référence de la contribution due au titre de l'emploi de salariés temporaires, ainsi que les taux qui lui sont applicables.

Note Voir arrêté du 16 décembre 1999 modifié en dernier lieu par l'arrêté du 19 décembre 2011 (JO 27) cité sous art. L. 4643-3.

Art. R. 4643-39. Le recouvrement des cotisations est assuré par les caisses de congés payés instituées dans la branche d'activité, dans les mêmes conditions que celui des cotisations de congés payés.

Le recouvrement de la contribution est assuré par trimestre civil sur la base des heures accomplies au cours du trimestre précédant la date du recouvrement.

Le montant des frais de recouvrement et de gestion des fonds est fixé par convention entre le comité national et les caisses intéressées.

Art. R. 4643-40. Le montant des cotisations recouvrées est versé à l'Union des caisses de France – Congés intempéries BTP et porté au crédit de l'Organisme professionnel de prévention du bâtiment et des travaux publics.

Art. R. 4643-41. L'Union des caisses de France – Congés intempéries BTP procède au règlement des dépenses figurant au budget de l'organisme suivant les ordres qu'elle reçoit à cet effet du secrétaire général. Elle transmet chaque année au comité national un état récapitulatif des opérations comptables effectuées pour le compte de l'organisme. L'organisme la met en mesure de connaître, préalablement à l'exécution des ordres, la situation des soldes comptables et bancaires.

Les opérations d'encaissement des cotisations et de règlement des dépenses de l'organisme font l'objet, dans les écritures de l'Union des caisses de France – Congés intempéries BTP, d'une comptabilité distincte.

Art. R. 4643-42. La gestion financière de l'Organisme professionnel de prévention du bâtiment et des travaux publics est soumise au contrôle du ministre chargé du travail.

(L. 2011-867 du 20 juil. 2011, art. 1er, 6°, entrée en vigueur à la date de publication des décrets prévus au II de l'article L. 4644-1 et au plus tard le 01.06.2012, JO 24)

CHAPITRE IV

Aide à l'employeur pour la gestion de la santé et de la sécurité au travail

Art. L. 4644-1. *I. – L'employeur désigne un ou plusieurs salariés compétents pour s'occuper des activités de protection et de prévention des risques professionnels de l'entreprise.*

Le ou les salariés ainsi désignés par l'employeur bénéficient, à leur demande, d'une formation en matière de santé au travail dans les conditions prévues aux articles L. 4614-14 à L. 4614-16.

À défaut, si les compétences dans l'entreprise ne permettent pas d'organiser ces activités, l'employeur peut faire appel, après avis du comité d'hygiène, de sécurité et des conditions de travail ou, en son absence, des délégués du personnel, aux intervenants en prévention des risques professionnels appartenant au service de santé au travail interentreprises auquel il adhère ou dûment enregistrés auprès de l'autorité administrative disposant de compétences dans le domaine de la prévention des risques professionnels et de l'amélioration des conditions de travail.

L'employeur peut aussi faire appel aux services de prévention des caisses de sécurité sociale avec l'appui de l'Institut national de recherche et de sécurité dans le cadre des programmes de prévention mentionnés à l'article L. 422-5 du code de la sécurité sociale, à l'organisme professionnel de prévention du bâtiment et des travaux publics et à l'Agence nationale pour l'amélioration des conditions de travail et son réseau.

Cet appel aux compétences est réalisé dans des conditions garantissant les règles d'indépendance des professions médicales et l'indépendance des personnes et organismes mentionnés au présent I. Ces conditions sont déterminées par décret en Conseil d'État.

II. – Les modalités d'application du présent article sont déterminées par décret.

Art. L. 4643-4.

Note Les décrets 2012-135 et 137 du 30 janvier 2012 (JO 31) qui entrent en vigueur le 1er juillet 2012 précisent les modalités d'application de l'article L. 4644-1. Bien que l'entrée en vigueur de la loi 2011-867 du 20 juillet 2011 soit prévue à la date de publication des décrets prévus au II de cet article (décrets 2012-135 et 137 publiés au JO du 31 janvier) et au plus tard le 01.06.2012, une difficulté subsiste, lesdits décrets entrant en vigueur le 01.07.2012 et l'application de la loi sans ses décrets restant très théorique.

• L'habilitation d'intervenant en prévention des risques professionnels délivrée avant la date d'entrée en vigueur de la loi 2011-867 précitée vaut enregistrement, au sens de l'article L. 4644-1 CT, pendant une durée de trois ans à compter de la date de promulgation de la loi.

• Durant les débats parlementaires, il a été souligné que dans les entreprises où cette pratique existe déjà, le salarié désigné par l'employeur exerce généralement des fonctions exigeant une compétence ou une expérience en matière de santé et de sécurité au travail (ex. : responsable de la sécurité). Concrètement, la tâche de ces salariés consisterait à élaborer et rédiger des fiches pédagogiques, des avertissements ou encore des consignes de sécurité à l'usage de leurs collègues de travail, de les sensibiliser aux bonnes pratiques (port de protections, postures) ou encore de proposer certaines améliorations de l'environnement de travail, en lien avec le CHSCT (rapport AN 3529, p. 39).

[Dispositions réglementaires]

(D. 2012-135 du 30 janv. 2012, JO 31, entrée en vigueur le 01.07.2012)

SECTION 1. **Conditions d'exercice**

Art. R. 4644-1. *Les personnes mentionnées au premier alinéa de l'article L. 4644-1 sont désignées après avis du comité d'hygiène, de sécurité et des conditions de travail, ou, à défaut, des délégués du personnel.*

Elles disposent du temps nécessaire et des moyens requis pour exercer leurs missions.

Elles ne peuvent subir de discrimination en raison de leurs activités de prévention.

Art. R. 4644-2. *L'intervention de l'intervenant en prévention des risques professionnels enregistré dans les conditions prévues à la section 2 est subordonnée à la conclusion d'une convention entre celui-ci et l'employeur ou le président du service de santé au travail interentreprises.*

Cette convention précise :

1° Les activités confiées à l'intervenant ainsi que les modalités de leur exercice ;

2° Les moyens mis à la disposition de l'intervenant ainsi que les règles définissant son accès aux lieux de travail et l'accomplissement de ses missions, notamment la présentation de ses propositions, dans des conditions assurant son indépendance.

Art. R. 4644-3. *Lorsque l'employeur fait appel à un intervenant en prévention des risques professionnels enregistré ou aux organismes de prévention mentionnés à l'article L. 4644-1, il informe son service de santé au travail de cette intervention ainsi que des résultats des études menées dans ce cadre.*

Art. R. 4644-4. *La convention mentionnée à l'article R. 4644-2 ne peut comporter de clauses autorisant l'intervenant en prévention des risques professionnels enregistré à réaliser des actes relevant de la compétence du médecin du travail.*

Art. R. 4644-5. *L'intervenant en prévention des risques professionnels enregistré a accès à tous les documents non nominatifs rendus obligatoires par la présente partie.*

Ce droit d'accès s'exerce dans des conditions garantissant le caractère confidentiel des données ainsi que la protection des informations mentionnées à l'article R. 4624-9.

SECTION 2. **Enregistrement**

Art. D. 4644-6. **(D. 2012-137 du 30 janv. 2012, JO 31, entrée en vigueur le 01.07.2012)** *Le dossier de l'enregistrement prévu à l'article L. 4644-1 est adressé au directeur régional des entreprises, de la concurrence, de la consommation, du travail et de l'emploi par lettre recommandée avec avis de réception. Il contient :*

1° Les justificatifs attestant de la détention par le demandeur d'un diplôme d'ingénieur, d'un diplôme sanctionnant au moins deux ans d'études supérieures dans les domaines de la santé, de la sécurité ou de l'organisation du travail, d'un diplôme sanctionnant au moins trois ans d'études supérieures dans un domaine scientifique ou dans une matière relevant des sciences humaines et sociales et liée au travail ou d'une expérience professionnelle dans le domaine de la prévention des risques professionnels d'au moins cinq ans ;

2° Une déclaration d'intérêts dont le modèle est fixé par arrêté ;

3° Un rapport d'activité de l'intervenant en prévention des risques professionnels concernant les cinq dernières années d'exercice lorsqu'il s'agit d'un renouvellement de l'enregistrement.

Art. D. 4644-7. **(D. 2012-137 du 30 janv. 2012, JO 31, entrée en vigueur le 01.07.2012)** *Le directeur régional des entreprises, de la concurrence, de la consommation, du travail et de l'emploi enregistre l'intervenant en prévention des risques professionnels dans un délai d'un mois, à compter de la date de réception du dossier.*

Art. D. 4644-8. **(D. 2012-137 du 30 janv. 2012, JO 31, entrée en vigueur le 01.07.2012)** *L'enregistrement des intervenants en prévention des risques professionnels est renouvelé au terme d'un délai de cinq ans.*

Il est valable pour l'ensemble du territoire national.

Art. D. 4644-9. **(D. 2012-137 du 30 janv. 2012, JO 31, entrée en vigueur le 01.07.2012)** *Le directeur régional des entreprises, de la concurrence, de la consommation, du travail et de l'emploi peut mettre fin, à tout moment, à l'enregistrement d'un intervenant en prévention des risques professionnels lorsque celui-ci ne dispose pas des compétences nécessaires, qu'il ne respecte pas les prescriptions légales ou qu'il n'est plus en mesure d'assurer sa mission.*

Art. D. 4644-10. **(D. 2012-137 du 30 janv. 2012, JO 31, entrée en vigueur le 01.07.2012)** *L'intervenant en prévention des risques professionnels tient à disposition du directeur régional des entreprises, de la concurrence, de la consommation, du travail et de l'emploi les éléments permettant de justifier son activité.*

Art. D. 4644-11. **(D. 2012-137 du 30 janv. 2012, JO 31, entrée en vigueur le 01.07.2012)** *Une personne d'un État membre de l'Union européenne non établie en France peut effectuer de façon occasionnelle des prestations de prévention des risques professionnels si elle peut justifier de compétences ou de diplômes équivalents dans son pays d'origine.*

LIVRE VII

CONTRÔLE

TITRE Ier

DOCUMENTS ET AFFICHAGES OBLIGATOIRES

CHAPITRE UNIQUE

Art. L. 4711-1. Les attestations, consignes, résultats et rapports relatifs aux vérifications et contrôles mis à la charge de l'employeur au titre de la santé et de la sécurité au travail comportent des mentions obligatoires déterminées par voie réglementaire.

Art. L. 4711-2. Les observations et mises en demeure notifiées par l'inspection du travail en matière de santé et de sécurité, de médecine du travail et de prévention des risques sont conservées par l'employeur.

Art. L. 4711-3. Au cours de leurs visites, les inspecteurs du travail et les agents du service de prévention des organismes de sécurité sociale ont accès aux documents mentionnés aux articles L. 4711-1 et L. 4711-2.

Art. L. 4711-4. Les documents mentionnés aux articles L. 4711-1 et L. 4711-2 sont communiqués, dans des conditions déterminées par voie réglementaire, aux membres des comités d'hygiène, de sécurité et des conditions de travail, aux délégués du personnel, au médecin du travail et, le cas échéant, aux représentants des organismes professionnels d'hygiène, de sécurité et des conditions de travail prévues à l'article L. 4643-2.

Note Voir notamment art. R. 4614-5, R. 4624-5 et R. 2313-3, art. 4 et 5 du décret 86-525 du 3 mars 1986 (JO 16).

Art. L. 4711-5. Lorsqu'il est prévu que les informations énumérées aux articles L. 4711-1 et L. 4711-2 figurent dans des registres distincts, l'employeur est autorisé à réunir ces informations dans un registre unique dès lors que cette mesure est de nature à faciliter la conservation et la consultation de ces informations.

Note *Registre unique de sécurité.* La possibilité – il s'agit d'une simple faculté et non d'une obligation – est donnée aux employeurs de réunir différents documents en un registre unique à condition qu'une telle mesure facilite la conservation et la consultation desdits documents (circ. DRT 90-16 du 27 juillet 1990 relative aux registres et affiches obligatoires).

Art. D. 4711-1. L'employeur affiche, dans des locaux normalement accessibles aux travailleurs, l'adresse et le numéro d'appel :

1° Du médecin du travail ou du service de santé au travail compétent pour l'établissement ;
2° Des services de secours d'urgence ;
3° De l'inspection du travail compétente ainsi que le nom de l'inspecteur compétent.

Note • La loi du 25 juillet 1985 a complété les affichages obligatoires (inspection du travail, médecine du travail, service de secours d'urgence, étant précisé que les numéros de téléphone doivent obligatoirement figurer dans l'affiche).

Services de secours d'urgence : il s'agit essentiellement des pompiers et du SAMU mais peuvent également être affichés les numéros d'appel d'un centre anti-poison, d'un hôpital, etc.

• En ce qui concerne les principaux affichages obligatoires, voir notamment art. R. 1321-1 (règlement intérieur) ; R. 2262-1 à 4 (convention ou accord collectif liant l'entreprise) ; L. 1233-49 et 57 (plan de sauvegarde de l'emploi) ; L. 1233-45 (priorité de réembauche) ; L. 1142-6 (égalité professionnelle et non-discrimination) ; R. 3221-2 (égalité de rémunération entre hommes et femmes) ; R. 3172-1 et 9 (repos hebdomadaire) ; D. 3131-7 (repos quotidien) ; D. 3141-5 et 6 (départ en congés payés) ; D. 3141-28, D. 7121-45 et D. 741-8 maintenu en vigueur dans l'attente de sa codification dans le code des transports (caisse de congés payés) ; R. 4613-8 (liste des membres du CHSCT) ; L. 2314-2 et L. 2324-3 (élection des représentants du personnel) ; R. 4227-13 et 33 (signalisation santé-sécurité) ; L. 4532-1 (coordination lors des opérations de bâtiment ou de génie civil) ; R. 4121-4 (document unique d'évaluation des risques professionnels) ; R. 4227-23 (interdiction de fumer) ; R. 4227-37 à 41 (consignes d'incendie) ; L. 3171-1, D. 3171-1 à 7 (durée du travail et des temps de repos) ; D. 8232-1 (marchandage) ; R. 8221-1 (travail dissimulé, entreprises du bâtiment) ; D. 3323-12 (accord de participation) ; R. 7422-12 (travailleurs à domicile) ; D. 5424-21 (chômage-intempéries).

Art. D. 4711-2. Les attestations, consignes, résultats et rapports relatifs aux vérifications et contrôles mis à la charge de l'employeur au titre de la santé et de la sécurité au travail sont datés.

Ils mentionnent l'identité de la personne ou de l'organisme chargé du contrôle ou de la vérification ainsi que celle de la personne qui a réalisé le contrôle ou la vérification.

Art. D. 4711-3. Sauf dispositions particulières, l'employeur conserve les documents concernant les observations et mises en demeure de l'inspection du travail ainsi que ceux concernant les vérifications et contrôles mis à la charge des employeurs au titre de la santé et de la sécurité au travail des cinq dernières années et, en tout état de cause, ceux des deux derniers contrôles ou vérifications.

(D. 2009-289 du 13 mars 2009, JO 15) « Il conserve, pendant la même durée, les copies des déclarations d'accidents du travail déclarés à la caisse primaire d'assurance maladie. »

[Sanction pénale]

Art. R. 4741-3. Le fait de méconnaître les dispositions des articles L. 4711-1 à L. 4711-5 ***(D. 2009-289 du 13 mars 2009, JO 15)*** « ainsi que celles des articles D. 4711-1 à D. 4711-3 » relatives aux documents et affichages obligatoires est puni de l'amende prévue pour les contraventions de la quatrième classe.

L'amende est appliquée autant de fois qu'il y a de personnes employées dans des conditions susceptibles d'être sanctionnées au titre du présent article.

TITRE II

MISES EN DEMEURE ET DEMANDES DE VÉRIFICATIONS

CHAPITRE Ier

Mises en demeure

SECTION 1. Mises en demeure du directeur départemental du travail, de l'emploi et de la formation professionnelle [directeur régional des entreprises, de la concurrence, de la consommation, du travail et de l'emploi]

Art. L. 4721-1. Le ***(L. 2011-525 du 17 mai 2011, art. 170, JO 18)*** « directeur régional des entreprises, de la concurrence, de la consommation, du travail et de l'emploi », sur le rapport de l'inspecteur du travail constatant une situation dangereuse, peut mettre en demeure l'employeur de prendre toutes mesures utiles pour y remédier, si ce constat résulte :

1° D'un non-respect par l'employeur des principes généraux de prévention prévus par les articles L. 4121-1 à L. 4121-5 et L. 4522-1 ;

2° D'une infraction à l'obligation générale de santé et de sécurité résultant des dispositions de l'article L. 4221-1.

Art. R. 4721-1. La mise en demeure du ***(D. 2009-1377 du 10 nov. 2009, JO 13 ; D. 2010-687 du 24 juin 2010, JO 25 ; voir D. 2010-1582 du 17 déc. 2010, JO 18, pour outre-mer)*** « directeur régional des entreprises, de la concurrence, de la consommation, du travail et de l'emploi », prévue au 2° de l'article L. 4721-1, peut être adressée à l'employeur lorsque la situation dangereuse créant un risque professionnel trouve son origine, notamment :

1° Dans les conditions d'organisation du travail ou d'aménagement du poste de travail ;

2° Dans l'état des surfaces de circulation ;

3° Dans l'état de propreté et d'ordre des lieux de travail ;

4° Dans le stockage des matériaux et des produits de fabrication.

Note A entaché sa décision d'une erreur manifeste d'appréciation et commis une faute de nature à engager la responsabilité de l'État le directeur départemental du travail qui a mis en demeure une entreprise de déposer un faux plafond au motif qu'il pouvait mettre gravement en cause la sécurité des travailleurs en cas d'incendie, alors que le faux plafond était fait d'un matériau formellement reconnu ininflammable par le laboratoire national d'essais (CE 29 juin 1983, n° 36688, *D.* 1983, p. 544, note H. Seillan).

Art. R. 4721-2. Le délai d'exécution de la mise en demeure prévue au 2° de l'article L. 4721-1 ne peut être inférieur à quatre jours ouvrables.

Art. R. 4721-3. La mise en demeure du ***(D. 2009-1377 du 10 nov. 2009, JO 13 ; D. 2010-687 du 24 juin 2010, JO 25 ; voir D. 2010-1582 du 17 déc. 2010, JO 18, pour outre-mer)*** « directeur régional des entreprises, de la concurrence, de la consommation, du travail et de l'emploi » adressée à l'employeur est écrite, datée et signée.

Art. L. 4721-2. Les mises en demeure du ***(L. 2011-525 du 17 mai 2011, art. 170, JO 18)*** « directeur régional des entreprises, de la concurrence, de la consommation, du travail et de l'emploi », établies selon des modalités déterminées par voie réglementaire, fixent un délai d'exécution tenant compte des difficultés de réalisation.

Si, à l'expiration de ce délai, l'inspecteur du travail constate que la situation dangereuse n'a pas cessé, il peut dresser procès-verbal à l'employeur.

Art. L. 4721-3. Les dispositions du 2° de l'article L. 4721-1 ne sont pas applicables aux établissements mentionnés aux 2° et 3° de l'article L. 4111-1.

SECTION 2. Mises en demeure de l'inspecteur du travail et du contrôleur du travail

Sous-section 1. Mise en demeure préalable au procès-verbal

Art. L. 4721-4. Lorsque cette procédure est prévue, l'inspecteur et le contrôleur du travail, avant de dresser procès-verbal, mettent l'employeur en demeure de se conformer aux prescriptions des décrets mentionnés aux articles L. 4111-6 et L. 4321-4.

Note **Mise en demeure préalable :**
- les dispositions pour lesquelles une procédure de mise en demeure préalable n'est pas prévue sont immédiatement exécutoires ;
- la mise en demeure est une formalité substantielle de la poursuite de l'infraction ;
- les dispositions de la partie 4 qui donnent lieu à l'application de la procédure de mise en demeure préalable sont énumérées à l'article R. 4721-5 ci-après qui fixe des délais minima d'exécution ;
- les délais d'exécution prévus par la réglementation sont des délais minima et l'inspecteur ou le contrôleur du travail a toujours la possibilité d'accorder des délais plus longs.

Art. R. 4721-4. La mise en demeure préalable prévue à l'article L. 4721-4 est écrite, datée et signée.

Art. L. 4721-5. Par dérogation aux dispositions de l'article L. 4721-4, l'inspecteur et le contrôleur du travail sont autorisés à dresser immédiatement procès-verbal, sans mise en demeure préalable, lorsque les faits qu'ils constatent présentent un danger grave ou imminent pour l'intégrité physique des travailleurs.

Le procès-verbal précise les circonstances de fait et les dispositions légales applicables à l'espèce.

Ces dispositions ne font pas obstacle à la mise en œuvre de la procédure de référé prévue aux articles L. 4732-1 et L. 4732-2.

Note *Réduction du champ d'application de la mise en demeure.* La dérogation à la règle de la mise en demeure préalable obligatoire a été introduite dans le code par la loi du 6 décembre 1976 (situation visée : cas « de danger grave ou imminent pour l'intégrité physique des travailleurs »).

Art. L. 4721-6. La mise en demeure indique les infractions constatées et fixe un délai à l'expiration duquel ces infractions doivent avoir disparu.

Ce délai est fixé en tenant compte des circonstances. Il est établi à partir du délai minimum prévu dans chaque cas par les décrets pris en application des articles L. 4111-6 et L. 4321-4. Il ne peut être inférieur à quatre jours.

Art. R. 4721-5. Le tableau ci-après détermine les dispositions de la présente partie qui donnent lieu à l'application de la procédure de mise en demeure préalable ainsi que le délai minimum d'exécution :

PRESCRIPTIONS POUR LESQUELLES la mise en demeure est prévue	DÉLAI MINIMUM d'exécution
Femmes enceintes, venant d'accoucher ou allaitant	
Local dédié à l'allaitement prévu à l'article L. 1225-32.	1 mois
Utilisation des lieux de travail	
Dispositions relatives aux obligations de l'employeur pour l'utilisation des lieux de travail du titre II du livre II à l'exception du deuxième alinéa de l'article R. 4224-7 et de l'article R. 4224-15.	8 jours
Obligation de former des secouristes dans les ateliers où sont accomplis des travaux dangereux prévue à l'article R. 4224-15	1 mois
Conditions d'installation et de protection des cuves, bassins et réservoirs prévues au deuxième alinéa de l'article R. 4224-7	1 mois
Utilisation des équipements de travail	
Principes généraux d'utilisation des équipements de travail et des moyens de protection prévus aux articles R. 4321-1 à R. 4321-5.	8 jours
Mise à disposition des représentants du personnel de la documentation relative aux équipements de travail prévue à l'article R. 4323-5.	8 jours
Largeur, profil et état des passages et allées de circulation prévus à l'article R. 4323-12.	3 mois
Gabarit et profil des voies de circulation empruntées par les équipements de travail mobiles prévus à l'article R. 4323-50.	3 mois
Caractéristiques et conditions d'utilisation des équipements de protection individuelle prévues aux article R. 4323-91 à R. 4323-94.	8 jours
Élaboration et mise à disposition des représentants du personnel de la consigne d'utilisation des équipements de protection individuelle prévues à l'article R. 4323-105.	8 jours
Risques chimiques	
Mesures contre les risques de débordement, d'éclaboussure et de déversement par rupture des cuves, bassins, réservoirs et récipients prévues au 2° de l'article R. 4412-17.	1 mois
Vibrations mécaniques	
Caractéristiques des équipements de protection individuelle contre les effets nuisibles des vibrations mécaniques prévues à l'article R. 4445-3.	8 jours

PRESCRIPTIONS POUR LESQUELLES la mise en demeure est prévue	DÉLAI MINIMUM d'exécution
Travaux du bâtiment et du génie civil	
Dispositions relatives à l'hébergement des travailleurs prévues aux articles R. 4534-146 et R. 4534-147.	8 jours
Services de santé au travail	
Conditions de qualification exigées des médecins et des infirmiers des services de santé au travail, prévues aux articles R. 4623-2 et R. 4623-53.	1 mois
Modalités d'établissement du contrat de travail des médecins du travail, prévues à l'article R. 4623-4.	1 mois
Obligation pour le médecin du travail d'exercer personnellement ses fonctions, prévues à l'article R. 4623-16.	1 mois
Présence dans l'établissement d'au moins un infirmier pendant les heures normales de travail, prévues à l'article R. 4623-56.	1 mois
Installation matérielle du service de santé au travail, prévues par l'arrêté mentionné à l'article R. 4624-30.	1 mois
Service social du travail	
Dispositions du titre III du livre VI relatives à la mise en place, aux missions, à l'organisation et au fonctionnement du service social du travail.	1 mois

Art. L. 4721-7. Les dispositions de l'article L. 4721-4 ne sont pas applicables aux établissements mentionnés aux 2° et 3° de l'article L. 4111-1.

Sous-section 2. Mise en demeure préalable à l'arrêt temporaire d'activité

Art. L. 4721-8. Avant de procéder à un arrêt temporaire de l'activité en application de l'article L. 4731-2, lorsqu'à l'issue d'un contrôle réalisé par un organisme à la demande de l'inspecteur du travail dans des conditions prévues à l'article L. 4722-1, l'inspecteur du travail constate que les salariés se trouvent dans une situation dangereuse résultant d'une exposition à une substance chimique cancérigène, mutagène ou toxique pour la reproduction, à un niveau supérieur à une valeur limite de concentration déterminée par un décret pris en application de l'article L. 4111-6, il met en demeure l'employeur de remédier à cette situation.

La mise en demeure est établie selon des modalités prévues par voie réglementaire.

Le contrôleur du travail peut mettre en œuvre ces dispositions par délégation de l'inspecteur du travail dont il relève et sous son autorité.

Note Voir circulaire DRT 93/4 du 27 janvier 1993 concernant l'extension aux contrôleurs du travail des pouvoirs prévus par cet article (L. 231-12 ancien).

Art. R. 4721-6. Dès qu'il a constaté que les travailleurs se trouvent dans la situation dangereuse mentionnée à l'article L. 4721-8, l'inspecteur du travail met l'employeur en demeure de remédier à cette situation. Cette mise en demeure se déroule selon les deux étapes suivantes :

1° Dès le constat de la situation dangereuse, l'inspecteur du travail demande à l'employeur de lui transmettre par écrit, dans un délai de quinze jours, un plan d'action contenant les mesures correctives appropriées qu'il prend parmi celles prévues notamment aux articles R. 4412-66 à R. 4412-71 en vue de remédier à cette situation ainsi qu'un calendrier prévisionnel. Il lui notifie en même temps, si les circonstances l'exigent, l'obligation de prendre des mesures provisoires afin de protéger immédiatement la santé et la sécurité des travailleurs ;

2° Dans un délai de quinze jours à compter de la réception de ce plan d'action, l'inspecteur du travail met l'employeur en demeure de réaliser les mesures correctives. Il fixe un délai d'exécution et communique, le cas échéant, ses observations concernant le contenu du plan d'action.

Note Voir circulaire DGT 2007/15 du 6 décembre 2007 relative à l'arrêt temporaire d'activité mentionné au II de l'article L. 231-12 [L. 4721-8, L. 4731-2] CT.

Art. R. 4721-7. L'employeur informe sans délai les agents des services de prévention des organismes de sécurité sociale, le médecin du travail, le comité d'hygiène, de sécurité et des conditions de travail ou, à défaut, les délégués du personnel, ainsi que les travailleurs intéressés, du constat de situation dangereuse effectué par l'inspecteur du travail en application du 1° de l'article R. 4721-6.

Art. R. 4721-8. Le plan d'action est établi par l'employeur après avis du médecin du travail, du comité d'hygiène, de sécurité et des conditions de travail ou, à défaut, des délégués du personnel.

En l'absence d'avis, il est passé outre dès lors que le médecin du travail, le comité d'hygiène, de sécurité et des conditions de travail ou, à défaut, les délégués du personnel, ont été régulièrement informés et convoqués pour cette consultation.

Art. R. 4721-9. L'employeur informe et consulte régulièrement le médecin du travail, le comité d'hygiène, de sécurité et des conditions de travail ou, à défaut, des délégués du personnel sur la mise en œuvre du plan d'action.

Art. R. 4721-10. À défaut de réception du plan d'action ou à l'issue du délai d'exécution fixé en application du 2° de l'article R. 4721-6, l'inspecteur du travail prescrit la vérification de la valeur limite d'exposition professionnelle mentionnée à l'article L. 4721-8.

S'il constate que la situation dangereuse persiste, il peut, après avoir entendu l'employeur, ordonner l'arrêt temporaire de l'activité ***(D. 2009-289 du 13 mars 2009, JO 15)*** « dans les conditions prévues aux articles R. 4731-9 et suivants ».

Sous-section 3. **Mise en demeure de réduction d'intervalle entre les vérifications périodiques**

Art. R. 4721-11. L'inspecteur ou le contrôleur du travail peut mettre l'employeur en demeure de réduire l'intervalle entre les vérifications des équipements de travail ou catégories d'équipements de travail prévues par les arrêtés mentionnés à l'article R. 4323-23 lorsque, en raison notamment des conditions ou de la fréquence d'utilisation, du mode de fonctionnement ou de la conception de certains organes, les équipements de travail sont soumis à des contraintes génératrices d'une usure prématurée susceptible d'être à l'origine de situations dangereuses.

Art. R. 4721-12. L'inspecteur ou le contrôleur du travail peut mettre l'employeur en demeure de réduire l'intervalle entre les vérifications des équipements de protection individuelle ou catégories d'équipements de protection individuelle prévues par les arrêtés mentionnés à l'article R. 4323-99 lorsque, en raison notamment des conditions de stockage ou d'environnement, du mode de fonctionnement ou de la conception de certains organes, les équipements de protection individuelle sont soumis à des contraintes susceptibles de nuire à leur fonction protectrice.

[Sanction pénale]

Art. R. 4741-2. Le fait de ne pas avoir satisfait à la mise en demeure du ***(D. 2009-1377 du 10 nov. 2009, JO 13 ; D. 2010-687 du 24 juin 2010, JO 25 ; voir D. 2010-1582 du 17 déc. 2010, JO 18, pour outre-mer)*** « directeur régional des entreprises, de la concurrence, de la consommation, du travail et de l'emploi » prévue à l'article L. 4721-1 à l'expiration du délai prévu à l'article R. 4721-2, est puni de l'amende prévue pour les contraventions de la cinquième classe.

L'amende est appliquée autant de fois qu'il y a de travailleurs directement exposés à la situation dangereuse visée par la mise en demeure.

La récidive est réprimée conformément aux articles 132-11 et 132-15 du code pénal.

CHAPITRE II

Demandes de vérifications, d'analyses et de mesures

Art. L. 4722-1. L'inspecteur du travail ou le contrôleur du travail peut, dans des conditions déterminées par décret en Conseil d'État, demander à l'employeur de faire procéder à des contrôles techniques, consistant notamment :

1° À faire vérifier l'état de conformité de ses installations et équipements avec les dispositions qui lui sont applicables ;

2° À faire procéder à la mesure de l'exposition des travailleurs à des nuisances physiques, à des agents physiques, chimiques ou biologiques donnant lieu à des limites d'exposition ;

3° À faire procéder à l'analyse de substances et préparations dangereuses.

Art. L. 4722-2. Les vérifications et mesures mentionnées aux 1° à 3° de l'article L. 4722-1 sont réalisées par des organismes ou des personnes désignés dans des conditions déterminées par décret en Conseil d'État.

[Dispositions réglementaires]

SECTION 1. Aération et assainissement des locaux de travail

Art. R. 4722-1. L'inspecteur ou le contrôleur du travail peut demander à l'employeur de faire procéder par une personne ou un organisme agréé aux contrôles et aux mesures permettant de vérifier la conformité de l'aération et de l'assainissement des locaux de travail avec les dispositions des articles R. 4222-6 à R. 4222-17, R. 4222-20 et R. 4222-21.

Note

• Un arrêté du 9 octobre 1987 (JO 22), complété par un arrêté du 24 décembre 1993 (JO 29), fixe les conditions du contrôle de l'aération et de l'assainissement des locaux de travail par l'inspecteur du travail.

• La circonstance que, après un premier contrôle, l'exigence d'une aération par ventilation mécanique du local situé en sous-sol d'un magasin ait été abandonnée ne faisait pas obstacle à ce qu'il soit prescrit au gérant de la société, suite à un nouveau contrôle, de faire procéder aux contrôles et mesures permettant de vérifier le respect des dispositions des articles R. 232-5-3 à 9 (anciens) CT applicables dans les cas où l'aération doit être assurée par des dispositifs de ventilation (CE 26 juillet 1996, n° 161595).

Art. R. 4722-2. L'employeur justifie qu'il a saisi l'organisme agréé dans les quinze jours suivant la date de demande de vérification.

Il transmet à l'inspection du travail les résultats dans les dix jours qui suivent leur réception.

SECTION 2. Éclairage des lieux de travail

Art. R. 4722-3. L'inspecteur ou le contrôleur du travail peut demander à l'employeur de faire procéder à des relevés photométriques par une personne ou un organisme agréé, permettant de vérifier la conformité de l'éclairage des lieux de travail avec les dispositions des articles R. 4223-4 à R. 4223-8.

Note

Voir arrêté du 23 octobre 1984 (JO 24 nov. NC) relatif aux relevés photométriques sur les lieux de travail et aux conditions d'agrément des personnes et organismes pouvant procéder à ces contrôles.

Art. R. 4722-4. L'employeur transmet les résultats des relevés photométriques à l'inspection du travail dans les quinze jours qui suivent leur réception.

SECTION 3. Équipements de travail et moyens de protection

Art. R. 4722-5. L'inspecteur du travail ou le contrôleur du travail peut demander à l'employeur de faire vérifier, par un organisme ***(D. 2008-1156 du 7 nov. 2008, art. 12, JO 9, applicable le 29.12.2009)*** « accrédité », la conformité des équipements de travail mentionnés à l'article L. 4321-1 avec les dispositions qui leur sont applicables.

Note

• Voir arrêté du 22 octobre 2009 (JO 5 nov.), applicable depuis le 29 décembre 2009, relatif aux modalités de réalisation des vérifications de l'état de conformité des équipements de travail, à la demande de l'inspection du travail ainsi qu'aux conditions, modalités d'accréditation des organismes chargés de ces vérifications, circulaire DGT

2010-01 du 4 février 2010 concernant la mise en œuvre du décret du 7 novembre 2008 et note DGT/SAFSL 2010 du 9 mars 2010 sur le contrôle de la conformité des équipements de travail et la surveillance du marché.

• Voir note sous art. R. 4724-4.

• N'a pas méconnu l'article 6 §§ 1 et 3 de la Convention européenne de sauvegarde des droits de l'homme, la cour d'appel qui a rejeté les exceptions de nullité de procédure soulevées par le président d'une société poursuivi à la suite de l'accident survenu à un technicien lors d'un réglage de machine, tirées du fait, d'une part, qu'il avait été contraint par l'inspection du travail de procéder aux frais de la société à une vérification de conformité de la machine dont les résultats avaient servi de fondement à la poursuite, en méconnaissance de son droit de ne pas contribuer à sa propre incrimination et, d'autre part, qu'ayant reçu notification officielle des autorités compétentes d'avoir commis une infraction pénale à la suite du procès-verbal de l'inspection du travail établi sur la base du même rapport de vérification, il avait été entendu au cours de l'enquête ordonnée par le ministère public sans avoir pu bénéficier de l'assistance d'un avocat. En effet, d'une part, les fonctionnaires de l'inspection du travail, dans l'exercice de leur mission de contrôle des conditions de travail dans l'entreprise, tiennent des articles L. 611-1 et L. 233-5-2 [L. 8112-1, R. 4722-5] CT le pouvoir de faire vérifier la conformité aux règles de sécurité des matériels utilisés par l'ensemble du personnel. D'autre part, si, en raison de manquements techniques à la sécurité, ces fonctionnaires sont amenés à dresser un procès-verbal auquel le ministère public apprécie la suite à donner après avoir, le cas échéant, ordonné une enquête, un tel procès-verbal, établi en dehors de toute contrainte et ne préjugeant pas de la culpabilité, ne fait pas obstacle, en cas de poursuite ultérieure, à l'exercice des droits de la défense devant la juridiction de jugement (cass. crim. 6 novembre 2007, n° 07-80.031, B. crim. n° 265 ; *RJS* 3/08 n° 298 ; *RDT*, juillet/août 2008, CH, 464, J-Fr. Dreuille).

Art. R. 4722-6. L'inspecteur ou le contrôleur du travail peut demander de faire vérifier, par un organisme ***(D. 2008-1156 du 7 nov. 2008, art. 12, JO 9, applicable le 29.12.2009)*** « accrédité », la conformité des équipements de travail et moyens de protection d'occasion soumis à la procédure de certification de conformité prévue par l'article ***(D. 2008-1156 du 7 nov. 2008, art. 12, JO 9, applicable le 29.12.2009)*** « R. 4313-14 » et faisant l'objet d'une des opérations mentionnées à l'article L. 4311-3, avec les dispositions techniques qui leur sont applicables.

Note Voir arrêté du 22 octobre 2009 (JO 5 nov.) cité sous art. R. 4722-5.

Art. R. 4722-7. L'employeur ou le responsable de l'opération mentionnée à l'article L. 4311-3 justifie qu'il a saisi l'organisme ***(D. 2008-1156 du 7 nov. 2008, art. 12, JO 9, applicable le 29.12.2009)*** « accrédité » dans les quinze jours suivant la date de demande de vérification.

Il transmet les résultats des vérifications à l'inspection du travail dans les dix jours qui suivent leur réception.

Note L'ancien article R. 4722-7 a été abrogé par décret 2008-1156 du 7 novembre 2008, art.11, JO 9, avec effet au 29 décembre 2009. Depuis cette date, les articles R. 4722-8 à R. 4722-27 CT sont devenus les articles R. 4722-7 à R. 4722-26 (décret 2008-1156 du 7 novembre 2008, art. 11, JO 9).

Art. R. 4722-8. Une copie du rapport de l'organisme agréé est adressée simultanément par l'employeur au service de prévention de l'organisme de sécurité social compétent.

SECTION 4. **Risques chimiques**

Sous-section 1. **Analyse de produits**

Art. R. 4722-9. Sans préjudice du droit de prélèvement prévu à l'article L. 8113-3, l'inspecteur du travail peut, après avis du médecin du travail, demander à l'employeur de faire procéder, par un organisme agréé par le ministre chargé du travail, à des analyses des substances et préparations dangereuses, en vue d'en connaître la composition et les effets sur l'organisme humain.

Art. R. 4722-10. L'inspecteur du travail fixe dans sa demande le délai dans lequel les résultats des analyses doivent lui être adressés par l'employeur.

Le prélèvement des échantillons de produits à analyser et leur expédition à l'organisme agréé choisi sont réalisés sous le contrôle de l'inspecteur du travail.

Art. R. 4722-11. L'employeur transmet les résultats des analyses à l'inspecteur du travail, qui en transmet copie au médecin inspecteur du travail et à l'organisme désigné en application de l'article R. 4411-61.

(D. 2009-1570 du 15 décembre 2009, JO 17)

Sous-section 2. Contrôle des valeurs limites d'exposition professionnelle

Art. R. 4722-12. L'inspecteur ou le contrôleur du travail peut demander à l'employeur de faire procéder à un contrôle technique des valeurs limites d'exposition professionnelle par un organisme accrédité conformément aux articles R. 4724-8 à R. 4724-13.

Il fixe le délai dans lequel l'organisme accrédité doit être saisi.

Art. R. 4722-13. L'employeur justifie qu'il a saisi l'organisme accrédité pendant le délai qui lui a été fixé et transmet à l'inspecteur ou au contrôleur du travail les résultats dès leur réception.

Sous-section 3. Amiante

Art. R. 4722-14. L'inspecteur ou le contrôleur du travail peut demander à l'employeur exerçant une activité relevant de la section 3 du chapitre II du titre premier du livre IV, relatif à la prévention des risques d'exposition à l'amiante, de faire procéder à un contrôle des niveaux d'empoussièrement en fibres d'amiante par un laboratoire accrédité, qui procède au prélèvement et à l'analyse.

La demande de vérification fixe un délai d'exécution.

Art. R. 4722-15. L'employeur justifie qu'il a saisi le laboratoire accrédité pendant le délai d'exécution qui lui a été fixé.

Il transmet les résultats à l'inspection du travail dès leur réception.

SECTION 5. Bruit

Art. R. 4722-16. L'inspecteur ou le contrôleur du travail peut demander à l'employeur de faire procéder à un mesurage de l'exposition au bruit par un organisme accrédité dans ce domaine, en vue de s'assurer du respect des obligations relatives à la prévention des risques d'exposition au bruit prévues par le titre III du livre IV.

Art. R. 4722-17. L'employeur justifie qu'il a saisi l'organisme accrédité dans les quinze jours suivant la date de mise en demeure.

Il transmet à l'inspection du travail les résultats dans les dix jours qui suivent leur réception.

SECTION 6. Vibrations mécaniques

Art. R. 4722-18. L'inspecteur ou le contrôleur du travail peut demander à l'employeur de faire procéder à un mesurage de l'exposition aux vibrations mécaniques par un organisme accrédité, en vue de s'assurer du respect des obligations relatives à la prévention des risques d'exposition aux vibrations mécaniques prévues au titre IV du livre IV.

Art. R. 4722-19. L'employeur justifie qu'il a saisi l'organisme accrédité dans les quinze jours suivant la date de mise en demeure.

Il transmet à l'inspection du travail les résultats dans les dix jours qui suivent leur réception.

SECTION 7. *(D. 2010-750 du 2 juil. 2010, JO 4)* « Rayonnements »

Art. R. 4722-20. ***(D. 2010-750 du 2 juil. 2010, JO 4)*** « L'inspecteur ou le contrôleur du travail », l'inspecteur de la radioprotection mentionné à l'article L. 1333-17 du code de la santé publique ou les agents mentionnés à l'article L. 1333-18 du même code peuvent demander à l'employeur de faire procéder, par un organisme de contrôle agréé mentionné à l'article R. 1333-95 du code de la santé publique ou par l'Institut de radioprotection et de sûreté nucléaire, aux contrôles et aux mesures permettant de vérifier le respect des dispositions des *(D. 2010-750 du 2 juil. 2010, JO 4)* « articles R. 4451-29 et R. 4451-30 ». *(D. 2010-750 du 2 juil. 2010, JO 4)* « Cette prescription fixe le délai dans lequel l'organisme doit être saisi ».

Art. R. 4722-20-1. *(D. 2010-750 du 2 juil. 2010, JO 4)* L'employeur justifie qu'il a saisi l'organisme agréé ou l'Institut de radioprotection et de sûreté nucléaire pendant le délai qui lui a été fixé.

Il transmet les résultats à l'agent ayant demandé la vérification dès leur réception.

Art. R. 4722-21. *(D. 2010-750 du 2 juil. 2010, JO 4)* L'inspecteur ou le contrôleur du travail peut demander à l'employeur de faire procéder à un contrôle technique des valeurs limites d'exposition aux rayonnements optiques artificiels définies aux articles R. 4452-5 et R. 4452-6 par un organisme accrédité.

Il fixe le délai dans lequel l'organisme accrédité doit être saisi.

Art. R. 4722-21-1. *(D. 2010-750 du 2 juil. 2010, JO 4)* L'employeur justifie qu'il a saisi l'organisme accrédité pendant le délai qui lui a été fixé et transmet à l'inspecteur ou au contrôleur du travail les résultats dès leur réception.

SECTION 8. Travaux du bâtiment et du génie civil

Note Les dispositions de cette section sont issues de l'article 23 du décret 65-48 du 8 janvier 1965 portant règlement d'administration publique pour l'exécution des dispositions du code du travail relatives à l'hygiène et à la sécurité des travailleurs en ce qui concerne les mesures particulières de protection et de salubrité applicables aux établissements dont le personnel exécute des travaux du bâtiment, des travaux publics et tous autres travaux concernant les immeubles.

Art. R. 4722-22. L'inspecteur ou le contrôleur du travail peut demander à l'employeur réalisant des travaux de bâtiment ou de génie civil soumis aux prescriptions techniques du chapitre III du titre III du livre V, de faire procéder à une vérification de tout ou partie du matériel, des installations ou dispositifs de sécurité par un vérificateur ou un organisme agréé.

Art. R. 4722-23. L'employeur transmet à l'inspection du travail les résultats dans les quatre jours qui suivent leur réception.

Art. R. 4722-24. Les résultats et les dates des vérifications, ainsi que les noms, qualités et adresses des personnes qui les ont accomplies, sont consignés sur le registre de sécurité prévu à l'article R. 4534-18.

(D. 2010-1018 du 30 août 2010, JO 1er sept., entrée en vigueur le 01.07.2011)

SECTION 9. Installations électriques

Art. R. 4722-26. L'inspecteur du travail ou le contrôleur du travail peut demander à l'employeur de faire vérifier, par un organisme accrédité, la conformité de tout ou partie des installations électriques fixes ou temporaires aux dispositions qui leur sont applicables.

Note Voir arrêté du 21 décembre 2011 (JO 29) relatif aux modalités d'accréditation des organismes chargés des vérifications initiales des installations électriques et sur demande de l'inspection du travail et arrêté du 26 décembre 2011 (JO 29) précité sous article R. 4226-18.

Art. R. 4722-27. L'employeur justifie qu'il a saisi l'organisme accrédité dans les quinze jours suivant la date de demande de vérification.

Il transmet à l'inspecteur du travail, dans les dix jours qui suivent sa réception, le rapport établi par l'organisme.

Art. R. 4722-28. Une copie du rapport de l'organisme accrédité est adressée simultanément par l'employeur au service de prévention de l'organisme de sécurité sociale compétent.

(D. 2010-1018 du 30 août 2010, JO 1er sept., entrée en vigueur le 01.07.2011)

SECTION 10. Dispositions communes

Art. R. 4722-29. Pour la mise en œuvre des vérifications demandées par l'inspecteur ou le contrôleur du travail, au titre du présent chapitre, l'employeur ou le destinataire de la demande de vérification fait appel, selon les dispositions applicables :

1° Soit à une personne ou à un organisme agréé, sur une liste arrêtée conjointement par les ministres chargés du travail et de l'agriculture ;

2° Soit à un organisme accrédité.

Art. R. 4722-30. Le coût des prestations liées aux contrôles et mesurages réalisés au titre du présent chapitre sont à la charge de l'employeur.

CHAPITRE III

Recours

Art. L. 4723-1. ***(L. 2011-525 du 17 mai 2011, art. 170, JO 18)*** S'il entend contester la mise en demeure prévue à l'article L. 4721-1, l'employeur exerce un recours devant le ministre chargé du travail.

S'il entend contester la mise en demeure prévue à l'article L. 4721-4 ainsi que la demande de vérification prévue à l'article L. 4722-1, l'employeur exerce un recours devant le directeur régional des entreprises, de la concurrence, de la consommation, du travail et de l'emploi.

Le refus opposé à ces recours est motivé.

Note

• N'a pas été saisi hors délai le directeur régional du travail qui a reçu le texte de la réclamation en télécopie avant l'expiration du délai, même si ladite réclamation ne lui a été présentée par voie de lettre recommandée qu'après l'expiration du délai (CE 6 mai 1996, n° 143207, *RJS* 7/96 n° 825).

• Le chef d'établissement, auquel le directeur départemental du travail, de l'emploi et de la formation professionnelle a adressé une mise en demeure doit, préalablement à un recours contentieux contre cette décision, saisir le directeur régional de la réclamation prévue à l'article L. 231-5-1 (ancien). La décision de ce dernier se substitue à celle du directeur départemental (CE 13 novembre 2002, n° 232265, *RJS* 2/03 n° 205).

• Dans les départements d'outre-mer et dans la collectivité territoriale de St-Pierre-et-Miquelon, le ministre chargé du travail, et pour les salariés visés aux 1° à 7°, 9° et 10° de l'article 1144 [1° à 3°, 6° et 7° de l'article L. 722-20] du code rural, le ministre de l'Agriculture sont respectivement compétents pour statuer sur les réclamations prévues à l'article L. 231-5-1 (ancien) CT contre les mises en demeure prononcées sur le fondement des articles L. 230-5 et L. 231-5 (anciens) (décret 99-955 du 17 novembre 1999, art. 2, JO 20).

Art. R. 4723-1. Le recours contre les mises en demeure prévu à l'article L. 4723-1 est formé devant le ***(D. 2009-1377 du 10 nov. 2009, JO 13 ; D. 2010-687 du 24 juin 2010, JO 25 ; voir D. 2010-1582 du 17 déc. 2010, JO 18, pour outre-mer)*** « directeur régional des entreprises, de la concurrence, de la consommation, du travail et de l'emploi » avant l'expiration du délai d'exécution fixé en application des articles L. 4721-2 ou L. 4721-6 et, au plus tard, dans les quinze jours qui suivent la mise en demeure.

Le recours contre une demande de vérification prévu à l'article L. 4723-1 est formé au plus tard dans les quinze jours suivants la demande de vérification.

Ces recours sont suspensifs.

Ils sont faits par lettre recommandée avec avis de réception.

Art. R. 4723-2. La date de présentation de la lettre recommandée adressée au ***(D. 2009-1377 du 10 nov. 2009, JO 13 ; D. 2010-687 du 24 juin 2010, JO 25 ; voir D. 2010-1582 du 17 déc. 2010, JO 18, pour outre-mer)*** « directeur régional des entreprises, de la concurrence, de la consommation, du travail et de l'emploi » constitue le point de départ du délai accordé à ce dernier pour prendre sa décision.

Art. R. 4723-3. Le ***(D. 2009-1377 du 10 nov. 2009, JO 13 ; D. 2010-687 du 24 juin 2010, JO 25 ; voir D. 2010-1582 du 17 déc. 2010, JO 18, pour outre-mer)*** « directeur régional des entreprises, de la concurrence, de la consommation, du travail et de l'emploi » prend sa décision dans un délai de vingt et un jours.

Si les nécessités de l'instruction de la réclamation l'exigent, ce délai peut être prolongé d'une nouvelle période de vingt et un jours. L'employeur en est informé par lettre recommandée avec avis de réception.

Art. R. 4723-4. La non-communication à l'employeur de la décision du ***(D. 2009-1377 du 10 nov. 2009, JO 13 ; D. 2010-687 du 24 juin 2010, JO 25 ; voir D. 2010-1582 du 17 déc. 2010, JO 18, pour outre-mer)*** « directeur régional des entreprises, de la concurrence, de la consommation, du travail et de l'emploi » dans le délai prévu à l'article R. 4723-3 vaut acceptation du recours.

Art. R. 4723-5. L'employeur qui conteste la nature, l'importance ou le délai imposé par l'inspecteur du travail d'une demande d'analyse de produit faite en application de l'article R. 4722-10, adresse son recours, dans les huit jours de la mise en demeure, au ***(D. 2009-1377 du 10 nov. 2009, JO 13 ; D. 2010-687 du 24 juin 2010, JO 25 ; voir D. 2010-1582 du 17 déc. 2010, JO 18, pour outre-mer)*** « directeur régional des entreprises, de la concurrence, de la consommation, du travail et de l'emploi ».

Le recours est suspensif. Toutefois, il ne fait pas obstacle à l'exécution du prélèvement.

Art. L. 4723-2. En cas de contestation par l'employeur de la réalité du danger ou de la façon de le faire cesser, notamment à l'occasion de la mise en demeure préalable à l'arrêt temporaire d'activité prévu à l'article L. 4721-8, celui-ci saisit le juge judiciaire dans des conditions déterminées par voie réglementaire.

Art. R. 4723-6. L'employeur qui conteste la mise en demeure de l'inspecteur du travail, préalable à l'arrêt d'activité, en application de l'article L. 4723-2, saisit le président du tribunal de grande instance qui statue en référé.

CHAPITRE IV

Organismes de mesures et de vérifications

[Le présent chapitre ne comprend pas de dispositions législatives.]

SECTION 1. Accréditations

Art. R. 4724-1. ***(D. 2010-699 du 25 juin 2010, JO 27)*** Les accréditations sont délivrées par le Comité français d'accréditation ou par tout autre organisme d'accréditation désigné en application du règlement (CE) n° 765/2008 du Parlement européen et du Conseil du 9 juillet 2008 fixant les prescriptions relatives à l'accréditation et à la surveillance du marché pour la commercialisation des produits.

Un organisme d'un État membre de l'Union européenne non établi en France peut effectuer de façon occasionnelle des prestations de service mentionnées à l'article L. 4722-1 s'il dispose d'une accréditation attestant qu'il a été reconnu compétent pour mettre en œuvre toute méthode normalisée ou assimilée, applicable sur le territoire national, dans le domaine de compétence au titre duquel il intervient.

Note Voir arrêté du 15 décembre 2009 (JO 17) relatif aux contrôles techniques des valeurs limites d'exposition professionnelle sur les lieux de travail et aux conditions d'accréditation des organismes chargés des contrôles.

Art. L. 4723-2.

SECTION 2. Organismes de vérification en matière d'aération et d'assainissement des locaux de travail

Art. R. 4724-2. Des arrêtés conjoints des ministres chargés du travail et de l'agriculture fixent les conditions et modalités d'agrément des organismes mentionnés à l'article R. 4722-1.

Note Voir note sous art. R. 4722-1.

Art. R. 4724-3. Le silence gardé pendant plus de quatre mois sur une demande d'agrément vaut décision de rejet.

SECTION 3. Organismes de vérification des équipements de travail

Art. R. 4724-4. Pour l'application des articles R. 4722-5 et R. 4722-6, un arrêté des ministres chargés du travail et de l'agriculture fixe ***(D. 2008-1156 du 7 nov. 2008, art. 12, JO 9, applicable le 29.12.2009)*** « les conditions de recours à l'accréditation ».

Note Voir arrêté du 22 octobre 2009 (JO 5 nov.) relatif aux modalités de réalisation des vérifications de l'état de conformité des équipements de travail à la demande de l'inspection du travail ainsi qu'aux conditions et modalités d'accréditation des organismes chargés de ces vérifications, applicable à compter du 29 décembre 2009. À cette date, l'arrêté du 22 décembre 2000 (JO 31) relatif aux conditions et aux modalités d'agrément des organismes pour la vérification de l'état de conformité des équipements de travail est abrogé. Les organismes, accrédités au 29 décembre 2009 dans le cadre de la procédure d'agrément décrite dans l'arrêté du 22 décembre 2000 précité, sont compétents pour réaliser les vérifications d'état de conformité des équipements de travail à la demande de l'inspection du travail conformément aux dispositions de l'arrêté du 22 octobre 2009 jusqu'au prochain audit de suivi ou renouvellement du COFRAC (Comité français d'accréditation).

[**Art. R. 4724-5.** Abrogé par décret 2008-1156 du 7 novembre 2008, art. 12, JO 9, à compter du 29.12.2009.]

SECTION 4. Organismes de contrôle des risques chimiques

Sous-section 1. Analyse de produits

Art. R. 4724-6. Pour l'application de l'article R. 4722-10, un arrêté conjoint des ministres chargés du travail et de l'agriculture fixe les modalités d'agrément des organismes chargés de réaliser les analyses des produits prévues par cet article.

Art. R. 4724-7. Les ministres chargés du travail et de l'agriculture établissent une liste d'organismes agréés en précisant pour chacun d'eux les types d'analyses qu'il est susceptible de réaliser et les conditions auxquelles l'agrément est éventuellement soumis. L'agrément est révocable.

(D. 2009-1570 du 15 déc. 2009, JO 17)

Sous-section 2. Contrôle des valeurs limites d'exposition professionnelle

Art. R. 4724-8. Les contrôles techniques destinés à vérifier, en application des articles R. 4412-27 et R. 4412-76, le respect des valeurs limites d'exposition professionnelle aux agents chimiques fixées par les articles R. 4412-149 et R. 4412-150 sont réalisés par un organisme accrédité dans ce domaine.

Note Voir note sous art. R. 4724-15.

Art. R. 4724-9. L'organisme accrédité, dont le personnel est tenu au secret professionnel, est indépendant des établissements qu'il contrôle. Il possède les compétences spécifiques requises pour chacun des agents chimiques sur lesquels il opère des contrôles techniques.

Art. R. 4724-10. L'organisme accrédité établit la stratégie de prélèvement, après consultation de l'employeur, du médecin du travail et du ***(D. 2011-774 du 28 juin 2011, JO 30, art. 30)*** « comité d'hygiène, de sécurité et des conditions de travail » [du travail] ou, à défaut, des délégués du personnel. L'employeur lui communique toutes données utiles, notamment le résultat de l'évaluation des risques chimiques.

Les prélèvements sont faits par l'organisme accrédité sur des postes de travail en situation représentative de l'exposition.

Art. R. 4724-11. L'organisme accrédité qui établit la stratégie de prélèvement et effectue les prélèvements dans l'entreprise est maître d'œuvre du contrôle technique. Il peut sous-traiter la prestation d'analyse en la confiant à un autre organisme accrédité.

Art. R. 4724-12. Indépendamment de la communication du rapport prévue à l'article R. 4412-30, l'organisme maître d'œuvre du contrôle technique communique les résultats à un organisme national désigné par arrêté des ministres chargés du travail et de l'agriculture. Ce dernier les exploite, dans le respect de l'anonymat des entreprises concernées, à des fins d'études et d'évaluation.

Note Voir note sous art. R. 4724-15.

Art. R. 4724-13. Des arrêtés des ministres chargés du travail et de l'agriculture précisent :

1° Les conditions d'accréditation des organismes chargés des contrôles techniques, qui comportent le respect des dispositions de l'article R. 4412-151, des articles R. 4724-9 à R. 4724-12 et des normes techniques européennes en vigueur, ainsi que la vérification de leur capacité d'intervention dans des délais appropriés pour réaliser les contrôles techniques ;

2° Les modalités de communication des résultats à l'organisme national mentionné à l'article R. 4724-12.

Note Voir arrêté du 15 décembre 2009 (JO 17) relatif aux contrôles techniques de valeurs limites d'exposition professionnelle sur les lieux de travail et aux conditions d'accréditation des organismes chargés des contrôles.

Sous-section 3. Contrôle de la concentration en fibres d'amiante

Art. R. 4724-14. Un arrêté conjoint des ministres chargés du travail et de l'agriculture détermine :

1° Les organismes chargés de l'accréditation et les conditions d'accréditation des laboratoires habilités à analyser les échantillons permettant de mesurer la concentration en fibres d'amiante, mentionnés à l'article R. 4412-106, en tenant compte de leurs compétences techniques ;

2° Les modalités de prélèvement, les méthodes et moyens à mettre en œuvre pour mesurer la concentration en fibres d'amiante.

(D. 2009-1570 du 15 déc. 2009, JO 17, entrée en vigueur 01.01.2012)

Sous-section 4. Contrôle des valeurs limites biologiques

Note La nouvelle sous-section 4 est entrée en vigueur le 1er janvier 2012. Jusqu'à cette date, les agréments délivrés en application de l'article R. 4724-15 l'étaient conformément aux dispositions des articles R. 4724-8 à R. 4724-12 CT dans leur rédaction antérieure à l'entrée en vigueur du décret 2009-1570 du 15 décembre 2009 (JO 17).

Art. R. 4724-15. Les analyses destinées à vérifier le respect des valeurs limites biologiques fixées par décret sont réalisées par un organisme accrédité dans ce domaine.

Art. R. 4724-15-1. L'organisme accrédité, dont le personnel est tenu au secret professionnel, est indépendant des établissements qu'il contrôle. Il possède les compétences spécifiques requises pour chacun des agents chimiques sur lesquels il conduit ses analyses.

Art. R. 4724-15-2. Un arrêté des ministres chargés du travail et de l'agriculture précise les conditions d'accréditation des organismes chargés des analyses, qui comportent le respect des dispositions des articles R. 4412-51-2 et R. 4724-15-1 et des normes techniques européennes en vigueur.

SECTION 5. Contrôle des ambiances physiques de travail

Art. R. 4724-16. Les conditions et les modalités de l'agrément prévu par l'article R. 4722-3 pour les relevés photométriques ainsi que les règles à suivre pour réaliser ces relevés sont fixées par arrêtés des ministres chargés du travail et de l'agriculture.

Note Voir arrêté du 23 octobre 1984 (JO 24 nov. NC) relatif aux relevés photométriques sur les lieux de travail et aux conditions d'agrément des personnes et organismes pouvant procéder à ces contrôles.

Art. R. 4724-17. Le silence gardé pendant plus de quatre mois sur une demande d'agrément vaut décision de rejet.

Art. R. 4724-18. Des arrêtés conjoints des ministres chargés du travail et de l'agriculture précisent les conditions d'accréditation et les méthodes à utiliser pour le mesurage :

1° Du bruit ;

2° Des vibrations mécaniques ;

(D. 2010-750 du 2 juil. 2010, JO 4) « 3° Des rayonnements optiques artificiels. »

(D. 2010-1018 du 30 août 2010, JO 1er sept., entrée en vigueur le 01.07.2011)

SECTION 6. Vérification des installations électriques

Art. R. 4724-19. Les modalités de la vérification prévue à l'article R. 4722-26, ainsi que le contenu du rapport de vérification, sont fixés par arrêté des ministres chargés du travail et de l'agriculture.

TITRE III

MESURES ET PROCÉDURES D'URGENCE

CHAPITRE Ier

Arrêts temporaires de travaux ou d'activité

Art. L. 4731-1. Sur un chantier du bâtiment et des travaux publics, l'inspecteur du travail peut prendre toutes mesures utiles visant à soustraire immédiatement un salarié qui ne s'est pas retiré d'une situation de danger grave et imminent pour sa vie ou sa santé, constituant une infraction aux obligations des décrets pris en application de l'article L. 4111-6, notamment en prescrivant l'arrêt temporaire de la partie des travaux en cause, lorsqu'il constate que la cause de danger résulte :

1° Soit d'un défaut de protection contre les chutes de hauteur ;

2° Soit de l'absence de dispositifs de nature à éviter les risques d'ensevelissement ;

3° Soit de l'absence de dispositifs de protection de nature à éviter les risques liés aux opérations de confinement et de retrait de l'amiante.

Le contrôleur du travail peut également, par délégation de l'inspecteur du travail dont il relève et sous son autorité, mettre en œuvre ces dispositions.

Note Voir circulaire DRT 93/4 du 27 janvier 1993 concernant l'extension aux contrôleurs du travail des pouvoirs prévus par cet article (L. 231-12 ancien).

Selon le ministre du Travail, « l'arrêt temporaire des travaux a été parfaitement circonscrit, par le législateur, à des risques très graves et sans aucune équivoque possible » (rép. QE 53568, JO AN 8 juin 1992, p. 2608).

Art. L. 4731-2. Si, à l'issue du délai fixé dans une mise en demeure notifiée en application de l'article L. 4721-8 et après vérification par un organisme mentionné à cet article, le dépassement de la valeur limite de concentration d'une substance chimique cancérogène, mutagène ou toxique pour la reproduction persiste, l'inspecteur du travail peut ordonner l'arrêt temporaire de l'activité concernée.

Le contrôleur du travail peut également, par délégation de l'inspecteur du travail dont il relève et sous son autorité, mettre en œuvre ces dispositions.

Note Voir circulaire DGT 2007/15 du 6 décembre 2007 relative à l'arrêt temporaire d'activité mentionné au II de l'article L. 231-12 [L. 4721-8, L. 4731-2] CT qui explicite les modalités de mise en œuvre de ce nouveau dispositif qui a vocation à s'inscrire pleinement dans le cadre de la réglementation relative à la prévention des risques chimiques.

Art. L. 4731-3. Lorsque toutes les mesures ont été prises pour faire cesser la situation de danger grave et imminent ou la situation dangereuse ayant donné lieu à un arrêt temporaire de travaux ou d'activité, l'employeur informe l'inspecteur du travail ou le contrôleur du travail.

Après vérification, l'inspecteur du travail autorise la reprise des travaux ou de l'activité concernée.

Le contrôleur du travail peut également, par délégation de l'inspecteur du travail dont il relève et sous son autorité, mettre en œuvre ces dispositions.

Art. L. 4731-4. En cas de contestation par l'employeur de la réalité du danger ou de la façon de le faire cesser, notamment à l'occasion de la mise en œuvre de la procédure d'arrêt des travaux ou de l'activité, celui-ci saisit le juge judiciaire dans des conditions déterminées par voie réglementaire.

Art. L. 4731-5. La décision d'arrêt temporaire de travaux de l'inspecteur ou du contrôleur du travail prise en application du présent chapitre ne peut entraîner ni rupture, ni suspension du contrat de travail, ni aucun préjudice pécuniaire à l'encontre des salariés concernés.

Art. L. 4731-6. Un décret en Conseil d'État détermine les modalités d'application des articles L. 4731-1 à L. 4731-4.

SECTION 1. Arrêt de travaux

Art. R. 4731-1. Pour l'application de l'article L. 4731-1, l'inspecteur du travail relève les éléments caractérisant la situation de danger grave et imminent et précise les mesures qu'il prend pour y remédier.

Sa décision, qui est d'application immédiate, fait l'objet d'un écrit.

Note L'inspecteur du travail doit relever les éléments caractérisant un danger grave et imminent avec mention des articles réglementaires dont le non-respect constitue une infraction et fondant les mesures qui s'imposent pour y remédier.

Art. R. 4731-2. Lorsque l'employeur ou son représentant est présent sur le chantier, la décision lui est remise directement contre récépissé.

À défaut, elle est adressée d'urgence à l'employeur par tous moyens appropriés et confirmée au plus tard dans le délai d'un jour franc par lettre recommandée avec avis de réception.

Toutefois, cette décision, ou copie de celle-ci dans le cas où elle lui a déjà été adressée dans les formes prévues au premier alinéa, est remise directement, contre récépissé, à l'employeur qui s'est porté à la rencontre de l'inspecteur du travail. Cette procédure se substitue alors à celle définie au deuxième alinéa.

Art. R. 4731-3. Lorsque la décision a été remise directement au représentant de l'employeur, copie en est adressée à ce dernier par lettre recommandée avec avis de réception dans le délai mentionné au deuxième alinéa de l'article R. 4731-2.

Art. R. 4731-4. L'employeur informe, par écrit, l'inspecteur du travail des mesures qu'il a prises pour faire cesser la situation de danger grave et imminent.

Cette lettre est remise directement contre récépissé à l'inspecteur du travail ou lui est adressée par lettre recommandée avec avis de réception.

Art. R. 4731-5. L'inspecteur du travail vérifie d'urgence, et au plus tard dans un délai de deux jours à compter de la date de remise ou de réception de la lettre de l'employeur ou de son représentant, le caractère approprié des mesures prises pour faire cesser la cause de danger grave et imminent.

Art. R. 4731-6. La décision d'autorisation ou de refus d'autorisation de reprise des travaux motivé par l'inadéquation ou l'insuffisance de mesures prises pour faire cesser la cause de danger grave et imminent est notifiée dans les formes et les délais définis aux articles R. 4731-2 et R. 4731-3.

Art. R. 4731-7. Un arrêté conjoint des ministres chargés du travail, de l'agriculture et des transports précise les mentions qui figurent sur les décisions prévues au présent chapitre.

Note Voir arrêté du 29 juin 1992 (JO 1er juil.).

Art. R. 4731-8. L'employeur qui conteste la décision de l'inspecteur du travail, en application de l'article L. 4731-4, saisit le président du tribunal de grande instance qui statue en référé.

SECTION 2. Arrêt d'activité

Art. R. 4731-9. Pour l'application de la procédure d'arrêt d'activité prévue à l'article L. 4731-2, sont considérées comme substances chimiques cancérogènes, mutagènes ou toxiques pour la reproduction les agents définis à l'article R. 4412-60 pour lesquels des valeurs limites d'exposition professionnelle contraignantes sont fixées à l'article R. 4412-149.

Art. R. 4731-10. L'arrêt temporaire d'activité ***(D. 2009-289 du 13 mars 2009, JO 15)*** « faisant suite à la procédure de mise de [en] demeure prévue aux articles R. 4721-6 et suivants » fait l'objet d'une décision motivée comportant les éléments de fait et de droit caractérisant la persistance de la situation dangereuse et l'injonction à l'employeur de prendre des mesures appropriées pour y remédier, ainsi que la voie de recours prévue par l'article L. 4731-4.

Cette décision est notifiée à l'employeur soit par remise en main propre contre décharge, soit par lettre recommandée avec avis de réception. Elle prend effet le jour de remise de la notification ou le jour de la présentation de la lettre recommandée.

Note Voir arrêté du 28 septembre 2007 (JO 30) relatif aux mentions figurant sur la décision prévue à cet article.

Art. R. 4731-11. L'employeur informe, par écrit, l'inspecteur du travail des mesures qu'il a prises pour faire cesser la situation dangereuse et lui communique l'avis du médecin du travail, du comité d'hygiène, de sécurité et des conditions de travail ou, à défaut, des délégués du personnel concernant ces mesures.

Cette lettre est remise directement contre récépissé à l'inspecteur du travail ou lui est adressée par lettre recommandée avis de réception.

Art. R. 4731-12. L'inspecteur du travail vérifie, au plus tard dans un délai de huit jours à compter de la date de remise ou de réception de la lettre de l'employeur, le caractère approprié des mesures prises par ce dernier pour faire cesser la situation dangereuse.

La décision d'autorisation ou la décision de refus d'autorisation de reprise de l'activité concernée motivée par l'inadéquation ou l'insuffisance de ces mesures est alors notifiée sans délai par l'inspecteur du travail dans les formes définies à l'article R. 4731-10.

Art. R. 4731-13. L'employeur qui conteste la décision de l'inspecteur du travail, en application de l'article L. 4731-4, saisit le président du tribunal de grande instance qui statue en référé.

Art. R. 4731-14. Le contrôleur du travail peut mettre en œuvre les dispositions des articles L. 4721-8 et L. 4731-2 par délégation de l'inspecteur du travail dont il relève et sous son autorité.

Art. R. 4731-15. Un arrêté conjoint des ministres chargés du travail et de l'agriculture précise les mentions qui figurent sur les décisions prévues aux articles R. 4731-10 et R. 4731-12.

Note Voir arrêté du 28 septembre 2007 (JO 30) relatif aux mentions figurant sur les décisions prévues aux articles R. 231-12-8 et R. 231-12-10 (anciens) CT.

CHAPITRE II

Procédures de référé

Art. L. 4732-1. Indépendamment de la mise en œuvre des dispositions de l'article L. 4721-5, l'inspecteur du travail saisit le juge des référés pour voir ordonner toutes mesures propres à faire cesser le risque, telles que la mise hors service, l'immobilisation, la saisie des matériels, machines, dispositifs, produits ou autres, lorsqu'il constate un risque sérieux d'atteinte à l'intégrité physique d'un travailleur résultant de l'inobservation des dispositions suivantes de la présente partie ainsi que des textes pris pour leur application :

1° Titres Ier, III et IV et chapitre III du titre V du livre Ier ;
2° Titre II du livre II ;
3° Livre III ;
4° Livre IV ;
5° Titre Ier, chapitres III et IV du titre III et titre IV du livre V.

Le juge peut également ordonner la fermeture temporaire d'un atelier ou chantier.

Il peut assortir sa décision d'une astreinte qui est liquidée au profit du Trésor.

Art. L. 4732-2. Pour les opérations de bâtiment ou de génie civil, lorsqu'un risque sérieux d'atteinte à l'intégrité physique d'un intervenant sur le chantier résulte, lors de la réalisation des travaux, ou peut résulter, lors de travaux ultérieurs, de l'inobservation des dispositions incombant au maître d'ouvrage prévues au titre Ier du livre II et de celles du titre III du livre V ainsi que des textes pris pour leur application, l'inspecteur du travail saisit le juge des référés pour voir ordonner toutes mesures propres à faire cesser ou à prévenir ce risque.

Ces mesures peuvent consister notamment en la mise en œuvre effective d'une coordination en matière de sécurité et de santé sur le chantier ou la détermination de délais de préparation et d'exécution des travaux compatibles avec la prévention des risques professionnels.

Le juge peut, en cas de non-respect des dispositions de l'article L. 4531-3, provoquer la réunion des maîtres d'ouvrage intéressés et la rédaction en commun d'un plan général de coordination.

Il peut ordonner la fermeture temporaire d'un atelier ou chantier.

Il peut assortir sa décision d'une astreinte liquidée au profit du Trésor.

La procédure de référé prévue au présent article s'applique sans préjudice de celle prévue à l'article L. 4732-1.

Art. L. 4732-3. Les décisions du juge des référés prévues au présent chapitre ne peuvent entraîner ni rupture, ni suspension du contrat de travail, ni aucun préjudice pécuniaire à l'encontre des salariés concernés.

Art. L. 4732-4. Les dispositions du présent chapitre ne sont pas applicables aux établissements mentionnés aux 2° et 3° de l'article L. 4111-1.

TITRE IV

DISPOSITIONS PÉNALES

CHAPITRE Ier

Infractions aux règles de santé et de sécurité

Note Voir notamment « Le droit pénal du travail », *Dr. Soc.* 2000 n° 11, n° spécial, novembre ; Y. Mayaud : « Responsables et responsabilité », *Dr. Soc.* 2000, p. 941 ; « Les responsabilités de l'employeur », P. Morvan, Intervention à la rencontre annuelle des juristes de droit du travail sur l'obligation de sécurité au travail, 13 décembre 2002 ; « Du droit du travail au droit du danger », intervention d'H. Seillan à la rencontre annuelle précitée ; « Responsabilité pénale de l'employeur » *in* « Prévention des risques professionnels », *RF Social* janv. 2004, n° 27, p. 31 ; « Quelques réflexions sur une évolution possible des sanctions en droit du travail », J. Michel, *Dr. Soc.* 2004, p. 817.

SECTION 1. Infractions commises par l'employeur ou son *(L. 2011-525 du 17 mai 2011, art. 170, JO 18)* « délégataire »

Art. L. 4741-1. Est puni d'une amende de 3750 €, le fait pour l'employeur ou ***(L. 2011-525 du 17 mai 2011, art. 170, JO 18)*** « son délégataire » de méconnaître par sa faute personnelle les dispositions suivantes et celles des décrets en Conseil d'État pris pour leur application :

1° Titres Ier, III et IV ainsi que section 2 du chapitre IV du titre V du livre Ier ;
2° Titre II du livre II ;
3° Livre III ;
4° Livre IV ;
5° Titre Ier, chapitres III et IV du titre III et titre IV du livre V ;
6° Chapitre II du titre II du présent livre.

La récidive est punie d'un emprisonnement d'un an et d'une amende de 9000 €.

L'amende est appliquée autant de fois qu'il y a de salariés de l'entreprise concernés ***(L. 2011-525 du 17 mai 2011, art. 170, JO 18)*** « indépendamment du nombre d'infractions » relevées dans le procès-verbal prévu à l'article L. 8113-7.

Note • Le 1° de cet article a été modifié par la loi 2009-526 du 12 mai 2009 (JO 13).

• Les articles dont la violation est réprimée par l'article L. 263-2 (ancien) CT définissent de manière claire et précise les obligations incombant au chef d'entreprise ou à son délégataire et ne sont donc pas incompatibles avec l'article 7 de la Convention européenne des droits de l'homme (cass. crim. 5 mars 2002, n° 01-84.284).

• Faute personnelle de l'employeur

Il résulte de l'obligation générale pesant sur les employeurs de veiller à la sécurité des travailleurs qu'ils occupent, que tout employeur est personnellement tenu :

1° De donner des consignes de sécurité, 2° De fournir le matériel adéquat nécessaire au respect des règles de sécurité, 3° De veiller à la stricte observation des règles de sécurité (voir notamment, à cet égard, cass. crim. 8 novembre 1983, *JS* 1984, SJ 22 ; cass. crim. 30 mai 2000, n° 99-87.578). Tout manquement à l'une de ces obligations est constitutif d'une « faute personnelle » et engage la responsabilité pénale de l'employeur, la seule possibilité d'exonération étant, dans la quasi-totalité des cas, la preuve de l'existence d'une délégation de pouvoirs valable, donnée par l'employeur à l'un de ses préposés (cass. crim. 8 juin 1993, *Dr. Ouvr.* 1993, p. 480 ; voir aussi notamment cass. crim. 10 novembre 1981, *JS* 1982, SJ 6 ; cass. crim. 5 octobre 1982, *JS* 1983, SJ 9).

Ne peuvent pas constituer des causes d'exonération de la responsabilité pénale du chef d'entreprise :

– la circonstance que les prescriptions du code du travail en matière d'hygiène et de sécurité rendraient plus difficile l'exécution du travail, les juges n'ayant ni à apprécier l'utilité ou l'efficacité de ces prescriptions ni à rechercher dans quelles conditions elles peuvent être mises en œuvre (cass. crim. 27 novembre 1990, n° 89-84.709, B. crim. n° 409) ;
– la faute de la victime, dès lors qu'elle n'est pas la cause exclusive de l'accident (voir notamment cass. crim. 30 novembre 1993, *Dr. Ouvr.* 1994, p. 95 ; 15 mars 1983, *JS* 1983, F 56 ; 30 septembre 1997, n° 95-81.645 ; 19 octobre 1999, n° 98-87.598 ; 27 juin 2000, n° 99-85.225 ; 6 juin 2001, n° 00-86.965 ; 30 septembre 2003, n° 03-81.554) ;
– la circonstance que le salarié n'ait pas fait un usage de la machine conforme à sa destination (travail effectué par le salarié pour son compte) dès lors que cette faute n'a pas été la cause exclusive du dommage (cass. crim. 30 juin 1998, n° 97-84.263, B. crim. n° 210) ;
– la compétence et l'expérience des victimes : elles ne sauraient exonérer leurs employeurs de l'obligation qui leur incombe de veiller à la sécurité du personnel et au respect par celui-ci des règlements en vigueur (cass. crim. 17 mai 1995, n° 94-81.366, B. crim. n° 179 ; 30 mai 2000, n° 99-87.578) ;
– la seule circonstance que le chef d'entreprise ne soit pas présent sur les lieux (cass. crim. 3 janvier 1986, *JS* 1986, SJ 63 ; voir aussi cass. crim. 20 septembre 1994, *RJS* 1/95 n° 30) ;
– l'absence d'observations des agents de contrôle (inspection du travail, CRAM) : voir notamment cass. crim. 5 février 1985 ; 20 octobre 1987 ; 7 décembre 1993, n° 93-81.120, B. crim. n° 375 ; 11 mai 1993. Une simple tolérance administrative ne saurait déroger à la réglementation ou constituer un droit au profit du prévenu, ni exclure sa responsabilité personnelle dans l'infraction commise et peut seulement être de nature à justifier les circonstances atténuantes (cass. crim. 28 octobre 1986, *JS* 1987, SJ 10) ;
– la faute commise par le constructeur de machine qui a délivré un certificat erroné de conformité à la réglementation du travail (cass. crim. 23 juin 1993, *RJS* 10/93 n° 993 ; voir aussi cass. crim. 6 juin 1990, n° 89-86.002, B. crim. n° 230). L'erreur de droit (voir *infra*) telle qu'introduite dans le nouveau code pénal permettra-t-elle un infléchissement de cette jurisprudence ? La rédaction de l'article 122-3 c. pén. et les exemples donnés par le ministère de la Justice dans sa circulaire du 14 mai 1993 en font douter ;
– la circonstance que le sous-traitant ait commis une imprudence, cette dernière ne pouvant exonérer le président d'une société – qui avait conservé la maîtrise et la direction des travaux exécutés par le sous-traitant – de la responsabilité pénale résultant de sa faute personnelle (cass. crim. 5 octobre 1993, *RJS* 2/94 n° 156) ;
– le fait que l'employeur de la victime (sous-traitant) ait conservé l'obligation de veiller à la sécurité de son personnel, ce fait n'étant pas de nature à exonérer le donneur d'ouvrage de la responsabilité pénale résultant de l'imprudence et de l'inobservation des règlements par lui commises (cass. crim. 3 février 1993, n° 91-83.341, B. crim. n° 60) ; voir aussi cass. crim. 16 septembre 1997, n° 96-82.618, B. crim. n° 299, retenant la responsabilité pénale du directeur d'une régie ayant mis un salarié à la disposition d'une société dès lors qu'il s'était immiscé dans les travaux confiés à la société et que la mise de son salarié à la disposition de cette société n'avait pas eu pour effet de le décharger de l'obligation de veiller personnellement à sa sécurité.

A méconnu l'article L. 31 du livre des procédures collectives selon lequel l'administrateur judiciaire est tenu, dans sa mission, au respect des obligations légales et conventionnelles incombant au chef d'entreprise, l'arrêt de cour d'appel qui a déclaré le président du directoire d'une société en état de redressement judiciaire coupable d'infraction à la réglementation relative à la sécurité du travail et de blessures involontaires, alors qu'à la date de l'accident, l'administrateur était seul investi des obligations incombant au chef d'entreprise (cass. crim. 3 mars 1998, n° 95-85.808, B. crim. n° 82). Mais le président du conseil d'administration d'une société en redressement judiciaire ne peut s'exonérer de la responsabilité des conditions de sécurité sur un chantier en se prétendant déchargé de toute obligation par la nomination d'un administrateur investi des pleins pouvoirs dans le cadre de la procédure de redressement judiciaire : l'intéressé s'étant comporté en gérant de fait, il restait tenu au respect des obligations légales et conventionnelles incombant au chef d'entreprise, susceptibles d'engager sa responsabilité pénale (cass. crim. 12 juin 1996, n° 94-85.598, B. crim. n° 251). Voir aussi cass. crim. 17 juin 2008, n° 07-87.063, *Dr. Soc.* 2008, p. 1135, obs. Fr. Duquesne, approuvant les juges du fond qui ont retenu la culpabilité du gérant de fait d'une société poursuivi pour blessures involontaires et pour infractions relatives à la sécurité des travailleurs au motif que, le jour de l'accident, l'administrateur judiciaire de cette société ne pouvait ni connaître ni exécuter le jugement le désignant, cette décision lui ayant été notifiée à cette même date, ont ajouté que la société était placée sous la responsabilité de fait du prévenu, lequel était en charge de la sécurité des salariés et en ont déduit que le prévenu avait commis une faute caractérisée en relation avec le dommage subi par le salarié et exposé ce dernier à un risque d'une particulière gravité qu'il ne pouvait ignorer.

• **Loi 96-393 du 13 mai 1996 relative à la responsabilité pénale pour des faits d'imprudence ou de négligence (JO 14).** Cette loi a notamment modifié l'article 121-3 c. pén. disposant (al. 3) dès lors : « Il y a également délit, lorsque la loi le prévoit, en cas d'imprudence, de négligence ou de manquement à une obligation de prudence ou de sécurité prévue par la loi ou les règlements sauf si l'auteur des faits a accompli les diligences normales compte tenu, le cas échéant, de la nature de ses missions ou de ses fonctions, de ses compétences ainsi que du pouvoir et des moyens dont il disposait ». Une circulaire du garde des Sceaux du 27 août 1996 (BO min. Just. n° 63) a confirmé l'absence de conséquences de cette loi pour le contentieux pénal des accidents du travail qui n'allait pas de soi pour tous (voir notamment « La loi du 13 mai 1996 et la responsabilité pénale du chef d'entreprise en cas d'accident du travail », J. Aguera, *SSL* 1996 n° 804, p. 3). Selon la circulaire, « un chef d'entreprise ne pourra invoquer comme moyens de défense le fait qu'il ne disposait pas des compétences, des pouvoirs ou des moyens suffisants pour faire respecter la réglementation en matière d'hygiène et de sécurité » puisque c'est à lui qu' « il incombe de faire respecter cette réglementation » et qu' « il commet une faute s'il n'est pas en mesure de le faire par lui-même, ou par l'intermédiaire d'un délégué » [...]. « Si les nouvelles dispositions de l'article 121-3 ne remettent pas en cause la jurisprudence relative à la responsabilité pénale des chefs d'entreprise, cette responsabilité ne pourra, comme par le passé, être établie qu'en cas de faute personnelle. »

La chambre criminelle a fait une première application de cette loi dans deux arrêts du 30 octobre 1996, n° 94-83.650, B. crim. n° 389 et du 19 novembre 1996, n° 95-85.945, B. crim. n° 413 ; *RJS* 2/97 n° 154. Si, dans cette dernière espèce, les juges du fond avaient pu estimer que la machine était conforme aux normes de sécurité alors en vigueur et relaxer en conséquence le dirigeant de l'infraction à la réglementation relative à la sécurité des travailleurs, « ils ne pouvaient le relaxer de surcroît du chef de blessures involontaires sans rechercher si, en tant qu'employeur pourvu de la compétence, de l'autorité et des moyens nécessaires à sa mission, il avait accompli les diligences normales lui incombant, au sens de l'article 121-3 du code pénal dans sa rédaction issue de la loi du 13 mai 1996, notamment en veillant à l'application effective des consignes écrites de sécurité, et sans constater que l'accident avait pour cause exclusive la faute de la victime ».

Dans un autre arrêt (cass. crim. 17 juin 1997, n° 95-83.010, B. crim. n° 237) concernant le chef d'un département décapage-laminage, titulaire d'une délégation de pouvoirs en matière d'hygiène et de sécurité, pourvu de la compétence, de l'autorité et des moyens nécessaires à l'exercice de sa mission, qui n'avait pas accompli, avant son départ en congés annuels, les diligences normales lui incombant pour assurer le respect des règles relatives à la sécurité des travailleurs chargés d'effectuer en son absence les travaux prévus au cours de cette période et exigeant des précautions particulières, la chambre criminelle a, ce manquement ayant concouru à la survenance de l'accident (mort d'un salarié lors de la manœuvre d'un pont roulant), approuvé la cour d'appel d'avoir déclaré l'intéressé coupable d'homicide involontaire et d'infraction aux règles relatives à la sécurité des travailleurs, celle-ci ayant justifié sa décision, tant au regard des articles 319 et 221-6 c. pén. que de son article 121-3, dans sa rédaction issue de la loi du 13 mai 1996, « lequel n'institue aucun fait justificatif » (cass. crim. 14 octobre 1997, n° 96-83.356, B. crim. n° 334).

Voir aussi « Genèse et portée de la réforme de l'article 121-3 du code pénal », F. Doroy, *SSL* 1997 n° 826, p. 2.

• **Loi 2000-647 du 10 juillet 2000 tendant à préciser la définition des délits non intentionnels (JO 11).** Selon l'article 121-3, al. 2 et 3 nouveau du code pénal applicable en matière d'infractions involontaires, « les personnes physiques qui n'ont pas causé directement le dommage, mais qui ont créé ou contribué à créer la situation qui a permis la réalisation du dommage ou qui n'ont pas pris les mesures permettant de l'éviter, sont responsables pénalement s'il est établi qu'elles ont, soit violé de façon manifestement délibérée une obligation particulière de prudence ou de sécurité prévue par la loi ou le règlement, soit commis une faute caractérisée et qui exposait autrui à un risque d'une particulière gravité qu'elles ne pouvaient ignorer ».

« L'objet de la loi du 10 juillet 2000 est de redéfinir les contours de la responsabilité pénale en matière d'infractions non intentionnelles (...). Elle s'inscrit dans le prolongement de la loi du 13 mai 1996 relative à la responsabilité pénale pour des faits d'imprudence ou de négligence, qui avait déjà modifié la rédaction de l'article 121-3 du code pénal, afin d'y inscrire le principe de l'appréciation *in concreto* de la faute d'imprudence, principe qui n'a pas été remis en cause par ce nouveau texte. »

Faute d'imprudence ou de négligence n'ayant qu'un lien indirect avec le dommage

« Les dispositions essentielles résultant de la nouvelle rédaction de l'article 121-3 du code pénal sont celles de son alinéa 4 qui combinent le critère du lien de causalité et celui de l'importance de la faute, en exigeant que la faute soit plus importante lorsque le lien de causalité est indirect.

....

En cas de causalité indirecte, le nouvel article 121-3 exige, pour permettre l'engagement de la responsabilité pénale des personnes physiques (mais cette exigence ne concerne pas les personnes morales), que soit établie à l'encontre de cette personne une faute particulière, qui doit consister, de façon alternative, en l'une des deux fautes suivantes :
– une faute de mise en danger délibérée ;
– une faute caractérisée exposant à un risque grave.

1) La première consiste dans « une violation manifestement délibérée d'une obligation particulière de prudence ou de sécurité prévue par la loi ou le règlement ». Elle est exactement celle actuellement exigée par l'article 223-1 du code pénal réprimant le délit de risque causé à autrui, et la jurisprudence ayant interprété cette disposition devra dès lors être appliquée en l'espèce.

La caractérisation de cette faute exigera donc :
– l'existence d'une obligation particulière de prudence ou de sécurité prévue par la loi ou le règlement (ce qui exclut les obligations générales, de même que les obligations qui ne sont pas prévues soit par une loi, soit par un décret ou un arrêté, qui seuls peuvent constituer « le » règlement, au sens administratif retenu par des dispositions) ;
– la démonstration que la personne, qui connaissait cette obligation de prudence ou de sécurité, a de façon manifestement délibérée choisi de ne pas la respecter.

2) Le comportement d'action ou d'omission de la personne auteur indirect d'un dommage pourra être également pénalement sanctionné s'il constitue « une faute caractérisée et qui exposait autrui à un risque d'une particulière gravité que cette personne ne pouvait ignorer ». Cette faute pourra ainsi être établie, à la différence de la faute précédente, même en l'absence de violation manifestement délibérée, même s'il n'existait qu'une réglementation générale et non particulière, même si cette réglementation n'avait pas pour origine la loi ou un règlement au sens administratif, mais qu'elle provenait d'une circulaire ou du règlement intérieur d'une entreprise, et même, le cas échéant, en l'absence de réglementation écrite préexistante.

Elle supposera en revanche la réunion des trois éléments suivants, cumulativement exigés par la loi, une faute caractérisée, exposant autrui à un risque d'une particulière gravité, que la personne ne pouvait ignorer. »

....

Faute d'imprudence ou de négligence ayant un lien direct avec le dommage

« S'il convient de souligner que la loi du 10 juillet n'a pas apporté de modifications substantielles aux règles de la responsabilité pénale pour les délits d'imprudence en cas de causalité directe, le troisième alinéa de l'article 121-3, dont la rédaction était issue de la loi du 13 mai 1996, a toutefois été modifié sur trois points.

Il est tout d'abord expressément précisé que l'imprudence, la négligence ou les manquements aux réglementations constituent la « faute » exigée pour les infractions non intentionnelles (le texte parlant désormais de la « faute d'imprudence, de négligence ou de manquement... »).

Il est ensuite fait référence, dans un souci de rigueur et de cohérence juridique, aux seuls manquements aux règles de sécurité ou de prudence prévues par la loi ou « le » règlement, c'est-à-dire les décrets et les arrêtés, et non plus aux règles prévues par

« les » règlements, comme une circulaire ou le règlement intérieur d'une entreprise.

Enfin, l'obligation d'apprécier *in concreto* la faute d'imprudence, qui est rappelée dans le code pénal depuis la loi du 13 mai 1996, est présentée de façon conforme au principe de la présomption d'innocence : c'est à l'accusation qu'il appartient de démontrer que le comportement de la personne est fautif, compte tenu des circonstances de fait, et non à cette dernière de démontrer qu'il ne l'est pas eu égard à ces mêmes circonstances.

L'alinéa 3 de l'article 121-3 continue de traiter de la définition de la faute pénale d'imprudence, en ce qu'elle constitue l'élément moral ou intellectuel d'une infraction non intentionnelle, de façon générale et dans toutes les hypothèses, que cette faute ait causé directement ou indirectement un dommage. »

Autonomie de la faute civile

« Le nouvel article 4-1 du code de procédure pénale précise que l'absence de faute pénale n'interdira pas la réparation du dommage par les juridictions civiles sur le fondement de la faute civile et également que l'absence de faute pénale n'exclut pas non plus que soit établie la faute inexcusable de l'employeur prévue par l'article L. 452-1 c. séc. soc., qui permet une indemnisation complémentaire de la victime d'un accident du travail ou d'une maladie professionnelle. Il sera dès lors possible que le tribunal de la sécurité sociale estime qu'une faute inexcusable est caractérisée là où le juge répressif estime qu'aucune faute pénale n'a été commise. »

Accidents du travail

« Sauf exception, il semble qu'il faille considérer qu'en matière d'accident du travail, la responsabilité de l'employeur ou des personnes bénéficiant d'une délégation de pouvoir en matière de sécurité n'est qu'indirecte, et que les dispositions du quatrième alinéa de l'article 121-3 du code pénal doivent recevoir application. »

« Toutefois, dans la plupart des cas, la faute de l'employeur est celle prévue par le premier alinéa de l'article L. 263-2 CT. Cette faute constitue ainsi un délit puni de 3 750 € d'amende, même en l'absence de tout dommage, ce qui montre qu'il s'agit d'une faute caractérisée en ce qu'elle revêt par nature une certaine gravité.

S'agissant par ailleurs de la violation de règles de sécurité, il ne sera le plus souvent pas possible, compte tenu de la nature de ces règles, que la personne chargée de les faire respecter puisse valablement soutenir que cette violation n'exposait pas autrui à un danger d'une particulière gravité et qu'elle ne pouvait ignorer.

Il en résulte que, dans la plupart des cas, la responsabilité pénale du chef d'entreprise ou de son délégué sera encourue si la faute de ce dernier a indirectement causé un accident du travail ou une maladie professionnelle (outre les hypothèses dans lesquelles il y aura mise en danger délibérée, par exemple lorsque l'inspection du travail aura précédemment averti l'employeur du non-respect de telle ou telle réglementation ou qu'il est établi que l'employeur avait donné instruction de ne pas respecter telle ou telle règle de sécurité (...) » (circ. crim. 00-9/F1 du 11 octobre 2000).

Jurisprudence

Dans une espèce où, à la suite de l'éboulement d'une tranchée non étayée dans laquelle il posait des tuyaux, un ouvrier est décédé, le gérant de la société et son père, ancien gérant, employé en qualité de directeur technique, ont été poursuivis pour homicide involontaire. Pour retenir l'ancien gérant aux côtés de son fils dans les liens de la prévention, les juges ont énoncé que, disposant de l'autorité et des moyens nécessaires pour embaucher et affecter les salariés et pour assurer la sécurité des chantiers, il exerçait au sein de la société les pouvoirs d'un cogérant, ont précisé que, s'étant lui-même préoccupé de la sécurité du chantier au cours duquel est survenu l'accident mortel, il avait décidé de laisser au dépôt le matériel de blindage dont l'installation était pourtant prescrite par décret du 8 janvier 1965. En l'état de ces motifs d'où il résultait que le père était gérant de fait de la société et qu'il avait commis une faute délibérée au sens de l'article 121-3, al. 4 c. pén. dans sa rédaction issue de la loi 2000-647 du 10 juillet 2000, les juges ont justifié leur décision. En effet, les gérants de droit ou de fait d'une même société peuvent être simultanément déclarés coupables d'homicide involontaire en cas de décès d'un salarié causé par un manquement à la réglementation relative à la sécurité des travailleurs, dès lors qu'en l'absence de délégation de pouvoirs, chacun des cogérants, de droit ou de fait, a le devoir d'assurer le respect de cette réglementation (cass. crim. 12 septembre 2000, n° 99-88.011, B. crim. n° 268).

Sur la violation d'une façon manifestement délibérée d'une obligation particulière de sécurité prévue par la loi ou le règlement, voir encore cass. crim. 3 décembre 2002, n° 01-85.109, B. crim. n° 219 ; 10 mai 2005, n° 04-86.396 ; 28 mars 2006, n° 05-82.975, B. crim. n° 91 ; *RJS* 8-9/06 n° 918 ; 12 juin 2007, n° 06-88.900, B. crim. n° 156 ; *RJS* 11/07 n° 1185 ; 12 mai 2009, n° 08-82.187 ; 4 janvier 2011, n° 10-82.622 ; 1er février 2011, n° 10-82.764.

Sur des fautes caractérisées exposant autrui à un risque d'une particulière gravité que le gérant ou le dirigeant d'une société ne pouvait ignorer, au sens de l'article 121-3 c. pén., voir notamment cass. crim. 16 janvier 2001, n° 00-82.274, B. crim. n° 14 ; *JCP* éd. G 2001.IV.1839 ; 16 janvier 2001, n° 00-82.402, B. crim. n° 15 ; *RJS* 5/01 n° 615 ; 27 novembre 2001, n° 00-86.239 ; 30 avril 2002, n° 01-84.958, B. crim n° 94 ; 25 juin 2002, n° 01-84.718, *JSL* n° 109, 8 octobre 2002, p. 26 ; 24 septembre 2002, n° 01-86.344, *TPS* janv. 2003, p. 14 ; 3 décembre 2002, n° 01-85.109, B. crim. n° 219 ; 21 octobre 2003, n° 02-86.072 ; 26 octobre 2004, n° 04-82.155 ; 18 janvier 2005, n° 04-81.514 ; 13 septembre 2005, n° 04-85.736, B. crim. n° 224 ; *RJS* 12/05 n° 1222 ; *JCP* éd. S 2005, 1339, note J-Fr. Cesaro ; 31 janvier 2006, n° 05-81.858, *JCP* éd. G 2006.II.10079, note E. Dreyer, relevant une faille dans la hiérarchie des fautes pénales ; 25 avril 2006, n° 05-81.802 ; 30 mai 2007, n° 06-87.564 ; 23 octobre 2007, n° 06-89.497 ; 3 juin 2008, n° 07-86.640, *Dr. Soc.* 2008, p. 1134, obs. Fr. Duquesne ; 17 février 2009, n° 08-85.073 ; 13 avril 2010, n° 09-81.504, *JSL* n° 284, 29 septembre 2010, p. 26.

Bien que le responsable d'un chantier par délégation du chef d'entreprise – poursuivi pour avoir enfreint, par sa faute personnelle, les dispositions légales relatives à l'hygiène et à la sécurité ainsi que celles prévoyant des mesures particulières de protection du personnel exécutant des travaux du bâtiment – ait établi le plan particulier de sécurité adapté au chantier, que le matériel de protection se soit trouvé en place en quantité suffisante et que le personnel, pris individuellement, ait eu la compétence pour accomplir les tâches professionnelles qui lui incombaient, il lui appartenait de s'assurer que les équipes sous ses ordres appliquaient les consignes qu'il avait lui-même rappelées dans le PPSPS et qu'au-delà de la volonté de se conformer à la loi qui exige l'établissement d'un tel PPSPS, le prévenu, qui connaissait parfaitement les risques encourus, devait personnellement contrôler le chantier, ou au moins s'assurer que les échelons intermédiaires compétents, qu'il prétendait avoir mis en place, étaient à même de le suppléer dans cette tâche de surveillance. En l'état de ces énonciations, d'où il résulte que le prévenu, qui a contribué à créer la situation ayant permis la réalisation du dommage et n'a pas pris les mesures permettant de l'éviter, a commis une faute caractérisée exposant autrui à un risque d'une particulière gravité qu'il n'ignorait pas, la cour d'appel a pu le déclarer coupable de blessures involontaires et son employeur civilement responsable (cass. crim. 28 octobre 2003, n° 02-88.366).

S'agissant d'un salarié d'une entreprise de bâtiment mortellement blessé lors du basculement d'une dalle qu'il tentait de mettre en place en utilisant une barre à mine, les juges ont retenu, pour condamner l'employeur des chefs d'homicide involontaire et d'infraction aux règles relatives à la sécurité des travailleurs, qu'il avait ordonné au grutier, pour faciliter la manœuvre, de détacher l'une des élingues retenant la dalle et qu'il avait tenté de l'ajuster en utilisant des barres à mine ; ils ont ajouté que l'employeur, au lieu d'avoir recours à un échafaudage, avait choisi une telle méthode par économie de temps et d'argent et n'avait pas interdit à son salarié, qui ne portait pas de harnais de sécurité, de venir le rejoindre sur la dalle et ont conclu que « l'ensemble de ces éléments démontre l'imprudence caractérisée de l'employeur et le manquement à ses obligations en matière de sécurité qui sont directement à l'origine de l'accident mortel dont a été victime son salarié ». En l'état de ces constatations, dont il résulte que l'employeur a directement créé le dommage au sens de l'article 121-3 c. pén., les juges, qui n'avaient pas à rechercher s'il avait, en outre, commis une faute caractérisée qui exposait autrui à un risque d'une particulière gravité qu'il ne pouvait ignorer, ont justifié leur décision (cass. crim. 16 septembre 2008, n° 08-80.204, B. crim. n° 186 ; *JCP* éd. S 2008, 1596, note J-Fr. Cesaro ; *RJS* 1/09 n° 48 ; *RDT*, janvier 2009, CH, 46, J-Fr. Dreuille ; *Dr. Soc.* 2009, p. 490, obs. Fr. Duquesne).

Voir notamment « Responsabilité pénale de l'employeur » in « Prévention des risques professionnels », *RF Social* janvier 2004, n° 27, p. 31 ; « La responsabilité pénale du chef d'entreprise », *BS* 9-10/2000, p. 429 ; « La loi 2000-647 du 10 juillet 2000. Retour vers l'imprudence pénale », Ph. Salvage, *JCP* éd. G 2000.I.281 ; « Responsabilité pénale et droit social, avant et après la loi du 10 juillet 2000 », P. Morvan, *RJS* 4/01 p. 283. Voir aussi circulaire crim. 00-9/F1 du 11 octobre 2000 précitée.

Infractions commises avant l'entrée en vigueur de la loi du 10 juillet 2000. Les dispositions d'une loi nouvelle s'appliquent aux infractions commises avant leur entrée en vigueur et n'ayant pas donné lieu à une condamnation passée en force de chose jugée lorsqu'elles sont moins sévères que les dispositions anciennes. Pour des homicides et blessures involontaires commis avant l'entrée en vigueur de la loi du 10 juillet 2000, il y a lieu, dès lors, de procéder à un nouvel examen de l'affaire au regard de ces dispositions (c. pén. art. 121-3) plus favorables (cass. crim. 13 février 2001, n° 00-82.753, B. crim. n° 41).

• Délégation de pouvoirs

Voir notamment A. Meyrieux, Y. Mayne, « Délégation de pouvoirs : du droit pénal au droit social », *JSL* 2 novembre 1999, n° 45-1 ; « La délégation de pouvoir, le juge et l'entreprise », Th. Joffredo, *JCP* éd. S 2006, 1886.

Principe. Hors le cas où la loi en dispose autrement, le chef d'entreprise, qui n'a pas personnellement pris part à la réalisation de l'infraction, peut s'exonérer de sa responsabilité pénale s'il rapporte la preuve qu'il a délégué ses pouvoirs à un préposé investi par lui et pourvu de la compétence, de l'autorité et des moyens nécessaires pour veiller efficacement au respect des dispositions en vigueur (cass. crim. 6 février 1990, Neuhauser, *RJS* 5/90 n° 380 ; 11 mars 1993, B. crim. n° 112 ; 7 juin 2006, n° 05-86.804, *JSL* n° 196, 19 septembre 2006, p. 23). Mais le chef d'entreprise qui a personnellement participé à la réalisation d'une infraction pénale ne peut s'exonérer de sa responsabilité pénale en invoquant une délégation de ses pouvoirs (cass. crim. 20 mai 2003, B. crim. n° 101 ; *JSL* n° 128, 29 juillet 2003, p. 13 ; *RJS* 10/03 n° 1181).

La constatation de l'existence d'une délégation de pouvoirs relève de l'appréciation souveraine des juges du fond (cass. crim. 25 avril 2006, n° 05-84.239).

S'agissant d'un directeur des ressources humaines auquel était confiée, par délégation du chef d'entreprise, la présidence du comité d'établissement, qui avait refusé de consulter ledit comité sur la question de l'abandon de l'horaire collectif prévu, au profit de l'instauration d'un horaire individualisé, une cour d'appel a justifié sa décision retenant sa culpabilité en l'état de motifs qui caractérisent sa participation personnelle à l'infraction et dès lors que constitue le délit d'entrave le refus, sans motif légitime et en violation de la loi, de consulter le comité d'établissement sur l'instauration d'horaires individualisés (cass. crim. 16 septembre 2003, n° 02-86.661, B. crim. n° 164 ; *RJS* 1/04 n° 72 ; *JSL* n° 134, 25 novembre 2003, p. 8).

Pour être opérante, une délégation de pouvoirs doit, en toute hypothèse, être expresse et exempte d'ambiguïté (cass. crim. 8 mars 1988, n° 87-83.883, *JCP* 1988, éd. E, 15256, p. 542, obs. O. Godard) et avoir été donnée à une personne dotée de la compétence, de l'autorité et des moyens nécessaires pour exercer effectivement les pouvoirs qui lui ont été délégués (cass. crim. 26 mai 1994, n° 93-83.180, B. crim. n° 208 ; 8 décembre 2009, n° 09-82.183, B. crim. n° 210 ; *Dr. Soc.* 2010, p. 280 ; *JSL* n° 274, 6 avr. 2010, p. 14, J-E Tourreil, « Pour qu'une délégation de pouvoirs soit valable, le salarié doit disposer d'une compétence et d'une autorité suffisantes »). Si elle est exempte d'ambiguïté, il n'est pas nécessaire qu'une délégation de pouvoirs soit nominative (cass. crim. 2 mars 1988, n° 87-81.528).

La délégation de pouvoirs doit être connue et acceptée par le délégataire.

En cas de différend entre un employeur et un prétendu délégataire, il appartient à l'employeur de prouver que la délégation a été acceptée par le délégataire, quelles que soient la compétence et l'autorité dont celui-ci jouit (cass. crim. 14 janvier 1988, n° 85-93.192).

Domaine de la délégation. Construction jurisprudentielle ancienne, la délégation de pouvoirs a connu un renouveau avec cinq arrêts rendus par la chambre criminelle le 11 mars 1993 (5 arrêts, n°s 90-84.931, 91-83.655, 92-80.773, 91-80.958 et 91-80.598, B. crim. n° 112) qui ont consacré l'extension de la délégation de pouvoirs à l'ensemble des matières concernant l'entreprise (droit économique, par exemple) (voir notamment *Gaz. Pal.* 1993, II, 923, note Bayet).

À noter que la délégation de pouvoirs donnée dans un domaine étranger (hygiène et sécurité) aux infractions poursuivies (défaut d'affichage d'un permis de construire, absence de titres de travail des étrangers sur un chantier, etc.) ne saurait exonérer un employeur de sa responsabilité pénale (cass. crim. 9 novembre 1993, n° 92-86.101 *RJS* 3/94 n° 286).

La simple modification par l'employeur de l'étendue de la délégation de pouvoirs qu'il avait consentie au salarié ne constitue pas une modification du contrat de travail (cass. soc. 28 mars 2006, n° 04-43.963, Rouch c/ SA Amec Spie).

Niveau de la délégation. Si une délégation de pouvoirs peut, en principe, être donnée à tous les niveaux de la hiérarchie de l'entreprise, elle n'est valable que si elle est accordée à une personne pourvue de la compétence, de l'autorité et des moyens nécessaires (voir notamment cass. crim. 21 mai 1983, *JS* 1983, SJ 140 ; 14 janvier 1986, *JS* 1986, SJ 64 ; 2 février 1986, *JS* 1986, SJ 238 ; 12 décembre 1989, *RJS* 2/90 n° 123). N'est au contraire pas valable la délégation de pouvoirs donnée à un gérant de culture qui ne pouvait, même en cas d'extrême gravité, prendre des décisions conservatoires et qui n'était qu'intermédiaire hiérarchique dont le rôle essentiel consistait à transmettre les directives émanant du P-DG de la société (cass. crim. 4 janvier 1986, *JS* 1986, SJ 67), celle consentie à un chef d'équipe, victime d'un accident, titulaire d'un simple CAP, n'ayant bénéficié d'aucune formation spécifique à la sécurité et n'étant donc pas pourvu de la compétence nécessaire pour assumer les responsabilités incombant au chef d'entreprise (cass. crim. 16 décembre 1997, n° 96-86.539). Voir aussi cass. crim. 30 octobre 1996, n° 95-84.942 (absence de délégation de pouvoirs certaine et exempte d'ambiguïté à la charge d'un chef d'établissement qui n'avait pas de surcroît les compétences nécessaires pour veiller efficacement à l'observation de la réglementation en matière de sécurité).

Même si la délégation consentie par contrat de travail remplissait formellement les trois conditions de validité fixées par la jurisprudence, les circonstances de fait permettaient de considérer ladite délégation inopérante, le délégataire n'exerçant pas ses attributions sur le site où la majorité du personnel était basée et ne disposant pas des moyens permettant un réel contrôle des conditions de travail des chauffeurs, de sorte que les infractions étaient imputables au gérant de la société coupable de prolongation excessive de la durée du travail journalier effectif (cass. crim. 18 avril 2000, n° 99-86.105).

Rien n'interdit au chef d'un groupe de sociétés, président de la société donneur d'ordre et dirigeant de la société sous-traitante, de déléguer ses pouvoirs en matière d'hygiène et de sécurité à un salarié d'une autre société du groupe sur lequel il exerce son autorité hiérarchique (cass. crim. 26 mai 1994, n° 93-83.180, B. crim. n° 208 ; *RJS* 11/94 n° 1275 ; *Dr. Soc.* 1995, p. 344, note A. Cœuret ; voir aussi cass. crim. 7 février 1995, n° 94-81.832, *RJS* 6/95 n° 657).

Cumul de délégations. L'employeur ne peut déléguer ses pouvoirs à plusieurs personnes pour l'exécution d'un même travail, un tel cumul étant de nature à restreindre l'autorité et à entraver les initiatives de chacun des prétendus délégataires (cass. crim. 6 juin 1989, n° 88-82.266, B. crim. n° 243, *Dr. Ouvr.* 1990, p. 458 ; voir aussi cass. crim. 2 octobre 1979, B. crim. n° 267 ; 26 juin 1990, *RJS* 8-9/90 n° 684 ; 25 novembre 1997, n° 96-84.371 ; 10 février 1998, n° 97-82.543 ; 13 février 2001, n° 00-83.038 ; 23 novembre 2004, n° 04-81.601, B. crim. n° 295 ; *RJS* 3/05 n° 330). La délégation opérée de manière floue au profit de plusieurs préposés rend incertaine la réalité d'une délégation à un préposé plutôt qu'à un autre (cass. crim. 29 février 2000, n° 99-83.241, B. crim. n° 89).

A justifié sa décision la cour d'appel, qui, pour écarter l'argumentation d'une société selon laquelle la victime de l'accident était titulaire d'une délégation de pouvoirs en matière de sécurité du travail émanant du « directeur de l'entreprise » et aurait dû, en conséquence, veiller elle-même à l'élaboration du plan de prévention, a énoncé qu'un autre salarié, « chargé d'affaires de la société », était également titulaire d'une telle délégation, émanant de la même personne et retenu que, compte tenu de son rang hiérarchique, ce dernier salarié, qui avait participé à l'inspection commune du chantier, avait seul l'obligation d'établir ce plan (cass. crim. 3 avril 2002, n° 01-83.160, B. crim. n° 77 ; *RJS* 7/02 n° 920).

Forme, contenu et preuve de la délégation. Pour exonérer le chef d'entreprise, la délégation de pouvoirs doit être expresse, certaine et précise. Si une telle délégation de pouvoirs doit de préférence être donnée par écrit (circ. min. Just. du 2 mai 1977), l'existence d'une preuve littérale n'étant exigée par aucun texte, n'est pas fondé l'arrêt de cour d'appel condamnant un employeur : a) en se fondant uniquement sur le défaut de documents écrits relatifs aux délégations de pouvoirs que l'intéressé prétendait avoir données à deux cadres (cass. soc. 10 février 1981,

JS 1981, SJ 77), b) alors que deux personnes (chef de chantier et conducteur de travaux) avaient reconnu être responsables de la sécurité, situation résultant d'une délégation qui, pour être implicite, n'en était pas moins certaine et exempte d'ambiguïté et qui leur conférait l'autorité nécessaire pour empêcher ou faire cesser les imprudences telles que celle qui a provoqué l'accident (cass. crim. 8 octobre 1985, *JS* 1986, NB 5).

Aucune disposition légale n'exige que la délégation du pouvoir de licencier soit donnée par écrit (cass. soc. 18 novembre 2003, n° 01-43.608, BC V n° 287 ; *RJS* 1/04 n° 15).

La preuve d'une délégation de pouvoirs n'est soumise à aucune forme particulière (cass. crim. 16 mars 1999, n° 98-80.878). La délégation de pouvoirs peut donc résulter d'une lettre, d'une note de service ou tout autre document écrit (par exemple, l'attestation de conduite de chariots automoteurs, établie par le directeur de l'entreprise, au bénéfice du salarié décédé : cass. crim. 26 octobre 2004, n° 04-81.852), ou bien être implicite mais elle ne peut être opérante que si elle est *précise, certaine et dépourvue d'ambiguïté* (cass. crim. 30 mai 2000, n° 99-86.695) et ne saurait résulter :
– *d'une convention collective de travail*, même visée dans le contrat de travail des agents d'encadrement des chantiers de l'entreprise, manquant de précisions (cass. crim. 25 février 1986, *JS* 1986, SJ 126) ;
– *d'une note de service*, comportant un simple relevé des consignes de sécurité sur les chantiers, adressée au prétendu délégataire par un employé subalterne (cass. crim. 17 octobre 1979, *JS* 1980, SJ 10), d'un document non intitulé et rédigé en termes trop généraux (cass. crim. 2 février 1993, n° 92-80.672), d'un document particulièrement laconique quant à la mission générale de surveillance du chantier et à l'organisation des mesures de sécurité où il n'est justifié ni de consignes précises ni des moyens donnés au préposé pour faire respecter ces consignes (cass. crim. 21 août 1995, n° 94-80.915, *CSB* 1995 B. 160), d'un écrit rédigé en termes généraux faisant référence à « des pouvoirs » attribués au délégataire « précisés par l'organisation de l'entreprise » sans qu'il existe de document décrivant cette organisation, ni aucune preuve de la transmission par le chef d'entreprise à son chef d'équipe « des droits et pouvoirs nécessaires à la mise en œuvre efficace des responsabilités en matière de sécurité » (cass. crim. 16 décembre 1997, n° 96-86.539), d'un écrit à caractère insuffisamment précis, la prétendue délégation n'attribuant au délégataire aucun pouvoir précis de sanction et ne précisant nullement les moyens mis à sa disposition (cass. crim. 4 juin 1998, n° 97-81.186, *JSL* 3 novembre 1998, n° 23-6) ;
– *de délégations écrites données après l'accident* ayant entraîné les poursuites (cass. crim. 21 juin 1983, *JS* 1983, F 88 ; voir aussi cass. crim. 2 février 1993 précité) ;
– *de la seule déclaration d'un préposé* reconnaissant avoir reçu délégation de pouvoirs, faite seulement à l'occasion des poursuites engagées contre son employeur (cass. crim. 21 décembre 1982, *JS* 1983, F 23 ; voir aussi cass. crim. 2 février 1993, n° 92-80.672).

Une délégation consentie dans les mêmes termes à deux personnes est ambiguë et ne peut être retenue (cass. crim. 9 novembre 1993, n° 92-86.101).

La preuve d'une délégation de pouvoirs incombe à celui qui l'invoque et une telle preuve ne saurait résulter d'une simple allégation relative à la structure d'une entreprise sans précision de l'identité ni des attributions du préposé prétendument délégataire (cass. crim. 22 octobre 1991, n° 90-84.618 ; voir aussi cass. crim. 25 mai 1993, n° 92-85.822 ; 11 mars 1993, n° 91-83.655, B. crim. n° 112, arrêt n° 2).

S'agissant d'un salarié d'une société assumant la maîtrise d'ouvrage déléguée d'une opération de construction de logements, poursuivi devant le tribunal correctionnel pour avoir laissé une employée d'une entreprise de nettoyage utiliser un ascenseur non conforme lors de travaux préalables à la réception des appartements et involontairement causé à celle-ci des blessures entraînant une incapacité de travail supérieure à trois mois, la cour d'appel qui, par des motifs contradictoires, a, à la fois déclaré inopérante l'argumentation du salarié prise d'un défaut de délégation de pouvoirs de la part de son employeur et retenu à la charge du prévenu une infraction aux règles de sécurité ne pouvant, selon les dispositions de l'article L. 263-2, devenu l'article L. 4741-1 CT, être imputée qu'au seul chef d'établissement ou à son délégataire, n'a pas justifié sa décision déclarant le salarié coupable notamment d'infraction à la réglementation relative à l'hygiène et à la sécurité (cass. crim. 8 avril 2008, n° 07-80.535, B. crim. n° 96 ; *JCP* éd. S 2008, 1424, note J-Fr. Cesaro ; *RJS* 7/08 n° 841 ; *Dr. Soc.* 2008, p. 809 : « Le coordonnateur de travaux, le maître de l'ouvrage et le délégataire de pouvoirs », Fr. Duquesne).

L'existence d'une délégation de pouvoirs est un moyen de défense qui peut valablement être invoqué pour la première fois en appel (cass. crim. 5 janvier 1993, n° 92-81.918, B. crim. n° 6 ; voir aussi cass. crim. 19 octobre 1995, n° 94-83.884, B. crim. n° 317).

Portée de la délégation. La délégation de pouvoirs consentie à un préposé en vue de la présidence du comité d'entreprise ou d'établissement et du CHSCT ne saurait être étendue au-delà des limites qu'elle définit (cass. crim. 12 avril 2005, n° 04-83.101, B. crim. n° 129 ; *Dr. Soc.* 2005, pp. 856 et s., obs. Fr. Duquesne ; *RJS* 11/05 n° 1114).

La Cour de cassation a été souvent amenée à constater s'il y a eu effectivement ou non transfert de pouvoirs en matière de sécurité.

– Une cour d'appel qui relève notamment que le document écrit produit par l'employeur ne conférait aucun pouvoir au prétendu délégataire (chef d'équipe) qui travaillait sous le contrôle permanent de l'employeur, pratiquement toujours présent sur le chantier et en déduit que « s'il opérait un transfert d'obligations », le document invoqué « ne comportait pas en revanche celui des pouvoirs correspondants nécessaires à leur exécution », a pu décider qu'il n'y avait pas eu transfert de pouvoirs en matière de sécurité du travail (cass. crim. 5 février 1985, *JS* 1985, F 34).

– Dès lors que les juges constatent qu'une personne autre que le prévenu (P-DG) était le chef de l'établissement concerné (directeur général, président du CHSCT), il en résulte que celle-ci entrait dans les prévisions de l'article L. 263-2 (ancien) CT et avait nécessairement les pouvoirs et le devoir de faire respecter les obligations du code du travail en matière d'hygiène et de sécurité (cass. crim. 5 janvier 1993, n° 92-81.918, B. crim. n° 6).

– Une cour d'appel a pu condamner le P-DG d'une société pour infractions aux règles d'hygiène du travail, la cour ayant en l'espèce estimé qu' « en l'absence de toute clause contraire, la délégation de pouvoirs consentie à un directeur, notamment en matière d'hygiène et de sécurité, ne pouvait porter que sur l'entretien, le nettoyage et l'utilisation des locaux, mais que l'aménagement et l'équipement des bâtiments étant de la seule compétence du chef d'entreprise, les infractions relevées à cet égard devaient être, en conséquence, retenues à sa charge » (cass. crim. 26 novembre 1985, *JS* 1986, SJ 66).

– Si, pour être exonératoire, une délégation de pouvoirs doit être certaine et exempte d'ambiguïté, « il n'est nullement exigé qu'elle porte sur la totalité des pouvoirs propres au chef d'entreprise ». Doit donc être cassé l'arrêt de cour d'appel qui, pour retenir la culpabilité de l'employeur, énonce que, pour se décharger de sa propre faute, il aurait fallu que celui-ci « rapporte la preuve d'une totale délégation de ses pouvoirs » à son préposé (cass. crim. 22 janvier 1986, n° 84-95.210, B. crim. n° 30).

N'a pas justifié sa décision une cour d'appel qui a déclaré le salarié d'une société A (devenue par fusion-absorption la société A') responsable d'un établissement, coupable de prêt illicite de main-d'oeuvre, sur le fondement d'une délégation de pouvoirs qui lui avait été consentie par le dirigeant de la société absorbée, sans rechercher si la fusion-absorption invoquée, qui avait donné lieu à la création d'une société distincte de la précédente et à un changement de dirigeant social, n'avait pas eu pour effet d'entraîner la caducité de la délégation de pouvoirs accordée pour la durée de la responsabilité du salarié intéressé au sein de la société absorbée (cass. crim. 20 juillet 2011, n° 10-87.348, *LS* Bref n° 15921 du 25/08/11 ; *RJS* 11/11 n° 924 ; *JSL* n° 308, 27 octobre 2011, p. 27).

Effets de la délégation de pouvoirs. Elle exonère l'employeur de toute responsabilité pénale. Dès lors qu'il a reçu une délégation de pouvoirs, commet une faute personnelle le préposé qui ne veille pas personnellement à l'utilisation par les ouvriers mis sous ses ordres des dispositifs de sécurité mis à la disposition de ces derniers (cass. crim. 3 mai 1978, *JS* 1978, F 75). Et une cour d'appel ne peut écarter la responsabilité pénale du délégataire en raison de négligences commises par la victime, sans rechercher si celles-ci n'étaient pas dues à un défaut de surveillance du chantier et à un manque d'organisation du travail imputables au délégataire de pouvoirs en matière de sécurité (cass. crim. 3 novembre 1998, n° 97-85.236, *RJS* 1/99 n° 53).

En matière d'hygiène et de sécurité, la même infraction ne peut être retenue à la fois contre le chef d'entreprise et contre son délégataire, voire un subdélégataire (cass.

crim. 14 octobre 1997, n° 96-83.196 ; 14 novembre 2006, n° 05-83.367, *RJS* 3/07 n° 403 ; *JCP* éd. S 2007, 1470, note J-Fr. Cesaro). Ainsi, ayant admis la réalité et la validité d'une délégation de pouvoirs consentie à un préposé, une cour d'appel ne peut condamner un employeur pour infraction à la réglementation du travail alors qu'il appartenait au délégataire de veiller au respect des règles de sécurité sur le chantier qu'il dirigeait (cass. crim. 20 octobre 1987, *JS* 1987, SJ 259). De même n'est pas fondé l'arrêt de cour d'appel condamnant tout à la fois un chef d'entreprise et le directeur technique de cette entreprise pour infraction au code minier sans avoir relevé l'existence d'une délégation de pouvoirs (cass. crim. 12 janvier 1988, n° 85-95.950, B. crim. n° 15 ; *JS* 1988, SJ 42).

Une délégation comportant notamment la prise de décision et la mise en œuvre des mesures en matière d'hygiène, de sécurité et des conditions de travail, selon la réglementation en vigueur, il appartient au délégataire désigné de mettre en place, au besoin en faisant appel à d'autres concours, l'organisation du contrôle du matériel et de sa conformité aux règles de sécurité (cass. crim. 2 mars 1994, n° 93-83.458).

Mais un salarié titulaire d'une délégation de pouvoirs en matière de sécurité du travail ne peut se voir reprocher une faute dans l'accomplissement de la mission d'organisation et de surveillance qui lui a été confiée lorsque l'un de ses supérieurs hiérarchiques ou le chef d'entreprise s'immisce dans le déroulement des tâches en rapport avec cette mission, supprimant ainsi l'autonomie d'initiative inhérente à toute délégation effective (cass. soc. 21 novembre 2000, n° 98-45.420, BC V n° 384 ; *RJS* 2/01 n° 175).

Par ailleurs, le salarié d'une société, titulaire d'une délégation de pouvoirs en matière d'hygiène et de sécurité, est un représentant de la personne morale au sens de l'article 121-2 du code pénal. Il engage donc la responsabilité pénale de celle-ci en cas d'atteinte involontaire à la vie ou à l'intégrité physique trouvant sa cause dans un manquement aux règles qu'il était tenu de faire respecter en vertu de sa délégation (cass. crim. 30 mai 2000, n° 99-84.212, B. crim. n° 206 ; voir aussi cass. crim. 14 décembre 1999, n° 99-80.104, B. crim. n° 306).

Subdélégations. L'autorisation du chef d'entreprise dont émane la délégation de pouvoirs initiale n'est pas nécessaire à la validité des subdélégations de pouvoirs, dès lors que celles-ci sont régulièrement consenties et que les subdélégataires sont pourvus de la compétence, de l'autorité et des moyens propres à l'accomplissement de leur mission (cass. crim. 30 octobre 1996, n° 94.83-650, B. crim. n° 389 ; *SSL* 1997 n° 825, p. 8 ; *RJS* 3/97 n° 296). La Cour de cassation assouplit ainsi sa jurisprudence en abandonnant l'une des conditions de validité de la subdélégation – l'autorisation du chef d'entreprise, délégant initial – qu'elle semblait exiger jusqu'alors (voir notamment cass. crim. 12 janvier 1993 ; 8 février 1983, n° 82-92.364, B. crim. n° 48 ; 26 mars 1985, *JS* 1985, SJ 162 ; voir aussi cass. crim. 14 février 1991, n° 90-80.122, B. crim. n° 79 : subdélégation régulière sans que cette condition soit évoquée).

Sur l'appréciation de la valeur et de la portée d'une subdélégation de pouvoirs consentie à une personne dont les juges ont déduit qu'elle ne disposait pas des pleins pouvoirs d'un chef d'établissement et que, dans le domaine limité de sa compétence, elle n'avait commis aucune faute en relation avec l'accident, voir cass. crim. 11 décembre 1996, n° 95-85.341.

• **Application des sanctions du code pénal** (art. 319 et 320, R. 40-4° anciens, devenus les articles 221-6, 222-19 et 222-20 c. pén.).

– *Les délits d'homicide ou de blessures involontaires* prévus par le code pénal ne sont pas subordonnés à l'existence d'une infraction à la réglementation sur la sécurité des travailleurs légalement punissable (cass. crim. 28 juin 1972, n° 71-92.548, B. crim. n° 224). Mais la constatation d'une inobservation de la réglementation sur la sécurité du travail ayant causé un accident peut caractériser le délit d'homicide ou de blessures involontaires à la charge de l'employeur (cass. crim. 27 février 1973, n° 72-91.447, B. crim. n° 97 ; cass. crim. 13 janvier 1981 ; cass. crim. 9 février 1982).

– En ce qui concerne l'homicide involontaire, les fautes que peuvent commettre des tiers ou la victime ne peuvent exonérer le prévenu des conséquences de sa propre faute, dès lors que celle-ci a concouru au dommage (cass. crim. 20 septembre 1994, *RJS* 1/95 n° 30).

– S'il est vrai que le chef d'entreprise, tenu de veiller personnellement à la stricte observation des règles protectrices de la sécurité des travailleurs, ne peut dégager sa responsabilité qu'en établissant qu'il a donné, à cet effet, une délégation de pouvoirs à un préposé pourvu de la compétence et de l'autorité nécessaires, ce principe ne saurait mettre obstacle à ce que des maladresses, imprudences, inattentions ou inobservations des règlements relevées à la charge d'autres membres de l'entreprise dans l'exécution des tâches qui leur sont confiées donnent lieu à des poursuites sur le fondement des articles 319, 320 ou R. 40-4° (anciens) c. pén. (cass. crim. 12 octobre 1982, *JS* 1983, SJ 10). Voir aussi cass. crim. 23 octobre 1984, B. crim. n° 316 ; 18 décembre 1990, *RJS* 2/91 n° 193 ; 8 décembre 1998, *RJS* 4/99 n° 529.

– Si peuvent être relevés, à la fois contre l'employeur et l'un de ses préposés, des négligences ou un défaut de surveillance, en relation de cause à effet avec un accident et caractérisant à leur charge le délit d'homicide ou de blessures involontaires, ceux-ci sont tous deux pénalement responsables (cass. crim. 23 janvier 1975, n° 73-92.615, B. crim. n° 30).

– Sont à juste titre condamnés pour homicide involontaire un conducteur de travaux (ayant reconnu qu'il était chargé d'organiser un chantier en ce qui concerne le matériel et la sécurité) et le chef de chantier (ayant admis que ses fonctions incluaient l'obligation de veiller à la sécurité), qui n'avaient pris aucune mesure pour mettre fin à une pratique dangereuse qui avait causé la mort d'un ouvrier (cass. crim. 8 octobre 1985, *JS* 1986, NB 6).

Manquement à une obligation de sécurité ou de prudence imposée par la loi ou les règlements

Atteintes involontaires à la vie ou à l'intégrité physique de la personne (anciens délits d'homicide ou de blessures involontaires).

• Le fait de causer (loi 2000-647 du 10 juillet 2000) « dans les conditions et selon les distinctions prévues à l'article 121-3 » par maladresse, imprudence, inattention, négligence ou manquement à une obligation de sécurité ou de prudence imposée par la loi ou « le » règlement la mort d'autrui (c. pén. art. 221-6, al. 1er) ou une incapacité totale de travail pendant plus de trois mois (c. pén. art. 222-19, al. 1er) est puni de trois ans d'emprisonnement et de 45 000 € d'amende (art. 221-6, al. 1er) ou de deux ans d'emprisonnement et de 30 000 € d'amende (art. 222-19, al. 1er).

Sur les incidences possibles de la rédaction – plus concise – de ces infractions involontaires (par rapport à celle des anciens art. 319 et 320 c. pén.), voir notamment E. Fortis, *Dr. Soc.* 1993, pp. 884 et s. ; *BS Fr. Lef.* 3/94, 134 et s.

• Le fait de causer à autrui – de la même façon – une incapacité totale de travail d'une durée inférieure ou égale à trois mois est puni de l'amende prévue pour les contraventions de 5e classe (art. R. 625-2) ; celui de porter atteinte à l'intégrité d'autrui sans qu'il en résulte d'incapacité totale de travail est puni de l'amende prévue pour les contraventions de la 2e classe (art. R. 622-1, al. 1er).

• Après avoir déclaré le président d'un conseil d'administration coupable notamment de blessures involontaires, la cour d'appel l'a condamné, pour ce délit, à une peine d'emprisonnement avec sursis et à une amende de 50 000 F. En prononçant ainsi une amende qui excède le maximum prévu par l'article 320 ancien du code pénal réprimant le délit reproché, la cour a méconnu le texte susvisé et le principe selon lequel une loi nouvelle portant aggravation des incriminations et des peines prévues par la loi antérieure n'est applicable qu'à des faits accomplis après son entrée en vigueur (cass. crim. 29 février 2000, n° 99-83.241, B. crim. n° 89).

Manquement délibéré à une obligation de sécurité ou de prudence imposée par la loi ou les règlements

Atteintes à la vie ou à l'intégrité physique de la personne. Circonstances aggravantes nouvelles.

• Le code pénal prévoit une aggravation des peines encourues lorsque le dommage résulte « d'une violation manifestement délibérée d'une obligation particulière de sécurité ou de prudence imposée par la loi ou le règlement » [trois ans d'emprisonnement et 45 000 € d'amende pour le délit de blessures involontaires (art. 222-19, al. 2) ; cinq ans d'emprisonnement et 75 000 € d'amende pour le délit d'homicide involontaire (art. 221-6, al. 2)].

« Est ainsi reconnue, par la création de cette circonstance aggravante nouvelle, la spécificité, entre l'imprudence et la faute intentionnelle, de la faute désignée par la doctrine sous le nom de « dol éventuel ». Il est en effet apparu indispensable de sanctionner plus sévèrement celui qui cause la mort d'autrui après avoir pris délibérément ce risque en violant consciemment une obligation de sécurité ou de prudence (...) » (circ. 14 mai 1993). Des observations, des mises en demeure de l'administration du travail, la mise en œuvre de la procédure d'alerte pourront être des circonstances qui faciliteront l'administration de la preuve du manquement délibéré du chef d'entreprise ou de ses délégataires.

• Par ailleurs, les atteintes involontaires à l'intégrité physique ayant entraîné une incapacité totale de travail inférieure ou égale à trois mois, qui sont normalement de nature contraventionnelle, deviennent un délit puni par l'article 222-20 d'un an d'emprisonnement et de 15 000 € d'amende lorsqu'elles sont commises avec la circonstance aggravante susmentionnée (circ. 14 mai 1993).

• Enfin, une contravention de 5e classe (c. pén. art. R. 625-3) réprime le fait, par la violation manifestement délibérée d'une obligation particulière de sécurité ou de prudence prévue par la loi ou le règlement, de porter atteinte à l'intégrité d'autrui sans qu'il en résulte d'incapacité totale de travail.

Violation manifestement délibérée d'une obligation particulière de sécurité ou de prudence imposée par la loi ou le règlement

Délit de risques causés à autrui.

Ce délit inséré dans un chapitre relatif à « la mise en danger de la personne », qui a notamment pour objet une meilleure prévention des accidents du travail, réprime le fait d'exposer directement autrui à un risque immédiat de mort ou de blessures de nature à entraîner une mutilation ou une infirmité permanente par la violation manifestement délibérée d'une obligation particulière de sécurité ou de prudence imposée par la loi ou le règlement (voir c. pén. art. 223-1).

Sur les éléments constitutifs de cette infraction et sa comparaison avec les délits d'homicide ou de blessures involontaires en cas de circonstances aggravantes, voir notamment circ. du 14 mai 1993 et circ. DRT 7K-94 du 2 juin 1994 (BO TR 94/12, p. 63).

Le délit de mise en danger d'autrui n'est constitué que si le manquement défini par l'article 223-1 du code pénal a été la cause directe et immédiate du risque auquel a été exposé autrui. Si une cour d'appel n'est pas tenue de constater que l'auteur du délit de risques causés à autrui a eu connaissance de la nature du risque particulier effectivement causé par son manquement, il lui appartient de caractériser un lien immédiat entre la violation des prescriptions réglementaires et le risque auquel ont été exposés les salariés (cass. crim. 16 février 1999, n° 97-86.290, B. crim. n° 24 ; *RJS* 4/99 n° 528 ; *D.* 2000, n° 1, note A. Cerf).

Le délit de mise en danger d'autrui ne peut, aux termes de l'article 223-1 c. pén., être caractérisé qu'en cas de violation manifestement délibérée d'une obligation particulière de sécurité ou de prudence prévue par la loi ou le règlement. A violé ce texte la cour d'appel qui a déclaré une société coupable de mise en danger d'autrui, alors qu'aucun règlement applicable dans la collectivité territoriale de Mayotte n'avait été pris en application des dispositions générales du code du travail local pour préciser les obligations particulières de protection de la sécurité des travailleurs dans les établissements qui mettent en œuvre des courants électriques (cass. crim. 17 septembre 2002, n° 01-84.381 ; voir aussi cass. crim. 8 octobre 2002, n° 01-85.550, B. crim. n° 181).

Sur la culpabilité du chef de mise en danger d'autrui d'un directeur d'établissement et d'une société par violation manifestement délibérée des articles 3, 4, 5, 7, 28 et 30 du décret 93-98 du 7 février 1996 relatif à la protection des travailleurs contre les risques liés à l'inhalation de poussières d'amiante, voir CA Douai 6 mars 2008, n° 07-2135, 6e ch., *RJS* 7/08 n° 796.

Responsabilité pénale des personnes morales

Innovation essentielle du nouveau code pénal, l'article 121-2, al. 1er a retenu le principe de la responsabilité pénale des personnes morales. À l'exclusion de l'État, les personnes morales étaient « responsables pénalement, selon les distinctions des articles 121-4 à 121-7 et dans les cas prévus par la loi ou le règlement, des infractions commises, pour leur compte, par leurs organes ou représentants ».

Les peines applicables aux personnes morales sont mentionnées aux articles 131-37 à 131-49 c. pén. Le taux maximum de l'amende correctionnelle et contraventionnelle est égal au quintuple de celui prévu pour les personnes physiques. Des peines complémentaires sont également prévues.

La responsabilité pénale devait être expressément prévue par le texte qui définissait et réprimait l'infraction. Le code pénal la retenait notamment en matière d'hygiène et de sécurité pour les atteintes involontaires à la vie ou à l'intégrité des personnes (art. 221-7, 222-21, R. 625-5, R. 622-1) et le délit de risques causés à autrui (art. 223-2). La loi quinquennale l'avait aussi notamment étendue en matière d'emploi d'étrangers en situation irrégulière, de travail clandestin, de marchandage ou de prêt de main-d'œuvre illicite (voir note sous article L. 362-3 et L. 364-1).

La responsabilité pénale des personnes morales ne pouvait pas, par exemple, être engagée pour infraction aux prescriptions relatives à l'ordre des licenciements, aucune disposition légale ou réglementaire ne la prévoyant expressément (cass. crim. 18 avril 2000, n° 99-85.183, B. crim. n° 153).

Loi du 10 juillet 2000. Absence de modification quant aux règles de fond de la responsabilité pénale des personnes morales.

« Les nouvelles dispositions de l'article 121-3, issues de la loi 2000-647 du 10 juillet 2000 ont été rédigées de façon à n'avoir aucune conséquence en ce qui concerne l'étendue de la responsabilité pénale des personnes morales en cas d'infraction non intentionnelle. L'exigence d'une faute qualifiée en cas de lien de causalité indirecte posée par le quatrième alinéa de l'article 121-3 ne concerne en effet que les personnes physiques. »

« Il en résulte qu'à l'avenir le comportement d'une personne physique organe ou représentant d'une personne morale pourra engager la responsabilité pénale de cette personne morale, sans que la personne physique soit elle-même pénalement responsable. Il en sera ainsi lorsque la personne physique, agissant pour le compte de la personne morale, aura indirectement causé un dommage en commettant une faute au sens des dispositions du troisième alinéa de l'article 121-3, mais ne répondant pas aux exigences du quatrième alinéa de l'article 121-3 » (voir en ce sens cass. crim. 24 octobre 2000, n° 00-80.378, B. crim. n° 308).

« C'est la raison pour laquelle le dernier alinéa de l'article 121-2 du code pénal, qui indique que la responsabilité pénale des personnes morales n'exclut pas celle des personnes physiques auteur ou complice des mêmes faits, a été complété par la précision selon laquelle ce cumul de responsabilité interviendra "sous réserve des dispositions du quatrième alinéa de l'article 121-3", puisque cet alinéa limite désormais la responsabilité pénale des personnes physiques » (circ. crim. 00-9/F1 du 11 octobre 2000).

Loi 2004-204 du 9 mars 2004. Généralisation de la responsabilité des personnes morales.

Avec la loi Perben, depuis le 31 décembre 2005, la responsabilité pénale d'exception est devenue générale (art. 54 de la loi).

Ainsi, *une personne morale peut voir sa responsabilité pénale engagée pour toute infraction commise pour son compte par ses organes ou représentants sans qu'elle soit prévue expressément par le texte d'incrimination* (c. pén. art. 121-2 modifié).

S'agissant des infractions commises avant le 31 décembre 2005, elles ne restent imputables à une personne morale que si le texte d'incrimination le prévoit. S'agissant des infractions commises après cette date, elles peuvent être imputées à une personne morale, en l'absence de dispositions spécifiques, si les conditions de l'article 121-2 sont réunies. L'étendue de la responsabilité pénale des entreprises, en droit du travail, s'en trouve ainsi largement accrue.

Voir circulaire du garde des Sceaux du 13 février 2006 ; chronique « Généralisation de la responsabilité pénale des personnes morales », A. Cœuret, *RJS* 11/06, p. 843 ; « Responsabilité pénale de la personne morale pour accident du travail : vers la simplification ? », A. Cœuret, *SSL* nov. 2006, n° 1281, p. 7.

Jurisprudence.

En l'état de motifs d'où il résulte que le président d'une société ou son délégataire en matière de sécurité n'a pas accompli toutes les diligences normales pour faire respecter les prescriptions qui s'imposaient à la personne morale en ce domaine, une cour d'appel a caractérisé une faute d'imprudence ou de négligence engageant la responsabilité de celle-ci et justifié sa décision au regard des articles 121-2 et 121-3, al. 3 c. pén. (cass. crim. 1er décembre 1998, n° 97-80.560, B. crim. n° 325 ; *RJS* 2/99 n° 216).

Au regard de faits mettant en évidence à la charge d'une société la méconnaissance fautive, exclusive de la force majeure, des dispositions de l'article L. 233-5-1 ancien CT exigeant que les équipements de travail et les moyens de protection, y compris en cas de modification, soient utilisés, réglés et maintenus de manière à préserver la sécurité et la santé des travailleurs, une cour d'appel a justifié sa décision retenant la responsabilité pénale de la société, dès lors qu'il résulte des dispositions des articles 121-2, 121-3 et 222-21 c. pén. que les personnes morales sont pénalement responsables de toute faute non intentionnelle de leurs organes ou représentants ayant entraîné une atteinte à l'intégrité physique constitutive de l'infraction de blessures involontaires, même si, en l'absence de faute délibérée ou caractérisée au sens de l'article 121-3, al. 4, du même code, la responsabilité pénale des personnes physiques ne peut être recherchée (cass. crim. 4 décembre 2007, n° 07-81.072). Voir aussi cass. crim. 28 avril 2009, n° 08-83.843, B. crim. n° 80 ; *Dr. Soc.* 2009, p. 875, obs. Fr. Duquesne ; *JCP* éd. S 2009, 1361 ; *JCP* éd. S 2009, 1413, note Th. Tauran.

Le salarié d'une société, titulaire d'une délégation de pouvoir en matière d'hygiène et de sécurité, est un représentant de la personne morale au sens de l'article 121-2 c. pén. Il engage donc la responsabilité pénale de celle-ci en cas d'atteinte involontaire à la vie ou à l'intégrité physique trouvant sa cause dans un manquement aux règles qu'il était tenu de faire respecter en vertu de sa délégation (cass. crim. 30 mai 2000, n° 99-84.212, B. crim. n° 206 ; *Dr. Soc.* 2000, p. 1148, obs. P. Morvan).

Une société ne saurait reprocher aux juges du fond de l'avoir déclarée coupable du délit d'homicide involontaire à la suite de l'accident du travail mortel survenu à l'un de ses salariés sans préciser l'identité de l'auteur des manquements constitutifs du délit, dès lors que cette infraction n'a pu être commise, pour le compte de la société, que par ses organes ou représentants (cass. crim. 20 juin 2006, n° 05-85.255, B. crim. n° 188 ; *RJS* 10/06 n° 1141).

En cas d'accident du travail, les infractions en matière d'hygiène et de sécurité des travailleurs commises par le délégataire de pouvoirs désigné par chacune des sociétés constituant un groupement d'entreprises à l'occasion de l'attribution d'un marché engagent la responsabilité pénale de la seule personne morale, membre du groupement, qui est l'employeur de la victime (cass. crim. 13 octobre 2009, n° 09-80.857, B.crim. n° 169 ; *Dr. Soc.* 2010, pp. 144 et s., Fr. Duquesne ; *RJS* 1/10, n° 105).

La relaxe devenue définitive du représentant légal d'une personne morale attrait devant la juridiction correctionnelle en son nom personnel ne peut mettre obstacle à ce que, conformément à l'article 706-43 c. proc. pén., il soit appelé à représenter ultérieurement celle-ci dans les poursuites engagées contre elle à raison des mêmes faits (cass. crim. 30 mai 2000, n° 99-84.212, B. crim. n° 206).

Nul n'est responsable pénalement que de son propre fait ; une société absorbante ne peut être déclarée responsable pénalement de faits commis par la société absorbée, l'absorption faisant perdre son existence juridique à la société absorbée (cass. crim. 14 octobre 2003, n° 02-86.376, B. crim. n° 189 ; *RJS* 2/04 n° 278).

Seuls les faits commis à compter de l'entrée en vigueur du code pénal (1er mars 1994) peuvent donner lieu à la poursuite pénale de personnes morales (voir cass. crim. 9 janvier 1996, n° 95-80.146).

• Sur la responsabilité pénale des personnes morales (avant loi Perben), voir notamment A. Cœuret, « La responsabilité en droit pénal du travail : continuité et rupture », *Rev. Sc. crim.* 1992, p. 475 ; E. Fortis, « Sur les incidences de la réforme du code pénal sur le droit du travail », *Dr. Soc.* 1993, p. 884 ; *BS Fr. Lef.* 3/93, p. 134 ; TGI Paris, 31e ch., 3 novembre 1995, *Dr. Soc.* 1996, p. 157, note A. Cœuret ; trib. corr. Béthune, 7e ch., 12 novembre 1996, n° 3303-96.

Voir aussi circulaire crim. 98-1/F1 du 26 janvier 1998, relative à un premier bilan de l'application des dispositions du nouveau code pénal concernant la responsabilité pénale des personnes morales (BO Ministère de la Justice n° 69 ; *JCP* éd. E 1998, p. 384 ; « Quatre années de sanctions pénales à l'encontre des personnes morales » C. Ducouloux-Favard, *D.* 1998 chron. 395).

Voir également « Droit pénal et accident du travail après la loi Perben II », A. Vallat, A. Cœuret, *SSL* 14 mars 2005, n° 1206 ; « Pour une rationalisation de la responsabilité pénale des personnes morales », rapport de la chambre de commerce et d'industrie de Paris, *BS Fr. Lef.* 5/06, p. 269.

Erreur sur le droit

L'article 122-3 c. pén. introduit une nouvelle cause d'irresponsabilité pénale en énonçant que « n'est pas pénalement responsable la personne qui justifie avoir cru, par une erreur sur le droit qu'elle n'était pas en mesure d'éviter, pouvoir légitimement accomplir l'acte ». Il appartiendra à la jurisprudence de fixer les contours de cette nouvelle notion mais le caractère « inévitable » de l'erreur restreindra vraisemblablement les cas d'application de ce texte.

La circulaire du 14 mai 1993 rapporte comme hypothèses envisagées au cours des débats parlementaires celle « d'une information erronée fournie par l'autorité administrative interrogée préalablement à l'acte » et celle « du défaut de publication du texte normatif ».

L'erreur de droit invoquée par un directeur général, portant sur l'interprétation de certaines dispositions de l'ordonnance du 16 janvier 1982 fixant la durée maximale journalière de travail, ne présente pas un caractère insurmontable et n'entre donc pas dans les prévisions de l'article 122-3 c. pén. (cass. crim. 5 mars 1997, n° 95-83.492, B. crim. n° 84).

Cumul des peines

Poursuite unique. Selon l'article 132-3, al. 1er c. pén. « lorsque, à l'occasion d'une même procédure, la personne poursuivie est reconnue coupable de plusieurs infractions en concours, chacune des peines encourues peut être prononcée. Toutefois, lorsque plusieurs peines de même nature sont encourues, il ne peut être prononcé qu'une seule peine de cette nature dans la limite du maximum légal le plus élevé ».

1. Cet article permet désormais « aux juridictions de prononcer toutes les peines encourues au regard de l'ensemble des infractions en concours, qu'il s'agisse de peines privatives de liberté, d'amende ou de peines complémentaires ou alternatives ».

2. *Nature de la peine.* « La peine n'est plus appréciée par référence à la distinction traditionnelle entre les peines criminelles, correctionnelles et contraventionnelles, mais en fonction du contenu des peines en présence. Les peines privatives de liberté sont donc désormais considérées comme étant de même nature (...). S'agissant des autres peines, sont de même nature toutes les peines qui ont le même contenu et le même effet : amende, interdiction d'émettre des chèques, confiscation, etc. Si les infractions en concours sont punies de plusieurs peines de même nature, la juridiction ne pourra prononcer qu'une seule peine de chaque nature (une seule peine privative de liberté, une seule peine d'amende, une seule peine d'interdiction des droits civiques, une seule peine d'interdiction de séjour...) en prenant soin de respecter le maximum légal le plus élevé prévu, pour chaque catégorie de peines, par les textes réprimant les infractions en concours » (circ. du 14 mai 1993).

Lorsque, à l'occasion d'une même procédure, la personne poursuivie est reconnue coupable de plusieurs infractions en concours, les unes visées par l'article L. 263-2, devenu l'article L. 4741-1 CT, les autres prévues par les articles 221-6, 222-19 et 222-20 c. pén., les peines de même nature se cumulent, dès lors que leur total n'excède pas le maximum légal de la peine la plus élevée qui est encourue (cass. crim. 2 mars 2010, n° 09-82.607, B. crim. n° 44 ; *JCP* éd. S 2010, act. 211 et 1242, note S. Brissy ; *Dr. Soc.* 2010, p. 1125, obs. Fr. Duquesne ; voir précédemment cass. crim. 13 septembre 2005, n° 04-85.736, B. crim. n° 224 ; *RJS* 12/05 n° 1222).

Poursuites séparées. Sur les règles applicables en cas de poursuites séparées, voir art. 132-4 et circ. du 14 mai 1993 précitée.

Cumul des peines d'amendes contraventionnelles. Les peines d'amende pour contraventions se cumulent entre elles et avec celles encourues ou prononcées pour des crimes ou délits en concours (c. pén. art. 132-7).

• En prononçant une peine non prévue par l'article L. 263-2 (ancien) CT réprimant les délits reprochés, la peine d'emprisonnement n'étant possible, selon l'article L. 263-4 (ancien) dudit code, qu'en cas de récidive, la cour d'appel a méconnu l'article 111-3 c. pén. et le principe suivant lequel nul ne peut être puni d'une peine qui n'est pas prévue par la loi (cass. crim. 17 février 2004, n° 03-84.181).

Art. L. 4741-2. Lorsqu'une des infractions énumérées à l'article L. 4741-1, qui a provoqué la mort ou des blessures dans les conditions définies aux articles 221-6, 222-19 et 222-20 du code pénal ou, involontairement, des blessures, coups ou maladies n'entraînant pas une incapacité totale de travail personnelle supérieure à trois mois, a été commise par un ***(L. 2011-525 du 17 mai 2011, art. 170, JO 18)*** « délégataire », la juridiction peut, compte tenu des circonstances de fait et des conditions de travail de l'intéressé, décider que le paiement des amendes prononcées sera mis, en totalité ou en partie, à la charge de l'employeur ***(L. 2011-525 du 17 mai 2011, art. 170, JO 18)*** « si celui-ci a été cité à l'audience ».

Art. L. 4741-3. Le fait pour l'employeur de ne pas s'être conformé aux mesures prises par l'inspecteur du travail en application de l'article L. 4731-1 est puni d'un emprisonnement d'un an et d'une amende de 3750 €.

Art. L. 4741-4. En cas d'infraction aux dispositions de l'article L. 4221-1, de celles du livre III ainsi que des articles L. 4411-7, L. 4525-1 et L. 4721-4 et des décrets pris en application, le jugement fixe, en outre, le délai dans lequel sont exécutés les travaux de sécurité et de salubrité imposés par ces dispositions. Ce délai ne peut excéder dix mois.

Art. L. 4741-5. En cas de condamnation prononcée en application de l'article L. 4741-1, la juridiction peut ordonner, à titre de peine complémentaire, l'affichage du jugement aux portes des établissements de la personne condamnée, aux frais de celle-ci, dans les conditions prévues à l'article 131-35 du code pénal, et son insertion, intégrale ou par extraits, dans les journaux qu'elle désigne. Ces frais ne peuvent excéder le montant de l'amende encourue.

En cas de récidive, la juridiction peut prononcer contre l'auteur de l'infraction l'interdiction d'exercer, pendant une durée maximale de cinq ans, certaines fonctions qu'elle énumère soit dans l'entreprise, soit dans une ou plusieurs catégories d'entreprises qu'elle définit.

Le fait de méconnaître cette interdiction est puni d'un emprisonnement de deux ans et d'une amende de 9000 €.

Note

• Les mesures de publicité et d'affichage des jugements rendus en application des articles L. 263-2 et L. 263-4 (anciens) et prévues par l'article L. 263-6 (ancien) CT ne constituent pas « des traitements dégradants » au sens de l'article 3 de la Convention européenne de sauvegarde des droits de l'homme et des libertés fondamentales (cass. crim. 29 mai 1990, Clappier et a., *RJS* 10/91 n° 778). Est fondé l'arrêt de cour d'appel qui, se conformant aux dispositions de l'article L. 263-6 (ancien) CT, ordonne l'affichage de la décision ayant prononcé, en application de l'article L. 263-2 (ancien) du même code, la condamnation d'un employeur pour non-respect de règles de sécurité du travail (cass. crim. 12 octobre 1982, *JS* 1983, SJ 11).

• Lorsque l'affichage d'une décision de condamnation est prononcé en application de cet article, il ne peut être effectué qu'aux emplacements prévus par ce texte et sa durée doit être précisée par les juges, dans la limite de deux mois fixée par l'article 51 c. pén. alors en vigueur, repris par l'alinéa 4 de l'article 131-35 c. pén. Doit donc être cassé l'arrêt d'une cour d'appel qui ordonne, à titre de peine complémentaire, l'affichage de sa décision, non seulement aux portes de l'entreprise, mais encore à celles de chacun de ses chantiers et omet de fixer la durée de l'affichage (cass. crim. 16 février 1993, n° 92-82.416, B. crim. n° 75 ; voir aussi cass. crim. 19 décembre 1995, n° 94-84.644, cassant la décision des juges d'appel ayant ordonné l'affichage de leur décision mais omis de fixer sa durée).

N'est pas fondé l'arrêt de cour d'appel qui, ayant condamné un employeur pour le seul délit de blessures involontaires, ordonne, sur le fondement de l'article L. 263-6 (ancien) CT, l'affichage de sa décision pendant quinze jours aux portes de l'entreprise. La condamnation avait été prononcée du seul chef de blessures involontaires (cass. crim. 22 mai 1986, *JS* 1986, SJ 197).

• Ni l'article L. 263-6 (ancien) CT ni l'article 51-1 c. pén. alors en vigueur n'imposent à la juridiction qui ordonne la publication par extraits de la décision de déterminer ces extraits (cass. crim. 21 août 1995, *CSB* 1995 B. 160).

• Doit être cassé l'arrêt de cour d'appel prononçant une peine complémentaire (interdiction du droit d'exercer une fonction juridictionnelle) non prévue par les articles L. 152-3, L. 263-2 et 6 (anciens) CT réprimant les infractions poursuivies (marchandage et infraction à la réglementation sur l'hygiène du travail) (cass. crim. 13 novembre 1996, n° 95-83.406).

• Les peines complémentaires prévues par cet article ne sont pas applicables aux délits d'entrave visés aux articles L. 263-2-2 (ancien) (CHSCT), L. 482-1 (ancien) (délégués du personnel) et L. 483-1 (ancien) (comité d'entreprise) (cass. crim. 27 septembre 1989, n° 88-85.727, B. crim. n° 333).

• S'agissant de la violation d'une interdiction d'exercer, voir aussi c. pén. art. 434-30.

Art. L. 4741-6. Les dispositions des articles L. 4741-1 à L. 4741-5 et L. 4741-9 à L. 4742-1 ne sont pas applicables aux établissements mentionnés aux 2° et 3° de l'article L. 4111-1.

Art. L. 4741-7. L'employeur est civilement responsable des condamnations prononcées contre ses directeurs, gérants ou ***(L. 2011-525 du 17 mai 2011, art. 170, JO 18)*** « délégataires ».

Note La disposition de cet article concerne exclusivement les conséquences civiles de l'infraction, abstraction faite des frais et dépens envers l'État, et demeure étrangère à la sanction pénale (cass. crim. 3 mars 1981, n° 80-92.032, B. crim. n° 79 ; *JCP* 1982.II.19769).

Art. L. 4741-8. Le fait d'employer des mineurs à la mendicité habituelle, soit ouvertement, soit sous l'apparence d'une profession, est puni des peines prévues aux articles 225-12-6 et 227-29 du code pénal.

Art. R. 4741-1. Le fait de ne pas transcrire ou de ne pas mettre à jour les résultats de l'évaluation des risques, dans les conditions prévues aux articles R. 4121-1 et R. 4121-2, est puni de l'amende prévue pour les contraventions de cinquième classe.

La récidive est réprimée conformément aux articles 132-11 et 132-15 du code pénal.

Art. R. 4741-1-1. ***(D. 2012-134 du 30 janv. 2012, JO 31)*** Le fait de ne pas remplir ou actualiser la fiche de prévention des expositions, dans les conditions prévues par l'article L. 4121-3-1 et le décret pris pour son application, est puni de l'amende prévue pour les contraventions de la cinquième classe.

L'amende est appliquée autant de fois qu'il y a de travailleurs concernés par l'infraction.

La récidive est réprimée conformément aux articles 132-11 et 132-15 du code pénal.

Art. R. 4741-2. Le fait de ne pas avoir satisfait à la mise en demeure du ***(D. 2009-1377 du 10 nov. 2009, JO 13 ; D. 2010-687 du 24 juin 2010, JO 25 ; voir D. 2010-1582 du 17 déc. 2010, JO 18, pour outre-mer)*** « directeur régional des entreprises, de la concurrence, de la consommation, du travail et de l'emploi » prévue à l'article L. 4721-1 à l'expiration du délai prévu à l'article R. 4721-2, est puni de l'amende prévue pour les contraventions de la cinquième classe.

L'amende est appliquée autant de fois qu'il y a de travailleurs directement exposés à la situation dangereuse visée par la mise en demeure.

La récidive est réprimée conformément aux articles 132-11 et 132-15 du code pénal.

Art. R. 4741-3. Le fait de méconnaître les dispositions des articles L. 4711-1 à L. 4711-5 ***(D. 2009-289 du 13 mars 2009, JO 15)*** « ainsi que celles des articles D. 4711-1 à D. 4711-3 » relatives aux documents et affichages obligatoires est puni de l'amende prévue pour les contraventions de la quatrième classe.

L'amende est appliquée autant de fois qu'il y a de personnes employées dans des conditions susceptibles d'être sanctionnées au titre du présent article.

Art. R. 4741-3-1. *(D. 2010-150 du 17 févr. 2010, JO 19)* Le fait de ne pas donner aux travailleurs et à leurs représentants l'accès aux informations prévues à l'article 35 du règlement (CE) n° 1907/2006 est puni de l'amende prévue pour les contraventions de la cinquième classe.

L'amende est appliquée autant de fois qu'il y a de personnes employées dans les conditions susceptibles d'être sanctionnées au titre du présent article.

La récidive est réprimée conformément aux articles 132-11 et 132-15 du code pénal.

SECTION 2. Infractions commises par une personne autre que l'employeur ou son *(L. 2011-525 du 17 mai 2011, art. 170, JO 18)* « délégataire »

Art. L. 4741-9. Est puni d'une amende de 3750 €, le fait pour toute personne autre que celles mentionnées à l'article L. 4741-1, de méconnaître par sa faute personnelle les dispositions des articles L. 4311-1 à L. 4311-4, L. 4314-1, L. 4321-2, L. 4321-3, *(Ord. 2009-229 du 26 févr. 2009, JO 27)* « L. 4411-1, L. 4411-2, L. 4411-4 à L. 4411-6 », L. 4451-1 et L. 4451-2 et celles des décrets en Conseil d'État pris pour leur application.

La récidive est punie d'un emprisonnement d'un an et d'une amende de 9000 €.

L'amende est appliquée autant de fois qu'il y a de salariés de l'entreprise concernés par la ou les infractions relevées dans le procès-verbal mentionné à l'article L. 8113-7.

Note Voir note sous art. L. 4741-1.

Art. L. 4741-10. En cas de condamnation prononcée en application de l'article L. 4741-9, la juridiction peut ordonner, à titre de peine complémentaire, l'affichage du jugement aux portes des établissements de la personne condamnée, aux frais de celle-ci, dans les conditions prévues à l'article 131-35 du code pénal, et son insertion, intégrale ou par extraits, dans les journaux qu'elle désigne. Ces frais ne peuvent excéder le montant maximum de l'amende encourue.

En cas de récidive, la juridiction peut prononcer contre l'auteur de l'infraction l'interdiction d'exercer, pendant une durée maximale de cinq ans, certaines fonctions qu'elle énumère soit dans l'entreprise, soit dans une ou plusieurs catégories d'entreprises qu'elle définit.

Le fait de méconnaître cette interdiction est puni d'un emprisonnement de deux ans et d'une amende de 9000 €.

Note Voir note sous art. L. 4741-5.

Art. R. 4741-4. Est puni de la peine d'amende prévue pour les contraventions de la cinquième classe le fait, pour un maître d'ouvrage :

1° De ne pas avoir mentionné dans les contrats, en méconnaissance de l'article L. 4532-12, l'obligation de participer à un collège interentreprises de sécurité, de santé et des conditions de travail ;

2° De ne pas avoir constitué, en méconnaissance de l'article R. 4532-77, un collège interentreprises de sécurité, de santé et des conditions de travail ;

3° De ne pas avoir annexé aux documents du dossier de consultation adressé aux entreprises, ou aux marchés ou contrats conclus avec elles, en méconnaissance de l'article R. 4532-91, le projet de règlement du collège ;

4° De ne pas s'être assuré, en méconnaissance de l'article R. 4532-94 de l'envoi aux comités d'hygiène, de sécurité et des conditions de travail ou, à défaut, aux délégués du personnel des entreprises ou établissements intervenant sur le chantier, des procès-verbaux des réunions du collège.

La récidive est réprimée conformément aux articles 132-11 et 132-15 du code pénal.

Art. R. 4741-5. Est puni de la peine d'amende prévue pour les contraventions de la cinquième classe le fait, pour l'entrepreneur ou le sous-traitant :

1° De ne pas avoir laissé les travailleurs émettre des opinions pendant les réunions du collège ou de les avoir sanctionnés ou licenciés, en méconnaissance de l'article L. 4532-11 ;

2° De ne pas avoir fait mentionner dans les contrats de sous-traitance l'obligation de participer à un collège interentreprises de sécurité, de santé et des conditions de travail, en méconnaissance de l'article L. 4532-12 ;

3° De ne pas avoir laissé aux travailleurs désignés comme membres du collège le temps nécessaire pour assister aux réunions du collège ou d'avoir refusé de rémunérer ce temps comme temps de travail en méconnaissance de l'article L. 4532-15 ;

4° De ne pas avoir désigné de représentants au collège en méconnaissance de l'article R. 4532-80 ;

5° De ne pas avoir participé ou d'avoir empêché son représentant de participer aux réunions du collège dans les conditions prévues aux articles R. 4532-85 et R. 4532-86.

La récidive est réprimée conformément aux articles 132-11 et 132-15 du code pénal.

SECTION 3. Dispositions particulières aux personnes morales

Art. L. 4741-11. Lorsqu'un accident du travail survient dans une entreprise où ont été relevés des manquements graves ou répétés aux règles de santé et sécurité au travail, la juridiction saisie, qui relaxe la ou les personnes physiques poursuivies sur le fondement des articles 221-6, 221-19 et 221-20 [222-19 et 222-20] du code pénal, fait obligation à l'entreprise de prendre toutes mesures pour rétablir des conditions normales de santé et sécurité au travail.

À cet effet, la juridiction enjoint à l'entreprise de présenter, dans un délai qu'elle fixe, un plan de réalisation de ces mesures, accompagné de l'avis motivé du comité d'entreprise et du comité d'hygiène et de sécurité ou, à défaut, des délégués du personnel.

La juridiction adopte le plan présenté après avis du ***(L. 2011-525 du 17 mai 2011, art. 170, JO 18)*** « directeur régional des entreprises, de la concurrence, de la consommation, du travail et de l'emploi ». À défaut de présentation ou d'adoption d'un tel plan, elle condamne l'entreprise à exécuter, pendant une période qui ne peut excéder cinq ans, un plan de nature à faire disparaître les manquements mentionnés au premier alinéa.

Dans ce dernier cas, les dépenses mises à la charge de l'entreprise ne peuvent annuellement dépasser le montant annuel moyen des cotisations d'accidents du travail prélevé au cours des cinq années antérieures à celle du jugement, dans le ou les établissements où ont été relevés les manquements.

Le contrôle de l'exécution des mesures prescrites est exercé par l'inspecteur du travail. S'il y a lieu, celui-ci saisit le juge des référés, qui peut ordonner la fermeture totale ou partielle de l'établissement pendant le temps nécessaire pour assurer cette exécution.

L'employeur qui, dans les délais prévus, n'a pas présenté le plan mentionné au deuxième alinéa ou n'a pas pris les mesures nécessaires à la réalisation du plan arrêté par la juridiction en vertu du troisième alinéa, est puni d'une amende de 18000 € ainsi que des peines prévues à l'article L. 4741-14.

Note **Responsabilité pénale subsidiaire de l'entreprise.** Si une condamnation fondée sur le code pénal (art. 221-6, 222-19 et 222-20) n'est pas prononcée à l'encontre d'une personne physique, mais dans certaines hypothèses seulement (en cas d'accident du travail et de manquements graves ou répétés aux règles d'hygiène et/ou de sécurité dans l'entreprise), le tribunal doit condamner l'entreprise, personne morale, à la présentation puis à la réalisation de mesures destinées à rétablir des conditions normales d'hygiène et/ou de sécurité, sous peine de sanctions qui sont infligées au chef d'entreprise.

Depuis le 1er mars 1994 (entrée en vigueur du nouveau code pénal), l'entreprise, personne morale, peut engager sa responsabilité pénale dans les conditions fixées par l'article 121-2 c. pén. (responsabilité pénale d'exception devenue générale avec la loi Perben). Voir note sous art. L. 4741-1.

• Une ordonnance du juge d'instruction faisant obligation à l'entreprise, sur le fondement de l'article L. 263-3-1 (ancien), de prendre toutes mesures pour rétablir des conditions normales d'hygiène et de sécurité du travail excède les pouvoirs de ce magistrat (cass. crim. 24 février 1981, *D.* 1981, 469, note P. Malaval).

Art. L. 4741-12. Lorsqu'il a été fait application de l'article L. 4741-11, aucune infraction nouvelle ne peut être relevée pour la même cause durant le délai qui a été, le cas échéant, accordé.

Art. L. 4732-4.

En cas de récidive constatée par procès-verbal, après une condamnation prononcée en vertu de l'article précité, la juridiction peut ordonner la fermeture totale ou partielle, définitive ou temporaire, de l'établissement dans lequel n'ont pas été faits les travaux de sécurité ou de salubrité imposés par les dispositions légales.

Le jugement est susceptible d'appel. Dans ce cas, la juridiction statue d'urgence.

Art. L. 4741-13. Les condamnations prononcées en application de l'article L. 4741-12 ne peuvent, sous réserve des dispositions du second alinéa, entraîner ni rupture, ni suspension du contrat de travail, ni aucun préjudice pécuniaire à l'encontre des salariés concernés.

Lorsque la fermeture totale et définitive entraîne le licenciement du personnel, elle donne lieu, en dehors de l'indemnité de préavis et de l'indemnité de licenciement, aux dommages et intérêts prévus aux articles L. 1235-2 à L. 1235-5 en cas de rupture du contrat de travail.

Art. L. 4741-14. En cas de condamnation prononcée en application de l'article L. 4741-12, la juridiction peut ordonner, à titre de peine complémentaire, l'affichage du jugement aux portes des établissements de la personne condamnée, aux frais de celle-ci, dans les conditions prévues à l'article 131-35 du code pénal, et son insertion, intégrale ou par extraits, dans les journaux qu'elle désigne. Ces frais ne peuvent excéder le montant maximum de l'amende encourue.

En cas de récidive, la juridiction peut prononcer contre l'auteur de l'infraction l'interdiction d'exercer, pendant une durée maximale de cinq ans, certaines fonctions qu'elle énumère soit dans l'entreprise, soit dans une ou plusieurs catégories d'entreprises qu'elle définit.

Le fait de méconnaître cette interdiction est puni d'un emprisonnement de deux ans et d'une amende de 9000 €.

Note Voir note sous art. L. 4741-5.

CHAPITRE II

Infractions aux règles de représentation des salariés

L'article législatif a été inséré à la fin du titre Ier du livre VI de la partie IV.

CHAPITRE III

Infractions aux règles concernant le travail des jeunes et des femmes enceintes, venant d'accoucher ou allaitant

Les articles législatifs et réglementaires ont été insérés à la fin du chapitre II du titre V du livre Ier de la partie IV.

CHAPITRE IV

Opérations de bâtiment et de génie civil

Les articles législatifs et réglementaires ont été insérés à la fin du chapitre II du titre III du livre V de la partie IV.

CHAPITRE V

Infractions aux règles relatives à la médecine du travail

Les articles législatifs et réglementaires ont été insérés à la fin du chapitre III du titre II du livre VI de la partie IV.

LIVRE VIII

DISPOSITIONS RELATIVES À L'OUTRE-MER

TITRE Ier

DISPOSITIONS GÉNÉRALES

CHAPITRE UNIQUE

Art. L. 4811-1. Les dispositions générales prévues par l'article L. 1511-1 sont également applicables aux dispositions du présent livre.

Note Quelle que soit la terminologie qu'il emploie, le code du travail ne trouve effet, sauf exception expresse, que dans les départements métropolitains ou d'outre-mer, à Saint-Barthélemy, à Saint-Martin et à Saint-Pierre-et-Miquelon.

TITRE II

DISPOSITIONS PARTICULIÈRES AUX DÉPARTEMENTS D'OUTRE-MER, SAINT-BARTHÉLEMY, SAINT-MARTIN ET À SAINT-PIERRE-ET-MIQUELON

CHAPITRE Ier

Dispositions générales

Art. L. 4821-1. Les dispositions générales prévues par ***(Ord. 2008-205 du 27 févr. 2008, JO 1er mars)*** « les articles L. 1521-1 à L. 1521-4 » sont également applicables aux dispositions du présent titre.

CHAPITRE II

Services de santé au travail

Art. L. 4822-1. À Saint-Pierre-et-Miquelon, en l'absence de médecin du travail, l'autorité administrative peut autoriser un médecin à y exercer l'activité de médecin du travail sans être titulaire du diplôme spécial prévu à l'article L. 4623-1.

Art. R. 4822-1. La décision prévue à l'article L. 4822-1 est prise par le ministre chargé du travail sur la demande du préfet de Saint-Pierre-et-Miquelon constatant l'absence de médecin du travail dans l'archipel.

TITRE III

DISPOSITIONS RELATIVES À MAYOTTE, À WALLIS-ET-FUTUNA ET AUX TERRES AUSTRALES ET ANTARCTIQUES FRANÇAISES

CHAPITRE UNIQUE

Art. L. 4831-1. L'Agence pour l'amélioration des conditions de travail ainsi que les organismes professionnels d'hygiène, de sécurité et des conditions de travail mentionnés à l'article L. 4643-2 dont elle coordonne l'activité peuvent exercer leurs missions à Mayotte, à Wallis-et-Futuna et dans les Terres australes et antarctiques françaises.

Note L'ordonnance 2005-57 du 26 janvier 2005, art. 1er, précise les articles du code du travail appelés à trouver effet sur le territoire de la République au-delà de son champ géographique habituel, qui se limite aux départements métropolitains ou d'outre-mer et à Saint-Pierre-et-Miquelon et depuis l'ordonnance 2008-205 du 27 février 2008 (JO 1er mars) à Saint-Barthélemy et à Saint-Martin.

Cinquième partie

L'EMPLOI

LIVRE Ier

LES DISPOSITIFS EN FAVEUR DE L'EMPLOI

TITRE Ier

POLITIQUE DE L'EMPLOI

Note

• La délégation générale à l'emploi et à la formation professionnelle a été créée par le décret 97-244 du 18 mars 1997 (JO 19). L'arrêté du 12 octobre 2005 (JO 27) modifié porte organisation de cette direction d'administration centrale rattachée au ministre chargé de l'emploi.

• Sur l'exonération des cotisations à la charge de l'employeur au titre des assurances sociales et allocations familiales dans les zones de redynamisation urbaine et les zones de revitalisation rurale, voir article L. 131-4-2 c. séc. soc. et décret 97-127 du 12 février 1997 (JO 13) modifié par décret 2008-1478 du 30 décembre 2008 (JO 31). Voir arrêté du 9 avril 2009 (JO 11) fixant la liste des ZRR et lettre-circ. ACOSS 2009-53 du 8 juin 2009.

Sur l'exonération des cotisations applicable aux implantations ou créations d'une activité nouvelle dans le périmètre d'une *zone de restructuration de la défense*, voir art. 44 *terdecies* CGI (loi 2008-1443 du 30 décembre 2008, art. 34, V, JO 31). Voir arrêté du 1er septembre 2009 (JO 17) relatif à la délimitation de ces zones et lettre-circulaire ACOSS 2010-111 du 13 décembre 2010 (*LS* Bref soc. n° 15754 du 20 décembre 2010).

• Le régime d'exonération en faveur des *zones franches urbaines* résulte des lois 96-987 du 14 novembre 1996, art. 12 et s., JO 15, 2008-1425 du 27 décembre 2008, art. 190, JO 28 et 2011-1977, art. 157, II, JO 29 qui proroge le dispositif jusqu'en 2014. L'exonération totale de cotisations patronales d'assurance maladie, d'assurance vieillesse et d'allocations familiales s'applique uniquement sur les rémunérations ne dépassant pas 140 % du SMIC. Lorsque la rémunération horaire est supérieure à 140 % du SMIC, le montant de l'exonération est décroissant, selon des modalités fixées par décret, jusqu'à s'annuler pour une rémunération horaire égale à deux fois le SMIC horaire à partir du 1er janvier 2011. Voir décret 2009-273 du 10 mars 2009 (JO 11) modifiant le décret 2004-565 du 17 juin 2004 (JO 19) et lettre-circ. ACOSS 2009-77 du 18 septembre 2009.

• Les entreprises qui s'implantent d'ici le 31 décembre 2013 dans un bassin d'emploi à redynamiser bénéficient d'une exonération de charges sociales (loi 2006-1771 du 30 décembre 2006, art. 130, VII, modifiée par la loi 2011-1977 du 28 décembre 2011, art. 154, JO 29). Diverses formalités sont requises, notamment une déclaration annuelle des mouvements de main-d'œuvre avant le 30 avril (décret 2007-648 du 30 avril 2007, art. 8). Sont concernées les zones d'emploi de la vallée de la Meuse en Champagne-Ardenne, et la zone d'emploi de Lavelanet en Midi-Pyrénées (décret 2007-228 du 20 février 2007).

• *Seniors.* Voir circulaire DGEFP-DSS-DGT 2009-31 du 9 juillet 2009 (BO TR 2009/8) relative aux accords et plans d'action en faveur de l'emploi des salariés âgés et à la pénalité prévue par l'article 87 de la loi 2008-1330 de financement de la sécurité sociale pour 2009, précisant notamment les termes de la procédure de rescrit prévue aux articles L. 138-27 et R. 138-31 c. séc. soc. et annonçant la mise à disposition du tableau des accords de branche validés et étendus sur le site *www.emploidesseniors.gouv.fr* et voir note sous article L. 2242-15.

• Sur la conditionnalité des allégements de charges sociales, notamment au respect de l'obligation annuelle de négocier sur les salaires, voir circulaire DSS5B-DGT 2009-145 du 19 mai 2009 (BO TR 2009/06). Voir également Ch. Willmann, « Les contreparties aux exonérations de charges sociales : deux lois pour rien? », *Dr. Soc.* 2009, p. 168.

• Les collectivités territoriales peuvent subordonner les aides qu'elles accordent aux entreprises à l'engagement de celles-ci en matière de créations d'emplois, notamment à temps plein (loi 2008-1249 du 1er décembre 2008, art. 16, JO 3).

• Voir CJCE 2 avril 2009, aff. C-415/07, rec. I-2599 ; « Les aides à l'emploi dans l'interprétation de la Cour de justice : la notion de "création d'emploi" », L. Tebano, *RDT*, juillet/août 2010, CH, 439.

CHAPITRE Ier

Objet

Art. L. 5111-1. Les aides à l'emploi ont pour objet :

1° De faciliter la continuité de l'activité des salariés face aux transformations consécutives aux mutations économiques et de favoriser, à cette fin, leur adaptation à de nouveaux emplois en cas de changements professionnels dus à l'évolution technique ou à la modification des conditions de la production ;

2° De favoriser la mise en place d'actions de prévention permettant de préparer l'adaptation professionnelle des salariés à l'évolution de l'emploi et des qualifications dans les entreprises et les branches professionnelles ;

3° De favoriser la qualification et l'insertion de demandeurs d'emploi ;

4° De contribuer à l'égalité professionnelle entre les femmes et les hommes.

Art. L. 5111-2. L'action des pouvoirs publics s'exerce en liaison avec celle des partenaires sociaux organisée par des accords professionnels ou interprofessionnels.

Art. L. 5111-3. Un décret en Conseil d'État détermine les conditions d'application du présent titre.

Art. R. 5111-1. Pour la mise en œuvre de la politique de l'emploi définie à l'article L. 5111-1, le ministre chargé de l'emploi est habilité à conclure des conventions de coopération avec les organismes professionnels ou interprofessionnels, les organisations syndicales et avec des entreprises.

Art. R. 5111-2. Les actions d'urgence conclues dans le cadre des conventions de coopération comportent, notamment :

1° Des mesures temporaires de formation professionnelle ;

2° Des mesures temporaires assurant certaines garanties de ressources aux salariés privés de tout ou partie de leur rémunération par suite de circonstances économiques ;

3° Des aides favorisant l'embauche et la mobilité professionnelle des salariés ;

4° Des aides temporaires aux entreprises qui réalisent un programme de reclassement de leurs salariés en engageant des actions de réinsertion professionnelle préalables aux suppressions d'emplois et en accordant aux salariés intéressés un congé de conversion ;

5° Des actions de reclassement de salariés licenciés pour motif économique ou menacés de l'être.

Art. R. 5111-3. Le comité d'entreprise ou, à défaut, les délégués du personnel sont consultés sur les projets de convention mentionnés à l'article R. 5111-1.

Lorsque les conventions font partie des mesures prévues à l'occasion d'un projet de licenciement pour motif économique, elles sont soumises à l'une ou l'autre des réunions du comité d'entreprise prévues aux articles L. 1233-8 et L. 1233-28.

Art. R. 5111-4. Le comité de coordination régional de l'emploi et de la formation professionnelle est consulté sur les conditions générales de mise en œuvre dans la région des conventions et actions prévues à l'article R. 5111-1, notamment en ce qui concerne leur adaptation aux caractères spécifiques de la région concernée en matière d'emploi.

Art. R. 5111-5. Les conventions mentionnées à l'article R. 5111-1, à l'exception de celles conclues à l'occasion d'un projet de licenciement de moins de dix salariés dans une même période de trente jours, sont soumises, avant leur conclusion, pour avis :

1° À la commission permanente du Conseil national de l'emploi lorsqu'elles relèvent de la compétence du ministre chargé de l'emploi ;

2° Au comité de coordination régional de l'emploi et de la formation professionnelle lorsqu'elles relèvent de la compétence du préfet de région ;

3° À la commission départementale de l'emploi et de l'insertion lorsqu'elles relèvent de la compétence du préfet.

Art. R. 5111-6. Chaque année, avant l'examen du projet de loi de finances, le ministre chargé de l'emploi fournit au Parlement un rapport sur les mesures prises pour mettre en œuvre les aides à l'emploi prévues à l'article L. 5111-1.

CHAPITRE II

Instances concourant à la politique de l'emploi

(L. 2008-126 du 13 févr. 2008, art. 16, JO 14)

SECTION UNIQUE. Conseil national de l'emploi

Art. L. 5112-1. Le Conseil national de l'emploi est présidé par le ministre chargé de l'emploi et comprend des représentants des organisations professionnelles d'employeurs et de travailleurs, des collectivités territoriales, des maisons de l'emploi, des administrations intéressées et des principaux opérateurs du service public de l'emploi, notamment l'institution publique mentionnée à l'article L. 5312-1, l'organisme gestionnaire du régime d'assurance chômage mentionné à l'article L. 5427-1 et l'Association nationale pour la formation professionnelle des adultes, et des personnalités qualifiées.

Le Conseil national de l'emploi concourt à la définition des orientations stratégiques des politiques de l'emploi. Il veille à la mise en cohérence des actions des différentes institutions et organismes mentionnés à l'article L. 5311-2 et à l'évaluation des actions engagées.

À cette fin, il émet un avis :

1° Sur les projets de loi, d'ordonnance et de décret relatifs à l'emploi ;

2° Sur le projet de convention pluriannuelle d'objectifs et de gestion définie à l'article L. 5312-3 ;

3° Sur l'agrément de la convention d'assurance chômage mentionnée à l'article L. 5422-20, dans des conditions fixées par décret ;

4° Sur l'adaptation et la cohérence des systèmes d'information du service public de l'emploi.

(L. 2011-893 du 28 juil. 2011, art. 46, JO 29) « À titre exceptionnel, le Conseil national de l'emploi peut être consulté et émettre un avis par voie écrite ou électronique. »

Dans chaque région, un conseil régional de l'emploi est présidé par le préfet de région et comprend des représentants des organisations professionnelles d'employeurs et de travailleurs, du conseil régional et des principales collectivités territoriales intéressées, des administrations intéressées et des universités, des représentants d'organisations participant au service public local de l'emploi, notamment des maisons de l'emploi, ainsi que le directeur régional de l'institution mentionnée à l'article L. 5312-1. Il est consulté sur l'organisation territoriale du service public de l'emploi en région et émet un avis sur la convention prévue à l'article L. 5312-11.

Art. L. 5112-1-1. *(L. 2008-776 du 4 août 2008, art. 7, JO 5)* L'administration chargée des dispositifs en faveur de l'emploi mentionnés dans le présent livre et définis par décret doit se prononcer de manière explicite sur toute demande formulée par un employeur sur une situation de fait au regard des dispositions contenues dans le présent livre, à l'exception de celles ayant un caractère purement fiscal ou social.

Note Le décret 2009-1696 du 29 décembre 2009 (JO 31) définit les conditions d'application de cet article et fixe la date de son entrée en vigueur au 1er janvier 2010 (voir *infra* art. R. 5112-23 et D. 5112-24).

Art. L. 5112-2. Un décret en Conseil d'État précise les conditions d'application de la présente section.

[Dispositions réglementaires]

SECTION 1. Conseil national de l'emploi

(D. 2008-1010 du 29 sept. 2008, art. 1er, entrée en vigueur le 1er nov. 2008, JO 30)

Sous-section 1. Missions

Art. R. 5112-1. Le Conseil national de l'emploi est consulté dans les cas prévus à l'article L. 5112-1 et adopte chaque année un programme d'évaluation des politiques d'emploi.

Sous-section 2. Composition et fonctionnement

Art. R. 5112-2. Le Conseil national de l'emploi se réunit sous la présidence du ministre chargé de l'emploi au moins une fois par an.

En cas d'absence du ministre chargé de l'emploi, les réunions sont présidées par son représentant.

Art. R. 5112-3. Le Conseil national de l'emploi comprend, outre le ministre chargé de l'emploi, président, vingt-sept membres ainsi répartis :

1° Cinq représentants de l'État :
a) Un représentant du ministre chargé de l'emploi ;
b) Un représentant du ministre chargé du budget ;
c) Un représentant du ministre chargé de l'éducation nationale ;
d) Un représentant du ministre chargé de l'intérieur ;
e) Un représentant du ministre chargé de l'immigration ;

2° Cinq représentants des organisations syndicales de salariés interprofessionnelles représentatives au plan national :
a) Un représentant nommé sur proposition de la Confédération générale du travail (CGT) ;
b) Un représentant nommé sur proposition de la Confédération française démocratique du travail (CFDT) ;
c) Un représentant nommé sur proposition de la Confédération générale du travail-Force ouvrière (CGT-FO) ;
d) Un représentant nommé sur proposition de la Confédération française des travailleurs chrétiens (CFTC) ;
e) Un représentant nommé sur proposition de la Confédération française de l'encadrement-CGC (CFE-CGC) ;

3° Cinq représentants des organisations professionnelles d'employeurs :
a) Un représentant nommé sur proposition du Mouvement des entreprises de France (MEDEF) ;
b) Un représentant nommé sur proposition de la Confédération générale des petites et moyennes entreprises (CGPME) ;
c) Un représentant nommé sur proposition de l'Union professionnelle artisanale (UPA) ;
d) Un représentant nommé sur proposition de l'Union nationale des professions libérales (UNAPL) ;
e) Un représentant nommé sur proposition de la Fédération nationale des syndicats d'exploitants agricoles (FNSEA) ;

4° Trois représentants des collectivités territoriales nommés sur proposition respectivement des présidents de l'Association des maires de France, de l'Assemblée des départements de France et de l'Association des régions de France ;

5° Le directeur général et deux membres du conseil d'administration, nommés sur proposition de ce conseil, de l'organisme gestionnaire de l'assurance chômage mentionné à l'article L. 5427-1 ;

6° Le président du conseil d'administration et le directeur général de l'institution mentionnée à l'article L. 5312-1 ;

7° Le directeur général de l'Association nationale pour la formation professionnelle des adultes ;

8° Un représentant des maisons de l'emploi conventionnées désigné par le ministre chargé de l'emploi ;

9° Deux personnalités qualifiées, désignées par le ministre chargé de l'emploi.

Art. R. 5112-4. Les membres du Conseil national de l'emploi sont nommés par arrêté du ministre chargé de l'emploi pour une durée de trois ans renouvelable.

Pour chacun d'entre eux, à l'exception des personnalités prévues aux 5°, 6°, 7° et 9° de l'article R. 5112-3, deux suppléants, chargés de le remplacer en cas d'empêchement, sont désignés dans les mêmes conditions.

Toute vacance ou perte de la qualité au titre de laquelle ils ont été désignés donne lieu à remplacement pour la durée du mandat restant à courir.

Les suppléants peuvent assister aux séances du conseil.

Art. R. 5112-5. Les réunions du Conseil national de l'emploi sont convoquées par son président, sur l'initiative de celui-ci ou à la demande de la majorité de ses membres.

Note Dès lors que certaines des personnes qui ont siégé lors des réunions de la commission permanente du comité supérieur de l'emploi n'avaient pas été nommées à celui-ci par le ministre du Travail, la commission s'est réunie dans une composition irrégulière, et l'agrément des accords d'application de la convention d'assurance chômage est ainsi intervenu dans des conditions irrégulières (CE 11 mai 2004, n° 255886, *RJS* 7/04 n° 841).

SECTION 2. Commissions départementales

Sous-section 1. Missions

Art. R. 5112-11. Des commissions départementales de l'emploi et de l'insertion concourent à la mise en œuvre des orientations de la politique publique de l'emploi et de l'insertion professionnelle et des décisions du Gouvernement en la matière.

Elles sont régies par les dispositions des articles 8 et 9 du décret n° 2006-665 du 7 juin 2006.

Art. R. 5112-12. La commission départementale de l'emploi et de l'insertion est compétente en matière d'apprentissage en liaison avec le comité de coordination régional de l'emploi et de la formation professionnelle.

Art. R. 5112-13. La commission départementale de l'emploi et de l'insertion coordonne ses travaux avec ceux des commissions ou conseils placés auprès des collectivités territoriales dans le domaine de l'emploi et de l'insertion.

Elle émet, sur les demandes d'agrément, les avis prévus par les dispositions légales.

Sous-section 2. Composition et fonctionnement

Art. R. 5112-14. La commission départementale de l'emploi et de l'insertion est présidée par le préfet. Elle comprend :

1° Des représentants de l'État, notamment le ***(D. 2009-1377 du 10 nov. 2009, JO 13 ; D. 2010-687 du 24 juin 2010, JO 25 ; voir D. 2010-1582 du 17 déc. 2010, JO 18, pour outre-mer)*** « directeur régional des entreprises, de la concurrence, de la consommation, du travail et de l'emploi » et le ***(D. 2009-1484 du 3 déc. 2009, JO 14)*** « directeur départemental de la cohésion sociale et de la protection des populations ou directeur départemental de la cohésion sociale » ;

2° Des élus, représentants des collectivités territoriales et de leurs groupements, dont un membre du conseil général, élu par ce conseil, un membre du conseil régional, élu par ce conseil, et des élus, représentants de communes et des établissements publics de coopération intercommunale du département, sur proposition de l'association départementale des maires. En cas de pluralité d'associations, ces représentants sont désignés par accord des présidents d'associations des maires du département ou, à défaut d'accord, par le préfet ;

3° Des représentants des organisations professionnelles et interprofessionnelles d'employeurs ;

4° Des représentants des organisations syndicales de salariés, représentatives au niveau national, désignés par leurs confédérations respectives ;

5° Des représentants des chambres consulaires ;

6° Des personnes qualifiées désignées par le préfet en raison de leur compétence dans le domaine de l'emploi, de l'insertion et de la création d'entreprise.

Note Voir note sous article R. 5112-16.

Art. R. 5112-15. Au sein de la commission départementale de l'emploi et de l'insertion sont instituées deux formations spécialisées compétentes respectivement dans le domaine de l'emploi et dans le domaine de l'insertion par l'activité économique.

Art. R. 5112-16. La formation spécialisée compétente dans le domaine de l'emploi se compose de quinze membres :

1° Cinq représentants de l'État désignés par le préfet, dont le trésorier-payeur général et le ***(D. 2009-1377 du 10 nov. 2009, JO 13 ; D. 2010-687 du 24 juin 2010, JO 25 ; voir D. 2010-1582 du 17 déc. 2010, JO 18, pour outre-mer)*** « directeur régional des entreprises, de la concurrence, de la consommation, du travail et de l'emploi » ;

2° Cinq représentants des organisations syndicales de salariés représentatives ;

3° Cinq représentants des organisations d'employeurs représentatives.

Note

• Cet article a aussi été modifié par le décret 2008-1503 du 30 décembre 2008 (JO 31).

• Dans l'ensemble des dispositions réglementaires en vigueur, les références aux directions régionales et aux directions départementales du travail, de l'emploi et de la formation professionnelle et à leurs directeurs sont remplacées par des références aux directions régionales des entreprises, de la concurrence, de la consommation, du travail et de l'emploi et à leurs directeurs (décret 2009-1377 du 10 novembre 2009, art. 11, JO 13. Voir « Textes non codifiés »). Dans l'ensemble des dispositions réglementaires en vigueur relatives au développement industriel et à la métrologie, les références aux directions régionales de l'industrie, de la recherche et de l'environnement et à leurs directeurs sont remplacées par des références aux directions régionales des entreprises, de la concurrence, de la consommation, du travail et de l'emploi et à leurs directeurs (même article). Au sein de commissions à caractère consultatif, les représentants des anciennes directions sont remplacés par un ou des représentants (lorsque la commission comporte une proportion fixe de représentants de l'administration de l'État) de la direction régionale des entreprises, de la concurrence, de la consommation, du travail et de l'emploi (même décret, art. 12).

Ainsi, la formation spécialisée visée à cet article devrait, à l'avenir, comprendre deux représentants de la Direccte correspondant au directeur départemental du travail, de l'emploi et de la formation professionnelle et au directeur régional de l'industrie, de la recherche et de l'environnement mentionnés antérieurement au 1° de cet article.

Art. R. 5112-17. La formation spécialisée compétente en matière d'insertion par l'activité économique, dénommée « conseil départemental de l'insertion par l'activité économique », comprend, outre le préfet :

1° Le ***(D. 2009-1377 du 10 nov. 2009, JO 13 ; D. 2010-687 du 24 juin 2010, JO 25 ; voir D. 2010-1582 du 17 déc. 2010, JO 18, pour outre-mer)*** « directeur régional des entreprises, de la concurrence, de la consommation et de l'emploi » ;

2° Le ***(D. 2009-1484 du 3 déc. 2009, JO 4)*** « directeur départemental de la cohésion sociale et de la protection des populations ou directeur départemental de la cohésion sociale » ;

3° Le trésorier-payeur général ;

4° Des élus, représentants des collectivités territoriales et de leurs groupements, dont un membre du conseil général, élu par ce conseil, un membre du conseil régional, élu par ce conseil, et des élus, représentants de communes et d'établissements publics de coopération intercommunale du département, sur proposition de l'association départementale des maires. En cas de pluralité d'associations, ces représentants sont désignés par accord des présidents d'associations des maires du département ou, à défaut d'accord, par le préfet ;

5° Un représentant de l' ***(D. 2008-1010 du 29 sept. 2008, art. 7, JO 30)*** « institution mentionnée à l'article L. 5312-1 du code du travail » ;
6° Des représentants du secteur de l'insertion par l'activité économique ;
7° Des représentants des organisations professionnelles et interprofessionnelles d'employeurs ;
8° Des représentants des organisations syndicales représentatives des salariés, désignés par leurs confédérations respectives.

Art. R. 5112-18. Le conseil départemental de l'insertion par l'activité économique a pour missions :
1° D'émettre les avis relatifs aux demandes de conventionnement des employeurs mentionnés à l'article L. 5132-2 et aux demandes de concours du fonds départemental pour l'insertion prévu à l'article R. 5132-44 ;
2° De déterminer la nature des actions à mener en vue de promouvoir les actions d'insertion par l'activité économique. À cette fin, il élabore un plan d'action pour l'insertion par l'activité économique et veille à sa cohérence avec les autres dispositifs concourant à l'insertion, notamment le programme départemental d'insertion mentionné à l'article L. 263-3 du code de l'action sociale et des familles et les plans locaux pluriannuels pour l'insertion et l'emploi mentionnés à l'article L. 5131-2 du présent code.

(D. 2008-1010 du 29 sept. 2008, art. 2, JO 30)

SECTION 3. Conseil régional de l'emploi

Sous-section 1. Missions

Art. R. 5112-19. Sans préjudice des dispositions de l'article L. 5112-1, le conseil régional de l'emploi est informé sur la mise en œuvre de la convention prévue à l'article L. 5312-11.

Il est notamment informé des conventions de portée régionale ou locale relatives au suivi et à l'accompagnement des demandeurs d'emploi ***(D. 2009-1593 du 18 déc. 2009, JO 20, entrée en vigueur le 01.01.2010)*** « et des évaluations des conditions de réalisation des conventions conclues avec les maisons de l'emploi ».

Sous-section 2. Composition et fonctionnement

Art. R. 5112-20. Le conseil régional de l'emploi comprend, outre son président, les membres suivants :
1° Quatre représentants de l'État, désignés par le préfet de région ;
2° Un représentant des universités de la région, proposé par le recteur ;
3° Des représentants, à raison d'un par organisation, des organisations syndicales de salariés représentatives au niveau national et interprofessionnel, ainsi que de celles dont le préfet a constaté la représentativité en application de l'article D. 2621-2. Dans les régions de France métropolitaine, ces organisations sont :
a) La Confédération générale du travail (CGT) ;
b) La Confédération française démocratique du travail (CFDT) ;
c) La Confédération générale du travail-Force ouvrière (CGT-FO) ;
d) La Confédération française des travailleurs chrétiens (CFTC) ;
e) La Confédération française de l'encadrement-CGC (CFE-CGC) ;
4° Des représentants des organisations professionnelles d'employeurs en nombre égal à celui des représentants des organisations de salariés, désignés sur proposition :
a) Du Mouvement des entreprises de France (MEDEF) ;
b) De la Confédération générale des petites et moyennes entreprises (CGPME) ;
c) De l'Union professionnelle artisanale (UPA) ;
d) De l'Union nationale des professions libérales (UNAPL) ;
e) De la Fédération nationale des syndicats d'exploitants agricoles (FNSEA) ;
5° Deux représentants du conseil régional désignés par le président du conseil régional. En Corse, deux représentants de l'assemblée de Corse sont désignés par le président du conseil exécutif de Corse ;
6° Deux représentants du ou des départements de la région désignés par l'Assemblée des départements de France ;
7° Un représentant des communes de la région désigné par l'Association des maires de France ;
8° Un représentant des maisons de l'emploi conventionnées désigné par le préfet de région ;
9° Un représentant des missions locales désigné par le préfet de région ;
10° Un représentant régional de l'association chargée de la gestion du fonds de développement pour l'insertion professionnelle des handicapés désigné par le préfet de région ;
11° Le directeur régional de l'institution mentionnée à l'article L. 5312-1.

Art. R. 5112-21. Les membres des conseils régionaux de l'emploi sont nommés par arrêté du préfet de région, pour une durée de trois ans renouvelable.

Pour chacun d'entre eux, un suppléant, chargé de le remplacer en cas d'empêchement, est désigné dans les mêmes conditions.

Toute vacance ou perte de la qualité au titre de laquelle ils ont été désignés donne lieu à remplacement pour la durée du mandat restant à courir.

Les suppléants peuvent assister aux séances du conseil.

Art. R. 5112-22. Le conseil régional de l'emploi se réunit au moins deux fois par an, sur convocation du préfet de région qui fixe l'ordre du jour, ou à la demande de la majorité de ses membres.

(D. 2009-1696 du 29 déc. 2009, JO 31, entrée en vigueur le 01.01.2010)

SECTION 4. Demandes d'informations relatives à certains dispositifs d'aides à l'emploi

Art. R. 5112-23. Le préfet se prononce de façon motivée sur toute demande d'un employeur ayant pour objet de connaître l'application à sa situation de dispositions relatives aux dispositifs en faveur de l'emploi énumérés à l'article D. 5112-24.

Art. D. 5112-24. Les dispositifs en faveur de l'emploi auxquels s'appliquent les dispositions de l'article R. 5112-23 sont ceux qui sont définis aux articles L. 5121-3 à L. 5124-1, L. 5132-1 à L. 5132-17 et L. 5134-100 à L. 5134-109.

TITRE II

AIDES AU MAINTIEN ET À LA SAUVEGARDE DE L'EMPLOI

CHAPITRE Ier

Aides à l'adaptation des salariés aux évolutions de l'emploi et des compétences

SECTION 1. Aide au développement de l'emploi et des compétences

Art. L. 5121-1. L'État peut apporter une aide technique et financière à des organisations professionnelles de branche ou à des organisations interprofessionnelles par le moyen de conventions, dénommées « engagements de développement de l'emploi et des compétences », qui ont pour objet d'anticiper et d'accompagner l'évolution des emplois et des qualifications des actifs occupés.

Ces engagements sont annuels ou pluriannuels.

Note Voir circulaire DGEFP 2006-18 du 20 juin 2006 (BO TR 2006/7) relative à la mise en œuvre d'une politique de soutien au développement de l'emploi, des compétences et de la qualification dans les territoires. Voir également circulaire PM du 4 mai 2009 relative à l'accompagnement des mutations industrielles, instructions DGEFP 2009-05 du 6 mars (BO TR 2009/08) et 2009-30 du 6 juillet 2009 (BO Min. Économie, Industrie, Emploi 2009, p. 214) relatives à l'accompagnement des mutations économiques et au développement de l'emploi.

Art. L. 5121-2. Un décret détermine les modalités d'application de la présente section.

Art. D. 5121-1. Les conventions d'aide au développement de l'emploi et des compétences mentionnées à l'article L. 5121-1 déterminent en particulier :

1° Le champ de l'accord : branches professionnelles ou territoires ;

2° L'objet de l'accord : étude prospective, diagnostic sectoriel ou territorial, actions de développement des compétences ;

3° La durée d'application de l'accord ;

4° Les objectifs à atteindre au terme de l'exécution de l'accord au regard, notamment, de la prévention des risques d'inadaptation à l'emploi et du maintien dans l'emploi des salariés en seconde partie de carrière ;

5° Les moyens techniques et financiers de mise en œuvre ;

6° Les modalités de suivi et de contrôle en cours d'exécution et au terme de l'engagement.

Art. D. 5121-2. Les conventions conclues au niveau national sont soumises à l'avis du Conseil national de l'emploi et signées par le ministre chargé de l'emploi.

Les conventions conclues aux niveaux régional et local sont soumises à l'avis du comité de coordination régional de l'emploi et de la formation professionnelle et signées par le préfet de région.

Art. D. 5121-3. Ces conventions précisent notamment les modalités de participation des organisations syndicales de salariés préalablement consultées en vue de leur élaboration au suivi et à l'évaluation des opérations prévues par ces conventions.

SECTION 2. Aide à l'élaboration d'un plan de gestion prévisionnelle des emplois et des compétences

Art. L. 5121-3. Les entreprises qui souhaitent élaborer un plan de gestion prévisionnelle des emplois et des compétences, peuvent bénéficier d'un dispositif d'appui à la conception de ce plan. Ce dispositif ouvre droit à une prise en charge financière par l'État.

Un décret détermine l'effectif maximal des entreprises éligibles et les conditions de prise en charge par l'État.

Note Voir circulaire DGEFP 2007-15 du 7 mai 2007 (BO TR 2007/6) relative à l'anticipation des mutations économiques au développement de la GPEC.

Art. D. 5121-4. Le plan de gestion prévisionnelle des emplois et des compétences prévu à l'article L. 5121-3 comprend, notamment, des actions de formation destinées à assurer l'adaptation des salariés à l'évolution de leurs emplois ou des actions favorisant l'égalité professionnelle entre les femmes et les hommes, en particulier grâce à des mesures améliorant l'articulation entre l'activité professionnelle et la vie personnelle et familiale.

Art. D. 5121-5. L'État prend en charge une partie des frais liés aux études préalables à la conception du plan de gestion prévisionnelle des emplois et des compétences.

Art. D. 5121-6. L'État peut prendre en charge, dans la limite de 50 %, les coûts supportés par les entreprises pour la conception et l'élaboration d'un plan de gestion prévisionnelle des emplois et des compétences dans le cadre de conventions dénommées « conventions d'aide au conseil ».

Art. D. 5121-7. Dans le cadre d'une convention conclue avec une seule entreprise, dont l'effectif ne peut excéder trois cents salariés, la participation financière de l'État est au maximum de 15 000 €. Cette convention est signée par le préfet.

Dans le cadre d'une convention conclue avec plusieurs entreprises, la participation financière de l'État est, au maximum, de 12 500 € par entreprise. Elle est conclue par le préfet de région lorsque les sièges sociaux des entreprises signataires sont situés dans plusieurs départements compris dans une même région.

Art. D. 5121-8. L'entreprise précise dans sa demande, adressée à l'autorité administrative compétente, les motifs de sa démarche de gestion prévisionnelle au regard, notamment :

1° De son organisation du travail ;

2° De l'évolution des compétences des salariés et du maintien de leur emploi ;

3° De sa gestion des âges ;

4° Du développement du dialogue social ;

5° De la prise en compte du principe d'égalité professionnelle entre les femmes et les hommes ;

6° Des perspectives d'amélioration de l'articulation entre l'activité professionnelle et la vie personnelle et familiale de ses salariés ;

7° De la promotion de la diversité.

Art. D. 5121-9. Le comité d'entreprise ou, à défaut, les délégués du personnel sont consultés sur la conclusion de cette convention avec l'État. Ils sont consultés sur le contenu et les modalités de mise en œuvre du plan de gestion prévisionnelle des emplois et des compétences.

Art. D. 5121-10. L'État peut conclure avec des organismes professionnels ou interprofessionnels ou tout organisme représentant ou animant un réseau d'entreprises des conventions ayant pour objet de préparer les entreprises aux enjeux de la gestion prévisionnelle des emplois et des compétences.

Art. D. 5121-11. Les conventions mentionnées à l'article D. 5121-10 sont signées par le ministre chargé de l'emploi lorsqu'elles sont conclues au niveau national et par le préfet de région ou le préfet lorsqu'elles sont conclues au niveau régional ou départemental.

Art. D. 5121-12. Ces conventions peuvent prévoir :
1° D'une part, des actions d'information, de communication et d'animation ;
2° D'autre part, des actions de capitalisation, d'évaluation et de diffusion de bonnes pratiques.

Art. D. 5121-13. L'État peut prendre en charge jusqu'à 70 % du coût global des actions, en prenant en compte le nombre des entreprises visées, leurs effectifs et l'intérêt des actions envisagées.

SECTION 3. Aide aux actions de formation pour l'adaptation des salariés

Art. L. 5121-4. Afin de favoriser l'adaptation des salariés aux évolutions de l'emploi dans l'entreprise, notamment de ceux qui présentent des caractéristiques sociales les exposant plus particulièrement aux conséquences des mutations économiques, des accords d'entreprise ouvrant droit à une aide de l'État, conclus dans le cadre d'une convention de branche ou d'un accord professionnel sur l'emploi national, régional ou local, peuvent prévoir la réalisation d'actions de formation de longue durée.

Ces accords peuvent étendre le bénéfice de ces actions aux salariés dont l'entreprise envisage le reclassement externe, à condition que ce reclassement soit expressément accepté par le salarié et intervienne par contrat à durée indéterminée ou dans les conditions prévues pour l'emploi des salariés du secteur public ou des collectivités territoriales.

Note La mise en œuvre du dispositif de formation est définie dans la circulaire CDE 92/52 du 26 octobre 1992.

Art. L. 5121-5. Les entreprises dépourvues de représentants syndicaux bénéficient de l'aide de l'État lorsqu'elles appliquent une convention de branche ou un accord professionnel sur l'emploi qui en prévoit la possibilité et en détermine les modalités d'application directe.

L'aide est attribuée après avis du comité d'entreprise ou, à défaut, des délégués du personnel, lorsqu'ils existent.

Sous-section 1. Agrément

§ 1. Dispositions communes

Art. R. 5121-14. L'aide de l'État aux actions de formation pour l'adaptation des salariés est attribuée sur agrément du ministre chargé de l'emploi, du préfet de région ou du préfet après avis :
1° De la commission permanente du Conseil national de l'emploi lorsqu'il relève de la compétence du ministre chargé de l'emploi ;
2° Du comité de coordination régional de l'emploi et de la formation professionnelle lorsqu'il relève de la compétence du préfet de région ;
3° De la commission départementale de l'emploi et de l'insertion lorsqu'il relève de la compétence du préfet.

Art. R. 5121-15. L'agrément peut être donné pour tout ou partie des actions prévues par les accords ou projets de formation prévus à l'article R. 5121-20. Il est délivré pour la durée de validité de l'accord mentionné à l'article L. 5121-4.

Il peut être retiré si les conditions posées pour son attribution cessent d'être remplies.

Art. R. 5121-16. Pour être agréé, l'accord d'entreprise doit :

1° Satisfaire aux conditions de validité des conventions et accords collectifs de travail ;

2° Être conclu dans le cadre d'une convention de branche ou d'un accord professionnel sur l'emploi national, régional ou local ;

3° Tenir compte des prévisions mentionnées à l'article L. 2323-56.

Art. R. 5121-17. L'accord d'entreprise comporte les indications suivantes :

1° Le nombre et les catégories de salariés intéressés, les critères d'éligibilité aux actions de formation et les modalités d'évaluation et d'orientation des salariés intéressés par ces actions ;

2° La nature et la durée des formations envisagées en vue de favoriser l'adaptation des salariés aux évolutions de l'emploi dans l'entreprise ;

3° Les conditions de validation des acquis de ces formations ;

4° Les modalités d'information et de consultation du comité d'entreprise ou, à défaut, des délégués du personnel sur l'organisation, le suivi des actions de formation et leurs conséquences sur l'emploi ;

5° La durée du maintien du contrat de travail à l'issue de la période de formation ;

6° La durée de l'accord, laquelle ne peut être supérieure à trois ans.

Art. R. 5121-18. Lorsque le bénéfice des actions de formation est étendu par une convention de branche ou un accord professionnel aux salariés dont l'entreprise envisage le reclassement externe, l'accord d'entreprise contient, pour pouvoir être agréé, les indications suivantes :

1° Les catégories de salariés susceptibles de se voir proposer des actions de formation pouvant déboucher sur un reclassement externe ;

2° Les modalités de proposition des actions de formation aux salariés et de leur accord ;

3° Les modalités de proposition des emplois de reclassement aux salariés et de leur accord exprès ;

4° Les garanties applicables aux salariés ayant échoué dans les formations et à ceux dont le reclassement n'est pas devenu définitif ;

5° Les dispositions applicables aux salariés ayant refusé les emplois de reclassement qui leur étaient proposés.

§ 2. Entreprises dépourvues de représentants syndicaux

Art. R. 5121-19. Dans les entreprises ne disposant pas de délégué syndical, la convention de branche ou l'accord professionnel sur l'emploi, mentionné à l'article L. 5121-5, prévoit des modalités d'application directe comprenant notamment :

1° Les modalités d'information et de consultation du comité d'entreprise ou, à défaut, des délégués du personnel ;

2° Les modalités d'information des salariés lorsqu'il n'y a pas d'instance représentative du personnel.

Art. R. 5121-20. Le bénéfice de l'aide de l'État aux actions de formation pour l'adaptation des salariés est accordé aux entreprises dépourvues de représentants syndicaux après agrément d'un projet de formation comprenant les dispositions prévues aux articles R. 5121-16 et R. 5121-17 et établi dans le cadre du plan de formation s'il existe.

Art. R. 5121-21. La demande d'agrément du projet de formation est accompagnée :

1° Soit du procès-verbal de la réunion du comité d'entreprise ou, à défaut, des délégués du personnel au cours de laquelle le projet aura été examiné ;

2° Soit des procès-verbaux de carence prévus aux articles L. 2314-5 et L. 2324-8.

Art. R. 5121-22. L'agrément du projet de formation est délivré pour une durée d'un an.

Sous-section 2. Calcul de l'aide

Art. R. 5121-23. L'aide de l'État aux actions de formation pour l'adaptation des salariés, est calculée forfaitairement par salarié, en fonction de la durée de la formation.

Ce montant est majoré lorsque la formation est organisée au bénéfice de salariés âgés de quarante-cinq ans et plus.

Art. R. 5121-24. L'aide de l'État est attribuée sous les conditions suivantes :

1° Les actions de formation ont une durée minimale de cinq cents heures ;

2° Les actions concernent des salariés justifiant d'une ancienneté de deux ans dans l'entreprise.

Art. R. 5121-25. Les modalités de calcul de l'aide de l'État sont fixées par arrêté conjoint des ministres chargés de l'emploi et du budget.

SECTION 4. Aide au remplacement des salariés en formation

[Art. L. 5121-6. Abrogé à sa date d'entrée en vigueur par la loi de finances 2007-1822 du 24 décembre 2007, art. 130, JO 27.]

SECTION 5. Dispositions d'application

Art. L. 5121-7. Sauf dispositions contraires, un décret en Conseil d'État détermine les conditions d'application du présent chapitre.

CHAPITRE II

Aides aux salariés en chômage partiel

Note

• L'indemnisation du chômage partiel est l'objet de l'accord national interprofessionnel du 21 février 1968, modifié en 1993. Par avenant du 15 décembre 2008, agréé par arrêté du 26 janvier 2009 (JO 1er févr.), le taux d'indemnisation des salariés au chômage partiel a été porté à 60 % du salaire horaire brut, avec une indemnité horaire minimale de 6,84 €, à compter du 1er janvier 2009. L'accord national interprofessionnel du 8 octobre 2009, agréé par arrêté du 15 décembre 2009 (JO 27), avait modifié, pour l'année 2010, l'assiette de l'allocation conventionnelle versée par l'employeur, calculée sur la rémunération brute servant d'assiette au calcul de l'indemnité de congés payés. Il prend par ailleurs en compte la totalité des périodes de chômage partiel pour l'acquisition des droits à congés payés, à partir de la période de référence en cours à la date de signature de l'accord.

Les partenaires sociaux ont arrêté le 13 janvier et le 6 février 2012 les termes d'un accord national interprofessionnel reprenant ces dispositions et simplifiant l'indemnisation de l'activité partielle de longue durée qui serait financée en partie par l'Unédic. Dans le cadre de conventions dont la durée serait ramenée à 2 mois à titre expérimental jusqu'en septembre 2012, l'Unédic contribuerait à hauteur de 2,90 € par heure à compter de la 1re heure. Le ministre du travail a annoncé la fin de l'autorisation administrative préalable, une augmentation d'1 € de l'intervention de l'État et l'incitation à la formation des salariés en activité partielle de longue durée (décret 2012-183 du 7 février 2012, JO 9).

• Le code du travail n'exclut aucune entreprise du dispositif du chômage partiel. Cependant, toutes les branches professionnelles n'entrent pas dans le champ de l'accord national interprofessionnel du 21 février 1968 modifié. Pour une application de la rémunération mensuelle minimale et des conventions d'activité partielle de longue durée dans le secteur du notariat, voir rép. QE 57249, JO AN 17 novembre 2009, p. 10901.

• Dans l'attente des instructions actualisées applicables en 2012, la circulaire DGEFP 2010/13 du 30 mars 2010 relative à la mise en œuvre de l'activité partielle en 2010, modifiant la circulaire 2001/21 du 18 juillet 2001 relative à l'allocation spécifique de chômage partiel, répond notamment aux questions portant sur le caractère temporaire des difficultés économiques, l'articulation entre chômage partiel et formation, les salariés en forfait jours annuel, le cumul d'emplois pendant une période de chômage partiel, l'articulation chômage partiel et suppression d'emplois, le recours au chômage partiel dans les entreprises de travail temporaire et le remboursement mensuel dans le cadre de la modulation du temps de travail.

• Sur les aides à la formation des salariés pendant les périodes d'activité partielle, dans l'attente des instructions actualisées en 2012, voir instructions DGEFP 2009-05 du 6 mars (BO TR 2009/08) et 2009-30 du 6 juillet 2009 (BO Min. Économie, Industrie, Emploi 2009, p. 214) relatives à l'accompagnement des mutations économiques et au développement de l'emploi, et instruction DGEFP 2009-12 du 5 mai 2009 précisant les modalités de mise en œuvre de l'accord du 1er avril 2009 sur le chômage partiel dans le secteur de l'automobile.

• P. Lokiek, « Le chômage partiel : pour une autre approche », *Dr. Soc.* 2009, p. 393.

SECTION 1. **Allocation spécifique de chômage partiel**

Art. L. 5122-1. ***(L. 2009-1437 du 24 nov. 2009, art. 19, JO 25)*** Les salariés sont placés en position de chômage partiel et bénéficient d'une allocation spécifique de chômage partiel à la charge de l'État s'ils subissent une perte de salaire imputable :
– soit à la fermeture temporaire de leur établissement ou partie d'établissement ;
– soit à la réduction de l'horaire de travail pratiqué dans l'établissement ou partie d'établissement en deçà de la durée légale de travail.

L'allocation spécifique de chômage partiel est également attribuée aux salariés exerçant la même activité qui subissent la réduction collective de l'horaire de travail pratiqué dans l'établissement ou partie d'établissement en deçà de la durée légale de travail, appliquée, dans les mêmes conditions, individuellement et alternativement. Dans ce cas, les entreprises de plus de 250 salariés doivent conclure une convention d'activité partielle de longue durée prévue par le 2° de l'article L. 5122-2.

Les salariés restent liés à leur employeur par un contrat de travail.

La mise en chômage partiel des salariés indemnisés au titre de l'allocation spécifique de chômage partiel entraîne la suspension de l'exécution de leur contrat de travail. Durant cette période, les salariés peuvent suivre des actions de formation en dehors du temps de travail.

Note • N'entre pas dans le champ d'application de la loi la réduction du temps de travail qui présente un caractère structurel (CE 13 novembre 1995, n° 156339, *Rec. Lebon* p. 410 ; *RJS* 1/96 n° 52) ou qui est imputable à la fermeture définitive d'un service (CE 17 janvier 1990, n° 81790, *RJS* 4/90 n° 331).

• Ces dispositions n'autorisent pas un employeur à mettre un seul salarié au chômage partiel (cass. soc. 19 juillet 1995, n° 91-45.676, BC V n° 253 ; *CSB* 1995 A. 40) ou une partie seulement du personnel (cass. soc. 30 janvier 2002, n° 00-40.805).

• Les dispositions tant légales que conventionnelles concernant l'indemnisation du chômage partiel sont applicables aux travailleurs à temps partiel et, par suite, aux travailleurs à domicile dont le contrat de travail comporte un horaire inférieur à la durée légale du travail (cass. soc. 22 juin 1994, n° 89-42.461, BC V n° 211 ; *RJS* 8-9/94 n° 1068 ; 30 juin 1998, n° 96-42.566, *RJS* 8-9/98 n° 1040). En revanche, elles ne sont pas applicables aux contrats qu'une entreprise de travail temporaire doit conclure avec les salariés qu'elle met à disposition des entreprises utilisatrices (CE 13 novembre 1995, n° 161708, *RJS* 1/96 n° 84). Pour les aides ménagères, voir rép. QE 2237, JO AN 22 décembre 1997, p. 4802.

• Pendant la période d'indemnisation prévue par cet article, la mise au chômage partiel ne constitue pas une modification des contrats de travail (cass. soc. 18 juin 1996, n° 94-44.654, BC V n° 252 ; *RJS* 8-9/96 n° 963 ; *CSB* 1996 A. 54 ; *Dr. Soc.* 1996, p. 978 ; 9 mars 1999, n° 96-43.718, BC V n° 103 ; *RJS* 4/99 n° 524 ; *Dr. Soc.* 1999, p. 630). Le refus du salarié de se soumettre aux nouveaux horaires est constitutif d'une faute grave (cass. soc. 2 février 1999, n° 96-42.831, BC V n° 47 ; *RJS* 3/99 n° 407). Sur la situation particulière des représentants du personnel, voir cass. soc. 18 juin 1996, n° 94-44.653, BC V n° 248 ; *RJS* 8-9/96 n° 944. Si le représentant du personnel refuse d'être mis en chômage partiel, l'employeur doit lui verser la partie du salaire perdue du fait de la mesure du chômage partiel (cass. soc. 19 janvier 2011, n° 09-43.194).

• Dès lors que, à la date décidée pour la réduction d'horaire, celle-ci se présente non comme une modification définitive du contrat de travail mais comme une mesure provisoire liée à la conjoncture et susceptible de révision, l'employeur doit mettre en œuvre la procédure de chômage partiel, sauf à devoir réparer le préjudice résultant de sa carence (cass. soc. 10 octobre 1995, n° 91-45.433, BC V n° 268 ; *CSB* 1995 A. 56). La Cour de cassation considère par ailleurs que le salarié qui n'a pu bénéficier de l'allocation prévue par cet article, faute de proposition donnée au versement de celle-ci par le directeur du travail et de l'emploi, ne saurait être privé des garanties de ressources prévues par la loi (cass. soc. 30 juin 1998, précité). C'est à bon droit qu'une cour d'appel, qui a constaté que pour la période considérée le salarié n'avait pas été payé intégralement, a décidé que, faute d'avoir obtenu une décision autorisant la mise en chômage partiel, l'employeur devait régler le complément de salaire à l'intéressé (cass. soc. 26 novembre 1987, BC V n° 694). Dans le même sens, voir cass. soc. 12 juillet 1989, BC V n° 533 ; 12 mars 1991, BC V n° 131 ; 25 mars 2010, n° 08-43.044, *RJS* 6/10 n° 542 cité sous art. R. 5122-10). En revanche, pendant la période prise en charge au titre du chômage partiel, les salariés peuvent prétendre au seul paiement des indemnités de chômage partiel, éventuellement augmentées d'allocations conventionnelles (cass. soc. 11 octobre 2005, n° 03-41.617, *RJS* 12/05 n° 1242).

• Les heures supplémentaires, c'est-à-dire les heures supérieures à la durée légale, ne donnent pas lieu à indemnisation au titre du chômage partiel (cass. soc. 28 octobre 2008, n° 07-40.865, BC V n° 202 ; *RJS* 1/09 n° 61).

• Un accord relatif à la modulation de la durée du travail ne faisant aucune mention des conditions de recours au chômage partiel pour les heures qui ne sont pas prises en compte dans la modulation n'est pas illégal, mais il induit la renonciation à la possibilité de recourir au chômage partiel, sauf à compléter l'accord par un avenant sur le sujet (CE 17 juin 2002, n° 226936, *RJS* 11/02 n° 1239).

• Un salarié, tant que son contrat de travail est en cours, ne peut valablement renoncer aux avantages qu'il tire d'un accord collectif (accord national interprofessionnel sur l'indemnisation du chômage partiel en l'occurrence). La rupture du contrat de travail résultant du manquement de l'employeur à ses obligations, notamment celle de payer les indemnités de chômage partiel auxquelles le salarié pouvait prétendre, s'analyse en un licenciement (cass. soc. 30 mai 2000, n° 98-40.085, BC V n° 210 ; *RJS* 7-8/00 n° 844).

• L'absence de fourniture de travail sans licenciement au terme de périodes de chômage partiel justifie l'octroi en référé d'une provision sur les salaires et congés payés y afférents (cass. soc. 25 mars 1998, n° 97-42.126). La poursuite du chômage partiel total au-delà de la période légale d'indemnisation équivaut à un licenciement ouvrant droit au paiement d'indemnités de préavis et de licenciement, et éventuellement à des dommages-intérêts pour rupture abusive (cass. soc. 7 mars 1989, n° 86-41.065, BC V n° 184 ; 8 juillet 1992, n° 88-40.835, Hanachi et a. c/ Saint-Antonin et a.), ou en réparation du préjudice subi du fait du non-versement des salaires (cass. soc. 27 novembre 1991, n° 87-45.464, BC V n° 536). De la même manière, il y a lieu de considérer que le maintien en chômage partiel total de salariés qui avaient refusé cette mesure, décidé à la suite d'un refus d'autorisation administrative de licenciement, s'analyse en un licenciement de fait (cass. soc. 7 novembre 1990, n° 87-42.390, Gonzalez et a. c/ Sté Granja).

• La mise au chômage partiel n'ayant pas pour effet de modifier le contrat de travail, la rémunération servant de base au calcul de l'indemnité conventionnelle de licenciement doit être celle que le salarié aurait perçue s'il n'avait pas été au chômage partiel (cass. soc. 9 mars 1999, n° 96-44.439, BC V n° 110 ; *RJS* 4/99 n° 565).

• Les indemnités de chômage partiel se substituant aux salaires, l'indemnité de chômage partiel à la charge de l'État doit être incluse dans l'assiette des rémunérations servant au calcul de la prime de treizième mois et des primes d'ancienneté et d'assiduité (cass. soc. 4 juillet 2007, n° 06-42.322, *RJS* 10/07 n° 1054 ; 26 novembre 1996, n° 94-40.266, BC V n° 403 ; *RJS* 1/97 n° 77). En revanche, sauf dispositions conventionnelles contraires, les périodes de chômage partiel n'étant pas assimilées à un temps de travail effectif par l'article L. 223-4 [L. 3141-5] CT, celles-ci ne sont pas considérées comme ayant donné lieu à rémunération en fonction de l'horaire de travail de l'établissement pour le calcul de l'indemnité de congés payés (cass. soc. 19 novembre 1997, n° 95-44.093, BC V n° 389 ; *RJS* 1/98 n° 52).

Sous-section 1. **Conditions d'attribution**

Art. R. 5122-1. L'allocation spécifique de chômage partiel prévue à l'article L. 5122-1 peut être attribuée aux salariés des entreprises qui sont contraintes de réduire ou suspendre temporairement leur activité pour l'une des raisons suivantes :

1° La conjoncture économique ;
2° Des difficultés d'approvisionnement en matières premières ou en énergie ;
3° Un sinistre ou des intempéries de caractère exceptionnel ;
4° La transformation, restructuration ou modernisation de l'entreprise ;
5° Toute autre circonstance de caractère exceptionnel.

Art. R. 5122-2. L'allocation spécifique de chômage partiel est attribuée par le préfet au vu d'une demande préalable de l'entreprise.

Note • Voir circulaires CDE 39-85 du 15 juillet 1985 et DGEFP 2001-21 du 18 juillet 2001 (BO TR 2001/16, p. 19 ; *LS* Législ. soc. n° 8204 du 10 août 2001), instructions DGEFP 2008-19 du 25 novembre 2008 (BOTR 2009/01) relative au chômage partiel et à la prévention des licenciements et 2009-07 du 25 mars 2009 (*LS* Législ. soc. n° 15373 du 2 juin 2009) relative à la mise en œuvre du chômage partiel.

• Le remboursement par l'État des allocations de chômage partiel versées par une entreprise à ses salariés n'est pas subordonné à la mise en œuvre ou à la recherche préalables de solutions de gestion alternatives (CE 23 juillet 2003, n° 241874, *RJS* 11/03 n° 1303 ; *Dr. Soc.* 2004, p. 225, obs. Ch. Willmann).

Art. R. 5122-3. L'employeur adresse au préfet, préalablement à la mise au chômage partiel de ses salariés, une demande d'indemnisation précisant :

1° Les motifs justifiant le recours au chômage partiel ;
2° La durée prévisible de la sous-activité ;
3° Le nombre de salariés concernés ainsi que, pour chacun d'entre eux, la durée du travail habituellement accomplie.

Art. R. 5122-4. Par dérogation à l'article R. 5122-3, en cas de suspension d'activité due à un sinistre ou à des intempéries, l'employeur dispose d'un délai de trente jours pour adresser sa demande.

Art. R. 5122-5. La décision d'acceptation ou de refus est notifiée à l'employeur dans un délai de vingt jours à compter de la date de réception de la demande.

Art. R. 5122-6. L'allocation spécifique de chômage partiel est attribuée dans la limite d'un contingent annuel d'heures indemnisables fixé, en tenant compte de la situation économique, par arrêté du ministre chargé de l'emploi.

Cette limite ne peut être dépassée que dans des cas exceptionnels résultant de la situation particulière de l'entreprise, sur décision conjointe des ministres chargés de l'emploi et du budget.

Note À compter du 1er janvier 2010, le contingent annuel d'heures indemnisables au titre de l'allocation spécifique de chômage partiel est fixé à 1 000 heures pour l'ensemble des branches professionnelles (arrêté du 31 décembre 2009, JO 9 janv. 2010).

Art. R. 5122-7. Au sein du contingent annuel d'heures indemnisables, l'arrêté du ministre chargé de l'emploi fixe, dans la limite correspondant au volume horaire du nombre de semaines défini au 4° de l'article R. 5122-8, le nombre d'heures pouvant être indemnisées en cas de modernisation des installations et des bâtiments de l'entreprise.

Cette limite ne peut être dépassée que dans des cas exceptionnels résultant de la situation particulière de l'entreprise, sur décision conjointe du préfet et du trésorier-payeur général.

Note Un arrêté du 16 avril 2003 (JO 19) a fixé à 100 heures le nombre d'heures pouvant être indemnisées dans ce cas.

Art. R. 5122-8. Ne peuvent bénéficier de l'allocation spécifique de chômage partiel :

(D. 2009-324 du 25 mars 2009, JO 27) « 1° » Les personnes dont le chômage est provoqué par un différend collectif de travail intéressant l'établissement qui les emploie. Toutefois, dans le cas d'une fermeture de l'entreprise ou d'un service décidée par l'employeur suite à une grève, le versement des allocations peut être autorisé par décision du ministre chargé de l'emploi, si la fermeture se prolonge plus de trois jours ;

(D. 2009-324 du 25 mars 2009, JO 27) « 2° » Les chômeurs saisonniers. Toutefois, ceux-ci peuvent bénéficier des allocations si leur état de chômage a un caractère exceptionnel à l'époque de l'année à laquelle il se produit. Ils font alors la preuve qu'au cours d'une des deux années précédentes, ils occupaient à la même époque et pendant la même période un emploi salarié dont ils tiraient une rémunération régulière ;

(D. 2009-324 du 25 mars 2009, JO 27) « 3° » En cas d'arrêt de travail imputable à la fermeture temporaire de l'établissement, les salariés dont la suspension d'activité se prolonge pendant plus de ***(D. 2008-1436 du 22 déc. 2008, JO 30)*** « six semaines » ;

(D. 2009-324 du 25 mars 2009, JO 27) « 4° » En cas de réduction de l'horaire de travail habituellement pratiqué dans l'établissement, les salariés dont la durée du travail est fixée par forfait en heures ou en jours sur l'année, en application des dispositions des articles L. 3121-42 à L. 3121-49 et L. 3121-51.

Note • L'exclusion définie au 1° ne concerne que le chômage provoqué par des conflits du travail internes et non ceux qui affectent une entreprise distincte (CE 9 octobre 1992, n° 86977, *RJS* 1/93 n° 63). Sur le rejet d'une demande d'indemnité compensatrice de salaire correspondant à une période de chômage technique, dans une situation contraignante non imputable à l'employeur et rendant impossible la fourniture de travail aux salariés non grévistes, voir cass. soc. 22 février 2005, n° 02-45.879, BC V n° 57 ; *a contrario*, en l'absence de situation contraignante, voir cass. soc. 30 septembre 2005, n° 04-40.193, BC V n° 277 ; *RJS* 12/05 n° 1247; M-Ch. Haller, « Le lock-out : une initiative de l'employeur sous haute surveillance », *JSL* n° 177, 10 novembre 2005, p. 15.

• Sur la déconcentration de la décision du versement des allocations visée au 1°, voir note 98-19 du 19 mai 1998 (BO TR 98/12).

Art. R. 5122-9. En cas de fermeture temporaire de l'établissement prévu au 4° de l'article R. 5122-8, lorsque la suspension d'activité se prolonge au-delà de ***(D. 2008-1436 du 22 déc. 2008, JO 30)*** « six semaines », les salariés sont considérés comme étant à la recherche d'un emploi, alors même qu'ils n'ont pas fait l'objet d'une mesure de licenciement, pour l'ouverture des droits aux allocations prévues en faveur des salariés dont le contrat de travail a été rompu.

Si la suspension d'activité se poursuit au-delà de trois mois, le préfet décide, compte tenu de la situation de l'entreprise, si les salariés peuvent encore être considérés comme étant à la recherche d'un emploi. Cette décision est prise pour une durée limitée.

Art. R. 5122-10. En cas de fermeture d'un établissement pour mise en congé annuel des salariés, ceux qui ne remplissent pas les conditions requises pour bénéficier de la totalité de ce congé peuvent prétendre individuellement aux allocations pour privation partielle d'emploi, compte tenu des journées ou des indemnités compensatrices de congés payés dont ils auraient pu bénéficier pendant la période de référence.

Note • Le régime de l'allocation spécifique de chômage partiel pour congés payés est précisé par la circulaire DGEFP 2004/26 du 3 novembre 2004 (BO TR 2004/24).

• Il appartient à l'employeur, saisi d'une demande d'un salarié, de la transmettre à la direction départementale du travail et de l'emploi (cass. soc. 24 mars 1993, n° 91-41.206, *Dr. Soc.* 1993, p. 456 ; 2 avril 1997, n° 95-42.723, BC V n° 137 ; *RJS* 5/97 n° 584). Il incombe à l'employeur de verser, à la date normale de la paie, les indemnités de remplacement, puis de se faire rembourser par l'autorité administrative compétente (CA Paris 25 janvier 1995, *RJS* 7/95 n° 804).

• L'employeur ayant l'obligation de fournir du travail à ses salariés, les salariés qui n'avaient pas de droits à congé pour la période de fermeture de l'entreprise pour raisons économiques entre le 24 décembre et le 1er janvier et qui n'avaient pu percevoir l'indemnisation de ce chômage partiel du fait de l'employeur doivent être indemnisés de leur perte de rémunération (cass. soc. 25 mars 2010, n° 08-43.044, *RJS* 6/10 n° 542).

• Sur la possibilité de bénéficier des allocations pour privation partielle d'emploi lors d'une reprise de travail au terme d'une longue période d'arrêt maladie, voir rép. QE 18034, JO AN 7 novembre 1994, p. 55.

Sous-section 2. Calcul et versement de l'allocation

Art. R. 5122-11. Le nombre d'heures perdues pouvant justifier l'attribution de l'allocation spécifique de chômage partiel correspond à la différence entre la durée légale du travail applicable dans l'entreprise ou, lorsqu'elle est inférieure, la durée collective du travail ou la durée stipulée au contrat et le nombre d'heures réellement travaillées sur la période considérée.

Art. R. 5122-12. L'allocation spécifique de chômage partiel prend la forme d'indemnités horaires dont le taux, fixé par décret pris sur le rapport des ministres chargés de l'emploi et du budget, peut varier selon la taille de l'entreprise.

Art. D. 5122-13. ***(D. 2009-110 du 29 janv. 2009, JO 31).*** Le taux horaire de l'allocation spécifique de chômage partiel est fixé à :

1° ***(D. 2012-275 du 28 févr. 2012, JO 29)*** « 4,84 € » pour les entreprises de un à deux cent cinquante salariés ;

2° ***(D. 2012-275 du 28 févr. 2012, JO 29)*** « 4,33 € » pour les entreprises de plus de deux cent cinquante salariés.

Art. R. 5122-14. L'allocation spécifique de chômage partiel est liquidée mensuellement.

Les indemnités sont versées aux salariés à la date normale de paie par l'employeur.

Les heures indemnisées sont prises en compte pour le calcul du nombre d'heures donnant lieu à l'attribution de bonifications et majorations pour heures supplémentaires.

Art. R. 5122-15. L'employeur est remboursé sur production d'états nominatifs, visés par le ***(D. 2009-1377 du 10 nov. 2009, JO 13 ; D. 2010-687 du 24 juin 2010, JO 25 ; voir D. 2010-1582 du 17 déc. 2010, JO 18, pour outre-mer)*** « directeur régional des entreprises, de la concurrence, de la consommation, du travail et de l'emploi » précisant le nombre d'heures chômées par chaque salarié.

Art. R. 5122-16. En cas de procédure de sauvegarde ou de redressement ou de liquidation judiciaire, ou de difficultés financières de l'employeur, le préfet, ou sur délégation le ***(D. 2009-1377 du 10 nov. 2009, JO 13 ; D. 2010-687 du 24 juin 2010, JO 25 ; voir D. 2010-1582 du 17 déc. 2010, JO 18, pour outre-mer)*** « directeur régional des entreprises, de la concurrence, de la consommation, du travail et de l'emploi » peut faire procéder au paiement direct de l'allocation aux salariés.

La procédure de paiement direct de l'allocation aux salariés peut également être employée pour assurer, sous le contrôle des services de l'emploi, l'indemnisation des travailleurs à domicile habituellement employés par plusieurs employeurs.

Art. R. 5122-17. À l'occasion du paiement de l'allocation spécifique de chômage partiel, un document indiquant le nombre des heures indemnisées, les taux appliqués et les sommes versées au titre de la période considérée est remis au salarié par l'employeur ou, en cas de paiement direct, par les services chargés du paiement.

Sous-section 3. Dispositions particulières

§ 1. Entreprises appliquant des équivalences

Art. R. 5122-18. Lorsque le salarié est employé dans le cadre d'un régime d'équivalence tel que prévu à l'article L. 3121-9, l'allocation accordée par heure de travail perdue est égale à l'indemnité horaire fixée en application de l'article R. 5122-12, multipliée par le quotient de la durée légale par le nombre d'heures équivalant à cette durée.

Art. R. 5122-19. Le nombre d'heures perdues pouvant justifier l'allocation spécifique de chômage partiel correspond dans ce cas à la différence entre la durée équivalente à la durée légale ou, lorsqu'elle est inférieure, à la durée collective du travail et le nombre d'heures réellement travaillées sur la période considérée.

§ 2. Entreprises appliquant des conventions de forfait

Art. R. 5122-20. Lorsque la durée du travail est fixée par une convention de forfait sur une base hebdomadaire ou mensuelle, en application des dispositions de l'article L. 3121-40, le nombre d'heures indemnisables correspond à la durée légale du travail diminuée de la différence entre la durée mentionnée dans la convention de forfait et le nombre d'heures chômées en deçà de la durée légale.

Art. R. 5122-21. Lorsque la convention de forfait est établie en heures sur l'année, en application des articles L. 3121-42 à L. 3121-44, le nombre d'heures indemnisables est déterminé en deçà de la durée hebdomadaire légale applicable.

Art. R. 5122-22. Lorsque la convention de forfait est établie en jours sur l'année, en application des articles L. 3121-45 à L. 3121-49, il peut être accordé une allocation égale, pour chaque journée perdue, au taux de l'allocation mentionné à l'article R. 5122-12 multiplié par la durée moyenne quotidienne de travail équivalente à la durée légale. Le nombre de journées indemnisables est obtenu en multipliant le rapport entre le nombre de jours de fermeture de l'établissement et le nombre de jours du mois par le nombre moyen mensuel de jours fixés dans la convention de forfait.

§ 3. Entreprises accordant des jours de repos sur quatre semaines ou dans le cadre de l'année

Art. R. 5122-23. Lorsque la durée du travail est fixée en application des articles L. 3122-6 à L. 3122-8 et L. 3122-19 à L. 3122-22, le nombre d'heures indemnisables correspond à la différence entre la durée hebdomadaire légale de travail, ou la durée collective si elle lui est inférieure, et le nombre d'heures réellement travaillées.

Art. R. 5122-24. Les heures perdues au-delà de la durée légale de travail ne donnent pas lieu à l'attribution du repos correspondant.

Art. R. 5122-25. Lorsque la durée du travail est fixée en application des articles L. 3122-19 à L. 3122-22, et sauf en cas de fermeture temporaire de l'établissement imputable à l'une des causes mentionnées à l'article R. 5122-1, l'allocation ne peut être attribuée qu'après la prise des journées ou des demi-journées de repos décidées au choix de l'employeur, selon les dispositions prévues par l'accord collectif.

§ 4. Entreprises appliquant un accord de modulation

Art. R. 5122-26. Les entreprises appliquant un accord de modulation du temps de travail peuvent bénéficier des allocations de chômage partiel pour chaque heure perdue en deçà de la durée du travail prévue dans le programme indicatif des salariés intéressés sur la période considérée, dans la limite de la durée légale ou de la durée hebdomadaire moyenne sur l'année si elle est inférieure.

Art. R. 5122-27. L'employeur adresse une demande d'indemnisation selon la procédure prévue à l'article R. 5122-3. Il communique à l'autorité administrative compétente le programme indicatif sur la période considérée ainsi que les mesures mises en œuvre pour éviter le recours au chômage partiel.

Art. R. 5122-28. Les indemnités sont versées aux salariés dans les conditions définies à l'article R. 5122-14 et l'employeur est remboursé sur production d'états nominatifs, à la fin de la période de modulation, et au vu des heures effectivement travaillées sur l'année figurant dans le bilan de la modulation du temps de travail, dressé par l'employeur et communiqué à l'autorité administrative compétente.

Art. R. 5122-29. Par dérogation à l'article R. 5122-28, l'employeur est remboursé mensuellement dans les cas suivants :

1° Lorsqu'il est avéré que l'entreprise ne pourra pas atteindre, au plus, en moyenne trente-cinq heures par semaine travaillée et en tout état de cause 1 600 heures sur l'année, compte tenu des durées maximales du travail et de l'amplitude de la modulation ;

2° Lorsque l'autorité administrative estime que la situation exceptionnelle de l'entreprise ou des difficultés économiques sérieuses et avérées nécessitent le remboursement mensuel de l'allocation.

SECTION 2. **Allocations complémentaires de chômage partiel**

Art. L. 5122-2. Afin d'éviter des licenciements pour motif économique touchant certaines professions dans certaines régions atteintes ou menacées d'un grave déséquilibre de l'emploi, des actions de prévention peuvent être engagées pour une durée déterminée.

Ces actions peuvent comporter notamment :

1° La prise en charge partielle par l'État des indemnités complémentaires de chômage partiel dues aux travailleurs victimes d'une réduction d'activité au-dessous de la durée légale du travail. Cette prise en charge se fait par voie de conventions conclues avec les organismes professionnels ou interprofessionnels ou avec les entreprises ;

2° Le versement d'allocations aux salariés subissant une réduction d'activité en dessous de la durée légale du travail pendant une période de longue durée. Ce versement intervient par voie de conventions conclues par l'État avec les organismes professionnels, interprofessionnels ou avec les entreprises. Ces allocations sont financées conjointement par l'entreprise, l'État et l' ***(L. 2008-126 du 13 févr. 2008, JO 14)*** « organisme gestionnaire du régime d'assurance chômage ». Elles sont cessibles et saisissables dans les mêmes conditions et limites que les salaires. Les contributions des employeurs à ces allocations ne sont passibles ni du versement forfaitaire sur les salaires ni des cotisations de sécurité sociale.

Note Voir instruction DGEFP 2008-19 du 25 novembre 2008 citée sous art. R. 5122-1.

Art. L. 5122-3. Un décret détermine les conditions dans lesquelles les actions de prévention mentionnées à la présente section peuvent être engagées.

Sous-section 1. Dispositions communes

Art. D. 5122-30. Des actions de prévention destinées à éviter des licenciements pour cause économique peuvent être engagées lorsque les difficultés d'une entreprise n'ont pu trouver de solution, notamment par une réduction ou une modulation concertées des horaires de travail.

[**Art. D. 5122-31.** Abrogé par décret 2009-478 du 29 avril 2009, JO 30.]

Sous-section 2. Indemnisation complémentaire de chômage partiel

§ 1. Convention

Art. D. 5122-32. L'employeur qui désire obtenir le bénéfice de la prise en charge partielle par l'État des indemnités complémentaires de chômage partiel en application du 1° de l'article L. 5122-2 en fait la demande au préfet en produisant toutes justifications utiles sur les raisons économiques, financières ou techniques du ou des licenciements auxquels il envisagerait de procéder ainsi que sur les mesures prévues pour le redressement économique de l'entreprise.

Art. D. 5122-33. L'employeur consulte le comité d'entreprise ou, à défaut, les délégués du personnel sur la demande de convention de chômage partiel présentée et sur les mesures prévues pour le redressement économique de l'entreprise.

Art. D. 5122-34. Lorsque les motifs invoqués pour justifier les licenciements sont reconnus fondés, une convention de chômage partiel peut être conclue avec l'entreprise afin d'éviter les licenciements ou d'en réduire le nombre.

Art. D. 5122-35. La convention est conclue par le préfet.

Art. D. 5122-36. La convention de chômage partiel peut prévoir la prise en charge partielle par l'État des indemnités complémentaires versées par l'entreprise à tout ou partie des salariés victimes d'une réduction d'activité pour une période maximale de six mois, renouvelable une fois, sous réserve que l'employeur s'engage à maintenir dans leur emploi des salariés intéressés pendant une durée au moins équivalente.

Art. D. 5122-37. Une convention type est établie par arrêté du ministre chargé de l'emploi.

§ 2. Indemnisations

Art. D. 5122-38. La prise en charge par l'État ne s'applique qu'aux horaires inférieurs ou égaux à trente-cinq heures hebdomadaires.

Art. D. 5122-39. ***(D. 2009-110 du 29 janv. 2009, JO 31)*** Le montant maximal de la participation de l'État au versement des indemnités de chômage partiel versées par l'employeur est fixé forfaitairement à 6,84 € sur la base de l'indemnité horaire minimale prévue par l'avenant du 15 décembre 2008 modifiant l'accord national interprofessionnel du 21 février 1968 et périodiquement revalorisée, après déduction de l'allocation spécifique de chômage partiel prévue à l'article L. 5122-1.

Art. D. 5122-40. Le nombre d'heures prises en charge ne peut excéder les contingents annuels d'heures indemnisables déterminés selon les dispositions de l'article R. 5122-6.

Art. D. 5122-41. Le taux de prise en charge par l'État des indemnités de chômage partiel est déterminé par la convention en fonction :

1° De la gravité des difficultés constatées ;

2° De l'importance de la réduction apportée au nombre des licenciements envisagés ;

3° Des efforts de réorganisation de l'entreprise dans un but de redressement économique, notamment en matière de réduction ou de modulation concertées de la durée du travail.

Art. D. 5122-42. Le taux de prise en charge par l'État ne peut excéder un maximum fixé annuellement par arrêté conjoint des ministres chargés de l'emploi et du budget.

Note Le taux maximal de prise en charge par l'Etat des indemnités de chômage partiel versées par l'employeur est fixé à 80 % pour les conventions signées du 01.01.2012 au 31.12.2012. Il pourra être porté à 100 % sur décision conjointe du ministre chargé de l'emploi et du ministre chargé du budget (arrêté du 24 févr. 2012, JO 29).

Le taux maximum de prise en charge par l'État des indemnités de chômage partiel versées par l'employeur est fixé à 100 % pour les conventions signées du 02.11.2011 au 01.05.2012 par les entreprises contraintes de réduire ou de suspendre temporairement leur activité du fait des inondations et coulées de boue visées par l'arrêté du 18 novembre 2011, JO 19 (arrêté du 27 décembre 2011, JO 31).

Sous-section 3. Versement d'allocations en cas de réduction d'activité de longue durée

§ 1. Convention

Art. D. 5122-43. ***(D. 2009-478 du 29 avril 2009, JO 30)*** Une convention d'activité partielle pour les salariés subissant une réduction d'activité en dessous de la durée légale pendant une période de longue durée, prévue au 2° de l'article L. 5122-2, peut être conclue pour une période de trois mois minimum renouvelable sans que la durée totale puisse excéder douze mois.

Note Par dérogation à cet article, jusqu'au 30.09.2012, une convention d'activité partielle pour les salariés subissant une réduction d'activité en dessous de la durée légale pendant une période de longue durée, prévue au 2° de l'article L. 5122-2, peut être conclue pour une période de 2 mois minimum renouvelable sans que la durée totale puisse excéder 12 mois.

Voir circulaire DGEFP 2009-17 du 27.05.2009 (*LS* n° 15402 du 16.07.2009) complétée par les circulaires DGEFP 2010/10 du 9.03.2010 et 2010/18 du 15.07.2010 (bilan des actions de formation), indiquant que tous les secteurs professionnels sont concernés et que ce mode de conventionnement doit être privilégié.

Art. D. 5122-44. Le comité d'entreprise ou, à défaut, les délégués du personnel sont consultés, préalablement à la conclusion de la convention, sur les motifs économiques du recours ***(D. 2009-478 du 29 avril 2009, JO 30)*** « à l'activité partielle de longue durée », sur les catégories professionnelles et les activités de l'entreprise intéressées par ce dernier, ***(D. 2012-275 du 28 févr. 2012, JO 29)*** « sur » le niveau et les modalités de mise en œuvre des réductions d'horaire ***(D. 2012-275 du 28 févr. 2012, JO 29)*** « ainsi que sur les actions de formation susceptibles d'être engagées pendant les périodes d'activité partielle ».

Art. D. 5122-45. ***(D. 2009-478 du 29 avril 2009, JO 30)*** Les conventions d'activité partielle mentionnées à l'article D. 5122-43 sont conclues entre une organisation professionnelle ou interprofessionnelle ou une entreprise et le ministre chargé de l'emploi ou le préfet ou, par délégation de celui-ci, par le ***(D. 2009-1377 du 10 nov. 2009, JO 13 ; D. 2010-687 du 24 juin 2010, JO 25 ; voir D. 2010-1582 du 17 déc. 2010, JO 18, pour outre-mer)*** « directeur régional des entreprises, de la concurrence, de la consommation, du travail et de l'emploi ».

§ 2. Indemnisation

Art. D. 5122-46. ***(D. 2009-478 du 29 avril 2009, JO 30)*** L'indemnisation assurée dans le cadre des conventions d'activité partielle prend la forme d'indemnités horaires au moins égales à 75 % de la rémunération brute servant d'assiette au calcul de l'indemnité de congés payés prévue à l'article L. 3141-22 ramenée à un montant horaire sur la base de la durée légale du travail applicable dans l'entreprise ou, lorsqu'elle est inférieure, la durée collective du travail ou la durée stipulée au contrat de travail.

(D. 2012-183 du 7 février 2012, JO 8) « Ces indemnités horaires sont fixées à 100 % de la rémunération nette de référence du salarié pendant les actions de formation mentionnées au deuxième alinéa de l'article D. 5122-51. »

Ces indemnités ne peuvent être inférieures à la rémunération mensuelle minimale définie par l'article L. 3232-3.

Art. D. 5122-47. *(D. 2009-478 du 29 avril 2009, JO 30)* Les indemnités sont attribuées dans la limite du contingent annuel d'heures indemnisables prévu à l'article R. 5122-6.

Art. D. 5122-48. L'employeur assure le versement aux salariés des indemnités à la date normale de la paie.

Art. D. 5122-49. *(D. 2009-478 du 29 avril 2009, JO 30)* Le montant de la participation forfaitaire de l'État au financement des allocations complémentaires versées en cas de réduction d'activité de longue durée au titre d'une convention d'activité partielle mentionnée à l'article D. 5122-43 est fixé par arrêté conjoint du ministre chargé de l'emploi et du ministre chargé du budget.

Le montant et les modalités de la participation de l'organisme gestionnaire du régime de l'assurance chômage sont fixés par convention conclue entre l'État et cet organisme.

Les participations de l'État et de cet organisme sont versées à l'entreprise sur la base du nombre d'heures effectivement chômées au titre de la convention d'activité partielle.

Note Le montant de la participation forfaitaire de l'État au financement des allocations complémentaires versées en cas de réduction d'activité de longue durée est fixé, à compter du 1er mai 2009, à 1,90 € par heure indemnisée, dans la limite de 50 heures (arrêté du 10 juin 2009, JO 24).

Art. D. 5122-50. La convention prévoit qu'en cas de licenciement du salarié, soit au cours de la période d'application de la convention de temps réduit indemnisé de longue durée, soit à l'issue de celle-ci, les indemnités de licenciement et de préavis sont calculées sur la base de la rémunération due au titre de l'activité normale du salarié.

Art. D. 5122-51. *(D. 2009-478 du 29 avril 2009, JO 30)* La convention d'activité partielle mentionnée à l'article D. 5122-43 prévoit qu'en contrepartie des allocations complémentaires de réduction d'activité versées par l'État et l'organisme gestionnaire du régime d'assurance chômage l'employeur s'engage à maintenir dans l'emploi les salariés subissant une réduction d'activité pendant une période égale au double de la durée de la convention courant à compter de sa signature.

(D. 2012-183 du 7 février 2012, JO 8) « L'employeur s'engage également à proposer à chaque salarié bénéficiaire de la convention un entretien individuel en vue notamment d'examiner les actions mentionnées aux articles L. 6313-1 et L. 6314-1 susceptibles d'être organisées dans les mêmes conditions que celles relatives à la mise en œuvre du plan de formation pendant le temps de travail. Ces actions peuvent être engagées pendant les heures chômées. »

L'employeur rembourse à l'État les sommes perçues au titre de l'allocation complémentaire de réduction d'activité prévue dans la convention d'activité partielle pour chaque salarié subissant une réduction d'activité et dont le contrat est rompu au cours de la période fixée au premier alinéa du présent article pour l'une des causes énoncées à l'article L. 1233-3, ou dans les conditions définies par les articles L. 1237-4 et L. 1237-9 dès lors que ce départ s'inscrit dans le cadre d'un plan de sauvegarde de l'emploi, ou par les articles L. 1237-5 à L. 1237-8.

L'État reverse les sommes ainsi recouvrées à l'organisme gestionnaire du régime d'assurance chômage pour les heures indemnisées au-delà de la cinquantième heure.

SECTION 3. Régime social et fiscal des allocations

Art. L. 5122-4. Le régime social et fiscal applicable aux contributions mentionnées à l'article L. 5422-10 est applicable aux allocations et contributions de chômage partiel, lorsque cette indemnisation résulte d'accords professionnels ou interprofessionnels, nationaux ou régionaux.

SECTION 4. Dispositions d'application

Art. L. 5122-5. Un décret en Conseil d'État détermine les autres conditions d'application du présent chapitre.

CHAPITRE III

Aides aux actions de reclassement et de reconversion professionnelle

Art. L. 5123-1. Dans les territoires ou à l'égard des professions atteints ou menacés d'un grave déséquilibre de l'emploi, l'autorité administrative engage des actions de reclassement, de placement et de reconversion professionnelle. Elle en assure ou coordonne l'exécution.

Les maisons de l'emploi prévues à l'article L. 5313-1 participent à la mise en œuvre des actions de reclassement prévues au présent chapitre.

Art. L. 5123-2. Dans les cas prévus à l'article L. 5123-1, peuvent être attribuées par voie de conventions conclues entre l'État et les organismes professionnels ou interprofessionnels, les organisations syndicales ou avec les entreprises :

1° Des allocations temporaires dégressives en faveur des travailleurs qui ne peuvent bénéficier d'un stage de formation et ne peuvent être temporairement occupés que dans des emplois entraînant un déclassement professionnel ;

[2° Abrogé par loi 2011-1977 du 28 décembre 2011, art. 152, I, JO 29] ;

3° Des allocations de conversion en faveur des salariés auxquels est accordé un congé en vue de bénéficier d'actions destinées à favoriser leur reclassement et dont le contrat de travail est, à cet effet, temporairement suspendu ;

4° Des allocations en faveur des salariés dont l'emploi à temps plein est transformé, avec leur accord, en emploi à temps partiel dans le cadre d'une convention d'aide au passage à temps partiel conclue en vue d'éviter des licenciements économiques. Le montant des ressources nettes garanties des salariés adhérents à ces conventions ne pourra dépasser 90 % de leur rémunération nette antérieure.

Note

• 2° : le I de l'article 152 de la loi 2011-1977 précité s'applique aux conventions signées à compter du 01.01.2012 en application de l'article L. 5123-1, al. 1er CT.

• Voir instruction DGEFP 12 du 30 juillet 2008 (BO TR 2008/10) relative à l'accompagnement des restructurations, au reclassement des salariés licenciés et à la revitalisation des bassins d'emploi. Voir également circulaire PM du 4 mai 2009 relative à l'accompagnement des mutations industrielles, instructions DGEFP 2009-05 du 6 mars (BO TR 2009/08) et 2009-30 du 6 juillet 2009 (BO Min. Économie, Industrie, Emploi 2009, p. 214) relatives à l'accompagnement des mutations économiques et au développement de l'emploi.

• La participation financière du Fonds national de l'emploi à la mise en œuvre d'un plan social constitue une aide de l'État susceptible de fausser la concurrence au sens de l'article 92 § 1 du traité de Rome (CJCE 26 septembre 1996, aff. C-241/94, rec. I-4551 ; *RJS* 1/97 n° 108, et chron. J-Y Chérot, M-A Moreau, p. 3 ; *Dr. Soc.* 1997, p. 185, chron. A. Lyon-Caen ; cité dans « Les aides aux entreprises en difficulté et le droit communautaire », L. Idot, *RTD* europ. 34, juillet-sept. 98, 295). Sur les conséquences d'une aide attribuée irrégulièrement, voir également CJCE 20 mars 1997, aff. C-24/95, rec. I-1591 ; *RJS* 5/97 n° 629 et 5 octobre 1999, aff. C-251/97, rec. I-6639, *RJS* 11/99 n° 1413.

• Sur le caractère administratif d'une subvention de l'État pour la mise en place d'un plan social justifiant la compétence de la seule juridiction administrative, voir Trib. confl. 23 octobre 2000, n° 3208, *Dr. Soc.* 2001, p. 101, concl. R. Schwaztz.

Art. L. 5123-3. L'autorité administrative peut accorder des aides individuelles au reclassement en faveur de certaines catégories de travailleurs sans emploi reprenant un emploi à temps partiel.

Art. L. 5123-4. Les allocations versées en application du présent chapitre sont cessibles et saisissables dans les mêmes conditions et limites que les salaires.

Art. L. 5123-5. Les contributions des employeurs aux allocations prévues par le présent chapitre ne sont passibles ni de la taxe sur les salaires, ni des cotisations de sécurité sociale.

Art. L. 5123-6. Lorsqu'une indemnisation résultant d'accords professionnels ou interprofessionnels, nationaux ou régionaux, vise à permettre à certains salariés de bénéficier d'un avantage de préretraite, elle doit, pour ouvrir droit au bénéfice des exonérations et déductions prévues à l'article L. 5422-10, être mise en œuvre dans le respect de conditions déterminées par décret en Conseil d'État, liées à l'âge et aux caractéristiques, notamment la pénibilité, de l'activité des bénéficiaires.

Note Ces dispositions, issues de la loi 2003-775 du 21 août 2003, sont applicables à compter de la date d'entrée en vigueur du texte réglementaire. Les conventions conclues antérieurement à cette date dans le cadre d'accords professionnels nationaux visés à l'article L. 352-3 [L. 5122-4] du même code ayant pour objet de permettre à certains salariés de bénéficier d'un avantage de préretraite continuent à produire leurs effets jusqu'à leur terme dans les conditions applicables à la date de leur conclusion (loi 2003-775, art. 18, IV). Voir art. R. 5123-22 et s.

[**Art. L. 5123-7.** Abrogé par loi 2011-1977 du 28 décembre 2011, art. 152, I, JO 29.]

Note Voir note (2°) sous l'article L. 5123-2.

Art. L. 5123-8. La pénalité administrative prévue à l'article L. 5426-5 est applicable en cas de déclarations délibérément inexactes ou incomplètes faites pour le bénéfice des allocations prévues par le présent chapitre et en cas d'absence de déclaration d'un changement dans la situation justifiant le bénéfice de ces allocations, ayant abouti à des versements indus.

Art. L. 5123-9. Un décret détermine les conditions dans lesquelles les maisons de l'emploi participent à la mise en œuvre des actions de reclassement prévues au présent chapitre.

Les autres dispositions du présent chapitre sont déterminées par décret en Conseil d'État.

SECTION 1. Dispositions générales

Art. R. 5123-1. Le ministre chargé de l'emploi engage les actions de reclassement, de placement et de reconversion professionnelle prévues à l'article L. 5123-1 et peut accorder les aides individuelles au reclassement mentionnées aux articles L. 5123-2 et L. 5123-3 après avis du Conseil national de l'emploi.

Art. R. 5123-2. Pour l'application du 4° de l'article R. 5111-2, le congé de conversion accordé aux salariés doit être d'une durée au moins égale à quatre mois et leur garantir une allocation de conversion au moins égale à 65 % de la rémunération brute moyenne des douze mois précédant l'entrée en congé, et à 85 % du salaire minimum de croissance.

Les conventions de congé de conversion sont conformes à une convention type fixée par arrêté conjoint des ministres chargés de l'économie et de l'emploi.

Note Le licenciement pour motif économique d'un salarié, dont le contrat de travail est temporairement suspendu pendant la durée du congé de conversion qui lui est accordé en application de l'article L. 322-4, 4° CT, ne peut intervenir, s'il est prononcé, qu'à l'issue du congé, par l'envoi d'une lettre de licenciement répondant aux exigences de l'article L. 122-14-2 CT (cass. soc. 5 février 2002, n° 99-44.558, BC V n° 51 ; *RJS* 5/02 n° 608 ; *Dr. Soc.* 2002, p. 668).

SECTION 2. Convention de coopération pour la mise en œuvre des cellules de reclassement

Art. R. 5123-3. Pour l'application du 5° de l'article R. 5111-2, la convention de coopération détermine la nature des actions de reclassement, leur champ d'application et le montant de la participation de l'État au financement des cellules chargées de les mettre en œuvre.

Le taux maximal de cette participation et la durée maximale pendant laquelle les intéressés peuvent bénéficier de ces actions sont fixés par arrêté conjoint des ministres chargés de l'emploi et de l'économie.

Note • Pour l'application de cet article, sont intervenus les arrêtés du 11 septembre 1989 (JO 14), lui-même modifié par arrêté du 30 octobre 2000 (JO 1er nov.), et du 1er avril 1992 (JO 2).

• L'instruction DGEFP 2011-24 du 21 octobre 2011 (*LS* Bref soc. n° 15969 du 4 nov. 2011) relative à l'articulation du contrat de sécurisation professionnelle et des cellules de reclassement indique qu'il n'y a plus lieu d'apporter un financement public pour les cellules de reclassement. Le recours exceptionnel à ce dispositif est soumis à l'appréciation préalable de la DGEFP.

• La circulaire DGEFP 2003-25 du 9 octobre 2003 (BO TR 2003/18-24, p. 79) indique les différents niveaux et le plafond de la participation de l'État au financement des cellules de reclassement. Voir également circulaire DGEFP 2007-20 du 17 juillet 2007 (BO TR 2007/9) relative aux conventions FNE de cellules de reclassement d'entreprise ou interentreprises.

Art. D. 5123-4. Les maisons de l'emploi mentionnées à l'article L. 5313-1 peuvent, pour la mise en œuvre de cellules de reclassement interentreprises, conclure avec l'État une convention de coopération portant sur les actions prévues au 5° de l'article R. 5111-2.

SECTION 3. Convention de formation

Art. R. 5123-5. Les conventions prévoyant des mesures temporaires de formation professionnelle mentionnées au 1° de l'article R. 5111-2 sont conclues pour une durée limitée en vue d'organiser :

1° Des actions de conversion ;

2° Des actions d'adaptation ;

3° Des actions de prévention.

Note La circulaire CDE 96-11 du 6 mai 1996 (BO TR 96/11, p. 99) définit les conditions d'intervention des conventions de formation et d'adaptation professionnelle du FNE en faveur des salariés. Sur les aides à la formation des salariés pendant les périodes d'activité partielle, voir instructions DGEFP 2009-05 du 6 mars (BO TR 2009/08) et 2009-30 du 6 juillet 2009 (BO Min. Économie, Industrie, Emploi 2009, p. 214) relatives à l'accompagnement des mutations économiques et au développement de l'emploi.

Art. R. 5123-6. Ces conventions peuvent prévoir :

1° Soit l'organisation de sections temporaires homogènes de formation ;

2° Soit l'accomplissement du stage aux postes mêmes de travail, sous la direction de moniteurs.

Art. R. 5123-7. Les conventions de formation déterminent notamment :

1° L'objet, la nature et la durée de la formation dispensée ainsi que le nombre prévu de stagiaires ;

2° Les conditions de création et de fonctionnement des stages ;

3° Le contrôle technique permettant notamment de fixer le temps de formation servant de base à la participation de l'État aux dépenses de fonctionnement ;

4° Les conditions de prise en charge des frais de formation pédagogique des moniteurs et de leur rémunération ;

5° La participation de l'État aux dépenses de matières d'œuvre et d'amortissement des machines, et éventuellement, pour les sections homogènes de formation, sa participation à l'équipement en matériel et à l'aménagement des locaux ;

6° La partie de la rémunération et des charges sociales des stagiaires pris en charge par l'État dans le cas des stages d'adaptation ou de prévention, conformément aux dispositions des articles L. 6341-2, L. 6341-9 et R. 6341-10.

Art. R. 5123-8. Le salarié qui suit une action de conversion ayant fait l'objet d'une convention est rémunéré dans les conditions fixées par l'article L. 6341-4.

SECTION 4. Convention d'allocation temporaire dégressive

Art. R. 5123-9. Les conventions mentionnées au 2° de l'article R. 5111-2 peuvent prévoir le versement d'une allocation temporaire dégressive aux salariés ayant fait l'objet d'un licenciement économique et reclassés dans un emploi comportant une rémunération inférieure à celle qu'ils recevaient au titre de leur emploi antérieur.

Note • Voir arrêté du 26 mai 2004 (JO 12 juin) modifié par arrêté du 19 septembre 2005 (JO 15 oct.) relatif aux conventions d'allocations temporaires dégressives et circulaire DGEFP 2005-45 du 22 décembre 2005 (BO TR 2006/2).

• L'attribution des allocations temporaires dégressives est subordonnée à la condition que le bénéficiaire ait la qualité de salarié (CE 3 mars 1997, n° 155078, *RJS* 5/97 n° 588).

Art. R. 5123-10. Les conventions d'allocation temporaire dégressive garantissent à leurs bénéficiaires, pour une période qui ne peut excéder deux ans, le versement d'une allocation évaluée au moment de l'embauche et calculée forfaitairement en prenant en compte l'écart existant entre le salaire net moyen perçu au cours des douze derniers mois au titre du dernier emploi, à l'exclusion de la rémunération des heures supplémentaires et des primes et indemnités n'ayant pas le caractère d'un complément de salaire, et le salaire net de l'emploi de reclassement.

Art. R. 5123-11. La participation de l'État ne peut excéder 75 % du montant de l'allocation, ni dépasser un montant maximum par salarié fixé par arrêté conjoint des ministres chargés de l'emploi et du budget.

SECTION 5. Convention d'allocation spéciale pour les travailleurs âgés

Note Ces dispositions réglementaires sont devenues caduques depuis l'abrogation au 01.01.2012 des conventions d'allocation spéciale du FNE par la loi 2011-1977 du 28 décembre 2011, art. 152, I, JO 29.

Art. R. 5123-12. La convention mentionnée au 2° de l'article L. 5123-2 peut prévoir l'attribution d'une allocation spéciale pour les travailleurs âgés faisant l'objet d'un licenciement pour motif économique qui, selon des modalités fixées par chaque convention, ont été déclarés non susceptibles d'un reclassement.

Note • La circulaire DGEFP 2011-23 du 10 octobre 2011 avait demandé la suspension des conventionnements au titre de l'AS-FNE. Les conditions d'adhésion et les droits des bénéficiaires des conventions d'allocations spéciales du FNE avaient été édictées par un arrêté du 29 août 2001 (JO 4 sept.) modifié par arrêté du 9 mars 2005 (JO 31).

• Les modalités de versement des contributions des entreprises au financement des allocations spéciales du FNE avaient été définies dans une note ministérielle du 13 février 2001. Dans le cadre d'une politique visant à limiter le recours aux cessations anticipées d'activité, les taux avaient été relevés à partir de 2003 (instr. DGEFP du 24 janvier 2003) et les demandes de conventionnement portant sur plus de 5 salariés étaient soumises à avis préalable favorable de la DGEFP (instr. DGEFP 2007-29 du 19 décembre 2007, BO TR 2008/1).

• Compétent pour conclure une convention d'allocations spéciales avec une entreprise, le préfet l'est également pour se prononcer sur l'attribution de l'allocation aux salariés de l'entreprise (CE 13 novembre 1995, n° 135593, *RJS* 1/96 n° 58). Mais en refusant de conclure la convention pour un salarié au motif que la suppression du poste occupé par l'intéressé perturberait le bon fonctionnement de l'établissement, le préfet s'immisce dans la gestion de l'entreprise et entache sa décision d'erreur de droit (CE 13 novembre 1995, n° 136426, *RJS* 1/96 n° 57). En revanche, faute de revêtir le caractère d'un licenciement économique, un arrangement entre employeurs successifs ne peut ouvrir droit au bénéfice de l'allocation spéciale (CE 29 mars 1999, n° 168046, *RJS* 6/99 n° 843).

• Si le mandataire social ne peut prétendre comme tel au bénéfice des allocations (CE 3 mars 1997, n° 155078, *RJS* 5/97 n° 588), il ne peut en être écarté lorsqu'il exerce ses fonctions de directeur technique dans l'état de subordination qui caractérise le statut de salarié (CE 3 novembre 1997, n° 156334, *RJS* 2/98 n° 231).

• À moins d'établir une fraude de leur employeur ou l'existence d'un vice du consentement, les salariés licenciés pour motif économique, qui ont personnellement adhéré à la convention de garantie de ressources passée entre leur employeur et l'État, laquelle, compte tenu de leur classement dans la catégorie des salariés non susceptibles d'un reclassement, leur assure le versement d'une allocation spéciale jusqu'au jour de leur retraite, ne peuvent remettre en discussion la régularité et la légitimité de la rupture de leur contrat de travail (cass. soc. 27 janvier 1994, 3 espèces, n°s 90-46.034, BC V n° 33 ; 90-46.035 et 90-46.036 ; *RJS* 2/94 avec le rapport de M. Waquet ; commentaire critique J. Savatier, *RJS* 3/94 ; 26 janvier 2000, n° 98-42.964, BC V n° 41 ; *RJS* 3/00 n° 267 ; *CSB* 2000 S. 187 : pas de priorité de réembauchage ; 23 mai 2000, n° 97-42.145, BC V n° 202 ; *RJS* 7-8/00 n° 825 : application à un salarié protégé ; 24 septembre 2002, n° 00-42.636, BC V n° 276 ; *RJS* 12/02 n° 1426 ; 30 avril 2003, n° 01-41.171, *RJS* 7/03 n° 924). L'adhésion à la convention vaut renonciation à la contestation du bien-fondé du licenciement devant le conseil de prud'hommes (cass. soc. 28 mars 2000, n° 97-44.116, *RJS* 5/00 n° 564). Il importe peu que l'adhésion du salarié se situe après la notification du licenciement pour motif économique (cass. soc. 3 mars 2010, n° 08-42.526, BC V n° 50 ; *RJS* 4/10 n° 449), ou soit intervenue après la saisine du juge prud'homal (cass. soc. 19 janvier 2010, n° 08-44.603, *RJS* 4/10 n° 367). Doit être rejetée la demande de réparation pour manquement de l'employeur à l'obligation d'information dès lors que les salariés avaient disposé de la faculté de s'informer auprès de la direction départementale du travail, de l'emploi et de la formation professionnelle sur la portée de leur adhésion à la convention d'allocation spéciale du FNE conclue entre l'État et l'employeur, et d'avoir ainsi une parfaite compréhension du document que leur avait remis ce dernier (cass. soc. 24 septembre 2008, n° 06-46.149, *RJS* 12/08 n° 1228). L'adhésion ne prive pas le salarié du droit de discuter le montant des indemnités qui lui ont été versées et de demander le paiement du solde qui lui revient et la réparation du préjudice qu'il a subi par suite de la prise en compte d'un salaire erroné (cass. soc. 11 janvier 2006, n° 04-41.652, *RJS* 3/06 n° 373).

• Des primes de suggestion individuelles présentant un caractère habituel doivent être intégrées dans le salaire de référence permettant le calcul des droits aux allocations (CE 14 octobre 1996, n° 152705, *RJS* 1/97 n° 80).

• Sur le paiement de l'indemnité de clientèle à un VRP, voir cass. soc. 18 juillet 2000, n° 98-41.455, BC V n° 292 ; *RJS* 9-10/00 n° 1026.

• La convention d'allocation spéciale, qui a seulement pour effet d'interrompre le versement des prestations au salarié en cas de reprise d'une activité professionnelle, ne prive pas d'effet la clause de non-concurrence inscrite dans le contrat de travail (cass. soc. 16 janvier 1992, n° 88-43.677, *RJS* 10/92 n° 1101) et ne prive pas le salarié du droit de prétendre à l'indemnité compensatrice de la clause de non-concurrence, dès lors qu'il n'a pas été régulièrement libéré de celle-ci par l'employeur (cass. soc. 21 mai 1996, n° 95-40.402, *RJS* 7/96 n° 790 ; cass. soc. 19 octobre 2005, n° 03-46.592, BC V n° 295 ; *RJS* 1/06 n° 44).

• En l'absence de convention particulière dérogatoire, le juge ne peut considérer que l'adhésion du salarié à la convention conclue entre l'État et l'employeur implique renonciation à la différence entre l'indemnité conventionnelle et l'indemnité légale de licenciement alors que la participation des salariés est plafonnée (cass. soc. 13 novembre 2001, n° 98-44.821, BC V n° 342 ; *RJS* 1/02 n° 74 ; *CSB* 2002 S. 25 ; *Dr. Soc.* 2002, p. 227). La prise en charge par l'employeur de la participation des salariés au FNE ayant pour objet d'en éviter l'imputation sur l'indemnité conventionnelle de licenciement est de même nature que cette indemnité, dont elle ne constitue qu'un complément, et n'entre pas dans l'assiette des cotisations de sécurité sociale (cass. soc. 21 janvier 1993, n° 90-17.761, *RJS* 3/93 n° 320 ; 10 février 1994, n° 91-19.783, BC V n° 53 ; *RJS* 7/94 n° 899).

• L'allocation spéciale du FNE constitue un revenu de remplacement, et non un avantage vieillesse, cumulable avec l'allocation aux adultes handicapés (cass. soc. 28 janvier 1999, n° 97-16.791, BC V n° 46 ; *RJS* 3/99 n° 448).

• Le salarié qui remplit la condition d'âge pour bénéficier de l'engagement de ne procéder à aucun licenciement pour les salariés âgés de 50 à 55 ans pris par l'employeur dans la convention d'allocation spéciale, et qui est néanmoins licencié, est en droit de demander réparation du préjudice résultant de la violation de cet engagement (cass. soc. 13 avril 1999, n° 96-44.334, BC V n° 176 ; *RJS* 6/99 n° 787 ; *Dr. Soc.* 1999, p. 677).

Art. R. 5123-13. La convention détermine le montant de la contribution financière due par l'entreprise signataire.

Art. R. 5123-14. Le salaire de référence servant de base à la détermination de l'allocation spéciale est fixé d'après les rémunérations sur lesquelles ont été assises les contributions au régime d'assurance chômage au titre des douze derniers mois civils précédant le dernier jour de travail payé à l'intéressé, dans la limite du double du plafond prévu à l'article L. 241-3 du code de la sécurité sociale. Il est calculé selon les règles définies dans le cadre du régime d'assurance chômage prévu au chapitre II du titre II du livre IV de la partie V du présent code.

Art. R. 5123-15. Le montant total de l'allocation spéciale est égal à 65 % du salaire journalier de référence dans la limite du plafond prévu à l'article L. 241-3 du code de la sécurité sociale, auxquels s'ajoutent 50 % du salaire de référence pour la part de ce salaire comprise entre une et deux fois ce même plafond.

Art. R. 5123-16. Le montant de l'allocation spéciale ne peut être inférieur au montant minimum de l'allocation d'assurance chômage prévue à l'article L. 5422-3.

Le montant de l'allocation journalière garantie ne peut excéder 85 % du salaire de référence.

Art. R. 5123-17. L'allocation spéciale est attribuée au plus tard jusqu'à ***(D. 2011-620 du 31 mai 2011, art. 7, JO 2 juin)*** « l'âge prévu au 1° de l'article L. 351-8 du code de la sécurité sociale ». Les conditions dans lesquelles elle peut être éventuellement cumulée avec une pension de retraite et les modalités de ce cumul sont déterminées par décret.

Art. R. 5123-18. Le versement de l'allocation spéciale est suspendu en cas de reprise d'une activité professionnelle.

Art. R. 5123-19. Cependant, à titre exceptionnel et pour certaines tâches d'intérêt général accomplies pour le compte d'organismes privés à but non lucratif ou de collectivités publiques ayant à cet effet conclu une convention avec le préfet, le versement de l'allocation spéciale peut être maintenu en tenant compte des rémunérations éventuellement perçues par l'intéressé.

Art. R. 5123-20. Le salaire de référence et le montant minimum de l'allocation sont revalorisés dans des conditions et suivant des modalités définies par décret.

Art. R. 5123-21. Un arrêté conjoint des ministres chargés de l'emploi et du budget précise notamment les conditions d'adhésion des salariés aux conventions, les modalités de calcul du salaire de référence et les modalités de détermination de la contribution financière des entreprises.

Note Voir arrêté du 18 février 2005 (JO 5 mars) relatif aux pièces justificatives à présenter pour l'ouverture des droits aux allocations prévues à l'article L. 322-4 (2°) [L. 5123-2] CT.

SECTION 6. Convention d'allocation pour cessation anticipée d'activité

Sous-section 1. Convention

Art. R. 5123-22. L'État peut prendre partiellement en charge le revenu de remplacement versé aux salariés bénéficiant d'avantages de préretraite, en application d'un accord professionnel national ouvrant droit à une exonération des cotisations de sécurité sociale dans les conditions prévues aux articles L. 5123-6 et L. 5422-10 et d'un accord d'entreprise dans les conditions définies ci-après, lorsque les salariés connaissent des difficultés d'adaptation à l'évolution de leur emploi liées à des conditions spécifiques d'exercice de leur activité.

Art. R. 5123-23. La prise en charge partielle par l'État du revenu de remplacement dans le cadre d'une convention d'allocation pour cessation anticipée d'activité ne peut être accordée que si l'accord professionnel national a déterminé :

1° Son champ d'application ;

2° Les conditions d'ouverture pour les salariés du droit à la cessation d'activité ;

3° Les conditions d'âge pour en bénéficier ;

4° Le montant de l'allocation servie au bénéficiaire ainsi que les modalités de son versement ;

5° Les conditions de reprise d'activité dans l'entreprise par les salariés intéressés ;

6° La période pendant laquelle les salariés peuvent adhérer aux mesures de cessation d'activité, l'État ne pouvant s'engager que si la durée de cette période n'excède pas cinq ans.

Art. R. 5123-24. La prise en charge de l'allocation par l'État ne peut intervenir que si l'entreprise a prévu par convention ou accord collectif de travail des dispositions relatives à la gestion prévisionnelle de l'emploi, au développement des compétences de ses salariés et à leur adaptation à l'évolution de leur emploi. La convention ou l'accord collectif de travail détermine également le nombre maximum de bénéficiaires de l'allocation pour la période d'adhésion définie par l'accord professionnel.

Art. R. 5123-25. L'employeur consulte, avant la conclusion d'une convention de cessation d'activité, le comité d'entreprise ou, à défaut, les délégués du personnel. Il s'engage également à leur présenter annuellement un bilan de l'application de la convention relative à la cessation d'activité.

Art. R. 5123-26. Une convention conclue entre l'État, l'entreprise et, l'organisme gestionnaire désigné par l'accord professionnel pour effectuer, au nom de l'entreprise, le versement de l'allocation aux bénéficiaires de la cessation d'activité indique le nombre maximum de salariés susceptibles d'être placés en cessation d'activité pendant la période prévue au 6° de l'article R. 5123-23.

Art. R. 5123-27. La convention prévoit que, chaque année, l'entreprise fait connaître par une déclaration à l'autorité signataire de la convention le nombre de salariés répartis par âge qui sont susceptibles d'adhérer au dispositif pendant l'année suivant celle au cours de laquelle cette déclaration est établie. Cette déclaration n'est pas susceptible de modification.

Le revenu de remplacement versé au salarié ne peut faire l'objet d'une prise en charge partielle par l'État si l'adhésion de l'intéressé n'est pas prévue dans la déclaration visée au premier alinéa.

La convention prévoit également que l'entreprise transmet annuellement à l'autorité signataire de la convention un état de la réalisation des engagements qu'elle a souscrits dans l'accord d'entreprise ainsi qu'un bilan précisant le nombre de bénéficiaires ayant effectivement opté pour le dispositif.

La convention stipule que, pendant la période prévue au 6° de l'article R. 5123-23, l'entreprise s'engage à ne solliciter aucune convention tendant à l'attribution de l'allocation spéciale pour les travailleurs âgés prévue à l'article R. 5123-12.

Art. R. 5123-28. Aucune convention au titre de la cessation d'activité ne peut être conclue avec une entreprise ayant déjà conclu une convention en vue de l'attribution de l'allocation spéciale pour les travailleurs âgés, durant la période pendant laquelle les salariés peuvent adhérer à cette dernière convention.

Sous-section 2. Conditions d'attribution relatives au salarié

Art. R. 5123-29. Pour bénéficier de la prise en charge partielle de l'allocation pour cessation anticipée d'activité par l'État, le salarié remplit les conditions suivantes :

1° Le salarié a adhéré personnellement au dispositif de cessation d'activité ;

2° Son contrat de travail est suspendu pendant la durée du versement effectif de l'allocation ;

3° Il est âgé d'au moins cinquante-sept ans ;

4° Il a adhéré au dispositif, au plus tôt, à cinquante-cinq ans et, au plus tard, avant son soixante-cinquième anniversaire ;

5° Il a été salarié de l'entreprise de manière continue pendant un an au moins avant son adhésion au dispositif ;

6° Il a :

a) Soit accompli quinze ans de travail à la chaîne au sens du c de l'article 70-3 du décret du 29 décembre 1945 dans sa rédaction issue du décret n° 76-404 du 10 mai 1976 ou de travail en équipes successives, soit avoir travaillé habituellement deux cents nuits ou plus par an pendant quinze ans ;

b) Soit, s'il est travailleur handicapé au sens de l'article L. 5212-13 à la date d'entrée en vigueur de l'accord professionnel mentionné à l'article R. 5123-22, justifié d'au moins quarante trimestres valables pour la retraite au sens des articles R. 351-3, R. 351-4, R. 351-12 et R. 351-15 du code de la sécurité sociale, dans un ou plusieurs régimes de sécurité sociale de salariés ;

7° Il n'a pas réuni les conditions nécessaires à la validation d'une retraite à taux plein au sens ***(D. 2008-1555 du 31 déc. 2008, JO 1er janv.)*** « de l'article R. 351-27 » du code de la sécurité sociale ;

8° Il n'exerce aucune autre activité professionnelle ;

9° Il ne bénéficie ni d'un avantage vieillesse à caractère viager acquis à titre personnel liquidé après l'entrée dans le dispositif, ni d'une indemnisation versée en application des articles L. 5421-2, R. 5123-12 ou de la loi n° 96-126 du 21 février 1996 portant création d'un fonds paritaire en faveur de l'emploi.

Un arrêté du ministre chargé de l'emploi détermine les modalités selon lesquelles il est vérifié que le salarié remplit les conditions ci-dessus.

Note Ayant constaté que le dispositif de l'accord CATS avait été détourné de son objet et en ayant déduit que les départs anticipés n'auraient pas dû avoir lieu dans le cadre de cet accord, mais dans celui d'une réduction d'effectif pour motif économique, la cour d'appel a justifié sa décision d'allouer aux salariés, à titre d'indemnité de départ en retraite, une somme calculée par référence à l'indemnité de licenciement économique (cass. soc. 16 septembre 2008, n° 07-41.658, *RJS* 11/08 n° 1114).

Sous-section 3. Calcul et paiement de l'allocation

Art. R. 5123-30. Pendant la durée de la suspension du contrat de travail du salarié, l'entreprise lui assure le versement d'une allocation pour cessation anticipée d'activité dont le montant minimum est déterminé par l'accord professionnel.

Art. R. 5123-31. Le versement de l'allocation est interrompu en cas de reprise d'une activité professionnelle par le salarié.

L'allocation cesse d'être versée lorsque, à partir de ***(D. 2011-620 du 31 mai 2011, art. 7, JO 2 juin)*** « l'âge prévu à l'article L. 161-17-2 du code de la sécurité sociale », les bénéficiaires remplissent les conditions nécessaires à la validation d'une retraite à taux plein au sens ***(D. 2008-1555 du 31 déc. 2008, JO 1er janv.)*** « de l'article R. 351-27 » du code de la sécurité sociale.

Art. R. 5123-32. L'État participe au financement de l'allocation versée aux bénéficiaires dans les conditions suivantes :

1° La participation de l'État n'est due qu'après l'expiration d'un délai courant à compter de la date de suspension du contrat de travail et comprenant un nombre de jours correspondant aux indemnités compensatrices de congés payés versées par l'employeur ;

2° L'assiette prise en compte pour la détermination de la participation financière de l'État est égale à l'allocation définie par l'accord professionnel national, dans la limite de 65 % du salaire de référence pour la part du salaire n'excédant pas le plafond prévu à l'article L. 241-3 du code de la sécurité sociale auxquels s'ajoutent 50 % du salaire de référence pour la part de ce salaire comprise entre une et deux fois ce même plafond ;

3° Le montant de la participation de l'État au financement de l'allocation est égal à une proportion, fixée par arrêté conjoint des ministres chargés de l'emploi et des finances, de l'assiette définie au 2° ci-dessus. Cette proportion croît dans les conditions précisées par cet arrêté en fonction de l'âge auquel le salarié a bénéficié de la cessation d'activité.

Note • Les conditions d'application de l'article R. 322-7-2 (ancien) CT sont fixées par arrêté du 28 janvier 2005 (JO 29) :

« Art. 1er. – Le montant de la participation de l'État au financement de l'allocation est fixé en fonction de l'âge des salariés à la date d'adhésion au dispositif mentionnée au 1° du IV de l'article R. 322-7-2 selon les taux mentionnés dans le tableau annexé au présent arrêté.

« Toutefois, lorsque le bénéficiaire poursuit ou reprend une activité au sein de l'entreprise, l'âge pris en compte pour la détermination du taux est l'âge à la date prévue ci-dessus augmenté de la durée calculée en équivalent temps plein de la ou des périodes de travail postérieures à l'adhésion de l'intéressé.

« Art. 2. – L'entreprise ou, le cas échéant, l'organisme gestionnaire reçoit les adhésions des salariés. Elle vérifie les conditions d'éligibilité tenant aux conditions d'activité salariée, d'appartenance à l'entreprise, de cumul avec le versement d'une pension de vieillesse au taux plein. Elle détermine le salaire de référence du bénéficiaire ainsi que le montant du revenu de remplacement conformément aux dispositions du VII de l'article R. 322-7-2 du code du travail. Elle fait connaître au ministre chargé de l'emploi les décisions individuelles d'admission au bénéfice du dispositif de cessation d'activité qu'elle prend, en détaillant pour les salariés répondant aux conditions d'éligibilité à la participation financière de l'État les informations sur la base desquelles elle a établi cette éligibilité.

« Elle tient à la disposition du directeur départemental du travail, de l'emploi et de la formation professionnelle [Direccte] tout justificatif nécessaire. La nature et la liste des pièces justificatives qui devront être fournies par l'entreprise sont fixées par la convention entre l'État et l'entreprise.

« L'État verse trimestriellement à terme échu le montant de sa participation financière au vu d'un justificatif du nombre de bénéficiaires indemnisés et des montants des revenus de remplacement versés.

« L'État ne peut prendre en charge un nombre de bénéficiaires supérieur au nombre maximum fixé par la convention et dans la limite des taux de participation fixés par cette même convention. »

Annexe

Taux de prise en charge par l'État des allocations de cessation partielle d'activité

Âge du bénéficiaire	55 ans	56 ans	57 ans et plus
Taux de prise en charge par l'État	20 %	35 %	50 %

• Les modalités d'application du dispositif ont été précisées par la circulaire DGEFP 2000-23 du 10 octobre 2000 (BO TR 2001/1, p. 65), modifiée par la circulaire DGEFP 2002-55 du 13 décembre 2002 (BO TR 2003/3, p. 115) et complétée par les circulaires DGEFP 2004-04 du 30 janvier 2004, BO TR 2004/4, p. 61 (règles en cas de modification juridique affectant l'entreprise) et 2005-22 du 30 mai 2005 (BO TR 2005/07 du 30 juillet 2005). Voir également arrêté du 25 janvier 2005 (JO 11 févr.) portant création d'un traitement automatisé d'informations nominatives « CATS ».

Art. R. 5123-33. Le salaire de référence est déterminé d'après les rémunérations sur lesquelles ont été assises les contributions au régime d'assurance chômage au titre des douze derniers mois civils précédant l'adhésion au dispositif de cessation d'activité.

Il est calculé selon les règles définies dans le cadre du régime d'assurance chômage prévu au chapitre II du titre II du livre IV. Il est revalorisé selon les règles définies aux deuxième et troisième alinéas de l'article L. 161-23-1 du code de la sécurité sociale. La première revalorisation ne peut intervenir que dès lors que les rémunérations qui composent le salaire de référence sont intégralement afférentes à des périodes de plus de six mois à la date de revalorisation.

Le salaire de référence pour les salariés bénéficiant d'une préretraite progressive est celui qui a servi de base au versement des allocations de préretraite progressive, revalorisé le cas échéant dans les conditions prévues aux articles 1er et 2 du décret n° 98-1024 du 12 novembre 1998 portant application de l'article R. 322-7 du code du travail.

Art. R. 5123-34. L'État rembourse l'entreprise en versant à l'organisme gestionnaire désigné par l'accord professionnel la participation financière qui est à sa charge.

Ce remboursement s'effectue trimestriellement à terme échu.

Sous-section 4. Suspension ou dénonciation de la convention

Art. R. 5123-35. La convention de cessation d'activité peut être totalement ou partiellement suspendue en cas de non-respect par l'entreprise des dispositions des accords professionnel ou d'entreprise ou des dispositions de la convention.

Art. R. 5123-36. La convention peut être dénoncée en cas de dénonciation des accords professionnel ou d'entreprise.

Art. R. 5123-37. La suspension de la convention entraîne la suspension du versement de la participation financière de l'État à compter du premier jour du mois suivant celui au cours duquel le manquement a été constaté. Elle n'a pas pour effet de prolonger la durée de la convention.

Toutefois, l'autorité signataire de la convention peut, après appréciation de la gravité des manquements de l'entreprise, de sa situation et des nouveaux engagements pris par l'employeur, conclure un avenant à la convention prévoyant le maintien d'une partie de la participation financière de l'État.

Art. R. 5123-38. La dénonciation de la convention entraîne la cessation définitive du versement de la participation financière de l'État, à compter du premier jour du mois suivant celui au cours duquel l'accord cesse de produire effet.

Art. R. 5123-39. L'accord professionnel national et l'accord d'entreprise ne peuvent délier l'entreprise des engagements pris à l'égard des salariés et notamment du versement de l'allocation lorsque la participation financière de l'État est suspendue ou interrompue en application des dispositions de la présente sous-section.

SECTION 7. Convention d'aide au passage à temps partiel

Art. R. 5123-40. L'allocation complémentaire mentionnée au 4° de l'article L. 5123-2 est accordée aux salariés acceptant la transformation de leur emploi à temps plein en emploi dont la durée de travail est inférieure d'au moins un cinquième à la durée légale du travail afin d'éviter des licenciements pour motif économique.

Art. R. 5123-41. Cette allocation dégressive est versée pendant une durée maximale de deux ans. Son montant, sa durée et les règles de détermination de la participation respective de l'État et de l'employeur à son financement, ainsi que les conditions d'adhésion et les garanties complémentaires dont bénéficient les salariés intéressés, notamment en cas de licenciement, pendant la période de versement ou à son issue, sont fixés par arrêté conjoint des ministres chargés de l'emploi et du budget.

Note Voir arrêté du 12 avril 1994 (JO 22) pris en application de l'article R. 322-7-1 [R. 5123-40 et 41] CT et circulaire CDE 94/22 du 28 juin 1994 (BO TR 94/16).

CHAPITRE IV

Dispositions pénales

Art. L. 5124-1. Sauf constitution éventuelle du délit d'escroquerie défini et sanctionné aux articles 313-1 et 313-3 du code pénal, le fait de bénéficier ou de tenter de bénéficier frauduleusement des allocations mentionnées à l'article L. 5123-2 est puni d'une amende de 4000 €. ***(L. 2008-126 du 13 févr. 2008, art. 13, JO 14)*** « Le fait de faire obtenir frauduleusement ou de tenter de faire obtenir frauduleusement ces allocations est puni de la même peine. »

TITRE III

AIDES À L'INSERTION, À L'ACCÈS ET AU RETOUR À L'EMPLOI

Note • Il est institué un *revenu de solidarité active* qui a pour objet d'assurer à ses bénéficiaires des moyens convenables d'existence, afin de lutter contre la pauvreté, encourager l'exercice ou le retour à une activité professionnelle et aider à l'insertion sociale des bénéficiaires. Le revenu de solidarité active (RSA) remplace le revenu minimum d'insertion, l'allocation de parent isolé et les différents mécanismes d'intéressement à la reprise d'activité. Sous la responsabilité de l'État et des départements, sa réussite nécessitera la coordination et l'implication des acteurs du champ de l'insertion, des entreprises et des partenaires sociaux (loi 2008-1249 du 1er décembre 2008 généralisant le revenu de solidarité active et réformant les politiques d'insertion, art. 1er, JO 3, applicable le 1er juin 2009).

• L'insertion sociale et professionnelle des personnes en difficultés concourt à la réalisation de l'impératif national de lutte contre la pauvreté et les exclusions. Le bénéficiaire du revenu de solidarité active a droit à un accompagnement social et professionnel destiné à faciliter son insertion durable dans l'emploi. La mise en œuvre du revenu de solidarité active relève de la responsabilité de l'État et des départements. Les autres collectivités territoriales, Pôle emploi, les maisons de l'emploi ou, à défaut, les personnes morales gestionnaires des plans locaux pluriannuels pour l'insertion et l'emploi, les établissements publics, les organismes de sécurité sociale ainsi que les employeurs y apportent leur concours. Dans ce cadre, les politiques d'insertion relèvent de la responsabilité des départements (art. L. 115-2 c. act. soc. fam.). Voir art. L. 262-1 et s. c. act. soc. fam., notamment art. L. 262-27 et s. relatifs aux droits et devoirs du bénéficiaire du revenu de solidarité active, et art. R. 262-1 et s. (décret 2009-404 du 15 avril 2009, JO 16). L'article L. 262-32 prévoit qu'une convention, conclue entre le département, Pôle emploi, l'État, le cas échéant les maisons de l'emploi ou, à défaut, les personnes morales gestionnaires des plans locaux pluriannuels pour l'insertion et l'emploi, les caisses d'allocations familiales et caisses de mutualité sociale agricole et un représentant des centres communaux et intercommunaux d'action sociale, définit les modalités de mise en œuvre du dispositif d'orientation et du droit à l'accompagnement prévus aux articles L. 262-27 à L. 262-29 c. act. soc. fam. Voir également art. L. 263-1 et 2 relatifs à l'organisation départementale du dispositif d'insertion : programme départemental d'insertion, pacte territorial pour l'insertion qui peut associer au département, notamment, l'État, Pôle emploi, les organismes concourant au service public de l'emploi, les maisons de l'emploi ou, à défaut, les personnes morales gestionnaires des plans locaux pluriannuels pour l'insertion et l'emploi, les organismes compétents en matière d'insertion sociale, les caisses d'allocations familiales et caisses de mutualité sociale, les organisations syndicales représentatives à l'échelon national, les organismes consulaires et les collectivités territoriales intéressées, en particulier la région, et leurs groupements, ainsi que les associations de lutte contre l'exclusion. Ce pacte définit notamment les modalités de coordination des actions entreprises par les parties pour favoriser l'insertion sociale et professionnelle des bénéficiaires du revenu de solidarité active. Il prévoit, en particulier, au titre de la formation professionnelle, le concours de la région aux politiques territoriales d'insertion. Le pacte pour l'insertion peut faire l'objet de déclinaisons locales, dont le président du conseil général détermine le nombre et le ressort. Voir décret 2009-30 du 9 janvier 2009 relatif au Fonds national des solidarités actives, JO 11 [art. 1er à 10 abrogés par décret 2009-404 du 15 avril 2009, JO 16], décret 2009-716 du 18 juin 2009 modifié (JO 19) relatif aux traitements automatisés de données à caractère personnel accompagnant la mise en œuvre du RSA et portant diverses dispositions de coordination et arrêté du 7 mai 2009 (JO 27) fixant le modèle de formulaire de demande d'allocation de RSA.

Le décret 2010-961 du 25 août 2010 (JO 26) définit les conditions de l'extension du RSA aux jeunes de moins de 25 ans (art. D. 262-25-1 et s. c. act. soc. fam.).

• Les organismes assurant l'accueil et l'hébergement de personnes en difficultés et qui ne relèvent pas de l'article L. 312-1 c. act. soc. fam. peuvent faire participer ces personnes à des activités d'économie solidaire afin de favoriser leur insertion sociale et professionnelle. Si elles se soumettent aux règles de vie communautaire qui définissent un cadre d'accueil comprenant la participation à un travail destiné à leur insertion sociale, elles ont un statut qui est exclusif de tout lien de subordination.

Ces organismes sont agréés par l'État dans des conditions définies par décret en Conseil d'État. Au cas par cas, des organismes relevant des 8° et 12° du I de l'article L. 312-1 et du III du même article peuvent demander à bénéficier, pour les personnes accueillies, des conditions d'activité prévues au présent article (art. L. 265-1 c. act. soc. fam.).

• Voir P. Morvan, « La loi du 1er décembre 2008 généralisant le RSA », *Dr. Soc.* 2009, p. 185 ; « Travailleurs pauvres, RSA », *Dr. Soc.* 2009, pp. 292 et s. ; M. Borgetto, « L'activation de la solidarité : d'hier à aujourd'hui », *Dr. Soc.* 2009, p. 1043.

CHAPITRE Ier

Accompagnement personnalisé pour l'accès à l'emploi

SECTION 1. Objet et conventions

Art. L. 5131-1. L'accompagnement personnalisé pour l'accès à l'emploi a pour objet de faciliter l'accès et le maintien dans l'emploi des personnes qui, rencontrant des difficultés particulières d'insertion professionnelle, ont besoin d'un accompagnement social.

À cette fin, l'État peut conclure des conventions avec des organismes compétents.

Art. R. 5131-1. Les personnes mentionnées à l'article L. 5131-1 sont, notamment :

1° Les jeunes de dix-huit à vingt-cinq ans révolus rencontrant des difficultés particulières d'accès à l'emploi ;

2° Les chômeurs de longue durée ;

3° Les chômeurs âgés de plus de cinquante ans ;

4° Les bénéficiaires du revenu minimum d'insertion ;

5° Les personnes handicapées.

Note Un contrat d'insertion régi par l'article L. 5131-1 CT n'ouvre pas droit au paiement de l'indemnité de fin de contrat à durée déterminée (cass. soc. 20 octobre 2010, n° 08-44.933, *RJS* 1/11 n° 65 ; *CSB* 2010 A. 58).

Art. R. 5131-2. Les conventions mentionnées au second alinéa de l'article L. 5131-1 peuvent prévoir des aides de l'État.

Les modalités de ces conventions et, notamment, le montant des aides sont fixées par décret.

SECTION 2. Plan local pluriannuel pour l'insertion et l'emploi

Art. L. 5131-2. Afin de faciliter l'accès à l'emploi des personnes en grande difficulté d'insertion sociale et professionnelle dans le cadre de parcours individualisés en associant accueil, accompagnement social, orientation, formation, insertion et suivi, les communes et leurs groupements peuvent établir des plans locaux pluriannuels pour l'insertion et l'emploi dans le ressort géographique le plus approprié à la satisfaction des besoins locaux.

Les autres collectivités territoriales, les entreprises et les organismes intervenant dans le secteur de l'insertion et de l'emploi peuvent s'associer à ces plans.

Art. R. 5131-3. L'État apporte son concours, pour une durée maximale de cinq ans, à la mise en œuvre des plans locaux pluriannuels pour l'insertion et l'emploi, dans le cadre d'accords conclus avec les collectivités intéressées et les agences d'insertion mentionnées à l'article L. 522-1 du code de l'action sociale et des familles.

Note Voir circulaire DGEFP 99-40 du 21 décembre 1999, relative au développement des plans pluriannuels pour l'insertion et l'emploi (BO TR 2000/3, p. 159), complétée par additif 2004-12 du 5 mai 2004 (BO TR 2004/12, p. 235) et instruction 2004-27 du 10 novembre 2004 (BO TR 2004/23, p. 51).

SECTION 3. Accompagnement des jeunes vers l'emploi

Sous-section 1. Droit à l'accompagnement

Note • Il est créé un fonds d'appui aux expérimentations en faveur des jeunes. Ce fonds est doté de contributions de l'État et de toute personne morale de droit public ou privé qui s'associent pour définir, financer et piloter un ou plusieurs programmes expérimentaux visant à améliorer l'insertion sociale et professionnelle des jeunes de 16 à 25 ans. La gestion de ce fonds est assurée par la Caisse des dépôts et consignations (loi 2008-1249 du 1er décembre 2008 modifiée généralisant le revenu de solidarité active et réformant les politiques d'insertion, art. 25 et 28, JO 3. Voir décret 2011-1603 du 21 novembre 2011, JO 23).

• L'article 36 de la loi 2009-1437 du 24 novembre 2009 (JO 25) introduit dans le code de l'éducation un article L. 313-7 ainsi rédigé : « Afin d'apporter, sans délai et dans un cadre coordonné entre acteurs de la formation et de l'insertion sociale et professionnelle des jeunes, des solutions de formation, d'accompagnement ou d'accès à l'emploi aux jeunes sortant sans diplôme du système de formation initiale, chaque établissement d'enseignement du second degré, y compris les établissements privés ayant passé avec l'État l'un des contrats prévus par le présent code et ceux de l'enseignement agricole, et chaque centre de formation d'apprentis ou section d'apprentissage transmet, dans le respect de la législation relative à l'informatique et aux libertés, à des personnes et organismes désignés par le représentant de l'État dans le département ainsi qu'à la mission locale pour l'insertion professionnelle et sociale des jeunes visée à l'article L. 5314-1 du code du travail compétente ou, à défaut, à l'institution visée à l'article L. 5312-1 du même code les coordonnées de ses anciens élèves ou apprentis qui ne sont plus inscrits dans un cycle de formation et qui n'ont pas atteint un niveau de qualification fixé par voie réglementaire. Dans chaque département, le dispositif défini au présent article est mis en œuvre et coordonné sous l'autorité du représentant de l'État. »

• Sur l'aide à l'embauche des jeunes de moins de 26 ans dans les très petites entreprises entre les 18 janvier 2012 et le 17 juillet 2012, voir décret 2012-184 du 7 février 2012, JO 8 et site Internet *www.pole-emploi.fr.* Voir également l'aide aux entreprises de moins de 250 salariés pour l'embauche de jeunes de moins de 26 ans en contrat d'apprentissage ou de professionnalisation ayant pour effet d'augmenter le nombre de salariés en alternance (décret 2011-523 du 16 mai 2011, JO 17, modifié par décret 2011-1971 du 26 décembre 2011, JO 28, prolongeant le dispositif jusqu'au 30 juin 2012).

• *Écoles de la 2e chance.* Voir art. L. 214-14 c. éduc. et circulaire interministérielle 2009-13 du 5 mai 2009 relative au développement et au financement des écoles de la deuxième chance (BO TR 2009/08).

Art. L. 5131-3. Tout jeune de seize à vingt-cinq ans révolus en difficulté et confronté à un risque d'exclusion professionnelle a droit à un accompagnement, organisé par l'État, ayant pour but l'accès à la vie professionnelle.

Art. R. 5131-4. L'accompagnement des jeunes de seize à vingt-cinq ans révolus, prévu à l'article L. 5131-3, est mis en œuvre, avec l'ensemble des organismes susceptibles d'y contribuer, par :

1° Les missions locales pour l'insertion professionnelle et sociale des jeunes prévues à l'article L. 5314-1 ;

2° Les permanences d'accueil, d'information et d'orientation prévues à l'article 4 de l'ordonnance n° 82-273 du 26 mars 1982 relative aux mesures destinées à assurer aux jeunes de seize à dix-huit ans une qualification professionnelle et à faciliter leur insertion sociale.

Art. R. 5131-5. L'État peut associer aux actions d'accompagnement :

1° Les régions ;

2° Les départements ;

3° Les communes et leurs groupements ;

4° Les organisations d'employeurs et de salariés représentatives.

Art. R. 5131-6. Les actions d'accompagnement donnent lieu à la conclusion d'un contrat d'objectifs et de moyens entre l'État, les régions, les départements, les communes et leurs groupements et les organisations d'employeurs et de salariés représentatives.

Ce contrat précise, par bassin d'emploi, au vu d'un diagnostic territorial, les résultats à atteindre en matière d'insertion professionnelle des jeunes et les moyens mobilisés par chaque partie.

Art. R. 5131-7. Les missions locales pour l'insertion professionnelle et sociale des jeunes et les permanences d'accueil, d'information et d'orientation garantissent l'accès au droit à l'accompagnement en mettant en œuvre des actions permettant aux jeunes de s'insérer dans la vie active notamment dans le cadre :

1° D'un contrat initiative-emploi ;
2° D'un contrat d'apprentissage ;
3° D'un contrat de professionnalisation ;
4° De la réalisation d'un projet de création ou de reprise d'une activité non salariée.

Art. R. 5131-8. Les actions d'insertion comprennent des mesures ayant pour objet l'orientation, la qualification ou l'acquisition d'une expérience professionnelle.

Elles visent à lever les obstacles à l'embauche et à développer ou restaurer l'autonomie des personnes dans la conduite de leur parcours d'insertion.

Art. R. 5131-9. Pour la réalisation de ces actions, les missions locales pour l'insertion professionnelle et sociale des jeunes et les permanences d'accueil, d'information et d'orientation mobilisent une offre de services adaptée au bénéficiaire en fonction de la situation du marché du travail et des besoins de recrutement.

Sous-section 2. Contrat d'insertion dans la vie sociale

Note L'expérimentation d'un revenu contractualisé d'autonomie, prévue à l'article 138 de la loi 2009-1673 du 30 décembre 2009, a pour objet de mesurer les effets de l'allocation d'un revenu garanti, pendant une durée déterminée, sur le parcours d'insertion professionnelle d'un jeune.

Cette expérimentation porte sur cinq mille cinq cents jeunes volontaires au plus.

Sont éligibles à l'expérimentation :
1° Les jeunes de 18 à 22 ans révolus remplissant les conditions d'éligibilité du contrat d'insertion dans la vie sociale définies à l'article D. 5131-12 CT ;
2° Les jeunes à la recherche d'un emploi stable, âgés de 18 à 23 ans révolus, titulaires au minimum d'un diplôme de niveau licence, inscrits à Pôle emploi depuis au moins six mois et ne pouvant bénéficier d'une indemnisation (voir décret 2011-128 du 31 janvier 2011, JO 1er févr., relatif à l'expérimentation d'un revenu contractualisé d'autonomie).

Art. L. 5131-4. Tout jeune de seize à vingt-cinq ans révolus rencontrant des difficultés particulières d'insertion sociale et professionnelle bénéficie à sa demande d'un accompagnement personnalisé sous la forme d'un contrat d'insertion dans la vie sociale conclu avec l'État.

Note Voir circulaire DGEFP 2006-30 du 3 octobre 2006 relative à l'accès des jeunes à la vie active en entreprise (*JCP* éd. S 2006, 1834).

§ 1. Conventions

Art. R. 5131-10. Des conventions sont conclues entre l'État et les missions locales pour l'insertion professionnelle et sociale des jeunes et les permanences d'accueil, d'information et d'orientation chargées de la mise en œuvre du contrat d'insertion dans la vie sociale.

Au vu d'un diagnostic territorial, ces conventions précisent les objectifs de résultats qualitatifs et quantitatifs à atteindre en termes d'insertion dans l'emploi durable ou de réduction du chômage des jeunes, les réponses au besoin de recrutement des entreprises, les financements accordés ainsi que les modalités de suivi et d'évaluation du programme.

Les collectivités territoriales et leurs groupements signent également ces conventions lorsqu'ils participent au financement des missions locales et des permanences d'accueil, d'information et d'orientation.

Art. L. 5131-4.

Note Voir circulaires DGEFP 2007-26 du 12 octobre 2007 (BO MT 2007/11) relative au financement du réseau des missions locales et PAIO, et aux conventions pluriannuelles d'objectifs signées avec l'État et 2011-03 du 19 janvier 2011 relative à la mise en œuvre des mesures en faveur de l'insertion professionnelle des jeunes.

§ 2. Bénéficiaires

Art. D. 5131-11. Le contrat d'insertion dans la vie sociale mentionné à l'article L. 5131-4 a pour objet d'organiser les actions d'accompagnement proposées au vu, d'une part, des difficultés rencontrées par son bénéficiaire, d'autre part, de son projet professionnel d'insertion dans un emploi durable, identifiées préalablement à la signature du contrat ou, au plus tard, dans les trois premiers mois suivant la signature du contrat.

Art. D. 5131-12. Peuvent bénéficier de l'accompagnement personnalisé :

1° Les jeunes dont le niveau de qualification est inférieur ou équivalent à un diplôme de fin de second cycle long de l'enseignement général, technologique ou professionnel ;

2° Les jeunes n'ayant pas achevé le premier cycle de l'enseignement supérieur ;

3° Les jeunes inscrits en tant que demandeur d'emploi depuis plus de douze mois au cours des dix-huit derniers mois.

Art. D. 5131-13. Pour les personnes d'un niveau de formation V sans diplôme, V *bis* ou VI, l'accompagnement est personnalisé, renforcé et assuré par un référent unique dans les conditions définies à l'article D. 5131-15.

Au cours du premier trimestre du contrat d'insertion dans la vie sociale, le référent assure des contacts selon une fréquence hebdomadaire.

§ 3. Modalités de l'accompagnement et engagement des parties

Art. D. 5131-14. Le contrat d'insertion dans la vie sociale fixe les engagements du bénéficiaire en vue de son insertion professionnelle et les actions engagées à cet effet, ainsi que les modalités de leur évaluation.

Art. D. 5131-15. L'accompagnement personnalisé est assuré, au sein de l'un des organismes mentionnés à l'article R. 5131-4, par un référent qui établit avec le bénéficiaire du contrat, dans un délai de trois mois à compter de sa signature, un parcours d'accès à la vie active.

Le référent propose à ce titre, en fonction de la situation et des besoins du jeune, l'une des quatre voies suivantes :

1° Un emploi, notamment en alternance, précédé lorsque cela est nécessaire d'une période de formation préparatoire ;

2° Une formation professionnalisante, pouvant comporter des périodes en entreprise, dans un métier pour lequel des possibilités d'embauche sont repérées ;

3° Une action spécifique pour les personnes connaissant des difficultés particulières d'insertion ;

4° Une assistance renforcée dans sa recherche d'emploi ou sa démarche de création d'entreprise, apportée par l'un des organismes mentionnés au 2° de l'article L. 5311-4.

Après l'accès à l'emploi, l'accompagnement peut se poursuivre pendant un an.

Art. D. 5131-16. Le contrat d'insertion dans la vie sociale est signé, d'une part, au nom de l'État, par le représentant légal de la mission locale pour l'insertion professionnelle et sociale des jeunes ou de la permanence d'accueil, d'information et d'orientation, ou toute personne dûment habilitée par lui et, d'autre part, par le bénéficiaire de l'accompagnement.

Art. D. 5131-17. Le contrat d'insertion dans la vie sociale, conforme au modèle fixé par arrêté du ministre chargé de l'emploi, mentionne :

1° Les actions destinées à la réalisation du projet d'insertion professionnelle ;

2° L'obligation pour le bénéficiaire de participer à ces actions ;

3° La nature et la périodicité, au moins mensuelle, des contacts entre la mission locale pour l'insertion professionnelle et sociale des jeunes ou la permanence d'accueil, d'information et d'orientation et le bénéficiaire.

§ 4. Durée maximale, renouvellement et fin du contrat

Art. D. 5131-18. Le contrat d'insertion dans la vie sociale est conclu pour une durée d'un an.

Il peut être renouvelé de façon expresse pour une durée maximale d'un an lorsque l'objectif d'insertion professionnelle n'est pas atteint.

Pour les jeunes de niveau de formation VI ou V *bis*, il peut être renouvelé, de façon expresse, par périodes successives d'une année, jusqu'à la réalisation du projet d'insertion professionnelle.

Art. D. 5131-19. Le contrat d'insertion dans la vie sociale prend fin :

1° Au terme concluant de la période d'essai d'un emploi d'une durée au moins égale à six mois ;

2° Six mois après que son bénéficiaire a créé ou repris une activité non salariée ;

3° Lorsque son bénéficiaire atteint son vingt-sixième anniversaire ;

4° En cas de manquements de son bénéficiaire à ses engagements contractuels.

Art. D. 5131-20. Dans le cas mentionné au 4° de l'article D. 5131-19, après avoir invité l'intéressé à fournir ses explications, le représentant légal de la mission locale ou de la permanence d'accueil, d'information ou d'orientation procède, sur proposition écrite du référent, à la rupture du contrat, dûment motivée, et la notifie par courrier recommandé avec avis de réception au bénéficiaire de l'accompagnement ou à ses représentants légaux lorsque celui-ci est mineur ou incapable.

Art. D. 5131-21. Nonobstant les dispositions relatives à la fin du contrat d'insertion dans la vie sociale, le jeune signataire d'un tel contrat peut, à sa demande, être accompagné dans l'emploi pendant une durée d'un an.

Art. L. 5131-5. Le titulaire d'un contrat d'insertion dans la vie sociale est affilié au régime général de sécurité sociale dans les conditions prévues aux articles L. 6342-1 et L. 6342-3, pour les périodes pendant lesquelles il n'est pas affilié à un autre titre à un régime de sécurité sociale.

Art. L. 5131-6. Afin de favoriser son insertion professionnelle, le titulaire d'un contrat d'insertion dans la vie sociale peut bénéficier d'une allocation versée par l'État pendant les périodes durant lesquelles l'intéressé ne perçoit ni une rémunération au titre d'un emploi ou d'un stage, ni une autre allocation.

Cette allocation est incessible et insaisissable.

Elle peut être suspendue ou supprimée en cas de non-respect par son bénéficiaire des engagements du contrat.

§ 5. Montant et modalités de versement de l'allocation

Art. D. 5131-22. Le bénéfice de l'allocation prévue à l'article L. 5131-6 est ouvert, par le préfet, à compter de la signature du contrat d'insertion dans la vie sociale ou à compter du jour du dix-huitième anniversaire du bénéficiaire, et pour toute la durée du contrat, dans la limite de ***(D. 2010-321 du 22 mars 2010, JO 25)*** « 1 800 euros » par an.

Art. D. 5131-23. ***(D. 2010-321 du 22 mars 2010, JO 25)*** Le montant mensuel de l'allocation, qui ne peut excéder 450 euros, est proposé par le représentant de la mission locale pour l'insertion sociale et professionnelle des jeunes ou de la permanence d'accueil, d'information et d'orientation ou toute personne dûment habilitée par lui.

Pour déterminer ce montant, il est tenu compte de la situation personnelle de l'intéressé, de son projet d'insertion professionnelle et du nombre de jours pendant lesquels il n'a perçu aucune des rémunérations ou allocations prévues au premier alinéa de l'article L. 5131-6.

Le montant de l'allocation par jour varie de 0 à 15 euros, par tranche de 5 euros.

Art. D. 5131-24. L'allocation est versée mensuellement et à terme échu, au nom de l'État, par ***(D. 2009-340 du 27 mars 2009, JO 29)*** « l'Agence de services et de paiement ».

Art. D. 5131-25. ***(D. 2009-340 du 27 mars 2009, JO 29)*** « l'Agence de services et de paiement » transmet au ministre chargé de l'emploi les éléments d'information nécessaires au suivi statistique des bénéficiaires de l'allocation, à la connaissance des crédits engagés, ainsi qu'à l'évaluation de la mesure.

Art. D. 5131-26. Le bénéficiaire de l'allocation déclare chaque mois au représentant légal ou à toute personne dûment habilitée par celui-ci, les éléments nécessaires à la détermination du montant mensuel de l'allocation, notamment les périodes pendant lesquelles il a perçu des rémunérations ou allocations, ainsi que leur montant. Il certifie la sincérité des informations communiquées, sous peine de s'exposer au reversement des sommes indûment perçues.

Art. D. 5131-27. La suspension ou la suppression du paiement de l'allocation, en cas de non-respect par le bénéficiaire de ses engagements contractuels, n'intervient qu'après que l'intéressé a été à même de présenter ses observations.

SECTION 4. Dispositions d'application

Art. L. 5131-7. Un décret détermine :

1° Les caractéristiques des personnes qui peuvent bénéficier de l'accompagnement personnalisé dans le cadre d'un contrat d'insertion dans la vie sociale ;

2° Les modalités de cet accompagnement, ainsi que la nature des engagements respectifs de chaque partie au contrat ;

3° La durée maximale du contrat d'insertion dans la vie sociale et les conditions de son renouvellement ;

4° Les montants minimum et maximum de l'allocation versée par l'État, prévue à l'article L. 5131-6, ainsi que ses conditions d'attribution et ses modalités de versement.

Art. L. 5131-8. Sous réserve des dispositions de l'article L. 5131-7, un décret en Conseil d'État détermine les autres conditions d'application du présent chapitre, notamment les conditions dans lesquelles les institutions représentatives du personnel sont informées sur les conventions conclues dans le cadre des contrats emploi-jeune.

CHAPITRE II

Insertion par l'activité économique

SECTION 1. Objet

Art. L. 5132-1. L'insertion par l'activité économique a pour objet de permettre à des personnes sans emploi, rencontrant des difficultés sociales et professionnelles particulières, de bénéficier de contrats de travail en vue de faciliter leur insertion professionnelle. Elle met en œuvre des modalités spécifiques d'accueil et d'accompagnement.

(L. 2008-1249 du 1er déc. 2008, art. 20, JO 3, entrée en vigueur le 01.06.2009) « L'insertion par l'activité économique, notamment par la création d'activités économiques, contribue également au développement des territoires. »

Note • La réforme de l'insertion par l'activité économique dans le cadre du plan de cohésion sociale est explicitée dans les circulaires DGEFP 2005-15 du 5 avril 2005 et 2005-28 du 28 juillet 2005. Voir également circulaire DGEFP/DGAS 2003-24 du 3 octobre 2003 (BO TR 2003/18-24, p. 63). La circulaire DGEFP 2005-28 du 28 juillet 2005 définit les conditions de mobilisation des fonds départementaux d'insertion au bénéfice des structures d'insertion par l'activité économique. L'instruction DGEFP 2007-05 du 26 janvier 2007 (BO TR 2007/5) porte sur la réforme des comités départementaux de l'insertion par l'activité économique et l'élaboration d'outils de pilotage à travers le lancement d'une démarche partenariale dans les territoires. Le plan de modernisation de l'insertion par l'activité économique présenté par le gouvernement en juillet 2008 s'articule autour de 3 axes : redynamisation des conseils départementaux de l'IAE, rénovation des modalités de conventionnement des structures, réforme des modalités de financement. Voir circulaire DGEFP 2008-21 du 10 décembre 2008 relative aux nouvelles modalités du conventionnement des structures.

• Pour le calcul des cotisations accidents du travail des salariés en situation d'insertion, voir lettre-circ. ACOSS 2009-43 du 31 mars 2009.

• Le décret 91-422 du 7 mai 1991 (JO 11) modifié par les décrets 98-964 du 30 octobre 1998 (JO 31) et 2005-1115 du 5 septembre 2005 (JO 7) définit la composition du Conseil national de l'insertion par l'activité économique prévu à l'article 9 de la loi 91-1 du 3 janvier 1991.

SECTION 2. Conventions

Art. L. 5132-2. L'État peut conclure des conventions prévoyant, le cas échéant, des aides financières avec :

1° Les employeurs dont l'activité a spécifiquement pour objet l'insertion par l'activité économique ;

2° Les employeurs autorisés à mettre en œuvre, pour l'application des dispositions prévues à l'article L. 5132-15, un atelier ou un chantier d'insertion ;

3° Les organismes relevant des articles L. 121-2, L. 222-5 et L. 345-1 du code de l'action sociale et des familles pour mettre en œuvre des actions d'insertion sociale et professionnelle au profit des personnes bénéficiant de leurs prestations ;

4° Les régies de quartiers.

Note • Le décret 2001-576 du 3 juillet 2001 (JO 4) détermine les conditions de fonctionnement et de financement des centres d'hébergement et de réinsertion sociale.

• Le bénéfice de l'aide à l'embauche de jeunes de moins de 26 ans pour les très petites entreprises prévue par le décret 2012-184 du 7 février 2012 (JO 8) ne peut se cumuler avec les dispositifs prévus par les articles L. 5132-2, L. 5134-65, L. 5213-19, L. 5522-17, L. 6243-2 CT et par les articles L. 522-8 c. act. soc. et fam., L. 241-10 c. séc. soc., L. 741-15-1, L. 741-16 et L. 741-16-1 c. rur. et pêche mar., ainsi qu'avec l'aide prévue par le décret 2011-523 du 16 mai 2011.

Art. L. 5132-3. Seules les embauches de personnes agréées par l' ***(L. 2008-126 du 13 févr. 2008, JO 14)*** « institution mentionnée à l'article L. 5312-1 » ouvrent droit :

1° Aux aides relatives aux contrats d'accompagnement dans l'emploi pour les ateliers et chantiers d'insertion ;

(L. 2008-1249 du 1er déc. 2008, art. 18, JO 3, entrée en vigueur le 01.06.2009) « 2° Aux aides financières aux entreprises d'insertion, aux entreprises de travail temporaire d'insertion et aux ateliers et chantiers d'insertion mentionnées au premier alinéa de l'article L. 5132-2. »

SECTION 3. Mise en œuvre des actions d'insertion par l'activité économique

Sous-section 1. Structures d'insertion par l'activité économique

Art. L. 5132-4. Les structures d'insertion par l'activité économique pouvant conclure des conventions avec l'État sont :

1° Les entreprises d'insertion ;

2° Les entreprises de travail temporaire d'insertion ;

3° Les associations intermédiaires ;

4° Les ateliers et chantiers d'insertion.

Note Voir décret 99-106 du 18 février 1999 (JO 19) rapporté dans « Textes non codifiés ».

Sous-section 2. Entreprises d'insertion

Art. L. 5132-5. ***(L. 2008-1249 du 1er déc. 2008, art. 18, JO 3, entrée en vigueur le 01.06.2009)*** Les entreprises d'insertion concluent avec des personnes sans emploi rencontrant des difficultés sociales et professionnelles particulières des contrats à durée déterminée en application de l'article L. 1242-3.

Art. L. 5132-5.

Ces contrats peuvent, aux fins de développer l'expérience et les compétences du salarié, prévoir, par avenant, une période d'immersion auprès d'un autre employeur dans les conditions prévues à l'article L. 8241-2. Un décret détermine la durée et les conditions d'agrément et d'exécution de cette période d'immersion.

La durée de ces contrats ne peut être inférieure à quatre mois.

Ces contrats peuvent être renouvelés dans la limite d'une durée totale de vingt-quatre mois.

À titre dérogatoire, ces contrats peuvent être renouvelés au-delà de la durée maximale prévue en vue de permettre d'achever une action de formation professionnelle en cours de réalisation à l'échéance du contrat. La durée de ce renouvellement ne peut excéder le terme de l'action concernée.

À titre exceptionnel, lorsque des salariés âgés de cinquante ans et plus ou des personnes reconnues travailleurs handicapés rencontrent des difficultés particulières qui font obstacle à leur insertion durable dans l'emploi, ce contrat de travail peut être prolongé au-delà de la durée maximale prévue. Cette prolongation peut être accordée par l'institution mentionnée à l'article L. 5312-1 après examen de la situation du salarié au regard de l'emploi, de la capacité contributive de l'employeur et des actions d'accompagnement et de formation conduites dans le cadre de la durée initialement prévue du contrat.

La durée hebdomadaire de travail du salarié embauché dans ce cadre ne peut être inférieure à vingt heures. Elle peut varier sur tout ou partie de la période couverte par le contrat sans dépasser la durée légale hebdomadaire. Les périodes travaillées permettent de valider des trimestres de cotisations d'assurance vieillesse dans les conditions de l'article L. 351-2 du code de la sécurité sociale.

Ce contrat peut être suspendu, à la demande du salarié, afin de lui permettre :

1° En accord avec son employeur, d'effectuer une évaluation en milieu de travail prescrite par l'institution mentionnée à l'article L. 5312-1 du présent code ou une action concourant à son insertion professionnelle ;

2° D'accomplir une période d'essai afférente à une offre d'emploi visant une embauche en contrat de travail à durée indéterminée ou à durée déterminée au moins égale à six mois.

En cas d'embauche à l'issue de cette évaluation en milieu de travail ou de cette période d'essai, le contrat est rompu sans préavis.

Note Viole les articles L. 322-4-16, L. 322-4-16-1 et L. 122-1 (anciens) CT la cour d'appel qui requalifie en contrat à durée indéterminée le contrat de travail à durée déterminée d'une année qui indiquait, d'une part, l'objet de l'activité de l'employeur, lequel était de manière spécifique l'insertion sociale et professionnelle des personnes sans emploi rencontrant des difficultés sociales et professionnelles particulières et, d'autre part, la nature du poste lié à l'activité d'insertion pour laquelle le salarié avait été recruté, emportant ainsi définition précise de son motif (cass. soc. 11 janvier 2006, n° 04-42.870, BC V n° 11 ; *RJS* 3/06 n° 370 ; *CSB* 2006 S. 158).

Convention

Art. R. 5132-1. Après consultation du conseil départemental de l'insertion par l'activité économique, et en tenant compte de l'offre existante pour assurer un développement équilibré des actions d'insertion, le préfet peut conclure les conventions prévues à l'article L. 5132-2 avec des entreprises d'insertion, quelle que soit leur forme juridique, apportant un soutien effectif aux personnes mentionnées à l'article L. 5132-1.

Note Le montant annuel des aides aux entreprises d'insertion est fixé par arrêté du 10 juin 2005 (JO 11).

Art. R. 5132-2. La convention conclue avec une entreprise d'insertion comporte notamment :

1° Les caractéristiques générales de l'entreprise ;

2° Les principales caractéristiques des personnes en difficulté que l'entreprise accueille ;

3° Le nombre de postes d'insertion ouvrant droit à l'aide de l'État prévue à l'article R. 5132-8 ;
4° La nature et le montant des autres aides publiques directes ou privées dont l'entreprise prévoit de bénéficier ;
5° Les règles selon lesquelles sont rémunérées les personnes en insertion et, le cas échéant, la nature des différents contrats de travail proposés ;
6° Les modalités de dépôt des offres d'emploi à l' ***(D. 2008-1010 du 29 sept. 2008, art. 7, JO 30)*** « institution mentionnée à l'article L. 5312-1 du code du travail » ;
7° Les modalités d'accompagnement des personnes en insertion et de collaboration avec des organismes et services chargés de l'insertion sociale et professionnelle de ces personnes ;
8° La durée collective de travail applicable dans l'entreprise ;
9° La nature des informations à transmettre à l'administration signataire de la convention.

Art. R. 5132-3. La convention peut être conclue pour une durée maximale de trois ans avec des entreprises présentant des perspectives de viabilité économique. Elle peut être renouvelée selon la même procédure.

Les stipulations financières d'une convention pluriannuelle font l'objet d'avenants annuels.

Art. R. 5132-4. Le préfet contrôle l'exécution de la convention. À cette fin, l'employeur lui fournit à sa demande tout élément de nature à permettre de vérifier la bonne exécution de la convention et la réalité des actions d'insertion mises en œuvre.

Art. R. 5132-5. En cas de non-respect des dispositions de la convention par l'employeur, le préfet l'informe par lettre recommandée de son intention de résilier la convention. Celui-ci dispose d'un délai, qui ne peut être inférieur à quinze jours, pour faire connaître ses observations.

Le préfet peut alors demander le reversement des sommes indûment perçues.

Art. R. 5132-6. Lorsque l'aide est obtenue à la suite de fausses déclarations ou lorsque la convention est détournée de son objet, le préfet résilie la convention.

Les sommes indûment perçues donnent alors lieu à reversement.

Aide financière

Art. R. 5132-7. L'embauche des personnes mentionnées à l'article L. 5132-1 par les entreprises d'insertion ouvre droit, dans la limite du nombre de postes d'insertion fixé par la convention, à une aide de l'État.

Art. R. 5132-8. L'aide de l'État est versée annuellement à l'entreprise d'insertion pour chaque poste de travail occupé à temps plein.

Son montant maximum et ses conditions de versement sont fixés par arrêté conjoint des ministres chargés de l'emploi et du budget.

Le cas échéant, le montant de l'aide est réduit à due proportion de l'occupation des postes.

Note Voir arrêté du 10 juin 2005, art. 1er et 2 (JO 11).

Art. R. 5132-9. L'aide de l'État ne peut se cumuler pour un même poste avec une autre aide à l'emploi financée par l'État.

Art. R. 5132-10. Lorsque la durée du travail prévue au contrat de travail du salarié est inférieure à trente-cinq heures par semaine, le montant de l'aide au poste qu'il occupe est réduit par application du rapport entre la durée prévue au contrat et :
1° La durée collective applicable à l'organisme employeur si cette durée est au moins égale à trente-cinq heures par semaine ;
2° La durée de trente-cinq heures si la durée collective du travail applicable à l'organisme employeur est inférieure à trente-cinq heures par semaine.

(D. 2009-390 du 7 avril 2009, JO 9)

Période d'immersion

Art. D. 5132-10-1. La convention mentionnée à l'article L. 5132-2 peut prévoir, dans sa rédaction initiale ou par avenant *ad hoc*, la possibilité pour l'entreprise d'insertion signataire de mettre en place des périodes d'immersion pour ses salariés recrutés dans le cadre de contrats conclus en application de l'article L. 5132-5.

Dans ce cas, la convention précise :
1° Le nombre prévisionnel de salariés concernés ;
2° Les employeurs auprès desquels ces salariés pourraient effectuer des périodes d'immersion ;
3° Les modalités d'accompagnement spécifiques prévues par l'entreprise d'insertion pendant ces périodes ;
4° Les objectifs visés par l'immersion.

La signature de cette convention par l'État vaut agrément au sens du deuxième alinéa de l'article L. 5132-5.

Art. D. 5132-10-2. Chaque période d'immersion fait l'objet d'un avenant écrit au contrat mentionné à l'article L. 5132-5.

Le cas échéant, cet avenant peut prévoir la possibilité de réaliser plusieurs périodes d'immersion auprès du même employeur.

Il est rédigé conformément à un modèle défini par arrêté du ministre chargé de l'emploi.

Un salarié ne peut être sanctionné, licencié ou faire l'objet d'une mesure discriminatoire pour avoir refusé d'effectuer une période d'immersion ou pour avoir décidé d'y mettre fin.

Note Voir arrêté du 3 juin 2009 (JO 1er juil.) définissant les clauses obligatoires de l'avenant au contrat de travail relatif aux périodes d'immersion effectuées par des salariés en insertion et fixant le modèle de fiche de signalement, et instruction DGEFP 2009-18 du 29 mai 2009.

Art. D. 5132-10-3. La durée de chaque période d'immersion ne peut excéder un mois.

La durée cumulée de l'ensemble des périodes d'immersion effectuées au cours du contrat conclu en application de l'article L. 5132-5 ne peut représenter plus de 25 % de la durée totale du contrat.

Art. D. 5132-10-4. Chaque période d'immersion fait l'objet d'une convention de mise à disposition à titre gratuit conclue entre l'entreprise d'insertion et l'employeur auprès duquel elle sera effectuée. Cette convention peut prévoir la possibilité d'effectuer plusieurs périodes d'immersion auprès d'un même employeur.

La convention de mise à disposition comporte notamment les indications suivantes :
1° La référence à l'article L. 8241-2 qui en détermine les conditions ;
2° Les nom, prénom, adresse et date de naissance du salarié ;
3° La nature des activités faisant l'objet de la convention ;
4° Le lieu d'exécution, les horaires de travail, les dates de début et de fin de la période d'immersion ou, le cas échéant quand la convention le prévoit, des périodes d'immersion et les modalités de succession des périodes travaillées auprès de chacun des deux employeurs ;
5° Les conditions et modalités de rupture anticipée de la mise à disposition par l'une ou l'autre des parties à la convention ;
6° La répartition des responsabilités, notamment en matière de formation à la sécurité et d'assurance contre le risque accidents du travail et maladies professionnelles, ainsi que sur l'exercice du pouvoir disciplinaire et des fonctions d'encadrement ;
7° Les objectifs visés par l'immersion, tels que la découverte de métiers, la confirmation du projet professionnel, l'acquisition d'expériences et de compétences professionnelles, ou toute autre finalité à visée professionnelle à préciser ;
8° Les modalités selon lesquelles la réalisation de ces objectifs est appréciée.

Art. D. 5132-10-5. L'employeur transmet à l'Agence de services et de paiement un document dont le modèle est fixé par arrêté du ministre chargé de l'emploi, signalant chaque période d'immersion mise en œuvre et comportant les indications nécessaires au suivi statistique.

Note Voir arrêté du 3 juin 2009 (JO 1er juil.) cité dans note sous art. D. 5132-10-2.

Sous-section 3. Entreprises de travail temporaire d'insertion

Art. L. 5132-6. Les entreprises de travail temporaire dont l'activité exclusive consiste à faciliter l'insertion professionnelle des personnes sans emploi rencontrant des difficultés sociales et professionnelles particulières concluent avec ces personnes des contrats de mission.

L'activité des entreprises de travail temporaire d'insertion est soumise à l'ensemble des dispositions relatives au travail temporaire prévues au chapitre Ier du titre V du livre II de la première partie. Toutefois, par dérogation aux dispositions de l'article L. 1251-12, la durée des contrats de mission peut être portée à vingt-quatre mois, renouvellement compris.

Note • Voir décret 99-108 du 18 février 1999 (JO 19) rapporté dans « Textes non codifiés ».

• Le montant annuel de l'aide à l'accompagnement social et professionnel dans les entreprises de travail temporaire d'insertion est fixé par arrêté du 10 juin 2005 (JO 11).

Sous-section 4. **Associations intermédiaires**

Art. L. 5132-7. Les associations intermédiaires sont des associations conventionnées par l'État ayant pour objet l'embauche des personnes sans emploi, rencontrant des difficultés sociales et professionnelles particulières, en vue de faciliter leur insertion professionnelle en les mettant à titre onéreux à disposition de personnes physiques ou de personnes morales.

L'association intermédiaire assure l'accueil des personnes ainsi que le suivi et l'accompagnement de ses salariés en vue de faciliter leur insertion sociale et de rechercher les conditions d'une insertion professionnelle durable.

Une association intermédiaire ne peut mettre une personne à disposition d'employeurs ayant procédé à un licenciement économique sur un emploi équivalent ou de même qualification dans les six mois précédant cette mise à disposition.

Note • Il importe peu que les personnes employées par des associations intermédiaires aient pu être employées à des activités déjà assurées par l'initiative privée ou l'action des collectivités publiques, dès lors que les dispositions de l'article L. 128 (ancien) CT excluant ces activités du champ d'intervention des associations intermédiaires n'ont pas été reprises à l'article L. 322-4-16-3 issu de la loi 98-657 du 29 juillet 1998, ledit article s'étant substitué, à compter du 1er janvier 1999, à l'article L. 128 abrogé par la même loi. Ces dispositions nouvelles moins sévères doivent seules recevoir application. La cour d'appel n'avait pas à apprécier si les éléments constitutifs du marchandage étaient réunis, dès lors que le seul constat que les associations intermédiaires avaient exercé leur activité dans les limites de leur objet, tel que défini par la loi, excluait nécessairement la répression, conformément aux articles L. 128 (ancien) et L. 322-4-16-3 [L. 5132-2, L. 5132-7 à 14] CT (cass. crim. 30 mai 2000, n° 99-82.639, *RJS* 9-10/00 n° 1019). Dans le même sens, contre une requalification des contrats temporaires en contrats à durée indéterminée sur le fondement des articles L. 124-1, L. 124-3 et L. 124-4 (anciens) CT, voir cass. soc. 23 février 2005, n° 02-40.913, BC V n° 71 ; *RJS* 5/05 n° 583 ; *TPS* juin 2005, comm. 171, p. 14, note P.-Y. Verkindt ; *Dr. Soc.* 2005, p. 817, obs. Cl. Roy-Loustaunau. Par ailleurs, les contrats de travail conclus par les associations intermédiaires en application de cet article, en vue de mettre un salarié à la disposition d'une personne physique ou morale, ne sont pas soumis aux dispositions des articles régissant les contrats à durée déterminée (cass. soc. 14 juin 2006, n° 05-40.995, BC V n° 213 ; *RJS* 8-9/06 n° 997).

• Si les dispositions de cet article permettent à des associations intermédiaires agréées d'engager des personnes sans emploi rencontrant des difficultés sociales et professionnelles particulières afin de faciliter leur insertion professionnelle en les mettant à titre onéreux à la disposition d'un employeur ayant conclu avec l'État une convention, cette mise à disposition ne peut intervenir que pour l'exécution d'une tâche précise et temporaire et non pour l'occupation d'un emploi lié à l'activité normale et permanente de l'entreprise utilisatrice, le salarié mis à disposition pouvant, dans ce dernier cas, faire valoir auprès de cette entreprise les droits tirés d'un contrat à durée indéterminée (cass. soc. 2 mars 2011, n° 09-43.290, BC V n° 63 ; *RJS* 5/11 n° 472).

• L'absence de convention entre l'État et l'association intermédiaire ne peut avoir pour effet de dispenser les bénéficiaires des travaux ou des prestations de leur paiement à l'association (cass. soc. 30 mars 2005, n° 03-12.057, BC V n° 113 ; *JCP* éd. S 2005, 1049, note Ch. Willmann ; *RJS* 6/05 n° 683 ; *CSB* 2005 S. 248).

Art. L. 5132-8.

• Une association intermédiaire qui a bénéficié de l'exonération de cotisations patronales calculées sur la rémunération versée à ses salariés pour 750 heures de travail par année ne peut, au cours de la même année, bénéficier également de la réduction unique dégressive (cass. soc. 23 janvier 2003, n° 01-20.926, BC V n° 18 ; *RJS* 4/03 n° 521 ; *Dr. Soc.* 2003, p. 556).

Art. L. 5132-8. Une convention de coopération peut être conclue entre l'association intermédiaire et l' ***(L. 2008-126 du 13 févr. 2008, JO 14)*** « institution mentionnée à l'article L. 5312-1 » définissant notamment les conditions de recrutement et de mise à disposition des salariés de l'association intermédiaire.

Cette convention de coopération peut également porter sur l'organisation des fonctions d'accueil, de suivi et d'accompagnement des salariés.

Cette convention peut mettre en œuvre des actions expérimentales d'insertion ou de réinsertion.

Art. L. 5132-9. Seules les associations intermédiaires qui ont conclu une convention de coopération avec l' ***(L. 2008-126 du 13 févr. 2008, JO 14)*** « institution mentionnée à l'article L. 5312-1 » peuvent effectuer des mises à disposition auprès des employeurs mentionnés à l'article L. 2212-1 dans les conditions suivantes :

1° La mise à disposition pour l'exécution d'une tâche précise et temporaire d'une durée supérieure à un seuil déterminé par décret en Conseil d'État n'est autorisée que pour les personnes ayant fait l'objet de l'agrément de l' ***(L. 2008-126 du 13 févr. 2008, JO 14)*** « institution mentionnée à l'article L. 5312-1 » mentionné à l'article L. 5132-3 ;

(L. 2008-1249 du 1er déc. 2008, art. 19, JO 3, entrée en vigueur le 01.06.2009) « 2° La durée totale des mises à disposition d'un même salarié ne peut excéder une durée déterminée par décret, pour une durée de vingt-quatre mois à compter de la première mise à disposition. Dans l'attente du décret susmentionné, cette durée est fixée à 480 heures. »

Ces dispositions ne sont pas applicables en cas de mise à disposition auprès de personnes physiques pour des activités ne ressortissant pas à leurs exercices professionnels et de personnes morales de droit privé à but non lucratif.

Art. L. 5132-10. Une personne mise à disposition par une association intermédiaire ne peut en aucun cas être embauchée pour accomplir des travaux particulièrement dangereux qui figurent sur une liste établie par l'autorité administrative.

Art. L. 5132-11. Pour les mises à disposition entrant dans le champ de l'article L. 5132-9, la rémunération du salarié, au sens de l'article L. 3221-3, ne peut être inférieure à celle que percevrait un salarié de qualification équivalente occupant le même poste de travail dans l'entreprise, après période d'essai.

Le salarié d'une association intermédiaire peut être rémunéré soit sur la base du nombre d'heures effectivement travaillées chez l'utilisateur, soit sur la base d'un nombre d'heures forfaitaire déterminé dans le contrat pour les activités autres que celles mentionnées à l'article L. 5132-9.

Le paiement des jours fériés est dû au salarié d'une association intermédiaire mis à disposition des employeurs mentionnés à l'article L. 2212-1 [L. 2211-1] dès lors que les salariés de cette personne morale en bénéficient.

Art. L. 5132-11-1. ***(L. 2008-1249 du 1er déc. 2008, art. 18, JO 3, entrée en vigueur le 01.06.2009)*** Les associations intermédiaires peuvent conclure avec des personnes sans emploi rencontrant des difficultés sociales et professionnelles particulières des contrats à durée déterminée en application de l'article L. 1242-3.

Ces contrats peuvent, aux fins de développer l'expérience et les compétences du salarié, prévoir, par avenant, une période d'immersion auprès d'un autre employeur dans les conditions prévues à l'article L. 8241-2. Un décret détermine la durée et les conditions d'agrément et d'exécution de cette période d'immersion.

La durée de ces contrats ne peut être inférieure à quatre mois.

Ces contrats peuvent être renouvelés dans la limite d'une durée totale de vingt-quatre mois.

À titre dérogatoire, ces contrats peuvent être renouvelés au-delà de la durée maximale prévue en vue de permettre d'achever une action de formation professionnelle en cours de réalisation à l'échéance du contrat. La durée de ce renouvellement ne peut excéder le terme de l'action concernée.

À titre exceptionnel, lorsque des salariés âgés de cinquante ans et plus ou des personnes reconnues travailleurs handicapés rencontrent des difficultés particulières qui font obstacle à leur insertion durable dans l'emploi, ce contrat de travail peut être prolongé au-delà de la durée maximale prévue. Cette prolongation peut être accordée par l'institution mentionnée à l'article L. 5312-1 après examen de la situation du salarié au regard de l'emploi, de la capacité contributive de l'employeur et des actions d'accompagnement et de formation conduites dans le cadre de la durée initialement prévue du contrat.

La durée hebdomadaire de travail du salarié embauché dans ce cadre ne peut être inférieure à vingt heures. Elle peut varier sur tout ou partie de la période couverte par le contrat sans dépasser la durée légale hebdomadaire. Les périodes travaillées permettent de valider des trimestres de cotisations d'assurance vieillesse dans les conditions de l'article L. 351-2 du code de la sécurité sociale.

Ce contrat peut être suspendu, à la demande du salarié, afin de lui permettre :

1° En accord avec son employeur, d'effectuer une évaluation en milieu de travail prescrite par l'institution mentionnée à l'article L. 5312-1 du présent code ou une action concourant à son insertion professionnelle;

2° D'accomplir une période d'essai afférente à une offre d'emploi visant une embauche en contrat de travail à durée indéterminée ou à durée déterminée au moins égale à six mois.

En cas d'embauche à l'issue de cette évaluation en milieu de travail ou de cette période d'essai, le contrat est rompu sans préavis.

[Art. L. 5132-12. Abrogé par loi 2011-867 du 20 juillet 2011, art. 16, JO 24.]

Note S'agissant de la santé des personnes employées par une association intermédiaire, voir article L. 4625-1 et R. 5132-26-6 à 26-8.

Art. L. 5132-13. Les salariés des associations intermédiaires ont droit à la formation professionnelle continue :

1° Soit à l'initiative de l'employeur, dans le cadre du plan de formation de l'association ou des actions de formation en alternance ;

2° Soit à l'initiative du salarié, dans le cadre d'un congé individuel de formation ou d'un congé de bilan de compétences.

Art. L. 5132-14. Lorsque l'activité de l'association intermédiaire est exercée dans les conditions de la présente sous-section, ne sont pas applicables :

1° Les sanctions relatives au travail temporaire, prévues aux articles L. 1254-1 à L. 1254-12 ;

2° Les sanctions relatives au marchandage, prévues aux articles L. 8234-1 et L. 8234-2 ;

3° Les sanctions relatives au prêt illicite de main-d'œuvre, prévues aux articles L. 8243-1 et L. 8243-2.

Les sanctions prévues en cas de non-respect des dispositions auxquelles renvoie l'article L. 8241-2, relatives aux opérations de prêt de main-d'œuvre à but non lucratif, sont applicables.

Convention

Art. R. 5132-11. Les conventions mentionnées à l'article L. 5132-7 sont conclues, après avis du conseil départemental pour l'insertion par l'activité économique, entre l'association candidate au statut d'association intermédiaire pour tout ou partie de ses activités d'insertion et le préfet du département dans lequel l'association a son siège.

Art. R. 5132-12. La convention conclue avec l'association intermédiaire comporte, notamment :

1° Les principales caractéristiques des personnes en difficulté que l'association accueille ainsi que les engagements pris par l'association au titre de l'accompagnement et du suivi de ces personnes et les objectifs de retour à l'emploi des intéressés ;

2° Le territoire dans lequel l'association se propose d'exercer son activité ;

3° Les personnels et les moyens matériels et financiers destinés à :
a) Assurer une permanence d'une durée au moins équivalente à trois jours par semaine pour l'accueil des publics et la réception des offres d'activités ;
b) Assurer l'accueil, le suivi et l'accompagnement des personnes embauchées, en vue de leur réinsertion sociale et professionnelle ;
c) Accomplir les tâches administratives et les obligations comptables résultant de l'activité de l'association ;

4° Les conditions de coopération envisagées avec l' ***(D. 2008-1010 du 29 sept. 2008, art. 7, JO 30)*** « institution mentionnée à l'article L. 5312-1 du code du travail », afin de favoriser l'accès au marché du travail des personnes dont l'association assure le suivi ;

5° Les modalités de dépôt des offres d'emploi à l'institution précitée ;

6° La nature et le montant de l'aide susceptible d'être attribuée par l'État au titre de l'accompagnement et du suivi professionnels de l'ensemble des personnes mises à disposition par l'association intermédiaire en vue de leur accès ou de leur retour à un emploi durable ;

7° La nature et le montant des autres aides publiques directes ou privées dont l'association intermédiaire prévoit de bénéficier ;

8° Les engagements souscrits par l'association intermédiaire pour permettre le suivi, le contrôle et l'évaluation de la convention ;

9° Les modalités de collaboration avec les organismes et services chargés de l'emploi, de la formation professionnelle et de l'insertion sociale et professionnelle des personnes mentionnées au 1°;

10° La nature des informations à transmettre périodiquement à l'autorité administrative signataire de la convention.

Art. R. 5132-13. La convention est conclue pour une durée maximale de trois ans.

Elle fait l'objet d'un bilan d'activité annuel, transmis au ***(D. 2009-1377 du 10 nov. 2009, JO 13 ; D. 2010-687 du 24 juin 2010, JO 25 ; voir D. 2010-1582 du 17 déc. 2010, JO 18, pour outre-mer)*** « directeur régional des entreprises, de la concurrence, de la consommation, du travail et de l'emploi » et au ***(D. 2009-1484 du 3 déc. 2009, JO 4)*** « directeur départemental de la cohésion sociale et de la protection des populations ou directeur départemental de la cohésion sociale ».

Art. R. 5132-14. Lorsque l'association bénéficie de l'aide financière prévue au 6° de l'article R. 5132-12, le bilan d'activité annuel fournit les renseignements suivants relatifs aux actions d'accompagnement et de suivi social et professionnel des personnes accueillies et mises à disposition :

1° La nature et l'objet des actions d'accompagnement et de suivi professionnels des salariés en insertion ;

2° La nature et l'objet des actions d'accompagnement social dont ont pu, par ailleurs, bénéficier les intéressés ;

3° La durée et les moyens consacrés à chaque type d'action ;

4° Le montant et les modalités de financement de ces actions, ainsi que les moyens humains affectés à leur réalisation ;

5° Les propositions d'orientation professionnelle, d'emploi ou de formation faites aux personnes arrivant au terme de leur contrat avec l'association intermédiaire, ainsi que les suites qui leur auront été données.

Art. R. 5132-15. L'association intermédiaire fournit, à la demande du préfet, tout élément permettant de vérifier la bonne exécution de la convention ainsi que la réalité des actions de suivi et d'accompagnement mises en œuvre.

Art. R. 5132-16. L'association intermédiaire dont le préfet envisage de résilier la convention en est informée par lettre recommandée. Elle dispose d'un délai, qui ne peut être inférieur à un mois, pour faire connaître ses observations.

Convention de coopération et mise à disposition

Art. R. 5132-17. La convention de coopération prévue à l'article L. 5132-8 comporte, notamment :

1° Les modalités de mise en relation des candidats avec l'association intermédiaire ;

2° Les modalités selon lesquelles l'association informe l'agence locale pour l'emploi de toute évolution de la situation de ses salariés justifiant son intervention ;

3° Les actions susceptibles d'être réalisées par l'agence pour faciliter l'accès à l'emploi des personnes salariées de l'association ;

4° Le cas échéant, les conditions dans lesquelles l'association intermédiaire réalise des prestations pour le compte de l' ***(D. 2008-1010 du 29 sept. 2008, art. 7, JO 30)*** « institution mentionnée à l'article L. 5312-1 du code du travail », ainsi que les conditions de financement de ces prestations.

Art. R. 5132-18. En application de l'article L. 5132-9, les conditions suivantes doivent être respectées :

1° Le seuil prévu au 1° de l'article précité est de 16 heures ;

2° La durée totale mentionnée au 2° de ce même article est de 240 heures.

Art. R. 5132-19. L'association intermédiaire ne peut pas mettre ses salariés à disposition d'employeurs pour des activités situées hors du territoire défini dans la convention conclue par elle avec l'État.

Art. R. 5132-20. Un contrat est établi par écrit entre l'association intermédiaire et la personne, dite l'utilisateur, à la disposition de laquelle elle met un ou plusieurs salariés.

Le contrat comporte notamment :

1° Le nom des salariés mis à disposition ;

2° Les tâches à remplir ;

3° Le lieu où elles s'exécutent ;

4° Le terme de la mise à disposition ;

5° Lorsque l'utilisateur est une entreprise, le montant de la rémunération avec ses différentes composantes, y compris, s'il en existe, les primes et accessoires de salaire que percevrait après période d'essai un salarié de qualification équivalente occupant le même poste de travail ;

6° La nature des équipements de protection individuelle que le salarié doit utiliser en précisant, le cas échéant, s'ils sont fournis par l'association intermédiaire.

Art. R. 5132-21. Les travaux particulièrement dangereux figurant sur la liste prévue à l'article L. 5132-10 sont ceux mentionnés à l'article D. 4154-1.

Art. R. 5132-22. La convention conclue avec l'État peut être résiliée par le préfet si l'association intermédiaire effectue des mises à disposition pour la réalisation de travaux particulièrement dangereux pour lesquels il ne peut être fait appel à des salariés sous contrat de travail à durée déterminée, en application de l'article L. 1242-6, ou ne respecte pas les conditions de mise à disposition mentionnées à l'article L. 5132-9.

Aide financière

Art. R. 5132-23. Le montant annuel de l'aide prévue au 6° de l'article R. 5132-12 est déterminé pour chaque association par le préfet en fonction :

1° Des caractéristiques des personnes qu'il est envisagé d'accueillir ;

2° Du nombre de salariés mis à disposition ;

3° Des modalités d'accompagnement de ces salariés, notamment de la qualité de celui-ci ;

4° Des accords conclus par l'association avec des partenaires locaux contribuant à l'insertion sociale et professionnelle de ces salariés.

Art. R. 5132-24. L'aide est attribuée pour le financement des dépenses directement exposées par l'association au titre des actions de suivi et d'accompagnement.

Art. R. 5132-25. L'aide est versée, pour le compte de l'État, par ***(D. 2009-340 du 27 mars 2009, JO 29)*** « l'Agence de services et de paiement ».

Art. R. 5132-26. Un arrêté conjoint des ministres chargés de l'emploi et du budget fixe le montant maximal de l'aide et précise ses modalités d'attribution.

Art. L. 5132-14.

(D. 2009-390 du 7 avril 2009, JO 9)

Période d'immersion

Note Les dispositions du décret 2009-390 précité sont applicables aux contrats conclus à compter du 1er juin 2009 (art. 6).

Art. D. 5132-26-1. La convention mentionnée à l'article L. 5132-2 peut prévoir, dans sa rédaction initiale ou par avenant *ad hoc*, la possibilité pour l'association intermédiaire signataire de mettre en place des périodes d'immersion pour ses salariés recrutés dans le cadre de contrats conclus en application de l'article L. 5132-11-1.

Dans ce cas, la convention précise :

1° Le nombre prévisionnel de salariés concernés ;

2° Les employeurs auprès desquels ces salariés pourraient effectuer des périodes d'immersion ;

3° Les modalités d'accompagnement spécifiques prévues par l'association intermédiaire pendant ces périodes ;

4° Les objectifs visés par l'immersion.

La signature de cette convention par l'État vaut agrément au sens du deuxième alinéa de l'article L. 5132-11-1.

Art. D. 5132-26-2. Chaque période d'immersion fait l'objet d'un avenant écrit au contrat mentionné à l'article L. 5132-11-1.

Le cas échéant, cet avenant peut prévoir la possibilité de réaliser plusieurs périodes d'immersion auprès du même employeur.

Il est rédigé conformément à un modèle défini par arrêté du ministre chargé de l'emploi.

Un salarié ne peut être sanctionné, licencié ou faire l'objet d'une mesure discriminatoire pour avoir refusé d'effectuer une période d'immersion ou pour avoir décidé d'y mettre fin.

Note Voir arrêté du 3 juin 2009 (JO 1er juil.) cité dans note sous art. D. 5132-10-2.

Art. D. 5132-26-3. La durée de chaque période d'immersion ne peut excéder un mois.

La durée cumulée de l'ensemble des périodes d'immersion effectuées au cours du contrat conclu en application de l'article L. 5132-11-1 ne peut représenter plus de 25 % de la durée totale du contrat.

Art. D. 5132-26-4. Chaque période d'immersion fait l'objet d'une convention de mise à disposition à titre gratuit conclue entre l'association intermédiaire et l'employeur auprès duquel elle sera effectuée. Cette convention peut prévoir la possibilité d'effectuer plusieurs périodes d'immersion auprès d'un même employeur.

La convention de mise à disposition comporte notamment les indications suivantes :

1° La référence à l'article L. 8241-2 qui en détermine les conditions ;

2° Les nom, prénom, adresse et date de naissance du salarié ;

3° La nature des activités faisant l'objet de la convention ;

4° Le lieu d'exécution, les horaires de travail, les dates de début et de fin de la période d'immersion ou, le cas échéant quand la convention le prévoit, des périodes d'immersion et les modalités de succession des périodes travaillées auprès de chacun des deux employeurs ;

5° Les conditions et modalités de rupture anticipée de la mise à disposition par l'une ou l'autre des parties à la convention ;

6° La répartition des responsabilités, notamment en matière de formation à la sécurité et d'assurance contre le risque accidents du travail et maladies professionnelles, ainsi que sur l'exercice du pouvoir disciplinaire et des fonctions d'encadrement ;

7° Les objectifs visés par l'immersion, tels que la découverte de métiers, la confirmation du projet professionnel, l'acquisition d'expériences et de compétences professionnelles, ou toute autre finalité à visée professionnelle à préciser ;

8° Les modalités selon lesquelles la réalisation de ces objectifs est appréciée.

Art. D. 5132-26-5. L'employeur transmet à l'Agence de services et de paiement un document dont le modèle est fixé par arrêté du ministre chargé de l'emploi, signalant chaque période d'immersion mise en œuvre et comportant les indications nécessaires au suivi statistique.

Note Voir arrêté du 3 juin 2009 (JO 1er juil.) cité dans note sous art. D. 5132-10-2.

(D. 2012-135 du 30 janv. 2012, JO 31, entrée en vigueur le 01.07.2012)

Suivi médical des salariés de l'association intermédiaire

Art. R. 5132-26-6. *L'association intermédiaire assure le suivi médical des personnes mises à disposition d'un utilisateur par un service de santé au travail interentreprises.*

Art. R. 5132-26-7. *La visite médicale de la personne mise à disposition d'un utilisateur est organisée par l'association intermédiaire, dès sa première mise à disposition ou au plus tard dans le mois suivant.*

Elle est renouvelée deux ans après la première mise à disposition.

Cette périodicité peut être modifiée lorsque l'agrément du service de santé au travail interentreprises le prévoit.

Art. R. 5132-26-8. *L'examen médical a pour finalité :*

1° De s'assurer que la personne mise à disposition est médicalement apte à exercer plusieurs emplois, dans la limite de trois, listés par l'association intermédiaire lors de sa demande de visite médicale ;

2° De préconiser éventuellement des affectations à d'autres emplois ;

3° De rechercher si la personne mise à disposition n'est pas atteinte d'une affection dangereuse pour elle ou les tiers ;

4° D'informer le salarié sur les risques des expositions au poste de travail et le suivi médical nécessaire ;

5° De sensibiliser le salarié sur les moyens de prévention à mettre en œuvre.

Sous-section 5. Ateliers et chantiers d'insertion

Art. L. 5132-15. Les ateliers et chantiers d'insertion conventionnés par l'État sont organisés par les employeurs figurant sur une liste.

Ils ont pour mission :

1° D'assurer l'accueil, l'embauche et la mise au travail sur des actions collectives des personnes sans emploi rencontrant des difficultés sociales et professionnelles particulières ;

2° D'organiser le suivi, l'accompagnement, l'encadrement technique et la formation de leurs salariés en vue de faciliter leur insertion sociale et de rechercher les conditions d'une insertion professionnelle durable.

Art. L. 5132-15-1. ***(L. 2008-1249 du 1er déc. 2008, art. 18, JO 3, entrée en vigueur le 01.06.2009)*** Les ateliers et chantiers d'insertion peuvent conclure avec des personnes sans emploi rencontrant des difficultés sociales et professionnelles particulières des contrats à durée déterminée en application de l'article L. 1242-3.

Ces contrats peuvent, aux fins de développer l'expérience et les compétences du salarié, prévoir, par avenant, une période d'immersion auprès d'un autre employeur dans les conditions prévues à l'article L. 8241-2. Un décret détermine la durée et les conditions d'agrément et d'exécution de cette période d'immersion.

La durée de ces contrats ne peut être inférieure à quatre mois.

Ces contrats peuvent être renouvelés dans la limite d'une durée totale de vingt-quatre mois.

À titre dérogatoire, ces contrats peuvent être renouvelés au-delà de la durée maximale prévue en vue de permettre d'achever une action de formation professionnelle en cours de réalisation à l'échéance du contrat. La durée de ce renouvellement ne peut excéder le terme de l'action concernée.

Art. L. 5132-15-1.

À titre exceptionnel, lorsque des salariés âgés de cinquante ans et plus ou des personnes reconnues travailleurs handicapés rencontrent des difficultés particulières qui font obstacle à leur insertion durable dans l'emploi, ce contrat de travail peut être prolongé au-delà de la durée maximale prévue. Cette prolongation peut être accordée par l'institution mentionnée à l'article L. 5312-1 après examen de la situation du salarié au regard de l'emploi, de la capacité contributive de l'employeur et des actions d'accompagnement et de formation conduites dans le cadre de la durée initialement prévue du contrat.

La durée hebdomadaire de travail du salarié embauché dans ce cadre ne peut être inférieure à vingt heures. Elle peut varier sur tout ou partie de la période couverte par le contrat sans dépasser la durée légale hebdomadaire. Les périodes travaillées permettent de valider des trimestres de cotisations d'assurance vieillesse dans les conditions de l'article L. 351-2 du code de la sécurité sociale.

Ce contrat peut être suspendu, à la demande du salarié, afin de lui permettre :

1° En accord avec son employeur, d'effectuer une évaluation en milieu de travail prescrite par l'institution mentionnée à l'article L. 5312-1 du présent code ou une action concourant à son insertion professionnelle;

2° D'accomplir une période d'essai afférente à une offre d'emploi visant une embauche en contrat de travail à durée indéterminée ou à durée déterminée au moins égale à six mois.

En cas d'embauche à l'issue de cette évaluation en milieu de travail ou de cette période d'essai, le contrat est rompu sans préavis.

Conventions

Art. D. 5132-27. Après consultation du conseil départemental de l'insertion par l'activité économique et en tenant compte de l'offre existante pour assurer un développement équilibré des actions d'insertion sociale et professionnelle, le préfet peut conclure des conventions pour la mise en place d'un ou plusieurs ateliers et chantiers d'insertion avec :

1° Un organisme de droit privé à but non lucratif ayant pour objet l'embauche de personnes mentionnées à l'article L. 5132-1 afin de faciliter leur insertion sociale et professionnelle en développant des activités ayant principalement un caractère d'utilité sociale ;

2° Un centre communal ou intercommunal d'action sociale ;

3° Une commune ;

4° Un établissement public de coopération intercommunale ;

5° Un syndicat mixte ;

6° Les départements ;

7° Une chambre d'agriculture ;

8° Un établissement d'enseignement professionnel et d'enseignement agricole de l'État ;

9° L'Office national des forêts.

Art. R. 5132-28. La convention conclue pour la mise en place d'un ou plusieurs ateliers et chantiers d'insertion [ou] précise notamment :

1° Le statut juridique de l'organisme ;

2° Le nombre, l'objet, la durée et les caractéristiques des ateliers et chantiers d'insertion ;

3° L'adéquation du projet économique et social des ateliers et chantiers d'insertion avec l'environnement local et l'offre d'insertion déjà existante ;

4° Le cas échéant, l'existence d'une autre convention au titre d'une entreprise d'insertion ou d'une association intermédiaire ;

5° Le territoire dans lequel les ateliers et chantiers d'insertion sont réalisés ;

6° Les modalités, les personnels et les moyens matériels et financiers destinés à assurer l'accueil, le suivi, l'accompagnement et la formation des personnes embauchées ;

7° Les principales caractéristiques des personnes en difficulté embauchées ;

8° Le nombre et la nature des contrats aidés qui sont susceptibles d'être conventionnés et, le cas échéant, leur affectation entre les différents ateliers et chantiers d'insertion ;

9° Le montant de l'aide à l'accompagnement attribuée par l'État ;

10° La nature et le montant des autres aides publiques attribuées ;

11° La nature et le montant des aides privées dont l'organisme conventionné est susceptible de bénéficier pour réaliser des ateliers et chantiers d'insertion et, pour ceux qui ont une activité de commercialisation, le montant des ressources tirées de la commercialisation des biens et services produits ;

12° Les modalités de collaboration avec les organismes et les services locaux chargés de l'emploi, notamment celles relatives au dépôt des offres d'emploi à l' ***(D. 2008-1010 du 29 sept. 2008, art. 7, JO 30)*** « institution mentionnée à l'article L. 5312-1 du code du travail », avec les organismes chargés de la formation professionnelle et de l'action sociale et avec les collectivités territoriales ;

13° Les modalités de suivi, de contrôle et d'évaluation de la convention ;

14° L'objectif fixé en terme de taux de retour à l'emploi.

Art. R. 5132-29. La convention pour la mise en place d'un ou plusieurs ateliers et chantiers d'insertion est conclue pour une durée maximale de trois ans.

Art. D. 5132-30. Après avis favorable du conseil départemental de l'insertion par l'activité économique, un organisme conventionné au titre d'un atelier ou chantier d'insertion peut également être conventionné au titre d'une entreprise d'insertion ou d'une association intermédiaire.

Les activités réalisées par l'organisme conventionné au titre de chacune des deux conventions font alors l'objet d'une comptabilité distincte et donnent lieu à une information sectorielle distincte donnée en annexe des comptes.

Art. D. 5132-31. Lorsque l'organisme conventionné au titre de l'article L. 5132-15 est une association, elle établit les comptes annuels conformément au règlement ***(Ord. 2009-79 du 22 janv. 2009, JO 23)*** « de l'Autorité des normes comptables » en vigueur pour les comptes annuels des associations.

Art. R. 5132-32. La convention conclue avec un organisme conventionné pour la mise en place d'un ou plusieurs ateliers et chantiers d'insertion peut être dénoncée par le préfet en cas de non-respect de ses clauses.

Lorsque le préfet envisage de dénoncer la convention, il en informe l'organisme conventionné par lettre recommandée avec avis de réception. Ce dernier dispose d'un délai d'un mois pour présenter ses observations.

Art. R. 5132-33. Lorsque l'organisme conventionné ne respecte pas les obligations prévues à l'article R. 5132-35, le préfet peut demander le reversement des aides indûment perçues.

Mise en œuvre des actions

Art. D. 5132-34. La commercialisation des biens et des services produits dans le cadre des ateliers et des chantiers d'insertion est possible lorsqu'elle contribue à la réalisation et au développement des activités d'insertion sociale et professionnelle des personnes mentionnées à l'article L. 5132-1.

Toutefois, les recettes tirées de cette commercialisation ne peuvent couvrir qu'une part inférieure à 30 % des charges liées à ces activités.

Cette part peut être augmentée sur décision du préfet, dans la limite de 50 %, après avis favorable du conseil départemental de l'insertion par l'activité économique, si les activités développées ne sont pas déjà assurées et satisfaites par les entreprises locales.

Art. R. 5132-35. La convention fait l'objet d'un bilan d'activité annuel, transmis au ***(D. 2009-1377 du 10 nov. 2009, JO 13 ; D. 2010-687 du 24 juin 2010, JO 25 ; voir D. 2010-1582 du 17 déc. 2010, JO 18, pour outre-mer)*** « directeur régional des entreprises, de la concurrence, de la consommation, du travail et de l'emploi » et au ***(D. 2009-1484 du 3 déc. 2009, JO 4)*** « directeur départemental de la cohésion sociale et de la protection des populations ou directeur départemental de la cohésion sociale ».

Lorsque l'organisme conventionné bénéficie de l'aide à l'accompagnement prévue à l'article L. 5132-2, ce document comprend un bilan des réalisations en termes de suivi, d'accompagnement social et professionnel, d'encadrement des personnes présentant des difficultés sociales et professionnelles particulières, comportant notamment les mentions suivantes :

1° La nature et l'objet des actions de suivi individualisé et d'accompagnement social et professionnel des personnes embauchées ;

2° La durée de chaque action ;

3° Le montant et les modalités de financement de ces actions ;

4° Les moyens humains et matériels affectés à la réalisation de ces actions ;

5° Les propositions d'orientation professionnelle, d'emploi ou de formation qualifiante faites aux personnes à la sortie de l'atelier ou du chantier d'insertion ;

6° Les résultats en termes d'accès et de retour à l'emploi ;

7° Le cas échéant, les propositions d'action sociale faites à la personne pendant la durée de l'action et avant la sortie de l'atelier et chantier d'insertion.

Art. R. 5132-36. Le préfet contrôle l'exécution de la convention. À cette fin, l'organisme conventionné lui fournit à sa demande tout élément permettant de vérifier la bonne exécution de la convention et la réalité des actions d'insertion et d'accompagnement mises en œuvre.

Aide financière

Art. R. 5132-37. L'État finance une aide à l'accompagnement.

Cette aide a pour objet de faciliter le suivi et l'accompagnement des personnes en insertion embauchées dans les ateliers et chantiers d'insertion.

Art. R. 5132-38. Le montant annuel de l'aide à l'accompagnement est déterminé, par le préfet, en fonction :

1° Du nombre d'ateliers et chantiers d'insertion portés par l'organisme conventionné ;

2° Des caractéristiques du public accueilli ;

3° Du nombre de salariés embauchés ;

4° Des modalités d'accompagnement de ces salariés, notamment de la qualité du projet d'accompagnement et des partenariats conclus avec les acteurs institutionnels locaux pouvant contribuer à l'insertion sociale et professionnelle de ces salariés ;

5° De l'objectif de taux de retour à l'emploi retenu.

Art. R. 5132-39. Le préfet peut préciser les critères d'attribution et de modulation de l'aide sur la base d'une charte de qualité élaborée au niveau départemental par l'ensemble des acteurs concernés et après avis du conseil départemental de l'insertion par l'activité économique.

Lorsque cette charte qualité existe, l'adhésion à celle-ci subordonne l'attribution de l'aide aux organismes conventionnés.

Art. R. 5132-40. L'aide à l'accompagnement est utilisée pour le paiement de dépenses relatives aux actions de suivi et d'accompagnement bénéficiant directement aux personnes en insertion.

Elle ne se substitue pas aux autres financements accordés au titre de l'encadrement et de l'accompagnement social et professionnel par l'État et par les collectivités territoriales.

Lorsque l'aide est attribuée à un centre communal d'action sociale ou un centre intercommunal d'action sociale, elle ne se substitue pas aux financements accordés par les communes et aux moyens mis à disposition par celles-ci.

Art. R. 5132-41. L'aide est versée, pour le compte de l'État, par ***(D. 2009-340 du 27 mars 2009, JO 29)*** « l'Agence de services et de paiement ».

Art. R. 5132-42. Un arrêté conjoint des ministres chargés de l'emploi et du budget fixe le montant maximal de l'aide à l'accompagnement et précise ses modalités de versement.

Art. R. 5132-43. Lorsque l'aide à l'accompagnement dans les ateliers et chantiers d'insertion est obtenue à la suite de fausses déclarations ou lorsque l'aide est détournée de son objet, le préfet résilie la convention et demande le reversement de l'aide indûment perçue.

(D. 2009-390 du 7 avril 2009, JO 9)

Période d'immersion

Note Les dispositions du décret 2009-390 précité sont applicables aux contrats conclus à compter du 1er juin 2009 (art. 6).

Art. D. 5132-43-1. La convention mentionnée à l'article L. 5132-2 peut prévoir, dans sa rédaction initiale ou par avenant *ad hoc*, la possibilité pour l'organisme conventionné en tant qu'atelier et chantier d'insertion signataire de mettre en place des périodes d'immersion pour ses salariés recrutés dans le cadre de contrats conclus en application de l'article L. 5132-15-1.

Dans ce cas, la convention précise :

1° Le nombre prévisionnel de salariés concernés ;

2° Les employeurs auprès desquels ces salariés pourraient effectuer des périodes d'immersion ;

3° Les modalités d'accompagnement spécifiques prévues par l'organisme conventionné en tant qu'atelier et chantier d'insertion pendant ces périodes ;

4° Les objectifs visés par l'immersion.

La signature de cette convention par l'État vaut agrément au sens du deuxième alinéa de l'article L. 5132-15-1.

Art. D. 5132-43-2. Chaque période d'immersion fait l'objet d'un avenant écrit au contrat mentionné à l'article L. 5132-15-1.

Le cas échéant, cet avenant peut prévoir la possibilité de réaliser plusieurs périodes d'immersion auprès du même employeur.

Il est rédigé conformément à un modèle défini par arrêté du ministre chargé de l'emploi.

Un salarié ne peut être sanctionné, licencié ou faire l'objet d'une mesure discriminatoire pour avoir refusé d'effectuer une période d'immersion ou pour avoir décidé d'y mettre fin.

Note Voir arrêté du 3 juin 2009 (JO 1er juil.) cité dans note sous art. D. 5132-10-2.

Art. D. 5132-43-3. La durée de chaque période d'immersion ne peut excéder un mois.

La durée cumulée de l'ensemble des périodes d'immersion effectuées au cours du contrat conclu en application de l'article L. 5132-15-1 ne peut représenter plus de 25 % de la durée totale du contrat.

Art. D. 5132-43-4. Chaque période d'immersion fait l'objet d'une convention de mise à disposition à titre gratuit conclue entre l'organisme conventionné en tant qu'atelier et chantier d'insertion et l'employeur auprès duquel elle sera effectuée. Cette convention peut prévoir la possibilité d'effectuer plusieurs périodes d'immersion auprès d'un même employeur.

La convention de mise à disposition comporte notamment les indications suivantes :

1° La référence à l'article L. 8241-2 qui en détermine les conditions ;

2° Les nom, prénom, adresse et date de naissance du salarié ;

3° La nature des activités faisant l'objet de la convention ;

4° Le lieu d'exécution, les horaires de travail, les dates de début et de fin de la période d'immersion ou, le cas échéant quand la convention le prévoit, des périodes d'immersion et les modalités de succession des périodes travaillées auprès de chacun des deux employeurs ;

5° Les conditions et modalités de rupture anticipée de la mise à disposition par l'une ou l'autre des parties à la convention ;

6° La répartition des responsabilités, notamment en matière de formation à la sécurité et d'assurance contre le risque accidents du travail et maladies professionnelles, ainsi que sur l'exercice du pouvoir disciplinaire et des fonctions d'encadrement ;

7° Les objectifs visés par l'immersion, tels que la découverte de métiers, la confirmation du projet professionnel, l'acquisition d'expériences et de compétences professionnelles, ou toute autre finalité à visée professionnelle à préciser ;

8° Les modalités selon lesquelles la réalisation de ces objectifs est appréciée.

Art. D. 5132-43-5. L'employeur transmet à l'Agence de services et de paiement un document dont le modèle est fixé par arrêté du ministre chargé de l'emploi, signalant chaque période d'immersion mise en œuvre et comportant les indications nécessaires au suivi statistique.

Note Voir arrêté du 3 juin 2009 (JO 1er juil.) cité dans note sous art. D. 5132-10-2.

(L. 2008-1249 du 1er déc. 2008, art. 20, JO 3, entrée en vigueur le 01.06.2009)

Sous-section 6. Groupes économiques solidaires

Art. L. 5132-15-2. Afin de favoriser la coordination, la complémentarité et le développement économique du territoire et de garantir la continuité des parcours d'insertion, une personne morale de droit privé peut porter ou coordonner une ou plusieurs actions d'insertion telles que visées à la sous-section 1 de la présente section.

SECTION 4. Dispositions d'application

Art. L. 5132-16. Sous réserve des dispositions de l'article L. 5132-17, un décret en Conseil d'État détermine les conditions d'application du présent chapitre, notamment :

1° Les conditions d'exécution, de suivi, de renouvellement et de contrôle des conventions conclues avec l'État et les modalités de leur suspension ou de leur dénonciation ;

2° Les conditions d'application de l'article L. 5132-3. Ce décret précise les modalités spécifiques d'accueil et d'accompagnement ainsi que les modalités des aides de l'État.

Art. L. 5132-17. ***(L. 20111-867 du 20 juil. 2011, art. 16, JO 24)*** Un décret détermine la liste des employeurs habilités à mettre en œuvre les ateliers et chantiers d'insertion mentionnée à l'article L. 5132-15.

Fonds départemental d'insertion

Art. R. 5132-44. Dans chaque département, un fonds pour l'insertion finance le développement et la consolidation des initiatives locales en matière d'insertion par l'activité économique.

Art. R. 5132-45. Le fonds départemental pour l'insertion est géré par le préfet qui arrête le montant des aides accordées.

Art. R. 5132-46. Le fonds départemental pour l'insertion a pour objet de concourir au financement :

1° D'aides au conseil nécessaires à l'identification, à l'élaboration et au suivi des projets de développement d'activités des organismes mentionnés à l'article L. 5132-2 ;

2° D'aides au démarrage, au développement et, à titre exceptionnel, à la consolidation de l'activité de ces organismes.

Art. R. 5132-47. Après avis du conseil départemental de l'insertion par l'activité économique, les concours du fonds départemental pour l'insertion sont attribués par le préfet, qui en détermine le montant. Ils font l'objet de conventions entre l'État et l'organisme, qui mentionnent notamment la nature, la durée et l'objet de l'action financée.

Le préfet peut subordonner l'attribution de ces aides à des engagements de l'organisme concernant le suivi des actions financées.

CHAPITRE III

[Prime de retour à l'emploi] *(L. 2008-1249 du 1er déc. 2008, art. 8, JO 3, entrée en vigueur le 01.06.2009)* « et aide personnalisée de retour à l'emploi »

[SECTION 1. **Prime de retour à l'emploi (art. L. 5133-1 à 7).** Abrogée par loi 2010-1657 du 29 décembre 2010, art. 202, JO 30, depuis le 01.01.2011.]

Art. R. 5133-1. Pour ouvrir droit à la prime de retour à l'emploi instituée par l'article L. 5133-1, la durée minimale de l'activité professionnelle exercée par le bénéficiaire de l'une des allocations mentionnées à ce même article est de quatre mois consécutifs.

Lorsque cette activité est salariée, la durée contractuelle résultant de la conclusion d'un ou plusieurs contrats de travail est au moins égale à soixante-dix-huit heures mensuelles.

Note Depuis le 1er janvier 2011, la loi 2010-1657 du 29 décembre 2010 précitée ayant abrogé les dispositions législatives relatives à la prime de retour à l'emploi, les articles R. 5133-1 à 8 sont devenus caduques.

Art. R. 5133-2. La liste des justificatifs exigés pour l'ouverture du droit à la prime et attestant l'effectivité de la reprise d'activité est fixée par arrêté des ministres chargés de l'action sociale ***(D. 2009-289 du 13 mars 2009, JO 15)*** « et de l'emploi ».

Art. R. 5133-3. Le montant de la prime de retour à l'emploi est de 1 000 €.

Art. R. 5133-4. Lorsque la reprise d'activité résulte de la conclusion d'un ou plusieurs contrats de travail à durée indéterminée ou d'un ou plusieurs contrats de travail à durée déterminée de plus de six mois, la prime est, à la demande de l'intéressé, versée par anticipation dès la fin du premier mois d'activité.

Dans les autres cas, la prime est versée à compter de la fin du quatrième mois d'activité professionnelle.

Art. R. 5133-5. Le bénéfice de la prime de retour à l'emploi ne peut être accordé plus d'une fois dans un délai de dix-huit mois, courant à compter du premier des quatre mois d'activité mentionnés à l'article R. 5133-1.

Art. R. 5133-6. Lorsqu'une personne bénéficie simultanément de l'allocation solidarité spécifique et du revenu minimum d'insertion ou de l'allocation de parent isolé, la prime lui est versée en sa qualité de bénéficiaire de l'allocation de solidarité spécifique.

Lorsqu'une personne bénéficie simultanément du revenu minimum d'insertion et de l'allocation de parent isolé, la prime lui est versée en sa qualité de bénéficiaire de l'allocation parent isolé.

Art. R. 5133-7. Tout paiement indu de la prime est récupéré par remboursement en un ou plusieurs versements.

La créance peut être réduite ou remise en cas de précarité de la situation du débiteur, sauf en cas de manœuvre frauduleuse ou de fausse déclaration.

Art. R. 5133-8. La récupération de l'indu sur la prime de retour à l'emploi intervient après information écrite de l'intéressé sur la source de l'erreur et expiration du délai de recours.

(L. 2008-1249 du 1er déc. 2008, art. 8, JO 3, entrée en vigueur le 01.06.2009)

SECTION 2. Aide personnalisée de retour à l'emploi

Art. L. 5133-8. Une aide personnalisée de retour à l'emploi peut être attribuée par l'organisme au sein duquel le référent mentionné à l'article L. 262-27 du code de l'action sociale et des familles a été désigné. Elle a pour objet de prendre en charge tout ou partie des coûts exposés par l'intéressé lorsqu'il débute ou reprend une activité professionnelle.

L'aide personnalisée de retour à l'emploi est incessible et insaisissable.

Art. L. 5133-9. L'aide personnalisée de retour à l'emploi prévue est financée par le fonds national des solidarités actives mentionné au II de l'article L. 262-24 du code de l'action sociale et des familles. L'État répartit les crédits affectés à l'aide entre les organismes au sein desquels les référents mentionnés à l'article L. 262-27 du même code sont désignés.

Art. L. 5133-10. Un décret en Conseil d'État détermine les modalités d'application de la présente section.

(D. 2009-404 du 15 avril 2009, JO 16, entrée en vigueur le 01.06.2009)

Art. R. 5133-9. Une fraction des crédits du Fonds national des solidarités actives, définie chaque année par arrêté des ministres chargés du budget, de l'action sociale et de l'emploi, est consacrée à l'aide personnalisée de retour à l'emploi.

Note Voir arrêté du 10 juin 2011 (JO 17) relatif à la fixation de la fraction des crédits du Fonds national des solidarités actives consacrée à l'aide personnalisée de retour à l'emploi pour 2011.

Art. R. 5133-10. L'aide personnalisée de retour à l'emploi peut être attribuée aux bénéficiaires du revenu de solidarité active tenus à l'obligation prévue à l'article L. 262-28 du code de l'action sociale et des familles.

Elle a pour objet de prendre en charge tout ou partie des coûts exposés à l'occasion de la prise ou la reprise d'une activité professionnelle, que ce soit sous la forme d'un emploi, du suivi d'une formation ou de la création d'une entreprise.

Art. R. 5133-11. Les dépenses mentionnées à l'article R. 5133-10 justifiant le versement de l'aide sont notamment celles découlant du retour à l'emploi, en matière de transport, d'habillement, de logement, d'accueil des jeunes enfants, d'obtention d'un diplôme, licence, certification ou autorisation qu'implique une activité professionnelle.

Art. R. 5133-12. L'aide personnalisée de retour à l'emploi est versée :

1° Soit au bénéficiaire, pour couvrir tout ou partie de dépenses exposées par lui-même ;

2° Soit à un prestataire en paiement direct d'une dépense.

Le montant de l'aide est attribué sur la base de justificatifs, selon les modalités et dans la limite d'un plafond fixé par la convention mentionnée à l'article L. 262-32 du code de l'action sociale et des familles.

Art. R. 5133-13. Une convention entre le président du conseil de gestion du Fonds national des solidarités actives et Pôle emploi détermine les conditions dans lesquelles l'aide personnalisée de retour à l'emploi intervient pour abonder les aides et mesures attribuées par cet organisme aux bénéficiaires du revenu de solidarité active, en cas de reprise d'activité professionnelle.

Art. R. 5133-14. Le montant des crédits attribués par département au titre de l'aide personnalisée de retour à l'emploi est arrêté par le président du conseil de gestion du Fonds national des solidarités actives en fonction du nombre prévisionnel de bénéficiaires du revenu de solidarité active relevant des dispositions de l'article L. 262-28 du code de l'action sociale et des familles. Ce montant est notifié au préfet avant le 31 mars de chaque année.

Art. R. 5133-15. Sur la base de la convention d'orientation prévue à l'article L. 262-32 du code de l'action sociale et des familles, le préfet arrête la répartition des crédits entre les organismes au sein desquels peuvent être désignés des référents en application de l'article L. 262-27 du code de l'action sociale et des familles. Cette répartition tient compte, notamment, du nombre des bénéficiaires suivis par l'organisme, de l'objet des aides versées et du retour à l'emploi des bénéficiaires effectivement constaté. La convention détermine les modalités de versement et de suivi des dépenses. Le préfet notifie les sommes attribuées à chaque organisme.

Les crédits ainsi répartis sont versés par le Fonds national des solidarités actives sur la base de l'arrêté du préfet.

Art. R. 5133-16. Avant la fin de chaque exercice budgétaire, le préfet procède à l'estimation des crédits engagés pour le service de l'aide personnalisée de retour à l'emploi. Il peut procéder à une répartition modificative de ces crédits entre organismes, sur la base des besoins constatés.

Art. R. 5133-17. En l'absence de convention d'orientation prévue à l'article L. 262-32 du code de l'action sociale et des familles, le préfet répartit les crédits qui lui sont notifiés au titre de l'article R. 5133-14 du présent code entre les organismes chargés du service du revenu de solidarité active.

L'aide personnalisée de retour à l'emploi est alors servie par les organismes aux bénéficiaires du revenu de solidarité active relevant des dispositions de l'article L. 262-28 du code de l'action sociale et des familles et qui ont débuté ou repris une activité professionnelle au cours de l'année.

Les dispositions des articles L. 262-45 à L. 262-53 du même code sont applicables.

(L. 2010-1330 du 9 nov. 2010, art. 103, JO 10)

SECTION 3. Aide à l'embauche des seniors

Art. L. 5133-11. Les employeurs qui se trouvent dans le champ d'éligibilité de la réduction prévue à l'article L. 241-13 du code de la sécurité sociale perçoivent sur leur demande une aide à l'embauche, en contrat à durée indéterminée ou à durée déterminée d'au moins six mois, de demandeurs d'emploi âgés de cinquante-cinq ans ou plus, inscrits sur la liste des demandeurs d'emploi mentionnée à l'article L. 5411-1 du présent code.

L'aide ne peut être accordée lorsque l'entreprise a procédé, dans les six mois précédents, à un licenciement économique au sens de l'article L. 1233-3, sur le poste pour lequel est prévue l'embauche, ni lorsque l'entreprise n'est pas à jour de ses obligations déclaratives et de paiement à l'égard des organismes de recouvrement des cotisations et des contributions de sécurité sociale ou d'assurance chômage.

L'aide, à la charge de l'État, représente, pour une durée déterminée, une fraction du salaire brut versé chaque mois au salarié dans la limite du plafond mentionné à l'article L. 241-3 du code de la sécurité sociale.

Un décret en Conseil d'État précise les conditions et modalités d'application de l'aide.

Note Le Gouvernement présente au Parlement, avant le 31 décembre 2012, un rapport établissant un bilan détaillé de la mise en œuvre de l'aide à l'embauche des seniors prévue à cet article (loi 2010-1330 précitée, art. 103, II).

CHAPITRE IV

Contrats de travail aidés

SECTION 1. Contrat emploi-jeune

Sous-section 1. Objet

Art. L. 5134-1. Le contrat emploi-jeune a pour objet de promouvoir le développement d'activités créatrices d'emplois pour les jeunes répondant à des besoins émergents ou non satisfaits et présentant un caractère d'utilité sociale, notamment dans les domaines des activités sportives, culturelles, éducatives, d'environnement et de proximité.

Il permet l'accès à l'emploi :

1° Des jeunes de dix-huit à vingt-cinq ans révolus lors de leur embauche, y compris ceux qui sont titulaires d'un contrat d'accompagnement dans l'emploi prévu à l'article L. 5134-20 et les personnes titulaires d'un contrat d'insertion par l'activité mentionné à l'article L. 522-8 du code de l'action sociale et des familles ;

2° Des personnes de moins de trente ans reconnues handicapées ou qui ne remplissent pas la condition d'activité antérieure ouvrant droit au bénéfice de l'allocation d'assurance prévue à l'article L. 5422-1.

Note Pour l'application de la loi 97-940 du 16 octobre 1997 (JO 17) relative au développement d'activités pour l'emploi des jeunes, a été pris le décret 97-954 du 17 octobre 1997 (JO 19), modifié par les décrets 2001-837 du 14 septembre 2001 (JO 16), 2003-523 du 18 juin 2003 (JO 20) et 2005-325 du 6 avril 2005 (JO 8). Il n'y a plus de création de postes depuis 2003.

Art. D. 5134-1. La condition d'activité prévue au 2° de l'article L. 5134-1 est appréciée à compter de la fin de la scolarité et à l'exclusion des périodes de travail accomplies en exécution des contrats de travail suivants :

1° Le contrat d'apprentissage ;

2° Le contrat d'accompagnement dans l'emploi ;

3° Le contrat initiative-emploi ;

4° Le contrat de professionnalisation ;

5° Le contrat d'insertion par l'activité mentionné à l'article L. 522-8 du code de l'action sociale et des familles ;

6° Les contrats conclus avec un employeur relevant des dispositions de l'article L. 5132-1 relatif à l'insertion par l'activité économique.

Art. L. 5134-2. Le contrat emploi-jeune donne lieu :

1° À la conclusion d'une convention entre l'État et l'un des employeurs mentionnés à la sous-section 2 ;

2° À la conclusion d'un contrat de travail entre l'employeur et le jeune bénéficiaire de la convention dans les conditions prévues à la sous-section 3 ;

3° À l'attribution d'une aide financière dans les conditions prévues à la sous-section 4.

Sous-section 2. Convention

Art. L. 5134-3. L'État conclut des conventions pluriannuelles avec :

1° Les collectivités territoriales et leurs établissements publics ;

2° Les personnes morales de droit public autres que celles mentionnées au 1° ;

3° Les organismes de droit privé à but non lucratif ;

4° Les personnes morales de droit privé chargées de la gestion d'un service public ;

5° Des groupements constitués sous la forme d'associations régies par la loi du 1er juillet 1901 relative au contrat d'association ou par la loi du 19 avril 1908 applicable au contrat d'association dans les départements de la Moselle, du Bas-Rhin, du Haut-Rhin, de personnes morales mentionnées au présent article.

Art. L. 5134-4. Les conventions ne peuvent s'appliquer aux services rendus aux personnes physiques à leur domicile mentionnés aux articles L. 7231-1 et ***(L. 2010-853 du 23 juil. 2010, art. 31, JO 24)*** « L. 7232-1-2 ».

Toutefois, elles peuvent s'appliquer aux activités favorisant le développement et l'animation de services aux personnes répondant à des besoins émergents ou non satisfaits.

Art. L. 5134-5. Lorsque les conventions sont conclues avec une personne morale de droit public, elles ne peuvent s'appliquer qu'à des activités non assurées jusqu'alors par celle-ci.

Les collectivités territoriales et leurs établissements publics peuvent conclure ces conventions pour les emplois autres que ceux relevant de leurs compétences.

Art. L. 5134-6. Les projets de développement d'activités présentés par les personnes morales de droit privé à but lucratif chargées de la gestion d'un service public ne peuvent faire l'objet d'une convention que si les activités proposées ne sont pas assurées à la date de la demande et entrent dans le cadre de la mission de service public qui leur a été confiée.

Art. L. 5134-7. Le contenu et la durée des conventions, les conditions dans lesquelles leur exécution est suivie et contrôlée ainsi que les modalités de dénonciation de la convention en cas de non-respect de celle-ci sont déterminés par décret.

Art. L. 5134-8. Les institutions représentatives du personnel, lorsqu'elles existent, et les ***(L. 2010-751 du 5 juil. 2010, art. 35, JO 6)*** « comités techniques » sont informés sur les conventions conclues en application de la présente sous-section et saisis annuellement d'un rapport sur leur exécution.

Art. D. 5134-2. Les conventions pluriannuelles mentionnées à l'article L. 5134-3 répondent aux exigences d'un cahier des charges qui comporte notamment les conditions prévisibles de la pérennisation des activités et les dispositions de nature à assurer la professionnalisation des emplois.

Elles comportent également des dispositions relatives aux objectifs de qualification, aux conditions de la formation professionnelle et, selon les besoins, aux modalités du tutorat.

Les régions, dans le cadre de leurs compétences, ainsi que d'autres personnes morales peuvent participer à l'effort de formation.

Art. D. 5134-3. La convention emploi-jeune mentionnée au 1° de l'article L. 5134-2 précise notamment :

1° La description des activités prévues ;

2° Le nombre de postes et la nature des contrats de travail ouvrant droit à l'aide dont la création est envisagée ;

3° La fixation de la période, de douze mois au plus à compter de la conclusion de la convention, pendant laquelle les postes peuvent être créés ;

4° La durée collective de travail applicable dans l'organisme employeur ;

5° Pour chaque poste, la durée du travail fixée au contrat de travail du salarié occupant le poste ;

6° Les objectifs fixés pour assurer la professionnalisation des activités envisagées et, le cas échéant, les actions de formation et de qualification professionnelle des salariés exerçant ces activités ;

7° La convention collective éventuellement applicable ;

8° Le montant et les modalités de versement de l'aide de l'État ;

9° Les modalités du contrôle de l'application de la convention.

Art. D. 5134-4. Aucune embauche ne peut intervenir avant la date de la signature de la convention.

Note Un contrat emploi-jeune conclu le 1er janvier 2000, avant la signature de la convention avec l'État intervenue le 4 janvier suivant, doit être requalifié en contrat à durée indéterminée (cass. soc. 3 février 2010, n° 08-41.872, BC V n° 29 ; *RJS* 4/10 n° 365 ; *CSB* S. 130).

Art. D. 5134-5. Le préfet contrôle l'exécution de la convention. À cette fin, l'employeur fournit à sa demande tout élément permettant de vérifier la bonne exécution de la convention et la réalité des emplois créés.

Art. D. 5134-6. Les conventions conclues, en application de l'article L. 5134-3, avec les établissements d'enseignement, publics ou sous contrat, sont instruites, signées et résiliées par les autorités académiques et exécutées sous leur contrôle, lorsque les activités envisagées participent directement à l'action éducatrice.

Les conventions relatives aux activités périscolaires relèvent de la compétence du préfet, qui consulte les autorités académiques sur les projets de convention concernés.

Sous-section 3. Contrat de travail

§ 1. Dispositions communes

Art. L. 5134-9. Le contrat emploi-jeune est un contrat de travail de droit privé établi par écrit.

Il peut être à durée indéterminée ou à durée déterminée en application du 1° de l'article L. 1242-3.

Les collectivités territoriales et les autres personnes morales de droit public, à l'exclusion des établissements publics à caractère industriel et commercial, ne peuvent conclure que des contrats à durée déterminée.

Note • Lorsque les contrats prévus à cet article sont conclus par des collectivités territoriales ou des établissements publics des départements d'outre-mer et de Saint-Pierre-et-Miquelon, ils peuvent être prolongés pour 36 mois au maximum au-delà de la durée fixée au premier alinéa du II dudit article, sous réserve que l'aide spécifique de l'État ait été accordée dans le cadre d'un avenant à la convention initiale. Sont réputés de même nature les contrats qui seraient parvenus à leur terme avant la publication de la présente loi et se seraient poursuivis à l'issue de la période initiale, et qui peuvent être prolongés depuis cette date dans la même limite et dans les mêmes conditions (loi de programme pour l'outre-mer 2003-660 du 21 juillet 2003, art. 11, JO 22).

• La sanction de l'irrégularité d'un contrat emploi-jeune ne peut être que sa requalification en contrat de travail à durée indéterminée et non en un contrat à durée déterminée relevant de l'article L. 122-3-8, al. 2 [L. 1243-2] CT. La méconnaissance par l'employeur des exigences posées par l'alinéa 3 de l'article L. 322-4-20 [L. 5134-9] CT ouvre droit à des dommages et intérêts correspondant au préjudice subi ; cette indemnisation ne se cumule pas avec l'indemnité de rupture dont l'employeur est redevable lorsqu'il rompt régulièrement le contrat emploi-jeune (cass. soc. 1er décembre 2005, n° 04-44.921, BC V n° 344 ; *RJS* 2/06 n° 258).

• S'il appartient au juge judiciaire de se prononcer sur les litiges nés de la conclusion, de l'exécution, de la rupture ou de l'échéance du contrat emploi-jeune, même si l'employeur est une personne publique, le juge administratif est seul compétent pour statuer sur la demande de requalification de la relation contractuelle lorsque celle-ci s'est poursuivie avec la personne morale de droit public au-delà du terme du contrat, ainsi que sur les conséquences de la rupture survenue après cette échéance (Trib. confl. 23 novembre 2009, n° 3733, *RJS* 2/10 n° 212 ; cass. soc. 13 octobre 2010, n° 09-40.830, *RJS* 12/10 n° 968).

• En l'absence de contestation de la légalité des conventions passées entre l'État et l'employeur, et du caractère sérieux d'une telle contestation, le juge judiciaire n'a pas à renvoyer l'examen de la question préjudicielle de la légalité de ces conventions devant la juridiction administrative (cass. soc. 15 novembre 2006, n° 05-42.469, BC V n° 337 ; *RJS* 2/07 n° 258).

• Voir Fr. Duquesne, « Les emplois-jeunes et la grève », *Dr. Soc.* 2001, p. 711.

Art. L. 5134-10. Le contrat emploi-jeune ne peut être conclu par les services de l'État.

Art. L. 5134-11. Le contrat emploi-jeune est conclu pour la durée légale du travail ou pour la durée collective inférieure applicable à l'organisme employeur.

Il peut être conclu à temps partiel, à condition que la durée du travail soit au moins égale à un mi-temps, et sur dérogation accordée par l'autorité administrative signataire de la convention, lorsque la nature de l'emploi ou le volume de l'activité ne permettent pas l'emploi d'un salarié à temps complet.

Note Les dispositions du code du travail relatives à la durée du travail s'appliquent aux contrats emploi-jeune conclus par les collectivités territoriales (cass. soc. 22 février 2006, n° 03-45.860, BC V n° 82 ; *RJS* 5/06 n° 614).

Art. D. 5134-7. L'autorité administrative mentionnée à l'article L. 5134-11 est le préfet, signataire de la convention.

Art. L. 5134-12. Lorsqu'à l'issue du contrat emploi-jeune le contrat se poursuit, l'emploi pour lequel le contrat emploi-jeune a été conclu est intégré dans les grilles de classification des conventions ou accords collectifs dont relève l'activité lorsque ces conventions ou accords existent.

Art. L. 5134-13. Le contrat de travail peut être suspendu à l'initiative du salarié avec l'accord de l'employeur afin de lui permettre d'accomplir la période d'essai afférente à une offre d'emploi.

En cas d'embauche à l'issue de cette période d'essai, le contrat est rompu sans préavis.

§ 2. Dispositions particulières au contrat emploi-jeune à durée déterminée

Art. L. 5134-14. Lorsque le contrat emploi-jeune est à durée déterminée, il est conclu pour une durée de soixante mois.

Il comporte une période d'essai d'un mois renouvelable une fois.

Art. L. 5134-15. Sans préjudice des dispositions de l'article L. 1243-1, le contrat emploi-jeune à durée déterminée peut être rompu à l'expiration de chacune des périodes annuelles de son exécution à l'initiative du salarié, moyennant le respect d'un préavis de deux semaines, ou de l'employeur, s'il justifie d'une cause réelle et sérieuse.

Dans ce dernier cas, les dispositions relatives à l'entretien préalable au licenciement, prévues aux articles L. 1232-2 à L. 1232-4, L. 1233-11 à L. 1233-13 et L. 1233-38, et celles relatives au préavis, prévues à l'article L. 1234-1, sont applicables.

En outre, l'employeur qui décide de rompre le contrat pour une cause réelle et sérieuse notifie cette rupture par lettre recommandée avec avis de réception. Cette lettre ne peut être expédiée au salarié moins d'un jour franc après la date fixée pour l'entretien préalable. La date de présentation de la lettre recommandée avec avis de réception fixe le point de départ du préavis.

Note • La méconnaissance par l'employeur des exigences posées par l'alinéa 3 de l'article L. 322-4-20 [L. 5134-15 al. 1] CT ouvre droit à des dommages et intérêts correspondant au préjudice subi ; cette indemnisation ne se cumule pas avec l'indemnité de rupture dont l'employeur est redevable lorsqu'il rompt régulièrement le contrat emploi-jeune (cass. soc. 1er décembre 2005, n° 04-44.921, BC V n° 344 ; *RJS* 2/06 n° 258).

• Lorsque l'employeur a rompu avant son terme pour faute grave un contrat emploi-jeune à durée déterminée, et que la juridiction écarte la faute grave mais retient le comportement fautif justifiant une rupture pour cause réelle et sérieuse, cette rupture ne peut prendre effet qu'à la date d'expiration de la période annuelle en cours (cass. soc. 10 mars 2004, n° 01-47.306, BC V n° 75 ; *RJS* 5/04 n° 586 ; *CSB* 2004 S. 225 ; 30 mai 2007, n° 05-45.564, BC V n° 88). L'employeur peut procéder au licenciement avant la date anniversaire de la conclusion du contrat en différant la date d'effet du licenciement à cette date et en maintenant la rémunération jusqu'au terme de la période (cass. soc. 9 avril 2008, n° 07-41.377, BC V n° 80; *Dr. Soc.* 2008, p. 735, obs. Cl. Roy-Loustaunau; *JCP* éd. S 2008, 1449, note Ch. Willmann; *CSB* 2008 S. 286).

La méconnaissance par un employeur des dispositions relatives à la rupture d'un contrat emploi-jeune avant l'échéance du terme de 60 mois ouvre droit à une indemnisation correspondant au préjudice subi par le salarié et non aux rémunérations qu'il aurait perçues jusqu'à ce terme (cass. soc. 13 juillet 2004, n° 02-43.739, BC V n° 203 ; *RJS* 11/04 n° 1178 ; *CSB* 2004 S. 354).

• Lorsque le titulaire d'un contrat emploi-jeune est déclaré inapte à la suite d'un accident du travail ou d'une maladie professionnelle, l'employeur qui est dans l'impossibilité de le reclasser et qui souhaite rompre le contrat ne peut que demander la résiliation judiciaire du contrat de travail (cass. soc. 18 avril 2008, n° 06-43.846, BC V n° 97; *RJS* 7/08 n° 772; *JCP* éd. S 2008, 1468, note Ch. Willmann).

Art. L. 5134-16. Le salarié dont le contrat à durée déterminée est rompu par son employeur dans les conditions prévues au premier alinéa de l'article L. 5134-15 bénéficie d'une indemnité calculée sur la base de la rémunération perçue. Le montant retenu pour le calcul de cette indemnité ne saurait cependant excéder celui qui aura été perçu par le salarié au titre des dix-huit derniers mois d'exécution de son contrat. Son taux est identique à celui prévu au deuxième alinéa de l'article L. 1243-8.

Art. L. 5134-17. En cas de rupture avant terme du contrat à durée déterminée, l'employeur ne peut conclure, pour le même poste, un nouveau contrat à durée déterminée.

Art. L. 5134-18. Par dérogation aux dispositions relatives à la rupture avant terme du contrat de travail à durée déterminée prévues à l'article L. 1243-2, la méconnaissance par l'employeur des dispositions relatives à la rupture du contrat emploi-jeune à durée déterminée prévues à l'article L. 5134-15 ouvre droit pour le salarié à des dommages et intérêts correspondant au préjudice subi.

Il en est de même lorsque la rupture du contrat intervient suite à la dénonciation de la convention du fait de son non-respect par l'employeur.

Sous-section 4. Aide financière

Art. L. 5134-19. Pour chaque poste de travail créé et occupé par une personne répondant aux conditions prévues par l'article L. 5134-1, l'État verse à l'organisme employeur une aide forfaitaire.

Art. L. 5134-19-1.

La convention prévoit les conditions dans lesquelles l'organisme employeur peut verser une rémunération supérieure au salaire minimum de croissance. L'État peut prendre en charge tout ou partie des coûts d'étude des projets mentionnés à l'article L. 5134-6.

Cette aide ne donne lieu à aucune charge fiscale.

Elle ne peut se cumuler, pour un même poste de travail, avec une autre aide de l'État à l'emploi, avec une exonération totale ou partielle des cotisations patronales de sécurité sociale ou avec l'application de taux spécifiques, d'assiettes ou de montants forfaitaires de cotisations de sécurité sociale.

Elle ne peut être accordée lorsque l'embauche est en rapport avec la fin du contrat de travail d'un salarié, quel qu'en soit le motif.

L'employeur peut recevoir, pour la part de financement restant à sa charge, des cofinancements provenant notamment des collectivités territoriales, des établissements publics locaux ou territoriaux ainsi que de toute autre personne morale de droit public ou de droit privé.

Un décret détermine les conditions d'attribution et de versement de l'aide de l'État.

Art. D. 5134-8. L'aide prévue par la convention pluriannuelle est versée pendant une durée de soixante mois à compter de la création du poste de travail, pour les périodes pendant lesquelles le poste est effectivement occupé par une personne remplissant les conditions prévues à l'article L. 5134-1.

Art. D. 5134-9. Le montant annuel de l'aide par poste de travail est fixé à 15924,55 €.

L'aide est versée mensuellement et par avance à l'organisme employeur.

Art. D. 5134-10. Lorsque le paiement de l'aide a été suspendu à la suite d'une vacance de poste due à une rupture du contrat de travail, il n'y a pas de reprise du versement de l'aide de l'État.

Le versement de l'aide peut cependant être repris pour les postes pour lesquels les conventions initiales ont fait l'objet d'un avenant portant la durée de l'aide à une période supérieure à soixante mois.

Les personnes morales qui en sollicitent la reprise en font la demande au préfet qui vérifie les conditions d'exécution de la convention à la date de la demande.

Art. D. 5134-11. Pour chaque poste, les conventions conclues avec les organismes de droit privé à but non lucratif peuvent faire l'objet d'avenants prévoyant, au cours d'une durée additionnelle de trente-six mois, le versement d'une partie de l'aide initiale ainsi que l'octroi d'une prime de consolidation d'un montant maximum de 15245 €.

Art. D. 5134-12. En cas de résiliation des avenants, les sommes que l'employeur aurait dû percevoir au titre de l'aide initiale s'il n'avait pas opté pour le versement différé de cette aide lui sont reversées.

Art. D. 5134-13. Lorsque la durée du travail prévue au contrat de travail du salarié est inférieure à trente-cinq heures par semaine, le montant de l'aide est réduit par application du rapport entre la durée prévue au contrat et la durée collective applicable à l'organisme employeur où est créé le poste.

(L. 2008-1249 du 1er déc. 2008, art. 21, JO 3, entrée en vigueur le 01.01.2010)

SECTION 1-1. Contrat unique d'insertion

Note Voir circulaire DGEFP 2009-42 du 5 novembre 2009 et lettre circulaire ACOSS 2010-080 du 22 juillet 2010 (*LS* Bref soc. n° 15659 du 28 juil. 2010).

Art. L. 5134-19-1. Le contrat unique d'insertion est constitué par :

1° Une convention individuelle conclue dans les conditions mentionnées par les sous-sections 2 des sections 2 et 5 entre l'employeur, le bénéficiaire et :
a) Soit, pour le compte de l'État, l'institution mentionnée à l'article L. 5312-1 ou, selon des modalités fixées par décret, un des organismes visés aux ***(L. 2010-853 du 23 juil. 2010, art. 29, JO 24)*** « 1° et 3° » de l'article L. 5311-4 ;

b) Soit le président du conseil général lorsque cette convention concerne un bénéficiaire du revenu de solidarité active financé par le département;

2° Un contrat de travail conclu entre l'employeur et le bénéficiaire de la convention individuelle, dans les conditions prévues par les sous-sections 3 des sections 2 et 5.

Le contrat unique d'insertion ouvre droit à une aide financière dans les conditions prévues par les sous-sections 4 des sections 2 et 5. Le montant de cette aide résulte d'un taux, fixé par l'autorité administrative, appliqué au salaire minimum de croissance.

Art. L. 5134-19-2. Le président du conseil général peut déléguer tout ou partie de la conclusion et de la mise en œuvre de la convention individuelle mentionnée au 1° de l'article L. 5134-19-1 à l'institution mentionnée à l'article L. 5312-1 ou à tout autre organisme qu'il désigne à cet effet.

Art. L. 5134-19-3. Le contrat unique d'insertion prend la forme :

1° Pour les employeurs du secteur non marchand mentionnés à l'article L. 5134-21, du contrat d'accompagnement dans l'emploi défini par la section 2;

2° Pour les employeurs du secteur marchand mentionnés à l'article L. 5134-66, du contrat initiative-emploi défini par la section 5.

Note Les actions de formation destinées aux personnes bénéficiant d'un contrat d'accompagnement dans l'emploi mentionné à l'article L. 5134-19-3 CT dans les collectivités territoriales ou les établissements publics en relevant peuvent être financées, pour tout ou partie, au moyen de la cotisation obligatoire versée par les collectivités territoriales et leurs établissements publics en application de l'article 12-2 de la loi 84-53 du 26 janvier 1984 portant dispositions statutaires relatives à la fonction publique territoriale (loi 2008-1249 du 1er décembre 2008, art. 22, II, JO 3, entrée en vigueur le 1er janvier 2010).

Art. L. 5134-19-4. Le département signe, préalablement à la conclusion des conventions individuelles prévues au 1° de l'article L. 5134-19-1, une convention annuelle d'objectifs et de moyens avec l'État.

Cette convention fixe :

1° Le nombre prévisionnel de conventions individuelles conclues au titre de l'embauche, dans le cadre d'un contrat unique d'insertion, de bénéficiaires du revenu de solidarité active financé par le département;

2° Les modalités de financement des conventions individuelles et les taux d'aide applicables.

Lorsque le département participe au financement de l'aide, les taux mentionnés au dernier alinéa de l'article L. 5134-19-1 peuvent être majorés, en fonction des critères énoncés aux 1°, 2° et 4° des articles L. 5134-30 et L. 5134-72.

Lorsque l'aide est en totalité à la charge du département, le conseil général en fixe le taux sur la base des critères mentionnés aux articles L. 5134-30 et L. 5134-72, dans la limite du plafond prévu aux articles L. 5134-30-1 et L. 5134-72-1;

3° Les actions d'accompagnement et les autres actions ayant pour objet de favoriser l'insertion durable des salariés embauchés en contrat unique d'insertion.

À l'occasion de chaque renouvellement de la convention annuelle d'objectifs et de moyens, l'État et le département procèdent au réexamen de leur participation financière au financement du contrat unique d'insertion en tenant compte des résultats constatés en matière d'insertion durable des salariés embauchés dans ce cadre ainsi que des contraintes économiques qui pèsent sur certains territoires.

Art. L. 5134-19-5. Le président du conseil général transmet à l'État, dans des conditions fixées par décret, toute information permettant le suivi du contrat unique d'insertion.

Art. L. 5134-19-5.

(D. 2009-1442 du 25 nov. 2009, JO 26, entrée en vigueur le 01.01.2010)

Sous-section 1. Dispositions générales

Art. D. 5134-14. Les organismes mentionnés aux 1°, 3° et 4° de l'article L. 5311-4 peuvent conclure pour le compte de l'État des conventions individuelles en application du a du 1° de l'article L. 5134-19-1, dans le cadre des missions d'insertion professionnelle que l'État leur confie par une convention ou par un marché et dans la limite de l'enveloppe financière qu'il notifie annuellement à chaque organisme.

Art. R. 5134-15. Lorsque les organismes mentionnés aux 1°, 3° et 4° de l'article L. 5311-4 prennent des décisions ou concluent des conventions individuelles pour le compte de l'État en application du a du 1° de l'article L. 5134-19-1, ils statuent également au nom de l'État en cas de recours gracieux formés contre ces décisions ou conventions. Les recours hiérarchiques sont portés devant le préfet de région.

Art. R. 5134-16. La convention annuelle d'objectifs et de moyens prévue à l'article L. 5134-19-4 comporte une annexe, dont le modèle est fixé par arrêté du ministre chargé de l'emploi, faisant apparaître la liste des taux de prise en charge de l'aide financière définis en application du dernier alinéa de l'article L. 5134-19-1, du cinquième et du sixième alinéa de l'article L. 5134-19-4. Cette annexe mentionne également le nombre prévisionnel de conventions individuelles conclues par le président du conseil général, selon que l'aide est financée pour partie ou en totalité par le département.

La convention annuelle d'objectifs et de moyens peut être modifiée en cours d'année par avenant.

Note Voir arrêté du 4 janvier 2010 (JO 15) relatif au modèle d'annexe à la convention annuelle d'objectifs et de moyens pour la mise en œuvre du contrat unique d'insertion.

Art. R. 5134-17. La convention individuelle de contrat unique d'insertion, dont le modèle est fixé par arrêté du ministre chargé de l'emploi, comporte :

1° Des informations relatives à l'identité du bénéficiaire et à sa situation au regard de l'emploi, des allocations dont il bénéficie et de sa qualification ;

2° Des informations relatives à l'identité et aux caractéristiques de l'employeur ;

3° Des informations relatives à la nature, aux caractéristiques et au contenu du contrat de travail conclu avec le salarié ;

4° Les modalités de mise en œuvre de la convention individuelle, notamment :
a) La nature des actions prévues au cours du contrat d'accompagnement dans l'emploi ou du contrat initiative-emploi, respectivement, en matière d'orientation et d'accompagnement professionnel, de formation professionnelle et de validation des acquis de l'expérience, en application de l'article L. 5134-22, et en matière d'accompagnement professionnel et, le cas échéant, de formation, en application de l'article L. 5134-65 ;
b) Le cas échéant, l'indication qu'une ou plusieurs périodes d'immersion auprès d'un autre employeur sont prévues au cours du contrat, en application de l'article L. 5134-20 ;
c) Le nom du référent mentionné aux articles R. 5134-37 et R. 5134-60 et l'organisme dont il relève ;
d) Le nom et la fonction du tuteur mentionné aux articles R. 5134-38 et R. 5134-61 ;
e) Le taux de prise en charge servant au calcul de l'aide versée à l'employeur et le nombre d'heures de travail auquel il s'applique ;
f) L'identité de l'organisme ou des organismes en charge du versement de l'aide financière et les modalités de versement ;
g) Les modalités de contrôle par l'autorité signataire de la mise en œuvre de la convention.

La convention individuelle peut être modifiée avant son terme avec l'accord des trois parties.

Note
- Voir arrêté du 4 janvier 2010 (JO 15) relatif au modèle de convention individuelle de contrat unique d'insertion.
- Voir art. R. 5522-11-1 pour l'outre-mer.

Sous-section 2. Suivi financier et statistique

Art. R. 5134-18. L'Agence de services et de paiement est autorisée à mettre en œuvre un traitement automatisé des données à caractère personnel contenues dans les conventions individuelles conclues en application de l'article L. 5134-19-1.

Le traitement automatisé a pour finalité :

1° La gestion, le contrôle et le suivi des conventions individuelles ;

2° Le calcul et le paiement de l'aide versée à l'employeur ;

3° L'identification des cas dans lesquels l'allocation de revenu de solidarité active est intégralement à la charge du Fonds national des solidarités actives en application du troisième alinéa du I de l'article L. 262-24 du code de l'action sociale et des familles ;

4° L'élaboration de données statistiques et financières anonymes.

Note Voir art. R. 5522-11-2 pour l'outre-mer.

Art. R. 5134-19. Les catégories de données à caractère personnel enregistrées sont les suivantes :

1° Le nom de famille et, le cas échéant, le nom marital, les prénoms, le sexe et la date de naissance ;

2° La nationalité, sous l'une des formes suivantes :

- français ;
- ressortissant d'un État membre de l'Union européenne ;
- ressortissant d'un État tiers.

3° Le numéro d'inscription au répertoire national d'identification des personnes physiques ;

4° Le niveau de formation ;

5° L'adresse ;

6° Le cas échéant, le numéro d'inscription sur la liste des demandeurs d'emploi et la durée de cette inscription ;

7° Le cas échéant, l'indication de la qualité de bénéficiaire du revenu de solidarité active financé par le département, le numéro d'allocataire, l'organisme en charge du versement et la durée pendant laquelle il a bénéficié de cette allocation ;

8° Le cas échéant, l'indication de la qualité de bénéficiaire de l'allocation de solidarité spécifique, de l'allocation aux adultes handicapés ou de l'allocation temporaire d'attente et la durée pendant laquelle il a bénéficié de cette allocation ;

9° Le cas échéant, l'indication que le bénéficiaire déclare être reconnu en tant que travailleur handicapé ;

10° Les données mentionnées aux 2°, 3° et 4° de l'article R. 5134-17.

Art. R. 5134-20. Pour les nécessités liées à la seule finalité mentionnée au 3° de l'article R. 5134-18 les agents des organismes mentionnés à l'article L. 262-16 du code de l'action sociale et des familles désignés et habilités par l'autorité responsable de ces organismes sont destinataires des données du traitement relatives aux personnes bénéficiaires du revenu de solidarité active financé par le département et portant sur :

1° Le nom et l'adresse des intéressés ;

2° Leur numéro d'inscription au répertoire national d'identification des personnes physiques ;

3° Leur numéro d'allocataire ;

4° La date de leur embauche.

Art. R. 5134-21. À l'exception du numéro d'inscription au répertoire national d'identification des personnes physiques et, le cas échéant, du numéro d'allocataire du revenu de solidarité active financé par le département, sont destinataires des données du traitement pour les nécessités liées aux seules finalités mentionnées aux 1°, 2° et 4° de l'article R. 5134-18 les agents des administrations et organismes mentionnés ci-après, désignés et habilités par l'autorité responsable de ces administrations et organismes :

1° Les services déconcentrés du ministre chargé de l'emploi dans le département ;

2° Les unités locales de Pôle emploi ;

3° Les organismes mentionnés à l'article D. 5134-14, pour les conventions qu'ils ont conclues au nom de l'État ;

4° Le cas échéant, le département, lorsque le président du conseil général le demande, pour les conventions qu'il a conclues.

Art. R. 5134-22. Les agents des services statistiques du ministre chargé de l'emploi désignés et habilités par l'autorité responsable de ces services sont destinataires des données du traitement, à l'exception du nom de famille et, le cas échéant, du nom marital, ainsi que du numéro d'inscription au répertoire national d'identification des personnes physiques, pour les nécessités liées à la seule finalité mentionnée au 4° de l'article R. 5134-18.

Art. R. 5134-23. Les données à caractère personnel ne peuvent être conservées au-delà de la période nécessaire à la conduite des opérations prévues à l'article R. 5134-18 et au maximum un an après la date d'achèvement de la convention individuelle.

Toutefois, en cas de contentieux relatif à une convention individuelle, les données correspondantes sont conservées jusqu'à une décision de justice devenue définitive.

L'enregistrement, l'utilisation, la conservation et la transmission de ces données sont réalisés selon des modalités propres à garantir leur confidentialité.

Art. R. 5134-24. Les droits d'accès et de rectification prévus aux articles 39 et 40 de la loi n° 78-17 du 6 janvier 1978 relative à l'informatique, aux fichiers et aux libertés s'exercent auprès de l'Agence de services et de paiement.

Art. D. 5134-25. Pour la mise en œuvre du traitement automatisé, le président du conseil général transmet à l'Agence de services et de paiement l'ensemble des conventions individuelles qu'il conclut.

SECTION 2. Contrat d'accompagnement dans l'emploi

Note

• Le taux de la cotisation d'accidents du travail et de maladies professionnelles due pour l'emploi des salariés en contrat d'avenir et en contrat d'accompagnement dans l'emploi (CAE) dans les ateliers et chantiers d'insertion est fixé à 1,5 % (arrêté du 22 décembre 2008, JO 28). Voir lettre-circ. ACOSS 2009-44 du 6 avril 2009.

• « Les actions de formation destinées aux personnes bénéficiant des contrats mentionnés aux articles L. 322-4-7 et L. 322-4-10 [L. 5431-20 et 35] CT dans les établissements énumérés à l'article 2 de la loi n° 86-33 du 9 janvier 1986 portant dispositions statutaires relatives à la fonction publique hospitalière, en vue de faciliter leur insertion, sont financées, pour tout ou partie, au moyen de crédits collectés par les organismes collecteurs paritaires mentionnés à l'article 22 de la loi n° 90-579 du 4 juillet 1990 relative au crédit-formation, à la qualité et au contrôle de la formation professionnelle continue et modifiant le livre IX du code du travail » (loi 2005-841 du 26 juillet 2005, art. 21, JO 27). Voir également circulaire DGEFP 2005-24 du 30 juin 2005 (BO TR 2005/08 du 30 août 2005) relative aux modalités d'accès à la formation professionnelle et de mise en œuvre des actions d'accompagnement de bénéficiaires de contrats aidés.

• Sur le service civil volontaire et ses différentes modalités, voir art. L. 121-19 c. act. soc. fam., décret 2006-1024 du 21 août 2006 (JO 22) et circulaire DGEFP 2007-12 du 29 mars 2007 (BO TR 2007/5).

Jurisprudence relative aux contrats emploi-solidarité et contrats emploi consolidé

• Le refus opposé par le préfet à la conclusion d'une convention peut être contesté devant le juge administratif (CE 18 mars 1998, n° 156392, *RJS* 6/98 n° 774 : détournement de pouvoir non établi, l'association se proposant d'organiser des stages et non de recruter sur des emplois réels répondant à des besoins collectifs non satisfaits).

• L'article L. 322-4-7 CT interdisant le recrutement de salariés par contrat emploi-solidarité (CES) pour pourvoir des emplois dans les services de l'État, fût-ce par le biais d'associations, est irrégulier et doit être requalifié en contrat de droit commun à durée indéterminée le contrat emploi-solidarité conclu entre une salariée et une association d'action sociale des personnels et agents du ministère de l'Intérieur pour occuper un poste de secrétaire dans une préfecture (cass. soc. 10 juillet 2002, n° 99-45.870, BC V n° 234 ; *RJS* 10/02 n° 1158 ; *CSB* 2002 A. 56 ; *Dr. Soc.* 2002, p. 945, note Cl. Roy-Loustaunau).

• Les contrats emploi-solidarité peuvent être contractés pour des emplois liés à l'activité normale et permanente des collectivités, organismes et personnes morales concernées (cass. soc. 16 mars 1999, n° 97-40.271, BC V n° 113 ; *RJS* 4/99 n° 563 ; *CSB* 1999 A. 29 ; Cl. Roy-Loustaunau, *Dr. Soc.* 1999, p. 553 ; cass. soc. 29 juin 1999, n° 97-41.034, *RJS* 8-9/99 n° 1119 ; *JCP* éd. G 2000.II.10263, note Fr. Duquesne ; CE 23 juin 2004, n° 260945, *RJS* 11/04 n° 1179). La validité du contrat emploi-solidarité doit être appréciée uniquement dans les rapports entre la CCI, employeur, et la salariée, peu important que celle-ci soit mise à la disposition d'un autre organisme (cass. soc. 5 juin 2001, n° 99-41.289, BC V n° 205 ; *RJS* 8-9/01 n° 1051 ; *Dr. Soc.* 2001, p. 1111).

• Si, aux termes du décret du 30 janvier 1990, la durée du contrat emploi-solidarité est comprise entre 3 et 12 mois, avec possibilité de deux renouvellements sans que la durée totale du contrat excède 24 mois, aucun texte ne fait obligation, dans le cadre d'un renouvellement, de prévoir une nouvelle durée minimale de 3 mois (cass. soc. 13 décembre 2006, n° 05-40.606, BC V n° 376 ; *RJS* 2/07 n° 259).

• L'absence de mention de la répartition de l'horaire de travail dans le contrat emploi-solidarité ne pouvait, dans le cadre alors applicable, justifier la requalification du CES à temps partiel en contrat à temps complet (cass. soc. 13 décembre 2007, n° 06-41.754, *RJS* 4/08 n° 466).

• Un organisme ayant déjà conclu avec l'État des conventions de contrat emploi-solidarité n'a aucun droit acquis à la signature de nouveaux contrats de ce type (CE 3 février 1999, n° 156586, *RJS* 5/99 n° 713).

• Les litiges nés de la conclusion, de l'exécution et de la rupture d'un contrat emploi-solidarité, qui a la nature juridique d'un contrat de droit privé, relèvent de la compétence de l'autorité judiciaire, même si l'employeur est une personne publique gérant un service public à caractère administratif, sauf renvoi de question préjudicielle lorsque la légalité de la convention passée entre l'État et l'employeur est contestée (Trib. confl. 24 septembre 2007, 2 espèces, n^os^ C3645 et C3597, concl. J. Duplat, *Dr. Soc.* 2008, p. 94 ; 7 juin 1999, n° 03152, concl. J. Arrighi de Casanova, *Dr. Soc.* 1999, p. 762 ; *RJS* 8-9/99 n° 1120 ; *D.* 2001 J 266 ; cass. soc. 8 juillet 1999, n° 3230 P, idem ; 16 mars 1999, n° 97-40.271, BC V n° 113 ; *RJS* 4/99 n° 563 ; *CSB* 1999 A. 29 ; 27 mars 2008, n° 06-45.929, BC V n° 74 ; *RJS* 6/08 n° 701, *CSB* 2008 S. 287 ; voir également A. de Senga, « CES : quel juge pour quelle loi ? », *Dr. Ouvr.* 1999, p. 357). Le juge administratif est seul compétent pour tirer les conséquences d'une éventuelle requalification d'un contrat s'il apparaît que celui-ci n'entre en réalité pas dans les prévisions de l'article L. 322-4-7 CT (Trib. confl. 18 juin 2001, n° 3258 et avis CE 16 mai 2001, n° 229811, *RJS* 10/01 n° 1219). Il en est de même lorsque la requalification effectuée par le juge judiciaire, pour un autre motif, a pour conséquence non la réparation du préjudice résultant de la rupture du contrat, mais la poursuite d'une relation contractuelle entre le salarié et la personne morale de droit public gérant un service public administratif au-delà du terme du contrat (Trib. confl. 20 octobre 2008, n° 3670, *JCP* éd. G 2009.II.10003, note M-Ch. Rouault et Fr. Duquesne ; 23 novembre 2009, n° 3733, *RJS* 2/10 n° 212).

• Le litige résultant de la rupture du contrat emploi consolidé, qui, en vertu de la loi, a la nature juridique d'un contrat de droit privé, relève de la compétence de la juridiction judiciaire (Trib. confl. 20 octobre 1997, n° 03086, *RJS* 3/98 n° 348 ; 15 novembre 2004, n° 04-03.422, BC n° 25). Voir également chron. Cl. Roy-Loustaunau, *RJS* 11/98, p. 803 et cass. soc. 16 décembre 2009, n° 05-44.850, *RJS* 3/10 n° 284), dans un litige relatif à l'indemnisation du chômage.

• L'employeur ne peut demander au salarié d'effectuer des travaux autres que ceux précisés dans la convention signée avec l'État (cass. soc. 25 mars 1997, n° 94-41.828, BC V n° 123 ; *RJS* 5/97 n° 580). Il ne peut être conclu un avenant au contrat qui modifie la nature des activités faisant l'objet du contrat et le montant de la rémunération correspondante (cass. soc. 24 mars 2010, n° 07-44.541, BC V n° 73 ; *RJS* 6/10 n° 541 ; *CSB* 2010 S. 131).

• En l'absence de contrat écrit, le contrat emploi-solidarité, comme le contrat emploi consolidé à durée déterminée, doit être requalifié en contrat à durée indéterminée (cass. soc. 22 février 2006, n° 04-42.863, BC V n° 77 ; *RJS* 5/06 n° 615 ; 30 novembre 2004, n° 02-42.284, BC V n° 306 ; *RJS* 2/05 n° 128 ; *CSB* 2005 A. 12 ; *Dr. Soc.* 2005, p. 214). Le contrat emploi consolidé à durée déterminée dont la durée initiale a été supérieure aux 12 mois fixés par les textes doit être requalifié en contrat à durée indéterminée (cass. soc. 30 novembre 2004, n° 02-44.083, BC V n° 304 ; *CSB* 2005 A. 12 ; *Dr. Soc.* 2005, p. 214).

• Les contrats emploi-solidarité et contrats emploi consolidé doivent être requalifiés en contrats à durée indéterminée dès lors que l'employeur n'a pas respecté les obligations relatives à la formation et à l'orientation professionnelle (cass. soc. 30 novembre 2004, n° 01-45.613, BC V n° 305 ; *RJS* 3/05 n° 190 ; *CSB* 2005 A. 12 ; *Dr. Soc.* 2005, p. 212). Voir également cass. soc. 27 mars 2008 précitée : question préjudicielle relative à la régularité de la convention entre l'État et l'employeur à ce sujet.

• Le contrat emploi consolidé à durée déterminée ne peut être conclu, en vertu d'une convention avec l'État, que pour une durée initiale de 12 mois renouvelable chaque année par avenant dans la limite d'une durée totale de 60 mois, en sorte que sa rupture anticipée ne peut donner lieu à indemnisation que jusqu'au terme de la période de 12 mois au cours de laquelle il a été conclu ou renouvelé (cass. soc. 28 septembre 2005, n° 03-46.974, BC V n° 270 ; *RJS* 12/05 n° 1241 ; *CSB* 2006 S. 13).

• Dès lors que les dispositions de la convention collective s'appliquaient à tout nouveau salarié sans distinction et qu'elles n'étaient pas expressément exclues par l'article L. 322-4-8-1 CT, la salariée sous contrat emploi consolidé devait être titularisée au-delà d'une période de 1 an (cass. soc. 31 mai 2005, n° 02-45.862, BC V n° 184 ; *RJS* 8-9/05 n° 885 ; 3 novembre 2005, n° 03-47.092, BC V n° 309 ; *RJS* 1/06 n° 72 ; *CSB* 2006 S.73).

• Le contrat emploi consolidé étant un contrat de droit privé, il ne saurait être fait application au salarié engagé dans ce cadre du régime de durée du travail et de rémunération prévu pour les agents publics d'un centre communal d'action sociale par son conseil d'administration (cass. soc. 11 juillet 2007, n° 05-42.517, BC V n° 117 ; *RJS* 10/07 n° 1069 ; *CSB* 2007 S. 376).

Sous-section 1. Objet

Art. L. 5134-20. ***(L. 2008-1249 du 1er déc. 2008, art. 22, JO 3, entrée en vigueur le 01.01.2010)*** Le contrat d'accompagnement dans l'emploi a pour objet de faciliter l'insertion professionnelle des personnes sans emploi rencontrant des difficultés sociales et professionnelles particulières d'accès à l'emploi. À cette fin, il comporte des actions d'accompagnement professionnel. Il peut, aux fins de développer l'expérience et les compétences du salarié, prévoir, par avenant, une période d'immersion auprès d'un autre employeur dans les conditions prévues à l'article L. 8241-2. Un décret détermine la durée et les conditions d'agrément et d'exécution de cette période d'immersion.

Sous-section 2. Convention

Art. L. 5134-21. ***(L. 2008-1249 du 1er déc. 2008, art. 22, JO 3, entrée en vigueur le 01.01.2010)*** Les conventions ouvrant droit au bénéfice du contrat d'accompagnement dans l'emploi peuvent être conclues avec :

1° Les collectivités territoriales ;

2° Les autres personnes morales de droit public ;

3° Les organismes de droit privé à but non lucratif ;

4° Les personnes morales de droit privé chargées de la gestion d'un service public.

Art. L. 5134-21-1. ***(L. 2008-1249 du 1er déc. 2008, art. 22, JO 3, entrée en vigueur le 01.01.2010)*** La conclusion d'une nouvelle convention individuelle mentionnée à l'article L. 5134-19-1 est subordonnée au bilan préalable des actions d'accompagnement et des actions visant à l'insertion durable des salariés, réalisées dans le cadre de conventions individuelles conclues au titre d'un contrat aidé antérieur.

Art. L. 5134-22. ***(L. 2008-1249 du 1er déc. 2008, art. 22, JO 3, entrée en vigueur le 01.01.2010)*** La convention individuelle fixe les modalités d'orientation et d'accompagnement professionnel de la personne sans emploi et prévoit des actions de formation professionnelle et de validation des acquis de l'expérience nécessaires à la réalisation de son projet professionnel.

Les actions de formation peuvent être menées pendant le temps de travail ou en dehors de celui-ci.

Art. L. 5134-23. ***(L. 2008-1249 du 1er déc. 2008, art. 22, JO 3, entrée en vigueur le 01.01.2010)*** La durée de la convention individuelle ouvrant droit au bénéfice du contrat d'accompagnement dans l'emploi ne peut excéder le terme du contrat de travail.

La convention individuelle peut être prolongée dans la limite d'une durée totale de vingt-quatre mois.

Art. L. 5134-23-1. ***(L. 2008-1249 du 1er déc. 2008, art. 22, JO 3, entrée en vigueur le 01.01.2010)*** Il peut être dérogé, selon des modalités fixées par voie réglementaire, à la durée maximale d'une convention individuelle, soit lorsque celle-ci concerne un salarié âgé de cinquante ans et plus bénéficiaire du revenu de solidarité active, de l'allocation de solidarité spécifique, de l'allocation temporaire d'attente ou de l'allocation aux adultes handicapés ou une personne reconnue travailleur handicapé, soit pour permettre d'achever une action de formation professionnelle en cours de réalisation et définie dans la convention initiale. La durée de cette prolongation ne peut excéder le terme de l'action concernée.

À titre exceptionnel, lorsque des salariés âgés de cinquante ans et plus ou des personnes reconnues travailleurs handicapés embauchés dans les ateliers et chantiers d'insertion rencontrent des difficultés particulières qui font obstacle à leur insertion durable dans l'emploi, ces conventions peuvent être prolongées au-delà de la durée maximale prévue. Cette prolongation peut être accordée par l'institution mentionnée à l'article L. 5312-1 ou, pour les conventions individuelles mentionnées au 1° de l'article L. 5134-19-1 qu'il conclut, par le président du conseil général après examen de la situation du salarié au regard de l'emploi, de la capacité contributive de l'employeur et des actions d'accompagnement et de formation conduites dans le cadre de la convention initiale.

Art. L. 5134-23-2. ***(L. 2008-1249 du 1er déc. 2008, art. 22, JO 3, entrée en vigueur le 01.01.2010)*** La prolongation de la convention individuelle et, s'il est à durée déterminée, du contrat de travail conclu en application de celle-ci est subordonnée à l'évaluation des actions réalisées au cours du contrat en vue de favoriser l'insertion durable du salarié.

(D. 2009-1442 du 25 nov. 2009, JO 26, entrée en vigueur le 01.01.2010)

Convention individuelle

Art. R. 5134-26. La convention individuelle initiale est conclue préalablement à la conclusion du contrat de travail mentionné à l'article L. 5134-24.

Art. R. 5134-27. L'employeur qui sollicite la conclusion d'une nouvelle convention individuelle communique à l'autorité appelée à signer cette convention, sur sa demande, les éléments nécessaires à l'établissement du bilan mentionné à l'article L. 5134-21-1.

Art. R. 5134-28. L'employeur informe, dans un délai franc de sept jours, de toute suspension ou rupture du contrat de travail qui interviendrait avant la fin de la convention :

1° L'autorité signataire de la convention individuelle ;

2° Le ou les organismes chargés du versement des aides.

Un arrêté du ministre chargé de l'emploi fixe le modèle de fiche de signalement, par l'employeur, des suspensions ou ruptures du contrat de travail.

Note Voir arrêté du 1er mars 2010 (JO 19) relatif au modèle de fiche de signalement par l'employeur des suspensions ou ruptures du contrat d'accompagnement dans l'emploi ou du contrat initiative emploi.

Art. L. 5134-23-2.

Art. R. 5134-29. En cas de non-respect des clauses de la convention individuelle par l'employeur, à l'exception des cas de rupture mentionnés aux articles R. 5134-46 et R. 5134-47, l'autorité signataire de la convention individuelle informe l'employeur de son intention de dénoncer la convention. L'employeur dispose d'un délai franc de sept jours pour faire connaître ses observations.

En cas de dénonciation de la convention, l'employeur est tenu au reversement de la totalité des aides perçues.

L'autorité signataire de la convention individuelle informe l'organisme de recouvrement des cotisations sociales de la dénonciation de la convention.

Art. R. 5134-30. En cas de modification de la situation juridique de l'employeur au sens de l'article L. 1224-1, le nouvel employeur est substitué dans les droits de l'employeur en ce qui concerne le contrat de travail. Le nouvel employeur est également substitué dans les droits de l'employeur initial en ce qui concerne la convention individuelle, sous réserve de l'accord de l'autorité signataire.

Art. R. 5134-31. En application de l'article L. 5134-23-2, l'employeur qui souhaite prolonger une convention individuelle au titre d'un contrat d'accompagnement dans l'emploi adresse à l'autorité signataire de la convention initiale une demande préalable.

Cette demande motivée est accompagnée d'un bilan des actions réalisées en matière d'accompagnement et de formation, notamment des actions d'aide à la prise de poste, de remise à niveau, d'acquisition de nouvelles compétences, de formation qualifiante, ou de la réalisation d'une période d'immersion. L'employeur joint également à sa demande un document répertoriant les actions d'accompagnement et de formation qu'il envisage de mettre en œuvre pendant la période de prolongation.

Art. R. 5134-32. La durée maximale de la convention individuelle, fixée à vingt-quatre mois par l'article L. 5134-23, peut être prolongée, en application du premier alinéa de l'article L. 5134-23-1, pour la durée de la formation suivie par le salarié restant à courir et dans la limite de soixante mois.

La demande de prolongation déposée par l'employeur est accompagnée :

1° De tous justificatifs visant à établir que l'action de formation professionnelle qualifiante visée à l'article L. 6314-1 et définie dans la convention initiale est en cours de réalisation et que le terme de cette action dépasse le terme de la convention ;

2° Des éléments d'organisation des actions de formation permettant de s'assurer qu'elles pourront être réalisées durant la période de prolongation.

Art. R. 5134-33. La durée maximale de vingt-quatre mois de la convention individuelle peut, pour les personnes mentionnées au premier alinéa de l'article L. 5134-23-1, être portée, par avenants successifs d'un an au plus, à soixante mois.

La condition d'âge mentionnée au premier alinéa des articles L. 5134-23-1 et L. 5134-25-1 s'apprécie à l'échéance de la durée maximale de la convention.

Art. R. 5134-34. La durée maximale de vingt-quatre mois de la convention individuelle peut, pour les personnes mentionnées au second alinéa de l'article L. 5134-23-1, être dépassée par avenants successifs d'un an au plus.

La condition d'âge mentionnée au second alinéa de l'article L. 5134-23-1 et au troisième alinéa de l'article L. 5134-25-1 s'apprécie à l'échéance de la durée maximale de la convention.

Art. R. 5134-35. En application de l'article L. 2323-48, les institutions représentatives du personnel des organismes employeurs, lorsqu'elles existent, sont informées des contrats d'accompagnement dans l'emploi conclus.

Accompagnement

Art. R. 5134-37. L'autorité signataire de la convention individuelle désigne en son sein ou auprès d'un organisme chargé de l'accompagnement ou de l'insertion, en le mentionnant dans la convention initiale, un référent chargé d'assurer le suivi du parcours d'insertion professionnelle du salarié en contrat d'accompagnement dans l'emploi.

Dans le cas où ce salarié est bénéficiaire du revenu de solidarité active, le référent peut être le même que celui désigné en application de l'article L. 262-27 du code de l'action sociale et des familles.

Art. R. 5134-38. Dès la conclusion de la convention individuelle, l'employeur désigne un tuteur parmi les salariés qualifiés et volontaires pour assumer cette fonction.

Ce dernier doit justifier d'une expérience professionnelle d'au moins deux ans. Exceptionnellement, sur autorisation de l'autorité signataire de la convention, l'employeur peut assurer lui-même le tutorat. Le tuteur ne peut suivre plus de trois salariés en contrat d'accompagnement dans l'emploi.

Art. R. 5134-39. Les missions du tuteur sont les suivantes :

1° Participer à l'accueil, aider, informer et guider le salarié en contrat d'accompagnement dans l'emploi ;

2° Contribuer à l'acquisition des savoir-faire professionnels ;

3° Assurer la liaison avec le référent mentionné à l'article R. 5134-37 ;

4° Participer à l'établissement de l'attestation d'expérience professionnelle prévue à l'article L. 5134-28-1 avec le salarié concerné et l'employeur.

Sous-section 3. Contrat de travail

Art. L. 5134-24. ***(L. 2008-1249 du 1er déc. 2008, art. 22, JO 3, entrée en vigueur le 01.01.2010)*** Le contrat de travail, associé à une convention individuelle de contrat d'accompagnement dans l'emploi, est un contrat de travail de droit privé, soit à durée déterminée, conclu en application de l'article L. 1242-3, soit à durée indéterminée. Il porte sur des emplois visant à satisfaire des besoins collectifs non satisfaits.

Il ne peut être conclu pour pourvoir des emplois dans les services de l'État.

Note Voir note sous art. L. 5131-1.

Art. L. 5134-25. La durée du contrat d'accompagnement dans l'emploi ne peut être inférieure à six mois, ou trois mois pour les personnes ayant fait l'objet d'une condamnation et bénéficiant d'un aménagement de peine.

Les dispositions relatives au nombre maximum des renouvellements, prévues par l'article L. 1243-13, ne sont pas applicables.

Art. L. 5134-25-1. ***(L. 2008-1249 du 1er déc. 2008, art. 22, JO 3, entrée en vigueur le 01.01.2010)*** Le contrat de travail, associé à une convention individuelle de contrat d'accompagnement dans l'emploi, conclu pour une durée déterminée, peut être prolongé dans la limite d'une durée totale de vingt-quatre mois, ou de cinq ans pour les salariés âgés de cinquante ans et plus bénéficiaires du revenu de solidarité active, de l'allocation de solidarité spécifique, de l'allocation temporaire d'attente ou de l'allocation aux adultes handicapés, ainsi que pour les personnes reconnues travailleurs handicapés.

À titre dérogatoire, ce contrat de travail peut être prolongé au-delà de la durée maximale prévue, en vue de permettre d'achever une action de formation professionnelle en cours de réalisation à l'échéance du contrat et définie dans la convention initiale. La durée de cette prolongation ne peut excéder le terme de l'action concernée.

À titre exceptionnel, lorsque des salariés âgés de cinquante ans et plus ou des personnes reconnues travailleurs handicapés embauchés dans les ateliers et chantiers d'insertion rencontrent des difficultés particulières qui font obstacle à leur insertion durable dans l'emploi, ce contrat de travail peut être prolongé au-delà de la durée maximale prévue. Cette prolongation peut être accordée par l'institution mentionnée à l'article L. 5312-1 ou par le président du conseil général, lorsque celui-ci a conclu la convention individuelle mentionnée au 1° de l'article L. 5134-19-1 associée à ce contrat après examen de la situation du salarié au regard de l'emploi, de la capacité contributive de l'employeur et des actions d'accompagnement et de formation conduites dans le cadre de la durée initialement prévue du contrat.

Art. L. 5134-26. La durée hebdomadaire du travail du titulaire d'un contrat d'accompagnement dans l'emploi ne peut être inférieure à vingt heures, sauf lorsque la convention le prévoit en vue de répondre aux difficultés particulièrement importantes de l'intéressé.

Art. L. 5134-27.

(L. 2008-1249 du 1er déc. 2008, art. 22, JO 3, entrée en vigueur le 01.01.2010) « Lorsque le contrat de travail, associé à une convention individuelle de contrat d'accompagnement dans l'emploi, a été conclu pour une durée déterminée avec une collectivité territoriale ou une autre personne de droit public, la durée hebdomadaire du travail peut varier sur tout ou partie de la période couverte par le contrat, sans être supérieure à la durée légale hebdomadaire. Cette variation est sans incidence sur le calcul de la rémunération due au salarié. »

Note Avant l'intervention de la loi 2008-1249 du 1er décembre 2008, cet article n'autorisait pas l'employeur à faire varier la durée hebdomadaire du travail sur tout ou partie de la période du contrat d'accompagnement dans l'emploi et la clause contractuelle prévoyant une telle modulation était inopposable au salarié (cass. soc. 12 octobre 2011, n° 09-42.640, *RJS* 12/11 n° 1011).

Art. R. 5134-36. ***(D. 2009-1442 du 25 nov. 2009, JO 26, entrée en vigueur le 01.01.2010)*** En application de l'article L. 5134-26, pour le calcul de la rémunération, le nombre d'heures hebdomadaires de travail accomplies est réputé égal à la durée du travail contractuelle.

Le programme prévisionnel de la répartition de la durée du travail sur l'année ou sur la période couverte par le contrat de travail est indiqué dans le contrat de travail.

Ce programme prévisionnel peut être modifié à la condition que cette possibilité ait été prévue dans le contrat de travail. En ce cas, sa modification éventuelle respecte un délai de prévenance de quinze jours au moins.

Art. L. 5134-27. Sous réserve de clauses contractuelles ou conventionnelles plus favorables, le titulaire d'un contrat d'accompagnement dans l'emploi perçoit un salaire au moins égal au produit du montant du salaire minimum de croissance par le nombre d'heures de travail accomplies.

Note Il résulte des termes de cet article que le salarié, engagé selon un contrat d'accompagnement dans l'emploi, doit bénéficier de l'ensemble des dispositions des conventions et accords collectifs applicables dans l'organisme employeur (cass. soc. 6 avril 2011, n° 10-11.051, BC V n° 92 ; *RJS* 6/11 n° 544 ; *JCP* éd. S 2011, 1271, note S. Brissy ; *JSL* n° 300, 31 mai 2011, p. 22).

Art. L. 5134-28. Par dérogation aux dispositions relatives à la rupture avant terme du contrat de travail à durée déterminée prévues à l'article L. 1243-2, le contrat d'accompagnement dans l'emploi peut être rompu avant son terme, à l'initiative du salarié, lorsque la rupture a pour objet de lui permettre :

1° D'être embauché par un contrat de travail à durée indéterminée ;

2° D'être embauché par un contrat de travail à durée déterminée d'au moins six mois ;

3° De suivre une formation conduisant à une qualification prévue à l'article L. 6314-1.

Art. L. 5134-28-1. ***(L. 2008-1249 du 1er déc. 2008, art. 22, JO 3, entrée en vigueur le 01.01.2010)*** Une attestation d'expérience professionnelle est établie par l'employeur et remise au salarié à sa demande ou au plus tard un mois avant la fin du contrat d'accompagnement dans l'emploi.

Art. L. 5134-29. ***(L. 2008-1249 du 1er déc. 2008, art. 22, JO 3, entrée en vigueur le 01.01.2010)*** Le contrat d'accompagnement dans l'emploi peut être suspendu, à la demande du salarié, afin de lui permettre :

1° En accord avec son employeur, d'effectuer une évaluation en milieu de travail prescrite par l'institution mentionnée à l'article L. 5312-1 ou une action concourant à son insertion professionnelle ;

2° D'accomplir une période d'essai afférente à une offre d'emploi visant une embauche en contrat de travail à durée indéterminée ou à durée déterminée au moins égale à six mois.

En cas d'embauche à l'issue de cette évaluation en milieu de travail ou de cette période d'essai, le contrat est rompu sans préavis.

Sous-section 4. **Aide financière et exonérations**

Art. L. 5134-30. ***(L. 2008-1249 du 1er déc. 2008, art. 22, JO 3, entrée en vigueur le 01.01.2010)*** La convention individuelle prévue à la sous-section 2 de la présente section, conclue pour permettre une embauche en contrat d'accompagnement dans l'emploi, ouvre droit à une aide financière.

Cette aide peut être modulée en fonction :

1° De la catégorie et du secteur d'activité de l'employeur ;

2° Des actions prévues en matière d'accompagnement professionnel et des actions visant à favoriser l'insertion durable du salarié ;

3° Des conditions économiques locales ;

4° Des difficultés d'accès à l'emploi antérieurement rencontrées par le salarié.

Art. L. 5134-30-1. ***(L. 2008-1249 du 1er déc. 2008, art. 22, JO 3, entrée en vigueur le 01.01.2010)*** Le montant de l'aide financière versée au titre de la convention individuelle prévue à la sous-section 2 de la présente section ne peut excéder 95 % du montant brut du salaire minimum de croissance par heure travaillée, dans la limite de la durée légale hebdomadaire du travail. Elle n'est soumise à aucune charge fiscale.

(L. 2009-1673 du 30 déc. 2009, art. 139, JO 31) « Toutefois, pour les ateliers et chantiers d'insertion conventionnés par l'État au titre de l'article L. 5132-2, le montant de l'aide financière versée au titre de la convention individuelle prévue à la sous-section 2 de la présente section peut être porté jusqu'à 105 % du montant brut du salaire minimum de croissance par heure travaillée, dans la limite de la durée légale hebdomadaire du travail. »

Note Cet article (al. 2) a été modifié par la loi 2011-1977 du 28 décembre 2011, art. 151, JO 29.

Un arrêté du 19 janvier 2012 (JO 24) précise que le montant de l'aide financière est d'office fixé à 95 % du montant du SMIC pour 7 h de travail lorsqu'une convention individuelle de CAE conclue pour une durée déterminée, avec un salarié qui était avant son embauche bénéficiaire du RSA, fixe une durée hebdomadaire de travail de 7 h. Voir aussi circulaire DGCS/SD1C/DGEFP 2012-11 du 20 janvier 2012.

Art. L. 5134-30-2. ***(L. 2008-1249 du 1er déc. 2008, art. 22, JO 3, entrée en vigueur le 01.01.2010)*** Lorsque la convention individuelle prévue à la sous-section 2 de la présente section a été conclue avec un salarié qui était, avant son embauche, bénéficiaire du revenu de solidarité active financé par le département, le département participe au financement de l'aide mentionnée à l'article L. 5134-19-1. Cette participation est déterminée, dans des conditions fixées par décret, par référence au montant forfaitaire mentionné au 2° de l'article L. 262-2 du code de l'action sociale et des familles applicable à une personne isolée et en fonction de la majoration des taux prévue par la convention mentionnée à l'article L. 5134-19-4.

(D. 2009-1442 du 25 nov. 2009, JO 26, entrée en vigueur le 01.01.2010)

§ 1. Aide financière

Art. R. 5134-40. L'aide mentionnée à l'article L. 5134-30 est versée mensuellement :

1° Par l'Agence de services et de paiement pour le compte de l'État ;

2° Par le département ou par tout organisme qu'il mandate à cet effet, lorsque la convention individuelle de contrat d'accompagnement dans l'emploi est conclue avec un bénéficiaire du revenu de solidarité active financé par le département.

L'employeur communique aux organismes mentionnés au 1° ou au 2°, tous les trois mois à compter de la date d'embauche, les justificatifs attestant de l'effectivité de l'activité du salarié.

Art. D. 5134-41. Pour l'application de l'article L. 5134-30-2, la participation mensuelle du département au financement de l'aide est égale à 88 % du montant forfaitaire mentionné au 2° de l'article L. 262-2 du code de l'action sociale et des familles, applicable à un foyer composé d'une seule personne, dans la limite de l'aide effectivement versée.

(D. 2011-1999 du 27 déc. 2011, JO 29) « Toutefois, lorsque la convention individuelle de contrat d'accompagnement dans l'emploi prévoit une prise en charge de la durée hebdomadaire de travail égale à sept heures en application de la dérogation prévue à l'article L. 5134-26, le taux de la participation mensuelle du département mentionné à l'alinéa précédent est réduit à 45 %. »

Art. R. 5134-42. Les taux de prise en charge déterminant le montant de l'aide financière mentionné à l'article L. 5134-30-1 sont fixés par un arrêté du préfet de région, en fonction des critères énumérés à l'article L. 5134-30 et compte tenu, le cas échéant, des statistiques publiques de l'emploi dans la région.

Art. R. 5134-43. Lorsque, en application du cinquième alinéa de l'article L. 5134-19-4, le département majore les taux de l'aide à l'employeur mentionnés à l'article R. 5134-42, le coût induit par cette majoration est à la charge du département. Cette contribution du département s'ajoute au montant de sa participation telle que définie à l'article D. 5134-41.

Art. R. 5134-44. Lorsque le contrat d'accompagnement dans l'emploi est suspendu sans que soit maintenue la rémunération du salarié, l'aide afférente à la période de suspension n'est pas versée.

Lorsque, au cours de la période de suspension, la rémunération est maintenue en totalité ou partiellement, l'aide afférente à la période de suspension est versée au prorata de la rémunération effectivement versée par l'employeur.

Art. R. 5134-45. En cas de rupture du contrat de travail à l'initiative de l'employeur avant la fin de la convention individuelle, celle-ci est résiliée de plein droit.

Sous réserve des cas mentionnés aux articles R. 5134-46 et R. 5134-47, l'employeur reverse alors à l'Agence de services et de paiement ou, le cas échéant, au département ou à l'organisme désigné par lui dans le cadre de l'article R. 5134-40 l'intégralité des sommes déjà perçues au titre de la convention individuelle.

Art. R. 5134-46. Les aides perçues au titre de la convention individuelle ne font pas l'objet d'un reversement et l'employeur conserve le bénéfice des aides correspondant au nombre de jours travaillés par le salarié dont le contrat d'accompagnement dans l'emploi est un contrat à durée indéterminée dans les cas suivants :

1° Licenciement pour faute grave du salarié ;

2° Licenciement pour force majeure ;

3° Licenciement pour inaptitude médicalement constatée ;

4° Licenciement pour motif économique notifié dans le cadre d'une procédure de redressement ou de liquidation judiciaire ;

5° Rupture du contrat au cours de la période d'essai ;

6° Rupture conventionnelle intervenue dans le cadre de l'article L. 1237-11.

Art. R. 5134-47. Les aides perçues au titre de la convention individuelle ne font pas l'objet d'un reversement, et l'employeur conserve le bénéfice des aides correspondant au nombre de jours travaillés par le salarié dont le contrat d'accompagnement dans l'emploi est un contrat à durée déterminée, en cas de :

1° Rupture anticipée résultant de la volonté claire et non équivoque des parties ;

2° Rupture anticipée pour faute grave ;

3° Rupture anticipée pour force majeure ;

4° Rupture anticipée au cours de la période d'essai.

Art. L. 5134-31. Les embauches réalisées en contrat d'accompagnement dans l'emploi donnent droit à l'exonération :

1° Des cotisations à la charge de l'employeur au titre des assurances sociales et des allocations familiales, pendant la durée de la convention, sans qu'il soit fait application des dispositions de l'article L. 131-7 du code de la sécurité sociale. Toutefois, les cotisations afférentes à la partie de la rémunération qui excède un montant fixé par décret ne donnent pas lieu à exonération ;

2° De la taxe sur les salaires ;

3° De la taxe d'apprentissage ;

4° Des participations dues par les employeurs au titre de l'effort de construction.

Note Le 1° de cet article a été modifié par la loi 2007-1786 du 19 décembre 2007, art. 22 (JO 21).

(D. 2009-1442 du 25 nov. 2009, JO 26, entrée en vigueur le 01.01.2010)

§ 2. Exonérations

Art. D. 5134-48. Le montant de l'exonération prévue au 1° de l'article L. 5134-31 est égal à celui des cotisations patronales au titre des assurances sociales et des allocations familiales correspondant à la fraction de la rémunération n'excédant pas le produit du salaire minimum de croissance par le nombre d'heures rémunérées, dans la limite de la durée légale du travail calculée sur le mois ou, si elle est inférieure, de la durée conventionnelle applicable dans l'établissement.

Art. R. 5134-49. En cas de suspension du contrat de travail avec maintien total ou partiel de la rémunération mensuelle brute du salarié, le nombre d'heures rémunérées pris en compte pour le calcul de l'exonération est égal au produit de la durée de travail que le salarié aurait accomplie s'il avait continué à travailler et de la part de la rémunération restée à la charge de l'employeur et soumise à cotisation. Le nombre d'heures rémunérées ainsi déterminé ne peut excéder au titre du mois civil considéré la durée légale du travail calculée sur le mois ou, si elle est inférieure, la durée conventionnelle applicable dans l'établissement.

Art. R. 5134-50. En cas de rupture du contrat d'accompagnement dans l'emploi à l'initiative de l'employeur avant la fin de la convention dans un cas autre que ceux mentionnés aux articles R. 5134-46 et R. 5134-47, l'employeur verse le montant des cotisations et contributions sociales patronales dont il a été exonéré en application de l'article L. 5134-31.

Ces cotisations et contributions sont versées au plus tard à la première date d'exigibilité des cotisations et contributions sociales qui suit la date d'effet de la rupture du contrat de travail.

Art. L. 5134-32. L'État peut contribuer au financement des actions de formation professionnelle et de validation des acquis de l'expérience prévues à l'article L. 5134-22.

Art. L. 5134-33. Les aides et les exonérations prévues par la présente sous-section ne peuvent être cumulées avec une autre aide de l'État à l'emploi.

Sous-section 5. **Dispositions d'application**

Art. L. 5134-34. Un décret en Conseil d'État détermine les conditions d'application de la présente section.

(D. 2010-94 du 22 janv. 2010, JO 26)

Périodes d'immersion

Note Ce décret entre en vigueur dans les départements d'outre-mer et les collectivités de Saint-Barthélemy, Saint-Martin et Saint-Pierre-et-Miquelon dans les conditions prévues à l'article 29 de la loi 2008-1249 du 1er décembre 2008 (JO 3).

Art. D. 5134-50-1. La convention individuelle de contrat d'accompagnement dans l'emploi mentionnée à l'article L. 5134-21 peut prévoir, dans sa rédaction initiale ou par avenant *ad hoc*, la possibilité pour le salarié de réaliser des périodes d'immersion auprès d'un ou de plusieurs autres employeurs.

Art. D. 5134-50-2. Chaque période d'immersion fait l'objet d'un avenant écrit au contrat d'accompagnement dans l'emploi mentionné à l'article L. 5134-24.

Le cas échéant, cet avenant peut prévoir la possibilité de réaliser plusieurs périodes d'immersion auprès du même employeur.

Il comporte des clauses obligatoires définies par arrêté du ministre chargé de l'emploi.

Un salarié ne peut être sanctionné, licencié ou faire l'objet d'une mesure discriminatoire pour avoir refusé d'effectuer une période d'immersion ou pour avoir décidé d'y mettre fin.

Note Voir arrêté du 23 février 2010 (JO 3 mars) définissant les clauses obligatoires de l'avenant au contrat de travail relatif aux périodes d'immersion réalisées dans le cadre du contrat d'accompagnement dans l'emploi.

Art. D. 5134-50-3. La durée de chaque période d'immersion ne peut excéder un mois.

La durée cumulée de l'ensemble des périodes d'immersion effectuées au cours du contrat d'accompagnement dans l'emploi ne peut représenter plus de 25 % de la durée totale du contrat.

Art. D. 5134-50-4. Chaque période d'immersion fait l'objet d'une convention de mise à disposition conclue à titre gratuit entre l'employeur du salarié sous contrat d'accompagnement dans l'emploi et l'employeur auprès duquel elle sera effectuée. Cette convention peut prévoir la possibilité d'effectuer plusieurs périodes d'immersion auprès d'un même employeur.

La convention de mise à disposition comporte notamment les indications suivantes :

1° La référence à l'article L. 8241-2 qui en détermine les conditions ;

2° Les nom, prénom, adresse et date de naissance du salarié ;

3° La nature des activités faisant l'objet de la convention ;

4° Le lieu d'exécution, les horaires de travail, les dates de début et de fin de la période d'immersion ou, quand la convention le prévoit, des périodes d'immersion, et en ce cas les modalités de succession des périodes respectivement travaillées auprès de l'employeur et de l'employeur d'accueil ;

5° Les conditions et modalités de rupture anticipée de la mise à disposition par l'une ou l'autre des parties à la convention ;

6° La répartition des responsabilités, notamment en matière de formation à la sécurité et d'assurance contre le risque accidents du travail et maladies professionnelles, ainsi qu'en ce qui concerne l'exercice du pouvoir disciplinaire et des fonctions d'encadrement ;

7° Les objectifs visés par l'immersion, tels que la découverte de métiers, la confirmation du projet professionnel, l'acquisition d'expériences et de compétences professionnelles ou toute autre finalité à visée professionnelle, à préciser ;

8° Les modalités selon lesquelles la réalisation de ces objectifs est appréciée.

Art. D. 5134-50-5. La convention de mise à disposition est transmise par l'employeur du salarié sous contrat d'accompagnement dans l'emploi, pour agrément, au plus tard deux mois avant la date prévue pour le début de la période :

1° Pour les contrats d'accompagnement dans l'emploi conclus pour le compte de l'État, à l'organisme mentionné au *a* du 1° de l'article L. 5134-19-1 ;

2° Pour les contrats d'accompagnement dans l'emploi conclus pour le compte du département, au conseil général ou à l'organisme mentionné à l'article L. 5134-19-2.

Art. D. 5134-50-6. L'organisme destinataire de la convention de mise à disposition désigné à l'article D. 5134-50-5 transmet à l'Agence de services et de paiement un document dont le modèle est fixé par arrêté du ministre chargé de l'emploi, signalant chaque période d'immersion agréée et comportant les indications nécessaires au suivi statistique.

Art. D. 5134-50-7. Par exception à l'article D. 5134-50-5, lorsque la convention individuelle mentionnée à l'article L. 5134-21 ou son avenant *ad hoc* est signé, dans les conditions fixées à l'article D. 5134-50-1, avec un organisme conventionné en tant qu'atelier ou chantier d'insertion, cette convention ou cet avenant vaut agrément au sens de l'article L. 5134-20.

Art. D. 5134-50-8. Par exception à l'article D. 5134-50-6, l'employeur conventionné en tant qu'atelier ou chantier d'insertion transmet à l'Agence de services et de paiement le document mentionné au même article.

[SECTION 3. **Contrat d'avenir.** Abrogée depuis le 1er janvier 2010 par la loi 2008-1249 du 1er décembre 2008, art. 23, I, JO 3.]

Note Les dispositions réglementaires ont été abrogées depuis le 1er janvier 2010 par le décret 2009-1442 du 25 novembre 2009, art. 2 (JO 26).

SECTION 4. Contrat jeune en entreprise

Note Pour les départements d'outre-mer et Saint-Pierre-et-Miquelon, voir art. L. 832-7-1 [L. 5522-3 et 4 abrogés] CT issu de la loi de programme pour l'outre-mer 2003-660 du 21 juillet 2003 (JO 22).

[Art. L. 5134-54 à L. 5134-64. Abrogés à leur date d'entrée en vigueur par loi de finances 2007-1822 du 24 décembre 2007, art. 127, JO 27.]

Note • Les dispositions de ces articles (art. L. 322-4-6 à L. 322-4-6-5 anciens ; voir le « Code du travail annoté », éd. 2007) demeurent toutefois applicables aux contrats de travail ayant ouvert le droit au soutien de l'État mentionné à l'article L. 322-4-6 CT avant l'entrée en vigueur de la présente loi (loi précitée 2007-1822, art. 127, III). Il en va de même des dispositions des articles D. 322-8 à D. 322-10-3 anciens (décret 2008-244 du 7 mars 2008, art. 4, JO 12).

• L'article L. 5134-59 a été modifié par la loi 2010-1657 du 29 décembre 2010 de finances pour 2011, art. 201 (JO 30). Il est ainsi rédigé : « L'aide de l'État peut être cumulée avec les réductions et les allégements de cotisations prévus aux articles L. 241-6-4 et L. 241-13 du code de la sécurité sociale ainsi qu'à l'article L. 241-13 du même code tel que visé par l'article L. 741-4 du code rural et de la pêche maritime et à l'article L. 741-5 du même code.

Elle ne peut être cumulée avec une autre aide à l'emploi attribuée par l'État. Toutefois, les employeurs embauchant des jeunes en contrat de professionnalisation à durée indéterminée peuvent bénéficier de cette aide. »

• L'article L. 5134-61 a été modifié par la loi 2008-126 du 13 février 2008, art. 16 (JO 14). Il est ainsi libellé : « L'État peut confier la gestion de l'aide au contrat jeune en entreprise à l'institution mentionnée à l'article L. 5312-1 ou à toute autre personne morale de droit public. »

SECTION 5. Contrat initiative-emploi

Sous-section 1. Objet

Art. L. 5134-65. ***(L. 2008-1249 du 1er déc. 2008, art. 23, JO 3, entrée en vigueur le 01.01.2010)*** Le contrat initiative-emploi a pour objet de faciliter l'insertion professionnelle des personnes sans emploi rencontrant des difficultés sociales et professionnelles d'accès à l'emploi. À cette fin, il comporte des actions d'accompagnement professionnel. Les actions de formation nécessaires à la réalisation du projet professionnel de la personne peuvent être mentionnées dans la convention ; elles sont menées dans le cadre défini à l'article L. 6312-1.

Note Voir note sous article L. 5132-2.

Sous-section 2. Convention

Art. L. 5134-66. ***(L. 2008-1249 du 1er déc. 2008, art. 23, JO 3, entrée en vigueur le 01.01.2010)*** « Les conventions ouvrant droit au bénéfice du contrat initiative-emploi peuvent être conclues avec : »

1° Les employeurs mentionnés à l'article L. 5422-13 et aux 3° et 4° de l'article L. 5424-1 ;

2° Les groupements d'employeurs mentionnés à l'article L. 1253-1 qui organisent des parcours d'insertion et de qualification ;

3° Les employeurs de pêche maritime non couverts par l'article L. 5422-13, les 3° et 4° de l'article L. 5424-1 et l'article L. 1253-1.

Note • Voir circulaires DGEFP 2005-11 du 21 mars 2005 (BO TR 2005/05 du 30 mai 2005 ; *LS* Législ. soc. n° 8586 du 29 avril 2005), 2005-24 du 30 juin 2005 (BO TR 2005/08 du 30 août 2005) relative aux modalités d'accès à la formation professionnelle et de mise en œuvre des actions d'accompagnement de bénéficiaires de contrats aidés. Voir également Fr. Duquesne, « Le contentieux des contrats aidés », *Dr. Soc.* 1999, p. 134.

Art. L. 5134-66-1.

• Le salarié qui a été engagé par un contrat de retour à l'emploi est en droit de se prévaloir, dans ses rapports avec l'employeur, de la convention conclue entre l'employeur et l'État (cass. soc. 17 octobre 2000, 98-42.062, BC V n° 325 ; *RJS* 12/00 n° 1269 ; *Dr. Soc.* 2001, p. 309).

• Les conventions relatives au contrat initiative-emploi étaient conclues entre l'ANPE, agissant au nom de l'État, et l'employeur ; un refus de conclure une convention ne pouvait être constitutif d'une faute engageant la responsabilité de l'ANPE (CE 29 novembre 2004, n° 252953, *RJS* 3/05 n° 302 ; 19 mai 2006, n° 290080).

Art. L. 5134-66-1. ***(L. 2008-1249 du 1er déc. 2008, art. 23, JO 3, entrée en vigueur le 01.01.2010)*** La conclusion d'une nouvelle convention individuelle est subordonnée au bilan préalable des actions d'accompagnement et des actions visant à l'insertion durable des salariés, réalisées dans le cadre de conventions individuelles conclues au titre d'un contrat aidé antérieur.

Art. L. 5134-67. Les particuliers employeurs ne peuvent pas conclure de conventions au titre de la présente sous-section.

Art. L. 5134-67-1. ***(L. 2008-1249 du 1er déc. 2008, art. 23, JO 3, entrée en vigueur le 01.01.2010)*** La durée de la convention individuelle ouvrant droit au bénéfice du contrat initiative-emploi ne peut excéder le terme du contrat de travail.

La convention individuelle peut être prolongée dans la limite d'une durée totale de vingt-quatre mois.

Il peut être dérogé, selon des modalités fixées par voie réglementaire, à la durée maximale d'une convention individuelle, soit lorsque celle-ci concerne un salarié âgé de cinquante ans et plus bénéficiaire du revenu de solidarité active, de l'allocation de solidarité spécifique, de l'allocation temporaire d'attente ou de l'allocation aux adultes handicapés ou une personne reconnue travailleur handicapé, soit pour permettre d'achever une action de formation professionnelle en cours de réalisation et définie dans la convention initiale. La durée de cette prolongation ne peut excéder le terme de l'action concernée.

Art. L. 5134-67-2. ***(L. 2008-1249 du 1er déc. 2008, art. 23, JO 3, entrée en vigueur le 01.01.2010)*** La prolongation de la convention individuelle et, s'il est à durée déterminée, du contrat de travail conclu en application de celle-ci est subordonnée à l'évaluation des actions réalisées au cours du contrat en vue de favoriser l'insertion durable du salarié.

Art. L. 5134-68. ***(L. 2008-1249 du 1er déc. 2008, art. 23, JO 3, entrée en vigueur le 01.01.2010)*** Il ne peut être conclu de convention dans les cas suivants :

1° Lorsque l'établissement a procédé à un licenciement économique dans les six mois précédant la date d'embauche ;

2° Lorsque l'embauche vise à procéder au remplacement d'un salarié licencié pour un motif autre que la faute grave ou lourde. S'il apparaît que l'embauche a eu pour conséquence le licenciement d'un autre salarié, la convention peut être dénoncée par l'État ou par le président du conseil général. La dénonciation emporte obligation pour l'employeur de rembourser l'intégralité des sommes perçues au titre de l'aide prévue par la convention ;

3° Lorsque l'employeur n'est pas à jour du versement de ses cotisations et contributions sociales.

(D. 2009-1442 du 25 nov. 2009, JO 26, entrée en vigueur le 01.01.2010)

Convention individuelle

Art. R. 5134-51. La convention individuelle initiale est conclue préalablement à la conclusion du contrat de travail mentionné à l'article L. 5134-69.

Art. R. 5134-52. L'employeur qui sollicite la conclusion d'une nouvelle convention individuelle communique à l'autorité appelée à signer cette convention, sur sa demande, les éléments nécessaires à l'établissement du bilan mentionné à l'article L. 5134-66-1.

Art. R. 5134-53. L'employeur informe, dans un délai franc de sept jours, de toute suspension ou rupture du contrat de travail qui interviendrait avant la fin de la convention :

1° L'autorité signataire de la convention individuelle ;

2° Le ou les organismes chargés du versement des aides.

Un arrêté du ministre chargé de l'emploi fixe le modèle de fiche de signalement, par l'employeur, des suspensions ou ruptures du contrat de travail.

Note Voir arrêté du 1er mars 2010 (JO 19) relatif au modèle de fiche de signalement par l'employeur des suspensions ou ruptures du contrat d'accompagnement dans l'emploi ou du contrat initiative emploi.

Art. R. 5134-54. En cas de non-respect des clauses de la convention individuelle par l'employeur, à l'exception des cas de rupture mentionnés aux articles R. 5134-69 et R. 5134-70, l'autorité signataire de la convention individuelle informe l'employeur de son intention de dénoncer la convention. L'employeur dispose d'un délai franc de sept jours pour faire connaître ses observations.

En cas de dénonciation de la convention, l'employeur est tenu au reversement de la totalité des aides perçues.

L'autorité signataire de la convention individuelle informe l'organisme de recouvrement des cotisations sociales de la dénonciation de la convention.

Art. R. 5134-55. En cas de modification de la situation juridique de l'employeur au sens de l'article L. 1224-1, le nouvel employeur est substitué dans les droits de l'employeur en ce qui concerne le contrat de travail. Le nouvel employeur est substitué également dans les droits de l'employeur initial en ce qui concerne la convention individuelle, sous réserve de l'accord de l'autorité signataire et à condition qu'il n'entre pas dans un des cas mentionnés à l'article L. 5134-68.

Art. R. 5134-56. En application de l'article L. 5134-67-2, l'employeur qui souhaite prolonger une convention individuelle au titre du contrat initiative-emploi adresse à l'autorité signataire de la convention initiale une demande préalable.

Cette demande motivée est accompagnée d'un bilan des actions réalisées en matière d'accompagnement et de formation, notamment des actions d'aide à la prise de poste, de remise à niveau, d'acquisition de nouvelles compétences et de formation qualifiante. L'employeur joint également à sa demande un document répertoriant les actions d'accompagnement et de formation qu'il envisage de mettre en œuvre pendant la période de prolongation.

Art. R. 5134-57. La durée maximale de la convention individuelle, fixée à vingt-quatre mois par l'article L. 5134-67-1, peut être prolongée, en application du troisième alinéa du même article, pour la durée de la formation suivie par le salarié restant à courir et dans la limite de soixante mois.

La demande de prolongation faite par l'employeur est accompagnée :

1° De tous justificatifs visant à établir que l'action de formation professionnelle qualifiante visée à l'article L. 6314-1 et définie dans la convention initiale est en cours de réalisation et que le terme de cette action dépasse le terme de la convention ;

2° Des éléments d'organisation des actions de formation permettant de s'assurer qu'elles pourront être réalisées durant la période de prolongation.

Art. R. 5134-58. La durée maximale de vingt-quatre mois de la convention individuelle peut, pour les personnes mentionnées au troisième alinéa de l'article L. 5134-67-1, être portée, par avenants successifs d'un an au plus, à soixante mois.

La condition d'âge mentionnée au troisième alinéa de l'article L. 5134-67-1 et à l'article L. 5134-69-1 s'apprécie à l'échéance de la durée maximale de la convention.

Art. R. 5134-59. En application de l'article L. 2323-48, les institutions représentatives du personnel des organismes employeurs, lorsqu'elles existent, sont informées des contrats initiative-emploi conclus.

Accompagnement

Art. R. 5134-60. L'autorité signataire de la convention individuelle désigne en son sein ou auprès d'un organisme chargé de l'accompagnement ou de l'insertion, en le mentionnant dans la convention initiale, un référent chargé d'assurer le suivi du parcours d'insertion professionnelle du salarié en contrat initiative-emploi.

Dans le cas où ce salarié est bénéficiaire du revenu de solidarité active, le référent peut être le même que celui désigné en application de l'article L. 262-27 du code de l'action sociale et des familles.

Art. R. 5134-61. L'employeur, dès la conclusion de la convention individuelle, désigne un tuteur parmi les salariés qualifiés et volontaires pour assumer cette fonction.

Ce dernier doit justifier d'une expérience professionnelle d'au moins deux ans. Exceptionnellement, sur autorisation de l'autorité signataire de la convention, l'employeur peut assurer lui-même le tutorat. Le tuteur ne peut suivre plus de trois salariés en contrat initiative-emploi.

Art. R. 5134-62. Les missions du tuteur sont les suivantes :

1° Participer à l'accueil, aider, informer et guider le salarié en contrat initiative-emploi ;

2° Contribuer à l'acquisition des savoir-faire professionnels ;

3° Assurer la liaison avec le référent mentionnés à l'article R. 5134-60 ;

4° Participer à l'établissement de l'attestation d'expérience professionnelle prévue à l'article L. 5134-70-2 avec le salarié concerné et l'employeur.

Sous-section 3. **Contrat de travail**

Art. L. 5134-69. Le contrat initiative-emploi est un contrat de travail de droit privé à durée indéterminée ou à durée déterminée conclu en application de l'article L. 1242-3.

Lorsqu'il est conclu pour une durée déterminée les règles de renouvellement prévues à l'article L. 1243-13 ne sont pas applicables.

Note

• Le contrat à durée déterminée qui ne précise pas qu'il s'agit d'un contrat de retour à l'emploi ou d'un contrat initiative-emploi ne comporte pas de définition précise de son motif et doit être requalifié (cass. soc. 4 janvier 2000, n° 97-41.374, BC V n° 2 ; *RJS* 2/00 n° 154 ; 23 octobre 2001, n° 99-44.574, BC V n° 329 ; *RJS* 1/02 n° 17 ; *Dr. Soc.* 2002, p. 656 ; 26 février 2002, n° 00-40.758, *RJS* 5/02 n° 537 ; *CSB* 2002 S. 206 : le remplacement d'un salarié absent ne peut justifier le recours à un contrat initiative-emploi ; 11 février 2004, n° 02-40.744, BC V n° 46 ; *RJS* 4/04 n° 385 ; *CSB* 2004 S. 190 ; 20 février 2007, n° 00-41.655, *CSB* 2007 S. 228). En revanche, la seule mention « contrat initiative-emploi » suffit à l'exigence de définition du motif (cass. soc. 17 octobre 2000, n° 97-45.439, BC V n° 326 ; *RJS* 12/00 n° 1272).

• Lorsqu'il est conclu pour une durée déterminée, le contrat initiative-emploi peut, par exception au régime de droit commun des contrats à durée déterminée, avoir pour objet de pourvoir un emploi lié à l'activité normale et permanente de l'entreprise (cass. soc. 18 novembre 2003, n° 01-46.408, BC V n° 284, rectifié par cass. soc. 2 décembre 2003, *RJS* 2/04 n° 245 ; *CSB* 2004 A. 13 ; *JCP* éd. G 2004.IV.1085 ; *Dr. Soc.* 2004, p. 127, note Cl. Roy-Loustaunau ; cass. soc. 26 janvier 2005, n° 02-46.639, BC V n° 22 ; *RJS* 4/05 n° 426 ; *CSB* 2005 S. 131 ; *Dr. Soc.* 2005, p. 467, obs. Cl. Roy-Loustaunau).

• Le contrat de travail est réputé conclu pour une durée indéterminée lorsqu'il a commencé à s'exécuter avant d'être établi par écrit (cass. soc. 13 mars 2002, n° 00-42.014, *RJS* 7/02 n° 791 ; 5 novembre 2003, n° 01-44.145, *RJS* 1/04 n° 50). La régularisation par avenant d'un contrat à durée déterminée consistant à préciser le motif est exclusive de toute intention de nover et ne peut faire obstacle à la requalification justifiée par l'irrégularité initiale (cass. soc. 17 décembre 2003, n° 01-44.500, *CSB* 2004 S. 99). La notification du contrat à durée déterminée, en l'absence de mention du contrat du retour à l'emploi, ne peut être remise en cause par la convention entre l'employeur et l'État à laquelle le salarié n'est pas partie (cass. soc. 17 juillet 2001, n° 98-41.800, BC V n° 272 ; *RJS* 11/01 n° 1320).

• La proposition d'un nouvel engagement à durée indéterminée à des conditions différentes de celles du contrat initiative-emploi qui a pris fin ne caractérise pas, à elle seule, un abus de droit de l'employeur (cass. soc. 9 juillet 2008, n° 07-40.365, *RJS* 11/08 n° 1111).

• Lorsque la croyance erronée de l'employeur en l'aptitude du salarié à pouvoir bénéficier d'un contrat initiative-emploi a été la cause déterminante de l'embauche, la rupture du contrat n'ouvre pas droit à dommages-intérêts en application de l'article L. 122-3-8 (ancien) CT (cass. soc. 4 juin 2002, n° 99-41.164, *CSB* 2002 S. 348).

Art. L. 5134-69-1. ***(L. 2008-1249 du 1er déc. 2008, art. 23, JO 3, entrée en vigueur le 01.01.2010)*** Le contrat de travail associé à une convention individuelle de contrat initiative-emploi, conclu pour une durée déterminée, peut être prolongé dans la limite d'une durée totale de vingt-quatre mois, ou de cinq ans pour les salariés âgés de cinquante ans et plus bénéficiaires du revenu de solidarité active, de l'allocation de solidarité spécifique, de l'allocation temporaire d'attente ou de l'allocation aux adultes handicapés, ainsi que pour les personnes reconnues travailleurs handicapés.

Art. L. 5134-69-2. ***(L. 2008-1249 du 1er déc. 2008, art. 23, JO 3, entrée en vigueur le 01.01.2010)*** La durée du contrat initiative-emploi ne peut être inférieure à six mois, ou trois mois pour les personnes ayant fait l'objet d'une condamnation et bénéficiant d'un aménagement de peine.

Art. L. 5134-70. Par dérogation aux dispositions relatives à la rupture avant le terme du contrat de travail à durée déterminée prévues à l'article L. 1243-2, le contrat initiative-emploi peut être rompu avant son terme, à l'initiative du salarié, lorsque la rupture a pour objet de lui permettre :

1° D'être embauché par un contrat à durée déterminée d'au moins six mois ;

2° D'être embauché par un contrat à durée indéterminée ;

3° De suivre une formation conduisant à une qualification telle que prévue à l'article L. 6314-1.

Art. L. 5134-70-1. ***(L. 2008-1249 du 1er déc. 2008, art. 23, JO 3, entrée en vigueur le 01.01.2010)*** La durée hebdomadaire du travail d'un salarié titulaire d'un contrat de travail associé à une convention individuelle de contrat initiative-emploi ne peut être inférieure à vingt heures.

Art. L. 5134-70-2. ***(L. 2008-1249 du 1er déc. 2008, art. 23, JO 3, entrée en vigueur le 01.01.2010)*** Une attestation d'expérience professionnelle est établie par l'employeur et remise au salarié à sa demande ou au plus tard un mois avant la fin du contrat initiative-emploi.

Art. L. 5134-71. ***(L. 2008-1249 du 1er déc. 2008, art. 23, JO 3, entrée en vigueur le 01.01.2010)*** Le contrat initiative-emploi peut être suspendu, à la demande du salarié, afin de lui permettre :

1° En accord avec son employeur, d'effectuer une évaluation en milieu de travail prescrite par l'institution mentionnée à l'article L. 5312-1 ou une action concourant à son insertion professionnelle;

2° D'accomplir une période d'essai afférente à une offre d'emploi visant une embauche en contrat de travail à durée indéterminée ou à durée déterminée au moins égale à six mois.

En cas d'embauche à l'issue de cette évaluation en milieu de travail ou de cette période d'essai, le contrat est rompu sans préavis.

Sous-section 4. Aide financière

Art. L. 5134-72. ***(L. 2008-1249 du 1er déc. 2008, art. 23, JO 3, entrée en vigueur le 01.01.2010)*** La convention individuelle prévue à la sous-section 2 de la présente section, conclue pour permettre une embauche en contrat initiative-emploi, ouvre droit à une aide financière.

Art. L. 5134-72-1.

Cette aide peut être modulée en fonction :

1° De la catégorie et du secteur d'activité de l'employeur;

2° Des actions prévues en matière d'accompagnement professionnel et des actions visant à favoriser l'insertion durable du salarié;

3° Des conditions économiques locales;

4° Des difficultés d'accès à l'emploi antérieurement rencontrées par le salarié.

Art. L. 5134-72-1. ***(L. 2008-1249 du 1er déc. 2008, art. 23, JO 3, entrée en vigueur le 01.01.2010)*** Le montant de l'aide financière versée au titre d'une convention individuelle prévue à la sous-section 2 de la présente section ne peut excéder 47 % du montant brut du salaire minimum de croissance par heure travaillée, dans la limite de la durée légale hebdomadaire du travail.

Art. L. 5134-72-2. ***(L. 2008-1249 du 1er déc. 2008, art. 23, JO 3, entrée en vigueur le 01.01.2010)*** Lorsque la convention individuelle prévue à la sous-section 2 de la présente section a été conclue avec un salarié qui était, avant son embauche, bénéficiaire du revenu de solidarité active financé par le département, le département participe au financement de l'aide mentionnée à l'article L. 5134-19-1. Cette participation est déterminée, dans des conditions fixées par décret, par référence au montant forfaitaire mentionné au 2° de l'article L. 262-2 du code de l'action sociale et des familles applicable à une personne isolée et en fonction de la majoration des taux prévue par la convention mentionnée à l'article L. 5134-19-4.

(D. 2009-1442 du 25 nov. 2009, JO 26, entrée en vigueur le 01.01.2010)

Aide financière

Art. R. 5134-63. L'aide mentionnée à l'article L. 5134-72 est versée mensuellement :

1° Par l'Agence de services et de paiement pour le compte de l'État ;

2° Par le département ou par tout organisme qu'il mandate à cet effet, lorsque la convention individuelle de contrat initiative-emploi est conclue avec un bénéficiaire du revenu de solidarité active financé par le département.

L'employeur communique aux organismes mentionnés au 1° ou au 2°, tous les trois mois à compter de la date d'embauche, les justificatifs attestant de l'effectivité de l'activité du salarié.

Art. D. 5134-64. Pour l'application de l'article L. 5134-72-2, la participation mensuelle du département au financement de l'aide est égale à 88 % du montant forfaitaire mentionné au 2° de l'article L. 262-2 du code de l'action sociale et des familles, applicable à un foyer composé d'une seule personne, dans la limite du montant de l'aide effectivement versée.

(D. 2011-522 du 13 mai 2011, JO 15) « Toutefois, pour les conventions individuelles initiales conclues du 1er avril 2011 au 31 décembre 2011 et pour leurs éventuels renouvellements postérieurs à cette date, la participation mensuelle du département au financement de l'aide prévue à l'article L. 5134-72-2 est égale à 67 % du montant forfaitaire mentionné au 2° de l'article L. 262-2 du code de l'action sociale et des familles applicable à un foyer composé d'une seule personne, dans la limite du montant de l'aide effectivement versée. »

Art. R. 5134-65. Les taux de prise en charge déterminant le montant de l'aide financière mentionné à l'article L. 5134-72-1 sont fixés par un arrêté du préfet de région, en fonction des critères énumérés à l'article L. 5134-72 et compte tenu, le cas échéant, des statistiques publiques de l'emploi dans la région.

Art. R. 5134-66. Lorsque, en application du cinquième alinéa de l'article L. 5134-19-4, le département majore les taux de prise en charge mentionnés à l'article R. 5134-65, le coût induit par cette majoration est à la charge du département. Cette contribution du département s'ajoute au montant de sa participation telle que définie à l'article D. 5134-64.

Art. R. 5134-67. Lorsque le contrat initiative-emploi est suspendu sans que soit maintenue la rémunération du salarié, l'aide afférente à la période de suspension n'est pas versée.

Lorsque, au cours de la période de suspension, la rémunération est maintenue en totalité ou partiellement, l'aide afférente à la période de suspension est versée au prorata de la rémunération effectivement versée par l'employeur.

Art. R. 5134-68. En cas de rupture du contrat de travail à l'initiative de l'employeur avant la fin de la convention individuelle, celle-ci est résiliée de plein droit.

Sous réserve des cas mentionnés aux articles R. 5134-69 et R. 5134-70, l'employeur reverse alors à l'Agence de services et de paiement ou, le cas échéant, au département ou à l'organisme désigné par lui dans le cadre de l'article R. 5134-63 l'intégralité des sommes déjà perçues au titre de la convention individuelle.

Art. R. 5134-69. Les aides perçues au titre de la convention individuelle ne font pas l'objet d'un reversement et l'employeur conserve le bénéfice des aides correspondant au nombre de jours travaillés par le salarié dont le contrat initiative-emploi est un contrat à durée indéterminée, dans les cas suivants :

1° Licenciement pour faute grave du salarié ;
2° Licenciement pour force majeure ;
3° Licenciement pour inaptitude médicalement constatée ;
4° Licenciement pour motif économique notifié dans le cadre d'une procédure de redressement ou de liquidation judiciaire ;
5° Rupture du contrat au cours de la période d'essai ;
6° Rupture conventionnelle intervenue dans le cadre de l'article L. 1237-11.

Art. R. 5134-70. Les aides perçues au titre de la convention individuelle ne font pas l'objet d'un reversement, et l'employeur conserve le bénéfice des aides correspondant au nombre de jours travaillés par le salarié dont le contrat initiative-emploi est un contrat à durée déterminée, dans les cas suivants :

1° Rupture anticipée résultant de la volonté claire et non équivoque des parties ;
2° Rupture anticipée pour faute grave ;
3° Rupture anticipée pour force majeure ;
4° Rupture anticipée au cours de la période d'essai.

Sous-section 5. Dispositions d'application

Art. L. 5134-73. Un décret en Conseil d'État détermine les conditions d'application de la présente section.

[SECTION 6. Contrat insertion-revenu minimum d'activité. Abrogée depuis le 1er janvier 2010 par la loi 2008-1249 du 1er décembre 2008, art. 23, JO 3.]

Note • Les dispositions réglementaires ont été abrogées depuis le 1er janvier 2010 par le décret 2009-1442 du 25 novembre 2009, art. 3 (JO 26).

• Les contrats insertion-revenu minimum d'activité conclus antérieurement au 1er janvier 2010 continuent à produire leurs effets dans les conditions applicables antérieurement à cette date, jusqu'au terme de la convention individuelle en application de laquelle ils ont été signés. Cette convention et ces contrats ne peuvent faire l'objet d'aucun renouvellement ni d'aucune prolongation au-delà du 1er janvier 2010 (loi 2008-1249 du 1er décembre 2008, art. 31, I, JO 3).

SECTION 7. Contrat relatif aux activités d'adultes-relais

Note Ces dispositions ont été introduites par la loi 2001-1275 du 28 décembre 2001, art. 149 (JO 29). Le décret 2002-374 du 20 mars 2002 (JO 21) modifié par le décret 2006-1788 du 23 décembre 2006 (JO 31) en a fixé les conditions d'application. Voir aussi circulaire DIV/DPT-IEDE 2002-283 du 3 mai 2002 relative à la mise en œuvre du programme « adultes-relais » (BO MASTS 2003/13, p. 175).

Sous-section 1. Objet

Art. L. 5134-100. Le contrat relatif aux activités d'adultes-relais a pour objet d'améliorer, dans les zones urbaines sensibles et les autres territoires prioritaires des contrats de ville, les relations entre les habitants de ces quartiers et les services publics, ainsi que les rapports sociaux dans les espaces publics ou collectifs.

Il donne lieu :

1° À la conclusion d'une convention entre l'État et l'employeur dans les conditions prévues à la sous-section 2 ;

2° À la conclusion d'un contrat de travail entre l'employeur et le bénéficiaire de la convention dans les conditions prévues à la sous-section 3 ;

3° À l'attribution d'une aide financière dans les conditions prévues à la sous-section 4.

Art. D. 5134-145. Les adultes-relais mentionnés à l'article L. 5134-100 assurent des missions de médiation sociale et culturelle. Les activités de ces adultes-relais consistent notamment à :

1° Accueillir, écouter, exercer toute activité qui concourt au lien social ;

2° Informer et accompagner les habitants dans leurs démarches, faciliter le dialogue entre services publics et usagers, et notamment établir des liens entre les parents et les services qui accueillent leurs enfants ;

3° Contribuer à améliorer ou préserver le cadre de vie ;

4° Prévenir et aider à la résolution des petits conflits de la vie quotidienne par la médiation et le dialogue ;

5° Faciliter le dialogue entre les générations, accompagner et renforcer la fonction parentale par le soutien aux initiatives prises par les parents ou en leur faveur ;

6° Contribuer à renforcer la vie associative locale et développer la capacité d'initiative et de projet dans le quartier et la ville.

Art. D. 5134-146. Les adultes-relais ne peuvent accomplir aucun acte relevant du maintien de l'ordre public et ne peuvent être employés à des fonctions dont le seul objet est d'assurer les services au domicile des personnes physiques mentionnés à l'article L. 7231-1.

Les personnes morales de droit public et les personnes morales de droit privé chargées d'un service public ne peuvent pas embaucher d'adultes-relais pour des missions relevant de leur activité normale.

Sous-section 2. Convention

Art. L. 5134-101. L'État peut conclure des conventions ouvrant droit au bénéfice de contrats relatifs à des activités d'adultes-relais avec :

1° Les collectivités territoriales et les établissements publics de coopération intercommunale, ainsi que leurs établissements publics ;

2° Les établissements publics locaux d'enseignement ;

3° Les établissements publics de santé ;

4° Les offices publics d'habitations à loyer modéré et les offices publics d'aménagement et de construction ;

5° Les organismes de droit privé à but non lucratif ;

6° Les personnes morales de droit privé chargées de la gestion d'un service public.

Art. D. 5134-147. Les personnes morales mentionnées à l'article L. 5134-101 qui sollicitent le bénéfice d'une convention ouvrant droit au bénéfice de contrats relatifs à des activités d'adultes-relais en font la demande au préfet.

Art. D. 5134-148. La demande de convention se traduit par le dépôt d'un dossier qui comprend notamment :

1° La présentation de l'organisme employeur, de son projet et de ses objectifs ;

2° Le nombre et les caractéristiques des postes ;

3° Les zones urbaines sensibles ou les autres territoires prioritaires des contrats de ville au bénéfice duquel le projet doit se mettre en place ;

4° Pour les organismes privés à but non lucratif, les statuts et les comptes pour le dernier exercice complet ou le compte de résultat et le bilan lorsque celui-ci est établi ;

5° Le budget prévisionnel de l'action, précisant notamment les contributions financières au titre de la rémunération, de la formation ou de l'encadrement obtenues en dehors de l'État.

Art. D. 5134-149. Les projets retenus font l'objet d'une convention par poste signée entre l'employeur et l'État, représenté par le préfet, et en présence de l'Agence nationale pour la cohésion sociale et l'égalité des chances, représentée par son délégué départemental.

Art. D. 5134-150. La durée pour laquelle la convention est signée ne peut excéder trois ans.

La convention peut être renouvelée par accord exprès des parties.

Art. D. 5134-151. La convention précise :

1° La nature du projet ;

2° La durée hebdomadaire de travail ;

3° Les caractéristiques du poste et de l'activité engagée au regard des besoins à satisfaire ;

4° Le montant et les modalités de versement de l'aide versée, au nom de l'État, par l'agence et les modalités du contrôle de l'application de la convention ;

5° Le cas échéant, la dérogation du préfet sur le lieu de résidence de l'adulte-relais lorsque ce dernier ne réside pas en zone urbaine sensible mentionnée à l'article L. 5134-102.

Art. D. 5134-152. Aucune embauche ne peut intervenir avant la date de la signature de la convention.

Art. D. 5134-153. Le préfet contrôle l'exécution de la convention. À cette fin, l'employeur lui fournit, à sa demande, tout élément de nature à permettre de vérifier la bonne exécution de la convention et la réalité des emplois créés.

Art. D. 5134-154. La convention peut être résiliée par le préfet, notamment en cas de non-respect par l'employeur des clauses de la convention. Le préfet, en sa qualité de délégué de l'agence, peut demander le reversement des sommes indûment perçues.

Lorsque l'aide est obtenue à la suite de fausses déclarations ou lorsque la convention est détournée de son objet, celle-ci est résiliée d'office. Les sommes indûment perçues donnent lieu à reversement.

La convention est également résiliée d'office lorsque l'employeur n'a pas, sans justification, transmis pendant deux trimestres consécutifs les pièces prévues à la convention.

La convention peut être résiliée par l'employeur. Celui-ci en avertit le préfet avec un préavis de deux mois.

Sous-section 3. Contrat de travail

Art. L. 5134-102. Le contrat de travail relatif à des activités d'adultes-relais peut être conclu avec des personnes âgées d'au moins trente ans, sans emploi ou bénéficiant, sous réserve qu'il soit mis fin à ce contrat, soit d'un contrat d'accompagnement dans l'emploi, soit d'un contrat d'avenir et résidant en zone urbaine sensible au sens du 3 de l'article 42 de la loi n° 95-115 du 4 février 1995 d'orientation pour l'aménagement et le développement du territoire ou dans un autre territoire prioritaire des contrats de ville.

Art. L. 5134-103. Le contrat relatif à des activités d'adultes-relais est un contrat de travail de droit privé à durée indéterminée ou à durée déterminée conclu en application du 1° de l'article L. 1242-3 dans la limite d'une durée de trois ans renouvelable une fois.

Les collectivités territoriales et les autres personnes morales de droit public mentionnées à l'article L. 5134-101, à l'exception des établissements publics industriels et commerciaux, ne peuvent conclure que des contrats de travail à durée déterminée dans les conditions mentionnées à la présente section.

Le contrat à durée déterminée comporte une période d'essai d'un mois renouvelable une fois.

Art. L. 5134-104. Sans préjudice des cas prévus aux articles L. 1243-1 et L. 1243-2, le contrat de travail relatif à des activités d'adultes-relais peut être rompu, à l'expiration de chacune des périodes annuelles de leur exécution, à l'initiative du salarié, sous réserve du respect d'un préavis de deux semaines, ou de l'employeur, s'il justifie d'une cause réelle et sérieuse.

Dans ce dernier cas, les dispositions relatives à l'entretien préalable au licenciement, prévues aux articles L. 1232-2 à L. 1232-4, L. 1233-11 à L. 1233-13 et L. 1233-38, et celles relatives au préavis, prévues à l'article L. 1234-1, sont applicables.

Art. L. 5134-105. L'employeur qui décide de rompre le contrat du salarié pour une cause réelle et sérieuse notifie cette rupture par lettre recommandée avec avis de réception. Cette lettre ne peut être expédiée au salarié moins de deux jours francs après la date fixée pour l'entretien préalable. La date de présentation de la lettre fixe le point de départ du préavis.

Art. L. 5134-106. Le salarié dont le contrat est rompu par son employeur dans les conditions prévues à l'article L. 5134-104 bénéficie d'une indemnité calculée sur la base de la rémunération perçue.

Le montant retenu pour le calcul de cette indemnité ne peut cependant excéder le montant perçu par le salarié au titre des dix-huit derniers mois d'exécution de son contrat de travail. Son taux est identique à celui de l'indemnité de fin de contrat prévue à l'article L. 1243-8.

Note En vertu de l'article L. 5134-106 CT, le salarié dont le contrat est rompu par son employeur dans les conditions prévues à l'article L. 5134-104 bénéficie d'une indemnité calculée sur la base de la rémunération perçue. Il résulte de l'article L. 5134-104 que, sans préjudice des cas prévus aux articles L. 1243-1 et L. 1243-2, le contrat de travail relatif à des activités d'adultes-relais peut être rompu, à l'expiration de chacune des périodes annuelles de leur exécution, à l'initiative du salarié, sous réserve du respect d'un préavis de deux semaines, ou de l'employeur, s'il justifie d'une cause réelle et sérieuse. Ayant estimé que l'article 7 du contrat de travail fixant les conditions pour le bénéfice du salarié à une indemnité de précarité renvoyait aux conditions prévues par l'article 6 du contrat, lequel reproduisait les dispositions de l'article L. 5134-104, la cour d'appel, qui a retenu que le contrat n'avait pas été rompu par l'employeur dans les conditions prévues par l'article 6 du contrat, en a justement déduit que le salarié ne pouvait prétendre à l'indemnité de précarité prévue par l'article 7 du contrat (cass. soc. 25 janvier 2011, n° 09-72.834, BC V n° 29 ; *RJS* 4/11 n° 319).

Art. L. 5134-107. Par dérogation aux dispositions de l'article L. 1243-2, la méconnaissance par l'employeur des dispositions relatives à la rupture du contrat de travail à durée déterminée prévues par la présente sous-section ouvre droit pour le salarié à des dommages et intérêts correspondant au préjudice subi.

Il en est de même lorsque la rupture du contrat intervient suite au non-respect de la convention mentionnée à l'article L. 5134-101 ayant entraîné sa dénonciation.

Art. D. 5134-155. Le contrat de travail est conclu avec une personne remplissant à la date de la signature les conditions de l'article L. 5134-102.

Art. D. 5134-156. Le contrat de travail, lorsqu'il est conclu à temps partiel, ne peut être inférieur à un mi-temps.

Sous-section 4. **Aide financière**

Art. L. 5134-108. Les employeurs mentionnés à l'article L. 5134-101 bénéficient d'une aide financière de l'État.

Cette aide n'est pas imposable pour les personnes non assujetties à l'impôt sur les sociétés.

Cette aide ne peut être cumulée avec une autre aide de l'État à l'emploi.

Art. D. 5134-157. L'aide financière de l'État mentionnée à l'article L. 5134-108, forfaitaire, est versée par l'Agence nationale pour la cohésion sociale et l'égalité des chances.

L'agence peut confier, dans le cadre d'une convention, la gestion de cette aide ***(D. 2009-340 du 27 mars 2009, JO 29)*** « à l'Agence de services et de paiement ».

Art. D. 5134-158. L'aide de l'État est versée à compter de la création du poste d'adulte-relais pour les périodes pendant lesquelles le poste est effectivement occupé.

Pour un emploi à temps partiel, elle est versée à due proportion du temps de travail prévu à la convention par rapport à un emploi à temps plein.

Art. D. 5134-159. Sous réserve des cas de résiliation de la convention mentionnés à l'article D. 5134-154 et de la production des documents justificatifs prévus dans la convention, l'aide est versée pendant la durée de la convention.

Art. D. 5134-160. Le montant annuel de l'aide par poste de travail à temps plein est fixé par décret.

Ce montant est revalorisé annuellement au 1er juillet, proportionnellement à l'évolution du salaire minimum de croissance depuis le 1er juillet de l'année précédente et arrondi au dixième d'euro le plus proche.

Sous-section 5. Dispositions d'application

Art. L. 5134-109. Un décret détermine les conditions d'application de la présente section.

CHAPITRE V

Dispositions pénales

[**Art. L. 5135-1.** Abrogé par loi 2010-1657 du 29 décembre 2010, art. 202, JO 30, depuis le 01.01.2011.]

TITRE IV

AIDES À LA CRÉATION D'ENTREPRISE

CHAPITRE Ier

Aides à la création ou à la reprise d'entreprise

Note • L'interdiction de diriger, administrer ou contrôler une entreprise prononcée en application de l'article 192 de la loi du 25 janvier 1985 fait obstacle à l'attribution de l'aide à la création d'entreprise (CE 18 mars 1998, n° 170534, *RJS* 6/98 n° 773).

• En l'absence de dispositions prises en la matière pour l'application du décret du 30 avril 1955, la justification d'une situation régulière en matière fiscale et sociale ne constitue pas une condition d'attribution de l'aide à la création d'entreprise (CE 1er mars 1996, n° 161670, *RJS* 6/96 n° 701).

• Sur le refus justifié de l'aide lorsque la constitution de la société se rapporte à une activité exercée antérieurement en relation avec d'autres sociétés, familiales ou non, voir CE 28 décembre 1992, n° 110583, *RJS* 3/93 n° 299 ; 8 septembre 1995, n° 146394, *RJS* 11/95 n° 1157 et 18 octobre 1995, *RJS* 12/95 n° 1269. À l'inverse, sur un cas de société nouvelle ne s'identifiant pas à l'activité antérieurement déployée dans le cadre de l'entreprise individuelle du père du demandeur, voir CE 31 janvier 1994, n° 122891, *RJS* 4/94 n° 446.

• Le bénéfice de l'aide ne peut être accordé pour l'exercice d'une activité de magnétiseur constitutive d'un exercice illégal de la médecine (CE 8 novembre 1993, n° 110724, *RJS* 1/94 n° 65) ni pour la création d'un centre d'amaigrissement et d'esthétique impliquant pour partie l'exercice de la médecine (CE 12 janvier 1996, n° 131629, *RJS* 3/96 n° 320). En revanche, l'activité des magasins dits « sex-shops » n'est pas constitutive d'une activité commerciale illicite contradictoire avec l'octroi de l'aide (CE 8 septembre 1995, n° 155287, *RJS* 11/95 n° 1156).

Dispositions communes

Sous-section 1. Nature et bénéfice des aides

Art. R. 5141-1. Les aides destinées aux personnes qui créent ou reprennent une entreprise, ou qui entreprennent l'exercice d'une autre profession non salariée, prévues au présent chapitre, comprennent :

1° L'exonération de cotisations sociales prévue à l'article L. 161-1-1 du code de la sécurité sociale. Cette exonération peut être cumulée avec les allocations mentionnées à l'article 9 de la loi n° 98-657 du 29 juillet 1998 d'orientation relative à la lutte contre les exclusions ;

2° L'avance remboursable prévue à l'article L. 5141-2. La dotation aux jeunes agriculteurs accordée en application des articles R. 343-3 et suivants du code rural ***(Ord. 2010-462 du 6 mai 2010, JO 7)*** « et de la pêche maritime » n'est pas cumulable avec cette avance remboursable ;

3° Le versement par l'État, aux bénéficiaires des exonérations prévues au 1°, effectué conformément aux dispositions de l'article L. 5141-3. Pour les personnes admises au bénéfice de ces exonérations au cours de leur période d'indemnisation au titre de l'allocation d'assurance, le bénéfice de l'allocation de solidarité spécifique prévue à l'article L. 5423-1 est maintenu jusqu'au terme du bénéfice de ces exonérations ;

4° Le financement partiel par l'État des actions de conseil ***(D. 2010-1642 du 23 déc. 2010, JO 28)*** « et » d'accompagnement ***(D. 2010-1642 du 23 déc. 2010, JO 28)*** « en application de l'article L. 5141-5 du code du travail » au bénéfice des créateurs ou repreneurs d'entreprises.

Art. R. 5141-2. Pour l'application des dispositions de l'article L. 5141-1, sont considérés comme remplissant la condition de contrôle effectif de l'entreprise créée ou reprise lorsqu'elle est constituée sous la forme de société :

1° Le demandeur du bénéfice de ces dispositions qui détient, personnellement ou avec son conjoint, son partenaire lié par un pacte civil de solidarité ou son concubin, ses ascendants et descendants, plus de la moitié du capital de la société, sans que sa part personnelle puisse être inférieure à 35 % de celui-ci ;

2° Le demandeur qui a la qualité de dirigeant de la société et qui détient, personnellement ou avec son conjoint, son partenaire lié par un pacte civil de solidarité, ses ascendants et descendants, au moins un tiers du capital de celle-ci, sans que sa part personnelle puisse être inférieure à 25 % et sous réserve qu'un autre actionnaire ou porteur de parts ne détienne pas directement ou indirectement plus de la moitié du capital ;

3° Les demandeurs qui détiennent ensemble plus de la moitié du capital de la société, à condition qu'un ou plusieurs d'entre eux aient la qualité de dirigeant et que chaque demandeur détienne une part de capital égale à un dixième au moins de la part détenue par le principal actionnaire ou porteur de parts.

Note

• Le bénéfice de l'aide est à bon droit rejeté lorsque l'activité que le demandeur d'emploi se propose d'exercer relève exclusivement de son ancien employeur vis-à-vis duquel il se trouve dans une situation de dépendance exclusive ne permettant pas de le regarder comme exerçant effectivement le contrôle de l'entreprise (CE 8 novembre 1993, n° 114674, *Rec. Lebon*, p. 1071 ; *RJS* 1/94 n° 68) ou lorsque cette activité s'inscrit dans le cadre, quasi exclusif, d'un contrat de sous-traitance le plaçant dans une situation de dépendance et de subordination, alors même que les conditions relatives à l'organisation interne d'une société fixées à l'article R. 341-42 étaient remplies (CE 8 novembre 1993, n° 128981, *Rec. Lebon*, p. 1071 ; *RJS* 1/94 n° 68 ; 18 octobre 1995, 144494, *RJS* 12/95 n° 1269).

• Le contrat de gérance libre, même avec une durée de bail d'une année renouvelable par tacite reconduction, n'exclut pas le contrôle effectif de l'entreprise (CE 22 octobre 1991 et note tech. CDE 92/41 du 1er octobre 1992, BO TR 93/1). Dans le même sens, pour une location-gérance, CE 15 février 1995, n° 126196, *RJS* 4/95 n° 409.

• Un contrat de concession conclu selon un modèle type n'est pas exclusif d'une réelle autonomie dans l'exercice de l'activité caractérisant le contrôle de l'entreprise (CE 8 septembre 1995, n° 151962, *Rec. Lebon*, p. 341 ; *RJS* 11/95 n° 1158). Dans le même sens, pour un contrat de franchise portant sur le transport rapide de courrier et colis, CAA Nantes, 26 décembre 2002, n° 01732, *RJS* 10/03 n° 1201.

Art. R. 5141-3. Lorsqu'une personne a obtenu le bénéfice d'une aide à la création, à la reprise d'entreprise ou pour l'exercice d'une autre profession non salariée, elle ne peut obtenir à nouveau cette aide qu'à l'expiration d'un délai de trois ans suivant la précédente décision du préfet ou de l'organisme habilité prévu à l'article R. 5141-22.

(D. 2010-1642 du 23 déc. 2010, JO 28) « Les dispositions du premier alinéa ne s'appliquent pas à l'aide prévue au 4° de l'article R. 5141-1. »

Sous-section 2. Retrait des aides

Art. R. 5141-4. S'il est établi que l'aide a été obtenue à la suite de fausses déclarations ou si la condition de contrôle effectif de la société créée ou reprise cesse d'être remplie dans les deux ans suivant la création ou la reprise, et sous réserve de l'article R. 5141-6 :

1° Le bénéfice des exonérations de cotisations sociales mentionnées au 1° de l'article R. 5141-1 est retiré par décision de l'Union de recouvrement des cotisations de sécurité sociale et d'allocations familiales (URSSAF) ;

2° Le bénéfice de l'avance remboursable mentionnée au 2° de l'article précité est retiré par décision de l'organisme habilité ou du préfet, qui en informe l'URSSAF.

Art. R. 5141-5. Dans le cas prévu à l'article R. 5141-4, le bénéficiaire acquitte auprès des organismes de sécurité sociale concernés les cotisations dont il a été exonéré, en application des articles L. 161-1-1 et L. 161-24 du code de la sécurité sociale, et rembourse le montant de l'aide financière déjà perçue.

Art. R. 5141-6. Par dérogation aux articles R. 5141-4 et R. 5141-5, lorsque la perte du contrôle effectif résulte de la cessation de l'activité créée ou reprise, ou de la cession de l'entreprise dans le cadre d'une procédure de sauvegarde, de redressement ou de liquidation judiciaire, le remboursement de l'aide financière ainsi que le versement des cotisations sociales dont le bénéficiaire a été exonéré peuvent ne pas être exigés, sur décision motivée du préfet.

SECTION 1. Exonération de charges sociales

Art. L. 5141-1. Peuvent bénéficier des exonérations de charges sociales prévues à l'article L. 161-1-1 du code de la sécurité sociale, lorsqu'elles créent ou reprennent une activité économique, industrielle, commerciale, artisanale, agricole ou libérale, soit à titre individuel, soit sous la forme d'une société, à condition d'en exercer effectivement le contrôle, ou entreprennent l'exercice d'une autre profession non salariée :

1° Les demandeurs d'emploi indemnisés ;

2° Les demandeurs d'emploi non indemnisés inscrits à l' ***(L. 2008-126 du 13 févr. 2008, JO 14)*** « institution mentionnée à l'article L. 5312-1 » six mois au cours des dix-huit derniers mois ;

3° Les bénéficiaires de l'allocation de solidarité spécifique ou ***(L. 2008-1249 du 1er déc. 2008, art. 24, JO 3)*** « du revenu de solidarité active » ;

4° Les personnes remplissant les conditions pour bénéficier du contrat emploi-jeune ;

5° Les personnes bénéficiant du contrat emploi-jeune dont le contrat se trouve rompu avant le terme de l'aide prévue à ce même article ;

6° Les personnes salariées ou les personnes licenciées d'une entreprise soumise à l'une des procédures de sauvegarde, de redressement ou de liquidation judiciaires prévues aux titres II, III et IV du livre VI du code de commerce qui reprennent tout ou partie de cette entreprise dès lors qu'elles s'engagent à investir en capital la totalité des aides et à réunir des apports complémentaires en capital au moins égaux à la moitié des aides accordées ;

7° Les personnes ayant conclu un contrat d'appui au projet d'entreprise mentionné à l'article L. 127-1 du code de commerce, sous réserve qu'elles remplissent l'une des conditions prévues aux 1° à 6° à la date de conclusion de ce contrat ;

8° Les personnes physiques créant une entreprise implantée au sein d'une zone urbaine sensible ;

9° Les bénéficiaires du complément de libre choix d'activité mentionné à l'article L. 531-4 du code de la sécurité sociale.

Note • Sur l'application de l'article L. 161-1-1 c. séc. soc. aux travailleurs indépendants relevant de l'article L. 133-6-8 c. séc. soc. (microentreprise), voir art. D. 131-6-3 c. séc. soc. (décret 2009-484 du 29 avril 2009, JO 30).

• L'article L. 131-6-1 c. séc. soc., les articles R. 131-1 et R. 243-1-1 c. séc. soc. définissent les modalités de versement différé des cotisations sociales personnelles dues au titre des 12 premiers mois d'activité. Voir circulaire DSS 2004-224 du 17 mai 2004.

• Une circulaire de la direction du recouvrement du régime social des indépendants précise le dispositif permettant à un salarié créateur d'entreprise de bénéficier, sous conditions (conservation d'une activité salariée minimale, etc.), d'une exonération des cotisations aux régimes des non-salariés au titre de ses 12 premiers mois d'activité (circ. RSI 2007-62 du 27 avril 2007).

Art. R. 5141-7. Peuvent être admis au bénéfice des exonérations de cotisations et des droits à prestation prévus aux articles L. 161-1-1 et L. 161-24 du code de la sécurité sociale :

1° Les personnes privées d'emploi percevant l'allocation d'assurance chômage mentionnée à l'article L. 5422-1, l'allocation temporaire d'attente prévue à l'article L. 5423-8 et l'allocation de solidarité spécifique de l'article L. 5423-1 ;

2° Les personnes remplissant les conditions pour percevoir l'allocation d'assurance ou l'allocation prévue en cas de convention de reclassement prévue à l'article L. 1233-65 ;

3° Les bénéficiaires de l'allocation de revenu minimum d'insertion ou leur conjoint ou concubin ainsi que les bénéficiaires de l'allocation prévue à l'article L. 524-1 du code de la sécurité sociale ;

4° Les demandeurs d'emploi non indemnisés inscrits depuis plus de six mois au cours des dix-huit derniers mois et n'appartenant pas aux catégories mentionnées aux 2° et 3° ;

5° Les personnes mentionnées aux 4° à 9° de l'article L. 5141-1 ;

6° Les personnes mentionnées au premier alinéa de l'article L. 5141-2.

Art. R. 5141-8. La demande d'attribution d'exonérations de cotisations sociales mentionnées au 1° de l'article R. 5141-1 est adressée au centre de formalités des entreprises.

Elle peut être introduite dès le dépôt de la déclaration de création ou de reprise d'entreprise.

Elle est introduite au plus tard le quarante-cinquième jour qui suit ce dépôt.

Art. R. 5141-9. Par dérogation à l'article R. 5141-8, les personnes qui se sont vu octroyer l'avance remboursable mentionnée au 2° de l'article R. 5141-1 sont dispensées de présenter la demande d'attribution d'exonérations de cotisations sociales.

Art. R. 5141-10. Un arrêté du ministre chargé de l'emploi définit la composition du dossier de demande d'attribution d'exonérations de cotisations sociales.

Note La composition du dossier est définie par l'arrêté du 8 novembre 2007 (JO 23).

Art. R. 5141-11. Lorsque le dossier de demande d'attribution d'exonérations de cotisations sociales est complet, le centre de formalités des entreprises délivre au demandeur un récépissé indiquant que la demande a été enregistrée. Il informe les organismes sociaux concernés de l'enregistrement de cette demande et transmet, dans les vingt-quatre heures, le dossier de demande et une copie du récépissé à l'URSSAF qui, au nom de l'État, statue sur la demande dans un délai d'un mois à compter de la date du récépissé.

Note • Voir circulaire DGEFP/DSS 2007/27 du 30 novembre 2007 (BO MT 2007/12) relative à la gestion de l'aide aux chômeurs créateurs ou repreneurs d'entreprise (ACCRE) par l'URSSAF à compter du 1er décembre 2007 et lettre-circulaire ACOSS 2010-086 du 4 août 2010 (*LS* Bref social n° 15668 du 12 août 2010) relative aux modalités de traitement des demandes d'ACCRE dans le cadre du guichet unique.

• La décision du centre de formalités des entreprises de ne pas transmettre une demande constitue un acte administratif faisant grief susceptible de recours administratif ou contentieux (rép. QE 76751, JO AN 21 septembre 2010 p. 10325).

• Le juge administratif exerce un contrôle minimum sur les décisions administratives en matière d'aide à la création d'entreprise (CE 10 février 1992, n° 105235, *RJS* 5/92 n° 649).

• Le centre de formalités des entreprises n'a pas qualité pour décider aux lieu et place de l'URSSAF du rejet d'un dossier pour forclusion de la demande (cass. civ., 2e ch., 10 novembre 2011, n° 10-23.100, *RJS* 1/12 n° 71).

Art. R. 5141-12. Lorsque les conditions d'octroi sont remplies, l'URSSAF, le cas échéant pour le compte du régime social des indépendants et sous son appellation, délivre à l'intéressé une attestation d'admission au bénéfice de l'exonération mentionnée à l'article L. 161-1-1 du code de la sécurité sociale.

Lorsque ces conditions ne sont pas réunies, elle notifie au demandeur la décision de rejet de sa demande et en informe les organismes sociaux concernés.

Le silence gardé par l'URSSAF pendant plus d'un mois à compter de la date du récépissé vaut décision d'acceptation.

SECTION 2. Avance remboursable

Note Depuis le 1er janvier 2009, les aides EDEN et les chéquiers-conseil n'existent plus. Ils sont remplacés par le nouveau dispositif d'aide à la création d'entreprise NACRE. Celui-ci comporte trois phases : aide au montage du projet ; appui pour le financement ; appui au développement de l'entreprise. Des opérateurs sont labellisés et conventionnés par l'État et la Caisse des dépôts.

Art. L. 5141-2. Les personnes remplissant l'une des conditions mentionnées aux 3° à 7° de l'article L. 5141-1 ainsi que les personnes de cinquante ans et plus inscrites sur la liste des demandeurs d'emploi peuvent bénéficier d'une aide financière de l'État.

La décision d'attribution de cette aide emporte décision d'attribution des droits mentionnés à l'article L. 161-1-1 du code de la sécurité sociale.

Sous-section 1. Nature et conditions d'octroi

Art. R. 5141-13. L'avance remboursable est un prêt sans intérêt financé par l'État et attribué, après expertise du projet de création ou de reprise d'entreprise, à une ou à plusieurs personnes physiques qui s'engagent à intégrer son montant au capital de la société créée ou reprise ou à l'utiliser pour le fonctionnement de l'entreprise individuelle créée ou reprise.

Art. R. 5141-14. Pour bénéficier de l'avance remboursable mentionnée au 2° de l'article R. 5141-1, le demandeur doit présenter un projet de création ou de reprise réel, consistant et viable au regard de l'environnement économique local, des moyens mobilisés et de ses compétences.

Art. R. 5141-15. La demande est préalable à la création ou reprise d'entreprise ou à l'exercice de la nouvelle activité. Elle est accompagnée d'un dossier justifiant que le demandeur remplit les conditions d'attribution de cette avance.

Un arrêté du ministre chargé de l'emploi définit la composition de ce dossier.

Art. R. 5141-16. Lorsqu'il n'y a pas dans le département d'organisme mandaté, en application de l'article L. 5141-6, la demande tendant à l'octroi de l'avance remboursable est adressée au préfet.

Le préfet délivre au demandeur un accusé de réception et statue sur la demande dans un délai de deux mois à compter de la date de sa réception. Sa décision est notifiée au demandeur.

En cas de non-réponse dans le délai de deux mois, la demande est réputée rejetée.

Art. R. 5141-17. La décision d'attribution de l'avance remboursable emporte attribution simultanée des aides prévues aux 1° et 3° de l'article R. 5141-1.

Art. R. 5141-18. L'attribution de l'avance remboursable est subordonnée à l'obtention d'un financement complémentaire.

Art. R. 5141-19. Le montant de l'avance remboursable varie en fonction des caractéristiques financières du projet et du nombre de personnes physiques bénéficiaires de l'aide au titre de ce projet.

Art. R. 5141-20. Le montant maximum de l'aide attribuée à un projet, selon que celui-ci est individuel, collectif ou concerne les salariés repreneurs de leur entreprise en difficulté prévus au 6° de l'article L. 5141-1, ainsi que les caractéristiques du financement complémentaire mentionné à l'article R. 5141-18, sont déterminés par arrêté conjoint des ministres chargés de l'emploi, de l'économie et du budget.

Art. R. 5141-21. L'avance est remboursable dans le délai maximum de cinq ans.

Le premier remboursement intervient, au plus tard, douze mois après son versement.

Sous-section 2. Organismes habilités pour accorder et gérer l'avance

Art. R. 5141-22. Le préfet peut mandater des organismes, dont il fixe la liste par arrêté, afin d'accorder et gérer l'avance remboursable mentionnée au 2° de l'article R. 5141-1.

Lorsque la demande du créateur vise les avantages prévus aux 2°, 3° et 4° de l'article R. 5141-1, le mandataire se prononce sur l'octroi de chacun d'entre eux par une décision distincte.

Art. R. 5141-23. Lorsque l'avance remboursable est relative aux projets présentés par plus de dix demandeurs ou donnant lieu à une demande d'avance remboursable d'un montant supérieur à un seuil fixé par arrêté conjoint des ministres chargés de l'emploi, de l'économie et du budget, la décision d'attribution et la gestion de celle-ci peuvent être confiées, sous forme d'un mandat de gestion, à des organismes dont la liste est fixée par arrêté du ministre chargé de l'emploi.

Art. R. 5141-24. Dans les cas prévus aux articles R. 5141-22 et R. 5141-23, le dossier de demande d'avance remboursable est adressé à l'organisme habilité qui délivre au demandeur une attestation de dépôt et statue sur la demande dans un délai de deux mois à compter de la date du dépôt.

Il notifie sa décision au demandeur et en informe simultanément le préfet et l'URSSAF.

En cas de non-réponse dans le délai de deux mois, la demande est réputée rejetée.

Art. R. 5141-25. Seuls peuvent être titulaires d'une habilitation les organismes ayant pour objet exclusif de participer, par le versement d'aides financières, à la création ou à la reprise d'entreprise et ceux définis par les articles L. 511-1 et suivants du code monétaire et financier.

Ces organismes sont contrôlés par un commissaire aux comptes, tel que défini par les articles L. 822-9 et suivants du code de commerce.

Pour être habilités, les organismes justifient des caractéristiques suivantes :

1° Leur capacité et leur savoir-faire en matière d'accueil et de conseil des créateurs ou repreneurs d'entreprise ;

2° Une compétence reconnue en matière financière ;

3° Une expérience en matière de mobilisation de financements complémentaires ;

4° Des moyens techniques adaptés à l'exercice de ce mandat.

Art. R. 5141-26. Le préfet ou le ministre chargé de l'emploi peut procéder à tout contrôle, sur pièces et sur place, de l'utilisation des fonds gérés par un organisme habilité par l'État.

Art. R. 5141-27. L'organisme habilité communique au préfet ou au ministre chargé de l'emploi, un rapport d'activité semestriel comprenant notamment la liste des projets aidés, les conditions de leur réalisation, le montant des aides financières accordées, ainsi que le montant et la nature des financements complémentaires mobilisés.

L'organisme habilité communique également au préfet un rapport annuel d'évaluation portant notamment sur la consolidation et le développement des projets aidés.

SECTION 3. Maintien d'allocations

Art. L. 5141-3. Les personnes admises au bénéfice de l'article L. 5141-1 et qui perçoivent l'allocation de solidarité spécifique ou l'allocation veuvage prévue à l'article L. 356-1 du code de la sécurité sociale reçoivent une aide de l'État, attribuée pour une durée courant à compter de la date de création ou de reprise d'une entreprise.

Art. R. 5141-28. L'aide de l'État prévue à l'article L. 5141-3 est attribuée pour une durée d'un an à compter de la date de création ou de reprise d'une entreprise.

Art. L. 5141-4. Les personnes admises au bénéfice des dispositions de l'article L. 5141-1 et qui perçoivent l'allocation d'insertion ou l'allocation de veuvage ont droit au maintien du versement de leur allocation dans des conditions prévues par décret.

Note • Cet article a été modifié par la loi 2008-1249 du 1er décembre 2008, art. 24, JO 3.

• Cet article est issu de la loi 98-657 du 29 juillet 1998 d'orientation relative à la lutte contre les exclusions, art. 9, V (JO 31). Le décret 98-1070 du 27 novembre 1998 (JO 28) a fixé à 6 mois, à compter de la date de la création ou de la reprise d'entreprise, la durée de maintien du versement de l'allocation d'insertion. Voir directive Unédic 15/99 du 12 mars 1999.

SECTION 4. Financement d'actions de conseil, de formation et d'accompagnement

Art. L. 5141-5. *(L. 2009-1673 du 30 déc. 2009, art. 140, JO 31)* « L'État peut, par convention, participer au financement d'actions d'accompagnement et de conseil organisées avant la création ou la reprise d'une entreprise et pendant les trois années suivantes. Ces actions peuvent bénéficier à des personnes sans emploi ou rencontrant des difficultés pour s'insérer durablement dans l'emploi, pour lesquelles la création ou la reprise d'entreprise est un moyen d'accès, de maintien ou de retour à l'emploi. »

Les régions peuvent contribuer à la mise en place d'une ingénierie dans le cadre de l'aide à la création ou la reprise d'entreprise prévue par le présent chapitre.

[Dispositions réglementaires]

(D. 2010-1642 du 23 déc. 2010, JO 28)

Organisation et labellisation d'actions de conseil et d'accompagnement

Organisation du parcours d'accompagnement pour la création ou la reprise d'entreprise

Art. R. 5141-29. Les actions de conseil et d'accompagnement mentionnées au 4° de l'article R. 5141-1 sont réalisées par un opérateur avec lequel l'État passe à cet effet une convention.

Les actions sont réalisées dans le cadre d'un parcours comportant les trois phases suivantes :

1° Une phase d'aide au montage, d'une durée maximum de quatre mois pour un projet de création et de six mois pour un projet de reprise d'entreprise ;

2° Une phase d'aide à la structuration financière, d'une durée maximum de quatre mois pour un projet de création d'entreprise et de six mois pour un projet de reprise d'entreprise ;

3° Une phase d'accompagnement du démarrage et du développement de l'activité de l'entreprise immatriculée ou bénéficiant d'une dispense d'immatriculation en application de l'article L. 123-1-1 du code de commerce, d'une durée fixe de trente-six mois.

La convention peut porter sur tout ou partie des phases mentionnées aux 1° à 3°. Toutefois, un opérateur conventionné pour la phase d'aide à la structuration financière doit l'être également pour la phase d'accompagnement du démarrage et du développement de l'activité de l'entreprise.

Des expertises spécialisées répondant à un besoin particulier du projet peuvent également être réalisées au cours des phases mentionnées aux 1° et 3°, dans des conditions définies par la convention.

Art. R. 5141-30. Les personnes mentionnées à l'article L. 5141-5 peuvent solliciter auprès des opérateurs conventionnés de leur choix le bénéfice des actions de conseil et d'accompagnement prévues à l'article R. 5141-29. Elles peuvent demander à entrer dans le parcours à n'importe laquelle des phases prévues par cet article. Elles peuvent s'adresser pour chaque phase à un opérateur différent de celui qui les a accompagnées au cours de la phase précédente.

La demande est adressée à l'opérateur conventionné par tout moyen permettant d'établir avec certitude la date de sa réception. L'opérateur délivre à la personne un accusé de réception comportant les mentions prévues par le décret du 6 juin 2001 susvisé.

L'opérateur conventionné peut refuser d'accompagner une personne :

1° Soit en raison de l'absence de difficultés particulières du demandeur dans l'accès, le maintien ou le retour à l'emploi ;

2° Soit en raison du manque de consistance ou de viabilité économique du projet de création ou de reprise d'entreprise ;

L'opérateur peut également refuser la demande lorsqu'il ne dispose pas de moyens d'accompagnement suffisants.

Art. R. 5141-31. En cas d'acceptation de la demande, l'opérateur conclut avec la personne, par délégation de l'État, un contrat d'accompagnement indiquant, parmi les trois phases définies à l'article R. 5141-29, la phase par laquelle commence l'accompagnement. Les phases d'aide au montage et d'aide à la structuration financière peuvent être réalisées concomitamment ou successivement.

Le contrat d'accompagnement définit les engagements réciproques de l'opérateur et de la personne accompagnée.

L'opérateur peut résilier le contrat d'accompagnement lorsque la personne ne respecte pas, sans motif légitime, les engagements qui y sont stipulés. L'opérateur qui envisage de résilier le contrat le notifie à la personne, par tout moyen permettant d'attester la réception de la notification. La notification informe la personne de la possibilité de présenter ses observations par écrit ou dans le cadre d'un entretien, au cours duquel elle peut se faire assister d'une personne de son choix.

La décision de résiliation est notifiée à la personne par tout moyen permettant d'établir avec certitude la date de sa réception. La décision est motivée et comporte la mention des voies et délais de recours.

Art. R. 5141-32. Les décisions de refus d'accompagnement et de résiliation du contrat d'accompagnement peuvent faire l'objet d'un recours hiérarchique devant le préfet de région.

Art. R. 5141-33. Un arrêté du ministre chargé de l'emploi fixe la composition du dossier de demande et le modèle de contrat d'accompagnement.

Modalités de délivrance d'un label

Art. R. 5141-34. Il est créé un label attestant de la capacité d'une personne physique ou morale à assurer une ou plusieurs des phases de conseil et d'accompagnement des créateurs et repreneurs d'entreprise mentionnées à l'article R. 5141-29.

La décision d'accorder le label, pour une ou pour l'ensemble des phases mentionnées à l'article R. 5141-29, est prise par le préfet de région.

Les conditions d'octroi du label, sa durée de validité ainsi que les conditions de renouvellement et de prorogation sont définies par un arrêté du ministre chargé de l'emploi.

SECTION 5. Dispositions d'application

Art. L. 5141-6. Un décret en Conseil d'État détermine les conditions d'application du présent chapitre, notamment les conditions dans lesquelles la décision d'attribution des aides peut être déléguée à des organismes habilités par l'État.

CHAPITRE II

Contrat d'appui au projet d'entreprise

Note • Ce chapitre est issu de la loi 2003-721 du 1er août 2003 (JO 5).

• Sur la déclaration d'activité des personnes dispensées d'immatriculation au RCS ou au répertoire des métiers, en application de l'article L. 123-1-1 c. com., et bénéficiaires d'un contrat d'appui au projet d'entreprise, voir article R. 123-237-1 c. com. (décret 2008-1488 du 30 décembre 2008 portant diverses mesures destinées à favoriser le développement des petites entreprises, pris en application de la loi 2008-776 du 4 août 2008 de modernisation de l'économie).

Art. L. 5142-1. La personne physique liée par un contrat d'appui au projet d'entreprise pour la création ou la reprise d'une activité économique, dans les conditions prévues à l'article L. 127-1 du code de commerce, bénéficie des dispositions de la quatrième partie relative à la santé et à la sécurité au travail, à l'exclusion de celles figurant au titre IV du livre VII, ainsi que des dispositions du titre II du livre IV relatives aux garanties de ressources du travailleur privé d'emploi. Cette personne bénéficie également des dispositions du code de la sécurité sociale prévues aux articles L. 311-3 et L. 412-8.

Les obligations mises à la charge de l'employeur par les dispositions mentionnées au premier alinéa incombent à la personne morale responsable de l'appui qui a conclu le contrat prévu aux articles L. 127-1 à L. 127-7 du code de commerce.

Note Une circulaire Unédic 2007-06 du 16 avril 2007 précise les incidences de ce dispositif au regard de l'assurance chômage : contributions à la charge de la structure accompagnatrice, droit à l'indemnisation au terme du contrat. Un arrêté du 18 février 2008 (JO 27) fixe la cotisation accidents du travail et maladies professionnelles due pour les personnes bénéficiaires du contrat d'appui au projet d'entreprise.

Art. L. 5142-2. Les aides de l'État et des collectivités publiques peuvent être mobilisées au bénéfice de l'appui et de la préparation à la création ou la reprise d'une activité économique défini[s] à l'article L. 127-1 du code de commerce.

Note Voir circulaires DGEFP 2006-28 du 5 septembre 2006 (BO TR 2006/10) et 2008-07 du 4 avril 2008 (BO TR 2008/5) modifiant certaines fiches annexées à la circulaire du 5 septembre 2006, et lettre circulaire 2008-66 du 28 juillet 2008.

Art. L. 5142-3. Un décret en Conseil d'État précise les modalités d'application du présent chapitre.

Art. R. 5142-1. Dès la conclusion du contrat d'appui au projet d'entreprise prévu à l'article L. 5142-1, la personne morale responsable de l'appui informe l'Union de recouvrement des cotisations de sécurité sociale et d'allocations familiales (URSSAF) ***(D. 2008-1010 du 29 sept. 2008, art. 7, JO 30)*** « ou la Caisse générale de sécurité sociale (CGSS) » de la conclusion du contrat d'appui et du terme prévu.

Elle les informe de ses renouvellements ou de sa rupture anticipée.

Note Cet article (al. 1er) a été modifié par le décret 2008-1010 du 29 septembre 2008, art. 8, JO 30 [entrée en vigueur le 01.01.2011 (décret 2009-1708 du 30 décembre 2009, JO 31)].

Art. R. 5142-2. Lorsque le bénéficiaire procède à l'immatriculation de son entreprise et qu'il effectue la déclaration prévue à l'annexe II du décret n° 96-650 du 19 juillet 1996, le centre de formalités des entreprises transmet aux organismes auxquels le bénéficiaire du contrat est tenu, le cas échéant, de s'affilier, à l'issue de ce contrat, une copie de celui-ci portant mention de son terme prévu.

La personne responsable de l'appui informe ces organismes des renouvellements ou de la rupture anticipée de celui-ci.

Art. R. 5142-3. Sont considérés comme rémunération, au sens de l'article L. 242-1 du code de la sécurité sociale, et par dérogation aux dispositions du sixième alinéa de l'article R. 242-1 de ce code, les revenus correspondant aux recettes hors taxe dégagées par l'activité du bénéficiaire du contrat d'appui et à la rémunération prévue au 7° de l'article 1er du décret n° 2005-505 du 19 mai 2005 relatif au contrat d'appui au projet d'entreprise pour la création ou la reprise d'une activité économique, déduction faite des frais liés à l'exercice de l'activité du bénéficiaire et des frais mentionnés au deuxième alinéa de l'article L. 127-3 du code de commerce.

Art. R. 5142-4. Le recouvrement des cotisations et contributions de sécurité sociale s'effectue dans les conditions prévues au titre III et aux chapitres III et IV du titre IV du livre II du code de la sécurité sociale.

Par dérogation à l'article R. 243-6 du code de la sécurité sociale, les cotisations et les contributions de sécurité sociale dues à raison des rémunérations payées au cours d'un trimestre civil sont versées dans les quinze premiers jours du trimestre civil suivant à l'organisme chargé du recouvrement dans la circonscription de laquelle se trouve la personne morale responsable de l'appui.

Note Voir décret 2008-121 du 7 février 2008 (JO 10) relatif à la protection contre les accidents du travail et les maladies professionnelles des bénéficiaires du contrat d'appui au projet d'entreprise.

Art. R. 5142-5. Pour le calcul de l'allocation d'assurance et la détermination des contributions prévues aux articles L. 5422-9 à L. 5422-11, la rémunération est calculée selon les modalités fixées à l'article R. 5142-3.

Art. R. 5142-6. À compter du début d'activité économique, au sens de l'article L. 127-4 du code de commerce, et jusqu'à la fin du contrat d'appui, l'exonération prévue au 7° de l'article L. 5141-1 porte sur les cotisations de sécurité sociale calculées selon les modalités fixées par l'article R. 5142-3 et versées par la personne morale responsable de l'appui pour le compte du bénéficiaire du contrat.

LIVRE II

DISPOSITIONS APPLICABLES À CERTAINES CATÉGORIES DE TRAVAILLEURS

TITRE Ier

TRAVAILLEURS HANDICAPÉS

Note • La loi 2005-102 du 11 février 2005 (JO 12) pour l'égalité des droits et des chances, la participation et la citoyenneté des personnes handicapées a modifié profondément la législation antérieure issue des lois 75-534 du 30 juin 1975 (JO 1er juillet) et 87-517 du 10 juillet 1987 (JO 12) en faveur de l'emploi des travailleurs handicapés. La loi 2011-901 du 28 juillet 2011 (JO 30) tend à améliorer le fonctionnement des maisons départementales des personnes handicapées et porte diverses dispositions relatives à la politique du handicap. Le décret 2009-1367 du 6 novembre 2009 (JO 10) crée le comité interministériel du handicap.

• Voir circulaire DGEFP 2006-06 du 22 février 2006 (BO TR 2006/3) relative à l'obligation d'emploi des travailleurs handicapés, mutilés de guerre et assimilés du secteur privé et du secteur public à caractère industriel et commercial ; circ. DGEFP 2006-07 du 22 février 2006 relative à la reconnaissance de la lourdeur du handicap en vue de la modulation de la contribution au fonds de développement pour l'insertion professionnelle des handicapés ou du versement de l'aide à l'emploi et aux modalités d'attribution de cette aide ; circ. DGEFP 2006-08 du 7 mars 2006 (BO TR 2006-4) relative aux entreprises adaptées et centres de distribution de travail à domicile complétée par note DGEFP 2006-21 du 5 juillet 2006 (BO TR 2006/8) ; note de service « questions - réponses » DGEFP 2006-22 du 5 juillet 2006 (BO TR 2006/8) admettant notamment le cumul de l'aide à l'emploi liée à la lourdeur du handicap avec les aides octroyées dans le cadre d'un contrat initiative-emploi, d'un contrat d'insertion-revenu minimum d'activité ou d'un contrat d'avenir, et accompagnée d'un modèle de demande de reconnaissance de la lourdeur du handicap ; note DGEFP 2006-32 du 25 octobre 2006 (BO TR 2006/11) relative au calcul du nombre de bénéficiaires de l'obligation d'emploi et à la reconnaissance de la lourdeur du handicap.

Voir également circulaires DGEFP 2007-01 du 15 janvier 2007 relative à la mise en œuvre de l'orientation vers le marché du travail des travailleurs handicapés et 2007-02 du 15 janvier 2007 relative au pilotage de la politique de l'emploi en faveur des travailleurs handicapés (BO TR 2007/02).

• Sur les aides à l'emploi en faveur des personnes handicapées, voir *http://www.agefiph.fr*.

• Voir par ailleurs « La construction juridique du handicap », N. Maggi-Germain, *Dr. Soc.* 2002, p. 1092 ; « Quelques réflexions à propos du projet de loi sur l'égalité des droits et des chances, la participation et la citoyenneté des personnes handicapées », J-P Laborde, *Dr. Soc.* 2004, p. 986 ; « Le droit à la compensation des conséquences du handicap », R. Chabrol, *Dr. Soc.* 2004, p. 993.

• Une personne licenciée pour cause de maladie ne relève pas du cadre général établi en vue de lutter contre la discrimination fondée sur le handicap par la directive 2000/78 du 27 novembre 2000 portant création d'un cadre général en faveur de l'égalité de traitement en matière d'emploi et de travail (CJCE 11 juillet 2006, aff. C-13/05, Rec. I-6467 ; JOUE C 224/9 du 16.09.2006 ; *RJS* 10/06 n° 1138, chron. Fr. Kessler, p. 757 sur certaines incidences possibles en droit français : définition du handicap, mesures appropriées au bénéfice du handicapé ; *Dr. Soc.* 2006, p. 1117 (1°) : « État de santé et travail : jurisprudence récente », J. Savatier).

• L'interdiction de discrimination directe ou de harcèlement en raison d'un handicap prévue par la directive 2000/78/CE du 27 novembre 2000 n'est pas limitée aux seules personnes qui sont elles-mêmes handicapées. Lorsqu'un employeur traite un employé n'ayant pas lui-même un handicap de manière moins favorable qu'un autre employé ne l'est, ne l'a été ou ne le serait dans une situation comparable, et qu'il est prouvé que le traitement défavorable dont cet employé est victime est fondé sur le handicap de son enfant auquel il dispense les soins dont celui-ci a besoin, un tel traitement est contraire aux interdictions de discrimination et de harcèlement énoncées à l'article 2 de la directive (CJCE 17 juillet 2008, aff. C-303/06, rec. I-5603 ; JOUE C 223/6 du 30.08.2008 ; *RJS* 11/08 n° 1135 et chron. M. Le Barbier-Le Bris, p. 883).

CHAPITRE Ier

Objet des politiques en faveur de l'emploi des personnes handicapées

Art. L. 5211-1. Le reclassement des travailleurs handicapés comporte :

1° La réadaptation fonctionnelle, complétée éventuellement par un ré-entraînement à l'effort ;

2° L'orientation ;

3° La rééducation ou la formation professionnelle pouvant inclure un ré-entraînement scolaire ;

4° Le placement.

Art. L. 5211-2. Des politiques concertées d'accès à la formation et à la qualification professionnelles des personnes handicapées, visant à créer les conditions collectives d'exercice du droit au travail des personnes handicapées, sont définies et mises en œuvre par :

1° L'État ;

2° Le service public de l'emploi ;

3° L'association de gestion du fonds pour l'insertion professionnelle des handicapés ;

4° Le fonds pour l'insertion des personnes handicapées dans la fonction publique ;

5° Les régions ;

6° Les organismes de protection sociale ;

7° Les organisations syndicales et associations représentatives des personnes handicapées.

Art. D. 5211-1. Pour la mise en œuvre des politiques d'accès à la formation et à la qualification prévues à l'article L. 5211-2, une programmation pluriannuelle de l'accueil en formation garantit un ensemble complet de services aux personnes handicapées.

Cette offre respecte la possibilité de libre choix de ces personnes tout en tenant compte de l'analyse des besoins et de la proximité des lieux de formation.

Art. L. 5211-3. Les politiques d'accès à la formation et à la qualification professionnelles des personnes handicapées ont pour objectif de recenser et quantifier les besoins de formation des personnes handicapées ainsi que la qualité des formations dispensées.

Elles favorisent l'utilisation efficiente des différents dispositifs en facilitant la coordination entre les organismes de formation ordinaires et les organismes spécialement conçus pour la compensation des conséquences du handicap ou la réparation du préjudice.

Art. L. 5211-4. Afin de tenir compte des contraintes particulières des personnes handicapées ou présentant un trouble de santé invalidant, les actions de formation professionnelle prévues à la sixième partie prévoient un accueil à temps partiel ou discontinu ainsi qu'une durée et des modalités adaptées de validation de la formation professionnelle, dans des conditions déterminées par décret.

Art. D. 5211-2. En application de l'article L. 5211-4, les organismes de formation ordinaires, ceux spécialement conçus pour la compensation des conséquences du handicap ou la réparation du préjudice et les acteurs mentionnés à l'article D. 6312-1 mettent en œuvre, au titre de la formation professionnelle continue, un accueil à temps partiel ou discontinu, une durée adaptée de formation et des modalités adaptées de validation de la formation professionnelle pour les personnes handicapées mentionnées à l'article L. 5212-13 du présent code et à l'article L. 114 du code de l'action sociale et des familles.

Art. D. 5211-3. Les adaptations mentionnées à l'article D. 5211-2 peuvent être individuelles ou collectives pour un groupe de personnes ayant des besoins similaires. Elles portent également sur les méthodes et les supports pédagogiques et peuvent recourir aux technologies de l'information et de la communication.

Art. D. 5211-4. ***(D. 2009-289 du 13 mars 2009, JO 15)*** « Les adaptations sont mises en œuvre sur la base des informations fournies par : »

(D. 2009-289 du 13 mars 2009, JO 15) « 1° » La personne handicapée ;

(D. 2009-289 du 13 mars 2009, JO 15) « 2° » Le service public de l'emploi ;

(D. 2009-289 du 13 mars 2009, JO 15) « 3° » Les organismes de placement spécialisés qui l'accompagnent dans son parcours d'accès à l'emploi ;

(D. 2009-289 du 13 mars 2009, JO 15) « 4° » La commission des droits et de l'autonomie des personnes handicapées ;

(D. 2009-289 du 13 mars 2009, JO 15) « 5° » Les organismes participant à l'élaboration de son projet d'insertion sociale et professionnelle.

Art. D. 5211-5. L'adaptation de la validation de la formation professionnelle porte sur les aménagements des modalités générales d'évaluation des connaissances et des compétences acquises au cours de la formation.

Art. D. 5211-6. Les organismes dispensant des formations professionnelles et les institutions délivrant des diplômes, titres professionnels ou certificats de qualification professionnelle mettent en œuvre les adaptations, notamment en faisant évoluer leur propre réglementation.

Art. L. 5211-5. ***(L. 2011-901 du 28 juil. 2011, art. 11, JO 30)*** Tous les cinq ans, le service public de l'emploi élabore, sous l'autorité du représentant de l'État dans la région, un plan régional pour l'insertion des travailleurs handicapés. Ce plan, coordonné avec les politiques d'accès à la formation et à la qualification professionnelles des personnes handicapées, comprend :

1° Un diagnostic régional englobant les diagnostics locaux établis avec la collaboration des référents pour l'insertion professionnelle des maisons départementales des personnes handicapées ;

2° Un plan d'action régional pour l'insertion des travailleurs handicapés comportant des axes d'intervention et des objectifs précis ;

3° Des indicateurs régionaux de suivi et d'évaluation des actions menées au niveau régional.

CHAPITRE II

Obligation d'emploi des travailleurs handicapés, mutilés de guerre et assimilés

SECTION 1. Champ d'application

Art. L. 5212-1. Les dispositions du présent chapitre s'appliquent à tout employeur, occupant vingt salariés et plus, y compris les établissements publics industriels et commerciaux.

SECTION 2. Obligation d'emploi

Art. L. 5212-2. Tout employeur emploie, dans la proportion de 6 % de l'effectif total de ses salariés, à temps plein ou à temps partiel, des travailleurs handicapés, mutilés de guerre et assimilés, mentionnés à l'article L. 5212-13.

Note • Voir délibération de la Halde 2010-126 du 14 juin 2010 relative à l'accès à l'emploi des personnes handicapées dans le secteur privé au regard des principes d'égalité de traitement et de non-discrimination sous article L. 5213-6.

• Les dispositions régissant l'emploi des travailleurs handicapés ayant été adoptées dans l'intérêt exclusif de ceux-ci, ne revêt pas un caractère fautif le fait pour un salarié de ne pas révéler à l'employeur sa qualité de travailleur handicapé reconnue par la Cotorep (cass. soc. 6 mai 2003, n° 01-41.370, *RJS* 8-9/03 n° 1083 ; 21 septembre 2005 et 7 novembre 2006 cités sous art. L. 5213-9).

• Sur la proposition de confier au médecin du travail le rôle d'informer l'employeur du nombre de salariés bénéficiaires de l'obligation d'emploi des travailleurs handicapés (OETH) présents dans son entreprise, voir rép. QE 11415, JO Sén. 14 avril 2011, p. 964. Le ministre du travail précise que la demande de reconnaissance de la qualité de bénéficiaire de l'OETH résulte d'une démarche personnelle et volontaire de l'intéressé, de même que sa décision de porter à la connaissance de l'employeur ou du médecin du travail sa condition de bénéficiaire de cette obligation. La communication aux entreprises assujetties à l'OETH du nombre de leurs salariés bénéficiaires de cette obligation pourrait les amener à rechercher ces bénéficiaires pour les inciter à se faire connaître. Une telle disposition remettrait en cause le principe de protection de leur vie privée.

Art. L. 5212-3. Dans les entreprises à établissements multiples, l'obligation d'emploi s'applique établissement par établissement.

Les entreprises de travail temporaire ne sont assujetties à l'obligation d'emploi que pour leurs salariés permanents.

Note Sur l'application du critère tiré de l'autonomie de gestion pour caractériser les établissements distincts, voir CE 10 novembre 1999, n° 196837, *RJS* 1/00 n° 120.

Art. L. 5212-4. Toute entreprise qui occupe vingt salariés et plus au moment de sa création ou en raison de l'accroissement de son effectif dispose, pour se mettre en conformité avec l'obligation d'emploi, d'un délai déterminé par décret qui ne peut excéder trois ans.

Art. D. 5212-3. Le délai prévu à l'article L. 5212-4 est fixé à trois ans.

Il court à compter de la date à laquelle l'entreprise a atteint le seuil de vingt salariés.

Art. L. 5212-5. ***(L. 2010-1657 du 29 déc. 2010, art. 208, JO 30)*** L'employeur adresse une déclaration annuelle relative à l'obligation d'emploi des travailleurs handicapés à l'association mentionnée à l'article L. 5214-1 qui assure la gestion de cette déclaration dans des conditions fixées par décret.

Il justifie également qu'il s'est, le cas échéant, acquitté de l'obligation d'emploi selon les modalités prévues aux articles L. 5212-6 à L. 5212-11.

À défaut de toute déclaration, l'employeur est considéré comme ne satisfaisant pas à l'obligation d'emploi.

Note Cet article est applicable à la déclaration annuelle obligatoire d'emploi des travailleurs handicapés, victimes de guerre et assimilés effectuée à compter de l'année 2012 (loi précitée, art. 208, VII).

Art. R. 5212-1. L'employeur assujetti à l'obligation d'emploi déclare au titre de chaque année civile :

1° La répartition par sexe et selon la nomenclature des professions et catégories socioprofessionnelles de l'effectif total des salariés de l'établissement. Ces éléments sont communiqués au ministre chargé de l'emploi dans la déclaration annuelle des données sociales prévue aux articles 87 et 87 A du code général des impôts ;

2° L'effectif total des salariés de l'établissement. Cet élément est adressé, par pli recommandé avec avis de réception au plus tard le 15 février de l'année suivante, au préfet du département où l'entreprise a son siège ou, lorsqu'il s'agit d'une entreprise à établissements multiples situés dans plusieurs départements, au préfet du département où chaque établissement concerné est situé.

Ces dispositions sont applicables aux employeurs mentionnés à l'article L. 5212-4 à compter de l'année où ils entrent dans le champ d'application de cet article.

Note • Un traitement informatique permet aux établissements d'effectuer leur déclaration annuelle en ligne *(http://teledoeth.travail.gouv.fr)* et de payer, le cas échéant, la contribution à l'AGEFIPH. Les données sont conservées 5 ans, durée pendant laquelle un employeur peut demander à la direction départementale du travail [Direccte] l'autorisation de solliciter de l'AGEFIPH le remboursement d'une contribution indûment versée (arrêté du 11 septembre 2008, JO 24).

• La lettre par laquelle l'autorité administrative demande à l'employeur de rectifier sa déclaration annuelle ne peut être regardée comme comportant une décision faisant grief et, par suite, faire l'objet d'un recours pour excès de pouvoir (CE 3 mars 1997, n° 172123, *RJS* 6/97 n° 764).

Art. R. 5212-1-1. ***(D. 2009-641 du 9 juin 2009, JO 10)*** Le salarié dont la durée de travail est inférieure à la moitié de la durée légale ou conventionnelle est pris en compte pour une demi-unité. Pour le calcul du nombre de travailleurs handicapés dans l'effectif des entreprises au titre de l'année civile, chaque demi-unité est multipliée par le nombre de jours de présence du salarié dans l'entreprise, rapporté à l'année.

Note Voir circulaire DGEFP 2009-41 du 21 octobre 2009 (*LS* Bref social n° 15470 du 26 octobre 2009).

Art. R. 5212-2. L'employeur joint selon les modalités retenues pour satisfaire à l'obligation d'emploi :

1° La liste des bénéficiaires de l'obligation d'emploi, ainsi que les pièces justifiant de leur qualité de bénéficiaire, et leur effectif apprécié dans les conditions prévues à l'article L. 5212-14 ;

2° Le montant, les modalités de calcul et le justificatif du versement de la contribution annuelle au Fonds de développement pour l'insertion des travailleurs handicapés ainsi que les justificatifs des minorations de cette contribution et des déductions du montant de cette contribution attribuées respectivement en application des dispositions des articles L. 5212-9 et L. 5212-11 ;

3° La répartition des emplois qui relèvent des catégories d'emplois exigeant des conditions d'aptitude particulières mentionnées à l'article L. 5212-9 ;

4° L'état d'avancement du programme prévu par l'accord conclu en application de l'article L. 5212-8 et portant sur des plans :

a) D'embauche en milieu ordinaire de travail ;
b) D'insertion et de formation ;
c) D'adaptation aux mutations technologiques ;
d) De maintien dans l'entreprise en cas de licenciement ;

5° La liste des contrats de fournitures, de sous-traitance ou de prestations de services, prévus à l'article L. 5212-6, conclus au cours de l'année écoulée ainsi que toutes justifications permettant de calculer, selon les dispositions de l'article R. 5212-6, leur équivalence en nombres de bénéficiaires de l'obligation d'emploi ;

6° Les conventions de stage mentionnées à l'article R. 5212-11.

Art. R. 5212-4. L'employeur porte à la connaissance du comité d'entreprise ou, à défaut, des délégués du personnel la déclaration annuelle prévue à l'article L. 5212-5.

Toutefois, le document transmis ne comprend pas la liste des bénéficiaires de l'obligation d'emploi.

Note Sur le refus de communiquer au comité d'entreprise, qui n'est pas une autorité publique, des informations relatives à l'état de santé des personnes, qui relèvent de la vie privée, en application de l'article 8 de la Convention européenne de sauvegarde des droits de l'homme et des libertés fondamentales, voir cass. civ., 2e ch., 10 juin 2004, n° 02-12.926, BC II n° 292 ; *RJS* 10/04 n° 1113.

SECTION 3. Modalités de mise en œuvre de l'obligation

Sous-section 1. Mise en œuvre partielle

Art. L. 5212-6. L'employeur peut s'acquitter partiellement de l'obligation d'emploi en passant des contrats de fournitures de sous-traitance ou de prestations de services avec :

1° Soit des entreprises adaptées ;

2° Soit des centres de distribution de travail à domicile ;

3° Soit des établissements ou services d'aide par le travail.

Cet acquittement partiel est proportionnel au volume de travail fourni à ces ateliers, centres, établissements ou services.

Les modalités et les limites de cet acquittement partiel sont déterminées par voie réglementaire.

Art. L. 5212-7. ***(L. 2008-1249 du 1er déc. 2008, art. 26, JO 3, entrée en vigueur le 01.06.2009)*** L'employeur peut s'acquitter partiellement de l'obligation d'emploi en accueillant en stage, dans des conditions fixées par un décret précisant la durée minimale de ce stage, des personnes handicapées, dans la limite de 2 % de l'effectif total des salariés de l'entreprise.

(L. 2011-901 du 28 juil. 2011, art. 17, JO 30) « L'ouverture de droits à la prestation de compensation du handicap, à l'allocation compensatrice pour tierce personne ou à l'allocation d'éducation de l'enfant handicapé à l'égard des jeunes de plus de seize ans qui disposent d'une convention de stage vaut reconnaissance de la qualité de travailleur handicapé. Cette reconnaissance de la qualité de travailleur handicapé n'est valable que pendant la durée du stage. »

Note Voir circulaire DGEFP 2009-41 du 21 octobre 2009 (*LS* Bref social n° 15470 du 26 octobre 2009).

§ 1. Mise en œuvre par la passation de contrats

Art. R. 5212-5. La passation de contrats de fournitures, de sous-traitance ou de prestations de services dans les conditions de l'article L. 5212-6 ne donne lieu à l'exonération partielle de l'obligation d'emploi que si ces contrats ont été conclus :

1° Soit avec des entreprises adaptées ou des centres de distribution de travail à domicile créés et ayant conclu un contrat d'objectifs mentionné à l'article L. 5213-13 ;

2° Soit avec des établissements ou services d'aide par le travail mentionnés à l'article L. 344-2 du code de l'action sociale et des familles et autorisés dans les conditions prévues par les articles L. 313-1 à L. 313-9 du même code.

Art. R. 5212-6. Le nombre d'équivalents bénéficiaires de l'obligation d'emploi au titre de la passation de contrats prévus à l'article R. 5212-5 est égal au quotient obtenu en divisant le prix hors taxes des fournitures, travaux ou prestations figurant au contrat, déduction faite des coûts des matières premières, produits, matériaux, consommations et des frais de vente, par deux mille fois le salaire horaire minimum de croissance en vigueur au 31 décembre de l'année d'assujettissement à l'obligation d'emploi.

Ce nombre ne peut dépasser la limite définie par l'article R. 5212-9.

Art. R. 5212-7. Par dérogation aux dispositions de l'article R. 5212-6, pour la passation de contrats de prestations de services donnant lieu à la mise à disposition de travailleurs handicapés par des entreprises adaptées ou par des établissements ou services d'aide par le travail, le dénominateur du quotient mentionné à cet article est fixé à mille six cents fois le salaire horaire minimum de croissance.

L'employeur ne peut pas décompter ces travailleurs handicapés dans l'effectif des bénéficiaires de l'obligation d'emploi.

Art. R. 5212-8. Le contrat de fournitures, de sous-traitance ou de prestations de services donnant lieu à la mise à disposition de travailleurs handicapés prévu à l'article R. 5212-7 précise les éléments chiffrés nécessaires au calcul de la déduction définie à l'article R. 5212-6.

Art. R. 5212-9. La dispense partielle de l'obligation d'emploi, en application de l'article L. 5212-6, ne peut être supérieure à la moitié du pourcentage fixé à l'article L. 5212-2.

§ 2. Mise en œuvre par l'accueil de personnes handicapées

Art. R. 5212-10. ***(D. 2009-641 du 9 juin 2009, JO 10)*** « Pour l'application de l'article L. 5212-7, sont prises en compte les personnes mentionnées à l'article L. 5212-13 qui effectuent l'un des stages suivants :
– un stage mentionné à l'article L. 6341-3 ;
– un stage organisé par l'association mentionnée à l'article L. 5214-1 ;
– un stage prescrit par l'institution mentionnée à l'article L. 5312-1 ;
– un stage au titre de l'article L. 331-4 du code de l'éducation ;
– un stage au titre de l'article 9 de la loi n° 2006-396 du 31 mars 2006 pour l'égalité des chances.

La durée du stage est égale ou supérieure à quarante heures. »

Ces personnes sont décomptées au titre de l'année où se termine le stage. Elles comptent pour un effectif calculé en divisant la durée du stage par la durée annuelle de travail applicable dans l'entreprise.

Art. R. 5212-11. Pour chaque stagiaire accueilli, une convention est conclue entre l'entreprise d'accueil ***(D. 2009-641 du 9 juin 2009, JO 10)*** « , le stagiaire et l'organisme de formation ou l'organisme œuvrant pour l'insertion professionnelle ». Cette convention indique :
1° Le nom et l'adresse de l'entreprise d'accueil, de l'organisme de formation ***(D. 2009-641 du 9 juin 2009, JO 10)*** « ou de l'organisme œuvrant pour l'insertion professionnelle » et du stagiaire ;
2° La nature, l'objectif et les modalités d'exécution du stage ;
3° Le lieu, la durée en heures et les dates de début et de fin de stage ;
4° Le tuteur désigné pour accompagner le stagiaire au cours du stage ;
5° Les modalités d'assurance du stagiaire au titre des accidents du travail ;
6° Les modalités d'assurance au titre de la responsabilité civile en cas de dommage causé au stagiaire ou par le stagiaire.

Sous-section 2. **Mise en œuvre par application d'un accord**

Art. L. 5212-8. L'employeur peut s'acquitter de l'obligation d'emploi en faisant application d'un accord de branche, de groupe, d'entreprise ou d'établissement agréé prévoyant la mise en œuvre d'un programme annuel ou pluriannuel en faveur des travailleurs handicapés.

Note Voir circulaire DGEFP 2009-16 du 27 mai 2009 (BO TR 2009/8) relative à l'évaluation des accords de groupe, d'entreprise et d'établissement sur l'insertion professionnelle des travailleurs handicapés.

Art. R. 5212-12. Lorsqu'un accord d'entreprise conclu en application de l'article L. 5212-8 concerne plusieurs établissements situés dans des départements différents, l'employeur adresse au préfet du département où l'entreprise a son siège, dans les conditions prévues au 2° de l'article R. 5212-1, une déclaration globale comportant :
1° La copie de la déclaration de l'effectif total des salariés de l'établissement et des pièces justificatives mentionnées à l'article R. 5212-2 relatives à chacun des établissements intéressés ;
2° L'agrégation au niveau de l'entreprise des éléments chiffrés d'information contenus dans ces déclarations.

Art. R. 5212-13. Lorsqu'un accord de groupe conclu en application de l'article L. 5212-8 concerne des entreprises situées dans plusieurs départements, l'entreprise mandatée pour représenter le groupe ou, à défaut, l'entreprise du groupe qui est dominante dans le périmètre de l'accord adresse au préfet du département où elle a son siège, dans les conditions prévues au 2° de l'article R. 5212-1, une déclaration globale comportant :
1° La copie de la déclaration de l'effectif total des salariés de l'établissement et des pièces justificatives mentionnées à l'article R. 5212-2 relatives à chacune des entreprises intéressées ;
2° L'agrégation au niveau du groupe des éléments chiffrés d'information contenus dans ces déclarations.

Art. R. 5212-14. Le programme annuel ou pluriannuel prévu par les accords de l'article L. 5212-8 comporte un plan d'embauche en milieu ordinaire et deux au moins des actions suivantes :

1° Un plan d'insertion et de formation ;

2° Un plan d'adaptation aux mutations technologiques ;

3° Un plan de maintien dans l'entreprise en cas de licenciement.

Art. R. 5212-15. Les autorités administratives compétentes pour l'agrément des accords sont :

1° Pour chaque accord de branche, le ministre chargé de l'emploi après avis du Conseil supérieur pour le reclassement professionnel et social des travailleurs handicapés ;

2° Pour chaque accord de groupe, d'entreprise ou d'établissement, le préfet après avis de la commission départementale de l'emploi et de l'insertion.

L'agrément est donné pour la durée de validité de l'accord.

Art. R. 5212-16. L'accord de branche, de groupe, d'entreprise ou d'établissement est transmis pour agrément à l'autorité administrative compétente par la partie la plus diligente.

Art. R. 5212-17. En cas d'accord de groupe concernant des entreprises situées dans plusieurs départements, l'agrément est accordé par le préfet du département où est situé le siège de l'entreprise mandatée pour représenter le groupe ou, à défaut, par le préfet du département où est situé le siège de l'entreprise qui est dominante dans le périmètre du groupe.

En cas d'accord d'entreprise concernant des établissements situés dans plusieurs départements, l'agrément est accordé par le préfet du département où est situé le siège de l'entreprise.

Art. R. 5212-18. L'accord de branche, de groupe ou d'entreprise peut prévoir une péréquation entre établissements d'une même entreprise de l'obligation d'emploi mise à la charge de l'employeur.

Sous-section 3. Mise en œuvre par le versement d'une contribution annuelle

Art. L. 5212-9. L'employeur peut s'acquitter de l'obligation d'emploi en versant au fonds de développement pour l'insertion professionnelle des handicapés prévu à l'article L. 5214-1 une contribution annuelle pour chacun des bénéficiaires de l'obligation qu'il aurait dû employer.

Le montant de cette contribution peut être modulé en fonction de l'effectif de l'entreprise et des emplois, déterminés par décret, exigeant des conditions d'aptitude particulières, occupés par des salariés de l'entreprise. Il tient également compte de l'effort consenti par l'entreprise en matière de maintien dans l'emploi ou de recrutement direct des bénéficiaires mentionnés à l'article L. 5212-13, notamment ceux pour lesquels ***(L. 2010-1657 du 29 déc. 2010, art. 208, II A et VII, JO 30, entrée en vigueur le 01.07.2011)*** « l'association mentionnée à l'article L. 5214-1 » a reconnu la lourdeur du handicap, ou de ceux rencontrant des difficultés particulières d'accès à l'emploi.

Art. L. 5212-10. Les modalités de calcul de la contribution annuelle, qui ne peut excéder la limite de 600 fois le salaire horaire minimum de croissance par bénéficiaire non employé, sont déterminées par décret.

Pour les entreprises qui n'ont occupé aucun bénéficiaire de l'obligation d'emploi, n'ont passé aucun contrat prévu à l'article L. 5212-6 ***(L. 2011-901 du 28 juil. 2011, art. 18, JO 30)*** « d'un montant supérieur à un montant fixé par décret » ou n'appliquent aucun accord collectif mentionné à l'article L. 5212-8 pendant une période supérieure à trois ans, la limite de la contribution est portée, dans des conditions définies par décret, à 1 500 fois le salaire horaire minimum de croissance.

Art. L. 5212-11. Peuvent être déduites du montant de la contribution annuelle, en vue de permettre à l'employeur de s'acquitter partiellement de l'obligation d'emploi, des dépenses supportées directement par l'entreprise et destinées à favoriser l'accueil, l'insertion ou le maintien dans l'emploi des travailleurs handicapés au sein de l'entreprise ou l'accès de personnes handicapées à la vie professionnelle qui ne lui incombent pas en application d'une disposition législative ou réglementaire.

L'avantage représenté par cette déduction ne peut se cumuler avec une aide accordée pour le même objet par l'association mentionnée à l'article L. 5214-1.

La nature des dépenses mentionnées au premier alinéa ainsi que les conditions dans lesquelles celles-ci peuvent être déduites du montant de la contribution sont déterminées par décret.

Art. D. 5212-19. La contribution annuelle est égale au produit des éléments suivants :

1° Le nombre de bénéficiaires manquants, calculé conformément aux dispositions de l'article D. 5212-22, déduction faite, le cas échéant, des coefficients de minoration à l'article D. 5212-23 au titre des efforts consentis par l'employeur en matière de maintien dans l'emploi ou de recrutement direct de bénéficiaires de l'obligation d'emploi ;

2° Le cas échéant, le coefficient de minoration défini à l'article D. 5212-24 au titre des emplois exigeant des conditions d'aptitude particulières occupés par des salariés de l'établissement ;

3° Les montants fixés à l'article D. 5212-26 pour tenir compte de l'effectif de l'entreprise.

Art. D. 5212-20. La contribution annuelle ne peut pas être inférieure au produit du nombre de bénéficiaires manquants, calculé selon les règles définies au 1° de l'article D. 5212-19, par cinquante fois le salaire horaire minimum de croissance.

Art. D. 5212-21. Par exception aux dispositions des articles D. 5212-19 et D. 5212-20, dans les établissements employant plus de 80 % de salariés dont les emplois relèvent des catégories exigeant des conditions d'aptitude particulières, la contribution annuelle est égale au nombre de bénéficiaires manquants, calculé selon les règles définies au 1° de l'article D. 5212-19, multiplié par quarante fois le salaire horaire minimum de croissance.

Art. D. 5212-22. Le nombre de bénéficiaires manquants est égal à la différence entre le nombre des bénéficiaires de l'obligation d'emploi prévue par la loi et le nombre de bénéficiaires effectivement employés auquel est ajouté l'équivalent d'embauche de bénéficiaires dû à la passation de contrats de fournitures, de sous-traitance ou de prestation de services avec des entreprises adaptées, des centres de distribution de travail à domicile, des établissements ou des services d'aides par le travail ou dû à l'accueil de stagiaires handicapés.

Un bénéficiaire employé ne peut pas être comptabilisé plusieurs fois au motif qu'il entre dans plusieurs catégories de bénéficiaires prévues à l'article L. 5212-13.

Art. D. 5212-23. Le coefficient de minoration, au titre des efforts consentis par l'employeur en matière de maintien dans l'emploi ou de recrutement direct de bénéficiaires de l'obligation d'emploi, est égal :

1° À 0,5 à titre permanent pour l'embauche d'un bénéficiaire de l'obligation d'emploi et âgé de moins de vingt-six ans ou de cinquante ans révolus et plus ;

2° À 1 pour l'embauche ou le maintien dans l'emploi d'un bénéficiaire de l'obligation d'emploi pour lequel le ***(D. 2009-1377 du 10 nov. 2009, JO 13 ; D. 2010-687 du 24 juin 2010, JO 25 ; voir D. 2010-1582 du 17 déc. 2010, JO 18, pour outre-mer)*** « directeur régional des entreprises, de la concurrence, de la consommation, du travail et de l'emploi » a reconnu la lourdeur du handicap, en application de l'article R. 5213-45, pour la durée de la validité de la décision ;

3° À 0,5 la première année pour l'embauche du premier travailleur handicapé appartenant à l'une des catégories de bénéficiaires de l'obligation d'emploi ;

4° À 1 la première année pour l'embauche d'un bénéficiaire de l'obligation d'emploi en chômage de longue durée ;

5° À 1 à titre permanent pour l'embauche d'un bénéficiaire de l'obligation d'emploi à sa sortie d'une entreprise adaptée, d'un centre de distribution de travail à domicile ou d'un établissement ou service d'aide par le travail.

Note Sur l'application de la minoration pour un jeune jusqu'à la date de son 26e anniversaire, voir rép. QE 5343, JO Sén. 20 novembre 2008, p. 2328.

Art. D. 5212-24. Le coefficient de minoration, au titre des emplois exigeant des conditions d'aptitude particulières, est égal à 1 moins 1,3 fois le pourcentage de l'effectif des salariés occupant des emplois qui relèvent des catégories exigeant des conditions d'aptitude particulières.

Ce pourcentage est calculé par rapport à l'effectif total des salariés de l'établissement.

Le nombre de salariés affectés à des emplois relevant des catégories exigeant des conditions d'aptitude particulières et le nombre total de salariés de l'établissement sont calculés conformément aux dispositions de l'article L. 1111-2.

Art. L. 5212-11.

Art. D. 5212-25. Les catégories d'emploi exigeant des conditions d'aptitude particulières sont énumérées dans la liste ci-dessous :

NUMÉRO DE LA NOMENCLATURE	INTITULÉ DE LA NOMENCLATURE DES PROFESSIONS ET CATÉGORIES socioprofessionnelles-emplois salariés d'entreprise (PCS-ESE)
389b	Officiers et cadres navigants techniques et commerciaux de l'aviation civile.
389c	Officiers et cadres navigants techniques de la marine marchande.
480b	Maîtres d'équipage de la marine marchande et de la pêche.
526e	Ambulanciers.
533a	Pompiers.
533b	Agents techniques forestiers, gardes des espaces naturels, exclusivement pour les gardes-chasse et les gardes-pêche.
534a	Agents civils de sécurité et de surveillance, excepté les gardiens d'usine et les gardiens de nuit.
534b	Convoyeurs de fonds, gardes du corps, enquêteurs privés et métiers assimilés.
546a	Contrôleurs des transports (personnels roulants).
546b	Hôtesses de l'air et stewards.
546e	Autres agents et hôtesses d'accompagnement (transports, tourisme).
553b	Vendeurs polyvalents des grands magasins.
624d	Monteurs qualifiés en structures métalliques.
621a	Chefs d'équipe du gros œuvre et des travaux publics.
621b	Ouvriers qualifiés du travail en béton.
621c	Conducteurs qualifiés d'engins de chantiers du bâtiment et des travaux publics.
621e	Autres ouvriers qualifiés des travaux publics.
621g	Mineurs de fond qualifiés et autres ouvriers qualifiés des industries d'extraction (carrières, pétrole, gaz...).
632a	Maçons qualifiés.
632c	Charpentiers en bois qualifiés.
632e	Couvreurs qualifiés.
641a	Conducteurs routiers et grands routiers.
641b	Conducteurs de véhicules routiers de transport en commun.
643a	Conducteurs livreurs et coursiers.
651a	Conducteurs d'engins lourds de levage.
651b	Conducteurs d'engins lourds de manœuvre.
652b	Dockers.
654b	Conducteurs qualifiés d'engins de transport guidés (sauf remontées mécaniques).
654c	Conducteurs qualifiés de systèmes de remontées mécaniques.
656b	Matelots de la marine marchande.
656c	Capitaines et matelots timoniers de la navigation fluviale.
671c	Ouvriers non qualifiés des travaux publics et du travail du béton.
671d	Aides-mineurs et ouvriers non qualifiés de l'extraction.
681a	Ouvriers non qualifiés du gros œuvre du bâtiment.
691a	Conducteurs d'engins agricoles ou forestiers.
692a	Marins pêcheurs et ouvriers de l'aquaculture.

Art. D. 5212-26. Les montants mentionnés au 3° de l'article D. 5212-19 afin de tenir compte de l'effectif de l'entreprise sont fixés :

1° À 400 fois le salaire horaire minimum de croissance dans les entreprises de 20 à 199 salariés ;
2° À 500 fois le salaire horaire minimum de croissance dans les entreprises de 200 à 749 salariés ;
3° À 600 fois le salaire horaire minimum de croissance dans les entreprises de 750 salariés et plus.

Art. D. 5212-27. Pour les établissements n'employant aucun travailleur handicapé, mutilé de guerre et assimilé et n'acquittant pas partiellement cette obligation d'emploi en passant des contrats de fournitures, de sous-traitance ou de services ou n'appliquant pas d'accord tel que prévu à l'article L. 5212-8 pendant une période supérieure à trois ans, le montant mentionné au 3° de l'article D. 5212-19 est fixé à 1 500 fois le salaire horaire minimum de croissance quel que soit le nombre de salariés de l'entreprise.

Art. D. 5212-28. Dans la limite de 10 % du montant de la contribution annuelle calculée selon les dispositions des articles D. 5212-19 à D. 5212-27, l'employeur peut déduire du montant de cette contribution les dépenses ne lui incombant pas en application d'une disposition légale qu'il a supportée pour favoriser l'accueil, l'insertion ou le maintien dans l'emploi des travailleurs handicapés au sein de l'entreprise ou l'accès à la vie professionnelle de personnes handicapées.

Sont exclues des dépenses déductibles les dépenses donnant lieu à une décision de reconnaissance de la lourdeur du handicap mentionnée aux articles R. 5213-40 à R. 5213-51.

Art. D. 5212-29. Les dépenses déductibles en application de l'article D. 5212-28 sont celles liées :

1° À la réalisation de travaux, dans les locaux de l'entreprise, afin de faciliter l'accessibilité sous toutes ses formes des travailleurs handicapés ;

2° À la réalisation d'études et d'aménagements des postes de travail en liaison avec le médecin du travail et le comité d'hygiène, de sécurité et des conditions de travail, afin d'améliorer l'insertion professionnelle des travailleurs handicapés dans l'entreprise ;

3° À la mise en place de moyens de transport adaptés en fonction de la mobilité et du problème particulier de chaque travailleur handicapé ;

4° À la mise en œuvre de moyens pour le maintien dans l'emploi et la reconversion professionnelle de travailleurs handicapés ;

5° À la mise en place d'actions pour aider au logement des travailleurs handicapés afin qu'ils puissent se rapprocher de leur lieu de travail ;

6° À la mise en place d'actions pour aider à la formation des travailleurs handicapés des entreprises adaptées et des établissements ou services d'aide par le travail dans le cas d'adaptation de la qualification liée à l'achat d'une prestation ;

7° Au partenariat avec des associations ou organismes œuvrant pour l'insertion sociale et professionnelle des personnes handicapées, à l'exclusion des actions financées dans le cadre du mécénat ;

8° À la mise en place d'actions d'aide à la création d'entreprises par des personnes handicapées ;

9° À la formation et à la sensibilisation de l'ensemble des salariés de l'entreprise dans le cadre de l'embauche ou du maintien dans l'emploi des travailleurs handicapés ;

10° À la conception et à la réalisation de matériel ou d'aides techniques pour les travailleurs handicapés ;

11° À l'aide à l'équipement et à l'apport de compétences et de matériel aux organismes de formation pour accroître leur accueil de personnes handicapées ;

12° À la formation initiale et professionnelle en faveur des personnes handicapées au-delà de l'obligation légale.

Art. R. 5212-30. L'employeur qui verse la contribution annuelle à l'association chargée de la gestion du fonds de développement pour l'insertion professionnelle des handicapés, s'acquitte de cette obligation au plus tard à la date d'envoi de la déclaration annuelle prévue à l'article R. 5212-1, pour l'année civile de référence au titre de laquelle la contribution est due.

Sous-section 4. Sanction administrative

Art. L. 5212-12. Lorsqu'ils ne satisfont à aucune des obligations définies aux articles L. 5212-2 et L. 5212-6 à L. 5212-11, les employeurs sont astreints à titre de pénalité au versement au Trésor public d'une somme dont le montant est égal à celui de la contribution instituée par le second alinéa de l'article L. 5212-10, majoré de 25 %.

Note • Le versement au Trésor public a le caractère d'une sanction ; la décision par laquelle l'administration met un tel versement à la charge d'un employeur doit être motivée et prise au terme d'une procédure contradictoire, constituée en l'espèce par la mise en demeure de régulariser sa situation notifiée antérieurement à l'employeur (CE 4 juin 1997, n° 169051).

• Les dispositions de cet article, qui instituent une sanction, doivent être interprétées restrictivement ; elles ne sauraient être étendues à la méconnaissance par les employeurs de leurs obligations déclaratives que dans la mesure où les intéressés s'abstiendraient de toute déclaration, au-delà du non-respect de la date du dépôt de la déclaration annuelle (CE 26 mars 1999, n° 190254, *RJS* 6/99 n° 876).

• Une société employant un travailleur handicapé de nationalité néerlandaise résidant en Belgique ne peut faire l'objet des pénalités prévues à l'article L. 323-8-6 [L. 5212-12] CT, les anciennes dispositions relatives à la compétence territoriale des Cotorep étant incompatibles avec l'article 39 du Traité CE et avec les articles 1er et 7 du règlement 1612/68 du 15 octobre 1968 (CE 9 novembre 2007, nos 279206 et 299271, *RJS* 2/08 n° 233 ; *Dr. Soc.* 2008 p. 229, concl. L. Derepas).

Art. R. 5212-31. Le préfet du département où est situé chaque établissement ou, dans le cas des entreprises ayant conclu un accord concernant des établissements situés dans plusieurs départements, en application de l'article L. 5212-8, le préfet du département où est situé le siège de l'entreprise adresse à l'employeur qui n'a pas rempli les obligations définies aux articles L. 5212-2 et L. 5212-6 à L. 5212-11 une notification motivée de la pénalité prévue à l'article L. 5212-12 qui lui est appliquée. Il établit un titre de perception pour la somme correspondante.

Il transmet ce titre au trésorier-payeur général qui en assure le recouvrement.

SECTION 4. Bénéficiaires de l'obligation d'emploi

Sous-section 1. Catégories de bénéficiaires

Art. L. 5212-13. Bénéficient de l'obligation d'emploi instituée par l'article L. 5212-2 :

1° Les travailleurs reconnus handicapés par la commission des droits et de l'autonomie des personnes handicapées mentionnée à l'article L. 146-9 du code de l'action sociale et des familles ;

2° Les victimes d'accidents du travail ou de maladies professionnelles ayant entraîné une incapacité permanente au moins égale à 10 % et titulaires d'une rente attribuée au titre du régime général de sécurité sociale ou de tout autre régime de protection sociale obligatoire ;

3° Les titulaires d'une pension d'invalidité attribuée au titre du régime général de sécurité sociale, de tout autre régime de protection sociale obligatoire ou au titre des dispositions régissant les agents publics à condition que l'invalidité des intéressés réduise au moins des deux tiers leur capacité de travail ou de gain ;

(L. 2008-492 du 26 mai 2008, JO 27, entrée en vigueur dès la publication des décrets d'application et au plus tard le 31.12.2009) « 4° Les bénéficiaires mentionnés à l'article L. 394 du code des pensions militaires d'invalidité et des victimes de la guerre ;

5° Les bénéficiaires mentionnés aux articles L. 395 et L. 396 du même code ; »

[6° à 8°. Abrogés par loi 2008-492 du 26 mai 2008, JO 27, entrée en vigueur dès la publication des décrets d'application et au plus tard le 31.12.2009.]

9° Les titulaires d'une allocation ou d'une rente d'invalidité attribuée dans les conditions définies par la loi n° 91-1389 du 31 décembre 1991 relative à la protection sociale des sapeurs-pompiers volontaires en cas d'accident survenu ou de maladie contractée en service ;

10° Les titulaires de la carte d'invalidité définie à l'article L. 241-3 du code de l'action sociale et des familles ;

11° Les titulaires de l'allocation aux adultes handicapés.

Note 4° et 5° : décret d'application 2009-629 du 5 juin 2009, JO 7, entrée en vigueur le 8 juin 2009.

Sous-section 2. Calcul du nombre de bénéficiaires

Art. L. 5212-14. ***(L. 2008-1249 du 1er déc. 2008, art. 27, JO 3, entrée en vigueur le 01.06.2009)*** Pour le calcul du nombre de bénéficiaires de l'obligation d'emploi, chaque personne est prise en compte à due proportion de son temps de présence dans l'entreprise au

cours de l'année civile, quelle que soit la nature ou la durée de son contrat de travail, dans la limite d'une unité et dans les conditions suivantes :
– les salariés dont la durée de travail est supérieure ou égale à la moitié de la durée légale ou conventionnelle sont décomptés dans la limite d'une unité comme s'ils avaient été employés à temps complet;
– les salariés dont la durée de travail est inférieure à la moitié de la durée légale ou conventionnelle sont décomptés dans des conditions fixées par décret sans que leur prise en compte puisse dépasser une demi-unité.

(L. 2011-893 du 28 juil. 2011, art. 39, JO 29, entrée en vigueur le 01.11.2011) « Les personnes mises à disposition de l'entreprise par un groupement d'employeurs sont prises en compte dans les mêmes conditions que les salariés de l'entreprise. »

Note L'article 39 de la loi 2011-893 précitée est entré en vigueur au 1er novembre 2011. Un accord collectif national conclu avant cette date peut déroger à cet article (loi 2011-893, art. 30).

Voir art. R. 5212-1-1 *supra*.

Art. L. 5212-15. Les titulaires d'un emploi réservé attribué en application des dispositions du chapitre IV du titre III du livre III du code des pensions militaires d'invalidité et des victimes de la guerre sont pris en compte pour le calcul du nombre de bénéficiaires de l'obligation d'emploi.

SECTION 5. Actions en justice

Art. L. 5212-16. Les associations ayant pour objet principal la défense des intérêts des bénéficiaires du présent chapitre peuvent exercer une action civile fondée sur l'inobservation des dispositions de ce même chapitre, lorsque cette inobservation porte un préjudice certain à l'intérêt collectif qu'elles représentent.

SECTION 6. Dispositions d'application

Art. L. 5212-17. Un décret en Conseil d'État détermine les modalités d'application du présent chapitre, notamment les conditions dans lesquelles l'accord collectif prévu à l'article L. 5212-8 est agréé par l'autorité administrative.

CHAPITRE III

Reconnaissance et orientation des travailleurs handicapés

SECTION 1. Reconnaissance de la qualité de travailleur handicapé

Art. L. 5213-1. Est considérée comme travailleur handicapé toute personne dont les possibilités d'obtenir ou de conserver un emploi sont effectivement réduites par suite de l'altération d'une ou plusieurs fonctions physique, sensorielle, mentale ou psychique.

Art. L. 5213-2. ***(L. 2008-1425 du 27 déc. 2008, art. 182, JO 28)*** La qualité de travailleur handicapé est reconnue par la commission des droits et de l'autonomie des personnes handicapées mentionnée à l'article L. 241-5 du code de l'action sociale et des familles. Cette reconnaissance s'accompagne d'une orientation vers un établissement ou service d'aide par le travail, vers le marché du travail ou vers un centre de rééducation professionnelle. L'orientation vers un établissement ou service d'aide par le travail, vers le marché du travail ou vers un centre de rééducation professionnelle vaut reconnaissance de la qualité de travailleur handicapé.

Note • La loi 2011-901 du 28 juillet 2011 (JO 30) précitée comporte des dispositions révisant le contentieux du handicap. Voir art. L. 143-9-1 c. séc. soc.

Art. L. 5213-2.

Jurisprudence antérieure à la loi 2005-102 du 11 février 2005

• Seul peut être considéré comme travailleur handicapé au sens de cet article celui qui a été reconnu comme tel par la Cotorep (cass. soc. 19 juin 1991, n° 89-43.206, BC V n° 317). Sur les notions distinctes d'aptitude au travail, appréciée par la Cotorep, et d'aptitude au poste, appréciée par le médecin du travail, voir rép. QE 16613, JO AN 1er février 1999, p. 625.

• La reconnaissance de la qualité de travailleur handicapé n'est pas subordonnée à la condition que les intéressés n'exercent pas d'activité professionnelle (CE 30 juin 2000, n° 196673).

• La qualité de travailleur handicapé ne peut être reconnue à une personne qui, ayant exercé les fonctions de professeur puis de cadre administratif, a une vision de l'œil gauche inférieure à 1/10, cette baisse de l'acuité visuelle ne constituant pas, pour ce dernier, eu égard notamment à sa formation et aux emplois qu'il a vocation d'exercer, un handicap au sens de l'article L. 323-10 (CE 13 octobre 1989, n° 75717).

• Sur l'exigence d'un handicap susceptible de réduire de façon durable la possibilité d'obtenir ou de conserver un emploi, voir CE 22 février 1991, n° 65847, *Rec. Lebon*, p. 64.

• La commission départementale des travailleurs handicapés et mutilés de guerre ne peut se fonder sur la circonstance qu'une personne a travaillé pendant plusieurs années dans des conditions normales pour rejeter sa requête contre la décision de la Cotorep refusant de lui reconnaître la qualité de travailleur handicapé (CE 30 juin 2000, n° 197908).

• La circonstance qu'un accidenté du travail peut bénéficier de l'obligation d'emploi instituée aux articles L. 323-1 et 3 (anciens) ne peut fonder un refus de la qualité de travailleur handicapé qui emporte d'autres avantages pour l'intéressé (CE 25 octobre 1996, n° 162572, *Rec. Lebon* p. 411 ; *RJS* 12/96 n° 1334).

[Dispositions réglementaires]

SECTION 1. **Orientation et placement**

Art. R. 5213-1. Le pilotage des actions du service public de l'emploi et des organismes de placement spécialisés en matière d'insertion professionnelle des personnes handicapées associe :

1° L'État ;

2° Le service public de l'emploi ;

3° L'association chargée de la gestion du fonds de développement pour l'insertion professionnelle des handicapés ;

4° Le Fonds de développement pour l'insertion professionnelle des handicapés dans la fonction publique ;

5° Les organismes de placement spécialisés.

Art. R. 5213-2. Des centres de préorientation contribuent à l'orientation professionnelle des travailleurs handicapés.

Ils accueillent, sur décision motivée de la commission des droits et de l'autonomie des personnes handicapées, des travailleurs reconnus handicapés dont l'orientation professionnelle présente des difficultés particulières qui n'ont pu être résolues par l'équipe technique de cette commission.

Art. R. 5213-3. Les centres de préorientation ont une compétence interdépartementale ou régionale et peuvent être rattachés à des établissements de réadaptation fonctionnelle ou de rééducation professionnelle. Dans ce cas, ils ont une gestion autonome et une comptabilité distincte.

Art. R. 5213-4. La préorientation est opérée dans le cadre d'un stage dont la durée est en moyenne et par stagiaire de huit semaines sans pouvoir excéder douze semaines.

À cet effet, l'agrément du stage prévu à l'article L. 6341-4 est exprimé en nombre de semaines-stagiaires. Ce dernier est au plus égal au produit du nombre de places par le nombre annuel de semaines ouvrées.

Art. R. 5213-5. Pendant son séjour en centre de préorientation, la personne handicapée est mise dans des situations de travail caractéristiques de catégories de métiers nettement différentes les unes des autres. Elle est informée des perspectives professionnelles que lui offrent ces métiers et mise en état de pouvoir élaborer un projet professionnel en liaison avec les services de l' ***(D. 2008-1010 du 29 sept. 2008, art. 7, JO 30)*** « institution mentionnée à l'article L. 5312-1 du code du travail ».

Art. R. 5213-6. À l'issue de la période de préorientation, le centre adresse à la commission des droits et de l'autonomie des personnes handicapées un rapport détaillé sur les souhaits et sur les capacités d'adaptation intellectuelles et physiques de la personne observée à l'exercice ou à l'apprentissage d'un métier. La commission se prononce au vu de ce rapport.

Art. R. 5213-7. Des organismes de placement spécialisés, en charge de la préparation, de l'accompagnement et du suivi durable dans l'emploi des personnes handicapées, participent au dispositif d'insertion professionnelle et d'accompagnement particulier pendant la période d'adaptation au poste de travail des travailleurs handicapés mis en œuvre par l'État, le service public de l'emploi, l'association chargée de la gestion du fonds de développement pour l'insertion professionnelle des handicapés et le gestionnaire du fonds pour l'insertion professionnelle des handicapés dans la fonction publique.

Ils sont conventionnés à cet effet et peuvent, à cette condition, recevoir l'aide de l'association et du fonds mentionnés au premier alinéa.

Les conventions sont conformes aux orientations fixées par la convention d'objectifs conclue entre l'État et l'association chargée de la gestion du fonds de développement pour l'insertion professionnelle des handicapés.

Art. R. 5213-8. Les centres de préorientation et les organismes de placement spécialisés concluent une convention avec la maison départementale des personnes handicapées mentionnée à l'article L. 146-3 du code de l'action sociale et des familles afin de coordonner leurs interventions auprès des personnes handicapées.

SECTION 2. Agrément et contrôle des centres de préorientation et d'éducation professionnelle

Art. R. 5213-27. Les centres de préorientation définis à l'article R. 5213-2 et les centres d'éducation ou de rééducation professionnelle définis aux 1° à 3° de l'article R. 5213-9 sont agréés par le préfet de région.

Note Les circulaires DSS/DAS/DE 96-53 du 30 janvier 1996 (BO TR 96/6, p. 93) et DGEFP 97-17 du 10 juillet 1997 (BO TR 97/18, p. 21) précisent les modalités d'agrément et de financement des centres.

Art. R. 5213-28. La demande d'agrément est adressée par la personne responsable du projet au préfet de la région dans laquelle est situé l'établissement. Elle est accompagnée d'un dossier dont la composition est fixée par arrêté conjoint des ministres chargés des personnes handicapées et de l'emploi et qui comprend, notamment, les programmes de formation projetés.

Cette demande est soumise pour avis aux organismes d'assurance maladie intéressés, au comité de coordination régional de l'emploi et de la formation professionnelle et au conseil régional.

Art. R. 5213-29. L'extension d'un centre doit faire l'objet d'un nouvel agrément pris dans les conditions fixées aux articles R. 5213-27 et R. 5213-28.

La modification des programmes de formation est agréée par le préfet de région, après consultation du comité de coordination régional de l'emploi et de la formation professionnelle.

Art. R. 5213-30. L'agrément peut être retiré dans les formes et après les consultations prévues aux articles R. 5213-27 et R. 5213-28. L'institution gestionnaire est alors mise à même de présenter ses observations.

En cas d'urgence, l'agrément peut être suspendu par le préfet de région.

Art. R. 5213-31. Les centres de préorientation sont placés sous le contrôle des ministres chargés de la sécurité sociale, de l'action sociale, de l'emploi, de la formation professionnelle et, le cas échéant, de l'agriculture ainsi que du ministre chargé de la défense en ce qui concerne les établissements gérés par l'Office national des anciens combattants.

Les centres adressent chaque année un rapport d'activité aux ministres intéressés par l'intermédiaire du préfet de région.

SECTION 2. Réadaptation, rééducation et formation professionnelle

Art. L. 5213-3. Tout travailleur handicapé peut bénéficier d'une réadaptation, d'une rééducation ou d'une formation professionnelle.

Art. L. 5213-4. Le travailleur handicapé bénéficie des aides financières accordées aux stagiaires de la formation professionnelle et prévues par le titre IV du livre III de la sixième partie, sous réserve d'adaptations à leur situation particulière.

(L. 2010-1657 du 29 déc. 2010, art. 208, III, JO 30, entrée en vigueur le 01.01.2011) « En outre, le travailleur handicapé peut bénéficier, à l'issue de son stage, de primes destinées à faciliter son reclassement dont le montant et les conditions d'attribution sont déterminés par l'association mentionnée à l'article L. 5214-1. »

Ces primes ne se cumulent pas avec les primes de même nature dont le travailleur handicapé pourrait bénéficier au titre de la législation dont il relève.

Art. L. 5213-5. Tout établissement ou groupe d'établissements appartenant à une même activité professionnelle de plus de cinq mille salariés assure, après avis médical, le ré-entraînement au travail et la rééducation professionnelle de ses salariés malades et blessés.

Les inspecteurs du travail peuvent mettre les chefs d'entreprise en demeure de se conformer à ces prescriptions.

Note

• Les dispositions de l'article L. 5213-5 CT, incluses dans un chapitre du code du travail relatif à la reconnaissance et à l'orientation des travailleurs handicapés sous un titre intitulé « travailleurs handicapés », ne concernent que les salariés blessés ou malades reconnus comme travailleurs handicapés (cass. soc. 12 janvier 2011, n° 09-70.634, BC V n° 13 ; *RJS* 3/11 n° 277 ; *JCP* éd. G 2011, 113, act. C. Lefranc-Harmoniaux).

• Il appartient au juge de rechercher si l'établissement ou le groupe d'établissements emploie plus de 5 000 salariés et de réparer le préjudice qu'a pu causer au salarié licencié pour inaptitude le manquement de l'employeur à l'obligation prévue à l'article L. 323-17 (ancien) CT (cass. soc. 16 mai 2000, n° 97-40.660, BC V n° 188 ; *RJS* 7-8/00 n° 791).

• L'obligation prévue par l'article L. 5213-5 CT ne se confond pas avec celle résultant de l'article L. 1226-10 CT et est susceptible de causer au salarié un préjudice distinct que le juge doit réparer (cass. soc. 17 février 2010, n° 08-45.476, *RJS* 5/10 n° 475 ; *Dr. Soc.* 2010, p. 974, note B. Legros et S. Fantoni : « La juxtaposition des obligations en cas d'inaptitude et/ou du handicap »).

Sous-section 1. Centres d'éducation, de rééducation et de formation professionnelle

Art. R. 5213-9. L'éducation ou la rééducation professionnelle des travailleurs handicapés est assurée par :

1° Les centres d'éducation ou de rééducation professionnelle créés par l'État, par une collectivité publique ou par un établissement public, et notamment les écoles de reconversion mentionnées par l'article D. 526 du code des pensions militaires d'invalidité et des victimes de guerre ;

2° Les centres d'éducation ou de rééducation professionnelle créés par les organismes de sécurité sociale ;

3° Les centres d'éducation ou de rééducation professionnelle privés autres que ceux qui sont mentionnés au 2° ;

4° Les employeurs au titre d'actions d'éducation ou de rééducation professionnelle ;
5° Les centres collectifs ou d'entreprise agréés par le ministre chargé du travail ;
6° Les organismes de formation au titre d'actions agréées en application de l'article L. 6341-4.

Art. R. 5213-10. La commission des droits et de l'autonomie des personnes handicapées est consultée sur toutes les demandes ou propositions de rééducation ou de réadaptation d'un travailleur handicapé.

Art. R. 5213-11. En cas d'urgence, l'organisme de prise en charge du travailleur handicapé peut, à titre provisoire, prononcer l'admission de l'intéressé, sous réserve de transmettre dans les trois jours son dossier à la commission des droits et de l'autonomie des personnes handicapées. En ce cas, celle-ci statue en urgence.

Art. R. 5213-12. La commission des droits et de l'autonomie des personnes handicapées donne également son avis sur la nature, les modalités et la durée de la réadaptation, rééducation ou formation professionnelle appropriée.

En cas de prolongation de la période de stage ou en cas de mutation de section, la commission est saisie à nouveau pour avis. Elle est tenue informée avant la fin du stage des résultats de celui-ci. Ces informations sont portées sans délai à la connaissance de la commission par l'intermédiaire du ***(D. 2009-1377 du 10 nov. 2009, JO 13 ; D. 2010-687 du 24 juin 2010, JO 25 ; voir D. 2010-1582 du 17 déc. 2010, JO 18, pour outre-mer)*** « directeur régional des entreprises, de la concurrence, de la consommation, du travail et de l'emploi » du département où se trouve situé le centre en cause de l'entreprise.

Art. R. 5213-13. Les demandes de subvention présentées par les centres collectifs de réadaptation, de rééducation ou de formation professionnelle ou par des entreprises du chef de leurs centres accueillant des travailleurs handicapés dans les conditions prévues à l'article R. 5213-9 à R. 5213-12 sont soumises pour avis à la section permanente du conseil supérieur pour le reclassement professionnel et social des travailleurs handicapés.

Art. R. 5213-14. L'attribution d'une aide financière fait l'objet d'une convention conclue entre le ministre chargé du travail et l'organisation ou l'établissement intéressé. Il est tenu compte, lors de cette attribution, des autres subventions que ce centre pourrait recevoir.

La convention détermine notamment :
1° Le nombre de bénéficiaires ;
2° La nature et les types de programmes ;
3° La durée des stages de réadaptation, de rééducation ou de formation professionnelle ;
4° Les modalités du contrôle technique et financier exercé sur le centre.

Sous-section 2. **Prime de reclassement**

Art. D. 5213-15. Les primes de reclassement prévues à l'article L. 5213-4 peuvent être attribuées aux travailleurs handicapés qui ont été admis sur avis favorable de la commission des droits et de l'autonomie des personnes handicapées à suivre un stage de rééducation, de réadaptation et de formation professionnelle dans un des centres mentionnés à l'article R. 5213-9.

Art. D. 5213-16. Pour prétendre au bénéfice des primes de reclassement, le travailleur handicapé répond aux exigences suivantes :

1° Avoir suivi intégralement, dans des conditions jugées satisfaisantes par le directeur du centre de rééducation, de réadaptation ou de formation professionnelle ou par l'employeur, le stage auquel il a été admis ;

2° Produire une attestation certifiant qu'il ne peut bénéficier au titre de la législation dont il relève d'une prime de même nature ;

3° S'il ne possède pas la nationalité française ou celle d'un État membre de l'Union européenne, résider en France depuis trois ans au moins à la date de son admission en stage.

Art. D. 5213-17. Le montant de la prime de reclassement est fixé à une somme comprise entre 77 € et 154 € en fonction notamment des ressources dont peut disposer le bénéficiaire.

Art. D. 5213-18. La demande d'attribution de la prime de reclassement est adressée par l'intéressé à la commission des droits et de l'autonomie des personnes handicapées au plus tard dans le mois qui suit la fin du stage.

Art. D. 5213-19. La commission des droits et de l'autonomie des personnes handicapées examine la demande, au regard des dispositions des articles D. 5213-15 et D. 5213-17, en tenant compte notamment pour la détermination du montant de la prime, de l'aide matérielle dont l'intéressé, en raison de sa situation individuelle, peut avoir besoin en vue de la reprise de l'activité professionnelle pour laquelle il a suivi un stage de rééducation.

Art. D. 5213-20. La décision de la commission des droits et de l'autonomie des personnes handicapées portant fixation de la prime est transmise au ***(D. 2009-1377 du 10 nov. 2009, JO 13 ; D. 2010-687 du 24 juin 2010, JO 25 ; voir D. 2010-1582 du 17 déc. 2010, JO 18, pour outre-mer)*** « directeur régional des entreprises, de la concurrence, de la consommation, du travail et de l'emploi » du siège de la commission en vue de sa notification à l'intéressé.

Art. D. 5213-21. La prime de reclassement est payée au bénéficiaire en un versement effectué dans le mois qui suit la notification de la décision de la commission des droits et de l'autonomie des personnes handicapées.

Toutefois, la commission peut prescrire un échelonnement des versements dans la limite d'une période maximum de trois mois.

Sous-section 3. Réentraînement au travail

Art. R. 5213-22. Le réentraînement au travail prévu à l'article L. 5213-5 a pour but de permettre au salarié qui a dû interrompre son activité professionnelle à la suite d'une maladie ou d'un accident, de reprendre son travail et de retrouver après une période de courte durée son poste de travail antérieur ou, le cas échéant, d'accéder directement à un autre poste de travail.

Art. R. 5213-23. Les obligations d'assurer le réentraînement au travail et la rééducation professionnelle sont satisfaites par :

1° La création d'un atelier spécial de rééducation et de réentraînement au travail ;
2° L'aménagement dans l'entreprise de postes spéciaux de rééducation et de réentraînement ;
3° La mise en œuvre simultanée de ces deux types de mesures.

Art. R. 5213-24. Le médecin du travail et le comité d'hygiène, de sécurité et des conditions de travail sont consultés sur les moyens les mieux adaptés aux conditions d'exploitation et à la nature des activités professionnelles visant le réentraînement au travail et la rééducation professionnelle.

Art. R. 5213-25. Les modalités de réentraînement et de rééducation retenues sont communiquées à l'inspecteur du travail qui peut mettre l'employeur en demeure d'adopter, dans un délai déterminé, l'une ou l'autre des mesures énoncées à l'article R. 5213-23 ou de compléter les dispositions prises.

Art. R. 5213-26. L'affectation du travailleur handicapé aux ateliers ou postes spéciaux prévus à l'article R. 5213-23 est prononcée sur avis du médecin du travail.

SECTION 3. Orientation en milieu professionnel

Sous-section 1. Droits et garanties des travailleurs handicapés

Art. L. 5213-6. Afin de garantir le respect du principe d'égalité de traitement à l'égard des travailleurs handicapés, l'employeur prend, en fonction des besoins dans une situation concrète, les mesures appropriées pour permettre aux travailleurs mentionnés aux 1° à 4° et 9° à 11° de l'article L. 5212-13 d'accéder à un emploi ou de conserver un emploi correspondant à leur qualification, de l'exercer ou d'y progresser ou pour qu'une formation adaptée à leurs besoins leur soit dispensée.

Ces mesures sont prises sous réserve que les charges consécutives à leur mise en œuvre ne soient pas disproportionnées, compte tenu de l'aide prévue à l'article L. 5213-10 qui peuvent [peut] compenser en tout ou partie les dépenses supportées à ce titre par l'employeur.

Le refus de prendre des mesures au sens du premier alinéa peut être constitutif d'une discrimination au sens de l'article ***(L. 2008-496 du 27 mai 2008, art. 6, JO 28)*** « L. 1133-3 ».

Note • Voir *RF Social*, Cah. jur. n° 92, déc. 2009 : « Emploi d'un travailleur handicapé » ; numéro spécial *LS* Législ. soc. n° 276/2007.

• L'employeur est tenu de prendre les mesures appropriées à l'emploi de personnes handicapées dès la procédure d'embauche. Il est recommandé aux recruteurs d'informer systématiquement l'ensemble des candidats sélectionnés, lors de la convocation à l'entretien ou au test d'embauche, de la possibilité de solliciter des aménagements et de veiller à la mise en place des conditions permettant l'expression de ces besoins sur la base d'une information éclairée. L'effectivité du principe d'égalité à l'égard des personnes handicapées suppose que les mesures appropriées soient mises en place dès la prise de poste, et pour toute la durée de l'essai. Il est, à cet égard, recommandé de prévoir, en concertation avec le salarié handicapé, outre l'aménagement du poste de travail, des actions de sensibilisation des équipes de travail au handicap. Le principe de non-discrimination à l'égard des personnes handicapées s'oppose à toute rupture de la période d'essai qui serait fondée sur le motif que le salarié n'est pas compétent, alors même que les mesures appropriées n'auraient pas été mises en place.

En revanche, les offres d'emploi réservées aux personnes handicapées sont interdites par les articles 225-1 et 225-2 c. pén. La Haute autorité de lutte contre les discriminations et pour l'égalité (Halde) considère que l'employeur peut émettre une offre sur un site spécialisé dès lors que ce n'est pas le seul canal de diffusion de l'offre. Il est donc recommandé d'élargir et de multiplier les canaux de diffusion des offres, via notamment le service public de l'emploi. La Halde recommande également de veiller à ce que les forums et rencontres soient largement ouverts et à ce que la communication relative à ces événements soit orientée vers tous les candidats potentiels. Cette ouverture n'est cependant pas incompatible avec des actions de communication plus ciblées, par exemple par le canal des associations actives dans l'insertion professionnelle des personnes handicapées. La procédure d'embauche doit répondre aux trois principes d'objectivation, de transparence et de traçabilité. La sélection des candidatures, lors du tri des *curriculum vitae* puis lors des entretiens d'embauche, doit être centrée uniquement sur les compétences du candidat et leur adéquation avec le poste offert (avis Halde, délibération 2010-126 du 14 juin 2010).

• Le poste de travail d'un salarié handicapé ne constitue pas par lui-même un élément du contrat de travail et peut être modifié (cass. soc. 15 novembre 2006, n° 04-48.632, *CSB* 2007 S. 83).

Art. L. 5213-7. Le salaire des bénéficiaires mentionnés à l'article L. 5212-13 ne peut être inférieur à celui qui résulte de l'application des dispositions légales ou des stipulations de la convention ou de l'accord collectif de travail.

Note À compter du 1er janvier 2011, le cumul de l'allocation aux adultes handicapés et des revenus professionnels est intégral pendant 6 mois. L'allocation est ensuite partiellement réduite, le montant étant réévalué tous les 3 mois (art. D. 821-9 c. séc. soc. ; décret 2010-1403 du 12 novembre 2010, JO 16).

Art. L. 5213-8. Les travailleurs handicapés embauchés en application des dispositions du chapitre II ne peuvent, en cas de rechute de l'affection invalidante, bénéficier des avantages spéciaux accordés en cas de maladie par un statut particulier ou une convention ou accord collectif de travail.

Toutefois, ces statuts ou conventions collectives peuvent prévoir des dérogations aux dispositions mentionnées au premier alinéa.

Dans le cas d'accident ou de maladie autre que l'affection invalidante, les intéressés peuvent bénéficier des avantages spéciaux dès leur embauche dans les mêmes conditions que les autres membres du personnel.

Lorsque l'affection du travailleur handicapé est dite consolidée, celui-ci peut, s'il est à nouveau atteint de la maladie qui était à l'origine de son invalidité, bénéficier des avantages spéciaux mentionnés au premier alinéa à l'expiration d'un délai d'un an, à compter de la date de la consolidation.

Art. L. 5213-9.

Art. L. 5213-9. En cas de licenciement, la durée du préavis déterminée en application de l'article L. 1234-1 est doublée pour les bénéficiaires du chapitre II, sans toutefois que cette mesure puisse avoir pour effet de porter au-delà de trois mois la durée de ce préavis.

Toutefois, ces dispositions ne sont pas applicables lorsque les conventions ou accords collectifs de travail ou, à défaut, les usages prévoient un préavis d'une durée au moins égale à trois mois.

Note

• Le doublement de l'indemnité de préavis prévu par cet article s'applique aux employeurs de moins de 20 salariés qui ne sont pas assujettis à l'obligation d'emploi de travailleurs handicapés (cass. soc. 4 juin 2009, n° 08-40.666, *RJS* 8-9/09 n° 749).

• Dès lors que le salarié licencié a été reconnu travailleur handicapé par la Cotorep, il doit bénéficier de la durée du délai-congé prévue à l'article L. 323-7 [L. 5213-9] CT (cass. soc. 15 juillet 1998, n° 94-44.584, BC V n° 379 ; *RJS* 10/98 n° 1205 ; 13 mars 2001, n° 98-43.022, BC V n° 82 ; *RJS* 5/01 n° 680). Le salarié n'étant pas tenu de révéler son état de santé (cass. soc. 21 septembre 2005, n° 03-44.855, BC V n° 262 ; *CSB* 2006 A. 6 ; *Dr. Soc.* 2006, p. 106, note J. Savatier ; *JCP* éd. S 2005, 1331, note P-Y Verkindt ; *D.* 2006 Jurispr. 204 : « La neutralisation du dol du salarié », Gr. Loiseau), il importe peu que l'employeur ait ignoré le handicap lors de l'engagement de la procédure de licenciement pour motif économique (cass. soc. 7 novembre 2006, n° 05-41.380, BC V n° 326 ; *RJS* 1/07 n° 119).

• La qualité de travailleur handicapé doit être reconnue par la Cotorep à la date de notification du licenciement (cass. soc. 25 janvier 2006, n° 04-42.124, *RJS* 4/06 n° 501). Une cour d'appel ne saurait accorder à un salarié une indemnité de licenciement conventionnelle majorée pour les travailleurs handicapés dès lors que la reconnaissance de ce statut est intervenue postérieurement à la date de rupture du contrat de travail (cass. soc. 26 septembre 2007, n° 06-43.033, BC V n° 135 ; *RJS* 12/07 n° 1283).

• L'article L. 5213-9 n'est pas applicable à l'indemnité compensatrice prévue à l'article L. 1226-14 CT en cas d'inaptitude déclarée par le médecin du travail suite à un accident du travail (cass. soc. 10 mars 2009, n° 08-42.249, BC V n° 64 ; *RJS* 5/09 n° 429).

Sous-section 2. Aides financières

Art. L. 5213-10. L'État peut attribuer une aide financière du fonds de développement pour l'insertion professionnelle des handicapés à tout employeur soumis à l'obligation d'emploi de travailleurs handicapés afin de faciliter la mise ou la remise au travail en milieu ordinaire de production des personnes handicapées.

Cette aide peut également être destinée à compenser les charges supplémentaires d'encadrement.

Art. L. 5213-11. Pour l'application des dispositions de l'article L. 5213-7 relatives au salaire du travailleur handicapé, une aide financée par le fonds de développement pour l'insertion professionnelle des handicapés peut être attribuée sur décision de ***(L. 2010-1657 du 29 déc. 2010, art. 208, II B et VII, JO 30, entrée en vigueur le 01.07.2011)*** « l'association mentionnée à l'article L. 5214-1 ».

Cette aide, demandée par l'employeur, peut être allouée en fonction des caractéristiques des bénéficiaires.

Elle ne peut être cumulée avec la minoration de la contribution prévue pour l'embauche d'un travailleur mentionnée à l'article L. 5212-9.

Art. L. 5213-12. Les travailleurs handicapés qui font le choix d'exercer une activité professionnelle non salariée peuvent bénéficier d'une aide du fonds de développement pour l'insertion professionnelle des handicapés lorsque, du fait de leur handicap, leur productivité se trouve notoirement diminuée.

§ 1. *Aide pour l'adaptation du lieu de travail*

Art. R. 5213-32. L'aide financière prévue à l'article L. 5213-10 peut concerner, notamment :
1° L'adaptation des machines ou des outillages ;
2° L'aménagement de postes de travail, y compris l'équipement individuel nécessaire aux travailleurs handicapés pour occuper ces postes ;
3° Les accès aux lieux de travail.

Art. R. 5213-33. La demande d'aide financière présentée au titre de l'article R. 5213-32 est adressée au préfet du département où est situé l'établissement.

Elle est accompagnée d'une description technique du projet et d'un devis estimatif ainsi que de l'avis du comité d'hygiène, de sécurité et des conditions de travail.

Art. R. 5213-34. Le montant de l'aide financière susceptible d'être accordée ne peut excéder 80 % du coût de l'adaptation ou de l'aménagement envisagé.

Art. R. 5213-35. Le préfet statue sur la demande d'aide financière.

Toutefois, lorsque l'aide susceptible d'être accordée excède un montant fixé par arrêté conjoint des ministres chargés du budget et de l'emploi, l'arrêté du préfet est, avant mise à exécution, transmis au ministre chargé de l'emploi, qui dispose d'un délai de quinze jours à compter de la réception de cet arrêté pour évoquer le dossier et statuer sur la demande.

Note Le montant maximal visé au 3e alinéa de l'article R. 323-117 [R. 5213-35] CT est fixé à 6100 € (arrêté du 14 décembre 2001, JO 21).

§ 2. *Aide pour le renforcement de l'encadrement*

Art. R. 5213-36. Lorsque la demande d'aide financière concerne la compensation des charges supplémentaires d'encadrement, elle est adressée au préfet du département où est situé l'établissement.

Elle est accompagnée de la justification des dépenses correspondant à ce supplément d'encadrement ainsi que de l'avis du comité d'hygiène, de sécurité et des conditions de travail.

Art. R. 5213-37. L'aide financière susceptible d'être accordée ne peut concerner que la seule période durant laquelle la présence d'un encadrement supplémentaire est nécessaire pour assurer l'adaptation à l'emploi des travailleurs handicapés et ne peut excéder 50 % des dépenses d'encadrement supplémentaire correspondant à cette période.

Art. R. 5213-38. Le préfet statue sur la demande d'aide financière.

Toutefois, lorsque l'aide susceptible d'être accordée excède un montant fixé par arrêté conjoint des ministres chargés du budget et de l'emploi, l'arrêté du préfet est, avant mise à exécution, transmis au ministre chargé de l'emploi, qui dispose d'un délai de quinze jours à compter de la réception de cet arrêté pour évoquer le dossier et statuer sur la demande.

Note Le montant maximal visé au 4e alinéa de l'article R. 323-118 [R. 5213-38] CT est fixé à 6100 € (arrêté du 14 décembre 2001, JO 21).

§ 3. *Compensation de la lourdeur du handicap*

Note Voir circulaire DGEFP 2006/07 du 22 février 2006 (BO TR 2006/3) relative à la reconnaissance de la lourdeur du handicap en vue de la modulation de la contribution au fonds pour l'insertion professionnelle des handicapés ou du versement de l'aide à l'emploi et aux modalités d'attribution de cette aide.

Art. R. 5213-39. La reconnaissance de la lourdeur du handicap mentionnée à l'article L. 5212-9 et l'attribution de l'aide relative au salaire du travailleur handicapé mentionnée à l'article L. 5213-11 relèvent du ***(D. 2009-1377 du 10 nov. 2009, JO 13 ; D. 2010-687 du 24 juin 2010, JO 25 ; voir D. 2010-1582 du 17 déc. 2010, JO 18, pour outre-mer)*** « directeur régional des entreprises, de la concurrence, de la consommation, du travail et de l'emploi ».

Art. L. 5213-12.

Note Voir notes de service DGEFP 2006-22 du 5 juillet 2006 (BO TR 2006/8) et 2006-32 du 25 octobre 2006 (BO TR 2006/11) relative aux conditions d'intervention du médecin du travail dans la procédure de reconnaissance de la lourdeur du handicap.

Art. R. 5213-40. La modulation de la contribution annuelle et l'attribution de l'aide à l'emploi prévues aux articles L. 5212-9 et L. 5213-11 ont pour objet de compenser la lourdeur du handicap d'un bénéficiaire de l'obligation d'emploi.

La lourdeur du handicap est évaluée, au regard du poste de travail, après aménagement optimal de ce dernier.

Art. R. 5213-41. L'employeur demande la reconnaissance de la lourdeur du handicap du salarié, par pli recommandé avec avis de réception, au ***(D. 2009-1377 du 10 nov. 2009, JO 13 ; D. 2010-687 du 24 juin 2010, JO 25 ; voir D. 2010-1582 du 17 déc. 2010, JO 18, pour outre-mer)*** « directeur régional des entreprises, de la concurrence, de la consommation, du travail et de l'emploi » du département où est situé l'établissement auquel le bénéficiaire de l'obligation d'emploi est rattaché.

Art. R. 5213-42. La demande de l'employeur contient :

1° Le justificatif de la qualité de bénéficiaire de l'obligation d'emploi ;

2° La fiche médicale d'aptitude établie par le médecin du travail et son avis circonstancié ;

3° La liste des aménagements réalisés par l'employeur pour optimiser le poste de travail et l'environnement du bénéficiaire ainsi que de leur coût ;

4° Par dérogation au 3°, les prévisions d'aménagements du poste de travail et de l'environnement du bénéficiaire que l'employeur s'engage à réaliser au cours de l'année qui suit le dépôt de la demande, ainsi que l'évaluation de leur coût, lorsque le bénéficiaire présente un taux d'invalidité ou d'incapacité permanente égal ou supérieur à 80 % ;

5° Le cas échéant, la liste et le montant des aides versées par l'association chargée de la gestion du fonds de développement pour l'insertion professionnelle des personnes handicapées ;

6° Une évaluation des charges induites par le handicap, compte non tenu des coûts mentionnés aux 3° et 4°.

Art. R. 5213-43. L'employeur informe le salarié du dépôt de la demande de la reconnaissance de la lourdeur de son handicap.

Art. R. 5213-44. Lorsque la demande émane d'un bénéficiaire de l'obligation d'emploi exerçant une activité professionnelle non salariée, elle est adressée, par pli recommandé avec avis de réception, au ***(D. 2009-1377 du 10 nov. 2009, JO 13 ; D. 2010-687 du 24 juin 2010, JO 25 ; voir D. 2010-1582 du 17 déc. 2010, JO 18, pour outre-mer)*** « directeur régional des entreprises, de la concurrence, de la consommation, du travail et de l'emploi » du département où il exerce son activité professionnelle.

Elle contient :

1° Le justificatif de la qualité de bénéficiaire de l'obligation d'emploi ;

2° La liste des aménagements réalisés par le bénéficiaire pour optimiser son poste de travail et son environnement ainsi que de leur coût ;

3° Par dérogation au 2°, les prévisions d'aménagements du poste de travail et de l'environnement du bénéficiaire qu'il s'engage à réaliser au cours de l'année qui suit le dépôt de la demande, ainsi que l'évaluation de leur coût, lorsque ce bénéficiaire présente un taux d'invalidité ou d'incapacité permanente égal ou supérieur à 80 % ;

4° Le cas échéant, la liste et le montant des aides versées par l'association chargée de la gestion du Fonds de développement pour l'insertion professionnelle des personnes handicapées ;

5° Une évaluation des charges induites par le handicap, compte non tenu des coûts mentionnés aux 2° et 3°.

Art. R. 5213-45. Le ***(D. 2009-1377 du 10 nov. 2009, JO 13 ; D. 2010-687 du 24 juin 2010, JO 25 ; voir D. 2010-1582 du 17 déc. 2010, JO 18, pour outre-mer)*** « directeur régional des entreprises, de la concurrence, de la consommation, du travail et de l'emploi » fixe le montant des charges induites mentionnées au 6° de l'article R. 5213-42 et au 5° de l'article R. 5213-44.

Lorsque ce montant est supérieur ou égal à 20 % du produit du salaire horaire minimum de croissance par le nombre d'heures correspondant à la durée collective du travail applicable dans l'établissement ou, pour les bénéficiaires de l'obligation d'emploi qui exercent une activité professionnelle non salarié[e], par la durée légale du travail, il accorde la reconnaissance de la lourdeur du handicap.

Art. R. 5213-46. La décision du ***(D. 2009-1377 du 10 nov. 2009, JO 13 ; D. 2010-687 du 24 juin 2010, JO 25 ; voir D. 2010-1582 du 17 déc. 2010, JO 18, pour outre-mer)*** « directeur régional des entreprises, de la concurrence, de la consommation, du travail et de l'emploi » est motivée et portée à la connaissance du bénéficiaire de l'obligation d'emploi.

Cette décision prend effet à compter de la date du dépôt de la demande.

Art. R. 5213-47. La décision de reconnaissance de la lourdeur du handicap fait l'objet d'un réexamen tous les trois ans.

Toutefois, pour les personnes présentant un taux d'invalidité ou d'incapacité permanente égal ou supérieur à 80 %, la première décision de reconnaissance du handicap est accordée pour une durée d'un an.

Art. R. 5213-48. Lorsque le bénéficiaire de l'obligation d'emploi change de poste au sein de l'entreprise, ou d'activité non salariée, ou lorsque son handicap évolue, l'employeur ou le bénéficiaire non salarié présente une demande de révision de la décision de reconnaissance de la lourdeur du handicap.

Art. R. 5213-49. Un arrêté conjoint des ministres chargés de l'emploi et des personnes handicapées fixe le montant de l'aide à l'emploi, ainsi qu'un montant majoré, applicable lorsque le montant des charges induites est supérieur ou égal à 50 % du produit du salaire horaire minimum de croissance par le nombre d'heures correspondant à la durée collective du travail applicable dans l'établissement ou, pour les bénéficiaires de l'obligation d'emploi qui exercent une activité professionnelle non salariée, par la durée légale du travail.

Note Le montant annuel de l'aide à l'emploi octroyée aux employeurs et aux travailleurs non salariés en application de cet article est fixé, par poste de travail occupé à temps plein, à 450 fois le taux horaire du salaire minimum de croissance, chargé d'un taux forfaitaire de 21,5 % de cotisations patronales fiscales et sociales. Le montant annuel majoré de l'aide à l'emploi est fixé, par poste de travail occupé à temps plein, à 900 fois le taux horaire du salaire minimum de croissance, chargé d'un taux forfaitaire de 21,5 % de cotisations patronales fiscales et sociales. Cette aide est versée trimestriellement aux employeurs et aux travailleurs non salariés par l'association mentionnée à l'article L. 323-8-3 [L. 5214-1] CT (arrêté du 9 février 2006, JO 10).

Art. R. 5213-50. L'aide à l'emploi est calculée à due proportion du temps de travail accompli par rapport à la durée collective du travail applicable dans l'établissement, ou, pour le bénéficiaire de l'obligation d'emploi non salarié, par rapport à la durée légale du travail.

Art. R. 5213-51. Dans le mois qui suit la date de notification de la décision de reconnaissance de la lourdeur du handicap, l'employeur soumis à l'obligation d'emploi indique au ***(D. 2009-1377 du 10 nov. 2009, JO 13 ; D. 2010-687 du 24 juin 2010, JO 25 ; voir D. 2010-1582 du 17 déc. 2010, JO 18, pour outre-mer)*** « directeur régional des entreprises, de la concurrence, de la consommation, du travail et de l'emploi » s'il opte pour la modulation de la contribution annuelle prévue à l'article L. 5212-9 ou pour le versement de l'aide à l'emploi mentionnée à l'article L. 5213-11.

§ 4. Subvention à l'installation pour l'exercice d'une activité indépendante

Art. R. 5213-52. La personne handicapée pour laquelle la commission des droits et de l'autonomie des personnes handicapées prononce une orientation vers le marché du travail et qui se dirige vers une activité indépendante peut bénéficier d'une subvention d'installation.

Cette subvention, dont le montant et les conditions d'attribution sont fixés par décret, contribue à l'achat et à l'installation de l'équipement nécessaire à cette activité.

Art. D. 5213-53. Pour prétendre à la subvention d'installation, le travailleur handicapé répond aux conditions suivantes :

1° Il n'a subi aucune des condamnations prévues par le chapitre VIII du titre II du livre premier du code de commerce ;

2° Il présente toutes les garanties de moralité nécessaires ;

3° S'il ne possède pas la nationalité française ou celle d'un État membre de l'Union européenne, il réside en France depuis trois ans au moins au moment de la demande ;

4° Il dispose d'un local permettant l'exercice de la profession et remplit les conditions habituelles d'exploitation ;

5° Il justifie des diplômes éventuellement exigés pour l'exercice de la profession ;

6° Il est inscrit au répertoire des métiers au registre du commerce et aux ordres professionnels, lorsque cette inscription est nécessaire pour l'exercice de la profession.

Art. D. 5213-54. La demande de subvention est adressée par l'intéressé au secrétariat de la commission des droits et de l'autonomie des personnes handicapées de son lieu de résidence, au plus tard dans les douze mois qui suivent la fin du stage de formation ou de la sortie de l'université.

La commission instruit la demande et la transmet avec son avis motivé au préfet de département de résidence de l'intéressé, qui prend la décision.

Art. D. 5213-55. La subvention est attribuée dans la limite des crédits délégués par le ministère chargé de l'emploi.

Son montant maximum est fixé par arrêté conjoint des ministres chargés de l'emploi et du budget.

Note Le montant maximum de la subvention d'installation est fixé à 2 290 € (arrêté du 14 décembre 2001, JO 21).

Art. D. 5213-56. Le versement de la subvention est subordonné à l'établissement d'une convention précisant son objet et les modalités de contrôle exercé par la collectivité publique.

Art. D. 5213-57. La subvention est affectée à l'achat ou à l'installation de l'équipement nécessaire à l'exercice de la profession indépendante vers laquelle le travailleur handicapé a été dirigé par la commission des droits et de l'autonomie des personnes handicapées.

Art. D. 5213-58. La profession indépendante exercée est choisie dans une des branches déterminées par arrêté du ministre chargé de l'emploi sur avis des ministres chargés de l'industrie, de l'économie, du commerce et de l'artisanat ainsi que de l'agriculture si la subvention est destinée à l'équipement d'une entreprise du secteur agricole.

Art. D. 5213-59. Pour bénéficier de la subvention d'installation, le travailleur handicapé s'engage à exploiter personnellement l'entreprise indépendante ainsi qu'à exercer personnellement la profession libérale en vue de laquelle la subvention est sollicitée.

Art. D. 5213-60. Le remboursement de la subvention est exigible en cas d'utilisation à des fins autres que celles pour lesquelles elle a été consentie, de non-exploitation du fonds ou d'abandon non justifié de la profession par l'intéressé.

Art. D. 5213-61. L'inspection du travail est habilitée à contrôler l'utilisation de la subvention.

Sous-section 3. Entreprises adaptées et centres de distribution de travail à domicile

Note Voir circulaire DGEFP 2006/08 du 7 mars 2006 (BO TR 2006/4) relative aux entreprises adaptées et centres de distribution de travail à domicile, complétée par note DGEFP 2006-21 du 5 juillet 2006 (BO TR 2006/8) traitant notamment de l'aide au poste.

Art. L. 5213-13. Les entreprises adaptées et les centres de distribution de travail à domicile peuvent être créés par les collectivités ou organismes publics ou privés, notamment par des sociétés commerciales. Pour ces dernières, ils sont constitués en personnes morales distinctes.

(L. 2011-901 du 28 juil. 2011, art. 16, JO 30) « Leurs effectifs de production comportent au moins 80 % de travailleurs handicapés orientés vers le marché du travail par la commission des droits et de l'autonomie des personnes handicapées et qui soit sont recrutés sur proposition du service public de l'emploi ou d'un organisme de placement spécialisé, soit répondent aux critères fixés par arrêté du ministre chargé de l'emploi.

Les entreprises adaptées et les centres de distribution de travail à domicile permettent à ces salariés d'exercer une activité professionnelle dans des conditions adaptées à leurs possibilités. Grâce à l'accompagnement spécifique qu'ils leur proposent, ils favorisent la réalisation de leur projet professionnel en vue de la valorisation de leurs compétences, de leur promotion et de leur mobilité au sein de la structure elle-même ou vers d'autres entreprises.

Ils concluent avec l'autorité administrative un contrat d'objectif triennal valant agrément. »

Note La définition de l'objet des entreprises adaptées ne fait plus mention de la notion de personne handicapée à « efficience réduite », non définie par la loi et source de difficultés d'appréciation lors du recrutement, qui n'a pas été reprise à l'article L. 5213-19 CT par la loi 2011-901 du 28 juillet 2011 précitée.

Art. L. 5213-14. Les dispositions du présent code sont applicables aux travailleurs handicapés salariés des entreprises adaptées et des centres de distribution de travail à domicile.

Note • Depuis le 1er janvier 2007, les travailleurs handicapés employés par des entreprises adaptées ou des centres de distribution de travail à domicile contribuent au régime d'assurance chômage comme les autres salariés (circ. Unédic 2006-22 du 7 septembre 2006).

• La décision de la Cotorep de modifier le classement en invalidité d'un travailleur handicapé employé par un atelier protégé et de proposer, en raison de son classement en catégorie C, un essai en centre d'aide par le travail, constitue une cause réelle et sérieuse de licenciement, l'employeur ne pouvant plus le maintenir dans son établissement qui n'est plus habilité à le recevoir (cass. soc. 20 septembre 2006, n° 05-41.501, BC V n° 273 ; *RJS* 12/06 n° 1328 ; *JCP* éd. S 2006, 1919, note P-Y Verkindt ; *CSB* 2007 S. 17).

• La décision de la Cotorep s'impose tant à l'atelier protégé qu'à l'intéressé ; ne constitue pas un licenciement la rupture du contrat intervenue suite à la décision de la Cotorep retenant que la personne serait moins en difficulté dans un centre d'aide par le travail de sorte qu'il y avait lieu de mettre fin à l'essai (cass. soc. 7 février 2007, n° 05-45.300, BC V n° 21 ; *RJS* 4/07 n° 498 ; *JCP* éd. S 2007, 1203, note P-Y Verkindt ; *RDT* mai 2007, CH, 323, M. Véricel).

• L'affectation des travailleurs handicapés dans une entreprise adaptée, qui dépend d'une décision de la commission des droits et de l'autonomie, et le statut des entreprises adaptées et des travailleurs handicapés qu'elles emploient sont incompatibles avec l'application des dispositions de l'annexe VII de la convention collective des entreprises de propreté organisant à l'égard d'autres employeurs, qui ne sont pas soumis aux mêmes dispositions, la reprise du personnel en cas de perte d'un marché (cass. soc. 11 mars 2009, n° 07-41.636, BC V n° 78 ; *RJS* 5/09 n° 477). Antérieurement, la Cour de cassation avait jugé que, si les entreprises exploitant un atelier protégé sont tenues d'y employer des personnes handicapées à concurrence d'au moins 80 % de leurs effectifs, elles ne sont pas pour autant exclues du champ d'application de l'annexe VII de la convention collective du nettoyage ; elles doivent reprendre les contrats de travail lorsqu'elles succèdent à un prestataire de services sur un marché du nettoyage (cass. soc. 29 juin 1994, n° 92-43.667, *RJS* 10/94 n° 1221).

• La substitution à la fourniture de plats préparés par un traiteur extérieur d'un service de restauration intérieur assuré par un atelier d'apprentissage professionnel destiné aux travailleurs handicapés et encadrés par des éducateurs spécialisés ayant modifié la nature et l'objet de l'entité dont relevaient les salariés, il n'y a pas matière à appliquer l'article L. 1224-1 CT (cass. soc. 12 juillet 2010, n° 09-41.403, BC V n° 164 ; *RJS* 10/10 n° 723 ; *CSB* 2010 S. 273).

Art. L. 5213-15. Le travailleur handicapé employé dans une entreprise adaptée reçoit un salaire fixé compte tenu de l'emploi qu'il occupe et de sa qualification par référence aux dispositions légales ou stipulations conventionnelles applicables dans la branche d'activité.

Ce salaire ne peut être inférieur au salaire minimum de croissance déterminé en application des articles L. 3231-1 et suivants.

Art. L. 5213-16.

Le travailleur en entreprise adaptée bénéficie en outre des dispositions prévues au livre III de la troisième partie relatives à l'intéressement, à la participation et à l'épargne salariale.

Note • Sur la portée des obligations s'imposant à l'employeur, notamment en matière de rémunération, voir cass. soc. 8 juin 1994, n° 90-45.703, BC V n° 193. Sur le droit à une prime d'ancienneté prévue par la convention collective, voir cass. soc. 28 janvier 1998, n° 96-44.456, *RJS* 3/98 n° 388 et 29 juin 1999, n° 97-44.333, BC V n° 316 ; *RJS* 8-9/99 n° 1164 ; *Dr. Soc.* 1999, p. 957.

• La prime de vacances prévue par la convention collective est due au salarié en sus du salaire minimum. Le litige ayant pour seul objet la fixation de la rémunération devant être versée au travailleur handicapé en application des dispositions de l'article L. 323-32 [L. 5213-15] CT et le juge judiciaire n'ayant pas à se prononcer sur la participation de l'État à la charge liée à la garantie de ressources, il n'y a pas lieu à question préjudicielle au profit de la juridiction administrative (cass. soc. 24 novembre 2004, n° 02-45.662, BC V n° 299 ; *RJS* 2/05 n° 233 ; *CSB* 2005 S. 59 ; *Dr. Soc.* 2005, p. 220 ; voir également cass. soc. 12 janvier 2005, n° 02-45.822, Cherrier c/ Éts Arpih Soud'Helpe).

• Le délai qui s'est écoulé entre la publication de la loi du 17 janvier 2002 et la publication de son décret d'application du 23 décembre 2004 revêt, eu égard à la nature des mesures à prendre, un caractère fautif et justifie la condamnation de l'État à indemniser une association du préjudice subi de ce fait (CE 27 juillet 2005, n° 261694, *RJS* 11/05 n° 1152).

Art. L. 5213-16. Un ou plusieurs travailleurs handicapés employés dans une entreprise adaptée peuvent être mis à la disposition provisoire d'un autre employeur dans des conditions prévues par l'article L. 8241-2 et suivant des modalités précisées par décret.

Art. L. 5213-17. En cas de départ volontaire vers l'entreprise ordinaire, le salarié handicapé démissionnaire bénéficie, au cas où il souhaiterait réintégrer l'entreprise adaptée, d'une priorité d'embauche dont les modalités sont déterminées par décret.

Art. L. 5213-18. Bénéficient de l'ensemble des dispositifs prévus au livre Ier, les entreprises adaptées et les centres de distribution de travail.

Toutefois, le bénéfice de ces dispositifs ne peut se cumuler, pour un même poste, ni avec l'aide au poste mentionnée à l'article L. 5213-19, ni avec aucune aide spécifique portant sur le même objet.

Art. L. 5213-19. ***(L. 2011-901 du 28 juil. 2011, art. 16, JO 30)*** Les entreprises adaptées et les centres de distribution de travail à domicile perçoivent pour chaque travailleur handicapé employé, dès lors que celui-ci remplit les conditions mentionnées à l'article L. 5213-13, une aide au poste forfaitaire versée par l'État, dans la limite d'un effectif de référence fixé annuellement par la loi de finances.

En outre, compte tenu des surcoûts résultant de l'emploi majoritaire de ces travailleurs handicapés, les entreprises adaptées et les centres de distribution de travail à domicile reçoivent de l'État une subvention spécifique, destinée notamment au suivi social, à l'accompagnement et à la formation spécifiques de la personne handicapée, pour favoriser son adaptation à son poste de travail.

Les modalités d'attribution de l'aide au poste et de la subvention spécifique sont précisées par décret.

Note Voir notes sous articles L. 5132-2 et L. 5213-13.

§ 1. Cadre d'intervention

Art. R. 5213-62. Les entreprises adaptées et les centres de distribution de travail à domicile permettent à des travailleurs handicapés à efficience réduite, d'exercer une activité professionnelle salariée dans des conditions adaptées à leurs possibilités.

Ils favorisent le projet professionnel du salarié handicapé en vue de sa valorisation, de sa promotion et de sa mobilité au sein de la structure elle-même ou vers d'autres entreprises.

Art. R. 5213-63. L'entreprise adaptée ou le centre de distribution de travail à domicile ne peut embaucher que des travailleurs handicapés orientés vers le marché du travail par la commission des droits et de l'autonomie des personnes handicapées.

Art. R. 5213-64. Selon les nécessités de sa production, l'entreprises adaptée ou le centre de distribution de travail à domicile peut embaucher des salariés valides dans la limite de 20 % de ses effectifs.

§ 2. Contrat d'objectifs

Art. R. 5213-65. Le contrat d'objectifs prévu au second alinéa de l'article L. 5213-13 valant agrément des entreprises adaptées et des centres de distribution de travail à domicile est conclu avec le préfet de la région d'implantation de l'entreprise ou du centre pour une durée de trois ans.

Il est conclu après avis du comité de coordination régional de l'emploi et de la formation professionnelle.

Art. R. 5213-66. Le contrat d'objectifs comprend notamment :

1° Les données relatives à l'identification de l'entreprise ou du centre et un descriptif de ses activités ;

2° Les données et les objectifs relatifs à l'effectif de l'entreprise ou du centre et aux salariés accueillis ;

3° Les données et les objectifs économiques et financiers relatifs à l'entreprise ou au centre ainsi que des prévisions d'activités ;

4° Les modalités et les objectifs d'accueil, en lien avec le service public de l'emploi et les organismes de placement spécialisés, de suivi et d'accompagnement des salariés handicapés dans leur projet professionnel ;

5° Le nombre de travailleurs handicapés ouvrant droit, à la date de signature du contrat, à l'aide au poste et les conditions de révision du nombre d'aides au poste en cours d'année en cas de variation de l'effectif employé ;

6° Les documents administratifs, comptables et financiers à transmettre à l'administration ;

7° Les conditions d'évaluation et de résiliation du contrat.

Art. R. 5213-67. Le contrat d'objectifs est renouvelé selon la même procédure que celle prévue pour sa conclusion.

Art. R. 5213-68. Le contrat d'objectifs prévoit, par un avenant financier annuel, un contingent d'aides au poste. Il précise les conditions dans lesquelles ce contingent est révisé en cours d'année, en cas de variation de l'effectif employé.

Art. R. 5213-69. L'avenant financier annuel fait état de l'avancement de la réalisation des objectifs du contrat triennal, actualise les données relatives à la situation de l'entreprise adaptée ou du centre de distribution de travail à domicile et fixe le nombre et le montant des aides au poste.

§ 3. Fonctionnement

Art. R. 5213-70. Chaque entreprise adaptée ou centre de distribution de travail à domicile est placé sous l'autorité d'un responsable, sans préjudice des responsabilités incombant à l'organisme gestionnaire.

Quand une section d'entreprise adaptée est annexée à un établissement ou service d'aide par le travail, elle peut être placée sous l'autorité du même responsable.

Art. R. 5213-71. Chaque entreprise adaptée ou centre de distribution de travail à domicile fait l'objet d'une comptabilité distincte tenue conformément aux prescriptions du plan comptable général.

Art. R. 5213-72. L'entreprise adaptée dispose de ses propres locaux.

Si plusieurs activités sont organisées dans le même ensemble immobilier, l'entreprise adaptée peut être distinguée des autres activités.

Art. R. 5213-73. Les organismes gestionnaires des entreprises adaptées et des centres de distribution de travail à domicile se soumettent au contrôle des agents des services du travail et de l'emploi. Ceux-ci peuvent se faire présenter tous les documents relatifs à la gestion, notamment les livres et registres dont la tenue est prescrite aux employeurs par les dispositions légales.

§ 4. *Aide au poste*

Art. R. 5213-74. La personne handicapée recrutée, sur proposition du service public de l'emploi ou d'un organisme de placement spécialisé, par les entreprises adaptées et centres de distribution de travail à domicile ayant conclu un contrat d'objectifs avec l'État ouvre droit à l'aide au poste prévue au premier alinéa de l'article L. 5213-19, dans la limite du nombre d'aides au poste fixé dans l'avenant financier annuel.

Art. R. 5213-75. La personne handicapée qui n'est pas recrutée sur proposition du service public de l'emploi ou d'un organisme de placement spécialisé n'ouvre droit à l'aide au poste que si elle remplit les critères d'efficience réduite fixés par arrêté conjoint des ministres chargés de l'emploi et de la santé.

Note Voir arrêté du 13 février 2006 (JO 14) relatif aux critères d'efficience réduite ouvrant droit aux aides de l'État dans les entreprises adaptées.

Art. R. 5213-76. ***(D. 2009-642 du 9 juin 2009, JO 10)*** Le montant de l'aide au poste est égal à 80 % du salaire minimum de croissance brut correspondant à la durée collective du travail applicable ou à la durée du travail inscrite au contrat en cas de travail à temps partiel, dans la limite de la durée légale du travail. L'aide est versée mensuellement.

L'aide au poste est réduite au prorata du temps de travail effectif ou assimilé. Sont considérés comme du temps de travail effectif, quand ils sont rémunérés, les trois premiers jours d'absence justifiée par l'incapacité résultant de maladie ou d'accident.

Une aide au poste minorée est versée à l'entreprise adaptée ou au centre de distribution de travail à domicile lorsque l'employeur est tenu, en application de dispositions légales ou conventionnelles, de maintenir la rémunération pendant les périodes donnant lieu au versement de l'indemnité journalière prévue à l'article L. 321-1 du code de la sécurité sociale. Son montant est calculé dans les conditions prévues au premier alinéa sur la base de 30 % du salaire horaire minimum de croissance brut. Lorsque l'absence ne recouvre pas un mois civil entier, l'aide est réduite au prorata du nombre d'indemnités journalières versées.

§ 5. *Subvention spécifique*

Art. D. 5213-77. La subvention spécifique prévue au second alinéa de l'article L. 5213-19 est composée :

1° D'une partie forfaitaire par travailleur handicapé ;

2° Le cas échéant, de deux parties variables attribuées, d'une part, en fonction de critères de modernisation économique et sociale, d'autre part, au soutien de projets liés au développement ou au redressement de l'entreprise adaptée ou du centre de distribution de travail à domicile.

Art. D. 5213-78. Le montant de la partie forfaitaire de la subvention ainsi que les critères de modernisation économique et sociale et les montants correspondants sont fixés par arrêté conjoint des ministres chargés de l'emploi et du budget.

Note Voir arrêté du 13 février 2006 (JO 14) relatif aux conditions d'attribution de la subvention spécifique aux entreprises adaptées et centres de distribution de travail à domicile (montant de la partie forfaitaire de la subvention fixé à 900 € par travailleur handicapé, montant de l'aide au démarrage fixé à 4600 € par emploi de travailleur handicapé créé, sans que le total de l'aide ne puisse excéder 92000 €).

Art. D. 5213-79. Pendant les deux premières années civiles de fonctionnement, une aide au démarrage, dont le montant est fixé par arrêté conjoint des ministres chargés de l'emploi et du budget, se substitue à la subvention spécifique, si elle excède le montant cumulé de la partie forfaitaire et de la partie variable attribuée en fonction des critères de modernisation économique et sociale.

Art. D. 5213-80. La subvention spécifique ne peut être allouée qu'aux entreprises adaptées et centres de distribution de travail à domicile qui ont conclu le contrat d'objectifs mentionné à l'article L. 5213-13.

Après avis du comité de coordination régional de l'emploi et de la formation professionnelle, un avenant financier au contrat d'objectifs fixe le montant de la subvention spécifique et les modalités du contrôle exercé par l'État.

§ 6. Mises à disposition dans une autre entreprise

Art. D. 5213-81. Le travailleur handicapé employé dans une entreprise adaptée peut, avec son accord et en vue d'une embauche éventuelle, être mis à la disposition d'un autre employeur, dans le cadre du contrat de mise à disposition prévu à l'article D. 5213-84. Il continue à ouvrir droit, pour l'entreprise adaptée, à l'aide au poste et à la subvention spécifique prévus à l'article L. 5213-19.

Le travailleur handicapé à efficience réduite embauché pour le remplacer peut ouvrir droit à l'aide au poste dans la limite du nombre d'aides au poste fixé par avenant financier.

Art. D. 5213-82. Les conditions de la mise à disposition du travailleur handicapé sont fixées par des contrats écrits que l'organisme gestionnaire de l'entreprise adaptée conclut, d'une part, avec l'employeur utilisateur et, d'autre part, avec le travailleur handicapé.

Art. D. 5213-83. Les contrats de mise à disposition sont conclus pour une durée maximale d'un an, renouvelable une fois.

Ils sont soumis au visa de l'inspecteur du travail et donnent lieu à une consultation du comité d'entreprise de l'entreprise utilisatrice et de celui de l'entreprise adaptée ou à défaut des délégués du personnel.

Art. D. 5213-84. Le contrat de mise à disposition liant l'organisme gestionnaire à l'employeur utilisateur précise, notamment :

1° Le nombre de travailleurs demandés, les qualifications professionnelles requises, le lieu, l'horaire et les caractéristiques particulières des travaux à accomplir ;

2° La nature des travaux incompatibles avec certains types de handicaps ;

3° Les modalités de rémunération de la prestation de service ;

4° Les conditions d'une offre d'embauche.

Art. D. 5213-85. Le contrat liant l'organisme gestionnaire de l'entreprise adaptée avec le travailleur handicapé précise, notamment :

1° La qualification professionnelle du salarié ;

2° La nature, le lieu, l'horaire et les caractéristiques particulières du travail à accomplir ;

3° Les éléments et les modalités de paiement de la rémunération due au salarié ;

4° Les conditions d'une offre d'embauche.

Art. D. 5213-86. Le salarié handicapé qui a démissionné d'une entreprise adaptée ou d'un centre de distribution de travail à domicile pour travailler dans une entreprise ordinaire bénéficie, dans le délai d'un an à compter de la rupture de son contrat, de la priorité d'embauche mentionnée à l'article L. 5213-17 s'il manifeste le souhait de réintégrer l'entreprise adaptée ou le centre de distribution de travail à domicile. Dans ce cas, l'entreprise adaptée ou le centre de distribution de travail à domicile l'informe de tout emploi disponible compatible avec sa qualification.

SECTION 4. **Autres orientations**

Art. L. 5213-20. Les personnes handicapées pour lesquelles une orientation sur le marché du travail par la commission des droits et de l'autonomie des personnes handicapées s'avère impossible peuvent être admises dans un établissement ou service d'aide par le travail mentionné au *a* du 5° du I de l'article L. 312-1 du code de l'action sociale et des familles.

Note • Voir articles L. 344-1 et s., R. 243-1 et s. c. act. soc. fam. Le décret 2006-703 du 16 juin 2006 (JO 17) définit le statut et le mode de rémunération des personnes handicapées qui travaillent dans un établissement ou service d'aide par le travail (ESAT). La circulaire DGAS/3B 2008-259 du 1er août 2008 rappelle le statut des ESAT et les droits des personnes handicapées y exerçant des activités à caractère professionnel, et précise les nouveaux modes de contractualisation entre ces derniers et l'État ainsi que le renforcement des passerelles entre le secteur du travail protégé et le milieu ordinaire de travail. Sur le régime social de l'aide au poste versée aux ESAT, voir circulaire ACOSS 2008-90 du 29 décembre 2008 (*LS* Bref social n° 15279 du 13 janvier 2009).

• Les travailleurs handicapés ne sont pas liés aux établissements d'aide par le travail par un contrat de travail. Ils n'entrent pas dans le champ d'application des conventions collectives (CE 4 juillet 1997, n° 159472). Ils ne sont pas éligibles aux élections des délégués du personnel (cass. soc. 24 juin 1998, n° 97-60.077, BC V n° 341 ; *RJS* 8-9/98 n° 1021). La juridiction prud'homale n'est pas compétente pour trancher les litiges entre les intéressés et les centres (cass. soc. 18 mars 1997, n° 94-41.716, BC V n° 112 ; *RJS* 6/97 n° 765). En revanche, les ESAT sont soumis aux obligations de l'employeur prévues par la législation sur les accidents du travail et sont tenus à une obligation de sécurité de résultat dont le manquement a le caractère d'une faute inexcusable lorsque l'établissement avait, ou aurait, dû avoir conscience du danger auquel était exposé le travailleur concerné et qu'il n'a pas pris les mesures nécessaires pour l'en préserver (cass. civ., 2e ch., 16 septembre 2003, n° 02-30.118, BC II n° 265 ; *RJS* 11/03 n° 1325). Voir « Le statut du travailleur handicapé mental en établissement ou service d'aide par le travail (ESAT) et l'application du droit du travail », *RDT*, févr. 2008, ET, 89, Fr. Mananga.

• Sur la formation, la reconnaissance des savoir-faire et des compétences et la validation des acquis de l'expérience des travailleurs handicapés accueillis en ESAT, voir art. D. 243-14 à 31 c. act. soc. fam. (décret 2009-565 du 20 mai 2009, JO 23).

Art. R. 5213-87. Lorsque la commission des droits et de l'autonomie des personnes handicapées envisage l'orientation sur le marché du travail ou vers un établissement ou service d'aide par le travail, elle se prononce par une décision motivée, en tenant compte des possibilités réelles d'insertion dans le marché du travail ou au sein d'un tel établissement ou service.

SECTION 5. Actions en justice

Art. L. 5213-21. Les associations ayant pour objet principal la défense des intérêts des bénéficiaires du présent chapitre peuvent exercer une action civile fondée sur l'inobservation des dispositions des articles L. 5213-7 et L. 5213-9 à L. 5213-12, lorsque cette inobservation porte un préjudice certain à l'intérêt collectif qu'elles représentent.

SECTION 6. Dispositions d'application

Art. L. 5213-22. Un décret en Conseil d'État détermine les modalités d'application du présent chapitre.

CHAPITRE IV

Institutions et organismes concourant à l'insertion professionnelle des handicapés

Note Avant intervention de la loi 2011-901 du 28 janvier 2011 (JO 30), la circulaire DGEFP 2009-15 du 26 mai 2009 (BO TR 2009/8) détaillait les modalités de mise en place et de fonctionnement des plans régionaux pour l'insertion professionnelle des travailleurs handicapés (PRITH), ainsi que leur déclinaison au niveau territorial.

(L. 2011-901 du 28 juil. 2011, art. 12, JO 30)

SECTION 1 A. Pilotage des politiques en faveur de l'emploi des personnes handicapées

Art. L. 5214-1 A. L'État assure le pilotage de la politique de l'emploi des personnes handicapées. Il fixe, en lien avec le service public de l'emploi, l'association chargée de la gestion du fonds de développement pour l'insertion professionnelle des handicapés et le fonds d'insertion des personnes handicapées dans la fonction publique, les objectifs et priorités de cette politique.

Art. L. 5214-1 B. Une convention pluriannuelle d'objectifs et de moyens est conclue entre l'État, l'institution mentionnée à l'article L. 5312-1, l'association chargée de la gestion du fonds de développement pour l'insertion professionnelle des handicapés, le fonds d'insertion des personnes handicapées dans la fonction publique et la Caisse nationale de solidarité pour l'autonomie.

Cette convention prévoit :

1° Les modalités de mise en œuvre par les parties à la convention des objectifs et priorités fixés en faveur de l'emploi des personnes handicapées ;

2° Les services rendus aux demandeurs d'emploi bénéficiaires de l'obligation d'emploi et aux employeurs privés et publics qui souhaitent recruter des personnes handicapées ;

3° Les modalités de mise en œuvre de l'activité de placement et les conditions du recours aux organismes de placement spécialisés mentionnés à l'article L. 5214-3-1, en tenant compte de la spécificité des publics pris en charge ;

4° Les actions, prestations, aides ou moyens mis à disposition du service public de l'emploi et des organismes de placement spécialisés par l'association et le fonds mentionnés au premier alinéa du présent article ;

5° Les modalités du partenariat que les maisons départementales des personnes handicapées mettent en place avec le service public de l'emploi, l'association et le fonds mentionnés au premier alinéa et les moyens qui leur sont alloués dans ce cadre pour leur permettre de s'acquitter de leur mission d'évaluation et d'orientation professionnelles ;

6° Les conditions dans lesquelles un comité de suivi, composé des représentants des parties à la convention, assure l'évaluation des actions dont elle prévoit la mise en œuvre.

Pour son application, la convention fait l'objet de déclinaisons régionales ou locales associant les maisons départementales des personnes handicapées et l'ensemble des acteurs concourant à l'insertion des personnes les plus éloignées de l'emploi. Les organismes de placement spécialisés sont consultés pour avis. Ces conventions régionales et locales s'appuient sur les plans régionaux d'insertion professionnelle des travailleurs handicapés.

SECTION 1. **Fonds de développement pour l'insertion professionnelle des handicapés**

Art. L. 5214-1. Le fonds de développement pour l'insertion professionnelle des handicapés a pour objet d'accroître les moyens consacrés à l'insertion des handicapés en milieu ordinaire de travail.

La gestion de ce fonds est confiée à une association administrée par des représentants des salariés, des employeurs et des personnes handicapées ainsi que par des personnalités qualifiées.

Les statuts de l'association sont agréés par l'autorité administrative.

Art. L. 5214-1-1. ***(L. 2010-1657 du 29 déc. 2010, art. 208, IV et VII, JO 30, entrée en vigueur le 01.07.2011)*** L'association mentionnée à l'article L. 5214-1 assure le financement et la mise en œuvre des parcours de formation professionnelle préqualifiante et certifiante des demandeurs d'emploi handicapés.

Art. L. 5214-2. Une convention d'objectifs est conclue, tous les trois ans, entre l'État et l'association chargée de la gestion du fonds de développement pour l'insertion professionnelle des handicapés.

Art. L. 5214-3. Les ressources du fonds de développement pour l'insertion professionnelle des handicapés sont destinées à favoriser toutes les formes d'insertion professionnelle des handicapés en milieu ordinaire de travail.

Elles sont affectées notamment :

1° À la compensation du coût supplémentaire des actions de formation et au financement d'actions d'innovation et de recherche dont bénéficient les intéressés dans l'entreprise ;

2° À des mesures nécessaires à l'insertion et au suivi des travailleurs handicapés dans leur vie professionnelle.

Les actions définies au présent article peuvent concerner les entreprises non assujetties à l'obligation d'emploi prévue par l'article L. 5212-2 lorsqu'elles emploient des bénéficiaires de cette obligation, ainsi que les travailleurs handicapés qui exercent une activité indépendante.

Art. R. 5214-19. Les statuts de l'association chargée de la gestion du fonds de développement pour l'insertion professionnelle des handicapés mentionnée à l'article L. 5214-1 sont agréés par le ministre chargé de l'emploi.

Art. R. 5214-20. L'association procède annuellement à l'évaluation des actions qu'elle conduit pour l'insertion professionnelle des personnes handicapées en milieu ordinaire.

Elle publie un rapport d'activité annuel et est soumise au contrôle administratif et financier de l'État.

Art. R. 5214-21. L'association transmet au ministre chargé de l'emploi, pour approbation, le projet de répartition des contributions pour l'année en cours, au plus tard au 31 mars de chaque année.

Elle lui adresse également le rapport d'utilisation des contributions pour l'année écoulée.

Art. R. 5214-22. Dans le respect des missions prévues à l'article L. 5214-3, la convention d'objectifs détermine notamment :

1° Les engagements réciproques contribuant à la cohérence entre les mesures de droit commun de l'emploi et de la formation professionnelle et les mesures spécifiques arrêtées par l'association et les moyens financiers nécessaires à l'atteinte de ces objectifs ;

2° Les priorités et les grands principes d'intervention du service public de l'emploi et des organismes de placement spécialisés.

Art. R. 5214-23. Une convention de coopération est conclue entre l'association chargée de la gestion du fonds de développement pour l'insertion professionnelle des handicapés et le fonds pour l'insertion professionnelle des handicapés dans la fonction publique.

Elle détermine notamment les obligations respectives des parties à l'égard des organismes de placement spécialisés.

(L. 2011-901 du 28 juil. 2011, art. 14, JO 30)

SECTION 1 *BIS*. Organismes de placement spécialisés dans l'insertion professionnelle des personnes handicapées

Art. L. 5214-3-1. Des organismes de placement spécialisés, chargés de la préparation, de l'accompagnement et du suivi durable dans l'emploi des personnes handicapées, participent au dispositif d'insertion professionnelle et d'accompagnement spécifique prévu pour les travailleurs handicapés mis en œuvre par l'État, le service public de l'emploi, l'association chargée de la gestion du fonds de développement pour l'insertion professionnelle des handicapés et le fonds pour l'insertion professionnelle des personnes handicapées dans la fonction publique.

Ils sont conventionnés à cet effet et peuvent, à cette condition, mobiliser les aides, actions et prestations proposées par l'association et le fonds mentionnés au premier alinéa.

Les organismes de placement spécialisés assurent, en complémentarité avec l'institution mentionnée à l'article L. 5312-1, une prise en charge adaptée des demandeurs d'emploi bénéficiaires de l'obligation d'emploi dans des conditions définies par une convention.

SECTION 2. Actions en justice

Art. L. 5214-4. Les associations ayant pour objet principal la défense des intérêts des bénéficiaires du présent chapitre peuvent exercer une action civile fondée sur l'inobservation des dispositions de ce même chapitre, lorsque cette inobservation porte un préjudice certain à l'intérêt collectif qu'elles représentent.

SECTION 3. Dispositions d'application

Art. L. 5214-5. Un décret en Conseil d'État détermine les modalités d'application du présent chapitre, notamment :

[1°Abrogé par loi 2011-525 du 17 mai 2011, art. 67, JO 18.]

2° Les modalités du contrôle de la répartition et de l'utilisation des contributions versées au fonds de développement pour l'insertion professionnelle des handicapés.

[Dispositions réglementaires]

SECTION 1. Coordination

Art. R. 5214-1. Le ministre chargé de l'emploi est chargé de coordonner l'activité des organismes et services publics ou privés qui, à quelque titre que ce soit, concourent à l'une des opérations prévues aux articles L. 5212-6 et suivants et de définir les modalités de liaison entre ces organismes et services.

SECTION 2. Conseil supérieur pour le reclassement professionnel et social des travailleurs handicapés

[**Art. R. 5214-2 à R. 5214-13.** Abrogés par décret 2011-1073 du 8 septembre 2011, art. 1er, JO 10.]

[**Art. D. 5214-14 à D. 5214-18.** Abrogés par décret 2011-1073 du 8 septembre 2011, art. 1er, JO 10.]

CHAPITRE V

Dispositions pénales

Art. L. 5215-1. En cas de méconnaissance des dispositions de l'article L. 5213-5 relatives au réentraînement au travail et à la rééducation professionnelle des malades et blessés, les dispositions des articles L. 4741-4, L. 4741-5 et L. 4741-12 sont applicables.

Art. R. 5215-1. Le fait de ne pas respecter l'obligation de réentraînement au travail et de rééducation professionnelle des salariés malades et blessés, en méconnaissance des dispositions de l'article L. 5213-5, est puni de l'amende prévue pour les contraventions de la quatrième classe.

TITRE II

TRAVAILLEURS ÉTRANGERS

CHAPITRE Ier

Emploi d'un salarié étranger

Note • **Conditions d'entrée et de séjour des étrangers en France.** Les étrangers se trouvent placés dans une situation différente de celle des nationaux, aucun principe ni aucune règle de valeur constitutionnelle n'assurant aux étrangers des droits de caractère général et absolu d'accès et de séjour sur le territoire national ; le législateur peut ainsi prendre, à l'égard des étrangers, des dispositions spécifiques dans le respect des libertés et droits fondamentaux de valeur constitutionnelle reconnus à tous ceux qui résident sur le territoire de la République (C. constit. décision 93-325 DC du 13 août 1993, JO 18 ; *Dr. Soc.* 1994, p. 69). Les dispositions législatives qui concernent l'accès au travail des étrangers placent ceux-ci dans une situation différente de celle des travailleurs français (CE 29 décembre 1993, *RJS* 4/94 n° 482). Sans incompatibilité avec la Convention européenne de sauvegarde des droits de l'homme et des libertés fondamentales, la loi française subordonne à la condition de régularité du séjour en France le bénéfice de l'affiliation obligatoire à un régime de sécurité sociale (CE 6 novembre 2000, n° 204784, *RJS* 3/01 n° 374), celui de l'allocation aux adultes handicapés (CE 12 décembre 2003, n° 235234, *RJS* 4/04 n° 470) et l'accès à l'aide sociale (CE 7 juin 2006, n° 285576, *RJS* 11/06 n° 1235).

• **Régime de droit commun.** Celui-ci résulte de l'ordonnance 45-2658 du 2 novembre 1945 relative aux conditions d'entrée et de séjour des étrangers en France, modifiée en dernier lieu par la loi 2006-911 du 24 juillet 2006 (JO 25).

La partie législative du code de l'entrée et du séjour des étrangers et du droit d'asile est issue de l'ordonnance 2004-1248 du 24 novembre 2004 (JO 25). Les décrets 2006-1377 et 2006-1378 du 14 novembre 2006 (JO 15) en définissent la partie réglementaire. Voir aussi décrets 2007-373 du 21 mars 2007 (JO 22) et 2007-801 du 11 mai 2007 (JO 12) pris pour l'application de la loi 2006-911 du 24 juillet 2006 précitée.

Il y a lieu de se référer également aux décrets 46-1574 du 30 juin 1946 modifié (en dernière date, par les décrets 2006-231 du 27 février 2006, JO 28 et 2006-470 du 25 avril 2006, JO 26), 82-440 et 82-442 du 26 mai 1982 modifiés réglementant les conditions d'entrée et de séjour en France des étrangers.

• **Ressortissants européens.** Les ressortissants de l'UE, de l'Espace économique européen ainsi que de la Suisse bénéficient d'un accès facilité au marché de l'emploi précisé par le décret 2007-371 du 21 mars 2007 (JO 22) relatif à leur droit de séjour en France (CESEDA art. R. 121-1 et s.). Les ressortissants des nouveaux États membres de l'Union européenne (hors Chypre et Malte) bénéficient du même régime au terme d'une période transitoire de deux à cinq ans. Voir J-Ph. Lhernould, « L'Europe sociale après l'élargissement », *RJS* 11/04, chron. p. 771. Voir circulaires DPM/DMI2 2006-200 du 29 avril 2006 (BO MT 2006/06) et DPM/DMI 2006-541 du 22 décembre 2006 (BOMT 2007/3) relative aux ressortissants bulgares et roumains. Un arrêté du 18 janvier 2008 (JO 20) écarte la référence à la situation de l'emploi locale pour refuser une autorisation de travail en vue de l'exercice de 150 métiers appartenant notamment aux secteurs suivants : bâtiment et travaux publics, hôtellerie-restauration et alimentation, agriculture, mécanique et travail des métaux, industries de process, commerce et vente, propreté. Il ne concerne désormais que les Bulgares et les Roumains (arrêté du 24 juin 2008, JO 27).

L'article 39 du Traité instituant la Communauté européenne garantissant la libre circulation des travailleurs à l'intérieur de la Communauté européenne et l'exercice d'une activité salariée par une ressortissante communautaire ne pouvant être subordonné à la justification d'un titre de séjour en cours de validité, la non-présentation de ce document ne constitue pas une faute justifiant le licenciement (cass. soc. 12 juin 2007, n° 05-45.320, BC V n° 95 ; *RJS* 8-9/07 1002 ; *CSB* 2007 S. 330).

Une entreprise publique d'un État membre ne peut, à l'occasion du recrutement de son personnel, refuser de tenir compte de l'ancienneté, de l'expérience et des qualifications acquises antérieurement dans un domaine d'activité comparable, au service d'une entreprise publique d'un autre État membre (cass. soc. 11 mars 2009, n° 08-40.381, BC V n° 71 ; *RJS* 5/09 n° 410).

• La circonstance qu'un ressortissant turc a été autorisé à entrer sur le territoire d'un État membre en qualité de personne au pair ou d'étudiant ne saurait priver celui-ci de la qualité de travailleur et l'empêcher d'appartenir au marché régulier de l'emploi de cet État membre au sens des dispositions de l'accord d'association entre la CEE et la Turquie. Cette circonstance ne saurait empêcher ce ressortissant de se prévaloir de ces dispositions afin d'obtenir le renouvellement de son permis de travail et de bénéficier du droit au séjour corrélatif à celui-ci (CJCE 24 janvier 2008, aff. C-294/06, rec. I-203; JOUE C 64/10 du 8.03.2008; *RJS* 6/08, chron. Fr. Kessler, p. 501).

• **Aide au retour.** Un arrêté du 20 juillet 2001 (JO 21 août) a modifié les arrêtés du 7 décembre 1987 et du 7 juillet 1989 pris pour l'application du décret 87-844 du 16 octobre 1987 portant création d'une aide publique à la réinsertion des travailleurs étrangers. Voir CESEDA, art. L. 331-1 ; D. 331-1 à 7.

• Le décret 2004-814 du 14 août 2004 (JO 18) traite de l'Office français de protection des réfugiés et apatrides et de la Commission des recours des réfugiés. Voir CESEDA, art. L. 721-1 à L. 723-5 et R. 721-1 à R. 723-5.

SECTION 1. **Accords internationaux**

Art. L. 5221-1. Les dispositions du présent titre sont applicables, sous réserve de celles des traités, conventions ou accords régulièrement ratifiés ou approuvés et publiés, et notamment des traités instituant les communautés européennes ainsi que de celles des actes des autorités de ces communautés pris pour l'application de ces traités.

SECTION 2. **Introduction d'un travailleur étranger**

Art. L. 5221-2. Pour entrer en France en vue d'y exercer une profession salariée, l'étranger présente :

1° Les documents et visas exigés par les conventions internationales et les règlements en vigueur ;

2° Un contrat de travail visé par l'autorité administrative ou une autorisation de travail.

Note • Pour exercer en France une activité professionnelle salariée, les étrangers doivent se conformer aux articles L. 1261-1, L. 5221-1 à L. 5221-3, L. 5221-5, L. 5221-7, L. 5523-1 à L. 5523-3 et L. 8323-2 CT ainsi qu'aux articles L. 311-13 et L. 311-14 du présent code (art. L. 322-1 CESEDA).

• Il est créé un traitement automatisé de données nominatives appelé « FRAMIDE » (France migration détachement) relatif à la gestion des procédures de demandes d'autorisation de travail des étrangers et à la réception des déclarations de détachement des salariés dont l'employeur est établi hors de France (arrêté du 3 mars 2009, JO 28 avril).

Art. L. 5221-3. L'étranger qui souhaite entrer en France en vue d'y exercer une profession salariée et qui manifeste la volonté de s'y installer durablement atteste d'une connaissance suffisante de la langue française sanctionnée par une validation des acquis de l'expérience ou s'engage à l'acquérir après son installation en France.

Art. L. 5221-4. Sous réserve des accords internationaux, il est interdit à une entreprise de travail temporaire de mettre à la disposition de quelque personne que ce soit des travailleurs étrangers si la prestation de service s'effectue hors du territoire français.

Art. L. 5221-5.

Note Un contrat de travail temporaire ne peut permettre ni l'introduction en France d'un travailleur étranger ni l'obtention par un étranger d'un titre de travail (carte ou autorisation provisoire de travail) en vue de l'occupation d'un premier emploi. Les ETT ne peuvent donc, en principe, recruter, en qualité de travailleur temporaire, que des étrangers déjà régulièrement introduits dans le marché français du travail, mais une lettre d'embauchage émanant d'une ETT permet la mise en œuvre de la procédure de renouvellement de la carte de travail ou de celle d'« admission au travail » (circ. min. 3 février 1977). Voir également note sous art. R. 5221-20.

Des travailleurs étrangers ressortissants non communautaires recrutés par une ETT établie dans l'un des pays de la CEE autre que la France ne peuvent être admis à effectuer une mission en France sans avoir obtenu préalablement l'autorisation d'y travailler (circ. min. 3 février 1977).

SECTION 3. **Conditions d'exercice d'une activité salariée**

Art. L. 5221-5. Un étranger autorisé à séjourner en France ne peut exercer une activité professionnelle salariée en France sans avoir obtenu au préalable l'autorisation de travail mentionnée au 2° de l'article L. 5221-2.

(L. 2009-1437 du 24 nov. 2009, JO 25) « L'autorisation de travail est accordée de droit à l'étranger autorisé à séjourner en France pour la conclusion d'un contrat d'apprentissage ou de professionnalisation à durée déterminée. »

L'autorisation de travail peut être retirée si l'étranger ne s'est pas fait délivrer un certificat médical dans les trois mois suivant la délivrance de cette autorisation.

Note • L'arrêté du 11 janvier 2006 (JO 24) définit les modalités du contrôle médical des étrangers autorisés à séjourner en France.

• Sur la délivrance d'une carte de résident pour une contribution économique exceptionnelle, voir art. R. 314-5 et 6 CESEDA (décret 2009-1114 du 11 septembre 2009, JO 15).

• Sur la délivrance d'un titre de travail à un ressortissant de pays tiers en cas d'enfants en bas âge nés dans le pays européen et ayant le statut de citoyen de l'Union, dans la mesure où des décisions de refus de séjour ou de travail au père priveraient ces enfants de la jouissance effective de l'essentiel des droits attachés au statut de citoyen de l'Union contrairement à l'article 20 TFUE, voir CJUE 8 mars 2011, aff. C-34/09, *RJS* 6/11 n° 566 et chron. D. Martin, p. 450.

Art. L. 5221-6. La délivrance d'un titre de séjour ouvre droit, dans les conditions fixées aux chapitres III à VI du titre Ier du livre III du code de l'entrée et du séjour des étrangers et du droit d'asile, à l'exercice d'une activité professionnelle salariée.

Art. L. 5221-7. L'autorisation de travail peut être limitée à certaines activités professionnelles ou zones géographiques.

L'autorisation délivrée en France métropolitaine ne confère de droits qu'en France métropolitaine.

Pour l'instruction de la demande d'autorisation de travail, l'autorité administrative peut échanger tous renseignements et documents relatifs à cette demande avec les organismes concourant au service public de l'emploi mentionnés à l'article L. 5311-2, avec les organismes gérant un régime de protection sociale, avec l'établissement mentionné à l'article L. 767-1 du code de la sécurité sociale ainsi qu'avec les caisses de congés payés prévues à l'article L. 3141-30.

Art. L. 5221-8. L'employeur s'assure auprès des administrations territorialement compétentes de l'existence du titre autorisant l'étranger à exercer une activité salariée en France, sauf si cet étranger est inscrit sur la liste des demandeurs d'emploi tenue par l' ***(L. 2008-126 du 13 févr. 2008, JO 14)*** « institution mentionnée à l'article L. 5312-1 ».

Note Les dispositions de l'article L. 341-6 (ancien) CT impliquent nécessairement que l'employeur s'informe de la nationalité de celui qu'il embauche et vérifie, dans le cas où il s'agit d'un étranger, s'il est titulaire du titre précité (cass. crim. 29 mars 1994, n° 93-82.178, B. crim. n° 121 ; 14 mai 1996, n° 94-85.616, *CSB* 1996 B. 160). La régularisation ultérieure d'une situation irrégulière par l'obtention d'une autorisation provisoire de travail n'a pas d'effet rétroactif, et ne fait pas disparaître l'infraction (cass. crim. 19 novembre 2002, n° 02-81.749, *CSB* 2003 S. 154). La responsabilité de l'utilisateur dans le cadre d'un prêt de main-d'œuvre illicite est engagée (cass. crim. 3 décembre 1991, n° 90-86.763, B. crim. n° 458 ; 12 octobre 1993, n° 93-80.533, Camous ; 27 septembre 1994, n° 93-85.285, Delage).

Art. L. 5221-9. L'embauche d'un salarié étranger titulaire de la carte de séjour temporaire prévue à l'article L. 313-7 du code de l'entrée et du séjour des étrangers et du droit d'asile ne peut intervenir qu'après déclaration nominative effectuée par l'employeur auprès de l'autorité administrative.

[Art. L. 5221-10. Abrogé par loi 2008-1425 du 27 décembre 2008, art. 155, JO 28.]

Art. L. 5221-11. Un décret en Conseil d'État détermine les modalités d'application des articles L. 5221-3 et L. 5221-5 à L. 5221-8.

[Dispositions réglementaires]

SECTION 1. Catégories d'autorisation de travail et activités professionnelles autorisées

Note • La circulaire DPM/DMI2 2007-323 du 22 août 2007 (BO TR 2007/9) précise les dispositions relatives au régime d'accès au marché du travail des ressortissants étrangers. La circulaire interministérielle du 23 juin 2008 est relative à l'organisation de l'immigration professionnelle. La circulaire IMIK 09000092C du 24 novembre 2009 concerne la délivrance de la carte de séjour temporaire portant la mention « salarié » ou « travailleur temporaire » au titre de l'admission exceptionnelle au séjour. La circulaire interministérielle NOR IOCL1115117J du 31 mai 2011 porte sur la maîtrise de l'immigration professionnelle. La circulaire NOR IOCL1201265C du 12 janvier 2012 traite de l'accès au marché du travail des diplômés étrangers de niveau au moins équivalent au master (modalités d'examen des demandes).

• Voir également circulaires DPM/DM 2.3 96-256 du 15 avril 1996 (cadres dirigeants étrangers, BO TR 96/9, p. 67), DPM/DM 2.3 96-552 du 9 septembre 1996 (artistes et techniciens du spectacle, BO TR 96/20, p. 13), DPM/DM 2.3 98-166 du 11 mars 1998 (assistantes maternelles, BO TR 98/8, p. 63), DPM/DM 2.3 99-132 du 2 mars 1999 (mannequins, BO TR 98/8, p. 103), DPM/DMI 2/DHOS/P2 2003-101 du 3 mars 2003 (infirmiers titulaires d'un diplôme étranger, BO TR 2003/6, p. 101), DPM/DM2 2004-12 du 13 janvier 2004 (ingénieurs informaticiens). La circulaire DPM/DMI 2 n° 143 du 26 mars 2004 (BO TR 2004/9, p. 93), complétée par la circulaire DPM/DMI2 2006-132 du 15 mars 2006 (BO TR 2006/4), simplifie la procédure de délivrance des titres de travail et de séjour demandés par les cadres dirigeants ou de haut niveau étrangers salariés de sociétés françaises de groupes internationaux. La circulaire DPM/DMI 2004-212 du 7 mai 2004 (BO TR 2004/11, p. 213) complétée par la circulaire DPM/DMI2 2006-133 du 15 mars 2006 (BO TR 2006/4) facilite l'accès au marché de l'emploi national des conjoints étrangers de cadres dirigeants ou de haut niveau.

• Le décret 2005-968 du 10 août 2005 (JO 11) définit les conditions d'entrée et de séjour en France et de transfert vers un autre État de l'Union européenne des bénéficiaires de la protection temporaire et des membres de leur famille. Voir notamment article 4 relatif à la délivrance d'une autorisation provisoire de travail.

• S'agissant des jeunes étrangers accueillis en France dans le cadre d'accords bilatéraux relatifs à l'échange de jeunes professionnels, voir art. D. 311-18-2 CESEDA.

Art. L. 5221-11.

• En ce qui concerne l'accueil de stagiaires étrangers, voir art. R. 313-10-1 et s. CESEDA.

• Est légal le refus d'une carte de séjour en qualité d'artisan opposé par le préfet à un étranger travaillant de façon quasi exclusive pour le compte d'une entreprise qui lui fournit le matériel et les matériaux nécessaires à l'exécution de son travail et détermine les conditions d'exercice de son activité, dont la rémunération est calculée mensuellement et se trouvant dès lors, malgré son inscription au répertoire des métiers, dans un rapport de subordination caractéristique du travail salarié (CE 7 octobre 1994, n° 127516, *Rec. Lebon*, p. 438).

• La régularisation ultérieure de la situation irrégulière ne peut avoir pour effet de faire disparaître l'infraction (cass. crim. 19 novembre 2002, n° 02-81.750).

• **Prestations de services au sein de l'Union européenne.** Une entreprise établie dans un État membre, qui fournit des prestations de services dans un autre État membre, peut se déplacer avec son propre personnel et l'État d'accueil ne peut exiger l'embauche de main-d'œuvre sur place (CJCE 27 mars 1990, aff. C-113/89, JOCE 12 mai, rec. p. I-1417).

Les articles 59 et 60 du traité doivent être interprétés en ce sens qu'ils s'opposent à ce qu'un État membre oblige les entreprises qui, établies dans un autre État membre, se rendent sur son territoire afin d'y prester des services et qui emploient de façon régulière et habituelle des ressortissants d'États tiers à obtenir, pour ces travailleurs, une autorisation de travail auprès d'un organisme national d'immigration et à payer les frais y afférents, sous peine de se voir infliger une amende administrative (CJCE 9 août 1994, aff. C-43/93, rec. p. I-3803 ; *RJS* 12/94 n° 1446 ; 21 octobre 2004, aff. C-445/03, rec. I-10191 ; JOUE C 300/22 du 04.12.2004 ; *RJS* 3/05 n° 322 et chron. J-Ph. Lhernould, p. 191 ; 19 janvier 2006, aff. C-244/04, rec. I-885 ; chron. J-Ph. Lhernould, *RJS* 5/06, p. 361 (B) ; 21 septembre 2006, aff. C-168/04, rec. I-9041 ; JOUE C 281/04 du 18.11.2006 ; chron. J-Ph. Lhernould, *RJS* 1/07, p. 22 (E).

Art. R. 5221-1. Pour exercer une activité professionnelle en France, les personnes suivantes ***(D. 2008-634 du 30 juin 2008, JO 1er juil.)*** « doivent détenir » une autorisation de travail et le certificat médical mentionné au 4° de l'article R. 313-1 du code de l'entrée et du séjour des étrangers et du droit d'asile ***(D. 2008-634 du 30 juin 2008, JO 1er juil.)*** « qui leur est remis à l'issue de la visite médicale à laquelle elles se soumettent au plus tard trois mois après la délivrance de l'autorisation de travail » :

1° Étranger non ressortissant d'un État membre de l'Union européenne, d'un autre État partie à l'Espace économique européen ou de la Confédération suisse ;

2° Étranger ressortissant d'un État membre de l'Union européenne pendant la période d'application des mesures transitoires relatives à la libre circulation des travailleurs.

Art. R. 5221-2. Sont dispensés de l'autorisation de travail :

1° Le salarié ressortissant d'un État membre de l'Union européenne pendant la période d'application des mesures transitoires, détaché dans les conditions prévues aux articles L. 1262-1 et L. 1262-2 et travaillant pour le compte d'un employeur établi sur le territoire d'un État membre de l'Union européenne, d'un autre État partie à l'accord sur l'Espace économique européen ou de la Confédération suisse ;

2° Le salarié non ressortissant d'un État membre de l'Union européenne, d'un autre État partie à l'Espace économique européen ou de la Confédération suisse, détaché dans les conditions prévues aux articles L. 1262-1 et L. 1262-2 et travaillant pour le compte d'un employeur établi sur le territoire d'un État membre de l'Union européenne, d'un autre État partie à l'accord sur l'Espace économique européen ou de la Confédération suisse ***(D. 2008-634 du 30 juin 2008, JO 1er juil.)*** « à condition qu'il soit titulaire d'une autorisation de travail, délivrée par l'État sur le territoire duquel est établi son employeur, valable pour l'emploi qu'il va occuper en France » ;

3° Le ressortissant d'un État membre de l'Union européenne pendant la période d'application des mesures transitoires, ayant achevé avec succès, dans un établissement d'enseignement supérieur habilité au plan national, un cycle de formation conduisant à un diplôme au moins équivalent au master, conformément aux dispositions de l'article L. 121-2 du code de l'entrée et du séjour des étrangers et du droit d'asile.

Art. R. 5221-3. L'autorisation de travail peut être constituée par l'un des documents suivants :

1° La carte de résident, en application de l'article L. 314-4 du code de l'entrée et du séjour des étrangers et du droit d'asile ;

2° La carte de séjour « compétences et talents », en application de l'article L. 315-5 du même code ;

3° Le titre de séjour portant la mention « étudiant », en application du 3° de l'article L. 121-1 ou de l'article L. 313-7 du code de l'entrée et du séjour des étrangers et du droit d'asile ***(D. 2009-477 du 27 avril 2009, JO 29, entrée en vigueur le 01.06.09)*** « ou le visa pour un séjour d'une durée supérieure à trois mois mentionné au 6° de l'article R. 311-3 du même code » ;

4° La carte de séjour temporaire portant la mention ***(D. 2011-1049 du 6 sept. 2011, JO 7)*** « scientifique-chercheur », en application de l'article L. 313-8 du même code ***(D. 2011-1049 du 6 sept. 2011, JO 7)*** « ou le visa pour un séjour d'une durée supérieure à trois mois mentionné au 9° de l'article R. 311-3 du même code » ;

5° La carte de séjour temporaire portant la mention « profession artistique et culturelle », délivrée sur présentation d'un contrat de travail d'une durée supérieure à trois mois, en application de l'article L. 313-9 du même code ;

6° La carte de séjour temporaire portant la mention « salarié », délivrée sur présentation d'un contrat de travail d'une durée égale ou supérieure à douze mois conclu avec un employeur établi en France, en application du 1° de l'article L. 313-10 du même code ***(D. 2009-477 du 27 avril 2009, JO 29, entrée en vigueur le 01.06.09)*** « ou le visa pour un séjour d'une durée supérieure à trois mois mentionné au 7° de l'article R. 311-3 du même code, accompagné du contrat de travail visé » ;

7° La carte de séjour temporaire portant la mention « travailleur temporaire », délivrée sur présentation d'un contrat de travail d'une durée inférieure à douze mois, en application du 1° de l'article L. 313-10 du même code ***(D. 2009-477 du 27 avril 2009, JO 29, entrée en vigueur le 01.06.09)*** « ou le visa pour un séjour d'une durée supérieure à trois mois, mentionné au 8° de l'article R. 311-3 du même code, accompagné du contrat de travail ou, pour les salariés mentionnés aux 1° et 3° de l'article L. 1262-1 et à l'article L. 1262-2, de la demande d'autorisation de travail, visés » ;

8° La carte de séjour temporaire portant la mention « travailleur saisonnier », en application du 4° de l'article L. 313-10 du même code ;

9° La carte de séjour temporaire portant la mention « salarié en mission », en application du 5° de l'article L. 313-10 du même code ;

(D. 2011-1049 du 6 sept. 2011, JO 7) « 9° *bis* La carte de séjour temporaire portant la mention "carte bleue européenne", en application du 6° de l'article L. 313-10 du même code ; »

10° La carte de séjour temporaire portant la mention « vie privée et familiale », en application des articles ***(D. 2011-1049 du 6 sept. 2011, JO 7)*** « L. 313-8, quatrième alinéa, » L. 313-12 et L. 316-1 du même code ***(D. 2009-477 du 27 avril 2009, JO 29, entrée en vigueur le 01.06.09)*** « ou le visa pour un séjour d'une durée supérieure à trois mois mentionné ***(D. 2011-1049 du 6 sept. 2011, JO 7)*** " aux 4° et 11° de l'article R. 311-3 " du même code » ;

11° Le récépissé de première demande ou de demande de renouvellement d'un titre de séjour portant la mention « autorise son titulaire à travailler » ou l'autorisation provisoire de séjour mentionnée à l'article L. 311-11 du même code ;

12° La carte de séjour « Communauté européenne » portant la mention : « toutes activités professionnelles » mentionnée aux articles R. 121-16, R. 122-1 et R. 122-2 du même code ;

13° Une autorisation provisoire de travail, d'une durée maximum de douze mois renouvelables, qui peut être délivrée à l'étranger appelé à exercer chez un employeur déterminé une activité présentant par sa nature ou les circonstances de son exercice un caractère temporaire, ne relevant pas des autres autorisations de travail précitées. Le modèle de cette autorisation de travail est fixé par un arrêté du ministre chargé de l'immigration ;

(D. 2009-477 du 27 avril 2009, JO 29, entrée en vigueur le 01.06.09) « 14° Le contrat de travail ou la demande d'autorisation de travail visés par le préfet, dans l'attente de la délivrance des cartes de séjour mentionnées aux 5°, 6°, 7°, 8° et 9°.

Pour l'application de l'article R. 5221-17, les modèles de contrat de travail mentionnés au présent article sont fixés par arrêté du ministre chargé de l'immigration. »

Note Sur les conditions d'inscription comme demandeur d'emploi au regard des dispositions du décret 2009-477 du 27 avril 2009, voir instruction Pôle emploi 2009-182 du 19 juin 2009 (BO PE n° 46 du 24 juin 2009).

Art. R. 5221-4. L'autorisation de travail permet à l'étranger d'exercer l'activité professionnelle salariée qu'elle mentionne, sous réserve de la justification des conditions d'exercice de cette activité lorsqu'elle est soumise à une réglementation particulière.

Art. R. 5221-5. Ouvrent droit à toute activité professionnelle salariée :

1° Les autorisations de travail mentionnées aux 1° et 12° de l'article R. 5221-3 ;

2° L'autorisation de travail mentionnée au 2° de l'article R. 5221-3, dans le cadre du projet mentionné à l'article L. 315-3 du code de l'entrée et du séjour des étrangers et du droit d'asile ;

3° L'autorisation de travail mentionnée au 3° de l'article R. 5221-3, sur le territoire métropolitain, pour la durée et dans les conditions prévues aux articles R. 5221-26 à R. 5221-27 ;

4° L'autorisation de travail mentionnée au 6° de l'article R. 5221-3 à partir de son premier renouvellement, pour les étrangers titulaires de la carte de résident de longue durée-CE obtenue dans un autre État membre de l'Union européenne et mentionnée à l'article L. 313-4-1 du code de l'entrée et du séjour des étrangers et du droit d'asile ;

5° L'autorisation de travail mentionnée au 6° de l'article R. 5221-3 du présent code, à partir de son deuxième renouvellement ;

6° Les autorisations de travail mentionnées aux 8° et 9° de l'article R. 5221-3, dans les conditions prévues respectivement aux articles R. 5221-23 à R. 5221-25, R. 5221-30 et R. 5221-31 ;

7° L'autorisation de travail mentionnée au 10° de l'article R. 5221-3, sous réserve des dispositions du quatrième alinéa de l'article L. 313-12 du code de l'entrée et du séjour des étrangers et du droit d'asile.

(D. 2011-1049 du 6 sept. 2011, JO 7) « 8° L'autorisation de travail mentionnée au 7° de l'article R. 5221-3 lorsque son renouvellement est obtenu après un séjour de douze mois continus sous son couvert, pour les étrangers titulaires de la carte de résident de longue durée-CE obtenue dans un autre État membre de l'Union européenne et mentionnée à l'article L. 313-4-1 du code de l'entrée et du séjour des étrangers et du droit d'asile ;

9° L'autorisation de travail mentionnée au 9° *bis* de l'article R. 5221-3, à l'issue de la deuxième année de sa période de validité. »

Art. R. 5221-6. Sous réserve des dispositions de l'article R. 5221-22, le contrat d'apprentissage, ***(D. 2009-1442 du 25 nov. 2009, JO 26)*** « le contrat unique d'insertion », ***(D. 2008-634 du 30 juin 2008, JO 1er juil.)*** « le contrat de travail ou de mission d'insertion par l'activité économique », le contrat d'insertion dans la vie sociale et le contrat de professionnalisation ne permettent pas la délivrance de l'une des autorisations de travail mentionnées aux 2°, 4° à 9°, 12° et 13° de l'article R. 5221-3 et ne peuvent être conclus par les titulaires de la carte de séjour temporaire mentionnés au 3° du même article.

Art. R. 5221-7. Par dérogation à l'article R. 5221-6, peut être autorisé à conclure un contrat d'apprentissage, l'étranger justifiant d'une inscription dans un cursus de formation sanctionné par un diplôme conférant le grade de master et figurant sur la liste prévue par l'article R. 313-37 du code de l'entrée et du séjour des étrangers et du droit d'asile.

Pour pouvoir exercer une activité salariée dont la durée excède le nombre d'heures prévu à l'article R. 5221-26 du présent code, l'étranger sollicite une autorisation provisoire de travail.

Art. R. 5221-8. Les autorisations de travail mentionnées aux 1°, 2°, 3°, 5°, 10° et 12° de l'article R. 5221-3 sont valables sur l'ensemble du territoire métropolitain.

Art. R. 5221-8-1. ***(D. 2011-1049 du 6 sept. 2011, JO 7)*** L'autorisation de travail mentionnée au 9° *bis* de l'article R. 5221-3 est valable sur l'ensemble du territoire métropolitain ainsi que dans les départements d'outre-mer.

Art. R. 5221-9. La validité des autorisations de travail mentionnées aux 6°, 7°, 8°, 9°, 11° et 13° de l'article R. 5221-3 est déterminée pour une, plusieurs ou toutes les zones géographiques du territoire métropolitain en fonction de la situation de l'emploi.

Art. R. 5221-10. La validité des autorisations de travail mentionnées aux 4°, 7°, 8°, 9° et 13° de l'article R. 5221-3 est limitée à un ou des employeurs ou entreprises d'accueil déterminés.

SECTION 2. Procédure de demande

Art. R. 5221-11. La demande d'autorisation de travail relevant des 5°, 6°, 7°, 8°, ***(D. 2011-1049 du 6 sept. 2011, JO 7)*** « 9°, 9° *bis*,12° et 13° » de l'article R. 5221-3 est faite par l'employeur.

Elle peut également être présentée par une personne habilitée à cet effet par un mandat écrit de l'employeur.

Note Voir circulaire NOR IOCL1101731C du 1er février 2011 s'agissant des demandes d'autorisations de travail et de titres de séjour pour lesquelles le recours à un mandataire est possible.

Art. R. 5221-12. La liste des documents à présenter à l'appui d'une demande d'autorisation de travail est fixée par un arrêté conjoint des ministres chargés de l'immigration et du travail.

Note Un arrêté du 10 octobre 2007 (JO 9 nov.) fixe la liste des pièces à fournir à l'appui d'une demande d'autorisation de travail.

[**Art. R. 5221-13.** Abrogé par décret 2009-477 du 27 avril 2009, JO 29, en vigueur le 01.06.09.]

Art. R. 5221-14. Peut faire l'objet de la demande prévue à l'article R. 5221-11 l'étranger résidant hors du territoire national ou, lorsque la détention d'un titre de séjour est obligatoire, l'étranger résidant en France sous couvert d'une carte de séjour, d'un récépissé de demande ou de renouvellement de carte de séjour ou d'une autorisation provisoire de séjour.

Art. R. 5221-15. Lorsque l'étranger est déjà présent sur le territoire national, la demande d'autorisation de travail mentionnée à l'article R. 5221-11 est adressée au préfet de son département de résidence.

Art. R. 5221-16. Lorsque l'étranger ne réside pas sur le territoire national, la demande est adressée :

1° Lorsque l'employeur est établi en France, au préfet du département dans lequel se trouve l'établissement auquel l'étranger sera rattaché ou dans lequel se trouve le domicile du particulier qui se propose de l'embaucher ;

2° Lorsque l'employeur est établi hors de France, soit au préfet du département où se trouve le cocontractant de l'employeur lorsque l'étranger est détaché dans le cadre du 1° de l'article L. 1262-1, soit au préfet du département de l'établissement d'accueil lorsque l'étranger est détaché dans le cadre soit du 2° de l'article L. 1262-1, soit de l'article L. 1262-2. Si l'étranger exerce un emploi itinérant, la demande est adressée au préfet du département de son premier lieu d'emploi. Dans les autres cas, la demande est adressée au préfet du département du lieu d'emploi.

Note Le 1er alinéa de cet article a été modifié par le décret 2008-634 du 30 juin 2008 (JO 1er juil.).

SECTION 3. Délivrance des autorisations de travail

Art. R. 5221-17. La décision relative à la demande d'autorisation de travail mentionnée à l'article R. 5221-11 est prise par le préfet. Elle est notifiée à l'employeur ou au mandataire qui a présenté la demande, ainsi qu'à l'étranger.

Art. R. 5221-18. En cas d'accord, le préfet adresse les autorisations de travail portant sur des contrats d'une durée supérieure à trois mois ou sur des contrats de travail saisonniers à l'***(D. 2009-331 du 25 mars 2009, JO 27)*** « Office français de l'immigration et de l'intégration ».

Art. R. 5221-19. Les recours hiérarchiques dirigés contre les décisions mentionnées aux articles R. 5221-17, R. 5221-25, R. 5221-32 et suivants sont formés auprès du ministre chargé de l'immigration.

Art. R. 5221-20. Pour accorder ou refuser l'une des autorisations de travail mentionnées à l'article R. 5221-11, le préfet prend en compte les éléments d'appréciation suivants :

1° La situation de l'emploi dans la profession et dans la zone géographique pour lesquelles la demande est formulée, compte tenu des spécificités requises pour le poste de travail considéré, et les recherches déjà accomplies par l'employeur auprès des organismes de placement concourant au service public du placement pour recruter un candidat déjà présent sur le marché du travail ;

2° L'adéquation entre la qualification, l'expérience, les diplômes ou titres de l'étranger et les caractéristiques de l'emploi auquel il postule ;

3° Le respect par l'employeur ***(D. 2008-634 du 30 juin 2008, JO 1er juil.)*** « , l'utilisateur mentionné à l'article L. 1251-1 » ou l'entreprise d'accueil de la législation relative au travail et à la protection sociale ;

4° Le cas échéant, le respect par ***(D. 2008-634 du 30 juin 2008, JO 1er juil.)*** « l'employeur, l'utilisateur, l'entreprise d'accueil ou » le salarié des conditions réglementaires d'exercice de l'activité considérée ;

5° Les conditions d'emploi et de rémunération offertes à l'étranger, qui sont comparables à celles des salariés occupant un emploi de même nature dans l'entreprise ou, à défaut, dans la même branche professionnelle ;

6° Le salaire proposé à l'étranger qui, même en cas d'emploi à temps partiel, est au moins équivalent à la rémunération minimale mensuelle mentionnée à l'article L. 3232-1 ;

7° Le cas échéant, lorsque l'étranger réside hors de France au moment de la demande et lorsque l'employeur ou l'entreprise d'accueil pourvoit à son hébergement, les dispositions prises par l'employeur pour assurer ou faire assurer, dans des conditions normales, le logement de l'étranger directement ou par une personne entrant dans le champ d'application de la loi n° 73-548 du 27 juin 1973 relative à l'hébergement collectif. Ces dispositions s'appliquent également lorsque l'étranger change d'employeur avant l'expiration du délai de six mois prévu à l'article R. 5221-23.

Note

• La circulaire interministérielle NOR 10CL1115117J du 31 mai 2011 (*LS* Bref soc. n° 15873 du 8 juin 2011) incite à une rigueur plus importante dans l'instruction des demandes par les préfets.

• Le juge administratif exerce le contrôle minimum sur les décisions administratives relatives aux titres de travail (CE 8 juillet 1988, n° 85194, *Rec. Lebon*, p. 278). N'est pas justifiée la décision qui se réfère au seul nombre des demandes d'emploi non satisfaites dans la profession sans mentionner la situation des offres d'emploi dans cette profession et dans la zone géographique (CE 12 février 1993, n° 127875, *RJS* 4/93 n° 444) ou qui ne prend pas en compte la spécificité de l'activité que l'intéressé entend exercer (relations avec la clientèle étrangère : CE 19 juin 1992, n°s 126380, 126401, *RJS* 10/92 n° 1171 ; connaissances techniques approfondies : CE 19 novembre 1993, n° 116939, *RJS* 2/94 n° 196 ; emploi de secrétariat insuffisamment identifié : CE 23 février 1994, *RJS* 4/94 n° 481 ; spécificités techniques et linguistiques : CE 31 mars 1995, n° 117845, *RJS* 6/95 n° 726). La décision administrative doit prendre en compte la situation de l'emploi à venir et non seulement la situation présente dans la profession (CE 10 juin 1992, n° 114830, *RJS* 10/92 n° 1172 ; 22 mars 1993, n° 108105, *RJS* 6/93 n° 677) ; l'ampleur de l'écart constaté entre les offres d'emploi et les demandes d'emploi dans la profession contient nécessairement une appréciation sur la situation à venir de l'emploi (CE 29 décembre 1993, n° 131789, *RJS* 4/94 n° 482). En faisant référence à la situation de l'emploi dans le département et non dans la seule localité où l'intéressé comptait exercer son activité, le préfet ne méconnaît pas les stipulations de l'accord franco-algérien (CE 12 juillet 1993, n° 117478, *D.* 1994 somm. 245).

• Sur l'application à l'exercice d'une activité salariée en qualité de contractuel de droit public du contrôle fondé sur la situation de l'emploi, voir CE 6 octobre 1995, n° 115639, *RJS* 1/96 n° 80 ; note DPM/DM2-3 96-331 du 28 mai 1996 (BO TR 96/12, p. 57).

• Sur l'emploi d'un travailleur étranger sans autorisation caractérisant des conditions d'application de la réglementation insatisfaisantes qui justifient un refus de titre de travail, voir CE 19 décembre 1994, n° 116462, *RJS* 3/95 n° 314.

• La situation de l'emploi dans la profession demandée par un ressortissant étranger n'est pas prise en considération lorsque le demandeur entre dans l'une des catégories suivantes : – techniciens au service d'une firme étrangère qui a vendu à une entreprise française un matériel qu'elle fabrique directement ou cédé un brevet, et qui sont mis à la disposition de cette dernière pour assurer le montage du matériel ou la mise en route de l'exploitation du brevet, pour une période qui ne peut excéder 6 mois ; – étudiants de nationalité étrangère qui accomplissent au cours ou à la fin de leurs études des stages pratiques dans des entreprises ou des établissements de soins, s'inscrivant dans le cadre naturel de leur scolarité et en constituant l'accessoire ; – jeunes étrangers dont l'âge est compris entre 14 et 16 ans qui accomplissent durant les vacances scolaires, des travaux saisonniers ; – stagiaires professionnels (arrêté du 14 décembre 1984, JO 22, modifié par arrêté du 28 janvier 2003, JO 7 févr.).

• Ne commet pas d'erreur de droit le directeur départemental du travail et de l'emploi qui refuse une autorisation provisoire de travail à un étranger en se fondant sur le motif que l'engagement de travail produit par l'intéressé était signé par un entrepreneur de travail temporaire et non par un employeur déterminé au sens des dispositions de l'article R. 341-7 [R. 5221-3] CT (CE 3 juillet 1992, n° 107223).

• Les étrangers bénéficiant d'une autorisation provisoire de travail ne peuvent être considérés, en principe, à l'expiration de leur contrat, comme autorisés à procéder à la recherche d'un nouvel emploi sur le marché du travail en France (CE 29 décembre 2000, n° 210231, *RJS* 5/01 n° 679).

Art. R. 5221-21. Les éléments d'appréciation mentionnés au 1° de l'article R. 5221-20 ne sont pas opposables à une demande d'autorisation de travail présentée pour un étranger postulant à un emploi figurant sur l'une des listes mentionnant soit les métiers, soit les métiers et les zones géographiques caractérisés par des difficultés de recrutement respectivement établies en application de l'article L. 121-2 et du 1° de l'article L. 313-10 du code de l'entrée et du séjour des étrangers et du droit d'asile, par arrêté conjoint des ministres chargés de l'emploi et de l'immigration.

(D. 2008-634 du 30 juin 2008, JO 1er juil.) « Ces éléments d'appréciation ne sont pas non plus opposables à une demande d'autorisation de travail présentée pour un étranger qui sollicite la carte de séjour temporaire portant la mention " salarié en mission ", mentionnée au 5° de l'article L. 313-10 du code de l'entrée et du séjour des étrangers et du droit d'asile. »

Note

• Voir arrêtés du 18 janvier 2008 (JO 20) relatifs à la délivrance, sans opposition de la situation de l'emploi, des autorisations de travail, d'une part aux ressortissants des États de l'Union européenne soumis à des dispositions transitoires, d'autre part aux étrangers non ressortissants d'un État membre de l'Union européenne, d'un autre État partie à l'Espace économique européen ou de la Confédération suisse et arrêté du 11 août 2011 (JO 12) relatif à la délivrance, sans opposition de la situation de l'emploi, des autorisations de travail aux étrangers non ressortissants d'un État membre de l'Union européenne, d'un autre État partie à l'Espace économique européen ou de la Confédération suisse.

• La situation de l'emploi ne peut être opposée aux interprètes de conférences lorsqu'ils sollicitent la délivrance ou le renouvellement d'une autorisation de travail (arrêté du 14 décembre 1984, JO 22, modifié par arrêté du 28 janvier 2003, JO 7 févr.).

Art. R. 5221-22. Lorsque l'autorisation de travail est demandée en vue de la conclusion d'un contrat d'apprentissage ou d'un contrat de professionnalisation, la situation de l'emploi ne peut être opposée à la demande d'un étranger qui a été pris en charge par le service de l'aide sociale à l'enfance mentionné à l'article L. 221-1 du code de l'action sociale et des familles avant qu'il ait atteint l'âge de seize ans et qui l'est toujours au moment où il présente sa demande.

(D. 2011-1049 du 6 sept. 2011, JO 7) « La situation de l'emploi ne peut être opposée lorsque l'autorisation de travail est demandée par un étranger confié à l'aide sociale à l'enfance entre l'âge de seize ans et l'âge de dix-huit ans, dès lors qu'il satisfait les conditions fixées à l'article L. 313-15 du code de l'entrée et du séjour des étrangers et du droit d'asile pour obtenir la carte de séjour temporaire prévue au 1° de l'article L. 313-10 du même code et portant la mention "salarié" ou la mention "travailleur temporaire". »

SECTION 4. Travailleurs saisonniers, *(D. 2011-1049 du 6 sept. 2011, JO 7)* « étudiants, salariés en mission et travailleurs hautement qualifiés »

Sous-section 1. Travailleurs saisonniers

Art. R. 5221-23. Un étranger peut occuper un ou plusieurs emplois saisonniers dont la durée cumulée ne peut excéder six mois par an.

Art. R. 5221-24. L'étranger justifiant d'un contrat de travail d'une durée d'au moins trois mois obtient, sous réserve du respect des conditions mentionnées aux articles R. 5221-20 et R. 5221-21, l'autorisation de travail correspondant au premier emploi saisonnier et prenant la forme d'une carte de séjour temporaire portant la mention « travailleur saisonnier ».

Art. R. 5221-25. Le contrat de travail saisonnier de l'étranger est visé, avant son entrée en France, par le préfet territorialement compétent selon les critères mentionnés à l'article R. 5221-16 et sous réserve des conditions d'appréciation mentionnées aux articles R. 5221-20 et R. 5221-21.

(D. 2008-634 du 30 juin 2008, JO 1er juil.) « La procédure de visa par le préfet s'applique également lors du renouvellement de ce contrat et lors de la conclusion d'un nouveau contrat de travail saisonnier en France. »

Note

• Voir instruction Pôle emploi 2010-148 du 23 août 2010 (BO PE 2010-58).

• En ce qui concerne les dérogations en matière agricole, voir arrêté du 5 juin 1984 (JO 19).

Art. L. 5221-11.

Sous-section 2. **Étudiants**

Art. R. 5221-26. L'étranger titulaire du titre de séjour ***(D. 2009-477 du 27 avril 2009, JO 29, entrée en vigueur le 01.06.09)*** « ou du visa pour un séjour d'une durée supérieure à trois mois mentionné au 3° de l'article R. 5221-3 » portant la mention « étudiant » est autorisé à exercer une activité salariée, à titre accessoire, dans la limite d'une durée annuelle de travail égale à 964 heures.

Il en est de même pour l'étranger titulaire d'une autorisation provisoire de séjour mentionnée à l'article L. 311-11 du code de l'entrée et du séjour des étrangers et du droit d'asile, jusqu'à la conclusion du contrat correspondant à sa première expérience professionnelle.

Art. R. 5221-27. La déclaration nominative préalable prévue à l'article L. 5221-9 est adressée par l'employeur au préfet qui a accordé à l'étranger le titre de séjour mentionné à l'article R. 5221-26 ***(D. 2009-477 du 27 avril 2009, JO 29, entrée en vigueur le 01.06.09)*** « ou, s'agissant d'un étranger titulaire d'un visa pour un séjour d'une durée supérieure à trois mois mentionné au 3° de l'article R. 5221-3, au préfet du département du lieu de résidence de l'étranger », au moins deux jours ouvrables avant la date d'effet de l'embauche. Cette formalité est accomplie soit par lettre datée, signée et recommandée avec avis de réception, soit par courrier électronique.

Art. R. 5221-28. La déclaration nominative comporte la transmission d'une copie du titre produit par l'étranger ou, à la demande du préfet, le document original.

La déclaration comporte également les indications suivantes :

1° La dénomination sociale ou les nom et prénoms de l'employeur, l'adresse de l'employeur, le numéro du système d'identification du répertoire des entreprises et de leurs établissements ou, à défaut, le numéro sous lequel les cotisations de sécurité sociale sont versées ;

2° Les nom de famille, prénoms, nationalité, date et lieu de naissance du salarié ;

3° Le numéro du titre de séjour de l'étranger ***(D. 2009-477 du 27 avril 2009, JO 29, entrée en vigueur le 01.06.09)*** « ou le numéro du visa pour un séjour d'une durée supérieure à trois mois mentionné au 3° de l'article R. 5221-3 » ;

4° La nature de l'emploi, la durée du contrat et le nombre d'heures de travail annuel ;

5° La date prévue d'embauche.

Art. R. 5221-29. Le seuil de rémunération du contrat correspondant à la première expérience professionnelle d'un étranger ayant achevé avec succès un cycle de formation conduisant à un diplôme au moins équivalent au master, mentionné à l'article L. 311-11 du code de l'entrée et du séjour des étrangers et du droit d'asile, est fixé à une fois et demie le montant de la rémunération minimale mensuelle.

Sous-section 3. **Salariés en mission**

Art. R. 5221-30. Peuvent demander le bénéfice de la carte de séjour temporaire portant la mention « salarié en mission » :

1° L'étranger justifiant d'une rémunération mensuelle au moins égale à une fois et demie la rémunération minimale mensuelle, ainsi que d'un contrat de travail datant ***(D. 2008-634 du 30 juin 2008, JO 1er juil.)*** « d'au moins trois mois » avec une entreprise d'un groupe, établie hors de France et ayant à l'étranger une activité réelle et significative, qui vient, dans le cadre d'une mission temporaire d'une durée d'au moins trois mois, soit apporter son expertise à une entreprise française du même groupe, soit suivre une formation spécifique pour la mise en œuvre d'un projet à l'étranger ;

2° L'étranger justifiant d'une rémunération mensuelle au moins égale à une fois et demie la rémunération minimale mensuelle, ainsi que d'un contrat de travail d'une durée d'au moins trois mois avec l'entreprise française appartenant à un groupe, lorsque l'introduction s'effectue entre entreprises du même groupe ou établissements d'une même entreprise.

Art. R. 5221-31. L'étranger justifie annuellement au préfet qui a délivré la carte de séjour temporaire, par une déclaration conforme à un modèle fixé par arrêté conjoint des ministres chargés de l'immigration et du travail et établie par l'employeur, que les conditions d'emploi et de rémunération déclarées au moment de la demande de cette carte sont toujours satisfaites.

(D. 2011-1049 du 6 sept. 2011, JO 7)

Sous-section 4. **Travailleurs hautement qualifiés**

Art. R. 5221-31-1. Peut demander le bénéfice de la carte de séjour temporaire portant la mention " carte bleue européenne " l'étranger :

a) Justifiant d'une rémunération annuelle brute au moins égale à une fois et demie le salaire moyen annuel de référence fixé par arrêté du ministre chargé de l'immigration, ainsi que d'un contrat de travail visé conformément à l'article L. 5221-2 du présent code, d'une durée égale ou supérieure à un an ;

b) Et titulaire d'un diplôme sanctionnant au moins trois années d'études supérieures délivré par un établissement d'enseignement supérieur reconnu par l'État dans lequel cet établissement est situé ou qui justifie d'une expérience professionnelle d'au moins cinq ans d'un niveau comparable.

Note Le montant du salaire brut moyen de référence à prendre en compte pour l'application de l'article L. 313-10, 6° CESEDA s'élève à 34 296 € (arrêté du 9 novembre 2011, JO 19), ce qui équivaut à une rémunération annuelle brute minimale de 51 444 € pour demander le bénéfice du titre.

La circulaire NOR IOCL1130031C du 21 novembre 2011 précise les modifications apportées au régime de certains titres de séjour par le décret 2011-1049 du 6 septembre 2011 (JO 7) pris en application de la loi 2011-672 du 16 juin 2011 (JO 17).

SECTION 5. Renouvellement de l'autorisation de travail

Sous-section 1. Procédure de renouvellement

Art. R. 5221-32. Le renouvellement d'une autorisation de travail mentionnée à l'article R. 5221-11 est sollicité dans le courant des deux mois précédant son expiration.

La demande de renouvellement est accompagnée de documents dont la liste est fixée par arrêté conjoint des ministres chargés de l'immigration et du travail.

L'autorisation de travail est renouvelée dans la limite de la durée du contrat de travail restant à courir ou de la mission restant à accomplir en France.

Art. R. 5221-33. Par dérogation à l'article R. 5221-32, la validité d'une autorisation de travail ***(D. 2009-477 du 27 avril 2009, JO 29, entrée en vigueur le 01.06.09)*** « constituée d'un des documents mentionnés au 6° ***(D. 2011-1049 du 6 sept. 2011, JO 7)*** " ou au 9° *bis* " de l'article R. 5221-3 » est prorogée d'un an lorsque l'étranger se trouve involontairement privé d'emploi à la date de la première demande de renouvellement.

Si, au terme de cette période de prorogation, l'étranger est toujours privé d'emploi, il est statué sur sa demande compte tenu de ses droits au regard du régime d'indemnisation des travailleurs involontairement privés d'emploi.

Art. R. 5221-34. Le renouvellement d'une des autorisations de travail mentionnées aux articles R. 5221-32 et R. 5221-33 peut être refusé en cas de non-respect des termes de l'autorisation par l'étranger ou en cas de non respect par l'employeur :

1° De la législation relative au travail ou à la protection sociale ;

2° Des conditions d'emploi, de rémunération ou de logement fixées par cette autorisation.

Art. R. 5221-35. Les critères mentionnés à l'article R. 5221-20 sont également opposables lors du premier renouvellement de l'une de ces autorisations de travail lorsque l'étranger demande à occuper un emploi dans un métier ou une zone géographique différents de ceux qui étaient mentionnés sur l'autorisation de travail initiale.

Art. R. 5221-36. Le premier renouvellement peut également être refusé lorsque le contrat de travail a été rompu dans les douze mois suivant l'embauche sauf en cas de privation involontaire d'emploi.

Sous-section 2. Taxe

[Art. D. 5221-37 à D. 5221-40. Abrogés par décret 2009-2 du 2 janvier 2009, JO 4.]

Note Voir art. L. 311-15, D. 311-18-1 à 18-3 CESEDA et circulaire NOR IOCL1201043C du 12 janvier 2012 relative aux taxes liées à l'immigration et à l'acquisition de la nationalité (mise en œuvre de l'article 62 de la loi 2011-1977 du 28 décembre 2011 de finances pour 2012, JO 29).

Art. L. 5221-11.

SECTION 6. Contrôle des autorisations de travail

Art. R. 5221-41. Pour s'assurer de l'existence de l'autorisation de travail d'un étranger qu'il se propose d'embaucher, en application de l'article L. 5221-8, l'employeur adresse au préfet du département du lieu d'embauche ou, à Paris, au préfet de police une lettre datée, signée et recommandée avec avis de réception ou un courrier électronique, comportant la transmission d'une copie du document produit par l'étranger. À la demande du préfet, il peut être exigé la production par l'étranger du document original.

Art. R. 5221-42. La demande de l'employeur est adressée au préfet au moins deux jours ouvrables avant la date d'effet de l'embauche.

Le préfet notifie sa réponse à l'employeur par courrier, télécopie ou courrier électronique dans un délai de deux jours ouvrables à compter de la réception de la demande. À défaut de réponse dans ce délai, l'obligation de l'employeur de s'assurer de l'existence de l'autorisation de travail est réputée accomplie.

Art. R. 5221-43. Les dispositions des articles R. 5221-41 et R. 5221-42 s'appliquent lorsque l'autorisation de travail produite par l'étranger est matérialisée par l'un des documents mentionnés à l'article R. 5221-3.

Elles ne s'appliquent pas lorsque l'étranger produit à l'employeur un justificatif d'inscription sur la liste des demandeurs d'emploi délivré par l' ***(D. 2008-1010 du 29 sept. 2008, art. 7, JO 30)*** « institution mentionnée à l'article L. 5312-1 du code du travail » ou lorsqu'il se trouve dans le cas prévu au 3° de l'article R. 5221-2.

Art. R. 5221-44. Lorsqu'une entreprise de travail temporaire s'est s'assurée de l'existence de l'autorisation de travail dans les conditions prévues à l'article R. 5221-41, cette formalité est réputée remplie pour la durée de validité du titre de séjour et pour tout contrat de mission, conclu entre l'étranger et cette entreprise de travail temporaire.

Art. R. 5221-45. La déclaration de l'employeur accomplie en application de l'article R. 5221-27 pour l'embauche d'un étranger titulaire de la carte de séjour temporaire ***(D. 2009-477 du 27 avril 2009, JO 29, entrée en vigueur le 01.06.09)*** « ou du visa pour un séjour d'une durée supérieure à trois mois mentionné au 3° de l'article R. 5221-3, » portant la mention « étudiant » vaut accomplissement de la vérification de l'existence des autorisations de travail, à défaut de réponse du préfet dans un délai de deux jours ouvrables à compter de la réception de cette déclaration.

Art. R. 5221-46. L'autorisation de travail est présentée sans délai à toute demande des autorités mentionnées à l'article L. 8271-17.

SECTION 7. Inscription sur la liste des demandeurs d'emploi

Art. R. 5221-47. Pour demander son inscription sur la liste des demandeurs d'emploi, le travailleur étranger doit satisfaire aux conditions d'inscription prévues par la section 1 du chapitre premier du titre premier du livre IV, et notamment à celles mentionnées à l'article R. 5411-3 et au 5° de l'article R. 5411-6 relatives à la justification de la régularité de sa situation au regard des dispositions qui réglementent l'exercice d'activités professionnelles par les étrangers.

Art. R. 5221-48. Pour être inscrit, le travailleur étranger doit être titulaire de l'un des titres de séjour suivants :

1° La carte de résident délivrée en application des articles L. 314-8, L. 314-9, L. 314-11 et L. 314-12 du code de l'entrée et du séjour des étrangers et du droit d'asile ;

2° La carte de séjour « compétences et talents » délivrée en application de l'article L. 315-1 du même code ;

3° Une des cartes de séjour temporaire mentionnées aux 4°, 5°, 6° et 12° de l'article R. 5221-3 et au 2° de l'article R. 5221-30 du présent code ;

4° ***(D. 2009-477 du 27 avril 2009, JO 29, entrée en vigueur le 01.06.09)*** « L'un des documents mentionnés » au 7° ou l'autorisation provisoire de travail mentionnée au 13° de l'article R. 5221-3, lorsque le contrat de travail, conclu avec un employeur établi en France, a été rompu avant son terme, du fait de l'employeur, pour un motif qui lui est imputable ou pour un cas de force majeure ;

5° La carte de séjour temporaire portant la mention « vie privée et familiale » ouvrant droit à l'exercice d'une activité professionnelle salariée en application des articles ***(D. 2011-1049 du 6 sept.***

2011, JO 7) « L. 313-8, quatrième alinéa, » L. 313-11, L. 313-11-1 et L. 316-1 du code de l'entrée et du séjour des étrangers et du droit d'asile ;

6° Le récépissé mentionné au 11° de l'article R. 5221-3 du présent code ;

(D. 2009-477 du 27 avril 2009, JO 29, entrée en vigueur le 01.06.09) « 7° Les visas pour un séjour d'une durée supérieure à trois mois *(D. 2011-1049 du 6 sept. 2011, JO 7)* « mentionnés aux 4°, » 6° et 10° de l'article R. 5221-3. »

Art. R. 5221-49. Afin de procéder à la vérification prévue à l'article L. 5411-4, l' *(D. 2008-1010 du 29 sept. 2008, art. 7, JO 30)* « institution mentionnée à l'article L. 5312-1 du code du travail » adresse une copie du titre de séjour du travailleur étranger qui sollicite son inscription sur la liste des demandeurs d'emploi à la préfecture qui l'a délivré. À la demande du préfet, il peut être exigé la production par le travailleur étranger du document original.

Cette démarche est accomplie par lettre recommandée avec avis réception ou par courrier électronique.

Art. R. 5221-50. Le préfet notifie sa réponse à l' *(D. 2008-1010 du 29 sept. 2008, art. 7, JO 30)* « institution mentionnée à l'article L. 5312-1 du code du travail » par courrier, télécopie ou courrier électronique dans un délai de deux jours ouvrables à compter de la réception de la demande. À défaut de réponse dans ce délai, la vérification est réputée accomplie.

[Sanctions pénales]

Art. L. 5224-1. Le fait de méconnaître les dispositions de l'article L. 5221-4 est puni d'une amende de 3000 €.

La juridiction peut également prononcer à titre de peines complémentaires :

1° L'interdiction d'exercer l'activité d'entrepreneur de travail temporaire pour une durée de dix ans au plus ;

2° L'affichage du jugement aux frais de la personne condamnée dans les conditions prévues à l'article 131-35 du code pénal et son insertion, intégrale ou par extraits, dans les journaux qu'elle désigne. Ces frais ne peuvent excéder le montant maximum de l'amende encourue.

Art. R. 5224-1. Le fait de ne pas s'assurer de l'existence de l'autorisation de travail ou de ne pas accomplir une déclaration nominative de l'étranger, en méconnaissance des dispositions des articles L. 5221-8 et L. 5221-9, est puni de l'amende prévue pour les contraventions de la 5e classe.

La récidive de la contravention prévue au présent article est réprimée conformément aux articles 132-11 et 132-15 du code pénal.

CHAPITRE II

Interdictions

Art. L. 5222-1. Il est interdit, sous réserve des dispositions de l'article L. 7121-18 de se faire remettre ou tenter de se faire remettre, de manière occasionnelle ou renouvelée, des fonds, des valeurs ou des biens mobiliers en vue ou à l'occasion de l'introduction en France d'un travailleur étranger ou de son embauche.

Art. L. 5222-2. Il est interdit à tout employeur de se faire rembourser la redevance forfaitaire qu'il a versée à l'*(D. 2009-331 du 25 mars 2009, JO 27)* « Office français de l'immigration et de l'intégration » ou les frais de voyage qu'il a réglés pour la venue d'un travailleur étranger en France ainsi que d'opérer sur le salaire de celui-ci des retenues, sous quelque dénomination que ce soit, à l'occasion de son embauche.

Note Le travailleur étranger ne peut faire l'objet d'aucune retenue sur son salaire : loyer représenté par la mise à disposition d'un appartement (cass. soc. 17 juillet 2001, n° 98-43.981, BC V n° 275 ; *RJS* 11/01 n° 1370 ; *Dr. Soc.* 2001, p. 1010).

[Sanctions pénales]

Art. L. 5224-2. Le fait de méconnaître les dispositions de l'article L. 5222-1 est puni d'un emprisonnement de trois ans et d'une amende de 45 000 €.

La juridiction peut également prononcer à titre de peines complémentaires :

1° L'interdiction, pour une durée de cinq ans au plus, d'exercer directement ou par personne interposée l'activité professionnelle dans l'exercice ou à l'occasion de l'exercice de laquelle l'infraction a été commise, selon les modalités prévues par l'article 131-27 du code pénal ;

2° L'exclusion des marchés publics pour une durée de cinq ans au plus ;

3° La confiscation des objets ayant servi, directement ou indirectement, à commettre l'infraction ou qui ont été utilisés à cette occasion, à quelque personne qu'ils appartiennent dès lors que leur propriétaire ne pouvait en ignorer l'utilisation frauduleuse, ainsi que des objets qui sont le produit de l'infraction et qui appartiennent au condamné ;

4° L'affichage du jugement aux frais de la personne condamnée dans les conditions prévues à l'article 131-35 du code pénal et son insertion, intégrale ou par extraits, dans les journaux qu'elle désigne. Ces frais ne peuvent excéder le montant maximum de l'amende encourue ;

5° L'interdiction, suivant les modalités prévues par l'article 131-26 du code pénal, des droits civiques, civils et de la famille ;

6° L'interdiction de séjour pour une durée de cinq ans au plus.

Art. L. 5224-3. L'interdiction du territoire français peut être prononcée, dans les conditions prévues par les articles 131-30 à 131-30-2 du code pénal, pour une durée de dix ans au plus ou à titre définitif à l'encontre de tout étranger coupable des infractions définies à l'article L. 5224-2.

Art. L. 5224-4. Le fait de méconnaître les dispositions de l'article L. 5222-2 est puni d'un emprisonnement de deux ans et d'une amende de 3 000 €.

La juridiction peut également ordonner, à titre de peine complémentaire, l'affichage du jugement aux frais de la personne condamnée dans les conditions prévues à l'article 131-35 du code pénal et son insertion, intégrale ou par extraits, dans les journaux qu'elle désigne. Ces frais ne peuvent excéder le montant maximum de l'amende encourue.

CHAPITRE III

(D. 2009-331 du 25 mars 2009, JO 27) « Office français de l'immigration et de l'intégration »

SECTION 1. Missions et exercice des missions

Art. L. 5223-1. L' *(D. 2009-331 du 25 mars 2009, JO 27)* « Office français de l'immigration et de l'intégration » est chargé, sur l'ensemble du territoire, du service public de l'accueil des étrangers titulaires, pour la première fois, d'un titre les autorisant à séjourner durablement en France.

Elle [Il] a également pour mission de participer à toutes actions administratives, sanitaires et sociales relatives :

1° À l'entrée et au séjour d'une durée inférieure ou égale à trois mois des étrangers ;

2° À l'accueil des demandeurs d'asile ;

3° À l'introduction en France, au titre du regroupement familial ou en vue d'y effectuer un travail salarié, d'étrangers ressortissants de pays tiers à l'Union européenne ;

4° Au contrôle médical des étrangers admis à séjourner en France pour une durée supérieure à trois mois ;

5° Au retour et à la réinsertion des étrangers dans leur pays d'origine ;

(L. 2009-331 du 25 mars 2009, art. 67, JO 27) « 6° À l'intégration en France des étrangers, pendant une période de cinq années au plus à compter de la délivrance d'un premier titre de séjour les autorisant à séjourner durablement en France ou, pour la mise en œuvre des dispositifs d'apprentissage de la langue française adaptés à leurs besoins, le cas échéant en partenariat avec d'autres opérateurs, quelle que soit la durée de leur séjour. »

Note • Des agents non titulaires de l'Agence nationale pour la cohésion sociale et l'égalité des chances affectés aux missions antérieurement exercées par celle-ci en matière d'intégration sont transférés à l'organisme mentionné à l'article L. 5223-1 CT, dans des conditions fixées par arrêté des ministres concernés. Ils conservent, lors de ce transfert, le bénéfice de leurs contrats (loi 2009-323 du 25 mars 2009, art. 67, V, JO 27).

• Voir notamment décrets 2005-253 du 17 mars 2005 (JO 19) et 2006-1561 du 8 décembre 2006 (JO 10) relatifs au regroupement familial des étrangers, décrets 2006-1791 du 23 décembre 2006 (JO 31) et 2008-1115 du 30 octobre 2008 (JO 1er nov.) relatifs au contrat d'accueil et d'intégration et arrêté du 9 novembre 2011 (JO 19) relatif au dépôt des demandes de regroupement familial dans les services de l'OFII. Voir également arrêté du 11 janvier 2006 (JO 24) relatif à la visite médicale des étrangers autorisés à séjourner en France.

• L'OFII et Pôle emploi établissent par convention les modalités de leur action commune pour favoriser l'insertion professionnelle des signataires du contrat d'accueil et d'intégration inscrits comme demandeurs d'emploi (art. R. 311-26 CESEDA).

• Voir également art. R. 611-35 et s. CESEDA (décret 2009-1310 du 26 octobre 2009, JO 28), qui crée un fichier automatisé de données à caractère personnel relatives aux étrangers bénéficiaires du dispositif d'aide au retour géré par l'OFII.

Art. R. 5223-1. Pour l'exercice de ses missions, l'*(D. 2009-331 du 25 mars 2009, JO 27)* « Office français de l'immigration et de l'intégration » met en œuvre une action sociale spécialisée en direction des personnes immigrées.

Cette action est conduite, dans le respect des règles déontologiques résultant de leur statut et de l'article L. 411-3 du code de l'action sociale et des familles, par des assistants de service social tels que mentionnés à l'article L. 411-1 du même code.

L'encadrement technique de ces assistants est assuré par des agents qualifiés dans ce domaine.

Art. R. 5223-2. L'*(D. 2009-331 du 25 mars 2009, JO 27)* « Office français de l'immigration et de l'intégration » peut, par convention, associer à ses missions tout organisme privé ou public, notamment les collectivités territoriales et les organismes de droit privé à but non lucratif spécialisés dans l'aide aux migrants.

Art. R. 5223-3. La mise en œuvre des missions de l'agence fait l'objet d'un contrat pluriannuel d'objectifs et de moyens conclu avec l'État.

SECTION 2. Statut, organisation et fonctionnement

Art. L. 5223-2. L'*(D. 2009-331 du 25 mars 2009, JO 27)* « Office français de l'immigration et de l'intégration » est un établissement public administratif de l'État.

Art. L. 5223-3. L'*(D. 2009-331 du 25 mars 2009, JO 27)* « Office français de l'immigration et de l'intégration » est administré par un conseil d'administration composé :

1° D'un président nommé par décret ;
2° De représentants de l'État ;
3° De représentants du personnel de l'agence ;
4° De personnalités qualifiées.

Art. L. 5223-4. Pour l'exercice de ses missions, l'*(D. 2009-331 du 25 mars 2009, JO 27)* « Office français de l'immigration et de l'intégration » peut recruter des agents non titulaires par contrat de travail à durée indéterminée.

Art. L. 5223-5.

Art. L. 5223-5. Les règles d'organisation et de fonctionnement de l'*(D. 2009-331 du 25 mars 2009, JO 27)* « Office français de l'immigration et de l'intégration » sont déterminées par décret en Conseil d'État.

Sous-section 1. Statut

Art. R. 5223-4. L'*(D. 2009-331 du 25 mars 2009, JO 27)* « Office français de l'immigration et de l'intégration » est placé sous la tutelle des ministres chargés de l'emploi et de l'immigration.

Sous-section 2. Organisation

§ 1. Conseil d'administration

Art. R. 5223-5. Le conseil d'administration de l'agence [l'office] comprend, outre son président :

1° Huit membres représentant l'État désignés par :
a) Le ministre chargé de l'immigration ;
b) Le ministre chargé de l'intégration ;
c) Le ministre chargé de l'emploi ;
d) Le ministre des affaires étrangères ;
e) Le ministre chargé de l'agriculture ;
f) Le ministre de l'éducation nationale ;
g) Le ministre chargé de la santé ;
h) Le ministre chargé du budget ;

2° Deux représentants du personnel élus dans les conditions fixées par le chapitre II du titre II de la loi n° 83-675 du 26 juillet 1983 relative à la démocratisation du secteur public ;

3° Cinq personnalités qualifiées désignées, en raison de leur expérience dans les domaines de compétence de l'agence [l'office], par les ministres chargés de l'emploi et de l'immigration.

Art. R. 5223-6. Le président du conseil d'administration est nommé par décret, pour une durée de trois ans renouvelable, sur proposition du ministre chargé de l'immigration.

Il est assisté de deux vice-présidents :
1° Le représentant du ministre chargé de l'intégration ;
2° Une personnalité qualifiée désignée en son sein par le conseil d'administration.

Art. R. 5223-7. Les membres du conseil d'administration mentionnés aux 2° et 3° de l'article R. 5223-5 sont nommés pour une durée de trois ans, renouvelable une fois, par arrêté du ministre chargé de l'immigration.

Chaque membre du conseil d'administration, hormis les personnalités qualifiées, dispose d'un suppléant désigné et nommé dans les mêmes conditions.

Art. R. 5223-8. Toute vacance, pour quelque cause que ce soit ou perte de la qualité au titre de laquelle les membres du conseil ont été désignés, donne lieu à remplacement dans les mêmes conditions dans un délai de deux mois à compter de cette vacance, pour la durée du mandat restant à courir.

Art. R. 5223-9. Le conseil d'administration délibère sur :
1° Le projet de contrat pluriannuel d'objectifs et de moyens conclu avec l'État ;
2° Le rapport annuel d'activité présenté par le directeur général ;
3° Le programme prévisionnel d'activité, le projet de budget de l'agence [l'office] et ses modifications ;
4° Le compte financier et l'affectation des résultats de l'établissement ;
5° L'implantation des services ;
6° Le règlement intérieur de l'agence [l'office] ;
7° Les achats, ventes, échanges d'immeubles, constitution et cession de droits réels immobiliers ;
8° Les transactions ;
9° L'acceptation de dons ou legs.

Art. R. 5223-10. Le conseil d'administration se réunit au moins deux fois par an, sur convocation de son président qui fixe l'ordre du jour sur proposition du directeur général de l'agence [l'office].

Le conseil d'administration est réuni de plein droit à la demande des ministres de tutelle ou de la majorité de ses membres, sur les points de l'ordre du jour déterminés par eux, dans le délai d'un mois suivant la demande.

Art. R. 5223-11. Le conseil d'administration ne peut valablement délibérer que si la moitié au moins de ses membres ou de leurs représentants ou suppléants est présente.

Si le quorum n'est pas atteint, le conseil est à nouveau convoqué sur le même ordre du jour dans un délai maximum de quinze jours. Il délibère alors sans condition de quorum.

Art. R. 5223-12. En cas d'absence ou d'empêchement du président, le conseil d'administration est présidé par le vice-président représentant le ministre chargé de l'intégration.

Art. R. 5223-13. Les délibérations du conseil d'administration sont adoptées à la majorité des voix des membres présents ou représentés. La voix du président est prépondérante en cas de partage égal des voix.

Art. R. 5223-14. Le directeur général, le membre du corps du contrôle général économique et financier et l'agent comptable assistent aux réunions du conseil d'administration avec voix consultative.

Art. R. 5223-15. Les fonctions de membre du conseil d'administration ne sont pas rémunérées.

Toutefois, le président reçoit une indemnité de fonctions dont le montant est fixé par arrêté des ministres chargés de l'immigration et du budget.

Note Le montant de l'indemnité visée au second alinéa a été fixé par arrêté du 29 janvier 2008 (JO 2 février).

Art. R. 5223-16. Les membres du conseil d'administration peuvent bénéficier du remboursement de leurs frais de déplacement et de séjour dans les conditions prévues par la réglementation applicable aux fonctionnaires de l'État.

Art. R. 5223-17. Sous réserve des dispositions de l'article R. 5223-37, les délibérations du conseil d'administration sont exécutoires de plein droit quinze jours après leur réception par les ministres chargés de l'immigration et de l'emploi s'ils n'ont pas fait connaître leurs observations dans ce délai.

§ 2. *Directeur général*

Art. R. 5223-18. L'***(D. 2009-331 du 25 mars 2009, JO 27)*** « Office français de l'immigration et de l'intégration » est dirigé par un directeur général nommé par décret sur proposition du ministre chargé de l'immigration.

Art. R. 5223-19. Le directeur général représente l'agence [l'office] en justice et dans tous les actes de la vie civile.

Art. R. 5223-20. Le directeur général assure la gestion et la conduite générale de l'agence [l'office], la preparation et l'exécution des délibérations du conseil d'administration. Il est ordonnateur des recettes et des dépenses de l'établissement. Il passe tous actes, contrats ou marchés et conclut les transactions.

Art. R. 5223-21. Le directeur général peut déléguer sa signature à tout agent de l'établissement exerçant des fonctions d'encadrement.

Il peut nommer des ordonnateurs secondaires.

Art. R. 5223-22. Le directeur général élabore la contribution de l'agence [l'office] au rapport annuel sur les orientations pluriannuelles de la politique d'immigration prévu par l'article L. 111-10 du code de l'entrée et du séjour des étrangers et du droit d'asile.

Art. R. 5223-23. Il dresse chaque année un rapport qu'il présente au conseil d'administration au cours du premier semestre, qui rend compte de l'exécution du contrat pluriannuel mentionné à l'article R. 5223-3 et de l'activité de l'agence [l'office] durant l'exercice écoulé.

Art. R. 5223-24. Le directeur général transmet, chaque mois, au ministre chargé de l'intégration les données relatives aux opérations concernant :

1° D'une part, l'accueil des étrangers titulaires d'un premier titre de séjour d'au moins un an ;
2° D'autre part, l'accueil et l'hébergement des demandeurs d'asile et des réfugiés.

§ 3. Comité consultatif

Art. R. 5223-25. Un comité consultatif est placé auprès du conseil d'administration de l'agence [l'office].

Ce comité est présidé par le président du conseil d'administration ou son représentant, choisi parmi les vice-présidents.

Il comprend huit membres représentant l'État, qui participent aux travaux du comité quelle que soit sa formation. Il comprend en outre vingt membres répartis en deux sections, la section du travail et la section sociale.

Art. R. 5223-26. La section du travail du comité consultatif traite des questions mentionnées aux 1°, 3°, 4°, 5° et 6° de l'article L. 5223-1.

Elle comprend cinq représentants des organisations d'employeurs et cinq représentants des organisations des salariés, nommés pour trois ans par arrêté conjoint des ministres chargés de l'immigration et de l'emploi sur proposition des organisations représentatives au niveau national.

Leur mandat est renouvelable une fois.

Art. R. 5223-27. La section sociale du comité consultatif traite des questions mentionnées au 2° de l'article L. 5223-1 et de celles relatives à l'action sociale spécialisée mentionnée à l'article R. 5223-1.

Elle comprend dix personnalités qualifiées, choisies en raison de leur compétence dans les domaines de l'immigration, de l'accueil des étrangers venant s'installer durablement en France et des demandeurs d'asile ou de l'action sociale.

Les membres de la section sociale sont désignés et nommés pour trois ans par arrêté des ministres chargés de l'intégration et des affaires sociales. Leur mandat est renouvelable une fois.

Art. R. 5223-28. Le comité consultatif est réuni, à l'initiative de son président, en séance plénière ou par section, sur l'ordre du jour fixé par le président après avis du directeur général de l'agence [l'office].

Il est également réuni, en séance plénière ou par section, à la demande de la moitié des membres de la formation plénière ou de l'une des sections, dans le mois suivant leur demande et sur des points de l'ordre du jour déterminés par eux.

Lorsqu'il est réuni par section, la présidence est assurée par le président ou par un des vice-présidents du conseil d'administration.

Art. R. 5223-29. Le comité consultatif peut émettre des avis sur toutes questions relevant des missions de l'agence [l'office].

Il est consulté sur :

1° Le projet de contrat pluriannuel d'objectifs et de moyens ;

2° Le projet de budget annuel de l'agence et ses modifications ;

3° Le programme d'activité qui y est associé ;

4° Le projet de contribution de l'agence [l'office] au rapport sur les orientations pluriannuelles de la politique d'immigration prévu à l'article L. 111-10 du code de l'entrée et du séjour des étrangers en France ;

5° Le projet de rapport annuel d'activité et d'exécution du contrat pluriannuel d'objectifs et de moyens que le directeur général de l'agence [l'office] adresse au conseil d'administration au cours du premier semestre de l'année qui suit l'exercice écoulé.

Art. R. 5223-30. Les avis et propositions du comité consultatif ainsi que le procès-verbal de ses séances sont communiqués au conseil d'administration et au directeur général de l'agence [l'office], ainsi qu'aux ministres de tutelle.

Art. R. 5223-31. Le directeur général de l'agence [l'office] ou son représentant assiste aux séances du comité consultatif avec voix consultative.

Art. R. 5223-32. Les membres du comité consultatif peuvent bénéficier du remboursement de leurs frais de déplacement et de séjour dans les conditions prévues par la réglementation applicable aux fonctionnaires de l'État.

Sous-section 3. **Fonctionnement**

Art. R. 5223-33. L'***(D. 2009-331 du 25 mars 2009, JO 27)*** « Office français de l'immigration et de l'intégration » peut accueillir en détachement ou par voie de mise à disposition des agents relevant de la fonction publique ainsi que des agents relevant d'organismes publics ou privés assurant la gestion d'un service public, dans le cadre de la réglementation qui leur est applicable.

Art. R. 5223-34. Les missions de l'agence [l'office] à l'étranger sont placées sous le contrôle permanent des représentants diplomatiques et consulaires français à l'étranger.

SECTION 3. **Ressources**

Art. L. 5223-6. Les ressources de l' ***(D. 2009-331 du 25 mars 2009, JO 27)*** « Office français de l'immigration et de l'intégration » sont constituées par des taxes, des redevances et des subventions de l'État.

Art. R. 5223-35. Les ressources de l'agence [l'office] proviennent :

1° Des taxes et redevances qu'elle est autorisée à percevoir ;

2° Des redevances représentatives de frais ou des contributions forfaitaires qui sont versées par les employeurs qui embauchent des travailleurs étrangers. Le taux de ces redevances ou contributions est fixé, pour le commerce et l'industrie, par arrêté conjoint des ministres chargés de l'emploi, de l'immigration, et de l'économie et des finances, pour l'agriculture, par arrêté conjoint des ministres chargés de l'emploi, de l'immigration, de l'économie et des finances et de l'agriculture ;

3° De la contribution spéciale prévue à l'article L. 8253-1 ;

4° Des dons, legs et libéralités de toute nature qu'elle est appelée à recueillir ;

5° Des avances et subventions de l'État ou d'autres collectivités publiques ;

6° Des produits financiers résultant du placement de ses fonds ;

7° Du produit des cessions et des participations ;

8° Du produit des aliénations ;

9° De tout autre produit prévu par des dispositions légales.

Note Les dispositions fiscales applicables à la délivrance, au renouvellement et à la fourniture de duplicata d'un titre de séjour ainsi qu'à l'occasion de l'embauche d'un travailleur étranger sont consignées dans les articles L. 311-13 et s. CESEDA.

Art. L. 311-15. *« Tout employeur qui embauche un travailleur étranger ou qui accueille un salarié détaché temporairement par une entreprise non établie en France dans les conditions prévues au titre VI du livre II de la première partie du code du travail acquitte, lors de la première entrée en France de cet étranger ou lors de sa première admission au séjour en qualité de salarié, une taxe. Cette taxe est affectée à l'Office français de l'immigration et de l'intégration dans la limite du plafond fixé au I de l'article 46 de la loi n° 2011-1977 du 28 décembre 2011 de finances pour 2012 [JO 29].*

Lorsque l'embauche intervient pour une durée supérieure ou égale à douze mois, le montant de cette taxe est égal à 50 % du salaire versé à ce travailleur étranger, pris en compte dans la limite de 2,5 fois le salaire minimum de croissance.

Lorsque l'embauche intervient pour un emploi temporaire d'une durée supérieure à trois mois et inférieure à douze mois, le montant de cette taxe, fixé par décret, varie selon le niveau du salaire dans des limites comprises entre 50 € et 300 €.

Lorsque l'embauche intervient pour un emploi à caractère saisonnier, le montant de cette taxe est modulé selon la durée de l'embauche à raison de 50 € par mois d'activité salariée complet ou incomplet. Chaque embauche donne lieu à l'acquittement de la taxe.

Lorsque l'embauche intervient pour un jeune professionnel recruté dans le cadre d'un accord bilatéral d'échanges de jeunes professionnels, le montant de cette taxe est fixé par décret dans des limites comprises entre 50 € et 300 €.

Sont exonérés de la taxe prévue au premier alinéa les organismes de recherche publics, les établissements d'enseignement supérieur délivrant un diplôme conférant un grade de master, les fondations de coopération scientifique, les établissements publics de coopération scientifique et les fondations reconnues d'utilité publique du secteur de la recherche agréées conformément à l'article L. 313-8 qui embauchent, pour une durée supérieure à trois mois, un ressortissant étranger aux fins de mener des travaux de recherche ou de dispenser un enseignement de niveau universitaire, quels que soient la durée du contrat et le montant de la rémunération.

La taxe prévue au présent article est perçue comme en matière de recettes des établissements publics nationaux à caractère administratif.

Les modalités d'application du présent article sont précisées, en tant que de besoin, par décret.»

Art. R. 5223-36. L'agence [l'office] est soumise au contrôle financier de l'État dans les conditions fixées par le décret n° 2005-757 du 4 juillet 2005 relatif au contrôle financier au sein des établissements publics administratifs de l'État.

Art. R. 5223-37. Les délibérations relatives au budget et à ses modifications ainsi que les délibérations relatives au compte financier, à défaut de décision expresse déjà notifiée, sont exécutoires à l'expiration d'un délai d'un mois partant de la date de réception, par les ministres chargés de l'immigration, de l'emploi et du budget, de la délibération et des documents correspondants.

Art. R. 5223-38. Les opérations financières et comptables de l'agence [l'office] sont effectuées conformément aux dispositions des décrets n° 53-1227 du 10 décembre 1953 relatives à la réglementation comptable applicable aux établissements publics nationaux à caractère administratif et n° 62-1587 du 29 décembre 1962 portant règlement général sur la comptabilité publique.

Art. R. 5223-39. L'agent comptable de l'agence [l'office] est nommé par arrêté conjoint des ministres chargés de l'immigration, de l'emploi et du budget.

Des comptables secondaires peuvent être désignés par le directeur général avec l'agrément du ministre chargé du budget et de l'agent comptable de l'agence [l'office].

Des régies de recettes et d'avances peuvent être instituées conformément aux dispositions du décret n° 92-681 du 20 juillet 1992 relatives aux régies de recettes et aux régies d'avances des organismes publics.

CHAPITRE IV

Dispositions pénales

Les articles législatifs et réglementaires ont été insérés à la fin de chacun des chapitres auxquels ils se rapportent.

LIVRE III

SERVICE PUBLIC DE L'EMPLOI ET PLACEMENT

TITRE Ier

LE SERVICE PUBLIC DE L'EMPLOI

Note Voir Y. Rousseau, « Du monopole public de placement à un nouveau service public de l'emploi », *Dr. Soc.* 2005, p. 456 ; A. Exertier, A. Gramain, A. Legal, P. Ralle, « Les politiques territoriales d'aide au retour à l'emploi… », *Dr. Soc.* 2005, p. 1167 ; M. Véricel, « La réorganisation du service public de l'emploi ou la difficile mise en œuvre d'une réforme », *Dr. Soc.* 2005, p. 1174 ; D. Balmary, « Un nouveau service public de l'emploi? », *Dr. Soc.* 2006, p. 594 ; Y. Rousseau, « Sur la fusion de l'ANPE et des Assédic », *Dr. Soc.* 2008, p. 151 ; M. Véricel, « La loi du 13 février 2008 et la nouvelle réforme de l'organisation du service de l'emploi », *Dr. Soc.* 2008, p. 406 ; Y. Rousseau : « Réflexions comparées sur la réforme de l'APEC et de l'AFPA, et sur le financement du Pôle emploi par l'UNEDIC », *Dr. Soc.* 2011, p. 437.

Voir également accord national interprofessionnel du 11 janvier 2008 relatif à la modernisation du marché du travail (*LS* quotidien 22/2008 du 28 janvier 2008 ; Ch. Willmann, « Emploi-chômage : une modernisation du marché du travail prometteuse, mais inaboutie », *Dr. Soc.* 2008, p. 335 ; Ch. Willmann, « L'autonomie des partenaires sociaux en débat : Pôle emploi et la convention d'assurance-chômage du 19 février 2009 », *Dr. Soc.* 2009, p. 830).

CHAPITRE Ier

Missions et composantes du service public de l'emploi

Art. L. 5311-1. ***(L. 2008-126 du 13 févr. 2008, art. 16, JO 14)*** Le service public de l'emploi a pour mission l'accueil, l'orientation, la formation et l'insertion ; il comprend le placement, le versement d'un revenu de remplacement, l'accompagnement des demandeurs d'emploi et l'aide à la sécurisation des parcours professionnels de tous les salariés.

Art. L. 5311-2. Le service public de l'emploi est assuré par :

1° Les services de l'État chargés de l'emploi et de l'égalité professionnelle ;

(L. 2008-126 du 13 févr. 2008, art. 16, JO 14) « 2° L'institution publique mentionnée à l'article L. 5312-1 ; »

3° L'Association nationale pour la formation professionnelle des adultes.

Il est également assuré par ***(L. 2008-126 du 13 févr. 2008, art. 16, JO 14)*** « l'organisme gestionnaire du régime d'assurance chômage mentionné à l'article L. 5427-1 dans le cadre des dispositions légales qui lui » sont propres.

Note Voir instruction DGEFP NOR ETSD 1106229C 2011-09 du 3 mars 2011 relative à la mobilisation pour l'emploi au niveau infra départemental, avec implication des sous-préfets dans les services publics de l'emploi locaux.

Art. L. 5311-3. Les collectivités territoriales et leurs groupements concourent au service public de l'emploi dans les conditions déterminées aux articles L. 5322-2 et suivants.

Art. L. 5311-4. Peuvent également participer au service public de l'emploi :

1° Les organismes publics ou privés dont l'objet consiste en la fourniture de services relatifs au placement, à l'insertion, à la formation et à l'accompagnement des demandeurs d'emploi ;

Art. L. 5311-6.

(L. 2011-901 du 28 juil. 2011, art. 12, JO 30) « 1° bis Les organismes de placement spécialisés dans l'insertion professionnelle des personnes handicapées, avec avis consultatif ; »

2° Les organismes liés à l'État par une convention mentionnée à l'article L. 5132-2, relative à l'insertion par l'activité économique de personnes rencontrant des difficultés sociales et professionnelles particulières ;

3° Les entreprises de travail temporaire ;

[4° *Abrogé par L. 2010-853 du 23 juil. 2010, art. 29, JO 24.*]

[Art. L. 5311-5. Abrogé par loi 2008-126 du 13 février 2008, art. 16, JO 14.]

Art. L. 5311-6. Des décrets en Conseil d'État déterminent les conditions d'application du présent chapitre, notamment les modalités de coordination des actions des services de l'État, de l' *(L. 2008-126 du 13 févr. 2008, JO 14)* « institution mentionnée à l'article L. 5312-1 » et de l' « organisme gestionnaire du régime d'assurance chômage » en l'absence de la convention pluriannuelle prévue à l'article L. 5311-5.

(L. 2008-126 du 13 févr. 2008, art. 16, JO 14)

CHAPITRE II

Placement et accompagnement des demandeurs d'emploi

Note

• Pôle emploi [institution mentionnée à l'article L. 5312-1] est assujettie au décret 2001-601 du 9 juillet 2001 pris pour l'application de la loi 95-115 du 4 février 1995 d'orientation pour l'aménagement et le développement du territoire et relatif au plan global et intercommunal d'organisation de certains services publics, modifiée (JO 10). Voir également loi 2005-157 du 23 février 2005 relative au développement des territoires ruraux, art. 106 (JO 24).

• Voir « L'ANPE, entre droit national et droit communautaire », Th. Hamoniaux, *Dr. Soc.* 1995, p. 851 ; « L'ANPE, une institution à supprimer ou à renforcer? », M. Véricel, *Dr. Soc.* 2000, p. 95 ; « Le service public de l'emploi et le droit de la concurrence », D. Soldini, *Dr. Soc.* 2006, p. 599 ; M. Véricel : « Après la loi du 23 juillet 2010 : la libéralisation totale du marché du placement des demandeurs d'emploi », *Dr. Soc.* 2010, p. 1176. Voir également « Le droit à l'accompagnement », Fr. Petit, *Dr. Soc.* 2008, p. 413.

• Sur les aides à la recherche d'emploi, à la reprise d'un emploi, à la garde des enfants, au développement des compétences, voir instr. PE 2008-30 du 23 décembre 2008 et 2008-43 du 8 janvier 2009 (BO PE du 15 janvier 2009 ; *http://www.pole-emploi.org*). Sur les aides individuelles à la formation, voir instr. PE 2011-38 du 25 octobre 2011 (BO PE n° 103 du 3 nov. 2011). Sur l'accompagnement renforcé des demandeurs d'emploi de très longue durée, voir instr. DGEFP/DGPE 2012-03 du 10 février 2012, *LS* n° 16048 du 24 février 2012,

Art. L. 5312-1. Une institution nationale publique dotée de la personnalité morale et de l'autonomie financière a pour mission de :

1° Prospecter le marché du travail, développer une expertise sur l'évolution des emplois et des qualifications, procéder à la collecte des offres d'emploi, aider et conseiller les entreprises dans leur recrutement, assurer la mise en relation entre les offres et les demandes d'emploi et participer activement à la lutte contre les discriminations à l'embauche et pour l'égalité professionnelle ;

2° Accueillir, informer, orienter et accompagner les personnes, qu'elles disposent ou non d'un emploi, à la recherche d'un emploi, d'une formation ou d'un conseil professionnel, prescrire toutes actions utiles pour développer leurs compétences professionnelles et améliorer leur employabilité, favoriser leur reclassement et leur promotion professionnelle, faciliter leur mobilité géographique et professionnelle et participer aux parcours d'insertion sociale et professionnelle ;

3° Procéder aux inscriptions sur la liste des demandeurs d'emploi, tenir celle-ci à jour dans les conditions prévues au titre Ier du livre IV de la présente partie et assurer à ce titre le contrôle de la recherche d'emploi dans les conditions prévues au chapitre VI du titre II du livre IV ;

4° Assurer, pour le compte de l'organisme gestionnaire du régime d'assurance chômage, le service de l'allocation d'assurance et, pour le compte de l'État ou du Fonds de solidarité prévu à l'article L. 5423-24, le service des allocations de solidarité prévues à la section 1 du chapitre III du titre II du livre IV de la présente partie, de la prime forfaitaire mentionnée à l'article L. 5425-3, des allocations mentionnées à l'article L. 5424-21 ainsi que de toute autre allocation ou aide dont l'État lui confierait le versement par convention ;

5° Recueillir, traiter, diffuser et mettre à la disposition des services de l'État et de l'organisme gestionnaire du régime d'assurance chômage les données relatives au marché du travail et à l'indemnisation des demandeurs d'emploi ;

6° Mettre en œuvre toutes autres actions qui lui sont confiées par l'État, les collectivités territoriales et l'organisme gestionnaire du régime d'assurance chômage en relation avec sa mission.

L'institution nationale agit en collaboration avec les instances territoriales intervenant dans le domaine de l'emploi, en particulier les maisons de l'emploi, ainsi qu'avec les associations nationales et les réseaux spécialisés d'accueil et d'accompagnement, par des partenariats adaptés.

Note

• Le 4° de cet article a été modifié par la loi 2010-1657 du 29 décembre 2010, art. 202, JO 30, entrée en vigueur le 01.01.2011.

• L'institution, dénommée « Pôle emploi », était réputée créée à la date de la première réunion de son conseil d'administration (loi 2008-126 du 13 février 2008, art. 9). Celle-ci s'est tenue le 19 décembre 2008. L'ensemble des dispositions du décret 2008-1010 du 29 septembre 2008 sont entrées en vigueur à cette date.

• Par arrêté de la ministre de l'Économie, de l'Industrie et de l'Emploi et du ministre du Budget, des Comptes publics et de la Fonction publique en date du 19 décembre 2008 (JO 20), la mission du service du contrôle général économique et financier des organismes chargés de l'emploi et de la formation professionnelle est désignée pour exercer le contrôle économique et financier de l'État prévu par le décret 55-733 du 26 mai 1955 modifié sur l'institution mentionnée à l'article L. 5312-1 CT.

Art. L. 5312-2. L'institution mentionnée à l'article L. 5312-1 est administrée par un conseil d'administration et dirigée par un directeur général.

Art. L. 5312-3. Une convention pluriannuelle conclue entre l'État, l'organisme gestionnaire du régime d'assurance chômage mentionné à l'article L. 5427-1 et l'institution publique mentionnée à l'article L. 5312-1 définit les objectifs assignés à celle-ci au regard de la situation de l'emploi et au vu des moyens prévisionnels qui lui sont alloués par l'organisme gestionnaire du régime d'assurance chômage et l'État.

Elle précise notamment :

1° Les personnes devant bénéficier prioritairement des interventions de l'institution mentionnée à l'article L. 5312-1 ;

2° Les objectifs d'amélioration des services rendus aux demandeurs d'emploi et aux entreprises et en particulier le nombre de demandeurs d'emplois suivis en moyenne par conseiller et les objectifs de réduction de ce ratio ;

3° L'évolution de l'organisation territoriale de l'institution ;

4° Les conditions de recours aux organismes privés exerçant une activité de placement mentionnés à l'article L. 5311-4 ;

5° Les conditions dans lesquelles les actions de l'institution sont évaluées à partir d'indicateurs de performance qu'elle définit.

Un comité de suivi veille à l'application de la convention et en évalue la mise en œuvre.

Art. R. 5311-1. ***(D. 2008-1010 du 29 sept. 2008, art. 3, JO 30)*** La convention pluriannuelle prévue à l'article L. 5312-3 est conclue entre l'État, représenté par le ministre chargé de l'emploi, l'organisme gestionnaire de l'assurance chômage, représenté par son président, son vice-président et son directeur général et l'institution mentionnée à l'article L. 5312-1, représentée par le président de son conseil d'administration et son directeur général.

Sans préjudice des dispositions de l'article L. 5312-3, cette convention détermine :

1° Les orientations relatives aux mesures que l'institution met en œuvre destinées à faciliter les opérations de recrutement des entreprises, à favoriser l'insertion, le reclassement, la promotion professionnelle et la mobilité géographique et professionnelle des personnes, qu'elles disposent ou non d'un emploi ;

2° Les modalités de constitution du dossier unique du demandeur d'emploi et de l'accès à ce dossier ;

3° Les échanges de données et d'informations nécessaires à l'accomplissement des missions de l'État, de l'organisme d'assurance chômage mentionné à l'article L. 5427-1 et de l'institution mentionnée à l'article L. 5312-1 et répondant à leurs besoins.

Art. R. 5311-2. ***(D. 2008-1010 du 29 sept. 2008, art. 3, JO 30)*** Le comité de suivi prévu à l'article L. 5312-3 comprend :

1° Trois représentants de l'État désignés par le ministre chargé de l'emploi ;

2° Le directeur général et deux représentants du conseil d'administration, nommés sur proposition de ce conseil, de l'organisme gestionnaire de l'assurance chômage mentionné à l'article L. 5427-1 ;

3° Le président du conseil d'administration et le directeur général de l'institution mentionnée à l'article L. 5312-1.

Le président du comité de suivi est désigné en son sein par le ministre chargé de l'emploi.

Les membres et le président du comité de suivi sont nommés par arrêté du ministre chargé de l'emploi.

Le comité de suivi se réunit au moins deux fois par an sur convocation de son président.

Le représentant de l'autorité chargée du contrôle économique et financier assiste aux réunions du comité de suivi.

Art. R. 5311-3. ***(D. 2008-1010 du 29 sept. 2008, art. 3, JO 30)*** Le comité de suivi remet chaque année au Conseil national de l'emploi un rapport annuel sur la mise en œuvre de la convention pluriannuelle prévue à l'article L. 5312-3.

Ce rapport est rendu public.

Art. L. 5312-4. Le conseil d'administration comprend :

1° Cinq représentants de l'État ;

2° Cinq représentants des employeurs et cinq représentants des salariés ;

3° Deux personnalités qualifiées choisies en raison de leurs compétences dans les domaines d'activité de l'institution ;

4° Un représentant des collectivités territoriales, désigné sur proposition conjointe des associations des collectivités concernées.

Les représentants des employeurs et les représentants des salariés sont désignés par les organisations syndicales d'employeurs et de salariés représentatives au niveau national et interprofessionnel, mentionnées à l'article L. 5422-22.

Les personnalités qualifiées sont désignées par le ministre chargé de l'emploi.

Le président est élu par le conseil d'administration en son sein.

Art. L. 5312-5. Le conseil d'administration règle par ses délibérations les affaires relatives à l'objet de l'institution.

Les décisions relatives au budget et aux emprunts ainsi qu'aux encours maximaux des crédits de trésorerie sont prises à la majorité des deux tiers des membres présents.

Le conseil d'administration désigne en son sein un comité d'audit et un comité d'évaluation.

Art. L. 5312-6. Le directeur général exerce la direction de l'institution dans le cadre des orientations définies par le conseil d'administration ; il prépare les délibérations de ce conseil et en assure l'exécution.

Le directeur général est nommé par décret, après avis du conseil d'administration. Le conseil d'administration peut adopter, à la majorité des deux tiers de ses membres, une délibération demandant sa révocation.

Art. L. 5312-7. Le budget de l'institution comporte quatre sections non fongibles qui doivent chacune être présentées à l'équilibre :

1° La section « Assurance chômage » retrace en dépenses les allocations d'assurance prévues à la section 1 du chapitre II du titre II du livre IV de la présente partie, qui sont versées pour le compte de l'organisme gestionnaire du régime d'assurance chômage, ainsi que les cotisations sociales afférentes à ces allocations dans les conditions prévues par les lois et règlements en vigueur, et en recettes une contribution de l'organisme gestionnaire du régime d'assurance chômage prévue à l'article L. 5422-20 permettant d'assurer l'équilibre ;

2° La section « Solidarité » retrace en dépenses les allocations et aides versées pour le compte de l'État ou du Fonds de solidarité prévu à l'article L. 5423-24, ainsi que les cotisations sociales afférentes à ces allocations dans les conditions prévues par les lois et règlements en vigueur, et en recettes une contribution de l'État et du Fonds de solidarité susmentionné permettant d'assurer l'équilibre ;

3° La section « Intervention » comporte en dépenses les dépenses d'intervention concourant au placement, à l'orientation, à l'insertion professionnelle, à la formation et à l'accompagnement des demandeurs d'emploi ;

4° La section « Fonctionnement et investissement » comporte en dépenses les charges de personnel et de fonctionnement, les charges financières et les charges exceptionnelles et les dépenses d'investissement.

Le financement de ces deux dernières sections est assuré par une contribution de l'État et une contribution de l'organisme gestionnaire du régime d'assurance chômage dans les conditions prévues à l'article L. 5422-24 ainsi que, le cas échéant, les subventions des collectivités territoriales et autres organismes publics et les produits reçus au titre des prestations pour services rendus, toutes autres recettes autorisées par les lois et règlements en vigueur, les produits financiers et les produits exceptionnels.

L'institution peut en outre créer toute autre section pour compte de tiers.

La contribution de l'État et la contribution de l'organisme gestionnaire du régime d'assurance chômage sont fixées à un niveau compatible avec la poursuite des activités de l'institution, compte tenu de l'évolution du marché du travail.

L'institution est autorisée à placer ses fonds disponibles dans des conditions fixées par les ministres chargés de l'emploi et du budget.

Art. L. 5312-8. L'institution est soumise en matière de gestion financière et comptable aux règles applicables aux entreprises industrielles et commerciales.

Elle est soumise à l'ordonnance n° 2005-649 du 6 juin 2005 relative aux marchés passés par certaines personnes publiques ou privées non soumises au code des marchés publics.

Art. L. 5312-9. Les agents de l'institution nationale, qui sont chargés d'une mission de service public, sont régis par le présent code dans les conditions particulières prévues par une convention collective étendue agréée par les ministres chargés de l'emploi et du budget. Cette convention comporte des stipulations, notamment en matière de stabilité de l'emploi et de protection à l'égard des influences extérieures, nécessaires à l'accomplissement de cette mission.

Les règles relatives aux relations collectives de travail prévues par la deuxième partie du présent code s'appliquent à tous les agents de l'institution, sous réserve des garanties justifiées par la situation particulière de ceux qui restent contractuels de droit public. Ces garanties sont définies par décret en Conseil d'État.

Note • Au plus tard le 1er avril 2010, les salariés de l'Association nationale pour la formation professionnelle des adultes qui participent à l'accomplissement des missions d'orientation professionnelle des demandeurs d'emploi vers la formation sont transférés, pour exercer ces mêmes missions, à Pôle emploi. Les salariés dont le contrat de travail est transféré demeurent, à titre transitoire, régis par l'accord du 4 juillet 1996 sur les dispositions générales régissant le personnel de l'Association nationale pour la formation professionnelle des adultes. La convention collective applicable aux personnels de Pôle emploi leur devient applicable dès que les adaptations nécessaires ont fait l'objet d'un accord ou, au plus tard, quinze mois après leur transfert (loi 2009-1437 du 24 novembre 2009, art. 53, JO 25).

• Voir décret 2009-1128 du 17 septembre 2009 (JO 19) portant adaptation des dispositions applicables aux agents contractuels de droit public de Pôle emploi ; arrêté du 21 décembre 2009 (JO 27) portant agrément de la convention collective nationale de Pôle emploi du 21 novembre 2009 et arrêté d'extension du 19 février 2010 (JO 24).

Art. L. 5312-10. L'institution est organisée en une direction générale et des directions régionales.

Au sein de chaque direction régionale, une instance paritaire, composée de représentants des employeurs et des salariés désignés par les organisations syndicales d'employeurs et de salariés représentatives au niveau national et interprofessionnel, veille à l'application de l'accord d'assurance chômage prévu à l'article L. 5422-20 et est consultée sur la programmation des interventions au niveau territorial.

Art. L. 5312-11. Une convention annuelle est conclue au nom de l'État par l'autorité administrative et le représentant régional de l'institution.

Cette convention, compte tenu des objectifs définis par la convention prévue à l'article L. 5312-3, détermine la programmation des interventions de l'institution au regard de la situation locale de l'emploi et du marché du travail et précise les conditions dans lesquelles elle participe à la mise en œuvre des actions prévues à l'article L. 5111-1. Elle fixe également les conditions d'évaluation de son action et encadre les conditions dans lesquelles l'institution coopère avec les maisons de l'emploi, les missions locales, l'Association nationale pour la formation professionnelle des adultes et les autres intervenants du service public de l'emploi.

Art. L. 5312-12. Les litiges relatifs aux prestations dont le service est assuré par l'institution, pour le compte de l'organisme chargé de la gestion du régime d'assurance chômage, de l'État ou du Fonds de solidarité prévu à l'article L. 5423-24 sont soumis au régime contentieux qui leur était applicable antérieurement à la création de cette institution.

Art. L. 5312-12-1. ***(L. 2008-758 du 1er août 2008, JO 2)*** Il est créé, au sein de l'institution mentionnée à l'article L. 5312-1, un médiateur national dont la mission est de recevoir et de traiter les réclamations individuelles relatives au fonctionnement de cette institution, sans préjudice des voies de recours existantes. Le médiateur national, placé auprès du directeur général, coordonne l'activité de médiateurs régionaux, placés auprès de chaque directeur régional, qui reçoivent et traitent les réclamations dans le ressort territorial de la direction régionale. Les réclamations doivent avoir été précédées de démarches auprès des services concernés.

Le médiateur national est le correspondant du ***(L. 2011-334 du 29 mars 2011, art. 17, JO 30)*** « Défenseur des droits ».

Il remet chaque année au conseil d'administration de l'institution mentionnée à l'article L. 5312-1 un rapport dans lequel il formule les propositions qui lui paraissent de nature à améliorer le fonctionnement du service rendu aux usagers. Ce rapport est transmis au ministre chargé de l'emploi, au Conseil national de l'emploi mentionné à l'article L. 5112-1 et au ***(L. 2011-334 du 29 mars 2011, art. 17, JO 30)*** « Défenseur des droits ».

(L. 2011-334 du 29 mars 2011, art. 15, JO 30) « En dehors de celles qui mettent en cause l'institution mentionnée à l'article L. 5312-1, les réclamations qui relèvent de la compétence du Défenseur des droits en application de la loi organique n° 2011-333 du 29 mars 2011 relative au Défenseur des droits sont transmises à ce dernier. »

La saisine du *(L. 2011-334 du 29 mars 2011, art. 17, JO 30)* « Défenseur des droits », dans son champ de compétences, met fin à la procédure de réclamation.

Art. L. 5312-13. Les biens immobiliers de l'institution mentionnée à l'article L. 5312-1 relèvent en totalité de son domaine privé. Sont déclassés les biens immobiliers qui lui sont transférés, lorsqu'ils appartiennent au domaine public. Lorsqu'un ouvrage ou terrain appartenant à l'institution est nécessaire à la bonne exécution de ses missions de service public ou au développement de celles-ci, l'État peut s'opposer à sa cession, à son apport, sous quelque forme que ce soit, à la création d'une sûreté sur cet ouvrage ou terrain, ou subordonner la cession, la réalisation de l'apport ou la création de la sûreté à la condition qu'elle ne soit pas susceptible de porter préjudice à l'accomplissement de ces missions. Est nul de plein droit tout acte de cession, apport ou création de sûreté réalisé sans que l'État ait été mis à même de s'y opposer, en violation de son opposition ou en méconnaissance des conditions fixées à la réalisation de l'opération.

Art. L. 5312-13-1. *(L. 2011-267 du 14 mars 2011, art. 105, JO 15)* Au sein de l'institution mentionnée à l'article L. 5312-1, des agents chargés de la prévention des fraudes sont assermentés et agréés dans des conditions définies par arrêté du ministre chargé de l'emploi. Ces agents ont qualité pour dresser, en cas d'infraction aux dispositions du présent code entrant dans le champ de compétence de ladite institution, des procès-verbaux faisant foi jusqu'à preuve du contraire. Ils les transmettent, aux fins de poursuite, au procureur de la République s'il s'agit d'infractions pénalement sanctionnées.

Le fait de faire obstacle à l'accomplissement des fonctions des agents mentionnés au premier alinéa, quel que soit leur cadre d'action, est puni de six mois d'emprisonnement et de 7 500 € d'amende.

Note Voir arrêté du 16 juin 2011 (JO 30) relatif aux conditions d'agrément et d'assermentation des agents de Pôle emploi en charge de la prévention des fraudes.

Art. L. 5312-14. Un décret en Conseil d'État précise les modalités d'application du présent chapitre.

SECTION 1. Missions de l'institution de placement et d'accompagnement

Art. R. 5312-1. L' *(D. 2008-1010 du 29 sept. 2008, art. 7, JO 30)* « institution mentionnée à l'article L. 5312-1 du code du travail » apporte son concours à l'orientation et au placement des travailleurs handicapés.

Art. R. 5312-2. Les préfets de région et de département, assistés des *(D. 2009-1377 du 10 nov. 2009, JO 13 ; D. 2010-687 du 24 juin 2010, JO 25 ; voir D. 2010-1582 du 17 déc. 2010, JO 18, pour outre-mer)* « directeurs régionaux des entreprises, de la concurrence, de la consommation, du travail et de l'emploi », coordonnent l'action de l' *(D. 2008-1010 du 29 sept. 2008, art. 7, JO 30)* « institution mentionnée à l'article L. 5312-1 du code du travail » avec celle des autres services et organismes chargés de la mise en œuvre de la politique de l'emploi définie par les pouvoirs publics.

Art. R. 5312-3. L' *(D. 2008-1010 du 29 sept. 2008, art. 7, JO 30)* « institution mentionnée à l'article L. 5312-1 du code du travail » rend compte au ministre chargé de l'emploi, aux préfets de région et de département et aux *(D. 2009-1377 du 10 nov. 2009, JO 13 ; D. 2010-687 du 24 juin 2010, JO 25 ; voir D. 2010-1582 du 17 déc. 2010, JO 18, pour outre-mer)* « directeurs régionaux des entreprises, de la concurrence, de la consommation, du travail et de l'emploi » des activités du service public de l'emploi qu'elle assure avec le concours des organismes visés aux articles L. 5311-2 à L. 5311-4 et L. 5322-2.

Art. R. 5312-4. *(D. 2008-1010 du 29 sept. 2008, art. 4, JO 30)* Lorsque l'institution mentionnée à l'article L. 5312-1 prend des décisions ou conclut des conventions pour le compte de l'État, elle statue également, au nom de l'État, en cas de recours administratifs formés contre ces décisions ou conventions.

Les recours hiérarchiques sont portés devant le directeur régional de l'institution lorsqu'il a reçu une délégation de signature ou de pouvoir.

Art. L. 5312-14.

Art. R. 5312-5. *(D. 2008-1010 du 29 sept. 2008, art. 4, JO 30)* L'institution mentionnée à l'article L. 5312-1 représente l'État devant les juridictions administratives compétentes en cas de litiges relatifs à des décisions prises ou à des conventions conclues pour le compte de l'État.

(D. 2008-1010 du 29 sept. 2008, art. 5, JO 30)

SECTION 2. Organisation et fonctionnement de l'institution mentionnée à l'article L. 5312-1

Sous-section 1. Administration

§ 1. Conseil d'administration

Sous-§ 1. Attributions

Art. R. 5312-6. Le conseil d'administration règle les affaires relatives à l'objet de l'institution. Il délibère sur :

1° Les orientations annuelles et les plans de développement des activités ;

2° Les mesures destinées à faciliter les opérations de recrutement des entreprises, à favoriser l'insertion, le reclassement, la promotion professionnelle et la mobilité géographique et professionnelle des personnes, qu'elles disposent ou non d'un emploi, en application de la convention tripartite mentionnée à l'article L. 5312-3 ;

3° Les conditions de mise en œuvre des dispositifs législatifs et réglementaires de la politique publique de l'emploi ;

4° Les conventions de portée nationale ;

5° Les conditions de recours à des prestataires spécialisés pour l'exécution d'actions organisées en faveur des demandeurs d'emploi ou des entreprises, dans le cadre des orientations fixées par la convention tripartite mentionnée à l'article L. 5312-3 ;

6° Le rapport annuel d'activité ;

7° Les conditions générales d'organisation et de fonctionnement de l'institution ;

8° Le programme des implantations territoriales ;

9° Les conditions générales d'emploi et de rémunération du personnel ;

10° Le règlement intérieur de l'institution, qui prévoit notamment le régime des frais de déplacement applicable à ses personnels ;

11° Le budget initial et ses révisions ;

12° Les comptes annuels ;

13° Les emprunts et encours maximum des crédits de trésorerie ;

14° L'acceptation des dons et legs ;

15° Les décisions en matière de participation financière, de participation à des groupements d'intérêt économique, à des groupements d'intérêt public ou à des groupements européens de coopération territoriale ;

16° Les conditions générales de tarification pour services rendus ;

17° La nature des transactions et des actions en justice pour lesquelles le directeur général peut agir sans délibération préalable et spéciale du conseil, dans la limite, le cas échéant, d'un montant déterminé ;

18° La désignation des commissaires aux comptes ;

19° Le règlement intérieur des marchés, ainsi que la composition de la commission des marchés ;

20° La nature des marchés que le directeur général peut conclure sans délibération préalable et spéciale du conseil, dans la limite, le cas échéant, d'un montant déterminé.

Il autorise le président du conseil d'administration et le directeur général à signer la convention pluriannuelle mentionnée à l'article L. 5312-3.

Lors de chaque réunion, le conseil d'administration examine le compte rendu d'activité et de gestion de l'institution préparé par le directeur général.

Sous-§ 2. Composition, nomination et mandat

Art. R. 5312-7. Le conseil d'administration de l'institution mentionnée à l'article L. 5312-1 est ainsi composé :

1° Cinq représentants de l'État :
- un représentant désigné par le ministre chargé de l'emploi ;
- un représentant désigné par le ministre chargé du budget ;
- un représentant désigné par le ministre chargé de l'éducation nationale ;
- un représentant désigné par le ministre chargé de l'intérieur ;
- un représentant désigné par le ministre chargé de l'immigration ;

2° Cinq représentants des organisations syndicales de salariés interprofessionnelles représentatives au niveau national :

a) Un représentant nommé sur proposition de la Confédération générale du travail (CGT) ;

b) Un représentant nommé sur proposition de la Confédération française démocratique du travail (CFDT) ;

c) Un représentant nommé sur proposition de la Confédération générale du travail-Force ouvrière (CGT-FO) ;

d) Un représentant nommé sur proposition de la Confédération française des travailleurs chrétiens (CFTC) ;

e) Un représentant nommé sur proposition de la Confédération française de l'encadrement-CGC (CFE-CGC) ;

3° Cinq représentants des organisations professionnelles d'employeurs représentatives au niveau national et interprofessionnel :

a) Trois représentants nommés sur proposition du Mouvement des entreprises de France (MEDEF) ;

b) Un représentant nommé sur proposition de la Confédération générale des petites et moyennes entreprises (CGPME) ;

c) Un représentant nommé sur proposition de l'Union professionnelle artisanale (UPA) ;

4° Deux personnalités qualifiées désignées par le ministre chargé de l'emploi ;

5° Un représentant des collectivités territoriales désigné sur proposition conjointe de l'Association des régions de France, l'Association des départements de France et l'Association des maires de France.

Art. R. 5312-8. Le président est élu par le conseil d'administration en son sein à la majorité absolue des suffrages exprimés. Il est assisté par deux vice-présidents élus par le conseil d'administration.

Art. R. 5312-9. Les membres du conseil d'administration sont nommés par arrêté du ministre chargé de l'emploi.

Chaque membre, à l'exception des personnalités qualifiées, peut se faire représenter par un suppléant, nommé dans les mêmes conditions.

Art. R. 5312-10. Le directeur général et le représentant du contrôle général économique et financier participent aux séances du conseil d'administration avec voix consultative.

Art. R. 5312-11. La durée du mandat des membres titulaires et suppléants du conseil d'administration est de trois ans renouvelable.

Le mandat des membres du conseil d'administration est gratuit, sous réserve du remboursement des frais de déplacement et de séjour, ainsi que, le cas échéant, de perte de salaire, dans les conditions prévues par le règlement intérieur mentionné à l'article R. 5312-14.

Art. R. 5312-12. Les membres décédés, démissionnaires ou qui ont perdu la qualité au titre de laquelle ils ont été nommés sont remplacés dans un délai de trois mois. Dans ce cas, le mandat des nouveaux membres expire à la date à laquelle aurait normalement pris fin celui de leur prédécesseur.

Sous-§ 3. Fonctionnement et réunions

Art. R. 5312-13. Le conseil d'administration est convoqué par son président. Il se réunit au minimum six fois par an.

Art. R. 5312-14. Le conseil d'administration se dote d'un règlement intérieur relatif à son fonctionnement.

Ce règlement intérieur détermine notamment la composition et les attributions du comité d'audit prévu à l'article L. 5312-5, auquel assiste le représentant du contrôle économique et financier, et du comité d'évaluation prévu à l'article L. 5312-5 ainsi que les conditions dans lesquelles ceux-ci peuvent avoir recours à des compétences extérieures.

Art. R. 5312-15. L'ordre du jour de chaque réunion est arrêté par le président, après consultation des vice-présidents, et sur proposition du directeur général.

La convocation est de droit si elle est demandée par le ministre chargé de l'emploi, le directeur général ou la majorité des membres, sur un ordre du jour déterminé.

Art. R. 5312-16. Le conseil d'administration ne peut valablement délibérer que si au moins dix de ses membres sont présents. Si ce nombre n'est pas atteint, le conseil est convoqué à nouveau dans un délai de quinze jours. Il peut alors délibérer valablement quel que soit le nombre des membres présents.

Les décisions sont prises à la majorité des membres présents, à l'exception de celles relatives aux matières mentionnées aux 11° et 13° de l'article R. 5312-6 qui le sont à la majorité des deux tiers des membres présents. En cas de partage égal de voix, celle du président est prépondérante.

Art. R. 5312-17. Le secrétariat du conseil d'administration est assuré à la diligence du directeur général. Un exemplaire du procès-verbal de chaque réunion du conseil d'administration, signé par le président, est transmis aux membres du conseil d'administration ainsi qu'au représentant du contrôle général économique et financier.

§ 2. Directeur général

Art. R. 5312-18. Le directeur général est nommé pour une durée de trois ans. Son mandat est renouvelable.

Art. R. 5312-19. Le directeur général prépare les délibérations du conseil d'administration et en assure l'exécution. Il prend toutes les décisions autres que celles qui relèvent de la compétence de ce conseil.

Il représente l'institution en justice et dans les actes de la vie civile, sous réserve des dispositions des articles R. 5312-23 et R. 5312-26.

Il a autorité sur l'ensemble du personnel de l'institution. Il nomme les directeurs régionaux.

Il peut déléguer sa signature aux personnels placés sous son autorité. Il peut déléguer ses pouvoirs dans le cadre fixé par une délibération du conseil d'administration.

§ 3. Dispositions économiques et financières

Art. R. 5312-20. Les comptes de l'institution sont certifiés par deux commissaires aux comptes.

Art. R. 5312-21. L'institution est soumise au contrôle économique et financier de l'État dans les conditions prévues par le décret n° 55-733 du 26 mai 1955 relatif au contrôle économique et financier de l'État.

L'institution est soumise au contrôle de la Cour des comptes.

Note Un arrêté du 9 avril 2009 (JO 21) fixe les modalités spéciales d'exercice du contrôle économique et financier de l'État sur Pôle emploi.

Art. R. 5312-22. Les opérations de dépenses et de recettes des deux premières sections du budget de l'institution sont présentées en compte de tiers.

Les conventions relatives aux mandats confiés à l'institution définissent les dispositions assurant la neutralité des opérations pour le budget et la trésorerie de l'institution.

Une délibération du conseil d'administration précise les modalités de présentation du budget.

L'institution tient une comptabilité analytique dont les principes de présentation sont délibérés par le conseil d'administration.

Dans le cas où, avant le début de l'exercice, le budget n'a pas été voté par le conseil d'administration, les opérations de recettes et de dépenses sont effectuées sur la base du budget de l'exercice précédent.

Art. R. 5312-23. Le règlement intérieur des marchés et des achats précise notamment les marchés pour lesquels les directeurs régionaux exercent le pouvoir adjudicateur.

Art. R. 5312-24. L'institution mentionnée à l'article L. 5312-1 n'est pas soumise au chapitre II du titre II du livre Ier de la partie réglementaire du code du domaine de l'État et aux dispositions du décret n° 86-455 du 14 mars 1986 relatif à la suppression des commissions des opérations immobilières et de l'architecture et modalités de consultation du service des domaines.

Les projets de cession, d'apport ou de création de sûreté portant sur un ouvrage ou terrain répondant aux caractéristiques de l'article L. 5312-13 sont communiqués aux ministres chargés de l'emploi et du budget, accompagnés du projet de convention avec le cessionnaire, le destinataire de l'apport ou le bénéficiaire de la sûreté. Ces ministres disposent d'un délai de trois mois à compter de la réception du projet pour faire connaître leur décision motivée d'opposition ou, le cas échéant, les conditions particulières auxquelles ils subordonnent la réalisation de l'opération.

§ 4. Directeur régional

Art. R. 5312-25. Au sein de la direction régionale, sous l'autorité du directeur général, le directeur régional anime et contrôle l'activité de l'institution dans la région.

Il a autorité sur l'ensemble du personnel de l'institution qui y est affecté.

Il peut déléguer sa signature aux personnels placés sous son autorité. Il peut déléguer ses pouvoirs dans le cadre fixé par une délibération du conseil d'administration.

Art. R. 5312-26. Le directeur régional représente l'institution dans ses relations avec les usagers et les tiers et dans les actions en justice et les actes de la vie civile intéressant la région, en particulier ceux relatifs aux acquisitions, échanges et aliénations de biens immobiliers conformément au programme des implantations territoriales voté par le conseil d'administration et mis en œuvre par le directeur général.

Il se prononce sur les recours hiérarchiques des usagers contre les décisions prises par les agents placés sous son autorité.

Art. R. 5312-27. Le directeur régional de l'institution transmet au préfet de région les informations nécessaires à l'analyse et au suivi des actions de l'institution.

§ 5. Instance paritaire régionale

Art. R. 5312-28. L'instance paritaire régionale prévue à l'article L. 5312-10 comprend cinq membres représentant les employeurs et cinq membres représentant les salariés désignés par les organisations syndicales de salariés et d'employeurs représentatives au plan national et interprofessionnel mentionnées à l'article L. 5422-22.

Les membres de l'instance paritaire régionale sont désignés pour trois ans. Ce mandat est renouvelable. Pour chacun d'entre eux, un suppléant, chargé de le remplacer en cas d'empêchement, est désigné dans les mêmes conditions. Les suppléants peuvent assister aux réunions de l'instance.

Tous les ans, au cours de la première réunion de l'exercice, l'instance paritaire désigne parmi ses membres un président et un vice-président, qui ne peuvent appartenir au même collège.

Les membres décédés, démissionnaires ou qui ont perdu la qualité au titre de laquelle ils ont été désignés sont remplacés dans un délai de trois mois. Dans ce cas, le mandat des nouveaux membres expire à la date à laquelle aurait normalement pris fin celui de leur prédécesseur.

Le mandat de l'instance paritaire est gratuit, sous réserve du remboursement des frais de déplacement et de séjour, ainsi que, le cas échéant, de perte de salaire, dans les conditions prévues par le règlement intérieur de l'institution.

Art. R. 5312-29. L'instance paritaire régionale de l'institution est réunie sur convocation de son président, qui arrête l'ordre du jour.

Art. R. 5312-30. Un exemplaire du procès-verbal de chaque réunion de l'instance paritaire, signé par le président, est transmis :

1° Aux membres de l'instance paritaire ;

2° Au directeur régional de l'institution mentionnée à l'article L. 5312-1 ;

3° Au préfet de région ;

4° Au président du conseil d'administration et au directeur général de l'institution mentionnée à l'article L. 5312-1 ;

5° Au président, au vice-président et au directeur général de l'organisme gestionnaire de l'assurance chômage mentionné à l'article L. 5427-1.

(D. 2009-270 du 9 mars 2009, JO 11)

Sous-section 2. **Dénomination**

Art. R. 5312-31. L'institution mentionnée à l'article L. 5312-1 est dénommée " Pôle emploi. "

(D. 2011-2096 du 30 déc. 2011, JO 31)

SECTION 3. Transmissions à Pôle emploi d'une liste nominative des bénéficiaires du revenu de solidarité active et de l'allocation aux adultes handicapés

Art. R. 5312-32. Est autorisée la création par la Caisse nationale des allocations familiales, d'une part, et la Caisse centrale de la mutualité sociale agricole, d'autre part, de traitements de données à caractère personnel dénommés "transmissions à Pôle emploi de données relatives aux bénéficiaires du revenu de solidarité active et de l'allocation aux adultes handicapés". Ces traitements ont pour finalité l'identification, parmi les demandeurs d'emploi, des bénéficiaires de ces allocations. Ces données sont enregistrées par Pôle emploi dans ses traitements automatisés de données relatives à la gestion de la demande d'emploi, afin de lui permettre de :

1° Remplir ses missions prévues à l'article L. 5312-1 du code du travail ;

2° Satisfaire aux obligations posées à l'article L. 262-42 du code de l'action sociale et des familles ;

3° Mettre en œuvre des dispositions particulières prévues aux articles L. 5132-5, L. 5134-23-1 et L. 5134-25-1 du code du travail.

Art. R. 5312-33. Les données à caractère personnel collectées sont celles permettant d'identifier le bénéficiaire ainsi que, le cas échéant, son conjoint, concubin ou partenaire lié par un pacte civil de solidarité, soit, pour chacun d'eux :

1° Le nom de famille et, le cas échéant, le nom marital, le prénom, la date de naissance, la commune de résidence ;

2° Le numéro d'inscription au répertoire national d'identification des personnes physiques ;

3° Le numéro de la caisse de rattachement, le numéro d'allocataire et l'allocation perçue ;

4° Pour le revenu de solidarité active, la date d'ouverture des droits, la date de la demande, la nature de l'allocation perçue et la date de sortie de l'allocation.

Art. R. 5312-34. Pôle emploi conserve les données à caractère personnel collectées dans le cadre des traitements mis en place par l'article R. 5312-32 jusqu'à l'extinction du droit du demandeur d'emploi au revenu de solidarité active ou à l'allocation aux adultes handicapés.

Art. R. 5312-35. Sont destinataires des données à caractère personnel mentionnées aux 3° et 4° de l'article R. 5312-33, pour les nécessités liées aux seules finalités mentionnées à l'article R. 5312-32, les agents de Pôle emploi désignés et habilités par l'autorité responsable de cet organisme pour accéder aux traitements de données relatives à la gestion de la demande d'emploi mentionnés au premier alinéa de l'article R. 5312-32.

Art. R. 5312-36. Les droits d'accès et de rectification prévus par les articles 39 et 40 de la loi n° 78-17 du 6 janvier 1978 relative à l'informatique, aux fichiers et aux libertés s'exercent auprès de l'organisme chargé du service de l'allocation dont bénéficie l'intéressé parmi celles mentionnées à l'article R. 5312-32.

Art. R. 5312-37. Le droit d'opposition prévu au premier alinéa de l'article 38 de la loi n° 78-17 du 6 janvier 1978 relative à l'informatique, aux fichiers et aux libertés ne s'applique pas aux traitements prévus par la présente section.

CHAPITRE III

Maisons de l'emploi

Art. L. 5313-1. *(L. 2008-126 du 13 févr. 2008, art. 16, JO 14)* Les maisons de l'emploi, dont le ressort, adapté à la configuration des bassins d'emploi, ne peut excéder la région ou, en Corse, la collectivité territoriale, concourent à la coordination des politiques publiques et du partenariat local des acteurs publics et privés qui agissent en faveur de l'emploi, de la formation, de l'insertion et du développement économique.

À partir d'un diagnostic partagé, elles exercent notamment une mission d'observation de la situation de l'emploi et d'anticipation des mutations économiques.

Elles contribuent à la coordination des actions du service public de l'emploi et participent en complémentarité avec l'institution mentionnée à l'article L. 5312-1, les

réseaux spécialisés et les acteurs locaux dans le respect des compétences des régions et des départements :
– à l'accueil, l'information, l'orientation et l'accompagnement des personnes à la recherche d'une formation ou d'un emploi ;
– au maintien et au développement de l'activité et de l'emploi ainsi qu'à l'aide à la création et à la reprise d'entreprise.

En lien avec les entreprises, les partenaires sociaux, les chambres consulaires et les branches professionnelles, elles contribuent au développement de la gestion territorialisée des ressources humaines. Elles mènent également des actions d'information et de sensibilisation aux phénomènes des discriminations à l'embauche et dans l'emploi ainsi que relatives à l'égalité professionnelle et à la réduction des écarts de rémunération entre les femmes et les hommes.

Les maisons de l'emploi qui respectent les missions qui leur sont attribuées bénéficient d'une aide de l'État selon un cahier des charges dans des conditions fixées par décret en Conseil d'État.

Art. L. 5313-2. Les maisons de l'emploi associent obligatoirement l'État, l' ***(L. 2008-126 du 13 févr. 2008, art. 16, JO 14)*** « institution mentionnée à l'article L. 5312-1 » et au moins une collectivité territoriale ou un établissement public de coopération intercommunale.

Art. L. 5313-3. ***(L. 2011-525 du 17 mai 2011, art. 119, JO 18)*** Les maisons de l'emploi peuvent prendre la forme de groupements d'intérêt public régis par le chapitre II de la loi n° 2011-525 du 17 mai 2011 de simplification et d'amélioration de la qualité du droit.

[Art. L. 5313-4. Abrogé par loi 2011-525 du 17 mai 2011, art. 119, JO 18.]

Art. L. 5313-5. Des décrets en Conseil d'État déterminent les conditions d'application du présent chapitre.

SECTION 1. Actions d'information et de sensibilisation

Art. R. 5313-1. Les maisons de l'emploi mentionnées à l'article L. 5313-1 conduisent auprès des employeurs privés et publics des actions d'information et de sensibilisation aux phénomènes des discriminations à l'embauche et dans l'emploi.

Art. R. 5313-2. Les maisons de l'emploi et, pour les Français établis hors de France, les comités consulaires compétents conduisent auprès des employeurs privés et publics en activité dans leur ressort des actions d'information et de sensibilisation relatives à l'égalité professionnelle et à la réduction des écarts de rémunération entre les femmes et les hommes.

SECTION 2. Aide de l'État et conventions

Art. R. 5313-3. ***(D. 2009-1593 du 18 déc. 2009, JO 20, entrée en vigueur le 01.01.2010)*** L'aide de l'État mentionnée à l'article L. 5313-1 est attribuée, par le préfet de région, aux maisons de l'emploi, pour la mise en œuvre, à partir d'un diagnostic territorial, des actions suivantes :
1° Participation à l'anticipation des mutations économiques ;
2° Contribution au développement de l'emploi local ;
3° Réduction des obstacles culturels ou sociaux à l'accès à l'emploi.

Cette aide ne peut être attribuée qu'à la condition que la maison de l'emploi se constitue sous forme d'association ou sous forme de groupement d'intérêt public.

Les membres fondateurs à titre obligatoire doivent disposer de la majorité des voix au sein du conseil d'administration et du bureau.

Note Le décret 2009-1593 du 18 décembre 2009 entre en vigueur le 1er janvier 2010. Toutefois, les conventions d'investissement déposées auprès du ministre chargé de l'emploi avant le 31 décembre 2009 pourront être conclues, par dérogation au dernier alinéa de l'article R. 5313-3 CT, selon les dispositions antérieures à l'entrée en vigueur du décret précité.

Art. R. 5313-4. ***(D. 2009-1593 du 18 déc. 2009, JO 20, entrée en vigueur le 01.01.2010)*** Les maisons de l'emploi ne peuvent bénéficier de l'aide de l'État que si elles remplissent les conditions figurant dans un cahier des charges, pris par arrêté du ministre chargé de l'emploi, qui précise les relations avec leurs partenaires et les modalités de leur financement par l'État.

Note Le cahier des charges des maisons de l'emploi est annexé à l'arrêté du 21 décembre 2009 (JO 30).

Art. R. 5313-5. ***(D. 2009-1593 du 18 déc. 2009, JO 20, entrée en vigueur le 01.01.2010)*** La participation de l'État ne peut excéder un pourcentage du budget de fonctionnement de la maison de l'emploi et un plafond fixés par arrêté du ministre chargé de l'emploi.

L'aide de l'État ne peut porter que sur les dépenses de fonctionnement.

Art. R. 5313-6. ***(D. 2009-1593 du 18 déc. 2009, JO 20, entrée en vigueur le 01.01.2010)*** Une convention est conclue entre le préfet de région et la maison de l'emploi. Cette convention précise les objectifs à atteindre, les moyens mis en œuvre, la durée du conventionnement et le budget de la maison de l'emploi, ainsi que le montant et les conditions de contrôle de l'utilisation de l'aide allouée.

Le préfet de région présente la convention au conseil régional de l'emploi.

Art. R. 5313-7. ***(D. 2009-1593 du 18 déc. 2009, JO 20, entrée en vigueur le 01.01.2010)*** Les maisons de l'emploi adressent chaque année au préfet de région un compte rendu financier et un bilan d'activité mettant en évidence les contributions apportées au fonctionnement du service public de l'emploi et du marché de l'emploi sur leur territoire d'intervention.

SECTION 3. Organisation sous forme de groupement d'intérêt public

Art. R. 5313-8. Lorsque la maison de l'emploi prend la forme d'un groupement d'intérêt public, elle est administrée par un conseil d'administration composé de représentants de ses membres constitutifs. Ce conseil élit son président en son sein.

Le directeur du groupement, nommé par le conseil d'administration, assure, sous l'autorité du conseil et de son président, le fonctionnement du groupement.

[SECTION 4. **Commission nationale des maisons de l'emploi (art. R. 5313-9 à R. 5313-12).** Abrogée par décret 2009-1593 du 18 décembre 2009, JO 20, entrée en vigueur le 01.01.2010.]

CHAPITRE IV

Missions locales pour l'insertion professionnelle et sociale des jeunes

Art. L. 5314-1. Des missions locales pour l'insertion professionnelle et sociale des jeunes peuvent être constituées entre l'État, des collectivités territoriales, des établissements publics, des organisations professionnelles et syndicales et des associations.

Elles prennent la forme d'une association ou d'un groupement d'intérêt public. Dans ce dernier cas, elles peuvent recruter des personnels qui leur sont propres, régis par le présent code.

Art. L. 5314-2. Les missions locales pour l'insertion professionnelle et sociale des jeunes, dans le cadre de leur mission de service public pour l'emploi, ont pour objet d'aider les jeunes de seize à vingt-cinq ans révolus à résoudre l'ensemble des problèmes que pose leur insertion professionnelle et sociale en assurant des fonctions d'accueil, d'information, d'orientation et d'accompagnement.

Elles favorisent la concertation entre les différents partenaires en vue de renforcer ou compléter les actions conduites par ceux-ci, notamment pour les jeunes rencontrant des difficultés particulières d'insertion professionnelle et sociale.

Elles contribuent à l'élaboration et à la mise en œuvre, dans leur zone de compétence, d'une politique locale concertée d'insertion professionnelle et sociale des jeunes.

(L. 2009-1437 du 24 nov. 2009, JO 25) « Les résultats obtenus par les missions locales en termes d'insertion professionnelle et sociale, ainsi que la qualité de l'accueil, de l'information, de l'orientation et de l'accompagnement qu'elles procurent aux jeunes sont évalués dans des conditions qui sont fixées par convention avec l'État et les collectivités territoriales qui les financent. Les financements accordés tiennent compte de ces résultats. »

Note Voir circulaires DGEFP 2007-26 du 12 octobre 2007 (BO TR 2007/11) relative au financement par l'État du réseau des missions locales et PAIO, DGEFP 2008-15 du 29 septembre 2008 (BO TR 2009/01) relative au financement des structures chargées du programme régional d'animation du réseau des missions locales et DGEFP 2011-03 du 19 janvier 2011 relative à la mise en œuvre des mesures en faveur de l'insertion professionnelle des jeunes.

Art. L. 5314-3. Les missions locales pour l'insertion professionnelle et sociale des jeunes participent aux maisons de l'emploi.

Art. L. 5314-4. Des décrets en Conseil d'État déterminent les conditions d'application du présent chapitre.

Art. D. 5314-0. ***(D. 2010-485 du 12 mai 2010, JO 13)*** Les missions locales pour l'insertion professionnelle et sociale des jeunes assurent par tout moyen à leur disposition une information sur le service civique créé par la loi n° 2010-241 du 10 mars 2010.

SECTION UNIQUE. Conseil national des missions locales

Note Les dispositions réglementaires (art. R. 5314-1 à 5 et D. 5314-6 à 12) instituant le Conseil national des missions locales sont prorogées pour une durée de cinq ans (décret 2009-623 du 6 juin 2009, JO 7).

Sous-section 1. Missions

Art. R. 5314-1. Le Conseil national des missions locales est placé auprès du Premier ministre. Il est chargé de :

1° Formuler toutes recommandations sur les conditions de mise en œuvre par les missions locales et les permanences d'accueil, d'information et d'orientation du droit à l'accompagnement vers l'emploi et du contrat d'insertion dans la vie sociale ;

2° Délibérer sur les propositions d'orientation du programme national d'animation et d'évaluation du réseau des missions locales. Il s'appuie sur la contribution des organismes et associations œuvrant pour l'animation du réseau des missions locales au niveau régional et favorise la coordination de leurs activités.

Art. R. 5314-2. Le conseil national constitue un lieu d'échanges et de mutualisation des bonnes pratiques développées au sein du réseau des missions locales comme dans les organismes équivalents des pays de l'Union européenne. Il peut constituer des groupes de travail auxquels peuvent collaborer des personnalités extérieures au conseil.

Art. R. 5314-3. Le conseil national peut être consulté par le Gouvernement sur toute question relative à l'insertion sociale et professionnelle des jeunes.

Art. R. 5314-4. Le conseil national examine, chaque année, un bilan général d'activité et formule toutes propositions sur les orientations du programme national d'animation et d'évaluation du réseau des missions locales.

Sous-section 2. Composition

Art. R. 5314-5. Le conseil national est composé de :

1° Trois représentants des régions, désignés sur proposition de l'Association des régions de France ;

2° Trois représentants des départements, désignés sur proposition de l'Assemblée des départements de France ;

3° Trois représentants des communes, désignés sur proposition de l'Association des maires de France ;

4° Trente-huit présidents de missions locales désignés sur proposition du ministre chargé de l'emploi ;

5° Les représentants des ministres chargés de l'emploi, des affaires sociales, du logement, de la ville, de la santé, du budget, des droits des femmes, de l'éducation nationale, de la jeunesse et des sports, de l'intérieur et de la justice.

Art. D. 5314-6. Peuvent également participer aux séances du conseil national, avec voix consultative :

1° Le directeur général de l' ***(D. 2008-1010 du 29 sept. 2008, art. 7, JO 30)*** « institution mentionnée à l'article L. 5312-1 du code du travail » ou son représentant ;

2° Le directeur de l'Association nationale pour la formation professionnelle des adultes, ou son représentant ;

3° Trois personnes qualifiées sur proposition du ministre chargé de l'emploi.

Art. D. 5314-7. Les personnes mentionnées aux 1° à 4° de l'article R. 5314-5 et 3° de l'article D. 5314-6 sont désignées pour trois ans par le Premier ministre.

Leur mandat prend fin si elles perdent la qualité au titre de laquelle elles ont été nommées.

Les personnes qui, pour quelque cause que ce soit, cessent d'appartenir au Conseil national sont remplacées pour la durée du mandat restant à courir.

Art. D. 5314-8. Le président du conseil national est nommé par le Premier ministre parmi les élus locaux, présidents de mission locale, membres du conseil, sur proposition du ministre chargé de l'emploi.

Le président est assisté de deux vice-présidents nommés par le Premier ministre parmi les membres du conseil et sur proposition du ministre chargé de l'emploi.

Sous-section 3. **Fonctionnement**

Art. D. 5314-9. Le conseil national se réunit sur convocation de son président, au moins deux fois par an. Il délibère sur un ordre du jour arrêté par celui-ci, après avis du ministre chargé de l'emploi ou de son représentant.

Art. D. 5314-10. La permanence et la coordination des travaux du conseil national sont assurées par un bureau qui comprend, outre le président et les vice-présidents :

1° Un représentant des régions, un représentant des départements et un représentant des communes désignés par le Premier ministre parmi les membres du conseil, sur proposition respectivement de l'Association des régions de France, de l'Assemblée des départements de France et de l'Association des maires de France ;

2° Onze présidents de missions locales désignés par le Premier ministre parmi les membres du conseil, sur proposition du ministre chargé de l'emploi ;

3° Les représentants des ministres chargés de l'emploi, des affaires sociales, de l'éducation nationale, de la justice, de la jeunesse et de l'agriculture.

Art. D. 5314-11. Le directeur général de l' ***(D. 2008-1010 du 29 sept. 2008, art. 7, JO 30)*** « institution mentionnée à l'article L. 5312-1 du code du travail » ou son représentant et le directeur de l'Association nationale pour la formation professionnelle des adultes ou son représentant participent aux réunions du bureau.

Art. D. 5314-12. Le secrétariat du conseil national, de son bureau et de ses groupes de travail est assuré par un secrétaire général, assisté de collaborateurs qui peuvent le représenter dans les groupes de travail.

Le secrétaire général est nommé par le Premier ministre, sur proposition du ministre chargé de l'emploi.

TITRE II

PLACEMENT

CHAPITRE Ier

Principes

Art. L. 5321-1. L'activité de placement consiste à fournir, à titre habituel, des services visant à rapprocher les offres et les demandes d'emploi, sans que la personne assurant cette activité ne devienne partie aux relations de travail susceptibles d'en découler.

(L. 2010-853 du 23 juil. 2010, art. 29, JO 24) « La fourniture de services de placement peut être exercée à titre lucratif. Les entreprises de travail temporaire peuvent fournir des services de placement au sens du présent article. »

Note Sur l'articulation des concepts de placement et de recrutement, voir le rapport remis au ministre du Travail, de l'Emploi et de la Formation professionnelle par le professeur G. Lyon-Caen, « Les libertés publiques et l'emploi » (décembre 1991). Voir également « Le service public de l'emploi et la jurisprudence de la CJCE », Y. Rousseau, *Dr. Soc.* 2002, p. 974 et « Avons-nous besoin d'agences privées d'emploi ? », A. de la Tour et Y. Rousseau, *RTD* oct. 2008, p. 568.

Art. L. 5321-2. Aucun service de placement ne peut être refusé à une personne à la recherche d'un emploi ou à un employeur fondé sur l'un des motifs de discrimination énumérés à l'article L. 1132-1. Aucune offre d'emploi ne peut comporter de référence à l'une des caractéristiques mentionnées à cet article.

Note **Discrimination.** L'article 225-2 c. pén. (ancien article 416) prévoit que « la discrimination définie à l'article 225-1 » (toute distinction opérée entre les personnes physiques ou morales, à raison de leur origine, de leur sexe, de leur situation de famille, de leur état de santé, de leur handicap, de leurs mœurs, de leurs opinions politiques, de leurs activités syndicales, de leur appartenance ou de leur non-appartenance, vraie ou supposée, à une ethnie, une nation, une race ou une religion déterminée – voir exceptions art. R. 225-3) « commise à l'égard d'une personne physique ou morale, est punie de trois ans d'emprisonnement et de 45 000 € d'amende lorsqu'elle consiste… 3° À refuser d'embaucher, à sanctionner ou à licencier une personne ; … 5° À subordonner une offre d'emploi (…) à une condition fondée sur l'un des éléments visés à l'article 225-1 ».

La recherche d'animatrices commerciales sur la base de critères d'origine et de couleur constitue le délit d'offre d'emploi discriminatoire au sens de l'article L. 225-2, 5° c. pén. et non le délit de refus d'embauche (art. L. 225-2, 3°) en l'absence de victimes suffisamment identifiées. La responsabilité pénale des sociétés a pu être retenue au regard d'agissements commis par les représentants des personnes morales poursuivies et pour leur compte (cass. crim. 23 juin 2009, n° 07-85.109, B. crim. n° 126 ; *RJS* 10/09, n° 819). Voir également cass. crim. 30 septembre 2008, n° 07-87.734, B. crim. n° 199 ; note P. Eckly, « Des difficultés du demandeur d'emploi, victime d'une discrimination, à être indemnisé », *RDT* 2009.109.

Une circulaire DGEFP 98-36 du 21 octobre 1998 (BO TR 98/21) relative à la lutte contre les discriminations raciales sur le marché du travail demandait à l'ANPE [Pôle emploi] de veiller à ne répondre à aucune offre d'emploi discriminatoire, à n'en diffuser aucune et à saisir le procureur en cas de difficulté. Doit être, comme complice, condamné aux mêmes peines que celles infligées aux employeurs auteurs d'offres d'emploi discriminatoires (exclusion des demandeurs d'origine nord-africaine) le directeur de l'ANPE qui laisse afficher dans les locaux de l'agence qu'il dirige de telles offres dont il ne pouvait méconnaître le caractère discriminatoire (cass. crim. 18 juillet 1985, *JS* 1985, F 87 ; 30 janvier 1990, n° 86-92.690).

> Sur la protection des candidats à l'embauche lors des procédures de recrutement, voir également art. L. 1121-1, L. 1132-1, L. 1221-6, 8 et 9 et L. 1222-2, 3 et 4 CT, et accord national interprofessionnel sur la diversité dans l'entreprise du 11 octobre 2006, étendu par arrêté du 22 février 2008 (JO 1er mars).

Art. L. 5321-3. Aucune rétribution, directe ou indirecte, ne peut être exigée des personnes à la recherche d'un emploi en contrepartie de la fourniture de services de placement, sous réserve des dispositions :

1° Des articles L. 7121-9 et L. 7121-10, relatives aux conditions de placement, à titre onéreux, des artistes du spectacle ;

2° De l'article L. 222-6 du code du sport, relatives aux conditions d'exercice de l'activité d'agent sportif.

CHAPITRE II

Rôle des collectivités territoriales

Art. L. 5322-1. Dans les localités où il n'existe pas de bureau de l' ***(L. 2008-126 du 13 févr. 2008, JO 14)*** « institution mentionnée à l'article L. 5312-1 » ou de bureau des organismes ayant conclu une convention avec l' ***(L. 2008-126 du 13 févr. 2008, JO 14)*** « institution mentionnée à l'article L. 5312-1 » en application des dispositions de l'article L. 5312-3, les maires sont chargés de recevoir et de consigner les déclarations des demandeurs d'emploi et de les transmettre à ces organismes ou, en l'absence de convention, à l' ***(L. 2008-126 du 13 févr. 2008, JO 14)*** « institution mentionnée à l'article L. 5312-1 ».

> *Note* L'action en responsabilité du chef du refus du maire d'une commune dépourvue d'agence locale pour l'emploi de recevoir la demande d'inscription formulée par un demandeur d'emploi doit être dirigée à l'encontre de l'État (CE 6 février 1998, n° 176922, *RJS* 5/98 n° 624).

Art. L. 5322-2. Les communes peuvent recevoir des offres d'emploi et réaliser des opérations de placement en faveur de leurs administrés à la recherche d'un emploi, après avoir conclu à cet effet une convention avec l'État et l' ***(L. 2008-126 du 13 févr. 2008, JO 14)*** « institution mentionnée à l'article L. 5312-1 ».

Art. L. 5322-3. À leur demande, les maires, pour les besoins du placement ou pour la détermination des avantages sociaux auxquels peuvent prétendre les intéressés, ont communication de la liste des demandeurs d'emploi domiciliés dans leur commune.

Art. L. 5322-4. Des décrets en Conseil d'État déterminent les conditions d'application du présent chapitre, notamment les conditions de transmission aux maires de la liste des demandeurs d'emploi inscrits sur leur commune, en application de l'article L. 5322-3.

Art. R. 5322-1. Lorsqu'une commune souhaite réaliser des opérations de placement, elle adresse sa demande de convention au préfet et à l' ***(D. 2008-1010 du 29 sept. 2008, art. 7, JO 30)*** « institution mentionnée à l'article L. 5312-1 du code du travail ».

Une copie de la délibération du conseil municipal autorisant le maire à conclure une convention avec l'agence et l'État est jointe à la demande.

Art. R. 5322-2. Le projet de convention est soumis par le préfet à l'avis de l'instance paritaire régionale prévue à l'article L. 5312-10.

Art. R. 5322-3. La convention par laquelle une commune devient correspondant de l' ***(D. 2008-1010 du 29 sept. 2008, art. 7, JO 30)*** « institution mentionnée à l'article L. 5312-1 du code du travail », est conclue compte tenu des moyens que la commune est disposée à mettre en œuvre au profit des usagers du service public du placement.

Cette convention est signée par le préfet et par le directeur régional.

Art. R. 5322-4. Lorsque des informations sont communiquées au maire au titre de l'article L. 5322-3, elles comprennent les noms, prénoms et adresses des demandeurs d'emploi et, le cas échéant, l'indication qu'un revenu de remplacement mentionné à l'article L. 5421-1 est versé.

Art. R. 5322-5. Les informations reçues par le maire en application de l'article L. 5322-3 ne peuvent être partagées par lui qu'avec ses adjoints ayant reçu délégation en matière de placement, ou d'attribution d'avantages sociaux ainsi qu'avec les services municipaux compétents dans l'un de ces domaines.

Art. R. 5322-6. Les dépenses occasionnées par la communication au maire de la liste des demandeurs d'emploi sont réparties entre l' ***(D. 2008-1010 du 29 sept. 2008, art. 7, JO 30)*** « institution mentionnée à l'article L. 5312-1 du code du travail » et la commune dans les conditions fixées par arrêté des ministres chargés des collectivités locales, du budget et de l'emploi.

CHAPITRE III

Placement privé

Note La loi 2010-853 du 23 juillet 2010, art. 29 (JO 24) a abrogé les articles L. 5323-2 et L. 5323-3. L'article L. 5324-1 (ancien) a été renuméroté en L. 5323-1 dans le nouveau chapitre III « Contrôle » (ancien chapitre IV). Les dispositions réglementaires du chapitre III « Placement privé » sont, comme les dispositions législatives qui ont été abrogées, appelées à disparaître.

[Dispositions réglementaires]

SECTION 1. Déclaration préalable

Art. R. 5323-1. La déclaration préalable à l'exercice à titre principal d'une activité de placement prévue à l'article L. 5323-1 est adressée au préfet du département du siège social de l'organisme. Cette déclaration est envoyée par lettre recommandée avec avis de réception au plus tard la veille de la date de début d'activité.

La déclaration préalable est conforme à un modèle fixé par arrêté du ministre chargé de l'emploi.

Art. R. 5323-2. Outre les informations relatives au respect des conditions fixées à l'article L. 5321-2 et L. 5321-3, la déclaration préalable mentionne :

1° S'il s'agit d'une personne morale : la dénomination sociale, l'objet social, les nom patronymique, prénoms, date et lieu de naissance, adresse du dirigeant de l'entreprise, le code APE ;

2° S'il s'agit d'une personne physique : ses nom patronymique et prénoms, date et lieu de naissance, adresse.

Art. R. 5323-3. Les informations transmises pour la déclaration préalable font l'objet d'une saisie informatique par les services du préfet.

Art. R. 5323-4. Le préfet, après s'être assuré de la conformité de la déclaration avec les prescriptions des articles R. 5323-1 à R. 5323-3, adresse au déclarant, dans les quinze jours qui suivent la réception de la déclaration, un document en accusant réception.

Ce document est produit par l'organisme privé de placement sur demande de l'administration.

Art. R. 5323-5. Le déclarant fait connaître au préfet toute modification des informations mentionnées à l'article R. 5323-2, notamment sa cessation d'activité.

Art. R. 5323-6. La déclaration préalable à l'exercice à titre principal d'une activité de placement devient caduque lorsque le bilan annuel d'activité prévu à l'article R. 5323-8 ne fait apparaître aucun placement pendant deux années consécutives, ou si aucun bilan d'activité n'a été transmis pendant deux années consécutives.

SECTION 2. Transmission d'informations

Art. R. 5323-7. L'agence de placement privée adresse régulièrement au préfet des renseignements d'ordre statistique sur son activité de placement.

Art. R. 5323-8. L'organisme de droit privé exerçant à titre principal une fonction de placement adresse au préfet chaque année, avant le 31 mars de l'année suivante, et selon un modèle fixé par arrêté du ministre chargé de l'emploi :

1° Le chiffre d'affaires relatif au placement, réalisé sur l'année écoulée, rapporté s'il y a lieu au chiffre d'affaire total ;

2° Le nombre des personnes à la recherche d'un emploi, réparties selon le sexe et l'âge :
a) Reçues au cours de l'année ;
b) Placées au cours de l'année ;
c) Inscrites dans les fichiers de l'organisme au 31 décembre.

Art. R. 5323-9. L'organisme privé de placement peut collecter les données à caractère personnel relatives aux personnes à la recherche d'un emploi dans la mesure où elles sont nécessaires à l'activité de placement, à l'exception du numéro d'inscription au répertoire national d'identification des personnes physiques.

Art. R. 5323-10. La collecte, l'utilisation, la conservation et la transmission des données à caractère personnel sont réalisées dans le respect du principe de non-discrimination mentionné aux articles L. 1132-1 à L. 1132-4 et de la loi n° 78-17 du 6 janvier 1978 relative à l'informatique, aux fichiers et aux libertés.

Art. R. 5323-11. Les données relatives aux personnes à la recherche d'un emploi enregistrées dans un traitement de données mis en œuvre par les seuls organismes privés de placement ne peuvent être conservées au-delà d'un délai de six ans à compter de leur enregistrement.

SECTION 3. Contrats de prestations

Art. R. 5323-12. L'organisme privé de placement qui a conclu un contrat de prestations de services avec l'un des organismes participant au service public de l'emploi mentionnés à l'article L. 5311-2 pour la prise en charge de demandeurs d'emploi est destinataire du projet personnalisé d'accès à l'emploi prévu par les articles R. 5411-14 à R. 5411-16.

Art. R. 5323-13. L'organisme privé de placement adresse à l'organisme du service public de l'emploi commanditaire de la prestation de placement et, dans tous les cas, à l' ***(D. 2008-1010 du 29 sept. 2008, art. 7, JO 30)*** « institution mentionnée à l'article L. 5312-1 du code du travail », les informations relatives au demandeur d'emploi qui sont nécessaires, notamment :

1° À l'adaptation dans le temps du projet personnalisé d'accès à l'emploi du demandeur d'emploi ;

2° À l'actualisation de la liste des demandeurs d'emploi ;

3° À l'indemnisation des demandeurs d'emploi ;

4° À l'exercice effectif des opérations de suivi de la recherche d'emploi prévues aux articles L. 5426-1 à L. 5426-4.

Art. R. 5323-14. Les échanges d'informations prévus à l'article R. 5323-13 sont réalisés par la transmission du dossier unique du demandeur d'emploi et selon les modalités fixées par la convention conclue entre l'État, l' ***(D. 2008-1010 du 29 sept. 2008, art. 7, JO 30)*** « institution mentionnée à l'article L. 5312-1 du code du travail » et les organismes gestionnaires du régime d'assurance chômage.

Ces échanges d'informations sont conformes à des normes définies par arrêté du ministre chargé de l'emploi.

CHAPITRE *(L. 2010-853 du 23 juil. 2010, art. 29, JO 24)* « III »

Contrôle

Art. L. 5323-1. *(L. 2010-853 du 23 juil. 2010, art. 29, JO 24)* « Les fonctionnaires et agents chargés du contrôle de l'application du droit du travail sont habilités à constater les manquements aux dispositions du chapitre Ier. »

Lorsque l'activité de placement est exercée en méconnaissance de ces dispositions ou en cas d'atteinte à l'ordre public, l'autorité administrative peut, après mise en demeure, ordonner la fermeture de l'organisme en cause pour une durée n'excédant pas trois mois.

Art. R. 5324-1. Lorsque des manquements à la réglementation ont été constatés dans les conditions fixées à l'article L. 5324-1, l'organisme privé de placement est invité à présenter ses observations dans un délai de quinze jours.

Au-delà de ce délai, le préfet peut adresser à l'organisme une mise en demeure de se mettre en conformité. Cette mise en demeure, notifiée par lettre recommandée avec avis de réception, énonce les manquements constatés.

Passé un délai qui ne peut être inférieur à quinze jours, le préfet peut ordonner la fermeture de l'organisme pour une durée n'excédant pas trois mois.

CHAPITRE *(L. 2010-853 du 23 juil. 2010, art. 29, JO 24)* « IV »

Dispositions pénales

Art. L. 5324-1. Le fait d'exiger une rétribution, directe ou indirecte, des personnes à la recherche d'un emploi, en contrepartie de la fourniture de services de placement, en méconnaissance des dispositions de l'article L. 5321-3, est puni d'un emprisonnement de six mois et d'une amende de 3750 €.

TITRE III

DIFFUSION ET PUBLICITÉ DES OFFRES ET DEMANDES D'EMPLOI

Note Sur la publicité et les effets juridiques de l'offre d'emploi, voir Y. Rousseau, « Les offres d'emploi », *Dr. Soc.* 1992, p. 323.

CHAPITRE Ier

Interdictions

Art. L. 5331-1. Il est interdit de vendre des offres ou des demandes d'emploi, quel que soit le support utilisé.

Toutefois, cette interdiction ne fait pas obstacle à l'insertion, à titre onéreux, d'offres ou de demandes d'emploi dans une publication ou un autre moyen de communication payant.

Art. L. 5331-2. Il est interdit de faire publier dans un journal, revue ou écrit périodique ou de diffuser par tout autre moyen de communication accessible au public une insertion d'offres d'emploi ou d'offres de travaux à domicile comportant la mention d'une limite d'âge supérieure exigée du postulant à un emploi.

Cette interdiction ne concerne pas les offres qui fixent des conditions d'âge imposées par les dispositions légales.

Art. L. 5331-3. Il est interdit de faire publier dans un journal, revue ou écrit périodique ou de diffuser par tout autre moyen de communication accessible au public une insertion d'offres d'emploi ou d'offres de travaux à domicile comportant des alllégations fausses ou susceptibles d'induire en erreur et portant en particulier sur un ou plusieurs éléments suivants :

1° L'existence, le caractère effectivement disponible, l'origine, la nature et la description de l'emploi ou du travail à domicile offert ;

2° La rémunération et les avantages annexes proposés ;

3° Le lieu du travail.

Art. L. 5331-4. Il est interdit de faire publier dans un journal, revue ou écrit périodique ou de diffuser par tout autre moyen de communication accessible au public une insertion d'offres d'emploi ou d'offres de travaux à domicile comportant un texte rédigé en langue étrangère.

Lorsque l'emploi ou le travail offert ne peut être désigné que par un terme étranger sans correspondant en français, le texte français en comporte une description suffisamment détaillée pour ne pas induire en erreur au sens de l'article L. 5331-3.

Ces prescriptions s'appliquent aux services à exécuter sur le territoire français, quelle que soit la nationalité de l'auteur de l'offre ou de l'employeur, et aux services à exécuter hors du territoire français lorsque l'auteur de l'offre ou l'employeur est français, alors même que la parfaite connaissance d'une langue étrangère serait une des conditions requises pour tenir l'emploi proposé.

Toutefois, les directeurs de publications et les personnes responsables de moyens de communication utilisant, en tout ou partie, une langue étrangère peuvent, en France, recevoir des offres d'emploi rédigées dans cette langue.

Art. L. 5331-5. Il est interdit de faire publier dans un journal, revue ou écrit périodique, ou de diffuser par tout autre moyen de communication accessible au public une insertion de prestation de services concernant les offres d'emploi ou les carrières et comportant des allégations fausses ou susceptibles d'induire en erreur, notamment sur le caractère gratuit de ce service.

Art. L. 5331-6. Des décrets en Conseil d'État déterminent les conditions d'application du présent chapitre.

Art. L. 5334-1. Le fait d'insérer une offre d'emploi ou une offre de travaux à domicile, en méconnaissance des dispositions de l'article L. 5331-3, est puni d'un emprisonnement d'un an et d'une amende de 37 500 €.

Le fait d'insérer une offre de service concernant les emplois et carrières, en méconnaissance des dispositions de l'article L. 5331-5, est puni des mêmes peines.

L'annonceur qui a demandé la diffusion de l'offre est responsable de l'infraction commise. Le directeur de la publication ou le fournisseur du service ayant communiqué l'offre au public est responsable lorsqu'il a agi sans demande expresse d'insertion de l'offre émanant de l'annonceur.

CHAPITRE II

Conditions de publication et de diffusion des offres d'emploi

Art. L. 5332-1. Toute offre d'emploi publiée ou diffusée est datée.

Art. L. 5332-2. Tout employeur qui fait insérer dans un journal, revue ou écrit périodique ou fait diffuser par tout autre moyen de communication accessible au public une offre anonyme d'emploi fait connaître son nom ou sa raison sociale et son adresse au directeur de la publication ou au responsable du moyen de communication.

Lorsque l'insertion est demandée par une agence de publicité, un organisme de sélection ou tout autre intermédiaire, celui-ci fournit au directeur de la publication ou au responsable du moyen de communication les renseignements concernant l'employeur mentionnés au premier alinéa.

Art. L. 5332-3. Les publicités faites en faveur d'une ou plusieurs entreprises de travail temporaire et les offres d'emploi provenant de celles-ci mentionnent expressément leur dénomination et leur caractère d'entreprise de travail temporaire.

Art. L. 5332-4. Dans le cas d'offre anonyme, l'autorité administrative et les services de l' ***(L. 2008-126 du 13 févr. 2008, JO 14)*** « institution mentionnée à l'article L. 5312-1 » peuvent, sur simple demande de leur part, obtenir du directeur de la publication ou du responsable du moyen de communication le nom ou la raison sociale et l'adresse de l'employeur.

Ces renseignements peuvent être utilisés pour l'information des candidats éventuels à l'offre d'emploi publiée ou diffusée.

Art. L. 5332-5. Des décrets en Conseil d'État déterminent les conditions d'application du présent chapitre, notamment, les conditions d'utilisation des informations nominatives que les organismes exerçant une activité de placement peuvent demander, détenir, conserver, diffuser et céder pour les besoins de cette activité.

Art. R. 5332-1. L'autorité administrative mentionnée à l'article L. 5332-4 est le ***(D. 2009-1377 du 10 nov. 2009, JO 13 ; D. 2010-687 du 24 juin 2010, JO 25 ; voir D. 2010-1582 du 17 déc. 2010, JO 18, pour outre-mer)*** « directeur régional des entreprises, de la concurrence, de la consommation, du travail et de l'emploi ».

Art. R. 5332-2. La transmission des offres d'emploi au ***(D. 2009-1377 du 10 nov. 2009, JO 13 ; D. 2010-687 du 24 juin 2010, JO 25 ; voir D. 2010-1582 du 17 déc. 2010, JO 18, pour outre-mer)*** « directeur régional des entreprises, de la concurrence, de la consommation, du travail et de l'emploi » n'est faite que sur demande expresse de celui-ci précisant le numéro ou la date de la publication auxquels ces offres se rapportent.

Art. R. 5334-1. Le fait de méconnaître les dispositions des articles ***(D. 2009-289 du 13 mars 2009, JO 15)*** « L. 5331-1, L. 5331-2, L. 5331-4, L. 5332-1 et L. 5332-3 », relatives aux conditions de publication et de diffusion des offres d'emploi, est puni de l'amende prévue pour les contraventions de la 3e classe.

CHAPITRE III

Contrôle

Art. L. 5333-1. Les agents de la concurrence, de la consommation et de la répression des fraudes sont habilités à rechercher et constater, dans les conditions prévues à l'article L. 121-2 du code de la consommation :

1° Les infractions aux dispositions de l'article L. 5331-3 ;
2° Les infractions aux dispositions de l'article L. 5331-5.

Art. L. 5333-2. Des décrets en Conseil d'État déterminent les conditions d'application du présent chapitre.

CHAPITRE IV

Dispositions pénales

Les articles législatifs et réglementaires ont été insérés à la suite de chacun des chapitres auxquels ils se rapportent.

LIVRE IV

LE DEMANDEUR D'EMPLOI

TITRE Ier

DROITS ET OBLIGATIONS DU DEMANDEUR D'EMPLOI

CHAPITRE Ier

Inscription du demandeur d'emploi et recherche d'emploi

SECTION 1. Inscription sur la liste des demandeurs d'emploi

Art. L. 5411-1. A la qualité de demandeur d'emploi toute personne qui recherche un emploi et demande son inscription sur la liste des demandeurs d'emploi auprès de l' ***(L. 2008-126 du 13 févr. 2008, art. 16, JO 14)*** « institution mentionnée à l'article L. 5312-1 ».

Note • Voir « Qu'est-ce qu'un chômeur? », L. Casaux-Labrunée, *Dr. Soc.* 1996, p. 577 et « L'activité bénévole du chômeur », Ch. Willmann, *Dr. Soc.* 1999, p. 162 ; « Droits et devoirs des demandeurs d'emploi », M. Véricel, *RDT* 2009, 101. ; « Le demandeur d'emploi à la recherche de ses obligations », L. Camaji, *Dr. Soc.* 2010, p. 666.

• Les dispositions du code du travail, qui soumettent le travailleur inscrit sur la liste des demandeurs d'emploi tenue par l'ANPE [Pôle emploi] à des obligations telles que, notamment, le renouvellement de la demande d'inscription, l'acceptation d'un emploi ou d'une action de formation proposés, ou la réponse à des convocations, font obstacle à ce que cette inscription ait un caractère rétroactif (CE 14 octobre 1994, n° 88929, *JCP* éd. E 1994. Pan. 1223 ; 23 juin 2004, n° 259412, Garnier).

Art. L. 5411-2. Les demandeurs d'emploi renouvellent périodiquement leur inscription selon des modalités fixées par arrêté du ministre chargé de l'emploi et la catégorie dans laquelle ils ont été inscrits.

Ils portent également à la connaissance de l' ***(L. 2008-126 du 13 févr. 2008, art. 16, JO 14)*** « institution mentionnée à l'article L. 5312-1 » les changements affectant leur situation susceptibles d'avoir une incidence sur leur inscription comme demandeurs d'emploi.

Note Un arrêté du 5 février 1992 (JO 6) relatif au renouvellement de la demande d'emploi modifié par arrêtés du 5 mai 1995 (JO 7) et du 13 janvier 1997 (JO 15 mars) précise les conditions dans lesquelles doit s'effectuer ce renouvellement. Pour le calendrier 2012, voir arrêté du 23 janvier 2012 (JO 28).

Art. L. 5411-3. Les personnes inscrites sur la liste des demandeurs d'emploi sont classées dans des catégories déterminées par arrêté du ministre chargé de l'emploi en fonction de l'objet de leur demande et de leur disponibilité pour occuper un emploi.

Note Un arrêté du 5 février 1992 (JO 6), modifié par un arrêté du 5 mai 1995 (JO 7), a défini les catégories de demandeurs d'emploi. Une nouvelle classification statistique des demandeurs d'emploi, comportant cinq catégories (voir *www.insee.fr*), est entrée en vigueur en mars 2009.

Art. L. 5411-4. Lors de l'inscription d'une personne étrangère sur la liste des demandeurs d'emplois, l' ***(L. 2008-126 du 13 févr. 2008, art. 16, JO 14)*** « institution mentionnée à l'article L. 5312-1 » vérifie la validité de ses titres de séjour et de travail.

L' ***(L. 2008-126 du 13 févr. 2008, art. 16, JO 14)*** « institution » peut avoir accès aux fichiers des services de l'État pour obtenir les informations nécessaires à cette vérification.

Lorsque ces informations sont conservées sur support informatique, elles peuvent faire l'objet d'une transmission autorisée dans les conditions prévues au chapitre IV de la loi n° 78-17 du 6 janvier 1978 relative à l'informatique, aux fichiers et aux libertés.

Note L'ANPE est fondée à refuser de faire droit à une demande d'inscription émanant d'un étranger titulaire de simples autorisations provisoires de séjour ne lui permettant pas de travailler (CE 9 septembre 1996, n° 134139, *RJS* 11/96 n° 1212).

Art. L. 5411-5. Les personnes invalides mentionnées aux 2° et 3° de l'article L. 341-4 du code de la sécurité sociale, bénéficiaires à ce titre d'un avantage social lié à une incapacité totale de travail, ne peuvent être inscrites sur la liste des demandeurs d'emploi pendant la durée de leur incapacité.

Note Sur l'inopposabilité des dispositions du 2e alinéa de l'article L. 311-5 [L. 5411-5] CT aux titulaires d'une pension d'invalidité de 2e ou 3e catégorie qui ont conservé ou repris une activité professionnelle, voir rép. QE 44319, JO AN 18 décembre 2000, p. 7174.

Inscription sur la liste des demandeurs d'emploi

Art. R. 5411-1. La liste des demandeurs d'emploi est tenue par l' ***(D. 2008-1010 du 29 sept. 2008, art. 7, JO 30)*** « institution mentionnée à l'article L. 5312-1 du code du travail ».

Art. R. 5411-2. Pour demander son inscription sur la liste des demandeurs d'emploi, le travailleur recherchant un emploi se présente personnellement auprès des services de l' ***(D. 2008-1010 du 29 sept. 2008, art. 7, JO 30)*** « institution mentionnée à l'article L. 5312-1 du code du travail ».

Dans les localités où les services mentionnés au premier alinéa n'existent pas, le travailleur recherchant un emploi se présente personnellement auprès des services de la mairie de son domicile.

Note Voir « La compétence liée de l'administration dans le cas de refus d'inscription rétroactive d'une personne sur la liste des demandeurs d'emploi », TA Marseille, 1re ch., 5 octobre 2010, M. Vitale, Concl. V. Muller, *Dr. Soc.* 2011, p. 196.

Art. R. 5411-3. Pour demander son inscription, le travailleur recherchant un emploi justifie de son identité et déclare sa domiciliation.

(D. 2008-1056 du 13 oct. 2008, art. 10, JO 14) « Un arrêté du ministre chargé de l'emploi fixe la liste des documents permettant au demandeur d'emploi de justifier de son identité. »

Le travailleur étranger justifie, en outre, de la régularité de sa situation au regard des dispositions réglementant l'exercice d'activités professionnelles salariées par les étrangers.

Note

- Un arrêté du 24 novembre 2008 (JO 3 déc.) fixe la liste des documents permettant aux demandeurs d'emploi de justifier de leur identité. Sur la présentation d'une carte nationale d'identité en cours de validité pour s'inscrire à Pôle emploi, voir rép. QE 116944, JO AN 22 novembre 2011, p. 12374 ; au sujet de l'inscription et de l'indemnisation de manière temporaire sur présentation d'une attestation du service chargé de la production de la pièce d'identité, voir rép. QE 55893, JO AN 17 novembre 2009, p. 10923.
- L'ANPE [l'institution mentionnée à l'art. L. 5312-1 CT] est autorisée à collecter auprès des demandeurs d'emploi leur numéro d'inscription au Répertoire national d'identification des personnes physiques (décret 87-1025 du 17 décembre 1987, JO 22, modifié par décret 92-968 du 7 septembre 1992, JO 11).

Art. R. 5411-4. Lors de son inscription, le travailleur recherchant un emploi est informé de ses droits et obligations.

Art. R. 5411-5. La personne qui demande son inscription moins de six mois après avoir cessé d'être inscrite ou après avoir été radiée de la liste des demandeurs d'emploi n'est pas tenue de se présenter personnellement aux services mentionnés à l'article R. 5411-2.

Dans ce cas, l'inscription est faite par voie postale ou électronique, dans des conditions fixées par un arrêté du ministre chargé de l'emploi. Cet arrêté précise notamment les modalités selon lesquelles le service destinataire adresse à cette personne la preuve de sa demande.

Note Voir arrêté du 19 juin 1997 (JO 26).

Changement de situation

Art. R. 5411-6. Les changements affectant la situation au regard de l'inscription ou du classement du demandeur d'emploi et devant être portés à la connaissance de l' ***(D. 2008-1010 du 29 sept. 2008, art. 7, JO 30)*** « institution mentionnée à l'article L. 5312-1 du code du travail », en application du second alinéa de l'article L. 5411-2, sont les suivants :

1° L'exercice de toute activité professionnelle, même occasionnelle ou réduite et quelle que soit sa durée ;

2° Toute période d'indisponibilité due à une maladie, une maternité, à un accident de travail, une incorporation dans le cadre du service national ou une incarcération ;

3° La participation à une action de formation, rémunérée ou non ;

4° L'obtention d'une pension d'invalidité au titre des 2° et 3° de l'article L. 341-4 du code de la sécurité sociale ;

5° Pour le travailleur étranger, l'échéance de son titre de travail.

Note • En l'absence de renouvellement de la demande d'inscription sur la liste des demandeurs d'emploi à l'expiration d'un congé de maladie, la personne radiée n'est plus inscrite sur cette liste (CE 21 février 1997, n° 150949, *D.* 1998 somm. 235). En l'absence de demande de la part de la personne au chômage, l'ANPE ne peut légalement procéder d'office à l'inscription (CE 14 octobre 1994, n° 88929). En l'absence d'information de l'ANPE sur son changement d'adresse, le demandeur d'emploi est mal fondé à contester la radiation consécutive à l'absence d'actualisation mensuelle de sa situation (CE 16 octobre 1998, n° 161094, *D.* 2000 SC 349).

• La reprise d'une activité dépassant 78 heures par mois entraîne soit un transfert de catégorie, soit une cessation d'inscription (rép. QE 39344, JO AN 19 octobre 2004, p. 8179).

Art. R. 5411-7. Le demandeur d'emploi porte à la connaissance de l' ***(D. 2008-1010 du 29 sept. 2008, art. 7, JO 30)*** « institution mentionnée à l'article L. 5312-1 du code du travail » les changements de situation le concernant dans un délai de soixante-douze heures.

Art. R. 5411-8. Le demandeur d'emploi informe, dans un délai de soixante-douze heures, les services de l' ***(D. 2008-1010 du 29 sept. 2008, art. 7, JO 30)*** « institution mentionnée à l'article L. 5312-1 du code du travail » de toute absence de sa résidence habituelle d'une durée supérieure à sept jours et de tout changement de domicile.

SECTION 2. Recherche d'emploi

Art. L. 5411-6. ***(L. 2008-758 du 1er août 2008, JO 2)*** Le demandeur d'emploi immédiatement disponible pour occuper un emploi est orienté et accompagné dans sa recherche d'emploi par l'institution mentionnée à l'article L. 5312-1. Il est tenu de participer à la définition et à l'actualisation du projet personnalisé d'accès à l'emploi mentionné à l'article L. 5411-6-1, d'accomplir des actes positifs et répétés de recherche d'emploi et d'accepter les offres raisonnables d'emploi telles que définies aux articles L. 5411-6-2 et L. 5411-6-3.

Note Voir circulaire DGEFP 2008-18 du 5 novembre 2008 relative à la mise en œuvre du projet personnalisé d'accès à l'emploi et à l'offre raisonnable d'emploi (BO TR 2009/01 ; *LS* Bref social n° 15243 du 20 novembre 2008).

Art. L. 5411-6-1. ***(L. 2008-758 du 1er août 2008, JO 2)*** Un projet personnalisé d'accès à l'emploi est élaboré et actualisé conjointement par le demandeur d'emploi et l'institution mentionnée à l'article L. 5312-1 ou, lorsqu'une convention passée avec l'institution précitée le prévoit, un organisme participant au service public de l'emploi. Le projet personnalisé d'accès à l'emploi et ses actualisations sont alors transmis pour information à l'institution mentionnée à l'article L. 5312-1.

Ce projet précise, en tenant compte de la formation du demandeur d'emploi, de ses qualifications, de ses connaissances et compétences acquises au cours de ses expériences professionnelles, de sa situation personnelle et familiale ainsi que de la situation du marché du travail local, la nature et les caractéristiques de l'emploi ou des emplois recherchés, la zone géographique privilégiée et le niveau de salaire attendu.

Le projet personnalisé d'accès à l'emploi retrace les actions que l'institution mentionnée à l'article L. 5312-1 s'engage à mettre en œuvre dans le cadre du service public de l'emploi, notamment en matière d'accompagnement personnalisé et, le cas échéant, de formation et d'aide à la mobilité.

Note Le bénéficiaire du revenu de solidarité active orienté vers l'institution mentionnée à l'article L. 5312-1 CT élabore conjointement avec le référent désigné au sein de cette institution ou d'un autre organisme participant au service public de l'emploi le projet personnalisé d'accès à l'emploi mentionné à l'article L. 5411-6-1 CT (art. L. 262-34 c. act. soc. fam.).

Le bénéficiaire du revenu de solidarité active orienté vers un organisme participant au service public de l'emploi autre que l'institution mentionnée à l'article L. 5312-1 CT conclut avec le département, représenté par le président du conseil général, sous un délai d'un mois après cette orientation, un contrat librement débattu énumérant leurs engagements réciproques en matière d'insertion professionnelle. Ce contrat précise les actes positifs et répétés de recherche d'emploi que le bénéficiaire s'engage à accomplir. Il précise également, en tenant compte de la formation du bénéficiaire, de ses qualifications, de ses connaissances et compétences acquises au cours de ses expériences professionnelles, de sa situation personnelle et familiale ainsi que de la situation du marché du travail local, la nature et les caractéristiques de l'emploi ou des emplois recherchés, la zone géographique privilégiée et le niveau de salaire attendu. Le bénéficiaire ne peut refuser plus de deux offres raisonnables d'emploi ainsi définies. Le contrat retrace les actions que l'organisme vers lequel il a été orienté s'engage à mettre en œuvre dans le cadre du service public, notamment en matière d'accompagnement personnalisé et, le cas échéant, de formation et d'aide à la mobilité. Lorsque le bénéficiaire ne respecte pas une stipulation de ce contrat, l'organisme vers lequel il a été orienté le signale au président du conseil général (art. L. 262-35 c. act. soc. fam.).

Sauf décision prise au regard de la situation particulière du bénéficiaire, le versement du revenu de solidarité active est suspendu, en tout ou partie, par le président du conseil général : 1° Lorsque, du fait du bénéficiaire et sans motif légitime, le projet personnalisé d'accès à l'emploi ou l'un des contrats mentionnés aux articles L. 262-35 et L. 262-36 ne sont pas établis dans les délais prévus ou ne sont pas renouvelés ; 2° Lorsque, sans motif légitime, les dispositions du projet personnalisé d'accès à l'emploi ou les stipulations de l'un des contrats mentionnés aux articles L. 262-35 et L. 262-36 ne sont pas respectées par le bénéficiaire ; 3° Lorsque le bénéficiaire du revenu de solidarité active, accompagné par l'institution mentionnée à l'article L. 5312-1 CT, a été radié de la liste mentionnée à l'article L. 5411-1 CT ; 4° Ou lorsque le bénéficiaire refuse de se soumettre aux contrôles. Cette suspension ne peut intervenir sans que le bénéficiaire, assisté à sa demande par une personne de son choix, ait été mis en mesure de faire connaître ses observations aux équipes pluridisciplinaires mentionnées à l'article L. 262-39 dans un délai qui ne peut excéder un mois (voir art. L. 262-37 et s. c. act. soc. fam.).

Le président du conseil général constitue des équipes pluridisciplinaires composées notamment de professionnels de l'insertion sociale et professionnelle, en particulier des agents de l'institution mentionnée à l'article L. 5312-1 CT dans des conditions précisées par la convention mentionnée à l'article L. 262-32, de représentants du département et des maisons de l'emploi ou, à défaut, des personnes morales gestionnaires des plans locaux pluriannuels pour l'insertion et l'emploi et de représentants des bénéficiaires du revenu de solidarité active. Les équipes pluridisciplinaires sont consultées préalablement aux décisions de réorientation vers les organismes d'insertion sociale ou professionnelle et de réduction ou de suspension du revenu de solidarité active qui affectent le bénéficiaire (art. L. 262-39 c. act. soc. fam.).

Art. L. 5411-6-2. *(L. 2008-758 du 1er août 2008, JO 2)* La nature et les caractéristiques de l'emploi ou des emplois recherchés, la zone géographique privilégiée et le salaire attendu, tels que mentionnés dans le projet personnalisé d'accès à l'emploi, sont constitutifs de l'offre raisonnable d'emploi.

Art. L. 5411-6-3. *(L. 2008-758 du 1er août 2008, JO 2)* Le projet personnalisé d'accès à l'emploi est actualisé périodiquement. Lors de cette actualisation, les éléments constitutifs de l'offre raisonnable d'emploi sont révisés, notamment pour accroître les perspectives de retour à l'emploi.

Lorsque le demandeur d'emploi est inscrit sur la liste des demandeurs d'emploi depuis plus de trois mois, est considérée comme raisonnable l'offre d'un emploi compatible avec ses qualifications et compétences professionnelles et rémunéré à au moins 95 % du salaire antérieurement perçu. Ce taux est porté à 85 % après six mois d'inscription. Après un an d'inscription, est considérée comme raisonnable l'offre d'un emploi compatible avec les qualifications et les compétences professionnelles du demandeur d'emploi et rémunéré au moins à hauteur du revenu de remplacement prévu à l'article L. 5421-1.

Lorsque le demandeur d'emploi est inscrit sur la liste des demandeurs d'emploi depuis plus de six mois, est considérée comme raisonnable une offre d'emploi entraînant, à l'aller comme au retour, un temps de trajet en transport en commun, entre le domicile et le lieu de travail, d'une durée maximale d'une heure ou une distance à parcourir d'au plus trente kilomètres.

Si le demandeur d'emploi suit une formation prévue dans son projet personnalisé d'accès à l'emploi, les durées mentionnées au présent article sont prorogées du temps de cette formation.

Note Pour les personnes inscrites sur la liste des demandeurs d'emploi antérieurement à l'entrée en vigueur de la loi 2008-758 du 1er août 2008 (JO 2), les délais fixés à l'article L. 5411-6-3 CT sont décomptés à partir de la date où leur projet personnalisé d'accès à l'emploi est défini ou actualisé pour la première fois dans les conditions prévues aux articles L. 5411-6-1 et L. 5411-6-3 du même code.

Art. L. 5411-6-4. *(L. 2008-758 du 1er août 2008, JO 2)* Les dispositions de la présente section et du 2° de l'article L. 5412-1 ne peuvent obliger un demandeur d'emploi à accepter un niveau de salaire inférieur au salaire normalement pratiqué dans la région et pour la profession concernée. Elles s'appliquent sous réserve des autres dispositions légales et des stipulations conventionnelles en vigueur, notamment celles relatives au salaire minimum de croissance. Si le projet personnalisé d'accès à l'emploi prévoit que le ou les emplois recherchés sont à temps complet, le demandeur d'emploi ne peut être obligé d'accepter un emploi à temps partiel.

Art. L. 5411-7. Lorsqu'elles satisfont à des conditions déterminées par décret en Conseil d'État, les personnes qui ne peuvent occuper sans délai un emploi, notamment en raison d'une activité occasionnelle ou réduite ou d'une formation, peuvent être réputées immédiatement disponibles.

[**Art. L. 5411-8.** Abrogé, à compter du 1er janvier 2012, par la loi 2008-758 du 1er août 2008, art. 4, II, JO 2.]

Sous-section 1. **Disponibilité du demandeur d'emploi**

Art. R. 5411-9. Est considérée comme immédiatement disponible pour occuper un emploi, pour l'application de l'article L. 5411-6, la personne qui n'exerce aucune activité professionnelle, qui ne suit aucune action de formation professionnelle et dont la situation personnelle lui permet d'occuper sans délai un emploi.

Art. R. 5411-10. Est réputée immédiatement disponible pour occuper un emploi, au sens de l'article L. 5411-7 ***(D. 2008-1056 du 13 oct. 2008, art. 2, JO 14)*** « et pour l'application de l'article L. 5411-6 », la personne qui, au moment de son inscription à l' ***(D. 2008-1010 du 29 sept. 2008, art. 7, JO 30)*** « institution mentionnée à l'article L. 5312-1 du code du travail » ou du renouvellement de sa demande d'emploi :

1° Exerce ou a exercé au cours du mois précédent une activité occasionnelle ou réduite n'excédant pas soixante-dix-huit heures par mois ;

2° Suit une action de formation n'excédant pas au total quarante heures ou dont les modalités d'organisation, notamment sous forme de cours du soir ou par correspondance, lui permettent d'occuper simultanément un emploi ;

3° S'absente de son domicile habituel, après en avoir avisé l' ***(D. 2008-1010 du 29 sept. 2008, art. 7, JO 30)*** « institution mentionnée à l'article L. 5312-1 du code du travail », dans la limite de trente-cinq jours dans l'année civile ;

4° Est en congé de maladie ou en incapacité temporaire de travail, pour une durée n'excédant pas quinze jours ;

5° Est incarcérée pour une durée n'excédant pas quinze jours ;

6° Bénéficie d'un congé de paternité.

Note

• Voir X. Prétot, « Le contrôle des demandeurs d'emploi », *Dr. Soc.* 2005, p. 1179 ; Y. Rousseau, « Le suivi du chômage et des personnes tenues de rechercher un emploi après les lois de 2008 », *Dr. Soc.* 2009, p. 1101.

• En énonçant que la disponibilité immédiate suppose que le demandeur d'emploi n'exerce aucune activité professionnelle rémunérée ou non, l'instruction du directeur général de l'ANPE du 25 mars 1991 ajoute aux dispositions de l'article R. 311-3-3 [R. 5411-10] et se trouve annulée (CE 13 mai 1994 précité).

• Sur la mise en œuvre du congé de paternité pour les demandeurs d'emploi, voir directive Unédic 03-03 du 15 janvier 2003 (*LS* Bref social n° 13829 du 13 février 2003).

Sous-section 2. **Obligation d'actes positifs de recherche d'emploi**

Art. R. 5411-11. Sous réserve des dispenses prévues à l'article L. 5411-8 et au deuxième alinéa de l'article L. 5421-3, le demandeur d'emploi immédiatement disponible accomplit de manière permanente, tant sur proposition de l'un des organismes mentionnés à l'article L. 5311-2, en particulier dans le cadre du projet personnalisé d'accès à l'emploi prévu ***(D. 2008-1056 du 13 oct. 2008, art. 2, JO 14)*** « à l'article R. 5411-6-1 », que de leur propre initiative, des actes positifs et répétés en vue de retrouver un emploi, de créer ou de reprendre une entreprise.

Art. R. 5411-12. Le caractère réel et sérieux des démarches entreprises par le demandeur d'emploi est apprécié compte tenu de la situation du demandeur et de la situation ***(D. 2008-1056 du 13 oct. 2008, art. 11, JO 14)*** « du marché du travail local ».

[**Art. D. 5411-13.** Abrogé par décret 2008-1056 du 13 oct. 2008, art. 12, JO 14.]

Sous-section 3. **Projet personnalisé d'accès à l'emploi *(D. 2008-1056 du 13 oct. 2008, art. 1er, JO 14)* « et offre raisonnable d'emploi »**

Art. R. 5411-14. ***(D. 2008-1056 du 13 oct. 2008, art. 2, JO 14)*** Le projet personnalisé d'accès à l'emploi est élaboré conjointement par le demandeur d'emploi et l'institution mentionnée à l'article L. 5312-1 ou un des organismes mentionnés à l'article L. 5411-6-1 lors de l'inscription sur la liste des demandeurs d'emploi ou au plus tard dans les quinze jours suivant cette inscription.

Il est actualisé au moins tous les trois mois dans les mêmes conditions.

À l'issue de l'élaboration ou de l'actualisation du projet, l'institution mentionnée à l'article L. 5312-1 ou l'un des organismes mentionnés à l'article L. 5411-6-1 le notifie au demandeur d'emploi.

Art. R. 5411-15. ***(D. 2008-1056 du 13 oct. 2008, art. 3, JO 14)*** Pour l'application de l'article L. 5411-6-3, le salaire antérieurement perçu est défini selon les règles de détermination du salaire de référence servant au calcul de l'allocation d'assurance fixées par l'accord relatif à l'assurance chômage prévu à l'article L. 5422-20, agréé par le ministre chargé de l'emploi.

Le salaire antérieurement perçu est apprécié sur une base horaire.

Art. R. 5411-16. ***(D. 2008-1056 du 13 oct. 2008, art. 4, JO 14)*** Les conventions conclues entre l'institution mentionnée à l'article L. 5312-1 et les organismes participant au service public de l'emploi mentionnés à l'article L. 5311-4 définissent, conformément aux dispositions prévues par la convention pluriannuelle mentionnée à l'article L. 5312-3 :

1° Les règles d'élaboration et d'actualisation du projet personnalisé d'accès à l'emploi des demandeurs d'emploi dont l'accompagnement et le placement sont confiés à ces organismes ;

2° L'offre de service adaptée que ces organismes proposent ;

3° Les modalités de mise en œuvre du suivi de la recherche d'emploi ;

4° Les modalités d'échange d'information, d'évaluation et de suivi des résultats.

Les conventions prévoient également que, lorsque ces organismes constatent des faits susceptibles de constituer un des manquements mentionnés aux articles L. 5412-1 et L. 5412-2, ils en informent l'institution mentionnée à l'article L. 5312-1.

Note Sauf détournement de la finalité de la convention ayant pour objet l'évaluation en milieu de travail, les demandeurs d'emploi, qui ne sont pas placés sous la subordination du chef d'entreprise auprès duquel ils effectuent leur stage, sont dans une situation légale, exclusive de l'existence d'un contrat de travail (cass. soc. 18 juillet 2001, n° 99-42.525, BC V n° 278 ; *RJS* 11/01 n° 1242 ; *Dr. Soc.* 2001, p. 1115 ; 21 septembre 2005, n° 03-46.431, *CSB* 2006 S. 11).

SECTION 3. Représentation du demandeur d'emploi

Art. L. 5411-9. Afin d'améliorer l'information des demandeurs d'emploi et leur capacité à exercer leurs droits, l'État ainsi que les organismes chargés du placement et de la formation des demandeurs d'emploi fixent les règles de constitution de comités de liaison auprès de leurs échelons locaux dans lesquels siègent des demandeurs d'emploi représentant les organisations syndicales représentatives au plan national et les organisations ayant spécifiquement pour objet la défense des intérêts ou l'insertion des personnes privées d'emploi.

SECTION 4. Dispositions d'application

Art. L. 5411-10. Un décret en Conseil d'État détermine les conditions d'application du présent chapitre, notamment :

1° La liste des changements affectant la situation des demandeurs d'emploi que ceux-ci sont tenus de signaler à l' ***(L. 2008-126 du 13 févr. 2008, JO 14)*** « institution mentionnée à l'article L. 5312-1 » ;

2° Les conditions dans lesquelles cessent d'être inscrites sur la liste des demandeurs d'emploi les personnes :

a) Qui ne renouvellent pas leur demande d'emploi ;

b) Pour lesquelles l'employeur ou l'organisme compétent informe l' ***(L. 2008-126 du 13 févr. 2008, JO 14)*** « institution mentionnée à l'article L. 5312-1 » d'une reprise d'emploi ou d'activité, d'une entrée en formation ou de tout changement affectant leur situation au regard des conditions d'inscription.

Cessation d'inscription sur la liste des demandeurs d'emploi

Art. R. 5411-17. Cesse d'être inscrit sur la liste des demandeurs d'emploi ou est transféré dans la catégorie correspondant à sa nouvelle situation, le demandeur d'emploi :

1° Soit qui ne satisfait pas à l'obligation de renouvellement périodique de sa demande d'emploi ;

2° Soit pour lequel l'employeur ou un organisme lui assurant une indemnisation, un avantage social ou une formation porte à la connaissance de l' ***(D. 2008-1010 du 29 sept. 2008, art. 7, JO 30)***

« institution mentionnée à l'article L. 5312-1 du code du travail » une reprise d'emploi ou d'activité, une entrée en formation ou tout autre changement affectant sa situation au regard des conditions d'inscription ou de classement dans une catégorie.

Art. R. 5411-18. La décision motivée par laquelle ***(D. 2008-1056 du 13 oct. 2008, art. 9, JO 14)*** « le directeur général de l'institution mentionnée à l'article L. 5312-1 ou la personne qu'il désigne en son sein » constate la cessation d'inscription sur la liste des demandeurs d'emploi ou le changement de catégorie est notifiée à l'intéressé.

La personne qui entend la contester forme un recours préalable dans les conditions prévues à l'article R. 5412-8.

Note La cessation d'inscription doit faire l'objet d'une décision du chef de l'agence locale pour l'emploi (cass. soc. 11 janvier 2006, n° 02-18.303, BC V n° 12 ; *RJS* 3/06 n° 372 ; *CSB* 2006 S. 195). Un demandeur d'emploi qui a signalé son changement de domicile ne peut être radié de la liste des demandeurs d'emploi alors même qu'il ne s'est pas immédiatement manifesté auprès des services de l'ANPE de son nouveau domicile (CE 23 février 1998, n° 163579, *RJS* 5/98 n° 625). En revanche, le renouvellement automatique de la demande n'est pas acquis en l'absence de toute démarche du demandeur d'emploi qui soutient ne pas avoir reçu le document d'actualisation (CE 15 octobre 2001, n° 226713, *Rec. Lebon*, p. 469 ; *RJS* 1/02 n° 72).

Art. L. 5413-1. Le fait d'établir de fausses déclarations ou de fournir de fausses informations pour être inscrit ou demeurer inscrit sur la liste des demandeurs d'emploi mentionnée à l'article L. 5411-1 est puni d'une amende de 3750 €.

CHAPITRE II

Radiation de la liste des demandeurs d'emploi

Art. L. 5412-1. ***(L. 2008-758 du 1er août 2008, JO 2)*** Est radiée de la liste des demandeurs d'emploi, dans des conditions déterminées par un décret en Conseil d'État, la personne qui :

1° Soit ne peut justifier de l'accomplissement d'actes positifs et répétés en vue de retrouver un emploi, de créer ou de reprendre une entreprise ;

2° Soit, sans motif légitime, refuse à deux reprises une offre raisonnable d'emploi mentionnée à l'article L. 5411-6-2 ;

3° Soit, sans motif légitime :

a) Refuse d'élaborer ou d'actualiser le projet personnalisé d'accès à l'emploi prévu à l'article L. 5411-6-1 ;

b) Refuse de suivre une action de formation ou d'aide à la recherche d'emploi proposée par l'un des services ou organismes mentionnés à l'article L. 5311-2 et s'inscrivant dans le cadre du projet personnalisé d'accès à l'emploi ;

c) Refuse de répondre à toute convocation des services et organismes mentionnés à l'article L. 5311-2 ou mandatés par ces services et organismes ;

d) Refuse de se soumettre à une visite médicale auprès des services médicaux de main-d'œuvre destinée à vérifier son aptitude au travail ou à certains types d'emploi ;

e) Refuse une proposition de contrat d'apprentissage ou de contrat de professionnalisation ;

f) Refuse une action d'insertion ou une offre de contrat aidé prévues aux chapitres II et IV du titre III du livre Ier de la présente partie.

Note Les sanctions en cas de méconnaissance par le demandeur d'emploi de ses obligations ne sauraient être regardées comme créant une situation de travail forcé ou comme portant une atteinte à la liberté du travail au sens de la Déclaration universelle des droits de l'homme, de la Charte des droits fondamentaux de l'Union européenne, de la Charte sociale européenne ou des conventions de l'Organisation internationale du travail (CE 9 avril 2010, n° 323246, *RJS* 7/10 n° 615).

Art. L. 5412-2. *(L. 2008-758 du 1er août 2008, JO 2)* Est radiée de la liste des demandeurs d'emploi, dans des conditions déterminées par un décret en Conseil d'État, la personne qui a fait de fausses déclarations pour être ou demeurer inscrite sur cette liste.

Art. R. 5412-1. ***(D. 2008-1056 du 13 oct. 2008, art. 9, JO 14)*** « Le directeur général » de l' ***(D. 2008-1010 du 29 sept. 2008, art. 7, JO 30)*** « institution mentionnée à l'article L. 5312-1 du code du travail » ***(D. 2008-1056 du 13 oct. 2008, art. 9, JO 14)*** « ou la personne qu'il désigne en son sein » radie les personnes de la liste des demandeurs d'emploi dans les cas prévus ***(D. 2008-1056 du 13 oct. 2008, art. 5, JO 14)*** « aux articles L. 5412-1 et L. 5412-2 ».

Note

- Le 2e alinéa de cet article a été supprimé par le décret 2008-1056 du 13 octobre 2008, art. 5 (JO 14).
- Voir X. Prétot, « Le contrôle des demandeurs d'emploi », *Dr. Soc.* 2005, p. 1179.
- Un abandon de stage sans motif légitime peut être assimilé à un refus de formation (instr. ANPE du 25 mars 1991, CE 13 mai 1994 précité). En revanche, en limitant les motifs légitimes de refus, l'instruction considérée restreint illégalement la portée des dispositions de l'article L. 311-3-5 et se trouve annulée sur ce point (même arrêt).
- L'attribution par la CPAM d'une pension d'invalidité n'est pas de nature, en l'absence de toute autre disposition législative ou réglementaire, à justifier la radiation de la liste des demandeurs d'emploi d'un demandeur d'emploi reconnu handicapé par la Cotorep et orienté vers un placement direct en milieu ordinaire de travail (CE 18 janvier 1991, n° 64038, *RJS* 3/91 n° 366).
- La convocation par l'ANPE à une visite médicale destinée à vérifier l'aptitude au travail doit être écrite (CE 3 novembre 1997, n° 171133, *D.* 1998 somm. 236).
- Sauf décision prise au regard de la situation particulière du bénéficiaire, le versement du revenu de solidarité active est suspendu, en tout ou partie, par le président du conseil général : 1° Lorsque, du fait du bénéficiaire et sans motif légitime, le projet personnalisé d'accès à l'emploi ou l'un des contrats mentionnés aux articles L. 262-35 et L. 262-36 ne sont pas établis dans les délais prévus ou ne sont pas renouvelés ; 2° Lorsque, sans motif légitime, les dispositions du projet personnalisé d'accès à l'emploi ou les stipulations de l'un des contrats mentionnés aux articles L. 262-35 et L. 262-36 ne sont pas respectées par le bénéficiaire ; 3° Lorsque le bénéficiaire du revenu de solidarité active, accompagné par l'institution mentionnée à l'article L. 5312-1 CT, a été radié de la liste mentionnée à l'article L. 5411-1 CT ; 4° Ou lorsque le bénéficiaire refuse de se soumettre aux contrôles. Cette suspension ne peut intervenir sans que le bénéficiaire, assisté à sa demande par une personne de son choix, ait été mis en mesure de faire connaître ses observations aux équipes pluridisciplinaires mentionnées à l'article L. 262-39 dans un délai qui ne peut excéder un mois (voir art. L. 262-37 et s. c. act. soc. fam.). Voir note sous art. L. 5411-6-1.

Art. R. 5412-2. Les décisions de radiation de la liste des demandeurs d'emploi sont transmises sans délai au préfet.

[**Art. R. 5412-3.** Abrogé par décret 2008-1056 du 13 oct. 2008, art. 12, JO 14.]

Art. R. 5412-4. Le retrait du bénéfice du revenu de remplacement pour l'un des motifs énumérés à l'article R. 5426-3 entraîne pour l'intéressé la radiation de la liste des demandeurs d'emploi.

Art. R. 5412-5. La radiation de la liste des demandeurs d'emploi entraîne l'impossibilité d'obtenir une nouvelle inscription :

1° Pendant une période de quinze jours lorsque sont constatés pour la première fois les manquements mentionnés ***(D. 2008-1056 du 13 oct. 2008, art. 5, JO 14)*** « au 1° et aux *b*, *e* et *f* du 3° » de l'article L. 5412-1. En cas de manquements répétés, cette période peut être portée à une durée comprise entre un et six mois consécutifs ;

2° Pendant une période de deux mois lorsque sont constatés pour la première fois les manquements mentionnés aux ***(D. 2008-1056 du 13 oct. 2008, art. 5, JO 14)*** « 2° et *a*, *c* et *d* du 3° » de l'article précité. En cas de manquements répétés, cette période peut être portée à une durée comprise entre deux et six mois consécutifs ;

3° Pendant une période dont la durée est comprise entre six et douze mois consécutifs lorsque sont constatées les fausses déclarations mentionnées ***(D. 2008-1056 du 13 oct. 2008, art. 5, JO 14)*** « à l'article L. 5412-2 ».

Art. R. 5412-6. Lorsque la radiation est prononcée en application des dispositions de l'article R. 5412-4, sa durée ne peut excéder celle de la suppression du revenu de remplacement.

Art. R. 5412-7. La décision de radiation du demandeur d'emploi intervient après que l'intéressé a été mis à même de présenter ses observations ***(D. 2009-289 du 13 mars 2009, JO 15)*** « écrites ».

La décision, notifiée à l'intéressé, est motivée. Elle indique la durée de la radiation.

Note Une note ANPE du 18 novembre 1998 (BO TR 99/1) précisait les modalités d'expression et d'accompagnement des demandeurs d'emploi dans les relations avec l'ANPE.

Art. R. 5412-8. La personne qui entend contester une décision de radiation de la liste des demandeurs d'emploi forme un recours préalable devant ***(D. 2008-1056 du 13 oct. 2008, art. 9, JO 14)*** « le directeur général » de l' ***(D. 2008-1010 du 29 sept. 2008, art. 7, JO 30)*** « institution mentionnée à l'article L. 5312-1 du code du travail » ***(D. 2008-1056 du 13 oct. 2008, art. 9, JO 14)*** « ou la personne qu'il désigne en son sein ».

(D. 2008-1056 du 13 oct. 2008, art. 5, JO 14) « Ce recours n'est pas suspensif. »

Note En prenant les dispositions du décret du 13 octobre 2008, le pouvoir réglementaire n'a pas méconnu le principe du respect des droits de la défense (CE 9 avril 2010, n° 323246, *RJS* 7/10 n° 615).

CHAPITRE III

Dispositions pénales

L'article législatif a été inséré à la fin du chapitre auquel il se rapporte.

TITRE II

INDEMNISATION DES TRAVAILLEURS INVOLONTAIREMENT PRIVÉS D'EMPLOI

Note • La nouvelle législation sur la coordination des régimes de sécurité sociale est applicable depuis le 1er mai 2010, le règlement 1408/71 étant remplacé en effet par le règlement 883/2004 du 29 avril 2004 (règlement de base). Voir circulaire Unédic 2010-23 du 17 décembre 2010 relative à la mise en œuvre du règlement communautaire 83/2004 et « Code annoté européen de la protection sociale », *Groupe Revue Fiduciaire*, éd. 2010, pp. 45 et s.

Le règlement CEE 1408/71 du 14 juin 1971 relatif à l'application des régimes de sécurité sociale aux travailleurs et aux membres de leur famille qui se déplacent à l'intérieur de la Communauté était jusqu'alors applicable aux prestations de chômage.

Voir instruction Pôle emploi 2011-123 du 19 juillet 2011 détaillant les droits à l'assurance chômage des ressortissants des pays tiers (BO PE n° 89 du 23 septembre 2011) et chronique J-Ph. Lhernould : « À quelles conditions les règles de coordination s'appliquent aux ressortissants d'États tiers ? », *RJS* 2/11, p. 106.

Voir également CJCE 1er février 1996, aff. C-308/94, rec. I-207 ; *RJS* 7/96 n° 862 ; 15 mars 2001, aff. C-444/98, rec. I-2229 ; *RJS* 6/01 n° 813 (travailleur frontalier ; chron. J-Ph. Lhernould, *RJS* 7/06, p. 557) ; 21 février 2002, aff. C-215/00, rec. I-1817 ; *RJS* 6/02 n° 758 (l'appréciation de la question de savoir à quelles conditions une personne peut être considérée comme étant restée à la disposition des services de l'emploi de l'État compétent au sens de l'article 69 du règlement 1408/71 doit être faite en fonction des règles du droit national de cet État) ; 23 mars 2004, aff. C-138/02, rec. I-2703 ; *RJS* 6/04 n° 774 (déplacement dans un autre État membre pour y rechercher un premier emploi ; chron. J-Ph. Lhernould et Fr. Kessler, « Les droits du chômeur ressortissant de l'Union européenne non indemnisé », *RJS* 6/04

p. 444) ; 18 juillet 2006, aff. C-406/04, rec. I-6947 ; comm. J-Ph. Lhernould, « Les chômeurs âgés dispensés de recherche d'emploi ne peuvent pas circuler librement dans l'Union européenne », *RJS* 10/06, p. 764 et 11 septembre 2008, aff. C-228/07, rec. I-6989 ; comm. J-Ph. Lhernould, *RJS* 1/09, p. 16 ; cass. soc. 19 décembre 2000, n° 98-42.919, BC V n° 435 ; *RJS* 3/01 n° 371 ; *Dr. Soc.* 2001, p. 328 (cotisations versées sur le lieu de travail) et 5 juin 2001, n° 98-46.422, BC V n° 208 ; *RJS* 8-9/01 n° 1102 (obligation pour l'employeur d'assurer le salarié contre le risque de privation d'emploi, même si l'assurance doit être souscrite auprès d'un organisme étranger).

Sur les prestations sociales pour les chômeurs européens entrés dans un État pour y chercher un emploi, voir CJCE 4 juin 2009, aff. C-22/08, *RJS* 11/09 n° 893 et chron. J-Ph. Lhernould, p. 739.

• La circulaire DGEFP 2003-06 du 25 mars 2003 (BO TR 2003/8, p. 97) commente l'application, en matière de chômage, de l'accord du 21 juin 1999 entre la Communauté européenne et ses États membres, d'une part, et la Confédération suisse, d'autre part, sur la libre circulation des personnes.

• Voir « Le droit du chômage ou du non-emploi », J-P Domergue, *Dr. Soc.* 1997, p. 463 ; « Chômage total et partiel », *RF* HS 2002-5, décembre 2002 ; « Une nouvelle assurance-chômage? Un paysage institutionnel renouvelé », F. Guiomard et a., *RDT* 2009, 366 ; « Une nouvelle assurance-chômage? Le nouveau statut des demandeurs d'emploi », F. Guiomard et a., *RDT* 2009, p. 436 ; P. Boulte et J-B de Foucauld : « Élargir et aménager l'assurance-chômage – Une réforme juste au service de la dynamique de l'emploi », *Dr. Soc.* février 2011.

CHAPITRE Ier

Dispositions générales

Art. L. 5421-1. En complément des mesures tendant à faciliter leur reclassement ou leur conversion, les travailleurs involontairement privés d'emploi ***(L. 2008-596 du 25 juin 2008, JO 26)*** « ou dont le contrat de travail a été rompu conventionnellement selon les modalités prévues aux articles L. 1237-11 et suivants », aptes au travail et recherchant un emploi, ont droit à un revenu de remplacement dans les conditions fixées au présent titre.

Note

• Sur le calcul de l'allocation d'assurance chômage, le régime de la réadmission et les effets d'une mesure de radiation de la liste des demandeurs d'emploi, voir CE 2 octobre 2009, n° 312712, *JCP* éd. S 2010, 1019, note Ch. Willmann.

• Le conseil de prud'hommes a seul compétence pour statuer sur la réalité et la validité d'un contrat de travail par une décision opposable à l'Assédic [Pôle emploi] et aux organismes de sécurité sociale qui refusent de reconnaître au demandeur la qualité de salarié (cass. soc. 9 avril 2002, n° 00-42.657, *RJS* 6/02 n° 710).

• Sur la compétence des tribunaux de l'ordre judiciaire pour apprécier la légalité des délibérations de la commission paritaire nationale instituée par le régime d'assurance chômage, voir Trib. confl., 23 octobre 2000, n° 3091, *RJS* 2/01 n° 223 ; *Dr. Soc.* 2001, p. 41, note X. Prétot.

• Le salarié qui a volontairement renoncé au revenu qu'il aurait dû percevoir de son employeur pendant le préavis ne peut prétendre au revenu de remplacement entre la date de la fin de son contrat de travail et la date de la fin théorique de son préavis (cass. soc. 26 juin 2008, n° 07-15.478, BC V n° 142 ; *RJS* 10/08 n° 1017).

• Le créateur d'entreprise qui exerce une activité professionnelle effective et quotidienne à compter du début d'exploitation ne peut prétendre au bénéfice d'allocations de chômage pour la période considérée, en l'absence même de versement d'un salaire (cass. soc. 18 octobre 2001, n° 00-10.797, *RJS* 3/02 n° 357). Dans le même sens, pour l'exercice d'un mandat social, cass. soc. 30 juin 2004, n° 02-20.639, *RJS* 11/04 n° 1208.

• Pôle emploi est fondé à invoquer l'irrégularité du contrat de travail du membre du directoire d'une société dont il est le fondateur, dès lors que les pouvoirs dont il dispose lui permettent de s'opposer à toute décision de la direction de l'entreprise et excluent un état de subordination dans l'exécution de ses fonctions (cass. soc. 22 septembre 2011, n° 10-30.516, *RJS* 1/12 n° 85). Sur les effets attachés au contrat à durée déterminée d'un ancien administrateur de la société employeur en l'absence de contestation du rapport de subordination, voir cass. soc. 2 octobre 2001, n° 99-14.369, BC V n° 297 ; *RJS* 12/01 n° 1466 ; *CSB* 2001 S. 527. Les dirigeants d'entreprise, titulaires d'un contrat de mandat, sont en principe exclus du régime d'assurance chômage, sauf s'ils associent à leur contrat de mandat un contrat de travail dans le respect des dispositions de l'article L. 225-22 c. com. (cass. soc. 10 janvier 2006, n° 04-14.319, *RJS* 3/06 n° 382).

• Sur la situation de salariés démissionnaires de leur emploi afin de reprendre une autre activité salariée sous contrat à durée indéterminée pour laquelle la période d'essai n'est pas concluante, voir rép. QE 29937, JO AN 21 février 2000, p. 1163 et 65767, JO AN 25 octobre 2005, p. 9969. Sur la non-application des dispositions du règlement d'assurance chômage dans le cas où le salarié exerce cumulativement plusieurs emplois et démissionne de l'un avant que l'autre soit rompu par un licenciement, voir cass. soc. 22 septembre 2010, n° 08-21.936, *RJS* 12/10 n° 969.

• Sur l'indemnisation d'un salarié accompagnant son conjoint muté à l'étranger, voir rép. QE 17890, JO AN 22 décembre 2003, p. 9811.

• Sur la possibilité de cumuler allocation d'assurance chômage et activité professionnelle non salariée (conjoint collaborateur), voir rép. QE 22394, JO AN 7 juin 1999, p. 3487.

• Sur l'appréciation, en vue de l'inscription comme demandeur d'emploi, de la date de la rupture du contrat de travail d'une personne licenciée, mais placée en attente de reclassement, voir cass. soc. 19 mai 1998, n° 94-20.263, BC V n° 272 ; *RJS* 7/98 n° 892.

• L'attribution d'une pension d'invalidité de la deuxième catégorie par un organisme de sécurité sociale n'implique pas que son bénéficiaire soit inapte au travail au sens de l'article L. 351-1 [L. 5421-1] CT qui accorde un revenu de remplacement aux travailleurs involontairement privés d'emploi, aptes au travail et recherchant un emploi (cass. soc. 22 février 2005, n° 03-11.467, BC V n° 60 ; *RJS* 5/05 n° 552 ; *CSB* 2005 S. 237 ; *Dr. Soc.* 2005, p. 591, obs. P-Y Verkindt ; cass. civ., 2e ch., 8 avril 2010, n° 08-70.464, BC II n° 79 ; *RJS* 6/10 n° 555). Dans un sens contraire, s'agissant du bénéfice de l'allocation de solidarité spécifique, voir CE 17 mai 1999, n° 168206, *RJS* 8-9/99 n° 1118, et, s'agissant de l'allocation spécifique de reclassement, rép. QE 28309, JO AN 21 octobre 2008, p. 9107. La convention d'assurance chômage du 6 mai 2011 prévoit que l'allocation d'aide au retour à l'emploi peut être cumulée, sous certaines conditions, avec la pension d'invalidité de 2e ou 3e catégorie (rép. QE 88676 JO AN du 6 septembre 2011, p. 9632).

Art. L. 5421-2. Le revenu de remplacement prend, selon le cas, la forme :

1° D'une allocation d'assurance, prévue au chapitre II ;

2° Des allocations de solidarité, prévues au chapitre III ;

3° D'allocations et d'indemnités régies par les régimes particuliers, prévus au chapitre IV.

Art. L. 5421-3. La condition de recherche d'emploi requise pour bénéficier d'un revenu de remplacement est satisfaite dès lors que les intéressés sont inscrits comme demandeurs d'emploi et accomplissent, à leur initiative ou sur proposition de l'un des organismes mentionnés à l'article L. 5311-2, des actes positifs et répétés en vue de retrouver un emploi, de créer ou de reprendre une entreprise.

Un décret en Conseil d'État détermine les mesures d'application du présent article.

Note

• Voir instruction Pôle emploi 2010-149 du 23 août 2010 (BO PE 2010 n° 58).

• Le deuxième alinéa de cet article a été supprimé par la loi 2008-758 du 1er août 2008, art. 4, II, JO 2, depuis le 1er janvier 2012.

Toute personne bénéficiant d'une dispense de la condition de recherche d'emploi avant le 1er janvier 2012 continue à en bénéficier.

Avant le 30 juin 2011, le gouvernement dépose au Parlement un rapport sur l'impact sur le retour à l'emploi des intéressés, de la suppression progressive de la dispense de recherche d'emploi et, le cas échéant, au vu de ces éléments, sur l'opportunité d'un aménagement de la législation (loi 2008-758, art. 4, III et IV).

[**Art. R. 5421-1.** Abrogé par décret 2008-1056 du 13 octobre 2008, art. 12, JO 14.]

Art. R. 5421-2. Le bénéficiaire d'une dispense de recherche d'emploi informe, dans un délai de soixante-douze heures, l'organisme qui lui verse le revenu de remplacement de tout changement susceptible d'affecter sa situation au regard du paiement du revenu de remplacement, notamment de toute reprise d'activité, salariée ou non, rémunérée ou non.

Art. R. 5421-3. Le travailleur étranger bénéficie du revenu de remplacement prévu à l'article L. 5421-1 dans les mêmes conditions que le travailleur français s'il se trouve en situation régulière au regard des dispositions réglementant son activité professionnelle salariée.

Art. L. 5421-4. Le revenu de remplacement cesse d'être versé :

1° Aux allocataires ***(L. 2010-1330 du 9 nov. 2010, art. 32, JO 10)*** « ayant atteint l'âge prévu à l'article L. 161-17-2 du code de la sécurité sociale » justifiant de la durée d'assurance, définie au deuxième alinéa de l'article L. 351-1 du code de la sécurité sociale, requise pour l'ouverture du droit à une pension de vieillesse à taux plein ;

2° Aux allocataires atteignant l'âge ***(L. 2010-1330 du 9 nov. 2010, art. 32, JO 10)*** « prévu à l'article L. 161-17-2 du même code augmenté de cinq ans ».

Note

• L'article 32 de la loi 2010-1330 précitée modifiant cet article est applicable aux pensions prenant effet à compter du 1er juillet 2011 (loi 2010-1330, art. 118, II).

• Le décret 2011-1421 du 2 novembre 2011 (JO 3) institue à titre exceptionnel une allocation transitoire de solidarité pour les demandeurs d'emploi nés entre le 1er juillet 1951 et le 31 décembre 1953 pour lesquels les mesures de report de l'âge légal de départ à la retraite ont pu créer un défaut d'allocation entre leur période d'indemnisation chômage et la liquidation de leurs droits à la retraite. Son montant journalier est fixé à 33,74 € à compter du 1er janvier 2012 (décret 2012-196 du 9 février 2012, JO 10).

CHAPITRE II

Régime d'assurance

SECTION 1. Conditions et modalités d'attribution de l'allocation d'assurance

Sous-section 1. Conditions d'attribution

Art. L. 5422-1. Ont droit à l'allocation d'assurance les travailleurs involontairement privés d'emploi ***(L. 2008-596 du 25 juin 2008, JO 26)*** « ou dont le contrat de travail a été rompu conventionnellement selon les modalités prévues aux articles L. 1237-11 et suivants », aptes au travail et recherchant un emploi qui satisfont à des conditions d'âge et d'activité antérieure.

Note

• Ne répond pas à la condition d'activité antérieure visée à l'article L. 351-3 [L. 5422-1] CT le salarié dont le contrat de travail s'est trouvé suspendu, en raison d'un changement volontaire d'activité, pendant la période servant de base à la détermination de l'ouverture des droits au bénéfice du régime institué par la convention d'assurance chômage ; cessant de percevoir des rémunérations fondées sur l'exécution d'un travail salarié, l'intéressé cesse, par là même, de remplir les conditions d'affiliation audit régime ; l'erreur ne pouvant être créatrice de droits, la seule circonstance que l'Assédic ait, sur la foi d'indications erronées, continué de percevoir des contributions au titre de cette affiliation n'est pas de nature à modifier les droits résultant pour l'intéressé des dispositions légales et conventionnelles applicables (cass. soc. 5 octobre 1994, *RJS* 11/94 n° 1314).

• Lorsque, pendant la période de fermeture d'un établissement excédant la durée des congés légaux annuels, le salarié n'a pas été rémunéré normalement, cette période non rémunérée ne doit pas être prise en compte dans la période de référence servant au calcul des allocations de chômage (cass. soc. 8 juillet 2003, n° 01-10.672, BC V n° 222 ; *RJS* 10/03 n° 1204 ; *CSB* 2003 S. 424).

• Si le cumul des allocations versées par les Assédic avec des salaires ou indemnités de préavis n'est pas possible, le seul fait que les Assédic aient versé au salarié des allocations qui n'avaient qu'un caractère subsidiaire et étaient susceptibles d'un remboursement au cas où il recevrait de son employeur le paiement des sommes qu'il prétendait lui être dues ne libère pas celui-ci de ses obligations envers son salarié (cass. soc. 30 mai 2007, n° 06-40.659, *RJS* 8-9/07 n° 984 ; *JCP* éd. S 2007, 1703, note J-Y Frouin). Si l'employeur ne peut pas déduire de la réparation forfaitaire minimale prévue par l'article L. 122-3-8 [L. 1243-4] CT les allocations chômage perçues par le salarié (cass. soc. 27 février 2001, n° 98-45.140, BC V n° 59 ; *RJS* 5/01 n° 574), l'allocataire doit rembourser les indemnités de chômage servies par les Assédic pendant une période au cours de laquelle il a perçu les dommages-intérêts prévus en cas de rupture anticipée d'un contrat à durée déterminée (cass. soc. 14 janvier 1997, n° 95-13.044, BC V n° 15 ; *RJS* 2/97 n° 188 ; *CSB* 1997 A. 16 ; 5 mars 1998, n° 96-11.315, *RJS* 4/98 n° 509). La nullité du licenciement n'a pas pour effet de priver rétroactivement un travailleur du droit à l'allocation d'assurance que l'Assédic lui a servie pendant la période comprise entre son licenciement et sa réintégration où il était involontairement privé d'emploi, apte au travail et à la recherche d'un emploi (cass. soc. 11 mars 2009, n° 07-43.336, BC V n° 75 ; *JCP* éd. G 2009.IV.1651 ; *CSB* 2009 S. 190).

La loi ne déterminant pas directement le montant des dommages-intérêts alloués pour licenciement sans cause réelle et sérieuse, que le juge évalue souverainement en fonction du préjudice, le juge, devant lequel il n'était pas soutenu que l'application du délai de carence aurait pour effet de priver le salarié de l'indemnité pour licenciement abusif qui lui avait été allouée, a exactement décidé que le délai de carence s'appliquait (cass. soc. 15 juin 2010, n° 08-20.513, BC V n° 136 ; *RJS* 10/10 n° 798).

Le juge doit rechercher si l'indemnité globale prévue par une transaction inclut des sommes inhérentes à la rupture du contrat de travail, quelle que soit leur nature, excédant les indemnités légalement obligatoires avant de considérer qu'elle est cumulable avec les allocations de chômage (cass. soc. 21 décembre 2006, n° 04-16.680, *RJS* 3/07 n° 369). Les dommages-intérêts alloués en cas de violation d'une clause de garantie d'emploi insérée dans un contrat à durée indéterminée, qui sont équivalents aux rémunérations qu'aurait perçues le salarié jusqu'au terme de cette période de garantie, ne peuvent se cumuler avec les allocations de chômage (cass. ass. plén. 13 décembre 2002, n° 00-17.143, BC n° 3 ; *RJS* 2/03 n° 227 ; *CSB* 2003 S. 160 ; *Dr. Soc.* 2004, p. 439 ; cass. soc. 28 février 2006, n° 04-41.380, BC V n° 86 ; *RJS* 5/06 n° 584 ; 21 décembre 2006, n° 04-40.793, *RJS* 3/07 n° 306). Ce principe n'a vocation à s'appliquer que dans les rapports entre le salarié et l'organisme d'assurance chômage (cass. soc. 23 octobre 2007, n° 06-42.994, BC V n° 172 ; *RJS* 2/08 n° 2 ; *CSB* 2008 A. 14). Il en est de même de l'indemnité correspondant au préjudice subi au cours de la période qui s'est écoulée entre le licenciement et la réintégration d'un représentant du personnel après annulation définitive de la décision autorisant son licenciement (cass. soc. 28 octobre 2003, n° 01-40.762, BC V n° 263 ; *RJS* 1/04 n° 91 ; *Dr. Soc.* 2003, p. 117).

• Les sommes issues d'un transfert total ou partiel de droits attachés à un brevet ou à une œuvre ont une incidence sur les prestations du régime d'assurance chômage lorsque ces opérations sont postérieures à la date d'admission de l'allocataire. Cette disposition n'est pas applicable aux droits d'auteur et d'interprète des artistes relevant des annexes VII et X (circ. Unédic 04-06 du 18 février 2004 et 04-07 du 31 mars 2004) (*LS* Bref soc. n° 14113 du 8 avril 2004).

Art. L. 5422-2. L'allocation d'assurance est accordée pour des durées limitées qui tiennent compte de l'âge des intéressés et de leurs conditions d'activité professionnelle antérieure. Ces durées ne peuvent être inférieures aux durées déterminées par décret en Conseil d'État.

Art. L. 5422-3.

Le temps consacré, avec l'accord de l' ***(L. 2008-126 du 13 févr. 2008, JO 14)*** « institution mentionnée à l'article L. 5312-1 », à des actions de formation rémunérées s'impute partiellement ou totalement sur la durée de versement de l'allocation d'assurance.

Art. R. 5422-1. ***(D. 2009-339 du 27 mars 2009, JO 29)*** La durée pendant laquelle l'allocation d'assurance est accordée ne peut être inférieure à la durée d'activité du salarié au cours des vingt-huit mois précédant la fin du dernier contrat de travail dans la limite de sept cent trente jours ou, pour les salariés âgés de cinquante ans ou plus, à la durée d'activité au cours des trente-six mois précédant la fin de ce contrat dans la limite de mille quatre-vingt-quinze jours.

Cette durée ne peut être inférieure à cent vingt-deux jours.

Art. R. 5422-2. Par dérogation à l'article R. 5422-1, lorsque l'intéressé n'a pas épuisé les droits à l'allocation d'assurance qui lui ont été précédemment octroyés et qu'il remplit les conditions permettant une nouvelle ouverture de droits, la durée minimale d'indemnisation est établie de manière à permettre le versement du montant global de droits et du montant journalier de l'allocation d'assurance mentionné les plus élevés, selon des modalités définies dans l'accord relatif à l'assurance chômage prévu à l'article L. 5422-20.

Ces durées sont diminuées, le cas échéant, de la durée de la convention de reclassement personnalisé dont l'intéressé a bénéficié à la fin du même contrat de travail en application de l'article L. 1233-65.

Sous-section 2. **Modalités de calcul et de paiement**

Art. L. 5422-3. L'allocation d'assurance est calculée soit en fonction de la rémunération antérieurement perçue dans la limite d'un plafond, soit en fonction de la rémunération ayant servi au calcul des contributions mentionnées aux articles L. 5422-9 et L. 5422-11.

Elle ne peut excéder le montant net de la rémunération antérieurement perçue.

Elle peut comporter un taux dégressif en fonction de l'âge des intéressés et de la durée de l'indemnisation.

Note

• Le plan d'aide au retour à l'emploi (Pare) signé par chacun des demandeurs d'emploi ne contenait aucun engagement de l'Assédic de leur verser l'allocation d'aide au retour à l'emploi pendant une durée déterminée ; le taux et la durée de l'indemnisation résultent de décisions d'admission au bénéfice de cette allocation prononcées par l'Assédic en application du règlement annexé à la convention (cass. soc. 31 janvier 2007, n° 04-19.464, BC V n° 15 ; *RJS* 4/07 n° 466 ; X. Prétot, « L'intangibilité des droits aux prestations d'assurance chômage », *Dr. Soc.* 2007, p. 403).

• « L'acceptation par un chômeur d'un emploi pour un salaire net inférieur au montant des allocations nettes accordées au titre de l'assurance chômage [ou en application des conventions de conversion visées à l'article L. 322-3 CT] ouvre droit au versement par les organismes chargés du versement desdites allocations d'une indemnité compensatrice d'un montant au plus égal à la différence ainsi constatée. Cette indemnité est calculée et évolue en fonction de la différence entre l'indemnité nette qui serait perçue, en cas de poursuite de l'indemnisation, et le salaire net. Elle est cessible et saisissable dans les mêmes conditions et limites que les salaires. Les dispositions de l'article L. 131-2 CSS lui sont applicables » (art. 8 de la loi quinquennale du 20 décembre 1993 précitée).

• Devait être prise en compte dans le salaire de référence pour la fixation de l'allocation chômage l'indemnité compensatrice conventionnelle de jours de congé liés à la réduction du temps de travail non pris par le salarié à la date de la rupture de son contrat de travail, qui correspondait à l'acquisition d'heures de travail accomplies entre la 35e et la 39e heure de chaque semaine et ouvrait droit à une bonification de 10 %, en sorte qu'elle présentait le caractère d'une rémunération habituelle et normale du salarié et n'avait pas pour seule origine la rupture du contrat de travail. Par ailleurs, cette indemnité ne devait pas être prise en compte dans la détermination du délai de carence (cass. soc. 31 octobre 2007, n° 04-17.096, BC V n° 179 ; *JSL* n° 222, 27 novembre 2007, p. 17, M-Ch. Haller ; *RJS* 1/08 n° 60).

• L'allocation d'assurance est calculée en fonction du salaire effectivement perçu par le salarié pendant la période précédant le dernier jour de travail payé à l'intéressé ayant servi au calcul de l'assiette des contributions ; le comportement fautif de l'employeur à l'origine d'une diminution de rémunération ouvre seulement droit à des dommages et intérêts (cass. soc. 9 février 2010 n° 08-16.170, *RJS* 4/10 n° 366).

• En l'absence de disposition du règlement annexé à la convention d'assurance-chômage du 1er janvier 1997 assimilant à une période d'affiliation une période de suspension du contrat de travail liée à l'exercice d'un mandat social, celle-ci ne peut être prise en considération pour le calcul de l'allocation d'assurance (cass. soc. 30 mars 2011, n° 09-71.347).

Art. L. 5422-4. La demande en paiement de l'allocation d'assurance est déposée auprès ***(L. 2008-126 du 13 févr. 2008, art. 16, JO 14)*** « de l'institution mentionnée à l'article L. 5312-1 » par le travailleur involontairement privé d'emploi dans un délai de deux ans à compter de sa date d'inscription comme demandeur d'emploi.

L'action en paiement est précédée du dépôt de la demande en paiement. Elle se prescrit par deux ans à compter de la date de notification de la décision prise par ***(L. 2008-126 du 13 févr. 2008, art. 16, JO 14)*** « l'institution mentionnée à l'article L. 5312-1 ».

Note Ayant constaté que le travailleur n'avait pas été dans l'impossibilité d'agir dans le délai de la prescription dès lors qu'il pouvait lui-même invoquer l'illégalité des dispositions de la convention d'assurance chômage, une cour d'appel a pu décider que son action en paiement d'un rappel d'allocations était prescrite (cass. soc. 22 février 2005, n° 03-13.346, BC V n° 59 ; *RJS* 5/05 n° 555).

Art. L. 5422-5. L'action en remboursement de l'allocation d'assurance indûment versée se prescrit par trois ans.

En cas de fraude ou de fausse déclaration, elle se prescrit par dix ans.

Ces délais courent à compter du jour de versement de ces sommes.

Note • Les allocations d'assurance versées sans cause donnent lieu à répétition, même en l'absence de fraude ou de fausse déclaration (cass. soc. 22 février 2005, n° 03-13.942, BC V n° 61 ; *RJS* 5/05 n° 553). La répétition de l'indu s'applique même lorsque le paiement est devenu ultérieurement indu ; l'Assédic est fondée à assigner en restitution des prestations de chômage le demandeur d'emploi qui a obtenu la condamnation de son ancien employeur au versement d'une indemnité compensatrice de préavis (cass. soc. 16 mai 2000, n° 98-12.571, BC V n° 185 ; *RJS* 7-8/00 n° 847 ; *Dr. Soc.* 2000, p. 812). La répétition des sommes versées par erreur n'exclut pas que le bénéficiaire de celles-ci soit fondé à réclamer la réparation du préjudice qui a pu lui être causé par la faute de celui qui les a versées (cass. soc. 30 mai 2000, n° 98-15.153, BC V n° 209 ; *RJS* 7-8/00 n° 849 ; *Dr. Soc.* 2000, pp. 813 et 1136, chron. J. Savatier).

• Le point de départ du délai de l'action en répétition de l'indu engagée par l'Assédic n'a pu commencer à courir qu'à la date d'exigibilité de l'obligation qui lui a donné naissance, en l'occurrence la date du jugement condamnant définitivement l'employeur pour licenciement sans cause réelle et sérieuse (cass. soc. 30 janvier 2007, n° 05-15.391, *RJS* 4/07 n° 467). Dès lors que l'Assédic était dans l'impossibilité d'agir en restitution des allocations de chômage en raison de la nullité du licenciement, tant que cette nullité n'avait pas été prononcée, son action en tierce opposition ne pouvait être déclarée prescrite (cass. soc. 21 septembre 2005, n° 03-45.024, BC V n° 266 ; *RJS* 12/05 n° 1198 ; *CSB* 2006 A. 7).

• L'Assédic peut, dans la limite prescrite par les articles L. 352-3 [L. 5428-1] et R. 145-1 [R. 3252-1] CT, procéder à la compensation entre la dette de l'allocataire et le montant des allocations de chômage revenant à celui-ci (cass. soc. 7 avril 1993, n° 90-13.769, BC V n° 110 ; *RJS* 5/93 n° 534).

Art. L. 5422-6. Lorsque, du fait des modalités particulières d'exercice d'une profession, les conditions d'activité antérieure pour l'admission à l'allocation d'assurance ne sont pas remplies, des aménagements peuvent être apportés à ces conditions d'activité ainsi qu'à la durée d'indemnisation et aux taux de l'allocation dans des conditions fixées selon le cas par l'accord prévu à l'article L. 5422-20 ou par décret en Conseil d'État.

Art. L. 5422-7. Les travailleurs privés d'emploi bénéficient de l'allocation d'assurance, indépendamment du respect par l'employeur des obligations qui pèsent sur lui en application de la section 3, des dispositions réglementaires et des stipulations conventionnelles prises pour son exécution.

Art. L. 5422-8. Par dérogation aux dispositions des articles L. 5421-1 et L. 5421-3, le bénéfice de l'allocation d'assurance peut être maintenu, sur leur demande, aux travailleurs étrangers involontairement privés d'emploi qui quittent la France pour s'installer dans leur pays d'origine.

Le versement du revenu de remplacement se fait alors en une fois, dans la limite maximum des droits constitués à la date du départ.

Les mesures d'application du présent article sont prises par l'accord prévu à l'article L. 5422-20.

Modalités de calcul pour les travailleurs migrants

Art. R. 5422-3. Lorsque, après avoir exercé une activité salariée dans un autre État membre de la Communauté européenne ou partie à l'accord sur l'Espace économique européen, le travailleur privé d'emploi a été employé en France pendant moins de quatre semaines, le salaire de référence prévu à l'article 68, paragraphe 1, du règlement (CEE) n° 1408/71 et servant de base au calcul de l'allocation d'assurance est déterminé par le ***(D. 2009-1377 du 10 nov. 2009, JO 13 ; D. 2010-687 du 24 juin 2010, JO 25 ; voir D. 2010-1582 du 17 déc. 2010, JO 18, pour outre-mer)*** « directeur régional des entreprises, de la concurrence, de la consommation, du travail et de l'emploi » du lieu de résidence de l'intéressé.

Art. R. 5422-4. Le salaire de référence mentionné à l'article R. 5422-3 est le salaire usuel correspondant, au lieu où le travailleur privé d'emploi réside, à un emploi équivalent ou analogue à celui qu'il a exercé en dernier lieu sur le territoire de l'un des États mentionnés à ce même article.

Ce salaire ne peut être inférieur à un plancher fixé en pourcentage du dernier salaire réellement perçu au titre de l'emploi mentionné au premier alinéa. Ce plancher est déterminé par arrêté du ministre chargé de l'emploi.

Note Le plancher mentionné au second alinéa est fixé à 65 % par l'arrêté du 7 août 1995 (JO 9).

SECTION 2. Financement de l'allocation d'assurance

Art. L. 5422-9. L'allocation d'assurance est financée par des contributions des employeurs et des salariés assises sur les rémunérations brutes dans la limite d'un plafond.

Toutefois, l'assiette des contributions peut être forfaitaire pour les catégories de salariés pour lesquelles les cotisations à un régime de base de sécurité sociale sont ou peuvent être calculées sur une assiette forfaitaire.

Note La garantie de ressources destinée à compenser la perte de salaire résultant de la réduction du temps de travail doit être soumise aux cotisations d'assurance chômage (cass. soc. 17 juin 2003, n° 00-21.407, BC V n° 197 ; *Dr. Soc.* 2003, p. 1031).

Art. L. 5422-10. Les contributions des employeurs ne sont passibles ni du versement forfaitaire sur les salaires ni des cotisations de sécurité sociale. Elles sont déductibles des bénéfices industriels et commerciaux, agricoles ou non commerciaux pour l'établissement de l'impôt sur le revenu ou de l'impôt sur les sociétés dû par ces employeurs.

Les contributions payées dans les mêmes conditions par les travailleurs sont déductibles pour l'établissement de l'impôt sur le revenu des personnes physiques dû par les intéressés.

Art. L. 5422-11. L'allocation d'assurance peut être financée par des contributions forfaitaires à la charge de l'employeur à l'occasion de la fin d'un contrat de travail dont la durée permet l'ouverture du droit à l'allocation.

Ces contributions forfaitaires ne sont pas applicables :

1° Au contrat d'apprentissage, au contrat d'accompagnement dans l'emploi et au contrat de professionnalisation ;

2° Au contrat conclu par une personne physique pour un service rendu à son domicile ;

3° Au contrat conclu par une personne physique pour un emploi d'assistant maternel agréé.

Art. L. 5422-12. Les taux des contributions et de l'allocation sont calculés de manière à garantir l'équilibre financier du régime.

SECTION 3. Obligations d'assurance et de déclaration des rémunérations

Art. L. 5422-13. Sauf dans les cas prévus à l'article L. 5424-1, dans lesquels l'employeur assure lui-même la charge et la gestion de l'allocation d'assurance, tout employeur assure contre le risque de privation d'emploi tout salarié, y compris les travailleurs salariés détachés à l'étranger ainsi que les travailleurs salariés français expatriés.

L'adhésion au régime d'assurance ne peut être refusée.

Note

• L'inexécution par l'employeur de son obligation d'assurer un salarié, même si l'assurance doit être souscrite auprès d'un organisme étranger ou si elle a peu de chances d'aboutir, est fautive et ouvre droit pour le salarié à obtenir réparation du préjudice qui en résulte (cass. soc. 5 juin 2001, n° 98-46.422, BC V n° 208 ; *RJS* 8-9/01 n° 1102 ; 26 novembre 2002, n° 00-46.740, *RJS* 2/03 n° 226).

• L'affiliation du salarié détaché ou expatrié n'est pas subordonnée à l'existence d'un unique contrat de travail avec la société mère établie en France et est obligatoire, nonobstant l'existence d'un contrat de travail avec la filiale (cass. soc. 1er avril 2003, n° 00-44.231, BC V n° 127 ; *RJS* 6/03 n° 814 ; *CSB* 2003 S. 265).

• Doit être assujettie au régime d'assurance chômage la salariée qui exerce son activité professionnelle pour le compte d'un employeur qui dispose d'un établissement en France (cass. soc. 13 décembre 2007, n° 06-45.921, *RJS* 2/08 n° 212).

Art. L. 5422-14. Les employeurs soumis à l'obligation d'assurance déclarent les rémunérations servant au calcul de la contribution incombant tant aux employeurs qu'aux salariés.

Ces contributions sont dues à compter de la date d'embauche de chaque salarié.

Art. R. 5422-5. Pour satisfaire à son obligation d'affiliation définie à l'article L. 5422-13, l'employeur qui embauche pour la première fois un salarié qu'il est tenu d'assurer contre le risque de privation d'emploi, adresse un bordereau d'affiliation à ***(D. 2008-1010 du 29 sept. 2008, art. 8, JO 30 et 2009-1708 du 30 déc. 2009, JO 31, entrée en vigueur le 01.01.2011)*** « l'organisme de recouvrement mentionné à l'article L. 5427-1 ».

(D. 2008-1010 du 29 sept. 2008, art. 8, JO 30 et 2009-1708 du 30 déc. 2009, JO 31, entrée en vigueur le 01.01.2011) « Il est réputé s'être acquitté de cette obligation par l'accomplissement de la déclaration mentionnée à l'article R. 1221-16. »

Quelle que soit la date à laquelle ***(D. 2008-1010 du 29 sept. 2008, art. 8, JO 30 et 2009-1708 du 30 déc. 2009, JO 31, entrée en vigueur le 01.01.2011)*** « ces formalités déclaratives ont été accomplies », l'affiliation prend effet à la date d'embauche du premier salarié.

Note Les caisses de mutualité sociale agricole tiennent de la loi la possibilité de conclure des conventions avec des organismes administrés paritairement en vue du recouvrement, pour le compte de ces organismes, des cotisations qui leur sont dues ; sous condition de conclusion de telles conventions, elles se trouvent légalement habilitées à déclarer les dépenses correspondantes sans être tenues de justifier d'un pouvoir particulier (cass. ass. plén. 26 mars 2010, n° 09-12.843, BC n° 2 ; *RJS* 7/10 n° 623).

Art. R. 5422-6. L'employeur adresse à l'organisme de recouvrement compétent une déclaration comportant, pour chaque salarié, le montant total des rémunérations payées et les périodes de travail correspondantes.

Art. R. 5422-7. La déclaration prévue à l'article R. 5422-6 et le paiement des cotisations correspondant aux rémunérations déclarées sont faits aux mêmes dates que le paiement des cotisations dues au régime général de sécurité sociale.

Note Depuis le 1er janvier 2011 (décret 2009-1708 du 30 décembre 2009, JO 31), le second alinéa de cet article est abrogé (décret 2008-1010 du 29 septembre 2008, art. 8).

Art. R. 5422-8. L'employeur ***(D. 2008-1010 du 29 sept. 2008, art. 8, JO 30 ; 2009-1708 du 30 déc. 2009, JO 31, entrée en vigueur le 01.01.2011)*** « déclare à l'organisme de recouvrement compétent mentionné à l'article L. 5427-1 » l'ensemble des rémunérations payées à ses salariés.

Il joint à ***(D. 2008-1010 du 29 sept. 2008, art. 8, JO 30 ; 2009-1708 du 30 déc. 2009, JO 31, entrée en vigueur le 01.01.2011)*** « cette déclaration », le cas échéant, le versement ***(D. 2008-1010 du 29 sept. 2008, art. 8, JO 30 ; 2009-1708 du 30 déc. 2009, JO 31, entrée en vigueur le 01.01.2011)*** « des cotisations correspondant aux rémunérations déclarées ».

SECTION 4. *(L. 2008-126 du 13 févr. 2008, art. 17, JO 14 ; D. 2009-1708 du 30 déc. 2009, JO 31, entrée en vigueur le 01.01.2011)* « Modalités de recouvrement et de contrôle des contributions »

Note Sur les procédures de remise de dettes, voir art. L. 626-6, D. 626-9 et s. c. com. (décret 2009-385 du 6 avril 2009, JO 8).

Art. L. 5422-15. Toute action ou poursuite intentée contre un employeur pour manquement aux dispositions du présent titre, à l'exception de celles des articles L. 5422-10, L. 5422-21, L. 5422-22 et L. 5422-24 ainsi que de celles du chapitre IV, est précédée d'une mise en demeure.

Les modalités d'application du présent article sont déterminées par décret en Conseil d'État.

Art. R. 5422-9. La mise en demeure de l'organisme de recouvrement prévue à l'article L. 5422-15 est adressée par lettre recommandée avec avis de réception.

Note Le dernier alinéa de cet article a été abrogé par le décret 2008-1010 du 29 septembre 2008, art. 8 depuis le 01.01.2011 (décret 2009-1708 du 30 décembre 2009, JO 31).

Art. L. 5422-16 ***(L. 2008-126 du 13 févr. 2008, art. 17, JO 14 ; D. 2009-1708 du 30 déc. 2009, JO 31, entrée en vigueur le 01.01.2011).*** Les contributions ***(L. 2011-893 du 28 juil. 2011, art. 44, JO 29)*** « et versements prévus aux articles L. 1233-66, L. 1233-69 », L. 5422-9, L. 5422-11 et L. 5424-20 sont recouvrés et contrôlés par les organismes chargés du recouvrement mentionnés à l'article L. 5427-1 pour le compte de l'organisme gestionnaire du régime d'assurance chômage mentionné à ce même article, selon les règles et sous les garanties et sanctions applicables au recouvrement des cotisations du régime général de la sécurité sociale assises sur les rémunérations. Les différends relatifs au recouvrement de ces contributions relèvent du contentieux de la sécurité sociale.

Par dérogation à l'alinéa précédent :

1° Les contributions dues au titre de l'emploi des salariés mentionnés à l'article L. 722-20 du code rural ***(Ord. 2010-462 du 6 mai 2010, JO 7)*** « et de la pêche maritime » sont recouvrées et contrôlées selon les règles et sous les garanties et sanctions applicables au recouvrement des cotisations dues au titre des assurances sociales agricoles obligatoires, dans des conditions définies par convention entre l'organisme gestionnaire du régime d'assurance chômage et la Caisse centrale de la mutualité sociale agricole ;

2° Les différends relatifs au recouvrement des contributions dues au titre de l'emploi de salariés à Saint-Pierre-et-Miquelon relèvent de la compétence des juridictions mentionnées à l'article 8 de l'ordonnance n° 77-1102 du 26 septembre 1977 portant extension et adaptation au département de Saint-Pierre-et-Miquelon de diverses dispositions relatives aux affaires sociales.

Une convention conclue entre l'Agence centrale des organismes de sécurité sociale et l'organisme gestionnaire du régime d'assurance chômage mentionné à l'article L. 5427-1 précise les conditions garantissant à ce dernier la pleine autonomie de gestion, notamment de sa trésorerie grâce à une remontée quotidienne des fonds, ainsi que l'accès aux données nécessaires à l'exercice de ses activités. Elle fixe également les conditions dans lesquelles est assuré le suivi de la politique du recouvrement et définit les objectifs de la politique de contrôle et de lutte contre la fraude. Elle prévoit enfin les modalités de rémunération du service rendu par les organismes chargés du recouvrement des cotisations du régime général.

Note Voir note sous art. L. 5427-1.

[Art. R. 5422-10 à R. 5422-15. Abrogés par décret 2008-1010 du 29 septembre 2008, art. 8, JO 30, depuis le 01.01.2011 (décret 2009-1708 du 30 décembre 2009, JO 31).]

[Art. L. 5422-17, 18 et 19. Abrogés par loi 2008-126 du 13 février 2008, art. 17, JO 14, depuis le 01.01.2011 (décret 2009-1708 du 30 décembre 2009, JO 31).]

SECTION 5. Accords relatifs à l'assurance chômage

Art. L. 5422-20. Les mesures d'application des dispositions du présent chapitre, ***(L. 2008-126 du 13 févr. 2008, art. 17, JO 14 ; D. 2009-1708 du 30 déc. 2009, JO 31, entrée en vigueur le 01.01.2011)*** « à l'exception des articles L. 5422-14 à L. 5422-16, » font l'objet d'accords conclus entre les organisations représentatives d'employeurs et de salariés.

Ces accords sont agréés dans les conditions définies par la présente section.

En l'absence d'accord ou d'agrément de celui-ci, les mesures d'application sont déterminées par décret en Conseil d'État.

Note • La convention du 6 mai 2011 relative à l'indemnisation du chômage pour la période du 1er juin 2011 au 31 décembre 2013, son règlement général annexé et différents accords d'application ont été étendus par arrêtés du 15 juin 2011 (JO 16). Voir circ. Unédic 2011-25 du 7 juillet 2011 relative à la mise en œuvre des règles issues de la convention du 6 mai 2011 et 2011-35 relative aux aides au reclassement résultant de la convention.

La convention du 19 juillet 2011 rapportée dans les « Textes non codifiés », relative à la mise en œuvre du contrat de sécurisation professionnelle du 1er septembre 2011 au 31 décembre 2013 a été agréée par arrêté du 6 octobre 2011 (JO 21). Voir circ. Unédic 2011-36 du 9 décembre 2011 et note au-dessus de l'article L. 1233-65.

• Un accord conclu et agréé dans les conditions prévues à la section 5 du chapitre II du titre II du livre IV de la cinquième partie du code du travail peut prévoir l'expérimentation de modalités particulières d'accompagnement dans le parcours de retour à l'emploi dans les bassins d'emploi qu'il détermine et pour des personnes ayant perdu leur emploi suite à l'échéance d'un contrat à durée déterminée, d'une mission de travail temporaire ou d'un chantier au sens de l'article L. 1236-8 du même code. Ces modalités peuvent notamment comprendre les mesures mentionnées à l'article L. 1233-65 du même code, des périodes de formation et des périodes de travail effectuées dans les conditions définies au 3° de l'article L. 1233-68 dudit code. Cet accord, conclu pour une durée maximale de trois ans, détermine les conditions dans lesquelles l'expérimentation est évaluée avant son terme. Cette évaluation est communiquée au Parlement (loi 2011-893 du 28 juillet 2011, art. 43, JO 29).

Sur le cas particulier des intermittents du spectacle, voir « L'employeur, le salarié et l'assureur dans l'hyperflexibilité contractuelle : les intermittents du spectacle », P-M Menger, *Dr. Soc.* 2004, p. 825. Sur la légalité de l'agrément de l'avenant du 19 juin 2002 aux annexes VIII et X au règlement d'assurance chômage, voir CE 30 décembre 2003, n° 250758, *RJS* 5/04 n° 589. L'annexe VIII du règlement annexé à la convention d'assurance chômage du 1er janvier 1993 n'exige pas que la société qui emploie l'ouvrier ou le technicien de la production cinématographique ou audiovisuelle exerce à titre principal l'une des activités mentionnées (cass. soc. 13 janvier 2004, n° 01-21.442, BC V n° 7 ; *Dr. Soc.* 2004, p. 439).

• Il appartient au juge judiciaire d'apprécier la validité des conventions d'assurance chômage qui ont le caractère de conventions de droit privé pour être conclues exclusivement entre personnes de droit privé. Les parties à la négociation d'une convention, qui ne sont habilitées par l'article L. 351-8 [L. 5422-20] CT qu'à prendre des mesures d'application des dispositions légales relatives à l'assurance chômage ne peuvent, sans excéder leurs pouvoirs, prévoir le versement d'une partie de la contribution des employeurs et des salariés à une association ayant notamment pour objet de financer les dépenses des régimes de retraite complémentaire des salariés (cass. soc. 10 octobre 2006, n° 03-15.835, BC V n° 298 ; *RJS* 12/06 n° 1305 ; *Dr. Soc.* 2006, p. 1203, obs. J. Barthélémy).

• Une circulaire de l'Unédic prise pour l'application du régime conventionnel d'assurance chômage ne présente pas le caractère d'un acte administratif susceptible d'être déféré devant le juge de l'excès de pouvoir (CE 27 juin 2001, n° 221535, *RJS* 10/10 n° 1172).

• Sur la contestation sérieuse que peut soulever la délégation de certains pouvoirs à la commission paritaire nationale instituée par la convention, voir CE 6 octobre 2000, n° 209312, *Rec. Lebon*, pp. 1187-1273 ; *Dr. Soc.* 2001, p. 36, concl. S. Boissard et CE 29 juillet 2002, n° 229981, *RJS* 11/02 n° 1273, ainsi que TGI Paris 2 juillet 2002, n° 01-4552, *RJS* 10/02 n° 1161 ; *Dr. Soc.* 2004, p. 439, note X. Prétot.

• Dès lors qu'il peut lui-même invoquer l'illégalité des dispositions de la convention d'assurance chômage, un travailleur privé d'emploi doit agir dans le cadre du délai de la prescription (cass. soc. 22 février 2005, n° 03-13.346, BC V n° 59 ; *RJS* 5/05 n° 555).

• Le décret prévu au 3e alinéa n'a pas à être précédé de l'avis du comité supérieur de l'emploi (CE 11 juillet 2001, n° 224586 et a., *Rec. Lebon*, p. 363 ; *RJS* 10/01 n° 1167).

• Le gouvernement pouvait s'approprier les stipulations de la précédente convention d'assurance chômage et les délibérations de la commission paritaire nationale prises avant le décret du 30 juin 2000. En revanche, la reprise de stipulations définissant une règle de prescription, intervenant donc dans le champ de compétence réservé au législateur, est illégale (CE 27 juillet 2005, n° 270666, *RJS* 11/05 n° 1130 ; décret 2000-601 du 30 juin 2000, JO 12 janvier 2006).

Art. L. 5422-21. L'agrément rend obligatoires les dispositions de l'accord pour tous les employeurs et salariés compris dans le champ d'application professionnel et territorial de cet accord.

L'agrément est délivré pour la durée de la validité de l'accord.

Les accords présentés à l'agrément de l'autorité administrative sont soumis aux conditions de publicité des arrêtés d'extension et d'élargissement des conventions et accords collectifs de travail.

Art. L. 5422-22. Pour pouvoir être agréés, les accords ayant pour objet exclusif le versement d'allocations spéciales aux travailleurs sans emploi et, éventuellement, aux travailleurs partiellement privés d'emploi doivent avoir été négociés et conclus sur le plan national et interprofessionnel entre organisations représentatives d'employeurs et de salariés.

Ces accords ne doivent comporter aucune stipulation incompatible avec les dispositions légales en vigueur, en particulier avec celles relatives au contrôle de l'emploi, à la compensation des offres et des demandes d'emploi, au contrôle des travailleurs privés d'emploi, et à l'organisation du placement de l'orientation ou du reclassement des travailleurs sans emploi.

Note • Sur le contrôle opéré par le juge administratif sur l'arrêté portant agrément de la convention du 1er janvier 2001, voir CE 11 juillet 2001, nos 228361 et a., *Rec. Lebon*, p. 377 ; *RJS* 10/01 n° 1168 ; *Dr. Soc.* 2001, p. 857, concl. S. Boissard.

Si l'annulation d'un acte administratif implique, en principe, que cet acte est réputé n'être jamais intervenu, il appartient au juge administratif de reporter exceptionnellement l'effet de l'annulation à une date ultérieure, sous réserve des actions contentieuses déjà engagées, lorsque l'effet rétroactif de l'annulation est de nature à emporter des conséquences manifestement excessives en raison tant des effets que cet acte a produits et des situations qui ont pu se constituer lorsqu'il était en vigueur que de l'intérêt général pouvant s'attacher à un maintien temporaire de ses effets (CE 11 mai 2004, n° 255886, *RJS* 7/04 n° 841 ; X. Prétot, « Le contentieux de l'assurance chômage entre le juge civil et le juge administratif », *Dr. Soc.* 2004, p. 766).

• L'arrêté du 18 février 1997 agréant la convention du 1er janvier 1997 relative à l'assurance chômage avait été annulé en tant qu'il agréait l'article 50 de la convention relatif à un cumul d'allocations qui relevait de la compétence du pouvoir réglementaire (CE 18 mai 1998, nos 187836, 187837, 187852, *RJS* 8-9/98 n° 1041).

• L'agrément d'un avenant n'est pas illégal du seul fait qu'il n'a pas été signé par l'ensemble des organisations syndicales signataires de l'accord initial (CE 29 mars 2000, nos 206898, 207368, 207444, *RJS* 7-8/00 n° 846 ; *Dr. Soc.* 2000, p. 927). En revanche, les organisations signataires de la convention d'assurance chômage ne peuvent réserver à elles seules la négociation et la conclusion d'avenants à cette convention (CE 11 juillet 2001, précité). Les signataires de ces accords ne peuvent légalement renvoyer le soin d'en modifier ou compléter les stipulations à des actes à la négociation desquels ne participeraient pas l'ensemble des organisations syndicales les plus représentatives d'employeurs et de travailleurs et qui ne feraient pas l'objet d'un agrément ministériel (CE 11 mai 2004, précité).

• Les accords conclus en vertu des articles L. 352-1 et s. [L. 5422-21 et 22] CT pour l'application des dispositions relatives à l'assurance chômage ne peuvent restreindre les droits que les travailleurs privés d'emploi tiennent de la loi, laquelle ne prévoit aucune réduction des allocations de chômage pour les allocataires âgés de moins de 60 ans bénéficiaires d'un avantage vieillesse ou d'une pension militaire (cass. soc. 2 février 1999, n° 96-20.696, BC V n° 53 ; *RJS* 3/99 n° 408 ; *D.* 2000 SC 350).

• La légalité d'un arrêté ministériel portant agrément d'un des accords mentionnés par l'article L. 352-2 [L. 5422-22] CT est nécessairement subordonnée à la validité des stipulations de l'accord en cause. Lorsqu'une contestation sérieuse s'élève sur les conditions de conclusion de la convention ou sur l'interprétation de la commune intention des parties, la juridiction administrative est tenue, eu égard au caractère de droit privé que présente l'accord, de renvoyer à l'autorité judiciaire l'examen de cette question préjudicielle (CE 29 juillet 1994, n° 118327, *Rec. Lebon*, p. 389 ; *RJS* 10/94 n° 1165 ; CE 21 juin 1996, nos 112844 et a., *RJS* 8-9/96 n° 964 ; CE 6 octobre 2000, n° 209312, *Rec. Lebon*, pp. 1187-1273 ; *RJS* 2/01 n° 225 ; *Dr. Soc.* 2001, p. 36, concl. S. Boissard ; 11 juillet 2001, précité ; 19 octobre 2001, nos 150523 et a., *RJS* 1/02 n° 69 ; 13 novembre 2002, n° 229965, *RJS* 2/03 n° 225). Lorsqu'il n'est pas sérieusement contesté que les accords et la décision agréés n'ont pas été négociés et adoptés régulièrement, le juge administratif peut annuler l'arrêté ministériel (CE 30 juillet 1997, n° 143924, *RJS* 10/97 n° 1121).

• Le ministre n'est pas tenu d'accorder l'agrément d'un accord et il conserve un pouvoir d'appréciation qui lui permet de s'opposer à celui-ci pour des motifs d'intérêt général tirés notamment de la nécessité de garantir l'équilibre financier du régime ou de la protection des droits des travailleurs privés d'emploi. Le ministre ne peut exclure de l'agrément les clauses qui forment un tout indivisible avec les autres stipulations de cet accord ou avec celles d'un autre accord entre les mêmes parties ; il doit au contraire ne pas tenir compte de cette indivisibilité lorsqu'elle fait l'objet d'une stipulation expresse incompatible avec la législation en vigueur (CE 11 juillet 2001, n°s 224586 et a., *Rec. Lebon*, p. 363 ; *RJS* 10/01 n° 1167 ; *Dr. Soc.* 2001, p. 841, concl. S. Boissard).

• L'agrément prend effet à la date d'application de l'accord stipulée par les signataires (CE 6 octobre 2000, n°s 209238 et a., *Rec. Lebon*, pp. 822-1274 ; *RJS* 2/01 n° 224).

• Les bénéficiaires du régime d'assurance chômage au cours de la période justifient d'un intérêt leur donnant qualité pour agir à l'encontre de l'arrêté d'agrément de la convention, ou d'un avenant ayant pour objet sa prolongation, applicable pour la période considérée (CE 29 juillet 2002, n°s 220182 et 229981, *RJS* 11/02 n° 1273).

Art. L. 5422-23. Lorsque l'accord prévu à l'article L. 5422-20 n'a pas été signé par la totalité des organisations représentatives d'employeurs et de salariés, le ministre chargé de l'emploi peut procéder à son agrément selon une procédure déterminée par décret en Conseil d'État, en l'absence d'opposition exprimée dans des conditions prévues par ce même décret.

Art. L. 5422-24. ***(L. 2008-126 du 13 févr. 2008, art. 16, JO 14)*** Les contributions des employeurs et des salariés mentionnées aux articles L. 5422-9, L. 5422-11 et L. 5424-20 financent, pour la part définie par la convention mentionnée à l'article L. 5422-20 et qui ne peut être inférieure à 10 % des sommes collectées, une contribution globale versée à la section « Fonctionnement et investissement » et à la section « Intervention » du budget de l'institution mentionnée à l'article L. 5312-1, dont la répartition est décidée annuellement par le conseil d'administration de cette institution.

Art. R. 5422-16. L'agrément des accords mentionnés à l'article L. 5422-22 est délivré par le ministre chargé de l'emploi, après avis du Conseil national de l'emploi.

Il peut être retiré lorsque les stipulations de l'accord ou ses conditions d'application cessent d'être en conformité avec les dispositions légales.

Art. R. 5422-17. Dans le cas prévu à l'article L. 5422-23, le ministre chargé de l'emploi peut procéder à l'agrément de l'accord lorsque l'avis motivé favorable du Conseil national de l'emploi a été émis sans l'opposition écrite et motivée, soit de deux organisations d'employeurs, soit de deux organisations de salariés représentées à ce conseil.

En cas d'opposition, le ministre peut à nouveau consulter le Conseil national de l'emploi à partir d'un rapport qui précise la portée des dispositions en cause, ainsi que les conséquences de l'agrément.

Le ministre chargé de l'emploi peut délivrer l'agrément au vu du nouvel avis émis par le conseil. Cette décision est motivée.

CHAPITRE III

Régime de solidarité

SECTION 1. Allocations

Note Voir arrêté du 18 février 2005 (JO 5 mars) relatif aux pièces justificatives à présenter (carte d'assurance maladie) pour l'ouverture des droits aux allocations du régime de solidarité.

Sous-section 1. Allocation de solidarité spécifique

Note Dans un délai d'un an à compter de l'entrée en vigueur de la loi 2008-1249 du 1er décembre 2008, le Gouvernement remet au Parlement un rapport relatif aux conditions d'intégration de l'allocation de solidarité spécifique au revenu de solidarité active. Ce rapport mentionne la position des partenaires sociaux sur cette question (loi 2008-1249, art. 6, JO 3).

Art. L. 5423-1. Ont droit à une allocation de solidarité spécifique les travailleurs privés d'emploi qui ont épuisé leurs droits à l'allocation d'assurance ou à l'allocation de fin de formation prévue par l'article L. 5423-7 et qui satisfont à des conditions d'activité antérieure et de ressources.

Note

• Voir circ. DGEFP 2004-8 du 20 février 2004 (BO TR 2004/6, p. 67 ; *LS* Bref soc. n° 14085 du 1er mars 2004), « Questions-réponses », juillet 2001 du ministère de l'Emploi et de la Solidarité (DGEFP) (*LS* Législ. soc. n° 8226 du 13 novembre 2001).

• Les personnes dont les droits à l'allocation de solidarité spécifique visée à l'article L. 351-10 [L 5423-1 et 2] CT viennent à expiration bénéficient, en priorité, d'un contrat emploi-solidarité [contrat d'accompagnement dans l'emploi] ou d'un contrat initiative-emploi lorsqu'elles ne remplissent pas les conditions d'ouverture des droits au versement du revenu minimum d'insertion (loi 2003-1200 du 18 décembre 2003, art. 49, JO 19).

• Le droit à l'allocation de solidarité spécifique prend effet à la date à laquelle l'allocataire remplit toutes les conditions auxquelles est subordonné ce droit, et non à la date à laquelle il justifie remplir ces conditions (CE 29 juillet 1994, n° 106012, *Rec. Lebon*, p. 1220).

Art. L. 5423-2. Ont également droit à l'allocation de solidarité spécifique les bénéficiaires de l'allocation d'assurance âgés de cinquante ans au moins qui satisfont aux conditions mentionnées à l'article L. 5423-1 et qui optent pour la perception de cette allocation.

Dans ce cas, le versement de l'allocation d'assurance est interrompu.

Art. L. 5423-3. Les artistes non salariés, dès lors qu'ils ne peuvent prétendre au bénéfice de l'allocation d'assurance, ont également droit à l'allocation de solidarité spécifique, selon des conditions d'âge et d'activité antérieure.

Art. L. 5423-4. Lorsque, du fait des modalités particulières d'exercice d'une profession, les conditions d'activité antérieure pour l'admission à l'allocation de solidarité spécifique ne sont pas remplies, des aménagements peuvent être apportés à ces conditions ainsi qu'à la durée d'indemnisation et aux taux de l'allocation dans des conditions déterminées, selon le cas, par l'accord prévu à l'article L. 5422-20 ou par décret en Conseil d'État.

Art. L. 5423-5. ***(L. 2011-1977 du 28 déc. 2011, art. 61, JO 29)*** « Sous réserve des dispositions prévues aux articles L. 5426-8-1 à L. 5426-8-3, l'allocation » de solidarité spécifique est incessible et insaisissable.

Les blocages de comptes courants de dépôts ou d'avances ne peuvent avoir pour effet de faire obstacle à son insaisissabilité.

Nonobstant toute opposition, le bénéficiaire dont l'allocation est versée sur un compte courant de dépôts ou d'avances peut effectuer mensuellement des retraits de ce compte dans la limite du montant de son allocation.

Art. L. 5423-6. Le taux de l'allocation de solidarité spécifique est révisé une fois par an en fonction de l'évolution des prix et est fixé par décret.

Note

Le montant journalier de l'allocation de solidarité spécifique est fixé à 15,63 € à compter du 1er janvier 2012. Le montant de la majoration accordée aux allocataires âgés de cinquante-cinq ans ou plus et justifiant de vingt années d'activité salariée, aux allocataires âgés de cinquante-sept ans et demi ou plus justifiant de dix années d'activité salariée ainsi qu'aux allocataires justifiant d'au moins 160 trimestres validés dans les régimes obligatoires de base d'assurance vieillesse ou de périodes reconnues équivalentes est fixé à 6,81 € à compter du 1er janvier 2012 (décret 2012-196 du 9 février 2012, JO 10).

Art. L. 5423-6.

§ 1. Conditions d'attribution

Art. R. 5423-1. Pour bénéficier de l'allocation de solidarité spécifique, les personnes mentionnées à l'article L. 5423-1 :

1° Justifient de cinq ans d'activité salariée dans les dix ans précédant la fin du contrat de travail à partir de laquelle ont été ouverts leurs droits aux allocations d'assurance. En ce qui concerne les personnes ayant interrompu leur activité salariée pour élever un enfant, cette durée est réduite, dans la limite de trois ans, d'un an par enfant à charge ou élevé dans les conditions fixées à l'article R. 342-2 du code de la sécurité sociale ;

2° Sont effectivement à la recherche d'un emploi au sens de l'article L. 5421-3, sous réserve des dispositions de l'article R. 5421-1 ;

3° Justifient, à la date de la demande, de ressources mensuelles inférieures à un plafond correspondant à 70 fois le montant journalier de l'allocation pour une personne seule et 110 fois le même montant pour un couple.

Note

• Une instruction DGEFP 2002-44 du 16 octobre 2002 indique les conditions de réadmission à l'allocation de solidarité spécifique après un contrat aidé (BO TR 2002/21, p. 55).

• Le bénéfice de l'allocation aux adultes handicapés n'est pas exclusif du bénéfice de l'allocation de remplacement (CE 11 juin 2003, n° 238562, *RJS* 10/03 n° 1230).

Art. R. 5423-2. Les ressources prises en considération pour l'application du plafond prévu au 3° de l'article R. 5423-1 comprennent l'allocation de solidarité ainsi que les autres ressources de l'intéressé et, le cas échéant, de son conjoint, partenaire lié par un pacte civil de solidarité ou concubin, telles qu'elles doivent être déclarées à l'administration fiscale pour le calcul de l'impôt sur le revenu avant déduction des divers abattements. Toutefois ces dispositions ne s'appliquent pas lorsque le conjoint, partenaire lié par un pacte civil de solidarité ou concubin du demandeur est dirigeant d'une entreprise entrant dans le champ d'application de l'article 50-0 du code général des impôts.

Le montant pris en compte est le douzième du total des ressources perçues pendant les douze mois précédant celui au cours duquel la demande a été présentée.

Les ressources perçues hors du territoire national sont prises en compte comme si elles avaient été perçues sur ce territoire.

Note

L'évaluation des ressources inclut les revenus professionnels du conjoint sans déduction particulière pour frais professionnels (CE 1er décembre 1997, n° 145848, *RJS* 3/98 n° 350).

Art. R. 5423-3. Ne sont pas prises en compte pour la détermination du droit à l'allocation de solidarité spécifique, les ressources suivantes :

1° L'allocation d'assurance précédemment perçue par l'intéressé ;

2° La majoration de l'allocation de solidarité ;

3° Les prestations familiales ;

4° La prime exceptionnelle de retour à l'emploi instituée par le décret n° 2005-1054 du 29 août 2005 créant une prime exceptionnelle de retour à l'emploi en faveur de certains bénéficiaires de minima sociaux ;

5° La prime de retour à l'emploi instituée par l'article L. 5133-1 ;

6° Les primes forfaitaires instituées respectivement par les articles L. 5425-3 du présent code, L. 262-11 du code de l'action sociale et des familles et L. 524-5 du code de la sécurité sociale ;

7° L'allocation de logement prévue aux articles L. 831-1 et suivants du code de la sécurité sociale.

Art. R. 5423-4. La pension alimentaire ou la prestation compensatoire fixée par une décision de justice devenue exécutoire est déduite des ressources de celui qui la verse.

Art. R. 5423-5. Il n'est pas tenu compte, pour la détermination des ressources, des allocations de solidarité, ***(D. 2009-289 du 13 mars 2009, JO 15)*** « des allocations d'assurance, » des rémunérations de stage ou des revenus d'activité perçus pendant la période de référence lorsqu'il est justifié que leur perception est interrompue de manière certaine à la date de la demande et que le bénéficiaire de ces ressources ne peut prétendre à un revenu de substitution.

Lorsque le bénéficiaire peut prétendre à un revenu de substitution, un abattement de 30 % est appliqué sur la moyenne des ressources auxquelles ce revenu se substitue.

Art. R. 5423-6. Lorsque le total des ressources prises en considération excède le plafond mentionné au 3° de l'article R. 5423-1, l'allocation n'est versée qu'à concurrence d'un montant global de ressources égal au plafond.

§ 2. Versement, renouvellement et prolongation

[Art. R. 5423-7. Abrogé par le décret 2008-1010 du 29 septembre 2008, art. 4, JO 30.]

Art. R. 5423-8. L'allocation de solidarité spécifique est attribuée pour une période de six mois renouvelable.

Toutefois, l'allocation est attribuée par périodes d'un an renouvelables aux bénéficiaires de la dispense de recherche d'emploi prévue à l'article L. 5421-3.

Note Voir circulaire DGEFP 2007-13 du 10 avril 2007 (BO TR 2007/5).

Art. R. 5423-9. Le renouvellement de l'allocation est subordonné aux mêmes conditions que son attribution initiale.

[Art. R. 5423-10. Abrogé par décret 2008-1056 du 13 octobre 2008, art. 12, JO 14.]

[Art. R. 5423-11. Abrogé par décret 2008-1056 du 13 octobre 2008, art. 12, JO 14.]

Art. R. 5423-12. Le délai dans lequel doit être présentée la demande de paiement de l'allocation solidarité spécifique, est fixé à deux ans à compter du jour où les personnes intéressées remplissent l'ensemble des conditions exigées pour pouvoir prétendre au bénéfice de cette allocation.

Art. R. 5423-13. Dans les cas où la condition de ressources est applicable aux bénéficiaires, l'allocation solidarité spécifique n'est pas versée lorsque le montant mensuel dû est inférieur au taux journalier de cette allocation.

Art. R. 5423-14. Les sommes indûment perçues au titre de l'allocation solidarité spécifique ne donnent pas lieu à remboursement lorsque leur montant global est inférieur au montant journalier de cette allocation.

[Sous-section 2. **Allocation de fin de formation (art. L. 5423-7).**
Abrogée par loi 2008-1425 du 27 décembre 2008, art. 188, JO 28.]

Note • Les articles R. 5423-15 à 17, qui n'ont pas été expressément abrogés, sont devenus caducs.

• L'État et les partenaires sociaux, via le fonds de sécurisation des parcours professionnels, ont créé une rémunération de fin de formation gérée par Pôle emploi. Voir instruction PE 2011-90 du 19 mai 2011, BO PE 2011-49 du 31 mai 2011.

§ 1. Conditions d'attribution

Art. R. 5423-15. Peuvent bénéficier de l'allocation de fin de formation les demandeurs d'emploi qui entreprennent une action de formation permettant d'acquérir une qualification reconnue au sens de l'article L. 6314-1 et d'accéder à un emploi pour lequel sont identifiées des difficultés de recrutement.

La liste de ces métiers est fixée par arrêté du préfet de région au vu des statistiques d'offres et demandes d'emploi de l' ***(D. 2008-1010 du 29 sept. 2008, art. 7, JO 30)*** « institution mentionnée à l'article L. 5312-1 du code du travail ». Ces statistiques sont présentées par métier en fonction d'un nombre minimum d'offres demeurées non satisfaites et indiquant pour chacun le rapport moyen sur les quatre derniers trimestres connus entre les offres et les demandes.

§ 2. Versement

Art. R. 5423-16. L'allocation de fin de formation est versée pendant la durée de l'action de formation.

Toutefois, la durée cumulée de versement aux demandeurs d'emploi en formation de l'allocation d'assurance chômage et de l'allocation de fin de formation ne peut excéder la durée maximum de formation mentionnée à l'article R. 6341-15.

Art. R. 5423-17. Le montant journalier de l'allocation de fin de formation est égal au dernier montant journalier de l'allocation d'assurance chômage perçu par l'intéressé à la date de l'expiration de ses droits à cette allocation.

Sous-section 3. Allocation temporaire d'attente

Art. L. 5423-8. Sous réserve des dispositions de l'article L. 5423-9, peuvent bénéficier d'une allocation temporaire d'attente :

1° Les ressortissants étrangers dont le titre de séjour ou le récépissé de demande de titre de séjour mentionne qu'ils ont sollicité l'asile en France et qui ont présenté une demande tendant à bénéficier du statut de réfugié, s'ils satisfont à des conditions d'âge et de ressources ;

2° Les ressortissants étrangers bénéficiaires de la protection temporaire, dans les conditions prévues au titre Ier du livre VIII du code de l'entrée et du séjour des étrangers et du droit d'asile ;

3° Les ressortissants étrangers bénéficiaires de la protection subsidiaire, pendant une durée déterminée ;

4° Les ressortissants étrangers auxquels une carte de séjour temporaire a été délivrée en application de l'article L. 316-1 du code de l'entrée et du séjour des étrangers et du droit d'asile, pendant une durée déterminée ;

5° Les apatrides, pendant une durée déterminée ;

6° Certaines catégories de personnes en attente de réinsertion, pendant une durée déterminée.

Note Voir directive Unédic 2006-25 du 22 novembre 2006 rappelant que la réforme de l'allocation d'insertion s'inscrit dans le cadre de la transposition de la directive européenne 2003/9/CE du 27 janvier 2003 relative aux normes minimales d'accueil des demandeurs d'asile dans les États membres. Voir aussi circulaire interministérielle IMI/M/09/00085C du 3 novembre 2009 définissant les bénéficiaires de l'allocation temporaire d'attente ainsi que les modalités de gestion de cette allocation : ouverture et renouvellement des droits, versement de l'allocation, récupération des indus, recours administratifs et contentieux.

Art. L. 5423-9. Ne peuvent bénéficier de l'allocation temporaire d'attente :

(L. 2008-1425 du 27 déc. 2008, art. 156, JO 28) « 1° Les demandeurs d'asile qui, à la suite d'une décision de rejet devenue définitive, présentent une demande de réexamen à l'Office français de protection des réfugiés et apatrides, à l'exception des cas humanitaires signalés par l'Office français de protection des réfugiés et apatrides dans les conditions prévues par voie réglementaire ; »

2° Les personnes mentionnées à l'article L. 5423-8 dont le séjour dans un centre d'hébergement est pris en charge au titre de l'aide sociale ;

3° Les personnes mentionnées à l'article L. 5423-8 qui refusent une offre de prise en charge répondant aux conditions fixées au 1° de ce même article. Si ce refus est manifesté après que l'allocation a été préalablement accordée, le bénéfice de l'allocation est perdu au terme du mois qui suit l'expression de ce refus.

Note • Sur les centres d'accueil pour demandeurs d'asile, voir art. L. 348-4 code de l'action sociale et des familles, R. 348-1 et s. (décret 2007-399 du 23 mars 2007, JO 24) et D. 348-6 du même code (décret 2007-1300 du 31 août 2007, JO 2 sept.).

• Les dispositions antérieures codifiées au 1° de l'article L. 5423-9 CT avaient été jugées incompatibles avec la directive 2003/9/CE du 27 janvier 2003 (CE 16 juin 2008, n° 300636, *Rec. Lebon*, pp. 218 et s. ; *RJS* 12/08 n° 1227).

Art. L. 5423-10. Les personnes mentionnées à l'article L. 5423-8 auxquelles une offre de prise en charge répondant aux conditions fixées au 2° de l'article L. 5423-9 n'a pas été formulée attestent de leur adresse de domiciliation effective auprès des organismes chargés du service de l'allocation, sous peine d'en perdre le bénéfice.

Art. L. 5423-11. L'allocation temporaire d'attente est versée mensuellement, à terme échu, aux personnes dont la demande d'asile n'a pas fait l'objet d'une décision définitive.

Le versement de l'allocation prend fin au terme du mois qui suit celui de la notification de la décision définitive concernant cette demande.

Art. L. 5423-12. Le montant de l'allocation temporaire d'attente est déterminé par décret.

Il est révisé, le cas échéant, une fois par an, en fonction de l'évolution des prix hors tabac prévue dans le rapport économique, social et financier annexé au projet de loi de finances de l'année.

Note Le montant journalier de l'allocation temporaire d'attente est fixé à 11,01 € à compter du 01.01.2012 (décret 2012-196 du 9 février 2012, JO 10).

Art. L. 5423-13. ***(L. 2011-1977 du 28 déc. 2011, art. 61, JO 29)*** « Sous réserve des dispositions prévues aux articles L. 5426-8-1 à L. 5426-8-3, l'allocation » temporaire d'attente est incessible et insaisissable.

Les blocages de comptes courants de dépôts ou d'avances ne peuvent avoir pour effet de faire obstacle à son insaisissabilité.

Nonobstant toute opposition, le bénéficiaire dont l'allocation temporaire d'attente est versée sur un compte courant de dépôts ou d'avances peut effectuer mensuellement des retraits de ce compte dans la limite du montant de son allocation.

Art. L. 5423-14. L'allocation temporaire d'attente est versée par ***(L. 2008-126 du 13 févr. 2008, art. 14, JO 16)*** « l'institution mentionnée à l'article L. 5312-1, avec laquelle » l'État conclut une convention.

§ 1. Conditions d'attribution

Art. R. 5423-18. Pour bénéficier d'une allocation temporaire d'attente, les ressortissants étrangers mentionnés au 1° de l'article L. 5423-8 doivent être âgés de dix-huit ans révolus.

Art. R. 5423-19. Les ressortissants étrangers admis au séjour mentionnés aux 3° et 4° de l'article L. 5423-8 [,] peuvent bénéficier de l'allocation temporaire d'attente ***(D. 2009-289 du 13 mars 2009, JO 15)*** « pendant la durée du bénéfice de la protection subsidiaire ».

Note Le décret 2006-1380 du 13 novembre 2006 avait été annulé en tant qu'il mettait en œuvre les dispositions du 1° de l'article L. 5423-9 CT alors applicables et qu'il excluait du bénéfice de l'allocation temporaire d'attente une personne dont la protection subsidiaire était renouvelée pour une durée de douze mois (CE 16 juin 2008, n° 300636, *RJS* 12/08 n° 1227).

Art. R. 5423-20. Sont admis, en application du 5° de l'article L. 5423-8, au bénéfice de l'allocation temporaire d'attente :

1° Les apatrides ;

2° Les anciens détenus, lorsque la durée de leur détention n'a pas été inférieure à deux mois ;

3° Les travailleurs salariés expatriés non couverts par le régime d'assurance chômage qui, lors de leur retour en France, justifient d'une durée de travail de cent quatre vingt deux jours au cours des douze mois précédant la fin de leur contrat de travail.

Art. R. 5423-21. L'allocation temporaire d'attente est attribuée aux catégories de bénéficiaires mentionnées à l'article R. 5423-20 pour une durée maximale de douze mois, sous réserve d'être inscrits comme demandeurs d'emploi et de remplir la condition de ressources mentionnée à l'article R. 5423-23.

Art. L. 5423-14.

[Art. R. 5423-22. Le droit à l'allocation temporaire d'attente ne peut être ouvert qu'une fois au titre de chacun des cas mentionnés à l'article L. 5423-8.]

Note Le décret 2006-1380 du 13 novembre 2006 est annulé en tant qu'il met en œuvre les dispositions du 1° de l'article L. 5423-9 CT alors applicables et qu'il exclut du bénéfice de l'allocation temporaire d'attente les demandeurs d'asile pour lesquels le directeur général de l'OFPRA a décidé qu'il y avait lieu à un nouvel examen de leur situation (CE 16 juin 2008, n° 300636, *RJS* 12/08 n° 1227).

Art. R. 5423-23. Pour bénéficier de l'allocation temporaire d'attente, la personne justifie de ressources mensuelles inférieures au montant du revenu minimum d'insertion.

Art. R. 5423-24. Les ressources prises en considération pour l'application du plafond mentionné à l'article R. 5423-23 comprennent, hors l'allocation temporaire d'attente, celles de l'intéressé et, le cas échéant, de son conjoint, partenaire lié par un pacte civil de solidarité ou concubin, telles qu'elles doivent être déclarées à l'administration fiscale pour le calcul de l'impôt sur le revenu avant déduction des divers abattements. Le montant pris en compte est le douzième du total des ressources perçues pendant les douze mois précédant celui au cours duquel les ressources sont examinées.

Les ressources perçues hors du territoire national sont prises en compte comme si elles avaient été perçues sur ce territoire.

Art. R. 5423-25. La condition relative aux ressources est appréciée le mois de la demande d'allocation, puis à échéance semestrielle.

Art. R. 5423-26. Ne sont pas prises en compte pour la détermination du droit à l'allocation temporaire d'attente, les ressources suivantes :

1° Les prestations familiales ;

2° Les allocations d'assurance ou de solidarité, les rémunérations de stage ou des revenus d'activité perçus pendant la période de référence lorsqu'il est justifié que leur perception est interrompue de manière certaine à la date de la demande et que le bénéficiaire de ces ressources ne peut prétendre à un revenu de substitution.

La pension alimentaire ou la prestation compensatoire fixée par une décision de justice devenue exécutoire est déduite des ressources de celui qui la verse.

Art. R. 5423-27. Lorsque le bénéficiaire peut prétendre à un revenu de substitution, un abattement de 30 % est appliqué sur la moyenne des ressources auxquelles ce revenu se substitue.

§ 2. Versement

Art. R. 5423-28. Le délai dans lequel doit être présentée la demande de paiement de l'allocation temporaire d'attente, est fixé à deux ans à compter du jour où les personnes intéressées remplissent l'ensemble des conditions exigées pour pouvoir prétendre au bénéfice de cette allocation.

Art. R. 5423-29. Dans les cas où la condition de ressources est applicable aux bénéficiaires, l'allocation temporaire d'attente n'est pas versée lorsque le montant mensuel dû est inférieur au taux journalier de cette allocation.

Art. R. 5423-30. Les sommes indûment perçues au titre [de] l'allocation temporaire d'attente ne donnent pas lieu à remboursement lorsque leur montant global est inférieur au montant journalier de l'allocation correspondante.

§ 3. Communication d'informations

Art. R. 5423-31. L' ***(D. 2009-331 du 25 mars 2009, JO 27)*** « Office français de l'immigration et de l'intégration » communique, chaque mois, ***(D. 2008-1010 du 29 sept. 2008, art. 7, JO 30)*** « à l'institution mentionnée à l'article L. 5312-1 du présent code », la liste nominative des demandeurs d'asile pris en charge dans un centre d'accueil pour demandeurs d'asile.

Art. R. 5423-32. Le préfet communique, chaque mois, ***(D. 2008-1010 du 29 sept. 2008, art. 7, JO 30)*** « à l'institution mentionnée à l'article L. 5312-1 du présent code », les listes nominatives des demandeurs d'asile ayant refusé l'offre de prise en charge mentionnée à l'article R. 348-1 du code de l'action sociale et des familles.

Art. R. 5423-33. L'Office français de protection des réfugiés et apatrides communique, chaque mois, ***(D. 2008-1010 du 29 sept. 2008, art. 7, JO 30)*** « à l'institution mentionnée à l'article L. 5312-1 du présent code », des informations relatives à l'état d'avancement de la procédure d'examen du dossier de demande d'asile et les décisions devenues définitives.

Art. R. 5423-34. Un arrêté conjoint des ministres chargés de l'emploi et de l'immigration fixe l'organisation du système de transmission des données énoncées aux articles R. 5423-31 à R. 5423-33.

Note Voir arrêté du 23 mars 2007 (JO 6 avril) modifié par arrêté du 9 février 2009 (JO 18).

Art. R. 5423-35. Pour procéder aux vérifications rendues nécessaires par la gestion de l'allocation temporaire d'attente, ***(D. 2008-1010 du 29 sept. 2008, art. 7, JO 30)*** « l'institution mentionnée à l'article L. 5312-1 du présent code peut » consulter, par voie électronique, les données à caractère personnel strictement nécessaires détenues par l'Office français de protection des réfugiés et apatrides.

Art. R. 5423-36. Lorsque les conditions d'ouverture des droits à l'allocation temporaire d'attente sont réunies, ***(D. 2008-1010 du 29 sept. 2008, art. 7, JO 30)*** « l'institution mentionnée à l'article L. 5312-1 du présent code peut » procéder à l'extraction des données détenues par l'Office français de protection des réfugiés et apatrides et à leur enregistrement dans le système de gestion de l'allocation.

L'office enregistre les extractions de données précitées, afin de limiter aux seuls dossiers concernés la transmission ultérieure des informations nécessaires aux décisions de maintien ou de suppression de l'allocation.

Art. R. 5423-37. La sécurité des données détenues par l'Office français de protection des réfugiés et apatrides est assurée lors de leur consultation, de leur extraction et de leur enregistrement. Elles sont cryptées durant les phases de transfert.

Sous-section 4. Allocation forfaitaire du contrat nouvelles embauches

Note La sous-section 4 de la partie législative (art. en L) a été abrogée par la loi 2008-596 du 25 juin 2008, art. 9, JO 26.

Art. D. 5423-38. L'allocation forfaitaire mentionnée à l'article L. 5423-15 est accordée, dès lors que le salarié justifie d'une période d'activité continue de quatre mois en contrat nouvelles embauches, pour une durée égale à un mois.

Art. D. 5423-39. Le montant journalier de l'allocation forfaitaire est fixé à 16,40 €.

Art. D. 5423-40. L'inscription comme demandeur d'emploi doit intervenir dans les trois mois à compter de la fin du contrat de travail pris en considération pour l'ouverture des droits.

Art. R. 5423-41. Le délai dans lequel la demande de paiement de l'allocation forfaitaire doit être présentée est fixé à six mois à compter du jour où l'intéressé remplit les conditions exigées pour prétendre au bénéfice de cette allocation.

Art. R. 5423-42. L'action en paiement, qui est obligatoirement précédée du dépôt de la demande de paiement de l'allocation forfaitaire, se prescrit par deux ans à compter de la date de notification de la décision d'ouverture de droits.

Art. R. 5423-43. Le travailleur involontairement privé d'emploi qui a cessé de bénéficier du service de l'allocation forfaitaire, alors que la période d'indemnisation précédemment ouverte n'était pas épuisée, et qui n'a pas acquis de nouveaux droits à l'allocation d'assurance chômage, bénéficie d'une reprise de ses droits.

Toutefois cette règle ne s'applique que si le temps écoulé depuis la date d'admission du travailleur n'est pas supérieur à la durée des droits augmentée de trois ans de date à date.

Art. R. 5423-44. Le versement de l'allocation forfaitaire ne peut se cumuler avec le versement de l'allocation spécifique.

Art. L. 5423-24.

Lorsque le travailleur privé d'emploi a droit à l'allocation de solidarité spécifique à la date de rupture de son contrat, ces droits sont reportés à la date à laquelle prend fin le versement de l'allocation forfaitaire. Toutefois, il conserve la faculté de renoncer au versement de l'allocation forfaitaire au profit du versement de l'allocation de solidarité spécifique.

Art. R. 5423-45. Les sommes indûment perçues au titre de l'allocation forfaitaire ne donnent pas lieu à remboursement lorsque le montant est inférieur au montant journalier de cette allocation.

Art. R. 5423-46. Les dispositions prévues aux articles R. 5421-3, R. 5425-2 à R. 5425-7, R. 5425-12, R. 5426-1 à R. 5426-4, R. 5426-6 à R. 5426-14 et R. 5427-1 sont applicables à l'allocation forfaitaire.

Art. R. 5423-47. Sont dispensés, à leur demande, de la condition de recherche d'emploi les bénéficiaires de l'allocation forfaitaire :
1° Âgés d'au moins cinquante-sept ans et demi ;
2° Âgés d'au moins cinquante-cinq ans, lorsqu'ils justifient d'au moins 160 trimestres validés dans les régimes de base obligatoire d'assurance vieillesse ou de périodes reconnues équivalentes.

Sous-section 5. Allocation équivalent retraite

[Art. L. 5423-18 à L. 5423-23. Abrogés à compter du 1er janvier 2009 par loi 2007-1822 du 24 décembre 2007, JO 27.]

Note

• Les demandeurs d'emploi qui bénéficient au 31 décembre 2010 de l'allocation équivalent retraite continuent d'en bénéficier jusqu'à l'âge prévu à l'article L. 351-1 CSS (loi 2010-1330 du 9 novembre 2010, art. 106, JO 10).

• Voir décrets 2009-608 du 29 mai 2009 (JO 31) et 2010-458 du 6 mai 2010 (JO 7) instituant à titre exceptionnel une allocation équivalent retraite pour certains demandeurs d'emploi déposant une demande avant le 31 décembre 2010. Le montant journalier de l'allocation est de 33,74 € à compter du 1er janvier 2012 (décret 2012-196 du 9 février 2012, JO 10).

• Le décret 2011-1421 du 2 novembre 2011 (JO 3) institue à titre exceptionnel une allocation transitoire de solidarité pour les demandeurs d'emploi nés entre le 1er juillet 1951 et le 31 décembre 1953 pour lesquels les mesures de report de l'âge légal de départ à la retraite ont pu créer un défaut d'allocation entre leur période d'indemnisation chômage et la liquidation de leurs droits à la retraite. Son montant journalier est fixé à 33,74 € à compter du 1er janvier 2012 (décret 2012-196 du 9 février 2012, JO 10).

SECTION 2. Financement des allocations

Sous-section 1. Fonds de solidarité

Art. L. 5423-24. Le fonds de solidarité gère les moyens de financement :
[1° Abrogé par loi 2010-1657 du 29 décembre 2010, art. 202, JO 30, depuis le 01.01.2011.]
[2° Abrogé par loi 2009-1673 du 30 décembre 2009, art. 139, JO 31.]
3° De l'allocation de solidarité spécifique prévue à l'article L. 5423-1 ;
[4° Abrogé par loi 2008-596 du 25 juin 2008, art. 9, JO 26.]
5° De l'allocation équivalent retraite prévue à l'article L. 5423-18 ;
6° De la prime forfaitaire prévue à l'article L. 5425-3 ;
7° De l'aide prévue au II de l'article 136 de la loi de finances pour 1997 n° 96-1181 du 30 décembre 1996.

Note La circulaire interministérielle du 27 mai 2003 (BO TR 2003/13, p. 147) traite les règles d'assujettissement à la contribution exceptionnelle de solidarité, la définition de son assiette et les modalités de son versement. Elle est accompagnée d'une circulaire du Fonds de solidarité 2003-01 du 3 juin 2003 (BO TR 2003/13, p. 161).

Art. R. 5423-48. Le Fonds de solidarité mentionné à l'article L. 5423-24 est un établissement public national de caractère administratif, doté de l'autonomie financière. Il est placé sous la tutelle des ministres chargés de l'emploi et du budget.

Le fonds est administré par un conseil d'administration dont le président est nommé par décret.

Art. L. 5423-25. Le fonds de solidarité reçoit la contribution exceptionnelle de solidarité prévue à l'article L. 5423-26 ainsi que, le cas échéant, une subvention de l'État.

Le produit de cette contribution ne peut recevoir d'autre emploi.

Sous-section 2. Contribution exceptionnelle de solidarité

Art. L. 5423-26. Les salariés des employeurs du secteur public et parapublic mentionnés aux articles L. 5424-1 et L. 5424-2, lorsque ceux-ci ne sont pas placés sous le régime de l'article L. 5422-13, versent une contribution exceptionnelle de solidarité.

Art. L. 5423-27. La contribution exceptionnelle de solidarité est assise sur la rémunération nette totale des salariés, y compris l'ensemble des éléments ayant le caractère d'accessoire du traitement, de la solde ou du salaire, à l'exclusion des remboursements de frais professionnels, dans la limite du plafond mentionné à l'article L. 5422-3.

Art. L. 5423-28. À défaut de versement de la contribution exceptionnelle de solidarité dans un délai déterminé par décret en Conseil d'État, la contribution est majorée de 10 %.

Art. L. 5423-29. L'absence de précompte ou de versement par l'employeur de la contribution exceptionnelle de solidarité le rend débiteur du montant de l'ensemble des sommes en cause.

Art. L. 5423-30. Le fonds de solidarité recouvre la contribution exceptionnelle de solidarité et, le cas échéant, la majoration auprès des employeurs mentionnés à l'article L. 5423-26, pour les périodes d'emploi correspondant aux cinq années civiles précédant celle au cours de laquelle le fonds de solidarité a demandé à l'employeur de justifier ses versements ou de régulariser sa situation.

La mise en demeure adressée à l'employeur interrompt cette prescription.

Art. L. 5423-31. Un décret en Conseil d'État détermine les conditions de recouvrement de la contribution exceptionnelle de solidarité et les dérogations à la périodicité de son versement compte tenu du nombre de salariés des collectivités et organismes intéressés.

Art. L. 5423-32. Le taux de la contribution exceptionnelle de solidarité est fixé à 1 % du montant de l'assiette prévue à l'article L. 5423-27.

Sont exonérés du versement de la contribution les salariés dont la rémunération mensuelle nette définie au troisième alinéa est inférieure à un montant déterminé par décret en Conseil d'État.

La rémunération mensuelle nette comprend la rémunération de base mensuelle brute augmentée de l'indemnité de résidence et diminuée des cotisations de sécurité sociale obligatoires, des prélèvements pour pension et, le cas échéant, des prélèvements au profit des régimes de retraite complémentaire obligatoires.

Art. R. 5423-49. La contribution exceptionnelle de solidarité prévue à l'article L. 5423-26 est précomptée et versée par l'employeur au fonds de solidarité dans les quinze premiers jours du mois suivant celui du versement des rémunérations ayant supporté le précompte.

Art. R. 5423-50. Le versement de la contribution exceptionnelle de solidarité est accompagné d'une déclaration de l'employeur indiquant notamment le nombre de personnes assujetties à cette contribution, son assiette et son montant.

En cas d'absence de déclaration dans les délais prescrits, le directeur du fonds de solidarité peut fixer forfaitairement à titre provisionnel le montant de cette contribution.

Art. R. 5423-51. La rétention indue du précompte, malgré une mise en demeure non suivie d'effet dans le mois, rend l'employeur passible des pénalités prévues au chapitre IV du titre IV du livre II du code de la sécurité sociale.

Dans ce cas, les poursuites sont engagées à la requête du ministère public sur la demande du directeur du fonds de solidarité.

Art. R. 5423-52. Le montant prévu au deuxième alinéa de l'article L. 5423-32 est égal au traitement mensuel brut afférent à l'indice brut 296 de la fonction publique.

SECTION 3. Dispositions d'application

Art. L. 5423-33. Un décret en Conseil d'État détermine les conditions d'application du présent chapitre, notamment :

1° Les délais après l'expiration desquels l'inscription comme demandeur d'emploi est réputée tardive pour l'ouverture du droit à indemnisation ;

2° Le délai au terme duquel le reliquat des droits antérieurement constitués ne peut plus être utilisé ;

3° Le délai dans lequel doit être présentée la demande de paiement de cette indemnisation ;

4° Le montant au-dessous duquel l'indemnisation différentielle n'est plus versée ;

5° Le montant au-dessous duquel l'indemnisation indûment versée ne donne pas lieu à remboursement.

CHAPITRE IV

Régimes particuliers

SECTION 1. Dispositions particulières à certains salariés

Note L'intitulé de cette section a été modifié par la loi 2010-1488 du 7 décembre 2010, art. 26 (JO 8).

Art. L. 5424-1. Ont droit à une allocation d'assurance dans les conditions prévues aux articles L. 5422-2 et L. 5422-3 :

1° Les agents fonctionnaires et non fonctionnaires de l'État et de ses établissements publics administratifs, les agents titulaires des collectivités territoriales ainsi que les agents statutaires des autres établissements publics administratifs ainsi que les militaires ;

2° Les agents non titulaires des collectivités territoriales et les agents non statutaires des établissements publics administratifs autres que ceux de l'État et ceux mentionnés au 4° ainsi que les agents non statutaires des groupements d'intérêt public ;

3° Les salariés des entreprises inscrites au répertoire national des entreprises contrôlées majoritairement par l'État, les salariés relevant soit des établissements publics à caractère industriel et commercial des collectivités territoriales, soit des sociétés d'économie mixte dans lesquelles ces collectivités ont une participation majoritaire ;

4° Les salariés non statutaires des chambres de métiers, des services à caractère industriel et commercial gérés par les ***(L. 2010-853 du 23 juil. 2010, art. 8, JO 24)*** « chambres de commerce et d'industrie territoriales », des chambres d'agriculture, ainsi que les salariés des établissements et services d'utilité agricole de ces chambres ;

5° Les fonctionnaires de France Télécom placés hors de la position d'activité dans leurs corps en vue d'assurer des fonctions soit dans l'entreprise, en application du cinquième alinéa de l'article 29 de la loi n° 90-568 du 2 juillet 1990 relative à l'organisation du service public de la poste et des télécommunications, soit dans l'une de ses filiales.

(L. 2010-1488 du 7 déc. 2010, art. 26, JO 8) « 6° Les salariés des entreprises de la branche professionnelle des industries électriques et gazières soumis au statut national du personnel des industries électriques et gazières. »

Note • Voir note sous article L. 5422-9.

• Le décret 97-305 du 3 avril 1997 (JO 5) modifie les dispositions du code rural relatives aux chambres d'agriculture et institue un Fonds national d'aide à la gestion de l'emploi. Voir art. R. 514-8 et s. du code rural et de la pêche maritime.

• Sur l'indemnisation du chômage des agents du secteur public, voir circulaire 2001-30 du 13 septembre 2001 (BO TR 01/19, p. 49) modifiée, circ. intermin. du 6 février 2004 (réadmissions, *LS* Bref soc. n° 14081 du 24 février 2004) et circulaires DGEFP-DGAFP-DGCL-DGOS - direction du budget du 21 février 2011 modifiée et 2012-01 du 3 janvier 2012 informant sur les modalités d'application aux agents du secteur public des nouvelles règles de l'assurance chômage définies par la convention d'assurance chômage du 6 mai 2011 agréée par arrêtés du 15 juin 2011 (JO 16). Voir également circulaire DGEFP 2004-032 du 6 décembre 2004 (BO TR 2005/01 du 30 janvier 2005) qui précise les règles de coordination pour l'indemnisation entre le régime d'assurance chômage et le régime d'auto-assurance ouvert aux employeurs publics.

• Un étudiant ayant exercé les fonctions d'interne dans un centre hospitalier ne s'est pas trouvé « involontairement privé d'emploi » à l'issue de cette période de formation, ses fonctions prenant fin de plein droit (CE 9 octobre 1992, n°s 101021, 101846, *Gaz. Pal.* 1993 pan. dr. adm. pp. 74 et 75). Un militaire qui, à l'expiration de son contrat, décide de ne pas souscrire le nouvel engagement qui lui est proposé ne peut être regardé comme involontairement privé d'emploi (CE 2 juin 1995, n° 102491, *Rec. Lebon*, p. 876 ; *RJS* 8-9/95 n° 927). En revanche, un fonctionnaire stagiaire licencié en fin de stage peut prétendre aux allocations d'assurance prévues pour les travailleurs privés d'emploi (CE 11 mars 1994, n° 105385, *RJS* 5/94 n° 590). Tel n'est pas le cas d'un agent exclu temporairement de ses fonctions pour un motif disciplinaire (rép. QE 3247, JO AN 1er décembre 1997, p. 4377). Sur les maîtres d'internat et surveillants d'externat dans l'Éducation nationale, voir CE 7 février 1994, nos 126841 et 127029 (*Gaz. Pal.* 1994 pan. dr. adm. p. 137) et 2 mai 1994, n° 135773. Un agent de bureau territorial à l'OPAC maintenu en disponibilité en dépit de ses demandes de réintégration doit être considéré comme involontairement privé d'emploi et poursuivant la recherche d'un emploi et a droit aux allocations d'assurance chômage (CE 28 juillet 2004, n° 243387 ; pour un agent titulaire de la fonction publique hospitalière, CE 30 septembre 2002, n° 216912, *Rec. Lebon*, p. 954).

• Les délibérations de la commission paritaire nationale prévue par la convention relative à l'assurance chômage sont applicables aux agents publics dont l'employeur gère directement le régime d'assurance chômage (cass. soc. 18 mai 1999, n° 97-13.808, BC V n° 220 ; *RJS* 8-9/99 n° 1156). Mais, s'agissant de la démission d'un agent public, il appartient à l'autorité administrative d'apprécier, sous le contrôle du juge de l'excès de pouvoir, si les motifs de cette démission permettent d'assimiler celle-ci à une perte involontaire d'emploi ouvrant droit au bénéfice des prestations de l'assurance chômage, indépendamment de la seule référence aux délibérations de la commission paritaire nationale de l'Unédic (CE 1er octobre 2001, n° 215499, *RJS* 4/02 n° 477).

• Le litige entre un agent contractuel de droit public et l'organisme employeur qui n'a pas adhéré au régime d'assurance chômage relève de la compétence de la juridiction administrative (Trib. confl. 18 octobre 1999, n° 3173, *RJS* 12/99 n° 1530).

• Sur la suspension du bénéfice du revenu de remplacement, voir note sous art. L. 5426-3. Sur le rejet à tort d'une demande d'allocations de chômage d'un agent titulaire des collectivités territoriales qui, s'il n'était plus à même d'exercer son activité antérieure, n'était pas physiquement inapte à tout emploi et, inscrit comme demandeur d'emploi, était à la recherche permanente et effective d'un travail, voir CE 26 novembre 1999, n° 145077.

Art. L. 5424-2. Les employeurs mentionnés à l'article L. 5424-1 assurent la charge et la gestion de l'allocation d'assurance. ***(L. 2008-126 du 13 févr. 2008, art. 16, JO 14)*** « Ceux-ci peuvent, par convention conclue avec l'institution mentionnée à l'article L. 5312-1, pour le compte de l'organisme mentionné à l'article L. 5427-1, lui confier cette gestion. »

Toutefois, peuvent adhérer au régime d'assurance :

1° Les employeurs mentionnés au 2° de l'article L. 5424-1 ;

2° Par une option irrévocable, les employeurs mentionnés aux 3° ***(L. 2010-1488 du 7 déc. 2010, art. 26, JO 8)*** «, 4° et 6° » de ce même article ;

3° Pour leurs agents non titulaires, les établissements publics d'enseignement supérieur et les établissements publics à caractère scientifique et technologique ;

4° Pour les assistants d'éducation, les établissements d'enseignement mentionnés à l'article L. 916-1 du code de l'éducation.

(L. 2010-1488 du 7 déc. 2010, art. 26, JO 8) « Les entreprises de la branche professionnelle des industries électriques et gazières soumises au statut national du personnel des industries électriques et gazières, adhérentes, avant leur assujettissement au statut national, au régime d'assurance chômage prévu par les articles L. 5422-1 et suivants, ainsi que les entreprises en création sont considérées comme ayant exercé leur option irrévocable mentionnée au 2°. »

Art. L. 5424-3. Les employeurs mentionnés à la présente section adhèrent au régime d'assurance pour les salariés engagés à titre temporaire qui relèvent des professions de la production cinématographique, de l'audiovisuel ou du spectacle, lorsque l'activité exercée bénéficie de l'aménagement des conditions d'indemnisation prévues par l'article L. 5424-20.

Art. L. 5424-4. Un décret en Conseil d'État fixe les règles de coordination applicables pour l'indemnisation des travailleurs dont les activités antérieures prises en compte pour l'ouverture des droits ont été exercées auprès d'employeurs relevant les uns de l'article L. 5422-13, les autres de la présente section.

Art. L. 5424-5. Les litiges résultant de l'adhésion au régime d'assurance ***(L. 2008-126 du 13 févr. 2008, art. 17, JO 14 ; décret 2009-1708 du 30 déc. 2009, JO 31, entrée en vigueur le 01.01.2011)*** « suivent les règles de compétence prévues à l'article L. 5422-16 ».

Art. R. 5424-1. Pour les salariés des employeurs mentionnés aux 1°, 3° et 4° de l'article L. 5424-2, la contribution prévue à l'article L. 5422-9 est égale au montant de la contribution exceptionnelle qu'ils auraient dû verser en application de l'article L. 5423-26.

Elle est versée par l'employeur.

Art. R. 5424-2. Lorsque, au cours de la période retenue pour l'application de l'article L. 5422-2, la durée totale d'emploi accomplie pour le compte d'un ou plusieurs employeurs affiliés au régime d'assurance a été plus longue que l'ensemble des périodes d'emploi accomplies pour le compte d'un ou plusieurs employeurs relevant de l'article L. 5424-1, la charge de l'indemnisation incombe à ***(D. 2008-1010 du 29 sept. 2008, art. 7, JO 30)*** « l'institution mentionnée à l'article L. 5312-1 pour le compte de l'organisme mentionné à l'article L. 5427-1 ».

Dans le cas contraire, cette charge incombe à l'employeur relevant de l'article L. 5424-1, ou à celui des employeurs relevant de cet article qui a employé l'intéressé durant la période la plus longue.

Note Sur la situation d'un agent de collectivité locale retraité ayant repris une activité puis licencié, voir rép. QE 32634, JO Sén. 2 mai 2002, p. 1281. En faveur de la prise en compte de la période d'activité auprès d'un employeur public lorsque l'intéressé y a mis fin volontairement mais a ensuite travaillé dans une entreprise privée suffisamment pour s'ouvrir des droits, voir CE 30 décembre 2002, n° 224462, *RJS* 6/03 n° 784 et 10 mai 2006, n° 265280, *JCP* éd. S 2006, 1846, note Ch. Willmann ; en sens contraire, pour la perte du bénéfice des allocations incombant à l'employeur public lorsque la personne a volontairement quitté cet emploi avant de reprendre un emploi auprès d'un employeur de droit privé, cass. soc. 11 mars 2003, n° 00-21.249, BC V n° 90 ; *RJS* 6/03 n° 784 ; *CSB* 2003 S. 289 ; *Dr. Soc.* 2003, p. 559. Voir également rép. QE 65767, JO AN 25 octobre 2005, p. 9969.

Art. R. 5424-3. Lorsque, au cours de la période retenue pour l'application de l'article L. 5422-2, les durées d'emploi accomplies pour le compte d'un ou plusieurs employeurs relevant de l'article L. 5424-1 et pour le compte d'un ou plusieurs employeurs affiliés au régime d'assurance sont égales, la charge de l'indemnisation incombe :

1° À l'employeur relevant de l'article L. 5424-1 ou à celui des employeurs relevant de cet article qui a employé l'intéressé pendant la durée la plus longue, si le dernier contrat de travail ou engagement liait l'intéressé à un tel employeur ;

2° Au régime d'assurance si le dernier employeur est affilié à ce régime.

À égalité de durée d'emploi pour le compte de plusieurs employeurs relevant de l'article L. 5424-1, la charge de l'indemnisation incombe à l'employeur auquel l'intéressé a été lié par le dernier contrat de travail ou engagement.

Art. R. 5424-4. Le calcul des périodes d'emploi s'effectue, le cas échéant, après application à chacune d'elles d'un coefficient égal au rapport entre la durée hebdomadaire de travail de l'intéressé, fixée par son contrat de travail ou engagement, pendant la période d'emploi et la durée légale de travail ou la durée de travail conventionnelle lorsque celle-ci est inférieure à la durée légale, applicable à l'employeur pendant cette période d'emploi.

Toutefois, ce correctif n'est appliqué que lorsque la durée hebdomadaire de travail de l'intéressé est inférieure à la moitié de la durée de travail légale ou conventionnelle précédemment mentionnée pendant la période d'emploi.

Art. R. 5424-5. Pour l'ouverture des droits à indemnisation, la durée totale des activités salariées accomplies par un même travailleur pour le compte d'employeurs relevant des articles L. 5422-13 ou L. 5424-1 est prise en compte.

Art. R. 5424-6. En cas de réadmission intervenant alors que le travailleur privé d'emploi n'a pas épuisé les droits ouverts lors d'une précédente admission, l'allocation accordée correspond au montant global le plus élevé, après comparaison entre le montant global du reliquat des droits ouverts au titre de la précédente admission et le montant global des droits ouverts au titre de la nouvelle admission.

Lorsque le montant le plus élevé est celui du reliquat des droits de la précédente admission, l'allocation est à la charge de l'employeur ou de ***(D. 2008-1010 du 29 sept. 2008, art. 7, JO 30)*** « l'institution mentionnée à l'article L. 5312-1 pour le compte de l'organisme mentionné à l'article L. 5427-1 » qui a décidé la précédente admission.

Lorsque le montant le plus élevé correspond aux droits ouverts au titre de la nouvelle admission, l'allocation est à la charge de l'employeur ou de ***(D. 2008-1010 du 29 sept. 2008, art. 7, JO 30)*** « l'institution mentionnée à l'article L. 5312-1 pour le compte de l'organisme mentionné à l'article L. 5427-1 » qui décide la nouvelle admission, après application des dispositions des articles R. 5424-2 à R. 5424-5.

SECTION 2. Entreprises du bâtiment et des travaux publics privées d'emploi par suite d'intempéries

Art. L. 5424-6. Les dispositions de la présente section déterminent les règles suivant lesquelles les entreprises du bâtiment et des travaux publics relevant de certaines activités professionnelles déterminées par décret indemnisent les travailleurs qu'elles occupent habituellement en cas d'arrêt de travail occasionné par les intempéries.

Note L'exposition au risque de chômage temporaire lié aux intempéries n'est pas le critère de l'obligation d'affiliation à une caisse de congés payés (cass. soc. 29 mai 1990, n° 88-19.548, BC V n° 250).

Lorsqu'une entreprise exerce simultanément plusieurs activités, les cotisations versées aux caisses de congés payés doivent être assises sur l'ensemble des salaires versés à tout le personnel qui est occupé dans la branche d'activité donnant lieu à assujettissement, sans que puissent être exclus de l'assiette des cotisations les salaires versés aux travailleurs dont l'activité n'est de nature à être affectée qu'indirectement par le « risque intempéries » (cass. soc. 8 juillet 1980, n° 78-14.701, BC V n° 631 ; *JS* 1980, F 75). Elles doivent également être assises sur l'ensemble des salaires versés au personnel s'il apparaît que celui-ci est affecté indistinctement aux deux activités de l'entreprise, quoique l'une seulement relève du régime chômage-intempéries (cass. soc. 1er mars 1984, n° 82-16.931, BC V n° 89 ; *JS* 1984, F 48). Voir aussi, s'agissant d'un entrepreneur de construction ayant recours à des sous-traitants, cass. crim. 16 février 1988, n° 87-82.097, B. crim. n° 79.

Art. L. 5424-7. Dans les zones où les conditions climatiques entraînent un arrêt saisonnier pour diverses catégories d'entreprises mentionnées à l'article L. 5424-6, l'autorité administrative, après avis des organisations d'employeurs et de salariés, intéressées, détermine par région pour chaque catégorie d'entreprises les périodes où il n'y a pas lieu à l'indemnisation du fait de l'arrêt habituel de l'activité.

Art. L. 5424-8. Sont considérées comme intempéries, les conditions atmosphériques et les inondations lorsqu'elles rendent dangereux ou impossible l'accomplissement du travail eu égard soit à la santé ou à la sécurité des salariés, soit à la nature ou à la technique du travail à accomplir.

Note La notion d'intempérie au sens de cet article ne se réduit pas à la durée des conditions atmosphériques anormales telles que gel ou pluies, non plus qu'à la seule impossibilité de l'exécution physique par le salarié de son travail, mais s'entend plus largement des circonstances extérieures qui rendent effectivement l'accomplissement du travail impossible, eu égard notamment à la nature ou à la technique du travail à accomplir, ce qui peut éventuellement couvrir une période de temps plus longue que celle des conditions atmosphériques anormales proprement dites (cass. soc. 8 juillet 1997, n° 95-12.870, BC V n° 258).

Art. L. 5424-9. L'arrêt du travail en cas d'intempéries est décidé par l'entrepreneur ou par son représentant sur le chantier après consultation des délégués du personnel.

Lorsque les travaux sont exécutés pour le compte d'une administration, d'une collectivité publique, d'un service concédé ou subventionné, le représentant du maître d' ***(L. 2009-526 du 12 mai 2009, JO 13)*** « ouvrage » sur le chantier peut s'opposer à l'arrêt du travail.

Art. L. 5424-10. Les salariés bénéficient de l'indemnisation pour intempéries, quels que soient le montant et la nature de leur rémunération.

Art. L. 5424-11. Le salarié a droit à l'indemnisation pour intempéries s'il justifie avoir accompli avant l'arrêt du travail un nombre minimum d'heures de travail durant une période déterminée dans l'une des entreprises définies à l'article L. 5424-6.

Art. L. 5424-12. L'indemnité journalière d'intempéries est due pour chaque heure perdue après expiration d'un délai de carence fixé par décret.

Ce décret détermine également :

1° La limite d'indemnisation des heures perdues en fonction du salaire afférent à ces heures ;

2° Le nombre maximum des indemnités journalières susceptibles d'être attribuées au cours d'une année civile.

Art. L. 5424-13. L'indemnité journalière d'intempéries est versée au salarié par son entreprise à l'échéance normale de la paie dans les mêmes conditions que cette dernière.

Elle n'est pas due au salarié momentanément inapte.

Elle ne se cumule pas avec les indemnités journalières d'accident du travail, de maladie, des assurances sociales et de congés payés.

Elle est exclusive de toute indemnité de chômage.

Elle cesse d'être due dans le cas où le salarié exerce une autre activité salariée pendant la période d'arrêt du travail.

Art. L. 5424-14. Les indemnités journalières d'intempéries ne constituent pas un salaire et ne donnent pas lieu en conséquence au versement de cotisations sociales, à l'exception de celles concernant l'application de la législation sur les congés payés et de celles qui sont prévues à l'article 6 de la loi n° 82-1 du 4 janvier 1982 portant diverses mesures d'ordre social.

Toutefois, les dispositions des titres III, IV et V du livre II de la troisième partie du présent code et de l'article 2101 du code civil sont applicables au paiement des indemnités d'intempéries.

En vue de la détermination du droit des intéressés aux diverses prestations de la sécurité sociale, les périodes pour lesquelles ils ont bénéficié des indemnités journalières d'intempéries sont assimilées à des périodes de chômage involontaire.

Art. L. 5424-15. La charge du paiement des indemnités journalières d'intempéries, y compris les charges sociales, sont réparties [est répartie] au plan national entre les entreprises prévues à l'article L. 5424-6 en fonction des salaires payés par celles-ci à leurs salariés.

La péréquation des charges est opérée par des organismes et dans des conditions déterminés par décret.

Art. L. 5424-16. Le contrôle de l'application par les employeurs des dispositions de la présente section est confié aux inspecteurs du travail et aux contrôleurs des caisses de congés payés du bâtiment.

Art. L. 5424-17. En cas de retard dans le paiement des cotisations et dans la production des déclarations de salaires servant d'assiette aux cotisations, les cotisations échues et non payées ou correspondant aux déclarations non produites en temps utile sont majorées selon un taux et dans des conditions fixées par décret.

Art. L. 5424-18. En cas d'arrêt pour cause d'intempéries, les salariés que leur employeur ne peut occuper peuvent être mis par leur entreprise à la disposition de collectivités publiques pour l'exécution de travaux d'intérêt général.

Dans ce cas, les intéressés perçoivent le salaire correspondant aux travaux accomplis auxquels [auquel] s'ajoute[nt], le cas échéant, une indemnité égale à la différence entre le salaire servant de base au calcul de l'indemnité d'intempéries et le salaire perçu pour ces travaux occasionnels.

Art. L. 5424-19. Un décret détermine les modalités d'application de la présente section, notamment les conditions dans lesquelles les contestations nées de son application peuvent être soumises à des organismes paritaires de conciliation dont il peut rendre l'intervention obligatoire.

[Dispositions réglementaires]

Sous-section 1. Champ d'application

Art. D. 5424-7. Les dispositions des articles L. 5424-6 à L. 5424-19 sont applicables :

1° Aux travailleurs appartenant aux activités professionnelles mentionnées par le décret n° 59-534 du 9 avril 1959 relatif à la nomenclature des activités économiques sous les numéros ci-après :

330.
331.
332 (à l'exception des entreprises de fabrication de décors de théâtre).
333.
334.
335 (à l'exclusion de 335-2).
336 (à l'exclusion de 336-22 et de 336-23).
337-03.
338.
34 (à l'exclusion de 348-22 et de 348-3).

2° Aux carrières à ciel ouvert extrayant des matériaux destinés au bâtiment et aux travaux publics et qui sont directement exploitées par les entreprises du bâtiment et des travaux publics.

Sous-section 2. Périodes d'arrêt saisonnier

Art. D. 5424-8. Les périodes d'arrêt saisonnier de travail prévues à l'article L. 5424-7 sont déterminées par le ***(D. 2009-1377 du 10 nov. 2009, JO 13 ; D. 2010-687 du 24 juin 2010, JO 25 ; voir D. 2010-1582 du 17 déc. 2010, JO 18, pour outre-mer)*** « directeur régional des entreprises, de la concurrence, de la consommation, du travail et de l'emploi » après avis d'une commission composée comme suit :

1° Quatre membres employeurs et quatre membres salariés désignés respectivement par les organisations d'employeurs et de salariés représentatives pour les activités professionnelles mentionnées à l'article D. 5424-7 ;

2° Le ***(D. 2009-1484 du 3 déc. 2009, JO 4)*** « directeur départemental des territoires ou directeur départemental des territoires et de la mer » ;

3° ***(D. 2009-235 du 27 févr. 2009, JO 28)*** « Le directeur régional de l'environnement, de l'aménagement et du logement ».

Peut également être appelée à siéger, en tant que de besoin, toute personne dont la compétence est jugée utile par les membres de la commission.

Art. D. 5424-9. Les périodes d'arrêt saisonnier peuvent varier selon la nature des professions énumérées à l'article D. 5424-7. Elles peuvent, chaque année, faire l'objet d'une révision intervenant avant le 1er août.

Art. D. 5424-10. La décision du ***(D. 2009-1377 du 10 nov. 2009, JO 13 ; D. 2010-687 du 24 juin 2010, JO 25 ; voir D. 2010-1582 du 17 déc. 2010, JO 18, pour outre-mer)*** « directeur régional des entreprises, de la concurrence, de la consommation, du travail et de l'emploi » est soumise à l'approbation du ministre chargé de l'emploi.

Sous-section 3. Conditions d'attribution de l'indemnité

Art. D. 5424-11. Le nombre minimum d'heures de travail ouvrant droit à l'indemnisation pour intempéries prévu à l'article L. 5424-11 est fixé à 200 heures durant les deux mois précédant l'arrêt de travail.

Art. D. 5424-12. L'indemnité journalière d'intempéries est due pour chaque heure perdue à partir de la deuxième au cours d'une même semaine ou au cours d'une période continue d'arrêt.

Art. D. 5424-13. La limite d'indemnisation prévue à l'article L. 5424-12 est fixée aux trois quarts du salaire.

Le nombre maximum d'heures de travail pouvant être indemnisées est fixé à neuf heures par jour dans la limite de quarante-cinq heures par semaine.

Art. D. 5424-14. Le nombre maximum des indemnités journalières susceptibles d'être attribuées au cours d'une année civile est fixé à cinquante-cinq.

Sous-section 4. Calcul de l'indemnité

Art. D. 5424-15. Le montant de l'indemnité horaire versée en application des articles L. 5424-12 et L. 5424-13 est calculé en prenant pour base le salaire horaire perçu par le salarié à la veille de l'interruption du travail y compris, le cas échéant, les primes accessoires du salaire et les primes de rendement. Les primes représentatives de frais ou de risque et des majorations pour heures supplémentaires sont exclues.

Art. D. 5424-16. La partie du salaire dépassant la somme correspondant au salaire limite prévu pour le calcul des cotisations de sécurité sociale majoré de 20 % n'est pas prise en compte pour la fixation de la base de calcul de l'indemnité.

Sous-section 5. Situation des salariés

Art. D. 5424-17. Les heures de travail effectuées en remplacement des heures perdues pour cause d'intempéries sont rémunérées conformément à la réglementation sans tenir compte de l'indemnisation à laquelle elles ont donné lieu au titre des articles L. 5424-6 à L. 5424-19.

Art. D. 5424-18. Le salarié bénéficiant du régime chômage intempéries reste à la disposition de l'entreprise qui l'employait au moment de l'arrêt de travail pendant toute la période de l'inactivité du chantier.

Art. D. 5424-19. Le salarié perd son droit à indemnisation s'il refuse d'exécuter les travaux qui lui sont demandés par son entreprise, lorsque ces travaux peuvent être accomplis pendant l'intempérie, notamment en atelier ou bureau.

Art. D. 5424-20. L'employeur qui occupe le salarié pendant l'intempérie lui maintient, pendant la durée des travaux, le salaire qu'il percevait avant l'arrêt de travail dû aux intempéries.

Les heures ainsi rémunérées sont déduites des heures chômées donnant lieu à indemnisation.

Art. D. 5424-21. La date de reprise de travail pour le salarié mis en chômage est décidée par l'employeur ou le représentant du maître d'œuvre sur les chantiers.

Elle est portée à la connaissance du salarié par un avis affiché au siège ou au bureau de l'entreprise ou à l'entrée du chantier.

Le salarié qui ne reprend pas le travail dès la réouverture du chantier cesse d'avoir droit à l'indemnité à partir de la date de cette réouverture.

Art. D. 5424-22. L'entreprise ne peut, sauf en cas de faute grave de l'intéressé ou en cas d'arrêt des travaux par le maître d'œuvre dans les chantiers de travaux publics, licencier un salarié au cours de la période d'inactivité du chantier sur lequel celui-ci est employé.

Toutefois, ces dispositions ne portent pas atteinte aux effets découlant de l'expiration du préavis au cours de la période d'inactivité lorsque le préavis a été donné avant le début de cette période.

Art. D. 5424-23. Lorsque l'employeur met à la disposition de collectivités publiques les salariés, en application du premier alinéa de l'article L. 5424-18, il dépose, à la demande de la mairie de la commune du lieu du chantier, l'effectif et la spécialité des salariés dont l'activité est interrompue.

Art. D. 5424-24. L'indemnité différentielle prévue au second alinéa de l'article L. 5424-18 est remboursée aux collectivités publiques par les caisses de congés payés.

Sous-section 6. **Remboursement de l'employeur**

Art. D. 5424-25. L'entreprise est remboursée par les caisses de congés payés des indemnités versées à ses salariés au titre de la législation sur les intempéries qui sont calculées en affectant le montant de chaque indemnité versée d'un coefficient égal au rapport entre le montant des salaires servant de base à la cotisation versée par l'entreprise en application de l'article D. 5424-36 et le montant de ces salaires avant déduction de l'abattement prévu à ce même article.

Art. D. 5424-26. Il est versé à l'employeur 85 % du montant obtenu à l'article D. 5424-25 lorsque la masse salariale dépasse trois fois le montant de l'abattement prévu au même article et 90 % lorsque la masse salariale est au plus égale à trois fois le montant de cet abattement.

Art. D. 5424-27. Pour les six premières heures indemnisées suivant l'heure de carence prévue à l'article D. 5424-12, il est versé de façon uniforme à l'employeur 10 % du montant obtenu à l'article D. 5424-25.

Art. D. 5424-28. L'employeur adresse le bordereau de déclaration d'arrêt de travail et de demande de remboursement des indemnités versées aux salariés à la caisse des congés payés mentionnée à l'article D. 5424-32 dans un délai fixé par arrêté du ministre chargé de l'emploi.

Le modèle de ce bordereau est établi par la caisse nationale de surcompensation.

L'employeur transmet aux délégués du personnel, à leur demande, les informations du bordereau relatives au nombre des heures perdues pour cause d'intempéries et à leurs dates.

Note Voir arrêté du 27 juin 2003 (JO 29) modifiant l'arrêté du 18 février 2003 (JO 21). L'entreprise déclare l'arrêt de travail sur un bordereau unique comportant les éléments nécessaires au calcul des indemnités versées aux salariés et à la détermination du montant des remboursements demandés par l'entreprise. Ce bordereau doit comporter une liste de mentions arrêtée par le conseil d'administration de la Caisse nationale de surcompensation et figurant dans le modèle national de règlement intérieur des caisses de congés payés. Il doit permettre à l'employeur, par sa transmission, d'affirmer le caractère sincère et véritable de sa déclaration, de certifier que l'intempérie a bien rendu le travail impossible pendant la période d'arrêt, d'attester que les conditions posées notamment par les articles L. 731-8 [L. 5424-9] et R. 731-3 et 4 [D. 5424-11 à 14] CT ont été respectées et de certifier que les travailleurs remplissent les conditions fixées par la loi pour l'obtention de l'indemnité et qu'ils ont effectivement perçu celle-ci. Il doit également préciser que le déclarant reconnaît avoir été averti qu'une fausse déclaration l'exposerait aux sanctions de l'article L. 793-1 [L. 5429-3] CT. Ce bordereau doit parvenir à la caisse dans un délai d'un mois à compter de la reprise du travail. Un délai de tolérance peut être accordé aux entreprises dans les conditions fixées par délibération du conseil d'administration de la Caisse nationale de surcompensation. Ce dernier est chargé d'établir les formules de déclaration de salaire ainsi que le modèle visé à l'article R. 731-5, al. 2 [D. 5424-28, al. 2] CT.

Sous-section 7. Cotisations et péréquation des charges

Art. D. 5424-29. Les dépenses d'indemnisation du chômage-intempéries sont couvertes au moyen d'une cotisation mise à la charge des entreprises exerçant une ou plusieurs activités professionnelles mentionnées à l'article D. 5424-7.

Art. D. 5424-30. Les services créés au sein des caisses de congés payés en vue de l'attribution de l'indemnité journalière d'intempéries définie à l'article L. 5424-12 ont une comptabilité distincte de celle des autres services de la caisse de compensation.

Art. D. 5424-31. L'employeur délivre au salarié qui quitte l'entreprise un certificat indiquant le nombre d'heures et les périodes pendant lesquelles il a bénéficié de l'indemnité chômage-intempéries pendant la période de l'année civile en cours durant laquelle il a été employé dans l'entreprise.

Art. D. 5424-32. L'employeur verse les cotisations de l'assurance intempérie à la caisse de compensation dont il dépend déjà pour l'application de la législation sur les congés payés.

Art. D. 5424-33. Pour les entreprises énumérées au 2° de l'article D. 5424-7 qui, au titre de la législation sur les congés payés, ne sont pas tenues de s'affilier à une caisse de compensation du bâtiment ou des travaux publics, l'employeur verse ses cotisations à la caisse de compensation compétente pour les entreprises du bâtiment et la localité du siège de l'entreprise.

Art. D. 5424-34. L'employeur se conforme aux obligations découlant du règlement établi pour l'application de la présente section par la caisse à laquelle il est affilié.

Art. D. 5424-35. L'affiliation prévue aux articles D. 5424-32 et D. 5424-33 prend effet à la date à laquelle l'entreprise a commencé à employer des salariés.

Art. D. 5424-36. Les cotisations versées par l'employeur aux caisses de congés payés sont assises sur l'ensemble des salaires pris en compte pour le calcul des cotisations de sécurité sociale, déduction faite pour chacun d'eux d'un abattement dont le montant est fixé annuellement par un arrêté conjoint des ministres chargés de l'emploi et du budget. Cet abattement ne peut être inférieur à 8000 fois le salaire horaire d'un manœuvre de l'industrie du bâtiment.

Note Voir arrêté du 7 septembre 2010 (JO 12) fixant le montant de l'abattement à 70560 € pour la période du 1er avril 2010 au 31 mars 2011.

Art. D. 5424-37. La cotisation comporte deux taux distincts applicables l'un aux entreprises du gros œuvre et des travaux publics, l'autre aux entreprises n'entrant pas dans cette catégorie.

L'entreprise qui, du fait de ses activités, appartient simultanément à ces deux catégories est rattachée à celle qui correspond à son activité principale sauf lorsqu'elle dispose d'établissements distincts pour chaque catégorie.

Art. D. 5424-38. Les taux de cotisations sont calculés de façon à assurer entre toutes les entreprises assujetties une péréquation des charges sur le plan national, tout en tenant compte des particularités propres à chacune des deux catégories définies à l'article D. 5424-37.

Art. D. 5424-39. Des arrêtés des ministres chargés de l'emploi et de l'économie, pris après avis de la Caisse nationale de surcompensation du bâtiment et des travaux publics, répartissent les entreprises entre les deux catégories d'après la nomenclature des activités économiques et fixent le montant de l'abattement prévu à l'article D. 5424-36.

Art. D. 5424-40. Les arrêtés mentionnés à l'article D. 5424-39 fixent chaque année les taux de cotisations mises à la charge des entreprises et le montant du fonds de réserve destiné à assurer le remboursement des indemnités journalières d'intempéries. Lorsque ce montant est dépassé, le conseil d'administration de la Caisse nationale de surcompensation peut, lorsque les ministres chargés de l'emploi et de l'économie, préalablement informés, n'ont pas fait connaître leur opposition dans un délai d'un mois à compter de la réception de cette information, réduire pour le reste de l'année les cotisations des entreprises dans la limite de 20 % des taux initialement fixés.

Note Voir arrêté du 7 septembre 2010 (JO 12) fixant, pour la période du 1er avril 2010 au 31 mars 2011, les taux des cotisations mises à la charge des entreprises, le montant de l'abattement prévu à l'article D. 5424-36 CT ainsi que le montant minimal du fonds de réserve.

Art. D. 5424-41. La péréquation des charges mentionnées à l'article L. 5424-15 est opérée par ***(D. 2009-289 du 13 mars 2009, JO 15)*** « l'Union des caisses de France-Congés intempérie BTP » et par les caisses des congés payés prévues par l'article D. 3141-12, dans les conditions fixées par arrêté du ministre chargé de l'emploi pris sur proposition de la caisse de surcompensation.

Note Un arrêté du 18 février 2003 (JO 21), modifié en dernière date par arrêté du 14 mai 2007 (JO 16), a fixé les modalités de déclaration de l'état des salaires servant d'assiette à la cotisation ainsi que les règles applicables au fonds de réserve détenu par la Caisse nationale de surcompensation [l'Union des caisses de France-Congés intempérie BTP].

Art. D. 5424-42. ***(D. 2009-289 du 13 mars 2009, JO 15)*** « L'Union des caisses de France-Congés intempérie BTP » est autorisée à se procurer, par des emprunts à court terme, les sommes nécessaires pour permettre aux caisses de congés payés, en attendant le recouvrement des cotisations des entreprises, d'effectuer des remboursements.

Art. D. 5424-43. En cas de retard dans le paiement des cotisations et dans la production des déclarations de salaires, le taux de majoration prévu à l'article L. 5424-17 est de 1 % par jour de retard.

Cette majoration ne peut être appliquée qu'après mise en demeure par la caisse des congés payés à l'employeur d'effectuer le versement des cotisations ou les déclarations de salaires.

Sous-section 8. **Contrôles et contestations**

Art. D. 5424-44. L'employeur présente à tout moment aux contrôleurs des caisses de congés payés les bulletins de paye en vue de leur permettre de contrôler l'exactitude du montant des salaires servant d'assiette au calcul de la cotisation ainsi que toutes pièces justifiant le versement effectif de la cotisation et des indemnités prévues.

Note Une cour d'appel a pu considérer que les indemnités d'intempéries qu'une société disait avoir versées à ses salariés ne figurant ni sur le livre de paye, ni sur les bulletins de salaire, ni sur les certificats de congé prévus par l'article D. 732-8 [D. 3141-34] CT, il n'était pas établi que l'employeur avait effectivement versé à ses salariés des indemnités de chômage pour intempéries (cass. soc. 11 décembre 1990, n° 89-10.981, BC V n° 644).

Art. D. 5424-45. Les contestations collectives résultant de l'application de la présente section, sauf en ce qui concerne les salariés employés en régie par l'État, sont soumises à une commission paritaire de conciliation.

Cette commission est composée de quatre membres employeurs et de quatre membres salariés désignés respectivement par les organisations d'employeurs et de salariés représentatives pour l'ensemble des activités professionnelles énumérées à l'article D. 5424-7.

Elle siège sous la présidence du ***(D. 2009-1377 du 10 nov. 2009, JO 13 ; D. 2010-687 du 24 juin 2010, JO 25 ; voir D. 2010-1582 du 17 déc. 2010, JO 18, pour outre-mer)*** « directeur régional des entreprises, de la concurrence, de la consommation, du travail et de l'emploi » en présence, le cas échéant, des représentants des administrations intéressées.

Sous-section 9. Salariés employés en régie par l'État

Art. D. 5424-46. En ce qui concerne les salariés employés en régie par l'État, les ministres intéressés peuvent, en tant que de besoin, prévoir des modalités spéciales pour l'application de la présente section.

Art. D. 5424-47. Les heures de travail accomplies pour l'exécution en régie des travaux publics ou de bâtiment pour le compte de l'État entrent dans le calcul du minimum d'heures prévu à l'article D. 5424-11.

Art. D. 5424-48. Les journées directement indemnisées par l'État, au titre des intempéries, entrent en compte pour le calcul du maximum de soixante jours prévus à l'article D. 5424-14.

Art. D. 5424-49. Le préfet délivre aux salariés intéressés quittant le service un certificat portant les indications prévues à l'article D. 5424-31.

SECTION 3. Professions de la production cinématographique, de l'audiovisuel ou du spectacle

Art. L. 5424-20. Du fait de l'aménagement de leurs conditions d'indemnisation, l'allocation d'assurance versée aux travailleurs involontairement privés d'emploi relevant des professions de la production cinématographique, de l'audiovisuel ou du spectacle peut, en sus de la contribution prévue à l'article L. 5422-9, être financée par une contribution spécifique à la charge des employeurs, y compris ceux mentionnés à l'article L. 5424-3 et des salariés relevant de ces professions, assise sur la rémunération brute dans la limite d'un plafond, dans des conditions fixées par l'accord prévu à l'article L. 5422-20.

(L. 2008-126 du 13 févr. 2008, art. 16, 29°, a, et art. 5, III, JO 14 ; D. 2009-1708 du 30 déc. 2009, JO 31, entrée en vigueur le 01.01.2011, modifié par D. 2010-1736 du 30 déc. 2010, JO 31 et D. 2011-972 du 16 août 2011, JO 18) « La contribution spécifique est recouvrée et contrôlée par les organismes chargés du recouvrement mentionnés à l'article L. 5427-1 selon les règles applicables aux contributions mentionnées à l'article L. 5422-9. Les différends relatifs au recouvrement de cette contribution suivent les règles de compétence prévues à l'article L. 5422-16. »

Note Voir note sous art. L. 5427-1.

Art. L. 5424-21. Les travailleurs involontairement privés d'emploi et qui ont épuisé leurs droits à l'assurance chômage au titre des dispositions spécifiques relatives aux artistes du spectacle et aux ouvriers et techniciens de l'édition d'enregistrement sonore, de la production cinématographique et audiovisuelle, de la radio, de la diffusion et du spectacle, annexées au règlement général annexé à la convention relative à l'aide au retour à l'emploi et à l'indemnisation du chômage peuvent bénéficier d'allocations spécifiques d'indemnisation du chômage au titre de la solidarité nationale dans les conditions suivantes :

1° Ne pas satisfaire aux conditions pour bénéficier de l'allocation de solidarité spécifique prévue à l'article L. 5423-1 ;

2° Satisfaire à des conditions d'activité professionnelle antérieure et de prise en charge au titre d'un revenu de remplacement.

Ces allocations sont à la charge du fonds de solidarité mentionné à l'article L. 5423-24. Leur gestion est assurée par ***(L. 2008-126 du 13 févr. 2008, art. 16, JO 14)*** « l'institution mentionnée à l'article L. 5312-1 » dans les conditions prévues par une convention conclue avec l'État.

Ces allocations sont cessibles et saisissables dans les mêmes conditions et limites que les salaires.

Un décret détermine les modalités d'application du présent article.

Sous-section 1. **Allocation de professionnalisation et de solidarité et allocation de fin de droits**

Art. D. 5424-50. Les allocations spécifiques d'indemnisation du chômage mentionnées à l'article L. 5424-21 prennent, selon le cas, la forme :

1° D'une allocation de professionnalisation et de solidarité ;

2° D'une allocation de fin de droits.

Art. D. 5424-51. L'allocation de professionnalisation et de solidarité est attribuée selon les règles définies par les annexes VIII et X au règlement général annexé à la convention du 18 janvier 2006 relative à l'aide au retour à l'emploi et à l'indemnisation du chômage.

Outre les périodes mentionnées dans ces annexes, sont pris en compte pour la recherche de la condition d'activité antérieure :

1° Les congés maladie de trois mois ou plus. Ces périodes sont assimilées à des heures d'activité à raison de cinq heures de travail par jour de congé ;

2° Les congés de maladie correspondant aux maladies, quelle qu'en soit la durée, figurant sur la liste fixée à l'article D. 322-1 du code de la sécurité sociale. Ces périodes sont assimilées à des heures d'activité à raison de cinq heures de travail par jour de congé ;

3° Dans la limite de 120 heures, les heures d'enseignement dispensées dans des établissements d'enseignement ou de formation dans lesquels les intéressés interviennent au titre de leur profession pour transmettre leurs compétences. La liste de ces établissements est fixée par arrêté du ministre chargé de l'emploi. Ces heures d'enseignement réduisent à due proportion le nombre d'heures de formation assimilables conformément aux annexes précitées.

Note Voir arrêté du 5 avril 2007 (JO 19) relatif à la liste des établissements visée au 3°.

Art. D. 5424-52. Le versement de l'allocation de professionnalisation et de solidarité cesse définitivement au titre de la même ouverture de droits dès lors que l'allocataire justifie des conditions d'attribution de l'allocation d'assurance chômage.

Art. D. 5424-53. Bénéficie de l'allocation de fin de droits, le travailleur involontairement privé d'emploi qui :

1° A épuisé ses droits à l'allocation d'assurance mentionnée à l'article L. 5422-1 ou à l'allocation de professionnalisation et de solidarité ;

2° Ne satisfait pas à nouveau aux conditions d'attribution de l'allocation d'assurance chômage ou de l'allocation de professionnalisation et de solidarité ;

3° Justifie de 507 heures de travail selon les règles définies à l'article D. 5424-51 au cours des douze mois précédant la fin de contrat de travail immédiatement antérieure à la demande d'allocation de fin de droits.

Note Les dispositions des articles D. 351-6 à D. 351-8 [D. 5424-53 à 61] CT s'appliquent aux salariés dont la fin de contrat de travail retenue pour l'attribution de l'allocation de fin de droits est postérieure au 31 décembre 2008. Les personnes justifiant d'une fin de contrat de travail antérieure au 1er janvier 2009 peuvent obtenir le versement d'une allocation transitoire dans les conditions prévues aux quatre premiers alinéas de l'article D. 351-6 [D. 5424-53] sous les réserves suivantes : 1° La durée de versement de l'allocation est limitée à 92 jours ; 2° Le montant journalier de l'allocation est calculé selon les modalités applicables à l'allocation de professionnalisation et de solidarité, dans la limite d'un plafond de 45 euros. Cette allocation est attribuée une seule fois (décret 2007-483 du 30 mars 2007, art. 2 et 3, JO 31, modifiés par décret 2008-2 du 2 janvier 2008 (JO 3).

Art. D. 5424-54. La demande d'allocation de fin de droits est déposée auprès de l'organisme gestionnaire du régime d'assurance chômage dans un délai de deux mois suivant la fin de contrat de travail prise en considération pour l'ouverture des droits.

Art. D. 5424-55. La durée de versement de l'allocation de fin de droits varie en fonction d'une ancienneté continue de prise en charge dans le régime d'assurance chômage spécifique aux artistes et techniciens du spectacle prévu à l'article L. 5424-20 ou dans le régime d'indemnisation du chômage prévu à l'article L. 5424-21 ainsi qu'au titre du fonds spécifique provisoire et du fonds transitoire, dans les conditions fixées aux articles D. 5424-58 à D. 5424-61.

Art. L. 5424-21.

Les périodes de congés de maladie ou de maternité n'interrompent pas la durée d'ancienneté. Elles ne sont pas prises en compte pour le calcul de celle-ci.

La durée d'ancienneté s'apprécie au terme du dernier contrat de travail retenu pour l'ouverture des droits à l'allocation de fin de droits.

Art. D. 5424-56. Les travailleurs involontairement privés d'emploi mentionnés à l'article L. 5424-21 peuvent bénéficier :

1° D'une seule ouverture de droits au titre de l'allocation de fin de droits lorsqu'ils justifient d'une ancienneté continue inférieure à cinq ans ;

2° De deux ouvertures de droits au titre de l'allocation de fin de droits, entre la date à laquelle ils ont acquis cinq ans d'ancienneté et la date à laquelle ils acquièrent dix ans d'ancienneté lorsque :
a) Ils justifient d'une ancienneté continue comprise entre cinq ans et moins de dix ans ;
b) Ils ont été admis au bénéfice de l'allocation d'assurance mentionnée à l'article L. 5422-1 entre deux prises en charge au titre de l'allocation de fin de droits ;

3° De trois ouvertures de droits à l'allocation de fin de droits, postérieurement à la date à laquelle ils ont acquis dix ans d'ancienneté lorsque :
a) Ils justifient d'une ancienneté continue de dix ans ou plus ;
b) Ils ont été admis au bénéfice de l'allocation d'assurance mentionnée à l'article L. 5422-1 entre deux prises en charge au titre de l'allocation de fin de droits.

Art. D. 5424-57. Le travailleur involontairement privé d'emploi qui a cessé de bénéficier de l'allocation de fin de droits, alors que la période d'indemnisation n'était pas épuisée, et qui n'a pas acquis de nouveaux droits au titre de l'allocation d'assurance mentionnée à l'article L. 5422-1 ou au titre de l'allocation de professionnalisation et de solidarité bénéficie d'une reprise de ses droits à l'allocation de fin de droits dès lors que le temps écoulé depuis la date d'admission à la période d'indemnisation considérée n'est pas supérieur à la durée de cette période augmentée de trois ans de date à date.

Art. D. 5424-58. Le montant journalier de l'allocation de fin de droits est fixé à 30 €.

Art. D. 5424-59. La durée d'indemnisation de l'allocation de fin de droits est de :
1° 61 jours lorsque le travailleur privé d'emploi justifie de moins de cinq ans d'ancienneté au sens de l'article D. 5424-55 ;
2° 92 jours lorsque le travailleur privé d'emploi justifie d'au moins cinq ans d'ancienneté ou plus ;
3° 182 jours lorsque le travailleur privé d'emploi justifie de dix ans d'ancienneté ou plus.

Art. D. 5424-60. L'allocation de fin de droits est partiellement cumulable avec les revenus tirés d'une activité professionnelle.

Le nombre de jours indemnisables au cours d'un mois civil est égal à la différence entre le nombre de jours calendaires du mois civil concerné et le nombre de jours correspondant au montant des rémunérations brutes mensuelles divisé par cinquante.

Art. D. 5424-61. Le versement de l'allocation de fin de droits cesse définitivement au titre de la même ouverture de droits dès lors que l'allocataire justifie des conditions d'attribution de l'allocation d'assurance chômage ou de l'allocation de professionnalisation et de solidarité.

Sous-section 2. **Allocation de solidarité spécifique**

Art. D. 5424-62. Bénéficient de l'allocation de solidarité spécifique, dans les conditions et selon les modalités fixées aux 2° et 3° de l'article R. 5423-1 et aux articles R. 5423-12 à R. 5423-14 et R. 5425-1 :
1° Les artistes auteurs d'œuvres, mentionnés au titre V du livre VI du code de la sécurité sociale ;
2° Les artistes du spectacle qui ne sont pas réputés salariés, au sens de l'article L. 762-1, à condition qu'ils justifient d'un exercice professionnel et qu'ils aient retiré de cet exercice des moyens d'existence réguliers pendant au moins trois ans.

Pour les artistes auteurs d'œuvres, cette condition est réputée satisfaite lorsqu'ils justifient de leur affiliation au régime général de la sécurité sociale, conformément au titre V du livre VI du code de la sécurité sociale.

Art. D. 5424-63. Pour bénéficier de l'allocation de solidarité spécifique, les intéressés doivent être âgés d'au moins dix-huit ans.

Art. D. 5424-64. L'allocation de solidarité spécifique est attribuée pour une période maximale de 274 jours.

À l'expiration de cette durée, de nouveaux droits peuvent être ouverts à l'intéressé s'il satisfait à nouveau aux conditions fixées par la présente sous-section.

Sous-section 3. Actions en recouvrement

Art. D. 5424-65. Par dérogation à la règle de compétence territoriale énoncée à l'article R. 5422-11, l'opposition du débiteur faisant l'objet de la contrainte mentionnée à l'article L. 5422-16 est formée auprès du tribunal dans le ressort duquel l'organisme créancier a son siège lorsque la contrainte a été délivrée pour le recouvrement de contributions et de majorations de retard dues pour l'emploi de salariés intermittents relevant des professions de la production cinématographique, de l'audiovisuel ou du spectacle.

CHAPITRE V

Maintien des droits au revenu de remplacement du demandeur indemnisé

SECTION 1. Cumul d'un revenu de remplacement avec d'autres revenus

Art. L. 5425-1. Les allocations du présent titre, à l'exception de celles prévues à la section 2 du chapitre IV, pour les salariés du bâtiment et des travaux publics privés d'emploi par suite d'intempéries, peuvent se cumuler avec les revenus tirés d'une activité occasionnelle ou réduite ainsi qu'avec les prestations de sécurité sociale ou d'aide sociale dans les conditions et limites fixées :

1° Pour l'allocation d'assurance, par l'accord prévu à l'article L. 5422-20 ;

2° Pour les allocations de solidarité, par décret en Conseil d'État.

Ces dispositions s'appliquent notamment au cas des revenus tirés de travaux saisonniers.

Note

• Sur la poursuite d'une activité accessoire, voir cass. soc. 6 avril 1999, n° 96-20.382, BC V n° 164 ; *Dr. Soc.* 1999, p. 645.

• L'activité commerciale en rapport avec le mandat de gérant d'une société en commandite simple ne permettant pas, pendant la période de chômage indemnisée, d'effectuer une recherche effective et permanente d'emploi, il y a matière à remboursement des allocations (cass. soc. 5 juillet 2011, n° 10-14.673).

Art. L. 5425-2. Les personnes mentionnées à l'article L. 5421-4 de moins de soixante-cinq ans et ne pouvant percevoir qu'une pension de vieillesse à taux plein calculée sur une durée de cotisation inférieure à 150 trimestres bénéficient sous condition de ressources d'une allocation complémentaire à la charge de l'État jusqu'à la date à laquelle elles peuvent faire liquider au taux plein l'ensemble des pensions auxquelles elles peuvent prétendre, dans des conditions déterminées par décret en Conseil d'État.

La période pendant laquelle cette allocation complémentaire est versée n'est pas prise en considération en vue de l'ouverture de droits à pension.

Note

• Le règlement du régime d'assurance chômage faisant référence à l'ensemble des trimestres mentionnés à l'article L. 351-1 CSS, l'Assédic était en droit de cesser le versement des allocations de l'assurance chômage à celui qui justifiait, à l'âge de 60 ans, de plus de 150 trimestres de cotisations réelles ou par équivalence, de sorte qu'il pouvait prétendre au versement d'une pension de retraite à taux plein (cass. soc. 2 mars 2000, n° 98-19.112, BC V n° 83 ; *RJS* 4/00 n° 429).

• Sur la compatibilité des dispositions de l'article L. 351-19 [L. 5421-4 et L. 5425-2] CT avec celles du règlement CEE 1408/71, voir cass. soc. 11 juillet 2002, n° 00-17.152, BC V n° 267 ; *Dr. Soc.* 2002, p. 1034, obs. J-Ph. Lhernould.

Art. L. 5425-2.

Sous-section 1. Exercice d'une activité professionnelle

Art. R. 5425-1. L'exercice d'une activité professionnelle ou le fait de suivre une formation rémunérée ne fait pas obstacle à la reprise du versement des allocations solidarité spécifique, temporaire d'attente et équivalent retraite.

Toutefois, ce versement ne peut être réalisé qu'à l'expiration des droits éventuels aux allocations d'assurance chômage et à la condition qu'il n'intervienne pas plus de quatre ans après la date d'admission à l'allocation considérée ou la date de son dernier renouvellement.

Art. R. 5425-2. La rémunération tirée de l'exercice d'une activité professionnelle peut être cumulée avec le versement de l'allocation temporaire d'attente, ainsi qu'avec celui de l'allocation de solidarité spécifique lorsque le bénéficiaire de cette dernière reprend une activité professionnelle salariée d'une durée inférieure à soixante-dix-huit heures par mois, pendant une durée maximale de douze mois à compter du début de cette activité, dans la limite des droits aux allocations restants.

Tout mois civil au cours duquel une activité même occasionnelle ou réduite a été exercée est pris en compte pour le calcul de cette durée.

Note Voir circ. DGEFP 2006-40 du 26 décembre 2006 (BO TR 2007/02) relative à la réforme de l'intéressement à la reprise d'activité des bénéficiaires de l'allocation de solidarité spécifique (ASS). Voir également « Cumuls entre minima sociaux et revenus d'activité », *LS* Législ. soc. n° 8010 du 13 juillet 1999 ; « Le cumul salaires/allocations représente-t-il une voie d'avenir? », M-Th. Join-Lambert, *Dr. Soc.* 2000, p. 632 ; « Minima sociaux, revenus d'activité, précarité », *Dr. Soc.* 2000, n° spécial, juillet-août.

Art. R. 5425-3. Pendant les six premiers mois d'activité professionnelle, le nombre des allocations journalières est réduit jusqu'à sa suppression éventuelle dans la proportion de 40 % du quotient, lorsqu'il est positif, par le montant journalier de l'allocation, de la rémunération brute perçue, diminuée d'un montant égal à la moitié du produit du salaire minimum de croissance par le nombre d'heures correspondant à la durée légale du travail.

Du septième au douzième mois civil suivant d'activité professionnelle, le nombre des allocations journalières est réduit dans la proportion de 40 % du quotient, par le montant journalier de l'allocation, de la rémunération brute perçue.

Art. R. 5425-4. Lorsque le bénéficiaire de l'allocation de solidarité spécifique reprend une activité professionnelle salariée d'une durée de travail au moins égale à soixante-dix-huit heures par mois ou une activité professionnelle non salariée, le nombre des allocations journalières n'est pas réduit pendant les trois premiers mois d'activité professionnelle.

Du quatrième au douzième mois d'activité professionnelle, le montant de l'allocation est diminué des revenus d'activité perçus par le bénéficiaire.

Il perçoit mensuellement la prime forfaitaire pour reprise d'activité d'un montant de 150 €.

Pour la détermination de la durée de travail, il est tenu compte, le cas échéant, des différents contrats de travail conclus par l'intéressé au cours de la période considérée.

La liste des justificatifs exigés, le cas échéant pour chaque mois d'activité professionnelle, pour le bénéfice de la prime forfaitaire est fixée par arrêté conjoint des ministres chargés de la solidarité et de l'emploi.

Note Pour la prime forfaitaire, voir arrêté du 17 janvier 2007 (JO 31) fixant la liste des justificatifs à produire.

Art. R. 5425-5. Lorsque, au terme de la période de versement prévue aux articles R. 5425-2 à R. 5425-4, le nombre total des heures d'activité professionnelle n'atteint pas sept cent cinquante heures, le bénéfice de ces dispositions est maintenu à l'allocataire qui exerce une activité professionnelle jusqu'à ce qu'il atteigne ce plafond des sept cent cinquante heures.

Art. R. 5425-6. Lorsque le bénéficiaire d'une des allocations ou de la prime mentionnées aux articles R. 5425-2 à R. 5425-4 interrompt son activité professionnelle pendant une durée minimale de six mois, il peut bénéficier à nouveau et dans leur intégralité des dispositions de la présente sous-section.

Art. R. 5425-7. Lorsque le bénéficiaire d'une des allocations ou de la prime mentionnées aux articles R. 5425-2 à R. 5425-4 cesse son activité pendant ou au terme de la période de versement de l'allocation ou de la prime, il n'est pas fait application du délai de quatre ans institué à l'article R. 5425-1 s'il sollicite la reprise du versement de l'allocation dont il bénéficiait avant la fin du mois suivant la cessation d'activité.

Art. R. 5425-8. Les revenus procurés par les activités professionnelles mentionnées aux articles R. 5425-2 à R. 5425-7 sont pris en compte pour l'application des conditions de ressources prévues pour le bénéfice de l'allocation temporaire d'attente et de l'allocation de solidarité spécifique.

(D. 2009-1442 du 25 nov. 2009, JO 26, entrée en vigueur le 01.01.2010)

Sous-section 2. Bénéficiaires d'un contrat d'insertion par l'activité

Art. R. 5425-9. Par dérogation aux dispositions de la sous-section 1, le bénéficiaire du contrat d'insertion par l'activité mentionné à l'article L. 522-8 du code de l'action sociale et des familles peut cumuler la rémunération perçue au titre de ce contrat avec le versement de l'allocation temporaire d'attente et de l'allocation de solidarité spécifique pendant toute la durée de ce contrat. Le nombre des allocations journalières est réduit à proportion de 60 % du quotient, par le montant journalier de l'allocation, de la rémunération brute perçue.

Art. R. 5425-10. Les revenus procurés par les activités professionnelles mentionnées à l'article R. 5425-9 sont pris en compte pour l'application des conditions de ressources prévues pour le bénéfice de l'allocation temporaire d'attente et de l'allocation de solidarité spécifique.

[**Art. R. 5425-11 à 13.** Abrogés de fait par décret 2009-1442 du 25 novembre 2009, art. 3, III, JO 26.]

SECTION 2. Prime forfaitaire pour reprise d'activité

Art. L. 5425-3. Le bénéficiaire de l'allocation de solidarité spécifique qui reprend une activité professionnelle a droit à une prime forfaitaire.

[**Art. L. 5425-4.** Abrogé par loi 2008-1249 du 1er déc. 2008, art. 24, JO 3, depuis le 1er juin 2009].

Art. L. 5425-5. La prime forfaitaire est versée chaque mois pendant une période dont la durée est déterminée par voie réglementaire, y compris s'il a été mis fin au droit à l'allocation de solidarité spécifique.

Art. L. 5425-6. La prime forfaitaire est soumise aux règles applicables à l'allocation de solidarité spécifique relatives au contentieux, à la prescription, à la récupération des indus, à l'insaisissabilité et l'incessibilité.

Art. L. 5425-7. Un décret en Conseil d'État détermine les conditions d'attribution de cette prime, notamment la durée de travail minimale et le nombre de mois d'activité consécutifs auxquels son versement est subordonné, ainsi que son montant.

Art. R. 5425-14. La prime forfaitaire pour reprise d'activité prévue à l'article L. 5425-3 est versée par ***(D. 2008-1010 du 29 sept. 2008, art. 7, JO 30)*** « l'institution mentionnée à l'article L. 5312-1 ».

Note Voir arrêté du 17 janvier 2007, art. 2 (JO 31) fixant la liste des justificatifs à produire mensuellement pour le paiement de la prime.

Art. R. 5425-15. Le délai dans lequel la demande de paiement de la prime forfaitaire pour reprise d'activité doit être présentée est fixé à deux ans à compter du jour où les personnes intéressées remplissent l'ensemble des conditions exigées pour pouvoir prétendre au bénéfice de la prime forfaitaire pour reprise d'activité.

Art. R. 5425-16. Lorsque la condition de ressources est applicable aux bénéficiaires, les allocations mentionnées aux articles R. 5423-12 et R. 5423-28 ne sont pas versées si le montant mensuel dû est inférieur au taux journalier de ces allocations.

Art. R. 5425-17. Les sommes indûment perçues au titre des la prime forfaitaire pour reprise d'activité ne donnent pas lieu à remboursement lorsque leur montant global est inférieur au montant de la prime forfaitaire.

[Art. R. 5425-18. Abrogé par décret 2008-1010 du 29 septembre 2008, art. 4, JO 30.]

SECTION 3. Exercice d'une activité bénévole

Art. L. 5425-8. Tout demandeur d'emploi peut exercer une activité bénévole.

Cette activité ne peut s'accomplir chez un précédent employeur, ni se substituer à un emploi salarié, et doit rester compatible avec l'obligation de recherche d'emploi.

L'exercice d'une activité bénévole n'est pas considéré comme un motif légitime pour écarter l'application des dispositions prévues par l'article L. 5426-2.

Note

• La sanction émanant de l'Assédic ne peut recevoir application pour l'exercice de fonctions bénévoles, générales et réduites au sein de deux associations, accompagné de la justification des recherches pour la reprise d'un emploi (cass. soc. 17 décembre 2003, n° 01-46.729, *RJS* 3/04 n° 333).

• Sur l'absence d'incompatibilité entre l'exercice d'un mandat de président d'association et la recherche permanente d'un emploi, voir rép. QE 25878, JO AN 15 novembre 1999, p. 6587. Voir également « Activités bénévoles et statut de chômeur », J. Savatier, *Dr. Soc.* 1996, p. 593 et « L'activité bénévole du chômeur », Ch. Willmann, *Dr. Soc.* 1999, p. 162.

• Le fait d'être gérant bénévole de sociétés civiles n'implique pas nécessairement, et en soi, l'exercice d'une activité professionnelle interdisant la recherche effective et permanente d'un emploi, laquelle doit dès lors être examinée (cass. soc. 10 novembre 1998, n° 96-22.103, BC V n° 488 ; *RJS* 12/98 n° 1562 ; *JCP* éd. E 1999, p. 726, note M. Del Sol ; *D.* 1999, 348, note Ch. Willmann).

SECTION 4. Exercice d'une activité d'intérêt général

Art. L. 5425-9. Les travailleurs involontairement privés d'emploi, bénéficiaires d'un revenu de remplacement, peuvent accomplir pendant une durée limitée des tâches d'intérêt général agréées par l'autorité administrative.

Leur indemnisation peut être complétée par une rémunération directement versée par l'organisme qui les emploie.

Un décret en Conseil d'État détermine les mesures d'application du présent article.

Art. R. 5425-19. Le travailleur involontairement privé d'emploi bénéficiaire du revenu de remplacement peut accomplir des tâches d'intérêt général prévues à l'article L. 5425-9 pendant une durée maximale de cinquante heures par mois lorsque les tâches en question donnent lieu à une rémunération et de quatre-vingts heures par mois dans le cas contraire.

La durée pendant laquelle le travailleur peut participer à des tâches d'intérêt général ne peut excéder six mois.

Art. R. 5425-20. Sont réputées tâches d'intérêt général les tâches qui, sur proposition d'une collectivité publique ou d'un organisme privé à but non lucratif, ont fait l'objet d'un agrément par le préfet du département dans le ressort duquel se trouve la collectivité publique ou le siège de l'organisme intéressé.

La décision fixe la durée de l'agrément ainsi que les conditions dans lesquelles sont accomplies les tâches d'intérêt général qui font l'objet de cet agrément.

CHAPITRE VI

Contrôle et sanctions

SECTION 1. Agents chargés du contrôle de la recherche d'emploi

Art. L. 5426-1. ***(L. 2008-126 du 13 févr. 2008, art. 16, JO 14)*** Le contrôle de la recherche d'emploi est exercé par les agents de l'institution mentionnée à l'article L. 5312-1.

Agents chargés du contrôle de la condition d'aptitude au travail et de recherche d'emploi

Art. R. 5426-1. Le contrôle de la condition d'aptitude au travail prévu à l'article L. 5421-1 relève de la compétence du préfet.

Art. R. 5426-2. Les agents chargés des opérations de contrôle peuvent se faire communiquer par l' ***(D. 2008-1010 du 29 sept. 2008, art. 7, JO 30)*** « institution mentionnée à l'article L. 5312-1 du code du travail » tous documents et informations nécessaires à l'accomplissement de leur mission de contrôle.

Note En l'absence d'une consultation préalable régulière de la CNIL réunie en formation plénière, le décret 2005-1624 du 22 décembre 2005 (JO 24) a été annulé (CE 2 juillet 2007, n° 290593, *RJS* 10/07 n° 1102).

SECTION 2. Réduction, suspension ou suppression du revenu de remplacement

Art. L. 5426-2. Le revenu de remplacement est supprimé ou réduit par l'autorité administrative dans les cas mentionnés aux ***(L. 2008-758 du 1er août 2008, JO 2)*** « 1° à 3° de l'article L. 5412-1 et à l'article L. 5412-2. »

Il est également supprimé en cas de fraude ou de fausse déclaration. Les sommes indûment perçues donnent lieu à remboursement.

Note • Voir circ. DGEFP 2009-03 du 18 février 2009 (BO TR 2009/04) et annexe 5 de la circulaire DGEFP 2008-18 du 5 novembre 2008 relative à la mise en œuvre du projet personnalisé d'accès à l'emploi et à l'offre raisonnable d'emploi.

• « Le suivi du chômage et des personnes tenues de rechercher un emploi après les lois de 2008 », Y. Rousseau, *Dr. Soc.* 2009, p. 1101 ; « Droits et devoirs des demandeurs d'emploi », M. Véricel, *RDT* 2009.101.

• Les sanctions en cas de méconnaissance par le demandeur d'emploi de ses obligations ne sauraient être regardées comme créant une situation de travail forcé ou comme portant une atteinte à la liberté du travail au sens de la Déclaration universelle des droits de l'homme, de la Charte des droits fondamentaux de l'Union européenne, de la Charte sociale européenne ou des conventions de l'Organisation internationale du travail (CE 9 avril 2010, n° 323246, *RJS* 7/10 n° 615).

• L'autorité administrative est seule compétente pour contrôler le respect des conditions requises pour le maintien du droit à un revenu de remplacement (cass. soc. 3 juillet 1990, n° 88-13.414, BC V n° 340 ; *RJS* 10/90 n° 800 ; 19 mars 1997, n° 95-17.091, *RJS* 5/97 n° 586). La décision du préfet, qui constitue un acte administratif individuel, s'impose à la juridiction judiciaire qui ne peut, sans méconnaître le principe de la séparation des pouvoirs, en apprécier elle-même ni la légalité ni le bien-fondé (cass. soc. 22 octobre 2008, n° 07-14.972, *RJS* 1/09 n° 62 ; *CSB* 2009 S. 28).

• Il appartient exclusivement au préfet ou au chef des services déconcentrés du travail et de l'emploi par délégation de prendre à l'égard d'un agent d'un établissement public local privé d'emploi une mesure de suspension du bénéfice du revenu de remplacement (CE 17 mars 1993, n° 96646, *Gaz. Pal.* 1993 pan. dr. adm. 177).

[Art. L. 5426-3 et 4. Abrogés par loi 2008-126 du 13 février 2008, art. 16, JO 14.]

Art. L. 5426-2.

Art. R. 5426-3. Le préfet supprime le revenu de remplacement mentionné à l'article L. 5421-1, de manière temporaire ou définitive, ou en réduit le montant, selon les modalités suivantes :

1° En cas de manquement mentionné ***(D. 2008-1056 du 13 oct. 2008, art. 6, JO 14)*** « au 1° et aux *b*, *e* et *f* du 3° » de l'article L. 5412-1, il réduit de 20 % le montant du revenu de remplacement, pendant une durée de deux à six mois. En cas de répétition de ces mêmes manquements, le montant du revenu de remplacement est réduit de 50 % pour une durée de deux à six mois ou bien le revenu de remplacement est supprimé de façon définitive ;

2° En cas de manquement mentionné aux ***(D. 2008-1056 du 13 oct. 2008, art. 6, JO 14)*** « 2° et *a*, *c* et *d* du 3° » de l'article L. 5412-1, il supprime le revenu de remplacement pour une durée de deux mois. En cas de répétition de ces mêmes manquements, le revenu de remplacement est supprimé pour une durée de deux à six mois ou bien de façon définitive ;

3° ***(D. 2008-1056 du 13 oct. 2008, art. 6, JO 14)*** « En cas de manquement mentionné à l'article L. 5412-2 et, en application du deuxième alinéa de l'article L. 5426-2, en cas d'absence de déclaration, ou de déclaration mensongère du demandeur d'emploi, faites en vue de percevoir indûment le revenu de remplacement, il supprime ce revenu de façon définitive. » Toutefois, lorsque ce manquement est lié à une activité non déclarée d'une durée très brève, le revenu de remplacement est supprimé pour une durée de deux à six mois.

Note • Est fondée la décision excluant du bénéfice de l'allocation de solidarité spécifique le demandeur d'emploi qui ne s'est pas rendu à une convocation adressée par pli recommandé et n'a fourni aucune explication à son absence (CE 19 janvier 1994, n° 149895, *RJS* 4/94 n° 449) ; l'autorité administrative doit établir que l'intéressé a reçu les convocations qui lui ont été adressées (CE 21 février 1994, n° 107339, même référence).

• Lorsqu'elle ne se borne pas à tirer les conséquences, pour une période déterminée, de ce qu'une personne ne satisfait pas aux conditions légales auxquelles le droit au bénéfice du revenu de remplacement est subordonné, une mesure d'exclusion de ce bénéfice revêt, en raison des effets qui lui sont attachés, le caractère d'une sanction ; une telle mesure ne peut être manifestement disproportionnée au regard des faits qui lui servent de fondement (CE 23 février 1998, n° 161143, *RJS* 5/98 n° 623 ; J-L Rey, « Revenu de remplacement : la double nature des décisions d'exclusion des demandeurs d'emploi », *RJS* 11/98 p. 808 ; 21 mars 2007, n° 284656, *RJS* 6/07 n° 767).

• Les actes de recherche d'emploi effectués sur proposition de l'ANPE ne dispensent pas le demandeur d'emploi d'accomplir en outre des démarches de sa propre initiative (CE 12 juin 1995, n° 158466, *RJS* 8-9/95 n° 928). Les actes de recherche d'emploi ne peuvent qu'être regardés comme notoirement insuffisants s'ils sont dépourvus d'une chance raisonnable d'aboutir (CE 9 septembre 1994, n° 135303) ; des recherches d'emplois ne correspondant ni aux compétences ni à l'expérience de l'intéressé sont dépourvues de crédibilité (CE 8 avril 1994, n° 132170, *Gaz. Pal.* 7-9 août 1994) ; *a contrario* pour des démarches jugées crédibles, voir CE 10 février 1992, n° 98770, *RJS* 5/92 n° 652 ; 21 février 1994, 2 espèces, n°s 107161 et 136182, *RJS* 4/94 n° 450 ; pour la prise en compte d'actes de recherche d'emploi effectués en Allemagne, voir CAA Nancy 9 décembre 1999, *RJS* 2/00 n° 222 ; *D.* 2000 p. 353.

• L'exercice d'une activité non déclarée à l'ANPE entraîne l'extinction du droit à bénéficier du revenu de remplacement, quelles que soient les recherches d'emploi alléguées (CE 11 mars 1994, 2 espèces, n°s 108300 et 141127, *RJS* 5/94 n° 591) et alors même que le versement d'une rémunération n'est pas établi (CE 13 mai 1994, n° 112942, *Rec. Lebon*, p. 1219 ; 31 mai 1995, n° 140267, *RJS* 1/96 n° 54) ou que la contrepartie du travail est la mise à disposition gratuite d'un logement (CE 2 février 1996, n° 99985, *RJS* 4/96 n° 430 ; *Dr. Ouvr.* 1996, p. 154). Toutefois, le préfet ne peut exclure du bénéfice du revenu de remplacement le demandeur qui a omis de déclarer à l'ANPE une activité professionnelle, même occasionnelle ou réduite, que dans le cas où cette omission avait pour but la perception de ce revenu alors que celle-ci était indue. L'accomplissement d'un nombre très réduit de tâches administratives ponctuelles comme gérante de SARL tout en continuant activement à rechercher un emploi ne peut être regardée comme un emploi de nature à priver du revenu de remplacement (CE 21 mars 2007, n° 284655, *RJS* 6/07 n° 767). Voir également notes sous les articles L. 5425-8 et L. 5429-1.

• Le refus réitéré, sans motif légitime, de participer à une action de formation peut fonder une exclusion définitive du bénéfice du revenu de remplacement (CE 28 juillet 2004, n° 253858). L'inscription à une formation non rémunérée n'étant pas au nombre des motifs d'exclusion de la liste des allocataires du revenu de remplacement, le préfet commet une erreur de droit en se fondant sur ce motif sans rechercher si l'intéressé avait effectué sur la période des démarches de recherche d'emploi (CE 10 décembre 1993, n° 104895, *Rec. Lebon*, p. 855 ; *RJS* 3/94 n° 292). L'accord conclu entre les partenaires sociaux, même ayant fait l'objet d'un agrément par arrêté ministériel, ne saurait prévaloir sur les dispositions des articles L. 351-17 et R. 351-28 (cass. soc. 18 mars 1997, n° 95-11.627, BC V n° 115 ; *RJS* 5/97 n° 585 ; *CSB* 1997 A. 31). En excluant du bénéfice du revenu de remplacement un demandeur d'emploi à la suite de son entrée en stage de formation à la profession d'avocat rémunéré au titre du livre IX du code du travail, l'autorité administrative commet une erreur de droit (CE 24 février 1999, n° 165111, *RJS* 5/99 n° 715 ; *D.* 2000, p. 354).

• Les démarches accomplies en vue de la création d'une entreprise constituent des actes positifs de recherche d'emploi, le versement des allocations d'assurance chômage étant appelé à cesser au moment du commencement de l'activité (cass. soc. 18 mars 1997, n° 95-11.127, BC V n° 114 ; *RJS* 6/97 n° 720 ; *CSB* 1997 A. 30 ; CAA Nantes, 6 février 2003, *RJS* 10/03 n° 1205).

• Le cumul d'allocations de chômage et d'indemnités journalières dans un cas d'accident du travail et l'absence de déclaration à l'ANPE des incapacités temporaires de travail sont de nature à fonder l'exclusion du bénéfice du revenu de remplacement (CE 17 décembre 1997, n° 170677).

• L'autorité administrative n'est pas liée par les motifs d'un jugement de relaxe tirés de ce que les faits reprochés ne sont pas établis ou de ce qu'un doute subsiste sur leur réalité ; dans ce cas, il lui appartient d'apprécier si les mêmes faits sont suffisamment établis et, dans l'affirmative, s'ils justifient l'application d'une sanction ou entraînent l'extinction d'un droit, sous réserve du contrôle qu'exerce le juge de l'excès de pouvoir, en l'état des éléments qui lui sont soumis et qui peuvent, d'ailleurs, être différents de ceux qu'avait connus le juge pénal, tant sur l'exactitude matérielle des faits retenus que sur leur qualification juridique (CE 21 mars 2007, n° 284656, susvisé).

[Art. R. 5426-4 et R. 5426-5. Abrogés par décret 2008-1056 du 13 octobre 2008, art. 12, JO 14.]

Art. R. 5426-6. Lorsque les agents chargés du contrôle de la recherche d'emploi constatent l'un des manquements prévus ***(D. 2008-1056 du 13 oct. 2008, art. 7, JO 14)*** « à l'article R. 5426-3 », ils le signalent sans délai au préfet, sans préjudice de l'exercice du pouvoir de radiation ***(D. 2008-1056 du 13 oct. 2008, art. 7, JO 14)*** « du directeur général » de l'***(D. 2008-1010 du 29 sept. 2008, art. 7, JO 30)*** « institution mentionnée à l'article L. 5312-1 du code du travail » ***(D. 2008-1056 du 13 oct. 2008, art. 7, JO 14)*** « ou de la personne qu'il désigne en son sein » prévu à l'article R. 5412-1.

Ce signalement comporte les éléments de fait et de droit de nature à justifier le constat réalisé.

Art. R. 5426-7. À la suite du signalement d'un manquement et, sous réserve des dispositions de l'article R. 5426-10, le préfet se prononce dans un délai de trente jours à compter de la réception d'un dossier complet.

Il fait connaître ***(D. 2008-1056 du 13 oct. 2008, art. 7, JO 14)*** « à l'institution mentionnée à l'article L. 5312-1 les suites données à ses » signalements.

Art. R. 5426-8. Lorsqu'il envisage de prendre une décision de suppression ou de réduction du revenu de remplacement, le préfet fait connaître au demandeur d'emploi les motifs de sa décision.

(D. 2008-1056 du 13 oct. 2008, art. 8, JO 14) « Le préfet informe l'intéressé qu'il a la possibilité, dans un délai de dix jours, de présenter ses observations écrites ou, si la sanction envisagée est une suppression du revenu de remplacement, d'être entendu par la commission prévue à l'article R. 5426-9. »

Note En prenant les dispositions du décret du 13 octobre 2008, le pouvoir réglementaire n'a pas méconnu le principe du respect des droits de la défense (CE 9 avril 2010, n° 323246, *RJS* 7/10 n° 615).

Art. R. 5426-9. ***(D. 2008-1056 du 13 oct. 2008, art. 8, JO 14)*** La commission chargée de donner un avis sur le projet d'une décision de suppression du revenu de remplacement est composée :

1° D'un représentant de l'État ;

2° De deux membres titulaires ou suppléants de l'instance paritaire mentionnée à l'article L. 5312-10, proposés par celle-ci ;

3° D'un représentant de l'institution mentionnée à l'article L. 5312-1.

Ce dernier assure le secrétariat de cette commission.

Les membres de cette commission sont nommés par arrêté du préfet.

Pour chacun d'entre eux, un suppléant, chargé de le remplacer en cas d'empêchement, est désigné dans les mêmes conditions.

Art. R. 5426-10. La commission émet son avis dans un délai de trente jours à compter de la réception du dossier complet.

Le préfet se prononce dans un délai de quinze jours à compter de la réception de cet avis.

Art. R. 5426-11. ***(D. 2008-1056 du 13 oct. 2008, art. 8, JO 14)*** « Le demandeur d'emploi intéressé » forme, lorsqu'il entend contester la décision du préfet, un recours gracieux préalable.

Ce recours n'est pas suspensif.

Note

• Le recours administratif préalable n'est pas incompatible avec les stipulations de l'article 6 § 1 de la Convention européenne de sauvegarde des droits de l'homme et des libertés fondamentales (CE 26 février 2003, n° 237297, *RJS* 8-9/03 n° 1050).

• La décision prise sur ce recours gracieux à caractère obligatoire se substitue à la décision initiale (CE 11 mars 1994, *RJS* 5/94 n° 591 ; 9 septembre 1994, Piazza ; 17 décembre 1997, n° 170677). La seconde décision qui vise expressément la décision qu'elle confirme, qui était régulièrement motivée et dont elle s'approprie tant les motifs que le dispositif, satisfait aux exigences de motivation de la loi du 11 juillet 1979 (CE 14 octobre 1996, n° 146907).

• La légalité de la décision prise à la suite du recours préalable doit être examinée au regard des éléments d'appréciation dont dispose l'autorité administrative lorsqu'elle statue (CE 29 novembre 1993, n° 119949, *RJS* 2/94 n° 172 ; 11 mars 1994, deux arrêts, n°s 108300 et 141127, *RJS* 5/94 n° 591).

• Des démarches de recherche d'emploi postérieures à la décision sur recours gracieux sont sans influence sur la légalité de celle-ci (CE 9 septembre 1994 précité).

[**Art. R. 5426-12.** Abrogé par décret 2008-1056 du 13 octobre 2008, art. 12, JO 14.]

Art. R. 5426-13. Le silence gardé pendant plus de quatre mois sur un recours gracieux préalable vaut décision de rejet.

Art. R. 5426-14. La décision prise sur recours gracieux peut faire l'objet d'un recours devant le préfet de région.

SECTION 3. Pénalité administrative

Art. L. 5426-5. Sans préjudice des actions en récupération des allocations indûment versées et des poursuites pénales, l'inexactitude ou le caractère incomplet, lorsqu'ils sont délibérés, des déclarations faites pour le bénéfice des allocations d'aide aux travailleurs privés d'emploi et de la prime forfaitaire mentionnée à l'article L. 5425-3, ainsi que l'absence de déclaration d'un changement dans la situation justifiant ce bénéfice, ayant abouti à des versements indus, peuvent être sanctionnés par une pénalité prononcée par l'autorité administrative.

Le montant de la pénalité ne peut excéder 3000 €.

Note

• Le 1er alinéa de cet article a été modifié par la loi 2010-1657 du 29 décembre 2010, art. 202, JO 30, entrée en vigueur le 01.01.2011.

• Voir circ. DGEFP 2004-40 du 26 décembre 2006 (BO TR 2007/02) relative à la réforme de l'intéressement à la reprise d'activité des bénéficiaires de l'allocation de solidarité spécifique (ASS) et à la nouvelle pénalité administrative en cas de fraude aux revenus de remplacement.

Art. L. 5426-6. La pénalité est recouvrée par l'État comme une créance étrangère à l'impôt et au domaine. Son produit est reversé à la personne morale ou au fonds à la charge duquel ont été les versements indus.

Art. L. 5426-7. Aucune pénalité ne peut être prononcée à raison de faits remontant à plus de deux ans, ni lorsque la personne intéressée a, pour les mêmes faits, déjà été définitivement condamnée par le juge pénal ou a bénéficié d'une décision définitive de non-lieu ou de relaxe déclarant que la réalité de l'infraction n'est pas établie ou que cette infraction ne lui est pas imputable.

Si une telle décision de non-lieu ou de relaxe intervient postérieurement au prononcé d'une pénalité par l'autorité administrative, la révision de cette pénalité est de droit.

Si, à la suite du prononcé d'une pénalité par l'autorité administrative, une amende pénale est infligée pour les mêmes faits, la pénalité s'impute sur cette amende.

Art. L. 5426-8. La personne à l'égard de laquelle est susceptible d'être prononcée la pénalité est informée préalablement des faits qui lui sont reprochés et de la pénalité envisagée, afin qu'elle puisse présenter ses observations écrites et orales, le cas échéant assistée d'une personne de son choix, dans un délai qui ne peut être inférieur à un mois.

Art. R. 5426-15. Le préfet peut prononcer pour des faits présentant un caractère délibéré et selon les modalités fixées par l'article L. 5426-5 et suivants, la pénalité prévue à cet article, après avis de la commission mentionnée à l'article ***(D. 2008-1056 du 13 oct. 2008, art. 8, JO 14)*** « R. 5426-9 ».

Lorsqu'il envisage de prononcer cette pénalité, il informe préalablement par écrit la personne concernée des faits qui lui sont reprochés et de la pénalité envisagée, en lui indiquant qu'elle dispose d'un délai d'un mois pour présenter ses observations écrites ou pour demander à être entendue par la commission mentionnée au premier alinéa, le cas échéant assistée d'une personne de son choix.

Art. R. 5426-16. La commission émet son avis dans un délai de trente jours à compter de la réception du dossier complet.

Si elle ne s'est pas prononcée au terme de ce délai, son avis est réputé rendu.

Art. R. 5426-17. Le préfet se prononce dans un délai de quinze jours à compter de la réception de l'avis de la commission ou de l'expiration du délai mentionné à l'article R. 5426-16.

(L. 2011-1977 du 28 déc. 2011, art. 61, JO 29)

SECTION 4. Répétition des prestations indues

Art. L. 5426-8-1. Pour le remboursement des allocations, aides, ainsi que de toute autre prestation indûment versées par l'institution prévue à l'article L. 5312-1, pour son propre compte, pour le compte de l'État, du fonds de solidarité prévu à l'article L. 5423-24 ou des employeurs mentionnés à l'article L. 5424-1, l'institution peut, si le débiteur n'en conteste pas le caractère indu, procéder par retenues sur les échéances à venir dues à quelque titre que ce soit. Le montant des retenues ne peut dépasser un plafond dont les modalités sont fixées par voie réglementaire, sauf en cas de remboursement intégral de la dette en un seul versement si le bénéficiaire opte pour cette solution.

Art. L. 5426-8-2. Pour le remboursement des allocations, aides, ainsi que de toute autre prestation indûment versées par l'institution prévue à l'article L. 5312-1, pour son propre compte, pour le compte de l'État, du fonds de solidarité prévu à l'article L. 5423-24 ou des employeurs mentionnés à l'article L. 5424-1, le directeur général de l'institution prévue à l'article L. 5312-1 ou la personne qu'il désigne en son sein peut, dans les délais et selon les conditions fixés par voie réglementaire, et après mise en demeure, délivrer une contrainte qui, à défaut d'opposition du débiteur devant la juridiction compétente, comporte tous les effets d'un jugement et confère le bénéfice de l'hypothèque judiciaire.

Art. L. 5426-8-3. L'institution mentionnée à l'article L. 5312-1 est autorisée à différer ou à abandonner la mise en recouvrement des allocations, aides, ainsi que de toute autre prestation indûment versées pour son propre compte, pour le compte de l'État, du fonds de solidarité prévu à l'article L. 5423-24 ou des employeurs mentionnés à l'article L. 5424-1.

SECTION *(L. 2011-1977 du 28 déc. 2011, art. 61, JO 29)* « 5 ». **Dispositions d'application**

Art. L. 5426-9. Un décret en Conseil d'État détermine les modalités d'application du présent chapitre, notamment :

1° Les conditions dans lesquelles les agents chargés du contrôle ont accès, pour l'exercice de leur mission, aux renseignements détenus par les administrations sociales et fiscales ;

2° Les conditions dans lesquelles le revenu de remplacement peut être supprimé ou réduit en application du premier alinéa de l'article L. 5426-2 ;

(L. 2011-1977 du 28 déc. 2011, art. 61, JO 29) « 3° Les conditions dans lesquelles l'institution prévue à l'article L. 5312-1 procède à la répétition des prestations indues en application des articles L. 5426-8-1 à L. 5426-8-3 ainsi que la part des échéances mensuelles mentionnée au même article L. 5426-8-1 ; »

4° Les conditions dans lesquelles l'autorité administrative prononce la pénalité prévue à l'article L. 5426-5.

CHAPITRE VII

Organismes gestionnaires du régime d'assurance chômage

SECTION 1. Gestion confiée à des organismes de droit privé par voie d'accord ou de convention

Art. L. 5427-1. *(L. 2008-126 du 13 févr. 2008, art. 16, JO 14)* Les parties signataires de l'accord prévu à l'article L. 5422-20 confient la gestion du régime d'assurance chômage à un organisme de droit privé de leur choix.

Le service de l'allocation d'assurance est assuré, pour le compte de cet organisme, par l'institution mentionnée à l'article L. 5312-1.

Le recouvrement des contributions *(L. 2011-893 du 28 juil. 2011, art. 44, JO 29)* « et versements mentionnés aux articles L. 1233-66, L. 1233-69 », L. 5422-9 et L. 5422-11 est assuré, pour le compte de cet organisme, par les unions pour le recouvrement des cotisations de sécurité sociale et d'allocations familiales et les caisses générales de sécurité sociale mentionnées aux articles L. 213-1 et L. 752-1 du code de la sécurité sociale.

Par dérogation, le recouvrement de ces contributions est assuré pour le compte de l'organisme gestionnaire du régime d'assurance chômage :

a) Par *(L. 2011-525 du 17 mai 2011, art. 41, JO 18)* « l'institution mentionnée à l'article L. 5312-1 du présent code », lorsqu'elles sont dues au titre des salariés expatriés, des travailleurs frontaliers résidant en France et ne remplissant pas les conditions pour bénéficier des dispositions du règlement (CEE) n° 1408/71 du Conseil, du 14 juin 1971, relatif à l'application des régimes de sécurité sociale aux travailleurs salariés, aux travailleurs non salariés et aux membres de leur famille qui se déplacent à l'intérieur de la Communauté, notamment en matière d'assurance chômage, et des marins embarqués sur des navires battant pavillon d'un État étranger autre qu'un État membre de l'Union européenne, de l'Espace économique européen ou de la Confédération helvétique, ressortissants de ces États, inscrits à un quartier maritime français et admis au bénéfice de l'Établissement national des invalides de la marine ;

b) Par les organismes mentionnés à l'article L. 723-1 du code rural *(Ord. 2010-462 du 6 mai 2010, JO 7)* « et de la pêche maritime », lorsqu'elles sont dues au titre de l'emploi de salariés mentionnés à l'article L. 722-20 du même code ;

c) Par la Caisse nationale de compensation des cotisations de sécurité sociale des voyageurs, représentants et placiers de commerce à cartes multiples travaillant pour deux employeurs au moins, ***(L. 2011-525 du 17 mai 2011, art. 41, JO 18)*** « pour l'encaissement des contributions dues au titre de l'emploi de ces salariés » ;

d) Par la caisse de prévoyance sociale prévue par l'ordonnance n° 77-1102 du 26 septembre 1977 portant extension et adaptation au département de Saint-Pierre-et-Miquelon de diverses dispositions relatives aux affaires sociales, lorsqu'elles sont dues au titre de l'emploi de salariés à Saint-Pierre-et-Miquelon ;

e) Par l'institution mentionnée à l'article L. 5312-1 du présent code, lorsqu'elles sont dues au titre des salariés engagés à titre temporaire qui relèvent des professions de la production cinématographique, de l'audiovisuel ou du spectacle et lorsque l'activité exercée bénéficie de l'aménagement des conditions d'indemnisation mentionné à l'article L. 5424-20.

(L. 2011-525 du 17 mai 2011, art. 41, JO 18) « *f)* Par l'organisme mentionné à l'article L. 212-3 du code de la sécurité sociale, lorsqu'elles sont dues au titre des salariés affiliés au régime spécial de sécurité sociale des gens de mer. »

Note Depuis le 1er janvier 2011, l'URSSAF est l'interlocuteur des employeurs redevables des contributions et cotisations mentionnées aux articles L. 3253-18, L. 5422-9, L. 5422-11, L. 5424-20 CT pour l'emploi de salariés autres que ceux mentionnés aux *a* et *e* de l'article L. 5427-1 (loi 2008-126 du 13 février 2008, art. 5, JO 14 ; décret 2010-1736 du 30 décembre 2010, JO 31, modifié par le décret 2011-972 du 16 août 2011, JO 18). Les démarches de recouvrement amiable et contentieux incombent désormais à l'URSSAF, à l'exclusion de celles relatives à des créances se rapportant à une période antérieure au transfert, qui demeurent de la compétence de Pôle emploi. L'application du régime de sécurité sociale pour le recouvrement des contributions et des cotisations dues au titre des intermittents du spectacle est intervenue le 1er janvier 2012 (loi 2008-126 du 13 février 2008 modifiée, art. 5). Voir lettre-circulaire ACOSS 2011-44 du 19 avril 2011 et circulaire UNEDIC 2011-14 du 9 mars 2011 relative au recouvrement des contributions d'assurance chômage.

Art. L. 5427-2. ***(L. 2008-126 du 13 févr. 2008, art. 16, JO 14)*** Les agents des organismes de sécurité sociale peuvent communiquer à l'institution mentionnée à l'article L. 5312-1 les renseignements nécessaires au calcul des prestations.

Note Cet article a été modifié par la loi 2009-1674 du 30 décembre 2009, art. 17 (JO 31).

Art. L. 5427-3. ***(L. 2008-126 du 13 févr. 2008, art. 16, JO 14)*** Les informations détenues par les organismes de sécurité sociale peuvent être rapprochées de celles détenues par l'institution mentionnée à l'article L. 5312-1 pour garantir le respect des règles d'inscription et vérifier les droits des salariés au revenu de remplacement prévu à l'article L. 5421-2.

Note Le rapprochement d'informations prévu par l'article L. 351-21, al. 4 [L. 5427-3] CT est l'objet du décret 93-1319 du 13 décembre 1993 (JO 22). Les catégories d'information nominatives susceptibles d'être rapprochées (5e al.) sont fixées par l'arrêté du 18 avril 2005 (JO 26).

Art. L. 5427-4. ***(L. 2008-126 du 13 févr. 2008, art. 16, JO 14)*** Pour procéder à la vérification des droits des salariés au revenu de remplacement prévu à l'article L. 5421-2, les informations détenues par la caisse de congés payés des professions de la production cinématographique et audiovisuelle et des spectacles ainsi que par les institutions des régimes complémentaires de retraite de ces professions peuvent être rapprochées de celles détenues par l'institution mentionnée à l'article L. 5312-1.

Art. L. 5427-5. ***(L. 2008-126 du 13 févr. 2008, art. 16, JO 14)*** La caisse de congés payés des professions de la production cinématographique et audiovisuelle et des spectacles, les institutions des régimes complémentaires de retraite de ces professions et les organismes de sécurité sociale se communiquent les informations nécessaires à la vérification des droits des salariés et des demandeurs d'emploi, et des obligations des employeurs.

Art. L. 5427-6. Un décret en Conseil d'État, pris après avis de la Commission nationale de l'informatique et des libertés, détermine les conditions d'application des articles L. 5427-1 à L. 5427-5.

Art. R. 5427-1. ***(D. 2008-1010 du 29 sept. 2008, art. 7, JO 30)*** « L'institution mentionnée à l'article L. 5312-1 » communique aux organismes de sécurité sociale les renseignements nécessaires à la garantie des droits sociaux des bénéficiaires du revenu de remplacement.

SECTION 2. Gestion confiée à un établissement public en l'absence de convention

Art. L. 5427-7. En l'absence de la convention prévue au ***(L. 2008-126 du 13 févr. 2008, art. 16, JO 14)*** « premier » alinéa de l'article L. 5427-1, un établissement public national à caractère administratif exerce les compétences définies au deuxième alinéa de cet article.

Les missions nécessaires à l'exercice de ces compétences peuvent être confiées, en tout ou partie, à un ou des organismes ayant conclu avec l'établissement public une convention délibérée par le conseil d'administration et approuvée dans les conditions déterminées par décret.

Le décret portant création de l'établissement public détermine, en outre, l'ensemble des règles d'organisation et de fonctionnement nécessaires à l'application du présent article.

Note En écartant implicitement le recours à la création d'un établissement public *ad hoc* pour la gestion du régime d'assurance chômage au profit de la dévolution aux organismes Unédic et Assédic, conformément à l'option ouverte par l'article L. 351-22 [art. L. 5427-7] CT, le gouvernement ne commet pas d'erreur de droit (CE 11 juillet 2001, n°s 224586 et a., *Rec. Lebon*, p. 363 ; *RJS* 10/01 n° 1167).

Art. L. 5427-8. Le conseil d'administration de l'établissement public mentionné par l'article L. 5427-7 comprend un nombre égal de représentants des travailleurs et des employeurs, désignés par le ministre chargé de l'emploi sur proposition des organisations syndicales représentatives au plan national.

Le conseil d'administration élit son président parmi ses membres.

Art. L. 5427-9. Les conditions du contrôle auquel est soumis l'organisme ***(L. 2008-126 du 13 févr. 2008, art. 16, JO 14)*** « mentionné à l'article L. 5427-1 » sont déterminées par voie réglementaire.

Art. D. 5427-2. Le conseil d'administration de l'établissement public mentionné à l'article L. 5427-7 règle par ses délibérations les affaires de l'établissement.

À l'exclusion de celles qui présentent le caractère d'actes d'administration courante, ces délibérations ne sont exécutoires qu'en l'absence d'opposition des ministres chargés de l'emploi ou du budget, dans un délai fixé par décret.

Art. D. 5427-3. Deux commissaires du gouvernement, représentant respectivement les ministres chargés de l'emploi et du budget, assistent aux séances du conseil d'administration et sont entendus chaque fois qu'ils le demandent.

Art. D. 5427-4. Les associations pour l'emploi dans l'industrie et le commerce (Assédic) et l'Union nationale interprofessionnelle pour l'emploi dans l'industrie et le commerce (Unédic) tiennent leur comptabilité selon un plan comptable approuvé par le ministre chargé des finances, après avis ***(Ord. 2009-79 du 22 janv. 2009, JO 23)*** « de l'Autorité des normes comptables ».

Les instructions relatives à la tenue de la comptabilité sont soumises à l'agrément préalable du ministre chargé des finances.

Art. D. 5427-5. Les organismes énumérés à l'article D. 5427-4 procèdent aux opérations de recettes et de dépenses selon les règles en usage dans le commerce.

Ces opérations sont toujours effectuées sous double signature, celle du président du conseil d'administration et celle du directeur de l'organisme ou, à leur défaut, les personnes habilitées à cet effet par le conseil d'administration.

Art. D. 5427-6. Les organismes énumérés à l'article D. 5427-4 sont soumis aux vérifications de l'inspection générale des finances et à celles des comptables du Trésor.

Ces derniers arrêtent la caisse, s'assurent de la régularité des écritures et de l'exacte application de l'article D. 5427-10 ainsi que de l'arrêté prévu par l'article L. 5427-10.

Art. D. 5427-7. Les organismes énumérés à l'article D. 5427-4, établissent à la fin de chaque exercice un compte d'exploitation un compte des pertes et profits et un bilan.

Après approbation de ces documents par le conseil d'administration, une expédition en est adressée au comptable supérieur du Trésor chargé des vérifications ainsi qu'au membre du corps du contrôle général économique et financier prévu à l'article D. 5427-11.

Art. D. 5427-8. Les pièces justificatives de recettes et de dépenses sont conservées pendant un délai minimum de cinq ans après la clôture de l'exercice pour être présentées à toute réquisition.

Art. D. 5427-9. L'Unédic établit, à la fin de chaque mois et de chaque année, un état faisant ressortir, pour chacun des organismes énumérés à l'article D. 5427-4, les renseignements d'ordre statistique et financier permettant de suivre leur fonctionnement.

Art. D. 5427-10. Les fonds disponibles des Assédic sont versés à l'Unédic qui les gère dans les conditions fixées par l'arrêté prévu à l'article L. 5427-10.

Art. D. 5427-11. Un membre du corps du contrôle général économique et financier exerce son contrôle sur les organismes prévus à l'article D. 5427-4 dans les conditions et selon les modalités prévues par le décret n° 55-763 du 26 mai 1955.

Art. D. 5427-12. Un décret pris sur le rapport du ministre chargé des finances détermine le montant et les modalités des versements que doivent faire les organismes contrôlés pour assurer la couverture des frais nécessités par l'exercice du contrôle.

Art. D. 5427-13. Le ministre chargé de l'emploi reçoit communication des états prévus à l'article D. 5427-9.

Il reçoit également communication des délibérations des circulaires de portée générale concernant l'application de la convention et de ses annexes.

Art. D. 5427-14. Les délibérations de la commission paritaire instituée par l'article 2 de la convention du 31 décembre 1958 et relatives au champ d'application de la convention agréée sont soumises à l'approbation du ministre chargé de l'emploi.

À défaut de décision expresse dans un délai de trois semaines à dater du dépôt de la délibération auprès des services du ministère chargé du travail, celle-ci est considérée comme approuvée.

Art. D. 5427-15. Les services centraux et extérieurs de la Délégation générale à l'emploi et à la formation professionnelle sont habilités à s'assurer auprès des organismes énumérés à l'article D. 5427-4 du respect des dispositions légales mentionnées aux articles L. 5422-21 et L. 5422-22.

SECTION 3. Dispositions communes

Art. L. 5427-10. Les mesures propres à assurer la sécurité et la liquidité des fonds de l' *(L. 2008-126 du 13 févr. 2008, JO 14)* « organisme gestionnaire du régime d'assurance chômage » et de l'établissement public mentionné à l'article L. 5427-7 sont déterminées par arrêté conjoint du ministre chargé du budget et du ministre chargé de l'emploi.

CHAPITRE VIII

Dispositions financières

Art. L. 5428-1. ***(L. 2011-893 du 28 juil. 2011, art. 44, JO 29)*** « L'allocation perçue dans le cadre du contrat de sécurisation professionnelle », l'allocation de chômage partiel, l'allocation d'assurance et l'allocation de préretraite sont cessibles et saisissables dans les mêmes conditions et limites que les salaires.

Ces prestations ainsi que l'allocation de solidarité spécifique et l'allocation temporaire d'attente sont exonérées de la taxe sur les salaires et des cotisations de sécurité sociale, sous réserve de l'application des dispositions des articles L. 131-2, L. 241-2, L. 242-13 et L. 711-2 du code de la sécurité sociale et de l'article L. 741-9 du code rural ***(Ord. 2010-462 du 6 mai 2010, JO 7)*** « et de la pêche maritime ».

Les règles fixées au 5 de l'article 158 du code général des impôts sont applicables.

CHAPITRE IX

Dispositions pénales

Art. L. 5429-1. Sous réserve de la constitution éventuelle du délit d'escroquerie défini et sanctionné aux articles 313-1 et 313-3 du code pénal, le fait de bénéficier ou de tenter de bénéficier frauduleusement des allocations d'aide aux travailleurs privés d'emploi définies au présent livre, y compris la prime forfaitaire instituée par l'article L. 5425-3, est puni d'une amende de 4000 €. ***(L. 2008-126 du 13 févr. 2008, art. 13, JO 14)*** « Le fait de faire obtenir frauduleusement ou de tenter de faire obtenir frauduleusement les allocations et la prime susmentionnées est puni de la même peine. »

Note

• Le fait, pour un bénéficiaire des allocations d'aide aux travailleurs privés d'emploi, de ne pas déclarer à l'Assédic l'exercice d'une activité professionnelle caractérise la fraude en vue d'obtenir lesdites allocations (cass. crim. 27 mars 2007, n° 06-87.415, B. crim. n° 95 ; *RJS* 7/07 n° 883 ; même jour, n° 06-87.490, *CSB* 2007 S. 269).

• Le délit prévu à l'article L. 365-1 [L. 5429-1] CT est constitué par l'exercice, dans un but intéressé et à plein temps, d'une activité professionnelle, même non salariée, qui met le bénéficiaire des prestations dans l'impossibilité de rechercher un autre emploi, peu important qu'il ait ou non perçu des revenus provenant de cette activité (cass. crim. 7 avril 1994, n° 93-81.361, B. crim. n° 145 ; *RJS* 10/94 n° 1166 ; 27 février 1996, n° 93-85.619, B. crim. n° 95 ; *CSB* 1996 A. 35 ; *Dr. Soc.* 1996, p. 597 : activité bénévole de caractère permanent au sein d'une association ; 10 février 1998, n° 97-80.642 ; 30 janvier 2007, n° 06-81.248, *CSB* 2007 S. 232). Avant de relaxer et débouter les parties civiles de leurs demandes, le juge doit rechercher si l'activité exercée par le chômeur indemnisé lui permettait d'accomplir des actes positifs de recherche d'emploi (cass. crim. 20 mars 2007, n° 06-86.269, B. crim. n° 87 ; *RJS* 7/07 n° 883 ; *CSB* 2007 S. 323). Sur une fraude d'un étranger ayant regagné son pays d'origine et de fausses déclarations constitutives de ce délit, voir respectivement cass. crim. 18 décembre 1990, n° 88-82.408, *RJS* 2/91 n° 230, et 1er février 1994, n° 93-81.359.

• Le caractère indu des allocations ne peut se déduire de la seule fausseté de la déclaration effectuée par le prévenu qui exerçait la gérance de plusieurs sociétés commerciales et civiles (cass. crim. 16 juin 2004, n° 03-83.255, BC V n° 161 ; *RJS* 11/04 n° 1183).

• Le fait de ne pas déclarer l'exercice d'une activité professionnelle constitue un acte positif de prise de la fausse qualité de travailleur privé d'emploi justifiant des poursuites pour escroquerie et tentative d'escroquerie (cass. crim. 26 avril 1994, n° 93-84.880, B. crim. n° 149).

• Se rend coupable de fraude l'allocataire qui n'a pas avisé l'ANPE et l'Assédic de sa prise en charge par la sécurité sociale au titre des prestations en espèces (cass. crim. 11 mai 2000, n° 99-87.612, *RJS* 11/00 n° 1124 ; *Dr. Soc.* 2000, p. 1137 ; 30 octobre 2002, n° 01-85.538, *CSB* 2003 S. 108).

• La fraude reprochée doit être considérée comme une opération délictueuse unique dont la prescription ne commence à courir qu'à compter de la dernière allocation encaissée (cass. crim. 30 octobre 2002, n° 01-85.538, *CSB* 2003 S. 108).

• À noter que l'article 441-6, al. 2 c. pén. punit de deux ans d'emprisonnement et de 30 000 € d'amende le fait de fournir une déclaration mensongère en vue d'obtenir d'une administration publique ou d'un organisme chargé d'une mission de service public une allocation, un paiement ou un avantage indu.

Art. L. 5429-2. En cas de récidive dans le délai de trois ans, l'employeur qui a indûment retenu la contribution prévue à l'article L. 5422-9 et précomptée sur le salaire est puni d'un emprisonnement de deux ans et d'une amende de 3 750 €.

Art. L. 5429-3. Le fait de se rendre coupable de fraudes ou de fausses déclarations pour obtenir ou tenter de faire obtenir par suite d'intempéries des indemnités, prévues à la section 2 du chapitre IV, qui ne sont pas dues est puni d'un emprisonnement de trois mois et d'une amende de 3 750 €.

Note Est puni de deux ans d'emprisonnement et de 30 000 € d'amende le fait de fournir une déclaration mensongère en vue d'obtenir d'une administration publique ou d'un organisme chargé d'une mission de service public une allocation, un paiement ou un avantage indu (c. pén. art. 441-6, al. 2).

Art. R. 5429-1. Le fait de méconnaître les dispositions du premier alinéa de l'article L. 5422-13 et des articles L. 5422-14 et R. 5422-5 à R. 5422-8 est puni de l'amende prévue pour les contraventions de la cinquième classe.

Art. R. 5429-2. L'employeur qui a indûment retenu la contribution du salarié prévue à l'article L. 5422-9 et précomptée sur le salaire est puni de l'amende prévue pour les contraventions de la cinquième classe.

Art. R. 5429-3. Le fait de ne pas donner suite à la mise en demeure prévue à l'article D. 5424-43 dans le délai de quinze jours est puni de l'amende prévue pour les contraventions de la troisième classe prononcée, sans préjudice de la condamnation, par le même jugement, au paiement de la somme représentant les cotisations ainsi qu'au paiement des intérêts de retard.

L'amende est appliquée autant de fois qu'il y a de personnes pour lesquelles les déclarations de salaires ou les versements de cotisations n'ont pas été effectués.

LIVRE V

DISPOSITIONS RELATIVES À L'OUTRE-MER

TITRE Ier

DISPOSITIONS GÉNÉRALES

CHAPITRE UNIQUE

Art. L. 5511-1. Les dispositions générales prévues par l'article L. 1511-1 sont également applicables aux dispositions du présent livre.

TITRE II

DÉPARTEMENTS D'OUTRE-MER, SAINT-BARTHÉLEMY, SAINT-MARTIN ET SAINT-PIERRE-ET-MIQUELON

CHAPITRE Ier

Dispositions générales

Note Sur l'exonération de certains employeurs du paiement des cotisations à leur charge au titre de la législation de sécurité sociale, à l'exclusion de celles dues au titre des accidents du travail et des maladies professionnelles, en Guadeloupe, en Guyane, en Martinique, à La Réunion, à Saint-Barthélemy et à Saint-Martin, voir art. L. 752-3-2 c. séc. soc. issu de la loi 2008-1425 du 27 décembre 2008, art. 159 (JO 28), art. R. 752-19-1 et R. 752-20-1 c. séc. soc. (décret 2009-1743 du 29 décembre 2009, JO 31), et décrets 2009-1777 et 2009-1778 du 30 décembre 2009 (JO 31) définissant les secteurs prioritaires et les zones concernées.

L'article L. 752-3-1 c. séc. soc. vise Saint-Pierre-et-Miquelon.

Voir également loi 2009-594 du 27 mai 2009 (JO 28), modifiée, pour le développement économique des outre-mer.

Art. L. 5521-1. Les dispositions générales prévues par ***(Ord. 2008-205 du 27 févr. 2008, JO 1er mars)*** « les articles L. 1521-1 à L. 1521-4 » sont également applicables aux dispositions du présent titre.

(D. 2008-1010 du 29 sept. 2008, art. 6, JO 30) « SECTION 1 ». FEDOM

Sous-section 1. État annuel

Art. R. 5521-1. Un état annuel des interventions en faveur de l'emploi, appelé FEDOM, récapitule les actions menées par l'État pour l'année en cours dans ce domaine dans les départements d'outre-mer, à Saint-Barthélemy, à Saint-Martin, à Saint-Pierre-et-Miquelon et à Mayotte.

Art. R. 5521-2. L'état annuel est soumis à l'avis d'un comité directeur composé de représentants de l'État et d'élus des départements d'outre-mer, de Saint-Barthélemy, de Saint-Martin, de Saint-Pierre-et-Miquelon et de Mayotte.

Art. R. 5521-3. Le président du conseil d'administration de l'agence d'insertion fournit annuellement au comité directeur du FEDOM un rapport sur l'activité de l'établissement et sur l'emploi des crédits qui lui ont été alloués par le fonds l'année précédente.

Art. R. 5521-4. Les actions mentionnées au FEDOM sont financées sur les crédits ouverts chaque année au programme « emploi outre-mer » de la mission « outre-mer » du budget de l'État.

Art. D. 5521-5. Les dépenses en faveur de l'emploi correspondent aux actions suivantes :
1° Le versement aux agences d'insertion d'une participation financière aux contrats d'insertion par l'activité ;
2° L'exonération de charges sociales et les aides forfaitaires pour les contrats d'accès à l'emploi conclu[s] hors des secteurs d'activité définis par l'article 4 de la loi n° 94-638 du 25 juillet 1994 tendant à favoriser l'emploi, l'insertion et les activités économiques dans les départements d'outre-mer, à Saint-Pierre-et-Miquelon et à Mayotte ;
3° L'exonération de charges sociales pour les contrats de retour à l'emploi en cours ;
4° Le financement des contrats emploi-solidarité ;
5° Le financement des primes à la création d'emploi ;
6° Le versement aux agences d'insertion des sommes dues à l'Unedic au titre de l'assurance chômage des contrats d'insertion par l'activité ;
7° Le financement des dépenses prévues par les articles L. 5522-3 et L. 5522-4 ;
8° Le financement des contrats emploi-jeune ;
9° Le financement du projet initiative-jeune ;
10° Le financement de l'allocation de retour à l'activité prévue par l'article L. 5524-1, et du congé solidarité prévu par l'article 15 de la loi n° 2000-1207 du 13 décembre 2000 d'orientation pour l'outre-mer ;
11° L'évaluation et le suivi des actions en faveur de l'emploi.

Sous-section 2. Comité directeur

Art. R. 5521-6. Le comité directeur est consulté sur les orientations et sur les objectifs de la politique pour l'emploi conduite par l'État dans les départements d'outre-mer, à Saint-Barthélemy, à Saint-Martin, à Mayotte et à Saint-Pierre-et-Miquelon.

Il donne son avis sur l'état mentionné à l'article R. 5521-1, et notamment sur la répartition entre les collectivités de ces interventions. Il est informé de l'emploi de ces crédits et des résultats obtenus.

Art. D. 5521-7. Le comité directeur est informé à chacune de ses réunions :
1° Par le ministre chargé de la lutte contre l'exclusion, de la situation en matière d'insertion, de pauvreté et de précarité dans les départements d'outre-mer, à Saint-Barthélemy, à Saint-Martin, à Mayotte et à Saint-Pierre-et-Miquelon ;
2° Par le ministre chargé de l'emploi, de la situation de l'emploi et de la formation professionnelle dans les départements d'outre-mer, à Saint-Barthélemy, à Saint-Martin, à Mayotte et à Saint-Pierre-et-Miquelon ;
3° Par le président de leur conseil d'administration, de l'activité des agences d'insertion ;
4° Par le ministre chargé de l'outre-mer, de l'activité de l'agence mahoraise pour le développement d'activités d'utilité sociale.

Art. D. 5521-8. Sont membres du comité directeur :
1° Le ministre chargé de l'outre-mer ou son représentant, président ;
2° Les ministres chargés de l'économie et des finances, du travail, de l'emploi et de la formation professionnelle, de la sécurité sociale, de la lutte contre l'exclusion, et du budget ou leurs représentants ;
3° Huit députés désignés par le président de l'Assemblée nationale et représentant chacune des huit collectivités intéressées ;
4° Trois sénateurs désignés par le président du Sénat parmi les représentants de ces collectivités ;
5° Les préfets de région, préfets des départements d'outre-mer ou leur représentant et les représentants de l'État à Saint-Barthélemy, à Saint-Martin, à Mayotte et à Saint-Pierre-et-Miquelon ou leurs représentants ;
6° Le délégué général à l'emploi et à la formation professionnelle ou son représentant ;
7° Le ***(D. 2010-95 du 25 janv. 2010, JO 26)*** « directeur général de la cohésion sociale » ou son représentant ;
8° Le directeur du budget ou son représentant ;
9° Le directeur général de l' ***(D. 2008-1010 du 29 sept. 2008, art. 7, JO 30)*** « institution mentionnée à l'article L. 5312-1 du code du travail » ou son représentant ;
10° Le directeur des affaires économiques, sociales et culturelles de l'outre-mer ou son représentant.

Art. D. 5521-9. Le mandat des parlementaires membres du comité directeur prend fin de plein droit à l'expiration du mandat électif au titre duquel ils ont été désignés.

Art. D. 5521-10. Le comité directeur se réunit au moins une fois par an, sur convocation de son président qui en fixe l'ordre du jour.

(D. 2008-1010 du 29 sept. 2008, art. 6, JO 30)

SECTION 2. Conseil territorial de l'emploi

Art. R. 5521-11. Un conseil territorial de l'emploi est créé à Saint-Barthélemy, Saint-Martin et Saint-Pierre-et-Miquelon. Il a les mêmes attributions et modalités de fonctionnement que le conseil régional de l'emploi mentionné à l'article R. 5112-19, sous réserve des dispositions de la présente section.

Art. R. 5521-12. Ces conseils territoriaux de l'emploi comprennent, outre un président, les membres suivants :

1° Trois représentants de l'État ;

2° Deux représentants de la collectivité d'outre-mer ;

3° Un représentant de chaque organisation syndicale de salariés représentative au plan territorial désigné sur proposition de l'organisation ;

4° Des représentants des organisations professionnelles d'employeurs représentatives au plan territorial et interprofessionnel en nombre égal à celui des représentants des organisations de salariés ;

5° Trois représentants des organismes territoriaux du service public de l'emploi désigné par le représentant de l'État ;

6° Le directeur régional territorialement compétent de l'institution mentionnée à l'article L. 5312-1.

Art. R. 5521-13. Les membres des conseils territoriaux de l'emploi sont nommés par arrêté du représentant de l'État, pour une durée de trois ans renouvelable.

Pour chacun d'entre eux, un suppléant, chargé de le remplacer en cas d'empêchement, est désigné dans les mêmes conditions.

Toute vacance ou perte de la qualité au titre de laquelle ils ont été désignés donne lieu à remplacement pour la durée de mandat restant à courir.

Les suppléants peuvent assister aux séances du conseil.

Art. R. 5521-14. Une convention annuelle, conclue dans les conditions prévues à l'article L. 5312-11, détermine la programmation des interventions de l'institution mentionnée à l'article L. 5312-1 à Saint-Martin, Saint-Barthélemy et Saint-Pierre-et-Miquelon.

CHAPITRE II

Dispositifs en faveur de l'emploi

Note • Parmi les dispositions pour l'amélioration de l'activité économique dans les DOM de la loi 2000-1207 du 13 décembre 2000 (JO 14) figure un article 15 introduisant le dispositif de « congé-solidarité » rapporté ci-après.

« I. – Afin de favoriser l'embauche de jeunes dans les départements d'outre-mer par la cessation d'activité de salariés âgés, l'État, le conseil régional ou le conseil général, ainsi que les organisations syndicales d'employeurs et de salariés représentatives dans le département peuvent passer une convention-cadre aux fins de la mise en place d'un dispositif dénommé congé-solidarité.

« La convention-cadre fixe les engagements respectifs de l'État, du conseil régional et du conseil général.

« La convention-cadre doit être conclue au plus tard le 31 décembre 2001. Elle désigne, avec son accord, l'organisme gestionnaire de l'allocation de congé-solidarité.

« II. – Les conditions de mise en œuvre du congé-solidarité dans l'entreprise sont définies par une convention conclue entre l'employeur et l'État. Peuvent conclure une convention les entreprises et professions mentionnées à l'article L. 131-2 [L. 2211-1] CT ainsi que les entreprises des professions agricoles et de la pêche.

« Cette convention prévoit les engagements de l'entreprise et de l'État.

« III. – La convention-cadre fixe les modalités d'ouverture du droit à l'allocation de congé-solidarité dans les limites et conditions suivantes :

1° Peuvent bénéficier de l'allocation de congé-solidarité les salariés employés dans l'entreprise depuis au moins cinq années à la date de leur adhésion à la convention d'application du congé-solidarité et ayant atteint à cette date l'âge de cinquante-cinq ans s'ils justifient d'une durée d'une activité salariée d'au moins dix ans ;

2° L'adhésion du salarié à la convention de congé-solidarité doit intervenir dans le délai d'un an suivant la date de sa conclusion et au plus tard le 31 décembre 2006 ;

3° Pour bénéficier de l'allocation de congé-solidarité, le salarié prend l'initiative de la rupture de son contrat de travail et adhère à la convention de congé-solidarité. Toutefois, le maintien de tout ou partie des avantages dus aux salariés peut être prévu par accord d'entreprise ou, en l'absence d'un tel accord, par un accord entre le salarié et l'employeur. Le salarié s'engage à n'exercer aucune activité professionnelle ;

4° Le montant de l'allocation de congé-solidarité est fonction de la durée de la carrière du salarié, sans pouvoir excéder une proportion de sa rémunération antérieure fixée par la convention-cadre ni être inférieur à un montant minimum fixé par décret dans la limite de 85 % du salaire antérieur ;

5° L'allocation de congé-solidarité est versée jusqu'à la date à laquelle le salarié remplit les conditions pour bénéficier d'une pension de retraite à taux plein au titre de l'assurance vieillesse du régime de sécurité sociale dont il relève ou au plus tard à l'âge de soixante-cinq ans ;

6° L'allocation de congé-solidarité cesse définitivement d'être versée en cas d'exercice par le salarié d'une activité professionnelle postérieurement à son adhésion à la convention.

« IV. – La convention-cadre fixe également les contreparties de la mise en œuvre du congé-solidarité dans les limites suivantes :

(L. 2003-660 du 21 juil. 2003, art. 17, JO 22) « 1° Pour chaque salarié adhérant à la convention d'application du congé solidarité, l'employeur est tenu d'embaucher, sous contrat à durée indéterminée conclu dans le délai fixé par ladite convention, qui ne peut excéder trois mois, un jeune travailleur à temps complet ou des jeunes dont les durées de travail cumulées équivalent à un temps complet et âgés de seize ans à vingt-neuf ans révolus. Cette condition d'âge n'est pas opposable aux jeunes mentionnés à l'article L. 322-4-19 [L. 5134-1] du code du travail arrivant au terme de leur contrat de travail ;

2° L'effectif atteint à la date de signature de la convention et déterminé selon les modalités prévues à l'article L. 421-2 [L. 2312-8] du même code ne doit pas être réduit pendant la durée fixée par la convention qui ne peut être inférieure à deux ans. »

« V. – Le financement de l'allocation de congé-solidarité et des cotisations de retraite complémentaire afférentes aux périodes de versement de l'allocation est assuré conjointement par l'État, l'entreprise, le conseil régional ou le conseil général.

« La participation de l'État ne peut excéder ni 60 % du montant total des allocations versées et des cotisations de retraite dues au titre des conventions conclues chaque année ni, pour chaque allocataire, une proportion de l'allocation, fixée par décret, fonction de la durée de la carrière du bénéficiaire dans la limite de 65 % de sa rémunération antérieure.

« La participation de l'État est subordonnée à l'engagement solidaire des autres signataires de la convention-cadre d'assurer le financement du montant mentionné à l'alinéa précédent non pris en charge par l'État.

« La participation des employeurs au financement de l'allocation de congé-solidarité n'est soumise à aucune charge sociale, fiscale ou parafiscale.

« La participation des collectivités locales constitue une dépense obligatoire.

« VI. – Les services de l'État compétents en matière d'emploi assurent la gestion des conventions d'application de congé-solidarité.

« VII. – Les bénéficiaires de l'allocation de congé-solidarité bénéficient, pour eux-mêmes et leurs ayants droit, de prestations en nature en cas de maladie et de maternité du régime dont ils relevaient à la date de leur adhésion à la convention d'application.

« Les périodes de versement de l'allocation de congé-solidarité sont assimilées à des périodes d'assurance pour l'ouverture du droit à la pension de retraite du régime de sécurité sociale dont relevait le bénéficiaire. (Abrogé par L. 2002-73 du 17 janvier 2002, art. 50, JO 18) « Le fonds de solidarité vieillesse mentionné à l'article L. 135-2 c. séc. soc. verse au régime concerné une somme correspondant à cette validation et reçoit à ce titre le produit de cotisations à la charge des personnes mentionnées au premier alinéa du V établies sur une base forfaitaire fixée par décret ».

« VIII. – Le non-respect par l'employeur des engagements souscrits dans la convention de congé-solidarité entraîne une majoration de sa contribution financière fixée par celle-ci. Aucune nouvelle adhésion à la convention d'application ne peut alors être acceptée.

(L. 2003-660 du 21 juil. 2003, art. 17, JO 22) « Lorsque la gestion du dispositif est confiée à l'un des organismes gestionnaires mentionnés à l'article L. 351-21 [L. 5427-1] du code du travail, les procédures prévues à l'article L. 351-6 [L. 5422-9, L. 5422-15 et 16] du même code sont applicables à la contribution financière de l'employeur. »

« Tout employeur ayant conclu une convention de congé-solidarité est tenu de s'assurer en vue de garantir la poursuite du versement de sa contribution en cas de redressement ou de liquidation judiciaires. Cette assurance est souscrite ***(L. 2003-660 du 21 juil. 2003, JO 22)*** « auprès de l'organisme désigné par les organisations professionnelles d'employeurs les plus représentatives dans la collectivité considérée ».

(L. 2006-1666 du 21 déc. 2006, art. 120, JO 7) « IX. – Par dérogation aux dispositions du 2° du III du présent article, le salarié peut adhérer à une convention de congé de solidarité jusqu'au 31 décembre 2007 dans les conditions suivantes :

1° Le salarié doit justifier d'une activité salariée d'au moins quinze ans et bénéficier, au plus tard à l'âge de soixante ans, d'une pension de retraite au titre de l'assurance vieillesse du régime de sécurité sociale dont il relève ;

2° Le montant de l'allocation de congé de solidarité ne peut pas être supérieur à 85 % du salaire antérieur de la personne bénéficiaire ;

3° La participation par l'État ne peut excéder 50 % du montant de l'allocation de congé de solidarité et des cotisations de retraite complémentaire afférentes aux périodes de versement de l'allocation ;

4° Peuvent conclure une convention les seules entreprises du secteur du bâtiment et des travaux publics et des secteurs mentionnés aux II et III de l'article L. 752-3-1 du code de la sécurité sociale ;

5° L'effectif atteint à la date de la signature de la convention mentionnée au 2° du IV du présent article est déterminé selon les dispositions des articles L. 620-10 [L. 1111-2] et L. 620-11 [L. 1251-54] du code du travail et ne doit pas être réduit, hors décès ou démission de salariés, pendant la durée de la convention qui ne peut être inférieure à deux ans. L'entrée en vigueur de ce dispositif est subordonnée à la signature d'un avenant à la convention-cadre mentionnée au I du présent article.

Les demandes de convention de congé de solidarité formées par les employeurs auprès des services gestionnaires du dispositif avant le 31 décembre 2006 et restées sans réponse à cette date peuvent être déposées à nouveau auprès de ces services après la date de la signature de l'avenant pour pouvoir être prises en compte selon les règles prévues au présent IX.

Les conventions en vigueur avant le 1er janvier 2007 ne peuvent recueillir l'adhésion de nouveaux salariés au-delà du 31 décembre 2006 qu'après la date de la signature de l'avenant et dans les conditions prévues par le présent IX et par ledit avenant.

« Les salariés bénéficiant du congé de solidarité avant le 31 décembre 2006 continuent à en bénéficier dans les conditions prévues aux I à VIII. »

Voir aussi décret 2001-500 du 11 juin 2001 portant application de l'article 15 de la loi 2000-1207 du 13 décembre 2000 (JO 12) modifié par décrets 2004-254 du 19 mars 2004, art. 5 (JO 21) et décret 2007-56 du 12 janvier 2007, art. 6 (JO 13) ; circulaire DGEFP/DSS/DAESC 479 du 27 juillet 2001, BOTR 2001/18 p. 113. Sur l'application du dispositif congé-solidarité aux chambres consulaires, voir rép. QE 1922, JO Sén. 21 novembre 2002, p. 2813.

• La loi généralisant le revenu de solidarité active et réformant les politiques d'insertion est entrée en vigueur dans les départements d'outre-mer et les collectivités de Saint-Barthélemy, Saint-Martin et Saint-Pierre-et-Miquelon le 1er janvier 2011.

Voir décret 2010-1783 du 31 décembre 2010 (JO 1er janv. 2011) portant extension et adaptation du RSA dans les départements d'outre-mer, à Saint-Barthélemy, Saint-Martin et Saint-Pierre-et-Miquelon, et décret 2010-1784 du 31 décembre 2010 (JO 1er janv. 2011) portant modification du décret 2009-602 du 27 mai 2009 relatif au revenu supplémentaire temporaire d'activité.

SECTION 1. Aides à l'insertion, à l'accès et au retour à l'emploi

Sous-section 1. Contrat emploi-jeune

Art. L. 5522-1. Dans les départements d'outre-mer ***(Ord. 2008-205 du 27 févr. 2008, JO 1er mars)*** «, à Saint-Barthélemy, à Saint-Martin » et à Saint-Pierre-et-Miquelon, le champ des activités mentionnées à l'article L. 5134-1 s'étend aux activités de coopération internationale régionale.

(Ord. 2010-686 du 24 juin 2010, art. 4, JO 25, entrée en vigueur le 01.01.2011)

Sous-section 2. Contrat unique d'insertion

Note

• Les personnes titulaires d'un des contrats mentionnés aux articles L. 5134-35 et L. 5134-74 CT, lorsque ces contrats ont été conclus avant le 1er janvier 2011, bénéficient, jusqu'au terme du contrat, pour l'examen de leurs droits aux prestations mentionnées aux articles L. 542-1, L. 831-1 et L. 861-1 c. séc. soc. ainsi qu'à l'article L. 351-1 du code de la construction et de l'habitation, des dispositions applicables, antérieurement à l'entrée en vigueur de la loi 2008-1249 du 1er décembre 2008 généralisant le revenu de solidarité active et réformant les politiques d'insertion, aux bénéficiaires du revenu minimum d'insertion (loi 2009-1674 du 30 décembre 2009, art. 103 modifié par ordonnance 2010-686 du 24 juin 2010, art. 10).

• Voir circulaire DGEFP 2011-02 du 12 janvier 2011 relative aux modalités de mise en œuvre du contrat unique d'insertion en outre-mer au 1er janvier 2011.

Art. L. 5522-2. Pour son application dans les départements d'outre-mer, à Saint-Barthélemy, à Saint-Martin et à Saint-Pierre-et-Miquelon, l'article L. 5134-19-1 est ainsi modifié :

1° Au premier alinéa, les mots : « les sous-sections 2 des sections 2 et 5 » sont remplacés par les mots : « la sous-section 2 de la section 2 et le paragraphe 2 de la sous-section 4 de la section 1 du chapitre II du titre II du livre V de la présente partie » ;

2° Au quatrième alinéa, après le mot : « Soit » sont insérés les mots : «, s'agissant du contrat d'accompagnement dans l'emploi, » ;

3° Au cinquième alinéa, les mots : « les sous-sections 3 des sections 2 et 5 » sont remplacés par les mots : « de la sous-section 3 de la section 2 et par le paragraphe 3 de la sous-section 4 de la section 1 du chapitre II du titre II du livre V de la présente partie » ;

4° Au dernier alinéa :

a) Les mots : « les sous-sections 4 des sections 2 et 5 » sont remplacés par les mots : « la sous-section 4 de la section 2 et le paragraphe 4 de la sous-section 4 de la section 1 du chapitre II du titre II du livre V de la présente partie » ;

b) Les mots : « S'agissant du contrat d'accompagnement dans l'emploi, » sont ajoutés au début de la seconde phrase.

Art. L. 5522-2-1. Pour son application dans les départements d'outre-mer, à Saint-Barthélemy, à Saint-Martin et à Saint-Pierre-et-Miquelon, l'article L. 5134-19-3 est ainsi rédigé :

« Art. L. 5134-19-3. – Le contrat unique d'insertion prend la forme :

« 1° Pour les employeurs du secteur non marchand mentionnés à l'article L. 5134-21, du contrat d'accompagnement dans l'emploi défini par la section 2 du chapitre IV du titre III du livre Ier de la présente partie ;

« 2° Pour les employeurs du secteur marchand mentionnés aux articles L. 5522-8 et L. 5522-9, du contrat d'accès à l'emploi défini par les articles L. 5522-5 à L. 5522-20. »

Art. L. 5522-2-2. Pour son application dans les départements d'outre-mer, à Saint-Barthélemy, à Saint-Martin et à Saint-Pierre-et-Miquelon, l'article L. 5134-19-4 est ainsi modifié :

1° Au cinquième alinéa, les mots : « des articles L. 5134-30 et L. 5134-72 » sont remplacés par les mots : « de l'article L. 5134-30 » ;

2° Au sixième alinéa, les mots : « aux articles L. 5134-30 et L. 5134-72, dans la limite du plafond prévu aux articles L. 5134-30-1 et L. 5134-72-1 » sont remplacés par les mots : « à l'article L. 5134-30 dans la limite du plafond prévu à l'article L. 5134-30-1 ».

Art. L. 5522-2-3. Les dispositions de la section 5 du chapitre IV du titre III du livre Ier de la présente partie ne s'appliquent pas aux départements d'outre-mer, à Saint-Barthélemy, à Saint-Martin et à Saint-Pierre-et-Miquelon.

(D. 2010-1729 du 30 déc. 2010, JO 31)

Art. R. 5522-11-1. Pour son application dans les départements d'outre-mer, à Saint-Barthélemy, à Saint-Martin et à Saint-Pierre-et-Miquelon, l'article R. 5134-17 est ainsi modifié :

1° Le premier alinéa est remplacé par l'alinéa suivant :

"Lorsqu'elle est conclue au titre du contrat d'accompagnement dans l'emploi visé à l'article L. 5134-20, la convention individuelle de contrat unique d'insertion prévue à l'article L. 5134-19-1, dont le modèle est fixé par arrêté du ministre chargé de l'emploi, comporte : " ;

2° Au *a* du 4°, les mots : « ou du contrat initiative-emploi » et les mots : « et en matière d'accompagnement professionnel et, le cas échéant, de formation en application de l'article L. 5134-65 » sont supprimés ;

3° Au *c* du 4°, les mots : « et R. 5134-60 » sont supprimés ;

4° Au *d* du 4°, les mots : « et R. 5134-61 » sont supprimés.

Art. R. 5522-11-2. Pour son application dans les départements d'outre-mer, à Saint-Barthélemy, à Saint-Martin et à Saint-Pierre-et-Miquelon, le traitement automatisé de données à caractère personnel prévu par les articles R. 5134-18 à R. 5134-25 peut être mis en œuvre pour les conventions individuelles de contrat d'accompagnement dans l'emploi.

[Sous-section 3. **Contrat jeune en entreprise (art. L. 5522-3 et L. 5522-4).**
Abrogée par loi 2009-594 du 27 mai 2009, art. 54, JO 28.]

Note Les dispositions de cette sous-section abrogée continuent de produire leurs effets pour les contrats conclus antérieurement à la publication (JO 28 mai) de la loi 2009-594 du 27 mai 2009.

Art. L. 5522-3. *Dans les départements d'outre-mer* **(Ord. 2008-205 du 27 févr. 2008, JO 1er mars)** *«, à Saint-Barthélemy, à Saint-Martin » et à Saint-Pierre-et-Miquelon, l'aide relative au contrat jeune en entreprise, prévue à l'article L. 5134-54 est également ouverte aux employeurs de moins de vingt salariés, lorsqu'ils recrutent sous contrat à durée indéterminée, pour un emploi et des fonctions correspondant à leurs diplômes, des jeunes âgés de dix-huit à trente ans révolus :*

1° Inscrits comme demandeurs d'emploi depuis plus de six mois dans une agence pour l'emploi locale ;

2° Titulaires d'un diplôme sanctionnant deux ans au moins de formation post-secondaire ou de formation professionnelle qualifiante de niveau comparable.

Pour l'application de ces dispositions, les bénéficiaires d'un contrat emploi-jeune arrivant au terme de leur contrat ne sont pas tenus d'être inscrits comme demandeurs d'emploi.

Art. L. 5522-4. *L'aide mentionnée à l'article L. 5522-3 peut être cumulée avec les réductions et allégements de cotisations à la charge des employeurs prévus à l'article L. 752-3-1 du code de la sécurité sociale.*

Art. D. 5522-1. La demande de bénéfice de l'aide prévue dans le cadre du contrat jeune en entreprise, mentionnée à l'article L. 5522-3, est déposée auprès de l'organisme gestionnaire après l'embauche du salarié et au plus tard trois mois après celle-ci.

Elle est transmise par l'organisme gestionnaire au directeur du travail, de l'emploi et de la formation professionnelle, à Saint-Pierre-et-Miquelon au chef du service du travail, de l'emploi et de la formation professionnelle et, à Saint-Barthélemy et Saint-Martin, au représentant de l'État.

Art. D. 5522-2. La demande d'aide comporte :

1° L'engagement de l'employeur de respecter les conditions générales d'attribution de l'aide ;

2° Les documents permettant de vérifier le respect des conditions prévues à l'article L. 5522-3, et notamment la copie du diplôme du salarié.

Art. D. 5522-3. Pour les salariés à temps plein dont la rémunération est égale au salaire minimum de croissance, le montant de l'aide est fixé à 225 € par mois.

Art. D. 5522-4. Pour les rémunérations supérieures au montant fixé à l'article D. 5522-3, le montant de l'aide est déterminé en multipliant le montant de 225 € par le rapport entre, d'une part, la rémunération et, d'autre part, le salaire minimum de croissance, dans la limite de 292,50 €.

Art. D. 5522-5. Lorsque la durée du travail prévue par le contrat de travail est inférieure à la durée collective de travail applicable dans l'entreprise, le montant de l'aide est réduit par l'application d'un coefficient égal au rapport entre la durée du travail prévue par ce contrat et la durée collective de travail applicable dans l'entreprise.

Art. D. 5522-6. Pour les professions affiliées aux caisses de congés prévues à l'article L. 3141-30, le montant de l'aide est majoré de 10 %.

Art. D. 5522-7. L'aide de l'État est due pour une durée de trois années consécutives à compter de la date d'embauche.

Un abattement de 50 % lui est appliqué au titre de la troisième année du contrat.

Art. D. 5522-8. Le montant de l'aide est versé à l'employeur trimestriellement, à terme échu.

Art. D. 5522-9. Le versement de l'aide est interrompu pour toute suspension du contrat de travail d'une durée au moins égale à quinze jours. Ces interruptions reportent d'autant ce versement.

Art. D. 5522-10. Toute rupture, suspension ou modification du contrat jeune en entreprise qui ouvre droit au versement de l'aide entraînant un changement de son montant ou l'interruption de son paiement est communiquée par l'employeur à l'organisme gestionnaire. Ce dernier transmet cette information au directeur du travail, de l'emploi et de la formation professionnelle, à Saint-Pierre-et-Miquelon au chef du service du travail, de l'emploi et de la formation professionnelle et, à Saint-Barthélemy et Saint-Martin, au représentant de l'État.

Art. D. 5522-11. En cas de rupture du contrat de travail à l'initiative de l'employeur avant le terme de la période mentionnée à l'article D. 5522-7, le montant de l'aide est intégralement reversé par l'employeur à l'État.

Toutefois, le reversement n'est pas dû en cas de :

1° Rupture intervenant au cours de la période d'essai ;

2° Licenciement pour faute grave ou faute lourde du salarié ;

3° Force majeure ;

4° Inaptitude professionnelle ou médicalement constatée ;

5° Motif économique.

Sous-section 4. Contrats d'accès à l'emploi

§ 1. Objet

Art. L. 5522-5. Dans les départements d'outre-mer ***(Ord. 2008-205 du 27 févr. 2008, JO 1er mars)*** « , à Saint-Barthélemy, à Saint-Martin » et à Saint-Pierre-et-Miquelon, le contrat d'accès à l'emploi a pour objet de favoriser l'insertion professionnelle :

(L. 2010-1487 du 7 déc. 2010, art. 31, JO 8) « 1° Des bénéficiaires du revenu de solidarité active financé par le département ; »

2° Des chômeurs de longue durée ;

Art. L. 5522-6.

3° Des personnes reconnues handicapées par la commission des droits et de l'autonomie des personnes handicapées mentionnée à l'article L. 146-9 du code de l'action sociale et des familles ;

4° Des bénéficiaires d'un contrat emploi-jeune arrivant au terme de leur contrat avant le 1er janvier 2008 ;

5° D'autres personnes déterminées par décret en Conseil d'État rencontrant des difficultés particulières d'accès à l'emploi.

(Ord. 2010-686 du 24 juin 2010, art. 5, JO 25, entrée en vigueur le 01.01.2011) « À cette fin, il comporte des actions d'accompagnement professionnel. Les actions de formation nécessaires à la réalisation du projet professionnel de la personne peuvent être mentionnées dans la convention. »

Note Le contrat d'accès à l'emploi, qui s'est substitué dans les départements d'outre-mer au contrat de retour à l'emploi, lui-même remplacé par le contrat initiative-emploi en métropole, est destiné à favoriser l'embauche de bénéficiaires du RMI, de chômeurs de longue durée et de travailleurs handicapés. Il ouvre droit à une aide forfaitaire de l'État, à une éventuelle prise en charge par l'État des frais de formation et à une exonération de cotisations patronales de sécurité sociale (voir notamment circ. DAESC/ASC/DEFI 2004-100 du 26 mars 2004 ; lettre-circ. ACOSS 2004-089 du 23 avril 2004 ; DGEFP 2011-02 du 12 janvier 2011, *LS* législ. soc. n° 224/2011 du 17 novembre 2011).

Art. L. 5522-6. Le contrat d'accès à l'emploi donne lieu :

1° À la conclusion d'une convention entre l'État et les employeurs mentionnés au paragraphe 2 ;

2° À la conclusion d'un contrat de travail entre l'employeur et le bénéficiaire de la convention, dans les conditions prévues au paragraphe 3 ;

3° Au bénéfice d'une aide financière et d'exonérations, dans les conditions prévues au paragraphe 4.

Art. L. 5522-6-1. ***(Ord. 2010-686 du 24 juin 2010, art. 5, JO 25, entrée en vigueur le 01.01.2011)*** La conclusion d'une nouvelle convention individuelle mentionnée à l'article L. 5134-19-1 est subordonnée au bilan préalable des actions d'accompagnement et des actions visant à l'insertion durable des salariés, réalisées dans le cadre de conventions individuelles conclues au titre d'un contrat aidé antérieur.

Art. R. 5522-12. Peuvent bénéficier de contrats d'accès à l'emploi, en application de l'article L. 5522-5 :

1° Les personnes qui ont été inscrites comme demandeur d'emploi pendant au moins douze mois durant les dix-huit mois qui ont précédé la date d'embauche ;

2° Les bénéficiaires de l'allocation de solidarité spécifique ;

3° Les bénéficiaires du ***(D. 2010-1729 du 30 déc. 2010, JO 31)*** « revenu de solidarité active financé par le département » ainsi que leur conjoint, partenaire lié par un pacte civil de solidarité ou concubin ;

4° Les travailleurs reconnus handicapés ainsi que les autres bénéficiaires de l'obligation d'emploi instituée par l'article L. 5212-2 et mentionnés aux 2°, 3° et 4° de l'article L. 5212-13 ;

5° Les jeunes âgés de dix-huit à moins de vingt-six ans rencontrant des difficultés particulières d'accès à l'emploi, ayant au plus achevé le premier cycle de l'enseignement secondaire ou ayant abandonné leur scolarité avant l'année terminale du second cycle court professionnel :

a) Soit s'ils ne remplissent pas la condition d'activité salariée antérieure ouvrant droit à l'allocation d'assurance chômage ;

b) Soit s'ils ont achevé dans les trois mois précédant l'embauche un ***(D. 2010-1729 du 30 déc. 2010, JO 31)*** « contrat d'accompagnement dans l'emploi » , un contrat de professionnalisation ou un contrat d'insertion par l'activité ;

6° Les personnes faisant ou ayant fait l'objet d'une peine privative de liberté rencontrant des difficultés particulières d'accès à l'emploi ;

7° Les personnes âgées de plus de cinquante ans et de moins de ***(D. 2010-1729 du 30 déc. 2010, JO 31)*** « soixante-sept ans » et qui :

a) Soit ont été inscrites comme demandeurs d'emploi pendant au moins douze mois durant les dix-huit derniers mois ;

b) Soit sont les bénéficiaires de l'obligation d'emploi mentionnés aux 1° à 4° de l'article L. 5212-13 ;

c) Soit perçoivent le ***(D. 2010-1729 du 30 déc. 2010, JO 31)*** « revenu de solidarité active financé par le département » et sont sans emploi depuis plus d'un an.

Art. R. 5522-13. La durée d'inscription comme demandeur d'emploi, exigée pour accéder au dispositif du contrat d'accès à l'emploi, est augmentée lors :

1° Des périodes de stages de formation ;

2° Des périodes pendant lesquelles les intéressés ont bénéficié d'un contrat d'accompagnement dans l'emploi, d'un contrat d'insertion-revenu minimum d'activité et d'un contrat d'insertion par l'activité ;

3° Des périodes d'indisponibilité dues à une maladie, une maternité ou un accident du travail.

§ 2. Convention

Art. L. 5522-7. Les contrats de retour à l'emploi en cours demeurent régis jusqu'à leur terme par les conventions antérieurement applicables.

Note L'alinéa 1er de cet article a été abrogé par l'ordonnance 2010-686 du 24 juin 2010, art. 5, JO 25, depuis le 01.01.2011.

Art. L. 5522-8. Peuvent conclure des contrats d'accès à l'emploi, en application des conventions prévues à l'article L. 5522-6, sous réserve d'être à jour de leurs obligations sociales et fiscales :

1° Les employeurs mentionnés à l'article L. 5422-13 et aux 3° et 4° de l'article L. 5424-1 ;

2° Les employeurs des entreprises de pêche maritime.

Art. L. 5522-9. Sans préjudice de l'application des dispositions de l'article 199 *sexdecies* du code général des impôts, les particuliers employeurs d'employés de maison définis à l'article L. 7221-1 peuvent conclure des contrats d'accès à l'emploi à durée indéterminée.

Toutefois, les employeurs particuliers ne peuvent bénéficier de l'aide forfaitaire de l'État prévue à l'article L. 5522-17.

Art. L. 5522-10. Les particuliers employeurs d'un assistant maternel défini à l'article L. 423-1 du code de l'action sociale et des familles ne peuvent conclure de conventions au titre du présent paragraphe.

Art. L. 5522-11. Le contrat d'accès à l'emploi ne peut être conclu par des établissements ayant procédé à un licenciement économique dans les six mois précédant la date d'effet du contrat d'accès à l'emploi qu'après autorisation préalable de l'autorité administrative, qui vérifie que l'embauche ne résulte pas du licenciement d'un salarié titulaire d'un contrat de travail à durée indéterminée, ou qu'elle n'a pas pour conséquence un tel licenciement.

L'autorité administrative se détermine selon une procédure déterminée par décret en Conseil d'État.

Art. R. 5522-14. ***(D. 2010-1729 du 30 déc. 2010, JO 31)*** Pour l'application de l'article L. 5522-6, la convention individuelle initiale de contrat d'accès à l'emploi est conclue préalablement à la conclusion du contrat de travail mentionné à l'article L. 5522-12.

[**Art. R. 5522-15.** Abrogé de fait par le décret 2010-1729 du 30 décembre 2010, JO 31.]

Art. R. 5522-16. ***(D. 2010-1729 du 30 déc. 2010, JO 31)*** « Lorsqu'elle est conclue au titre du contrat d'accès à l'emploi visé à l'article L. 5522-5, la convention individuelle de contrat unique d'insertion prévue au *a* du 1° de l'article L. 5134-19-1, dont le modèle est fixé par arrêté du ministre chargé de l'emploi, précise notamment : »

1° Le nom et l'adresse du bénéficiaire ;

2° Son âge, son niveau de formation et sa situation au regard de l'emploi, de l'indemnisation du chômage ou du *(D. 2010-1729 du 30 déc. 2010, JO 31)* « revenu de solidarité active » au moment de l'embauche ;
3° L'identité et la qualité de l'employeur ;
4° Les caractéristiques de l'emploi proposé ;
5° La nature et la durée du contrat de travail ;
6° La durée hebdomadaire de travail ;
7° Le montant de la rémunération correspondante ;
(D. 2010-1729 du 30 déc. 2010, JO 31) « 8° Les actions d'accompagnement professionnel et, le cas échéant, de formation prévues ; »
(D. 2010-1729 du 30 déc. 2010, JO 31) « 9° » Le montant et les modalités de versement de l'aide de l'État ;
(D. 2010-1729 du 30 déc. 2010, JO 31) « 10° » Les modalités de contrôle de l'application de la convention ;
(D. 2010-1729 du 30 déc. 2010, JO 31) « 11° » Les pièces justificatives à produire pour bénéficier de l'aide de l'État dans les conditions de versement prévues à l'article R. 5522-32 ;
(D. 2010-1729 du 30 déc. 2010, JO 31) « 12° » La liste des pièces justificatives à produire en cas de rupture anticipée du contrat de travail.

Art. R. 5522-17. Lorsque l'État concourt à la prise en charge d'une formation au titre de l'article L. 5522-19, sont précisés dans la convention ou dans un avenant conclu ultérieurement :
1° La nature de cette formation, sa durée et les modalités de son organisation ;
2° La période pendant laquelle elle est dispensée ;
3° Le nom et la qualification professionnelle de la personne chargée au sein de l'entreprise de suivre le déroulement de la formation ;
4° La nature de la sanction de la formation dispensée ;
5° Le montant et les modalités de la prise en charge de cette formation par l'État.

Art. R. 5522-18. La convention prend effet à compter de la date d'embauche du salarié.

Elle est conclue pour la durée du contrat à durée déterminée.

Lorsque le contrat est à durée indéterminée, elle est conclue pour vingt-quatre mois, ou trente mois pour les *(D. 2010-1729 du 30 déc. 2010, JO 31)* « personnes bénéficiant avant l'embauche du revenu de solidarité active financé par le département », suivant la date d'embauche.

Art. R. 5522-18-1. *(D. 2010-1729 du 30 déc. 2010, JO 31)* La durée maximale de la convention individuelle peut être prolongée, en application de l'article L. 5522-13-1, pour la durée de la formation suivie par le salarié restant à courir et dans la limite de soixante mois.

La demande de prolongation faite par l'employeur est accompagnée :

1° De tous justificatifs visant à établir que l'action de formation professionnelle qualifiante visée à l'article L. 6314-1 et définie dans la convention initiale est en cours de réalisation et que le terme de cette action dépasse le terme de la convention ;

2° Des éléments d'organisation des actions de formation permettant de s'assurer qu'elles pourront être réalisées durant la période de prolongation.

Art. R. 5522-18-2. *(D. 2010-1729 du 30 déc. 2010, JO 31)* En application de l'article L. 5522-13-1, la durée maximale de la convention individuelle peut, pour les salariés âgés de cinquante ans et plus qui étaient également bénéficiaires du revenu de solidarité active, de l'allocation de solidarité spécifique, de l'allocation temporaire d'attente ou de l'allocation aux adultes handicapés, ou pour les personnes reconnues travailleurs handicapés, être portée à soixante mois, par avenants successifs d'un an au plus.

La condition d'âge s'apprécie à l'échéance de la durée maximale de la convention.

Art. R. 5522-18-3. *(D. 2010-1729 du 30 déc. 2010, JO 31)* En application de l'article L. 5522-13-2, l'employeur qui souhaite prolonger une convention individuelle adresse à l'autorité signataire de la convention initiale une demande préalable.

Cette demande motivée est accompagnée d'un bilan des actions réalisées en matière d'accompagnement et de formation, notamment des actions d'aide à la prise de poste, de remise à niveau, d'acquisition de nouvelles compétences et de formation qualifiante. L'employeur joint également à sa demande un document répertoriant les actions d'accompagnement et de formation qu'il envisage de mettre en œuvre pendant la période de prolongation.

Art. R. 5522-19. Aucune convention ne peut être conclue pour une embauche bénéficiant d'une autre aide à l'emploi *(D. 2010-1729 du 30 déc. 2010, JO 31)* « de l'État ».

Art. R. 5522-20. *(D. 2010-1729 du 30 déc. 2010, JO 31)* Un exemplaire de la convention est remis au salarié.

Art. R. 5522-21. *(D. 2010-1729 du 30 déc. 2010, JO 31)* L'employeur signale à l'autorité signataire de la convention individuelle, à l'organisme chargé du versement des aides à l'employeur et à l'organisme chargé du recouvrement des cotisations de sécurité sociale toute rupture du contrat de travail qui interviendrait avant la fin de la convention.

Art. R. 5522-22. *(D. 2010-1729 du 30 déc. 2010, JO 31)* En cas de modification de la situation juridique de l'employeur au sens de l'article L. 1224-1, le nouvel employeur est substitué dans les droits de l'employeur en ce qui concerne le contrat de travail. Le nouvel employeur est substitué également dans les droits de l'employeur initial en ce qui concerne la convention individuelle, sous réserve de l'accord de l'autorité signataire et des dispositions des articles L. 5522-8 à L. 5522-11.

Art. R. 5522-23. Pour l'application de l'article L. 5522-11, le *(D. 2010-1729 du 30 déc. 2010, JO 31)* « chef du service déconcentré du ministre chargé de l'emploi » dispose d'un délai d'un mois pour faire connaître soit son accord, soit son refus motivé.

À défaut de réponse notifiée à l'employeur dans le délai précité, *(D. 2010-1729 du 30 déc. 2010, JO 31)* « la demande est réputée rejetée ».

Art. R. 5522-23-1. *(D. 2010-1729 du 30 déc. 2010, JO 31)* L'autorité signataire de la convention individuelle désigne en son sein ou auprès d'un organisme chargé de l'accompagnement ou de l'insertion, en le mentionnant dans la convention initiale, un référent chargé d'assurer le suivi du parcours d'insertion professionnelle du salarié en contrat d'accès à l'emploi.

Dans le cas où ce salarié est bénéficiaire du revenu de solidarité active, le référent peut être le même que celui désigné en application de l'article L. 262-27 du code de l'action sociale et des familles.

Art. R. 5522-23-2. *(D. 2010-1729 du 30 déc. 2010, JO 31)* L'employeur, dès la conclusion de la convention individuelle, désigne un tuteur parmi les salariés qualifiés et volontaires pour assumer cette fonction.

Ce dernier doit justifier d'une expérience professionnelle d'au moins deux ans. Exceptionnellement sur autorisation de l'autorité signataire de la convention, ou lorsque l'employeur est un particulier visé à l'article L. 5522-9, l'employeur peut assurer lui-même le tutorat. Le tuteur ne peut suivre plus de trois salariés en contrat d'accès à l'emploi.

Art. R. 5522-23-3. *(D. 2010-1729 du 30 déc. 2010, JO 31)* Les missions du tuteur sont les suivantes :
1° Participer à l'accueil, aider, informer et guider le salarié en contrat d'accès à l'emploi ;
2° Contribuer à l'acquisition des savoir-faire professionnels ;
3° Assurer la liaison avec le référent mentionné à l'article R. 5522-23-1 ;
4° Participer à l'établissement de l'attestation d'expérience professionnelle prévue à l'article L. 5522-13-4 avec le salarié concerné et l'employeur.

§ 3. Contrat de travail

Art. L. 5522-12. Le contrat d'accès à l'emploi est un contrat de travail à durée indéterminée ou à durée déterminée conclu en application de l'article L. 1242-3.

Il est conclu par écrit et fait l'objet d'un dépôt auprès de l'autorité administrative.

Art. L. 5522-13. Lorsque le contrat d'accès à l'emploi est à durée déterminée, sa durée est au moins égale à douze mois et ne peut excéder vingt-quatre mois.

Cette limite est portée à trente mois pour les bénéficiaires du *(Ord. 2010-686 du 24 juin 2010, art. 5, JO 25, entrée en vigueur le 01.01.2011)* « revenu de solidarité active ».

Art. L. 5522-13-1. *(Ord. 2010-686 du 24 juin 2010, art. 5, JO 25, entrée en vigueur le 01.01.2011)* Il peut être dérogé, selon des modalités fixées par voie réglementaire, à la durée maximale d'une convention individuelle, soit lorsque celle-ci concerne un salarié âgé de cinquante ans *(L. 2010-1487 du 7 déc. 2010, art. 31, JO 8, entrée en vigueur le 01.01.2011)* « et plus qui est également bénéficiaire du revenu de solidarité active », de l'allocation de solidarité spécifique, de l'allocation temporaire d'attente ou de l'allocation aux adultes handicapés ou une personne reconnue travailleur handicapé, soit pour permettre d'achever une action de formation professionnelle en cours de réalisation et définie dans la convention initiale. La durée de cette prolongation ne peut excéder le terme de l'action concernée.

Art. L. 5522-13-2. ***(Ord. 2010-686 du 24 juin 2010, art. 5, JO 25, entrée en vigueur le 01.01.2011)*** La prolongation de la convention individuelle et, s'il est à durée déterminée, du contrat de travail conclu en application de celle-ci est subordonnée à l'évaluation des actions réalisées au cours du contrat en vue de favoriser l'insertion durable du salarié.

Art. L. 5522-13-3. ***(Ord. 2010-686 du 24 juin 2010, art. 5, JO 25, entrée en vigueur le 01.01.2011)*** Par dérogation aux dispositions relatives à la rupture avant le terme du contrat de travail à durée déterminée prévues à l'article L. 1243-2, le contrat peut être rompu avant son terme, à l'initiative du salarié, lorsque la rupture a pour objet de lui permettre :

1° D'être embauché par un contrat à durée déterminée d'au moins six mois ;

2° D'être embauché par un contrat à durée indéterminée ;

3° De suivre une formation conduisant à une qualification telle que prévue à l'article L. 6314-1.

Art. L. 5522-13-4. ***(Ord. 2010-686 du 24 juin 2010, art. 5, JO 25, entrée en vigueur le 01.01.2011)*** Une attestation d'expérience professionnelle est établie par l'employeur et remise au salarié à sa demande ou au plus tard un mois avant la fin du contrat d'accès à l'emploi.

Art. L. 5522-13-5. ***(Ord. 2010-686 du 24 juin 2010, art. 5, JO 25, entrée en vigueur le 01.01.2011)*** Le contrat d'accès à l'emploi peut être suspendu, à la demande du salarié, afin de lui permettre :

1° En accord avec son employeur, d'effectuer une évaluation en milieu de travail prescrite par l'institution mentionnée à l'article L. 5312-1 ou une action concourant à son insertion professionnelle ;

2° D'accomplir une période d'essai afférente à une offre d'emploi visant une embauche en contrat de travail à durée indéterminée ou à durée déterminée au moins égale à six mois.

En cas d'embauche à l'issue de cette évaluation en milieu de travail ou de cette période d'essai, le contrat est rompu sans préavis.

Art. L. 5522-14. Le contrat d'accès à l'emploi ne peut être conclu sous la forme du contrat de mission mentionné à l'article L. 1251-5.

Art. L. 5522-15. La protection complémentaire en matière de santé prévue à l'article L. 861-1 du code de la sécurité sociale, dont le titulaire du contrat d'accès à l'emploi bénéficiait en tant qu'allocataire du ***(Ord. 2010-686 du 24 juin 2010, art. 5, JO 25, entrée en vigueur le 01.01.2011)*** « revenu de solidarité active », est maintenue jusqu'à l'expiration de la période de droit.

À l'expiration de cette période, le droit à la protection complémentaire est renouvelé dans les conditions prévues au premier alinéa de l'article L. 861-5 du même code si l'intéressé remplit la condition de ressources prévue au premier alinéa de l'article L. 861-1 précité.

Art. L. 5522-16. Les salariés bénéficiaires d'un contrat d'accès à l'emploi ne sont pas pris en compte, pendant une durée de deux ans, dans le calcul de l'effectif du personnel des entreprises dont ils relèvent pour l'application des dispositions légales qui se réfèrent à une condition d'effectif minimum de salariés, exception faite de celles qui concernent la tarification des risques d'accidents du travail et de maladies professionnelles.

Toutefois, cette durée est portée à trente mois pour les bénéficiaires du ***(Ord. 2010-686 du 24 juin 2010, art. 5, JO 25, entrée en vigueur le 01.01.2011)*** « revenu de solidarité active ».

Art. R. 5522-24. La durée hebdomadaire du travail avec un contrat d'accès à l'emploi ne peut être inférieure à seize heures par semaine. Elle inclut, le cas échéant, le temps passé en formation.

Lorsque le contrat de travail est établi sur une base mensuelle ou annuelle, dans les conditions prévues aux articles L. 3123-1 et suivants, la durée du travail est au moins égale à l'application sur le mois ou sur l'année de la durée hebdomadaire fixée au premier alinéa.

Art. R. 5522-25. Par dérogation à l'article R. 5522-24, pour les personnes handicapées contraintes à des horaires limités et après avis du médecin du travail, le contrat d'accès à l'emploi ne comporte pas de condition de durée minimale hebdomadaire.

Art. R. 5522-26. Le contrat de travail est déposé auprès du ***(D. 2010-1729 du 30 déc. 2010, JO 31)*** « chef du service déconcentré du ministre chargé de l'emploi », à Saint-Pierre-et-Miquelon au chef du service du travail, de l'emploi et de la formation professionnelle et, à Saint-Barthélemy et Saint-Martin, au représentant de l'État.

Art. R. 5522-26-1. ***(D. 2010-1729 du 30 déc. 2010, JO 31)*** Lorsque la convention individuelle a été prolongée dans les conditions déterminées aux articles R. 5522-18-1 et R. 5522-18-2, le contrat de travail, s'il est à durée déterminée, est prolongé dans la même mesure.

Art. R. 5522-27. En cas de rupture du contrat de travail à l'initiative de l'employeur avant le terme initialement fixé s'il est à durée déterminée, ou avant la fin du vingt-quatrième mois ou du trentième mois pour les bénéficiaires du ***(D. 2010-1729 du 30 déc. 2010, JO 31)*** « revenu de solidarité active » s'il est à durée indéterminée, la convention est rompue de plein droit. L'employeur reverse à l'État l'intégralité des sommes déjà perçues au titre de l'aide forfaitaire prévue à l'article R. 5522-30.

L'employeur reverse également à l'État le montant des cotisations sociales dont il a été exonéré en application de l'article L. 5522-18.

Art. R. 5522-28. Par dérogation à l'article R. 5522-27, les sommes déjà perçues ne font pas l'objet d'un reversement et l'employeur perçoit les sommes correspondant au nombre de mois complets travaillés par le salarié dans l'établissement en cas de :

1° Faute grave du salarié ;

2° Force majeure ;

3° Licenciement pour inaptitude médicalement constatée et sous réserve de l'application des dispositions de l'article L. 1226-2 ;

4° Rupture au titre de la période d'essai ;

5° Démission du salarié ;

(D. 2010-1729 du 30 déc. 2010, JO 31) « 6° Rupture conventionnelle intervenue dans le cadre de l'article L. 1237-11. »

Il conserve le bénéfice de l'exonération des cotisations correspondant aux rémunérations versées au salarié.

Art. R. 5522-29. Lorsque le contrat de travail est rompu avant le terme de la formation ***(D. 2010-1729 du 30 déc. 2010, JO 31)*** « mentionnée à l'article R. 5522-42 », les sommes déjà versées à l'employeur correspondant à des heures de formation non réalisées font l'objet d'un reversement.

Lorsque la convention ou l'avenant a prévu des heures de formation dispensées en entreprise, ces heures sont réputées être également réparties sur la période de formation.

§ 4. Aides et exonérations

Art. L. 5522-17. Le contrat d'accès à l'emploi ouvre droit à une aide de l'État pour les catégories de bénéficiaires rencontrant les difficultés d'accès à l'emploi les plus graves.

Ces catégories, ainsi que les conditions d'octroi et le montant de l'aide qui peut être modulée en fonction de la gravité des difficultés d'accès à l'emploi, sont déterminés par décret.

Note Voir note sous article L. 5132-2.

Sous-§ 1. Aide forfaitaire

Art. R. 5522-30. Le montant de l'aide forfaitaire de l'État versée à l'employeur, prévue à l'article L. 5522-17, varie en fonction de la durée du travail. Il est fixé par décret.

Art. R. 5522-31. L'aide est versée pendant la durée de la convention, et au plus tard jusqu'à sa date d'échéance.

Art. R. 5522-32. ***(D. 2010-1729 du 30 déc. 2010, JO 31)*** L'aide est versée trimestriellement par l'organisme qui en a la charge pour le compte de l'État, sur présentation par l'employeur des justificatifs attestant de l'effectivité de l'activité du salarié.

Lorsque le contrat d'accès à l'emploi est suspendu sans que soit maintenue la rémunération du salarié, l'aide afférente à la période de suspension n'est pas versée.

Lorsque, au cours de la période de suspension, la rémunération est maintenue en totalité ou partiellement, l'aide afférente à la période de suspension est versée au prorata de la rémunération effectivement versée par l'employeur.

[Art. R. 5522-33. Abrogé de fait par le décret 2010-1729 du 30 décembre 2010, JO 31.]

Art. R. 5522-34. Le montant de chaque versement est calculé en fonction de la durée écoulée du contrat après déduction des versements déjà réalisés.

Art. D. 5522-35. Lorsque la durée du travail prévue par le contrat d'accès à l'emploi est au moins égale à la durée collective de travail applicable dans l'entreprise, le montant de l'aide forfaitaire mensuelle est égal :

1°À 152 € lorsque la personne embauchée a été inscrite comme demandeur d'emploi pendant au moins vingt-quatre mois durant les trente-six derniers mois ;

2° À 305 € lorsque la personne appartient à l'une des catégories suivantes :
a) Personnes inscrites comme demandeur d'emploi depuis plus de trois ans ;
b) Personnes appartenant aux catégories prévues aux 2° à 7° de l'article R. 5522-12.

Art. D. 5522-36. Lorsque la durée du travail prévue par le contrat de travail est inférieure à la durée collective de travail applicable dans l'entreprise, les montants prévus à l'article D. 5522-35 sont réduits par l'application d'un coefficient égal au rapport entre la durée du travail prévue par ce contrat et la durée collective de travail applicable dans l'entreprise.

Art. L. 5522-18. Le contrat d'accès à l'emploi ouvre également droit à une exonération des cotisations à la charge de l'employeur dues au titre des assurances sociales et des allocations familiales.

Cette exonération porte sur la partie des rémunérations des salariés n'excédant pas le salaire minimum de croissance majoré de 30 %. Elle est accordée dans la limite d'une période de vingt-quatre mois, ou de trente mois pour les bénéficiaires du ***(Ord. 2010-686 du 24 juin 2010, art. 5, JO 25, entrée en vigueur le 01.01.2011)*** « revenu de solidarité active », suivant la date d'embauche.

Pour les bénéficiaires âgés de plus de cinquante ans et de moins de soixante-cinq ans, demandeurs d'emploi depuis plus d'un an ou handicapés ou percevant le ***(Ord. 2010-686 du 24 juin 2010, art. 5, JO 25, entrée en vigueur le 01.01.2011)*** « revenu de solidarité active » et sans emploi depuis plus d'un an, l'exonération de cotisations à la charge de l'employeur porte sur les rémunérations versées jusqu'à ce qu'ils atteignent l'âge et justifient de la durée d'assurance, définis aux premier et deuxième alinéas de l'article L. 351-1 du code de la sécurité sociale, requis pour l'ouverture du droit à une pension de vieillesse à taux plein.

L'exonération est subordonnée à la délivrance d'un justificatif [délivrée] par l'autorité administrative.

Le coût pour les organismes sociaux de l'exonération est pris en charge par l'État.

Note Le 1er alinéa de cet article a été modifié par la loi 2007-1786 du 19 décembre 2007, art. 22 (JO 21).

Sous-§ 2. Exonérations

Art. R. 5522-37. La partie de la rémunération exonérée, en application de l'article L. 5522-18, est déterminée à chaque versement de la rémunération en prenant en compte le nombre d'heures de travail rémunérées au cours de la période d'emploi.

Art. R. 5522-38. Pour les salariés dont la rémunération ne peut être déterminée au cours du mois en fonction d'un nombre d'heures de travail rémunérées, le nombre d'heures de travail pris en compte est réputé égal à la durée collective du travail applicable dans l'établissement ou la partie de l'établissement où est employé le salarié calculée sur le mois.

Lorsque leur période d'emploi rémunérée couvre une partie du mois civil, le nombre d'heures à prendre en compte est égal au produit du nombre de jours calendaires compris dans la période par un trentième du nombre d'heures correspondant à cette durée collective.

Art. R. 5522-39. L'exonération est applicable aux rémunérations versées à compter de la date d'effet de la convention de contrat d'accès à l'emploi jusqu'à l'expiration d'une durée de vingt-quatre mois, ou de trente mois pour les bénéficiaires du ***(D. 2010-1729 du 30 déc. 2010, JO 31)*** « revenu de solidarité active », compte non tenu des périodes de suspension du contrat de travail non rémunérées par l'employeur.

Art. R. 5522-40. ***(D. 2010-1729 du 30 déc. 2010, JO 31)*** L'exonération est subordonnée à l'envoi par l'employeur à l'organisme chargé du recouvrement des cotisations de sécurité sociale d'une copie de la convention individuelle.

Art. D. 5522-41. Les cotisations patronales d'assurances sociales, d'allocations familiales, prises en charge par l'État, sont versées directement à l'Agence centrale des organismes de sécurité sociale pour les départements d'outre-mer à Saint-Barthélemy et à Saint-Martin, ou à la caisse de prévoyance sociale pour Saint-Pierre-et-Miquelon.

Les contributions patronales au régime des marins géré par l'Établissement national des invalides de la marine, prises en charge par l'État, sont versées directement à cet établissement.

> *Note* Le 1er alinéa de cet article a été modifié par le décret 2010-1729 du 30 décembre 2010, JO 31.

Art. L. 5522-19. Le contrat d'accès à l'emploi ouvre également droit à la prise en charge par l'État des frais de formation lorsque le contrat associe l'exercice d'une activité professionnelle et le bénéfice d'une formation liée à cette activité et dispensée pendant le temps de travail selon des modalités déterminées par décret.

Sous-§ 3. Aide à la formation

Art. R. 5522-42. ***(D. 2010-1729 du 30 déc. 2010, JO 31)*** Une formation prévue par la convention ou par un avenant à celle-ci peut faire l'objet d'une aide de l'État sous réserve d'avoir une durée de 200 heures au minimum et d'être dispensée dans le cadre d'une convention avec un organisme de formation mentionné à l'article L. 6351-1.

Art. R. 5522-43. Les frais de formation pris en charge par l'État ***(D. 2010-1729 du 30 déc. 2010, JO 31)*** « au titre de l'article R. 5222-42 » sont calculés sur une base forfaitaire par heure de formation dispensée et dans la limite de mille heures.

Un premier versement égal à 50 % du coût de la formation est réalisé à la date du début de la formation. Le solde est versé au terme de la formation sur présentation d'une attestation signée par l'organisme de formation, l'employeur et le salarié.

Art. D. 5522-44. Le montant horaire de l'aide forfaitaire pour les frais de formation ***(D. 2010-1729 du 30 déc. 2010, JO 31)*** « mentionnés à l'article R. 5222-43 » est fixé à 7,62 €.

§ 5. Dispositions d'application

Art. L. 5522-20. Un décret en Conseil d'État détermine les modalités d'application de la présente sous-section.

Art. L. 5522-21.

SECTION 2. Aides à la création d'entreprise

Sous-section 1. Aide au conseil et à la formation

Art. L. 5522-21. Dans les départements d'outre-mer ***(Ord. 2008-205 du 27 févr. 2008, JO 1er mars)*** «, à Saint-Barthélemy, à Saint-Martin » et à Saint-Pierre-et-Miquelon, pour l'application des articles L. 5141-1, L. 5141-2 et L. 5141-5, relatifs à la création ou à la reprise d'entreprise, l'État peut participer au financement des actions de conseil ou de formation à la gestion d'entreprise qui sont organisées avant la création ou la reprise d'entreprise et pendant trois années après.

Sous-section 1. Prime à la création d'emploi

§ 1. Conditions d'attribution

Art. R. 5522-45. Les entreprises, dont l'un au moins des établissements est implanté dans un département d'outre-mer, à Saint-Barthélemy, à Saint-Martin ou à Saint-Pierre-et-Miquelon et qui contribuent à l'accroissement et à la diversification des débouchés commerciaux matériels et immatériels, peuvent bénéficier d'une prime à la création d'emploi.

Art. R. 5522-46. La prime est versée aux entreprises agréées par le représentant de l'État dans le département qui, après avis du président du conseil régional, s'assure que l'activité de l'entreprise présente un intérêt pour le développement économique du département.

Art. R. 5522-47. Dès réception de la demande d'agrément prévu à l'article R. 5522-46, le représentant de l'État saisit le président du conseil régional en vue de recueillir son avis, qui, à défaut de réponse explicite, est réputé avoir été donné dans un délai de quatre semaines à compter de la saisine.

Art. R. 5522-48. Les pièces et informations transmises dans la demande d'agrément sont définies par arrêté des ministres chargés de l'emploi et de l'outre-mer.

Le représentant de l'État peut solliciter des éléments d'information complémentaire nécessaires à l'appréciation du projet.

Note Voir arrêté du 20 juillet 2001 relatif aux pièces et informations à transmettre en vue de l'agrément et du versement de la prime à la création d'emploi (JO 19 sept.) et circulaire DGEFP/DAESC 206 du 20 juillet 2001 relative à la prime à la création d'emploi (BO TR 2001/18, p. 99).

Art. R. 5522-49. L'agrément précise l'effectif de référence des salariés.

Art. R. 5522-50. Pour percevoir la prime à la création d'emplois, l'entreprise agréée :

1° Transmet au représentant de l'État les informations sur les effectifs et le développement de l'entreprise dont le contenu et la date de transmission sont déterminés par arrêté des ministres chargés de l'emploi et de l'outre-mer ;

2° S'acquitte de ses obligations fiscales et sociales, le cas échéant dans le cadre d'un plan d'apurement ;

3° Accroît ses effectifs salariés par rapport à l'effectif de référence.

Art. R. 5522-51. L'effectif de référence est l'effectif moyen de l'année civile précédant celle au cours de laquelle est accordé l'agrément. Il est calculé conformément à l'article L. 1111-2 et arrondi à l'entier le plus voisin, à l'exclusion des contrats d'accès à l'emploi.

§ 2. Versement

Art. R. 5522-52. La prime est versée pendant dix ans, de façon dégressive, pour les créations nettes d'emplois postérieures à la date de l'agrément.

Art. D. 5522-53. La prime à la création d'emplois, d'un montant de 34 650 €, est versée annuellement selon le barème suivant :

1° Au cours de chacune des trois premières années civiles : 5 500 € ;

2° Au cours de chacune des trois années civiles suivantes : 3 650 € ;

3° Au cours de chacune des quatre années civiles restant à courir : 1 800 €.

Art. R. 5522-54. La prime est versée pour chaque emploi supplémentaire créé dans le département ou la collectivité territoriale, en équivalent temps plein, au-delà de l'effectif de référence.

Les fractions d'emploi ne sont pas prises en compte.

Art. R. 5522-55. En cas de réduction de l'effectif, le versement des primes correspondant aux plus récentes créations d'emplois est suspendu à due concurrence de cette baisse d'effectif.

Art. R. 5522-56. La moitié du montant de la prime est versée dès que l'emploi créé est pourvu à temps plein. Le solde est versé au plus tard le 31 mars de l'année suivante, après vérification de l'effectif moyen.

Chaque année, l'aide pour les emplois créés au cours des années précédentes fait l'objet d'un versement de 50 % de son montant avant le 30 juin, le solde dû étant versé avant le 31 mars de l'année qui suit.

(L. 2009-594 du 27 mai 2009, JO 28)

Sous-section 2. Aide au projet initiative-jeune

Art. L. 5522-22. Dans les départements d'outre-mer, à Saint-Barthélemy, à Saint-Martin et à Saint-Pierre-et-Miquelon, en vue de faciliter la réalisation d'un projet professionnel, les jeunes âgés de dix-huit à trente ans ainsi que les bénéficiaires du contrat emploi-jeune arrivant au terme de leur contrat peuvent bénéficier d'une aide financière de l'État dénommée « aide au projet initiative-jeune ».

Art. L. 5522-23. L'aide au projet initiative-jeune bénéficie aux jeunes qui créent ou reprennent une entreprise à but lucratif dont le siège et l'établissement principal sont situés dans un département d'outre-mer, à Saint-Barthélemy, à Saint-Martin ou à Saint-Pierre-et-Miquelon et dont ils assurent la direction effective.

Art. L. 5522-24. L'aide prévue à l'article L. 5522-23, dont le montant maximum est déterminé par décret, est versée à compter de la date de la création ou de la reprise effective de l'entreprise.

Art. L. 5522-25. L'aide prévue à l'article L. 5522-23 est exonérée de toutes charges sociales et fiscales.

Art. L. 5522-26. Les jeunes bénéficiant ou ayant bénéficié de l'aide au projet initiative-jeune au titre de la présente sous-section peuvent également bénéficier des aides à la création ou à la reprise d'entreprise prévues au titre IV du livre Ier de la présente partie.

Art. L. 5522-27. Un décret en Conseil d'État détermine les conditions d'application de la présente sous-section, notamment celles du versement, de la suspension ou de la suppression de l'aide, ainsi que celles relatives au non-cumul de cette aide avec d'autres aides publiques.

§ 1. Dispositions communes

Sous-§ 1. Demande d'aide

Art. R. 5522-57. La demande tendant au bénéfice de l'aide au projet initiative-jeune, prévue l'article L. 5522-22, est adressée au préfet préalablement à la réalisation de ce projet professionnel.

Elle est accompagnée d'un dossier :

1° Justifiant que le demandeur appartient à l'une des catégories énumérées à l'article précité ;

2° Permettant d'apprécier la réalité et la consistance du projet répondant à l'une ou l'autre des aides énumérées à l'article L. 5522-23, ainsi que sa viabilité.

Art. R. 5522-58. Un arrêté des ministres chargés de l'emploi et de l'outre-mer précise la composition du dossier de demande d'aide au projet initiative-jeune et les modalités de son dépôt.

Art. L. 5522-27.

Note Voir arrêté du 13 avril 2001 (JO 24) modifié par arrêté du 29 novembre 2004 (JO 9 déc.) fixant les modalités de dépôt et la composition des dossiers de demande d'aide et des dossiers d'agrément pour la formation ou l'accompagnement.

Art. R. 5522-59. Pour l'élaboration de son projet en vue de réaliser une formation en mobilité, le demandeur bénéficie du concours, le cas échéant, d'un organisme agréé dans les conditions des articles R. 5522-80 et R. 5522-82.

Sous-§ 2. Instruction, attribution et versement des aides

Art. R. 5522-60. L'instruction du dossier de demande d'aide au projet initiative-jeune est assurée :

1° Pour la création d'entreprise, dans les mêmes conditions que pour les aides prévues aux articles L. 5141-1, L. 5141-2 et L. 5141-5. Le dossier peut être examiné conjointement à celles-ci ;

2° Pour la formation en mobilité, par le délégué régional de l'Agence nationale pour l'insertion et la promotion des travailleurs d'outre-mer ou par le directeur délégué de l' ***(D. 2008-1010 du 29 sept. 2008, art. 7, JO 30)*** « institution mentionnée à l'article L. 5312-1 du code du travail » ou par le responsable de l'organisme agréé à cet effet selon les modalités prévues aux articles R. 5522-80 et R. 5522-82.

Art. R. 5522-61. La décision d'attribution de l'aide est prise par le préfet, qui apprécie la réalité, la consistance et la viabilité du projet.

Art. R. 5522-62. La gestion des crédits et le versement de l'aide en capital ainsi que des mensualités pour la formation en mobilité sont confiés ***(D. 2009-340 du 27 mars 2009, JO 29)*** « à l'Agence de services et de paiement ».

Art. R. 5522-63. Les modalités de la gestion par l'organisme gestionnaire mentionné à l'article R. 5522-62 sont précisées par une convention conclue avec le ministre chargé de l'outre-mer.

Sous-§ 3. Suspension ou suppression du versement de l'aide

Art. R. 5522-64. Le bénéfice du versement de l'aide au projet initiative-jeune est suspendu par décision du préfet lorsque le projet professionnel n'est plus conforme au projet initial ainsi que dans les cas suivants :

1° En cas d'aide à la création d'entreprise, lorsque l'entreprise a cessé son activité, en cas de procédure de sauvegarde, de redressement ou de liquidation judiciaire, ou si la condition de direction effective de l'entreprise créée ou reprise cesse d'être remplie ;

2° En cas d'aide à la formation en mobilité pour manque d'assiduité à la formation professionnelle prévue.

Art. R. 5522-65. Le bénéfice du versement de l'aide est supprimé par décision du préfet en l'absence de modification de la situation du bénéficiaire à l'expiration d'un délai de trois mois suivant la notification de la décision par laquelle l'aide a été suspendue ou en cas de fausse déclaration du bénéficiaire de l'aide. Dans le cas de déclarations frauduleuses, le bénéficiaire rembourse à l'organisme gestionnaire l'aide versée.

§ 2. Aide de création ou reprise d'entreprise

Art. R. 5522-66. Dans le cas prévu au 1° de l'article L. 5522-23, l'aide de l'État prend la forme d'un capital versé en deux ou plusieurs fractions.

Art. R. 5522-67. Est considéré comme remplissant la condition de direction effective de l'entreprise créée ou reprise, le demandeur qui, sous sa propre responsabilité, assure la direction de l'entreprise et la représente dans ses rapports avec les tiers.

Art. R. 5522-68. L'aide à la création d'entreprise ne peut être cumulée avec :

1° Un contrat d'apprentissage ;

2° Un contrat d'accompagnement dans l'emploi ;

3° Un contrat emploi-jeune ;

4° Un contrat d'accès à l'emploi ;

5° Un contrat de professionnalisation ;

6° Un contrat d'insertion par l'activité prévu à l'article L. 522-8 du code de l'action sociale et des familles.

Art. D. 5522-69. Le montant maximum de l'aide est de 7 320 €.

Art. D. 5522-70. Lorsque l'aide est destinée à la création d'entreprise, 15 % maximum de son montant est consacré à des actions de conseil ou de formation à la gestion d'entreprise.

§ 3. Aide à la formation en mobilité

Art. R. 5522-71. Le délai dont dispose le préfet pour statuer sur la demande d'aide à la formation en mobilité, prévue au 2° de l'article L. 5522-23, est d'un mois.

Le silence gardé pendant plus d'un mois sur cette demande vaut décision de rejet.

Art. R. 5522-72. L'aide à la formation en mobilité comprend :

1° Une allocation mensuelle, dans la limite de deux ans et d'un montant maximum fixé par décret qui varie en fonction du lieu où est dispensée la formation par rapport au centre des intérêts du bénéficiaire ;

2° Une prise en charge des frais liés à la formation, notamment des frais d'installation, dans la limite d'un montant fixé par ce même décret.

Art. D. 5522-73. Le montant maximum de l'allocation mensuelle est de 305 €. Lorsque la mobilité a lieu à l'intérieur de l'archipel de la Guadeloupe, il est de 152,50 €.

Les frais liés à la formation peuvent faire l'objet d'une prise en charge forfaitaire d'un montant maximum de 762 €.

Art. R. 5522-74. L'allocation mensuelle est versée dans la limite de vingt-quatre mensualités à compter du premier jour du mois où débute la formation, et jusqu'au premier jour du mois civil suivant celui où a pris fin la formation, ou le cas échéant, sur justification de l'inscription sur la liste des demandeurs d'emploi, jusqu'au terme d'une période de deux mois à l'issue de la formation s'il est attesté d'une recherche effective d'emploi au sens de l'article L. 5421-3.

Art. R. 5522-75. Lorsque la formation en mobilité se déroule à l'étranger, la gestion des crédits et le versement des aides peuvent être confiés à un organisme, qui conclut une convention à cet effet, dans les conditions prévues à l'article R. 5522-77.

Art. R. 5522-76. La gestion de l'aide pour les frais liés à la formation est assurée par l'Agence nationale pour l'insertion et la promotion des travailleurs d'outre-mer ou un organisme agréé dans les conditions des articles R. 5522-80 à R. 5522-82.

Art. R. 5522-77. Les modalités de la gestion par les organismes gestionnaires mentionnés aux articles R. 5522-75 et R. 5522-76 sont précisées par une convention qu'ils concluent avec le ministre chargé de l'outre-mer.

Art. R. 5522-78. La formation en mobilité est dispensée sous forme :

1° D'un contrat d'apprentissage ;

2° De l'une des actions de formation énumérées à l'article L. 6313-1 ;

3° D'un contrat en alternance ;

4° D'un stage en entreprise accompli en France ou à l'étranger.

Art. R. 5522-79. L'aide à la formation en mobilité ne peut être cumulée avec :

1° Un contrat d'accompagnement dans l'emploi ;

2° Un contrat emploi-jeune ;

3° Un contrat d'accès à l'emploi ;

4° Un contrat d'insertion par l'activité prévu à l'article L. 522-8 du code de l'action sociale et des familles ;

5° L'allocation de retour à l'activité prévue à l'article L. 5524-1.

Art. R. 5522-80. Peut être agréé au titre du 2° de l'article L. 5522-23, un organisme public ou privé ayant la capacité de proposer, ou faire accéder à une formation professionnelle, en France ou à l'étranger, ainsi que d'assurer un accompagnement du stagiaire.

Art. R. 5522-81. L'agrément est délivré par le préfet pour une durée de un à trois ans, renouvelable.

Art. R. 5522-82. Un arrêté des ministres chargés de l'emploi et de l'outre-mer précise la composition du dossier, les modalités de dépôt ainsi que les conditions d'agrément.

Art. L. 5523-1.

Note Voir arrêté du 13 avril 2001 (JO 24) cité sous l'article R. 5522-58.

SECTION 3. **Dispositions pénales**

Art. L. 5522-28. Le fait de bénéficier ou de tenter de bénéficier frauduleusement de l'aide au projet initiative-jeune, en méconnaissance des dispositions des articles L. 5522-22 à L. 5522-25, est puni des peines prévues aux articles 313-1 à 313-3 du code pénal.

CHAPITRE III

Dispositions applicables à certaines catégories de travailleurs

Art. L. 5523-1. À l'exception des dispositions du deuxième alinéa de l'article L. 5221-7, les dispositions du titre II du livre II relatives aux travailleurs étrangers sont applicables dans les départements d'outre-mer.

Note Pour exercer en France une activité professionnelle salariée, les étrangers doivent se conformer aux articles L. 1261-1, L. 5221-1 à L. 5221-3, L. 5221-5, L. 5221-7, L. 5523-1 à L. 5523-3 et L. 8323-2 CT ainsi qu'aux articles L. 311-13 et L. 311-14 du présent code (art. L. 322-1 CESEDA).

Art. L. 5523-2. L'autorisation de travail accordée à l'étranger est limitée au département ***(Ord. 2008-205 du 27 févr. 2008, JO 1er mars)*** « ou à la collectivité » dans lequel elle a été délivrée lorsqu'il s'agit :

1° De la carte de séjour temporaire portant la mention « vie privée et vie familiale » prévue par les articles L. 313-11 à L. 313-13 du code de l'entrée et du séjour des étrangers et du droit d'asile ;

2° De la carte de résident prévue par les articles L. 314-1 à L. 314-13 du même code.

Art. L. 5523-3. L'autorisation de travail accordée à l'étranger lui confère le droit d'exercer, sur le territoire du département ***(Ord. 2008-205 du 27 févr. 2008, JO 1er mars)*** « ou de la collectivité », toute activité professionnelle salariée de son choix dans le cadre de la législation en vigueur.

SECTION 1. **Travailleurs handicapés**

Art. R. 5523-1. Le préfet soumet pour avis chaque accord de groupe, d'entreprise ou d'établissement mettant en œuvre l'application de l'obligation d'emploi prévue à l'article L. 5212-2 :

1° Au comité de coordination régional de l'emploi et de la formation professionnelle dans les départements d'outre-mer, à Saint-Barthélemy et à Saint-Martin ;

2° Au comité de coordination de l'emploi et de la formation professionnelle de Saint-Pierre-et-Miquelon.

Art. R. 5523-2. À Saint-Pierre-et-Miquelon, l'autorité administrative compétente pour conclure un contrat d'objectifs des entreprises adaptées ou des centres de distribution de travail à domicile mentionnée à l'article L. 5213-13, est le représentant de l'État dans la collectivité.

Note La loi 2005-102 du 11 février 2005 (JO 12) modifiée par l'ordonnance 2008-859 du 28 août 2008 (JO 29) s'applique à Saint Pierre-et-Miquelon sous réserve de certaines adaptations et à l'exception de ses articles 14, 30, 41, 43, 44, 45 III à V, 46, 49, 50, 65 IV et 85 I et II.

SECTION 2. Travailleurs étrangers

Art. R. 5523-3. Pour exercer une activité professionnelle salariée à Saint-Pierre-et-Miquelon, le travailleur étranger est titulaire d'une autorisation de travail en cours de validité.

Art. R. 5523-4. L'autorisation de travail est délivrée par le préfet de Saint-Pierre-et-Miquelon. Elle autorise l'étranger à exercer les activités professionnelles salariées de son choix dans cette collectivité.

Art. R. 5523-5. À Saint-Pierre-et-Miquelon, l'autorisation de travail est présentée, sur demande, aux autorités chargées du contrôle des conditions de travail.

Art. R. 5523-6. À Saint-Pierre-et-Miquelon, l'autorisation de travail peut être délivrée sous la forme :

1° D'une carte de résident ;

2° D'une carte de séjour temporaire portant la mention « salarié » ;

3° D'une autorisation provisoire de travail.

Art. R. 5523-7. À Saint-Pierre-et-Miquelon, la carte de résident confère le droit d'exercer toute activité professionnelle salariée dans le cadre de la législation en vigueur.

Art. R. 5523-8. À Saint-Pierre-et-Miquelon, la carte de séjour temporaire portant la mention « salarié » autorise à exercer une ou plusieurs activités professionnelles salariées dans le cadre de la législation en vigueur.

Sa durée est au plus égale à un an. Elle est renouvelable.

Art. R. 5523-9. À Saint-Pierre-et-Miquelon, une autorisation provisoire de travail peut être délivrée à l'étranger qui ne peut prétendre ni à la carte de séjour temporaire portant la mention « salarié », ni à la carte de résident et qui est appelé à exercer chez un employeur déterminé, pendant une période dont la durée initialement prévue n'excède pas un an, une activité présentant, par sa nature ou les circonstances de son exercice, un caractère temporaire.

La durée de validité de cette autorisation, dont les caractéristiques sont fixées par arrêté du ministre chargé des travailleurs immigrés, ne peut dépasser neuf mois. Elle est renouvelable.

Art. R. 5523-10. L'étranger qui souhaite exercer une activité professionnelle salariée à Saint-Pierre-et-Miquelon joint à sa première demande d'autorisation de travail le contrat ou la promesse d'embauche, précisant la profession, le salaire offert et la durée hebdomadaire de travail, revêtus du visa du chef du service du travail et de l'emploi qu'il a dû obtenir avant son entrée dans cette collectivité.

Art. R. 5523-11. Par dérogation à l'article R. 5523-10, l'étranger qui séjourne régulièrement à Saint-Pierre-et-Miquelon peut être autorisé à y travailler. Il joint à sa demande un contrat de travail.

Art. R. 5523-12. Pour les marins, les autorisations mentionnées à l'article R. 5523-10 sont délivrées par l'autorité maritime dans les conditions fixées au code du travail maritime.

Art. R. 5523-13. À Saint-Pierre-et-Miquelon, sauf s'il est titulaire d'une carte de résident, l'étranger qui sollicite le renouvellement de l'autorisation de travail joint à sa demande un contrat ou une promesse de contrat de travail précisant la profession, le salaire offert et la durée hebdomadaire de travail.

Art. R. 5523-14. Pour accorder ou refuser l'autorisation de travail sollicitée, le préfet de Saint-Pierre-et-Miquelon prend notamment en considération :

1° La situation de l'emploi présente et à venir dans la profession demandée par le travailleur étranger ;

2° Les conditions d'application par l'employeur de la réglementation relative au travail ;

3° Les conditions d'emploi et de rémunération offertes au travailleur étranger, qui doivent être identiques à celles dont bénéficient les travailleurs français ;

4° Les dispositions prises par l'employeur pour assurer ou faire assurer, dans des conditions normales, le logement du travailleur étranger.

Art. R. 5523-15. Seuls les éléments d'appréciation mentionnés aux 2° et 3° de l'article R. 5523-14 sont pris en considération pour l'examen des demandes présentées par les réfugiés et par les apatrides.

CHAPITRE IV

Le demandeur d'emploi

[SECTION 1. **Allocation de retour à l'activité.** Abrogée (art. L. 5524-1 à 9) depuis le 01.01.2011 par ordonnance 2010-686 du 24 juin 2010, art. 6, JO 25.]

[Art. R. 5524-1 à 12. Abrogés depuis le 01.01.2011 par décret 2010-1783 du 31 décembre 2010, art. 7, JO 1er janv. 2011.]

Note Les dispositions des articles R. 5524-1 à R. 5524-12 CT demeurent applicables, dans leur version applicable avant l'entrée en vigueur du décret 2010-1783 du 31 décembre 2010, aux bénéficiaires de l'allocation mentionnée à l'article L. 5524-1 du même code jusqu'à l'échéance de leur allocation (décret 2010-1783 précité, art. 12).

SECTION 2. Dispositions d'adaptation

Art. L. 5524-10. Un décret en Conseil d'État apporte aux dispositions du titre II du livre IV, relatives à l'indemnisation des travailleurs involontairement privés d'emploi, les adaptations nécessaires à leur application dans les départements d'outre-mer ***(Ord. 2008-205 du 27 févr. 2008, JO 1er mars)*** « , à Saint-Barthélemy et à Saint-Martin » et à Saint-Pierre-et-Miquelon.

TITRE III

MAYOTTE, WALLIS-ET-FUTUNA ET TERRES AUSTRALES ET ANTARCTIQUES FRANÇAISES

CHAPITRE UNIQUE

Art. L. 5531-1. L' ***(L. 2008-126 du 13 févr. 2008, JO 14)*** « institution mentionnée à l'article L. 5312-1 » peut exercer ses missions à Wallis-et-Futuna et dans les Terres australes et antarctiques françaises.

Art. R. 5531-1. À Mayotte, outre les dépenses prévues à l'article D. 5521-5, les actions suivantes sont également financées :

1° Le versement à l'agence mahoraise pour le développement d'activités d'utilité sociale d'une participation financière aux contrats emploi-développement mentionnés à l'article L. 325-6 du code du travail applicable à Mayotte ;

2° L'attribution à l'agence mahoraise pour le développement d'activités d'utilité sociale des contributions de l'État mentionnées à l'article L. 325-8 du code du travail précité.

Sixième partie

LA FORMATION PROFESSIONNELLE TOUT AU LONG DE LA VIE

Note • Les dispositions originelles du code du travail ont été profondément modifiées avec l'intervention des lois 78-754 du 17 juillet 1978 et 84-130 du 24 février 1984 (JO 25) portant réforme de la formation professionnelle continue.

Puis sont intervenues successivement les lois 90-579 du 4 juillet 1990 (JO 7) relative au crédit-formation, à la qualité et au contrôle de la formation professionnelle continue, 90-613 du 12 juillet 1990 (JO 14) favorisant la stabilité de l'emploi par l'adaptation du régime des contrats précaires, 91-1 du 3 janvier 1991 (JO 5) pour l'application du 3e plan pour l'emploi, 91-1405 du 31 décembre 1991 (JO 4 janvier 1992) relative à la formation professionnelle et à l'emploi, transcription législative de l'accord national interprofessionnel du 3 juillet 1991 relatif à la formation et au perfectionnement professionnels [modifié par l'avenant du 8 novembre 1991 et étendu (arrêté d'extension du 2 octobre 1992, JO 3)] que, sur plusieurs points, elle a précisé, complété ou élargi et première étape d'une réforme plus globale de la formation professionnelle qui s'est poursuivie avec la loi 92-675 du 17 juillet 1992 (JO 19) portant diverses dispositions relatives à l'apprentissage et à la formation professionnelle, la loi quinquennale 93-1313 du 20 décembre 1993 (JO 21) relative au travail, à l'emploi et à la formation professionnelle – précédée par la loi 93-953 du 27 juillet 1993 (JO 28) relative au développement de l'emploi et de l'apprentissage –, la loi 95-116 du 4 février 1995 portant diverses mesures d'ordre social (JO 5).

La loi 96-376 du 6 mai 1996 a réformé le financement de l'apprentissage et une loi 97-940 du 16 octobre 1997 (JO 17) est intervenue pour le développement d'activités pour l'emploi des jeunes. La loi 2002-73 du 17 janvier 2002 (JO 18) a introduit notamment un système de « validation des acquis de l'expérience ».

La loi 2004-391 du 4 mai 2004 (JO 5) relative à la formation professionnelle tout au long de la vie et au dialogue social a repris en grande partie les dispositions de l'accord national interprofessionnel du 20 septembre 2003 signé par l'ensemble des partenaires sociaux. Elle a prévu notamment la création d'un droit individuel à la formation (DIF), la fusion des différents contrats en alternance en un contrat de professionnalisation et la mise en place d'une période de professionnalisation, le relèvement de la contribution financière des entreprises, a défini le plan de formation, a aménagé la négociation sur la formation et étendu le contrôle de la formation (voir rapport parlementaire sur l'application de la loi du 4 mai 2004 présenté le 7 juillet 2005 par J-P Anciaux devant la commission des affaires culturelles de l'Assemblée nationale).

À noter que les dispositions de l'accord national interprofessionnel du 20 septembre 2003 et celles maintenues en vigueur de l'accord national interprofessionnel du 3 juillet 1991 ont été rassemblées au sein de l'accord national interprofessionnel du 5 décembre 2003 étendu par arrêté du 17 décembre 2004 (JO 24). Voir avenants à l'ANI du 20 juillet 2005 sur l'entretien professionnel, le passeport-formation et la VAE.

Les partenaires sociaux sont parvenus à finaliser, le 7 janvier 2009, un accord national interprofessionnel sur la formation qu'ils ont signé. L'accord national interprofessionnel du 5 octobre 2009 sur le développement de la formation tout au long de la vie professionnelle, la professionnalisation et la sécurisation des parcours professionnels en réunit les dispositions et celles – modifiées ou non – de l'accord national interprofessionnel du 5 décembre 2003.

Voir notamment « Formation professionnelle : nouveaux chantiers », *Dr. Soc.* déc. 2008 ; « Le nouveau droit de formation », *Dr. Soc.* n° 5, mai 2004 ; « La formation professionnelle des adultes : un système à la dérive », rapport de P. Cahuc et A. Zylbergberg, *SSL* 25 septembre 2006, n° 1275.

• La loi 2009-1437 du 24 novembre 2009 (JO 25) relative à l'orientation et à la formation professionnelle tout au long de la vie reprend en grande partie les dispositions de l'ANI du 7 janvier 2009 sur la formation professionnelle et concerne notamment le renforcement de la portabilité du droit individuel à la formation (DIF), l'extension du congé individuel de formation, le bilan d'étape professionnel, le passeport formation et des mesures concernant les stages et les apprentis.

Voir notamment *RF* 19 nov. 2009, FH 3325, « Loi pour la formation professionnelle » ; *JCP* éd. S 2009, 1543, « La loi relative à l'orientation et à la formation professionnelle tout au long de la vie », note J-P Willems ; *Dr. Soc.* avril 2010, J-M Luttringer et J-P Willems « La loi du 24 novembre 2009 relative à l'orientation et à la formation professionnelle tout au long de la vie ».

La loi Cherpion 2011-893 du 28 juillet 2011 (JO 29) vise le développement de l'alternance et la sécurisation des parcours professionnels.

• Dans le cadre de la Communauté européenne, une *directive 2005/36/CE du 7 septembre 2005 modifiée* relative à la reconnaissance des qualifications professionnelles (JOUE L 255 du 30.09.2005 ; rectif. JOUE L 271 du 16.10.2007 ; L 93 du 4.04.2008) prévoit une simplification de la structure du système de reconnaissance des qualifications. Les États membres avaient deux ans pour transposer cette directive, entrée en vigueur le 20 octobre 2005, dans leur droit interne. Elle abroge (art. 62), avec effet à partir du 20 octobre 2007, en les regroupant dans un seul texte, notamment les directives 89/48/CEE du 21 décembre 1988 modifiée (JOCE L 19 du 24.01.1989) relative à un système général de reconnaissance des diplômes d'enseignement supérieur qui sanctionnent des formations professionnelles d'une durée minimale de 3 ans, 92/51/CEE du 18 juin 1992 modifiée (JOCE L 209 du 24.07.1992) relative à un deuxième système général de reconnaissance des formations professionnelles, ainsi que la directive 1999/42/CE du 7 juin 1999 (JOCE L 201 du 31.07.1999) instituant un mécanisme de reconnaissance des diplômes pour les activités professionnelles couvertes par les directives de libéralisation et les directives concernant des professions spécifiques (voir notamment dans « Code annoté européen du travail », *Groupe Revue Fiduciaire*, éd. 2010, p. 1012).

Le gouvernement est autorisé à prendre par voie d'ordonnance, dans un délai de douze mois à compter de la date de publication de la loi 2007-1774 du 17 décembre 2007 portant diverses dispositions d'adaptation au droit communautaire dans les domaines économique et financier (JO 18), les dispositions relevant du domaine de la loi nécessaires pour transposer la directive 2005/36/CE du 7 septembre 2005 relative à la reconnaissance des qualifications professionnelles, ainsi que les mesures d'adaptation de la législation liées à cette transposition (loi 2007-1774, art. 6). Voir ordonnance 2008-507 du 30 mai 2008 portant transposition de la directive 2005/36/CE précitée et rapport au président de la République relatif à cette ordonnance (JO 31).

• Voir « La formation professionnelle des demandeurs d'emploi », rapport du groupe de travail présidé par J-M Marx, janvier 2010.

LIVRE Ier

PRINCIPES GÉNÉRAUX ET ORGANISATION INSTITUTIONNELLE DE LA FORMATION PROFESSIONNELLE

TITRE Ier

PRINCIPES GÉNÉRAUX

CHAPITRE Ier

Objectifs et contenu de la formation professionnelle

Art. L. 6111-1. La formation professionnelle tout au long de la vie constitue une obligation nationale. ***(L. 2009-1437 du 24 nov. 2009, art. 1er, JO 25)*** « Elle vise à permettre à chaque personne, indépendamment de son statut, d'acquérir et d'actualiser des connaissances et des compétences favorisant son évolution professionnelle, ainsi que de progresser d'au moins un niveau de qualification au cours de sa vie professionnelle. Une stratégie nationale coordonnée est définie et mise en œuvre par l'État, les régions et les partenaires sociaux. »

Elle comporte une formation initiale, comprenant notamment l'apprentissage, et des formations ultérieures, qui constituent la formation professionnelle continue, destinées aux adultes et aux jeunes déjà engagés dans la vie active ou qui s'y engagent.

En outre, toute personne engagée dans la vie active est en droit de faire valider les acquis de son expérience, notamment professionnelle ***(L. 2008-789 du 20 août 2008, art. 7, JO 21)*** « ou liée à l'exercice de responsabilités syndicales ».

Note Voir notamment J. Barthélémy, « L'assurance formation, une garantie sociale », *Dr. Soc.* déc. 2008, p. 1199.

Art. L. 6111-2. ***(L. 2009-1437 du 24 nov. 2009, art. 2, JO 25)*** « Les connaissances et les compétences mentionnées au premier alinéa de l'article L. 6111-1 prennent appui sur le socle mentionné à l'article L. 122-1-1 du code de l'éducation, qu'elles développent et complètent. »

Les actions de lutte contre l'illettrisme et en faveur de l'apprentissage de la langue française font ***(L. 2009-1437 du 24 nov. 2009, art. 2, JO 25)*** « également » partie de la formation professionnelle tout au long de la vie.

Art. L. 6111-3. ***(L. 2009-1437 du 24 nov. 2009, art. 4, JO 25)*** Toute personne dispose du droit à être informée, conseillée et accompagnée en matière d'orientation professionnelle, au titre du droit à l'éducation garanti à chacun par l'article L. 111-1 du code de l'éducation.

Le service public de l'orientation tout au long de la vie est organisé pour garantir à toute personne l'accès à une information gratuite, complète et objective sur les métiers, les formations, les certifications, les débouchés et les niveaux de rémunération, ainsi que l'accès à des services de conseil et d'accompagnement en orientation de qualité et organisés en réseaux.

Art. L. 6111-4. ***(L. 2009-1437 du 24 nov. 2009, art. 4, JO 25)*** Il est créé, sous l'autorité du délégué à l'information et à l'orientation visé à l'article L. 6123-3, un service dématérialisé gratuit et accessible à toute personne, lui permettant :

1° De disposer d'une première information et d'un premier conseil personnalisé en matière d'orientation et de formation professionnelles ;

2° D'être orientée vers les structures susceptibles de lui fournir les informations et les conseils nécessaires à sa bonne orientation professionnelle.

Une convention peut être conclue entre l'État, les régions et le fonds visé à l'article L. 6332-18 pour concourir au financement de ce service.

Note • Il est créé un service dématérialisé gratuit favorisant le développement de la formation en alternance. Ce service vise notamment à faciliter la prise de contact entre les employeurs et les personnes recherchant un contrat en alternance, en complémentarité avec le service prévu à l'article L. 6111-4 CT, à les aider à la décision grâce à des outils de simulation et à développer la dématérialisation des formalités liées à l'emploi et à la rémunération des personnes en alternance.

Les chambres consulaires et les organismes collecteurs paritaires agréés pour recevoir les contributions des entreprises au financement des contrats ou des périodes de professionnalisation et du droit individuel à la formation participent, dans l'exercice de leurs compétences, à l'organisation et au développement de ce service (loi 2011-893 du 28 juillet 2011, art. 4, JO 29).

• Voir décret 2011-1773 du 5 décembre 2011 (JO 7) relatif aux missions de l'association Centre pour le développement de l'information sur la formation permanente (Centre INFFO) qui assurera, d'une part, la mise en œuvre d'un système d'information national sur l'offre de formation comportant notamment des fonctionnalités permettant de rendre opérationnelle la prescription en ligne de l'offre de formation et les potentialités de financement par les différents opérateurs de l'État et, d'autre part, la mission de chef de projet ayant en charge, sous l'autorité du délégué à l'information et à l'orientation, la maîtrise d'ouvrage du portail constituant l'accès dématérialisé internet du service public de l'orientation mentionné à l'article L. 6111-4 CT, puis sa maîtrise d'œuvre.

Art. L. 6111-5. ***(L. 2009-1437 du 24 nov. 2009, art. 4, JO 25)*** Selon des modalités définies par décret en Conseil d'État et sur le fondement de normes de qualité élaborées par le délégué visé à l'article L. 6123-3 après avis public du Conseil national de la formation professionnelle tout au long de la vie, peuvent être reconnus comme participant au service public de l'orientation tout au long de la vie les organismes qui proposent dans un lieu unique à toute personne un ensemble de services lui permettant :

1° De disposer d'une information exhaustive et objective sur les métiers, les compétences et les qualifications nécessaires pour les exercer, les dispositifs de formation et de certification, ainsi que les organismes de formation et les labels de qualité dont ceux-ci bénéficient ;

2° De bénéficier de conseils personnalisés afin de pouvoir choisir en connaissance de cause un métier, une formation ou une certification adapté à ses aspirations, à ses aptitudes et aux perspectives professionnelles liées aux besoins prévisibles de la société, de l'économie et de l'aménagement du territoire et, lorsque le métier, la formation ou la certification envisagé fait l'objet d'un service d'orientation ou d'accompagnement spécifique assuré par un autre organisme, d'être orientée de manière pertinente vers cet organisme.

(D. 2011-487 du 4 mai 2011, JO 5)

Art. R. 6111-1. I. – Le label intitulé "Orientation pour tous - pôle information et orientation sur les formations et les métiers", valant reconnaissance de la participation au service public de l'orientation tout au long de la vie, est attribué sur demande à l'organisme remplissant les conditions suivantes :

1° Délivrer gratuitement à toute personne le souhaitant, en un même site géographique, l'information mentionnée au 1° de l'article L. 6111-5 et le premier conseil personnalisé prévu au 2° de ce même article ;

2° Fournir ces services de manière conforme aux clauses d'un cahier des charges comportant des exigences de qualité de service portant sur l'accueil indifférencié de tout public, l'accueil individualisé des usagers, l'exhaustivité et l'objectivité des informations délivrées et le caractère personnalisé des conseils donnés. Le cahier des charges prévoit également des normes relatives à l'organisation et au fonctionnement du service, et en particulier sa gratuité, son accessibilité et la garantie du respect de la confidentialité des informations personnelles concernant les usagers.

II. – Le label est également attribué :

1° À un organisme qui délivre l'information et le conseil mentionnés ci-dessus dans plusieurs sites géographiques susceptibles de justifier pour chacun d'eux des conditions d'attribution du label ;

2° À un groupement d'organismes liés par convention et qui délivre l'information et le conseil mentionnés ci-dessus dans plusieurs sites géographiques susceptibles de justifier pour chacun d'eux des conditions d'attribution du label.

III. – Le cahier des charges mentionné au I est défini par un arrêté conjoint des ministres chargés de la formation professionnelle, de l'éducation nationale, de l'enseignement supérieur et de la jeunesse en tenant compte des normes de qualité élaborées par le délégué à l'information et à l'orientation mentionné à l'article L. 6123-3.

Note Le cahier des charges mentionné au 2° du I de cet article est fixé conformément à l'annexe de l'arrêté du 4 mai 2011 (JO 5).

Art. R. 6111-2. Le label "Orientation pour tous - pôle information et orientation sur les formations et les métiers" délivré à l'organisme ou au groupement d'organismes est associé à un logotype prévu par un arrêté conjoint des ministres chargés de la formation professionnelle, de l'éducation nationale, de l'enseignement supérieur et de la jeunesse.

Seuls les organismes qui ont fait l'objet d'une décision d'attribution du label notifiée peuvent utiliser le logotype.

Une rubrique dédiée et actualisée du service dématérialisé prévu à l'article L. 6111-4 présente les implantations et les coordonnées des sites à qui le label a été attribué.

Note Voir arrêté du 25 juillet 2011 (JO 6 août) définissant le logotype associé au label national « Orientation pour tous - Pôle information et orientation sur les formations et les métiers » prévu à cet article.

Art. R. 6111-3. La demande d'attribution du label est présentée par l'organisme ou le groupement d'organismes. Elle est adressée au préfet de région.

La demande d'attribution du label comporte les indications suivantes :

1° La dénomination et l'emplacement du ou des sites justifiant le label ;

2° Les caractéristiques des services offerts sur ce ou ces sites ;

3° Le cas échéant, la convention liant le groupement d'organismes demandeurs ;

4° Les engagements pris pour respecter le cahier des charges mentionné à l'articleR. 6111-1 ;

5° Le périmètre géographique couvert dont le ou les organismes s'engagent à satisfaire les besoins ;

6° L'analyse des besoins d'information et de conseil en orientation de la population correspondant à ce périmètre géographique.

La composition du dossier de demande d'attribution du label est précisée dans l'arrêté mentionné au III de l'article R. 6111-1.

Le préfet de région transmet pour avis, sous huit jours, le dossier, dès lors qu'il est complet, au comité de coordination régional de l'emploi et de la formation professionnelle.

Art. R. 6111-4. Le comité de coordination régional de l'emploi et de la formation professionnelle ou sa commission spécialisée donne un avis sur la conformité du dossier de demande d'attribution du label au cahier des charges mentionné à l'article R. 6111-1.

Le comité peut entendre les représentants de l'organisme ou du groupement d'organismes demandeurs afin de recueillir des précisions sur les éléments du dossier qui ne lui paraissent pas conformes au cahier des charges.

Le comité transmet son avis au préfet de région dans un délai maximum de trente jours suivant la date à laquelle il a été saisi du dossier. Les membres du comité ou de la commission qui ont un intérêt personnel à l'affaire qui est l'objet de cet avis ne peuvent prendre part aux délibérations.

À défaut d'avis du comité dans le délai mentionné au troisième alinéa, l'avis du comité est réputé défavorable.

Le préfet de région prend la décision d'attribution du label dans le délai de vingt jours suivant la réception de l'avis du comité. Il motive sa décision en cas de refus. Dans tous les cas, sa décision est notifiée à l'organisme ou au groupement d'organismes et communiquée pour information au comité ainsi qu'au délégué à l'information et à l'orientation.

Art. R. 6111-5. Le label est attribué pour une durée de cinq ans. Cette attribution peut être renouvelée sur demande adressée trois mois avant l'expiration de la durée pour laquelle le label a été attribué. La demande est présentée et examinée selon les modalités prévues aux articles R. 6111-3 et R. 6111-4.

Le label peut être retiré par le préfet de région lorsqu'une condition légale ou réglementaire de délivrance du label ou une clause du cahier des charges n'est pas respectée.

Lorsque le préfet constate un ou des manquements et qu'il envisage le retrait du label, il demande par écrit à l'organisme de présenter ses observations dans un délai de trente jours puis communique au comité les informations dont il dispose et les observations de l'organisme. Le comité délibère dans les conditions prévues au deuxième alinéa de l'article R. 6111-4 et communique son avis au préfet dans un délai de trente jours à compter de la date de réception du courrier du préfet.

La décision de retrait du label est notifiée par le préfet de région à l'organisme ou au groupement d'organismes dans un délai de trente jours suivant la réception de l'avis du comité. Elle est communiquée pour information au comité ainsi qu'au délégué à l'information et à l'orientation.

Le retrait du label entraîne le retrait du droit d'utiliser le logotype du label.

CHAPITRE II

Égalité d'accès à la formation

SECTION 1. Égalité d'accès entre les femmes et les hommes

Art. L. 6112-1. Pour l'application de la présente partie, aucune distinction entre les femmes et les hommes ne peut être faite, sauf dans le cas où l'appartenance à l'un ou l'autre sexe est la condition déterminante de l'exercice de l'emploi ou de l'activité professionnelle donnant lieu à formation.

Note Voir notamment, directive 2006/54/CE du 5 juillet 2006 (JOUE L 204 du 26.07.2006) relative à la mise en œuvre du principe de l'égalité des chances et de l'égalité de traitement entre hommes et femmes en matière d'emploi et de travail.

Art. D. 6112-1. Toute personne concourant à la formation professionnelle tout au long de la vie est formée aux règles relatives à l'égalité professionnelle entre les femmes et les hommes et contribue, dans l'exercice de son activité, à favoriser cette égalité.

Art. L. 6112-2. Le principe de non-discrimination énoncé à l'article L. 6112-1 ne fait pas obstacle à l'intervention, à titre transitoire, par voie réglementaire ou conventionnelle, de mesures prises au seul bénéfice des femmes en vue d'établir l'égalité des chances entre les femmes et les hommes en matière de formation.

Ces mesures sont destinées notamment à corriger les déséquilibres constatés au détriment des femmes dans la répartition des femmes et des hommes dans les actions de formation et à favoriser l'accès à la formation des femmes souhaitant reprendre une activité professionnelle interrompue pour des motifs familiaux.

Note L'article 29 de la loi 2006-340 du 23 mars 2006 a été déclaré non contraire à la constitution sous la réserve que les dispositions du titre IV de la loi précitée n'aient pas pour effet de faire prévaloir la considération du sexe sur celle des capacités (C. constit., décision 2006-533 DC, art. 2).

SECTION 2. Égalité d'accès des personnes handicapées et assimilées

Art. L. 6112-3. Les personnes handicapées et assimilées, mentionnées à l'article L. 5212-13, ont accès à l'ensemble des dispositifs de formation prévus dans la présente partie dans le respect du principe d'égalité de traitement, en prenant les mesures appropriées.

Elles bénéficient, le cas échéant, d'actions spécifiques de formation ayant pour objet de permettre leur insertion ou leur réinsertion professionnelle ainsi que leur maintien dans l'emploi, de favoriser le développement de leurs compétences et l'accès aux différents niveaux de la qualification professionnelle et de contribuer au développement économique et culturel et à la promotion sociale.

TITRE II

RÔLE DES RÉGIONS, DE L'ÉTAT ET DES INSTITUTIONS DE LA FORMATION PROFESSIONNELLE

CHAPITRE Ier

Rôle des régions

Art. L. 6121-1. Les compétences des régions en matière d'apprentissage et de formation professionnelle des jeunes et des adultes à la recherche d'un emploi ou d'une nouvelle orientation professionnelle sont définies par l'article L. 214-12 du code de l'éducation.

Note

• L'article 27 de la loi 2006-340 du 23 mars 2006 (modifiant les articles L. 214-12 et 13 du code de l'éducation) a été déclaré non contraire à la constitution sous la réserve que les dispositions du titre IV de la loi précitée n'aient pas pour effet de faire prévaloir la considération du sexe sur celle des capacités (C. constit., décision 2006-533 DC, art. 2).

• L'organisation et le financement de stages de l'Association nationale pour la formation professionnelle des adultes (AFPA), antérieurement assurés par l'État, ont été transférés aux régions par la loi 2004-809 du 13 août 2004, art. 8 et 13, JO 17, en vigueur le 1er janv. 2005.

Art. L. 6121-2. Un ***(L. 2009-1437 du 24 nov. 2009, art. 57, JO 25)*** « contrat de » plan régional de développement des formations professionnelles est élaboré dans les conditions définies à l'article L. 214-13 du code de l'éducation.

Note

• « Le contrat de plan régional de développement des formations professionnelles a pour objet de définir une programmation à moyen terme des actions de formation professionnelle des jeunes et des adultes et d'assurer un développement cohérent de l'ensemble des filières de formation en favorisant un accès équilibré des femmes et des hommes à chacune de ces filières de formation. Il comporte des actions d'information et de formation destinées à favoriser leur insertion sociale. Il définit également les priorités relatives à l'information, à l'orientation et à la validation des acquis de l'expérience.

Ce contrat de plan détermine les objectifs communs aux différents acteurs sur le territoire régional, notamment en termes de filières de formation professionnelle initiale et continue, sur la base d'une analyse des besoins en termes d'emplois et de compétences par bassin d'emploi. Il porte sur l'ensemble du territoire régional et peut être décliné par bassin d'emploi. » (c. éduc. L. 214-13, I, al. 1 et 2).

• À titre expérimental, jusqu'au 31 décembre 2011, le plan régional de développement des formations professionnelles prévoit une convention visant à développer une coopération entre les établissements de formation professionnelle et l'université. Cette convention a pour objet le développement de formations qualifiantes (loi 2009-1437, art. 62).

• Voir circulaire DGEFP 2010-24 du 22 octobre 2010 relative à la participation des DIRECCTE à l'élaboration et la mise en œuvre des contrats de plans régionaux de développement des formations professionnelles (CPRDFP). Voir aussi rép. QE 61333, JO AN 12 janvier 2010, p. 334.

• Voir également circulaire DGEFP 2011-20 du 25 juillet 2011 relative à la mise en œuvre du pilotage des centres d'animation, de ressources et d'information sur la formation et des Observatoires régionaux sur l'emploi-formation (CARIF-OREF).

Art. L. 6121-3. Des conventions conclues avec les organismes collecteurs paritaires agréés au titre de la participation des employeurs de dix salariés et plus au développement de la formation professionnelle continue déterminent l'étendue et les conditions de participation des régions au financement des actions de formation définies à l'article L. 6313-1 ainsi qu'à la rémunération des bénéficiaires d'un congé individuel de formation.

CHAPITRE II

Rôle de l'État

Art. L. 6122-1. Lorsque l'État contribue au financement des actions de formation professionnelle, à travers les dépenses de rémunération des stagiaires, de financement des stages ou d'investissement des centres, il conclut avec les organismes des conventions qui prennent en compte les types d'actions de formation définis à l'article L. 6313-1, les publics accueillis, les objectifs poursuivis et les résultats obtenus, notamment en matière d'insertion professionnelle. Les modalités particulières de ces conventions sont définies par décret.

Lorsque ces conventions concernent des centres de formation gérés par une ou plusieurs entreprises, elles font l'objet d'une consultation du ou des comités d'entreprise intéressés, conformément à l'article L. 2323-33.

Art. L. 6122-2. L'étendue et les conditions de participation de l'État au financement des actions de formation définies à l'article L. 6313-1 ainsi qu'à la rémunération des bénéficiaires d'un congé individuel de formation sont déterminées par des conventions conclues avec les organismes collecteurs paritaires agréés au titre de la participation des employeurs de dix salariés et plus au développement de la formation professionnelle continue.

Art. L. 6122-3. Afin de faciliter l'accès aux fonctions de chef d'entreprise du secteur des métiers et d'assurer le perfectionnement et la qualification professionnelle des chefs d'entreprise de ce secteur et de leurs salariés, l'État concourt, dans les conditions fixées au présent titre, au financement des stages qui leur sont destinés.

En outre, l'État peut participer au financement des fonds d'assurance-formation de non-salariés prévus à l'article L. 6332-9 créés pour ce secteur professionnel.

Art. L. 6122-4. L'État concourt financièrement, dans le cadre de conventions conclues en application de l'article L. 6353-2, à la formation des travailleurs du secteur des métiers mentionnés à l'article L. 6122-3 du code du travail et à l'article L. 718-2-2 du code rural ***(Ord. 2010-462 du 6 mai 2010, JO 7)*** « et de la pêche maritime », appelés à exercer des responsabilités dans des organisations syndicales ou professionnelles.

Cette formation peut être assurée par des centres créés par les organisations professionnelles ou syndicales ou reconnus par celles-ci, sous réserve que ces centres obtiennent la délivrance d'un agrément des ministères intéressés.

[Dispositions réglementaires]

SECTION 1. Financement des actions de formation professionnelle continue

Art. D. 6122-1. Chaque année, le gouvernement présente au Parlement un document :

1° Regroupant les crédits demandés pour l'année suivante et l'emploi de ceux accordés pour l'année antérieure et pour l'année en cours ;

2° Retraçant l'emploi de la participation des employeurs au développement de la formation professionnelle continue, prévue à l'article L. 6331-1, notamment en matière de contrats de professionnalisation pour les jeunes, et de conditions de mise en œuvre de la formation professionnelle continue dans les entreprises de moins de dix salariés selon les secteurs d'activité. Ce rapport fait apparaître les situations propres à chacun des secteurs intéressés de l'artisanat, du commerce et des professions libérales ;

3° Comportant un état des ressources et des dépenses des fonds régionaux de l'apprentissage et de la formation professionnelle continue pour l'année antérieure et pour l'année en cours.

Art. D. 6122-2. L'État met à disposition du Parlement, du Conseil national de la formation professionnelle tout au long de la vie, des syndicats professionnels, du Conseil supérieur pour le reclassement professionnel et social des travailleurs handicapés et du Conseil national consultatif des personnes handicapées, les résultats de l'exploitation des données recueillies auprès des organismes collecteurs paritaires agréés mentionnés à l'article L. 6332-1 et du fonds national de péréquation mentionné à l'article L. 6332-18.

Art. D. 6122-3. L'État assure la publication régulière des données qui lui sont transmises par les organismes collecteurs paritaires agréés et le fonds national de péréquation, en application de l'article L. 6332-23.

SECTION 2. Convention de formation professionnelle continue

Art. D. 6122-4. Les conventions de formation professionnelle continue conclues en application du premier alinéa de l'article L. 6122-1 sont arrêtées conformément à l'un des modèles annexés à la fin du présent livre.

Art. D. 6122-5. Les conventions de formation professionnelle continue renseignent avec les mentions appropriées les articles figurant dans les « dispositions communes applicables aux conventions de formation professionnelle comportant une aide de l'État », annexées à la fin du présent livre.

Art. D. 6122-6. Les conventions de formation professionnelle continue ouvrent droit au concours de l'État dans les conditions qu'elles prévoient.

CHAPITRE III

Institutions de la formation professionnelle

SECTION 1. Conseil national de la formation professionnelle tout au long de la vie

Sous-section 1. Missions

Art. L. 6123-1. *(L. 2009-1437 du 24 nov. 2009, art. 1er, JO 25)* Le Conseil national de la formation professionnelle tout au long de la vie est chargé :

1° De favoriser, au plan national, la concertation entre l'État, les régions, les partenaires sociaux et les autres acteurs pour la définition des orientations pluriannuelles et des priorités annuelles des politiques de formation professionnelle initiale et continue, ainsi que pour la conception et le suivi de la mise en œuvre de ces politiques ;

2° D'évaluer les politiques de formation professionnelle initiale et continue aux niveaux national et régional, sectoriel et interprofessionnel ;

3° D'émettre un avis sur les projets de loi, d'ordonnance et de dispositions réglementaires en matière de formation professionnelle initiale et continue ;

4° De contribuer à l'animation du débat public sur l'organisation du système de formation professionnelle et ses évolutions.

Les administrations et les établissements publics de l'État, les conseils régionaux, les organismes consulaires et les organismes paritaires intéressés à la formation professionnelle sont tenus de communiquer au Conseil national de la formation professionnelle tout au long de la vie les éléments d'information et les études dont ils disposent et qui lui sont nécessaires pour l'exercice de ses missions.

Les modalités d'application du présent article sont définies par décret en Conseil d'État.

Note Chaque année, le Conseil national de la formation professionnelle tout au long de la vie établit un bilan, par bassin d'emploi et par région, des actions de formation professionnelle qui ont été réalisées par l'ensemble des organismes dispensant de telles actions, sur la base des évaluations transmises par chaque comité de coordination régional de l'emploi et de la formation professionnelle (loi 2009-1437 précitée, art. 48).

Art. R. 6123-1. ***(D. 2011-1002 du 24 août 2011, JO 26, entrée en vigueur le 01.01.2012)*** La contribution du Conseil national de la formation professionnelle tout au long de la vie à la définition des orientations pluriannuelles et des priorités annuelles des politiques de formation professionnelle prend la forme d'une délibération qui porte notamment sur le contenu de ces politiques, leur organisation et leurs effets attendus. Les orientations pluriannuelles sont établies pour une durée de trois ans, à partir de propositions présentées par l'État, les partenaires sociaux et chaque conseil régional selon des modalités définies par le conseil.

Art. R. 6123-1-1. ***(D. 2011-1002 du 24 août 2011, JO 26, entrée en vigueur le 01.01.2012)*** Le Conseil national de la formation professionnelle tout au long de la vie établit :

1° Chaque année, un rapport sur l'utilisation des ressources financières affectées à la formation professionnelle initiale et continue ;

2° Chaque année, un bilan par bassin d'emploi et par région des actions de formation professionnelle réalisées par l'ensemble des organismes dispensant de telles actions, sur la base des évaluations transmises par chaque comité de coordination régional de l'emploi et de la formation professionnelle ;

3° Tous les trois ans, un rapport d'évaluation portant sur tout ou partie des politiques conduites au niveau national, régional, sectoriel et interprofessionnel en matière de formation professionnelle initiale et continue ;

4° Tous les trois ans, le bilan des politiques et de la gestion des organismes collecteurs paritaires agréés mentionné au dernier alinéa de l'article L. 6332-1-1.

La définition par le conseil des modalités générales de suivi et d'évaluation des contrats de plan régionaux de développement des formations professionnelles, prévue par l'avant-dernier alinéa du I de l'article L. 214-13 du code de l'éducation, prend la forme d'une délibération qui est transmise aux comités de coordination régionaux de l'emploi et de la formation professionnelle chargés de cette mission. Le conseil établit un rapport de synthèse des travaux réalisés par les comités.

Les rapports et bilans mentionnés au présent article sont transmis au Premier ministre, au ministre chargé de la formation professionnelle et au Parlement.

Art. R. 6123-1-2. ***(D. 2011-1002 du 24 août 2011, JO 26, entrée en vigueur le 01.01.2012)*** Le Conseil national de la formation professionnelle tout au long de la vie est consulté pour avis sur les projets de loi, d'ordonnance ou de décret relatifs à l'apprentissage et à la formation professionnelle continue.

Il est également consulté pour avis sur les projets de loi, d'ordonnance ou de décret relatifs à la formation initiale dès lors que ceux-ci concernent l'organisation des enseignements scolaires et supérieurs propres aux formations professionnelles.

Art. R. 6123-1-3. ***(D. 2011-1002 du 24 août 2011, JO 26, entrée en vigueur le 01.01.2012)*** Les avis, délibérations, recommandations et autres travaux du Conseil national de la formation professionnelle tout au long de la vie sont rendus publics selon des modalités définies par le conseil.

Art. R. 6123-1-4. ***(D. 2011-1002 du 24 août 2011, JO 26, entrée en vigueur le 01.01.2012)*** Le Conseil national de la formation professionnelle tout au long de la vie est destinataire des programmes de suivi, d'études et d'évaluation élaborés dans son domaine de compétence par les organismes mentionnés à l'avant-dernier alinéa de l'article L. 6123-1. Il peut obtenir la communication des travaux correspondants.

Pour la réalisation des rapports mentionnés aux 1° et 3° de l'article R. 6123-1-1, le conseil peut faire appel aux services statistiques de l'État. Il veille à l'amélioration de l'information statistique et financière dans son domaine de compétence en liaison avec ces services.

Sous-section 2. Composition

Art. L. 6123-2. ***(L. 2009-1437 du 24 nov. 2009, art. 1er, JO 25)*** Le Conseil national de la formation professionnelle tout au long de la vie est placé auprès du Premier ministre. Son président est nommé en conseil des ministres. Il comprend des représentants élus des conseils régionaux, des représentants de l'État et du Parlement, des représentants des organisations professionnelles et syndicales intéressées et des personnes qualifiées en matière de formation professionnelle.

Art. D. 6123-2. ***(D. 2011-1002 du 24 août 2011, JO 26, entrée en vigueur le 01.01.2012)*** Le Conseil national de la formation professionnelle tout au long de la vie comprend, outre son président :

1° Huit représentants de l'État, dont deux représentants du ministre chargé de la formation professionnelle, un représentant du ministre chargé de l'éducation nationale, un représentant du ministre chargé de l'enseignement supérieur, un représentant du ministre chargé des collectivités locales, un représentant du ministre de l'agriculture, un représentant du ministre chargé de l'action sociale, un représentant du ministre chargé de l'économie ;

2° Deux députés et deux sénateurs ;

3° Vingt-cinq conseillers régionaux et un conseiller de l'Assemblée de Corse ;

4° Douze représentants des organisations de salariés et d'employeurs les plus représentatives au plan national ;

5° Trois représentants des chambres consulaires et trois représentants d'organismes intéressés à la formation professionnelle ;

6° Deux personnalités qualifiées en matière de formation professionnelle ;

7° Le président de la Commission nationale de la certification professionnelle.

Les voix des membres du conseil sont comptabilisées à hauteur de trois voix pour chaque membre mentionné au 1°, deux voix pour chaque membre mentionné au 4° et une voix pour le président et chaque autre membre.

Note Le président et les membres du Conseil national de la formation professionnelle tout au long de la vie en fonction à la date de publication du décret 2011-1002 du 24 août 2011, JO 26, continuent de plein droit d'exercer leur mandat jusqu'au 1er janvier 2012.

La désignation ou l'élection du président et des membres du conseil conformément aux dispositions du code du travail dans leur rédaction issue du décret précité prend effet le 1er janvier 2012 (décret 2011-1002, art. 4).

Art. D. 6123-3. Les conseillers régionaux et le conseiller de l'Assemblée de Corse sont élus par chacune de leur assemblée respective.

Les députés et les sénateurs sont désignés par les présidents de leur assemblée respective.

Art. D. 6123-4. Les représentants des organisations de salariés et d'employeurs sont nommés par arrêté du ***(D. 2011-1002 du 24 août 2011, JO 26, entrée en vigueur le 01.01.2012)*** « Premier ministre », sur proposition de leur organisation respective, à raison de :

1° Cinq représentants des organisations syndicales de salariés représentatives au plan national ;

2° Six représentants des organisations d'employeurs désignés par le Mouvement des entreprises de France (MEDEF), la Confédération générale des petites et moyennes entreprises (CGPME) et l'Union professionnelle artisanale (UPA) ;

3° Un représentant de la Fédération nationale des syndicats d'exploitants agricoles (FNSEA).

Art. D. 6123-5. Les représentants des chambres consulaires sont nommés par arrêté du ***(D. 2011-1002 du 24 août 2011, JO 26, entrée en vigueur le 01.01.2012)*** « Premier ministre », sur proposition de leur organisation respective à raison de :

1° Un représentant de l'Assemblée des chambres françaises de commerce et d'industrie ;
2° Un représentant de l'Assemblée permanente des chambres de métiers et de l'artisanat ;
3° Un représentant de l'Assemblée permanente des chambres d'agriculture.

Note Voir note sous art. D. 6123-4.

Art. D. 6123-6. Les représentants d'organismes intéressés à la formation professionnelle sont nommés par arrêté du ***(D. 2011-1002 du 24 août 2011, JO 26, entrée en vigueur le 01.01.2012)*** « Premier ministre », sur proposition de leur organisation respective, à raison de :
1° Un représentant de la Fédération de la formation professionnelle ;
2° Un représentant de l'Union nationale des syndicats autonomes ;
3° Un représentant de la Fédération syndicale unitaire.

Note Voir note sous art. D. 6123-4.

Art. D. 6123-7. ***(D. 2011-1002 du 24 août 2011, JO 26, entrée en vigueur le 01.01.2012)*** Les personnalités qualifiées sont nommées par arrêté du Premier ministre.

Art. D. 6123-8. La durée du mandat des membres du Conseil national est fixée à trois ans.

(D. 2011-1002 du 24 août 2011, JO 26, entrée en vigueur le 01.01.2012) « Par dérogation à l'article 3 du décret n° 2006-672 du 8 juin 2006 relatif à la création, à la composition et au fonctionnement de commissions administratives à caractère consultatif, des membres suppléants sont désignés pour les membres mentionnés aux 2° à 5° de l'article D. 6123-2 dans les mêmes conditions et en nombre égal à celui des titulaires. Ils peuvent assister aux réunions du conseil mais ne participent aux votes qu'en l'absence du membre titulaire. »

Sous-section 3. Organisation et fonctionnement

Art. D. 6123-9. ***(D. 2011-1002 du 24 août 2011, JO 26, entrée en vigueur le 01.01.2012)*** Deux vice-présidents sont désignés, l'un par les représentants des conseils régionaux, l'autre par les représentants des organisations de salariés et d'employeurs les plus représentatives au plan national. Ce dernier est choisi alternativement, pour une durée de dix-huit mois, parmi les représentants des organisations de salariés et d'employeurs.

Art. D. 6123-10. Le Conseil national de la formation professionnelle tout au long de la vie se réunit, au moins trois fois par an, sur convocation de son président ou à la demande de la majorité de ses membres.

L'ordre du jour est fixé par le président. Sont inscrits de droit les points demandés par la majorité des membres du conseil.

Note Le dernier alinéa de cet article a été supprimé par le décret 2011-1002 du 24 août 2011, JO 26, depuis le 01.01.2012.

Art. D. 6123-11. Le Conseil national adopte un règlement intérieur qui fixe l'organisation de ses travaux.

Art. D. 6123-12. Le Conseil national constitue en son sein un bureau comprenant, outre le président, quinze membres.

Ceux-ci sont désignés à raison de :
1° Trois représentants pour les membres mentionnés au 1° de l'article D. 6123-2 ;
2° Six représentants pour les membres mentionnés au 3° du même article ;
3° Quatre représentants pour les membres mentionnés au 4° du même article ;
4° Deux représentants pour les membres mentionnés aux 5° et 6° du même article.

Art. D. 6123-13. Le bureau prépare les réunions du conseil.

Il oriente et suit le travail des commissions ***(D. 2011-1002 du 24 août 2011, JO 26, entrée en vigueur le 01.01.2012)*** « mentionnées aux 1° à 3° » de l'article D. 6123-14.

En cas d'urgence déclarée par le ***(D. 2011-1002 du 24 août 2011, JO 26, entrée en vigueur le 01.01.2012)*** « Premier ministre », et dans les conditions prévues par le règlement intérieur, le bureau rend les avis sollicités par le Gouvernement.

Art. D. 6123-14. ***(D. 2011-1002 du 24 août 2011, JO 26, entrée en vigueur le 01.01.2012)*** Sont constituées au sein du conseil :

1° Une commission des comptes, chargée notamment d'établir le rapport mentionné au 1° de l'article R. 6123-1-1 ;

2° Une commission de l'évaluation, chargée notamment d'établir le rapport mentionné au 2° du même article. Cette commission prépare les travaux du conseil concernant les modalités de suivi et d'évaluation des contrats de plan régionaux de développement des formations professionnelles ;

3° Une commission des orientations, chargée de préparer les travaux du conseil concernant la définition des orientations pluriannuelles et des priorités annuelles des politiques de formation professionnelle ;

4° Une commission spécialisée de la formation professionnelle des salariés, chargée de préparer les travaux du conseil sur les projets de textes relatifs à la formation professionnelle des salariés. Cette commission est composée paritairement de représentants des organisations de salariés et d'employeurs.

Art. D. 6123-15. ***(D. 2011-1002 du 24 août 2011, JO 26, entrée en vigueur le 01.01.2012)*** Les membres des commissions mentionnées à l'article D. 6123-14 sont désignés par le président du conseil parmi les membres du conseil.

Art. D. 6123-16. ***(D. 2011-1002 du 24 août 2011, JO 26, entrée en vigueur le 01.01.2012)*** Les présidents des commissions mentionnées aux 1° et 2° de l'article D. 6123-14 sont désignés par le Premier ministre après avis du président du conseil.

La commission mentionnée au 3° de l'article D. 6123-14 est présidée par le président du conseil assisté par les présidents des commissions mentionnées aux 1°, 2° et 4° du même article.

Art. D. 6123-17. Le secrétaire général du Conseil national de la formation professionnelle tout au long de la vie est chargé de préparer les travaux du conseil. Il assiste aux réunions du bureau, du conseil et des commissions. Il s'appuie sur les services du ministre chargé de la formation professionnelle.

Il est nommé par arrêté du ***(D. 2011-1002 du 24 août 2011, JO 26, entrée en vigueur le 01.01.2012, modifié par D. 2011-1637 du 23 nov. 2011, JO 25)*** « Premier ministre ».

Comité de coordination régional de l'emploi et de la formation professionnelle

Missions

Art. D. 6123-18. Le comité de coordination régional de l'emploi et de la formation professionnelle a pour mission de favoriser la concertation entre les divers acteurs afin d'assurer une meilleure coordination des politiques de formation professionnelle et d'emploi.

Il est notamment chargé des fonctions de diagnostic, d'étude, de suivi et d'évaluation de ces politiques.

Note Voir circulaire DGEFP 2011-20 du 25 juillet 2011 relative à la mise en œuvre du pilotage des centres d'animation, de ressources et d'information sur la formation et des Observatoires régionaux sur l'emploi-formation (CARIF-OREF).

Art. D. 6123-19. Le comité de coordination régional est consulté sur :

1° Les programmes et les moyens mis en œuvre dans chaque région par l' ***(D. 2008-1010 du 29 sept. 2008, art. 7, JO 30)*** « institution mentionnée à l'article L. 5312-1 du code du travail » et par l'Association nationale pour la formation professionnelle des adultes ;

2° Les projets de conventions tripartites à conclure entre l'État, la région et chacun de ces organismes en vue de l'adaptation des contrats de progrès à la situation particulière de la région ;

3° Les projets d'investissement et les moyens d'intervention dont disposent les services régionaux de l' ***(D. 2008-1010 du 29 sept. 2008, art. 7, JO 30)*** « institution mentionnée à l'article L. 5312-1 du code du travail » et de l'Association nationale pour la formation professionnelle des adultes. En Corse, cette dernière est consultée sur les programmes prévus à l'article L. 4424-34 du code général des collectivités territoriales.

Art. D. 6123-20. Le comité de coordination régional est informé par les services compétents de l'État :

1° Chaque année, du montant des sommes collectées au titre de la taxe d'apprentissage et de la contribution au financement des contrats de professionnalisation, auprès des entreprises de la région, ainsi que de leurs affectations ;

2° Des contrats de progrès quinquennaux conclus entre l'État, l' ***(D. 2008-1010 du 29 sept. 2008, art. 7, JO 30)*** « institution mentionnée à l'article L. 5312-1 du code du travail » et l'Association nationale pour la formation professionnelle des adultes.

Composition

Art. D. 6123-21. Outre le préfet de région et le président du conseil régional, le comité de coordination régional comprend :

1° Six représentants de l'État :

a) Les recteurs d'académie ;

b) Des représentants des services de l'État désignés par le préfet de région, dont :

– le ***(D. 2009-1377 du 10 nov. 2009, JO 13 ; D. 2010-687 du 24 juin 2010, JO 25 ; voir D. 2010-1582 du 17 déc. 2010, JO 18, pour outre-mer)*** « directeur régional des entreprises, de la concurrence, de la consommation, du travail et de l'emploi » ;

– le ***(D. 2010-429 du 29 avril 2010, JO 30)*** « directeur régional de l'alimentation, de l'agriculture et de la forêt » ;

– le directeur régional de la jeunesse, des sports et de la vie associative [directeur régional de la jeunesse, des sports et de la cohésion sociale] ;

2° Six représentants de la région ;

3° Sept représentants des organisations d'employeurs et des chambres régionales d'agriculture, de commerce et d'industrie et de métiers ;

4° Sept représentants des organisations syndicales de salariés, dont cinq représentants des organisations syndicales représentatives au plan national ;

5° Le président du ***(L. 2010-788 du 12 juil. 2010, art. 250, JO 13)*** « conseil économique, social et environnemental régional ».

Note 3° : Avec le changement de terminologie issu du décret 2010-1463 du 1er décembre 2010 (JO 2), il faut lire « chambres (...) de commerce et d'industrie de région » à la place de « chambres régionales (...) de commerce et d'industrie ».

Art. D. 6123-22. Les représentants des organisations de salariés et d'employeurs, ainsi que ceux des chambres régionales d'agriculture, de commerce et d'industrie et de métiers sont désignés sur proposition de celles-ci.

Note Voir note sous article D. 6123-21.

Art. D. 6123-23. Les membres du comité de coordination régional sont nommés pour la durée de la mandature du conseil régional.

Ils sont remplacés dès lors qu'ils cessent d'être investis des fonctions administratives ou électives au titre desquelles ils ont été désignés.

Art. D. 6123-24. Le préfet de région arrête, en accord avec le président du conseil régional, la liste des membres du comité de coordination régional ainsi que celle de leurs suppléants.

Organisation et fonctionnement

Art. D. 6123-25. Le comité de coordination régional est présidé conjointement par le préfet de région et le président du conseil régional.

Art. D. 6123-26. Le préfet de région et le président du conseil régional établissent les conditions d'organisation et de fonctionnement du comité de coordination régional.

Ils fixent conjointement l'ordre du jour des réunions.

Art. D. 6123-27. Le comité de coordination régional se dote des commissions nécessaires à son fonctionnement, notamment en matière d'information, d'orientation, de validation des acquis de l'expérience, de formation des demandeurs d'emploi et de formation en alternance, ainsi que d'un secrétariat permanent.

ANNEXE

DÉFINISSANT LES MODÈLES DE CONVENTION DE FORMATION PROFESSIONNELLE CONTINUE PRÉVUS PAR LES ARTICLES D. 6122-4 ET D. 6122-5

Convention de formation professionnelle prévoyant une aide financière de l'État au fonctionnement des stages

Entre le (ministre ou préfet de région) ....
et le (dénomination du centre) ....
Il est convenu ce qui suit :

Art. 1er. La présente convention est conclue en application des livres premier et III de la partie VI du code du travail.

Les dispositions prévues par l'annexe mentionnée aux articles D. 6122-4 et D. 6122-5 du code du travail lui sont applicables, à l'exclusion des articles 9 (2, c) et 11.

Art. 2. En exécution de la présente convention, le centre s'engage à s'organiser les cycles de formation prévus à l'annexe pédagogique et dans les conditions fixées par cette annexe.

Art. 3. En application des articles L. 6341-1 et suivants du code du travail, l'État apporte son aide à la rémunération des stagiaires dans la limite des effectifs prévus par l'annexe jointe,

ou

Il n'est prévu aucune aide de l'État à la rémunération des stagiaires.

Art. 4. L'État apporte au centre l'aide technique prévue à l'article 9-1 de l'annexe mentionnée aux articles D. 6122-4 et D. 6122-5 du code du travail (préciser s'il y a lieu).

L'État apporte au centre une aide financière, dans les conditions prévues par la réglementation en vigueur et dont le montant est fixé chaque année par une annexe financière.

Art. 5. Le contrôle pédagogique, technique et financier sera exercé par ...

Art. 6. La présente convention prend effet à compter du ...

Convention de formation professionnelle prévoyant une aide de l'État à l'équipement du centre

Entre le (ministre ou préfet de région) ....
et le (dénomination du centre) ....
Il est convenu ce qui suit :

Art. 1er. La présente convention est conclue en application des livres Ier et III de la partie VI du code du travail.

Les dispositions prévues par les articles 1er, 2, 5, 8, 9 (2 c) et 11 de l'annexe mentionnée aux articles D. 6122-4 et D. 6122-5 du code du travail lui sont également applicables.

Art. 2. Le centre organisera les formations prévues à l'annexe jointe.

Art. 3. L'État apportera une aide financière à la construction et à l'équipement du centre dans les conditions prévues par la réglementation en vigueur et pour un montant de ...

Art. 4. Le contrôle technique et financier sera exercé par ...

DISPOSITIONS COMMUNES À L'ENSEMBLE DES CONVENTIONS DE FORMATION PROFESSIONNELLE COMPORTANT UNE AIDE DE L'ÉTAT

I. - Objet et organisation du centre et des cycles de formation

Art. 1er. Pour bénéficier d'une aide de l'État, le centre organise une ou plusieurs actions de formation professionnelle répondant aux orientations prioritaires et aux critères d'intervention définis par les instances de la formation professionnelle.

Art. 2. *Le conseil de centre.* Le centre de formation est doté d'un conseil auquel participent notamment les employeurs et salariés désignés par les organismes ou organisations professionnels, ou, le cas échéant, par les entreprises et travailleurs intéressés.

Dans des conditions fixées par le conseil, des représentants des stagiaires seront appelés à participer aux réunions du conseil.

Lorsqu'un accord conclu entre les organisations d'employeurs et de salariés prévoit la composition et les modalités de fonctionnement de ce conseil, ce sont les dispositions de cet accord qui s'appliquent.

Lorsque la gestion du centre est assurée par une entreprise ou un groupe d'entreprises de cinquante salariés et plus, le ou les comités d'entreprises intéressés exercent les attributions que leur confère la réglementation en vigueur. Ils doivent, en particulier, avoir délibéré sur les problèmes propres à l'entreprise relatifs à la formation professionnelle continue et sur les actions pour lesquelles l'aide de l'État est accordée.

Art. 3. *Organisation des cycles.* La formation est délivrée par le centre au moyen de cycles de formation qui peuvent comporter des stages à temps plein ou à temps partiel, ainsi que des cours de types divers.

L'objet du cycle, les types de stage, le lieu, la durée, le nombre de stagiaires prévus, le niveau de la formation dispensée et la sanction prévue sont définis pour chaque cycle dans une annexe pédagogique jointe à la convention.

Les règles particulières aux stages qui pourraient être mis en place ultérieurement sont fixées par avenant.

Les parties peuvent demander des modifications dans les conditions prévues à l'article 12 ci-après.

Pour les actions s'adressant à des stagiaires sous contrat de travail, la formation dispensée à temps partiel est, en principe, donnée pendant les heures normales de travail. Cependant, l'organisation des stages à temps partiel pourra tenir compte des situations particulières relatives aux conditions et aux horaires de travail ainsi qu'à la nature des formations dispensées et à la situation des stagiaires au regard du droit à congé de formation.

Art. 4. *Personnel du centre.* Le personnel assurant un enseignement au centre peut comprendre des personnels à temps plein et des personnels à temps partiel.

Ce personnel est choisi par le responsable du centre, après avis du conseil du centre.

La rémunération des personnes dispensant un enseignement au centre, ainsi que celle du personnel de direction et d'administration, est assurée par le centre.

II. - Stagiaires

Art. 5. *Recrutement.* Les stagiaires sont recrutés parmi les candidats qui adressent à titre individuel leur demande d'admission au centre, et notamment ceux auxquels les services de l'emploi ainsi que les organismes d'information et d'orientation compétents peuvent apporter leur concours ou parmi les candidats présentés par les entreprises ou les organisations professionnelles et syndicales.

Le choix des stagiaires est opéré sur des critères et dans les conditions arrêtées en accord avec l'autorité cosignataire.

Lorsque les stagiaires sont envoyés par leur entreprise, aucune participation financière ne doit leur être demandée.

Art. 6. *Rémunération.* Les stagiaires présentés au centre par leur employeur bénéficient, de la part de ce dernier, du maintien intégral de la rémunération qu'ils percevaient avant leur entrée en stage. Lorsque les conditions prévues par la législation en vigueur sont remplies, l'État peut prendre en charge une partie de la rémunération maintenue.

Les autres stagiaires peuvent bénéficier, sous réserve de remplir les conditions prévues, du versement de la rémunération prévu par les articles L. 6341-1 et suivants du code du travail.

Dans tous les cas, l'aide de l'État ne peut intervenir que si elle est prévue expressément par la convention ou par un avenant à la convention.

Art. 7. *Protection sociale.* Le centre s'assure que les stagiaires bénéficient d'une protection sociale.

Il prend les dispositions appropriées pour assurer la couverture des risques sociaux et notamment des accidents du travail pour les stagiaires qui ne seraient pas couverts par la réglementation en vigueur.

Art. 8. *Reconnaissance de la formation acquise.* Le centre s'engage à rechercher auprès des employeurs intéressés les modalités propres à assurer la reconnaissance de la formation acquise par les stagiaires du centre.

III. - Aide de l'État

Art. 9. L'État peut apporter :

1. Une aide technique :

a) Concours à la formation des personnels appelés à assurer un enseignement au centre ;

b) Mise à disposition de locaux et installations ;

c) Mise à disposition de documents d'ordre technique et pédagogique ;

d) Mise à disposition de personnel d'enseignement.

2. Une aide financière :

L'État peut verser au centre :

a) Une subvention destinée à permettre la mise au point des différents cycles ;

b) Une subvention forfaitaire de fonctionnement.

Le montant de cette subvention est calculé, pour chaque exercice, dans les conditions fixées par le ministre chargé de la formation professionnelle, après avis du Conseil national de la formation professionnelle tout au long de la vie.

Dans tous les cas, il est tenu une comptabilité distincte pour les cycles et stagiaires relevant de la convention.

Dans l'hypothèse où les effectifs réellement présents ou la durée des formations seraient inférieurs aux prévisions, le montant de la subvention sera réduit à due concurrence.

Si le montant des différentes ressources perçues au titre des cycles conventionnés excède le montant des dépenses effectivement exposées pour le fonctionnement de ces cycles, cet excédent devra être déduit de la subvention due au titre de l'exercice suivant ou reversé au Trésor.

c) Une subvention destinée à couvrir une partie du coût de construction et d'équipement du centre.

Les conditions d'attribution de cette subvention, ainsi que les modalités selon lesquelles elle est calculée, sont fixées par le ministre chargé de la formation professionnelle, après avis du Conseil national de la formation professionnelle tout au long de la vie.

Le montant de cette subvention ne peut être augmenté si le coût réel des travaux réalisés dépasse le montant du devis prévisionnel, que ce dépassement résulte d'une sous-estimation du coût des travaux, d'une actualisation du prix de l'opération ou d'une hausse de prix contractuelle.

Le centre bénéficiaire d'une subvention d'équipement est tenu, au cas où il serait mis fin aux formations prévues par la convention ou si les équipements réalisés ne sont pas utilisés conformément aux stipulations de la convention, de rembourser la subvention reçue, proportionnellement au nombre d'années restant à courir sur les délais d'amortissement : cinq ans pour le matériel, dix ans pour les aménagements immobiliers, vingt ans pour les constructions ou achats d'immeubles. Lorsque l'aide de l'État a porté sur l'acquisition du terrain, cette participation doit être remboursée intégralement.

De même, si la capacité de formation est inférieure à celle prévue par la convention, le centre rembourse la subvention reçue proportionnellement au nombre de places prévues et non réalisées.

3. Une aide technique et financière :

Les aides prévues aux 1 et 2 ci-dessus peuvent se cumuler. Dans ce cas, les aides techniques font l'objet d'une évaluation financière et sont déduites du monde de la subvention.

IV. - Contrôle de l'État

Art. 10. *Aide au fonctionnement*

a) Contrôle pédagogique et technique.

Le centre est soumis au contrôle pédagogique exercé par les services et organismes compétents désignés par l'autorité cosignataire. Il porte sur l'objet de la formation, les méthodes, les programmes et la qualité des enseignements dispensés. Le conseil de centre est consulté à l'occasion de ce contrôle.

b) Contrôle financier.

Le responsable du centre adresse chaque année un compte rendu des résultats qu'ont permis d'obtenir les cycles de formation organisés, un bilan financier des dépenses et ressources réellement constatées et un budget annuel ; ces différents documents sont transmis avec l'avis du conseil du centre.

Sans préjudice des contrôles que l'État peut exercer en vertu de la réglementation en vigueur sur les organismes et entreprises recevant des subventions sur fonds publics, les services ou organismes désignés par l'autorité cosignataire, compétents pour effectuer des inspections administratives, financières et techniques, ont accès dans les locaux du centre. Ils peuvent en outre se faire communiquer toutes pièces nécessaires permettant de contrôler l'activité du centre [de] l'assiduité des stagiaires, et notamment les situations d'effectifs et les emplois du temps.

Art. 11. *Aide à l'équipement.* Pendant l'exécution des travaux, le service chargé du contrôle peut s'assurer de leur conformité avec les plans et devis présentés.

Lorsque les travaux sont achevés ou les matériels acquis, l'autorité cosignataire pourra s'assurer à tout moment que la capacité créée et l'utilisation des équipements sont bien conformes à la destination prévue par l'annexe à la convention.

À cet effet, les services désignés par cette autorité ont accès dans les locaux du centre et peuvent se faire communiquer toutes précisions nécessaires permettant de contrôler son activité.

V. - Application et durée de la convention

Art. 12. *Modification de la convention.* L'autorité cosignataire peut, à tout moment, mettre fin sans délai à la convention dans le cas où le contrôle exercé sur le centre fait apparaître que l'organisation des cycles de formation ou les conditions de sa gestion ne répondent pas aux conditions définies dans la convention.

L'autorité cosignataire peut également demander, à tout moment, au responsable du centre de modifier les conditions d'organisation ou de fonctionnement d'un cycle de formation en cours lorsque celui-ci [celles-ci] apparaissent défectueuses.

Dans ces deux cas, le conseil du centre est consulté.

En dehors de ces cas, chacune des parties porte à la connaissance de l'autre, au moins deux mois à l'avance, les modifications éventuelles qu'elle désire voir apporter aux dispositions de la convention ou de ses annexes.

C'est notamment le cas lorsqu'il apparaît nécessaire d'adapter l'objet des cycles ou les méthodes de formation aux exigences ou aux possibilités nouvelles que ferait apparaître l'évolution de l'emploi et des moyens de formation existant[s].

Les modifications arrêtées d'un commun accord et après consultation du conseil du centre font l'objet d'un avenant.

Art. 13. *Résiliation de la convention.* La convention peut être résiliée par l'une ou l'autre des parties sur préavis de trois mois.

Lorsqu'il est mis fin à la convention, des dispositions particulières sont prises, le conseil du centre ayant été consulté pour sauvegarder les intérêts des stagiaires en cours de formation.

(L. 2009-1437 du 24 nov. 2009, art. 4, JO 25)

SECTION 2. **Délégué à l'information et à l'orientation**

Note « Le délégué à l'information et à l'orientation présente au Premier ministre, avant le 1er juillet 2010, un plan de coordination aux niveaux national et régional de l'action des opérateurs nationaux sous tutelle de l'État en matière d'information et d'orientation. Il examine les conditions de réalisation du rapprochement, sous la tutelle du Premier ministre, de l'établissement public visé à l'article L. 313-6 du code de l'éducation, du Centre pour le développement de l'information sur la formation permanente et du Centre d'information et de documentation jeunesse.

Le plan de coordination est remis au Parlement et rendu public » (loi 2009-1437 précitée, art. 4, III).

Art. L. 6123-3. Le délégué à l'information et à l'orientation est chargé :

1° De proposer les priorités de la politique nationale d'information et d'orientation scolaire et professionnelle ;

2° D'établir des normes de qualité pour l'exercice de la mission de service public d'information et d'orientation ;

3° D'évaluer les politiques nationale et régionales d'information et d'orientation scolaire et professionnelle.

Il apporte son appui à la mise en œuvre et à la coordination des politiques d'information et d'orientation aux niveaux régional et local.

Art. L. 6123-4. Le délégué à l'information et à l'orientation est placé auprès du Premier ministre. Il est nommé en conseil des ministres.

Art. L. 6123-5. Pour l'exercice de ses missions, le délégué à l'information et à l'orientation dispose des services et des organismes placés sous l'autorité des ministres chargés de l'éducation nationale, de l'enseignement supérieur, de l'emploi, de la formation professionnelle et de la jeunesse.

LIVRE II
L'APPRENTISSAGE
TITRE Ier
DISPOSITIONS GÉNÉRALES
CHAPITRE UNIQUE

Note • Le régime de l'apprentissage résulte essentiellement des lois du 16 juillet 1971 portant réforme de l'apprentissage, 87-572 du 23 juillet 1987 (JO 24), 92-675 du 17 juillet 1992 (JO 19) qui s'inscrit dans le projet de développement concerté de l'apprentissage et de la formation en alternance sous statut scolaire, 93-953 du 27 juillet 1993 (JO 28) relative au développement de l'emploi et de l'apprentissage, 93-1313 du 20 décembre 1993 (JO 21) relative au travail, à l'emploi et à la formation professionnelle, 95-882 du 4 août 1995 (JO 5) relative aux mesures d'urgence pour l'emploi et la sécurité sociale, 96-376 du 6 mai 1996 (JO 7) portant réforme du financement de l'apprentissage, 97-940 du 16 octobre 1997 (JO 17) relative au développement d'activités pour l'emploi des jeunes, 98-1266 du 30 décembre 1998 (JO 31), 2000-1352 du 30 décembre 2000 (JO 31), 2001-1246 du 21 décembre 2001 (JO 26), 2002-73 du 17 janvier 2002 de modernisation sociale, 2004-391 du 4 mai 2004 (JO 5) relative à la formation professionnelle et au dialogue social, de l'ordonnance 2004-602 du 24 juin 2004 (JO 26) relative à la simplification du droit dans les domaines du travail, de l'emploi et de la formation professionnelle, des lois 2004-1484 du 30 décembre 2004 de finances pour 2005 (JO 31), 2005-32 du 18 janvier 2005 (JO 19) visant notamment à la modernisation et au développement de l'apprentissage, 2005-882 du 2 août 2005 (JO 3) en faveur des petites et moyennes entreprises, 2006-396 du 31 mars 2006 (JO 2 avril) sur l'égalité des chances, 2009-1437 du 24 novembre 2009 (JO 25) relative à l'orientation et à la formation professionnelle tout au long de la vie et 2011-893 du 28 juillet 2011 (JO 29) pour le développement de l'alternance et la sécurisation des parcours professionnels.

• Les dispositions concernant l'apprentissage s'appliquent dans les secteurs industriel, commercial, artisanal et agricole et, à titre expérimental, au secteur public non industriel et commercial.

• Voir Le nouveau Portail de l'Alternance, un guichet numérique unique d'information, de recherche et de simplification des formalités administratives pour les futurs alternants et les entreprises (*www.alternance.emploi.gouv.fr*).

Art. L. 6211-1. L'apprentissage concourt aux objectifs éducatifs de la nation.

Il a pour objet de donner à des jeunes travailleurs, ayant satisfait à l'obligation scolaire, une formation générale, théorique et pratique, en vue de l'obtention d'une qualification professionnelle sanctionnée par un diplôme ou un titre à finalité professionnelle enregistré au répertoire national des certifications professionnelles.

Note • À titre expérimental, jusqu'au 31 décembre 2011, tout apprenti dont la formation n'a pas été sanctionnée par un diplôme ou un titre à finalité professionnelle conformément à l'article L. 6211-1 CT peut bénéficier, à sa demande, de la prise en compte de ses acquis en vue de l'obtention d'un certificat de qualification professionnelle.

Les modalités de mise en œuvre du présent article sont fixées par des conventions ou accords de branche déposés avant le 31 décembre 2010. Un décret détermine les modalités applicables à défaut d'accord ou de convention de branche.

Le Gouvernement remet au Parlement, au plus tard le 30 septembre 2011, un rapport évaluant la présente expérimentation (loi 2009-1437 du 24 novembre 2009, art. 34, JO 25).

• La décision 2241/2004/CE du 15 décembre 2004 instaure un cadre communautaire unique pour la transparence des qualifications et des compétences (Code annoté européen du travail, *Groupe Revue Fiduciaire*, éd. 2010, p. 1049 et rép. QE 36932, JO AN 6 mars 2000, p. 1448).

Art. L. 6211-2. L'apprentissage est une forme d'éducation alternée associant :

1° Une formation dans une ou plusieurs entreprises, fondée sur l'exercice d'une ou plusieurs activités professionnelles en relation directe avec la qualification objet du contrat entre l'apprenti et l'employeur ;

2° Des enseignements dispensés pendant le temps de travail dans un centre de formation d'apprentis ou une section d'apprentissage.

Art. L. 6211-3. Le développement de l'apprentissage fait l'objet de contrats d'objectifs et de moyens conclus entre :

1° L'État ;

2° La région ;

3° Les chambres consulaires ;

4° Une ou plusieurs organisations représentatives d'employeurs et de salariés.

D'autres parties peuvent également être associées à ces contrats.

Note • « Le Gouvernement remet chaque année, avant le 31 juillet, un rapport au Parlement comprenant des données quantitatives et qualitatives sur la signature et l'exécution des contrats d'objectifs et de moyens prévus par cet article. Ce rapport est remis pour la première fois au plus tard un an après l'entrée en vigueur de la présente loi. Il retrace l'évolution des recettes du Fonds national de développement et de modernisation de l'apprentissage telles qu'elles résultent de la suppression des exonérations au titre de la taxe d'apprentissage. Il précise la répartition des moyens reversés par le Fonds national de développement et de modernisation de l'apprentissage au bénéfice de ces contrats. Il comprend un bilan chiffré du crédit d'impôt prévu à l'article 244 *quater* G du code général des impôts par taille et par secteur d'activité des entreprises concernées, ainsi qu'une présentation agrégée de ces données par région » (loi 2005-32 du 18 janvier 2005, art. 34, JO 19).

• Voir aussi circulaire DGEFP NOR ETSD 1103611 C du 2 février 2011 relative à la mise en place des contrats d'objectifs et de moyens pour le développement de l'apprentissage 2011-2015.

• La loi 2006-396 du 31 mars 2006 a fixé un nouvel objectif de développement du préapprentissage, visant ainsi notamment la formation d'apprenti junior. Ce dispositif n'est aujourd'hui pas abrogé, même s'il n'est pas appliqué en pratique.

Art. L. 6211-4. Les ***(L. 2010-853 du 23 juil. 2010, art. 8, JO 24)*** « chambres de commerce et d'industrie territoriales », les chambres de métiers et les chambres d'agriculture exercent leurs attributions en matière d'apprentissage dans le cadre du présent livre.

Art. L. 6211-5. ***(L. 2008-776 du 4 août 2008, art. 49, JO 5)*** Le contenu des relations conventionnelles qui lient l'employeur, l'apprenti et la ou les entreprises d'un État membre de la Communauté européenne susceptibles d'accueillir temporairement l'apprenti est fixé par décret en Conseil d'État.

Note Voir art. R. 6223-17 à 21 et les notes correspondantes.

[Dispositions réglementaires]

SECTION 1. Contrat d'objectifs et de moyens

Art. D. 6211-1. Les contrats d'objectifs et de moyens, prévus à l'article L. 6211-3, précisent les objectifs poursuivis en vue :

1° D'adapter l'offre quantitative et qualitative de formation, en particulier au regard des perspectives d'emploi dans les différents secteurs d'activité ;

2° D'améliorer la qualité du déroulement des formations dispensées en faveur des apprentis ;

3° De valoriser la condition matérielle des apprentis ;

4° De développer le préapprentissage, notamment la formation d'apprenti junior prévue à l'article L. 337-3 du code de l'éducation ;

5° De promouvoir le soutien à l'initiative pédagogique et à l'expérimentation ;

6° De faciliter le déroulement de séquences d'apprentissage dans des États membres de la Communauté européenne ;

7° De favoriser l'accès des personnes handicapées à l'apprentissage.

Art. D. 6211-2. Les contrats d'objectifs et de moyens indiquent les moyens mobilisés par les parties pour atteindre les objectifs arrêtés.

SECTION 2. Rôle des chambres consulaires

Art. D. 6211-3. Les chambres consulaires mentionnées à l'article L. 6211-4 peuvent soit individuellement, soit en commun, organiser des services d'apprentissage chargés de contribuer :

1° Au placement des jeunes en apprentissage ;

2° À la préparation des contrats d'apprentissage ;

3° À l'élaboration de documents statistiques sur l'apprentissage, notamment à la demande de la commission départementale de l'emploi et de l'insertion ;

4° À la réalisation d'enquêtes sur le devenir professionnel des jeunes formés par la voie de l'apprentissage ;

5° Au fonctionnement des divers services sociaux organisés en faveur des apprentis.

Art. D. 6211-4. Les chambres consulaires adressent à la commission départementale de l'emploi et de l'insertion tout avis sur l'apprentissage dans le département.

Note Les dispositions relatives aux commissions, conseils, comités et procédures supprimés, modifiés ou dont les compétences sont transférées à d'autres commissions, conseils ou comités en application des articles 13 à 16, 18, 23, 26, 28 à 32, 34, 34-3, 34-4 et 34-5 de l'ordonnance 2004-637 du 1er juillet 2004 et par le titre Ier du présent décret sont demeurées en vigueur jusqu'au 30 juin 2006 (…). Les consultations auxquelles il a été procédé avant ces dates demeurent valides en tant qu'elles ont été effectuées conformément aux dispositions antérieurement applicables (décret 2006-665 du 7 juin 2006, art. 61, JO 8).

Art. D. 6211-5. Conformément à l'article 39 du code de l'artisanat, les ***(D. 2010-1356 du 11 nov. 2010, art. 25, JO 13)*** « chambres de métiers et de l'artisanat de région » peuvent créer des centres d'information et d'orientation professionnelle pour les jeunes qui souhaitent entrer en apprentissage.

Ces centres sont habilités à constater, dans les conditions définies aux articles R. 6222-38 à R. 6222-40, l'aptitude d'un apprenti à exercer le métier auquel il se prépare.

SECTION 3. Rôle des instances consultatives

Art. R. 6211-6. Conformément au 3° de l'article L. 6123-1, le Conseil national de la formation professionnelle tout au long de la vie est consulté sur les projets de dispositions réglementaires prévus par le présent livre.

Le Conseil supérieur de l'éducation est consulté sur les projets de décret en Conseil d'État prévus par le présent livre et sur les projets de décret prévus à l'article L. 6241-2.

Le décret en Conseil d'État prévu à l'article L. 6222-33 est pris après avis des commissions professionnelles consultatives compétentes.

TITRE II

CONTRAT D'APPRENTISSAGE

CHAPITRE Ier

Définition et régime juridique

Art. L. 6221-1. Le contrat d'apprentissage est un contrat de travail de type particulier conclu entre un apprenti ou son représentant légal et un employeur.

L'employeur s'engage, outre le versement d'un salaire, à assurer à l'apprenti une formation professionnelle complète, dispensée pour partie en entreprise et pour partie en centre de formation d'apprentis ou section d'apprentissage.

L'apprenti s'oblige, en retour, en vue de sa formation, à travailler pour cet employeur, pendant la durée du contrat, et à suivre cette formation.

Note Voir décret 2011-523 du 16 mai 2011 (JO 17) relatif à l'aide à l'embauche d'un jeune sous contrat d'apprentissage ou de professionnalisation supplémentaire dans les petites et moyennes entreprises, prorogée du 1er janvier 2012 au 30 juin 2012 par décret 2011-1971 du 26 décembre 2011 (JO 28).

CHAPITRE II

Contrat de travail et conditions de travail

SECTION 1. Formation, exécution et rupture du contrat de travail

Sous-section 1. Conditions de formation du contrat

Art. L. 6222-1. Nul ne peut être engagé en qualité d'apprenti s'il n'est âgé de seize ans au moins à vingt-cinq ans au début de l'apprentissage.

(L. 2011-893 du 28 juil. 2011, art. 19, JO 29) « Toutefois, les jeunes âgés d'au moins quinze ans au cours de l'année civile peuvent souscrire un contrat d'apprentissage s'ils justifient avoir accompli la scolarité du premier cycle de l'enseignement secondaire ou avoir suivi une formation prévue à l'article L. 337-3-1 du code de l'éducation. »

Note • La loi 2006-396 du 31 mars 2006 sur l'égalité des chances a ouvert une « formation d'apprenti junior ». Cette formation comprend un parcours d'initiation aux métiers ouvert aux élèves à partir de l'âge de 14 ans ; après cette première étape effectuée sous statut scolaire, l'apprenti junior âgé d'au moins 15 ans devient apprenti junior confirmé et peut conclure alors un contrat d'apprentissage. Les dispositions relatives à l'apprentissage junior figurent dans le code de l'éducation (art. L. 337-3 et D. 337-161 à D. 337-171). Ce dispositif n'est aujourd'hui pas abrogé, même s'il n'est plus appliqué en pratique (circ. MEN-DGESCO 2008-42 du 4 avril 2008, BO EN 15 avril).

• L'article L. 337-3-1 du code de l'éducation dispose que « les centres de formation d'apprentis peuvent accueillir, pour une durée maximale d'un an, les élèves ayant au moins atteint l'âge de quinze ans ou accompli la scolarité du premier cycle de l'enseignement secondaire pour leur permettre de suivre, sous statut scolaire, une formation en alternance destinée à leur faire découvrir un environnement professionnel correspondant à un projet d'entrée en apprentissage.

À tout moment, l'élève peut :
– soit signer un contrat d'apprentissage, sous la réserve d'avoir atteint l'âge de seize ans ou d'avoir accompli la scolarité du premier cycle de l'enseignement secondaire, conformément à l'article L. 6222-1 CT ;
– soit reprendre sa scolarité dans un collège ou un lycée.

Les stages en milieu professionnel sont organisés dans les conditions prévues au chapitre III du titre V du livre Ier de la quatrième partie du code du travail.

Un décret détermine les modalités d'application du présent article. » Voir décret 2010-1780 du 31 décembre 2010 (JO 1er janv. 2011) instaurant un dispositif d'initiation aux métiers en alternance (c. éduc. art. D. 337-172 à 182). Voir circulaire MEN/DGESCO A2-2 du 19 janvier 2011, BO EN 3 février.

• Voir décret 2011-523 du 16 mai 2011 (JO 17) relatif à l'aide à l'embauche d'un jeune sous contrat d'apprentissage ou de professionnalisation supplémentaire dans les petites et moyennes entreprises prorogée du 1er janvier 2012 au 30 juin 2012 par décret 2011-1971 du 26 décembre 2011 (JO 28).

Art. L. 6222-2. La limite d'âge de vingt-cinq ans n'est pas applicable dans les cas suivants :

1° Lorsque le contrat proposé fait suite à un contrat d'apprentissage précédemment souscrit et conduit à un niveau de diplôme supérieur à celui obtenu à l'issue du contrat précédent ;

2° Lorsqu'il y a eu rupture de contrat pour des causes indépendantes de la volonté de l'apprenti ou suite à une inaptitude physique et temporaire de celui-ci ;

3° Lorsque le contrat d'apprentissage est souscrit par une personne à laquelle la qualité de travailleur handicapé est reconnue ;

4° Lorsque le contrat d'apprentissage est souscrit par une personne qui a un projet de création ou de reprise d'entreprise dont la réalisation est subordonnée à l'obtention du diplôme ou titre sanctionnant la formation poursuivie.

Note

• Le 3° de cet article a été modifié par la loi 2008-1425 du 27 décembre 2008, art. 187, JO 28 qui a supprimé la limite d'âge de 30 ans des travailleurs handicapés pour conclure un contrat d'apprentissage.

• La loi 2004-391 du 4 mai 2004 (JO 5) permet de déroger à la limite d'âge supérieure, c'est-à-dire après 25 ans, pour conclure un contrat d'apprentissage. L'âge de l'apprenti ne peut être cependant supérieur à 30 ans.

Un décret 2005-129 du 15 février 2005 (JO 17) précise les causes indépendantes de la volonté de l'apprenti, en cas de rupture.

La loi 2005-32 du 18 janvier 2005 (JO 19) de cohésion sociale a ouvert une nouvelle cause de dérogation pour une personne ayant un projet de création ou de reprise d'entreprise subordonné à l'obtention d'un diplôme sanctionnant la formation.

Art. D. 6222-1. Les dérogations à la limite d'âge supérieure, prévue à l'article L. 6222-2, sont applicables dans les conditions suivantes :

1° Pour les dérogations prévues aux ***(D. 2009-596 du 26 mai 2009, JO 8)*** « 1° et 2° », l'âge de l'apprenti au moment de la conclusion du contrat est de trente ans au plus ;

2° Pour les dérogations prévues aux 1° et 2°, le contrat d'apprentissage doit être souscrit dans un délai maximum d'un an après l'expiration du précédent contrat ;

3° Pour la dérogation prévue au 2°, les causes indépendantes de la volonté de l'apprenti ayant entraîné la rupture du contrat d'apprentissage sont les suivantes :

a) La cessation d'activité de l'employeur ;

b) La faute de l'employeur ou les manquements répétés à ses obligations ;

c) La mise en œuvre de la procédure de suspension de l'exécution du contrat d'apprentissage, prévue aux articles L. 6225-4 et suivants ;

4° Pour l'inaptitude physique et temporaire de l'apprenti constatée dans les conditions prévues aux articles R. 6222-38 à R. 6222-40.

Art. L. 6222-3. Un décret détermine les conditions d'application des dérogations prévues à l'article L. 6222-2, notamment le délai maximum dans lequel le contrat d'apprentissage mentionné au 1° de ce même article est souscrit après l'expiration du contrat précédent.

Les autres mesures d'application de la présente sous-section sont déterminées par décret en Conseil d'État.

Sous-section 2. Conclusion du contrat

Art. L. 6222-4. Le contrat d'apprentissage est un contrat écrit qui comporte des clauses et des mentions obligatoires.

Il est signé par les deux parties contractantes préalablement à l'emploi de l'apprenti.

Note

• Ayant constaté que, après s'être engagée à employer le salarié sous contrat d'apprentissage à compter du 1er septembre 2002, une société n'avait, à cette date, pas procédé aux formalités administratives préalables et qu'aucun contrat d'apprentissage écrit n'avait été remis à l'intéressé, une cour d'appel a pu en déduire que la rupture de la promesse d'embauche était fautive (cass. soc. 13 décembre 2007, n° 06-45.343, *JSL* n° 228, 25 février 2008, p. 25).

• *Nullité du contrat.* Bien que la loi ne le précise pas, l'écrit constitue une condition de validité du contrat et ne saurait être considéré comme simple moyen de preuve. En l'absence d'écrit, le contrat est nul.

• *Effets de la nullité du contrat sur la rémunération.* Se fondant sur un arrêt de la Cour de cassation (cass. soc. 10 février 1966) précisant qu'« en cas de nullité du contrat, la situation de l'apprenti est assimilable à celle d'un jeune ouvrier », le ministre chargé du travail a précisé que l'intéressé devait, en pareille hypothèse, recevoir, pour les heures de travail qu'il a effectivement accomplies dans l'entreprise, une rémunération calculée sur le salaire minimum prévu par la convention collective applicable ou sur le SMIC, compte tenu, éventuellement, des abattements d'âge (rép. QE 33594, JO AN 12 février 1977, p. 691).

La Cour de cassation a estimé que, dès lors que le contrat ne répond pas aux exigences des articles L. 117-12 et s. [L. 6222-4 et s.], l'employeur a l'obligation de verser au salarié la rémunération due, en vertu de l'article R. 141-1 [D. 3231-3], aux jeunes travailleurs de moins de 18 ans et de capacité physique normale (cass. soc. 21 février 1990, n° 86-42.695, *CSB* 1990 B. 43 ; 28 mars 1996, n° 93-41.139, *CSB* 1996 S. 70 ; voir aussi cass. soc. 9 décembre 2010, n° 09-42.655).

Art. L. 6222-5. Lorsque l'apprenti mineur est employé par un ascendant, le contrat d'apprentissage est remplacé par une déclaration souscrite par l'employeur. Cette déclaration est assimilée dans tous ses effets à un contrat d'apprentissage.

Elle comporte l'engagement de satisfaire aux conditions prévues par les articles :

1° L. 6221-1, relatif à la définition et au régime juridique du contrat ;

2° L. 6222-1 à L. 6222-3, relatifs aux conditions de formation du contrat ;

3° L. 6222-4, relatif à la conclusion du contrat ;

4° L. 6222-11 et L. 6222-12, relatifs à la durée du contrat ;

5° L. 6222-16, relatif au contrat d'apprentissage suivi d'un contrat de travail à durée indéterminée ;

6° L. 6222-27 à L. 6222-29, relatifs au salaire ;

7° L. 6223-1 à L. 6223-8, relatifs aux obligations de l'employeur en matière d'organisation de l'apprentissage et de formation ;

8° L. 6225-1, relatif à l'opposition à l'engagement d'apprentis ;

9° L. 6225-4 à L. 6225-7, relatifs à la suspension de l'exécution du contrat et à l'interdiction de recruter de nouveaux apprentis.

L'ascendant verse une partie du salaire à un compte ouvert à cet effet au nom de l'apprenti.

Note Tous les employeurs, quel que soit leur statut, peuvent dispenser un apprentissage familial.

Art. L. 6222-5-1. ***(L. 2011-893 du 28 juil. 2011, art. 6, JO 29)*** Par dérogation à l'article L. 6221-1 et au second alinéa de l'article L. 6222-4 et pour l'exercice d'activités saisonnières au sens du 3° de l'article L. 1242-2, deux employeurs peuvent conclure conjointement un contrat d'apprentissage avec toute personne éligible à ce contrat en application des articles L. 6222-1 et L. 6222-2. Par dérogation à l'article L. 6211-1, ce contrat peut avoir pour finalité l'obtention de deux qualifications professionnelles sanctionnées par un diplôme ou un titre à finalité professionnelle enregistré au répertoire national des certifications professionnelles.

Une convention tripartite signée par les deux employeurs et l'apprenti est annexée au contrat d'apprentissage. Elle détermine :

1° L'affectation de l'apprenti entre les deux entreprises au cours du contrat selon un calendrier prédéfini, ainsi que le nombre d'heures effectuées dans chaque entreprise ;

2° Les conditions de mise en place du tutorat entre les deux entreprises ;

3° La désignation de l'employeur tenu de verser la rémunération due au titre de chaque période consacrée par l'apprenti à la formation dispensée dans les centres de formation d'apprentis et les sections d'apprentissage.

Le premier alinéa de l'article L. 6222-18 est applicable, à l'initiative de l'apprenti ou de l'un des employeurs, pendant deux mois à compter du début de la première période de travail effectif chez cet employeur.

L'apprenti bénéficie d'un maître d'apprentissage, au sens de l'article L. 6223-5, dans chacune des entreprises.

Le contrat peut être rompu, dans les conditions prévues à l'article L. 6222-18, à l'initiative des deux employeurs ou de l'un d'entre eux, lequel prend en charge les conséquences financières d'une rupture à ses torts.

Note Voir décret 2012-197 du 8 février 2012 (JO 10) modifiant les articles D. 337-21 et D. 337-90 du code de l'éducation pour l'application des articles L. 6222-5-1 et L. 6325-4-1 CT (entrée en vigueur à compter de la session d'examen 2012).

Art. L. 6222-6. Un décret en Conseil d'État détermine les conditions d'application de la présente sous-section.

Art. R. 6222-2. Le contrat d'apprentissage est établi par écrit, en trois exemplaires originaux.

Chaque exemplaire est signé par l'employeur, l'apprenti et, le cas échéant, son représentant légal.

Art. R. 6222-3. Le contrat d'apprentissage précise le nom du maître d'apprentissage, les titres ou diplômes dont il est titulaire et la durée de son expérience professionnelle dans l'activité en relation avec la qualification recherchée.

Art. R. 6222-4. Le contrat d'apprentissage fixe le salaire dû à l'apprenti pour chacune des années de l'apprentissage. Ce salaire ne peut être inférieur aux taux prévus par l'article D. 6222-26.

Lorsque des avantages en nature sont accordés, le contrat fixe, dans des limites prévues par décret, les conditions dans lesquelles ils sont déduits du salaire.

Art. R. 6222-5. Un arrêté conjoint des ministres chargés de la formation professionnelle, de l'agriculture et des transports, pris après avis du Conseil national de la formation professionnelle tout au long de la vie, détermine un contrat type d'apprentissage, qui comporte les mentions définies aux articles R. 6222-3 et R. 6222-4. ***(D. 2011-1924 du 21 déc. 2011, JO 23)*** « Cet arrêté fixe, en outre, la liste des pièces liées au contrat d'apprentissage. »

(D. 2011-1924 du 21 déc. 2011, JO 23) « Sur demande de l'organisme chargé de l'enregistrement du contrat d'apprentissage, l'employeur produit les pièces mentionnées dans l'arrêté prévu au présent article. »

Note • Les stipulations et indications que doit obligatoirement contenir le contrat d'apprentissage figurent dans un contrat type (Cerfa FA13a). En tout état de cause, un contrat ne les comportant pas devrait faire l'objet d'un refus d'enregistrement.

• Voir arrêté du 15 janvier 2007 (JO 30) relatif au contrat type d'apprentissage.

• **Clause de non-concurrence.** Selon le ministre chargé du travail, rien ne s'oppose à ce qu'une clause de non-concurrence soit insérée dans un contrat d'apprentissage (rép. QE 9888, JO AN 24 mars 1979, p. 1951). La cour d'appel de Nancy a jugé valable une clause de non-concurrence insérée dans un contrat d'apprentissage dès lors qu'elle est limitée dans le temps et dans l'espace, et qu'elle protège un intérêt légitime de l'entreprise (CA Nancy, 7 avril 1997, Delattre c/ Gérard et a., *RJS* 11/97 n° 1272).

Sous-section 3. Durée du contrat

Art. L. 6222-7. La durée du contrat d'apprentissage est au moins égale à celle du cycle de formation qui fait l'objet du contrat.

Elle peut varier entre un et trois ans, sous réserve des cas de prolongation prévus à l'article L. 6222-11.

Elle est fixée en fonction du type de profession et du niveau de qualification préparés.

Art. L. 6222-8. La durée du contrat d'apprentissage peut être adaptée pour tenir compte du niveau initial de compétence de l'apprenti.

Cette durée est alors fixée par les cocontractants en fonction de l'évaluation des compétences et après autorisation du service de l'inspection de l'apprentissage compétent. Cette autorisation est réputée acquise dans des conditions déterminées par décret en Conseil d'État.

Art. L. 6222-9. Par dérogation aux dispositions de l'article L. 6222-7, la durée du contrat peut varier entre six mois et un an lorsque la formation a pour objet l'acquisition d'un diplôme ou d'un titre :

1° De même niveau et en rapport avec un premier diplôme ou titre obtenu dans le cadre d'un précédent contrat d'apprentissage ;

2° De niveau inférieur à un diplôme ou titre déjà obtenu ;

3° Dont une partie a été obtenue par la validation des acquis de l'expérience ;

4° Dont la préparation a été commencée sous un autre statut.

Dans ces cas, le nombre d'heures de formation dispensées dans les centres de formation d'apprentis ne peut être inférieur à celui fixé dans les conditions prévues à l'article L. 6233-8 calculé en proportion de la durée du contrat.

Art. L. 6222-10. Les modalités de prise en compte du niveau initial de compétence de l'apprenti permettant d'adapter la durée du contrat d'apprentissage en application de l'article L. 6222-8 sont arrêtées par la région lorsque celle-ci est signataire de la convention de création d'un centre de formation d'apprentis.

Art. L. 6222-11. En cas d'échec à l'examen, l'apprentissage peut être prolongé pour une durée d'un an au plus :

1° Soit par prorogation du contrat initial ;

2° Soit par conclusion d'un nouveau contrat avec un autre employeur dans des conditions fixées par décret.

Note

• Un employeur ne peut pas se fonder sur l'échec de l'apprenti à l'examen pour refuser la prolongation du contrat.

• À titre expérimental, jusqu'au 31 décembre 2011, un apprenti qui n'obtiendrait pas le diplôme ou le titre qu'il vise peut bénéficier, à sa demande, d'une prise en compte de ses acquis pour l'obtention d'un certificat de qualification professionnelle (loi 2009-1437 du 24 novembre 2009, art. 34, JO 25).

Cette mesure sera mise en œuvre selon des modalités qui seront fixées par des conventions ou accords de branche déposés avant le 31 décembre 2010, étant entendu qu'un décret précisera les règles à suivre en l'absence de convention ou d'accord.

Art. L. 6222-12. Le contrat d'apprentissage fixe la date du début de l'apprentissage.

Sauf dérogation accordée dans des conditions déterminées par décret, cette date ne peut être antérieure de plus de trois mois, ni postérieure de plus de trois mois au début du cycle du centre de formation d'apprentis que suit l'apprenti.

En cas de dérogation ou de suspension du contrat pour une raison indépendante de la volonté de l'apprenti, la durée du contrat est prolongée jusqu'à l'expiration de ce cycle.

Note

Si la suspension du contrat d'apprentissage causée par l'accident ou la maladie compromet la formation de l'apprenti, le contrat est prolongé à la demande de l'apprenti jusqu'au terme du cycle suivant de formation (cass. soc. 1er juillet 1998, n° 96-41.014, BC V n° 353 ; *RJS* 8-9/98 n° 1038).

Art. L. 6222-12-1. ***(L. 2011-893 du 28 juil. 2011, art. 20, JO 29)*** Par dérogation à l'article L. 6222-12, un jeune âgé de seize à vingt-cinq ans, ou ayant au moins quinze ans et justifiant avoir accompli la scolarité du premier cycle de l'enseignement secondaire, peut, à sa demande, s'il n'a pas été engagé par un employeur, suivre en centre de formation d'apprentis ou en section d'apprentissage une formation visant à l'obtention d'une qualification professionnelle mentionnée à l'article L. 6211-1, dans la limite d'un an et des capacités d'accueil du centre ou de la section fixées par les conventions mentionnées aux articles L. 6232-1 et L. 6232-7.

Il bénéficie du statut de stagiaire de la formation professionnelle.

Lors des périodes réservées à la formation en entreprise, le centre de formation d'apprentis ou la section d'apprentissage organise à son intention des stages professionnalisants en entreprise.

Une même entreprise ne peut accueillir un jeune en stage plus d'une fois par an.

À tout moment, le bénéficiaire du présent article peut signer un contrat d'apprentissage d'une durée comprise entre un et trois ans et réduite du nombre de mois écoulés depuis le début du cycle de formation.

Note Voir instruction de la DGEFP du 24 octore 2011 relative à l'accueil des stagiaires de la formation professionnelle dans les CFA.

Art. L. 6222-13. Lorsqu'un salarié est titulaire d'un contrat de travail à durée indéterminée, ce contrat peut, par accord entre le salarié et l'employeur, être suspendu pendant la durée d'un contrat d'apprentissage conclu avec le même employeur.

La durée de la suspension du contrat de travail est égale à la durée de la formation nécessaire à l'obtention de la qualification professionnelle recherchée, prévue à l'article L. 6233-8.

Note Cet article, introduit par la loi 2004-391 du 4 mai 2004 (JO 5), permet à un jeune salarié déjà engagé dans la vie professionnelle sous contrat à durée indéterminée de bénéficier d'une formation qualifiante grâce à un contrat d'apprentissage.

Art. L. 6222-14. Un décret en Conseil d'État détermine les conditions d'application de la présente sous-section.

§ 1. Principe et dérogation

Art. R. 6222-6. Sous réserve des dispositions des articles R. 6222-7 et R. 6222-8, la durée des contrats d'apprentissage conclus pour la préparation d'un diplôme, ou d'un titre à finalité professionnelle inscrit au répertoire national des certifications professionnelles, est fixée à deux ans.

Pour la préparation d'un titre d'ingénieur diplômé ou d'un diplôme d'enseignement supérieur long, la durée du contrat est portée à trois ans, lorsque telle est la durée réglementaire de préparation du diplôme.

Art. R. 6222-7. La durée du contrat d'apprentissage conclu pour la préparation d'un diplôme, ou d'un titre à finalité professionnelle inscrit au répertoire national des certifications professionnelles, peut être réduite ou allongée pour tenir compte du type de profession, du niveau de qualification visés ainsi que de la durée minimale de formation en centre de formation d'apprentis fixée, le cas échéant, par le règlement d'examen :

1° Soit par une convention ou un accord de branche étendu par un arrêté, pris en application de l'article L. 2261-15, après avis du Conseil national de la formation professionnelle tout au long de la vie ;

2° Soit, à défaut de convention ou d'accord de branche étendu, par un arrêté conjoint des ministres chargés de la formation professionnelle, de l'éducation et, le cas échéant, du ministre qui délivre le diplôme ou le titre.

Note La durée du contrat d'apprentissage pour la préparation du baccalauréat professionnel est fixée à trois ans. Par dérogation, la durée du contrat d'apprentissage pour la préparation du baccalauréat professionnel est fixée à deux ans pour les titulaires d'un diplôme enregistré et classé au niveau V dans le répertoire national des certifications professionnelles, et relevant d'une spécialité en cohérence avec celle du baccalauréat professionnel préparé (arrêté du 8 juillet 2009, JO 12).

Art. R. 6222-8. La durée du contrat d'apprentissage peut varier entre six mois et un an dans les cas prévus à l'article L. 6222-9.

La décision est prise par le recteur, le ***(D. 2010-429 du 29 avril 2010, JO 30)*** « directeur régional de l'alimentation, de l'agriculture et de la forêt » ou le ***(D. 2009-1540 du 10 déc. 2009, art. 10, JO 12)*** « directeur régional de la jeunesse, des sports et de la cohésion sociale », après avis du directeur du centre de formation d'apprentis, ou, dans le cas d'une section d'apprentissage, du responsable d'établissement.

L'absence de réponse dans un délai d'un mois à compter du dépôt de la demande par l'employeur vaut décision d'acceptation.

§ 2. Prise en compte du niveau initial de compétence de l'apprenti

Art. R. 6222-9. La durée du contrat d'apprentissage peut être réduite ou allongée, à la demande des cocontractants, pour tenir compte du niveau initial de compétence de l'apprenti, sans pouvoir conduire à la conclusion de contrats d'apprentissage d'une durée inférieure à un an ou supérieure à trois ans.

Cette adaptation est autorisée, au vu de l'évaluation des compétences de l'intéressé, par le recteur de l'académie, le ***(D. 2010-429 du 29 avril 2010, JO 30)*** « directeur régional de l'alimentation, de l'agriculture et de la forêt » ou le ***(D. 2009-1540 du 10 déc. 2009, art. 10, JO 12)*** « directeur régional de la jeunesse, des sports et de la cohésion sociale », après avis, le cas échéant, du président de l'université ou du directeur de l'établissement d'enseignement supérieur concerné.

L'absence de réponse dans un délai d'un mois à compter du dépôt de la demande vaut décision d'acceptation.

Art. R. 6222-10. L'autorisation d'adapter la durée du contrat d'apprentissage est réputée acquise lorsque le contrat est conclu dans le cadre de la formation d'apprenti junior, prévue à l'article L. 337-3 du code de l'éducation.

Dans le cas de l'enseignement supérieur, l'autorisation du service de l'inspection de l'apprentissage est réputée acquise lorsqu'un avis favorable a été émis par le président d'université ou le chef d'établissement d'enseignement supérieur.

Art. R. 6222-11. La réduction de la durée du contrat d'apprentissage autorisée dans les conditions prévues à l'article R. 6222-9 n'est pas cumulable avec les réductions de durée prévues par les articles R. 6222-15 et R. 6222-16.

Art. R. 6222-12. La décision par laquelle le conseil régional arrête les modalités de prise en compte du niveau initial de compétence de l'apprenti, en application de l'article L. 6222-10, est prise après avis du comité de coordination régional de l'emploi et de la formation professionnelle.

Art. R. 6222-13. Le préfet de région et le président du conseil régional arrêtent conjointement, après avis du comité de coordination régional de l'emploi et de la formation professionnelle, une liste des organismes chargés de l'évaluation des compétences des jeunes.

Ils sont choisis parmi les organismes prestataires de bilans de compétences mentionnés au 2° de l'article R. 6322-32 et les centres de formation d'apprentis ou les sections d'apprentissage.

Le directeur du centre de formation d'apprentis ou, dans le cas d'une section d'apprentissage, le responsable d'établissement, organise, avec des établissements figurant sur la liste, la mise en œuvre de l'évaluation des compétences prévue au deuxième alinéa de l'article R. 6222-9.

Art. R. 6222-14. Les modalités de mise en œuvre, notamment financières, des contrats d'apprentissage donnant lieu à l'application des dispositions du présent paragraphe et de l'évaluation des compétences sont déterminées par la convention créant le centre de formation d'apprentis.

§ 3. Autres possibilités d'adaptation

Art. R. 6222-15. Lorsque la durée du contrat est fixée à deux ans et plus, elle est réduite d'un an pour les personnes qui remplissent les conditions suivantes :

1° Avoir bénéficié, pendant une année au moins :

a) Soit d'une formation à temps complet dans un établissement d'enseignement technologique ;

b) Soit d'un contrat d'apprentissage ;
c) Soit d'un contrat de professionnalisation ;

2° Entrer en apprentissage pour achever l'une des formations mentionnées au 1°.

Art. R. 6222-16. Lorsque la durée du contrat est fixée à deux ans et plus, elle peut être réduite, sur demande, d'un an pour les personnes suivantes :

1° Celles titulaires d'un diplôme ou d'un titre homologué de niveau supérieur à celui qu'elles souhaitent préparer ;

2° Celles ayant accompli un stage de formation professionnelle conventionné ou agréé par l'État ou une région et ayant pour objet l'acquisition d'une qualification ;

3° Celles titulaires d'un diplôme de l'enseignement technologique ou professionnel ou d'un titre homologué et qui souhaitent préparer un diplôme ou un titre de même niveau, lorsque la nouvelle qualification recherchée est en rapport direct avec celle qui résulte du premier diplôme ou du titre obtenu.

Art. R. 6222-17. La décision de réduire d'un an la durée du contrat d'apprentissage, en application de l'article R. 6222-16, est prise par le recteur ou par le ***(D. 2010-429 du 29 avril 2010, JO 30)*** « directeur régional de l'alimentation, de l'agriculture et de la forêt » ou par ***(D. 2009-1540 du 10 déc. 2009, art. 10, JO 12)*** « le directeur régional de la jeunesse, des sports et de la cohésion sociale », après avis du directeur du centre de formation d'apprentis.

L'absence de réponse dans un délai d'un mois à compter du dépôt de la demande vaut décision d'acceptation.

Art. R. 6222-18. Les apprentis mentionnés à l'article R. 6222-15 et aux 1° et 2° de l'article R. 6222-16 sont considérés, notamment pour déterminer la rémunération minimale, comme ayant déjà accompli une première année d'apprentissage.

§ 4. Début de l'apprentissage

Art. D. 6222-19. La date du début du contrat d'apprentissage peut être fixée en dehors des périodes déterminées par l'article L. 6222-12 sur demande de dérogation adressée au recteur ou au ***(D. 2010-429 du 29 avril 2010, JO 30)*** « directeur régional de l'alimentation, de l'agriculture et de la forêt » ou au ***(D. 2009-1540 du 10 déc. 2009, art. 10, JO 12)*** « directeur régional de la jeunesse, des sports et de la cohésion sociale ».

Cette demande mentionne expressément le motif invoqué à son appui et les résultats de l'évaluation des compétences de l'intéressé, mise en œuvre dans les conditions prévues à l'article R. 6222-9.

Elle est transmise par l'intermédiaire du directeur du centre de formation d'apprentis ou, dans le cas d'une section d'apprentissage, du responsable d'établissement, qui y joint son avis.

L'absence de réponse du recteur ou du ***(D. 2010-429 du 29 avril 2010, JO 30)*** « directeur régional de l'alimentation, de l'agriculture et de la forêt » ou du ***(D. 2009-1540 du 10 déc. 2009, art. 10, JO 12)*** « directeur régional de la jeunesse, des sports et de la cohésion sociale » dans un délai de deux semaines à compter du jour où il a été saisi vaut décision d'acceptation.

Art. D. 6222-19-1. ***(D. 2011-2075 du 30 déc. 2011, JO 31)*** Les stages professionnalisants mentionnés à l'article L. 6222-12-1 sont mis en œuvre, selon les cas, dans les conditions prévues à l'article D. 331-15 du code de l'éducation ou à l'article R. 715-1-5 du code rural et de la pêche maritime.

Pour chaque stage professionnalisant, une convention est signée entre le jeune, ou, s'il est mineur son représentant légal, le centre de formation d'apprentis et le représentant de l'entreprise accueillant le jeune.

Cette convention fixe les dates de début et de fin de stage, précise ses objectifs, son programme et ses modalités d'organisation. Un tuteur appartenant à l'entreprise et possédant la qualification professionnelle requise est désigné par le représentant de l'entreprise.

Art. D. 6222-20. L'évaluation des compétences, prévue au second alinéa de l'article L. 6222-8, est obligatoire et préalable à la signature du contrat lorsque la date du début de l'apprentissage se situe en dehors de la période prévue à l'article L. 6222-12.

Sous-section 4. Succession de contrats

Art. L. 6222-15. Tout jeune travailleur peut souscrire des contrats d'apprentissage successifs pour préparer des diplômes ou titres sanctionnant des qualifications différentes.

Lorsque l'apprenti a déjà conclu deux contrats successifs de même niveau, il doit obtenir l'autorisation du directeur du dernier centre de formation d'apprentis qu'il a fréquenté pour conclure un troisième contrat d'apprentissage du même niveau.

Il n'est exigé aucune condition de délai entre deux contrats.

Art. L. 6222-16. Si le contrat d'apprentissage est suivi de la signature d'un contrat de travail à durée indéterminée, ***(L. 2011-893 du 28 juil. 2011, art. 8, JO 29)*** « d'un contrat à durée déterminée ou d'un contrat de travail temporaire » dans la même entreprise, aucune période d'essai ne peut être imposée, sauf dispositions conventionnelles contraires.

La durée du contrat d'apprentissage est prise en compte pour le calcul de la rémunération et l'ancienneté du salarié.

Art. L. 6222-17. Un décret en Conseil d'État détermine les mesures d'application de la présente sous-section.

Sous-section 5. Rupture du contrat

Art. L. 6222-18. Le contrat d'apprentissage peut être rompu par l'une ou l'autre des parties durant les deux premiers mois de l'apprentissage.

Passé ce délai, la rupture du contrat ne peut intervenir que sur accord écrit signé des deux parties. À défaut, la rupture ne peut être prononcée que par le conseil de prud'hommes en cas de faute grave ou de manquements répétés de l'une des parties à ses obligations ou en raison de l'inaptitude de l'apprenti à exercer le métier auquel il voulait se préparer.

(L. 2009-1437 du 24 nov. 2009, art. 25, JO 25) « L'article L. 1242-10 est applicable lorsque, après la rupture d'un contrat d'apprentissage, un nouveau contrat est conclu entre l'apprenti et un nouvel employeur pour achever la formation. »

Note

• **Alinéa 3.** Lorsque, après la rupture d'un contrat d'apprentissage, un nouveau contrat d'apprentissage est conclu avec un nouvel employeur, il est possible de prévoir une période d'essai en respectant les règles de droit commun prévues pour les contrats à durée déterminée.

• **Résiliation d'un contrat d'apprentissage**

Le contrat d'apprentissage peut être, dans certains cas et sous certaines conditions seulement, résilié avant son terme (terme fixé par le contrat ou résultant d'une prolongation).

La rupture d'un contrat d'apprentissage, hors les cas prévus par la loi, est sans effet (cass. soc. 6 février 2001, n° 98-44.133, BC V n° 38 ; *RJS* 4/01 n° 482). Dès lors, sauf en cas de mise à pied, l'employeur est tenu de payer les salaires jusqu'au jour où le conseil de prud'hommes, saisi par l'une des parties, statue sur la résiliation (cass. soc. 4 mai 1999, n° 97-40.049, BC V n° 183 ; *RJS* 6/99 n° 838) ou, s'il est parvenu à expiration, jusqu'au terme du contrat (cass. soc. 4 juillet 2006, n° 04-45.576, *RDT*, oct. 2006, p. 239, B. Lardy-Pélissier). Voir dans le même sens cass. soc. 8 novembre 2011, n° 10-22.828, *JSL* n°s 311-312, 21 déc. 2011, p. 31, précisant que le juge peut fixer la date de résiliation au jour où l'une des parties a manqué gravement à ses obligations.

La résiliation unilatérale : elle ne peut intervenir que dans les deux premiers mois de l'apprentissage, peu important que le contrat soit ou non enregistré à cette date (cass. soc. 30 septembre 2009, n° 08-40.362, BC V n° 216 ; *JCP* éd. S 2009, 1530, note L. Drai ; *RJS* 12/09 n° 967 ; *D.* 2009 AJ 2492 note S. Maillard), et n'ouvre droit à aucune indemnité, sauf stipulation contraire dans le contrat. La rupture du contrat d'apprentissage se situe à la date où l'employeur a manifesté sa volonté d'y mettre fin, par l'envoi de la lettre notifiant la rupture (cass. soc. 29 janvier 2008, n° 06-43.906, BC V n° 25 ; *JCP* éd. S 2008, 1200, note Fr. Dumont ; *RJS* 4/08 n° 463). Elle doit être constatée par écrit, notifiée au directeur du CFA ainsi qu'au service ayant enregistré le contrat.

Le délai de deux mois pendant lequel l'une ou l'autre des parties peut résilier le contrat d'apprentissage est suspendu pendant les périodes d'absence pour maladie de l'apprenti (cass. soc. 16 mars 2004, n° 01-44.456, BC V n° 86 ; *RJS* 5/04 n° 584). Il est également suspendu en cas d'accident du travail. Dès lors, la résiliation du contrat d'apprentissage pendant le délai de deux mois, suspendu consécutivement à un accident du travail, est nulle (cass. soc. 31 mai 2006, n° 04-41.528, *RJS* 8-9/06 n° 984).

Résiliation à l'initiative de l'employeur. La rupture unilatérale du contrat d'apprentissage par l'employeur est non seulement irrégulière en la forme, mais également abusive, lorsque le contrat a été exécuté pendant plus de deux mois (cass. soc. 16 juillet 1996, n° 93-41.735, *RJS* 8-9/96 n° 960).

Est irrégulière la résiliation unilatérale du contrat prononcée par l'employeur passé le délai des deux premiers mois de l'apprentissage, l'employeur étant alors condamné au paiement des salaires restant à courir jusqu'au terme du contrat (cass. soc. 13 octobre 1988, n° 86-41.919, BC V n° 491) ; voir aussi cass. soc. 9 mai 1990, n° 87-45.106, BC V n° 203 condamnant au paiement de dommages-intérêts l'employeur qui a pris l'initiative de rompre le contrat, passé les deux premiers mois d'exécution de celui-ci, motif pris d'une absence prolongée de l'apprenti.

Est régulière et n'ouvre droit à aucune indemnité la résiliation unilatérale d'un contrat d'apprentissage prononcée par un employeur devenu inapte à exercer sa profession à la suite d'un accident du travail et qui avait dû se faire radier du répertoire des métiers, peu important, à cet égard, les stipulations du contrat et les dispositions de l'article L. 117-14 [L. 6224-1 à 5] CT inapplicable en l'espèce (cass. soc. 16 juillet 1987, n° 84-45.202, BC V n° 476).

L'employeur ne peut rompre unilatéralement le contrat d'apprentissage même si cette rupture intervient pour manquements répétés ; il doit, dans ce cas, demander la résiliation judiciaire du contrat au conseil de prud'hommes (cass. soc. 22 avril 1997, n° 94-40.431, *D.* 1998 p. 91, note J-P Karaquillo). L'employeur peut prononcer la mise à pied de l'apprenti dans l'attente de la décision judiciaire à venir « si la gravité des fautes commises par l'apprenti le justifie » (voir également cass. soc. 30 mars 1994, n° 90-43.809, BC V n° 112 ; cass. soc. 23 mars 1989, n° 86-41.607, BC V n° 244 ; *CSB* 1989 A. 25). Toutefois, l'apprenti mis à pied à titre conservatoire dans l'attente de l'issue de la procédure intentée par l'employeur en vue de la résiliation du contrat a droit au paiement de ses salaires durant cette période si la résiliation n'est pas prononcée à ses torts (cass. soc. 26 mars 2002, n° 00-41.218, BC V n° 100).

La rupture du contrat d'apprentissage peut être fautive. L'employeur ayant exercé des violences sur l'apprenti commet une faute entraînant la rupture à ses torts et ouvrant droit à des dommages-intérêts au profit de l'apprenti (cass. soc. 28 avril 1994, n° 90-45.472, BC V n° 148 ; *Dr. Soc.* 1994, p. 798 ; 15 mars 2000, n° 97-44.035, *RJS* 4/00 n° 425).

Est fondé l'arrêt de cour d'appel décidant que la rupture du contrat est imputable à l'apprenti, après avoir constaté que l'employeur était lui-même revenu sur sa décision de rupture unilatérale du contrat d'apprentissage et avait par deux fois proposé à l'apprenti de le réintégrer avec paiement des salaires perdus (cass. soc. 29 mai 1990, n° 99-40.976, BC V n° 241 ; *RJS* 7/90 n° 601).

En cas de modification dans la situation juridique de l'employeur, le contrat d'apprentissage se poursuit avec le nouvel employeur.

Le licenciement prononcé par le cédant est dépourvu de cause et l'existence d'une collusion frauduleuse des deux employeurs en vue de faire échec aux droits de l'apprenti entraînera la condamnation des deux sociétés à réparer les conséquences de la rupture abusive du contrat d'apprentissage (cass. soc. 7 mars 2001, n° 99-40.976, *RJS* 5/01 n° 570).

En cas de liquidation judiciaire de l'employeur, le liquidateur qui met fin au contrat d'apprentissage dans les quinze jours du jugement de liquidation ou pendant la période de maintien provisoire de l'activité de l'entreprise agit en exécution du jugement de liquidation et n'a pas à demander au conseil de prud'hommes la résiliation du contrat.

Dans ce cas, l'apprenti a droit à une indemnité égale aux rémunérations qu'il aurait perçues jusqu'au terme du contrat et non en fonction du préjudice subi (cass. soc. 23 mai 2000, n° 97-40.631, BC V n° 192 ; *RJS* 7-8/00 n° 838 ; 19 février 2002, n° 00-40.230, BC V n° 69 ; 7 juillet 2009, n° 08-40.870, *RJS* 10/09 n° 818 ; 23 novembre 2011, n° 10-26.918). Sa créance est garantie par l'AGS (cass. soc. 22 mars 2007, n° 04-46.745, *RJS* 6/07 n° 766 ; *JSL* n° 211, 10 mai 2007, p. 25).

Résiliation à l'initiative du salarié : elle est possible sur le fondement de l'article L. 6222-19 en cas d'obtention par l'apprenti du diplôme ou du titre préparé.

Une démission de l'apprenti intervenue après les deux premiers mois d'apprentissage ne met pas fin au contrat (cass. soc. 23 septembre 2008, n° 07-41.748, BC V n° 172 ; *JCP* éd. S 2008, 1612, note S. Brissy ; *RJS* 12/08 n° 1225 ; *RDT*, déc. 2008, CH, 735, Ch. Vigneau). C'est à l'employeur d'exercer une action en résiliation du contrat pour manquement de l'apprenti à ses obligations.

La résiliation bilatérale : passé les deux premiers mois de l'apprentissage, le contrat peut être résilié par accord exprès et bilatéral des parties (cass. soc. 5 février 1992, n° 88-44.370, BC V n° 63 ; *RJS* 3/92 n° 326). Lorsque la résiliation du contrat d'apprentissage intervient sur accord exprès des parties, elle doit être constatée par écrit signé par l'employeur, par l'apprenti ainsi que, s'il est mineur, par son représentant légal (cass. soc. 1er février 2005, n° 03-40.605, BC V n° 40 ; *RJS* 4/05 n° 424 ; *Dr. Soc.* 2005, p. 682, obs. Cl. Roy-Loustaunau). En l'absence d'un tel écrit, l'employeur peut être condamné à verser des dommages-intérêts à l'apprenti (cass. soc. 10 novembre 1987, Dietrich c/ Gozzi).

Le salarié qui ne prouve pas que son consentement a été vicié ne peut pas revenir sur l'accord écrit de rupture du contrat d'apprentissage qu'il a signé (cass. soc. 15 décembre 2010, n° 09-42.783).

Les deux parties ayant signé un bordereau de résiliation du contrat d'apprentissage, une cour d'appel ne peut pas condamner l'employeur à payer des dommages-intérêts d'un montant équivalent aux salaires restant à courir jusqu'au terme du contrat d'apprentissage, peu important le motif invoqué (démission) sur le formulaire de résiliation (cass. soc. 5 juillet 2011, n° 10-11.659, *RJS* 10/11 n° 830).

La résiliation judiciaire : passé le délai de deux mois, la résiliation ne peut être prononcée que par le juge soit en raison de l'inaptitude de l'apprenti à exercer le métier auquel il voulait se préparer, soit en cas de faute grave ou de manquements répétés de l'une des parties à ses obligations, le juge pouvant dans ce cas fixer la date de résiliation au jour du manquement (cass. soc. 8 novembre 2011, n° 10-22.828, *JSL* n°s 311-312, 21 déc. 2011, p. 31).

Il appartient au juge et non à l'employeur d'apprécier si les manquements invoqués justifient la résiliation du contrat d'apprentissage (par exemple, manquements répétés de l'apprenti à ses obligations : cass. soc. 7 mai 1996, n° 93-40.926, BC V n° 176 ; *RJS* 6/96 n° 697 ; abandon de poste : cass. soc. 27 juin 2007, n° 06-40.992, *RJS* 10/07 n° 1094). L'employeur peut, si la gravité des fautes commises par l'apprenti le justifie, prononcer sa mise à pied dans l'attente de la décision judiciaire à venir (voir références précitées), mais il ne peut pas de lui-même rompre le contrat (cass. soc. 30 mars 1994, n° 90-43.809, BC V n° 112 ; *Dr. Soc.* 1994, p. 557). Seul le conseil de prud'hommes pouvant prononcer la rupture avant terme d'un contrat d'apprentissage passé les deux premiers mois, cette procédure ne peut dès lors être tenue pour abusive (cass. soc. 7 mai 1996, n° 93-40.926, précité).

L'aptitude de l'apprenti peut faire l'objet d'une vérification prévue aux articles R. 117-19 [R. 6222-36 et 37] et R. 117-20 [R. 6222-38 à 40]. Cependant, le juge du fond n'est pas tenu de procéder à cette vérification (cass. soc. 5 mai 1999, n° 97-41.970, *RJS* 6/99 n° 839).

Est justifiée la résiliation prononcée à la suite de voies de fait exercées sur l'apprenti (cass. soc. 28 novembre 2006, n° 05-41.925, *RJS* 2/07 n° 254) par une personne à laquelle le maître d'apprentissage avait délégué son autorité (cass. soc. 5 février 1992, n° 88-40.597, BC V n° 64 ; *RJS* 3/92 n° 325).

N'est pas justifiée la résiliation dans le cas d'une absence pour maladie, dès lors que si l'employeur n'avait pas été prévenu des prolongations successives, il avait été averti téléphoniquement la veille du jour de la reprise du travail (cass. soc. 23 mars 1989, n° 86-41.191, BC V n° 245).

Est fondée la décision d'un conseil de prud'hommes mettant fin à un contrat d'apprentissage après avoir relevé que la seule personne capable d'assurer la formation de l'apprenti était tombée malade sans qu'il soit possible de prévoir la durée de son indisponibilité (cass. soc. 6 mars 1985, n° 82-40.242, BC V n° 142).

Doit être cassé l'arrêt de cour d'appel qui se reconnaît le pouvoir de statuer en référé sur une demande de résiliation d'un contrat d'apprentissage, car, ce faisant, les juges tranchent le fond (cass. soc. 10 mars 1988, n° 85-42.875, Leclerc c/ Entr. Fernandez).

En cas de cessation d'activité de l'employeur, l'apprenti peut demander la résiliation judiciaire de son contrat ; il peut aussi demander réparation du préjudice qu'il subit nécessairement par suite de l'inexécution du contrat jusqu'à son terme du fait de l'employeur (cass. soc. 6 avril 2004, n° 02-40.727, *RJS* 6/04 n° 727).

• Décès de l'une des parties :
– le décès de l'apprenti entraîne de plein droit la résiliation du contrat ;
– le décès de l'employeur ne fait pas obstacle au maintien du contrat, excepté dans le cas où il entraîne la cessation d'activité de l'entreprise.

• Sur la possibilité de désignation d'un médiateur pouvant être sollicité par les parties pour la résolution de litiges afférents à l'exécution ou à la résiliation du contrat d'apprentissage, voir art. L. 6222-39.

Art. R. 6222-21. La rupture unilatérale du contrat d'apprentissage par l'une des parties pendant les deux premiers mois de son exécution ou la rupture convenue d'un commun accord est constatée par écrit.

Elle est notifiée au directeur du centre de formation d'apprentis ou, dans le cas d'une section d'apprentissage, au responsable d'établissement, ainsi qu'à l'organisme ayant enregistré le contrat.

L'organisme la transmet sans délai à la ***(D. 2009-1377 du 10 nov. 2009, JO 13 ; D. 2010-687 du 24 juin 2010, JO 25 ; voir D. 2010-1582 du 17 déc. 2010, JO 18, pour outre-mer)*** « direction régionale des entreprises, de la concurrence, de la consommation, du travail et de l'emploi » du lieu d'exécution du contrat d'apprentissage.

Note • Cet article a été modifié par le décret 2008-1503 du 30 décembre 2008 (JO 31).

• Des mentions portées sur le registre d'audience tenu par le greffier du conseil de prud'hommes ne suffisent pas à caractériser un accord de rupture répondant aux prescriptions de l'article R. 117-16 [R. 6221-1] (cass. soc. 11 juillet 2006, n° 04-42.134, *RJS* 10/06 n° 1103).

Art. L. 6222-19. En cas d'obtention du diplôme ou du titre préparé, le contrat d'apprentissage peut prendre fin, à l'initiative de l'apprenti, avant le terme fixé initialement, à condition d'en avoir informé l'employeur.

Art. R. 6222-22. Les dispositions de l'article R. 6222-21 s'appliquent lorsque la rupture intervient à l'initiative de l'apprenti suite à l'obtention d'un diplôme ou d'un titre.

Art. R. 6222-23. L'apprenti qui souhaite rompre son contrat en cas d'obtention du diplôme ou du titre préparé, en application de l'article L. 6222-19, en informe l'employeur, par écrit, au moins deux mois avant la fin du contrat.

Art. L. 6222-20. Lorsque le contrat d'apprentissage est conclu dans le cadre de la formation d'apprenti junior mentionnée à l'article L. 337-3 du code de l'éducation, il peut être rompu, dans les conditions prévues au troisième alinéa du même article, par l'apprenti qui demande à reprendre sa scolarité.

Note La loi sur l'égalité des chances a prévu un nouveau cas de résiliation lorsque le contrat d'apprentissage est conclu dans le cadre de la « formation d'apprenti junior ». Jusqu'à la fin de leur scolarité, les élèves suivant cette formation pourront y mettre fin et reprendre leur scolarité.

Art. L. 6222-21. La rupture pendant les deux premiers mois d'apprentissage ou en application de l'article L. 6222-20 ne peut donner lieu à indemnité à moins d'une stipulation contraire dans le contrat.

Art. L. 6222-22. Un décret en Conseil d'État détermine les mesures d'application de la présente sous-section.

(L. 2011-893 du 28 juil. 2011, art. 24, JO 29)

Sous-section 6. Contrat d'apprentissage préparant au baccalauréat professionnel

Art. L. 6222-22-1. Un apprenti engagé dans la préparation d'un baccalauréat professionnel peut, à sa demande ou à celle de son employeur, au terme de la première année du contrat, poursuivre sa formation en vue d'obtenir un certificat d'aptitude professionnelle, un certificat d'aptitude professionnelle agricole ou un brevet professionnel agricole.

Lorsque la spécialité du certificat d'aptitude professionnelle, du certificat d'aptitude professionnelle agricole ou du brevet professionnel agricole appartient au même domaine professionnel que celle du baccalauréat professionnel initialement visée, la durée du contrat d'apprentissage est réduite d'une année.

Un avenant au contrat d'apprentissage précisant le diplôme préparé et la durée du contrat correspondante est signé entre l'apprenti, ou son représentant légal, et l'employeur.

Il est enregistré dans les conditions fixées au chapitre IV du présent titre.

SECTION 2. Conditions de travail de l'apprenti

Sous-section 1. Garanties

Art. L. 6222-23. L'apprenti bénéficie des dispositions applicables à l'ensemble des salariés dans la mesure où elles ne sont pas contraires à celles qui sont liées à sa situation de jeune travailleur en formation.

Note

• L'apprenti bénéficie des dispositions applicables à l'ensemble des salariés dans la mesure où elles ne sont pas contraires à son statut pendant tout le temps de sa formation, c'est-à-dire y compris pendant la partie théorique de sa formation (cass. soc. 24 juin 2009, n° 08-40.207, Goutte c/ SNCF).

• Les apprentis bénéficient en principe des conventions ou accords collectifs de travail applicables dans la branche ou l'entreprise considérée. Ils ne peuvent donc pas être exclus par une disposition générale du champ d'application d'une convention ou d'un accord collectif, d'un usage ou d'un engagement unilatéral de l'employeur. Ainsi, une prime de vacances profitant à l'ensemble des salariés est également due aux apprentis (cass. soc. 12 juillet 1999, n° 97-43.400, BC V n° 342 ; *Dr. Soc.* 1999, p. 249, obs. J. Savatier et Cl. Roy-Loustaunau).

Ils doivent bénéficier des dispositions d'un accord d'intéressement applicables à l'ensemble des salariés et qui sont compatibles avec leur situation de jeune travailleur en première formation (cass. soc. 27 juin 2000, n° 98-11.909, BC V n° 252 ; *RJS* 11/00 n° 1120 et conclusions conformes de l'avocat général P. Lyon-Caen, *RJS* 11/00, p. 716 ; *Dr. Soc.* 2000, p. 1010, obs. J. Savatier).

Les seules dispositions dont les apprentis ne peuvent réclamer le bénéfice sont celles qui s'avèrent incompatibles avec leur situation de jeunes en première formation ou bien celles qui reposent sur des conditions objectives d'attribution qu'ils ne rempliraient pas (voir arrêt précité).

• Sont irrecevables les constitutions de parties civiles à l'encontre des père et mère d'un apprenti mineur poursuivi du chef d'homicide et de blessures involontaires, les différentes responsabilités du fait d'autrui étant alternatives et non cumulatives (cass. crim. 2 octobre 1985, n° 84-92.443, B. crim. n° 294 : en l'espèce, les conditions de la responsabilité de l'artisan étaient réunies).

Sous-section 2. **Durée du travail**

Art. L. 6222-24. Le temps consacré par l'apprenti à la formation dispensée dans les centres de formation d'apprentis est compris dans l'horaire de travail, sauf lorsqu'il s'agit de modules complémentaires au cycle de formation, librement choisis par l'apprenti et acceptés par le centre de formation d'apprentis.

Pour le temps restant, et dans la limite de l'horaire de travail applicable dans l'entreprise, l'apprenti accomplit le travail qui lui est confié par l'employeur. Ce travail doit être en relation directe avec la formation professionnelle prévue au contrat.

Note Les heures d'école doivent être prises en compte pour le calcul des heures supplémentaires (cass. soc. 11 juillet 2000, n° 98-41.825, *RJS* 11/00 n° 1122).

Art. L. 6222-25. L'apprenti de moins de dix-huit ans ne peut être employé à un travail effectif excédant ni huit heures par jour ni la durée légale hebdomadaire fixée par l'article L. 3121-10 et par l'article L. 713-2 du code rural ***(Ord. 2010-462 du 6 mai 2010, JO 7)*** « et de la pêche maritime ».

Toutefois, à titre exceptionnel, des dérogations peuvent être accordées, dans la limite de cinq heures par semaine, par l'inspecteur du travail, après avis conforme du médecin du travail.

Note • La loi du 4 mai 2004 (JO 5) relative à la formation professionnelle et au dialogue social a porté la durée quotidienne de travail de l'apprenti à 8 heures (au lieu de 7 heures auparavant).

• **Horaire de travail.** Le temps consacré par l'apprenti aux enseignements et activités dispensés dans les CFA est compris dans l'horaire de travail (art. L. 6222-24) et ne peut en aucun cas être inférieur à 400 heures par an (art. R. 6233-52).

Une circulaire DGEFP 2000-26 du 17 octobre 2000 (BO TR 2000/23) relative à la réduction du temps de travail et à l'alternance indique notamment que les heures de formation dépassant la durée légale applicable à l'entreprise correspondent à du temps de travail effectif et doivent être traitées comme telles (*LS* 23 novembre 2000, n° 8122).

Art. L. 6222-26. Le travail de nuit défini à l'article L. 3163-1 est interdit pour l'apprenti de moins de dix-huit ans.

Toutefois, des dérogations peuvent être accordées dans les conditions prévues à l'article L. 3163-2 pour les établissements mentionnés à ce même article.

Art. R. 6222-24. La dérogation à l'interdiction du travail de nuit des apprentis, prévue à l'article L. 6222-26, est accordée par l'inspecteur du travail pour une durée maximale d'une année, renouvelable. Celui-ci apprécie les caractéristiques particulières de l'activité mentionnée à l'article R. 3163-1 justifiant cette dérogation.

L'absence de réponse dans le délai d'un mois à compter du dépôt de la demande vaut décision d'acceptation.

Note Pour les apprentis de moins de 16 ans, le travail est interdit entre 20 heures et 6 heures. Cette obligation est expressément prévue par l'article 9 de la directive européenne 94/33/CE du 22 juin 1994 relative à la protection des jeunes au travail.

Art. R. 6222-25. Le travail de nuit des apprentis de moins de dix-huit ans, accompli dans les conditions prévues à l'article R. 6222-24, est réalisé sous la responsabilité du maître d'apprentissage.

Sous-section 3. **Salaire**

Art. L. 6222-27. Sous réserve de dispositions contractuelles ou conventionnelles plus favorables, l'apprenti perçoit un salaire déterminé en pourcentage du salaire minimum de croissance et dont le montant varie en fonction de l'âge du bénéficiaire et de sa progression dans le ou les cycles de formation faisant l'objet de l'apprentissage.

Note • Voir circ. DGEFP-DGT 2007-04 du 24 janvier 2007 relative à la rémunération applicable aux apprentis (BO TR 2007/2, p. 7). Sur les conséquences de cette circulaire, voir rép. QE 26404, JO AN 27 janvier 2009, p. 778.

• Le salaire de base doit être calculé compte tenu du temps de travail effectif dans l'entreprise et du temps consacré par l'apprenti aux enseignements et activités du centre de formation qu'il fréquente.

• Un décret 2006-764 du 30 juin 2006 (JO 1er juil.) a précisé les conditions de rémunération des apprentis juniors. Une gratification correspondant à 20 % du SMIC par heure de travail leur sera versée mais seulement si la durée de leur stage excède 20 jours de présence dans la même entreprise (art. D. 337-161 à D. 337-171 c. éducation). Cette gratification n'a pas le caractère d'un salaire.

Art. L. 6222-28. Les modalités de rémunération des heures supplémentaires sont celles applicables aux salariés de l'entreprise.

Note Le calcul de la majoration pour heures supplémentaires se fait sur la base du salaire de l'apprenti déterminé en pourcentage du SMIC, compte tenu de l'âge du bénéficiaire et du taux fixé réglementairement en application des articles L. 117-10, al. 2 et L. 212-5 (anciens) CT (cass. soc. 30 mars 1993, n° 89-41.621, *RJS* 6/93 n° 640 ; les textes alors applicables prévoyaient des augmentations semestrielles).

Art. L. 6222-29. Un décret détermine le montant du salaire prévu à l'article L. 6222-27 et les conditions dans lesquelles les avantages en nature peuvent être déduits du salaire.

Art. D. 6222-26. Le salaire minimum perçu par l'apprenti, prévu à l'article L. 6222-29, est fixé :

1° Pour les jeunes âgés de seize à dix-sept ans :
a) À 25 % du salaire minimum de croissance pendant la première année d'exécution du contrat ;
b) À 37 % du salaire minimum de croissance pendant la deuxième année d'exécution du contrat ;
c) À 53 % du salaire minimum de croissance pendant la troisième année d'exécution du contrat ;

2° Pour les jeunes âgés de dix-huit à vingt ans :
a) À 41 % du salaire minimum de croissance pendant la première année d'exécution du contrat ;
b) À 49 % du salaire minimum de croissance pendant la deuxième année d'exécution du contrat ;
c) À 65 % du salaire minimum de croissance pendant la troisième année d'exécution du contrat ;

3° Pour les jeunes âgés de vingt et un ans et plus :
a) À 53 % du salaire minimum de croissance correspondant à l'emploi occupé pendant la première année d'exécution du contrat ;
b) À 61 % du salaire minimum de croissance correspondant à l'emploi occupé pendant la deuxième année d'exécution du contrat ;
c) À 78 % du salaire minimum de croissance correspondant à l'emploi occupé pendant la troisième année d'exécution du contrat.

Note • Le salaire minimum conventionnel correspondant à l'emploi occupé s'applique s'il est plus favorable que le SMIC.

• Le décret 93-162 du 2 février 1993 (JO 6) relatif à la rémunération des apprentis dans le secteur public non industriel et commercial prévoit que les pourcentages de rémunération fixés aux articles D. 117-1 et 2 (anciens) [D. 6222-26 à 30 et 33] sont uniformément majorés de dix points quand l'apprenti prépare un diplôme de titre ou niveau IV et de vingt points pour un diplôme ou titre de niveau III.

Art. D. 6222-27. Les jeunes apprentis de moins de seize ans bénéficient d'une rémunération identique à celle prévue pour les apprentis âgés de seize à dix-sept ans.

Art. D. 6222-28. Lorsque l'apprentissage est prolongé, par application de l'article L. 6222-11 ou L. 6222-12, le salaire minimum applicable pendant la prolongation est celui correspondant à la dernière année précédant cette prolongation.

Art. D. 6222-29. La rémunération minimale de l'apprenti pendant la période d'apprentissage excédant, en application de l'article L. 6222-8, la durée du contrat fixée conformément à l'article L. 6222-7, est celle fixée à l'article D. 6222-26 pour l'année d'exécution du contrat correspondant à cette période.

Art. D. 6222-30. Lorsque la durée de l'apprentissage fixée en application de l'article L. 6222-8 est inférieure à celle prévue à l'article L. 6222-7, l'apprenti est considéré, en ce qui concerne sa rémunération minimale, comme ayant déjà accompli une durée d'apprentissage égale à la différence entre ces deux durées.

Art. D. 6222-31. Lorsqu'un apprenti conclut un nouveau contrat d'apprentissage avec le même employeur, sa rémunération est au moins égale à celle qu'il percevait lors de la dernière année d'exécution du contrat précédent, sauf quand l'application des rémunérations prévues à la présente sous-section en fonction de son âge est plus favorable.

Art. D. 6222-32. Lorsqu'un apprenti conclut un nouveau contrat d'apprentissage avec un employeur différent, sa rémunération est au moins égale à la rémunération minimale à laquelle il pouvait prétendre lors de la dernière année d'exécution du contrat précédent, sauf dans le cas où l'application des rémunérations prévues à la présente sous-section en fonction de son âge est plus favorable.

Art. D. 6222-33. Lorsqu'un contrat d'apprentissage est conclu en application du 3° de l'article R. 6222-16, il est appliqué une majoration de quinze points aux pourcentages correspondant à la dernière année de la durée de formation telle que prévue à l'article L. 6222-7.

Dans ce cas, les jeunes issus d'une voie de formation autre que celle de l'apprentissage sont considérés, en ce qui concerne leur rémunération minimale, comme ayant accompli la durée d'apprentissage pour l'obtention de leur diplôme ou titre.

Art. D. 6222-34. Les montants des rémunérations prévues aux articles D. 6222-26 à D. 6222-30 et D. 6222-33 sont majorés à compter du premier jour du mois suivant le jour où l'apprenti atteint dix-huit ans ou vingt et un ans.

Les années du contrat exécutées avant que l'apprenti ait atteint l'âge de dix-huit ans ou vingt et un ans sont prises en compte pour le calcul de ces montants de rémunération.

Art. D. 6222-35. Excepté dans le cas où un taux moins élevé est prévu par une convention ou un contrat particulier, les avantages en nature dont bénéficie l'apprenti peuvent être déduits du salaire dans la limite de 75 % de la déduction autorisée, pour les autres travailleurs, par la réglementation applicable en matière de sécurité sociale.

Ces déductions ne peuvent excéder, chaque mois, un montant égal aux trois quarts du salaire.

Sous-section 4. **Santé et sécurité**

Art. L. 6222-30. Il est interdit d'employer l'apprenti à des travaux dangereux pour sa santé ou sa sécurité.

Art. L. 6222-31. *(L. 2009-1437 du 24 nov. 2009, art. 26, JO 25)* Pour certaines formations professionnelles limitativement énumérées par décret et dans des conditions fixées par ce décret, l'apprenti peut accomplir tous les travaux que peut nécessiter sa formation, sous la responsabilité de l'employeur.

L'employeur adresse à cette fin une déclaration à la direction départementale du travail, de l'emploi et de la formation professionnelle.

Ces dispositions s'appliquent sans préjudice des pouvoirs de contrôle en cours d'exécution du contrat de travail par l'inspection du travail.

Art. L. 6222-32. Lorsque l'apprenti fréquente le centre de formation, il continue à bénéficier du régime de sécurité sociale sur les accidents du travail et les maladies professionnelles dont il relève en tant que salarié.

Art. R. 6222-36. L'aptitude d'un apprenti à exercer le métier qu'il a commencé à apprendre peut faire l'objet d'une vérification à l'initiative de l'une de ces personnes :

1° L'employeur ;
2° L'apprenti ou son représentant légal ;

3° Le directeur du centre de formation d'apprentis ou, dans le cas d'une section d'apprentissage, le responsable d'établissement.

Note Caractérise une situation d'inaptitude à poursuivre l'exécution du contrat d'apprentissage l'impossibilité pour l'apprenti de continuer sa formation théorique à la suite de son échec à l'examen de première année avec interdiction de redoubler (cass. soc. 5 mai 1999, n° 97-41.970, *RJS* 6/99 n° 839).

Art. R. 6222-37. La vérification de l'aptitude d'un apprenti peut être ordonnée par le juge saisi d'une demande de résiliation du contrat d'apprentissage.

Art. R. 6222-38. Selon la nature de l'inaptitude alléguée, la vérification prend la forme d'un examen individuel réalisé :

1° Soit par un centre d'information et d'orientation public ou par un centre créé en application de l'article 39 du code de l'artisanat ;

2° Soit par un médecin attaché à l'un de ces centres ou, à défaut, par un médecin du travail, un médecin de la santé scolaire ou un médecin attaché à un établissement scolaire.

Art. R. 6222-39. Dans les cas prévus à l'article R. 6222-38, l'avis circonstancié du directeur du centre de formation d'apprentis ou, dans le cas d'une section d'apprentissage, du responsable d'établissement est transmis, sous pli confidentiel, à la personne chargée de l'examen individuel.

Art. R. 6222-40. Les conclusions de l'examen individuel sont adressées :

1° Aux parties au contrat ;

2° Au directeur du centre de formation d'apprentis ou, dans le cas d'une section d'apprentissage, au responsable d'établissement ;

3° Au ***(D. 2009-1377 du 10 nov. 2009, JO 13 ; D. 2010-687 du 24 juin 2010, JO 25 ; voir D. 2010-1582 du 17 déc. 2010, JO 18, pour outre-mer)*** « directeur régional des entreprises, de la concurrence, de la consommation, du travail et de l'emploi » du lieu d'exécution du contrat d'apprentissage, par l'intermédiaire de l'organisme ayant enregistré le contrat ;

4° Au juge du contrat, lorsque la vérification de l'aptitude de l'apprenti a été ordonnée par lui.

Note Cet article a été modifié par le décret 2008-1503 du 30 décembre 2008 (JO 31).

Art. R. 6222-40-1. ***(D. 2011-1924 du 21 déc. 2011, JO 23)*** L'apprenti bénéficie de l'examen médical prévu à l'article R. 4624-10 au plus tard dans les deux mois qui suivent son embauche.

Sous-section 5. Dispositions d'application

Art. L. 6222-33. Les mesures d'application de la présente section sont déterminées par décret en Conseil d'État, notamment les conditions dans lesquelles l'apprenti peut accomplir des travaux dangereux ainsi que les formations spécifiques à la sécurité que doit dispenser le centre de formation d'apprentis.

SECTION 3. Présentation et préparation aux examens

Art. L. 6222-34. L'apprenti est tenu de se présenter aux épreuves du diplôme ou du titre prévu par le contrat d'apprentissage.

Art. L. 6222-35. ***(L. 2009-1437 du 24 nov. 2009, art. 25, JO 25)*** « Pour la préparation directe des épreuves, l'apprenti a droit à un congé supplémentaire de cinq jours ouvrables. Il doit suivre les enseignements spécialement dispensés dans le centre de formation d'apprentis dès lors que la convention mentionnée à l'article L. 6232-1 en prévoit l'organisation. »

Ce congé, qui donne droit au maintien du salaire, est situé dans le mois qui précède les épreuves. Il s'ajoute au congé payé prévu à l'article L. 3141-1 et au congé annuel pour les salariés de moins de vingt et un ans prévu à l'article L. 3164-9, ainsi qu'à la durée de formation en centre de formation d'apprentis fixée par le contrat.

Art. L. 6222-36. Un décret en Conseil d'État détermine les mesures d'application de la présente section.

Art. R. 6222-41. L'apprenti a le droit de se présenter aux examens de son choix dans les conditions prévues par le chapitre II du titre II du livre III, relatives au congé pour examen.

Toutefois, aucune condition d'ancienneté dans la branche professionnelle ou dans l'entreprise ne lui est opposable.

(L. 2011-893 du 28 juil. 2011, art. 1er, JO 29)

SECTION 3 *BIS*. Carte d'étudiant des métiers

Art. L. 6222-36-1. Une carte portant la mention : "Étudiant des métiers" est délivrée à l'apprenti par l'organisme qui assure sa formation. Cette carte permet à l'apprenti de faire valoir sur l'ensemble du territoire national la spécificité de son statut auprès des tiers, notamment en vue d'accéder à des réductions tarifaires identiques à celles dont bénéficient les étudiants de l'enseignement supérieur.

La carte d'étudiant des métiers est établie conformément à un modèle déterminé par voie réglementaire.

Note Voir arrêté du 30 décembre 2011 (JO 31) relatif à la carte d'étudiant des métiers.

***(D. 2011-2001 du 28 déc. 2011, JO 29)* « Carte d'étudiant des métiers »**

Art. D. 6222-42. Une carte ***(D. 2011-2001 du 28 déc. 2011, JO 29)*** « d'étudiant des métiers » est délivrée à l'apprenti par le centre qui assure sa formation ***(D. 2011-2001 du 28 déc. 2011, JO 29)*** « dans les trente jours qui suivent l'inscription par le centre de formation d'apprentis. En cas de rupture du contrat d'apprentissage, la carte est remise à l'établissement de formation, qui assure sa destruction. »

Art. D. 6222-43. La carte permet à l'apprenti de faire valoir la spécificité de son statut auprès des tiers, notamment en vue d'accéder, le cas échéant, à des réductions tarifaires.

Elle est valable sur l'ensemble du territoire national.

Art. D. 6222-44. ***(D. 2011-2001 du 28 déc. 2011, JO 29)*** La carte d'étudiant des métiers comporte les mentions suivantes :

Au recto :

– la photo du titulaire, tête découverte ;
– la date de début et de fin de la formation pour laquelle la carte est délivrée ;
– le nom et le prénom du titulaire ;
– la date de naissance du titulaire ;
– la signature du titulaire ;
– les mentions : "Carte d'étudiant des métiers" et "Cette carte est strictement personnelle" ;
– le logo du ministère chargé de la formation professionnelle.

Au verso :

– le nom, l'adresse et les coordonnées téléphoniques de l'établissement délivrant la formation ;
– les nom, prénom et signature du directeur de l'établissement délivrant la formation ;
– les mentions : "Carte d'étudiant des métiers" et "Merci de retourner cette carte à l'adresse indiquée ci-dessus".

Le modèle de la carte d'étudiant des métiers est déterminé par arrêté du ministre chargé de la formation professionnelle.

SECTION 4. Aménagements en faveur des personnes handicapées

Art. L. 6222-37. En ce qui concerne les personnes handicapées, des aménagements sont apportés aux dispositions des articles :

1° L. 6222-1 à L. 6222-3, relatifs aux conditions de formation du contrat d'apprentissage ;

2° L. 6222-7 à L. 6222-10, relatifs à la durée du contrat ;

3° L. 6222-15, relatif à la succession de contrats d'apprentissage ;

4° L. 6222-19, relatif à la rupture du contrat avant le terme fixé en cas d'obtention du diplôme ou du titre préparé ;

5° L. 6223-3 et L. 6223-4, relatifs aux obligations de l'employeur en matière de formation.

Art. L. 6222-38. Un décret en Conseil d'État détermine les aménagements prévus à l'article L. 6222-37 pour les personnes handicapées ainsi que les conditions et les modalités d'octroi aux chefs d'entreprise formant des apprentis handicapés de primes destinées à compenser les dépenses supplémentaires ou le manque à gagner pouvant en résulter.

Champ d'application

Art. R. 6222-45. Les dispositions de la présente section s'appliquent aux personnes auxquelles la qualité de travailleur handicapé est reconnue et qui souscrivent un contrat d'apprentissage en application du 1° du I de l'article L. 241-6 du code de l'action sociale et des familles.

Durée du contrat

Art. R. 6222-46. La durée du contrat d'apprentissage du travailleur handicapé peut être portée à quatre ans.

Art. R. 6222-47. Lorsque l'état de l'apprenti handicapé l'exige, l'enseignement dispensé dans le centre de formation d'apprentis ou la section d'apprentissage en vue de conduire au diplôme prévu au contrat est réparti sur une période de temps égale à la durée normale d'apprentissage pour la formation considérée, augmentée d'un an au plus.

L'annexe pédagogique de la convention régissant le centre de formation d'apprentis ou la section d'apprentissage concerné fixe les conditions dans lesquelles cette règle est mise en œuvre.

Art. R. 6222-48. Dans le cas prévu à l'article R. 6222-47, la durée de l'apprentissage est prolongée d'un an au plus, sans faire obstacle à la conclusion, s'il y a lieu, d'un nouveau contrat avec un autre employeur en application du 2° de l'article L. 6222-11.

Art. R. 6222-49. Les dispositions des articles R. 6222-47 et R. 6222-48 sont également applicables aux apprentis auxquels la qualité de travailleur handicapé est reconnue au cours de leur apprentissage.

Aménagements de la formation

Art. R. 6222-50. Lorsque l'apprenti handicapé est en mesure de suivre l'enseignement normal du centre de formation d'apprentis ou de la section d'apprentissage, moyennant un aménagement particulier de la pédagogie appliquée dans ce centre ou cette section d'apprentissage, la mise en œuvre de cet aménagement est soumise à autorisation.

Lorsque l'apprenti n'est pas en mesure, en raison de son handicap, de fréquenter utilement le centre de formation d'apprentis ou la section d'apprentissage correspondant à la formation prévue au contrat, il peut être autorisé à suivre par correspondance un enseignement équivalent à celui dispensé.

Art. R. 6222-51. Les autorisations prévues à l'article R. 6222-50 font l'objet de décisions individuelles prises soit par le recteur, soit par le ***(D. 2010-429 du 29 avril 2010, JO 30)*** « directeur régional de l'alimentation, de l'agriculture et de la forêt » ***(D. 2009-1540 du 10 déc. 2009, art. 10, JO 12)*** « ou le directeur régional de la jeunesse, des sports et de la cohésion sociale », après avis motivé de la commission des droits et de l'autonomie des personnes handicapées.

L'absence de réponse dans le délai d'un mois suivant le dépôt de la demande vaut autorisation.

Art. R. 6222-52. Les dispositions des articles R. 6222-50 et R. 6222-51 sont applicables, dans les mêmes conditions, aux apprentis auxquels la qualité de travailleur handicapé est reconnue au cours de leur apprentissage.

Art. R. 6222-53. La formation générale associée à la formation technologique, théorique et pratique complétant la formation reçue dans l'entreprise et prévue au contrat d'apprentissage peut être également dispensée, sur avis motivé de la commission des droits et de l'autonomie des personnes handicapées, dans une section de centre de formation d'apprentis, ou dans un centre de formation d'apprentis, ou dans une section d'apprentissage adapté aux personnes handicapées, sous réserve qu'une convention ait été conclue dans les conditions prévues aux articles L. 6232-1 et suivants.

Cette convention peut être aménagée pour tenir compte de la spécificité des formations.

Primes aux employeurs

Art. R. 6222-54. Lorsque la durée du contrat d'apprentissage est prolongée, en application de l'article R. 6222-48, il est appliqué une majoration uniforme de quinze points aux pourcentages correspondant à la dernière année de la durée du contrat.

Art. R. 6222-55. Les primes prévues à l'article L. 6222-38 donnent lieu à l'attribution, au titre de chaque apprenti, d'une somme globale payée en deux versements égaux à l'issue de chacune des deux premières années d'apprentissage.

Le montant de cette somme est déterminé par référence au salaire horaire minimum de croissance applicable au premier jour du mois de juillet compris dans la première année d'apprentissage.

Art. R. 6222-56. Les primes ne sont pas dues lorsque le contrat est rompu durant les deux premiers mois de l'apprentissage.

Art. R. 6222-57. Lorsque la rupture du contrat résulte, par application du second alinéa de l'article L. 6222-18, de l'accord exprès et bilatéral des parties, les primes sont dues, mais la somme définie à l'article R. 6222-55 est réduite proportionnellement à la durée effective de l'apprentissage.

À défaut d'accord, lorsque le conseil de prud'hommes prononce la rupture pour faute grave de l'employeur ou manquements répétés à ses obligations, les primes ne sont pas dues et l'employeur rembourse les sommes qui ont pu lui être payées.

Art. R. 6222-58. La demande d'attribution des primes est adressée au ***(D. 2009-1377 du 10 nov. 2009, JO 13 ; D. 2010-687 du 24 juin 2010, JO 25 ; voir D. 2010-1582 du 17 déc. 2010, JO 18, pour outremer)*** « directeur régional des entreprises, de la concurrence, de la consommation, du travail et de l'emploi » du lieu de résidence de l'employeur.

Un arrêté conjoint des ministres chargés de la formation professionnelle, de l'éducation, de la jeunesse et des sports et de l'agriculture fixe la liste des justifications à joindre à cette demande.

SECTION 5. Médiateur consulaire

Art. L. 6222-39. Dans les entreprises ressortissant des chambres consulaires, un médiateur désigné par celles-ci peut être sollicité par les parties pour résoudre les différends entre les employeurs et les apprentis ou leur famille, au sujet de l'exécution ou de la rupture du contrat d'apprentissage.

Note À titre expérimental, pour une durée de deux ans à compter de la promulgation de la loi 2011-893 du 28 juillet 2011 (JO 29) et dans les départements définis par arrêté du ministre chargé de l'apprentissage, la mission des médiateurs prévus à cet article est étendue à l'accompagnement de l'entreprise ou de l'apprenti dans la mise en œuvre de la réglementation relative à l'apprentissage par les entreprises artisanales et industrielles, commerciales et de services qui accueillent un ou plusieurs apprentis (loi 2011-893 précitée, art. 12).

CHAPITRE III

Obligations de l'employeur

SECTION 1. Organisation de l'apprentissage

Art. L. 6223-1. Toute entreprise peut engager un apprenti si l'employeur déclare à l'autorité administrative prendre les mesures nécessaires à l'organisation de l'apprentissage et s'il garantit que l'équipement de l'entreprise, les techniques utilisées, les conditions de travail, de santé et de sécurité, les compétences professionnelles et pédagogiques ainsi que la moralité des personnes qui sont responsables de la formation sont de nature à permettre une formation satisfaisante.

Cette déclaration devient caduque si l'entreprise n'a pas conclu de contrat d'apprentissage dans la période de cinq ans écoulée à compter de sa notification.

Note Les déclarations prévues à cet article (L. 117-5 ancien) ainsi que les décisions mentionnées au II de l'article R. 117-5 [R. 6225-8 et 12] CT, prises avant la date d'entrée en vigueur du décret 2006-920 du 26 juillet 2006 (JO 27) et en cours de validité, sont transmises aux organismes chargés de l'enregistrement par les directions départementales du travail, de l'emploi et de la formation professionnelle [DIRECCTE]. Les dispositions du présent décret ne s'appliquent pas à Saint-Pierre-et-Miquelon (décret 2006-920 précité, art. 18 et 19).

Déclaration de l'employeur

Art. R. 6223-1. La déclaration de l'employeur relative à l'organisation de l'apprentissage, prévue à l'article L. 6223-1, précise :

1° Les nom et prénoms de l'employeur ou la dénomination de l'entreprise ;

2° Le nombre de salariés de l'entreprise autres que les apprentis ;

(D. 2011-1924 du 21 déc. 2011, JO 23) « 3° Le diplôme et le titre préparés par l'apprenti ;

4° Les nom et prénom du maître d'apprentissage ;

5° Le titre ou diplôme le plus élevé dont il est titulaire et la durée de son expérience professionnelle dans l'activité en relation avec la qualification recherchée par l'apprenti. »

Art. R. 6223-2. ***(D. 2011-1924 du 21 déc. 2011, JO 23)*** L'employeur informe l'organisme chargé de l'enregistrement des contrats d'apprentissage de tout changement concernant le maître d'apprentissage désigné en application de l'article L. 6223-5.

[Art. R. 6223-3. Abrogé par décret 2011-1924 du 21 décembre 2011, art. 8, JO 23.]

Art. R. 6223-4. ***(D. 2011-1924 du 21 déc. 2011, JO 23)*** La déclaration de l'employeur, accompagnée du contrat d'apprentissage, est adressée à l'organisme chargé de l'enregistrement des contrats d'apprentissage.

Art. R. 6223-5. Pendant la durée du contrat d'apprentissage, l'employeur fournit, à la demande des agents mentionnés à l'article L. 6251-1, les pièces attestant du respect de sa déclaration. Celles-ci sont précisées par l'arrêté prévu à l'article R. 6222-5.

Nombre maximal d'apprentis

Art. R. 6223-6. Le nombre maximal d'apprentis ou d'élèves de classes préparatoires à l'apprentissage pouvant être accueillis simultanément dans une entreprise ou un établissement est fixé à deux par maître d'apprentissage.

Le maître d'apprentissage peut également, en application de l'article L. 6222-11, accueillir un apprenti dont la formation est prolongée en cas d'échec à l'examen.

Art. R. 6223-7. La commission départementale de l'emploi et de l'insertion peut délivrer des dérogations individuelles au plafond de deux apprentis lorsque la qualité de la formation dispensée dans l'entreprise et les possibilités d'insertion professionnelle dans la branche considérée le justifient.

Ces dérogations sont valables pour cinq ans au plus, renouvelables.

Note Voir note sous art. D. 6211-4.

Art. R. 6223-8. Pour une branche professionnelle déterminée, un arrêté interministériel, pris après avis de la Commission professionnelle consultative nationale compétente pour la branche considérée, peut fixer des plafonds d'emplois simultanés, différents de celui prévu au premier alinéa de l'article R. 6223-6.

Ces plafonds sont fixés en tenant compte du rapport qui doit être maintenu entre le nombre d'apprentis et celui des personnes possédant les qualifications prévues à l'article R. 6223-24.

Obligations envers les représentants de l'apprenti

Art. R. 6223-9. L'employeur prévient les représentants légaux de l'apprenti mineur, en cas de maladie ou d'absence, ou de tout fait de nature à motiver leur intervention.

Conventionnement avec une entreprise d'accueil

Art. R. 6223-10. Afin de permettre à l'apprenti de compléter sa formation en ayant recours à des équipements ou des techniques qui ne sont pas utilisés dans l'entreprise qui l'emploie, une partie de la formation pratique peut lui être dispensée dans une ou plusieurs autres entreprises.

Dans ce cas, une convention est conclue entre l'employeur, l'entreprise d'accueil et l'apprenti.

Art. R. 6223-11. La convention précise, notamment :

1° La durée de la période d'accueil ;

2° L'objet de la formation ;

3° Le nom et la qualification de la personne chargée d'en suivre le déroulement ;

4° La nature des tâches confiées à l'apprenti ;

5° Les horaires et le lieu de travail ;

6° Les modalités de prise en charge par l'employeur ou l'entreprise d'accueil de l'apprenti des frais de transport et d'hébergement ;

7° L'obligation pour l'entreprise d'accueil de se garantir en matière de responsabilité civile.

Art. R. 6223-12. Dès sa conclusion, la convention est adressée par l'employeur au directeur du centre de formation d'apprentis ou, dans le cas d'une section d'apprentissage, au responsable d'établissement.

Ce dernier la transmet, accompagnée de son avis :

1° À l'organisme chargé de l'enregistrement du contrat ;

2° Au ***(D. 2009-1377 du 10 nov. 2009, JO 13 ; D. 2010-687 du 24 juin 2010, JO 25 ; voir D. 2010-1582 du 17 déc. 2010, JO 18, pour outre-mer)*** « directeur régional des entreprises, de la concurrence, de la consommation, du travail et de l'emploi » ;

3° Au recteur, au ***(D. 2010-429 du 29 avril 2010, JO 30)*** « directeur régional de l'alimentation, de l'agriculture et de la forêt » ou au ***(D. 2009-1540 du 10 déc. 2009, art. 10, JO 12)*** « directeur régional de la jeunesse, des sports et de la cohésion sociale ».

Note Les articles R. 6223-12, 19 et 21 ont été modifiés par le décret 2008-1503 du 30 décembre 2008 (JO 31).

Art. R. 6223-13. La convention peut être appliquée dès réception par l'employeur de l'accord de l'inspecteur de l'apprentissage ou, à défaut d'opposition de celui-ci, après l'expiration d'un délai d'un mois à compter de sa transmission au directeur du centre de formation d'apprentis ou, dans le cas d'une section d'apprentissage, au responsable d'établissement.

Art. R. 6223-14. Pendant l'exécution de la convention, l'apprenti continue de suivre les enseignements dispensés par le centre de formation ou la section d'apprentissage auquel il est inscrit. Il se conforme au règlement intérieur de l'entreprise d'accueil.

Art. R. 6223-15. L'entreprise d'accueil est responsable du respect des dispositions relatives à la durée du travail ainsi qu'à la santé et la sécurité au travail.

Lorsque l'activité exercée par l'apprenti dans l'entreprise d'accueil nécessite une surveillance médicale renforcée, les obligations correspondantes sont à la charge de cette entreprise.

Art. R. 6223-16. L'engagement d'apprentis par une entreprise peut faire l'objet d'une décision d'opposition selon la procédure prévue à l'article L. 6225-1, lorsqu'il s'avère que les conditions dans lesquelles une partie de la formation est dispensée dans une ou plusieurs autres entreprises ne permettent pas le bon déroulement du contrat d'apprentissage.

Conventionnement avec une entreprise d'un autre État membre de la Communauté européenne

Art. R. 6223-17. La convention conclue entre l'employeur de l'apprenti et la ou les entreprises d'un autre État membre de la Communauté européenne accueillant temporairement l'apprenti, en application de l'article L. 6211-5, précise, notamment :

1° La durée de la période d'accueil ;

2° L'objet de la formation ;

3° Le nom et la qualification de la personne chargée d'en suivre le déroulement ;

4° La nature des tâches confiées à l'apprenti ;
5° Les équipements utilisés ;
6° Les horaires et le lieu de travail ;
7° Les modalités de prise en charge par l'employeur ou l'entreprise d'accueil de l'apprenti des frais de transport et d'hébergement ;
8° L'obligation pour l'entreprise d'accueil de se garantir en matière de responsabilité civile.

Note Le décret 2005-1392 du 8 novembre 2005 (JO 10) précise les conditions dans lesquelles s'applique une convention conclue entre l'employeur d'un apprenti et la ou les entreprises d'un État membre de l'Union européenne accueillant l'apprenti. Cette hypothèse est, en effet, prévue par l'article L. 6211-5.

Art. R. 6223-18. La convention est établie conformément à un modèle fixé par arrêté conjoint des ministres chargés de la formation professionnelle, de l'éducation nationale, de l'agriculture et de la jeunesse et des sports.

Note Voir arrêté du 2 février 2009 (JO 26).

Art. R. 6223-19. Dès sa conclusion, la convention est adressée par l'employeur au directeur du centre de formation d'apprentis ou, dans le cas d'une section d'apprentissage, au responsable d'établissement.

Ce dernier la transmet, accompagnée de son avis :
1° À l'organisme chargé de l'enregistrement du contrat ;
2° Au ***(D. 2009-1377 du 10 nov. 2009, JO 13 ; D. 2010-687 du 24 juin 2010, JO 25 ; voir D. 2010-1582 du 17 déc. 2010, JO 18, pour outre-mer)*** « directeur régional des entreprises, de la concurrence, de la consommation, du travail et de l'emploi » ;
3° Au recteur, au ***(D. 2010-429 du 29 avril 2010, JO 30)*** « directeur régional de l'alimentation, de l'agriculture et de la forêt » ou au ***(D. 2009-1540 du 10 déc. 2009, art. 10, JO 12)*** « directeur régional de la jeunesse, des sports et de la cohésion sociale ».

Art. R. 6223-20. La convention peut s'appliquer dès réception par l'employeur de l'accord, fondé sur la nature, la qualité ou les conditions de réalisation de la formation et des activités proposées, du recteur ou du ***(D. 2010-429 du 29 avril 2010, JO 30)*** « directeur régional de l'alimentation, de l'agriculture et de la forêt » ou du ***(D. 2009-1540 du 10 déc. 2009, art. 10, JO 12)*** « directeur régional de la jeunesse, des sports et de la cohésion sociale ».

La convention peut également s'appliquer, à défaut d'opposition de l'autorité compétente, après l'expiration d'un délai d'un mois à compter de sa réception par cette dernière.

Art. R. 6223-21. En cas de refus, le recteur ou le ***(D. 2010-429 du 29 avril 2010, JO 30)*** « directeur régional de l'alimentation, de l'agriculture et de la forêt » ou le ***(D. 2009-1540 du 10 déc. 2009, art. 10, JO 12)*** « directeur régional de la jeunesse, des sports et de la cohésion sociale » en informe l'organisme chargé de l'enregistrement du contrat et le ***(D. 2009-1377 du 10 nov. 2009, JO 13 ; D. 2010-687 du 24 juin 2010, JO 25 ; voir D. 2010-1582 du 17 déc. 2010, JO 18, pour outre-mer)*** « directeur régional des entreprises, de la concurrence, de la consommation, du travail et de l'emploi ».

SECTION 2. Engagements dans le cadre de la formation

Art. L. 6223-2. L'employeur inscrit l'apprenti dans un centre de formation d'apprentis assurant l'enseignement correspondant à la formation prévue au contrat.

Le choix du centre de formation d'apprentis est précisé par le contrat d'apprentissage.

Art. L. 6223-3. L'employeur assure dans l'entreprise la formation pratique de l'apprenti.

Il lui confie notamment des tâches ou des postes permettant d'exécuter des opérations ou travaux conformes à une progression annuelle définie par accord entre le centre de formation d'apprentis et les représentants des entreprises qui inscrivent des apprentis dans celui-ci.

Art. L. 6223-4. L'employeur s'engage à faire suivre à l'apprenti la formation dispensée par le centre et à prendre part aux activités destinées à coordonner celle-ci et la formation en entreprise.

Art. L. 6223-5.

Il veille à l'inscription et à la participation de l'apprenti aux épreuves du diplôme ou du titre sanctionnant la qualification professionnelle prévue par le contrat.

Note Le versement de l'aide prévue à l'article L. 118-7 (ancien) peut être refusé lorsque le directeur du centre de formation ou le responsable de l'établissement n'a pas attesté du suivi régulier de la formation par l'apprenti ou lorsqu'il existe un écart entre le nombre d'heures prévues et le nombre d'heures réalisées. Il ne peut être envisagé de verser cette aide au prorata de la durée de formation théorique suivie (rép. QE 68859, JO AN 4 mars 2002, p. 1253).

SECTION 3. Maître d'apprentissage

Art. L. 6223-5. La personne directement responsable de la formation de l'apprenti et assumant la fonction de tuteur est dénommée maître d'apprentissage.

Le maître d'apprentissage a pour mission de contribuer à l'acquisition par l'apprenti dans l'entreprise des compétences correspondant à la qualification recherchée et au titre ou diplôme préparés, en liaison avec le centre de formation d'apprentis.

Art. L. 6223-6. La fonction tutorale peut être partagée entre plusieurs salariés.

Note Seule une personne majeure peut être maître d'apprentissage. La loi 2005-32 du 18 janvier 2005 (JO 19) a introduit l'idée d'équipe tutorale ; la fonction tutorale est alors exercée par plusieurs salariés, l'un d'entre eux étant désigné comme maître d'apprentissage référent chargé des questions de coordination et de liaison avec le centre de formation d'apprentis.

Art. L. 6223-7. L'employeur permet au maître d'apprentissage de dégager sur son temps de travail les disponibilités nécessaires à l'accompagnement de l'apprenti et aux relations avec le centre de formation d'apprentis.

Note Dans un délai de trois ans après la publication de loi 2006-396 du 31 mars 2006 pour l'égalité des chances (JO 2 avril), les organisations professionnelles et syndicales représentatives au niveau national sont invitées à engager une négociation interprofessionnelle sur la définition et les modalités d'exercice de la fonction de tuteur (loi 2006-396 précitée, art. 7).

Art. L. 6223-8. L'employeur veille à ce que le maître d'apprentissage bénéficie de formations lui permettant d'exercer correctement sa mission et de suivre l'évolution du contenu des formations dispensées à l'apprenti et des diplômes qui les valident.

Dispositions générales

Art. R. 6223-22. Le maître d'apprentissage mentionné à l'article L. 6223-5 doit être majeur et offrir toutes garanties de moralité.

Art. R. 6223-23. Lorsque la fonction tutorale est partagée entre plusieurs salariés constituant une équipe tutorale, un maître d'apprentissage référent est désigné.

Il assure la coordination de l'équipe et la liaison avec le centre de formation d'apprentis.

Art. R. 6223-24. Sont réputées remplir la condition de compétence professionnelle exigée d'un maître d'apprentissage en application de l'article L. 6223-1 :

1° Les personnes titulaires d'un diplôme ou d'un titre relevant du domaine professionnel correspondant à la finalité du diplôme ou du titre préparé par l'apprenti et d'un niveau au moins équivalent, justifiant de ***(D. 2011-1358 du 25 oct. 2011, JO 27)*** « deux » années d'exercice d'une activité professionnelle en relation avec la qualification visée par le diplôme ou le titre préparé ;

2° Les personnes justifiant de *(D. 2011-1358 du 25 oct. 2011, JO 27)* « trois » années d'exercice d'une activité professionnelle en relation avec la qualification visée par le diplôme ou le titre préparé et d'un niveau minimal de qualification déterminé par la commission départementale de l'emploi et de l'insertion ;

3° Les personnes possédant une expérience professionnelle de *(D. 2011-1358 du 25 oct. 2011, JO 27)* « trois » ans en rapport avec le diplôme ou le titre préparé par l'apprenti après avis du recteur, du *(D. 2010-429 du 29 avril 2010, JO 30)* « directeur régional de l'alimentation, de l'agriculture et de la forêt » ou du *(D. 2009-1540 du 10 déc. 2009, art. 10, JO 12)* « directeur régional de la jeunesse, des sports et de la cohésion sociale ». L'absence de réponse dans un délai d'un mois à compter de la saisine de l'autorité compétente vaut avis favorable.

(D. 2011-1358 du 25 oct. 2011, JO 27) « Les stages et les périodes de formation effectués en milieu professionnel, dans le cadre d'une formation initiale ou continue qualifiante prévue à l'article L. 6314-1, ne sont pas pris en compte dans le décompte de la durée d'expérience requise. »

Maître d'apprentissage confirmé

Art. R. 6223-25. Le titre de maître d'apprentissage confirmé peut être décerné à une personne qui remplit les conditions suivantes :

1° Avoir une expérience professionnelle d'au moins cinq ans ;

2° Avoir une expérience d'au moins deux ans dans l'exercice des fonctions de tuteur auprès de jeunes titulaires d'un contrat d'apprentissage ou d'un contrat de professionnalisation ;

3° Avoir acquis des compétences et un savoir-faire en matière tutorale et pédagogique, validés selon les modalités fixées par les conventions prévues à l'article R. 6223-27.

Art. R. 6223-26. Le titre de maître d'apprentissage confirmé est attribué par les chambres consulaires lorsqu'il s'agit de leurs ressortissants et des conjoints collaborateurs de ceux-ci inscrits aux différents répertoires.

Dans les autres cas, ce titre est attribué par les organismes créés ou désignés à cet effet par les organisations d'employeurs et de salariés par voie d'accord collectif étendu, sous réserve de la conclusion, par chaque organisme avec l'État, de la convention prévue à l'article R. 6223-27. L'accord collectif détermine son champ d'application géographique et professionnel ou interprofessionnel.

Art. R. 6223-27. Les organismes mentionnés au second alinéa de l'article R. 6223-26 ne peuvent délivrer le titre de maître d'apprentissage confirmé qu'après avoir conclu une convention avec l'État.

En ce qui concerne les chambres consulaires, ces conventions peuvent être conclues par le ministre chargé du travail avec les institutions qui assurent la représentation de ces organismes au niveau national.

Note

• Voir arrêté du 19 mars 1997 (JO 27) relatif à la convention type visée à cet article.

• Voir article R. 6226-10 rapporté *infra* chapitre VI.

Art. R. 6223-28. Sous réserve des dispositions du dernier alinéa de l'article R. 6223-29, les conventions conclues avec l'État sont conformes à une convention type fixée par arrêté conjoint des ministres chargés du travail, de l'éducation nationale, de l'agriculture, de l'industrie et de l'artisanat. Cet arrêté est pris après avis du Conseil national de la formation professionnelle tout au long de la vie.

Art. R. 6223-29. Les conventions conclues avec l'État fixent :

1° Leur champ d'application géographique et professionnel ou interprofessionnel ;

2° Les modalités de prise en compte de l'expérience et des connaissances du candidat pour l'appréciation de ses compétences et de son savoir-faire en matière tutorale et pédagogique ;

3° Le dossier type de candidature ;

4° Les modalités de délivrance du titre.

Les conventions peuvent comporter des dispositions spécifiques pour tenir compte, notamment, des secteurs professionnels qu'elles concernent.

Art. R. 6223-30. La décision d'opposition à l'engagement d'apprentis dans les conditions prévues à l'article L. 6225-1 ou à la poursuite de l'exécution du contrat, en application du second alinéa de l'article L. 6225-5, entraîne et mentionne le retrait d'office du titre de maître d'apprentissage confirmé lorsque celui-ci a été délivré à l'employeur.

Lorsque le titre de maître d'apprentissage confirmé a été délivré à un salarié, il peut lui être retiré par le préfet si la décision d'opposition à l'engagement d'apprentis est motivée par de graves manquements de l'intéressé à sa mission de maître d'apprentissage.

Art. R. 6223-31. Lorsqu'il est constaté, sur rapport de l'inspection de l'apprentissage, qu'un organisme habilité à délivrer le titre de maître d'apprentissage confirmé ne respecte pas les clauses de la convention prévue à l'article R. 6223-28, celle-ci peut être dénoncée par l'autorité de l'État signataire, après que l'organisme a été mis à même de présenter ses observations.

SECTION 4. Dispositions d'application

Art. L. 6223-9. Un décret en Conseil d'État détermine les mesures d'application du présent chapitre.

CHAPITRE IV

Enregistrement du contrat

Art. L. 6224-1. ***(L. 2008-776 du 4 août 2008, art. 50, JO 5)*** Le contrat d'apprentissage, revêtu de la signature de l'employeur et de l'apprenti ou de son représentant légal, est adressé pour enregistrement à une chambre consulaire dans des conditions fixées par décret en Conseil d'État.

Note **Enregistrement du contrat.** Les chambres consulaires sont chargées de l'enregistrement des contrats d'apprentissage. Un décret 2006-920 du 26 juillet 2006 (JO 27) a apporté de nombreuses précisions sur ce point. La loi 2006-1770 du 30 décembre 2006 (JO 31) a reformulé les conditions dans lesquelles doit être signé le contrat d'apprentissage.

L'existence d'un contrat d'apprentissage étant subordonnée à son enregistrement, l'exécution d'un tel contrat ne peut se poursuivre au-delà du terme fixé par l'autorité ayant procédé à cette formalité substantielle (cass. soc. 18 février 1988, n° 85-40.241, BC V n° 113).

Art. L. 6224-2. L'enregistrement du contrat d'apprentissage est refusé si le contrat ne satisfait pas toutes les conditions prévues par les articles :

1° L. 6221-1, relatif à la définition et au régime juridique du contrat ;
2° L. 6222-1 à L. 6222-3, relatifs aux conditions de formation du contrat ;
3° L. 6222-4, relatif à la conclusion du contrat ;
4° L. 6222-11 et L. 6222-12, relatifs à la durée du contrat ;
5° L. 6222-16, relatif au contrat d'apprentissage suivi d'un contrat de travail à durée indéterminée ;
6° L. 6222-27 à L. 6222-29, relatifs au salaire ;
7° L. 6223-1 à L. 6223-8, relatifs aux obligations de l'employeur en matière d'organisation de l'apprentissage et de formation ;
8° L. 6225-1, relatif à l'opposition à l'engagement d'apprentis ;
9° L. 6225-4 à L. 6225-7, relatifs à la suspension de l'exécution du contrat et à l'interdiction de recruter de nouveaux apprentis.

Note Pour engager des apprentis, l'employeur doit garantir que l'équipement de l'entreprise, les techniques utilisées, les conditions de travail, d'hygiène et de sécurité ainsi que la moralité et les compétences des personnes responsables de la formation sont de nature à permettre une formation satisfaisante. Si l'employeur ne présente pas des garanties suffisantes, l'enregistrement pourra lui être refusé (cass. soc. 1er juin 1999, n° 97-40.914, BC V n° 247 ; *RJS* 7/99 n° 951).

Art. L. 6224-3. Sous réserve des dispositions de l'article L. 6224-7, le refus d'enregistrement du contrat d'apprentissage fait obstacle à ce que le contrat reçoive ou continue de recevoir exécution.

Note **Défaut d'enregistrement.** Il peut résulter :

– *d'un refus d'enregistrement.* Un tel refus fait obstacle à ce que le contrat reçoive ou continue de recevoir exécution. Si l'administration refuse d'enregistrer le contrat, un contrat de travail ne se substitue au contrat de formation qu'à compter de la date à laquelle les parties au contrat en ont été avisées et à condition que l'employeur entende poursuivre la relation de travail (cass. soc. 18 décembre 1991, n° 89-44.134, Fenin c/ Sté Tout le Sport) ; voir aussi note sous art. L. 6224-7.

L'administration peut donc refuser l'enregistrement, même si le préfet n'a pas formulé d'opposition préalable (cass. soc. 1er juin 1999, *RJS* 7/99, précité : refus motivé par l'absence de rémunération d'autres apprentis ou encore par celui de l'employeur de prendre en compte le temps de formation en CFA comme temps d'exécution du contrat).

Lorsque, en dépit d'un refus d'enregistrement du contrat d'apprentissage, le contrat s'est poursuivi, les juges doivent procéder à la requalification du contrat d'apprentissage dès le premier jour de son exécution (et non à compter de la date de notification du refus d'enregistrement). Le salarié est alors en droit d'obtenir la régularisation de sa rémunération à compter de cette date (cass. soc. 11 juillet 2006, n° 04-45.285, *RJS* 11/06 n° 1212) ; voir aussi cass. soc. 12 décembre 2000, n° 98-45.917, *RJS* 2/01 n° 219 : le refus d'enregistrement, qui fait obstacle à l'exécution du contrat, ne prive pas le salarié de la faculté de demander la requalification de la relation contractuelle en contrat à durée déterminée lorsque cette relation s'est poursuivie après la notification du refus d'enregistrement. Mais lorsque la relation contractuelle ne s'est pas poursuivie et a été rompue verbalement, la requalification est exclue ; le contrat d'apprentissage étant nul (pour défaut d'enregistrement), il ne peut recevoir exécution et ne peut être requalifié ; le jeune travailleur peut prétendre au paiement des salaires sur la base du SMIC (ou du salaire minimum conventionnel) pour la période où le contrat a cependant été exécuté ainsi qu'à l'indemnisation du préjudice résultant de la rupture des relations de travail (cass. soc. 28 mai 2008, n° 06-44.327, BC V n° 118 ; *JCP* éd. S 1535, note C. Puigelier ; *RDT*, oct. 2008, CH, 596, B. Lardy-Pélissier).

– *d'une absence de demande d'enregistrement.* En pareille hypothèse, la Cour de cassation, après avoir rappelé que l'employeur a l'obligation de faire enregistrer le contrat d'apprentissage, énonce que l'employeur ayant rompu un contrat d'apprentissage qu'il n'avait pas fait enregistrer doit être condamné à payer au salarié les indemnités de rupture et diverses sommes à titre de rappel de salaires (cass. soc. 12 juillet 1994, n° 90-44.044, BC V n° 231 ; *D.* 1995 J. 311, note Cl. Roy-Loustaunau ; *CSB* 1994 A. 45).

On doit, à ce sujet, rappeler un arrêt de la Cour de cassation (cass. crim. 20 avril 1977, *D.* 1978, 56) dans une espèce où ne se trouvait posée que la question de savoir si les prescriptions de l'article R. 141-1 [D. 3231-3] (SMIC) avaient été respectées ou non. L'employeur, qui ne pouvait justifier de l'enregistrement d'un contrat d'apprentissage qu'il prétendait avoir conclu, a été déclaré coupable d'infraction par la chambre criminelle qui relève que « le contrat d'apprentissage n'était pas en cours d'exécution régulière » Voir aussi, s'agissant du calcul des cotisations de sécurité sociale, cass. soc. 26 mai 1982, n° 81-12.495, BC V n° 356 : en l'absence d'un contrat d'apprentissage établi dans les formes prescrites (en l'espèce, absence d'enregistrement du contrat), les cotisations de sécurité sociale doivent être calculées sur la base du SMIC.

Position de l'administration. À propos d'un refus d'enregistrement du contrat, le ministre chargé du travail a précisé que le contrat d'apprentissage doit « être soumis à la formalité substantielle de l'enregistrement » et qu'à défaut d'enregistrement, « le contrat est nul » (rép. QE 33594, JO AN 12 février 1977, p. 691).

Art. L. 6224-4. L'enregistrement du contrat d'apprentissage ne donne lieu à aucuns frais.

[**Art. L. 6224-5.** Abrogé par loi 2011-893 du 28 juillet 2011, art. 11, JO 29.]

Art. L. 6224-6. Lorsque l'apprenti mineur est employé par un ascendant, la déclaration prévue à l'article L. 6222-5 est enregistrée dans les conditions fixées au présent chapitre.

Art. L. 6224-7. Les litiges relatifs à l'enregistrement du contrat d'apprentissage ou de la déclaration qui en tient lieu sont portés devant le conseil de prud'hommes.

Art. L. 6224-8.

Note Il n'est pas précisé dans quel délai le juge du contrat doit être saisi.

La question se pose de savoir si, en cas de décision judiciaire reconnaissant la validité d'un contrat, cette décision vaut enregistrement ou si les services compétents sont tenus, en exécution du jugement intervenu, de procéder à l'enregistrement du contrat qu'ils avaient précédemment refusé. En faveur de cette dernière position, voir circ. DFP/DAGEMO 96-01 du 3 janvier 1996 (BO TR 96/3, p. 125) relative aux décisions de refus d'enregistrement des contrats d'apprentissage.

La question se pose également de savoir – la loi étant muette à cet égard – si, après enregistrement d'un contrat, les parties ont la possibilité d'en contester la validité auprès des tribunaux. Il semble qu'il faille y répondre affirmativement.

Compétence juridictionnelle. Les juridictions de l'ordre judiciaire sont seules compétentes pour connaître de la validité des contrats d'apprentissage dont l'enregistrement a été refusé. En ce sens : Trib. confl. 7 juin 1982, n° 02230, *Rec. Lebon* p. 457 ; *Dr. Soc.* 1982, p. 776, concl. D. Labetoulle et Trib. confl. 25 janvier 1988, Sueur.

Art. L. 6224-8. Un décret en Conseil d'État détermine les mesures d'application du présent chapitre.

Demande d'enregistrement

Art. R. 6224-1. Avant le début de l'exécution du contrat d'apprentissage ou, au plus tard, dans les cinq jours ouvrables qui suivent celui-ci, l'employeur transmet les exemplaires du contrat complet accompagné du visa du directeur du centre de formation d'apprentis attestant l'inscription de l'apprenti :

(D. 2008-1253 du 1er déc. 2008, JO 3) « 1° À la ***(D. 2010-1356 du 11 nov. 2010, art. 25, JO 13)*** « chambre de métiers et de l'artisanat de région », lorsque l'employeur est inscrit au répertoire des métiers, y compris dans le cas où il est également immatriculé au registre du commerce et des sociétés ; »

2° À la chambre d'agriculture, lorsqu'il emploie un apprenti mentionné au 7° de l'article L. 722-20 du code rural ***(Ord. 2010-462 du 6 mai 2010, JO 7)*** « et de la pêche maritime », sauf pour une entreprise artisanale rurale n'employant pas plus de deux ouvriers de façon permanente mentionnée au 6° de l'article L. 722-1 du même code ;

(D. 2008-1253 du 1er déc. 2008, JO 3) « 3° À la ***(D. 2010-1463 du 1er déc. 2010, art. 87, JO 2)*** « chambre de commerce et d'industrie territoriale », dans les autres cas à l'exception de ceux où l'employeur relève du secteur public au sens du chapitre II de la loi n° 92-675 du 17 juillet 1992. »

(D. 2008-1253 du 1er déc. 2008, JO 3) « L'organisme consulaire territorialement compétent pour enregistrer le contrat d'apprentissage est celui du lieu d'exécution du contrat. »

[**Art. R. 6224-2 et R. 6224-3.** Abrogés par décret 2011-1924 du 21 décembre 2011, art. 8, JO 23.]

Décision d'enregistrement

Art. R. 6224-4. La chambre consulaire compétente dispose d'un délai de quinze jours à compter de la réception du contrat pour l'enregistrer.

Le silence gardé dans ce délai vaut décision d'acceptation d'enregistrement.

(D. 2011-1924 du 21 déc. 2011, JO 23) « Le refus d'enregistrement est notifié aux parties, le cas échéant par voie électronique. Le contrat ne peut alors recevoir ou continuer de recevoir exécution. »

Note Le délai de 15 jours dans lequel l'organisme consulaire doit enregistrer le contrat d'apprentissage s'il est conforme aux dispositions le concernant ne court qu'à compter de la réception du dossier complet et la demande de pièces ne peut pas être assimilée à un silence gardé par l'administration valant décision implicite d'acceptation de l'enregistrement (cass. soc. 15 décembre 2010, n° 09-41.575).

[**Art. R. 6224-5.** Abrogé par décret 2011-1924 du 21 décembre 2011, art. 8, JO 23.]

Art. R. 6224-6. La chambre consulaire adresse copie du contrat :

1° À l'union de recouvrement des cotisations de sécurité sociale ou à la caisse de mutualité sociale agricole compétente ;

2° À la caisse de retraite complémentaire dont relève l'employeur ;

3° Au président du conseil régional de la région dans laquelle est implanté l'entreprise ou l'établissement qui emploie l'apprenti ;

4° Au directeur du centre de formation d'apprentis ou, dans le cas d'une section d'apprentissage, au responsable d'établissement ;

5° Au service chargé de l'inspection de l'apprentissage ;

(D. 2011-1924 du 21 déc. 2011, JO 23) « 6° À la direction régionale des entreprises, de la concurrence, de la consommation, du travail et de l'emploi du lieu d'exécution du contrat d'apprentissage, sous une forme dématérialisée. »

Décision d'opposition à l'enregistrement

[**Art. R. 6224-7 à R. 6224-9.** Abrogés par décret 2011-1924 du 21 décembre 2011, art. 8, JO 23.]

Apprenti employé par un ascendant

Art. R. 6224-10. Lorsque l'apprenti mineur est employé par un ascendant, la déclaration prévue à l'article L. 6222-5 comporte les mentions énumérées aux articles R. 6222-3 à R. 6222-5. Elle précise le lien de parenté existant entre l'apprenti mineur et l'employeur.

Art. R. 6224-11. La déclaration désigne la caisse d'épargne ou l'établissement bancaire dans lequel un compte a été ouvert au nom de l'apprenti pour recevoir la partie du salaire que l'ascendant employeur est tenu de verser sur ce compte.

Cette partie est au moins égale à 25 % du salaire fixé au contrat.

Art. R. 6224-12. La déclaration est souscrite par l'ascendant employeur. Elle est revêtue de la signature de l'apprenti.

Elle est visée par le directeur du centre de formation d'apprentis ou, dans le cas d'une section d'apprentissage, le responsable d'établissement.

Elle est soumise à enregistrement dans les conditions prévues au présent chapitre.

CHAPITRE V

Procédures d'opposition, de suspension et d'interdiction de recrutement

SECTION 1. Opposition à l'engagement d'apprentis

Art. L. 6225-1. L'autorité administrative peut s'opposer à l'engagement d'apprentis par une entreprise lorsqu'il est établi par les autorités chargées du contrôle de l'exécution du contrat d'apprentissage que l'employeur méconnaît les obligations mises à sa charge, soit par le présent livre, soit par les autres dispositions du présent code applicables aux jeunes travailleurs ou aux apprentis, soit par le contrat d'apprentissage.

Note • Le préfet du département peut s'opposer à l'engagement d'apprentis par une décision motivée. La circulaire DGEFP 2002-237 du 19 juillet 2002 (BO TR 2002/16, p. 65) donne des exemples de violation par l'employeur d'obligations mises à sa charge ; il pourra s'agir de violation des obligations de formation ou d'infractions au code du travail et ne permettant pas d'assurer au jeune un milieu favorable à son insertion professionnelle sans mettre en jeu sa sécurité ou sa santé.

• En cas d'opposition à l'engagement d'apprentis, l'employeur devra rembourser les sommes perçues au titre de l'indemnité compensatrice (circ. DFP 96-9 du 13 juin 1996, BO TR 96/14, p. 409).

Art. L. 6225-2. En cas d'opposition à l'engagement d'apprentis, l'autorité administrative décide si les contrats en cours peuvent être exécutés jusqu'à leur terme.

Il en va de même en cas de transfert des contrats de travail dans le cas prévu à l'article L. 1224-1, en l'absence de déclaration par l'employeur de la nouvelle entreprise.

Note L'article L. 1224-1 (continuation des contrats de travail en cours en cas de modification de la situation juridique de l'employeur) s'applique au contrat d'apprentissage ; le fait que le nouvel employeur n'a pas encore, au moment de la cession, reçu l'agrément (ancienne procédure) n'entraîne pas la caducité du contrat d'apprentissage (cass. soc. 4 mars 1982, n° 80-40.256, BC V n° 146). Les dispositions de l'article L. 122-12, al. 2 [L. 1224-1] CT sont en effet d'ordre public (cass. soc. 28 mars 1996, n° 93-40.716, BC V n° 125 ; *RJS* 5/96 n° 582 ; 7 mars 2001, n° 99-40.976, *RJS* 5/01 n° 570).

Le contrat d'apprentissage est transmis de plein droit au cessionnaire ; la convention conclue entre le cédant et l'apprenti, postérieure à la cession du fonds, est inopposable au cessionnaire.

Art. L. 6225-3. Lorsque l'autorité administrative décide que les contrats en cours ne peuvent être exécutés jusqu'à leur terme, la décision entraîne la rupture des contrats à la date de notification de ce refus aux parties en cause.

L'employeur verse aux apprentis les sommes dont il aurait été redevable si le contrat s'était poursuivi jusqu'à son terme.

Mise en demeure préalable à l'opposition

Art. R. 6225-1. Lorsqu'il est constaté, soit lors d'un contrôle de l'inspection de l'apprentissage ou de l'inspection du travail, soit lors de l'examen accompli par l'organisme chargé de l'enregistrement du contrat ou le ***(D. 2009-1377 du 10 nov. 2009, JO 13 ; D. 2010-687 du 24 juin 2010, JO 25 ; voir D. 2010-1582 du 17 déc. 2010, JO 18, pour outre-mer)*** « directeur régional des entreprises, de la concurrence, de la consommation, du travail et de l'emploi », que l'employeur méconnaît les obligations mentionnées à l'article L. 6225-1, l'inspecteur du travail ou l'inspecteur de l'apprentissage met l'employeur en demeure de régulariser la situation et de prendre les mesures ou d'assurer les garanties de nature à permettre une formation satisfaisante.

Note Les articles R. 6225-1 et 2 ont été modifiés par le décret 2008-1503 du 30 décembre 2008 (JO 31).

Art. R. 6225-2. Lorsqu'il est constaté, par les services mentionnés à l'article R. 6225-1, qu'un maître d'apprentissage, autre que l'employeur, méconnaît les obligations mises à sa charge par le contrat d'apprentissage ou ne présente plus les garanties de moralité requises, l'inspecteur du travail ou l'inspecteur de l'apprentissage met l'employeur en demeure de désigner un autre maître d'apprentissage et d'informer de ses nom, prénoms et compétences professionnelles, l'organisme chargé de l'enregistrement du contrat. Ce dernier transmet sans délai ces éléments à la ***(D. 2009-1377 du 10 nov. 2009, JO 13 ; D. 2010-687 du 24 juin 2010, JO 25 ; voir D. 2010-1582 du 17 déc. 2010, JO 18, pour outre-mer)*** « direction régionale des entreprises, de la concurrence, de la consommation, du travail et de l'emploi ».

Art. R. 6225-3. Lorsqu'il est constaté par les services mentionnés à l'article R. 6225-1 qu'un employeur, en tant que maître d'apprentissage, méconnaît les obligations mises à sa charge par le contrat d'apprentissage ou ne présente plus les garanties de moralité requises, l'inspecteur du travail ou l'inspecteur de l'apprentissage le met en demeure de régulariser la situation et de prendre les mesures ou d'assurer les garanties de nature à permettre une formation satisfaisante.

Opposition à l'engagement d'apprentis

Art. R. 6225-4. Dans les cas prévus à la section 1, la décision d'opposition du préfet à l'engagement d'apprenti intervient, s'il y a lieu, dans un délai de trois mois à compter de l'expiration du délai fixé par la mise en demeure de l'inspecteur du travail ou d'apprentissage.

Art. R. 6225-5. La décision d'opposition à l'engagement d'apprentis est communiquée à l'inspecteur du travail, au comité d'entreprise ou, à défaut, aux délégués du personnel ainsi qu'à la chambre consulaire compétente.

Art. R. 6225-6. Lorsque le préfet prend une décision d'opposition à l'engagement d'apprentis, en application de l'article L. 6225-1 ou de l'article R. 6223-16, l'employeur peut lui demander de mettre fin à cette opposition.

Il joint à sa demande toutes justifications de nature à établir qu'il remplit les obligations mises à sa charge par le présent code ou par d'autres dispositions légales applicables aux jeunes travailleurs et aux apprentis.

Art. R. 6225-7. Lorsque le préfet, au vu des justifications de l'employeur, décide de mettre fin à l'opposition, il notifie sa décision à l'employeur.

L'employeur peut à nouveau procéder à la déclaration mentionnée à l'article L. 6223-1.

Art. R. 6225-8. Est communiquée sans délai à l'organisme chargé de l'enregistrement du contrat :

1° La décision d'opposition à l'engagement d'apprentis, prise en application de l'article L. 6225-1 ou de l'article R. 6223-16 ;

2° La décision de levée d'opposition, prise en application de l'article R. 6225-7.

SECTION 2. Suspension de l'exécution du contrat et interdiction de recrutement

Art. L. 6225-4. En cas de risque sérieux d'atteinte à la santé ou à l'intégrité physique ou morale de l'apprenti, l'inspecteur du travail ou le fonctionnaire de contrôle assimilé propose au ***(L. 2011-525 du 17 mai 2011, art. 170, JO 18)*** « directeur régional des entreprises, de la concurrence, de la consommation, du travail et de l'emploi » la suspension du contrat d'apprentissage.

Cette suspension s'accompagne du maintien par l'employeur de la rémunération de l'apprenti.

Note La loi 2002-73 du 17 janvier 2002, art. 196 (JO 18) a visé à protéger l'apprenti contre les risques sérieux d'atteinte à sa santé ou à son intégrité physique ou morale. Le décret 2002-596 du 24 avril 2002 (JO 27) a prévu la possibilité pour le directeur départemental du travail, de l'emploi et de la formation professionnelle [DIRECCTE] de suspendre le contrat d'apprentissage. La circulaire DGEFP du 19 juillet 2002 (BO TR 2002/16, p. 65) a précisé la mise en œuvre de la procédure d'urgence. Ces dispositions permettent de mieux différencier la procédure de droit commun prévue par l'article L. 6225-1 visant à sanctionner l'employeur en cas de violation d'obligations mises à sa charge de la procédure d'urgence prévue par cet article qui a pour but de soustraire l'apprenti d'une situation dangereuse pour sa santé ou son intégrité physique ou morale.

Art. R. 6225-9. En application de l'article L. 6225-4, l'inspecteur du travail propose la suspension de l'exécution du contrat d'apprentissage, après qu'il ait été procédé, lorsque les circonstances le permettent, à une enquête contradictoire. Il en informe sans délai l'employeur et adresse cette proposition au ***(D. 2009-1377 du 10 nov. 2009, JO 13 ; D. 2010-687 du 24 juin 2010, JO 25 ; voir D. 2010-1582 du 17 déc. 2010, JO 18, pour outre-mer)*** « directeur régional des entreprises, de la concurrence, de la consommation, du travail et de l'emploi ».

Ce dernier se prononce sans délai et, le cas échéant, dès la fin de l'enquête contradictoire.

Note Dès le constat des faits pouvant entraîner un danger pour l'apprenti, le contrôleur ou l'inspecteur du travail, ou le chef de service assimilé, doit procéder à une enquête contradictoire pour déterminer l'importance du danger encouru par l'apprenti et le degré de responsabilité de l'employeur. La circulaire DGEFP 2002-37 du 19 juillet 2002 (BO TR 2002/16, p. 65) rappelle que, en cas de danger grave ou imminent, l'agent de contrôle n'est pas tenu de procéder à cette enquête.

Art. L. 6225-5. Dans le délai de quinze jours à compter du constat de l'agent de contrôle, le ***(L. 2011-525 du 17 mai 2011, art. 170, JO 18)*** « directeur régional des entreprises, de la concurrence, de la consommation, du travail et de l'emploi » se prononce sur la reprise de l'exécution du contrat d'apprentissage.

Le refus d'autoriser la reprise de l'exécution du contrat d'apprentissage entraîne la rupture de ce contrat à la date de notification du refus aux parties. Dans ce cas, l'employeur verse à l'apprenti les sommes dont il aurait été redevable si le contrat s'était poursuivi jusqu'à son terme.

Note La circulaire DGEFP 2002-37 du 19 juillet 2002 (BO TR 2002/16) précise notamment que :
– la décision de refus d'autoriser la reprise de l'exécution du contrat entraîne de plein droit la rupture de celui-ci à compter de sa notification aux parties et le retrait d'office du titre de maître d'apprentissage confirmé ;

– malgré la suspension de son contrat, l'apprenti conservera sa rémunération sans avoir à démontrer une quelconque faute ou négligence de l'employeur.

L'exercice d'un recours hiérarchique ou contentieux concernant la suspension ou la reprise de l'exécution du contrat n'a pas d'effet suspensif sur le versement de la rémunération. Le centre de formation d'apprentis devra assurer une formation à l'apprenti dont le contrat est suspendu et l'aider dans la recherche d'un nouvel employeur.

Art. L. 6225-6. La décision de refus du ***(L. 2011-525 du 17 mai 2011, art. 170, JO 18)*** « directeur régional des entreprises, de la concurrence, de la consommation, du travail et de l'emploi » peut s'accompagner de l'interdiction faite à l'employeur de recruter de nouveaux apprentis ainsi que des jeunes titulaires d'un contrat d'insertion en alternance, pour une durée qu'elle détermine.

Art. R. 6225-10. Lorsque le ***(D. 2009-1377 du 10 nov. 2009, JO 13 ; D. 2010-687 du 24 juin 2010, JO 25 ; voir D. 2010-1582 du 17 déc. 2010, JO 18, pour outre-mer)*** « directeur régional des entreprises, de la concurrence, de la consommation, du travail et de l'emploi » a interdit le recrutement de nouveaux apprentis, en application de l'article L. 6225-6, l'employeur peut lui demander de mettre fin à cette interdiction.

L'employeur joint à sa demande toutes justifications de nature à établir qu'il a pris les mesures nécessaires pour supprimer tout risque d'atteinte à la santé ou à l'intégrité physique ou morale des apprentis dans l'entreprise.

Art. R. 6225-11. Lorsque le ***(D. 2009-1377 du 10 nov. 2009, JO 13 ; D. 2010-687 du 24 juin 2010, JO 25 ; voir D. 2010-1582 du 17 déc. 2010, JO 18, pour outre-mer)*** « directeur régional des entreprises, de la concurrence, de la consommation, du travail et de l'emploi » décide, au vu des justifications présentées par l'employeur, de mettre fin à l'interdiction de recruter de nouveaux apprentis, il notifie sa décision à l'employeur.

L'employeur peut à nouveau procéder à la déclaration prévue à l'article L. 6223-1.

Art. R. 6225-12. Est communiquée sans délai à l'organisme chargé de l'enregistrement du contrat :

1° La décision d'interdiction de recruter de nouveaux apprentis, prise en application de l'article L. 6225-6 ;

2° La décision de levée d'interdiction de recruter de nouveaux apprentis, prise en application de l'article R. 6225-11.

Art. L. 6225-7. En cas de refus d'autoriser la reprise de l'exécution du contrat d'apprentissage, le centre de formation d'apprentis où est inscrit l'apprenti prend les dispositions nécessaires pour lui permettre de suivre provisoirement la formation dispensée par le centre et de trouver un nouvel employeur susceptible de contribuer à l'achèvement de sa formation.

SECTION 3. Dispositions d'application

Art. L. 6225-8. Un décret en Conseil d'État détermine les mesures d'application du présent chapitre.

(L. 2011-893 du 28 juil. 2011, art. 7, JO 29)

CHAPITRE VI

Entreprises de travail temporaire

Art. L. 6226-1. Les entreprises de travail temporaire mentionnées à l'article L. 1251-45 peuvent conclure des contrats d'apprentissage. Ces contrats assurent à l'apprenti une formation professionnelle dispensée pour partie en entreprise dans le cadre des missions de travail temporaire définies au chapitre Ier du titre V du livre II de la première partie et pour partie en centre de formation d'apprentis ou section d'apprentissage dans les conditions prévues à l'article L. 1251-57.

La durée minimale de chaque mission de travail temporaire effectuée dans le cadre de l'apprentissage est de six mois. Le temps consacré aux enseignements dispensés en centre de formation d'apprentis ou en section d'apprentissage et afférents à ces missions est pris en compte dans cette durée.

La fonction tutorale mentionnée à l'article L. 6223-6 est assurée par un maître d'apprentissage dans l'entreprise de travail temporaire et par un maître d'apprentissage dans l'entreprise utilisatrice.

[Dispositions réglementaires]

CHAPITRE VI

Dispositions pénales

[Le présent chapitre ne comprend pas de dispositions législatives.]

Art. R. 6226-1. Le fait, pour l'employeur, de méconnaître les dispositions des articles L. 6222-1, L. 6222-2, L. 6222-11, L. 6222-24, L. 6223-2 à L. 6223-8, R. 6223-9, R. 6223-22 et R. 6223-23, est puni de l'amende prévue pour les contraventions de la quatrième classe.

Note Cet article a été modifié par le décret 2009-289 du 13 mars 2009 (JO 15).

Art. R. 6226-2. Le fait d'employer un apprenti à un travail effectif excédant huit heures par jour ou la durée légale hebdomadaire fixée par l'article L. 3121-10 du code du travail et par l'article L. 713-2 du code rural ***(Ord. 2010-462 du 6 mai 2010, JO 7)*** « et de la pêche maritime », en méconnaissance des dispositions du premier alinéa de l'article L. 6222-25, est puni de l'amende prévue pour les contraventions de la quatrième classe.

Art. R. 6226-3. Le fait d'employer un apprenti âgé de moins de dix-huit ans à un travail de nuit, en méconnaissance des dispositions de l'article L. 6222-26, est puni de l'amende prévue pour les contraventions de la cinquième classe.

La récidive est réprimée conformément aux articles 132-11 et 132-15 du code pénal.

Art. R. 6226-4. Le fait de verser un salaire à l'apprenti inférieur au minimum prévu par l'article L. 6222-27, est puni de l'amende prévue pour les contraventions de la cinquième classe.

L'amende est appliquée autant de fois qu'il y a d'apprentis rémunérés dans des conditions illégales.

La récidive est réprimée conformément aux articles 132-11 et 132-15 du code pénal.

Art. R. 6226-5. Le fait d'employer un apprenti à des travaux dangereux pour sa santé ou sa sécurité, en méconnaissance des dispositions de l'article L. 6222-30, est puni de l'amende prévue pour les contraventions de la cinquième classe.

La récidive est réprimée conformément aux articles 132-11 et 132-15 du code pénal.

Art. R. 6226-6. Le fait de ne pas présenter l'apprenti aux épreuves du diplôme ou du titre prévu par le contrat d'apprentissage, en méconnaissance des dispositions de l'article L. 6222-34, est puni de l'amende prévue pour les contraventions de la cinquième classe.

La récidive est réprimée conformément aux articles 132-11 et 132-15 du code pénal.

Art. R. 6226-7. Le fait de ne pas accorder un congé supplémentaire de cinq jours à l'apprenti pour lui permettre de préparer les épreuves dans un centre de formation d'apprentis, ou de ne pas maintenir le salaire de l'apprenti pendant ce congé en méconnaissance des dispositions de l'article L. 6222-35, est puni de l'amende prévue pour les contraventions de la cinquième classe.

La récidive est réprimée conformément aux articles 132-11 et 132-15 du code pénal.

Art. R. 6226-8. Le fait, pour l'employeur, de méconnaître les dispositions de l'article L. 6223-1, est puni de l'amende prévue pour les contraventions de la cinquième classe.

Art. R. 6226-9. Le fait, pour l'employeur, de méconnaître les dispositions de l'article L. 6225-1, est puni de l'amende prévue pour les contraventions de la cinquième classe.

Art. R. 6226-10. Le fait, pour le responsable d'un organisme qui n'a pas souscrit avec l'État la convention prévue à l'article R. 6223-27, de décerner le titre de maître d'apprentissage confirmé, est puni de l'amende prévue pour les contraventions de la cinquième classe.

TITRE III

CENTRES DE FORMATION D'APPRENTIS ET SECTIONS D'APPRENTISSAGE

CHAPITRE Ier

Missions des centres de formation d'apprentis

Art. L. 6231-1. Les centres de formation d'apprentis dispensent aux jeunes travailleurs titulaires d'un contrat d'apprentissage une formation générale associée à une formation technologique et pratique qui complète la formation reçue en entreprise et s'articule avec elle.

Art. R. 6231-1. Les centres de formation d'apprentis développent l'aptitude à tirer profit d'actions ultérieures de formation professionnelle ou à poursuivre des études par les voies de l'apprentissage, de l'enseignement professionnel ou technologique ou par toute autre voie.

Art. L. 6231-2. Un centre de formation d'apprentis peut conclure avec une entreprise habilitée par l'inspection de l'apprentissage, dans des conditions déterminées par décret, une convention aux termes de laquelle cette entreprise assure une partie des formations technologiques et pratiques normalement dispensées par le centre de formation d'apprentis.

Art. L. 6231-3. Un centre de formation d'apprentis peut conclure avec des établissements une convention aux termes de laquelle ces derniers assurent tout ou partie des enseignements normalement dispensés par le centre de formation d'apprentis et mettent à disposition des équipements pédagogiques ou d'hébergement.

De telles conventions peuvent être conclues avec :

1° Un ou plusieurs établissements d'enseignement publics ou privés sous contrat ;

2° Des établissements d'enseignement technique ou professionnel reconnus ou agréés par l'État ;

3° Des établissements habilités à délivrer un titre d'ingénieur diplômé ou des établissements de formation et de recherche relevant de ministères autres que celui chargé de l'éducation nationale.

Note Les centres de formation d'apprentis peuvent sous-traiter tout ou partie de la formation à d'autres établissements d'enseignement. Pour tenir compte de l'élévation du niveau des qualifications et de leur diversification, la catégorie des établissements d'enseignement est élargie aux établissements de formation et de recherche relevant de ministères autres que celui de l'Éducation nationale.

Art. L. 6231-4. Dans les cas prévus aux articles L. 6231-2 et L. 6231-3, les centres de formation d'apprentis conservent la responsabilité administrative et pédagogique des enseignements dispensés.

Art. L. 6231-4-1. *(L. 2011-893 du 28 juil. 2011, art. 2, JO 29)* Les centres de formation d'apprentis délivrent aux apprentis qui y sont inscrits la carte portant la mention "Étudiant des métiers" prévue à l'article L. 6222-36-1.

Art. L. 6231-5. Un décret en Conseil d'État détermine les mesures d'application du présent chapitre.

CHAPITRE II

Création de centres de formation d'apprentis et de sections d'apprentissage

SECTION 1. Création de centres de formation d'apprentis

Art. L. 6232-1. La création des centres de formation d'apprentis fait l'objet de conventions conclues entre l'État, dans le cas des centres à recrutement national, la région, dans tous les autres cas et :

1° Les organismes de formation gérés paritairement par les organisations professionnelles d'employeurs et les syndicats de salariés ;

2° Les collectivités locales ;

3° Les établissements publics ;

4° Les ***(L. 2010-853 du 23 juil. 2010, art. 8, JO 24)*** « chambres de commerce et d'industrie territoriales », les chambres des métiers et les chambres d'agriculture ;

5° Les établissements d'enseignement privés sous contrat ;

6° Les organisations professionnelles ou interprofessionnelles représentatives d'employeurs ;

7° Les associations ;

8° Les entreprises ou leurs groupements ;

9° Toute autre personne.

Note Ces dispositions ont été modifiées pour encourager la création de centres de formation d'apprentis et pour élargir les possibilités d'initiatives en ce sens. Aucune distinction de statut public ou privé n'est faite pour la création d'un centre de formation d'apprentis (rép. QE 10676, JO Sén. 12 novembre 1998, p. 3641).

Les centres de formation d'apprentis que peuvent créer les chambres des métiers, établissements publics administratifs, n'ont pas le caractère de services industriels et commerciaux (cass. soc. 3 juin 1981, n° 78-41.399, BC V n° 516).

Art. L. 6232-2. Les conventions créant les centres de formation d'apprentis à recrutement national doivent être conformes à une convention type approuvée par arrêté.

Les conventions créant les autres centres doivent être conformes à une convention type établie par la région, comportant des clauses obligatoires déterminées par décret en Conseil d'État.

Note Voir arrêté du 2 juillet 2008 (JO 20) relatif à la convention type portant création d'un centre de formation d'apprentis à recrutement national.

Art. L. 6232-3. Les conventions créant les centres de formation d'apprentis prévoient l'institution d'un conseil de perfectionnement.

Art. L. 6232-4. Il est interdit de donner le nom de centre de formation d'apprentis à un établissement qui ne fait pas l'objet d'une convention répondant aux règles prévues par le présent titre.

Art. L. 6232-5. Sous réserve des dispositions des articles L. 6232-4, L. 6234-1 et L. 6234-2, les centres de formation d'apprentis ne sont pas soumis aux dispositions relatives aux établissements d'enseignement privés prévues au titre IV du livre IV du code de l'éducation.

Demande de convention

Art. R. 6232-1. La demande de conclusion d'une convention de création d'un centre de formation d'apprentis, prévue à l'article L. 6232-1, et le projet de convention qui y fait suite sont soumis soit au Conseil national de la formation professionnelle tout au long de la vie lorsque la convention est conclue par l'État, soit au comité de coordination régional de l'emploi et de la formation professionnelle intéressé lorsque la convention est conclue par la région.

Ces instances émettent leur avis en tenant compte :

1° Des besoins de formation professionnelle existant ou à prévoir dans le champ d'application de la convention envisagée ;

2° De la cohérence du projet avec la partie consacrée aux jeunes du plan régional de développement des formations professionnelles, prévu par l'article L. 214-13 du code de l'éducation ;

3° Des recommandations émises par les commissions professionnelles consultatives ;

4° Des garanties offertes par le gestionnaire du centre, notamment en ce qui concerne les locaux, l'équipement et le personnel ;

5° Du financement envisagé et en particulier du montant prévisible de ressources par apprenti, par domaine et par niveau de formation dont pourrait disposer le centre de formation d'apprentis par année d'exécution de la convention.

Art. R. 6232-2. La demande de conclusion d'une convention donne lieu à une décision dans un délai de six mois à compter du dépôt de la demande.

La décision de refus est motivée.

Contenu et conclusion de la convention

Art. R. 6232-3. La convention créant un centre de formation d'apprentis est conforme à la convention type établie par l'État ou la région.

Cette convention type se conforme aux dispositions prévues aux articles R. 6232-7, R. 6232-8, R. 6232-14, R. 6233-1 à R. 6233-6, R. 6233-9 à R. 6233-11, R. 6233-18, R. 6233-22, R. 6233-27 à R. 6233-50, R. 6233-54, R. 6233-56, R. 6233-57 et R. 6233-61.

Art. R. 6232-4. Les conventions types de création d'un centre de formation d'apprentis, prévues à l'article L. 6232-2, sont définies après avis, selon le cas, du Conseil national de la formation professionnelle tout au long de la vie ou du comité de coordination régional de l'emploi et de la formation professionnelle.

Art. R. 6232-5. La convention créant un centre de formation d'apprentis détermine, pour la durée de celle-ci, les coûts de formation pratiqués par le centre.

Ces coûts incluent, en les identifiant, les charges d'amortissement des immeubles et des équipements. Les coûts ainsi fixés peuvent être révisés chaque année par avenant à la convention.

Art. R. 6232-6. La convention créant un centre de formation d'apprentis détermine les modalités d'organisation administrative, pédagogique et financière du centre.

Art. R. 6232-7. La convention créant un centre de formation d'apprentis définit l'aire normale de recrutement des apprentis et les spécialisations professionnelles du centre de formation d'apprentis.

Elle détermine le nombre minimal et maximal d'apprentis admis annuellement au centre pour les formations qui y seront dispensées et qui conduiront à un diplôme ou un titre à finalité professionnelle enregistré au répertoire national des certifications professionnelles, dans les conditions prévues à l'article L. 335-6 du code de l'éducation.

Art. R. 6232-8. La convention créant un centre de formation d'apprentis peut prévoir la création d'annexes locales assurant tout ou partie de certaines formations.

Art. R. 6232-9. La convention créant un centre de formation d'apprentis est assortie d'annexes pédagogiques qui précisent, pour chaque titre ou diplôme, le contenu et la progression des formations ainsi que les conditions d'encadrement des apprentis.

Pour les diplômes, ces annexes pédagogiques doivent respecter les règles communes minimales définies par arrêté du ministre chargé de l'éducation nationale ou du ministre chargé de l'agriculture ou du ministre intéressé. Les commissions professionnelles consultatives ou les organismes qui en tiennent lieu sont associés à leur préparation.

Pour les titres, les annexes pédagogiques doivent respecter les règles définies lors de l'homologation par la commission technique d'homologation des titres et des diplômes de l'enseignement technologique.

Art. R. 6232-10. La convention créant un centre de formation d'apprentis est conclue entre le président du conseil régional et l'une des personnes énumérées à l'article L. 6232-1 ou, dans le cas mentionné à l'article L. 6232-8, une association telle que définie par l'article R. 6232-23.

La convention portant création d'un centre à recrutement national est conclue entre le ministre chargé de l'éducation nationale, en accord avec le ministre intéressé, ou le ministre chargé de l'agriculture, ou le ministre chargé de l'enseignement supérieur ou leur représentant dans la région, et l'une des personnes énumérées à l'article L. 6232-1.

La convention portant création d'un centre mentionné au premier alinéa est conclue conformément au plan régional de développement des formations professionnelles pour sa partie consacrée aux jeunes, prévu au II de l'article L. 214-13 du code de l'éducation.

Art. R. 6232-11. Lorsque plusieurs personnes décident de créer conjointement un centre de formation d'apprentis, sans pour autant constituer une personne morale nouvelle pour en assurer la gestion, elles désignent parmi elles un représentant chargé de conclure avec l'État ou avec la région une convention de création.

Ce représentant est le gestionnaire du centre.

Art. R. 6232-12. La convention créant un centre de formation d'apprentis est conclue pour une durée de cinq ans à partir d'une date d'effet qu'elle fixe expressément.

Dénonciation, avenant et renouvellement de la convention

Art. R. 6232-13. La dénonciation d'une convention créant un centre de formation d'apprenti est motivée.

La décision de dénonciation est prise selon les procédures prévues aux articles R. 6232-1 et R. 6232-2.

Art. R. 6232-14. Pendant la durée de la convention, la liste des formations du centre et les autres clauses de la convention peuvent être modifiées pour tenir compte notamment de l'évolution des besoins de formation professionnelle.

Ces modifications font l'objet d'un avenant conclu dans les mêmes formes que la convention, lorsqu'elles entraînent une diminution de l'effectif global minimal, un dépassement de l'effectif global maximal, un changement notable de l'aire de recrutement ou du champ d'action professionnel du centre, une transformation des conditions de participation de l'État ou de la région.

Dans les autres cas, ces modifications sont autorisées par le préfet de région ou par le président du conseil régional, sur demande de l'organisme gestionnaire ou de l'établissement d'accueil.

Art. R. 6232-15. Dix-huit mois au moins avant la date d'expiration de la convention, les parties se concertent afin de préparer son renouvellement en tenant compte, s'il y a lieu, des adaptations rendues nécessaires par l'évolution des besoins de formation.

Lorsqu'il apparaît que la convention ne peut être renouvelée, le recrutement de nouveaux apprentis est interrompu. La convention en vigueur est prorogée de plein droit jusqu'à l'achèvement des formations en cours, lorsque cet achèvement a lieu après la date d'expiration de la convention.

Art. R. 6232-16. La convention est renouvelée dans les conditions prévues à l'article R. 6232-15.

SECTION 2. Création de sections d'apprentissage et d'unités de formation par apprentissage

Art. L. 6232-6. Les enseignements dispensés par le centre de formation d'apprentis peuvent être dispensés dans un établissement d'enseignement public ou privé sous contrat ou dans un établissement de formation et de recherche relevant d'un ministère autre que celui chargé de l'éducation, au sein d'une section d'apprentissage créée dans les conditions prévues par une convention conclue entre cet établissement, toute personne morale mentionnée à l'article L. 6232-1 et la région.

Le contenu de la convention est déterminé par décret.

Art. L. 6232-7. Les conventions créant les sections d'apprentissage doivent être conformes à une convention type établie par la région, comportant des clauses à caractère obligatoire.

Art. L. 6232-8. Les enseignements dispensés par le centre de formation d'apprentis peuvent être dispensés dans un établissement d'enseignement public ou privé sous contrat ou dans un établissement de formation et de recherche relevant d'un ministère autre que celui chargé de l'éducation au sein d'une unité de formation par apprentissage.

Art. L. 6232-9.

Cette unité est créée dans le cadre d'une convention entre cet établissement et un centre de formation d'apprentis.

Le contenu de la convention est déterminé par décret.

Note Voir arrêté du 2 juillet 2008 (JO 20) relatif à la convention type portant création d'un centre de formation d'apprentis à recrutement national.

Art. L. 6232-9. Les conventions de création de sections d'apprentissage et d'unité de formation par apprentissage sont conclues avec les établissements en application du ***(L. 2009-1437 du 24 nov. 2009, art. 57, JO 25)*** « contrat de » plan régional de développement des formations professionnelles mentionné à l'article L. 214-13 du code de l'éducation.

Art. L. 6232-10. Sont applicables aux établissements mentionnés aux articles L. 6232-6 et L. 6232-8 les dispositions des articles :

1° L. 6231-1 à L. 6231-5, relatives aux missions des centres de formation d'apprentis ;

2° L. 6232-1 à L. 6232-3 et L. 6232-7, relatives à la création de centres de formation d'apprentis et de sections d'apprentissage ;

3° L. 6233-3 à L. 6233-7, relatives au personnel des centres de formation d'apprentis. Toutefois, ces dispositions ne sont pas applicables aux personnels de l'État concourant à l'apprentissage dans ces établissements ;

4° L. 6233-8 et L. 6233-9, relatives au fonctionnement pédagogique des centres de formation d'apprentis ;

5° L. 6252-1 à L. 6252-3, relatives au contrôle des centres de formation d'apprentis.

Sections d'apprentissage

Art. D. 6232-17. La convention créant une section d'apprentissage est conforme à la convention type établie par la région.

Elle se conforme aux dispositions prévues aux articles R. 6232-20, R. 6233-1 à R. 6233-6, R. 6233-9 à R. 6233-11, R. 6233-22, R. 6233-27 à R. 6233-50, R. 6233-54, R. 6233-56 et R. 6233-57.

Sont applicables à cette convention, les dispositions applicables aux conventions créant les centres de formation d'apprentis prévues par les articles R. 6232-6 à R. 6232-9.

Art. R. 6232-18. La convention créant une section d'apprentissage est conclue entre :

1° Le président du conseil régional ;

2° Le responsable de l'établissement d'enseignement ou de formation et de recherche après accord du conseil d'administration ou de l'instance délibérante en tenant lieu ;

3° L'une des personnes morales énumérées à l'article L. 6232-1.

Art. R. 6232-19. La convention créant une section d'apprentissage est conclue conformément au plan régional de développement des formations professionnelles pour sa partie consacrée aux jeunes, prévu au II de l'article L. 214-13 du code de l'éducation.

Art. R. 6232-20. Pendant la durée de la convention, le contenu de la formation de la section d'apprentissage et les autres clauses de la convention peuvent être modifiées pour tenir compte notamment de l'évolution des besoins de formation professionnelle.

Ces modifications font l'objet d'un avenant conclu dans les mêmes formes que la convention, lorsqu'elles entraînent une diminution de l'effectif global minimal, un dépassement de l'effectif global maximal, un changement notable de l'aire de recrutement ou du champ d'action professionnel de la section d'apprentissage ou une transformation des conditions de participation de la région.

Dans les autres cas, ces modifications sont autorisées par le président du conseil régional, sur demande de l'établissement d'accueil.

Art. R. 6232-21. Six mois au moins avant la date d'expiration de la convention, les parties se concertent afin de préparer son renouvellement en tenant compte, s'il y a lieu, des adaptations rendues nécessaires par l'évolution des besoins de formation.

Lorsqu'il apparaît que la convention ne peut être renouvelée, le recrutement de nouveaux apprentis est interrompu. La convention en vigueur est prorogée de plein droit jusqu'à l'achèvement des formations en cours, lorsque cet achèvement se place après la date d'expiration de la convention.

Unités de formation par apprentissage

Art. R. 6232-22. La signature de la convention créant une unité de formation par apprentissage, prévue au deuxième alinéa de l'article L. 6232-8, est conditionnée à l'accord préalable du conseil d'administration de l'établissement ou de l'instance délibérante qui en tient lieu.

Art. R. 6232-23. La convention créant une unité de formation par apprentissage peut être conclue, notamment, avec un centre de formation d'apprentis créé par convention entre une région et une association constituée au niveau régional par une organisation professionnelle ou interprofessionnelle, une ***(D. 2010-1463 du 1er déc. 2010, art. 87, JO 2)*** « chambre de commerce et d'industrie de région », une chambre régionale de métiers, une chambre régionale d'agriculture ou un groupement d'entreprises en vue de développer les formations en apprentissage.

La création de l'association est subordonnée à un avis favorable motivé du comité de coordination régional de l'emploi et de la formation professionnelle.

Art. R. 6232-24. La convention créant une unité de formation par apprentissage est conclue pour une durée au moins égale à celle du cycle de la formation, nécessaire à l'acquisition d'un titre ou diplôme, pour laquelle elle a été ouverte.

Elle est renouvelée dans les conditions prévues à l'article R. 6232-21.

Art. D. 6232-25. La convention créant une unité de formation par apprentissage détermine notamment :

1° Le recrutement et les effectifs des apprentis à former ;

2° Les personnels, locaux et équipements destinés à la formation, y compris, le cas échéant, les locaux destinés à l'hébergement ;

3° Les diplômes préparés ;

4° Le rythme d'alternance et les durées respectives de l'enseignement dans l'établissement et de la formation en entreprise, ainsi que les modalités de coordination entre l'établissement, le centre de formation d'apprentis et les entreprises ;

5° Les orientations générales de l'unité de formation par apprentissage, l'organisation pédagogique et le contenu des enseignements selon le titre ou le diplôme préparé ;

6° Les moyens de financement.

SECTION 3. Dispositions d'application

Art. L. 6232-11. Un décret en Conseil d'État détermine les mesures d'application du présent chapitre.

CHAPITRE III

Fonctionnement des centres de formation d'apprentis et des sections d'apprentissage

SECTION 1. Ressources

Art. L. 6233-1. Les ressources annuelles d'un centre de formation d'apprentis ou d'une section d'apprentissage ne peuvent être supérieures à un maximum correspondant au produit du nombre d'apprentis inscrits par leurs coûts de formation définis dans la convention prévue à l'article L. 6232-1.

Lorsque les ressources annuelles d'un centre de formation d'apprentis sont supérieures à ce montant maximum, les sommes excédentaires sont reversées au fonds régional de l'apprentissage et de la formation professionnelle continue.

Art. L. 6233-2. Il est interdit aux établissements bénéficiaires de fonds versés par les organismes collecteurs de la taxe d'apprentissage et aux organismes gestionnaires de centres de formation d'apprentis de rémunérer les services d'un tiers dont l'entremise aurait pour objet de leur permettre de recevoir des fonds des organismes collecteurs mentionnés aux articles L. 6242-1 et L. 6242-2 ou de bénéficier d'une prise en charge de dépenses de fonctionnement par les organismes collecteurs mentionnés à l'article L. 6332-14 dans les conditions définies à l'article L. 6332-16.

Budget

Art. R. 6233-1. La convention de création prévoit les conditions dans lesquelles est établi le budget du centre ou de la section d'apprentissage.

Art. R. 6233-2. Le budget d'un centre de formation d'apprentis est distinct de celui de l'organisme gestionnaire.

Art. R. 6233-3. Le budget d'une section d'apprentissage est identifié au sein du budget de l'établissement.

Art. R. 6233-4. Le budget des organismes et établissements soumis aux règles de la comptabilité publique ou à la tutelle de l'État est constitué par une section particulière du budget général de l'organisme ou de l'établissement dans lequel est créée la section d'apprentissage.

Cette disposition s'applique également aux établissements d'enseignement privés sous contrat.

Art. R. 6233-5. La comptabilité d'un centre de formation d'apprentis ou d'une section d'apprentissage est distincte de celle de l'organisme gestionnaire.

Art. R. 6233-6. Pour les centres de formation d'apprentis dont la comptabilité n'est pas tenue par un comptable public, les comptes sont certifiés par un commissaire aux comptes.

Art. R. 6233-7. L'excédent de ressources, prévu au second alinéa de l'article L. 6233-1, est reversé :

1° Au profit du fonds régional de l'apprentissage et de la formation professionnelle continue, lorsque la convention de création d'un centre ou d'une section d'apprentissage a été conclue avec le conseil régional ;

2° Au profit du ***(D. 2011-1970 du 26 déc. 2011, JO 28)*** « compte d'affectation spéciale "Financement national du développement et de la modernisation de l'apprentissage" », lorsque la convention a été conclue avec l'État. Ce reversement est ensuite attribué à un fonds régional qui l'utilisera dans les conditions prévues à l'article L. 6241-10.

Subventions

Art. R. 6233-8. Un organisme gestionnaire de centres de formation d'apprentis peut recevoir des subventions d'équipement et de fonctionnement de l'État, des collectivités locales et des établissements publics.

Art. R. 6233-9. La convention de création détermine, sur la base du nombre d'apprentis accueillis par le centre ou la section d'apprentissage, le mode de calcul de la subvention versée, selon le cas, au centre, à la section d'apprentissage ou à l'établissement d'enseignement ou de formation et de recherche.

Ce mode de calcul prend en compte :

1° Le coût de formation annuel d'un apprenti, incluant les charges d'amortissement des immeubles et des équipements, calculé pour chacune des formations dispensées ;

2° Le coût forfaitaire annuel de l'hébergement, de la restauration et des dépenses de transport par apprenti.

Art. R. 6233-10. La convention de création peut prendre en compte les coûts liés à des innovations ou des expérimentations à caractère technique ou pédagogique conduites par le centre ou la section d'apprentissage.

Art. R. 6233-11. Le montant définitif de la subvention due au titre d'un exercice déterminé est arrêté en fonction des participations financières réelles perçues.

SECTION 2. Personnel

Art. L. 6233-3. Les membres du personnel de direction, d'enseignement et d'encadrement des centres de formation d'apprentis doivent posséder les qualifications nécessaires à l'exercice de leurs missions.

Les personnels dispensant des enseignements techniques et pratiques accomplissent périodiquement des stages pratiques en entreprise dans des conditions et selon des modalités définies par décret.

Note • Les personnels enseignants des CFA doivent avoir des qualifications et compétences identiques à celles exigées des enseignants exerçant dans des voies de formation parallèles et préparant aux mêmes diplômes (rép. QE 21933, JO AN 27 octobre 2003, p. 8242).

• Les litiges opposant les membres du personnel enseignant à la chambre des métiers ayant créé le centre de formation pour apprentis auquel ils appartiennent relèvent de la compétence des tribunaux de l'ordre administratif (cass. soc. 3 juin 1981, n° 78-41.399, BC V n° 516).

• Le ministre chargé du travail (rép. QE 14852, JO AN 26 juillet 1982, p. 3129) a précisé que les organismes gestionnaires de CFA sont « chargés d'une mission de service public », au sens de l'article L. 521-2 [L. 2512-1] CT, et que les agents occupés dans les CFA, bien que ne relevant pas d'une manière générale du statut de la fonction publique, sont tenus de respecter les dispositions législatives et réglementaires en vigueur en matière de grève dans les services publics (notamment, respect d'un préavis de cinq jours).

• L'organisme gestionnaire se réserve, en sa qualité d'employeur, des pouvoirs propres sur les questions relatives à la gestion des personnels relevant de son autorité (rép. QE 21933, précitée).

Art. L. 6233-4. Les personnels mentionnés à l'article L. 6233-3, déjà en fonctions dans les cours professionnels ou organismes de formation d'apprentis publics ou privés existants, qui ne satisfont pas aux règles définies par l'article précité mais aux qualifications exigées avant le 1er juillet 1972, sont, sous certaines conditions, admis à exercer leurs fonctions dans les centres de formation issus des cours professionnels.

Art. L. 6233-5. Un fonctionnaire peut être détaché à temps complet dans un centre de formation d'apprentis.

Art. L. 6233-6. En cas de faute professionnelle, les personnels mentionnés à l'article L. 6233-3 sont passibles de sanction prononcée par l'organisme responsable du centre.

Il peut en outre être déféré par les autorités chargées d'exercer le contrôle technique et pédagogique de ces centres au conseil académique de l'éducation nationale qui peut prononcer contre lui, sous réserve d'appel devant le Conseil supérieur de l'éducation :

1° Le blâme ;

2° La suspension temporaire ;

3° L'interdiction d'exercer des fonctions dans les centres de formation d'apprentis.

Art. L. 6233-7. La procédure disciplinaire prévue au deuxième alinéa de l'article L. 6233-6 n'est pas applicable :

1° Aux fonctionnaires de l'État et des collectivités locales ;

2° Au personnel d'un établissement public.

Personnel

Art. R. 6233-12. Une personne frappée d'une incapacité prévue à l'article L. 911-5 du code de l'éducation ne peut être employée dans un centre de formation d'apprentis.

Art. R. 6233-13. Une personne appelée à enseigner dans un centre de formation d'apprentis justifie :

1° Pour exercer des fonctions d'enseignement général, du niveau de qualification exigé des candidats postulant à un emploi d'enseignement dans les établissements publics d'enseignement préparant à des diplômes professionnels ou des titres de même nature et de même niveau, conformément aux conditions arrêtées par le ministre intéressé ;

2° Pour exercer des fonctions d'enseignement technique, théorique et d'enseignement pratique : ***(D. 2008-1253 du 1er déc. 2008, JO 3)*** « *a)* Soit du niveau de qualification exigé des candidats à un emploi d'enseignement dans un établissement public d'enseignement ;

b) Soit d'un diplôme ou d'un titre de même niveau que le diplôme ou le titre auquel prépare l'enseignement professionnel dispensé et d'une expérience professionnelle minimum de deux ans dans la spécialité enseignée au cours des dix dernières années. »

Art. R. 6233-14. Pour les centres relevant du ministère de l'agriculture, un niveau de qualification supérieur à celui prévu à l'article R. 6233-13 peut être fixé par arrêté conjoint des ministres chargés de l'agriculture et de la formation professionnelle, après avis de la commission professionnelle consultative concernée.

Art. R. 6233-15. Les dispositions des articles R. 6233-13 et R. 6233-14 ne sont pas opposables aux enseignants de centres de formation d'apprentis en fonction le 30 janvier 1988.

Art. R. 6233-16. Pour satisfaire des besoins particuliers de formation, il peut être fait appel à des personnes possédant les compétences spécifiques à l'enseignement professionnel considéré.

Le recteur d'académie ou le directeur régional du département ministériel concerné peut délivrer une autorisation d'enseignement, au vu du dossier de l'intéressé présenté par l'organisme gestionnaire.

Cette autorisation est accordée pour la durée du cycle de formation prévu. Elle est renouvelable sur demande expresse de l'organisme gestionnaire.

Art. R. 6233-17. Pour toute personne appelée à diriger un centre de formation d'apprentis ou à y enseigner, l'organisme gestionnaire dans le premier cas, le directeur du centre dans le second, adresse soit au recteur d'académie, soit au directeur régional du département ministériel intéressé et, le cas échéant, au président du conseil régional, un dossier établissant que l'intéressé satisfait aux conditions posées aux articles R. 6233-12 à R. 6233-16.

Lorsque ces conditions ne sont pas remplies, le recteur d'académie ou le directeur régional du département ministériel concerné, peut, dans le délai d'un mois, faire opposition motivée à l'entrée ou au maintien en fonctions de l'intéressé.

Art. R. 6233-18. Indépendamment des stages pratiques en entreprise prévus au second alinéa de l'article L. 6233-3 dans le cas de fermeture d'un centre ou d'une section, l'État ou la région et l'organisme gestionnaire recherchent conjointement les conditions dans lesquelles le personnel de direction, d'enseignement et d'encadrement peut être employé dans un autre centre de formation d'apprentis ou dans tout autre établissement d'enseignement technologique ou de formation professionnelle.

Art. R. 6233-19. Les jurys des examens de l'enseignement technologique auxquels préparent les centres de formation d'apprentis comprennent un ou plusieurs membres du personnel enseignant de ces centres, selon des modalités fixées par arrêté du ministre compétent.

Art. R. 6233-20. Les enseignements en section d'apprentissage sont dispensés par les catégories de personnels qui ont vocation à enseigner dans l'établissement d'accueil de la section, dans le respect des règles statutaires applicables à ces personnels.

Art. R. 6233-21. Le droit des personnels à exercer dans les conditions prévues par l'article L. 6233-4 est conféré par le comité de coordination régional de l'emploi et de la formation professionnelle, sous réserve, le cas échéant, d'avoir à accomplir un stage de recyclage et de perfectionnement pédagogique organisé sous le contrôle des ministères compétents.

Organisation

Direction

Art. R. 6233-22. Chaque centre de formation d'apprentis est placé sous l'autorité d'un directeur qui doit satisfaire aux conditions fixées aux articles R. 6233-23 à R. 6233-26.

Art. R. 6233-23. Le directeur d'un centre de formation d'apprentis justifie :

1° Être titulaire d'un diplôme ou titre au moins équivalent à un diplôme de fin de premier cycle de l'enseignement supérieur général ou technologique ;

2° Avoir accompli, pendant cinq ans au moins, des fonctions d'enseignement dans un établissement technique public ou privé ou dans un centre de formation d'apprentis, à raison d'au moins 200 heures par an. Toutefois, lorsque l'intéressé est titulaire d'un diplôme de second cycle de l'enseignement supérieur et justifie de cinq années d'activité professionnelle, il peut en être dispensé par décision du recteur d'académie ou du directeur régional du département ministériel intéressé.

Art. R. 6233-24. Sur demande du président de l'organisme gestionnaire du centre de formation d'apprentis, le recteur d'académie ou le directeur régional du département ministériel intéressé peut autoriser, à titre exceptionnel, la nomination comme directeur de centre d'un titulaire d'un diplôme ou d'un titre d'un niveau au moins équivalent à celui du baccalauréat si l'intéressé répond à la condition définie au 2° de l'article R. 6233-23.

Art. R. 6233-25. Les dispositions des articles R. 6233-23 et R. 6233-24 ne sont pas opposables aux directeurs de centres de formation d'apprentis en fonction le 30 janvier 1988.

Art. R. 6233-26. Lorsque l'importance, la nature ou l'organisation du centre de formation d'apprentis justifient l'emploi, auprès du directeur, d'une personne investie d'une responsabilité dans le domaine pédagogique, celle-ci doit répondre aux mêmes conditions que celles exigées du directeur du centre.

Art. R. 6233-27. Le directeur d'un centre de formation d'apprentis est responsable du fonctionnement pédagogique et administratif du centre, sous réserve des pouvoirs d'ordre administratif et financier appartenant à l'organisme gestionnaire précisés par la convention de création du centre.

Art. R. 6233-28. Le personnel du centre est recruté sur proposition du directeur et est placé sous son autorité.

Art. R. 6233-29. Le responsable de l'établissement d'enseignement ou de formation et de recherche dans lequel est créée une unité de formation par apprentissage est, par dérogation aux dispositions de l'article R. 6233-27, chargé de la direction pédagogique des enseignements de cette unité.

Le responsable de l'établissement dans lequel est créée une section d'apprentissage est chargé de la direction pédagogique et administrative de la section.

Le personnel de l'unité de formation par apprentissage et de la section d'apprentissage est placé sous l'autorité du responsable de l'établissement dans lequel l'enseignement est dispensé.

Note On notera un saut de l'article R. 6233-29 à l'article R. 6233-31.

Conseil de perfectionnement

Art. R. 6233-31. Le conseil de perfectionnement prévu à l'article L. 6232-3 est placé auprès du directeur et de l'organisme gestionnaire du centre.

Art. R. 6233-32. Dans l'établissement où ont été ouvertes une ou plusieurs sections d'apprentissage, un conseil de perfectionnement est constitué auprès du conseil d'administration de l'établissement ou de l'instance délibérante qui en tient lieu.

Art. R. 6233-33. Le conseil de perfectionnement comprend, dans les conditions fixées par la convention créant le centre de formation des apprentis :

1° Le directeur du centre ;

2° Un ou des représentants de l'organisme gestionnaire du centre ;

3° Pour au moins la moitié de ses membres et en nombre égal, des représentants des organisations professionnelles d'employeurs et de salariés, extérieurs au centre de formation d'apprentis, représentatives au plan national ;

4° Des représentants élus des personnels d'enseignement et d'encadrement et un représentant élu des autres catégories du personnel du centre ;

5° Des représentants élus des apprentis ;

6° Dans les centres dispensant des formations de niveau V et IV, des représentants des parents d'apprentis, désignés par les associations de parents d'élèves les plus représentatives dans le ressort territorial d'application de la convention.

Art. R. 6233-34. La convention créant un centre de formation d'apprentis définit les modalités de désignation du président du conseil de perfectionnement et la durée du mandat de ses membres.

Art. R. 6233-35. Le conseil de perfectionnement institué dans un établissement où sont ouvertes une ou plusieurs sections d'apprentissage comprend :

1° Le responsable de l'établissement, président ;

2° Son adjoint ou le conseiller principal d'éducation ou la personne qui en tient lieu ;

3° Le gestionnaire de l'établissement ;

4° Le chef de travaux ;
5° Les représentants mentionnés aux 3° à 6° de l'article R. 6233-33, siégeant dans les mêmes conditions.

Art. R. 6233-36. Le conseil de perfectionnement peut faire appel, pour participer à certains de ses travaux, à titre consultatif et pour une durée limitée, à des personnes qualifiées en raison de leur expérience pédagogique et professionnelle.

Il peut également faire appel, selon l'autorité signataire de la convention, à un représentant de l'État ou de la région.

Art. R. 6233-37. Les représentants des salariés extérieurs au centre de formation d'apprentis qui siègent dans le conseil de perfectionnement sont désignés :
1° Lorsqu'il s'agit d'un centre de formation d'apprentis d'entreprise, par le comité d'entreprise ;
2° Lorsqu'il s'agit d'un centre de formation d'apprentis géré soit paritairement, soit par des organisations patronales, soit par des associations dont celles-ci sont membres fondateurs, par les organisations syndicales de salariés, selon des modalités fixées par un protocole d'accord conclu entre les organismes d'employeurs gestionnaires de ces centres et les organisations syndicales de salariés intéressées ;
3° Dans les autres cas, par les organisations syndicales de salariés intéressées.

Art. R. 6233-38. Le temps passé aux réunions du conseil de perfectionnement par les représentants des salariés extérieurs est rémunéré comme temps de travail.

Les frais de déplacement et de séjour sont pris en charge par le centre de formation d'apprentis ou la section d'apprentissage auprès duquel fonctionne le conseil de perfectionnement.

Art. R. 6233-39. Le conseil de perfectionnement se réunit au moins trois fois par an, sur convocation de son président, qui arrête l'ordre du jour.

Art. R. 6233-40. Le conseil de perfectionnement est saisi pour avis des questions relatives à l'organisation et au fonctionnement du centre de formation d'apprentis et de la section d'apprentissage, notamment sur :
1° Les perspectives d'ouverture ou de fermeture de sections ;
2° Les conditions générales d'admission des apprentis ;
3° L'organisation et le déroulement de la formation ;
4° Les modalités des relations entre les entreprises et le centre ou la section d'apprentissage ;
5° Le contenu des conventions conclues en application des articles L. 6231-2 et L. 6231-3 par l'organisme gestionnaire ou par l'établissement où est ouverte une section d'apprentissage ;
6° Les conditions générales de préparation et de perfectionnement pédagogique des formateurs.

Art. R. 6233-41. Le conseil de perfectionnement est informé :
1° Des conditions générales de recrutement et de gestion des personnels éducatifs du centre ou de la section d'apprentissage et du plan de formation de ces personnels ;
2° De la situation financière du centre ou de la section d'apprentissage et des projets d'investissements ;
3° Des objectifs et du contenu des formations conduisant aux diplômes et titres ;
4° Des résultats aux examens ;
5° Des décisions d'opposition à l'engagement d'apprentis et de refus d'autoriser la reprise de l'exécution du contrat d'apprentissage ;
6° Du projet d'établissement, lorsqu'il est institué dans un établissement où ont été ouvertes une ou plusieurs sections d'apprentissage.

Art. R. 6233-42. Le conseil de perfectionnement suit l'application des dispositions arrêtées dans les différents domaines mentionnés aux articles R. 6233-40 et R. 6233-41.

Art. R. 6233-43. Le directeur du centre ou, dans le cas d'une section d'apprentissage, le responsable d'établissement, assure la préparation des réunions ainsi que la diffusion des comptes rendus et procès-verbaux des séances du conseil de perfectionnement.

Art. R. 6233-44. Les comptes rendus des séances du conseil de perfectionnement sont transmis :
1° Au président de l'organisme gestionnaire du centre, au président du conseil régional et au recteur d'académie ou au directeur régional du département ministériel intéressé, pour les centres de formation d'apprentis créés par convention avec les régions ;
2° Au ministre intéressé, pour les centres de formation d'apprentis créés par convention avec l'État.

Art. R. 6233-45. Lorsque le conseil de perfectionnement est institué dans le cas prévu à l'article R. 6233-32, les comptes rendus des séances sont transmis au conseil d'administration ou à l'instance délibérante de l'établissement, au président du conseil régional et au recteur d'académie ou au directeur régional du département ministériel intéressé par le fonctionnement de l'établissement.

Comité de liaison

Art. R. 6233-46. Dans chaque établissement d'enseignement ou de formation et de recherche où a été ouverte une unité de formation par apprentissage, il est institué, pour chacune d'elles, un comité de liaison entre l'établissement et le centre de formation d'apprentis.

Art. R. 6233-47. Le comité de liaison s'assure de la conformité du fonctionnement de l'unité de formation par apprentissage aux stipulations de la convention, notamment aux orientations générales mentionnées au 5° de l'article D. 6232-25.

Art. R. 6233-48. Le comité de liaison est présidé par le responsable de l'établissement dans lequel est ouverte l'unité de formation par apprentissage.

Art. R. 6233-49. Le comité de liaison comprend, en nombre égal, des représentants désignés par le conseil de perfectionnement du centre de formation d'apprentis et des représentants désignés par le conseil d'administration de l'établissement ou de l'instance délibérante en tenant lieu.

Ils sont désignés parmi les personnels enseignants de l'unité, pour une durée déterminée par la convention conclue entre le centre et l'établissement.

Règlement intérieur

Art. R. 6233-50. Un règlement intérieur est établi par l'autorité compétente de l'organisme gestionnaire du centre de formation d'apprentis, sur proposition du directeur du centre et après consultation du conseil de perfectionnement.

Art. R. 6233-51. Pour les sections d'apprentissage ou les unités de formation par apprentissage, le règlement intérieur de l'établissement d'enseignement ou de formation et de recherche est applicable, sauf dispositions particulières que le conseil de perfectionnement peut soumettre, pour adoption, au conseil d'administration de cet établissement ou à l'instance délibérante qui en tient lieu.

SECTION 3. Fonctionnement pédagogique des centres de formation d'apprentis

Art. L. 6233-8. La durée de la formation dispensée dans les centres de formation d'apprentis est fixée par la convention prévue à l'article L. 6232-1, sans pouvoir être inférieure à un seuil déterminé. Elle tient compte des exigences propres à chaque niveau de qualification et des orientations prévues par les conventions ou les accords de branches nationaux ou conclus à d'autres niveaux territoriaux mentionnés à l'article L. 2261-23.

Note L'apprentissage est inclus dans la négociation de branche prévue par l'article R. 2241-9 CT. Cette négociation doit avoir lieu tous les trois ans au moins.

Art. L. 6233-9. Pour les apprentis dont l'apprentissage a été prolongé en application des dispositions de l'article L. 6222-11, l'horaire minimum est fixé par la convention prévue à l'article L. 6232-1, sans pouvoir être inférieur à un seuil déterminé.

Ce minimum peut être réduit à due proportion dans l'hypothèse d'une prolongation d'une durée inférieure.

Art. D. 6233-51-1. *(D. 2010-485 du 12 mai 2010, JO 13)* Chaque centre de formation d'apprentis organise chaque année une information sur le service civique créé par la loi n° 2010-241 du 10 mars 2010.

Durée et horaires de la formation

Art. R. 6233-52. La durée de la formation dispensée dans les centres de formation d'apprentis mentionnée à l'article L. 6233-8 ne peut être inférieure à 400 heures par an en moyenne sur les années d'application du contrat. Elle est fixée après avis du Conseil national de la formation professionnelle tout au long de la vie.

Art. R. 6233-53. L'horaire minimum prévu à l'article L. 6233-9 ne peut être inférieur à 240 heures par an en cas de prolongation de l'apprentissage pour une durée d'une année.

Art. R. 6233-54. La convention détermine la durée totale de chacune des formations assurées et la distribution des heures d'enseignement par matière et par année conformément à la réglementation applicable aux diplômes ou titres considérés.

Organisation de l'enseignement

Art. R. 6233-55. Chaque centre de formation d'apprentis est organisé de manière à constituer, sur le plan fonctionnel, une unité administrative et pédagogique indépendante.

Art. R. 6233-56. Dans les centres de formation d'apprentis, les enseignements destinés à ceux-ci sont dispensés entre huit heures et dix-neuf heures.

Dans les établissements d'enseignement ou de formation et de recherche comportant une section d'apprentissage ou une unité de formation par apprentissage, les horaires des enseignements destinés aux apprentis sont ceux pratiqués par l'établissement, dans les limites mentionnées au premier alinéa.

Dans les établissements de formation et de recherche relevant de l'enseignement supérieur, les enseignements sont dispensés selon des horaires déterminés par l'établissement.

Art. R. 6233-57. Le centre de formation d'apprentis et la section d'apprentissage assurent la coordination entre la formation qu'ils dispensent et celle assurée en entreprise. À cet effet, le directeur du centre de formation d'apprentis ou, dans le cas de la section d'apprentissage, le responsable de l'établissement :

1° Établit pour chaque métier, en liaison avec les représentants des entreprises intéressées et après avis du conseil de perfectionnement, des progressions conformes aux annexes pédagogiques de la convention ;

2° Désigne, pour chaque apprenti, parmi le personnel du centre ou celui de la section d'apprentissage, un formateur qui, en coordination avec les autres formateurs, est plus spécialement chargé de suivre la formation de cet apprenti, de vérifier son assiduité et d'assurer une liaison avec le responsable de la formation pratique dans l'entreprise occupant cet apprenti ;

3° Établit et met à la disposition du responsable de la formation pratique dans l'entreprise les documents pédagogiques nécessaires à cet effet ;

4° Apporte son aide aux apprentis dont le contrat est rompu pour la recherche d'un employeur susceptible de contribuer à l'achèvement de leur formation. Éventuellement, il les assiste dans l'accomplissement des formalités nécessaires pour bénéficier de l'allocation d'assurance chômage ;

5° Organise, au bénéfice des employeurs qui ont accompli la déclaration relative à l'organisation de l'apprentissage et de leurs collaborateurs ayant la qualité de maître d'apprentissage, une information sur l'enseignement par alternance ainsi que sur les programmes et les documents pédagogiques correspondant aux formations à dispenser. Une attestation de présence est délivrée aux personnes qui ont régulièrement suivi cette action d'information ;

6° Organise, à l'intention des employeurs, toutes autres activités nécessaires pour assurer la coordination de la formation dispensée par le centre ou la section d'apprentissage et de la formation en entreprise ;

7° Organise l'entretien d'évaluation prévu à l'article R. 6233-58 et établit le compte rendu de cet entretien ;

8° Organise les stages pratiques en entreprise prévus au second alinéa de l'article L. 6233-3 bénéficiant aux enseignants, au moment de l'accès à la fonction d'enseignant, puis tous les cinq ans.

Art. R. 6233-58. Afin de procéder à une première évaluation du déroulement de la formation et, le cas échéant, d'adapter cette dernière, l'apprenti est convié, par le centre de formation d'apprentis, à un entretien d'évaluation dans les deux mois suivant la conclusion du contrat d'apprentissage.

L'employeur, le maître d'apprentissage, un formateur du centre de formation d'apprentis et, en cas de besoin, son représentant légal participent à cet entretien.

Art. R. 6233-59. La convention créant un centre de formation d'apprentis à caractère interprofessionnel peut prévoir, après avis du comité de coordination régional de l'emploi et de la formation professionnelle, la création d'une section « Métiers divers » destinée à accueillir temporairement, dans la limite des places disponibles, les apprentis des métiers à faible effectif.

Cette section est créée selon les règles prévues à l'article R. 6233-60.

Art. R. 6233-60. L'enseignement général du centre interprofessionnel de formation d'apprentis est dispensé aux apprentis inscrits dans la section « Métiers divers ».

Lorsque les enseignements technologiques correspondant à leur métier ne peuvent être organisés par le centre, ces apprentis sont inscrits, à la diligence du directeur du centre et au moins pour ces enseignements, dans le centre le plus proche qui dispense de tels enseignements ou dans un centre spécialisé régional ou national.

Art. R. 6233-61. La convention créant un centre de formation d'apprentis à vocation régionale, interrégionale ou nationale prévoit les modalités d'organisation des enseignements qui peuvent être dispensés localement par un autre centre de formation d'apprentis ou un établissement d'enseignement technologique ainsi que les modalités d'organisation et de prise en charge du transport et du séjour des apprentis pour les formations spécialisées qui ne peuvent être données qu'au niveau du centre régional, interrégional ou national.

La convention peut prévoir qu'une partie des enseignements est dispensée par correspondance, sous réserve d'un contrôle de la progression des apprentis.

Convention avec une entreprise ou un groupement d'entreprise

Art. R. 6233-62. La convention créant un centre de formation d'apprentis ou une section d'apprentissage prévoit les conditions dans lesquelles celui-ci ou celle-ci peut conclure, au titre de l'article L. 6231-2, une convention avec une ou plusieurs entreprises, ou un groupement d'entreprises habilités en vue d'assurer une partie des enseignements technologiques et pratiques normalement assurés par le centre ou la section d'apprentissage.

Art. D. 6233-63. Pour l'application de l'article R. 6233-62, la demande d'habilitation est soumise par le directeur du centre de formation d'apprentis ou par le responsable de l'établissement, selon le cas, au recteur d'académie ou au directeur régional compétent.

Elle est accompagnée d'un dossier comportant :

1° Le compte rendu de la consultation du ou des comités d'entreprise ou, à défaut, des délégués du personnel ;

2° La mention des qualifications des personnes chargées de dispenser les enseignements technologiques et pratiques ;

3° La nature des équipements mis à la disposition des apprentis ainsi que les technologies auxquelles ils ont accès ;

4° Le nombre d'apprentis pouvant être accueillis simultanément ;

5° L'avis du conseil de perfectionnement du centre de formation d'apprentis ou de la section d'apprentissage.

Art. D. 6233-64. L'habilitation est accordée lorsque le projet pédagogique présenté est de nature à assurer une formation satisfaisante.

Le recteur d'académie ou le directeur régional du département ministériel compétent statue dans le délai de deux mois à compter de la réception de la demande. L'absence de réponse dans ce délai vaut décision d'acceptation.

L'habilitation est valable pour la durée de la convention conclue entre le centre de formation ou la section d'apprentissage et une ou plusieurs entreprises ou un groupement d'entreprises, sauf s'il apparaît que les conditions initialement prévues ne sont plus remplies.

En cas de retrait de l'habilitation, le responsable du centre de formation d'apprentis ou de la section d'apprentissage résilie la convention.

Art. D. 6233-65. La convention précise les conditions dans lesquelles sont assurés le financement des interventions des entreprises ou du groupement d'entreprises et l'accueil des apprentis avec lesquels les entreprises ne sont pas liées par un contrat d'apprentissage.

SECTION 4. **Dispositions d'application**

Art. L. 6233-10. Un décret en Conseil d'État détermine les mesures d'application du présent chapitre.

CHAPITRE IV

Dispositions pénales

Art. L. 6234-1. Le fait de donner le nom de centre de formation d'apprentis à un établissement qui n'a pas fait l'objet d'une convention répondant aux règles prévues par le présent titre, en méconnaissance des dispositions de l'article L. 6232-4, est puni des peines prévues à l'article L. 441-13 du code de l'éducation.

Art. L. 6234-2. Le fait d'exercer des fonctions de direction, d'enseignement ou de formation dans un centre de formation d'apprentis, en étant sous le coup d'une des mesures de suspension ou d'interdiction prévues à l'article L. 6233-6, est puni des peines prévues à l'article L. 441-13 du code de l'éducation.

TITRE IV

FINANCEMENT DE L'APPRENTISSAGE

Note

• A été instituée une contribution au développement de l'apprentissage dont le produit est reversé aux fonds régionaux de l'apprentissage. Cette contribution, prévue par la loi 2004-1484 du 30 décembre 2004 (JO 31), est assise sur les rémunérations retenues pour l'assiette de la taxe d'apprentissage. Calculée au taux de 0,06 % pour les rémunérations versées en 2004, elle est actuellement calculée au taux de 0,18 % (voir CGI art. 1599 *quinquies* A).

• Sur la contribution supplémentaire due par les employeurs de 250 salariés et plus assujettis à la taxe d'apprentissage (CGI art. 230 H), voir *RF* 2012, FH 3435.

CHAPITRE Ier

Taxe d'apprentissage

SECTION 1. **Principes**

Art. L. 6241-1. La taxe d'apprentissage est régie par les articles 224 et suivants du code général des impôts.

Les dispositions du présent chapitre déterminent les conditions dans lesquelles l'employeur s'acquitte de la fraction de la taxe d'apprentissage réservée au développement de l'apprentissage.

Note

Voir circulaire DGEFP 2006-04 du 30 janvier 2006 relative à la taxe d'apprentissage et à ses modalités d'acquittement (BO TR 2006/02) et circulaire DGEFP 2006-09 du 16 mars 2006 complémentaire (BO TR 2006/04).

Art. L. 6241-2. La fraction de la taxe d'apprentissage réservée au développement de l'apprentissage est dénommée quota. Le montant de cette fraction est déterminé par décret.

Une part de ce quota, dont le montant est également déterminé par décret, est versée au Trésor public par l'intermédiaire d'un des organismes collecteurs de la taxe d'apprentissage mentionnés au chapitre II.

Après versement au Trésor de la part prévue au deuxième alinéa, l'employeur peut se libérer du versement du solde du quota en apportant des concours financiers dans les conditions prévues aux articles L. 6241-4 à L. 6241-6.

Art. R. 6241-1. Sont pris en compte pour déterminer les sommes consacrées par une entreprise au développement de l'apprentissage, au sens de l'article L. 6241-2 :

1° La part du quota de la taxe d'apprentissage versée au Trésor public, prévue au deuxième alinéa de l'article L. 6241-2 ;

2° Les concours financiers attribués aux centres de formation d'apprentis et sections d'apprentissage, en application de l'article L. 6241-4 ;

3° Les concours financiers attribués aux écoles et centres, prévus aux articles L. 6241-5 et L. 6241-6 ;

4° À défaut, le versement au Trésor public prévu au I de l'article 4 de la loi n° 71-578 du 16 juillet 1971 sur la participation des employeurs au financement des premières formations technologiques et professionnelles.

Art. R. 6241-2. Les concours financiers mentionnés à l'article R. 6241-1 sont destinés à assurer le fonctionnement ainsi que les investissements des centres, sections et écoles mentionnés à cet article.

Art. R. 6241-3. Le préfet de région publie, au plus tard le 31 décembre de l'année au titre de laquelle la taxe d'apprentissage est due, la liste, par établissement ou par organisme, des premières formations technologiques et professionnelles définies au second alinéa du I de l'article 1er de la loi n° 71-578 du 16 juillet 1971 sur la participation des employeurs au financement des premières formations technologiques et professionnelles, dont l'ouverture ou le maintien ont été arrêtés pour l'année suivante.

Pour les formations assurées dans un centre de formation d'apprentis ou dans une section d'apprentissage, la liste indique le coût par apprenti, calculé dans les conditions prévues aux 1° et 2° de l'article R. 6233-9, communiqué par le président du conseil régional.

Note Voir note sous l'article L. 6241-4.

Art. R. 6241-4. Avant le 15 juin de l'année au cours de laquelle la taxe d'apprentissage est répartie, les organismes collecteurs mentionnés aux articles L. 6242-1 ***(D. 2009-289 du 13 mars 2009, JO 15) «***, L. 6242-2 » et L. 6332-16 font connaître au préfet de région et au président du conseil régional le montant des concours qu'ils entendent attribuer aux centres de formation des apprentis et aux sections d'apprentissage implantés dans la région.

Art. R. 6241-5. Les organismes collecteurs de la taxe d'apprentissage mentionnés à l'article L. 6242-1 ***(D. 2009-289 du 13 mars 2009, JO 15)*** « et à l'article L. 6242-2 » reversent :

1° Au Trésor public, la part du quota de la taxe d'apprentissage, définie au deuxième alinéa de l'article L. 6241-2, le 30 avril de chaque année au plus tard ;

2° Aux établissements bénéficiaires, les concours financiers destinés aux centres de formation d'apprentis, aux sections d'apprentissage ainsi qu'aux écoles ou centres, prévus aux articles L. 6241-5 et L. 6241-6, le 30 juin de chaque année au plus tard.

Art. R. 6241-6. Les organismes collecteurs paritaires agréés au titre de la professionnalisation et du droit individuel à la formation, mentionnés à l'article L. 6332-16, informent le conseil régional du montant des concours qu'ils ont apportés aux formations en apprentissage dans la région, en application de ce même article, au plus tard le 1er août de l'année au cours de laquelle les décisions d'affectation prévues à l'article R. 6332-78 sont prises.

Art. R. 6241-7. L'assujetti à la taxe d'apprentissage a droit à une exonération totale ou partielle de cette taxe, à raison des dépenses exposées par lui au cours de l'année d'imposition, en vue de favoriser les premières formations technologiques et professionnelles, et notamment l'apprentissage, par l'intermédiaire d'un des organismes collecteurs de la taxe d'apprentissage mentionnés aux articles L. 6242-1 et L. 6242-2.

Art. D. 6241-8. Le montant du quota de la taxe d'apprentissage est fixé, en application du premier alinéa de l'article L. 6241-2, à ***(D. 2011-1936 du 23 déc. 2011, JO 24, entrée en vigueur le 01.01.2012)*** « 59 % » de la taxe due en raison des salaires versés pendant l'année considérée.

Note • Les dispositions des articles D. 6241-8 et 9 sont applicables à la taxe d'apprentissage assise sur les salaires versés depuis le 1er janvier 2005.

• Le taux fixé à cet article est applicable à la taxe d'apprentissage versée en 2015. Ce taux est fixé à 53 % pour la taxe d'apprentissage versée en 2012, à 55 % pour la taxe d'apprentissage versée en 2013 et à 57 % pour la taxe d'apprentissage versée en 2014 (décret 2011-1936 du 23 décembre 2011, précité).

Il est institué un comité de suivi chargé de rendre, chaque année, un avis sur l'évolution du produit de la fraction de la taxe d'apprentissage non affectée au quota versée respectivement en 2012, 2013, 2014 et 2015, par rapport au produit de la fraction de la taxe d'apprentissage non affectée au quota versée en 2011. Si ce comité constate que le produit annuel de la fraction de la taxe d'apprentissage non affectée au quota pour les années considérées est inférieur au produit de la fraction de la taxe d'apprentissage non affectée au quota versée en 2011, il peut formuler toute proposition concernant le taux du quota (...).

Un arrêté ministériel fixe ses règles d'organisation et de fonctionnement.

Ces dispositions sont applicables jusqu'au 1er avril 2016 (décret 2011-1936, précité, art. 2).

Art. D. 6241-9. Le montant du quota de la taxe d'apprentissage versé au Trésor public est fixé, en application du deuxième alinéa de l'article L. 6241-2, à 22 % de la taxe due en raison des salaires versés pendant l'année précédente.

Art. R. 6241-10. Les frais de stage en entreprise mentionnés au 3° du II de l'article 1er de la loi n° 71-578 du 16 juillet 1971 sur la participation des employeurs au financement des premières formations technologiques et professionnelles peuvent donner lieu à exonération dans la limite de 4 % du montant de la taxe d'apprentissage.

Note Le décret 2005-1341 du 28 octobre 2005 (JO 30) précise les conditions de la participation des employeurs au financement des premières formations technologiques et professionnelles. Cette participation est modulée en fonction des niveaux de formation.

[**Art. L. 6241-3.** Abrogé par loi 2011-900 du 29 juillet 2011, art. 23, JO 30.]

Note La loi de finances rectificative 2011-900 du 29 juillet 2011 (art. 23) a remplacé le Fonds national de développement et de modernisation de l'apprentissage, créé en 2005, par un compte d'affectation spéciale (CAS) « Financement national du développement et de la modernisation de l'apprentissage » (le CAS FNDMA).

[**Art. R. 6241-11.** Abrogé par décret 2011-1970 du 26 décembre 2011, JO 28.]

Art. D. 6241-12. ***(D. 2011-1970 du 26 déc. 2011, JO 28)*** « Les sommes affectées au financement des centres de formation d'apprentis et aux sections d'apprentissage mentionnés à l'article L. 6241-10 » sont réparties entre les fonds régionaux de l'apprentissage et de la formation professionnelle continue selon les critères suivants :

1° Pour 60 %, à due proportion du nombre d'apprentis inscrits dans les centres de formation d'apprentis et les sections d'apprentissage dans la région au 31 décembre précédent et d'un quotient :

a) Dont le numérateur est la taxe d'apprentissage par apprenti perçue l'année précédente ***(D. 2010-1595 du 17 déc. 2010, JO 21)*** « ou, à défaut, l'avant-dernière année écoulée » par les centres de formation d'apprentis et les sections d'apprentissage pour l'ensemble du territoire national ;

b) Dont le dénominateur est la taxe d'apprentissage par apprenti perçue lors de cette même année par les centres de formation d'apprentis et les sections d'apprentissage dans la région ;

2° Pour 40 %, à due proportion du nombre d'apprentis inscrits dans les centres de formation d'apprentis et les sections d'apprentissage dans la région au 31 décembre de l'année précédente.

[**Art. D. 6241-13 à 15 et R. 6241-16 et 17.** Abrogés par décret 2011-1970 du 26 décembre 2011, JO 28.]

SECTION 2. Versements libératoires

Art. L. 6241-4. Lorsqu'il emploie un apprenti, l'employeur apporte un concours financier au centre de formation ou à la section d'apprentissage où est inscrit cet apprenti, par l'intermédiaire d'un des organismes collecteurs de la taxe d'apprentissage mentionnés au chapitre II.

Le montant de ce concours s'impute sur la fraction prévue à l'article L. 6241-2. Il est au moins égal, dans la limite de cette fraction, au coût par apprenti fixé par la convention de création du centre de formation d'apprentis ou de la section d'apprentissage, tel qu'il est défini à l'article L. 6241-10. ***(L. 2009-1437 du 24 nov. 2009, art. 25, JO 25)*** « À défaut de publication de ce coût, le montant de ce concours est égal à un montant forfaitaire fixé par arrêté du ministre chargé de la formation professionnelle. »

Note • Jusqu'au 1er janvier 2008 et par dérogation aux dispositions de l'article L. 118-2 (ancien) CT, le montant du concours financier prévu au deuxième alinéa de cet article est au moins égal, dans la limite de la fraction de la taxe réservée à l'apprentissage, à un montant fixé par arrêté des ministres chargés de l'emploi et du budget (loi 2005-841 du 26 juillet 2005, art. 31, JO 27).

• À défaut de publication dans la liste prévue à cet article des coûts par apprenti, le concours mentionné à l'article 25-III de la loi du 24 novembre 2009 est fixé à 3 000 € par apprenti inscrit dans un centre de formation d'apprentis ou dans une section d'apprentissage au 31 décembre de l'année au titre de laquelle est due la taxe d'apprentissage. L'employeur doit se libérer de ce versement avant le 1er mars de l'année suivant l'année d'imposition.

Ces dispositions sont applicables à partir de la collecte des versements libératoires de la taxe d'apprentissage assise sur les salaires versés à compter du 1er janvier 2009 (arrêté du 18 janvier 2010, JO 23).

Art. R. 6241-18. Le versement du concours financier de l'employeur au centre de formation d'apprentis ou à la section d'apprentissage, prévu à l'article L. 6241-4, est réalisé postérieurement au versement au Trésor public prévu à l'article L. 6241-2 et préalablement à toutes autres dépenses libératoires.

Art. R. 6241-19. Lorsque plusieurs apprentis, accueillis dans une même entreprise ou un même établissement, sont inscrits dans des centres de formation d'apprentis ou des sections d'apprentissage différents et, si le produit du nombre d'apprentis par le montant mentionné à l'article L. 6241-4 excède le quota de la taxe d'apprentissage, en application du premier alinéa de l'article L. 6241-2, après imputation du versement au Trésor public mentionné au deuxième alinéa de ce même article, cette part est répartie par l'employeur ou par l'organisme collecteur entre ces centres ou sections, proportionnellement au nombre d'apprentis inscrits dans chacun d'entre eux.

Art. L. 6241-5. Les concours financiers apportés, par l'intermédiaire d'un des organismes collecteurs de la taxe d'apprentissage, aux écoles d'enseignement technologique et professionnel qui ont bénéficié au 12 juillet 1977 d'une dérogation au titre du régime provisoire prévu par l'article L. 119-3 alors en vigueur, sont exonérés de la taxe d'apprentissage et imputés sur la fraction prévue à l'article L. 6241-2.

Art. L. 6241-6. Les employeurs relevant du secteur des banques et des assurances où existaient, avant le 1er janvier 1977, des centres de formation qui leur étaient propres, sont exonérés de la fraction prévue à l'article L. 6241-2 s'ils apportent des concours financiers à ces centres, par l'intermédiaire d'un des organismes collecteurs de la taxe d'apprentissage mentionnés au chapitre II et s'engagent à assurer à leurs salariés entrant dans la vie professionnelle et âgés de vingt ans au plus, une formation générale théorique et pratique, en vue de l'obtention d'une qualification professionnelle sanctionnée par un des diplômes de l'enseignement technologique.

Art. L. 6241-7. L'employeur bénéficie des exonérations s'ajoutant à celles prévues aux articles L. 6241-4 et L. 6241-5 dès lors qu'il a participé à la formation des apprentis pour un montant au moins égal à la fraction prévue à l'article L. 6241-2 :

1° Soit en apportant des concours dans les conditions fixées aux articles précités ;

2° Soit par des versements au Trésor public ;

3° Soit sous ces deux formes.

SECTION 3. Affectation des fonds

[Art. L. 6241-8 et L. 6241-9. Abrogés par loi 2011-900 du 29 juillet 2011, art. 23, JO 30.]

Art. L. 6241-10. Les sommes affectées ***(L. 2011-900 du 29 juil. 2011, art. 23, JO 30)*** « aux centres de formation d'apprentis et aux sections d'apprentissage pour lesquels la région a conclu une convention et aux centres de formation d'apprentis pour lesquels a été conclue une convention avec l'État en application de l'article L. 6232-1 sont destinées en priorité aux centres et aux sections » :

1° Qui n'atteignent pas un montant minimum de ressources par apprenti, par domaine et par niveau de formation déterminé par l'autorité administrative ;

2° Et qui assurent en majorité des formations d'apprentis conduisant au certificat d'aptitude professionnelle, au brevet d'études professionnelles ou à un diplôme ou titre homologué de niveau équivalent, ou qui dispensent des formations à des apprentis sans considération d'origine régionale.

Art. L. 6241-11. Les sommes excédentaires reversées au fonds régional de l'apprentissage et de la formation professionnelle continue en application du deuxième alinéa de l'article L. 6233-1 sont affectées au financement des centres de formation d'apprentis et des sections d'apprentissage mentionnés au ***(L. 2011-900 du 29 juil. 2011, art. 23, JO 30)*** « premier alinéa de l'article L. 6241-10 ».

Art. R. 6241-20. Le montant minimum de ressources par apprenti, par domaine et par niveau de formation, prévu au 1° de l'article L. 6241-10, est déterminé par arrêté conjoint du ministre chargé de la formation professionnelle et, en fonction des formations concernées, du ministre chargé de l'éducation, de l'enseignement supérieur, des sports ou de l'agriculture, après avis du Conseil national de la formation professionnelle tout au long de la vie.

Art. R. 6241-21. Le président du conseil régional présente chaque année au comité de coordination régional de l'emploi et de la formation professionnelle un rapport indiquant l'utilisation des sommes versées en application ***(D. 2011-1970 du 26 déc. 2011, JO 28)*** « du *b* du 2° du I de l'article 23 de la loi n° 2011-900 du 29 juillet 2011 de finances rectificative pour 2011 ».

Art. R. 6241-22. Sous réserve d'avoir satisfait aux dispositions de l'article L. 6241-7, les employeurs assujettis à la taxe d'apprentissage répartissent les dépenses en faveur des premières formations technologiques et professionnelles, prévues à l'article 1er de la loi n° 71-578 du 16 juillet 1971, selon les niveaux de formation ainsi définis :

1° Catégorie A : niveaux IV et V ;

2° Catégorie B : niveaux II et III ;

3° Catégorie C : niveau I.

Art. R. 6241-23. Les pourcentages affectés aux niveaux de formation, en application de l'article R. 6241-22, sont les suivants :

1° Catégorie A : 40 % ;

2° Catégorie B : 40 % ;

3° Catégorie C : 20 %.

Art. R. 6241-24. Les formations mentionnées à l'article R. 6241-22 bénéficient de versements correspondant au niveau de formation dans lequel elles se situent. Elles peuvent également bénéficier du pourcentage affecté à un niveau voisin.

Art. R. 6241-25. Le montant minimum de ressources par apprenti, par domaine et par niveau de formation peut être modulé par le conseil régional dans une limite de 10 % par rapport au montant de référence.

Cette modulation est décidée après avis du comité de coordination régionale de l'emploi et de la formation professionnelle et tient compte, notamment, des niveaux de salaires pratiqués dans la région dans les mêmes domaines d'activité ainsi que des coûts immobiliers constatés.

Art. R. 6241-26. Le montant minimum de ressources par apprenti, par domaine et par niveau de formation est garanti pendant toute la durée de validité de la convention.

SECTION 4. **Dispositions d'application**

Art. L. 6241-12. Un décret en Conseil d'État détermine les mesures d'application du présent chapitre, ***(L. 2011-893 du 28 juil. 2011, art. 13, JO 29)*** « notamment les modalités selon lesquelles les redevables de la taxe d'apprentissage informent les centres de formation d'apprentis et les sections d'apprentissage des sommes qu'ils doivent leur affecter en application de l'article L. 6241-4 ou décident de leur affecter ».

CHAPITRE II

Organismes collecteurs de la taxe d'apprentissage

Note La loi 2002-73 du 17 janvier 2002, art. 150 (JO 18), a organisé de nouvelles modalités de collecte de la taxe d'apprentissage. Une circulaire DGEFP 2003-21 du 4 août 2003 (BO TR 2003/17, p. 193) a précisé la nouvelle organisation de cette collecte.

Art. L. 6242-1. Peuvent être habilités à collecter, sur le territoire national, les versements des entreprises donnant lieu à exonération de la taxe d'apprentissage, les syndicats, groupements professionnels ou associations à compétence nationale :

1° Soit ayant conclu une convention-cadre de coopération avec l'autorité administrative définissant les conditions de leur participation à l'amélioration des premières formations technologiques et professionnelles, et notamment l'apprentissage, pour les reverser aux établissements autorisés à les recevoir et financer des actions de promotion en faveur de la formation initiale technologique et professionnelle ;

2° Soit agréés par l'autorité administrative pour les reverser aux établissements autorisés à les recevoir.

Note Un arrêté du 30 juin 2003 (JO 12 août) indique la composition du dossier de demande d'agrément.

Un arrêté du 9 janvier 2006 (JO 21) précise l'imputation des frais de collecte et de gestion des organismes collecteurs.

Art. L. 6242-2. Sont habilités à collecter des versements, donnant lieu à exonération de la taxe d'apprentissage, auprès des entreprises ayant leur siège social ou un établissement dans la région et à les reverser aux établissements autorisés à la recevoir :

1° Les chambres consulaires régionales ou, à défaut, les groupements interconsulaires ou, dans les départements d'outre-mer ***(Ord. 2008-205 du 27 févr. 2008, JO 1er mars)*** « , à Saint-Barthélemy et à Saint-Martin », une seule chambre consulaire, par décision de l'autorité administrative ;

2° Les syndicats, groupements professionnels ou associations, à vocation régionale, agréés par décision de l'autorité administrative.

Art. L. 6242-3. Lorsqu'un organisme collecteur a fait l'objet d'une habilitation délivrée au niveau national il ne peut être habilité au niveau régional.

Art. L. 6242-4. Il est interdit de recourir à un tiers pour collecter ou répartir des versements exonératoires de la taxe d'apprentissage.

Toutefois, la collecte peut être déléguée dans le cadre d'une convention conclue après avis du service chargé du contrôle de la formation professionnelle.

Art. L. 6242-5. Il est interdit aux organismes collecteurs de rémunérer les services d'un tiers dont l'entremise aurait pour objet de leur permettre de percevoir des versements des entreprises pouvant donner lieu à exonération de la taxe d'apprentissage.

Art. L. 6242-6. Un décret en Conseil d'État détermine les mesures d'application du présent chapitre, notamment les règles comptables applicables aux organismes collecteurs de la taxe d'apprentissage.

Art. L. 6242-6.

SECTION 1. Habilitation

Sous-section 1. Principes

Art. R. 6242-1. L'habilitation d'un organisme à collecter, au niveau national, les versements des entreprises donnant lieu à exonération de la taxe d'apprentissage est délivrée, en application du premier alinéa de l'article L. 6242-1, après avis du Conseil national de la formation professionnelle tout au long de la vie.

Art. R. 6242-2. Pour les organismes à vocation régionale, l'habilitation à collecter des versements et à les reverser, en application de l'article L. 6242-2, est délivrée par le préfet de région.

Art. R. 6242-3. Un organisme ne peut être habilité à collecter les versements des entreprises donnant lieu à exonération de la taxe d'apprentissage que lorsqu'il s'engage à inscrire de façon distincte dans ses comptes les opérations relatives au quota de la taxe d'apprentissage.

Sous-section 2. Convention-cadre de coopération

Art. R. 6242-4. Le ministre chargé de l'éducation ou de l'enseignement supérieur ou de l'agriculture ou de la jeunesse et des sports, conjointement avec, le cas échéant, le ministre compétent pour le secteur d'activité considéré peut conclure avec une ou plusieurs organisations couvrant une branche ou un secteur d'activité une convention-cadre de coopération, en application du 1° de l'article L. 6242-1, définissant les conditions de leur participation à l'amélioration des premières formations technologiques et professionnelles, notamment de l'apprentissage.

Cette convention est conclue pour une durée maximale de cinq ans. Elle ne peut être tacitement renouvelée.

Art. R. 6242-5. Lorsque l'organisation signataire d'une convention-cadre de coopération est habilitée, en application de l'article L. 6242-1, à collecter des versements des entreprises pouvant donner lieu à exonération de la taxe d'apprentissage, cette convention peut prévoir que, dans la limite d'un montant maximal qu'elle fixe, les contributions recueillies par cette organisation sont affectées à la mise en œuvre des actions de promotion prévues par cette convention.

Sous-section 3. Agrément

Art. R. 6242-6. L'agrément prévu au 2° de l'article L. 6242-1 est délivré par arrêté conjoint des ministres chargé de la formation professionnelle et du budget ainsi que, le cas échéant, par le ministre compétent pour le secteur d'activité considéré.

Art. R. 6242-7. Pour les organismes à vocation régionale, l'agrément est accordé par le préfet de région, après avis du comité de coordination régional de l'emploi et de la formation professionnelle.

Art. R. 6242-8. Pour être agréé, un organisme :

1° Consacre une partie de ses activités à des actions destinées à favoriser les premières formations technologiques et professionnelles, notamment l'apprentissage ;

2° Met en place, ou s'engage à mettre en place, une commission composée de représentants d'organisations d'employeurs et de salariés chargée d'émettre un avis sur la répartition des sommes collectées ;

3° Justifie d'un montant estimé de collecte annuelle supérieur à 2 000 000 € pour les organismes collecteurs à compétence nationale et à 1 000 000 € pour les organismes collecteurs à vocation régionale. Pour ces derniers, ce montant peut être minoré par le préfet de région pour assurer, en tant que de besoin, la présence d'un ou plusieurs organismes collecteurs agréés dans la région, notamment pour les secteurs dont l'activité dans la région est significative ;

4° Assure un suivi comptable des fonds collectés dans deux comptes séparés, l'un au titre du quota de la taxe d'apprentissage mentionné au premier alinéa de l'article L. 6241-2, l'autre au titre du montant restant dû après application de cette fraction.

Art. R. 6242-9. Un arrêté du ministre chargé de la formation professionnelle détermine la composition du dossier de demande d'agrément.

Art. R. 6242-10. L'agrément est retiré lorsque le montant de la collecte annuelle n'atteint pas, pendant deux années consécutives, le seuil prévu au 3° de l'article R. 6242-8.

Art. R. 6242-11. Les dispositions des 1°, 2° et 4° de l'article R. 6242-8 s'appliquent aux organismes qui ont conclu une convention-cadre de coopération dans les conditions prévues à l'article R. 6242-4.

Les dispositions des 1° et 4° du même article s'appliquent aux chambres consulaires mentionnées au 1° de l'article L. 6242-2. Avant le 15 juin de l'année au cours de laquelle la taxe est répartie, les chambres consulaires informent le comité de coordination régional de l'emploi et de la formation professionnelle des sommes collectées ainsi que de leurs intentions d'affectation.

SECTION 2. Dispositions financières

Art. R. 6242-12. L'organisme collecteur de la taxe d'apprentissage reverse les concours financiers destinés aux établissements bénéficiaires de la taxe, au plus tard le 30 juin de chaque année.

Art. R. 6242-13. L'organisme collecteur remet, au plus tard le 1er août de l'année au cours de laquelle la taxe est versée, au président du conseil régional, au préfet de région et au comité de coordination régional de l'emploi et de la formation professionnelle, un rapport annuel retraçant son activité exercée au titre de l'habilitation qui lui a été délivrée.

Art. R. 6242-14. Le rapport annuel retraçant l'activité de l'organisme collecteur comprend :

1° Le montant :

a) Des fonds collectés, en distinguant le quota de la taxe d'apprentissage, prévu au premier alinéa de l'article L. 6241-2, et le montant restant dû au-delà de ce quota ;

b) Des fonds collectés par la région, en distinguant le quota et le montant restant dû au-delà de ce quota ;

2° Le montant des fonds affectés par les employeurs redevables de la taxe d'apprentissage aux centres et établissements bénéficiaires ainsi que le montant disponible après déduction du montant des fonds ainsi affectés. Cette information est donnée en distinguant selon que les fonds ont été ou non collectés au titre du quota ;

3° Les critères et modalités de répartition des sommes collectées au titre de l'année en cours ;

4° Un état analytique des concours versés et de leurs bénéficiaires dans la région en distinguant les fonds affectés et les fonds disponibles. Cet état tient compte de la répartition entre fonds collectés au titre du quota et ceux restant dus au-delà de ce quota ;

5° Une note d'information relative aux priorités et critères retenus pour la répartition des fonds versés aux centres et établissements bénéficiaires ;

6° La part de la taxe consacrée au financement d'actions de promotion relatives aux premières formations technologiques professionnelles qu'ils assurent directement dans les conditions définies à l'article R. 6242-5 et qui fait l'objet d'un document distinct indiquant l'utilisation des sommes ainsi affectées.

Art. R. 6242-15. Les frais de collecte et de gestion des organismes collecteurs de la taxe d'apprentissage ne peuvent excéder un plafond fixé par arrêté conjoint des ministres chargés de la formation professionnelle, de l'éducation nationale et du budget.

Ils sont prélevés sur les fonds issus de la collecte, dans les conditions définies par arrêté du ministre chargé de la formation professionnelle.

Note Un arrêté du 30 juin 2003 (JO 14 août) concerne le plafonnement des frais de collecte et de gestion des organismes collecteurs de la taxe d'apprentissage.

Art. R. 6242-16. L'organisme collecteur de la taxe d'apprentissage adresse chaque année au ministre chargé de la formation professionnelle lorsque l'habilitation est nationale, au préfet de région territorialement compétent lorsque l'habilitation est régionale, un état dont le modèle est fixé par arrêté du ministre.

Cet état comporte les renseignements administratifs, statistiques et financiers permettant de suivre le fonctionnement de l'organisme et d'apprécier l'activité de collecte et l'emploi des sommes collectées.

Il est accompagné du bilan, du compte de résultat, de l'annexe comptable du dernier exercice clos pour tous les organismes collecteurs et des documents mentionnés aux 5° et 6° de l'article R. 6242-14 pour les organismes collecteurs qui relèvent d'une habilitation nationale.

Note Voir arrêté du 28 novembre 2011 (JO 7 déc.) modifiant l'arrêté du 24 juillet 2006 (JO 4 août) relatif à l'état mentionné à cet article, applicable pour la première fois aux opérations de collecte de la taxe d'apprentissage, de la contribution au développement de l'apprentissage et de la contribution supplémentaire à l'apprentissage assises sur les salaires de l'année 2011.

SECTION 3. Délégation de collecte

Art. R. 6242-17. La liste des conventions de délégation de collecte conclues en application du second alinéa de l'article L. 6242-4 est transmise chaque année au comité de coordination régional de l'emploi et de la formation professionnelle concerné.

Art. R. 6242-18. La convention de délégation de collecte définit notamment le champ géographique ou professionnel de cette collecte, précise ses modalités et certifie que le cocontractant remplit la condition prévue au 4° de l'article R. 6242-8.

La modification de la convention fait l'objet, dans un délai de deux mois à compter de la demande, de l'avis du service chargé du contrôle de la formation professionnelle, prévu au second alinéa de l'article L. 6242-4. L'avis est réputé rendu au terme de ce délai.

Art. R. 6242-19. En l'absence de convention de délégation de collecte ou en l'absence de demande d'avis, la collecte reçue par un organisme collecteur, par l'intermédiaire d'un délégataire, est reversée au Trésor public dans les conditions prévues au deuxième alinéa de l'article L. 6252-10.

Art. R. 6242-20. Les frais éventuellement induits par la convention de délégation de collecte sont inclus dans les frais de collecte et de gestion des organismes collecteurs définis à l'article R. 6242-15.

SECTION 4. Règles comptables

Art. R. 6242-21. Les organismes collecteurs de la taxe d'apprentissage mentionnés à l'article L. 6242-1 et au 2° de l'article L. 6242-2 établissent des comptes selon les principes et méthodes comptables définis par le code de commerce.

Le plan comptable applicable à ces organismes est approuvé par arrêté conjoint du garde des sceaux, ministre de la justice, et des ministres chargés de l'économie et de la formation professionnelle, après avis ***(Ord. 2009-79 du 22 janv. 2009, JO 23)*** « de l'Autorité des normes comptables ».

Art. R. 6242-22. Les organismes collecteurs de la taxe d'apprentissage mentionnés au 1° de l'article L. 6242-2 établissent des comptes conformément aux règles qui leur sont applicables.

Art. R. 6242-23. Les organismes collecteurs de la taxe d'apprentissage à activités multiples tiennent une comptabilité distincte de l'activité qu'ils mènent au titre de l'habilitation à collecter les versements donnant lieu à exonération de la taxe d'apprentissage.

Art. R. 6242-24. Les sommes collectées par les organismes collecteurs auprès des employeurs redevables de la taxe d'apprentissage sont conservées en numéraire, déposées à vue ou placées à court terme.

Les intérêts produits par les sommes déposées ou placées à court terme ont le même caractère que les sommes dont ils sont issus. Ils sont soumis aux mêmes conditions d'utilisation ainsi qu'à la procédure de contrôle administratif et financier prévue aux articles L. 6252-4 et suivants.

CHAPITRE III

Aides à l'apprentissage

SECTION 1. Indemnité compensatrice forfaitaire

Art. L. 6243-1. Les contrats d'apprentissage ouvrent droit à une indemnité compensatrice forfaitaire versée par la région à l'employeur.

La région détermine la nature, le montant et les conditions d'attribution de cette indemnité.

Note • Les droits à l'indemnité compensatrice forfaitaire ouverts par les contrats d'apprentissage ayant fait l'objet de l'enregistrement prévu à l'article L. 117-14 [L. 6224-1] CT avant l'entrée en vigueur de la présente loi sont soumis aux dispositions en vigueur lors de l'enregistrement de ces contrats (loi 2004-809 précitée, art. 8, III).

• La loi du 13 août 2004 relative aux libertés et responsabilités locales a transféré diverses compétences aux collectivités territoriales. Le ministère de l'Intérieur a apporté diverses précisions sur l'entrée en vigueur de cette loi (circ. NOR/LRL/B/04/10088C du 21 décembre 2004). S'agissant de l'indemnité compensatrice forfaitaire versée aux employeurs d'apprentis, la compétence des régions pour déterminer la nature, le niveau et les conditions d'attribution de cette indemnité versée aux employeurs d'apprentis est subordonnée à un décret en Conseil d'État qui a été pris le 5 décembre 2005 (JO 7).

Art. R. 6243-1. Le versement de l'indemnité compensatrice forfaitaire est à la charge de la région dans laquelle est situé l'établissement du lieu de travail de l'apprenti.

Note • Les contrats d'apprentissage enregistrés avant le 18 août 2004 ouvrent droit à l'indemnité compensatrice forfaitaire aux conditions qui étaient en vigueur à la date de leur enregistrement.

• L'indemnité compensatrice à laquelle ouvrent droit les contrats d'apprentissage conclus depuis le 1er janvier 2003 peut être liquidée et payée par les comptables du Trésor sans ordonnancement préalable.

Art. R. 6243-2. ***(D. 2008-1253 du 1er déc. 2008, JO 3)*** Le montant minimal de l'indemnité compensatrice forfaitaire est, pour chaque année du cycle de formation, fixé à 1 000 €. Hors le cas prévu à l'article L. 6222-19, ce montant est fonction de la durée effective du contrat.

[Art. R. 6243-3. Abrogé par décret 2008-1253 du 1er décembre 2008, JO 3.]

Art. R. 6243-4. ***(D. 2008-1253 du 1er déc. 2008, JO 3)*** « L'indemnité compensatrice forfaitaire n'est pas due et, si elle a été versée, l'employeur est tenu de la reverser, dans les cas de : »

1° Rupture du contrat d'apprentissage prononcée par le conseil de prud'hommes aux torts de l'employeur, en application du second alinéa de l'article L. 6222-18 ;

(D. 2008-1253 du 1er déc. 2008, JO 3) « 2° Rupture du contrat par l'une ou l'autre des parties durant les deux premiers mois de l'apprentissage en application de l'article L. 6222-18 ; »

3° Non-respect par l'employeur des obligations prévues aux articles ***(D. 2008-1253 du 1er déc. 2008, JO 3)*** « L. 6223-2, » L. 6223-3 et L. 6223-4 ;

4° Décision d'opposition à l'engagement d'apprentis prise en application de l'article L. 6225-1 ;

5° Rupture du contrat d'apprentissage dans le cas prévu au second alinéa de l'article L. 6225-5.

SECTION 2. Exonération de charges salariales

Art. L. 6243-2. L'assiette des cotisations sociales dues sur le salaire versé aux apprentis est égale à la rémunération après abattement d'un pourcentage, déterminé par décret, du salaire minimum de croissance.

Pour les employeurs inscrits au répertoire des métiers, ainsi que pour ceux employant moins de onze salariés au 31 décembre précédant la date de conclusion du contrat, non compris les apprentis, l'État prend en charge la totalité des cotisations sociales patronales et salariales d'origine légale et conventionnelle, à l'exclusion de celles dues au titre des accidents du travail et des maladies professionnelles.

Pour les employeurs autres que ceux mentionnés au deuxième alinéa, l'État prend en charge uniquement les cotisations patronales de sécurité sociale, à l'exclusion de celles dues au titre des accidents du travail et des maladies professionnelles, et les cotisations salariales d'origine légale et conventionnelle.

Note • Voir note sous l'article L. 5132-2.

• L'alinéa 2 de l'article L. 6243-2 et l'article L. 6261-1 CT continuent de s'appliquer, pendant l'année au titre de laquelle cet effectif est atteint ou dépassé et pendant les deux années suivantes, aux employeurs qui, en raison de l'accroissement de leur effectif, atteignent ou dépassent au titre de l'année 2008, 2009, 2010, 2011 ou 2012, pour la première fois, l'effectif de onze salariés (loi 2008-776 du 4 août 2008, art. 48, III, JO 5 modifié par lois 2010-1657 du 29 décembre 2010, art. 135, JO 30 et 2011-1978 du 28 décembre 2011, art. 76, JO 29).

Art. L. 6243-3.

• L'ordonnance 2004-602 du 24 juin 2004 (JO 26) relative à la simplification du droit a relevé le seuil d'effectifs à partir duquel l'État prend en charge les cotisations sociales patronales et salariales dues au titre des salaires versés aux apprentis. Le seuil fixé jusqu'alors à moins de dix salariés est porté à moins de onze salariés. La prise en charge des cotisations sociales patronales et salariales cesse à compter du jour où l'apprenti a obtenu le diplôme ou le titre préparé. L'appréciation de l'effectif est faite au 31 décembre précédant la date de conclusion du contrat.

• Voir arrêté du 3 août 2011 (JO 6) modifiant l'arrêté du 5 juin 1979 modifié fixant les cotisations forfaitaires de sécurité sociale afférentes à l'emploi des apprentis.

• Les cotisations qui s'imposent aux entreprises par application d'une convention nationale collective, non entérinée par une loi, n'entrent pas dans le champ d'application de cet article. Un employeur ne peut donc pas être exonéré des cotisations dues au titre du régime de prévoyance pour les salaires versés aux apprentis (CA Paris, 22 septembre 2000, 4e ch. B, *RJS* 1/01 n° 74).

Art. D. 6243-5. Pour l'application de l'article L. 6243-2, la partie du salaire exonérée de toute charge sociale d'origine légale et conventionnelle et de toute charge fiscale est égale à 11 % du salaire minimum de croissance.

Note L'exonération ne s'applique qu'aux salaires versés aux apprentis. Les sommes qui leur sont allouées au titre de l'intéressement et de la participation ne sont pas considérées comme des salaires ; elles entrent donc dans l'assiette des cotisations de la CSG et de la CRDS (cass. soc. 26 avril 2001, n° 99-18.773, BC V n° 135 ; *RJS* 7/01 n° 917).

Art. R. 6243-6. ***(D. 2009-775 du 23 juin 2009, JO 24)*** Pour l'application des dispositions prévues à l'article L. 6243-2, l'effectif de l'entreprise calculé au 31 décembre, tous établissements confondus, est égal à la moyenne des effectifs déterminés chaque mois de l'année civile.

Pour la détermination des effectifs du mois, il est tenu compte des salariés titulaires d'un contrat de travail le dernier jour de chaque mois, y compris les salariés absents, conformément aux dispositions des articles L. 1111-2, L. 1111-3 et L. 1251-54.

Pour une entreprise créée en cours d'année, l'effectif est apprécié à la date de sa création. Au titre de l'année suivante, l'effectif de cette entreprise est apprécié dans les conditions définies aux deux alinéas précédents, en fonction de la moyenne des effectifs de chacun des mois d'existence de la première année.

Pour la détermination de la moyenne mentionnée aux premier et troisième alinéas, les mois au cours desquels aucun salarié n'est employé ne sont pas pris en compte.

Note Sur les modalités de décompte des effectifs résultant du décret 2009-775 du 23 juin 2009, voir circulaire DSS/5B/2010/38 du 1er février 2010.

Art. L. 6243-3. La prise en charge par l'État mentionnée à l'article L. 6243-2 s'effectue dans les conditions suivantes :

1° La prise en compte des droits validables à l'assurance vieillesse ouverts pendant la période d'apprentissage s'opère sur une base forfaitaire suivant des modalités déterminées ou approuvées par décret tant en ce qui concerne les régimes de base que les régimes complémentaires ;

2° La prise en compte des cotisations dues au titre des articles L. 3253-14, L. 5423-3 et L. 5424-15 s'opère sur une base forfaitaire globale ;

3° La prise en charge par l'État du versement pour les transports prévu par les articles L. 2333-64 et L. 2531-2 du code général des collectivités territoriales et dû au titre des salaires versés aux apprentis par les employeurs mentionnés à l'article L. 6243-2 s'opère sur la base d'un taux forfaitaire déterminé par décret.

SECTION 3. Dispositions d'application

Art. L. 6243-4. Un décret en Conseil d'État détermine les mesures d'application du présent chapitre, notamment :

1° Le montant minimal de l'indemnité compensatrice forfaitaire prévue à l'article L. 6243-1 ;

2° Les conditions dans lesquelles l'employeur reverse à la région les sommes indûment perçues en application du même article.

CHAPITRE IV

Dispositions pénales

Art. L. 6244-1. Le fait, pour le responsable d'un des organismes collecteurs mentionnés aux articles L. 6242-1 et L. 6242-2, d'utiliser frauduleusement les fonds collectés est puni d'un emprisonnement de cinq ans et d'une amende de 37 500 €.

TITRE V

INSPECTION ET CONTRÔLE DE L'APPRENTISSAGE

CHAPITRE Ier

Inspection de l'apprentissage

Art. L. 6251-1. Un décret en Conseil d'État détermine :

1° Les corps de fonctionnaires assurant l'inspection de l'apprentissage ;

2° Les conditions spécifiques dans lesquelles les missions de l'inspection de l'apprentissage sont exercées, notamment en matière de contrôle de la formation dispensée aux apprentis, tant dans les centres de formation d'apprentis que sur les lieux de travail.

Note L'exécution du contrat d'apprentissage donne lieu à l'exercice d'un double contrôle par les services de l'État. À côté de l'inspection de l'apprentissage chargée du contrôle pédagogique, administratif et financier des centres de formation d'apprentis et du contrôle de la formation donnée aux apprentis dans l'entreprise, l'inspection du travail reste compétente, en vertu du droit commun de la législation du travail, pour veiller à l'application des dispositions du code du travail et des conventions collectives en matière de protection du statut des travailleurs et de garantie des conditions d'hygiène et de sécurité dans l'entreprise (rép. QE 36896, JO AN 2 octobre 2000, p. 5637, quant à l'usage de machines dangereuses par des apprentis employés dans des collectivités locales).

SECTION 1. Organisation du service

Art. R. 6251-1. Le service de l'inspection de l'apprentissage, institué dans chaque académie, est placé sous l'autorité du recteur.

Les conditions d'organisation de ce service sont fixées par le ministre chargé de l'éducation nationale.

Art. R. 6251-2. L'inspection de l'apprentissage est assurée par des fonctionnaires des corps d'inspection à compétence pédagogique ou, dans le cas de l'enseignement supérieur, par des enseignants-chercheurs. Ces fonctionnaires sont commissionnés par les ministres chargés de l'éducation nationale et de l'enseignement supérieur. Le commissionnement de ces fonctionnaires est délégué au recteur.

Pour l'apprentissage agricole, elle est assurée par ***(D. 2009-289 du 13 mars 2009, JO 15)*** « l'inspection de l'enseignement agricole et » une mission régionale dont les inspecteurs de l'enseignement agricole ou, à défaut, les fonctionnaires chargés d'inspection sont commissionnés par le ministre chargé de l'agriculture. Cette mission est placée sous l'autorité du ***(D. 2010-429 du 29 avril 2010,***

JO 30) « directeur régional de l'alimentation, de l'agriculture et de la forêt ». L'organisation de la mission et ses relations avec l'administration centrale sont déterminées par le ministre chargé de l'agriculture.

Pour le secteur de la jeunesse, des sports et de la vie associative, l'inspection de l'apprentissage est assurée par une mission régionale dont les inspecteurs de la jeunesse et des sports sont commissionnés à cet effet par le ministre chargé de la jeunesse et des sports, placée sous l'autorité du ***(D. 2009-1540 du 10 déc. 2009, art. 10, JO 12)*** « directeur régional de la jeunesse, des sports et de la cohésion sociale ». L'organisation de la mission est déterminée par le ministre chargé de la jeunesse, des sports et de la vie associative.

Art. R. 6251-3. L'inspection de l'apprentissage peut être exercée conjointement, en tant que de besoin, par d'autres fonctionnaires que ceux mentionnés à l'article R. 6251-2, commissionnés en raison de leurs compétences techniques et qui relèvent de ministères exerçant une tutelle sur les établissements concernés.

Ces fonctionnaires exercent ces missions conjointement avec le service académique de l'inspection de l'apprentissage, la ***(D. 2010-429 du 29 avril 2010, JO 30)*** « direction régionale de l'alimentation, de l'agriculture et de la forêt » ou la ***(D. 2009-1540 du 10 déc. 2009, art. 10, JO 12)*** « direction régionale de la jeunesse, des sports et de la cohésion sociale ».

Art. R. 6251-4. Le commissionnement peut être retiré par le ministre chargé de l'éducation nationale, le ministre chargé de l'agriculture ou le ministre chargé de la jeunesse, des sports et de la vie associative, après avis d'un conseil présidé, selon le cas, par le recteur ou le directeur régional compétent.

Ce conseil est composé :

1° De deux représentants de l'administration désignés par le préfet de région ;

2° De deux membres non fonctionnaires de la commission d'apprentissage du comité de coordination régional de l'emploi et de la formation professionnelle, désignés par cette dernière ;

3° De deux représentants élus des inspecteurs commissionnés.

Art. R. 6251-5. Le service d'inspection de l'apprentissage apporte son concours aux comités de coordination régionaux et départementaux de l'emploi et de la formation professionnelle ainsi qu'aux conseils régionaux, pour l'exercice de leurs attributions en matière d'apprentissage.

SECTION 2. Secret professionnel

Art. R. 6251-6. Avant leur entrée en fonctions, les inspecteurs de l'apprentissage commissionnés prêtent le serment, devant le président du tribunal de grande instance, de ne pas divulguer à des personnes non qualifiées les faits ou les renseignements dont ils auraient connaissance à l'occasion de leurs missions d'inspection, et de ne pas révéler les secrets et procédés de fabrication dont ils pourraient prendre connaissance.

SECTION 3. Missions

Art. R. 6251-7. L'inspection de l'apprentissage a pour mission :

1° L'inspection pédagogique des centres de formation d'apprentis et des sections d'apprentissage ;

2° L'inspection administrative et financière de ces centres et sections d'apprentissage ;

3° Le contrôle de la formation dispensée aux apprentis dans les entreprises ;

4° Le contrôle de la délivrance du titre de maître d'apprentissage confirmé régi par les articles R. 6223-25 à R. 6223-31.

Art. R. 6251-8. L'inspection de l'apprentissage peut apporter, en accord avec les organismes gestionnaires :

1° Ses conseils aux centres de formation d'apprentis et aux sections d'apprentissage ;

2° Son concours à la formation des personnels des centres et des sections d'apprentissage ainsi qu'à l'information et à la formation des maîtres d'apprentissage et des personnes qui contribuent à la formation des apprentis dans le cadre des dispositions des articles R. 6223-10 à R. 6223-16 et R. 6233-62 à D. 6233-65.

Art. R. 6251-9. L'inspection de l'apprentissage exerce ses missions en liaison avec l'inspection du travail, ainsi qu'avec les agents compétents pour réaliser des inspections administratives et financières relevant des ministres ou des conseils régionaux au nom desquels ont été conclues les conventions de création des centres de formation d'apprentis ou des sections d'apprentissage.

Dans la mesure du possible, des inspections conjointes sont réalisées dans une même entreprise ou une même localité.

Art. R. 6251-10. Les rapports sont transmis à la commission départementale de l'emploi et de l'insertion chaque fois qu'ils établissent un manquement aux dispositions du présent code relatives à l'apprentissage. Ils sont transmis au comité de coordination régional de l'emploi et de la formation professionnelle ainsi qu'au conseil régional lorsque le manquement met en cause la gestion ou le fonctionnement d'un centre de formation d'apprentis ou d'une section d'apprentissage.

Lorsque les faits sont susceptibles de constituer une infraction pénale dont la constatation relève de l'inspecteur du travail ou de l'un des autres fonctionnaires chargés du contrôle de la législation du travail, le rapport est en outre communiqué sans délai à ce fonctionnaire.

Note Voir note sous art. D. 6211-4.

SECTION 4. Droit d'entrée dans les locaux et rapports annuels

Art. R. 6251-11. Les inspecteurs commissionnés ont accès à tous les locaux dépendant des centres de formation d'apprentis ou des sections d'apprentissage, ou utilisés par ces centres ou ces sections d'apprentissage.

Ils peuvent exiger la communication de tous documents d'ordre administratif, comptable ou pédagogique, y compris ceux concernant l'enseignement à distance.

Ils sont notamment habilités à contrôler le montant et l'utilisation des fonds collectés par l'organisme gestionnaire au titre de la taxe d'apprentissage dans le cadre de l'article R. 6241-7.

Art. R. 6251-12. Les inspecteurs commissionnés ont le droit d'entrer dans toutes les entreprises employant des apprentis ou participant à leur formation et dans toutes celles qui ont déposé une demande d'habilitation au sens de l'article D. 6233-63.

Art. R. 6251-13. L'employeur indique, sur la demande des inspecteurs commissionnés, les tâches ou postes de travail qui sont ou seront confiés aux apprentis, leur communique les documents en sa possession relatifs aux apprentis, leur permet de s'entretenir avec les apprentis et les personnes de l'entreprise responsables de leur formation. Lorsqu'il assure le logement des apprentis, l'employeur indique les conditions dans lesquelles est assuré ce logement.

Art. R. 6251-14. Après chaque inspection d'un centre de formation d'apprentis ou d'une section d'apprentissage, l'inspecteur adresse un rapport au chef du service de l'inspection de l'apprentissage qui le communique au directeur du centre ou de la section d'apprentissage et à l'organisme gestionnaire ou, dans le cas d'une section d'apprentissage, au responsable de l'établissement d'enseignement ou de formation et de recherche, ainsi qu'à l'autorité cosignataire de la convention portant création du centre ou de la section d'apprentissage.

Art. R. 6251-15. Après chaque visite accomplie dans les entreprises, l'inspecteur adresse un compte rendu au chef de service de l'inspection de l'apprentissage qui le communique à l'employeur et au comité d'entreprise ou d'établissement s'il en existe un.

Art. R. 6251-16. Des rapports annuels sur l'activité des services d'inspection de l'apprentissage sont adressés au préfet de région ainsi qu'au président du conseil régional par le recteur, par le ***(D. 2010-429 du 29 avril 2010, JO 30)*** « directeur régional de l'alimentation, de l'agriculture et de la forêt » ou par le ***(D. 2009-1540 du 10 déc. 2009, art. 10, JO 12)*** « directeur régional de la jeunesse, des sports et de la cohésion sociale ».

SECTION 5. Appel à des experts

Art. R. 6251-17. Il peut être fait appel à des experts désignés par le recteur, le ***(D. 2010-429 du 29 avril 2010, JO 30)*** « directeur régional de l'alimentation, de l'agriculture et de la forêt » ou le ***(D. 2009-1540 du 10 déc. 2009, art. 10, JO 12)*** « directeur régional de la jeunesse, des sports et de la cohésion sociale » afin d'assister les agents chargés de l'inspection de l'apprentissage pour des actes déterminés.

Art. R. 6251-18. Les experts prêtent serment dans les conditions prévues à l'article R. 6251-6.

Art. R. 6251-19. Les experts sont rémunérés sur la base de vacations dont le taux et les conditions sont fixés par arrêté conjoint des ministres chargés de l'éducation nationale, de l'agriculture, de la jeunesse et des sports, de la fonction publique et du budget.

CHAPITRE II

Contrôle

SECTION 1. Contrôle des centres de formation d'apprentis

Art. L. 6252-1. Les centres de formation d'apprentis sont soumis au contrôle pédagogique de l'État et au contrôle technique et financier de l'État pour les centres à recrutement national, de la région pour les autres centres.

Art. L. 6252-2. Si les contrôles révèlent des insuffisances graves ou des manquements aux obligations résultant du présent code et des textes pris pour son application, ou de la convention prévue à l'article L. 6232-1, cette dernière peut être dénoncée par l'État ou la région.

Dans le cadre de ces contrôles, il est procédé à l'évaluation de l'application du principe de non-discrimination prévu à l'article L. 1132-1 à l'occasion du recrutement des apprentis.

Art. L. 6252-3. La dénonciation de la convention entraîne la fermeture du centre.

L'État ou la région peut imposer à l'organisme gestionnaire l'achèvement des formations en cours.

Le cas échéant, l'État ou la région peut désigner un administrateur provisoire chargé d'assurer, pour le compte de l'organisme gestionnaire, l'achèvement des formations en cours.

Art. R. 6252-1. Le contrôle pédagogique de la formation dispensée aux apprentis dans les centres ou dans les établissements d'enseignement ou de formation et de recherche ainsi que sur les lieux de travail est exercé dans les conditions prévues au chapitre premier.

Art. R. 6252-2. Les agents compétents pour accomplir des inspections administratives et financières ont accès aux locaux des centres de formation d'apprentis ou des sections d'apprentissage pour l'accomplissement de toute mission dont les chargent le ministre dont ils relèvent ou le préfet de région ainsi que, pour les centres et les sections relevant de la région, le président du conseil régional.

Ils peuvent, en outre, se faire communiquer toutes pièces permettant de contrôler l'activité ainsi que le fonctionnement administratif et financier du centre ou de la section d'apprentissage.

Ces dispositions ne font pas obstacle aux contrôles que l'État exerce en application de la réglementation en vigueur sur les établissements, organismes ou entreprises soumis aux règles de la comptabilité publique, ou recevant des subventions sur fonds publics.

Art. R. 6252-3. La dénonciation de la convention de création d'un centre de formation d'apprentis à la suite d'un contrôle par l'État ou la région, dans les cas prévus à l'article L. 6252-2, ne peut intervenir qu'après une mise en demeure non suivie d'effet.

Art. R. 6252-4. Lorsque la convention est dénoncée, tout recrutement est interrompu.

La collectivité publique signataire prend les mesures nécessaires pour assurer l'achèvement des formations en cours. Elle peut fixer la date de la fermeture définitive du centre ou de la section d'apprentissage et imposer à l'organisme gestionnaire ou à l'établissement d'accueil des mesures particulières de fonctionnement pendant la période comprise entre la date d'effet de la dénonciation de la convention et la fermeture du centre ou de la section d'apprentissage.

Ces mesures peuvent concerner, notamment :

1° La désignation d'un membre de l'enseignement public comme responsable pédagogique du centre pendant cette période ;

2° Le transfert d'une partie des apprentis dans un autre centre ou dans une autre section d'apprentissage ;

3° La cessation des fonctions de certains membres du personnel ;

4° Toutes dispositions d'ordre administratif ou pédagogique de nature à remédier aux insuffisances ou manquements constatés.

Art. R. 6252-5. Dans le cas des centres de formation d'apprentis, si les mesures prévues à l'article R. 6252-4 ne sont pas suffisantes ou si les circonstances de la dénonciation impliquent l'impossibilité pour l'organisme gestionnaire d'assurer de façon satisfaisante la liquidation du centre et l'achèvement des formations, le préfet de région ou le président du conseil régional désigne un administrateur provisoire.

Celui-ci est entièrement substitué, pour les besoins de la liquidation et de l'achèvement, au directeur du centre et aux organes de direction de l'organisme gestionnaire.

L'administrateur provisoire agit pour le compte de l'organisme gestionnaire, sous l'autorité du préfet de région ou du président du conseil régional. Il établit et clôture le compte de liquidation.

SECTION 2. Contrôle administratif et financier

Sous-section 1. Objet du contrôle et fonctionnaires de contrôle

Art. L. 6252-4. L'État exerce un contrôle administratif et financier, dans les conditions et suivant la procédure prévue aux articles L. 6362-8 et suivants, sur :

1° Les organismes collecteurs de la taxe d'apprentissage mentionnés aux articles L. 6242-1 et L. 6242-2 en ce qui concerne les procédures de collecte et l'utilisation des ressources qu'ils collectent à ce titre ;

2° Les établissements bénéficiaires de fonds de l'apprentissage versés par les organismes collecteurs de la taxe d'apprentissage. Ce contrôle porte sur l'origine et l'emploi des fonds versés par ces organismes ;

3° Les dépenses de fonctionnement des organismes gestionnaires de centres de formation d'apprentis prises en charge dans les conditions définies à l'article L. 6332-16.

Art. L. 6252-4-1. ***(L. 2011-893 du 28 juil. 2011, art. 11, JO 29)*** Sans préjudice des prérogatives de l'administration fiscale résultant de l'article 230 H du code général des impôts, les agents chargés du contrôle de la formation professionnelle continue en application de l'article L. 6361-5 du présent code sont habilités à contrôler les informations déclarées par les entreprises aux organismes collecteurs de la taxe d'apprentissage mentionnés aux articles L. 6242-1 et L. 6242-2 au titre de la contribution supplémentaire à l'apprentissage prévue à l'article 230 H du code général des impôts, selon les procédures et sous peine des sanctions prévues au chapitre II du titre VI du livre III de la présente partie. Aux fins de ce contrôle, les entreprises remettent à ces agents tous documents et pièces justifiant le respect de leur obligation.

À défaut, les entreprises versent au comptable public, par décision de l'autorité administrative, les sommes mentionnées à la seconde phrase du V de l'article 230 H du code général des impôts. Ce versement est recouvré conformément à l'article L. 6252-10 du présent code.

Art. R. 6252-6. Lorsque le contrôle porte sur des établissements bénéficiaires des fonds de l'apprentissage mentionnés au 1° de l'article L. 6252-4, l'autorité administrative compétente à l'égard de ces établissements est informée préalablement du contrôle.

Art. L. 6252-5. Le contrôle prévu au 1° de l'article L. 6252-4 est exercé par les agents de contrôle mentionnés à l'article L. 6361-5.

Art. L. 6252-6. Le contrôle prévu aux 2° et 3° de l'article L. 6252-4 est exercé concurremment par les corps d'inspection compétents en matière d'apprentissage et les agents de contrôle mentionnés à l'article L. 6361-5.

Lorsque le contrôle porte sur les établissements bénéficiaires des fonds de l'apprentissage mentionnés au 1° de l'article L. 6252-4, ils exercent leur mission en collaboration avec les agents des administrations compétentes à l'égard de ces établissements.

Des contrôles peuvent être réalisés conjointement.

Art. L. 6252-7.

Sous-section 2. **Déroulement des opérations de contrôle**

Art. L. 6252-7. Les organismes collecteurs de la taxe d'apprentissage présentent aux agents de contrôle les documents et pièces établissant l'origine des fonds reçus et la réalité des emplois de fonds ainsi que la conformité de leur utilisation aux dispositions légales régissant leur activité.

À défaut, ces emplois de fonds sont regardés comme non conformes aux obligations résultant du présent livre.

Art. L. 6252-8. Les administrations compétentes pour réaliser des inspections administratives et financières dans les établissements bénéficiaires des fonds de l'apprentissage et dans les organismes gestionnaires de centres de formation d'apprentis mentionnés respectivement aux 2° et 3° de l'article L. 6252-4 communiquent aux agents de contrôle mentionnés à l'article L. 6361-5 les renseignements et documents nécessaires à l'accomplissement de leur mission.

Art. L. 6252-9. Les établissements bénéficiaires des fonds de l'apprentissage et les organismes gestionnaires de centres de formation d'apprentis présentent aux agents de contrôle mentionnés à l'article L. 6361-5 les documents et pièces établissant l'origine des fonds reçus, la nature, la réalité et le bien-fondé des dépenses exposées ainsi que la conformité de leur utilisation aux dispositions légales régissant leur activité.

SECTION 3. **Sanctions**

Art. L. 6252-10. Sur décision de l'autorité administrative, les sommes indûment collectées, utilisées ou conservées et celles correspondant à des emplois de fonds non conformes aux obligations résultant du présent livre donnent lieu à un versement d'égal montant au Trésor public.

Ce versement est recouvré par le Trésor public selon les modalités ainsi que sous les sûretés, garanties et pénalités applicables aux taxes sur le chiffre d'affaires.

Les sanctions prévues aux articles 1741 et 1750 du code général des impôts sont applicables.

Art. L. 6252-11. Les manquements aux dispositions légales applicables aux organismes collecteurs de la taxe d'apprentissage ou aux conditions prévues par la décision d'habilitation prise en application de l'article L. 6242-1 dans le cadre de la procédure de contrôle mentionnée à l'article L. 6252-4 peuvent donner lieu à une mise en demeure ou à un retrait de l'habilitation par l'autorité administrative compétente.

Art. R. 6252-8. Le délai de la mise en demeure prévue à l'article L. 6252-11 ne peut être inférieur à quatre jours ni supérieur à soixante jours.

Art. L. 6252-12. Les fonds indûment reçus, utilisés ou conservés, les dépenses et les prises en charge non justifiées ne sont pas admis par l'autorité administrative et donnent lieu à rejet.

Sur décision de cette dernière, les établissements bénéficiaires des fonds de l'apprentissage et les organismes gestionnaires des centres de formation d'apprentis respectivement mentionnés aux 2° et 3° de l'article L. 6252-4 versent au Trésor public une somme égale au montant des rejets.

Ces versements au Trésor public sont recouvrés selon les modalités ainsi que sous les sûretés, garanties et pénalités applicables aux taxes sur le chiffre d'affaires.

Les sanctions prévues aux articles 1741 et 1750 du code général des impôts sont applicables.

Art. R. 6252-7. Le comité de coordination régional de l'emploi et de la formation professionnelle est tenu informé des décisions de versement au Trésor public prévues à l'article L. 6252-12.

SECTION 4. **Dispositions d'application**

Art. L. 6252-13. Un décret en Conseil d'État détermine les mesures d'application du présent chapitre.

CHAPITRE III
Dispositions pénales

[Le présent chapitre ne comprend pas de dispositions législatives.]

TITRE VI

DISPOSITIONS PARTICULIÈRES AUX DÉPARTEMENTS DE LA MOSELLE, DU BAS-RHIN ET DU HAUT-RHIN

CHAPITRE UNIQUE

Art. L. 6261-1. Dans les départements de la Moselle, du Bas-Rhin et du Haut-Rhin, les dispositions des articles L. 6243-2 et L. 6243-3 sont applicables aux employeurs inscrits au registre des entreprises.

Note Voir note sous article L. 6243-2.

Art. L. 6261-2. Dans les départements de la Moselle, du Bas-Rhin et du Haut-Rhin, un décret en Conseil d'État détermine les modalités particulières d'application du présent livre pour tenir compte des circonstances locales.

SECTION 1. **Dispositions générales**

Art. R. 6261-1. Les décrets n°s 72-279 et 72-283 du 12 avril 1972 ainsi que les dispositions du présent livre, à l'exclusion de celle des articles D. 6241-8 et D. 6241-9, s'appliquent dans les départements de la Moselle, du Bas-Rhin et du Haut-Rhin, dans la mesure où il n'y est pas dérogé par les dispositions des articles R. 6261-2 à R. 6261-14.

Les textes modifiant ou remplaçant ces décrets et ces dispositions ne sont applicables à ces départements qu'après consultation des comités de coordination régionaux de l'emploi et de la formation professionnelle ou de leur commission de l'apprentissage ainsi que des ***(D. 2010-1356 du 11 nov. 2010, art. 25, JO 13)*** « chambres de métiers et de l'artisanat de région » et des ***(D. 2010-1463 du 1er déc. 2010, art. 87, JO 2)*** « chambres de commerce et d'industrie territoriales » concernées.

Art. R. 6261-2. Toute disposition visant des personnes, entreprises, activités ou professions régies par le décret n° 83-487 du 10 juin 1983 s'applique, dans les départements de la Moselle, du Bas-Rhin et du Haut-Rhin, aux personnes, entreprises, activités ou professions qui, dans ces départements, relèvent des ***(D. 2010-1356 du 11 nov. 2010, art. 25, JO 13)*** « chambres de métiers et de l'artisanat de région ».

SECTION 2. **Contrat d'apprentissage**

Art. R. 6261-3. La durée des contrats d'apprentissage, telle qu'elle résulte du 2° de l'article R. 6222-7, peut être adaptée en fonction de spécificités locales par un arrêté conjoint du ministre chargé de la formation professionnelle et du ministre qui délivre le diplôme après avis des chambres consulaires, des comités de coordination régionaux de l'emploi et de la formation professionnelle concernés et des conseils régionaux.

Art. R. 6261-4. La décision de réduire la durée du contrat d'apprentissage, prévue à l'article R. 6222-16, est notifiée à la chambre consulaire concernée.

Art. R. 6261-5. Dans les entreprises relevant de la ***(D. 2010-1356 du 11 nov. 2010, art. 25, JO 13)*** « chambre de métiers et de l'artisanat de région », les litiges entre les employeurs et les apprentis ou leurs représentants légaux sur l'exécution ou la rupture du contrat d'apprentissage ne peuvent être portés devant la juridiction compétente qu'après une tentative de conciliation devant la commission paritaire ou l'organisme délégué à cet effet par la ***(D. 2010-1356 du 11 nov. 2010, art. 25, JO 13)*** « chambre de métiers et de l'artisanat de région ».

La procédure de conciliation n'a pas à être mise en œuvre lorsqu'une infraction a été constatée.

Faute de conciliation dans le mois suivant la notification du litige à la chambre, la juridiction peut être saisie.

Art. R. 6261-6. Le nombre maximal d'apprentis ou d'élèves de classes préparatoires à l'apprentissage pouvant être accueillis simultanément dans les entreprises ou les établissements par les personnes possédant les qualifications prévues à l'article R. 6223-24 et, le cas échéant, celles prévues à l'article R. 6261-9 est fixé par la commission départementale de l'emploi et de l'insertion, après avis de la chambre consulaire intéressée.

Ces plafonds sont déterminés par métier, en tenant compte :

1° S'il y a lieu, des différents types d'entreprise existant dans le métier considéré ;

2° De la relation qui doit être maintenue au sein de l'entreprise ou de l'établissement entre le nombre des apprentis et le nombre des personnes qualifiées dans le métier faisant l'objet de la formation.

Note Voir note sous art. D. 6211-4.

Art. R. 6261-7. Dès sa conclusion, la convention prévue à l'article R. 6223-10 est adressée par l'employeur au directeur du centre de formation d'apprentis, ou, dans le cas d'une section d'apprentissage, au responsable de l'établissement d'enseignement ou de l'établissement de formation et de recherche.

Ce dernier la transmet à l'organisme chargé de l'enregistrement du contrat, ainsi qu'au ***(D. 2009-1377 du 10 nov. 2009, JO 13 ; D. 2010-687 du 24 juin 2010, JO 25 ; voir D. 2010-1582 du 17 déc. 2010, JO 18, pour outre-mer)*** « directeur régional des entreprises, de la concurrence, de la consommation, du travail et de l'emploi ».

La convention peut recevoir application dès réception par l'employeur de l'accord de la chambre concernée ou, à défaut d'opposition de celle-ci, après l'expiration du délai d'un mois à compter de sa transmission au directeur du centre de formation d'apprentis ou, dans le cas d'une section d'apprentissage, au responsable de l'établissement d'enseignement ou de l'établissement de formation et de recherche.

Note Cet article a été modifié par le décret 2008-1503 du 30 décembre 2008 (JO 31).

Art. R. 6261-8. L'employeur transmet les exemplaires du contrat d'apprentissage, selon les modalités définies à l'article R. 6224-1 :

1° À la ***(D. 2010-1356 du 11 nov. 2010, art. 25, JO 13)*** « chambre des métiers et de l'artisanat de région », si l'entreprise est inscrite à la première section du registre des entreprises ;

2° À la chambre d'agriculture, s'il emploie un apprenti mentionné au 7° de l'article L. 722-20 du code rural ***(Ord. 2010-462 du 6 mai 2010, JO 7)*** « et de la pêche maritime », sauf si cet employeur relève du 6° de l'article L. 722-1 du même code ;

3° À la ***(D. 2010-1463 du 1er déc. 2010, art. 87, JO 2)*** « chambre de commerce et d'industrie territoriale », ***(D. 2008-1253 du 1er déc. 2008, JO 3)*** « dans les autres cas à l'exception de ceux où l'employeur relève du secteur public au sens du chapitre II de la loi n° 92-675 du 17 juillet 1992 ».

SECTION 3. Maître d'apprentissage

Art. R. 6261-9. Dans les entreprises relevant de la ***(D. 2010-1356 du 11 nov. 2010, art. 25, JO 13)*** « chambre de métiers et de l'artisanat de région », le maître d'apprentissage doit être titulaire du brevet de maîtrise délivré par les ***(D. 2010-1356 du 11 nov. 2010, art. 25, JO 13)*** « chambres de métiers et de l'artisanat de région » de la Moselle, du Bas-Rhin et du Haut-Rhin ou d'un diplôme ou titre de niveau équivalent.

Art. R. 6261-10. Dans des métiers de création récente, ainsi que là où des cas particuliers le rendent nécessaire, il peut être dérogé à la condition de titre prévue à l'article R. 6261-9.

Dans ce cas, l'avis de la ***(D. 2010-1356 du 11 nov. 2010, art. 25, JO 13)*** « chambre de métiers et de l'artisanat de région » est demandé avant l'enregistrement du contrat d'apprentissage.

SECTION 4. Fonctionnement des centres de formation d'apprentis et des sections d'apprentissage

Art. R. 6261-11. Le conseil de perfectionnement de chaque centre de formation d'apprentis ou, dans le cas d'une ou plusieurs sections d'apprentissage ouvertes dans un établissement d'enseignement ou de formation et de recherche, le conseil de perfectionnement constitué auprès du conseil d'administration de l'établissement ou de l'instance qui en tient lieu, comprend, outre les membres désignés aux articles R. 6233-33 et R. 6233-35, deux représentants des chambres consulaires.

Art. R. 6261-12. Le directeur du centre de formation d'apprentis ou, dans le cas d'une section d'apprentissage, le responsable de l'établissement d'enseignement ou de l'établissement de formation et de recherche soumet la demande d'habilitation, prévue à l'article D. 6233-63, au chef du service académique de l'inspection de l'apprentissage ou au ***(D. 2010-429 du 29 avril 2010, JO 30)*** « directeur régional de l'alimentation, de l'agriculture et de la forêt » ***(D. 2009-1540 du 10 déc. 2009, art. 10, JO 12)*** « ou au directeur régional de la jeunesse, des sports et de la cohésion sociale », après avoir recueilli l'avis de la ***(D. 2010-1356 du 11 nov. 2010, art. 25, JO 13)*** « chambre de métiers et de l'artisanat de région » ou de la ***(D. 2010-1463 du 1er déc. 2010, art. 87, JO 2)*** « chambre de commerce et d'industrie territoriale » dont relèvent les entreprises concernées.

SECTION 5. Financement de l'apprentissage

Art. R. 6261-13. Dans les départements de la Moselle, du Bas-Rhin et du Haut-Rhin, et conformément aux dispositions de l'article 9 de la loi n° 71-578 du 16 juillet 1971, le taux de la taxe d'apprentissage est réduit au montant du quota de cette taxe, en application de l'article L. 6241-2.

Les versements réalisés au titre du deuxième alinéa de l'article L. 6241-2 et de l'article L. 6241-4 s'imputent sur ce quota.

Note Le montant de ce versement a été fixé à 25 % (il était antérieurement de 20 %) par le décret 2002-597 du 24 avril 2002 (JO 27).

Art. R. 6261-14. La déclaration de l'employeur relative à l'organisation de l'apprentissage prévue à l'article L. 6223-1 précise :

1° Les nom et prénoms de l'employeur ou la dénomination de l'entreprise ;

2° Le nombre de salariés de l'entreprise autres que les apprentis ;

3° Les diplômes et les titres susceptibles d'être préparés ;

4° Les noms et prénoms du ou des maîtres d'apprentissage, les titres ou diplômes dont ils sont titulaires et la durée de leur expérience professionnelle dans l'activité en relation avec la qualification recherchée.

La déclaration contient une attestation de l'employeur indiquant qu'il prend les mesures nécessaires à l'organisation de l'apprentissage, qu'il donne les garanties mentionnées au premier alinéa de l'article L. 6223-1 et qu'il s'engage à informer l'autorité administrative compétente de tout changement concernant le ou les maîtres d'apprentissage. Elle est accompagnée des justificatifs des compétences professionnelles du ou des maîtres d'apprentissage.

La déclaration est adressée au chef du service chargé, dans le département où se trouve le lieu d'exécution du contrat d'apprentissage, du contrôle de l'application de la législation du travail et des lois sociales dans la branche d'activité à laquelle se rattache l'entreprise, par l'intermédiaire de l'un des organismes mentionnés au premier alinéa de l'article R. 6261-8.

SECTION 6. Inspection de l'apprentissage

Art. R. 6261-15. Les dispositions du chapitre premier du titre V relatif à l'inspection de l'apprentissage sont applicables dans les départements de la Moselle, du Bas-Rhin et du Haut-Rhin, sous réserve des exceptions et des règles spéciales résultant des articles qui suivent.

Art. R. 6261-16. Le contrôle de la formation dispensée aux apprentis dans les entreprises auxquelles s'applique le décret n° 73-942 du 3 octobre 1973 est assuré par des inspecteurs de l'apprentissage qui relèvent des ***(D. 2010-1356 du 11 nov. 2010, art. 25, JO 13)*** « chambres de métiers et de l'artisanat de région » des départements de la Moselle, du Bas-Rhin et du Haut-Rhin.

Le contrôle de la formation dispensée aux apprentis dans les entreprises relevant des secteurs de l'industrie et du commerce est assuré par des inspecteurs de l'apprentissage qui relèvent des ***(D. 2010-1463 du 1er déc. 2010, art. 87, JO 2)*** « chambres de commerce et d'industrie territoriales » de ces mêmes départements.

Art. R. 6261-17. Nul ne peut être nommé inspecteur de l'apprentissage d'une ***(D. 2010-1356 du 11 nov. 2010, art. 25, JO 13)*** « chambre de métiers et de l'artisanat de région » ou d'une ***(D. 2010-1463 du 1er déc. 2010, art. 87, JO 2)*** « chambre de commerce et d'industrie territoriale », en application de l'article R. 6261-16 :

1° S'il ne jouit de ses droits civiques et s'il n'est pas de bonne moralité ;

2° S'il ne se trouve en position régulière au regard des lois sur le recrutement de l'armée ;

3° S'il n'est reconnu apte à l'exercice de la fonction à la suite d'une visite médicale ;

4° S'il est frappé d'une des incapacités prévues par l'article L. 911-5 du code de l'éducation ;

5° S'il n'est âgé de trente ans au moins ;

6° S'il n'est titulaire d'un diplôme ou titre d'un niveau au moins équivalent à un diplôme de fin de premier cycle de l'enseignement supérieur général ou technologique ;

7° S'il n'a accompli, pendant cinq ans au moins, des fonctions d'enseignement dans un établissement technique public ou privé ou dans un centre de formation d'apprentis créé en application des articles L. 6231-1 à L. 6232-5, à raison d'au moins 200 heures par an. Il peut être dérogé à cette condition, par décision du ministre de l'éducation nationale, si l'intéressé est titulaire d'un diplôme de second cycle de l'enseignement supérieur ou justifie de cinq années d'activité professionnelle dans un emploi au moins équivalent à celui de technicien supérieur.

Art. R. 6261-18. Les dispositions de l'article R. 6261-17 ne sont pas opposables aux inspecteurs de l'apprentissage en fonction le 13 octobre 1988.

Art. R. 6261-19. Les inspecteurs de l'apprentissage des ***(D. 2010-1356 du 11 nov. 2010, art. 25, JO 13)*** « chambres de métiers et de l'artisanat de région » et des ***(D. 2010-1463 du 1er déc. 2010, art. 87, JO 2)*** « chambres de commerce et d'industrie territoriales » sont commissionnés par le ministre de l'éducation nationale pour une durée de trois ans renouvelable sans limitation de durée.

Art. R. 6261-20. En cas de faute ou d'insuffisance professionnelle, les dispositions relatives au retrait du commissionnement, prévues par l'article R. 6251-4, sont applicables aux inspecteurs de l'apprentissage des ***(D. 2010-1356 du 11 nov. 2010, art. 25, JO 13)*** « chambres de métiers de l'artisanat de région » et des ***(D. 2010-1463 du 1er déc. 2010, art. 87, JO 2)*** « chambres de commerce et d'industrie territoriales ».

Lorsque le conseil prévu à ce même article est appelé à donner un avis sur le cas d'un inspecteur de l'apprentissage des ***(D. 2010-1356 du 11 nov. 2010, art. 25, JO 13)*** « chambres de métiers et de l'artisanat de région » ou des ***(D. 2010-1463 du 1er déc. 2010, art. 87, JO 2)*** « chambres de commerce et d'industrie territoriales », il est complété par deux représentants de la ***(D. 2010-1356 du 11 nov. 2010, art. 25, JO 13)*** « chambre de métiers et de l'artisanat de région » ou de la chambre de commerce ou d'industrie intéressée qui sont désignés par celle-ci. En outre, l'un des deux représentants élus des inspecteurs de l'apprentissage, désigné par tirage au sort, est remplacé par un inspecteur de l'apprentissage des ***(D. 2010 1356 du 11 nov. 2010, art. 25, JO 13)*** « chambres de métiers et de l'artisanat de région » ou des ***(D. 2010-1463 du 1er déc. 2010, art. 87, JO 2)*** « chambres de commerce et d'industrie territoriales » élu par ses collègues.

Art. R. 6261-21. Les dispositions relatives au secret professionnel, prévues à l'article R. 6251-6, sont applicables aux inspecteurs de l'apprentissage des ***(D. 2010-1356 du 11 nov. 2010, art. 25, JO 13)*** « chambres de métiers et de l'artisanat de région » et des ***(D. 2010-1463 du 1er déc. 2010, art. 87, JO 2)*** « chambres de commerce et d'industrie territoriales ».

Art. R. 6261-22. Les dispositions de l'article R. 6251-10 sont applicables aux rapports des inspecteurs de l'apprentissage des ***(D. 2010-1356 du 11 nov. 2010, art. 25, JO 13)*** « chambres de métiers et de l'artisanat de région » et des ***(D. 2010-1463 du 1er déc. 2010, art. 87, JO 2)*** « chambres de commerce et d'industrie territoriales ».

Toutefois, la transmission de ces rapports est assurée par le président de la chambre intéressée.

Art. R. 6261-23. Les dispositions des articles R. 6251-11 et R. 6251-14 ne sont pas applicables aux inspecteurs de l'apprentissage des ***(D. 2010-1356 du 11 nov. 2010, art. 25, JO 13)*** « chambres de métiers et de l'artisanat de région » et des ***(D. 2010-1463 du 1er déc. 2010, art. 87, JO 2)*** « chambres de commerce et d'industrie territoriales ».

Art. R. 6261-24. Chaque inspecteur de l'apprentissage des ***(D. 2010-1356 du 11 nov. 2010, art. 25, JO 13)*** « chambres de métiers et de l'artisanat de région » et des ***(D. 2010-1463 du 1er déc. 2010, art. 87, JO 2)*** « chambres de commerce et d'industrie territoriales » établit annuellement un rapport d'activité.

Ce rapport est transmis par le président de la chambre intéressée au préfet de région.

Art. R. 6261-25. Un règlement établi avec l'accord du préfet de région par le recteur et la ***(D. 2010-1356 du 11 nov. 2010, art. 25, JO 13)*** « chambre de métiers et l'artisanat de région » ou la ***(D. 2010-1463 du 1er déc. 2010, art. 87, JO 2)*** « chambre de commerce et d'industrie territoriale » intéressée fixe les modalités de la coopération entre l'administration académique et cette chambre en vue de coordonner l'organisation locale de l'apprentissage et le contrôle de la formation des apprentis.

LIVRE III

LA FORMATION PROFESSIONNELLE CONTINUE

TITRE Ier

DISPOSITIONS GÉNÉRALES

CHAPITRE Ier

Objet de la formation professionnelle continue

Art. L. 6311-1. La formation professionnelle continue a pour objet de favoriser l'insertion ou la réinsertion professionnelle des travailleurs, de permettre leur maintien dans l'emploi, de favoriser le développement de leurs compétences et l'accès aux différents niveaux de la qualification professionnelle, de contribuer au développement économique et culturel, ***(L. 2009-1437 du 24 nov. 2009, art. 1er, JO 25)*** « à la sécurisation des parcours professionnels » et à leur promotion sociale.

Elle a également pour objet de permettre le retour à l'emploi des personnes qui ont interrompu leur activité professionnelle pour s'occuper de leurs enfants ou de leur conjoint ou ascendants en situation de dépendance.

CHAPITRE II

Accès à la formation professionnelle continue

Art. L. 6312-1. L'accès des salariés à des actions de formation professionnelle continue est assuré :

1° À l'initiative de l'employeur, le cas échéant, dans le cadre d'un plan de formation ;

2° À l'initiative du salarié notamment dans le cadre du congé individuel de formation défini à l'article L. 6322-1 ;

3° À l'initiative du salarié avec l'accord de son employeur dans le cadre du droit individuel à la formation prévu à l'article L. 6323-1 ;

4° Dans le cadre des périodes de professionnalisation prévues à l'article L. 6324-1 ;

5° Dans le cadre des contrats de professionnalisation prévus à l'article L. 6325-1.

Note

• Le stage de formation d'une salariée ayant été accepté par l'employeur dans le cadre du plan de formation de l'entreprise, il en résultait que son contrat de travail n'était pas suspendu et que l'intéressée avait droit au maintien de sa rémunération (cass. soc. 6 mai 1997, n° 93-41.581, *Dr. Soc.* 1997, p. 969, obs. G. Couturier).

• Sur les modalités d'information et de promotion des nouveaux dispositifs, de formation professionnelle auprès des entreprises, en particulier des petites et moyennes entreprises (PME), voir rép. QE 13991, JO Sén. du 1er septembre 2011, p. 2286.

Art. L. 6312-2. Les travailleurs indépendants, les membres des professions libérales et des professions non salariées, y compris ceux n'employant aucun salarié, ainsi que leur conjoint collaborateur ou leur conjoint associé mentionné à l'article L. 121-4 du code de commerce, bénéficient personnellement du droit à la formation professionnelle continue.

Le même droit est ouvert aux travailleurs privés d'emploi.

Art. D. 6312-1. L'État, les collectivités locales, les établissements publics, les établissements d'enseignement publics et privés, les associations, les organisations d'employeurs, de salariés et familiales, ainsi que les entreprises, concourent à assurer la formation professionnelle continue.

CHAPITRE III

Catégories d'actions de formation

Art. L. 6313-1. Les actions de formation qui entrent dans le champ d'application des dispositions relatives à la formation professionnelle continue sont :

1° Les actions de préformation et de préparation à la vie professionnelle ;

2° Les actions d'adaptation et de développement des compétences des salariés ;

3° Les actions de promotion professionnelle ;

4° Les actions de prévention ;

5° Les actions de conversion ;

6° Les actions d'acquisition, d'entretien ou de perfectionnement des connaissances ;

7° Les actions de formation continue relative à la radioprotection des personnes prévues à l'article L. 1333-11 du code de la santé publique ;

8° Les actions de formation relatives à l'économie ***(L. 2008-1258 du 3 déc. 2008, art. 5, JO 4)*** « et à la gestion » de l'entreprise ;

9° Les actions de formation relatives à l'intéressement, à la participation et aux dispositifs d'épargne salariale et d'actionnariat salarié ;

10° Les actions permettant de réaliser un bilan de compétences ;

11° Les actions permettant aux travailleurs de faire valider les acquis de leur expérience ;

12° Les actions d'accompagnement, d'information et de conseil dispensées aux créateurs ou repreneurs d'entreprises ***(L. 2009-1437 du 24 nov. 2009, art. 56, JO 25)*** « agricoles, » artisanales, commerciales ou libérales, exerçant ou non une activité ;

13° Les actions de lutte contre l'illettrisme et l'apprentissage de la langue française.

(L. 2009-1437 du 24 nov. 2009, art. 20, JO 25) « Entre également dans le champ d'application des dispositions relatives à la formation professionnelle continue la participation à un jury d'examen ou de validation des acquis de l'expérience mentionné à l'article L. 3142-3-1 lorsque ce jury intervient pour délivrer des certifications professionnelles inscrites au répertoire national des certifications professionnelles dans les conditions prévues à l'article L. 335-6 du code de l'éducation. »

Note

• Les stages dits de motivation ne peuvent pas être classés en tant que tels au nombre des actions de formation visées à cet article (voir rép. QE 3309, JO AN 27 décembre 1993, p. 4788).

• Voir décret 2006-1040 du 23 août 2006 (JO 25) pris en application des articles 199 *ter* L, 220 N, 223 O et 244 *quater* M du code général des impôts et relatif au crédit d'impôt en faveur des entreprises qui exposent des dépenses pour la formation de leurs dirigeants.

• Voir circulaire DGEFP 2011-26 du 15 novembre 2011 relative aux textes modifiant les droits et obligations des dispensateurs de formation et adaptant le contrôle (fiche 1 : « Éléments de définition de l'action de formation ») et circulaire DGEFP 2006-35 du 14 novembre 2006 relative à l'action de formation et aux prestations entrant dans le champ de la formation professionnelle continue (BO TR 2006/12).

Voir aussi circulaire DGEFP 2001-22 du 20 juillet 2001 relative aux formations ouvertes et/ou à distance « FOAD », BO TR 2001/16, p. 69.

Art. L. 6313-2. Les actions de préformation et de préparation à la vie professionnelle ont pour objet de permettre à toute personne, sans qualification professionnelle et sans contrat de travail, d'atteindre le niveau nécessaire pour suivre un stage de formation professionnelle ou pour entrer directement dans la vie professionnelle.

Art. L. 6313-3. Les actions d'adaptation et de développement des compétences des salariés ont pour objet de favoriser leur adaptation au poste de travail, à l'évolution des emplois, ainsi que leur maintien dans l'emploi, et de participer au développement de leurs compétences.

Note Voir circulaire DGEFP 2006-35 du 14 novembre 2006 précitée, fiche A4 sur les actions de formation, d'adaptation et de développement des compétences favorisant l'adaptation à l'emploi et au poste de travail.

Art. L. 6313-4. Les actions de promotion professionnelle ont pour objet de permettre à des travailleurs d'acquérir une qualification plus élevée.

Art. L. 6313-5. Les actions de prévention ont pour objet de réduire, pour les salariés dont l'emploi est menacé, les risques résultant d'une qualification inadaptée à l'évolution des techniques et des structures des entreprises, en les préparant à une mutation d'activité, soit dans le cadre, soit en dehors de leur entreprise.

Art. L. 6313-6. Les actions de conversion ont pour objet de permettre à des salariés dont le contrat de travail est rompu d'accéder à des emplois exigeant une qualification différente, ou à des non-salariés d'accéder à de nouvelles activités professionnelles.

Art. L. 6313-7. Les actions d'acquisition, d'entretien ou de perfectionnement des connaissances ont pour objet d'offrir aux travailleurs les moyens d'accéder à la culture, de maintenir ou de parfaire leur qualification et leur niveau culturel ainsi que d'assumer des responsabilités accrues dans la vie associative.

Art. L. 6313-8. Les actions de formation continue relatives à la radioprotection des personnes exposées dans les conditions de l'article L. 1333-11 du code de la santé publique ont pour objet la formation théorique et pratique des professionnels pratiquant les actes prévus à cet article.

Art. L. 6313-9. Les actions de formation relatives à l'économie de l'entreprise ont notamment pour objet la compréhension par les salariés du fonctionnement et des enjeux de l'entreprise.

Art. L. 6313-10. Les actions permettant de réaliser un bilan de compétences ont pour objet de permettre à des travailleurs d'analyser leurs compétences professionnelles et personnelles ainsi que leurs aptitudes et leurs motivations afin de définir un projet professionnel et, le cas échéant, un projet de formation.

Ce bilan ne peut être réalisé qu'avec le consentement du travailleur. Le refus d'un salarié d'y consentir ne constitue ni une faute ni un motif de licenciement.

Les informations demandées au bénéficiaire du bilan doivent présenter un lien direct et nécessaire avec son objet. Le bénéficiaire est tenu d'y répondre de bonne foi. Il est seul destinataire des résultats détaillés et d'un document de synthèse qui ne peuvent être communiqués à un tiers qu'avec son accord.

Les personnes chargées de réaliser et de détenir les bilans sont soumises aux dispositions des articles 226-13 et 226-14 du code pénal en ce qui concerne les informations qu'elles détiennent à ce titre.

Note Voir circ. DFP 93-13 du 19 mars 1993, BO TR 93/9, p. 207 et circ. DFP 95-23 du 21 décembre 1995, BO TR 96/4, p. 55.

Art. L. 6313-11. Les actions permettant aux travailleurs de faire valider les acquis de leur expérience ont pour objet l'acquisition d'un diplôme, d'un titre à finalité professionnelle ou d'un certificat de qualification figurant sur une liste établie par la commission paritaire nationale de l'emploi d'une branche professionnelle et enregistrés dans le répertoire national des certifications professionnelles mentionné à l'article L. 335-6 du code de l'éducation.

Art. L. 6313-12. *(L. 2009-1437 du 24 nov. 2009, art. 20, JO 25)* Les dépenses afférentes à la participation d'un salarié à un jury d'examen ou de validation des acquis de l'expérience mentionné au dernier alinéa de l'article L. 6313-1 couvrent, selon des modalités fixées par accord de branche ou par accord collectif conclu entre les organisations syndicales de salariés et d'employeurs signataires de l'accord constitutif d'un organisme collecteur paritaire agréé interprofessionnel :

1° Les frais de transport, d'hébergement et de restauration ;

2° La rémunération du salarié ;

3° Les cotisations sociales obligatoires ou conventionnelles qui s'y rattachent ;

4° Le cas échéant, la taxe sur les salaires qui s'y rattache.

Pour les travailleurs indépendants, les membres des professions libérales et des professions non salariées, une indemnité forfaitaire ainsi que le remboursement des frais de transport, d'hébergement et de restauration pour la participation à un jury d'examen ou de validation des acquis de l'expérience mentionné au dernier alinéa de l'article L. 6313-1 peuvent être pris en charge par les fonds d'assurance formation de non-salariés mentionnés à l'article L. 6332-9.

CHAPITRE IV

(L. 2009-1437 du 24 nov. 2009, art. 3, JO 25) « Droit à l'information, à l'orientation et à la qualification professionnelles »

Art. L. 6314-1. Tout travailleur engagé dans la vie active ou toute personne qui s'y engage a droit à *(L. 2009-1437 du 24 nov. 2009, art. 3, JO 25)* « l'information, à l'orientation et à la qualification professionnelles » et doit pouvoir suivre, à son initiative, une formation lui permettant, quel que soit son statut, *(L. 2009-1437 du 24 nov. 2009, art. 3, JO 25)* « de progresser au cours de sa vie professionnelle d'au moins un niveau en acquérant » une qualification correspondant aux besoins de l'économie prévisibles à court ou moyen terme :

1° Soit enregistrée dans le répertoire national des certifications professionnelles prévu à l'article L. 335-6 du code de l'éducation ;

2° Soit reconnue dans les classifications d'une convention collective nationale de branche ;

(L. 2009-1437 du 24 nov. 2009, art. 22, JO 25) « 3° Soit ouvrant droit à un certificat de qualification professionnelle. »

Note Voir notamment décret 2002-1029 du 2 août 2002 (JO 6) relatif au titre professionnel délivré par le ministre chargé de l'emploi (JO 6).

Voir instruction DGEFP du 3 mars 2010 sur la mise en œuvre du contrat de professionnalisation (4. Éligibilité des qualifications).

Art. D. 6314-1. Les régions et l'État contribuent à l'exercice du droit à la qualification, notamment pour les personnes n'ayant pas acquis de qualification reconnue dans le cadre de la formation initiale.

Art. L. 6314-2. *(L. 2009-1437 du 24 nov. 2009, art. 22, JO 25)* Les certificats de qualification professionnelle sont établis par une ou plusieurs commissions paritaires nationales de l'emploi d'une branche professionnelle.

Ils s'appuient, d'une part, sur un référentiel d'activités qui permet d'analyser les situations de travail et d'en déduire les connaissances et les compétences nécessaires et, d'autre part, sur un référentiel de certification qui définit les modalités et les critères d'évaluation des acquis.

Les certificats de qualification professionnelle ainsi que les référentiels mentionnés à l'alinéa précédent sont transmis à la Commission nationale de la certification professionnelle.

Note Voir décret 2011-1111 du 16 septembre 2011 (JO 18) relatif au répertoire national des certifications professionnelles et à la Commission nationale de la certification professionnelle.

(L. 2009-1437 du 24 nov. 2009, art. 12, JO 25)

CHAPITRE V

Bilan d'étape professionnel et passeport orientation et formation

Art. L. 6315-1. À l'occasion de son embauche, le salarié est informé que, dès lors qu'il dispose de deux ans d'ancienneté dans la même entreprise, il bénéficie à sa demande d'un bilan d'étape professionnel. Toujours à sa demande, ce bilan peut être renouvelé tous les cinq ans.

Le bilan d'étape professionnel a pour objet, à partir d'un diagnostic réalisé en commun par le salarié et son employeur, de permettre au salarié d'évaluer ses capacités professionnelles et ses compétences et à son employeur de déterminer les objectifs de formation du salarié.

Un accord national interprofessionnel étendu détermine les conditions d'application du bilan d'étape professionnel.

Note La loi 2009-1437 du 24 novembre 2009 a introduit le dispositif du bilan d'étape professionnel dans le code du travail. Son principe a été posé par l'accord national interprofessionnel (ANI) du 11 janvier 2008 sur la modernisation du marché du travail (art. 6), qui définit le bilan d'étape professionnel « comme une nouvelle prestation, simple et destinée à inventorier de manière prospective et à périodicité régulière les compétences des salariés ». L'ANI du 14 novembre 2008 sur la gestion prévisionnelle des emplois et des compétences (GPEC) précise ce que doit permettre ce bilan (art. 1.2).

Art. L. 6315-2. Il est mis à disposition de toute personne un modèle de passeport orientation et formation qui recense :

1° Dans le cadre de la formation initiale, les diplômes et titres ainsi que les aptitudes, connaissances et compétences acquises, susceptibles d'aider à l'orientation ;

2° Dans le cadre de la formation continue :
- tout ou partie des informations recueillies à l'occasion d'un entretien professionnel, d'un bilan de compétences ou d'un bilan d'étape professionnel ;
- les actions de formation prescrites par l'institution mentionnée à l'article L. 5312-1 ;
- les actions de formation mises en œuvre par l'employeur ou relevant de l'initiative individuelle ;
- les expériences professionnelles acquises lors des périodes de stage ou de formation en entreprise ;
- les qualifications obtenues ;
- les habilitations de personnes ;

(L. 2010-241 du 10 mars 2010, art. 14, JO 11, entrée en vigueur à compter de la publication des décrets et au plus tard le 1.07.2010) « – le ou les emplois occupés, le service civique et les activités bénévoles effectués, ainsi que les connaissances, les compétences et les aptitudes professionnelles mises en œuvre dans le cadre de ces emplois, de ce service civique et de ces activités. »

L'employeur ne peut exiger du salarié qui répond à une offre d'embauche qu'il lui présente son passeport orientation et formation. Est illicite le fait de refuser l'embauche d'un salarié en raison de son refus ou de son impossibilité de présenter son passeport orientation et formation.

Art. L. 6321-1.

Un décret en Conseil d'État détermine les modalités de mise en œuvre du présent article.

Note Les dispositions sur le passeport formation résultaient de l'ANI du 5 décembre 2003 sur la formation professionnelle (art. 1-2) et des accords de branche. La loi 2009-1437 du 24 novembre 2009 a inscrit dans le code du travail la possibilité pour toute personne de bénéficier d'un passeport orientation et formation.

Lorsqu'un élève entrera dans la vie active, il pourra, s'il le souhaite, intégrer les éléments du livret de compétences au passeport orientation et formation. L'expérimentation d'un livret de compétences, partant de l'évaluation de l'acquisition du socle commun de connaissances et de compétences, est engagée pour les élèves des premier et second degrés, jusqu'au 31 décembre 2012, dans les établissements d'enseignement volontaires désignés par arrêté conjoint des ministres chargés de l'éducation nationale et de la jeunesse (loi 2009-1437, art. 11 ; arrêté du 19 août 2010, JO 23 sept., fixant la liste des établissements d'enseignement participant à l'expérimentation du livret de compétences).

TITRE II

DISPOSITIFS DE FORMATION PROFESSIONNELLE CONTINUE

CHAPITRE Ier

Formations à l'initiative de l'employeur et plan de formation

SECTION 1. Obligations de l'employeur et plan de formation

Art. L. 6321-1. L'employeur assure l'adaptation des salariés à leur poste de travail.

Il veille au maintien de leur capacité à occuper un emploi, au regard notamment de l'évolution des emplois, des technologies et des organisations.

(L. 2009-1437 du 24 nov. 2009, art. 13, JO 25) « Dans les entreprises et les groupes d'entreprises au sens de l'article L. 2331-1 employant au moins cinquante salariés, il organise pour chacun de ses salariés dans l'année qui suit leur quarante-cinquième anniversaire un entretien professionnel au cours duquel il informe le salarié notamment sur ses droits en matière d'accès à un bilan d'étape professionnel, à un bilan de compétences ou à une action de professionnalisation. »

Il peut proposer des formations qui participent au développement des compétences, ainsi qu'à la lutte contre l'illettrisme.

Les actions de formation mises en œuvre à ces fins sont prévues, le cas échéant, par le plan de formation mentionné au 1° de l'article L. 6312-1.

Note • L'employeur a l'obligation d'assurer l'adaptation de ses employés à l'évolution de leurs emplois. Une cour d'appel ayant relevé qu'un employeur avait sciemment maintenu une salariée, mutée dans un autre atelier et à un autre emploi du fait de sa lenteur et de sa dissipation, à un poste qu'elle était incapable de tenir, a caractérisé un abus de droit, de sorte que l'insuffisance de résultats de l'intéressée dans l'accomplissement de ses nouvelles fonctions ne pouvait constituer une cause sérieuse de licenciement (cass. soc. 29 mai 2002, n° 00-40.996, *Dr. Soc.* 2002, p. 779, obs. Fr. Duquesne ; *JSL* n° 106, 30 juillet 2002, p. 25 ; *RJS* 10/02 n° 1120).

• Une salariée, engagée en qualité d'assistante comptabilité – contrôle de gestion, a été licenciée pour insuffisance professionnelle ; contestant le bien-fondé de son licenciement, elle a saisi la juridiction prud'homale. Ayant constaté que la formation personnalisée de quinze jours dispensée à la salariée, seulement titulaire d'un brevet de technicien, était insuffisante pour lui permettre l'exercice des fonctions de seule comptable de l'entreprise qui lui étaient en réalité imparties, une cour d'appel a pu décider que le licenciement était dépourvu de cause réelle et sérieuse (cass. soc. 29 novembre 2007, n° 05-42.004, SARL Ecomesure c/ Canto).

Constitue une cause réelle et sérieuse de licenciement le refus d'une salariée de suivre une formation proposée par l'employeur, destinée à l'adapter aux évolutions technologiques de son emploi, qui constitue une modalité d'exécution du contrat de travail et répond à l'intérêt de l'entreprise (cass. soc. 3 décembre 2008, n° 07-42.196, *RJS* 2/09 n° 203).

• L 'absence de formation professionnelle continue pendant toute la durée de l'emploi de salariés d'origine malienne, en qualité de garçons de cuisine (20 ans d'ancienneté en moyenne) est de nature à établir un manquement de l'employeur à son obligation de veille au maintien de leur capacité à occuper un emploi, au regard notamment de l'évolution des emplois, des technologies et des organisations, entraînant pour les intéressés un préjudice qu'il appartient au juge d'évaluer (cass. soc. 2 mars 2010, n° 09-40.914, *RJS* 5/10 n° 398 ; *Dr. Soc.* 2010, p. 714, obs. J. Barthélémy).

Déroulement des actions de formation

Art. D. 6321-1. Les actions de formation financées par l'employeur en vue de s'acquitter de l'obligation de participation au développement de la formation professionnelle continue, prévue à l'article L. 6331-1, se déroulent conformément à un programme établi en fonction d'objectifs préalablement déterminés.

Ce programme précise les moyens pédagogiques et d'encadrement mis en œuvre. Il définit un dispositif permettant de suivre son exécution et d'en apprécier les résultats.

Art. R. 6321-2. Le bilan de compétences, lorsqu'il est réalisé au titre du plan de formation de l'entreprise, fait l'objet d'une convention tripartite conclue entre l'employeur, le salarié bénéficiaire et l'organisme prestataire de bilans de compétences dans les conditions prévues aux articles R. 6322-32 et suivants.

Art. D. 6321-3. La formation est en principe dispensée dans des locaux distincts des lieux de travail.

Lorsqu'elle comporte un enseignement pratique, ce dernier peut être donné sur les lieux de travail. Dans ce cas, un compte rendu des mesures prises pour que l'enseignement réponde aux conditions fixées à l'article D. 6321-1 est adressé au comité d'entreprise ou aux délégués du personnel ou, à défaut, à la commission spéciale mentionnée à l'article R. 2323-3.

SECTION 2. Régimes applicables aux heures de formation

Sous-section 1. *(L. 2009-1437 du 24 nov. 2009, art. 8, JO 25)* « Actions d'adaptation au poste de travail ou liées à l'évolution ou au maintien dans l'emploi »

Art. L. 6321-2. *(L. 2009-1437 du 24 nov. 2009, art. 8, JO 25)* Toute action de formation suivie par un salarié pour assurer son adaptation au poste de travail ou liée à l'évolution ou au maintien dans l'emploi dans l'entreprise constitue un temps de travail effectif et donne lieu pendant sa réalisation au maintien par l'entreprise de la rémunération.

Note • Les actions de formation relevant du plan de formation sont désormais regroupées en deux catégories, au lieu de trois. Les actions liées à l'évolution des emplois ou au maintien dans l'emploi dans l'entreprise fusionnent, dans un souci de simplification, avec les actions d'adaptation au poste de travail et en suivent le même régime (assimilation à du temps de travail effectif et maintien de la rémunération par l'employeur).

• Les dispositions de l'article L. 932-1 CT tel que rédigé par la présente loi [art. L. 6321-2 à 12 CT] ne sont pas opposables aux conventions et accords collectifs de branche ou d'entreprise conclus avant le 1er janvier 2002 (loi 2004-391 du 4 mai 2004, art. 36).

• L'utilisation de certains logiciels étant indispensable à l'exercice des fonctions d'une salariée, laquelle avait mentionné dans son *curriculum vitae* en maîtriser l'utilisation, une cour d'appel a pu décider que l'employeur n'était pas tenu d'une obligation de formation de l'intéressée (art. L. 932-2 CT dans sa rédaction issue de la loi du 19 janvier 2000) à l'utilisation de ces logiciels (cass. soc. 31 janvier 2006, n° 05-42.130, BC V n° 47 ; *RJS* 4/06 n° 390).

• Ayant constaté que des salariées licenciées pour motif économique, présentes dans une entreprise depuis respectivement 24 et 12 ans, n'avaient bénéficié que d'un stage de formation continue de trois jours, une cour d'appel en a exactement déduit qu'au regard de l'obligation pour l'employeur d'assurer l'adaptation des salariés à leur poste de travail et de veiller au maintien de leur capacité à occuper un emploi, ces constatations établissaient un manquement de l'employeur dans l'exécution du contrat de travail entraînant un préjudice distinct de celui résultant de sa rupture (cass. soc. 23 octobre 2007, n° 06-40.950, BC V n° 171 ; *RJS* 1/08 n° 3 ; *Dr. Soc.* 2008, p. 126, obs. J. Savatier ; *RDT*, janv. 2008, CH, 33, A. Fabre).

• Une société avait conclu un accord sur la réduction du temps de travail et l'emploi instituant un droit individuel à la formation financé par un compte épargne formation et avait imputé sur les comptes épargne formation de chaque salarié une partie des modules de la formation nécessaire à l'utilisation d'un progiciel modifiant son système informatique. C'est à bon droit qu'une cour d'appel a fait droit à la demande, en référé, d'une organisation syndicale pour qu'il soit fait interdiction à la société de les débiter. En effet, le temps passé par le salarié pour assurer son adaptation à son poste de travail est un temps de travail effectif et, en relevant que ces actions de formation n'avaient pas été demandées par les salariés, ce dont il résultait que, quelle que soit leur nature, ces temps de formation ne pouvaient pas être débités des comptes épargne formation, la cour a fait ressortir que les débits effectués d'autorité constituaient un trouble manifestement illicite (cass. soc. 16 janvier 2008, n° 07-10.095, BC V n° 10 ; *RJS* 4/08 n° 464 ; *RDT*, avril 2008, CH, 245, M. Véricel).

• Voir aussi cass. soc. 20 juin 2007, n° 05-44.715, SA Masters structure c/ Roblot.

• Les actions de formation prévues par un accord collectif sur l'organisation du travail dans la métallurgie, qui tendaient à favoriser ou à permettre l'adaptation des salariés à l'évolution de leurs emplois, entraient dans le champ d'application de l'article L. 932-2 alors applicable [L. 6321-3] CT ; en conséquence, le temps consacré à ces actions par les salariés constituait un temps de travail effectif (cass. soc. 11 juillet 2007, n° 06-11.164, BC V n° 123 ; *JSL* n° 218, 18 sept. 2007, p. 29 ; *RJS* 10/07, p. 803, rapp. H. Gosselin et n° 1096).

[Sous-section 2. **Actions liées à l'évolution des emplois ou participant au maintien dans l'emploi (art. L. 6321-3, 4 et 5).** Abrogée par loi 2009-1437 du 24 novembre 2009, art. 8, JO 25.]

Sous-section 3. Actions de développement des compétences

Art. L. 6321-6. Les actions de formation ayant pour objet le développement des compétences des salariés peuvent, en application d'un accord entre le salarié et l'employeur, se dérouler hors du temps de travail effectif :

1° Soit dans la limite de quatre-vingts heures par an et par salarié ;

2° Soit, pour les salariés dont la durée de travail est fixée par une convention de forfait en jours ou en heures sur l'année, dans la limite de 5 % du forfait.

Cet accord est formalisé et peut être dénoncé dans des conditions déterminées par décret en Conseil d'État.

Art. R. 6321-4. L'accord sur les actions de formation ayant pour objet le développement des compétences des salariés, prévu à l'article L. 6321-6, est écrit.

Il peut être dénoncé dans un délai de huit jours à compter de sa conclusion.

Art. L. 6321-7. Le refus du salarié de participer à des actions de formation de développement des compétences ou la dénonciation de l'accord dans les conditions prévues à l'article L. 6321-6, ne constitue ni une faute ni un motif de licenciement.

Art. L. 6321-8. Lorsque, en application des disposition de la présente sous-section, tout ou partie de la formation se déroule en dehors du temps de travail, l'entreprise définit avec le salarié, avant son départ en formation, la nature des engagements auxquels elle souscrit dès lors que l'intéressé aura suivi avec assiduité la formation et satisfait aux évaluations prévues.

Les engagements de l'entreprise portent sur :

1° Les conditions dans lesquelles le salarié accède en priorité, dans un délai d'un an, à l'issue de la formation aux fonctions disponibles correspondant aux connaissances ainsi acquises et sur l'attribution de la classification correspondant à l'emploi occupé ;

2° Les modalités de prise en compte des efforts accomplis par le salarié.

[Art. L. 6321-9. Abrogé par loi 2009-1437 du 24 novembre 2009, art. 8, JO 25.]

Art. L. 6321-10. Les heures de formation accomplies en dehors du temps de travail, en application de la présente sous-section et ayant pour objet le développement des compétences des salariés donnent lieu au versement par l'entreprise d'une allocation de formation dont le montant est égal à un pourcentage de la rémunération nette de référence du salarié concerné.

Ce pourcentage et les modalités de détermination du salaire horaire de référence sont fixés par décret.

Art. D. 6321-5. Le montant de l'allocation de formation mentionné à l'article L. 6321-10 est égal à 50 % de la rémunération nette de référence du salarié.

(D. 2009-763 du 22 juin 2009, JO 24) « Lorsqu'elle est due au titre d'une action de formation réalisée durant une période pendant laquelle le salarié relève des dispositions de l'article L. 5122-1 du code du travail, le versement de l'allocation de formation ne peut avoir pour effet de porter la rémunération nette du salarié à un niveau supérieur à celle dont il aurait bénéficié s'il n'avait pas relevé, durant cette période, des dispositions de ce même article. »

Art. D. 6321-6. Le salaire horaire de référence pour le calcul du montant de l'allocation de formation est déterminé par le rapport constaté entre le total des rémunérations nettes versées au salarié par son entreprise au cours des douze derniers mois précédant le début de la formation et le nombre total d'heures rémunérées au cours de ces mêmes douze derniers mois.

Lorsque le salarié ne dispose pas de l'ancienneté suffisante dans l'entreprise pour prétendre à l'application de la règle de calcul prévue au premier alinéa, son salaire horaire de référence est calculé en fonction du total des rémunérations et du total des heures rémunérées depuis son arrivée dans l'entreprise.

Art. D. 6321-7. Pour la détermination du salaire horaire de référence pour le calcul du montant de l'allocation de formation des salariés temporaires, sont prises en compte les heures rémunérées au titre de la mission en cours ou, à défaut, de la dernière mission.

Pour les salariés dont la durée du travail est fixée par une convention de forfait en jours, le salaire horaire de référence est déterminé par le rapport entre la rémunération nette annuelle versée au salarié et la formule suivante :

$$151{,}67 \text{ heures} \times \frac{\text{Nombre de jours de la convention institutionnelle [individuelle] de forfait}}{217 \text{ jours}} \times 12 \text{ mois}$$

Art. D. 6321-8. Lorsqu'un accord de branche le prévoit, une majoration d'au moins 10 % de l'allocation de formation est accordée au salarié qui engage des frais supplémentaires de garde d'enfant afin de suivre une action de formation en dehors de son temps de travail.

Art. D. 6321-9. À défaut de dispositions d'un accord collectif interprofessionnel, de branche ou d'entreprise, l'allocation de formation est versée par l'employeur au salarié, au plus tard à la date d'échéance de la paie du mois suivant celui où les heures de formation ont été accomplies en dehors du temps de travail dans le cadre des articles L. 6321-6, L. 6321-7, L. 6321-10 à L. 6321-12, L. 6323-13 à L. 6323-16, L. 6331-5, R. 6321-4, D. 6321-5 et D. 6321-8.

Art. D. 6321-10. Un document récapitulatif retraçant l'ensemble des heures de formation réalisées et des versements de l'allocation correspondants est remis au salarié chaque année. Ce document est annexé au bulletin de paie.

Art. L. 6321-11. Pendant la durée de la formation accomplie en dehors du temps de travail, le salarié bénéficie de la législation de la sécurité sociale relative à la protection en matière d'accidents du travail et de maladies professionnelles.

Art. L. 6321-12. Pour l'application de la législation de sécurité sociale, l'allocation de formation et, le cas échéant, sa majoration ne revêtent pas le caractère de rémunération au sens de l'article L. 3221-3, de l'article L. 741-10 du code rural ***(Ord. 2010-462 du 6 mai 2010, JO 7)*** « et de la pêche maritime » et de l'article L. 242-1 du code de la sécurité sociale.

SECTION 3. Actions de formation du salarié occupant un emploi saisonnier

Art. L. 6321-13. Sans préjudice des dispositions de la section 2, lorsque, en application d'une convention ou d'un accord collectif étendu ou du contrat de travail, l'employeur s'engage à reconduire le contrat d'un salarié occupant un emploi à caractère saisonnier pour la saison suivante, un contrat de travail à durée déterminée peut être conclu, sur le fondement de l'article L. 1242-3, pour permettre au salarié de participer à une action de formation prévue au plan de formation de l'entreprise. La durée du contrat est égale à la durée prévue de l'action de formation.

Pour la détermination de la rémunération perçue par le salarié, les fonctions mentionnées à l'article L. 1242-15 sont celles que le salarié doit exercer au cours de la saison suivante.

Art. L. 6321-14. Une convention ou un accord collectif de travail étendu détermine les conditions dans lesquelles l'employeur propose au salarié de participer à une action de formation et, en particulier, dans quel délai avant le début de la formation cette proposition doit être faite.

Art. L. 6321-15. Le refus du salarié de participer à une action de formation dans les conditions fixées à la présente section n'exonère pas l'employeur de son obligation de reconduction du contrat pour la saison suivante.

SECTION 4. Secteur public

Art. L. 6321-16. Dans les entreprises mentionnées à l'article 1er de la loi n° 83-675 du 26 juillet 1983 relative à la démocratisation du secteur public, tout plan de formation contient un programme d'actions, notamment avec le service public de l'éducation, portant notamment sur l'accueil d'élèves et de stagiaires dans l'entreprise, la formation dispensée au personnel de l'entreprise par les établissements d'enseignement et un programme de collaboration dans le domaine de la recherche scientifique et technique.

CHAPITRE II

Formations à l'initiative du salarié

SECTION 1. Congé individuel de formation

Sous-section 1. Objet

Art. L. 6322-1. Le congé individuel de formation a pour objet de permettre à tout salarié, au cours de sa vie professionnelle, de suivre à son initiative et à titre individuel, des actions de formation, indépendamment de sa participation aux stages compris, le cas échéant, dans le plan de formation de l'entreprise dans laquelle il exerce son activité.

Ces actions de formation doivent permettre au salarié :

1° D'accéder à un niveau supérieur de qualification ;

2° De changer d'activité ou de profession ;

3° De s'ouvrir plus largement à la culture, à la vie sociale et à l'exercice des responsabilités associatives bénévoles.

Note • L'exécution d'un congé individuel de formation par un salarié déclaré inapte à son poste de travail suspend le contrat de travail et les obligations prévues par l'article L. 1226-11 CT. Par suite, c'est à bon droit qu'une cour d'appel a décidé que le salarié inapte, parti en congé individuel de formation, ne pouvait prétendre au versement de son salaire par l'employeur, pendant cette période (cass. soc. 16 mars 2011, n° 09-69.945, BC V n° 75).

• Le délai de préavis étant un délai préfix qui ne peut, en l'absence de convention contraire, être ni interrompu ni suspendu, une cour d'appel ne peut décider que le congé de formation avait interrompu le préavis pour en déduire que l'employeur n'avait pas à procéder à nouveau au licenciement du salarié (cass. soc. 16 juin 2004, n° 02-40.620, *RJS* 10/04 n° 1034).

Art. L. 6322-2. Les actions de formation du congé individuel de formation s'accomplissent en tout ou partie pendant le temps de travail.

Note L'accès au congé individuel de formation est désormais élargi à des actions de formation se déroulant intégralement en dehors du temps de travail (voir art. L. 6322-64 CT nouveau).

Art. L. 6322-3. Le congé individuel de formation peut également être accordé à un salarié pour préparer et pour passer un examen pour l'obtention d'un titre ou diplôme enregistré dans le répertoire national des certifications professionnelles, dans les conditions prévues au II de l'article L. 335-6 du code de l'éducation.

Sous-section 2. Conditions d'ouverture

Art. L. 6322-4. Le salarié a droit, sur demande adressée à son employeur, à un congé individuel de formation pour suivre des actions de formation du type de celles mentionnées à l'article L. 6313-1.

Pour bénéficier de ce congé, le salarié doit justifier d'une ancienneté minimale en qualité de salarié, déterminée par décret en Conseil d'État.

Art. R. 6322-1. Pour bénéficier du congé individuel de formation, le salarié justifie d'une ancienneté d'au moins vingt-quatre mois consécutifs ou non, quelle qu'ait été la nature des contrats de travail successifs, dont douze mois dans l'entreprise.

Art. L. 6322-5. Pour bénéficier d'un congé individuel de formation, le salarié d'une entreprise artisanale de moins de dix salariés doit justifier d'une ancienneté minimale en qualité de salarié, déterminée par décret en Conseil d'État.

La condition d'ancienneté n'est pas exigée du salarié qui a changé d'emploi à la suite d'un licenciement pour motif économique et qui n'a pas suivi un stage de formation entre le moment de son licenciement et celui de son réemploi.

Art. R. 6322-2. Pour bénéficier du congé individuel de formation, le salarié d'une entreprise artisanale de moins de dix salariés justifie d'une ancienneté d'au moins trente-six mois consécutifs ou non, quelle qu'ait été la nature des contrats de travail successifs, dont douze mois dans l'entreprise.

Art. L. 6322-6. Le bénéfice du congé individuel de formation demandé est de droit, sauf dans le cas où l'employeur estime, après avis du comité d'entreprise ou, s'il n'en existe pas, des délégués du personnel, que cette absence pourrait avoir des conséquences préjudiciables à la production et à la marche de l'entreprise.

En cas de différend, l'inspecteur du travail peut être saisi par l'une des parties et peut être pris pour arbitre.

Note • Il résulte des termes de cet article que le législateur n'a entendu conférer à l'inspecteur du travail qu'un rôle de conciliation et non le pouvoir de statuer par une décision administrative sur le différend opposant l'employeur et le salarié qui demande le bénéfice du congé de formation (CE 20 décembre 1985, n° 43198, *Rec. Lebon*, pp. 450 et 798 ; *Dr. Soc.* 1986, p. 471, concl. B. Lasserre).

• Une cour d'appel qui a constaté que, après le refus de l'employeur d'accorder le congé demandé, la salariée n'avait pas soumis le différend à l'inspecteur du travail ou au juge et s'était absentée de l'entreprise, a pu décider que son comportement constituait une faute grave (cass. soc. 11 octobre 2000, n° 98-45.611, Degardin c/ Sté Union des Assurances de Paris, *JSL* 7 novembre 2000, n° 67, p. 26).

• S'agissant d'un salarié licencié pour faute grave pour avoir quitté l'entreprise afin de prendre un congé-formation que lui avait refusé son employeur, n'a pas donné de base légale à sa décision la cour d'appel qui, pour débouter l'intéressé de ses demandes d'indemnités et de dommages-intérêts pour rupture abusive, a essentiellement énoncé que l'intéressé ne pouvait se fonder sur la lettre de l'inspecteur du travail selon laquelle « le congé de formation (...) devait être accordé par l'employeur » dès lors que l'« arbitrage » de cette autorité administrative ne s'imposait pas aux parties, sans rechercher si l'absence du salarié était de nature à entraîner pour la société des conséquences préjudiciables à la production et à la marche de l'entreprise, ce qui eût seul pu justifier le refus du congé-formation (cass. soc. 7 novembre 1989, n° 87-41.219, BC V n° 649).

• Les absences d'une salariée pendant la période de reprise d'activité entre deux périodes de formation au titre d'un congé individuel de formation de trois ans accepté par la société ayant fait l'objet d'une information préalable de l'employeur et étant justifiées par des motifs liés au bon déroulement de ladite formation, il en résultait que l'employeur ne pouvait s'y opposer et que le licenciement était dépourvu de cause réelle et sérieuse. Le licenciement ayant mis un terme à la prise en charge financière du congé par le Fonds de gestion du congé individuel de formation (Fongecif), la cour d'appel a souverainement évalué le préjudice en résultant (cass. soc. 9 avril 1998, n° 96-40.259).

• Une salariée ne commet pas une faute en poursuivant un stage de formation que son employeur l'avait autorisée à suivre, peu important le refus de l'organisme paritaire d'en supporter la charge financière (cass. soc. 19 juillet 1994, n° 91-42.667, *RJS* 10/94 n° 1163).

Art. L. 6322-7. Dans les établissements de deux cents salariés et plus, lorsque plusieurs salariés remplissant les conditions requises demandent un congé individuel de formation, l'autorisation accordée à certaines demandes peut être différée afin que le pourcentage de salariés simultanément absents au titre de ce congé ne dépasse pas 2 % de l'effectif total de cet établissement.

Art. L. 6322-8. Dans les établissements de moins de deux cents salariés, l'autorisation accordée à la demande individuelle de formation peut être différée si le nombre d'heures de congé demandées dépasse 2 % du nombre total des heures accomplies dans l'année.

Toutefois, le nombre d'heures de congé auxquelles un salarié a droit peut être sur sa demande reporté d'une année sur l'autre, sans que le cumul des reports puisse dépasser quatre ans.

Art. L. 6322-9. Dans les entreprises de moins de dix salariés, l'autorisation accordée à la demande de congé individuel de formation peut être différée lorsqu'elle aboutit à l'absence simultanée, au titre du congé individuel de formation, d'au moins deux salariés de l'entreprise.

Note Cet article (L. 931-4, al. 3 ancien CT) n'exclut pas l'application de l'alinéa 1er [L. 6322-8, al. 1 CT], lequel concerne tous les établissements de moins de 200 salariés, mais prévoit un cas supplémentaire de report du départ en congé de formation (CA Dijon 2 novembre 1994, SARL Les Harmoniales c/ Chaussade, *RJS* 4/95 n° 406).

Art. L. 6322-10. Les congés de formation pour les salariés de vingt-cinq ans et moins prévus à l'article L. 6322-59 ne sont pas pris en compte pour le calcul des pourcentages fixés aux articles L. 6322-7 et L. 6322-8.

Art. L. 6322-11. Pour les salariés des entreprises qui ne relèvent pas d'un accord conclu en ce domaine entre organisations professionnelles d'employeurs et organisations syndicales de salariés représentatives sur le plan national, un décret en Conseil d'État détermine notamment :

1° Les conditions et les délais de présentation de la demande de congé individuel de formation à l'employeur en fonction de la durée de la formation ainsi que les délais de réponse motivée de l'employeur ;

2° Les conditions dans lesquelles l'employeur peut, le cas échéant, différer le congé en raison des nécessités propres de son entreprise ou de son exploitation ;

3° Les règles selon lesquelles est déterminée, pour un salarié, la périodicité des congés auxquels il peut prétendre en application du présent titre et du livre IV relatif à la validation des acquis de l'expérience, compte non tenu des congés dont il a pu bénéficier antérieurement par application de l'article L. 6322-59.

[Dispositions réglementaires]

Demande de congés

Art. R. 6322-3. La demande de congé individuel de formation est adressée par écrit, au plus tard cent vingt jours à l'avance lorsqu'elle comporte une interruption continue de travail d'au moins six mois.

Elle est formulée au plus tard soixante jours à l'avance lorsqu'elle concerne :

1° La participation à un stage, une activité d'enseignement ou une activité de recherche et d'innovation d'une durée inférieure à six mois ;

2° La participation à un stage, une activité d'enseignement ou une activité de recherche et d'innovation à temps partiel ;

3° Le passage ou la préparation d'un examen.

Art. R. 6322-4. La demande de congé individuel de formation indique :

1° Soit la date du début du stage, de l'activité d'enseignement ou de l'activité de recherche et d'innovation, la désignation et la durée de celui-ci ainsi que le nom de l'organisme qui en est responsable ;

2° Soit l'intitulé et la date de l'examen concerné. Dans ce cas, un certificat d'inscription est joint à la demande.

Art. R. 6322-5. Dans les trente jours suivant la réception de la demande de congé individuel de formation, l'employeur informe l'intéressé de sa réponse.

Il indique les raisons motivant le rejet ou le report de la demande.

Art. R. 6322-6. Les demandes de congé individuel de formation qui ne peuvent être satisfaites intégralement du fait des dispositions des articles L. 6322-7 à L. 6322-9 ou des articles L. 6322-54 à L. 6322-56 et L. 6322-58 sont retenues suivant l'ordre de priorité suivant :

1° Demandes présentées pour passer un examen ;

2° Demandes déjà présentées et qui ont été différées ;

3° Demandes formulées par les salariés dont le stage, l'activité d'enseignement ou l'activité de recherche et d'innovation a dû être interrompu pour des motifs reconnus valables, après avis du comité d'entreprise ou, à défaut, des délégués du personnel ;

4° Demandes formulées par les salariés ayant le plus d'ancienneté dans l'entreprise.

Art. R. 6322-7. La durée pendant laquelle le congé individuel de formation peut être différé, en raison de conséquences préjudiciables au travail et à la marche de l'entreprise, ne peut excéder neuf mois.

Obligations du bénéficiaire

Art. R. 6322-8. Le bénéficiaire du congé individuel de formation remet à l'employeur une attestation de présence effective du stage à la fin de chaque mois et au moment de la reprise du travail.

Le salarié qui, sans motif légitime, cesse de fréquenter le stage, perd le bénéfice du congé.

Art. R. 6322-9. Lorsque le congé individuel de formation est accordé en vue de passer un examen, le bénéficiaire fournit à l'entreprise une attestation de présence aux examens.

Lorsque, sans motif valable, le salarié ne peut produire cette attestation, il perd le bénéfice du maintien de la rémunération prévue à l'article L. 6322-19.

Nouvelles demandes de congés

Art. R. 6322-10. Le salarié ayant bénéficié d'un congé individuel de formation pris en charge par un organisme collecteur paritaire agréé, dans les conditions prévues à l'article L. 6322-17, ne peut prétendre, dans la même entreprise, au bénéfice d'un nouveau congé individuel de formation avant un délai dont la durée, exprimée en mois, est égale au douzième de la durée, exprimée en heures, du congé individuel de formation précédemment suivi.

Ce délai ne peut être inférieur à six mois ni supérieur à six ans.

Art. R. 6322-11. Au cours d'une même année civile, les salariés peuvent prétendre au bénéfice de plusieurs congés individuels de formation pour passer un examen en vue de l'obtention des titres ou diplômes définis à l'article L. 6322-3.

La durée de ces congés ne peut dépasser par année vingt-quatre heures de temps de travail.

La durée totale de ces congés n'est pas prise en compte pour le calcul du délai prévu à l'article R. 6322-10.

Sous-section 3. Durée du congé

Art. L. 6322-12. La durée du congé individuel de formation correspond à la durée du stage, sans pouvoir excéder :

1° Un an lorsqu'il s'agit d'un stage continu à temps plein ;

2° 1 200 heures lorsqu'il s'agit de stages constituant un cycle pédagogique comportant des enseignements discontinus ou à temps partiel.

Ces dispositions ne font pas obstacle à la conclusion d'accords stipulant des durées plus longues pour les congés.

Note La durée d'un an s'entend d'une année calendaire et non du cumul de 365 jours ouvrables répartis sur plusieurs années (CA Dijon 2 novembre 1994, *RJS* 4/95 n° 406).

Art. L. 6322-13. La durée du congé individuel de formation ne peut être imputée sur la durée du congé payé annuel.

Ce congé est assimilé à une période de travail :

1° Pour la détermination des droits des intéressés en matière de congé payé annuel ;

2° À l'égard des droits que le salarié tient de son ancienneté dans l'entreprise.

Note Le congé de formation étant assimilé à une période de travail effectif pour la détermination des droits en matière de congés annuels (cass. soc. 1er juillet 2009, n° 07-43.088, Henninger c/ Sté d'équipement de la région mulhousienne), l'indemnité compensatrice de congés payés est due jusqu'à la rupture du contrat de travail résultant de la non-réintégration dans l'entreprise à l'issue du stage de formation (cass. soc. 10 avril 1986, n° 84-40.324, BC V n° 131 ; *JS* 1986 SJ 115).

Sous-section 4. Conditions de prise en charge et rémunération

Art. L. 6322-14. Un accord national interprofessionnel ou une convention de branche ou un accord professionnel lorsque la profession n'entre pas dans le champ d'application d'un accord interprofessionnel étendu, détermine :

1° Les règles de prise en charge des dépenses afférentes au congé individuel de formation par les organismes collecteurs paritaires agréés à ce titre ;

2° Le montant de la rémunération due aux salariés pendant la durée du congé individuel de formation ainsi que les modalités de versement de cette rémunération ;

3° La composition et la compétence de l'instance nationale paritaire chargée d'appliquer l'accord ou la convention, notamment de définir les catégories d'actions ou de publics considérés comme prioritaires et les critères relatifs à l'ordre de satisfaction des demandes.

Art. L. 6322-15. L'extension de l'accord ou de la convention mentionné à l'article L. 6322-14 est subordonnée au respect des dispositions du premier alinéa de l'article L. 6322-20 et de l'article L. 6322-22.

Art. L. 6322-16. En l'absence de l'accord ou de la convention prévu à l'article L. 6322-14, les dispositions des articles L. 6322-17, L. 6322-18 et L. 6322-20 à L. 6322-22 sont applicables.

Art. L. 6322-17. Le salarié bénéficiaire d'un congé individuel de formation a droit, dès lors qu'il a obtenu l'accord de l'organisme collecteur paritaire agréé pour la prise en charge de sa formation, à une rémunération.

Celle-ci est égale à un pourcentage, déterminé par décret, du salaire qu'il aurait perçu s'il était resté à son poste de travail, sauf dispositions conventionnelles plus favorables concernant les salariés à temps partiel et prévues dans le cadre d'un accord national interprofessionnel étendu ou d'une convention ou d'un accord collectif de branche étendu.

Toutefois, l'application de ce pourcentage ne doit pas conduire à l'attribution d'une rémunération inférieure à un montant déterminé par décret ou au salaire antérieur lorsqu'il est lui-même inférieur à ce montant. Ce décret peut déterminer les cas et les conditions dans lesquels la rémunération versée à un salarié en congé individuel de formation est ou non plafonnée.

Note Voir décret 84-613 du 16 juillet 1984 notamment modifié par décret 92-959 du 3 septembre 1992 (JO 9).

Art. L. 6322-18. L'organisme collecteur paritaire agréé ne peut refuser de prendre en charge le bénéficiaire du congé individuel de formation que lorsque sa demande n'est pas susceptible de se rattacher à une action de formation au sens de l'article L. 6313-1 ou lorsque les demandes de prise en charge présentées à l'organisme paritaire ne peuvent être toutes simultanément satisfaites.

Note Il n'appartient pas à l'administration de s'immiscer dans le fonctionnement du FONGECIF et du COPACIF ni d'interférer dans leurs décisions de prise en charge qui relèvent, au contentieux, des tribunaux de l'ordre judiciaire (rép. QE 37167, JO AN 21 février 2000, p. 1169).

Art. L. 6322-19. Pendant la durée du congé pour examen, accordé au titre de l'article L. 6322-3, la rémunération antérieure est intégralement maintenue quel que soit son montant.

Art. L. 6322-20. La rémunération due au bénéficiaire d'un congé individuel de formation est versée par l'employeur. Celui-ci est remboursé par l'organisme paritaire agréé.

Cet organisme supporte, en outre, tout ou partie des charges correspondant au stage suivi par le bénéficiaire du congé, conformément aux règles qui régissent les conditions de son intervention.

Note Sauf dispositions conventionnelles plus favorables, l'employeur n'est pas tenu de prendre en charge les frais de transport et d'hébergement afférents au stage du salarié bénéficiaire d'un congé individuel de formation (cass. soc. 14 janvier 2003, n° 00-43.879, BC V n° 7 ; *D.* 2003, 1661, obs. Giraudet).

Art. L. 6322-21. La demande de prise en charge du salarié bénéficiaire d'un congé individuel de formation est adressée à l'organisme paritaire agréé auquel l'employeur verse la contribution destinée au financement de ce congé.

Pour les salariés des entreprises non assujetties à l'obligation de financement des actions de formation définie à l'article L. 6331-9, l'organisme compétent est celui de la branche professionnelle ou du secteur d'activité dont relève l'entreprise ou, s'il n'existe pas, l'organisme interprofessionnel régional.

Art. L. 6322-22. Les dispositions des articles L. 6322-17 à L. 6322-21 sont applicables sans qu'il y ait à distinguer selon que l'employeur est ou non soumis à l'obligation de participation au financement des actions de formation définie à l'article L. 6331-9.

Art. L. 6322-23. La participation financière des régions et de l'État à la rémunération des bénéficiaires d'un congé individuel de formation, susceptible d'être accordée en application des articles L. 6121-3 et L. 6122-2 tient compte :

1° De l'effort accompli par l'organisme paritaire agréé pour accroître le nombre de prises en charge de bénéficiaires du congé individuel de formation ;

2° De la durée des congés effectivement pris en charge ;

3° De la situation financière de l'organisme ;

4° Du niveau et de la valeur des qualifications proposées ;

5° De la part des ressources que l'organisme consacre à la formation de salariés relevant d'employeurs non soumis à l'obligation de participation au financement des actions de formation définies à l'article L. 6331-9 ;

6° Des dépenses que l'organisme supporte au titre du 3° de l'article L. 6331-11.

Art. L. 6322-24. Un décret en Conseil d'État détermine :

1° Les conditions dans lesquelles les organismes collecteurs paritaires agréés sont admis à déclarer prioritaires certaines catégories d'actions ou de publics ;

2° Les modalités suivant lesquelles les salariés qui n'ont pas obtenu l'accord pour la prise en charge de leur formation peuvent faire réexaminer leur demande par l'organisme paritaire agréé.

Note Sur une formation de droit suivie par un salarié musicien dans le cadre d'un congé individuel de formation ne pouvant être considérée comme une formation prioritaire, voir CA Paris 20 octobre 1995, 4e ch. B, Tessereau c/ AFDAS, *RJS* 12/95 n° 1265.

Art. R. 6322-12. En l'absence de l'accord ou de la convention prévu à l'article L. 6322-14, lorsque les demandes de prise en charge présentées aux organismes collecteurs paritaires agréés par les salariés bénéficiaires d'un congé individuel de formation ne peuvent être simultanément satisfaites, ces organismes sont admis à déclarer prioritaires les demandes émanant de certaines catégories d'actions ou de publics, dès lors que les conditions suivantes ont été respectées :

1° Détermination de priorités, en tenant compte des listes de priorités établies selon le cas par les commissions paritaires professionnelles ou interprofessionnelles de l'emploi compétentes, selon, notamment :

a) La nature des formations ;

b) La catégorie professionnelle des demandeurs ;

c) La taille de l'entreprise qui les emploie ;

2° Répartition prévisionnelle des crédits entre les actions ou catégories reconnues prioritaires et les actions ou catégories non prioritaires ;

3° Information des employeurs et des salariés sur les priorités et la répartition mentionnées aux 1° et 2°.

Art. R. 6322-13. Les priorités et la répartition prévues à l'article R. 6322-12 sont définies annuellement. Elles peuvent être modifiées ou reconduites d'année en année.

Toutefois, la part des crédits réservés à des formations répondant à des conditions fixées par décret ne peut être inférieure à 40 % des ressources de l'organisme collecteur paritaire agréé. Le pourcentage des crédits affectés à l'ensemble des interventions prioritaires ne peut atteindre 100 % des ressources.

Art. R. 6322-14. Lorsque des priorités ont été définies conformément aux dispositions des articles R. 6322-12 et R. 6322-13, les demandes se rattachant à ces priorités sont satisfaites dans l'ordre de leur réception ainsi que dans la limite des crédits réservés à leur financement.

Les demandes ne se rattachant pas à ces priorités sont satisfaites dans l'ordre de leur réception, dans la limite des crédits réservés à leur financement.

En l'absence de définition de priorités, les demandes sont satisfaites dans l'ordre de leur réception.

Art. R. 6322-15. L'organisme collecteur paritaire agréé qui rejette en tout ou partie une demande de prise en charge informe le salarié des raisons motivant le rejet. Il l'informe également de sa possibilité de déposer un recours gracieux.

Art. R. 6322-16. Le recours gracieux contre la décision de l'organisme collecteur paritaire agréé lui est adressé dans un délai de deux mois à compter de la date d'envoi de la notification du rejet.

Il est examiné par une instance paritaire de recours créée au sein de l'organisme par son conseil d'administration.

L'organisme détermine les conditions dans lesquelles il délègue à cette instance le pouvoir de se prononcer sur les recours au nom du conseil d'administration.

Art. R. 6322-17. La décision prise sur le recours gracieux est notifiée au salarié. En cas de confirmation du rejet, elle est motivée.

Art. R. 6322-18. Les organismes collecteurs paritaires agréés adressent chaque année au ministre chargé de la formation professionnelle et, s'il y a lieu, au préfet de région, un compte rendu portant sur :

1° Les demandes de prise en charge des congés individuels de formation dont ils sont saisis ;
2° Les conditions dans lesquelles ils ont satisfait ces demandes compte tenu des priorités qu'ils ont éventuellement définies ;
3° Le volume des demandes qu'ils n'ont pas pu satisfaire et les raisons de cette situation.

Art. R. 6322-19. Le ministre chargé de la formation professionnelle transmet le compte rendu prévu à l'article R. 6322-18 au Conseil national de la formation professionnelle tout au long de la vie.

Lorsqu'il en est destinataire, le préfet de région le transmet au comité de coordination régional de l'emploi et de la formation professionnelle.

Sous-section 5. Salariés titulaires de contrats à durée déterminée ou de contrats nouvelles embauches

§ 1. Conditions d'ancienneté

Art. L. 6322-25. Sans préjudice des dispositions de la présente section, toute personne qui, au cours de sa vie professionnelle, a été titulaire d'un contrat de travail à durée déterminée a droit à un congé individuel de formation.

Note Sur le bénéfice de ce congé formation lorsque le salarié mène deux activités professionnelles simultanées, l'une sous contrat à durée indéterminée, l'autre sous contrat à durée déterminée, voir rép. QE 24185, JO AN 13 novembre 1995, p. 4836.

[**Art. L. 6322-26.** Abrogé par loi 2008-596 du 25 juin 2008, art. 9, JO 26.]

Art. L. 6322-27. L'ouverture du droit au congé individuel de formation est subordonnée pour les intéressés à des conditions minimales d'ancienneté déterminées par décret en Conseil d'État.

Les durées d'ancienneté sont prises en compte selon des modalités déterminées par décret.

Note Voir décret 91-205 du 25 février 1991, art. 1er (JO 27).

Art. R. 6322-20. En application de l'article L. 6322-27, pour bénéficier du congé individuel de formation, le salarié justifie des conditions d'ancienneté suivantes :

1° Vingt-quatre mois, consécutifs ou non, en qualité de salarié, quelle qu'ait été la nature des contrats successifs, au cours des cinq dernières années ;

2° Dont quatre mois, consécutifs ou non, sous contrat de travail à durée déterminée, au cours des douze derniers mois.

Art. D. 6322-21. Ne peut être prise en compte pour le calcul des quatre mois mentionnés au 2° de l'article R. 6322-20, l'ancienneté acquise au titre :

1° Des contrats d'accompagnement dans l'emploi ;

2° Des contrats d'avenir ;

3° Des contrats d'apprentissage ;

4° Des contrats de professionnalisation ;

5° Des contrats conclus avec des jeunes au cours de leur cursus scolaire ou universitaire ;

6° Des contrats de travail à durée déterminée qui se poursuivent par des contrats à durée indéterminée.

Art. L. 6322-28. Une convention ou un accord collectif étendu peut fixer des conditions d'ancienneté ouvrant droit au congé individuel de formation inférieures à celles prévues par le décret en Conseil d'État mentionné à l'article L. 6322-27.

§ 2. Période de prise du congé

Art. L. 6322-29. Le congé individuel de formation, qui correspond à la durée de l'action de formation, se déroule en dehors de la période d'exécution du contrat de travail à durée déterminée. L'action de formation débute au plus tard douze mois après le terme du contrat.

Toutefois, à la demande du salarié, la formation peut être suivie, après accord de l'employeur, en tout ou partie avant le terme du contrat de travail.

Dans les mêmes conditions, le congé individuel ayant pour objet de préparer et passer un examen pour l'obtention d'un titre ou diplôme au sens du II de l'article L. 335-6 du code de l'éducation peut être accordé avant le terme du contrat de travail.

§ 3. Conditions de prise en charge et rémunération

Art. L. 6322-30. Les dépenses liées à la réalisation du congé individuel de formation sont prises en charge par l'organisme collecteur paritaire agréé à ce titre dont relève l'entreprise dans laquelle a été exécuté son dernier contrat de travail à durée déterminée.

Cet organisme vérifie si les conditions d'ouverture du droit au congé individuel de formation prévues aux articles L. 6322-27 et L. 6322-28 sont réunies.

Art. L. 6322-31. L'organisme collecteur paritaire agréé ne peut refuser de prendre en charge le bénéficiaire du congé individuel de formation que lorsque sa demande n'est pas susceptible de se rattacher à une action de formation au sens de l'article L. 6313-1 ou lorsque les demandes de prise en charge qui lui ont été présentées ne peuvent être toutes simultanément satisfaites.

Art. L. 6322-32. L'organisme paritaire définit des priorités et des critères de prise en charge de nature à privilégier les formations permettant aux intéressés :

1° Soit d'accéder à un niveau supérieur de qualification ;

2° Soit de changer d'activité ou de profession ;

3° Soit d'entretenir leurs connaissances.

Art. L. 6322-33. En l'absence de l'accord ou de la convention prévus à l'article L. 6322-14, un décret en Conseil d'État détermine les conditions dans lesquelles les organismes collecteurs paritaires agréés sont admis à déclarer prioritaires certaines catégories d'actions ou de publics.

Art. R. 6322-22. Lorsque les demandes de prise en charge présentées par les salariés bénéficiaires d'un congé individuel de formation aux organismes collecteurs paritaires agréés ne peuvent être simultanément satisfaites et en l'absence de l'accord ou de la convention prévu à l'article L. 6322-14, ces organismes définissent chaque année des priorités en tenant compte :

1° Des listes de catégories d'actions de formation ou de publics établies par les commissions paritaires professionnelles ou interprofessionnelles de l'emploi compétentes ;

2° De la qualification professionnelle des demandeurs, compte tenu de l'évolution de leur emploi et des besoins exprimés par les entreprises ;

3° De la nature des actions de formation, en privilégiant l'objectif de l'insertion dans un emploi durable, notamment par l'acquisition d'un niveau supérieur de qualification ou l'obtention d'une qualification différente, en vue d'un changement d'activité ou de profession.

Art. R. 6322-23. La part des crédits réservés aux priorités prévues à l'article R. 6322-22 ne peut être inférieure à 40 % des ressources de la section particulière de l'organisme collecteur paritaire agréé.

Art. R. 6322-24. Lorsque des priorités ont été définies conformément aux dispositions de l'article R. 6322-22, les demandes se rattachant à ces priorités sont satisfaites dans l'ordre de leur réception ainsi que dans la limite des crédits qui leur sont affectés.

Les demandes ne se rattachant pas à ces priorités sont satisfaites dans l'ordre de leur réception, dans la limite des crédits réservés à leur financement.

En l'absence de définition de priorités, les demandes sont satisfaites dans l'ordre de leur réception.

Art. R. 6322-25. Les organismes collecteurs paritaires agréés informent les salariés sur les priorités et l'échéancier d'examen des demandes de prise en charge ainsi que sur les crédits affectés à ces priorités.

Art. R. 6322-26. Le recours gracieux contre une décision de rejet de demande de prise en charge par un organisme collecteur paritaire agréé, prévu à l'article R. 6322-15, s'applique au salarié titulaire d'un contrat de travail à durée déterminée.

Art. R. 6322-27. Outre les obligations auxquelles ils sont tenus, en application des articles R. 6332-30 à R. 6332-34, les organismes collecteurs paritaire[s] agréés adressent chaque année au ministre chargé de la formation professionnelle et, s'il y a lieu, au préfet de région les renseignements statistiques et financiers permettant de suivre le fonctionnement de la section particulière mentionnée à l'article D. 6322-28.

À cette fin, l'état mentionné à l'article R. 6332-30 est complété conformément à un modèle établi par arrêté conjoint des ministres chargés de la formation professionnelle et du budget.

Les organismes collecteurs fournissent pour cette section particulière les informations mentionnées à l'article R. 6322-18.

Art. L. 6322-34. Le bénéficiaire du congé individuel de formation a droit à une rémunération versée par l'organisme collecteur paritaire agréé dont le montant est égal à un pourcentage du salaire moyen perçu au cours des quatre derniers mois sous contrats de travail à durée déterminée autres que les contrats déterminés par voie réglementaire.

En l'absence de l'accord ou de la convention prévus à l'article L. 6322-14, ce pourcentage est déterminé par décret.

Note Voir décret 91-205 du 25 février 1991 (JO 27).

Art. L. 6322-35. L'organisme collecteur paritaire agréé assure la prise en charge de tout ou partie des dépenses afférentes au congé individuel de formation conformément aux règles qui régissent les conditions de son intervention.

Art. L. 6322-36. Pendant la durée de son congé individuel de formation, le travailleur est considéré comme stagiaire de la formation professionnelle.

Il bénéficie du maintien de la protection sociale qui lui était assurée lorsqu'il était titulaire d'un contrat de travail à durée déterminée, en matière de sécurité sociale, d'assurance chômage et de retraite complémentaire.

L'organisme collecteur paritaire agréé verse aux régimes concernés les cotisations sociales afférentes à ces garanties.

§ 4. Financement du congé

Art. L. 6322-37. Pour financer le congé individuel de formation, les entreprises ou établissements, qu'ils soient ou non soumis à l'obligation définie à l'article L. 6331-9, font à l'organisme collecteur paritaire agréé un versement dont le montant est égal à 1 % du montant des rémunérations versées aux titulaires d'un contrat à durée déterminée pendant l'année en cours.

Le montant de ces rémunérations s'entend au sens des règles prévues aux chapitres premier et II du titre IV du livre II du code de la sécurité sociale, ou aux titres IV, V et VI du livre VII du code rural ***(Ord. 2010-462 du 6 mai 2010, JO 7)*** « et de la pêche maritime », pour les employeurs de salariés mentionnés à l'article L. 722-20 de ce code.

Les contrats déterminés par voie réglementaire et ceux mentionnés à l'article L. 6321-13 ne donnent pas lieu à ce versement.

Art. D. 6322-28. Les sommes versées au titre du financement du congé individuel de formation, en application de l'article L. 6322-37, sont mutualisées au sein d'une section particulière de l'organisme collecteur paritaire agréé.

(D. 2009-289 du 13 mars 2009, JO 15) « Les contrats mentionnés à l'article D. 6322-21 ne donnent pas lieu à ce versement. »

Art. L. 6322-38. Un décret détermine les modalités de paiement du versement, distinct de tous les autres, auquel les entreprises sont tenues pour la formation par des dispositions légales ou des stipulations contractuelles.

Art. D. 6322-29. Le paiement du versement au titre du financement du congé individuel de formation est opéré avant le 1er mars de l'année suivant celle au titre de laquelle il est dû.

Art. L. 6322-39. Lorsque le contrat à durée déterminée s'est poursuivi par un contrat à durée indéterminée, le versement n'est pas dû. Lorsqu'un tel versement a été opéré, ses modalités de restitution par l'organisme paritaire agréé sont fixées par décret.

Art. D. 6322-30. Pour obtenir la restitution prévue à l'article L. 6322-39, l'employeur adresse à l'organisme collecteur paritaire agréé une demande de remboursement. Cette demande est accompagnée des copies des deux contrats successifs qu'il a signés avec le salarié.

La demande est adressée dans un délai de six mois à compter de la date de conclusion du contrat de travail à durée indéterminée.

Art. D. 6322-31. L'organisme collecteur paritaire agréé procède à la restitution dans un délai maximum de trois mois à compter de la réception de la demande écrite de l'employeur.

La restitution est réalisée sur les fonds qu'il détient au titre de la section particulière prévue à l'article D. 6322-28.

Art. L. 6322-40. Lorsqu'un employeur n'a pas opéré le versement selon les modalités prévues à l'article L. 6322-38 ou a opéré un versement d'un montant insuffisant, le montant de son obligation est majoré de l'insuffisance constatée. L'employeur verse au Trésor public un montant égal à la différence constatée entre sa participation ainsi majorée au financement de la formation professionnelle continue et son versement à l'organisme collecteur.

Art. L. 6322-41. Les dispositions du deuxième alinéa de l'article L. 6331-28 et du quatrième alinéa L. 6331-31 s'appliquent à l'obligation prévue au présent paragraphe.

Sous-section 6. **Affectation des fonds collectés au titre du congé individuel de formation**

Art. L. 6322-41-1. Pour les salariés mentionnés à l'article L. 722-20 du code rural ***(Ord. 2010-462 du 6 mai 2010, JO 7)*** « et de la pêche maritime » ainsi que pour les salariés du tourisme, les sommes collectées au titre de la présente section peuvent, par accord de branche étendu, être utilisées indifféremment au bénéfice des salariés titulaires d'un contrat de travail à durée indéterminée ou d'un contrat de travail à durée déterminée, dans la limite de 15 % des montants prélevés au titre d'une des deux collectes.

SECTION 2. Congé de bilan de compétences

Sous-section 1. Conditions d'ancienneté

Art. L. 6322-42. Le salarié a droit, sur demande adressée à son employeur, à un congé pour réaliser le bilan de compétences mentionné au 10° de l'article L. 6313-1.

Pour bénéficier de ce congé, le salarié doit justifier d'une ancienneté en qualité de salarié d'au moins cinq ans, consécutifs ou non, quelle qu'ait été la nature des contrats de travail successifs, dont douze mois dans l'entreprise.

Art. L. 6322-43. Les personnes qui ont été titulaires de contrats à durée déterminée ont droit au congé de bilan de compétences.

Toutefois, les conditions d'ancienneté sont celles fixées par les articles L. 6322-27 et L. 6322-28. Les conditions de rémunération sont celles prévues par l'article L. 6322-34.

Sous-section 2. Durée du congé

Art. L. 6322-44. La durée du congé de bilan de compétences ne peut excéder vingt-quatre heures de temps de travail, consécutives ou non, par bilan.

Art. L. 6322-45. Le congé de bilan de compétences n'interrompt pas le délai de franchise séparant deux congés individuels de formation, prévu au 3° de l'article L. 6322-11.

Art. L. 6322-46. La durée du congé de bilan de compétences ne peut être imputée sur la durée du congé payé prévu à l'article L. 3141-1.

Ce congé est assimilé à une période de travail :

1° Pour la détermination des droits des intéressés en matière de congé payé annuel ;

2° À l'égard des droits que le salarié tient de son ancienneté dans l'entreprise.

Sous-section 3. Conditions de prise en charge et rémunération

Art. L. 6322-47. Le salarié bénéficiaire d'un congé de bilan de compétences peut présenter une demande de prise en charge des dépenses afférentes à ce congé à l'organisme collecteur paritaire agréé au titre du congé individuel de formation pour les entreprises de dix salariés et plus auquel l'employeur verse sa contribution au titre de ce congé.

Pour les salariés des entreprises non assujetties à l'obligation de financement du congé individuel de formation, l'organisme collecteur compétent est celui de la branche professionnelle ou du secteur d'activité dont relève l'entreprise ou, s'il n'existe pas, l'organisme interprofessionnel régional.

Art. L. 6322-48. L'organisme collecteur paritaire agréé peut refuser de prendre en charge le bénéficiaire du congé uniquement lorsque sa demande n'est pas susceptible de se rattacher à une action permettant de réaliser le bilan de compétences, lorsque les demandes de prise en charge ne peuvent être toutes simultanément satisfaites ou lorsque l'organisme chargé de la réalisation de ce bilan de compétences ne figure pas sur la liste arrêtée par l'organisme collecteur.

Art. L. 6322-49. Le salarié dont le bilan de compétences est pris en charge par un organisme collecteur paritaire agréé a droit à une rémunération égale à celle qu'il aurait perçue s'il était resté à son poste de travail, dans la limite par bilan de compétences d'une durée déterminée par décret en Conseil d'État.

La rémunération due au bénéficiaire d'un congé de bilan de compétences est versée par l'employeur. Celui-ci est remboursé par l'organisme paritaire agréé.

Art. L. 6322-50. L'organisme collecteur paritaire agréé assure la prise en charge de tout ou partie des dépenses afférentes au congé bilan de compétences conformément aux règles qui régissent les conditions de son intervention.

Sous-section 4. Financement du congé

Art. L. 6322-51. Les versements prévus à l'article L. 6322-37 pour le financement du congé individuel de formation contribuent également au financement du congé de bilan de compétences.

Sous-section 5. Dispositions d'application

Art. L. 6322-52. Un décret en Conseil d'État détermine les conditions d'application de la présente section.

[Dispositions réglementaires]

SECTION 2. Congé de bilan de compétences

Sous-section 1. Convention tripartite

Art. R. 6322-32. Un bilan de compétences, lorsqu'il est accompli dans le cadre d'un congé de bilan de compétences, ne peut être réalisé qu'après conclusion d'une convention tripartite entre :

1° Le salarié ;

2° L'organisme prestataire de bilans de compétences ;

3° L'organisme collecteur paritaire agréé au titre du congé individuel de formation mentionné à l'article L. 6331-10 lorsque le bilan de compétences est accompli dans le cadre du congé de bilan de compétences.

Art. R. 6322-33. La convention tripartite est établie conformément à des conventions types définies par un arrêté du ministre chargé de la formation professionnelle. Cet arrêté rappelle aux signataires les principales obligations qui leur incombent.

Note Voir arrêté du 27 octobre 1992 (JO 28 nov.) définissant les conventions types pour la réalisation d'un bilan de compétences.

Art. R. 6322-34. Lorsqu'il demande le consentement du salarié pour la réalisation du bilan de compétences, l'employeur lui présente la convention tripartite complétée.

Le salarié dispose d'un délai de dix jours pour signifier son acceptation en restituant à l'employeur la convention sur laquelle il appose sa signature précédée de la mention « lu et approuvé ».

L'absence de réponse du salarié dans ce délai vaut refus.

Sous-section 2. Contenu et déroulement du bilan

Art. R. 6322-35. Le bilan de compétences comprend, sous la conduite du prestataire, les trois phases suivantes :

1° Une phase préliminaire qui a pour objet :

a) De confirmer l'engagement du bénéficiaire dans sa démarche ;

b) De définir et d'analyser la nature de ses besoins ;

c) De l'informer des conditions de déroulement du bilan, ainsi que des méthodes et techniques mises en œuvre ;

2° Une phase d'investigation permettant au bénéficiaire :

a) D'analyser ses motivations et intérêts professionnels et personnels ;

b) D'identifier ses compétences et aptitudes professionnelles et personnelles et, le cas échéant, d'évaluer ses connaissances générales ;

c) De déterminer ses possibilités d'évolution professionnelle ;

3° Une phase de conclusions qui, par la voie d'entretiens personnalisés, permet au bénéficiaire :

a) De prendre connaissance des résultats détaillés de la phase d'investigation ;

b) De recenser les facteurs susceptibles de favoriser ou non la réalisation d'un projet professionnel et, le cas échéant, d'un projet de formation ;

c) De prévoir les principales étapes de la mise en œuvre de ce projet.

Art. R. 6322-36. Les actions du bilan de compétences sont menées de façon individuelle.

Toutefois, certaines actions conduites dans la phase d'investigation peuvent l'être de façon collective, à condition qu'il ne soit pas porté atteinte au respect de la vie privée des bénéficiaires.

Art. R. 6322-37. La phase de conclusions du bilan de compétences, prévue au 3° de l'article R. 6322-35, se termine par la présentation au bénéficiaire du document de synthèse prévu au troisième alinéa de l'article L. 6313-10.

L'organisme prestataire communique également au bénéficiaire, au terme du bilan de compétences, les conclusions détaillées du bilan.

Art. R. 6322-38. Le document de synthèse est élaboré pendant la phase de conclusions du bilan de compétences. Il comporte les indications suivantes :

1° Circonstances du bilan ;

2° Compétences et aptitudes du bénéficiaire au regard des perspectives d'évolution envisagées ;

3° Le cas échéant, éléments constitutifs du projet professionnel et éventuellement du projet de formation du bénéficiaire et principales étapes prévues pour la réalisation de ce projet.

Art. R. 6322-39. Le document de synthèse est établi par l'organisme prestataire, sous sa seule responsabilité.

Il est soumis au bénéficiaire pour d'éventuelles observations.

Sous-section 3. **Conditions d'ouverture et de mise en œuvre du congé**

Art. R. 6322-40. La demande d'autorisation d'absence au titre du congé de bilan de compétences indique les dates et la durée du bilan, ainsi que la dénomination de l'organisme prestataire choisi par le salarié.

Cette demande est transmise à l'employeur au plus tard soixante jours avant le début du bilan.

Art. R. 6322-41. Dans les trente jours suivant la réception de la demande de congé de bilan de compétences, l'employeur informe l'intéressé de son accord ou les raisons de service motivant le report de l'autorisation d'absence. Ce report ne peut excéder six mois.

Art. R. 6322-42. Le salarié ayant bénéficié d'une autorisation d'absence pour accomplir un bilan de compétences ne peut prétendre, dans la même entreprise, au bénéfice d'une nouvelle autorisation d'absence dans le même but avant cinq ans.

Sous-section 4. **Conditions de prise en charge du congé de bilan de compétences et rémunération**

§ 1. Conditions de prise en charge

Art. R. 6322-43. Lorsque les demandes de prise en charge de congés pour bilan de compétences présentées aux organismes collecteurs paritaires agréés par les bénéficiaires d'un congé de bilan de compétences ne peuvent être simultanément satisfaites, ces organismes sont admis à déclarer prioritaires les demandes émanant de certaines catégories de publics dès lors que les conditions suivantes sont respectées :

1° Détermination de priorités, notamment selon :

a) Soit la catégorie professionnelle des demandeurs ;

b) Soit la taille des entreprises qui les emploient, en tenant compte des listes de priorités établies par les commissions paritaires professionnelles ou interprofessionnelles de l'emploi compétentes ;

2° Répartition des crédits entre les catégories prioritaires et non prioritaires ;

3° Information des employeurs et des demandeurs sur les priorités et la répartition mentionnée aux 1° et 2°.

Art. R. 6322-44. Les priorités prévues à l'article R. 6322-43 sont définies annuellement.

Lorsqu'elles ont été définies, les demandes qui s'y rattachent sont satisfaites dans l'ordre de leur réception ainsi que dans la limite des crédits réservés à leur financement.

Lorsque les demandes ne se rattachent pas à ces priorités ou en l'absence de définition de priorités, les demandes sont satisfaites dans l'ordre de leur réception.

Art. R. 6322-45. L'organisme collecteur paritaire agréé qui rejette en tout ou partie une demande de prise en charge informe le salarié des raisons motivant le rejet. Il l'informe également de sa possibilité de déposer un recours gracieux.

Art. R. 6322-46. Le recours gracieux contre la décision de l'organisme collecteur paritaire agréé lui est adressé dans un délai de deux mois à compter de la date d'envoi de la notification du rejet.

Il est examiné par une instance paritaire de recours créée au sein de l'organisme par son conseil d'administration.

L'organisme détermine les conditions dans lesquelles il délègue à cette instance le pouvoir de se prononcer sur les recours au nom du conseil d'administration.

Art. R. 6322-47. La décision prise sur le recours gracieux est notifiée au salarié. En cas de confirmation du rejet, la décision est motivée.

§ 2. Rémunération

Art. R. 6322-48. Le salarié bénéficiaire d'un congé de bilan de compétences a droit, dès lors qu'il a obtenu d'un organisme collecteur paritaire agréé la prise en charge des dépenses correspondantes à ce congé, à une rémunération égale à celle qu'il aurait perçue s'il était resté à son poste de travail, dans la limite de vingt-quatre heures par bilan de compétences.

Cette rémunération est versée, suivant les cas, dans les conditions prévues à l'article L. 6322-20 ou L. 6322-34.

Sous-section 5. **Financement**

Art. R. 6322-49. L'État et les régions peuvent concourir au financement des dépenses occasionnées par les bilans de compétences.

Art. R. 6322-50. Les dépenses de rémunération engagées par l'employeur sont prises en compte conformément aux dispositions de l'article R. 6331-22.

Sous-section 6. **Obligations de l'organisme prestataire de bilans de compétences et du salarié**

§ 1. Obligations préalables à la réalisation du bilan

Art. R. 6322-51. Les organismes chargés de la réalisation des bilans de compétences pris en charge par les employeurs sont ceux figurant sur la liste mentionnée à l'article L. 6322-48.

Peuvent seuls figurer sur cette liste les organismes qui présentent des garanties suffisantes en ce qui concerne le respect des obligations et conditions prévues par les articles R. 1233-35, R. 6321-2, R. 6322-32, R. 6322-33, R. 6322-35 à R. 6322-39 et R. 6322-56 à R. 6322-61.

Art. R. 6322-52. Les organismes collecteurs paritaires agréés transmettent chaque année au préfet de région la liste des organismes chargés de la réalisation des bilans de compétences qu'ils ont arrêtée.

Art. R. 6322-53. Lorsqu'il apparaît, notamment à la suite d'un contrôle exercé en application de l'article L. 6361-2, qu'un organisme prestataire de bilans de compétences figurant sur la liste méconnaît ou n'est plus en mesure de respecter les conditions et obligations prévues par les articles R. 6322-35 à R. 6322-61, cet organisme est exclu de cette liste.

Cette exclusion est prononcée par l'organisme collecteur paritaire agréé, à la demande du ministre chargé de la formation professionnelle ou du préfet de région.

Art. R. 6322-54. Un employeur peut recourir à un organisme non inscrit sur la liste lorsque cet organisme présente des garanties suffisantes en ce qui concerne le respect des obligations et conditions prévues par les articles R. 6322-35 à R. 6322-61.

Ces garanties sont appréciées par le préfet de région, auquel l'employeur transmet préalablement les informations contenues dans la convention prévue à l'article R. 6322-32.

L'accord du préfet de région est acquis à défaut de décision de refus notifiée à l'employeur dans le mois qui suit la réception du dossier.

Note Cet article a été modifié par le décret 2009-289 du 13 mars 2009 (JO 15).

Art. R. 6322-55. Les dépenses engagées par l'employeur dans le cas prévu à l'article R. 6322-54 au titre de la réalisation du bilan de compétences couvrent les frais afférents à cette réalisation et à la rémunération des bénéficiaires.

§ 2. Obligations durant la réalisation du bilan

Art. R. 6322-56. Les organismes prestataires utilisent, pour réaliser les bilans de compétences, des méthodes et des techniques fiables, mises en œuvre par des personnels qualifiés, dans le respect des dispositions des articles mentionnés au second alinéa de l'article R. 6322-51.

Art. R. 6322-57. Les entreprises ne peuvent réaliser elles-mêmes des bilans de compétences pour leurs salariés.

Art. R. 6322-58. L'organisme prestataire de bilans de compétences qui exerce par ailleurs plusieurs autres activités :

1° Dispose au sein de son organisation d'une structure identifiée, exclusivement destinée à la réalisation de bilans de compétences et d'actions d'évaluation ou d'orientation en matière professionnelle ;

2° Tient une comptabilité séparée pour chacune de ces activités.

Art. R. 6322-59. Sauf demande écrite du bénéficiaire du bilan de compétences, les documents élaborés pour la réalisation de ce bilan sont aussitôt détruits par l'organisme prestataire.

La demande du bénéficiaire doit être fondée sur la nécessité d'un suivi de sa situation.

Ces documents ne peuvent être gardés plus d'un an.

Art. R. 6322-60. Les organismes prestataires de bilans de compétences transmettent chaque année au préfet de région, avant le 30 avril suivant l'année civile considérée, un compte rendu statistique et financier de leur activité en ce domaine.

Ce compte rendu est établi conformément à un modèle défini par arrêté du ministre chargé de la formation professionnelle.

Art. R. 6322-61. À la demande du préfet de région, les organismes prestataires de bilans de compétences lui transmettent le descriptif des méthodes, techniques et moyens d'intervention susceptibles d'être mis en œuvre ainsi que la justification des compétences des intervenants. Les organismes qui exercent leur activité au-delà d'une seule région transmettent ces documents au ministre chargé de la formation professionnelle, à sa demande.

Ils tiennent ces informations à la disposition des organismes collecteurs paritaires agréés au titre du congé individuel de formation mentionnés à l'article L. 6331-10.

§ 3. Obligations du bénéficiaire

Art. R. 6322-62. Au terme d'un congé de bilan de compétences, le bénéficiaire présente une attestation de présence délivrée par l'organisme prestataire.

Le salarié qui, sans motif valable, ne suit pas l'ensemble de l'action pour laquelle le congé a été accordé perd le bénéfice de ce congé.

Art. R. 6322-63. L'autorisation d'absence accordée pour accomplir un bilan de compétences n'est pas prise en compte dans le calcul du délai de franchise applicable aux congés individuel de formation, d'enseignement ou de recherche, de formation pour les salariés de vingt-cinq ans et moins ainsi que de validation des acquis de l'expérience.

SECTION 3. Autres congés

Sous-section 1. Congés d'enseignement ou de recherche

Art. L. 6322-53. Sous réserve de dispositions contractuelles plus favorables, tout salarié qui justifie d'une ancienneté d'un an dans son entreprise a droit à une autorisation d'absence, d'une durée maximale d'un an, en vue de dispenser à temps plein ou à temps partiel un enseignement technologique ou professionnel en formation initiale ou continue. La durée de ce congé peut dépasser un an par accord entre l'entreprise et le centre de formation.

Art. L. 6322-54.

Ce congé est également accordé au salarié qui souhaite se livrer à une activité de recherche et d'innovation dans un établissement public de recherche, une entreprise publique ou privée.

Note La loi 93-1313 du 20 décembre 1993 (JO 21) a assoupli les conditions d'ouverture du droit au congé d'enseignement recherche (ancienneté d'un an au lieu de deux, pourcentage de travailleurs simultanément absents porté à 2 %, au lieu de 1 %, possibilité d'enseigner dans un cadre plus large qu'antérieurement).

Art. L. 6322-54. Dans les établissements de deux cents salariés et plus, lorsque plusieurs salariés demandent un congé d'enseignement ou de recherche, l'autorisation accordée à certaines demandes peut être différée afin que le pourcentage de salariés simultanément absents au titre de ce congé ne dépasse pas 2 % de l'effectif total de cet établissement.

Art. L. 6322-55. Dans les établissements de moins de deux cents salariés, l'autorisation accordée à certaines demandes peut être différée si le nombre d'heures de congé demandées dépasse 2 % de l'effectif total des heures de travail accomplies dans l'année.

Toutefois, le nombre d'heures de congé auquel un salarié a droit peut être sur sa demande reporté d'une année sur l'autre, sans que le cumul des reports puisse dépasser quatre ans.

Art. L. 6322-56. Les salariés en congé d'enseignement ou de recherche ne sont pas pris en compte pour la détermination du nombre des bénéficiaires du congé individuel de formation pouvant être simultanément absents tel qu'il est fixé par application des dispositions des articles L. 6322-7 à L. 6322-9.

Art. L. 6322-57. Un accord national interprofessionnel, une convention de branche, ou un accord professionnel, lorsque la profession n'entre pas dans le champ d'application d'un accord professionnel étendu, détermine, notamment en faveur du personnel d'encadrement :

1° Des dispositions contractuelles plus favorables que celles mentionnées à la présente sous-section ;

2° Des règles de prise en charge, au titre de la participation des employeurs au développement de la formation professionnelle continue, de tout ou partie de la rémunération des salariés en congé d'enseignement et des cotisations de sécurité sociale y afférentes.

Art. L. 6322-58. Un décret en Conseil d'État détermine les conditions d'application de la présente sous-section, notamment les conditions dans lesquelles l'employeur a la faculté de s'opposer à l'exercice du droit au congé de recherche s'il établit que celui-ci compromet directement la politique de recherche et de développement technologique de l'entreprise.

§ 1. Condition d'ouverture

Art. R. 6322-64. Les salariés définis à l'article L. 6322-53 ont droit à une autorisation d'absence en vue de dispenser un enseignement ou de se livrer à une activité de recherche et d'innovation :

1° Soit à temps partiel, l'absence de l'entreprise ne pouvant alors excéder huit heures par semaine ou quarante heures par mois ;

2° Soit à temps plein pour une période maximale d'un an.

Art. R. 6322-65. L'autorisation d'absence en vue de dispenser un enseignement ou de se livrer à une activité de recherche et d'innovation à temps partiel est accordée pour une période maximale d'un an.

Elle peut être renouvelée sur demande faite auprès de l'employeur.

Art. R. 6322-66. L'employeur peut différer la date de prise de congé de recherche et d'innovation lorsqu'il estime, après avis du comité d'entreprise ou, le cas échéant, des délégués du personnel, que l'absence du salarié peut avoir des conséquences préjudiciables sur la politique de recherche et de développement technologique de l'entreprise.

La durée pendant laquelle ce congé peut être différé ne peut excéder neuf mois.

Art. R. 6322-67. Le salarié ayant bénéficié d'un congé d'enseignement à temps plein ou d'un congé de recherche et d'innovation à temps plein ne peut prétendre, dans la même entreprise, au bénéfice d'un nouveau congé avant un délai dont la durée, exprimée en mois, est égale au douzième de la durée, exprimée en heures, du congé précédemment suivi.

Ce délai ne peut être inférieur à six mois ni supérieur à six ans.

§ 2. Obligations du salarié

Art. R. 6322-68. Le bénéficiaire du congé d'enseignement ou de recherche remet à l'employeur une attestation d'exercice effectif de l'enseignement ou de l'activité de recherche et d'innovation. Cette attestation est remise à la fin de chaque mois et au moment de la reprise du travail.

Art. R. 6322-69. Le salarié qui, sans motif légitime, cesse d'exercer l'enseignement ou de se livrer à l'activité de recherche et d'innovation pour lesquels le congé a été accordé perd le bénéfice du congé.

Sous-section 2. **Congés de formation pour les salariés de vingt-cinq ans et moins**

Art. L. 6322-59. Le salarié qui n'est pas titulaire d'un diplôme professionnel, ou qui n'est pas lié par un contrat de travail prévoyant une formation professionnelle répondant à des conditions fixées par voie légale, a droit, jusqu'à ce qu'il atteigne l'âge de vingt-cinq ans révolus, à un congé lui permettant de suivre des actions de formation du type de celles mentionnées aux articles L. 6313-1.

Le bénéfice de ce congé ne peut être refusé.

Art. L. 6322-60. Pendant le congé de formation, la rémunération est maintenue par l'employeur.

Les frais de formation peuvent être pris en compte par l'employeur, qui peut imputer cette dépense dans la participation prévue à l'article L. 6331-9, ou par l'organisme paritaire agréé, après son accord, auquel l'entreprise verse la fraction de cette participation consacrée au congé individuel de formation.

Art. L. 6322-61. La durée du congé de formation ne peut excéder deux cents heures par an.

Elle ne peut être imputée sur la durée du congé payé annuel.

Ce congé est assimilé à une période de travail :

1° Pour la détermination des droits des intéressés en matière de congé payé annuel ;

2° Pour les droits que le salarié tient de son ancienneté dans l'entreprise.

Art. L. 6322-62. En cas de différend relatif à l'application de la présente sous-section, l'inspecteur du travail peut être saisi par l'une des parties et pris pour arbitre.

Art. L. 6322-63. Un décret en Conseil d'État détermine les mesures d'application de la présente sous-section, notamment :

1° La durée minimum de présence dans l'entreprise pour que le droit à congé soit ouvert ;

2° Les conditions et délais de présentation de la demande à l'employeur ainsi que les délais de réponse motivée de celui-ci ;

3° Les conditions dans lesquelles l'employeur peut différer le congé en raison des nécessités propres de son entreprise ou de son exploitation.

Art. R. 6322-70. La durée minimum de présence dans l'entreprise pour l'ouverture du droit au congé de formation pour les salariés âgés de vingt-cinq ans et moins est fixée à trois mois.

Art. R. 6322-71. La demande de congé est formulée au plus tard trente jours avant la date d'effet.

Elle indique la date, la désignation et la durée d'ouverture du stage ainsi que le nom de l'organisme qui en est responsable.

Art. R. 6322-72. Dans les dix jours suivant la réception de la demande de congé, l'employeur fait connaître à l'intéressé soit son accord, soit les raisons qui motivent le rejet ou le report de la demande.

Art. R. 6322-73. La durée pendant laquelle le congé peut être différé, en application du 3° de l'article L. 6322-63, ne peut excéder trois mois.

Art. R. 6322-74. Lorsque les nécessités de l'entreprise font obstacle à ce que les demandes de congés présentées soient simultanément satisfaites, les demandes sont départagées selon l'ordre de priorité suivant :

1° Demandes déjà différées ;

2° Demandes présentées par les salariés dont le stage a été interrompu pour des motifs reconnus valables, après avis du comité d'entreprise ou, à défaut, des délégués du personnel ;

3° Demandes formulées par les salariés ayant la plus grande ancienneté dans l'entreprise.

Art. R. 6322-75. Le report de congé ne supprime pas le droit à congé pour le salarié qui atteint :

1° Soit l'âge de ***(D. 2009-289 du 13 mars 2009, JO 15)*** « vingt-six » ans après le dépôt de sa demande ;

2° Soit vingt-quatre mois d'activité professionnelle après le dépôt de ***(D. 2009-289 du 13 mars 2009, JO 15)*** « sa » demande.

Art. R. 6322-76. Outre la possibilité de bénéficier du congé individuel de formation prévu à l'article L. 6322-1, le salarié conserve le droit de prendre le congé de formation prévu à la présente sous-section au-delà des limites énoncées à l'article R. 6322-75.

Art. R. 6322-77. La décision de refus ou de report de congé est prise après avis du comité d'entreprise ou, à défaut, des délégués du personnel.

Art. R. 6322-78. Les heures de congé auxquelles a droit le salarié peuvent, sur sa demande, être reportées d'une année à l'autre.

Le congé total peut être utilisé en une ou plusieurs fois pour suivre des stages, continus ou discontinus, à temps plein ou à temps partiel.

(L. 2009-1437 du 24 nov. 2009, art. 10, JO 25)

SECTION 4. Formations se déroulant en dehors du temps de travail

Art. L. 6322-64. Dès lors que le salarié dispose d'une ancienneté d'un an dans l'entreprise et à sa demande, l'organisme collecteur paritaire agréé au titre du congé individuel de formation désigné en application de l'article L. 6322-47 peut assurer la prise en charge de tout ou partie des frais liés à la réalisation d'une formation se déroulant en dehors du temps de travail, selon les mêmes modalités que celles prévues au dernier alinéa de l'article L. 6322-20. Pendant la durée de cette formation, le salarié bénéficie de la législation de la sécurité sociale relative à la protection en matière d'accidents du travail et de maladies professionnelles.

Un décret fixe la durée minimum de la formation ouvrant le droit à l'organisme collecteur paritaire agréé au titre du congé individuel de formation d'assurer la prise en charge de la formation dans les conditions définies au premier alinéa.

Note La prise en charge de l'OPACIF comprend les seuls coûts pédagogiques de la formation. En effet, le temps consacré à ces formations ne donne lieu ni à congés (puisque la formation est réalisée intégralement en dehors du temps de travail) ni au versement d'une rémunération (voir exposé des motifs du projet de loi relatif à l'orientation et à la formation professionnelle tout au long de la vie).

Art. D. 6322-79. ***(D. 2010-65 du 18 janv. 2010, JO 19)*** La durée minimum mentionnée au second alinéa de l'article L. 6322-64 est fixée à cent vingt heures.

CHAPITRE III

Droit individuel à la formation

Note • Le Gouvernement remet au Parlement, avant le 1er janvier 2011, un rapport sur le financement du droit individuel à la formation et le traitement comptable et fiscal des droits acquis à ce titre par les salariés et non encore mobilisés (loi 2009-1437, art. 7).

• Dans le cadre de la loi du 4 mai 2004, le droit individuel à la formation n'est ouvert qu'aux salariés ayant acquis un an d'ancienneté à compter de l'entrée en vigueur de la loi (cass. soc. 20 janvier 2010, n° 08-41.697, BC V n° 16 ; *JCP* éd. S 2010, 1138, note L. Drai ; *RJS* 4/10 n° 364, 1re espèce).

SECTION 1. Conditions d'ouverture

Art. L. 6323-1. Tout salarié titulaire d'un contrat de travail à durée indéterminée, disposant d'une ancienneté minimale dans l'entreprise déterminée par voie réglementaire, bénéficie chaque année d'un droit individuel à la formation d'une durée de vingt heures.

Une convention ou un accord collectif interprofessionnel, de branche ou d'entreprise peut prévoir une durée supérieure.

Ces dispositions ne s'appliquent pas au contrat d'apprentissage et au contrat de professionnalisation.

Note Si la loi du 4 mai 2004 s'appliquait immédiatement à défaut de dispositions transitoires particulières, la salariée remplissant la condition d'ancienneté réglementaire ne pouvait acquérir le bénéfice de la première tranche de vingt heures du droit à la formation institué par cette loi qu'un an après l'entrée en vigueur de celle-ci, soit à une date postérieure à l'expiration du préavis (cass. soc. 20 janvier 2010, n° 08-41.697, BC V n° 16 ; *RJS* 4/10 n° 364, 1re espèce ; *JCP* éd. S 2010, 1138, note L. Drai). Mais la salariée, ayant acquis le bénéfice de la première tranche annuelle de son droit individuel à la formation antérieurement à l'expiration de son préavis, doit en être informée par l'employeur (cass. soc. 20 janvier 2010, n° 08-41.652, *RJS* 4/10 n° 364, 2e espèce).

Art. D. 6323-1. Pour bénéficier du droit individuel à la formation, le salarié justifie d'une ancienneté au moins égale à un an ***(D. 2009-289 du 13 mars 2009, JO 15)*** « lorsqu'il est titulaire d'un contrat à durée indéterminée. Lorsqu'il est titulaire d'un contrat à durée déterminée, le salarié peut bénéficier de ce droit à l'issue d'un délai de quatre mois, consécutifs ou non, sous contrat de travail à durée déterminée, au cours des douze derniers mois. »

Note À noter que la condition d'ancienneté minimale d'un an s'apprécie en tenant compte de la durée du contrat à durée déterminée qui a immédiatement précédé le contrat à durée indéterminée (cass. soc. 6 janvier 2011 n° 09-66.219, *LS* Jurispr. n° 23/2011 du 1/02/11).

Les conditions requises d'ancienneté s'apprécient au regard de l'ancienneté acquise *dans l'entreprise* et non chez un autre employeur. Il appartient à l'employeur d'inscrire dans le certificat de travail les droits acquis par le salarié dans l'entreprise et non utilisés mais il ne peut en revanche inscrire des droits qui résulteraient de l'ancienneté acquise par le salarié chez un autre employeur (rép QE 76590, JO AN 1er mars 2011, p. 2077).

Art. L. 6323-2. Pour le calcul des droits ouverts au titre du droit individuel à la formation, la période d'absence du salarié pour un congé de maternité, d'adoption, de présence parentale, de soutien familial ou pour un congé parental d'éducation est intégralement prise en compte.

Pour les salariés à temps partiel, la durée du droit individuel à la formation est calculée à due proportion du temps.

Art. D. 6323-3. Pour le calcul des droits ouverts au titre du droit individuel à la formation, la période d'absence du salarié pour un congé de maternité, d'adoption, de présence parentale, de soutien familial ou pour un congé parental d'éducation est intégralement prise en compte.

Art. L. 6323-3. Le salarié titulaire d'un contrat de travail à durée déterminée peut bénéficier du droit individuel à la formation à due proportion du temps, à l'issue d'un délai déterminé par voie réglementaire.

Le droit individuel à la formation est mis en œuvre dans les conditions du présent chapitre.

L'organisme collecteur paritaire agréé au titre du congé individuel de formation pour les entreprises de dix salariés et plus assure la prise en charge des frais de formation, de transport et d'hébergement ainsi que de l'allocation de formation due à ces salariés.

[**Art. L. 6323-4.** Abrogé par loi 2008-596 du 25 juin 2008, art. 9, JO 26.]

SECTION 2. Modalités de mise en œuvre

Art. L. 6323-5. Les droits acquis annuellement au titre du droit individuel à la formation peuvent être cumulés sur une durée de six ans. Au terme de cette durée et à défaut de son utilisation en tout ou partie, le droit individuel à la formation reste plafonné à cent vingt heures.

Ce plafond s'applique également aux salariés à temps partiel, quel que soit le nombre d'années cumulées, sur la base des droits annuels acquis à due proportion du temps.

Art. L. 6323-6. Une convention ou un accord collectif de branche ou d'entreprise peut prévoir des modalités particulières de mise en œuvre du droit individuel à la formation, sous réserve que le cumul des droits ouverts soit au moins égal à une durée de cent vingt heures sur six ans.

Pour les salariés à temps partiel, ce cumul doit être au moins égal au montant cumulé des heures calculées chaque année à due proportion, quel que soit le nombre d'années cumulées, dans la limite de cent vingt heures.

Art. L. 6323-7. L'employeur informe chaque salarié par écrit annuellement du total des droits acquis au titre du droit individuel à la formation, y compris les salariés titulaires d'un contrat à durée déterminée mentionnés à l'article L. 6323-3.

Art. L. 6323-8. Des priorités peuvent être définies pour les actions de formation mises en œuvre dans le cadre du droit individuel à la formation par convention ou accord collectif de branche ou d'entreprise ou, à défaut, par accord collectif conclu entre les organisations représentatives d'employeurs et les organisations syndicales de salariés signataires d'un accord constitutif d'un organisme collecteur paritaire des fonds de la formation professionnelle continue à compétence interprofessionnelle.

À défaut d'un tel accord, les actions de formation permettant l'exercice du droit individuel à la formation sont les actions de promotion mentionnées au 3° de l'article L. 6313-1, les actions d'acquisition, d'entretien ou de perfectionnement des connaissances mentionnées au 6° de ce même article ainsi que les actions de qualification mentionnées à l'article L. 6314-1.

Art. L. 6323-9. La mise en œuvre du droit individuel à la formation relève de l'initiative du salarié, en accord avec son employeur.

Le choix de l'action de formation envisagée, qui peut prendre en compte les priorités définies à l'article L. 6323-8, est arrêté par accord écrit du salarié et de l'employeur.

Art. L. 6323-10. Lorsque le salarié prend l'initiative de faire valoir ses droits à la formation dans le cadre du droit individuel à la formation, l'employeur lui notifie sa réponse dans un délai déterminé par voie réglementaire.

L'absence de réponse de l'employeur vaut acceptation du choix de l'action de formation.

Art. D. 6323-2. L'employeur dispose d'un délai d'un mois pour notifier sa réponse au salarié qui demande à faire valoir son droit individuel à la formation.

Art. L. 6323-11. Les actions de formation exercées dans le cadre du droit individuel à la formation se déroulent en dehors du temps de travail.

Toutefois, une convention ou un accord collectif de branche ou d'entreprise peut prévoir que le droit individuel à la formation s'exerce en partie pendant le temps de travail.

Art. L. 6323-12. Lorsque, durant deux exercices civils consécutifs, le salarié et l'employeur sont en désaccord sur le choix de l'action de formation au titre du droit individuel à la formation, l'organisme collecteur paritaire agréé au titre du congé individuel de formation dont relève l'entreprise assure par priorité la prise en charge financière de l'action dans le cadre d'un congé individuel de formation, sous réserve que cette action corresponde aux priorités et aux critères définis par cet organisme.

Dans ce cas, l'employeur verse à l'organisme collecteur le montant de l'allocation de formation correspondant aux droits acquis par l'intéressé au titre du droit individuel à la formation et les frais de formation calculés conformément aux dispositions prévues par les sections 3 et 4 et sur la base forfaitaire applicable aux contrats de professionnalisation. ***(L. 2009-1437 du 24 nov. 2009, art. 6, JO 25)*** « La durée de la formation ainsi réalisée se déduit du contingent d'heures de formation acquis au titre du droit individuel à la formation. »

SECTION 3. Rémunération et protection sociale

Art. L. 6323-13. Les heures consacrées à la formation pendant le temps de travail ouvrent droit au maintien de la rémunération du salarié dans les conditions définies à l'article L. 6321-2.

Art. L. 6323-14. Lorsque les heures de formation sont accomplies hors du temps de travail, le salarié bénéficie du versement par l'employeur de l'allocation de formation prévue à l'article L. 6321-10.

Note

- Le montant de l'allocation de formation et les frais de formation correspondants aux droits ouverts sont imputables sur la participation de l'employeur au développement de la formation professionnelle continue.
- Voir article D. 6321-7 déterminant le salaire horaire de référence pour le calcul du montant de l'allocation de formation, rapporté sous article L. 6321-10.

Art. L. 6323-15. Pendant la durée de la formation, le salarié bénéficie du régime de sécurité sociale relatif à la protection en matière d'accidents du travail et de maladies professionnelles.

Note

Le salarié bénéficiant du régime de sécurité sociale relatif à la protection en matière d'accidents du travail et de maladies professionnelles, la circonstance que le DIF soit exercée en dehors du temps de travail est sans incidence au regard du risque « accidents du travail » (rép QE 13335, JO Sén. 3 février 2011, p. 259).

SECTION 4. Prise en charge des frais de formation

Art. L. 6323-16. Les frais de formation sont à la charge de l'employeur, qui peut s'en acquitter par l'utilisation d'un titre spécial de paiement émis par des entreprises spécialisées.

Sa mise en œuvre par accord de branche s'effectue dans des conditions fixées par décret.

(L. 2009-1437 du 24 nov. 2009, art. 6, JO 25)

SECTION 5. **Portabilité du droit individuel à la formation**

Note La loi du 24 novembre 2009 reprend et met en œuvre le mécanisme de portabilité du droit individuel à la formation (DIF) imaginé par les partenaires sociaux (ANI sur la modernisation du marché du travail du 11 janvier 2008, art. 13 et 14 ; ANI sur la formation du 7 janvier 2009, art. 14) qui permet au salarié dont le contrat de travail est rompu de mobiliser ses droits au titre du DIF pour se former en dehors de l'entreprise où il les a acquis soit pendant son préavis, soit pendant sa période de chômage, soit chez un nouvel employeur (voir *RF* 19 nov. 2009, FH 3325, pp. 8 à 12).

Jusqu'à présent, le salarié ne pouvait pas bénéficier de ce dispositif en cas de licenciement pour faute grave ou pour faute lourde. Désormais, seul un licenciement pour faute lourde peut le priver de ce droit. Toutefois, en cas de licenciement pour faute grave, cette nouvelle disposition est inapplicable en l'état. En effet, en l'état actuel de la jurisprudence, le salarié licencié pour faute grave se trouvera, en pratique, dans l'impossibilité d'établir une demande de DIF auprès de son employeur, une telle faute impliquant généralement le départ immédiat du salarié de l'entreprise, donc sans préavis. Le ministère du Travail indique qu'il convient de faire « comme si » le salarié effectuait un préavis. Ainsi pour mobiliser son solde de DIF pendant le « préavis », le salarié doit formuler sa demande « pendant une période égale à celle du préavis qui aurait été applicable s'il n'avait pas été licencié pour faute grave » (rép. QE 68695, JO AN 1er février 2011, p. 1068).

Art. L. 6323-17. En cas de licenciement non consécutif à une faute lourde, et si le salarié en fait la demande avant la fin du préavis, la somme correspondant au solde du nombre d'heures acquises au titre du droit individuel à la formation et non utilisées, multiplié par le montant forfaitaire visé au deuxième alinéa de l'article L. 6332-14, permet de financer tout ou partie d'une action de bilan de compétences, de validation des acquis de l'expérience ou de formation. À défaut d'une telle demande, la somme n'est pas due par l'employeur.

Lorsque l'action mentionnée au premier alinéa est réalisée pendant l'exercice du préavis, elle se déroule pendant le temps de travail.

En cas de démission, le salarié peut demander à bénéficier de son droit individuel à la formation sous réserve que l'action de bilan de compétences, de validation des acquis de l'expérience ou de formation soit engagée avant la fin du préavis.

Note • Après avoir relevé que la demande d'un salarié n'était pas conforme aux prescriptions de l'accord national relatif à la formation professionnelle applicable en l'espèce en ce qu'elle ne mentionnait pas la formation précise dont il sollicitait la prise en charge par l'employeur, ce dont il se déduisait qu'aucune faute ne pouvait être reprochée à ce dernier, une cour d'appel a, à bon droit, débouté le salarié de sa demande en dommages-intérêts pour non-respect du droit individuel à la formation (cass. soc. 31 mai 2011, n° 09-67.045 3e moyen).

• Le salarié, dont la prise d'acte de la rupture du contrat de travail est justifiée et qui n'est pas tenu d'exécuter un préavis, a droit à être indemnisé de la perte de chance d'utiliser les droits qu'il a acquis au titre du droit individuel à la formation (cass. soc. 18 mai 2011, n° 09-69.175).

• Sur la portabilité du DIF pendant le préavis, qui se fait à concurrence des sommes dues par l'employeur et non du coût de la formation demandée, voir cass. soc. 14 septembre 2010, n° 09-41.697, *JSL* n° 286, 27 octobre 2010, p. 26.

• Sur la transférabilité du DIF aux salariés dont le contrat est rompu par voie de rupture conventionnelle, voir rép. QE 65621, JO AN 23 mars 2010, p. 3484.

• Sur la forme sous laquelle se déroule la portabilité du DIF en cas de démission, voir Questions - Réponses DGEFP du 6 mai 2011 (question 8-2). En cas d'accord, les frais de formation sont à la charge de l'employeur. Les heures de formation suivies pendant le temps de travail donnent lieu au maintien de la rémunération. Pour celles suivies en dehors du temps de travail, l'employeur doit verser l'allocation de formation au salarié.

L'ensemble de ces dépenses est imputable sur la participation à la formation professionnelle, pour les employeurs relevant en la matière du régime des « 10 salariés et plus ». Le cas échéant, ces dépenses peuvent faire l'objet d'une prise en charge par les OPCA.

Les heures de formation qui seraient effectuées après la rupture du contrat de travail ne donnent lieu ni au maintien de la rémunération ni au paiement de l'allocation de formation.

Art. L. 6323-18. En cas de rupture non consécutive à une faute lourde ou d'échéance à terme du contrat de travail qui ouvrent droit à une prise en charge par le régime d'assurance chômage, la somme correspondant au solde du nombre d'heures acquises au titre du droit individuel à la formation et non utilisées, y compris dans le cas défini à l'article L. 6323-17, multiplié par le montant forfaitaire visé au deuxième alinéa de l'article L. 6332-14, est utilisée dans les conditions suivantes :

1° Lorsque le salarié en fait la demande auprès d'un nouvel employeur, au cours des deux années suivant son embauche, la somme permet de financer soit, après accord de l'employeur, tout ou partie d'une action de bilan de compétences, de validation des acquis de l'expérience ou de formation, soit, sans l'accord de l'employeur, tout ou partie d'une action de bilan de compétences, de validation des acquis de l'expérience ou de formation relevant des priorités définies au premier alinéa de l'article L. 6323-8. Lorsque le salarié et l'employeur sont en désaccord, l'action se déroule hors temps de travail et l'allocation visée à l'article L. 6321-10 n'est pas due par l'employeur.

Le paiement de la somme est assuré par l'organisme collecteur paritaire agréé dont relève l'entreprise dans laquelle le salarié est embauché. Cette somme est imputée au titre de la section "professionnalisation", sauf dispositions spécifiques prévues par accord de branche ou accord collectif conclu entre les organisations d'employeurs et de salariés signataires d'un accord constitutif d'un organisme collecteur paritaire agréé interprofessionnel ;

2° Lorsque le demandeur d'emploi en fait la demande, la somme permet de financer tout ou partie d'une action de bilan de compétences, de validation des acquis de l'expérience ou de formation. La mobilisation de la somme a lieu en priorité pendant la période de prise en charge de l'intéressé par le régime d'assurance chômage. Elle se fait après avis du référent chargé de l'accompagnement de l'intéressé.

Le paiement de la somme est assuré par l'organisme collecteur paritaire agréé dont relève la dernière entreprise dans laquelle il a acquis des droits. Elle est imputée au titre de la section "professionnalisation", sauf dispositions spécifiques prévues par accord de branche ou accord collectif conclu entre les organisations d'employeurs et de salariés signataires d'un accord constitutif d'un organisme collecteur paritaire agréé interprofessionnel.

Note Dans une note d'information PE 2010-80 du 17 mai 2010 (BOPE 2010-40 du 3 juin 2010), Pôle Emploi fait le point sur la portabilité du DIF dans le cadre du chômage.

Art. L. 6323-19. Dans la lettre de licenciement, l'employeur informe le salarié, s'il y a lieu, de ses droits en matière de droit individuel à la formation. Cette information comprend les droits visés à l'article L. 6323-17 et, dans les cas de licenciements visés à l'article ***(L. 2011-893 du 28 juil. 2011, art. 44, JO 29)*** « L. 1233-66 », les droits du salarié en matière de droit individuel à la formation définis par l'article ***(L. 2011-893 du 28 juil. 2011, art. 44, JO 29)*** « L. 1233-67 ».

Note L'employeur doit informer le salarié de ses droits en matière de DIF dans sa lettre de licenciement. À défaut, le salarié a droit à des dommages et intérêts (cass. soc. 17 février 2010, n° 08-45.382, *RJS* 5/10 n° 458 ; 2 juin 2010, n° 09-41.409, BC V n° 127 ; *JCP* éd. S 2010, 1296, note I. Beyneix ; *RJS* 8-9/10 n° 695, 1re espèce, rendus dans le cadre antérieur à la loi du 24 novembre 2009). Ce devoir d'information s'applique maintenant en cas de licenciement pour faute (sauf faute lourde), même si le salarié n'exécute pas en principe son préavis. Il s'applique également en cas de résiliation judiciaire du contrat (cass. soc. 19 mai 2010, n° 08-45.090 rendu dans le cadre antérieur à la loi du 24 novembre 2009). Une cour d'appel a également sanctionné ce défaut d'information dans une convention de rupture conventionnelle (CA Rouen, ch. soc. 27 avril 2010, n° 09-4140, *RJS* 7/10 n° 595).

Art. L. 6323-20. En cas de départ à la retraite, le salarié ne peut bénéficier de ses droits acquis au titre du droit individuel à la formation.

Art. L. 6323-21. À l'expiration du contrat de travail, l'employeur mentionne sur le certificat de travail prévu à l'article L. 1234-19, dans des conditions fixées par décret, les droits acquis par le salarié au titre du droit individuel à la formation, ainsi que l'organisme collecteur paritaire agréé compétent pour verser la somme prévue au 2° de l'article L. 6323-18.

CHAPITRE IV

Périodes de professionnalisation

SECTION 1. Objet et conditions d'ouverture

Art. L. 6324-1. Les périodes de professionnalisation ont pour objet de favoriser par des actions de formation le maintien dans l'emploi de salariés en contrat à durée indéterminée ***(L. 2009-1437 du 24 nov. 2009, art. 23, applicable au 01.01.2010, JO 25)*** « et de salariés bénéficiaires d'un contrat à durée déterminée ou indéterminée conclu en application de l'article L. 5134-19-1».

Art. L. 6324-2. Les périodes de professionnalisation sont ouvertes :

1° Au salarié dont la qualification est insuffisante au regard de l'évolution des technologies et de l'organisation du travail, conformément aux priorités définies par accord de branche ou, à défaut, par accord collectif conclu entre les organisations représentatives d'employeurs et les organisations syndicales représentatives de salariés signataires d'un accord constitutif d'un organisme collecteur paritaire des fonds de la formation professionnelle continue à compétence interprofessionnelle ;

2° Au salarié qui répond à des conditions minimales d'activité, d'âge et d'ancienneté ;

3° Au salarié qui envisage la création ou la reprise d'une entreprise ;

4° À la femme qui reprend une activité professionnelle après un congé de maternité ou à l'homme et à la femme après un congé parental ;

5° Aux bénéficiaires de l'obligation d'emploi mentionnés à l'article L. 5212-13.

(L. 2009-1437 du 24 nov. 2009, art. 23, applicable au 01.01.2010, JO 25) « 6° Aux salariés bénéficiaires d'un contrat conclu en application de l'article L. 5134-19-1. »

Art. D. 6324-1. Pour bénéficier d'une période de professionnalisation, le salarié mentionné au 2° de l'article L. 6324-2 doit :

1° Soit compter vingt ans d'activité professionnelle ;

2° Soit être âgé de quarante-cinq ans au moins et disposer d'une ancienneté minimale d'un an de présence dans la dernière entreprise qui l'emploie.

Art. L. 6324-3. La période de professionnalisation doit permettre à son bénéficiaire d'acquérir une des qualifications mentionnées à l'article L. 6314-1 ou de participer à une action de formation dont l'objectif est défini par la commission paritaire nationale de l'emploi de la branche professionnelle dont relève l'entreprise.

Art. L. 6324-4. Une convention ou un accord de branche détermine la liste des qualifications accessibles au titre de la période de professionnalisation.

À défaut, cette liste est déterminée par un accord collectif conclu entre les organisations représentatives d'employeurs et de salariés signataires d'un accord constitutif d'un organisme collecteur paritaire des fonds de la formation professionnelle continue interprofessionnel.

La convention ou l'accord de branche détermine les conditions dans lesquelles la commission paritaire nationale de l'emploi de la branche professionnelle concernée définit les objectifs des actions de formation mentionnés à l'article L. 6324-3.

Art. L. 6324-5. Les périodes de professionnalisation associent des enseignements généraux, professionnels et technologiques dispensés dans des organismes publics ou privés de formation ou, lorsqu'elle dispose d'un service de formation, par l'entreprise, et l'acquisition d'un savoir-faire par l'exercice en entreprise d'une ou plusieurs activités professionnelles en relation avec les qualifications recherchées.

(L. 2009-1437 du 24 nov. 2009, art. 23, applicable au 01.01.2010, JO 25) « La durée minimale de la formation reçue par les salariés bénéficiaires d'un contrat conclu en application de l'article L. 5134-19-1 est fixée par décret. »

Note Sur les difficultés d'interprétation de cette disposition autorisant l'entreprise, lorsqu'elle dispose d'un service de formation, à dispenser en son sein des enseignements dans le cadre d'un contrat ou d'une période de professionnalisation, au regard plus particulièrement d'une circulaire du 1er juin 1992 précisant que les enseignements dispensés dans l'entreprise ne peuvent avoir lieu que si le service de formation est identifié, structuré et déclaré comme organisme de formation, la loi du 4 mai 2004 n'impose pas que le service de formation de l'entreprise soit déclaré comme organisme de formation. Il n'y a donc pas besoin d'une autorisation préalable et le Gouvernement n'entend pas introduire une telle contrainte par voie réglementaire. La condition posée par la loi sera donc considérée comme remplie dès lors que l'entreprise alloue à la formation théorique des moyens appropriés en personnel, locaux et matériels. À cet égard, il convient de souligner (art. R. 950-4 ancien) que la formation doit avoir lieu dans des locaux distincts des lieux de production, à l'exception des enseignements pratiques (rép. QE 46497, JO AN 16 novembre 2004, p. 9040 ; 13869, JO Sén. 14 avril 2005, p. 1086).

Art. L. 6324-5-1. ***(L. 2011-893 du 28 juil. 2011, art. 23, JO 29)*** La durée minimale des périodes de professionnalisation s'élève, sur douze mois calendaires et pour chaque salarié en bénéficiant, à trente-cinq heures pour les entreprises d'au moins cinquante salariés et à soixante-dix heures pour les entreprises d'au moins deux cent cinquante salariés.

Cette durée minimale ne s'applique pas au bilan de compétences ni à la validation des acquis de l'expérience.

Elle ne s'applique pas aux périodes de professionnalisation des salariés âgés d'au moins quarante-cinq ans.

Art. D. 6324-1-1. ***(D. 2010-62 du 18 janv. 2010, JO 19)*** La durée minimale mentionnée au second alinéa de l'article L. 6324-5 est fixée à quatre-vingts heures.

Art. L. 6324-6. Le pourcentage de salariés simultanément absents au titre de la période de professionnalisation ne peut, sauf accord de l'employeur, dépasser 2 % de l'effectif total de salariés de l'entreprise ou de l'établissement.

Dans l'entreprise ou l'établissement de moins de cinquante salariés, le bénéfice d'une période de professionnalisation peut être différé lorsqu'il aboutit à l'absence simultanée au titre des périodes de professionnalisation d'au moins deux salariés.

SECTION 2. **Déroulement des périodes de professionnalisation**

Art. L. 6324-7. Les actions de la période de professionnalisation peuvent se dérouler pour tout ou partie en dehors du temps de travail à l'initiative soit du salarié dans le cadre du droit individuel à la formation prévu à l'article L. 6323-1, soit de l'employeur, après accord écrit du salarié, en application de l'article L. 6321-6.

Dans les deux cas, l'employeur définit avec le salarié avant son départ en formation la nature des engagements auxquels l'entreprise souscrit si l'intéressé suit avec assiduité la formation et satisfait aux évaluations prévues.

Art. L. 6324-8. Les actions de formation mises en œuvre pendant la période de professionnalisation et pendant le temps de travail donnent lieu au maintien par l'employeur de la rémunération du salarié.

Art. L. 6324-9. Par accord écrit entre le salarié et l'employeur, les heures de formation accomplies en dehors du temps de travail dans le cadre d'une période de professionnalisation peuvent excéder le montant des droits ouverts par le salarié au titre du droit individuel à la formation dans la limite de quatre-vingts heures sur une même année civile.

Dans ce cas, les dispositions de l'article L. 6321-8 sont applicables.

Art. L. 6324-10. Pendant la durée des formations, le salarié bénéficie de la législation de la sécurité sociale relative à la protection en matière d'accidents du travail et de maladies professionnelles.

Tutorat

Art. D. 6324-2. Pour chaque salarié en période de professionnalisation, l'employeur peut choisir un tuteur parmi les salariés qualifiés de l'entreprise.

Le salarié choisi pour être tuteur doit être volontaire et justifier d'une expérience professionnelle d'au moins deux ans dans une qualification en rapport avec l'objectif de professionnalisation visé.

L'employeur peut assurer lui-même le tutorat dès lors qu'il remplit les conditions de qualification et d'expérience.

Art. D. 6324-3. Les missions du tuteur sont les suivantes :

1° Accueillir, aider, informer et guider les bénéficiaires des périodes de professionnalisation ;

2° Organiser avec les salariés intéressés l'activité de ces bénéficiaires dans l'entreprise et contribuer à l'acquisition des savoir-faire professionnels ;

3° Veiller au respect de l'emploi du temps du bénéficiaire ;

4° Assurer la liaison avec l'organisme ou le service chargé des actions d'évaluation, de formation et d'accompagnement des bénéficiaires à l'extérieur de l'entreprise ;

5° Participer à l'évaluation du suivi de la formation.

Art. D. 6324-4. L'employeur laisse au tuteur le temps nécessaire pour exercer ses fonctions et se former.

Art. D. 6324-5. Lorsqu'il est salarié, le tuteur ne peut exercer simultanément ses fonctions à l'égard de plus de trois salariés bénéficiaires de contrats de professionnalisation ou d'apprentissage ou de périodes de professionnalisation.

L'employeur ne peut assurer simultanément le tutorat à l'égard de plus de deux salariés.

Art. D. 6324-6. Dans le cas d'un contrat de mission conclu avec une entreprise de travail temporaire ou d'un contrat de travail conclu avec un groupement d'employeurs, lorsque l'entreprise utilisatrice a désigné un tuteur, les missions mentionnées à l'article D. 6324-3 peuvent, pendant les périodes de mise à disposition, être confiées à ce tuteur.

Toutefois, lorsque l'entreprise de travail temporaire ou le groupement d'employeurs désigne un tuteur, l'évaluation du suivi de la formation et la liaison avec l'organisme de formation, ou le service de formation, sont assurées par ce tuteur. Les conditions prévues aux articles D. 6324-2 et D. 6324-5 ne s'appliquent pas à ce tuteur.

CHAPITRE V

Contrats de professionnalisation

Note • Les dispositions de l'article 30 de la loi de finances pour 1985 (84-1208 du 29 décembre 1984), de l'article 25 de la loi 98-657 du 29 juillet 1998 relative à la lutte contre les exclusions et de l'article 2 de la loi 2001-624 du 17 juillet 2001 portant diverses dispositions d'ordre social, éducatif et culturel sont abrogées, sous réserve des dispositions suivantes :

(…) Les contrats d'insertion en alternance définis au titre VIII du livre IX du code du travail dans sa rédaction antérieure à la publication de la présente loi et les contrats mentionnés à l'article 25 de la loi 98-657 du 29 juillet 1998 précitée peuvent être conclus jusqu'au 30 septembre 2004. Ces dispositions et les dispositions de l'article 30 de la loi de finances pour 1985 précitée leur sont applicables jusqu'à leur terme s'ils sont à durée déterminée ou jusqu'au terme de la période de qualification ou d'adaptation s'ils sont à durée indéterminée.

Les contrats de professionnalisation définis au chapitre Ier du titre VIII du livre IX du code du travail dans sa rédaction issue de l'article 13 de la présente loi peuvent être conclus à compter du 1er octobre 2004. Les dispositions relatives aux périodes de professionnalisation définies au chapitre II du même titre dans sa rédaction issue de l'article 14 de la présente loi peuvent être mises en œuvre à compter de cette même date (loi 2004-391 du 4 mai 2004, art. 34, JO 5).

• L'article 13 de la loi 2004-391 du 4 mai 2004 qui institue le contrat de professionnalisation reprend les dispositions de l'accord national interprofessionnel du 20 septembre 2003 signé par l'ensemble des partenaires sociaux. Le contrat de professionnalisation s'est substitué, depuis le 1er octobre 2004, aux actuels contrats d'orientation, d'adaptation et de qualification. Sa durée est fixée de six à douze mois et le temps consacré à la formation est compris entre 15 % et 25 % de la durée du contrat. La loi prévoit toutefois des aménagements dérogatoires en ce qui concerne tant la durée des contrats de professionnalisation que le temps de formation en fonction des qualifications visées mais également en fonction des publics concernés (…). En fonction des besoins décelés, les branches professionnelles pourront choisir de privilégier l'alternance ou l'apprentissage, les fonds de l'alternance pouvant être utilisés pour développer dans l'apprentissage des formations longues sanctionnées par des diplômes supérieurs (rép. QE 39558, JO AN 7 septembre 2004, p. 7028).

Voir aussi circulaire DGEFP 2007-21 du 23 juillet 2007 relative à la mise en œuvre du contrat de professionnalisation (BO TR 2007/09).

• Voir notamment « Le contrat de professionnalisation : un vrai contrat de formation en alternance », Ch. Willmann, *Dr Soc.* 2004, p. 715.

• *La loi 2009-1437 du 24 novembre 2009* relative à l'orientation et à la formation professionnelle tout au long de la vie étend le contrat de professionnalisation aux bénéficiaires des minima sociaux ainsi qu'aux personnes ayant bénéficié d'un contrat unique d'insertion. Les actions de professionnalisation et d'accompagnement sont renforcées pour les publics éloignés de l'emploi et les jeunes ayant un faible niveau de qualification.

Elle met aussi en place un dispositif visant à utiliser les marchés publics pour inciter les entreprises à recruter certains salariés.

« À titre expérimental et dans le respect du code des marchés publics, l'État, les collectivités territoriales et les établissements publics soumis au même code peuvent mettre en œuvre des clauses d'exécution de leurs marchés et accords-cadres stipulant que, pour certaines catégories d'achats et au-dessus de certains montants de marché, 5 % au moins du nombre d'heures travaillées pour l'exécution du contrat sont effectués par des jeunes de moins de vingt-six ans de niveau de qualification inférieur au baccalauréat ou par des salariés en contrat d'apprentissage ou de professionnalisation, ou par des salariés embauchés depuis moins de deux ans à l'issue d'un contrat d'apprentissage ou de professionnalisation.

La présente expérimentation s'applique aux procédures de marché engagées à compter de la publication de la présente loi et jusqu'au 31 décembre 2011.

Les catégories d'achats concernées et les montants de marché au-delà desquels le présent article s'applique sont définis par voie réglementaire.

Le Gouvernement remet au Parlement, au plus tard le 30 septembre 2011, un rapport d'évaluation de la présente expérimentation » (loi 2009-1437, art. 28).

• Voir instruction DGEFP du 3 mars 2010 sur la mise en œuvre du contrat de professionnalisation suite à la loi 2009-1437 du 24 novembre 2009.

• À titre expérimental, pendant une durée de trois ans à compter de la promulgation de la loi 2011-893 du 28 juillet 2011 (JO 29), les contrats de professionnalisation peuvent être conclus par un particulier employeur, sous réserve d'un accompagnement de ce dernier adapté aux spécificités de son statut.

Un accord de branche étendu détermine : 1° L'accompagnement adapté du particulier employeur ; 2° Les conditions de financement de la formation du salarié et du particulier employeur ; 3° L'organisme collecteur paritaire agréé chargé de financer cette formation.

Le Gouvernement présente au Parlement une évaluation de cette expérimentation avant son terme (loi 2011-893 précitée, art. 21).

• Voir Le nouveau Portail de l'Alternance, un guichet numérique unique d'information, de recherche et de simplification des formalités administratives pour les futurs alternants et les entreprises (*www.alternance.emploi.gouv.fr*).

• Voir aussi délibération Pôle emploi 2011/18 du 24 mai 2011 (BO PE n° 50 du 1er juin 2011) relative à l'aide forfaitaire à l'employeur (AFE) dans le cadre du contrat de professionnalisation.

SECTION 1. Objet et conditions d'ouverture

Art. L. 6325-1. Le contrat de professionnalisation a pour objet de permettre d'acquérir une des qualifications prévues à l'article L. 6314-1 et de favoriser l'insertion ou la réinsertion professionnelle.

Ce contrat est ouvert :

1° Aux personnes âgées de seize à vingt-cinq ans révolus afin de compléter leur formation initiale ;

2° Aux demandeurs d'emploi âgés de vingt-six ans et plus ;

(L. 2009-1437 du 24 nov. 2009, art. 23, JO 25) « 3° Aux bénéficiaires du revenu de solidarité active, de l'allocation de solidarité spécifique ou de l'allocation aux adultes handicapés ou aux personnes ayant bénéficié d'un contrat conclu en application de l'article L. 5134-19-1 ;

4° Dans les départements d'outre-mer et les collectivités de Saint-Barthélemy, Saint-Martin et Saint-Pierre-et-Miquelon, aux bénéficiaires du revenu minimum d'insertion et de l'allocation de parent isolé. »

Note • Voir décret 2011-523 du 16 mai 2011 (JO 17) relatif à l'aide à l'embauche d'un jeune sous contrat d'apprentissage ou de professionnalisation supplémentaire dans les petites et moyennes entreprises prorogée du 1er janvier 2012 au 30 juin 2012 par décret 2011-1971 du 26 décembre 2011 (JO 28) et décret 2011-524 du 16 mai 2011 (JO 17) relatif à l'aide à l'embauche des demandeurs d'emploi de 45 ans et plus en contrat de professionnalisation.

• Voir instruction DGEFP du 3 mars 2010 sur la mise en œuvre du contrat de professionnalisation.

Art. L. 6325-1-1. ***(L. 2009-1437 du 24 nov. 2009, art. 23, JO 25)*** Les personnes mentionnées au 1° de l'article L. 6325-1 qui n'ont pas validé un second cycle de l'enseignement secondaire et qui ne sont pas titulaires d'un diplôme de l'enseignement technologique ou professionnel, ainsi que les personnes mentionnées aux 3° et 4° du même article bénéficient du contrat de professionnalisation selon les modalités prévues aux articles L. 6325-11, L. 6325-14, L. 6332-14 et L. 6332-15.

Art. L. 6325-2. Le contrat de professionnalisation associe des enseignements généraux, professionnels et technologiques dispensés dans des organismes publics ou privés de formation ou, lorsqu'elle dispose d'un service de formation, par l'entreprise, et l'acquisition d'un savoir-faire par l'exercice en entreprise d'une ou plusieurs activités professionnelles en relation avec les qualifications recherchées.

Art. L. 6325-3. L'employeur s'engage à assurer une formation au salarié lui permettant d'acquérir une qualification professionnelle et à lui fournir un emploi en relation avec cet objectif pendant la durée du contrat à durée déterminée ou de l'action de professionnalisation du contrat à durée indéterminée.

Le salarié s'engage à travailler pour le compte de son employeur et à suivre la formation prévue au contrat.

Art. L. 6325-4. Les titulaires d'un contrat de professionnalisation ne sont pas pris en compte pour le calcul du nombre de salariés simultanément absents au titre de congés de formation pour l'application des articles L. 6322-7 à L. 6322-9, L. 6331-10, L. 6331-11, L. 6331-22, L. 6331-30 et L. 6332-5 ainsi que des périodes de professionnalisation pour l'application de l'article L. 6324-6.

Art. L. 6325-4-1. ***(L. 2011-893 du 28 juil. 2011, art. 6, JO 29)*** Pour l'exercice d'activités saisonnières au sens du 3° de l'article L. 1242-2, deux employeurs peuvent conclure conjointement un contrat de professionnalisation à durée déterminée avec toute personne mentionnée au 1° de l'article L. 6325-1, en vue de l'acquisition d'une ou, par dérogation au même article L. 6325-1, de deux qualifications mentionnées à l'article L. 6314-1.

Une convention tripartite signée par les deux employeurs et le titulaire du contrat est annexée au contrat de professionnalisation. Elle détermine :

1° L'affectation du titulaire entre les deux entreprises au cours du contrat, selon un calendrier prédéfini ;

2° La désignation de l'employeur tenu de verser la rémunération due au titre de chaque période consacrée par le titulaire aux actions et aux enseignements mentionnés à l'article L. 6325-13 ;

3° Les conditions de mise en place du tutorat.

La période d'essai prévue à l'article L. 1242-10 est applicable au début de la première période de travail effectif chez chacun des employeurs.

Ce contrat peut être rompu, dans les conditions applicables aux contrats à durée déterminée, à l'initiative de chacune des parties, laquelle prend en charge les conséquences financières éventuelles de cette rupture.

Note Voir décret 2012-197 du 8 février 2012 (JO 10) modifiant les articles D. 337-21 et D. 337-90 du code de l'éducation pour l'application des articles L. 6222-5-1 et L. 6325-4-1 CT (entrée en vigueur à compter de la session d'examen 2012).

SECTION 2. Formation et exécution du contrat

Art. L. 6325-5. Le contrat de professionnalisation est un contrat de travail à durée déterminée ou à durée indéterminée. Il est établi par écrit.

Lorsqu'il est à durée déterminée, il est conclu en application de l'article L. 1242-3.

Le contrat de professionnalisation est déposé auprès de l'autorité administrative.

Note Une cour d'appel a justifié sa décision déclarant illicite la rupture anticipée d'un contrat de qualification d'une salariée pour échec aux épreuves théoriques du certificat de formation professionnelle conducteur routier, les conditions de la force majeure n'étant pas réunies (cass. soc. 29 octobre 2008, n° 07-40.066, BC V n° 205 ; *JSL* n° 246, 24 déc. 2008, p. 25 – solution qui pourrait s'appliquer à un contrat de professionnalisation).

Art. L. 6325-6. Le titulaire d'un contrat de professionnalisation bénéficie de l'ensemble des dispositions applicables aux autres salariés de l'entreprise dans la mesure où elles ne sont pas incompatibles avec les exigences de la formation.

Art. L. 6325-6-1. ***(L. 2009-1437 du 24 nov. 2009, art. 23, JO 25)*** Les mineurs titulaires d'un contrat de professionnalisation peuvent être autorisés à utiliser au cours de leur formation professionnelle les équipements de travail dont l'usage est interdit aux jeunes travailleurs, dans des conditions définies par décret.

Art. L. 6325-6-2. ***(L. 2011-893 du 28 juil. 2011, art. 3, JO 29)*** Une carte portant la mention "Étudiant des métiers" est délivrée par l'organisme ou le service chargé de leur formation aux personnes qui sont mentionnées au 1° de l'article L. 6325-1 et dont le contrat de professionnalisation a pour objet d'acquérir une qualification enregistrée dans le répertoire national des certifications professionnelles mentionné à l'article L. 335-6 du code de l'éducation et comporte une action de professionnalisation, au sens de l'article L. 6325-11 du présent code, d'une durée minimale de douze mois. Cette carte permet à son titulaire de faire valoir sur l'ensemble du territoire national la spécificité de son statut auprès des tiers, notamment en vue d'accéder à des réductions tarifaires identiques à celles dont bénéficient les étudiants de l'enseignement supérieur.

La carte d'étudiant des métiers est établie conformément à un modèle déterminé par voie réglementaire.

Note Voir arrêté du 30 décembre 2011 (JO 31) relatif à la carte d'étudiant des métiers.

Art. L. 6325-7. ***(L. 2011-893 du 28 juil. 2011, art. 9, JO 29)*** Le contrat de professionnalisation à durée déterminée peut être renouvelé une fois si :

1° Le bénéficiaire, ayant obtenu la qualification visée, prépare une qualification supérieure ou complémentaire ;

2° Le bénéficiaire n'a pu obtenir la qualification visée pour cause d'échec aux épreuves d'évaluation de la formation suivie, de maternité, de maladie, d'accident du travail, de maladie professionnelle ou de défaillance de l'organisme de formation.

SECTION 3. Salaire et durée du travail

Art. L. 6325-8. Sauf dispositions conventionnelles ou contractuelles plus favorables, le salarié âgé de moins de vingt-six ans et titulaire d'un contrat de professionnalisation perçoit pendant la durée du contrat à durée déterminée ou de l'action de professionnalisation du contrat à durée indéterminée une rémunération calculée en fonction du salaire minimum de croissance.

Le montant de cette rémunération peut varier en fonction de l'âge du bénéficiaire et du niveau de sa formation.

Un décret détermine ce montant et les conditions de déduction des avantages en nature.

Art. L. 6325-9. Le titulaire d'un contrat de professionnalisation âgé d'au moins vingt-six ans perçoit, pendant la durée du contrat à durée déterminée ou de l'action de professionnalisation du contrat à durée indéterminée, une rémunération qui ne peut être inférieure ni au salaire minimum de croissance ni à un pourcentage déterminé par décret de la rémunération minimale prévue par les dispositions de la convention ou de l'accord collectif de branche dont relève l'entreprise.

Art. L. 6325-10. La durée du travail du salarié, incluant le temps passé en formation, ne peut excéder la durée hebdomadaire de travail pratiquée dans l'entreprise ni la durée quotidienne maximale du travail fixée par l'article L. 3121-34 et par l'article L. 713-2 du code rural ***(Ord. 2010-462 du 6 mai 2010, JO 7)*** « et de la pêche maritime ».

Il bénéficie du repos hebdomadaire dans les conditions fixées au présent code et au I de l'article L. 714-1 du code rural ***(Ord. 2010-462 du 6 mai 2010, JO 7)*** « et de la pêche maritime ».

SECTION 4. Durée et mise en œuvre des actions de professionnalisation

Art. L. 6325-11. L'action de professionnalisation d'un contrat de professionnalisation à durée déterminée ou qui se situe au début d'un contrat de professionnalisation à durée indéterminée est d'une durée minimale comprise entre six et douze mois. ***(L. 2009-1437 du 24 nov. 2009, art. 23, JO 25)*** « Elle peut être allongée jusqu'à vingt-quatre mois pour les personnes mentionnées à l'article L. 6325-1-1. »

Art. L. 6325-12. La durée minimale de l'action de professionnalisation peut être allongée jusqu'à vingt-quatre mois ***(L. 2009-1437 du 24 nov. 2009, art. 23, JO 25)*** « pour d'autres personnes que celles mentionnées à l'article L. 6325-11 » ou lorsque la nature des qualifications prévues l'exige.

Ces bénéficiaires et la nature de ces qualifications sont définis par convention ou accord collectif de branche ou, à défaut, par accord collectif conclu entre les organisations représentatives d'employeurs et de salariés signataires de l'accord constitutif d'un organisme collecteur paritaire interprofessionnel agréé au titre de la professionnalisation et du droit individuel à la formation.

La nature de ces qualifications peut être définie par un accord conclu au niveau national et interprofessionnel.

Art. L. 6325-13. Dans le cadre du contrat de professionnalisation à durée déterminée ou d'actions de professionnalisation engagées dans le cadre de contrats à durée indéterminée, les actions d'évaluation et d'accompagnement ainsi que les enseignements généraux, professionnels et technologiques sont mis en œuvre par un organisme de formation ou, lorsqu'elle dispose d'un service de formation, par l'entreprise elle-même.

Ils sont d'une durée minimale comprise entre 15 %, sans être inférieure à cent cinquante heures, et 25 % de la durée totale du contrat.

Art. L. 6325-14. Un accord de branche peut porter au-delà de 25 % la durée des actions pour certaines catégories de bénéficiaires, notamment pour ***(L. 2009-1437 du 24 nov. 2009, art. 23, JO 25)*** « ceux mentionnés à l'article L. 6325-1-1 » ou pour ceux qui visent des formations diplômantes.

À défaut d'accord de branche, un accord peut être conclu entre les organisations représentatives d'employeurs et de salariés signataires de l'accord constitutif d'un organisme collecteur paritaire des fonds de la formation professionnelle continue à compétence interprofessionnelle mentionné à l'article L. 6325-12.

Art. L. 6325-14-1. ***(L. 2011-893 du 28 juil. 2011, art. 10, JO 29)*** Un accord de branche ou un accord collectif conclu entre les organisations syndicales de salariés et d'employeurs signataires de l'accord constitutif d'un organisme collecteur paritaire agréé interprofessionnel peut définir les modalités de continuation et de financement, pour une durée n'excédant pas trois mois, des actions d'évaluation et d'accompagnement et des enseignements mentionnés à l'article L. 6325-13, au bénéfice des personnes dont le contrat de professionnalisation comportait une action de professionnalisation, au sens de l'article L. 6325-11, d'une durée minimale de douze mois et a été rompu sans que ces personnes soient à l'initiative de cette rupture.

Art. L. 6325-15. Est nulle, toute clause prévoyant le remboursement à l'employeur par le titulaire d'un contrat de professionnalisation des dépenses de formation en cas de rupture du contrat de travail.

SECTION 5. Exonération de cotisations sociales

Art. L. 6325-16. ***(L. 2007-1822 du 24 déc. 2007, art. 128, JO 27)*** Les contrats à durée déterminée et les actions de professionnalisation ouvrent droit à une exonération des cotisations à la charge de l'employeur au titre des assurances sociales et des allocations familiales, applicable aux gains et rémunérations tels que définis à l'article L. 242-1 du code de la sécurité sociale et à l'article L. 741-10 du code rural ***(Ord. 2010-462 du 6 mai 2010, JO 7)*** « et de la pêche maritime », versés par les employeurs aux demandeurs d'emploi âgés de quarante-cinq ans et plus.

Note L'exonération de cotisations patronales attachée au contrat de professionnalisation ne s'appliquera plus aux contrats conclus à compter du 1er janvier 2008 avec des personnes de moins de 26 ans (loi 2007-1822 du 24 décembre 2007, art. 53). Seules

les rémunérations versées à des demandeurs d'emploi de 45 ans et plus continuent d'ouvrir droit à l'exonération des cotisations patronales d'assurance maladie, d'assurance vieillesse et d'allocations familiales.

Art. L. 6325-17. ***(L. 2007-1822 du 24 déc. 2007, art. 128, JO 27)*** Les contrats à durée déterminée et les actions de professionnalisation conclus par les groupements d'employeurs régis par les articles L. 1253-1 et suivants qui organisent des parcours d'insertion et de qualification au profit soit de jeunes âgés de seize à vingt-cinq ans révolus sortis du système scolaire sans qualification ou rencontrant des difficultés particulières d'accès à l'emploi, soit de demandeurs d'emploi âgés de quarante-cinq ans et plus, ouvrent droit à une exonération des cotisations à la charge de l'employeur au titre des accidents du travail et des maladies professionnelles, applicable aux gains et rémunérations tels que définis à l'article L. 242-1 du code de la sécurité sociale et à l'article L. 741-10 du code rural ***(Ord. 2010-462 du 6 mai 2010, JO 7)*** « et de la pêche maritime ». Un décret précise les conditions dans lesquelles un groupement d'employeurs peut bénéficier de cette exonération.

Note Un décret 2009-612 du 2 juin 2009 (JO 4) précise les conditions d'application de cette exonération, en la réservant aux groupements d'employeurs bénéficiant par ailleurs de l'aide pour l'accompagnement personnalisé vers l'emploi (art. D. 6325-19-1 nouveau). Pour pouvoir prétendre à l'exonération « accidents du travail, maladies professionnelles », le groupement d'employeurs doit organiser des parcours d'insertion et de qualification au profit de jeunes de 16 à 25 ans révolus sortis du système scolaire sans qualification ou rencontrant des difficultés particulières d'accès à l'emploi et des demandeurs d'emploi de 45 ans et plus en contrat de professionnalisation (art. D. 6325-23 et 24).

Art. L. 6325-18. Le montant de l'exonération ***(L. 2007-1822 du 24 déc. 2007, art. 128, JO 27)*** « applicable au titre des articles L. 6325-16 ou L. 6325-17 » est égal à celui des cotisations afférentes à la fraction de la rémunération n'excédant pas le produit du salaire minimum de croissance par le nombre d'heures rémunérées, dans la limite de la durée légale du travail calculée sur le mois, ou, si elle est inférieure, la durée conventionnelle applicable dans l'établissement.

Art. L. 6325-19. L'exonération ***(L. 2007-1822 du 24 déc. 2007, art. 128, JO 27)*** « applicable au titre des articles L. 6325-16 ou L. 6325-17 » porte sur les cotisations afférentes aux rémunérations dues jusqu'à la fin du contrat de professionnalisation lorsqu'il est à durée déterminée, ou de l'action de professionnalisation lorsqu'il est à durée indéterminée.

Art. L. 6325-20. Un décret précise les modalités de calcul de l'exonération ***(L. 2007-1822 du 24 déc. 2007, art. 128, JO 27)*** « applicable au titre des articles L. 6325-16 ou L. 6325-17 » pour les salariés :

1° Dont la rémunération ne peut être déterminée selon un nombre d'heures de travail accomplies ;

2° Dont le contrat de travail est suspendu avec maintien de tout ou partie de la rémunération.

Art. L. 6325-21. ***(L. 2007-1822 du 24 déc. 2007, art. 128, JO 27)*** « Le bénéfice de l'exonération prévue à l'article L. 6325-16 ne peut être cumulé avec celui d'une autre exonération totale ou partielle de cotisations patronales ou l'application de taux spécifiques, d'assiettes ou de montants forfaitaires de cotisations, à l'exception de l'exonération prévue à l'article L. 6325-17 et de la déduction forfaitaire prévue à l'article L. 241-18 du code de la sécurité sociale. Le bénéfice de l'exonération prévue à l'article L. 6325-17 du présent code est cumulable avec le régime de réductions prévu à l'article L. 241-13 du code de la sécurité sociale. »

Il est subordonné au respect par l'employeur des obligations mises à sa charge par le présent chapitre.

Art. L. 6325-22. Un décret en Conseil d'État détermine les conditions dans lesquelles le bénéfice de l'exonération ***(L. 2007-1822 du 24 déc. 2007, art. 128, JO 27)*** « applicable au titre des articles L. 6325-16 ou L. 6325-17 » peut être retiré en cas de manquement aux obligations mentionnées au présent chapitre.

SECTION 6. Entreprises de travail temporaire

Art. L. 6325-23. Les entreprises de travail temporaire peuvent conclure des contrats de professionnalisation à durée déterminée en application de l'article L. 1242-3.

Les activités professionnelles en relation avec les enseignements reçus sont alors exercées dans le cadre des missions de travail temporaire définies par le chapitre Ier du titre V du livre II de la première partie.

Art. L. 6325-24. Un accord, conclu au niveau de la branche professionnelle entre les organisations représentatives d'employeurs et de salariés du travail temporaire et l'État, peut prévoir qu'une partie des fonds recueillis au titre des contrats et périodes de professionnalisation et de droit individuel à la formation est affectée au financement d'actions de formation réalisées dans le cadre de l'article L. 1251-57 et ayant pour objet la professionnalisation des salariés intérimaires ou l'amélioration de leur insertion professionnelle.

[Dispositions réglementaires]

SECTION 1. Formation, enregistrement et rupture du contrat

Art. D. 6325-1. ***(D. 2011-535 du 17 mai 2011, JO 19)*** L'employeur adresse le contrat de professionnalisation accompagné du document annexé à ce contrat mentionné à l'article D. 6325-11 à l'organisme paritaire collecteur agréé au titre de la professionnalisation, au plus tard dans les cinq jours qui suivent le début du contrat.

Note Les dispositions issues du décret 2011-535 du 17 mai 2011 (JO 19) s'appliquent aux contrats de professionnalisation déposés auprès des OPCA le lendemain de sa publication au *JO*, soit le 20 mai 2011.

Art. D. 6325-2. ***(D. 2011-535 du 17 mai 2011, JO 19)*** Dans le délai de vingt jours à compter de la réception du contrat et du document annexé à ce contrat, l'organisme collecteur se prononce sur la prise en charge financière. Il vérifie notamment que les stipulations du contrat ne sont pas contraires à une disposition légale ou à une stipulation conventionnelle. Il notifie à l'employeur sa décision relative à la prise en charge financière. Il dépose le contrat, accompagné de sa décision, auprès du directeur régional des entreprises, de la concurrence, de la consommation, du travail et de l'emploi du lieu d'exécution du contrat, sous une forme dématérialisée. À défaut d'une décision de l'organisme dans ce délai, la prise en charge est réputée acceptée et le contrat est réputé deposé.

Lorsque l'organisme refuse la prise en charge financière au motif que les stipulations du contrat sont contraires à une disposition légale ou à une stipulation conventionnelle, il notifie sa décision motivée à l'employeur et au salarié titulaire du contrat.

[Art. D. 6325-3. Abrogé par décret 2011-535 du 17 mai 2011, JO 19.]

Art. D. 6325-4. Les périodes en entreprise réalisées au titre de la formation initiale des jeunes sous statut scolaire ou universitaire ne peuvent donner lieu à la conclusion de contrats de professionnalisation.

Art. D. 6325-5. Lorsque le contrat de professionnalisation, ou l'action de professionnalisation lorsqu'il s'agit d'un contrat de travail à durée indéterminée, est rompu avant son terme, l'employeur signale cette rupture dans un délai de trente jours :

1° Au ***(D. 2009-1377 du 10 nov. 2009, JO 13 ; D. 2010-687 du 24 juin 2010, JO 25 ; voir D. 2010-1582 du 17 déc. 2010, JO 18, pour outre-mer)*** « directeur régional des entreprises, de la concurrence, de la consommation, du travail et de l'emploi » ;

2° À l'organisme collecteur paritaire agréé ;

3° À l'organisme chargé du recouvrement des cotisations et contributions sociales.

SECTION 2. Tutorat

Note Le tutorat des jeunes embauchés ou stagiaires (voir décret 2010-661 du 15 juin 2010, JO 17, relatif à la prise en charge du tutorat des jeunes embauchés ou stagiaires) s'exerce dans les mêmes conditions que celles prévues aux articles D. 6325-6 à D. 6325-9 pour les salariés en contrat de professionnalisation.

Art. D. 6325-6. Pour chaque salarié en contrat de professionnalisation, l'employeur peut choisir un tuteur parmi les salariés qualifiés de l'entreprise.

Le salarié choisi pour être tuteur doit être volontaire et justifier d'une expérience professionnelle d'au moins deux ans dans une qualification en rapport avec l'objectif de professionnalisation visé.

L'employeur peut assurer lui-même le tutorat dès lors qu'il remplit les conditions de qualification et d'expérience.

Art. D. 6325-7. Les missions du tuteur sont les suivantes :

1° Accueillir, aider, informer et guider les bénéficiaires du contrat de professionnalisation ;

2° Organiser avec les salariés intéressés l'activité de ces bénéficiaires dans l'entreprise et contribuer à l'acquisition des savoir-faire professionnels ;

3° Veiller au respect de l'emploi du temps du bénéficiaire ;

4° Assurer la liaison avec l'organisme ou le service chargé des actions d'évaluation, de formation et d'accompagnement des bénéficiaires à l'extérieur de l'entreprise ;

5° Participer à l'évaluation du suivi de la formation.

Art. D. 6325-8. L'employeur laisse au tuteur le temps nécessaire pour exercer ses fonctions et se former.

Art. D. 6325-9. Lorsqu'il est salarié, le tuteur ne peut exercer simultanément ses fonctions à l'égard de plus de trois salariés bénéficiaires de contrats de professionnalisation ou d'apprentissage ou de périodes de professionnalisation.

L'employeur ne peut assurer simultanément le tutorat à l'égard de plus de deux salariés.

Art. D. 6325-10. Dans le cas d'un contrat de travail temporaire, lorsque l'entreprise utilisatrice désigne un tuteur, les missions prévues à l'article D. 6325-7 peuvent, pendant les périodes de mise à disposition, être confiées à ce tuteur.

Toutefois, lorsque l'entreprise de travail temporaire désigne un tuteur, l'évaluation du suivi de la formation et la liaison avec l'organisme de formation, ou le service de formation, sont assurées par ce tuteur. Les conditions prévues aux articles D. 6325-6 et D. 6325-9 ne s'appliquent pas à ce tuteur.

SECTION 3. Organisation de la formation

Art. D. 6325-11. Un document précisant les objectifs, le programme et les modalités d'organisation, d'évaluation et de sanction de la formation est annexé au contrat de professionnalisation.

Art. D. 6325-12. Les actions d'accompagnement ainsi que les enseignements généraux, professionnels et technologiques mentionnés à l'article L. 6325-13, mis en place dans le cadre d'un contrat de professionnalisation par un organisme de formation ou un établissement d'enseignement, donnent lieu à la signature, entre l'entreprise et l'organisme de formation ou l'établissement d'enseignement, d'une convention précisant les objectifs, le programme et les modalités d'organisation, d'évaluation et de sanction de la formation.

Art. D. 6325-13. Dans les deux mois suivant le début du contrat de professionnalisation, l'employeur examine avec le salarié l'adéquation du programme de formation au regard des acquis du salarié.

En cas d'inadéquation, l'employeur et le salarié peuvent, dans les limites de la durée de ce contrat, conclure un avenant.

Cet avenant est transmis à l'organisme collecteur paritaire agréé. Il est déposé à la ***(D. 2009-1377 du 10 nov. 2009, JO 13 ; D. 2010-687 du 24 juin 2010, JO 25 ; voir D. 2010-1582 du 17 déc. 2010, JO 18, pour outre-mer)*** « direction régionale des entreprises, de la concurrence, de la consommation, du travail et de l'emploi » selon les modalités et dans les conditions définies ***(D. 2011-535 du 17 mai 2011, JO 19)*** « à l'article D. 6325-2 ».

SECTION 4. Salaire

Art. D. 6325-14. Les salariés âgés de moins de vingt-six ans titulaires d'un contrat de professionnalisation perçoivent pendant la durée du contrat de travail à durée déterminée ou de l'action de professionnalisation du contrat de travail à durée indéterminée un salaire minimum calculé en fonction de leur âge et de leur niveau de formation.

Art. D. 6325-15. Le salaire ne peut être inférieur à 55 % du salaire minimum de croissance pour les bénéficiaires âgés de moins de vingt et un ans et à 70 % du salaire minimum de croissance pour les bénéficiaires âgés de vingt et un ans et plus.

Ces rémunérations ne peuvent, respectivement, être inférieures à 65 % et 80 % du salaire minimum de croissance, lorsque le bénéficiaire est titulaire d'une qualification au moins égale à celle d'un baccalauréat professionnel ou d'un titre ou diplôme à finalité professionnelle de même niveau.

Art. D. 6325-16. Les montants de rémunération prévus à l'article D. 6325-15 sont calculés à partir du premier jour du mois suivant le jour où le titulaire du contrat a atteint l'âge indiqué.

Art. D. 6325-17. Excepté dans le cas où un taux moins élevé est prévu par une convention collective ou un contrat, les avantages en nature dont bénéficie le titulaire du contrat de professionnalisation peuvent être déduits du salaire dans la limite de 75 % de la déduction autorisée pour les autres salariés par la réglementation applicable en matière de sécurité sociale.

Ces déductions ne peuvent excéder, chaque mois, un montant égal aux trois quarts du salaire.

Art. D. 6325-18. La rémunération du titulaire d'un contrat de professionnalisation âgé d'au moins vingt-six ans, prévue à l'article L. 6325-9, ne peut être inférieure à 85 % de la rémunération minimale prévue par les dispositions de la convention ou de l'accord collectif de branche dont relève l'entreprise.

SECTION 5. Exonérations de cotisations sociales

Art. D. 6325-19. En cas de suspension du contrat de travail avec maintien total ou partiel de la rémunération mensuelle brute du salarié, le nombre d'heures rémunérées pris en compte pour le calcul ***(D. 2009-612 du 2 juin 2009, JO 4)*** « des exonérations prévues aux articles L. 6325-16 et L. 6325-17 » est égal au produit de la durée de travail que le salarié aurait accomplie s'il avait continué à travailler et du pourcentage de la rémunération demeuré à la charge de l'employeur et soumis à cotisation.

Ce nombre d'heures rémunérées ne peut excéder, au titre du mois civil considéré, la durée légale du travail calculée sur le mois, ou, lorsqu'elle est inférieure, la durée conventionnelle applicable dans l'établissement.

Note En cas de suspension du contrat de travail, le mode de calcul de l'exonération AT est désormais identique à celui de l'exonération des autres cotisations patronales (art. D. 6325-19 modifié).

Art. D. 6325-19-1. ***(D. 2009-612 du 2 juin 2009, JO 4)*** L'exonération prévue à l'article L. 6325-17 bénéficie aux groupements d'employeurs bénéficiant de l'aide prévue aux articles D. 6325-23 et D. 6325-24.

Art. R. 6325-20. Lorsque les services chargés du contrôle de l'exécution du contrat ou les agents de contrôle mentionnés à l'article L. 6361-5 constatent que l'employeur a méconnu les dispositions de l'article L. 1111-3, relatives aux modalités de calcul des effectifs, et celles du présent chapitre, le ***(D. 2009-1377 du 10 nov. 2009, JO 13 ; D. 2010-687 du 24 juin 2010, JO 25 ; voir D. 2010-1582 du 17 déc. 2010, JO 18, pour outre-mer)*** « directeur régional des entreprises, de la concurrence, de la consommation, du travail et de l'emploi » peut, par décision motivée, prononcer le retrait du bénéfice de l'exonération.

Art. R. 6325-21. La décision de retrait du bénéfice de l'exonération est notifiée à l'employeur. Ce dernier en informe les représentants du personnel.

Elle est également transmise à l'organisme chargé du recouvrement des cotisations et contributions sociales et à l'organisme collecteur paritaire agréé.

Les cotisations dont l'employeur a été exonéré avant la notification de la décision de retrait sont versées au plus tard à la première date d'exigibilité des cotisations et contributions sociales qui suit la date de notification de la décision.

SECTION 6. Dispositions applicables aux groupements d'employeurs

Art. D. 6325-22. Dans le cas d'un contrat de travail conclu avec un groupement d'employeurs, lorsque l'entreprise utilisatrice désigne un tuteur, les missions prévues à l'article D. 6325-7 peuvent, pendant les périodes de mise à disposition, être confiées à ce tuteur.

Toutefois, lorsque l'employeur désigne un tuteur, l'évaluation du suivi de la formation et la liaison avec l'organisme de formation, ou le service de formation, sont assurées par ce tuteur. Les conditions prévues aux articles D. 6325-6 et D. 6325-9 ne s'appliquent pas à ce tuteur.

Note Voir instruction DGEFP 2008-14 du 20 août 2008 relative au développement des groupements d'employeurs pour l'insertion et la qualification (GEIQ).

Art. D. 6325-23. Le groupement d'employeurs qui organise, dans le cadre du contrat de professionnalisation, des parcours d'insertion et de qualification peut bénéficier d'une aide de l'État.

Cette aide est réservée au groupement organisant l'accompagnement personnalisé vers l'emploi au profit des catégories de personnes suivantes :

1° Jeunes âgés de seize à vingt-cinq ans sortis du système scolaire sans qualification ou rencontrant des difficultés particulières d'accès à l'emploi ;

2° Demandeurs d'emploi âgés de quarante-cinq ans et plus.

Note Sur l'aide de l'État aux groupements d'employeurs pour financer l'accompagnement personnalisé vers l'emploi de salariés en contrat de professionnalisation, voir aussi circulaire DGEFP 2007-21 du 23 juillet 2007 relative à la mise en œuvre du contrat de professionnalisation (BO TR 2007/09).

Art. D. 6325-24. Pour bénéficier de l'aide prévue à l'article D. 6325-23, les groupements d'employeurs concluent une convention avec le préfet.

Cette convention précise :

1° Le nombre prévisionnel d'accompagnements dans l'année de jeunes âgés de seize à vingt-cinq ans et de demandeurs d'emploi âgés de quarante-cinq ans et plus, embauchés en contrat de professionnalisation ;

2° Les secteurs d'activité concernés, les qualifications préparées, les postes de travail sur lesquels les bénéficiaires du contrat sont embauchés ;

3° Le contenu et les modalités de mise en œuvre de l'accompagnement personnalisé vers l'emploi ;

4° Le nombre et la qualité des personnes chargées de l'accompagnement.

Art. D. 6325-25. Le groupement d'employeurs bénéficiant de l'aide prévue à l'article D. 6325-23 établit annuellement un bilan d'exécution de la convention.

Art. D. 6325-26. L'aide de l'État prévue aux articles D. 6325-23 et D. 6325-24 est attribuée chaque année, en fonction du nombre d'accompagnements prévus par le groupement d'employeurs.

Elle est calculée sur une base forfaitaire par accompagnement et par an, dont le montant est fixé par arrêté conjoint des ministres chargés de l'emploi et du budget.

(D. 2009-612 du 2 juin 2009, JO 4) « Elle est cumulable avec les exonérations prévues aux articles L. 6325-16 et L. 6325-17. »

Art. D. 6325-27. L'aide de l'État est versée à raison de 75 % de son montant prévisionnel au moment de la conclusion de la convention.

Le solde est versé après examen du bilan d'exécution de la convention par la ***(D. 2009-1377 du 10 nov. 2009, JO 13 ; D. 2010-687 du 24 juin 2010, JO 25 ; voir D. 2010-1582 du 17 déc. 2010, JO 18, pour outre-mer)*** « direction régionale des entreprises, de la concurrence, de la consommation, du travail et de l'emploi ».

Art. D. 6325-28. Lorsqu'il ressort de l'examen du bilan d'exécution que le nombre d'accompagnements réalisés est inférieur à celui prévu par la convention ou que le contenu et les modalités de mise en œuvre de l'accompagnement ne sont pas conformes à la convention, les sommes correspondantes sont déduites du solde de l'aide restant à verser et, le cas échéant, reversées au Trésor public pour la part excédant le montant du solde.

(D. 2011-2001 du 28 déc. 2011, JO 29)

SECTION 7. Carte d'étudiant des métiers

Art. D. 6325-29. Une carte d'étudiant des métiers est délivrée gratuitement aux salariés en contrat de professionnalisation mentionnés à l'article L. 6325-6-2, par l'organisme ou le service chargé de leur formation dans les trente jours suivant la conclusion du contrat. En cas de rupture du contrat de professionnalisation, la carte est remise à l'établissement de formation, qui assure sa destruction.

La carte d'étudiant des métiers comporte les mentions prévues à l'article D. 6222-44 et est conforme au modèle défini en application de ce même article.

(L. 2009-1437 du 24 nov. 2009, art. 18, JO 25)

CHAPITRE VI

Préparation opérationnelle à l'emploi

Art. L. 6326-1. La préparation opérationnelle à l'emploi ***(L. 2011-893 du 28 juil. 2011, art. 22, JO 29)*** « individuelle » permet à un demandeur d'emploi de bénéficier d'une formation nécessaire à l'acquisition des compétences requises pour occuper un emploi correspondant à une offre déposée par une entreprise auprès de l'institution mentionnée à l'article L. 5312-1. L'offre d'emploi est située dans la zone géographique privilégiée définie par le projet personnalisé d'accès à l'emploi du demandeur d'emploi. À l'issue de la formation, qui est dispensée préalablement à l'entrée dans l'entreprise, le contrat de travail qui peut être conclu par l'employeur et le demandeur d'emploi est un contrat à durée indéterminée, un contrat de professionnalisation ***(L. 2011-893 du 28 juil. 2011, art. 22, JO 29)*** « d'une durée minimale de douze mois, un contrat d'apprentissage ou » un contrat à durée déterminée d'une durée minimale de douze mois.

Art. L. 6326-2. Dans le cadre de la préparation opérationnelle à l'emploi, la formation est financée par l'institution mentionnée à l'article L. 5312-1. Le fonds mentionné à l'article L. 6332-18 et l'organisme collecteur paritaire agréé dont relève l'entreprise concernée peuvent contribuer au financement du coût pédagogique et des frais annexes de la formation.

L'entreprise, en concertation avec l'institution mentionnée à l'article L. 5312-1 et avec l'organisme collecteur paritaire agréé dont elle relève, définit les compétences que le demandeur d'emploi acquiert au cours de la formation pour occuper l'emploi proposé.

Note Sur les aides du Pôle Emploi dans le cadre de la formation préalable au recrutement, voir Délibérations PE 2010-40 et 2010-41 du 9 juillet 2010, BO Pôle Emploi n° 52 du 20 juillet 2010.

Art. L. 6326-3. ***(L. 2011-893 du 28 juil. 2011, art. 22, JO 29)*** La préparation opérationnelle à l'emploi collective permet à plusieurs demandeurs d'emploi de bénéficier d'une formation nécessaire à l'acquisition des compétences requises pour occuper des emplois correspondant à des besoins identifiés par un accord de branche ou, à défaut, par un conseil d'administration d'un organisme collecteur paritaire agréé.

Le contrat de travail qui peut être conclu à l'issue de la préparation opérationnelle à l'emploi collective est un contrat à durée indéterminée, un contrat de professionnalisation d'une durée minimale de douze mois, un contrat d'apprentissage ou un contrat à durée déterminée d'une durée minimale de douze mois.

La formation est financée par l'organisme collecteur paritaire agréé compétent. L'institution mentionnée à l'article L. 5312-1 et le fonds mentionné à l'article L. 6332-18 peuvent également contribuer au financement de la formation dans des conditions fixées par une convention avec l'organisme collecteur paritaire agréé.

Pour les demandeurs d'emploi âgés de moins de vingt-six ans, la formation peut être dispensée dans un centre de formation d'apprentis.

TITRE III

FINANCEMENT DE LA FORMATION PROFESSIONNELLE CONTINUE

CHAPITRE Ier

Participation des employeurs au développement de la formation professionnelle continue

Note

• La participation des employeurs au développement de la formation professionnelle continue a été profondément modifiée, notamment par les lois 84-130 du 24 février 1984, 90-579 du 4 juillet 1990, 90-613 du 12 juillet 1990, 91-1405 du 31 décembre 1991 (JO 4 janv. 1992), 2004-391 du 4 mai 2004 (JO 5) et, en dernier lieu, par la loi 2009-1437 du 24 novembre 2009 (JO 25).

Tout employeur doit, depuis le 1er janvier 1992, participer au financement de la formation professionnelle. La loi 92-1446 du 31 décembre 1992 (JO 1er janv. 1993) a créé une partie concernant la contribution des employeurs occupant des salariés intermittents du spectacle. La loi 2004-391 du 4 mai 2004 (JO 5) a étendu le champ d'application de la participation financière et en a relevé le montant à compter du 1er janvier 2004.

Voir circulaire DGEFP 2006-35 du 14 novembre 2006 relative à l'action de formation et aux prestations entrant dans le champ de la formation professionnelle continue : fiche B6 (BO TR 2006/12).

• La loi 2009-1437 du 24 novembre 2009 relative à l'orientation et à la formation professionnelle tout au long de la vie a notamment créé un Fonds paritaire de sécurisation des parcours professionnels (FPSPP) afin de financer la formation de certains publics prioritaires, notamment les demandeurs d'emploi. Ce fonds est financé par des prélèvements sur la participation des entreprises à la formation professionnelle, sans augmentation de la charge globale que représente l'obligation légale de participation à la formation.

De nouvelles imputations sur la participation ont été prévues à titre expérimental. Ainsi, lorsqu'elles ont été engagées à compter de la publication de la loi et jusqu'au 31 décembre 2011, ont pu être financées au titre de la participation des employeurs au développement de la formation professionnelle continue dans le cadre du plan de formation les dépenses correspondant :
– à une part de la rémunération des salariés assurant le tutorat de jeunes de moins de vingt-six ans embauchés depuis moins de six mois ou stagiaires dans l'entreprise ;
– aux éventuels compléments de salaire versés aux salariés en contrepartie de leur activité de tutorat des jeunes susmentionnés.

Un décret 2010-661 du 15 juin 2010 (JO 17) a précisé la prise en charge du tutorat des jeunes embauchés ou stagiaires (dépenses pouvant être financées dans la limite d'un plafond de 230 € par mois et par jeune embauché ou par stagiaire, et pour une durée maximale de six mois pour un jeune embauché et de trois mois pour un stagiaire).

Le Gouvernement remet au Parlement, au plus tard le 30 septembre 2011, un rapport sur la présente expérimentation, qui évalue en particulier son impact sur le développement et la valorisation du tutorat ainsi que sur l'accès des jeunes peu ou pas qualifiés à l'emploi, à la formation et à la qualification (loi 2009-1437, art. 33).

De même, lorsqu'elles ont été engagées à compter de la publication de la loi et jusqu'au 31 décembre 2011, ont été prises en charge au titre de la participation des employeurs au développement de la formation professionnelle continue, dans le cadre du plan de formation, les dépenses correspondant aux rémunérations versées à un salarié recruté par une entreprise employant moins de dix salariés pour remplacer un salarié absent de l'entreprise pour cause de formation. Ces dépenses sont prises en charge sur la base du taux horaire du SMIC brut dans la limite de 150 heures de formation (décret 2010-290 du 17 mars 2010, JO 19).

Le Gouvernement remet au Parlement, au plus tard le 30 septembre 2011, un rapport sur la présente expérimentation qui évalue en particulier son impact sur l'accès à la formation (loi 2009-1437, art. 44).

La loi 2010-1330 du 9 novembre 2010, art. 104 (JO 10) a prévu que « peuvent être financées, au titre de la participation des employeurs au développement de la formation professionnelle continue dans le cadre du plan de formation, les dépenses correspondant à une part de la rémunération des salariés de cinquante-cinq ans et plus assurant le tutorat de jeunes de moins de vingt-six ans embauchés en contrat de professionnalisation ». Un décret détermine les modalités d'application de cet article.

• Voir notamment *RF Soc.* janv. 2011, cah. jurid. n° 104 « Formation : plan et participation financière de l'entreprise ».

SECTION 1. **Obligation de financement**

Art. L. 6331-1. Tout employeur concourt au développement de la formation professionnelle continue en participant, chaque année, au financement des actions mentionnées aux articles L. 6313-1 et L. 6314-1.

Ces dispositions ne s'appliquent pas à l'État, aux collectivités locales et à leurs établissements publics à caractère administratif.

Art. R. 6331-1. ***(D. 2009-775 du 23 juin 2009, JO 24)*** Pour la détermination du montant de la participation des employeurs au développement de la formation professionnelle continue, l'effectif de l'entreprise calculé au 31 décembre, tous établissements confondus, est égal à la moyenne des effectifs déterminés chaque mois de l'année civile.

Pour la détermination des effectifs du mois, il est tenu compte des salariés titulaires d'un contrat de travail le dernier jour de chaque mois, y compris les salariés absents, conformément aux dispositions des articles L. 1111-2, L. 1111-3 et L. 1251-54.

Pour une entreprise créée en cours d'année, l'effectif est apprécié à la date de sa création. Au titre de l'année suivante, l'effectif de cette entreprise est apprécié dans les conditions définies aux deux alinéas précédents, en fonction de la moyenne des effectifs de chacun des mois d'existence de la première année.

Pour la détermination de la moyenne mentionnée aux premier et troisième alinéas, les mois au cours desquels aucun salarié n'est employé ne sont pas pris en compte.

Note Sur les modalités de décompte des effectifs résultant du décret 2009-775 du 23 juin 2009, voir circulaire DSS/5B/2010/38 du 1er février 2010.

SECTION 2. **Employeurs de moins de dix salariés**

Note • La loi du 31 décembre 1991 a étendu le financement de la formation professionnelle aux entreprises de moins de dix salariés. Leur taux de participation était fixé à 0,15 % de la masse salariale annuelle brute à partir du 1er janvier 1992, les sommes collectées par un organisme agréé par l'État étant mutualisées dès leur réception.

À compter du 1er janvier 1993, les employeurs de moins de 10 salariés redevables de la taxe d'apprentissage étaient soumis à une nouvelle contribution de 0,10 % de la masse salariale annuelle brute, destinée au financement des contrats d'insertion en alternance, qui compensait la suppression, à compter de 1993, de la cotisation complémentaire à la taxe d'apprentissage (loi 93-121 du 27 janvier 1993, JO 30).

• La loi 2004-391 du 4 mai 2004 (JO 5) a porté le taux global de la participation à 0,40 % à partir du 1er janvier 2004 et à 0,55 % à partir du 1er janvier 2005.

La participation, calculée sur les rémunérations versées pendant l'année en cours, s'effectue :
– en un versement au moins égal à 0,15 %, au titre du financement des contrats et périodes de professionnalisation et du droit individuel à la formation ;

– en un autre versement, à concurrence du solde de la participation – soit 0,25 % à partir du 1er janvier 2004 et 0,40 % à partir du 1er janvier 2005 – au titre du financement du plan de formation et pour la prise en charge de l'allocation de formation.

La contribution doit être versée par l'employeur avant le 1er mars de l'année suivant celle au titre de laquelle elle est due à un même organisme paritaire collecteur agréé désigné par l'accord de branche ou, à défaut, à un organisme paritaire collecteur agréé au niveau interprofessionnel.

Sous-section 1. **Montant et mise en œuvre de la participation**

Art. L. 6331-2. Les employeurs de moins de dix salariés consacrent au financement des actions définies à l'article L. 6331-1 un pourcentage minimal du montant des rémunérations versées pendant l'année en cours s'élevant à 0,55 %.

Les rémunérations sont entendues au sens des règles prévues aux chapitres Ier et II du titre IV du livre II du code de la sécurité sociale, ou au chapitre II du titre II et au chapitre Ier du titre IV du livre VII du code rural ***(Ord. 2010-462 du 6 mai 2010, JO 7)*** « et de la pêche maritime », pour les employeurs des salariés mentionnés à l'article L. 722-20 de ce code.

Les modalités de versement de cette participation sont déterminées par décret en Conseil d'État.

Note Dans les professions agricoles définies aux 1° à 4° de l'article L. 722-1 du code rural, ainsi que dans les coopératives d'utilisation de matériel agricole, le pourcentage minimal indiqué au premier alinéa de l'article L. 952-1 [L. 6331-2] CT est fixé à 0,25 %. Des accords de branche étendus, conclus avant le 30 juin 2004, pouvaient prévoir les modalités d'évolution de ce taux minimal, qui ne pouvait pas être inférieur à 0,55 % le 1er janvier 2008. Ces accords pouvaient également moduler les versements affectés aux différentes actions prévues par les articles L. 931-1, L. 931-20, L. 951-1 et L. 952-1 (anciens) du même code (loi 2004-391 du 4 mai 2004, art. 35, JO 5).

Art. L. 6331-3. L'employeur verse chacune de ses contributions à un seul et même organisme collecteur paritaire agréé désigné par l'accord de branche dont il relève ou, à défaut, à un organisme collecteur paritaire agréé au niveau interprofessionnel.

Art. R. 6331-2. L'employeur de moins de dix salariés opère, avant le 1er mars de l'année suivant celle au titre de laquelle la participation est due :

1° Un versement au moins égal à 0,15 % des rémunérations de l'année de référence à un organisme collecteur paritaire agréé au titre de la professionnalisation et du droit individuel à la formation ;

2° Un versement à concurrence du solde de l'obligation de financement de la formation professionnelle continue à un organisme collecteur paritaire agréé à ce titre par l'État.

Note Les articles R. 6331-3 à 8 ont été supprimés, en accord avec la section sociale du Conseil d'État pour tenir compte de la loi 2007-1787 du 20 décembre 2007 relative à la simplification du droit qui abroge l'article L. 6331-7 portant base légale de la déclaration fiscale des entreprises de moins de 10 salariés (cf. 1° du III de l'article 12 de cette loi).

[Sous-section 2. **Dépenses libératoires (art. L. 6331-4 et 5).** Abrogée par loi 2009-1437 du 24 novembre 2009, art. 41, JO 25.]

Sous-section 3. **Majoration de la contribution**

Art. L. 6331-6. Lorsqu'un employeur n'a pas opéré les versements à l'organisme collecteur dans les conditions du décret prévu au troisième alinéa de l'article L. 6331-2 ou a opéré un versement insuffisant, le montant de sa participation au financement de la formation professionnelle continue est majoré de l'insuffisance constatée.

(L. 2007-1787 du 20 déc. 2007, art. 12, III, JO 27) « L'employeur verse au Trésor public, selon les modalités définies au III de l'article 1678 *quinquies* du code général des impôts, » un montant égal à la différence constatée entre sa participation ainsi majorée et son versement à l'organisme collecteur. Le montant de ce versement est établi et recouvré selon les modalités ainsi que sous les sûretés, garanties et sanctions applicables en matière de taxe sur le chiffre d'affaires.

Note La modification de cet article est applicable à raison des rémunérations versées à compter du 1er janvier 2007 (loi 2007-1787 précitée, art. 12, V). Elle est applicable à Mayotte (loi 2007-1787 précitée, art. 30, IV).

[Sous-section 4. **Déclaration fiscale.** Abrogée par loi 2009-1437 du 24 novembre 2009, art. 41, JO 25.]

[**Art. L. 6331-7.** Abrogé par loi 2007-1787 du 20 décembre 2007, art. 12, III, JO 21.]

Sous-section 5. Contrôle et contentieux

Art. L. 6331-8. Le contrôle et le contentieux de la participation des employeurs sont opérés selon les règles applicables en matière de taxe sur le chiffre d'affaires.

Toutefois, ces dispositions ne s'appliquent pas aux litiges relatifs à la réalité et à la validité des versements faits aux organismes collecteurs paritaires agréés au titre de la participation des employeurs de moins de dix salariés au développement de la formation professionnelle continue.

SECTION 3. Employeurs de dix salariés et plus

Sous-section 1. Montant et mise en œuvre de la participation

§ 1. Dispositions générales

Art. L. 6331-9. Les employeurs de dix salariés et plus consacrent au financement des actions définies à l'article L. 6331-1 un pourcentage au moins égal à 1,60 % du montant des rémunérations versées pendant l'année en cours.

Pour les entreprises de travail temporaire, ce taux est fixé à 2 % des rémunérations versées pendant l'année en cours, quelles que soient la nature et la date de la conclusion des contrats de mission.

Les rémunérations sont entendues au sens des règles prévues aux chapitres Ier et II du titre IV du livre II du code de la sécurité sociale ou au chapitre II du titre II et au chapitre Ier du titre IV du livre VII du code rural *(Ord. 2010-462 du 6 mai 2010, JO 7)* « et de la pêche maritime » pour les employeurs des salariés mentionnés à l'article L. 722-20 de ce code.

Les modalités de versement de cette participation sont déterminées par décret en Conseil d'État.

Note • Pour l'appréciation de la condition d'effectif prévue par cet article, les gérants, même minoritaires, d'une société à responsabilité limitée ont la qualité de mandataires sociaux. Le cumul entre un mandat social et des fonctions salariées suppose que ces dernières correspondent à un emploi subordonné effectif en contrepartie duquel est versé un salaire distinct de la rétribution du mandat ; en l'absence d'un tel emploi subordonné, les mandataires sociaux ne sont pas décomptés dans l'effectif salarié, nonobstant les circonstances que leurs rémunérations sont assimilées, pour l'impôt sur le revenu, à des salaires imposables dans la catégorie des traitements et salaires et qu'elles entrent dans l'assiette de la participation prévue à l'article L. 950-1 (ancien). Dès lors, en jugeant qu'en l'absence de dispositions législatives ou réglementaires contraires, les gérants minoritaires d'une SARL devaient être compris dans l'effectif salarié retenu pour le calcul du seuil d'assujettissement à cette participation, une cour administrative d'appel a commis une erreur de droit (CE 27 juillet 2005, n° 259910, *RJS* 11/05 n° 1150).

• **Taux de participation.** *Entreprises de 20 salariés ou plus.* Le taux de participation des entreprises d'au moins vingt salariés est de 1,6 % de la masse salariale.

Il se répartit de la façon suivante :
- 0,20 % au titre du congé individuel de formation (CIF), à verser à un OPACIF ;
- 0,50 % au titre des contrats et périodes de professionnalisation et du droit individuel à la formation (DIF), à verser à un organisme agréé à cet effet (actuels OPCA) ;
- 0,90 % (le solde) au titre du financement direct par l'entreprise de la formation continue (plan de formation, DIF, CIF, bilan de compétences, validation des acquis de l'expérience). Voir cependant note sous Titre III, Chapitre II, Section 4.

Entreprises de 10 à moins de 20 salariés. Voir art. L. 6331-14.

Entreprises de moins de 10 salariés. Voir *supra* note sous Section 2.

Entreprises de travail temporaire. La participation des entreprises de 20 salariés ou plus à la formation professionnelle continue reste fixée à 2 % (0,30 % au titre du congé individuel de formation, 0,50 % au titre des contrats et périodes de professionnalisation et du droit individuel à la formation et 1,20 % à verser à un organisme agréé au titre du plan de formation). Ce taux s'applique (à compter du 1er janvier 1992) à la masse salariale payée pendant l'année en cours, quelles que soient la nature et la date de la conclusion des contrats de travail.

Voir notamment *RF*, FH 3433 du 2 février 2012 « Versements à effectuer avant le 1er mars ».

• **Assiette de la participation.** La loi 95-116 du 4 février 1995 (art. 107) a modifié notamment l'assiette de la contribution des employeurs au financement de la formation professionnelle continue et des formations en alternance. Ces contributions ne sont plus calculées par rapport au montant des salaires entendu au sens de la taxe sur les salaires (CGI art. 231 et s.) mais sur une base salariale identique à celle retenue pour le calcul des cotisations de sécurité sociale du régime général (ou du régime agricole pour les employeurs de salariés agricoles visés à l'article 722-20 du code rural et de la pêche maritime). Cette modification concerne les rémunérations versées depuis le 1er janvier 1996.

• **Crédit d'impôt.** S'agissant du crédit d'impôt pour la formation professionnelle accordé à certaines entreprises qui consentent un accroissement des dépenses de formation d'une année sur l'autre, voir notamment CGI art. 244 *quater* C. S'agissant du crédit d'impôt dont peuvent bénéficier les PME pour former leurs salariés à l'économie de l'entreprise, à l'épargne salariale et à l'actionnariat salarié, voir CGI art. 244 *quater* P nouveau.

Art. R. 6331-9. L'employeur de dix salariés et plus opère, avant le 1er mars de l'année suivant celle au titre de laquelle la participation est due :

1° Un versement au moins égal à 0,20 % des rémunérations de l'année de référence à un organisme collecteur paritaire agréé par l'État au titre du congé individuel de formation. Pour les entreprises de travail temporaire, ce taux est fixé à 0,30 % et la contribution est versée à l'organisme collecteur paritaire agréé de la branche professionnelle ;

2° Un versement au moins égal à 0,50 % des rémunérations de l'année de référence à un organisme collecteur paritaire agréé au titre des contrats ou des périodes de professionnalisation et du droit individuel à la formation.

(D. 2010-155 du 19 févr. 2010, JO 21) « 3° Un versement des sommes mentionnées au 2° de l'article L. 6332-19 dues, le cas échéant, au titre du plan de formation en application du sixième alinéa du même article L. 6332-19. Ce versement est effectué auprès de l'organisme collecteur paritaire agréé mentionné au 2°. »

Note Voir note sous art. R. 6331-2.

Art. L. 6331-10. La participation due par l'employeur au titre du congé individuel de formation ne peut être versée qu'à un seul organisme collecteur paritaire agréé. Toutefois, un décret détermine les conditions dans lesquelles il peut être dérogé à cette disposition, notamment en ce qui concerne les entreprises à établissements multiples.

Art. D. 6331-10. En application des dispositions de l'article L. 6331-10, l'employeur est autorisé à déroger à la règle du versement de la contribution destinée au financement des congés individuels de formation à un seul organisme collecteur paritaire agréé, dans les conditions suivantes :

1° Lorsque l'entreprise comporte des établissements multiples implantés dans plusieurs régions et qu'elle n'est pas tenue, en application d'une convention ou d'un accord collectif de travail, d'opérer les versements à un organisme collecteur paritaire agréé national ou interrégional créé dans le cadre de cette convention ou de cet accord ;

2° Lorsque sont employés dans l'entreprise des salariés appartenant à des professions ou à des catégories professionnelles distinctes pour chacune desquelles il existe un organisme collecteur paritaire agréé créé par voie de convention ou d'accord collectif de travail liant l'entreprise, et auquel l'entreprise est tenue d'opérer les versements. Ces versements sont calculés sur le montant des salaires des salariés de ces professions ou catégories professionnelles.

Les règles énoncées aux 1° et 2° peuvent être appliquées dans une même entreprise.

Art. L. 6331-11. Le versement opéré au titre du congé individuel de formation, du congé de bilan de compétences, du congé pour examen et du congé pour validation des acquis de l'expérience est utilisé pour financer exclusivement :

1° Dans les limites fixées par l'autorité administrative, les dépenses d'information des salariés sur ces congés ainsi que les dépenses d'accompagnement du salarié dans le choix de son orientation professionnelle et d'appui à l'élaboration de son projet ;

2° La rémunération des salariés en congé, les cotisations de sécurité sociale y afférentes à la charge de l'employeur, les charges légales et contractuelles assises sur ces rémunérations, les frais de formation, de bilan de compétences et de validation des acquis de l'expérience exposés dans le cadre de ces congés et, le cas échéant, tout ou partie des frais de transport et d'hébergement ;

3° Le remboursement aux employeurs de moins de cinquante salariés de tout ou partie de l'indemnité de fin de contrat versée en application de l'article L. 1243-8 au salarié recruté par contrat à durée déterminée pour remplacer un salarié parti en congé individuel de formation ;

4° Dans les limites fixées par l'autorité administrative, les frais de gestion des organismes collecteurs paritaires agréés.

Art. L. 6331-12. Les employeurs de cinquante salariés et plus ne peuvent être regardés comme s'étant conformés aux dispositions du présent chapitre que si, ayant satisfait à l'obligation prévue à l'article L. 6331-9, ils justifient que le comité d'entreprise a délibéré sur les problèmes propres à l'entreprise, relatifs à la formation professionnelle continue dans les conditions prévues aux articles L. 2323-33 à L. 2323-39.

Les employeurs sont dispensés de cette justification lorsqu'ils produisent le procès-verbal de carence prévu à l'article L. 2324-8.

Note S'agissant du procès-verbal de carence, voir notamment CE 28 juin 1989, n°s 61572, 62785, *Dr. Soc.* 1989, p. 712, concl. O. Fouquet et CE 10 janvier 1990, n° 74019, *RJS* 3/90 n° 238.

Art. L. 6331-13. Les sommes engagées par un employeur au titre d'une convention conclue avec un organisme de formation n'ont de caractère libératoire que dans la mesure où cet organisme effectue les dépenses correspondantes avant la date de la régularisation de la convention.

Art. L. 6331-14. Les employeurs de dix à moins de vingt salariés sont exonérés des versements légaux ou conventionnels qui leur sont applicables dans les conditions suivantes :

1° La part minimale mentionnée à l'article L. 6331-9 est diminuée d'un montant équivalant à 0,55 %. Pour les entreprises de travail temporaire, cette part minimale est diminuée d'un montant équivalant à 0,65 % du montant des rémunérations versées pendant l'année en cours ;

2° Le versement effectué au titre du congé individuel de formation est diminué d'un montant équivalant à 0,2 %. Pour les entreprises de travail temporaire, ce versement est diminué d'un montant équivalant à 0,3 % du montant des rémunérations de l'année de référence ;

3° Le versement effectué au titre des contrats et périodes de professionnalisation et du droit individuel à la formation est diminué d'un montant équivalant à 0,35 % du montant des rémunérations de l'année de référence.

Note Ces dispositions s'appliquent à la participation des employeurs au développement de la formation professionnelle continue due au titre des rémunérations versées à compter du 1er janvier 2005.

Voir notamment rapport au président de la République relatif à l'ordonnance 2005-895 du 2 août 2005 (JO 3) relevant certains seuils de prélèvements obligatoires et tendant à favoriser l'exercice d'une activité salariée dans les secteurs professionnels connaissant des difficultés de recrutement et arrêté du 2 août 2005 (JO 3) relatif à l'instauration d'un crédit d'impôt en faveur des jeunes prenant un métier rencontrant des difficultés de recrutement.

Entreprises de 10 à moins de 20 salariés. Un taux spécifique de participation leur est applicable, pour la première fois, au titre de 2005. Leur contribution globale est légalement ramenée à 1,05 % de la masse salariale. Elle se décompose ainsi :
- 0,15 % au titre des contrats et périodes de professionnalisation et du DIF, à verser à l'organisme collecteur (OPCA) ;
- 0,90 % (le solde) consacré au financement direct par l'entreprise d'actions au titre du plan de formation, DIF, bilans de compétence, validation des acquis de l'expérience, etc.

Entreprises de travail temporaire. La participation des entreprises de 10 à moins de 20 salariés est fixée à 1,35 % (0,15 % au titre des contrats et périodes de professionnalisation et du DIF et 1,20 % au titre du plan de formation).

§ 2. Prise en compte d'un accroissement d'effectif

Art. L. 6331-15. Les employeurs qui, en raison de l'accroissement de leur effectif, atteignent ou dépassent au titre d'une année, pour la première fois, l'effectif de dix salariés restent soumis, pour cette année et les deux années suivantes, à l'obligation de financement prévue à l'article L. 6331-2.

Un décret en Conseil d'État détermine les réductions de versement, à quelque titre que ce soit, qui résultent de cette situation.

Note Les employeurs dont l'effectif atteint ou dépasse l'effectif de vingt salariés pendant la période durant laquelle ils bénéficient des dispositions de l'article L. 6331-15 CT au titre d'un franchissement du seuil de dix salariés en 2008, 2009, 2010, 2011 et 2012 se voient appliquer le I de l'article 48 de la loi 2008-776 du 4 août 2008 – voir note sous article L. 6331-16 – à compter de l'année où ils atteignent ou dépassent ce seuil. Les employeurs qui atteignent ou dépassent, au titre de la même année, le seuil de dix salariés et celui de vingt salariés se voient appliquer le I – rapporté sous art. L. 6331-16 – (loi 2008-776 précitée, art. 48, II, modifié par lois 2010-1657 du 29 décembre 2010, art. 135, JO 30 et 2011-1978 du 28 décembre 2011, art. 76, JO 29).

Art. R. 6331-12. Lorsque, en raison de l'accroissement de leur effectif, les employeurs atteignent ou dépassent l'effectif de dix salariés, dans les conditions prévues à l'article L. 6331-15, la part minimale mentionnée au 1° de l'article L. 6331-14 est calculée en diminuant respectivement, pour les quatrième et cinquième années, le montant des rémunérations versées pendant l'année en cours d'un montant équivalant à 0,3 % puis 0,1 %.

Pour les entreprises de travail temporaire, cette minoration est de 0,5 % puis 0,2 %.

Note Par dérogation aux dispositions de l'article R. 6331-12 CT, lorsque, en raison de l'accroissement de leur effectif, les employeurs atteignent ou dépassent pour la première fois l'effectif de dix salariés au titre des années 2008, 2009 et 2010, la part minimale mentionnée au 1° de l'article L. 6331-14 est diminuée, respectivement pour les quatrième, cinquième et sixième années, du montant des rémunérations versées pendant l'année en cours d'un montant équivalant à 0,35 %, puis 0,2 %, puis 0,1 %. Pour les entreprises de travail temporaire, cette minoration est de 0,6 %, puis de 0,4 %, puis de 0,2 % (décret 2009-818 du 1er juillet 2009, JO 3).

Art. L. 6331-16. Pour les employeurs qui, en raison de l'accroissement de leur effectif, atteignent ou dépassent au titre d'une année, pour la première fois, l'effectif de vingt salariés, un décret en Conseil d'État détermine les réductions de versement à quelque titre que ce soit qui résultent de cette situation.

Note Par exception à l'article L. 6331-16 CT, les entreprises qui, au titre des années 2008, 2009, 2010, 2011 et 2012, atteignent ou dépassent l'effectif de vingt salariés :

1° Restent soumises, pour l'année au titre de laquelle cet effectif est atteint ou dépassé ainsi que pour les deux années suivantes, au versement de la part minimale due par les employeurs au titre du financement de la formation professionnelle continue mentionnée au 1° de l'article L. 6331-14 CT ;

2° Sont assujetties, pour les quatrième, cinquième et sixième années, aux versements mentionnés aux 2° et 3° de l'article L. 6331-14 du même code, minorés d'un pourcentage dégressif fixé par décret en Conseil d'État (loi 2008-776 du 4 août 2008, art. 48, I, JO 5, modifié par lois 2010-1657 du 29 décembre 2010, art. 135, JO 30 et 2011-1978 du 28 décembre 2011, art. 76, JO 29).

Le décret 2009-816 du 1er juillet 2009 (JO 3) énonce que dans les cas prévus au 2° du I de l'article 48 de la loi 2008-776 du 4 août 2008 de modernisation de l'économie :
- les versements auxquels sont assujetties les entreprises au titre du congé individuel de formation sont diminués respectivement de 0,15 %, puis de 0,1 %, puis de 0,05 % du montant des rémunérations de l'année de référence. Pour les entreprises de travail temporaire, les versements sont diminués respectivement de 0,2 %, puis de 0,15 %, puis de 0,1 % ;
- les versements au titre des contrats et périodes de professionnalisation et du droit individuel à la formation sont diminués respectivement de 0,3 %, puis de 0,2 %, puis de 0,1 %.

Art. R. 6331-11. Lorsque, en raison de l'accroissement de leur effectif, les employeurs atteignent ou dépassent au titre d'une année, pour la première fois, l'effectif de vingt salariés, les réductions de versement suivantes s'appliquent :

1° La part minimale prévue à l'article L. 6331-9 est calculée respectivement, au titre de l'année où le seuil est atteint ou dépassé et de l'année suivante en diminuant le montant des rémunérations versées pendant l'année en cours d'une somme équivalant à 0,4 % puis à 0,2 %. Pour les entreprises de travail temporaire, cette minoration est de 0,5 %, puis 0,3 % ;

2° Le versement prévu au 1° de l'article R. 6331-9 est diminué respectivement, au titre de l'année où le seuil est atteint ou dépassé et de l'année suivante, d'un montant équivalant à 0,1 % puis à 0,05 % du montant des rémunérations de l'année de référence. Pour les entreprises de travail temporaire, cette minoration est de 0,2 %, puis 0,15 % ;

3° Le versement prévu au 2° de l'article R. 6331-9 est diminué respectivement, au titre de l'année où le seuil est atteint ou dépassé et de l'année suivante, d'un montant équivalant à 0,3 %, puis à 0,15 % du montant des rémunérations de l'année de référence.

Art. L. 6331-17. Les dispositions des articles L. 6331-15 et L. 6331-16 ne sont pas applicables lorsque l'accroissement de l'effectif résulte de la reprise ou de l'absorption d'une entreprise ayant employé dix salariés ou plus au cours de l'une des trois années précédentes.

Dans ce cas, les modalités de versement prévues à l'article L. 6331-9 ou, le cas échéant, à l'article L. 6331-14 s'appliquent dès l'année au titre de laquelle l'effectif de dix salariés ou de vingt salariés, selon le cas, est atteint ou dépassé.

Art. L. 6331-18. Les employeurs dont l'effectif atteint ou dépasse l'effectif de vingt salariés pendant la période durant laquelle ils bénéficient des dispositions de l'article L. 6331-15 ainsi que les employeurs qui atteignent ou dépassent au titre de la même année le seuil de dix salariés et celui de vingt salariés bénéficient successivement des dispositions de l'article L. 6331-15, puis de l'article L. 6331-16.

§ 3. Dépenses libératoires

Art. L. 6331-19. Sous réserve des dispositions de l'article L. 6331-9, les employeurs s'acquittent de l'obligation de financement prévue à l'article L. 6331-1 :

1° En finançant les actions de formation prévues aux articles L. 1225-56, L. 1225-58 et L. 1225-68 ;

2° En finançant des actions de formation au bénéfice de travailleurs privés d'emploi, organisées dans des centres de formation conventionnés par l'État ou par les régions ;

3° En finançant des actions prévues aux articles L. 6313-1 ou L. 6314-1 au bénéfice de leurs salariés dans le cadre d'un plan de formation, des actions menées au titre du droit individuel à la formation ou des actions menées dans le cadre des congés de formation, de bilan de compétences et de validation des acquis de l'expérience ;

4° En contribuant au financement d'un fonds d'assurance formation de salariés prévu à l'article L. 6332-7.

Note **Dépenses libératoires.** L'employeur ne peut imputer sur sa participation au financement de la formation que des dépenses correspondant à des formations « dispensées dans le cadre d'une action conduite en vertu d'une convention conclue avec un organisme dispensateur de formation professionnelle continue » (CE 5 juin 1991, n° 60699, *Rec. Lebon*, p. 900). La production de la convention, qui n'est pas toujours à elle seule suffisante, est indispensable.

Les dépenses relatives à des locations de matériel ou à des acquisitions de matière d'œuvre, documentation, pédagogique et technique, etc. ne sont imputables sur l'obligation de participation d'une entreprise que dans la mesure où elles peuvent se rattacher à une action de formation particulière, à des groupes d'actions de formation mises en œuvre régulièrement par l'entreprise ou au fonctionnement d'un centre de formation de l'entreprise. Les abonnements à des publications scientifiques, techniques, financières, économiques ou professionnelles doivent répondre à ces critères. En conséquence, est abrogée la circulaire 471 du 17 juillet 1989 du ministère du travail, de l'emploi et de la formation professionnelle qui prévoyait une possibilité d'imputation de tels abonnements indépendante de toute mise en œuvre de formation (circ. DGEFP 2006-35 du 14 novembre 2006 précitée, fiche B1). Cette clarification de la doctrine administrative en matière d'imputabilité de dépenses de formation ne constitue en aucun cas une mesure empêchant l'imputation de dépenses d'abonnement comme annexes aux activités de formation d'une entreprise au bénéfice de son personnel. Elle est, en effet, possible dès lors que cette formation existe et que la publication reçue a un contenu en rapport avec les formations mises en œuvre, quelles que soient leurs formes, et notamment sans avoir à être rattachée à un stage unique (rép. QE 1494 JO AN 8 mars 2011, p. 2339).

Art. R. 6331-13. Les dépenses libératoires des employeurs de dix salariés et plus au titre de la participation au développement de la formation professionnelle continue, mentionnées à l'article L. 6331-19, correspondent aux dépenses acquittées au cours de l'année de paiement des salaires servant de base au calcul de la participation ou dues au titre de cette année.

Art. R. 6331-14. Sont prises en compte pour le calcul de la participation de l'employeur, les dépenses mentionnées aux articles L. 6331-9 à L. 6331-11, L. 6331-14 à L. 6331-20, L. 6331-22 et L. 6331-30, à l'exception de celles prévues à l'article R. 6331-13.

Elles doivent avoir été engagées et payées avant le 1er mars de l'année suivant celle au-delà de laquelle est due cette participation.

Une mention indiquant l'année à laquelle ces dépenses se rapportent est inscrite par le bénéficiaire sur les pièces et documents dont la production est prévue à l'article L. 6362-2.

Note L'obligation qui pèse sur les employeurs de verser leurs participations avant le 1er mars de chaque année n'affecte pas la mise en place du calendrier des formations. Ayant constaté que les parties avaient expressément prévu la possibilité de modifier les stages prévus à la convention pluriannuelle de formation et ayant estimé que l'organisme de formation n'était pas en mesure de fournir une prestation spécifique en informatique, une cour d'appel a pu décider que le refus de l'organisme d'agréer le sous-traitant choisi par l'entreprise était abusif et estimer que cette faute devait entraîner la résiliation de la convention (cass. soc. 9 mars 1999, n° 96-17.653, *RJS* 4/99 n° 558).

Art. R. 6331-15. En cas de cession, de cessation d'entreprise ou de décès de l'exploitant, les dispositions des premier et deuxième alinéas de l'article R. 6331-14 ne sont applicables qu'aux dépenses engagées et payées antérieurement à la cession, à la cessation de l'entreprise ou au décès.

Art. R. 6331-16. Les dépenses libératoires sont déterminées selon les modalités définies aux articles D. 6321-1, D. 6321-3, R. 6322-34, R. 6322-50, R. 6322-51, R. 6322-54, R. 6322-55, D. 6331-10, R. 6331-18 à R. 6331-23, R. 6331-26 à R. 6331-28, R. 6332-11 et R. 6422-9 à R. 6422-13.

Art. R. 6331-17. Les dépenses mentionnées à l'article L. 6331-19 concernent le financement d'actions de formation professionnelle continue définies aux articles L. 6313-1 et L. 6314-1, à l'exclusion des dépenses consacrées au financement des premières formations technologiques et professionnelles définies à l'article 1er de la loi n° 71-578 du 16 juillet 1971.

Art. L. 6331-20. Les formations destinées à permettre aux bénévoles ***(L. 2010-241 du 10 mars 2010, art. 14, JO 11, entrée en vigueur à compter de la publication des décrets et au plus tard le 1.07.2010)*** « et aux personnes en service civique » du mouvement coopératif, associatif ou mutualiste d'acquérir les compétences nécessaires à l'exercice de leurs responsabilités sont regardées comme des actions de formation au sens des 1° et 3° de l'article L. 6331-19 et peuvent également faire l'objet d'un financement par les fonds d'assurance-formation.

Note Cet article a été notamment modifié par la loi 2009-1437 du 24 novembre 2009, art. 45 (JO 25). Les employeurs d'au moins 10 salariés peuvent désormais imputer sur le montant de la participation due au titre de la formation continue les dépenses liées aux formations engagées au bénéfice de tous les bénévoles (et non plus seulement des cadres bénévoles) et aux personnes en service civique (loi 2010-241 du 10 mars 2010) du mouvement coopératif, associatif ou mutualiste.

Art. L. 6331-21. Les actions de formation financées par l'entreprise en application du 3° de l'article L. 6331-19 sont organisées soit par l'entreprise elle-même, soit en application de conventions annuelles ou pluriannuelles de formation conclues par elle conformément aux dispositions des articles L. 6353-1 et L. 6353-2.

Les dépenses engagées à ce titre par l'entreprise peuvent couvrir les frais de formation et la rémunération des stagiaires. Elles peuvent également couvrir l'allocation de formation mentionnée à l'article L. 6321-10.

(L. 2009-1437 du 24 nov. 2009, art. 51, JO 25) « Lorsque les actions de formation sont organisées par l'entreprise elle-même, l'employeur délivre au stagiaire à l'issue de la formation l'attestation prévue à l'article L. 6353-1. »

Les dépenses d'équipement en matériel sont imputables dans la limite de la proportion de l'annuité d'amortissement correspondant à l'utilisation de ce matériel à des fins de formation.

Les dépenses sont retenues pour leur montant réel, déduction faite des concours apportés par une personne morale de droit public au titre de la formation professionnelle.

Art. R. 6331-18. Les dépenses de fonctionnement des actions de formation qui peuvent être prises en compte en application de l'article L. 6331-21 et qui correspondent aux personnels enseignants et non enseignants comprennent :

1° Les rémunérations de ces personnels ;

2° Les cotisations de sécurité sociale correspondantes à la charge de l'employeur ;

3° Les charges légales assises sur ces rémunérations.

Art. R. 6331-19. Pour l'application de l'article R. 6331-18, les personnels enseignants sont ceux affectés à temps plein ou pour une fraction déterminée de leur activité à l'encadrement des actions de formation.

Les personnels non enseignants sont ceux affectés à temps plein à l'organisation et à l'administration de ces actions de formation.

Art. R. 6331-20. Les dépenses de fonctionnement des actions de formation relatives aux fournitures et matières d'œuvre qui peuvent être prises en compte en application de l'article L. 6331-21 ne concernent que les fournitures et matières d'œuvre utilisées pour la formation dispensée.

Art. R. 6331-21. Les versements réalisés par les employeurs à un organisme de formation, en application soit de conventions annuelles ou pluriannuelles, soit de bons de commandes ou de factures conformes aux dispositions de l'article L. 6353-2, ne peuvent être pris en compte, en application du premier alinéa de l'article L. 6331-21, que lorsqu'ils concernent des actions de formation organisées au bénéfice des salariés de ces employeurs.

Art. R. 6331-22. Les dépenses de rémunération des stagiaires prises en compte en application du deuxième alinéa de l'article L. 6331-21 sont égales au montant brut des rémunérations telles qu'elles sont définies aux articles L. 6331-9 et L. 6331-14.

Ce montant est majoré des cotisations de sécurité sociale à la charge de l'employeur afférentes à ces rémunérations ainsi que des charges légales assises sur ces rémunérations.

Les rémunérations retenues sont, selon le cas, soit celles que les stagiaires ont effectivement perçues pendant la durée du stage, soit une fraction de la rémunération annuelle de chaque salarié ayant suivi un stage de formation. Cette fraction est déterminée en appliquant à la rémunération annuelle le rapport constaté entre le nombre d'heures de stage et le nombre total d'heures rémunérées dans l'année.

Art. R. 6331-23. Les annuités d'amortissement qui peuvent être prises en compte en application du troisième alinéa de l'article L. 6331-21 sont calculées comme en matière fiscale.

En ce qui concerne l'acquisition, la construction ou l'aménagement de locaux exclusivement affectés à la formation, seules les charges d'amortissement afférentes peuvent être prises en compte.

Art. L. 6331-22. Les dépenses effectivement supportées par l'employeur au titre du congé individuel de formation en complément du versement obligatoire prévu à l'article L. 6331-9 sont imputables sur le montant de la participation due par l'entreprise.

Art. L. 6331-23. Les dépenses de l'entreprise en matière de formation des éducateurs sportifs nécessaires à l'encadrement des activités physiques et sportives de leurs salariés sont déductibles, à concurrence d'un plafond déterminé par décret, du montant de la participation prévue à l'article L. 6331-1.

Ces dispositions ne peuvent s'appliquer que dans la mesure où il s'agit d'activités à caractère amateur.

Art. D. 6331-24. Le plafond prévu à l'article L. 6331-23 est fixé à 10 % du montant de la participation instituée par l'article L. 6331-9.

Art. D. 6331-25. Les dépenses en matière de formation des éducateurs sportifs prévues à l'article L. 6331-23 ne peuvent donner lieu à déduction que lorsqu'elles correspondent à une formation permettant aux bénéficiaires de remplir les conditions fixées par la loi n° 84-610 du 16 juillet 1984 relative à l'organisation et à la promotion des activités physiques et sportives.

Art. L. 6331-24. Les dépenses supportées par l'entreprise au titre du congé d'enseignement prévu par l'article L. 6322-53, du fait du maintien total ou partiel de la rémunération des salariés en congé et des cotisations de sécurité sociale y afférentes qui sont à la charge de l'employeur, sont imputables sur le montant de la participation due par l'entreprise.

Art. L. 6331-25. Les dépenses supportées par l'entreprise pour la formation pédagogique des maîtres d'apprentissage sont prises en compte au titre de l'obligation de participation des employeurs au développement de la formation professionnelle continue définie à l'article L. 6331-1.

Art. L. 6331-26. Le montant de l'allocation de formation versée au salarié en application de l'article L. 6321-10 est imputable sur la participation au développement de la formation professionnelle continue de l'entreprise.

Il en va de même pour le montant de l'allocation de formation versée dans le cadre du droit individuel à la formation, en application de l'article L. 6323-14, ainsi que pour les frais de formation correspondant aux droits ouverts à ce titre.

Art. L. 6331-27. Les versements opérés par l'employeur au titre des taxes mentionnées aux articles 1609 *sexvicies* et 1635 *bis* M du code général des impôts sont imputables sur le montant de la participation due par l'entreprise.

Art. R. 6331-26. Lorsqu'un organisme de formation reçoit, outre les versements des employeurs, un concours financier d'une personne morale de droit public, les dépenses réalisées par cet organisme au titre de la formation des stagiaires sont prises en compte déduction faite de ce concours.

Le premier alinéa s'applique pour apprécier si ces employeurs se sont acquittés de l'obligation de participation au développement de la formation professionnelle continue.

Pour cette appréciation, le montant de ce concours est fictivement réparti entre les employeurs intéressés, compte tenu de la durée de formation de leurs stagiaires et des versements qu'ils ont faits à cet organisme.

Art. R. 6331-27. Lorsque le montant des versements destinés à l'organisme de formation est supérieur au montant des dépenses de formation effectivement exposées pour les stagiaires, l'excédent des versements est reversé, à l'expiration de la période de validité de la convention, par l'organisme de formation aux employeurs intéressés.

En cas de conventions pluriannuelles, ce reversement intervient au plus tard à la fin de chaque période triennale.

Note Sur les utilisations légalement possibles des excédents de gestion dégagés par une association dont l'activité, ou l'une des activités, est la formation professionnelle, voir rép. QE 3587, JO AN 20 janvier 2003, p. 331.

Art. R. 6331-28. Les contributions des employeurs au financement d'un fonds d'assurance formation de travailleurs salariés ne sont libératoires de la participation au financement de la formation professionnelle continue que lorsque ces fonds sont constitués et gérés conformément aux dispositions de la section 2 du chapitre II du titre III.

§ 4. Versement au Trésor public

Art. L. 6331-28. Lorsque les dépenses justifiées par l'employeur en application des dispositions de la présente sous-section sont inférieures à la participation prévue par l'article L. 6331-9, l'employeur effectue au Trésor un versement égal à la différence constatée.

Ce versement est opéré en même temps que le dépôt de la déclaration de l'année de cette régularisation.

Note La contestation qui a pour objet la détermination du montant de la participation de l'employeur au développement de la formation professionnelle continue relève de la compétence de la juridiction administrative (cass. soc. 28 avril 2006, n° 04-12.484, BC V n° 156 ; *RJS* 7/06 n° 875).

§ 5. Report d'excédent

Art. L. 6331-29. L'employeur qui opère, au cours d'une année, un montant de dépenses supérieur à celui prévu à l'article L. 6331-9 peut reporter l'excédent sur les trois années suivantes.

Sous-section 2. **Majoration de la contribution**

Art. L. 6331-30. Lorsqu'un employeur n'a pas opéré les versements auxquels il est assujetti dans les conditions prévues à l'article L. 6331-9 aux organismes collecteurs paritaires agréés ou a opéré un versement insuffisant, le montant de sa contribution est majoré de l'insuffisance constatée.

Les excédents reportables des années antérieures ainsi que ceux dégagés l'année au cours de laquelle l'insuffisance est constatée ne peuvent s'imputer sur cette majoration.

Les dispositions du deuxième alinéa de l'article L. 6331-28, du quatrième alinéa de l'article L. 6331-31 et de l'article L. 6331-33 s'appliquent à ce complément d'obligation.

Art. L. 6331-31. L'employeur de cinquante salariés et plus atteste sur l'honneur qu'il a satisfait à l'obligation de consultation du comité d'entreprise prévue à l'article L. 6331-12. À la demande de l'administration, il produit les procès-verbaux justifiant du respect de cette obligation.

À défaut, le montant des dépenses ou contributions auquel il est tenu par l'article L. 6331-19 est majoré de 50 %.

Cette majoration est versée dans les conditions prévues au premier alinéa de l'article L. 6331-28.

Le versement est opéré en même temps que le dépôt de la déclaration prévue à l'article L. 6331-32.

Ce versement est établi et recouvré selon les modalités ainsi que sous les sûretés, garanties et sanctions applicables aux taxes sur le chiffre d'affaires.

Note Jusqu'à présent, il fallait joindre le procès-verbal de délibération du comité d'entreprise ou le procès-verbal de carence à la déclaration envoyée à la recette des impôts. Depuis l'ordonnance 2003-1235 du 22 décembre 2003 (JO 24) prévoyant certaines mesures de simplification en matière fiscale, il suffit de joindre une déclaration sur l'honneur attestant que l'entreprise a satisfait à l'obligation légale de consultation du comité d'entreprise. Toutefois l'employeur, sur demande de l'administration, doit produire les procès-verbaux justifiant du respect de cette obligation.

Sous-section 3. **Déclaration à l'autorité administrative**

Art. L. 6331-32. ***(L. 2007-1787 du 20 déc. 2007, art. 12, III, JO 21)*** L'employeur remet à l'autorité administrative une déclaration relative au montant de la participation due en vertu des articles L. 6331-9 et L. 6331-14 et au montant de la participation au financement du congé formation due en application de l'article L. 6322-37.

Le contenu de cette déclaration est défini par décret en Conseil d'État.

Note L'article 12, III, de la loi 2007-1787 du 20 décembre 2007 est applicable à raison des rémunérations versées à compter du 1er janvier 2007.

Art. R. 6331-29. La déclaration prévue à l'article L. 6331-32 est adressée ***(D. 2009-315 du 20 mars 2009, JO 22)*** « au plus tard le deuxième jour ouvré suivant le 1er mai » de l'année suivant celle au cours de laquelle les dépenses au titre de la contribution prévue à l'article L. 6331-9 ont été réalisées au service des impôts du lieu :

1° De souscription de la déclaration des résultats pour les sociétés, les entreprises industrielles, commerciales ou artisanales ainsi que pour les employeurs exerçant une activité non commerciale ;

2° De l'exploitation ou du siège de la direction, en cas de pluralité d'exploitations, pour les exploitants agricoles ;

3° Du domicile ou du siège social pour les autres employeurs.

Art. R. 6331-30. La déclaration fiscale est établie sur un imprimé fourni par l'administration. Elle indique, outre la désignation et l'adresse du déclarant :

1° Le nombre mensuel moyen de salariés au cours de l'année ou de la période de référence, calculé selon les modalités prévues à l'article R. 6331-1 ;

2° Le montant des rémunérations versées aux salariés pendant l'année en cours, telles qu'elles sont définies à l'article L. 6331-9 ;

3° Le taux et le montant de l'obligation incombant à l'employeur ;

4° Le montant des dépenses exposées en application des articles L. 6331-9 à L. 6331-11 et L. 6331-14 à L. 6331-24 ;

5° La répartition de ces dépenses selon les catégories suivantes :

a) Le montant total des dépenses de fonctionnement des actions de formation mises en œuvre par l'entreprise. Ce montant inclut les frais de personnel enseignant, les frais de personnel non enseignant et les autres frais de fonctionnement ;

b) Le montant total des dépenses de prestations réalisées au bénéfice des salariés de l'entreprise en application de conventions, ventilé en : total des achats d'actions de formation au sens des dispositions de l'article D. 6321-1, total des dépenses de bilans de compétences réalisées en application des dispositions de l'article R. 6322-32, total des dépenses de validation des acquis de l'expérience réalisées en application des articles R. 6422-9 et R. 6422-10 ;

c) Le montant total des rémunérations versées par l'entreprise aux salariés pendant leur présence ou leur participation effective aux actions de formation mentionnées à l'article L. 6313-1 ;

d) Le montant total des allocations de formation définies à l'article L. 6321-10 et versées par l'employeur au cours de l'année ;

e) Le montant total des versements réalisés à des organismes collecteurs paritaires agréés par l'État, au titre des contrats et périodes de professionnalisation, du droit individuel à la formation, du congé individuel de formation ;

f) Les versements réalisés à des organismes collecteurs paritaires agréés par l'État au titre de la formation des travailleurs privés d'emploi, en application du 2° de l'article L. 6331-19 ;

g) Le montant total des autres dépenses autorisées par les textes ;

h) Le montant total des concours publics perçus au titre de la formation professionnelle ;

6° Selon le cas, l'insuffisance de contribution au titre de la période considérée ou l'excédent reportable au titre des trois années suivantes, ou l'insuffisance des contributions dues aux organismes paritaires agréés par l'État ;

7° Éventuellement, le montant restant à reporter au titre des dépenses réalisées au cours des trois années précédentes ;

8° Le taux et le montant de la contribution due au titre de la professionnalisation ainsi que du droit individuel à la formation, d'une part, et au titre du congé individuel de formation, d'autre part, ainsi que le montant de l'utilisation de chacune de ces contributions ;

9° Les données relatives à l'assiette des rémunérations payées aux salariés titulaires d'un contrat de travail à durée déterminée, le montant de l'obligation de financement de leur formation prévue à l'article L. 6322-37 et le montant des sommes utilisées à ce titre ;

10° Le cas échéant, la majoration prévue à l'article L. 6322-40 ;

11° Le montant total du versement à opérer au Trésor ;

12° Le nombre de salariés de l'entreprise répartis par catégorie d'emploi et par sexe au 31 décembre de l'année considérée ;

13° Par sexe et par catégorie d'emploi, le nombre de salariés ayant bénéficié d'une formation, le nombre d'heures de formation suivies, le nombre de salariés ayant bénéficié d'une formation au titre du droit individuel à la formation, le nombre d'heures de formation consommées à ce titre au cours de l'année ou de la période de référence et le nombre d'heures ouvertes au titre de ce même droit au 31 décembre ;

14° Au cours de l'année ou de la période de référence, le nombre de bilans de compétences ou d'actions de validation des acquis de l'expérience pris en charge en totalité par l'employeur, le nombre de salariés ayant bénéficié d'une période de professionnalisation, le nombre de salariés ayant bénéficié d'une allocation de formation, le nombre d'heures correspondant aux actions financées dans le cadre des périodes de professionnalisation et le nombre d'heures rémunérées au titre d'une allocation de formation.

Note On notera un saut de l'article R. 6233-30 à l'article R. 6233-32.

Art. R. 6331-32. La déclaration fiscale mentionne les contrats de travail à durée déterminée conclus avec des salariés occupant un emploi saisonnier en application de l'article L. 6321-13.

Art. R. 6331-33. En cas de cession ou de cessation d'entreprise, la déclaration relative à l'année en cours et, le cas échéant, celle relative à l'année précédente, sont déposées dans les soixante jours de la cession ou de la cessation.

En cas de décès de l'employeur, ces déclarations sont déposées dans les six mois qui suivent la date du décès.

En cas de procédure de sauvegarde, de redressement ou de liquidation judiciaire, elles sont produites dans les soixante jours de la date du jugement.

Art. R. 6331-34. Sont fournis sur demande des services du ministre chargé de la formation professionnelle, les renseignements et documents suivants :

1° La liste des actions de formation réalisées par des organismes de formation pour le compte de l'employeur ainsi que les effectifs concernés et le montant des dépenses réalisées en application de conventions ou, en l'absence de conventions, de bons de commande ou de factures, et retenues au titre de la participation ;

2° La liste des conventions mentionnées aux articles R. 6321-2 et R. 6322-32 conclues par l'employeur et les organismes réalisant des bilans de compétences au bénéfice des salariés de l'entreprise ainsi que les effectifs concernés et le montant des dépenses imputées sur l'obligation de participer ;

3° La liste des conventions mentionnées à l'article R. 6422-11 conclues par l'employeur et les organismes intervenant à la validation des acquis de l'expérience au bénéfice des salariés de l'entreprise ainsi que les effectifs concernés et le montant des dépenses imputées sur l'obligation de participer ;

4° La liste et le montant des concours publics perçus par l'employeur au titre de la formation professionnelle ;

5° L'indication des organismes collecteurs paritaires agréés ayant reçu des versements de l'employeur en application de l'article R. 6331-9 et du 4° de l'article L. 6331-19.

Art. R. 6331-35. Les versements mentionnés aux articles L. 6331-13, L. 6331-28, L. 6331-30, premier et troisième alinéas, et L. 6331-31 sont réalisés, au moment du dépôt de la déclaration, auprès du service des impôts compétent.

Sous-section 4. Contrôle et contentieux

Art. L. 6331-33. Le contrôle et le contentieux de la participation des employeurs sont réalisés selon les règles applicables en matière de taxe sur le chiffre d'affaires.

Toutefois, ces dispositions ne s'appliquent pas aux litiges relatifs à la réalité et à la validité des versements faits aux organismes collecteurs paritaires agréés au titre de la participation des employeurs de moins de dix salariés au développement de la formation professionnelle continue.

Sous-section 5. Dispositions d'application

Art. L. 6331-34. Un décret en Conseil d'État détermine les dispositions d'application de la présente section.

SECTION 4. Dispositions applicables à certaines catégories d'employeurs

Sous-section 1. Employeurs du bâtiment et des travaux publics

Art. L. 6331-35. Les entreprises appartenant aux professions du bâtiment et des travaux publics entrant dans le champ d'application des articles L. 3141-30 et L. 3141-31, relatifs à la caisse de congés payés, ainsi que des articles L. 5424-6 à L. 5424-19, relatifs au régime particulier applicable à ces entreprises en cas d'intempéries, versent une cotisation créée par accord entre les organisations représentatives au niveau national des employeurs et des salariés du bâtiment et des travaux publics.

Cette cotisation est versée au profit du comité de concertation et de coordination de l'apprentissage du bâtiment et des travaux publics.

Note Voir décret 2007-928 du 15 mai 2007 (JO 16) relatif aux modalités d'exercice des attributions du commissaire du Gouvernement et de l'autorité chargée de l'exercice du contrôle économique et financier de l'État auprès du comité de concertation et de coordination de l'apprentissage du bâtiment et des travaux publics et arrêté du 19 avril 2007 (JO 17 mai) relatif au plafonnement des dépenses exposées pour la gestion paritaire de la cotisation prévue à cet article et des frais de fonctionnement du comité de concertation et de coordination de l'apprentissage du bâtiment et des travaux publics.

Art. R. 6331-39. Pour les entreprises nouvellement créées ou celles qui entrent dans le champ d'application prévu à l'article L. 6331-35, les acomptes des cotisations prévues à l'article L. 6331-35 sont calculés pour la première année sur la base de l'effectif moyen de l'entreprise de l'année en cours. Ils sont assis, de manière forfaitaire, sur le salaire minimum de croissance applicable aux travailleurs intéressés. La régularisation est opérée au moment de la liquidation de la cotisation, dans les conditions prévues à l'article R. 6331-38.

Art. L. 6331-36. La cotisation prévue à l'article L. 6331-35 concourt au développement de la formation professionnelle initiale, notamment de l'apprentissage, et de la formation professionnelle continue dans les métiers des professions du bâtiment et des travaux publics.

Cette cotisation contribue :

1° À l'information des jeunes, de leurs familles et des entreprises, sur la formation professionnelle initiale ou sur les métiers du bâtiment et des travaux publics ;

2° Au développement de la formation professionnelle dans les métiers du bâtiment et des travaux publics ;

3° Au financement d'actions particulières visant, d'une part, la préformation et l'insertion professionnelle des publics de moins de vingt-six ans, d'autre part, l'animation et l'accompagnement connexes à la formation des apprentis ;

4° Aux frais de fonctionnement du comité de concertation et de coordination de l'apprentissage du bâtiment et des travaux publics, dans certaines limites ;

5° À la prise en charge des dépenses exposées pour la gestion paritaire de cette cotisation par les organisations, siégeant au comité de concertation et de coordination de l'apprentissage du bâtiment et des travaux publics, dans la limite d'un pourcentage du montant des sommes collectées au titre de la cotisation.

Art. R. 6331-36. La cotisation prévue à l'article L. 6331-35 contribue au développement des actions mentionnées au 2° de l'article L. 6331-36, en ce qui concerne en particulier :

1° Le financement des investissements et du fonctionnement des établissements d'enseignement professionnel, des centres de formation d'apprentis et des sections d'apprentissage ;

2° La formation des personnels enseignants et des maîtres d'apprentissage ;

3° L'acquisition de matériel technique et pédagogique.

Art. R. 6331-43. La limite prévue au 4° de l'article L. 6331-36 est déterminée par le taux du montant total de la collecte de la cotisation fixé par arrêté du ministre chargé de la formation professionnelle, au regard de la mission particulière d'intérêt général du Comité de concertation et de coordination de l'apprentissage du bâtiment et des travaux publics.

Art. L. 6331-37. La cotisation prévue à la présente sous-section est assise sur les rémunérations versées pendant l'année en cours entendues au sens des règles prévues aux chapitres Ier et II du titre IV du livre II du code de la sécurité sociale.

Art. L. 6331-38. Le taux de la cotisation est fixé comme suit :

1° Pour les entreprises dont l'effectif moyen de l'année au titre de laquelle la cotisation est due est de dix salariés ou plus :

a) 0,30 % pour les entreprises relevant du secteur des métiers du bâtiment ;

b) 0,22 % pour les entreprises relevant du secteur des métiers des travaux publics.

2° Pour les entreprises dont l'effectif moyen de l'année au titre de laquelle la cotisation est due est inférieur à dix salariés, 0,30 % pour les entreprises relevant des secteurs des métiers du bâtiment et des travaux publics, à l'exception des entreprises relevant du sous-groupe 34-8 de la nomenclature de 1947 des entreprises, établissements et toutes activités collectives, codifiée par le décret du 30 avril 1949, pour lesquelles le taux est fixé à 0,10 %.

Le nombre de salariés pris en compte pour la détermination du taux applicable est celui de l'année au titre de laquelle la cotisation est due.

Art. L. 6331-39. La cotisation donne lieu au versement d'acomptes provisionnels dont la périodicité et la quotité sont déterminées par décret en Conseil d'État.

Art. R. 6331-37. La cotisation donne lieu à trois versements d'acomptes provisionnels, les 30 avril, 31 juillet et 31 octobre de chaque année.

Le montant de chaque acompte est égal au quart de la cotisation mise à la charge du redevable au cours de la dernière année au titre de laquelle il a été assujetti. Pour l'année en cours, leur montant est égal au quart de la cotisation évaluée sur la base des rémunérations de l'année précédente calculée selon les modalités prévues à l'article L. 6331-37.

Art. R. 6331-38. La cotisation est liquidée le 31 janvier de l'année suivant le paiement du dernier acompte. Le solde de cotisation exigible est versé à cette date.

Les éventuels trop-perçus sont déduits de l'acompte suivant, sauf si l'entreprise en demande expressément le remboursement. Dans ce cas, le remboursement est réalisé dans le délai de trois mois.

Art. L. 6331-40. La caisse BTP Prévoyance recouvre la cotisation affectée au bénéfice du comité de concertation et de coordination de l'apprentissage du bâtiment et des travaux publics, sous la responsabilité de cet organisme.

À ce titre, l'institution de prévoyance assure la gestion du fichier des entreprises redevables et est chargée de l'émission des bordereaux d'appel de la cotisation et de l'encaissement des versements des entreprises redevables.

Art. R. 6331-40. Les entreprises redevables de la cotisation adressent leurs versements à la caisse BTP Prévoyance selon les modalités prévues aux articles R. 6331-37 à R. 6331-39.

Art. R. 6331-41. L'ensemble des opérations liées au recouvrement de la cotisation et au versement de son produit au Comité de concertation et de coordination de l'apprentissage du bâtiment et des travaux publics fait l'objet d'une comptabilité distincte dans les comptes de la caisse BTP Prévoyance.

Art. R. 6331-42. Le produit de la cotisation est versé mensuellement par la caisse BTP Prévoyance au Comité de concertation et de coordination de l'apprentissage du bâtiment et des travaux publics, déduction faite d'un prélèvement de 0,6 % hors cotisations. Ce prélèvement représente les frais engagés par la caisse BTP Prévoyance pour procéder au recouvrement de la cotisation.

Art. L. 6331-41. Le montant de la cotisation constitue une dépense déductible de l'obligation prévue à l'article L. 6331-9 et figure à ce titre sur la déclaration prévue à l'article L. 6331-32.

Art. L. 6331-42. La caisse BTP Prévoyance met en œuvre toute action précontentieuse ou contentieuse relative au recouvrement de la cotisation à l'encontre des entreprises redevables défaillantes.

À défaut, le recouvrement de cette cotisation est opéré selon les règles ainsi que sous les sûretés, garanties et sanctions applicables aux taxes sur le chiffre d'affaires telles qu'elles sont prévues par l'article L. 137-4 du code de la sécurité sociale pour ***(L. 2011-1906 du 21 déc. 2011, art. 12, JO 22)*** « les contributions mentionnées au chapitre VII du titre III du livre Ier ».

Art. L. 6331-43. Le comité de concertation et de coordination de l'apprentissage du bâtiment et des travaux publics est constitué sous la forme d'une association régie par la loi du 1er juillet 1901 relative au contrat d'association.

Il est géré paritairement par les organisations syndicales d'employeurs et de salariés représentatives au plan national du bâtiment et des travaux publics.

Art. L. 6331-44. Les statuts du comité de concertation et de coordination de l'apprentissage du bâtiment et des travaux publics sont élaborés par les organisations syndicales d'employeurs et de salariés représentatives au plan national du bâtiment et des travaux publics.

Les frais de gestion correspondant aux missions de ce comité ainsi que les dépenses liées à la gestion du paritarisme au sein de l'organisme sont respectivement fixés par arrêté conjoint des ministres chargés de la formation professionnelle et de l'éducation nationale, dans la limite d'un plafond déterminé en pourcentage de la collecte annuelle encaissée par l'association.

Art. L. 6331-45. Le comité de concertation et de coordination de l'apprentissage du bâtiment et des travaux publics est soumis au contrôle économique et financier de l'État.

Art. R. 6331-44. Un commissaire du Gouvernement auprès du Comité de concertation et de coordination de l'apprentissage du bâtiment et des travaux publics est désigné par le ministre chargé de l'éducation nationale en accord avec les ministres chargés de l'équipement, du logement et de la formation professionnelle.

Art. R. 6331-45. Le contrôleur général économique et financier de l'État auprès du Comité de concertation et de coordination de l'apprentissage du bâtiment et des travaux publics est compétent pour contrôler l'ensemble des opérations relatives à la collecte et au recouvrement de la cotisation instituée au profit de ce comité, y compris lorsque ces opérations sont assurées par la caisse BTP Prévoyance.

Art. R. 6331-46. Un compte rendu annuel d'activités et des sommes consacrées à la prise en charge des dépenses mentionnées au 5° de l'article L. 6331-6 est adressé au commissaire du Gouvernement et au contrôleur général économique et financier de l'État placés auprès du Comité de concertation et de coordination de l'apprentissage du bâtiment et des travaux publics.

Art. L. 6331-46. Les dispositions de la présente sous-section ne sont pas applicables aux départements de la Moselle, du Bas-Rhin et du Haut-Rhin.

Art. L. 6331-47. Un décret en Conseil d'État détermine les conditions d'application de la présente sous-section.

Sous-section 2. Travailleurs indépendants, membres des professions libérales et professions non salariées

Note Ces articles ont été introduits par la loi du 31 décembre 1991 qui a prévu de nouvelles contributions pour le financement de la formation des chefs d'entreprise et des non-salariés. Ainsi, depuis le 1er janvier 1992, les travailleurs indépendants, les membres des professions libérales et des professions non salariées, y compris ceux n'employant aucun salarié, bénéficient personnellement du droit à la formation professionnelle continue et consacrent obligatoirement au financement de cette formation une contribution égale au moins à 0,15 % du montant annuel du plafond de la sécurité sociale.

Depuis le 1er janvier 1995, seuls les fonds d'assurance-formation de non-salariés habilités peuvent recevoir cette contribution, la collecte des fonds se faisant désormais exclusivement par l'URSSAF (loi 95-116 du 4 février 1995, JO 5).

Dispense de versement. Les membres des professions non salariées qui justifient d'un revenu professionnel non agricole inférieur au salaire de base annuel retenu pour le calcul des prestations familiales sont dispensés du versement de la contribution à la formation professionnelle continue.

Pour les chefs d'exploitation ou d'entreprise agricoles, la contribution due est calculée en pourcentage des revenus professionnels ou de l'assiette forfaitaire utilisés pour le calcul des cotisations sociales des non-salariés agricoles. Son taux ne peut pas être inférieur à 0,30 p. 100 dans la limite d'une somme dont les montants – minimal et maximal – sont fixés (décret 2009-686 du 12 juin 2009, JO 14 ; art. D. 718-16 c. rural et de la pêche maritime) par référence à celui du plafond de la sécurité sociale.

Art. L. 6331-48. ***(L. 2008-776 du 4 août 2008, art. 17, JO 5)*** Les travailleurs indépendants, les membres des professions libérales et des professions non salariées, y compris ceux n'employant aucun salarié, consacrent chaque année au financement des actions définies à l'article L. 6331-1 une contribution qui ne peut être inférieure à 0,15 % du montant annuel du plafond de la sécurité sociale.

Cette contribution ne peut être inférieure à 0,24 % du même montant, lorsque le travailleur indépendant ou le membre des professions libérales et des professions non salariées bénéficie du concours de son conjoint collaborateur dans les conditions prévues au premier alinéa du I de l'article L. 121-4 du code de commerce.

(L. 2010-1657 du 29 déc. 2010, art. 137, JO 30) « Les travailleurs indépendants ayant opté pour le régime prévu à l'article L. 133-6-8 du code de la sécurité sociale consacrent chaque année au financement des actions définies à l'article L. 6313-1 du présent code, en sus des cotisations et contributions acquittées au titre de ce régime, une contribution égale à 0,1 % du montant annuel de leur chiffre d'affaires pour ceux qui relèvent du secteur du commerce et 0,2 % du montant annuel de leur chiffre d'affaires pour ceux qui ont une activité de prestation de services ou qui sont membres des professions libérales. »

Note • Voir arrêté du 18 avril 2011 (JO 6 mai) fixant le montant des acomptes à verser aux fonds de l'assurance formation de non-salariés au titre de la contribution visée aux articles L. 6331-48, L. 6331-50, L. 6331-51 et L. 6331-52 CT, afférente à l'année 2010 et arrêté du 19 septembre 2011 (JO 12) fixant le montant du solde des sommes à verser à ces fonds.

• Les vendeurs-colporteurs de presse et les correspondants locaux de presse, lorsqu'ils sont travailleurs indépendants au regard du droit du travail, ne sont pas assujettis à la contribution à la formation professionnelle des travailleurs indépendants, leurs activités étant très réduites et constitutives de gains relativement modiques (lettre-circ. ACOSS 93-76 du 13 septembre 1993).

Art. R. 6331-47. La contribution prévue à l'article L. 6331-48 est due par les personnes non salariées, à l'exception de celles dont la rémunération ne peut être prise en compte pour la détermination du montant des salaires, entendu au sens du 1 de l'article 231 du code général des impôts, prévues aux articles L. 6331-53 et L. 6331-54.

Ces personnes ne peuvent bénéficier du droit à la formation professionnelle continue que si elles sont à jour du paiement de cette contribution.

Art. L. 6331-49. Sont dispensées du versement ***(L. 2010-1657 du 29 déc. 2010, art. 137, JO 30)*** « des contributions » prévues à l'article L. 6331-48, les personnes dispensées du versement de la cotisation personnelle d'allocations familiales qui justifient d'un revenu professionnel non salarié non agricole inférieur à un montant déterminé dans les conditions prévues à l'article L. 242-11 du code de la sécurité sociale.

Note Le 2e alinéa de cet article a été supprimé par la loi 2010-1657 du 29 décembre 2010, art. 137, JO 30.

Art. L. 6331-50. ***(L. 2010-1657 du 29 déc. 2010, art. 137, JO 30)*** « Les contributions » prévues à l'article L. 6331-48, à l'exclusion de celle due par les assujettis mentionnés à l'article L. 6331-54, ***(L. 2010-1657 du 29 déc. 2010, art. 137, JO 30)*** « sont versées » à un fonds d'assurance-formation de non-salariés.

Art. L. 6331-51. La contribution ***(L. 2010-1657 du 29 déc. 2010, art. 137, JO 30)*** « prévue aux premier et deuxième alinéas de l'article L. 6331-48 » est recouvrée et contrôlée conformément aux dispositions prévues à l'article L. 133-6 du code de la sécurité sociale selon les règles et sous les garanties et sanctions applicables au recouvrement des cotisations personnelles d'allocations familiales. Elle fait l'objet d'un versement unique s'ajoutant à l'échéance provisionnelle des cotisations et contributions sociales du mois de février de l'année qui suit celle au titre de laquelle elle est due.

(L. 2010-1657 du 29 déc. 2010, art. 137, JO 30) « Les versements de la contribution mentionnée au troisième alinéa de l'article L. 6331-48 sont effectués suivant la périodicité, selon les règles et sous les garanties et sanctions applicables au recouvrement des cotisations et contributions de sécurité sociale visées à l'article L. 133-6-8 du code de la sécurité sociale. »

Les organismes chargés du recouvrement reversent le montant de leur collecte aux fonds d'assurance-formation de non-salariés, agréés à cet effet par l'État, dans des conditions déterminées par décret en Conseil d'État.

Les règles applicables en cas de contentieux sont celles prévues au chapitre II du titre IV du livre Ier du code de la sécurité sociale.

Art. L. 6331-52. Les organismes chargés du recouvrement ***(L. 2010-1657 du 29 déc. 2010, art. 137, JO 30)*** « des contributions prévues à l'article L. 6331-48 » peuvent percevoir des frais de gestion dont les modalités et le montant sont déterminés par arrêté conjoint du ministre chargé de la sécurité sociale et du ministre chargé de la formation professionnelle.

Note S'agissant des frais de gestion visés à cet article, voir arrêté du 10 décembre 1996 (JO 19).

Art. L. 6331-53. Les travailleurs indépendants de la pêche maritime et les employeurs de pêche maritime de moins de dix salariés ainsi que les travailleurs indépendants et les employeurs de cultures marines de moins de dix salariés affiliés au régime social des marins et, le cas échéant, leurs conjoints, partenaires liés par un pacte civil de solidarité ou concubins, collaborateurs ou associés, consacrent chaque année, pour le financement de leurs propres actions de formation, telles que définies à l'article L. 6313-1, une contribution qui ne peut être inférieure à 0,15 % du montant annuel du plafond de la sécurité sociale.

Cette contribution est directement recouvrée en une seule fois et contrôlée par la Caisse nationale d'allocations familiales des pêches maritimes, selon les règles et sous les garanties et sanctions applicables au recouvrement des cotisations dues au titre du régime de protection sociale maritime.

S'agissant des chefs d'entreprise de pêche maritime et des travailleurs indépendants du même secteur, la Caisse nationale d'allocations familiales des pêches maritimes reverse le montant annuel de la collecte de la contribution prévue au premier alinéa à l'organisme collecteur paritaire agréé à cet effet, dans les conditions déterminées par décret en Conseil d'État.

S'agissant des chefs d'entreprise de cultures marines et des travailleurs indépendants du même secteur et, le cas échéant, de leurs conjoints collaborateurs ou associés, la caisse de mutualité sociale agricole reverse le montant de leur collecte à l'organisme collecteur paritaire agréé mentionné au troisième alinéa.

Note Dans un litige antérieur à la loi, la Cour de cassation avait déjà précisé que la formation professionnelle est d'application générale pour tous les travailleurs indépendants, notamment pour les marins-pêcheurs qui ont cette qualité (cass. soc. 5 mars 1998, n° 96-18.586, BC V n° 122 ; *RJS* 4/98 n° 544).

Art. R. 6331-48. La contribution prévue à l'article L. 6331-53 est due au titre de la participation au développement de la formation professionnelle continue des travailleurs indépendants et des employeurs de la pêche maritime de moins de dix salariés ainsi que des travailleurs indépendants et des employeurs de cultures marines de moins de dix salariés.

Cette disposition s'applique également aux conjoint, partenaire lié par un pacte civil de solidarité ou concubin des personnes mentionnées au premier alinéa, s'ils sont leurs collaborateurs ou associés.

Ces personnes ne peuvent bénéficier du droit à la formation professionnelle continue que si elles sont à jour du paiement de cette contribution.

Art. R. 6331-49. Les personnes mentionnées à l'article R. 6331-48 adhèrent à l'organisme collecteur paritaire agréé mentionné au troisième alinéa de l'article L. 6331-53.

Art. R. 6331-50. L'agrément de l'organisme collecteur paritaire agréé mentionné au troisième alinéa de l'article L. 6331-53 est prononcé par arrêté conjoint des ministres chargés de la formation professionnelle, des gens de mer et de la pêche maritime.

Art. R. 6331-51. L'agrément peut être retiré par arrêté conjoint des ministres chargés de la formation professionnelle, des gens de mer et de la pêche maritime lorsque les dispositions légales applicables à l'organisme ou les conditions particulières prévues le cas échéant par l'agrément ne sont pas respectées.

La décision de retrait intervient après que l'organisme gestionnaire a été appelé à s'expliquer.

Art. R. 6331-52. La contribution prévue au premier alinéa de l'article L. 6331-53 est reversée à l'organisme collecteur paritaire agréé avant le premier mois de l'année suivant celle du recouvrement.

Art. R. 6331-53. Les modalités du reversement prévu à l'article R. 6331-52 sont précisées par arrêté conjoint des ministres chargés de la formation professionnelle, des gens de mer et de la pêche maritime.

Cet arrêté détermine, notamment, le montant maximum des frais de gestion que la Caisse maritime d'allocations familiales est autorisée à prélever.

Note Voir arrêté du 31 janvier 2003 (JO 11 févr.) fixant les modalités de reversement de la contribution de formation professionnelle prévue à l'article L. 953-4 (ancien) CT.

Art. R. 6331-54. L'organisme collecteur paritaire agréé désigne en son sein une section particulière.

Cette section est gérée par les organisations syndicales représentatives des travailleurs indépendants et des employeurs de la pêche maritime et des cultures marines.

Art. L. 6331-54. Pour les travailleurs indépendants inscrits au répertoire des métiers, la contribution ***(L. 2010-1657 du 29 déc. 2010, art. 137, JO 30)*** « prévue aux premier et deuxième alinéas de l'article L. 6331-48 » est versée dans les conditions de l'article 1601 B ***(L. 2010-1657 du 29 déc. 2010, art. 137, JO 30)*** « et du *c* de l'article 1601 » du code général des impôts.

(L. 2010-1657 du 29 déc. 2010, art. 137, JO 30) « Pour les chefs d'entreprise exerçant une activité artisanale ayant opté pour le régime prévu à l'article L. 133-6-8 du code de la sécurité sociale, la contribution mentionnée au troisième alinéa de l'article L. 6331-48 du présent code est versée dans les conditions prévues à l'article 1609 *quatervicies* B du code général des impôts. »

Note • L'article 1601 B du code général des impôts est rédigé comme suit :

« Art. 1601 B. – La contribution visée aux 2e et 3e alinéas du II de l'article 8 de l'ordonnance n° 2003-1213 du 18 décembre 2003 relative aux mesures de simplification des formalités concernant les entreprises, les travailleurs indépendants, les associations et les particuliers employeurs est affectée au fonds d'assurance formation des chefs d'entreprise inscrits au répertoire des métiers visé au III de l'article précité.

Elle est égale à 0,17 % du montant annuel du plafond de la sécurité sociale en vigueur au 1er janvier de l'année d'imposition et est recouvrée dans les mêmes conditions que la taxe pour frais de chambres de métiers et de l'artisanat. »

• Voir aussi décret 2007-1268 du 24 août 2007 (JO 25) fixant les conditions d'application de l'article 8 de l'ordonnance 2003-1213 du 18 décembre 2003 relatif au fonds d'assurance formation des chefs d'entreprises inscrits au répertoire des métiers et arrêté du 24 mai 2011 (JO 2 juin) modifiant les plafonds de dépenses prévues au III de l'article 10 du décret 2007-1268 du 24 août 2007 précité.

Sous-section 3. Employeurs occupant des salariés intermittents du spectacle

Art. L. 6331-55. Par dérogation aux dispositions relatives au financement du congé individuel de formation, prévues par l'article L. 6322-37, à l'obligation de financement pour les employeurs de moins de dix salariés, prévue par les articles L. 6331-2 et L. 6331-3, et à l'obligation de financement pour les employeurs de dix salariés et plus, prévue par les articles L. 6331-9, L. 6331-14 à L. 6331-20, lorsque des employeurs occupent un ou plusieurs salariés intermittents du spectacle qui relèvent des secteurs d'activités des spectacles, de l'audiovisuel et de la production cinématographique, pour lesquels il est d'usage constant de ne pas recourir au contrat à durée indéterminée en raison de la nature de l'activité exercée et du caractère par nature temporaire de ces emplois, une convention ou un accord professionnel national étendu peut prévoir pour ce ou ces salariés intermittents une participation unique au développement de la formation professionnelle, quel que soit le nombre de salariés occupés. Cette contribution est due à compter du premier salarié intermittent.

Le pourcentage de la contribution ne peut être inférieur à 2 % des rémunérations versées pendant l'année en cours. Les rémunérations sont entendues au sens des règles prévues aux chapitres premier et II du titre IV du livre II du code de la sécurité sociale.

Note La loi 92-1446 du 31 décembre 1992 (JO 1er janv. 1993) a permis l'adoption, par une convention ou un accord professionnel national étendu, d'une contribution unique due par les employeurs d'intermittents du spectacle, destinée au financement de la formation de ces salariés.

Art. L. 6331-56. La convention ou l'accord mentionné à l'article L. 6331-55, qui détermine la répartition de la contribution au titre du congé individuel de formation, du plan de formation et des contrats ou des périodes de professionnalisation, ne peut avoir pour effet d'abaisser le taux en dessous de :

1° 0,6 %, au titre de congé individuel de formation, des rémunérations de l'année de référence ;

2° 0,6 %, au titre du plan de formation, des rémunérations de l'année de référence ;

3° 0,3 %, au titre des contrats ou des périodes de professionnalisation.

Sous-section 4. Particuliers employeurs

Note • Ces articles, introduits par la loi 96-63 du 29 janvier 1996 (JO 30), ont pris effet le 1er avril 1996. À partir de cette date, les employeurs d'employés de maison ont dû acquitter une contribution formation professionnelle continue de 0,15 % calculée sur l'assiette servant au calcul des cotisations sociales et recouvrée par l'URSSAF.

Sont, depuis la loi 2004-391 du 4 mai 2004 (JO 5), également concernés les employeurs d'assistantes maternelles et ceux des salariés visés à l'article L. 722-20, 2° et 3° du code rural et de la pêche maritime. La contribution est fixée à 0,15 %. Une contribution complémentaire de 0,10 % au titre des actions de professionnalisation et du DIF pouvait être prévue par accord de branche conclu avant le 31 décembre 2006.

Sur la mise en œuvre du droit à formation professionnelle des employés de maison, voir accord paritaire du 24 novembre 1999 étendu par arrêté du 2 mars 2000 (JO 11).

Un accord relatif à la formation professionnelle tout au long de la vie dans la branche des salariés du particulier employeur a été conclu le 4 février 2008. Il remplace l'accord du 24 novembre 1999 relatif à la formation continue figurant en annexe V de la convention collective nationale des employés de maison du 24 novembre 1999.

• Voir arrêté du 18 mars 1997 définissant les modalités de reversement du produit de la contribution visée à cet article et les frais de gestion y afférents (JO 9 avril).

Art. L. 6331-57. Sont redevables d'une contribution versée au titre de la participation au développement de la formation professionnelle continue et égale à 0,15 % des rémunérations de l'année de référence les particuliers employeurs occupant un ou plusieurs :

1° Employés de maison mentionnés à l'article L. 7221-1 ;

2° Assistants maternels mentionnés [à l'article] L. 421-1 du code de l'action sociale et des familles ;

3° Salariés mentionnés aux 2° et 3° de l'article L. 722-20 du code rural ***(Ord. 2010-462 du 6 mai 2010, JO 7)*** « et de la pêche maritime ».

Art. L. 6331-58. La contribution prévue à l'article L. 6331-57 est calculée sur l'assiette retenue en application :

1° Pour les employés de maison, de l'article L. 133-7 du code de la sécurité sociale ;

2° Pour les assistants maternels, de l'article L. 242-1 du même code.

Art. L. 6331-59. La contribution est recouvrée et contrôlée par les organismes chargés du recouvrement des cotisations de sécurité sociale et d'allocations familiales en même temps que les cotisations de sécurité sociale dues sur les rémunérations versées aux travailleurs salariés et assimilés, selon les mêmes règles et sous les mêmes garanties et sanctions.

Art. L. 6331-60. La contribution est versée à un organisme collecteur paritaire agréé.

Elle est versée après déduction de frais de gestion, selon des modalités déterminées par arrêté conjoint du ministre chargé de la sécurité sociale et du ministre chargé de la formation professionnelle.

Art. L. 6331-61. Le produit de la contribution est reversé à l'organisme collecteur paritaire agréé, après déduction de frais de gestion, selon des modalités déterminées par arrêté conjoint du ministre chargé de la sécurité sociale et du ministre chargé de la formation professionnelle.

Art. L. 6331-62. Les règles applicables en cas de contentieux sont celles prévues au chapitre II du titre IV du livre Ier du code de la sécurité sociale.

Sous-section 5. **Employeurs de la pêche maritime et des cultures marines**

Art. L. 6331-63. Dans les entreprises de pêche maritime et de cultures marines de moins de dix salariés, l'employeur reverse le montant de la contribution prévue à l'article L. 6331-2 à l'organisme collecteur paritaire agréé mentionné au troisième alinéa de l'article L. 6331-53.

Art. L. 6331-64. Dans les entreprises de pêche maritime et de cultures marines de dix salariés et plus, l'employeur verse à l'organisme collecteur paritaire agréé mentionné au troisième alinéa de l'article L. 6331-53 la fraction de la contribution qui n'a pas été utilisée directement au financement de la formation professionnelle au profit de ses salariés.

(L. 2011-1978 du 28 déc. 2011, art. 88, JO 29, entrée en vigueur le 01.07.2012)

Sous-section 6. ***Artistes auteurs***

Art. L. 6331-65. *Pour le financement des actions prévues à l'article L. 6331-1 au profit des artistes auteurs définis à l'article L. 382-1 du code de la sécurité sociale, il est créé :*

1° Une contribution annuelle des artistes auteurs assise sur les revenus définis à l'article L. 382-3 du même code. Le taux de cette contribution est de 0,35 % ;

2° Une contribution annuelle des personnes physiques ou morales mentionnées à l'article L. 382-4 du même code, assise sur les éléments mentionnés au deuxième alinéa du même article. Le taux de cette contribution est de 0,1 %.

Les contributions prévues aux 1° et 2° du présent article ne sont pas exclusives de financements par les sociétés d'auteurs.

Art. L. 6331-66. *Les contributions mentionnées aux 1° et 2° de l'article L. 6331-65 sont recouvrées et contrôlées selon les règles et sous les garanties et sanctions applicables au recouvrement des cotisations de sécurité sociale dues sur les revenus et éléments mentionnés à ces mêmes 1° et 2°.*

Art. L. 6331-67. *Les organismes agréés visés aux articles L. 382-4 et L. 382-5 du code de la sécurité sociale ainsi que les organismes de recouvrement mentionnés à l'article L. 213-1 du même code, chargés du recouvrement des contributions mentionnées à l'article L. 6331-65 du présent code, peuvent percevoir des frais de gestion dont les modalités et le montant sont déterminés par arrêté conjoint des ministres chargés de la sécurité sociale, de la culture et de la formation professionnelle.*

Art. L. 6331-68. *Les contributions prévues à l'article L. 6331-65 sont affectées à l'organisme paritaire collecteur agréé au titre des contributions versées en application de l'article L. 6331-55 et gérées au sein de ce dernier dans une section particulière. Elles lui sont reversées par les organismes mentionnés à l'article L. 6331-67 selon des modalités déterminées par arrêté conjoint des ministres chargés de la sécurité sociale, de la culture et de la formation professionnelle. Elles sont mutualisées dès réception.*

Un décret en Conseil d'État détermine les modalités d'organisation et de fonctionnement de la section particulière mentionnée au premier alinéa du présent article.

CHAPITRE II
Organismes collecteurs agréés

Note La validité des agréments délivrés aux organismes collecteurs paritaires des fonds de la formation professionnelle continue mentionnés aux sections 1, 2 et 3 de ce chapitre expire au plus tard le 1er janvier 2012. Un nouvel agrément est subordonné à l'existence d'un accord conclu à cette fin entre les organisations syndicales de salariés et d'employeurs représentatives dans le champ d'application de l'accord (loi 2009-1437 du 24 novembre 2009, art. 43, I, JO 25).

Voir Questions - Réponses DGEFP du 6 mai 2011 sur la mise en œuvre de la réforme des OPCA : 1. Nouveaux agréments des OPCA ; 2. L'élargissement des missions des OPCA en matière de conseils aux entreprises ; 3. En matière de qualité de l'offre de formation ; 4. Gestion des ressources des OPCA ; 5. Mise en œuvre des nouvelles dispositions relatives à la comptabilité des OPCA ; 6. Nouvelles modalités de mise en œuvre des frais d'information et de gestion et des frais de mission ; 7. Gestion paritaire des OPCA ; 8. Portabilité du DIF et rôle des OPCA ; 9. Application de dispositions relevant de l'ANI 2009 et non prévues par la loi.

SECTION 1. Dispositions générales

Sous-section 1. Agrément

Art. L. 6332-1. *(L. 2009-1437 du 24 nov. 2009, art. 43, JO 25)* L'organisme collecteur paritaire habilité à recevoir les contributions des employeurs au titre du chapitre Ier est agréé par l'autorité administrative. Il a une compétence nationale, interrégionale ou régionale.

L'agrément est accordé aux organismes collecteurs paritaires en fonction :

1° De leur capacité financière et de leurs performances de gestion ;

2° De la cohérence de leur champ d'intervention géographique et professionnel ou interprofessionnel ;

3° De leur mode de gestion paritaire ;

4° De leur aptitude à assurer leur mission compte tenu de leurs moyens ;

5° De leur aptitude à assurer des services de proximité au bénéfice des très petites, petites et moyennes entreprises ainsi qu'à développer les compétences, au niveau des territoires, notamment en milieu agricole et rural ;

6° De l'application d'engagements relatifs à la transparence de la gouvernance, à la publicité des comptes et à l'application de la charte des bonnes pratiques mentionnée à l'article L. 6332-1-2.

L'agrément des organismes collecteurs paritaires au titre du plan de formation des entreprises et des formations organisées dans le cadre du droit individuel à la formation, des périodes et des contrats de professionnalisation n'est accordé que lorsque le montant des collectes annuelles réalisées est supérieur à un montant fixé par décret en Conseil d'État.

L'agrément est subordonné à l'existence d'un accord conclu à cette fin entre les organisations syndicales de salariés et d'employeurs représentatives dans le champ d'application de l'accord. S'agissant d'un organisme collecteur paritaire interprofessionnel, cet accord est valide et peut être agréé même s'il n'est signé, en ce qui concerne la représentation des employeurs, que par une organisation syndicale.

Note Voir arrêté du 25 novembre 2011 (JO 7 déc.) désignant la mission du service du contrôle général économique et financier des organismes chargés de l'emploi et de la formation professionnelle pour exercer le contrôle économique et financier de l'État sur certains organismes intervenant dans le financement de la formation professionnelle continue.

Voir notamment « Versements à effectuer avant le 1er mars », *RF*, FH 3433 du 2 février 2012.

Art. L. 6332-1-1. ***(L. 2009-1437 du 24 nov. 2009, art. 41, JO 25)*** Les organismes collecteurs paritaires agréés ont pour mission :

1° De contribuer au développement de la formation professionnelle continue ;

2° D'informer, de sensibiliser et d'accompagner les entreprises dans l'analyse et la définition de leurs besoins en matière de formation professionnelle ;

3° De participer à l'identification des compétences et des qualifications mobilisables au sein de l'entreprise et à la définition des besoins collectifs et individuels au regard de la stratégie de l'entreprise, en prenant en compte les objectifs définis par les accords de gestion prévisionnelle des emplois et des compétences.

Pour l'accomplissement de leurs missions, les organismes collecteurs paritaires agréés assurent un service de proximité au bénéfice des très petites, petites et moyennes entreprises et des entreprises du milieu agricole et rural, peuvent contribuer au financement de l'ingénierie de certification et peuvent prendre en charge les coûts des diagnostics de ces entreprises selon les modalités définies par accord de branche ou accord collectif conclu entre les organisations d'employeurs et de salariés signataires de l'accord constitutif d'un organisme collecteur paritaire agréé interprofessionnel.

Ils peuvent conclure avec l'État des conventions dont l'objet est de définir la part des ressources qu'ils peuvent affecter au cofinancement d'actions en faveur de la formation professionnelle et du développement des compétences des salariés et des demandeurs d'emploi.

Une convention triennale d'objectifs et de moyens est conclue entre chaque organisme collecteur paritaire agréé et l'État. Elle définit les modalités de financement et de mise en œuvre des missions des organismes collecteurs paritaires agréés. Les parties signataires s'assurent de son suivi et réalisent une évaluation à l'échéance de la convention dont les conclusions sont transmises au Conseil national de la formation professionnelle tout au long de la vie. Celui-ci établit et rend public, tous les trois ans, un bilan des politiques et de la gestion des organismes collecteurs paritaires agréés.

Note

• Les dispositions du dernier alinéa de cet article relatives aux conventions triennales d'objectifs et de moyens sont applicables, à la date de publication du décret 2010-1116 du 22 septembre 2010 (JO 24), aux organismes qui ont déjà fait l'objet d'un agrément au titre du plan de formation et de la professionnalisation, dont le seuil de collecte dépasse le seuil mentionné à l'article R. 6332-9 et qui ont fait connaître qu'ils solliciteront l'agrément cité à l'article 48 du décret précité.

• Les missions des organismes paritaires collecteurs agréés (OPCA) sont précisées sur la base des dispositions de l'accord national interprofessionnel du 7 janvier 2009 sur le développement de la formation (ANI du 7 janvier 2009, art. 53). Les OPCA se voient notamment confier un rôle accru de conseil des petites et moyennes entreprises en matière de formation professionnelle.

Voir aussi Questions - Réponses DGEFP du 6 mai 2011 sur la mise en œuvre de la réforme des OPCA : 2. et 3. L'élargissement des missions des OPCA en matière de conseils aux entreprises et en matière de qualité de l'offre de formation.

Art. L. 6332-1-2. ***(L. 2009-1437 du 24 nov. 2009, art. 41, JO 25)*** Le fonds paritaire de sécurisation des parcours professionnels prévu à l'article L. 6332-18 établit et publie une charte des bonnes pratiques pour les organismes collecteurs paritaires agréés et les entreprises.

Art. L. 6332-2. L'organisme collecteur paritaire agréé peut conclure avec toute personne morale, et notamment les chambres consulaires, des conventions dont l'objet est de leur permettre de percevoir les contributions des employeurs au titre du chapitre Ier.

Les chambres consulaires peuvent percevoir auprès de toutes les entreprises les fonds destinés à des actions de formation professionnelle, en application de conventions de formation annuelles ou pluriannuelles conclues dans le cadre des dispositions de l'article L. 6353-2.

Art. L. 6332-2-1. ***(L. 2009-1437 du 24 nov. 2009, art. 41, JO 25)*** Lorsqu'une personne exerce une fonction d'administrateur ou de salarié dans un établissement de formation, elle ne peut exercer une fonction d'administrateur ou de salarié dans un organisme collecteur paritaire agréé ou un organisme délégué par ce dernier.

Lorsqu'une personne exerce une fonction de salarié dans un établissement de crédit, elle ne peut exercer une fonction de salarié dans un organisme collecteur paritaire agréé ou un organisme délégué par ce dernier.

Le cumul des fonctions d'administrateur dans un organisme collecteur paritaire agréé et d'administrateur ou de salarié dans un établissement de crédit est porté à la connaissance des instances paritaires de l'organisme collecteur ainsi qu'à celle du commissaire aux comptes qui établit, s'il y a lieu, un rapport spécial.

Agrément

§ 1. Délivrance de l'agrément

Art. R. 6332-1. Peuvent seuls recevoir les contributions des employeurs les organismes mentionnés à l'article L. 6332-1 agréés dans les conditions définies par la présente sous-section.

Note Voir Questions - Réponses DGEFP du 6 mai 2011 sur la mise en œuvre de la réforme des OPCA : 1. Nouveaux agréments des OPCA .

Art. R. 6332-2. La composition du dossier de demande d'agrément est fixée par arrêté du ministre chargé de la formation professionnelle.

Note Voir arrêté 20 septembre 2011 (JO 11 oct.) portant composition du dossier de demande d'agrément des organismes collecteurs paritaires des fonds de la formation professionnelle continue prévu à cet article.

Art. R. 6332-3. L'agrément des organismes collecteurs paritaires est accordé par arrêté du ministre chargé de la formation professionnelle, après avis du Conseil national de la formation professionnelle tout au long de la vie.

Art. R. 6332-4. L'agrément des organismes collecteurs paritaires est subordonné à l'existence d'un accord conclu à cette fin entre les organisations d'employeurs et de salariés représentatives dans le champ d'application de l'accord.

Cet accord détermine le champ d'intervention géographique et professionnel ou interprofessionnel de l'organisme collecteur.

(D. 2010-1116 du 22 sept. 2010, JO 24) « Le conseil d'administration de l'organisme collecteur paritaire agréé est composé d'un nombre égal de représentants des employeurs et des salariés désignés par les organisations signataires. »

Note Une activité économique, comprise dans le champ d'application d'un accord national et professionnel sur la base duquel un organisme collecteur paritaire a été agréé, ne peut légalement être rattachée par le ministre à un autre organisme collecteur (CE 24 mai 2000, n° 185610, *Rec. Lebon*, p. 1272 ; *RJS* 9-10/00 n° 976).

Art. R. 6332-5. ***(D. 2010-1116 du 22 sept. 2010, JO 24)*** Dans le champ d'application des accords mentionnés à l'article R. 6332-4, les agréments au titre de la collecte des contributions mentionnées aux 1°, 2°, 3° et 4° de l'article L. 6332-7 ne sont accordés qu'à un même organisme collecteur paritaire pour une ou plusieurs de ces catégories.

Art. R. 6332-6. L'agrément au titre de la collecte de la contribution au financement du congé individuel de formation ***(D. 2010-1116 du 22 sept. 2010, JO 24)*** « prévue au 5° de l'article L. 6332-7 » n'est accordé qu'à un organisme non agréé au titre de l'article R. 6332-5 et à compétence interprofessionnelle et régionale.

Il peut être dérogé à cette règle lorsque l'organisme ne relève pas du champ d'application d'accords relatifs à la formation professionnelle continue conclus au niveau interprofessionnel, ou lorsqu'il relève d'un secteur faisant l'objet de dispositions législatives particulières relatives au financement du congé individuel de formation.

Art. R. 6332-7. Lorsqu'un organisme bénéficie d'un agrément multiple, la gestion de chacune des contributions fait l'objet d'un suivi comptable distinct.

(D. 2010-1116 du 22 sept. 2010, JO 24) « La répartition des dépenses mentionnées aux articles R. 6332-36 et R. 6332-37 de l'organisme collecteur paritaire s'effectue au prorata des collectes effectuées par l'organisme au titre de chaque contribution résultant de l'agrément.

Cette répartition peut toutefois faire l'objet d'une modulation déterminée par la convention d'objectifs et de moyens mentionnée au dernier alinéa de l'article L. 6332-1-1. »

Art. R. 6332-8. ***(D. 2010-1116 du 22 sept. 2010, JO 24)*** Pour l'appréciation des conditions auxquelles l'article L. 6332-1 subordonne l'agrément des organismes collecteurs paritaires habilités à recevoir les contributions des employeurs, il est tenu compte notamment de la capacité financière et des performances de gestion, de l'estimation de la collecte, de la mise en œuvre d'une comptabilité analytique, de l'estimation des frais d'information et de gestion, de la cohérence du champ d'intervention professionnel, de la capacité à assurer une représentation au niveau territorial, de l'aptitude à assurer des services de proximité à destination des très petites, petites et moyennes entreprises et du respect des règles de publicité conformément aux dispositions de l'article R. 6332-23.

Art. R. 6332-9. L'agrément des organismes collecteurs paritaires ***(D. 2010-1116 du 22 sept. 2010, JO 24)*** « au titre du plan de formation des entreprises et des formations organisées dans le cadre du droit individuel à la formation, des périodes et des contrats de professionnalisation » n'est accordé que lorsque le montant estimé des collectes annuelles réalisées au titre du plan de formation des entreprises et formations organisées dans le cadre du droit individuel à la formation, des périodes et des contrats de professionnalisation est supérieur à cent millions d'euros ».

Note (...) Il apparaît que le seuil de collecte de 100 M€ s'apprécie en tenant compte de l'ensemble des contributions reçues, quelle qu'en soit la nature et donc sans que soit exigé d'opérer de distinction entre les ressources relevant de l'obligation légale et celles de nature conventionnelles issus d'accords collectifs étendus destinées à assurer le développement de la formation professionnelle. En conséquence, ces sommes ainsi collectées rentrent dans le décompte du seuil réglementaire, quelle que soit la nature des contributions perçues, légale ou conventionnelle (Questions - Réponses DGEFP du 6 mai 2011 précitées, question 4.5).

[**Art. R. 6332-10.** Abrogé par décret 2010-1116 du 22 septembre 2010, JO 24.]

Art. R. 6332-11. Les conventions ***(D. 2010-1116 du 22 sept. 2010, JO 24)*** « de collecte » prévues au premier alinéa de l'article L. 6332-2 sont conclues après avis du Conseil national de la formation professionnelle tout au long de la vie.

Conformément aux dispositions des articles L. 6331-3 et R. 6331-2, les versements réalisés dans le cadre des conventions conclues en application du deuxième alinéa de l'article L. 6332-2 par les employeurs occupant moins de dix salariés ne sont pas libératoires au titre de la contribution instituée par l'article L. 6331-3.

Art. R. 6332-12. Les conventions prévues à l'article R. 6332-11 définissent notamment :

1° Leur champ d'application quant aux employeurs et aux contributions concernés ;

2° Les délais de reversement de ces contributions aux organismes collecteurs paritaires pour le compte desquels elles sont perçues ;

3° Le cas échéant, les frais de perception.

§ 2. Retrait de l'agrément

Art. R. 6332-13. L'agrément est retiré lorsque le montant des collectes annuelles n'atteint pas, pendant deux années consécutives, le seuil prévu à l'article R. 6332-9.

Art. R. 6332-14. L'agrément peut être retiré en cas de manquement aux obligations résultant des dispositions de la présente partie.

Il peut également être retiré lorsqu'il apparaît que les dispositions applicables aux organismes collecteurs ou les conditions prévues par la décision d'agrément ne sont pas respectées.

Art. R. 6332-15. L'agrément est retiré par arrêté du ministre chargé de la formation professionnelle.

La décision de retrait intervient après que l'organisme collecteur paritaire a été appelé à s'expliquer.

L'arrêté précise la date à laquelle il prend effet ainsi que les modalités de dévolution des biens de l'organisme prévues à l'article R. 6332-20. Il est notifié à l'organisme et fait l'objet d'une publication au *Journal officiel* de la République française.

Constitution et fonctionnement des organismes

Art. R. 6332-16. L'acte de constitution d'un organisme collecteur paritaire détermine son champ d'intervention géographique et professionnel ou interprofessionnel ainsi que les conditions de sa gestion. Il fixe notamment :

1° La composition et l'étendue des pouvoirs du conseil d'administration paritaire ;

2° Les règles de détermination des actions donnant lieu à intervention de l'organisme et de répartition des ressources entre ces interventions. Sous réserve des dispositions des articles L. 6332-3, ***(D. 2010-1116 du 22 sept. 2010, JO 24)*** « L. 6332-3-1 » et L. 6332-4, l'acte de constitution peut prévoir à cet effet l'existence de sections professionnelles. Les fonds perçus auprès de l'ensemble des entreprises par l'organisme collecteur paritaire sont toutefois mutualisés avant la clôture de l'exercice comptable qui suit les versements et, au plus tard, avant le ***(D. 2010-1116 du 22 sept. 2010, JO 24)*** « 31 octobre » de chaque année ;

3° Le mode de désignation des organes chargés de la préparation des mesures énumérées au présent article et de l'exécution des décisions de gestion de l'organisme.

Art. R. 6332-17. ***(D. 2011-1427 du 2 nov. 2011, JO 4)*** Les organismes collecteurs paritaires agréés peuvent conclure avec une personne morale, relevant des organisations d'employeurs ou des organisations d'employeurs et de salariés, signataires de l'accord mentionné à l'article R. 6332-4, une convention de délégation de mise en œuvre de tout ou partie des décisions en matière de gestion et d'information et des décisions relatives aux missions prévues au II de l'article R. 6332-36, prises par le conseil d'administration de l'organisme.

Cette convention peut être conclue au plan national ou territorial avec les personnes morales mentionnées à l'alinéa précédent dans leur champ d'application géographique, à l'exclusion de tout champ d'application professionnel.

La délégation est exercée sous la responsabilité et le contrôle du conseil d'administration.

Cette convention est transmise au ministre chargé de la formation professionnelle.

Les personnes morales mentionnées au premier alinéa, ainsi que celles mentionnées à l'article L. 6332-2, transmettent avant le 30 avril de chaque année au conseil d'administration de l'organisme collecteur paritaire agréé avec lequel elles ont conclu une telle convention, ainsi qu'au ministre chargé de la formation professionnelle et au conseil d'administration du fonds paritaire de sécurisation des parcours professionnels, un rapport d'activité établi selon un modèle fixé par arrêté de ce ministre et retraçant l'exécution des missions qui leur ont été confiées ainsi que les frais de gestion, d'information et de mission afférents à celles-ci.

Note Les demandes d'agrément en cours d'instruction à la date de publication du décret 2011-1427 du 2 novembre 2011 peuvent être modifiées ou complétées avant le 20 novembre 2011 en fonction des dispositions de l'article 1er de ce décret.

Art. R. 6332-18. Les tâches de gestion d'un organisme collecteur paritaire agréé ne peuvent être confiées directement ou indirectement, notamment dans le cadre des conventions prévues à l'article R. 6332-17, à un établissement de formation ou à un établissement de crédit.

Art. R. 6332-19. Lorsqu'une personne exerce une fonction salariée dans un établissement de formation ou un établissement de crédit, elle ne peut exercer une fonction salariée dans un organisme collecteur paritaire agréé, ou délégué par lui au titre de l'article R. 6332-17.

Le cumul des fonctions d'administrateur dans un organisme collecteur paritaire agréé et dans un établissement de formation ou un établissement de crédit est porté à la connaissance des instances paritaires de l'organisme collecteur ainsi qu'à celle du commissaire aux comptes qui établit, s'il y a lieu, un rapport spécial.

Art. R. 6332-20. Les biens des organismes collecteurs paritaires agréés qui cessent leur activité sont dévolus à des organismes de même nature, désignés par le conseil d'administration.

Cette dévolution est soumise à l'accord préalable du ministre chargé de la formation professionnelle. La décision est publiée au *Journal officiel* de la République française.

À défaut, les biens sont dévolus au Trésor public.

Art. L. 6332-3.

Note Voir note sous l'article L. 6332-7.

Art. R. 6332-21. Les ressources des organismes collecteurs paritaires agréés sont constituées par les contributions des employeurs. Ces organismes peuvent recevoir, en outre, des concours financiers apportés par les collectivités publiques.

Art. R. 6332-22. Les organismes collecteurs paritaires agréés ne peuvent posséder d'autres biens que ceux nécessaires à leur fonctionnement.

Sous-section 2. Gestion des fonds

Art. L. 6332-3. Les sommes versées au titre du développement de la formation professionnelle continue par les employeurs de moins de dix salariés sont gérées paritairement au sein d'une section particulière de l'organisme collecteur paritaire agréé.

Elles sont mutualisées dès leur réception. ***(L. 2009-1437 du 24 nov. 2009, art. 41, JO 25)*** « L'organisme collecteur paritaire agréé peut affecter les versements des employeurs de dix salariés et plus au financement des plans de formation présentés par les employeurs de moins de dix salariés adhérant à l'organisme. »

Art. L. 6332-3-1. ***(L. 2009-1437 du 24 nov. 2009, art. 41, JO 25)*** Les sommes versées au titre du développement de la formation professionnelle continue par les employeurs occupant de dix à moins de cinquante salariés sont gérées paritairement au sein d'une section particulière de l'organisme collecteur paritaire agréé.

Elles sont mutualisées dès leur réception. L'organisme collecteur paritaire agréé peut affecter les versements des employeurs de cinquante salariés et plus au financement des plans de formation présentés par les employeurs de moins de cinquante salariés adhérant à l'organisme.

Pour le financement des plans de formation présentés par les employeurs occupant de dix à moins de cinquante salariés, les conventions de branche ou accords professionnels conclus après le 1er septembre 2009 ne peuvent fixer une part minimale de versement, à un seul et unique organisme collecteur paritaire agréé désigné par la convention ou l'accord, plus élevée que celle prévue pour les employeurs occupant cinquante salariés et plus.

Note Voir Questions - Réponses DGEFP du 6 mai 2011 sur la mise en œuvre de la réforme des OPCA : 4. Gestion des ressources des OPCA.

Art. L. 6332-4. Les emplois de fonds qui ne répondent pas aux règles posées par l'article L. 6332-3 donnent lieu par l'organisme collecteur paritaire agréé à un reversement de même montant au Trésor public.

Ce reversement est soumis aux dispositions des articles L. 6331-6 et L. 6331-8.

Art. L. 6332-5. Les emplois de fonds qui ne répondent pas aux règles posées par les articles L. 6331-10, L. 6331-11, L. 6331-22 et L. 6331-30 donnent lieu à un reversement de même montant par l'organisme collecteur paritaire agréé au Trésor public.

Art. L. 6332-5-1. ***(L. 2009-1437 du 24 nov. 2009, art. 41, JO 25)*** L'organisme collecteur paritaire agréé est assujetti aux neuvième et dixième alinéas de l'article L. 441-6 du code de commerce pour le délai de règlement des sommes dues aux organismes de formation.

Note Le délai convenu entre les parties pour régler les sommes dues ne peut pas dépasser 45 jours fin de mois ou 60 jours à compter de la date d'émission de la facture (c. com. art. L. 441-6, al. 9). Les professionnels d'un secteur, clients et fournisseurs, peuvent décider conjointement de réduire ce délai maximum de paiement. Ils peuvent également proposer de retenir la date de réception des marchandises ou d'exécution de la prestation de services demandée comme point de départ de ce délai. Des accords sont conclus à cet effet par leurs organisations professionnelles. Un décret peut étendre le nouveau délai maximum de paiement à tous les opérateurs du secteur ou, le cas échéant, valider le nouveau mode de computation et l'étendre à ces mêmes opérateurs (c. com. art. L. 441-6, al. 10).

§ 1. Prise en charge des demandes des employeurs

Art. R. 6332-23. ***(D. 2010-1116 du 22 sept. 2010, JO 24)*** Les organismes collecteurs paritaires agréés doivent créer un service dématérialisé qui publie au sein d'une rubrique dédiée et identifiable :

1° La liste des priorités, des critères et des conditions de prise en charge des demandes présentées par les employeurs, des coûts de diagnostics visés au cinquième alinéa de l'article L. 6332-1-1 ainsi que les services proposés correspondant à l'emploi des sommes prévues au 3° du I et au II de l'article R. 6332-36 et au 5° de l'article R. 6332-37 ;

2° La liste des organismes de formation bénéficiaires des fonds de l'organisme collecteur ainsi que le montant pour chacun des organismes ;

3° Les comptes annuels des organismes collecteurs paritaires agréés et le rapport du commissaire aux comptes en application du 6° de l'article L. 6332-1, sans préjudice de l'application des dispositions de l'article L. 612-4 du code de commerce.

Cette rubrique est actualisée dans les quinze jours suivant la modification de l'une de ces informations.

Art. R. 6332-24. Les décisions de rejet total ou partiel par un organisme collecteur paritaire agréé d'une demande de prise en charge formée par un employeur sont motivées.

Art. R. 6332-25. Le paiement des frais de formation pris en charge par les organismes collecteurs paritaires agréés est réalisé après exécution des prestations de formation et sur transmission de pièces justificatives, dont les attestations de présence des stagiaires.

Art. R. 6332-26. Les employeurs ou les prestataires de formation adressent aux organismes collecteurs qui en font la demande une copie des feuilles d'émargement à partir desquelles sont établies les attestations de présence. Ces feuilles d'émargement font partie des documents que les organismes collecteurs sont tenus de produire aux agents chargés du contrôle prévu aux articles L. 6362-5 à L. 6362-7.

Art. R. 6332-27. Par dérogation aux dispositions de l'article R. 6332-25, les parties peuvent convenir d'un échelonnement des paiements au fur et à mesure du déroulement des actions de formation et sur transmission des pièces justificatives visées à ce même article.

Cet échelonnement peut être assorti d'une avance dont le montant ne peut être supérieur à 30 % du prix convenu pour les prestations de formation.

§ 2. Disponibilités

Art. R. 6332-28. Les disponibilités, dont un organisme collecteur paritaire agréé au titre de la professionnalisation et du droit individuel à la formation ou du congé individuel de formation peut disposer au 31 décembre d'une année donnée, ne peuvent excéder le tiers des charges comptabilisées au cours du dernier exercice clos.

N'entrent pas dans le calcul des disponibilités les dotations aux amortissements et provisions.

Note Le 2e al. de cet article a été modifié par le décret 2010-1116 du 22 septembre 2010 (JO 24).

Art. R. 6332-29. Les disponibilités au 31 décembre sont constituées par les montants figurant aux comptes de placement, de banque et de caisse, tels que définis par le plan comptable prévu à l'article R. 6332-40. Les placements sont toutefois appréciés à leur valeur liquidative.

Les disponibilités excédant ce montant sont affectées conformément aux dispositions des articles R. 6332-83 et D. 6332-94.

§ 3. Transmission de documents

Art. R. 6332-30. L'organisme collecteur paritaire agréé transmet chaque année, avant le 31 mai suivant l'année civile considérée, au ministre chargé de la formation professionnelle ou, lorsque l'agrément est régional, au préfet de région, un état, dont le modèle est fixé par le ministre chargé de la formation professionnelle.

Ce modèle précise ceux des renseignements statistiques et financiers qui peuvent être rendus publics par le ministre chargé de la formation professionnelle.

(D. 2010-1116 du 22 sept. 2010, JO 24) « Le commissaire aux comptes de l'organisme atteste de la réalité et de l'exactitude des renseignements financiers. »

Art. R. 6332-31. L'état mentionné à l'article R. 6332-30 comporte les renseignements statistiques et financiers permettant de suivre le fonctionnement de l'organisme collecteur paritaire agréé et d'apprécier l'emploi des fonds reçus, ainsi que ses comptes et bilans.

L'état est accompagné d'une note présentant les principales orientations de l'activité de l'organisme ***(D. 2010-1116 du 22 sept. 2010, JO 24)*** « et d'un rapport de gestion certifié par le commissaire aux comptes détaillant l'évolution des charges par nature et par destination, l'organisation et la mise en œuvre du contrôle interne et les différentes procédures permettant de fiabiliser l'usage des fonds ». Ces documents font l'objet d'une délibération du conseil d'administration paritaire de l'organisme préalablement à leur transmission.

Art. R. 6332-32. L'état et les documents mentionnés à l'article R. 6332-31 sont transmis, avant le 31 mai suivant l'année civile considérée, au ***(D. 2010-1116 du 22 sept. 2010, JO 24)*** « fonds paritaire de sécurisation des parcours professionnels ».

Le conseil d'administration du ***(D. 2010-1116 du 22 sept. 2010, JO 24)*** « fonds paritaire de sécurisation des parcours professionnels » peut, en tant que de besoin, recourir à des experts, notamment des commissaires aux comptes, pour pratiquer des audits auprès des organismes collecteurs paritaires agréés. Les organismes collecteurs leur présentent toutes pièces ou documents établissant la réalité et le bien-fondé des éléments figurant sur l'état statistique et financier mentionné à l'article R. 6332-30.

Art. R. 6332-33. L'organisme collecteur paritaire agréé transmet, sur demande du ministre chargé de la formation professionnelle ou, si l'agrément est régional, sur celle du préfet de région, le rapport prévu à l'article R. 6332-17.

Art. R. 6332-34. Chaque organisme collecteur paritaire agréé transmet au ministre chargé de la formation professionnelle les informations individuelles relatives aux bénéficiaires des contrats de professionnalisation qu'ils contribuent à financer en vue de la réalisation d'études statistiques.

Ces informations sont transmises lors de la conclusion, de la modification et de la fin des contrats.

Les organismes collecteurs transmettent en même temps les informations relatives aux entreprises qui ont conclu ces contrats ainsi qu'aux actions de formation correspondantes.

Art. R. 6332-35. Un compte rendu annuel d'exécution des actions entreprises par les organisations signataires des accords ***(D. 2010-1116 du 22 sept. 2010, JO 24)*** « au titre de l'article R. 6332-43 » est joint à l'état statistique et financier prévu à l'article R. 6332-30.

*§ 4. **(D. 2010-1116 du 22 sept. 2010, JO 24)** « Frais de gestion et d'information et frais relatifs aux missions des organismes collecteurs paritaires agréés au titre du plan de formation, de la professionnalisation et du droit individuel à la formation »*

Note Voir Questions - Réponses DGEFP du 6 mai 2011 sur la mise en œuvre de la réforme des OPCA : 6. Nouvelles modalités de mise en œuvre des frais d'information et de gestion et des frais de mission.

Art. R. 6332-36. (***D. 2010-1116 du 22 sept. 2010, JO 24***) I. – Les frais de gestion et d'information mentionnés au 7° de l'article L. 6332-6 des organismes collecteurs paritaires agréés au titre du plan de formation et de la professionnalisation sont constitués par :

1° Les frais de collecte des contributions des employeurs ;

2° Les frais de gestion administrative relatifs à l'instruction et au suivi des dossiers de formation ;

3° Les frais d'information générale et de sensibilisation des entreprises ;

4° La rémunération des missions et services qui sont effectivement accomplis en vue d'assurer la gestion paritaire des fonds de la formation professionnelle continue conformément aux dispositions prévues en la matière par les articles R. 6332-43 à R. 6332-45 ;

5° La contribution due dans les conditions fixées par les articles R. 6332-96 à R. 6332-99 au fonds national de gestion paritaire de la formation professionnelle continue.

II. – Les frais relatifs aux missions mentionnées à l'article L. 6332-1-1 des organismes collecteurs paritaires agréés au titre du plan de formation et de la professionnalisation sont constitués par :

1° Les frais d'accompagnement des entreprises dans l'analyse et la définition de leurs besoins en matière de formation visés au 2° de l'article L. 6332-1-1 ;

2° Les frais d'information-conseil, de pilotage de projet et de service de proximité aux entreprises notamment des très petites entreprises et des petites et moyennes entreprises ;

3° Les dépenses réalisées pour le fonctionnement d'observatoires prospectifs des métiers et des qualifications destinées à mesurer l'évolution quantitative et qualitative des emplois et des qualifications, dans la limite d'un plafond fixé par arrêté du ministre chargé de la formation professionnelle ;

4° Le financement d'études ou de recherches intéressant la formation et notamment les frais relatifs à l'ingénierie de certification visée au cinquième alinéa de l'article L. 6332-1-1, dans la limite d'un plafond fixé par arrêté du ministre en charge de la formation professionnelle ;

5° Les coûts des diagnostics des entreprises mentionnées au cinquième alinéa à l'article L. 6332-1-1, dans la limite d'un plafond fixé par arrêté du ministre chargé de la formation professionnelle.

Note Voir arrêté du 20 septembre 2011 (JO 11 oct.) relatif au plafonnement des frais de gestion et d'information et de frais de mission des organismes collecteurs agréés au titre du plan de formation et de la professionnalisation en application des 1°, 2°, 3° et 4° de l'article L. 6332-7 CT, *applicable à compter du 1er janvier 2012.*

Art. R. 6332-37. ***(D. 2010-1116 du 22 sept. 2010, JO 24)*** Les frais de gestion et d'information mentionnés à l'article L. 6331-11 des organismes collecteurs paritaires agréés au titre du congé individuel de formation sont constitués par :

1° Les frais de collecte des contributions des employeurs ;

2° Les frais de gestion administrative relatifs à l'instruction et au suivi des dossiers de formation ;

3° La rémunération des missions et services qui sont effectivement accomplis en vue d'assurer la gestion paritaire des fonds de la formation professionnelle continue conformément aux dispositions prévues en la matière par les articles R. 6332-43 à R. 6332-45 ;

4° La contribution due dans les conditions fixées par les articles R. 6332-96 à R. 6332-99 au fonds national de gestion paritaire de la formation professionnelle continue ;

5° Les frais d'information des salariés sur les congés de formation, de bilans de compétences, d'examen et de validation des acquis de l'expérience ;

6° Les dépenses d'accompagnement des salariés dans le choix de leur orientation professionnelle et d'appui à l'élaboration de leur projet mentionnées au 1° de l'article L. 6331-11.

Note Voir arrêté du 20 septembre 2011 (JO 8 oct.) relatif au plafonnement des frais de gestion et d'information des organismes collecteurs agréés au titre du congé individuel de formation en application du 5° de l'article L. 6332-7 CT.

Art. R. 6332-37-1. ***(D. 2010-1116 du 22 sept. 2010, JO 24)*** Les dépenses de gestion et d'information mentionnées respectivement au I de l'article R. 6332-36 et à l'article R. 6332-37 ne peuvent excéder un plafond fixé par arrêté du ministre chargé de la formation professionnelle.

Ce plafond est composé d'une part fixe exprimée en pourcentage de la collecte comptabilisée et d'une part variable, fixée dans la convention d'objectifs et de moyens mentionnée au dernier alinéa de l'article L. 6332-1-1, comprise entre un minimum et un maximum exprimée en pourcentage du rapport entre les décaissements des charges de formation et la collecte comptabilisée.

La convention d'objectifs et de moyens fixe la proportion des ressources collectées consacrées aux frais relatifs à chacune des missions définies au II de l'article R. 6332-36.

Art. L. 6332-5-1.

Note Voir arrêtés du 20 septembre 2011 (JO 8 et 11 oct.) cités sous articles L. 6332-7, R. 6332-36 et 37.

Art. R. 6332-37-2. ***(D. 2010-1116 du 22 sept. 2010, JO 24)*** Les dépenses des organismes collecteurs paritaires agréés au titre du plan de formation et de la professionnalisation mentionnées aux 1° et 5° du I de l'article R. 6332-36 constituent la part fixe des frais de gestion et d'information et sont assises sur la collecte comptabilisée. Elles ne peuvent dépasser la part fixe du plafond prévue à l'article R. 6332-37-1.

Les frais mentionnés aux 2°, 3° et 4° du I de l'article R. 6332-36 calculés selon les modalités définies au deuxième alinéa de l'article R. 6332-37-1 constituent la part variable des frais de gestion et d'information et ne peuvent dépasser un plafond déterminé par la convention d'objectifs et de moyens prévue au dernier alinéa de l'article L. 6332-1-1. La détermination du plafond par la convention d'objectifs et de moyens ne peut être supérieure à la part variable maximale prévue à l'article R. 6332-37-1.

Art. R. 6332-37-3. ***(D. 2010-1116 du 22 sept. 2010, JO 24)*** Les dépenses des organismes collecteurs paritaires agréés au titre du congé individuel de formation mentionnées aux 1° et 4° de l'article R. 6332-37 constituent la part fixe des frais de gestion et d'information et sont assises sur la collecte comptabilisée. Elles ne peuvent dépasser la part fixe du plafond prévue à l'article R. 6332-37-1.

Les frais mentionnés au 2°, 3°, 5° et 6° de l'article R. 6332-37 calculés selon les modalités définies au deuxième alinéa de l'article R. 6332-37-1 constituent la part variable des frais de gestion et d'information et ne peuvent dépasser un plafond déterminé par la convention d'objectifs et de moyens prévue au dernier alinéa de l'article L. 6332-1-1. La détermination du plafond par la convention d'objectifs et de moyens ne peut être supérieure à la part variable maximale prévue à l'article R. 6332-37-1.

Art. R. 6332-37-4. ***(D. 2010-1116 du 22 sept. 2010, JO 24)*** En cas d'absence de conclusion de la convention d'objectifs et de moyens prévue au dernier alinéa de l'article L. 6332-1-1 applicable à l'organisme collecteur paritaire agréé, la part variable applicable à l'organisme correspond au pourcentage minimum prévu au deuxième alinéa de l'article R. 6332-37-1.

Art. R. 6332-37-5. ***(D. 2010-1116 du 22 sept. 2010, JO 24)*** Les parties procèdent annuellement à une évaluation de la convention d'objectifs et de moyens.

Art. R. 6332-37-6. ***(D. 2010-1116 du 22 sept. 2010, JO 24)*** En cas de dépassement des plafonds définis à l'article R. 6332-37-1, le ministre chargé de la formation professionnelle adresse à l'organisme collecteur paritaire agréé signataire de la convention une mise en demeure motivée de présenter, dans un délai d'un mois, ses observations écrites ou orales justifiant le montant du dépassement constaté. À défaut de justifications utiles dans le délai imparti, l'organisme collecteur paritaire agréé procède à un versement au Trésor public correspondant au montant du dépassement constaté.

§ 5. Contrôle et comptabilité

Art. R. 6332-38. Les agents de contrôle, mentionnés à l'article L. 6361-5, sont habilités à exercer le contrôle des recettes et des dépenses des organismes collecteurs paritaires agréés.

Art. R. 6332-39. Les organismes collecteurs paritaires agréés établissent des comptes annuels selon les principes et méthodes comptables définis au code de commerce.

Art. R. 6332-40. Le plan comptable applicable aux organismes collecteurs paritaires agréés est approuvé par arrêté du garde des sceaux, ministre de la justice, et des ministres chargés de l'économie et de la formation professionnelle, après avis ***(Ord. 2009-79 du 22 janv. 2009, JO 23)*** « de l'Autorité des normes comptables ».

Art. R. 6332-41. Pour l'exercice du contrôle des comptes, les organismes collecteurs paritaires agréés désignent au moins un commissaire aux comptes et un suppléant.

Art. R. 6332-42. Les ressources des organismes collecteurs paritaires sont conservées en numéraire, soit déposées à vue, soit placées à court terme.

Les intérêts produits par les sommes déposées ou placées à court terme ont le même caractère que les sommes dont ils sont issus. Ils sont soumis aux mêmes conditions d'utilisation et à la même procédure de contrôle.

Art. R. 6332-43. Les organismes collecteurs paritaires agréés peuvent rémunérer les missions et services qui sont effectivement accomplis, en vue d'assurer la gestion paritaire des fonds de la formation professionnelle continue, par les organisations signataires des accords portant constitution de ces organismes.

Les sommes consacrées à cette rémunération ne peuvent excéder 0,75 % du montant des sommes collectées par ces organismes au titre des agréments qui leur ont été accordés.

Note Il résulte de la combinaison des articles L. 961-12, L. 961-9, L. 951-1 et L. 952-2 (anciens) CT et de l'article 30 de la loi de finances pour 1985 que la gestion des organismes collecteurs paritairement agréés appartient aux organisations syndicales de salariés et d'employeurs parties aux accords qui en portent constitution. Par suite, une organisation syndicale n'est pas fondée à soutenir que l'article R. 964-1-14 (ancien), inséré dans le code du travail par le décret du 7 août 1996, aurait ajouté à la loi ou opéré une discrimination illégale entre syndicats en réservant aux organisations signataires des accords l'accomplissement et la rémunération des missions et services liés à la gestion paritaire des fonds de la formation professionnelle continue (CE 7 juillet 1997, n° 182948).

Art. R. 6332-44. Les missions et services mentionnés à l'article R. 6332-43 concernent les domaines suivants :

1° Prévision des besoins en compétences et en formation ;

2° Définition des règles qui permettent de déterminer les actions donnant lieu à intervention des organismes et la répartition des ressources entre ces interventions ;

3° Promotion de la formation professionnelle auprès des entreprises ;

4° Surveillance du fonctionnement des organismes collecteurs paritaires, notamment de la bonne utilisation des fonds.

Art. R. 6332-45. L'emploi des sommes définies à l'article R. 6332-43 fait l'objet de contrôles réalisés dans les conditions fixées au chapitre II du titre VI.

Lorsqu'il est constaté que les emplois de fonds ne sont pas justifiés ou ne répondent pas aux finalités et règles énoncées aux articles R. 6332-43 et R. 6332-44, ils donnent lieu à un reversement de même montant par l'organisme collecteur paritaire agréé au Trésor public.

Sous-section 3. Dispositions d'application

Art. L. 6332-6. Un décret en Conseil d'État détermine les conditions d'application de la présente section, ainsi que :

1° Les règles relatives à la constitution, aux attributions, au fonctionnement et aux contrôles auxquels est soumis un organisme collecteur paritaire ainsi qu'aux modalités de reversement au Trésor public des fonds non utilisés et des dépenses non admises par les agents de contrôle mentionnés à l'article L. 6361-5 ;

2° Les modalités de mise en œuvre du principe de transparence dans le fonctionnement de l'organisme collecteur paritaire, notamment en ce qui concerne l'égalité de traitement des entreprises, des salariés et des prestataires de formation ou de prestations entrant dans le champ d'application du présent livre ;

3° Les modalités d'information, sur chacun des points mentionnés aux 1° et 2°, des entreprises ayant contribué au financement de la formation professionnelle ***(L. 2009-1437 du 24 nov. 2009, art. 41, JO 25)*** « et des prestataires de formation » ;

4° Les conditions dans lesquelles l'agrément de l'organisme collecteur paritaire peut être accordé ou retiré ;

(L. 2009-1437 du 24 nov. 2009, art. 41, JO 25) « 5° Les règles applicables aux excédents financiers dont est susceptible de disposer l'organisme collecteur paritaire agréé et les conditions d'utilisation de ces fonds pour le financement des actions mentionnées à l'article L. 6332-21 ; »

6° Les conditions d'utilisation des versements, les règles applicables aux excédents financiers [dont] est susceptible de disposer l'organisme collecteur paritaire agréé au titre ***(L. 2009-1437 du 24 nov. 2009, art. 41, JO 25)*** « des sections particulières prévues aux articles L. 6332-3 et L. 6332-3-1 ainsi que les modalités de fonctionnement de ces sections ».

(L. 2009-1437 du 24 nov. 2009, art. 41, JO 25) « 7° La définition et les modalités de fixation du plafond des dépenses relatives aux frais de gestion et d'information des organismes collecteurs paritaires agréés. Ce plafond est fixé par arrêté du ministre chargé de la formation professionnelle. Il est composé d'une part fixe exprimée en pourcentage de la collecte et d'une part variable déterminée pour chaque organisme collecteur paritaire agréé par la convention d'objectifs et de moyens mentionnée à l'article L. 6332-1-1. »

SECTION 2. **Fonds d'assurance-formation**

Note Voir notamment J-P Willems, « La mutualisation dans les FAF et OPCA » ; P. Déjean, « Contribution de la jurisprudence au référentiel juridique des FAF et des OPCA », *Dr. Soc.* déc. 2008, n° spécial, pp. 1203 et 1186.

Sous-section 1. **Fonds d'assurance-formation de salariés**

Art. L. 6332-7. Les fonds d'assurance-formation destinés aux salariés d'une ou plusieurs branches professionnelles contribuent au développement de la formation professionnelle continue. ***(L. 2009-1437 du 24 nov. 2009, art. 41, JO 25)*** « Ils concourent à l'information, la sensibilisation et l'accompagnement des entreprises dans l'analyse et la définition de leurs besoins en matière de formation professionnelle. Ils participent à l'identification des compétences et des qualifications mobilisables au sein de l'entreprise et à la définition des besoins collectifs et individuels au regard de la stratégie de l'entreprise, en prenant en compte les objectifs définis par les accords de gestion prévisionnelle des emplois et des compétences. Ils assurent un service de proximité au bénéfice des très petites, petites et moyennes entreprises, et peuvent prendre en charge les coûts des diagnostics de ces entreprises selon les modalités définies par accord de branche ou accord collectif conclu entre les organisations d'employeurs et de salariés signataires de l'accord constitutif d'un organisme collecteur paritaire agréé interprofessionnel. Ils peuvent conclure les conventions mentionnées au sixième alinéa de l'article L. 6332-1-1. »

Ils sont dotés de la personnalité morale.

Ils sont créés par accords conclus entre les organisations syndicales de salariés et d'employeurs représentatives dans le champ d'application professionnel ou territorial de l'accord.

(L. 2009-1437 du 24 nov. 2009, art. 41, JO 25) « Ils sont agréés par l'autorité administrative, dans les conditions prévues par le dernier alinéa de l'article L. 6332-1, au titre d'une ou plusieurs des catégories suivantes :

1° Pour les contributions dues au titre du plan de formation des employeurs occupant moins de dix salariés ;

2° Pour les contributions dues au titre du plan de formation des employeurs occupant de dix à moins de cinquante salariés ;

3° Pour les contributions dues au titre du plan de formation des employeurs occupant cinquante salariés et plus ;

4° Pour les contributions dues au titre de la professionnalisation ;

5° Pour les contributions dues au titre du congé individuel de formation. »

Ils sont gérés paritairement.

Ils mutualisent les sommes qu'ils perçoivent des entreprises.

Note • Pour la collecte des contributions prévues aux 1° à 5° de l'article L. 6332-7 CT, exigibles avant le 1er mars 2012, les dossiers de demande d'agrément doivent être déposés avant le 1er septembre 2011. Les organismes collecteurs bénéficiaires de la dévolution des biens prévue à l'article R. 6332-20 CT, dans le champ d'intervention géographique et professionnel ou interprofessionnel de ces derniers, sont tenus d'exécuter les engagements de financement pris par les organismes dont les agréments expirent le 1er janvier 2012, en application des dispositions de l'article 43 de la loi du 24 novembre 2009 (décret 2010-1116 du 22 septembre 2010, art. 48, JO 24).

Voir arrêté du 20 septembre 2011 (JO 11 oct.) relatif au plafonnement des frais de gestion et d'information et de frais de mission des organismes collecteurs agréés au titre du plan de formation et de la professionnalisation en application des 1°, 2°, 3° et 4° de l'article L. 6332-7 CT et arrêté du 20 septembre 2011 (JO 8 oct.) relatif au plafonnement des frais de gestion et d'information des organismes collecteurs agréés au titre du congé individuel de formation en application du 5° de l'article L. 6332-7 CT, *applicables à compter du 1er janvier 2012.* Voir arrêtés du 20 septembre 2011 (JO 11 oct.) dont l'un modifié par arrêté du 15 décembre 2011(JO 23), arrêtés du 9 novembre 2011 (JO 4 et 7 déc.) dont l'un modifié par arrêté du 15 décembre 2011 (JO 23) et arrêté du 15 décembre 2011 (JO 23) portant agrément d'organismes collecteurs paritaires des fonds de la formation professionnelle continue, *à compter du 1er janvier 2012.*

• Selon cet article, les fonds d'assurance-formation destinés aux salariés d'une ou plusieurs branches professionnelles afin de contribuer au développement de la formation professionnelle continue mutualisent les sommes qu'ils perçoivent des entreprises ; selon l'article R. 964 13 (ancien), la convention constitutive d'un fonds d'assurance-formation ne peut contenir de dispositions ayant pour effet d'interdire aux employeurs adhérant à ce fonds, après s'être acquittés de leur engagement envers celui-ci, d'adhérer à un autre fonds d'assurance-formation ou d'utiliser les autres modalités d'exécution de leur obligation légale que prévoit l'article L. 951-1 (ancien) CT. Il résulte de ces textes que l'employeur qui s'acquitte de l'obligation prévue par l'article L. 951-1 (ancien) en contribuant au financement d'un fonds d'assurance-formation créé en application de l'article L. 961-8 (ancien), même s'il peut recourir à d'autres modalités d'exécution de l'obligation légale prévue par l'article L. 951-1 (ancien), doit s'acquitter préalablement de la contribution conventionnellement fixée (cass. soc. 2 juillet 2003, n° 00-21.493, FAFPL c/ Mares).

• Voir arrêté du 25 novembre 2011 (JO 7 déc.) précité sous art. L. 6332-1.

Art. L. 6332-8. Les contributions versées par l'employeur aux fonds d'assurance-formation ne sont soumises ni aux cotisations de sécurité sociale ni à la taxe sur les salaires.

Elles sont déductibles pour l'établissement de l'impôt sur le revenu ou de l'impôt sur les sociétés dû par l'employeur.

Art. R. 6332-57. Un ***(D. 2010-1116 du 22 sept. 2010, JO 24)*** « organisme collecteur paritaire est agréé au titre du plan de formation » par arrêté du ministre chargé de la formation professionnelle, après avis du Conseil national de la formation professionnelle tout au long de la vie.

Art. R. 6332-58. La détermination du montant de la contribution versée ***(D. 2010-1116 du 22 sept. 2010, JO 24)*** « à l'organisme collecteur paritaire agréé au titre du plan de formation », lorsqu'elle implique une décision au niveau de l'entreprise, intervient après consultation du comité d'entreprise ou, à défaut, des délégués du personnel.

[**Art. R. 6332-59.** Abrogé par décret 2010-1116 du 22 septembre 2010, JO 24.]

Art. R. 6332-60. Les interventions définies au 1° de l'article R. 6332-50 bénéficient aux personnes suivantes :

1° Les salariés d'entreprises adhérentes ***(D. 2010-1116 du 22 sept. 2010, JO 24)*** « à l'organisme collecteur paritaire agréé au titre du plan de formation » ;

2° Les salariés bénéficiant d'actions de conversion pour ce qui concerne les frais de fonctionnement des conventions ;

3° Les personnes à la recherche d'un emploi salarié ;

4° Les personnes dispensées de la condition de recherche d'emploi.

Art. R. 6332-61. ***(D. 2010-1116 du 22 sept. 2010, JO 24)*** « L'organisme collecteur paritaire agréé au titre du plan de formation » peut décider de financer en totalité ou en partie les dépenses liées aux congés individuels de formation, de bilan de compétences, de formation pour les salariés de vingt-cinq ans et moins et de validation des acquis de l'expérience, lorsque la prise en charge de ces dépenses n'a pas reçu l'accord d'un organisme collecteur paritaire agréé ***(D. 2010-1116 du 22 sept. 2010, JO 24)*** « au titre du congé individuel de formation ».

Art. R. 6332-62. Donnent lieu à un reversement de même montant par ***(D. 2010-1116 du 22 sept. 2010, JO 24)*** « l'organisme collecteur paritaire agréé au titre du plan de formation » au Trésor public les emplois de fonds qui ne sont pas conformes aux articles ***(D. 2010-1116 du 22 sept. 2010, JO 24)*** « R. 6332-50 » et R. 6332-61, relatifs à l'affectation des ressources ***(D. 2010-1116 du 22 sept. 2010, JO 24)*** « de l'organisme collecteur paritaire agréé au titre du plan de formation ».

Sous-section 2. Fonds d'assurance-formation de non-salariés

Note Voir ordonnance 2003-1213 du 18 décembre 2003, art. 8 modifié, III et IV (JO 20) et décret 2007-1268 du 24 août 2007 (JO 25).

Sur la contribution visée au II de l'article 8 de l'ordonnance 2003-1213 du 18 décembre 2003, voir note sous art. L. 6331-54.

Art. L. 6332-9. Les travailleurs indépendants, les membres des professions libérales et des professions non salariées peuvent créer dans les professions ou les branches professionnelles considérées des fonds d'assurance-formation de non-salariés.

Ces fonds sont dotés de la personnalité morale.

Art. L. 6332-10. Les fonds d'assurance-formation de non-salariés sont alimentés par des ressources dégagées par voie de concertation entre les organisations professionnelles intéressées ou les chambres consulaires.

Art. L. 6332-11. Un pourcentage de la collecte, déterminé par l'autorité administrative, est réservé au financement des actions de formation des créateurs ou repreneurs d'entreprise, ainsi qu'aux prestations complémentaires de formation ou d'accompagnement dont ils peuvent bénéficier avant l'échéance de trois ans suivant leur installation par :

1° Les fonds d'assurance-formation des travailleurs non salariés non agricoles immatriculés au répertoire des métiers ou, dans les départements de la Moselle, du Bas-Rhin et du Haut-Rhin au registre des entreprises, ou au registre du commerce et des sociétés ;

2° Le fonds interprofessionnel de formation des professions libérales immatriculées auprès des organismes mentionnés à l'article L. 213-1 du code de la sécurité sociale ;

3° Le fonds d'assurance-formation des professions médicales.

Note • Le 3e alinéa de l'article L. 961-10 ancien, devenu le 1° de cet article, avait été supprimé par la loi 2006-1771 du 30 décembre 2006, art. 127, V, JO 31, à compter du 1er janvier 2008.

• Voir décret 2005-1530 du 7 décembre 2005 (JO 9) relatif à la formation professionnelle des créateurs et repreneurs d'entreprise.

Art. L. 6332-12. À défaut d'être déjà financées par un organisme de financement de la formation professionnelle continue des professions salariées ou des demandeurs d'emploi, les dépenses de formation engagées par le bénéficiaire du stage d'initiation à la gestion prévu à l'article 59 de la loi n° 73-1193 du 27 décembre 1973 d'orientation du commerce et de l'artisanat sont éligibles au financement du fonds d'assurance-formation, à condition que ce bénéficiaire soit immatriculé au registre du commerce et des sociétés dans un délai déterminé par décret et courant à compter de la fin du stage.

§ 1. Constitution

Art. R. 6332-63. Sont applicables aux fonds d'assurance formation de non-salariés habilités au titre ***(D. 2010-1116 du 22 sept. 2010, JO 24)*** « de la présente section », y compris aux fonds d'assurance-formation de non salariés des employeurs et travailleurs indépendants de la pêche maritime et des cultures marines, les articles suivants :

1° R. 6332-20, relatif à la dévolution des biens des organismes collecteurs paritaires agréés qui cessent leur activité ;
2° R. 6332-22, relatif aux biens nécessaires au fonctionnement des organismes collecteurs paritaires agréés ;
3° R. 6332-23 ***(D. 2009-289 du 13 mars 2009, JO 15)*** « , premier alinéa, » à R. 6332-25, relatifs aux conditions de prise en charge et de paiement des frais de formation ;
(D. 2010-1116 du 22 sept. 2010, JO 24) « 4° R. 6332-52 à R. 6332-54, relatifs aux disponibilités dont un organisme collecteur agréé au titre du plan de formation peut disposer ; »
5° R. 6332-30 à R. 6332-34, relatifs à la transmission de documents par les organismes collecteurs paritaires agréés ;
6° R. 6332-39 à R. 6332-41, relatifs à la comptabilité et au contrôle des comptes des organismes collecteurs paritaires agréés ;
7° R. 6332-42, relatif aux ressources des organismes collecteurs paritaires agréés ;
(D. 2010-1116 du 22 sept. 2010, JO 24) « 8° R. 6332-55 et R. 6332-56, relatifs au contrôle. »

Art. R. 6332-64. Un fonds d'assurance formation de non-salariés est destiné à recevoir la contribution des travailleurs indépendants, membres des professions libérales et professions non salariées prévue à l'article R. 6331-47.

Ce fonds a pour objet exclusif de financer la formation des personnes intéressées.

(D. 2010-1116 du 22 sept. 2010, JO 24) « Les ressources du fonds sont destinées :
1° Au financement des frais de fonctionnement des actions de formation mentionnées aux articles L. 6313-1 et L. 6314-1 et des frais de transport, d'hébergement et d'indemnisation de la perte de ressources des stagiaires ;
2° Au financement d'études ou de recherches intéressant la formation ;
3° Au financement des dépenses d'information et de conseil des non-salariés ;
4° Au financement des frais de gestion du fonds d'assurance formation.

Les dépenses mentionnées au 2° à 4° ne peuvent excéder un plafond fixé par arrêté du ministre chargé de la formation professionnelle. »

Note Les dépenses d'études et de recherches de portée collective intéressant la formation professionnelle, mentionnés au 2° de cet article ne peuvent excéder 4 % du montant de la collecte comptabilisée au cours de l'exercice. Les dépenses d'information et de conseil des non-salariés mentionnées au 3° de cet article ne peuvent excéder 5,7 % du montant de la collecte comptabilisée au cours de l'exercice. Les dépenses de gestion du fonds d'assurance formation mentionnées au 4° de cet article ne peuvent excéder 4 % du montant des décaissements de l'exercice. Les décaissements s'entendent des charges de l'exercice comptabilisées au compte 6561 (plan de formation), compte non tenu des dépenses d'information et de conseil mentionnées au 3°. L'ensemble des montants susmentionnés s'entendent des montants portés en comptabilité, hors taxes (arrêté du 20 septembre 2011, JO 11 oct., relatif au plafonnement des frais de gestion et d'information, d'études et de recherches des fonds d'assurance formation de non-salariés, pris en application de l'article R. 6332-64 CT, *applicable à compter du 1er janvier 2012*).

Art. R. 6332-65. Le fonds d'assurance formation de non-salariés est créé soit par des organisations d'employeurs représentatives et des ***(D. 2010-1463 du 1er déc. 2010, art. 87, JO 2)*** « chambres de commerce et d'industrie territoriales », soit par des organisations représentatives de professions libérales.

Art. R. 6332-66. L'acte constitutif du fonds d'assurance formation de non-salariés détermine son champ d'intervention géographique et professionnel ou interprofessionnel.

Lorsqu'il est professionnel, ce champ d'intervention est obligatoirement national.

Ce champ est défini par référence à la Nomenclature d'activités française.

Art. R. 6332-67. L'acte constitutif du fonds d'assurance formation de non-salariés fixe notamment :
1° La composition du conseil de gestion et l'étendue des pouvoirs de celui-ci ;
2° Les règles de détermination des actions donnant lieu à intervention du fonds et de répartition des ressources entre ces interventions ;
3° Le mode de désignation des organes chargés de la préparation des mesures énumérées aux 1° et 2° et de l'exécution des décisions de gestion du fonds.

Art. L. 6332-12.

§ 2. Habilitation

Art. R. 6332-68. Le fonds d'assurance formation de non-salariés est habilité par l'État.

Art. R. 6332-69. L'habilitation d'un fonds d'assurance formation de non-salariés est accordée par arrêté du ministre chargé de la formation professionnelle, après avis du Conseil national de la formation professionnelle tout au long de la vie.

Art. R. 6332-70. L'habilitation du fonds d'assurance formation de non-salariés ne peut être délivrée que s'il respecte les dispositions légales relatives à sa constitution.

L'habilitation n'est accordée que lorsque le montant estimé de la collecte annuelle est supérieur à un seuil fixé par arrêté du ministre chargé de la formation professionnelle. Ce seuil est déterminé en vue d'assurer une capacité financière suffisante pour le développement de la formation professionnelle.

Note Voir arrêté du 14 décembre 2001 (JO 21) fixant un seuil de collecte annuelle (3 millions d'euros).

Art. R. 6332-71. L'habilitation d'un fonds d'assurance formation de non-salariés peut être retirée lorsque les dispositions légales applicables aux fonds d'assurance formation ou les conditions particulières prévues par la décision d'habilitation ne sont pas respectées.

L'habilitation est également retirée lorsque le montant de la collecte annuelle n'atteint pas, pendant deux années consécutives, le seuil prévu au second alinéa de l'article R. 6332-70.

La décision de retrait intervient après que le fonds d'assurance formation a été appelé à s'expliquer.

§ 3. Contribution et gestion

Art. R. 6332-72. Lorsque la contribution des travailleurs indépendants, membres des professions libérales et professions non salariées prévue à l'article R. 6331-47 est recouvrée par les organismes chargés du recouvrement des cotisations de sécurité sociale du régime général, conformément au second alinéa de l'article L. 6331-51, elle est acquittée au plus tard le 31 mai de chaque année auprès de ces organismes.

Art. R. 6332-73. La contribution est assise sur le montant du plafond annuel de la sécurité sociale de l'année précédant celle de la mise en recouvrement.

Elle est versée par la personne non salariée à l'organisme destinataire de ses cotisations personnelles d'allocations familiales.

Art. R. 6332-74. Un arrêté du ministre chargé de la sécurité sociale fixe le modèle des déclarations que les travailleurs indépendants, membres des professions libérales et professions non salariées mentionnés à l'article R. 6331-47 fournissent aux organismes de recouvrement pour le versement de la contribution.

Art. R. 6332-75. Un arrêté du ministre chargé de la formation professionnelle fixe les modalités de répartition, entre les fonds habilités, du produit des contributions encaissées par les organismes chargés du recouvrement des cotisations du régime général de la sécurité sociale, et centralisées par l'Agence centrale des organismes de sécurité sociale.

Cette répartition est établie en fonction de la population des cotisants relevant du champ d'intervention de chaque fonds.

Art. R. 6332-76. Le pourcentage de la collecte mentionné à l'article L. 6332-11 est déterminé par arrêté conjoint des ministres chargés de l'emploi, du commerce, de l'artisanat et des professions libérales.

Art. R. 6332-77. Les tâches de gestion d'un fonds d'assurance formation de non-salariés ne peuvent être confiées à un établissement de formation, à un établissement bancaire ou à un organisme de crédit.

Sous-section 3. Dispositions d'application

Art. L. 6332-13. ***(L. 2009-1437 du 24 nov. 2009, art. 41, JO 25)*** Un décret en Conseil d'État détermine les conditions d'application de la présente section selon les modalités définies à l'article L. 6332-6.

§ 1. Constitution et fonctionnement

Art. R. 6332-46. ***(D. 2010-1116 du 22 sept. 2010, JO 24)*** Les organismes collecteurs paritaires agréés gèrent paritairement les contributions versées par les employeurs au titre du plan de formation et suivent l'emploi des sommes collectées au sein de trois sections particulières :

1° La section plan de formation des employeurs occupant moins de dix salariés ;

2° La section plan de formation des employeurs occupant de dix à moins de cinquante salariés ;

3° La section plan de formation des employeurs occupant cinquante salariés et plus.

Ils définissent les services proposés, les priorités, les critères et les conditions de prise en charge des demandes présentées par les employeurs.

Dès leur réception, les fonds visés aux 1° et 2° sont mutualisés au sein de leurs sections particulières. Les fonds visés au 3° sont mutualisés conformément aux dispositions du 2° de l'article R. 6332-16.

Art. R. 6332-47. ***(D. 2010-1116 du 22 sept. 2010, JO 24)*** La convention constitutive d'un organisme collecteur paritaire agréé au titre des 2° et 3° de l'article L. 6332-7 ne peut contenir de dispositions ayant pour effet d'interdire aux employeurs adhérant à cet organisme, après s'être acquitté de leur engagement envers celui-ci :

1° Soit d'adhérer à un autre organisme collecteur interprofessionnel agréé au titre des 2° et 3° de l'article L. 6332-7 ;

2° Soit d'utiliser les autres modalités d'exécution de leur obligation de participer au développement de la formation professionnelle continue au titre du plan de formation.

[**Art. R. 6332-48.** Abrogé par décret 2010-1116 du 22 septembre 2010, JO 24.]

§ 2. Gestion et ressources

[**Art. R. 6332-49.** Abrogé par décret 2010-1116 du 22 septembre 2010, JO 24.]

Art. R. 6332-50. Les ressources ***(D. 2010-1116 du 22 sept. 2010, JO 24)*** « de l'organisme collecteur paritaire agréé au titre du plan de formation » sont destinées :

1° Au financement :

a) Des frais de fonctionnement des actions de formations mentionnées aux articles L. 6313-1 et L. 6314-1 et organisées dans le cadre du plan de formation ou dans celui du droit individuel à la formation ;

b) Des frais concernant les stagiaires : frais de transport et d'hébergement, rémunération et charges sociales légales et conventionnelles ou allocation de formation prévue à l'article L. 6323-10 ;

(D. 2010-1116 du 22 sept. 2010, JO 24) « 2° Au financement des frais prévus à l'article R. 6332-36. Ces frais sont répartis selon les modalités définies à l'article R. 6332-7. »

Note 2° : l'arrêté du 21 février 2005 (JO 5 mars) relatif au plafonnement des frais d'études et de recherches est abrogé à compter du 1er janvier 2012 (arrêté du 20 septembre 2011, JO 11 oct., relatif au plafonnement des frais de gestion et d'information et de frais de mission des organismes collecteurs agréés au titre du plan de formation et de la professionnalisation en application des 1°, 2°, 3° et 4° de l'article L. 6332-7 CT).

[**Art. R. 6332-51.** Abrogé par décret 2010-1116 du 22 septembre 2010, JO 24.]

Art. R. 6332-52. Les disponibilités dont un ***(D. 2010-1116 du 22 sept. 2010, JO 24)*** « organisme collecteur paritaire agréé au titre du plan de formation » peut disposer au 31 décembre d'un exercice déterminé ne peuvent excéder le montant des charges comptabilisées au cours du même exercice.

Lorsque existe un excédent, celui-ci est affecté, avant le 30 juin de l'année suivante, au financement d'actions de formation au bénéfice de demandeurs d'emploi sans contrat de travail. Ces actions sont organisées dans des centres de formation conventionnés dans les conditions prévues par le 3° de l'article L. 6331-19.

Art. R. 6332-53. Les excédents non utilisés dans les conditions prévues à l'article R. 6332-52 sont reversés au Trésor public avant la date prévue à ce même article.

Lors du reversement, les excédents sont accompagnés d'un bordereau indiquant, outre la désignation et l'adresse du déclarant, le montant de l'excédent à reverser.

Ce bordereau est remis au service des impôts du siège ***(D. 2010-1116 du 22 sept. 2010, JO 24)*** « de l'organisme collecteur paritaire agréé au titre du plan de formation ».

À défaut, il est fait application de la procédure prévue à l'article R. 6332-56.

Art. R. 6332-54. Les articles R. 6332-52 et R. 6332-53 ne s'appliquent qu'à partir de la troisième année suivant celle au cours de laquelle ***(D. 2010-1116 du 22 sept. 2010, JO 24)*** « l'organisme collecteur paritaire agréé au titre du plan de formation » a, selon le cas, été créé ou a reçu l'agrément mentionné à l'article L. 6332-7.

§ 3. Contrôle

Art. R. 6332-55. Les agents de contrôle mentionnés à l'article L. 6361-5 sont habilités à exercer le contrôle des recettes et des dépenses des ***(D. 2010-1116 du 22 sept. 2010, JO 24)*** « organismes collecteurs paritaires agréés au titre du plan de formation ».

Art. R. 6332-56. Donnent lieu à un reversement de même montant par ***(D. 2010-1116 du 22 sept. 2010, JO 24)*** « l'organisme collecteur paritaire agréé au titre du plan de formation » au Trésor public les emplois de fonds qui ne sont pas conformes aux articles suivants :

1° R. 6332-23, relatif à la liste des priorités, des critères et des conditions de prise en charge des demandes présentées par les employeurs ;

2° R. 6332-42, relatif aux modalités de conservation et de dépôt des ressources des organismes collecteurs paritaires agréés ;

3° R. 6332-50, ***(D. 2010-1116 du 22 sept. 2010, JO 24)*** « R. 6332-37-2 et R. 6332-37-4 », relatifs aux dépenses de ces organismes.

SECTION 3. Organismes agréés au titre de la professionnalisation et du droit individuel à la formation

Note Voir notamment P. Déjean, « Contribution de la jurisprudence au référentiel juridique des FAF et des OPCA » ; J-P Willems, « La mutualisation dans les FAF et OPCA », *Dr. Soc.* déc. 2008, n° spécial, pp. 1186, 1203 et 1217 ; D. Soldini, « Les OPCA prestataires de service et le droit de la concurrence ».

Art. L. 6332-14. Les organismes collecteurs paritaires agréés au titre des contrats ou des périodes de professionnalisation et du droit individuel à la formation prennent en charge les actions d'évaluation, d'accompagnement et de formation prévues aux articles L. 6325-13 et L. 6325-23 sur la base de forfaits horaires déterminés par convention ou accord collectif de branche ou, à défaut, par un accord collectif conclu entre les organisations représentatives d'employeurs et de salariés signataires d'un accord constitutif d'un organisme paritaire interprofessionnel collecteur des fonds de la formation professionnelle continue.

(L. 2009-1437 du 24 nov. 2009, art. 6, JO 25) « À défaut d'un tel accord, un montant forfaitaire horaire est déterminé par décret. »

(L. 2009-1437 du 24 nov. 2009, art. 23, JO 25) « La convention ou l'accord collectif mentionné au premier alinéa détermine des forfaits horaires spécifiques pour les contrats de professionnalisation conclus avec les personnes mentionnées à l'article L. 6325-1-1.

Les organismes collecteurs paritaires agréés mentionnés au premier alinéa du présent article peuvent poursuivre la prise en charge des actions d'évaluation, d'accompagnement et de formation des bénéficiaires du contrat prévu à l'article L. 6325-5 dans les cas de rupture du contrat définis aux articles L. 1233-3 et L. 1243-4 et dans les cas de redressement ou de liquidation judiciaires de l'entreprise. »

Note Voir arrêté du 1er septembre 2011 (JO 15 oct.) relatif à la mise en place de coûts standards unitaires pour la forfaitisation des dépenses des organismes paritaires collecteurs agréés concernant la réalisation de contrats et périodes de professionnalisation cofinancées au titre du programme opérationnel national de l'objectif « compétitivité régionale et emploi ».

Art. L. 6332-15. Les organismes collecteurs paritaires agréés mentionnés à l'article L. 6332-14 prennent en charge les dépenses exposées pour chaque salarié, ou pour tout employeur de moins de dix salariés, lorsqu'il bénéficie d'une action de formation en qualité de tuteur de bénéficiaires des contrats de professionnalisation ou des périodes de professionnalisation. Cette prise en charge est limitée à un plafond horaire et à une durée maximale déterminés par décret.

Ces organismes peuvent également prendre en charge, dans la limite ***(L. 2009-1437 du 24 nov. 2009, art. 23, JO 25)*** « de plafonds mensuels et de durées maximales » déterminés par décret, les coûts liés à l'exercice de la fonction tutorale engagés par les entreprises pour les salariés bénéficiaires de contrats de professionnalisation ou de périodes de professionnalisation. ***(L. 2009-1437 du 24 nov. 2009, art. 23, JO 25)*** « Cette prise en charge fait l'objet d'un plafond spécifique lorsque les contrats de professionnalisation sont conclus avec les personnes mentionnées à l'article L. 6325-1-1.

Ces organismes peuvent également prendre en charge, dans les mêmes conditions, une partie des dépenses de tutorat externe à l'entreprise engagées pour les personnes mentionnées à l'article L. 6325-1-1, les personnes qui ont été suivies par un référent avant la signature du contrat de professionnalisation et les personnes qui n'ont exercé aucune activité professionnelle à plein temps et en contrat à durée indéterminée au cours des trois années précédant la signature du contrat de professionnalisation. »

Note Afin de favoriser l'insertion des publics les plus éloignés de l'emploi ou de faible qualification, les partenaires sociaux avaient décidé de faire bénéficier ces salariés d'un accompagnement spécifique par un tuteur externe (ANI du 7 janvier 2009, art. 7). Cette proposition a été reprise par la loi 2009-1437 du 24 novembre 2009.

Art. L. 6332-16. Les organismes collecteurs paritaires agréés mentionnés à l'article L. 6332-14 peuvent prendre en charge les dépenses de fonctionnement des centres de formation d'apprentis conventionnés par l'État ou les régions selon des modalités arrêtées dans le cadre d'un accord de branche ou, à défaut, d'un accord collectif conclu entre les organisations représentatives d'employeurs et de salariés signataires d'un accord constitutif d'un organisme collecteur paritaire des fonds de la formation professionnelle continue à compétence interprofessionnelle.

Art. L. 6332-17. Dans la limite d'un plafond déterminé par décret, les contributions prévues à l'article L. 5422-9 peuvent être utilisées pour participer au financement des contrats de professionnalisation des demandeurs d'emploi de vingt-six ans et plus.

Dans ce cas, ***(L. 2008-126 du 13 févr. 2008, art. 16, JO 14)*** « l'institution mentionnée à l'article L. 5312-1, pour le compte de l'organisme mentionné à l'article L. 5427-1, peut » prendre en charge, directement ou par l'intermédiaire des organismes collecteurs paritaires agréés mentionnés à l'article L. 6332-14, les dépenses afférentes à ces contrats de professionnalisation dans les conditions prévues à ce même article.

Affectation et gestion des fonds

Art. R. 6332-78. Dans le respect des priorités définies par un accord de branche ou, à défaut, par un accord collectif conclu entre les organisations représentatives d'employeurs et de salariés signataires d'un accord constitutif d'un organisme paritaire interprofessionnel collecteur des fonds de la formation professionnelle, les ressources des organismes collecteurs paritaires agréés au titre des contrats ou des périodes de professionnalisation et du droit individuel à la formation sont destinées au financement :

1° Des dépenses réalisées pour des actions de formation organisées dans le cadre des contrats ou des périodes de professionnalisation et du droit individuel à la formation, selon les modalités définies respectivement aux articles R. 6332-79 et R. 6332-80 ;

2° Des dépenses réalisées pour la formation des tuteurs dans la limite d'un plafond horaire et d'une durée maximale fixés par décret. Ces dépenses comprennent les frais pédagogiques, les rémunérations et charges sociales légales et conventionnelles ainsi que les frais de transport et d'hébergement ;

3° Des coûts liés à l'exercice de la fonction tutorale engagés par les entreprises pour les salariés mentionnés aux articles L. 6325-1 et L. 6325-4, ***(D. 2010-1116 du 22 sept. 2010, JO 24)*** « dans la limite de plafonds mensuels et de durées maximales fixés par décret » ;

4° Des dépenses de fonctionnement des centres de formation d'apprentis conventionnés par l'État ou les régions dans les conditions définies à l'article L. 6332-16 ;

(D. 2010-1116 du 22 sept. 2010, JO 24) « 5° Des frais prévus à l'article R. 6332-36. Ces frais sont répartis selon les modalités définies à l'article R. 6332-7 ; »

6° Des dépenses d'information sur les actions de formation mentionnées aux 1° et 2°, ainsi que des frais de gestion de ces organismes.

Art. R. 6332-79. Lorsque les dépenses mentionnées au 1° de l'article R. 6332-78 se rapportent à des actions de formation organisées dans le cadre des contrats ou des périodes de professionnalisation, les montants pris en charge par les organismes collecteurs paritaires agréés sont fixés selon les modalités définies à l'article L. 6332-14.

(D. 2010-1116 du 22 sept. 2010, JO 24) « Ces montants couvrent tout ou partie des frais pédagogiques, des rémunérations et charges sociales légales et conventionnelles des stagiaires ainsi que des frais de transport et d'hébergement. »

Art. R. 6332-80. Lorsque les dépenses mentionnées au 1° de l'article R. 6332-78 se rapportent à des actions de formation organisées dans le cadre du droit individuel à la formation, les montants pris en charge par les organismes collecteurs paritaires agréés couvrent tout ou partie des frais pédagogiques ainsi que, le cas échéant, des frais de transport et d'hébergement.

Art. R. 6332-81. Pour les dépenses mentionnées au 4° de l'article R. 6332-78, l'accord de branche ou, à défaut, l'accord interprofessionnel prévu à l'article L. 6332-16 détermine, notamment :

1° Les priorités en matière de développement de l'apprentissage, en particulier les évolutions souhaitables des effectifs d'apprentis ;

2° L'organisme collecteur paritaire agréé au titre de la professionnalisation et du droit individuel à la formation retenu et la liste des centres de formation d'apprentis concernés ;

3° Les pourcentages maximums du montant des contributions collectées par les organismes collecteurs paritaires agréés au titre de la professionnalisation et du droit individuel à la formation, affectés à ce type de dépenses ;

4° Les modalités d'association des instances paritaires de ces organismes collecteurs à la décision d'affectation des fonds, qui intervient au plus tard le 30 juin ;

5° Les justifications de demandes présentées par les centres de formation d'apprentis et les conditions d'utilisation des fonds par ceux-ci ;

6° Les modalités du suivi annuel de l'exécution de l'accord.

[Art. R. 6332-82. Abrogé par décret 2010-1116 du 22 septembre 2010, JO 24.]

Art. R. 6332-83. La partie des disponibilités mentionnée au premier alinéa de l'article R. 6332-29 d'un organisme paritaire agréé au titre de la professionnalisation et du droit individuel à la formation est versée au ***(D. 2010-155 du 19 févr. 2010, JO 21)*** « fonds paritaire de sécurisation des parcours professionnels » avant le 30 avril de l'année suivant la clôture de l'exercice.

Art. R. 6332-84. Les emplois de fonds qui ne répondent pas aux règles définies par les articles R. 6332-25 à R. 6332-27, R. 6332-42, R. 6332-78, ***(D. 2010-1116 du 22 sept. 2010, JO 24)*** « R. 6332-37-1, R. 6332-37-2, R. 6332-37-4, » R. 6332-83 et R. 6332-85 donnent lieu à un versement d'égal montant au Trésor public, dans les conditions prévues par le chapitre II du titre VI.

Art. R. 6332-85. ***(D. 2010-155 du 19 févr. 2010, JO 21)*** Les organismes collecteurs paritaires agréés au titre de la professionnalisation versent avant le 30 juin de chaque année au fonds paritaire de sécurisation des parcours professionnels les sommes perçues en application des 1° et 2° de l'article L. 6332-19 au titre du plan de formation et de la professionnalisation.

Art. R. 6332-86. Lorsque les organismes collecteurs paritaires agréés ne procèdent pas au versement prévu à l'article R. 6332-85 ou y procèdent de manière insuffisante, ils reversent les sommes correspondant à ce manquement au Trésor public ***(D. 2010-155 du 19 févr. 2010, JO 21)*** « avant le 15 juillet de chaque année ».

Art. D. 6332-87. En l'absence de forfaits horaires fixés dans les conditions prévues à l'article L. 6332-14, la prise en charge des actions d'évaluation, d'accompagnement et de formation, par les organismes collecteurs paritaires agréés mentionnés au 1° de l'article R. 6331-2 et au 2° de l'article R. 6331-9, se fait sur la base de 9,15 euros par heure ***(D. 2010-60 du 18 janv. 2010, JO 19)*** « ou, lorsqu'elle porte sur des contrats conclus avec les personnes mentionnées à l'article L. 6325-1-1, sur la base de 15 euros par heure ».

Art. D. 6332-88. Les organismes gestionnaires du régime d'assurance chômage peuvent prendre en charge directement ou par l'intermédiaire des organismes collecteurs paritaires agréés les dépenses afférentes aux contrats de professionnalisation des demandeurs d'emploi âgés de vingt-six ans et plus.

Cette prise en charge est réalisée dans la limite des forfaits horaires déterminés à l'article L. 6332-14.

Art. D. 6332-89. Les dépenses exposées par les employeurs au-delà des montants forfaitaires prévus par l'article L. 6332-14 ***(D. 2010-1116 du 22 sept. 2010, JO 24)*** « peuvent être financées au titre de la participation des employeurs au développement de la formation professionnelle continue dans le cadre du plan de formation »

Dépenses de tutorat

Art. D. 6332-90. Le plafond horaire et la durée maximale prévus à l'article L. 6332-15 s'appliquent dans la limite d'un plafond de 15 euros par heure de formation et d'une durée maximale de 40 heures.

Ces dépenses comprennent les frais pédagogiques, les rémunérations, les cotisations et contributions sociales légales et conventionnelles ainsi que les frais de transport et d'hébergement.

Art. D. 6332-91. Pour l'application des dispositions du second alinéa de l'article L. 6332-15, les ressources des organismes collecteurs paritaires agréés mentionnés au 1° de l'article R. 6331-2 et au 2° de l'article R. 6331-9 peuvent être destinées au financement des dépenses liées à l'exercice du tutorat dans la limite :

1° D'un plafond de 230 euros par mois et par ***(D. 2010-60 du 18 janv. 2010, JO 19)*** « salarié en contrat ou en période de professionnalisation » ;

2° Pour une durée maximale de six mois.

(D. 2010-60 du 18 janv. 2010, JO 19) « Le plafond mensuel mentionné au 1° est majoré de 50 % lorsque la personne chargée de l'exercice du tutorat est âgée de 45 ans ou plus ou accompagne une personne mentionnée à l'article L. 6325-1-1. »

Art. D. 6332-92. Les dépenses prises en charge en application de l'article D. 6332-91 comprennent les rémunérations et cotisations et contributions sociales légales et conventionnelles ainsi que les frais de transport.

Organismes agréés au titre du congé individuel de formation

Art. D. 6332-93. Le paiement des frais pris en charge par les organismes collecteurs paritaires agréés au titre du congé individuel de formation pour les actions de formation ou les bilans de compétences est réalisé dans les conditions fixées par les articles R. 6332-25 et R. 6332-27.

Toutefois, les bénéficiaires d'un congé individuel de formation ont droit à une rémunération versée mensuellement par l'organisme collecteur.

Art. D. 6332-94. La partie des disponibilités, mentionnée au second alinéa de l'article R. 6332-29, d'un organisme collecteur paritaire agréé au titre du congé individuel de formation est versée au ***(D. 2010-155 du 19 févr. 2010, JO 21)*** « fonds paritaire de sécurisation des parcours professionnels », avant le 30 avril de l'année suivant la clôture de l'exercice.

Art. R. 6332-94-1. ***(D. 2010-155 du 19 févr. 2010, JO 21)*** Les organismes collecteurs paritaires agréés au titre du congé individuel de formation versent avant le 30 juin de chaque année au fonds paritaire de sécurisation des parcours professionnels les sommes perçues en application des 1° et 2° de l'article L. 6332-19 au titre du congé individuel de formation.

Lorsque ces organismes ne procèdent pas au versement prévu à l'alinéa précédent ou y procèdent de manière incomplète, ils reversent les sommes correspondant à ce manquement au Trésor public avant le 15 juillet de chaque année.

Art. D. 6332-95. Les emplois de fonds qui ne répondent pas aux règles définies par ***(D. 2010-155 du 19 févr. 2010, JO 21)*** « les articles R. 6332-42, D. 6332-93, D. 6332-94 et R. 6332-94-1 » ***(D. 2010-1116 du 22 sept. 2010, JO 24)*** « R. 6332-37-1, R. 6332-37-3 et R. 6332-37-4 » donnent lieu à un versement d'égal montant au Trésor public, dans les conditions fixées au chapitre II du titre VI.

Fonds national de gestion paritaire de la formation professionnelle continue

Art. R. 6332-96. Un fonds national de gestion paritaire de la formation professionnelle continue est créé par les organisations d'employeurs et de salariés représentatives au niveau national, signataires d'accords relatifs à la formation professionnelle continue conclus au niveau interprofessionnel.

Art. R. 6332-97. Le fonds national de gestion paritaire reçoit des organismes collecteurs paritaires agréés, mentionnés à l'article L. 6332-1 et relevant du champ d'application d'accords relatifs à la formation professionnelle continue conclus au niveau interprofessionnel, une contribution égale à 0,75 % du montant des sommes collectées.

Art. R. 6332-98. Le fonds national de gestion paritaire doit être agréé pour percevoir les contributions mentionnées à l'article R. 6332-97.

L'agrément est accordé, sur demande de l'organisme gestionnaire du fonds national, par arrêté du ministre chargé de la formation professionnelle pris après avis du Conseil national de la formation professionnelle tout au long de la vie.

Note Cet article a été modifié par le décret 2010-1116 du 22 septembre 2010 (JO 24).

Art. R. 6332-99. La répartition des contributions est réalisée, à parité, entre les organisations syndicales de salariés et les organisations interprofessionnelles d'employeurs représentatives au niveau national.

Ces organisations contribuent collectivement, au niveau national et interprofessionnel, au développement de la formation professionnelle continue. À cet effet :

1° Elles participent à l'élaboration et à la mise en place du dispositif interprofessionnel concernant l'emploi et la formation professionnelle ;

2° Elles prennent les initiatives nécessaires à la mise en œuvre des accords ;

3° Elles évaluent les conséquences des actions interprofessionnelles sur l'insertion, l'adaptation et la promotion des salariés ;

4° Elles harmonisent ces actions et assurent la cohérence du dispositif paritaire de gestion et de promotion de la formation continue ;

5° Elles favorisent la concertation entre les branches professionnelles et l'État ;

6° Elles participent aux instances interprofessionnelles de coordination.

Note L'article R. 964-1-15 (ancien), issu du décret du 7 août 1996, qui prévoit la création d'un fonds national destiné à recevoir une contribution versée par les organismes collecteurs paritaires mentionnés à l'article L. 961-12, al. 2 (ancien) et relevant du champ d'application d'accords relatifs à la formation professionnelle continue conclus au niveau interprofessionnel, dispose, dans ses 3e et 4e alinéas [R. 6332-99, al. 1 et 2], que la répartition des contributions est effectuée à parité entre les organisations syndicales de salariés et les organisations interprofessionnelles d'employeurs représentatives au niveau national, et que ces organisations contribuent collectivement, au niveau national et interprofessionnel, au développement de la formation professionnelle continue ; ainsi, le décret attaqué n'a pas réservé la répartition des contributions et l'accomplissement des missions correspondantes aux seules organisations signataires d'accords relatifs à la formation professionnelle continue conclus au niveau interprofessionnel (CE 7 juillet 1997, n° 182948).

Art. R. 6332-100. Un compte rendu d'utilisation des fonds perçus est adressé chaque année, par chacune des organisations mentionnées à l'article R. 6332-99, au fonds national de gestion paritaire, qui le transmet au ministre chargé de la formation professionnelle.

Art. R. 6332-101. L'emploi des fonds mentionnés à l'article R. 6332-97 fait l'objet de contrôles réalisés dans les conditions prévues au chapitre II du titre VI.

Lorsqu'il est constaté que les emplois de fonds ne sont pas justifiés ou ne sont pas conformes à leur objet, ils donnent lieu à un reversement de même montant au Trésor public par le fonds national de gestion paritaire.

[Art. R. 6332-102. Abrogé par décret 2010-1116 du 22 septembre 2010, JO 24.]

Art. R. 6332-103. Les versements prévus ***(D. 2010-1116 du 22 sept. 2010, JO 24)*** « en application des articles R. 6332-43 et R. 6332-97 » couvrent l'ensemble des dotations destinées à assurer le fonctionnement du dispositif paritaire de gestion des fonds de la formation professionnelle continue.

Ces versements sont exclusifs de toute autre contribution accordée par ces organismes collecteurs.

(L. 2009-1437 du 24 nov. 2009, art. 18, JO 25)

SECTION 4. Fonds paritaire de sécurisation des parcours professionnels

Note Conformément à ce que prévoyait l'ANI du 7 janvier 2009, l'actuel Fonds unique de péréquation (FUP) a disparu au profit du Fonds paritaire de sécurisation des parcours professionnels (FPSPP). Ce nouveau fonds, qui finance la formation de certains publics prioritaires, notamment les demandeurs d'emploi, est créé par accord national interprofessionnel et a fait l'objet d'un agrément par les pouvoirs publics (voir note sous art. L. 6332-18). Dans l'attente de sa création et de son agrément, le Fonds unique de péréquation avait été agréé en tant que Fonds paritaire de sécurisation des parcours professionnels (voir loi 2009-1437, art. 18-II).

Le Fonds paritaire de sécurisation des parcours professionnels est principalement alimenté par des contributions prélevées sur la participation des entreprises au financement de la formation professionnelle, y inclus sur le 1 % CIF-CDD (art. L. 6332-19, 1° et 2°). Les contributions destinées au FPSPP sont prélevées par les OPCA « professionnalisation » et les OPACIF sur les sommes versées par les entreprises. Le financement du FPSPP n'entraîne donc pas de charge supplémentaire pour les employeurs, par rapport à leur obligation légale. Le pourcentage du prélèvement est déterminé chaque année par arrêté ministériel (voir arrêté du 22 novembre 2011, JO 1er déc., cité sous art. L. 6332-19) et est compris entre 5 % et 13 %. Le taux de prélèvement est fixé de manière différente selon qu'il s'applique aux participations dues au titre du CIF, à celles dues au titre du DIF et de la professionnalisation ou au solde correspondant au plan de formation (art. L. 6332-19, 1° et 2°).

Le financement du FPSPP pourrait avoir des incidences sur les entreprises de 10 salariés et plus qui privilégient le financement direct d'actions de formation, au détriment du versement de la participation à un organisme collecteur. En effet, ces entreprises devront, de fait, réserver une partie de la participation « plan de formation » à l'OPCA pour que celui-ci puisse s'acquitter de son versement au FPSPP. Le budget formation pourrait donc s'en trouver réduit d'autant.

Art. L. 6332-18. Le fonds paritaire de sécurisation des parcours professionnels, habilité à recevoir les ressources mentionnées aux articles L. 6332-19 et L. 6332-20, est créé par un accord conclu entre les organisations représentatives d'employeurs et de salariés au niveau national et interprofessionnel qui détermine son organisation.

Le fonds est soumis à l'agrément de l'autorité administrative. L'agrément est accordé si le fonds respecte les conditions légales et réglementaires relatives à son fonctionnement et à ses dirigeants.

Note
- Voir arrêté du 12 mars 2010 (JO 16) portant agrément du fonds paritaire de sécurisation des parcours professionnels.
- La loi 2011-1977 du 28 décembre 2011, art. 153, JO 29 a institué pour 2012 trois prélèvements sur le fonds mentionné à cet article.

Art. L. 6332-19.

Art. L. 6332-19. Le fonds paritaire de sécurisation des parcours professionnels dispose des ressources suivantes :

1° Les sommes correspondant à un pourcentage de la participation des employeurs de moins de dix salariés calculée dans les conditions définies par les articles L. 6331-2 et L. 6322-37 ;

2° Les sommes correspondant à un pourcentage de la participation des employeurs de dix salariés et plus calculée dans les conditions définies par les premier et troisième alinéas de l'article L. 6331-9 et par l'article L. 6322-37 ;

3° Les sommes dont disposent les organismes collecteurs paritaires agréés au titre de la professionnalisation et du congé individuel de formation au 31 décembre de chaque année, en tant qu'elles excèdent le tiers de leurs charges comptabilisées au cours du dernier exercice clos selon les règles du plan comptable applicable aux organismes collecteurs paritaires agréés.

Le pourcentage mentionné aux 1° et 2°, compris entre 5 % et 13 %, est fixé annuellement par arrêté ministériel, sur proposition des organisations représentatives d'employeurs et de salariés au niveau national et interprofessionnel émise selon les modalités prévues par un accord conclu entre celles-ci. Un décret définit les conditions dans lesquelles est recueilli et pris en compte l'avis des autres organisations syndicales d'employeurs ou employeurs signataires de l'accord constitutif d'un organisme collecteur paritaire agréé.

Les sommes mentionnées aux 1° et 2° s'imputent sur les participations des employeurs dues au titre du congé individuel de formation, du plan de formation et de la professionnalisation. Au titre du congé individuel de formation, elles sont calculées en appliquant le pourcentage mentionné à l'alinéa précédent. Au titre du plan de formation et de la professionnalisation, elles sont déterminées par un accord de branche ou un accord collectif conclu entre les organisations syndicales de salariés et d'employeurs signataires de l'accord constitutif d'un organisme collecteur paritaire agréé interprofessionnel. À défaut d'accord en vigueur au 1er janvier de l'année de collecte, elles sont calculées en appliquant le pourcentage mentionné à l'alinéa précédent de manière identique à chacune de ces participations. Les pourcentages appliqués respectivement, par accord, au titre du plan de formation et de la professionnalisation peuvent être encadrés par voie réglementaire.

Dans les professions agricoles visées aux 1° à 4° de l'article L. 722-1 du code rural ***(Ord. 2010-462 du 6 mai 2010, JO 7)*** « et de la pêche maritime » ainsi que dans les coopératives d'utilisation de matériel agricole, une part des sommes mentionnées aux 1° et 2° du présent article, fixée par arrêté, après avis des organisations nationales d'employeurs et de salariés représentatives de l'agriculture, abonde le fonds paritaire de sécurisation des parcours professionnels. La part non affectée au fonds paritaire contribue au financement d'actions de formation professionnelle concourant à la qualification et à la requalification des salariés et demandeurs d'emploi déterminées par un accord entre les organisations représentatives d'employeurs et de salariés de l'agriculture. La déclinaison de cet accord donne lieu à une convention-cadre signée entre l'État et les organisations d'employeurs et de salariés de l'agriculture. En cas de non-utilisation de la totalité des fonds affectés à ces actions, le solde abonde le fonds paritaire de sécurisation des parcours professionnels.

Les sommes mentionnées aux 1° et 2° sont versées par l'intermédiaire des organismes collecteurs paritaires agréés au titre de la professionnalisation et du congé individuel de formation.

Les sommes mentionnées au 3° sont liquidées par les organismes collecteurs paritaires agréés et versées spontanément au fonds paritaire de sécurisation des parcours professionnels.

À défaut de versement au 30 avril de l'année suivant la clôture de l'exercice, le recouvrement des ressources mentionnées au 3° est effectué par le comptable public compétent de la direction générale des finances publiques.

Ces impositions sont recouvrées sur la base de la notification faite audit comptable par le fonds paritaire de sécurisation des parcours professionnels.

Elles sont recouvrées selon les mêmes procédures et sous les mêmes sanctions, garanties, sûretés et privilèges que les taxes sur le chiffre d'affaires. Les réclamations sont présentées, instruites et jugées selon les règles applicables à ces mêmes taxes.

Un décret fixe les conditions d'application du présent article.

Note • 5e al. : Les organisations représentatives d'employeurs et de salariés au niveau national et interprofessionnel adressent une proposition sur le pourcentage prévu aux 1° et 2° de l'article L. 6332-19 CT aux organisations syndicales d'employeurs ou employeurs signataires de l'accord constitutif d'un organisme collecteur paritaire agréé ne relevant pas du champ des accords interprofessionnels. Ils adressent une autre proposition sur l'affectation des ressources du fonds mentionnée à l'article L. 6332-21 CT à ces mêmes organisations ou employeurs.

Les organisations syndicales d'employeurs ou employeurs destinataires d'une proposition disposent d'un délai de quinze jours à compter de sa réception pour communiquer leurs observations aux organisations représentatives d'employeurs et de salariés au niveau national et interprofessionnel ainsi qu'au ministre chargé de la formation professionnelle.

Les organisations représentatives d'employeurs et de salariés au niveau national et interprofessionnel répondent à ces observations dans le même délai et adressent une copie de ces réponses au ministre chargé de la formation professionnelle (décret 2009-1498 du 7 décembre 2009, JO 8).

• Pour l'année 2012, le pourcentage mentionné aux 1° et 2° de cet article est fixé à 10 % (arrêté du 22 novembre 2011, JO 1er déc.).

• Voir arrêté du 8 mars 2010 (JO 13) fixant la part de reversement au fonds paritaire de sécurisation des parcours professionnels dans les professions agricoles.

Art. L. 6332-20. Le fonds paritaire de sécurisation des parcours professionnels reçoit également, à l'exclusion des versements exigibles en application de l'article L. 6362-12 :

1° Dans les entreprises de moins de dix salariés, par dérogation à l'article L. 6331-6, le montant de la différence entre les dépenses justifiées par l'employeur au titre de la professionnalisation et sa participation due à ce titre lorsqu'elle a été majorée en application de l'article L. 6331-6 ;

2° Dans les entreprises de dix salariés et plus, par dérogation aux articles L. 6331-13, L. 6331-28 et L. 6331-31, le montant de la différence entre les dépenses justifiées par l'employeur au titre de la professionnalisation et sa participation due à ce titre lorsqu'elle a été majorée en application de l'article L. 6331-30.

Art. L. 6332-21. Les ressources du fonds paritaire de sécurisation des parcours professionnels permettent :

1° De contribuer au financement d'actions de formation professionnelle concourant à la qualification et à la requalification des salariés et demandeurs d'emploi, au bénéfice de publics dont les caractéristiques sont déterminées par la convention-cadre prévue au présent article ;

2° D'assurer la péréquation des fonds par des versements complémentaires aux organismes collecteurs paritaires agréés au titre de la professionnalisation et du congé individuel de formation pour le financement d'actions de professionnalisation et du congé individuel de formation ;

3° De contribuer au financement du service visé au premier alinéa de l'article L. 6111-4.

L'affectation des ressources du fonds est déterminée par un accord conclu entre les organisations représentatives d'employeurs et de salariés au niveau national et interprofessionnel, qui reçoivent et prennent en compte, dans des conditions fixées par décret, l'avis des autres organisations syndicales d'employeurs ou employeurs signataires de l'accord constitutif d'un organisme collecteur paritaire agréé.

La déclinaison de cet accord donne lieu à une convention-cadre signée entre l'État et le fonds. Cette convention-cadre peut prévoir une participation de l'État au financement des actions de formation professionnelle mentionnées au 1° du présent article.

Art. L. 6332-22.

Cette convention détermine le cadre dans lequel des conventions peuvent être conclues entre le fonds et les organisations représentatives d'employeurs et de salariés au niveau professionnel ou interprofessionnel, les conseils régionaux ou l'institution mentionnée à l'article L. 5312-1.

Un comité composé des signataires de la convention-cadre assure le suivi de l'emploi des ressources du fonds et en évalue l'impact. Cette évaluation est rendue publique chaque année.

Note Voir décret 2009-1498 du 7 décembre 2009 (JO 8) cité sous art. L. 6332-19.

Pour l'année 2010, l'accord mentionné à cet article devait être signé avant le 15 février et la convention-cadre mentionnée au même article avant le 15 mars 2010, cette dernière succédant à la convention conclue entre le fonds national de péréquation et l'État applicable à la période comprise entre le 1er janvier et au plus tard le 15 mars 2010 (décret 2010-155 du 19 février 2010, art. 4, JO 21).

Voir accord des partenaires sociaux du 12 janvier 2010 et convention-cadre du 15 mars 2010 signée entre l'État et le FPSPP pour une période triennale (2010-2012).

Art. L. 6332-22. Les versements mentionnés au 2° de l'article L. 6332-21 sont accordés aux organismes collecteurs paritaires agréés dans les conditions suivantes :

1° L'organisme collecteur paritaire agréé affecte au moins 50 % des fonds recueillis au titre de la professionnalisation, déduction faite de la part versée au fonds paritaire de sécurisation des parcours professionnels, aux contrats de professionnalisation et à des périodes de professionnalisation, dont la durée minimum est définie par décret, visant des qualifications mentionnées aux 1° et 3° de l'article L. 6314-1 ;

2° Les fonds recueillis au titre de la professionnalisation par l'organisme collecteur paritaire agréé, déduction faite de la part versée au fonds paritaire de sécurisation des parcours professionnels, sont insuffisants pour assurer la prise en charge prévue à l'article L. 6332-14.

Art. L. 6332-22-1. Les sommes dont dispose le fonds paritaire de sécurisation des parcours professionnels au 31 décembre de chaque année constituent, l'année suivante, des ressources de ce fonds.

Art. L. 6332-22-2. Un décret en Conseil d'État détermine les conditions d'application de la présente section, notamment :

1° Les modalités de reversement par les organismes collecteurs paritaires agréés des sommes mentionnées aux 1° et 2° de l'article L. 6332-19 ;

2° La nature des disponibilités et des charges mentionnées au 3° de l'article L. 6332-19 ;

3° Les conditions dans lesquelles les sommes reçues par le fonds paritaire de sécurisation des parcours professionnels sont affectées par l'accord mentionné au cinquième alinéa de l'article L. 6332-21 ;

4° Les documents et pièces relatifs à leur gestion que les organismes collecteurs paritaires agréés communiquent au fonds paritaire de sécurisation des parcours professionnels et ceux qu'ils présentent aux personnes commissionnées par ce dernier pour les contrôler. Ces dispositions s'appliquent sans préjudice des contrôles exercés par les agents mentionnés à l'article L. 6361-5 ;

5° Les modalités d'application au fonds paritaire de sécurisation des parcours professionnels du principe de transparence prévu au 2° de l'article L. 6332-6 ;

6° Les règles relatives aux contrôles auxquels est soumis le fonds paritaire de sécurisation des parcours professionnels ainsi qu'aux modalités de reversement au Trésor public des dépenses non admises par les agents mentionnés à l'article L. 6361-5 ;

7° Les conditions d'affectation des fonds en l'absence d'accord ou de convention-cadre mentionnés à l'article L. 6332-21 ;

8° Les conditions dans lesquelles, en l'absence de fonds agréé, les organismes collecteurs paritaires agréés déposent leurs disponibilités sur un compte unique.

Création et agrément du fonds

Art. R. 6332-104. ***(D. 2010-155 du 19 févr. 2010, JO 21)*** I. – Pour accorder l'agrément du fonds paritaire de sécurisation des parcours professionnels, l'autorité administrative vérifie que sont respectées notamment :

1° Les dispositions de l'article L. 6332-21 déterminant la nature des dépenses dont le fonds assure le financement ;

2° Les règles d'incompatibilité définies à l'article R. 6332-104-1.

II. – La demande d'agrément du fonds paritaire de sécurisation des parcours professionnels est accompagnée des documents suivants :

1° Les statuts de l'association gestionnaire du fonds et, le cas échéant, son règlement intérieur ;

2° La liste des membres du conseil d'administration de l'association gestionnaire du fonds.

En cas de changement dans la composition du conseil d'administration, le président et le vice-président transmettent la nouvelle liste au commissaire du Gouvernement.

Art. R. 6332-104-1. ***(D. 2010-155 du 19 févr. 2010, JO 21)*** Lorsqu'une personne exerce une fonction d'administrateur dans un organisme collecteur paritaire agréé, elle ne peut exercer les fonctions de président, de vice-président ou de trésorier ou trésorier adjoint de l'association gestionnaire du fonds paritaire de sécurisation des parcours professionnels. Elle ne peut, par ailleurs, si elle est membre du conseil d'administration de cette association, prendre part au vote organisé par l'association lorsque celui-ci porte sur l'affectation de fonds à l'organisme collecteur paritaire agréé concerné.

Lorsqu'une personne exerce une fonction de salarié d'un organisme collecteur paritaire agréé, elle ne peut exercer les fonctions d'administrateur de l'association gestionnaire du fonds paritaire de sécurisation des parcours professionnels.

Art. R. 6332-105. L'agrément du ***(D. 2010-155 du 19 févr. 2010, JO 21)*** « fonds paritaire de sécurisation des parcours professionnels » est accordé par arrêté du ministre chargé de la formation professionnelle sur examen d'une demande de l'association gestionnaire.

Note Voir arrêté du 12 mars 2010 (JO 16) portant agrément du fonds paritaire de sécurisation des parcours professionnels.

Attributions et fonctionnement du fonds

Art. R. 6332-106. ***(D. 2010-155 du 19 févr. 2010, JO 21)*** Les publics bénéficiaires des actions prévues au 1° de l'article L. 6332-21 ainsi que ces actions sont définis par la convention-cadre mentionnée au même article conclu entre l'État et le fonds.

La répartition des fonds destinés au financement des actions mentionnées au premier alinéa est réalisée après appel à projets auprès des organismes collecteurs paritaires agréés au titre de la professionnalisation ou du congé individuel de formation et des personnes mentionnées au septième alinéa de l'article L. 6332-21. Les décisions sont prises par le conseil d'administration de l'association gestionnaire du fonds, après examen de demandes présentées par des porteurs de projets devant une commission ad hoc composée d'administrateurs du fonds à laquelle est invité à participer le commissaire du Gouvernement.

Le fonds rend public sur son site internet le contenu de l'appel à projet ainsi que les décisions de répartition prises par le conseil d'administration de l'association gestionnaire du fonds.

Art. D. 6332-106-1. ***(D. 2010-61 du 18 janv. 2010, JO 19)*** La durée minimum mentionnée au 1° de l'article L. 6332-22 est fixée à cent vingt heures.

Art. R. 6332-106-2. ***(D. 2010-155 du 19 févr. 2010, JO 21)*** La péréquation des fonds mentionnée au 2° de l'article L. 6332-21 a pour objet d'opérer des transferts de disponibilités aux organismes collecteurs paritaires agréés au titre de la professionnalisation et du congé individuel de formation afin de permettre la prise en charge de formations excédant les ressources de l'organisme collecteur. La péréquation des fonds au titre de la professionnalisation s'effectue dans le respect des conditions fixées à l'article L. 6332-22.

Les fonds disponibles transférés permettent la prise en charge des actions de formation suivantes : contrat de professionnalisation, période de professionnalisation visant des qualifications mentionnées aux 1° et 3° de l'article L. 6314-1 et d'une durée au moins égale à celle figurant dans le décret mentionné au 1° de l'article L. 6332-22, congé individuel de formation et portabilité du droit individuel à la formation prévue à l'article L. 6323-18.

Art. R. 6332-106-3. ***(D. 2010-155 du 19 févr. 2010, JO 21)*** Pour l'accomplissement de la mission de péréquation, le fonds procède :

1° A l'attribution d'une enveloppe de fonds réservés au profit d'organismes collecteurs paritaires agréés au titre de la professionnalisation et du congé individuel de formation sur la base de prévisions d'activité démontrant une insuffisance de couverture. Les prévisions d'activité détaillent les besoins d'engagements nouveaux et anciens. L'attribution tient compte de la moyenne d'annulation des engagements constatés au cours des trois dernières années et exclut du besoin de couverture les engagements anciens de plus de trois ans ;

2° Au versement de ces fonds réservés sur justification d'un besoin constaté de trésorerie. La constatation du besoin de trésorerie est réalisée au vu d'une attestation effectuée par un commissaire aux comptes.

Art. R. 6332-107. Le ***(D. 2010-155 du 19 févr. 2010, JO 21)*** « fonds paritaire de sécurisation des parcours professionnels » recueille les comptes relatifs à la gestion des organismes collecteurs paritaires agréés.

Il transmet chaque année ces comptes définitifs, ainsi que ses propres comptes, au Conseil national de la formation professionnelle tout au long de la vie.

(D. 2010-155 du 19 févr. 2010, JO 21) « Pour l'accomplissement des missions mentionnées à l'article L. 6332-21, sur décision conjointe, le président et le vice-président de l'association gestionnaire du fonds paritaire de sécurisation des parcours professionnels peuvent faire réaliser des audits auprès des organismes collecteurs paritaires agréés, portant notamment sur les informations transmises par ces organismes. Les organismes collecteurs présentent toute pièce ou document nécessaires pour la réalisation des audits. »

Art. D. 6332-107-1. ***(D. 2010-1571 du 15 déc. 2010, JO 17)*** Le comptable compétent pour recouvrer les sommes mentionnées au 3° de l'article L. 6332-19 du code du travail est le comptable du service des impôts des entreprises dans le ressort duquel est situé le siège social de l'organisme concerné.

Le recouvrement de ces sommes est assuré sur la base d'un document qui est adressé à ce comptable en courrier simple par le fonds paritaire de sécurisation des parcours professionnels.

Ce document contient les mentions nécessaires à l'établissement de l'avis de mise en recouvrement, notamment le nom, l'adresse et le numéro d'identité mentionné à l'article R. 123-221 du code de commerce de l'organisme collecteur paritaire agréé, la nature de l'imposition, le montant à recouvrer, la période visée ainsi que les dispositions législatives et réglementaires sur le fondement desquelles le recouvrement est mis en œuvre.

Art. R. 6332-108. Lorsque le ***(D. 2010-155 du 19 févr. 2010, JO 21)*** « fonds paritaire de sécurisation des parcours professionnels » cesse de fonctionner, un arrêté du ministre chargé de la formation professionnelle fixe la date à laquelle cette décision prend effet ainsi que les conditions de liquidation du fonds.

(D. 2010-155 du 19 févr. 2010, JO 21) « En cas d'absence d'accord mentionné à l'article L. 6332-21 applicable avant le 1er novembre de chaque année, les parties engagent une nouvelle négociation en vue de la conclusion d'un accord avant le 1er mai de l'année suivante. À défaut d'un tel accord, un arrêté du ministre chargé de la formation professionnelle détermine l'affectation des ressources du fonds paritaire de sécurisation des parcours professionnels.

En cas d'absence de convention-cadre mentionnée à l'article L. 6332-21 applicable avant le 1er janvier de chaque année, les parties engagent une négociation en vue de la conclusion d'une nouvelle convention-cadre. Les stipulations de la convention-cadre applicable antérieurement sont prorogées pour une durée maximale de six mois. »

Gestion du fonds par une association

Art. R. 6332-109. Pour l'application des dispositions ***(D. 2010-155 du 19 févr. 2010, JO 21)*** « des articles L. 6332-18 à L. 6332-21 », les organisations interprofessionnelles d'employeurs et de salariés représentatives au niveau national peuvent créer une association gestionnaire du ***(D. 2010-155 du 19 févr. 2010, JO 21)*** « fonds paritaire de sécurisation des parcours professionnels ».

Art. R. 6332-110. Les articles R. 6332-22 et R. 6332-38 à R. 6332-42 s'appliquent à l'association gestionnaire du ***(D. 2010-155 du 19 févr. 2010, JO 21)*** « fonds paritaire de sécurisation des parcours professionnels ».

(D. 2010-155 du 19 févr. 2010, JO 21) « Le fonds paritaire de sécurisation des parcours professionnels est tenu de présenter les documents mentionnés à l'article L. 6362-5. La procédure applicable pour le contrôle des fonds est celle qui est définie aux articles L. 6362-8 à L. 6362-13. »

Art. R. 6332-110-1. ***(D. 2010-155 du 19 févr. 2010, JO 21)*** Les emplois de fonds qui ne répondent pas aux règles fixées par les articles L. 6332-21 et L. 6332-22 donnent lieu à un versement de même montant au Trésor public dans les conditions prévues par le chapitre II du titre VI. »

Art. R. 6332-111. Le ministre chargé de la formation professionnelle désigne, par arrêté, un commissaire du Gouvernement auprès de l'association gestionnaire du ***(D. 2010-155 du 19 févr. 2010, JO 21)*** « fonds paritaire de sécurisation des parcours professionnels ».

Note Voir arrêté du 5 juin 1996 (JO 14) portant agrément de l'association gestionnaire du fonds national habilité à gérer les excédents financiers des organismes collecteurs paritaires gérant les contributions des employeurs au financement du congé individuel de formation.

Art. R. 6332-112. Le commissaire du Gouvernement assiste de droit aux séances de toutes les instances de délibération et d'administration de l'organisme.

Il dispose d'un droit de veto suspensif de quinze jours, exprimé par écrit et motivé, sur les décisions. Pendant ce délai, l'instance qui a pris la décision procède à un nouvel examen.

Il a communication de tous les documents relatifs à la gestion du fonds national et au fonctionnement de l'association.

Art. R. 6332-113. L'association gestionnaire du ***(D. 2010-155 du 19 févr. 2010, JO 21)*** « fonds paritaire de sécurisation des parcours professionnels » adresse chaque année, au plus tard le 30 avril, au ministre chargé de la formation professionnelle un compte rendu de son activité au cours de l'année civile précédente.

Ce document est accompagné du bilan, du compte de résultats et de l'annexe.

(D. 2010-155 du 19 févr. 2010, JO 21) « Le compte rendu d'activité visé au premier alinéa, les documents comptables visés au deuxième alinéa ainsi que le rapport du commissaire aux comptes, et les décisions des instances de délibération et d'administration de l'association gestionnaire du fonds sont rendus publics, sur le site internet du fonds, par les instances de délibération et d'administration de l'association gestionnaire du fonds paritaire de sécurisation des parcours professionnels. »

SECTION 5. Information de l'État

Art. L. 6332-23. Les organismes collecteurs paritaires agréés et le ***(L. 2009-1437 du 24 nov. 2009, art. 18, JO 25)*** « fonds paritaire de sécurisation des parcours professionnels » transmettent à l'État, dans des conditions déterminées par décret en Conseil d'État :

1° Des données physiques et comptables relatives aux actions qu'ils contribuent à financer ;

2° Des données agrégées et sexuées sur les caractéristiques des bénéficiaires des actions menées ;

3° Des informations relatives aux bénéficiaires des actions menées et destinées à la constitution d'échantillons statistiquement représentatifs.

Art. L. 6332-24. Lorsqu'un organisme collecteur paritaire agréé ou le ***(L. 2009-1437 du 24 nov. 2009, art. 18, JO 25)*** « fonds paritaire de sécurisation des parcours professionnels » n'établit pas ou ne transmet pas les informations prévues à l'article L. 6332-23, l'autorité administrative peut le mettre en demeure d'y procéder.

Art. R. 6332-114. La mise en demeure prévue à l'article L. 6332-24 est réalisée par le préfet de région.

CHAPITRE III

Dispositions pénales

[Le présent chapitre ne comprend pas de dispositions législatives.]

TITRE IV

STAGIAIRE DE LA FORMATION PROFESSIONNELLE

CHAPITRE Ier

Rémunération du stagiaire

SECTION 1. Financement des stages rémunérés par l'État ou la région

Art. L. 6341-1. L'État, les régions, les employeurs et les organismes collecteurs paritaires agréés concourent au financement de la rémunération des stagiaires de la formation professionnelle.

(L. 2008-126 du 13 févr. 2008, art. 16, JO 14) « L'institution mentionnée à l'article L. 5312-1 y concourt également, le cas échéant pour le compte de l'organisme mentionné à l'article L. 5427-1, notamment dans les conditions prévues ***(L. 2011-893 du 28 juil. 2011, art. 44, JO 29)*** " à l'article L. 1233-68 ". »

Note Les dispositions de la convention relative aux conditions à remplir pour pouvoir bénéficier de l'allocation formation reclassement signée entre l'Unédic et l'État, et la liste annexée des formations y ouvrant droit, présentent un caractère réglementaire. Le refus d'inscrire sur cette liste les formations universitaires générales de droit n'a pas à être motivé et est justifié par le souci de privilégier les formations professionnelles proches des besoins des entreprises (CE 15 janvier 1999, n° 188588, *RJS* 4/99 n° 566).

Art. L. 6341-2. Les stages pour lesquels l'État et les régions concourent au financement de la rémunération du stagiaire, lorsqu'il suit un stage agréé dans les conditions fixées à l'article L. 6341-4, sont :

1° Les stages suivis par les salariés à l'initiative de leur employeur ;

2° Les stages suivis par les travailleurs non salariés prévus à l'article L. 6341-8.

Art. L. 6341-3. Les stages pour lesquels l'État et les régions assurent le financement de la rémunération du stagiaire, lorsqu'il suit un stage agréé dans les conditions fixées à l'article L. 6341-4, sont :

1° Les stages en direction des demandeurs d'emploi qui ne relèvent plus du régime d'assurance chômage, mentionnés à l'article L. 6341-7 ;

2° Les stages en direction des travailleurs reconnus handicapés en application de l'article L. 5213-1 ;

(L. 2009-1437 du 24 nov. 2009, art. 25, JO 25) « 3° Les formations suivies en centre de formation d'apprentis par les apprentis dont le contrat a été rompu sans qu'ils soient à l'initiative de cette rupture, pour une durée n'excédant pas trois mois. »

Art. L. 6341-4. Dans la limite de leurs compétences respectives, l'agrément des stages est accordé :

1° En ce qui concerne l'État, par l'autorité administrative ;

2° En ce qui concerne les régions, par décision du conseil régional.

Note • Sans préjudice des dispositions de l'article L. 6341-3 CT, peuvent être agréées, dans les conditions fixées à cet article, les formations, dont la durée ne peut excéder deux mois, entamées jusqu'au 31 octobre 2010 dans les centres de formation d'apprentis volontaires par des jeunes à la recherche d'un employeur susceptible de les recruter en qualité d'apprentis.

Un comité, constitué de deux députés et deux sénateurs, est chargé de présenter un rapport au Parlement sur la mise en œuvre de l'alinéa précédent dans un délai d'un an à compter de la date de publication de la loi 2009-1437 (JO 25) [loi précitée, art. 25, V].

• Il résulte des dispositions des articles L. 323-9, L. 323-15, R. 323-34 (anciens) CT et L. 123-4 du code de l'éducation qu'aucune disposition législative ou réglementaire ne fait obstacle à ce qu'une université puisse être agréée au titre de l'article L. 961-3 (ancien) CT pour accueillir des stagiaires de la formation professionnelle, et notamment ceux qui bénéficient d'une mesure d'éducation ou de rééducation professionnelle prévue par l'article R. 323-34 (ancien) CT ; dès lors, la commission départementale des travailleurs handicapés, des mutilés de guerre et assimilés a commis une erreur de droit en jugeant qu'une université ne pouvait en aucune façon assurer l'éducation et la rééducation professionnelle des travailleurs handicapés (CE 28 juin 2004, n° 252288).

Art. L. 6341-5. L'État et les régions peuvent concourir, en outre, dans les conditions prévues à l'article L. 6322-23, à la rémunération des stagiaires bénéficiant d'un congé individuel de formation.

Art. L. 6341-6. ***(Ord. 2009-325 du 25 mars 2009, JO 27)*** Les collectivités territoriales responsables de la gestion de la rémunération des stagiaires de la formation professionnelle assurent l'accueil et l'information des stagiaires, le respect de délais rapides de paiement de cette rémunération, la conservation des archives nécessaires au calcul de leurs droits à pension et la transmission aux services de l'État des informations relatives aux stagiaires, dont la liste est fixée par décret.

Dispositions générales

Art. R. 6341-1. Les actions de formations définies aux articles L. 6313-1 à L. 6314-1 ouvrent droit au bénéfice des régimes de rémunération du stagiaire prévus au présent chapitre, si elles répondent aux conditions prévues à la présente section.

Agrément des stages

Art. R. 6341-2. Les stages relevant du premier alinéa de l'article L. 214-12 du code de l'éducation sont agréés par :

1° Le ministre chargé de la formation professionnelle, après avis du Conseil national de la formation professionnelle tout au long de la vie, pour les stages organisés et financés au niveau national ;

2° Le préfet de région, après avis du comité de coordination régional de l'emploi et de la formation professionnelle, pour les stages organisés et financés au niveau régional ;

3° Le préfet de département, après avis du comité de coordination régional de l'emploi et de la formation professionnelle, pour les stages organisés et financés au niveau départemental.

Art. R. 6341-3. La consultation du Conseil national de la formation professionnelle tout au long de la vie et du comité de coordination régional de l'emploi et de la formation professionnelle prévue à l'article R. 6341-2 porte sur les programmes au titre desquels sont organisés les stages dont l'agrément est sollicité.

Art. R. 6341-4. Les stages autres que ceux mentionnés à l'article R. 6341-2 sont agréés par le président du conseil régional après avis du comité de coordination régional de l'emploi et de la formation professionnelle.

Art. R. 6341-5. L'autorité administrative compétente pour délivrer l'agrément examine le projet de stage selon les critères d'appréciation suivants :

1° La nature du stage ;

2° Les conditions d'admission du stagiaire ;

3° Le niveau de la formation ;
4° Le contenu des programmes ;
5° Le contenu du plan de formation prévu à l'article R. 6341-12 ;
6° La sanction des études ;
7° La qualification des enseignants et des responsables du stage ;
8° L'installation des locaux ;
9° L'exercice du contrôle financier, technique et pédagogique.

Art. R. 6341-6. La décision d'agrément précise :

1° Lorsqu'il s'agit de stages dont la durée est préalablement définie :
a) Le nombre maximal de stagiaires susceptibles d'être rémunérés chaque année ;
b) La durée totale et la durée hebdomadaire du stage, ainsi que le nombre de mois-stagiaires ;
c) Les dates de début et de fin du stage ;

2° Lorsqu'il s'agit de stages accueillant des stagiaires en continu : le nombre annuel de mois-stagiaires ;

3° Lorsqu'il s'agit de stages comportant un enseignement à distance, outre le nombre de stagiaires et les dates de début et de fin du stage :
a) Lorsque l'enseignement est dispensé en totalité à distance ;
– le nombre d'heures estimées nécessaires pour réaliser les travaux demandés à chaque stagiaire ;
– la fréquence, au moins mensuelle, et la durée des séances d'évaluation pédagogique se déroulant dans les locaux du centre de formation ;
b) Lorsque l'enseignement, dispensé en formation dite ouverte, comporte alternativement un enseignement dans les locaux d'un centre de formation et un enseignement à distance ;
– la durée totale, en heures, de l'ensemble de ces enseignements ;
– pour l'enseignement à distance, le nombre d'heures estimées nécessaires pour réaliser les travaux demandés à chaque stagiaire.

Art. R. 6341-7. Les stages organisés par les employeurs en application de l'article L. 6341-2 ne peuvent être agréés que lorsque leur création est motivée par une création d'emplois, une modification du processus de production, une réduction de l'effectif ou une cessation d'activité.

Art. R. 6341-8. L'agrément du stage est délivré pour une durée de trois ans maximum.

Son renouvellement, au terme de la période pour laquelle il a été délivré, intervient par une décision explicite.

Art. R. 6341-9. L'agrément du stage peut être retiré après un préavis de trois mois en raison des résultats des contrôles opérés par les organismes ou services chargés [de] réaliser les inspections administrative, financière ou technique.

Le retrait d'agrément ne fait pas obstacle au maintien de la rémunération des intéressés jusqu'à la fin du stage.

Art. R. 6341-10. Les conventions mentionnées à l'article R. 5111-1 prévoyant le financement d'une action de formation ou d'adaptation valent agrément de cette action par l'État au titre de la rémunération des stagiaires.

Art. R. 6341-11. L'établissement public de l'État auquel la gestion des rémunérations peut être confiée, en application de l'article L. 6341-6, est un établissement public à caractère administratif.

Plan de formation des stages comportant un enseignement à distance

Art. R. 6341-12. Les stages comportant un enseignement dispensé en totalité ou en partie à distance donnent lieu, avant le début des travaux du stagiaire, à l'élaboration d'un plan de formation établi par accord entre le directeur de l'établissement et le stagiaire.

Art. R. 6341-13. Le plan de formation définit :
1° Pour chaque mois, le calendrier, la nature, la durée estimée nécessaire pour réaliser les travaux demandés et le mode de vérification de l'exécution de ces derniers ;
2° L'assiduité du stagiaire, par le rapport entre la durée estimée de l'exécution des travaux effectivement réalisés par le stagiaire et vérifiés par l'établissement et la durée estimée nécessaire pour réaliser tous les travaux prévus chaque mois.

Art. R. 6341-14. Le plan de formation est transmis, avec la demande de rémunération établie par le stagiaire, dans les conditions prévues au 1° de l'article R. 6341-33.

Durée des stages

Art. R. 6341-15. Les durées des stages sont les suivantes :

1° Stages à temps plein :
a) Durée maximum : trois ans ;
b) Durée minimum : quarante heures ;
c) Durée minimum hebdomadaire : trente heures ;

2° Stages à temps partiel :
a) Durée maximum : trois ans ;
b) Durée minimum : quarante heures.

Titulaires d'un livret d'épargne

Art. R. 6341-16. Le titulaire d'un livret d'épargne institué par l'article 80 de la loi n° 76-1232 du 29 décembre 1976 qui envisage de créer ou d'acquérir une entreprise artisanale, ainsi que son conjoint, partenaire lié par un pacte civil de solidarité ou concubin, est prioritaire pour l'accès aux stages agréés ou conventionnés par l'État lorsque la formation dispensée vise l'acquisition de la qualification nécessaire à la gestion d'une entreprise.

Note La loi 84-578 du 8 juillet 1984 (JO 11) sur le développement de l'initiative économique a remplacé le livret d'épargne par le livret d'épargne entreprise.

Art. R. 6341-17. Le titulaire d'un livret d'épargne bénéficie de la priorité prévue à l'article R. 6341-16 dans l'année qui précède ou qui suit l'échéance du plan d'épargne et pour une formation d'une durée maximale de quatre cents heures.

Art. R. 6341-18. L'État prend en charge les frais de stage des titulaires d'un livret d'épargne.

Art. R. 6341-19. Le stagiaire, qui ne crée pas ou n'acquiert pas une entreprise artisanale dans l'année qui suit l'achèvement du stage, rembourse à l'État 50 % des frais de stage :

1° Soit lorsque l'aide de l'État est limitée aux titulaires d'un livret d'épargne ;

2° Soit lorsque le stage a été suivi avec maintien du contrat de travail et que les conditions de délai prévues à l'article R. 6322-10 ne sont pas remplies.

Art. R. 6341-20. Le titulaire d'un livret d'épargne est exonéré du remboursement prévu à l'article R. 6341-19 lorsque l'établissement dépositaire du livret d'épargne a refusé de délivrer le prêt prévu au deuxième alinéa du III de l'article 80 de la loi n° 76-1232 du 29 décembre 1976.

Art. R. 6341-21. Le titulaire d'un livret d'épargne peut être exonéré du remboursement en fonction de circonstances exceptionnelles, par décision de l'autorité signataire de la convention ou, dans le cas d'un stage ne faisant pas l'objet d'une convention, par décision du préfet de région.

Art. R. 6341-22. Les dispositions relatives à la périodicité du congé individuel de formation, prévues par l'article R. 6322-10, ne s'appliquent pas au titulaire d'un livret d'épargne et à son conjoint salarié, partenaire lié par un pacte civil de solidarité ou concubin.

Ils peuvent bénéficier, sans condition de délai, dans l'année qui précède ou qui suit l'échéance du plan d'épargne, d'un congé individuel de formation d'une durée maximum de 400 heures en vue de les préparer à la fonction de chef d'entreprise.

SECTION 2. Montant de la rémunération

Note L'activité salariée, seule prise en compte pour le calcul des droits à rémunération du stagiaire, s'entend d'une activité exercée dans le cadre d'un contrat de travail, c'est-à-dire sous la subordination d'un employeur. En accordant un complément de rémunération à une personne alors que le stage de formation professionnelle qu'elle avait accompli ne constituait pas légalement une activité salariée, un tribunal d'instance a violé l'article R. 961-6 (ancien) CT (cass. soc. 19 mai 1998, n° 95-41.011, CNASEA c/ Zorzan).

Art. L. 6341-7. Lorsqu'elles suivent des stages agréés dans les conditions prévues à l'article L. 6341-4, les personnes inscrites comme demandeurs d'emploi perçoivent une rémunération dont le montant minimum est déterminé par décret.

Cette rémunération est déterminée à partir du salaire antérieur :

1° Lorsque les intéressés se sont vu reconnaître la qualité de travailleurs handicapés et satisfont à des conditions de durée d'activité salariée définies par décret ;

2° Lorsqu'ils suivent des formations d'une durée minimum déterminée par décret et remplissent des conditions relatives à la durée de leur activité professionnelle et à leur situation définies par le même décret.

Note Il résulte de la combinaison des articles L. 351-1 et L. 961-5 (anciens) CT que le fait pour un travailleur involontairement privé d'emploi de suivre un stage de formation professionnelle rémunéré ne le prive pas du droit d'être inscrit comme demandeur d'emploi. A donc entaché sa décision d'une erreur de droit le directeur départemental du travail et de l'emploi qui a exclu du bénéfice du revenu de remplacement le demandeur d'emploi qui est entré dans une école régionale d'avocats en vue d'y suivre un stage de formation à la profession d'avocat, stage rémunéré en vertu d'une convention de formation professionnelle (CE 24 février 1999, n° 165111, *D.* 1999 IR 108).

Art. L. 6341-8. Les travailleurs non salariés bénéficient d'une rémunération déterminée par décret, à condition d'avoir exercé pendant une durée minimale une activité professionnelle salariée ou non salariée.

Montant et cumul de la rémunération

Note Voir décret 88-368 du 15 avril 1988 (JO 19) (taux et montants des rémunérations versées aux stagiaires de formation professionnelle) rapporté dans les « Textes non codifiés ».

§ 1. Travailleurs non salariés

Art. D. 6341-23. La durée minimale d'activité professionnelle mentionnée à l'article L. 6341-8 est d'au moins douze mois, dont six consécutifs, dans les trois années qui précèdent l'entrée en stage.

Art. R. 6341-24. Les travailleurs titulaires d'un livret d'épargne institué par l'article 80 de la loi n° 76-1232 du 29 décembre 1976 ainsi que leur conjoint, partenaire lié par un pacte civil de solidarité ou concubin reçoivent une rémunération dont le montant est fixé par décret lorsqu'ils suivent un stage de formation agréé par l'État ou par une région au titre de la rémunération des stagiaires et que leur demande de prise en charge, présentée au titre du 2° de l'article L. 6331-11, n'a pas reçu de suite favorable.

§ 2. Travailleurs privés d'emploi

Art. R. 6341-25. Les travailleurs ayant la qualité de demandeur d'emploi perçoivent une rémunération déterminée sur une base mensuelle lorsque :

1° Ils ne sont pas pris en charge dans les conditions prévues au deuxième alinéa de l'article L. 6341-1 ;

2° Ils suivent des stages agréés en application des dispositions de l'article L. 6341-4.

Art. D. 6341-26. La rémunération due aux travailleurs handicapés privés d'emploi ayant exercé une activité salariée pendant six mois au cours d'une période de douze mois ou pendant douze mois au cours d'une période de vingt-quatre mois est établie sur la base du salaire perçu antérieurement.

Elle est calculée selon la durée légale du travail fixée à l'article L. 3121-10 à partir de la moyenne des salaires perçus pendant la durée d'activité de six mois ou de douze mois considérée. Les majorations pour heures supplémentaires, les indemnités compensatrices de congé payé et de préavis ainsi que les primes et indemnités qui ne sont pas retenues pour le calcul des cotisations sociales n'entrent pas dans le décompte des salaires perçus.

Lorsque l'interruption du travail est antérieure depuis plus d'un an à l'entrée en stage, le salaire perçu dans le dernier emploi est affecté d'un coefficient de revalorisation correspondant aux majorations du salaire minimum de croissance au cours de la période considérée.

Art. R. 6341-27. La rémunération due aux demandeurs d'emploi qui n'entrent pas dans la catégorie définie à l'article D. 6341-26 et qui ont également exercé une activité salariée pendant six mois au cours d'une période de douze mois ou pendant douze mois au cours d'une période de vingt-quatre mois est fixée par décret à partir du montant de l'allocation de solidarité spécifique prévue à l'article L. 5423-1.

Le nombre d'heures à retenir pour calculer les sommes dues à ces stagiaires est celui de la durée légale du travail fixée à l'article L. 3121-10.

Art. R. 6341-28. La rémunération due aux demandeurs d'emploi qui n'entrent pas dans les catégories définies aux articles D. 6341-26 et R. 6341-27 est fixée par décret en fonction :

1° Soit de leur situation personnelle ;

2° Soit de leur âge ;

3° Soit de la catégorie de stages définie à l'initiative de l'État.

Art. R. 6341-29. La rémunération perçue au titre d'un stage de formation professionnelle peut se cumuler avec les pensions et les rentes versées aux travailleurs reconnus handicapés au sens de l'article L. 5213-1.

Art. R. 6341-30. Les indemnités journalières, à l'exclusion de celle servie par application combinée des articles L. 432-9 et L. 433-1 du code de la sécurité sociale, ainsi que les salaires sont déduits de la rémunération perçue au titre des stages de formation professionnelle.

À cet effet, le montant des indemnités journalières est notifié par les organismes concernés :

1° Au préfet du département dans lequel est situé l'établissement de formation ou, le cas échéant, ***(D. 2009-340 du 27 mars 2009, JO 29)*** « à l'Agence de services et de paiement », lorsque le stage a été agréé par l'État ;

2° Au président du conseil régional, lorsque le stage a été agréé par une région.

Art. R. 6341-31. Les bénéficiaires de l'allocation aux adultes handicapés, définie à l'article L. 821-1 du code de la sécurité sociale, et de la prestation de compensation, définie à l'article L. 245-1 du code de l'action sociale et des familles, peuvent cumuler avec celles-ci les rémunérations perçues au titre d'un stage de formation professionnelle dans la limite des plafonds prévus par ces codes.

Art. R. 6341-32. Pour permettre le versement aux bénéficiaires de l'aide sociale des allocations qu'ils sont susceptibles de percevoir, le service chargé du paiement de ces rémunérations ou éventuellement ***(D. 2009-340 du 27 mars 2009, JO 29)*** « l'Agence de services et de paiement » notifie le montant de la rémunération versée à l'occasion d'un stage de formation professionnelle aux caisses d'allocations familiales, aux caisses de mutualité sociale agricole ***(D. 2010-344 du 31 mars 2010, JO 1er avr.)*** aux directions départementales interministérielles chargées de la cohésion sociale ».

Obligations du directeur de l'établissement ou du centre de formation

Art. R. 6341-33. Les rémunérations dues aux stagiaires sont liquidées sur demande établie par les intéressés le premier jour du stage. Le directeur de l'établissement ou du centre de formation certifie :

1° Les mentions portées sur la demande et relatives au stage ;

2° Que cette demande est comprise dans les limites de l'effectif agréé au titre du stage considéré par la décision prévue aux articles R. 6341-6 et R. 6341-7.

Art. R. 6341-34. Dès le début du stage, le directeur de l'établissement ou du centre de formation :

1° Lorsqu'il s'agit de stages agréés par l'État, et en ce qui concerne les stagiaires pour lesquels la gestion de la rémunération est confiée à ***(D. 2008-1010 du 29 sept. 2008, art. 7, JO 30)*** « l'institution mentionnée à l'article L. 5312-1, adresse la demande à cette institution »;

2° Lorsqu'il s'agit de stages agréés par l'État, et en ce qui concerne les autres stagiaires, adresse la demande au service régional ***(D. 2009-340 du 27 mars 2009, JO 29)*** « de l'Agence de services et de paiement » dans le ressort duquel est implanté l'établissement ou le centre de formation ;

3° Lorsqu'il s'agit de stages agréés par la région, donne suite à la demande conformément aux instructions du président du conseil régional.

L'Association nationale pour la formation professionnelle des adultes assure les obligations prévues par l'article R. 6341-33 pour les stagiaires dont elle est chargée par convention de gérer la rémunération.

Art. R. 6341-35. Le directeur de l'établissement ou du centre de formation :

1° Fait connaître à l'institution ou au service chargé de la gestion des rémunérations tout changement survenu dans la situation des stagiaires susceptible de modifier le montant notifié par la décision mentionnée à l'article R. 6341-36 ;

2° Certifie les documents individuels mensuels de présence en ce qui concerne les stagiaires pour lesquels la gestion de la rémunération est confiée à ***(D. 2008-1010 du 29 sept. 2008, art. 7, JO 30)*** « l'institution mentionnée à l'article L. 5312-1 » et notifie à cette institution les abandons et les renvois de stage ainsi que leurs motifs et les accidents du travail ;

3° Communique au service chargé de la rémunération en ce qui concerne les autres stagiaires les états mensuels de présence et notifie à ce service les abandons et les renvois de stage ainsi que leurs motifs et les accidents du travail.

Dans le cas des stages comportant un enseignement à distance, les documents individuels mensuels de présence et les états mensuels de présence mentionnés aux 2° et 3° précisent les durées définies au 3° de l'article R. 6341-6.

Note L'envoi tardif par le directeur de l'établissement de formation de l'état mensuel de présence d'un stagiaire, au service chargé de la rémunération, peut fonder une demande en paiement de dommages-intérêts pour le préjudice subi (cass. soc. 3 mai 2000, n° 98-18.046, Kong. A. Siou c/ AFPA de Carcassonne).

Paiement

Art. R. 6341-36. Selon le cas, l'organisme auquel a été confiée la gestion, ou ***(D. 2009-340 du 27 mars 2009, JO 29)*** « l'Agence de services et de paiement », ou le président du conseil régional, fixe le montant de la rémunération à servir pendant la durée du stage et notifie sa décision au stagiaire.

Art. R. 6341-37. Lorsqu'il s'agit de stages agréés par l'État et que la gestion de la rémunération est assurée par ***(D. 2008-1010 du 29 sept. 2008, art. 7, JO 30)*** « l'institution mentionnée à l'article L. 5312-1 » ou par l'Association nationale pour la formation professionnelle des adultes, le préfet, saisi par l'institution ou l'association :

1° Prononce les décisions de rejet relatives à la prise en charge ;

2° Prend les décisions relatives aux demandes qui lui sont soumises ;

3° Statue sur les cas dans lesquels la décision de l'institution ou de l'association a été contestée par le stagiaire.

Art. R. 6341-38. Pour l'application des dispositions de l'article R. 6341-37, le préfet compétent est :

1° Soit celui du département du siège de l'institution chargée de la gestion de la rémunération ;

2° Soit celui du département dans lequel est implanté le centre de l'Association nationale pour la formation professionnelle des adultes qui dispense le stage, en ce qui concerne les stagiaires qu'elle est chargée de rémunérer.

Art. R. 6341-39. Les rémunérations des stagiaires, lorsqu'elles sont à la charge de l'État, sont payées, selon le cas, par l'organisme auquel a été confiée la gestion ou par ***(D. 2009-340 du 27 mars 2009, JO 29)*** « l'Agence de services et de paiement ».

Art. R. 6341-40. Les rémunérations dues aux stagiaires à plein temps sont payées mensuellement et à terme échu.

Dès la fin du premier mois de stage ouvrant droit à rémunération à la charge de l'État, ces stagiaires perçoivent au moins un acompte dont le montant est fixé par décret.

Art. R. 6341-41. Lorsque la rémunération des stagiaires est déterminée par décret en application des articles L. 6341-7 et L. 6341-8, le paiement de l'acompte peut être opéré, par l'organisme ou l'établissement mentionnés à l'article R. 6341-39, avant notification au stagiaire de la décision prévue à l'article R. 6341-36.

Art. R. 6341-42. La liquidation et le paiement des sommes dues aux stagiaires à l'issue d'un stage à titre de solde des rémunérations et, le cas échéant, des indemnités compensatrices de congés payés, sont réalisés dans les mêmes conditions que la liquidation et le paiement des rémunérations.

Art. R. 6341-43. Par dérogation aux dispositions des articles R. 6341-39 à R. 6341-42, le paiement des rémunérations à la charge de l'État peut être réalisé par les établissements ou centres de formation lorsque ceux-ci sont soumis au contrôle administratif et financier de l'État.

Des conventions conclues entre ces organismes, le ministre de l'économie et des finances et le ministre intéressé fixent les modalités d'application du présent article.

Art. R. 6341-44. La fraction de la rémunération à rembourser à l'employeur qui maintient le salaire des salariés qui suivent des stages agréés ainsi que les cotisations de sécurité sociale relatives à cette fraction sont liquidées, en application du 1° de l'article L. 6341-2, sur demande de l'employeur, selon le cas par :

1° Le préfet du département du lieu du stage ;

2° Le président du conseil régional ;

3° Le directeur de ***(D. 2009-340 du 27 mars 2009, JO 29)*** « l'Agence de services et de paiement », lorsqu'il s'agit de stages relevant du ministre de l'agriculture ou faisant l'objet d'une convention conclue au nom de l'État par ce ministre.

Art. R. 6341-45. Les rémunérations versées aux stagiaires et les rémunérations remboursées aux employeurs ainsi que, le cas échéant, les sommes payées au titre des cotisations de sécurité sociale afférentes à ces rémunérations, font l'objet de retenues proportionnelles à la durée des absences non justifiées aux séances de formation.

Art. R. 6341-46. Les manquements non justifiés à l'obligation d'assiduité déterminée dans les conditions prévues au 2° de l'article R. 6341-13 et les absences non justifiées aux séquences de formation en centre, dans le cas des formations ouvertes, font l'objet des retenues proportionnelles prévues à l'article R. 6341-45.

Les absences non justifiées aux séquences d'évaluation pédagogique en centre donnent lieu au reversement de la rémunération perçue depuis la dernière séquence, ou à retenue de la rémunération due depuis celle-ci.

Art. R. 6341-47. Lorsque le stagiaire abandonne sans motif légitime le stage ou fait l'objet d'un renvoi pour faute lourde, les rémunérations perçues par les stagiaires et les rémunérations qui ont été remboursées aux employeurs ainsi que, le cas échéant, les sommes versées au titre des cotisations de sécurité sociale afférentes à ces rémunérations sont reversées en totalité à l'État ou, selon le cas, à la région.

Art. R. 6341-48. Le recouvrement des sommes indûment versées est opéré, suivant le cas, soit par le préfet lorsque le reversement n'a pu être obtenu par l'organisme auquel a été confiée la gestion de la rémunération, soit par ***(D. 2009-340 du 27 mars 2009, JO 29)*** « l'Agence de services et de paiement », soit par le président du conseil régional.

À titre exceptionnel, une remise partielle ou totale de dette peut être accordée, suivant le cas, par le préfet, par ***(D. 2009-340 du 27 mars 2009, JO 29)*** « l'Agence de services et de paiement » ou par le président du conseil régional.

Pour l'application de ces dispositions, le préfet compétent est celui mentionné à l'article R. 6341-38.

SECTION 3. Remboursement des frais de transport

Art. L. 6341-9. Les frais de transport supportés par les stagiaires qui reçoivent une rémunération de l'État ou des régions pour les déplacements de toute nature nécessités par les stages donnent lieu à un remboursement total ou partiel par l'État ou la région.

Art. R. 6341-49. Les stagiaires dont la rémunération est prise en charge par l'État ou par la région ont droit au remboursement de la totalité des frais de transport exposés à l'occasion des déplacements réalisés en fonction des nécessités des stages.

Le remboursement couvre notamment, dans le cas des stages comportant un enseignement à distance, les frais de transport exposés au début et à la fin de chaque période en centre et de chaque séance d'évaluation pédagogique.

Art. R. 6341-50. À condition que la distance à parcourir à partir de leur domicile soit supérieure à 25 kilomètres, les stagiaires dont la rémunération est prise en charge par l'État ou par la région ont droit au remboursement de la totalité des frais de transport exposés au début et à la fin du stage pour rejoindre l'établissement ou le centre de formation et en revenir.

Art. R. 6341-51. Les stagiaires ont droit au remboursement des trois quarts des frais de transport exposés pour se rendre dans leur famille, à condition que la distance à parcourir soit supérieure à 25 kilomètre[s], à raison :

1° Pour les stagiaires âgés de moins de dix-huit ans, d'un voyage mensuel ;

2° Pour les autres stagiaires, lorsqu'ils sont célibataires, d'un voyage si la durée du stage est supérieure à huit mois ;

3° Pour les autres stagiaires, lorsqu'ils sont mariés ou chargés de famille, d'un voyage si la durée du stage est comprise entre trois et huit mois et de deux voyages si cette durée est supérieure à huit mois.

Art. R. 6341-52. Les frais de transport exposés par les stagiaires participant à des sessions de regroupement ouvrant droit à rémunération dans le cadre de stages d'enseignement à distance sont remboursés dans les mêmes conditions que les frais correspondants aux déplacements mentionnés au premier alinéa de l'article R. 6341-49.

Art. R. 6341-53. Le remboursement des frais de transport est opéré dans les conditions prévues aux articles R. 6341-35 à R. 6341-43.

SECTION 4. Prêts au stagiaire

Art. L. 6341-10. Sous certaines conditions définies par décret en Conseil d'État, le stagiaire peut bénéficier d'un prêt accordé par l'État ou par les organismes agréés bénéficiant du concours de l'État.

Ce prêt peut se cumuler avec les indemnités éventuellement perçues en vertu des dispositions du présent titre.

SECTION 5. Règlement des litiges

Art. L. 6341-11. Tous les litiges auxquels peuvent donner lieu la liquidation, le versement et le remboursement des rémunérations et indemnités prévues au présent chapitre relèvent de la compétence du juge judiciaire.

Note

• Seuls les tribunaux judiciaires sont compétents pour connaître de l'action engagée par un stagiaire pour contester, d'une part, la décision par laquelle le ministre chargé de l'emploi a refusé de le rémunérer pour un stage de formation au motif qu'il est titulaire d'une pension militaire de retraite et, d'autre part, celle par laquelle l'ANPE a refusé de prendre en charge les frais de transport afférents à ce stage (Trib. confl. 7 juin 1999, n° 3129, *Rec. Lebon*, p. 455 ; *D.* 2000, JP 347, obs. Y. Rousseau).

• Le bénéficiaire de stages pris en charge au titre de la formation professionnelle par le Centre national pour l'aménagement des structures des exploitations agricoles (CNASEA) [Agence de services et de paiement] avait saisi la juridiction prud'homale pour obtenir le paiement de ses frais de transport par cet organisme. En faisant droit à cette demande, alors que l'intéressé, stagiaire de la formation professionnelle, n'était pas lié au CNASEA [Agence de services et de paiement] par un contrat de travail, ce dont il résultait que le litige relevait du tribunal de grande instance, le conseil de prud'hommes a violé les articles L. 961-11 [L. 6341-11] et L. 511-1 (ancien) CT (cass. soc. 29 juin 1999, n° 96-45.703, BC V n° 313).

SECTION 6. Dispositions d'application

Art. L. 6341-12. Un décret en Conseil d'État détermine les conditions d'application du présent chapitre.

CHAPITRE II

Protection sociale du stagiaire

SECTION 1. Affiliation à un régime de sécurité sociale

Art. L. 6342-1. Toute personne qui suit un stage de formation professionnelle continue en vertu du présent livre est obligatoirement affiliée à un régime de sécurité sociale.

Le stagiaire qui, avant son stage, relevait, à quelque titre que ce soit, d'un régime de sécurité sociale, reste affilié à ce régime pendant la durée de son stage.

Celui qui ne relevait d'aucun régime est affilié au régime général de sécurité sociale.

Toutefois, des exceptions peuvent, par décret, être apportées à la règle posée par les deuxième et troisième alinéas lorsque le stage de formation suivi prépare exclusivement et directement à une profession relevant d'un régime de sécurité sociale plus favorable que le régime général.

SECTION 2. Prise en charge des cotisations par l'État ou la région

Art. L. 6342-2. Lorsque le stagiaire de la formation professionnelle relevant d'un régime de sécurité sociale de salariés est rémunéré par son employeur, l'État participe aux cotisations de sécurité sociale incombant à l'employeur dans la même proportion qu'aux rémunérations.

Art. L. 6342-3. Les cotisations de sécurité sociale d'un stagiaire qui est rémunéré par l'État ou par la région pendant la durée du stage ou qui ne bénéficie d'aucune rémunération sont intégralement prises en charge au même titre que le financement de l'action de formation, selon le cas, par l'État ou la région.

Ces cotisations sont calculées sur la base de taux forfaitaires fixés par voie réglementaire et révisés annuellement compte tenu de l'évolution du plafond retenu pour le calcul des cotisations du régime général de sécurité sociale.

Note Voir lettre-circ. ACOSS 2012-10 du 8 février 2012 relative à la protection sociale des stagiaires de la formation professionnelle continue (réévaluation de l'assiette horaire de sécurité sociale pour 2012).

SECTION 3. Droits aux prestations

Art. L. 6342-4. Les droits aux prestations de sécurité sociale d'un salarié qui a bénéficié d'un congé non rémunéré au titre de la formation professionnelle continue sont garantis dans des conditions identiques à celles qui leur étaient appliquées antérieurement à ce congé.

Art. L. 6342-5. Les dispositions applicables en matière d'accidents du travail et de maladies professionnelles aux personnes mentionnées au 2° de l'article L. 412-8 du code de la sécurité sociale sont applicables à l'ensemble des stagiaires de la formation professionnelle continue, réserve faite des fonctionnaires de l'État et des collectivités territoriales qui restent régis par les dispositions qui leur sont propres.

SECTION 4. Règlement des litiges

Art. L. 6342-6. Tous les litiges auxquels peuvent donner lieu le versement et la prise en charge des cotisations de sécurité sociale en application du présent chapitre relèvent de la compétence du juge judiciaire.

SECTION 5. Dispositions d'application

Art. L. 6342-7. Un décret en Conseil d'État détermine les mesures d'application du présent chapitre autres que celles qui portent fixation des taux forfaitaires prévus à l'article L. 6342-3.

Art. R. 6342-1. Sous réserve de l'application des dispositions du présent titre, les obligations qui incombent à l'employeur en application des législations de sécurité sociale sont assumées par la personne, le service ou l'organisme qui assure le versement de la rémunération due au stagiaire.

Art. R. 6342-2. L'organisme qui assure le versement de la rémunération des stagiaires est dispensé du versement des cotisations dues au titre des assurances sociales et des prestations familiales en ce qui concerne :

1° Les travailleurs reconnus handicapés au sens de l'article L. 5213-1 et dont les périodes de stages sont prises en compte sans cotisation pour l'ouverture des droits aux assurances sociales et aux prestations familiales ;

2° Les travailleurs privés d'emploi dont la rémunération est assurée par ***(D. 2008-1010 du 29 sept. 2008, art. 7, JO 30)*** « l'institution mentionnée à l'article L. 5312-1 pour le compte de l'organisme mentionné à l'article L. 5427-1 », en application des dispositions du second alinéa de l'article L. 6341-1, et qui bénéficient des dispositions du 2° de l'article L. 351-3 du code de la sécurité sociale.

Art. R. 6342-3. En matière d'accidents du travail et de maladies professionnelles, les obligations autres que celles qui concernent le paiement des cotisations incombent à la personne ou à l'organisme responsable de la gestion du centre où le stage est accompli.

Art. R. 6342-4. Les stagiaires relevant du régime social des indépendants restent tenus au paiement des cotisations dues au titre de ce régime et des régimes d'assurance vieillesse et de prestations familiales dont ils relèvent.

CHAPITRE III

Conditions de travail du stagiaire

Note Pour condamner un employeur sur le fondement de l'article 1384, al. 5 c. civ., en raison de la faute commise par son salarié au cours d'un stage professionnel dans l'entreprise d'accueil, une cour d'appel ne peut pas se borner à énoncer que la formation suivie par le salarié à l'initiative de l'employeur s'analyse comme une modalité d'exécution du contrat de travail et que le salarié reste sous l'autorité de celui-ci, le lien de subordination étant maintenu et le stagiaire se trouvant dans une situation comparable à celle d'un salarié en mission, sans préciser les conditions d'exécution du stage de formation professionnelle et sans rechercher si l'employeur avait en fait conservé sur le salarié les pouvoirs de lui donner des ordres et des instructions et d'en surveiller l'exécution (cass. civ., 2e ch., 18 décembre 1996, n° 94-17.715, BC II n° 306 ; *RJS* 6/97 n° 654).

Art. L. 6343-1. Pendant la durée de sa présence en entreprise au titre de l'une des actions de formation mentionnées à l'article L. 6313-1, le stagiaire non titulaire d'un contrat de travail bénéficie des dispositions du présent code et, le cas échéant, du code rural ***(Ord. 2010-462 du 6 mai 2010, JO 7)*** « et de la pêche maritime » relatives :

1° À la durée du travail, à l'exception de celles relatives aux heures supplémentaires.

2° Au repos hebdomadaire ;

3° À la santé et à la sécurité.

Art. L. 6343-2. La durée du travail applicable au stagiaire non titulaire d'un contrat de travail ne peut excéder la durée légale hebdomadaire et la durée quotidienne du travail respectivement fixées par les articles L. 3121-10 et L. 3121-34 ainsi que par l'article L. 713-2 du code rural ***(Ord. 2010-462 du 6 mai 2010, JO 7)*** « et de la pêche maritime ».

La durée maximale hebdomadaire ci-dessus fixée s'entend de toute heure de travail effectif ou de présence sur les lieux de travail.

Art. L. 6343-3. Le stagiaire non titulaire d'un contrat de travail ne peut accomplir d'heures supplémentaires.

Art. L. 6343-4. Le stagiaire non titulaire d'un contrat de travail bénéficie du repos dominical.

TITRE V

ORGANISMES DE FORMATION

Note • Chaque année, le Conseil national de la formation professionnelle tout au long de la vie établit un bilan, par bassin d'emploi et par région, des actions de formation professionnelle qui ont été réalisées par l'ensemble des organismes dispensant de telles actions, sur la base des évaluations transmises par chaque comité de coordination régional de l'emploi et de la formation professionnelle (loi 2009-1437 du 24 novembre 2009, art. 48, JO 25).

• Voir circulaire DGEFP 2011-26 du 15 novembre 2011 relative aux textes modifiant les droits et obligations des dispensateurs de formation et adaptant le contrôle (fiche 3 : les obligations des dispensateurs de formation).

CHAPITRE Ier

Déclaration d'activité

Note La déclaration d'activité déposée par un prestataire de formation avant la date d'entrée en vigueur du décret 2010-530 du 20 mai 2010 est enregistrée dans les conditions fixées par ce chapitre dans sa rédaction antérieure à la promulgation de la loi du 24 novembre 2009 et à la publication du décret précité (décret 2010-530, art. 11).

Voir circulaire DGEFP 2011-01 du 6 janvier 2011 relative à la déclaration d'activité des prestataires de formation (fiches I à VI : régime déclaratoire).

(L. 2009-1437 du 24 nov. 2009, art. 49, JO 25)

SECTION 1. Principes généraux

Art. L. 6351-1 A. L'employeur est libre de choisir l'organisme de formation, enregistré conformément aux dispositions de la section 2 ou en cours d'enregistrement, auquel il confie la formation de ses salariés.

(L. 2009-1437 du 24 nov. 2009, art. 49, JO 25) « SECTION 2. Régime juridique de la déclaration d'activité »

Art. L. 6351-1. Toute personne qui réalise des prestations de formation professionnelle continue au sens de l'article L. 6313-1 dépose auprès de l'autorité administrative une déclaration d'activité, dès la conclusion de la première convention de formation professionnelle ou du premier contrat de formation professionnelle, conclus respectivement en application des articles L. 6353-2 et L. 6353-3.

(L. 2009-1437 du 24 nov. 2009, art. 49, JO 25) « L'autorité administrative procède à l'enregistrement de la déclaration sauf dans les cas prévus par l'article L. 6351-3. »

Note • La loi 2002-73 a rénové le dispositif légal qui régissait la déclaration préalable d'existence des dispensateurs de formation, en instituant une déclaration d'activité dont l'enregistrement est notamment assorti de la condition de production de la première convention ou du premier contrat de formation professionnelle.

• La loi 2009-1437 a prévu qu'un certain nombre d'infractions entraînaient désormais, à titre de peine complémentaire, l'interdiction d'exercer la fonction de prestataire de formation professionnelle continue pour une durée de 5 ans (loi 2009-1437, art. 50). Cette peine est encourue en cas de condamnation pour crime d'eugénisme ou de clonage reproductif (c. pén. art. 215-1 et 215-3), importation ou exportation illicite de stupéfiants (c. pén. art. 222-36), provocation au suicide (c. pén. art. 223-13), obtention, auprès d'une personne vulnérable ou dépendante, de services non rétribués (c. pén. art. 225-13), escroquerie (c. pén. art. 313-7), usurpation de titres (c. pén. art. 433-17), abus frauduleux de l'état d'ignorance ou de faiblesse d'un mineur ou d'une personne vulnérable (c. pén. art. 223-15-3), exercice illégal de la profession de médecin, de chirurgien-dentiste, de sage-femme (c. santé publ. art. L. 4161-5) ou de pharmacien (c. santé publ. art. L. 4223-1).

• Si l'omission de la déclaration prévue par cet article destinée à l'information des services compétents de l'État peut donner lieu à l'application de sanctions pénales et administratives, elle n'entache pas la validité de la convention conclue entre les parties (cass. soc. 25 mars 1998, n° 94-20.780, BC V n° 176).

Art. L. 6351-2. La déclaration d'activité comprend les informations administratives d'identification du déclarant, ainsi que les éléments descriptifs de son activité.

Art. L. 6351-3. ***(L. 2009-1437 du 24 nov. 2009, art. 49, JO 25)*** L'enregistrement de la déclaration d'activité peut être refusé de manière motivée, avec indication des modalités de recours, par décision de l'autorité administrative dans les cas suivants :

1° Les prestations prévues à la première convention de formation professionnelle ou au premier contrat de formation professionnelle ne correspondent pas aux actions mentionnées à l'article L. 6313-1 ;

2° Les dispositions du chapitre III du présent titre relatives à la réalisation des actions de formation ne sont pas respectées ;

3° L'une des pièces justificatives n'est pas produite.

Art. L. 6351-4. ***(L. 2009-1437 du 24 nov. 2009, art. 49, JO 25)*** L'enregistrement de la déclaration d'activité est annulé par décision de l'autorité administrative lorsqu'il est constaté, au terme d'un contrôle réalisé en application du 1° de l'article L. 6361-2 :

1° Soit que les prestations réalisées ne correspondent pas aux actions mentionnées à l'article L. 6313-1 ;

2° Soit que l'une des dispositions du chapitre III du présent titre relatives à la réalisation des actions de formation n'est pas respectée ;

3° Soit que, après mise en demeure de se mettre en conformité avec les textes applicables dans un délai fixé par décret, l'une des dispositions du chapitre II du présent titre relatives au fonctionnement des organismes de formation n'est pas respectée.

Avant toute décision d'annulation, l'intéressé est invité à faire part de ses observations.

Note Voir circulaire DGEFP 2011-26 du 15 novembre 2011 précitée sous Titre V du Livre III de la Partie 6 (fiche 9 : l'annulation de la déclaration d'activité).

Art. L. 6351-5. ***(L. 2009-1437 du 24 nov. 2009, art. 49, JO 25)*** « Une déclaration rectificative est souscrite en cas de modification d'un ou des éléments de la déclaration initiale. »

La cessation d'activité fait l'objet d'une déclaration.

Art. L. 6351-6. ***(L. 2009-1437 du 24 nov. 2009, art. 49, JO 25)*** La déclaration d'activité devient caduque lorsque le bilan pédagogique et financier prévu à l'article L. 6352-11 ne fait apparaître aucune activité de formation, ou lorsque ce bilan n'a pas été adressé à l'autorité administrative.

Art. L. 6351-7. Le conseil régional a communication des éléments de la déclaration d'activité et de ses éventuelles modifications.

Il a communication du bilan pédagogique et financier de l'activité, du bilan, du compte de résultat et de l'annexe du dernier exercice clos par les organismes dont les actions de formation au sens de l'article L. 6313-1 bénéficient de son concours financier.

Art. L. 6351-7-1. ***(L. 2009-1437 du 24 nov. 2009, art. 49, JO 25)*** La liste des organismes déclarés dans les conditions fixées au présent chapitre et à jour de leur obligation de transmettre le bilan pédagogique et financier mentionné à l'article L. 6352-11 est rendue publique et comporte les renseignements relatifs à la raison sociale de l'organisme, à ses effectifs, à la description des actions de formation dispensées et au nombre de salariés et de personnes formées.

Art. L. 6351-8. Un décret en Conseil d'État détermine les modalités d'application du présent chapitre.

Dépôt et enregistrement de la déclaration

Art. R. 6351-1. ***(D. 2010-530 du 20 mai 2010, JO 22)*** La déclaration d'activité prévue à l'article L. 6351-2 est adressée par le prestataire de formation au préfet de région compétent. Elle est complétée des pièces justificatives mentionnées à l'article R. 6351-5.

Cette déclaration est effectuée au plus tard dans les trois mois qui suivent la conclusion par le prestataire de formation de la première convention ou du premier contrat de formation professionnelle.

Art. R. 6351-2. ***(D. 2010-530 du 20 mai 2010, JO 22)*** L'organisme prestataire se déclare auprès du préfet de région compétent à raison soit du lieu de son principal établissement, soit du lieu où est assurée sa direction effective, soit du lieu de son siège social.

Art. R. 6351-3. Les organismes de formation qui exercent leur activité sur le territoire français, mais dont le siège social se trouve hors de ce territoire, désignent un représentant domicilié en France habilité à répondre en leur nom aux obligations résultant de la présente partie. ***(D. 2010-530 du 20 mai 2010, JO 22)*** « Dans ce cas, l'organisme se déclare auprès du préfet de région compétent à raison du lieu du domicile de ce représentant. »

Cette obligation ne concerne pas les organismes de formation dont le siège social est situé dans un autre État membre de la Communauté européenne ou de l'Espace économique européen et qui interviennent de manière occasionnelle sur le territoire français.

Art. R. 6351-4. La déclaration d'activité indique la dénomination, l'adresse, l'objet de l'activité et le statut juridique du déclarant.

(D. 2010-530 du 20 mai 2010, JO 22) « Le cas échéant, l'organisme mentionne dans sa déclaration les autres activités exercées. »

Art. R. 6351-5. ***(D. 2010-530 du 20 mai 2010, JO 22)*** La déclaration d'activité est accompagnée des pièces justificatives suivantes :

1° Une copie du justificatif d'attribution du numéro SIREN ;

2° Le bulletin n° 3 du casier judiciaire du dirigeant pour les personnes morales ou celui du déclarant pour les personnes physiques ;

3° Une copie de la première convention de formation professionnelle prévue à l'article L. 6351-1 ou, à défaut, du bon de commande ou de la facture établis pour la réalisation de la prestation de formation, conformément à l'article L. 6353-2, ou, s'il y a lieu, du premier contrat de formation professionnelle prévu à l'article L. 6353-3 ;

4° Pour les organismes qui présentent à l'appui de leur déclaration une convention de bilan de compétences pour un salarié, un justificatif d'inscription sur la liste mentionnée à l'article L. 6322-48 ;

5° Une copie du programme de la formation, prévu à l'article L. 6353-1, ainsi que la liste des personnes qui interviennent dans la réalisation de l'action avec la mention de leurs titres et qualités, du lien entre ces titres et qualités et la prestation réalisée conformément à l'article L. 6352-1 et du lien contractuel qui les lie à l'organisme.

L'administration peut demander, pour l'appréciation de la conformité de la déclaration d'activité aux dispositions de l'article L. 6353-1 un justificatif relatif à la première prestation de formation réalisée, au public bénéficiaire ou à la nature de cette prestation.

Elle peut aussi demander, pour l'appréciation de la conformité de cette déclaration aux dispositions de l'article L. 6352-1, un justificatif relatif aux titres et qualités des personnes qui interviennent dans la réalisation de la prestation et à la relation entre ces titres et qualités et la prestation.

La demande de justificatifs complémentaires prévue aux deux alinéas précédents est adressée à l'organisme dans le délai de dix jours à compter de la réception des pièces mentionnées aux 1° à 5° du présent article. L'organisme dispose d'un délai de quinze jours à compter de la réception de la demande pour fournir les justificatifs.

Note

• Voir arrêté du 30 septembre 2002 (JO 8 oct.).

• Voir circulaire DGEFP 2011-01 du 6 janvier 2011 précitée sous Chapitre Ier, fiches IV et V.

Art. R. 6351-6. ***(D. 2010-530 du 20 mai 2010, JO 22)*** « Dans les trente jours qui suivent la réception de la déclaration complétée des pièces justificatives mentionnées à l'article R. 6351-5, le préfet de région délivre un récépissé comportant un numéro d'enregistrement à l'organisme qui satisfait aux conditions d'enregistrement de la déclaration d'activité.

Jusqu'à la délivrance de ce récépissé ou la notification de la décision de refus d'enregistrement, l'organisme est réputé déclaré. »

À l'exception de la première convention ou du premier contrat de formation professionnelle, le prestataire de formation fait figurer ce numéro d'enregistrement sur les conventions et, en l'absence de conventions, sur les bons de commandes ou factures, ou les contrats de formation professionnelle qu'il conclut, sous la forme suivante : « déclaration d'activité enregistrée sous le numéro auprès du préfet de région de... ».

Art. R. 6351-6-1. ***(D. 2010-530 du 20 mai 2010, JO 22)*** La décision de refus d'enregistrement est notifiée au prestataire de formation par le préfet de région dans les trente jours qui suivent la réception de la déclaration complétée des pièces justificatives.

Le silence gardé dans ce délai vaut enregistrement de la déclaration.

Note Voir circulaire DGEFP 2011-01 du 6 janvier 2011 précitée sous Chapitre Ier, fiche VII.

Art. R. 6351-7. Toute personne qui exerce, en droit ou en fait, une fonction de direction ou d'administration dans un organisme de formation au sens du présent titre présente, sur demande du préfet de région territorialement compétent, un bulletin n° 3 de son casier judiciaire de moins d'un mois.

Note Voir circulaire DFP 92-11 du 7 septembre 1992 relative au décret 91-1107 du 23 octobre 1991, JO 25 (BO TR 92/21, p. 179).

Déclaration rectificative et annulation

Art. R. 6351-8. La modification de la déclaration ainsi que la cessation d'activité du prestataire de formation font l'objet, dans un délai de trente jours, d'une déclaration rectificative auprès du préfet de région destinataire de la déclaration d'activité.

Celui-ci en informe le président du conseil régional.

Art. R. 6351-9. ***(D. 2010-530 du 20 mai 2010, JO 22)*** Pour l'appréciation des conditions d'annulation de l'enregistrement de la déclaration d'activité mentionnées aux 1° et 2° de l'article L. 6351-4, les prestations examinées sont celles qui correspondent aux recettes figurant dans le dernier bilan pédagogique et financier adressé par le prestataire au préfet de région en application des articles L. 6352-11 et R. 6352-22 à R. 6352-24 et aux recettes perçues entre la date de la fin de ce bilan et la date du contrôle.

Lorsque le prestataire vient de déclarer son activité et n'est donc pas tenu de dresser le bilan pédagogique et financier, l'examen porte sur les prestations réalisées jusqu'à la date du contrôle.

Art. R. 6351-10. ***(D. 2010-530 du 20 mai 2010, JO 22)*** L'annulation de l'enregistrement de la déclaration est prononcée par le préfet de région.

Art. R. 6351-11. ***(D. 2010-530 du 20 mai 2010, JO 22)*** L'intéressé qui entend contester la décision de refus ou d'annulation de l'enregistrement de la déclaration d'activité saisit d'une réclamation, préalablement à tout recours pour excès de pouvoir, l'autorité qui a pris la décision.

Art. D. 6351-12. ***(D. 2010-63 du 18 janv. 2010, JO 19)*** Le délai mentionné au 3° de l'article L. 6351-4 est fixé à trente jours.

CHAPITRE II

Fonctionnement

SECTION 1. Personnels

Art. L. 6352-1. La personne mentionnée à l'article L. 6351-1 doit justifier des titres et qualités des personnels d'enseignement et d'encadrement ***(L. 2009-1437 du 24 nov. 2009,***

art. 49, JO 25) « qui interviennent à quelque titre que ce soit dans les prestations de formation qu'elle réalise », et de la relation entre ces titres et qualités et les prestations réalisées dans le champ de la formation professionnelle.

Art. L. 6352-2. Nul ne peut, même de fait, exercer une fonction de direction ou d'administration dans un organisme de formation s'il a fait l'objet d'une condamnation pénale pour des faits constituant des manquements à la probité, aux bonnes mœurs et à l'honneur.

SECTION 2. Règlement intérieur

Art. L. 6352-3. Tout organisme de formation établit un règlement intérieur applicable aux stagiaires.

Note Voir circulaire DGEFP 2011-26 du 15 novembre 2011 précitée sous Titre V du Livre III de la Partie 6.

Art. L. 6352-4. Le règlement intérieur est un document écrit par lequel l'organisme de formation détermine :

1° Les principales mesures applicables en matière de santé et de sécurité dans l'établissement ;

2° Les règles applicables en matière de discipline, notamment la nature et l'échelle des sanctions applicables aux stagiaires ainsi que les droits de ceux-ci en cas de sanction ;

3° Les modalités selon lesquelles est assurée la représentation des stagiaires pour les actions de formation d'une durée totale supérieure à cinq cents heures.

Art. L. 6352-5. Un décret en Conseil d'État détermine les mesures d'application de la présente section.

SECTION 3. Obligations comptables

Sous-section 1. Dispensateurs de droit privé

Art. L. 6352-6. Les dispensateurs de formation de droit privé établissent, chaque année, un bilan, un compte de résultat et une annexe dans des conditions déterminées par décret.

Art. L. 6352-7. Les organismes de formation à activités multiples suivent d'une façon distincte en comptabilité l'activité exercée au titre de la formation professionnelle continue.

Art. L. 6352-8. Un décret en Conseil d'État pris conformément aux articles L. 221-9, L. 223-35 et L. 612-1 du code de commerce détermine des seuils particuliers aux dispensateurs de formation en ce qui concerne l'obligation de désigner un commissaire aux comptes.

Art. L. 6352-9. Le contrôle des comptes des dispensateurs de formation de droit privé constitués en groupement d'intérêt économique est exercé par un commissaire aux comptes, dans les conditions fixées par l'article L. 251-12 du code de commerce lorsque leur chiffre d'affaires annuel est supérieur à un montant déterminé par décret en Conseil d'État.

Sous-section 2. Dispensateurs de droit public

Art. L. 6352-10. Les dispensateurs de formation de droit public tiennent un compte séparé de leur activité en matière de formation professionnelle continue.

SECTION 4. Bilan pédagogique et financier

Art. L. 6352-11. Une personne qui réalise des actions entrant dans le champ de la formation professionnelle continue défini à l'article L. 6313-1 adresse chaque année à l'autorité administrative un document retraçant l'emploi des sommes reçues et dressant un bilan pédagogique et financier de leur activité.

Ce document est accompagné du bilan, du compte de résultat et de l'annexe du dernier exercice clos.

Un décret en Conseil d'État détermine les conditions d'application du présent article.

SECTION 5. Publicité

Art. L. 6352-12. Lorsque la publicité réalisée par un organisme de formation fait mention de la déclaration d'activité, elle doit l'être sous la seule forme : « Enregistrée sous le numéro… Cet enregistrement ne vaut pas agrément de l'État. »

Note Voir circulaire DGEFP 2011-26 du 15 novembre 2011 précitée sous Titre V du Livre III de la Partie 6.

Art. L. 6352-13. La publicité réalisée par un organisme de formation ne doit pas faire état du caractère imputable des dépenses afférentes aux actions dont elle assure la promotion sur l'obligation de participer au financement de la formation professionnelle prévue par l'article L. 6331-1.

La publicité ne doit comporter aucune mention de nature à induire en erreur sur les conditions d'accès aux formations proposées, leurs contenus, leurs sanctions ou leurs modalités de financement.

[Dispositions réglementaires]

SECTION 1. Règlement intérieur

Art. R. 6352-1. Le règlement intérieur est établi dans tous les organismes de formation, y compris dans ceux qui accueillent les stagiaires dans des locaux mis à leur disposition.

Lorsque l'organisme comporte plusieurs établissements, le règlement intérieur peut faire l'objet des adaptations nécessaires, notamment en matière de santé et de sécurité au travail.

Lorsque la formation se déroule dans une entreprise ou un établissement déjà doté d'un règlement intérieur, les mesures de santé et de sécurité applicables aux stagiaires sont celles de ce dernier règlement.

Art. R. 6352-2. Le règlement intérieur est établi dans les trois mois suivant le début de l'activité de l'organisme de formation.

Il se conforme aux dispositions de la présente section.

SECTION 2. Droit disciplinaire

Art. R. 6352-3. Constitue une sanction toute mesure, autre que les observations verbales, prise par le directeur de l'organisme de formation ou son représentant, à la suite d'un agissement du stagiaire considéré par lui comme fautif, que cette mesure soit de nature à affecter immédiatement ou non la présence de l'intéressé dans le stage ou à mettre en cause la continuité de la formation qu'il reçoit.

Les amendes ou autres sanctions pécuniaires sont interdites.

Art. R. 6352-4. Aucune sanction ne peut être infligée au stagiaire sans que celui-ci ait été informé au préalable des griefs retenus contre lui.

Art. R. 6352-5. Lorsque le directeur de l'organisme de formation ou son représentant envisage de prendre une sanction qui a une incidence, immédiate ou non, sur la présence d'un stagiaire dans une formation, il est procédé comme suit :

1° Le directeur ou son représentant convoque le stagiaire en lui indiquant l'objet de cette convocation. Celle-ci précise la date, l'heure et le lieu de l'entretien. Elle est écrite et est adressée par lettre recommandée ou remise à l'intéressé contre décharge ;

2° Au cours de l'entretien, le stagiaire peut se faire assister par la personne de son choix, notamment le délégué de stage. La convocation mentionnée au 1° fait état de cette faculté ;

3° Le directeur ou son représentant indique le motif de la sanction envisagée et recueille les explications du stagiaire.

Art. R. 6352-6. La sanction ne peut intervenir moins d'un jour franc ni plus de quinze jours après l'entretien.

Elle fait l'objet d'une décision écrite et motivée, notifiée au stagiaire par lettre recommandée ou remise contre récépissé.

Art. R. 6352-7. Lorsque l'agissement a rendu indispensable une mesure conservatoire d'exclusion temporaire à effet immédiat, aucune sanction définitive, relative à cet agissement, ne peut être prise sans que la procédure prévue à l'article R. 6352-4 et, éventuellement, aux articles R. 6352-5 et R. 6352-6, ait été observée.

Art. R. 6352-8. Le directeur de l'organisme de formation informe de la sanction prise :
1° L'employeur, lorsque le stagiaire est un salarié bénéficiant d'une action de formation dans le cadre du plan de formation d'une entreprise ;
2° L'employeur et l'organisme collecteur paritaire agréé qui a pris en charge les dépenses de la formation, lorsque le stagiaire est un salarié bénéficiant d'un congé individuel de formation ;
3° L'organisme collecteur paritaire agréé qui a assuré le financement de l'action de formation dont a bénéficié le stagiaire.

SECTION 3. Représentation des stagiaires

Sous-section 1. Élection et scrutin

Art. R. 6352-9. Pour chacune des actions de formation mentionnées au 3° de l'article L. 6352-4 prenant la forme de stages collectifs, il est procédé simultanément à l'élection d'un délégué titulaire et d'un délégué suppléant au scrutin uninominal à deux tours.

Tous les stagiaires sont électeurs et éligibles.

Art. R. 6352-10. Le scrutin se déroule pendant les heures de la formation. Il a lieu au plus tôt vingt heures et au plus tard quarante heures après le début du stage.

Art. R. 6352-11. Le directeur de l'organisme de formation est responsable de l'organisation du scrutin. Il en assure le bon déroulement.

Art. R. 6352-12. Lorsque, à l'issue du scrutin, il est constaté que la représentation des stagiaires ne peut être assurée, le directeur dresse un procès-verbal de carence.

Sous-section 2. Mandat et attribution

Art. R. 6352-13. Les délégués sont élus pour la durée du stage. Leurs fonctions prennent fin lorsqu'ils cessent de participer au stage.

Lorsque le délégué titulaire et le délégué suppléant ont cessé leurs fonctions avant la fin du stage, il est procédé à une nouvelle élection, dans les conditions prévues à la sous-section 1.

Art. R. 6352-14. Les délégués font toute suggestion pour améliorer le déroulement des stages et les conditions de vie des stagiaires dans l'organisme de formation.

Ils présentent les réclamations individuelles ou collectives relatives à ces matières, aux conditions de santé et de sécurité au travail et à l'application du règlement intérieur.

Art. R. 6352-15. Les dispositions de la présente section ne sont pas applicables aux détenus admis à participer à une action de formation professionnelle.

SECTION 4. Obligations comptables

Art. D. 6352-16. Les dispensateurs de formation qui ont un statut de droit privé établissent des comptes annuels selon les principes et méthodes comptables définis au code de commerce.

Art. D. 6352-17. Le plan comptable applicable aux dispensateurs de formation est approuvé par arrêté conjoint du garde des sceaux, ministre de la justice, du ministre du budget et du ministre chargé de la formation professionnelle.

Cet arrêté est pris après avis ***(Ord. 2009-79 du 22 janv. 2009, JO 23)*** « de l'Autorité des normes comptables ».

Art. L. 6352-13.

Note Voir arrêté du 2 août 1995 relatif à l'application des adaptations professionnelles du plan comptable général aux dispensateurs de formation professionnelle ayant un statut de droit privé (JO 12).

Art. D. 6352-18. Les organismes qui interviennent dans le déroulement des actions destinées à la validation des acquis de l'expérience tiennent une comptabilité distincte pour cette activité lorsqu'ils exercent simultanément plusieurs autres activités.

Art. R. 6352-19. Sans préjudice des dispositions du premier alinéa de l'article L. 822-9 du code de commerce applicables aux sociétés anonymes, les dispensateurs de formation de droit privé désignent au moins un commissaire aux comptes et un suppléant lorsqu'ils dépassent, à la fin de l'année civile ou à la clôture de l'exercice, les chiffres fixés pour deux des trois critères suivants :

1° Trois pour le nombre des salariés ;

2° 153 000 € pour le montant hors taxe du chiffre d'affaires ou des ressources ;

3° 230 000 € pour le total du bilan.

Art. R. 6352-20. Les dispensateurs de formation de droit privé ne sont pas tenus à l'obligation de désigner un commissaire aux comptes lorsqu'ils ne dépassent pas les chiffres fixés pour deux des trois critères définis à l'article R. 6352-19 pendant deux exercices successifs.

Art. R. 6352-21. Le montant du chiffre annuel mentionné à l'article L. 6352-9 est fixé à 152 449,02 € hors taxes.

SECTION 5. Bilan pédagogique et financier

Art. R. 6352-22. Le bilan pédagogique et financier prévu à l'article L. 6352-11 indique :

1° Les activités de formation conduites au cours de l'exercice comptable ;

2° Le nombre de stagiaires accueillis ;

3° Le nombre d'heures-stagiaires et d'heures de formation correspondant, en fonction de la nature, du niveau, des domaines et de la durée des formations dispensées au titre de la formation professionnelle continue ;

4° La répartition des fonds reçus selon leur nature et le montant des factures émises par le prestataire ;

5° Les données comptables relatives aux prestations de formation professionnelle continue ;

6° Les produits financiers tirés du placement des fonds reçus.

Art. R. 6352-23. Le prestataire de formation déclaré ou l'établissement autonome adresse au préfet de région son bilan pédagogique et financier avant le 30 avril de chaque année.

Art. R. 6352-24. Sur la demande du préfet de région compétent, le prestataire produit la liste des prestations de formation réalisées ou à accomplir.

Cette liste mentionne, le cas échéant, le montant des résorptions opérées par le prestataire auprès des entreprises.

SECTION 6. Centres de formation professionnelle

Sous-section 1. Objet, organisation et fonctionnement

Art. D. 6352-25. Les centres de formation professionnelle ont pour objet :

1° Soit de délivrer aux travailleurs une formation professionnelle accélérée leur permettant d'exercer un métier, de s'adapter à un nouveau métier ou d'acquérir une qualification professionnelle d'un niveau supérieur ;

2° Soit de former les moniteurs aptes à assurer cette formation.

Note Les articles D. 6352-25 et 26, 28 à 34, 36 à 40 sont issus du décret 46-2511 du 9 novembre 1946 relatif aux centres de formation professionnelle.

Art. D. 6352-26. Les centres de formation professionnelle peuvent être créés sous forme :

1° Soit de centres d'entreprises par une entreprise dans ses propres établissements ;

2° Soit de centres collectifs par des organisations professionnelles d'employeurs ou de salariés, par des collectivités publiques ou par des associations ayant pour objet la rééducation professionnelle.

Art. R. 6352-27. Les centres de formation professionnelle sont soumis à la déclaration d'activité prévue à l'article L. 6351-1.

Art. D. 6352-28. La gestion des centres d'entreprises est soumise au contrôle du comité d'entreprise.

La gestion des centres collectifs est soumise au contrôle d'une commission composée de trois représentants des employeurs et de trois représentants des salariés.

Art. D. 6352-29. Les centres d'entreprises sont installés dans des locaux séparés des locaux de travail, suivant les modalités permettant de s'assurer que tout en participant, le cas échéant, à l'activité, les salariés sont formés ou perfectionnés progressivement.

Art. D. 6352-30. La comptabilité du centre de formation professionnelle et les comptes bancaires qu'il se fait ouvrir sont distincts de ceux de l'organisme créateur.

La comptabilité est tenue suivant les règles fixées par un arrêté conjoint des ministres chargés de la formation professionnelle et des finances.

Art. D. 6352-31. En cas de cessation d'activité d'un centre de formation professionnelle, le ministre chargé de la formation professionnelle fixe les conditions dans lesquelles il est procédé à la liquidation du centre ou à sa prise en charge par un autre groupement.

Sous-section 2. Stagiaires

Art. D. 6352-32. Les stagiaires des centres d'entreprises sont recrutés soit parmi le personnel de l'entreprise, soit parmi les candidats présentés par le service public de l'emploi.

Les stagiaires des centres collectifs sont recrutés parmi les candidats présentés par le service public de l'emploi.

Art. D. 6352-33. L'entrée en stage est subordonnée à un examen médical et psychotechnique organisé ou contrôlé par le service public de l'emploi.

Art. D. 6352-34. La rémunération versée par le centre de formation professionnelle au demandeur d'emploi se substitue à l'allocation qui lui est versée à ce titre.

Ce stagiaire est tenu de suivre le cours de formation jusqu'à son expiration.

Le stagiaire qui abandonne le stage pour des motifs non reconnus valables est exclu du bénéfice des allocations de chômage pendant une durée d'un an, à compter du jour de son départ.

Sous-section 3. Subventions

Art. R. 6352-35. Les centres de formation professionnelle peuvent bénéficier des financements de la région ou de l'État dans les conditions prévues respectivement aux articles L. 6121-1 et L. 6122-1.

Art. D. 6352-36. Les dépenses ouvrant droit à subvention sont :

1° Pour les centres d'entreprise, les salaires des moniteurs et les charges sociales correspondantes ;

2° Pour les centres collectifs :

a) Les salaires du personnel administratif, technique et de service nécessaire au fonctionnement du centre, ainsi que les charges sociales correspondantes ;

b) Les frais de location et d'aménagement du mobilier ainsi que d'entretien des locaux et ateliers nécessaires au fonctionnement du centre ;

c) Les frais de bureau, affranchissement, téléphone, frais divers ;

d) Les frais d'achat de machines-outils, d'outillage et de moteurs ;

e) Les frais de location ou d'amortissement du matériel ;

f) Les frais d'assurances comprenant les assurances accidents du personnel et des élèves, les assurances de vol et incendie du matériel et des locaux, les assurances recours contre le tiers ;

g) Les frais d'achat de matières premières et de petit outillage ;

h) Les frais d'éclairage, frais de chauffage, frais d'eau des locaux ainsi que les frais de combustible et de force motrice ;

i) Les frais d'inspection médicale et de service social ;

j) Les frais d'aménagement et d'entretien des locaux mis à la disposition des stagiaires.

Art. D. 6352-37. Les subventions portent sur les dépenses opérées au cours de chaque trimestre civil, compte tenu des recettes, notamment des heures passées à la production, vente des vieilles matières et des produits fabriqués par les stagiaires.

Art. D. 6352-38. Les subventions ne peuvent s'appliquer qu'aux dépenses ayant fait l'objet de prévisions fournies par le centre et acceptées par le ministre chargé de la formation professionnelle.

À cet effet, le centre présente au début de chaque trimestre civil des prévisions de recettes et de dépenses portant sur le trimestre qui suit. Ces prévisions sont fournies en même temps que la demande de subventions.

Exceptionnellement, les subventions peuvent porter, si elles s'avèrent indispensables à l'exécution des programmes de rééducation établis par les centres.

Note Le troisième alinéa de cet article est incomplet. Il devrait, à notre sens, être rédigé de la façon suivante :

« Exceptionnellement, les subventions peuvent porter, si elles s'avèrent indispensables à l'exécution des programmes de rééducation établis par les centres, sur des dépenses non prévues à l'article D. 6352-36 ».

En effet, l'article D. 6352-38 est la transposition de l'article 11 du décret 46-2511 du 9 novembre 1946 relatif aux centres de formation professionnelle, lequel article visait l'article 9 du même décret, devenu aujourd'hui l'article D. 6352-36.

Art. D. 6352-39. La demande de subvention est présentée dans un délai de dix jours à compter de l'expiration de chaque trimestre civil au ***(D. 2009-1377 du 10 nov. 2009, JO 13 ; D. 2010-687 du 24 juin 2010, JO 25 ; voir D. 2010-1582 du 17 déc. 2010, JO 18, pour outre-mer)*** « directeur régional des entreprises, de la concurrence, de la consommation, du travail et de l'emploi ».

Elle est accompagnée d'un relevé de la situation financière du centre de formation professionnelle faisant ressortir les recettes et les dépenses effectuées au cours du trimestre considéré.

Art. D. 6352-40. Des avances à valoir sur subventions peuvent être allouées au centre.

Lors du démarrage, ces avances peuvent être égales aux dépenses de fonctionnement prévues pour les deux premiers trimestres civils qui suivent la date d'ouverture du centre sur la base des prévisions fournies à l'appui de la demande d'agrément.

Par la suite, elles peuvent être égales aux dépenses de fonctionnement prévues pour le trimestre auquel s'appliquent les prévisions fournies dans les conditions fixées au deuxième alinéa de l'article D. 6352-38.

CHAPITRE III

Réalisation des actions de formation

SECTION 1. Convention de formation entre l'acheteur de formation et l'organisme de formation

Art. L. 6353-1. Les actions de formation professionnelle mentionnées à l'article L. 6313-1 sont réalisées conformément à un programme préétabli qui, en fonction d'objectifs déterminés, précise les moyens pédagogiques, techniques et d'encadrement mis en œuvre ainsi que les moyens permettant de suivre son exécution et d'en apprécier les résultats.

(L. 2009-1437 du 24 nov. 2009, art. 51, JO 25) « À l'issue de la formation, le prestataire délivre au stagiaire une attestation mentionnant les objectifs, la nature et la durée de l'action et les résultats de l'évaluation des acquis de la formation. »

Note Voir lettre DGEFP du 9 septembre 2010 à la Fédération de la formation professionnelle apportant des précisions sur la convention de formation tripartite et l'attestation de formation.

Voir circulaire DGEFP 2011-26 du 15 novembre 2011 relative aux textes modifiant les droits et obligations des dispensateurs de formation et adaptant le contrôle (fiches 2 et 3 : la contractualisation des actions de formation et les obligations des dispensateurs de formation).

Art. L. 6353-2. Pour la réalisation des actions de formation professionnelle mentionnées au présent chapitre, les conventions et, en l'absence de conventions, les bons de commande ou factures contiennent des mentions obligatoires déterminées par décret en Conseil d'État. ***(L. 2009-1437 du 24 nov. 2009, art. 49, JO 25)*** « Ce décret fixe en outre les caractéristiques des actions de formation pour lesquelles les conventions sont conclues entre l'acheteur de formation, le dispensateur de formation et la personne physique qui entreprend la formation. »

Note Voir lettre DGEFP du 9 septembre 2010 précitée.

Jurisprudence rendue dans le cadre de la législation antérieure à l'ordonnance 2005-731 du 30 juin 2005 (art. L. 920-1 ancien).

• La convention passée entre un chef d'entreprise et une chambre de commerce et d'industrie, aux termes de laquelle cet organisme assure deux journées de formation pour le perfectionnement technique des représentants de l'entreprise, conclue dans les conditions prévues par l'article L. 920-1 (ancien) CT, qui n'a pas pour objet l'exécution même du service public et ne contient aucune clause exorbitante du droit commun, présente le caractère d'un contrat de droit privé. Le litige né de son exécution ressortit à la compétence des tribunaux de l'ordre judiciaire (Trib. confl. 20 janvier 1986, Boennec).

• Si la convention conclue entre une société et une association de formation professionnelle ne comporte pas les mentions rendues obligatoires par l'article L. 920-1 (ancien) CT, le versement effectué par la société à l'association ne saurait être regardé comme libératoire de son obligation en matière de contribution à la formation professionnelle continue (CE 6 novembre 1991, n° 66151, *RJS* 12/91 n° 1345).

• Aux termes des articles L. 920-1 et L. 920-13 (anciens) CT, la formation professionnelle a pour objet de permettre l'adaptation des travailleurs au changement des techniques et des conditions de travail, de favoriser leur promotion sociale et leur contribution au développement culturel, économique et social. S'agissant d'un salarié embauché le 1er mars dans un poste d'attaché technico-commercial, à qui avait été proposée une convention de formation professionnelle prévoyant qu'il serait stagiaire – cadre – développeur durant six mois, convention signée le 9 mars et résiliée fin mai, n'a pas justifié sa décision la cour d'appel qui a débouté l'intéressé de ses demandes d'indemnités de rupture et de dommages et intérêts pour licenciement sans cause réelle et sérieuse sans rechercher si la convention, qui plaçait l'intéressé sous le statut des stagiaires de la formation professionnelle, correspondait à une réelle formation de l'intéressé ou si elle n'était qu'un moyen détourné de faire prendre en charge son salaire par un organisme public (cass. soc. 4 juin 1998, n° 95-40.173, BC V n° 301 ; *D.* 2000, JP 348, obs. Y. Rousseau).

• A violé la loi la cour d'appel qui, pour décider qu'une convention de stage devait être requalifiée en contrat à durée indéterminée, a énoncé que le stagiaire avait exécuté un travail correspondant à un emploi de commercial, sous l'autorité d'un employeur qui avait le pouvoir de donner des ordres et des directives, d'en contrôler l'exécution et de sanctionner les manquements de son subordonné, alors que l'accomplissement de tâches professionnelles sous l'autorité de l'entreprise d'accueil n'est pas de nature à exclure la mise en œuvre d'une convention de stage en entreprise et alors que la cour d'appel n'a pas recherché si les conditions requises par la convention passée entre les parties pour la réalisation du stage n'avaient pas été remplies et si, en conséquence, la convention avait reçu application (cass. soc. 17 octobre 2000, n° 98-40.986, BC V n° 336 ; *RJS* 12/00 n° 1214).

Art. R. 6353-1. Les conventions, les bons de commande ou factures mentionnés à l'article L. 6353-2 précisent :

1° L'intitulé, la nature, la durée, les effectifs, les modalités du déroulement et de sanction de la formation ;

2° Le prix et les contributions financières éventuelles de personnes publiques.

Note Voir circulaire DGEFP 2011-26 du 15 novembre 2011 précitée sous art. L. 6353-1.

Art. R. 6353-2. *(D. 2010-530 du 20 mai 2010, JO 22)* Lorsque la formation a lieu à l'initiative du salarié avec l'accord de son employeur ou lorsqu'elle se déroule en dehors du temps de travail avec l'accord du salarié et que la formation a notamment pour objet l'obtention d'un diplôme, d'un titre à finalité professionnelle, d'un certificat de qualification professionnelle, les éléments figurant au 1° de l'article R. 6353-1 font l'objet d'une convention avec la personne qui bénéficie de la formation.

SECTION 2. Contrat de formation entre une personne physique et un organisme de formation

Art. L. 6353-3. Lorsqu'une personne physique entreprend une formation, à titre individuel et à ses frais, un contrat est conclu entre elle et le dispensateur de formation.

(L. 2009-1437 du 24 nov. 2009, art. 51, JO 25) « Ce contrat est conclu avant l'inscription définitive du stagiaire et tout règlement de frais. »

Note Ayant relevé que les contrats de formation conclus par une société avec différents stagiaires ne précisaient pas selon quelles modalités s'effectuait le contrôle des connaissances et n'indiquaient pas les diplômes, titres et références du responsable de la formation, une cour d'appel a légalement justifié sa décision d'accueillir les demandes des stagiaires en nullité de ces contrats. Ayant fait ressortir que les stagiaires avaient accompli un travail effectif sous l'autorité et le contrôle de la société, et ayant caractérisé ainsi l'existence d'un contrat de travail, la cour d'appel a pu décider que les stagiaires étaient liés à la société par un contrat de travail à durée indéterminée (cass. soc. 30 mars 2005, n° 03-43.413, SA MLDP « Gribouille » c/ Monin et a.).

Art. L. 6353-4. Le contrat conclu entre la personne physique qui entreprend une formation et le dispensateur de formation précise, à peine de nullité :

1° La nature, la durée, le programme et l'objet des actions de formation qu'il prévoit ainsi que les effectifs qu'elles concernent ;

2° Le niveau de connaissances préalables requis pour suivre la formation et obtenir les qualifications auxquelles elle prépare ;

3° Les conditions dans lesquelles la formation est donnée aux stagiaires, notamment les modalités de formation dans le cas des formations réalisées en tout ou en partie à distance, les moyens pédagogiques et techniques mis en œuvre ainsi que les modalités de contrôle des connaissances et la nature de la sanction éventuelle de la formation ;

4° Les diplômes, titres ou références des personnes chargées de la formation prévue par le contrat ;

5° Les modalités de paiement ainsi que les conditions financières prévues en cas de cessation anticipée de la formation ou d'abandon en cours de stage.

Art. L. 6353-5. Dans le délai de dix jours à compter de la signature du contrat, le stagiaire peut se rétracter par lettre recommandée avec avis de réception.

Art. L. 6353-6. Aucune somme ne peut être exigée du stagiaire avant l'expiration du délai de rétractation prévu à l'article L. 6353-5.

Il ne peut être payé à l'expiration de ce délai une somme supérieure à 30 % du prix convenu.

Le solde donne lieu à échelonnement des paiements au fur et à mesure du déroulement de l'action de formation.

Art. L. 6353-7. Si, par suite de force majeure dûment reconnue, le stagiaire est empêché de suivre la formation, il peut rompre le contrat. Dans ce cas, seules les prestations effectivement dispensées sont rémunérées à due proportion de leur valeur prévue au contrat.

SECTION 3. Obligations vis-à-vis du stagiaire

Art. L. 6353-8. ***(L. 2009-1437 du 24 nov. 2009, art. 51, JO 25)*** Le programme et les objectifs de la formation, la liste des formateurs avec la mention de leurs titres ou qualités, les horaires, les modalités d'évaluation de la formation, les coordonnées de la personne chargée des relations avec les stagiaires par l'entité commanditaire de la formation et le règlement intérieur applicable à la formation sont remis au stagiaire avant son inscription définitive.

Dans le cas des contrats conclus en application de l'article L. 6353-3, les informations mentionnées au premier alinéa du présent article ainsi que les tarifs, les modalités de règlement et les conditions financières prévues en cas de cessation anticipée de la formation ou d'abandon en cours de stage sont remis au stagiaire potentiel avant son inscription définitive et tout règlement de frais.

Note Voir circulaire DGEFP 2011-26 du 15 novembre 2011 précitée sous Titre V du Livre III de la Partie 6.

Art. L. 6353-9. Les informations demandées, sous quelque forme que ce soit, par un organisme de formation au candidat à un stage ou à un stagiaire ne peuvent avoir comme finalité que d'apprécier son aptitude à suivre l'action de formation, qu'elle soit sollicitée, proposée ou poursuivie.

Ces informations doivent présenter un lien direct et nécessaire avec l'action de formation.

Le candidat à un stage ou le stagiaire est tenu d'y répondre de bonne foi.

CHAPITRE IV

Sanctions financières

Art. L. 6354-1. En cas d'inexécution totale ou partielle d'une prestation de formation, l'organisme prestataire rembourse au cocontractant les sommes indûment perçues de ce fait.

Note

• Voir circulaire DGEFP 2011-26 du 15 novembre 2011 précitée sous L. 6353-1 (fiche 7 : l'application de sanction financière en cas d'inexécution d'une prestation de formation).

• Sur l'inexécution partielle d'une convention de formation du fait de l'absence des salariés à une partie du stage, voir cass. soc. 9 mars 1994, n° 91-18.666, *RJS* 5/94 n° 584.

• Vu les termes d'une convention de qualification prévoyant que « pour tout abandon ou absence d'un participant en cours de stage, l'organisme de formation conservera les sommes dépensées ou engagées par lui » et ceux de l'article L. 920-9 CT, a privé sa décision de base légale la cour d'appel qui a condamné un GIE à payer à l'organisme de formation le paiement de la totalité du prix initialement convenu sans rechercher quelle était la partie du prix global correspondant à 1 200 heures de stage qui était relative à des dépenses déjà effectivement effectuées ou engagées (cass. soc. 31 janvier 1996, n° 93-14.587, GIE Alimentation Lyon-Est c/ Sté UFRA).

[**Art. L. 6354-2.** Abrogé par loi 2009-1437 du 24 novembre 2009, art. 61, JO 25.]

Art. L. 6354-3. Les dépenses des organismes mentionnés au 2° de l'article L. 6361-2 qui ne sont pas conformes à leur objet ou aux stipulations des conventions conclues avec l'État donnent lieu à reversement à ce dernier, à due proportion de sa participation financière, dans les conditions prévues par les textes qui régissent ces conventions ou les stipulations de ces dernières.

Art. L. 6354-3.

CHAPITRE V

Dispositions pénales

Art. L. 6355-1. Le fait de réaliser des prestations de formation professionnelle continue sans déposer auprès de l'autorité administrative une déclaration d'activité, dès la conclusion de la première convention de formation professionnelle ou du premier contrat de formation professionnelle, en méconnaissance des dispositions de l'article L. 6351-1, est puni d'une amende de 4500 €.

Note À la suite d'un contrôle effectué au sein d'un organisme de formation professionnelle exploité par une association, le président de celle-ci avait été poursuivi pour avoir dirigé cet établissement sans avoir procédé à la déclaration préalable prévue à l'article L. 920-4 [L. 6351-1] CT, ni établi le règlement intérieur prescrit à l'article L. 920-5-1 [L. 6352-3], pour s'être abstenu de préciser, dans les publicités écrites, les tarifs et modalités de règlement de la formation en méconnaissance de l'article L. 920-6 [L. 6352-13], et pour ne pas avoir informé les stagiaires de leur faculté de rétractation après la signature du contrat de formation, en violation de l'article L. 920-13 [L. 6353-5] CT. Doit être rejeté le pourvoi du prévenu soutenant que l'organisme qu'il dirigeait ne dispensait qu'une formation professionnelle en alternance dans le cadre de contrats passés entre l'employeur et l'élève, régis par les articles L. 980-1 et s. [L. 6325-1 et s.] CT, de sorte qu'il n'était pas soumis aux dispositions relatives aux institutions de formation professionnelle continue alors qu'il résultait des énonciations des juges du fond que, bien que lié par des conventions de formation alternée aux entreprises employant les élèves et finançant le coût de la formation, l'organisme dirigé par le prévenu entrait dans le champ d'application des articles L. 920-4 et s. [L. 6351-1 et s.] CT (cass. crim. 10 décembre 1997, n° 97-80.061, B. crim. n° 422).

Art. L. 6355-2. Le fait de procéder à une déclaration d'activité, en méconnaissance des dispositions de l'article L. 6351-2, est puni d'une amende de 4500 €.

Art. L. 6355-3. Le fait de ne pas souscrire une déclaration rectificative en cas de modification d'un ou des éléments de la déclaration initiale, en méconnaissance des dispositions ***(L. 2009-1437 du 24 nov. 2009, art. 49, JO 25)*** « du premier alinéa de l'article L. 6351-5 », est puni d'une amende de 4500 €.

Art. L. 6355-4. Le fait de ne pas déclarer la cessation d'activité, en méconnaissance des dispositions de l'article L. 6351-5, est puni d'une amende de 4500 €.

Art. L. 6355-5. Le fait de ne pas communiquer au conseil régional, en méconnaissance du premier alinéa de l'article L. 6351-7, les éléments de la déclaration d'activité et de ses éventuelles modifications est puni d'une amende de 4500 €.

Est puni des mêmes peines le fait de ne pas communiquer au conseil régional, en méconnaissance du deuxième alinéa de l'article L. 6351-7, le bilan pédagogique et financier de l'activité, le bilan, le compte de résultat et l'annexe du dernier exercice clos.

Art. L. 6355-6. Le fait de ne pas justifier des titres et qualités des personnels d'enseignement et d'encadrement employés et de la relation entre ces titres et qualités et les prestations réalisées dans le champ de la formation professionnelle, en méconnaissance des dispositions de l'article L. 6352-1, est puni d'une amende de 4500 €.

Art. L. 6355-7. Le fait, pour toute personne qui a fait l'objet d'une condamnation pénale pour des faits constituant des manquements à la probité, aux bonnes mœurs et à l'honneur, d'exercer, même de fait, une fonction de direction ou d'administration dans un organisme de formation, en méconnaissance des dispositions de l'article L. 6352-2, est puni d'une amende de 4500 €.

Art. L. 6355-8. Le fait de ne pas établir un règlement intérieur applicable aux stagiaires, en méconnaissance des dispositions de l'article L. 6352-3, est puni d'une amende de 4500 €.

Art. L. 6355-9. Le fait d'établir un règlement intérieur ne comportant pas les prescriptions exigées par l'article L. 6352-4 est puni d'une amende de 4500 €.

Art. L. 6355-10. Le fait, pour tout dispensateur de formation de droit privé, de ne pas avoir établi un bilan, un compte de résultat et une annexe, en méconnaissance des dispositions de l'article L. 6352-6, est puni d'une amende de 4500 €.

Art. L. 6355-11. Le fait, pour tout dispensateur de formation de droit privé, lorsque l'organisme de formation exerce des activités multiples, de ne pas suivre d'une façon distincte en comptabilité l'activité au titre de la formation professionnelle continue, en méconnaissance des dispositions de l'article L. 6352-7, est puni d'une amende de 4500 €.

Art. L. 6355-12. Le fait, pour tout dispensateur de formation de droit privé, de ne pas désigner un commissaire aux comptes, en méconnaissance des dispositions de l'article L. 6352-8, est puni d'une amende de 4500 €.

Art. L. 6355-13. Le fait, pour tout dispensateur de formation de droit privé, constitué en groupement d'intérêt économique, de ne pas confier le contrôle des comptes à un commissaire aux comptes, en méconnaissance des dispositions de l'article L. 6352-9, est puni d'une amende de 4500 €.

Art. L. 6355-14. Le fait, pour tout dispensateur de formation de droit public, de ne pas tenir un compte séparé de son activité en matière de formation professionnelle continue, en méconnaissance des dispositions de l'article L. 6352-10, est puni d'une amende de 4500 €.

Art. L. 6355-15. Le fait de réaliser des actions entrant dans le champ de la formation professionnelle continue sans adresser à l'autorité administrative le document retraçant l'emploi des sommes reçues et dressant le bilan pédagogique et financier de son activité, le bilan, le compte de résultat et l'annexe du dernier exercice clos, en méconnaissance des dispositions de l'article L. 6352-11, est puni d'une amende de 4500 €.

Art. L. 6355-16. Le fait de réaliser une publicité mentionnant la déclaration d'activité, en méconnaissance des formes prescrites par l'article L. 6352-12, est puni d'un emprisonnement d'un an et d'une amende de 4500 €.

Art. L. 6355-17. Le fait de réaliser une publicité faisant état du caractère imputable des dépenses afférentes aux actions dont elle assure la promotion sur l'obligation de participer au financement de la formation professionnelle, en méconnaissance des dispositions du premier alinéa de l'article L. 6352-13, est puni d'un emprisonnement d'un an et d'une amende de 4500 €.

Est puni des mêmes peines le fait de réaliser, en méconnaissance des dispositions du deuxième alinéa de l'article L. 6352-13, une publicité comportant une mention de nature à induire en erreur sur les conditions d'accès aux formations proposées, leurs contenus, leurs sanctions ou leurs modalités de financement.

Art. L. 6355-18. Le fait, pour tout dispensateur de formation, de ne pas conclure un contrat avec la personne physique qui entreprend une formation à titre individuel et à ses frais, en méconnaissance des dispositions de l'article L. 6353-3, est puni d'une amende de 4500 €.

Art. L. 6355-19. Le fait, pour tout dispensateur de formation, d'établir un contrat ne comportant pas les prescriptions exigées par l'article L. 6353-4 est puni d'une amende de 4500 €.

Art. L. 6355-20. Le fait, pour tout dispensateur de formation, d'exiger du stagiaire, avant l'expiration du délai de rétractation prévu à l'article L. 6353-5, le paiement de sommes en méconnaissance des dispositions du premier alinéa de l'article L. 6353-6 est puni d'une amende de 4500 €.

Est puni de la même peine le dispensateur de formation qui exige le paiement à l'expiration de ce délai de rétractation une somme supérieure à 30 % du prix convenu, en méconnaissance du deuxième alinéa de l'article L. 6353-6.

Est également puni de la même peine le dispensateur de formation qui n'échelonne pas les paiements du solde du prix convenu, en méconnaissance du troisième alinéa de l'article L. 6353-6.

Art. L. 6355-21. Le fait de demander au stagiaire empêché de suivre la formation par suite de force majeure dûment reconnue le paiement de prestations, en méconnaissance des dispositions de l'article L. 6353-7, est puni d'une amende de 4500 €.

Art. L. 6355-22. Le fait, pour tout dispensateur de formation, de ne pas remettre au stagiaire avant son inscription définitive et tout règlement de frais ***(L. 2009-1437 du 24 nov. 2009, art. 51, JO 25)*** « le document mentionné » à l'article L. 6353-8 est puni d'une amende de 4500 €.

Art. L. 6355-23. La condamnation aux peines prévues aux articles L. 6355-1 à L. 6355-22 peut être assortie, à titre de peine complémentaire, d'une interdiction d'exercer temporairement ou définitivement l'activité de dirigeant d'un organisme de formation professionnelle.

Toute infraction à cette interdiction est punie d'un emprisonnement de deux ans et d'une amende de 15000 €.

En outre, en cas de récidive, la juridiction peut, pour l'application des peines prévues aux articles L. 6355-16 et L. 6355-17 ainsi qu'au deuxième alinéa du présent article, ordonner l'insertion du jugement, aux frais du contrevenant, dans un ou plusieurs journaux.

Note Sur l'interdiction d'exercer, voir c. pén. art. 131-6 et 131-27 à 29.

Art. L. 6355-24. Est punie d'un emprisonnement de cinq ans et d'une amende de 37500 €, toute personne qui :

1° En qualité d'employeur, de travailleur indépendant, de membre des professions libérales et des professions non salariées a, par des moyens ou agissements frauduleux, éludé les obligations qui lui incombent en vertu des articles L. 6322-37 à L. 6322-41, L. 6331-2, L. 6331-3, L. 6331-9, L. 6331-14 à L. 6331-20, L. 6331-48 à L. 6331-52, L. 6331-55 et L. 6331-56 ;

2° En qualité de responsable d'un organisme collecteur paritaire agréé, y compris d'un fonds d'assurance-formation, du ***(L. 2009-1437 du 24 nov. 2009, art. 18, JO 25)*** « fonds paritaire de sécurisation des parcours professionnels », a frauduleusement utilisé les fonds collectés dans des conditions non conformes aux dispositions légales régissant l'utilisation de ces fonds.

TITRE VI

CONTRÔLE DE LA FORMATION PROFESSIONNELLE CONTINUE

Note • La loi 92-675 du 17 juillet 1992 relative à l'apprentissage et à la formation professionnelle a étendu aux organismes chargés de réaliser des bilans de compétences certaines dispositions relatives au contrôle par l'État des organismes de formation. Les lois 93-1313 du 20 décembre 1993 (JO 21) et 2004-391 du 4 mai 2004 (JO 5) ont renforcé et étendu le contrôle administratif et financier de l'État et le champ d'intervention des agents de contrôle.

• La loi 2009-1437 du 24 novembre 2009 (JO 25) a habilité de nouveaux agents de contrôle, élargi le contrôle des employeurs et a institué trois nouvelles sanctions financières (art. L. 6362-7-1, 2 et 3).

• Voir instruction DGEFP 2010-21 du 3 août 2010 relative aux axes prioritaires de contrôle à partir du second semestre 2010.

• Voir circulaire DGEFP 2011-26 du 15 novembre 2011 relative aux textes modifiant les droits et obligations des dispensateurs de formation et adaptant le contrôle.

• Voir *Dr. Soc.* déc. 2008, p. 1222, « Le contrôle des organismes collecteurs », B. Dreano.

CHAPITRE Ier

Objet du contrôle et fonctionnaires de contrôle

SECTION 1. Objet du contrôle

Sous-section 1. Contrôle des dépenses et activités de formation

Art. L. 6361-1. L'État exerce un contrôle administratif et financier sur les dépenses de formation exposées par les employeurs au titre de leur obligation de participation au développement de la formation professionnelle continue instituée par l'article L. 6331-1 et sur les actions prévues aux articles L. 6313-1 et L. 6314-1 qu'ils conduisent, financées par l'État, ***(L. 2009-1437 du 24 nov. 2009, art. 59, JO 25)*** « les collectivités territoriales, le fonds paritaire de sécurisation des parcours professionnels, l'institution mentionnée à l'article L. 5312-1 ou les organismes collecteurs des fonds de la formation professionnelle continue ».

Note Voir circulaire DGEFP 2011-26 du 15 novembre 2011 précitée sous Titre VI du Livre III de la Partie 6 (fiche 6 : la modernisation des méthodes et procédures de contrôle).

Art. L. 6361-2. L'État exerce un contrôle administratif et financier sur :

1° Les activités en matière de formation professionnelle continue conduites par :

a) Les organismes collecteurs paritaires agréés ;

b) Les organismes habilités à percevoir la contribution de financement mentionnée aux articles L. 6331-48 et L. 6331-54 ;

c) Les organismes de formation et leurs sous-traitants ;

d) Les organismes chargés de réaliser les bilans de compétences ;

e) Les organismes qui interviennent dans le déroulement des actions destinées à la validation des acquis de l'expérience ;

2° Les activités d'accueil, d'information, d'orientation et d'évaluation, en matière de formation professionnelle continue, au financement desquelles l'État concourt par voie de convention, conduites par tout organisme.

Art. L. 6361-3.

Note Le contrôle administratif et financier exercé par l'État sur les organismes prestataires de bilans de compétences en application de cet article n'est pas exclusif d'un contrôle exercé par les fonds de gestion du congé individuel de formation dont dépendent ces organismes (cass. soc. 4 octobre 2011, n° 10-19.574, *RJS* 12/11 n° 1010).

Art. L. 6361-3. Le contrôle administratif et financier des dépenses et activités de formation porte sur l'ensemble des moyens financiers, techniques et pédagogiques, à l'exclusion des qualités pédagogiques, mis en œuvre pour la formation professionnelle continue.

Ce contrôle peut porter sur tout ou partie de l'activité, des actions de formation ou des dépenses de l'organisme.

Sous-section 2. Contrôle de l'obligation de financement des employeurs

Art. L. 6361-4. Les agents de contrôle mentionnés à l'article L. 6361-5 sont habilités à vérifier que les employeurs ont satisfait aux obligations imposées par les dispositions du chapitre Ier du titre III, à l'exception des dispositions de la sous-section 2 de la section 4.

SECTION 2. Agents de contrôle

Art. L. 6361-5. ***(L. 2009-1437 du 24 nov. 2009, art. 58, JO 25)*** Sans préjudice des attributions propres des corps d'inspection compétents à l'égard des établissements concernés, les contrôles prévus au présent titre sont réalisés par les inspecteurs et contrôleurs du travail, les inspecteurs de la formation professionnelle et les agents de la fonction publique de l'État de catégorie A placés sous l'autorité du ministre chargé de la formation professionnelle, formés préalablement pour assurer les contrôles prévus au présent titre, assermentés et commissionnés à cet effet.

Ils peuvent se faire assister par des agents de l'État.

Les agents participant aux contrôles sont tenus au secret professionnel dans les termes des articles 226-13 et 226-14 du code pénal.

Note • Les fonctionnaires commissionnés pour le contrôle de la formation professionnelle avant la date d'entrée en vigueur de la loi du 24 novembre 2009 sont réputés avoir suivi la formation préalable à l'exercice des missions de contrôle (décret 2010-530 du 20 mai 2010, art. 10).

• Voir circulaire DGEFP 2011-26 du 15 novembre 2011 relative aux textes modifiant les droits et obligations des dispensateurs de formation et adaptant le contrôle (fiche 4 : l'élargissement de la compétence de contrôle).

• Il résulte, d'une part, de l'article L. 991-3, devenu L. 6361-5 CT, que le contrôle de la formation professionnelle continue est inclus dans les attributions des inspecteurs du travail que ceux-ci exercent concurremment avec les inspecteurs de la formation professionnelle ; d'autre part, caractérise le délit d'obstacle à l'accomplissement des devoirs d'un inspecteur du travail toute obstruction apportée aux demandes d'un fonctionnaire de contrôle, en vue de l'empêcher d'exercer sa mission (cass. crim. 14 octobre 2008, n° 07-84.365, B. crim. n° 209).

SECTION 3. Dispositions d'application

Art. L. 6361-6. Un décret en Conseil d'État détermine les conditions d'application du présent chapitre.

Art. R. 6361-1. Avant d'entrer en fonction, ***(D. 2010-530 du 20 mai 2010, JO 22)*** « les agents de contrôle mentionnés au premier alinéa de l'article L. 6361-5 » prêtent serment devant le tribunal de grande instance de leur résidence administrative en ces termes : « Je jure d'accomplir avec exactitude et probité, en conformité avec les lois et règlements en vigueur, les missions de contrôle qui me sont confiées ».

Art. R. 6361-2. ***(D. 2010-530 du 20 mai 2010, JO 22)*** « Les agents de contrôle mentionnés au premier alinéa de l'article L. 6361-5 » sont commissionnés par :

1° Le préfet de région lorsqu'ils interviennent dans les limites d'une région ;

2° Le ministre chargé de la formation professionnelle lorsqu'ils ont vocation à intervenir sur l'ensemble du territoire.

Art. D. 6361-3. ***(D. 2010-530 du 20 mai 2010, JO 22)*** Les agents de la fonction publique de l'État placés sous l'autorité du ministre chargé de la formation professionnelle mentionnés au premier alinéa de l'article L. 6361-5 suivent une formation pratique de six mois dans les services en charge des contrôles.

Durant ce stage, ils participent aux contrôles en qualité d'assistant.

Note Voir circulaire DGEFP 2011-26 du 15 novembre 2011 précitée sous article L. 6361-5 (fiche 5 : modèle d'arrêté relatif à la formation pratique prévue à l'article D. 6361-3).

Art. D. 6361-4. ***(D. 2010-530 du 20 mai 2010, JO 22)*** Les inspecteurs et contrôleurs du travail mentionnés au premier alinéa de l'article L. 6361-5 suivent la formation préalable à l'exercice des missions de contrôle prévue par les dispositions statutaires relatives aux formations et aux stages précédant leur titularisation.

CHAPITRE II

Déroulement des opérations de contrôle

SECTION 1. Accès aux documents et justifications à apporter

Art. L. 6362-1. L'administration fiscale, ***(L. 2007-1787 du 20 déc. 2007, art. 12, III, JO 21)*** « les organismes de sécurité sociale, » les organismes collecteurs paritaires agréés, ***(L. 2009-1437 du 24 nov. 2009, art. 60, JO 25)*** « le fonds paritaire de sécurisation des parcours professionnels, l'institution mentionnée à l'article L. 5312-1, les collectivités territoriales, les employeurs, les organismes prestataires de formation » et les administrations qui financent des actions de formation communiquent aux agents de contrôle mentionnés à l'article L. 6361-5 les renseignements nécessaires à l'accomplissement de leur mission.

Note • L'article 12, III de la loi 2007-1787 du 20 décembre 2007 est applicable à raison des rémunérations versées à compter du 1er janvier 2007.

• Voir circulaire DGEFP 2011-26 du 15 novembre 2011 précitée sous Titre VI du Livre III de la Partie 6 (fiche 12 : l'extension du droit de communication et ses limites).

Art. L. 6362-2. Les employeurs, les organismes de formation, les organismes qui interviennent dans les actions destinées à la validation des acquis de l'expérience et les organismes chargés de réaliser les bilans de compétences présentent aux agents de contrôle mentionnés à l'article L. 6361-5 les documents et pièces établissant la réalité et le bien-fondé des dépenses mentionnées à l'article L. 6331-9.

À défaut, ces dépenses sont regardées comme non justifiées et ne libèrent pas l'employeur de l'obligation qui lui incombe en application de l'article L. 6331-9.

Note Justifie de la réalité et de la validité des dépenses qu'elle a engagées une clinique qui, lors d'un contrôle, a produit la convention de formation signée avec l'organisme dispensateur, la facture établie par cet organisme et les feuilles de présence signées par les participants, même si le programme détaillé du stage n'a pas été produit lors du contrôle, l'administration n'expliquant pas en quoi l'absence de ce document avait pu, en l'espèce, faire obstacle au contrôle des dépenses de formation exposées (CAA Bordeaux 21 octobre 2003, n° 99-2459, *RJS* 1/04 n° 87).

Art. L. 6362-3. Lorsque le défaut de justification est le fait de l'organisme de formation, de l'organisme qui intervient dans les actions destinées à la validation des acquis de l'expérience ou de l'organisme chargé de réaliser les bilans de compétences, celui-ci rembourse à son cocontractant une somme égale au montant des dépenses rejetées.

Art. L. 6362-4. Les employeurs justifient de la réalité des actions de formation qu'ils conduisent lorsqu'elles sont financées par l'État, ***(L. 2009-1437 du 24 nov. 2009, art. 59, JO 25)*** « les collectivités territoriales, le fonds paritaire de sécurisation des parcours professionnels, l'institution mentionnée à l'article L. 5312-1 ou les organismes collecteurs des fonds de la formation professionnelle continue ».

À défaut, ces actions sont réputées ne pas avoir été exécutées et donnent lieu à remboursement auprès de l'organisme ou de la collectivité qui les a financées.

Note S'agissant des articles L. 6362-4 à 7, voir circulaire DGEFP 2011-26 du 15 novembre 2011, fiche 6, précitée sous article L. 6361-1.

Art. L. 6362-5. Les organismes mentionnés à l'article L. 6361-2 sont tenus, à l'égard des agents de contrôle mentionnés à l'article L. 6361-5 :

1° De présenter les documents et pièces établissant l'origine des produits et des fonds reçus ainsi que la nature et la réalité des dépenses exposées pour l'exercice des activités conduites en matière de formation professionnelle continue ;

2° De justifier le rattachement et le bien-fondé de ces dépenses à leurs activités ainsi que la conformité de l'utilisation des fonds aux dispositions légales régissant ces activités.

À défaut de remplir ces conditions, les organismes font, pour les dépenses considérées, l'objet de la décision de rejet prévue à l'article L. 6362-10.

Art. L. 6362-6. Les organismes prestataires d'actions de formation entrant dans le champ de la formation professionnelle continue au sens de l'article L. 6313-1 présentent tous documents et pièces établissant la réalité de ces actions.

À défaut, celles-ci sont réputées ne pas avoir été exécutées ***(L. 2009-1437 du 24 nov. 2009, art. 61, JO 25)*** « et donnent lieu à remboursement au cocontractant des sommes perçues conformément à l'article L. 6354-1 ».

Art. L. 6362-7. Les organismes prestataires d'actions de formation entrant dans le champ de la formation professionnelle continue au sens de l'article L. 6313-1 versent au Trésor public, solidairement avec leurs dirigeants de fait ou de droit, une somme égale au montant des dépenses ayant fait l'objet d'une décision de rejet en application de l'article L. 6362-10.

Note Le dernier alinéa de cet article a été supprimé par la loi 2009-1437 du 24 novembre 2009, art. 61 (JO 25).

Art. L. 6362-7-1. ***(L. 2009-1437 du 24 nov. 2009, art. 61, JO 25)*** En cas de contrôle, les remboursements mentionnés aux articles L. 6362-4 et L. 6362-6 interviennent dans le délai fixé à l'intéressé pour faire valoir ses observations.

À défaut, l'intéressé verse au Trésor public, par décision de l'autorité administrative, une somme équivalente aux remboursements non effectués.

Note Voir circulaire DGEFP 2011-26 du 15 novembre 2011 précitée sous Titre VI du Livre III de la Partie 6 (fiche 7 : l'application de sanction financière en cas d'inexécution d'une prestation de formation).

Art. L. 6362-7-2. ***(L. 2009-1437 du 24 nov. 2009, art. 61, JO 25)*** Tout employeur ou prestataire de formation qui établit ou utilise intentionnellement des documents de nature à éluder l'une de ses obligations en matière de formation professionnelle ou à obtenir indûment le versement d'une aide, le paiement ou la prise en charge de tout ou partie du prix des prestations de formation professionnelle est tenu, par décision de l'autorité administrative, solidairement avec ses dirigeants de fait ou de droit, de verser au Trésor public une somme égale aux montants imputés à tort sur l'obligation en matière de formation ou indûment reçus.

Note Voir circulaire DGEFP 2011-26 du 15 novembre 2011 précitée sous Titre VI du Livre III de la Partie 6 (fiche 8 : les sanctions prévues à l'article L. 6362-7-2).

Art. L. 6362-7-3. ***(L. 2009-1437 du 24 nov. 2009, art. 61, JO 25)*** Sans préjudice des dispositions des articles L. 8114-1 et L. 8114-2, le refus de se soumettre aux contrôles prévus au présent chapitre donne lieu à évaluation d'office par l'administration des sommes faisant l'objet des remboursements ou des versements au Trésor public prévus au présent livre.

Un décret en Conseil d'État détermine les modalités d'application du présent article.

Note Voir circulaire DGEFP 2011-26 du 15 novembre 2011 précitée sous Titre VI du Livre III de la Partie 6 (fiches 10 et 11 : l'évaluation d'office ; exemple de mise en demeure préalable à l'évaluation d'office).

SECTION 2. Procédure

Art. L. 6362-8. Les contrôles en matière de formation professionnelle continue peuvent être opérés soit sur place, soit sur pièces.

Art. L. 6362-9. Les résultats du contrôle sont notifiés à l'intéressé.

Cette notification interrompt la prescription courant à l'encontre du Trésor public, au regard des versements dus et des pénalités fiscales correspondantes.

Art. L. 6362-10. Les décisions de rejet de dépenses et de versement mentionnées ***(L. 2009-1437 du 24 nov. 2009, art. 61, JO 25)*** « au présent livre » prises par l'autorité administrative ne peuvent intervenir, après la notification des résultats du contrôle, que si une procédure contradictoire a été respectée.

Art. L. 6362-11. ***(L. 2009-1437 du 24 nov. 2009, art. 60, JO 25)*** Lorsque les contrôles ont porté sur des prestations de formation financées par l'État, les collectivités territoriales, le fonds paritaire de sécurisation des parcours professionnels, l'institution publique mentionnée à l'article L. 5312-1, les employeurs ou les organismes collecteurs des fonds de la formation professionnelle continue, l'autorité administrative les informe, chacun pour ce qui le concerne, des constats opérés.

Le cas échéant, les constats opérés sont adressés au service chargé du contrôle de l'application de la législation du travail.

Note Voir circulaire DGEFP 2011-26 du 15 novembre 2011 précitée sous Titre VI du Livre III de la Partie 6 (fiche 12 : les mesures d'information).

SECTION 3. Sanctions

Art. L. 6362-12. Le recouvrement des versements exigibles au titre des contrôles réalisés en application des articles L. 6361-1 à L. 6361-3 est établi et poursuivi selon les modalités ainsi que sous les sûretés, garanties et sanctions applicables aux taxes sur le chiffre d'affaires.

Art. L. 6362-13.

SECTION 4. **Dispositions d'application**

Art. L. 6362-13. Un décret en Conseil d'État détermine les conditions d'application du présent chapitre.

Art. R. 6362-1. Les personnes et organismes mentionnés aux articles L. 6361-1 et L. 6361-2, 1°, qui ont fait l'objet d'un contrôle sur place, sont informés de la fin de la période d'instruction par lettre recommandée avec avis de réception.

Des faits nouveaux constatés postérieurement à la réception de cette lettre peuvent justifier l'ouverture d'une nouvelle période d'instruction.

(D. 2010-530 du 20 mai 2010, JO 22) « Les dispositions qui précèdent ne s'appliquent pas lorsque la procédure d'évaluation d'office est mise en œuvre. »

Art. R. 6362-1-1. ***(D. 2010-530 du 20 mai 2010, JO 22)*** En cas d'obstacle à l'accomplissement des contrôles réalisés par les agents mentionnés à l'article L. 6361-5, la procédure d'évaluation d'office est mise en œuvre au plus tôt trente jours après l'envoi d'une mise en demeure de lever tout obstacle à l'exercice par les agents de contrôle de leurs missions.

Art. R. 6362-1-2. ***(D. 2010-530 du 20 mai 2010, JO 22)*** L'évaluation d'office est établie à partir des déclarations souscrites en matière de formation professionnelle, des informations recueillies auprès des administrations et organismes visés à l'article L. 6362-1 ou à l'occasion de contrôles par les agents mentionnés au premier alinéa de l'article L. 6361-5 des organismes ou entreprises participant au financement des actions de formation.

Les bases ou les éléments servant au calcul des remboursements ou des versements à opérer au bénéfice du Trésor public et leurs modalités de détermination sont notifiés à l'intéressé conformément à l'article L. 6362-9 avec les garanties prévues aux articles R. 6362-2 à R. 6362-6.

L'intéressé peut faire valoir ses observations sur la détermination des éléments chiffrés par l'administration.

Art. R. 6362-1-3. ***(D. 2010-530 du 20 mai 2010, JO 22)*** La mise en demeure est motivée. Elle précise le délai dont dispose l'intéressé pour permettre aux agents de débuter ou de reprendre le contrôle sur place et rappelle les dispositions applicables dans le cas où la procédure d'évaluation d'office est mise en œuvre. Elle est visée par l'autorité qui a commissionné l'agent de contrôle en application de l'article R. 6361-2.

Art. R. 6362-2. La notification des résultats du contrôle prévue à l'article L. 6362-9 intervient dans un délai ne pouvant dépasser trois mois à compter de la fin de la période d'instruction avec l'indication des procédures dont l'organisme contrôlé dispose pour faire valoir ses observations.

Les résultats du contrôle peuvent comporter des observations adressées à l'organisme contrôlé.

(D. 2010-530 du 20 mai 2010, JO 22) « Lorsque la procédure d'évaluation d'office est mise en œuvre, le délai mentionné ci-dessus est de six mois à compter de la fin de la période fixée par la mise en demeure. »

Art. R. 6362-3. Les résultats des contrôles prévus aux articles L. 6361-1 à L. 6361-3 sont notifiés à l'intéressé avec l'indication du délai dont il dispose pour présenter des observations écrites et demander, le cas échéant, à être entendu.

Ce délai ne peut être inférieur à trente jours à compter de la date de la notification.

Art. R. 6362-4. La décision du ministre chargé de la formation professionnelle ou du préfet de région ne peut être prise qu'au vu des observations écrites et après audition, le cas échéant, de l'intéressé, à moins qu'aucun document ni aucune demande d'audition n'aient été présentés avant l'expiration du délai prévu à l'article R. 6362-3.

La décision est motivée et notifiée à l'intéressé.

Art. R. 6362-5. Les décisions de rejet de dépenses et de versement sont transmises, s'il y a lieu, à l'administration fiscale.

Art. R. 6362-6. L'intéressé qui entend contester la décision administrative qui lui a été notifiée en application de l'article R. 6362-4, saisit d'une réclamation, préalablement à tout recours pour excès de pouvoir, l'autorité qui a pris la décision.

Le rejet total ou partiel de la réclamation fait l'objet d'une décision motivée notifiée à l'intéressé.

Art. R. 6362-7. Le ministre chargé de la formation professionnelle et le préfet de région peuvent déférer ou défendre devant le juge administratif tout contentieux consécutif aux contrôles mentionnés aux articles L. 6361-1 à L. 6361-3, à l'exception du contentieux relatif à l'établissement et au recouvrement des versements mentionnés aux articles L. 6331-31 et L. 6362-8 à L. 6362-12.

Art. R. 6362-8. Le préfet de région présente chaque année au comité de coordination régional de l'emploi et de la formation professionnelle un rapport relatif à l'activité des services de contrôle et au développement du dispositif régional de formation professionnelle.

Art. R. 6362-9. *(D. 2012-133 du 30 janv. 2012, JO 31)* Les dispositions du présent chapitre sont applicables au contrôle des informations déclarées par les entreprises aux organismes collecteurs de la contribution supplémentaire à la taxe d'apprentissage, prévu à l'article L. 6252-4-1, à l'exception du délai mentionné à l'article R. 6362-3, qui est fixé à quinze jours.

CHAPITRE III

Constatation des infractions et dispositions pénales

SECTION 1. Constatation des infractions

Art. L. 6363-1. Les inspecteurs et contrôleurs du travail, concurremment avec les inspecteurs de la formation professionnelle *(L. 2009-1437 du 24 nov. 2009, art. 58, JO 25)* « et les agents de la fonction publique de l'État de catégorie A placés sous l'autorité du ministre chargé de la formation professionnelle », habilités dans des conditions prévues par décret en Conseil d'État, peuvent rechercher et constater par procès-verbal les infractions prévues aux articles L. 6355-1 à L. 6355-22, L. 6355-24 et L. 6363-2.

Les contrôles s'exercent dans les conditions prévues au présent titre.

Le procureur de la République est préalablement informé des opérations envisagées en cas de recherche d'une infraction. Il peut s'opposer à ces opérations.

Les procès-verbaux lui sont transmis dans les cinq jours suivant leur établissement. Une copie est remise à l'intéressé.

Note À compter du 1er janvier 1997, les attributions dévolues par le code du travail et le code rural aux contrôleurs du travail et de la main-d'œuvre, aux contrôleurs de la formation professionnelle ou aux contrôleurs des lois sociales en agriculture sont exercées respectivement par les contrôleurs du travail en fonction dans les services placés sous l'autorité du ministre chargé du travail et du ministre chargé de l'agriculture (loi 96-1093 du 16 décembre 1996, art. 82, JO 17).

Art. R. 6363-1. *(D. 2010-530 du 20 mai 2010, JO 22)* « Les agents de contrôle mentionnés au premier alinéa de l'article L. 6361-5 » sont habilités à rechercher et constater par procès-verbal les infractions prévues aux articles L. 6355-1 à L. 6355-24 et L. 6363-2.

SECTION 2. Dispositions pénales

Art. L. 6363-2. *(L. 2009-1437 du 24 nov. 2009, art. 58, JO 25)* Les articles L. 8114-1 et L. 8114-2 sont applicables aux faits et gestes commis à l'égard des agents en charge des contrôles prévus au présent titre.

Note L'obstacle aux fonctions d'un inspecteur ou contrôleur de la formation professionnelle est passible des mêmes peines que l'obstacle apporté à l'accomplissement des devoirs d'un inspecteur ou contrôleur du travail. Les dispositions du code pénal (art. 433-5, al. 2) réprimant les actes de résistance, les outrages et les violences contre les officiers de police judiciaire les couvrent également.

LIVRE IV

VALIDATION DES ACQUIS DE L'EXPÉRIENCE

TITRE Ier

OBJET DE LA VALIDATION DES ACQUIS DE L'EXPÉRIENCE ET RÉGIME JURIDIQUE

CHAPITRE Ier

Objet de la validation des acquis de l'expérience

Art. L. 6411-1. La validation des acquis de l'expérience mentionnée à l'article L. 6111-1 a pour objet l'acquisition d'un diplôme, d'un titre à finalité professionnelle ou d'un certificat de qualification figurant sur une liste établie par la commission paritaire nationale de l'emploi d'une branche professionnelle, enregistrés dans le répertoire national des certifications professionnelles prévu par l'article L. 335-6 du code de l'éducation.

Note • Voir notamment rapport d'évaluation de la VAE présenté le 4 septembre 2008 par Éric Besson au ministre du Travail et au secrétaire d'État à l'Emploi et rapports des groupes de travail sur la validation des acquis de l'expérience (VAE) et sur la qualité de l'offre et de l'achat de formation présentés le 8 janvier 2009 au secrétaire d'État à l'Emploi.

• Voir aussi c. éducation, art. R. 335-1 à 11.

CHAPITRE II

Régime juridique

Art. L. 6412-1. La validation des acquis de l'expérience est régie par les articles L. 335-5, L. 335-6, L. 613-3 et L. 613-4 du code de l'éducation ci-après reproduits :

*« **Art. L. 335-5.** I. – Les diplômes ou les titres à finalité professionnelle sont obtenus par les voies scolaire et universitaire, par l'apprentissage, par la formation professionnelle continue ou, en tout ou en partie, par la validation des acquis de l'expérience.*

« La validation des acquis produit les mêmes effets que les autres modes de contrôle des connaissances et aptitudes.

« Peuvent être prises en compte, au titre de la validation, l'ensemble des compétences professionnelles acquises dans l'exercice d'une activité salariée, non salariée, bénévole ou de volontariat, en rapport direct avec le contenu du diplôme ou du titre. La durée minimale d'activité requise ne peut être inférieure à trois ans.

***(L. 2009-1437 du 24 nov. 2009, art. 20, JO 25)** « Peuvent également être prises en compte, au titre de la validation, l'ensemble des compétences professionnelles acquises en rapport direct avec le contenu du titre ou du diplôme par les conseillers municipaux, les conseillers généraux et les conseillers régionaux qui ont exercé leur fonction durant au moins une mandature complète. »*

« La validation est effectuée par un jury dont la composition garantit une présence significative de représentants qualifiés des professions concernées.

« Le jury peut attribuer la totalité du diplôme ou du titre. À défaut, il se prononce sur l'étendue de la validation et, en cas de validation partielle, sur la nature des connaissances et aptitudes devant faire l'objet d'un contrôle complémentaire.

« Le jury se prononce au vu d'un dossier constitué par le candidat, à l'issue d'un entretien à son initiative ou à l'initiative du candidat et, le cas échéant, d'une mise en situation professionnelle réelle ou reconstituée, lorsque cette procédure est prévue par l'autorité qui délivre la certification.

« Un décret en Conseil d'État détermine les conditions d'application des dispositions des troisième et ***(L. 2009-1437 du 24 nov. 2009, art. 20, JO 25)*** *«cinquième » alinéas, notamment les règles selon lesquelles le jury est constitué. Cette composition concourt à une représentation équilibrée entre les femmes et les hommes. Il détermine également les conditions dans lesquelles il peut être dérogé aux dispositions du premier alinéa, pour des raisons tenant à la nature des diplômes ou titres en cause ou aux conditions d'exercice des professions auxquelles ils permettent d'accéder. Le jury fixe les contrôles complémentaires prévus au* ***(L. 2009-1437 du 24 nov. 2009, art. 20, JO 25)*** *« sixième » alinéa.*

« II. Le jury d'un diplôme ou d'un titre à finalité professionnelle délivré au nom de l'État ou par des établissements publics ayant une mission de formation peut dispenser un candidat désirant l'acquérir des titres ou diplômes requis pour le préparer. Cette dispense doit se fonder sur les compétences professionnelles acquises par le candidat. »

« ***Art. L. 335-6.*** *I. – Les diplômes et titres à finalité professionnelle délivrés au nom de l'État sont créés par décret et organisés par arrêté des ministres compétents, après avis d'instances consultatives associant les organisations représentatives d'employeurs et de salariés quand elles existent, sans préjudice des dispositions des articles L. 331-1, L. 335-14, L. 613-1, L. 641-4 et L. 641-5 du présent code et L. 811-2 et L. 813-2 du code rural* ***(Ord. 2010-462 du 6 mai 2010, JO 7)*** *« et de la pêche maritime ».*

« II. Il est créé un répertoire national des certifications professionnelles. Les diplômes et les titres à finalité professionnelle y sont classés par domaine d'activité et par niveau.

(L. 2009-1437 du 24 nov. 2009, art. 22, JO 25) *« Les diplômes et titres à finalité professionnelle peuvent y être enregistrés à la demande des organismes ou instances les ayant créés et après avis de la Commission nationale de la certification professionnelle. Ceux qui sont délivrés au nom de l'État et créés après avis d'instances consultatives associant les organisations représentatives d'employeurs et de salariés y sont enregistrés de droit. Préalablement à leur élaboration, l'opportunité de leur création fait l'objet d'un avis public de cette commission dans un délai de trois mois. Passé ce délai, cet avis est réputé favorable.*

Les certificats de qualification professionnelle établis par une ou plusieurs commissions paritaires nationales de l'emploi peuvent également être enregistrés au répertoire national des certifications professionnelles, à la demande des organismes ou instances les ayant créés et après avis conforme de la Commission nationale de la certification professionnelle. »

« La Commission nationale de la certification professionnelle établit et actualise le répertoire national des certifications professionnelles ***(L. 2009-1437 du 24 nov. 2009, art. 22, JO 25)****. « Elle veille à la cohérence, à la complémentarité et au renouvellement des diplômes et des titres ainsi qu'à leur adaptation à l'évolution des qualifications et de l'organisation du travail. »*

(L. 2009-1437 du 24 nov. 2009, art. 22, JO 25) *« Les certifications et habilitations correspondant à des compétences transversales exercées en situation professionnelle peuvent être recensées dans un inventaire spécifique établi par la Commission nationale de la certification professionnelle.*

Les personnes qui appartiennent aux promotions prises en compte dans le cadre de la procédure d'instruction pour enregistrement au répertoire national des certifications professionnelles visé au présent article ainsi que celles qui appartiennent à la promotion en cours et ayant obtenu la certification peuvent se prévaloir de l'inscription de cette certification au répertoire national des certifications professionnelles.

De même, les personnes qui ont suivi un cycle préparatoire à une certification en cours de validité au moment de leur entrée en formation peuvent, après obtention de la certification, se prévaloir de l'inscription de celle-ci au répertoire national des certifications professionnelles. »

(L. 2009-1437 du 24 nov. 2009, art. 22, JO 25) *« La Commission nationale de la certification professionnelle réalise l'évaluation publique qu'elle juge nécessaire de certificats de qualification professionnelle et » émet des recommandations à l'attention des institutions délivrant des diplômes, des titres à finalité professionnelle ou des certificats de qualification figurant sur une liste établie par la commission paritaire nationale de l'emploi d'une branche professionnelle ; en vue d'assurer l'information des particuliers et des entreprises, elle leur signale notamment les éventuelles correspondances totales ou partielles entre les certifications enregistrées dans le répertoire national, ainsi qu'entre ces dernières et d'autres certifications, notamment européennes.*

« Un décret en Conseil d'État détermine les conditions d'enregistrement des diplômes et titres dans le répertoire national ainsi que la composition et les attributions de la commission. »

*« **Art. L. 613-3.** Toute personne qui a exercé pendant au moins trois ans une activité professionnelle, salariée, non salariée, bénévole ou de volontariat, en rapport avec l'objet de sa demande, peut demander la validation des acquis de son expérience pour justifier tout ou partie des connaissances et des aptitudes exigées pour l'obtention d'un diplôme ou titre délivré, au nom de l'État, par un établissement d'enseignement supérieur.*

« Toute personne peut également demander la validation des études supérieures qu'elle a accomplies, notamment à l'étranger. »

*« **Art. L. 613-4.** La validation prévue à l'article L. 613-3 est prononcée par un jury dont les membres sont désignés par le président de l'université ou le chef de l'établissement d'enseignement supérieur en fonction de la nature de la validation demandée. Pour la validation des acquis de l'expérience, ce jury comprend, outre les enseignants-chercheurs qui en constituent la majorité, des personnes compétentes pour apprécier la nature des acquis, notamment professionnels, dont la validation est sollicitée. Les jurys sont composés de façon à concourir à une représentation équilibrée entre les femmes et les hommes.*

« Le jury se prononce au vu d'un dossier constitué par le candidat, à l'issue d'un entretien avec ce dernier et, le cas échéant, d'une mise en situation professionnelle réelle ou reconstituée, lorsque cette procédure est prévue par l'autorité qui délivre la certification. Il se prononce également sur l'étendue de la validation et, en cas de validation partielle, sur la nature des connaissances et aptitudes devant faire l'objet d'un contrôle complémentaire.

« La validation produit les mêmes effets que le succès à l'épreuve ou aux épreuves de contrôle des connaissances et des aptitudes qu'elle remplace.

« Un décret en Conseil d'État fixe les conditions d'application de l'article L. 613-3 et du présent article. »

Note

• Ce chapitre a été introduit par la loi 2002-73 du 17 janvier 2002, art. 136 (JO 18). L'article L. 335-6 du code de l'éducation a notamment été modifié par le décret 2005-545 du 26 mai 2005 (JO 27) plaçant la Commission nationale de la certification professionnelle auprès du ministre chargé de la formation professionnelle.

Dans un délai d'un an après la date de publication de la loi 2009-1437, le Gouvernement remet au Parlement un rapport sur l'opportunité d'adapter le régime juridique de la Commission nationale de la certification professionnelle au regard de ses missions (loi 2009-1437, art. 22, III).

Voir décret 2006-166 du 15 février 2006 (JO 17) relatif au comité de développement de la validation des acquis de l'expérience.

Sur la mise en œuvre de la validation des acquis professionnels, voir rép. QE 67276, JO AN 6 décembre 2005, p. 11320.

• Les titres ou diplômes inscrits sur la liste d'homologation prévue par la réglementation en vigueur à la date de promulgation de la loi 2002-73 du 17 janvier 2002 sont enregistrés de droit dans le répertoire national des certifications professionnelles prévu à l'article L. 335-6 du code de l'éducation pour leur durée restante de validité au titre de ladite réglementation (loi 2002-73 précitée, art. 134, II). Avant l'expiration d'un délai de cinq ans à compter de l'entrée en vigueur du dispositif de validation des acquis de l'expérience, tel que défini par la section 1 du chapitre II de la loi précitée, un rapport d'évaluation sera adressé par le Gouvernement au Parlement. Au vu des conclusions de ce rapport, le Gouvernement déposera, le cas échéant, un projet de loi visant à procéder aux adaptations qui lui paraîtraient nécessaires (loi 2002-73 du 17 janvier 2002, art. 146).

• Voir notamment code de l'éducation art. R. 335-1 à 12 et s. ; R. 335-24 à 32 ; circulaire 2003-127 du 1er août 2003 (organisation de la validation des acquis de l'expérience par les services académiques, BO EN 32 du 4 sept. 2003, p. 1740) ; décret 2002-590 du 24 avril 2002 (JO 26) fixant, en application de l'article L. 613-3 (al. 1er) et de l'article L. 613-4 du code de l'éducation, les conditions de validation des acquis de l'expérience d'un candidat à l'obtention d'un diplôme délivré, au nom de l'État, par un établissement d'enseignement supérieur ; décret 2002-529 du 16 avril 2002 (JO 18) pris pour l'application des articles L. 613-3 et L. 613-4 du code de l'éducation et relatif à la validation d'études supérieures accomplies en France ou à l'étranger ; décret 2002-1029 du 2 août 2002 (JO 6) relatif au titre professionnel délivré par le ministère chargé de l'emploi ; arrêté du 25 novembre 2002, JO 14 décembre (conditions de délivrance du titre) et circulaire DGEFP 2003-08 du 24 avril 2003 (BO TR 2003/12 du 5 juillet 2003, p. 69) ; arrêté du 19 janvier 2010 (JO 28) relatif aux modalités d'agrément des organismes visés à l'article R. 338-8 du code de l'éducation.

• La mention « titre professionnel » est substituée à la mention « certificat de formation professionnelle » dans tous les textes en vigueur. Cette mention, lorsqu'elle figure dans les conventions collectives, est réputée faire référence au titre professionnel mentionné par le décret 2002-1029 du 2 août 2002 (art. 9 du décret précité).

Art. R. 6412-1. La procédure de validation des acquis de l'expérience pour la délivrance d'une certification professionnelle est fixée par les articles R. 335-5 à R. 335-11 du code de l'éducation.

TITRE II

MISE EN ŒUVRE DE LA VALIDATION DES ACQUIS DE L'EXPÉRIENCE

CHAPITRE Ier

Garanties

Art. L. 6421-1. La validation des acquis de l'expérience ne peut être réalisée qu'avec le consentement du travailleur.

Art. L. 6421-2. Le refus d'un salarié de consentir à une action de validation des acquis de l'expérience ne constitue ni une faute ni un motif de licenciement.

Art. L. 6421-3. Les informations demandées au bénéficiaire d'une action de validation des acquis de l'expérience présentent un lien direct et nécessaire avec l'objet de la validation tel qu'il est défini à l'article L. 6411-1.

Art. L. 6421-4. Les personnes dépositaires d'informations communiquées par le candidat dans le cadre de sa demande de validation sont soumises aux dispositions des articles 226-13 et 226-14 du code pénal.

CHAPITRE II

Congé pour validation des acquis de l'expérience

SECTION 1. Conditions d'ancienneté

Art. L. 6422-1. Lorsqu'un salarié fait valider les acquis de son expérience, il peut bénéficier d'un congé à cet effet.

Art. L. 6422-2. Une personne qui a été titulaire de contrats à durée déterminée a droit au congé pour validation des acquis de l'expérience.

Toutefois, les conditions d'ancienneté sont celles fixées par les articles L. 6322-27 et L. 6322-28 et les conditions de rémunération sont celles prévues par l'article L. 6322-34.

SECTION 2. Durée du congé

Art. L. 6422-3. La durée du congé pour validation des acquis de l'expérience ne peut excéder vingt-quatre heures de temps de travail, consécutives ou non, par validation.

Art. L. 6422-4. Le congé pour validation des acquis de l'expérience n'interrompt pas le délai prévu au 3° de l'article L. 6322-11.

Art. L. 6422-5. La durée du congé pour validation des acquis de l'expérience ne peut être imputée sur la durée du congé payé annuel.

Ce congé est assimilé à une période de travail :

1° Pour la détermination des droits des intéressés en matière de congé payé annuel ;

2° À l'égard des droits que le salarié tient de son ancienneté dans l'entreprise.

SECTION 3. Conditions de prise en charge et rémunération

Art. L. 6422-6. Le salarié bénéficiaire d'un congé pour validation des acquis de l'expérience peut présenter une demande de prise en charge des dépenses afférentes à ce congé à l'organisme collecteur paritaire agréé auquel l'employeur verse la contribution destinée au financement des congés individuels de formation.

Pour les salariés des entreprises non assujetties à l'obligation de financement du congé individuel de formation, l'organisme collecteur compétent est celui de la branche professionnelle ou du secteur d'activité dont relève l'entreprise ou, s'il n'existe pas, l'organisme interprofessionnel régional.

Art. L. 6422-7. L'organisme collecteur paritaire agréé peut refuser de prendre en charge le bénéficiaire du congé uniquement lorsque sa demande n'est pas susceptible de se rattacher à une action permettant de réaliser les actions de validation des acquis de l'expérience, lorsque les demandes de prise en charge ne peuvent être toutes simultanément satisfaites ou lorsque l'organisme chargé de la réalisation de cette validation ne figure pas sur la liste arrêtée par l'organisme collecteur.

Art. L. 6422-8. Le salarié dont l'action de validation des acquis de l'expérience est prise en charge par l'un des organismes collecteurs paritaires agréés a droit à une rémunération égale à la rémunération qu'il aurait reçue s'il était resté à son poste de travail, dans la limite par action de validation d'une durée déterminée par décret pour chaque action de validation.

La rémunération due au bénéficiaire d'un congé pour validation des acquis de l'expérience est versée par l'employeur. Celui-ci est remboursé par l'organisme collecteur paritaire agréé.

Art. L. 6422-9. Les frais afférents à l'action de validation des acquis de l'expérience sont pris en charge par l'organisme collecteur paritaire agréé conformément aux règles qui régissent les conditions de son intervention.

SECTION 4. Dispositions d'application

Art. L. 6422-10. Un décret en Conseil d'État détermine les conditions d'application du présent chapitre.

[Dispositions réglementaires]

Conditions d'ouverture et autorisation d'absence

Art. R. 6422-1. Le congé pour validation des acquis de l'expérience peut être demandé en vue :

1° De participer aux épreuves de validation organisées par l'autorité ou l'organisme habilité à délivrer une certification inscrite au répertoire national des certifications professionnelles ;

2° De bénéficier d'un accompagnement à la préparation de cette validation.

Art. R. 6422-2. La demande d'autorisation d'absence au titre du congé pour validation des acquis de l'expérience précise :

1° Le diplôme, le titre ou le certificat de qualification postulé ;

2° Les dates, la nature et la durée des actions permettant au salarié de faire valider les acquis de son expérience ;

3° La dénomination de l'autorité ou de l'organisme qui délivre la certification.

Note Voir arrêté du 8 juillet 2003 (JO 1er août) portant règlement général des sessions de validation conduisant au titre professionnel du ministère chargé de l'emploi.

Art. R. 6422-3. La demande d'autorisation d'absence est transmise à l'employeur au plus tard soixante jours avant le début des actions de validation des acquis de l'expérience.

Art. R. 6422-4. Dans les trente jours suivant la réception de la demande d'autorisation d'absence, l'employeur fait connaître par écrit à l'intéressé son accord ou les raisons de service motivant le report de l'autorisation d'absence.

Ce report ne peut excéder six mois à compter de la demande.

Art. R. 6422-5. Au terme d'un congé de validation des acquis de l'expérience, le bénéficiaire du congé présente une attestation de présence fournie par l'autorité ou l'organisme habilité à délivrer une certification inscrite au répertoire national des certifications professionnelles.

Art. R. 6422-6. Le salarié ayant bénéficié d'une autorisation d'absence pour accomplir des actions de validation des acquis de l'expérience ne peut prétendre, dans la même entreprise, au bénéfice d'une nouvelle autorisation dans le même but avant un an.

Art. R. 6422-7. L'autorisation d'absence n'est pas prise en compte dans le calcul du délai de franchise applicable aux congés suivants :

1° Congé individuel de formation ;

2° Congé de bilan de compétences ;

3° Congé d'enseignement ou de recherche ;

4° Congé de formation pour les salariés de vingt-cinq ans et moins.

Conditions de prise en charge et rémunération

Art. D. 6422-8. Le salarié bénéficiaire d'un congé pour validation des acquis de l'expérience a droit, dès lors qu'il a obtenu d'un organisme collecteur paritaire agréé la prise en charge des dépenses correspondantes à ce congé, à une rémunération égale à celle qu'il aurait perçue s'il était resté à son poste de travail, dans la limite de vingt-quatre heures par validation.

Cette rémunération est versée dans les conditions prévues à l'article L. 6322-20, lorsque le salarié est titulaire d'un contrat de travail à durée indéterminée, ou L. 6322-34, lorsque le salarié est titulaire d'un contrat de travail à durée déterminée ou d'un contrat nouvelles embauches.

Art. R. 6422-9. Les dépenses réalisées par l'employeur, en application des articles R. 6422-11 à R. 6422-13, couvrent les frais relatifs à la validation organisée par l'autorité ou l'organisme habilité à délivrer une certification inscrite au répertoire national des certifications professionnelles et à l'accompagnement du candidat à la préparation de cette validation, ainsi que la rémunération des bénéficiaires dans une limite de vingt-quatre heures.

Art. R. 6422-10. Les dépenses de rémunération sont prises en compte conformément aux dispositions de l'article R. 6331-22.

Convention

Art. R. 6422-11. Les actions de validation des acquis de l'expérience, lorsqu'elles sont financées par l'employeur dans le cadre du plan de formation, sont réalisées en application d'une convention conclue entre :

1° Le salarié ;

2° L'employeur ;

3° L'organisme ou chacun des organismes qui intervient en vue de la validation des acquis de l'expérience du candidat.

Art. R. 6422-12. La convention est conforme aux dispositions relatives aux conventions de formation prévues par l'article L. 6353-2.

Elle précise :

1° Le diplôme, le titre ou le certificat de qualification visé ;

2° La période de réalisation ;

3° Les conditions de prise en charge des frais correspondants aux actions permettant au salarié de faire valider les acquis de son expérience.

Art. R. 6422-13. La signature par le salarié de la convention atteste de son consentement au sens de l'article L. 6421-1.

LIVRE V

DISPOSITIONS RELATIVES À L'OUTRE-MER

TITRE Ier

DISPOSITIONS GÉNÉRALES

CHAPITRE UNIQUE

Art. L. 6511-1. Les dispositions générales prévues par l'article L. 1511-1 sont également applicables aux dispositions du présent livre.

Note Quelle que soit la terminologie qu'il emploie, le code du travail ne trouve effet, sauf exception expresse, que dans les départements métropolitains ou d'outre-mer et à Saint-Pierre-et-Miquelon.

TITRE II

DÉPARTEMENTS D'OUTRE-MER, SAINT-BARTHÉLEMY, SAINT-MARTIN ET SAINT-PIERRE-ET-MIQUELON

Note Dans un délai d'un an après la promulgation de la loi 2009-1437 du 24 novembre 2009 (JO 25), le Gouvernement remet au Parlement un rapport sur les modalités d'accès à la formation professionnelle dans les zones transfrontalières et en outre-mer, l'harmonisation des conditions d'accès à la formation pour les travailleurs et les demandeurs d'emplois, la reconnaissance mutuelle des certifications professionnelles et des expériences acquises en formation et en entreprise ainsi que les systèmes d'indemnisation et le financement des formations suivies dans un pays frontalier.

Ce rapport formule, le cas échéant, des propositions d'amélioration des systèmes existants ainsi que des modalités de suivi de ses conclusions (loi 2009-1437, art. 16).

CHAPITRE Ier

Dispositions générales

Art. L. 6521-1. Les dispositions générales prévues par ***(Ord. 2008-205 du 27 févr. 2008, JO 1er mars)*** « les articles L. 1521-1 à L. 1521-4 » sont également applicables aux dispositions du présent titre.

[Dispositions réglementaires]

SECTION 1. Régions d'outre-mer

Sous-section 1. Comité de coordination régional de l'emploi et de la formation professionnelle

§ 1. Missions

Art. R. 6521-1. Dans les régions d'outre-mer, les attributions du comité de coordination régional de l'emploi et de la formation professionnelle, prévu à l'article D. 6123-18, sont exercées par le comité de coordination régional de l'emploi et de la formation professionnelle.

Art. D. 6521-2. Le comité de coordination régional de l'emploi et de la formation professionnelle est le lieu de concertation des orientations à moyen terme des politiques de l'État, de la région, du département et des partenaires sociaux, en matière d'emploi et de formation professionnelle.

Il favorise, en liaison avec le ***(L. 2010-78&²é»du 12 juil. 2010, art. 250, JO 13)*** « conseil économique, social et environnemental régional », la mise en œuvre dans la région d'une politique cohérente d'emploi et de formation professionnelle. À cette fin :

1° Il est informé des activités de l'Agence nationale pour l'insertion et la promotion des travailleurs de l'outre-mer dans la région ;

2° Il est informé des interventions, dans la région, du FEDOM prévu à l'article R. 5521-1 ;

3° Il examine, chaque année, le bilan des activités du conseil général en matière de développement économique local et d'aide à l'insertion sociale et professionnelle. Il est informé des activités de l'agence départementale d'insertion prévue par l'article L. 522-1 du code de l'action sociale et des familles ;

4° Il est saisi, pour avis, par le président du conseil général, de toute question relative au développement économique local et à l'aide à l'insertion sociale et professionnelle dans le département.

§ 2. Composition

Art. D. 6521-3. Le comité de coordination régional de l'emploi et de la formation professionnelle comprend :

1° Le préfet de région ou son représentant ;

2° Le président du conseil régional ou son représentant ;

3° Le président du conseil général ou son représentant ;

4° Le recteur d'académie ou son représentant en résidence ;

5° Le directeur régional des affaires maritimes ;

6° Le directeur du travail, de l'emploi et de la formation professionnelle ;

7° Le directeur délégué de l' ***(D. 2008-1010 du 29 sept. 2008, art. 7, JO 30)*** « institution mentionnée à l'article L. 5312-1 du code du travail » ;

8° Le directeur de l'agriculture et de la forêt ;

9° Le trésorier-payeur général ;

10° Le directeur de l'agence départementale d'insertion ;

11° Sept représentants des salariés désignés sur proposition des organisations syndicales représentatives dans la région ;

12° Sept membres au titre des organisations d'employeurs et des chambres régionales d'agriculture, de commerce et d'industrie et des métiers ;

13° Le président du ***(L. 2010-788 du 12 juil. 2010, art. 250, JO 13)*** « conseil économique, social et environnemental régional » ;

14° Dix représentants élus des collectivités territoriales, à raison de :

a) Six représentants du conseil régional ;

b) Deux représentants du conseil général ;

c) Deux représentants des maires de la région désignés par leurs pairs.

Note 12° : Avec le changement de terminologie issu du décret 2010-1463 du 1er décembre 2010 (JO 2), il faut lire « chambres de commerce et d'industrie de région » à la place de « chambres régionales de commerce et d'industrie ».

Art. D. 6521-4. Le préfet de région arrête la liste des organisations syndicales de salariés et des organisations interprofessionnelles d'employeurs les plus représentatives de sa région chargées de désigner les représentants mentionnés aux 11° et 12° de l'article D. 6521-3.

Art. D. 6521-5. Les représentants élus des collectivités territoriales mentionnés aux a) et b) du 14° de l'article D. 6521-3 sont élus par l'assemblée délibérante locale respectivement concernée suivant les modalités prévues aux deuxième à cinquième alinéas de l'article L. 2121-21 du code général des collectivités territoriales.

Art. D. 6521-6. Des suppléants sont désignés dans les mêmes conditions que les titulaires.

Les suppléants peuvent remplacer les titulaires aux séances du comité régional.

Art. D. 6521-7. Le préfet de région, en accord avec le président du conseil régional, arrête la liste des membres du comité, titulaires et suppléants, pour une durée de trois ans. Ce mandat peut être renouvelé.

Art. D. 6521-8. Les membres qui font partie du comité en raison de leurs fonctions administratives ou électives sont remplacés à partir du moment où ils cessent d'être investis de ces fonctions.

Leur remplacement a lieu dans les trois mois suivant la vacance.

§ 3. Organisation et fonctionnement

Sous-§ 1. Commission emploi

Art. D. 6521-9. Une commission emploi, instituée au sein du comité de coordination régional de l'emploi et de la formation professionnelle, peut être consultée sur toutes les questions relatives à l'emploi dans la région.

Art. D. 6521-10. La commission emploi comprend quinze membres, à raison de :

1° Cinq représentants de l'administration désignés par le préfet de région :

a) Le trésorier-payeur général ;

b) Le directeur du travail, de l'emploi et de la formation professionnelle ;

c) Le directeur délégué de l' ***(D. 2008-1010 du 29 sept. 2008, art. 7, JO 30)*** « institution mentionnée à l'article L. 5312-1 du code du travail » ;

d) Le directeur de l'agriculture et de la forêt ;

e) Un représentant du ministre chargé de l'industrie ;

2° Cinq représentants des organisations syndicales de salariés représentatives de la région ;

3° Cinq représentants des organisations d'employeurs représentatives de la région.

Art. D. 6521-11. Le préfet de région arrête la liste des membres de la commission.

Sous-§ 2. Autres commissions

Art. D. 6521-12. Une commission compétente en matière d'exonération de taxe sur l'apprentissage, prévue à l'article 2 de la loi n° 71-578 du 16 juillet 1971 sur la participation des employeurs au financement des premières formations technologiques et professionnelles, est instituée au sein du comité de coordination régional de l'emploi et de la formation professionnelle.

Elle est présidée par l'inspecteur de l'éducation nationale chargé de l'enseignement technique en mission dans le département.

Art. D. 6521-13. Peuvent être constituées au sein du comité de coordination régional de l'emploi et de la formation professionnelle :

1° Une commission spécialisée pour la formation professionnelle des adultes ;

2° Une commission spécialisée pour la mobilité.

Sous-section 2. **Conventions tripartites**

Art. D. 6521-14. Dans les régions d'outre-mer, les conventions tripartites, prévues au 2° de l'article D. 6123-19, précisent les conditions dans lesquelles l'Association nationale pour la formation professionnelle des adultes apporte un concours technique aux interventions des associations régionales pour la formation professionnelle des adultes.

SECTION 2. **Saint-Barthélemy, Saint-Martin et Saint-Pierre-et-Miquelon**

Art. D. 6521-15. Les dispositions de la section 1 sont applicables à Saint-Barthélemy, Saint-Martin et Saint-Pierre-et-Miquelon sous réserve des adaptations suivantes :

1° Les compétences dévolues au président du conseil régional sont exercées par le président du conseil territorial ;

2° Les références à la région sont remplacées par celles de Saint-Barthélemy, Saint-Martin et Saint-Pierre-et-Miquelon.

Art. R. 6521-16. Les attributions du comité de coordination régional de l'emploi et de la formation professionnelle, prévu à l'article D. 6123-18, sont exercées, à Saint-Barthélemy, Saint-Martin et à Saint-Pierre-et-Miquelon, par le comité de coordination de l'emploi et de la formation professionnelle.

Art. D. 6521-17. Le comité de coordination de l'emploi et de la formation professionnelle comprend :

1° Le représentant de l'État dans la collectivité, coprésident ;

2° Le président du conseil territorial, coprésident ;

3° Quatre représentants du conseil territorial ;

4° À Saint-Pierre-et-Miquelon, un représentant par commune de la collectivité ;

5° Le président du comité économique et social de la collectivité ;

6° Quatre représentants de l'État désignés par le préfet, dont le chef du service de l'éducation nationale, le directeur du travail, de l'emploi et de la formation professionnelle et le chef du service de la jeunesse et des sports ;

7° Cinq représentants des organisations syndicales de salariés ;

8° Cinq représentants des organisations d'employeurs et de la chambre d'agriculture, de commerce, d'industrie et des métiers.

CHAPITRE II

L'apprentissage

Art. L. 6522-1. Dans les départements d'outre-mer ***(Ord. 2008-205 du 27 févr. 2008, JO 1er mars)*** «, à Saint-Barthélemy, à Saint-Martin » et à Saint-Pierre-et-Miquelon, les modalités particulières d'application du livre II relatif à l'apprentissage sont déterminées par décret.

Art. L. 6522-2. Dans les départements d'outre-mer ***(Ord. 2008-205 du 27 févr. 2008, JO 1er mars)*** «, à Saint-Barthélemy, à Saint-Martin » et à Saint-Pierre-et-Miquelon, l'employeur peut assurer dans l'entreprise la formation pratique d'un apprenti dans les mêmes conditions de parrainage que celles prévues aux articles L. 6523-3 et suivants.

Art. D. 6522-1. Les dispositions du livre II relatives à l'apprentissage sont applicables dans les départements d'outre-mer, à Saint-Barthélemy et à Saint-Martin, sous réserve des adaptations suivantes :

1° Dans les centres de formation d'apprentis, les enseignements destinés à ceux-ci peuvent débuter à sept heures ;

2° Le montant du quota, prévu au premier alinéa de l'article L. 6241-2, est fixé à 52 % de la taxe due en raison des salaires versés pendant l'année considérée ;

3° Le montant de part du quota versée au Trésor public, en application du deuxième alinéa de l'article L. 6241-2, est fixé à 12 % de la taxe due en raison des salaires versés pendant l'année précédente.

Art. D. 6522-2. Le montant de la partie du salaire versée aux apprentis ne donnant lieu à aucune charge sociale, ni à aucune charge fiscale en application du premier alinéa de l'article L. 6243-2, est fixé à 20 % du salaire minimum interprofessionnel de croissance.

Art. D. 6522-3. Pour l'application du 1° de l'article D. 6241-12, relatif aux recettes du ***(D. 2011-1970 du 26 déc. 2011, JO 28)*** « compte d'affectation spéciale "Financement national du développement et de la modernisation de l'apprentissage" », aux régions d'outre-mer, à Saint-Barthélemy et à Saint-Martin, si le résultat final est plus favorable à la région ou à la collectivité considérée, le montant de la taxe d'apprentissage par apprenti perçue par les centres de formation d'apprentis et les sections d'apprentissage dans la région métropolitaine où ce montant est le plus faible est retenu comme dénominateur de ce quotient.

CHAPITRE III

La formation professionnelle continue

SECTION 1. Financement de la formation professionnelle continue

Art. L. 6523-1. Dans chacun des départements d'outre-mer ***(Ord. 2008-205 du 27 févr. 2008, JO 1er mars)*** « , à Saint-Barthélemy et à Saint-Martin », les fonds versés au titre des contrats et périodes de professionnalisation et du droit individuel à la formation ne peuvent être collectés que par des organismes agréés à compétence interprofessionnelle, à l'exception des contributions des entreprises relevant du secteur du bâtiment et des travaux publics et de la coopération et du développement agricoles ***(L. 2009-1437 du 24 nov. 2009, art. 46, JO 25)*** « et de toutes les activités relevant de la production agricole ».

Art. L. 6523-2. Dans les départements d'outre-mer ***(Ord. 2008-205 du 27 févr. 2008, JO 1er mars)*** « , à Saint-Barthélemy et à Saint-Martin », les organismes collecteurs paritaires agréés à compétence interprofessionnelle rendent compte aux organismes collecteurs paritaires agréés à compétence nationale et professionnelle de l'utilisation des fonds collectés auprès d'entreprises relevant du champ professionnel de ces organismes.

SECTION 2. Parrainage

Art. L. 6523-3. Dans les départements d'outre-mer ***(Ord. 2008-205 du 27 févr. 2008, JO 1er mars)*** « , à Saint-Barthélemy, à Saint-Martin » et à Saint-Pierre-et-Miquelon, pour assurer dans l'entreprise la formation pratique d'un salarié en contrat de professionnalisation, l'employeur peut, pour une durée limitée, bénéficier du concours de personnes qui le parrainent.

Ces personnes sont choisies parmi les salariés concernés par une mesure de retraite anticipée au sens de l'article L. 5123-2, les travailleurs involontairement privés d'emploi, bénéficiaires d'un des revenus de remplacement dont la liste est déterminée par décret ou parmi les personnes retraitées.

Art. L. 6523-4. Les personnes habilitées à exercer les fonctions de parrain sont agréées par l'autorité administrative, compte tenu notamment de leur expérience en matière de tutorat au sens des articles L. 6223-5, relatif au maître d'apprentissage, et L. 6325-1 et suivants, relatifs au contrat de professionnalisation.

Pendant l'exercice de leur mission, elles bénéficient de la législation de sécurité sociale relative à la protection en matière d'accident du travail et de maladie professionnelle dans les conditions prévues à l'article L. 754-5 du code de la sécurité sociale.

Art. L. 6523-5. Un décret en Conseil d'État détermine les mesures d'application de la présente section.

SECTION 3. Stagiaire de la formation professionnelle

Art. L. 6523-6. À Saint-Pierre-et-Miquelon, en vue d'améliorer la qualification et de faciliter l'insertion professionnelle des personnes sans emploi rencontrant des difficultés particulières d'accès à l'emploi ou l'adaptation des salariés à l'évolution de l'emploi dans les entreprises, l'État peut prendre en charge, en application de conventions conclues avec des organismes de formation pour l'organisation de stages de formation et d'insertion professionnelles, les frais de formation ainsi que les dépenses afférentes à la rémunération et à la protection sociale des stagiaires.

SECTION 4. Dispositions d'adaptation

Art. L. 6523-7. Un décret en Conseil d'État apporte les adaptations nécessaires à l'application dans les départements d'outre-mer ***(Ord. 2008-205 du 27 févr. 2008, JO 1er mars)*** «, à Saint-Barthélemy et à Saint-Martin » des dispositions des articles :

1° L. 6312-1 et L. 6312-2 relatifs à l'accès à la formation professionnelle continue ;

2° L. 6321-1 à L. 6323-20 relatifs aux dispositifs de formation professionnelle continue ;

3° L. 6331-1 à L. 6331-62, relatifs à la participation des employeurs au financement de la formation professionnelle continue.

[Dispositions réglementaires]

Dispositions générales

Art. R. 6523-1. Les modalités d'application dans les départements d'outre-mer, à Saint-Barthélemy et à Saint-Martin des dispositions relatives à l'accès des salariés à la formation, prévues à l'article L. 6312-1, à l'obligation de l'employeur en matière de formation, prévues à l'article L. 6321-1, à la participation des employeurs au développement de la formation professionnelle continue, prévues par les articles L. 6331-1 et suivants, sont celles qui résultent des articles R. 6322-3 à R. 6322-11, R. 6322-64 à R. 6322-78, R. 6331-1, R. 6331-13 à R. 6331-35 dans la mesure où il n'y est pas dérogé par les dispositions du présent chapitre.

Financement de la formation professionnelle continue

Art. R. 6523-2. Les employeurs des départements d'outre-mer, de Saint-Barthélemy et de Saint-Martin employant des salariés à temps partiel, d'une manière intermittente ou travaillant à domicile ne sont soumis à l'obligation de participer au financement de la formation professionnelle continue, prévue par les articles L. 6313-1 et suivants, que si le montant total des salaires versés pendant l'année est au moins égal à 520 fois le salaire hebdomadaire minimum de croissance.

En cas de début ou de fin d'activité, ce nombre est réduit, pour l'année considérée, à due proportion du nombre de semaines pendant lesquelles l'activité est exercée.

Parrainage

Art. R. 6523-3. Peuvent être agréées pour exercer l'activité de parrainage, prévue à l'article L. 6523-3, les personnes volontaires justifiant soit d'une expérience minimale de deux années en qualité de maître d'apprentissage ou de tuteur, soit d'une expérience professionnelle de cinq ans.

Art. R. 6523-4. L'agrément des personnes habilitées à exercer les fonctions de parrain est délivré par le préfet pour trois ans.

Art. R. 6523-5. Une même personne ne peut parrainer simultanément plus de trois apprentis ou jeunes bénéficiaires de contrat de professionnalisation.

Art. R. 6523-6. Le parrain a pour mission d'assister et d'informer l'apprenti ou le jeune bénéficiaire en contrat de professionnalisation.

Cette mission est complémentaire des fonctions du maître d'apprentissage ou du tuteur désigné dans le cadre du contrat précité.

Art. R. 6523-7. La fonction de parrain n'est pas rémunérée.

Art. R. 6523-8. La liste des parrains agréés est arrêtée par le préfet.

Elle comporte le nom, le prénom, le métier antérieurement exercé ainsi que la qualification professionnelle de chaque parrain.

Elle est tenue à disposition des employeurs à la direction du travail, de l'emploi et de la formation professionnelle et dans chaque mairie.

Art. D. 6523-9. Les revenus de remplacement mentionnés au deuxième alinéa de l'article L. 6523-3 sont :

1° L'allocation d'assurance, mentionnée au 1° de l'article L. 5421-2 ;

2° Les allocations et indemnités régies par les régimes particuliers, mentionnées au 3° de ce même article ;

3° L'allocation de congé solidarité, instituée sur le fondement de l'article 15 de la loi n° 2000-1207 du 13 décembre 2000 d'orientation pour l'outre-mer ;

4° L'allocation de remplacement pour l'emploi (ARPE).

Remboursement des frais de transport exposés par les stagiaires

Art. R. 6523-10. Les dispositions du premier alinéa de l'article R. 6341-49 sont applicables aux stagiaires qui suivent dans un département d'outre-mer, à Saint-Barthélemy ou à Saint-Martin un stage ouvrant droit à rémunération à la charge de l'État, de la région ou de la collectivité.

Art. R. 6523-11. Les stagiaires résidant dans un département d'outre-mer, à Saint-Barthélemy ou à Saint-Martin qui suivent, dans ce même département ou cette même collectivité, un stage donnant lieu à rémunération à la charge de l'État ou de la région ont droit :

1° Au remboursement par l'État ou la région de la totalité des frais de transport exposés au début et à la fin du stage pour rejoindre l'établissement ou le centre de formation et en revenir, à condition que la distance à parcourir à partir de leur domicile soit supérieure à 25 km ;

2° Au remboursement des trois quarts des frais de transport exposés pour se rendre dans leur famille, à condition que la distance à parcourir soit supérieure à 25 km, à raison :

a) Pour les stagiaires âgés de moins de dix-huit ans, d'un voyage mensuel ;

b) Pour les autres stagiaires ;

– lorsqu'ils sont célibataires, d'un voyage si la durée du stage est supérieure à huit mois ;

– lorsqu'ils sont mariés, liés par un pacte civil de solidarité, concubins ou chargés de famille, d'un voyage si la durée du stage est comprise entre trois et huit mois et de deux voyages si cette durée est supérieure à huit mois.

Art. R. 6523-12. Les stagiaires résidant en Guadeloupe, Guyane, Martinique ou à Saint-Barthélemy, Saint-Martin et qui suivent un stage donnant lieu à rémunération à la charge de l'État, de la région ou de la collectivité dans l'un des autres départements ou collectivités précités ont droit au remboursement par l'État de la totalité des frais de transport exposés au début et à la fin du stage pour rejoindre l'établissement de formation et en revenir.

Ces stagiaires ont également droit au remboursement par l'État des trois quarts des frais de transport exposés pour se rendre dans leur famille, dans l'un des départements précités, à raison d'un voyage par stage d'une durée supérieure à six mois.

Art. R. 6523-13. Les stagiaires résidant dans un département d'outre-mer, à Saint-Barthélemy ou à Saint-Martin qui suivent en France métropolitaine un stage donnant lieu à rémunération à la charge de l'État ou de la région ont droit au remboursement de la totalité des frais de transport exposés au début et à la fin du stage pour rejoindre l'établissement ou le centre de formation et en revenir, sur décision individuelle du ministre chargé de la formation professionnelle prise après avis du Conseil national de la formation professionnelle tout au long de la vie.

Art. R. 6523-14. Le remboursement des frais de transport est opéré dans les conditions prévues aux articles R. 6341-35 à R. 6341-43.

CHAPITRE IV

Validation des acquis de l'expérience

Art. L. 6524-1. Un décret en Conseil d'État apporte les adaptations nécessaires à l'application dans les départements d'outre-mer ***(Ord. 2008-205 du 27 févr. 2008, JO 1er mars)*** «, à Saint-Barthélemy et à Saint-Martin » des dispositions des articles L. 6422-1 à L. 6422-9 relatifs au congé pour validation des acquis de l'expérience.

SEPTIÈME PARTIE

DISPOSITIONS PARTICULIÈRES À CERTAINES PROFESSIONS ET ACTIVITÉS

LIVRE Ier

JOURNALISTES PROFESSIONNELS, PROFESSIONS DU SPECTACLE, DE LA PUBLICITÉ ET DE LA MODE

TITRE Ier

JOURNALISTES PROFESSIONNELS

CHAPITRE Ier

Champ d'application et définitions

SECTION 1. Champ d'application

Art. L. 7111-1. Les dispositions du présent code sont applicables aux journalistes professionnels et assimilés, sous réserve des dispositions particulières du présent titre.

Note Le statut des journalistes professionnels est complété par la convention collective nationale des journalistes du 1er novembre 1976, refondue le 27 octobre 1987 et étendue par arrêté du 2 février 1988 (JO 13).

Art. L. 7111-2. Est nulle toute convention contraire aux dispositions du présent chapitre du chapitre II ainsi qu'à celles de l'article L. 7113-1.

SECTION 2. Définitions

Art. L. 7111-3. Est journaliste professionnel toute personne qui a pour activité principale, régulière et rétribuée, l'exercice de sa profession dans une ou plusieurs entreprises de presse, publications quotidiennes et périodiques ou agences de presse et qui en tire le principal de ses ressources.

Le correspondant, qu'il travaille sur le territoire français ou à l'étranger, est un journaliste professionnel s'il perçoit des rémunérations fixes et remplit les conditions prévues au premier alinéa.

Note **• Nature de l'activité**

Sont journalistes au sens de cet article ceux qui apportent une collaboration intellectuelle et permanente à une publication périodique en vue de l'information des lecteurs (cass. soc. 1er avril 1992, n° 88-42.951, BC V n° 221).

Ne peuvent avoir la qualité de journaliste :
– ni une personne écrivant ou traduisant pour une publication périodique des œuvres de pure imagination et dont le rôle n'est donc pas d'assurer l'information des

lecteurs, quelle que soit la nature de celle-ci (cass. soc. 11 octobre 1978, n° 76-40.903, BC V n° 657 ; *JS* 1978, F 104),
– ni le collaborateur d'une revue, spécialisé dans la réalisation de jeux et de tests sans rapport avec l'information des lecteurs, peu important qu'une carte professionnelle lui ait été remise (cass. soc. 1er avril 1992 précité),
– ni, dans une société audiovisuelle, un secrétaire d'édition qui intervient pour assurer la préparation, la mise en forme, la planification des décomptes de temps des différentes séquences composant les journaux télévisés, qui travaille sous l'autorité des journalistes responsables de l'émission et dont les interventions se situent au niveau de la fabrication et de l'enregistrement des émissions (cass. soc. 17 avril 1991, n° 87-45.076),
– ni le chef opérateur du son qui n'apporte qu'une contribution technique, limitée à la fabrication de reportages audiovisuels à l'exclusion de leur conception et du choix des sujets, alors même que cette contribution comporte, pour la bonne exécution du travail, certains choix et ne se borne pas à une pure exécution (CE 8 juillet 2005, n° 270288 ; voir aussi, du même jour, arrêts nos 270290 et a.),
– ni le reporter-photographe dont les photographies sont destinées à illustrer la présentation des programmes figurant dans les magazines adressés aux abonnés d'une chaîne de télévision, cette activité ayant essentiellement pour objet d'assurer la promotion des programmes de cette chaîne et ne revêtant pas le caractère d'une activité de journaliste professionnel (CE 22 juin 2001, n° 206090, *RJS* 10/01 n° 1228, 2e espèce ; voir aussi CE 24 octobre 2001, n° 208526, *RJS* 2/02 n° 242).

Mais la personne qui a la qualité de directeur politique et de directeur de rédaction d'une revue, et qui y écrit régulièrement des articles, a la qualité de journaliste professionnel, nonobstant le fait qu'il exerce des fonctions d'autorité et de direction générale (CE 26 avril 1985, n° 44226, *JCP* éd. G 1986.II.20541).

Sur la distinction entre l'activité de journaliste et celle d'historien, voir *CSB* 1993 A. 3.

• Conditions d'exercice de la profession

– Le journalisme doit être l'activité principale, régulière et rétribuée du journaliste. Le journalisme doit être l'activité principale : n'a donc pas la qualité de journaliste professionnel l'agent à la communication sociale engagé dans le cadre du dispositif emploi-jeune et chargé entre autres d'animer des émissions d'une radio locale, dès lors que son activité de journaliste, occasionnelle et secondaire, porte sur des sujets de son choix pour lesquels il ne reçoit aucune directive et que ses articles, non signés, n'ont pas la nature d'articles de fond (cass. soc. 7 mai 2008, n° 06-46.086, *JSL* n° 235, 16 juin 2008, p. 26). Mais le correspondant permanent d'un journal peut, par exemple, sans perdre pour autant le bénéfice du statut, exercer une activité accessoire de courtier en publicité (cass. soc. 13 juin 1957, BC IV n° 709).

Le journalisme doit être une activité régulière et non occasionnelle. Un journaliste, qui doit assurer régulièrement, pour tous les jours de la semaine où un journal paraît, l'envoi d'un texte plus ou moins développé certains jours, reçoit des directives, assure au journal une collaboration régulière depuis plusieurs années et perçoit une rémunération fixe et mensuelle, se trouve dans un lien de subordination (cass. soc. 29 juin 1977, n° 76-40.209, BC V n° 439). De même, la personne qui assure régulièrement la rédaction de la rubrique automobile d'un journal et reçoit, en contrepartie, une rémunération mensuelle fixe lui assurant l'intégralité de ses ressources a la qualité de journaliste et bénéficie de la présomption édictée par l'article L. 761-2 [L. 7112-1] CT (cass. soc. 1er décembre 1998, n° 96-44.540 ; 5 janvier 2000, n° 97-45.635).

– Le journalisme doit apporter à l'intéressé le principal de ses ressources. Ne peut prétendre au bénéfice du statut de journaliste professionnel l'avocate ayant collaboré à un magazine durant 7 ans de façon régulière, mais sans en tirer l'essentiel de ses ressources (cass. soc. 7 décembre 2011, n° 10-10.192, *JCP* éd. S 2011, act. 516). Mais le propriétaire d'un domaine agricole, dont l'exploitation est, en fait, dirigée par un employé salarié disposant de larges pouvoirs et qui n'y exerce qu'une activité réduite, alors qu'il assure une grande partie de la rédaction d'un journal mensuel consacré à l'élevage et qu'il tire le principal de ses ressources de son activité de journaliste, remplit les conditions requises par l'article L. 761-2 [L. 7111-3] (CE 27 avril 1977, *Rev. dr. pub.* 1978, 278 ; voir aussi CE 15 novembre 1995, n° 146784). À noter que la loi n'impose pas de condition relative à un montant minimum de ressources (cass. soc. 12 février 1992, n° 89-41.864 ; 13 juillet 1993, n° 90-40.139).

– Le journaliste doit exercer son activité dans une ou plusieurs publications quotidiennes ou périodiques ou dans une ou plusieurs agences de presse. L'appartenance à une entreprise de presse est une condition nécessaire pour bénéficier du statut de journaliste professionnel (cass. soc. 22 octobre 1996, n° 94-17.199, BC V n° 341 ; *CSB* 1997 S. 8). Ne constitue pas une entreprise de presse l'entreprise dont l'objet social n'est pas celui d'une entreprise de presse, même si, à titre accessoire, elle assure la publication d'une revue ou d'un journal. Ainsi, après avoir relevé que l'Institut national de la consommation avait pour activité principale des essais, recherches, information et documentation dans le domaine de la consommation, que sa publication « 60 millions de consommateurs » avait pour objectif unique l'information des consommateurs et fait ressortir que cette publication ne constituait pas un établissement autonome au sein de l'entreprise, un conseil de prud'hommes a exactement décidé que l'INC n'était pas une entreprise de presse au sens de l'article L. 761-2 [L. 7111-3] CT et n'était pas, dès lors, obligatoirement soumis à la convention collective des journalistes. Le rédacteur en chef adjoint, responsable des numéros spéciaux de cette revue, ne bénéficie donc pas du statut de journaliste (cass. soc. 17 mars 1999, n° 96-45.487, *RJS* 5/99 n° 760). Voir aussi cass. soc. 5 janvier 2000, n° 97-43.556, refusant la qualité de journaliste professionnelle à une rédactrice spécialisée du mensuel publié par une association de retraités, cette association n'étant pas une entreprise de presse.

Ne bénéficient pas non plus du statut :
– la rédactrice d'une revue interne distribuée gratuitement au personnel d'EDF-GDF et éditée, non pas par une entreprise de presse, mais par une entreprise de publicité (cass. soc. 10 janvier 2001, n° 98-45.781, 2nd moyen, *JSL* n° 74, 27 février 2001, p. 25 ; *RJS* 3/01 n° 377) ;
– le rédacteur en chef d'un journal édité par un syndicat professionnel, peu important la remise d'une carte de journaliste ou l'attribution d'un numéro à la revue par la commission paritaire des publications (cass. soc. 10 octobre 2001, n° 99-45.852, *JSL* n° 91, 4 décembre 2001, p. 28 ; *RJS* 12/01 n° 1467) ;
– le cadre collaborant aux bulletins périodiques réalisés par la direction de la communication d'une entreprise d'ingénierie pétrolière (cass. soc. 24 février 1993, BC V n° 68, arrêt n° 1) ;
– le salarié chargé de la mise en page et des maquettes des mensuels édités par la FNAC (cass. soc. 24 février 1993, n° 88-40.253, BC V n° 68, arrêt n° 2) ;
– l'agent public contractuel d'une chambre de commerce et d'industrie, peu important qu'il soit affecté à des tâches de journaliste au sein d'une publication (CE 24 octobre 1997, n° 165347, *RJS* 12/97 n° 1451) ;
– le salarié employé par une société dont l'activité principale est la publicité (cass. soc. 6 juillet 2011, n° 09-69.689, *RJS* 11/11 n° 910).

À noter toutefois que, par un arrêt en date du 30 juin 1997 (n° 175792, *JCP* éd. G 10002, n° 1-2, 7 janvier 1998 p. 33), le Conseil d'État a reconnu la qualité de journaliste à des rédacteurs d'une revue distribuée à titre gratuit et dont le contenu « fait la promotion de la SNCF et des services qu'elle offre » aux motifs que « cette publication contient de nombreux articles d'information et d'opinion et doit donc être regardée comme une publication au sens de l'article L. 761-2 (ancien) CT ». Dans une autre décision, le Conseil d'État a énoncé qu'« il ressortait des dispositions de l'article L. 761-2 [L. 7111-3] CT que la reconnaissance de la qualité de journaliste professionnel n'était pas nécessairement subordonnée à la condition que l'activité soit exercée au sein d'une entreprise de presse » et que la Commission supérieure de la carte d'identité des journalistes professionnels ne pouvait légalement se fonder, pour refuser l'attribution de la carte professionnelle, sur le fait que le requérant n'exerçait pas son activité au sein d'une société de presse et que la nature juridique de son employeur ne répondait donc pas aux règles fixées par les articles L. 761-4, 6, 8 et 9 (anciens) CT relatifs à la résiliation du contrat liant un journaliste professionnel à une entreprise de journaux ou périodiques (CE 22 juin 2001, n° 219930, *RJS* 10/01 n° 1228, 1re espèce).

Sur la communication au public par voie électronique, voir article L. 7111-5 et note sous cet article.

• **Correspondants de presse.** Pour bénéficier du statut de journaliste professionnel, l'alinéa 2 de cet article exige que le correspondant de presse reçoive des appointements fixes et assume une tâche rédactionnelle ou de collecte des nouvelles, ce qui exclut du bénéfice du statut ceux qui ne collaborent qu'occasionnellement à la rédaction d'une publication et exercent d'autres activités professionnelles (cass. soc. 13 mai 1996, n° 92-45.266, *CSB* 1996 S. 88). Il en résulte que la personne qui fournit à un journal des articles et photographies de manifestations sportives locales mais ne participe pas à la politique rédactionnelle du journal, à la hiérarchisation et à la vérification de l'information et qui perçoit en contrepartie, sous forme d'honoraires, des rémunérations variables, dont il n'est pas établi qu'elles constituent ses uniques revenus, n'est pas un journaliste professionnel, mais un correspondant local de presse, qui, faute d'appointements fixes, a un statut de travailleur indépendant (cass. soc. 20 décembre 2006, n° 06-40.662, BC V n° 404 ; dans le même sens, voir aussi cass. soc. 24 mars 1999, n° 96-44.992, *LS* n° 626 du 6 avril 1999 ; 18 mai 2005, n° 02-44.075, *JSL* n° 175, 4 octobre 2005, p. 24). Mais, dès lors que le correspondant de presse remplit les conditions posées par l'article L. 7111-3 CT, le statut légal de journaliste professionnel, dispositions impératives de la loi française, lui est applicable, que l'intéressé travaille sur le territoire français ou à l'étranger (cass. soc. 31 janvier 2007, n° 05-44.203, BC V n° 17).

Art. L. 7111-4. Sont assimilés aux journalistes professionnels les collaborateurs directs de la rédaction, rédacteurs-traducteurs, sténographes-rédacteurs, rédacteurs-réviseurs, reporters-dessinateurs, reporters-photographes, à l'exclusion des agents de publicité et de tous ceux qui n'apportent, à un titre quelconque, qu'une collaboration occasionnelle.

Note La liste des collaborateurs directs de la rédaction, énumérés à cet article et assimilés aux journalistes professionnels, n'est pas limitative. La cour d'appel de Versailles, statuant sur renvoi après cassation, a reconnu la qualité de journaliste aux maquettistes, compte tenu des rapports étroits existant entre ces derniers et le rédacteur en chef et de l'imbrication de leur activité avec celle des concepteurs de la publication (cass. soc. 9 février 1989, n° 85-45.119, BC V n° 109 et CA Versailles 10 novembre 1993, n° 51-93, *CSB* 1994 S. 54). Voir aussi cass. soc. 20 janvier 1999, n° 96-44.088, ayant reconnu la qualité de journaliste à un maquettiste, dès lors qu'il était établi que le nom de l'intéressé figurait dans les registres du personnel, dans les notes de la direction et à l'ours des numéros édités, ce dont il résultait qu'il collaborait directement à la rédaction du journal.

Les dessinateurs de bandes dessinées exerçant dans des publications périodiques leurs fonctions à titre d'occupation principale, dont ils tirent l'essentiel de leurs ressources, sont assimilés aux journalistes (TA Paris 18 juin 1974, *Rec. Lebon* p. 1131). L'employé d'une société d'édition qui illustre des reportages est un reporter-dessinateur assimilé aux journalistes professionnels (cass. soc. 24 novembre 1966, BC IV n° 892). Toutefois, les dessinateurs ne sont assimilés aux journalistes que s'ils sont « reporters-dessinateurs », lesquels exécutent des documents dessinés, inspirés par l'actualité (cass. soc. 13 mai 1996, n° 94-42.166, *CSB* 1996 S. 89). Tel est le cas du dessinateur d'illustrations de fiches d'une revue de jardinage, dès lors que ces illustrations revêtent un caractère suffisant de rapport avec l'actualité pour que leur auteur puisse être qualifié de reporter au sens des dispositions de l'article L. 7111-3 CT (CE 24 octobre 1997, n° 170320, *RJS* 12/97 n° 1451). En revanche, n'a pas la qualité de journaliste professionnel la personne qui illustre en bandes dessinées des œuvres d'imagination sans rapport avec l'actualité (cass. soc. 4 juin 1987, n° 83-41.138, BC V n° 363).

Art. L. 7111-5. Les journalistes exerçant leur profession dans une ou plusieurs entreprises de communication au public par voie électronique ont la qualité de journaliste professionnel.

Note • Cette disposition, issue de la loi 82-652 du 29 juillet 1982 sur la communication audiovisuelle (art. 93), modifiée par la loi 2004-575 du 21 juin 2004 pour la confiance dans l'économie numérique, reconnaît le bénéfice du statut légal de journaliste professionnel à tous les journalistes exerçant leur profession dans une ou plusieurs entreprises de communication par voie électronique, cette notion englobant la communication audiovisuelle et la communication au public en ligne.

La loi du 21 juin 2004 définit la communication audiovisuelle comme toute communication au public de services de radio ou de télévision, quelles que soient les modalités de mise à disposition auprès du public, ainsi que toute communication au public par voie électronique de services autres que de radio et de télévision et ne relevant pas de la communication au public en ligne. La communication au public en ligne, quant à elle, s'entend de toute transmission, sur demande individuelle, de données numériques n'ayant pas un caractère de correspondance privée, par un procédé de communication électronique permettant un échange réciproque d'informations entre l'émetteur et le récepteur.

À noter qu'une entreprise qui a pour activité la création d'œuvres audiovisuelles destinées à être diffusées dans le public doit être regardée comme une entreprise de communication pour l'application des dispositions relatives à la délivrance de la carte d'identité professionnelle des journalistes, alors même qu'elle n'assure pas directement la diffusion de ses œuvres (CE 5 avril 2002, n° 219829, *RJS* 7/02 n° 909).

• **Réalisation d'un site Internet.** Le mode de diffusion d'informations par voie électronique, notamment sur un site « Internet », ne fait pas, par lui-même, obstacle à la qualification de publication au sens des dispositions du code du travail. Toutefois, la conception et la réalisation d'un site sur « Internet » par un service d'un établissement public dont le rôle et l'activité se confondent avec ceux de cet établissement (en l'espèce, reprise sur le site du contenu des expositions organisées par l'établissement) ne peuvent pas être regardées comme l'exercice de la profession de journaliste au sein d'une publication périodique (CE 26 juillet 2007, n° 296389, *JCP* éd. S 2007, 1912, note Th. Lahalle).

Art. L. 7111-5-1. ***(L. 2009-669 du 12 juin 2009, art. 20, JO 13)*** La collaboration entre une entreprise de presse et un journaliste professionnel porte sur l'ensemble des supports du titre de presse tel que défini au premier alinéa de l'article L. 132-35 du code de la propriété intellectuelle, sauf stipulation contraire dans le contrat de travail ou dans toute autre convention de collaboration ponctuelle.

SECTION 3. Carte d'identité professionnelle

Art. L. 7111-6. Le journaliste professionnel dispose d'une carte d'identité professionnelle dont les conditions de délivrance, la durée de validité, les conditions et les formes dans lesquelles elle peut être annulée sont déterminées par décret en Conseil d'État.

L'ancien journaliste professionnel peut bénéficier d'une carte d'identité de journaliste professionnel honoraire dans des conditions déterminées par ce même décret.

Note La carte d'identité n'est pas exigée pour l'exercice de la profession de journaliste, mais elle apporte à celui qui la détient des facilités administratives pour l'exercice de cette profession.

Le bénéfice de la carte d'identité des journalistes professionnels est réservé aux salariés dont la situation est régie par le code du travail. La commission supérieure a donc pu, pour refuser à une personne l'attribution de la carte d'identité de journaliste professionnel, se fonder sur la circonstance qu'elle était l'unique associé-gérant d'une entreprise unipersonnelle à responsabilité limitée et que cette situation la plaçait en dehors du champ d'application du code du travail (CE 15 novembre 2006, n° 289762, *Rec. Lebon* p. 470 ; *RJS* 2/07 n° 290).

La détention de la carte d'identité de journaliste professionnel n'est pas suffisante pour établir la qualité de journaliste (cass. soc. 1er avril 1992, n° 88-42.951, BC V n° 221 ; 22 octobre 1996, n° 94-17.199, BC V n° 341 ; 27 février 2002, n° 00-41.818).

(L. 2008-789 du 20 août 2008, art. 2, JO 21)

SECTION 4. Représentation professionnelle

Art. L. 7111-7. Dans les entreprises mentionnées aux articles L. 7111-3 et L. 7111-5, lorsqu'un collège électoral spécifique est créé pour les journalistes professionnels et assimilés, est représentative à l'égard des personnels relevant de ce collège l'organisation syndicale qui satisfait aux critères de l'article L. 2121-1 et qui a recueilli au moins

10 % des suffrages exprimés au premier tour des dernières élections des titulaires au comité d'entreprise ou de la délégation unique du personnel ou, à défaut, des délégués du personnel dans ce collège.

Note ***Modalités de création du collège spécifique aux journalistes***

• L'instauration d'un collège spécifique aux journalistes étant prévue par la loi, les dispositions de l'article L. 2324-12 conditionnant la création d'un collège électoral modifiant les prévisions légales à la signature d'un accord par toutes les organisations syndicales représentatives existant dans l'entreprise ne sont pas applicables. La création du collège journalistes n'est donc pas soumise à la conclusion d'un accord unanime mais, en l'absence de dispositions légales particulières, aux conditions de droit commun de validité du protocole préélectoral définies par les articles L. 2314-3-1 et L. 2324-4-1 [signature par la majorité des organisations syndicales ayant participé à la négociation du protocole préélectoral, dont les organisations syndicales représentatives ayant recueilli la majorité des suffrages exprimés lors des dernières élections professionnelles] (cass. soc. 2 mars 2011, n° 09-60.419, *RJS* 5/11 n° 480, 1re espèce ; *JCP* éd. S 2011, 1231, 2e espèce, note N. Dauxerre ; *Dr. Soc.* 2011, p. 874, 1er arrêt, obs. Fr. Petit).

• La condition tenant à la création d'un collège électoral spécifique prévue par ce texte est satisfaite dès lors qu'un accord préélectoral impose l'inscription de tous les journalistes dans un seul et même collège et interdit, par là-même, à un syndicat de journalistes de présenter des candidats dans d'autres collèges, peu important que ce collège au sein duquel sont inscrits les journalistes puisse aussi comprendre d'autres salariés (cass. soc. 2 mars 2011, n° 10-60.157, *RJS* 5/11 n° 480, 2e espèce ; *JCP* éd. S 2011, 1231, 1re espèce, note N. Dauxerre ; *Dr. Soc.* 2011, p. 875, 2e arrêt, obs. Fr. Petit).

Art. L. 7111-8. Dans les branches qui couvrent les activités des entreprises de presse, publications quotidiennes ou périodiques et agences de presse, ainsi que les activités des entreprises de communication au public par voie électronique ou de communication audiovisuelle, sont représentatives à l'égard des personnels mentionnés à l'article L. 7111-1 les organisations syndicales qui remplissent les conditions de l'article L. 2122-5 dans les collèges électoraux de journalistes.

Note Cet article a été modifié par la loi 2010-1215 du 15 octobre 2010 (JO 16).

Art. L. 7111-9. ***(L. 2008-789 du 20 août 2008, art. 8, JO 21)*** Dans les entreprises dans lesquelles un collège électoral spécifique est créé pour les journalistes professionnels et assimilés, lorsque la convention ou l'accord ne concerne que les journalistes ou assimilés, sa validité est subordonnée à sa signature par une ou plusieurs organisations syndicales de salariés représentatives ayant recueilli au moins 30 % des suffrages exprimés dans ce collège spécifique au premier tour des dernières élections des titulaires au comité d'entreprise ou de la délégation unique du personnel, quel que soit le nombre de votants, et à l'absence d'opposition d'une ou de plusieurs organisations syndicales de salariés représentatives ayant recueilli la majorité des suffrages exprimés dans ce collège à ces élections, quel que soit le nombre de votants.

Art. L. 7111-10. ***(L. 2008-789 du 20 août 2008, art. 8, JO 21)*** Lorsque la convention de branche ou l'accord ne concerne que les journalistes professionnels et assimilés, sa validité est subordonnée à sa signature par une ou plusieurs organisations syndicales de salariés représentatives ayant recueilli, aux élections prises en compte pour la mesure de l'audience prévue au 3° de l'article L. 2122-5, au moins 30 % des suffrages exprimés dans le collège de journalistes en faveur d'organisations reconnues représentatives à ce niveau, quel que soit le nombre de votants, et à l'absence d'opposition d'une ou de plusieurs organisations syndicales de salariés représentatives ayant recueilli la majorité des suffrages exprimés dans ce collège à ces élections, quel que soit le nombre de votants.

Note Cet article a été modifié par la loi 2010-1215 du 15 octobre 2010 (JO 16).

[Dispositions réglementaires]

Carte d'identité professionnelle

Délivrance et renouvellement

Art. R. 7111-1. La carte d'identité professionnelle des journalistes ne peut être délivrée qu'aux personnes qui, conformément aux dispositions des articles L. 7111-3 à L. 7111-5, sont journalistes professionnels ou sont assimilées à des journalistes professionnels.

Art. R. 7111-2. À l'appui de sa première demande adressée à la commission de la carte d'identité des journalistes professionnels, prévue à la section 2, l'intéressé fournit :

1° La justification de son identité et de sa nationalité ;

2° Un curriculum vitae affirmé sur l'honneur ;

3° Le bulletin n° 3 de son casier judiciaire daté de moins de trois mois ;

4° L'affirmation sur l'honneur que le journalisme est bien sa profession principale, régulière et rétribuée et qu'il en tire une rémunération au moins égale au salaire minimum résultant de l'application des dispositions du présent code. Cette affirmation est accompagnée de l'indication des publications quotidiennes ou périodiques, agences de presse ou entreprises de communication audiovisuelle dans lesquelles le postulant exerce sa profession ;

5° L'indication des autres occupations régulières rétribuées ;

6° L'engagement de faire connaître à la commission tout changement qui surviendrait dans sa situation et qui entraînerait une modification des déclarations sur la production desquelles la carte aurait été délivrée. Cet engagement comporte l'obligation de rendre la carte à la commission lorsque le titulaire perd la qualité de journaliste professionnel.

Art. R. 7111-3. Après examen, et dans les conditions prévues aux articles R. 7111-27 et R. 7111-28, la commission de la carte d'identité des journalistes professionnels statue sur les demandes de délivrance de cartes dont elle est saisie.

Elle peut préalablement procéder ou faire procéder aux vérifications qu'elle juge utiles.

Art. R. 7111-4. La personne étrangère présentant une demande de carte d'identité de journaliste professionnel doit respecter les dispositions du présent code relatives aux conditions d'exercice d'une activité salariée par un étranger en France.

Art. R. 7111-5. La commission de la carte d'identité des journalistes professionnels délivre une carte de stagiaire à la personne qui a moins de deux ans d'ancienneté dans la profession.

Art. R. 7111-6. La carte d'identité de journaliste professionnel comporte la photographie du titulaire, sa signature, l'indication de ses nom, prénoms, nationalité et domicile, la mention des publications, agences de presse ou entreprise[s] de communication audiovisuelle dans lesquelles il exerce sa profession.

Le cachet de la commission de la carte d'identité des journalistes professionnels et la signature de deux de ses membres, pris respectivement parmi les représentants des employeurs et des salariés, sont apposés sur la carte.

Art. R. 7111-7. La carte d'identité de journaliste professionnel est valable pour une durée d'un an. Elle mentionne la période de sa validité.

Elle est renouvelée pour une même durée sur décision favorable de la commission de la carte d'identité des journalistes professionnels.

Art. R. 7111-8. Lors du renouvellement de la carte d'identité de journaliste professionnel, la commission détermine les justificatifs à fournir à l'appui de la demande de renouvellement, compte tenu des justificatifs déjà fournis à l'appui de la demande initiale.

Art. R. 7111-9. Lorsque, sans faute de sa part, un journaliste professionnel ayant possédé cette qualité pendant deux ans au moins se trouve momentanément privé de travail, la commission peut lui délivrer une carte provisoire d'identité de journaliste professionnel dont la durée est expressément limitée.

Cette carte ne diffère de la carte ordinaire que par l'absence d'indication des publications, agences de presse ou entreprises de communication audiovisuelle dans lesquelles le titulaire est employé.

Art. R. 7111-10. La décision de la commission de refus de délivrance ou de renouvellement de la carte est notifiée à l'intéressé par lettre recommandée avec avis de réception.

Modifications et annulation

Art. R. 7111-11. Le titulaire d'une carte d'identité de journaliste professionnelle qui cesse d'être employé dans les publications, agences de presse ou entreprises de communication audiovisuelle auxquelles il était attaché au moment de la délivrance de la carte d'identité, saisit la commission.

Cette dernière modifie la carte en tenant compte de sa nouvelle situation ou engage, s'il y a lieu, la procédure d'annulation prévue aux articles R. 7111-12 et R. 7111-13.

Art. R. 7111-12. La commission de la carte d'identité des journalistes professionnels peut annuler une carte.

Au préalable, le président de la commission convoque le titulaire devant celle-ci par lettre recommandée. Ce dernier, qui peut être assisté d'un conseil, présente ses explications. Lorsqu'il ne comparaît pas, il peut faire parvenir à la commission des explications écrites.

Art. R. 7111-13. La décision de la commission d'annuler de la carte est notifiée à l'intéressé par lettre recommandée avec avis de réception.

Carte d'identité de journaliste professionnel honoraire

Art. R. 7111-14. À l'appui de sa demande de carte de journaliste professionnel honoraire, l'intéressé fournit :

1° La justification de son identité et de sa nationalité ;

2° Un curriculum vitae affirmé sur l'honneur indiquant notamment les publications quotidiennes ou périodiques, agences de presse ou entreprises de communication audiovisuelle dans lesquelles il exerçait la profession de journaliste professionnel, dans les conditions définies aux articles L. 7111-3 et L. 7111-4 ;

3° Le bulletin n° 3 de son casier judiciaire daté de moins de trois mois ;

4° S'il bénéficie d'une retraite, un certificat de l'organisme qui lui sert cette retraite attestant qu'il a été affilié en qualité de journaliste professionnel. Lorsqu'il ne bénéficie pas d'une retraite, il justifie de l'exercice de sa profession par la possession de la carte d'identité de journaliste professionnel ou par la production d'attestations de ses anciens employeurs ;

5° Deux photographies récentes.

Art. R. 7111-15. Après examen, et dans les conditions prévues aux articles R. 7111-27 et R. 7111-28, la commission de la carte d'identité des journalistes professionnels statue sur les demandes de délivrance de cartes de journaliste professionnel honoraire dont elle est saisie.

Elle peut préalablement procéder ou faire procéder aux vérifications jugées utiles.

Art. R. 7111-16. Le modèle de la carte d'identité de journaliste professionnel honoraire ainsi que les mentions qu'elle comporte sont établis par le règlement intérieur de la commission de la carte d'identité des journalistes professionnels.

Art. R. 7111-17. La carte d'identité de journaliste professionnel honoraire peut être annulée suivant la procédure prévue aux articles R. 7111-12 et R. 7111-13 lorsque le titulaire reprend son activité dans la profession ou lorsqu'il est établi que la carte lui a été délivrée au vu de déclarations ou attestations sciemment inexactes.

Commission de la carte d'identité des journalistes professionnels

Attributions, composition et mandat

Art. R. 7111-18. La commission chargée d'attribuer la carte d'identité des journalistes professionnels est paritaire.

Elle comprend :

1° Huit représentants des employeurs, dont :

a) Sept au titre des directeurs de journaux et agences de presse ;

b) Un au titre des entreprises de communication audiovisuelle ;

2° Huit représentants des journalistes professionnels.

Art. R. 7111-19. Les membres de la commission justifient de l'exercice de leur profession pendant deux ans au moins durant les cinq années précédant leur désignation ou leur élection.

Ils ne doivent avoir fait l'objet d'aucune interdiction, déchéance ou incapacité relative à leurs droits civiques.

Art. R. 7111-20. Le mandat des membres désignés et des membres élus de la commission est de trois ans, renouvelable.

Il expire en même temps pour les deux catégories.

Désignation et élection des membres

Art. R. 7111-21. Les représentants des employeurs sont désignés par les organisations représentatives des directeurs de journaux et agences de presse et des entreprises de communication audiovisuelle.

En cas de désaccord, le siège en litige est pourvu par arrêté du ministre chargé de la communication.

Art. R. 7111-22. Les représentants des journalistes professionnels sont élus par les journalistes titulaires de la carte d'identité professionnelle.

Leur élection a lieu à bulletin secret au scrutin de liste à deux tours, à la représentation proportionnelle suivant la règle de la plus forte moyenne, avec vote préférentiel et sans panachage.

Les listes peuvent comporter un nombre de candidats inférieur à celui des sièges à pourvoir.

Art. R. 7111-23. Au premier tour de scrutin de l'élection des représentants des journalistes professionnels, chaque liste est établie par les organisations de salariés représentatives au niveau national. Lorsque le nombre de votants est inférieur à la moitié des électeurs inscrits, il est procédé, dans un délai d'un mois, à un second tour de scrutin.

Pour le second tour, les électeurs peuvent voter pour des listes autres que celles qui sont présentées par les organisations précédemment mentionnées.

Les modalités techniques du scrutin sont précisées par le protocole d'accord électoral ou, à défaut, le règlement intérieur de la commission.

Art. R. 7111-24. Des membres suppléants, en nombre égal à celui des représentants des employeurs et des journalistes professionnels, sont désignés et élus simultanément et dans les mêmes conditions que les membres titulaires.

Un des suppléants des représentants des employeurs est désigné au titre des entreprises de communication audiovisuelle du secteur privé par les organisations professionnelles représentatives de ces entreprises.

En cas de désaccord entre les organisations mentionnées au premier alinéa de l'article R. 7111-21, le siège en litige est pourvu par arrêté du ministre chargé de la communication.

Ces représentants suppléent les membres titulaires absents et remplacent, entre deux renouvellements, les membres décédés, démissionnaires ou qui cessent de faire partie de la commission par suite de décès ou de toute autre cause.

Les membres suppléants qui ne remplacent pas un membre titulaire peuvent être entendus par la commission, avant que celle-ci ne délibère.

Art. R. 7111-25. Dans les régions délimitées par le règlement intérieur de la commission un représentant et un remplaçant de chaque catégorie sont désignés en qualité de correspondants.

Dans chaque région, le représentant et le remplaçant des employeurs sont désignés par l'organisation la plus représentative des directeurs de journaux, agences de presse et entreprises de communication audiovisuelle. Le représentant et le remplaçant des journalistes professionnels sont élus par les journalistes titulaires de la carte d'identité professionnelle.

Les correspondants peuvent être entendus par la commission, avant que celle-ci ne délibère.

Organisation et fonctionnement

Art. R. 7111-26. Le président de la commission de la carte d'identité des journalistes professionnels est alternativement un représentant des employeurs et un représentant des journalistes professionnels. Le sort détermine celui qui préside la commission la première fois.

Art. R. 7111-27. La commission de la carte d'identité des journalistes professionnels établit son règlement intérieur.

La commission ne peut délibérer que lorsqu'au moins cinq représentants des employeurs et cinq représentants des journalistes professionnels sont présents et participent au vote.

Lorsque, au cours d'une séance, l'une des deux catégories a plus de membres présents que l'autre, le nombre de ses représentants autorisés à prendre part au vote est ramené au nombre des présents de l'autre catégorie, dans des conditions déterminées par le règlement intérieur de la commission.

Art. R. 7111-28. Les décisions de la commission de la carte d'identité des journalistes professionnels, notamment celles qui comportent délivrance, renouvellement ou annulation de la carte, sont prises à la majorité absolue des représentants présents.

Réclamations

Art. R. 7111-29. Toute décision de la commission de la carte d'identité des journalistes professionnels peut faire l'objet d'une réclamation, par l'intéressé, devant la commission supérieure mentionnée à l'article R. 7111-32.

Art. R. 7111-30. Le délai pour formuler une réclamation devant la commission supérieure est d'un mois franc à compter de la notification de la décision comportant annulation, refus de délivrance ou de renouvellement de la carte.

Pour les personnes qui, domiciliées en France, en sont temporairement éloignées pour une cause reconnue légitime, le délai pour formuler la réclamation devant la commission supérieure est porté à six mois.

Art. R. 7111-31. La réclamation est adressée par lettre recommandée avec avis de réception au président de la commission supérieure. Elle est suspensive.

La commission statue dans les conditions prévues aux articles R. 7111-12 et R. 7111-13.

Art. R. 7111-32. La commission supérieure comprend :

1° Un conseiller à la Cour de cassation, en exercice ou honoraire, président ;

2° Deux magistrats de la cour d'appel de Paris, en exercice ou honoraires ;

3° Un représentant des directeurs de journaux, agences de presse et entreprises de communication audiovisuelle ;

4° Un représentant des journalistes professionnels.

Art. R. 7111-33. Les trois magistrats de la commission supérieure ainsi qu'un suppléant pour chacun d'eux sont désignés par le premier président de la cour dont ils relèvent.

Les représentants des directeurs de journaux, agences de presse et entreprises de communication audiovisuelle et des journalistes professionnels, ainsi que deux suppléants pour chacun d'eux, sont respectivement désignés et élus simultanément et dans les mêmes conditions que les membres de la commission de la carte d'identité des journalistes professionnels.

Art. R. 7111-34. Le mandat de représentant à la commission supérieure est incompatible avec celui de membre de la commission de la carte d'identité des journalistes professionnels.

Art. R. 7111-35. Il est procédé tous les trois ans au renouvellement complet de la commission supérieure. Les membres sortants peuvent être désignés ou élus à nouveau.

[Sanction pénale]

Art. L. 7114-1. Est puni d'un emprisonnement de deux ans et d'une amende de 3750 €, le fait :

1° Soit de faire sciemment une déclaration inexacte en vue d'obtenir la carte d'identité de journaliste professionnel ou la carte d'identité de journaliste professionnel honoraire ;

2° Soit de faire usage d'une carte frauduleusement obtenue, périmée ou annulée, en vue de bénéficier des avantages offerts par ces cartes ;

3° Soit de délivrer sciemment des attestations inexactes en vue de faire attribuer l'une de ces cartes.

Est puni des mêmes peines le fait de fabriquer, de distribuer ou d'utiliser une carte présentant avec l'une de ces cartes ou les documents délivrés par l'autorité administrative aux journalistes une ressemblance de nature à prêter à confusion.

CHAPITRE II

Contrat de travail

SECTION 1. Présomption de salariat

Art. L. 7112-1. Toute convention par laquelle une entreprise de presse s'assure, moyennant rémunération, le concours d'un journaliste professionnel est présumée être un contrat de travail.

Cette présomption subsiste quels que soient le mode et le montant de la rémunération ainsi que la qualification donnée à la convention par les parties.

Note La présomption légale de contrat de travail qu'institue cet article ne peut être détruite en tirant argument de l'absence de carte de journaliste professionnel, de contrat de travail ou de bulletins de salaire (cass. soc. 4 février 2009, n° 07-43.680, *RJS* 4/09 n° 402). Elle comporte un renversement de la charge de la preuve en faveur des journalistes. Les mentions figurant sur le bulletin de paie sont sans incidence à cet égard. Voir, s'agissant d'un correspondant sportif à Paris d'un quotidien régional dont l'employeur n'avait pas rapporté la preuve qu'il travaillait en toute indépendance et en toute liberté, cass. soc. 1er février 1995, n° 91-42.789, BC V n° 47 ; dans le même sens, voir aussi cass. soc. 3 mars 2004, n° 02-40.122, *RJS* 6/04 n° 769, précisant que la présomption édictée par l'article L. 7112-1 CT ne peut être détruite par la lettre d'embauche fixant le point de départ de l'ancienneté du salarié à une date postérieure au début de sa collaboration.

Mais une cour d'appel a pu déduire, du fait qu'une journaliste écrivait des articles sur des sujets de son choix, que la société ne lui adressait aucune commande ni instruction, peu important le mode de rémunération et les conditions dans lesquelles lui avait été remise sa carte de journaliste, que la société avait détruit la présomption de subordination établie par l'article L. 761-2 [L. 7112-1] (cass. soc. 8 avril 1992, n° 89-42.171, BC V n° 254 ; dans le même sens, voir cass. soc. 14 janvier 2004, n° 01-46.555).

• Pigistes

La loi institue en faveur des journalistes rémunérés à la pige une présomption de contrat de travail. Mais, pour bénéficier de cette présomption, le journaliste pigiste doit satisfaire à la définition de l'article L. 7111-3 CT. Ainsi, pour avoir la qualité de salarié d'une entreprise de presse, le pigiste doit collaborer au journal de cette entreprise de façon régulière (cass. soc. 8 mars 1995, n° 94-60.106, *RJS* 4/95 n° 452). Le pigiste ne bénéficie donc pas de cette présomption vis-à-vis de l'ensemble des entreprises de presse auxquelles il peut apporter sa collaboration de façon occasionnelle (même arrêt).

Ne peut prétendre au bénéfice du statut le pigiste, forfaitairement rémunéré, dont il apparaît qu'il traite les sujets de son choix et que la société de presse ne lui adresse ni instructions ni même orientations ou directives (cass. soc. 9 février 1989, n° 86-40.996, BC V n° 108 ; *CSB* 1989 S. 34).

Ne peut davantage y prétendre le reporter-photographe, libre de son temps, qui fait parvenir à une agence de presse, sans instruction de celle-ci, des clichés sur les événements et les sujets de son choix, ces seuls motifs suffisant à détruire la présomption de salariat (cass. soc. 30 juin 1988, n° 85-44.396, BC V n° 399). En revanche, lorsqu'un reporter-photographe, agissant sur instructions, effectue de manière constante et habituelle des reportages photographiques destinés à illustrer des événements précis publiés par deux journaux et perçoit en contrepartie une rémunération mensuelle d'un montant assez constant, la présomption de salariat n'est pas détruite et les parties sont liées par un contrat de travail (cass. soc. 10 juin 1997, n° 94-41.091, *CSB* 1997 S. 167 ; dans le même sens, voir aussi cass. soc. 11 juillet 2006, n° 04-45.419, *RJS* 10/06 n° 1131).

Lorsque la collaboration d'un journaliste pigiste est occasionnelle et non permanente et que la société n'a pas l'obligation de lui assurer la parution et la rémunération d'un nombre d'articles déterminé dans un temps donné, l'interruption des commandes pendant quatre mois ne s'analyse pas en un licenciement (cass. soc. 9 juillet 1996, n° 93-41.401, *RJS* 10/96 n° 1119). *A contrario*, en fournissant régulièrement du travail à un pigiste pendant une longue période, une entreprise de presse fait de ce dernier, même rémunéré à la pige, un collaborateur régulier auquel l'entreprise est tenue de fournir du travail (cass. soc. 30 juin 2009, n° 08-42.770). Ainsi, lorsqu'une société a régulièrement versé, pendant trois ans, des piges à une pigiste et que la régularité de ces paiements atteste du caractère constant du concours qu'elle apportait à l'entreprise de presse, la société a l'obligation de demander à l'intéressée, de manière constante et régulière, une prestation de travail et l'interruption de cette relation de travail s'analyse en un licenciement (cass. soc. 1er février 2000, n° 98-40.195, BC V n° 49). En outre, l'entreprise de presse qui manque à son obligation de procurer du travail au pigiste dont elle avait fait un collaborateur régulier peut être condamnée au paiement d'un rappel de salaire ; ainsi, ayant relevé qu'un dessinateur pigiste n'avait pris acte de la rupture de son contrat de travail qu'à l'issue d'un délai compatible avec ce type de collaboration pendant lequel il s'était tenu à la disposition de son employeur, une cour d'appel a pu décider qu'un rappel de salaire était dû pour la période correspondante (cass. soc. 31 octobre 2006, n° 05-41.773, *RJS* 1/07 n° 122). À noter, toutefois, que si l'employeur d'un journaliste pigiste, employé comme collaborateur régulier, est tenu de lui fournir régulièrement du travail sauf à engager la procédure de licenciement, il n'est pas tenu de lui fournir un volume de travail constant (cass. soc. 29 septembre 2009, n° 08-43.487, 1re branche du 1er moyen, BC V n° 207).

Les pigistes étant salariés dès lors qu'ils sont collaborateurs réguliers de l'entreprise de presse, ils doivent bénéficier de la mesure spéciale de participation prévue par l'accord de participation en faveur de tous les salariés de l'entreprise comptant une certaine ancienneté ; un employeur ne peut donc se prévaloir, pour leur refuser le bénéfice de la participation, du fait que l'accord de participation conclu dans son entreprise prévoyant une répartition de la réserve en fonction du temps de présence excluait implicitement les pigistes, rémunérés selon les travaux réalisés et non selon leur temps de présence (cass. soc. 10 janvier 2001, n° 99-10.731, *RJS* 3/01 n° 323).

En outre, lorsque, compte tenu de la durée et de la régularité de leur collaboration, les journalistes pigistes ont la qualité de collaborateurs réguliers d'une entreprise de presse, ils doivent bénéficier des avantages prévus en faveur des journalistes professionnels permanents par la convention collective nationale des journalistes (cass. soc. 3 mars 2004, n° 02-40.372, *RJS* 6/04 n° 770).

Sur les conditions d'emploi des journalistes rémunérés à la pige, voir accord du 7 novembre 2008 (BO CC 2009-2), étendu par arrêté du 11 octobre 2010 (JO 20).

SECTION 2. **Rupture du contrat**

Art. L. 7112-2. Dans les entreprises de journaux et périodiques, en cas de rupture par l'une ou l'autre des parties du contrat de travail à durée indéterminée d'un journaliste professionnel, la durée du préavis, sous réserve du 3° de l'article L. 7112-5, est fixée à :

1° Un mois pour une ancienneté inférieure ou égale à trois ans ;

2° Deux mois pour une ancienneté supérieure à trois ans.

Toutefois, lorsque la rupture est à l'initiative de l'employeur et que le salarié a une ancienneté de plus de deux ans et de moins de trois ans, celui-ci bénéficie du préavis prévu au 3° de l'article L. 1234-1.

Note L'application de cet article est écartée en cas de démission du journaliste lorsque celui-ci invoque la « clause de conscience ». Voir article L. 7112-5 et la note.

Art. L. 7112-3. Si l'employeur est à l'initiative de la rupture, le salarié a droit à une indemnité qui ne peut être inférieure à la somme représentant un mois, par année ou fraction d'année de collaboration, des derniers appointements. Le maximum des mensualités est fixé à quinze.

Note L'indemnité de licenciement n'est due que lorsque la rupture du contrat provient du fait de l'employeur. Le départ volontaire à la retraite dans le cadre d'un plan social constitue une rupture à l'initiative du salarié et n'ouvre donc pas droit à l'indemnité de congédiement prévue à cet article (cass. soc. 9 juillet 2003, n° 01-43.298, *RJS* 10/03 n° 1161). L'indemnité est calculée en fonction des seules années passées dans l'exercice de la profession de journaliste, sauf pour l'intéressé à lui préférer, si elle est plus favorable, l'indemnité légale de licenciement prévue à l'article L. 1234-9 CT, prenant en compte la totalité des années de service dans l'entreprise. Elle ne peut non plus, sauf dispositions contraires, se cumuler avec une indemnité conventionnelle de licenciement (cass. soc. 11 décembre 1991, n° 88-41.171, BC V n° 565).

Art. D. 7112-1. L'indemnité de rupture du contrat de travail, prévue à l'article L. 7112-3, ne peut être inférieure à un mois de salaire, par année ou fraction d'année d'ancienneté.

Le maximum des mensualités est fixé à quinze.

Art. L. 7112-4. Lorsque l'ancienneté excède quinze années, une commission arbitrale est saisie pour déterminer l'indemnité due.

Cette commission est composée paritairement d'arbitres désignés par les organisations professionnelles d'employeurs et de salariés. Elle est présidée par un fonctionnaire ou par un magistrat en activité ou retraité.

Si les parties ou l'une d'elles ne désignent pas d'arbitres, ceux-ci sont nommés par le président du tribunal de grande instance, dans des conditions déterminées par voie réglementaire.

Si les arbitres désignés par les parties ne s'entendent pas pour choisir le président de la commission arbitrale, celui-ci est désigné à la requête de la partie la plus diligente par le président du tribunal de grande instance.

En cas de faute grave ou de fautes répétées, l'indemnité peut être réduite dans une proportion qui est arbitrée par la commission ou même supprimée.

La décision de la commission arbitrale est obligatoire et ne peut être frappée d'appel.

Note La commission arbitrale est compétente :
– d'une part, pour fixer, lorsque le congédiement provient du fait de l'employeur, quelle que soit la cause de la rupture, le montant de l'indemnité de licenciement due aux journalistes ayant plus de quinze ans de services dans une même publication en qualité de journaliste (cass. soc. 15 mars 1979, n° 76-15.417, BC V n° 242 ; 19 juillet 1988, n° 86-41.641, BC V n° 467),
– et, d'autre part, en cas de congédiement du fait de l'employeur, pour fixer, donc pour réduire ou supprimer, quelle que soit l'ancienneté du journaliste, le montant de l'indemnité due lorsque l'employeur allègue soit une faute grave, soit des fautes répétées (cass. soc. 5 juillet 1974, n° 73-40.668, BC V n° 422 ; 15 mars 1979, n° 76-15.417, BC V n° 242 ; *JS* 1979, F 41 ; 29 mars 1995, n° 91-45.876, BC V n° 115 ; *CSB* 1995 B. 80). Ce faisant, la commission arbitrale a compétence pour apprécier l'existence et la gravité des fautes alléguées (cass. soc. 12 octobre 1961, BC IV n° 854), sans que la décision de la juridiction prud'homale, statuant sur les indemnités réclamées au titre de la rupture du contrat de travail, ne s'impose à elle (cass. soc. 29 octobre 2002, n° 00-13.413, BC V n° 330).

• La commission arbitrale n'est compétente pour aucun autre chef de demande (détermination de l'auteur de la rupture, cass. soc. 6 juillet 1961, BC IV n° 748 ; indemnité compensatrice de préavis ou de congés payés, cass. soc. 8 juillet 1960, BC IV n° 764 ; existence et durée du contrat de travail, cass. soc. 18 juillet 1961, BC IV n° 801). La juridiction prud'homale garde en effet la plénitude de sa compétence pour toute indemnité autre que l'indemnité mentionnée à l'article L. 761-5 [L. 7112-3] CT (cass. soc. 27 janvier 1999, n° 96-44.837).

• La compétence de la commission arbitrale dans le domaine qui lui est dévolu entraîne corrélativement l'incompétence de la juridiction prud'homale en la matière (cass. soc. 29 mars 1995, précité ; 13 avril 1999, n° 97-40.090, BC V n° 173 ; *RJS* 6/99 n° 877).

• L'autorité qui s'attache à la chose jugée au cours de la même instance est d'ordre public et s'impose à la commission arbitrale des journalistes ; méconnaît cette règle la commission arbitrale qui décide que des journalistes peuvent se prévaloir des dispositions des articles L. 761-5 et L. 761-7 (anciens) CT, contrairement à un arrêt définitif précédemment rendu à leur égard dans la même instance (cass. soc. 11 janvier 2000, n° 98-42.489).

• En raison des règles dérogatoires au droit commun auxquelles obéit la détermination de l'indemnité de licenciement des journalistes professionnels, la portée de la sentence rendue par la commission arbitrale est limitée au domaine de compétence de cette commission. Par conséquent, des faits considérés comme n'étant pas constitutifs d'une faute grave par la commission arbitrale peuvent être regardés par la juridiction prud'homale comme constitutifs d'une faute grave (cass. soc. 12 janvier 1977, BC V n° 17). À l'inverse, même si des faits ont été considérés comme constitutifs d'une faute grave par la commission, le conseil de prud'hommes conserve la plénitude de sa compétence pour octroyer – ou non – une indemnité de préavis, voire des dommages et intérêts pour rupture abusive (cass. soc. 8 juillet 1992, n° 89-41.343, BC V n° 456 ; 17 mars 1993, *CSB* 1994 B. 72 ; 22 mai 1995, n° 91-43.448, BC V n° 163 ; *RJS* 7/95 n° 837).

• La sentence de la commission arbitrale ne peut être ni frappée d'opposition en raison du caractère exécutoire résultant de son dépôt au greffe du tribunal de grande instance (Trib. civ. Seine 8 janvier 1959) ni réformée par voie d'appel devant la cour d'appel (cass. soc. 16 mars 1977, n° 76-10.620, BC V n° 197), à moins qu'il ne s'agisse d'assurer le respect de principes d'ordre public (cass. soc. 19 février 1969, BC V n° 116) ou d'apprécier si la commission a outrepassé les limites de sa compétence définie par la loi (cass. soc. 25 juin 1959, BC IV n° 810). Un recours en annulation peut alors être introduit devant la cour d'appel (CA Paris 10 novembre 1988, Sté M... c/ N...). Le délai pour l'introduire est, conformément aux règles générales du code de procédure civile, d'un mois (CA Paris 11 mars 1971) à compter de la notification de la sentence par lettre recommandée prévue à l'article D. 7112-4. Lorsque la juridiction saisie d'un recours en annulation annule la sentence arbitrale, elle statue sur le fond dans la limite de la mission de l'arbitre, sauf volonté contraire de toutes les parties. Ainsi, une cour d'appel ne peut-elle se prononcer sur la nature des fonctions exercées, question qu'il appartient aux parties de soumettre au conseil de prud'hommes (cass. soc. 20 février 1991, n° 89-16.188, BC V n° 78).

• Les décisions de la commission arbitrale ne peuvent être déférées ni à la censure de la Cour de cassation (cass. soc. 16 mai 1944, *D.* 1945, 32 ; 30 janvier 1980, n° 78-13.131, BC V n° 89) ni à celle de la Cour supérieure d'arbitrage (C. sup. d'arbitrage 15 juin 1954), mais l'arrêt rendu par la cour d'appel en la matière est susceptible de faire l'objet d'un pourvoi en cassation.

• Une cour d'appel peut accorder à un journaliste dont l'indemnité de licenciement devait être fixée, eu égard à son ancienneté (supérieure à quinze années) par la commission arbitrale, une provision à partir du moment où elle a reconnu, dans les limites de sa compétence, un principe de créance certain au titre des dispositions de l'article L. 761-5 (ancien) CT (cass. soc. 4 juillet 1990, n° 87-40.144, *CSB* 1990 S. 135 ; 23 octobre 1991, n° 88-41.635). Toutefois, il ne s'agit que d'une simple faculté pour les juges et non d'une obligation (cass. soc. 27 janvier 1999, n° 96-44.837).

Art. D. 7112-2. La commission arbitrale prévue à l'article L. 7112-4 détermine l'indemnité due au salarié dont l'ancienneté excède quinze années.

Art. D. 7112-3. La décision de la commission arbitrale est obligatoire. Elle produit effet à compter de sa saisine. Aucune disposition ne peut prescrire que ses effets rétroagiront avant cette date.

Sa minute est déposée par l'un des arbitres ou par le président de la commission au greffe du tribunal de grande instance dans le ressort duquel la décision a été rendue. Ce dépôt est accompli dans les vingt-quatre heures et rend la décision exécutoire.

Les actes nécessités par l'application de l'article L. 7112-4 et du présent article sont dispensés de formes et de frais, en particulier de timbre et d'enregistrement.

Note La procédure prévue par cet article, reprise des articles 15 et 16 de la loi du 4 mars 1938, exclut la procédure d'*exequatur* et la possibilité d'opposition.

Art. D. 7112-4. La décision de la commission arbitrale est notifiée aux parties par lettre recommandée avec avis de réception vingt-quatre heures après avoir été rendue. Cette notification est faite par l'un des arbitres ou par le président de la commission.

Art. D. 7112-5. La commission arbitrale comprend deux arbitres désignés par les organisations professionnelles d'employeurs et deux arbitres désignés par les organisations syndicales de salariés.

Art. D. 7112-6. La nomination des arbitres par le président du tribunal de grande instance intervient huit jours après une mise en demeure adressée par lettre recommandée à la partie défaillante par l'autre organisation ou aux deux parties par l'intéressé lui-même.

Art. L. 7112-5. Si la rupture du contrat de travail survient à l'initiative du journaliste professionnel, les dispositions des articles L. 7112-3 et L. 7112-4 sont applicables, lorsque cette rupture est motivée par l'une des circonstances suivantes :

1° Cession du journal ou du périodique ;

2° Cessation de la publication du journal ou périodique pour quelque cause que ce soit ;

3° Changement notable dans le caractère ou l'orientation du journal ou périodique si ce changement crée, pour le salarié, une situation de nature à porter atteinte à son honneur, à sa réputation ou, d'une manière générale, à ses intérêts moraux. Dans ces cas, le salarié qui rompt le contrat n'est pas tenu d'observer la durée du préavis prévue à l'article L. 7112-2.

Note • Le bénéfice des dispositions de cet article est réservé aux journalistes employés dans une entreprise de journal ou de périodique ; ceux travaillant dans des agences de presse ne peuvent s'en prévaloir (cass. soc. 6 février 2001, n° 98-44.306, BC V n° 46 ; *RJS* 4/01 n° 539).

• L'indemnité de licenciement prévue à l'article L. 761-5 [L. 7112-3] est due, contrairement au droit commun, en cas de rupture du fait du journaliste, si celle-ci est motivée :
– par la cession du journal ou du périodique : on ne peut assimiler à la cession, qui implique un changement de propriétaire du journal, le fait de mettre fin à une gérance libre (cass. soc. 8 juillet 1960, BC IV n° 764) ou celui de mettre en location-gérance un journal ou un périodique (cass. soc. 29 mai 1991, n° 87-45.677, BC V n° 279) ; par contre, l'article L. 7112-5 doit recevoir application lorsque la cession d'actions de la société qui possède un journal ou de la société qui est actionnaire de celle-ci, entraîne la prise de contrôle de la société propriétaire par un nouvel actionnaire ou un nouveau groupe d'actionnaires (cass. soc. 21 juin 1984, n° 83-63.328, BC V n° 266 ; *JS* 1984, F 85 ; 12 janvier 1994, BC V n° 5 ; voir aussi cass. soc. 10 mars 1998, n° 95-43.795, BC V n° 130 ; *RJS* 4/98 n° 542, s'agissant d'un transfert de contrôle à un nouveau groupe d'actionnaires à la suite de diverses cessions d'actions). S'analyse également en une cession de périodique au sens de l'article L. 7112-5, 1° CT la cession du titre d'un journal intervenue dans le cadre d'une procédure de redressement judiciaire, même si le cessionnaire exploitait ce journal depuis plusieurs années en vertu d'un contrat de licence de marque (cass. soc. 26 février 2002, n° 00-40.763, BC V n° 80 ; *RJS* 5/02 n° 635). À noter que l'application de l'article L. 122-12 [L. 1224-1] ne peut priver le journaliste du droit de bénéficier de l'article L. 7112-5 (cass. soc. 15 novembre 1989, n° 86-42.742, BC V n° 666) ;
– par la cessation de la publication, même si elle est due à la force majeure. Il doit cependant s'agir d'une cessation définitive et non d'une interruption momentanée de la publication du journal (cass. soc. 8 juillet 1997, n° 94-43.881, *CSB* 1997 S. 168) ;
– par le changement notable dans le caractère ou l'orientation du journal ou périodique. Cette « clause de conscience », qui tend à garantir l'indépendance morale du

journaliste, ne peut être invoquée que dans la mesure où, d'une part, est survenu un changement notable dans le caractère ou dans l'orientation du journal ou du périodique, par exemple, après l'acquisition de l'exploitation du journal par une société et le retrait des personnalités qui animaient primitivement celui-ci (cass. soc. 9 novembre 1961, BC IV n° 926) et où, d'autre part, un tel changement crée une situation de nature à porter atteinte à l'honneur, à la conscience, à la réputation ou aux intérêts moraux du journaliste (cass. soc. 21 juin 1978, n° 76-40.892, BC V n° 497). Ainsi, constitue un changement notable dans l'orientation du journal, créant pour les journalistes une situation de nature à porter atteinte à leurs intérêts moraux, le fait pour un magazine, qui, depuis son lancement, était exclusif de tout caractère scandaleux, de s'être orienté délibérément, pour élargir sa diffusion et assurer sa survie, vers la publication d'articles privilégiant le sensationnel et portant atteinte à la vie privée (cass. soc. 17 avril 1996, n° 93-42.409, BC V n° 167). C'est au journaliste de rapporter la preuve de ce changement (cass. soc. 27 octobre 1993, n° 89-44.766) : l'insertion dans une revue d'un reportage publicitaire rédigé par des journalistes et ne portant pas la mention « Publicité » ne constitue pas un changement d'orientation justifiant l'application des dispositions de l'article L. 7112-5, 3°, dès lors que ce reportage, faisant suite à d'autres reportages publicitaires périodiquement insérés dans la revue sous la même rubrique, ne pouvait tromper le lecteur sur sa véritable nature.

• Lorsque le journaliste se prévaut de l'une des hypothèses prévues par l'article L. 7112-5 CT, la résiliation du contrat de travail, même s'il bénéficie d'une indemnité de licenciement, reste son fait et il est légalement dispensé d'accomplir un préavis. Il ne peut donc réclamer une indemnité compensatrice de préavis à son employeur (cass. soc. 17 avril 1996, n° 93-42.409, BC V n° 167).

L'article L. 7112-5 n'impose aucun délai au journaliste pour mettre en œuvre la clause de conscience (cass. soc. 10 mars 1998, n° 95-43.795, BC V n° 130 ; 30 novembre 2004, n° 02-42.437, BC V n° 314 ; *RJS* 2/05 n° 234 ; *Dr. Soc.* 2005, p. 335, obs. J. Mouly). Encore faut-il que l'intention du salarié de mettre fin pour cette raison à la relation de travail soit claire et non équivoque. Ayant constaté qu'un salarié ne s'était résolu à invoquer la clause légale de cession du journal que parce que les propositions de modification de son contrat, qui lui avaient été faites par le nouvel actionnaire majoritaire, entraînaient une diminution de son salaire de l'ordre de 25 %, une cour d'appel a pu en déduire que sa volonté de résilier son contrat de travail n'était ni claire ni dépourvue d'équivoque (cass. soc. 15 mars 2006, n° 03-45.875, pourvoi principal, BC V n° 112 ; *RJS* 5/06 n° 648).

Sur les conditions d'application et la mise en œuvre de la clause de conscience, voir « La clause de conscience des journalistes professionnels », J-L Durand, *Dr. Soc.* 1994, p. 256 et « Le refus par la Cour de cassation d'enfermer la clause de conscience des journalistes dans un délai bref », J-J Touati, *JSL* 1998 n° 18, p. 4.

CHAPITRE III

Rémunération

Art. L. 7113-1. Tout travail non prévu au contrat de travail conclu entre une entreprise de journal et périodique et un journaliste professionnel entraîne une rémunération spéciale.

Art. L. 7113-2. ***(L. 2009-669 du 12 juin 2009, art. 20, JO 13)*** Tout travail commandé ou accepté par l'éditeur d'un titre de presse au sens de l'article L. 132-35 du code de la propriété intellectuelle, quel qu'en soit le support, est rémunéré, même s'il n'est pas publié.

Note Une société éditrice ne peut refuser de payer un article qui lui a été adressé par un journaliste pigiste, dès lors qu'à la réception de cet article, elle n'a notifié aucune remarque à son auteur pour en empêcher la parution, ce qui équivalait à une acceptation de sa part (cass. soc. 25 octobre 1995, n° 94-40.487, *CSB* 1995 B. 161).

Art. L. 7113-3. ***(L. 2009-669 du 12 juin 2009, art. 20, JO 13)*** Lorsque le travail du journaliste professionnel donne lieu à publication dans les conditions définies à l'article L. 132-37 du code de la propriété intellectuelle, la rémunération qu'il perçoit est un salaire.

Art. L. 7113-4. ***(L. 2009-669 du 12 juin 2009, art. 20, JO 13)*** La négociation obligatoire visée aux articles L. 2241-1 et L. 2241-8 porte également sur les salaires versés aux journalistes professionnels qui contribuent, de manière permanente ou occasionnelle, à l'élaboration d'un titre de presse.

CHAPITRE IV

Dispositions pénales

Les articles législatifs ont été insérés à la suite de chacun des chapitres auxquels ils se rapportent.

TITRE II

PROFESSIONS DU SPECTACLE, DE LA PUBLICITÉ ET DE LA MODE

CHAPITRE Ier

Artistes du spectacle

Note Le statut des artistes du spectacle résulte de la loi 69-1186 du 26 décembre 1969 (JO 30) relative au placement des artistes du spectacle. Cette loi a donné lieu à un décret d'application 71-971 du 3 décembre 1971 et à une circulaire ministérielle TE 226 du 2 février 1972 relative au placement payant des artistes du spectacle. Voir *Cah. prud'h.* 2005 n° 5, ch. « Les artistes et le conseil de prud'hommes ».

SECTION 1. Champ d'application

Art. L. 7121-1. Les dispositions du présent code sont applicables aux artistes du spectacle, sous réserve des dispositions particulières du présent chapitre.

SECTION 2. Définitions

Art. L. 7121-2. Sont considérés comme artistes du spectacle, notamment :

1° L'artiste lyrique ;
2° L'artiste dramatique ;
3° L'artiste chorégraphique ;
4° L'artiste de variétés ;
5° Le musicien ;
6° Le chansonnier ;
7° L'artiste de complément ;
8° Le chef d'orchestre ;
9° L'arrangeur-orchestrateur ;
10° Le metteur en scène, pour l'exécution matérielle de sa conception artistique.

Note Le bénéfice des dispositions de cet article et des articles suivants est réservé aux seuls artistes du spectacle, mais la liste qui en est donnée n'est pas limitative. Ainsi, doit être considéré comme artiste du spectacle le sonorisateur-éclairagiste chargé de fournir la sonorisation et l'éclairage en liaison avec le metteur en scène et dont le rôle n'est pas celui d'un simple exécutant (cass. soc. 8 juillet 1999, n° 97-14.487, BC V n° 339 ; *RJS* 10/99 n° 1310).

À noter que le personnel de la Comédie-Française relève d'un statut particulier : les « sociétaires » n'ont pas la qualité de salariés, alors que les « pensionnaires » ont cette qualité.

À noter également que, statuant sur l'application de la présomption de salariat, Conseil d'État en a étendu le bénéfice aux sportifs professionnels. Voir note sous article L. 7121-3.

Distinction entre les statuts d'artistes-interprètes et de mannequins utilisés dans le cadre des films publicitaires. L'artiste de spectacle participant à un film publicitaire se distingue du mannequin en ce qu'il ne se limite pas à prêter son image pour la présentation d'un produit au public, mais qu'il se livre par la voix ou le geste à un jeu de scène impliquant une interprétation personnelle et relevant de l'activité du spectacle. Ayant constaté que les films pour le tournage desquels une artiste avait été engagée avaient été réalisés sur la base d'un scénario mettant en jeu trois personnages, dont celui de la « vendeuse » interprété par l'intéressée, et que la prestation fournie relevait du registre du théâtre ou du cinéma avec jeux de physionomie et interaction entre les partenaires, une cour d'appel a pu en déduire que cette personne ne s'était pas bornée à présenter un produit, mais qu'elle avait interprété un rôle et que le contrat conclu entre les parties devait être qualifié de contrat d'artiste (cass. soc. 10 février 1998, n° 95-43.510, BC V n° 82 ; *RJS* 3/98 n° 381).

De son côté, le Conseil d'État a adopté la même position en retenant que lorsqu'un artiste se livre, dans le cadre du tournage d'un film publicitaire, à une prestation qui ne se réduit pas à la seule utilisation de son image, il ne se produit pas en qualité de mannequin. Il a annulé en conséquence la circulaire du ministre du Travail, de l'Emploi et de la Formation professionnelle en date du 18 janvier 1995 en tant qu'elle énonçait que l'artiste-comédien qui tourne un film publicitaire doit être considéré comme un mannequin (CE 23 février 1998, n° 172735).

SECTION 3. Contrat de travail

Art. L. 7121-3. Tout contrat par lequel une personne s'assure, moyennant rémunération, le concours d'un artiste du spectacle en vue de sa production, est présumé être un contrat de travail dès lors que cet artiste n'exerce pas l'activité qui fait l'objet de ce contrat dans des conditions impliquant son inscription au registre du commerce.

Note **Caractéristiques requises du contrat pour l'application de la présomption légale.** Tout contrat par lequel une personne physique ou morale s'assure, moyennant rémunération, le concours d'un artiste du spectacle en vue de sa production, est présumé être un contrat de travail, quels que soient le mode et le montant de la rémunération, ainsi que la qualification donnée au contrat par les parties, la liberté d'expression conservée par l'artiste ou le fait qu'il est propriétaire de tout ou partie du matériel utilisé. Doit être cassé le jugement qui, pour débouter deux artistes de variétés engagés par une association pour animer deux soirées, de leurs demandes d'indemnité pour non-remise d'un bulletin de salaire et d'un certificat de travail et non-paiement des charges sociales, a retenu que le contrat qu'ils avaient signé n'était pas un contrat de travail mais un contrat de prestation de services, en raison de l'absence de lien de subordination, de l'utilisation par les salariés de leur propre matériel et des irrégularités que présentait le contrat (cass. soc. 19 mai 1998, n° 96-41.138, BC V n° 270).

Présomption légale. Elle porte sur l'existence d'un lien de subordination juridique entre l'artiste et la personne qui l'a engagé. Il en résulte :
- que la partie qui prétend que le contrat en cause est un contrat de travail n'a pas à faire la preuve de l'existence d'un lien de subordination juridique ;
- que la partie qui soutient la thèse inverse doit, pour faire tomber la présomption, rapporter la preuve que les conditions d'exercice de l'activité sont telles, en fait et en droit, qu'elles sont exclusives de tout lien de subordination juridique. Il s'agit donc d'un renversement de la charge de la preuve en faveur de l'artiste.

Dans la pratique, cette preuve apparaîtra dans bien des cas difficile à administrer dans la mesure où la présomption subsiste si l'artiste conserve la liberté d'expression de son art. À noter également – ce qui réduit la portée de la condition relative à l'activité exercée dans des conditions n'impliquant pas inscription au registre du commerce – que la présomption subsiste si l'artiste est propriétaire de tout ou partie du matériel nécessaire au spectacle et s'il emploie lui-même un ou plusieurs assistants pour le seconder.

Sur la présomption légale et les conditions dans lesquelles elle peut être écartée, voir rép. QE 6192, JO AN 22 septembre 1986, p. 3213.

Metteur en scène. Ne peut bénéficier de la présomption de salariat le metteur en scène lié à un producteur par un contrat aux termes duquel le commun accord des parties est nécessaire pour la date de début du tournage et sa durée, ainsi que pour le choix du studio et duquel il découlait qu'à aucun stade de l'élaboration technique du film, le producteur n'était en droit de donner des ordres ou directives au metteur en scène, lequel avait en réalité la qualité de « coproducteur » impliquant son inscription au registre du commerce (cass. soc. 13 mai 1980, n° 78-15.859, BC V n° 420).

Artistes du spectacle. Bénéficie de la présomption de contrat de travail l'acteur lié avec la société productrice de film par une convention aux termes de laquelle il apparaît qu'il existe un lien de subordination entre les parties, l'acteur devant se conformer aux instructions de la société quant au lieu, à l'horaire et au programme du tournage et se soumettre au règlement du studio, peu important, notamment, le mode et le montant de la rémunération et le fait que le contrat ne fasse pas référence à la convention collective de la production cinématographique (CA Paris 26 septembre 1986, *Gaz. Pal.* 1978, 2-638). La présomption légale s'applique également au contrat conclu entre une société organisant des soirées sur un terrain de camping et l'animateur d'une discothèque chargé de l'animation de ces soirées, dès lors qu'aux termes du contrat, il est soumis à un ensemble d'obligations strictement définies et ne peut prendre aucune initiative (cass. soc. 22 juin 1993, n° 90-18.544).

Ne détruit pas la présomption de salariat l'entrepreneur de spectacles qui assure la production d'artistes étrangers ne se comportant pas eux-mêmes en organisateurs de spectacles, n'étant pas titulaires d'une licence à cet effet, peu important que les intéressés soient liés par des contrats d'exclusivité avec des producteurs étrangers exerçant un certain contrôle sur leur activité (cass. soc. 23 octobre 1980, n° 79-11.667, BC V n° 764).

De même, le seul fait, pour un disc-jokey travaillant dans une boîte de nuit, de ne pas y être « résident », de ne produire aucun contrat de travail, aucun bulletin de salaire ni preuve de versement d'une rémunération régulière ne suffit pas à détruire la présomption de salariat, dès lors qu'il n'est pas établi que l'intéressé exerce son activité dans des conditions impliquant son inscription au registre du commerce (cass. soc. 14 octobre 2009, n° 08-42.908, BC V n° 223 ; *RJS* 12/09 n° 982).

À noter que la présomption de contrat de travail prévue par cet article ne vaut qu'entre les organisateurs de spectacle et les artistes y participant et ne s'applique pas entre deux artistes participant aux mêmes spectacles organisés par un tiers. Il appartient alors à l'artiste qui revendique l'existence d'un contrat de travail de démontrer qu'il a travaillé dans un lien de subordination avec l'autre artiste (cass. soc. 3 octobre 2007, n° 06-40.449, BC V n° 151 ; *JSL* n° 221, 13 novembre 2007, p. 24 ; *RJS* 12/07 n° 1326). Ainsi, après avoir constaté qu'un artiste décidait du recrutement des musiciens jouant dans son orchestre, leur donnait des instructions précises et exerçait sur eux un pouvoir de direction et de surveillance, et qu'il avait pris seul la décision de faire cesser leur participation aux activités de l'orchestre, une cour d'appel a pu en déduire l'existence du lien de subordination caractérisant le contrat de travail de chacun des musiciens à l'égard de celui-ci (cass. soc. 19 décembre 2007, n° 06-42.773, BC V n° 221 ; *RJS* 3/08 n° 336).

Autres professions. Le Conseil d'État a étendu le bénéfice de la présomption de salariat aux sportifs professionnels. Il a en effet considéré que « les dispositions des articles L. 7121-3 et 4, eu égard à la généralité de leurs termes, qui ne définissent pas de manière limitative les artistes du spectacle et n'imposent aucun aspect culturel particulier à l'activité déployée par ceux-ci », sont applicables aux joueurs de tennis professionnels engagés dans des tournois du type de ceux que la Fédération française de tennis organise » (CE 22 juin 2011, n° 319240, *LS* Jurispr. n° 180/2011 du 13/09/11) et aux coureurs cyclistes professionnels (CE 8 juillet 1988, n° 60731).

Art. L. 7121-4. La présomption de l'existence d'un contrat de travail subsiste quels que soient le mode et le montant de la rémunération, ainsi que la qualification donnée au contrat par les parties.

Cette présomption subsiste même s'il est prouvé que l'artiste conserve la liberté d'expression de son art, qu'il est propriétaire de tout ou partie du matériel utilisé ou qu'il emploie lui-même une ou plusieurs personnes pour le seconder, dès lors qu'il participe personnellement au spectacle.

Art. L. 7121-5. La présomption de salariat prévue à l'article L. 7121-3 ne s'applique pas aux artistes reconnus comme prestataires de services établis dans un État membre de la Communauté européenne ou dans un autre État partie à l'accord sur l'Espace économique européen où ils fournissent habituellement des services analogues et qui viennent exercer leur activité en France, par la voie de la prestation de services, à titre temporaire et indépendant.

Note Avant l'introduction de cet article, la CJCE, statuant sur un recours introduit par la Commission européenne à l'encontre de la France portant sur la compatibilité de l'article L. 762-1 (ancien) CT instituant une présomption de salariat au bénéfice des artistes de spectacles avec l'article 49 du Traité instituant la Communauté européenne relatif à la libre prestation de services, avait estimé que la présomption de salariat, dans la mesure où elle était applicable aux artistes reconnus comme prestataires de services établis dans leur État membre d'origine où ils fournissaient habituellement des services analogues et qui venaient exercer leur activité en France à titre temporaire et indépendant, constituait un obstacle à la libre prestation de services garantie par l'article 49 CE (CJCE 15 juin 2006, aff. C-255/04, rec. p. I-5251). En effet, selon la Cour, même si la présomption de salariat ne privait pas *stricto sensu* les artistes en question de la possibilité d'exercer leur activité en France à titre indépendant, elle comportait pour ceux-ci, néanmoins, des contraintes (notamment, obligation de payer des cotisations au titre de l'affiliation au régime général de la sécurité sociale) de nature à gêner leurs activités en tant que prestataires. Ainsi, pour éviter que leur contrat ne soit qualifié de contrat de travail, ils devaient apporter tous les éléments de preuve, parfois difficiles à constituer, qu'ils n'agissaient pas dans le cadre d'un travail subordonné, mais, au contraire, à titre indépendant.

La législation nationale ne trouvant à s'appliquer qu'en stricte conformité avec les exigences du droit communautaire, les agents de contrôle de l'inspection du travail, afin de respecter le principe de la libre prestation de services tel qu'interprété par la Cour de justice des Communautés européennes, devaient apprécier, le cas échéant, par tout moyen susceptible de l'attester, la réalité du statut de prestataire de services dans l'État membre où l'artiste était établi et reconnu comme tel et où il fournissait habituellement des services analogues lorsque ce statut était invoqué. Ils devaient vérifier, en outre, si les caractéristiques de la relation de travail, pour la prestation effectuée en France, relevaient bien d'un travail indépendant et temporaire [instr. DGT 18 du 2 octobre 2006 aux services de contrôle pour l'application de l'article L. 762-1 (ancien) CT].

Art. L. 7121-6. Le contrat de travail d'un artiste du spectacle est individuel.

Art. L. 7121-7. Le contrat de travail peut être commun à plusieurs artistes lorsqu'il concerne des artistes se produisant dans un même numéro ou des musiciens appartenant au même orchestre.

Dans ce cas, le contrat de travail désigne nominativement tous les artistes engagés et comporte le montant du salaire attribué à chacun d'eux. Il peut être revêtu de la signature d'un seul artiste, à condition que le signataire ait reçu mandat écrit de chacun des artistes figurant au contrat.

L'artiste contractant dans ces conditions conserve la qualité de salarié.

Note La présomption de salariat n'est pas détruite par la preuve que l'artiste emploie lui-même une ou plusieurs personnes pour le seconder, dès lors qu'il participe personnellement au spectacle (cass. soc. 20 septembre 2006, n° 05-40.225, BC V n° 272 ; *JCP* éd. S 2006, 1835, note Th. Lahalle ; *JSL* n° 199, 14 novembre 2006, p. 24). De même, le fait que le contrat ne mentionne pas le nom de chacun des artistes n'est pas de nature à exclure l'application de la présomption légale de contrat de travail entre l'organisateur de spectacles et les artistes qui y participent (cass. soc. 1er octobre 1992, n° 90-14.825, BC V n° 496 ; 1er avril 1993, n° 91-11.649, BC V n° 109). Enfin, le fait que, dans le cadre des contrats communs qu'elle signait avec des organisateurs de spectacles, une artiste ait fourni à ceux-ci les indications leur permettant d'établir les bulletins de paye des musiciens et les vignettes destinées à la sécurité sociale, ni le fait qu'elle ait précisé le montant des sommes devant revenir à chacun dans le cadre de ces contrats ni, enfin, le fait que les contrats des deux musiciens aient été rompus à sa demande ne détruisent, à défaut de preuve d'un lien de subordination entre les deux musiciens et cette artiste, la présomption de contrat de travail entre les organisateurs de spectacles et les artistes participant à ces spectacles (cass. soc. 9 avril 1996, n° 94-42.609, *D.* 1996 IR 126).

Art. L. 7121-7-1. ***(L. 2011-525 du 17 mai 2011, art. 8, JO 18)*** Les employeurs relevant du champ d'application du guichet unique fixé à l'article L. 7122-22 doivent, en l'absence de dispositions conventionnelles spécifiques aux artistes et techniciens du spectacle au titre de leur activité principale, lorsqu'ils emploient un artiste ou un technicien du spectacle, les faire bénéficier des dispositions d'une convention collective des activités du spectacle et s'y référer dans le formulaire de déclaration d'emploi.

Note Ces dispositions ont pour objet d'assurer aux artistes et techniciens du spectacle vivant une protection conventionnelle adaptée à leur activité lorsqu'ils interviennent en dehors du champ d'application des conventions collectives du secteur du spectacle vivant.

SECTION 4. Rémunération

Art. L. 7121-8. La rémunération due à l'artiste à l'occasion de la vente ou de l'exploitation de l'enregistrement de son interprétation, exécution ou présentation par l'employeur ou tout autre utilisateur n'est pas considérée comme salaire dès que la présence physique de l'artiste n'est plus requise pour exploiter cet enregistrement et que cette rémunération n'est pas fonction du salaire reçu pour la production de son interprétation, exécution ou présentation, mais est fonction du produit de la vente ou de l'exploitation de cet enregistrement.

Note • **Le salaire proprement dit** est constitué des cachets versés pour l'exécution de la tâche qui est prévue au contrat et qui est liée à la présence physique de l'artiste. N'a pas légalement justifié sa décision la cour d'appel qui a décidé qu'avaient la nature de salaire les rémunérations perçues par des artistes-interprètes en contrepartie de l'autorisation consentie à un producteur de diffuser les enregistrements d'un spectacle, sans rechercher si ces rémunérations étaient fonction du salaire reçu par eux pour la production de leur interprétation, exécution ou présentation, ou au contraire fonction du seul produit de l'exploitation de l'enregistrement (cass. soc. 21 juin 2004, n° 02-15.296, BC V n° 173 ; *RJS* 10/04 n° 1108).

La rémunération avant amortissement d'un film prévue dans le contrat d'engagement d'un comédien, calculée en pourcentage du montant du financement du montage et égale à 4 % des sommes encaissées par le producteur à titre d'avances sur recettes constitue une rémunération de sa prestation artistique dont le montant doit être garanti par l'AGS (cass. soc. 17 mai 2005, n° 02-47.541, BC V n° 166 ; *RJS* 11/05 n° 1148).

Les redevances (commissions, pourcentages, « royalties »...) n'ont pas le caractère d'un salaire s'il s'agit de rémunérations qui ne sont pas directement liées à la présence physique de l'artiste et dont le montant est fonction non du salaire reçu, mais du seul produit aléatoire de la vente ou de l'exploitation de l'enregistrement, de l'interprétation, exécution ou présentation de l'intéressé. Elles sont, en conséquence, calculées et versées postérieurement à l'exécution de la prestation de travail de l'artiste et ne doivent pas donner lieu à paiement de cotisations de sécurité sociale (cass. soc. 8 juin 1983, n° 82-13.109, BC V n° 311. Dans le même sens, voir aussi cass. soc. 21 juin 2004, n° 02-15.296, BC V n° 173 et 1er juillet 2009, n° 07-45.681, BC V n° 170, précisant que les redevances et avances sur redevances ne peuvent être prises en compte dans l'évaluation du montant des rémunérations dues à l'artiste-interprète en cas de rupture abusive de son contrat à durée déterminée). Aux termes de l'article L. 212-4 du code de la propriété intellectuelle, le contrat conclu entre un artiste-interprète et un producteur vaut présomption de cession des droits de l'artiste-interprète pour la fixation, la reproduction et la communication de sa prestation, et il doit fixer une rémunération distincte pour chaque mode d'exploitation de l'œuvre. La rémunération de l'artiste-interprète au titre de la cession de ses droits sur l'œuvre doit donc être distincte de la rémunération de sa prestation artistique (cass. soc. 10 février 1998, n° 95-43.510, BC V n° 82).

Frais professionnels. Dans la pratique, ces frais sont inclus dans les cachets ou font l'objet d'un remboursement séparé. Dans la mesure où ces frais sont inclus dans les cachets, des problèmes peuvent se trouver posés en ce qui concerne, par exemple, le calcul des congés payés (cf. note sous art. L. 3141-22).

SECTION 5. Placement

Sous-section 1. *(L. 2010-853 du 23 juil. 2010, art. 21, JO 24)* « Inscription au registre national des agents artistiques »

Art. L. 7121-9. *(L. 2010-853 du 23 juil. 2010, art. 21, JO 24)* L'activité d'agent artistique, qu'elle soit exercée sous l'appellation d'impresario, de manager ou sous toute autre dénomination, consiste à recevoir mandat à titre onéreux d'un ou de plusieurs artistes du spectacle aux fins de placement et de représentation de leurs intérêts professionnels.

Un décret en Conseil d'État fixe les modalités du mandat écrit visé au premier alinéa et les obligations respectives à la charge des parties.

Nul ne peut exercer l'activité d'agent artistique s'il exerce, directement ou par personne interposée, l'activité de producteur d'œuvres cinématographiques ou audiovisuelles.

Art. L. 7121-10. *(L. 2010-853 du 23 juil. 2010, art. 21, JO 24)* Il est créé un registre national sur lequel les agents artistiques doivent s'inscrire, destiné à informer les artistes et le public ainsi qu'à faciliter la coopération entre États membres de l'Union européenne et autres États parties à l'Espace économique européen. L'inscription sur ce registre est de droit.

Un décret en Conseil d'État précise les conditions d'inscription sur le registre ainsi que les modalités de sa tenue par l'autorité administrative compétente.

Art. L. 7121-11. L'activité d'agent artistique présente un caractère commercial au sens des dispositions du code de commerce.

Art. L. 7121-12. Sous réserve du respect *(L. 2010-853 du 23 juil. 2010, art. 21, JO 24)* « de l'incompatibilité prévue à l'article L. 7121-9 » un agent artistique peut produire un spectacle vivant au sens du chapitre II, lorsqu'il est titulaire d'une licence d'entrepreneur de spectacles vivants.

Dans ce cas, il ne peut percevoir aucune commission sur l'ensemble des artistes composant la distribution du spectacle.

Sous-section 2. Rémunération des services de placement

Art. L. 7121-13. *(L. 2010-853 du 23 juil. 2010, art. 21, JO 24)* Les sommes que les agents artistiques peuvent percevoir en rémunération de leurs services et notamment du placement se calculent en pourcentage sur l'ensemble des rémunérations de l'artiste.

Un décret fixe la nature des rémunérations prises en compte pour le calcul de la rétribution de l'agent artistique ainsi que le plafond et les modalités de versement de sa rémunération.

Ces sommes peuvent, par accord entre l'agent artistique et l'artiste du spectacle bénéficiaire du placement, être en tout ou partie mises à la charge de l'artiste. Dans ce cas, l'agent artistique donne quittance à l'artiste du paiement opéré par ce dernier.

Note Voir ci-après articles D. 7121-7 et 8.

Sous-section 3. **Agences artistiques**

Art. L. 7121-14. Le maire surveille les agences artistiques, leurs succursales et leurs bureaux annexes pour y assurer le maintien de l'ordre et le respect des règles d'hygiène.

[Dispositions réglementaires]

(D. 2011-517 du 11 mai 2011, JO 13)

SECTION 1. **Agents artistiques**

Sous-section 1. **Dispositions générales**

Art. R. 7121-1. L'agent artistique représente l'artiste du spectacle. À cette fin, il exerce notamment les missions suivantes :

1° Défense des activités et des intérêts professionnels de l'artiste du spectacle ;
2° Assistance, gestion, suivi et administration de la carrière de l'artiste du spectacle ;
3° Recherche et conclusion des contrats de travail pour l'artiste du spectacle ;
4° Promotion de la carrière de l'artiste du spectacle auprès de l'ensemble des professionnels du monde artistique ;
5° Examen de toutes propositions qui sont faites à l'artiste du spectacle ;
6° Gestion de l'agenda et des relations de presse de l'artiste du spectacle ;
7° Négociation et examen du contenu des contrats de l'artiste du spectacle, vérification de leur légalité et de leur bonne exécution auprès des employeurs.

Art. R. 7121-2. La personne physique ou la personne morale, qui opère sur le territoire national le placement des artistes du spectacle au sens de l'article L. 7121-9, s'inscrit préalablement dans le registre national des agents artistiques auprès du ministère chargé de la culture.

L'inscription mentionnée à l'alinéa précédent est effectuée préalablement à la première prestation de service sur le territoire national par l'agent artistique ressortissant d'un État membre de la Communauté européenne ou d'un autre État partie à l'accord sur l'Espace économique européen.

Art. R. 7121-3. L'inscription au registre national des agents artistiques mentionné à l'article R. 7121-2 comporte les éléments suivants transmis par l'agent artistique :

1° Le nom et le prénom de la personne physique ou du dirigeant de la personne morale ;
2° L'adresse professionnelle, le numéro de téléphone et l'adresse électronique ;
3° S'il y a lieu, le nom de l'enseigne commerciale ;
4° La forme juridique sous laquelle est exercée l'activité ;
5° La ou les spécialités de l'agence artistique ;
6° Une déclaration de la personne physique ou morale indiquant si elle exerce, directement ou indirectement, l'activité de producteur d'œuvres cinématographiques ou audiovisuelles.

L'agent artistique doit avertir dans le délai d'un mois, par tous moyens y compris par voie électronique, le ministre chargé de la culture de tout changement intervenu depuis la date de son inscription dans les éléments mentionnés au présent article.

Lorsqu'une modification de ces éléments est constatée par le ministre, celui-ci ne peut modifier le registre qu'à l'expiration d'un délai de quinze jours suivant l'information préalable de l'intéressé, adressée par tous moyens y compris par voie électronique.

Art. R. 7121-4. Le ministre chargé de la culture délivre un document attestant de l'inscription sur le registre, le cas échéant par voie électronique.

Art. L. 7121-14.

Art. R. 7121-5. Le ministre chargé de la culture tient à jour une liste accessible au public des agents inscrits sur le registre national des agents artistiques, le cas échéant sous forme électronique. La liste comporte les mentions énumérées à l'article R. 7121-3.

Sous-section 2. Le mandat

Art. R. 7121-6. Le mandat entre un agent artistique et un artiste est régi dans les conditions prévues au titre XIII du livre III du code civil. Il précise au minimum :

1° La ou les missions confiées et les modalités pour rendre compte de leur exécution périodique ;

2° Leurs conditions de rémunération ;

3° Le terme du mandat ou les autres modalités par lesquelles il prend fin.

Il est établi à titre gratuit.

(D. 2011-1018 du 25 août 2011, JO 27)

Sous-section 3. Rémunérations

Art. D. 7121-7. L'agent artistique perçoit en contrepartie de ses services, dans les conditions fixées par le mandat mentionné à l'article R. 7121-6, une rémunération calculée en pourcentage des rémunérations, fixes ou proportionnelles à l'exploitation, perçues par l'artiste.

Les sommes perçues par l'agent artistique en contrepartie des missions définies à l'article R. 7121-1, autres que celles mentionnées au second alinéa de l'article D. 7121-8, ne peuvent excéder un plafond de 10 % du montant brut des rémunérations définies au premier alinéa.

Toutefois, lorsque, conformément aux usages professionnels en vigueur notamment dans le domaine des musiques actuelles, des missions particulières justifiant une rémunération complémentaire sont confiées par l'artiste à l'agent en matière d'organisation et de développement de sa carrière, le plafond mentionné à l'alinéa précédent est porté à 15 %.

Le contrat de travail signé entre l'artiste et l'employeur prévoit la partie qui prend en charge les sommes dues à l'agent artistique et, le cas échéant, selon quel partage. Ne peuvent être prises en charge par l'employeur que les sommes calculées en pourcentage des rémunérations qu'il verse directement à l'artiste et dont l'agent artistique bénéficiaire est explicitement désigné dans le contrat de travail.

La rémunération complémentaire mentionnée au troisième alinéa est prise en charge par l'artiste. Elle peut toutefois être versée par l'employeur pour le compte de l'artiste.

Art. D. 7121-8. Ne peuvent être pris en considération pour le calcul de la rémunération de l'agent artistique en application du premier alinéa de l'article D. 7121-7 les remboursements, indemnités et avantages en nature perçus par l'artiste à titre de frais professionnels.

Dans les conditions fixées par le mandat mentionné à l'article R. 7121-6 et sur présentation de pièces justificatives, les frais engagés par l'agent artistique en accord avec l'artiste peuvent faire l'objet d'un remboursement.

Congés payés

Champ d'application

Art. D. 7121-28. La présente section détermine, conformément à l'article L. 3141-30, les modalités d'application des dispositions relatives aux congés payés du personnel artistique et technique du spectacle occupé :

1° Dans les entreprises de spectacle occupant les activités prévues au code 92.3 et aux codes 92.7A et 55.4C de la nomenclature des activités françaises (NAF) ainsi que par les impresarios, agences théâtrales, chefs d'orchestre, chefs de troupe ou dans les hôtels, cafés, restaurants ;

2° Dans les entreprises exerçant les activités cinématographiques et vidéo prévues au code 92.1 de la nomenclature NAF ;

3° Dans les entreprises exerçant les activités de radio et de télévision prévues au code 92.2 de la nomenclature NAF ;

4° Dans les entreprises exerçant les activités d'édition d'enregistrements sonores prévues au code 22.1G.

Art. D. 7121-29. La présente section s'applique également pour leur personnel artistique et technique :

1° Aux personnes morales de droit public exerçant les types d'activités mentionnés à l'article D. 7121-28 à titre principal, accessoire ou occasionnel, sous quelque forme juridique que ce soit ;

2° Au personnel artistique et technique détaché dans les conditions prévues à l'article L. 1261-3.

Droit au congé

Art. D. 7121-30. Les dispositions relatives aux congés payés, prévus par le chapitre premier du titre IV du livre premier de la partie III, qui ne sont pas contraires aux dispositions de la présente section s'appliquent.

Art. D. 7121-31. Lorsqu'il justifie d'au moins quatre semaines d'engagement ou de trente cachets au cours de la période de référence chez un ou plusieurs des employeurs assujettis, le bénéficiaire de la présente section a droit à un congé déterminé conformément aux dispositions des articles L. 3141-3 à L. 3141-29.

Chaque journée de congé payé est considérée, pour la détermination du droit au congé ultérieur, comme correspondant à une journée de travail ou à un cachet.

Art. D. 7121-32. L'employeur délivre au salarié qu'il cesse d'employer ou qui peut bénéficier de son congé annuel un certificat justificatif de ses droits à congé en double exemplaire.

Ce certificat indique :

1° La durée des engagements ou le nombre des cachets accomplis pour le compte de l'employeur dans les douze mois qui précédent et le montant de la rémunération versée pendant la période envisagée ;

2° La raison sociale et l'adresse de la caisse de congés payés à laquelle l'employeur est affilié.

Il lui remet également une enveloppe timbrée nécessaire à la transmission de ce certificat à la caisse de congés payés.

Art. D. 7121-33. Le salarié transmet à la caisse de congés payés prévue à la sous-section 3 un exemplaire du certificat justificatif de ses droits à congés.

Art. D. 7121-34. Lorsque, au moment du départ du salarié, l'employeur ne lui a pas délivré le certificat justificatif de ses droits à congés, l'intéressé peut le réclamer dans les six mois suivant son départ.

En cas de refus de l'employeur, l'intéressé informe la caisse de congés.

Art. D. 7121-35. Le versement des cotisations accompli par l'employeur en application de l'article D. 7121-44 le dispense du paiement de l'indemnité compensatrice de congé, prévue à l'article L. 3141-26, en cas de rupture du contrat de travail d'un salarié qui a au moins un mois d'ancienneté dans l'entreprise et qui n'a pas bénéficié de son congé payé.

Art. D. 7121-36. Pour bénéficier du congé annuel continu, en application de l'article D. 7121-31, le salarié transmet à la caisse de congés payés les certificats qu'il a reçus de son employeur ou de ses employeurs successifs. Cette transmission est faite quinze jours au moins avant la date à laquelle il prend son congé.

Après vérification, la caisse verse à l'intéressé le montant de l'indemnité à laquelle il a droit contre remise d'une pièce justifiant son immatriculation à la sécurité sociale.

Art. D. 7121-37. Le montant de l'indemnité journalière de congé est égal à la rémunération journalière moyenne que l'intéressé a reçue dans les entreprises où il a été employé pendant la période prise en considération pour la détermination du droit au congé.

Le montant de l'indemnité journalière ne peut excéder le chiffre maximum fixé dans les conventions collectives de travail ou par sentence arbitrale, rendue dans les conditions prévues aux articles L. 2524-1 et suivants.

En cas d'absence de convention collective, le montant de l'indemnité journalière est limité au triple du montant du salaire minimum de la catégorie professionnelle, à moins qu'une sentence arbitrale n'ait fixé une limite plus élevée.

Caisse de congés payés

§ 1. Constitution

Art. D. 7121-38. Une caisse de congés payés assure le service des congés annuels au personnel artistique et technique employé de façon intermittente dans les entreprises mentionnées aux articles D. 7121-28 et D. 7121-29.

Cette caisse répartit entre ces entreprises les charges résultant de l'attribution des congés payés.

Art. D. 7121-39. La caisse de congés payés est agréée par le ministre chargé du travail.

Le ministre approuve ses statuts et règlements ainsi que les modifications qui leurs sont apportées. Ils ne peuvent être modifiés qu'avec son approbation.

Un arrêté du ministre chargé du travail fixe les pièces, justifications et garanties à fournir par la caisse, soit en vue de son agrément, soit au cours de son fonctionnement. Cet arrêté détermine également les dispositions que contiennent ses statuts et règlements.

§ 2. Affiliation

Art. D. 7121-40. Les employeurs mentionnés aux articles D. 7121-28 et D. 7121-29 s'affilient, pour le personnel artistique et technique qu'ils emploient, à la caisse de congés payés prévue à l'article D. 7121-38.

Art. D. 7121-41. Les employeurs déclarent à la caisse de congés payés le personnel artistique et technique qu'ils n'ont pas employé de façon continue pendant les douze mois précédant la demande de congé.

Art. D. 7121-42. Les entreprises établies dans un autre État membre de la Communauté européenne ou d'un autre État partie à l'accord sur l'Espace économique européen qui emploient des salariés détachés mentionnés au 2° de l'article D. 7121-29 peuvent s'exonérer des obligations figurant à la présente section lorsqu'elles justifient que ces salariés bénéficient, pour la période de détachement, de leurs droits à congés payés dans des conditions au moins équivalentes à celles prévues par la législation française.

Art. D. 7121-43. Lorsque, dans le pays où elles sont établies, les entreprises mentionnées à l'article D. 7121-42 sont affiliées à une institution équivalente aux caisses de congés payés, elles justifient, pour bénéficier de l'exonération :

1° Qu'elles sont à jour de leurs obligations à l'égard de ces institutions à la date du commencement de la prestation ;

2° Qu'elles ont continué à cotiser à l'institution compétente durant le détachement temporaire.

Art. D. 7121-44. La cotisation versée par l'employeur affilié à la caisse de congés payés est déterminée par un pourcentage du montant des salaires et appointements payés au personnel intéressé.

Le règlement intérieur de la caisse détermine le pourcentage, les périodes et les modes de versement des cotisations ainsi que les justifications dont ce versement est accompagné.

Il détermine également les vérifications auxquelles se soumettent les employeurs.

Art. D. 7121-45. L'employeur affiche de façon apparente, dans les locaux où le paiement des salaires est réalisé, la raison sociale et l'adresse de la caisse de congés payés à laquelle il est affilié.

Art. D. 7121-46. L'employeur justifie aux agents de l'inspection du travail et aux officiers de police judiciaire qu'il est à jour de ses obligations envers la caisse de congés payés en produisant les pièces émanant de cette caisse.

Art. D. 7121-47. L'employeur indique à la caisse de congés payés la caisse d'allocations familiales à laquelle il adhère.

Il justifie, par des pièces émanant de la caisse de congés payés, trimestriellement et plus souvent si nécessaire :

1° Du taux de compensation qui lui est appliqué ;

2° Qu'il est à jour de ses obligations envers la caisse de congés payés.

§ 3. Commission paritaire

Art. D. 7121-48. Une commission paritaire est instituée auprès de la caisse de congés payés.

Elle est chargée :

1° De contrôler le fonctionnement de la caisse quant à l'attribution des indemnités de congé aux ayants droit ;

2° De statuer sur les contestations qui peuvent s'élever sur le droit au congé.

Art. D. 7121-49. La commission paritaire est composée en nombre égal de représentants des employeurs et des salariés. Ces représentants sont désignés respectivement par les organisations professionnelles représentatives au niveau national des entreprises et professions pour lesquelles la caisse est agréée.

En cas de contestation sur la détermination des organisations représentatives, le ministre chargé du travail se prononce dans les conditions prévues à l'article L. 2121-2.

(L. 2010-853 du 23 juil. 2010, art. 21, JO 24) « SECTION 6 ». Dispositions pénales

Art. L. 7121-15. Le fait, pour un agent artistique, de produire un spectacle vivant sans être titulaire d'une licence d'entrepreneur de spectacles vivants, en méconnaissance des dispositions de l'article *(L. 2010-853 du 23 juil. 2010, art. 21, JO 24)* « L. 7121-12 », est puni, en cas de récidive, d'un emprisonnement de six mois et d'une amende de 3750 €.

Art. L. 7121-16. Le fait, pour un agent artistique titulaire d'une licence d'entrepreneur de spectacles vivants et produisant un spectacle vivant, de percevoir une commission sur l'ensemble des artistes composant la distribution du spectacle, en méconnaissance des dispositions de l'article *(L. 2010-853 du 23 juil. 2010, art. 21, JO 24)* « L. 7121-12 », est puni, en cas de récidive, d'un emprisonnement de six mois et d'une amende de 3750 €.

Art. L. 7121-17. *(L. 2010-853 du 23 juil. 2010, art. 21, JO 24)* Le fait, pour un agent artistique établi sur le territoire national, de percevoir des sommes en méconnaissance du premier alinéa de l'article L. 7121-13 est puni, en cas de récidive, d'un emprisonnement de six mois et d'une amende de 3750 €.

Art. R. 7121-50. *(D. 2011-517 du 11 mai 2011, JO 13)* Le fait, pour toute personne d'exercer sur le territoire national l'activité d'agent artistique définie à l'article L. 7121-9 sans être préalablement inscrite au registre mentionné à l'article L. 7121-10 en méconnaissance de ces dispositions, est puni de l'amende prévue pour les contraventions de la cinquième classe.

Note Cet article est entré en vigueur le 1er août 2011.

Art. R. 7121-51. *(D. 2011-517 du 11 mai 2011, JO 13)* Le fait, pour un agent artistique titulaire d'une licence d'entrepreneur de spectacles vivants et produisant un spectacle vivant, de percevoir une commission sur l'ensemble des artistes composant la distribution du spectacle, en méconnaissance des dispositions de l'article L. 7121-12, est puni de l'amende prévue pour les contraventions de la cinquième classe.

Art. R. 7121-52. *(D. 2011-517 du 11 mai 2011, JO 13)* Le fait, pour un agent artistique établi sur le territoire national, de percevoir des sommes, en méconnaissance des dispositions de l'article L. 7121-13, est puni de l'amende prévue pour les contraventions de la cinquième classe.

CHAPITRE II

Entreprises de spectacles vivants

SECTION 1. Activité d'entrepreneur de spectacles vivants titulaires d'une licence

Sous-section 1. Champ d'application

Art. L. 7122-1. Les dispositions de la présente section s'appliquent aux entrepreneurs de spectacles vivants qui, en vue de la représentation en public d'une œuvre de l'esprit, s'assurent la présence physique d'au moins un artiste du spectacle percevant une rémunération.

Sous-section 2. Définitions

Art. L. 7122-2. Est entrepreneur de spectacles vivants toute personne qui exerce une activité d'exploitation de lieux de spectacles, de production ou de diffusion de spectacles, seul ou dans le cadre de contrats conclus avec d'autres entrepreneurs de spectacles vivants, quel que soit le mode de gestion, public ou privé, à but lucratif ou non, de ces activités.

Les différentes catégories d'entrepreneurs de spectacles vivants sont déterminées par voie réglementaire.

Sous-section 3. Licence d'entrepreneur de spectacles vivants

Art. L. 7122-3. ***(L. 2011-302 du 22 mars 2011, art. 12, JO 23)*** « Toute personne établie sur le territoire national qui exerce l'activité » d'entrepreneur de spectacles vivants ***(L. 2011-302 du 22 mars 2011, art. 12, JO 23)*** « doit détenir une » licence d'entrepreneur de spectacles vivants d'une ou plusieurs des catégories mentionnées à l'article L. 7122-2, ***(L. 2011-302 du 22 mars 2011, art. 12, JO 23)*** « sous réserve des dispositions de l'article L. 7122-10 ».

Art. L. 7122-4. Lorsque l'activité d'entrepreneur de spectacles vivants est exercée par une personne physique, la licence est délivrée à cette personne sur justification de son immatriculation au registre du commerce et des sociétés ou au répertoire des métiers.

Art. L. 7122-5. Lorsque l'activité d'entrepreneur de spectacles vivants est exercée par une personne morale, la licence est accordée au représentant légal ou statutaire de celle-ci, sous réserve des dispositions suivantes :

1° Pour les associations et pour les établissements publics, la licence est accordée au dirigeant désigné par l'organe délibérant prévu par les statuts ;

2° Pour les salles de spectacles exploitées en régie directe par les collectivités publiques, la licence est accordée à la personne physique désignée par l'autorité compétente.

En cas de cessation de fonctions du détenteur de la licence d'entrepreneur de spectacles vivants, les droits attachés à cette licence sont transférés à la personne désignée par l'entreprise, l'autorité compétente ou l'organe délibérant, pour une durée déterminée. L'identité de la personne ainsi désignée est transmise pour information à l'autorité administrative.

Art. L. 7122-6. La licence est personnelle et incessible.

Elle est accordée pour la direction d'une entreprise déterminée.

L'interposition de quelque personne que ce soit est interdite.

Art. L. 7122-7. La délivrance de la licence est subordonnée à des conditions de compétence ou d'expérience professionnelle du demandeur.

Art. L. 7122-8. La licence ne peut être attribuée à une personne ayant fait l'objet d'une décision judiciaire lui interdisant l'exercice d'une activité commerciale.

Art. L. 7122-9. La licence d'entrepreneur de spectacles vivants est délivrée pour une durée déterminée renouvelable.

Note Cet article a été modifié par la loi 2011-302 du 22 mars 2011, art. 12, JO 23.

Art. L. 7122-10. Les entrepreneurs de spectacles vivants ressortissants d'un État membre de ***(L. 2011-302 du 22 mars 2011, art. 12, JO 23)*** « l'Union » européenne ou d'un autre État partie à l'accord sur l'Espace économique européen peuvent ***(L. 2011-302 du 22 mars 2011, art. 12, JO 23)*** « s'établir, sans licence, pour exercer » leurs activités en France, sous réserve de produire un titre d'effet équivalent délivré dans un de ces États dans des conditions comparables.

Art. L. 7122-11. ***(L. 2011-302 du 22 mars 2011, art. 12, JO 23)*** Les entrepreneurs de spectacles vivants autres que ceux mentionnés aux articles L. 7122-3 et L. 7122-10 peuvent exercer cette activité de façon temporaire et occasionnelle, sous réserve :

1° S'ils sont légalement établis dans un autre État membre de l'Union européenne ou partie à l'accord sur l'Espace économique européen, d'avoir préalablement déclaré leur activité dans des conditions fixées par voie réglementaire ;

2° S'ils ne sont pas établis dans un État membre de l'Union européenne ou partie à l'accord sur l'Espace économique européen, d'avoir obtenu une licence pour la durée des représentations publiques envisagées ou d'avoir préalablement déclaré ces représentations et conclu un contrat avec un entrepreneur de spectacles vivants détenteur d'une licence mentionnée à l'article L. 7122-3, dans des conditions fixées par voie réglementaire.

Art. L. 7122-12. La licence peut être retirée en cas de méconnaissance des dispositions légales relatives aux obligations de l'employeur prévues par le présent code, par l'ordonnance n° 45-2339 du 13 octobre 1945 relative aux spectacles, par le régime de sécurité sociale ainsi que des dispositions relatives à la protection de la propriété littéraire et artistique.

Art. L. 7122-13. Les administrations et organismes intéressés communiquent à l'autorité compétente pour délivrer la licence toute information relative à la situation des entrepreneurs de spectacles au regard des obligations mentionnées à l'article L. 7122-12.

Art. L. 7122-14. Un décret en Conseil d'État détermine les conditions d'application de la présente sous-section.

Sous-section 4. **Protection des salaires**

Art. L. 7122-15. En cas de besoin, pour assurer le paiement des salaires, les recettes peuvent, sur la demande de l'autorité administrative ou des intéressés, faire en cours de représentation l'objet de saisies autorisées par ordonnance du juge judiciaire statuant en référé.

[Dispositions réglementaires]

Définitions

Art. D. 7122-1. Les entrepreneurs de spectacles vivants sont classés en trois catégories :

1° Les exploitants de lieux de spectacles aménagés pour les représentations publiques ;

2° Les producteurs de spectacles ou entrepreneurs de tournées qui ont la responsabilité d'un spectacle et notamment celle d'employeur à l'égard du plateau artistique ;

3° Les diffuseurs de spectacles qui ont la charge, dans le cadre d'un contrat, de l'accueil du public, de la billetterie et de la sécurité des spectacles, et les entrepreneurs de tournées qui n'ont pas la responsabilité d'employeur à l'égard du plateau artistique.

Licence d'entrepreneur de spectacles vivants

§ 1. Entrepreneur de spectacles vivants établi en France

Art. R. 7122-2. La licence d'entrepreneur de spectacles vivants d'une ou plusieurs des catégories prévues à l'article D. 7122-1 est délivrée aux personnes physiques ou aux représentants légaux ou statutaires des personnes morales mentionnées à l'article L. 7122-5 qui remplissent les conditions suivantes :

1° Être majeur ;

2° Être titulaire d'un diplôme de l'enseignement supérieur ou justifier d'une expérience professionnelle ***(D. 2011-994 du 23 août 2011, JO 25)*** « d'un an » au moins ou d'une formation professionnelle de cinq cents heures au moins dans le domaine du spectacle ;

3° Justifier de la capacité juridique d'exercer une activité commerciale.

Art. R. 7122-3. La délivrance de la licence correspondant à la catégorie d'exploitant de lieux de spectacles aménagés pour les représentations publiques est soumise, outre aux dispositions de l'article R. 7122-2, aux conditions suivantes :

1° Être propriétaire, locataire ou titulaire d'un titre d'occupation du lieu de spectacle qui fait l'objet de l'exploitation ;

2° Avoir suivi, auprès d'un organisme agréé, une formation à la sécurité des spectacles adaptée à la nature du lieu de spectacle ou justifier de la présence dans l'entreprise d'une personne qualifiée dans le domaine de la sécurité des spectacles.

Art. R. 7122-4. Lorsque l'entrepreneur de spectacles vivants est établi en France, la licence d'entrepreneur de spectacles vivants est délivrée ***(D. 2011-994 du 23 août 2011, JO 25)*** « par le préfet de région du lieu de l'établissement principal » de l'entreprise de spectacles vivants pour une durée de trois ans renouvelable.

Cette licence est accordée après avis motivé de la commission consultative régionale mentionnée à l'article R. 7122-18.

Art. R. 7122-5. Le transfert à une personne désignée par l'entreprise des droits attachés à une licence, dans les conditions prévues à l'article L. 7122-5, ne peut excéder six mois.

L'identité de la personne désignée est transmise dans un délai de quinze jours au préfet ***(D. 2011-994 du 23 août 2011, JO 25)*** « de région » à compter de sa désignation.

§ 2. Entrepreneur de spectacles vivants non établi en France

(D. 2011-994 du 23 août 2011, JO 25) *« Sous-§ 1. Conditions d'établissement en France des ressortissants d'un État membre de l'Union européenne ou d'un autre État partie à l'accord sur l'Espace économique européen »*

Art. R. 7122-6. ***(D. 2011-994 du 23 août 2011, JO 25)*** Pour pouvoir s'établir en France et exercer sans licence leur activité en France, les entrepreneurs de spectacles vivants ressortissants d'un État membre de l'Union européenne autre que la France ou d'un autre État partie à l'accord sur l'Espace économique européen doivent être en possession d'un titre, mentionné à l'article L. 7122-10, jugé d'effet équivalent.

Art. R. 7122-7. Le titre mentionné à l'article L. 7122-10 est produit par l'entrepreneur de spectacles vivants au ministre chargé de la culture.

Le ministre chargé de la culture est compétent pour apprécier l'équivalence du titre mentionné à l'article L. 7122-10.

Lorsqu'il juge le titre d'effet équivalent à une licence d'entrepreneur de spectacles vivants, il délivre un récépissé valant licence pour la catégorie et pour la durée correspondant au titre.

Lorsqu'il ne le juge pas d'effet équivalent à une licence d'entrepreneur de spectacles vivants, il en informe l'intéressé par une décision motivée qui lui est notifiée par lettre recommandée avec avis de réception. Le ministre l'invite à se conformer aux dispositions de l'article L. 7122-11.

Art. R. 7122-8. La liste et les conditions de présentation des documents requis lorsque l'intéressé se prévaut du titre mentionné à l'article L. 7122-10 sont déterminées par un arrêté du ministre chargé de la culture.

(D. 2011-994 du 23 août 2011, JO 25) *« Sous-§ 2. Conditions de prestation de services en France des entrepreneurs de spectacles vivants établis dans un État membre de l'Union européenne ou dans un autre État partie à l'accord sur l'Espace économique européen »*

Art. R. 7122-9. ***(D. 2011-994 du 23 août 2011, JO 25)*** La déclaration préalable mentionnée au 1° de l'article L. 7122-11 est adressée par tous moyens, y compris par voie électronique, au préfet de région du lieu de la représentation publique ou, lorsque les représentations sont données dans plusieurs régions, au préfet de région du lieu de la première représentation publique, au moins un mois avant la date prévue pour cette représentation. Après avoir accompli cette déclaration dans les conditions prévues au présent article, l'entrepreneur de spectacles vivants peut exercer son activité.

Le préfet de région délivre un récépissé dans un délai de quinze jours suivant la réception de cette déclaration, le cas échéant sous forme électronique.

Toutefois, en cas de situation d'urgence justifiée par l'entrepreneur de spectacles vivants, les délais mentionnés aux deux alinéas précédents peuvent être réduits respectivement à quinze et huit jours.

La liste et les conditions de présentation des informations requises à l'appui de cette déclaration sont déterminées par un arrêté du ministre chargé de la culture.

(D. 2011-994 du 23 août 2011, JO 25) *« Sous-§ 3. Entrepreneurs non établis dans un État membre de l'Union européenne ou de l'Espace économique européen »*

Art. R. 7122-10. ***(D. 2011-994 du 23 août 2011, JO 25)*** I. – La licence d'entrepreneur de spectacles vivants prévue au 2° de l'article L. 7122-11 est délivrée par le préfet de région du lieu de la représentation, pour la durée des représentations publiques envisagées ou, si les représentations publiques sont données dans plusieurs régions, par le préfet de région du lieu de la première représentation publique.

Cette licence est accordée après avis motivé de la commission consultative régionale mentionnée à l'article R. 7122-18.

II. – Lorsqu'il n'entend pas solliciter une licence pour la durée des représentations publiques envisagées, l'entrepreneur de spectacles adresse une déclaration au préfet de région du lieu de la représentation publique ou, lorsque les représentations sont données dans plusieurs régions, au préfet de région du lieu de la première représentation publique, au moins un mois avant la date prévue pour cette représentation, à laquelle est jointe une copie du contrat conclu avec un entrepreneur de spectacles détenteur d'une licence correspondant à l'une des trois catégories mentionnées à l'article L. 7122-2.

Au vu de la déclaration et du contrat qui l'accompagne, le préfet de région délivre un récépissé dans le délai de quinze jours suivant la réception de cette déclaration, le cas échéant sous forme électronique.

Art. R. 7122-11. La liste et les conditions de présentation des documents requis ***(D. 2011-994 du 23 août 2011, JO 25)*** « à l'appui des déclarations préalables prévues au 2° de l'article L. 7122-11 » sont déterminées par un arrêté du ministre chargé de la culture.

§ 3. Dispositions communes à l'instruction des licences

Art. R. 7122-12. La demande de délivrance d'une licence d'entrepreneur de spectacles vivants est adressée par l'intéressé au préfet ***(D. 2011-994 du 23 août 2011, JO 25)*** « de région », par lettre recommandée avec avis de réception.

Lorsqu'elle émane d'***(D. 2011-994 du 23 août 2011, JO 25)*** « un entrepreneur qui n'est pas établi dans un État membre de l'Union européenne ou partie à l'accord sur l'Espace économique européen », la demande peut être formulée, au nom de celui-ci et sur présentation d'un mandat exprès, par un entrepreneur de spectacles vivants établi en France.

(D. 2011-994 du 23 août 2011, JO 25) « La liste et les conditions de présentation des documents requis pour les demandes de licences prévues à l'article L. 7122-3 et au 2° de l'article L. 7122-11 sont fixées par un arrêté du ministre chargé de la culture. »

Art. R. 7122-13. Le préfet ***(D. 2011-994 du 23 août 2011, JO 25)*** « de région » dispose d'un délai de quatre mois à compter du jour de la réception de la demande de licence d'entrepreneur de spectacles vivants pour prendre une décision.

En l'absence de réponse dans ce délai, et sous réserve des dispositions des articles R. 7122-14 et R. 7122-15, la licence est accordée.

Art. R. 7122-14. Lorsque le dossier de demande de licence est complet, le préfet ***(D. 2011-994 du 23 août 2011, JO 25)*** « de région » fait connaître au demandeur, dès réception de la demande, par lettre recommandée avec avis de réception, le numéro d'enregistrement de sa demande et la date avant laquelle la décision doit lui être notifiée.

Il l'informe également que si aucune décision ne lui a été notifiée avant cette date, cette lettre vaut licence d'entrepreneur de spectacles vivants pour la catégorie qui faisait l'objet de la demande, sous réserve du retrait, dans le délai du recours contentieux, de la décision tacite au cas où elle serait entachée d'illégalité.

Art. R. 7122-15. Lorsque le dossier est incomplet, le préfet ***(D. 2011-994 du 23 août 2011, JO 25)*** « de région » invite l'intéressé, dès réception de la demande, par lettre recommandée avec avis de réception, à fournir les pièces nécessaires.

Lorsque ces pièces ont été produites, il est fait application des dispositions de l'article R. 7122-14.

Le délai de quatre mois mentionné au premier alinéa de l'article R. 7122-13 court à partir de la réception de la dernière pièce requise pour compléter le dossier.

Art. R. 7122-16. La licence d'entrepreneur de spectacles vivants peut être retirée par le préfet ***(D. 2011-994 du 23 août 2011, JO 25)*** « de région » compétent pour la délivrer lorsque le bénéficiaire ne remplit plus les conditions de compétence ou ***(D. 2011-994 du 23 août 2011, JO 25)*** « lorsqu'il ne satisfait plus aux dispositions des articles L. 7122-12, R. 7122-2 et R. 7122-3 ».

Le préfet ***(D. 2011-994 du 23 août 2011, JO 25)*** « de région » recueille l'avis préalable de la commission consultative régionale mentionnée à l'article R. 7122-18.

Art. R. 7122-17. La décision portant refus d'attribution, refus de renouvellement ou retrait de la licence ne peut être prononcée sans que l'intéressé ait été préalablement informé par lettre recommandée avec avis de réception des motifs invoqués à l'appui de la mesure envisagée.

Il dispose d'un délai de huit jours pour présenter ses observations.

Commission consultative régionale

Art. R. 7122-18. Une commission consultative régionale donne au préfet ***(D. 2011-994 du 23 août 2011, JO 25)*** « de région » son avis sur la délivrance, le renouvellement et le retrait de la licence d'entrepreneur de spectacles.

Elle comprend :

1° Trois membres représentant les entrepreneurs de spectacles ;

2° Trois membres représentant les auteurs ;

3° Trois membres représentant les personnels artistiques et techniques ;

4° Trois personnalités qualifiées nommées en raison de leur compétence en matière de sécurité des spectacles et de relations du travail.

Art. R. 7122-19. Les membres de la commission consultative régionale sont nommés pour une durée de cinq ans par le préfet de région.

Les membres mentionnés aux 1° à 3° de l'article R. 7122-18 sont nommés sur proposition des organisations professionnelles représentatives des entrepreneurs de spectacles, des auteurs et des personnels artistiques et techniques.

Pour chaque membre titulaire, un suppléant est nommé dans les mêmes conditions.

Art. R. 7122-20. La commission consultative régionale est présidée par le préfet de région ou son représentant. Elle se réunit sur convocation de son président.

Elle ne peut valablement délibérer que lorsque la moitié au moins de ses membres sont présents. En cas de partage égal des voix, la voix du président est prépondérante.

Art. R. 7122-21. La commission consultative régionale peut entendre les candidats à une licence d'entrepreneur de spectacles vivants.

Elle entend, à leur demande, les personnes à l'encontre desquelles une procédure de retrait de licence est engagée.

Art. R. 7122-22. Le secrétariat de la commission consultative régionale est assuré par le directeur régional des affaires culturelles ou son représentant.

Art. R. 7122-23. Les conditions de fonctionnement de la commission consultative régionale sont fixées par arrêté du ministre chargé de la culture.

Protection des salaires

Art. D. 7122-24. Pour assurer le paiement des salaires, le président du tribunal peut autoriser, en application de l'article L. 7122-15, la saisie des recettes du spectacle.

Contrôle

Art. D. 7122-25. Les affiches, les prospectus et la billetterie de tout spectacle vivant mentionnent le numéro de la licence de l'un au moins des entrepreneurs de spectacles vivants qui le produisent ou le diffusent.

Lorsque la représentation en public est assurée en application de contrats conclus entre plusieurs entrepreneurs de spectacles, ces contrats font mention, selon le cas :

1° Du nom et du prénom du producteur titulaire de la licence de producteur de spectacles ou d'entrepreneur de tournées ;

2° De la dénomination sociale et du siège de celle-ci lorsque le producteur de spectacles ou l'entrepreneur de tournées est une personne morale.

Sous-section 5. Constatation des infractions et dispositions pénales

Art. L. 7122-16. Le fait d'exercer l'activité d'entrepreneur de spectacles vivants sans être titulaire de la licence prévue à l'article L. 7122-3 ***(L. 2011-302 du 22 mars 2011, art. 12, JO 23)*** « ou au 2° de l'article L. 7122-11 ou d'un titre d'effet équivalent conformément à l'article L. 7122-10 ou sans avoir procédé à la déclaration prévue aux 1° ou 2° de l'article L. 7122-11 », est puni d'un emprisonnement de deux ans et d'une amende de 30 000 €.

La juridiction peut également prononcer à titre de peine complémentaire :

1° La fermeture, pour une durée de cinq ans au plus, du ou des établissements de leur entreprise ayant servi à commettre l'infraction ;

2° L'affichage du jugement aux frais de la personne condamnée dans les conditions prévues à l'article 131-35 du code pénal et son insertion, intégrale ou par extraits, dans les journaux qu'elle désigne. Ces frais ne peuvent excéder le montant maximum de l'amende encourue.

Art. L. 7122-17. Les personnes morales reconnues pénalement responsables, dans les conditions de l'article 121-2 du code pénal, des infractions prévues par l'article L. 7122-16 encourent les peines suivantes :

1° L'amende, dans les conditions prévues à l'article 131-38 du code pénal ;

2° La fermeture, dans les conditions prévues au 4° de l'article 131-39 du code pénal, du ou des établissements de l'entreprise ayant servi à commettre l'infraction ;

3° L'affichage ou la diffusion de la décision prononcée, dans les conditions prévues au 9° de l'article 131-39 du code pénal.

Art. L. 7122-18. Outre les officiers et agents de police judiciaire, les inspecteurs et contrôleurs du travail ainsi que les agents de contrôle des organismes de sécurité sociale sont habilités à constater l'infraction prévue à l'article L. 7122-16.

Art. R. 7122-40. ***(D. 2011-994 du 23 août 2011, JO 25)*** Peuvent être sanctionnés d'une amende administrative d'un montant maximum de 1 500 euros pour une personne physique et de 7 500 euros pour une personne morale :

1° Le fait, pour un entrepreneur de spectacles vivants établi en France, de contracter avec un entrepreneur de spectacles vivants ressortissant d'un État membre de l'Union européenne ou de l'Espace économique européen, non établi en France, qui n'est pas titulaire du titre prévu à l'article L. 7122-10 et n'a pas procédé à la déclaration prévue aux articles L. 7122-11 et R. 7122-9 ;

2° Le fait, pour un entrepreneur de spectacles vivants établi en France, de conclure le contrat prévu à l'article L. 7122-11 avec un entrepreneur de spectacles établi dans un pays non membre de l'Union européenne ou de l'Espace économique européen, si ce dernier n'a pas adressé au préfet de région la déclaration préalable prévue au même article.

Art. R. 7122-41. ***(D. 2011-994 du 23 août 2011, JO 25)*** Les amendes prévues à l'article R. 7122-40 sont prononcées par le préfet de région du lieu de l'établissement principal après avoir notifié par lettre recommandée avec demande d'avis de réception à la personne mise en cause les griefs qui lui sont reprochés.

Le préfet mentionne dans cette notification qu'elle dispose d'un délai d'un mois pour transmettre ses observations écrites. Il lui indique les sanctions éventuellement encourues et lui précise qu'elle peut prendre connaissance et copie des pièces du dossier et se faire assister ou représenter par tout conseil de son choix.

Le préfet fixe la sanction en tenant compte de l'ensemble des circonstances de l'affaire.

Art. L. 7122-19.

La décision de sanction est notifiée par lettre recommandée avec demande d'avis de réception à la personne mise en cause.

Les amendes mentionnées au présent article sont versées au Trésor et sont recouvrées comme les créances de l'État étrangères à l'impôt et au domaine.

SECTION 2. Activité d'entrepreneur de spectacles vivants à titre occasionnel

Art. L. 7122-19. Peuvent exercer occasionnellement l'activité d'entrepreneur de spectacles, sans être titulaires d'une licence, dans la limite d'un plafond annuel de représentations :

1° Toute personne qui n'a pas pour activité principale ou pour objet l'exploitation de lieux de spectacles, la production ou la diffusion de spectacles ;

2° Les groupements d'artistes amateurs bénévoles faisant occasionnellement appel à un ou plusieurs artistes du spectacle percevant une rémunération.

Art. L. 7122-20. Les représentations réalisées dans le cadre de la présente section font l'objet d'une déclaration préalable à l'autorité administrative.

Art. L. 7122-21. Un décret en Conseil d'État détermine les modalités d'application de la présente section.

Art. R. 7122-26. Le plafond annuel permettant d'exercer occasionnellement l'activité d'entrepreneur de spectacles vivants, sans être titulaire d'une licence, est fixé à six représentations.

Chaque représentation fait l'objet de la déclaration préalable prévue à l'article L. 7122-20 au moins un mois avant la date prévue.

Art. R. 7122-27. ***(D. 2011-994 du 23 août 2011, JO 25)*** La déclaration préalable est adressée par tous moyens, y compris par voie électronique, au préfet de région du lieu de la représentation publique ou, lorsque les représentations sont données dans plusieurs régions, au préfet de région du lieu de la première représentation publique, au moins un mois avant la date prévue pour cette représentation. Le préfet de région délivre un récépissé dans le délai de quinze jours suivant la réception de la déclaration, le cas échéant sous forme électronique.

Art. R. 7122-28. La liste et les conditions de présentation des documents requis pour la déclaration préalable sont fixées par un arrêté du ministre chargé de la culture.

Art. R. 7122-42. Le fait, pour une personne exerçant occasionnellement l'activité d'entrepreneur de spectacles vivants, d'exercer cette activité sans avoir adressé au préfet ***(D. 2011-994 du 23 août 2011, JO 25)*** « de région » la déclaration préalable, mentionnée à l'article L. 7122-20, est puni de l'amende prévue pour les contraventions de la cinquième classe.

Art. R. 7122-43. ***(D. 2009-289 du 13 mars 2009, JO 15)*** Est puni de l'amende prévue pour les contraventions de la quatrième classe le fait, pour un entrepreneur de spectacles vivants :

1° De ne pas faire figurer sur les affiches, les prospectus et la billetterie des spectacles les mentions prévues au premier alinéa de l'article R. 7122-25 ;

2° De ne pas faire figurer dans les contrats conclus avec d'autres entrepreneurs de spectacles vivants les mentions prévues au deuxième alinéa de ce même article.

SECTION 3. Guichet unique pour le spectacle vivant

Note • Afin de lutter contre le recours abusif à l'intermittence par certains employeurs et le travail dissimulé dans le secteur du spectacle et de la production audiovisuelle et cinématographique, l'ordonnance 2003-1059 du 6 novembre 2003 (JO 8) relative aux mesures de simplification pour les emplois du spectacle et ratifiée par la loi 2004-1343 du 9 décembre 2004, art. 78 (JO 10) a réformé le guichet unique du spectacle occasionnel qui avait été institué par la loi 98-546 du 2 juillet 1998 (JO 3, rectif. JO 9).

Ainsi, depuis le 1er janvier 2004, ce guichet unique (Guso) a été élargi et rendu obligatoire pour tous les organisateurs non professionnels de spectacles vivants. Il leur permet de se libérer, auprès d'un seul organisme habilité par arrêté (Pôle emploi) et en une seule formalité, de l'ensemble des déclarations obligatoires liées à l'embauche et à l'emploi, sous contrat de travail à durée déterminée, d'artistes, d'ouvriers et de techniciens du spectacle, ainsi que du paiement de l'ensemble des cotisations et contributions sociales s'y rapportant. Cette formalité permet également de satisfaire aux obligations relatives à la forme, au contenu et à la transmission du contrat de travail à durée déterminée prévus aux articles L. 1242-12 et 13 CT. Voir circulaire interministérielle DSS/5C/DMDTS/2009/252 du 5 août 2009 précisant le champ d'application du guichet unique, les modalités de mise en œuvre de la procédure de déclaration ainsi que les taux et l'assiette des cotisations et contributions sociales.

• Les employeurs qui relèvent du Guso ne peuvent pas, pour se libérer de leurs obligations liées à l'embauche et à l'emploi, utiliser les dispositifs du chèque emploi-service universel, du chèque emploi-associatif, du centre national des firmes étrangères pour les employeurs dont l'entreprise ne comporte pas d'établissement en France, du titre emploi-service entreprise ou du titre emploi-forain (circ. DSS/5C/DMDTS/2009/252 du 5 août 2009, précitée).

Sous-section 1. Champ d'application

Art. L. 7122-22. Les dispositions de la présente section s'appliquent :

1° Aux personnes mentionnées à l'article L. 7122-19 ;

2° Aux personnes qui n'ont pas pour activité principale ou pour objet l'exploitation de lieux de spectacles, de parcs de loisirs ou d'attraction, la production ou la diffusion de spectacles.

Sous-section 2. Conditions de mise en œuvre

Art. L. 7122-23. Les groupements et les personnes mentionnés à l'article L. 7122-22 procèdent auprès d'un organisme habilité par l'État aux déclarations obligatoires liées à l'embauche et à l'emploi sous contrat de travail à durée déterminée :

1° Des artistes du spectacle mentionnés à l'article L. 7121-2 ;

2° Des ouvriers et des techniciens concourant au spectacle, engagés pour pourvoir l'un des emplois figurant sur une liste déterminée par décret en Conseil d'État.

Note L'organisme habilité visé à cet article est l'institution mentionnée à l'article L. 5312-1 CT, c'est-à-dire Pôle Emploi (arrêté du 16 décembre 2008, JO 28, portant désignation de l'organisme habilité pour le guichet unique du spectacle vivant).

Art. L. 7122-24. L'employeur, qui remet au salarié et qui adresse à l'organisme habilité par l'État les éléments de la déclaration prévue à l'article L. 7122-23 qui leur sont respectivement destinés, est réputé satisfaire aux obligations relatives :

1° À la déclaration préalable à l'embauche, prévue par l'article L. 1221-10 ;

2° À la remise du certificat de travail, prévue par l'article L. 1234-19 ;

3° À l'établissement, au contenu et à la transmission du contrat de travail à durée déterminée, prévus par les articles L. 1242-12 et L. 1242-13 ;

4° À l'affiliation à la caisse de congés payés, prévue par l'article L. 3141-30.

Art. L. 7122-25. Par dérogation aux dispositions de l'article L. 7122-24, les parties conservent la faculté d'établir le contrat de travail sur un autre document que celui prévu par ce même article.

Art. L. 7122-26. L'organisme habilité par l'État délivre au salarié une attestation mensuelle d'emploi qui se substitue à la remise du bulletin de paie prévue par l'article L. 3243-2.

Sous-section 3. Litiges

Art. L. 7122-27. Les litiges résultant de l'application aux employeurs du secteur public mentionnés à l'article L. 5424-1 des dispositions de l'article L. 7122-23, relatives aux déclarations obligatoires ***(L. 2008-126 du 13 févr. 2008, art. 17, JO 14 ; D. 2009-1708 du 30 décembre 2009, JO 31, entrée en vigueur le 01.01.2011)*** « suivent les règles de compétence prévues à l'article L. 5422-16 ».

Sous-section 4. Dispositions d'application

Art. L. 7122-28. Un décret en Conseil d'État détermine les modalités d'application de la présente section.

Art. R. 7122-29. L'employeur procède aux déclarations obligatoires mentionnées à l'article L. 7122-23 :

1° Soit au moyen d'un document appelé « déclaration unique et simplifiée » ;

2° Soit par voie électronique, dans les conditions prévues à l'article L. 133-5 du code de la sécurité sociale.

Art. R. 7122-30. La déclaration unique et simplifiée concerne l'embauche et l'emploi d'artistes du spectacle ainsi que des ouvriers et techniciens relevant des professions du spectacle vivant et occupant un des emplois définis par l'accord relatif à l'application du régime d'assurance chômage à ces professions prévu à l'article L. 5422-20.

Art. R. 7122-31. La déclaration unique et simplifiée permet de satisfaire :

1° Aux déclarations prévues par les dispositions suivantes, ou requises pour leur application :

a) Article 87 A du code général des impôts ;

b) Articles L. 922-2, R. 243-2, R. 243-13, R. 243-14 et R. 312-4 du code de la sécurité sociale ;

c) Articles L. 1221-10 et L. 1221-11, relatifs à la déclaration préalable à l'embauche ;

d) Article R. 1234-9, relatif à l'attestation d'assurance chômage ;

e) Article L. 4622-6, relatif aux dépenses afférentes aux services de santé au travail ;

f) Articles L. 6331-55 et L. 6331-56, relatifs à la participation des employeurs de salariés intermittents au développement de la formation professionnelle continue ;

g) Articles R. 4622-1 à R. 4622-4, relatifs à l'organisation du service de santé au travail ;

h) Articles R. 4624-10 à R. 4624-14, relatifs à l'examen médical d'embauche ;

i) Articles R. 5422-5 et R. 5422-6, relatifs à l'obligation d'assurance contre le risque de privation d'emploi et à l'obligation pour l'employeur d'adresser à ***(D. 2008-1010 du 29 sept. 2008, art. 8, JO 30 ; D. 2009-1708 du 30 déc. 2009, JO 31, entrée en vigueur le 01.01.2011)*** « l'organisme de recouvrement compétent mentionné à l'article L. 5427-1 » des déclarations ;

j) Article D. 7121-40, relatif à l'affiliation à la caisse de congés payés des artistes du spectacle ;

2° Aux déclarations et au versement des cotisations et contributions dues :

a) Aux organismes chargés du recouvrement des cotisations et contributions du régime général de la sécurité sociale ;

b) ***(D. 2008-1010 du 29 sept. 2008, art. 8, JO 30 ; D. 2009-1708 du 30 déc. 2009, JO 31, entrée en vigueur le 01.01.2011)*** « À l'organisme de recouvrement compétent mentionné à l'article L. 5427-1 pour le compte de l'organisme gestionnaire de l'assurance chômage » ;

c) Aux institutions mettant en œuvre les régimes de retraite complémentaire mentionnés au chapitre premier du titre II du livre IX du code de la sécurité sociale ;

d) Aux services de santé au travail interentreprises organisés en application de l'article L. 4622-2 ;

e) À l'organisme collecteur paritaire agréé chargé du recouvrement de la contribution mentionnée à l'article L. 6331-55 ;

f) À la caisse des congés payés mentionnée à l'article D. 7121-38.

Note Voir décret 2010-1736 du 30 décembre 2010, JO 31, modifiant le décret 2009-1708 du 30 décembre 2009, JO 31, fixant la date du transfert du recouvrement de cotisations et contributions aux organismes mentionnés à l'article L. 5427-1 CT.

Art. R. 7122-32. La déclaration unique et simplifiée comporte deux volets :

1° Un premier volet qui permet de satisfaire à la déclaration préalable à l'embauche prévue à l'article L. 1221-10 ;

2° Un second volet constitué de quatre feuillets identiques qui permet de satisfaire aux autres obligations mentionnées aux articles L. 7122-24 et R. 7122-31.

Art. R. 7122-33. L'employeur est réputé satisfaire aux obligations énumérées aux articles L. 7122-24 et R. 7122-31 lorsque les deux volets de la déclaration unique et simplifiée comportent les informations suivantes :

1° Mentions relatives à l'employeur :

a) Nom, prénom ou dénomination sociale ;

b) Code APE ;

c) Numéro SIRET ;

d) Numéro d'inscription au répertoire national d'identification des personnes physiques lorsque l'employeur est un particulier ;
e) Adresse ;
f) Numéros de téléphone et de télécopie ;
g) Numéro de compte bancaire ;

2° Mentions relatives au salarié :
a) Nom et prénom ;
b) Nom marital ;
c) Adresse ;
d) Numéro d'immatriculation à la sécurité sociale ;
e) Date et lieu de naissance ;
f) Sexe ;
g) Nationalité ;

3° Mentions relatives à l'embauche et à l'emploi :
a) Date et heure d'embauche ;
b) Motif du contrat ;
c) Emploi occupé ;
d) Le cas échéant, durée de la période d'essai ;
e) Salaire horaire brut ou valeur unitaire en cas de rémunération au cachet ;
f) Intitulé de la convention collective de branche applicable ;

4° Mentions relatives à l'exécution et à la cessation du contrat de travail :
a) Nombre d'heures de travail accomplies ou, pour les artistes, nombre de cachets ;
b) Période pendant laquelle l'emploi a été pourvu ;
c) Rémunération nette ;
d) Date de paiement de la rémunération ;
e) Signature de l'employeur à la date d'expiration du contrat de travail.

Art. R. 7122-34. Les employeurs mentionnés à l'article L. 7122-22 adressent à l'organisme habilité par l'État la déclaration unique et simplifiée.

Art. R. 7122-35. L'organisme habilité délivre avant l'embauche la déclaration unique et simplifiée à l'employeur, à la demande de l'employeur ou de la personne susceptible d'être embauchée.

Au plus tard lors de l'embauche, l'employeur adresse à l'organisme habilité le premier volet de la déclaration permettant de satisfaire à l'obligation prévue à l'article L. 1221-10. L'employeur est dispensé des envois prévus à l'article R. 1221-3.

Lorsque l'employeur ne dispose pas de la déclaration avant le début effectif du travail, il satisfait aux dispositions des articles R. 1221-1 à R. 1221-12, relatives à la déclaration préalable à l'embauche.

Dans tous les cas, il n'est pas dérogé aux modes de preuve prévus à l'article R. 1221-5.

Art. R. 7122-36. Au plus tard dans les deux jours suivant l'embauche, l'employeur remet au salarié le feuillet de la déclaration unique simplifiée permettant de satisfaire aux obligations relatives à la forme, au contenu et à la transmission du contrat de travail à durée déterminée prévues aux articles L. 1242-12 et L. 1242-13.

Art. R. 7122-37. Au terme du contrat de travail, l'employeur remet au salarié les feuillets permettant de satisfaire aux obligations de délivrance des attestations d'assurance chômage, du certificat de travail et du certificat justificatif du droit au congé, prévues par les articles L. 1234-19, R. 1234-9 et D. 3141-9.

Art. R. 7122-38. Au plus tard le quinzième jour suivant le terme du contrat de travail, l'employeur adresse à l'organisme habilité le feuillet du second volet prévu à cet effet. Cet envoi est accompagné du versement des cotisations et contributions sociales dont l'employeur est redevable au titre de l'emploi de ce salarié.

Art. R. 7122-39. L'employeur adresse à l'organisme habilité les volets de la déclaration unique simplifiée par voie postale, par télécopie, par télématique ou par échanges de données informatisées dans des conditions définies par arrêté conjoint des ministres chargés du travail et de la sécurité sociale.

L'organisme habilité lui délivre un avis de réception.

CHAPITRE III

Mannequins et agences de mannequins

SECTION 1. Mannequins

Sous-section 1. Champ d'application

Art. L. 7123-1. Les dispositions du présent code sont applicables aux mannequins, sous réserve des dispositions particulières du présent chapitre.

Note Le statut des mannequins, qui résultait de la loi 69-1186 du 26 décembre 1969 (JO 30), a été profondément modifié par la loi 90-603 du 12 juillet 1990 (JO 13) relative aux agences de mannequins et à la protection des enfants et des adultes exerçant l'activité de mannequin.

Cette loi a donné lieu à un décret d'application 92-962 du 9 septembre 1992 (JO 10), modifié par les décrets 97-503 du 21 mai 1997 (JO 22) et 2000-10 du 6 janvier 2000 (JO 8). Une circulaire interministérielle 2007/19 DGT/DPM du 20 décembre 2007 relative à l'application des articles L. 763-1 [L. 7123-1] et s. CT relatifs à l'emploi des mannequins et aux agences de mannequins rappelle et précise les principales règles qui régissent le fonctionnement de ces agences et les droits attachés à la qualité de mannequin.

La convention collective nationale du 22 juin 2004 complète le statut des mannequins adultes et des mannequins enfants de moins de seize ans employés par les agences de mannequins. Cette convention a été étendue par arrêté du 13 avril 2005 (JO 27).

Sous-section 2. Définitions

Art. L. 7123-2. Est considérée comme exerçant une activité de mannequin, même si cette activité n'est exercée qu'à titre occasionnel, toute personne qui est chargée :

1° Soit de présenter au public, directement ou indirectement par reproduction de son image sur tout support visuel ou audiovisuel, un produit, un service ou un message publicitaire ;

2° Soit de poser comme modèle, avec ou sans utilisation ultérieure de son image.

Note L'activité de mannequin supposant la présentation au public d'un produit, service ou message publicitaire, la personne ayant accepté d'être photographiée en vue de l'utilisation des clichés à des fins d'édition, de publication ou d'exposition avec autorisation des droits correspondants n'a pas la qualité de mannequin (cass. civ., 1re ch., 20 mars 2007, n° 06-10.305, BC I n° 125 ; *JCP* éd. S 2007, 1410, note Th. Lahalle).

Distinction entre les statuts d'artistes-interprètes et de mannequins utilisés dans le cadre des films publicitaires. L'activité de mannequin, qui consiste à présenter un produit ou un message publicitaire, se distingue de celle de l'artiste du spectacle par l'absence d'interprétation d'un rôle qui est réservée à l'artiste. Voir note sous art. L. 7121-2 et l'étude effectuée par L. Veyssière, « Statut juridique de comédiens et mannequins de films publicitaires », *Gaz. Pal.* 26 au 30 mai 1996, p. 8.

Sous-section 3. Contrat de travail

Art. L. 7123-3. Tout contrat par lequel une personne s'assure, moyennant rémunération, le concours d'un mannequin est présumé être un contrat de travail.

Note • La présomption de salariat édictée par cet article en faveur des mannequins n'est pas irréfragable : une cour d'appel a pu écarter l'existence d'un lien de subordination entre une joueuse de tennis professionnelle et une société d'eaux minérales avec laquelle elle avait conclu un contrat de parrainage sportif, après avoir relevé que les seules obligations de l'intéressée étaient limitées à des astreintes publicitaires et à la participation à certaines réunions, activités qui ne relevaient pas de celles de la société, et que cette joueuse professionnelle, dont l'activité principale était de participer à des compétitions sportives, conservait la liberté de choisir celles auxquelles elle participerait et d'organiser son activité (cass. soc. 16 janvier 1997, n° 95-12.994). Toutefois, le seul fait que les parties aient prévu dans la convention qu'aucun matériel publicitaire portant le nom, l'image ou la voix du mannequin ne peut être communiqué au public sans son accord préalable ne suffit pas à détruire la présomption de salariat (cass. civ., 2e ch., 13 décembre 2005, n° 04-30.457, BC II n° 318 ; *RJS* 2/06 n° 284).

• **Mannequins étrangers.** Les mannequins étrangers venant en France à l'invitation de certaines agences sont présumés être salariés de ces agences. Ils doivent par conséquent être en situation régulière au regard du séjour et du travail dès leur arrivée sur le territoire français (art. L. 5221-2 et 5 CT). Une circulaire DPM/DM2-3/99/132 du 2 mars 1999 (BO TR 99/8, p. 103) expose la procédure de délivrance d'autorisations provisoires de travail aux mannequins étrangers.

Art. L. 7123-4. La présomption de l'existence d'un contrat de travail subsiste quels que soient le mode et le montant de la rémunération ainsi que la qualification donnée au contrat par les parties.

Elle n'est pas non plus détruite par la preuve que le mannequin conserve une entière liberté d'action pour l'exécution de son travail de présentation.

Art. L. 7123-4-1. ***(L. 2011-302 du 22 mars 2011, art. 14, JO 23)*** La présomption de salariat prévue aux articles L. 7123-3 et L. 7123-4 ne s'applique pas aux mannequins reconnus comme prestataires de services établis dans un État membre de l'Union européenne ou dans un autre État partie à l'accord sur l'Espace économique européen où ils fournissent habituellement des services analogues et qui viennent exercer leur activité en France, par la voie de la prestation de services, à titre temporaire et indépendant.

Art. L. 7123-5. Tout contrat de travail conclu entre une agence de mannequins et chacun des mannequins qu'elle emploie est établi par écrit et comporte la définition précise de son objet.

Note Le contrat de travail doit être remis au mannequin au plus tard dans les deux jours ouvrables suivant sa mise à disposition et comporter certaines mentions obligatoires (voir ci-après art. R. 7123-1).

Sous-section 4. Rémunération

Art. L. 7123-6. La rémunération due au mannequin à l'occasion de la vente ou de l'exploitation de l'enregistrement de sa présentation par l'employeur ou tout autre utilisateur n'est pas considérée comme salaire dès que la présence physique du mannequin n'est plus requise pour exploiter cet enregistrement et que cette rémunération n'est pas fonction du salaire reçu pour la production de sa présentation, mais est fonction du produit de la vente ou de l'exploitation de l'enregistrement.

Art. L. 7123-7. Le salaire perçu par un mannequin pour une prestation donnée ne peut être inférieur à un pourcentage minimum des sommes versées à cette occasion par l'utilisateur à l'agence de mannequins.

Ce pourcentage est établi, pour les différents types de prestation, par convention ou accord collectif de travail.

Art. L. 7123-8. Toute consultation donnée à un jeune sur les possibilités d'accès à l'activité de mannequin est gratuite.

Art. L. 7123-9. Les frais avancés par l'agence de mannequins pour la promotion et le déroulement de la carrière du mannequin ne peuvent faire l'objet d'un remboursement qu'au moyen de retenues successives ne dépassant pas un pourcentage du montant des salaires et rémunérations exigibles. Ce pourcentage est déterminé par décret en Conseil d'État.

Note Ce pourcentage a été fixé à 20 % par le décret du 9 septembre 1992 (art. R. 7123-3).

Art. L. 7123-10. Le salarié lié à l'agence de mannequins par un contrat de travail a droit à une indemnité compensatrice de congé payé pour chaque prestation, quelle que soit la durée de celle-ci.

Le montant de l'indemnité, calculé en fonction de cette durée, ne peut être inférieur au dixième de la rémunération totale due au salarié.

L'indemnité est versée à la fin de la prestation.

SECTION 2. Agences de mannequins

Sous-section 1. Licence d'agence de mannequins

Art. L. 7123-11. ***(L. 2011-302 du 22 mars 2011, art. 14, JO 23)*** Le placement des mannequins peut être réalisé à titre onéreux.

Toute personne établie sur le territoire national qui exerce l'activité définie au premier alinéa doit être titulaire d'une licence d'agence de mannequins.

Les agences de mannequins légalement établies dans un autre État membre de l'Union européenne ou partie à l'accord sur l'Espace économique européen peuvent exercer cette activité de façon temporaire et occasionnelle sur le territoire national, sous réserve d'avoir préalablement déclaré leur activité.

Note Les personnes exploitant une agence de mannequins ne peuvent poursuivre cette activité que si elles obtiennent la licence prévue à cet article.

Ces licences ont fait l'objet de deux arrêtés en date du 25 mars 1993 (JO 30) et du 19 juillet 1993 (JO 1er août).

Art. L. 7123-12. Est considérée comme exploitant une agence de mannequins, toute personne physique ou morale dont l'activité consiste à mettre à la disposition provisoire d'utilisateurs, à titre onéreux, des mannequins qu'elle embauche et rémunère à cet effet.

Art. L. 7123-13. Les dispositions relatives au prêt de main-d'œuvre illicite prévues à l'article L. 8241-1 ne s'appliquent pas à l'activité d'exploitant d'une agence de mannequins lorsque celle-ci est exercée par une personne ***(L. 2011-302 du 22 mars 2011, art. 14, JO 23)*** « exerçant l'activité d'agence de mannequins dans les conditions prévues par l'article L. 7123-11. »

Art. L. 7123-14. ***(L. 2011-302 du 22 mars 2011, art. 14, JO 23)*** La délivrance de la licence d'agence de mannequins par l'autorité administrative est subordonnée à des conditions déterminées par voie réglementaire. Lorsqu'une agence est légalement établie dans un autre État membre de l'Union européenne ou partie à l'accord sur l'Espace économique européen, il est tenu compte des exigences équivalentes auxquelles elle est déjà soumise.

La licence devient caduque si son titulaire ne produit pas, à des échéances déterminées, les pièces établissant qu'il continue de remplir les conditions de sa délivrance et que sa situation est régulière au regard du présent code.

Art. L. 7123-15. *(L. 2011-302 du 22 mars 2011, art. 14, JO 23)* Les agences de mannequins prennent toutes mesures nécessaires pour garantir la défense des intérêts des mannequins qu'elles emploient et éviter les situations de conflit d'intérêts.

Un décret en Conseil d'État fixe les conditions dans lesquelles elles rendent publiques les autres activités professionnelles exercées par leurs dirigeants, dirigeants sociaux, associés et salariés, ainsi que les mesures prises pour se conformer au premier alinéa. Il fixe également les sanctions en cas de méconnaissance de ces dispositions.

Note Par arrêt du 17 mars 1997 (n° 167586, *D.* 1997, Jurispr. 467), le Conseil d'État a décidé, d'une part, que lorsqu'un artiste-interprète se livre, dans le cadre du tournage d'un film publicitaire, à une prestation qui ne se réduit pas à la seule utilisation de son image, il ne se produit pas en qualité de mannequin au sens des dispositions de l'article L. 763-1 (ancien) CT et, d'autre part, que le réalisateur et le producteur d'un film publicitaire utilisant les prestations d'un mannequin doivent être regardés comme les bénéficiaires desdites prestations et peuvent ainsi légalement procéder eux-mêmes au recrutement de ce mannequin sans recourir à une agence de mannequins. Il a annulé, en conséquence, la circulaire 95/2 du 2 janvier 1995 et celle du 4 juin 1993 (93/17) en tant qu'elles imposaient au réalisateur ou producteur d'un film publicitaire de passer, pour le recrutement des mannequins, par l'annonceur ou par l'intermédiaire d'une agence de mannequins dûment licenciée.

[**Art. L. 7123-16.** Abrogé par loi 2011-302 du 22 mars 2011, art. 14, JO 23.]

Sous-section 2. Mise à disposition

Art. L. 7123-17. Lorsqu'une agence de mannequins met un mannequin à la disposition d'un utilisateur, un contrat de mise à disposition est conclu par écrit entre l'utilisateur et l'agence.

Ce contrat précise les caractéristiques de la prestation demandée au mannequin.

Un exemplaire du contrat est délivré par l'agence au mannequin avant toute acceptation de sa part de la mission qui lui est proposée.

Note Le contrat de mise à disposition doit être conclu avant le début de la prestation ; il comporte également certaines mentions obligatoires (art. R. 7123-19).

Art. L. 7123-18. Pendant la durée de la prestation, l'utilisateur est responsable des conditions d'exécution du travail conformément aux dispositions légales et stipulations conventionnelles applicables au lieu du travail.

Pour l'application de ces dispositions, les conditions d'exécution du travail comprennent limitativement les dispositions relatives à la durée du travail, au travail de nuit, au repos hebdomadaire et aux jours fériés, à la santé et à la sécurité au travail, au travail des femmes enceintes, venant d'accoucher ou allaitant, des enfants et des jeunes travailleurs.

Sous-section 3. Garantie financière

Art. L. 7123-19. Toute agence de mannequins justifie d'une garantie financière assurant, en cas de défaillance de sa part, le paiement des salaires, de leurs accessoires et compléments, des cotisations sociales obligatoires et le versement des sommes dues au mannequin à la date de la mise en jeu de cette garantie, au titre de la rémunération définie à l'article L. 7123-6.

Art. L. 7123-20. La garantie financière ne peut résulter que d'un engagement de caution pris par une société de caution mutuelle, un organisme de garantie collective, une compagnie d'assurance[s], une banque ou un établissement financier habilité à donner caution.

Art. L. 7123-21. En cas d'insuffisance de la garantie financière, l'utilisateur est substitué à l'agence de mannequins pour le paiement des sommes restant dues aux salariés et aux organismes de sécurité sociale dont relèvent ces salariés, pour la durée de la prestation accomplie pour le compte de l'utilisateur.

Art. L. 7123-22. L'agence de mannequins fournit aux utilisateurs, sur leur demande, une attestation des organismes de sécurité sociale précisant leur situation au regard du recouvrement des cotisations dues à ces organismes.

SECTION 3. Dispositions d'application

Art. L. 7123-23. Un décret en Conseil d'État détermine les conditions d'application du présent chapitre.

[Dispositions réglementaires]

Mannequins

Contrat de travail

Art. R. 7123-1. Le contrat de travail conclu entre une agence de mannequins et chaque mannequin mis à la disposition d'un utilisateur est remis au mannequin, ou à ses représentants légaux, au plus tard dans les deux jours ouvrables suivant sa mise à disposition.

Ce contrat comporte :

1° La date de la délivrance du contrat de mise à disposition prévu à l'article L. 7123-17 ;

2° La qualification du mannequin au regard des conventions et accords collectifs de travail applicables ;

3° Le montant, ou le cas échéant le taux horaire, et les modalités de fixation et de versement des salaires et rémunérations dus au mannequin ;

4° Une clause de rapatriement du mannequin à la charge de l'agence de mannequins lorsque la mission est réalisée hors du territoire métropolitain. Cette clause n'est pas applicable en cas de rupture du contrat à l'initiative du mannequin, sauf si celui-ci est mineur ;

5° Le nom et l'adresse de la caisse de retraite complémentaire et, le cas échéant, de l'organisme de prévoyance dont relève l'agence de mannequins ;

6° Une clause précisant les conditions dans lesquelles est autorisée par le mannequin, ou ses représentants légaux, et rémunérée la vente ou l'exploitation de l'enregistrement de sa présentation, au sens de l'article L. 7123-6.

Art. R. 7123-2. Le contrat de travail conclu entre une agence de mannequins et chaque mannequin mis à la disposition d'un utilisateur est signé par les représentants légaux du mannequin lorsque celui-ci est mineur. Celui-ci peut y apposer sa signature.

Rémunération

Art. R. 7123-3. Aucune des retenues successives mentionnées à l'article L. 7123-9 et opérées par l'agence de mannequins en remboursement des frais qu'elle a avancés pour la promotion et le déroulement de la carrière du mannequin ne peut excéder 20 % du montant des salaires et rémunérations exigibles versés au mannequin.

Examens médicaux et suivi médical des mannequins en milieu de travail

Art. R. 7123-4. L'examen médical d'embauche prévu à l'article R. 4624-10 est réalisé par le service de santé au travail chargé du suivi médical des mannequins.

Art. R. 7123-5. Par dérogation aux dispositions du premier alinéa de l'article R. 4624-10, l'examen médical d'embauche demeure valable un an pour les contrats conclus par le mannequin auprès de la même agence de mannequins ou six mois pour les contrats conclus avec plusieurs agences de mannequins lorsque les conditions suivantes sont réunies :

1° Le mannequin est appelé à occuper un emploi identique ;

2° Le médecin du travail, chargé de la surveillance médicale des mannequins de chaque agence de mannequins, est en possession de la fiche médicale d'aptitude établie en application de l'article D. 4624-47 ;

3° Aucune inaptitude n'a été reconnue lors du dernier examen médical intervenu au cours des douze mois précédents.

Art. R. 7123-6. La mise en œuvre de la dérogation mentionnée à l'article R. 7123-5 est subordonnée à la conclusion et à l'extension d'un accord de branche, prévoyant notamment les modalités de répartition du financement de la surveillance médicale.

Art. R. 7123-7. Chaque mannequin bénéficie d'au moins un examen médical par période de douze mois en vue de s'assurer du maintien de son aptitude à exercer l'emploi considéré.

Le premier examen a lieu dans les douze mois qui suit l'examen médical d'embauche mentionné à l'article R. 4624-10.

Agences de mannequins

(D. 2011-1001 du 24 août 2011, JO 26)

Licence d'agence de mannequins et déclaration préalable

§ 1. Délivrance de la licence et déclaration préalable

Art. R. 7123-8. Toute personne établie sur le territoire national qui exerce une activité de placement de mannequins à titre onéreux doit être titulaire d'une licence d'agence de mannequins.

Art. R.* 7123-9. La licence d'agence de mannequins est délivrée pour une durée indéterminée par le préfet de Paris. Le directeur régional des entreprises, de la concurrence, de la consommation, du travail et de l'emploi d'Ile-de-France instruit le dossier et sollicite l'avis du directeur régional des affaires culturelles d'Ile-de-France.

L'arrêté portant délivrance de la licence d'agence de mannequins est notifié aux intéressés et publié au *Journal officiel* de la République française.

Art. R. 7123-10. La demande de licence est adressée au préfet mentionné à l'article R.* 7123-9, par lettre recommandée avec demande d'avis de réception.

Elle précise le lieu choisi comme siège de l'agence. Elle est accompagnée des documents mentionnés, suivant les cas, à l'article R. 7123-10-1 ou à l'article R. 7123-10-2.

Lorsque la demande de licence est incomplète, le préfet indique au demandeur les documents manquants et fixe un délai pour la réception de ces pièces.

Le silence gardé pendant plus de deux mois sur une demande de licence assortie d'un dossier complet vaut acceptation.

Art. R. 7123-10-1. La demande de licence comporte :

1° Un extrait K ou un extrait K *bis* de l'entreprise accompagné de ses statuts ;

2° Un *curriculum vitae* indiquant, notamment, l'expérience professionnelle du demandeur à la date de la demande ;

3° La liste des collaborateurs permanents, des délégataires de l'agence et des personnes habilitées à représenter l'agence pour tout ou partie de ses activités, au siège de l'agence ou dans les succursales, avec l'indication, pour chacune d'elles, des nom, prénoms, nationalité, date et lieu de naissance, adresse personnelle, expérience professionnelle (*curriculum vitae*) ainsi que des fonctions exercées au sein de l'agence ;

4° Une copie de l'attestation de la garantie financière mentionnée à l'article L. 7123-19 ;

5° Un extrait de bulletin de casier judiciaire no 2 ou tout document équivalent du demandeur de la licence, des dirigeants sociaux et des gérants de l'agence ;

6° Une note sur les conditions dans lesquelles l'agence exercera son activité, notamment au plan géographique, et comportant l'identification des succursales et les secteurs professionnels concernés ;

7° Au titre des activités ou professions susceptibles d'entraîner une situation de conflit d'intérêts mentionnées à l'article R. 7123-16, une déclaration indiquant, le cas échéant, les autres activités ou professions exercées et les mandats sociaux détenus par chaque dirigeant, mandataire social, associé, délégataire et salarié. La déclaration précise, en outre, l'adresse d'exercice de l'activité en cause ou le siège de la société dont ils sont mandataires. Cette déclaration est également exigée en l'absence d'autres activités ou de mandats sociaux.

Art. R. 7123-10-2. Une agence de mannequins, légalement établie dans un autre État membre de l'Union européenne ou partie à l'accord sur l'Espace économique européen, produit à l'appui de sa demande de licence les documents mentionnés à l'article R. 7123-10-1. Si cette agence a obtenu dans son pays d'origine un titre d'effet équivalent, elle en produit la copie et est dispensée de produire ceux des documents mentionnés à l'article R. 7123-10-1 qu'elle a dû présenter dans le cadre de la procédure de délivrance de ce titre.

Art. R. 7123-11. Le bénéficiaire de la licence informe le préfet mentionné à l'article R.* 7123-9 dans le délai d'un mois, par lettre recommandée avec demande d'avis de réception, de tout changement de lieu du siège social de l'agence ou de ses succursales, ou de modification de ses statuts.

Il informe le préfet dans le même délai de tout changement de dirigeants, de collaborateurs permanents, de délégataires ou d'associés de l'agence en indiquant les nom, prénoms, nationalité, date et lieu de naissance, adresse personnelle, expérience professionnelle (*curriculum vitae*) ainsi que des fonctions exercées dans le cadre de l'agence de tout nouveau dirigeant, délégataire ou associé de cette agence, et transmet au préfet les éléments mentionnés aux 3°, 5° et 7° de l'article R. 7123-10-1.

Le bénéficiaire de la licence qui cesse ses activités en fait la déclaration au préfet mentionné à l'article R.* 7123-9 dans le délai d'un mois.

Art. R. 7123-12. Les agences de mannequins légalement établies dans un autre État membre de l'Union européenne ou partie à l'accord sur l'Espace économique européen qui veulent exercer cette activité de façon temporaire et occasionnelle sur le territoire national adressent à la direction régionale des entreprises, de la concurrence, de la consommation, du travail et de l'emploi du lieu d'exécution de la prestation et préalablement à celle-ci la déclaration comportant les informations suivantes :

1° Les références de l'immatriculation de l'agence à un registre professionnel de son pays d'origine ;
2° Le nom ou la raison sociale et l'adresse du lieu d'établissement de l'agence de mannequins ;
3° Les nom, prénoms et adresse du domicile des dirigeants de l'agence ;
4° La désignation du ou des organismes auxquels l'agence de mannequins verse les cotisations de sécurité sociale ;
5° La preuve de l'obtention d'une garantie financière conformément à l'article L. 7123-19 ou la preuve de l'obtention d'une garantie équivalente dans le pays d'établissement ;
6° Le nom ou la raison sociale ainsi que l'adresse de l'utilisateur ;
7° Les lieux, dates, durée et, le cas échéant, les heures d'exécution de la prestation ;
8° S'il y a lieu, l'autorisation individuelle pour l'emploi d'enfants mentionnée à l'article L. 7124-1.

Art. R. 7123-12-1. Pour l'application des dispositions de l'article L. 7123-4-1, les mannequins reconnus comme prestataires de services établis dans un État membre de l'Union européenne ou dans un autre État partie à l'accord sur l'Espace économique européen qui veulent exercer leur activité en France, par la voie de la prestation de services, à titre temporaire et indépendant, indiquent à l'autorité administrative mentionnée à l'article R. 7123-12 le ou les organismes auxquels ils versent les cotisations de sécurité sociale.

Art. R. 7123-13. Le bénéficiaire de la licence adresse au préfet mentionné à l'article R.* 7123-9, par lettre recommandée avec demande d'avis de réception, tous les trois ans, dans les deux mois qui précèdent la date anniversaire de l'obtention de la licence, une déclaration certifiant qu'aucun changement n'est intervenu dans la situation de l'agence au regard des pièces fournies dans la demande initiale, compte tenu, le cas échéant, des documents communiqués en application de l'article R. 7123-11.

§ 2. Refus, suspension et retrait de licence d'agence de mannequins

Art. R. 7123-14. I. – La licence d'agence de mannequins est refusée ou retirée par le préfet mentionné à l'article R.* 7123-9 :

1° Lorsque l'auteur de la demande de licence ou les dirigeants de l'agence n'offrent pas ou n'offrent plus les garanties de moralité nécessaires. À tout moment, l'autorité administrative peut demander la délivrance du bulletin n° 2 du casier judiciaire ou de tout document d'effet équivalent ;
2° Lorsque les dispositions légales ou conventionnelles relatives aux conditions d'emploi des mannequins fixées par les articles L. 7123-5, L. 7123-7 à L. 7123-9, et à l'exercice de l'activité d'agence de mannequins fixées par les articles L. 7123-14, L. 7123-15, L. 7123-17, L. 7123-19 et L. 7123-22, ne sont pas ou ne sont plus respectées.

Elle est retirée lorsque les dispositions de l'article R. 7123-15 ne sont pas ou ne sont plus respectées.

II. – En cas d'urgence, et lorsque l'agence de mannequins a commis une irrégularité particulièrement grave, le préfet mentionné à l'article R.* 7123-9 peut suspendre la licence pour une durée maximum d'un mois.

III. – La décision portant retrait est motivée. Elle ne peut être prononcée sans que l'intéressé ait été préalablement informé, par lettre recommandée avec demande d'avis de réception, des motifs invoqués à l'appui de la mesure envisagée et invité à présenter ses observations dans un délai déterminé par le préfet.

IV. – Les arrêtés portant refus, suspension ou retrait de licence sont notifiés aux intéressés. Les arrêtés portant retrait de licence sont publiés au *Journal officiel* de la République française.

§ 3. Prévention des conflits d'intérêts

Art. R. 7123-15. Pour l'application de l'article L. 7123-15 et dans le cadre du contrôle de son activité, l'agence de mannequins porte à la connaissance de chaque mannequin, de chaque utilisateur et de la direction régionale des entreprises, de la concurrence, de la consommation, du travail et de l'emploi du lieu d'exercice de l'activité :

1° Les modalités de facturation permettant d'identifier la part consacrée à la prestation du mannequin au sens de l'article L. 7123-2 ;

2° Au titre des activités ou professions susceptibles d'entraîner une situation de conflit d'intérêts, le détail des mandats sociaux exercés par chaque dirigeant, dirigeant social, associé et salarié indiquant la nature de l'activité ou la qualité de mandataire social, l'adresse d'exercice de l'activité ou le siège de la société dont il est mandataire. Ces informations sont portées à la connaissance du public et des salariés par voie d'affichage interne et sur le site internet de l'agence, s'il existe.

Art. R. 7123-16. Les activités ou professions dont l'exercice conjoint avec l'activité d'agences de mannequins sont susceptibles d'entraîner des situations de conflits d'intérêts sont :

1° Production ou réalisation d'œuvres cinématographiques ou audiovisuelles ;
2° Distribution ou sélection pour l'adaptation d'une production ;
3° Organisation de cours ou de stages de formation payants pour mannequins ou comédiens ;
4° Agence de publicité ;
5° Organisation de défilés de mode ;
6° Photographe.

Art. R. 7123-17. Peut être sanctionné d'une amende administrative d'un montant maximum de 1 500 € pour une personne physique et de 7 500 € pour une personne morale, et respectivement de 3 000 € et de 15 000 € en cas de récidive, le fait de méconnaître les dispositions de l'article R. 7123-15.

Art. R. 7123-17-1. Le préfet du lieu de constat de l'infraction notifie à la personne mise en cause les griefs qui lui sont reprochés et les sanctions encourues et l'invite à présenter ses observations dans un délai d'un mois. La notification est faite par lettre recommandée adressée à l'intéressé avec demande d'avis de réception.

Pendant le délai mentionné au premier alinéa, l'intéressé peut prendre connaissance et copie des pièces du dossier et se faire assister ou représenter par tout conseil de son choix.

La décision de sanction est notifiée à l'intéressé par lettre recommandée avec demande d'avis de réception.

Les amendes prévues à l'article R. 7123-17 sont prononcées par arrêté du préfet. Elles donnent lieu à l'émission d'un titre de perception exécutoire, établi par le préfet et recouvré au profit de l'État par les comptables du Trésor, selon les modalités prévues pour les créances étrangères à l'impôt et au domaine.

Mise à disposition

Art. R. 7123-18. Le contrat de mise à disposition prévu à l'article L. 7123-17 est conclu avant le début de la prestation.

Il est établi pour chaque mannequin et lui est remis ainsi que, le cas échéant, à ses représentants légaux.

Art. R. 7123-19. Le contrat de mise à disposition mentionne notamment :

1° La nature et les caractéristiques de la prestation, notamment en ce qui concerne les conditions de travail et les horaires prévisibles d'emploi et de sélection ;

2° La durée prévisible et le lieu de la mission ;
3° Pour les enfants, l'avis d'un pédiatre ou d'un médecin généraliste ;
4° Le pourcentage minimum prévu à l'article L. 7123-7 et correspondant à la prestation réalisée par le mannequin ;
5° Le nom et l'adresse du garant financier de l'agence de mannequins prévu par l'article L. 7123-19.

Garantie financière

§ 1. Objet et montant de la garantie financière

Art. R. 7123-20. La garantie financière prévue à l'article L. 7123-19 a exclusivement pour objet d'assurer :

1° Le paiement aux mannequins, mis à la disposition d'utilisateurs par une agence de mannequins, de leur salaire et de ses accessoires, de l'indemnité compensatrice de congés payés et des rémunérations dues au titre de l'article L. 7123-6 ;

2° Le paiement aux organismes de sécurité sociale ou autres institutions sociales des cotisations obligatoires dues pour ces salariés.

Art. R. 7123-21. Le montant de la garantie financière peut être révisé à tout moment et fait l'objet d'un réexamen chaque année.

Ce montant ne peut être inférieur, pour chaque agence de mannequins, à 6 % de la masse salariale résultant des déclarations annuelles réalisées au titre de l'article R. 243-14 du code de la sécurité sociale, ni à un minimum fixé à 15200 € et révisable par décret.

Art. R. 7123-22. En cas d'absorption ou de fusion d'agences de mannequins, le montant de la garantie de l'agence ainsi formée ne peut être inférieur au montant des garanties cumulées de ces agences.

En cas de scission d'une agence de mannequins, le montant de sa garantie est ventilé entre les agences issues de la scission, proportionnellement à leur masse salariale respective.

§ 2. Attestation de garantie

Art. R. 7123-23. L'agence de mannequins doit être en possession d'une attestation de garantie délivrée par le garant, indiquant notamment le nom et l'adresse de celui-ci, le montant, la date de prise d'effet et la date d'expiration de la garantie accordée.

Cette attestation de garantie est tenue à la disposition des agents de l'inspection du travail et des agents de contrôle des organismes de sécurité sociale et institutions sociales intéressées.

[Art. R. 7123-24. Abrogé par décret 2011-1001 du 24 août 2011, JO 26.]

Art. R. 7123-25. Les dirigeants de l'agence de mannequins font figurer sur les documents concernant l'agence, notamment sur les contrats de travail qui les lient à chacun des mannequins et les contrats de mise à disposition qu'ils concluent avec les utilisateurs, le nom et l'adresse de leur garant ainsi que la référence à l'article L. 7123-19.

§ 3. Engagement de caution

Art. R. 7123-26. La garantie financière ne peut être donnée par des sociétés de caution mutuelle que lorsqu'elles ont pour objet unique de garantir les créances définies à l'article R. 7123-20.

Art. R. 7123-27. L'engagement de caution prévu à l'article L. 7123-20 ne peut être pris par un organisme de garantie collective, une entreprise d'assurances, une banque ou un établissement financier habilité à donner caution que lorsque cet organisme, entreprise, banque ou établissement peut légalement exercer son activité en France.

Art. R. 7123-28. L'engagement de caution fait l'objet d'un contrat écrit précisant les conditions et le montant de la garantie accordée ainsi que les modalités du contrôle comptable que le garant peut exercer sur l'agence de mannequins.

Ce contrat mentionne la renonciation du garant, en cas de défaillance de l'agence de mannequins, au bénéfice de discussion prévu aux articles 2298 à 2301 du code civil.

Le contrat est tenu, au siège de l'agence de mannequins, à la disposition des agents de l'inspection du travail et des agents de contrôle des organismes de sécurité sociale et des institutions sociales.

Art. R. 7123-29. Lorsque l'engagement de caution dont bénéficie une agence de mannequins prend fin, l'agence ne peut poursuivre son activité que si elle a obtenu, dans les conditions prévues par les articles R. 7123-26 à R. 7123-28, un autre engagement de caution, de sorte que le paiement des dettes définies à l'article R. 7123-20 soit garanti sans interruption.

§ 4. Obligations du garant

Art. R. 7123-30. L'agence de mannequins est considérée comme défaillante, au sens de l'article L. 7123-19, lorsqu'à l'expiration d'un délai de quinze jours suivant la réception d'une mise en demeure, elle n'a pas payé tout ou partie des dettes énumérées à l'article R. 7123-20.

L'agence de mannequins est également considérée comme défaillante lorsqu'elle fait l'objet d'une procédure de sauvegarde, de redressement ou de liquidation judiciaire. Dans ce cas, le garant est informé du jugement, dans les mêmes formes, par le mandataire judiciaire ou par le liquidateur.

Art. R. 7123-31. La mise en demeure mentionnée à l'article R. 7123-30 peut émaner soit d'un salarié, soit d'un organisme de sécurité sociale ou d'une institution sociale, dès lors que leurs créances sont certaines, liquides et exigibles. Cette mise en demeure est faite par lettre recommandée avec avis de réception.

Le garant est informé de l'envoi de la mise en demeure par le créancier par lettre recommandée avec avis de réception ou par lettre remise contre récépissé.

Art. R. 7123-32. Dès la constatation de la défaillance de l'agence de mannequins, le titulaire de l'une des créances définies à l'article R. 7123-20 peut adresser au garant une demande de paiement par lettre recommandée avec avis de réception ou par lettre remise contre récépissé.

Le garant entend le représentant de l'agence de mannequins et reçoit ses explications sur la demande présentée.

Art. R. 7123-33. Lorsqu'une agence de mannequins fait l'objet d'une procédure de sauvegarde, de redressement ou de liquidation judiciaire, le mandataire judiciaire ou le liquidateur adresse au garant un relevé, visé par le juge commissaire, des salaires, des cotisations impayées et rémunérations dues au titre de l'article L. 7123-6.

Ce relevé est adressé dans le délai de dix jours à compter du prononcé du jugement et dans les formes prévues à l'article R. 7123-32. Il précise les droits de chacun des créanciers et éventuellement les sommes versées par le mandataire judiciaire ou le liquidateur.

Art. R. 7123-34. Le garant paye les sommes dues dans les dix jours à compter de la réception de la demande de paiement.

Lorsque le reliquat de paiements demandés excède le montant de la garantie financière, les créances de même nature sont réglées proportionnellement aux paiements demandés.

Art. R. 7123-35. Lorsque le garant conteste l'existence, l'exigibilité ou le montant de la créance, le salarié ou l'organisme social peut l'assigner directement devant les juridictions compétentes.

Art. R. 7123-36. Le garant qui a payé les sommes définies à l'article R. 7123-20 est subrogé, à due concurrence, dans tous les droits des salariés, des organismes de sécurité sociale et des institutions sociales contre l'agence de mannequins.

Le garant informe l'utilisateur intéressé ainsi que le préfet du paiement de ces sommes.

Art. R. 7123-37. En cas de cessation de la garantie, le garant en informe dans un délai de trois jours à compter de la date à laquelle il en est informé, par lettre recommandée avec avis de réception, dans la circonscription du siège de l'agence de mannequins :

1° La ***(D. 2009-1377 du 10 nov. 2009, JO 13 ; D. 2010-687 du 24 juin 2010, JO 25 ; voir D. 2010-1582 du 17 déc. 2010, JO 18, pour outre-mer)*** « direction régionale des entreprises, de la concurrence, de la consommation, du travail et de l'emploi » ;

2° L'organisme chargé du recouvrement des cotisations de sécurité sociale.

Art. L. 7123-23.

§ 5. Substitution de l'utilisateur à l'agence de mannequins en cas d'insuffisance de la caution

Art. R. 7123-38. En cas d'insuffisance de la caution, l'utilisateur est substitué à l'agence de mannequins pour le paiement des sommes définies à l'article R. 7123-20 qui restent dues par elle au titre des prestations réalisées par des mannequins pour le compte de cet utilisateur. Cette règle s'applique nonobstant toute convention contraire et obligations qui découlent pour l'agence de mannequins des dispositions relatives à l'assurance contre le risque de non paiement, prévu par les articles L. 3253-6 à L. 3253-21.

Dans ce cas, soit le salarié ou l'organisme de sécurité sociale ou l'institution sociale, soit, en cas de procédure de sauvegarde, de redressement ou de liquidation judiciaire, le mandataire judiciaire ou le liquidateur informe l'utilisateur de l'insuffisance de la caution en lui adressant une demande de paiement des sommes restant dues. Cette demande est faite par lettre recommandée avec avis de réception ou par lettre remise contre récépissé.

Le paiement des sommes dues est réalisé par l'utilisateur dans le délai de dix jours à compter de la réception de la demande.

Art. R. 7123-39. Les salariés ainsi que les organismes de sécurité sociale ont une action directe contre l'utilisateur ainsi substitué pour les sommes qui restaient dues à l'agence de mannequins par cet utilisateur pour la mise à disposition des salariés.

Art. R. 7123-40. L'utilisateur qui a payé les sommes définies à l'article R. 7123-20 qui restaient dues est subrogé, à due concurrence, dans tous les droits des salariés, des organismes de sécurité sociale contre l'agence de mannequins.

Art. R. 7123-41. Lorsqu'un organisme de sécurité sociale poursuit à l'encontre de l'utilisateur, substitué à une agence de mannequins en raison de l'insuffisance de la caution, le remboursement de prestations sociales pour défaut de versement des cotisations dues, la somme réclamée ne peut être supérieure au montant des cotisations dues pour les salariés mis à la disposition provisoire de l'utilisateur par cette agence.

SECTION 4. **Dispositions pénales**

Art. L. 7123-24. Le fait, pour toute personne exploitant une agence de mannequins, de ne pas avoir conclu par écrit un contrat de travail avec chaque mannequin qu'elle emploie, en méconnaissance des dispositions de l'article L. 7123-5, est puni d'un emprisonnement de six mois et d'une amende de 75000 €.

Art. L. 7123-25. Le fait, pour toute personne exploitant une agence de mannequins, d'avoir établi un contrat de travail ne comportant pas la définition précise de son objet, en méconnaissance des dispositions de l'article L. 7123-5, est puni d'un emprisonnement de six mois et d'une amende de 75000 €.

Art. L. 7123-26. Le fait d'exercer l'activité d'exploitant d'agence de mannequins sans être titulaire d'une licence d'agence de mannequins ***(L. 2011-302 du 22 mars 2011, art. 14, JO 23)*** « ou sans avoir déclaré préalablement son activité », en méconnaissance des dispositions de l'article L. 7123-11, est puni d'un emprisonnement de six mois et d'une amende de 75000 €.

[**Art. L. 7123-27.** Abrogé par loi 2011-302 du 22 mars 2011, art. 14, JO 23.]

Art. L. 7123-28. Le fait, pour toute personne exploitant une agence de mannequins, de mettre un mannequin à la disposition d'un utilisateur sans conclure un contrat de mise à disposition par écrit ou ne précisant pas les caractéristiques de la prestation demandée au mannequin, en méconnaissance des dispositions des premier et deuxième alinéas de l'article L. 7123-17, est puni d'un emprisonnement de six mois et d'une amende de 75000 €.

Est puni des mêmes peines le fait de ne pas délivrer un exemplaire du contrat de mise à disposition au mannequin avant toute acceptation par celui-ci de la mission qui lui est proposée, en méconnaissance des dispositions du troisième alinéa de l'article *(L. 2011-302 du 22 mars 2011, art. 14, JO 23)* « L. 7123-17 ».

Art. L. 7123-29. Le fait, pour toute personne exploitant une agence de mannequins, de ne pas justifier d'une garantie financière, en méconnaissance des dispositions de l'article L. 7123-19, est puni d'un emprisonnement de six mois et d'une amende de 75000 €.

Art. L. 7123-30. Le fait, pour toute personne exploitant une agence de mannequins, de présenter une garantie financière résultant d'un engagement de caution pris en méconnaissance des dispositions de l'article L. 7123-20 est puni d'un emprisonnement de six mois et d'une amende de 75000 €.

Art. L. 7123-31. Le fait, pour tout utilisateur, en cas d'insuffisance de la garantie financière prévue à l'article L. 7123-19, de ne pas se substituer à l'agence de mannequins pour le paiement des sommes restant dues aux salariés et aux organismes de sécurité sociale, en méconnaissance des dispositions de l'article L. 7123-21, est puni d'un emprisonnement de six mois et d'une amende de 75000 €.

Art. L. 7123-32. Le fait, pour toute personne exploitant une agence de mannequins, de ne pas fournir à l'utilisateur, sur sa demande, une attestation des organismes de sécurité sociale, en méconnaissance des dispositions de l'article L. 7123-22, est puni d'un emprisonnement de six mois et d'une amende de 75000 €.

CHAPITRE IV

Enfants dans le spectacle, les professions ambulantes, la publicité et la mode

SECTION 1. Autorisation individuelle

Art. L. 7124-1. Un enfant de moins de seize ans ne peut, sans autorisation individuelle préalable, accordée par l'autorité administrative, être, à quelque titre que ce soit, engagé ou produit :

1° Dans une entreprise de spectacles, sédentaire ou itinérante ;

2° Dans une entreprise de cinéma, de radiophonie, de télévision ou d'enregistrements sonores ;

3° En vue d'exercer une activité de mannequin au sens de l'article L. 7123-2.

Art. L. 7124-2. L'emploi d'un mineur de plus de treize ans, en vue d'exercer les activités définies à l'article L. 7124-1, est subordonné à son avis favorable écrit.

Art. L. 7124-3. L'autorisation individuelle préalable à l'emploi d'un enfant mentionnée à l'article L. 7124-1 peut être retirée à tout moment.

SECTION 2. Dérogations pour l'emploi d'enfants par des agences de mannequins agréées

Art. L. 7124-4. L'autorisation individuelle n'est pas requise si l'enfant est engagé par une agence de mannequins *(L. 2011-302 du 22 mars 2011, art. 14, JO 23)* « exerçant son activité dans les conditions prévues par l'article L. 7123-11 » et qui a obtenu un agrément lui permettant d'engager des enfants.

Art. L. 7124-5. L'agrément des agences de mannequins pour l'engagement des enfants de moins de seize ans est accordé par l'autorité administrative pour une durée déterminée renouvelable.

Il peut être retiré à tout moment.

En cas d'urgence, il peut être suspendu pour une durée limitée.

SECTION 3. Conditions de travail des enfants

Sous-section 1. Durée du travail et repos

Art. L. 7124-6. L'emploi et la sélection d'un enfant scolarisé ou non exerçant l'activité de mannequin ne peuvent excéder des durées journalières et hebdomadaires maximales déterminées par décret en Conseil d'État.

Art. L. 7124-7. L'emploi et la sélection d'un enfant non scolarisé exerçant l'activité de mannequin ne peuvent être autorisés que deux jours par semaine à l'exclusion du dimanche.

Art. L. 7124-8. Durant les périodes scolaires, l'emploi d'un enfant scolarisé exerçant l'activité de mannequin et la sélection préalable en vue de cette activité ne peuvent être autorisés que les jours de repos hebdomadaire autres que le dimanche.

Sous-section 2. Rémunération

Art. L. 7124-9. Une part de la rémunération perçue par l'enfant peut être laissée à la disposition de ses représentants légaux.

Le surplus, qui constitue le pécule, est versé à la Caisse des dépôts et consignations et géré par cette caisse jusqu'à la majorité de l'enfant. Des prélèvements peuvent être autorisés en cas d'urgence et à titre exceptionnel.

En cas d'émancipation, il est à nouveau statué.

Note Voir notamment les articles 382 et s. c. civ. sur l'autorité parentale relativement aux biens de l'enfant.

Art. L. 7124-10. Lorsque, en application de l'article L. 7124-4, l'emploi d'un enfant n'est pas soumis à autorisation, les règles de répartition de la rémunération perçue par cet enfant entre ses représentants légaux et le pécule sont fixées par la décision d'agrément de l'agence de mannequins qui emploie l'enfant.

Des prélèvements sur le pécule peuvent être autorisés dans les conditions mentionnées au deuxième alinéa de l'article L. 7124-9.

Art. L. 7124-11. La rémunération à laquelle l'enfant a droit en cas d'utilisation de son image en application de l'article L. 7123-6 est soumise aux dispositions de la présente sous-section.

Art. L. 7124-12. Les rémunérations de toute nature perçues par des enfants de seize ans et moins pour l'exercice d'une activité artistique ou littéraire, autre que celles mentionnées à l'article L. 7124-1 sont soumises aux dispositions de la présente sous-section.

SECTION 4. Interdictions

Art. L. 7124-13. Il est interdit à toute personne de publier au sujet des mineurs engagés ou produits dans les conditions prévues aux articles L. 7124-1 et L. 7124-4 par tous moyens, commentaires, informations ou renseignements autres que ceux concernant leur création artistique.

Art. L. 7124-14. Est interdite toute publicité abusive tendant à attirer les mineurs vers des professions artistiques dont elle souligne le caractère lucratif.

Art. L. 7124-15. La publicité écrite tendant à proposer à des enfants de moins de seize ans une activité de mannequin ne peut émaner que des agences de mannequins titulaires d'un agrément leur permettant d'engager des enfants de moins de seize ans.

Art. L. 7124-16. Il est interdit :

1° À toute personne de faire exécuter par des enfants de moins de seize ans des tours de force périlleux ou des exercices de dislocation, ou de leur confier des emplois dangereux pour leur vie, leur santé ou leur moralité ;

2° À toute personne autre que les père et mère pratiquant les professions d'acrobate saltimbanque, montreur d'animaux, directeur de cirque ou d'attraction foraine, d'employer dans ses représentations des enfants âgés de moins de seize ans ;

3° Aux père et mère exerçant des activités et professions mentionnées au 1° et 2°, d'employer dans leurs représentations leurs enfants âgés de moins de douze ans ;

4° À toute personne d'employer comme mannequin un enfant durant une période de vacances scolaires pour un nombre de jours supérieur à la moitié de la durée des vacances.

Art. L. 7124-17. Il est interdit aux père, mère, tuteurs ou employeurs, et généralement à toute personne ayant autorité sur un enfant ou en ayant la garde, de confier, à titre gratuit ou onéreux, leurs enfants, pupilles ou apprentis âgés de moins de seize ans aux personnes exerçant les professions mentionnées à l'article L. 7124-16.

Il est également interdit aux intermédiaires ou agents de confier ou de faire confier ces enfants.

Il est interdit à toute personne d'inciter des enfants âgés de moins de seize ans à quitter le domicile de leurs parents ou tuteurs pour suivre les personnes des activités et professions mentionnées à l'article L. 7124-16.

Art. L. 7124-18. Il est interdit à toute personne exerçant une des activités et professions mentionnées à l'article L. 7124-16 d'employer des enfants sans être porteur de l'extrait des actes de naissance et sans justifier de leur origine ainsi que de leur identité par la production d'un passeport.

Art. L. 7124-19. En cas d'infraction aux dispositions du présent chapitre, le maire interdit toutes représentations aux personnes exerçant une des professions mentionnées à l'article L. 7124-16.

Il requiert également la justification, conformément à l'article L. 7124-18, de l'origine et de l'identité de tous les enfants placés sous la conduite des personnes mentionnées à cet article. À défaut de cette justification, le maire en avise immédiatement le procureur de la République.

Art. L. 7124-20. Les dispositions des articles L. 7124-13 à L. 7124-15 s'appliquent également aux mineurs qui exercent une activité artistique ou littéraire, autre que celles mentionnées à l'article L. 7124-12.

SECTION 5. Dispositions d'application

Art. L. 7124-21. Un décret en Conseil d'État détermine les modalités d'application des articles L. 7124-1 à L. 7124-11.

[Dispositions réglementaires]

Autorisation individuelle

Art. R. 7124-1. Toute personne souhaitant engager ou produire un enfant âgé de moins de seize ans pour un spectacle ou une production déterminés, dans une entreprise de cinéma, de radiophonie, de télévision ou d'enregistrement sonore, dépose préalablement une demande d'autorisation auprès du préfet du siège de l'entreprise.

Lorsque le siège de l'entreprise se trouve à l'étranger ou lorsque l'entreprise n'a pas de siège fixe, la demande est déposée auprès du préfet de Paris.

Une demande d'autorisation est également déposée par toute personne, autre que l'agence de mannequins agréée, qui souhaite sélectionner, engager, employer ou produire un enfant âgé de moins de seize ans pour exercer une activité de mannequin au sens de l'article L. 7123-2.

Art. R. 7124-2. La demande d'autorisation individuelle est accompagnée :

1° D'une pièce établissant l'état civil de l'enfant ;

2° De l'autorisation écrite de ses représentants légaux accompagnée de la liste des emplois précédemment ou actuellement occupés par l'enfant ;

3° De tous documents permettant d'apprécier les difficultés et la moralité du rôle qu'il est appelé à jouer ou de la prestation qu'il fournit en tant que mannequin ;

4° De toutes précisions sur ses conditions d'emploi, sur sa rémunération et sur les dispositions prises pour assurer sa fréquentation scolaire.

Art. R. 7124-3. L'autorisation individuelle est accordée sur avis conforme d'une commission dont la composition et le mode de fonctionnement sont déterminés à la section 3.

Art. R. 7124-4. La demande d'autorisation individuelle est instruite par le ***(D. 2009-1377 du 10 nov. 2009, JO 13 ; D. 2010-687 du 24 juin 2010, JO 25 ; voir D. 2010-1582 du 17 déc. 2010, JO 18, pour outre-mer)*** « directeur régional des entreprises, de la concurrence, de la consommation, du travail et de l'emploi » et par le directeur départemental ***(D. 2011-1001 du 24 août 2011, JO 26)*** « interministériel en charge de la cohésion sociale », chacun en ce qui le concerne.

Art. R. 7124-5. L'instruction permet à la commission d'apprécier :

1° Si le rôle proposé ou la prestation de mannequin peut, compte tenu de ses difficultés et de sa moralité, être normalement confié à l'enfant ;

2° Si l'enfant a déjà été ou est actuellement employé dans des activités du spectacle ou comme mannequin et à quelles conditions ;

3° Si, compte tenu de son âge, de l'obligation scolaire à laquelle il est soumis et de son état de santé, l'enfant est en mesure d'assurer le travail qui lui est proposé. À cet effet, un examen médical pris en charge par l'employeur est réalisé par un pédiatre ou par un médecin généraliste ;

4° Si les conditions d'emploi de l'enfant sont satisfaisantes au regard :

a) Des horaires de travail ;

b) Du rythme des représentations, notamment en ce qui concerne sa participation éventuelle à des représentations en soirée ou à plusieurs représentations au cours de la même semaine ;

c) De sa rémunération ;

d) Des congés et temps de repos ;

e) De l'hygiène, de la sécurité ;

f) De la sauvegarde de sa santé et de sa moralité ;

5° Si des dispositions sont prises en vue de lui assurer une fréquentation scolaire normale ;

6° Si la famille de l'enfant ou les personnes qui en ont la charge sont en mesure d'exercer à son égard une surveillance efficace, notamment pendant les heures de repos et les trajets.

Art. R. 7124-6. Pour les demandes d'autorisations individuelles présentées en Ile-de-France, l'examen médical prévu au 3° de l'article R. 7124-5 est réalisé par un médecin du travail du service interprofessionnel de santé au travail spécialisé en médecine du travail des artistes et techniciens du spectacle.

Art. R. 7124-7. Un arrêté du ministre chargé de la santé fixe les vérifications auxquelles il doit être procédé au cours de l'examen médical prévu au 3° de l'article de l'article R. 7124-5 pour s'assurer, en fonction de l'âge, de l'état de santé de l'enfant, de la durée, du rythme et des horaires de l'activité proposée, que cette activité n'est pas néfaste pour la santé de l'enfant et pour déterminer d'éventuelles contre-indications.

Note Le contenu de l'examen médical préalable a été fixé par arrêté du 14 avril 2009 (JO 6 mai).

Dérogations pour l'emploi d'enfants par des agences de mannequins agréées

§ 1. Agrément de l'agence

Art. R. 7124-8. La demande d'agrément ou de renouvellement d'agrément présentée par une agence de mannequins en vue d'engager des enfants est accompagnée des documents suivants :

1° Un extrait d'acte de naissance des dirigeants, associés et gérants de l'agence ;

2° Une attestation de versement des cotisations aux organismes de sécurité sociale pour les agences en activité au moment du dépôt de la demande d'agrément ;

3° Une attestation par laquelle l'agence s'engage à faire passer à l'enfant un examen médical aux frais de l'agence ;

4° Un exemplaire de la notice prévue à l'article R. 7124-15 ;

5° Tous éléments permettant d'apprécier :

a) La moralité, la compétence et l'expérience professionnelle en matière d'emploi d'enfants mannequins des dirigeants, associés et gérants de l'agence de mannequins ;

b) La situation financière de l'agence, si elle est en activité au moment du dépôt de la demande ;

c) Les conditions de fonctionnement de l'agence, notamment en ce qui concerne l'équipement dont elle dispose, les locaux dans lesquels elle est installée, l'effectif et la compétence du personnel employé ;

d) Les conditions dans lesquelles elle exercera son activité avec des enfants.

Art. R. 7124-9. L'examen médical préalable à l'emploi de l'enfant, prévu au 3° de l'article R. 7124-5, est réalisé par un pédiatre ou par un médecin généraliste, selon les modalités prévues par l'arrêté mentionné à l'article R. 7124-7.

Il fait apparaître si, compte tenu de l'âge et de l'état de santé de l'enfant, celui-ci est en mesure d'assurer une activité de mannequin sans compromettre sa santé ou son développement.

Cet examen est renouvelé tous les trois mois pour les enfants âgés de moins de trois ans, tous les six mois pour ceux âgés de trois à six ans et tous les ans pour ceux âgés de plus de six ans.

En cas d'avis négatif du médecin, l'enfant ne peut être employé.

Note Le contenu de l'examen médical préalable a été fixé par arrêté du 14 avril 2009 (JO 6 mai).

Art. R. 7124-10. Le préfet accorde l'agrément, pour une durée d'un an renouvelable, sur avis conforme d'une commission dont la composition et le mode de fonctionnement sont déterminés à la section 3.

Il peut également le suspendre en cas d'urgence.

Art. R. 7124-11. L'agrément ou le renouvellement d'agrément ne peut être accordé que lorsque les garanties assurées aux enfants quant à leur sécurité physique et psychique sont suffisantes.

Dans le cadre de l'instruction de la demande, le préfet peut demander la délivrance du bulletin n° 2 du casier judiciaire. Aucun agrément ne peut être accordé ou renouvelé s'il apparaît qu'un dirigeant, associé ou gérant de l'agence a fait l'objet d'une condamnation figurant sur ce bulletin.

Art. R. 7124-12. La décision de suspension de l'agrément doit être justifiée par l'urgence et ne peut être fondée que sur des faits mettant en cause immédiatement et gravement la santé ou la moralité des enfants employés par l'agence ou de certains d'entre eux. Elle est motivée.

Art. R. 7124-13. La durée de la suspension de l'agrément ne peut excéder un mois. Dans ce délai, la commission, saisie par le préfet, propose à ce dernier, après que l'agence intéressée a été mise en mesure de présenter ses observations :

1° Soit le retrait de l'agrément ;

2° Soit la levée de la suspension si les mesures prises par l'agence sont de nature à supprimer les risques encourus par les enfants et à éviter leur renouvellement.

La suspension prend fin à l'expiration du délai d'un mois si le préfet n'a pas fait connaître sa décision définitive dans ce délai.

Art. R. 7124-14. La liste des décisions portant attribution, renouvellement, non-renouvellement ou retrait de l'agrément est publiée sous forme d'avis au *Journal officiel* de la République française.

Art. L. 7124-21.

Note Cet article a été modifié par le décret 2011-1001 du 24 août 2011, JO 26.

§ 2. Conditions de fonctionnement

Art. R. 7124-15. L'agence de mannequins agréée qui engage un enfant lui remet ainsi qu'à ses représentants légaux, contre récépissé, une notice explicative précisant :

1° Le fonctionnement de l'agence ;

2° Le contrôle médical de l'enfant ;

3° La procédure de sélection par les utilisateurs ;

4° Les conditions de mise à disposition de l'utilisateur, y compris les durées de déplacement et les temps d'attente ;

5° Les durées maximales d'emploi ;

6° Les conditions de rémunération.

Art. R. 7124-16. L'agence de mannequins agréée consigne dans un registre spécial :

1° L'identité et l'adresse des enfants sélectionnés ou employés ainsi que celles de leurs représentants légaux ;

2° La date, le lieu et l'heure des opérations de sélection réalisées pour chaque enfant avec l'identité de l'utilisateur et du commanditaire ;

3° Les mises à disposition de l'utilisateur de chaque enfant, avec les horaires quotidiens d'emploi, la durée des déplacements et le temps d'attente.

Art. R. 7124-17. Le registre spécial est tenu à la disposition de l'inspection du travail et des représentants légaux de l'enfant en cas de sélection ou d'emploi. Les représentants légaux de l'enfant le contresignent au moins trimestriellement.

En cas de contrôle de la sélection ou de l'emploi d'un enfant mannequin, celui-ci ainsi que ses représentants légaux sont entendus par l'inspection du travail sur sa demande ou à leur propre demande.

Art. R. 7124-18. Lors de la conclusion du contrat de mise à disposition mentionné à l'article L. 7123-17, l'utilisateur informe l'enfant de la nature et des conditions de la prestation.

Dispositions communes

§ 1. Composition et fonctionnement de la commission consultative

Art. R. 7124-19. La commission participe à l'examen des demandes d'autorisation individuelles et des demandes d'agrément des agences de mannequins en vue d'engager des enfants.

Elle comprend :

1° Un magistrat chargé des fonctions de juge des enfants et désigné par le premier président de la cour d'appel, président ;

2° ***(D. 2012-16 du 5 janv. 2012, art. 7, JO 6)*** « Le directeur académique des services de l'éducation nationale agissant sur délégation du recteur d'académie » ou son représentant ;

3° Le ***(D. 2009-1377 du 10 nov. 2009, JO 13 ; D. 2010-687 du 24 juin 2010, JO 25 ; voir D. 2010-1582 du 17 déc. 2010, JO 18, pour outre-mer)*** « directeur régional des entreprises, de la concurrence, de la consommation, du travail et de l'emploi » ou son représentant ;

4° Le directeur départemental ***(D. 2011-1001 du 24 août 2011, JO 26)*** « interministériel en charge de la cohésion sociale » ou son représentant ;

5° Un médecin inspecteur de la santé ;

6° Le directeur régional des affaires culturelles ou son représentant.

Art. R. 7124-20. À Paris, la commission comprend :

1° Le président du tribunal pour enfants ou son suppléant, président ;

2° Le directeur de l'enseignement de la ville de Paris ou son représentant ;

3° Le directeur départemental du travail, de l'emploi et de la formation professionnelle ou son représentant ;

4° Le directeur ***(D. 2011-1001 du 24 août 2011, JO 26) « départemental de la cohésion sociale de Paris »*** ou son représentant ;

5° Un médecin inspecteur de la santé de la ***(D. 2010-687 du 24 juin 2010, JO 25)*** « préfecture de la région d'Ile-de-France, préfecture de Paris » ;

6° Un représentant du ministre chargé de la culture, désigné par arrêté ;

7° Un représentant du ministre chargé de l'information, désigné par arrêté.

Art. R. 7124-21. La commission se réunit sur convocation du préfet aussi souvent qu'il est nécessaire. Elle lui remet un avis circonstancié sur chaque demande d'autorisation individuelle ou d'agrément qui lui est soumise.

Elle ne délibère valablement que lorsqu'elle réunit au moins trois de ses membres dont l'une des personnes chargées d'assurer sa présidence.

Elle rend son avis à la majorité des voix des membres présents. En cas de partage égal des voix, celle du président est prépondérante.

Elle peut, en toute circonstance, entendre l'enfant et ses représentants légaux, séparément ou non, sur leur demande ou à [sur] celle de l'un de ses membres.

Art. R. 7124-22. Le secrétariat de la commission est chargé, notamment, de la conservation des dossiers de chaque enfant.

§ 2. Procédure devant la commission consultative

Art. R. 7124-23. Dans le délai d'un mois à compter du jour du dépôt de la demande d'autorisation individuelle, d'agrément ou de renouvellement d'agrément et à la condition que le dossier déposé soit complet, le préfet notifie aux parties intéressées :

1° Le refus de l'autorisation ou l'agrément ;
2° Le fait qu'il procède à un complément d'instruction et, dans ce cas, le délai d'un mois est prorogé d'un mois ;
3° Il soumet l'autorisation ou l'agrément au respect de certaines conditions ou modalités ;
4° Il accorde l'autorisation ou l'agrément.

Une copie de cette notification est adressée, dans les cas prévus aux 3° et 4°, à la Caisse des dépôts et consignations.

Art. R. 7124-24. Lorsque le préfet n'a pas fait connaître sa décision dans le délai d'un mois fixé au premier alinéa de l'article R. 7124-23 :
1° La demande d'autorisation individuelle ou d'agrément est considérée comme rejetée ;
2° La demande de renouvellement de l'agrément est considérée comme acceptée.

Art. R. 7124-25. Les refus et retraits d'autorisation individuelle et d'agrément sont motivés. Ils peuvent notamment être prononcés à la demande de personnes qualifiées en raison de leurs activités dans le domaine de la protection de l'enfance ou de l'intérêt qu'elles portent aux mineurs concernés.

Les convocations aux séances de la commission sont adressées par lettre recommandée avec avis de réception.

Les demandeurs sont entendus par la commission s'ils le souhaitent. Ils peuvent se faire assister ou représenter par une personne de leur choix.

Art. R. 7124-26. Le retrait de l'autorisation individuelle et de l'agrément prévu aux articles L. 7124-3 et L. 7124-5 est prononcé par le préfet sur avis conforme de la commission soit d'office, soit à la demande de toute personne qualifiée.

Conditions de travail des enfants

Durée du travail et repos

Art. R. 7124-27. L'emploi d'un enfant âgé de moins de six ans révolus exerçant une activité de mannequin et la sélection préalable en vue de cette activité ne peuvent être autorisés que selon les durées suivantes :

1° Durée journalière maximum :
a) Une heure, dont pas plus d'une demi-heure en continu, jusqu'à l'âge de trois ans révolus ;
b) Deux heures, dont pas plus d'une heure en continu, de trois à six ans ;

2° Durée hebdomadaire maximum :
a) Une heure, jusqu'à l'âge de six mois ;
b) Deux heures, de six mois à trois ans ;
c) Trois heures, de trois ans à six ans.

Art. R. 7124-28. L'emploi et la sélection d'un enfant scolarisé mentionné à l'article ***(D. 2009-289 du 13 mars 2009, JO 15)*** « L. 7124-8 » ne sont autorisés que les jours et demi-journées de repos autres que le dimanche.

Art. R. 7124-29. Durant les périodes scolaires, l'emploi d'un enfant âgé de six à seize ans exerçant une activité de mannequin et la sélection préalable en vue d'exercer cette activité ne peuvent être autorisés que les jours ou demi-journées de repos hebdomadaire autres que le dimanche, et selon les durées suivantes :

1° Durée journalière maximum :
a) Trois heures, dont pas plus d'une heure et demie en continu, de six à onze ans ;
b) Quatre heures, dont pas plus de deux heures en continu, de douze à seize ans.

Cette durée journalière est réduite de moitié pour l'emploi et la sélection de l'enfant pendant une demi-journée.

2° Durée hebdomadaire maximum :
a) Quatre heures et demie, de six à onze ans ;
b) Six heures, de douze à seize ans.

Art. R. 7124-30. Durant les périodes de congés scolaires, l'emploi d'un enfant âgé de six à seize ans exerçant une activité de mannequin et la sélection préalable en vue d'exercer cette activité ne peuvent être autorisés que pendant la moitié des congés et selon les durées suivantes :

1° Durée journalière maximum :
a) Six heures, dont pas plus de deux heures en continu de six à onze ans ;
b) Sept heures, dont pas plus de trois heures en continu, de douze à seize ans ;

2° Durée hebdomadaire maximum :
a) Douze heures, de six à onze ans ;
b) Quinze heures, de douze à quatorze ans ;
c) Dix-huit heures, de quatorze à seize ans.

Art. R. 7124-30-1. ***(D. 2008-889 du 2 sept. 2008, JO 4)*** Dans le secteur du spectacle, le travail de nuit des enfants de moins de 16 ans ne peut être autorisé que jusqu'à 24 heures.

Art. R. 7124-30-2. ***(D. 2009-1049 du 27 août 2009, JO 29)*** Constitue un temps de travail effectif au sens de l'article L. 3121-1 la durée des représentations payantes auxquelles participent les enfants appartenant à une manécanterie développant une activité de production de spectacles itinérants dans le cadre du projet pédagogique d'un établissement d'enseignement.

Rémunération

Art. R. 7124-31. La part de la rémunération perçue par l'enfant dont le montant peut être laissé à la disposition de ses représentants légaux est fixée par la commission mentionnée à l'article R. 7124-19.

Art. R. 7124-32. La commission statue sur demande des contractants préalablement présentée à toute exécution.

Art. R. 7124-33. Dans les cas énoncés aux 3° et 4° de l'article R. 7124-23, la notification précise la fraction de rémunération affectée à la constitution du pécule.

Cette notification rappelle l'obligation faite à l'employeur par l'article R. 7124-35. Cette fraction porte sur le salaire et la rémunération perçue par l'enfant conformément aux articles L. 7123-6 et L. 7123-12 à L. 7123-16.

Art. R. 7124-34. L'autorisation donnée aux représentants légaux de l'enfant, en application de l'article L. 7124-9, de réaliser des prélèvements, en cas d'urgence et à titre exceptionnel, sur son pécule peut être retirée à tout moment s'il apparaît que les sommes déjà prélevées n'ont pas été intégralement affectées à l'usage auquel elles étaient destinées.

Les prélèvements sur le pécule sont autorisés par le président de la commission.

Ces prélèvements ne peuvent être autorisés que dans l'intérêt exclusif de l'enfant.

Art. R. 7124-35. Le versement à la Caisse des dépôts et consignations prévu au deuxième alinéa de l'article L. 7124-9 est accompagné d'une déclaration de l'employeur rappelant l'état civil de l'enfant, son domicile et le nom de ses représentants légaux.

Art. R. 7124-36. La Caisse des dépôts et consignations ouvre dans ses écritures, au nom de chacun des mineurs intéressés, un compte de dépôt auquel sont portés les versements réalisés par les employeurs.

Le taux et le mode de calcul des intérêts produits par le compte de dépôts sont fixés dans les conditions prévues à l'article L. 518-23 du code monétaire et financier. Ce taux ne peut être inférieur au taux de l'intérêt légal de l'exercice en cours.

Art. R. 7124-37. Avant le 31 mars de chaque année, la Caisse des dépôts et consignations transmet au titulaire du compte ou à son représentant légal, à la dernière adresse connue, un document indiquant l'encours des dépôts et les intérêts qu'ils ont générés pour l'année précédente.

Lorsque l'enfant atteint sa majorité, la Caisse des dépôts et consignations lui communique à la dernière adresse connue, par lettre recommandée avec avis de réception, le solde de son compte et l'informe qu'elle tient les fonds de son pécule à sa disposition.

Lorsque, à la suite de l'émancipation du mineur, la commission décide que tout ou partie du pécule pourra être remis à l'intéressé, cette décision est notifiée à la Caisse des dépôts et consignations.

À compter de la majorité de l'enfant ou de la notification prévue au troisième alinéa, la Caisse des dépôts et consignations transfère les fonds mis à la disposition de l'intéressé à un compte ordinaire de dépôt.

Contrôle

Art. R. 7124-38. Toute infraction aux dispositions des articles L. 4153-7, L. 7124-1 à L. 7124-11, L. 7124-13 à L. 7124-18 et L. 7124-21 ainsi que des articles R. 7124-3, R. 7124-10, R. 7124-26, R. 7124-31 et R. 7124-34 commise à l'étranger à l'égard de Français doit être dénoncée, dans le plus bref délai, par les agents consulaires de la France aux autorités françaises ou aux autorités locales si les lois du pays en assurent la répression.

Ces agents doivent, en outre, prendre les mesures nécessaires pour assurer le rapatriement en France des enfants d'origine française.

SECTION 6. Dispositions pénales

Art. L. 7124-22. Le fait d'engager ou de produire dans une entreprise mentionnée à l'article L. 7124-1, un enfant de seize ans et moins, soumis à l'obligation scolaire, sans autorisation individuelle préalable, en méconnaissance des dispositions de ce même article, est puni d'un emprisonnement de cinq ans et d'une amende de 75000 €.

Note Cette disposition est issue de la loi 2004-1 du 2 janvier 2004 (JO 3) concernant l'accueil et la protection de l'enfance qui prévoit des sanctions plus sévères dans les cas où les dispositions relatives à l'emploi des enfants dans les spectacles, les professions ambulantes, la publicité ou la mode n'auront pas été respectées.

Art. L. 7124-23. Le fait d'employer un mineur de plus de treize ans, en vue d'exercer les activités définies à l'article L. 7124-1, sans avoir préalablement recueilli son avis favorable écrit, en méconnaissance des dispositions de l'article L. 7124-2, est puni d'un emprisonnement de cinq ans et d'une amende de 75000 €.

Art. L. 7124-24. Le fait de méconnaître les dispositions des articles L. 7124-6 à L. 7124-8, relatives à la durée du travail et au repos, est puni d'un emprisonnement de cinq ans et d'une amende de 75000 €.

Art. L. 7124-25. Le fait de remettre directement ou indirectement aux enfants mentionnés aux articles L. 7124-1 et L. 7124-2 ou à leurs représentants légaux des fonds au-delà de la part fixée en application du premier alinéa de l'article L. 7124-9 est puni d'une amende de 3750 €.

La récidive est punie d'un emprisonnement de quatre mois et d'une amende de 7500 €.

Art. L. 7124-26. Est puni d'une amende de 3750 € le fait de remettre des fonds, directement ou indirectement, à un enfant mentionné à l'article L. 7124-12, ou à ses représentants légaux :

Art. L. 7124-21.

1° Soit sans avoir requis ou obtenu l'autorisation individuelle préalable à l'emploi d'un enfant dans les conditions prévues par l'article L. 7124-3 ;
2° Soit au-delà de la part fixée en application du premier alinéa de l'article L. 7124-9.

La récidive est punie d'un emprisonnement de quatre mois et d'une amende de 7500 €.

Art. L. 7124-27. Le fait de publier au sujet des mineurs engagés ou produits dans les conditions prévues aux articles L. 7124-1 et L. 7124-4 par tous moyens, commentaires, informations ou renseignements autres que ceux concernant leur création artistique, en méconnaissance des dispositions de l'article L. 7124-13, est puni d'une amende de 6000 €.

La récidive est punie d'un emprisonnement de deux ans.

Art. L. 7124-28. Le fait de réaliser une publicité abusive tendant à attirer un mineur vers des professions artistiques dont elle souligne le caractère lucratif, en méconnaissance des dispositions de l'article L. 7124-14, est puni d'une amende de 6000 €.

La récidive est punie d'un emprisonnement de deux ans.

Art. L. 7124-29. Le fait de réaliser une publicité écrite tendant à proposer à un enfant de moins de seize ans une activité de mannequin[s], en méconnaissance des dispositions de l'article L. 7124-15, est puni d'une amende de 6000 €.

La récidive est punie d'un emprisonnement de deux ans.

Art. L. 7124-30. Est puni d'un emprisonnement de cinq ans et d'une amende de 75000 €, le fait, en méconnaissance des dispositions de l'article L. 7124-16 :
1° Pour toute personne, de faire exécuter par un enfant de moins de seize ans des tours de force périlleux ou des exercices de dislocation, ou de lui confier des emplois dangereux pour sa vie, sa santé ou sa moralité ;
2° Pour toute personne autre que les père et mère pratiquant les professions d'acrobate saltimbanque, montreur d'animaux, directeur de cirque ou d'attraction foraine, d'employer dans ses représentations un enfant âgé de moins de seize ans ;
3° Pour le père et la mère exerçant des professions mentionnées aux 1° et 2°, d'employer dans leurs représentations leur enfant âgé de moins de douze ans ;
4° Pour toute personne, d'employer comme mannequin un enfant durant une période de vacances scolaires pour un nombre de jours supérieur à la moitié de la durée des vacances.

Art. L. 7124-31. Est puni d'un emprisonnement de cinq ans et d'une amende de 75000 € le fait, en méconnaissance des dispositions de l'article L. 7124-17 :
1° Pour le père, la mère, le tuteur ou l'employeur, et généralement toute personne ayant autorité sur un enfant ou en ayant la garde, de livrer, à titre gratuit ou onéreux, son enfant, pupille ou apprenti âgé de moins de seize ans aux personnes exerçant les professions mentionnées à l'article L. 7124-16 ou de le placer sous la conduite de vagabonds, de personnes sans moyens de subsistance ou se livrant à la mendicité ;
2° Pour les intermédiaires ou agents, de confier ou de faire confier l'enfant mentionné au 1° ;
3° Pour toute personne, d'inciter un enfant âgé de moins de seize ans à quitter le domicile de ses parents ou tuteurs pour suivre les personnes des professions mentionnées à l'article L. 7124-16.

La condamnation entraîne de plein droit, pour les tuteurs, la destitution de la tutelle. Les pères et mères peuvent être privés de l'autorité parentale.

Art. L. 7124-32. Le fait, pour toute personne exerçant une des professions mentionnées à l'article L. 7124-16, de ne pas être porteur de l'extrait des actes de naissance des enfants placés sous son autorité et de ne pas justifier de leur origine ainsi que de leur identité par la production d'un passeport, en méconnaissance des dispositions de l'article L. 7124-18, est puni d'un emprisonnement de six mois et d'une amende de 3750 €.

Art. L. 7124-33. Le fait de méconnaître les dispositions de l'article L. 7124-20 est puni d'une amende de 6000 €.

La récidive est punie d'un emprisonnement de deux ans.

Art. L. 7124-34. En cas d'infraction aux dispositions concernant le travail des enfants, prévues par le présent chapitre, l'affichage du jugement peut, suivant les circonstances et en cas de récidive seulement, être ordonné par la juridiction.

La juridiction peut également ordonner, dans le même cas, l'insertion du jugement, aux frais du contrevenant, dans un ou plusieurs journaux du département.

Art. L. 7124-35. Les pénalités réprimant les infractions relatives au travail des enfants ne sont pas applicables lorsque l'infraction a été le résultat d'une erreur provenant de la production d'actes de naissance, livrets ou certificats contenant de fausses énonciations ou délivrés pour une autre personne.

LIVRE II

CONCIERGES ET EMPLOYÉS D'IMMEUBLES À USAGE D'HABITATION, EMPLOYÉS DE MAISON ET SERVICES À LA PERSONNE

TITRE Ier

CONCIERGES ET EMPLOYÉS D'IMMEUBLES À USAGE D'HABITATION

CHAPITRE Ier

Dispositions générales

SECTION 1. Champ d'application et définitions

Art. L. 7211-1. Les dispositions du présent titre sont applicables aux salariés définis à l'article L. 7211-2, à l'exclusion des concierges attachés à la personne même du propriétaire, lesquels relèvent des dispositions du titre II applicables aux employés de maison.

Art. L. 7211-2. Est considérée comme concierge, employé d'immeubles, femme ou homme de ménage d'immeuble à usage d'habitation, toute personne salariée par le propriétaire ou par le principal locataire et qui, logeant dans l'immeuble au titre d'accessoire au contrat de travail, est chargée d'en assurer la garde, la surveillance et l'entretien ou une partie de ces fonctions.

Note

• A la qualité d'employé d'hôtel meublé et non de concierge à usage d'habitation la personne au service d'un commerçant loueur de meublés qui, outre les tâches habituelles aux concierges d'immeuble à usage d'habitation, est astreinte à d'autres tâches telles que service du téléphone, service du livre de police, service du linge et de la literie (cass. soc. 21 juin 1966, BC IV n° 634).

• Le syndicat de copropriété d'un immeuble (et non le syndic de l'immeuble) est le seul employeur du concierge (cass. soc. 1er décembre 1993, n° 90-44.055, *RJS* 2/94 n° 192).

• **Obligation de garde, de surveillance et d'entretien.** Elle ne pèse que sur les concierges et employés d'immeubles et non sur les femmes de ménage d'immeubles.

Pour apprécier si un salarié répond ou non à la définition du concierge d'immeuble à usage d'habitation, il faut tenir compte de ses fonctions effectives, abstraction faite de la qualification donnée à l'intéressé dans le contrat. Ainsi, si un salarié, successivement qualifié de gardien, puis de gardien de nuit par son employeur, remplit effectivement les fonctions de concierge, il doit bénéficier du statut (cass. soc. 25 mai 1976, n° 74-40.620, BC V n° 311). De même, bien que les tâches confiées d'après le contrat de travail à une salariée correspondent à celles relevant de la définition du concierge, si le contrat la qualifie de « préposée à l'entretien de l'immeuble », le juge peut estimer que cette contradiction impose une interprétation de l'intention des parties et, si l'intéressée n'a exercé, en fait, que les fonctions de femme de ménage de l'immeuble et n'a pas assuré une surveillance permanente des locaux que la disposition des lieux ne permettait pas, il peut écarter la qualification de concierge réclamée par cette salariée (cass. soc. 26 février 1969, BC V n° 132).

• **Astreintes de nuit.** L'employeur peut faire figurer dans le contrat de travail d'une concierge une clause obligeant celle-ci à occuper son logement de fonction durant la nuit, même en dehors de l'amplitude de la journée de travail, à l'exclusion des nuits incluses dans le repos hebdomadaire (rép. QE 11054, JO AN 11 avril 1996, p. 881).

• Logement. Le logement qui est fourni au concierge par le propriétaire ou le principal locataire est un logement de fonction, donc un accessoire du contrat de travail. Ce logement doit être décent : l'article 225-14 c. pén. incrimine le comportement de toute personne qui abuse de la situation de dépendance ou de vulnérabilité d'autrui pour le soumettre à des conditions d'hébergement incompatibles avec la dignité humaine sans exiger que l'auteur soit l'employeur ou le bailleur de la victime. Après avoir constaté que les conditions d'hébergement d'une gardienne étaient contraires à la dignité humaine et que celle-ci, âgée de 60 ans et ne disposant d'aucun autre logement, se trouvait dans une situation de dépendance à l'égard de son employeur, une cour d'appel a pu déclarer la présidente du syndic de copropriété coupable de ce délit dès lors que cette dernière ne pouvait ignorer, depuis la mise en demeure de l'inspection du travail de procéder à des travaux, les conditions d'hébergement, ni la nécessité d'y remédier dans un bref délai et ne s'est néanmoins décidée à réunir l'assemblée des copropriétaires afin d'examiner les devis reçus qu'après qu'elle eut été citée devant le tribunal correctionnel (cass. crim. 23 avril 2003, n° 02-82.985, *JSL* n° 128, 29 juillet 2003, p. 25 ; *RJS* 8-9/03 n° 1049).

Si le règlement de copropriété ne prévoit pas de loge de concierge, l'employeur n'est pas tenu de mettre un logement de fonction à la disposition de la personne chargée des travaux d'entretien et de nettoyage (cass. soc. 3 novembre 1976, n° 75-40.111, BC V n° 547). Voir aussi note sous l'article L. 7212-1.

Si le logement a une destination partiellement professionnelle, l'employeur doit verser au concierge un rappel de salaire au titre de l'avantage logement. Tel est le cas du logement ne comportant qu'une seule pièce, dont les rideaux doivent rester ouverts dans la journée et dans lequel une gardienne a l'obligation de recevoir et de conserver les colis et paquets destinés aux occupants de l'immeuble (cass. soc. 28 janvier 1998, n° 95-42.141).

À noter que par un arrêt du 26 janvier 2011 (n° 09-43.193, *LS* Bref n° 15788 du 4/02/11), la Cour de cassation a décidé que le logement attribué à titre gratuit à un salarié pour l'exercice de ses fonctions, qui est l'accessoire du contrat de travail et dont il bénéficie dans sa vie personnelle, ne peut lui être retiré ou donner lieu au versement d'un loyer, pendant une période de suspension du contrat de travail pour maladie.

Art. L. 7211-3. Sont applicables aux salariés définis à l'article L. 7211-2 les dispositions relatives :

1° Au harcèlement moral prévues aux articles L. 1152-1 et suivants, au harcèlement sexuel prévues aux articles L. 1153-1 et suivants ainsi qu'à l'exercice en justice par les organisations syndicales des actions qui naissent du harcèlement en application de l'article L. 1154-2 ;

2° Aux absences pour maladie ou accident, prévues à l'article L. 1226-1 ;

3° Au repos hebdomadaire, prévues par les articles L. 3132-1 et suivants ;

4° Aux jours fériés, prévues par les articles L. 3133-1 et suivants ;

5° Aux congés pour événements familiaux, prévus par les articles L. 3142-1 et suivants ;

6° Au mode de paiement des salaires prévu par les articles L. 3241-1 et suivants.

(L. 2011-867 du 20 juil. 2011, art. 16, JO 24) « 7° À la surveillance médicale définie au titre II du livre VI de la quatrième partie. »

Note

• Statut légal. L'énumération des dispositions du code du travail figurant à cet article n'est pas exhaustive : les concierges et employés d'immeubles à usage d'habitation, soumis au statut spécial fixé par les articles L. 7211-1 à 7215-1 et R. 7212-1 à R. 7216-9 CT, relèvent, sur les points non réglés par ce statut, des dispositions de droit commun du code du travail à l'exception de celles qui prévoient expressément qu'elles ne leur sont pas applicables (cass. soc 20 janvier 2010, n° 08-45.018, BC V n° 18). Ainsi, les dispositions relatives à la protection de l'emploi des salariés victimes d'un accident du travail ou d'une maladie professionnelle leur sont applicables (cass. soc. 30 juin 1994, n° 89-41.654, BC V n° 224). Ils peuvent également prétendre à l'intéressement ou à la participation aux résultats mis en place par un employeur au profit de ses salariés dans les conditions prévues par les articles L. 3311-1 à L. 3325-4 CT, qui ne comportent aucune exclusion à l'égard des concierges et employés d'immeubles à usage d'habitation (cass. soc. 20 janvier 2010, n° 08-45.018, précité).

• **Rémunération.** La législation sur le SMIC est applicable aux concierges, comme aux employés de maison (cass. soc. 31 mars 1982, n° 80-40.019, BC V n° 242 et cass. soc. 23 juin 1982, n° 80-40.936, BC V n° 411). Les salaires minimaux sont fixés par l'avenant 75 de la convention collective nationale des gardiens, concierges et employés d'immeubles du 16 novembre 2009, étendu à tous les employeurs par arrêté du 29 mars 2010 (JO 3 avril 2010). La taxe d'habitation afférente au logement de fonction est à la charge du concierge, sauf usage local prévoyant le remboursement de cette taxe par le propriétaire (cass. soc. 10 décembre 1996, n° 94-18.340, BC V n° 433). Le contrat de travail d'un gardien d'immeuble ne peut donc faire obstacle à l'application d'un usage local prévoyant le paiement de la taxe d'habitation par l'employeur (cass. soc. 27 mars 2001, n° 98-44.292, BC V n° 106 ; *RJS* 6/01 n° 801).

• **Durée du travail.** Les dispositions du code du travail relatives à la durée du travail étant inapplicables aux concierges d'immeubles à usage d'habitation, une cour d'appel a décidé à bon droit que la convention collective peut prévoir une réglementation spécifique des heures d'équivalence malgré l'absence de décret pris pour la profession concernée (cass. soc. 12 mars 1997, n° 93-46.213, *Cah. Prud'h.* 1997, Jurispr. 113).

• **Statut conventionnel.** La convention collective nationale des gardiens, concierges et employés d'immeuble du 11 décembre 1979 a été étendue par arrêté du 15 avril 1981 (JO 16 mai). Un arrêté du 19 septembre 1994 (JO 25, BO 94/15) a rendu obligatoires, pour tous les employeurs et salariés compris dans le champ d'application de cette convention, les dispositions de l'avenant du 14 janvier 1994 concernant la classification des emplois et les conditions de travail et de rémunération. Cette convention a été actualisée par l'avenant 74 du 27 avril 2009, étendu par arrêté du 24 décembre 2009 (JO 5 janvier 2010, BCC 2009-36). Elle ne s'applique pas seulement aux concierges et employés d'immeubles à usage d'habitation, visés par le présent article, mais aussi aux concierges et employés d'immeubles à usage professionnel, à l'exception de ceux disposant déjà d'une autre convention collective nationale pour définir leur statut. Quelles que soient les prestations annexes qu'elles proposent à leurs résidents (restauration, surveillance médicale, aide ménagère, accueil et animation), les résidences de services sont avant tout des immeubles à usage d'habitation. Par conséquent, la salariée exerçant les fonctions de femme de ménage dans une telle résidence peut prétendre au bénéfice des dispositions de la convention collective des gardiens, concierges et employés d'immeubles (cass. soc. 2 mai 2000, n° 97-43.663, BC V n° 160 ; *RJS* 6/00 n° 742). Sont exclus de son champ d'application les gardiens et personnels des immeubles des offices d'HLM et assimilés, lesquels ne comprennent pas les sociétés d'économie mixte ayant pour objet la construction de logements sociaux (cass. soc. 27 mai 1992, n° 88-40.640).

• **Surveillance médicale.** Depuis la loi du 20 juillet 2011, les concierges et employés d'immeubles à usage d'habitation sont soumis à la surveillance médicale de droit commun (art. L. 7211-3, 7°).

• **Vente de l'immeuble.** Une propriété immobilière ne constituant pas en elle-même une entité économique autonome, la cession de l'immeuble n'entraîne pas le transfert du contrat de travail d'une employée d'immeuble au nouveau propriétaire (cass. soc. 14 mars 2006, n° 05-41.610, BC V n° 97 ; *RJS* 6/06 n° 692 ; 31 janvier 2001, n° 98-42.070, BC V n° 27).

SECTION 2. Dispositions d'application

Art. L. 7211-4. Un décret en Conseil d'État détermine les conditions d'application du présent titre.

CHAPITRE II

Contrat de travail

Art. L. 7212-1. Le salarié dont le contrat de travail est rompu à l'initiative de l'employeur ne peut être obligé à quitter son logement avant un délai minimum déterminé par décret en Conseil d'État ou sans le paiement d'une indemnité.

Le montant de cette indemnité est égal au prix de la location trimestrielle d'un logement équivalent à celui que le salarié occupe et des avantages en nature qu'il perçoit.

Note **Rupture du contrat de travail**

• L'article L. 7212-1 ne vise que l'hypothèse d'une rupture intervenant à l'initiative de l'employeur. Le licenciement doit reposer sur une cause réelle et sérieuse : tel n'est pas le cas du licenciement prononcé à l'encontre d'un surveillant d'immeuble à la suite d'une altercation avec un locataire dès lors que ce salarié était lui-même locataire dans la résidence et que cette altercation s'était produite au cours d'un congé de maladie, ce dont il résultait qu'il s'agissait d'un fait relevant de sa vie privée ne pouvant constituer une cause de licenciement (cass. soc. 14 mai 1997, n° 94-45.473, BC V n° 175).

• *Absences pour maladie.* Durant la période de suspension du contrat de travail pour maladie, le logement attribué à titre gratuit à un salarié pour l'exercice de ses fonctions, qui est l'accessoire du contrat de travail et dont il bénéficie dans sa vie personnelle, ne peut lui être retiré ou donner lieu au versement d'un loyer (cass. soc. 26 janvier 2011, n° 09-43.193, BC V n° 32 ; *JCP* éd. S 2011, 1150, note D. Corrignan-Carsin).

Lorsque l'absence prolongée ou les absences répétées du salarié pour maladie perturbent le fonctionnement de l'entreprise (en l'occurrence le gardiennage et l'entretien de la copropriété), le salarié ne peut être licencié qu'en cas de nécessité de procéder à son remplacement définitif. Le remplacement définitif s'entend de l'engagement d'un autre salarié et non du recours à une société prestataire de services. Ainsi, lorsqu'un syndicat de copropriétaires fait appel à une société spécialisée dans l'entretien d'immeubles pour accomplir les tâches incombant à une gardienne d'immeuble absente pour maladie, le remplacement n'a pas un caractère définitif et le licenciement prononcé dans ces conditions est dénué de cause réelle et sérieuse (cass soc 18 octobre 2007, n° 98-44.292, BC V n° 106 et, dans la même affaire, cass. ass. plén. 22 avril 2011, n° 09-43.334, *LS* Bref n° 15848 du 2/05/11 ; *JCP* éd. S 2011, 1285, note P-Y Verkindt ; *RDT*, juin 2011, CH, 372, B. Lardy-Pélissier ; *RJS* 7/11 n° 595).

• Il résulte de l'article 31 du décret 67-223 du 17 mars 1967 portant règlement d'administration publique pour l'application de la loi 65-557 du 10 juillet 1967 fixant le statut de la copropriété des immeubles bâtis que le syndic n'a pas à recevoir mandat pour licencier le personnel du syndicat de copropriétaires (cass. soc. 9 février 2010, n° 08-45.461, *JSL* n° 274, 6 avril 2010, p. 27 ; *RJS* 5/10 n° 471, 1re sespèce). Toutefois, lorsque le règlement de copropriété impose au syndic de recueillir l'autorisation de l'assemblée générale des copropriétaires avant le licenciement du gardien, cette procédure d'autorisation préalable constitue une garantie de fond accordée au gardien dans la mesure où elle a pour objet de permettre à l'employeur (le syndicat des copropriétaires) de réserver son avis sur l'exercice du pouvoir de licencier son personnel par le syndic. L'inobservation de cette procédure prive donc de cause réelle et sérieuse le licenciement du gardien (cass. ass. plén. 5 mars 2010, n° 08-42.843, BC n° 1 ; *LS* Jurispr. n° 54/2010 du 16/03/10 ; *RJS* 5/10 n° 471, 2e espèce ; *JCP* éd. S 2010, 1187, note C. Puigelier).

Préavis et délai d'évacuation du logement

• La disposition de l'article L. 7212-1 relative au délai d'évacuation du logement ne saurait faire échec aux dispositions de l'article L. 1234-1 relatives à la durée du préavis en fonction de l'ancienneté du salarié. À l'issue du délai de trois mois, le concierge qui a cessé ses fonctions devient un occupant sans droit ni titre de logement accessoire à son contrat de travail et peut donc faire l'objet d'une procédure d'expulsion (cass. soc. 5 mai 1983, n° 81-16.467, BC V n° 241).

• L'article L. 7212-1 prévoit également la possibilité pour l'employeur d'opter pour le paiement d'une indemnité d'occupation. Le salarié congédié ne pouvant être obligé de quitter son logement avant un délai de trois mois, une cour d'appel a pu décider que le point de départ de l'indemnité d'occupation devait être fixé à la fin du délai de préavis de trois mois pendant lequel un salarié avait été dispensé de travailler (cass. soc. 26 mai 1998, n° 95-44.422).

Contrat de travail commun à deux époux

Lorsque les époux ont été engagés par le même contrat de travail, l'inaptitude partielle et momentanée de l'épouse ne justifie pas le licenciement du couple lorsque la femme propose que son travail soit effectué temporairement par son mari. Les juges doivent en effet tenir compte de l'indivisibilité des engagements souscrits par les conjoints et caractériser l'impossibilité dans laquelle se trouve l'employeur de maintenir le contrat de travail (cass. soc. 14 octobre 1993, n° 91-45.409, BC V n° 234).

La Cour de cassation a également précisé que :
– le fait que les contrats de travail de deux époux soient indivisibles et comportent une clause de résiliation automatique en cas de rupture de l'un d'eux n'implique pas que le licenciement du mari suffise à justifier le licenciement de la femme et ne dispense pas le juge d'en rechercher la cause réelle et sérieuse (cass. soc. 18 novembre 1998, n° 97-42.854, BC V n° 496) ;
– le licenciement étant une mesure individuelle, il appartient à l'employeur qui envisage de rompre le contrat de travail de deux personnes engagées conjointement en qualité de « couple gardien d'immeuble » d'engager deux procédures de licenciement distinctes et cela, même si le contrat comporte une clause selon laquelle la rupture du contrat de travail de l'un entraîne la rupture du contrat de l'autre. Commet une irrégularité de procédure à l'égard de l'épouse l'employeur qui adresse au couple une lettre de licenciement commune dès lors que cette lettre n'a été réceptionnée que par l'époux. Cependant, cette irrégularité ne rend pas le licenciement de l'épouse sans cause réelle et sérieuse si les deux époux n'ont pas été privés de la possibilité d'avoir un entretien préalable et qu'ils ont été informés des causes de leur licenciement par une lettre de licenciement commune (cass. soc. 10 mai 2001, n° 99-42.555, *RJS* 7/01 n° 940).

Logement accordé conjointement aux deux époux

Dès lors qu'un couple a été engagé en qualité de concierges par contrat disposant que l'emploi de deux époux était la condition essentielle et déterminante du contrat et que les avantages en nature comprenant un logement étaient attribués conjointement aux intéressés, en cas de licenciement de l'un des époux, l'autre ne peut sous aucun prétexte se maintenir dans les lieux. Le juge des référés peut donc, sans violer les dispositions de l'article L. 7212-1, après avoir constaté qu'ils étaient contractants solidaires, ordonner l'expulsion des deux époux (cass. soc. 14 avril 1988, n° 86-18.555, BC V n° 235).

Art. R. 7212-1. Le délai minimum avant lequel, en application de l'article L. 7212-1, le salarié dont le contrat de travail est rompu à l'initiative de l'employeur ne peut être obligé à quitter son logement est de trois mois.

Art. L. 7212-2. En cas de faute grave dans l'exercice de ses fonctions, le licenciement immédiat du salarié peut être prononcé par le conseil de prud'hommes sur la demande de l'employeur.

CHAPITRE III

Congés payés

Art. L. 7213-1. La durée du congé annuel payé est déterminée conformément aux dispositions des articles L. 3141-3 à L. 3141-21.

Art. L. 7213-2. Pendant la durée du congé annuel payé, le salarié assure lui-même son remplacement, avec l'accord et sous la responsabilité de l'employeur.

La rémunération du remplaçant est assurée par l'employeur.

Art. L. 7213-3. Lorsque le service est assuré par des conjoints, des partenaires liés par un pacte civil de solidarité ou des concubins salariés, le congé annuel payé est donné simultanément.

Art. L. 7213-4. Le salaire de la période de congé annuel payé est majoré d'une indemnité représentative du logement et de tous les autres avantages en nature accordés par l'employeur en application du contrat de travail ou de tout contrat qui en est l'accessoire.

Art. L. 7213-5. Lorsque le remplacement du salarié pendant la durée du congé payé implique l'occupation totale ou partielle du logement du salarié par son remplaçant, le salarié a le choix de ne pas user de son droit à congé.

Dans ce cas, le salarié perçoit une indemnité égale au montant de l'indemnité représentative du salaire qui serait versée à son remplaçant.

Note *Renonciation au droit à congé.* Le concierge peut renoncer à prendre ses congés payés lorsque son remplacement implique nécessairement l'occupation totale ou partielle de son logement. Dans un tel cas, l'article 26 de la convention collective nationale des gardiens, concierges et employés d'immeubles prévoit qu'il doit percevoir, en sus de son salaire habituel, une indemnité d'un montant majoré. Mais le bénéfice de cette indemnité ne peut être étendu aux concierges non tenus de mettre leur logement à la disposition de leur remplaçant, même s'ils travaillent pendant la période prévue pour leur congé (cass. soc. 1er février 1995, n° 90-44.514, BC V n° 50).

Art. L. 7213-6. L'employeur déclare, dans un délai déterminé par voie réglementaire, s'il accepte le remplaçant que lui propose le salarié.

Art. L. 7213-7. Lorsque l'employeur refuse le remplaçant proposé il pourvoit lui-même au remplacement du salarié.

Dans ce cas, pendant la durée de son congé payé, le salarié met les locaux et le mobilier à la disposition du remplaçant désigné par l'employeur.

L'employeur est responsable des abus et dommages qui pourraient être commis par le remplaçant.

[Dispositions réglementaires]

SECTION 1. Droit au congé

Art. R. 7213-1. Le congé à attribuer à deux salariés déterminés à l'article L. 7213-3 est déterminé compte tenu des droits distincts de chacun.

Art. R. 7213-2. Les jours autres que le dimanche et ceux qui, en application de la loi, de l'usage ou de la convention sont fériés et obligatoirement chômés par les catégories de salariés mentionnées à l'article L. 7211-2, sont réputés ouvrables pour la détermination du congé.

Art. R. 7213-3. Le congé ne peut être confondu avec :
1° Une absence pour cause de maladie ;
2° Les périodes de cure indemnisées par la sécurité sociale ;
3° Les périodes légales de repos des femmes enceintes ;
4° Les périodes obligatoires d'instruction du service national ;
5° Les repos payés bénévolement accordés par l'employeur.

SECTION 2. Durée du congé

Art. R. 7213-4. Le congé annuel d'une durée inférieure ou égale à douze jours ouvrables est continu.

Art. R. 7213-5. Le congé annuel d'une durée supérieure à douze jours ouvrables peut être fractionné par l'employeur avec l'accord du salarié. En cas de fractionnement, l'une des fractions est de deux semaines civiles au moins.

Art. L. 7213-7.

Art. R. 7213-6. L'employeur peut imposer à un concierge d'immeuble à usage d'habitation un congé annuel d'une durée supérieure à celle du congé légal auquel peut prétendre l'intéressé.

Dans ce cas, l'employeur verse à l'intéressé, pendant toute la durée du repos supplémentaire, une indemnité qui ne peut être inférieure aux sommes qui seraient dues pour un même temps de congé légal.

Ce temps de repos supplémentaire et l'indemnité correspondante ne peuvent être imputés sur les congés légaux à venir et sur les indemnités correspondantes.

SECTION 3. Prise des congés

Art. R. 7213-7. Sauf accord du bénéficiaire, le congé annuel est pris au cours des mois de mai à octobre inclus.

Art. R. 7213-8. Le délai dont dispose l'employeur pour déclarer s'il accepte ou refuse le remplaçant proposé par le salarié, mentionné à l'article L. 7213-6, est de huit jours.

SECTION 4. Indemnité de congés payés

Art. R. 7213-9. L'indemnité correspondante au congé prévu par l'article L. 3141-3 ne peut être inférieure ni au douzième de la rémunération totale perçue par l'intéressé au cours de la période de référence, ni au salaire qui serait dû au moment du règlement de l'indemnité pour un temps de travail égal à celui du congé.

Chaque jour de congé supplémentaire accordé conformément aux dispositions de l'article L. 3141-9 donne lieu à l'attribution d'une indemnité égale au quotient de l'indemnité correspondante au congé principal par le nombre de jours ouvrables compris dans ce congé.

Art. R. 7213-10. Pour le calcul de l'indemnité de congé à attribuer à deux salariés relevant de l'article L. 7213-3, la rémunération des intéressés, tant en espèces qu'en nature, est considérée, sauf accord contraire, comme due pour moitié à chacun d'eux.

Art. R. 7213-11. À l'indemnité calculée suivant les dispositions des articles R. 7213-9 et R. 7221-2, s'ajoute, s'il y a lieu, une indemnité représentative des avantages en nature garantis par le contrat et dont le travailleur cesse de bénéficier pendant son congé.

Le montant de cette indemnité ne peut être inférieur à celui qui est fixé chaque année pour chaque département, localité ou groupe de localités, par arrêté préfectoral.

Art. R. 7213-12. En cas de licenciement, de démission ou de décès du salarié, les indemnités prévues par les articles R. 7213-9 à R. 7213-11 sont dues dans les conditions déterminées par les articles L. 3141-26 à L. 3141-28, relatifs aux indemnités de congés consécutives à la rupture du contrat de travail, et à l'article D. 3141-9 lorsque l'employeur est tenu d'adhérer à une caisse de congés payés.

SECTION 5. Interdictions

Art. R. 7213-13. Il est interdit au bénéficiaire d'un congé légal d'accepter un travail rémunéré pendant ce congé.

Art. R. 7213-14. Il est interdit à toute personne de proposer un emploi rémunéré à un salarié lorsqu'elle sait que celui-ci est en congé annuel légal.

CHAPITRE IV

Surveillance médicale

[**Art. L. 7214-1.** Abrogé par loi 2011-867 du 20 juillet 2011, art. 16, JO 24.]

[Dispositions réglementaires]

Note Ces dispositions réglementaires ne sont plus adaptées depuis l'abrogation de l'article L. 7214-1.

SECTION 1. Services de santé au travail

Sous-section 1. Organisation et fonctionnement

Art. R. 7214-1. La création et la constitution d'un service de santé au travail interentreprises destiné uniquement à assurer la surveillance médicale des gardiens d'immeubles à usage d'habitation et des employés de maison, sont soumises aux règles applicables aux services de santé au travail interentreprises en ce qui concerne tant la définition de leur compétence territoriale que leur agrément.

Art. R. 7214-2. Tout service de santé au travail existant qui se propose d'assurer la surveillance médicale prévue à l'article L. 7214-1, constitue une section professionnelle spéciale. Il en informe l'autorité qui a agréé ce service.

Art. R. 7214-3. Le service de santé au travail interentreprises ne peut assurer la surveillance médicale que lorsqu'il satisfait aux dispositions du présent code qui lui sont applicables.

Il n'y a pas lieu de distinguer selon que cette surveillance présente pour le service de santé au travail interentreprises un caractère principal ou accessoire.

Art. R. 7214-4. Les dépenses supportées par un service de santé au travail interentreprises au titre de la surveillance médicale sont couvertes par des cotisations qui sont à la charge exclusive des employeurs adhérents.

Ces cotisations sont calculées sur la base d'un tarif établi par ce service en fonction du coût réel de la surveillance médicale. Ce tarif n'est opposable aux employeurs qu'après avoir reçu l'approbation du ***(D. 2009-1377 du 10 nov. 2009, JO 13 ; D. 2010-687 du 24 juin 2010, JO 25 ; voir D. 2010-1582 du 17 déc. 2010, JO 18, pour outre-mer)*** « directeur régional des entreprises, de la concurrence, de la consommation, du travail et de l'emploi ».

Sous-section 2. Adhésion

Art. R. 7214-5. Lorsqu'il ne dispose pas d'un service autonome de santé au travail, l'employeur d'un gardien d'immeubles à usage d'habitation ou d'un employé de maison adhère à un service de santé au travail interentreprises habilité à faire assurer la surveillance médicale.

Art. R. 7214-6. L'adhésion à un service de santé au travail interentreprises habilité est demandée dans le délai d'un mois à compter de l'engagement du premier salarié.

Sous-section 3. Dépenses et frais

Art. R. 7214-7. Les frais de transport du salarié pour se rendre au service de santé au travail interentreprises et pour en revenir sont à la charge de l'employeur.

Art. R. 7214-8. Le temps passé par le salarié pour satisfaire aux obligations de la surveillance médicale est assimilé à une période de travail. Ce temps ne peut justifier une réduction de la rémunération.

SECTION 2. Objet de la surveillance et examens médicaux

Art. R. 7214-9. La surveillance médicale a un caractère exclusivement préventif. Elle est assurée par des médecins dont le rôle est limité aux examens et visites définis à l'article L. 7214-1.

Art. R. 7214-10. Les médecins mentionnés à l'article R. 7214-9 sont des médecins du travail relevant des dispositions du titre II du livre VI de la partie IV relatives à la médecine du travail.

Art. R. 7214-11. L'examen médical d'embauche et les visites médicales périodiques ont pour finalité de s'assurer que l'emploi n'est pas incompatible avec l'état de santé du salarié et que celui-ci n'est pas atteint d'une affection contagieuse ou dangereuse pour l'entourage.

Art. R. 7214-12. L'examen médical d'embauche a lieu avant l'engagement du salarié ou, au plus tard, dans les quinze jours ouvrables qui suivent cet engagement.

Dans le cas prévu à l'article R. 7214-6, le délai de quinze jours ne court qu'à partir de l'admission de la demande d'adhésion par le service interentreprises.

Art. R. 7214-13. L'examen médical d'embauche n'est pas obligatoire si une attestation, délivrée par un médecin du travail à la suite d'une visite pratiquée au cours des six mois précédant l'embauche, conclut à la compatibilité de l'état de santé de l'intéressé avec l'emploi alors occupé et si le nouvel emploi est de la même nature.

La fiche médicale d'aptitude prévue à l'article R. 7214-20 équivaut à l'attestation mentionnée au premier alinéa lorsqu'elle répond aux conditions de ce même alinéa.

Art. R. 7214-14. La visite médicale de reprise du travail a pour finalité de s'assurer que les circonstances qui ont entraîné l'interruption du travail n'ont pas modifié l'état de santé du salarié et ne l'ont pas rendu inapte à reprendre son emploi.

Art. R. 7214-15. La visite médicale de reprise du travail est obligatoire après un congé de maternité ou lorsque l'interruption du travail pour raisons médicales a dépassé trois semaines.

Art. R. 7214-16. La visite médicale périodique est réalisée au moins une fois par an. La fréquence de cette visite peut être augmentée par le médecin du travail en raison :

1° De l'âge du salarié lorsque celui-ci a moins de dix-huit ans ;

2° Des constatations faites lors de visites antérieures.

Note On notera que la périodicité des examens médicaux a été portée de un à deux ans par le décret 2004-760 du 28 juillet 2004, JO 30 (art. R. 4624-16).

SECTION 3. Documents et rapports

Sous-section 1. Rapports

Art. R. 7214-17. Le président du service de santé au travail interentreprises établit chaque année, dans la forme prévue par un arrêté du ministre chargé du travail, un rapport sur l'organisation, le fonctionnement et la gestion financière du service.

Un exemplaire de ce rapport est transmis à l'inspecteur du travail et un autre au médecin inspecteur du travail.

Dans les services administrés paritairement, ce rapport est transmis aux services d'inspection par le président du conseil d'administration avec les observations du conseil.

Art. R. 7214-18. Le fonctionnement de la section professionnelle spéciale mentionnée à l'article R. 7214-2 fait l'objet d'un rapport annuel administratif et financier distinct de celui du service de santé au travail qui se propose d'assurer la surveillance médicale prévue à l'article L. 7214-1.

Art. R. 7214-19. Le médecin du travail des services de santé au travail établit chaque année, dans la forme prévue par un arrêté du ministre chargé du travail, un rapport dont un exemplaire est transmis à l'inspecteur du travail et un autre au médecin inspecteur du travail.

Sous-section 2. Documents médicaux

Art. R. 7214-20. Au moment de l'embauche, le médecin du travail établit :

1° Une fiche médicale d'aptitude qui est transmise à l'employeur par le service de santé au travail interentreprises. Une copie de cette fiche est transmise au salarié dans les mêmes conditions ;

2° Un dossier médical qu'il conserve de manière à éviter toute violation du secret médical ;

3° Un extrait du dossier médical qu'il remet au salarié si celui-ci en fait la demande.

Art. R. 7214-21. Le dossier médical est complété lors des visites ultérieures.

Ces visites donnent lieu à l'établissement d'une nouvelle fiche médicale d'aptitude remise à l'employeur et au salarié dans les mêmes conditions que la fiche médicale d'aptitude initiale.

[Sanctions pénales]

Art. R. 7216-1. Le fait, pour les responsables d'un service de santé au travail, de ne pas satisfaire aux dispositions du présent code qui lui sont applicables, en méconnaissance des dispositions de l'article R. 7214-3, est puni de l'amende prévue pour les contraventions de la cinquième classe.

Art. R. 7216-2. Le fait de ne pas adhérer à un service de santé au travail, en méconnaissance des dispositions de l'article R. 7214-5, ou de ne pas adhérer dans le délai prévu à l'article R. 7214-6, est puni de l'amende prévue pour les contraventions de la cinquième classe.

Art. R. 7216-3. Le fait de méconnaître les dispositions relatives à la participation des employeurs aux dépenses du service de santé au travail interentreprises, mentionnée à l'article R. 7214-4, est puni de l'amende prévue pour les contraventions de la cinquième classe.

Art. R. 7216-4. Le fait de ne pas prendre en charge les frais de transport du salarié pour se rendre au service de santé au travail ou de ne pas le rémunérer pour le temps consacré à sa surveillance médicale, en méconnaissance des dispositions des articles R. 7214-7 et R. 7214-8, est puni de l'amende prévue pour les contraventions de la cinquième classe.

Art. R. 7216-5. Le fait de méconnaître les dispositions des articles R. 7214-9 et R. 7214-10, est puni de l'amende prévue pour les contraventions de la cinquième classe.

Art. R. 7216-6. Le fait de méconnaître la finalité de l'examen médical d'embauche, des visites médicales périodiques et des visites médicales de reprise, prévue aux articles R. 7214-11 et R. 7214-14, est puni de l'amende prévue pour les contraventions de la cinquième classe.

Art. R. 7216-7. Le fait de ne pas faire pratiquer l'examen médical d'embauche avant l'engagement du salarié ou au plus tard dans les quinze jours ouvrables qui suivent cet engagement, en méconnaissance des dispositions de l'article R. 7214-12, est puni de l'amende prévue pour les contraventions de la cinquième classe.

Art. R. 7216-8. Le fait de ne pas respecter les dispositions de l'article R. 7214-13, est puni de l'amende prévue pour les contraventions de la cinquième classe.

Art. R. 7216-9. Le fait de méconnaître les dispositions des articles R. 7214-20 et R. 7214-21, est puni de l'amende prévue pour les contraventions de la cinquième classe.

CHAPITRE V

Litiges

Art. L. 7215-1. Le conseil de prud'hommes est seul compétent pour connaître des différends relatifs au contrat de travail conclu entre les salariés définis à l'article L. 7211-2 et leurs employeurs ainsi qu'aux contrats qui en sont l'accessoire.

Art. R. 7215-1. Les salariés mentionnés aux articles L. 7211-1 et L. 7211-2 sont électeurs aux conseils de prud'hommes s'ils respectent les dispositions du livre IV de la première partie.

Art. R. 7215-2. Les propriétaires d'immeubles ou de parties d'immeubles à usage d'habitation sont électeurs du collège employeurs s'ils respectent les dispositions du livre IV de la première partie.

Les locataires principaux lorsqu'ils sont substitués au propriétaire comme employeurs des salariés mentionnés aux articles L. 7211-1 et L. 7211-2 sont également électeurs employeurs.

Art. R. 7215-3. Le droit de vote des personnes morales publiques et privées est exercé par leur représentant légal.

CHAPITRE VI

Dispositions pénales

[Le présent chapitre ne comprend pas de dispositions législatives.]

Les articles réglementaires ont été insérés à la suite des chapitres auxquels ils se rapportent.

TITRE II

EMPLOYÉS DE MAISON

CHAPITRE Ier

Dispositions générales

Art. L. 7221-1. Est considéré comme employé de maison le salarié employé par des particuliers à des travaux domestiques.

Note • Il semble que l'expression « travaux domestiques » doive s'entendre comme signifiant non seulement les travaux ménagers proprement dits mais également toute tâche qui s'accomplit au domicile de l'employeur pour son compte personnel et qui est liée à la vie de son foyer. À cet égard, la convention collective nationale précise que les employés de maison qui consacrent plus de 50 % de leur temps de travail à une activité relevant de la profession de leur employeur n'entrent pas dans son champ d'application. La Cour de cassation a précisé qu'une personne engagée en qualité d'employée de maison conserve cette qualité si elle n'intervient qu'« accessoirement » et en présence d'une secrétaire médicale dans l'entretien d'un cabinet de son employeur, l'introduction de la clientèle et les communications téléphoniques (cass. soc. 17 octobre 1979, n° 78-40.389, BC V n° 745).

• N'ont pas la qualité d'employé de maison les personnes affectées à l'entretien de locaux industriels, commerciaux ou administratifs qui sont assimilables au personnel de l'entreprise (rép. QE 18146, JO AN 19 avril 1951, p. 3511), non plus que les jardiniers et gardes-chasse, ces derniers relevant des législations du régime agricole.

• La convention collective nationale des employés de maison est applicable aux employés au pair (cass. soc. 17 mars 1993, n° 89-40.317). Bien que la Cour de cassation n'ait pas encore eu à le préciser, il semble donc que les dispositions du code du travail applicables aux employés de maison le soient également aux employés au pair.

Art. L. 7221-2. Sont seules applicables au salarié défini à l'article L. 7221-1 les dispositions relatives :

1° Au harcèlement moral, prévues aux articles L. 1152-1 et suivants, au harcèlement sexuel, prévues aux articles L. 1153-1 et suivants ainsi qu'à l'exercice en justice par les organisations syndicales des actions qui naissent du harcèlement en application de l'article L. 1154-2 ;

2° À la journée du 1er mai, prévues par les articles L. 3133-4 à L. 3133-6 ;

3° Aux congés payés, prévues aux articles L. 3141-1 à L. 3141-31, sous réserve d'adaptation par décret en Conseil d'État ;

4° Aux congés pour événements familiaux, prévues par les articles L. 3142-1 et suivants ;

(L. 2011-867 du 20 juil. 2011, art. 16, JO 24) « 5° À la surveillance médicale définie au titre II du livre VI de la quatrième partie. »

Note Malgré l'emploi du mot « seules », la Cour de cassation a précisé que la liste des dispositions mentionnées par cet article n'était pas limitative (cass. soc. 29 juin 2011, n° 10-11.525, *JCP* éd. S 2011, 1427, note D. Boulmier).

• **Rémunération.** *La législation sur le SMIC* est applicable aussi bien aux concierges qu'aux employés de maison, qu'ils soient ou non logés ou nourris (cass. soc. 31 mars 1982, n° 80-40.019, BC V n° 242).

Depuis l'intervention du décret 92-660 du 13 juillet 1992 (JO 16), le bulletin de paie des employés de maison est simplifié. Voir article R. 3243-6.

La loi du 19 janvier 1978 relative à la mensualisation, codifiée aux articles L. 3242-1 et 2 qui a étendu les droits résultant de l'accord interprofessionnel du 10 décembre 1977 à diverses catégories de salariés, est applicable aux employés de maison. Jours fériés : c'est à bon droit que les juges du fond, ayant relevé qu'une personne travaillait à raison d'une heure par jour et cinq jours par semaine en qualité de femme de ménage au profit d'une société, ont décidé, au regard de la mensualisation dont bénéficiait la salariée en vertu de l'accord national interprofessionnel du 10 décembre 1977 étendu aux employés de maison par la loi du 19 janvier 1978, que cette société devait supporter le paiement des jours fériés non travaillés au prorata du temps qui lui était consacré (cass. soc. 19 mars 1987, n° 84-41.658, BC V n° 175).

Selon l'article 220 c. civ., toute dette contractée par l'un des époux pour l'entretien du ménage ou l'éducation des enfants oblige l'autre solidairement quel que soit le régime matrimonial. Par conséquent, lorsqu'une employée de maison a été engagée par le mari pour exécuter son travail au domicile des époux, l'épouse est tenue solidairement des dettes envers les organismes de retraite (cass. soc. 11 mars 2009, n° 07-43.977, BC V n° 73 ; *Dr. Soc.* 2009, p. 736, obs. J. Savatier).

• **Statut conventionnel.** Les employés de maison relèvent de la convention collective nationale du particulier employeur du 24 novembre 1999, étendue par arrêté du 2 mars 2000 (JO 11). Elle est complétée par un avenant « salaires » S 36 du 9 juillet 2009 étendu par arrêté du 23 novembre 2009 (JO 28).

• **Contrat de travail.** Sauf recours au chèque emploi-service universel, la convention collective exige la rédaction d'un contrat écrit. Pour les contrats de travail à temps partiel, les dispositions légales relatives à la durée du travail n'étant pas applicables aux employés de maison, les mentions prévues par l'article L. 3123-14 ne sont pas requises.

En cas de recours au chèque emploi-service universel, celui-ci tient lieu de contrat de travail lorsque la durée du travail n'excède pas huit heures par semaine ou ne dépasse pas quatre semaines consécutives dans l'année (art. L. 1271-5 CT ; voir aussi cass. soc. 27 octobre 2004, n° 03-48.234, BC V n° 276 ; *RJS* 1/05 n° 89 ; *Dr. Soc.* 2005, p. 103, obs. Ch. Radé et cass. soc. 13 juin 2007, n° 05-43.013, BC V n° 102).

Pour les emplois dont la durée de travail dépasse huit heures par semaine, un contrat de travail doit être établi par écrit et préciser, s'il est à temps partiel, la durée hebdomadaire ou, le cas échéant, mensuelle prévue et la répartition de la durée du travail entre les jours de la semaine ou les semaines du mois. Il en résulte que l'absence d'écrit mentionnant la durée du travail et sa répartition fait présumer que l'emploi est à temps complet et qu'il incombe à l'employeur qui conteste cette présomption de rapporter la preuve, d'une part, de la durée exacte hebdomadaire ou mensuelle convenue, d'autre part que le salarié n'était pas placé dans l'impossibilité de prévoir à quel rythme il devait travailler et qu'il n'avait pas à se tenir constamment à la disposition de l'employeur.

En rejetant la demande d'une employée de maison tendant à la requalification de son contrat de travail en un contrat à temps plein sans rechercher si l'employeur, qui l'occupait plus de huit heures par semaine sans contrat écrit, justifiait de la durée exacte, hebdomadaire ou mensuelle du travail convenue, une cour d'appel n'a pas légalement justifié sa décision (cass. soc. 9 avril 2008, n° 06-41.596, BC V n° 84 ; *RDT*, juin 2008, CH, 381, B. Lardy-Pélissier ; *RJS* 6/08 n° 729 ; *Dr. Soc.* 2008, p. 874, obs. Cl. Roy-Loustaunau ; *JCP* éd. S 2008, 1477, note Fr. Bousez).

• **Durée du travail.** Les dispositions relatives à la durée légale du travail ne sont pas applicables aux employés de maison qui travaillent au domicile privé de leur employeur et qui sont soumis à la convention collective nationale du particulier employeur du 24 novembre 1999 (cass. soc. 17 octobre 2000, n° 98-43.443, BC V n° 335 ; *RJS* 12/00 n° 1304 ; 4 mars 2003, n° 00-46.785, *RJS* 6/03 n° 817, 1re espèce).

Une employée de maison, engagée à temps partiel selon un contrat verbal, n'est donc pas fondée à réclamer des rappels de salaires sur la base d'un temps plein au seul motif que son contrat ne contient pas les mentions imposées par l'article L. 3123-14 CT (cass. soc. 4 mars 2003, précité).

Les dispositions du code du travail relatives à la durée du travail et à la définition du travail effectif n'étant pas applicables aux employés de maison, il appartient au juge, saisi d'une demande de rappels de salaire calculés sur la base d'un nombre global d'heures de travail hebdomadaires, de déterminer la durée du travail de la salariée et sa répartition éventuelle entre les heures de travail effectif, les heures de présence responsable et les heures d'astreinte (cass. soc. 13 juillet 2004, n° 02-43.026, BC V n° 221).

À noter, cependant, que la preuve de l'existence ou du nombre d'heures de travail effectuées par une employée de maison obéit au régime prévu par l'article L. 3171-4 CT (cass. soc. 19 mars 2003, n° 00-46.686, BC V n° 103 ; *Dr. Soc.* 2003, p. 655, obs. J. Savatier ; voir aussi cass. soc. 30 juin 2010, n° 08-44.514, *JSL* n° 284, 29 septembre 2010, p. 26).

À noter également que l'employeur d'une employée de maison, quand bien même il aurait antérieurement toléré une situation irrégulière quant à la durée du travail, doit se conformer à la législation relative à la durée maximale du travail, sous réserve de laisser à la salariée un délai de réflexion suffisant pour lui permettre de choisir entre l'emploi qu'elle souhaite conserver ou la réduction d'horaire proposée (cass. soc. 4 juin 1998, n° 95-44.693, BC V n° 302).

• **Congé parental d'éducation.** Les dispositions de l'article L. 122-28-1 [L. 1225-47] CT, selon lesquelles tout salarié qui justifie d'une ancienneté minimale d'une année à la date de naissance de son enfant a le droit de bénéficier d'un congé parental d'éducation durant lequel le contrat de travail est suspendu, s'appliquent à tous les salariés, y compris les employés de maison, la liste des textes mentionnés à l'article L. 772-2 [L. 7221-2] CT n'étant pas limitative (cass. soc. 19 novembre 2003, n° 01-43.456, BC V n° 291 ; *RJS* 2/04 n° 270).

• **Licenciement.** À l'exception des dispositions expressément réservées aux entreprises, telles celles concernant les licenciements pour motif économique (cass. soc. 18 février 1998, n° 95-44.721, BC V n° 94) ou celles relatives au conseiller du salarié (cass. soc. 4 juin 1998, n° 95-44.693, BC V n° 302 ; 5 janvier 1999, n° 96-45.202, *RJS* 2/99 n° 311 ; 18 octobre 2000, n° 98-45.234, *JSL* n° 73, 13 février 2001, pp. 4 et s., chron. G-P Quetant), les règles de droit commun concernant la résiliation du contrat de travail s'appliquent aux employés de maison.

Ainsi, le licenciement d'un employé de maison doit avoir une cause réelle et sérieuse (cass. soc. 13 janvier 1994, n° 91-44.109, BC V n° 13 ; *RJS* 3/94 n° 329) et être notifié par LRAR précisant clairement le ou les motifs du licenciement, à défaut de quoi il est sans cause réelle et sérieuse (cass. soc. 29 juin 2011, n° 10-11.365, *RJS* 10/11 n° 843, 1re espèce). La procédure (convocation à l'entretien préalable, entretien avec l'intéressé, notification du licenciement) doit également être respectée, le non-respect de cette procédure entraînant nécessairement un préjudice dont la réparation doit être effective (cass. soc. 29 janvier 2002, n° 99-40.254, *RJS* 4/02 n° 498 ; 25 février 2004, n° 02-41.624). Enfin, les dispositions de l'article R. 1234-2, selon lesquelles l'indemnité de licenciement ne peut être inférieure à un cinquième de mois de salaire par année d'ancienneté, s'appliquent à tous les salariés y compris les employés de maison, la liste des textes mentionnés à l'article L. 7221-2 n'étant pas limitative (cass. soc. 29 juin 2011, n° 10-11.525, *RJS* 10/11 n° 843, 2e espèce).

À noter également que si les articles L. 1226-9 et 13 CT interdisant le licenciement durant la période de suspension du contrat consécutive à un accident du travail ou à une maladie professionnelle sont applicables aux employés de maison (cass. soc. 9 novembre 2010, n° 09-65.637), il résulte des dispositions combinées de l'article 12 de la convention collective nationale des salariés du particulier employeur du 24 novembre 1999, étendue par arrêté du 2 mars 2000, et des articles L. 1111-1 et L. 7221-2 CT que le licenciement du salarié inapte n'est soumis qu'aux dispositions de la convention collective (cass. soc. 17 février 2010, n° 08-45.205, 1er moyen, BC V n° 46 ; *RJS* 5/10 n° 472 ; 13 avril 2005, n° 03-42.004, BC V n° 138 ; *Dr. Soc.* 2005, pp. 698 et s., obs. J. Savatier ; *RJS* 6/05 n° 686). Dès lors, en cas de licenciement pour inaptitude physique faisant suite à un accident du travail ou à une maladie professionnelle, les dispositions de l'article L. 1226-14 (doublement de l'indemnité légale de licenciement) et celles de l'article L. 5213-9 (doublement de l'indemnité compensatrice de préavis pour les personnes handicapées) ne s'appliquent pas aux employés de maison (cass. soc. 13 avril 2005, n° 03-42.004, précité)

• **Hospitalisation ou décès de l'employeur.** La rupture du contrat de travail d'une employée de maison due à une hospitalisation de l'employeur ne constitue pas un cas de force majeure et la salariée peut donc prétendre au paiement des indemnités de préavis et de licenciement (cass. soc. 31 mars 1994, n° 90-42.976, *Dr. Soc.* 1994, p. 514). De même, le décès de l'employeur ne constitue pas un cas de force majeure libérant les héritiers du paiement des indemnités de rupture et de congés payés (cass. soc. 5 décembre 1989, n° 86-43.165, BC V n° 695). Toutefois, l'article L. 122-12 [L. 1224-1] CT n'étant pas applicable aux employeurs de gens de maison, les héritiers ne sont pas tenus de maintenir le contrat de travail de l'employée de maison (cass. soc. 5 décembre 1989, précité). Un avenant à la convention collective nationale des employés de maison (avenant 12 du 26 novembre 1997 étendu par arrêté du 20 avril 1998), modifiant l'article 35 de cette convention prévoit que le contrat de travail peut, en cas de décès de l'employeur, être repris par ses héritiers et que si tel n'est pas le cas, l'employé est considéré comme licencié à la date du décès de l'employeur, les héritiers ou toute personne chargée de la succession devant lui verser les indemnités dues à ce titre et, le cas échéant, l'indemnité compensatrice de préavis (rép. QE 9719, JO AN 31 août 1998, p. 4806).

• **Formation professionnelle.** Voir note au-dessus de l'article L. 6331-57.

• **Surveillance médicale.** Les dispositions relatives à la surveillance médicale définie au titre II du livre VI de la quatrième partie du code du travail sont applicables aux employés de maison, qu'ils soient à temps complet ou à temps partiel (cass. soc. 28 septembre 2011, n° 10-14.284, *RJS* 12/11 n° 1020).

Art. R. 7221-1. L'employeur peut imposer à un employé de maison, à l'exclusion, sauf convention contraire, des femmes et des hommes de ménage, un congé annuel d'une durée supérieure à celle du congé légal auquel peut prétendre l'intéressé.

Dans ce cas l'employeur verse à l'intéressé, pendant toute la durée du repos supplémentaire, une indemnité qui ne peut être inférieure aux sommes qui seraient dues pour un même temps de congé légal.

Ce temps de repos supplémentaire et l'indemnité correspondante ne peuvent être imputés sur les congés légaux à venir et sur les indemnités correspondantes.

Art. R. 7221-2. L'indemnité journalière de congé due aux femmes et aux hommes de ménage est égale au sixième du salaire hebdomadaire habituel sauf si l'application de la règle du douzième énoncée au premier alinéa de l'article R. 7213-9 est plus favorable.

CHAPITRE II

Dispositions pénales

[Le présent chapitre ne comprend pas de dispositions législatives.]

Art. R. 7222-1. Le fait de méconnaître les dispositions des 2° à 5° de l'article L. 7221-2 est puni de l'amende prévue pour les contraventions de la cinquième classe.

TITRE III

ACTIVITÉS DE SERVICES À LA PERSONNE

Note • Voir *JCP* éd. S 2005, 1254, étude J-Y Kerbourc'h, « Service Chèque-emploi TPE, chèque emploi-service universel et services à la personne : une politique législative de ciblage ».

• Les services d'aide à domicile des centres communaux et intercommunaux d'action sociale sont dispensés du régime d'autorisation prévu aux articles L. 313-1 et s. c. action soc. et fam. pour celles de leurs activités relatives aux tâches ménagères, familiales ou à l'entretien du cadre de vie.

CHAPITRE Ier

Champ d'application

Art. L. 7231-1. Les services à la personne portent sur les activités suivantes :

1° La garde d'enfants ;

2° L'assistance aux personnes âgées, aux personnes handicapées ou aux autres personnes qui ont besoin d'une aide personnelle à leur domicile ou d'une aide à la mobilité dans l'environnement de proximité favorisant leur maintien à domicile ;

3° Les services aux personnes à leur domicile relatifs aux tâches ménagères ou familiales.

Note • Sont considérées comme « autres personnes ayant besoin d'une aide personnelle à leur domicile » au sens du 2° de cet article les personnes ou les familles rencontrant une difficulté temporaire ou permanente de nature à mettre en péril l'autonomie et l'équilibre de la famille et son maintien dans l'environnement social (arrêté du 26 décembre 2011, JO 30, fixant le cahier des charges prévu à l'article R. 7232-7 CT).

• Le décret 2008-1084 du 22 octobre 2008 (JO 24) a étendu les conditions d'ouverture du droit aux prestations maladie, maternité-invalidité et décès prévues à l'article R. 313-7 c. séc. soc. aux assurés occupant un emploi de service à la personne et rémunérés par chèque emploi-service universel.

Art. L. 7231-2. Des décrets précisent :

1° Le contenu des activités de services à la personne mentionnées à l'article L. 7231-1 ;

2° Un plafond en valeur ou en temps de travail des interventions à domicile permettant aux activités figurant dans le décret prévu au 1° de bénéficier des dispositions du présent titre.

Art. D. 7231-1. ***(D. 2011-1133 du 20 sept. 2011, JO 22, entrée en vigueur le 23.11.2011)*** I. – Les activités de services à la personne soumises à agrément, en application de l'article L. 7232-1, sont les suivantes :

1° Garde d'enfants à domicile, en dessous d'un âge fixé par arrêté conjoint du ministre chargé des services et du ministre chargé de la famille ;

2° Assistance aux personnes âgées ou aux personnes qui ont besoin d'une aide personnelle à leur domicile, à l'exclusion d'actes de soins relevant d'actes médicaux ;

3° Garde-malade à l'exclusion des soins ;

4° Assistance aux personnes handicapées, y compris les activités d'interprète en langue des signes, de technicien de l'écrit et de codeur en langage parlé complété ;

5° Prestation de conduite du véhicule personnel des personnes dépendantes, du domicile au travail, sur le lieu de vacances, pour les démarches administratives ;

6° Aide à la mobilité et transport de personnes ayant des difficultés de déplacement ;

7° Accompagnement des enfants de moins de trois ans, des personnes âgées ou handicapées dans leurs déplacements en dehors de leur domicile (promenades, transport, actes de la vie courante).

II. – Les activités de services à la personne soumises à titre facultatif à la déclaration prévue à l'article L. 7232-1-1 sont, outre celles mentionnées au I du présent article, les activités suivantes :

1° Entretien de la maison et travaux ménagers ;

2° Petits travaux de jardinage, y compris les travaux de débroussaillage ;

3° Travaux de petit bricolage dits "homme toutes mains" ;

4° Garde d'enfants à domicile au-dessus d'un âge fixé par arrêté conjoint du ministre chargé des services et du ministre chargé de la famille ;

5° Soutien scolaire à domicile ou cours à domicile ;

6° Soins d'esthétique à domicile pour les personnes dépendantes ;

7° Préparation de repas à domicile, y compris le temps passé aux commissions ;

8° Livraison de repas à domicile ;

9° Collecte et livraison à domicile de linge repassé ;

10° Livraison de courses à domicile ;

11° Assistance informatique et internet à domicile ;

12° Soins et promenades d'animaux de compagnie, à l'exception des soins vétérinaires et du toilettage, pour les personnes dépendantes ;

13° Maintenance, entretien et vigilance temporaires, à domicile, de la résidence principale et secondaire ;

14° Assistance administrative à domicile ;

15° Accompagnement des enfants de plus de trois ans dans leurs déplacements en dehors de leur domicile (promenades, transport, actes de la vie courante) ;

16° Activités qui concourent directement et exclusivement à coordonner et délivrer les services mentionnés au présent article.

III. – Les activités mentionnées aux 5°, 6°, 7° du I et aux 8°, 9°, 10° et 15° du II du présent article n'ouvrent droit au bénéfice du 1° de l'article L. 7233-2 du code du travail et de l'article L. 241-10 du code de la sécurité sociale qu'à la condition que la prestation soit comprise dans une offre de services incluant un ensemble d'activités réalisées à domicile. »

Note

• Sont soumises aux dispositions du cahier des charges prévu au 3° de l'article R. 7232-7 CT les activités prévues au I de cet article concernant :
a) La garde d'enfants de moins de trois ans ;
b) L'assistance aux personnes âgées de soixante ans et plus, aux personnes handicapées ou autres personnes dès lors qu'elles ont besoin d'une aide personnelle à leur domicile ou d'une aide à la mobilité dans l'environnement de proximité favorisant leur maintien à domicile.

• Sont considérés comme activité d'assistance telle que prévue aux 2° et 4° du I de cet article :
– l'accompagnement et l'aide aux personnes dans les actes essentiels de la vie quotidienne (aide à la mobilité et aux déplacements, à la toilette, à l'habillage, à l'alimentation, aux fonctions d'élimination, garde-malade, soutien aux activités intellectuelles, sensorielles et motrices, transports...) ;
– l'accompagnement et l'aide aux personnes dans les activités de la vie sociale et relationnelle (accompagnement dans les activités domestiques, de loisirs, de la vie sociale, soutien des relations sociales, assistance administrative...) à domicile ou à partir du domicile.

• Sont exclus de ces activités les actes de soins réalisés sur prescription médicale (arrêté du 26 décembre 2011, JO 30).

Art. D. 7231-2. L'émergence d'activités nouvelles de services à la personne entrant dans le champ d'activité de l'article L. 7231-1 fait l'objet, chaque année, d'une évaluation réalisée par l'Agence nationale des services à la personne en vue, le cas échéant, de modifier la liste des activités mentionnées à l'article D. 7231-1.

CHAPITRE II

(L. 2010-853 du 23 juil. 2010, art. 31, JO 24) « Déclaration et agrément des organismes et mise en œuvre des activités »

Note L'article 31 de la loi 2010-853 du 23 juillet 2010 a assoupli le régime de l'agrément des prestataires de services à la personne en remplaçant l'agrément simple par un régime déclaratif, la procédure d'agrément étant désormais réservée aux activités de garde d'enfants ou mettant en cause la sécurité des personnes.

À condition d'exercer à titre exclusif ou d'être dispensée de cette condition, toute personne morale ou entreprise individuelle disposant d'un agrément en cours de validité délivré antérieurement à l'entrée en vigueur du décret prévu à l'article L. 7232-1-1 bénéficie des dispositions des articles L. 7233-2 et L. 7233-3 (loi 2010-853 précitée, art. 31, II).

SECTION 1. *(L. 2010-853 du 23 juil. 2010, art. 31, JO 24)* « Déclaration et agrément des organismes »

Art. L. 7232-1. *(L. 2010-853 du 23 juil. 2010, art. 31, JO 24)* Toute personne morale ou entreprise individuelle qui exerce les activités de service à la personne mentionnées ci-dessous est soumise à agrément délivré par l'autorité compétente suivant des critères de qualité :

1° La garde d'enfants au-dessous d'une limite d'âge fixée par arrêté conjoint du ministre de l'emploi et du ministre chargé de la famille ;

2° Les activités relevant du 2° de l'article L. 7231-1, à l'exception des activités dont la liste est définie par décret et qui ne mettent pas en cause la sécurité des personnes.

Note Pour l'exercice de l'activité de garde d'enfant à domicile ou d'accompagnement d'enfant dans ses déplacements, les personnes morales ou les entrepreneurs individuels sont soumis à la possession de l'agrément prévu à cet article lorsque l'enfant a moins de trois ans.

Les personnes morales ou les entrepreneurs individuels qui exercent l'activité de garde d'enfant à domicile ou d'accompagnement d'enfant dans ses déplacements peuvent procéder à la déclaration prévue à l'article L. 7232-1-1 lorsqu'ils disposent pour cette activité de l'agrément défini à l'article L. 7232-1 ou lorsque l'enfant mineur a plus de trois ans (arrêté du 26 décembre 2011, JO 30 pris pour l'application des articles L. 7232-1 et D. 7231-1 CT).

Art. L. 7232-1-1. *(L. 2010-853 du 23 juil. 2010, art. 31, JO 24)* À condition qu'elle exerce son activité à titre exclusif, toute personne morale ou entreprise individuelle qui souhaite bénéficier des 1° et 2° de l'article L. 7233-2 et de l'article L. 7233-3 déclare son activité auprès de l'autorité compétente dans des conditions et selon des modalités prévues par décret en Conseil d'État.

Art. L. 7232-1-2. *(L. 2010-853 du 23 juil. 2010, art. 31, JO 24)* « Sont dispensées de la condition d'activité exclusive fixée par les articles L. 7232-1-1, L. 7233-2 et L. 7233-3 : »

1° Pour leurs activités d'aide à domicile :

a) Les associations intermédiaires ;

(L. 2009-1673 du 30 déc. 2009, art. 141, JO 31) « a *bis)* Les régies de quartiers. Un décret définit les conditions de leur agrément et de la dérogation à la clause d'activité exclusive dont elles bénéficient ; »

b) Les communes, les centres communaux ou intercommunaux d'action sociale, les établissements publics de coopération intercommunale compétents ;

c) Les organismes ayant conclu une convention avec un organisme de sécurité sociale au titre de leur action sociale ;

d) Les organismes publics ou privés gestionnaires d'un établissement ou d'un service autorisé au titre du I de l'article L. 312-1 du code de l'action sociale et des familles et les groupements de coopération mentionnés au 3° de l'article L. 312-7 du même code ;

2° Pour leurs activités qui concourent directement à coordonner et délivrer les services à la personne, les unions et fédérations d'associations ;

3° Pour leurs activités d'aide à domicile rendues aux personnes mentionnées à l'article L. 7231-1 :

a) Les organismes publics ou privés gestionnaires d'un établissement de santé relevant de l'article L. 6111-1 du code de la santé publique ;

b) Les centres de santé relevant de l'article L. 6323-1 du même code ;

c) Les organismes publics ou privés gestionnaires d'un établissement ou d'un service mentionné aux premier et deuxième alinéas de l'article L. 2324-1 du même code ;

4° Pour les services d'aide à domicile rendus aux personnes mentionnées à l'article L. 7231-1 qui y résident, les résidences-services relevant du chapitre IV *bis* de la loi n° 65-557 du 10 juillet 1965 fixant le statut de la copropriété des immeubles bâtis.

Art. L. 7232-2. Les ***(L. 2010-853 du 23 juil. 2010, art. 31, JO 24)*** « personnes morales ou les entreprises individuelles » d'un service d'aide à domicile, agréées en application des dispositions de l'article L. 7231-1, peuvent déposer une demande d'autorisation de créer un établissement ou un service dont l'activité relève du I de l'article L. 312-1 du code de l'action sociale et des familles sans que leur agrément au titre de la présente section soit remis en cause de ce seul fait.

[**Art. L. 7232-3.** Abrogé par loi 2010-853 du 23 juillet 2010, art. 31, JO 24].

[**Art. L. 7232-4.** Renuméroté en L. 7232-1-2 et modifié par loi 2010-853 du 23 juillet 2010, art. 31, JO 24].

Art. L. 7232-5. L'exigence de qualité nécessaire à l'intervention ***(L. 2010-853 du 23 juil. 2010, art. 31, JO 24)*** « de toute personne morale ou entreprise individuelle mentionnée aux articles L. 7232-1 et L. 7232-1-2 » est équivalente à celle requise pour les mêmes publics par la loi n° 2002-2 du 2 janvier 2002 rénovant l'action sociale et médico-sociale.

[Dispositions réglementaires]

(D. 2011-1132 du 20 sept. 2011, JO 22) « Agrément et déclaration des personnes morales et entrepreneurs individuels »

Demande d'agrément

Art. R. 7232-1. ***(D. 2011-1132 du 20 sept. 2011, JO 22, entrée en vigueur le 23.11.2011)*** La demande d'agrément d'une personne morale ou d'un entrepreneur individuel mentionné à l'article L. 7232-1 est adressée par son représentant légal au préfet de département par voie électronique ou par lettre recommandée avec avis de réception.

Art. R. 7232-2. La demande d'agrément mentionne :

(D. 2011-1132 du 20 sept. 2011, JO 22, entrée en vigueur le 23.11.2011) « 1° L'adresse et la raison sociale de la personne morale ou le nom de l'entrepreneur individuel ;

2° L'adresse du principal établissement de la personne morale ou de l'entrepreneur individuel ainsi que l'adresse de leurs établissements secondaires, le cas échéant ;

3° Les départements où seront exercées les activités ;

4° La nature des prestations proposées et des publics ou clients visés ; »

(D. 2011-1132 du 20 sept. 2011, JO 22, entrée en vigueur le 23.11.2011) « 5° » Les conditions d'emploi du personnel ;

(D. 2011-1132 du 20 sept. 2011, JO 22, entrée en vigueur le 23.11.2011) « 6° » Les moyens d'exploitation mis en œuvre.

Art. R. 7232-3. À la demande d'agrément est joint un dossier comprenant :

(D. 2011-1132 du 20 sept. 2011, JO 22, entrée en vigueur le 23.11.2011) « 1° Un extrait du registre du commerce et des sociétés ou du répertoire des métiers ou une copie des statuts de la personne morale, ou, le cas échéant, pour les ressortissants d'un État membre de l'Union européenne ou d'un autre État partie à l'accord sur l'Espace économique européen, un document équivalent » ;

2° Les éléments permettant d'apprécier le niveau de qualité des services mis en œuvre ;

3° Un modèle de document prévoyant une information des clients et des usagers en matière fiscale et des services administratifs en matière statistique ;

4° La liste des sous-traitants.

(D. 2011-1132 du 20 sept. 2011, JO 22, entrée en vigueur le 23.11.2011) « Les personnes morales ou entrepreneurs individuels qui sont légalement établis dans un autre État membre de l'Union européenne ou partie à l'accord sur l'Espace économique européen joignent à leur dossier toute information et tout document relatifs à leur situation au regard de la mise en œuvre des obligations prévues, le cas échéant, par la législation applicable dans l'État où ils sont établis, en vue de l'examen de leur demande d'agrément. »

Délivrance de l'agrément

Art. R. 7232-4. ***(D. 2011-1132 du 20 sept. 2011, JO 22, entrée en vigueur le 23.11.2011)*** L'agrément des personnes morales ou des entrepreneurs individuels mentionnés à l'article L. 7232-1 est délivré par le préfet du département du lieu d'implantation du principal établissement de la personne morale ou de l'entrepreneur individuel après avis du président du conseil général sur la capacité des personnes morales ou des entrepreneurs individuels demandant l'agrément à assurer une prestation de qualité et sur l'affectation de moyens humains, matériels et financiers proportionnés à cette exigence.

Si le dossier est incomplet, le préfet en informe le demandeur et l'invite à produire les pièces ou informations manquantes.

Le silence gardé par le préfet pendant plus de trois mois à compter de la date de réception d'un dossier complet de demande d'agrément emporte décision d'acceptation.

Lorsque la personne morale ou l'entrepreneur individuel est établi hors de France, la demande d'agrément est adressée au préfet du département où sa principale activité sera exercée.

Art. R. 7232-5. ***(D. 2011-1132 du 20 sept. 2011, JO 22, entrée en vigueur le 23.11.2011)*** Si la personne morale ou l'entrepreneur individuel projette d'exercer son activité dans plusieurs départements, le préfet du département du lieu d'implantation du principal établissement de la personne morale ou de l'entrepreneur individuel recueille l'avis des présidents de conseil général des départements intéressés, par l'intermédiaire des préfets territorialement compétents.

Toute demande d'extension de l'agrément à une nouvelle activité ou à un nouveau département fait l'objet d'une demande de modification de l'agrément adressée au préfet du département du lieu d'implantation du principal établissement de la personne morale ou de l'entrepreneur individuel. Ce dernier recueille l'avis du président du conseil général du département intéressé, par l'extension d'agrément, par l'intermédiaire du préfet territorialement compétent.

Si le dossier de demande d'extension est incomplet, le préfet en informe le demandeur et l'invite à produire les pièces ou informations manquantes. Le silence gardé par le préfet pendant plus de trois mois à compter de la date de réception d'un dossier complet emporte décision d'acceptation.

Art. R. 7232-6. ***(D. 2011-1132 du 20 sept. 2011, JO 22, entrée en vigueur le 23.11.2011)*** L'autorisation prévue par l'article L. 313-1 du code de l'action sociale et des familles, obtenue pour les services prestataires organisant l'aide et l'accompagnement à domicile relevant des 1°, 6° et 7° du I de l'article L. 312-1 du code de l'action sociale et des familles, emporte agrément dans la limite des activités et de la zone géographique que prévoit ladite autorisation.

Art. R. 7232-7. ***(D. 2011-1132 du 20 sept. 2011, JO 22, entrée en vigueur le 23.11.2011)*** Le préfet accorde l'agrément lorsque les conditions suivantes sont remplies :

1° La personne morale ou l'entrepreneur individuel dispose, en propre ou au sein du réseau dont il fait partie, des moyens humains, matériels et financiers permettant de satisfaire l'objet pour lequel l'agrément est sollicité ;

2° La personne morale ou l'entrepreneur individuel comportant plusieurs établissements dispose d'une charte de qualité qui répond aux exigences de l'agrément et à laquelle les établissements adhèrent. La mise en œuvre de cette charte par les établissements donne lieu à une évaluation interne périodique ;

3° Le demandeur de l'agrément s'engage à respecter un cahier des charges approuvé par arrêté du ministre chargé des services, du ministre chargé des personnes âgées, du ministre chargé des personnes handicapées et du ministre chargé de la famille. Ce cahier des charges précise les conditions de fonctionnement, d'organisation et, le cas échéant, de continuité des services, ainsi que les conditions de délivrance et d'évaluation des prestations, permettant de répondre aux exigences de qualité mentionnées aux articles L. 7232-1 et L. 7232-5 ;

4° Les dirigeants de la personne morale ou l'entrepreneur individuel n'ont pas fait l'objet d'une condamnation pénale ni d'une sanction civile, commerciale ou administrative de nature à leur interdire de gérer, administrer ou diriger une personne morale ou d'exercer une activité commerciale ;

5° Lorsque l'activité de services à la personne est en lien avec les mineurs, la personne représentant la personne morale ou l'entrepreneur individuel n'est pas inscrite au fichier judiciaire national automatisé des auteurs d'infractions sexuelles ou, pour les ressortissants d'un État membre de l'Union européenne ou d'un autre État partie à l'accord sur l'Espace économique européen, sur un document équivalent s'il existe.

Note Voir arrêté du 26 décembre 2011 (JO 30) fixant le cahier des charges prévu au 3° de cet article et note sous article D. 7231-1.

Art. R. 7232-8. L'agrément est délivré pour une durée de cinq ans.

Art. R. 7232-9. ***(D. 2011-1132 du 20 sept. 2011, JO 22, entrée en vigueur le 23.11.2011)*** La demande de renouvellement est déposée, au plus tard, trois mois avant le terme de la période d'agrément auprès du préfet du département du lieu d'implantation du principal établissement de la personne morale ou de l'entrepreneur individuel.

Les organismes agréés relevant du 2° de l'article L. 313-1-2 du code de l'action sociale et des familles fournissent les résultats de leur évaluation externe dans les conditions et délais prévus en application des dispositions combinées des articles L. 312-8 et L. 313-1-2 du code de l'action sociale et des familles.

La certification dispense de l'évaluation externe dans les conditions prévues en application des dispositions combinées de l'article L. 312-8 et de l'article L. 313-1-2 du code de l'action sociale et des familles. Elle ouvre droit au renouvellement automatique de l'agrément, dans les conditions prévues à l'alinéa suivant sous réserve qu'elle concerne les mêmes activités et les mêmes établissements.

Chaque organisme agréé et certifié bénéficie d'un renouvellement automatique de son précédent agrément à condition que l'ensemble de ses activités et établissements concernés soient couverts par une certification telle que définie à l'article L. 115-27 du code de la consommation. Cette certification doit être fondée sur un référentiel des services à la personne qui respecte les exigences fixées par le cahier des charges mentionné au 3° de l'article R. 7232-7. La conformité du référentiel de chaque organisme certificateur au cahier des charges est reconnue par une décision du directeur général de l'Agence nationale des services à la personne, qui est publiée au *Bulletin officiel* du ministère en charge des services.

Art. R. 7232-10. ***(D. 2011-1132 du 20 sept. 2011, JO 22, entrée en vigueur le 23.11.2011)*** La personne morale ou l'entrepreneur individuel agréé produit au moins chaque trimestre un état d'activité et chaque année un bilan qualitatif et quantitatif de l'activité exercée au titre de l'année écoulée ainsi qu'un tableau statistique annuel. Ces documents sont adressés par voie électronique à l'Agence nationale des services à la personne, qui les rend accessibles au préfet. À défaut, ils sont adressés sous forme de documents papiers au préfet, qui en assure la transmission à l'Agence nationale des services à la personne. Celle-ci les rend accessibles par voie électronique au ministre chargé de l'emploi, à des fins statistiques.

Lorsque la personne morale ou l'entrepreneur individuel dispose de plusieurs établissements, les états statistiques et le bilan annuel distinguent l'activité exercée par chaque établissement.

Art. R. 7232-11. L'agrément délivré à ***(D. 2011-1132 du 20 sept. 2011, JO 22, entrée en vigueur le 23.11.2011)*** « une personne morale ou un entrepreneur individuel disposant de » plusieurs établissements peut être modifié lorsqu'un de ses établissements se trouve dans un des cas de retrait mentionnés aux articles R. 7232-13 et R. 7232-14.

Art. R. 7232-12. La décision d'agrément est publiée au recueil des actes administratifs de la préfecture.

(D. 2011-1132 du 20 sept. 2011, JO 22, entrée en vigueur le 23.11.2011) « Le préfet » en informe l'Agence nationale des services à la personne et l'organisme chargé du recouvrement des cotisations de sécurité sociale.

Retrait d'agrément

Art. R. 7232-13. L'agrément est retiré à ***(D. 2011-1132 du 20 sept. 2011, JO 22, entrée en vigueur le 23.11.2011)*** « la personne morale ou à l'entrepreneur individuel » qui :

1° Cesse de remplir les conditions ou de respecter les obligations mentionnées aux articles R. 7232-4 à R. 7232-10 ;

2° Ne respecte pas les dispositions légales relatives à la santé et à la sécurité au travail ;

3° Exerce des activités autres que celles déclarées dans la demande d'agrément ;

(D. 2011-1132 du 20 sept. 2011, JO 22, entrée en vigueur le 23.11.2011) « 4° » Ne transmet pas au préfet compétent, avant la fin du premier semestre de l'année, le bilan qualitatif et quantitatif de l'activité exercée au titre de l'année écoulée.

Art. R. 7232-14. ***(D. 2011-1132 du 20 sept. 2011, JO 22, entrée en vigueur le 23.11.2011)*** Le retrait de l'autorisation prévue à l'article L. 313-1 du code de l'action sociale et des familles par le président du conseil général qui l'a délivrée emporte retrait de l'agrément obtenu dans les conditions prévues à l'article R. 7232-6.

Art. R. 7232-15. ***(D. 2011-1132 du 20 sept. 2011, JO 22, entrée en vigueur le 23.11.2011)*** « La personne morale ou l'entrepreneur individuel » qui ne remplit plus les conditions de l'agrément en est informé par lettre recommandée ***(D. 2011-1132 du 20 sept. 2011, JO 22, entrée en vigueur le 23.11.2011)*** « avec avis de réception ».

(D. 2011-1132 du 20 sept. 2011, JO 22, entrée en vigueur le 23.11.2011) « Il dispose » d'un délai de quinze jours au moins pour faire valoir ses observations.

Art. R. 7232-16. Lorsque l'agrément lui est retiré, ***(D. 2011-1132 du 20 sept. 2011, JO 22, entrée en vigueur le 23.11.2011)*** « la personne morale ou l'entrepreneur individuel » en informe sans délai l'ensemble des bénéficiaires de ses prestations de service par lettre individuelle.

(D. 2011-1132 du 20 sept. 2011, JO 22, entrée en vigueur le 23.11.2011) « À défaut de justification de l'accomplissement de cette obligation et après mise en demeure restée sans effet, le préfet publie aux frais de la personne morale ou de l'entrepreneur individuel sa décision dans deux journaux locaux ou dans un journal local et un journal à diffusion nationale lorsque les activités en cause de services à la personne sont exercées sur le territoire d'au moins deux régions. »

Art. R. 7232-17. ***(D. 2011-1132 du 20 sept. 2011, JO 22, entrée en vigueur le 23.11.2011)*** La décision de retrait d'agrément est publiée au recueil des actes administratifs de la préfecture.

Le préfet en informe le président des conseils généraux intéressés, l'Agence nationale des services à la personne ainsi que l'organisme chargé du recouvrement des cotisations de sécurité sociale territorialement compétent.

(D. 2011-1132 du 20 sept. 2011, JO 22, entrée en vigueur le 23.11.2011)

Déclaration, enregistrement d'activité et retrait de l'enregistrement

Art. R. 7232-18. La déclaration de la personne morale ou de l'entrepreneur individuel, mentionnée à l'article L. 7232-1-1, est effectuée auprès du préfet du département du lieu d'implantation du principal établissement de la personne morale ou du lieu d'établissement de l'entrepreneur individuel. Elle est adressée par voie électronique ou par lettre recommandée avec avis de réception par son représentant légal.

Lorsque la personne morale ou l'entrepreneur individuel est établi hors de France, sa déclaration est adressée au préfet du département où sa principale activité sera exercée.

Lorsque la personne morale ou l'entrepreneur individuel dispose de plusieurs établissements ou exerce une nouvelle activité, l'ouverture d'un nouvel établissement ou l'exercice de la nouvelle activité fait l'objet d'une déclaration modificative dans les mêmes conditions que la déclaration initiale.

Art. R. 7232-19. La déclaration comprend :

1° La raison sociale de la personne morale ou le nom de l'entrepreneur individuel et leur adresse ;

2° L'adresse du principal établissement de la personne morale ou de l'entrepreneur individuel ainsi que l'adresse de leurs établissements secondaires ;

3° La mention des activités de services à la personne proposées ;

4° L'engagement du représentant légal de la personne morale ou de l'entrepreneur individuel d'exercer son activité dans le champ des services à la personne à titre exclusif, conformément à l'article L. 7232-1-1, sous réserve du 5° ;

5° L'engagement du représentant légal de la personne morale dispensée de la condition d'activité exclusive en application de l'article L. 7232-1-2 de mettre en place une comptabilité séparée relative aux prestations de services à la personne mentionnées à l'article L. 7231-1 ;

6° Pour certaines prestations identifiées à ce titre par le décret prévu au 1° de l'article L. 7231-2, l'engagement d'inclure ces prestations dans une offre de services comprenant un ensemble d'activités de services à la personne réalisées à domicile.

Art. R. 7232-20. Dès réception du dossier de déclaration complet, le préfet du département du lieu d'implantation du principal établissement de la personne morale ou de l'entrepreneur individuel enregistre la déclaration et lui délivre un récépissé. Dans le cas où le dossier est incomplet, le préfet en informe le demandeur et l'invite à produire les pièces ou informations manquantes.

Le récépissé délivré à la personne morale ou à l'entrepreneur individuel est publié au recueil des actes administratifs de la préfecture.

Le préfet en informe l'Agence nationale des services à la personne ainsi que le directeur des services fiscaux et l'organisme chargé du recouvrement des cotisations de sécurité sociale territorialement compétents. L'Agence nationale des services à la personne rend accessible au public par voie électronique la liste des personnes morales et entrepreneurs individuels dont la déclaration a donné lieu à délivrance d'un récépissé.

Le bénéfice des exonérations de cotisations de sécurité sociale mentionnées à l'article L. 241-10 du code de la sécurité sociale est acquis à compter du premier jour du mois qui suit la publication du récépissé.

Art. R. 7232-21. La personne morale ou l'entrepreneur individuel qui a effectué une déclaration produit au moins chaque trimestre un état d'activité et chaque année un bilan qualitatif et quantitatif de l'activité exercée au titre de l'année écoulée ainsi qu'un tableau statistique annuel. Ces documents sont adressés par voie électronique à l'Agence nationale des services à la personne, qui les rend accessibles au préfet. À défaut, ils sont adressés sous forme de documents papiers au préfet, qui en assure la transmission à l'Agence nationale des services à la personne. Celle-ci les rend accessibles par voie électronique au ministre chargé de l'emploi, à des fins statistiques.

Lorsque la personne morale ou l'entrepreneur individuel dispose de plusieurs établissements, les états statistiques et le bilan annuel mentionnés au premier alinéa distinguent l'activité exercée par chaque établissement.

La personne morale ou l'entrepreneur individuel qui a effectué une déclaration s'engage à apposer sur tous ses supports commerciaux le logotype identifiant le secteur des services à la personne. Ce logotype est mis gratuitement à la disposition des personnes morales et des entrepreneurs individuels par l'Agence nationale des services à la personne.

Art. R. 7232-22. La personne morale ou l'entrepreneur individuel qui cesse de remplir les conditions ou de respecter les obligations mentionnées aux 4°, 5° et 6° de l'article R. 7232-19 ou qui méconnaît de façon répétée, après mise en demeure par le préfet restée sans effet, les obligations définies à l'article R. 7232-21 perd le bénéfice des dispositions de l'article L. 7233-2 et des dispositions de l'article L. 241-10 du code de la sécurité sociale.

Il en est informé par le préfet, par lettre recommandée avec accusé de réception. Il dispose d'un délai de quinze jours pour faire valoir ses observations.

Lorsque le préfet estime que les manquements relevés ne justifient pas le retrait de l'enregistrement mais rendent nécessaire une modification des termes de la déclaration, la personne en cause est invitée par le préfet à apporter à sa déclaration la modification requise.

La décision de retrait ou de modification d'un enregistrement de déclaration est prise par le préfet du département où la déclaration a été enregistrée. Elle est publiée au recueil des actes administratifs de la préfecture.

Le préfet en informe l'Agence nationale des services à la personne ainsi que le directeur des services fiscaux et l'organisme chargé du recouvrement des cotisations de sécurité sociale territorialement compétents.

Art. R. 7232-23. La décision de retrait de l'enregistrement et du bénéfice des dispositions des articles L. 7233-2 du code du travail et de l'article L. 241-10 du code de la sécurité sociale prend effet immédiatement. La personne morale ou l'entrepreneur individuel en informe sans délai l'ensemble des bénéficiaires de ses prestations de services par lettre individuelle.

Art. L. 7232-6.

À défaut de justification de l'accomplissement de cette obligation, et après mise en demeure restée sans effet, le préfet publie aux frais de la personne morale ou de l'entrepreneur individuel sa décision dans deux journaux locaux ou dans un journal local et un journal à diffusion nationale lorsque les activités en cause de services à la personne sont exercées sur le territoire d'au moins deux régions.

Art. R. 7232-24. Dans le cas prévu au premier alinéa de l'article L. 7232-8, la personne morale ou l'entrepreneur individuel qui a fait l'objet d'une décision de retrait du bénéfice des articles L. 7233-2 du code du travail et de l'article L. 241-10 du code de la sécurité sociale ne peut, en application du deuxième alinéa de l'article L. 7232-8, faire une nouvelle déclaration qu'après un délai d'un an à compter de la date de la notification de la décision de retrait de l'enregistrement de la déclaration.

SECTION 2. Mise en œuvre des activités

Art. L. 7232-6. ***(L. 2010-853 du 23 juil. 2010, art. 31, JO 24)*** « Les personnes morales ou les entreprises individuelles mentionnées aux articles L. 7232-1, L. 7232-1-1 et L. 7232-1-2 peuvent assurer leur activité selon les modalités suivantes : »

1° Le placement de travailleurs auprès de personnes physiques employeurs ainsi que, pour le compte de ces dernières, l'accomplissement des formalités administratives et des déclarations sociales et fiscales liées à l'emploi de ces travailleurs ;

2° Le recrutement de travailleurs pour les mettre, à titre onéreux, à la disposition de personnes physiques. Dans ce cas, l'activité des associations est réputée non lucrative au regard des articles L. 8231-1 et L. 8241-1 ;

3° La fourniture de prestations de services aux personnes physiques.

Note Les associations qui assurent le placement de travailleurs auprès de personnes physiques employeurs et accomplissent pour le compte de ces personnes des formalités administratives et des déclarations sociales et fiscales liées à l'emploi de ces travailleurs ne remplissent qu'un rôle de mandataire, les personnes physiques étant les seuls employeurs des travailleurs (cass. soc. 23 novembre 2005, n° 04-45.328, BC V n° 331 ; *Dr. Soc.* 2006, p. 217, obs. B. Gauriau ; *RJS* 2/06 n° 281).

Mais lorsqu'une association de services à la personne excède son rôle de service mandataire en organisant les conditions de travail d'une aide ménagère et des autres aide-ménagères auprès de la personne aidée, il existe un lien de subordination entre l'aide ménagère et l'association, de sorte que celle-ci est son véritable employeur (cass. soc. 30 juin 2010, n° 09-42.116, *RJS* 12/10 n° 991).

SECTION 3. Dispositions d'application

Art. L. 7232-7. Un décret en Conseil d'État détermine les conditions de délivrance, de contrôle et de retrait de l'agrément des ***(L. 2010-853 du 23 juil. 2010, art. 31, JO 24)*** « personnes morales ou des entreprises individuelles mentionnées aux articles L. 7232-1 et L. 7232-1-2 », notamment les conditions particulières auxquelles sont soumises celles dont l'activité porte sur la garde d'enfants ou l'assistance aux personnes âgées, handicapées ou dépendantes et les modalités de mise en œuvre du régime de la décision implicite d'acceptation de cet agrément.

Art. L. 7232-8. ***(L. 2010-853 du 23 juil. 2010, art. 31, JO 24)*** Lorsqu'il est constaté qu'une personne morale ou une entreprise individuelle mentionnée aux articles L. 7232-1 et L. 7232-1-1 ne se livre pas à titre exclusif à une activité prévue à l'article L. 7231-1, elle perd le bénéfice des 1° et 2° de l'article L. 7233-2 ***(L. 2010-1657 du 29 déc. 2010, art. 200, JO 30)*** « et de l'article L. 241-10 du code de la sécurité sociale ».

Elle ne peut bénéficier de nouveau de ces avantages à l'occasion d'une nouvelle déclaration qu'après une période de douze mois.

Le contribuable de bonne foi conserve le bénéfice de l'aide prévue à l'article 199 sexdecies du code général des impôts.

Un décret en Conseil d'État détermine les modalités d'application des deux premiers alinéas du présent article.

Art. L. 7232-9. ***(L. 2010-853 du 23 juil. 2010, art. 31, JO 24)*** Outre les inspecteurs et contrôleurs du travail, les agents de la concurrence, de la consommation et de la répression des fraudes sont compétents pour constater, par procès-verbal, les infractions aux dispositions relatives à la facturation des services. Les agents de la concurrence, de la consommation et de la répression des fraudes disposent à cet effet des pouvoirs prévus aux articles L. 450-3, L. 450-7 et L. 450-8 du code de commerce.

CHAPITRE III

Dispositions financières

SECTION 1. Frais de gestion et mesures fiscales et sociales

Art. L. 7233-1. ***(L. 2010-853 du 23 juil. 2010, art. 31, JO 24)*** « La personne morale ou l'entreprise individuelle » qui assure le placement de travailleurs auprès de personnes physiques employeurs ou qui, pour le compte de ces dernières, accomplit des formalités administratives et des déclarations sociales et fiscales liées à l'emploi de ces travailleurs peut demander aux employeurs une contribution représentative de ses frais de gestion.

Art. L. 7233-2. ***(L. 2010-853 du 23 juil. 2010, art. 31, JO 24)*** « La personne morale ou l'entreprise individuelle déclarée qui exerce, à titre exclusif, une activité » de services à la personne rendus aux personnes physiques bénéficie :

1° Du taux réduit de taxe sur la valeur ajoutée ***(L. 2010-853 du 23 juil. 2010, art. 31, JO 24)*** « sous les conditions prévues » au i de l'article 279 du code général des impôts ;

2° De l'aide ***(L. 2010-853 du 23 juil. 2010, art. 31, JO 24)*** « sous les conditions prévues » à l'article 199 *sexdecies* du même code.

[Art. L. 7233-3. Abrogé par loi 2010-1657 du 29 décembre 2010, art. 200, JO 30.]

Note L'article 200 de la loi de finances pour 2011 supprime l'exonération « service à la personne » pour les cotisations dues à compter du 01.01.2011.

SECTION 2. Aide financière en faveur des salariés, du chef d'entreprise ou des dirigeants sociaux

Art. L. 7233-4. L'aide financière du comité d'entreprise et celle de l'entreprise versées en faveur des salariés n'ont pas le caractère de rémunération au sens des articles L. 242-1 du code de la sécurité sociale et L. 741-10 du code rural ***(Ord. 2010-462 du 6 mai 2010, JO 7)*** « et de la pêche maritime » ainsi que pour l'application de la législation du travail, lorsque ces aides sont destinées soit à faciliter l'accès des services aux salariés, soit à financer :

1° Des activités entrant dans le champ des services à la personne ;

2° Des activités de services assurées par les organismes mentionnés aux premier et deuxième alinéas de l'article L. 2324-1 du code de la santé publique ou par des assistants maternels agréés en application de l'article L. 421-1 du code de l'action sociale et des familles.

(L. 2010-853 du 23 juil. 2010, art. 31, JO 24) « 3° Des prestations directement liées à la gestion et au fonctionnement du chèque emploi-service et proposées aux salariés par les établissements spécialisés mentionnés à l'article L. 1271-10. »

Les dispositions du présent article ne donnent pas lieu à application de l'article L. 131-7 du code de la sécurité sociale.

Art. L. 7233-5.

Note Voir notamment lettre-circulaire ACOSS 2007-001 du 8 janvier 2007 relative aux subventions versées par l'employeur ou le comité d'entreprise pour assurer le fonctionnement d'une crèche et lettre-circulaire 2007-028 du 5 février 2007 relative à l'aide financière versée par l'entreprise et le comité d'entreprise destinée à financer des activités de services à la personne ou des activités de garde d'enfant.

Art. L. 7233-5. Les dispositions de l'article L. 7233-4 s'appliquent également au chef d'entreprise ou, si l'entreprise est une personne morale, à son président, son directeur général, son ou ses directeurs généraux délégués, ses gérants ou des membres de son directoire, dès lors que l'aide financière leur est versée aux mêmes fins et peut bénéficier à l'ensemble des salariés de l'entreprise selon les mêmes règles d'attribution.

Art. L. 7233-6. L'aide financière de l'entreprise n'entre pas dans le cadre des activités sociales et culturelles du comité d'entreprise mentionnées à l'article L. 2323-83 et ne constitue pas une dépense sociale au sens de l'article L. 2323-86.

Art. L. 7233-7. L'aide financière est exonérée d'impôt sur le revenu pour les bénéficiaires.

Elle n'est pas prise en compte dans le montant des dépenses à retenir pour l'assiette de l'aide mentionnée à l'article 199 *sexdecies* du code général des impôts.

L'aide financière de l'entreprise bénéficie des dispositions du f du I de l'article 244 *quater* F du même code.

Art. L. 7233-8. L'aide financière peut être gérée par le comité d'entreprise ou l'entreprise ou, conjointement, par le comité d'entreprise et l'entreprise.

La gestion de l'aide financière de l'entreprise fait l'objet d'une consultation préalable du comité d'entreprise en cas de gestion conjointe et d'une procédure d'évaluation associant le comité d'entreprise.

Art. L. 7233-9. Un décret précise les conditions d'application des articles L. 7233-4 et L. 7233-5.

[Dispositions réglementaires]

Facturation des services

Art. D. 7233-1. ***(D. 2011-1133 du 20 sept. 2011, JO 22, entrée en vigueur le 23.11.2011)*** « Lorsqu'ils assurent » la fourniture aux personnes physiques de prestations de services à la personne, ***(D. 2011-1133 du 20 sept. 2011, JO 22, entrée en vigueur le 23.11.2011)*** « les personnes morales et les entrepreneurs individuels » produisent une facture faisant apparaître :

1° Le nom et l'adresse de ***(D. 2011-1133 du 20 sept. 2011, JO 22, entrée en vigueur le 23.11.2011)*** « la personne morale ou de l'entrepreneur individuel » ;

(D. 2011-1133 du 20 sept. 2011, JO 22, entrée en vigueur le 23.11.2011) « 2° Le numéro et la date d'enregistrement de la déclaration si celle-ci a été demandée ainsi que le numéro et la date de délivrance de l'agrément lorsque les activités relèvent de l'article L. 7232-1 ; »

3° Le nom et l'adresse du bénéficiaire de la prestation de service ;

4° La nature exacte des services fournis ;

5° Le montant des sommes effectivement acquittées au titre de la prestation de service ;

6° Un numéro d'immatriculation de l'intervenant permettant son identification dans les registres des salariés de l'entreprise ou de l'association prestataire ;

7° Les taux horaires de main-d'œuvre ou, le cas échéant, le prix forfaitaire de la prestation ;

8° Le décompte du temps passé ;

9° Les prix des différentes prestations ;

10° Le cas échéant, les frais de déplacement ;

(D. 2011-1133 du 20 sept. 2011, JO 22, entrée en vigueur le 23.11.2011) « 11° Lorsque la personne morale ou l'entrepreneur individuel est agréé en application de l'article L. 7231-1 mais non déclaré au titre de l'article L. 7232-1-1, les devis, factures et documents commerciaux indiquent que les prestations fournies n'ouvrent pas droit aux avantages fiscaux prévus par l'article L. 7233-2. »

Art. D. 7233-2. Lorsque les prestations de service sont imposables à la taxe sur la valeur ajoutée, les taux, prix et frais de déplacement mentionnés à l'article D. 7233-1 comprennent cette taxe.

Art. D. 7233-3. Seules peuvent ouvrir droit à la réduction d'impôt prévue par l'article 199 *sexdecies* du code général des impôts, les factures acquittées :

1° Soit par carte de paiement, prélèvement, virement, titre universel ou interbancaire de paiement ou par chèque ;

2° Soit par chèque emploi-service universel.

Art. D. 7233-4. ***(D. 2011-1133 du 20 sept. 2011, JO 22, entrée en vigueur le 23.11.2011)*** « La personne morale ou l'entrepreneur individuel déclaré en application de l'article L. 7232-1-1 » délivre à chacun de ses clients une attestation fiscale annuelle, pour leur permettre de bénéficier de la réduction d'impôt.

Cette attestation mentionne :

1° Le nom, l'adresse et le numéro d'identification de ***(D. 2011-1133 du 20 sept. 2011, JO 22, entrée en vigueur le 23.11.2011)*** « la personne morale ou de l'entrepreneur individuel » ;

2° Le numéro et la date ***(D. 2011-1133 du 20 sept. 2011, JO 22, entrée en vigueur le 23.11.2011)*** « d'enregistrement de la déclaration » ;

3° Le nom de la personne ayant bénéficié du service, son adresse, le numéro de son compte débité le cas échéant, le montant effectivement acquitté ;

4° Un récapitulatif des interventions faisant apparaître le nom et le code identifiant de l'intervenant, ainsi que la date et la durée de l'intervention.

Mesures fiscales

Art. D. 7233-5. Les activités de service à la personne à domicile ouvrent droit à la réduction d'impôt prévue par l'article 199 *sexdecies* du code général des impôts sous les réserves suivantes :

1° Le montant total ***(D. 2011-1133 du 20 sept. 2011, JO 22, entrée en vigueur le 23.11.2011)*** « des travaux de petit bricolage dits » " hommes toutes mains " est plafonné à 500 € par an et par foyer fiscal. La durée d'une intervention de petit bricolage ne peut excéder deux heures ;

2° Le montant de l'assistance informatique et Internet à domicile est plafonné à 1 000 € par an et par foyer fiscal ;

3° Le montant des interventions de petits travaux de jardinage des particuliers est plafonné à 3 000 € par an et par foyer fiscal.

Note L'avantage fiscal prévu par l'article 199 *sexdecies* CGI prend la forme soit d'un crédit d'impôt lorsque le contribuable exerce une activité professionnelle ou est demandeur d'emploi, soit d'une réduction d'impôt dans les autres cas. Il s'applique notamment aux sommes versées par l'employeur à raison de l'emploi direct d'un salarié qui rend des services définis aux articles D. 7231-1 et D. 7233-5 CT, mais également à celles versées à une association, une entreprise ou un organisme agréés par l'État qui rend ces mêmes services. Sont ainsi concernées les activités de soutien scolaire et de cours à domicile. Ces prestations s'adressent à tous publics, et notamment aux élèves scolarisés dans le primaire ou secondaire ou à des étudiants de l'enseignement supérieur. Toutefois, ces activités de soutien scolaire doivent être dispensées exclusivement au domicile du contribuable, ce qui exclut les prestations rendues hors du domicile du contribuable, notamment dans le cadre de structures collectives ou au siège d'un établissement de formation (rép. QE 31955, JO AN 3 mars 2009, p. 2049).

Aide financière en faveur des salariés, du chef d'entreprise ou des dirigeants sociaux

Art. D. 7233-6. ***(D. 2011-1133 du 20 sept. 2011, JO 22, entrée en vigueur le 23.11.2011)*** L'aide financière mentionnée à l'article L. 7233-4 peut financer des services à la personne au sein de l'entreprise au bénéfice de ses salariés.

Art. D. 7233-7. Les bénéficiaires de l'aide financière ***(D. 2011-1133 du 20 sept. 2011, JO 22, entrée en vigueur le 23.11.2011)*** « prévue à l'article L. 7233-4 » sont les salariés ou agents des personnes physiques ou morales de droit public ou de droit privé ainsi que ceux mentionnés à l'article L. 7233-5 dans les conditions prévues à cet article.

Art. D. 7233-8. Le montant maximum de l'aide financière est fixé à 1 830 € par année civile et par bénéficiaire.

Ce montant maximum est révisé annuellement, par arrêté conjoint des ministres chargés de l'emploi, de l'économie et de la sécurité sociale, en fonction de l'évolution de l'indice des prix à la consommation des ménages.

Ce montant ne peut excéder le coût des services supportés par le bénéficiaire.

Art. D. 7233-9. Le comité d'entreprise ou l'entreprise qui verse l'aide financière établit, aux fins de contrôle, au titre de chaque année civile, un état récapitulatif individuel des aides versées aux salariés de l'entreprise et aux autres personnes mentionnées à l'article L. 7233-5.

Art. D. 7233-10. Le comité d'entreprise qui verse l'aide financière transmet à l'entreprise, dans les dix premiers jours du mois de janvier de l'année suivant celle de l'attribution de l'aide, l'identité des bénéficiaires et le montant qui leur a été versé à ce titre au cours de l'année civile précédente.

Art. D. 7233-11. L'employeur communique au bénéficiaire de l'aide, avant le 1er février de l'année suivant celle de l'attribution de l'aide versée par le comité d'entreprise ou l'entreprise au cours de l'année écoulée, une attestation mentionnant le montant total de celle-ci et précisant son caractère non imposable.

La déclaration annuelle prévue par l'article 87 du code général des impôts, souscrite par l'entreprise, mentionne, pour chaque bénéficiaire, le montant de l'aide accordée par le comité d'entreprise ou par l'entreprise.

Art. R. 7233-12. Les dispositions de l'article L. 7233-4 s'appliquent à l'aide financière de la personne morale de droit public destinée à financer les chèques emploi-service universels au bénéfice de ses agents et salariés et des ayants droit.

CHAPITRE IV

Agence nationale des services à la personne

Art. L. 7234-1. L'Agence nationale des services à la personne, établissement public national chargé de promouvoir le développement des activités de services à la personne, peut recruter des contractuels de droit privé pour une durée déterminée ou pour une mission déterminée.

Note Sur les missions de l'Agence nationale des services à la personne, voir circulaire ANSP 2005-1 du 28 novembre 2005 (BO MT 2006/2 du 28 février 2006).

[Dispositions réglementaires]

SECTION 1. Missions

Art. D. 7234-1. L'Agence nationale des services à la personne coordonne les initiatives relatives à la promotion et au développement des services à la personne ainsi qu'au développement de l'emploi dans ce secteur, en lien avec les services administratifs et les partenaires privés intéressés, sans préjudice des compétences des collectivités territoriales.

Art. D. 7234-2. Pour exercer sa mission, l'Agence nationale des services à la personne :

1° Suit la mise en œuvre d'un programme d'actions relatif aux services à la personne. À ce titre, elle favorise l'entrée de nouveaux acteurs dans le secteur et soutient leur installation. Elle favorise la création d'emplois nouveaux dans les services à la personne et l'innovation ;

2° Favorise la promotion et l'évaluation de la qualité des services rendus aux personnes, en coordination avec les organismes compétents, notamment les organismes de certification et le Conseil national de l'évaluation sociale et médico-sociale ;

3° Assure un rôle d'observatoire statistique de l'évolution de l'emploi dans le secteur en lien avec l'ensemble des réseaux statistiques des ministères, collectivités locales et partenaires compétents ;

4° Favorise la négociation collective avec les partenaires sociaux et les acteurs du secteur et veille à développer et à évaluer les filières de formation en vue d'améliorer les conditions d'exercice des métiers des services à la personne et d'accès à ces métiers, ainsi que la professionnalisation du secteur ;

5° Coordonne le développement du chèque emploi-service universel avec l'ensemble des partenaires intéressés. Elle habilite les émetteurs de chèques emploi-service universels qui ont la nature d'un titre spécial de paiement ;

6° Assure l'information des particuliers, des salariés, des employeurs et des administrations sur les règles applicables au secteur des services à la personne.

SECTION 2. Statut, organisation et fonctionnement

Sous-section 1. Statut et organisation

Art. D. 7234-3. L'Agence nationale des services à la personne est un établissement public à caractère administratif placé sous la tutelle du ministre chargé de l'emploi ***(D. 2011-415 du 15 avril 2011, JO 19)*** « et du ministre chargé des services ».

Art. D. 7234-4. Un commissaire du Gouvernement est nommé auprès de l'Agence nationale des services à la personne par le ministre chargé de l'emploi ***(D. 2011-415 du 15 avril 2011, JO 19)*** « et par le ministre chargé des services ».

(D. 2010-1117 du 22 sept. 2010, JO 24) « Il veille à la conformité des décisions prises.»

Art. D. 7234-5. L'Agence nationale des services à la personne dispose dans chaque département d'un délégué territorial nommé sur proposition du préfet par le directeur général de l'agence parmi les personnels de l'État.

Le délégué territorial représente l'agence dans le département.

Art. D. 7234-6. Le directeur général de l'Agence nationale des services à la personne est nommé ***(D. 2011-415 du 15 avril 2011, JO 19)*** « par arrêté conjoint du ministre chargé de l'emploi et du ministre chargé des services ».

Art. D. 7234-7. Le directeur général de l'Agence nationale des services à la personne :

1° Prépare les délibérations du conseil d'administration ***(D. 2010-1117 du 22 sept. 2010, JO 24)*** « et du bureau exécutif » et s'assure de leur exécution ;

2° Exerce la direction administrative, technique et financière de l'agence. Il est l'ordonnateur des recettes et des dépenses. Il prépare les délibérations du comité des engagements ;

3° Passe au nom de l'agence toute convention et contrat. Il représente l'agence en justice et dans tous les actes de la vie civile ;

4° Recrute et a autorité sur l'ensemble du personnel ;

5° Peut déléguer sa signature à d'autres agents, à l'exclusion de l'agent comptable.

(D. 2010-1117 du 22 sept. 2010, JO 24) « 6° Convoque le bureau exécutif. »

Sous-section 2. Conseil d'administration

§ 1. Composition, nomination et mandat

Art. D. 7234-8. ***(D. 2010-1117 du 22 sept. 2010, JO 24, entrée en vigueur le 25.12.2010)*** L'Agence nationale des services à la personne est administrée par un conseil de quarante-neuf membres qui comprend :

1° Quinze représentants de l'État :

– le directeur général de la compétitivité, de l'industrie et des services ou son représentant ;
– le directeur du budget ou son représentant ;
– le délégué général à l'emploi et à la formation professionnelle ou son représentant ;
– le directeur général de l'enseignement scolaire ou son représentant ;
– le directeur général de la cohésion sociale ou son représentant ;
– le directeur général de la concurrence, de la consommation et de la répression des fraudes ou son représentant ;
– le directeur général du Trésor ou son représentant ;
– le directeur général des finances publiques ou son représentant ;
– le directeur de la sécurité sociale ou son représentant ;
– le directeur général du travail ou son représentant ;
– le directeur général des collectivités locales ou son représentant ;
– le directeur général de la santé ou son représentant ;

– le directeur général des politiques agricoles, agroalimentaires et des territoires ou son représentant ;
– le directeur de l'animation de la recherche, des études et des statistiques du ministère de l'économie, de l'industrie et de l'emploi et du ministère du travail, de la solidarité et de la fonction publique ou son représentant ;
– le directeur de la modernisation et de l'action territoriale du ministère de l'intérieur, de l'outre-mer et des collectivités territoriales ou son représentant.

2° Cinq représentants des collectivités territoriales et de leurs groupements : deux représentants des maires désignés par l'Association des maires de France, deux représentants des présidents de conseils généraux désignés par l'Assemblée des départements de France et un représentant des présidents de conseils régionaux désigné par l'Association des régions de France ;

3° Sept représentants des employeurs de services à la personne ;

4° Cinq représentants d'organisations professionnelles ou consulaires ;

5° Cinq représentants des organisations syndicales de salariés ;

6° Les directeurs de la Caisse nationale d'assurance vieillesse des travailleurs salariés, de la Caisse nationale des allocations familiales et de l'Agence centrale des organismes de sécurité sociale ou leurs représentants ;

7° Un représentant des émetteurs du chèque emploi-service universel ;

8° Un représentant des distributeurs de services ;

9° Le directeur de Pôle emploi ou son représentant ;

10° Le directeur de la Caisse nationale de solidarité pour l'autonomie ou son représentant ;

11° Cinq personnalités qualifiées, dont au moins un parlementaire et un élu local.

Art. D. 7234-9. ***(D. 2010-1117 du 22 sept. 2010, JO 24, entrée en vigueur le 25.12.2010)*** « Les membres du conseil d'administration sont nommés pour une durée de trois ans, renouvelable, ***(D. 2011-415 du 15 avril 2011, JO 19)*** « par arrêté conjoint du ministre chargé de l'emploi et du ministre chargé des services » pour les membres énumérés au 2°, au 3°, au 4°, au 5°, au 7°, au 8° et au 11° de l'article D. 7234-8. » Un suppléant est nommé pour chaque membre titulaire dans les mêmes conditions.

Art. D. 7234-10. ***(D. 2010-1117 du 22 sept. 2010, JO 24)*** « La perte de la qualité au titre de laquelle un membre relevant des 2°, 3°, 4, 5°, 7° et 8° de l'article D. 7234-8 a été nommé entraîne sa démission de plein droit du conseil d'administration. »

En cas de vacance pour quelque cause que ce soit du siège d'un membre titulaire ou suppléant du conseil d'administration, il est pourvu à son remplacement dans les mêmes conditions, dans un délai de deux mois à compter de cette vacance, pour la durée du mandat restant à courir.

Art. D. 7234-11. Le président du conseil d'administration de l'Agence nationale des services à la personne est choisi parmi les membres du conseil d'administration ayant la qualité de parlementaire ou d'élu local.

Il est nommé ***(D. 2011-415 du 15 avril 2011, JO 19)*** « par arrêté conjoint du ministre chargé de l'emploi et du ministre chargé des services ».

Art. D. 7234-12. Le président et les membres du conseil d'administration de l'Agence nationale des services à la personne ne peuvent prendre ou conserver aucun intérêt, ni occuper aucune fonction dans les entreprises traitant avec l'établissement pour des marchés de travaux, de fournitures et de prestations de services, ni assurer des prestations pour ces entreprises.

Art. D. 7234-13. Les membres du conseil d'administration ne sont pas rémunérés.

Toutefois, ils bénéficient des indemnités de déplacement et de séjour prévues par le décret n° 2006-381 du 3 juillet 2006 fixant les conditions et les modalités de règlement des frais occasionnés par les déplacements temporaires des personnels civils de l'État, des établissements publics nationaux à caractère administratif et de certains organismes subventionnés.

§ 2. Séances

Art. D. 7234-14. Le conseil d'administration de l'Agence nationale des services à la personne se réunit au moins deux fois par an, sur convocation de son président, qui fixe l'ordre du jour.

Il est réuni de plein droit à la demande écrite d'un tiers de ses membres ou à celle du ministre de tutelle, sur les points de l'ordre du jour déterminés par eux, dans un délai d'un mois suivant la demande.

L'ordre du jour est porté à la connaissance des membres du conseil d'administration au moins dix jours avant la réunion.

Art. D. 7234-15. Le conseil d'administration règle par ses délibérations les affaires de l'établissement.

Les délibérations sont prises à la majorité des voix des membres présents. En cas de partage égal des voix, la voix du président est prépondérante.

Le conseil d'administration délibère notamment sur son budget et arrête le compte financier.

Il délibère également sur la participation à des organismes dotés de la personnalité morale et sur l'acceptation des dons et legs.

Art. D. 7234-16. Le conseil d'administration ne peut valablement délibérer que si la moitié au moins de ses membres est présente.

Si ce quorum n'est pas atteint, le conseil est convoqué à nouveau sur le même ordre du jour. Dans ce dernier cas, il délibère quel que soit le nombre de membres présents.

Art. D. 7234-17. Le directeur général de l'agence, le commissaire du Gouvernement, le contrôleur financier et l'agent comptable assistent aux séances du conseil d'administration avec voix consultative.

Art. D. 7234-18. Les délibérations du conseil d'administration relatives à l'état prévisionnel des recettes et des dépenses ou à ses modifications ainsi qu'au compte financier sont exécutoires dans les conditions fixées par le décret n° 99-575 du 8 juillet 1999 relatif aux modalités d'approbation de certaines décisions financières des établissements publics de l'État.

Les autres délibérations deviennent exécutoires de plein droit vingt jours après leur réception par le ministre exerçant la tutelle de l'établissement, s'il n'a pas fait connaître dans ce délai son opposition motivée.

Art. D. 7234-19. Le conseil d'administration entend le ministre de tutelle à sa demande.

Le conseil d'administration, son président ou le commissaire du Gouvernement peut également inviter à assister, à tout ou partie de ses réunions, toute personne qu'il souhaite entendre, notamment les signataires de la convention nationale pour le développement des services à la personne du 22 novembre 2004.

Sous-section 3. *(D. 2010-1117 du 22 sept. 2010, JO 24)* « **Bureau exécutif** »

Art. D. 7234-20. *(D. 2010-1117 du 22 sept. 2010, JO 24)* Le bureau exécutif :

a) Peut être consulté sur la préparation des conseils d'administration et sur tous les sujets de la politique de l'agence relative aux services à la personne ;

b) Valide le tableau des effectifs et la politique salariale proposée par le directeur général ;

c) Attribue les subventions de l'agence en faveur de la création d'emplois et de l'innovation dans les services à la personne, dans la limite des crédits votés par le conseil d'administration ;

d) En cas d'urgence, prend les décisions nécessaires, qui sont soumises à la validation du premier conseil d'administration suivant.

Il se réunit au moins deux fois par an, ainsi que sur demande écrite du ministre de tutelle.

Art. D. 7234-21. *(D. 2010-1117 du 22 sept. 2010, JO 24)* Le bureau exécutif est présidé par le directeur général de l'Agence nationale des services à la personne.

Il est composé des membres du conseil d'administration suivants :

a) Le directeur général de la compétitivité, de l'industrie et des services ou son représentant ;

b) Le directeur du budget ou son représentant ;

c) Le délégué général à l'emploi et à la formation professionnelle ou son représentant ;

d) Le directeur général de la cohésion sociale ou son représentant ;

e) Deux représentants des organisations professionnelles représentatives.

Art. D. 7234-22. *(D. 2010-1117 du 22 sept. 2010, JO 24)* Les délibérations du bureau exécutif sont prises à la majorité des voix des membres présents. En cas de partage égal des voix, la voix du président est prépondérante.

Les représentants des organisations professionnelles représentatives ne participent pas aux délibérations relatives aux points *b* et *c* de l'article D. 7234-20.

Le commissaire du Gouvernement, le contrôleur financier et l'agent comptable assistent aux séances avec voix consultative.

[**Art. D. 7234-23.** Abrogé par décret 2010-1117 du 22 septembre 2010, JO 24.]

SECTION 3. Dispositions financières

Art. D. 7234-24. L'Agence nationale des services à la personne est soumise au régime financier et comptable fixé par les dispositions du décret n° 53-1227 du 10 décembre 1953 relatif à la réglementation comptable applicable aux établissements publics nationaux à caractère administratif et du décret n° 62-1587 du 29 décembre 1962 portant règlement général sur la comptabilité publique.

Le contrôle économique et financier de l'agence est exercé dans les conditions prévues par le décret n° 2005-436 du 9 mai 2005 portant statut particulier du corps du contrôle général économique et financier.

L'agent comptable est nommé par arrêté conjoint des ***(D. 2011-415 du 15 avril 2011, JO 19)*** « ministres chargés de l'emploi, des services et du budget ».

Note Voir arrêté du 17 décembre 2007 (JO 3 janv. 2008) relatif aux modalités d'exercice du contrôle financier sur l'Agence nationale des services à la personne.

Art. D. 7234-25. Les ressources de l'Agence nationale des services à la personne comprennent toutes les recettes autorisées par les dispositions légales, notamment :

1° Les subventions de l'État ;

2° Les financements qu'elle peut recevoir des collectivités locales et d'autres organismes privés ou publics ;

3° Les financements obtenus de l'Union européenne ;

4° Les recettes des publications et documents, conseils, opérations d'ingénierie ou de communication que réalise l'agence.

Art. D. 7234-26. Les dépenses de l'Agence nationale des services à la personne comprennent toutes les dépenses nécessaires à l'activité de l'établissement, notamment :

1° Les frais de personnel qui ne sont pas pris en charge par l'État ;

2° Les frais de fonctionnement ;

3° Les frais d'équipement ;

4° Les subventions en faveur de la création d'emplois dans les services à la personne et l'innovation.

Art. D. 7234-27. Lorsque l'état annuel des prévisions de dépenses et de recettes n'a pas été adopté par le conseil d'administration ou l'autorité de tutelle avant le début de l'année, les opérations de recettes et de dépenses sont accomplies sur la base de l'état des prévisions de recettes et de dépenses de l'exercice précédent.

LIVRE III

VOYAGEURS, REPRÉSENTANTS OU PLACIERS, GÉRANTS DE SUCCURSALES

TITRE Ier

VOYAGEURS, REPRÉSENTANTS ET PLACIERS

Note Voir :
- *RF Social* n° 93, Cah. jurid. janvier 2010 « VRP, un statut particulier » ;
- *LS* Numéros juridiques , mars 2011, « VRP - Accès au statut – Contrat de travail » ;
- Guide *RF* HS 2011-6, janvier 2012, « Agents commerciaux, VRP, autres commerciaux ».

CHAPITRE Ier

Champ d'application et définitions

SECTION 1. Champ d'application

Art. L. 7311-1. Les dispositions du présent code sont applicables au voyageur, représentant ou placier, sous réserve des dispositions particulières du présent titre.

Note Pour déterminer les droits dont peuvent se prévaloir les représentants statutaires (VRP), il convient également de tenir compte :
- d'une part, de l'accord interprofessionnel du 22 juin 1970 modifié par un avenant du 20 mars 1975 sur l'emploi des VRP, qui s'applique à tous les représentants salariés, statutaires ou non, et qui traite des licenciements collectifs pour motif économique,
- d'autre part, de la convention collective nationale interprofessionnelle du 3 octobre 1975 applicable aux seuls représentants statutaires (généralisée par arrêté ministériel d'extension du 20 juin 1977, JO 26 juil., rectificatif JO 30 oct.) puis élargie par arrêté du 5 octobre 1983 (JO 19) pour tous les employeurs des professions non agricoles énumérées à l'article L. 131-2 (ancien) CT. À noter que l'arrêté d'élargissement ne vise pas les avenants n°s 3 et 4 du 12 janvier 1982 à cette convention relatifs au paiement mensuel d'acomptes sur commissions (voir note sous art. L. 7313-7), mais un arrêté en date du 11 juillet 1983 (JO 27) a étendu l'avenant n° 4. À noter aussi que cet arrêté d'élargissement a été annulé partiellement (branches des grossistes en confiserie et agents immobiliers par arrêt du Conseil d'État du 14 janvier 1986). Il en découle que l'arrêté d'élargissement n'a pu produire d'effets, ayant été réputé, du fait de son annulation, n'être jamais intervenu (cass. soc. 7 mai 1991, n° 88-44.691, BC V n° 227 ; *CSB* 1991 S. 111). À noter par ailleurs que la convention a été rendue applicable aux entreprises de vente à domicile (accord du 12 janvier 1982 non étendu).

Dans la mesure où elle s'applique aux représentants travaillant dans les conditions définies par les articles L. 751-1 à 3 (anciens) CT et rendant effectivement compte de leur activité à leurs employeurs, dès lors que ceux-ci leur en ont fait la demande (art. 2 ; cass. soc. 27 mai 1992, n° 88-43.937), la convention collective du 3 octobre 1975 a un champ d'application plus restreint que celui de la loi ; elle contient des clauses relatives, notamment, à :
- la rémunération (ressource minimale forfaitaire pour les représentants engagés à titre exclusif par un seul employeur, art. 5) ;
- la garde des échantillons et collections (art. 6) ;
- l'indemnité journalière complémentaire en cas de maladie ou d'accident (art. 8), en cas de maladie professionnelle et d'accident du travail (art. 9) ;
- l'indemnisation en cas de maternité (art. 10) ;

– la durée du préavis réciproque (art. 12) ;
– l'indemnité conventionnelle et l'indemnité spéciale de rupture (art. 13 et 14) ;
– l'indemnité conventionnelle de départ en retraite et l'indemnité spéciale de mise à la retraite (art. 15 et 16) ;
– la clause d'interdiction de concurrence (art. 17).

Est aussi applicable aux VRP un accord interprofessionnel du 29 mai 1978 concernant l'indemnité de retraite (arrêté d'extension du 10 octobre 1980).

Enfin, les représentants statutaires peuvent se prévaloir de l'accord national interprofessionnel de mensualisation du 10 décembre 1977, dans la mesure où ses clauses leur sont plus favorables que le statut légal ou les textes conventionnels qui leur sont applicables.

Les représentants statutaires ne peuvent réclamer le bénéfice des conventions collectives applicables aux entreprises qu'ils représentent, sauf clause contraire expresse de la convention (cass. soc. 21 décembre 1964, BC IV n° 877 ; 10 mars 2004, n° 02-40.668, BC V n° 82).

Durée du travail. Si les VRP, du fait que leur activité s'effectue en dehors de tout établissement et de l'indépendance dont ils bénéficient dans l'exercice de leurs fonctions, ne sont, en principe, pas soumis aux dispositions légales relatives à la réglementation de la durée du travail, il en va autrement au cas où une convention collective comporte sur ce point des dispositions particulières aux VRP dans la branche d'activité (cass. soc. 8 juin 2011, n° 09-41.000, *JCP* éd. S 2011, 1523, note L. Sébille).

Travail à temps partiel : les conditions particulières d'exercice de l'activité de VRP et principalement l'indépendance dont ils jouissent dans l'organisation de leur travail ne rendent pas nécessaire la mention dans le contrat de la répartition de la durée du travail entre les jours de la semaine ou, le cas échéant, les semaines du mois, les conditions de la modification éventuelle de cette répartition et les limites dans lesquelles peuvent être effectuées les heures complémentaires, ainsi que l'exige l'article L. 3123-14 CT. Toutefois, la durée hebdomadaire ou, le cas échéant, mensuelle du travail – qui seule permet de qualifier le contrat à temps partiel – doit y figurer. À défaut, et lorsque l'employeur ne rapporte pas la preuve de la durée exacte du travail convenue, le contrat peut être requalifié à temps complet (cass. soc. 5 juin 2001, n° 98-46.371, BC V n° 213 ; *JSL* n° 83, 12 juillet 2001, pp. 7 et s. : M. Hautefort, « Statut de VRP et temps partiel : un cocktail explosif ! » ; voir aussi cass. soc. 18 janvier 2011, n° 09-41.073).

Surveillance médicale : voir article L. 4625-2 et note sous cet article.

Art. L. 7311-2. Les dispositions du présent titre s'appliquent au voyageur, représentant ou placier exclusif, ainsi qu'au salarié qui, conjointement à l'exercice effectif et habituel de la représentation, accepte de se livrer à d'autres activités, quelle qu'en soit la nature, pour le compte d'un ou plusieurs de ses employeurs.

Note

• L'exercice « exclusif et constant » de la représentation reste requis pour obtenir le bénéfice du statut (art. L. 7311-3) mais l'article L. 7311-2 tempère cette exigence, en requérant seulement l'exercice « effectif et habituel » de la représentation en faveur de ceux des représentants qui exercent une autre activité, conjointement avec celle de représentation, pour le compte d'un ou de plusieurs de leurs employeurs (cass. soc. 23 octobre 1991, n° 88-41.663). Encore faut-il que l'exercice effectif et habituel de la représentation ne soit pas que l'accessoire de l'activité salariée de l'intéressé (cass. soc. 17 octobre 1979, n° 78-40.040, BC V n° 752). Ayant constaté qu'un salarié exerçait les fonctions de directeur commercial, qu'il était chargé des grands comptes et du développement de produits publicitaires, qu'il encadrait le réseau commercial, assurait le suivi des commandes et réglait les problèmes du service après-vente, que la prospection itinérante et la prise d'ordre ne constituaient donc plus l'essentiel de son activité et qu'il ne prospectait plus effectivement et exclusivement les hypermarchés sur son secteur comme cela était prévu dans son contrat initial de VRP exclusif et ayant relevé qu'au lieu d'être rémunéré exclusivement à la commission sur le chiffre d'affaires, il percevait désormais un salaire fixe augmenté de commissions sur les chiffres d'affaires « Publicité », une cour d'appel a pu en déduire que, n'exerçant plus de façon exclusive et constante la profession de représentant, l'intéressé avait perdu la qualité de VRP (cass. soc. 10 mai 2005, n° 03-42.391).

• Les représentants ne peuvent, sans perdre le bénéfice du statut, exercer conjointement avec la représentation une autre activité que dans la mesure où ils exercent cette activité pour le compte d'un ou de plusieurs de leurs employeurs, ce qui exclut toute activité artisanale, indépendante ou commerciale que le représentant pourrait exercer parallèlement à son activité de représentant ainsi que toute activité, quelle qu'en soit la nature, exercée au profit de tiers. Voir, sous l'article L. 7311-3, note sur l'exercice de l'activité de VRP.

• Les principales activités « conjointes » visées par cet article semblent devoir être des activités complémentaires de la représentation indispensables à la pratique correcte de la profession, c'est-à-dire des activités de vente ou des tâches administratives au siège de l'entreprise, des activités de conseil, de contrôle, de surveillance du personnel (à l'intérieur ou à l'extérieur de l'entreprise), des activités de vente à la clientèle, des activités de démonstration, de mise en place ou de contrôle de matériels, des activités de tenue, voire de gestion de dépôts de marchandises, sauf dans les cas où l'activité constitue un commerce personnel du VRP. La jurisprudence admet de son côté, par exemple, comme activité conjointe, celle d'assistance technique de l'entreprise (cass. soc. 27 octobre 1976, n° 75-40.637, BC V n° 541), d'encadrement des salariés en magasin (cass. soc. 11 décembre 1991, n° 90-42.270, BC V n° 573). L'article L. 7311-2 permet à un représentant de livrer les produits et d'encaisser les factures sans perdre le bénéfice du statut (cass. soc. 11 décembre 1975, n° 74-40.591, BC V n° 611).

• Sur la prise en considération ou non des ressources pour déterminer si les travaux effectués en sus de la représentation ont bien un caractère accessoire ou complémentaire ne faisant pas perdre le statut : voir instr. min. du 25 novembre 1974 et rép. QE 74809, JO AN 9 décembre 1985, p. 5664.

SECTION 2. **Définitions**

Art. L. 7311-3. Est voyageur, représentant ou placier, toute personne qui :

1° Travaille pour le compte d'un ou plusieurs employeurs ;

2° Exerce en fait d'une façon exclusive et constante une profession de représentant ;

3° Ne fait aucune opération commerciale pour son compte personnel ;

4° Est liée à l'employeur par des engagements déterminant :

a) La nature des prestations de services ou des marchandises offertes à la vente ou à l'achat ;

b) La région dans laquelle il [elle] exerce son activité ou les catégories de clients qu'il [elle] est chargé[e] de visiter ;

c) Le taux des rémunérations.

Note Ce sont les conditions de fait d'exercice de l'activité telles qu'elles sont énoncées par la loi qui déterminent si un représentant a ou non la qualité de VRP statutaire (cass. soc. 25 mars 2010, n° 08-42.302, 1er moyen, *LS* Jurispr. n° 73/2010 du 12 avril 2010 ; 18 octobre 2006, n° 04-48.025, BC V n° 308), nonobstant toute stipulation expresse du contrat ou en son silence (cass. soc. 11 décembre 1991, n° 90-42.270, BC V n° 573 ; 15 juin 1999, n° 96-42.714, *SSL* n° 948, p. 13 ; 8 mars 2006, n° 04-44.951, *JSL* n° 188, 28 avril 2006, p. 25). Ainsi, la référence dans le contrat à une convention collective ne peut l'emporter sur un statut d'ordre public, si les conditions d'application de celui-ci sont réunies (cass. soc. 12 avril 1995, n° 91-43.407, *Dr. Soc.* 1995, p. 606). Seule la réunion de ces conditions permet au représentant de se prévaloir du statut (voir à propos d'un démarcheur en assurances : cass. soc. 23 novembre 1994, n° 90-41.844, BC V n° 311 ; *RJS* 1/95 n° 80).

Octroi contractuel du statut. Tout représentant qui ne remplit pas les conditions requises pour relever *de plano* du statut en bénéficie néanmoins si son contrat ou tout autre document établit « l'intention de l'employeur de le considérer comme un représentant avec les avantages correspondants » (cass. soc. 12 décembre 1984, n° 3726 S, SA Musique Diffusion c/ Daniel). Est en effet licite toute convention par laquelle un employeur s'engage à accorder le bénéfice du statut à un représentant n'exerçant pas son activité dans les conditions légales (cass. soc. 7 mai 1980, n° 78-40.084, BC V n° 398), et un employeur ayant accepté d'accorder le statut à un représentant ne peut, ultérieurement, pour se soustraire à ses obligations, prétendre que ces conditions ne sont pas remplies (cass. soc. 20 juillet 1982, *JS* 1982, SJ 157). De même, le salarié engagé en qualité de VRP avec une période d'essai peut se prévaloir de cette qualification sans que l'insuffisance professionnelle alléguée par l'employeur puisse l'en priver (cass. soc. 7 novembre 1995, n° 92-41.229, *RJS* 12/95 n° 1301). Encore faut-il un accord non équivoque de l'employeur (cass. soc. 10 mai 1979, BC V n° 412 ; 18 juillet 1995, n° 92-40.124).

À noter que, lorsque les conditions légales du statut ne sont pas réunies, le salarié ne peut se voir opposer le statut de VRP, nonobstant la référence à ce statut figurant dans son contrat de travail (cass. soc. 17 décembre 2002, n° 00-44.375, BC V n° 398, 1er moyen ; 9 mars 2011, n° 09-66.535).

Exercice de l'activité de VRP

Prospection et transmission des commandes. L'activité de VRP consiste essentiellement à rechercher des commandes, à prendre et à transmettre des ordres (cass. soc. 8 juillet 1976, n° 75-40.434, BC V n° 436 ; 22 mai 2001, n° 99-41.838, BC V n° 180). La prise d'ordre est une condition nécessaire à l'application du statut (cass. soc. 26 février 1986, n° 83-41.590, BC V n° 42 ; 15 mars 2006, n° 04-40.541). Ne peut prétendre au statut de VRP le salarié, engagé comme vendeur, dont les fonctions se limitent à se déplacer sur un secteur délimité par le contrat de travail en proposant à des particuliers à leur domicile des produits qu'il transporte dans un camion-magasin mis à sa disposition et qu'il remet au client contre encaissement immédiat du prix des marchandises vendues (cass. soc. 30 octobre 2000, n° 99-40.490 ; voir aussi cass. soc. 26 mai 2010, n° 08-42.184). Sur le caractère itinérant de l'activité du représentant, voir cass. soc. 20 mai 1966, BC IV n° 473.

Nature de l'activité. L'engagement qui lie le représentant à son employeur doit indiquer la nature des prestations de services ou des marchandises offertes à l'achat ou à la vente. Il peut s'agir, par exemple, de rechercher des commandes de travaux, tels des contrats de dératisation, de désinfection ou de désinsectisation (cass. soc. 21 mai 1963, BC IV n° 426), de recueillir des contrats de location d'emplacements publicitaires (cass. civ., 2e ch., 15 octobre 1964, BC II n° 615), de placer des contrats de location de films (cass. soc. 22 octobre 1981, n° 79-10.789, BC V n° 825), des contrats d'abonnement à des services de documentation ou de renseignements (cass. soc. 18 décembre 1979, SVP c/ Rien), des contrats d'assurance (cass. soc. 23 novembre 1994, n° 90-41.844, BC V n° 311).

Autonomie d'action. Le VRP doit en principe disposer d'une certaine indépendance dans l'organisation et l'exercice de son travail. L'absence d'un lien de subordination juridique n'est pas, à elle seule, exclusive de l'application du statut professionnel (cass. soc. 13 janvier 2009, n° 08-40.157, BC V n° 10 ; 5 mai 1977, n° 76-40.640, BC V n° 306 ; 4 janvier 1979, n° 77-41.163, BC V n° 9 ; 26 novembre 2002, n° 01-40.121). De même, ne s'oppose pas à l'application du statut légal le fait qu'un représentant ne soit pas obligé d'adresser périodiquement des rapports (cass. soc. 11 décembre 1991, n° 90-42.270, BC V n° 573), qu'il jouisse d'une large liberté d'action dans l'exercice de sa profession, comme il est d'usage dans la représentation (cass. soc. 4 juin 1957, BC IV n° 690).

Toutefois, l'employeur est fondé à donner à son représentant des directives pour la tâche de prospection qui lui est confiée. Ainsi, le fait que son contrat de travail prévoie des visites imposées par l'employeur dans un cadre strict et suivant des formalités préétablies ne prive pas le salarié du bénéfice du statut de VRP (cass. soc. 15 janvier 2002, n° 99-45.694, 1er moyen, *RJS* 5/02 n° 637). L'employeur peut aussi exercer un contrôle sur les conditions dans lesquelles le représentant exécute sa mission, ce contrôle pouvant porter à la fois sur son activité et sur les possibilités de développement de la clientèle (cass. soc. 13 mars 1980, n° 78-40.834, BC V n° 265). Le représentant peut ainsi être tenu de fournir des rapports ou comptes rendus d'activité non seulement s'ils sont prévus dans le contrat, mais, même en l'absence d'une telle obligation lors de l'engagement, s'ils sont imposés en cours de contrat (cass. soc. 4 avril 1962, BC IV n° 354) et il y aurait faute grave de sa part à refuser d'établir ces rapports (cass. soc. 18 juillet 1963, BC IV n° 626). L'obligation de rendre compte est d'ailleurs mentionnée à l'article 2 de la convention collective nationale interprofessionnelle du 3 octobre 1975 au nombre des conditions exigées des représentants pour bénéficier de cette convention.

Le représentant doit en outre apporter ses meilleurs soins à la conservation et à la garde des échantillons et collections qui lui ont été confiés (cass. soc. 17 juillet 1963,

BC IV n° 609 et article 6 de la convention collective du 3 octobre 1975), la perte ou le vol des échantillons ou de la collection par suite de sa négligence constituant une faute privative des indemnités de rupture (cass. soc. 24 mars 1999, n° 97-40.494, *JSL* n° 35, 4 mai 1999, p. 31).

Activité exclusive et constante. L'obligation qui est faite au représentant statutaire d'exercer sa profession de façon exclusive écarte du bénéfice du statut toute personne exerçant une seconde activité pour son propre compte (activité commerciale, cass. soc. 10 mai 1979, n° 77-40.069, BC V n° 412 ; artisanale, cass. soc. 29 juin 1966, BC IV n° 640 ; de travailleur indépendant : guide de montagne, cass. soc. 13 décembre 1961, BC IV n° 1035 ; expert, cass. soc. 6 mars 1963, BC IV n° 220 ; ou encore exploitation d'une propriété agricole dont le représentant est propriétaire, cass. soc. 27 avril 1977, Mouton c/ Sté Franconyx) ; une activité de journaliste même si elle était autorisée par l'employeur et de nature à permettre le développement de la clientèle (cass. soc. 21 octobre 1964, BC IV n° 692). À noter qu'une activité épisodique, telle celle consistant à apporter un concours occasionnel en fin de semaine, comme cuisinier, à des particuliers, n'est pas incompatible avec le statut de VRP (cass. soc. 19 novembre 1987, SA Éts Gouin c/ Leroy).

Voir aussi note sous article L. 7311-2.

L'obligation qui est faite au représentant statutaire d'exercer sa profession de façon constante écarte du bénéfice du statut ceux qui ne font de la représentation que de façon occasionnelle ou intermittente (cass. soc. 18 novembre 1964, BC IV n° 762 ; 14 novembre 1990, n° 87-41.134).

Interdiction de faire des opérations commerciales pour son compte personnel. Cette condition s'apprécie uniquement en fait. L'exploitation effective d'un commerce pour son propre compte par un représentant est exclusive de l'application du statut et un accord non équivoque de l'employeur pour renoncer à s'en prévaloir ne peut résulter du fait que cet employeur a eu connaissance de cette situation et l'a admise (cass. soc. 10 mai 1979, n° 77-40.069, BC V n° 412).

L'existence d'une clause ducroire (par laquelle le représentant garantit à la maison le paiement du prix des marchandises) est incompatible avec l'application du statut légal (cass. soc. 26 juin 1980, n° 77-40.878, BC V n° 583 ; 23 juin 1994, n° 89-44.418, *Gaz. Pal.* 11 septembre 1994, p. 24). Mais la clause prévoyant une modalité de paiement comptant éventuel, entre les mains du représentant, de ventes faites pour le compte de l'employeur ne suffit pas à le priver du bénéfice du statut (cass. soc. 27 novembre 1991, n° 87-45.712).

Secteur d'activité. L'existence d'un secteur d'activité fixe (région géographique ou catégorie de clients) constitue une condition essentielle du contrat de VRP statutaire (cass. soc. 31 janvier 1973, n° 72-40.032, BC V n° 56 ; 14 mai 2003, n° 01-42.648, *RJS* 11/03 n° 1326 ; 6 janvier 2010, n° 08-42.204). Dès lors, la détermination du secteur d'activité dans le contrat constitue un élément nécessaire que l'employeur ne peut valablement se réserver de modifier unilatéralement (cass. soc. 23 janvier 2001, n° 98-46.377, BC V n° 23 ; *JSL* n° 76, 27 mars 2001, pp. 18 et s. ; 19 mai 2004, n° 01-44.964). Toute clause dans ce sens est nulle (cass. soc. 16 octobre 2002, n° 00-44.307). Une cour d'appel, qui a relevé que le contrat de travail d'une salariée prévoyait la possibilité pour l'employeur de modifier à tout moment le secteur d'activité de cette dernière, faculté dont il avait été fait usage, a, par ce seul motif, légalement justifié sa décision de ne pas accorder à l'intéressée le statut de VRP (cass. soc. 14 mai 2003, n° 01-42.648, précité). Cependant, des modifications ne portant que sur la périphérie du secteur ne privent pas le salarié du bénéfice du statut (cass. soc. 21 juillet 1986, n° 2412 S, Sté SOFEDEM c/ Roucou). Par ailleurs, il n'est pas exigé que le représentant ait l'exclusivité du secteur à prospecter (cass. soc. 24 janvier 1979, BC V n° 76). Enfin, le fait pour un représentant d'avoir des clients en dehors des deux départements constituant son secteur ne suffit pas à permettre de conclure que l'intéressé n'avait pas un secteur fixe (cass. soc. 20 mars 1991, n° 87-40.095).

Région : rien ne s'oppose à ce que le représentant exerce son activité dans plusieurs secteurs, à condition que chacun d'eux soit nettement déterminé (cass. soc. 20 novembre 1963, BC IV n° 809), mais l'ensemble du territoire français ne saurait constituer une région au sens de l'article L. 751-1 [L. 7311-3] (cass. soc. 3 mars 1971, BC V n° 78). Au contraire, un pays étranger, pris dans sa totalité, constitue une « région » au sens de cet article (cass. soc. 1er juillet 1964, BC IV n° 573).

Clients : les catégories de clients doivent être déterminées positivement et directement (usines, clientèle particulière… ou liste nominative). Toutefois, cette détermination peut résulter des produits eux-mêmes qui font l'objet de la représentation (cass. soc. 26 octobre 1966, BC IV n° 818, en ce qui concerne la vente et l'installation de cuisines pour collectivités). Lorsque les catégories de clients sont déterminées, le secteur ayant été fixé par ce moyen, rien n'empêche que la prospection s'étende sur l'ensemble du territoire français.

Rémunération

Modalités de la rémunération. Le contrat de VRP statutaire doit, conformément à l'article L. 7311-3, fixer le taux des rémunérations. Malgré l'utilisation du terme « taux » qui s'apparente aux commissions ou aux remises, le représentant statutaire peut être rémunéré en partie ou en totalité par un fixe mensuel (cass. soc. 23 octobre 1984, n° 2633 S, Sté SOSM c/ Brémond) ; dans ce cas, le montant, et non le « taux », de la rémunération fixe doit être indiqué. Ainsi, la rémunération peut être fixe ou proportionnelle, ou encore fixe et proportionnelle, et il importe que des bases préétablies et constantes soient convenues entre l'employeur et le représentant pour sa détermination (rép. QE 18859, JO AN 1er décembre 1979, p. 11097). Lorsque la rémunération est constituée par un fixe et des commissions, le fixe peut, d'après les stipulations du contrat et la commune intention des parties, être soit un salaire minimum contractuellement garanti et donc, éventuellement, une avance à valoir sur les commissions dues (cass. soc. 29 novembre 1979, BC V n° 935), soit un salaire fixe définitivement acquis en tout état de cause au représentant (cass. soc. 23 juin 1976, BC V n° 395). Un changement de modalités de la rémunération est sans incidence sur le statut, à moins qu'il ne s'accompagne d'un changement d'activité (cass. soc. 29 octobre 1962, BC IV n° 763).

SMIC. Dès lors qu'ils sont soumis à un horaire déterminé, les VRP peuvent prétendre au bénéfice du SMIC (cass. soc. 3 mai 1972, n° 71-10.611, BC V n° 309 ; 22 mai 1996, n° 95-40.200, BC V n° 195 ; 30 juin 1999, n° 96-45.873, *SSL* 27 septembre 1999, n° 949) ; ceux auxquels n'est imposée aucune durée de travail et qui sont libres d'organiser leur activité à leur gré ne peuvent y prétendre (cass. soc. 10 novembre 1993, n° 89-42.513, BC V n° 266 ; 28 juin 2005, n° 03-45.199).

Rémunération minimale forfaitaire. La convention collective nationale a institué une garantie de rémunération (520 fois le SMIC pour un trimestre d'emploi à plein temps) réservée aux VRP exclusifs (cass. soc. 23 septembre 2003, n° 01-43.636, BC V n° 243 ; 25 mars 2010, n° 08-43.156, BC V n° 76 ; voir aussi cass. soc. 8 juin 2011, n° 09-41.019, *RJS* 8-9/11 n° 736 : la clause contractuelle liant le représentant à son employeur qui ne lui interdit pas d'effectuer, pour le compte d'un tiers, des opérations autres que celles portant sur des produits susceptibles de concurrencer son employeur ne s'analyse pas en une clause d'exclusivité, de sorte que le représentant a droit à la rémunération minimale forfaitaire.

Dès lors qu'il est engagé à titre exclusif, un VRP ne peut se voir imposer de travailler à temps partiel et a droit à la rémunération minimale forfaitaire prévue par l'article 5 de l'accord national interprofessionnel des VRP (cass. soc. 11 juillet 2000, n° 98-40.143, BC V n° 276 ; 2 avril 2003, n° 01-41.494 ; 11 mai 2005, n° 03-40.837, BC V n° 161 ; *RJS* 7/05 n° 787 ; *JCP* éd. S 2005, 1005, note J-Fr. Cesaro).

À noter que :

– le représentant exclusif non tenu de rendre compte de son activité bénéficie néanmoins de la rémunération minimale forfaitaire (cass. soc. 22 janvier 1998, n° 94-44.192) ;

– la possibilité conférée à l'employeur d'autoriser un VRP à déroger à la clause d'exclusivité figurant dans le contrat de travail ne peut faire obstacle à sa qualification. Le VRP ayant signé un contrat de représentant exclusif prévoyant qu'il s'interdisait de représenter toute autre société ou d'effectuer toute opération pour son compte ou pour le compte d'un tiers sans autorisation préalable peut donc prétendre à la rémunération minimale forfaitaire prévue par l'article 5 de l'accord national interprofessionnel des VRP (cass. soc. 9 juillet 2003, n° 01-43.116, BC V n° 228) ;

– toute retenue pratiquée par l'employeur sur la rémunération minimale conventionnelle garantie constitue une sanction pécuniaire illicite (cass. soc. 27 octobre 2004, n° 02-41.028, BC V n° 278 ; *RJS* 1/05 n° 92), y compris lorsqu'elle est motivée par une activité réduite (cass. soc. 23 juin 2004, n° 01-45.527 ; 13 décembre 2006, n° 05-40.969,

BC V n° 379 ; *RJS* 2/07 n° 291 ; *JCP* éd. S 2007, 1103, note J-Fr. Cesaro). C'est donc à tort que, pour débouter une salariée de sa demande en rappel de salaires par application de la rémunération minimale garantie prévue par l'ANI des VRP, une cour d'appel a retenu que l'intéressée ne travaillait plus qu'à temps partiel (cass. soc. 11 juin 2003, n° 01-43.586, *RJS* 11/03 n° 1327).

Une clause contractuelle ne peut prévoir une rémunération inférieure à la rémunération minimale conventionnelle, ni différer le point de départ du bénéfice de cette rémunération minimale à la fin de la période d'essai (cass. soc. 5 mai 1999, n° 97-40.443, *JSL* n° 38, 17 juin 1999, p. 31).

Pour vérifier si le représentant a bénéficié de cette ressource minimale, il convient de comparer son montant aux sommes effectivement perçues, déduction faite des frais professionnels qui y sont inclus (cass. soc. 8 juillet 1992, n° 88-44.911, BC V n° 461 ; 28 février 1996, n° 92-43.709). Lorsque le montant des commissions inclut les frais professionnels et que ceux-ci sont déterminés forfaitairement, le VRP peut prétendre, en sus du minimum conventionnel, au remboursement de ses frais professionnels calculés par rapport à la ressource minimale (cass. ass. plén. 2 mai 1997, n° 94-42.521, BC n° 6).

À noter que le respect par l'employeur de son obligation de s'acquitter de cette ressource s'apprécie trimestre par trimestre ; lorsque l'employeur n'a pas effectivement versé au VRP chaque trimestre le montant de la ressource minimale forfaitaire instituée par l'article 5-1 de l'accord national interprofessionnel des VRP du 3 octobre 1975, il ne peut déduire du rappel de salaire dû les sommes excédant cette ressource versées au cours des trois trimestres suivants (cass. soc. 28 février 2006, n° 03-47.880, 3e moyen, BC V n° 89 ; *RJS* 5/06 n° 650 ; dans le même sens, voir aussi cass. soc. 30 novembre 2004, n° 03-44.635, BC V n° 315 ; *RJS* 2/05 n° 235).

Commissions. Le droit à commission naît de la prise d'ordre. Il en résulte :
– que le VRP dont le rôle s'est borné à une simple prise de contact avec un client, en l'absence de prise d'ordre, ne peut prétendre percevoir une commission sur la commande passée par ce client (cass. soc. 9 octobre 2001, n° 99-44.353, BC V n° 314 ; *RJS* 12/01 n° 1468) ;
– que la passation d'un marché sur appel d'offres n'ouvre pas droit à commissions pour le représentant. En effet, la réalisation d'un tel marché ne résulte que de la comparaison des offres effectuées par les différentes entreprises intéressées, le représentant n'y ayant aucune part, ni sa personnalité ni celle de l'entreprise n'étant prises en considération (cass. soc. 29 janvier 2002, n° 99-44.323, 2d moyen, 1re branche, BC V n° 41 ; *RJS* 4/02 n° 501 ; *Dr. Soc.* 2002, p. 461, obs. Ch. Radé) ;
– que la commission est due au VRP, à défaut de convention ou d'usage contraire, dès que la commande est prise et acceptée, sans qu'il y ait à prendre en considération la livraison de la marchandise ou le paiement par le client, même s'il s'agit de ventes avec réduction à certains clients (cass. soc. 20 mars 1980, n° 78-40.363, BC V n° 287 ; 19 mai 1998, n° 96-41.034 ; 7 avril 2004, n° 00-44.379). En cas de refus de la commande par l'employeur pour un motif légitime (mauvais renseignements bancaires sur la solvabilité du client), la commission n'est pas due (cass. soc. 30 janvier 1959, BC IV n° 172). Si l'inexécution du contrat est partielle et provient de la faute ou du fait de l'employeur, sans qu'il y ait faute du représentant, la commission est intégralement due (cass. soc. 28 février 1980, n° 78-40.915, BC V n° 204). Si l'inexécution est due au représentant (commandes inexactes), celui-ci n'a pas droit à commission (cass. soc. 2 novembre 1950, *D.* 1951, 70) ; il convient toutefois de tenir compte des usages professionnels pour l'application du contrat, ainsi de l'usage de ne verser les commissions que sur les ordres réellement livrés et normalement payés (cass. soc. 12 mars 1975, n° 74-40.358, BC V n° 140).

Certaines clauses du contrat (paiement après encaissement des factures, vente menée à bonne fin) peuvent subordonner à la réalisation de la condition qu'elles prévoient le droit du représentant à sa commission (cass. soc. 13 janvier 1982, n° 80-40.105, BC V n° 15) ; si de telles clauses sont licites (cass. soc. 15 mars 2006, n° 03-43.858, *JSL* n° 188, 28 avril 2006, p. 30), c'est à la condition que l'inexécution de la commande ne soit pas due à une faute de l'employeur et que le salarié ne soit pas privé des commissions qui lui sont dues sur des contrats effectivement réalisés (cass. soc. 25 mars 2009, n° 07-43.587, *RJS* 6/09 n° 587 ; *JCP* éd. S 2009, 1320, note J-Fr. Cesaro) ; il appartient donc à l'employeur, qui refuse de payer les commissions, de justifier du motif de non-encaissement éventuel des factures (cass. soc. 8 juin 1994, n° 90-43.709).

Les commissions sont calculées, suivant les stipulations du contrat, soit sur le direct seul, c'est-à-dire sur les seules affaires traitées directement par le représentant, soit sur le direct et sur l'indirect, c'est-à-dire non seulement sur les affaires traitées directement par le représentant, mais aussi sur celles qui ont été réalisées dans le secteur, en dehors de toute intervention de sa part ; les commissions sur l'indirect sont subordonnées à l'existence d'une clause expresse du contrat ou d'un usage constant dans la profession et la région (cass. soc. 7 mai 1980, n° 78-40.084, BC V n° 398 ; voir aussi cass. soc. 19 janvier 1994, n° 90-40.357, précisant que l'exclusivité du secteur ne suffit pas à faire bénéficier le représentant de commissions sur les commandes adressées directement à l'employeur) ; la charge de la preuve de l'accord ou de l'usage incombe au demandeur (cass. soc. 29 mai 1962, BC IV n° 635 ; 24 novembre 1993, n° 90-40.901, *Cah. prud'h.* 1994, 26) ; en l'absence de stipulation contractuelle, les juges disposent d'un pouvoir souverain pour fixer, selon les usages, le taux et les modalités de calcul des commissions (cass. soc. 2 juillet 1974, BC V n° 407).

– En l'absence de clause contraire, les commissions se calculent sur le prix facturé aux clients, sans qu'il y ait lieu d'en déduire les taxes et notamment la TVA (cass. soc. 20 mai 1998, n° 95-41.169, BC V n° 274).

Conditions de validité d'une clause d'arrêté des comptes : le contrat de travail du représentant peut valablement prévoir que les comptes des commissions seront arrêtés le dernier jour de chaque trimestre, qu'un relevé trimestriel des commissions sera remis au salarié dans le mois suivant et que le défaut d'observations de sa part dans le mois de la réception sera considéré comme un accord valant arrêté de comptes. En effet, dans la mesure où elle donne au salarié un délai suffisant pour présenter ses observations, une telle clause est licite et l'absence d'observations du représentant sur les relevés détaillés adressés par l'employeur concrétise leur accord définitif sur le montant des commissions (cass. soc. 30 septembre 2003, n° 01-42.819, BC V n° 247 ; *RJS* 12/03 n° 1389 ; *JSL* n°s 135-136, 18 décembre 2003, p. 19).

Action en paiement de commissions : lorsque la rémunération du VRP est composée d'un fixe et de commissions calculées sur le chiffre d'affaires réalisé par l'employeur et que l'intéressé réclame le paiement de ses commissions, il appartient à l'employeur de justifier du chiffre d'affaires réalisé pendant la période sur laquelle porte la réclamation (cass. soc. 18 décembre 2001, n° 99-43.538, BC V n° 389 ; *RJS* 3/02 n° 287 ; *JSL* n° 94, 29 janvier 2002, p. 23).

L'action en paiement de commissions se prescrit par cinq ans. Toutefois, lorsque leur montant est variable et qu'elles dépendent d'éléments ignorés du VRP, la prescription quinquennale ne s'applique pas (cass. soc. 22 mai 1995, n° 91-40.767, *CSB* 1995 B. 102).

Après la cessation du contrat, le droit à commission est prévu par les articles L. 7313-11 et 12 (voir notes sous ces articles).

Frais professionnels. Les frais qu'un salarié justifie avoir exposés pour les besoins de son activité professionnelle et dans l'intérêt de l'employeur doivent être remboursés sans qu'ils puissent être imputés sur la rémunération qui lui est due, à moins qu'il n'ait été contractuellement prévu qu'il en conserverait la charge moyennant le versement d'une somme fixée à l'avance de manière forfaitaire et à la condition que la rémunération proprement dite du travail reste au moins égale au minimum garanti. La clause du contrat de travail mettant à la charge du salarié les frais engagés par lui pour les besoins de son activité professionnelle doit être réputée non écrite (cass. soc. 25 mars 2010, n° 08-43.156, BC V n° 76). Par conséquent, une cour d'appel ne saurait débouter un salarié de sa demande en remboursement de frais aux motifs que le contrat de travail prévoyait que, pour ses fonctions, l'intéressé recevrait exclusivement des commissions, étant précisé que ces commissions étaient exclusives de tout remboursement de frais engagés dans le cadre ou à l'occasion de son contrat (cass. soc. 9 janvier 2001, n° 98-44.833, BC V n° 1 ; *Dr. Soc.* 2001, p. 441, obs. J. Mouly ; *RJS* 5/01 n° 604 ; 24 mai 2005, n° 03-43.865, *JCP* éd. S 2005, 1034, note J-Fr. Cesaro ; s'agissant des VRP bénéficiant de la rémunération minimale conventionnelle, voir aussi cass. ass. plén. 2 mai 1997, n° 94-42.521, BC n° 6, cité ci-dessus dans « Rémunération minimale forfaitaire »).

Intéressement. Lorsqu'un accord d'intéressement a été conclu au sein d'une entreprise, tous les salariés, y compris les VRP, doivent en bénéficier (cass. soc. 23 novembre 1999, n° 97-42.979, 3e moyen, BC V n° 454).

CHAPITRE II

Accès à la profession

Art. L. 7312-1. Les dispositions du chapitre VII du titre II du livre Ier du code de commerce relatives aux incapacités d'exercer une profession commerciale et industrielle sont applicables au voyageur, représentant ou placier qui exerce la représentation commerciale dans les conditions du présent titre.

Note L'ordonnance 2005-428 du 6 mai 2005 a introduit dans le code de commerce un nouveau chapitre intitulé « Incapacités d'exercer une profession commerciale ou industrielle », comprenant les articles L. 128-1 à L. 128-6. Ces dispositions reprennent, en les modifiant quelque peu, celles de la loi du 30 août 1947 et du décret-loi du 8 août 1935 interdisant aux personnes ayant subi certaines condamnations de pratiquer une activité commerciale ou industrielle, et notamment d'exercer la profession de représentant.

Cette interdiction d'exercer est liée aux condamnations pour crime et à certains délits à caractère économique et financier lorsqu'ils ont conduit à une condamnation d'au moins trois mois de prison ferme. La personne qui a fait l'objet, il y a moins de dix ans, d'une telle condamnation ne peut exercer l'activité de représentant. Cette incapacité professionnelle est systématique : elle n'a pas à être prononcée par un tribunal et elle est *a priori* la même dans tous les cas : dix ans à compter de la condamnation définitive.

À noter que certains délits (trafic d'influence, par exemple) peuvent conduire à une interdiction d'exercer à la suite d'une condamnation moins importante ; toutefois, dans ce cas, l'interdiction n'a pas de caractère systématique mais est décidée par le tribunal.

[Art. D. 7312-1 à D. 7312-25. Abrogés par décret 2009-289 du 13 mars 2009, JO 15.]

CHAPITRE III

Contrat de travail

SECTION 1. Présomption de salariat

Art. L. 7313-1. Toute convention dont l'objet est la représentation, conclue entre un voyageur, représentant ou placier et un employeur est, nonobstant toute stipulation expresse du contrat ou en son silence, un contrat de travail.

Art. L. 7313-2. L'absence de clauses interdisant soit l'exercice d'une autre profession, soit l'accomplissement d'opérations commerciales personnelles ne peut faire obstacle à l'application des dispositions de l'article L. 7313-1.

Art. L. 7313-3. En l'absence de contrat de travail écrit, toute personne exerçant la représentation est présumée être un voyageur, représentant ou placier soumis aux règles particulières du présent titre.

Note En l'absence de contrat écrit, les personnes exerçant la représentation sont présumées être des VRP statutaires tant qu'il n'est pas établi qu'elles n'ont pas travaillé dans les conditions imposées pour l'application du statut. Elles ne sont pas tenues de rapporter la preuve de l'exigence d'un engagement (cass. soc. 26 juin 1985, n° 83-43.048, BC V n° 372). Il s'agit d'une présomption simple. En cas de contestation, il appartient aux employeurs, par tous moyens de preuve, de détruire cette présomption en établissant qu'il n'y a pas exercice effectif de la représentation dans les conditions fixées aux articles [L. 7311-2 et 3] (cass. soc. 20 janvier 1999, n° 95-43.877,

JSL n° 32, 18 mars 1999, p. 23). Il s'agit donc d'une présomption simple et d'un renversement de la charge de la preuve en faveur des VRP statutaires. Le VRP peut, en cas de contrat verbal, prouver par le double des factures communiqué par l'employeur pour le calcul des commissions, l'existence de son secteur (cass. soc. 5 octobre 1966, BC IV n° 749) ou des catégories de clients. La qualité de statutaire est refusée si l'employeur établit que l'intéressé n'exerce pas la représentation de façon exclusive et constante et n'a ni secteur ni catégorie de clients (cass. soc. 21 juillet 1981, n° 80-13.944, BC V n° 732), ou simplement s'il établit que l'intéressé prospectait l'ensemble de la clientèle de l'entreprise sans aucune restriction d'aucune sorte (cass. soc. 29 mars 1984, n° 979, *JS* 1984, SJ 171).

Art. L. 7313-4. Est nulle toute convention qui aurait pour objet de faire obstacle à l'application des dispositions du présent titre.

Note Est nulle la clause du contrat imposant à un représentant de commerce de payer la valeur de la clientèle qu'il est chargé de visiter pour le compte de son employeur. Un employeur ne peut donc refuser de restituer au salarié, qui est en droit de démissionner, sans être tenu de présenter un successeur, les sommes qu'il a indûment perçues en contrepartie d'une clientèle dont la valeur lui est restée acquise (cass. soc. 3 octobre 2007, n° 06-42.320, BC V n° 152 ; *RJS* 12/07 n° 1331).

SECTION 2. Conclusion et exécution du contrat de travail

Sous-section 1. Période d'essai

Art. L. 7313-5. Le contrat de travail peut comporter une période d'essai dont la durée ne peut être supérieure à trois mois.

Note

• La période d'essai prévue par cet article est facultative et ne se présume pas. Elle n'existe que si les parties l'ont effectivement prévue dans le contrat de travail, ce qu'il incombe aux juges de constater (cass. soc. 17 janvier 1996, n° 92-43.574, *RJS* 2/96 n° 180). Elle ne peut être stipulée pour une période supérieure à trois mois ni prolongée au-delà de cette durée, même d'un commun accord entre les parties (cass. soc. 23 octobre 1991, n° 88-43.251, BC V n° 441 ; 22 mai 1995, n° 91-45.670).

• La possibilité de convenir d'une période d'essai ne saurait priver le salarié de la rémunération minimale prévue à son profit par la convention collective pendant la durée de son activité ni en différer le point de départ (cass. soc. 25 octobre 1995, n° 93-46.041, *CSB* 1995 B. 156 ; 5 mai 1999, n° 97-40.443, *JSL* n° 38, 17 juin 1999, p. 31).

Sous-section 2. Clause d'exclusivité

Art. L. 7313-6. Le contrat de travail peut, pour sa durée, prévoir l'interdiction pour le voyageur, représentant ou placier, de représenter des entreprises ou des produits déterminés.

Lorsque le contrat de travail ne prévoit pas cette interdiction, il comporte, à moins que les parties n'y renoncent par une stipulation expresse, la déclaration des entreprises ou des produits que le voyageur, représentant ou placier représente déjà et l'engagement de ne pas prendre en cours de contrat de nouvelles représentations sans autorisation préalable de l'employeur.

Note

• **Obligation de fidélité (en cours de contrat)** :

– Le représentant, étant un salarié, est tenu de respecter les intérêts de l'entreprise qui l'emploie et donc, en vertu de l'obligation de fidélité qui pèse sur lui et suivant les règles du droit commun applicables au contrat de travail, de s'abstenir, même en l'absence d'une clause d'interdiction, de tout acte susceptible de nuire à son entreprise (cass. soc. 10 octobre 1962, BC IV n° 704), fût-ce par l'intermédiaire de son épouse (cass. soc. 3 mai 1979, BC V n° 377). L'article L. 7313-6 explicite cette obligation de fidélité dans le cas particulier du représentant.

– Les contrats (qu'il s'agisse de représentant « exclusif » ou multicarte) peuvent la prévoir expressément. Elle peut viser toute autre entreprise concurrente ou non. Le manquement à cette obligation constitue, de la part du représentant, une faute grave privative, en principe, des indemnités légales de rupture, voire une faute lourde entraînant en outre la privation de l'indemnité de congé payé (cass. soc. 3 mars 1982, n° 79-41.477, BC V n° 145 ; 22 mai 1995, n° 91-45.675, *SSL* n° 754). La responsabilité des actes illicites de concurrence incombe à la fois au représentant et au nouvel employeur s'il a eu connaissance de l'interdiction.

– En l'absence d'une clause d'interdiction, les contrats doivent, sauf si les parties y renoncent expressément, contenir la mention des établissements ou produits que le VRP représente déjà et l'engagement de ne pas en prendre d'autres sans autorisation de l'employeur. Lorsqu'un contrat prévoit la possibilité de représenter d'autres maisons fabriquant des produits analogues, le fait pour un VRP multicarte de prendre une nouvelle carte sans en informer ses employeurs n'est pas une faute grave si la nouvelle représentation ne porte pas préjudice aux sociétés employeurs (cass. soc. 3 juin 1961). N'est pas une faute grave privative des indemnités légales de rupture et de l'indemnité de clientèle le fait de prendre une carte pour une maison concurrente alors que l'employeur a admis que le représentant n'était pas exclusivement à son service et que l'engagement au service d'un nouvel établissement s'explique par l'attitude du premier employeur qui ne remplissait pas ses obligations (cass. soc. 13 novembre 1970, n° 69-40.577, BC V n° 607).

• **Clause de non-concurrence (après rupture du contrat)** :

– Le contrat peut contenir une clause d'interdiction d'entrer au service d'un établissement concurrent ou de s'établir à son compte dans une branche d'activité similaire.

– L'interdiction stipulée dans une clause de non-concurrence n'est valable que si elle est indispensable à la protection des intérêts légitimes de l'entreprise (cass. soc. 7 avril 1998, n° 95-42.495, BC V n° 202 ; *RJS* 5/98 n° 591) et si elle n'empêche pas, dans la pratique, la continuation de l'activité professionnelle (cass. soc. 13 janvier 1998, n° 95-40.732, BC V n° 7 ; sur les conditions de validité de la clause de non-concurrence, voir aussi *JSL* n° 19, 1er septembre 1998 : « L'apport récent de la jurisprudence dans les conditions de mise en jeu des clauses de non-concurrence »). S'agissant des VRP, il a été jugé que :
– le contrat de travail ne peut pas valablement contenir des dispositions plus contraignantes pour le salarié que celles prévues par l'article 17 de la convention collective des VRP qui spécifie que l'interdiction de concurrence doit seulement viser le secteur ou les catégories des clients que le VRP était chargé de visiter au moment de la rupture. Doit donc être déclarée nulle, comme dépassant les limites du secteur attribué au représentant, la clause de non-concurrence interdisant à un VRP de vendre à toute personne ayant passé commande par son intermédiaire, cette clause visant son activité au cours des foires, laquelle n'était pas incluse dans son secteur (cass. soc. 12 février 2002, n° 99-43.858, BC V n° 63 ; *JSL* n° 97, 12 mars 2002, pp. 27 et 28 ; *RJS* 4/02 n° 404, 2e espèce ; 14 novembre 2007, n° 06-44.284, BC V n° 189 ; *JCP* éd. S 2008, 1153, note E. Jeansen ; 12 octobre 2011, n° 09-43.155, *RJS* 12/11 n° 1023) ;
– la clause de non-concurrence n'engage que les parties au contrat de travail et ne peut porter atteinte à la liberté du travail d'un tiers, fût-il le conjoint du salarié ou uni à lui par un lien de parenté ou d'alliance. Par suite, le seul fait que l'épouse d'un VRP, tenu par une obligation de non-concurrence, exerce une activité de prospection dans le secteur interdit par la clause ne peut constituer une violation de l'obligation de non-concurrence (cass. soc. 4 juin 1998, n° 95-43.133, BC V n° 305).

– Une clause de non-concurrence peut valablement interdire à un VRP non seulement la représentation mais aussi toute activité dans une entreprise concurrente, dès l'instant qu'elle est nécessaire à la protection des intérêts légitimes de l'entreprise et qu'elle n'empêche pas le salarié de retrouver un autre emploi, compte tenu de sa formation et de son expérience professionnelles (cass. soc. 18 décembre 1997, n° 95-43.409, BC V n° 459 ; *RJS* 2/98 n° 170).

– Le représentant lié par une clause de non-concurrence doit aviser son nouvel employeur de l'existence de cette clause (cass. soc. 23 mars 1977, n° 75-40.636, BC V n° 227).

L'interdiction de concurrence peut être et est fréquemment assortie d'une clause pénale insérée au contrat (paiement d'une somme déterminée en cas d'inobservation de l'interdiction). Cette clause, dont la validité a été reconnue (cass. soc. 20 février 1975, n° 74-40.455, BC V n° 93), devait, jusqu'à la loi 75-597 du 9 juillet 1975, être appliquée par le juge sans modification. Depuis cette loi, la faculté est donnée au juge de modérer ou d'augmenter la peine convenue si elle est manifestement excessive ou dérisoire, toute stipulation contraire étant réputée non écrite. On notera que la convention collective nationale interprofessionnelle du 3 octobre 1975 dispose (art. 17) que le montant de la pénalité prévue ne peut être supérieur à celui des rémunérations versées par l'employeur durant les vingt-quatre derniers mois ou pendant la durée de l'emploi si celle-ci a été inférieure.

Contrepartie financière. La convention collective nationale interprofessionnelle des VRP du 3 octobre 1975 prévoit en son article 17 une interdiction contractuelle de concurrence après la rupture du contrat de travail et le versement, pendant la période d'interdiction, d'une indemnité mensuelle spéciale dont le montant varie selon la durée d'interdiction. Cette contrepartie financière s'applique de plein droit dès lors que le contrat de travail, qui comporte une clause de non-concurrence, se réfère à l'accord national interprofessionnel des VRP. Ainsi, bien que la clause de non-concurrence figurant dans le contrat de travail d'un VRP n'ait pas prévu d'indemnité compensatrice, une cour d'appel a pu la déclarer valable et condamner le salarié, qui ne l'avait pas respectée, au paiement de dommages-intérêts (cass. soc. 10 mars 2004, n° 02-40.108, BC V n° 83 ; *RJS* 5/04 n° 621 ; voir aussi cass. soc. 6 janvier 2010, n° 08-42.263). Les clauses de non-concurrence demeurent valables, sous réserve des limitations prévues par la convention collective, mais donnent lieu de plein droit au paiement de la contrepartie pécuniaire prévue par la convention. Ainsi, un VRP dont le contrat prévoyait une interdiction de concurrence durant trois ans sans contrepartie pécuniaire a obtenu une indemnité compensatrice, mais dans la limite de deux ans, l'interdiction conventionnelle étant limitée à cette durée (cass. soc. 4 mai 1993, n° 88-43.521).

La contrepartie financière prévue par l'article 17 de l'accord national interprofessionnel des VRP est due, quel que soit le mode de rupture du contrat et donc, notamment en cas de mise à la retraite (cass. soc. 21 juin 1995, n° 94-40.059, BC V n° 207). Elle doit également être intégralement versée en cas de départ à la retraite ou en préretraite (cass. soc. 30 avril 2003, n° 01-41.874, *RJS* 7/03 n° 899). En effet, l'article 17 de l'accord national interprofessionnel des VRP ne prévoit la réduction de moitié de la contrepartie pécuniaire de la clause de non-concurrence qu'en cas de démission et le départ à la retraite constitue une cause autonome de résiliation du contrat de travail distincte de la démission (cass. soc. 15 janvier 2002, n° 99-45.335, *RJS* 5/02 n° 638).

À la différence d'une clause pénale, la contrepartie pécuniaire n'est pas une peine au sens de l'article 1152 c. civ. et ne peut donc être modérée par le juge (cass. soc. 4 juillet 1983, n° 80-41.906, BC V n° 380). Elle a un caractère forfaitaire lié à la rémunération globale du représentant, ce qui exclut toute réduction pour limitation de l'interdiction de concurrence (cass. soc. 17 janvier 1996, n° 91-41.869, BC V n° 17). Dans le même sens, voir aussi cass. soc. 7 mars 2007, n° 05-45.574, BC V n° 43 ; *Dr. Soc.* 2007, obs. J. Mouly ; *JCP* éd. S 2007, 1299, note J-Fr. Cesaro).

Pour le calcul de la contrepartie pécuniaire mensuelle spéciale de la clause de non-concurrence, l'article 17 de l'accord national interprofessionnel des VRP se réfère à la rémunération moyenne des douze derniers mois, ce qui doit s'entendre des mois normalement travaillés, à l'exclusion des périodes au cours desquelles le VRP s'est trouvé en arrêt de travail pour maladie. Lorsque, durant les douze mois précédant la rupture de son contrat de travail, le salarié a été en arrêt de travail pour maladie et n'a donc perçu que des indemnités journalières, il y a lieu de retenir, comme base de calcul, le salaire des douze mois ayant précédé l'arrêt de travail (cass. soc. 11 mai 2005, n° 03-43.181, BC V n° 160 ; *RJS* 7/05 n° 788 ; *JCP* éd. S 2005, 1006, note J-Fr. Cesaro).

L'article 17 de la convention collective prévoit également, sous réserve de prévenir le représentant dans les quinze jours suivant la notification de la rupture du contrat, la possibilité pour l'employeur de dispenser l'intéressé de l'exécution de la clause de non-concurrence ou d'en réduire la durée. Ce délai de quinze jours a pour point de départ la date de réception de la lettre de licenciement ou de démission (date de réception qui ne compte pas dans la computation du délai) (cass. soc. 9 mars 2005, n° 02-46.149, BC V n° 84 ; *RJS* 5/05 n° 588). Lorsque le représentant a pris acte de la rupture de son contrat de travail avant d'être licencié, le point de départ du délai de quinze jours pour la dispense d'exécution de la clause est la date de réception par l'employeur de la lettre de prise d'acte de la rupture par le salarié et non la date de notification du licenciement (cass. soc. 8 juin 2005, n° 03-43.321, 3e moyen, BC V n° 194 ; *RJS* 8-9/05 n° 925 ; *JSL* n° 174, p. 29, obs. N. Rérolle). Lorsque l'employeur a rompu le contrat de travail en notifiant au salarié une lettre lui enjoignant de quitter l'entreprise, c'est la date de cette notification qui constitue le point de départ du délai de quinze jours imparti à l'employeur pour la dispense d'exécution de la clause de non-concurrence et non la date de notification du jugement ayant constaté la rupture et assorti de l'exécution provisoire (cass. soc. 31 janvier 2007, n° 04-47.842, BC V n° 18 ; *RJS* 4/07 n° 501 ; *JSL* n° 210, 24 avril 2007, p. 28, obs. N. Rérolle ; *JCP* éd. S 2007, 1414, note Th. Lahalle). Ce délai expire à la date de réception de la lettre dispensant le représentant d'exécuter la clause de non-concurrence (cass. soc. 16 juillet 1997, n° 95-45.265, BC V n° 276 ; *RJS* 10/97 n° 1176 ; cass. soc. 14 octobre 1998, n° 96-40.638, BC V n° 424). L'employeur qui n'a pas libéré le représentant de l'interdiction de concurrence dans les quinze jours doit verser l'indemnité compensatrice en totalité (cass. soc. 8 juillet 1992, n° 89-41.409). Il en est ainsi même lorsque l'employeur a relevé le salarié de la clause dans les quinze jours suivant la fin du préavis, conformément à ce qui était prévu au contrat, cette clause contractuelle étant moins favorable au salarié que la convention collective (cass. soc. 4 mai 1993, n° 89-43.378). Enfin, si la renonciation de l'employeur à la clause de non-concurrence au cours de l'entretien préalable, c'est-à-dire avant la rupture, ne peut produire aucun effet (cass. soc. 10 février 1998, n° 94-45.279, BC V n° 80), cette renonciation est valable si elle intervient dans la même lettre que le licenciement (cass. soc. 22 janvier 2003, n° 01-41.369, *RJS* 4/03 n° 543).

À noter que le salarié peut prétendre au bénéfice de la contrepartie financière de la clause de non-concurrence, même en cas de rupture du contrat de travail consécutive à une liquidation de biens et à la cessation des activités de l'entreprise ; en effet, en l'absence de dispense de l'exécution de la clause par l'employeur et de demande du salarié d'en être délié, celle-ci n'est pas non avenue (cass. soc. 11 juin 2003, n° 01-43.092, *RJS* 11/03 n° 1271 ; *JSL* n° 128, 29 juillet 2003, p. 31).

– En l'absence d'une clause de non-concurrence, le représentant peut concurrencer son ancien employeur soit en retournant voir la clientèle pour une nouvelle maison, soit en fondant sa propre entreprise (cass. soc. 12 mars 1959, BC IV n° 367), mais il ne doit pas lui faire une concurrence déloyale.

SECTION 3. Rémunération et congés

Art. L. 7313-7. Les commissions dues au voyageur, représentant ou placier du commerce sont payées au moins tous les trois mois.

Note Sauf clause dans le contrat prévoyant une périodicité plus courte, les commissions doivent être versées au moins tous les trois mois ; cette disposition est d'ordre public et d'application stricte, son non-respect par l'employeur constitue une rupture de son fait du contrat (cass. soc. 18 décembre 1967) ; les parties au contrat ne peuvent en écarter l'application pour rendre le délai plus long ; le règlement des commissions une fois par an cause au VRP un préjudice indépendant du simple retard de paiement et justifie la condamnation de l'employeur au paiement de dommages-intérêts (cass. soc. 8 octobre 1992, n° 91-43.638). Suivant l'avenant n° 4 du 12 janvier 1982 à la convention collective des VRP du 3 octobre 1975, les entreprises doivent accorder au représentant qui en fait la demande des acomptes mensuels exclusivement fonction des commissions effectivement dues au titre du trimestre en cours.

Le paiement des commissions doit donner lieu à délivrance d'un « bulletin de paie » conforme à celui prévu à l'article R. 3243-1 ou d'un document comportant toutes les mentions prescrites par cet article.

Lieu du paiement. Il s'effectue au lieu prévu dans le contrat. En cas d'absence de stipulation à cet égard, la jurisprudence considère que le paiement des commissions doit s'effectuer au domicile du représentant.

Prescription. La prescription quinquennale prévue à l'article L. 3245-1 est applicable aux commissions.

Privilèges. Les privilèges généraux prévus par le code civil (art. 2101 et 2104) s'appliquent aux commissions dues aux représentants.

Art. L. 7313-8. Les dispositions des articles L. 3253-2 et L. 3253-3, relatives aux garanties des rémunérations dans le cadre d'une procédure de sauvegarde, de redressement ou de liquidation judiciaire, s'appliquent aux voyageurs, représentants ou placiers pour les rémunérations de toute nature dues au titre des quatre-vingt-dix derniers jours de travail.

Art. D. 7313-1. Pour l'application de la législation sur les congés payés, le voyageur, représentant ou placier qui exerce sa profession dans les conditions prévues par les articles L. 7311-1 à L. 7311-3, L. 7313-1 et L. 7313-6 a droit à la rémunération moyenne qu'il a reçue pour une période de même durée dans l'année qui a précédé son congé.

L'allocation de cette indemnité n'entraîne pas de réduction du montant des commissions auxquelles il a droit, dans les conditions prévues à son contrat, en raison de son activité antérieure à son départ en congé.

Note

• **Calcul de l'indemnité de congés payés.** Elle est déterminée proportionnellement à la rémunération moyenne de l'année antérieure, sans qu'il soit tenu compte de la durée du travail accomplie au cours de cette année (cass. soc. 6 mars 1963, *D.* 1963, 330 à propos d'un représentant ne travaillant que trois mois par an pour une entreprise). Elle est calculée sur la base :
– des commissions, dites « sur le direct » et « sur l'indirect » (cass. soc. 3 mars 1971), perçues (y compris celles qui l'ont été pendant la période de congé de l'année précédente) ou dues, se rattachant à l'activité antérieure au congé dès lors qu'il s'agit d'ordres des clients habituels du représentant, même pris durant les congés de celui-ci en sus de leur travail normal, par des employés d'une société qui ne sont pas spécialement rétribués par celle-ci à cet effet (cass. soc. 29 octobre 1974) ; le représentant rémunéré par des commissions directes et indirectes perçoit pendant son congé les commissions indirectes en sus de l'indemnité de congés payés s'il n'a pas été remplacé pendant son congé et si les ordres passés par sa clientèle pendant son absence résultent de son activité antérieure à son départ en congé (cass. soc. 9 octobre 1968, BC V n° 425) ;
– de la part fixe des rémunérations (cass. soc. 25 octobre 1967) ;
– sans tenir compte des frais professionnels (cass. soc. 16 février 1983, n° 81-41.615, BC V n° 83). Lorsque ces frais sont incorporés dans les commissions, ils ne sont pas pris en compte si le contrat de travail prévoit que la rémunération englobe le remboursement de ces frais. Si tel n'est pas le cas, l'indemnité de congés payés est calculée sur le montant global des commissions (cass. soc. 9 juillet 2008, n° 06-44.240, BC V n° 154 ; *RJS* 10/08 n° 992 ; *JCP* éd. S 2009, 1007, Th. Lahalle).

• **Paiement de l'indemnité de congés payés.** Elle doit en principe faire l'objet d'un paiement séparé. Toutefois, il n'est pas interdit aux parties de prévoir expressément dans le contrat de travail une rémunération mensuelle forfaitaire incluant l'indemnité de congés payés. Une majoration du taux des commissions doit alors être expressément prévue pour permettre de vérifier que le VRP a été rempli de ses droits (cass. soc. 30 mai 2000, n° 97-45.946, BC V n° 212). En effet, le niveau des commissions d'un VRP ne permet pas, à lui seul, d'établir qu'elles incluent l'indemnité de congés payés et l'absence de réclamation de l'intéressé ne suffit pas à laisser présumer la réalité de cette inclusion (cass. soc. 23 novembre 1994, n° 91-41.467, BC V n° 307).

• **Cumul de l'indemnité et des commissions restant dues.** L'indemnité de congés payés n'est due qu'en cas de départ effectif du représentant en congé et ne peut être cumulée avec la rémunération de l'activité exercée pendant la même période. Mais elle se cumule avec les commissions « sur le direct » et « sur l'indirect » résultant de l'activité du représentant avant son départ en congé. Si un employeur ne peut valablement se soustraire au paiement de l'indemnité de congés payés en sus des commissions dues au représentant en rémunération de son travail, il peut être admis que l'indemnité de congés payés soit effectivement payée en même temps que les commissions par le moyen d'une majoration du taux de celles-ci (cass. soc. 4 novembre 1961). Voir ci-dessus : « Paiement de l'indemnité de congés payés ».

SECTION 4. Rupture du contrat de travail

Note Il résulte des dispositions de l'article L. 7311-1 CT que les dispositions des articles L. 1231-1 à L. 1238-5 CT relatives à la rupture du contrat de travail à durée indéterminée sont applicables aux VRP sous réserve des dispositions particulières figurant à la présente section.

Sous-section 1. Préavis

Art. L. 7313-9. En cas de rupture du contrat de travail, la durée du préavis ne peut être inférieure à :

1° Un mois durant la première année de présence dans l'entreprise ;

2° Deux mois durant la deuxième année ;

3° Trois mois au-delà.

Art. L. 7313-10. La durée du préavis du voyageur, représentant ou placier employé hors de France est augmentée de la durée normale du voyage de retour lorsque la rupture du contrat entraîne son retour en France.

Sous-section 2. Commissions et remises

Art. L. 7313-11. Quelles que soient la cause et la date de rupture du contrat de travail, le voyageur, représentant ou placier a droit, à titre de salaire, aux commissions et remises sur les ordres non encore transmis à la date de son départ, mais qui sont la suite directe des remises d'échantillon et des prix faits antérieurs à l'expiration du contrat.

Note • Les remises et commissions sont dues dans tous les cas de cessation du contrat (contrat arrivé à son terme, résiliation unilatérale ou par consentement mutuel...), qu'elle soit régulière ou non et même s'il y a eu force majeure ou si le représentant a commis une faute grave, voire une faute lourde (cass. soc. 25 mai 1981, n° 79-41.618, BC V n° 464). Elles doivent être versées même lorsque le représentant continue à prospecter la même clientèle pour le compte de son nouvel employeur et ne subit donc aucun préjudice (cass. soc. 22 mai 1995, n° 91-41.982, *RJS* 7/95 n° 838). Elles portent sur les ordres non encore transmis à la date de départ de l'entreprise (cass. soc. 25 avril 1974, n° 73-40.185, BC V n° 251 ; 4 février 1976, n° 74-40.320, BC V n° 74) mais qui sont la suite directe de l'activité (remise d'échantillons ou accord sur le prix) que le VRP a déployée antérieurement à l'expiration de son contrat (cass. soc. 12 janvier 1977, n° 75-41.021, BC V n° 16 ; 19 janvier 1994, n° 90-40.357 ; 13 mars 2001, n° 99-41.294). En cas de litige, il appartient à l'employeur de fournir les justificatifs des ordres ainsi passés et le chiffre d'affaires en résultant (cass. soc. 11 juin 2003, n° 01-43.199). Si le représentant a été remplacé immédiatement après son départ par un autre représentant dans son secteur, les juges doivent rechercher si les ordres transmis sont ou non la suite directe des échantillonnages et prix faits par l'intéressé (cass. soc. 12 janvier 1977, précité) ; toutefois, il n'y a pas à rechercher si le représentant a accompli une prospection efficace jusqu'à son licenciement et si les ordres reçus sont dus à son activité, dans le cas où le contrat assure au représentant dont le contrat est résilié le versement de commissions pendant un certain laps de temps après son départ de l'entreprise sur les affaires provenant de son secteur (cass. soc. 31 janvier 1979, Sté les Ateliers de La Madeleine c/ Dupin).

• Les intérêts moratoires sur les commissions sur ordres passés et les commissions de retour sur échantillonnage courent de plein droit à compter de la demande valant mise en demeure (cass. soc. 1er juin 2004, n° 02-40.070, *RJS* 8-9/04 n° 975).

• Le représentant rémunéré uniquement au fixe ne peut prétendre aux commissions de retour sur échantillonnages (cass. soc. 14 octobre 1970, n° 69-40.511, BC V n° 523).

Art. L. 7313-12. Sauf clause contractuelle plus favorable au voyageur, représentant ou placier, le droit à commissions est apprécié en fonction de la durée normale consacrée par les usages.

Une durée plus longue est retenue pour tenir compte des sujétions administratives, techniques, commerciales ou financières propres à la clientèle. Cette durée ne peut excéder trois ans à compter de la date à laquelle le contrat de travail a pris fin.

Sous-section 3. Indemnité de clientèle

Art. L. 7313-13. En cas de rupture du contrat de travail à durée indéterminée par l'employeur, en l'absence de faute grave, le voyageur, représentant ou placier a droit à une indemnité pour la part qui lui revient personnellement dans l'importance en nombre et en valeur de la clientèle apportée, créée ou développée par lui.

Le montant de cette indemnité de clientèle tient compte des rémunérations spéciales accordées en cours de contrat pour le même objet ainsi que des diminutions constatées dans la clientèle préexistante et imputables au salarié.

Ces dispositions s'appliquent également en cas de rupture du contrat de travail par suite d'accident ou de maladie entraînant une incapacité permanente totale de travail du salarié.

Note L'indemnité de clientèle est réservée au représentant statutaire, c'est-à-dire à celui qui répond à la définition légale (cass. soc. 7 juillet 1965, BC IV n° 567 ; 24 février 1977, n° 75-40.975, BC V n° 154 ; 5 novembre 1992, n° 91-44.404, BC V n° 531).

• Droit à l'indemnité : conditions requises

1) Rupture du contrat. L'indemnité n'est due que si le contrat a été rompu par le fait de l'employeur (cass. soc. 10 février 1977, n° 74-40.800, BC V n° 110), sauf cas de faute grave commise par le représentant.

Cette règle exclut tout droit à indemnité de clientèle en cas, notamment, de démission (cass. soc. 5 février 1992, n° 88-41.932), de départ volontaire à la retraite (cass. soc. 15 janvier 2002, n° 99-45.335) ou de rupture du contrat résultant du décès du représentant (cass. soc. 20 janvier 1960, BC IV n° 7) ainsi qu'en cas de rupture intervenue d'un commun accord (cass. soc. 3 juillet 1967, BC IV n° 542).

Rupture par l'employeur. Il suffit qu'il ait pris l'initiative de la rupture ou que la rupture lui incombe effectivement (cass. soc. 9 mars 1978, BC V n° 139 ; voir aussi cass. soc. 17 mai 2000, n° 98-41.488, s'agissant d'une démission requalifiée par les juges en un licenciement). La cessation d'exploitation ou la fermeture de l'entreprise sont assimilées à une rupture du fait de l'employeur. De même, la mise à la retraite du représentant par l'employeur prévue par l'article L. 1237-5, CT constitue un mode de résiliation du contrat de travail par l'employeur permettant au salarié de prétendre, s'il en remplit les conditions, à l'indemnité de clientèle (cass. soc. 11 mai 2011, n° 09-41.298, *RJS* 7/11 n° 649 ; 21 juin 1995, n° 91-43.639, BC V n° 210 ; *RJS* 8-9/95 n° 968 ; 4 janvier 1996, n° 92-41.429, *RJS* 2/96 n° 181). En revanche, la rupture du contrat pour cas de force majeure (empêchement extérieur, imprévisible et insurmontable) dispense du paiement de l'indemnité (cass. soc. 22 février 1967, BC IV n° 175).

En outre, la rupture du contrat est imputable à l'employeur lorsqu'il y a :

Modification du contrat de travail : modification ou réduction du secteur d'activité (cass. soc. 22 octobre 1981, n° 79-41.313, BC V n° 824 ; 12 juillet 1999, n° 97-41.126 ; 23 mai 2001, n° 99-43.449) ; suppression des fonctions de chef de secteur et de chef de région (cass. soc. 20 janvier 1999, n° 95-42.176) ; proposition faite par l'employeur aux VRP de vendre ses articles sous une marque neutre, alors qu'auparavant ils les distribuaient sous une marque ayant une certaine notoriété (cass. soc. 20 octobre 1993, deux arrêts, n°s 92-41.667 et 92-41.670, *RJS* 12/93 n° 1180) ; modification du secteur géographique entraînant une réduction du taux des commissions (cass. soc. 4 janvier 1996, n° 92-40.440, BC V n° 2) ; création d'un réseau de ventes concurrençant le représentant (cass. soc. 22 janvier 1976, n° 74-40.576, BC V n° 46) ; organisation dans des magasins clients de points de vente diffusant directement une collection de prêt-à-porter au détriment du représentant (cass. soc. 21 décembre 1977, n° 76-40.669,

BC V n° 739) ; retrait d'une marque précédemment distribuée par le représentant et diffusion de cette marque dans des magasins d'usine, ce qui aboutissait à diminuer unilatéralement la rémunération du représentant (cass. soc. 5 janvier 2000, n° 97-44.489) ; affectation d'un autre représentant dans une partie du secteur géographique du VRP (cass. soc. 26 octobre 1999, n° 97-43.096 ; 4 mars 2003, n° 00-46.325) ; introduction d'une clause de non-concurrence (cass. soc. 26 octobre 1999, précité) ; diminution unilatérale du taux des commissions selon un mode de calcul ne correspondant pas au critère de diminution prévu par la lettre d'engagement (cass. soc. 8 janvier 2002, n° 99-44.467, BC V n° 3 ; *Dr. Soc.* 2002, p. 358, obs. Ch. Radé) ; instauration d'un chiffre d'affaires maximum à ne pas dépasser non prévue au contrat (cass. soc. 18 juillet 2000, n° 98-41.222, BC V n° 288) ; fixation de nouveaux quotas de vente (cass. soc. 26 janvier 2000, n° 97-43.884). Cependant, l'adoption d'une nouvelle politique commerciale de l'entreprise ne constitue pas une modification du contrat de travail. Une cour d'appel ne peut donc décider qu'un employeur a pris la responsabilité de la rupture du contrat de travail d'un VRP au seul motif qu'il a adopté une nouvelle politique commerciale ayant entraîné une baisse du chiffre d'affaires de l'intéressé et, partant, une diminution de sa rémunération (cass. soc. 19 juin 2001, n° 99-42.810, *RJS* 10/01 n° 1116 ; *JSL* n° 87, 2 octobre 2001, p. 24).

Non-respect des obligations contractuelles : non-paiement de la ressource minimale forfaitaire prévue par l'accord national interprofessionnel des VRP (cass. soc. 28 juin 1994, n° 90-43.081, *SSL* n° 713), frais de déplacement non perçus (cass. soc. 15 décembre 1970, n° 69-40.539, BC V n° 719), substitution à des produits connus de nouveaux produits similaires (cass. soc. 22 mars 1978, n° 77-40.252, BC V n° 238), modification du quota contractuel (cass. soc. 2 mars 1978, n° 76-40.924, BC V n° 157), paiement tardif des commissions (cass. soc. 25 novembre 1998, n° 96-43.044, *JSL* 1999, n° 29, p. 23) ; diffusion d'une lettre-circulaire aux clients mentionnant que, pour les commandes passées par l'intermédiaire du représentant, il serait ajouté aux prix indiqués 15 % pour frais de commission (cass. soc. 2 avril 1987, n° 85-45.956, *JS* 1987, SJ 133). La seule carence dans le paiement, conformément aux stipulations du contrat, des commissions suffit à rendre la rupture du contrat imputable à l'employeur et dépourvue de cause réelle et sérieuse (cass. soc. 7 novembre 1995, n° 92-41.065, *RJS* 12/95 n° 1232). Mais une cour d'appel a pu considérer que la décision d'un employeur de subordonner le versement de la commission à l'encaissement du premier acompte versé par le client ne constituait pas une modification du contrat, mais une simple précaution supplémentaire prise dans l'intérêt de l'entreprise et s'imposant au représentant (cass. soc. 12 janvier 1993, n° 89-40.412).

Absence de faute grave du représentant. La faute grave du représentant entraîne, d'une part, la rupture immédiate du contrat de travail avec privation de l'indemnité compensatrice de préavis et, d'autre part, privation de l'indemnité de clientèle (cass. soc. 5 juin 1991, n° 88-43.464, BC V n° 285 ; *CSB* 1991 A. 46 ; dans le même sens, cass. soc. 4 mars 1992, n° 88-43.671).

Il appartient au juge du fond et à lui seul d'apprécier la gravité de la faute ; ne s'impose donc pas à lui toute clause de contrat énumérant les fautes graves privatives de l'indemnité de clientèle.

Exemples de faute grave :

- refus, en présence d'un tiers, de se soumettre aux instructions de son supérieur hiérarchique sur l'organisation des tournées (cass. soc. 18 novembre 1970, BC V n° 629 ; 20 mai 1998, n° 95-41.169, 1er moyen, BC V n° 274) ;
- démarchage de clientèle pour le compte d'une autre société en violation de la clause d'exclusivité figurant dans le contrat de travail (cass. soc. 28 octobre 1998, n° 96-41.969) ;
- représentation non autorisée de maisons concurrentes fabriquant des articles similaires (cass. soc. 22 février 1973, n° 72-40.236, n° 72-40.236, BC V n° 102 ; 12 mars 1997, n° 93-46.425) ;
- acte déloyal d'un VRP multicarte ayant consisté à soumettre à certains de ses clients, auxquels il vendait les produits de son employeur, le catalogue des produits d'une autre marque comportant les mêmes composants et destinés à satisfaire les mêmes besoins (cass. soc. 20 janvier 1999, n° 97-40.173, *JSL* n° 32, 18 mars 1999, p. 23) ;
- activité professionnelle, autre que de démarchage, dans une entreprise concurrente qui bénéficie des connaissances professionnelles acquises chez l'employeur (cass. soc. 2 juin 1977, n° 76-41.057, BC V n° 370) ;
- défaut prolongé de rapports de visite (cass. soc. 25 mars 1966, BC IV n° 319) ;

– envoi de rapports mensongers ou production volontaire de nombreux faux rapports de visite (cass. soc. 4 avril 1978, n° 77-40.247, BC V n° 283 ; 5 novembre 1991, n° 90-42.813) ;
– refus d'utiliser un véhicule muni d'un contrôlographe (cass. soc. 4 juillet 1978, BC V n° 544) ;
– dénigrement de l'employeur auprès des clients (cass. soc. 3 mars 1993, n° 89-44.781) ;
– négligence consciente du VRP à l'égard de la collection qui lui est confiée (cass. soc. 24 mars 1999, n° 97-40.494, *JSL* n° 35, 4 mai 1999, p. 31) ;
– appropriation par des moyens frauduleux du fichier des fournisseurs en vue de la création d'une société concurrente (cass. soc. 22 mai 1995, n° 91-45.675, *SSL* 1995 n° 754).

Exemples de situations où la faute grave n'a pas été retenue :
– le seul fait que les ventes aient diminué dans le secteur du VRP ne peut, à défaut de tout autre grief, constituer une faute grave (cass. soc. 18 avril 1991, n° 89-42.143) ;
– refus du VRP de se soumettre à ses obligations contractuelles, alors qu'au cours des six années antérieures, le salarié n'avait jamais fait l'objet de la moindre observation sur la manière dont il informait son employeur de son activité (cass. soc. 7 novembre 1991, n° 90-41.071) ;
– assistance donnée par un VRP à son épouse dans son activité de débutante démarcheuse pour le compte d'un cabinet concurrent, dans la mesure où il n'est pas établi qu'il ait démarché lui-même pour le compte de ce cabinet (cass. soc. 23 octobre 1991, n° 89-40.968) ;
– prise d'une nouvelle carte par un VRP multicarte malgré le refus de l'employeur, dès lors que cette nouvelle carte ne lui faisait pas concurrence (cass. soc. 23 juin 1994, n° 92-42.225).

Faute grave commise durant le préavis : le représentant qui commet une faute grave pendant son préavis ne perd pas le droit à l'indemnité de clientèle, lequel prend naissance à la date de notification du licenciement (cass. soc. 1er avril 1992, n° 88-43.524, BC V n° 226).

2) Cessation du contrat. Le droit à une indemnité de clientèle n'est pas subordonné au fait que le représentant ait été déclaré par le médecin du travail définitivement inapte à tout emploi et les juges doivent rechercher si, en fait, le salarié s'est trouvé, par suite d'accident ou de maladie, dans un état d'incapacité permanente totale de travail (cass. soc. 20 octobre 1998, n° 96-43.542, BC V n° 439). Dans un premier temps, la Cour de cassation a décidé que l'indemnité de clientèle n'était due qu'en cas d'incapacité permanente et totale d'exercer une activité professionnelle salariée quelconque et non pas seulement la profession de représentant (cass. soc. 10 mars 1977, BC V n° 192 ; 13 avril 2005, n° 03-40.627, *Dr. Soc.* 2005, p. 822, obs. J. Mouly). La Cour est aujourd'hui revenue sur cette position : dès lors que l'employeur a pris l'initiative de rompre le contrat de travail du VRP et qu'aucune faute grave n'a été reprochée à celui-ci, l'indemnité de clientèle lui est due, peu important que l'inaptitude au travail invoquée comme cause de licenciement ait été totale ou partielle (cass. soc. 8 juin 2005, n° 03-43.398, BC V n° 198 ; *JCP* éd. S 2005, 1092, note J-Fr. Cesaro ; *RJS* 8-9/05 n° 926). Il doit s'agir d'un accident ou d'une maladie provenant d'une cause extérieure imprévisible et non d'un état physique ou intellectuel lié à la survenance de l'âge (cass. soc. 8 mai 1980, n° 79-40.014, BC V n° 406).

Si le contrat de travail se trouve seulement suspendu du fait de la maladie, l'employeur qui met fin au contrat en raison de la prolongation de la maladie prend de ce fait la responsabilité de la rupture et le salarié peut prétendre à l'indemnité (cass. soc. 9 mai 1990, n° 86-45.410 ; 7 juillet 1993, n° 89-41.096). En cas d'accident entraînant une incapacité permanente totale, l'indemnité de clientèle peut ne pas être due si le préjudice résultant de l'accident est déjà réparé par l'auteur du dommage (cass. soc. 30 juin 1971, BC V n° 501). En cas de décès, l'indemnité est due aux héritiers si le représentant a été victime d'une maladie ou d'un accident ayant provoqué, avant le décès, une incapacité totale et permanente de travail qui avait entraîné la cessation du contrat de travail (cass. soc. 6 novembre 1991, n° 86-45.442). Dans ce cas, l'indemnité attribuée aux héritiers est calculée sur la base de la rémunération qu'aurait procurée à ce représentant son travail jusqu'à son décès (cass. soc. 29 novembre 1978, *JS* 1979, F 17).

3) Existence d'une clientèle et d'un préjudice résultant de sa perte

Clientèle : elle doit être réelle et stable, ce qui implique un renouvellement plus ou moins régulier des achats, même s'il intervient dans des délais importants (cass.

soc. 4 novembre 1970, BC V n° 583 à propos de machines à laver industrielles ; cass. soc. 28 novembre 1973 s'agissant d'un représentant qui avait été au service d'une entreprise pendant quatorze ans et d'un matériel [cuisinières] qui ne se renouvelait qu'après dix ou quinze ans d'utilisation mais nécessitait entre-temps des réparations, donc des changements de pièces détachées ; cass. soc. 2 juin 1976, n° 75-40.155, BC V n° 355 à propos de machines à écrire et à calculer dont l'amortissement est de trois à cinq ans) et exclut la clientèle occasionnelle (cass. soc. 22 octobre 1981, n° 79-41.313, BC V n° 824 au sujet d'un représentant d'une maison d'édition ; cass. soc. 16 décembre 1998, n° 96-42.365, *JSL* 1999, n° 30, p. 25, s'agissant d'un salarié chargé de vendre des biens d'équipement lourd agricole, ne donnant pas lieu à de fréquents renouvellements).

La clientèle doit être personnelle : elle doit avoir été apportée, créée ou développée par le représentant (cass. soc. 31 mai 2006, n° 04-40.051, *JSL* n° 197, 3 octobre 2006, p. 27). Le représentant qui n'a pas apporté à son employeur des clients susceptibles de rester attachés à celui-ci n'a pas droit à l'indemnité de clientèle (cass. soc. 13 mars 1980, n° 78-40.834, BC V n° 265). Il en est de même lorsque les fonctions du salarié (seconder les chefs de ventes, assurer l'intérim d'un représentant malade ou d'un secteur provisoirement sans titulaire) ne lui permettent pas d'apporter personnellement une clientèle ou de la développer (cass. soc. 22 mai 2001, n° 99-42.056, *JSL* n° 84, 31 juillet 2001, p. 24). L'apport de clientèle peut également résulter de la reprise par le représentant, avec l'accord de l'employeur, de la clientèle d'un tiers dès lors que ce dernier n'avait pas été indemnisé (cass. soc. 16 juin 2004, n° 02-42.674, BC V n° 170). Lorsque le développement de la clientèle résulte d'une action conjointe de l'employeur et du représentant, ce dernier peut prétendre à une indemnité de clientèle pour la part lui revenant dans l'accroissement de celle-ci (cass. soc. 14 octobre 1998, n° 96-40.638, BC V n° 424). À noter que l'accroissement de la clientèle doit exister à la fois en nombre et en valeur (cass. soc. 28 octobre 1992, n° 89-44.016, BC V n° 526 ; 11 mars 2009, n° 07-43.344). Une diminution du chiffre d'affaires essentiellement imputable à l'employeur, du fait de sa politique commerciale et de la qualité des produits qu'il distribue, ne saurait priver un représentant de l'indemnité de clientèle (cass. soc. 9 novembre 1982, n° 80-41.202, BC V n° 616 ; 12 mars 1992, n° 91-41.400).

C'est au représentant qu'il incombe de prouver l'accroissement de la clientèle (cass. soc. 22 janvier 1998, n° 94-45.259 ; voir aussi cass. soc. 10 février 2010, n° 09-40.131 : preuve rapportée en l'espèce par la production de tableaux circonstanciés, non contredits par l'employeur, et permettant d'établir une évolution en nombre et en valeur de la clientèle développée par le représentant) ; mais l'employeur qui conteste cet accroissement doit produire à l'expert désigné par le tribunal tous documents comptables justifiant son refus d'allouer une indemnité, et, à défaut, l'expert établit valablement ses propositions sur les présomptions (cass. soc. 18 juin 1953). En cas de modification dans la situation juridique de l'employeur, c'est à la date d'embauche du représentant par le premier employeur qu'il faut se placer pour apprécier dans quelle mesure le représentant a développé la clientèle jusqu'au moment de son départ de la maison (cass. soc. 20 octobre 1993, n° 91-45.853).

Préjudice. Pour qu'existe un préjudice, il est nécessaire que le matériel offert à la vente soit d'un renouvellement assez fréquent et que les clients soient donc susceptibles de renouveler leurs ordres (cass. soc. 5 janvier 1994, n° 89-44.116). Le préjudice n'existe pas si le représentant « exclusif » (en cas d'embauchage dans une entreprise concurrente ou dans une entreprise à laquelle a été cédée la clientèle de l'ancien employeur) peut continuer dans un nouvel emploi à prospecter la même clientèle pour les mêmes produits (cass. soc. 2 mars 1977, n° 75-40.599, BC V n° 161 ; 23 novembre 1999, n° 97-42.979, 2e moyen, BC V n° 454 ; 22 janvier 1998, n° 94-44.274) ou si, de son propre chef et sans opposition de son employeur, il a vendu sa clientèle à son successeur (cass. soc. 28 octobre 1992, n° 89-43.805, BC V n° 527). En effet, un VRP peut être autorisé à céder la valeur de la clientèle qu'il a apportée, créée ou développée pour son entreprise, sous réserve qu'il renonce au bénéfice de l'indemnité de clientèle à laquelle il peut prétendre et que l'employeur ait donné son accord à ladite cession (cass. soc. 17 décembre 2002, n° 01-01.188, BC V n° 397).

C'est à l'employeur de prouver qu'après la rupture du contrat, le représentant a continué à visiter la clientèle qu'il s'était constituée (cass. soc. 13 octobre 1993, n° 89-45.458, BC V n° 233 ; 22 mai 2001, n° 99-40.293 ; 11 février 2004, n° 02-40.601, 1er moyen, BC V n° 52). Le représentant, rémunéré uniquement par un salaire fixe et ne tirant aucun bénéfice direct de la clientèle qu'il visite, ne subit pas de préjudice lorsqu'il quitte l'entreprise et ne peut prétendre à l'indemnité de clientèle (cass. soc. 16 février 1983, n° 80-41.063, BC V n° 96 ; 5 mars 1992, n° 89-40.256) ; toutefois, il y a droit à indemnité de clientèle pour un représentant au fixe si ce fixe est assimilable à une commission forfaitaire ou s'il a été alloué en compensation d'un taux de commission réduit (cass. soc. 14 novembre 1973, BC V n° 577 ; 10 mars 2004, n° 03-42.744, BC V n° 84).

Le fait qu'après la rupture de son contrat de travail le représentant perçoive des revenus d'un montant plus élevé que celui de ses commissions n'exclut pas l'existence d'un préjudice résultant de la perte de la clientèle. C'est donc à tort que, pour débouter un salarié de sa demande d'indemnité de clientèle, une cour d'appel a retenu que depuis sa mise à la retraite l'intéressé percevait des revenus supérieurs à ceux qu'il aurait pu escompter dans le cadre du démarchage de sa clientèle (cass. soc. 11 mai 2011, n° 09-41.298, 2e moyen, *RJS* 7/11 n° 649).

• **Montant de l'indemnité.** L'indemnité doit, en principe, se calculer au jour de la rupture du contrat (cass. soc. 22 janvier 1976, BC V n° 46). Toutefois, si les juges constatent que les résultats d'un VRP ont diminué en raison d'une modification unilatérale de son secteur par l'employeur, ils peuvent se placer au moment où cette modification est intervenue pour évaluer l'indemnité de clientèle (cass. soc. 18 mars 2003, n° 01-42.255, BC V n° 101 ; *RJS* 6/03 n° 820 ; *JSL* n° 123, 13 mai 2003, p. 23). En l'absence de disposition légale en réglementant l'évaluation, son montant est fixé par les juges du fond qui évaluent souverainement le préjudice du représentant résultant de la perte de sa clientèle (cass. soc. 3 mai 2001, n° 99-40.912, *JSL* n° 86, 13 septembre 2001, p. 23 ; 15 juillet 1998, n° 96-40.866, BC V n° 382 ; *RJS* 8-9/98 n° 986). L'indemnité est calculée sur la part de rémunération liée au chiffre d'affaires, c'est-à-dire sur les commissions (dans la pratique, celles afférentes aux deux années précédant la date de résiliation du contrat ; à ce sujet, voir cass. soc. 20 mars 1963, BC IV n° 269 ; 21 mars 1979, BC V n° 259), déduction faite, éventuellement, d'un pourcentage correspondant à la moyenne des frais généraux du représentant, des frais professionnels compris dans le montant des commissions (cass. soc. 12 octobre 1966, BC IV n° 769) et à l'exclusion :

– des rémunérations fixes sans corrélation avec la clientèle (cass. soc. 3 juin 1957). À noter, toutefois, à ce propos, qu'un salaire fixe mensuel alloué à un représentant pour tenir compte de la perte résultant de la réduction du taux de ses commissions doit être considéré comme une « commission forfaitaire » et être pris en compte pour le calcul de l'indemnité de clientèle (cass. soc. 21 janvier 1972, n° 71-40.028, BC V n° 47) ;

– des rémunérations spéciales accordées en cours de contrat pour rémunérer l'apport ou le développement de la clientèle (cass. soc. 25 juin 2003, n° 01-46.479, 2e moyen du pourvoi principal, BC V n° 206 ; *RJS* 10/03 n° 1146). En effet, si ces rémunérations spéciales ont la nature d'un salaire qui reste acquis au représentant, même en cas de faute grave, elles doivent venir en déduction, pour leur montant net, de l'indemnité de clientèle à laquelle il a droit lors de la résiliation du contrat (cass. soc. 18 novembre 2003, n° 01-44.202, BC V n° 290).

Pour calculer le montant de l'indemnité de clientèle, il est tenu compte éventuellement des éléments qui établissent soit une réduction de la part personnelle du représentant dans l'augmentation constatée (hausse des prix, cass. soc. 9 mars 1966 ; notoriété de la maison et réputation de la marque, cass. soc. 4 juin 1942, 8 mars 1967), soit une responsabilité de l'employeur, du fait de ses agissements, dans la diminution de la clientèle (cass. soc. 22 janvier 1976, n° 74-40.576, BC V n° 46). Il semblerait qu'il puisse être tenu compte de l'incidence de la publicité faite par l'employeur sur les résultats du salarié, à condition qu'elle soit établie (cass. soc. 27 mars 1991, n° 88-42.088).

• **Nature juridique de l'indemnité de clientèle.** Cette indemnité n'est pas le prix d'une cession de clientèle, mais présente le caractère de dommages-intérêts destinés à réparer le préjudice que subit le représentant en perdant pour l'avenir, lorsqu'il quitte une entreprise, le bénéfice de la clientèle apportée, créée ou développée par lui (cass. soc. 1er avril 1992, n° 89-40.136, BC V n° 238). Le fait qu'immédiatement après son licenciement, le représentant ait travaillé pour une société concurrente ne le prive pas du droit à l'indemnité de clientèle dès lors qu'il n'est pas démontré que l'intéressé prospectait la même clientèle en qualité de VRP (cass. soc. 17 mai 2000, n° 98-41.488).

À noter que lorsque, au cours de l'exécution du contrat de travail, l'employeur a versé au représentant une rémunération spéciale destinée à l'indemniser de la clientèle apportée, créée ou développée par lui, cette rémunération constitue un élément de salaire qui reste acquis au représentant et qui ne peut donner lieu à restitution, même en cas de faute grave (cass. soc. 23 novembre 1999, n° 97-43.250, BC V n° 455 ; *Dr. Soc.* 2000, p. 220).

Il ne peut y avoir de cumul entre l'indemnité de clientèle et l'indemnité légale de licenciement à laquelle le VRP licencié peut prétendre s'il remplit les conditions requises (sauf en cas de faute grave) ; en effet, ces deux indemnités ayant le même objet, seule la plus élevée est due (cass. soc. 20 mars 1980, n° 78-40.363, BC V n° 287 ; voir aussi dans le même sens, s'agissant du non-cumul de l'indemnité de clientèle avec l'indemnité conventionnelle de licenciement : cass. soc. 21 septembre 2005, n° 03-45.980, *JSL* n° 179, 13 décembre 2005, p. 27). La même solution est applicable en cas de mise à la retraite, l'indemnité de clientèle ne se cumulant pas avec l'indemnité de mise à la retraite, seule la plus élevée étant due (cass. soc. 21 juin 1995, n° 91-43.639, BC V n° 210 ; *RJS* 8-9/95, n° 968 ; 11 mai 2011, n° 09-41.298, *RJS* 7/11 n° 649). En revanche, il peut y avoir cumul avec la contrepartie financière de la clause de non-concurrence destinée à compenser le dommage résultant, après l'expiration des relations de travail, de la restriction apportée à l'activité du salarié et qui répare un préjudice différent (cass. soc. 6 juin 1990, n° 87-44.104, BC V n° 271).

L'indemnité légale de licenciement constitue le minimum auquel le représentant a droit et une cour d'appel qui déboute un salarié de sa demande d'indemnité de clientèle doit alors statuer sur son droit à une indemnité de licenciement, celle-ci étant nécessairement incluse dans la demande d'indemnité de clientèle (cass. soc. 1er juin 2004, n° 02-41.176, *RJS* 8-9/04 n° 880, 1re espèce ; 9 mars 2005, n° 02-46.149, BC V n° 84 ; *RJS* 5/05 n° 588 ; 18 janvier 2011, n° 09-40.267).

Art. L. 7313-14. L'indemnité de clientèle est due en cas de rupture du contrat de travail à durée déterminée par l'employeur avant l'échéance du terme ou lorsque le contrat venu à échéance n'est pas renouvelé, et en l'absence de faute grave.

Art. L. 7313-15. L'indemnité de clientèle ne se confond ni avec l'indemnité pour rupture abusive du contrat de travail à durée indéterminée, ni avec celle due en cas de rupture anticipée du contrat de travail à durée déterminée.

Art. L. 7313-16. L'indemnité de clientèle ne peut être déterminée forfaitairement à l'avance.

Note L'indemnité de clientèle ne pouvant être déterminée forfaitairement à l'avance, les parties ne peuvent convenir d'un montant ni d'un mode de calcul diminuant les droits résultant pour le représentant de ce texte d'ordre public (cass. soc. 3 juin 1970, n° 69-40.369, BC V n° 374). Le juge ne peut non plus fixer arbitrairement son montant, par exemple à deux années de commissions, sans rechercher l'importance du préjudice réel subi par l'intéressé (cass. soc. 4 novembre 1988, n° 85-46.158).

L'indemnité de clientèle dont le montant est fixé forfaitairement à l'avance, contrairement à l'interdiction légale, est en réalité une indemnité de rupture du contrat qui est due au VRP non licencié pour faute grave et n'est pas l'indemnité de clientèle prévue par la loi. La violation des règles établies dans l'intérêt des travailleurs n'est sanctionnée par la nullité que lorsqu'elle nuit aux intérêts de ceux-ci ; l'employeur ne peut donc soulever la nullité d'une telle clause (cass. soc. 12 février 1975). Toute convention intervenue entre les parties et tendant soit à supprimer ou à réduire l'indemnité de clientèle, soit à éluder les règles légales relatives au paiement de cette indemnité, est nulle et de nul effet (cass. soc. 13 novembre 1974). L'indemnité de clientèle ne produit d'intérêts moratoires qu'à compter du jour où elle est judiciairement fixée (cass. soc. 16 mars 1989, n° 86-41.072 ; 27 mai 1992, n° 89-43.775).

Sous-section 4. **Indemnité conventionnelle de substitution**

Art. L. 7313-17. Lorsque l'employeur est assujetti à une convention ou accord collectif de travail ou à une décision unilatérale de sa part ou d'un groupement d'employeurs, le voyageur, représentant ou placier peut, dans les cas de rupture du contrat de travail mentionnés aux articles L. 7313-13 et L. 7313-14, bénéficier d'une indemnité.

Art. L. 7313-17.

L'indemnité est égale à celle à laquelle le voyageur, représentant ou placier aurait pu prétendre si, bénéficiant de la convention ou du règlement il avait, selon son âge, été licencié ou mis à la retraite.

Cette indemnité n'est pas cumulable avec l'indemnité de clientèle. Seule la plus élevée est due.

Note À défaut d'indemnité de clientèle, et suivant que le représentant est rémunéré au fixe, à la commission, ou à la fois au fixe et à la commission, une indemnité conventionnelle de rupture et/ou une indemnité spéciale de rupture lui sont dues. Ces indemnités résultent des articles 13 à 16 de l'accord national interprofessionnel des VRP du 3 octobre 1975 (indemnité conventionnelle de rupture ou de mise à la retraite et indemnité spéciale de rupture ou de mise à la retraite). Si une entreprise est soumise à la fois à l'accord national interprofessionnel des VRP et à une autre convention collective, cette dernière ne pourra s'appliquer que si elle comporte des dispositions plus favorables visant expressément les représentants de commerce dans son champ d'application, conformément au 3° du préambule de l'ANI du 3 octobre 1975 (cass. soc. 21 juillet 1993, n° 89-45.285).

Mais les signataires de la convention collective à laquelle l'employeur est assujetti étant libres d'en déterminer le champ d'application, ils peuvent très bien décider d'exclure les VRP de ce champ d'application. Dans ce cas, un représentant de commerce ne saurait revendiquer le bénéfice de l'indemnité de licenciement prévue par la convention en question (cass. soc. 30 septembre 1997, n° 94-43.733, BC V n° 291).

Indemnité spéciale de rupture

Conditions d'attribution. Le bénéfice de l'indemnité spéciale de rupture n'est pas subordonné à la reconnaissance d'un droit à l'indemnité de clientèle (cass. soc. 24 mars 1999, n° 96-42.927, *JSL* n° 34, 20 avril 1999, p. 32 ; 15 janvier 2002, n° 99-45.694, 2e moyen, *RJS* 5/02 n° 637 ; 13 avril 2005, n° 02-42.312). Le salarié ne peut, avant l'expiration de son contrat de travail, valablement renoncer au bénéfice de l'indemnité de clientèle en contrepartie du bénéfice de l'indemnité spéciale qui présente un caractère forfaitaire (cass. soc. 17 décembre 1997, n° 95-42.807). Aux termes de l'article 14 de l'accord national interprofessionnel des VRP, cette renonciation doit intervenir dans les trente jours de la lettre de rupture du contrat (cass. soc. 20 mars 1991, BC V n° 148) et elle doit être expresse (cass. soc. 18 mars 1992, n° 88-40.923, BC V n° 191 ; 8 juillet 1992, n° 88-44.911, BC V n° 461). La seule acceptation par le salarié du versement spontané par l'employeur de l'indemnité spéciale de rupture ne suffit pas à caractériser la renonciation à l'indemnité de clientèle (cass. soc. 17 décembre 1997, n° 95-42.807, précité).

Cet article prévoit également que l'employeur peut s'opposer au versement de l'indemnité spéciale de rupture, à condition d'en informer par écrit le représentant dans les quinze jours de la notification de la rupture du contrat (cass. soc. 31 mars 1993, n° 88-43.694). Par conséquent, l'employeur qui, en procédant à un licenciement pour faute grave, n'a pas cru devoir s'opposer au versement de l'indemnité spéciale de rupture dans le délai de quinze jours parce qu'il estimait qu'elle n'était pas due, est tenu de la verser au VRP dès lors que toute faute est écartée par les juges (cass. soc. 24 mars 1999, n° 96-42.927, précité).

Le VRP qui commet une faute grave en cours de préavis conserve son droit à l'indemnité spéciale de rupture, lequel prend naissance à la date de notification du licenciement (cass. soc. 11 mai 1993, n° 89-43.359).

En cas de mise à la retraite, c'est à la date de la notification de la mise à la retraite du VRP qu'il convient de se placer pour apprécier s'il remplit la condition d'âge requise pour bénéficier de l'indemnité spéciale de rupture prévue par l'article 14 de l'accord national interprofessionnel des VRP du 3 octobre 1975. Peut donc prétendre à cette indemnité le salarié qui, au jour de la notification de sa mise à la retraite, n'a pas atteint l'âge de 65 ans à partir duquel cette indemnité n'est plus due (cass. soc. 9 mai 2006, n° 03-47.564, BC V n° 166 ; *RJS* 7/06 n° 902).

Calcul. Aux termes de l'article 14 de l'accord national interprofessionnel des VRP du 3 octobre 1975, l'indemnité spéciale de rupture est calculée sur la rémunération moyenne mensuelle des douze derniers mois, déduction faite des frais professionnels et à l'exclusion de la partie fixe convenue de cette rémunération (cas des VRP rémunérés à la fois au fixe et à la commission). En cas de licenciement pour absence prolongée pour maladie, l'indemnité spéciale doit être calculée sur la rémunération moyenne mensuelle des douze derniers mois précédant l'arrêt de travail (cass. soc. 1er juillet 1997, n° 94-40.449, BC V n° 244 ; *CSB* 1997 B. 168 ; dans le même sens, voir cass. soc. 19 mai 1999, n° 98-40.166, *JSL* n° 39, 6 juillet 1999, p. 31).

Indemnité conventionnelle de rupture

Prévue par l'article 13 de l'accord national interprofessionnel des VRP, cette indemnité est calculée uniquement sur la partie fixe de la rémunération et s'ajoute éventuellement à l'indemnité spéciale de rupture, calculée, elle, sur les commissions. Le VRP qui perçoit exclusivement une rémunération fixe ne peut donc prétendre qu'à l'indemnité conventionnelle de rupture, qui n'est pas cumulable avec l'indemnité de licenciement (cass. soc. 15 octobre 2002, n° 00-42.364, 2d moyen, 1re et 2e branches, BC V n° 308 ; *RJS* 12/02 n° 1449).

Cumul avec d'autres indemnités. Si les articles 13 et 14 de l'accord national interprofessionnel des voyageurs représentants placiers du 3 octobre 1975 disposent que l'indemnité conventionnelle de rupture et l'indemnité spéciale de rupture qu'ils prévoient ne sont pas cumulables avec l'indemnité de clientèle, il n'en résulte pas qu'elles ne peuvent se cumuler avec des rémunérations accordées en cours de contrat pour le même objet que l'indemnité de clientèle (cass. soc. 4 janvier 1996, n° 92-40.440, BC V n° 2). Le fait pour un VRP d'avoir perçu au cours de l'exécution du contrat de travail une rémunération spéciale ayant pour objet de rémunérer le développement et la création de clientèle ne peut donc le priver du bénéfice de l'indemnité prévue par l'article 13 de l'accord national interprofessionnel du 3 octobre 1975, dès lors qu'il remplit les conditions pour y prétendre, peu important qu'il ait été rémunéré à la commission (cass. soc. 25 juin 2003, n° 01-43.717, BC V n° 207 ; *RJS* 10/03 n° 1146, 2e espèce).

SECTION 5. Litiges

Art. L. 7313-18. Le conseil de prud'hommes est seul compétent pour connaître des litiges relatifs à l'application du contrat de représentation régi par les dispositions du présent titre.

Note Ces dispositions interdisent l'introduction d'une clause attributive de juridiction dans le contrat des VRP statutaires. Le conseil de prud'hommes compétent est celui du domicile du représentant mais ce dernier peut, s'il le préfère, saisir le conseil du lieu où l'employeur est établi ou celui du lieu où l'engagement a été conclu (voir, à ce sujet, note sous art. R. 1412-1).

CHAPITRE IV

Dispositions pénales

[Le présent chapitre ne comprend pas de dispositions législatives.]

TITRE II

GÉRANTS DE SUCCURSALES

CHAPITRE Ier

Dispositions générales

Art. L. 7321-1. Les dispositions du présent code sont applicables aux gérants de succursales, dans la mesure de ce qui est prévu au présent titre.

Note Les dispositions du code du travail, et notamment celles relatives aux conventions collectives, étant applicables aux gérants de succursales, ces derniers bénéficient de la convention collective à laquelle est soumis le chef d'entreprise qui les emploie (cass. soc. 26 février 1992, n° 88-41.533, BC V n° 133 ; 25 mars 2009, n° 07-41.242, BC V n° 89 ; 26 octobre 2011, n° 10-14.175, *RJS* 1/12 n° 86).

Peuvent notamment être signalés les arrêts suivants :

Rémunération des gérants : sauf faute lourde de leur part, les gérants doivent conserver chaque mois une rémunération au moins égale au SMIC (cass. soc. 25 février 1998, n° 95-44.096, BC V n° 106).

Les frais professionnels exposés par le gérant pour les besoins de son activité et dans l'intérêt de l'employeur doivent lui être remboursés. Ils ne peuvent être imputés sur sa rémunération, à moins qu'il n'ait été contractuellement prévu qu'il en conserverait la charge moyennant le versement d'une somme fixée à l'avance de manière forfaitaire et à la condition que la rémunération proprement dite du travail reste au moins égale au SMIC (cass. soc. 25 février 1998, précité ; dans le même sens, voir aussi cass. soc. 4 décembre 2001, n° 99-41.265, BC V n° 373, 1er moyen du pourvoi incident ; *RJS* 2/02 n° 241, 1re espèce).

S'agissant des heures supplémentaires, voir : a) le rejet par le juge d'une demande de paiement d'heures supplémentaires et d'indemnités compensatrices de congés payés présentée par un couple de gérants qui déterminaient librement les heures et jours d'ouverture de la station-service, choisissaient en toute liberté son personnel et fixaient les conditions de travail, d'hygiène et de sécurité dans les stations (cass. soc. 5 mars 1986, Chardet et a. c/ CRD, *JS* 1986, SJ 104), et b) l'acceptation d'une telle demande par le juge ayant estimé que les conditions d'ouverture du magasin entraînaient nécessairement l'accomplissement d'heures supplémentaires par les gérants qui ne pouvaient embaucher du personnel pour les accomplir en raison du faible montant des bénéfices de l'exploitation (cass. soc. 15 octobre 1987, n° 84-40.665).

Participation aux résultats de l'entreprise : cass. soc. 9 janvier 1985, n° 83-16.227, BC V n° 17 ; *JS* 1985, F 38 (si les gérants peuvent, en principe, prétendre participer aux fruits de l'entreprise, ils ne peuvent prétendre à aucune somme à ce titre dès lors que leurs bénéfices sont égaux ou supérieurs au montant de la rémunération minimale – salaire et participation – à laquelle ils peuvent prétendre en application du code du travail).

Congés payés : cass. soc. 19 octobre 1977, n° 76-40.684, BC V n° 546 ; *JS* 1977, F 9 ; 22 novembre 1978, *JS* 1979, F 1.

Licenciement : cass. soc. 11 octobre 1978, n° 77-12.077, BC V n° 662 ; 24 janvier 1979, n° 77-40.811, BC V n° 66 ; 1er février 1979, n° 77-40.861, BC V n° 110.

Déficit de gestion : voir note sous art. L. 7322-2. Les mêmes règles sont applicables aux gérants de station-service (cass. soc. 7 février 1990, n° 87-13.309).

Déficit d'inventaire : l'engagement pris par une gérante salariée, dont le contrat est soumis aux dispositions de l'article L. 781-1 (ancien), de garantir le déficit d'inventaire est licite dans la mesure où il n'est pas porté atteinte à son droit au salaire minimum (cass. soc. 20 janvier 1993, n° 89-45.262).

Compétence juridictionnelle : lorsque les gérants d'un magasin exercent leur activité, non pas dans un lien de subordination caractérisant l'existence d'un contrat de travail de droit commun, mais dans les conditions posées par l'article L. 781-1, 2° [L. 7321-2, 2°], les litiges se rattachant aux modalités commerciales d'exploitation du magasin relèvent de la compétence du tribunal de commerce. Tel est le cas d'un litige né de la demande d'une société tendant à obtenir le paiement d'une certaine somme correspondant à des détournements et à un déficit d'inventaire (cass. soc. 8 mars 2006, n° 04-17.059, BC V n° 96 ; *RJS* 6/06 n° 766 ; *Dr. Soc.* 2006, p. 789, obs. J. Savatier).

Mais la juridiction prud'homale est compétente pour trancher les litiges relatifs à l'application de l'article L. 781-1 [L. 7321-2] CT ; en effet, la répartition des compétences entre le tribunal de commerce et le conseil de prud'hommes, en cas de différends entre les locataires-gérants et les sociétés propriétaires du fonds, ne peut priver les gérants du droit de saisir le conseil de prud'hommes en invoquant le bénéfice des dispositions de l'article L. 781-1 [L. 7321-2] CT et il appartient aux juges du fond, saisis de demandes formées en application de la législation sociale, d'une part, d'apprécier si les gérants exercent leur activité professionnelle dans les conditions fixées par l'article L. 781-1, 2° [L. 7321-2, 2°] et, d'autre part, s'ils ont valablement renoncé à se prévaloir du statut de salarié (cass. soc. 22 mars 2006, n° 05-42.233, BC V n° 122 ; *RJS* 6/06 n° 777 ; *Dr. Soc.* 2006, p. 789, obs. J. Savatier).

Art. L. 7321-2. Est gérant de succursale toute personne :

1° Chargée, par le chef d'entreprise ou avec son accord, de se mettre à la disposition des clients durant le séjour de ceux-ci dans les locaux ou dépendances de l'entreprise, en vue de recevoir d'eux des dépôts de vêtements ou d'autres objets ou de leur rendre des services de toute nature ;

2° Dont la profession consiste essentiellement :

a) Soit à vendre des marchandises de toute nature qui leur sont fournies exclusivement ou presque exclusivement par une seule entreprise ***(L. 2008-776 du 4 août 2008, art. 39, JO 5)*** « , lorsque ces personnes exercent leur profession dans un local fourni ou agréé par cette entreprise et aux conditions ***(L. 2009-526 du 12 mai 2009, JO 13)*** « et » prix imposés par cette entreprise » ;

b) Soit à recueillir les commandes ou à recevoir des marchandises à traiter, manutentionner ou transporter, pour le compte d'une seule entreprise, lorsque ces personnes exercent leur profession dans un local fourni ou agréé par cette entreprise et aux conditions et prix imposés par cette entreprise.

Note **Bénéfice du statut.** Les dispositions du chapitre Ier sont applicables aux personnes qui exercent leur profession dans les conditions fixées aux points 1° ou 2°, quelle que soit leur dénomination (dépositaire, gérant, succursaliste...), à l'exception, par conséquent : a) des gérants salariés auxquels s'appliquent les dispositions de droit commun concernant les salariés proprement dits ; b) des « gérants non salariés » des succursales de commerce de détail alimentaire et des coopératives de consommation auxquels est applicable le chapitre II du titre II ; c) et, en principe, des gérants libres (voir, toutefois, note concernant les gérants de stations-service).

Le bénéfice des dispositions des articles L. 7321-1 à 5 CT n'est pas subordonné au caractère fictif de la société ni à la condition que l'activité professionnelle découlant de cette exploitation soit exercée par les seuls intéressés, à l'exclusion de l'emploi de salariés (cass. soc. 25 février 2009, n° 07-40.371, *JCP* éd. S 2009, 1329, note Th. Lahalle).

Action tendant à obtenir le statut de gérant de succursale. L'action tendant à faire reconnaître que les dispositions de l'article L. 7321-2 sont applicables à un rapport contractuel, qui n'exige pas que soit établie l'existence d'un lien de subordination, n'est pas une action exclusivement attachée à la personne qui désire bénéficier de ces dispositions. Dès lors, cette action peut être exercée par les organes d'une procédure collective (cass. soc. 9 mars 2011, n° 09-42.901, *RJS* 5/11 n° 478 ; *Dr. Soc.* 2011, p. 715, obs. E. Dockès).

Lien exclusif ou quasi exclusif avec une entreprise industrielle ou commerciale. Le gérant doit soit recevoir exclusivement ou quasi exclusivement des marchandises d'une seule entreprise, soit agir exclusivement pour le compte d'une seule entreprise, peu important l'objet de cette entreprise (cass. com. 3 mai 1995, n° 93-12.981, *RJS* 10/95 n° 1077). Ne peut être considéré comme gérant l'exploitant d'un commerce personnel, qualité en laquelle l'intéressé est inscrit au registre du commerce et qui a, dans ce cadre, un dépôt de bière provenant d'un établissement, pour lequel il bénéficie seulement de conditions particulières (cass. soc. 24 janvier 1980, n° 78-40.109, BC V n° 80). De même, il a été jugé que les dispositions de cet article n'étaient pas applicables aux relations entre un franchiseur et un franchisé dès lors que l'accord de franchise permettait au franchisé de s'approvisionner de façon indépendante et que le franchiseur n'était pas son seul fournisseur (cass. soc. 11 octobre 2000, n° 99-10.922).

Fourniture ou agrément du local. Le local doit être fourni, choisi ou simplement agréé par l'entreprise (cass. com. 3 mai 1995, précité ; cass. soc. 13 octobre 1998, n° 96-41.922).

Conditions et prix imposés. Les gérants doivent exercer leur profession dans les conditions fixées par l'entreprise et pratiquer les prix imposés par elle, sans pouvoir pratiquer une politique personnelle des prix (cass. soc. 12 janvier 1983, n° 80-41.288, BC V n° 14 ; 13 janvier 2010, n° 09-41.644, *JSL* n° 271, 11 février 2010, p. 26). Lorsque les prix ne sont pas imposés mais seulement conseillés par l'entreprise, le gérant ne peut prétendre bénéficier des dispositions de cet article (cass. soc. 8 avril 1992, n° 89-42.101).

Activité exercée à titre principal (2°). L'activité de gérant doit constituer la profession principale.

Pour déterminer si le gérant doit ou non bénéficier des dispositions du code du travail, le juge n'a pas à rechercher si l'intéressé exerce ou non ses fonctions dans un rapport de subordination avec la société ; il lui appartient seulement de rechercher si les conditions énoncées par l'article L. 781-1, 2° [L. 7321-2, 2°] CT sont en fait réunies (cass. soc. 4 décembre 2001, n° 99-44.452, BC V n° 373 ; *Dr. Soc.* 2002, p. 163 ; *RJS* 2/02 n° 241, 3e espèce ; voir aussi cass. soc. 8 février 2005, n° 03-40.731, *RJS* 4/05 n° 453 ; 19 mai 2010, n° 09-42.614, *JCP* éd. S 2010, 1426, note Th. Lahalle ; 9 mars 2011, n° 09-42.901, *RJS* 5/11 n° 478).

Ces conditions doivent être cumulativement remplies (cass. soc. 3 novembre 2005, n° 03-47.969, *JCP* éd. S 2005, 1399, note J-Fr. Cesaro ; *JSL* n° 181, 17 janvier 2006, p. 25). Si l'ensemble de ces conditions ne font pas apparaître un lien de subordination juridique d'employeur à employé au sens strict de ces termes, elles définissent une réelle dépendance économique. Est fondé l'arrêt refusant le bénéfice de l'article L. 781-1 (ancien) à un locataire-gérant après avoir constaté qu'« une des conditions cumulatives prévues à cet article faisait défaut », les revenus procurés à l'intéressé par le secteur d'activité autre que la vente des carburants et lubrifiants, objet d'exclusivité, représentaient « un profit non négligeable lui permettant de se soustraire à une prétendue subordination économique à l'égard de la société » (cass. soc. 23 octobre 1985, n° 3635 S, Maes c/ Sté Shell ; dans le même sens, voir aussi cass. soc. 17 octobre 2006, n° 04-45.912, *RJS* 12/06 n° 1326). À l'inverse, une cour d'appel a pu requalifier un contrat de location-gérance de station-service en contrat de gérant salarié après avoir constaté que les activités annexes de charcuterie et de restauration rapide exercées par le gérant, tributaires de la vente de carburants et produits pétroliers et de la fréquentation peu importante de la station, ne procuraient à l'intéressé qu'un chiffre d'affaires très faible, ce qui suffisait à caractériser son état de dépendance économique à l'égard de la société pétrolière (cass. soc. 4 mai 1999, n° 96-43.775). Voir aussi cass. soc. 4 décembre 2001, n° 99-41.265, BC V n° 373, moyen unique du pourvoi principal ; *Dr. Soc.* 2002, p. 162 ; *RJS* 2/02 n° 241, 1re espèce, approuvant une cour d'appel d'avoir décidé que les conditions de l'article L. 781-1, 2° (ancien) étaient réunies après avoir fait ressortir que le franchisé distribuait et ramassait des colis à partir d'un local dont la société était locataire, que la distribution était soumise à des horaires et à un itinéraire imposés par la politique commerciale de la société, que les tarifs étaient imposés par cette dernière qui encaissait directement les factures de la clientèle.

Gérants de stations-service. C'est à leur sujet que s'est d'abord posée la question de savoir si les gérants libres, qui ont la qualité de commerçants en application de la loi du 20 mars 1956 relative à la location-gérance des fonds de commerce et des établissements artisanaux, pouvaient bénéficier des dispositions des articles L. 781-1 et s. (anciens) CT. On s'est ensuite interrogé sur le point de savoir si les dispositions de l'article L. 781-1 (ancien) pouvaient être écartées par un accord collectif ou par les contrats individuels, seuls ou se référant à un accord collectif prévoyant un statut excluant ledit article.

– *Régime conventionnel dérogatoire.* Les « partenaires sociaux » concernés ont été amenés à conclure des accords (accord interprofessionnel du 25 avril 1973, protocole d'accord du 21 janvier 1977) qui tendent à exclure l'application des dispositions des articles L. 781-1 et 2 (anciens) aux gérants des stations-service.

– *Position de l'administration.* Elle estime pour sa part qu'il appartient aux tribunaux, dans chaque cas d'espèce, d'apprécier si le gérant est ou non lié au propriétaire du fonds de commerce dans des conditions qui justifient l'application de l'article L. 781-1 [L. 7321-2] (voir, en ce sens, rép. QE 21585, JO AN 29 novembre 1979, p. 10877).

– *Jurisprudence.* Celle-ci a sensiblement évolué au cours de ces dernières années :

Dans un premier temps, la Cour de cassation a considéré :
– que la loi du 21 mars 1941 (art. L. 781-1 ancien) n'a pas été modifiée par la loi du 20 mars 1956 relative à la location-gérance des fonds de commerce et des établissements artisanaux qui confère au gérant la qualité de commerçant (art. 2) ; qu'il n'y a pas incompatibilité entre ces deux lois, que la loi du 21 mars 1941 (art. L. 781-1 ancien) postule l'existence d'un simple état de dépendance économique (et non d'un lien de subordination juridique), qu'un gérant ayant la qualité de commerçant au regard de la loi du 20 mars 1956 peut donc bénéficier, dans ses rapports avec son employeur, des dispositions de la loi du 21 mars 1941 si les conditions fixées par cette loi sont remplies ;
– que sont sans incidence sur l'assimilation aux salariés édictée par la loi du 21 mars 1941 (art. L. 7321-1) les situations suivantes : a) Fourniture, avec l'accord du propriétaire et sur demande expresse des clients, de produits d'une marque autre que celle du ou des fournisseurs auxquels le gérant doit en principe s'adresser ; b) Possibilité d'accorder aux clients des rabais dans la mesure où ceux-ci étant nécessairement faibles en raison de la modicité de sa marge bénéficiaire, le gérant est contraint, en fait, à respecter les prix fixés par le fournisseur ; c) Possibilité, avec l'accord du propriétaire de vendre d'autres marchandises (pièces détachées, accessoires d'automobiles, confiserie…) et/ou d'exercer une activité annexe (entretien, dépannage de véhicules) dans la mesure, semble-t-il, où ces activités secondaires ne présentent qu'une faible partie du chiffre d'affaires et n'assurent pas au gérant une indépendance économique réelle par rapport à la société (cass. soc. 19 juin 1990, n° 86-45.594) ; d) Liberté de recrutement de personnel et organisation du travail (cass. soc. 4 juillet 1990, n° 86-43.110) ;
– que les accords interprofessionnels (en l'espèce celui de 1977) ne peuvent déroger aux dispositions d'ordre public que sont celles de l'article L. 781-1 (ancien) (cass. soc. 16 mars 1983, SA Issa c/ Baudin) ;
– que de nouveaux contrats souscrits entre une société et un couple de locataires-gérants étaient entachés de nullité dans la mesure où, n'ayant pas modifié les relations existant antérieurement entre les parties, ils avaient eu pour but essentiel d'écarter l'application de l'article L. 781-1 (ancien) (cass. soc. 27 juin 1984, n° 1716, *JS* 1984, F 98).

Actuellement, la Cour suprême admet qu'un locataire-gérant de station-service puisse soit bénéficier du « statut » de salarié, en application de l'article L. 781-1 [L. 7321-2], soit du « statut » conventionnel, en application d'un contrat individuel conclu dans le cadre de l'accord interprofessionnel, l'examen des conditions dans lesquelles l'activité de l'intéressé s'exerce réellement étant essentiel pour déterminer lequel des deux statuts est applicable au gérant. Ces deux statuts étant exclusifs l'un de l'autre, c'est à tort qu'après avoir constaté qu'un gérant de station-service avait réalisé un bénéfice commercial, une cour d'appel a condamné la société qui lui avait confié l'exploitation du fonds à lui payer une somme à titre de salaires par application de l'article L. 781-1 [L. 7321-2] CT, l'intéressé ne pouvant obtenir, au cours d'une même année, le cumul des sommes dues à titre de salaires et de celles perçues à titre de bénéfice commercial (cass. soc. 13 mars 2001, n° 99-40.193, BC V n° 81 ; *Dr. Soc.* 2001, pp. 547 et s., obs. Ch. Radé ; *RJS* 5/01 n° 681). Voir aussi cass. soc. 2 juin 1993, n° 89-44.594 (en acceptant l'indemnité de fin de gérance, laquelle est, aux termes du protocole du 25 avril 1973, incompatible avec l'application de l'article L. 781-1 [L. 7321-2], le gérant renonce nécessairement à se prévaloir du statut de salarié) ; cass. soc. 26 février 1992, n° 88-41.533, BC V n° 133 (le gérant qui a été admis au bénéfice des dispositions de l'article L. 781-1 [L. 7321-2] ne peut prétendre au paiement de l'indemnité contractuelle de fin de gérance). Mais seul le bénéfice effectif de la législation du travail interdit au gérant de revendiquer l'application du statut conventionnel ; ainsi, lorsque, après avoir réclamé le paiement d'indemnités de rupture et de dommages et intérêts, le gérant s'est désisté de son action prud'homale, il demeure en droit de réclamer la prime de fin de gérance prévue à son contrat de locataire-gérant (cass. soc. 8 avril 1992, n° 89-13.956, BC V n° 266). Par ailleurs, si le règlement de l'indemnité de fin de gérance intervient en cours d'exécution de conventions qui maintenaient le locataire-gérant dans un lien de subordination à l'égard de la société, la perception, dans ces circonstances, d'une telle indemnité n'impliquait pas que le locataire-gérant eût renoncé au bénéfice des dispositions d'ordre public de l'article L. 781-1 [L. 7321-2] (cass. soc. 10 décembre 1986, SA Shell française c/ Hagège, *JS* 1987, SJ 53).

Art. L. 7321-3.

Participation aux résultats de l'entreprise. Il résulte des dispositions de l'article L. 781-1 (ancien) CT que, s'ils ont droit de participer aux fruits de l'expansion de l'entreprise, les locataires-gérants des stations-service ne peuvent bénéficier d'aucune somme à ce titre, dès lors que les bénéfices retirés par eux de leur activité commerciale sont égaux ou supérieurs au montant de la rémunération « minimale » (salaire et participation) à laquelle ils peuvent prétendre en application du code du travail (cass. soc. 9 janvier 1985, n° 83-16.227, BC V n° 17).

Art. L. 7321-3. Le chef d'entreprise qui fournit les marchandises ou pour le compte duquel sont recueillies les commandes ou sont reçues les marchandises à traiter, manutentionner ou transporter n'est responsable de l'application aux gérants salariés de succursales des dispositions du livre Ier de la troisième partie relatives à la durée du travail, aux repos et aux congés et de celles de la quatrième partie relatives à la santé et à la sécurité au travail que s'il a fixé les conditions de travail, de santé et de sécurité au travail dans l'établissement ou si celles-ci ont été soumises à son accord.

Dans le cas contraire, ces gérants sont assimilés à des chefs d'établissement. Leur sont applicables, dans la mesure où elles s'appliquent aux chefs d'établissements, directeurs ou gérants salariés, les dispositions relatives :

1° Aux relations individuelles de travail prévues à la première partie ;

2° À la négociation collective et aux conventions et accords collectifs de travail prévues au livre II de la deuxième partie ;

3° À la durée du travail, aux repos et aux congés prévus au livre Ier de la troisième partie ;

4° Aux salaires prévus au livre II de la troisième partie ;

5° À la santé et à la sécurité au travail prévues à la quatrième partie.

Note Il appartient, en cas de litige, aux juridictions saisies d'analyser le contrat liant les parties pour déterminer qui, de la société ou du gérant, fixe les conditions de travail, d'hygiène et de sécurité. Le seul fait du versement d'un salaire au gérant et de l'immatriculation de celui-ci au régime général de la sécurité sociale ne suffit pas à rendre le chef d'entreprise responsable de l'application au gérant des dispositions du code du travail relatives à la santé et à la sécurité au travail (cass. crim. 14 novembre 1966). Lorsque le contrat met à la charge du gérant l'entretien et le maintien dans un état constant de propreté de la station-service, des locaux fréquentés par la clientèle et de ceux où il travaille ainsi que de l'appareillage qui lui est confié, les conditions d'hygiène et de sécurité du travail sont fixées par la société employeur, peu important que le gérant ait la possibilité de prendre des dispositions concernant les conditions de travail, d'hygiène ou de sécurité pour l'emploi de son propre personnel (cass. soc. 2 octobre 1974).

Art. L. 7321-4. Les gérants de succursales sont responsables à l'égard des salariés placés sous leur autorité, au lieu et place du chef d'entreprise avec lequel ils ont contracté, de l'application des dispositions mentionnées aux 1° à 5° de l'article L. 7321-3 à condition d'avoir toute liberté en matière d'embauche, de licenciement et de fixation des conditions de travail de ces salariés.

Note Il résulte de ces dispositions que, pour l'application du code du travail, le personnel salarié recruté pour permettre le fonctionnement de l'établissement devra être considéré comme lié par un contrat de travail soit avec l'entreprise, soit, au contraire, avec le gérant si ce dernier agit en tout liberté en ce qui concerne l'embauchage, la fixation des conditions de travail et le licenciement dudit personnel.

Art. L. 7321-5. Est nulle toute convention contraire aux dispositions du présent chapitre.

CHAPITRE II

Gérants non salariés des succursales de commerce de détail alimentaire

Art. L. 7322-1. Les dispositions du chapitre Ier sont applicables aux gérants non salariés définis à l'article L. 7322-2, sous réserve des dispositions du présent chapitre.

L'entreprise propriétaire de la succursale est responsable de l'application au profit des gérants non salariés des dispositions du livre Ier de la troisième partie relatives à la durée du travail, aux repos et aux congés, ainsi que de celles de la quatrième partie relatives à la santé et à la sécurité au travail lorsque les conditions de travail, de santé et de sécurité au travail dans l'établissement ont été fixées par elle ou soumises à son accord.

Dans tous les cas, les gérants non salariés bénéficient des avantages légaux accordés aux salariés en matière de congés payés.

Par dérogation aux dispositions des articles L. 3141-1 et s. relatives aux congés payés, l'attribution d'un congé payé peut, en cas d'accord entre les parties, être remplacée par le versement d'une indemnité d'un montant égal au douzième des rémunérations perçues pendant la période de référence.

Les obligations légales à la charge de l'employeur incombent à l'entreprise propriétaire de la succursale.

Note Le gérant non salarié d'une succursale doit bénéficier de tous les avantages accordés aux salariés par la législation sociale. Il ne peut donc être privé, dès l'origine, par une clause du contrat, du bénéfice des règles protectrices relatives à la rupture des relations contractuelles (cass. soc. 28 septembre 2011, n° 10-21.294, *RJS* 12/11 n° 1021). Il appartient à la juridiction prud'homale, qui n'est pas liée par la définition donnée par la convention des parties des faits susceptibles d'en entraîner la rupture sans préavis ni indemnité, d'apprécier si les faits reprochés aux gérants sont constitutifs d'une faute grave ; ayant relevé que le comportement de gérants non salariés ne faisait l'objet d'aucune critique autre que celle tirée de l'existence d'un déficit d'inventaire, une cour d'appel a pu décider qu'aucune faute grave ne pouvait être retenue à leur encontre (cass. soc. 28 octobre 1997, n° 94-45.257, BC V n° 351 ; *RJS* 12/97 n° 1450 ; voir aussi cass. soc. 11 mars 2009, n° 07-40.813, BC V n° 79).

Sont également applicables aux gérants non salariés :
– les dispositions du code du travail relatives à l'obligation de reclassement des salariés devenus physiquement inaptes à leur emploi à la suite d'une maladie non professionnelle, les visites médicales de reprise devant être effectuées auprès de la médecine du travail (cass. soc. 15 mai 2007, n° 06-40.872, BC V n° 78 ; *JCP* éd. S 2007, 1586, note Th. Lahalle ; *RJS* 7/07 n° 896 ; *Dr. Soc.* 2007, p. 1054, obs. J. Savatier) ;
– les dispositions du code du travail relatives à la rupture du contrat de travail à durée indéterminée et à la prescription des sanctions, de sorte que la rupture du contrat qui s'appuie sur des fautes prescrites constitue un licenciement sans cause réelle et sérieuse (cass. soc. 8 décembre 2009, n° 08-42.090, BC V n° 278) ;
– les dispositions du code du travail concernant les retenues sur salaires (cass. soc. 4 février 1988, n° 85-40.271, BC V n° 99) ;
– le régime protecteur accordé aux représentants du personnel en matière de licenciement. Ainsi, le gérant non salarié, investi d'un mandat représentatif en application de l'article 37 de l'accord collectif national du 18 juillet 1963 précisant les modalités d'application particulières, aux gérants non salariés de succursales, des dispositions légales relatives aux syndicats professionnels et aux institutions représentatives du personnel, doit être en mesure d'exprimer et de défendre librement les revendications de la collectivité des gérants qu'il représente et doit bénéficier, à ce titre, des dispositions du code du travail applicables aux délégués syndicaux et aux représentants du personnel. La rupture du contrat d'un gérant non salarié désigné délégué syndical d'établissement sans autorisation préalable de l'inspecteur du travail est donc entachée de nullité (cass. soc. 8 décembre 2009, n° 08-42.089, BC V n° 277 ; voir aussi cass. soc. 28 septembre 2011, n° 10-21.294, *RJS* 12/11 n° 1021, précisant que l'autorisation de licenciement est requise pendant six mois pour le candidat aux élections des délégués gérants de succursales de commerce de détail alimentaire, à partir de la publication de la liste des candidatures, la durée de six mois courant à partir de l'envoi par lettre recommandée de la candidature à l'employeur) ;

– les dispositions légales relatives aux syndicats professionnels et aux institutions représentatives du personnel, sous réserve des aménagements expressément et limitativement prévus par l'accord du 18 juillet 1963 (cass. soc. 13 janvier 2010, n° 09-60.107, BC V n° 8 ; *JCP* éd. S 2010, 1079, 4e espèce, note Th. Lahalle ; *RJS* 3/10 n° 294 ; voir aussi cass. crim. 11 octobre 2011, n° 10-86.944, précisant que lorsqu'un gérant non salarié d'une succursale de commerce de détail alimentaire est titulaire d'un mandat représentatif ou syndical, le transfert ou la rupture du contrat de gérance sans autorisation administrative est constitutif d'entrave et puni par l'article L. 2431-1 CT).

Une clause de non-concurrence prévue dans le contrat d'un gérant non salarié de succursale de maison d'alimentation de détail n'est licite que si elle comporte l'obligation pour la société de distribution de verser au gérant une contrepartie financière (cass. soc. 8 décembre 2009, nos 08-42.089 et 08-42.090, BC V nos 277 et 278 ; 28 septembre 2011, n° 10-21.294).

Art. L. 7322-2. Est gérant non salarié toute personne qui exploite, moyennant des remises proportionnelles au montant des ventes, les succursales des commerces de détail alimentaire ou des coopératives de consommation lorsque le contrat intervenu ne fixe pas les conditions de son travail et lui laisse toute latitude d'embaucher des salariés ou de se faire remplacer à ses frais et sous son entière responsabilité.

La clause de fourniture exclusive avec vente à prix imposé est une modalité commerciale qui ne modifie pas la nature du contrat.

Note

Statut. Le statut des gérants non salariés des succursales de commerce de détail alimentaire résulte de la loi du 3 juillet 1944. À défaut d'une définition du contrat de gérance succursaliste, on considère généralement qu'il s'agit d'un « contrat de mandat d'intérêt commun » liant le propriétaire du fonds au gérant qui jouit d'une indépendance certaine, partage les risques de l'exploitation mais bénéficie d'un statut social légal et conventionnel (accords du 12 novembre 1951 modifiés le 29 juin 1984 concernant les coopératives de consommation et accord du 18 juillet 1963 modifié le 24 septembre 1984 concernant les maisons d'alimentation de détail).

Sont seules visées par cet article les personnes exploitant des succursales de commerce de détail alimentaire ou des coopératives de consommation à l'exclusion, donc, des autres gérants non salariés de succursales de toute autre entreprise industrielle ou commerciale. En ce qui concerne la distinction entre gérant « salarié » et gérant « non salarié », au sens de cet article, voir notamment cass. soc. 29 octobre 1980, n° 79-14.352, BC V n° 789 et, s'agissant d'un gérant salarié, cass. soc. 21 avril 1988, n° 86-18.100, BC V n° 244 et 31 octobre 1989, n° 87-13.376, BC V n° 624.

Activité de la société employeur et du gérant. La réglementation n'exigeant pas que les maisons d'alimentation de détail aient pour seule activité la vente au détail, peu importe qu'elles soient également grossistes des mêmes produits alimentaires (cass. soc. 18 mai 1967). La réglementation n'exigeant pas que les gérants non salariés aient pour seule activité l'exploitation d'une succursale, peu importe qu'à cette activité essentielle, s'ajoute l'exercice d'une autre activité commerciale (cass. soc. 21 décembre 1953).

Conditions de travail. Les clauses prévoyant que le gérant doit tenir son magasin ouvert aux heures fixées par l'entreprise et ne pas le fermer sans son autorisation ainsi que celles relatives à la présentation des marchandises ne fixent pas « les conditions de travail » au sens de cet article parce qu'elles ne portent pas sur l'exécution même de la tâche (cass. soc. 4 mars 1964, BC IV n° 198 ; 15 décembre 1993, n° 91-18.573, *RJS* 1/94 n° 90).

Liberté de se faire remplacer et de recruter du personnel. Toute clause contraire dans un contrat ferait perdre au gérant sa qualité de « gérant non salarié » au sens de cet article. Voir cass. soc. 29 octobre 1980, n° 79-14.352, BC V n° 789. À l'inverse, lorsque le gérant peut se substituer un tiers ou employer du personnel, il ne peut revendiquer la qualité de salarié (cass. soc. 3 mars 1993, n° 88-41.219). Encore faut-il que la clause permettant au gérant d'embaucher du personnel ou de se substituer un remplaçant ait été appliquée dans les faits : si, lors des absences du gérant, le remplacement est assuré par la société sans que le gérant n'intervienne dans la décision, la qualité de salarié pourra être reconnue (cass. soc. 19 janvier 1999, n° 97-13.299).

Contrat de travail. Il est nécessaire que le contrat de travail des gérants « ne fixe pas les conditions de leur travail et leur laisse toute latitude d'embaucher du personnel ou de se substituer des remplaçants à leurs frais et sous leur entière responsabilité » (cass. soc. 3 juin 1982, n° 80-40.065, BC V n° 359). Ayant relevé qu'une gérante succursaliste ne jouissait d'aucune liberté concernant, d'une part, l'exploitation de la succursale, qu'il s'agisse des conditions de travail, de la gestion du stock dont le réassortiment dépendait du bon vouloir de la société qui pouvait à tout moment faire exercer des contrôles par ses inspecteurs, concernant, d'autre part, l'embauche du personnel dans la mesure où la succursale avait fonctionné à l'aide d'apprenties dont le recrutement était assuré par la société, une cour d'appel a pu décider que le contrat liant la société à cette gérante, bien que qualifié de contrat de gérance non salariée, comportait un lien de subordination qui faisait du gérant le salarié de la société (cass. soc. 19 février 1997, n° 93-46.712, *CSB* 1997 S. 87).

Mais une clause de fourniture exclusive avec vente à prix imposé insérée dans un contrat individuel ne peut faire perdre au gérant sa qualité de « gérant non salarié ».

Application des dispositions relatives à la rémunération des gérants

• Il résulte de la jurisprudence de la Cour de cassation que si, sauf faute lourde, le gérant doit conserver une rémunération au moins égale au SMIC, quel que soit le déficit de gestion qui lui est imputable, il doit, au contraire, dans tous les cas, sauf convention contraire, assurer dans sa totalité la charge de tout déficit d'inventaire (cass. soc. 4 février 1988, n° 663 D, *JS* 1988, SJ 50 ; 4 octobre 1995, n° 93-18.336).

• Le seul fait de garantir temporairement à des gérants non salariés, rémunérés par des remises proportionnelles au montant des ventes, un salaire fixe mensuel se substituant aux commissions prévues contractuellement tant que le montant de celles-ci ne sera pas supérieur à celui du fixe ne peut suffire à les soustraire au statut de gérants non salariés (cass. soc. 29 mars 1995, n° 91-43.163, *CSB* 1995 B. 79).

Rémunération minimale et déficit de gestion :

– Pour déterminer la rémunération minimale à laquelle le gérant a droit, il convient de se référer au SMIC ou au salaire minimum conventionnel applicable, le salaire à prendre en considération étant le salaire horaire correspondant à une heure de travail effectif (cass. soc. 25 juin 1987, *JS* 1987, F 57).

– Il résulte des dispositions combinées des articles L. 143-2, L. 782-1 et L. 782-7 (anciens) CT que le gérant non salarié a droit de « conserver définitivement chaque mois, quelle qu'ait été l'importance du déficit mensuel imputable à sa gestion, sauf faute lourde de sa part, une rémunération au moins égale au SMIC » (cass. soc. 18 octobre 1972, n° 71-11.758, BC V n° 555 ; 20 juin 1990, n° 89 12.187). Il s'ensuit que l'entreprise ne peut pratiquer de saisie sur les commissions dues que sur le montant excédant le SMIC et dans les seules proportions autorisées pour les salaires (art. R. 3252-2).

– L'obligation d'un paiement au moins mensuel du salaire entraîne la nécessité d'inventaires mensuels afin de déterminer l'imputation possible de la partie des commissions dues excédant le SMIC sur le déficit qui serait constaté chaque mois, la rémunération perçue à titre de commission pour un mois déterminé demeurant définitivement acquise au gérant, même en cas de déficit constaté sur le mois suivant (cass. soc. 8 juin 1979, n° 76-12.955, BC V n° 513 ; *JS* 1979, F 89).

– Mais le propriétaire du fonds de commerce peut néanmoins réclamer au gérant le remboursement de déficits de gestion, plusieurs mois après leur constatation ou en fin de gérance, s'il peut, *a posteriori*, établir de façon certaine et mois par mois les résultats (déficitaires) de la gestion du gérant et la part de sa rémunération excédentaire (dépassant le SMIC). Voir cass. soc. 26 mars 1980, n° 78-14.921, BC V n° 302. Voir aussi rép. QE 28800, JO AN 18 août 1980, p. 3590.

Déficits d'inventaire. Les gérants non salariés doivent, sauf convention contraire, assurer la charge de tout déficit d'inventaire : cass. soc. 12 février 1992, n° 89-40.052, précisant que les gérants sont responsables des déficits d'inventaire sans que l'obligation de remboursement soit limitée à la fraction des commissions excédant le SMIC ; cass. soc. 4 février 1988 précité, précisant que le gérant doit supporter la totalité du déficit d'inventaire (manquants en espèces et/ou en marchandises provenant de vols, pertes ou avaries de marchandises résultant de la négligence de l'intéressé), même en l'absence de faute lourde de sa part, et cass. soc. 12 mars 1991, n° 88-14.813, la gérante n'ayant invoqué aucune convention qui l'eût dispensée de répondre d'un tel déficit.

Heures supplémentaires. Dans un arrêt du 6 juillet 1979, Reygnier c/ SA Semaudoc, la Cour de cassation avait considéré que les gérants non salariés devaient bénéficier des majorations pour heures supplémentaires, dès lors qu'ils avaient dû effectuer de telles heures eu égard, notamment, aux stipulations du contrat et aux circonstances locales. Elle était revenue, semble-t-il, sur cette position dans un arrêt du 25 juin 1987, *JS* 1987, F 57, énonçant que la notion d'heures supplémentaires était étrangère au statut de gérant non salarié, mais elle affirme à nouveau qu'un gérant non salarié est fondé à demander le paiement des heures supplémentaires dont l'exécution lui est imposée par l'entreprise propriétaire de la succursale (cass. soc. 15 novembre 1989, n° 86-42.971, BC V n° 665).

• **Compétence juridictionnelle :** voir art. L. 7322-5 et note sous cet article.

Art. L. 7322-3. Les accords collectifs fixant les conditions auxquelles doivent satisfaire les contrats individuels conclus entre les entreprises et leurs gérants de succursales non salariés sont régis, en ce qui concerne leur validité, leur durée, leur résolution, leur champ d'application, leurs effets et leurs sanctions, par les dispositions du livre II de la deuxième partie.

Ces accords déterminent, notamment, le minimum de la rémunération garantie aux gérants non salariés, compte tenu de l'importance de la succursale et des modalités d'exploitation de celle-ci.

Note

• L'article L. 132-4 [L. 2251-1] figurant au nombre des dispositions du titre III du livre I [livre II de la deuxième partie] du code du travail visées par cet article, un accord collectif (en l'espèce la convention collective nationale des maisons d'alimentation, d'approvisionnement à succursales du 18 juillet 1963) ne peut priver un gérant non salarié d'une succursale de commerce de détail alimentaire du bénéfice des dispositions du code du travail relatives à la résiliation du contrat de travail à durée indéterminée qu'à la condition de comporter des dispositions plus favorables au gérant quant aux conditions et aux conséquences de la rupture du contrat de gérance (cass. soc. 4 février 1993, n° 89-41.354, BC V n° 45).

• La rémunération minimum garantie des gérants non salariés déterminée par les accords collectifs en application de cet article ne peut jamais être inférieure au SMIC (cass. soc. 2 mars 1994, n° 88-43.739).

Art. L. 7322-4. Les dispositions des accords collectifs mentionnés à l'article L. 7322-3 peuvent, après consultation des organisations professionnelles intéressées, être rendues obligatoires par l'autorité administrative à l'ensemble des commerces de détail alimentaire et des coopératives de consommation comprises dans leur champ d'application.

À défaut de tels accords, l'autorité administrative peut, après consultation des organisations professionnelles intéressées, fixer, soit pour la région déterminée, soit pour l'ensemble du territoire, les conditions auxquelles doivent satisfaire les contrats individuels conclus entre les entreprises et leurs gérants non salariés, notamment le minimum de rémunération.

Note

Lorsqu'un logement doit être fourni gratuitement aux gérants en vertu de l'accord collectif national applicable, la valeur de cet avantage en nature ne peut, sous aucune forme, venir en déduction du salaire minimum garanti par cet accord (cass. soc. 20 juillet 1977, Sté Cofradel c/ Époux Soudeliac).

Art. D. 7322-1. L'autorité administrative mentionnée à l'article L. 7322-4 est le ministre chargé du travail. Il prend les décisions mentionnées au même article par arrêté.

Art. L. 7322-5. Les litiges entre les entreprises et leurs gérants non salariés relèvent de la compétence des tribunaux de commerce lorsqu'ils concernent les modalités commerciales d'exploitation des succursales.

Ils relèvent de celle des conseils de prud'hommes lorsqu'ils concernent les conditions de travail des gérants non salariés.

Note Relève de la juridiction commerciale le différend qui oppose le gérant au propriétaire du fonds lorsque ce différend porte non sur les conditions de travail du gérant mais sur un déficit d'exploitation (cass. soc. 21 novembre 1985, *JS* 1986, SJ 34). Mais lorsque le différend porte sur la résiliation, quelle qu'en soit la cause (en l'espèce : résiliation en raison d'un manquant dans la gestion comptable), du contrat de gérance non salariée et de ses conséquences, et ne concerne pas en lui-même les modalités commerciales d'exploitation (demande de rappels de salaire, d'une indemnité de préavis, de dommages-intérêts pour rupture abusive et d'une indemnité d'inventaire), il relève de la juridiction prud'homale (cass. soc. 9 juin 1998, n° 94-43.827, BC V n° 313 ; voir aussi cass. soc. 3 mars 2004, n° 01-46.878, précisant que si le tribunal de commerce est compétent pour connaître de la demande d'une société fondée sur le déficit d'exploitation de la succursale, le jugement intervenu ne peut priver le gérant du droit de saisir la juridiction prud'homale d'une demande de requalification du contrat de gérance non salariée en contrat de gérance salariée).

Art. L. 7322-6. Toute clause attributive de juridiction incluse dans un contrat conclu entre une entreprise mentionnée à l'article L. 7322-2 et un gérant non salarié de succursale est nulle.

Note En ce qui concerne la portée de l'interdiction des clauses attributives de juridiction, voir notes sous art. L. 1221-5 et R. 1412-4, et cass. soc. 1er juin 1994, n° 92-12.179, BC V n° 185 ; *CSB* 1994 A. 40.

LIVRE IV

TRAVAILLEURS À DOMICILE

TITRE Ier

DISPOSITIONS GÉNÉRALES

CHAPITRE Ier

Champ d'application et dispositions d'application

Art. L. 7411-1. Les dispositions du présent code sont applicables aux travailleurs à domicile, sous réserve des dispositions du présent livre.

Note Les dispositions du code du travail sont applicables :
– sous réserve des dispositions spécifiques des articles L. 7411-1 et s., aux travailleurs à domicile ;
– dans les conditions de droit commun, aux auxiliaires occupés à leur propre domicile par des travailleurs à domicile (art. R. 7413-3).

Chômage partiel. Le travailleur à domicile qui subit une perte de salaire occasionnée par la suspension temporaire d'activité de son entreprise doit bénéficier de l'allocation spécifique de chômage partiel prévue par l'article L. 351-25 (ancien) CT (cass. soc. 30 juin 1998, n° 96-42.566, *CSB* 1998 S. 235).

Durée du travail. Les dispositions concernant la durée légale du travail sont applicables aux travailleurs à domicile. Toutefois, du fait des conditions particulières d'exercice de leur activité, ces salariés sont également soumis à des dispositions spécifiques (voir art. L. 7422-9 et 10). Par ailleurs, la Cour de cassation a précisé que l'emploi de travailleur à domicile n'est pas incompatible avec la stipulation d'une durée hebdomadaire minimale de travail (cass. soc. 31 janvier 1996, n° 92-41.390).

Licenciement. Est responsable de la rupture du contrat de travail l'employeur qui ne respecte pas la durée hebdomadaire minimale de travail contractuellement prévue (cass. soc. 31 janvier 1996, n° 92-41.390, *CSB* 1996 A. 26). Est également responsable de la rupture du contrat l'employeur qui s'abstient volontairement, sans motif valable, de satisfaire aux demandes réitérées d'une travailleuse à domicile de recevoir du travail et cette rupture est sans cause réelle et sérieuse (cass. soc. 4 avril 1990, n° 87-42.433, *CSB* 1990 S. 87 ; 5 janvier 1995, n° 91-41.174, BC V n° 16). Il en est de même lorsque le refus de fournir du travail constitue une mesure de rétorsion prise par l'employeur après que le salarié eut présenté de légitimes revendications (cass. soc. 21 juin 1994, n° 93-40.143, *RJS* 11/94 n° 1316).

Art. L. 7411-2. Des décrets en Conseil d'État déterminent les modalités d'application du présent livre.

CHAPITRE II

Définitions

Art. L. 7412-1. Est travailleur à domicile toute personne qui :

1° Exécute, moyennant une rémunération forfaitaire, pour le compte d'un ou plusieurs établissements, un travail qui lui est confié soit directement, soit par un intermédiaire ;

2° Travaille soit seule, soit avec son conjoint, partenaire lié par un pacte civil de solidarité, concubin ou avec ses enfants à charge au sens fixé par l'article L. 313-3 du code de la sécurité sociale, ou avec un auxiliaire.

Il n'y a pas lieu de rechercher :
a) S'il existe entre lui et le donneur d'ouvrage un lien de subordination juridique, sous réserve de l'application des dispositions de l'article L. 8221-6 ;
b) S'il travaille sous la surveillance immédiate et habituelle du donneur d'ouvrage ;
c) Si le local où il travaille et le matériel qu'il emploie, quelle qu'en soit l'importance, lui appartien[nen]t ;
d) S'il se procure lui-même les fournitures accessoires ;
e) Le nombre d'heures accomplies.

Note **Contrat de travail.** Il peut être à durée indéterminée ou à durée déterminée.

• ***Nature de l'activité.*** Dans plusieurs arrêts rendus en matière de sécurité sociale, la Cour de cassation a été amenée à décider :
a) que l'application de l'article L. 721-1 [L. 7412-1] n'est pas subordonnée à la transformation matérielle de matières premières fournies par le donneur d'ouvrage (cass. soc. 6 octobre 1971, BC V n° 546 ; 24 novembre 1971, BC V n° 683) et ce dernier peut exercer une activité libérale (cass. soc. 6 mai 1981, BC V n° 283) ;
b) que les dispositions de l'article L. 721-1 [L. 7412-1] ne font aucune distinction entre travail manuel et intellectuel (cass. soc. 24 mai 1972, n° 71-10.700, BC V n° 380).

• ***Conditions d'exercice de l'activité***

– Il n'est pas exigé que l'activité soit exercée à titre exclusif, à titre principal ou soit constante. Le travail à domicile peut donc être épisodique, irrégulier, voire se borner à l'exécution d'une seule tâche.

– L'article L. 721-1 [L. 7412-1] CT n'interdit pas au travailleur à domicile de travailler pour des entreprises concurrentes et la violation de la clause de non-concurrence prévue par la convention collective n'a pas pour effet de priver le salarié de la qualité de travailleur à domicile (cass. soc. 5 janvier 1995, n° 91-41.174, BC V n° 16).

– Peut bénéficier du statut de travailleur à domicile toute personne exerçant conjointement une telle activité (à titre principal ou accessoire) et toute autre activité salariée ; en ce sens, cass. soc. 6 mai 1981, n° 80-10.855, BC V n° 378, s'agissant d'un fonctionnaire exerçant, à titre accessoire, une activité de travailleur à domicile.

– Ne peut bénéficier du statut la personne qui travaille pour une clientèle personnelle. C'est à juste titre qu'une cour d'appel a estimé que faute de travailler exclusivement pour son employeur, une confectionneuse en chapeaux ne pouvait bénéficier du statut de travailleur à domicile dès lors qu'elle était inscrite au registre des métiers et avait une clientèle privée (cass. soc. 14 octobre 1970, n° 69-40.358, BC V n° 530).

• ***Rémunération forfaitaire***

– Il s'agit d'une des conditions d'exercice de l'activité ouvrant droit au bénéfice du statut de travailleur à domicile : le dessinateur industriel qui facture lui même ses travaux ne peut y prétendre (cass. soc. 1er février 1994, n° 89-44.902).

– A le caractère forfaitaire, au sens de l'article L. 721-1 [L. 7412-1], toute rémunération dont les bases précises sont fixées et connues à l'avance (cass. soc. 5 janvier 1995, n° 91-41.174, BC V n° 16). Une faculté de révision des tarifs convenus à l'avance, laissée au travailleur à domicile, ne fait pas « disparaître le caractère préétabli de la base de la rémunération retenue pour chaque traduction opérée » (cass. soc. 3 juin 1981, n° 80-10.084, BC V n° 509). Mais la convention passée entre une dessinatrice ayant proposé une bande dessinée entièrement réalisée à une entreprise qui accepte de la publier, aux termes de laquelle les parties sont convenues d'une rémunération pour deux pages publiées mensuellement pendant un an, doit s'analyser en une cession de droit à la reproduction d'une œuvre déjà faite (cass. soc. 8 novembre 1979, BC V n° 832).

– La rémunération a un caractère forfaitaire lorsque son montant, en cas de refus par le donneur d'ordre du travail confié ou de sa non-utilisation, est de 30 % de la somme préalablement fixée pour le travail demandé (cass. civ., 2e ch., 19 février 2009, n° 08-11.628, BC II n° 52 ; *JCP* éd. S 2009, 1260, note Th. Lahalle).

– Ne constitue pas une rémunération forfaitaire celle versée à un travailleur à domicile, dès lors qu'elle ne fait pas référence à un tarif horaire mais est « fonction des difficultés du travail à effectuer et du temps approximatif nécessaire à la réalisation de l'ouvrage » (cass. soc. 23 janvier 1985, n° 295 S, CPAM de Paris c/ Poirier et a.).

– Est illicite la clause du contrat de travail subordonnant la rémunération du travailleur à domicile au règlement par le client de la commande qu'il a enregistrée (cass. soc. 10 mai 2007, n° 05-44.313, BC V n° 73 ; *JSL* n° 213, 12 juin 2007, p. 11, obs. J-E Tourreil ; *RJS* 7/07 n° 897 ; *JCP* éd. S 2007, 1571, note Th. Lahalle ; *RDT*, octobre 2007, CH, 594, M. Véricel).

• *Travail à domicile et activités indépendantes*

Présomption de salariat. La distinction entre travailleur à domicile et travailleur indépendant n'est pas toujours aisée à opérer dans la pratique, les travailleurs à domicile travaillant le plus souvent en dehors de tout lien de subordination avec le donneur d'ouvrage. L'article L. 721-1 [L. 7412-1] CT reconnaît la qualité de salarié à toute personne travaillant dans les conditions qu'il énonce, sans qu'il y ait lieu de rechercher l'existence d'un lien de subordination entre cette personne et le donneur d'ouvrage (Dir. Unédic 24/00 du 4 août 2000).

Activités intellectuelles (littéraire ou artistique). L'existence d'une rémunération forfaitaire est une condition nécessaire mais non suffisante ; il faut qu'il y ait réalisation d'un travail commandé par le donneur d'ouvrage et exécuté en se conformant aux normes fixées par ce dernier.

Bénéficie, par exemple, du statut de travailleur à domicile :

a) la personne à qui une maison d'édition confie la lecture d'ouvrages d'auteurs étrangers avec mission de dresser, en se conformant à des normes fixées, des comptes-rendus précis sur le contenu, la valeur littéraire et la valeur commerciale desdits ouvrages et qui est rémunérée selon un tarif fixé à l'avance par ouvrage (cass. soc. 22 janvier 1981, n° 80-10.493, 1re espèce, BC V n° 60 ; *JS* 1981, F 33) ;

b) la personne à qui une maison d'édition confie la rédaction de plusieurs articles pour des ouvrages à paraître moyennant une rémunération fixée à la page, celle-ci comportant un nombre déterminé de lignes et de signes (cass. soc. 22 janvier 1981, n° 80-10.493, 2e espèce, BC V n° 60 ; *JS* 1981, F 33) ;

c) la personne qui effectue à son domicile, pour le compte d'un donneur d'ouvrage, des corrections de devoirs moyennant une rémunération forfaitaire (cass. soc. 14 décembre 1983, Argouges c/ CP du Loiret et a.).

N'a pas le statut de travailleur à domicile :

a) la personne qui effectue, en dehors de toutes normes établies, la rédaction d'articles traitant de sujets historiques qu'elle choisit librement, la maison d'édition ne pouvant, quant à elle, qu'accepter ou refuser lesdits articles et l'intéressée supportant seule « ses peines et ses soins » en cas de refus de ses articles (cass. soc. 22 janvier 1981, n° 80-10.493, 3e espèce, BC V n° 60 ; *JS* 1981, F 33) ;

b) la personne à laquelle sont seulement proposés des sujets de dessins (l'intéressée pouvant les refuser de même que la maison d'édition peut ne pas accepter les dessins présentés) et qui perçoit, en cas de refus d'un dessin, une indemnité différente ne correspondant pas à la rémunération de son travail, ce dont il résulte que l'activité de création artistique que l'intéressée exerce à ses risques et périls n'est pas un travail à domicile (cass. soc. 22 janvier 1981, n° 80-10.493, 4e espèce, BC V n° 60).

• *Lieu de travail.* Il peut s'agir de locaux dont le travailleur à domicile est propriétaire, locataire ou occupant. Il peut également s'agir de locaux où plusieurs travailleurs à domicile s'assemblent pour effectuer leurs tâches respectives, à condition, toutefois, que ces tâches ne soient pas complémentaires les unes des autres (art. L. 7412-3). En toute hypothèse, un travailleur à domicile est en droit de refuser de travailler dans un local appartenant à l'employeur (cass. soc. 28 février 2001, n° 99-40.600, *RJS* 5/01 n° 685).

• *Recours à des aides*

– *Notion d'enfants à charge.* Les articles L. 313-3 et R. 313-12 c. séc. soc. désignent comme enfants à charge les enfants de moins de seize ans non salariés. Mais ils assimilent également à ces enfants ceux de moins de dix-huit ans placés en apprentissage et ceux de moins de vingt ans qui poursuivent leurs études ou sont, par suite d'infirmité, dans l'impossibilité permanente de se livrer à un travail salarié.

– *Notion d'auxiliaire.* Doivent être considérés comme auxiliaires non seulement toute personne étrangère au groupe familial (conjoint et enfants à charge), mais encore les enfants mineurs et/ou majeurs du travailleur à domicile qui ne remplissent pas les conditions rappelées ci-dessus.

– *Cumuls d'aides.* À s'en tenir au sens littéral du point 2°, on pourrait soutenir que le travailleur à domicile ne peut recourir que de manière alternative à l'aide soit de son conjoint, soit de l'un ou plusieurs de ses enfants à charge, soit d'un auxiliaire étranger au groupe familial tel que défini sous ce point (conjoint et enfants à charge au sens de l'article L. 313-3 c. séc. soc.). Il paraît, en tout cas, indubitable que le recours à l'aide familiale s'oppose au recrutement d'un auxiliaire.

Mais, en ce qui concerne l'aide familiale, la question est plus délicate de savoir si le travailleur à domicile peut avoir recours, de façon cumulative, à l'aide de son conjoint et à celle d'un ou plusieurs enfants à charge. Il semble qu'il faille considérer que ce cumul est autorisé. On notera cependant que, dans une circulaire du 31 mars 1964 (TE 39/64), le ministre chargé du travail considérait que tout cumul d'aides se trouvait prohibé (pour bénéficier du statut, les travailleurs à domicile doivent travailler soit seuls, « soit avec l'aide ou bien de leur conjoint, ou bien de leurs enfants à charge, ou bien d'un seul auxiliaire »).

– *L'utilisation du concours de travailleurs autres que l'auxiliaire autorisé.* Elle ne fait pas perdre son statut au travailleur à domicile mais à condition que cette utilisation soit occasionnelle et intermittente (cass. crim. 20 novembre 1957, B. crim. n° 759).

Art. L. 7412-2. Conserve la qualité de travailleur à domicile celui qui, en même temps que le travail, fournit tout ou partie des matières premières, lorsque ces matières premières lui sont vendues par un donneur d'ouvrage qui acquiert ensuite l'objet fabriqué ou par un fournisseur indiqué par le donneur d'ouvrage et auquel le travailleur est tenu de s'adresser.

Note *Matières nécessaires à l'exécution du travail.* Il résulte des dispositions de cet article et de celles incluses dans les articles L. 7412-1 et L. 7422-12, qu'en ce qui concerne :
• les matières premières mises en œuvre : elles peuvent être fournies par le donneur d'ouvrage ou par le travailleur à domicile lui-même (en totalité ou en partie), mais à condition, dans ce cas, qu'elles aient été vendues par un donneur d'ouvrage qui acquiert ensuite l'objet fabriqué ou qu'elles aient été acquises auprès d'un fournisseur indiqué par le donneur d'ouvrage ;
• les fournitures accessoires : peu importe leur mode d'acquisition, mais si elles sont fournies par le donneur d'ouvrage, elles doivent l'être gratuitement (art. L. 7422-12).

Art. L. 7412-3. Lorsque des travailleurs à domicile exercent leur activité dans un même local pour exécuter des tâches complémentaires les unes des autres, ils acquièrent la qualité de salariés en atelier.

Ces dispositions ne s'appliquent pas lorsque le travailleur à domicile travaille avec son conjoint partenaire lié par un pacte civil de solidarité, concubin ou avec ses enfants, dans les conditions prévues au 2° de l'article L. 7412-1.

CHAPITRE III

Mise en œuvre

Art. L. 7413-1. Le donneur d'ouvrage est responsable à l'égard du travailleur à domicile de l'application de l'ensemble des dispositions légales applicables aux salariés, même s'il utilise un intermédiaire.

Note N'est pas « donneur d'ouvrage » le simple particulier s'adressant, pour faire effectuer un travail, à une personne travaillant à son domicile ; cette dernière, traitant directement avec un client, a la qualité d'artisan ou de travailleur indépendant et non de travailleur à domicile (cass. soc. 21 décembre 1965, BC IV n° 961).

Art. L. 7413-2. Le travailleur à domicile bénéficie des dispositions conventionnelles liant le donneur d'ouvrage, sauf stipulations contraires, dans les conventions ou accords collectifs de travail en cause.

Note C'est à bon droit qu'après avoir relevé que la convention collective applicable dans l'entreprise disposait que le terme « salarié » recouvrait l'ensemble des salariés de la métallurgie, à l'exception des ingénieurs, cadres et VRP, un conseil de prud'hommes en a déduit que l'article 19 de cette convention prévoyant le versement d'une prime d'ancienneté aux salariés était applicable aux travailleurs à domicile qui n'en étaient pas expressément exclus (cass. soc. 2 mai 2006, n° 04-46.418, BC V n° 157 ; *RJS* 7/06 n° 904 ; voir aussi cass. soc. 21 octobre 1992, n° 89-44.355, *RJS* 12/92 n° 1427 et 17 janvier 1995, n° 91-43.492, *CSB* 1995 chron. 106). De même, les travailleurs à domicile doivent bénéficier des primes d'ancienneté et des compléments de salaires pour maladie expressément prévus par une convention collective étendue et applicable à l'ensemble des salariés des entreprises concernées (cass. crim. 18 novembre 1980, n° 79-91.855, B. crim. n° 306 ; cass. soc. 2 mai 2006, n° 04-46.418, précité).

• On notera que l'article L. 2261-22 dispose que, pour pouvoir être étendues, les conventions de branche conclues au niveau national doivent obligatoirement contenir des dispositions concernant les conditions d'emploi et de rémunération des travailleurs à domicile.

Art. L. 7413-3. Le donneur d'ouvrage adresse à l'inspecteur du travail une déclaration dès qu'il commence ou cesse de faire exécuter du travail à domicile.

Art. L. 7413-4. Le travailleur à domicile qui utilise le concours d'un auxiliaire est responsable de l'application à celui-ci de l'ensemble des dispositions légales applicables aux salariés, sous réserve de l'application des articles L. 8232-1 à L. 8232-3 relatifs à l'obligation et à la solidarité financière du donneur d'ordre.

[Dispositions réglementaires]

SECTION 1. Comptabilité

Art. R. 7413-1. Le donneur d'ouvrage à domicile tient une comptabilité distincte des matières premières et fournitures destinées au travailleur à domicile.

Cette comptabilité fait ressortir séparément :

1° À l'entrée dans l'établissement : la date d'entrée, la quantité et la nature de chaque article ;

2° À la remise de l'ouvrage aux travailleurs :
a) La date de remise, la quantité, la nature de chaque article ;
b) La nature de l'ouvrage ;
c) Le nom du travailleur ;

3° À la livraison de l'ouvrage par les travailleurs : la date de la livraison.

Art. R. 7413-2. Les registres de la comptabilité du donneur d'ouvrage sont tenus à la disposition de l'inspection du travail.

Le ***(D. 2009-1377 du 10 nov. 2009, JO 13 ; D. 2010-687 du 24 juin 2010, JO 25 ; voir D. 2010-1582 du 17 déc. 2010, JO 18, pour outre-mer)*** « directeur régional des entreprises, de la concurrence, de la consommation, du travail et de l'emploi » peut demander un contrôle de cette comptabilité.

Art. R. 7413-3. Sous réserve de l'application de l'article L. 8232-2, relatif aux obligations et à la solidarité du donneur d'ordres, la responsabilité du travailleur à domicile pour l'application, à l'auxiliaire auquel il recourt, de l'ensemble des dispositions applicables aux salariés est, suivant que l'auxiliaire est employé à son propre domicile ou à celui du travailleur à domicile :
1° Soit celle d'un donneur d'ouvrage vis-à-vis d'un travailleur à domicile ;
2° Soit celle d'un chef d'entreprise industrielle vis-à-vis d'un ouvrier en atelier.

Note **Responsabilité du donneur d'ouvrage.** Les dispositions des articles L. 7413-4 et R. 7413-3 rendent applicables aux donneurs d'ouvrage, dans leurs rapports avec des travailleurs à domicile lorsque ces derniers occupent des aides, les dispositions de l'article L. 8232-2 qui prévoient la substitution du chef d'entreprise à celle du sous-traitant en cas de défaillance de celui-ci. Le donneur d'ouvrage se trouve donc directement responsable du paiement, notamment, des salaires et congés payés dus aux aides occupés par le travailleur à domicile en cas d'insolvabilité de ce dernier.

SECTION 2. Rupture du contrat de travail

Art. R. 7413-4. Pour l'application aux travailleurs à domicile liés par un contrat de travail à durée indéterminée des dispositions des articles L. 1234-1 à L. 1234-8 et L. 1237-1, relatives au préavis, l'indemnité due, sauf rupture pour faute grave, en cas d'inobservation du préavis, est calculée sur la moyenne des salaires des six mois précédant la rupture du contrat.

SECTION 3. Dispositions pénales

Art. R. 7413-5. Le fait de méconnaître les dispositions des articles R. 7413-1 et R. 7413-2 est puni de l'amende prévue pour les contraventions de la troisième classe.

TITRE II

RÉMUNÉRATION ET CONDITIONS DE TRAVAIL

CHAPITRE Ier

Fourniture et livraison des travaux

Art. L. 7421-1. Lorsqu'un donneur d'ouvrage recourt à un travailleur à domicile, il établit un bulletin ou un carnet.

Un décret en Conseil d'État détermine les conditions dans lesquelles ce bulletin ou carnet est établi. Il précise notamment les mentions devant y figurer :

1° Lors de la remise des travaux à exécuter à domicile ;

2° Lors de la livraison du travail achevé.

Art. R. 7421-1. Le bulletin ou le carnet remis au travailleur à domicile, en application de l'article L. 7421-2, est établi en deux exemplaires au moins.

Il mentionne :

1° Le nom et l'adresse de l'établissement ou les nom, prénoms et adresse du donneur d'ouvrage ;

2° La référence des organismes auxquels le donneur d'ouvrage verse les cotisations de sécurité sociale et le numéro d'immatriculation sous lequel ces cotisations sont versées ;

3° Le numéro d'inscription au registre du commerce ou au registre des métiers ;

4° La nature et la quantité du travail, la date à laquelle il est donné, les temps d'exécution, les prix de façon ou les salaires applicables ;

5° La nature et la valeur des fournitures imposées au travailleur ainsi que les frais d'atelier et accessoires ;

6° Le cas échéant, la date à laquelle le travail est livré.

Art. R. 7421-2. Lors de la livraison du travail achevé, le bulletin ou carnet mentionne :

1° La date de la livraison ;

2° Le montant :

a) Des prix de façon acquis par le travailleur ;

b) Des frais d'ateliers qui s'y ajoutent ;

c) De l'allocation de congés payés ;
d) Des retenues que la loi fait obligation aux employeurs d'opérer ;
e) Le cas échéant, des divers frais accessoires laissés à la charge de l'intéressé par le donneur d'ouvrage, dans les limites prévues aux articles L. 3251-1 et L. 3251-2, relatifs à la saisie et à la cession des sommes dues au titre de rémunération ;
3° La somme nette payée ou à payer au travailleur compte tenu des éléments énumérés aux a, b et c du 2° et après déduction des frais et retenues mentionnées aux d et e du 2°.

Art. R. 7421-3. Les inscriptions relatives à chaque travail sont portées sous un numéro d'ordre qui figure sur tous les exemplaires du bulletin ou carnet.

Art. L. 7421-2. Un exemplaire du bulletin ou carnet est remis au travailleur.

Un exemplaire est conservé pendant au moins cinq ans par le donneur d'ouvrage et, le cas échéant, son intermédiaire et présenté par eux à toute demande de l'inspecteur du travail.

Note • En cas de non-respect par l'employeur des dispositions des articles L. 7421-1 et 2 et R. 7421-1 à 3, le contrat de travail est présumé à temps complet (cass. soc. 3 novembre 2010, n° 09-40.255, BC V n° 253 ; voir aussi cass. soc. 19 octobre 2005, n° 03-47.343, 1er et 2e moyens, *RJS* 1/06 n° 92).

• L'employeur ne peut tirer parti de la faute qu'il a commise en n'établissant pas le bulletin ou le carnet sur lequel doivent figurer les mentions de nature à établir le temps de travail et la rémunération perçue par le travailleur à domicile. En l'absence de tels documents, le salarié doit être autorisé à faire procéder, au besoin par voie d'expertise, à des investigations auprès de l'employeur pour établir les heures supplémentaires qu'il prétend avoir effectuées (cass. soc. 22 juin 1994, n° 89-42.461, BC V n° 211).

Art. R. 7421-4. Le fait de méconnaître les dispositions des articles L. 7421-1 et L. 7421-2 ou des règlements pris pour leur application, est puni de l'amende prévue pour les contraventions de la troisième classe, prononcée autant de fois qu'il y a de personnes concernées.

Le fait de porter des mentions inexactes sur les bulletins ou carnets et leur duplicata est puni des mêmes peines.

CHAPITRE II

Conditions de rémunération

SECTION 1. Salaires

Note *Caractère forfaitaire de la rémunération.* Voir note sous article L. 7412-1.

Salaires conventionnels. Voir note sous article L. 7413-2.

Rémunération mensuelle minimale. Les travailleurs à domicile bénéficient de la rémunération mensuelle minimale prévue par les articles L. 3232-1 et s. si leur contrat de travail comporte un horaire au moins égal à la durée légale hebdomadaire du travail (cass. soc. 30 juin 1993, n° 90-41.540, *CSB* 1993 S. 135).

Mensualisation. Les dispositions des articles L. 3242-1 et s. CT ne s'appliquent pas aux travailleurs à domicile.

Heures supplémentaires (art. L. 7422-9 et R. 7422-10 et 11). Il résulte des dispositions des articles L. 7422-9 et R. 7422-10 et 11 – sauf stipulation plus favorable d'une convention collective applicable – que la majoration pour heures supplémentaires au taux de 25 % ne peut, pour une semaine de travail sans fête légale, être accordée qu'à partir de la 49e heure.

Obligation de l'employeur de fournir du travail. Sauf disposition conventionnelle ou contractuelle contraire, l'employeur n'a pas l'obligation de fournir un volume de travail constant au travailleur à domicile. Cependant, il ne peut, sans commettre une faute, modifier unilatéralement et sans justification de façon durable la quantité de travail fourni et la rémunération (cass. soc. 10 octobre 2001, n° 99-45.420, BC V n° 315 ; *RJS* 12/01 n° 1469 ; 5 avril 2006, n° 03-45.888, BC V n° 137 ; *RJS* 6/06 n° 780 ; 28 septembre 2011, n° 09-41.496). Ainsi, après avoir relevé que la diminution considérable de la rémunération mensuelle moyenne d'une salariée n'était justifiée par aucun élément objectif mais résultait de la volonté arbitraire de l'employeur, une cour a pu décider que celui-ci avait ainsi commis une faute génératrice d'un préjudice qu'elle a souverainement évalué (cass. soc. 5 avril 2006, n° 03-45.888, précité). De même, une cour d'appel, qui a relevé qu'un employeur n'avait jamais prétendu ni démontré ne pas avoir été en mesure de fournir un travail à un salarié à domicile, a pu allouer à ce dernier des dommages et intérêts pour absence de fourniture de travail (cass. soc. 29 octobre 2007, n° 06-41.456, *RJS* 1/08 n° 77).

En outre, le manquement injustifié de l'employeur à son obligation de fournir du travail au travailleur à domicile s'analyse en un licenciement sans cause réelle et sérieuse : en privant une salariée de tout travail pendant un mois malgré deux courriers de cette dernière et en ne se manifestant auprès d'elle que postérieurement à sa convocation devant le conseil de prud'hommes, un employeur a manqué à ses obligations contractuelles, entraînant la rupture du contrat de travail, celle-ci s'analysant, à défaut de lettre de licenciement, en un licenciement sans cause réelle et sérieuse (cass. soc. 28 novembre 2001, n° 99-45.423, *RJS* 2/02 n° 244, 1re espèce).

• *Congés payés.* Le donneur d'ouvrage se libère de toute obligation à cet égard par le versement, lors de chaque paiement fait au travailleur à domicile, d'une allocation forfaitaire égale à 10 % de la rémunération brute de l'intéressé, déduction faite des frais d'atelier (arrêté du 4 avril 1956, modifié par arrêté du 18 février 1982). Des taux plus élevés sont prévus dans certaines conventions collectives. L'employeur qui invoque l'existence d'une convention incluant l'indemnité de congés payés dans la rémunération convenue à la pièce doit en apporter la preuve (cass. soc. 2 février 1994, n° 90-42.509).

• *1er Mai.* Il doit donner lieu au paiement, à tout travailleur à domicile, d'une indemnité égale au sixième du salaire hebdomadaire moyen perçu pendant la période de paie précédente, quel que soit le jour de la semaine où il tombe (rép. QE 24414, JO AN 28 juin 1972).

• *Matières premières et fournitures accessoires.* Elles sont exclues du tarif minimum de rémunération (art. L. 7422-12) ainsi que des frais d'atelier et frais accessoires prévus à l'article L. 7422-11 et doivent faire l'objet d'un remboursement séparé.

Sous-section 1. **Détermination des temps d'exécution**

Art. L. 7422-1. Dans les branches professionnelles employant des travailleurs à domicile, le tableau des temps nécessaires à l'exécution des travaux en série et de ceux qui peuvent être préalablement décrits pour les divers articles et les diverses catégories de travailleurs est établi par les conventions ou accords collectifs de travail.

Art. L. 7422-2. À défaut de convention ou accord collectif de travail étendu, l'autorité administrative dresse le tableau des temps d'exécution des travaux.

Art. L. 7422-3. L'autorité administrative peut fixer soit spontanément, soit à la demande d'une organisation professionnelle ou de toute personne intéressée, pour une partie ou pour l'ensemble du territoire, les temps d'exécution de certains travaux à domicile.

Art. R. 7422-1. Dans les cas prévus à l'article L. 7422-2, le tableau des temps d'exécution des travaux est dressé par le préfet, après avis d'une commission départementale composée de trois employeurs et de trois travailleurs à domicile.

Art. R. 7422-2. Les membres de la commission départementale sont désignés par le préfet selon la nature de l'activité, après consultation :

1° Des organisations d'employeurs et de travailleurs intéressées représentatives au niveau national ;

2° Du ***(D. 2009-1377 du 10 nov. 2009, JO 13 ; D. 2010-687 du 24 juin 2010, JO 25 ; voir D. 2010-1582 du 17 déc. 2010, JO 18, pour outre-mer)*** « directeur régional des entreprises, de la concurrence, de la consommation, du travail et de l'emploi ».

Art. R. 7422-3. La composition de la commission départementale peut varier, d'une part, selon la nature des travaux pour lesquels elle est consultée, d'autre part, pour une même branche d'activité, selon qu'elle est appelée à émettre un avis sur les temps d'exécution des travaux ou sur les salaires et les frais d'atelier.

Art. R. 7422-4. Les arrêtés pris par le préfet conformément à l'article R. 7422-1 sont publiés dans un délai d'un mois à compter de la date à laquelle ils ont été pris et insérés au recueil des actes administratifs du département.

À l'expiration du délai d'un jour franc à compter de leur publication au chef-lieu du département, ces arrêtés sont applicables dans l'étendue du département ou de la circonscription.

Les arrêtés ministériels pris conformément aux articles R. 7422-5 et R. 7422-6 sont publiés au *Journal officiel* de la République française.

Art. R. 7422-5. Un arrêté conjoint des ministres chargé du travail, de l'intérieur et des finances détermine les conditions dans lesquelles les membres employeurs sont indemnisés de leurs frais de déplacement et les membres travailleurs de leurs frais de déplacement et de leurs pertes de salaires.

Art. R. 7422-6. Dans les cas prévus à l'article L. 7422-3, le ministre chargé du travail prend un arrêté après avis :

1° Soit des commissions départementales compétentes mentionnées à l'article R. 7422-1, lorsqu'il s'agit de plusieurs départements ;

2° Soit d'une commission nationale des temps d'exécution lorsqu'il s'agit de l'ensemble du territoire.

La composition de la commission nationale des temps d'exécution est fixée dans chaque cas par arrêté du ministre chargé du travail.

Sous-section 2. Détermination du salaire

Art. L. 7422-4. Il est interdit au donneur d'ouvrage d'appliquer aux travaux à domicile des tarifs inférieurs aux tarifs minimaux définis à l'article L. 7422-5.

Art. L. 7422-5. Le tarif minimum des travaux à domicile est le produit du salaire fixé conformément aux dispositions des articles L. 7422-6 et L. 7422-7 par les temps d'exécution fixés conformément aux dispositions des articles L. 7422-1 à L. 7422-3.

S'ajoutent à ce tarif :

1° Le cas échéant, les majorations prévues aux articles L. 7422-9 et L. 7422-10 ;

2° Les frais d'atelier et les frais accessoires prévus à l'article L. 7422-11.

Note En l'absence de fixation du salaire horaire et du temps d'exécution des travaux dans les conditions précisées par les articles L. 721-9 à L. 721-17 [L. 7422-4 à L. 7422-12] CT, le travailleur à domicile a droit à une rémunération au moins égale au salaire minimum de croissance pour le nombre d'heures de travail qu'il a effectué (cass. soc. 10 mai 2007, n° 05-44.313, BC V n° 73 ; *JSL* n° 213, 12 juin 2007, p. 11, obs. J-E Tourreil ; *JCP* éd. S 2007, 1571, note Th. Lahalle ; *RJS* 7/07 n° 897 ; *RDT*, octobre 2007, CH, 594, M. Véricel ; *Dr. Soc.* 2007, p. 1177, obs. D. Jourdan et J. Barthélémy).

Art. L. 7422-6. À défaut de convention ou d'accord collectif de travail étendu ou lorsque les salaires pratiqués en atelier sont sensiblement supérieurs aux taux horaires prévus par la convention ou accord collectif de travail applicable, l'autorité administrative constate le salaire habituellement payé dans la région aux ouvriers de la même profession et d'habileté moyenne travaillant en atelier et exécutant les divers travaux courants de la profession.

Dans les régions où, pour les professions en cause, le travail à domicile est seul pratiqué, l'autorité administrative fixe le taux horaire du salaire, d'après le salaire des ouvriers d'habileté moyenne exécutant en atelier des travaux analogues dans la région ou dans des régions similaires.

Le taux horaire de salaire ainsi fixé peut être révisé soit d'office, soit sur la demande des employeurs ou des travailleurs intéressés, lorsque des variations de salaires se sont produites d'une manière générale dans l'industrie en cause.

Art. L. 7422-7. L'autorité administrative peut fixer soit spontanément, soit à la demande d'une organisation professionnelle, pour une partie ou pour l'ensemble du territoire, les taux horaires de salaires applicables à certaines professions.

Art. L. 7422-8. Lorsque le salaire horaire fixé par l'autorité administrative pour servir de base au calcul des tarifs d'exécution est inférieur au montant cumulé du salaire minimum de croissance et des indemnités, primes ou majorations susceptibles de s'y ajouter, les tarifs d'exécution sont complétés dès la date d'entrée en vigueur du texte modifiant le salaire minimum et sans attendre la publication de la décision administrative.

Art. R. 7422-7. Le préfet prend la décision prévue au premier alinéa de l'article L. 7422-6 sur avis conforme de la commission départementale prévue à l'article R. 7422-1.

Il prend la décision prévue au deuxième alinéa de l'article L. 7422-6 sur avis simple de cette commission.

Art. R. 7422-8. Les arrêtés pris par le préfet conformément aux articles L. 7422-6 et L. 7422-11 sont publiés et insérés au recueil des actes administratifs du département dans un délai d'un mois à compter de la date à laquelle ils ont été pris.

À l'expiration du délai d'un jour franc à compter de leur publication au chef-lieu du département, ces arrêtés sont applicables dans l'étendue du département ou de la circonscription.

L'arrêté ministériel pris conformément à l'article L. 7422-7, est publié au *Journal officiel* de la République française.

Art. R. 7422-9. Les taux horaires de salaires applicables aux professions mentionnées à l'article L. 7422-7 sont fixés par le ministre chargé du travail, après avis :

1° Soit des commissions départementales compétentes mentionnées à l'article R. 7422-1 lorsqu'il s'agit de plusieurs départements ;

2° Soit de la commission nationale de salaires lorsqu'il s'agit de l'ensemble du territoire.

La composition de la commission nationale des salaires est fixée dans chaque cas par arrêté du ministre chargé du travail après consultation des organisations d'employeurs et de travailleurs intéressées représentatives au niveau national.

Sous-section 3. Majorations

Art. L. 7422-9. Lorsque les délais fixés par le donneur d'ouvrage pour la remise du travail imposent au travailleur à domicile de prolonger son activité au-delà de huit heures par jour ouvrable, le tarif d'exécution est majoré, sauf stipulation plus favorable d'une convention ou d'un accord collectif de travail :

1° De 25 % au minimum pour les deux premières heures ainsi accomplies ;

2° De 50 % au minimum pour les heures suivantes.

Le droit des intéressés à ces majorations est apprécié sur la base des temps d'exécution définis conformément à l'article L. 7422-6, et compte tenu, le cas échéant, des concours auxquels le travailleur à domicile peut recourir, conformément au 2° de l'article L. 7412-1.

Note Le deuxième alinéa de cet article renvoyant aux « temps d'exécution » (et non aux taux horaires), il convient, semble-t-il, de lire « … conformément aux articles L. 7422-1, L. 7422-2 et L. 7422-3 », qui visent respectivement les temps d'exécution fixés par convention collective, arrêté préfectoral et arrêté ministériel et non « … conformément aux articles L. 7422-6 », cet article visant les arrêtés préfectoraux qui fixent les taux horaires des salaires.

Art. L. 7422-10. Lorsque le donneur d'ouvrage remet un travail à livrer dans des délais tels que celui-ci ne peut être terminé qu'en travaillant le dimanche ou un jour de fête légale, le travailleur bénéficie des majorations prévues par la convention ou l'accord collectif de travail applicable pour le travail exécuté le jour de repos hebdomadaire ou les jours fériés.

Art. R. 7422-10. Pour apprécier si un donneur d'ouvrage doit verser à un travailleur à domicile les majorations pour heures supplémentaires prévues à l'article L. 7422-9, il est tenu compte :

1° Des temps d'exécution résultant de la convention collective de travail étendue ou, à défaut, de l'arrêté préfectoral ou ministériel pris en application des articles L. 7422-2 et R. 7422-6 ;

2° Le cas échéant, des concours auxquels le travailleur à domicile a eu recours conformément au 2° de l'article L. 7412-1.

Art. R. 7422-11. Pour l'application des majorations mentionnées à l'article R. 7422-10, les jours de la semaine autres que les dimanches et les jours de fêtes légales sont considérés comme jours ouvrables.

Dans le cas d'exécution d'heures supplémentaires, le pourcentage correspondant aux frais d'atelier porte sur le tarif normal, à l'exclusion de la majoration appliquée au titre des heures supplémentaires.

SECTION 2. Frais d'atelier et frais accessoires

Art. L. 7422-11. Les frais d'atelier[s] correspondant notamment au loyer, au chauffage et à l'éclairage du local de travail, à la force motrice, à l'amortissement normal des moyens de production, ainsi que les frais accessoires sont déterminés par l'autorité administrative suivant la procédure définie à l'article L. 7422-6.

Note À défaut de convention ou accord collectif de travail étendu, les frais d'atelier auxquels ont droit les travailleurs à domicile sont déterminés par arrêté du préfet du lieu d'établissement du donneur d'ouvrage, quel que soit le lieu où le salarié exerce son activité (cass. soc. 6 mai 1998, n° 96-41.442). En l'absence de convention ou accord collectif, ou d'arrêté préfectoral déterminant les frais d'atelier, le montant de ces frais est fixé par accord des parties ou, en cas de litige, par le juge. Ce dernier peut donc décider que le salarié a droit au remboursement des frais réellement exposés (cass. soc. 18 janvier 1995, n° 91-40.605, BC V n° 34). Mais le juge peut également fixer le montant du remboursement sur une base forfaitaire (cass. soc. 17 mai 2000, n° 98-41.461, *RJS* 7-8/00 n° 883).

Art. L. 7422-12. La valeur des matières premières et des fournitures accessoires que le travailleur à domicile est tenu de se procurer en tout ou en partie ne constitue pas un élément du tarif et fait l'objet d'un remboursement séparé.

Lorsque le travailleur est tenu de prendre les fournitures accessoires chez l'employeur, celles-ci lui sont fournies gratuitement.

Affichages

Art. R. 7422-12. Les temps d'exécution des travaux à domicile, les prix de façon ou les salaires applicables à ces travaux et les frais d'atelier et frais accessoires sont affichés en permanence par le donneur d'ouvrage dans les locaux d'attente ainsi que dans ceux où la remise au travailleur des matières premières ou objets et la réception des articles après exécution est réalisée.

Ces dispositions ne s'appliquent pas au domicile privé des travailleurs, lorsque la remise de ces matières premières ou objets et la réception des marchandises y sont réalisées par les donneurs d'ouvrages ou leurs intermédiaires.

Art. R. 7422-13. Le préfet peut décider l'affichage dans les mairies des communes intéressées des dispositions réglementaires relatives aux temps d'exécution, aux prix de façon, aux frais d'atelier et frais accessoires ainsi que la remise d'un extrait de ces dispositions à chaque travailleur à domicile de la profession.

[Sanctions pénales]

Art. R. 7422-14. Le fait de méconnaître les dispositions de l'article L. 7422-4 ou des règlements pris pour leur application est puni de l'amende prévue pour les contraventions de la quatrième classe, prononcée autant de fois qu'il y a de travailleurs concernés.

Art. R. 7422-15. Le fait de méconnaître les dispositions de l'article L. 7422-8 ou des règlements pris pour leur application est puni de l'amende prévue pour les contraventions de la quatrième classe, prononcée autant de fois qu'il y a de travailleurs concernés.

Art. R. 7422-16. Le fait de méconnaître les dispositions ***(D. 2009-289 du 13 mars 2009, JO 15)*** « des premier à troisième alinéa de l'article L. 7422-9 et de l'article L. 7422-10 » ou des règlements pris pour leur application est puni de l'amende prévue pour les contraventions de la quatrième classe, prononcée autant de fois qu'il y a de travailleurs concernés.

Art. R. 7422-17. Le fait de méconnaître les dispositions du premier alinéa de l'article R. 7422-12 est puni de l'amende prévue pour les contraventions de la troisième classe.

CHAPITRE III

Règlement des litiges

Art. L. 7423-1. Les réclamations des travailleurs à domicile relatives au tarif du travail exécuté, aux frais d'atelier, aux frais accessoires et aux congés payés se prescrivent par cinq ans à compter du paiement de leur salaire.

Art. L. 7423-2. Les syndicats professionnels peuvent exercer toute action civile fondée sur l'inobservation des dispositions du présent livre.

Ils peuvent exercer ces actions en faveur de chacun de leurs membres, sans avoir à justifier d'un mandat de l'intéressé pourvu que celui-ci ait été averti et n'ait pas déclaré s'y opposer. L'intéressé peut toujours intervenir à l'instance engagée par le syndicat.

Art. R. 7423-1. Le conseil de prud'hommes connaît les litiges relatifs à la rémunération des travailleurs à domicile et redresse notamment les comptes faisant ressortir des tarifs inférieurs au tarif minimum défini aux articles L. 7422-4 et L. 7422-5.

La différence constatée entre le salaire effectivement versé et celui qui aurait dû l'être est payée au travailleur. Il ne doit pas être tenu compte de l'indemnité à laquelle le donneur d'ouvrage peut être condamné.

Art. R. 7423-2. À l'occasion de différend portant sur la rémunération d'un travailleur exécutant des travaux à domicile, le conseil de prud'hommes rend public, par affichage à la porte du prétoire, le tarif d'espèce résultant du jugement.

Tout intéressé et tout groupement professionnel sont autorisés à prendre sans frais copie de ces tarifs, au greffe du conseil de prud'hommes, et à les publier.

CHAPITRE IV

Santé et sécurité au travail

Art. L. 7424-1. L'autorité administrative peut déterminer les catégories de travaux présentant des risques pour la santé et la sécurité des travailleurs, qui ne peuvent être exécutés par des travailleurs à domicile que dans les conditions fixées par le présent chapitre.

Art. L. 7424-2. L'employeur qui fait exécuter des travaux à domicile relevant de l'une des catégories prévues par l'article L. 7424-1 est responsable de l'application aux travailleurs à domicile et aux auxiliaires que ceux-ci emploient des mesures de protection individuelles prévues par les dispositions des décrets mentionnés à l'article L. 4111-6.

Art. L. 7424-3. Lorsque le travailleur à domicile et ses auxiliaires éventuels exécutant des travaux mentionnés à l'article L. 7424-1 sont occupés dans des conditions ne répondant pas aux obligations de santé et de sécurité au travail, l'inspecteur du travail peut mettre le donneur d'ouvrage en demeure de cesser de recourir aux services de ce travailleur.

[**Art. L. 7424-4.** Abrogé par loi 2011-867 du 20 juillet 2011, art. 16, JO 24.]

Art. R. 7424-1. L'employeur ou le préposé qui fait exécuter à domicile des travaux présentant des risques compris dans un arrêté pris en exécution de l'article L. 7424-1, mentionne la nature exacte des travaux dans la déclaration qu'il adresse à l'inspection du travail.

Art. R. 7424-2. Le délai minimum d'exécution de la mise en demeure prévue par l'article L. 7424-3 est fixé à quinze jours.

LIVRE V

DISPOSITIONS RELATIVES À L'OUTRE-MER

TITRE Ier

DISPOSITIONS GÉNÉRALES

CHAPITRE UNIQUE

Art. L. 7511-1. Les dispositions générales prévues par l'article L. 1511-1 sont également applicables aux dispositions du présent livre.

TITRE II

DÉPARTEMENTS D'OUTRE-MER, SAINT-BARTHÉLEMY, SAINT-MARTIN ET SAINT-PIERRE-ET-MIQUELON

CHAPITRE Ier

Dispositions générales

Art. L. 7521-1. Les dispositions générales prévues par ***(Ord. 2008-205 du 27 févr. 2008, JO 1er mars)*** « les articles L. 1521-1 à L. 1521-4 » sont également applicables aux dispositions du présent titre.

CHAPITRE II

Journalistes professionnels

[Le présent chapitre ne comprend pas de dispositions législatives.]

Art. D. 7522-1. Les modalités d'application des dispositions des articles R. 7111-2 à R. 7111-35, relatives à la carte d'identité professionnelle et à la commission de la carte d'identité des journalistes professionnels, sont déterminées dans les départements d'outre-mer, à Saint-Barthélemy et à Saint-Martin par arrêté du représentant de l'État dans le département ou la collectivité.

HUITIÈME PARTIE

CONTRÔLE DE L'APPLICATION DE LA LÉGISLATION DU TRAVAIL

LIVRE Ier

INSPECTION DU TRAVAIL

Note Le décret 2003-770 du 20 août 2003 (JO 21) modifié par le décret 2009-1382 du 9 novembre 2009 (JO 14), l'ordonnance 2010-462 du 6 mai 2010 (JO 7) et le décret 2011-181 du 15 février 2011 (JO 17) définit le statut particulier du corps de l'inspection du travail.

TITRE Ier

COMPÉTENCES ET MOYENS D'INTERVENTION

CHAPITRE Ier

Répartition des compétences entre les différents départements ministériels

[Le présent chapitre ne comprend pas de dispositions législatives.]

Note • La détermination des autorités et départements ministériels dont dépendent les fonctionnaires chargés des fonctions d'inspection du travail a trait à la répartition d'attributions de l'État relevant, pour leur exercice, de la compétence du pouvoir exécutif et a un caractère réglementaire (C. constit. décision 93-174 L du 6 avril 1993, JO 8 ; 17 janvier 2008, n° 2007-561 DC, JO 22, cité sous Titre II).

• Les décrets 2008-1503 et 2008-1510 du 30 décembre 2008 (JO 31) organisent la fusion des services d'inspection du travail à compter du 1er janvier 2009.

Dans tous les textes réglementaires, codifiés ou non, relatifs aux relations et conditions de travail, la référence aux inspecteurs et contrôleurs du travail ainsi qu'aux responsables départementaux et régionaux des inspections du travail dépendant, avant l'entrée en vigueur des décrets, des ministres chargés de l'agriculture ou des transports doit être entendue comme une référence aux inspecteurs, contrôleurs et responsables départementaux et régionaux de l'inspection du travail placée sous l'autorité du ministre chargé du travail. En ce qui concerne les transports, voir arrêté du 30 décembre 2008 (JO 31).

CHAPITRE II

Compétence des agents

SECTION 1. Inspecteurs du travail

Art. L. 8112-1. Les inspecteurs du travail sont chargés de veiller à l'application des dispositions du code du travail et des autres dispositions légales relatives au régime du travail, ainsi qu'aux stipulations des conventions et accords collectifs de travail répondant aux conditions fixées au livre II de la deuxième partie.

Ils sont également chargés, concurremment avec les officiers et agents de police judiciaire, de constater les infractions à ces dispositions et stipulations.

Note • L'action individuelle des inspecteurs du travail en matière de contrôle de la législation du travail relève du principe général de l'indépendance des inspecteurs du travail (CE 9 octobre 1996, n° 167511, *RJS* 12/96 n° 1308). Aux termes des stipulations de l'article 17 de la convention internationale du travail n° 81 du 11 juillet 1947 publiée au *Journal officiel* conformément au décret 51-193 du 16 février 1951, il est laissé à la libre décision des inspecteurs du travail de « donner des avertissements ou des conseils au lieu d'intenter ou de recommander des poursuites ». En rejetant implicitement une demande de dresser procès-verbal ne comportant aucune précision sur l'ampleur et la gravité des manquements dénoncés, l'inspecteur du travail ne commet pas d'erreur manifeste d'appréciation. Le directeur départemental du travail et de l'emploi, qui n'est pas investi de missions de police judiciaire, ne peut se substituer aux inspecteurs du travail dans la constatation par voie de procès-verbal des infractions (CE 3 octobre 1997, n° 161520, *Rec. Lebon*, p. 332 ; *RJS* 12/97 n° 1418 ; *JCP* éd. G 1998. II.10020, concl. D. Chauvaux). Il se déduit de la convention internationale du travail n° 81 et du décret du 20 août 2003 portant statut du corps de l'inspection du travail que, lorsqu'ils décident de dresser procès-verbal d'une infraction, les inspecteurs du travail ne sont pas placés sous le contrôle hiérarchique du directeur départemental (cass. crim. 6 mai 2008, n° 07-80.530, B. crim. n° 106 ; *RJS* 8-9/08 n° 923).

Sur la question de l'indépendance à l'égard de toute influence extérieure indue, voir CE 11 janvier 2002, n° 225597, *Dr. Soc.* 2002, p. 428, concl. E. Mignon.

Sur la collaboration entre l'inspection du travail et les autorités en charge de l'immigration, voir rapport 2009 de la commission des experts pour l'application des conventions et recommandations du BIT (*LS* Bref social, n° 15345 du 16 avril 2009).

Sur l'intérêt à agir d'un syndicat interne contre une circulaire dont les dispositions sont de nature à porter atteinte à l'application régulière du droit du travail à laquelle les inspecteurs du travail doivent veiller, voir CE 27 juin 2001, n° 226261, *Rec. Lebon*, p. 284, *RJS* 11/01 n° 1381 et CE 24 octobre 2001, n° 219461, *RJS* 1/02 n° 75.

• Les inspecteurs du travail ont compétence générale pour veiller à l'application des dispositions du code du travail ainsi que des lois et règlements non codifiés relatifs au régime du travail, et pour constater les infractions à ces dispositions.

Dans le domaine conventionnel, les pouvoirs de contrôle de l'inspection du travail s'exercent à l'égard de toutes les conventions et accords collectifs, de branche ou d'entreprise, étendus ou non. L'inspection du travail peut donc procéder à toute enquête ou vérification utile pour s'assurer de l'application correcte (sous réserve des pouvoirs des organes d'interprétation des textes et des juridictions compétentes en la matière) des textes conventionnels de toute nature. En cas de non-respect des clauses salariales étendues (et sauf le cas où le non-respect résulterait d'un accord d'entreprise pris en application de l'article L. 132-24) et des clauses dérogatoires étendues relatives à la durée du travail, l'infraction peut être relevée par procès-verbal. Dans les autres cas de non-respect des textes applicables, l'inspection du travail devra rappeler ses obligations à l'employeur, dont le refus persistant pourrait alors entraîner la saisine du juge sur la base des articles L. 135-5 et L. 135-6 (circ. min. DRT 15 du 25 octobre 1983).

• Rien n'interdit à l'inspecteur du travail de répondre à l'employeur ou au salarié qui lui demande un avis au sujet d'un différend né à l'occasion du contrat de travail. Cet avis, toujours émis sous réserve de l'appréciation souveraine des tribunaux, ne peut porter atteinte à l'indépendance de la juridiction éventuellement saisie, qui n'est nullement tenue de le prendre en considération s'il en est fait état devant elle. Il reste bien entendu que l'inspecteur du travail ne peut, à cette occasion, transgresser ses obligations en matière de secret et de discrétion professionnels (rép. QE 25533, JO Sén. 10 mai 1978, p. 751).

La lettre par laquelle l'inspecteur du travail répond à une demande de renseignements formulée par un employeur au sujet de la protection des salariés exposés à certains risques et du fonctionnement du service de la médecine du travail ne revêt pas le caractère d'une décision faisant grief susceptible de donner lieu à un recours pour excès de pouvoir (CE 31 mai 1995, n° 162652, *RJS* 8-9/95 n° 929).

Voir aussi circulaire du 15 février 1989 relative à la discrétion professionnelle et à l'indépendance de jugement (BO MT 89/17) et circulaire DAGEMO/BCG 99-1 du 5 janvier 1999 relative aux droits et obligations des fonctionnaires et agents publics de l'administration du travail, de l'emploi et de la formation professionnelle dans leurs relations avec les médias (BO TR 99/3, p. 238 ; CE 29 décembre 2000, n° 213590, *RJS* 4/01 n° 548 ; *Dr. Soc.* 2001, p. 263, concl. P. Fombeur).

• *Compétence territoriale.* Les inspecteurs et les contrôleurs du travail ont le pouvoir et le devoir de vérifier les conditions de travail des salariés travaillant dans tous les établissements situés dans leur ressort, que ceux-ci soient ou non autonomes ou qu'ils dépendent ou non d'un autre établissement sis hors dudit ressort (cass. crim. 17 janvier 1995, n° 94-80.081, B. crim. n° 22). L'inspecteur du travail dans le ressort duquel séjourne une entreprise itinérante est compétent pour contrôler l'application des dispositions relatives à l'hygiène et à la sécurité, alors même que le séjour n'est que temporaire (CE 6 mai 1996, n° 146824, *RJS* 7/96 n° 824). En matière de règlement intérieur, voit circulaire DGT 2009-09 du 17 avril 2009 (BO TR 2009/5) relative à la compétence territoriale des membres de l'inspection du travail saisis d'un règlement intérieur unique. Pour la durée du travail, voir instruction DGT 2010-06 du 29 juillet 2010 (BO TR 2010/10) relative aux règles de compétence territoriale en matière de dérogation à la durée du travail.

Voir loi 2010-384 du 16 avril 2010 (JO 17) autorisant l'approbation du protocole additionnel relatif au rôle de l'inspection du travail sur le site de l'organisation internationale ITER et portant sur la santé et la sécurité au travail.

• *Pouvoirs de décision de l'inspecteur du travail.* Outre son pouvoir de contrôle et sa mission de conseil et de conciliation, l'inspecteur du travail a un pouvoir de décision dans certains domaines (durée du travail, règlement intérieur, licenciement des représentants du personnel, notamment).

Lorsqu'elles ont le caractère de décisions administratives, les décisions prises par les inspecteurs du travail peuvent faire l'objet d'un recours devant les tribunaux administratifs et être annulées si elles sont entachées d'illégalité ou d'excès de pouvoir.

La loi 79-587 du 11 juillet 1979 (JO 12, rectif. JO 13), dont les conditions d'application sont précisées par une circulaire du 28 septembre 1987 (JO 20 oct.) relative à la motivation des actes administratifs, soumet à une obligation de motivation expresse les décisions administratives individuelles qui ont un caractère négatif ou restrictif, ou encore qui constituent une sanction. Cette disposition s'applique notamment aux décisions des inspecteurs du travail dont une liste est établie en annexe à cette circulaire.

La loi 78-753 du 17 juillet 1978 (JO 18), modifiée par la loi 2000-321 du 12 avril 2000 (JO 13) et l'ordonnance 2005-650 du 6 juin 2005 (JO 7), porte diverses mesures d'amélioration des relations entre l'administration et le public et diverses dispositions d'ordre administratif, social et fiscal relatives, notamment, à la liberté d'accès aux documents administratifs [voir aussi décret 2005-1755 du 30 décembre 2005 (JO 31)]. Un arrêté du 12 mars 1986 (JO 19) a fixé la liste des documents administratifs émanant des services placés sous l'autorité ou le contrôle du ministre du Travail, de l'Emploi et de la Formation professionnelle qui ne peuvent pas être communiqués au public (voir Textes non codifiés). Voir aussi circulaire du 14 mars 1986, BO MT 86/15-16.

Au sujet des différentes missions incombant aux inspecteurs du travail, voir la chronique de A. Jeammaud : « Du pouvoir de l'inspection du travail de trancher certains différends », à propos d'un arrêt du Conseil d'État du 20 décembre 1985 (*D.* 1987, p. 27).

• Sur les pratiques d'inspection du travail, lire notamment J. Dughera, Ch. Lenoir, M. Ricochon et Cl. Triomphe, « L'inspection du travail en quête d'une nouvelle légitimité », *Dr. Soc.* 1993, p. 138 ; B. Silhol, « L'inspection du travail et le choix de l'action pénale », *Dr. Soc.* 2000, p. 959 ; V. Vieille : « Inspecter le travail ou veiller à l'application du droit du travail : une mission impossible? », *Dr. Soc.* 2006, p. 666 ; V. Tiano : « La réforme contestée de l'inspection du travail », *Dr. Soc.* 2006, p. 662 ; Cl-E Triomphe et P. Mériaux, « Sur la réforme de l'inspection du travail », *RDT* déc. 2006, p. 356 ; J. Bessière : « L'activité de l'inspection du travail dans un contexte de fortes évolutions », *Dr. Soc.* 2011 p. 1021. Voir également *RF Social*, Cahier juridique « Inspection du travail », janvier 2007.

• Sur le contrôle du respect de la législation du travail dans le secteur public, voir F. Zapata, « L'inspection du travail dans le secteur public », *Dr. Soc.* 1994, p. 1002.

Art. L. 8112-2. Les inspecteurs du travail constatent également :

1° Les infractions commises en matière de discriminations prévues au 3° et au 6° de l'article 225-2 du code pénal, ainsi que les infractions relatives aux conditions de travail et d'hébergement contraires à la dignité des personnes, prévues par les articles 225-13 à 225-15-1 du même code ;

2° Les infractions aux mesures de prévention édictées par les caisses régionales d'assurance maladie et étendues sur le fondement de l'article L. 422-1 du code de la sécurité sociale ainsi que les infractions aux dispositions relatives à la déclaration des accidents du travail et à la délivrance d'une feuille d'accident, prévues aux articles L. 441-2 et L. 441-5 du même code ;

3° Les infractions aux dispositions relatives à l'interdiction de fumer dans les lieux affectés à un usage collectif, prévues à l'article L. 3511-7 du code de la santé publique ;

4° Les infractions relatives aux conditions d'entrée et de séjour des étrangers en France, prévues par les articles L. 622-1 et L. 622-5 du code de l'entrée et du séjour des étrangers et du droit d'asile ;

5° Les infractions aux dispositions de la section 4 du chapitre V du titre Ier du livre Ier du code de la consommation, relatives à la certification des services et produits autres qu'alimentaires, ainsi qu'au livre II de ce même code, relatives à la conformité et la sécurité des produits et des services ;

6° Les infractions aux dispositions des articles L. 123-10 à L. 123-11-1 du code de commerce, relatives à la domiciliation des personnes immatriculées au registre du commerce et des sociétés.

Note

• 1° – Les inspecteurs du travail ont le pouvoir de constater les infractions aux dispositions prévues par les articles 225-13 à 225-15-1 du code pénal relatives à l'abus de la vulnérabilité ou de la situation de dépendance d'une personne afin d'obtenir la fourniture de services non rétribués ou en échange d'une rétribution manifestement sans rapport avec l'importance du travail accompli et à la soumission d'une personne à des conditions de travail ou d'hébergement incompatibles avec la dignité humaine (loi 2003-239 du 18 mars 2003, art. 41).

• 4° – L'article L. 622-1 concerne les situations d'aide à l'entrée, au séjour et à la circulation irrégulières de ressortissants étrangers sur le territoire français, ou sur le territoire d'États parties à la convention de Schengen ou à la convention des Nations unies contre la criminalité transnationale, et notamment à toute personne (et pas seulement aux employeurs) qui, « par aide directe ou indirecte », aura « facilité ou tenté de faciliter l'entrée, la circulation ou le séjour irréguliers d'un étranger en France ».

L'article L. 622-5 aggrave les peines précédentes lorsque les infractions sont commises en bande organisée, qu'elles ont pour effet ou sont susceptibles, par les moyens utilisés, de mettre en danger la vie des étrangers ou qu'elles ont pour effet de les soumettre à des conditions de vie, de transport, de travail ou d'hébergement incompatibles avec la dignité de la personne humaine (voir note interministérielle du 4 juillet 2004 présentant des dispositions de lois modifiant le code du travail, BO TR 2004/16, p. 105).

Art. L. 8112-3. Lorsque des dispositions légales le prévoient, les attributions des inspecteurs du travail peuvent être exercées par des fonctionnaires de contrôle assimilés.

Art. L. 8112-4. Un décret détermine les modalités de contrôle de l'application des dispositions du présent code aux salariés des offices publics et ministériels, des professions libérales, des sociétés civiles, des syndicats professionnels et associations de quelque nature que ce soit.

Note

Le décret mentionné à cet article est le décret du 22 juillet 1941 codifié à l'article R. 611-5 ancien abrogé.

SECTION 2. Contrôleurs du travail

Art. L. 8112-5. Les contrôleurs du travail chargés de contrôles, d'enquêtes et de missions dans le cadre de l'inspection du travail exercent leur compétence sous l'autorité des inspecteurs du travail.

Note

• Un corps interministériel de contrôleurs du travail a été créé à compter du 1er janvier 1997 (décret 97-364 du 18 avril 1997, JO 19, modifié par décret 2003-870 du 11 septembre 2003, JO 13).

• La présentation d'une carte professionnelle n'est pas une condition nécessaire à l'exercice, par un contrôleur du travail, des fonctions qui lui sont dévolues par l'article L. 611-12 [L. 8112-5, L. 8113-1, 2, 4, 5 et 11] CT (cass. crim. 13 juin 1989, n° 89-80.979).

[Dispositions réglementaires]

Répartition des compétences entre les différents départements ministériels

Inspection du travail dans l'industrie, les commerces et les services, *(D. 2008-1503 du 30 déc. 2008, JO 31)* « les professions agricoles et le secteur des transports »

Art. R. 8111-1. Sous réserve des dispositions des autres sections du présent chapitre, les missions d'inspection du travail sont exercées par les inspecteurs et contrôleurs du travail placés sous l'autorité du ministre chargé du travail.

[Art. R. 8111-2 à R. 8111-7. Abrogés par décret 2008-1503 du 30 décembre 2008, art. 1er, JO 31.]

Inspection du travail dans les mines et carrières

Art. R. 8111-8. Dans les mines et carrières, ainsi que dans leurs dépendances, les missions d'inspection du travail sont exercées par les fonctionnaires habilités à cet effet par les ***(D. 2009-235 du 27 févr. 2009, art. 5, JO 28 ; voir D. 2010-1582 du 17 déc. 2010, art. 36, JO 18, pour outre-mer)*** « directeurs régionaux de l'environnement, de l'aménagement et du logement » parmi les agents placés sous leur autorité. Ces missions sont exercées sous l'autorité du ministre chargé du travail.

Toutefois, pour l'application de l'article 218 du code minier, ces fonctionnaires relèvent exclusivement du ministre chargé des mines.

Note

• Alinéa 1er. En Île-de-France, cette compétence est exercée par le directeur régional et interdépartemental de l'environnement et de l'énergie (décret 2010-687 du 24 juin 2010, art. 47, JO 25).

• Une circulaire interministérielle du 25 octobre 1996 (BO TR 96/24, p. 299) précise les compétences respectives et la coordination des fonctionnaires du ministère chargé des mines, du ministère du Travail et du ministère des Transports.

Art. R. 8111-9. Les dispositions de l'article R. 8111-8 ne s'appliquent pas aux carrières situées sur le domaine de l'État mis à la disposition du ministère de la défense.

Pour ces dernières, les missions d'inspection du travail sont exercées par des agents habilités à cet effet par le ministre de la défense.

Inspection du travail dans les industries électriques et gazières

Art. R. 8111-10. ***(D. 2011-1697 du 1er déc. 2011, art. 30, JO 2, entrée en vigueur le 01.01.2012)*** Dans les établissements et ouvrages des aménagements hydroélectriques concédés, placés sous le contrôle du ministre chargé de l'énergie, les missions d'inspection du travail sont exercées par les ingénieurs ou techniciens, habilités à cet effet par les directeurs régionaux de l'environnement, de l'aménagement et du logement ou le directeur régional et interdépartemental de l'environnement et de l'énergie d'Ile-de-France parmi les agents placés sous leur autorité.

Ces missions sont exercées sous l'autorité du ministre chargé du travail.

Art. L. 8112-5.

Note Voir circulaire conjointe ministère de l'Emploi/ministère des Finances 2005-200 du 23 novembre 2005 (BO MT 2006/01) relative à l'inspection du travail dans les industries électriques et gazières.

Art. R. 8111-11. Dans les centrales de production d'électricité comprenant une ou plusieurs installations nucléaires de base au sens du III de l'article 28 de la loi n° 2006-686 du 13 juin 2006 relative à la transparence et à la sécurité en matière nucléaire, les missions d'inspection du travail sont exercées par les ingénieurs ou techniciens, habilités à cet effet par l'Autorité de sûreté nucléaire, parmi les agents en relevant.

Ces missions sont exercées sous l'autorité du ministre chargé du travail.

Note • Voir circulaire DGT/ASN 13 du 16 novembre 2007 (BO TR 2007/12) relative à la coordination de l'action des inspecteurs de la radioprotection et des inspecteurs et contrôleurs du travail en matière de prévention des risques liés aux rayonnements ionisants et instruction DGT/ASN du 1er mars 2011 relative à l'inspection du travail dans les centres nucléaires de production d'électricité (CNPE) précisant les compétences, les missions, les modalités pratiques d'organisation et de coopération de l'inspection du travail dans les centres nucléaires de production d'électricité à la suite de la publication de la loi 2006-686 du 13 juin 2006 relative à la transparence et à la sécurité en matière nucléaire.

• L'entreprise attributaire d'un marché de surveillance et de gardiennage d'une centrale nucléaire ne relevant pas, à raison de cette activité, du contrôle technique du ministère chargé de l'énergie, l'ingénieur de l'industrie et des mines, qui relève de la direction régionale de l'industrie et de la recherche, n'a pas compétence pour se prononcer sur le licenciement d'un salarié protégé au sein de celle-ci (CE 12 avril 1995, n° 121699, *RJS* 6/95 n° 672).

Inspection du travail dans les établissements de la défense

Art. R. 8111-12. Pour les établissements placés sous l'autorité du ministre de la défense et dont l'accès est réglementé et surveillé en permanence, les missions d'inspection du travail, conformément à l'article L. 8112-3, sont exercées, sous l'autorité du ministre de la défense, par les agents civils et militaires qu'il désigne.

Note Sur l'articulation des contrôles des agents de l'inspection du travail et des inspecteurs exerçant auprès du délégué à la sûreté nucléaire et à la radioprotection pour des activités et installations intéressant la défense, voir décret 2001-592 du 5 juillet 2001, art. 3 (JO 7).

Compétences des agents

Art. R. 8112-1. Dans la mise en œuvre des actions d'inspection du travail prévues à l'article L. 8112-1, l'inspecteur du travail contribue, notamment, à la prévention des risques professionnels, ainsi qu'à l'amélioration des conditions de travail et des relations sociales.

(D. 2009-1377 du 10 nov. 2009 modifié, art. 13, III, 3°, JO 13) « Outre l'exercice de ces attributions principales, il concourt à l'exécution des missions de la direction régionale des entreprises, de la concurrence, de la consommation, du travail et de l'emploi, en ce qui concerne les politiques du travail, de l'emploi et de la formation professionnelle. »

Art. R. 8112-2. L'inspecteur du travail assure un rôle de conseil et de conciliation en vue de la prévention et du règlement des conflits.

Art. R. 8112-3. L'inspecteur du travail contribue à l'élaboration des statistiques relatives aux conditions du travail dans le secteur qu'il est chargé de surveiller.

Art. R. 8112-4. L'inspecteur du travail fournit des rapports circonstanciés sur l'application, dans toute l'étendue de sa circonscription, des dispositions dont il est chargé d'assurer le contrôle de l'exécution.

Ces rapports mentionnent les accidents dont les salariés ont été victimes et leurs causes.

Ils contiennent des propositions relatives aux prescriptions nouvelles qui seraient de nature à mieux assurer la santé et la sécurité au travail.

Art. R. 8112-5. Un rapport de synthèse de l'ensemble des communications des inspecteurs du travail est publié tous les ans par le ministre chargé du travail.

Art. R. 8112-6. *(D. 2011-2029 du 29 déc. 2011, JO 30)* Pour l'application des articles L. 242-7, L. 422-3 et L. 422-4 du code de la sécurité sociale et des articles L. 751-21 et L. 751-48 du code rural et de la pêche maritime, l'inspecteur ou le contrôleur du travail informe la caisse chargée de la prévention et de la tarification des accidents du travail et des maladies professionnelles compétente des mesures qu'il a prises à l'encontre d'une entreprise dans laquelle il a constaté une situation particulièrement grave de risque exceptionnel, notamment dans le cas de situations de danger grave et imminent ou de risque sérieux pour l'intégrité physique des travailleurs mentionnées au titre III du livre VII de la quatrième partie du présent code.

CHAPITRE III

Prérogatives et moyens d'intervention

SECTION 1. Droit d'entrée dans les établissements

Art. L. 8113-1. Les inspecteurs et contrôleurs du travail ont un droit d'entrée dans tout établissement où sont applicables les règles énoncées au premier alinéa de l'article L. 8112-1 afin d'y assurer la surveillance et les enquêtes dont ils sont chargés.

Ils ont également un droit d'entrée dans les locaux où les travailleurs à domicile réalisent les travaux définis à l'article L. 7424-1.

Toutefois, lorsque les travaux sont exécutés dans des locaux habités, les inspecteurs et contrôleurs du travail ne peuvent y pénétrer qu'après avoir reçu l'autorisation des personnes qui les occupent.

Note

• **Principes.** Il est de règle stricte que :
– les visites de contrôle sur les lieux de travail ne soient jamais annoncées à l'avance, l'employeur, ou son représentant, ne devant être informé qu'au moment de l'arrivée de l'inspecteur dans l'entreprise ;
– l'inspecteur ne fasse jamais état devant l'employeur de la plainte d'un salarié (convention internationale n° 81, arrêté du 12 mars 1986 et circulaire du 15 février 1989 précités).

Le droit de visite peut s'exercer à toute heure du jour et de la nuit dans les établissements où le travail est organisé pendant la nuit ou dans les établissements où le travail de nuit est interdit.

• Dès lors que la société intéressée, établissement qui ne relève pas du régime dérogatoire de l'article L. 611-2 CT, était assujettie au contrôle de l'inspection du travail, la cour a fait l'exacte application des dispositions de l'article L. 611-8 CT qui autorise les inspecteurs du travail à entrer dans tous les établissements à l'effet d'y assurer la surveillance et les enquêtes dont ils sont chargés (cass. crim. 16 septembre 2003, n° 02-86.661, 2e moyen, B. crim. n° 164).

• **Jurisprudence.** Aucune disposition du code du travail ne restreint le pouvoir dévolu aux inspecteurs du travail de procéder, à l'intérieur des établissements où ils ont accès en raison de leurs fonctions, aux enquêtes dont ils sont chargés. Un chef d'entreprise s'oppose donc à tort à l'audition, à l'intérieur de son établissement, de témoins qu'un inspecteur du travail voulait entendre dans le cadre d'une enquête qu'il effectuait à la suite d'une plainte pour entrave à l'exercice du droit syndical et à celui des fonctions d'un délégué du personnel dont il avait été saisi (cass. crim. 22 juillet 1981, n° 81-90.167, B. crim. n° 237).

• En l'absence de certitude sur le caractère mensonger ou non des accusations et, dans l'affirmative, sur la légèreté ou la mauvaise foi de l'intéressée, doit être cassé l'arrêt qui a retenu une faute grave à l'encontre de la salariée pour avoir adressé une lettre à l'inspecteur du travail faisant état de malversations et de détournements de l'employeur (cass. soc. 14 mars 2000, n° 97-43.268, BC V n° 104).

– Constitue un délit d'obstacle à l'accomplissement des fonctions d'un contrôleur du travail le fait pour un restaurateur de s'opposer à ce qu'un tel agent pénètre dans les cuisines de son établissement pour y effectuer une enquête (cass. crim. 26 février 1985, *JS* 1985, SJ 127).

– Se rend coupable d'outrages à personnes dépositaires de l'autorité publique et d'obstacle à l'accomplissement des devoirs d'un contrôleur et d'un inspecteur du travail le gérant qui interdit aux fonctionnaires l'accès aux locaux, les empêchant ainsi d'accomplir leur mission de vérification de la situation de plusieurs personnes occupées à des travaux de rénovation d'un bâtiment (cass. crim. 10 mai 2000, n° 99-80.711).

– La loi n'apportant aucune restriction aux investigations des inspecteurs du travail à l'intérieur des entreprises, autre que le respect du domicile des citoyens, ne sauraient être considérées comme telles les parties ouvertes à la clientèle et les autres parties constituant un lieu de travail pour des salariés dans un hôtel-restaurant servant de lieu d'habitation à son exploitant (cass. crim. 19 mars 1985, n° 84-90.353, B. crim. n° 113 ; *JS* 1985, SJ 163). Est justifiée la décision refusant d'annuler le procès-verbal d'un inspecteur du travail relatant une visite dans un local habité, au sens de l'alinéa 3 de l'article L. 611-8, dès lors qu'il n'est pas allégué que l'autorisation de pénétrer aurait été refusée à l'inspecteur du travail (cass. crim. 4 janvier 1994, n° 92-86.290). Voir également cass. crim. 2 mars 2004, n° 03-83.299, écartant l'exception de nullité du procès-verbal de constatations dans un immeuble en rénovation dont le prévenu prétendait qu'il était habité par sa mère et note sous art. L. 8271-13.

– N'est pas justifiée la relaxe d'un employeur poursuivi pour délit d'obstacle à l'accomplissement des devoirs d'un contrôleur du travail alors qu'il avait pu être constaté que cet agent avait, alors qu'il se trouvait dans le cadre de sa mission, été privé de liberté pendant plusieurs heures par des manifestants agissant sous la direction du prévenu, peu important, à cet égard, que le contrôleur ait pu procéder à l'ensemble des opérations qu'il souhaitait faire et que l'incident se soit produit après que le contrôle eut été terminé (cass. crim. 18 février 1986, *JS* 1986, SJ 158).

– En ne permettant pas à un contrôleur de procéder aux examen et consultation qu'il souhaitait faire, un employeur se rend coupable d'obstacle à l'accomplissement des devoirs de cet agent, quelles que soient les raisons invoquées par le prévenu pour justifier ses agissements et même si, comme il le soutenait, il avait invité ledit contrôleur à attendre, pour effectuer ses opérations, l'achèvement du travail urgent que lui-même avait entrepris, travail qui, selon lui, ne pouvait ni être différé ni être exécuté par un membre du personnel (cass. crim. 28 avril 1987, *JS* 1987, SJ 147).

Art. L. 8113-2. Les inspecteurs et contrôleurs du travail sont habilités à demander aux employeurs et aux personnes employées dans les établissements soumis au présent code de justifier de leur identité et de leur adresse.

Note Sur les prérogatives relatives à la justification de l'identité et de l'adresse, voir note interministérielle du 4 juillet 2004 (BO TR 2004/16, p. 105).

Art. R. 8113-1. Les employeurs, autres que ceux des professions agricoles, tiennent à la disposition de l'inspection du travail, au siège de leur établissement, une liste de leurs chantiers et autres lieux de travail à caractère temporaire.

Ils informent par écrit l'inspection du travail de l'ouverture de tout chantier ou autre lieu de travail employant dix salariés au moins pendant plus d'une semaine.

SECTION 2. Droit de prélèvement

Art. L. 8113-3. Les inspecteurs du travail ont qualité, concurremment avec les officiers de police judiciaire et les agents de la concurrence, de la consommation et de la répression des fraudes, pour procéder, aux fins d'analyse, à tous prélèvements portant sur les matières mises en œuvre et les produits distribués ou utilisés.

En vue de constater les infractions, ces prélèvements doivent être faits conformément à la procédure instituée par les décrets pris en application de l'article L. 215-1 du code de la consommation.

SECTION 3. Accès aux documents

Art. L. 8113-4. Les inspecteurs et contrôleurs du travail peuvent se faire présenter, au cours de leurs visites, l'ensemble des livres, registres et documents rendus obligatoires par le présent code ou par une disposition légale relative au régime du travail.

Note • L'employeur doit prendre toutes mesures utiles pour que le droit de visite des inspecteurs puisse s'exercer en tout temps, même en son absence. « Ce qui est obligatoire, c'est la tenue à la disposition de l'inspecteur du travail [d'un certain nombre de] documents. L'obligation est satisfaite dès lors que ce fonctionnaire se voit remettre ces documents par une personne quelconque. La formule la plus simple consiste donc, pour un employeur, à regrouper ces documents dans un tiroir ou sur un rayonnage de meuble et d'informer un ou plusieurs membres de son entreprise de l'endroit où se trouvent les registres, et de les autoriser à les remettre à l'inspecteur du travail en cas de réquisition de celui-ci… Si l'inspecteur du travail est tenu d'informer le chef d'entreprise de sa présence dans l'entreprise, rien n'oblige ce dernier à lui consacrer du temps. En fait, il est souhaitable, et c'est ce qui est pratiqué le plus souvent, que le chef d'entreprise accompagne, ou fasse accompagner, l'inspecteur au cours de sa visite et entende de ce dernier les conclusions de sa visite. L'employeur a ainsi l'occasion d'obtenir les informations, explications ou conseils sur le moyen d'assurer les mesures de mise en conformité que l'inspecteur peut prescrire » (rép. QE 8387, JO Sén. 5 décembre 1982, p. 6329).

• Exception faite des cas prévus par le code du travail pour certaines infractions, il résulte de cet article que les inspecteurs du travail, au cours de leurs enquêtes, ne peuvent exiger des chefs d'établissement que la présentation des seuls livres, registres et documents rendus obligatoires par le code du travail ou par une disposition légale ou réglementaire relative au régime du travail. Tel n'était pas le cas des fiches d'appréciation de deux salariés, qui avaient saisi l'inspecteur du travail d'une plainte pour discrimination syndicale, réclamées par ce fonctionnaire et dont le refus de présentation ne constituait pas le délit prévu par l'article L. 631-1 CT (cass. crim. 17 mars 1992, n° 90-86.492, B. crim. n° 116 ; *JCP* éd. E 1992.II.385, note O. Godard) avant intervention de la loi du 16 novembre 2001 [L. 8113-5].

• La remise des documents n'est subordonnée à la production d'aucune réquisition écrite de la part de l'agent de contrôle (cass. crim. 13 novembre 1985, n° 85-91.196, B. crim. n° 353, s'agissant de la remise du registre spécial « étrangers » existant alors).

Art. L. 8113-5. Les inspecteurs et contrôleurs du travail peuvent se faire communiquer tout document ou tout élément d'information, quel qu'en soit le support, utile à la constatation de faits susceptibles de vérifier le respect de l'application :

1° Des dispositions des articles L. 1132-1 à L. 1132-4 du code du travail et de celles de l'article 225-2 du code pénal, relatives aux discriminations ;

2° Des dispositions des articles L. 1142-1 et L. 1142-2, relatives à l'égalité professionnelle entre les femmes et les hommes ;

3° Des dispositions des articles L. 2141-5 à L. 2141-8, relatives à l'exercice du droit syndical.

Art. L. 8113-6. Lorsque des garanties de contrôle équivalentes sont maintenues, les entreprises peuvent, dans les conditions et limites déterminées par décret, déroger à la conservation des bulletins de paie et à la tenue de certains registres pour tenir compte du recours à d'autres moyens, notamment informatiques.

Note Sur l'utilisation des supports informatiques pour la conservation des bulletins de paie, voir circulaire DRT 98/9 du 2 novembre 1998 (BO TR 99/1, p. 25).

Art. D. 8113-2. Lorsqu'un décret, pris en application de l'article L. 8113-6, après consultation des organisations représentatives d'employeurs et de salariés, prévoit que l'employeur peut recourir à un support de substitution pour la tenue de certains registres, ce support est conçu et tenu de façon à obtenir, sans difficulté d'utilisation et de compréhension et sans risque d'altération, toutes les mentions obligatoires.

Il est présenté dans les mêmes conditions et conservé pendant le même délai que le registre auquel il se substitue.

Art. D. 8113-3. En cas de traitement automatisé de données nominatives pour la tenue d'un registre, l'employeur ou le responsable du traitement justifie à l'inspecteur du travail de la délivrance du récépissé attestant qu'il a accompli la déclaration préalable prévue par la loi n° 78-17 du 6 janvier 1978 relative à l'informatique, aux fichiers et aux libertés.

SECTION 4. Recherche et constatation des infractions

Sous-section 1. Procès-verbaux

Art. L. 8113-7. Les inspecteurs du travail, les contrôleurs du travail et les fonctionnaires de contrôle assimilés constatent les infractions par des procès-verbaux qui font foi jusqu'à preuve du contraire.

Ces procès-verbaux sont transmis au procureur de la République. Un exemplaire est également adressé au représentant de l'État dans le département.

En cas d'infraction aux dispositions relatives à la durée du travail, un exemplaire du procès-verbal est remis au contrevenant.

Note

• « Les agents mentionnés à l'article L. 1312-1 [du code de la santé publique], les médecins inspecteurs de la santé publique, les ingénieurs du génie sanitaire, les inspecteurs de l'action sanitaire et sociale et les agents mentionnés à l'article L. 611-10 [L. 8113-7 et R. 8113-2] CT, habilités et assermentés, veillent au respect des dispositions de l'article L. 3511-7 du présent code [santé publique], ainsi que des règlements pris pour son application, et procèdent à la recherche et à la constatation des infractions prévues par ces textes.

À cet effet, ils disposent, chacun pour ce qui le concerne, des prérogatives qui leur sont reconnues en matière de contrôle ou de constatation des infractions par les articles L. 1312-1, L. 1421-2, L. 1421-3 et L. 5413-1 du présent code, L. 313-13 du code de l'action sociale et des familles, L. 611-8 à L. 611-12-1 [anciens] du code du travail et par les textes pris pour leur application » (code de la santé publique, art. L. 3512-4).

• Une instruction ministérielle 2002-3 du 28 mars 2002 (BO TR 2002/11, p. 281) fixe les règles d'établissement et de transmission des procès-verbaux ainsi que celles de leur suivi. Un arrêté du 27 février 1996 (JO 8 mars) concerne leur gestion et leur suivi.

• Sur la conformité d'une mise en demeure et d'un procès-verbal avec les articles 6-1 et 6-3 de la Convention européenne de sauvegarde des droits de l'homme, voir cass. crim. 6 novembre 2007, n° 07-80.031, B. crim. n° 265 ; *RJS* 3/08 n° 298.

• **Nature des procès-verbaux.** Dressés par l'inspecteur du travail dans l'exercice de ses attributions de police judiciaire, à l'effet de constater les infractions, les procès-verbaux sont des actes d'instruction ou de poursuites, au sens de l'article 7 du code de procédure pénale, qui interrompent la prescription de l'action publique (cass. crim. 26 novembre 1985, n° 84-93.304, B. crim. n° 378 ; 29 février 2000, n° 99-83.241, B. crim. n° 89 ; 3 juin 2008, n° 07-86.627, *CSB* 2008 S. 312).

Lorsqu'il saisit en référé le président du tribunal de grande instance en application de l'article L. 3132-31 CT, l'inspecteur du travail n'est pas tenu de dresser le procès-verbal prévu à l'article L. 8113-7 (cass. soc. 10 mars 2010, n° 08-17.044, BC V n° 64 ; *RJS* 5/10 n° 434 ; *RDT* 2010 CH 302, note M. Véricel).

• **Compétence géographique des agents de l'inspection du travail.** Les agents de l'inspection du travail sont compétents pour dresser procès-verbal dans le département où ils sont nommés (cass. crim. 16 septembre 2003, n° 02-86.661, 1er moyen, B. crim. n° 164 ; *RJS* 1/04 n° 72). Les éléments constitutifs d'infraction doivent avoir été rassemblés par l'inspecteur du travail et portés à sa connaissance en vertu de son pouvoir d'enquête exercé dans le cadre de sa compétence territoriale, c'est-à-dire en rapport direct avec sa mission de contrôle des établissements et institutions situés dans son secteur d'inspection ; en l'espèce, les éléments constitutifs du délit d'entrave avaient été relevés sur la base d'une communication de pièces sans lien avec l'activité de contrôle de l'établissement situé dans le ressort de compétence de l'inspecteur (cass. crim. 9 décembre 2003, n° 03-80.781, B. crim. n° 238 ; *JCP* éd. G 2004.II.1241 ; *CSB* 2004 S. 157).

• **Forme des procès-verbaux.** Ils ne sont soumis à aucune forme particulière (cass. crim. 18 octobre 1913) et aucun délai n'est imparti aux inspecteurs pour les rédiger (cass. crim. 11 mars 1910). L'inspecteur du travail n'est pas officier de police judiciaire et les prescriptions de l'article 66 du code de procédure pénale (procès-verbaux rédigés sur-le-champ en cas de flagrance) ne sont donc pas applicables aux procès-verbaux dressés par ses soins et qui obéissent aux règles posées par l'article L. 611-10 [L. 8113-7] CT (cass. crim. 28 mai 1991, n° 90-84.545, *RJS* 7/91 n° 870).

La nullité d'une enquête effectuée par des services de police concernant l'emploi irrégulier d'un fonctionnaire de police n'entache pas la procédure effectuée par les fonctionnaires de l'inspection du travail alertés par la police, en l'absence de prescriptions légales spéciales définissant les modalités d'action de cette administration (cass. crim. 29 octobre 1991, n° 90-80.968, *RJS* 1/92 n° 63).

• **Transmission des procès-verbaux** (al. 2). Si tout procès-verbal doit, en principe, être adressé au préfet du département (art. L. 611-10, 2e al.), un manquement à cette prescription ne saurait être considéré comme portant atteinte aux droits de la défense et entraîner à lui seul la nullité des poursuites exercées devant la juridiction pénale, l'initiative des poursuites échappant à l'autorité administrative (cass. crim. 3 juin 1982, *JS* 1982 SJ 122 ; 18 juillet 1990, n° 89-86.088, *RJS* 11/90 n° 911).

Aucun texte de loi n'impose la transmission du procès-verbal de l'inspecteur du travail au directeur départemental (cass. crim. 28 janvier 1997, n° 95-84.257, *Dr. Soc.* 1997, p. 456, note M. Cohen).

• **Remise d'un exemplaire du procès-verbal au contrevenant en matière de durée du travail** (al. 3).

– Le manquement aux prescriptions de l'alinéa 3 de cet article selon lesquelles, en cas d'infraction aux dispositions relatives à la durée du travail, un exemplaire du procès-verbal dressé par l'inspecteur du travail doit être remis au contrevenant constitue nécessairement par lui-même une atteinte aux droits de la défense (cass. crim. 15 janvier 1979, n° 78-90.153, B. crim. n° 23 ; *JS* 1979 F 32).

– Les prescriptions de l'article L. 611-10, al. 3 [L. 8113-7] concernent exclusivement les infractions relatives à la durée du travail et non celles relatives au repos hebdomadaire (cass. crim. 29 mai 1985, n° 84-91.533, B. crim. n° 204 ; *JS* 1985 F 67 ; voir aussi cass. crim. 20 décembre 1988, n° 88-81.993, *RJS* 2/89 n° 180 ; 7 octobre 1997, n° 96-84.093 ; 2 mars 1999, n° 98-80.229, *RJS* 5/99 n° 682 ; 19 octobre 1999, n° 99-82.132 ; 8 février 2000, n° 99-81.991), celles relatives au travail dissimulé (dissimulation sur le bulletin de paie du nombre d'heures réellement effectuées) (cass. crim. 18 avril 2000, n° 99-86.912 ; 22 novembre 2005, n° 05-80.167, B. crim. n° 308 ; *RJS* 10/06 n° 1076) ou celles relatives à la détérioration d'un dispositif destiné au contrôle des conditions de travail dans les transports routiers (cass. crim. 7 juin 2006, n° 05-86.699, B. crim. n° 164 ; *RJS* 10/06 n° 1076 ; *CSB* 2006 S. 446).

– L'inspecteur du travail n'étant pas tenu d'effectuer sur-le-champ la remise du procès-verbal à l'employeur, c'est à juste titre qu'une cour d'appel écarte l'exception de nullité d'un procès-verbal après avoir constaté que le document litigieux, dressé le 22 décembre 1978, avait été notifié à l'employeur le 6 mars 1979 avant délivrance, le 3 mars 1980, de la citation introductive d'instance (cass. crim. 25 mai 1982, *JS* 1982 SJ 123 ; 21 juin 2005, n° 05-81-491, B. crim. n° 181).

– Il est vainement fait grief à une cour d'appel d'avoir refusé d'annuler le procès-verbal d'un inspecteur du travail constatant des infractions à la durée du travail, cet acte ayant été adressé au contrevenant avant que celui-ci ne comparaisse devant le tribunal. Le fait que le contrevenant ait, après la rédaction du procès-verbal, mis en cause ses subordonnés lors de l'enquête préliminaire, ne pouvait entraîner pour l'inspecteur du travail l'obligation d'adresser une copie de ce procès-verbal à ces derniers (cass. crim. 12 octobre 1993, n° 92-85.203, B. crim. n° 290). La formalité accomplie à l'égard d'un représentant légal de la société n'a pas à être renouvelée à l'égard d'un autre (cass. crim. 6 juin 2001, n° 00-84.840).

– L'article L. 8113-7 CT n'enferme la remise d'un exemplaire du procès-verbal au contrevenant dans aucune forme ni aucun délai (cass. crim. 9 juin 2009, n° 08-83.984). L'article L. 611-10 [L. 8113-7] qui ne définit pas les modalités de la remise des procès-verbaux n'exclut pas qu'elle s'effectue par voie postale (cass. crim. 22 avril 1986, n° 85-94.792, B. crim. n° 138 ; 26 mai 1998, n° 97-83-255 ; 30 octobre 2001, n° 00-88.012, *RJS* 5/02 n° 580 ; 25 février 2003, n° 01-88.320, B. crim. n° 54 ; *RJS* 6/03 n° 762 ; *CSB* 2003 S. 214) ; l'exemplaire du procès-verbal doit parvenir au contrevenant dans un délai sauvegardant les droits de la défense (cass. crim. 3 juillet 1989, n° 88-85.741, B. crim. n° 282).

– Les dispositions du 3ᵉ alinéa de l'article L. 611-10 [L. 8113-7], qui prévoient la remise d'un exemplaire du procès-verbal au contrevenant, en cas d'infraction aux dispositions concernant la durée du travail, ne s'appliquent pas aux commissaires de police et autres agents de police judiciaire visés à l'article L. 611-13 et habilités, en vertu des règles de droit commun, à la constatation et à la poursuite des infractions (cass. crim. 19 mai 1987, n° 86-94.092, B. crim. n° 206 ; *JS* 1987, SJ 146).

• **Force probante des procès-verbaux.** Les procès-verbaux ne font foi, jusqu'à preuve contraire, que des faits que les inspecteurs et contrôleurs du travail ont personnellement et matériellement constatés (cass. crim. 27 mai 1999, n° 98-83.535) et non des circonstances que ces fonctionnaires ont pu déduire des déclarations de témoins qu'ils ont recueillies (cass. crim. 28 avril 1975, n° 75-90.167, B. crim. n° 111 ; voir, dans le même sens, cass. crim. 5 février 1980, *JS* 1980 SJ 56). Ils ont, pour le surplus, valeur de simples renseignements (cass. crim. 22 janvier 1991, n° 90-80.034 ; 4 avril 1991, n° 90-82.040). Il importe peu que le procès-verbal mentionne un nombre erroné d'amendes pour sanctionner la contravention relevée (cass. crim. 15 mai 1990, n° 89-85.672, *RJS* 6/90 n° 516).

– Si les procès-verbaux des inspecteurs du travail font foi jusqu'à preuve du contraire, il n'en est ainsi que dans le cas où leur auteur constate une infraction entrant dans le champ de compétence qui lui est reconnu par l'article L. 611-1 [L. 8112-1] CT, tel n'étant pas le cas du procès-verbal par lequel l'inspecteur du travail relève un délit d'outrage prévu et réprimé par l'article L. 433-5, al. 2 c. pén. (cass. crim. 6 février 2007, n° 06-83.356, B. crim. n° 33 ; *RJS* 5/07 n° 47).

– Les constatations de l'inspecteur du travail (relatives au non-respect du délai d'un tiers de la durée de la première mission de travail temporaire entre deux missions successives sur le même poste de travail) faisant foi jusqu'à preuve du contraire, les juges n'ont pas à rechercher si les allégations de l'utilisateur sont exactes et il appartient à ce dernier de rapporter la preuve de leur bien-fondé (cass. crim. 28 mai 1991, n° 90-82.359, B. crim. n° 227).

– En l'absence de nullité prononcée par la juridiction pénale, le procès-verbal qui fait foi jusqu'à preuve contraire doit recevoir application devant la juridiction sociale (cass. soc. 24 avril 2001, n° 98-44.364).

– Les procès-verbaux dressés par l'inspecteur du travail (ou un officier de police judiciaire) ne sont qu'un moyen de preuve de l'infraction qui peut, selon les règles générales, être prouvée par tout autre moyen (témoignages, aveux... ou, comme en l'espèce, constatations par huissier) (cass. crim. 12 mai 1980, *JS* 1980, SJ 129).

– L'absence d'un délégué du personnel lors de la constatation par un inspecteur ou un contrôleur du travail d'une infraction aux dispositions du code du travail ne saurait avoir pour effet de vicier de nullité le procès-verbal dressé par l'agent de contrôle (cass. crim. 15 juin 1977, Espanol).

• La personne poursuivie ayant la faculté de contester la valeur probante des procès-verbaux des contrôleurs du travail par tout moyen de preuve, devant la juridiction de jugement, une poursuite pour faux en écriture publique du fonctionnaire, rédacteur du procès-verbal, ne saurait être considérée comme se rattachant étroitement à une défense et caractérise, en l'espèce, le délit de dénonciation calomnieuse. Porte préjudice à l'ensemble de la profession des contrôleurs du travail et justifie l'action civile du syndicat le fait, pour une personne verbalisée par l'un d'eux, de dénoncer faussement des faits de nature à entraîner des sanctions judiciaires, administratives ou disciplinaires contre ce fonctionnaire (cass. crim. 11 mars 2003, n° 02-82.352, B. crim. n° 65 ; *RJS* 7/03 n° 925).

• Les agents de la direction du travail et de l'emploi n'ayant pas qualité pour engager les poursuites relatives aux infractions qu'ils sont chargés de constater, c'est à bon droit qu'une juridiction de jugement a procédé à l'audition d'un inspecteur du travail comme témoin, serment préalablement prêté conformément à l'article 446 du code de procédure pénale (cass. crim. 26 septembre 1995, n° 94-80.983, B. crim. n° 287 ; *RJS* 12/95 n° 1271).

Art. L. 8113-8. Les dispositions de l'article L. 8113-7 ne sont pas applicables à l'État, aux collectivités territoriales et à leurs établissements publics administratifs.

Un décret en Conseil d'État détermine les conditions dans lesquelles les constatations des inspecteurs du travail dans ces établissements sont communiquées par le ministre chargé du travail aux administrations concernées.

Sous-section 2. Mises en demeure et demandes de vérification

Art. L. 8113-9. Les mises en demeure prévues par le présent code ou par des dispositions légales relatives au régime du travail et les demandes de vérification prévues à l'article L. 4722-1 sont soumises à des règles de procédure déterminées par décret en Conseil d'État.

Art. R. 8113-4. Les mises en demeure et demandes de vérification de l'inspecteur ou du contrôleur du travail sont notifiées par écrit à l'employeur soit par remise en main propre contre décharge, soit par lettre recommandée avec avis de réception.

Art. R. 8113-5. Le délai d'exécution des mises en demeure ainsi que les délais de recours courent à compter du jour de remise de la notification ou du jour de présentation de la lettre recommandée.

SECTION 5. Secret professionnel

Art. L. 8113-10. Les inspecteurs du travail prêtent serment de ne pas révéler les secrets de fabrication et les procédés d'exploitation dont ils pourraient prendre connaissance dans l'exercice de leurs fonctions.

La méconnaissance de ce serment est punie conformément à l'article 226-13 du code pénal.

Note • Sur un plan général, les dispositions des articles L. 8113-10 et 11 sont à rapprocher de celles de la loi 78-753 du 17 juillet 1978 (JO 18) modifiée relative notamment à l'accès aux documents administratifs et des textes pris pour son application : arrêté du 12 mars 1986 (JO 19) fixant la liste des documents administratifs émanant des services placés sous l'autorité ou le contrôle du ministre du Travail, de l'Emploi et de la Formation professionnelle qui ne peuvent pas être communiqués au public (voir Textes non codifiés) ; circulaire du 14 mars 1986 (BO 86/15-16) ; lettre-circulaire DRT 93-19 du 3 août 1993 relative à la communication des rapports d'enquête sur les accidents du travail.

• Les inspecteurs du travail, conformément à l'avis émis par le Conseil d'État le 11 juillet 1950, ne doivent pas, en raison de leur qualité, révéler à la justice les faits confidentiels par leur nature ou qui leur ont été confiés avec la conviction qu'ils ne seraient pas dévoilés et qu'ils ont connus en raison de leurs fonctions (rép. QE 523, JO AN 7 juin 1967, p. 1639).

Art. D. 8113-9. Avant d'entrer en fonctions, l'inspecteur du travail prête le serment prévu à l'article L. 8113-10 devant le tribunal de grande instance dans le ressort duquel se trouve la résidence de sa première affectation.

Art. L. 8113-11. Il est interdit aux contrôleurs du travail de révéler les secrets de fabrication et les procédés d'exploitation dont ils pourraient prendre connaissance dans l'exercice de leurs fonctions.

Art. L. 8113-11.

La méconnaissance de ces interdictions est punie conformément à l'article 226-13 du code pénal.

Constats dans les établissements de l'État, les collectivités territoriales et leurs établissements publics administratifs

Art. R. 8113-6. Les constatations de l'inspecteur ou du contrôleur du travail dans un établissement de l'État, d'une collectivité territoriale ou de l'un de leurs établissements publics administratifs sont consignées dans un registre spécial fourni par l'administration intéressée ou adressées au directeur de l'établissement, qui les annexe à ce registre.

Une copie de ces observations est adressée au ***(D. 2009-1377 du 10 nov. 2009, JO 13 ; D. 2010-687 du 24 juin 2010, JO 25 ; voir D. 2010-1582 du 17 déc. 2010, JO 18, pour outre-mer)*** « directeur régional des entreprises, de la concurrence, de la consommation, du travail et de l'emploi ».

Art. R. 8113-7. Le directeur de l'établissement fait connaître au ***(D. 2009-1377 du 10 nov. 2009, JO 13 ; D. 2010-687 du 24 juin 2010, JO 25 ; voir D. 2010-1582 du 17 déc. 2010, JO 18, pour outre-mer)*** « directeur régional des entreprises, de la concurrence, de la consommation, du travail et de l'emploi », dans un délai d'un mois, les suites qu'il entend donner aux observations de l'inspecteur ou du contrôleur du travail.

Une copie de cette lettre est annexée au registre spécial sur lequel figurent les observations de l'inspection du travail.

Art. R. 8113-8. En cas de désaccord entre le directeur de l'établissement et le ***(D. 2009-1377 du 10 nov. 2009, JO 13 ; D. 2010-687 du 24 juin 2010, JO 25 ; voir D. 2010-1582 du 17 déc. 2010, JO 18, pour outre-mer)*** « directeur régional des entreprises, de la concurrence, de la consommation, du travail et de l'emploi », ce dernier informe le ministre chargé du travail, qui saisit le ministre intéressé.

CHAPITRE IV

Dispositions pénales

Art. L. 8114-1. Le fait de faire obstacle à l'accomplissement des devoirs d'un inspecteur ou d'un contrôleur du travail est puni d'un emprisonnement d'un an et d'une amende de 3750 €.

Note • Les dispositions des articles L. 631-1 et 2 [L. 8114-1 et 2] sont applicables aux faits et gestes commis à l'égard des inspecteurs et contrôleurs de la formation professionnelle (art. L. 6363-2).

• **Délit d'obstacle à l'accomplissement des devoirs d'un inspecteur ou d'un contrôleur du travail.** La Cour de cassation tend à donner une assise large à l'application de cet article. Elle considère en effet que le délit d'obstacle à l'accomplissement des devoirs d'un inspecteur du travail est constitué dès lors qu'est établie la volonté délibérée de différer et de perturber le contrôle (cass. crim. 13 mars 2001, n° 00-85.408 et 8 novembre 2005, n° 05-81.269, B. crim. n° 285 ; *RJS* 4/06 n° 483 : absence de production des documents nécessaires au décompte des heures travaillées malgré des injonctions répétées demeurées sans effet) ou que les renseignements donnés lors d'un contrôle à ce fonctionnaire, sur le personnel d'une entreprise, comportent volontairement des inexactitudes (cass. crim. 26 novembre 1980, n° 80-92.226, B. crim. n° 322 ; *JS* 1981 F 18 ; voir aussi cass. crim. 26 février 1991, *CSB* 1991 S. 95 [fait de produire un faux extrait de procès-verbal du comité d'entreprise lors d'une demande d'autorisation de licenciement d'un salarié protégé] ; 4 février 1992, Gagnal [fait de fournir à l'inspection du travail un document comportant des mentions erronées et ne correspondant pas à la réalité, dans le but d'éluder la surveillance de l'administration] ; 7 juin 1994, n° 93-82.026, *CSB* 1994 S. 120 [refus d'établir des bulletins de paie conformes aux prescriptions réglementaires caractérisant la volonté du prévenu de refuser à l'inspecteur du travail des renseignements qui lui auraient permis d'exercer son contrôle sur la durée effective du travail des salariés] ; 30 mars 1999, n° 98-80.598, *CSB* 1999 S. 324 [présentation en connaissance de cause de documents dépourvus de sincérité et d'exactitude procédant d'une volonté de ne pas se soumettre à la réglementation sur les heures supplémentaires] ; 26 septembre 2000, n° 00-80.034 [communication incomplète des bulletins de paie et de relevés des horaires non correctement remplis] ; 24 avril 2001, n° 00-84.712 [affirmations mensongères suite à un accident du travail]). Dans l'arrêt du 26 novembre 1980, la Cour de cassation rappelle implicitement que ce n'est pas parce qu'un employeur est poursuivi, au titre de textes spécifiques, pour n'avoir pas présenté certains livres ou documents à l'inspecteur du travail qu'il ne peut l'être également au titre de l'article L. 631-1 [L. 8114-1]. Voir également cass. crim. 8 juillet 1980, *Dr. Ouvr.* 1981, p. 28, note M. Petit ; 22 juillet 1981 précité sous l'article L. 8113-1 ; 3 janvier 1985, n° 84-94.199, B. crim. n° 6 ; *JS* 1985, SJ 62.

• S'il est vrai que le défaut de communication d'un document, passible de sanctions contraventionnelles, ne constitue pas en lui-même le délit d'obstacle aux fonctions d'un inspecteur du travail, il en est autrement lorsque l'employeur communique des renseignements qui se révèlent inexacts, marquant ainsi son intention d'éluder la surveillance de l'inspecteur du travail (cass. crim. 28 septembre 1993, n° 92-86.528, B. crim. n° 269 ; *RJS* 12/93 n° 1228).

• Il est nécessaire d'établir, à la charge du prévenu, un acte positif constitutif d'obstacle à l'accomplissement de la mission de l'agent de contrôle (cass. crim. 13 mai 1986, *JS* 1986, SJ 159). Les dispositions de cet article s'appliquent nécessairement au chef d'entreprise qui, par son fait personnel, met obstacle, dans un établissement dépendant de celle-ci, à l'exercice des fonctions de l'agent de contrôle (cass. crim. 4 août 1998, n° 97-83.427, B. crim. n° 224 ; *RJS* 11/98 n° 1391).

• L'infraction prévue à l'article L. 631-1 [L. 8114-1] CT implique un comportement volontaire de la part de son auteur, lequel n'est pas démontré lorsque le prévenu, absent de l'entreprise au moment de la réclamation de l'inspecteur du travail, lui a transmis les documents réclamés quatre jours plus tard (cass. crim. 6 mai 2008, n° 07-80.530, B. crim. n° 106 ; *RJS* 8-9/08 n° 923).

• Le seul fait, par le prévenu, de s'être volontairement placé dans l'impossibilité de satisfaire à ses obligations en refusant à l'inspection du travail les renseignements qui lui auraient permis d'exercer son contrôle sur la durée effective du travail des salariés suffit, même en l'absence de toute autre manœuvre, à caractériser l'élément intentionnel de l'infraction (cass. crim. 10 septembre 2002, n° 02-80.102 ; 24 septembre 2002, n° 02-80.101).

• **Action des syndicats.** L'obstacle mis à l'accomplissement des devoirs d'un inspecteur constitue non seulement une atteinte à l'intérêt général mais encore un dommage subi personnellement par l'intéressé, empêché d'accomplir ses devoirs, et un préjudice à l'intérêt collectif de la profession autorisant un syndicat à exercer devant toutes les juridictions les droits réservés à la partie civile (cass. crim. 11 octobre 1983, *JS* 1983, SJ 252) ; voir également, dans le même sens, cass. crim. 4 octobre 1988, n° 87-80.084, B. crim. n° 328, et 11 mars 2003 cité sous art. L. 8113-7.

Art. L. 8114-2. Les dispositions des articles L. 433-3, L. 433-5 et L. 433-6 du code pénal qui prévoient et répriment respectivement les actes de violences, d'outrages et de résistance contre les officiers de police judiciaire sont applicables à ceux qui se rendent coupables de faits de même nature à l'égard des inspecteurs du travail et des contrôleurs du travail.

Note • Voir notes sous art. L. 8113-1 et L. 8114-1.

• Sur un délit d'outrage caractérisé pour des propos excédant le droit de libre critique, voir cass. crim. 12 février 2008, n° 07-80.346, *RJS* 5/08 n° 587.

• Pour être constitué, le délit prévu par l'article L. 433-5 c. pén. suppose, si l'outrage est indirect, que puisse être constatée chez son auteur l'intention de faire parvenir à l'agent concerné l'écrit ou les propos outrageants ; tel n'est pas le cas d'un courrier adressé par l'employeur, non à l'inspecteur du travail, mais au directeur départemental (cass. crim. 6 mai 2008, n° 07-80.530, B. crim. n° 106 ; *RJS* 8-9/08 n° 923).

• N'ont pas méconnu ces dispositions les juges qui ont retenu la culpabilité d'un employeur pour séquestration et également pour coups et violences volontaires sur un citoyen chargé d'un ministère public (art. 309-3° c. pén. alors en vigueur) (cass. crim. 7 janvier 1992, n° 91-82.861).

Art. L. 8113-11.

• Le délit d'outrage à inspecteur du travail n'ayant pas pour objet exclusif la protection de l'intérêt général attachée à l'autorité de ce fonctionnaire, celui-ci est recevable à déclencher l'action publique en qualité de partie civile afin d'obtenir réparation du préjudice moral qu'il a subi (cass. crim. 11 juillet 1994, n° 92-84.514).

Art. L. 8114-3. Les dispositions des articles L. 8114-1 et L. 8114-2 ne sont pas applicables à l'État, aux collectivités territoriales et à leurs établissements publics administratifs.

Art. R. 8114-1. Le fait de méconnaître les dispositions de l'article R. 8113-1 est puni de l'amende prévue pour les contraventions de la quatrième classe.

Cette amende est appliquée autant de fois qu'il y a de personnes employées dans des conditions susceptibles d'être sanctionnées au titre des dispositions de cet article.

Art. R. 8114-2. *(D. 2009-289 du 13 mars 2009, JO 15)* Le fait de ne pas présenter à l'inspection du travail les livres, registres et documents rendus obligatoires par le présent code ou par une disposition légale relative au régime du travail, en méconnaissance de l'article L. 8113-4, est puni de l'amende prévue pour les contraventions de la troisième classe.

TITRE II

SYSTÈME D'INSPECTION DU TRAVAIL

Note

• Si l'indépendance de l'inspection du travail doit être rangée au nombre des principes fondamentaux du droit du travail au sens de l'article 34 de la Constitution, la détermination de l'autorité administrative chargée des attributions en cause au sein d'un « système d'inspection du travail » relève du pouvoir réglementaire (C. constit. 17 janvier 2008, n° 2007-561 DC, JO 22). Voir note sous Titre Ier.

• Sur la mise à disposition du ministre de l'immigration, de l'intégration, de l'identité nationale et du développement de la direction générale du travail, voir CE 14 novembre 2007, n° 307860, *Dr. Soc.* 2008, p. 117, concl. A. Courrèges : « Inspection du travail et attributions ministérielles ».

CHAPITRE Ier

Échelon central

[Le présent chapitre ne comprend pas de dispositions législatives.]

SECTION 1. Conseil national de l'inspection du travail

Note

Le Conseil national de l'inspection du travail a été institué par le décret 2007-279 du 2 mars 2007 (JO 3).

Sous-Section 1. Attributions

Art. D. 8121-1. Le Conseil national de l'inspection du travail, institué auprès du ministre chargé du travail, contribue à assurer, par ses attributions consultatives auprès du ministre, l'exercice des missions et garanties de l'inspection du travail telles qu'elles sont notamment définies par les conventions n° 81 et n° 129 de l'OIT sur l'inspection du travail et par le présent code.

Art. D. 8121-2. Le Conseil national de l'inspection du travail peut être saisi par tout agent participant aux activités de contrôle de l'inspection du travail de tout acte d'une autorité administrative de nature à porter directement et personnellement atteinte aux conditions dans lesquelles il doit pouvoir exercer sa mission.

Après instruction du dossier, et sous réserve de la recevabilité de la saisine, le conseil rend un avis motivé transmis au ministre chargé du travail et, le cas échéant, au ministre dont relève l'agent et notifié à l'agent.

L'avis est également adressé à la commission administrative paritaire du corps interministériel dont relève l'agent.

Art. D. 8121-3. Le Conseil national de l'inspection du travail peut être saisi par le ministre chargé du travail ou par un autre ministre en charge d'un service d'inspection du travail de toute question à caractère général concernant le respect des missions et garanties de l'inspection du travail.

L'avis rendu est transmis aux ministres et communiqué au ***(D. 2011-184 du 15 févr. 2011, art. 55, JO 17)*** « comité technique » compétent.

Art. D. 8121-4. Les attributions du Conseil national de l'inspection du travail sont sans incidence sur les compétences des instances paritaires telles qu'elles sont définies par les dispositions légales.

Art. D. 8121-5. Le Conseil national de l'inspection du travail établit un rapport annuel d'activité. Ce rapport est public.

Sous-section 2. **Composition et mandat**

Art. D. 8121-6. Le Conseil national de l'inspection du travail est composé :

1° D'un conseiller d'État désigné par le vice-président du Conseil d'État ;

2° D'un conseiller à la Cour de cassation désigné par le premier président de la Cour de cassation ;

3° D'un inspecteur général des affaires sociales, désigné par le chef de l'inspection générale des affaires sociales ;

(D. 2008-1510 du 30 déc. 2008, JO 31) « 4° D'un membre du corps de l'inspection du travail exerçant les fonctions de ***(D. 2009-1377 du 10 nov. 2009, JO 13 ; D. 2010-687 du 24 juin 2010, JO 25 ; voir D. 2010-1582 du 17 déc. 2010, JO 18, pour outre-mer)*** « directeur régional des entreprises, de la concurrence, de la consommation, du travail et de l'emploi » désigné par le collège des directeurs régionaux ; »

5° D'un inspecteur du travail, sur proposition des représentants du personnel élus à la commission administrative paritaire du corps interministériel des inspecteurs du travail ;

6° D'un contrôleur du travail, sur proposition des représentants du personnel élus à la commission administrative paritaire du corps interministériel des contrôleurs du travail.

Art. D. 8121-7. ***(D. 2008-1510 du 30 déc. 2008, JO 31)*** Les membres du Conseil national de l'inspection du travail sont nommés par arrêté du ministre chargé du travail.

Art. D. 8121-8. Le mandat des membres du Conseil national de l'inspection du travail est de trois ans. Il est renouvelable une fois.

Si, en cours de mandat, un membre du conseil cesse d'exercer ses fonctions, le mandat de son successeur est limité à la période restant à courir.

Sous-section 3. **Fonctionnement**

Art. D. 8121-9. Le Conseil national de l'inspection du travail établit un règlement intérieur approuvé par arrêté des ministres intéressés.

Art. D. 8121-10. Le Conseil national de l'inspection du travail élit son président, en son sein, à chaque renouvellement triennal.

En cas d'empêchement, de démission ou pour toute autre raison empêchant le président d'achever son mandat, son remplaçant est désigné dans les mêmes conditions pour la durée de la période restant à courir.

Art. D. 8121-11. Le secrétariat du Conseil national de l'inspection du travail est assuré par le directeur général du travail ou son représentant.

Art. D. 8121-12. Les fonctions de membre du Conseil national de l'inspection du travail ne sont pas rémunérées.

Les frais de déplacement donnent lieu à indemnisation dans les conditions prévues par le décret n° 2006-781 du 3 juillet 2006 fixant les conditions et les modalités de règlement des frais occasionnés par les déplacements temporaires des personnels civils de l'État.

SECTION 2. Direction générale du travail

Note La direction générale du travail a été instituée par le décret 2006-1033 du 22 août 2006 (JO 23).

Art. R. 8121-13. ***(D. 2008-1503 du 30 déc. 2008, JO 31)*** La direction générale du travail a autorité sur les services déconcentrés et est chargée de l'application de la convention n° 81 de l'Organisation internationale du travail (OIT) du 11 juillet 1947 sur l'inspection du travail, ainsi que de la convention n° 129 du 25 juin 1969 sur l'inspection du travail en agriculture, et de la convention n° 178 du 22 octobre 1996 sur l'inspection des conditions de travail et de vie des gens de mer.

Elle exerce à ce titre pour les agents de l'inspection du travail la fonction d'autorité centrale, d'organe central et d'autorité centrale de coordination prévue par ces conventions.

Elle a autorité sur les agents de l'inspection du travail dans le champ des relations du travail.

Art. R. 8121-14. La direction générale du travail :

1° Détermine les orientations de la politique du travail, coordonne et évalue les actions, notamment en matière de contrôle de l'application du droit du travail ;

2° Contribue à la définition des principes de l'organisation du réseau territorial ;

3° Assure l'appui et le soutien des services déconcentrés dans l'exercice de leurs missions ;

4° Veille au respect des règles déontologiques des agents de l'inspection du travail ;

5° Coordonne les liaisons avec les services ***(D. 2008-1503 du 30 déc. 2008, JO 31)*** « exerçant des fonctions d'inspection du travail » relevant d'autres départements ministériels.

CHAPITRE II

Services déconcentrés

[Le présent chapitre ne comprend pas de dispositions législatives.]

Note • « **Art. 1.** Les directions régionales des entreprises, de la concurrence, de la consommation, du travail et de l'emploi sont des services déconcentrés communs au ministère de l'économie, de l'industrie et de l'emploi et au ministère du travail, des relations sociales, de la famille, de la solidarité et de la ville.

Dans chaque région, la direction régionale des entreprises, de la concurrence, de la consommation, du travail et de l'emploi exerce, sous l'autorité du préfet de région et, pour les missions relevant de sa compétence, sous l'autorité fonctionnelle du préfet de département, les missions définies à l'article 2 du décret, à l'exception de celles relatives aux actions d'inspection de la législation du travail mentionnées au 1° dudit article, d'une part, et, d'autre part, des pouvoirs d'enquête et d'investigation exercés sous le contrôle de l'autorité judiciaire.

Art. 2. Sous réserve des compétences attribuées à d'autres services ou établissements publics de l'État, la direction régionale des entreprises, de la concurrence, de la consommation, du travail et de l'emploi est chargée :

1° De la politique du travail et des actions d'inspection de la législation du travail ;

2° Des actions de développement des entreprises et de l'emploi, notamment dans les domaines de l'innovation et de la compétitivité des entreprises, en France et à l'étranger, du marché du travail, de la formation professionnelle continue, de l'industrie, du commerce, de l'artisanat, des professions libérales, des services et du tourisme, ainsi que de celles, définies par le ministre chargé de l'économie, dans les domaines de l'intelligence économique et, pour ce qui la concerne, de la sécurité économique ;

3° Des actions de contrôle du bon fonctionnement des marchés et des relations commerciales entre entreprises, de protection économique des consommateurs et de sécurité des consommateurs ainsi que de contrôle dans le domaine de la métrologie.

En relation, le cas échéant, avec d'autres administrations compétentes, la direction régionale assure le pilotage des politiques de l'État susmentionnées, au besoin en élaborant un plan d'action régional, et évalue la performance de leur application.

Elle met en œuvre les actions de développement des entreprises, celles relatives aux relations commerciales entre entreprises, ainsi que les actions en matière de travail, d'emploi et de formation professionnelle.

Art. 3. I – Chaque direction régionale des entreprises, de la concurrence, de la consommation, du travail et de l'emploi comprend les pôles suivants :
– un pôle « politique du travail », chargé des actions relevant du 1° de l'article 2 ;
– un pôle « entreprises, emploi et économie », chargé des actions mentionnées au 2° de l'article 2 ;
– un pôle « concurrence, consommation, répression des fraudes et métrologie », chargé des actions mentionnées au 3° de l'article 2.

En outre, les directions régionales des entreprises, de la concurrence, de la consommation, du travail et de l'emploi peuvent disposer d'un secrétariat général.

II – Chaque direction régionale comprend également des unités territoriales.

III – Les unités territoriales comportent des sections d'inspection du travail. La délimitation géographique d'une section peut recouvrir tout ou partie d'une ou plusieurs unités territoriales dans les conditions prévues à l'article R. 8122-9 du code du travail.

IV – Lorsque la démographie, les conditions économiques ou les caractéristiques des bassins d'emploi le justifient, des unités territoriales dont le ressort n'est pas départemental peuvent être créées par arrêté conjoint des ministres chargés du travail, de l'emploi et de l'économie, sur proposition du préfet de région » (décret 2009-1377 du 10 novembre 2009 modifié, JO 13, rapporté dans Textes non codifiés). Voir arrêté du 20 mai 2010 (JO 1er juin) créant les unités territoriales du Nord-Lille et du Nord-Valenciennes au sein de la DIRECCTE du Nord-Pas-de-Calais.

Les dispositions du décret du 10 novembre 2009 sont applicables dans la région Île-de-France (décret 2010-687 du 24 juin 2010, art. 2 et 38, JO 25).

Le décret 2010-1372 du 12 novembre 2010 (JO 14), modifié par les décrets 2011-26 du 6 janvier 2011 (JO 8) et 2011-184 du 15 février 2011 (JO 17), crée la délégation générale au pilotage des DIRECCTE.

Dans l'ensemble des dispositions réglementaires en vigueur, les références aux directions régionales et aux directions départementales du travail, de l'emploi et de la formation professionnelles et à leurs directeurs sont remplacées par des références aux directions régionales des entreprises, de la concurrence, de la consommation, du travail et de l'emploi et à leurs directeurs (décret 2009-1377 modifié précité ; décret 2010-1582 du 17 décembre 2010 modifié, art. 36, JO 18, pour outre-mer).

Le Conseil d'État a validé le décret du 10 novembre 2009 en confirmant la compétence de l'autorité règlementaire pour modifier l'organisation et le fonctionnement des services déconcentrés de l'État (CE 28 mars 2011, n° 335515).

[Dispositions réglementaires]

(D. 2009-1377 du 10 nov. 2009 modifié, JO 13 ; D. 2010-687 du 24 juin 2010 modifié, JO 25)

Note Pour l'outre-mer, voir article R. 8322-2.

CHAPITRE II

Services déconcentrés

Art. R. 8122-1. Dans le cadre des directives du directeur général du travail, le directeur régional des entreprises, de la concurrence, de la consommation, du travail et de l'emploi :

1° Met en œuvre au plan régional la politique définie par les pouvoirs publics afin d'améliorer les relations collectives et individuelles et les conditions de travail dans les entreprises ;

2° Définit les orientations générales des actions d'inspection de la législation du travail, qu'il organise, coordonne, suit et évalue ;

3° Coordonne l'action de ses services avec les autres services de l'État et les organismes chargés de la prévention ou du contrôle, en matière d'inspection de la législation du travail, de prévention des risques professionnels et d'amélioration des conditions de travail. À ce titre, il est tenu informé par l'Agence nationale pour l'amélioration des conditions de travail de ses interventions dans la région ;

4° Assure le suivi de la négociation collective dans les entreprises et au niveau territorial ;

5° Est chargé des relations avec les autorités judiciaires, sous réserve des attributions confiées par la loi aux inspecteurs du travail ;

6° Exerce les pouvoirs propres qui lui sont conférés par les dispositions en vigueur ou sur le fondement de telles dispositions.

Art. R. 8122-2. Pour l'exercice des compétences en matière d'actions d'inspection de la législation du travail, le directeur régional des entreprises, de la concurrence, de la consommation, du travail et de l'emploi peut déléguer sa signature au chef du pôle en charge des questions de travail et aux responsables d'unités territoriales chargées des politiques du travail, de l'emploi, de la formation professionnelle et de développement des entreprises.

En accord avec le délégant, ceux-ci peuvent donner délégation pour signer des actes relatifs aux affaires pour lesquelles ils ont eux-mêmes reçu délégation aux agents du corps de l'inspection du travail placés sous leur autorité. Le directeur régional peut mettre fin à tout ou partie de cette délégation. Il peut également fixer la liste des compétences qu'il souhaite exclure de la délégation que peuvent consentir ces chefs de service aux agents du corps de l'inspection du travail placés sous leur autorité.

Les responsables d'unité territoriale exercent, au nom du directeur régional, le pouvoir hiérarchique sur les agents chargés des actions d'inspection de la législation du travail.

Art. R. 8122-3. La section d'inspection du travail est l'échelon territorial d'intervention dans l'entreprise.

Art. R. 8122-4. ***(D. 2008-1503 du 30 déc. 2008, JO 31)*** Le nombre de sections d'inspection est fixé par arrêté du ministre chargé du travail, ainsi que leur localisation et leur délimitation dans le cas où leur champ de compétence excède la région. Dans les limites de sa circonscription territoriale, ***(D. 2009-1377 du 10 nov. 2009 modifié, JO 13)*** « le directeur régional des entreprises, de la concurrence, de la consommation, du travail et de l'emploi » décide de la localisation et de la délimitation des sections d'inspection.

Dans chaque département, une section est chargée du contrôle des professions agricoles telles que définies par l'article L. 717-1 du code rural ***(Ord. 2010-462 du 6 mai 2010, JO 7)*** « et de la pêche maritime », sauf exception prévue par arrêté des ministres chargés de l'agriculture et du travail. Le directeur régional du travail, de l'emploi et de la formation professionnelle peut, par référence à la nomenclature d'activités française, modifier le champ de compétence de la section agricole tel qu'il résulte de l'application de l'article L. 717-1 du code rural ***(Ord. 2010-462 du 6 mai 2010, JO 7)*** « et de la pêche maritime ».

Note Un arrêté du 23 juillet 2009 (JO 1er août) fixe le nombre et la répartition des sections d'inspection du travail, ainsi que la liste des départements pour lesquels il est dérogé à la création d'une section agricole en application du second alinéa.

CHAPITRE III

Appui à l'inspection du travail

SECTION 1. Médecin inspecteur du travail

Art. L. 8123-1. Les médecins inspecteurs du travail exercent une action permanente en vue de la protection de la santé physique et mentale des travailleurs sur leur lieu de travail et participent à la veille sanitaire au bénéfice des travailleurs. Leur action porte en particulier sur l'organisation et le fonctionnement des services de santé au travail prévus au titre II du livre VI de la quatrième partie.

Les médecins inspecteurs du travail agissent en liaison avec les inspecteurs du travail, avec lesquels ils coopèrent à l'application de la réglementation relative à la santé au travail.

Art. L. 8123-2. Les dispositions du présent code relatives aux pouvoirs et obligations des inspecteurs du travail sont étendues aux médecins inspecteurs du travail à l'exception des dispositions de l'article L. 8113-7, relatives aux procès-verbaux, et de l'article L. 4721-4, relatives aux mises en demeure.

Art. L. 8123-3. En vue de la prévention des affections professionnelles, les médecins inspecteurs du travail sont autorisés à faire, aux fins d'analyse, tous prélèvements portant notamment sur les matières mises en œuvre et les produits utilisés.

Art. R. 8123-1. Le médecin inspecteur du travail concourt à l'ensemble des missions des services déconcentrés relevant des ministres chargés du travail, de l'emploi et de la formation professionnelle.

À ce titre, il formule les avis et prend les décisions prévues par les dispositions légales.

Il est notamment chargé de l'étude des risques professionnels et de leur prévention. Il exerce une mission d'information au bénéfice des médecins du travail et des médecins de main-d'œuvre, qu'il associe aux études entreprises.

Il est chargé du contrôle technique de l'activité des médecins de main-d'œuvre.

Note Cet article a été modifié par le décret 2008-1503 du 30 décembre 2008 (JO 31).

Art. D. 8123-2. Le médecin inspecteur du travail veille, avec les services de l'inspection du travail et en liaison avec les comités techniques des caisses de sécurité sociale, à l'application des dispositions légales relatives à la santé et la sécurité au travail.

Note Les attributions du médecin inspecteur du travail et de la main-d'œuvre sont précisées à l'article 5 du décret 94-1166 du 28 décembre 1994 (JO 30) portant organisation des services déconcentrés du ministère du Travail, de l'Emploi et de la Formation professionnelle. Voir également circulaire DRT 96-6 du 17 avril 1996 relative au rôle et aux fonctions de l'inspection médicale du travail et de la main-d'œuvre à l'échelon régional (BO TR 96/10, p. 75) et circulaire DRT-DAGEMO 6 du 5 novembre 2001 relative à l'organisation, au fonctionnement et aux moyens de l'inspection médicale du travail et de la main-d'œuvre (BO TR 2002/4, p. 99).

Art. D. 8123-3. Le médecin inspecteur du travail exerce une action permanente en vue de la protection des travailleurs sur leur lieu de leur travail.

Cette action porte également sur le contrôle du fonctionnement des services de santé au travail.

Art. D. 8123-4. Le médecin inspecteur du travail communique aux comités techniques des caisses de sécurité sociale les renseignements qu'il possède sur les risques de maladies professionnelles et d'accidents du travail inhérents aux différentes entreprises.

Art. D. 8123-5. Le médecin inspecteur du travail assure, en coordination étroite avec les services psychotechniques, l'examen médical des travailleurs en vue de leur orientation professionnelle, de leur reclassement et de l'envoi dans les centres de rééducation de ceux qui sont provisoirement inaptes au travail ou handicapés physiquement.

Art. R. 8123-6. Le médecin inspecteur du travail est placé sous l'autorité du ***(D. 2009-1377 du 10 nov. 2009, JO 13 ; D. 2010-687 du 24 juin 2010, JO 25 ; voir D. 2010-1582 du 17 déc. 2010, JO 18, pour outre-mer)*** « directeur régional des entreprises, de la concurrence, de la consommation, du travail et de l'emploi », sauf dans l'exercice des compétences qu'il tient directement des dispositions légales, et sous réserve des dispositions de l'article R. 8123-7.

Art. R. 8123-7. Le médecin inspecteur du travail est placé sous l'autorité du chef du service de l'inspection médicale du travail pour l'exercice de ses compétences techniques.

SECTION 2. Ingénieurs de prévention

Art. L. 8123-4. Les ingénieurs de prévention des ***(L. 2011-525 du 17 mai 2011, art. 170, JO 18)*** « directions régionales des entreprises, de la concurrence, de la consommation, du travail et de l'emploi », lorsqu'ils assurent un appui technique aux inspecteurs du travail dans leurs contrôles, enquêtes et missions, jouissent du droit d'entrée et du droit de prélèvement respectivement prévus aux articles L. 8113-1 et L. 8113-3.

Ils peuvent se faire présenter les registres et documents prévus à l'article L. 8113-4, lorsqu'ils concernent la santé, la sécurité et les conditions de travail.

Art. L. 8123-5. Il est interdit aux ingénieurs de prévention des ***(L. 2011-525 du 17 mai 2011, art. 170, JO 18)*** « directions régionales des entreprises, de la concurrence, de la consommation, du travail et de l'emploi » de révéler les secrets de fabrication et les procédés d'exploitation dont ils pourraient prendre connaissance dans l'exercice de leurs fonctions.

La méconnaissance de ces interdictions est punie conformément à l'article 226-13 du code pénal.

Note L'article 226-13 c. pén. vise le délit de violation du secret professionnel.

SECTION 3. Missions spéciales temporaires confiées à des médecins et ingénieurs

Art. L. 8123-6. Le ministre chargé du travail peut charger des médecins de missions spéciales temporaires concernant l'application des dispositions relatives à la santé des travailleurs.

Le ministre peut également charger des ingénieurs, titulaires du titre d'ingénieur diplômé au sens des articles L. 642-1 et suivants du code de l'éducation, de missions temporaires concernant l'application des dispositions relatives à la santé et la sécurité des travailleurs.

Les médecins conseils et les ingénieurs conseils de l'inspection du travail jouissent, pour l'exécution de ces missions, des droits attribués aux inspecteurs du travail par les articles L. 8113-1 et L. 8113-3.

Art. R. 8123-8. Les médecins-conseils de l'inspection du travail, prévus à l'article L. 8123-6, sont choisis sur une liste arrêtée par décret pris après avis du ***(D. 2009-289 du 13 mars 2009, JO 15)*** « Conseil d'orientation sur les conditions de travail ».

Art. R. 8123-9. Les ingénieurs conseils de l'inspection du travail mentionnés à l'article L. 8123-6 sont choisis sur une liste arrêtée par décret pris après avis du ***(D. 2009-289 du 13 mars 2009, JO 15)*** « Conseil d'orientation sur les conditions de travail ».

LIVRE II

LUTTE CONTRE LE TRAVAIL ILLÉGAL

TITRE Ier

DÉFINITION

CHAPITRE UNIQUE

Art. L. 8211-1. Sont constitutives de travail illégal, dans les conditions prévues par le présent livre, les infractions suivantes :
1° Travail dissimulé ;
2° Marchandage ;
3° Prêt illicite de main-d'œuvre ;
4° Emploi d'étranger sans titre de travail ;
5° Cumuls irréguliers d'emplois ;
6° Fraude ou fausse déclaration prévue aux articles L. 5124-1, L. 5135-1 et L. 5429-1.

TITRE II

TRAVAIL DISSIMULÉ

Note

• Voir « Le renforcement de la lutte contre le travail illégal », Th. Aubert-Monpeyssen, *Dr. Soc.* 1997, p. 915 ; « Le travail dissimulé : questions de droit et de société », chron. O-L Bouvier, *RJS* 10/06, p. 746. Voir également arrangement de coopération administrative franco-belge en matière de lutte contre le travail illégal du 9 mai 2003 (BO TR 2003/16, p. 195).

• **Travail forcé.** Tout travail forcé est incompatible avec la dignité humaine (cass. crim. 13 janvier 2009, n° 08-80.787, B. crim. n° 9 ; *RJS* 8-9/09 n° 739).

CHAPITRE Ier

Interdictions

SECTION 1. Dispositions générales

Art. L. 8221-1. Sont interdits :
1° Le travail totalement ou partiellement dissimulé, défini et exercé dans les conditions prévues aux articles L. 8221-3 et L. 8221-5 ;
2° La publicité, par quelque moyen que ce soit, tendant à favoriser, en toute connaissance de cause, le travail dissimulé ;
3° Le fait de recourir sciemment, directement ou par personne interposée, aux services de celui qui exerce un travail dissimulé.

Note

• La circulaire interministérielle du 9 novembre 1992 (JO 18, rectif. BO TR 93/12) a précisé que l'infraction de travail clandestin ne peut être relevée à l'encontre du salarié dissimulé lui-même. Voir par ailleurs « La mise en cause des bénéficiaires du travail clandestin », Fr. Salas, *Dr. Soc.* 1996, p. 913 ; « Le travail dissimulé », F-J Pansier, *CSB* 2001 D. 6 et D. 10.

• « Sont amnistiées de droit les infractions visées à l'article L. 324-9 [L. 8221-1] CT, commises avant la promulgation de la loi 2006-586 du 23 mai 2006 (JO 25), à l'occasion d'une activité remplissant les conditions prévues pour la conclusion d'un contrat de volontariat associatif ou d'un contrat d'engagement éducatif.

L'amnistie bénéficie aux personnes physiques et aux personnes morales.

Lorsqu'elle intervient après condamnation définitive, l'amnistie résultant du présent article est constatée par le ministère public près la juridiction ayant prononcé la condamnation, agissant soit d'office, soit sur requête du condamné ou de ses ayants droit. La décision du ministère public peut être contestée dans les conditions prévues aux deuxième et troisième alinéas de l'article 778 du code de procédure pénale » (loi 2006-586 précitée, art. 21).

• **Sous-traitance.** La durée des relations commerciales, les conditions de leur exercice caractérisées par une forte intégration, le fait que la prévenue n'a effectué aucune des vérifications prévues par l'article L. 324-14 [L. 8222-1] CT démontrent que celle-ci a sciemment eu recours aux services d'une société qui effectuait un travail clandestin (cass. crim. 21 janvier 1997, n° 95-84.204, B. crim. n° 21 ; *CSB* 1997 S. 120 ; 21 avril 1998, n° 97-80.959 ; 19 octobre 1999, n° 98-87.180 ; 3 décembre 2002, n° 01-88.778, *CSB* 2003 S. 155). Sur la sanction d'un donneur d'ordre faisant appel à des travailleurs indépendants dans des conditions telles que ces derniers ne pouvaient réaliser de bénéfices qu'en ne déclarant que partiellement les heures effectuées par leurs salariés, voir cass. crim. 11 mars 1997, n° 95-82.009, B. crim. n° 97 ; *CSB* 1997 S. 121 ; 11 janvier 2000, n° 99-80.823, *RJS* 4/00 n° 427 ; 4 novembre 2008, n° 08-81.552, *RJS* 2/09 n° 205. Sur la sanction d'un courtier donneur d'ordre en l'absence de vérification des obligations des sous-traitants participant à une opération de transport, voir cass. crim. 16 mars 2004, n° 03-86.681, *CSB* 2004 A. 50. Sur la responsabilité d'un maitre d'ouvrage n'ayant pas effectué les vérifications relatives à la déclaration des salariés de l'entreprise retenue pour un chantier, voir cass. crim. 2 mars 2010, n° 09-84.673, *CSB* 2010 S. 183.

Sur la responsabilité de la société dont le directeur général savait, en raison de son expérience, qu'elle serait dans l'incapacité de terminer dans les délais contractuels les chantiers importants qu'elle avait en charge sans l'aide d'un sous-traitant irrégulier, voir cass. crim. 7 juillet 1998, n° 97-81.273, B. crim. n° 216 ; *RJS* 11/98 n° 1389. Sur la responsabilité d'une société de promotion immobilière, maître d'ouvrage délégué, voir cass. crim. 3 avril 2002, n° 01-85.601, *CSB* 2002 S. 315.

Les articles L. 324-9 [L. 8221-1] et L. 362-3 [L. 8224-1] n'exigent pas que les agissements incriminés aient procuré un avantage à leur auteur ou qu'ils aient été commis par lui dans un but lucratif (cass. crim. 30 septembre 2003, n° 02-83.183, *Dr. Soc.* 2004, p. 206, obs. Fr. Duquesne).

Voir P-H Antonmattei et J-C Sciberras : « Le travailleur économiquement dépendant : quelle protection? », *Dr. Soc.* 2009, p. 221.

• **Marchés publics.** Dans des conditions définies par décret, tout candidat à un contrat ou marché passé par une personne morale de droit public, ainsi que tout sous-traitant d'un titulaire de contrat ou de marché, doit attester qu'il n'a pas fait l'objet, au cours des cinq dernières années, d'une condamnation inscrite au bulletin n° 2 du casier judiciaire pour les infractions visées aux articles L. 324-9, L. 324-10, L. 341-6, L. 125-1 et L. 125-3 (anciens) CT. Ces dispositions s'appliquent à toute personne morale soumise, pour la passation de ces contrats et marchés, à des règles de publicité et de mise en concurrence (loi 97-210 du 11 mars 1997, art. 27, JO 12 ; décret 97-638 du 31 mai 1997, JO 1er juin).

• **Marchés passés par des personnes publiques ou privées non soumises au code des marchés publics.** Ne peuvent soumissionner à un marché passé par un pouvoir adjudicateur défini à l'article 3 ou par une entité adjudicatrice définie à l'article 4 de l'ordonnance 2005-649 du 6 juin 2005 relative aux marchés passés par certaines personnes publiques ou privées non soumises au code des marchés publics, les personnes qui ont fait l'objet, depuis moins de cinq ans, d'une condamnation inscrite au bulletin n° 2 du casier judiciaire pour les infractions mentionnées aux articles L. 8221-1, L. 8221-3, L. 8221-5, L. 8231-1, L. 8241-1 et L. 8251-1 CT (ord. 2005-649 du 6 juin 2005, art. 8, 2°).

• **Délégation de service public.** Sous réserve de situations particulières, notamment de garantie, ne sont pas admises à se porter candidates à une délégation de service public les personnes qui ne sont pas en règle avec leurs obligations en matière d'impôt, de cotisations sociales, de cotisations de congés payés et de chômage-intempéries (décret 97-638 du 31 mai 1997, art. 8, JO 1er juin ; arrêté du 30 octobre 1997, JO 7 nov.).

• Les remises de dettes consenties pour l'application de l'article L. 626-6 c. com. par les administrations financières, les organismes de sécurité sociale, Pôle emploi, etc., sont subordonnées à la constatation que le débiteur ou, s'il est une personne morale, ses organes ou ses représentants, n'a pas fait l'objet depuis au moins 10 ans d'une condamnation définitive pour l'une des infractions sanctionnées par les articles L. 8224-1, L. 8224-2, L. 8224-3 et L. 8224-5 CT (art. D. 626-15 c. com. ; décret 2009-385 du 6 avril 2009, JO 8 avril).

Art. L. 8221-2. Sont exclus des interdictions prévues au présent chapitre, les travaux d'urgence dont l'exécution immédiate est nécessaire pour prévenir les accidents imminents ou organiser les mesures de sauvetage.

SECTION 2. Travail dissimulé par dissimulation d'activité

Art. L. 8221-3. Est réputé travail dissimulé par dissimulation d'activité, l'exercice à but lucratif d'une activité de production, de transformation, de réparation ou de prestation de services ou l'accomplissement d'actes de commerce par toute personne qui, se soustrayant intentionnellement à ses obligations :

1° Soit n'a pas demandé son immatriculation au répertoire des métiers ou, dans les départements de la Moselle, du Bas-Rhin et du Haut-Rhin, au registre des entreprises ou au registre du commerce et des sociétés, lorsque celle-ci est obligatoire, ou a poursuivi son activité après refus d'immatriculation, ou postérieurement à une radiation ;

2° Soit n'a pas procédé aux déclarations qui doivent être faites aux organismes de protection sociale ou à l'administration fiscale en vertu des dispositions légales en vigueur. ***(L. 2011-1906 du 21 déc. 2011, art. 123, JO 22)*** « Cette situation peut notamment résulter de la non-déclaration d'une partie de son chiffre d'affaires ou de ses revenus ou de la continuation d'activité après avoir été radié par les organismes de protection sociale en application de l'article L. 133-6-7-1 du code de la sécurité sociale. »

Note • **Champ d'application.** L'interdiction du travail dissimulé par dissimulation d'activité vise toutes les activités exercées à titre professionnel et lucratif : activités artisanales, industrielles, commerciales, libérales et agricoles, mais également l'accomplissement de tout acte de commerce hors de ce cadre. Se trouvent notamment exclus les activités bénévoles et d'entraide ainsi que les travaux domestiques (circ. intermin. du 9 novembre 1992).

• **Caractérisation du délit.** Le défaut d'immatriculation au registre du commerce et des sociétés ou au répertoire des métiers, qui constitue en lui-même une contravention, doit être intentionnel pour caractériser le délit de travail clandestin (circ. précitée). Il en est ainsi de l'absence d'immatriculation d'une agence de société de travail temporaire (cass. crim. 14 mai 1996, n° 94-85.617, *CSB* 1996 B. 170). L'omission volontaire de demande d'inscription modificative au répertoire des métiers doit être assimilée au défaut d'immatriculation (cass. crim. 23 mai 1995, n° 93-85.460, B. crim. n° 192 ; *RJS* 10/95 n° 1038).

L'exercice d'une autre activité que celle pour laquelle l'entreprise est inscrite au registre du commerce et, pour une entreprise de transport, de faire circuler un camion dont le poids total en charge excède de plus de 20 % le poids autorisé constituent des infractions à l'article L. 324-10 [L. 8221-3] CT (cass. crim. 7 mars 2007, n° 06-80.875, *CSB* 2007 A. 49).

La poursuite d'activité malgré le refus d'immatriculation au répertoire des métiers, même indirectement notifié, constitue le délit (cass. crim. 31 janvier 2006, n° 05-82.014, *CSB* 2006 S. 247). Une cour d'appel ne méconnaît pas les articles 39 et 40 du traité sur l'Union européenne en jugeant coupable du délit de travail dissimulé un brocanteur ayant constitué une société en Grande-Bretagne et poursuivant sur le territoire national, après sa radiation du registre du commerce, la même activité que celle qu'il exerçait auparavant en omettant volontairement de se soumettre aux obligations de déclaration auxquelles il était astreint (cass. crim. 3 octobre 2006, n° 05-87.436, B. crim. n° 242 ; *RJS* 1/07 n° 94 ; *CSB* 2007 S. 51).

• Voir cass. crim. 1er février 2000, n° 99-83.372, *CSB* 2000 S. 299 : absence de déclarations sociales et fiscales pour une activité d'assistance devant les tribunaux ; 8 février 2000, n° 99-82.109, *RJS* 5/00 n° 563 ; *CSB* 2000 S. 301 : travaux de réparation automobile effectués avec un matériel de professionnel, moyennant rétribution ; 26 septembre 2000, n° 99-87.115, *CSB* 2001 S. 21 : exercice, sans respect des obligations déclaratives, d'une activité rémunérée constitutive par ailleurs d'un abus de confiance, les travaux effectués relevant de l'activité et des clients de l'employeur du prévenu ; 21 novembre 2001, n° 01-83.014, *Dr. Soc.* 2002 p. 214 : activité de voyance et de guérisseur postérieure à une radiation auprès de l'URSSAF ; 24 mai 2005, n° 04-86.813, B. crim. n° 154 ; *CSB* 2005 A. 61 : syndic et travaux dans une copropriété.

• Le juge ne peut déduire l'existence du délit de travail clandestin du seul exercice illicite de l'activité d'agent de voyages, sans préciser si le prévenu a omis de procéder à l'une ou l'autre des formalités visées à l'article L. 324-10 [L. 8221-3] CT (cass. crim. 14 mai 1996, n° 94-83.117, B. crim. n° 201).

• La seule constatation de la violation en connaissance de cause d'une prescription légale ou réglementaire implique de la part de son auteur l'intention coupable (cass. crim. 19 mars 2002, n° 01-83.509, *RJS* 6/02 n° 705 ; 27 septembre 2005, n° 04-85.558, *RJS* 1/06 n° 71).

• Le délit est caractérisé dès lors que l'inspecteur du travail constate le non-respect des formalités au moment de son contrôle, peu important que l'employeur ait régularisé la situation postérieurement (cass. crim. 3 octobre 1995, n° 94-82.751).

• **Flagrant délit.** L'état de flagrance est caractérisé lorsque le délit de travail clandestin est apparu avant l'intervention sur place de la police, l'exploitation de renseignements recueillis auprès du greffe du tribunal de commerce, de l'Urssaf et de l'administration fiscale et la surveillance du magasin ayant permis de constater l'ouverture au public d'un commerce de chaussures en l'absence de toute inscription auprès du tribunal de commerce et des organismes sociaux et fiscaux (cass. crim. 3 février 1998, n° 96-82.067 ; 19 février 1998, n° 97-80.497). Voir également cass. crim. 23 août 2006, n° 06-83.790, *CSB* 2006 A. 73 (garde à vue à l'initiative d'un OPJ d'un organisateur de concert ne produisant pas les documents attestant de la situation de travailleurs indépendants des musiciens dans leur pays d'origine).

Ne sont pas entachés de nullité les actes de la procédure de flagrant délit poursuivie du chef de travail dissimulé dès lors que, au vu des manquements caractérisés à la réglementation sur la sécurité des travailleurs qu'ils avaient constatés sur un chantier, les fonctionnaires de police étaient en droit de procéder à un contrôle d'identité en application de l'article 78-2, al. 1 c. pén. et de poursuivre l'enquête, ledit contrôle ayant révélé des délits flagrants de travail illégal (cass. crim. 2 mai 2007, n° 07-81.517, B. crim. n° 112 ; *RJS* 8-9/07 n° 983).

Art. L. 8221-4. Les activités mentionnées à l'article L. 8221-3 sont présumées, sauf preuve contraire, accomplies à titre lucratif :

1° Soit lorsque leur réalisation a lieu avec recours à la publicité sous une forme quelconque en vue de la recherche de la clientèle ;

2° Soit lorsque leur fréquence ou leur importance est établie ;

3° Soit lorsque la facturation est absente ou frauduleuse ;

4° Soit lorsque, pour des activités artisanales, elles sont réalisées avec un matériel ou un outillage présentant par sa nature ou son importance un caractère professionnel.

Note

• Les dispositions de l'article L. 324-11 [L. 8221-4] CT qui prévoient que, sauf preuve contraire, sont présumées accomplies à titre lucratif les activités pratiquées selon les modalités prévues par ce texte, ne contreviennent nullement à l'article 6, §§ 1 et 2 de la Convention européenne de sauvegarde des droits de l'homme et des libertés fondamentales, dès lors qu'elles n'ont pas pour objet de définir les infractions relatives au travail clandestin, exercé dans un but lucratif, dont les éléments constitutifs sont énumérés par les articles L. 324-9 [L. 8221-1] et L. 324-10 [L. 8221-3 et 5] dudit code (cass. crim. 25 juin 1991, n° 89-83.369, *CSB* 1991 S. 129).

• Pour une application à une activité de réparation automobile, voir cass. crim. 16 janvier 1996, n° 94-85.428, B. crim. n° 24.

Art. R. 8221-1. L'entrepreneur travaillant sur un chantier ayant donné lieu à la délivrance d'un permis de construire affiche sur ce chantier, pendant la durée de l'affichage du permis, son nom, sa raison ou sa dénomination sociale ainsi que son adresse.

L'affichage est assuré sur un panneau dont les indications sont lisibles de la voie publique.

SECTION 3. Travail dissimulé par dissimulation d'emploi salarié

Art. L. 8221-5. Est réputé travail dissimulé par dissimulation d'emploi salarié le fait pour tout employeur :

1° Soit de se soustraire intentionnellement à l'accomplissement de la formalité prévue à l'article L. 1221-10, relatif à la déclaration préalable à l'embauche ;

2° Soit de se soustraire intentionnellement à l'accomplissement de la formalité prévue à l'article L. 3243-2, relatif à la délivrance d'un bulletin de paie, ou de mentionner sur ce dernier un nombre d'heures de travail inférieur à celui réellement accompli, si cette mention ne résulte pas d'une convention ou d'un accord collectif d'aménagement du temps de travail conclu en application du titre II du livre Ier de la troisième partie.

(L. 2011-672 du 16 juin 2011, art. 73, JO 17) « 3° Soit de se soustraire intentionnellement aux déclarations relatives aux salaires ou aux cotisations sociales assises sur ceux-ci auprès des organismes de recouvrement des contributions et cotisations sociales ou de l'administration fiscale en vertu des dispositions légales. »

Note

• **Constitutionnalité.** S'agissant d'une infraction intentionnelle, l'article L. 8221-5 CT n'emporte aucune atteinte au principe de la présomption d'innocence et ne justifie pas le renvoi au Conseil constitutionnel d'une question prioritaire de constitutionnalité (cass. crim. QPC 25 juin 2010, n° 10-90.068, *LSQ* n° 15651 du 13 juillet 2010).

• **Champ d'application.** La dissimulation d'emploi salarié vise tout employeur, sans référence au but lucratif de l'activité, et vise les particuliers.

Est justifié l'arrêt de cour d'appel ayant déclaré une personne, qui dispensait des cours privés de piano et qui avait employé irrégulièrement deux pianistes salariés, coupable d'infraction aux dispositions réprimant le travail clandestin après avoir considéré à bon droit que ceux qui exercent une activité de prestation de services, même à titre libéral, sont astreints aux obligations prévues, en cas d'emploi de salariés, par l'article L. 324-10, 3° [L. 8221-5] CT, la loi n'exigeant pas qu'un profit illicite soit réalisé au préjudice des salariés mais seulement que l'activité exercée ait un but lucratif (cass. crim. 8 décembre 1992, n° 91-86.745, B. crim. n° 411 ; *RJS* 3/93 n° 297).

Une salariée étrangère ayant travaillé en France sous la subordination de son employeur de nationalité britannique sans y avoir été déclarée aux organismes de protection sociale ni à l'administration fiscale, la situation de travail dissimulé est caractérisée, des formalités équivalentes dans un autre État n'exonérant pas des obligations déclaratives existant en France (cass. soc. 10 mai 2006, n° 03-46.593, BC V n° 168).

• **Caractérisation du délit.** Le caractère habituel n'étant pas une condition de l'infraction, le recours occasionnel aux services d'une personne, assorti d'avantages accordés en contrepartie, doit être sanctionné en l'absence de deux des formalités visées au 3° de l'article L. 324-10 dans sa rédaction alors applicable (cass. crim. 30 mai 1995, n° 94-82.372, *RJS* 11/95 n° 1155).

La contravention qui n'est pas retenue au titre de l'élément matériel du délit prévu à l'article L. 324-10, 3° dans sa rédaction alors applicable, constitué par l'omission cumulative de deux autres formalités visées par les textes énumérés dans cet article, peut être sanctionnée séparément (cass. crim. 7 avril 1994, n° 93-81.361, B. crim. n° 145 ; *RJS* 10/94 n° 1166). L'infraction à l'article L. 324-10, 3° [ancien], seule poursuivie en l'espèce, ne peut causer à l'Urssaf le préjudice invoqué, tenant aux charges occasionnées par le défaut de déclaration à cet organisme, qui ne pourrait résulter que d'une infraction à l'article L. 324-10, 2° du même code (cass. crim. 26 novembre 1996, n° 95-81.973).

• La déclaration à l'Urssaf postérieure au contrôle caractérise le délit de travail dissimulé (cass. crim. 7 mars 2007, n° 06-80.875, *CSB* A. 49).

• La violation en connaissance de cause d'une prescription légale ou réglementaire impliquant de la part de son auteur l'intention coupable, l'emploi de deux salariés dans des conditions attestant l'existence d'un lien de subordination, sans effectuer de déclaration préalable à l'embauche, entraîne condamnation de la gérante de la société. Le mari de celle-ci, qui s'occupait de la gestion et de l'approvisionnement des chantiers, et qui a seul organisé celui sur lequel la présence des travailleurs dissimulés a été relevée, est coupable de complicité (cass. crim. 20 janvier 2009, n° 08-83.933, *RJS* 4/09 n° 390).

• Le caractère intentionnel du délit de travail dissimulé par dissimulation d'emploi salarié ne peut se déduire du seul recours à un contrat inapproprié (cass. soc. 3 juin 2009, n° 08-40.981, BC V n° 141 ; *RJS* 8-9/09 n° 678 ; *Dr. Soc.* 2009, p. 936, note Fr. Duquesne).

• L'identification des salariés est suffisante lorsque le réquisitoire aux fins de renvoi devant le tribunal vise expressément la liste des salariés concernés (cass. crim. 18 décembre 2007, n° 07-85.891, *CSB* 2008 S. 167).

• Voir cass. crim. 14 décembre 1999, n° 99-80.249, *RJS* 3/00 n° 245 ; *CSB* 2000 S. 197 : travaux « d'entraide » effectués à titre onéreux chez un avocat et s'inscrivant dans une relation de subordination juridique ; 15 février 2000, n° 99-80.156, *CSB* 2000 S. 302 : emploi par un exploitant d'auto-école d'un concubin non déclaré comme conjoint collaborateur, en l'absence même de rétribution ; cass. crim. 5 décembre 2000, n° 00-83.494, *CSB* 2001 S. 309 : mentions contradictoires sur les plannings et les carnets de ronde conservés par des clients et sur le registre du personnel, les déclarations préalables à l'embauche et les fiches de paie d'une société de gardiennage ; 5 mars 2002, n° 01-85.242, *CSB* 2002 S. 316 : professeurs dispensant des cours pour une association de musique ; 22 octobre 2002, n° 02-81.859, B. crim. n° 192 ; *CSB* 2003 S. 111 et D. 13 : emploi du conjoint de façon durable et permanente dans un rapport de subordination ; 25 mai 2004, n° 03-86.282, *RJS* 12/04 n° 1309 ; *CSB* 2004 A. 52 ; *Dr. Soc.* 2004, p. 898, obs. Fr. Duquesne : propriétaire employant à des travaux de jardinage et d'entretien d'un parc moyennant fourniture gratuite d'un logement ; 13 novembre 2007, n° 06-89.016, *CSB* 2008 S. 122 : officier ministériel ayant recours à une main-d'œuvre non déclarée, au-delà de l'entraide familiale, pour des travaux de construction ; 17 juin 2008, n° 07-87.518, B. crim. n° 155 ; *JCP* éd. S 2008, 1552, note A. Martinon ; *CSB* 2008 S. 344 : époux employant à des travaux familiaux et domestiques sans déclaration préalable ni salaire ni bulletin de paie, tout en mettant à disposition gratuitement un logement.

La loge mise temporairement à la disposition de l'organisateur d'un concert n'a pas le caractère d'un domicile (cass. crim. 6 décembre 2005, n° 05-85.951, B. crim. n° 315, *CSB* 2006 S. 168).

• **Stages.** Voir cass. crim. 14 juin 2000, n° 99-87.730, *CSB* 2001 S. 22 : organisation de travaux encadrés sous couvert de stages ; 26 mai 2010, n° 09-86.095, *RJS* 11/10 n° 873 ; *Dr. Soc.* 2010, p. 1108, obs. Fr. Duquesne : véritable relation de travail, sans rapport avec une formation ; *a contrario*, cass. crim. 5 décembre 2000, n° 00-82.178, *CSB* 2001 S. 253 et cass. soc. 17 octobre 2000, n° 98-40.896, BC V n° 336 ; *Dr. Soc.* 2001, p. 192 : stages en entreprises réguliers dans le cadre de conventions avec des établissements d'enseignement ou de formation.

• Sur la caractérisation du délit d'obtention abusive, de la part d'une personne vulnérable, de services non rétribués ou insuffisamment rétribués, dans le cas de stagiaires qui se trouvaient en situation de dépendance en raison, notamment, du caractère obligatoire de leur stage pour l'obtention du BTS, voir cass. crim. 3 décembre 2002, n° 02-81.453, B. crim. n° 215 ; *RJS* 3/03 n° 373 ; *CSB* 2003 A. 18 ; *Dr. Soc.* 2003, p. 429.

• **Dissimulation d'heures de travail.** Voir « La dissimulation partielle d'emploi », J-M Gasser, *RJS* 11/03, p. 855. A justifié sa condamnation sur le fondement de l'article L. 324-10 [L. 8221-5] CT la cour d'appel qui a, après avoir relevé l'absence de tenue du registre du personnel, énoncé notamment que le prévenu ne mentionnait sur les bulletins de paie remis aux salariés qu'une partie de leur rémunération et de leurs heures de travail, la délivrance d'un tel bulletin de paie ne répondant pas aux prescriptions légales et caractérisant l'omission de la formalité prévue par l'article L. 143-3 CT alors applicable (cass. crim. 27 septembre 1994, n° 93-84.665, B. crim. n° 306 ; *RJS* 12/94 n° 1375 ; 24 février 1998, n° 96-84.536, *Dr. Ouvr.* 1998, p. 278 ; *CSB* 1998 p. 183 ; 22 février 2000, n° 99-84.643, *RJS* 5/00 n° 562 ; 24 octobre 2000, n° 00-81.230, *CSB* 2001 S. 186 : gardes de nuit dans un établissement hôtelier ; 9 mai 2001, n° 00-86.346, *CSB* 2001, S. 411 et 22 novembre 2005, n° 05-80.167, B. crim. n° 308 ; *RJS* 10/06 n° 1076 : les dispositions de l'article L. 611-10 [L. 8113-7] CT, qui prévoient qu'une copie du procès-verbal doit être communiquée au contrevenant en matière d'infraction à la durée du travail, ne trouvent pas à s'appliquer).

En revanche, l'absence de mention d'une prime sur le bulletin de paie n'entre pas dans les prévisions de l'article L. 8221-5 CT (cass. soc. 18 mai 2011, n° 09-42.232). Le juge doit vérifier si l'employeur n'a pas mentionné sur les bulletins de salaire la totalité des heures effectuées en omettant simplement de les rémunérer comme heures de nuit (cass. soc. 28 septembre 2011, n° 10-20.289).

La dissimulation d'emploi salarié prévue par le dernier alinéa de l'article L. 324-10 [L. 8221-5] n'est caractérisée que s'il est établi que l'employeur a, de manière intentionnelle, mentionné sur le bulletin de paie un nombre d'heures de travail inférieur à celui réellement effectué (cass. soc. 21 mai 2002, n° 99-45.890, BC V n° 170 ; *RJS* 8-9/02 n° 983 ; 4 mars 2003, n° 00-46.906, BC V n° 80 ; *RJS* 6/03 n° 780 ; *Dr. Soc.* 2003, p. 528 ; 24 mars 2004, n° 01-43.875, BC V n° 96 ; *RJS* 6/04 n° 699 ; *CSB* 2004 A. 41 ; 30 juin 2004, n° 02-41.823, BC V n° 189 ; *RJS* 11/04 n° 1152 : incidence sur l'application de l'article L. 324-11-1 [L. 8223-1] CT ; 29 novembre 2007, n° 06-42.681, *RJS* 2/08 n° 211 ; cass. crim. 8 juin 2004, n° 03.86.839, *CSB* 2004 S. 306 ; 1er septembre 2005, n° 04-86.654, *CSB* 2006 S. 22 ; 16 mars 2011, n° 08-42.218 : connaissance par l'employeur de l'exécution régulière par le salarié d'heures supplémentaires jamais contestées). Peu importe que les heures accomplies au-delà de la durée légale du travail, qui ne pouvaient être rémunérées ainsi, aient donné lieu au versement d'une prime exceptionnelle et que l'employeur se soit éventuellement acquitté des cotisations sociales afférentes (cass. soc. 1er mars 2011, n° 09-65.590, *RJS* 5/11 n° 484).

Le caractère intentionnel du délit de travail dissimulé ne peut se déduire de la seule ab-sence de mention des heures supplémentaires sur les bulletins de paie (cass. soc. 29 juin 2005, n° 04-40.758, BC V n° 222 ; *RJS* 10/05 n° 1015 ; 29 novembre 2007, n° 06-42.681, *RJS* 2/08 n° 211 ; 12 janvier 2011, n° 09-41.139). Les juges du fond apprécient souverainement l'existence de l'intention de l'employeur (cass. soc. 19 janvier 2005, n° 02-46.967, BC V n° 14 ; *Dr. Soc.* 2005, p. 472 ; 20 février 2008, n° 06-44.964, BC V n° 42 ; *RJS* 5/08 n° 579 ; *CSB* 2008 S. 283 ; 16 septembre 2009, n° 07-45.622, *JCP* éd. S 2009, 1520, note A. Martinon ; 20 janvier 2010, n° 08-43.476, BC V n° 17 ; *CSB* 2010 S.80). L'élément intentionnel est caractérisé par le refus de l'employeur de prendre en considération la réclamation du salarié alors même que l'inspecteur du travail avait constaté l'existence de dépassements d'horaires dans son service (cass. soc. 6 avril 2005, n° 03-42.082, *RJS* 7/05 n° 746) ou lorsqu'il est établi que l'employeur ne pouvait ignorer l'amplitude du travail de son salarié (cass. soc. 9 avril 2008, n° 07-41.340, *RJS* 7/08 n° 771). Dès lors que l'employeur qui prétendait appliquer un système de modulation de la durée du travail n'a respecté aucune des conditions nécessaires à la mise en œuvre de cette modulation, l'existence d'une dissimulation intentionnelle d'emploi salarié peut être retenue (cass. soc. 28 janvier 2009, n° 07-42.830, *CSB* 2009 S. 171).

• **Réparation du préjudice.** Si la législation sur le travail clandestin a été édictée en vue de l'intérêt général, elle n'en tend pas moins également à la protection des particuliers qui peuvent, lorsque sa méconnaissance leur a causé un préjudice personnel et direct, en obtenir réparation devant la juridiction pénale (cass. crim. 6 février 2001, n° 00-81.526, B. crim. n° 32 ; *RJS* 5/01 n° 678 ; *CSB* 2001 S. 311).

• La décision juridictionnelle condamnant le dirigeant d'une société pour avoir exercé une activité illégalement, qui a autorité de la chose jugée à l'égard de tous, implique l'existence d'un contrat de travail (cass. soc. 27 mars 2001, n° 95-45.429, BC V n° 105 ; *RJS* 6/01 n° 714 ; *Dr. Soc.* 2001, p. 666).

• La circonstance que l'employeur soit reconnu coupable du délit de travail dissimulé n'a pas d'incidence sur le droit de la victime à la protection de la législation sur les accidents du travail (cass. crim. 11 février 2003, n° 02-81.729, B. crim. n° 30 ; *RJS* 5/03 n° 668).

Art. L. 8221-6. I. – Sont présumés ne pas être liés avec le donneur d'ordre par un contrat de travail dans l'exécution de l'activité donnant lieu à immatriculation ou inscription :

1° Les personnes physiques immatriculées au registre du commerce et des sociétés, au répertoire des métiers, au registre des agents commerciaux ou auprès des unions de recouvrement des cotisations de sécurité sociale et d'allocations familiales pour le recouvrement des cotisations d'allocations familiales ;

2° Les personnes physiques inscrites au registre des entreprises de transport routier de personnes, qui exercent une activité de transport scolaire prévu par l'article L. 213-11 du code de l'éducation ou de transport à la demande conformément à l'article 29 de la loi n° 82-1153 du 30 décembre 1982 d'orientation des transports intérieurs ;

3° Les dirigeants des personnes morales immatriculées au registre du commerce et des sociétés et leurs salariés.

(L. 2008-776 du 4 août 2008, art. 11, JO 5) « 4° Les personnes physiques relevant de l'article L. 123-1-1 du code de commerce ou du V de l'article 19 de la loi n° 96-603 du 5 juillet 1996 relative au développement et à la promotion du commerce et de l'artisanat. »

II. – L'existence d'un contrat de travail peut toutefois être établie lorsque les personnes mentionnées au I fournissent directement ou par une personne interposée des prestations à un donneur d'ordre dans des conditions qui les placent dans un lien de subordination juridique permanente à l'égard de celui-ci.

(L. 2011-1906 du 21 déc. 2011, art. 125, JO 22) « Dans ce cas, la dissimulation d'emploi salarié est établie si le donneur d'ordre s'est soustrait intentionnellement par ce moyen à l'accomplissement des obligations incombant à l'employeur mentionnées à l'article L. 8221-5.

Le donneur d'ordre qui a fait l'objet d'une condamnation pénale pour travail dissimulé en application du présent II est tenu au paiement des cotisations et contributions sociales à la charge des employeurs, calculées sur les sommes versées aux personnes mentionnées au I au titre de la période pour laquelle la dissimulation d'emploi salarié a été établie. »

Note

• La présomption de non-salariat, abrogée par la loi 2000-37 du 19 janvier 2000, a été rétablie par la loi 2003-721 du 1er août 2003 (JO 5). Voir M. Véricel, « Le rétablissement de la présomption de non-salariat », *Dr. Soc.* 2004, p. 297.

• Les dispositions (2°) introduites par la loi 2005-157 du 23 février 2005 (JO 24) s'appliquent à compter du 1er janvier 2005. Sous réserve des décisions juridictionnelles passées en force de chose jugée, les cotisations dues au titre des rémunérations versées avant cette date aux personnes mentionnées ci-dessus ne peuvent donner lieu à recouvrement forcé (loi 2005-157 précitée, art. 63, II).

• **Sous-traitance.** L'existence d'un lien de subordination est établie lorsque la clientèle, la facturation, la rémunération sont fournies à l'artisan adhérent qui exerce son activité de la même manière que les salariés de l'entreprise utilisatrice dont le responsable lui donne des ordres et contrôle son travail (cass. soc. 17 octobre 1996, n° 94-21.637). Il y a matière à requalification des contrats de travail et à condamnation pour travail dissimulé par dissimulation de salariés dès lors qu'il est démontré que l'entreprise sous-traitante apportait uniquement sa main-d'œuvre placée sous la subordination juridique permanente et la dépendance économique du donneur d'ordre (cass. crim. 12 décembre 2006, n° 05-87.125, *RJS* 4/07 n° 463). Le travail clandestin par dissimulation de salarié interdit par l'article L. 324-10 [L. 8221-5] est caractérisé lorsque le sous-traitant lui-même est employé par le donneur d'ouvrage dans une relation de subordination (cass. crim. 14 avril 1992, n° 91-82.634 ; 10 mars 1998, n° 96-86.675, B. crim. n° 95). Il en est ainsi lorsque de prétendus artisans transporteurs se trouvent placés dans un état de dépendance économique et de subordination juridique caractérisant l'existence de contrats de travail sans que les déclarations et formalités prévues à l'article L. 324-10 [L. 8221-5] CT soient effectuées (cass. crim. 5 janvier 1995, n° 93-84.923, *RJS* 3/95 n° 317 ; 24 février 1998, n° 97-80.236, *CSB* 1998 p. 183 ; 5 février 2002, n° 01-85.576, *CSB* 2002 S. 213 ; 19 février 2002, n° 01-85.774, *CSB* 2002 S. 314). Le recours à des sous-traitants se bornant à fournir la main-d'œuvre au sein d'ateliers clandestins entre dans les prévisions des articles L. 324-9 et L. 324-10 [L. 8221-1 et 5] ; la responsabilité de celui qui participe à la gestion de la société, sans même être le gérant de droit de celle-ci, est engagée (cass. crim. 14 juin 1994, n° 93-85.188, *RJS* 8-9/94 n° 1029 ; voir également cass. crim. 16 décembre 1998, n° 98-81.069, *CSB* 1999 S. 261 ; 31 janvier 2006, n° 05-80.833, *CSB* 2006 S. 245 ; 3 mars 2009, n° 07-81.043, B. crim. n° 50 ; *RJS* 6/09 n° 584 et 8 juin 2010, n° 07-87.289, B. crim. n° 105 ; *RJS* 11/10 n° 891, cités sous L. 8241-1 CT : prêt illicite de main-d'œuvre étrangère).

• **Auto-entrepreneurs.** Sur le risque de requalification en contrat de travail si un lien de subordination est établi ou en cas d'externalisation abusive d'emploi salarié, voir rép. QE 41196, JO AN 12 janvier 2010, p. 402 et 76823, JO AN 12 octobre 2010, p. 11146.

Art. L. 8221-6-1. ***(L. 2008-776 du 4 août 2008, art. 11, JO 5)*** Est présumé travailleur indépendant celui dont les conditions de travail sont définies exclusivement par lui-même ou par le contrat les définissant avec son donneur d'ordre.

Art. R. 8221-2. ***(D. 2011-681 du 16 juin 2011, JO 18, entrée en vigueur le 01.08.2011)*** Sur demande des agents de contrôle mentionnés à l'article L. 8271-7, pour l'application des dispositions du 1° de l'article L. 8221-5, l'employeur produit l'avis de réception prévu à l'article R. 1221-7 s'il est encore tenu de le conserver en application de l'article R. 1221-8 ou, tant qu'il n'a pas reçu cet avis, les éléments leur permettant de vérifier qu'il a procédé à la déclaration préalable à l'embauche du salarié.

SECTION 4. Règles applicables à la diffusion d'annonces

Art. L. 8221-7. Toute personne qui publie, diffuse ou fait diffuser par tout moyen une offre de service ou de vente ou une annonce destinée à faire connaître son activité professionnelle au public est tenue :

1° Lorsqu'elle est soumise au respect des formalités mentionnées aux articles L. 8221-3 et L. 8221-5 :

a) De mentionner un numéro d'identification prévu par décret en Conseil d'État ou, pour l'entreprise en cours de création, son nom ou sa dénomination sociale et son adresse professionnelle ;

b) De communiquer au responsable de la publication ou de la diffusion son nom ou sa dénomination sociale et son adresse professionnelle ;

2° Lorsqu'elle n'est pas soumise au respect des formalités mentionnées au 1° :

a) De mentionner son nom et son adresse sur toute annonce faite par voie d'affiche ou de prospectus ;

b) De communiquer son nom et son adresse au responsable de la publication ou de la diffusion.

Le responsable de la publication ou de la diffusion tient ces informations à la disposition des agents de contrôle mentionnés à l'article L. 8271-7 pendant un délai de six mois à compter de la cessation de la diffusion de l'annonce.

Note Voir circulaire DILTI 99/1 du 1er mars 1999 (BO TR 99/6, p. 67) relative à la transparence des offres de service ou de vente en vue de la lutte contre le travail dissimulé.

Art. R. 8221-3. Le numéro d'identification mentionné au *a* du 1° de l'article L. 8221-7 est le numéro unique d'identification des entreprises défini à l'article D. 123-235 du code de commerce.

SECTION 5. Dispositions d'application

Art. L. 8221-8. Un décret en Conseil d'État détermine les conditions d'application des dispositions du présent chapitre.

CHAPITRE II

Obligations et solidarité financière des donneurs d'ordre et des maîtres d'ouvrage

Art. L. 8222-1. Toute personne vérifie lors de la conclusion d'un contrat dont l'objet porte sur une obligation d'un montant minimum en vue de l'exécution d'un travail, de la fourniture d'une prestation de services ou de l'accomplissement d'un acte de commerce, et périodiquement jusqu'à la fin de l'exécution du contrat, que son cocontractant ***(L. 2011-672 du 16 juin 2011, art. 73, JO 17)*** « s'acquitte » :

1° des formalités mentionnées aux articles L. 8221-3 et L. 8221-5 ;

1° *bis* ***(Abrogé par loi 2011-672 du 16 juin 2011, art. 73, JO 17)*** ;

2° de l'une seulement des formalités mentionnées au 1°, dans le cas d'un contrat conclu par un particulier pour son usage personnel, celui de son conjoint, partenaire lié par un pacte civil de solidarité, concubin, de ses ascendants ou descendants.

Les modalités selon lesquelles sont opérées les vérifications imposées par le présent article sont précisées par décret.

Note

• Sur la délivrance des attestations relatives aux obligations déclaratives et de paiement prévues à cet article, voir article L. 243-15 c. séc. soc.

• Les dispositions des articles L. 8222-1 et R. 8222-1 CT ne dispensent pas les juridictions pénales de vérifier, dans le cas d'un contrat portant sur une obligation inférieure à 3000 €, si l'infraction est constituée en tous ses éléments (cass. crim. 1er mars 2011, n° 10-84.303, *RJS* 7/11 n° 634 ; *JCP* éd. S 2011, 1348, note A. Barège).

Art. R. 8222-1. Les vérifications à la charge de la personne qui conclut un contrat, prévues à l'article L. 8222-1, sont obligatoires pour toute opération d'un montant au moins égal à 3 000 €.

Art. L. 8222-2. Toute personne qui méconnaît les dispositions de l'article L. 8222-1, ainsi que toute personne condamnée pour avoir recouru directement ou par personne interposée aux services de celui qui exerce un travail dissimulé, est tenue solidairement avec celui qui a fait l'objet d'un procès-verbal pour délit de travail dissimulé :

1° Au paiement des impôts, taxes et cotisations obligatoires ainsi que des pénalités et majorations dus par celui-ci au Trésor ou aux organismes de protection sociale ;

2° Le cas échéant, au remboursement des sommes correspondant au montant des aides publiques dont il a bénéficié ;

3° Au paiement des rémunérations, indemnités et charges dues par lui à raison de l'emploi de salariés n'ayant pas fait l'objet de l'une des formalités prévues aux articles L. 1221-10, relatif à la déclaration préalable à l'embauche et L. 3243-2, relatif à la délivrance du bulletin de paie.

Note

• Voir circulaire DILTI du 31 décembre 2005, BO MT 2006/3.

• Sans que soit nécessaire une condamnation pénale préalable, la règle de solidarité s'applique à toute personne, particulier ou professionnel (client ou donneur d'ordre), qui ne s'est pas assurée lors de la conclusion du contrat que son cocontractant, fournisseur d'un bien, d'un travail ou d'une prestation, s'acquittait de ses obligations au regard de l'article L. 324-10 [L. 8222-1] (cass. civ., 2e ch., 4 novembre 2003, n° 01-13.196, *CSB* 2004 A. 16 ; 17 janvier 2008, n° 06-21.961, *RJS* 4/08 n° 465). Dès lors qu'il contracte pour son usage professionnel et non personnel, un vétérinaire exerçant à titre libéral qui fait exécuter des travaux doit vérifier que son cocontractant a satisfait à l'ensemble de ses obligations au regard de l'article L. 324-10 [L. 8221-3 et 5] CT (cass. soc. 23 janvier 2003, n° 00-12.164, BC V n° 16 ; *RJS* 4/03 n° 505 ; *CSB* 2003 S. 250). Peu important que le contrat ait été conclu au nom d'un syndicat de copropriétaires, il appartient au syndic, par l'intermédiaire de son représentant, de vérifier que l'entreprise choisie pour effectuer des travaux dans la copropriété remplissait ses obligations légales (cass. crim. 24 mai 2005, n° 04-86.813, B. crim. n° 154 ; *CSB* 2005 A. 61). Dès lors que les treize factures émises par la société prestataire pour la mise à disposition d'un agent de sécurité caractérisaient un contrat à exécution successive dont le montant global était supérieur au seuil légal, le donneur d'ordre était tenu solidairement des cotisations sociales impayées (cass. civ., 2e ch., 16 novembre 2004, n° 02-30.550, BC II n° 490 ; *RJS* 2/05 n° 189). Sur une relation continue, répétée et successive, pour une prestation globale supérieure à 3000 €, voir cass. civ., 2e ch., 17 janvier 2008, n° 06-20.594, *RJS* 4/08 n° 465.

• Sur le refus ou l'annulation des réductions ou exonérations de cotisations de sécurité sociale, voir art. L. 133-4-2, L. 133-4-5 (loi 2009-1646 du 24 décembre 2009, art. 94, JO 27) et L. 242-1-1 c. séc. soc. (loi 2005-1579 du 19 décembre 2005, art. 25, JO 20).

• Les règles régissant la compétence territoriale des Urssaf en matière de contrôle des cotisants ne s'appliquent pas à la mise en œuvre de la solidarité financière d'une entreprise en vue du paiement des cotisations impayées par son sous-traitant auteur de l'infraction de travail dissimulé (cass. civ., 2e ch., 17 septembre 2009, n° 08-16.641, BC II n° 219 ; *RJS* 12/09 n° 969).

• La lettre d'observations adressée par l'Urssaf au donneur d'ordre en application de l'article R. 243-59 c. séc. soc. mentionnant le montant global des cotisations dues par le contrevenant ainsi que le montant des sommes dues année par année satisfait aux exigences des textes. L'Urssaf n'est pas tenue de joindre le procès-verbal constatant le délit (cass. crim. 13 octobre 2011, 2 arrêts, nos 10-24.861 et 10-19.386, *RJS* 1/12 n° 79).

Art. L. 8222-3. Les sommes dont le paiement est exigible en application de l'article L. 8222-2 sont déterminées à due proportion de la valeur des travaux réalisés, des services fournis, du bien vendu et de la rémunération en vigueur dans la profession.

Note Sur la contestation des bases et de la quote-part des cotisations mises à la charge du donneur d'ordre, voir cass. civ., 2e ch., 10 décembre 2009, n° 09-12.173, *JCP* éd. S 2010, 1168, note A. Martinon.

Art. L. 8222-4. Lorsque le cocontractant intervenant sur le territoire national est établi ou domicilié à l'étranger, les obligations dont le respect fait l'objet de vérifications sont celles qui résultent de la réglementation d'effet équivalent de son pays d'origine et celles qui lui sont applicables au titre de son activité en France.

Art. L. 8222-5. Le maître de l'ouvrage ou le donneur d'ordre, informé par écrit par un agent de contrôle mentionné à l'article L. 8271-7 ou par un syndicat ou une association professionnels ou une institution représentative du personnel, de l'intervention d'un sous-traitant ou d'un subdélégataire en situation irrégulière au regard des formalités mentionnées aux articles L. 8221-3 et L. 8221-5 enjoint aussitôt à son cocontractant de faire cesser sans délai cette situation.

À défaut, il est tenu solidairement avec son cocontractant au paiement des impôts, taxes, cotisations, rémunérations et charges mentionnés aux 1° à 3° de l'article L. 8222-2, dans les conditions fixées à l'article L. 8222-3.

Les dispositions du présent article ne s'appliquent pas au particulier qui contracte pour son usage personnel, celui de son conjoint, partenaire lié par un pacte civil de solidarité, concubin, de ses ascendants ou descendants.

Note En l'absence d'une définition légale uniforme pour l'ensemble des secteurs économiques, on entend ici par « maître d'ouvrage » ou « donneur d'ouvrage » celui qui, quelles que soient son activité et sa nature de droit privé ou de droit public, au début de la chaîne de sous-traitance, prend l'initiative du processus économique et pour le compte duquel l'ouvrage est réalisé.

Le cocontractant du maître d'ouvrage pourra lui-même être tenu solidairement responsable si, ayant été lui-même enjoint par le maître d'ouvrage, il n'a pas enjoint à son tour, dans les mêmes formes, ses propres cocontractants qui ont fait intervenir le ou les sous-traitants mis en cause. La mise en jeu de la solidarité s'exerce ainsi dans les mêmes conditions à tous les échelons de la sous-traitance (circ. intermin. du 9 novembre 1992).

Art. R. 8222-2. L'injonction adressée au cocontractant par le maître d'ouvrage ou le donneur d'ordre, en application du premier alinéa de l'article L. 8222-5, est réalisée par lettre recommandée avec avis de réception.

Art. L. 8222-6. ***(L. 2011-525 du 17 mai 2011, art. 93, JO 18)*** Tout contrat écrit conclu par une personne morale de droit public doit comporter une clause stipulant que des pénalités peuvent être infligées au cocontractant s'il ne s'acquitte pas des formalités mentionnées aux articles L. 8221-3 à L. 8221-5. Le montant des pénalités est, au plus, égal à 10 % du montant du contrat et ne peut excéder celui des amendes encourues en application des articles L. 8224-1, L. 8224-2 et L. 8224-5.

Toute personne morale de droit public ayant contracté avec une entreprise, informée par écrit par un agent de contrôle de la situation irrégulière de cette dernière au regard des formalités mentionnées aux articles L. 8221-3 et L. 8221-5, l'enjoint aussitôt de faire cesser cette situation. L'entreprise ainsi mise en demeure apporte à la personne morale de droit public la preuve qu'elle a mis fin à la situation délictuelle.

La personne morale de droit public transmet, sans délai, à l'agent auteur du signalement les éléments de réponse communiqués par l'entreprise ou l'informe d'une absence de réponse.

À défaut de correction des irrégularités signalées dans un délai fixé par décret en Conseil d'État, la personne morale de droit public en informe l'agent auteur du signalement et peut appliquer les pénalités prévues par le contrat ou rompre le contrat, sans indemnité, aux frais et risques de l'entrepreneur.

À défaut de respecter les obligations qui découlent du deuxième, troisième ou quatrième alinéa du présent article, la personne morale de droit public est tenue solidairement responsable des sommes dues au titre des 1° et 3° de l'article L. 8222-2, dans les conditions prévues à l'article L. 8222-3.

Art. R. 8222-3. L'injonction adressée à l'entreprise en situation irrégulière par la personne morale de droit public, en application du premier alinéa de l'article L. 8222-6, est réalisée par lettre recommandée avec avis de réception.

L'entreprise mise en demeure dispose d'un délai de quinze jours pour répondre à la personne publique.

Art. L. 8222-7. Un décret en Conseil d'État détermine les conditions d'application des dispositions du présent chapitre.

Cocontractant établi en France

Art. D. 8222-4. Le particulier qui contracte pour son usage personnel, celui de son conjoint, partenaire lié par un pacte civil de solidarité, concubin ou de ses ascendants ou descendants, est considéré comme ayant procédé aux vérifications imposées par l'article L. 8222-1 s'il se fait remettre, par son cocontractant, lors de la conclusion du contrat et tous les six mois jusqu'à la fin de son exécution, l'un des documents énumérés à l'article D. 8222-5.

Art. D. 8222-5. La personne qui contracte, lorsqu'elle n'est pas un particulier répondant aux conditions fixées par l'article D. 8222-4, est considérée comme ayant procédé aux vérifications imposées par l'article L. 8222-1 si elle se fait remettre par son cocontractant, lors de la conclusion et tous les six mois jusqu'à la fin de son exécution :

(D. 2011-1601 du 21 nov. 2011, JO 23, entrée en vigueur le 01.01.2012) « 1° Une attestation de fourniture des déclarations sociales et de paiement des cotisations et contributions de sécurité sociale prévue à l'article L. 243-15 émanant de l'organisme de protection sociale chargé du recouvrement des cotisations et des contributions datant de moins de six mois dont elle s'assure de l'authenticité auprès de l'organisme de recouvrement des cotisations de sécurité sociale » ;

2° Lorsque l'immatriculation du cocontractant au registre du commerce et des sociétés ou au répertoire des métiers est obligatoire ou lorsqu'il s'agit d'une profession réglementée, l'un des documents suivants :

a) Un extrait de l'inscription au registre du commerce et des sociétés (K ou K bis) ;

b) Une carte d'identification justifiant de l'inscription au répertoire des métiers ;

c) Un devis, un document publicitaire ou une correspondance professionnelle, à condition qu'y soient mentionnés le nom ou la dénomination sociale, l'adresse complète et le numéro d'immatriculation au registre du commerce et des sociétés ou au répertoire des métiers ou à une liste ou un tableau d'un ordre professionnel, ou la référence de l'agrément délivré par l'autorité compétente ;

d) Un récépissé du dépôt de déclaration auprès d'un centre de formalités des entreprises pour les personnes en cours d'inscription.

Note Le 3° de cet article a été supprimé par le décret 2011-1601 du 21 novembre 2011, JO 23 (entrée en vigueur le 01.01.2012).

Le candidat auquel il est envisagé d'attribuer un marché produit les pièces prévues aux articles R. 324-4 et R. 324-7 [R. 8222-5 et 7] CT (décret 2005-1742 du 30 décembre 2005, art. 18, JO 31) fixant les règles applicables aux marchés passés par les pouvoirs adjudicateurs mentionnés à l'article 3 de l'ordonnance 2005-649 relative aux marchés passés par certaines personnes publiques ou privées non soumises au code des marchés publics).

Cocontractant établi à l'étranger

Art. D. 8222-6. Le particulier qui contracte pour son usage personnel, celui de son conjoint, partenaire lié par un pacte civil de solidarité, concubin ou de ses ascendants ou descendants, est considéré comme ayant procédé aux vérifications imposées par l'article L. 8222-4 s'il se fait remettre par son cocontractant établi ou domicilié à l'étranger, lors de la conclusion du contrat et tous les six mois jusqu'à la fin de son exécution, l'un des documents énumérés à l'article D. 8222-7.

Art. D. 8222-7. La personne qui contracte, lorsqu'elle n'est pas un particulier répondant aux conditions fixées par l'article D. 8222-6, est considérée comme ayant procédé aux vérifications imposées par l'article ***(D. 2009-289 du 13 mars 2009, JO 15)*** « L. 8222-4 » si elle se fait remettre par son cocontractant établi ou domicilié à l'étranger, lors de la conclusion du contrat et tous les six mois jusqu'à la fin de son exécution :

1° Dans tous les cas, les documents suivants :

a) Un document mentionnant son numéro individuel d'identification attribué en application de l'article 286 ter du code général des impôts. Si le cocontractant n'est pas tenu d'avoir un tel numéro, un document mentionnant son identité et son adresse ou, le cas échéant, les coordonnées de son représentant fiscal ponctuel en France ;

(D. 2011-1601 du 21 nov. 2011, JO 23, entrée en vigueur le 01.01.2012) « *b)* Un document attestant de la régularité de la situation sociale du cocontractant au regard du règlement (CE) n° 883/2004 du 29 avril 2004 ou d'une convention internationale de sécurité sociale et, lorsque la législation du pays de domiciliation le prévoit, un document émanant de l'organisme gérant le régime social obligatoire et mentionnant que le cocontractant est à jour de ses déclarations sociales et du paiement des cotisations afférentes, ou un document équivalent ou, à défaut, une attestation de fourniture des déclarations sociales et de paiement des cotisations et contributions de sécurité sociale prévue à l'article L. 243-15 du code de la sécurité sociale. Dans ce dernier cas, elle doit s'assurer de l'authenticité de cette attestation auprès de l'organisme chargé du recouvrement des cotisations et contributions sociales » ;

2° Lorsque l'immatriculation du cocontractant à un registre professionnel est obligatoire dans le pays d'établissement ou de domiciliation, l'un des documents suivants :

a) Un document émanant des autorités tenant le registre professionnel ou un document équivalent certifiant cette inscription ;

b) Un devis, un document publicitaire ou une correspondance professionnelle, à condition qu'y soient mentionnés le nom ou la dénomination sociale, l'adresse complète et la nature de l'inscription au registre professionnel ;

c) Pour les entreprises en cours de création, un document datant de moins de six mois émanant de l'autorité habilitée à recevoir l'inscription au registre professionnel et attestant de la demande d'immatriculation audit registre.

Note Le 3° de cet article a été supprimé par le décret 2011-1601 du 21 novembre 2011, JO 23 (entrée en vigueur le 01.01.2012).

Art. D. 8222-8. Les documents et attestations énumérés à l'article D. 8222-7 sont rédigés en langue française ou accompagnés d'une traduction en langue française.

CHAPITRE III

Droits des salariés

Art. L. 8223-1. En cas de rupture de la relation de travail, le salarié auquel un employeur a eu recours dans les conditions de l'article L. 8221-3 ou en commettant les faits prévus à l'article L. 8221-5 a droit à une indemnité forfaitaire égale à six mois de salaire.

Note

• L'article L. 8223-1 CT est conforme à la Constitution, l'indemnité forfaitaire qu'il prévoit ayant pour objet d'assurer une réparation minimale du préjudice et ne constituant pas une sanction ayant le caractère d'une punition (C. constit. 2011-111 QPC, 25 mars 2011, JO 26, *RJS* 5/11 n° 448).

• L'indemnité forfaitaire est due quelle que soit la qualification de la rupture, en l'espèce rupture d'un commun accord (cass. soc. 12 octobre 2004, n° 02-44.666, BC V n° 250 ; *RJS* 12/04 n° 1310 ; *Dr. Soc.* 2004, p. 1152, obs. Ch. Radé ; *CSB* 2005 S. 16) ou au terme d'un contrat à durée déterminée comme le contrat d'apprentissage (cass. soc. 7 novembre 2006, n° 05-40.197, BC V n° 328 ; *RJS* 1/07 n° 95 ; *CSB* 2007 A. 16).

• Les pratiques d'un chef d'entreprise ou d'un chef de chantier imposant des heures de travail non déclarées constituent bien des manquements de l'employeur devant conduire le juge à requalifier la démission du salarié en prise d'acte justifiée de la rupture (cass. soc. 20 janvier 2010, n° 08-43.476, BC V n° 17 ; *CSB* 2010 S. 80 ; 2 juin 2010, n° 08-44.849).

• En l'absence d'éléments caractérisant un travail dissimulé, le prêt illicite de main d'œuvre n'ouvre pas droit à l'indemnité forfaitaire de l'article L. 8223-1 CT (cass. soc. 14 avril 2010, n° 08-43.445, *RJS* 6/10 n° 571).

• **Cumul avec d'autres indemnités**. Les dispositions de l'article L. 324-11-1 [L. 8223-1 et 2] CT ne font pas obstacle au cumul de l'indemnité forfaitaire qu'elles prévoient avec les indemnités de toute nature auxquelles le salarié a droit en cas de rupture de la relation de travail, à la seule exception de l'indemnité légale ou conventionnelle de licenciement (cass. soc. 12 janvier 2006, 7 arrêts, *RJS* 3/06 n° 369 ; *CSB* 2006 A. 34 ; 29 novembre 2007, n° 06-42.681, *RJS* 2/08 n° 211 ; 24 février 2009, n° 07-43.479, *RJS* 5/09 n° 442 ; 16 septembre 2009, n° 07-45.622, *JCP* éd. S 2009, 1520, note A. Martinon ; 21 juin 2011, n° 09-68.835). L'indemnité légale ou conventionnelle de licenciement ne se cumule pas avec l'indemnité forfaitaire ; seule la plus élevée est allouée au salarié (cass. soc. 23 mars 2011, n° 08-45.140 ; 16 juin 2011, n° 08-44.255 ; 12 janvier 2012, n° 10-23.362). L'indemnité forfaitaire peut se cumuler avec l'indemnité compensatrice de préavis, l'indemnité de congés payés, l'indemnité de requalification d'un contrat à durée déterminée en contrat à durée indéterminée, l'indemnité pour licenciement sans cause réelle et sérieuse, l'indemnité pour non-respect de la procédure de licenciement, les dommages-intérêts pour violation de l'ordre des licenciements (mêmes arrêts), les dommages-intérêts pour compenser les conséquences dommageables du défaut de déclaration aux organismes sociaux, en particulier pour les droits à allocation de chômage et les indemnités journalières car, indépendamment de la sanction civile prévue par l'article L. 8223-1 CT, tout salarié a droit à l'indemnisation du préjudice lié à la faute de l'employeur dans l'exécution de ses obligations (cass. soc. 14 avril 2010, n° 08-43.124, BC V n° 101 ; *RJS* 6/10 n° 540 ; *JCP* éd. S 2010, 1327, note Ch. Willmann). La demande en paiement d'heures supplémentaires n'a pas pour effet de rendre irrecevable la demande en paiement de l'indemnité forfaitaire (cass. soc. 9 février 2005, n° 03-40.636, *CSB* 2005 A. 39 ; *a contrario*, 10 juin 2003, n° 01-40.779, BC V n° 190 ; *RJS* 8-9/03 n° 1023).

• L'indemnité forfaitaire ne se cumule pas avec l'indemnité prévue par l'article L. 341-6-1 [L. 8252-2] CT et versée au salarié de nationalité étrangère employé sans titre de travail (circ. intermin. du 9 novembre 1992). Voir également rép. QE 37816, JO AN 10 juillet 2000, p. 4165.

• Le montant de l'indemnité forfaitaire doit être calculé en tenant compte des heures supplémentaires accomplies par le salarié au cours des six mois précédant la rupture du contrat de travail (cass. soc. 18 octobre 2006, n° 05-40.464, *RJS* 3/07 n° 366 ; 5 mai 2011, n° 10-11.967, *JCP* éd. S 2011, 1413, note A. Martinon).

• Le paiement de l'indemnité forfaitaire pour travail dissimulé n'est pas subordonné à l'existence d'une décision pénale préalable déclarant l'employeur coupable de travail dissimulé (cass. soc. 15 octobre 2002, n° 00-45.082, BC V n° 312 ; *RJS* 12/02 n° 1424 ; *CSB* 2003 A. 6 ; *Dr. Soc.* 2002, p. 1145). En revanche, dès lors qu'un employeur a été condamné pénalement pour travail dissimulé, cette décision a autorité de la chose jugée à l'égard de tous et permet au salarié de demander, en cas de rupture de la relation de travail, le paiement de l'indemnité forfaitaire (cass. soc. 31 octobre 2006, n° 04-47.107, *RJS* 1/07 n° 96).

• Les juges n'ayant pas recherché si l'employeur avait intentionnellement omis de procéder aux déclarations légales, celui-ci ne pouvait être condamné à verser au salarié l'indemnité forfaitaire pour travail dissimulé (cass. soc. 12 juin 2008, n° 07-41.402). Dès lors qu'il n'est pas établi que l'employeur a minoré de façon intentionnelle le nombre d'heures de travail portées sur les feuilles de paie, l'indemnité prévue par l'article L. 324-11-1 [L. 8223-1 et 2] CT n'est pas due (cass. soc. 30 juin 2004, n° 02-41.823, BC V n° 189 ; *RJS* 11/04 n° 1152 ; 29 novembre 2007 précité).

• L'indemnité forfaitaire doit être garantie par l'AGS lorsque les conditions relatives à la date de rupture du contrat de travail sont réunies (cass. soc. 12 février 2003, n° 01-40.722, *RJS* 4/03 n° 465 ; 21 septembre 2005, n° 03-45.088, *RJS* 12/05 n° 1212). Dans le cadre d'une liquidation judiciaire, l'AGS garantit le paiement de l'indemnité pour travail dissimulé (L. 8223-1), à condition que la rupture du contrat intervienne dans les 15 jours suivant le jugement de liquidation (art. L. 3253-8, 2° CT) (cass. soc. 29 septembre 2010, n° 09-67.633).

• De caractère indemnitaire, les sommes versées à ce titre au salarié ne sont pas soumises à cotisations sociales (cass. soc. 20 février 2008, n° 06-44.964, BC V n° 42 ; *JCP* éd. S 2008, 1235, note A. Martinon ; *RJS* 5/08 n° 579 ; *CSB* 2008 S. 283).

• La cour d'appel qui a constaté qu'une salariée avait travaillé en France sans avoir été déclarée aux organismes de protection sociale ou à l'administration fiscale a exactement fait application des dispositions d'ordre public de l'article L. 324-11-1 [L. 8223-1 et 2] CT, peu important que l'employeur ait accompli ou non des formalités équivalentes dans un autre État (cass. soc. 10 mai 2006, n° 03-46.593, BC V n° 168).

Art. L. 8223-2. Le salarié obtient des agents de contrôle mentionnés à l'article L. 8271-7, dans des conditions définies par décret, les informations relatives à l'accomplissement par son employeur de la déclaration préalable à l'embauche le concernant.

Lorsque cette formalité n'est pas accomplie par l'employeur, ces agents sont habilités à communiquer au salarié les informations relatives à son inscription sur le registre unique du personnel.

Art. L. 8223-3. Un décret en Conseil d'État détermine les conditions d'application des dispositions du présent chapitre.

Art. D. 8223-1. En application de l'article L. 8223-2, le salarié obtient les informations relatives à l'accomplissement par l'employeur de la déclaration préalable à l'embauche le concernant sur demande écrite.

La demande du salarié contient :

1° Ses nom, prénoms, nationalité, date et lieu de naissance ;

2° Son numéro national d'identification, s'il est déjà immatriculé à la sécurité sociale ;

3° Son adresse ;

4° Sa date d'embauche et la période de travail pour laquelle l'information relative à l'accomplissement de la déclaration préalable à l'embauche est sollicitée.

Art. D. 8223-2. La réponse à la demande du salarié lui est adressée dans les trente jours qui suivent la réception de sa demande.

Elle contient les informations relatives à :

1° L'existence ou non d'une déclaration préalable à l'embauche le concernant, correspondant à la date d'embauche et à la période d'emploi mentionnées dans sa demande ;

2° Lorsque l'embauche a fait l'objet d'une déclaration, la date et l'heure prévisibles d'embauche indiquées par l'employeur, ainsi que la date et l'heure auxquelles il a procédé à la déclaration ;

3° La dénomination sociale ou les nom et prénoms de l'employeur qui a procédé à cette déclaration ainsi que son adresse professionnelle et, le cas échéant, son numéro SIRET.

Art. D. 8223-3. Lorsque la demande du salarié est présentée verbalement, cette demande et la réponse qui lui est apportée sont consignées par procès-verbal.

CHAPITRE IV

Dispositions pénales

Art. L. 8224-1. Le fait de méconnaître les interdictions définies à l'article L. 8221-1 est puni d'un emprisonnement de trois ans et d'une amende de 45000 €.

Note • Pour une application de la responsabilité pénale de la personne morale (c. pén. art. 121-2, al. 1er) à une société dont le directeur général a eu sciemment recours aux services d'un entrepreneur clandestin, voir cass. crim. 7 juillet 1998, n° 97-81.273, B. crim. n° 216 ; *RJS* 11/98 n° 1389 ; 19 février 2002, n° 01-85.774, *CSB* 2002 S. 314 ; 3 avril 2002, n° 01-85.601, *CSB* 2002 S. 315.

Le libellé des peines complémentaires a de même été adapté aux principes énoncés dans le nouveau code pénal. Le non-respect de ces peines est sanctionné dans les conditions du droit commun (art. 434-38 et s. c. pén.).

Sur ces différents points, voir circulaire Cab. 94-6 du 10 mars 1994 (BO TR 94/19).

Par ailleurs, deux infractions, visant « à sanctionner plus sévèrement " les marchands de sommeil " et autres personnes exploitant des travailleurs en situation irrégulière » (voir circ. 14 mai 1993), ont été introduites dans le code pénal. Elles répriment le fait d'obtenir d'une personne, en abusant de sa vulnérabilité ou de sa situation de dépendance, la fourniture de services non rétribués ou en échange d'une rétribution manifestement sans rapport avec l'importance du travail accompli (art. 225-13 c. pén.) et le fait de soumettre une telle personne à des conditions de travail ou d'hébergement incompatibles avec la dignité humaine (art. 225-14 c. pén.). Les personnes morales peuvent être déclarées responsables pénalement de ces infractions (art. 225-16 c. pén.).

• L'exercice d'une activité réelle et permanente de transport sans avoir requis l'immatriculation de l'entreprise au registre du commerce et des sociétés caractérise le délit de travail dissimulé à l'égard du dirigeant alors même qu'une relaxe définitive a été prononcée à l'égard de la personne morale (cass. crim. 26 octobre 2004, n° 03-86.970, B. crim. n° 254).

• En l'absence de délégation de pouvoir, il appartient au chef d'entreprise de s'assurer personnellement de la régularité de l'embauche de son personnel (cass. crim. 18 janvier 1996, n° 95-80.228).

• L'exercice d'un travail dissimulé causant à la profession un préjudice distinct de celui subi par les salariés, la constitution de partie civile des syndicats concernés est admise (cass. crim. n° 10-86.829).

• En l'absence de délégation donnée par le conseil d'administration au directeur général, le président du conseil d'administration d'une SA ne peut invoquer la responsabilité de celui-ci afin d'échapper aux poursuites engagées contre lui pour travail clandestin et emploi de travailleurs étrangers en situation irrégulière (cass. crim. 23 juillet 1996, n° 94-85.287, B. crim. n° 301 ; *RJS* 3/97 n° 316). Sur la condamnation du gérant d'une SCA ayant opté, avec son directeur d'exploitation, pour le système du contrat d'entreprise dans des conditions telles que les travailleurs indépendants n'auraient pas les moyens financiers de respecter leurs obligations sociales et fiscales, voir cass. crim. 11 mars 1997, n° 95-82.009, B. crim. n° 97 ; *CSB* 1997 S. 121. Sur la responsabilité d'un dirigeant de fait ayant personnellement participé à l'infraction de travail dissimulé en accomplissant des actes de gestion en toute indépendance sous le couvert des organes statutaires de la société, voir cass. crim. 3 juin 2008, n° 07-85.871, *CSB* 2008 S. 319.

• Si la législation sur le travail clandestin a été édictée en vue de l'intérêt général, elle n'en tend pas moins également à la protection des particuliers qui peuvent, lorsque sa méconnaissance leur a causé un préjudice direct et personnel, en obtenir réparation devant la juridiction pénale (cass. crim. 17 novembre 1998, n° 97-81.754, *RJS* 4/99 n° 560 : action de l'employeur sur le fondement du délit de dissimulation d'activité commis par le salarié dans le cadre de son emploi). Sur la nécessité d'un préjudice et d'une relation directe de celui-ci avec l'infraction poursuivie, voir cass. crim. 5 novembre 2002, n° 02-81.576, *CSB* 2003 S. 112. Sur la constitution de partie civile de la Mutualité sociale agricole, voir cass. crim. 14 septembre 2004, n° 03-87.679, B. crim. n° 203 ; *CSB* 2005 S. 15.

• **Autres sanctions.** Marchés publics et marchés passés par des personnes publiques ou privées non soumises au code des marchés publics. Voir note sous art. L. 8221-1 CT.

Les remises de dettes consenties pour l'application de l'article L. 626-6 c. com. par les administrations financières, les organismes de sécurité sociale, Pôle emploi, etc, sont subordonnées à la constatation que le débiteur ou, s'il est une personne morale, ses organes ou ses représentants, n'a pas fait l'objet depuis au moins 10 ans d'une condamnation définitive pour l'une des infractions sanctionnées par les articles L. 8224-1, L. 8224-2, L. 8224-3 et L. 8224-5 CT (art. D. 626-15 c. com. ; décret 2009-385 du 6 avril 2009, JO 8 avril).

Nul ne peut exercer des activités d'entremise et de gestion des immeubles et fonds de commerce s'il a fait l'objet, depuis moins de 10 ans, d'une condamnation définitive à une peine d'au moins 3 mois d'emprisonnement sans sursis pour l'une des infractions prévues aux articles L. 324-9, L. 324-10 et L. 362-3 [L. 8221-1, 3, 5 et L. 8224-1] CT (ordonnance 2004-634 du 1er juillet 2004, art. 8, JO 2).

• Sur la responsabilité solidaire du dirigeant de société pour le paiement des cotisations, contributions et sanctions pécuniaires susceptible d'être prononcée par le président du TGI, voir art. L. 243-3-2 c. séc. soc. (loi 2011-1906 du 21 décembre 2011, art. 124).

• **Responsabilité subsidiaire et solidaire de la société mère ou de la holding.** Si l'employeur appartient à un ensemble de personnes entre lesquelles existe un lien de dépendance ou de contrôle, au sens des articles L. 233-1 et L. 233-3 c. com., en cas de constatation d'une infraction de travail dissimulé par procès-verbal établi à son encontre, la société mère ou la société holding de cet ensemble sont tenues subsidiairement et solidairement au paiement des contributions et cotisations sociales ainsi que des majorations et pénalités dues à la suite de ce constat (art. L. 243-7-3 c. séc. soc., loi 2009-526 du 12 mai 2009 ; lettre-circ. ACOSS 2009-084 du 3 novembre 2009).

Art. L. 8224-2. Le fait de méconnaître les interdictions définies à l'article L. 8221-1 par l'emploi dissimulé d'un mineur soumis à l'obligation scolaire est puni d'un emprisonnement de cinq ans et d'une amende de 75 000 €.

Art. L. 8224-3. Les personnes physiques coupables des infractions prévues aux articles L. 8224-1 et L. 8224-2 encourent les peines complémentaires suivantes :

(L. 2008-776 du 4 août 2008, art. 11, JO 5) « 1° L'interdiction, suivant les modalités prévues par l'article 131-27 du code pénal, soit d'exercer une fonction publique ou d'exercer l'activité professionnelle ou sociale dans l'exercice ou à l'occasion de l'exercice de laquelle l'infraction a été commise, soit d'exercer une profession commerciale ou industrielle, de diriger, d'administrer, de gérer ou de contrôler à un titre quelconque, directement ou indirectement, pour son propre compte ou pour le compte d'autrui, une entreprise commerciale ou industrielle ou une société commerciale. Ces interdictions d'exercice peuvent être prononcées cumulativement ; »

2° L'exclusion des marchés publics pour une durée de cinq ans au plus ;

3° La confiscation des objets ayant servi directement ou indirectement à commettre l'infraction ou qui ont été utilisés à cette occasion, ainsi que de ceux qui en sont le produit et qui appartiennent au condamné ;

4° L'affichage du jugement aux frais de la personne condamnée dans les conditions prévues à l'article 131-35 du code pénal et son insertion, intégrale ou par extraits, dans les journaux qu'elle désigne. Ces frais ne peuvent excéder le montant maximum de l'amende encourue ;

5° L'interdiction, suivant les modalités prévues par l'article 131-26 du code pénal, des droits civiques, civils et de famille.

Note • L'interdiction professionnelle prononcée en application de l'article L. 362-4 [L. 8224-3] CT n'est pas incompatible avec les dispositions du pacte international relatif aux droits économiques, sociaux et culturels (cass. crim. 30 janvier 2001, n° 00-82.341, *RJS* 6/01 n° 775).

• La mesure d'affichage de la décision de condamnation prévue par l'article L. 362-3 CT alors applicable, reprise par l'article L. 362-4, 4° du même code [L. 8224-3, 4°], constitue une peine complémentaire affectant la seule personne physique, auteur ou complice du délit de travail clandestin, quel que soit le lieu d'affichage indiqué par la juridiction de jugement (cass. crim. 3 avril 1996, n° 95-81.857, B. crim. n° 152).

• Doit être cassé l'arrêt de cour d'appel qui, après avoir condamné le prévenu pour travail clandestin, a ordonné l'affichage de la décision ainsi que sa publication par voie de presse en application de l'article L. 362-4, 4° [L. 8224-3, 4°] CT, alors que ce dernier texte ne prévoit que l'affichage « ou » la diffusion de la décision dans les conditions prévues par l'article L. 131-35 c. pén. (cass. crim. 13 mai 1997, n° 97-80.772, B. crim. n° 180 ; 17 février 1998, n° 96-85.934).

• Sur l'obligation pour le juge de rechercher si la confiscation des objets saisis est possible en application de l'article L. 362-4, 3° [L. 8224-3, 3°] CT, voir cass. crim. 5 octobre 1999, n° 98-87.593, B. crim. n° 209 ; *RJS* 1/00 n° 81. Sur l'obligation de motiver la peine de confiscation, cass. crim. 14 février 2006, n° 05-83.534, *CSB* 2006 S. 248.

Art. L. 8224-4. Tout étranger coupable des infractions prévues aux articles L. 8224-1 et L. 8224-2 est passible d'une interdiction du territoire français qui peut être prononcée dans les conditions prévues par l'article 131-30 du code pénal pour une durée de cinq ans au plus.

Art. L. 8224-5. Les personnes morales reconnues pénalement responsables, dans les conditions prévues par l'article 121-2 du code pénal, des infractions prévues par les articles L. 8224-1 et L. 8224-2 encourent :

1° L'amende, dans les conditions prévues à l'article 131-38 du code pénal ;

2° Les peines mentionnées aux 1° à 5°, 8° et 9° de l'article 131-39 du même code.

L'interdiction prévue au 2° de l'article 131-39 du code pénal porte sur l'activité dans l'exercice ou à l'occasion de l'exercice de laquelle l'infraction a été commise.

Art. L. 8224-5-1. ***(L. 2011-672 du 16 juin 2011, art. 88, JO 17)*** Le prononcé de la peine complémentaire de fermeture provisoire d'établissement mentionnée au 4° de l'article 131-39 du code pénal n'entraîne ni rupture, ni suspension du contrat de travail, ni aucun préjudice pécuniaire à l'encontre des salariés de l'établissement concerné.

Art. L. 8224-6. Le fait, pour toute personne soumise aux obligations énoncées à l'article L. 8221-7, de diffuser ou de faire diffuser, ou de communiquer au responsable de la publication ou de la diffusion des informations mensongères relatives à son identification est puni d'une amende de 7 500 €.

Art. R. 8224-1. Le fait de ne pas respecter l'obligation d'affichage prévue à l'article R. 8221-1, est puni de l'amende prévue pour les contraventions de la cinquième classe.

TITRE III

MARCHANDAGE

CHAPITRE Ier

Interdiction

Art. L. 8231-1. Le marchandage, défini comme toute opération à but lucratif de fourniture de main-d'œuvre qui a pour effet de causer un préjudice au salarié qu'elle concerne ou d'éluder l'application de dispositions légales ou de stipulations d'une convention ou d'un accord collectif de travail, est interdit.

Note • **But lucratif.** Seules les opérations de fourniture de main-d'œuvre à but lucratif sont prohibées, que la prohibition résulte de l'article L. 125-1 [L. 8231-1] ou de l'article L. 125-3 [L. 8241-1]. Il appartient au juge de caractériser le but lucratif de l'opération de prêt de main-d'œuvre conclu par l'entreprise prêteuse (cass. crim. 26 mai 2010, n° 09-86.095, *RJS* 11/10 n° 873). Certains arrêts ont assimilé les opérations à but lucratif aux opérations à titre onéreux (cass. soc. 4 avril 1990, n° 86-44.229, BC V n° 157 ; *Dr. Soc.* 1990, p. 783, rapp. Waquet : « Le contrat ayant été conclu entre les deux sociétés, moyennant une rémunération, l'opération avait un but lucratif » ; cass. crim. 15 février 1983, *JS* 1983 F 62 : « Cette opération ayant donné lieu à rétribution et ayant été réalisée en dehors des dispositions légales relatives au travail temporaire, l'infraction prévue par l'article L. 125-3 [L. 8241-1] CT se trouve dès lors caractérisée en tous ses éléments constitutifs. »). D'autres, donnant au terme lucratif sa signification propre (qui procure un bénéfice, un profit, un gain pécuniaire), écartent l'infraction en l'absence de but lucratif caractérisé (cass. crim. 20 mars 2007, n° 05-85.253, B. crim. n° 86 ; *RJS* 7/07 n° 898 ; *CSB* A. 73 ; *JCP* éd. S 2007, 1443, note J-Fr. Cesaro ; chron. A. Coeuret et R. Zannon, *RJS* 2/08 pp. 87 et 91) ou relèvent l'existence d'un profit pour retenir la qualification d'« opération à but lucratif » (cass. soc. 25 septembre 1990, n° 88-19.856, BC V n° 382 ; *RJS* 10/90 n° 833 ; CA Paris, 20e ch., 11 février 1982, Jacquot : le prêt de main-d'œuvre n'est pas lucratif du moment que le montant de la rémunération versée à l'entreprise fournisseuse correspond aux salaires, aux charges sociales ainsi qu'éventuellement aux frais de gestion). La commission des affaires culturelles, familiales et sociales a également estimé, en étudiant le projet de loi relatif à la répression des trafics de main-d'œuvre, que les prêts de salariés à prix coûtant ne tombaient pas sous le coup des interdictions (Doc. Ass. nat. 1972-1973, 2° s°, n. 439, p. 14).

• **Distinction de la fourniture de main-d'œuvre et du contrat de prestation de services.** Le contrat de prestation de services à but lucratif est licite alors même que son exécution suppose la présence de salariés de l'entreprise prestataire de services dans l'entreprise bénéficiaire de la prestation. La difficulté consiste à distinguer, dans la pratique, la véritable prestation de services de celle qui masque une fourniture prohibée de main-d'œuvre à but lucratif. La qualification donnée par les cocontractants ne lie pas le juge qui recherche, à partir des constatations de fait, quelle est la véritable nature des conventions litigieuses (cass. crim. 26 mai 1988, *Dr. Ouvr.* 1989, p. 362).

– Les juges écartent la qualification conventionnelle de contrat d'entreprise pour retenir celle de fourniture de main-d'œuvre lorsque le personnel de l'entreprise prestataire de services est placé sous l'autorité de l'encadrement de l'entreprise dite bénéficiaire de la prestation (cass. crim. 26 mai 1988, précité : « Il apparaissait en réalité que S. avait mis à la disposition des firmes en cause de la main-d'œuvre placée sous l'autorité ainsi que sous la responsabilité des entreprises utilisatrices et intégrée au personnel de celle-ci » ; cass. crim. 25 avril 1989, n° 87-81.212, B. crim. n° 170 ; *Dr. Soc.* 1990, p. 425 ; cass. crim. 23 juin 1987, n° 85-95.585, B. crim. n° 263 ; cass. crim. 3 mai 1994, n° 93-83.104, *RJS* 10/94 n° 1224 ; cass. crim. 3 novembre 1999, n° 98-85.665, B. crim. n° 242). Sur la condamnation solidaire pour prêt de main-d'œuvre illicite, recours par personne morale aux services d'une personne exerçant un travail dissimulé et marchandage d'une société qui a procédé au recrutement et à l'embauche de délégués pharmaceutiques mis à disposition et de l'entreprise utilisatrice qui s'est comportée comme le véritable employeur, voir cass. crim. 29 septembre 2009, n° 08-82.691, *RJS* 1/10 n° 80).

– Les juges attachent également une grande importance à la nature de la prestation fournie. Le contrat est un contrat de prestation de services et non pas un contrat de fourniture de main-d'œuvre lorsque l'un des cocontractants s'engage à exécuter au profit de l'autre une tâche spéciale, nettement définie (cass. soc. 19 juin 2002, n° 00-41.156, *RJS* 10/02 n° 1189). L'accomplissement de cette tâche constitue, pour le débiteur, une véritable obligation de résultat (cass. crim. 7 février 1984, n° 82-94.131, B. crim. n° 46 ; 19 mars 1985, n° 84-90.417, B. crim. n° 117). Les juges recherchent si l'entreprise prestataire de services a une activité spécifique, nettement différenciée de l'activité de l'entreprise cliente (cass. crim. 19 mars 1985, précité). Si tel n'est pas le cas, les juges sont portés à déclarer qu'il s'agit d'une fourniture de main-d'œuvre prohibée (cass. crim. 25 avril 1989, n° 87-81.212, B. crim. n° 170 ; *Dr. Soc.* 1990, p. 425).

– Les juges ont également tendance à retenir la qualification de prêt de main-d'œuvre et à écarter celle de contrat de prestation de services, lorsque la rémunération prévue dans le contrat est fonction des heures de travail effectuées par les salariés mis à disposition de l'entreprise cliente (cass. crim. 26 mai 1988, n° 86-91.989, B. crim. n° 228 ; 25 avril 1989, n° 88-84.222, B. crim. n° 169 ; 25 juin 1985, n° 84-91.628, B. crim. n° 250).

– Une cour d'appel, qui a relevé que les salariés concernés effectuaient pour le compte de l'entreprise utilisatrice une tâche spécifique et restaient sous l'autorité de leur employeur et que le prix des prestations fournies en exécution du contrat de sous-traitance était calculé de façon forfaitaire, a pu décider que l'entreprise utilisatrice n'était pas coemployeur et que les contrats de sous-traitance ne dissimulaient pas un prêt de main-d'œuvre illicite (cass. soc. 6 février 2008, n° 06-45.385, *RJS* 4/08 n° 493).

• **Effet de la fourniture de main-d'œuvre.** L'opération de prêt de main-d'œuvre n'est illicite qu'autant qu'« elle cause un préjudice au salarié qu'elle concerne ou qu'elle élude l'application des dispositions de la loi, de règlement ou de convention ou accord collectif de travail ». Les opérations de fausse sous-traitance ont pour effet de priver les salariés des avantages de la convention collective applicable dans l'entreprise cliente et tombent, de ce fait, sous le coup de l'interdiction (cass. crim. 25 avril 1989, précité). La fourniture de main-d'œuvre qui prive les salariés des avantages conventionnels, notamment de l'indemnisation des heures d'intempéries, constitue un délit de marchandage (cass. crim. 5 octobre 1999, n° 98-81.786).

La mise à disposition d'une filiale de salariés dans le but d'un accroissement de flexibilité dans la gestion du personnel et d'une économie de charges procurée à l'entreprise utilisatrice tombe sous le coup du marchandage lorsqu'un salarié est privé du paiement des heures supplémentaires par l'application de la convention collective de la société mère (cass. soc. 18 mai 2011, n° 09-69.175, *RJS* 8-9/11 n° 659 ; *RDT* sept. 2011, 503, note A. Fabre).

L'établissement public des Aéroports de Paris, qui est un service public à caractère industriel et commercial, est soumis aux dispositions du code du travail réprimant le marchandage. Doit être rejeté le pourvoi de cet établissement public reprochant à une cour d'appel de l'avoir déclaré coupable de complicité de marchandage. La cour d'appel qui avait relevé, d'une part, que le contrat passé entre une société de portage et Aéroports de Paris avait un caractère fictif et qu'en réalité les porteurs étaient placés sous l'autorité d'Aéroports de Paris pour l'accomplissement d'activités relevant des obligations lui incombant envers les voyageurs en application du code de l'aviation civile, d'autre part, que ces porteurs avaient été privés, du fait du caractère fictif dudit contrat, de leurs droits sociaux, a pu en déduire que les dispositions de l'article 125-1 [L. 8231-1] CT avaient été violées par l'établissement public (cass. soc. 29 avril 2003, n° 00-44.840, BC V n° 147 ; *RJS* 7/03 n° 957).

• **Marchés publics et marchés passés par des personnes publiques ou privées non soumises au code des marchés publics.** Voir note sous art. L. 8221-1 CT.

CHAPITRE II

Obligations et solidarité financière du donneur d'ordre

Art. L. 8232-1. Lorsqu'un chef d'entreprise conclut un contrat pour l'exécution d'un travail ou la fourniture de services avec un entrepreneur qui recrute lui-même la main-d'œuvre nécessaire et que celui-ci n'est pas propriétaire d'un fonds de commerce ou d'un fonds artisanal, le chef d'entreprise respecte, à l'égard des salariés de l'entrepreneur employés dans son établissement ou les dépendances de celui-ci et sous les mêmes sanctions que pour ses propres salariés, les prescriptions prévues :

1° À l'article L. 1225-29, relatives aux repos obligatoires prénatal et postnatal ;

2° Aux articles L. 1225-30 à L. 1225-33, relatives aux dispositions particulières à l'allaitement ;

3° Au livre Ier de la troisième partie, relatives à la durée du travail, aux repos et aux congés ;

4° À la quatrième partie, relatives à la santé et à la sécurité au travail.

Note • **Contrat de sous-entreprise.** Le contrat visé par cet article est celui par lequel une personne (sous-entrepreneur) s'engage vis-à-vis d'une autre (entrepreneur principal) à exécuter une tâche (travail ou fourniture de services) en recrutant elle-même la main-d'œuvre nécessaire. Il se distingue nettement du contrat ayant pour objet la mise à la disposition provisoire d'un employeur (utilisateur) de travailleurs par une ETT (art. L. 124-3).

• **« Faux » contrat de sous-traitance.** Voir notes sous art. L. 8221-6 et L. 8231-1.

Art. D. 8232-1. L'entrepreneur qui, en application de l'article L. 8232-1, a conclu un contrat avec un chef d'entreprise sans être propriétaire d'un fonds de commerce ou d'un fonds artisanal et qui fait exécuter des travaux dans les ateliers, magasins ou chantiers autres que ceux de l'entrepreneur principal qui lui a confié ces travaux, affiche dans chacun de ces ateliers, magasins ou chantiers, le nom et l'adresse de la personne de qui il tient les travaux.

Art. L. 8232-2. En cas de défaillance de l'entreprise, à laquelle il est recouru dans les conditions prévues à l'article L. 8232-1, le chef d'entreprise encourt, nonobstant toute stipulation contraire, les responsabilités suivantes :

1° Si les travaux sont exécutés ou les services fournis dans son établissement ou dans les dépendances de celui-ci, le chef d'entreprise est substitué au sous-traitant en ce qui concerne les salariés que celui-ci emploie pour le paiement des salaires et des congés payés ainsi que pour les obligations résultant de la législation sur les assurances sociales, sur les accidents du travail et les maladies professionnelles et sur les prestations familiales ;

2° S'il s'agit de travaux exécutés dans des établissements autres que ceux du chef d'entreprise ou de travaux exécutés par des salariés travaillant à domicile, le chef d'entreprise est substitué au sous-traitant pour le paiement des salaires et congés payés ainsi que pour le versement de la cotisation des prestations familiales et de la double cotisation des assurances sociales.

Note **Responsabilité subsidiaire de l'entrepreneur principal.** Pour s'exonérer de sa responsabilité, l'entrepreneur principal doit établir que le sous-entrepreneur est inscrit au registre du commerce, ou au répertoire des métiers et qu'il est propriétaire d'un fonds de commerce (conditions cumulatives). Voir, à ce sujet, cass. soc. 22 mars 1982 (n° 81-10.044, BC V n° 198 ; *JS* 1982 F 49) qui : a) précise que l'article L. 125-2 [L. 8232-1 à 3] n'exige pas que la main-d'œuvre nécessaire pour l'exécution du contrat ait été recrutée « spécialement » pour ce contrat mais seulement qu'elle ait été recrutée par l'entrepreneur sous-traitant, b) confirme que l'inscription au registre du commerce (ou au répertoire des métiers) est insuffisante à elle seule pour faire échec à la mise en jeu de la responsabilité de l'entrepreneur principal.

Art. L. 8232-3. Dans les cas prévus au présent chapitre, le salarié lésé, les organismes de sécurité sociale et d'allocations familiales et la caisse de congés payés peuvent engager, en cas de défaillance de l'entrepreneur, une action directe contre le chef d'entreprise pour lequel le travail a été réalisé.

CHAPITRE III

Actions en justice

Art. L. 8233-1. Les organisations syndicales représentatives peuvent exercer en justice toutes les actions résultant de l'application des dispositions du présent titre en faveur d'un salarié sans avoir à justifier d'un mandat de l'intéressé.

Il suffit que celui-ci ait été averti, dans des conditions déterminées par voie réglementaire, et ne s'y soit pas opposé dans un délai de quinze jours à compter de la date à laquelle l'organisation syndicale lui a notifié son intention.

L'intéressé peut toujours intervenir à l'instance engagée par le syndicat et y mettre un terme à tout moment.

Art. D. 8233-1. Le salarié est informé de l'action en justice exercée par les organisations syndicales représentatives en application de l'article L. 8233-1 par lettre recommandée avec avis de réception.

Cette lettre indique :

1° La nature et l'objet de l'action envisagée par l'organisation syndicale représentative ;

2° Que l'action est conduite par l'organisation syndicale qui peut exercer elle-même les voies de recours contre le jugement ;

3° Que le salarié peut, à tout moment, intervenir dans l'instance engagée par l'organisation syndicale ou mettre un terme à cette action ;

4° Que le salarié peut faire connaître à l'organisation syndicale son opposition à l'action envisagée dans un délai de quinze jours à compter de la date de réception.

Art. D. 8233-2. Passé le délai de quinze jours prévu au 4° de l'article D. 8233-1, l'acceptation du salarié est considérée comme tacitement acquise.

CHAPITRE IV

Dispositions pénales

Art. L. 8234-1. Le fait de commettre le délit de marchandage, défini par l'article L. 8231-1, est puni d'un emprisonnement de deux ans et d'une amende de 30000 €.

La juridiction peut prononcer, en outre, l'interdiction de sous-traiter de la main-d'œuvre pour une durée de deux à dix ans.

Le fait de méconnaître cette interdiction, directement ou par personne interposée, est puni d'un emprisonnement de douze mois et d'une amende de 12000 €.

La juridiction peut également ordonner, à titre de peine complémentaire, l'affichage du jugement aux frais de la personne condamnée dans les conditions prévues à l'article 131-35 du code pénal et son insertion, intégrale ou par extraits, dans les journaux qu'elle désigne.

Art. L. 8234-2. Les personnes morales reconnues pénalement responsables, dans les conditions prévues par l'article 121-2 du code pénal, du délit de marchandage défini à l'article L. 8231-1 encourent les peines suivantes :

1° L'amende dans les conditions prévues à l'article 131-38 du code pénal ;

2° Les peines mentionnées aux 1° à 5°, 8° et 9° de l'article 131-39 du même code.

L'interdiction mentionnée au 2° de l'article 131-39 porte sur l'activité dans l'exercice ou à l'occasion de l'exercice de laquelle l'infraction a été commise.

Note Sur l'application au délit de marchandage de l'article L. 121-2 c. pén. dès lors que l'infraction n'a pu être commise, pour le compte de la personne morale, que par ses organes ou représentants, voir cass. crim. 1er septembre 2009, n° 08-88.309, *RJS* 1/10 n° 106.

Art. L. 8234-3. ***(L. 2011-672 du 16 juin 2011, art. 88, JO 17)*** Le prononcé de la peine complémentaire de fermeture provisoire d'établissement mentionnée au 4° de l'article 131-39 du code pénal n'entraîne ni rupture, ni suspension du contrat de travail, ni aucun préjudice pécuniaire à l'encontre des salariés de l'établissement concerné.

Art. R. 8234-1. Le fait, pour un entrepreneur ayant conclu un contrat dans les conditions prévues à l'article D. 8232-1, de ne pas afficher dans chacun des ateliers, magasins ou chantiers, le nom et l'adresse de la personne de qui il tient les travaux, est puni de l'amende prévue pour les contraventions de la quatrième classe.

TITRE IV

PRÊT ILLICITE DE MAIN-D'ŒUVRE

CHAPITRE Ier

Interdiction

Art. L. 8241-1. Toute opération à but lucratif ayant pour objet exclusif le prêt de main-d'œuvre est interdite.

Toutefois, ces dispositions ne s'appliquent pas aux opérations réalisées dans le cadre :

1° Des dispositions du présent code relatives au travail temporaire, ***(L. 2008-596 du 25 juin 2008, JO 26)*** « au portage salarial, » aux entreprises de travail à temps partagé et à l'exploitation d'une agence de mannequins lorsque celle-ci est exercée par une personne titulaire de la licence d'agence de mannequins ;

2° Des dispositions de l'article L. 222-3 du code du sport relatives aux associations ou sociétés sportives.

(L. 2008-789 du 20 août 2008, art. 10, JO 21) « 3° Des dispositions des articles L. 2135-7 et L. 2135-8 du présent code relatives à la mise à disposition des salariés auprès des organisations syndicales ou des associations d'employeurs mentionnées à l'article L. 2231-1. »

(L. 2011-893 du 28 juil. 2011, art. 40, JO 29) « Une opération de prêt de main-d'œuvre ne poursuit pas de but lucratif lorsque l'entreprise prêteuse ne facture à l'entreprise utilisatrice, pendant la mise à disposition, que les salaires versés au salarié, les charges sociales afférentes et les frais professionnels remboursés à l'intéressé au titre de la mise à disposition. »

Note

• Prêt de main-d'œuvre exclusif à but lucratif :

– S'il n'est pas effectué dans le cadre des dispositions légales régissant le travail temporaire, le prêt de main-d'œuvre à but lucratif est interdit. L'interdiction concerne aussi bien l'employeur d'origine que l'entreprise utilisatrice (cass . crim. 20 mars 2007, n° 05-85.253, B. crim. n° 86 ; *RJS* 7/07 n° 898 ; cass. soc. 18 mai 2011, n° 09-69.175, *RJS* 8-9/11 n° 659 ; *RDT* sept. 2011, CH, 503, A. Fabre). Sur la requalification d'un contrat de sous-traitance caractérisé par la seule fourniture de main-d'œuvre, voir cass. crim. 15 septembre 2009, n° 09-80.414, *RJS* 1/10 n° 98 et 29 septembre 2009, n° 08-82.691, *RJS* 1/10 n° 80 (activité de recrutement et non prestation de services) ; sur la requalification d'un « contrat de collaboration » portant exclusivement sur la mise à disposition de personnes n'ayant aucun savoir-faire spécifique par rapport aux salariés de l'entreprise d'accueil, voir cass. crim. 8 juin 2010, n° 07-87.289, B. crim. n° 105 ; *RJS* 11/10 n° 891 ; *Dr. Soc.* 2010, p. 1109, obs. Fr. Duquesne. L'objet du prêt de main-d'œuvre doit avoir un caractère exclusif. Tel n'est pas le cas d'un contrat de sous-traitance conforme aux usages de la profession, avec mise à disposition de matériel adéquat et en l'absence de subordination des salariés à l'entreprise utilisatrice (cass. crim. 2 février 2010, n° 09-84.113, *RJS* 7/10 n° 629). Voir *supra*, note sous art. L. 8231-1.

– Le prêt de main-d'œuvre n'est pas prohibé lorsqu'il n'est que la conséquence nécessaire de la transmission d'un savoir-faire ou de la mise en œuvre d'une technicité qui relève de la spécificité propre de l'entreprise prêteuse (cass. soc. 9 juin 1993, *RJS* 7/93 n° 815 : mise à disposition d'un salarié qui doit superviser la pose d'un électro-filtre sur un chantier). La mise à la disposition d'une autre entreprise d'un personnel spécialisé ne constitue l'apport d'un savoir-faire spécifique que si ce dernier est distinct de celui des salariés de l'entreprise utilisatrice (cass. crim. 3 mai 1994, *RJS* 10/94 n° 1224 ; cass. soc. 8 avril 2009, n° 07-45.200).

– Est fondé l'arrêt de cour d'appel qui condamne un chef d'entreprise, prévenu d'infraction aux dispositions de l'article L. 125-3 [L. 8241-1] CT, après avoir constaté que l'intéressé, contrôlant en fait deux sociétés et agissant sous le couvert d'un contrat de sous-traitance simulé, avait simultanément joué le rôle d'un prêteur et d'un utilisateur de main-d'œuvre, et que le prêt de main-d'œuvre avait donné lieu à rétribution (cass. crim. 15 février 1983, n° 82-92.003, B. crim. n° 57 ; *JS* 1983 F 62).

– Le but lucratif peut résulter d'un accroissement de flexibilité dans la gestion du personnel et de l'économie de charges procurée à l'entreprise utilisatrice (cass. soc. 18 mai 2011, n° 09-69.175, précité).

– Les articles réprimant le prêt illicite de main-d'œuvre s'appliquent à une société de sécurité à qui un centre culturel, établissement public administratif employant des agents publics non soumis aux dispositions du livre Ier du code du travail, a confié l'exécution de missions de surveillance. En cas de poursuite de cette société et de son président pour prêt illicite de main-d'œuvre, les juges doivent rechercher si les éléments constitutifs du délit sont réunis à leur encontre (cass. crim. 30 septembre 2003, n° 02-85.022, BC V n° 175 ; *Dr. Soc.* 2004, p. 205, obs. Fr. Duquesne ; *RJS* 2/04 n° 273).

• Devant une opération rémunérée dans le cadre de deux contrats de prestation de services et de sous-traitance, il y a lieu de rechercher quelle société avait le pouvoir de contrôle et de direction du salarié (cass. soc. 23 janvier 2008, n° 06-40.958, *RJS* 5/08 n° 613).

• La notion de prestation de services autorisant le détachement temporaire de salariés d'une entreprise non établie en France est subordonnée à l'existence d'une relation de travail entre l'entreprise d'envoi et le travailleur pendant la période de détachement (cass. crim. 3 mars 2009, n° 07-81.043, B. crim. n° 50 ; *RJS* 6/09 n° 584 ; voir également cass. crim. 8 juin 2010 précité).

• *Entreprise de travail temporaire.* Est à juste titre condamnée pour délit de marchandage, pour avoir participé à une opération à but lucratif de fourniture de main-d'œuvre ayant pour effet, sinon pour but, de soustraire à l'application de la loi une société « A » mise en liquidation judiciaire et ayant procédé au licenciement pour motif économique de 26 salariés, une entreprise de travail temporaire qui a mis des travailleurs temporaires à la disposition de cette société, par l'intermédiaire d'une entreprise « B », utilisateur officiel jouant le rôle de prête-nom, qui envisageait la reprise de l'entreprise « A » (cass. crim. 15 mars 1988, n° 86-94.199). Voir aussi cass. crim. 25 avril 1989, cité sous art. L. 8231-1.

• Dans tous les cas de prêt de main-d'œuvre, qu'ils soient licites ou illicites, l'employeur demeure tenu des obligations résultant de la faute inexcusable (cass. soc. 6 juillet 2000, n° 98-20.054, *RJS* 9-10/00 n° 1004).

• En l'absence d'éléments caractérisant un travail dissimulé, le prêt illicite de main-d'œuvre n'ouvre pas droit à l'indemnité forfaitaire de l'article L. 8223-1 CT (cass. soc. 14 avril 2010, n° 08-43.445, *RJS* 6/10 n° 571).

• Voir « L'illégalité sous-traitée? Les conséquences du recours à des employeurs intermédiaires dans le secteur du bâtiment », N. Jounin, *Dr. Soc.* 2007, p. 38 ; « Qu'est-ce qu'une mise à disposition de personnel? », J-Y Kerbourc'h, *Dr. Soc.* 2009, p. 530 ; « Le recours à la main-d'œuvre extérieure », B. Boubli, *Dr. Soc.* 2009, p. 806 ; « Faut-il libéraliser le prêt de main-d'œuvre », M. Del Sol, E. Dockès, *RDT* 2009, 625 ; F. Pelletier : « Le prêt de main-d'œuvre exclusif », *JCP* éd S 2011, 1397 ; Fr. Favennec-Héry : « Prêt de main-d'œuvre à but non lucratif : un texte décevant », *Dr. Soc.* 2011, p. 1200.

• **Marchés publics et marchés passés par des personnes publiques ou privées non soumises au code des marchés publics.** Voir note sous art. L. 8221-1 CT.

Art. L. 8241-2. Les opérations de prêt de main-d'œuvre à but non lucratif sont autorisées.

Dans ce cas, les articles L. 1251-21 à L. 1251-24, L. 2313-3 à L. 2313-5 et L. 5221-4 du présent code ainsi que les articles L. 412-3 à L. 412-7 du code de la sécurité sociale sont applicables.

(L. 2011-893 du 28 juil. 2011, art. 40, JO 29) « Le prêt de main-d'œuvre à but non lucratif conclu entre entreprises requiert :

1° L'accord du salarié concerné ;

2° Une convention de mise à disposition entre l'entreprise prêteuse et l'entreprise utilisatrice qui en définit la durée et mentionne l'identité et la qualification du salarié concerné, ainsi que le mode de détermination des salaires, des charges sociales et des frais professionnels qui seront facturés à l'entreprise utilisatrice par l'entreprise prêteuse ;

3° Un avenant au contrat de travail, signé par le salarié, précisant le travail confié dans l'entreprise utilisatrice, les horaires et le lieu d'exécution du travail, ainsi que les caractéristiques particulières du poste de travail.

À l'issue de sa mise à disposition, le salarié retrouve son poste de travail dans l'entreprise prêteuse sans que l'évolution de sa carrière ou de sa rémunération ne soit affectée par la période de prêt.

Les salariés mis à disposition ont accès aux installations et moyens de transport collectifs dont bénéficient les salariés de l'entreprise utilisatrice.

Un salarié ne peut être sanctionné, licencié ou faire l'objet d'une mesure discriminatoire pour avoir refusé une proposition de mise à disposition.

La mise à disposition ne peut affecter la protection dont jouit un salarié en vertu d'un mandat représentatif.

Pendant la période de prêt de main-d'œuvre, le contrat de travail qui lie le salarié à l'entreprise prêteuse n'est ni rompu ni suspendu. Le salarié continue d'appartenir au personnel de l'entreprise prêteuse ; il conserve le bénéfice de l'ensemble des dispositions conventionnelles dont il aurait bénéficié s'il avait exécuté son travail dans l'entreprise prêteuse.

Le comité d'entreprise ou, à défaut, les délégués du personnel de l'entreprise prêteuse sont consultés préalablement à la mise en œuvre d'un prêt de main-d'œuvre et informés des différentes conventions signées.

Le comité d'hygiène, de sécurité et des conditions de travail de l'entreprise prêteuse est informé lorsque le poste occupé dans l'entreprise utilisatrice par le salarié mis à disposition figure sur la liste de ceux présentant des risques particuliers pour la santé ou la sécurité des salariés mentionnée au second alinéa de l'article L. 4154-2.

Le comité d'entreprise et le comité d'hygiène, de sécurité et des conditions de travail ou, à défaut, les délégués du personnel de l'entreprise utilisatrice sont informés et consultés préalablement à l'accueil de salariés mis à la disposition de celle-ci dans le cadre de prêts de main-d'œuvre.

L'entreprise prêteuse et le salarié peuvent convenir que le prêt de main-d'œuvre est soumis à une période probatoire au cours de laquelle il peut y être mis fin à la demande de l'une des parties. Cette période probatoire est obligatoire lorsque le prêt de main-d'œuvre entraîne la modification d'un élément essentiel du contrat de travail. La cessation du prêt de main-d'œuvre à l'initiative de l'une des parties avant la fin de la période probatoire ne peut, sauf faute grave du salarié, constituer un motif de sanction ou de licenciement. »

Note

• Sur la mise à disposition par la Croix-Rouge de son personnel auprès d'un syndicat interhospitalier ne tendant pas à l'obtention d'un gain, mais poursuivant un but d'économie des dépenses publiques de santé et ne tombant donc pas sous le coup des interdictions des articles L. 125-1 [L. 8231-1] et 3 [L. 8241-1 et 2] CT, voir cass. soc. 1er avril 2003, n° 02-14.680, BC V n° 128 ; *Dr. Soc.* 2003, p. 663, obs. J. Savatier.

• Voir note sous art. L. 8241-1.

CHAPITRE II

Actions en justice

Art. L. 8242-1. Les organisations syndicales représentatives peuvent exercer en justice toutes les actions résultant des dispositions du présent titre en faveur d'un salarié sans avoir à justifier d'un mandat de l'intéressé.

Il suffit que celui-ci ait été averti, dans des conditions déterminées par voie réglementaire, et ne s'y soit pas opposé dans un délai de quinze jours à compter de la date à laquelle l'organisation syndicale lui a notifié son intention.

L'intéressé peut toujours intervenir à l'instance engagée par le syndicat et y mettre un terme à tout moment.

Art. R. 8242-1. Le salarié est informé de l'action en justice exercée par les organisations syndicales représentatives en application de l'article L. 8242-1 par lettre recommandée avec avis de réception.

Cette lettre indique :

1° La nature et l'objet de l'action envisagée par l'organisation syndicale représentative ;

2° Que l'action est conduite par l'organisation syndicale, qui peut exercer elle-même les voies de recours contre le jugement ;

3° Que le salarié peut, à tout moment, intervenir dans l'instance engagée par l'organisation syndicale ou mettre un terme à cette action ;

4° Que le salarié peut faire connaître à l'organisation syndicale son opposition à l'action envisagée dans un délai de quinze jours à compter de la date de réception.

Art. R. 8242-2. Passé le délai de quinze jours prévu au 4° de l'article R. 8242-1, l'acceptation du salarié est considérée comme tacitement acquise.

CHAPITRE III

Dispositions pénales

Art. L. 8243-1. Le fait de procéder à une opération de prêt illicite de main-d'œuvre en méconnaissance des dispositions de l'article L. 8241-1, est puni d'un emprisonnement de deux ans et d'une amende de 30 000 €.

La juridiction peut prononcer, en outre, l'interdiction de sous-traiter de la main-d'œuvre pour une durée de deux à dix ans.

Le fait de méconnaître cette interdiction, directement ou par personne interposée, est puni d'un emprisonnement de douze mois et d'une amende de 12 000 €.

Dans tous les cas, la juridiction peut ordonner, aux frais de la personne condamnée, l'affichage du jugement aux portes des établissements de l'entreprise et sa publication dans les journaux qu'elle désigne.

Art. L. 8243-2. Les personnes morales reconnues pénalement responsables, dans les conditions prévues par l'article 121-2 du code pénal, du délit de prêt illicite de main-d'œuvre prévu par l'article L. 8241-1 encourent les peines suivantes :

1° L'amende dans les conditions prévues à l'article 131-38 du code pénal ;

2° Les peines mentionnées aux 1° à 5°, 8° et 9° de l'article 131-39 du même code.

L'interdiction mentionnée au 2° de l'article 131-39 porte sur l'activité dans l'exercice ou à l'occasion de l'exercice de laquelle l'infraction a été commise.

Art. L. 8243-3. ***(L. 2011-672 du 16 juin 2011, art. 88, JO 17)*** Le prononcé de la peine complémentaire de fermeture provisoire d'établissement mentionnée au 4° de l'article 131-39 du code pénal n'entraîne ni rupture, ni suspension du contrat de travail, ni aucun préjudice pécuniaire à l'encontre des salariés de l'établissement concerné.

TITRE V

EMPLOI D'ÉTRANGERS SANS TITRE DE TRAVAIL

CHAPITRE Ier

Interdictions

Art. L. 8251-1. Nul ne peut, directement ou ***(L. 2011-672 du 16 juin 2011, art. 74, JO 17)*** « indirectement », embaucher, conserver à son service ou employer pour quelque durée que ce soit un étranger non muni du titre l'autorisant à exercer une activité salariée en France.

Il est également interdit à toute personne d'engager ou de conserver à son service un étranger dans une catégorie professionnelle, une profession ou une zone géographique autres que celles qui sont mentionnées, le cas échéant, sur le titre prévu au premier alinéa.

Note

• **Nullité du contrat de travail.** La nullité du contrat de travail d'un salarié étranger pour défaut de titre autorisant l'exercice d'une activité en France ou pour emploi irrégulier dans une catégorie professionnelle, profession ou zone géographique autres que celles figurant sur le titre autorisant l'intéressé à travailler est une nullité d'ordre public dont toute personne intéressée peut se prévaloir (cass. soc. 15 février 1978, n° 76-41.142, BC V n° 107 ; *JS* 1978 F 42). La nullité du contrat de travail et l'irrégularité de la situation du travailleur étranger ne permettent pas à l'employeur de se dégager de ses obligations (cass. soc. 3 juin 1998, n° 96-45.035, BC V n° 293).

• **Licenciement.** Repose sur une cause réelle et sérieuse le licenciement d'un travailleur étranger irrégulièrement occupé et auquel l'administration a refusé une autorisation de travail (cass. soc. 17 juin 1981, n° 79-41.220, BC V n° 562 ; *JS* 1981 F 88). En l'absence de renouvellement du titre de travail, la rupture du contrat de travail à l'initiative de l'employeur, qui n'est pas due à un cas de force majeure, constitue un licenciement (cass. soc. 6 novembre 2001, n° 99-42.054, *CSB* 2002 S. 23). Si l'article L. 341-6 [L. 8251-1] CT interdit de conserver à son service un salarié non muni du titre l'autorisant à exercer une activité salariée en France, il appartient à l'employeur de payer la redevance de l'Office des migrations internationales et de délivrer au salarié étranger auquel il est lié par un contrat de travail à durée indéterminée les documents de nature à permettre à celui-ci de justifier auprès de l'administration de l'existence d'un contrat de travail continuant à produire ses effets (cass. soc. 10 février 1998, n° 94-44.308, BC V n° 72 ; *RJS* 3/98 n° 387).

Un salarié étranger occupé sans titre de travail ne saurait bénéficier de la protection spéciale prévue en faveur des délégués du personnel en cas de licenciement (CE 13 avril 1986, SARL Informatis ; cass. soc. 5 novembre 2009, n° 08-40.923, *RJS* 1/10 n° 96).

• **Délit.** Les dispositions de l'article L. 341-6 [L. 8251-1 et L. 5221-8] CT impliquent nécessairement que l'employeur s'informe de la nationalité de celui qu'il embauche et vérifie, dans le cas où il s'agit d'un étranger, s'il est titulaire du titre précité (cass. crim. 29 mars 1994, n° 93-82.178, B. crim. n° 121 ; 14 mai 1996, n° 94-85.616, *CSB* 1996 B. 160). La régularisation ultérieure d'une situation irrégulière par l'obtention d'une autorisation provisoire de travail n'a pas d'effet rétroactif et ne fait pas disparaître l'infraction (cass. crim. 19 novembre 2002, n° 02-81.749, *CSB* 2003 S. 154). La responsabilité de l'utilisateur dans le cadre d'un prêt de main-d'œuvre illicite est engagée (cass. crim. 3 décembre 1991, n° 90-86.763, B. crim. n° 458 ; 12 octobre 1993, n° 93-80.533 ; 27 septembre 1994, n° 93-85.285 ; 8 juin 2010, n° 07-87.289, B. crim. n° 105 ; *RJS* 11/10 n° 891 ; *Dr. Soc.* 2010, p. 1109, obs. Fr. Duquesne).

• **Prestations de services au sein de l'Union européenne.** Voir note sous art. L. 5221-11.

• **Marchés publics et marchés passés par des personnes publiques ou privées non soumises au code des marchés publics.** Voir note sous art. L. 8221-1 CT.

Art. L. 8251-2. ***(L. 2011-672 du 16 juin 2011, art. 75, JO 17, entrée en vigueur à une date fixée par décret et au plus tard le 30.09.2011)*** Nul ne peut, directement ou indirectement, recourir sciemment aux services d'un employeur d'un étranger sans titre.

CHAPITRE II

Droits du salarié étranger

Art. L. 8252-1. Le salarié étranger employé en méconnaissance des dispositions du premier alinéa de l'article L. 8251-1 est assimilé, à compter de la date de son embauche, à un salarié régulièrement engagé au regard des obligations de l'employeur définies par le présent code :

1° Pour l'application des dispositions relatives aux périodes d'interdiction d'emploi prénatal et postnatal et à l'allaitement, prévues aux articles L. 1225-29 à L. 1225-33 ;

2° Pour l'application des dispositions relatives à la durée du travail, au repos et aux congés prévues au livre Ier de la troisième partie ;

3° Pour l'application des dispositions relatives à la santé et la sécurité au travail prévues à la quatrième partie ;

4° Pour la prise en compte de l'ancienneté dans l'entreprise.

Il en va de même pour les articles L. 713-1 et suivants du code rural ***(Ord. 2010-462 du 6 mai 2010, JO 7)*** « et de la pêche maritime » pour les professions agricoles.

Art. L. 8252-2. Le salarié étranger a droit au titre de la période d'emploi illicite :

1° Au paiement du salaire et des accessoires de celui-ci, conformément aux dispositions légales, ***(L. 2011-672 du 16 juin 2011, art. 76, JO 17)*** « conventionnelles » et aux stipulations contractuelles applicables à son emploi, déduction faite des sommes antérieurement perçues au titre de la période considérée ; ***(L. 2011-672 du 16 juin 2011, art. 76, JO 17)*** « À défaut de preuve contraire, les sommes dues au salarié correspondent à une relation de travail présumée d'une durée de trois mois. Le salarié peut apporter par tous moyens la preuve du travail effectué ; »

2° En cas de rupture de la relation de travail, à une indemnité forfaitaire égale à ***(L. 2011-672 du 16 juin 2011, art. 76, JO 17)*** « trois mois » de salaire, à moins que l'application des règles figurant aux articles L. 1234-5, L. 1234-9, L. 1243-4 et L. 1243-8 ou des stipulations contractuelles correspondantes ne conduise à une solution plus favorable.

(L. 2011-672 du 16 juin 2011, art. 76, JO 17) « 3° Le cas échéant, à la prise en charge par l'employeur de tous les frais d'envoi des rémunérations impayées vers le pays dans lequel il est parti volontairement ou a été reconduit.

Lorsque l'étranger employé sans titre l'a été dans le cadre d'un travail dissimulé, il bénéficie soit des dispositions de l'article L. 8223-1, soit des dispositions du présent chapitre si celles-ci lui sont plus favorables. »

Le conseil de prud'hommes saisi peut ordonner par provision le versement de l'indemnité forfaitaire prévue au 2°.

Ces dispositions ne font pas obstacle au droit du salarié de demander en justice une indemnisation supplémentaire s'il est en mesure d'établir l'existence d'un préjudice non réparé au titre de ces dispositions.

Note

• L'article 76 de la loi 2011-672 précitée entre en vigueur à compter d'une date fixée par décret et au plus tard le 30.09.2011.

• Voir « Le travailleur sans papier a-t-il droit aux règles du licenciement ? », P. Bailly et le Gisti, *RDT*, avril 2011, CO, 221.

• **Salaire et accessoires du salaire.** L'étranger occupé sans titre de travail étant assimilé à compter de la date de son embauchage à un travailleur régulièrement embauché et ayant droit, au titre de la période d'emploi illicite, au paiement du salaire et des accessoires de celui-ci, c'est à l'employeur auquel un salarié réclame un rappel de salaire sur la base du SMIC et des indemnités de congé payé qu'il appartient d'établir qu'il est libéré de son obligation de paiement (cass. soc. 5 juin 1986, *JS* 1986 SJ 174).

• **Indemnités de rupture.** Il appartient au juge de comparer le montant de l'indemnité forfaitaire avec la somme résultant des indemnités de licenciement et de préavis pour déterminer quelle est la plus favorable pour le salarié (cass. soc. 28 septembre 2011, n° 09-70.543). Le droit à l'indemnité forfaitaire n'est pas subordonné à la rupture abusive du contrat de travail (cass. soc. 22 novembre 1995, n° 92-42.070).

La rupture du contrat de travail d'un étranger embauché irrégulièrement ouvre droit, pour le salarié, à une indemnité de préavis, même si celui-ci ne peut être exécuté (cass. soc. 12 mars 2002, n° 99-44.316, BC V n° 90 ; *RJS* 6/02 n° 748 ; *CSB* 2002 A. 33). L'indemnité ne peut être alors que la plus élevée de l'indemnité forfaitaire ou de l'indemnité de préavis (cass. soc. 29 janvier 2008, n° 06-44.983, BC V n° 27 ; *RJS* 5/08 n° 611 ; *JCP* éd. S 2008, 1253, note L. Dauxerre).

L'article 7 de la convention 158 de l'OIT ne visant que les licenciements pour motifs liés à la conduite ou au travail du salarié ne trouve pas à s'appliquer à la rupture du contrat de travail d'un étranger motivée par son emploi en violation de l'article L. 341-6 [L. 8251-1] CT qui exclut l'application de l'article L. 122-14 [L. 1232-2 et s.] CT (cass. soc. 29 janvier 2008 précité ; 26 juin 2008, n° 07-40.434, *RJS* 10/08 n° 1048 ; 13 novembre 2008, n° 07-40.689, BC V n° 221 ; *RJS* 1/09 n° 70 ; *CSB* 2009 S. 65).

En retenant pour écarter l'application de l'article L. 341-6-1 [L. 8252-2] CT que l'employeur a embauché les salariés dans l'ignorance de la falsification des cartes de résident présentées par ces derniers, le juge a ajouté une condition supplémentaire pour l'application du régime mis en place par cet article, que ce texte n'exigeait pas (cass. soc. 26 juin 2008 précité).

• **Notion de « rupture de la relation de travail ».** À s'en tenir aux travaux préparatoires qui ont précédé l'adoption de la loi du 17 octobre 1981 et à la circulaire interministérielle du 12 mars 1982 (JO 24 avril), l'indemnité forfaitaire minimale de rupture ne serait due que si l'employeur met fin de sa propre initiative aux relations de travail ou si, à la suite d'un contrôle, il ne peut plus conserver l'intéressé à son service. Se trouveraient exclus tous les cas de rupture à l'initiative du salarié.

Ayant embauché et conservé à son service un ressortissant étranger en situation irrégulière, l'employeur ne peut se prévaloir, pour ne pas verser l'indemnité prévue précisément dans ce cas par l'article L. 341-6-1 [L. 8252-2] CT, de la nullité du contrat (cass. soc. 3 juin 1998, n° 96-45.035, BC V n° 293 ; *RJS* 7/98 n° 932) ni du refus de régularisation opposé par l'autorité administrative (cass. soc. 8 juillet 1985, *JS* 1985 SJ 289).

• **Sous-traitance clandestine.** En application des dispositions des articles L. 324-13-1, L. 324-14 et L. 324-14-1 [L. 8222-1, 2, 5 et 6] CT résultant de la loi du 31 décembre 1991, l'entrepreneur principal négligent est tenu solidairement avec le « premier » entrepreneur sous-traitant au paiement des salaires et des indemnités de rupture en cas d'insolvabilité du « second » sous-traitant.

Art. L. 8252-3. Le salarié étranger mentionné à l'article L. 8252-1 bénéficie des dispositions du chapitre III du titre V du livre II de la troisième partie relatives aux assurances et privilèges de salaire pour les sommes qui lui sont dues en application de cet article.

Note Les dispositions figurant dans cet article visent les avantages pécuniaires dus aux salariés étrangers occupés sans carte de travail, au titre de leur période d'emploi illicite.

Art. L. 8252-4. ***(L. 2011-672 du 16 juin 2011, art. 77, JO 17)*** Les sommes dues à l'étranger sans titre, dans les cas prévus aux 1° à 3° de l'article L. 8252-2, lui sont versées par l'employeur dans un délai de trente jours à compter de la constatation de l'infraction. Lorsque l'étranger est placé en rétention administrative en application de l'article L. 551-1 du code de l'entrée et du séjour des étrangers et du droit d'asile ou assigné à résidence en application de l'article L. 561-2 du même code ou lorsqu'il n'est plus sur le territoire national, ces sommes sont déposées sous le même délai auprès d'un organisme désigné à cet effet, puis reversées à l'étranger.

Art. L. 8252-4.

Lorsque l'employeur ne s'acquitte pas des obligations mentionnées au premier alinéa, l'organisme recouvre les sommes dues pour le compte de l'étranger.

Les modalités d'application des dispositions relatives à la consignation, au recouvrement et au reversement des sommes dues à l'étranger sans titre ainsi que les modalités d'information de celui-ci sur ses droits sont précisées par décret en Conseil d'État.

Note L'article 77 de la loi 2011-672 précitée entre en vigueur à compter d'une date fixée par décret et au plus tard le 30.09.2011. Le décret pris pour l'application de cet article est le décret 2011-1693 du 30 novembre 2011 (JO 1er déc.).

[Dispositions réglementaires]

(D. 2011-1693 du 30 nov. 2011, art. 1 et 3, JO 1er déc.)

SECTION 1. Information des étrangers sans titre au regard de leurs droits

Art. R. 8252-1. Lorsque l'un des agents mentionnés à l'article L. 8271-7 constate qu'un travailleur étranger est occupé sans être en possession d'un titre l'autorisant à exercer une activité salariée en France, il lui remet un document l'informant de ses droits dont le contenu est défini à l'article R. 8252-2.

SECTION 2. Le document d'information

Art. R. 8252-2. Le document remis au salarié étranger sans titre comporte les informations suivantes :

1° Dans tous les cas :

a) Le droit aux salaires et indemnités mentionnés aux 1° et 2° de l'article L. 8252-2 ;

b) L'obligation qui incombe à l'employeur de remettre les bulletins de paie, le certificat de travail et le solde de tout compte correspondant à la période d'emploi dans l'entreprise ;

c) La possibilité, lorsqu'il est placé dans l'une des situations mentionnées à la dernière phrase du premier alinéa de l'article L. 8252-4, d'obtenir le recouvrement des salaires et des indemnités auprès de l'Office français de l'immigration et de l'intégration ;

d) La possibilité, le cas échéant, de saisir la juridiction compétente en matière prud'homale aux fins d'obtenir le paiement des salaires et des indemnités, pour la partie non recouvrée par l'Office français de l'immigration et de l'intégration, notamment par l'intermédiaire d'une organisation syndicale représentative, conformément aux dispositions de l'article L. 8255-1 ;

e) La possibilité de saisir également la juridiction compétente en matière prud'homale afin de réclamer des dommages et intérêts s'il est en mesure d'établir l'existence d'un préjudice non réparé au titre des dispositions de l'article L. 8252-2 ;

f) La possibilité de porter plainte contre une personne qu'il accuse d'avoir commis à son encontre les infractions visées aux articles 225-4-1 à 225-4-6 et 225-5 à 225-10 du code pénal et de pouvoir bénéficier à cet effet d'une carte de séjour temporaire durant la procédure, au titre de l'article L. 316-1 du code de l'entrée et du séjour des étrangers et du droit d'asile ;

2° En outre, l'indication de l'indemnité forfaitaire mentionnée au 2° de l'article L. 8252-2 ou celle prévue par l'article L. 8223-1, en cas d'emploi dans les conditions définies aux articles L. 8221-3 et L. 8221-5.

Le document est traduit dans les langues les plus couramment utilisées désignées par le ministre chargé de l'immigration.

Note Voir arrêté du 30 novembre 2011 (JO 1er déc.) précisant que le document prévu à cet article est rédigé dans les langues suivantes [anglais, arabe (littéral), chinois (mandarin), espagnol, portugais, russe].

SECTION 3. Modalités de paiement, de recouvrement et de versement des salaires et indemnités dus au salarié étranger sans titre

Sous-section 1. Dispositions générales

Art. R. 8252-4. L'organisme mentionné à l'article L. 8252-4 est l'Office français de l'immigration et de l'intégration.

Art. R. 8252-5. Lorsqu'un des agents mentionnés à l'article L. 8271-7 a relevé une infraction à l'emploi d'étranger sans titre, il en informe sans délai l'Office français de l'immigration et de l'intégration, en précisant l'identité du contrevenant, du ou des salariés concernés ainsi que tout élément relatif à la mise en œuvre des dispositions de l'article L. 8252-2. Le préfet du département et, à Paris, le préfet de police tiennent l'office informé des mesures prises à l'égard du salarié concerné. Ce dernier informe l'office de sa situation au regard du règlement des sommes auxquelles il a droit en application de l'article L. 8252-2.

Sous-section 2. Paiement spontané par l'employeur des salaires et indemnités dus au salarié étranger sans titre

Art. R. 8252-6. L'employeur d'un étranger sans titre s'acquitte par tout moyen, dans le délai mentionné à l'article L. 8252-4, des salaires et indemnités déterminés à l'article L. 8252-2.

Il remet au salarié étranger sans titre les bulletins de paie correspondants, un certificat de travail ainsi que le solde de tout compte. Il justifie, auprès de l'Office français de l'immigration et de l'intégration, par tout moyen, de l'accomplissement de ses obligations légales.

Art. R. 8252-7. Lorsque le salarié étranger est placé en rétention administrative, est assigné à résidence ou n'est déjà plus sur le territoire national, son employeur s'acquitte des sommes déterminées à l'article L. 8252-2, dans le délai mentionné à l'article L. 8252-4, auprès de l'Office français de l'immigration et de l'intégration, lequel les reverse à l'intéressé.

Sous-section 3. Recouvrement forcé des salaires et indemnités dus au salarié étranger sans titre

Art. R. 8252-8. Pour tout salarié étranger placé en rétention administrative, assigné à résidence ou qui ne se trouve plus sur le territoire national, le directeur général de l'office rappelle à son employeur, par lettre recommandée avec avis de réception ou par tout autre moyen permettant de faire la preuve de sa réception par le destinataire, qu'il doit, s'il ne s'est pas déjà acquitté des sommes mentionnées à l'article R. 8252-6, les verser sans délai sur un compte ouvert par l'office au nom du salarié étranger concerné.

À défaut de règlement par l'employeur au terme du délai mentionné à l'article L. 8252-4, le directeur général émet à son encontre un titre exécutoire correspondant aux sommes dues en application de l'article L. 8252-2, pour permettre à l'agent comptable de l'office d'en effectuer le recouvrement. Le directeur général notifie sa décision à l'employeur ainsi que le titre de recouvrement par lettre recommandée avec avis de réception ou par tout autre moyen permettant de faire la preuve de sa réception par le destinataire.

Le recouvrement des sommes mentionnées au présent article est réalisé conformément aux dispositions régissant les états exécutoires émis pour le recouvrement des créances des établissements publics nationaux.

Si le salarié étranger est toujours sur le territoire national, l'agent comptable de l'office reverse les sommes au salarié étranger concerné.

Si le salarié étranger a quitté le territoire national, ces sommes sont transférées dans le pays où il est retourné ou a été reconduit afin qu'elles lui soient remises. Les frais d'envoi mentionnés au 3° de l'article L. 8252-2 sont mis à la charge de l'employeur.

Art. R. 8252-9. Si, dans la situation du salarié étranger mentionnée à l'article R. 8252-8, le directeur général de l'Office français de l'immigration et de l'intégration décide de mettre en œuvre la solidarité financière du donneur d'ordre mentionné à l'article L. 8254-2, il informe le donneur d'ordre, par lettre recommandée avec avis de réception ou par tout autre moyen permettant de faire la preuve de sa réception par le destinataire, qu'il doit verser les sommes dues sur un compte ouvert par l'office au nom du salarié étranger concerné.

À défaut de règlement par le donneur d'ordre au terme du délai fixé dans la décision mentionnée à l'alinéa précédent, qui ne peut être inférieur à quinze jours suivant sa notification, il est procédé dans les mêmes conditions qu'à l'article R. 8252-8.

Sous-section 4. Recouvrement des sommes dues au salarié étranger sans titre sur décision judiciaire

§ 1er. Dispositions générales

Art. R. 8252-10. Lorsque la juridiction statuant en matière prud'homale, saisie par un salarié étranger sans titre ou son représentant, en application de l'article L. 8252-2, a rendu une décision passée en force de chose jugée condamnant l'employeur ou le donneur d'ordre au paiement des sommes restant dues, le greffe transmet une copie de cette décision au directeur général de l'Office français de l'immigration et de l'intégration.

Art. R. 8252-11. Lorsqu'une juridiction correctionnelle a prononcé une décision définitive condamnant une personne pour avoir recouru sciemment aux services d'un employeur d'un étranger sans titre, le greffe transmet une copie de la décision au directeur général de l'Office français de l'immigration et de l'intégration, afin de lui permettre de procéder à la mise en œuvre de la solidarité financière prévue à l'article L. 8254-2-2.

§ 2. Intervention de l'Office français de l'immigration et de l'intégration saisi sur décision judiciaire

Art. R. 8252-12. Lorsque le directeur général de l'Office français de l'immigration et de l'intégration est saisi d'une décision judiciaire mentionnée à l'article R. 8252-10, il enjoint la personne condamnée de verser ces sommes sur un compte ouvert au nom du salarié étranger concerné, par lettre recommandée avec avis de réception ou par tout autre moyen permettant de faire la preuve de sa réception par le destinataire.

À défaut de règlement par la personne condamnée au terme du délai fixé dans la décision mentionnée à l'alinéa précédent, qui ne peut être inférieur à quinze jours suivant sa notification, il est procédé dans les mêmes conditions qu'à l'article R. 8252-8.

Art. R. 8252-13. Lorsque le directeur général de l'Office français de l'immigration et de l'intégration est saisi d'une décision pénale mentionnée à l'article R. 8252-11, il met en œuvre dans les mêmes conditions la procédure prévue à l'article R. 8252-8.

CHAPITRE III

Contribution spéciale

Art. L. 8253-1. Sans préjudice des poursuites judiciaires pouvant être intentées à son encontre, l'employeur qui a employé un travailleur étranger en méconnaissance des dispositions du premier alinéa de l'article L. 8251-1 acquitte une contribution spéciale. Le montant de cette contribution spéciale est déterminé dans des conditions fixées par décret en Conseil d'État et est au moins égal à ***(L. 2010-1657 du 29 déc. 2010, art. 78, JO 30)*** « 5000 » fois le taux horaire du minimum garanti prévu à l'article L. 3231-12 et, en cas de réitération, à ***(L. 2010-1657 du 29 déc. 2010, art. 78, JO 30)*** « 25000 » fois ce même taux.

(L. 2010-1657 du 29 déc. 2010, art. 78, JO 30) « L'Office français de l'immigration et de l'intégration est chargé de constater et de liquider cette contribution.

Elle est recouvrée par l'État comme en matière de créances étrangères à l'impôt et au domaine.

Les sommes recouvrées par l'État pour le compte de l'Office français de l'immigration et de l'intégration lui sont reversées. » ***(L. 2011-1977 du 28 déc. 2011, art. 46, JO 29, entrée en vigueur le 01.01.2012)*** « dans la limite du plafond fixé au I de l'article 46 de la loi n° 2011-1977 du 28 décembre 2011 de finances pour 2012. L'État prélève 4 % des sommes reversées au titre des frais de recouvrement. »

Note

• La circulaire interministérielle DPM 2005-544 du 9 décembre 2005 (BO TR2006/1) traite du recouvrement de la contribution spéciale pour emploi d'étranger sans titre.

• La contribution spéciale instituée par l'article L. 341-7 [L. 8253-1] CT, qui présente le caractère d'une punition tendant à empêcher la réitération des agissements qu'elle vise et n'a pas pour objet la seule réparation pécuniaire d'un préjudice, appartient à la « matière pénale » au sens des stipulations de l'article 6 de la Convention européenne de sauvegarde des droits de l'homme, alors même que le législateur a laissé le soin de l'établir et de la prononcer à l'autorité administrative, et les principes énoncés par ces stipulations lui sont applicables (CE 28 juillet 1999, n° 188973, *RJS* 10/99 n° 1314).

• La procédure de mise en recouvrement de la contribution spéciale est indépendante des poursuites judiciaires qui peuvent être intentées à l'encontre des contrevenants à l'article L. 341-6 [L. 8251-1] (CE 9 octobre 1989, n° 81228).

• Dès lors qu'il est établi qu'un employeur a occupé irrégulièrement trois travailleurs étrangers, il est redevable de la contribution spéciale, peu important, à cet égard, qu'un procès-verbal de gendarmerie ait été classé sans suite par le parquet et que la cour d'appel ait relaxé le prévenu au bénéfice du doute (CE 5 mai 1986, *JS* 1986, SJ 210). Voir également, dans le même sens, CE 11 mars 1987, n° 53984, *Rec. Lebon*, p. 90 et CE 15 octobre 1999, n° 188864, *RJS* 1/00 n° 119. En revanche, l'administration et le juge administratif doivent d'office tirer les conséquences d'une relaxe ayant acquis force de chose jugée du délit d'emploi d'étrangers sans titre au motif que ces faits n'avaient pas été commis (CE 15 octobre 1999, n° 187512, *RJS* 12/99 n° 1537).

• Les contestations concernant la contribution spéciale doivent être portées devant le tribunal administratif dans le ressort duquel l'infraction a été constatée.

• « Sans préjudice des poursuites judiciaires qui pourront être engagées à son encontre et de la contribution spéciale au bénéfice de l'Agence nationale de l'accueil des étrangers et des migrations [l'Office français de l'immigration et de l'intégration] prévue à l'article L. 341-7 [L. 8253-1] CT, l'employeur qui aura occupé un travailleur étranger en situation de séjour irrégulier acquittera une contribution forfaitaire représentative des frais de réacheminement de l'étranger dans son pays d'origine. Le montant total des sanctions pécuniaires pour l'emploi d'un étranger en situation de séjour irrégulier ne peut excéder le montant des sanctions pénales prévues par les deux premiers alinéas de l'article L. 364-3 [L. 8256-2] et par l'article L. 364-10 [L. 8256-7] CT ou, si l'employeur entre dans le champ d'application de ces articles, le montant des sanctions pénales prévues par le chapitre II du présent titre.

Les modalités d'application du présent article sont fixées par décret en Conseil d'État » (art. L. 626-1 CESEDA). Voir art. R. 626-1 CESEDA, et arrêtés du 5 décembre 2006 (JO 10) fixant le montant de cette contribution.

Art. L. 8253-2. Le paiement de la contribution spéciale est garanti par un privilège sur les biens meubles et effets mobiliers des redevables, où qu'ils se trouvent, au même rang que celui dont bénéficie le Trésor en application de l'article 1920 du code général des impôts.

Note Cet article a été modifié par la loi 2010-1657 du 29 décembre 2010, art. 78, JO 30.

Art. L. 8253-3. Les créances privilégiées en application de l'article L. 8253-2 dues par un commerçant, un artisan ou une personne morale de droit privé même non commerçante, sont inscrites à un registre public, dans le délai de six mois suivant leur date limite de paiement.

L'inscription conserve le privilège pendant deux années et six mois à compter du jour où elle est effectuée. Elle ne peut être renouvelée.

Art. L. 8253-4. En cas de procédure de sauvegarde, de redressement ou de liquidation judiciaire du redevable ou d'un tiers tenu légalement au paiement de la contribution spéciale, le privilège dont l'inscription n'a pas été régulièrement requise à l'encontre du redevable ne peut plus être exercé pour les créances qui étaient soumises à titre obligatoire à cette inscription.

Les frais de poursuite dus par le redevable à la date du jugement d'ouverture ne sont pas dus.

Art. L. 8253-5.

Note Cet article a été modifié par la loi 2011-672 du 16 juin 2011, art. 79, JO 17 (entrée en vigueur à compter d'une date fixée par décret et au plus tard le 30.09.2011).

Art. L. 8253-5. L'inscription d'une créance privilégiée en application de l'article L. 8253-2 peut faire l'objet à tout moment d'une radiation totale ou partielle.

[**Art. L. 8253-6.** Abrogé par loi 2010-1657 du 29 décembre 2010, art. 78, JO 30.]

Art. L. 8253-7. Un décret en Conseil d'État détermine les modalités d'application du présent chapitre.

SECTION 1. Détermination de la contribution

Art. R. 8253-1. La contribution spéciale prévue par l'article L. 8253-1 est due pour chaque étranger employé en méconnaissance des dispositions du premier alinéa de l'article L. 8251-1.

Art. R. 8253-2. Un exemplaire des procès-verbaux établi par les fonctionnaires mentionnés à l'article L. 8271-17, constatant l'embauche ou l'emploi d'un étranger non muni d'un titre l'autorisant à exercer une activité salariée en France, est transmis au ***(D. 2009-1377 du 10 nov. 2009, JO 13 ; D. 2010-687 du 24 juin 2010, JO 25 ; voir D. 2010-1582 du 17 déc. 2010, JO 18, pour outre-mer)*** « directeur régional des entreprises, de la concurrence, de la consommation, du travail et de l'emploi » du département dans lequel l'infraction a été constatée.

Note Les articles R. 8253-2, 3 et 5 ont été modifiés par le décret 2008-1503 du 30 décembre 2008 (JO 31).

Art. R. 8253-3. Le ***(D. 2009-1377 du 10 nov. 2009, JO 13 ; D. 2010-687 du 24 juin 2010, JO 25 ; voir D. 2010-1582 du 17 déc. 2010, JO 18, pour outre-mer)*** « directeur régional des entreprises, de la concurrence, de la consommation, du travail et de l'emploi » indique à l'employeur, par lettre recommandée avec avis de réception, que les dispositions de l'article L. 8253-1 sont susceptibles de lui être appliquées et qu'il peut présenter ses observations dans un délai de quinze jours.

[**Art. R. 8253-4.** Abrogé par décret 2008-1503 du 30 décembre 2008, art. 2, JO 31.]

Art. R. 8253-5. Le ***(D. 2009-1377 du 10 nov. 2009, JO 13 ; D. 2010-687 du 24 juin 2010, JO 25 ; voir D. 2010-1582 du 17 déc. 2010, JO 18, pour outre-mer)*** « directeur régional des entreprises, de la concurrence, de la consommation, du travail et de l'emploi » adresse, avec son avis, au directeur général de l' ***(D. 2009-331 du 25 mars 2009, JO 27)*** « Office français de l'immigration et de l'intégration » le procès-verbal ainsi que les observations de l'employeur, s'il en a été produit.

Art. R. 8253-6. Au vu des procès-verbaux qui lui sont transmis, le directeur général de l' ***(D. 2009-331 du 25 mars 2009, JO 27)*** « Office français de l'immigration et de l'intégration » décide de l'application de la contribution spéciale prévue à l'article L. 8253-1 et notifie sa décision à l'employeur ainsi que le titre de recouvrement.

Art. R. 8253-7. La contribution spéciale est à la charge exclusive de l'employeur qui a embauché ou employé un travailleur étranger non muni d'une autorisation de travail.

Son recouvrement est réalisé conformément aux dispositions régissant les états exécutoires émis pour le recouvrement des créances des établissements publics nationaux.

Art. R. 8253-8. Le montant de la contribution spéciale est égal à mille fois le taux horaire, à la date de la constatation de l'infraction, du minimum garanti prévu à l'article L. 3231-12.

Art. R. 8253-9. Dès lors que le délai de quinze jours mentionné à l'article R. 8253-3 est expiré et qu'il dispose des pièces mentionnées aux articles R. 8253-5 et R. 8253-12, le directeur général de l' ***(D. 2009-331 du 25 mars 2009, JO 27)*** « Office français de l'immigration et de l'intégration » peut prescrire à l'employeur de consigner sans délai entre les mains de l'agent comptable de l'agence [l'office] une somme égale à 40 % du montant de la contribution spéciale.

Art. R. 8253-10. Lorsque le directeur général de l' ***(D. 2009-331 du 25 mars 2009, JO 27)*** « Office français de l'immigration et de l'intégration » ordonne la consignation, il émet un titre exécutoire pour le montant de la somme à consigner. L'agent comptable reverse cette somme à la Caisse des dépôts et consignations.

Si la contestation de la créance aboutit à l'annulation du titre exécutoire, la somme qui a été consignée est restituée au redevable.

Art. R. 8253-11. Lorsque l'emploi de l'étranger n'a pas donné lieu à la constatation d'une infraction autre que l'infraction prévue au premier alinéa de l'article L. 8251-1, le directeur général de l' ***(D. 2009-331 du 25 mars 2009, JO 27)*** « Office français de l'immigration et de l'intégration » peut, sur proposition du ***(D. 2009-1377 du 10 nov. 2009, JO 13 ; D. 2010-687 du 24 juin 2010, JO 25 ; voir D. 2010-1582 du 17 déc. 2010, JO 18, pour outre-mer)*** « directeur régional des entreprises, de la concurrence, de la consommation, du travail et de l'emploi » du département dans lequel l'infraction a été constatée, réduire le montant de la contribution spéciale à cinq cents fois le taux horaire du minimum garanti.

[**Art. R. 8253-12.** Abrogé par décret 2008-1503 du 30 décembre 2008, art. 2, JO 31.]

Art. R. 8253-13. Le montant de la contribution spéciale est porté à cinq mille fois le taux horaire du minimum garanti lorsqu'une infraction au premier alinéa de l'article L. 8251-1 a donné lieu à l'application de la contribution spéciale à l'encontre de l'employeur au cours de la période de cinq années précédant la constatation de l'infraction.

Art. R. 8253-14. Une majoration de 10 % est ajoutée au montant de la contribution spéciale due par l'employeur lorsque celui-ci n'a pas acquitté cette contribution dans les deux mois suivant la date de la notification du titre de recouvrement.

SECTION 2. Inscription des créances privilégiées

Art. R. 8253-15. L'inscription prévue à l'article L. 8253-3 est faite :

1° Si le redevable est une personne physique, au greffe du tribunal de commerce ou du tribunal de grande instance statuant commercialement, dans le ressort duquel est situé son établissement principal ou, à défaut, son domicile ;

2° Si le redevable est une personne morale, au greffe du tribunal de commerce ou du tribunal de grande instance statuant commercialement, dans le ressort duquel est situé son siège social ;

3° Si le redevable n'a, selon le cas, ni son siège social ni son principal établissement, ou, à défaut, son domicile situé sur le territoire national, au greffe du tribunal de commerce de Paris.

Art. R. 8253-16. Pour inscrire le privilège de l' ***(D. 2009-331 du 25 mars 2009, JO 27)*** « Office français de l'immigration et de l'intégration », l'agent comptable de l'agence [l'office] remet ou adresse par lettre recommandée avec avis de réception au greffier du tribunal un bordereau en double exemplaire portant les indications suivantes :

1° Désignation et adresse de l'agence [l'office] ;

2° Désignation du redevable avec :

a) Si le redevable est une personne physique, les nom, prénom, profession, adresse de l'établissement principal ou, à défaut, du domicile du redevable et, le cas échéant, son numéro unique d'identification mentionné à l'article D. 123-235 du code de commerce complété, s'il y a lieu, de la mention RCS suivie du nom de la ville où il est immatriculé, soit de la mention RM suivie de l'indication de la ville et du département où il est inscrit ;

b) Si le redevable est une personne morale, les dénomination ou raison sociale, activité, adresse du siège et, le cas échéant, son numéro unique d'identification mentionné à l'article D. 123-235 du code de commerce complété, s'il y a lieu, soit de la mention RCS suivie du nom de la ville où se trouve le greffe où le redevable est immatriculé, soit de la mention RM suivie de l'indication de la ville et du département où il est inscrit ;

c) Si le redevable n'a, selon le cas, ni son siège social ni son principal établissement ou, à défaut, son domicile situé sur le territoire national, les nom, dénomination, activité, adresse du siège, ou, à défaut, de l'établissement principal ou du domicile et, le cas échéant, le lieu et le numéro d'immatriculation sur un registre public si la loi le prévoit ;

3° Montant des sommes dues et date de leur échéance.

Art. R. 8253-17. En même temps qu'il requiert l'inscription du privilège, l'agent comptable de l' ***(D. 2009-331 du 25 mars 2009, JO 27)*** « Office français de l'immigration et de l'intégration » en avise le débiteur par lettre recommandée.

Art. R. 8253-18. Un des exemplaires du bordereau mentionné à l'article R. 8253-16 est restitué ou renvoyé à l' *(D. 2009-331 du 25 mars 2009, JO 27)* « Office français de l'immigration et de l'intégration » après avoir été revêtu par le greffier, dès sa réception, de la mention d'inscription qui comporte la date de celle-ci et le numéro sous lequel elle a été faite. L'autre exemplaire, comportant les mêmes mentions, est conservé au greffe.

Art. R. 8253-19. L'agent comptable de l' *(D. 2009-331 du 25 mars 2009, JO 27)* « Office français de l'immigration et de l'intégration » peut requérir l'inscription du privilège même si les sommes dues font l'objet d'une contestation de la part du redevable.

Mention de l'existence de la contestation est portée sur le bordereau mentionné à l'article R. 8253-16 à la diligence soit du directeur général de l'agence [l'office], soit du redevable sur production d'un certificat délivré par l'agence [l'office] et établissant l'existence d'une réclamation. Cette mention fait l'objet d'une radiation effectuée dans les mêmes conditions.

Art. R. 8253-20. La radiation totale ou partielle d'une créance privilégiée, prévue à l'article L. 8253-5 est faite par le directeur général de l' *(D. 2009-331 du 25 mars 2009, JO 27)* « Office français de l'immigration et de l'intégration » ou le redevable sur présentation au greffier d'un certificat délivré par le directeur général de cette agence [cet office]. Le greffier mentionne la radiation en marge des inscriptions.

Lorsque le débiteur s'est acquitté de sa dette et, sous réserve du règlement auprès de l'agence [l'office] des frais liés aux formalités d'inscription et de radiation, celle-ci [celui-ci] en demande la radiation totale dans un délai d'un mois.

Art. R. 8253-21. Les certificats prévus aux articles R. 8253-19 et R. 8253-20 sont remis ou adressés au greffe en deux exemplaires, dont l'un est restitué ou renvoyé à titre de récépissé, après avoir été revêtu, dès réception, d'une mention indiquant la date d'accomplissement de la formalité requise.

Art. R. 8253-22. Les émoluments alloués au greffier d'un tribunal de commerce pour l'inscription d'un privilège sont égaux à ceux prévus à l'article R. 743-140 du code de commerce pour des actes et formalités analogues en cas de privilège de la sécurité sociale et des régimes complémentaires.

Ces frais d'inscription sont à la charge du redevable, mais sont avancés par l'agence [l'office]. Ils restent à la charge de l'agence [l'office] si la décision mentionnée à l'article R. 8253-6 est annulée ou retirée.

Art. R. 8253-23. En cas de radiation, les frais correspondants sont à la charge du redevable, sauf en cas d'annulation ou de retrait de la décision mentionnée à l'article R. 8253-6. Ils sont avancés par la personne qui demande la radiation.

Art. R. 8253-24. Le greffier d'un tribunal de commerce délivre à toute personne qui le requiert :

1° Soit l'état des inscriptions avec, s'il y a lieu, les mentions de radiation ou de contestation ;

2° Soit un certificat indiquant qu'il n'existe aucune inscription.

CHAPITRE IV

Solidarité financière du donneur d'ordre

Art. L. 8254-1. Toute personne vérifie, lors de la conclusion d'un contrat dont l'objet porte sur une obligation d'un montant minimum en vue de l'exécution d'un travail, de la fourniture d'une prestation de services ou de l'accomplissement d'un acte de commerce et périodiquement jusqu'à la fin de l'exécution de ce contrat, que son cocontractant s'acquitte de ses obligations au regard des dispositions du premier alinéa de l'article L. 8251-1.

Art. L. 8254-2. *(L. 2011-672 du 16 juin 2011, art. 78, JO 17)* La personne qui méconnaît l'article L. 8254-1 est tenue solidairement avec son cocontractant, sans préjudice de l'application des articles L. 8222-1 à L. 8222-6, au paiement :

1° Du salaire et des accessoires de celui-ci dus à l'étranger sans titre, conformément au 1° de l'article L. 8252-2 ;

2° Des indemnités versées au titre de la rupture de la relation de travail, en application soit du 2° de l'article L. 8252-2, soit des articles L. 1234-5, L. 1234-9, L. 1243-4 et

L. 1243-8 ou des stipulations contractuelles, lorsque celles-ci conduisent à une solution plus favorable pour le salarié ;

3° De tous les frais d'envoi des rémunérations impayées vers le pays dans lequel l'étranger est parti volontairement ou a été reconduit, mentionnés au 3° de l'article L. 8252-2 ;

4° De la contribution spéciale prévue à l'article L. 8253-1 du présent code et de la contribution forfaitaire prévue à l'article L. 626-1 du code de l'entrée et du séjour des étrangers et du droit d'asile.

Note L'article 78 de la loi 2011-672 précitée entre en vigueur à compter d'une date fixée par décret et au plus tard le 30.09.2011.

Art. L. 8254-2-1. ***(L. 2011-672 du 16 juin 2011, art. 80, JO 17)*** Toute personne mentionnée à l'article L. 8254-1, informée par écrit par un agent mentionné à l'article L. 8271-1-2, par un syndicat de salariés, un syndicat ou une association professionnels d'employeurs ou une institution représentative du personnel que son cocontractant ou un sous-traitant direct ou indirect de ce dernier emploie un étranger sans titre enjoint aussitôt à son cocontractant de faire cesser cette situation.

L'employeur mis ainsi en demeure informe la personne mentionnée au premier alinéa des suites données à l'injonction. Si celle-ci n'est pas suivie d'effet, la personne mentionnée au premier alinéa peut résilier le contrat aux frais et risques du cocontractant.

La personne qui méconnaît le premier alinéa ainsi que son cocontractant sont tenus, solidairement avec le sous-traitant employant l'étranger sans titre, au paiement des rémunérations et charges, contributions et frais mentionnés à l'article L. 8254-2.

Note L'article 80 de la loi 2011-672 précitée introduisant les articles L. 8254-2-1 et 2-2 entre en vigueur à compter d'une date fixée par décret et au plus tard le 30.09.2011.

Art. L. 8254-2-2. ***(L. 2011-672 du 16 juin 2011, art. 80, JO 17)*** Toute personne condamnée en vertu de l'article L. 8256-2 pour avoir recouru sciemment aux services d'un employeur d'un étranger sans titre est tenue solidairement avec cet employeur au paiement des rémunérations et charges, contributions et frais mentionnés aux 1° à 4° de l'article L. 8254-2.

Art. L. 8254-3. Le particulier qui conclut pour son usage personnel, celui de son conjoint, partenaire lié par un pacte civil de solidarité, concubin, de ses ascendants ou descendants un contrat dont l'objet porte sur une obligation d'un montant minimum est soumis aux dispositions des articles L. 8254-1 et L. 8254-2, lors de la conclusion de ce contrat.

Art. L. 8254-4. Les modalités selon lesquelles sont opérées les vérifications imposées par le présent chapitre ainsi que la répartition de la charge de la contribution en cas de pluralité de cocontractants sont précisées par décret.

SECTION 1. Vérifications préalables

Art. D. 8254-1. Les vérifications à la charge de la personne qui conclut un contrat, prévues aux articles L. 8254-1 et L. 8254-3, sont obligatoires pour toute opération d'un montant au moins égal à 3000 €.

Art. D. 8254-2. La personne à qui les vérifications prévues à l'article L. 8254-1 s'imposent se fait remettre, par son cocontractant, lors de la conclusion du contrat, la liste nominative des salariés étrangers employés par ce dernier et soumis à l'autorisation de travail prévue à l'article L. 5221-2.

Cette liste, établie à partir du registre unique du personnel, précise pour chaque salarié :

1° Sa date d'embauche ;

2° Sa nationalité ;

3° Le type et le numéro d'ordre du titre valant autorisation de travail.

Art. L. 8254-4.

Art. D. 8254-3. Lorsque le contrat est conclu avec un prestataire établi à l'étranger détachant des salariés sur le territoire national pour l'exécution de ce contrat, dans les conditions définies à l'article L. 1262-1, elle se fait remettre, lors de la conclusion du contrat, une liste nominative des salariés étrangers soumis à autorisation de travail, comprenant les indications prévues à l'article D. 8254-2.

Art. D. 8254-4. Sauf en ce qui concerne les particuliers, la liste nominative des salariés étrangers soumis à autorisation de travail est adressée tous les six mois, jusqu'à la fin de l'exécution du contrat.

Art. D. 8254-5. Pour les entreprises de travail temporaire, la communication de la liste nominative prévue à l'article D. 8254-2 est réputée accomplie lorsque les informations relatives au salarié étranger figurent dans le contrat de mise à disposition conclu avec l'utilisateur.

Art. D. 8254-6. L'agent de contrôle qui constate l'embauche ou l'emploi d'un étranger non muni d'un titre l'autorisant à exercer une activité salariée en France par le cocontractant prévu à l'article D. 8254-2, s'assure auprès de la personne à laquelle ce même article est applicable qu'elle s'est fait remettre par ce cocontractant la liste nominative des salariés étrangers soumis à autorisation de travail.

Lorsque cette liste n'a pas été remise, l'agent de contrôle le mentionne dans le procès-verbal prévu à l'article R. 8253-2 ou dans une notice qui lui est annexée en précisant :

1° L'identité et l'adresse de chacune des personnes intéressées ;

2° L'objet et le montant de chacun des contrats qu'elles ont conclus en méconnaissance des obligations prévues à l'article L. 8254-1.

Un exemplaire du procès-verbal et, le cas échéant, de la notice sont adressés au ***(D. 2009-1377 du 10 nov. 2009, JO 13 ; D. 2010-687 du 24 juin 2010, JO 25 ; voir D. 2010-1582 du 17 déc. 2010, JO 18, pour outre-mer)*** « directeur régional des entreprises, de la concurrence, de la consommation, du travail et de l'emploi ».

Note Les articles R. 8254-6 et 7 ont été modifiés par le décret 2008-1510 du 30 décembre 2008 (JO 31).

SECTION 2. **Méconnaissance de l'obligation**

Art. D. 8254-7. Indépendamment de la procédure prévue aux articles R. 8253-2 et suivants, le ***(D. 2009-1377 du 10 nov. 2009, JO 13 ; D. 2010-687 du 24 juin 2010, JO 25 ; voir D. 2010-1582 du 17 déc. 2010, JO 18, pour outre-mer)*** « directeur régional des entreprises, de la concurrence, de la consommation, du travail et de l'emploi » informe chaque personne mentionnée dans le procès-verbal ou la notice, par lettre recommandée avec avis de réception, que les dispositions de l'article L. 8254-2 sont susceptibles de lui être appliquées et qu'elle peut lui adresser des observations dans un délai de quinze jours.

[**Art. D. 8254-8.** Abrogé par décret 2008-1510 du 30 décembre 2008, JO 31.]

Art. D. 8254-9. Dès que le délai de quinze jours est expiré et qu'il dispose des pièces mentionnées aux deuxième et troisième alinéas de l'article D. 8254-11, le directeur général de l' ***(D. 2009-331 du 25 mars 2009, JO 27)*** « Office français de l'immigration et de l'intégration » peut prescrire aux personnes mentionnées à l'article L. 8254-1 de consigner, sans délai, entre les mains de l'agent comptable de l'agence [l'office], une somme égale à 40 % du montant de la contribution spéciale. Cette somme est calculée conformément à l'article R. 8253-8.

Les dispositions de l'article R. 8253-10 sont applicables à cette consignation.

Art. D. 8254-10. Lorsque plusieurs personnes sont mentionnées au titre du même salarié étranger dans le procès-verbal mentionné à l'article R. 8253-2 et qu'il a ordonné la consignation, le directeur général de l' ***(D. 2009-331 du 25 mars 2009, JO 27)*** « Office français de l'immigration et de l'intégration » répartit à due proportion le montant de la somme à consigner entre ces personnes.

Art. D. 8254-11. Le ***(D. 2009-1377 du 10 nov. 2009, JO 13 ; D. 2010-687 du 24 juin 2010, JO 25 ; voir D. 2010-1582 du 17 déc. 2010, JO 18, pour outre-mer)*** « directeur régional des entreprises, de la concurrence, de la consommation, du travail et de l'emploi » vérifie que les conditions des articles L. 8254-1 et suivants sont réunies et demande à l'agent verbalisateur, si nécessaire, toutes informations complémentaires.

Il transmet au directeur général de l' ***(D. 2009-331 du 25 mars 2009, JO 27)*** « Office français de l'immigration et de l'intégration » son avis sur les modalités de mise en œuvre de la contribution spéciale à l'égard de chacune des personnes mentionnées dans la procédure.

Cet avis est accompagné du procès-verbal et de la notice qui lui est éventuellement annexée, ainsi que des observations de chacune de ces personnes s'il en a été produit.

Note • Cet article a été modifié par le décret 2008-1510 du 30 décembre 2008 (JO 31).

• Une copie des procès-verbaux établis par les agents de contrôle mentionnés à l'article R. 341-33 [D. 8254-11] CT et constatant les infractions aux dispositions du 1er alinéa de l'article L. 341-6 [L. 8251-1] CT est transmise au préfet du département dans lequel l'infraction a été constatée et, à Paris, au préfet de police (art. R. 626-2 CESEDA).

Art. D. 8254-12. Au vu des documents qui lui sont transmis en application des articles D. 8254-2, D. 8254-4 et D. 8254-5, le directeur général de l' ***(D. 2009-331 du 25 mars 2009, JO 27)*** « Office français de l'immigration et de l'intégration » décide, conformément à l'article R. 8253-6, de l'application de la contribution spéciale à l'employeur qui a occupé le salarié étranger non muni d'un titre de travail.

S'il décide de faire application de la règle de solidarité financière prévue à l'article L. 8254-2, il notifie le titre de recouvrement soit à celui qui a occupé le salarié, soit aux personnes mentionnées à ce même article.

Art. D. 8254-13. Lorsque plusieurs personnes sont concernées par l'application, au titre du même salarié étranger, de la règle de solidarité financière prévue à l'article L. 8254-2, le directeur général de l' ***(D. 2009-331 du 25 mars 2009, JO 27)*** « Office français de l'immigration et de l'intégration » répartit le montant de la contribution spéciale à due proportion du nombre de personnes ayant contracté en méconnaissance des dispositions de l'article D. 8254-2.

Art. D. 8254-14. Lorsque la contribution spéciale est mise à la charge des personnes mentionnées à l'article L. 8254-1, elle est déterminée et recouvrée conformément aux dispositions des articles R. 8253-1, R. 8253-7, R. 8253-8, R. 8253-11, R. 8253-13 et R. 8253-14.

CHAPITRE V

Actions en justice

Art. L. 8255-1. Les organisations syndicales représentatives peuvent exercer en justice les actions nées en faveur des salariés étrangers en vertu des dispositions des articles L. 8252-1 et L. 8252-2, sans avoir à justifier d'un mandat de l'intéressé, à condition que celui-ci n'ait pas déclaré s'y opposer.

L'intéressé peut toujours intervenir à l'instance engagée par le syndicat.

CHAPITRE VI

Dispositions pénales

Art. L. 8256-1. Le fait de se rendre coupable de fraude ou de fausse déclaration pour obtenir, faire obtenir ou tenter de faire obtenir à un étranger le titre mentionné à l'article L. 8251-1 est puni d'un emprisonnement d'un an et d'une amende de 3000 €.

Art. L. 8256-2. Le fait pour toute personne, directement ou par personne interposée, d'embaucher, de conserver à son service ou d'employer pour quelque durée que ce soit un étranger non muni du titre l'autorisant à exercer une activité salariée en France, en méconnaissance des dispositions du premier alinéa de l'article L. 8251-1, est puni d'un emprisonnement de cinq ans et d'une amende de 15000 €.

Art. L. 8255-1.

(L. 2011-672 du 16 juin 2011, art. 81, JO 17) « Le fait de recourir sciemment, directement ou indirectement, aux services d'un employeur d'un étranger sans titre est puni des mêmes peines. »

Ces peines sont portées à un emprisonnement de dix ans et une amende de 100 000 € lorsque l'infraction est commise en bande organisée.

(L. 2011-672 du 16 juin 2011, art. 74, JO 17) « Le premier alinéa n'est pas applicable à l'employeur qui, sur la base d'un titre frauduleux ou présenté frauduleusement par un étranger salarié, a procédé sans intention de participer à la fraude et sans connaissance de celle-ci à la déclaration auprès des organismes de sécurité sociale prévue à l'article L. 1221-10, à la déclaration unique d'embauche et à la vérification auprès des administrations territorialement compétentes du titre autorisant cet étranger à exercer une activité salariée en France. »

L'amende est appliquée autant de fois qu'il y a d'étrangers concernés.

Note L'article 81 de la loi 2011-672 du 16 juin 2011 entre en vigueur à compter d'une date fixée par décret et au plus tard le 30.09.2011.

Art. L. 8256-3. Les personnes physiques coupables des infractions prévues à l'article L. 8256-2 encourent les peines complémentaires suivantes :

1° L'interdiction, pour une durée de cinq ans au plus, d'exercer directement ou par personne interposée l'activité professionnelle dans l'exercice ou à l'occasion de l'exercice de laquelle l'infraction a été commise, selon les modalités prévues par l'article 131-27 du code pénal ;

2° L'exclusion des marchés publics pour une durée de cinq ans au plus ;

3° La confiscation des objets ayant servi, directement ou indirectement, à commettre l'infraction ou qui ont été utilisés à cette occasion, à quelque personne qu'ils appartiennent dès lors que leur propriétaire ne pouvait en ignorer l'utilisation frauduleuse, ainsi que des objets qui sont le produit de l'infraction et qui appartiennent au condamné ;

4° L'affichage ou la diffusion de la décision prononcée, dans les conditions prévues par l'article 131-35 du code pénal ;

5° L'interdiction, suivant les modalités prévues par l'article 131-26 du code pénal, des droits civiques, civils et de la famille ;

6° L'interdiction de séjour pour une durée de cinq ans au plus.

Art. L. 8256-4. Les personnes physiques coupables des infractions prévues à l'article L. 8256-2 encourent la peine complémentaire de fermeture des locaux ou établissements tenus ou exploités par elles et ayant servi à commettre les faits incriminés.

Art. L. 8256-5. Les personnes physiques condamnées au titre de l'infraction prévue au deuxième alinéa de l'article L. 8256-2 encourent la peine complémentaire de confiscation de tout ou partie de leurs biens, quelle qu'en soit la nature.

Art. L. 8256-6. L'interdiction du territoire français peut être prononcée, dans les conditions prévues par les articles 131-30 à 131-30-2 du code pénal, pour une durée de dix ans au plus ou à titre définitif à l'encontre de tout étranger coupable des infractions définies à l'article L. 8256-2.

Art. L. 8256-7. Les personnes morales reconnues pénalement responsables, dans les conditions prévues par l'article 121-2 du code pénal, des infractions prévues au présent chapitre, à l'exception de l'article L. 8256-1, encourent :

1° L'amende, dans les conditions prévues à l'article 131-38 du code pénal ;

2° Les peines mentionnées aux 1° à 5°, 8° et 9° de l'article 131-39 du même code.

L'interdiction mentionnée au 2° de l'article 131-39 porte sur l'activité dans l'exercice ou à l'occasion de l'exercice de laquelle l'infraction a été commise.

Art. L. 8256-7-1. *(L. 2011-672 du 16 juin 2011, art. 82, JO 17)* Le prononcé de la peine complémentaire de fermeture provisoire d'établissement mentionnée au 4° de l'article 131-39 du code pénal n'entraîne ni rupture, ni suspension du contrat de travail, ni aucun préjudice pécuniaire à l'encontre des salariés de l'établissement concerné.

Note L'article 82 de la loi 2011-672 précitée entre en vigueur à compter d'une date fixée par décret et au plus tard le 30.09.2011.

Art. L. 8256-8. Les personnes morales condamnées au titre de l'infraction prévue au *(L. 2011-672 du 16 juin 2011, art. 81, JO 17)* « troisième » alinéa de l'article L. 8256-2 encourent la peine complémentaire de confiscation de tout ou partie de leurs biens, quelle qu'en soit la nature.

Note L'article 81 de la loi 2011-672 précitée entre en vigueur à compter d'une date fixée par décret et au plus tard le 30.09.2011.

Art. R. 8256-1. Le fait d'engager ou de conserver à son service un étranger dans une catégorie professionnelle, une profession ou une zone géographique autres que celles mentionnées, le cas échéant, sur le titre de travail mentionné au premier alinéa de l'article L. 8251-1, en méconnaissance du second alinéa de ce même article, est puni de l'amende prévue pour les contraventions de la cinquième classe.

La récidive est réprimée conformément aux articles 132-11 et 132-15 du code pénal.

TITRE VI

CUMULS IRRÉGULIERS D'EMPLOIS

CHAPITRE Ier

Interdictions et dérogations

SECTION 1. Interdictions

Art. L. 8261-1. Aucun salarié ne peut accomplir des travaux rémunérés au-delà de la durée maximale du travail, telle qu'elle ressort des dispositions légales de sa profession.

Art. L. 8261-2. Nul ne peut recourir aux services d'une personne qui méconnaît les dispositions de la présente section.

Note • En cas de cumul par le salarié de deux contrats de travail entraînant un dépassement de la durée maximale du travail, l'employeur, auquel le salarié demande de réduire son temps de travail, n'est pas tenu d'accepter cette modification du contrat de travail (cass. soc. 10 mars 2009, n° 07-43.985, BC V n° 70 ; *RJS* 5/09, n° 456 ; *RDT* 2009 p. 455, note M. Véricel).

• L'inertie du salarié, invité à se conformer aux prescriptions de l'article L. 324-2 [L. 8261-1] CT, ne peut, à elle seule, constituer la preuve d'une volonté claire et non équivoque de mettre fin à l'un des deux contrats de travail qu'il cumulait, et il appartient à l'employeur qui entend respecter l'interdiction édictée par l'article L. 324-3 [L. 8261-2] de mettre en œuvre une procédure de licenciement (cass. soc. 25 octobre 1990, n° 86-44.212, BC V n° 501 ; *CSB* 1990 S. 174 ; 1er avril 2003, n° 01-40.507, *RJS* 6/03 n° 782). Le salarié qui ne remet pas à son employeur, malgré plusieurs demandes de celui-ci, les documents permettant de vérifier la durée totale du travail, alors que de fait il dépassait la durée maximale autorisée, commet une faute grave rendant impossible son maintien dans l'entreprise (cass. soc. 19 mai 2010, n° 09-40.923, *RJS* 7/10 n° 614 ; *JCP* éd. S 2010, 1428, note A. Martinon). L'employeur n'est cependant pas libéré de son obligation de payer les salaires correspondant aux heures de travail effectuées (cass. soc. 31 janvier 1996, n° 92-40.944, BC V n° 34 ; *RJS* 3/96 n° 319). Sur la nécessaire mise en demeure préalable par l'employeur de faire cesser l'illégalité, voir cass. soc. 10 décembre 2003, n° 01-45.826, *CSB* 2004 S. 106.

• Si les articles L. 324-2 [L. 8261-1] et L. 324-3 [L. 8261-2] CT établissent une incompatibilité entre deux contrats entraînant un dépassement de la durée maximale du travail, la violation desdits articles résulte de l'accomplissement de travaux au-delà de la durée autorisée, mais non de la conclusion du second contrat, et il appartient au seul salarié de choisir, le cas échéant, l'emploi qu'il souhaite conserver (cass. soc. 13 mai 1992, n° 91-40.734, BC V n° 299).

• Ni les dispositions de la loi du 13 juillet 1983 portant droits et obligations des fonctionnaires, ni celles des articles L. 324-1 [abrogé] et L. 324-3 [L. 8261-2], relatives au cumul d'une fonction publique et d'une activité privée, n'édictent la nullité de la convention de droit privé qui serait passée en contravention à ces prescriptions (cass. soc. 4 mai 1993, n° 89-42.572, *RJS* 7/93 n° 776 ; 7 décembre 1994, n° 91-44-458).

• En ce qui concerne les fonctionnaires, la circulaire Fonction Publique 2157 du 11 mars 2008 (BIFP 2008) relative au cumul d'activité précise les modalités d'application de la loi 83-634 du 13 juillet 1983 portant droits et obligations des fonctionnaires modifiée, notamment son article 25, et du décret 2007-658 du 2 mai 2007 (JO 3) relatif au cumul d'activité des fonctionnaires, des agents non titulaires de droit public et des ouvriers des établissements industriels de l'État.

SECTION 2. **Dérogations**

Art. L. 8261-3. Sont exclus des interdictions prévues à l'article L. 8261-1 :

1° Les travaux d'ordre scientifique, littéraire ou artistique et les concours apportés aux œuvres d'intérêt général, notamment d'enseignement, d'éducation ou de bienfaisance ;

2° Les travaux accomplis pour son propre compte ou à titre gratuit sous forme d'une entraide bénévole ;

3° Les petits travaux ménagers accomplis chez des particuliers pour leurs besoins personnels ;

4° Les travaux d'extrême urgence dont l'exécution immédiate est nécessaire pour prévenir des accidents imminents ou organiser des mesures de sauvetage.

Note Il résulte de la combinaison des articles L. 324-1, et L. 324-4, 1° [L. 8261-3] CT et de l'article 25 de la loi du 13 juillet 1983 modifié, dans leur rédaction alors applicable, que si un agent public ne peut exercer à titre professionnel une activité privée lucrative, cette interdiction connaît une dérogation pour les travaux d'ordre scientifique, littéraire ou artistique et les concours apportés aux œuvres d'intérêt général, notamment d'enseignement, d'éducation ou de bienfaisance. Cette dérogation concerne tous les agents publics qu'ils soient employés à temps complet ou à temps partiel et s'applique en l'espèce à un agent de collectivité exerçant la fonction d'aide ménagère dans une association (cass. soc. 13 novembre 2008, n° 07-41.878, *CSB* 2009 S. 40).

Art. D. 8261-1. Les agents de l'inspection du travail peuvent se faire communiquer, par les chefs d'établissement soumis à leur contrôle, la liste des noms et adresses de tous les fournisseurs de ces établissements et, pour chacun de ces fournisseurs, une lettre ou tout autre document faisant mention de l'inscription au registre du commerce ou au registre des métiers.

Art. D. 8261-2. Lorsque des présomptions tirées notamment des conditions d'organisation du travail de tout ou partie des salariés employés dans une entreprise laissent craindre à l'inspecteur ou au contrôleur du travail que cet emploi constitue une infraction à la fois à l'interdiction de cumul d'emploi prévue à l'article L. 8261-1 et à la dérogation prévue à l'article L. 8261-3, il peut demander à l'employeur d'exiger des salariés désignés une attestation écrite certifiant qu'ils ne contreviennent pas à ces mêmes dispositions ou à celles relatives à la durée du travail.

Art. D. 8271-1. Pour l'application des articles L. 8261-1 et suivants, relatifs aux interdictions et dérogations de cumul d'emplois, les droits et pouvoirs des inspecteurs du travail et contrôleurs du travail, définis au livre premier, sont étendus à tous les établissements dont le chef exerce habituellement une profession industrielle, commerciale ou artisanale, même s'il s'agit d'établissements de famille ou n'occupant pas de salariés.

Les chefs de ces établissements tiennent à la disposition des agents de l'inspection du travail toutes justifications de leurs inscriptions soit au registre du commerce, soit au registre des métiers.

CHAPITRE II

Dispositions pénales

[Le présent chapitre ne comprend pas de dispositions législatives.]

Art. R. 8262-1. Le fait, pour un salarié, d'accomplir des travaux rémunérés au-delà de la durée maximale hebdomadaire du travail, telle qu'elle ressort des dispositions légales de sa profession, en méconnaissance des dispositions de l'article L. 8261-1, est puni de l'amende prévue pour les contraventions de la cinquième classe.

La récidive est réprimée conformément aux articles 132-11 et 132-15 du code pénal.

Art. R. 8262-2. Le fait de recourir aux services d'une personne qui méconnaît les dispositions de l'article L. 8261-1 est puni de l'amende prévue pour les contraventions de la cinquième classe.

La récidive est réprimée conformément aux articles 132-11 et 132-15 du code pénal.

TITRE VII

CONTRÔLE DU TRAVAIL ILLÉGAL

CHAPITRE Ier

Compétence des agents

SECTION 1. Dispositions communes

Art. L. 8271-1. Les infractions constitutives de travail illégal mentionnées à l'article L. 8211-1 sont recherchées et constatées par les agents de contrôle mentionnés à l'article ***(L. 2011-672 du 16 juin 2011, art. 84, JO 17)*** « L. 8271-1-2 » dans la limite de leurs compétences respectives en matière de travail illégal.

Note Voir note sous article L. 8271-1-2.

Art. L. 8271-1-1. ***(L. 2011-672 du 16 juin 2011, art. 83, JO 17)*** Les infractions au premier alinéa de l'article 3 de la loi n° 75-1334 du 31 décembre 1975 relative à la sous-traitance sont constatées par les agents mentionnés à l'article L. 8271-1-2. Ces infractions sont punies d'une amende de 7 500 €.

Note L'article 83 de la loi 2011-672 précitée entre en vigueur à compter d'une date fixée par décret et au plus tard le 30.09.2011.

Art. L. 8271-1-2. ***(L. 2011-672 du 16 juin 2011, art. 84, JO 17)*** Les agents de contrôle compétents en application de l'article L. 8271-1 sont :

1° Les inspecteurs et les contrôleurs du travail ;

2° Les officiers et agents de police judiciaire ;

3° Les agents des impôts et des douanes ;

4° Les agents des organismes de sécurité sociale et des caisses de mutualité sociale agricole agréés à cet effet et assermentés ;

5° Les officiers et les agents assermentés des affaires maritimes ;

6° Les fonctionnaires des corps techniques de l'aviation civile commissionnés à cet effet et assermentés ;

7° Les fonctionnaires ou agents de l'État chargés du contrôle des transports terrestres ;

8° Les agents de l'institution mentionnée à l'article L. 5312-1, chargés de la prévention des fraudes, agréés et assermentés à cet effet.

Note

• L'article 84 de la loi 2011-672 précitée entre en vigueur à compter d'une date fixée par décret et au plus tard le 30.09.2011.

• Voir arrêté du 16 juin 2011 (JO 30) relatif aux conditions d'agrément et d'assermentation des agents de Pôle emploi en charge de la prévention des fraudes.

Art. L. 8271-1-3. ***(L. 2011-1977 du 28 déc. 2011, art. 62, JO 29)*** Pour la mise en œuvre des articles L. 8272-1 à L. 8272-4, le représentant de l'État dans le département reçoit copie des procès-verbaux relevant les infractions constitutives de travail illégal constatées par les agents de contrôle mentionnés à l'article L. 8271-1-2.

Art. L. 8271-2. Les agents de contrôle mentionnés à l'article ***(L. 2011-672 du 16 juin 2011, art. 84, JO 17)*** « L. 8271-1-2 » se communiquent réciproquement tous renseignements et tous documents utiles à l'accomplissement de leur mission de lutte contre le travail illégal.

Les agents de la concurrence, de la consommation et de la répression des fraudes sont habilités à leur transmettre tous renseignements et documents nécessaires à cette mission.

Art. L. 8271-3. Lorsqu'ils ne relèvent pas des services de la police ou de la gendarmerie nationales, les agents de contrôle mentionnés à l'article ***(L. 2011-672 du 16 juin 2011, art. 84, JO 17)*** « L. 8271-1-2 » peuvent solliciter des interprètes assermentés inscrits sur l'une des listes prévues à l'article 157 du code de procédure pénale, pour le contrôle de la réglementation sur la main-d'œuvre étrangère et le détachement transnational de travailleurs.

Art. L. 8271-4. Les agents de contrôle mentionnés à l'article ***(L. 2011-672 du 16 juin 2011, art. 84, JO 17)*** « L. 8271-1-2 » transmettent, sur demande écrite, aux agents du ***(Ord. 2009-901 du 24 juil. 2009, JO 25)*** « Centre national du cinéma et de l'image animée », des directions régionales des affaires culturelles, de l' ***(L. 2008-126 du 13 févr. 2008, JO 14)*** « institution mentionnée à l'article L. 5312-1 », de l' ***(L. 2008-126 du 13 févr. 2008, JO 14)*** « organisme gestionnaire du régime d'assurance chômage » et des collectivités territoriales tous renseignements et tous documents nécessaires à l'appréciation des droits ou à l'exécution d'obligations qui entrent dans le champ de leurs compétences respectives.

Ils disposent, dans l'exercice de leur mission de lutte contre le travail illégal, d'un droit de communication sur tous renseignements et documents nécessaires auprès de ces services.

Art. L. 8271-5. Les agents de contrôle mentionnés à l'article ***(L. 2011-672 du 16 juin 2011, art. 84, JO 17)*** « L. 8271-1-2 » peuvent, sur demande écrite, obtenir des organismes chargés d'un régime de protection sociale ou des caisses assurant le service des congés payés mentionnées au livre Ier de la troisième partie tous renseignements ou tous documents utiles à l'accomplissement de leurs missions en matière de travail illégal.

Ils transmettent à ces organismes, qui doivent en faire la demande par écrit, tous renseignements et tous documents permettant à ces derniers de recouvrer les sommes impayées ou d'obtenir le remboursement de sommes indûment versées.

Art. L. 8271-6. Les agents de contrôle mentionnés à l'article ***(L. 2011-672 du 16 juin 2011, art. 84, JO 17)*** « L. 8271-1-2 », ainsi que les autorités chargées de la coordination de leurs actions, peuvent échanger tous renseignements et tous documents nécessaires à l'accomplissement de leur mission de lutte contre le travail illégal avec les agents investis des mêmes compétences et les autorités chargées de la coordination de leurs actions dans les États étrangers.

Lorsque des accords sont conclus avec les autorités de ces États, ils prévoient les modalités de mise en œuvre de ces échanges.

Art. L. 8271-6-1. ***(L. 2011-672 du 16 juin 2011, art. 84, JO 17)*** Les agents de contrôle mentionnés à l'article L. 8271-1-2 sont habilités à entendre, en quelque lieu que ce soit et avec son consentement, tout employeur ou son représentant et toute personne rémunérée, ayant été rémunérée ou présumée être ou avoir été rémunérée par l'employeur ou par un travailleur indépendant, afin de connaître la nature des activités de cette personne, ses conditions d'emploi et le montant des rémunérations s'y rapportant, y compris les avantages en nature. De même, ils peuvent entendre toute personne susceptible de fournir des informations utiles à l'accomplissement de leur mission de lutte contre le travail illégal.

Ces auditions peuvent faire l'objet d'un procès-verbal signé des agents mentionnés au premier alinéa et des personnes entendues.

Ces agents sont en outre habilités à demander aux employeurs, aux travailleurs indépendants, aux personnes employées dans l'entreprise ou sur le lieu de travail ainsi qu'à toute personne dont ils recueillent les déclarations dans l'exercice de leur mission de justifier de leur identité et de leur adresse.

Note

• L'article 84 de la loi 2011-672 précitée introduisant les articles L. 8171-6-1 et 6-2 entre en vigueur à compter d'une date fixée par décret et au plus tard le 30.09.2011.

• L'élargissement des prérogatives des agents de l'Urssaf en matière d'audition des personnes remet en cause la jurisprudence déclarant nul le contrôle assorti d'une audition des salariés à leur domicile (cass. soc. 6 juin 1996, n° 94-14.202, BC V n° 234 ; *RJS* 7/96 n° 841 ; voir également cass. soc. 14 juin 2001, n° 99-20.506, *RJS* 8-9/01 n° 1067).

• La rédaction d'un procès-verbal d'audition n'étant qu'une faculté, l'envoi de questionnaires aux salariés libres d'y répondre n'est pas de nature à entraîner la nullité du contrôle (cass. civ., 2e ch., n° 10-14.388, *RJS* 5/11 n° 459 ; *JCP* éd S 2011, 1248, note T. Tauran).

• Sur l'audition contradictoire et la confrontation avec le prévenu des témoins à charge en application de la Convention européenne des droits de l'homme et, en cas d'impossibilité, la mise en évidence dans le jugement d'autres éléments de conviction, voir cass. crim. 10 mai 2006, n° 05-82.826, B. crim. n° 123 ; *CSB* 2006 S. 356.

Art. L. 8271-6-2. ***(L. 2011-672 du 16 juin 2011, art. 84, JO 17)*** Pour la recherche et la constatation des infractions constitutives de travail illégal, les agents de contrôle mentionnés à l'article L. 8271-1-2 peuvent se faire présenter et obtenir copie immédiate des documents justifiant du respect des dispositions du présent livre.

Art. D. 8271-1. [Cet article relatif aux cumuls irréguliers d'emplois a été placé sous l'article L. 8261-3.]

SECTION 2. Travail dissimulé

Art. L. 8271-7. ***(L. 2011-672 du 16 juin 2011, art. 84, JO 17)*** Les infractions aux interdictions du travail dissimulé prévues à l'article L. 8221-1 sont recherchées par les agents mentionnés à l'article L. 8271-1-2.

Note • L'article 84 de la loi 2011-672 précitée entre en vigueur à une date fixée par décret et au plus tard le 30.09.2011.

• Sur les compétences des agents des directions départementales du travail, de l'emploi et de la formation professionnelle [aujourd'hui DIRECCTE] spécialisés dans la lutte contre le travail illégal, voir circulaire DILTI/DPM 2003-01 du 1er octobre 2003 (BO TR 2003/18-24, p. 255). Une instruction commune DRT/ACOSS/DILTI 2006-05 du 26 janvier 2006 (BO TR 2006/04), complétée par l'instruction commune DGT-DNLF-ACOSS 2009-06 du 31 mars 2009 (BO TR 2009/04), impulse une coordination des actions de contrôle en la matière diligentées par l'administration du travail et l'Urssaf. Voir également circulaires interministérielles 2006/D104 du 18 décembre 2006 relative à la lutte contre l'emploi d'étrangers sans titre, le travail dissimulé effectué par des étrangers et le prêt illicite de main-d'œuvre étrangère, DGT/DACG/IGTT/DGFAR/MISITEPSA n° 21 du 20 décembre 2006 sur le positionnement de l'inspection du travail dans la lutte contre l'emploi d'étrangers sans titre de travail et le travail dissimulé, et DGT/DACG 10 du 7 juillet 2008 relative à la lutte contre l'emploi d'étrangers sans titre de travail et le travail dissimulé (BO TR 2008/08). Dans son rapport 2009, la commission des experts pour l'application des conventions et recommandations du BIT demande au gouvernement français des informations permettant d'apprécier la manière dont il est assuré que les travailleurs étrangers en situation irrégulière bénéficient de la même protection de l'inspection du travail que les autres travailleurs (*LS* Bref social, n° 15345 du 16 avril 2009).

• Un arrêté du 9 septembre 2008 (JO 14) fixe les conditions d'agrément des agents chargés, au sein des Urssaf, et des caisses générales de sécurité sociale et de la caisse de sécurité sociale de Mayotte, du contrôle de l'application des législations de sécurité sociale et de certaines dispositions du code du travail. Voir art. L. 243-11 et L. 243-12-1 à 3 c. séc. soc. (loi 2005-1579 du 19 décembre 2005, art. 25, JO 20).

• Un Office central de lutte contre le travail illégal est rattaché à la direction générale de la gendarmerie nationale et à la direction centrale de la police judiciaire (décret 2005-455 du 12 mai 2005, JO 13).

Art. L. 8271-8. Les infractions aux interdictions du travail dissimulé sont constatées au moyen de procès-verbaux qui font foi jusqu'à preuve du contraire.

Ces procès-verbaux sont transmis directement au procureur de la République.

Art. L. 8271-8-1. ***(L. 2007-1786 du 19 déc. 2007, art. 112, JO 21)*** Les agents de contrôle mentionnés à l'article ***(L. 2011-672 du 16 juin 2011, art. 84, JO 17)*** « L. 8271-1-2 » communiquent leurs procès-verbaux de travail dissimulé aux organismes de recouvrement mentionnés aux articles L. 213-1 et L. 752-1 du code de la sécurité sociale et à l'article L. 723-3 du code rural ***(Ord. 2010-462 du 6 mai 2010, JO 7)*** « et de la pêche maritime », qui procèdent à la mise en recouvrement des cotisations et contributions qui leur sont dues sur la base des informations contenues dans lesdits procès-verbaux.

Note • Voir note sous article L. 8271-1-2.

• Les articles L. 8271-8-1 CT et L. 114-15 c. séc. soc. sont conformes à la Constitution. Ils n'empêchent pas l'application des dispositions instituant une procédure contradictoire en cas de redressement de l'assiette des cotisations ou contributions après constatation du délit de travail dissimulé, et n'ont pas pour effet d'instituer une présomption de culpabilité, ni d'empêcher l'intéressé de saisir le juge compétent d'une opposition à recouvrement (C. constit. QPC 2010-69, 26 novembre 2010, JO 27 ; *RJS* 2/11 n° 172).

Art. L. 8271-9. Pour la recherche et la constatation des infractions aux interdictions du travail dissimulé, les agents de contrôle peuvent se faire présenter et obtenir copie immédiate des documents suivants, quels que soient leur forme et leur support :

1° Les documents justifiant que l'immatriculation, les déclarations et les formalités mentionnées aux articles L. 8221-3 et L. 8221-5 ont été effectuées ainsi que ceux relatifs à l'autorisation d'exercice de la profession ou à l'agrément lorsqu'une disposition particulière l'a prévu ;

2° Les documents justifiant que l'entreprise a vérifié, conformément aux dispositions des articles L. 8222-1 ou L. 8222-4, que son ou ses cocontractants ont accompli les formalités mentionnées aux articles L. 8221-3 et L. 8221-5 ou des réglementations d'effet équivalent de leur pays d'origine ;

3° Les devis, les bons de commande ou de travaux, les factures et les contrats ou documents commerciaux relatifs aux prestations exécutées en méconnaissance des dispositions de l'article L. 8221-1.

Art. L. 8271-10. Les agents de contrôle peuvent, sur demande écrite, obtenir des services préfectoraux tous renseignements ou tous documents relatifs à l'autorisation d'exercice ou à l'agrément d'une profession réglementée.

[**Art. L. 8271-11.** Abrogé par loi 2011-672 du 16 juin 2011, art. 84, JO 17, depuis le 30 septembre 2011.]

Art. L. 8271-12. Les agents de contrôle sont habilités, lorsque le siège de l'entreprise est domicilié dans des locaux occupés en commun en application de l'article L. 123-10 du code de commerce réprimant certaines infractions en matière de registre du commerce et des sociétés, à se faire communiquer par l'entreprise domiciliataire tous les documents détenus dans ses locaux nécessaires à l'accomplissement de leur mission de lutte contre le travail dissimulé.

Art. L. 8271-13. Dans le cadre des enquêtes préliminaires diligentées pour la recherche et la constatation des infractions aux interdictions de travail dissimulé, les officiers de police judiciaire assistés, le cas échéant, des agents de police judiciaire, peuvent, sur ordonnance du président du tribunal de grande instance dans le ressort duquel sont situés les lieux à visiter ou d'un juge délégué par lui, rendue sur réquisitions du procureur de la République, procéder à des visites domiciliaires, perquisitions et saisies de pièces à conviction dans les lieux de travail relevant des articles L. 4111-1 du présent code et L. 722-1 du code rural ***(Ord. 2010-462 du 6 mai 2010, JO 7)*** « et de la pêche maritime », y compris dans ceux n'abritant pas de salariés, même lorsqu'il s'agit de locaux habités.

Le juge vérifie que la demande d'autorisation qui lui est soumise est fondée sur des éléments de fait laissant présumer l'existence des infractions dont la preuve est recherchée.

Ces dispositions ne dérogent pas aux règles de droit commun relatives à la constatation des infractions par les officiers et agents de police judiciaire.

Note

• En l'absence de texte le prévoyant, aucun pourvoi en cassation ne peut être formé contre une ordonnance rendue sur le fondement de l'article L. 611-13 [L. 8271-13 et 18] CT, celle-ci constituant un acte de procédure dont la nullité ne peut être invoquée que dans les conditions prévues par les articles 173 et 385 c. proc. pén. (cass. crim. 3 novembre 2005, n° 05-80.949, B. crim. n° 275).

• La loi 97-396 du 24 avril 1997 (JO 25) portant diverses dispositions relatives à l'immigration, modifiée par la loi 99-291 du 15 avril 1999 (JO 16), a introduit dans le code de procédure pénale l'article 78-2-1 suivant : « Sur réquisitions du procureur de la République, les officiers de police judiciaire et, sur l'ordre ou la responsabilité de ceux-ci, les agents de police judiciaire et agents de police judiciaire adjoints mentionnés aux articles 20 et 21 (1°) sont habilités à entrer dans les lieux à usage professionnel, ainsi que dans leurs annexes et dépendances, sauf s'ils constituent un domicile, où sont en cours des activités de construction, de production, de transformation, de réparation, de prestation de services ou de commercialisation, en vue :
« – de s'assurer que ces activités ont donné lieu à l'immatriculation au répertoire des métiers ou au registre du commerce et des sociétés lorsqu'elle est obligatoire, ainsi

qu'aux déclarations exigées par les organismes de protection sociale et l'administration fiscale ;
« – de se faire présenter le registre unique du personnel et les documents attestant que les déclarations préalables à l'embauche ont été effectuées ;
« – de contrôler l'identité des personnes occupées, dans le seul but de vérifier qu'elles figurent sur le registre ou qu'elles ont fait l'objet des déclarations mentionnées à l'alinéa précédent.

« Les réquisitions du procureur de la République sont écrites et précisent les infractions, parmi celles visées aux articles L. 324-9 [L. 8221-1 et 2] et L. 341-6 [L. 8251-1] du code du travail, qu'il entend faire rechercher et poursuivre, ainsi que les lieux dans lesquels l'opération de contrôle se déroulera. Ces réquisitions sont prises pour une durée maximum d'un mois et sont présentées à la personne disposant des lieux ou à celle qui la représente.

« Les mesures prises en application des dispositions prévues au présent article font l'objet d'un procès-verbal remis à l'intéressé. » Voir cass. crim. 23 août 2006, n° 06-83.790, *CSB* 2006 A. 73 et 2 mai 2007, n° 07-81.517, B. crim. n° 112 ; *RJS* 8-9/07 n° 983, cités en note sous l'article L. 8221-3.

• Dès lors que les dispositions des articles L. 611-13 [L. 8271-13 et 18] et L. 231-1 [L. 4111-1 à 3] CT autorisent les opérations de contrôle en tous lieux de travail de quelque nature qu'ils soient, publics ou privés, le domicile privé du prévenu devait être considéré en l'espèce comme un lieu de travail susceptible de perquisition dans les termes de l'article L. 611-13 [L. 8271-13 et 18] CT (cass. crim. 28 novembre 2006, n° 06-81.113, B. crim. n° 295 ; *RJS* 3/07 n° 365 ; *CSB* 2007 SJ 136).

SECTION 3. **Marchandage**

Art. L. 8271-14. Outre les inspecteurs et contrôleurs du travail, les agents et officiers de police judiciaire, les agents des impôts et des douanes sont compétents pour rechercher et constater, au moyen de procès-verbaux transmis directement au procureur de la République, les infractions aux dispositions de l'article L. 8231-1 relatives à l'interdiction du marchandage.

Art. L. 8271-15. Dans le cadre de leur mission de lutte contre le marchandage, les agents mentionnés à l'article L. 8271-14 peuvent se faire présenter les devis, les bons de commande ou de travaux, les factures et les contrats ou documents commerciaux relatifs aux opérations de marchandage.

SECTION 4. **Prêt illicite de main-d'œuvre**

Art. L. 8271-16. Dans le cadre de leur mission de lutte contre le prêt illicite de main-d'œuvre, les agents mentionnés à l'article L. 8112-1 peuvent se faire présenter les devis, les bons de commande ou de travaux, les factures et les contrats ou documents commerciaux relatifs aux opérations de prêt illicite de main-d'œuvre.

SECTION 5. **Emploi d'étrangers sans titre de travail**

Art. L. 8271-17. Outre les inspecteurs et contrôleurs du travail, les agents et officiers de police judiciaire, les agents de la direction générale des douanes sont compétents pour rechercher et constater, au moyen de procès-verbaux transmis directement au procureur de la République, les infractions aux dispositions de l'article L. 8251-1 relatif à l'emploi d'un étranger sans titre de travail ***(L. 2011-672 du 16 juin 2011, art. 75, JO 17)*** « et de l'article L. 8251-2 interdisant le recours aux services d'un employeur d'un étranger sans titre ».

(L. 2011-1977 du 28 déc. 2011, art. 62, JO 29) « Afin de permettre la liquidation de la contribution spéciale mentionnée à l'article L. 8253-1 du présent code et de la contribution forfaitaire mentionnée à l'article L. 626-1 du code de l'entrée et du séjour des étrangers et du droit d'asile, le directeur général de l'Office français de l'immigration et de l'intégration reçoit des agents mentionnés au premier alinéa du présent article une copie des procès-verbaux relatifs à ces infractions. »

Note L'article 75 de la loi 2011-672 précitée entre en vigueur à une date fixée par décret et au plus tard le 30.09.2011.

Art. L. 8271-18. Les dispositions de l'article L. 8271-13 sont applicables à la recherche et à la constatation des infractions à l'emploi d'étranger sans titre de travail.

Note Voir note sous art. L. 8271-13.

Art. L. 8271-19. Afin de lutter contre le travail illégal, les agents chargés de la délivrance des titres de séjour, individuellement désignés et dûment habilités, peuvent avoir accès aux traitements automatisés des autorisations de travail dans les conditions définies par la loi n° 78-17 du 6 janvier 1978 relative à l'informatique, aux fichiers et aux libertés.

Pour les mêmes motifs, les inspecteurs du travail, les contrôleurs du travail et fonctionnaires assimilés, individuellement désignés et dûment habilités, peuvent avoir accès aux traitements automatisés des titres de séjour des étrangers dans les conditions définies par la loi n° 78-17 du 6 janvier 1978 précitée.

Note Voir article D. 611-3 CESEDA et décret 2009-1516 du 8 décembre 2009 (art. 4, JO 9) relatif au système informatisé de gestion des dossiers des ressortissants étrangers en France.

SECTION 6. Dispositions d'application

Art. L. 8271-20. Un décret en Conseil d'État détermine les conditions d'application des dispositions des articles L. 8271-7 à L. 8271-12.

CHAPITRE II

Sanctions administratives

Note Sur le redressement forfaitaire d'assiette appliqué en cas de travail dissimulé pour le calcul des cotisations de sécurité sociale, voir art. L. 242-1-2 c. séc. soc. (loi 2007-1786 du 19 décembre 2007, art. 112, JO 21) et R. 133-8 c. séc. soc., décret 2008-553 du 11 juin 2008 (JO 13) et circ. DSS/5C 2008-255 du 28 juillet 2008 (*LS* quotidien n° 15190 du 5 septembre 2008).

Voir également art. R. 133-30-9 c. séc. soc. issu du décret 2008-1348 du 18 décembre 2008 (JO 19) relatif au régime de déclaration et règlement simplifiés des cotisations et contributions sociales et de l'impôt sur le revenu des travailleurs indépendants relevant des professions artisanales, industrielles et commerciales.

Art. L. 8272-1. Lorsque l'autorité administrative a connaissance d'un procès-verbal relevant une des infractions constitutives de travail illégal mentionnées à l'article L. 8211-1, elle peut, eu égard à la gravité des faits constatés, à la nature des aides sollicitées et à l'avantage qu'elles procurent à l'employeur, refuser d'accorder, pendant une durée maximale de cinq ans, ***(L. 2011-672 du 16 juin 2011, art. 85, JO 17)*** « certaines des aides publiques en matière d'emploi, de formation professionnelle et de culture » à la personne ayant fait l'objet de cette verbalisation.

Cette décision de refus est prise sans préjudice des poursuites judiciaires qui peuvent être engagées.

Art. L. 8272-2.

(L. 2011-672 du 16 juin 2011, art. 85, JO 17) « L'autorité administrative peut également demander, eu égard aux critères mentionnés au premier alinéa, le remboursement de tout ou partie des aides publiques mentionnées au premier alinéa et perçues au cours des douze derniers mois précédant l'établissement du procès-verbal. »

Un décret fixe la nature des aides concernées et les modalités de la prise de décision relative au refus de leur attribution *(L. 2011-672 du 16 juin 2011, art. 85, JO 17)* « ou à leur remboursement ».

Note • L'article 85 de la loi 2011-672 précitée entre en vigueur à une date fixée par décret et au plus tard le 30.09.2011.

• Sur le refus ou l'annulation des réductions ou exonérations de cotisations de sécurité sociale, voir art. L. 133-4-2, L. 133-4-5 (donneurs d'ordre, loi 2009-1646 du 24 décembre 2009, art. 94, JO 27) et L. 242-1-1 c. séc. soc. (loi 2005-1579 du 19 décembre 2005, art. 25, JO 20), R. 133-8 et s. c. séc. soc. (décret 2006-74 du 30 juin 2006, JO 2 juil.) et D. 133-3 c. séc. soc. (décret 2006-776 du 30 juin 2006, JO 2 juil.), fixant un plafond de 45 000 €, ainsi que circ. intermin. 2006-01 du 29 mai 2006 (BO TR 2006/6). Voir également circ. DSS/5C 2008-254 du 28 juillet 2008 (*LSQ* n° 15190 du 5 septembre 2008).

Art. L. 8272-2. *(L. 2011-672 du 16 juin 2011, art. 86, JO 17)* Lorsque l'autorité administrative a connaissance d'un procès-verbal relevant une infraction prévue aux 1° à 4° de l'article L. 8211-1, elle peut, eu égard à la répétition et à la gravité des faits constatés et à la proportion de salariés concernés, ordonner par décision motivée la fermeture de l'établissement ayant servi à commettre l'infraction, à titre provisoire et pour une durée ne pouvant excéder trois mois. Elle en avise sans délai le procureur de la République.

La mesure de fermeture provisoire est levée de plein droit en cas de classement sans suite de l'affaire, d'ordonnance de non-lieu et de décision de relaxe ou si la juridiction pénale ne prononce pas la peine complémentaire de fermeture définitive ou pour une durée de cinq ans au plus des établissements ou de l'un ou de plusieurs des établissements de l'entreprise ayant servi à commettre les faits incriminés, mentionnée au 4° de l'article 131-39 du code pénal.

La mesure de fermeture provisoire peut s'accompagner de la saisie à titre conservatoire du matériel professionnel des contrevenants.

Les modalités d'application du présent article ainsi que les conditions de sa mise en œuvre aux chantiers du bâtiment et des travaux publics sont fixées par décret en Conseil d'État.

Note L'article 86 de la loi 2011-672 précitée introduisant les articles L. 8272-2 et 3 entre en vigueur à une date fixée par décret et au plus tard le 30.09.2011. Le décret pris pour l'application de cet article est le décret 2011-1693 du 30 novembre 2011 (JO 1er déc.). Voir *infra*.

Art. L. 8272-3. *(L. 2011-672 du 16 juin 2011, art. 86, JO 17)* La décision de fermeture provisoire de l'établissement par l'autorité administrative prise en application de l'article L. 8272-2 n'entraîne ni rupture, ni suspension du contrat de travail, ni aucun préjudice pécuniaire à l'encontre des salariés de l'établissement.

Art. L. 8272-4. *(L. 2011-672 du 16 juin 2011, art. 87, JO 17)* Lorsque l'autorité administrative a connaissance d'un procès-verbal relevant une infraction prévue aux 1° à 4° de l'article L. 8211-1, elle peut, eu égard à la répétition et à la gravité des faits constatés et à la proportion de salariés concernés, ordonner, par décision motivée prise à l'encontre de la personne ayant commis l'infraction, l'exclusion des contrats administratifs mentionnés aux articles L. 551-1 et L. 551-5 du code de justice administrative, pour une durée ne pouvant excéder six mois. Elle en avise sans délai le procureur de la République.

La mesure d'exclusion est levée de plein droit en cas de classement sans suite de l'affaire, d'ordonnance de non-lieu et de décision de relaxe ou si la juridiction pénale ne prononce pas la peine complémentaire d'exclusion des marchés publics mentionnée au 5° de l'article 131-39 du code pénal.

Les modalités d'application du présent article sont fixées par décret en Conseil d'État.

Note L'article 87 de la loi 2011-672 précitée entre en vigueur à une date fixée par décret et au plus tard le 30.09.2011. Le décret pris pour l'application de cet article est le décret 2011-1693 du 30 novembre 2011 (JO 1er déc.). Voir *infra*.

[Dispositions réglementaires]

(D. 2011-1693 du 30 nov. 2011, art. 4, JO 1er déc.)

Note • Pour l'application des sections 1 et 2 à Saint-Barthélemy et à Saint-Martin le mot « préfet » est remplacé par les mots « représentant de l'État ».

• Pour l'application de ces mêmes sections, sont prises en compte les infractions survenues postérieurement à l'entrée en vigueur de la loi 2011-672 du 16 juin 2011 relative à l'immigration, à l'intégration et à la nationalité.

SECTION 1. Refus d'attribution et remboursement des aides publiques

Sous-section 1. Dispositions générales

Art. D. 8272-1. Pour l'application de l'article L. 8272-1, l'autorité compétente est l'autorité gestionnaire des aides publiques. Cette autorité peut, dans les conditions prévues à la présente section, refuser d'accorder les aides publiques, ou demander leur remboursement, correspondant aux dispositifs suivants :

1° Contrat d'apprentissage ;

2° Contrat unique d'insertion ;

3° Contrat de professionnalisation ;

4° Prime à la création d'emploi dans les départements d'outre-mer et à Saint-Pierre-et-Miquelon ;

5° Aides des collectivités territoriales et de leurs groupements prévues aux articles L. 1511-1 à L. 1511-5 du code général des collectivités territoriales ;

6° Aides et subventions de soutien à la création, à la production et à la diffusion du spectacle vivant et enregistré.

Art. D. 8272-2. Toute décision de refus ou de remboursement des aides publiques prise par l'autorité compétente est portée à la connaissance du préfet du département situé dans le ressort de l'autorité mentionnée à l'article D. 8272-1, ou, à Paris, du préfet de police.

Sous-section 2. Refus des aides publiques

Art. D. 8272-3. Lorsque l'autorité compétente est saisie d'une demande pour l'une des aides mentionnées à l'article D. 8272-1, elle vérifie si le demandeur a été verbalisé pour l'une des infractions constitutives du travail illégal prévues à l'article L. 8211-1, dans les douze mois précédant sa demande, auprès du préfet mentionné à l'article D. 8272-2.

Art. D. 8272-4. Si l'entreprise ou son responsable de droit ou de fait ont été verbalisés dans les douze mois précédant la demande, l'autorité compétente peut décider de refuser l'aide sollicitée. Elle informe alors l'entreprise, par lettre recommandée avec avis de réception ou par tout autre moyen permettant de faire la preuve de sa réception par le destinataire, de son intention en lui précisant qu'elle peut présenter ses observations écrites dans un délai de quinze jours.

Art. L. 8272-4.

À l'expiration du délai fixé, l'autorité compétente peut décider, au vu des observations éventuelles de l'entreprise, de ne pas lui attribuer l'aide sollicitée pendant une durée maximale de cinq ans qu'elle détermine en fonction des critères mentionnés au premier alinéa de l'article L. 8272-1, compte tenu de sa situation économique, sociale et financière. Elle lui notifie sa décision par lettre recommandée avec avis de réception ou par tout autre moyen permettant de faire la preuve de sa réception par le destinataire et en adresse copie au préfet.

Sous-section 3. **Remboursement des aides publiques**

Art. D. 8272-5. Au vu des informations qui lui sont transmises sur la verbalisation d'une entreprise ou de son responsable de droit ou de fait, le préfet mentionné à l'article D. 8272-2 informe les autorités compétentes gestionnaires des aides mentionnées à l'article D. 8272-1 qu'elles peuvent enjoindre l'entreprise de rembourser tout ou partie des aides versées au cours des douze mois précédant l'établissement du procès-verbal de constatation de l'infraction.

Art. D. 8272-6. Si l'autorité compétente décide de mettre en œuvre la sanction prévue à l'article L. 8272-1, elle informe l'entreprise concernée, par lettre recommandée avec avis de réception ou par tout autre moyen permettant de faire la preuve de sa réception par le destinataire, de son intention en lui précisant qu'elle peut présenter ses observations écrites dans un délai de quinze jours.

À l'expiration du délai fixé, l'autorité compétente peut décider, au vu des observations éventuelles de l'entreprise, le remboursement de tout ou partie des aides publiques octroyées au cours des douze mois précédant l'établissement du procès-verbal de constatation de l'infraction, en fonction des critères mentionnés au premier alinéa de l'article L. 8272-1, compte tenu de sa situation économique, sociale et financière. Elle lui notifie sa décision par lettre recommandée avec avis de réception ou par tout autre moyen permettant de faire la preuve de sa réception par le destinataire et en adresse copie au préfet.

SECTION 2. **Dispositions relatives à la fermeture administrative et à l'exclusion des contrats administratifs mentionnés aux articles L. 551-1 et L. 551-5 du code de justice administrative**

Sous-section 1. **Dispositions générales**

Art. R. 8272-7. Le préfet du département dans lequel est situé l'établissement, ou, à Paris, le préfet de police, peut décider, au vu des informations qui lui sont transmises, de mettre en œuvre à l'égard de l'employeur verbalisé l'une ou les mesures prévues aux articles L. 8272-2 et L. 8272-4, en tenant compte de l'ensemble des éléments de la situation constatée, et notamment des autres sanctions qu'il encourt. Préalablement, il informe l'entreprise, par lettre recommandée avec avis de réception ou par tout autre moyen permettant de faire la preuve de sa réception par le destinataire, de son intention en lui précisant la ou les mesures envisagées et l'invite à présenter ses observations dans un délai de quinze jours. À l'expiration de ce délai, au vu des observations éventuelles de l'entreprise, le préfet peut décider de la mise à exécution de la ou des sanctions appropriées. Il notifie sa décision à l'entreprise par lettre recommandée avec avis de réception ou par tout autre moyen permettant de faire la preuve de sa réception par le destinataire et transmet immédiatement une copie au procureur de la République. Il en adresse copie au préfet du siège de l'entreprise si l'établissement est situé dans un département différent.

Sous-section 2. **Fermeture administrative**

Art. R. 8272-8. Si le préfet décide d'infliger la sanction prévue à l'article L. 8272-2, il tient compte, pour déterminer la durée de fermeture d'au plus trois mois de l'établissement relevant de l'entreprise où a été constatée l'infraction, de la gravité de l'infraction commise mentionnée à l'article L. 8211-1, notamment sa répétition, le cumul d'infractions relevées, le nombre de salariés concernés, en fonction de sa situation économique, sociale et financière.

Si le préfet décide que la fermeture s'accompagne de la saisie conservatoire du matériel professionnel du contrevenant, la décision précise les machines-outils, les moyens de transport et tout autre matériel appartenant à l'employeur, utilisés dans le secteur d'activité dont relève l'établissement concerné, sur lesquels la saisie porte effet.

Art. R. 8272-9. Lorsque l'activité de l'employeur mis en cause s'exerce dans un lieu temporaire de travail ou dans un établissement ne relevant pas de son entreprise, le préfet du département dans le ressort duquel se trouve l'établissement mis en cause, ou, à Paris, le préfet de police, peut infliger la sanction prévue à l'article L. 8272-2 en décidant la fermeture de l'établissement employeur dans les mêmes conditions qu'à l'article R. 8272-8.

Pour les chantiers du bâtiment ou de travaux publics, la fermeture administrative, décidée par le préfet du département dans le ressort duquel a été constatée l'infraction, ou, à Paris, le préfet de police, prend la forme d'un arrêt de l'activité de l'entreprise sur le site concerné, après avis du maître d'ouvrage le cas échéant ou, à défaut, du responsable du chantier. Celui-ci prend les mesures permettant de prévenir tout risque pour la santé ou la sécurité des travailleurs présents sur le site concerné ainsi que des usagers ou des tiers, qui résulterait de l'arrêt de l'activité de l'entreprise mise en cause.

La décision du préfet est portée à la connaissance du public par voie d'affichage sur les lieux du chantier.

Sous-section 3. Exclusion des contrats administratifs

Art. R. 8272-10. Si le préfet décide d'appliquer à l'employeur la sanction prévue à l'article L. 8272-4, il tient compte, pour déterminer la durée de cette exclusion, de la gravité de l'infraction commise mentionnée à l'article L. 8211-1, notamment sa répétition, le cumul d'infractions relevées, le nombre de salariés concernés, en fonction de sa situation économique, sociale et financière.

Art. R. 8272-11. Lorsqu'il est prononcé une décision d'exclusion temporaire à l'encontre d'une entreprise, cette décision vaut pour l'entreprise et son responsable légal qui ne peut soumissionner à d'autres contrats administratifs personnellement ou par personne interposée ou encore en créant une entreprise nouvelle dont il assure la direction en droit ou en fait.

CHAPITRE III

Coordination interministérielle de la lutte contre le travail illégal

[Le présent chapitre ne comprend pas de dispositions législatives.]

Note Voir décret 2008-371 du 18 avril 2008 (JO 19), modifié par le décret 2010-333 du 25 mars 2010 (JO 26) relatif à la coordination de la lutte contre les fraudes et créant une délégation nationale à la lutte contre la fraude, notamment art. 5 et 7 instituant le comité national de lutte contre la fraude et la dénomination de commission nationale de lutte contre le travail illégal lorsqu'il se réunit pour examiner les questions relatives au travail illégal (JO 26), art. 8 créant dans chaque département un comité de lutte contre la fraude, présidé conjointement par le préfet et le procureur de la République (voir arrêté du 25 mars 2010, JO 26, fixant la composition des comités départementaux de lutte contre la fraude) et doté d'un secrétariat permanent au sein duquel l'agent compétent en matière de lutte contre le travail illégal assure le traitement statistique des procès-verbaux relatifs aux infractions de travail illégal définies par le code du travail.

[SECTION 1. **(Art. D. 8273-1 à D. 8273-12)**. Abrogée par décret 2008-371 du 18 avril 2008, JO 19, à compter du 1er mai 2008.]

[SECTION 2. **(Art. D. 8273-13 à D. 8273-25)**. Abrogée par décret 2008-371 du 18 avril 2008, JO 19, à compter du 1er mai 2008.]

LIVRE III

DISPOSITIONS RELATIVES À L'OUTRE-MER

TITRE Ier

DISPOSITIONS GÉNÉRALES

CHAPITRE UNIQUE

Art. L. 8311-1. Les dispositions générales prévues par l'article L. 1511-1 sont également applicables aux dispositions du présent livre.

TITRE II

DÉPARTEMENTS D'OUTRE-MER, SAINT-BARTHÉLEMY, SAINT-MARTIN ET SAINT-PIERRE-ET-MIQUELON

CHAPITRE Ier

Dispositions générales

Art. L. 8321-1. Les dispositions générales prévues par *(Ord. 2008-205 du 27 févr. 2008, JO 1er mars)* « les articles L. 1521-1 à L. 1521-4 » sont également applicables aux dispositions du présent titre.

CHAPITRE II

Inspection du travail

[Le présent chapitre ne comprend pas de dispositions législatives.]

(D. 2010-1582 du 17 déc. 2010, art. 35, JO 18) « SECTION 1. Compétences et moyens d'intervention »

Art. D. 8322-1. Les inspecteurs du travail des départements d'outre-mer, de Saint-Barthélemy et de Saint-Martin ont les mêmes attributions que les inspecteurs du travail de la métropole.

Note Le second alinéa de cet article a été supprimé par le décret 2008-1510 du 30 décembre 2008 (JO 31).

(D. 2010-1582 du 17 déc. 2010, art. 35, JO 18)
SECTION 2. Systèmes d'inspection du travail

Art. R. 8322-2. Pour l'application des articles R. 8122-1 et R. 8122-2 dans les régions d'outre-mer :

1° Les attributions dévolues aux directeurs régionaux des entreprises, de la concurrence, de la consommation, du travail et de l'emploi sont exercées par les directeurs des entreprises, de la concurrence, de la consommation, du travail et de l'emploi ;

2° Les dispositions relatives aux responsables d'unités territoriales ne s'appliquent pas.

Note Sur l'organisation et les missions des services de l'État, dans les départements et les régions d'outre-mer, à Mayotte et à Saint-Pierre-et-Miquelon, voir décret 2010-1582 du 17 décembre 2010, art. 6 à 9 relatifs aux directions des entreprises, de la concurrence, de la consommation, du travail et de l'emploi, 18 à 20 relatifs à la direction de la cohésion sociale, du travail, de l'emploi et de la population à Saint-Pierre-et-Miquelon, 23 et 36 (JO 18).

CHAPITRE III

Lutte contre le travail illégal

SECTION 1. Travail dissimulé

Art. L. 8323-1. Un décret en Conseil d'État apporte aux dispositions du titre II du livre II, relatives au travail dissimulé, les adaptations nécessaires à leur application dans les départements d'outre-mer ***(Ord. 2008-205 du 27 févr. 2008, JO 1er mars)*** « , à Saint-Barthélemy et à Saint-Martin ».

Art. R. 8323-1. Dans le département de la Guyane, le document mentionnant le numéro individuel d'identification prévu au *a* du 1° de l'article D. 8222-7 est remplacé par une attestation certifiant que le cocontractant est connu des services fiscaux de son État d'établissement ou de domiciliation.

SECTION 2. Emploi d'étrangers sans titre de travail

Sous-section 1. Interdictions

Art. L. 8323-2. Nul ne peut, directement ou par personne interposée, engager, conserver à son service ou employer pour quelque durée que ce soit un étranger non muni du titre l'autorisant à exercer une activité salariée à Saint-Pierre-et-Miquelon.

Les conditions de délivrance de l'autorisation de travail sont déterminées par voie réglementaire.

Note Pour exercer en France une activité professionnelle salariée, les étrangers doivent se conformer aux articles L. 1261-1, L. 5221-1 à L. 5221-3, L. 5221-5, L. 5221-7, L. 5523-1 à L. 5523-3 et L. 8323-2 CT ainsi qu'aux articles L. 311-13 et L. 311-14 du présent code (art. L. 322-1 CESEDA).

Sous-section 2. Dispositions pénales

Art. L. 8323-3. Le fait pour toute personne, directement ou par personne interposée, d'engager, de conserver à son service ou d'employer pour quelque durée que ce soit un étranger non muni du titre l'autorisant à exercer une activité salariée à Saint-Pierre-et-Miquelon, en méconnaissance des dispositions de l'article L. 8323-2, est puni des peines prévues aux articles L. 8256-2 à L. 8256-6.

TITRE III

MAYOTTE, WALLIS-ET-FUTUNA ET TERRES AUSTRALES ET ANTARCTIQUES FRANÇAISES

CHAPITRE UNIQUE

Art. L. 8331-1. Lorsque les salariés et les entreprises interviennent dans les collectivités de la République française exclues du champ d'application géographique défini à l'article L. 1511-1, les dispositions de l'article L. 8222-4 sont applicables au cocontractant établi ou domicilié à Mayotte, à Wallis-et-Futuna ou dans les Terres australes et antarctiques françaises.

Note L'ordonnance 2005-57 du 26 janvier 2005, art. 1er (JO 28) précise les articles du code du travail appelés à trouver effet sur le territoire de la République au-delà de son champ géographique habituel, qui se limite aux départements métropolitains ou d'outre-mer, à Saint-Barthélemy, à Saint-Martin et à Saint-Pierre-et-Miquelon.

Textes non codifiés

Table analytique

TEXTES NON CODIFIÉS

Pages

Activités de sécurité :

Loi 83-629 du 12 juillet 1983 2547
Décret 86-1058 du 26 septembre 1986 2547
Décret 2005-1122 du 6 septembre 2005 2547
Décret 2005-1123 du 6 septembre 2005 2548
Décret 2009-137 du 9 février 2009 2548
Décret 2009-214 du 23 février 2009 2548

Administration du travail :

Décret 2003-770 du 20 août 2003 2548
* Décret 2009-1377 du 10 novembre 2009 2548
Décret 2010-687 du 24 juin 2010 2552
* Décret 2010-1582 du 17 décembre 2010 2552

Conflits collectifs :

* Code des transports (art. L. 1324-1 à 11) 2556
* Décret 2008-82 du 24 janvier 2008 relatif à l'application de l'article 2 de la loi 2007-1224 du 21 août 2007 sur le dialogue social et la continuité du service public dans les transports terrestres réguliers de voyageurs 2558
Circulaire DGT 11 du 30 novembre 2007 relative à la loi 2007-1224 du 21 août 2007 sur le dialogue social et la continuité du service public dans les transports terrestres réguliers de voyageurs 2559

Congés et absences :

Congés de formation économique et sociale et de formation syndicale :
* Arrêté du 7 mars 1986 2559

Chèques-vacances :
Code du tourisme (Livre IV, Titre Ier, Chapitre Ier) 2560

Sapeurs-pompiers :
* Loi 96-370 du 3 mai 1996 2560

Réserve civile de la police nationale. Service volontaire citoyen de la police et de la gendarmerie nationales :
* Loi 2011-267 du 14 mars 2011 2561

Conjoint collaborateur :

Code de commerce (art. R. 121-1 à 6) 2562

Conventions européennes et internationales :

Décret 74-360 du 3 mai 1974 portant publication de la Convention européenne de sauvegarde des droits de l'homme et des libertés fondamentales 2562
Décret 81-917 du 9 octobre 1981 portant publication de la déclaration d'acceptation du droit du recours individuel en application de l'article 25

(*) Texte rapporté ou extraits.

de la Convention européenne des droits de l'homme et de l'article 6 du protocole n° 4 2563

Décret 83-1205 du 20 décembre 1983 portant publication de la convention européenne relative au statut juridique du travailleur migrant 2563

Décret 84-193 du 12 mars 1984 portant publication de la convention sur l'élimination de toutes les formes de discrimination à l'égard des femmes 2563

Décret 86-1314 du 23 décembre 1986 portant publication de la déclaration de renouvellement d'acceptation du recours individuel en application de l'article 25 de la Convention européenne des droits de l'homme et de l'article 6 du protocole n° 4 2563

Décret 89-37 du 24 janvier 1989 portant publication du protocole n° 7 à la Convention de sauvegarde des droits de l'homme et des libertés fondamentales 2563

Décret 90-245 du 14 mars 1990 portant publication du protocole n° 8 à la Convention européenne de sauvegarde des droits de l'homme et des libertés fondamentales 2563

Décret 90-415 du 14 mai 1990 portant publication des déclarations de renouvellement de l'acceptation du droit de recours individuel et de la reconnaissance de la juridiction obligatoire de la Cour européenne des droits de l'homme 2563

Décret 98-1055 du 18 novembre 1998 portant publication du protocole n° 11 à la Convention de sauvegarde des droits de l'homme et des libertés fondamentales 2563

Décret 2001-953 du 15 octobre 2001 portant publication du protocole facultatif à la convention sur l'élimination de toutes les formes de discrimination à l'égard des femmes 2563

Décret 2010-356 du 1er avril 2010 portant publication de la convention relative aux droits des personnes handicapées (ensemble un protocole facultatif), signée à New York le 30 mars 2007 2563

Décret 2010-711 du 28 juin 2010 portant publication du protocole n° 14 à la Convention de sauvegarde des droits de l'homme et des libertés fondamentales, amendant le système de contrôle de la convention, signé à Strasbourg le 13 mai 2004 2563

Coopératives ouvrières de production :

Loi 78-763 du 19 juillet 1978 2564

Décret 79-558 du 27 juin 1979 2564

Décret 93-1231 du 10 novembre 1993 relatif à la reconnaissance de la qualité de société coopérative ouvrière de production 2564

Dispositions générales :

Informatique et libertés :

Loi 78-17 du 6 janvier 1978, modifiée, relative à l'informatique, aux fichiers et aux libertés 2564

Décret 2005-1309 du 20 octobre 2005 pris pour l'application de la loi 78-17 du 6 janvier 1978 2564

Circulaire du 14 septembre 2011 relative au cadre juridique applicable à l'installation de caméras de vidéoprotection sur la voie publique et dans des lieux ouverts ou non ouverts au public 2564

Relations avec l'administration :

Loi 78-753 du 17 juillet 1978, modifiée, portant diverses mesures d'amélioration des relations entre l'administration et le public et diverses dispositions d'ordre administratif, social et fiscal 2564

(*) Texte rapporté ou extraits.

* Décret 2005-1755 du 30 décembre 2005 relatif à la liberté d'accès aux documents administratifs et à la réutilisation des informations publiques, pris pour l'application de la loi 78-753 du 17 juillet 1978 2564

* Arrêté du 12 mars 1986 fixant la liste des documents administratifs émanant des services placés sous l'autorité ou le contrôle du ministre du Travail, de l'Emploi et de la Formation professionnelle qui ne peuvent pas être communiqués au public 2571

* Loi 2000-321 du 12 avril 2000 relative aux droits des citoyens dans leurs relations avec les administrations 2572

Déconcentration des décisions administratives individuelles :

* Décret 97-34 du 15 janvier 1997 relatif à la déconcentration des décisions administratives individuelles 2580

Commissions administratives à caractère consultatif :

* Décret 2006-672 du 8 juin 2006 relatif à la création, à la composition et au fonctionnement de commissions administratives à caractère consultatif 2581

Publication des instructions et circulaires :

* Décret 2008-1281 du 8 décembre 2008 relatif aux conditions de publication des instructions et circulaires 2581

Entrée en vigueur des normes concernant les entreprises :

* Circulaire du 23 mai 2011 relative aux dates communes d'entrée en vigueur des normes concernant les entreprises 2581

Interdiction de la dissimulation du visage dans l'espace public :

* Loi 2010-1192 du 11 octobre 2010 interdisant la dissimulation du visage dans l'espace public 2583

* Circulaire du 2 mars 2011 relative à la mise en œuvre de la loi 2010-1192 du 11 octobre 2010 interdisant la dissimulation du visage dans l'espace public 2583

Durée du travail :

Transports :

Décret 83-40 du 26 janvier 1983 2586

Décret 83-1111 du 19 décembre 1983 2586

Décret 2003-1242 du 22 décembre 2003 2586

Décret 99-1161 du 29 décembre 1999 2586

Décret 2000-118 du 14 février 2000 2587

Décret 2009-32 du 9 janvier 2009 2587

Établissements financiers :

Décret 97-326 du 10 avril 1997 2587

Temps de travail :

Loi 98-461 du 13 juin 1998 2587

Décret 98-494 du 22 juin 1998 2587

Décret 98-946 du 22 octobre 1998 2587

Loi 2000-37 du 19 janvier 2000 2587

Décret 2000-84 du 31 janvier 2000 2587

Décret 2000-113 du 9 février 2000 2587

Décret 2000-815 du 25 août 2000 2587

Décret 2002-1072 du 7 août 2002 2587

(*) Texte rapporté ou extraits.

Loi 2003-47 du 17 janvier 2003 2587
Loi 2005-296 du 31 mars 2005, modifiée, portant réforme de l'organisation du temps de travail dans l'entreprise 2587
Loi 2008-111 du 8 février 2008, modifiée, pour le pouvoir d'achat 2588
Loi 2008-789 du 20 août 2008, modifiée, portant rénovation de la démocratie sociale et réforme du temps de travail 2588

Élus locaux :

Conditions d'exercice des mandats locaux :

Loi 92-108 du 3 février 1992 2588
Décret 92-1205 du 16 novembre 1992 2588
Loi 2002-276 du 27 février 2002 2588
Décret 2003-836 du 1er septembre 2003 2588

Emploi-chômage :

Emploi :

Ordonnance 2003-1213 du 18 décembre 2003 relative aux mesures de simplification des formalités concernant les entreprises, les travailleurs indépendants, les associations et les particuliers employeurs 2588
* Décret 99-108 du 18 février 1999 relatif aux entreprises de travail temporaire d'insertion 2588
* Décret 99-106 du 18 février 1999 relatif à l'agrément par l'Agence nationale pour l'emploi des personnes embauchées dans les organismes d'insertion par l'activité économique 2589
Décret 2002-790 du 3 mai 2002 relatif aux comités de bassin et au comité de liaison des comités de bassin d'emploi 2590
Circulaire 93/16 du 26 mars 1993 relative aux comités de bassin d'emploi 2590
Circulaire DGEFP 2004/007 du 16 février 2004 relative aux comités de bassin d'emploi et au comité de liaison des comités de bassin d'emploi ... 2590
* Accord national interprofessionnel du 14 novembre 2008 sur la gestion prévisionnelle des emplois et des compétences 2590

Chômage :

Ordonnance 2006-433 du 13 avril 2006 relative à l'expérimentation du contrat de transition professionnelle 2595
Décret d'application 2006-440 du 14 avril 2006 2596
* Convention du 19 juillet 2011 relative au contrat de sécurisation professionnelle 2596
Conventions et accords (indemnisation du chômage) 2602

Entreprises en difficulté :

Code de commerce. Voir Livre sixième : Des difficultés des entreprises et notamment :

Titre I : De la prévention des difficultés des entreprises ; Titre II : De la sauvegarde ; Titre III : Du redressement judiciaire ; Titre IV : De la liquidation judiciaire 2602

Formation professionnelle tout au long de la vie :

* Loi 2007-148 du 2 février 2007 de modernisation de la fonction publique (art. 5) 2602
Décret 2007-1470 du 15 octobre 2007 relatif à la formation professionnelle tout au long de la vie des fonctionnaires de l'État 2603

(*) Texte rapporté ou extraits.

Arrêtés du 31 juillet 2009 relatifs au bilan de compétence des agents de l'État et à l'évaluation de la période de professionnalisation pour les agents de la fonction publique de l'État 2603
Loi 90-579 du 4 juillet 1990 relative au crédit-formation, à la qualité et au contrôle de la formation professionnelle continue 2603
* Loi 92-675 du 17 juillet 1992 portant diverses dispositions relatives à l'apprentissage, à la formation professionnelle 2603
Loi quinquennale 93-1313 du 20 décembre 1993 relative au travail, à l'emploi et à la formation professionnelle 2604
* Décret 94-153 du 16 février 1994 relatif au transfert de compétences aux régions en matière de formation professionnelle 2604
* Décret 88-368 du 15 avril 1988 fixant les taux et les montants des rémunérations versées aux stagiaires de formation professionnelle 2605

Hygiène et sécurité :

Ascenseurs et monte-charge :

* Décret du 10 juillet 1913 modifié [abrogé] 2607

Courants électriques :

Décret 88-1056 du 14 novembre 1988 2607

Travaux insalubres ou salissants :

* Arrêté du 23 juillet 1947 2607

Risques particuliers :

Décret 2006-761 du 30 juin 2006 relatif à la protection des travailleurs contre les risques liés à l'inhalation de poussières d'amiante 2609
Décret 2009-1547 du 11 décembre 2009 relatif au suivi médical post-professionnel des agents de l'État exposés à l'amiante 2609
Décret 2009-1546 du 11 décembre 2009 relatif au suivi médical post-professionnel des agents de l'État exposés à un agent cancérogène, mutagène ou toxique pour la reproduction 2609
Arrêtés des 6 et 13 décembre 1996 2609
Arrêté du 12 juillet 2000 2609
Arrêté du 25 avril 2005 2609
Arrêté du 23 février 2012 définissant les modalités de la formation des travailleurs à la prévention des risques liés à l'amiante 2610
Arrêtés du 22 février 2007 2610
Arrêté du 4 mai 2007 2610

Lutte contre les discriminations :

Adaptation au droit communautaire :

* Loi 2008-496 du 27 mai 2008 portant diverses dispositions d'adaptation au droit communautaire dans le domaine de la lutte contre les discriminations 2610

Défenseur des droits :

* Loi organique 2011-333 du 29 mars 2011 relative au Défenseur des droits. 2612
Loi 2011-334 du 29 mars 2011 relative au Défenseur des droits 2618
Décret 2011-904 du 29 juillet 2011 relatif à la procédure applicable devant le Défenseur des droits 2618
Décret 2011-905 du 29 juillet 2011 relatif à l'organisation et au fonctionnement des services du Défenseur des droits 2618

Sécurité sanitaire :

* Code de la santé publique, art. L. 5312-4-2 2619

(*) Texte rapporté ou extraits.

Lutte contre les fraudes :

* Décret 2008-371 du 18 avril 2008 2619

Médaille d'honneur du travail :

Décret 84-591 du 4 juillet 1984 2621

Médecine du travail :

Surveillance médicale spéciale :

* Arrêté du 11 juillet 1977 2622

Modernisation du marché du travail :

* Accord national interprofessionnel du 11 janvier 2008 2623

* Arrêté du 23 juillet 2008 2634

Arrêté du 8 février 2012 2634

Arrêté du 31 décembre 2008 2634

Participation, intéressement, partage des profits :

* Loi 2011-894 du 28 juillet 2011 de financement rectificative de la sécurité sociale pour 2011 2634

Circulaire interministérielle du 29 juillet 2011 relative à la prime de partage des profits instituée par la loi 2011-894 du 28 juillet 2011 de financement rectificative de la sécurité sociale pour 2011 2635

Propriété intellectuelle :

* Code de la propriété intellectuelle, art. L. 113-9, L. 611-6 à 9, R. 611-1 à 10 2635

Représentation du personnel :

Démocratisation du secteur public :

Loi 83-675 du 26 juillet 1983 2637

Décret 83-1160 du 26 décembre 1983 2637

Conseil d'administration ou de surveillance des sociétés anonymes :

Code de commerce, art. L. 225-27 à 34 ; L. 225-79 et 80 2638

Conseils d'administration des organismes de la sécurité sociale :

* Code de la sécurité sociale, art. L. 231-9 et s. 2638

Cotisations syndicales :

* Code général des impôts, art. 199 *quater* C 2638

Accession des salariés à la propriété et à la location de leur logement :

Loi 76-463 du 31 mai 1976 2639

* Décret 76-1292 du 30 décembre 1976 2639

Santé :

Prévention de la pénibilité :

* Accords en faveur de la prévention de la pénibilité (art. L. 138-29 à 31 ; R. 138-32 à 37 ; D. 138-26 à 28 c. séc. soc.) 2640

Décret 2011-1969 du 26 décembre 2011 2642

(*) Texte rapporté ou extraits.

Lutte contre le tabagisme :
* Code de la santé publique (art. L. 3511-7, L. 3512-4, R. 3511-1 à 8, R. 3512-1, 2 et 4) 2642
* Circulaire du 24 novembre 2006 2643
* Circulaire du 29 novembre 2006 2646

Lutte contre le stress :
* Accord national interprofessionnel sur le stress au travail du 2 juillet 2008 ... 2649

Lutte contre le harcèlement et la violence au travail :
* Accord national interprofessionnel sur le harcèlement et la violence au travail du 26 mars 2010 2651

Solidarité internationale :
* Loi 2005-159 du 23 février 2005 2654
Décret 2005-600 du 27 mai 2005 2656

Stages en entreprise :
* Loi 2011-893 du 28 juillet 2011 pour le développement de l'alternance et la sécurisation des parcours professionnels 2656
* Décret 2006-757 du 29 juin 2006 portant application de l'article 10 de la loi 2006-396 du 31 mars 2006 pour l'égalité des chances 2657
Décret 2006-1627 du 18 décembre 2006 relatif à la protection contre les accidents du travail et les maladies professionnelles des stagiaires 2657
Décret 2009-609 du 29 mai 2009 relatif à l'accueil des stagiaires étrangers 2657

ANNEXE

Conventions internationales du travail

Liste des conventions internationales du travail applicables en France 2658

ACTIVITÉS DE SÉCURITÉ

■ LOI 83-629 DU 12 JUILLET 1983
réglementant les activités privées de sécurité
modifiée par lois 92-1336 du 16 décembre 1992 (JO 23), 93-1420 du 31 décembre 1993 (JO 1er janvier 1994), 2001-1062 du 15 novembre 2001 (JO 16), 2003-239 du 18 mars 2003 (JO 19), 2004-204 du 9 mars 2004 (JO 10), 2005-516 du 20 mai 2005 (JO 21), 2006-64 du 23 janvier 2006 (JO 24), 2007-297 du 5 mars 2007 (JO 7), 2008-582 du 20 juin 2008 (JO 21), ordonnance 2009-537 du 14 mai 2009 (JO 15), loi 2009-971 du 3 août 2009 (JO 6), loi 2010-201 du 2 mars 2010 (JO 3), ordonnance 2010-462 du 6 mai 2010 (JO 7) et ordonnance 2010-1307 du 28 octobre 2010 (JO 3 nov.).

■ DÉCRET 86-1058 DU 26 SEPTEMBRE 1986
relatif à l'autorisation administrative et au recrutement des personnels des entreprises de surveillance et de gardiennage de transports de fonds et de protection des personnes (JO 27) modifié par décret 2011-1919 du 22 décembre 2011 (JO 23).

■ DÉCRET 2005-1122 DU 6 SEPTEMBRE 2005
pris pour l'application de la loi 83-629 du 12 juillet 1983 réglementant les activités privées de sécurité et relatif à l'aptitude professionnelle des dirigeants et des salariés des entreprises exerçant des activités de surveillance et de gardiennage, de transport de fonds et de protection physique des personnes (JO 9) modifié en dernier lieu par décret 2009-214 du 23 février 2009 (JO 25) et décret 2011-1919 du 22 décembre 2011 (JO 23).

■ DÉCRET 2005-1123 DU 6 SEPTEMBRE 2005

pris pour l'application de la loi 83-629 du 12 juillet 1983 réglementant les activités privées de sécurité et relatif à la qualification professionnelle des dirigeants et à l'aptitude professionnelle des salariés des agences de recherches privées (JO 9) modifié en dernier lieu par décret 2009-214 du 23 février 2009 (JO 25) et décret 2011-1919 du 22 décembre 2011 (JO 23).

■ DÉCRET 2009-137 DU 9 FÉVRIER 2009

relatif à la carte professionnelle, à l'autorisation préalable et à l'autorisation provisoire des salariés participant aux activités privées de sécurité définies à l'article 1er de la loi 83-629 du 12 juillet 1983 (JO 11) modifié par décret 2009-1130 du 17 septembre 2009 (JO 19) et décret 2011-1919 du 22 décembre 2011 (JO 23).

■ DÉCRET 2009-214 DU 23 FEVRIER 2009

modifiant la réglementation des activités privées de sécurité et portant transposition, pour ces activités, de la directive 2005/36/CE du Parlement européen et du Conseil du 7 septembre 2005 relative à la reconnaissance des qualifications professionnelles (JO 25).

ADMINISTRATION DU TRAVAIL

■ DÉCRET 2003-770 DU 20 AOÛT 2003

portant statut particulier du corps de l'inspection du travail (JO 21) modifié par décret 2009-1382 du 9 novembre 2009 (JO 14), ordonnance 2010-462 du 6 mai 2010 (JO 7) et décret 2011-181 du 15 février 2011 (JO 17).

■ DÉCRET 2009-1377 DU 10 NOVEMBRE 2009

relatif à l'organisation et aux missions des directions régionales des entreprises, de la concurrence, de la consommation, du travail et de l'emploi (JO 13 nov.) modifié par décrets 2010-687 du 24 juin 2010 (JO 25) et 2011-184 du 15 février 2011 (JO 17).

CHAPITRE Ier – *Organisation et missions des directions régionales des entreprises, de la concurrence, de la consommation, du travail et de l'emploi*

Art. 1er. – Les directions régionales des entreprises, de la concurrence, de la consommation, du travail et de l'emploi sont des services déconcentrés communs au ministère de l'économie, de l'industrie et de l'emploi et au ministère du travail, des relations sociales, de la famille, de la solidarité et de la ville.

Dans chaque région, la direction régionale des entreprises, de la concurrence, de la consommation, du travail et de l'emploi exerce, sous l'autorité du préfet de région et, pour les missions relevant de sa compétence, sous l'autorité fonctionnelle du préfet de département, les missions définies à l'article 2, à l'exception de celles relatives aux actions d'inspection de la législation du travail mentionnées au 1° dudit article, d'une part, et, d'autre part, des pouvoirs d'enquête et d'investigation exercés sous le contrôle de l'autorité judiciaire.

Art. 2. – Sous réserve des compétences attribuées à d'autres services ou établissements publics de l'État, la direction régionale des entreprises, de la concurrence, de la consommation, du travail et de l'emploi est chargée :

1° De la politique du travail et des actions d'inspection de la législation du travail ;

2° Des actions de développement des entreprises et de l'emploi, notamment dans les domaines de l'innovation et de la compétitivité des entreprises, en France et à l'étranger, du marché du travail, de la formation professionnelle continue, de l'industrie, du commerce, de l'artisanat, des professions libérales, des services et du tourisme, ainsi que de celles, définies par le ministre chargé de l'économie, dans les domaines de l'intelligence économique et, pour ce qui la concerne, de la sécurité économique ;

3° Des actions de contrôle du bon fonctionnement des marchés et des relations commerciales entre entreprises, de protection économique des consommateurs et de sécurité des consommateurs ainsi que de contrôle dans le domaine de la métrologie.

En relation, le cas échéant, avec d'autres administrations compétentes, la direction régionale assure le pilotage des politiques de l'État susmentionnées, au besoin en élaborant un plan d'action régional, et évalue la performance de leur application.

Elle met en œuvre les actions de développement des entreprises, celles relatives aux relations commerciales entre entreprises, ainsi que les actions en matière de travail, d'emploi et de formation professionnelle.

Art. 3. – I. – Chaque direction régionale des entreprises, de la concurrence, de la consommation, du travail et de l'emploi comprend les pôles suivants :

– un pôle « politique du travail », chargé des actions relevant du 1° de l'article 2 ;
– un pôle « entreprises, emploi et économie », chargé des actions mentionnées au 2° de l'article 2 ;
– un pôle « concurrence, consommation, répression des fraudes et métrologie », chargé des actions mentionnées au 3° de l'article 2.

En outre, les directions régionales des entreprises, de la concurrence, de la consommation, du travail et de l'emploi peuvent disposer d'un secrétariat général.

II. – Chaque direction régionale comprend également des unités territoriales.

III. – Les unités territoriales comportent des sections d'inspection du travail. La délimitation géographique d'une section peut recouvrir tout ou partie d'une ou plusieurs unités territoriales dans les conditions prévues à l'article R. 8122-9 du code du travail.

IV. – Lorsque la démographie, les conditions économiques ou les caractéristiques des bassins d'emploi le justifient, des unités territoriales dont le ressort n'est pas départemental peuvent être créées par arrêté conjoint des ministres chargés du travail, de l'emploi et de l'économie, sur proposition du préfet de région.

Art. 4. – I. – À l'annexe au décret du 31 mars 2009 susvisé, sont ajoutés les mots : « – décret n° 2009-1377 du 10 novembre 2009 relatif à l'organisation et aux missions des directions régionales des entreprises, de la concurrence, de la consommation, du travail et de l'emploi ».

II. – Le directeur régional des entreprises, de la concurrence, de la consommation, du travail et de l'emploi est nommé dans l'emploi de directeur régional de l'administration territoriale de l'État dans les conditions fixées par le décret du 31 mars 2009 précité.

Le directeur régional est assisté par un ou plusieurs adjoints nommés dans l'emploi de directeur régional adjoint de l'administration territoriale de l'État dans les conditions fixées par le décret du 31 mars 2009 précité et qui peuvent exercer, notamment, les fonctions de responsable de pôle, de responsable d'unité territoriale ou, le cas échéant, de secrétaire général.

III. – Les responsables des unités territoriales sont nommés par arrêté des ministres intéressés, pris après avis du directeur régional, à l'exception de ceux qui sont nommés dans l'emploi de directeur régional adjoint.

IV. – Le directeur régional et le chef du pôle « concurrence, consommation, répression des fraudes et métrologie » dont le conjoint, le partenaire lié par un pacte civil de solidarité, un parent ou un allié jusqu'au troisième degré inclusivement donne professionnellement des conseils fiscaux ou juridiques ou exerce la profession d'industriel, de commerçant ou de prestataire de services sont tenus d'en faire la déclaration auprès du directeur général de la concurrence, de la consommation et de la répression des fraudes.

Art. 5. – Le ressort territorial des directions régionales des entreprises, de la concurrence, de la consommation, du travail et de l'emploi mentionnées à l'annexe I au présent décret est étendu à d'autres régions mentionnées à la même annexe, pour réaliser des enquêtes relatives aux pratiques à caractère anticoncurrentiel.

Pour les enquêtes nécessitant l'autorisation de visites et saisies prévue à l'article L. 450-4 du code de commerce, les chefs des pôles « concurrence, consommation et répression des fraudes » demandent cette autorisation au juge, par délégation du ministre chargé de l'économie.

Le ressort territorial des directions régionales mentionnées à l'annexe II au présent décret est étendu à d'autres régions mentionnées à la même annexe, pour réaliser des enquêtes relatives aux produits vitivinicoles, spiritueux, vins aromatisés et produits et matériels susceptibles d'être utilisés pour leur élaboration, leur traitement et leur manipulation tels que définis par les règlements communautaires.

Art. 6. – Le code du travail (partie réglementaire nouvelle) est modifié ainsi qu'il suit :

1° Le second alinéa de l'article R. 8112-1 est complété par les mots suivants : « ou, le cas échéant, à l'exécution de celles de la direction régionale des entreprises, de la concurrence, de la consommation, du travail et de l'emploi, en ce qui concerne les politiques du travail, de l'emploi et de la formation professionnelle » ;

2° Après la section 2 du chapitre II du titre II du livre Ier de la huitième partie, il est ajouté une section 3 ainsi rédigée :

« Section 3 – *Directions régionales des entreprises, de la concurrence, de la consommation, du travail et de l'emploi*

Art. R. 8122-10. – Dans le cadre des directives du directeur général du travail, le directeur régional des entreprises, de la concurrence, de la consommation, du travail et de l'emploi :

1° Met en œuvre au plan régional la politique définie par les pouvoirs publics afin d'améliorer les relations collectives et individuelles et les conditions de travail dans les entreprises ;

2° Définit les orientations générales des actions d'inspection de la législation du travail, qu'il organise, coordonne, suit et évalue ;

3° Coordonne l'action de ses services avec les autres services de l'État et les organismes chargés de la prévention ou du contrôle, en matière d'inspection de la législation du travail, de prévention des risques professionnels et d'amélioration des conditions de travail. À ce titre, il est tenu informé par l'Agence nationale pour l'amélioration des conditions de travail de ses interventions dans la région ;

4° Assure le suivi de la négociation collective dans les entreprises et au niveau territorial ;

5° Est chargé des relations avec les autorités judiciaires, sous réserve des attributions confiées par la loi aux inspecteurs du travail ;

6° Exerce les pouvoirs propres qui lui sont conférés par les dispositions en vigueur ou sur le fondement de telles dispositions.

Art. R. 8122-11. – Pour l'exercice des compétences en matière d'actions d'inspection de la législation du travail, le directeur régional des entreprises, de la concurrence, de la consommation, du travail et de l'emploi peut déléguer sa signature au chef du pôle en charge des questions de travail et aux responsables d'unités territoriales chargées des politiques du travail, de l'emploi, de la formation professionnelle et de développement des entreprises.

En accord avec le délégant, ceux-ci peuvent donner délégation pour signer des actes relatifs aux affaires pour lesquelles ils ont eux-mêmes reçu délégation aux agents du corps de l'inspection du travail placés sous leur autorité. Le directeur régional peut mettre fin à tout ou partie de cette délégation. Il peut également fixer la liste des compétences qu'il souhaite exclure de la délégation que peuvent consentir ces chefs de service aux agents du corps de l'inspection du travail placés sous leur autorité.

Les responsables d'unité territoriale exercent, au nom du directeur régional, le pouvoir hiérarchique sur les agents chargés des actions d'inspection de la législation du travail. »

CHAPITRE II - *Dispositions transitoires*

Art. 7. – I. – Les dispositions du présent décret prennent effet, dans chaque région, à la date de nomination du directeur régional des entreprises, de la concurrence, de la consommation, du travail et de l'emploi et au plus tard le 1er juillet 2010.

II. – Les dispositions du présent décret, dès lors qu'elles concernent les opérations d'exécution des dépenses et des recettes relevant de la compétence de l'ordonnateur pour les crédits de la mission « Travail et emploi », entrent en vigueur le 1er janvier de l'année suivant la création de la direction régionale.

Art. 8. – I. – En application de l'article 8 du décret du 27 février 2009 susvisé, les missions de développement industriel et de métrologie exercées pour le compte du ministère de l'économie, de l'industrie et de l'emploi par la direction régionale de l'industrie, de la recherche et de l'environnement sont maintenues au sein de la direction régionale de l'environnement, de l'aménagement et du logement jusqu'à la création de la direction régionale des entreprises, de la concurrence, de la consommation, du travail et de l'emploi.

II. – Lorsque la direction régionale des entreprises, de la concurrence, de la consommation, du travail et de l'emploi est créée avant la direction régionale de l'environnement, de l'aménagement et du logement, elle assure, en application de l'article 2, les missions de développement industriel et de métrologie exercées jusque-là par la direction régionale de l'industrie, de la recherche et de l'environnement.

Art. 9. – I. – Jusqu'à la création, dans les départements, d'un service déconcentré de l'État auquel seront notamment dévolues des missions en matière de concurrence, de consommation et de répression des fraudes, la direction régionale des entreprises, de la concurrence, de la consommation, du travail et de l'emploi comprend, dans chaque département de la région, une unité chargée de conduire des actions dans ces domaines.

II. – Les responsables de ces unités départementales sont nommés, après avis du directeur régional, par arrêté conjoint des ministres chargés de l'économie et de l'industrie. Ceux d'entre eux dont le conjoint, le partenaire lié par un pacte civil de solidarité, un parent ou un allié jusqu'au troisième degré inclus donne professionnellement des conseils fiscaux ou juridiques ou exerce la profession d'industriel, de commerçant, d'agriculteur ou de prestataire de services sont tenus d'en faire la déclaration au service en précisant l'étendue géographique où s'exerce cette activité.

Art. 10. – I. – Les *(D. 2011-184 du 15 févr. 2011, art. 55, JO 17)* « comités techniques » régionaux institués auprès du directeur régional du travail, de l'emploi et de la formation professionnelle, du directeur régional de la concurrence, de la consommation et de la répression des fraudes et, en tant qu'il traite des questions de développement industriel et de métrologie, du directeur régional de l'industrie, de la recherche et de l'environnement demeurent compétents, dans chaque région, à compter de la date de création de la direction régionale des entreprises, de la concurrence, de la consommation, du travail et de l'emploi, pour connaître des questions intéressant les services pour lesquels ils ont été créés. Jusqu'à l'installation, auprès de chaque directeur régional des entreprises, de la concurrence, de la consommation, du travail et de l'emploi, d'un *(D. 2011-184 du 15 févr. 2011, art. 55, JO 17)* « comité technique » régional compétent pour connaître de toutes les questions intéressant l'ensemble des services relevant de l'autorité de celui-ci, qui interviendra au plus tard le 31 décembre 2010, les *(D. 2011-184 du 15 févr. 2011, art. 55, JO 17)* « comités techniques » régionaux précités sont placés auprès de chacun de ces directeurs, qui peuvent les réunir conjointement. Le *(D. 2011-184 du 15 févr. 2011, art. 55, JO 17)* « comité technique » régional chargé des questions de développement industriel et de métrologie reste également placé auprès du directeur régional de l'industrie, de la recherche et de l'environnement ou du directeur régional de l'environnement, de l'aménagement et du logement *(D. 2010-687 du 24 juin 2010, JO 25)* « et, dans la région d'Ile-de-France, du directeur régional et interdépartemental de l'environnement et de l'énergie » pour les autres questions relevant de sa compétence.

La durée des mandats de leurs membres est, en tant que de besoin, prorogée dans les mêmes conditions.

II. – Les dispositions du I ne sont toutefois applicables au *(D. 2011-184 du 15 févr. 2011, art. 55, JO 17)* « comité technique » régional institué auprès du directeur régional de l'industrie, de la recherche et de l'environnement que jusqu'à la date de création, pour chaque région, d'un *(D. 2011-184 du 15 févr. 2011, art. 55, JO 17)* « comité technique » placé auprès du directeur régional de l'environnement, de l'aménagement et du logement *(D. 2010-687 du 24 juin 2010, JO 25)* « et, dans la région d'Ile-de-France, du directeur régional et interdépartemental de l'environnement et de l'énergie ».

CHAPITRE III - *Dispositions finales*

Art. 11. – I. – Dans les dispositions réglementaires en vigueur relatives au développement industriel et à la métrologie, les références aux directions régionales de l'industrie, de la recherche et de l'environnement et à leurs directeurs sont remplacées par des références, respectivement, aux directions régionales des entreprises, de la concurrence, de la consommation, du travail et de l'emploi et à leurs directeurs.

II. – Dans l'ensemble des autres dispositions réglementaires en vigueur, les références aux directions régionales du travail, de l'emploi et de la formation professionnelle, aux directions départementales du travail, de l'emploi et de la formation professionnelle, aux directions régionales de la concurrence, de la consommation et de la répression des fraudes, aux directions régionales du commerce extérieur, aux délégations régionales au tourisme et à leurs directeurs ou délégués ainsi que les références aux délégués régionaux au commerce et à l'artisanat sont remplacées par des références, respectivement, aux directions régionales des entreprises, de la concurrence, de la consommation, du travail et de l'emploi et à leurs directeurs.

Art. 12. – I. – Dès lors qu'est créée la direction régionale des entreprises, de la concurrence, de la consommation, du travail et de l'emploi, au sein des commissions à caractère consultatif comportant une proportion fixe de représentants de l'administration de l'État, les représentants de la direction régionale de l'industrie, de la recherche et de l'environnement, de la direction régionale du travail, de l'emploi et de la formation professionnelle, de la direction régionale de la concurrence, de la consommation et de la répression des fraudes, de la direction régionale du commerce extérieur, de la délégation régionale au tourisme et le délégué régional au commerce et à l'artisanat sont remplacés, en nombre égal, par des représentants de la direction régionale des entreprises, de la concurrence, de la consommation, du travail et de l'emploi.

Au sein des commissions à caractère consultatif dont la composition n'obéit pas à une telle règle, les représentants des directions régionales mentionnées à l'alinéa précédent sont remplacés par un seul représentant de la direction régionale des entreprises, de la concurrence, de la consommation, du travail et de l'emploi.

II. – Les dispositions du I ne s'appliquent qu'aux instances comportant une représentation de la direction régionale de l'industrie, de la recherche et de l'environnement au titre de ses missions de développement industriel ou de métrologie.

Art. 13. – I. – Les dispositions du présent décret prennent effet, dans chaque région, à la date de la création, selon les modalités prévues à l'article 7, de la direction régionale des entreprises, de la concurrence, de la consommation, du travail et de l'emploi.

II. – À cette même date, dans chaque région concernée :

1° Cessent d'être applicables :

a) La sous-section 1 de la section 2 du chapitre II du titre II du livre Ier du code du tourisme (partie réglementaire) ;

b) Les décrets du 6 septembre 1982, du 21 novembre 1994, du 28 décembre 1994 et du 12 décembre 2001 susvisés ;

c) Les sections 1 et 2 du chapitre II du titre II du livre Ier de la huitième partie du code du travail (partie réglementaire nouvelle) ;

2° Dans les limites de sa circonscription territoriale, le directeur régional des entreprises, de la concurrence, de la consommation, du travail et de l'emploi devient compétent pour fixer la localisation et la délimitation des sections d'inspection ;

3° Les fonctionnaires détachés, à la date d'entrée en vigueur du présent décret, dans un emploi régi par le décret du 1er août 2000 susvisé ou par le décret du 30 janvier 2007 susvisé et qui ne sont pas nommés dans un emploi régi par le décret du 31 mars 2009 précité conservent à titre personnel, s'ils y ont intérêt et pendant une durée maximale de trois ans à compter de la suppression de l'emploi dans lequel ils étaient détachés du fait de la création de la direction régionale régie par le présent décret, le bénéfice des dispositions régissant l'emploi de détachement qu'ils sont réputés n'avoir jamais cessé d'occuper pour l'application des articles R. 27 et suivants du code des pensions civiles et militaires de retraite. Le régime indemnitaire correspondant est réduit de moitié au cours des douze derniers mois.

Note Les dispositions du 3° du II de l'article 13 du décret du 10 novembre 2009 relatives au bénéfice des dispositions régissant l'emploi de détachement précédemment occupé, s'appliquent aux fonctionnaires détachés, à la date d'entrée en vigueur du présent décret, dans un emploi supprimé du fait de la création d'une direction intervenue en application du décret 2010-687 du 24 juin 2010 (décret précité, art. 27).

III. – À la date de la création de la dernière direction régionale des entreprises, de la concurrence, de la consommation, du travail et de l'emploi et au plus tard le 1er juillet 2010, dans chaque région concernée :

1° Les décrets du 6 septembre 1982, du 21 novembre 1994, du 28 décembre 1994 et du 12 décembre 2001 précités sont abrogés ;

2° La sous-section 1 de la section 2 du chapitre II du titre II du livre Ier du code du tourisme (partie réglementaire) est modifiée ainsi qu'il suit :

a) L'intitulé de la sous-section est remplacé par l'intitulé suivant : « Services déconcentrés en région » ;

b) L'article R. 122-29 est remplacé par les dispositions suivantes :

Art. R. 122-29. – Le ministre chargé du tourisme dispose, à titre de services déconcentrés, des directions régionales des entreprises, de la concurrence, de la consommation, du travail et de l'emploi. » ;

c) Les articles R. 122-30 et R. 122-31 sont abrogés ;

3° Le second alinéa de l'article R. 8112-1 du code du travail (partie réglementaire nouvelle) est remplacé par les dispositions suivantes :

« Outre l'exercice de ces attributions principales, il concourt à l'exécution des missions de la direction régionale des entreprises, de la concurrence, de la consommation, du travail et de l'emploi, en ce qui concerne les politiques du travail, de l'emploi et de la formation professionnelle. » ;

4° Le chapitre II du titre II du livre Ier de la huitième partie du code du travail (partie réglementaire nouvelle) est modifié ainsi qu'il suit :

a) La division en sections est supprimée ;

b) Les articles R. 8122-1 à R. 8122-7 sont abrogés ;

c) À l'article R. 8122-9, les mots : « le directeur régional du travail, de l'emploi et de la formation professionnelle » sont remplacés par les mots : « le directeur régional des entreprises, de la concurrence, de la consommation, du travail et de l'emploi » ;

d) Les articles R. 8122-8, R. 8122-9, R. 8122-10 et R. 8122-11 deviennent, respectivement, les articles R. 8122-3, R. 8122-4, R. 8122-1 et R. 8122-2 ;

e) À l'article R. 8122-2, les mots : « l'article R. 8122-10 » sont remplacés par les mots : « l'article R. 8122-1 ».

Art. 14. – Les dispositions du présent décret peuvent être modifiées par décret, à l'exception de celles des articles 2, 5, 6, 13 et 15, ainsi que des II, III et IV de l'article 3.

Art. 15. – Le présent décret ne s'applique *(D. 2010-687 du 24 juin 2010, JO 25)* « pas » aux régions d'outre-mer.

Art. 16. – Le ministre d'État, ministre de l'écologie, de l'énergie, du développement durable et de la mer, en charge des technologies vertes et des négociations sur le climat, la ministre de l'économie, de l'industrie et de l'emploi, le ministre de l'intérieur, de l'outre-mer et des collectivités territoriales, le ministre du travail, des relations sociales, de la famille, de la solidarité et de la ville, le ministre du budget, des comptes publics, de la fonction publique et de la réforme de l'État, le ministre auprès du Premier ministre, chargé de la mise en œuvre du plan de relance, le ministre auprès de la ministre de l'économie, de l'industrie et de l'emploi, chargé de l'industrie, le secrétaire d'État chargé de l'emploi, le secrétaire d'État chargé du commerce, de l'artisanat, des petites et moyennes entreprises, du tourisme, des services et de la consommation, la secrétaire d'État chargée du commerce extérieur et le haut-commissaire aux solidarités actives, haut-commissaire à la jeunesse, sont chargés, chacun en ce qui le concerne, de l'exécution du présent décret, qui sera publié au *Journal officiel* de la République française.

ANNEXE I *(modifiée par D. 2010-687 du 24 juin 2010)*

Directions régionales dont le ressort territorial est étendu pour les enquêtes portant sur des pratiques à caractère anticoncurrentiel (voir JO 13 nov. 2009 et JO 25 juin 2010)

ANNEXE II *(modifiée par D. 2010-687 du 24 juin 2010)*

Directions régionales dont le ressort territorial est étendu pour les enquêtes afférentes aux produits vitivinicoles, aux spiritueux, aux vins aromatisés et aux produits et matériels susceptibles d'être utilisés pour leur élaboration, leur traitement et leur manipulation (voir JO 13 nov. 2009 et JO 25 juin 2010)

■ DÉCRET 2010-687 24 DU JUIN 2010

relatif à l'organisation et aux missions des services de l'État dans la région et les départements d'Île-de-France (JO 25) modifié par décret 2011-184 du 15 février 2011 (JO 17).

■ DÉCRET 2010-1582 DU 17 DECEMBRE 2010

relatif à l'organisation et aux missions des services de l'État dans les départements et les régions d'outre-mer, à Mayotte et à Saint-Pierre-et-Miquelon (JO 18) modifié par décrets 2011-184 du 15 février 2011 (JO 17) et 2012-219 du 16 février 2012 (JO 17).

....

TITRE Ier – *Organisation et missions des services de l'État dans les départements et régions d'outre-mer et à Mayotte*

....

CHAPITRE III – *Organisation et missions des directions des entreprises, de la concurrence, de la consommation, du travail et de l'emploi*

Art. 6. – I. – La direction des entreprises, de la concurrence, de la consommation, du travail et de l'emploi est un service déconcentré relevant des ministres chargés de l'économie, de l'industrie, de l'emploi, du travail et des relations sociales.

Elle exerce, sous l'autorité du préfet, les missions définies à l'article 7 du présent décret, à l'exception, d'une part, de celles relatives aux actions d'inspection de la législation du travail mentionnées au 1° du I dudit article, et, d'autre part, des pouvoirs d'enquête et d'investigation exercés sous le contrôle de l'autorité judiciaire.

II. – Elle est créée :

1° Dans les départements et régions d'outre-mer, par fusion :

a) De la direction du travail, de l'emploi et de la formation professionnelle ;

b) De la direction régionale de la concurrence, de la consommation et de la répression des fraudes et de son unité départementale ;

c) De la direction régionale du commerce extérieur ;

d) De la délégation régionale au tourisme ;

e) Du délégué au commerce et à l'artisanat ;

f) Des parties de services de la direction régionale de l'industrie, de la recherche et de l'environnement chargées des missions de développement industriel et de métrologie ;

2° À Mayotte, par fusion :

a) De la direction du travail, de l'emploi et de la formation professionnelle ;

b) De l'antenne à Mayotte de la direction régionale de la concurrence, de la consommation et de la répression des fraudes de La Réunion.

Art. 7. – I. – Sous réserve des compétences attribuées à d'autres services ou établissements publics de l'État, la direction des entreprises, de la concurrence, de la consommation, du travail et de l'emploi est chargée :

1° De la politique du travail et des actions d'inspection de la législation du travail ;

2° Des actions de développement des entreprises et de l'emploi, notamment dans les domaines de l'innovation et de la compétitivité des entreprises, en France et à l'étranger, du marché du travail, de la formation professionnelle continue, de l'industrie, du commerce, de l'artisanat, des professions libérales, des services et du tourisme, ainsi que de celles, définies par le ministre chargé de l'économie, dans les domaines de l'intelligence économique et, pour ce qui la concerne, de la sécurité économique ;

3° Des actions de contrôle du bon fonctionnement des marchés et des relations commerciales entre entreprises ainsi que de la mise en œuvre des politiques relatives à la protection et à la sécurité des consommateurs en élaborant, au besoin, un plan d'action local ; à ce titre, elle veille :

a) A la conformité, à la qualité et à la sécurité des produits et prestations ;

b) A l'hygiène et à la sécurité des produits alimentaires, dans le domaine de compétence du ministère chargé de l'économie ;

c) A l'alimentation animale ;

d) A la loyauté des transactions ;

e) A l'égalité d'accès à la commande publique.

À ce titre également, elle contrôle les ventes soumises à autorisation et les pratiques commerciales réglementées, au besoin en réprimant les pratiques illicites ;

4° Des actions de contrôle dans le domaine de la métrologie.

II. – Elle concourt :

1° Au contrôle des produits importés et exportés ;

2° A la prévention des risques sanitaires ;

3° A la prévention des crises et à la planification de sécurité nationale.

III. – Elle peut être chargée, seule ou conjointement, d'actions dans le domaine des affaires de défense et de la protection civile, à l'exception de l'organisation et du contrôle des exercices et de la planification, des activités d'alerte des populations et de gestion des crises.

Art. 8. – I. – Chaque direction des entreprises, de la concurrence, de la consommation, du travail et de l'emploi comprend les pôles suivants :

1° Un pôle « politique du travail », chargé des actions relevant du 1° du I de l'article 7 ;

2° Un pôle « entreprises, emploi et économie », chargé des actions mentionnées au 2° du I du même article ;

3° Un pôle « concurrence, consommation, répression des fraudes et métrologie », chargé des actions mentionnées aux 3° et 4° du I du même article.

En outre, les directions des entreprises, de la concurrence, de la consommation, du travail et de l'emploi peuvent disposer d'un secrétariat général.

II. – Les directions des entreprises, de la concurrence, de la consommation, du travail et de l'emploi comportent des sections d'inspection du travail.

III. – Le directeur et le chef du pôle « concurrence, consommation, répression des fraudes et métrologie » dont le conjoint, le partenaire lié par un pacte civil de solidarité, un parent ou un allié jusqu'au troisième degré inclusivement donne professionnellement des conseils fiscaux ou juridiques ou exerce la profession d'industriel, de commerçant ou de prestataire de services sont tenus d'en faire la déclaration auprès du directeur général de la concurrence, de la consommation et de la répression des fraudes.

Art. 9. – I. – Le ressort territorial de la direction des entreprises, de la concurrence, de la consommation, du travail et de l'emploi de la Martinique est étendu à la Guadeloupe, à la Guyane et aux collectivités de Saint-Barthélemy et Saint-Martin pour réaliser des enquêtes relatives aux pratiques à caractère anticoncurrentiel.

II. – Dans les conditions prévues par l'article 24 du décret du 29 avril 2004 susvisé, la direction des entreprises, de la concurrence, de la consommation, du travail et de l'emploi de Guadeloupe peut être chargée de missions en matière de commerce extérieur présentant en tout ou partie un caractère interrégional.

III. – Pour les enquêtes nécessitant l'autorisation de visites et saisies prévue à l'article L. 450-4 du code de commerce, les chefs des pôles « concurrence, consommation et répression des fraudes » demandent cette autorisation au juge, par délégation du ministre chargé de l'économie.

....

TITRE II – *Organisation et missions des services déconcentrés de l'État à Saint-Pierre-et-Miquelon*

....

CHAPITRE II – *Organisation et missions de la direction de la cohésion sociale, du travail, de l'emploi et de la population*

Art. 18. – I. – La direction de la cohésion sociale, du travail, de l'emploi et de la population est un service déconcentré de l'État relevant des ministres chargés de l'économie, de l'industrie, de l'emploi, des affaires sociales, de la jeunesse, de la vie associative et des sports.

II. – Elle est créée par fusion :
1° De la direction départementale de la jeunesse et des sports ;
2° Du service chargé de la cohésion sociale de la direction des affaires sanitaires et sociales ;
3° Du service du travail, de l'emploi et de la formation professionnelle ;
4° Du service de la concurrence, de la consommation et de la répression des fraudes ;
5° Des services ou parties de services chargés des fonctions sociales du logement.

Art. 19. – Sous l'autorité du préfet, sauf dans l'exercice des missions relatives aux actions d'inspection de la législation du travail, et sous réserve des compétences attribuées à d'autres services ou établissements publics de l'État, la direction de la cohésion sociale, du travail, de l'emploi et de la population est chargée :
1° Des missions définies à l'article 4 du décret du 3 décembre 2009 susvisé ;
2° Des missions définies à l'article 7 du présent décret, à l'exclusion de celles du 2° du I ;
3° Des actions de développement de l'emploi, dans les domaines du marché du travail et de la formation professionnelle continue.

Art. 20. – Le directeur de la cohésion sociale, du travail, de l'emploi et de la population de même que son adjoint, dont le conjoint, le partenaire lié par un pacte civil de solidarité, un parent ou un allié jusqu'au troisième degré inclus donne professionnellement des conseils fiscaux ou juridiques ou exerce la profession d'industriel, de commerçant, d'agriculteur ou de prestataire de services, est tenu d'en faire la déclaration au préfet en précisant l'étendue géographique où s'exerce cette activité.

TITRE III – *Dispositions diverses, transitoires et finales*

....

CHAPITRE Ier – *Dispositions diverses et transitoires*

....

Art. 36. – I. – Dans tous les textes réglementaires et actes individuels en vigueur qui les mentionnent au titre des missions définies aux articles 2 et 3 du présent décret, les références à la direction de l'agriculture et de la forêt, à la direction des services vétérinaires et à leur directeur, pour leur application dans les départements et régions d'outre-mer ainsi qu'à Mayotte, sont remplacées respectivement par les références à la direction de l'alimentation, de l'agriculture et de la forêt et à son directeur.

II. – Dans tous les textes réglementaires et actes individuels en vigueur pour les départements et régions d'outre-mer et Mayotte qui les mentionnent au titre des missions définies à l'article 5 du présent décret, les références à la direction de l'équipement, à la direction départementale de l'équipement, à la direction régionale de l'environnement, à la direction régionale de l'industrie, de la recherche et de l'environnement, à la direction de l'agriculture et de la forêt et à la direction départementale de l'agriculture et de la forêt sont remplacées par la référence à la direction de l'environnement, de l'aménagement et du logement.

Dans tous les textes réglementaires et actes individuels en vigueur pour les départements et régions d'outre-mer et Mayotte qui les mentionnent au titre des missions définies à l'article 5 du présent décret, les références au directeur de l'équipement, au directeur départemental de l'équipement, au directeur régional de l'environnement, au directeur régional de l'industrie, de la recherche et de l'environnement, au directeur de l'agriculture et de la forêt et au directeur départemental de l'agriculture et de la forêt sont remplacées par la référence au directeur de l'environnement, de l'aménagement et du logement.

III. – Dans les dispositions réglementaires en vigueur relatives au développement industriel et à la métrologie, les références aux directions régionales de l'industrie, de la recherche et de l'environnement et à leurs directeurs sont remplacées, pour leur application dans les départements et régions d'outre-mer et, le cas échéant, à Mayotte, par les références, respectivement, aux directions des entreprises, de la concurrence, de la consommation, du travail et de l'emploi et à leurs directeurs.

Dans l'ensemble des autres dispositions réglementaires en vigueur, les références aux directions du travail, de l'emploi et de la formation professionnelle, aux directions régionales de la concurrence, de la consommation et de la répression des fraudes, aux directions régionales du commerce extérieur, aux délégations régionales au tourisme, aux unités départementales de la concurrence, de la consommation et de la répression des fraudes et à leurs directeurs, délégués ou responsables, ainsi que les références aux délégués régionaux au commerce et à l'artisanat, sont remplacées, pour leur application dans les départements et régions d'outre-mer et, le cas échéant, à Mayotte, par les références, respectivement, aux directions des entreprises, de la concurrence, de la consommation, du travail et de l'emploi et à leurs directeurs.

IV. – Dans tous les textes réglementaires et actes individuels en vigueur qui les mentionnent, en tant qu'ils concernent les départements et régions d'outre-mer et Mayotte, et les missions attribuées aux directions de la jeunesse, des sports et de la cohésion sociale en application des articles 2 à 5 du décret du 10 décembre 2009 susvisé, les références à la direction de la santé et du développement social, à la direction régionale des affaires sanitaires et sociales, à la direction des affaires sanitaires et sociales, à la direction départementale de la jeunesse et des sports, au directeur de la santé et du développement social, au directeur régional des affaires sanitaires et sociales, au directeur des affaires sanitaires et sociales et au directeur départemental de la jeunesse et des sports sont remplacées respectivement par les références à la direction de la jeunesse, des sports et de la cohésion sociale et au directeur de la jeunesse, des sports et de la cohésion sociale.

V. – Pour l'application dans les départements et régions d'outre-mer et à Mayotte des textes réglementaires qui comportent des références à la direction régionale de la jeunesse, des sports et de la cohésion sociale, à la direction départementale de la cohésion sociale, au directeur régional de la jeunesse, des sports et de la cohésion sociale et au directeur départemental de la cohésion sociale, celles-ci sont remplacées respectivement par les références à la direction de la jeunesse, des sports et de la cohésion sociale et au directeur de la jeunesse, des sports et de la cohésion sociale.

VI. – Dans tous les textes réglementaires et actes individuels en vigueur qui les mentionnent concernant la Guadeloupe, la Guyane, la Martinique et La Réunion, les références à la direction régionale des affaires culturelles et au directeur régional des affaires culturelles sont remplacées respectivement par les références à la direction des affaires culturelles et au directeur des affaires culturelles.

VII. – Dans tous les textes réglementaires et actes individuels en vigueur pour les départements et régions d'outre-mer et Mayotte qui les mentionnent au titre des missions définies à l'article 11 du présent décret, les références à la direction régionale des affaires maritimes, à la direction départementale des affaires maritimes et au service des affaires maritimes de Mayotte sont remplacées par la référence à la direction de la mer.

Dans tous les textes réglementaires et actes individuels en vigueur pour les départements et régions d'outre-mer et Mayotte qui les mentionnent au titre des missions définies à l'article 11 du présent décret, les références au directeur régional des affaires maritimes, au directeur départemental des affaires maritimes et au chef du service des affaires maritimes de Mayotte sont remplacées par la référence au directeur de la mer.

VIII. – Dans tous les textes réglementaires et actes individuels en vigueur qui les mentionnent concernant Saint-Pierre-et-Miquelon, les références aux directions de l'équipement, de l'agriculture et de la forêt, des affaires sociales en tant qu'ils concernent leur missions sociales, de la jeunesse et des sports, des services vétérinaires, au service des affaires maritimes, au service de la concurrence, de la consommation et de la répression des fraudes, au service du travail, de l'emploi et de la formation professionnelle et à leurs directeurs ou chefs de service sont remplacées par les références aux directions mentionnées au titre II du présent décret qui sont chargées des missions définies aux articles 18 et 20 antérieurement exercées par les services déconcentrés mentionnés ci-dessus et à leurs directeurs.

Pour l'application à Saint-Pierre-et-Miquelon des textes réglementaires qui comportent des références à la direction départementale de la cohésion sociale et de la protection des populations, au directeur départemental de la cohésion sociale et de la protection des populations, celles-ci sont remplacées respectivement par les références à la direction de la cohésion sociale, du travail, de l'emploi et de la population et au directeur de la cohésion sociale, du travail, de l'emploi et de la population, pour les missions qui leur sont attribuées par l'article 20 du présent décret.

CHAPITRE II – *Dispositions finales*

Art. 37. – Sont abrogés :

1° La section 2, comprenant les articles R. 1421-3 à R. 1421-12, du chapitre Ier du titre II du livre IV de la première partie du code de la santé publique ;

2° Le décret n° 82-762 du 6 septembre 1982 portant création de directions régionales du commerce extérieur ;

3° Le décret n° 76-1133 du 9 décembre 1976 modifié relatif aux emplois de directeur départemental, de directeur régional adjoint et de directeur régional de la jeunesse, des sports et de la vie associative, sauf en tant qu'il concerne la direction départementale de la jeunesse et des sports de Nouvelle-Calédonie ;

4° Le décret n° 94-37 du 12 janvier 1994 modifié relatif à l'organisation et aux missions des directions régionales de l'environnement dans les régions d'outre-mer ;

5° Le d écret n° 94-169 du 25 février 1994 relatif à l'organisation des services déconcentrés et des établissements publics relevant du ministre chargé de la jeunesse et des sports ;

6° Le décret n° 94-1003 du 21 novembre 1994 relatif aux délégués régionaux au commerce et à l'artisanat ;

7° Le décret n° 94-1166 du 28 décembre 1994 relatif à l'organisation des services déconcentrés du ministère du travail, de l'emploi et de la formation professionnelle ;

8° Le décret n° 97-157 du 20 février 1997 modifié relatif aux emplois de directeur régional, de directeur départemental et de directeur adjoint des affaires sanitaires et sociales ;

9° Le décret n° 99-955 du 17 novembre 1999 relatif à l'organisation des services déconcentrés du ministère chargé du travail, de l'emploi et de la formation professionnelle dans les départements d'outre-mer et dans la collectivité territoriale de Saint-Pierre-et-Miquelon ;

10° Le décret n° 97-156 du 19 février 1997 modifié portant organisation des services déconcentrés des affaires maritimes est abrogé, sauf en tant qu'il concerne les services des affaires maritimes de Polynésie française, de Nouvelle-Calédonie et de Wallis-et-Futuna ;

11° Le décret n° 2001-1179 du 12 décembre 2001 relatif aux services déconcentrés de la direction générale de la concurrence, de la consommation et de la répression des fraudes ;

12° Le décret n° 2002-236 du 20 février 2002 relatif à l'organisation et aux attributions des directions des services vétérinaires dans les départements de la Guadeloupe, de la Guyane, de la Martinique et de La Réunion et modifiant le décret n° 86-1169 du 31 octobre 1986 ;

13° Le décret n° 2007-1425 du 3 octobre 2007 relatif à l'organisation et aux attributions des directions de l'agriculture et de la forêt en Guadeloupe, en Guyane, à la Martinique et à La Réunion ;

14° L'arrêté du 29 avril 1994 relatif au service d'État de l'agriculture, de la forêt et de la pêche à Mayotte.

Art. 38. – Les dispositions du présent décret peuvent être modifiées par décret en Conseil d'État, à l'exception de celles du II de l'article 9, du II et du V de l'article 11, de l'article 12 et de l'article 30.

Art. 39. – Les dispositions du présent décret entrent en vigueur le 1er janvier 2011.

....

CONFLITS COLLECTIFS

■ CODE DES TRANSPORTS

Articles L. 1324-1 à 11 issus des articles 1 à 10 de la loi 2007-1224 du 21 août 2007 sur le dialogue social et la continuité du service public dans les transports terrestres réguliers de voyageurs (JO 22).

LIVRE III

....

TITRE II

....

CHAPITRE IV – *Dialogue social, prévention des conflits collectifs et exercice du droit de grève*

Section 1. Champ d'application

Art. L. 1324-1. – Sans préjudice des dispositions du chapitre II du titre Ier du livre V de la deuxième partie du code du travail, les dispositions du présent chapitre sont applicables aux services publics de transport terrestre régulier de personnes à vocation non touristique.

Section 2. Dialogue social et prévention des conflits

Art. L. 1324-2. – Dans les entreprises de transport entrant dans la champ d'application du présent chapitre, l'employeur et les organisations syndicales représentatives engagent des négociations en vue de la signature, avant le 1er janvier 2008, d'un accord-cadre organisant une procédure de prévention des conflits et tendant à développer le dialogue social. Dans ces entreprises, le dépôt d'un préavis de grève ne peut intervenir qu'après une négociation préalable entre l'employeur et la ou les organisations syndicales représentatives qui envisagent de déposer le préavis. L'accord-cadre fixe les règles d'organisation et de déroulement de cette négociation. Ces règles doivent être conformes aux conditions posées à l'article L. 1324-5. Le présent article s'applique sans préjudice des dispositions de l'article L. 2512-2 du code du travail.

Art. L. 1324-3. – Un accord de branche organise une procédure de prévention des conflits et tend à développer le dialogue social. Cet accord de branche fixe les règles d'organisation et de déroulement de la négociation préalable mentionnée à l'article L. 1324-2. Ces règles doivent être conformes aux dispositions de l'article L. 1324-5. L'accord de branche s'applique dans les entreprises de transport où aucun accord-cadre n'a pu être signé. L'accord-cadre régulièrement négocié s'applique, dès sa signature, en lieu et place de l'accord de branche.

Art. L. 1324-4. – Un décret en Conseil d'État pris après consultation des organisations syndicales représentatives des employeurs et des salariés des secteurs d'activité concernés fixe les règles d'organisation et de déroulement de la négociation préalable mentionnée au premier alinéa dans les entreprises de transport où, à la date du 1er janvier 2008, aucun accord-cadre n'a pu être signé et aucun accord de branche ne s'applique. Les règles d'organisation et de déroulement ainsi prévues respectent les conditions posées par l'article L. 1324-5. L'accord de branche ou l'accord-cadre régulièrement négocié après cette date s'applique, dès sa signature, en lieu et place de ce décret.

Art. L. 1324-5. – L'accord-cadre, l'accord de branche et, le cas échéant, le décret en Conseil d'État prévus aux articles précédents déterminent notamment :

1° Les conditions dans lesquelles une organisation syndicale représentative procède à la notification à l'employeur des motifs pour lesquels elle envisage de déposer un préavis de grève conformément à l'article L. 2512-2 du code du travail ;

2° Le délai dans lequel, à compter de cette notification, l'employeur est tenu de réunir les organisations syndicales représentatives qui ont procédé à la notification. Ce délai ne peut dépasser trois jours ;

3° La durée dont l'employeur et les organisations syndicales représentatives qui ont procédé à la notification disposent pour conduire la négociation préalable mentionnée à l'article L. 1324-2. Cette durée ne peut excéder huit jours francs à compter de cette notification ;

4° Les informations qui doivent être transmises par l'employeur aux organisations syndicales représentatives qui ont procédé à la notification en vue de favoriser la réussite du processus de négociation ainsi que le délai dans lequel ces informations doivent être fournies ;

5° Les conditions dans lesquelles la négociation préalable entre les organisations syndicales représentatives qui ont procédé à la notification et l'employeur se déroule ;

6° Les modalités d'élaboration du relevé de conclusions de la négociation préalable ainsi que les informations qui doivent y figurer ;

7° Les conditions dans lesquelles les salariés sont informés des motifs du conflit, de la position de l'employeur, de la position des organisations syndicales représentatives qui ont procédé à la notification ainsi que les conditions dans lesquelles ils reçoivent communication du relevé de conclusions de la négociation préalable.

Art. L. 1324-6. – Lorsqu'un préavis a été déposé dans les conditions prévues à l'article L. 2512-2 du code du travail par une ou plusieurs organisations syndicales représentatives, un nouveau préavis ne peut être déposé par la ou les mêmes organisations et pour les mêmes motifs qu'à l'issue du délai du préavis en cours et avant que la procédure prévue à la présente section n'ait été mise en œuvre.

Section 3. Exercice du droit de grève

Art. L. 1324-7. – En cas de grève, les salariés relevant des catégories d'agents mentionnées dans l'accord collectif ou le plan de prévisibilité prévus à l'article L. 1222-7 informent, au plus tard quarante-huit heures avant de participer à la grève, le chef d'entreprise ou la personne désignée par lui de leur intention d'y participer. Les informations issues de ces déclarations individuelles ne peuvent être utilisées que pour l'organisation du service durant la grève. Elles sont couvertes par le secret professionnel. Leur utilisation à d'autres fins ou leur communication à toute personne autre que celles désignées par l'employeur comme étant chargées de l'organisation du service est passible des peines prévues à l'article 226-13 du code pénal.

Art. L. 1324-8. – Est passible d'une sanction disciplinaire le salarié qui n'a pas informé son employeur de son intention de participer à la grève dans les conditions prévues à l'article L. 1324-7.

Art. L. 1324-9. – Dès le début de la grève, les parties au conflit peuvent décider de désigner un médiateur, choisi d'un commun accord, aux fins de favoriser le règlement amiable de leurs différends. Le médiateur dispose, pour exercer sa mission, des pouvoirs mentionnés aux articles L. 2523-4 à L. 2523-10 du code du travail. Il veille à la loyauté et à la sincérité de la consultation éventuellement organisée en application de l'article L. 1324-10.

Art. L. 1324-10. – Au-delà de huit jours de grève, l'employeur, une organisation syndicale représentative ou le médiateur éventuellement désigné peut décider l'organisation par l'entreprise d'une consultation, ouverte aux salariés concernés par les motifs figurant dans le préavis, et portant sur la poursuite de la grève. Les conditions du vote sont définies, par l'employeur, dans les vingt-quatre heures qui suivent la décision d'organiser la consultation. L'employeur en informe l'inspecteur du travail. La consultation est assurée dans des conditions garantissant le secret du vote. Son résultat n'affecte pas l'exercice du droit de grève.

Art. L. 1324-11. – La rémunération d'un salarié participant à une grève, incluant le salaire et ses compléments directs et indirects, à l'exclusion des suppléments pour charges de famille, est réduite en fonction de la durée non travaillée en raison de la participation à cette grève.

....

■ DÉCRET 2008-82 DU 24 JANVIER 2008

relatif à l'application de l'article 2 de la loi 2007-1224 du 21 août 2007 sur le dialogue social et la continuité du service public dans les transports terrestres réguliers de voyageurs (JO 26).

Art. 1er. – À défaut d'un accord-cadre mentionné au I de l'article 2 de la loi du 21 août 2007 susvisée, l'organisation et le déroulement de la négociation préalable prévue à ce I obéissent aux règles supplétives suivantes :

1° L'organisation syndicale représentative qui notifie à l'employeur les motifs pour lesquels elle envisage de déposer un préavis de grève conformément à l'article L. 521-3 du code du travail procède à cette notification par remise en main propre contre décharge ou par tout autre moyen permettant d'attester la date de remise à l'autorité hiérarchique ou à la direction de l'établissement, de l'entreprise ou de l'organisme.

La notification comporte les mentions, assorties des précisions utiles, des revendications qui ont conduit l'organisation syndicale à envisager le recours à la grève, ainsi que les catégories d'agents et les services ou les établissements concernés par ces revendications.

2° L'employeur, saisi d'une notification par les organisations syndicales représentatives, en réunit les représentants dans les trois jours à compter de la remise de cette notification. Il communique sans délai aux représentants de ces organisations syndicales, par remise en main propre contre décharge ou par tout autre moyen permettant d'attester la date de cette remise, les lieu, date et heure de la première réunion de négociation préalable.

3° L'employeur ou son représentant transmet aux représentants des organisations syndicales représentatives qui ont procédé à la notification mentionnée au 1° toute information de nature à éclairer les parties à la négociation dans la détermination de leurs positions respectives. Cette information, transmise au plus tard vingt-quatre heures avant l'ouverture de la négociation préalable, doit être pertinente au regard des motifs énoncés dans la notification dès lors que ces motifs relèvent de la compétence de l'employeur.

4° Les parties disposent d'une durée de huit jours francs à compter de la notification pour mener à son terme la négociation préalable.

5° L'employeur donne toute facilité aux négociateurs désignés par les organisations syndicales ainsi invitées pour préparer et assister à la négociation. Ces facilités concernent notamment les conditions matérielles de déplacement, de préparation et de participation aux réunions de négociation. Le calendrier de celles-ci est arrêté au cours de la première réunion par l'employeur et les organisations syndicales.

L'employeur ou son représentant peut se faire assister de toute personne qualifiée, au sein de l'entreprise, dont il juge que la participation aux réunions est de nature à éclairer les parties.

Sauf accord exprès qui est mentionné au relevé de conclusions prévu au 6° ci-après, les délégations patronales et syndicales comportent un nombre égal de personnes.

Le temps consacré par les salariés de l'entreprise ou de l'établissement à la préparation et à la participation à la négociation est assimilé à du temps de travail effectif. Pour les cas où ces salariés bénéficient d'un crédit d'heures de délégation prévu à l'article L. 412-20 du code du travail, ce temps est assimilé à des circonstances exceptionnelles au sens de cet article.

6° Le relevé de conclusions de la négociation préalable est élaboré et signé conjointement par l'employeur ou son représentant et par les représentants des organisations syndicales ayant participé à la première réunion de négociation. Ce relevé de conclusions contient au moins :

a) Les motifs ayant conduit à envisager le dépôt d'un préavis de grève, les revendications afférentes ainsi que les autres informations mentionnées au second alinéa du 1° ci-dessus ;

b) Les conditions d'organisation et de déroulement de la négociation préalable ;

c) La nature des informations et des réponses apportées par l'employeur relativement à ces motifs ;

d) Les positions finales respectives des parties à la négociation et la liste des points d'accord et de désaccord éventuels constatés au terme de la négociation préalable.

7° Les organisations syndicales représentatives qui ont procédé à la notification informent les personnels des services, des établissements ou de l'entreprise des motifs pour lesquels elles envisagent, le cas échéant, de déposer un préavis de grève.

L'employeur fait connaître aux personnels des services, des établissements ou de l'entreprise sa position.

Le relevé de conclusions établi en application du 6° ci-dessus est diffusé dans les meilleurs délais par la partie la plus diligente aux personnels des services, des établissements ou de l'entreprise.

Un exemplaire du relevé de conclusions est transmis sans délai au représentant de l'État dans la région, au représentant de l'autorité organisatrice de transport et à l'inspection du travail territorialement compétente.

....

ANNEXE

Liste des organisations syndicales d'employeurs et de salariés consultées en application de l'article 2 de la loi n° 2007-1224 du 21 août 2007

Organisations syndicales représentatives de salariés

Au titre de la Confédération générale du travail (CGT) : la Fédération nationale des syndicats CGT des transports, la Fédération nationale des travailleurs cadres et techniciens des chemins de fer français CGT, l'union syndicale CGT de la RATP.

Au titre de la Confédération française et démocratique du travail (CFDT) : la Fédération générale des transports et de l'équipement, la Fédération des cheminots CFDT, le syndicat général CFDT des personnels du groupe RATP.

Au titre de la Confédération générale du travail-Force ouvrière (CGT-FO) : la Fédération nationale des transports et de la logistique FO-UNCP, la Fédération syndicale FO des cheminots, le syndicat affilié à la Confédération générale du travail-Force ouvrière de la RATP.

Au titre de la Confédération française des travailleurs chrétiens (CFTC) : la Fédération générale CFTC des transports, la Fédération CFTC des cheminots, le syndicat CFTC du groupe RATP.

Au titre de la Confédération française de l'encadrement-Confédération générale des cadres (CFE-CGC) : le Syndicat national des activités de transport et de transit, le Syndicat national des transports en commun, les syndicats affiliés à la CFE-CGC de la SNCF, le syndicat CFE-CGC de la RATP.

La Fédération nationale des chauffeurs routiers (FNCR).

L'Union nationale des syndicats autonomes (UNSA), transports urbains-interurbains (TU-TI).

L'Union nationale des syndicats autonomes (UNSA), fédération des cheminots.

L'Union nationale des syndicats autonomes RATP.

La Fédération nationale des syndicats de travailleurs du rail Solidaires, unitaires et démocratiques (SUD RAIL).

Le syndicat SUD RATP.

La Fédération générale autonome des agents de conduite, faisant fonctions et assimilés des chemins de fer (FGAAC).

Les syndicats affiliés à la Fédération des syndicats indépendants du groupe RATP.

Organisations syndicales représentatives des employeurs

L'Union des transports publics et ferroviaires (UTP).

L'Union des fédérations de transports (UFT).

La Fédération nationale des transports de voyageurs (FNTV).

L'Union nationale des organisations syndicales des transports routiers (UNOSTRA).

■ CIRCULAIRE DGT 11 DU 30 NOVEMBRE 2007

relative à la loi 2007-1224 du 21 août 2007 sur le dialogue social et la continuité du service public dans les transports terrestres réguliers de voyageurs.

CONGÉS ET ABSENCES

Congés de formation économique et sociale et de formation syndicale

■ ARRÊTÉ DU 7 MARS 1986

pris pour l'application de l'article L. 451-1 du code du travail, al. 6 et 7 [L. 3142-10].

Art. 1er. – Le nombre maximum de jours de congés susceptibles d'être pris par l'établissement au cours d'une année civile au titre des formations prévues par les articles L. 236-10, L. 434-10 et L. 451-1 du code du travail est fixé comme suit :

– établissements de 1 à 24 salariés : douze jours ;

– établissements comprenant de 25 à 499 salariés : douze jours par tranche ou fraction de tranche supplémentaire de 25 salariés ;

– établissements comprenant de 500 à 999 salariés : douze jours par tranche ou fraction de tranche supplémentaire de 50 salariés ;

– établissements comprenant de 1000 à 4999 salariés : douze jours par tranche ou fraction de tranche supplémentaire de 100 salariés ;

– établissements comprenant plus de 4999 salariés : douze jours de plus par tranche ou fraction de tranche supplémentaire de 200 salariés.

Dans les établissements de 1 à 24 salariés, le nombre maximum de jours de congés est porté à dix-huit jours pour les animateurs et les salariés appelés à exercer des responsabilités syndicales.

Art. 2. – Dans les établissements comprenant plus de 49 salariés, le total des jours de congés pris au titre de l'article L. 451-1 du code du travail par les animateurs et par les salariés appelés à exercer des responsabilités syndicales ne peut excéder 50 p. 100 de l'ensemble des jours de congés de formation économique, sociale et syndicale.

Art. 3. – Dans le cas où plusieurs salariés demandent un congé de formation économique, sociale et syndicale, la satisfaction accordée à certaines demandes peut être différée :

– dans les établissements de plus de 99 salariés lorsque le pourcentage de salariés simultanément absents au titre de ce congé atteint 2 p. 100 ;

– dans les établissements de 25 à 99 salariés lorsque le nombre de salariés simultanément absents au titre de ce congé atteint 2 ;

– dans les établissements de moins de 25 salariés lorsqu'un salarié est absent au titre de ce congé.

Les demandes à satisfaire en priorité sont celles ayant déjà fait l'objet d'un report.

Art. 4. – Le nombre maximum de jours de congés susceptibles d'être pris par établissement en application de l'article L. 451-1 du code du travail entre le 1er octobre 1985 et le 30 septembre 1986 ne peut être supérieur au plafond fixé à l'article 1er du présent arrêté.

Chèques-vacances

■ CODE DU TOURISME

Voir livre IV, titre Ier, chapitre Ier.
Chèques-vacances

Sapeurs-pompiers

■ LOI 96-370 DU 3 MAI 1996 (JO 4)

modifiée par lois 99-128 du 23 février 1999 (JO 24), 2002-276 du 27 février 2002 (JO 28), 2003-1312 du 30 décembre 2003, art. 95 (JO 31), 2004-811 du 13 août 2004 (JO 17), ordonnances 2005-1045 du 26 août 2005, art. 5 (JO 27), 2009-1530 du 10 décembre 2009 (JO 11) et loi 2011-851 du 20 juillet 2011 (JO 21).

....

Art. 3. – Les activités ouvrant droit à autorisation d'absence du sapeur-pompier volontaire pendant son temps de travail sont :

– les missions opérationnelles concernant les secours d'urgence aux personnes victimes d'accidents, de sinistres ou de catastrophes et leur évacuation, ainsi que la protection des personnes, des biens et de l'environnement, en cas de péril ;

(L. 2011-851 du 20 juil. 2011, JO 21) « – les actions de formation, dans les conditions fixées par l'article 4. »

Les autorisations d'absence ne peuvent être refusées au sapeur-pompier volontaire que lorsque les nécessités du fonctionnement de l'entreprise ou du service public s'y opposent.

Lorsqu'une convention est conclue entre l'employeur d'un sapeur-pompier volontaire et le service départemental d'incendie et de secours, les parties fixent le seuil d'absences au-delà duquel les nouvelles autorisations d'absence donnent lieu à une compensation financière et en précisent les conditions.

Le refus est motivé, notifié à l'intéressé et transmis au service départemental d'incendie et de secours.

....

Art. 5. – Le temps passé hors du lieu de travail, pendant les heures de travail, par le sapeur-pompier volontaire pour participer aux missions à caractère opérationnel et aux activités de formation est assimilé à une durée de travail effectif pour la détermination de la durée des congés payés, des droits aux prestations sociales et pour les droits qu'il tire de son ancienneté.

Art. 5-1. – *(L. 2004-811 du 13 août 2004, JO 17)* Les activités de sapeur-pompier volontaire, de membre des associations de sécurité civile et de membre des réserves de sécurité civile ne sont pas soumises aux dispositions législatives et réglementaires relatives au temps de travail.

Art. 6. – Aucun licenciement, aucun déclassement professionnel, ni aucune sanction disciplinaire ne peuvent être prononcés à l'encontre d'un salarié en raison des absences résultant de l'application des dispositions de la présente loi.

Aucune sanction disciplinaire ne peut être prononcée à l'encontre d'un agent public en raison des absences résultant de l'application des dispositions de la présente loi.

Art. 6-1. – *(L. 2004-811 du 13 août 2004, JO 17)* Les sapeurs-pompiers volontaires salariés victimes d'accident survenu ou de maladie contractée en service bénéficient des dispositions de la section 5-1 du chapitre II du titre II du livre Ier du code du travail.

Art. 7. – L'employeur public ou privé est subrogé, à sa demande, dans le droit du sapeur-pompier volontaire à percevoir les *(L. 2011-851 du 20 juil. 2011, JO 21)* « indemnités » prévues à l'article 11 en cas de maintien, durant son absence, de sa rémunération et des avantages y afférents, et dans la limite de ceux-ci.

Les *(L. 2011-851 du 20 juil. 2011, JO 21)* « indemnités » perçues par l'employeur en application du premier alinéa ne sont assujetties à aucun impôt, ni soumises aux prélèvements prévus par la législation sociale.

Art. 8. – Lorsque l'employeur maintient la rémunération pendant l'absence pour la formation suivie par les salariés sapeurs-pompiers volontaires, la rémunération et les prélèvements sociaux afférents à cette absence sont admis au titre de la participation des employeurs au financement de la formation professionnelle continue prévue à l'article L. 950-1 du code du travail.

Les frais afférents à la formation suivie par les travailleurs indépendants, les membres des professions libérales et des professions non salariées sapeurs-pompiers volontaires sont pris en charge par les organismes agréés ou habilités par l'État visés au chapitre III du titre V du livre IX du code du travail.

Art. 8-1. – *(L. 2011-851 du 20 juil. 2011, JO 21)* Les formations suivies dans le cadre de l'activité de sapeur-pompier volontaire peuvent être prises en compte, selon des modalités définies par voie réglementaire, au titre de la formation professionnelle continue prévue par le code du travail, des obligations de formation prévues par le statut de la fonction publique et du développement professionnel continu des professionnels de santé prévu par le code de la santé publique.

....

Réserve civile de la police nationale. Service volontaire citoyen de la police et de la gendarmerie nationales

■ LOI 2011-267 DU 14 MARS 2011

d'orientation et de programmation pour la performance de la sécurité intérieure, art. 113 (JO 15).

....

Art. 113. – I. – Les articles 4 à 7 de la loi n° 2003-239 du 18 mars 2003 pour la sécurité intérieure sont remplacés par deux sections 1 et 2 ainsi rédigées :

Section 1 – *De la réserve civile de la police nationale*

Art. 4. – La réserve civile de la police nationale est destinée à des missions de soutien aux forces de sécurité intérieure et des missions de solidarité, en France et à l'étranger, à l'exception des missions de maintien et de rétablissement de l'ordre public.

Elle est constituée :

– de retraités des corps actifs de la police nationale, dégagés de leur lien avec le service, dans le cadre des obligations définies à l'article 4-1 ;

– de volontaires, dans les conditions définies aux articles 4-2 à 4-4.

Les retraités des corps actifs de la police nationale mentionnés au troisième alinéa du présent article peuvent également adhérer à la réserve civile au titre de volontaire.

....

Art. 4-5. – I. – Les périodes d'emploi et de formation des réservistes de la police nationale sont indemnisées.

II. – Le réserviste salarié qui effectue une période d'emploi ou de formation au titre de la réserve civile de la police nationale pendant son temps de travail doit obtenir, lorsque leur durée dépasse dix jours ouvrés par année civile, l'accord de son employeur, sous réserve de dispositions plus favorables résultant du contrat de travail, de conventions ou accords collectifs de travail ou de conventions conclues entre le ministre de l'intérieur et l'employeur.

Le contrat de travail du réserviste salarié est suspendu pendant les périodes d'emploi et de formation dans la réserve civile de la police nationale. Toutefois, cette période est considérée comme une période de travail effectif pour les avantages légaux et conventionnels en matière d'ancienneté, d'avancement, de congés payés et de droits aux prestations sociales.

Lorsqu'un fonctionnaire accomplit, sur son temps de travail, une activité dans la réserve civile de la police nationale, il est placé en position d'accomplissement des activités dans la réserve civile de la police nationale lorsque la durée de sa période de réserve est inférieure ou égale à quarante-cinq jours.

La situation des agents publics non titulaires est définie par décret en Conseil d'État.

Aucun licenciement ou déclassement professionnel, aucune sanction disciplinaire ne peut être prononcé à l'encontre du réserviste de la police nationale en raison des absences résultant des présentes dispositions.

III. – Pendant la période d'activité dans la réserve civile de la police nationale, le réserviste bénéficie, pour lui et ses ayants droit, des prestations des assurances maladie, maternité, invalidité et décès du régime de sécurité sociale dont il relève en dehors de son service dans la réserve civile de la police nationale, dans les conditions définies à l'article L. 161-8 du code de la sécurité sociale.

IV. – Les articles 11 et 11 *bis* A de la loi n° 83-634 du 13 juillet 1983 portant droits et obligations des fonctionnaires sont applicables aux réservistes pendant les périodes d'emploi ou de formation pour lesquelles ils ont été appelés.

Le réserviste victime de dommages subis pendant les périodes d'emploi ou de formation dans la réserve et, en cas de décès, ses ayants droit ont droit, à la charge de l'État, à la réparation intégrale du préjudice subi, sauf en cas de dommage imputable à un fait personnel détachable du service.

Section 2 – *Du service volontaire citoyen de la police et de la gendarmerie nationales*

Art. 5. – Le service volontaire citoyen de la police et de la gendarmerie nationales est destiné, afin de renforcer le lien entre la Nation et les forces de sécurité intérieure, à des missions de solidarité, de médiation sociale, d'éducation à la loi et de prévention, à l'exclusion de l'exercice de toute prérogative de puissance publique.

....

Art. 5-3. – I. – Les périodes d'emploi au titre du service volontaire citoyen sont indemnisées.

II. – Dans le cas où l'intéressé exerce une activité salariée, son contrat de travail est suspendu pendant la période où il effectue des missions au titre du service volontaire citoyen de la police et de la gendarmerie nationales. Toutefois, cette période est considérée comme une période de travail effectif pour les avantages légaux et conventionnels en matière d'ancienneté, d'avancement, de congés payés et de droits aux prestations sociales.

Si l'intéressé accomplit ses missions pendant son temps de travail, il doit, lorsque leur durée dépasse dix jours ouvrés par année civile, obtenir l'accord de son employeur dans les conditions prévues au II de l'article 4-5.

Aucun licenciement ou déclassement professionnel, aucune sanction disciplinaire ne peut être prononcé à l'encontre du volontaire citoyen de la police et de la gendarmerie nationales en raison des absences résultant des présentes dispositions.

III. – Pendant la période d'activité au titre du service volontaire citoyen de la police et de la gendarmerie nationales, l'intéressé bénéficie, pour lui et ses ayants droit, des prestations des assurances maladie, maternité, invalidité et décès du régime de sécurité sociale dont il relève en dehors de son service dans le service volontaire citoyen de la police et de la gendarmerie nationales, dans les conditions définies à l'article L. 161-8 du code de la sécurité sociale.

Art. 6. – Un décret en Conseil d'État détermine les conditions d'application des articles 4-3, 4-4, 5-1 et 5-3.

....

CONJOINT COLLABORATEUR

■ CODE DE COMMERCE

Articles R. 121-1 à 6.

CONVENTIONS EUROPÉENNES ET INTERNATIONALES

■ DÉCRET 74-360 DU 3 MAI 1974

portant publication de la Convention européenne de sauvegarde des droits de l'homme et des libertés fondamentales, signée le 4 novembre 1950, de ses protocoles additionnels n°s 1, 3, 4 et 5, signés les 20 mars 1952, 6 mai et 16 septembre 1963 et 20 janvier 1966, ainsi que des déclarations et réserves qui ont été formulées par le Gouvernement de la République française lors de la ratification (JO 4 mai). Entrée en vigueur : 3 septembre 1953.

■ **DÉCRET 81-917 DU 9 OCTOBRE 1981**
portant publication de la déclaration d'acceptation du droit du recours individuel en application de l'article 25 de la Convention européenne des droits de l'homme en date du 4 novembre 1950 et de l'article 6 du protocole n° 4 à ladite convention en date du 16 septembre 1963.

■ **DÉCRET 83-1205 DU 20 DÉCEMBRE 1983**
portant publication de la Convention européenne relative au statut juridique du travailleur migrant, faite à Strasbourg le 24 novembre 1977 (JO 31 décembre 1983). Entrée en vigueur le 1er janvier 1984 à l'égard de la France.

■ **DÉCRET 84-193 DU 12 MARS 1984**
portant publication de la Convention sur l'élimination de toutes les formes de discrimination à l'égard des femmes, ouverte à la signature à New York le 1er mars 1980 (JO 20). Entrée en vigueur le 13 janvier 1984 à l'égard de la France.

■ **DÉCRET 86-1314 DU 23 DÉCEMBRE 1986**
portant publication de la déclaration de renouvellement d'acceptation du recours individuel, en application de l'article 25 de la Convention européenne des droits de l'homme en date du 4 novembre 1950 et de l'article 6 du protocole n° 4 à ladite convention en date du 16 septembre 1963, faite à Paris le 1er octobre 1986.

■ **DÉCRET 89-37 DU 24 JANVIER 1989**
portant publication du protocole n° 7 à la Convention de sauvegarde des droits de l'homme et des libertés fondamentales, fait à Strasbourg le 22 novembre 1984, ainsi que des déclarations et réserves accompagnant l'instrument français de ratification et de la déclaration française du 1er novembre 1988. Entrée en vigueur le 1er novembre 1988.

■ **DÉCRET 90-245 DU 14 MARS 1990**
portant publication du protocole n° 8 à la Convention européenne de sauvegarde des droits de l'homme et des libertés fondamentales, fait à Vienne le 19 mars 1985. Entrée en vigueur le 1er janvier 1990.

■ **DÉCRET 90-415 DU 14 MAI 1990**
portant publication des déclarations de renouvellement de l'acceptation du droit de recours individuel et de la reconnaissance de la juridiction obligatoire de la Cour européenne des droits de l'homme, en application des articles 25 et 46 de la Convention européenne de sauvegarde des droits de l'homme et des libertés fondamentales du 4 novembre 1950, de l'article 6 du protocole n° 4 à ladite convention en date du 16 septembre 1963 et de l'article 7 du protocole n° 7 à ladite convention en date du 22 novembre 1984, faites à Paris le 25 septembre 1989.

■ **DÉCRET 98-1055 DU 18 NOVEMBRE 1998**
portant publication du protocole n° 11 à la Convention de sauvegarde des droits de l'homme et des libertés fondamentales, portant restructuration du mécanisme de contrôle établi par la convention (ensemble une annexe), fait à Strasbourg le 11 mai 1994. Entrée en vigueur le 1er novembre 1998.

■ **DÉCRET 2001-953 DU 15 OCTOBRE 2001**
portant publication du protocole facultatif à la convention sur l'élimination de toutes les formes de discrimination à l'égard des femmes, fait à New York le 6 octobre 1999 (JO 20). Entrée en vigueur le 22 décembre 2000.

■ **DÉCRET 2010-356 DU 1ER AVRIL 2010**
portant publication de la convention relative aux droits des personnes handicapées (ensemble un protocole facultatif), signée à New York le 30 mars 2007 (JO 3). Entrée en vigueur le 20 mars 2010.

■ **DÉCRET 2010-711 DU 28 JUIN 2010**
portant publication du protocole n° 14 à la Convention de sauvegarde des droits de l'homme et des libertés fondamentales, amendant le système de contrôle de la convention, signé à Strasbourg le 13 mai 2004 (JO 30). Entrée en vigueur le 1er juin 2010.

COOPÉRATIVES OUVRIÈRES DE PRODUCTION

■ **LOI 78-763 DU 19 JUILLET 1978**
portant statut des sociétés coopératives ouvrières de production (JO 20)
modifiée en dernier lieu par loi 92-643 du 13 juillet 1992 (JO 14), ordonnances 2000-912 du 18 septembre 2000 (JO 21) et 2000-916 du 19 septembre 2000 (JO 22), loi 2005-882 du 2 août 2005, art. 31 (JO 3) et loi 2006-1770 du 30 décembre 2006 (JO 31), ordonnance 2009-80 du 22 janvier 2009 (JO 23) et loi 2009-1255 du 19 octobre 2009 (JO 20).

■ **DÉCRET 79-558 DU 27 JUIN 1979**
relatif à l'application du titre II, chapitre III, de la loi 78-763 du 19 juillet 1978 portant statut des sociétés coopératives ouvrières de production et concernant la souscription de parts sociales réservées aux salariés (JO 6 juillet).

■ **DÉCRET 93-1231 DU 10 NOVEMBRE 1993**
relatif à la reconnaissance de la qualité de société coopérative ouvrière de production (JO 13).

DISPOSITIONS GÉNÉRALES

Informatique et libertés

■ **LOI 78-17 DU 6 JANVIER 1978**
relative à l'informatique, aux fichiers et aux libertés (JO 7)
modifiée en dernier lieu par lois 2009-526 du 12 mai 2009 (JO 13), 2010-704 du 28 juin 2010 (JO 29), loi 2011-334 du 29 mars 2011 (JO 30), loi 2011-525 du 17 mai 2011 (JO 18) et ordonnance 2011-1012 du 24 août 2011 (JO 26).

■ **DÉCRET 2005-1309 DU 20 OCTOBRE 2005**
pris pour l'application de la loi 78-17 du 6 janvier 1978 (JO 7)
modifié par décrets 2007-451 du 25 mars 2007 (JO 28) et 2011-2023 du 29 décembre 2011 (JO 30).

■ **CIRCULAIRE DU 14 SEPTEMBRE 2011**
relative au cadre juridique applicable à l'installation de caméras de vidéoprotection sur la voie publique et dans des lieux ou établissements ouverts au public, d'une part, et dans des lieux non ouverts au public, d'autre part (JO 15).

Relations avec l'administration

■ **LOI 78-753 DU 17 JUILLET 1978**
portant diverses mesures d'amélioration des relations entre l'administration et le public et diverses dispositions d'ordre administratif, social et fiscal (JO 18), modifiée en dernier lieu par ordonnance 2009-483 du 29 avril 2009 (JO 30), loi 2009-526 du 12 mai 2009 (JO 13), ordonnances 2009-536 du 14 mai 2009 (JO 15) et 2010-462 du 6 mai 2010 (JO 7), lois 2011-334 du 29 mars 2011 (JO 30) et 2011-525 du 17 mai 2011 (JO 18).

■ **DÉCRET 2005-1755 DU 30 DÉCEMBRE 2005**
relatif à la liberté d'accès aux documents administratifs et à la réutilisation des informations publiques, pris pour l'application de la loi 78-753 du 17 juillet 1978 (JO 31), modifié par décret 2011-577 du 26 mai 2011 (JO 27).

TITRE Ier – *La commission d'accès aux documents administratifs*

CHAPITRE Ier – *Organisation et fonctionnement*

Art. 1. – La commission se réunit, selon le cas, en formation plénière ou restreinte, sur convocation de son président.

La convocation précise l'ordre du jour.

Art. 2. – La commission ne peut valablement délibérer que si sont présents au moins six membres en formation plénière et trois membres en formation restreinte.

Art. 3. – Les délibérations de la commission sont prises à la majorité des membres présents.

Art. 4. – La commission statue en formation restreinte en matière de sanction lorsqu'elle est saisie en application de l'article 22 de la loi du 17 juillet 1978 susvisée.

La formation restreinte est composée des cinq membres de la commission mentionnés au a, f et g de l'article 23 de la loi du 17 juillet 1978 susvisée. Elle est présidée par le président de la commission.

Un membre de la formation restreinte ne peut siéger :
– s'il détient un intérêt direct ou indirect à l'affaire qui fait l'objet de la délibération, exerce des fonctions ou une activité professionnelle ou détient un mandat auprès de l'autorité qui a saisi la commission ou de la personne mise en cause ;
– s'il a, au cours des trois années précédant la saisine de la commission, détenu un intérêt direct ou indirect à l'affaire qui fait l'objet de la délibération, exercé des fonctions ou une activité professionnelle ou détenu un mandat auprès de l'autorité qui a saisi la commission ou de la personne mise en cause.

Art. 5. – Le commissaire du Gouvernement est convoqué aux séances de la commission de la même manière que les membres de celle-ci. Il peut présenter des observations orales.

Il est rendu destinataire des dossiers et des délibérations dans les mêmes conditions et selon les mêmes modalités que les membres de la commission.

Art. 6. – Le président de la commission est assisté par un rapporteur général, un rapporteur général adjoint, des rapporteurs et chargés de mission permanents et des rapporteurs non permanents qu'il désigne, dans la limite des crédits ouverts à cet effet au budget des services généraux du Premier ministre au titre de la commission d'accès A, les agents contractuels de l'État de niveau équivalent et les personnes justifiant d'une qualification dans les domaines relevant de la compétence de la commission et titulaires d'un des diplômes permettant d'accéder à un corps de catégorie A.

Le rapporteur général anime et contrôle l'activité des rapporteurs. À cet égard, il examine toutes les demandes dont la commission est saisie et s'assure de leur traitement dans les délais prévus. Il peut présenter des observations orales à chaque séance.

Le rapporteur général adjoint assiste et supplée le rapporteur général en tant que de besoin.

La commission dispose de services placés sous l'autorité d'un secrétaire général qui en assure le fonctionnement et la coordination.

Art. 7. – Le président de la commission ordonnance les dépenses.

Art. 8. – Le président peut déléguer sa signature au rapporteur général et au rapporteur général adjoint pour les réponses aux demandes d'avis et aux consultations et au secrétaire général pour ce qui concerne le fonctionnement administratif et financier de la commission.

Art. 9. – Le président, le président suppléant, le rapporteur général et le rapporteur général adjoint de la commission sont rémunérés sous forme d'indemnités forfaitaires mensuelles.

Les membres de la commission, autres que le président, mentionnés aux a, c, d, e, f, g et h de l'article 23 de la loi du 17 juillet 1978 susvisée ainsi que leurs suppléants sont rémunérés sous forme d'une indemnité forfaitaire pour chacune des séances auxquelles ils sont effectivement présents.

Art. 10. – Les rapporteurs et chargés de mission permanents sont rémunérés sous forme d'indemnités forfaitaires mensuelles.

Art. 11. – Les rapporteurs non permanents sont rémunérés sous forme d'indemnités forfaitaires mensuelles fixées pour chaque mission par le président de la commission en fonction du temps nécessaire à l'accomplissement de la mission.

Art. 12. – Aucune indemnité ne peut être allouée aux agents titulaires et contractuels rémunérés sur l'un des budgets relevant des services du Premier ministre.

Art. 13. – Un arrêté conjoint du Premier ministre, du ministre de la fonction publique et du ministre chargé du budget détermine les taux et les modalités d'attribution des indemnités susceptibles d'être allouées au président, au président suppléant et aux membres de la commission, ainsi qu'aux collaborateurs mentionnés au premier alinéa de l'article 6.

Art. 14. – Le président et les membres de la commission d'accès aux documents administratifs ainsi que les collaborateurs mentionnés au premier alinéa de l'article 6 peuvent prétendre au remboursement des frais de transport et de séjour qu'ils sont susceptibles d'engager à l'occasion des déplacements assurés dans le cadre de leurs missions dans les conditions applicables aux personnels civils de l'État.

Art. 15. – La commission établit son règlement intérieur qui, notamment, fixe les conditions de son fonctionnement et précise les règles de procédure applicables devant elle.

Art. 16. – La commission établit chaque année un rapport qui est rendu public.

CHAPITRE II – *Demandes d'avis relatives à la communication de documents administratifs*

Art. 17. – Le silence gardé pendant plus d'un mois par l'autorité compétente, saisie d'une demande de communication de documents en application de l'article 2 de la loi du 17 juillet 1978 susvisée, vaut décision de refus.

L'intéressé dispose d'un délai de deux mois à compter de la notification du refus ou de l'expiration du délai fixé au premier alinéa pour saisir la commission d'accès aux documents administratifs.

La commission est saisie par lettre, télécopie ou voie électronique. La saisine précise son objet et, le cas échéant, les dispositions sur lesquelles elle se fonde. Elle indique, lorsque le demandeur est une personne physique, ses nom, prénoms et domicile et, lorsqu'il s'agit d'une personne morale, sa forme, sa dénomination, son siège social et les nom et prénoms de la personne ayant qualité pour la représenter. Elle est accompagnée d'une copie, selon le cas, de la décision de refus ou de la demande restée sans réponse. La commission enregistre la demande lorsque celle-ci comporte l'ensemble de ces éléments après avoir, le cas échéant, invité le demandeur à la compléter. Elle en accuse alors réception sans délai.

La commission transmet les demandes d'avis à l'autorité mise en cause.

Art. 18. – L'autorité mise en cause est tenue, dans le délai prescrit par le président de la commission, de communiquer à celle-ci tous documents et informations utiles et de lui apporter les concours nécessaires.

Les membres de la commission ainsi que les rapporteurs désignés par le président peuvent procéder à toute enquête sur place nécessaire à l'accomplissement de leur mission.

Le président peut appeler à participer aux travaux de la commission, à titre consultatif, un représentant de l'autorité intéressée par la délibération.

Art. 19. – La commission notifie son avis à l'intéressé et à l'autorité mise en cause, dans un délai d'un mois à compter de l'enregistrement de la demande au secrétariat. Cette autorité informe la commission, dans le délai d'un mois qui suit la réception de cet avis, de la suite qu'elle entend donner à la demande.

Le silence gardé par l'autorité mise en cause pendant plus de deux mois à compter de l'enregistrement de la demande de l'intéressé par la commission vaut confirmation de la décision de refus.

CHAPITRE III – *Procédure applicable au prononcé des sanctions*

Art. 20. – Lorsque la commission est saisie, en application de l'article 22 de la loi du 17 juillet 1978 susvisée, par une des autorités mentionnées à l'article 1er de celle-ci, de faits susceptibles de constituer une infraction aux prescriptions du chapitre II de son titre Ier, son président désigne un *rapporteur* pour instruire l'affaire parmi les collaborateurs mentionnés au premier alinéa de l'article 6.

Un rapporteur ne peut être désigné aux fins d'instruction :

1° S'il détient un intérêt direct ou indirect dans les faits qui sont dénoncés, exerce des fonctions ou une activité professionnelle ou détient un mandat auprès de l'autorité qui a saisi la commission ou de la personne mise en cause ;

2° S'il a, au cours des trois années précédant la saisine de la commission, détenu un intérêt direct ou indirect dans les faits qui sont dénoncés, exercé des fonctions ou une activité professionnelle ou détenu un mandat auprès de l'autorité qui a saisi la commission ou de la personne mise en cause.

Art. 21. – Le rapporteur procède à toutes les diligences utiles avec le concours des services de la commission.

Les auditions auxquelles procède, le cas échéant, le rapporteur donnent lieu à l'établissement d'un procès-verbal signé par les personnes entendues. En cas de refus de signature, il en est fait mention par le rapporteur. Les personnes entendues peuvent être assistées d'un conseil de leur choix. Un procès-verbal de carence est dressé lorsque la personne convoquée ne se rend pas à l'audition.

Art. 22. – Au terme des investigations prévues à l'article 21, le rapporteur notifie les griefs qu'il retient à la personne mise en cause par lettre remise contre signature ou en main propre contre récépissé ou par acte d'huissier de justice. Cette notification indique les dispositions sur lesquelles se fonde la poursuite ainsi que les sanctions encourues.

La personne mise en cause dispose d'un délai d'un mois pour transmettre à la commission ses observations écrites. Si elle a son domicile hors du territoire métropolitain, ce délai est porté à deux mois. La notification mentionnée au premier alinéa comporte l'indication de ce délai et précise que l'intéressé peut prendre connaissance et copie des pièces du dossier auprès des services de la commission et se faire assister ou représenter par le conseil de son choix.

À l'issue du délai prévu à l'alinéa précédent, le rapporteur établit un rapport et y annexe les documents sur lesquels il fonde ses conclusions. Ce rapport est notifié à la personne mise en cause dans les conditions prévues au premier alinéa.

Art. 23. – La personne mise en cause est informée de la date de la séance de la commission à l'ordre du jour de laquelle est inscrite l'affaire la concernant et de la faculté qui lui est offerte d'y être entendue, elle-même ou son représentant, par lettre remise contre signature ou en main propre contre récépissé ou par acte d'huissier de justice. Cette information doit lui parvenir au moins un mois avant la date de la séance.

Art. 24. – Lors de la séance, le rapporteur peut présenter des observations orales sur l'affaire. La personne mise en cause et, le cas échéant, son conseil sont invités à présenter leurs arguments en défense. La commission peut entendre toute personne dont elle estime l'audition utile. Dans tous les cas, la personne mise en cause et, le cas échéant, son conseil doivent pouvoir prendre la parole en dernier. Lorsque la commission s'estime insuffisamment éclairée, elle peut demander au rapporteur de poursuivre ses diligences.

La commission statue hors la présence du rapporteur, du rapporteur général et du commissaire du Gouvernement.

Art. 25. – La décision de la commission est notifiée à l'intéressé par lettre remise contre signature ou en main propre contre récépissé ou par acte d'huissier de justice.

Art. 26. – Lorsque la commission prononce une sanction, la décision énonce les considérations de droit et de fait sur lesquelles elle est fondée. Elle indique les voies et délais de recours. Lorsque la commission décide de faire publier la sanction qu'elle prononce, elle en détermine les modalités dans sa décision en fixant le délai de publication et en désignant le support de celle-ci. La publication intervient dans un délai maximum d'un mois à compter du jour où la décision est devenue définitive. Elle est proportionnée à la gravité de la sanction prononcée et adaptée à la situation de l'auteur de l'infraction.

Toute sanction portant interdiction de la réutilisation d'informations publiques est publiée par voie électronique.

CHAPITRE IV – *Autres attributions*

Art. 27. – La commission peut être consultée par les autorités mentionnées à l'article 1er de la loi du 17 juillet 1978 susvisée sur toutes questions relatives à l'application des chapitres Ier, II et IV du titre Ier de cette loi et du titre Ier du livre II du code du patrimoine.

Les demandes de consultation sont formées auprès de la commission par lettre, télécopie ou voie électronique. Elles sont accompagnées, le cas échéant, du ou des documents sur lesquels l'autorité souhaite interroger la commission.

Art. 28. – La commission peut proposer au Gouvernement toute modification des dispositions législatives ou réglementaires relatives au droit d'accès aux documents administratifs ou au droit de réutilisation des informations publiques ainsi que toute mesure de nature à en faciliter l'exercice.

TITRE II – *La liberté d'accès aux documents administratifs*

CHAPITRE Ier – *Publication des documents administratifs*

Art. 29. – Les documents administratifs mentionnés au premier alinéa de l'article 7 de la loi du 17 juillet 1978 susvisée émanant des administrations centrales de l'État sont, sous réserve des dispositions de l'article 6 de la même loi, publiés dans des bulletins ayant une périodicité au moins trimestrielle et comportant dans leur titre la mention « Bulletin officiel ».

Des arrêtés ministériels déterminent, pour chaque administration, le titre exact du ou des bulletins la concernant, la matière couverte par ce ou ces bulletins ainsi que le lieu ou le site internet où le public peut les consulter ou s'en procurer copie.

Art. 30. – Les directives, instructions, circulaires mentionnées au premier alinéa de l'article 7 de la loi du 17 juillet 1978 susvisée, qui émanent des autorités administratives de l'État agissant dans les limites du département, sont publiées au recueil des actes administratifs du département ayant une périodicité au moins trimestrielle. Cette publication peut intervenir par voie électronique.

Ceux de ces documents qui émanent d'autorités dont la compétence s'étend au-delà des limites d'un seul département sont publiés au recueil des actes administratifs de chacun des départements intéressés.

Art. 31. – Les directives, instructions, circulaires mentionnées au premier alinéa de l'article 7 de la loi du 17 juillet 1978 susvisée, qui émanent des communes, des départements, des régions ou de la collectivité territoriale de Corse, sont publiées, au choix de l'autorité exécutive de la collectivité intéressée :

1° Soit par insertion dans un bulletin officiel lorsqu'il a une périodicité au moins trimestrielle ;

2° Soit par transcription dans les trois mois sur un registre tenu à la disposition du public.

Cette publication peut intervenir par voie électronique.

Les maires, les présidents des conseils généraux, les présidents des conseils régionaux et le président du conseil exécutif de la collectivité territoriale de Corse informent le préfet de la forme de publication adoptée.

Art. 32. – Les directives, instructions, circulaires mentionnées au premier alinéa de l'article 7 de la loi du 17 juillet 1978 susvisée, qui émanent des établissements publics, des autres personnes de droit public et des personnes de droit privé chargées de la gestion d'un service public, sont publiées, au choix de leur conseil d'administration :

1° Soit par insertion dans un bulletin officiel lorsqu'il a une périodicité au moins trimestrielle ;

2° Soit par transcription dans les trois mois sur un registre tenu à la disposition du public.

Cette publication peut intervenir par voie électronique.

Art. 33. – La publication prévue aux articles 29 à 32 intervient dans les quatre mois suivant la date du document.

CHAPITRE II – *Modalités de communication des documents administratifs*

Art. 34. – Lorsqu'un document est détenu par l'une des autorités mentionnées à l'article 1er de la loi du 17 juillet 1978 susvisée sur un support électronique et que le demandeur souhaite en obtenir copie sur un support identique ou compatible avec celui utilisé par cette autorité, celle-ci indique au demandeur les caractéristiques techniques de ce support. Elle lui indique également si le document peut être transmis par voie électronique.

Art. 35. – À l'occasion de la délivrance du document, des frais correspondant au coût de reproduction et, le cas échéant, d'envoi de celui-ci peuvent être mis à la charge du demandeur.

Pour le calcul de ces frais sont pris en compte, à l'exclusion des charges de personnel résultant du temps consacré à la recherche, à la reproduction et à l'envoi du document, le coût du support fourni au demandeur, le coût d'amortissement et de fonctionnement du matériel utilisé pour la reproduction du document ainsi que le coût d'affranchissement selon les modalités d'envoi postal choisies par le demandeur.

Les frais autres que le coût de l'envoi postal sont établis dans des conditions fixées par arrêté conjoint du Premier ministre et du ministre du Budget. Ils ne peuvent excéder des montants définis dans les mêmes conditions.

L'intéressé est avisé du montant total des frais à acquitter dont le paiement préalable peut être exigé.

TITRE III – *La réutilisation des informations publiques*

Art. 36. – Le répertoire prévu à l'article 17 de la loi du 17 juillet 1978 susvisée précise, pour chacun des documents recensés, son titre exact, son objet, la date de sa création, les conditions de sa réutilisation et, le cas échéant, la date et l'objet de ses mises à jour.

Lorsque l'autorité administrative dispose d'un site internet, elle rend le répertoire accessible en ligne.

Art. 37. – La demande de licence précise l'objet et la destination, commerciale ou non, de la réutilisation envisagée.

Elle peut être présentée soit en même temps que la demande d'accès au document, soit ultérieurement.

Elle est instruite selon la procédure prévue aux articles 17 à 19. Toutefois, le délai mentionné au premier alinéa de l'article 17 peut être prorogé, à titre exceptionnel, d'un mois par décision motivée de l'autorité saisie en raison du nombre des demandes qui lui sont adressées ou de la complexité de celles-ci.

Les dispositions de l'article 34 sont applicables lorsque l'information publique est détenue par l'autorité saisie sur un support électronique.

Art. 38. – *(D. 2011-577 du 26 mai 2011, JO 27)* Lorsqu'il est envisagé, notamment dans les conditions prévues par l'article 3 du décret n° 2009-151 du 10 février 2009 relatif à la rémunération de certains services rendus par l'État consistant en une valorisation de son patrimoine immatériel, de soumettre au paiement d'une redevance la réutilisation d'informations publiques contenues dans des documents produits ou reçus par l'État, la liste de ces informations ou catégories d'informations est préalablement fixée par décret après avis du conseil d'orientation de l'édition publique et de l'information administrative. La même procédure est applicable aux établissements publics de l'État à caractère administratif.

Sans préjudice de la publication du répertoire mentionné à l'article 36, la liste mentionnée à l'alinéa précédent est rendue publique sur un site internet créé sous l'autorité du Premier ministre, avec l'indication, soit de la personne responsable des questions relatives à la réutilisation des informations publiques mentionnée au titre IV, soit, pour les établissements publics qui ne sont pas tenus de désigner un tel responsable, du service compétent pour recevoir les demandes de licence.

Art. 39. – L'autorité qui a accordé un droit d'exclusivité en application de l'article 14 de la loi du 17 juillet 1978 susvisée procède au réexamen de son bien-fondé avant tout renouvellement de celui-ci.

Le titulaire du droit d'exclusivité est informé de ce réexamen un mois au moins avant l'échéance de ce droit.

Le renouvellement d'un droit d'exclusivité ne peut résulter que d'une décision explicite et motivée.

Art. 40. – Lorsque la réutilisation n'est possible qu'après anonymisation des données à caractère personnel, l'autorité détentrice y procède sous réserve que cette opération n'entraîne pas des efforts disproportionnés.

Art. 41. – Les clauses des licences délivrées par les autorités mentionnées à l'article 1er de la loi du 17 juillet 1978 susvisée doivent porter au moins sur les informations faisant l'objet de la réutilisation, leur source et leur date de mise à disposition, le caractère commercial ou non de leur réutilisation, ainsi que sur les droits et obligations du licencié, dont le montant de la redevance et les modalités de son paiement.

TITRE IV – *La personne responsable de l'accès aux documents administratifs et des questions relatives à la réutilisation des informations publiques*

Art. 42. – Les ministres et les préfets désignent pour les services placés sous leur autorité une personne responsable de l'accès aux documents administratifs et des questions relatives à la réutilisation des informations publiques.

Sont également tenus de désigner une personne responsable :

1° Les communes de dix mille habitants ou plus, les départements, les régions et la collectivité territoriale de Corse ;

2° Les établissements publics nationaux et locaux qui emploient au moins deux cents agents ;

3° Les établissements publics de coopération intercommunale regroupant une population de dix mille habitants ou plus ;

4° Les autres personnes de droit public et les personnes de droit privé chargées de la gestion d'un service public qui emploient au moins deux cents agents.

Art. 43. – La désignation de la personne responsable de l'accès aux documents administratifs et des questions relatives à la réutilisation des informations publiques est portée à la connaissance du public et de la commission d'accès aux documents administratifs dans les quinze jours. La désignation fait l'objet d'une publication, selon le cas, dans un des bulletins, recueils ou registres mentionnés aux articles 29 à 32. Lorsque les autorités mentionnées à l'article précédent disposent d'un site internet, elles informent le public de cette désignation sur ce site.

Cette information mentionne les nom, prénoms, profession et coordonnées professionnelles de la personne responsable ainsi que la désignation et les coordonnées de l'autorité qui l'a désignée.

Art. 44. – La personne responsable de l'accès aux documents administratifs et des questions relatives à la réutilisation des informations publiques est chargée, en cette qualité, de :

1° Réceptionner les demandes d'accès aux documents administratifs et de licence de réutilisation des informations publiques ainsi que les éventuelles réclamations et de veiller à leur instruction ;

2° Assurer la liaison entre l'autorité auprès de laquelle elle est désignée et la commission d'accès aux documents administratifs.

Elle peut être également chargée d'établir un bilan annuel des demandes d'accès aux documents administratifs et de licence de réutilisation des informations publiques qu'elle présente à l'autorité qui l'a désignée et dont elle adresse copie à la commission d'accès aux documents administratifs.

TITRE V – *Dispositions relatives à l'outre-mer*

Art. 45. – Pour l'application du présent décret à Saint-Pierre-et-Miquelon :

1° Au deuxième alinéa de l'article 22, les mots : « d'un mois » sont remplacés par les mots : « de deux mois » et la deuxième phrase est supprimée ;

2° Au premier alinéa de l'article 30, les mots : « du département » sont remplacés par les mots : « de la collectivité territoriale de Saint-Pierre-et-Miquelon » et les mots : « du département ayant une périodicité au moins trimestrielle. » sont remplacés par les mots : « de Saint-Pierre-et-Miquelon. » ;

3° Le second alinéa de l'article 30 est supprimé ;

4° Au premier alinéa de l'article 31, les mots : « des départements, des régions ou de la collectivité territoriale de Corse » sont supprimés et les mots : « de l'autorité exécutive de la collectivité intéressée » sont remplacés par les mots : « du maire » ;

5° Au cinquième alinéa de l'article 31, les mots : « les présidents des conseils généraux, les présidents des conseils régionaux et le président du conseil exécutif de la collectivité territoriale de Corse » sont supprimés ;

6° Au premier alinéa de l'article 42, les mots : « les préfets » sont remplacés par les mots : « le représentant de l'État » ;

7° Au 1° de l'article 42, les mots : « les communes de dix mille habitants ou plus, les départements, les régions et la collectivité territoriale de Corse » sont remplacés par les mots : « les communes de cinq mille habitants ou plus et la collectivité territoriale de Saint-Pierre-et-Miquelon ».

Art. 46. – À l'exception du second alinéa de l'article 30, les dispositions du présent décret sont applicables à Mayotte sous réserve des adaptations suivantes :

1° Au deuxième alinéa de l'article 22, les mots : « d'un mois » sont remplacés par les mots : « de deux mois » et la deuxième phrase est supprimée ;

2° Au premier alinéa de l'article 30, les mots : « du département » sont remplacés par les mots : « de la collectivité départementale de Mayotte » et les mots : « du département ayant une périodicité au moins trimestrielle. » sont remplacés par les mots : « de Mayotte. » ;

3° Au premier alinéa de l'article 31, les mots : « des départements, des régions ou de la collectivité territoriale de Corse » sont supprimés et les mots : « de l'autorité exécutive de la collectivité intéressée » sont remplacés par les mots : « du maire » ;

4° Au cinquième alinéa de l'article 31, les mots : « les présidents des conseils généraux, les présidents des conseils régionaux et le président du conseil exécutif de la collectivité territoriale de Corse » sont supprimés ;

5° Au premier alinéa de l'article 42, les mots : « les préfets » sont remplacés par les mots : « le représentant de l'État » ;

6° Au 1° de l'article 42, les mots : « les communes de dix mille habitants ou plus, les départements, les régions et la collectivité territoriale de Corse » sont remplacés par les mots : « les communes de cinq mille habitants ou plus et la collectivité départementale de Mayotte ».

Art. 47. – À l'exception du second alinéa de l'article 30 et de l'article 31, les dispositions du présent décret sont applicables dans les Terres australes et antarctiques françaises sous réserve des adaptations suivantes :

1° La compétence dévolue aux huissiers de justice pour la délivrance des actes prévus au présent décret peut être exercée par un représentant de l'autorité administrative ou militaire ;

2° Au deuxième alinéa de l'article 22, les mots : « d'un mois » sont remplacés par les mots : « de deux mois » et la deuxième phrase est supprimée ;

3° Au premier alinéa de l'article 30, les mots : « du département » sont remplacés par les mots : « des Terres australes et antarctiques françaises » et les mots : « recueil des actes administratifs du département ayant une périodicité au moins trimestrielle. » sont remplacés par les mots : « Journal officiel des Terres australes et antarctiques françaises. » ;

4° Au premier alinéa de l'article 42, les mots : « les préfets » sont remplacés par les mots : « l'administrateur supérieur des Terres australes et antarctiques françaises » ;

5° Au 1° de l'article 42, les mots : « les communes de dix mille habitants ou plus, les départements, les régions et la collectivité territoriale de Corse » sont remplacés par les mots : « les circonscriptions administratives et le territoire des Terres australes et antarctiques françaises ».

Art. 48. – À l'exception du second alinéa de l'article 30, de l'article 31 et des 1°, 3° et 4° de l'article 42, les dispositions du présent décret sont applicables, pour ce qui concerne les administrations de l'État et leurs établissements publics, dans les îles Wallis et Futuna, en Polynésie française et en Nouvelle-Calédonie, sous réserve des adaptations suivantes :

1° La compétence dévolue aux huissiers de justice pour la délivrance des actes prévus au présent décret peut être exercée par un représentant de l'autorité administrative ou militaire ;

2° Au deuxième alinéa de l'article 22, les mots : « d'un mois » sont remplacés par les mots : « de deux mois » et la deuxième phrase est supprimée ;

3° Au premier alinéa de l'article 30
- les mots : « du département » sont remplacés :
  - pour les îles Wallis et Futuna, par les mots : « des îles Wallis et Futuna » ;
  - pour la Polynésie française, par les mots : « de la Polynésie française » ;
  - pour la Nouvelle-Calédonie, par les mots : « de la Nouvelle-Calédonie » ;
- les mots : « recueil des actes administratifs du département ayant une périodicité au moins trimestrielle. » sont remplacés :
  - pour les îles Wallis et Futuna, par les mots : « Journal officiel des îles Wallis et Futuna. » ;
  - pour la Polynésie française, par les mots : « Journal officiel de la Polynésie française. » ;
  - pour la Nouvelle-Calédonie, par les mots : « Journal officiel de la Nouvelle-Calédonie. » ;

4° Au premier alinéa de l'article 42, les mots : « les préfets » sont remplacés par les mots :
- pour les îles Wallis et Futuna : « l'administrateur supérieur des îles Wallis et Futuna » ;
- pour la Polynésie française et la Nouvelle-Calédonie : « le haut-commissaire de la République ».

TITRE VI – *Dispositions transitoire et finales*

Art. 48-1. – *(D. 2011-577 du 26 mai 2011, JO 27)* Les redevances instituées au bénéfice de l'État ou de l'un de ses établissements publics à caractère administratif avant le 1er juillet 2011 demeurent soumises au régime en vigueur avant cette date sous réserve que les informations ou catégories d'informations concernées soient inscrites, dans un délai maximal d'un an à compter de cette date, sur une liste publiée sur le site internet prévu au quatrième alinéa de l'article 38.

Le responsable du site internet procède à l'inscription des informations ou catégories d'informations mentionnées à l'alinéa précédent sur simple demande de l'autorité compétente pour délivrer les licences de réutilisation.

À défaut d'inscription des informations concernées sur la liste mentionnée au premier alinéa ou à défaut de publication de cette liste, avant le 1er juillet 2012, les redevances instituées deviennent caduques et les titulaires de licences peuvent réutiliser les informations en cause gratuitement.

Art. 49. – Pour l'application des dispositions de l'article 39, lorsqu'un droit d'exclusivité a été accordé pour la réutilisation d'informations publiques antérieurement à l'entrée en vigueur de l'ordonnance du 6 juin 2005 susvisée, le premier réexamen du bien-fondé de ce droit intervient trois ans au plus tard après cette entrée en vigueur.

Art. 50. – Sont abrogés :

1° Le décret n° 78-1136 du 6 décembre 1978 relatif à la commission d'accès aux documents administratifs ;

2° Le décret n° 79-834 du 22 septembre 1979 portant application de l'article 9 de la loi n° 78-753 du 17 juillet 1978 en ce qui concerne la liberté d'accès aux documents administratifs ;

3° Le décret n° 88-465 du 28 avril 1988 relatif à la procédure d'accès aux documents administratifs ;

4° Le décret n° 91-1278 du 19 décembre 1991 pris en application de l'article 16 de la loi n° 90-612 du 12 juillet 1990 modifiant la loi n° 84-820 du 6 septembre 1984 portant statut du territoire de la Polynésie française ;

5° Le décret n° 92-161 du 20 février 1992 pris en application de l'article 50 de la loi n° 90-1247 du 29 décembre 1990 portant suppression de la tutelle administrative et financière sur les communes de la Nouvelle-Calédonie et dispositions diverses relatives à ce territoire ;

6° Le décret n° 93-1336 du 23 décembre 1993 pris en application de l'article 7 de la loi n° 93-1 du 4 janvier 1993 portant dispositions diverses relatives aux départements d'outre-mer, aux territoires d'outre-mer et aux collectivités territoriales de Mayotte et de Saint-Pierre-et-Miquelon ;

7° Le décret n° 2000-744 du 1er août 2000 relatif aux conditions de rémunération des membres et des collaborateurs de la commission d'accès aux documents administratifs ;

8° Le décret n° 2001-493 du 6 juin 2001 pris pour l'application de l'article 4 de la loi n° 78-753 du 17 juillet 1978 et relatif aux modalités de communication des documents administratifs.

Art. 51. – Les articles 6 et 9 à 14 peuvent être modifiés par décret.

■ ARRÊTÉ DU 12 MARS 1986

fixant la liste des documents administratifs émanant des services placés sous l'autorité ou le contrôle du ministre du travail, de l'emploi et de la formation professionnelle qui ne peuvent pas être communiqués au public (JO 19).

Arrête :

Art. 1er. – Les documents administratifs émanant des services, établissements et organismes placés sous l'autorité ou le contrôle du ministre du travail, de l'emploi et de la formation professionnelle ne peuvent, sous réserve des dispositions de la loi du 3 janvier 1979 susvisée sur les archives, être communiqués au public lorsqu'ils entrent dans l'une des catégories fixées par la liste ci-après :

....

4. *Documents dont la communication porterait atteinte au secret en matière commerciale et industrielle :*

4.1. Informations techniques, économiques, commerciales, comptables ou financières sur une entreprise publique ou privée, recueillies à l'occasion de contrôles, enquêtes ou vérifications exercés par ou pour le compte des services de l'État.

4.2. Sans préjudice de l'application des dispositions des articles 3 et 6 *bis* de la loi du 17 juillet 1978 susvisée, informations techniques, économiques, comptables ou financières transmises par les entreprises à l'administration en application du code du travail et des lois et règlements non codifiés relatifs au régime du travail, et notamment :

– les justifications annuelles des entreprises assujetties au financement de la formation professionnelle continue ;

– les renseignements statistiques et financiers fournis annuellement à l'administration par les fonds d'assurance formation et les dispensateurs de formation.

4.3. Informations techniques, commerciales, comptables ou financières, produites par une entreprise qui sollicite une aide de l'État en matière d'emploi, de formation professionnelle ou pour l'amélioration des conditions de travail.

4.4. Informations techniques, commerciales, financières ou économiques, fournies à l'administration par une entreprise et contenues :

– dans les documents produits en vue d'obtenir l'autorisation de procéder à une modification des horaires, à une mise en chômage partiel du personnel, à un licenciement pour motif économique, sans préjudice de l'application des dispositions des articles 3 et 6 *bis* de la loi du 17 juillet 1978 susvisée ;

– dans les documents relatifs aux substances et préparations destinées à être mises pour la première fois sur le marché ;

– dans les dossiers fournis à l'appui d'une demande d'agrément du ministre chargé du travail par des organismes techniques pour des prélèvements, des analyses ou des vérifications relatifs à l'hygiène et à la sécurité du travail ;

– dans les documents relatifs aux matériels, machines et leurs éléments, aux protecteurs de machines, aux dispositifs, équipements et produits de protection, soumis à la procédure d'homologation ou de visa d'examen technique ;

– dans les documents présentés à l'appui d'une demande d'homologation d'un contrat d'intéressement des travailleurs à l'entreprise ou d'un accord de participation des salariés aux fruits de l'expansion de l'entreprise.

4.5. Documents contenant des éléments techniques et financiers sur des entreprises parties à des procédures de conclusion de marchés publics et sur leurs propositions ou leurs offres.

4.6. Documents décrivant les besoins individualisés des entreprises en personnel, tels qu'ils sont formulés auprès du service public de l'emploi.

4.7. Données recueillies à l'occasion d'enquêtes lorsqu'elles sont de nature à révéler des informations couvertes par le secret industriel et commercial relatives à des entreprises identifiables du fait du petit nombre d'unités concernées ou de la position dominante de l'une d'entre elles.

4.8. Documents scientifiques relatifs aux programmes, contrats ou travaux de recherche en cours dans les établissements d'enseignement et de recherche ou les organismes d'études sous tutelle.

5. *Documents dont la communication porterait atteinte à un secret protégé par la loi :*

Documents révélant l'origine des plaintes signalant aux services chargés de l'inspection du travail la méconnaissance par un employeur des dispositions du droit du travail.

....

LOI 2000-321 DU 12 AVRIL 2000

relative aux droits des citoyens dans leurs relations avec les administrations (JO 13)
modifiée notamment par lois 2001-1168 du 11 décembre 2001 (JO 12), 2003-590 du 2 juillet 2003 (JO 3), 2005-102 du 11 février 2005, art. 34 (JO 12), 2005-157 du 23 février 2005, art. 105 (JO 24), ordonnances 2005-856 du 28 juillet 2005, art. 6 (JO 29), 2005-1516 du 8 décembre 2005, art. 5, II (JO 9), loi 2006-1376 du 14 novembre 2006, art. 7, II (JO 15), loi 2007-1787 du 20 décembre 2007, art. 1er (JO 21), lois 2011-525 du 17 mai 2011, art. 4, 5, 6, 14 et 118 (JO 18) et 2011-1978 du 28 décembre 2011, art. 94 (JO 29).

Art. 1er. – Sont considérés comme autorités administratives au sens de la présente loi les administrations de l'État, les collectivités territoriales, les établissements publics à caractère administratif, les organismes de sécurité sociale et les autres organismes chargés de la gestion d'un service public administratif.

TITRE Ier – *Dispositions relatives à l'accès aux règles de droit et à la transparence*

CHAPITRE Ier – *Dispositions relatives à l'accès aux règles de droit*

Art. 2. – Le droit de toute personne à l'information est précisé et garanti par le présent chapitre en ce qui concerne la liberté d'accès aux règles de droit applicables aux citoyens.

Les autorités administratives sont tenues d'organiser un accès simple aux règles de droit qu'elles édictent. La mise à disposition et la diffusion des textes juridiques constituent une mission de service public au bon accomplissement de laquelle il appartient aux autorités administratives de veiller.

Les modalités d'application du présent article sont déterminées, en tant que de besoin, par décret en Conseil d'État.

Art. 3. – La codification législative rassemble et classe dans des codes thématiques l'ensemble des lois en vigueur à la date d'adoption de ces codes.

Cette codification se fait à droit constant, sous réserve des modifications nécessaires pour améliorer la cohérence rédactionnelle des textes rassemblés, assurer le respect de la hiérarchie des normes et harmoniser l'état du droit.

CHAPITRE II – *Dispositions relatives à la transparence administrative*

Art. 4. – Dans ses relations avec l'une des autorités administratives mentionnées à l'article 1er, toute personne a le droit de connaître le prénom, le nom, la qualité et l'adresse administratives de l'agent chargé d'instruire sa demande ou de traiter l'affaire qui la concerne ; ces éléments figurent sur les correspondances qui lui sont adressées. Si des motifs intéressant la sécurité publique ou la sécurité des personnes le justifient, l'anonymat de l'agent est respecté.

Toute décision prise par l'une des autorités administratives mentionnées à l'article 1er comporte, outre la signature de son auteur, la mention, en caractères lisibles, du prénom, du nom et de la qualité de celui-ci.

Art. 5. – La loi n° 78-17 du 6 janvier 1978 relative à l'informatique, aux fichiers et aux libertés est ainsi modifiée :

1° L'article 28 est ainsi rédigé :

« *Art. 28.* - I. - Au-delà de la durée nécessaire à la réalisation des finalités pour lesquelles elles ont été collectées ou traitées, les informations ne peuvent être conservées sous une forme nominative qu'en vue de leur traitement à des fins historiques, statistiques ou scientifiques. Le choix des informations qui seront ainsi conservées est opéré dans les conditions prévues à l'article 4-1 de la loi n° 79-18 du 3 janvier 1979 sur les archives.

« II. - Les informations ainsi conservées, autres que celles visées à l'article 31, ne peuvent faire l'objet d'un traitement à d'autres fins qu'à des fins historiques, statistiques ou scientifiques, à moins que ce traitement n'ait reçu l'accord exprès des intéressés ou ne soit autorisé par la commission dans l'intérêt des personnes concernées.

« Lorsque ces informations comportent des données mentionnées à l'article 31, un tel traitement ne peut être mis en œuvre, à moins qu'il n'ait reçu l'accord exprès des intéressés, ou qu'il n'ait été autorisé, pour des motifs d'intérêt public et dans l'intérêt des personnes concernées, par décret en Conseil d'État sur proposition ou avis conforme de la commission. » ;

2° Il est inséré, après l'article 29, un article 29-1 ainsi rédigé :

« *Art. 29-1.* - Les dispositions de la présente loi ne font pas obstacle à l'application, au bénéfice de tiers, des dispositions du titre Ier de la loi n° 78-753 du 17 juillet 1978 portant diverses mesures d'amélioration des relations entre l'administration et le public et diverses dispositions d'ordre administratif, social et fiscal et des dispositions du titre II de la loi n° 79-18 du 3 janvier 1979 précitée.

« En conséquence, ne peut être regardé comme un tiers non autorisé au sens de l'article 29 le titulaire d'un droit d'accès aux documents administratifs ou aux archives publiques exercé conformément aux lois n° 78-753 du 17 juillet 1978 précitée et n° 79-18 du 3 janvier 1979 précitée. » ;

3° Il est inséré, après l'article 33, un article 33-1 ainsi rédigé :

« *Art. 33-1.* - Les modalités d'application du présent chapitre sont fixées par décret en Conseil d'État pris après avis de la commission. » ;

4° La dernière phrase du deuxième alinéa de l'article 40-3 est remplacée par deux phrases ainsi rédigées :

« La demande d'autorisation comporte la justification scientifique et technique de la dérogation et l'indication de la période nécessaire à la recherche. À l'issue de cette période, les données sont conservées et traitées dans les conditions fixées à l'article 28. » ;

5° Dans le premier alinéa de l'article 45, les références : « 27, 29 » sont remplacées par les références : « 27, 28, 29, 29-1 ».

Art. 6. – L'article 226-20 du code pénal est ainsi rédigé :

« *Art. 226-20.* - I. - Le fait de conserver des informations sous une forme nominative au-delà de la durée prévue par la demande d'avis ou la déclaration préalable à la mise en œuvre du traitement informatisé est puni de trois ans d'emprisonnement et de 300 000 F d'amende, sauf si cette conservation est effectuée à des fins historiques, statistiques ou scientifiques dans les conditions prévues par la loi.

« II. - Le fait de traiter des informations nominatives conservées au-delà de la durée mentionnée au I à des fins autres qu'historiques, statistiques ou scientifiques est puni des mêmes peines, sauf si ce traitement a été autorisé dans les conditions prévues par la loi. »

Art. 7. – Le titre Ier de la loi n° 78-753 du 17 juillet 1978 portant diverses mesures d'amélioration des relations entre l'administration et le public et diverses dispositions d'ordre administratif, social et fiscal, est ainsi modifié :

1° Au premier alinéa de l'article 1er, les mots : « de caractère non nominatif » sont supprimés ;

2° Le deuxième alinéa de l'article 1er est remplacé par deux alinéas ainsi rédigés :

« Sont considérés comme documents administratifs, au sens du présent titre, tous dossiers, rapports, études, comptes rendus, procès-verbaux, statistiques, directives, instructions, circulaires, notes et réponses ministérielles qui comportent une interprétation du droit positif ou une description des procédures administratives, avis, prévisions et décisions, qui émanent de l'État, des collectivités territoriales, des établissements publics ou des organismes de droit public ou privé chargés de la gestion d'un service public. Ces documents peuvent revêtir la forme d'écrits, d'enregistrements sonores ou visuels, de documents existant sur support informatique ou pouvant être obtenus par un traitement automatisé d'usage courant.

« Ne sont pas considérés comme documents administratifs, au sens du présent titre, les actes des assemblées parlementaires, les avis du Conseil d'État et des juridictions administratives, les documents de la Cour des comptes mentionnés à l'article L. 140-9 du code des juridictions financières et les documents des chambres régionales des comptes mentionnés à l'article L. 241-6 du même code, les documents d'instruction des réclamations adressées au Médiateur de la République et les documents préalables à l'élaboration du rapport d'accréditation des établissements de santé visé à l'article L. 710-5 du code de la santé publique. » ;

3° L'article 2 est ainsi rédigé :

« *Art. 2.* - Sous réserve des dispositions de l'article 6, les autorités mentionnées à l'article 1er sont tenues de communiquer les documents administratifs qu'elles détiennent aux personnes qui en font la demande, dans les conditions prévues par le présent titre.

« Le droit à communication ne s'applique qu'à des documents achevés. Il ne concerne pas les documents préparatoires à une décision administrative tant qu'elle est en cours d'élaboration. Il ne s'exerce plus lorsque les documents font l'objet d'une diffusion publique. Il ne s'applique pas aux documents réalisés dans le cadre d'un contrat de prestation de service exécuté pour le compte d'une ou de plusieurs personnes déterminées.

« L'administration sollicitée n'est pas tenue de donner suite aux demandes abusives, en particulier par leur nombre, leur caractère répétitif ou systématique. » ;

4° L'article 4 est ainsi rédigé :

« *Art. 4.* - L'accès aux documents administratifs s'exerce :

« *a)* Par consultation gratuite sur place, sauf si la préservation du document ne le permet pas ;

« *b)* Sous réserve que la reproduction ne nuise pas à la conservation du document, par la délivrance d'une copie facilement intelligible sur un support identique à celui utilisé par l'administration ou sur papier, au choix du demandeur dans la limite des possibilités techniques de l'administration et aux frais de ce dernier, sans que ces frais puissent excéder le coût de cette reproduction, dans des conditions prévues par décret. » ;

5° Les deux premiers alinéas de l'article 5 sont remplacés par trois alinéas ainsi rédigés :

« Une commission dite "Commission d'accès aux documents administratifs" est chargée de veiller au respect de la liberté d'accès aux documents administratifs et aux archives publiques, dans les conditions prévues par le présent titre et par le titre II de la loi n° 79-18 du 3 janvier 1979 sur les archives. Elle émet des avis lorsqu'elle est saisie par une personne qui rencontre des difficultés pour obtenir la communication d'un document administratif ou pour consulter des documents d'archives publiques, à l'exception des documents mentionnés au 3° de l'article 3 de la loi n° 79-18 du 3 janvier 1979 précitée. La saisine de la commission pour avis est un préalable obligatoire à l'exercice d'un recours contentieux.

« Elle conseille les autorités compétentes sur toute question relative à l'application du présent titre et des dispositions susmentionnées de la loi n° 79-18 du 3 janvier 1979 précitée. Elle peut proposer, à la demande de l'autorité compétente ou à son initiative, toutes modifications de ces textes et toutes mesures de nature à faciliter l'exercice du droit d'accès aux documents administratifs et aux archives publiques et à renforcer la transparence administrative.

« La commission établit un rapport annuel qui est rendu public. Ce rapport retrace notamment les principales difficultés rencontrées par les personnes, au regard des différentes catégories de documents ou d'archives. » ;

6° Après l'article 5, il est inséré un article 5-1 ainsi rédigé :

« *Art. 5-1.* - La Commission d'accès aux documents administratifs est également compétente pour examiner, dans les conditions prévues aux articles 2 et 5, les questions relatives à l'accès aux documents administratifs mentionnés aux dispositions suivantes :

« - l'article L. 2121-26 du code général des collectivités territoriales ;

« - l'article L. 28 du code électoral ;

« - le b de l'article L. 104 du livre des procédures fiscales ;

« - l'article L. 111 du livre des procédures fiscales ;

« - l'article 5 de la loi du 1er juillet 1901 relative au contrat d'association et l'article 2 du décret du 16 août 1901 ;

« - l'article 79 du code civil local d'Alsace-Moselle ;

« - les articles L. 213-13 et L. 332-29 du code de l'urbanisme. » ;

7° L'article 6 est ainsi rédigé :

« *Art. 6.* - I. - Ne sont pas communicables les documents administratifs dont la consultation ou la communication porterait atteinte :

« - au secret des délibérations du Gouvernement et des autorités responsables relevant du pouvoir exécutif ;

« - au secret de la défense nationale ;

« - à la conduite de la politique extérieure de la France ;

« - à la sûreté de l'État, à la sécurité publique ou à la sécurité des personnes ;

« - à la monnaie et au crédit public ;

« - au déroulement des procédures engagées devant les juridictions ou d'opérations préliminaires à de telles procédures, sauf autorisation donnée par l'autorité compétente ;

« - à la recherche, par les services compétents, des infractions fiscales et douanières ;

« - ou, de façon générale, aux secrets protégés par la loi.

« II. - Ne sont communicables qu'à l'intéressé les documents administratifs :

« - dont la communication porterait atteinte au secret de la vie privée et des dossiers personnels, au secret médical et au secret en matière commerciale et industrielle ;

« - portant une appréciation ou un jugement de valeur sur une personne physique, nommément désignée ou facilement identifiable ;

« - faisant apparaître le comportement d'une personne, dès lors que la divulgation de ce comportement pourrait lui porter préjudice.

« Les informations à caractère médical ne peuvent être communiquées à l'intéressé que par l'intermédiaire d'un médecin qu'il désigne à cet effet. » ;

8° L'article 6 *bis* est abrogé ;

9° L'article 13 est complété par une phrase ainsi rédigée :

« Les documents administratifs non communicables au sens du présent titre deviennent consultables au terme des délais et dans les conditions fixées par les articles 6 et 7 de la loi n° 79-18 du 3 janvier 1979 précitée. »

Art. 8. – L'article L. 140-9 du code des juridictions financières est complété par un alinéa ainsi rédigé :

« À ce titre, elles ne sont notamment pas applicables aux rapports de vérification et avis des comités régionaux ou départementaux d'examen des comptes des organismes de sécurité sociale visés à l'article L. 134-2. »

Art. 9. – La loi n° 79-18 du 3 janvier 1979 sur les archives est ainsi modifiée :

1° Dans le premier alinéa de l'article 4, après les mots : « visés à l'article 3 », sont insérés les mots : « et autres que ceux visés à l'article 4-1. » ;

2° Il est inséré, après l'article 4, un article 4-1 ainsi rédigé :

« *Art. 4-1.* - Lorsque les documents visés à l'article 3 comportent des informations nominatives collectées dans le cadre de traitements automatisés régis par la loi n° 78-17 du 6 janvier 1978 relative à l'informatique, aux fichiers et aux libertés, ces informations font l'objet, à l'expiration de la durée prévue à l'article 28 de ladite loi, d'un tri pour déterminer les informations destinées à être conservées et celles, dépourvues d'intérêt scientifique, statistique ou historique, destinées à être détruites.

« Les catégories d'informations destinées à la destruction ainsi que les conditions de leur destruction sont fixées par accord entre l'autorité qui les a produites ou reçues et l'administration des archives. »

CHAPITRE III – *Dispositions relatives à la transparence financière*

Note Voir décret 2001-495 du 6 juin 2001 relatif à la transparence financière des aides octroyées par les personnes publiques (JO 10).

....

TITRE II – *Dispositions relatives aux relations des citoyens avec les administrations*

CHAPITRE Ier – *Dispositions relatives à l'amélioration des procédures administratives*

(L. 2011-525 du 17 mai 2011, art. 4, JO 18) « **Art. 16 A.** – I. – Les autorités administratives échangent entre elles toutes informations ou données strictement nécessaires pour traiter les demandes présentées par un usager.

Une autorité administrative chargée d'instruire une demande présentée par un usager fait connaître à celui-ci les informations ou données qui sont nécessaires à l'instruction de sa demande et celles qu'elle se procure directement auprès d'autres autorités administratives françaises, dont elles émanent ou qui les détiennent en vertu de leur mission.

L'usager est informé du droit d'accès et de rectification dont il dispose sur ces informations ou données.

Les échanges d'informations ou de données entre autorités administratives s'effectuent selon des modalités prévues par décret en Conseil d'État, pris après avis motivé et publié de la Commission nationale de l'informatique et des libertés, qui fixe les domaines et les procédures concernés par les échanges d'informations ou de données, la liste des autorités administratives auprès desquelles la demande de communication s'effectue en fonction du type d'informations ou de données et les critères de sécurité et de confidentialité nécessaires pour garantir la qualité et la fiabilité des échanges. Ce décret précise également les informations ou données qui, en raison de leur nature, notamment parce qu'elles touchent au secret médical et au secret de la défense nationale, ne peuvent faire l'objet de cette communication directe.

II. – Un usager présentant une demande dans le cadre d'une procédure entrant dans le champ du dernier alinéa du I ne peut être tenu de produire des informations ou données qu'il a déjà produites auprès de la même autorité ou d'une autre autorité administrative participant au même système d'échanges de données. Il informe par tout moyen l'autorité administrative du lieu et de la période de la première production du document. Le délai de conservation des informations et données applicable à chaque système d'échange est fixé par décret en Conseil d'État.

III. – Lorsque les informations ou données nécessaires pour traiter la demande ne peuvent être obtenues directement auprès d'une autre autorité administrative dans les conditions prévues aux I ou II, l'usager les communique à l'autorité administrative. »

Art. 16. – Toute personne tenue de respecter une date limite ou un délai pour présenter une demande, déposer une déclaration, exécuter un paiement ou produire un document auprès d'une autorité administrative peut satisfaire à cette obligation au plus tard à la date prescrite au moyen d'un envoi postal, le cachet de la poste faisant foi, *(Ord. 2005-1516 du 8 déc. 2005, art. 5, II)* « ou d'un envoi par voie électronique, auquel cas fait foi la date figurant sur l'accusé de réception ou, le cas échéant, sur l'accusé d'enregistrement adressé à l'usager par la même voie conformément aux dispositions du I de l'article 5 de l'ordonnance n° 2005-1516 du 8 décembre 2005 relative aux échanges électroniques entre les usagers et les autorités administratives et entre les autorités administratives. » Ces dispositions ne sont applicables ni aux procédures régies par le code des marchés publics, *(L. 2001-1168 du 11 déc. 2001)* « ni à celles relevant des articles L. 1411-1 et suivants du code général des collectivités territoriales, » ni à celles pour lesquelles la présence personnelle du demandeur est exigée en application d'une disposition particulière.

Les modalités d'application du présent article sont fixées par décret en Conseil d'État.

(L. 2007-1787 du 20 déc. 2007, art. 1er, JO 21) « **Art. 16-1.** – L'autorité *(L. 2011-525 du 17 mai 2011, art. 4, JO 18)* « compétente » est tenue, d'office ou à la demande d'une personne intéressée, d'abroger expressément tout règlement illégal ou sans objet, que cette situation existe depuis la publication du règlement ou qu'elle résulte de circonstances de droit ou de fait postérieures à cette date. »

Art. 17. – La loi n° 80-539 du 16 juillet 1980 relative aux astreintes prononcées en matière administrative et à l'exécution des jugements par les personnes morales de droit public est ainsi modifiée :

1° Au premier alinéa du I de l'article 1er, les mots : « quatre mois » sont remplacés par les mots : « deux mois » ;

2° Dans la dernière phrase du deuxième alinéa du I de cet article, les mots : « six mois » sont remplacés par les mots : « quatre mois » ;

3° Dans la première phrase du premier alinéa du II de cet article, les mots : « quatre mois » sont remplacés par les mots : « deux mois » ;

4° Il est inséré, après l'article 1er, un article 1er-1, ainsi rédigé :

« Art. 1er-1. - Les dispositions de l'article 1er sont applicables aux décisions du juge des référés accordant une provision. »

CHAPITRE II – *Dispositions relatives au régime des décisions prises par les autorités administratives*

Note Voir décret 2001-492 du 6 juin 2001 pris pour l'application de ce chapitre et relatif à l'accusé de réception des demandes présentées aux autorités administratives (JO 10).

Art. 18. – Sont considérées comme des demandes au sens du présent chapitre les demandes et les réclamations, y compris les recours gracieux ou hiérarchiques, adressées aux autorités administratives.

À l'exception de celles de l'article 21, les dispositions des articles 19 à 24 ne s'appliquent pas aux relations entre les autorités administratives et leurs agents.

Art. 19. – Toute demande adressée à une autorité administrative fait l'objet d'un accusé de réception délivré dans des conditions définies par décret en Conseil d'État. Ce décret détermine les cas dans lesquels il n'est pas accusé réception des demandes en raison de la brièveté du délai imparti à l'autorité pour répondre, ou lorsque la demande n'appelle pas d'autre réponse que le service d'une prestation ou la délivrance d'un document prévus par les lois et les règlements.

L'autorité administrative n'est pas tenue d'accuser réception des demandes abusives, notamment par leur nombre, leur caractère répétitif ou systématique.

Les délais de recours ne sont pas opposables à l'auteur d'une demande lorsque l'accusé de réception ne lui a pas été transmis ou ne comporte pas les indications prévues par le décret mentionné au premier alinéa.

Le défaut de délivrance d'un accusé de réception n'emporte pas l'inopposabilité des délais de recours à l'encontre de l'auteur de la demande lorsqu'une décision expresse lui a été régulièrement notifiée avant l'expiration du délai au terme duquel est susceptible de naître une décision implicite.

Les dispositions du présent article ne sont pas applicables aux demandes dont l'accusé de réception est régi par des dispositions spéciales.

(L. 2011-525 du 17 mai 2011, art. 6, JO 18) « **Art. 19-1.** – Lorsqu'une demande adressée à une autorité administrative est affectée par un vice de forme ou de procédure faisant obstacle à son examen et que ce vice est susceptible d'être couvert dans les délais légaux, l'autorité invite l'auteur de la demande à la régulariser en lui indiquant le délai imparti pour cette régularisation, les formalités ou les procédures à respecter ainsi que les dispositions légales et réglementaires qui les prévoient. Les délais de recours ne sont pas opposables à l'auteur de la demande lorsque la réponse de l'administration ne comporte pas les indications mentionnées à la phrase précédente.

Un décret en Conseil d'État fixe les conditions d'application du présent article. »

(L. 2011-525 du 17 mai 2011, art. 14, JO 18) « **Art. 19-2.** – Lorsque le recours contentieux à l'encontre d'une décision administrative est subordonné à l'exercice préalable d'un recours administratif, cette décision est notifiée avec l'indication de cette obligation ainsi que des voies et délais selon lesquels ce recours peut être exercé. Il est également précisé que l'autorité administrative statuera sur le fondement de la situation de fait et de droit à la date de sa décision, sauf mention contraire dans une loi ou un règlement.

Les modalités d'application du présent article sont fixées par décret en Conseil d'État. »

Art. 20. – Lorsqu'une demande est adressée à une autorité administrative incompétente, cette dernière la transmet à l'autorité administrative compétente et en avise l'intéressé.

Le délai au terme duquel est susceptible d'intervenir une décision implicite de rejet court à compter de la date de réception de la demande par l'autorité initialement saisie.

Le délai au terme duquel est susceptible d'intervenir une décision implicite d'acceptation ne court qu'à compter de la date de réception de la demande par l'autorité compétente.

Dans tous les cas, l'accusé de réception est délivré par l'autorité compétente.

(L. 2011-525 du 17 mai 2011, art. 14, JO 18) « **Art. 20-1.** – Lorsque le recours contentieux à l'encontre d'une décision administrative est subordonné à l'exercice préalable d'un recours administratif, la présentation d'un recours gracieux ou hiérarchique ne conserve pas le délai imparti pour exercer le recours administratif préalable obligatoire non plus que le délai de recours contentieux.

L'autorité administrative qui a pris la décision initiale peut la retirer d'office si elle est illégale tant que l'autorité chargée de statuer sur le recours administratif préalable obligatoire ne s'est pas prononcée. »

Art. 21. – Sauf dans les cas où un régime de décision implicite d'acceptation est institué dans les conditions prévues à l'article 22, le silence gardé pendant plus de deux mois par l'autorité administrative sur une demande vaut décision de rejet.

Lorsque la complexité ou l'urgence de la procédure le justifie, des décrets en Conseil d'État prévoient un délai différent.

Note Voir décret 2001-532 du 20 juin 2001 relatif au régime des décisions implicites prises par les autorités administratives relevant du ministère de l'Emploi et de la Solidarité et portant application des articles 21 et 22 de cette loi (JO 22).

Art. 22. – Le silence gardé pendant deux mois par l'autorité administrative sur une demande vaut décision d'acceptation dans les cas prévus par décrets en Conseil d'État. Cette décision peut, à la demande de l'intéressé, faire l'objet d'une attestation délivrée par l'autorité administrative. Lorsque la complexité ou l'urgence de la procédure le justifie, ces décrets prévoient un délai différent. Ils définissent, lorsque cela est nécessaire, les mesures destinées à assurer l'information des tiers.

Toutefois, ces décrets ne peuvent instituer un régime de décision implicite d'acceptation lorsque les engagements internationaux de la France, l'ordre public, la protection des libertés ou la sauvegarde des autres principes de valeur constitutionnelle s'y opposent. De même, sauf dans le domaine de la sécurité sociale, ils ne peuvent instituer aucun régime d'acceptation implicite d'une demande présentant un caractère financier.

(L. 2006-1376 du 14 nov. 2006, art. 7, II) « **Art. 22-1** – Par dérogation aux articles 21 et 22 et sous réserve d'exceptions prévues par décret en Conseil d'État, lorsque, en cas de doute sur l'authenticité ou l'exactitude d'un acte de l'état civil étranger, l'autorité administrative saisie d'une demande d'établissement ou de délivrance d'un acte ou de titre procède ou fait procéder, en application de l'article 47 du code civil, aux vérifications utiles auprès de l'autorité étrangère compétente, le silence gardé pendant huit mois vaut décision de rejet.

Dans le délai prévu aux articles 21 et 22, l'autorité administrative informe par tous moyens l'intéressé de l'engagement de ces vérifications.

En cas de litige, le juge forme sa conviction au vu des éléments fournis tant par l'autorité administrative que par l'intéressé. »

Art. 23. – Une décision implicite d'acceptation peut être retirée, pour illégalité, par l'autorité administrative :

1° Pendant le délai de recours contentieux, lorsque des mesures d'information des tiers ont été mises en œuvre ;

2° Pendant le délai de deux mois à compter de la date à laquelle est intervenue la décision, lorsqu'aucune mesure d'information des tiers n'a été mise en œuvre ;

3° Pendant la durée de l'instance au cas où un recours contentieux a été formé.

Art. 24. – Exception faite des cas où il est statué sur une demande, les décisions individuelles qui doivent être motivées en application des articles 1er et 2 de la loi n° 79-587 du 11 juillet 1979 relative à la motivation des actes administratifs et à l'amélioration des relations entre l'administration et le public n'interviennent qu'après que la personne intéressée a été mise à même de présenter des observations écrites et, le cas échéant, sur sa demande, des observations orales. Cette personne peut se faire assister par un conseil ou représenter par un mandataire de son choix. L'autorité administrative n'est pas tenue de satisfaire les demandes d'audition abusives, notamment par leur nombre, leur caractère répétitif ou systématique.

Les dispositions de l'alinéa précédent ne sont pas applicables :

1° En cas d'urgence ou de circonstances exceptionnelles ;

2° Lorsque leur mise en œuvre serait de nature à compromettre l'ordre public ou la conduite des relations internationales ;

3° Aux décisions pour lesquelles des dispositions législatives ont instauré une procédure contradictoire particulière.

Les modalités d'application du présent article sont fixées en tant que de besoin par décret en Conseil d'État.

Art. 25. – Les décisions des organismes de sécurité sociale et de mutualité sociale agricole de salariés ou de non-salariés ordonnant le reversement des prestations sociales indûment perçues sont motivées. Elles indiquent les voies et délais de recours ouverts à l'assuré, ainsi que les conditions et les délais dans lesquels l'assuré peut présenter ses observations écrites ou orales. Dans ce dernier cas, l'assuré peut se faire assister par un conseil ou représenter par un mandataire de son choix.

TITRE III – *Dispositions relatives au Médiateur de la République*

Art. 26. – La loi n° 73-6 du 3 janvier 1973 instituant un Médiateur de la République est ainsi modifiée :

1° Après le deuxième alinéa de l'article 6, il est inséré un alinéa ainsi rédigé :

« Le Médiateur européen ou un homologue étranger du Médiateur de la République, saisi d'une réclamation qui lui paraît entrer dans la compétence et mériter l'intervention de ce dernier, peut lui transmettre cette réclamation. » ;

2° Il est inséré, après l'article 6, un article 6-1 ainsi rédigé :

« *Art. 6-1.* - Le Médiateur de la République dispose, sur l'ensemble du territoire, de délégués qu'il désigne.

« Ils apportent aux personnes visées au premier alinéa de l'article 6 les informations et l'assistance nécessaires à la présentation des réclamations.

« À la demande du Médiateur de la République, ils instruisent les réclamations qu'il leur confie et participent au règlement des difficultés dans leur ressort géographique.

« Un député ou un sénateur, saisi d'une réclamation qui lui paraît entrer dans la compétence et mériter l'intervention du Médiateur de la République, peut remettre cette réclamation à un délégué qui la transmet au Médiateur de la République. » ;

3° Le premier alinéa de l'article 9 est remplacé par trois alinéas ainsi rédigés :

« Lorsqu'une réclamation lui paraît justifiée, le Médiateur de la République fait toutes les recommandations qui lui paraissent de nature à régler les difficultés dont il est saisi et, notamment, recommande à l'organisme mis en cause toute solution permettant de régler en équité la situation de l'auteur de la réclamation.

« Lorsqu'il apparaît au Médiateur de la République qu'un organisme mentionné à l'article 1er n'a pas fonctionné conformément à la mission de service public qu'il doit assurer, il peut proposer à l'autorité compétente toutes mesures qu'il estime de nature à remédier à cette situation.

« Lorsqu'il lui apparaît que l'application de dispositions législatives ou réglementaires aboutit à des situations inéquitables, il peut suggérer les modifications qui lui paraissent opportunes. » ;

4° La deuxième phrase du second alinéa de l'article 9 est complétée par les mots « et ses propositions » ;

5° La seconde phrase de l'article 14 est complétée par les mots : « et fait l'objet d'une communication du Médiateur de la République devant chacune des deux assemblées. »

TITRE IV – *Dispositions relatives aux maisons des services publics*

Art. 27. – Afin de faciliter les démarches des usagers et d'améliorer la proximité des services publics sur le territoire en milieu urbain et rural, une maison des services publics réunit des services publics relevant de l'État ou de ses établissements publics, des collectivités territoriales ou de leurs établissements publics, des organismes de sécurité sociale ou d'autres organismes chargés d'une mission de service public parmi lesquels figure au moins une personne morale de droit public. *(L. 2005-157 du 23 févr. 2005, art. 107, JO 24)* « Des personnes dont l'activité ne relève pas d'une mission de service public peuvent également, dans le respect des règles applicables, notamment, en matière de concurrence, participer à une maison des services publics. »

(L. 2005-157 du 23 févr. 2005, art. 107, JO 24) « Les personnes exerçant dans les maisons des services publics sont régies par les dispositions prévues par leur statut ou leur contrat.

La maison des services publics est créée par une convention signée entre les responsables des services publics et, le cas échéant, des organismes privés, qui y participent. Lorsque aucun service de l'État ou de ses établissements publics n'y participe, le projet de convention est communiqué au représentant de l'État dans le département pour information ; dans le cas inverse, il lui est soumis pour approbation. »

Cette convention définit le cadre géographique dans lequel la maison des services publics exerce son activité, les missions qui y sont assurées, les modalités de désignation de son responsable, les prestations qu'elle peut délivrer et les décisions que son responsable peut prendre dans le domaine de compétence de son administration ou signer sur délégation de l'autorité compétente. La convention prévoit également les conditions dans lesquelles les personnels relevant des personnes morales qui y participent exercent leurs fonctions. Elle règle les modalités financières et matérielles de fonctionnement de la maison des services publics ainsi que les modalités d'accès aux services publics des personnes ayant des difficultés pour se déplacer. Les services publics concernés peuvent être proposés, notamment en milieu rural, de façon itinérante dans le cadre géographique défini par la convention.

Les modalités d'application du présent article sont fixées par décret en Conseil d'État.

Note Voir décret 2001-494 du 6 juin 2001 modifié pris pour l'application des articles 27 et 29 de cette loi et relatif aux maisons des services publics (JO 10).

(L. 2005-157 du 23 févr. 2005, art. 107, JO 24) « **Art. 27-1.** – Pour maintenir la présence dans une commune d'un service public de proximité, la personne publique qui en a la charge peut, dans le respect des règles applicables, notamment, en matière de concurrence, de déontologie et de confidentialité, confier, par convention, l'exécution de ce service à une personne dont l'activité habituelle ne relève pas d'une mission de service public. Dans l'hypothèse où cette personne n'est plus en mesure d'assurer ce service, cette convention précise les conditions du maintien du service public.

Lorsque le service en cause n'incombe pas à l'État ou à ses établissements publics administratifs, le projet de convention est communiqué au représentant de l'État pour information ; dans le cas inverse, il lui est soumis pour approbation. »

Art. 28. – I. - La première phrase du deuxième alinéa de l'article 29-1 de la loi n° 95-115 du 4 février 1995 d'orientation pour l'aménagement et le développement du territoire est ainsi rédigée :

« À cette fin, les organismes visés au premier alinéa peuvent, dans les conditions prévues par les articles 27 et 29 de la loi n° 2000-321 du 12 avril 2000 relative aux droits des citoyens dans leurs relations avec les administrations, créer des maisons des services publics ou participer à leur fonctionnement, afin d'offrir aux usagers un accès simple, en un lieu unique, à plusieurs services publics ; ces organismes peuvent également, aux mêmes fins et pour maintenir la présence d'un service public de proximité, conclure une convention régie par l'article 30 de la même loi. »

II. - Dans le IV de l'article 30 de la loi n° 99-533 du 25 juin 1999 d'orientation pour l'aménagement et le développement durable du territoire, après les mots : « maisons des services publics », sont insérés les mots : « prévues par l'article 27 de la loi n° 2000-321 du 12 avril 2000 relative aux droits des citoyens dans leurs relations avec les administrations. »

Art. 29. – *(Abrogé par L. 2011-525 du 17 mai 2011, art. 118, JO 18).*

Art. 30. – Une convention régie par les dispositions des troisième et quatrième alinéas de l'article 27 peut être conclue par une personne morale chargée d'une mission de service public avec l'État, une collectivité territoriale ou une autre personne morale chargée d'une mission de service public afin de maintenir la présence d'un service public de proximité.

(L. 2005-157 du 23 févr. 2005, art. 105, JO 24) « **Art. 30-1.** – La convention visée à l'article 30 précise les obligations réciproques des parties contractantes dans l'organisation et la mise en œuvre du service, sa durée, qui ne peut être inférieure à trois ans, les moyens humains, matériels et financiers mis à disposition par les différentes parties ainsi que, en zone de revitalisation rurale et en zone de redynamisation urbaine, le montant des remboursements de l'État prévus par le IV de l'article 30 de la loi n° 99-533 du 25 juin 1999 d'orientation pour l'aménagement et le développement durable du territoire et portant modification de la loi n° 95-115 du 4 février 1995 d'orientation pour l'aménagement et le développement du territoire. Toute autre collectivité publique ou toute autre personne de droit privé peut, à sa demande, être associée à cette convention, auquel cas les obligations de cette collectivité ou de cette personne sont précisées dans la convention qui comporte un dispositif d'évaluation.

Aucune contribution autre que celles figurant dans la convention ne peut être imposée aux collectivités territoriales et à leurs groupements. »

....

TITRE V – *Dispositions relatives à la fonction publique*

....

TITRE VI – *Dispositions diverses*

....

Art. 40. – L'article 28 de la loi n° 98-535 du 1er juillet 1998 relative au renforcement de la veille sanitaire et du contrôle de la sécurité sanitaire des produits destinés à l'homme est ainsi modifié :

1° Dans le premier alinéa, après les mots : « fonction publique de l'État », sont insérés les mots : « ou dans les services de médecine professionnelle et préventive des collectivités et établissements employant des agents régis par la loi n° 84-53 du 26 janvier 1984 portant dispositions statutaires relatives à la fonction publique territoriale » ;

2° Le 2° est complété par les mots : « pour les médecins exerçant dans les services médicaux du travail régis par le titre IV du livre II du code du travail ou dans les services de médecine de prévention des administrations et établissements publics de l'État et avant la fin de l'année universitaire 2001-2002 pour les médecins exerçant dans les services de médecine professionnelle et préventive des collectivités territoriales et des établissements publics territoriaux » ;

3° Dans l'avant-dernier alinéa, les mots : « en qualité de médecin de prévention » sont remplacés par les mots : « en qualité de médecins de médecine préventive ou de médecine professionnelle et préventive ».

Art. 41. – I. - Les articles 1er à 4, 5 à 7, 10 et 43 ainsi que le titre II, à l'exception des articles 17 et 25, sont applicables en Nouvelle-Calédonie, en Polynésie française et à Wallis-et-Futuna aux administrations de l'État et à leurs établissements publics.

Pour leur application en Nouvelle-Calédonie, en Polynésie française et à Wallis-et-Futuna, les références à la loi n° 79-18 du 3 janvier 1979 sur les archives sont remplacées par les références aux dispositions applicables localement en matière d'archives.

À l'article 10, pour son application en Nouvelle-Calédonie, en Polynésie française et à Wallis-et-Futuna, les mots : « préfecture du département », sont remplacés respectivement par les mots : « Haut-Commissariat de la Nouvelle-Calédonie », « Haut-Commissariat de la Polynésie française » et « Administration supérieure des îles Wallis-et-Futuna ».

II. - Les articles 1er à 4, 5 à 7, 9, 10, 43, le titre II, à l'exception des articles 17 et 25, ainsi que le titre IV, à l'exception de l'article 28, sont applicables dans la collectivité territoriale de Mayotte.

À l'article 10, les mots : « préfecture du département » sont remplacés par les mots : « représentation du Gouvernement dans la collectivité territoriale ».

Art. 42. – Le mandat des représentants titulaires et suppléants au comité technique paritaire ministériel institué par le décret n° 94-360 du 6 mai 1994 modifié relatif au comité technique paritaire ministériel du ministère de l'enseignement supérieur et de la recherche, est prorogé pour la période du 5 juillet 1997 au 30 juin 2000.

Art. 43. – Les articles 16 et 18 à 24 entreront en vigueur le premier jour du septième mois suivant celui de la promulgation de la présente loi.

....

Déconcentration des décisions administratives individuelles

■ DÉCRET 97-34 DU 15 JANVIER 1997 modifié

relatif à la déconcentration des décisions administratives individuelles (JO 18).

Art. 1er. – Les décisions administratives individuelles entrant dans le champ des compétences des administrations civiles de l'État, à l'exception de celles concernant les agents publics, sont prises par le préfet.

Toutefois, restent applicables les dispositions en vigueur à la date de publication du présent décret qui attribuent compétence pour prendre de telles décisions *(Décr. 97-463 du 9 mai 1997)* « aux chefs des services à compétence nationale, » au préfet de zone, au préfet de région, *(Décr. 97-1205 du 19 décembre 1997)* « au préfet de police, au préfet maritime, aux autres autorités déconcentrées de l'État ou à leurs agents », aux magistrats de l'ordre administratif ou judiciaire et aux maires.

Art. 2. – *(D. 2007-139 du 1er févr. 2007, JO 2)* « Par dérogation aux dispositions de l'article 1er, des décrets en Conseil d'État fixent la liste des décisions qui sont prises par les ministres ou par décret.

En outre, des décrets en Conseil d'État déterminent les décisions qui sont prises par les chefs des services à compétence nationale, le préfet de zone, le préfet de région, le préfet de police, le préfet maritime, les autres autorités déconcentrées de l'État, ou leurs agents, pour l'exercice des missions mentionnées aux articles 32 et 33 du décret du 29 avril 2004 relatif aux pouvoirs des préfets, à l'organisation et à l'action des services de l'État dans les régions et départements, les magistrats de l'ordre administratif ou judiciaire et les maires. »

Art. 2-1. – *(D. 2007-139 du 1er févr. 2007, JO 2)* « Les décrets pris en application du 1° de l'article 2 du présent décret dans sa rédaction antérieure à l'intervention du décret n° 2007-139 du 1er février 2007 peuvent être modifiés par décret en Conseil d'État. »

Note 1° Voir décrets 97-1184, 97-1185 modifié (annexe) par décrets 2002-460 du 4 avril 2002 (JO 6), 2003-296 du 31 mars 2003 (JO 2 avr.) et 2005-545 du 26 mai 2005 (JO 27), 97-1187, 97-1189, 97-1191 modifié (annexe) par décret 2006-1377 du 14 novembre 2006 (JO 15), 97-1194, 97-1196, 97-1198 modifié (annexe) par décret 2005-1236 du 30 septembre 2005 (JO 1er oct.), 97-1200, 97-1202 modifié (annexe) par décret 2005-701 du 24 juin 2005 (JO 25), 97-1204 modifié (annexe) par décrets 99-259 du 31 mars 1999 (JO 3 avr.) et 2004-187 du 26 février 2004 (JO 28), 97-1206, 97-1207, 97-1208 du 24 décembre 1997 (JO 27), 2001-386 du 3 mai 2001 (JO 6).

2° Voir décrets 97-1186, 97-1188, 97-1190 modifié par décret 99-921 du 27 octobre 1999 (JO 31), 97-1192, 97-1195 modifié par décrets 2006-532 du 11 mai 2006 (JO 12), 2006-741 du 27 juin 2006 (JO 29) et 2008-1228 du 26 novembre 2008 (JO 28), 97-1197, 97-1199, 97-1201, 97-1203, 97-1209 du 24 décembre 1997 (JO 27), 99-239 du 24 mars 1999 (JO 28).

Art. 3. – Les dispositions de l'article 1er du présent décret entrent en vigueur le 1er janvier 1998.

Les dispositions réglementaires contraires au présent décret sont abrogées à compter de la même date.

Note Voir circulaire 24 décembre 1997 (JO 27).

Commissions administratives à caractère consultatif

■ DÉCRET 2006-672 DU 8 JUIN 2006

relatif à la création, à la composition et au fonctionnement de commissions administratives à caractère consultatif (JO 9) modifié par décret 2009-613 du 4 juin 2009 (JO 5).

Publication des instructions et circulaires

■ DÉCRET 2008-1281 DU 8 DÉCEMBRE 2008

relatif aux conditions de publication des instructions et circulaires (JO 10) modifié par décret 2009-471 du 28 avril 2009 (JO 29).

Note Voir aussi circulaire du Premier ministre 5515/SG du 25 février 2011 (JO 1er mars) mise en ligne sur le site internet dédié ; CE 16 avril 2010, n° 279817, *BS* 7/10 inf. 584 ; CE 23 février 2011, n° 334022.

Art. 1er. – Les circulaires et instructions adressées par les ministres aux services et établissements de l'État sont tenues à la disposition du public sur un site internet relevant du Premier ministre. Elles sont classées et répertoriées de manière à faciliter leur consultation.

Une circulaire ou une instruction qui ne figure pas sur le site mentionné au précédent alinéa n'est pas applicable. Les services ne peuvent en aucun cas s'en prévaloir à l'égard des administrés.

Cette publicité se fait sans préjudice des autres formes de publication éventuellement applicables à ces actes.

Art. 2. – L'article 1er prend effet à compter du 1er mai 2009.

Les circulaires et instructions déjà signées sont réputées abrogées si elles ne sont pas reprises sur le site mentionné à l'article 1er.

Les dispositions du précédent alinéa ne s'appliquent pas aux circulaires et instructions publiées avant le 1er mai 2009 dont la loi permet à un administré de se prévaloir.

....

Entrée en vigueur des normes concernant les entreprises

■ CIRCULAIRE DU 23 MAI 2011

relative aux dates communes d'entrée en vigueur des normes concernant les entreprises (JO 24).

....

ANNEXE – *Modalités de mise en œuvre du mécanisme des dates communes d'entrée en vigueur des textes réglementaires concernant les entreprises*

1. *Champ d'application.* Entrent dans le champ du mécanisme des dates communes d'entrée en vigueur l'ensemble des textes réglementaires concernant les entreprises, au sens de la circulaire du 17 février 2011 relative à la simplification des normes concernant les entreprises et les collectivités territoriales.

Tel est donc le cas de tout projet d'ordonnance, de décret ou d'arrêté comportant des mesures concernant les entreprises, c'est-à-dire susceptibles d'avoir une incidence sur elles, de quelque nature que ce soit. Dans le cadre d'une procédure d'extension ou d'agrément par voie réglementaire d'un accord, et dans le cas où les partenaires sociaux signataires de l'accord auraient expressément demandé son application la plus rapide possible, le dispositif prévu par la présente circulaire n'est toutefois pas applicable.

On prendra en compte dans toute la mesure du possible le mécanisme des dates communes d'entrée en vigueur dans la mise au point des projets de loi ou amendements gouvernementaux concernant les entreprises.

2. *Détermination de l'objectif calendaire d'entrée en vigueur aux premiers stades de l'élaboration du projet de texte.* La transmission au commissaire à la simplification du projet d'acte accompagné d'une fiche d'impact constituée suivant le modèle annexé à la circulaire précitée du 17 février 2011 sera l'occasion de définir l'objectif d'entrée en vigueur du projet d'acte, en tenant compte de la nécessité d'aménager un délai d'au moins deux mois entre sa publication et cette échéance d'entrée en vigueur. Cette réflexion intégrera en outre l'utilité d'éventuelles mesures transitoires pour régler au mieux les questions propres aux situations juridiques en cours.

On veillera à ce stade à déterminer des objectifs de publication et d'entrée en vigueur réalistes, tenant compte de délais raisonnables pour l'accomplissement de l'ensemble des obligations de consultation, y compris, le cas échéant, celle du Conseil d'État, ainsi que pour le recueil des contreseings et signatures.

La fiche transmise au commissaire fera ainsi apparaître le calendrier prévisionnel proposé, dans lequel seront notamment mentionnées les dates prévisionnelles de consultation des instances obligatoirement saisies du projet de texte en fonction de la programmation de leurs travaux.

Dans le cas où les règles d'entrée en vigueur différée au 1er janvier ou 1er juillet prescrites par la présente circulaire ne paraîtraient pas pouvoir être mises en œuvre, on s'interrogera sur la possibilité de retenir une solution d'entrée en vigueur différée au 1er avril ou 1er octobre. Ce n'est qu'à titre subsidiaire que seront examinées les solutions d'entrée en vigueur différée à d'autres dates ou d'entrée en vigueur sans différé. En toute hypothèse, il conviendra d'exposer le raisonnement tenu à cet égard dans l'étude d'impact due au commissaire à la simplification dès les premiers stades de l'élaboration du texte. Le commissaire en appréciera le bien-fondé.

3. *Mode de rédaction des dispositions d'entrée en vigueur.* Chaque texte entrant dans le champ du dispositif fixe expressément sa propre date d'entrée en vigueur à l'une des quatre échéances annuelles prédéfinies. Le cas échéant, des dates d'entrée en vigueur différenciées seront prévues selon ses dispositions.

La rédaction des dispositions d'entrée en vigueur pourra emprunter des formules du type :

« Le présent décret entre en vigueur le 1er octobre 2012 » ;

« Les dispositions du présent décret s'appliquent aux demandes présentées à compter du 1er juillet 2012 » ;

« Les dispositions du présent décret s'appliquent aux comptes des exercices ouverts à compter du 1er janvier 2012 ».

4. *Adjonction au projet d'acte d'une notice explicative.* Les projets d'arrêté et de décret entrant dans le champ du mécanisme des dates communes d'entrée en vigueur sont de ceux pour lesquels la rédaction d'une notice explicative se justifie tout particulièrement. Elle présente en effet un intérêt particulier pour des destinataires peu familiers de la rédaction des textes juridiques. Il peut s'agir notamment de très petites entreprises.

La rubrique « Entrée en vigueur » de la notice fera apparaître la ou les échéances prédéterminées retenues pour le texte dont il s'agit. Les éventuelles mesures transitoires doivent également y être mentionnées.

5. *Respect du calendrier prévisionnel initialement défini et de l'objectif de publication.* Il est de la responsabilité du ministère à l'origine du projet d'acte de veiller au respect du calendrier prévisionnel initialement présenté au commissaire à la simplification, dont dépendent les objectifs de publication et d'entrée en vigueur.

En cas de glissement de calendrier, il lui appartient de réexaminer celui-ci en en tenant informé le commissaire à la simplification. Si des modifications substantielles des dispositions d'entrée en vigueur ou des dispositions transitoires s'ensuivent, il faudra s'interroger sur les conséquences à en tirer sur les consultations obligatoires. Si celles-ci sont en cours, notamment celle du Conseil d'État, il sera envisagé d'amender en conséquence le texte à l'occasion de cet examen.

Dans cet effort de pilotage, le ministère porteur veillera à prendre en compte les délais nécessaires à la publication au *Journal officiel* des arrêtés ou à la présentation à la signature et à la publication des décrets.

Interdiction de la dissimulation du visage dans l'espace public

■ LOI 2010-1192 DU 11 OCTOBRE 2010
interdisant la dissimulation du visage dans l'espace public (JO 12).

Art. 1er. - Nul ne peut, dans l'espace public, porter une tenue destinée à dissimuler son visage.

Art. 2. - I. – Pour l'application de l'article 1er, l'espace public est constitué des voies publiques ainsi que des lieux ouverts au public ou affectés à un service public.

II. – L'interdiction prévue à l'article 1er ne s'applique pas si la tenue est prescrite ou autorisée par des dispositions législatives ou réglementaires, si elle est justifiée par des raisons de santé ou des motifs professionnels, ou si elle s'inscrit dans le cadre de pratiques sportives, de fêtes ou de manifestations artistiques ou traditionnelles.

Art. 3. - La méconnaissance de l'interdiction édictée à l'article 1er est punie de l'amende prévue pour les contraventions de la deuxième classe.

L'obligation d'accomplir le stage de citoyenneté mentionné au 8° de l'article 131-16 du code pénal peut être prononcée en même temps ou à la place de la peine d'amende.

Art. 4. - Après la section 1 *bis* du chapitre V du titre II du livre II du code pénal, il est inséré une section 1 *ter* ainsi rédigée :

« Section 1 *ter*

« De la dissimulation forcée du visage

« Art. 225-4-10. – Le fait pour toute personne d'imposer à une ou plusieurs autres personnes de dissimuler leur visage par menace, violence, contrainte, abus d'autorité ou abus de pouvoir, en raison de leur sexe, est puni d'un an d'emprisonnement et de 30 000 € d'amende.

« Lorsque le fait est commis au préjudice d'un mineur, les peines sont portées à deux ans d'emprisonnement et à 60 000 € d'amende. »

Art. 5. - Les articles 1er à 3 entrent en vigueur à l'expiration d'un délai de six mois à compter de la promulgation de la présente loi.

Art. 6. - La présente loi s'applique sur l'ensemble du territoire de la République.

Art. 7. - Le Gouvernement remet au Parlement un rapport sur l'application de la présente loi dix-huit mois après sa promulgation. Ce rapport dresse un bilan de la mise en œuvre de la présente loi, des mesures d'accompagnement élaborées par les pouvoirs publics et des difficultés rencontrées.

....

■ CIRCULAIRE DU 2 MARS 2011
relative à la mise en œuvre de la loi 2010-1192 du 11 octobre 2010 interdisant la dissimulation du visage dans l'espace public (JO 3).

....

La loi n° 2010-1192 du 11 octobre 2010 interdisant la dissimulation du visage dans l'espace public marque la volonté de la représentation nationale de réaffirmer solennellement les valeurs de la République et les exigences du vivre ensemble.

Se dissimuler le visage, c'est porter atteinte aux exigences minimales de la vie en société. Cela place en outre les personnes concernées dans une situation d'exclusion et d'infériorité incompatible avec les principes de liberté, d'égalité et de dignité humaine affirmés par la République française.

La République se vit à visage découvert. Parce qu'elle est fondée sur le rassemblement autour de valeurs communes et sur la construction d'un destin partagé, elle ne peut accepter les pratiques d'exclusion et de rejet, quels qu'en soient les prétextes ou les modalités.

La loi interdisant la dissimulation du visage dans l'espace public a été publiée au *Journal officiel* du 12 octobre 2010, après avoir été soumise au contrôle du Conseil constitutionnel.

Elle pose le principe d'une interdiction générale de la dissimulation du visage dans l'espace public, son article 1er énonçant à cet effet que *« nul ne peut, dans l'espace public, porter une tenue destinée à dissimuler son visage »*. La loi sanctionne également le fait de contraindre un tiers à dissimuler son visage.

Si cette dernière sanction est entrée en vigueur immédiatement, la loi a prévu que la mesure d'interdiction générale de la dissimulation du visage ne serait applicable qu'à l'expiration d'un délai de six mois à compter de sa promulgation.

Cette interdiction prendra donc effet à partir du 11 avril 2011. Il vous appartiendra de veiller à ce qu'elle soit pleinement respectée dans l'ensemble des services relevant de votre autorité ou placés sous votre tutelle.

La période de six mois prévue avant l'entrée en vigueur de l'interdiction générale a été mise à profit, dans le respect de la volonté du législateur, pour préparer les éléments d'information et de communication nécessaires à la sensibilisation du public, plus particulièrement l'information des personnes directement concernées par des pratiques de dissimulation du visage.

Dans le respect de vos attributions respectives et en vous appuyant sur les réseaux de proximité de vos administrations, il vous appartient de mettre en œuvre les campagnes d'information adaptées, afin de contribuer efficacement à la bonne compréhension de la loi du 11 octobre 2010 et à son application effective.

La présente circulaire présente à cet effet les dispositions de la loi et ses modalités d'application.

I. – *Le champ d'application de la loi*

1. Les éléments constitutifs de la dissimulation du visage dans l'espace public. La dissimulation du visage dans l'espace public est interdite à compter du 11 avril 2011 sur l'ensemble du territoire de la République, en métropole comme en outre-mer. Cette infraction est constituée dès lors qu'une personne porte une tenue destinée à dissimuler son visage et qu'elle se trouve dans l'espace public ; ces deux conditions sont nécessaires et suffisantes.

a) La dissimulation du visage. **La portée de l'interdiction.** Les tenues destinées à dissimuler le visage sont celles qui rendent impossible l'identification de la personne. Il n'est pas nécessaire, à cet effet, que le visage soit intégralement dissimulé.

Sont notamment interdits, sans prétendre à l'exhaustivité, le port de cagoules, de voiles intégraux (burqa, niqab...), de masques ou de tout autre accessoire ou vêtement ayant pour effet, pris isolément ou associé avec d'autres, de dissimuler le visage. Dès lors que l'infraction est une contravention, l'existence d'une intention est indifférente : il suffit que la tenue soit destinée à dissimuler le visage.

Les exceptions légales. L'article 2 de la loi prévoit plusieurs exceptions à l'interdiction de la dissimulation du visage.

En premier lieu, l'interdiction ne s'applique pas *« si la tenue est prescrite ou autorisée par des dispositions législatives ou réglementaires »*. Il s'agit par exemple de l'article L. 431-1 du code de la route qui impose le port du casque aux conducteurs de deux-roues à moteur.

En deuxième lieu, l'interdiction ne s'applique pas « si la tenue est justifiée par des raisons de santé ou des motifs professionnels ». Les motifs professionnels concernent notamment le champ couvert par l'article L. 4122-1 du code du travail aux termes duquel *« les instructions de l'employeur précisent, en particulier lorsque la nature des risques le justifie, les conditions d'utilisation des équipements de travail, des moyens de protection, des substances et préparations dangereuses. Elles sont adaptées à la nature des tâches à accomplir »*.

Enfin, l'interdiction ne s'applique pas *« si elle s'inscrit dans le cadre de pratiques sportives, de fêtes ou de manifestations artistiques ou traditionnelles »*. Ainsi les processions religieuses, dès lors qu'elles présentent un caractère traditionnel, entrent dans le champ des exceptions à l'interdiction posée par l'article 1er. Au titre des pratiques sportives figurent les protections du visage prévues dans plusieurs disciplines.

Les dispositions de la loi du 11 octobre 2010 s'appliquent sans préjudice des dispositions qui interdisent ou réglementent, par ailleurs, le port de tenues dans certains services publics et qui demeurent en vigueur.

Il en est ainsi de la loi n° 2004-228 du 15 mars 2004 encadrant, en application du principe de laïcité, le port de signes ou de tenues manifestant une appartenance religieuse dans les écoles, collèges et lycées publics (article L. 141-5-1 du code de l'éducation nationale et circulaire d'application du 18 mai 2004). Demeurent également applicables la charte du patient hospitalisé, annexée à la circulaire du 2 mars 2006 relative aux droits des patients hospitalisés, et la circulaire du 2 février 2005 relative à la laïcité dans les établissements de santé.

b) La définition de l'espace public. L'article 2 de la loi précise que *« l'espace public est constitué des voies publiques ainsi que des lieux ouverts au public ou affectés à un service public »*.

La notion de voies publiques n'appelle pas de commentaire. Il convient de préciser qu'à l'exception de ceux affectés aux transports en commun les véhicules qui empruntent les voies publiques sont considérés comme des lieux privés. La dissimulation du visage, par une personne se trouvant à bord d'une voiture particulière, n'est donc pas constitutive de la contravention prévue par la loi. Elle peut en revanche tomber sous le coup des dispositions du code de la route prévoyant que la conduite du véhicule ne doit pas présenter de risque pour la sécurité publique.

Constituent des lieux ouverts au public les lieux dont l'accès est libre (plages, jardins publics, promenades publiques...) ainsi que les lieux dont l'accès est possible, même sous condition, dans la mesure où toute personne qui le souhaite peut remplir cette condition (paiement d'une place de cinéma ou de théâtre par exemple). Les commerces (cafés, restaurants, magasins), les établissements bancaires, les gares, les aéroports et les différents modes de transport en commun sont ainsi des espaces publics.

Les lieux affectés à un service public désignent les implantations de l'ensemble des institutions, juridictions et administrations publiques ainsi que des organismes chargés d'une mission de service public. Sont notamment concernés les diverses administrations et établissements publics de l'État, les collectivités territoriales et leurs établissements publics, les mairies, les tribunaux, les préfectures, les hôpitaux, les bureaux de poste, les établissements d'enseignement (écoles, collèges, lycées et universités), les caisses d'allocations familiales, les caisses primaires d'assurance maladie, les services de Pôle emploi, les musées et les bibliothèques.

2. L'absence de restriction à l'exercice de la liberté religieuse dans les lieux de culte. Lorsqu'ils sont ouverts au public, les lieux de culte entrent dans le champ d'application de la loi. Le Conseil constitutionnel a toutefois précisé que *« l'interdiction de dissimuler son visage dans l'espace public ne saurait, sans porter une atteinte excessive à l'article 10 de la Déclaration de 1789, restreindre l'exercice de la liberté religieuse dans les lieux de culte ouverts au public »*.

3. La sanction de la dissimulation du visage. L'article 3 de la loi prévoit que la méconnaissance de l'interdiction de la dissimulation du visage dans l'espace public est punie de l'amende prévue pour les contraventions de la deuxième classe (d'un montant maximal de 150 euros). Le prononcé de cette amende relève de la compétence des juridictions de proximité.

L'obligation d'accomplir un stage de citoyenneté peut également être prononcée par les mêmes juridictions, à titre de peine alternative ou de peine complémentaire. Le stage de citoyenneté, adapté à la nature de l'infraction commise, doit notamment permettre de rappeler aux personnes concernées les valeurs républicaines d'égalité et de respect de la dignité humaine.

4. La sanction de l'exercice d'une contrainte. La dissimulation du visage constatée dans l'espace public peut résulter d'une contrainte exercée contre la personne concernée et révéler la commission par un tiers du délit de dissimulation forcée du visage.

Ce délit, prévu à l'article 4 de la loi (créant un nouvel article 225-4-10 du code pénal), est puni d'un an d'emprisonnement et de 30 000 euros d'amende. Lorsque le fait est commis au préjudice d'une personne mineure, les peines sont portées à deux ans d'emprisonnement et à 60 000 euros d'amende.

La répression de ces agissements participe de la volonté des pouvoirs publics de lutter vigoureusement contre toutes les formes de discriminations et de violences envers les femmes, qui constituent autant d'atteintes inacceptables au principe d'égalité entre les sexes.

II. – *La conduite à tenir dans les services publics*

a) Le rôle du chef de service. Dans le cadre des pouvoirs qu'il détient pour assurer le bon fonctionnement de son administration, le chef de service est responsable du respect des dispositions de la loi du 11 octobre 2010 et des mesures mises en œuvre, en particulier l'actualisation des règlements intérieurs, pour assurer son application.

Il lui appartient de présenter et d'expliquer l'esprit et l'économie de la loi aux agents placés sous son autorité, afin que ces derniers se conforment à ses dispositions et puissent veiller, dans les meilleures conditions, à son respect par les usagers du service public.

Il lui appartient également de veiller à ce que l'information adéquate prévue par le Gouvernement sous la forme d'affiches et de dépliants soit mise en place dans les locaux accueillant du public ou ouverts au public.

b) Le contrôle de l'accès aux lieux affectés au service public. À compter du 11 avril 2011, les agents chargés d'un service public, qui pouvaient déjà être conduits à demander à une personne de se découvrir ponctuellement pour justifier de son identité, seront fondés à refuser l'accès au service à toute personne dont le visage est dissimulé.

Dans le cas où la personne dont le visage est dissimulé serait déjà entrée dans les locaux, il est recommandé aux agents de lui rappeler la réglementation applicable et de l'inviter au respect de la loi, en se découvrant ou en quittant les lieux. La dissimulation du visage fait obstacle à la délivrance des prestations du service public.

En revanche, la loi ne confère en aucun cas à un agent le pouvoir de contraindre une personne à se découvrir ou à sortir. L'exercice d'une telle contrainte constituerait une voie de fait et exposerait son auteur à des poursuites pénales. Elle est donc absolument proscrite.

En face d'un refus d'obtempérer, l'agent ou son chef de service doit faire appel aux forces de la police ou de la gendarmerie nationales, qui peuvent seules constater l'infraction, en dresser procès-verbal et procéder, le cas échéant, à la vérification de l'identité de la personne concernée. Des instructions particulières sont adressées à cet effet par le ministre de l'intérieur aux agents de la force publique.

Le refus d'accès au service ne pourra faire l'objet d'aménagements que pour tenir compte de situations particulières d'urgence, notamment médicales.

III. – *L'information du public*

La période précédant l'entrée en vigueur de l'interdiction de la dissimulation du visage doit être mise à profit pour assurer, selon des modalités adaptées, l'information du public.

a) L'information générale. Une affiche, distribuée sous format papier ou en version électronique par les ministères à destination de leurs réseaux respectifs, devra être apposée, de manière visible, dans les lieux ouverts au public ou affectés à un service public.

Cette affiche énonce que « la République se vit à visage découvert » et que l'interdiction de la dissimulation du visage dans l'espace public entre en vigueur à compter du 11 avril 2011.

Cette affiche pourra être complétée, au bénéfice des personnes qui souhaitent disposer d'informations plus précises sur les dispositions de la loi, par un dépliant diffusé dans les services sous la même forme et selon les mêmes voies que l'affiche.

À l'attention des voyageurs souhaitant se rendre en France, ce dépliant sera également disponible en langues anglaise et arabe dans les postes consulaires français à l'étranger.

Ces deux documents d'information générale seront également accessibles à l'adresse internet www.visage-decouvert.gouv.fr et complétés sur ce site par une rubrique destinée à apporter des réponses complémentaires aux questions soulevées par l'application de la loi.

b) L'information des personnes directement concernées par la dissimulation du visage. Un dispositif d'information des personnes concernées a été préparé par le ministère de la ville, en coordination avec le ministère des solidarités et de la cohésion sociale et le ministère de l'intérieur.

Ce plan d'information, de sensibilisation et d'accompagnement particulier a pour objet de donner toutes ses chances au dialogue, afin d'amener la petite minorité des personnes qui se dissimulent le visage à respecter l'interdiction posée par le législateur. Ce dialogue n'est pas une négociation ; il a vocation, par un travail d'explication, à amener les personnes concernées à renoncer d'elles-mêmes à une pratique qui heurte les valeurs de la République.

Ce dispositif, qui fait l'objet d'instructions particulières du ministre de la ville, s'appuie notamment sur les associations et les réseaux de proximité en charge des droits des femmes, en particulier le réseau des centres d'information des droits des femmes (CDIFF), les 300 « délégués du préfet » et les adultes relais travaillant dans les quartiers. Sont également mobilisés l'ensemble des acteurs de la médiation sociale, notamment les médiateurs de l'éducation nationale.

L'objectif est de proposer aux personnes qui se dissimulent le visage une information complète sur la loi et un accompagnement personnalisé.

....

DURÉE DU TRAVAIL

Transports

■ DÉCRET 83-40 DU 26 JANVIER 1983

relatif aux modalités d'application des dispositions du code du travail concernant la durée du travail dans les entreprises de transport routier (JO 27) modifié par décret 92-752 du 3 août 1992 (JO 4), décret 93-262 du 26 février 1993 (JO 28), décret 96-1082 du 12 décembre 1996 (JO 13), décret 96-1115 du 19 décembre 1996 (JO 20) – voir CE 5 octobre 1998, n° 185679 annulant l'art. 1er de ce décret –, décret 98-59 du 29 janvier 1998 (JO 31), décret 2000-69 du 27 janvier 2000 relatif à la durée du travail dans les entreprises de transport routier de marchandises (JO 28) – voir CE 30 novembre 2001, nos 219286 et 219413, JO 9 février 2002, annulant partiellement ce décret –, décret 2002-622 du 25 avril 2002 (JO 28), décret 2003-1242 du 22 décembre 2003 modifié (JO 24), le décret 2005-306 du 31 mars 2005 relatif à la durée du travail dans les entreprises de transport routier de marchandises (JO 1er avril) – voir CE 18 octobre 2006, n° 280936 annulant les articles 4 à 11 de ce décret – et par décret 2007-13 du 4 janvier 2007 (JO 5).

■ DÉCRET 83-1111 DU 19 DÉCEMBRE 1983

déterminant les modalités d'application des dispositions du code du travail dans les entreprises de transport par voie de navigation intérieure et au personnel navigant de la batellerie fluviale (JO 22), modifié par décrets 2007-14 du 4 janvier 2007 (JO 5) et 2008-1503 du 30 décembre 2008 (JO 31).

■ DÉCRET 2003-1242 DU 22 DÉCEMBRE 2003

relatif à la durée du travail dans les entreprises de transport routier de personnes (JO 24) modifié par décret 2006-408 du 6 avril 2006 (JO 7).

■ DÉCRET 99-1161 DU 29 DÉCEMBRE 1999

relatif à la durée du travail du personnel de la SNCF (JO 30 ; rectif. JO 5 février) modifié par décrets 2006-5 du 4 janvier 2006 (JO 5), 2008-119 du 7 févr. 2008 (JO 10), 2008-1198 du 19 novembre 2008 (JO 20) et 2008-1510 du 30 décembre 2008 (JO 31).

■ **DÉCRET 2000-118 DU 14 FÉVRIER 2000**
relatif à la durée du travail dans les entreprises de transport public urbain de voyageurs (JO 15) modifié par décrets 2006-925 du 19 juillet 2006 (JO 28), 2008-1510 du 30 décembre 2008 (JO 31) et 2009-1377 du 10 novembre 2009 (JO 13). Voir aussi CE 27 juillet 2001, n° 220067 (JO 10 févr. 2002).

■ **DÉCRET 2009-32 DU 9 JANVIER 2009**
relatif à la durée du travail dans les entreprises de transport sanitaire (JO 11).

Établissements financiers

■ **DÉCRET 97-326 DU 10 AVRIL 1997**
relatif à la durée du travail dans les établissements de banque, de finance, de crédit, d'épargne et de change (JO 11 ; rectif. JO 12).

Temps de travail

■ **LOI 98-461 DU 13 JUIN 1998**
d'orientation et d'incitation relative à la réduction du temps de travail modifiée (JO 14).

■ **DÉCRET 98-494 DU 22 JUIN 1998**
relatif à l'incitation financière à la réduction du temps de travail portant application de l'article 3 de la loi 98-461 du 13 juin 1998 d'orientation et d'incitation relative à la réduction du temps de travail (JO 23) modifié par décrets 99-498 du 17 juin 1999 (JO 18), 2000-84 du 31 janvier 2000 (JO 1er févr.), 2001-1203 du 17 décembre 2001 (JO 19) et 2003-487 du 11 juin 2003 (JO 12).

■ **DÉCRET 98-946 DU 22 OCTOBRE 1998**
portant application du VII de l'article 3 de la loi n° 98-461 du 13 juin 1998 d'orientation et d'incitation relative à la réduction du temps de travail (JO 24 ; rectif. JO 31).

■ **LOI 2000-37 DU 19 JANVIER 2000**
relative à la réduction négociée du temps de travail (JO 20)
modifiée par lois 2000-627 du 6 juillet 2000 (JO 8), 2000-1257 du 23 décembre 2000 (JO 24), 2001-1246 du 21 décembre 2001 (JO 26), 2002-73 du 17 janvier 2002 (JO 18), 2003-47 du 17 janvier 2003 (JO 18), 2005-102 du 11 février 2005 (JO 12), 2005-882 du 2 août 2005, art. 20 (JO 3), 2005-1579 du 19 décembre 2005, art. 11 (JO 20) et 2009-526 du 12 mai 2009, art. 80 (JO 13).

■ **DÉCRET 2000-84 DU 31 JANVIER 2000**
relatif à l'incitation financière à la réduction du temps de travail prévue par l'article 3 de la loi n° 98-461 du 13 juin 1998 d'orientation et d'incitation relative à la réduction du temps de travail, modifié par la loi n° 2000-37 du 19 janvier 2000 relative à la réduction négociée du temps de travail et applicable aux entreprises de vingt salariés ou moins et aux entreprises nouvelles (JO 1er février), modifié par décret 2003-487 du 11 juin 2003 (JO 12).

■ **DÉCRET 2000-113 DU 9 FÉVRIER 2000**
relatif à la consultation des salariés instaurée par l'article 19 de la loi 2000-37 du 19 janvier 2000 relative à la réduction négociée du temps de travail (JO 13).

■ **DÉCRET 2000-815 DU 25 AOÛT 2000**
relatif à l'aménagement et à la réduction du temps de travail dans la fonction publique de l'État *(D. 2006-744 du 27 juin 2006, JO 29)* « et dans la magistrature » (JO 29) modifié par décrets 2004-1307 du 26 novembre 2004 (JO 30) (entrée en vigueur au 1er janvier 2005), 2006-744 du 27 juin 2006 (JO 29) et 2011-184 du 15 février 2011 (JO 17).

■ **DÉCRET 2002-1072 DU 7 AOÛT 2002**
relatif au temps partiel annualisé dans la fonction publique de l'État (JO 10).

■ **LOI 2003-47 DU 17 JANVIER 2003**
relative aux salaires, au temps de travail et au développement de l'emploi (JO 18) modifiée par lois 2003-1311 du 30 décembre 2003 (JO 31) et 2004-1484 du 30 décembre 2004 (JO 31).

■ **LOI 2005-296 DU 31 MARS 2005** modifiée
portant réforme de l'organisation du temps de travail dans l'entreprise (JO 1er avr.).

■ **LOI 2008-111 DU 8 FÉVRIER 2008** modifiée
pour le pouvoir d'achat (JO 9).

■ **LOI 2008-789 DU 20 AOÛT 2008** modifiée
portant rénovation de la démocratie sociale et réforme du temps de travail (JO 21).

ÉLUS LOCAUX

Conditions d'exercice des mandats locaux

■ **LOI 92-108 DU 3 FÉVRIER 1992** modifiée
relative aux conditions d'exercice des mandats locaux (JO 5, rectif. JO 27).

■ **DÉCRET 92-1205 DU 16 NOVEMBRE 1992** modifié
fixant les modalités d'exercice par les titulaires de mandats locaux de leurs droits en matière d'autorisations d'absence et de crédit d'heures (JO 17).

■ **LOI 2002-276 DU 27 FÉVRIER 2002** modifiée
relative à la démocratie de proximité (JO 28, rectif. JO 24 déc. 2002),
Voir Titre II « Des conditions d'exercice des différents mandats » et code général des collectivités territoriales (art. L. 2123-1 à 9).

■ **DÉCRET 2003-836 DU 1er SEPTEMBRE 2003**
relatif aux autorisations d'absence et au crédit d'heures des titulaires de mandats locaux et modifiant le code général des collectivités territoriales (JO 3) (art. R. 2123-1 à 11).

EMPLOI-CHÔMAGE

Emploi

■ **ORDONNANCE 2003-1213 DU 18 DÉCEMBRE 2003** modifiée
relative aux mesures de simplification des formalités concernant les entreprises, les travailleurs indépendants, les associations et les particuliers employeurs (JO 20).
Voir articles L. 133-5-1 à L. 133-5-4 c. séc. soc.

■ **DÉCRET 99-108 DU 18 FÉVRIER 1999**
relatif aux entreprises de travail temporaire d'insertion (JO 19)
modifié par décret 2008-1010 du 29 septembre 2008 (JO 30).

Art. 1er. – Après consultation du conseil départemental de l'insertion par l'activité économique, et en tenant compte de l'offre existante pour assurer un développement équilibré des actions d'insertion, le préfet peut conclure les conventions prévues à l'article L. 322-4-16-2 du code du travail avec des entreprises de travail temporaire d'insertion apportant un soutien effectif aux personnes mentionnées au I de l'article L. 322-4-16 du même code.

Art. 2. – Ces conventions précisent notamment :

1° Les caractéristiques générales de l'entreprise ;

2° Les principales caractéristiques des personnes en difficulté que l'entreprise accueille ;

3° Les modalités de dépôt des offres d'emploi à l' *(D. 2008-1010 du 29 sept. 2008, art. 7, JO 30)* « institution mentionnée à l'article L. 5312-1 du code du travail » ;

4° Le montant de l'aide de l'État prévue au I de l'article L. 322-4-16 du code du travail ;

5° La nature et le montant des autres aides publiques directes ou privées dont l'entreprise prévoit de bénéficier ;

6° La nature des dépenses prises en compte pour le montant de l'aide financière apportée ;

7° Les règles selon lesquelles sont rémunérées les personnes en insertion et, le cas échéant, la nature des différents contrats de travail proposés ;

8° Les actions d'accompagnement social et professionnel des personnes en insertion et les modalités de collaboration avec, d'une part l' *(D. 2008-1010 du 29 sept. 2008, art. 7, JO 30)* « institution mentionnée à l'article L. 5312-1 du code du travail », d'autre part, d'autres organismes et services chargés de l'insertion sociale et professionnelle de ces personnes ;

9° La nature des informations à transmettre à l'administration signataire de la convention.

Art. 3. – Les conventions peuvent être conclues pour une durée maximale de trois ans avec des entreprises présentant des perspectives de viabilité économique ; elles peuvent être renouvelées selon la même procédure. Les stipulations financières des conventions pluriannuelles font l'objet d'avenants annuels.

Art. 4. – L'emploi des personnes visées au I de l'article L. 322-4-16 du code du travail par les entreprises de travail temporaire d'insertion ouvre droit, dans la limite du nombre de personnes en insertion fixé par la convention, à l'aide de l'État prévue à l'article 5 du présent décret.

Art. 5. – L'aide de l'État prévue par les conventions susmentionnées est destinée à assurer le financement de l'accompagnement social et professionnel des personnes en insertion mentionnées à l'article 1 du présent décret. Elle est déterminée en fonction du nombre de salariés assurant les actions d'accompagnement et du nombre de salariés en insertion.

Cette aide est versée annuellement par poste d'accompagnement pourvu, dans la limite d'un poste pour l'équivalent de l'emploi à temps plein de douze salariés en insertion. Son montant maximum et ses conditions de versement sont fixés par arrêté conjoint du ministre chargé de l'emploi et du ministre chargé du budget.

Note Le montant annuel de l'aide destinée à financer le poste occupé à temps plein par un salarié permanent de l'établissement pour assurer l'accompagnement social et professionnel de douze salariés en insertion agréés par l'Agence nationale pour l'emploi (équivalent temps plein), prévue par l'article 5 du décret du 18 février 1999 susvisé, est fixé à 22415 €. Depuis le 1er juillet 2005, le montant annuel de cette aide est fixé à 51000 €.

Cette aide est proratisée en fonction du nombre de salariés en insertion mis à disposition (équivalent temps plein). Elle ne peut pas se cumuler pour un même poste avec une autre aide à l'emploi financée par l'État.

Cette aide, financée sur la section « travail » du budget du ministère de l'emploi, du travail et de la cohésion sociale, est versée mensuellement par le Centre national pour l'aménagement des structures des exploitants agricoles (CNASEA) pour toutes les conventions conclues à compter du 1er janvier 2005 entre l'entreprise de travail temporaire d'insertion et l'État.

Le montant versé mensuellement correspond au douzième du montant total de l'aide aux postes d'accompagnement indiqué à l'annexe financière de la convention. Ce montant versé mensuellement est éventuellement régularisé sur les deux derniers mois de la convention en fonction du temps de travail effectué par les salariés agréés au cours de leurs missions de travail temporaire (arrêté du 10 juin 2005, art. 1er et 2, JO 11).

Art. 6. – Est considéré comme l'équivalent d'un emploi à temps plein au sens du deuxième alinéa de l'article 5 du présent décret un ensemble de contrats temporaires correspondant à une durée hebdomadaire moyenne de travail égale à trente-cinq heures sur douze mois.

Art. 7. – Le préfet contrôle l'exécution de la convention. À cette fin, l'employeur lui fournit, à sa demande, tout élément de nature à permettre de vérifier la bonne exécution de la convention et la réalité des actions d'accompagnement et d'insertion mises en œuvre.

Art. 8. – La convention peut être résiliée par le préfet en cas de non-respect par l'employeur des clauses de la convention. Le préfet peut alors demander le reversement des sommes indûment perçues.

L'entreprise de travail temporaire d'insertion dont le préfet envisage de résilier la convention en est avisée par lettre recommandée ; elle dispose d'un délai, qui ne peut être inférieur à quinze jours, pour faire valoir ses observations.

Lorsque l'aide est obtenue à la suite de fausses déclarations ou lorsque la convention est détournée de son objet, le préfet résilie la convention. Les sommes indûment perçues donnent alors lieu à reversement.

Art. 9. – Le décret n° 93-247 du 25 février 1993 modifié relatif aux entreprises d'intérim d'insertion est abrogé.

....

■ DÉCRET 99-106 DU 18 FÉVRIER 1999

relatif à l'agrément par l'Agence nationale pour l'emploi des personnes embauchées dans les organismes d'insertion par l'activité économique (JO 19) modifié par décret 2008-1010 du 29 septembre 2008 (JO 30).

Art. 1er. – L'agrément prévu au V de l'article L. 322-4-16 du code du travail est donné par l' *(D. 2008-1010 du 29 sept. 2008, art. 7, JO 30)* « institution mentionnée à l'article L. 5312-1 du code du travail » après un diagnostic individuel portant sur la situation sociale et professionnelle du bénéficiaire et au vu de la proposition d'emploi faite par un employeur ayant conclu avec l'État une convention au titre des II, III et IV du même article.

Peut bénéficier de cet agrément toute personne dont l'embauche par un employeur visé à l'alinéa précédent apparaît, compte tenu de ses difficultés sociales et professionnelles, nécessaire pour permettre son accès ultérieur au marché du travail.

Art. 2. – L'agrément ouvre à l'employeur qu'il désigne le droit aux aides et exonérations visées au I et II de l'article L. 322-4-16 du code du travail pour le contrat de travail conclu avec la personne concernée en application des articles L. 322-4-16-1 ou L. 322-4-16-2 du même code, dans le mois suivant sa délivrance, ainsi que pour tout autre nouveau contrat conclu avec cette personne, en application des mêmes dispositions et dans la limite d'une période de vingt-quatre mois.

L'agrément peut permettre l'embauche de la personne qu'il concerne par un autre organisme conventionné en application du I de l'article L. 322-4-16 précité et ce, dans la limite des vingt-quatre mois qui suivent sa délivrance. La demande de nouvelle embauche doit être transmise par l'organisme à l' *(D. 2008-1010 du 29 sept. 2008, art. 7, JO 30)* « institution mentionnée à l'article L. 5312-1 du code du travail » avant qu'elle n'ait lieu, accompagnée de l'agrément. À défaut de réponse dans un délai de cinq jours ouvrés après la réception de cette demande, l'accord de l' *(D. 2008-1010 du 29 sept. 2008, art. 7, JO 30)* « institution mentionnée à l'article L. 5312-1 du code du travail » est réputé acquis.

Art. 3. – L' *(D. 2008-1010 du 29 sept. 2008, art. 7, JO 30)* « institution mentionnée à l'article L. 5312-1 du code du travail » peut conclure des conventions de coopération avec les employeurs visés à l'article 1er du présent décret, destinées à définir leurs engagements respectifs en matière d'accueil, de suivi et d'accompagnement des personnes agréées et à favoriser leur accès ultérieur au marché du travail.

Ces conventions prévoient notamment :

1° Les modalités de mise en relation des candidats avec l'employeur ;

2° Les modalités selon lesquelles l'employeur s'engage à informer l'agence locale pour l'emploi de l'évolution de la situation du salarié, en particulier en cas de rupture du contrat de travail ;

3° Les modalités de coopération entre l' *(D. 2008-1010 du 29 sept. 2008, art. 7, JO 30)* « institution mentionnée à l'article L. 5312-1 du code du travail » et l'employeur en vue de favoriser l'accès des personnes suivies au marché du travail ;

4° Les actions susceptibles d'être réalisées par l' *(D. 2008-1010 du 29 sept. 2008, art. 7, JO 30)* « institution mentionnée à l'article L. 5312-1 du code du travail » pour faciliter l'insertion des personnes visées par l'agrément.

Art. 4. – À titre transitoire et pendant une durée de trois mois après la publication du présent décret, nécessaire pour la mise en place des procédures qu'il prévoit, à défaut de réponse dans un délai de cinq jours ouvrés après la réception de la demande d'agrément, l'accord de l' *(D. 2008-1010 du 29 sept. 2008, art. 7, JO 30)* « institution mentionnée à l'article L. 5312-1 du code du travail » est réputé acquis.

....

■ DÉCRET 2002-790 DU 3 MAI 2002

relatif aux comités de bassin et au comité de liaison des comités de bassin d'emploi (JO 5).

Le décret 2002-790 du 3 mai 2002 relatif aux comités de bassin d'emploi et au comité de liaison des comités de bassin d'emploi (art. 5 à 8) est prorogé pour une durée de cinq ans (décret 2009-623 du 6 juin 2009, JO 7).

■ CIRCULAIRE 93/16 DU 26 MARS 1993

relative aux comités de bassin d'emploi.

■ CIRCULAIRE DGEFP 2004/007 DU 16 FÉVRIER 2004

relative aux comités de bassin d'emploi et au comité de liaison des comités de bassin d'emploi (BO TR 2004/6, p. 104).

■ ACCORD NATIONAL INTERPROFESSIONNEL DU 14 NOVEMBRE 2008

sur la gestion prévisionnelle des emplois et des compétences

La Gestion prévisionnelle des emplois et des compétences (GPEC) est une démarche favorable aux entreprises et aux salariés. Sans modifier les dispositions légales en vigueur, il s'agit de lui insuffler une nouvelle dynamique, avec l'objectif que chaque salarié puisse bénéficier d'une visibilité sur les évolutions des emplois, des métiers et des qualifications ainsi que sur les parcours professionnels possibles.

Comme l'ont souligné les partenaires sociaux dans le relevé de discussions relatif aux politiques industrielles de mai 2007, les mutations industrielles, porteuses de fortes conséquences sur l'emploi, sont sources d'incertitudes et d'instabilité pour les salariés. « *C'est dire l'importance, dans les branches professionnelles et dans les entreprises, de l'information et de la négociation sociale en amont. Il n'est pas non plus de stratégie industrielle viable qui n'intègre une gestion prévisionnelle des emplois et des compétences, laquelle reste encore embryonnaire.* »

La finalité de la GPEC est d'anticiper les évolutions prévisibles des emplois et des métiers, des compétences et des qualifications, liées aux mutations économiques, démographiques et technologiques prévisibles, au regard des stratégies des entreprises, pour permettre à celles-ci de renforcer leur dynamisme et leur compétitivité et aux salariés de disposer des informations et des outils dont ils ont besoin pour être les acteurs de leur parcours professionnel au sein de l'entreprise ou dans le cadre d'une mobilité externe.

Pour atteindre ces objectifs, les signataires du présent accord considèrent qu'il convient d'aborder la GPEC sous l'angle de l'anticipation de l'évolution des métiers, des compétences et des qualifications.

Lorsqu'elle est ainsi conçue et mise en œuvre dans le cadre d'un dialogue social et d'un processus de concertation, la GPEC doit être tout à la fois :
– pour les entreprises, un outil d'anticipation de leurs besoins en compétences et ainsi de préservation et de développement de leur compétitivité ;
– et pour les salariés, le moyen d'aborder de façon maîtrisée et positive les évolutions des métiers et des qualifications tout au long de leur carrière, ce qui doit contribuer à sécuriser leur parcours professionnel.

Elle doit se caractériser par la construction et la conduite d'une démarche collective permettant la définition, l'élaboration et la mise en œuvre d'actions individuelles.

À cet effet, elle doit mobiliser les différents outils existants ou à créer en application du présent accord et les articuler de façon dynamique dans une approche active d'anticipation.

Sur ces bases, il convient de rechercher :
– comment renforcer l'utilité et la mise en œuvre de la GPEC, conçue conformément aux principes définis ci-dessus, dans les entreprises où la négociation sur la GPEC est obligatoire ;
– et comment inciter et aider les autres entreprises à s'engager dans une telle démarche.

TITRE I – *La démarche de gestion prévisionnelle des emplois et des compétences dans l'entreprise*

La GPEC et l'anticipation dans la gestion des compétences et des carrières, impliquent en amont un effort de prévision et de partage des informations relatives aux évolutions technologiques, démographiques et économiques, articulées avec la stratégie que l'entreprise entend mettre en œuvre.

Cette démarche globale d'anticipation doit favoriser la gestion des compétences en couplant les données prospectives retenues avec la disponibilité des compétences des salariés afin de faciliter les évolutions de carrière interne ou externe. Elle doit également contribuer à l'atteinte de l'objectif visant à permettre à chaque salarié de progresser d'au moins un niveau de qualification au cours de sa vie professionnelle.

Dans cette optique, une attention particulière doit être portée aux personnes les plus exposées au risque de rupture de leur parcours professionnel et à celles qui ont des difficultés à accéder à l'emploi stable. Ainsi la mise en œuvre de la GPEC doit s'appuyer sur une identification préalable des emplois et des métiers possibles au sein de l'entreprise, en l'associant à une vision plus globale de l'évolution des emplois et des métiers de la branche professionnelle et/ou du territoire.

S'il n'existe pas de méthodologie unique pour la mettre en œuvre, celle-ci doit cependant respecter certaines étapes essentielles et recourir à un certain nombre d'outils collectifs et individuels qui en assurent la cohérence.

Art. 1. – *Phase de diagnostic*

1.1 – Diagnostic global. La construction d'une démarche de GPEC implique nécessairement la réalisation d'un diagnostic qualitatif et quantitatif de l'emploi, des métiers et des compétences dans l'entreprise. Ce diagnostic, réalisé au moyen d'instruments collectifs et individuels, permet d'établir un état des lieux des métiers et des compétences disponibles ou nécessaires dans le cadre des évolutions des activités de l'entreprise, en mobilisant différents outils, en fonction de la taille et des caractéristiques de l'entreprise, tels que :
• la cartographie des emplois, des métiers et des compétences par famille de métiers (en termes quantitatifs et qualitatifs, par CSP, par site, par service…) ;
• le référentiel des compétences transversales ou transférables vers d'autres métiers ou d'autres sites/services ;
• les passerelles entre les métiers et les familles professionnelles ;
• les études et informations émanant des observatoires professionnels et territoriaux ;
• l'analyse prospective des métiers en développement ou en décroissance ;
• les éléments d'information fournis par le bilan social (pyramide des âges, entrée/sortie de l'entreprise, niveaux de qualifications, etc.) ainsi que l'ensemble des informations existantes et utiles pour le diagnostic comme le rapport de situation comparée entre les hommes et les femmes, le rapport sur l'emploi remis chaque année et certains des éléments fournis par le CHSCT.

1.2 – Diagnostic individuel. La réalisation d'un diagnostic global, permettant de disposer d'une vision d'ensemble des compétences disponibles afin de pouvoir anticiper les besoins de compétences et de qualification, doit prendre appui notamment sur un diagnostic individuel des compétences des salariés.

Le bilan d'étape professionnel, qui ne constitue pas un élément exclusivement dédié à la GPEC, doit contribuer à la réalisation de ce diagnostic.

Cette phase de diagnostic individuel doit permettre au salarié de disposer d'un état de ses compétences professionnelles. Offrant l'opportunité d'identifier les souhaits et les possibilités de mobilité, il permet, d'une part, au salarié de définir son projet professionnel et, d'autre part, à l'entreprise de déterminer les besoins et les objectifs de professionnalisation de ce dernier dans une optique de sécurisation des parcours professionnels.

Ce bilan est de nature distincte de l'entretien annuel d'évaluation qui constitue un acte de management. À cet effet, lorsqu'il est réalisé dans l'entreprise et que la taille et la structure de l'entreprise le permettent, il ne peut être fait par la hiérarchie directe de l'intéressé.

Exception faite de la VAE, du passeport formation et de l'entretien de deuxième partie de carrière qui se substitue au bilan d'étape professionnel, il ne se cumule pas avec les autres dispositifs d'orientation et de bilan mis en place par l'accord national interprofessionnel du 5 décembre 2003 sur la formation tout au long de la vie professionnelle et par l'accord national interprofessionnel du 13 octobre 2005 relatif à l'emploi des seniors qui ne sont mis en œuvre que si le bilan d'étape professionnel en fait apparaître la nécessité. Les textes des accords précités seront modifiés en conséquence.

Ce bilan doit permettre aux salariés d'être acteurs de leur déroulement de carrière, favoriser leur engagement dans le développement de leurs compétences et de leur qualification et leur donner des outils susceptibles de les aider dans la construction de leur parcours professionnel.

Il bénéficie tous les cinq ans aux salariés (1) qui le souhaitent. La demande du salarié ne peut être refusée par l'entreprise. Tous les salariés sont informés par leur entreprise du droit qui leur est ainsi ouvert.

L'année où le bilan d'étape professionnel est réalisé, et au vu de ses conclusions, le salarié envisage avec l'entreprise les moyens à mettre en œuvre (formation, mobilité…).

Cette prestation doit être simple d'utilisation et réalisable quelle que soit la taille de l'entreprise.

Les modalités de sa mise en œuvre et son contenu, qui doit porter sur l'état des lieux des compétences et de l'expérience professionnelle de l'intéressé ainsi que sur ses besoins, seront définis par un groupe de travail paritaire qui prévoira aussi les modalités d'évaluation de sa mise en œuvre et entamera ses travaux dès la fin de la présente négociation. Il fera l'objet d'un avenant au présent accord.

Ce groupe veillera en particulier à ce que les conditions de la mise en œuvre du bilan d'étape professionnel, qui doivent être financièrement neutres pour les entreprises, n'entravent pas, dans le cadre de son financement sur les budgets de la formation professionnelle, l'objectif de sa généralisation.

Les éléments du bilan d'étape professionnel figurent, à l'initiative du salarié, dans son passeport formation.

1.3 – Les données prévisionnelles et prospectives. Pour mener une politique de GPEC, il est nécessaire de croiser les éléments de diagnostics dans l'entreprise, tels que prévus ci-dessus, avec les données prévisionnelles et prospectives, qu'elles soient de portée générale (économique, démographique, technologique) ou qu'elles relèvent des orientations résultant de la stratégie économique définie par l'entreprise.

Ces données prospectives doivent donc coupler les informations propres à l'entreprise avec l'ensemble de celles qui peuvent être lui fournies tant par sa branche professionnelle qu'au niveau territorial et qui sont issues notamment des travaux réalisés au sein des Observatoires régionaux et de branches.

Art. 2. – *Mise en œuvre de la gestion prévisionnelle des emplois et des compétences*

2.1 – Les moyens. Pour la détermination des actions à engager dans le cadre de la GPEC, il convient de mettre en cohérence et d'articuler les éléments suivants :

- les accords (notamment ceux conclus dans le cadre de la négociation obligatoire sur la mixité et l'égalité professionnelle), les outils et les dispositifs déjà existants dans la branche et dans l'entreprise (diversité, seniors…) ;
- les modes d'organisation du travail ;
- les dispositions relatives à la mobilité professionnelle et géographique ;
- les mesures envisagées en matière de formation professionnelle (plan de formation, périodes de professionnalisation…) en réponse aux besoins identifiés lors de la phase de diagnostic, notamment au regard des besoins spécifiques des publics prioritaires ;
- les outils ou les dispositifs existants d'identification des compétences et qualifications propres au secteur d'activité et le cas échéant aux catégories d'emploi ;
- les politiques de recrutement.

2.2 – Les publics prioritaires. De plus, il convient de porter une attention particulière à certains salariés. La GPEC, qui concerne tous les salariés, doit en effet conduire à prendre en compte de manière prioritaire

(1) Ayant au moins deux ans d'activité dans l'entreprise.

les personnes les plus exposées au risque de rupture de leur parcours professionnel et celles qui ont des difficultés à accéder à l'emploi stable. Elle doit donc avoir entre autres objectifs de :

• porter une attention particulière aux salariés les plus exposés aux conséquences des évolutions économiques ou technologiques et notamment les salariés qui travaillent dans des métiers qui sont potentiellement en décroissance ;

• améliorer la gestion des âges (jeunes et seniors) ;

• prendre en compte la mise en œuvre de la mixité professionnelle et de l'égalité professionnelle entre les femmes et les hommes ;

• contribuer à une utilisation responsable des contrats (y compris des contrats de travail à temps partiel).

Le bilan d'étape professionnel est un des outils permettant d'identifier les salariés éligibles aux moyens spécifiques prévus à l'article 15 de l'accord national interprofessionnel du 11 janvier 2008.

Ainsi, les actions collectives conduites dans le cadre de la GPEC doivent permettre, par une approche transversale, de donner une visibilité commune à l'entreprise et à ses salariés.

Art. 3. – *Place du dialogue social et rôle des institutions représentatives du personnel*

Le dialogue social, sur la base de l'ensemble des éléments ci-dessus, doit favoriser une lecture globale et prospective de l'évolution de l'emploi et des compétences ainsi que sa compréhension par les salariés de l'entreprise et leurs représentants.

Quelle que soit sa forme, le dialogue social doit conduire à préciser les moyens et la méthode à suivre pour la mise en œuvre des étapes mentionnées ci-dessus, en tenant compte de la taille et des caractéristiques de l'entreprise concernée.

3.1 – Le rôle de la négociation collective. Dans les entreprises soumises à l'obligation triennale de négocier sur la GPEC, la négociation porte notamment sur :

• la mise en place d'un comité de suivi et de pilotage de la démarche de GPEC ;

• les modalités d'association des institutions élues du personnel et des délégués syndicaux au processus de GPEC ;

• les conditions de suivi des actions mises en œuvre.

Dans le cadre du suivi de la mise en œuvre de l'accord GPEC, l'employeur consultera les organisations signataires de l'accord et informera les institutions élues du personnel sur les moyens d'information mis en place à l'intention des salariés et de leur hiérarchie en particulier sur l'évolution prévisible des emplois et des compétences.

Les entreprises de moins de 300 salariés qui souhaiteraient s'engager dans une démarche concertée de GPEC sont encouragées à s'inspirer des dispositions ci-dessus. Les branches les informeront à cet effet.

3.2 – Le rôle des institutions représentatives du personnel. L'association dans l'entreprise des institutions représentatives du personnel, lorsqu'elles existent, notamment au regard du rôle qui est le leur en matière d'information sur la marche générale de l'entreprise, d'emploi et de formation professionnelle constitue un facteur déterminant de la réussite d'une démarche de GPEC.

Les institutions représentatives du personnel doivent par ailleurs être associées au suivi des dispositifs mis en place. Ce rôle de suivi sera confié à la commission formation dans les entreprises, d'au moins 200 salariés, dans le cadre de ses attributions ou à défaut au comité d'entreprise.

Par ailleurs, les entreprises veilleront à ce qu'une articulation efficace soit mise en place entre les commissions économique, les commissions emploi et les commissions formation des comités d'entreprise lorsqu'elles existent.

En outre, la mise en œuvre des dispositions relatives au rôle des institutions représentatives du personnel prévues par les accords nationaux interprofessionnels, de branche et d'entreprise sur l'égalité professionnelle entre les hommes et les femmes, l'emploi des seniors, la diversité et la modernisation du marché du travail, sera l'occasion de la prise en compte de ces problématiques dans la GPEC.

TITRE II – *L'entreprise dans son environnement*

Art. 4. – *Rôle des branches professionnelles*

Les branches professionnelles ont un rôle majeur d'information d'incitation et d'appui à remplir. Celui-ci est initié en priorité dans le cadre de la négociation triennale sur la GPEC et se poursuit dans le cadre des travaux des CPNE.

4.1 – Pour faciliter la mise en œuvre des politiques de GPEC dans les entreprises, elles mettront à la disposition des entreprises, des salariés et de leurs représentants des informations sur les évolutions démographiques, technologiques, l'évolution des politiques industrielles, la détermination des besoins en qualifications et compétences.

En liaison avec les CPNE, elles diffuseront des modules adaptés d'information et de sensibilisation s'adressant en premier lieu au chef d'entreprise pour le convaincre de l'intérêt de s'inscrire dans la démarche de GPEC.

Elles mettront également en place :

• des outils simples, pratiques, adaptés aux caractéristiques et à la taille des entreprises tels que, notamment, des modes d'emploi et des guides d'action (définition des enjeux, établissement d'un diagnostic, modalités de passage à l'action…) ;

• une information aux PME et aux TPE sur les outils et dispositifs de financement existants ;

• une mise en réseau des informations existant au niveau national interprofessionnel ou dans la branche, en matière de prospective des métiers et des qualifications ;

• des moyens de suivi et d'évaluation des actions mises en œuvre dans la branche (notamment pour les TPE et les PME) et de diffusion des bonnes pratiques permettant ainsi à la branche de jouer un rôle structurant dans l'accompagnement des TPE/PME.

De plus, les résultats des travaux des CPNE et des observatoires prospectifs des métiers et des qualifications mis en place par les branches professionnelles seront rendus accessibles aux institutions représentatives du personnel lorsqu'elles existent, aux salariés et aux entreprises quelles que soient leur taille et leurs éventuelles relations juridiques entre elles. À cet effet, il appartiendra aux CPNE de veiller à l'effectivité des travaux confiés à ces observatoires.

Les branches inciteront les observatoires à croiser leurs données prévisionnelles en vue de l'identification de passerelles entre les différents secteurs d'activité.

4.2 – Afin d'ancrer la démarche de GPEC dans la perspective de sécurisation des parcours professionnels initiée par l'accord national interprofessionnel du 11 janvier 2008, les branches veilleront au respect, dans les conditions prévues au III - B dudit accord, des engagements pris concernant l'utilisation responsable des contrats, l'embauche des jeunes, le renouvellement de la période d'essai, l'accès aux droits, la formation des salariés à temps partiel, les outils de GPEC, le CDD pour la réalisation d'un objet défini, la portabilité.

4.3 – Les branches enrichiront les différents éléments ci-dessus au vu du contenu des accords d'entreprise conclus dans leur champ professionnel et recensés par les observatoires paritaires de la négociation collective.

Art. 5. – *Dynamique d'accompagnement au niveau territorial*

Sans préjudice des dispositifs mis en place et financés par les pouvoirs publics auxquels les acteurs territoriaux peuvent faire appel, il appartient à ces derniers de conduire les actions ci-après, notamment en vue de développer la GPEC dans les PME/TPE.

5.1 – Afin de faciliter à tous les salariés, quelque soit leur situation d'emploi et quelque soit la taille des entreprises, l'accès au bénéfice d'une GPEC, les branches et les organisations interprofessionnelles territoriales doivent développer, en liaison entre elles et avec les différents bassins d'emplois, une logique d'étude qualitative et quantitative sur l'évolution des métiers, des emplois, des compétences et des qualifications qui éclaire les différents acteurs.

Elles sont, en effet, les mieux à même de mutualiser les informations existantes sur les évolutions prévisibles en matière d'environnement économique, d'activité des entreprises, et en matière de métiers et de compétences.

Dans ce cadre, il appartiendra aux COPIRE et aux Commissions Paritaires de Branche Territoriales Régionales, lorsqu'elles existent, de faire, tous les ans, une analyse de ces évolutions, dans le ressort de leur champ territorial en identifiant notamment les besoins de main d'œuvre et les métiers en tension.

Elles feront également connaître les expériences en cours (pôle de mobilité, filières d'activité…).

Les COPIRE prendront l'initiative de coordonner l'ensemble des informations et données prospectives propres à leurs territoires ainsi que celles émanant notamment des branches, susceptibles d'éclairer les partenaires sociaux au niveau régional, les entreprises et les salariés sur l'évolution des métiers et des compétences.

Les branches et les organisations territoriales interprofessionnelles inciteront les entreprises ayant développé des pratiques réussies de GPEC, à mettre en commun leurs expériences pour faciliter les développements de carrière et les mises en relation des offres et besoins de compétences.

Enfin, elles rechercheront, dans toute la mesure du possible, la mise à disposition des entreprises, des informations communes à celles d'entre elles ayant des relations industrielles (y compris de sous-traitance, notamment, afin de permettre aux entreprises concernées d'en tenir compte dans leur démarche).

5.2 – Pour développer l'efficacité de la GPEC en améliorant la compréhension et l'adhésion des salariés, il est souhaitable de renforcer, au niveau territorial, l'information en direction des salariés et de s'attacher à faire jouer pleinement leur rôle, en la matière, aux institutions représentatives du personnel lorsqu'elles existent.

5.3 – Au-delà de ces dispositifs d'accompagnement, lorsque la mise en relation, sur un territoire, d'entreprises conduisant des GPEC parait opportune, des expérimentations doivent être encouragées (par exemple : pôles de compétitivité, périmètres conventionnels au niveau des filières d'activités) pour que la GPEC puisse tenir compte de l'ensemble des acteurs du processus de production et permettre de ce fait de prendre en compte les caractéristiques propres à des entreprises faisant partie d'une chaîne de production, notamment par la mise en place d'outils communs de GPEC.

Art. 6. – *Mise en place d'un dispositif interprofessionnel d'information et d'orientation*

De façon à permettre aux entreprises et aux salariés d'accéder aux différentes études réalisées en la matière par les organismes spécialisés tant au plan national qu'au plan professionnel ou territorial, et de pouvoir procéder à des études prospectives, les signataires du présent accord mettront en place un portail internet permettant l'accès direct à l'ensemble de ces éléments d'information.

Ils veilleront à ce que la mise en place de ce portail contribue progressivement au renforcement de la cohérence et de l'homogénéité des résultats des travaux des observatoires prospectifs des métiers et des qualifications mis en place par les branches professionnelles.

Ils s'attacheront par ailleurs, dans un souci de rationalisation et d'efficacité, à ce que ce portail puisse être accessible non seulement aux entreprises et à leurs salariés mais également aux jeunes, à leurs familles et aux demandeurs d'emploi de façon à contribuer à l'orientation scolaire et professionnelle et à en devenir un élément pivot.

Un groupe de travail paritaire déterminera les modalités de mise en œuvre de ce dispositif.

TITRE III – *Dispositions diverses*

Art. 7. – *GPEC et licenciements économiques*

Si la GPEC doit prendre en compte la prospective des métiers (métiers en croissance, stables, en décroissance, en forte modification de contenu ou encore en renouvellement démographique) elle ne doit pas être un outil favorisant les licenciements collectifs.

Ainsi conçue elle n'est donc pas une étape préalable aux procédures de licenciements collectifs et aux PSE qui obéissent à des règles spécifiques et doit, de ce fait, être dissociée de leur gestion.

Pour autant, une GPEC conduite dans l'esprit et les conditions du présent accord doit permettre de consolider l'emploi et, le cas échéant, de mieux armer les salariés confrontés à des restructurations.

Art. 8. – *Articulation avec les accords antérieurs*

Les dispositions du présent accord ne remettent pas en cause les dispositions des accords antérieurs à sa signature conclus en matière de GPEC jusqu'à leur renégociation à l'échéance triennale.

Il ne peut être dérogé par accord de branche ou d'entreprise aux dispositions des articles 1.1, 1.2, 2.1, 2.2, 3, 4, 5 et 7 du présent accord.

Art. 9. – *Entrée en vigueur*

Le présent accord constitue un nouvel élément de référence dans la mise en œuvre des parcours professionnels tels que définis par l'accord national interprofessionnel du 11 janvier 2008.

Sans en modifier le contenu et la portée, les négociations en cours sur la formation professionnelle s'articuleront avec le présent accord.

Il entrera en vigueur au moment de la conclusion des négociations en cours sur la formation tout au long de la vie professionnelle et de l'avenant au présent accord définissant le contenu du bilan d'étape professionnel.

Art. 10. – *Évaluation*

Les parties signataires du présent accord se rencontreront à l'issue d'un délai de 3 ans suivant son entrée en vigueur pour procéder à un bilan et à une évaluation de son application.

Fait à Paris, le 14 novembre 2008

Pour le MEDEF, la CGPM, l'UPA — Pour la CFDT, la CFE-CGC, la CFTC, la CGT-CGT-FO

Chômage

■ ORDONNANCE 2006-433 DU 13 AVRIL 2006

relative à l'expérimentation du contrat de transition professionnelle (JO 14) modifiée par loi 2006-1770 du 30 décembre 2006, art. 49, 3° (JO 31 déc.), loi 2007-290 du 5 mars 2007, art. 55 (JO 6) et loi 2008-1425 du 27 décembre 2008, art. 124 (JO 28), loi 2009-1437 du 24 novembre 2009, art. 19 (JO 25), lois 2010-1657 du 29 décembre 2010, art. 205 (JO 30) et 2011-893 du 28 juillet 2011 (JO 29).

Note Cette ordonnance est abrogée au **31.12.2012** par la loi 2011-893 du 28 juillet 2011, art. 44 (JO 29) qui a institué le contrat de sécurisation professionnelle. Voir note au-dessus de l'article L. 1233-65.

■ DÉCRET 2006-440 DU 14 AVRIL 2006

pris pour l'application de l'ordonnance 2006-433 du 13 avril 2006 relative au contrat de transition professionnelle (JO 15) modifié.

■ CONVENTION DU 19 JUILLET 2011

relative au contrat de sécurisation professionnelle (arrêté d'agrément du 6 octobre 2011, JO 21).

Le Mouvement des entreprises de France (MEDEF) ; la Confédération générale des petites et moyennes entreprises (CGPME) ; l'Union professionnelle artisanale (UPA), d'une part,

La Confédération française démocratique du travail (CFDT) ; la Confédération française des travailleurs chrétiens (CFTC) ; la Confédération française de l'encadrement-CGC (CFE-CGC) ; la Confédération générale du travail-Force ouvrière (CGT-FO) ; la Confédération générale du travail (CGT), d'autre part,

Vu les dispositions du code du travail,

Vu l'accord national interprofessionnel du 31 mai 2011 relatif au contrat de sécurisation professionnelle ;

Vu la convention du 6 mai 2011 relative à l'indemnisation du chômage, son règlement général et accords d'application annexés,

Conviennent de ce qui suit :

Art. 1er. – La présente convention définit les conditions et les modalités d'application du contrat de sécurisation professionnelle précisées par l'accord national interprofessionnel du 31 mai 2011, en faveur des salariés visés par une procédure de licenciement pour motif économique qui ne peuvent pas bénéficier d'un congé de reclassement prévu par l'article L. 1233-71 du code du travail.

Le contrat de sécurisation professionnelle leur permet de bénéficier, après la rupture de leur contrat de travail, d'un accompagnement renforcé et personnalisé consistant en un ensemble de mesures favorisant un reclassement accéléré vers l'emploi.

CHAPITRE Ier – *Bénéficiaires du contrat de sécurisation professionnelle*

Art. 2. – Ont la faculté de bénéficier d'un contrat de sécurisation professionnelle les salariés privés d'emploi :

a) Justifiant d'une année d'ancienneté dans l'entreprise au sens de l'article L. 1234-1 (2° et 3°) du code du travail ;

b) Justifiant des conditions prévues aux articles 3, 4 (*c* et *f*) du règlement général annexé à la convention du 6 mai 2011 relative à l'indemnisation du chômage ;

c) Aptes physiquement à l'exercice d'un emploi, au sens de l'article 4 *d* du règlement annexé à la convention du 6 mai 2011 relative à l'indemnisation du chômage.

Art. 3. – Les salariés privés d'emploi ne justifiant pas de la condition d'ancienneté visée à l'article 2 *a* de la présente convention ont la faculté de bénéficier d'un contrat de sécurisation professionnelle s'ils justifient des dispositions de l'article 2 (*b* et *c*) de la présente convention, dans les conditions particulières prévues aux articles 15, paragraphe 2, et 16, alinéa 2, de la présente convention.

Art. 4. – À titre expérimental, sur un bassin d'emploi donné, les demandeurs d'emploi en fin de contrat de travail à durée déterminée, en fin de mission d'intérim ou en fin de contrat conclu pour la durée d'un chantier visé à l'article L. 1236-8 du code du travail peuvent bénéficier du contrat de sécurisation professionnelle dans les conditions fixées par le comité de pilotage national.

CHAPITRE II – *Procédure d'acceptation du contrat de sécurisation professionnelle*

Art. 5. – § 1. – Chacun des salariés concernés doit être informé, par l'employeur, individuellement et par écrit, du contenu du contrat de sécurisation professionnelle et de la possibilité qu'il a d'en bénéficier.

Il dispose d'un délai de vingt et un jours pour accepter ou refuser un tel contrat à partir de la date de la remise du document proposant le contrat de sécurisation professionnelle selon les modalités prévues au paragraphe 2 du présent article.

Pour les salariés dont le licenciement est soumis à autorisation, ce délai de réflexion est prolongé jusqu'au lendemain de la date de notification à l'employeur de la décision de l'autorité administrative compétente.

Le document remis par l'employeur au salarié porte mention :
– de la date de remise du document faisant courir le délai de réflexion ;

– du délai de vingt et un jours imparti au salarié pour donner sa réponse ;

– de la date à partir de laquelle, en cas d'acceptation du contrat de sécurisation professionnelle, son contrat de travail est rompu.

Le document remis au salarié comporte également un volet-bulletin d'acceptation détachable, à compléter par le salarié s'il demande à bénéficier du contrat de sécurisation professionnelle et à remettre à son employeur.

Au cours du délai de réflexion, le salarié bénéficie d'un entretien d'information réalisé par Pôle emploi, destiné à l'éclairer dans son choix.

§ 2. – Lorsque le licenciement pour motif économique doit être précédé d'un entretien préalable au licenciement, le document écrit d'information prévu au paragraphe 1 du présent article est remis au salarié au cours de cet entretien préalable, contre récépissé (1).

Lorsque le licenciement pour motif économique doit être soumis à la procédure d'information et de consultation des représentants élus du personnel dans le cadre des articles L. 1233-28 à L. 1233-30 du code du travail, le document écrit d'information prévu au paragraphe 1 est remis à chaque salarié concerné, contre récépissé, à l'issue de la dernière réunion de consultation des représentants élus du personnel.

Lorsque, à la date prévue par les articles L. 1233-15 et L. 1233-39 du code du travail pour l'envoi de la lettre de licenciement, le délai de réflexion dont dispose le salarié pour faire connaître sa réponse à la proposition du contrat de sécurisation professionnelle n'est pas expiré, l'employeur lui adresse une lettre recommandée avec demande d'avis de réception :

– lui rappelant la date d'expiration du délai de réflexion ;

– et lui précisant qu'en cas de refus du contrat de sécurisation professionnelle cette lettre recommandée constituera la notification de son licenciement.

Art. 6. – § 1. – Le salarié manifeste sa volonté de bénéficier du contrat de sécurisation professionnelle en remettant à l'employeur le bulletin d'acceptation dûment complété et signé.

En cas d'acceptation du salarié, le contrat de travail est réputé rompu du commun accord des parties à la date d'expiration du délai de réflexion visé à l'article 5, paragraphe 1, de la présente convention. Le salarié bénéficie, dès le jour suivant la rupture du contrat de travail, du statut de stagiaire de la formation professionnelle attaché au contrat de sécurisation professionnelle.

L'absence de réponse au terme du délai de réflexion est assimilée à un refus du contrat de sécurisation professionnelle par le salarié.

§ 2. – L'ensemble des documents nécessaires à la mise en oeuvre du contrat de sécurisation professionnelle est arrêté par l'Unédic et remis par Pôle emploi à l'employeur, à sa demande.

Pour être recevable, le bulletin d'acceptation doit être accompagné de la demande d'allocation de sécurisation professionnelle dûment complétée et signée par le salarié et comporter une copie de la carte d'assurance maladie (carte Vitale) et d'une pièce d'identité, ou du titre en tenant lieu.

§ 3. – L'employeur communique immédiatement au Pôle emploi dans le ressort duquel le salarié est domicilié le bulletin d'acceptation accompagné d'une attestation d'employeur, de la demande d'allocations et des pièces nécessaires à l'examen des droits du salarié et au paiement des sommes dues par l'employeur.

Art. 7. – Le contrat de sécurisation professionnelle est conclu pour une durée de douze mois et prend effet dès le lendemain de la fin du contrat de travail.

Art. 8. – Lors de l'inscription comme demandeur d'emploi d'un salarié licencié pour motif économique, le conseiller de Pôle emploi doit s'assurer que l'intéressé a été informé individuellement et par écrit du contenu du contrat de sécurisation professionnelle et de la possibilité qu'il a d'en bénéficier.

À défaut, le conseiller de Pôle emploi doit procéder à cette information en lieu et place de son employeur. Le salarié peut souscrire au contrat de sécurisation professionnelle dans un délai de vingt et un jours à compter de son inscription comme demandeur d'emploi. L'absence de réponse au terme du délai de réflexion est assimilée à un refus du contrat de sécurisation professionnelle par le salarié.

En cas d'acceptation du contrat de sécurisation professionnelle, l'adhésion prend effet au lendemain de l'expiration du délai de réflexion. À compter de son inscription comme demandeur d'emploi jusqu'au terme du délai de réflexion, le salarié licencié peut être indemnisé dans les conditions de la convention du 6 mai 2011 relative à l'indemnisation du chômage.

CHAPITRE III – *Les prestations d'accompagnement*

Art. 9. – L'accompagnement des bénéficiaires du contrat de sécurisation professionnelle, sur la base du cahier des charges défini par le comité de pilotage national, est confié à Pôle emploi, qui peut déléguer cet accompagnement à d'autres opérateurs choisis par appel d'offres.

Art. 10. – Les salariés qui acceptent le contrat de sécurisation professionnelle bénéficient, dans les huit jours de leur adhésion, d'un entretien individuel de prébilan pour l'examen de leurs capacités professionnelles.

Cet entretien de prébilan, qui peut conduire si nécessaire à un bilan de compétences, est destiné à identifier le profil et le projet de reclassement du bénéficiaire du contrat de sécurisation professionnelle, ses atouts potentiels, ses difficultés et ses freins éventuels. Il est réalisé par l'opérateur en charge, pour le bassin

(1) S'agissant des salariées bénéficiant de la protection instituée par l'article L. 1225-4, alinéa 2, du code du travail, les documents d'information prévus au paragraphe 1 de l'article 5 peuvent être remis, au plus tard, le lendemain de la fin de la période de protection liée au congé de maternité.

d'emploi, des contrats de sécurisation professionnelle, en prenant notamment en compte les caractéristiques du bassin d'emploi concerné.

Les prestations d'accompagnement retenues d'un commun accord, au vu du résultat de cet entretien de prébilan, sont mises en place au profit des bénéficiaires du contrat de sécurisation professionnelle, au plus tard dans le mois suivant cet entretien individuel de prébilan.

Art. 11. – Les prestations d'accompagnement s'inscrivent dans un plan de sécurisation professionnelle qui comprend :

– si nécessaire, un bilan de compétences permettant d'orienter dans les meilleures conditions le plan de sécurisation ;

– un suivi individuel de l'intéressé par l'intermédiaire d'un référent spécifique, destiné à l'accompagner à tous les niveaux de son projet professionnel et à évaluer le bon déroulement de son plan de sécurisation, y compris dans les six mois suivant son reclassement ;

– des mesures d'appui social et psychologique ;

– des mesures d'orientation tenant compte de la situation du marché local de l'emploi ;

– des mesures d'accompagnement (préparation aux entretiens d'embauche, techniques de recherche d'emploi...) ;

– des actions de validation des acquis de l'expérience ;

– et/ou des mesures de formation pouvant inclure l'évaluation préformative prenant en compte l'expérience professionnelle de l'intéressé.

Art. 12. – Les actions de formation proposées aux bénéficiaires du contrat de sécurisation professionnelle sont celles qui permettent un retour rapide à l'emploi durable et qui préparent à des métiers pour lesquels les besoins en main-d'œuvre ne sont pas satisfaits ou à des métiers qui recrutent.

Lorsque l'action de formation, notamment s'il s'agit d'une action de requalification, n'est pas achevée au terme du contrat de sécurisation professionnelle, celle-ci se poursuit dans le cadre du projet personnalisé d'accès à l'emploi, dans la mesure où le bénéficiaire s'inscrit comme demandeur d'emploi au terme du contrat de sécurisation professionnelle, et dans les conditions prévues à l'article 27 de la présente convention.

Art. 13. – Au cours de son contrat de sécurisation professionnelle, le bénéficiaire peut réaliser deux périodes d'activités professionnelles en entreprise, sous forme de contrat de travail à durée déterminée ou de contrat d'intérim d'une durée minimale d'un mois, et dont la durée totale ne peut excéder trois mois.

Pendant ces périodes, le bénéficiaire est salarié par l'entreprise où il exerce et le versement de son allocation de sécurisation professionnelle est suspendu.

Note Cet article a été modifié par un avenant du 3 février 2012 non encore agréé.

Art. 13. *(Avenant n° 1 du 3 févr. 2012) Au cours de son contrat de sécurisation professionnelle, le bénéficiaire peut réaliser des périodes d'activités professionnelles en entreprise, sous forme de contrat de travail à durée déterminée ou de contrat de travail temporaire d'une durée minimale de quatorze jours.*

Chaque contrat est renouvelable une fois avec le même employeur ou la même entreprise utilisatrice.

Le cumul total de ces périodes d'activités professionnelles en entreprise peut être compris, au maximum, entre quatre et six mois.

Pendant ces périodes, le bénéficiaire est salarié de l'entreprise ou de l'agence d'emploi, et le versement de son allocation de sécurisation professionnelle est suspendu.

En cas de reprise d'emploi en contrat à durée indéterminée, en contrat à durée déterminée ou contrat de travail temporaire d'une durée de plus de trois mois, la rupture du contrat de travail pendant la période d'essai permet une reprise du contrat de sécurisation professionnelle et du versement de l'allocation de sécurisation professionnelle, sans modification du terme fixé lors de l'adhésion au dispositif.

Art. 14. – Lorsque, avant le terme du contrat de sécurisation professionnelle, le bénéficiaire reprend un emploi dont la rémunération est, pour un nombre identique d'heures hebdomadaires de travail, inférieure d'au moins 15 % à la rémunération de son emploi précédent, il perçoit une indemnité différentielle de reclassement.

Le montant mensuel de l'indemnité différentielle de reclassement est égal à la différence entre 30 fois le salaire journalier de référence servant au calcul de l'allocation de sécurisation professionnelle et le salaire brut mensuel de l'emploi repris.

Cette indemnité, dont l'objet est de compenser la baisse de rémunération, est versée mensuellement, à terme échu, pour une durée qui ne peut excéder douze mois et dans la limite d'un montant total plafonné à 50 % des droits résiduels à l'allocation de sécurisation professionnelle.

CHAPITRE IV – *L'allocation de sécurisation professionnelle*

Art. 15. – § 1. – Pendant la durée du contrat de sécurisation professionnelle, les bénéficiaires perçoivent une allocation de sécurisation professionnelle égale à 80 % de leur salaire journalier de référence.

Le salaire de référence pris en considération pour fixer le montant de l'allocation journalière est établi conformément aux articles 13, 14 et 20 du règlement général annexé à la convention du 6 mai 2011 relative à l'indemnisation du chômage.

Cette allocation ne peut être inférieure au montant de l'allocation d'aide au retour à l'emploi à laquelle l'intéressé aurait pu prétendre, au titre de l'emploi perdu, s'il n'avait pas accepté le contrat de sécurisation professionnelle.

§ 2. – Le montant de l'allocation servie aux bénéficiaires du contrat de sécurisation professionnelle visés à l'article 3 de la présente convention est égal au montant de l'allocation d'aide au retour à l'emploi tel que fixé par les articles 15, 16, 17, 18, paragraphe 2, et 20 du règlement général annexé à la convention du 6 mai 2011 relative à l'indemnisation du chômage.

§ 3. – Le montant de l'allocation servie aux bénéficiaires d'une pension d'invalidité de 2e ou de 3e catégorie, au sens de l'article L. 341-4 du code la sécurité sociale ou au sens de toute autre disposition prévue par les régimes spéciaux ou autonomes de sécurité sociale, ou d'une pension d'invalidité acquise à l'étranger, est cumulable avec la pension d'invalidité de 2e ou 3e catégorie dans les conditions prévues par l'article R. 341-17 du code de la sécurité sociale, dès lors que les revenus issus de l'activité professionnelle prise en compte pour l'ouverture des droits ont été cumulés avec la pension.

À défaut, l'allocation servie aux bénéficiaires d'une telle pension est égale à la différence entre le montant de l'allocation de sécurisation professionnelle et celui de la pension d'invalidité.

§ 4. – Une participation de 3 % assise sur le salaire journalier de référence est retenue sur l'allocation journalière. Le prélèvement de cette participation ne peut avoir pour effet de réduire le montant des allocations tel qu'il est fixé au dernier alinéa de l'article 15 du règlement général annexé à la convention du 6 mai 2011 relative à l'indemnisation du chômage.

Le produit de cette participation est affecté au financement des retraites complémentaires des bénéficiaires de l'allocation de sécurisation professionnelle.

Art. 16. – L'allocation de sécurisation professionnelle est versée pour une durée de douze mois à compter de la prise d'effet du contrat de sécurisation professionnelle.

Pour les bénéficiaires visés à l'article 3 de la présente convention, la durée de versement de l'allocation de sécurisation professionnelle ne peut en aucun cas excéder celle à laquelle ils auraient pu prétendre au titre de l'allocation d'aide au retour à l'emploi.

Art. 17. – L'allocation de sécurisation professionnelle est payée mensuellement à terme échu, pour tous les jours ouvrables ou non.

Le service des allocations doit être interrompu à compter du jour où l'intéressé :

a) Retrouve une activité professionnelle salariée ou non, exercée en France ou à l'étranger, à l'exception des cas visés à l'article 13 de la présente convention ;

b) Est pris ou est susceptible d'être pris en charge par la sécurité sociale au titre des prestations en espèces ;

c) Est admis à bénéficier du complément de libre choix d'activité de la prestation d'accueil du jeune enfant ;

d) Cesse de résider sur le territoire relevant du champ d'application de l'assurance chômage visé à l'article 4, alinéa 1, de la convention du 6 mai 2011 relative à l'indemnisation du chômage ;

e) Est admis au bénéfice de l'allocation journalière de présence parentale visée à l'article L. 544-1 du code de la sécurité sociale ;

f) Cesse de remplir la condition visée à l'article 4 *c* du règlement général annexé à la convention du 6 mai 2011 relative à l'indemnisation du chômage ;

g) A conclu un contrat de service civique conformément aux dispositions de l'article L. 120-11 du code du service national.

Art. 18. – Les articles 26, 35 et 36 du règlement général annexé à la convention du 6 mai 2011 relative à l'indemnisation du chômage sont applicables aux bénéficiaires du contrat de sécurisation professionnelle.

CHAPITRE V – *Prescription*

Art. 19. – Le délai de prescription de la demande en paiement de l'allocation de sécurisation professionnelle et de l'indemnité différentielle de reclassement est de deux ans suivant leur fait générateur.

CHAPITRE VI – *Suivi de l'exécution des prestations d'accompagnement du contrat de sécurisation professionnelle*

Art. 20. – § 1. – Un document écrit formalise les relations entre les bénéficiaires du contrat de sécurisation professionnelle et Pôle emploi, et précise les prestations fournies.

Il précise les conditions, y compris les modalités de recours, dans lesquelles l'intéressé cesse de bénéficier du contrat de sécurisation professionnelle :

– lorsqu'il refuse une action de reclassement et de formation ou ne s'y présente pas, ou lorsqu'il refuse à deux reprises une offre raisonnable d'emploi ;

– lorsqu'il a fait des déclarations inexactes ou présenté des attestations mensongères en vue de bénéficier indûment du contrat de sécurisation professionnelle.

§ 2. – Lorsque l'intéressé cesse de bénéficier du contrat de sécurisation professionnelle dans le cadre des dispositions du paragraphe 1, il doit s'inscrire comme demandeur d'emploi et son dossier est transmis au directeur de l'unité territoriale de la DIRECCTE.

CHAPITRE VII – *Financement du contrat de sécurisation professionnelle*

Art. 21. – Les sommes que Pôle emploi recouvre pour le compte de l'Unédic correspondant aux heures acquises au titre du droit individuel à la formation (DIF) et n'ayant pas donné lieu à utilisation sont affectées aux prestations d'accompagnement. Ce montant est calculé sur la base du salaire net perçu par le salarié avant son départ de l'entreprise.

Art. 22. – L'employeur contribue au financement de l'allocation de sécurisation professionnelle versée aux bénéficiaires visés à l'article 2 de la présente convention en s'acquittant du paiement d'une somme correspondant à l'indemnité de préavis que le salarié aurait perçue s'il n'avait pas bénéficié du dispositif et qui ne peut être inférieure à l'indemnité légale prévue à l'article L. 1234-1 (2° et 3°) du code du travail.

Cette contribution comprend l'ensemble des charges patronales et salariales.

Pôle emploi assure, pour le compte de l'Unédic, le recouvrement de ces sommes.

Dans le cas où l'indemnité de préavis que le salarié aurait perçue s'il n'avait pas bénéficié du contrat de sécurisation professionnelle est supérieure à trois mois de salaire, la fraction excédant ce montant est versée à l'intéressé dès la rupture de son contrat de travail.

Les salariés visés à l'article 3 de la présente convention qui auraient bénéficié d'une indemnité de préavis s'ils n'avaient pas adhéré au contrat de sécurisation professionnelle en perçoivent le montant dès la rupture de leur contrat de travail.

Art. 23. – En cas de non-respect de son obligation de proposer le contrat de sécurisation professionnelle aux salariés visés aux articles 2 et 3 de la présente convention, l'employeur est redevable à Pôle emploi d'une contributionspécifique correspondant à deux mois de salaire brut, portée à trois mois de salaire comprenant l'ensemble des charges patronales et salariales lorsque l'ancien salarié bénéficie du contrat de sécurisation professionnelle en application des dispositions de l'article 8 de la présente convention.

Pôle emploi assure, pour le compte de l'Unédic, le recouvrement de ces éventuelles pénalités.

Art. 24. – Une convention État-Unédic fixe les modalités de financement du dispositif et les modalités de collaboration entre les parties à tous les niveaux du dispositif. Une annexe financière sera négociée annuellement avec l'État.

CHAPITRE VIII – *Recouvrement*

Art. 25. – § 1. – Le règlement des sommes dues par l'employeur visées aux articles 21, 22 et 23 de la présente convention est exigible au plus tard le 25 du deuxième mois civil suivant le début du contrat de sécurisation professionnelle.

§ 2. – Les contributions non payées à la date limite d'exigibilité fixée au paragraphe 1 du présent article sont passibles de majorations de retard.

Ces majorations de retard, calculées sur le montant des contributions dues et non payées, commencent à courir dès le lendemain de la date limite d'exigibilité.

Il est appliqué :

– une majoration de retard de 10 % du montant des contributions qui n'ont pas été versées à la date limite d'exigibilité. Cette majoration est applicable une fois entre le premier jour suivant la date limite d'exigibilité des contributions et le dernier jour du troisième mois suivant cette même date. La majoration est due pour cette période trimestrielle ainsi déterminée, même si elle est incomplète ;

– des majorations de retard fixées à 2 % par trimestre à compter du premier jour du quatrième mois suivant la date limite d'exigibilité des contributions. Ces majorations de retard sont calculées par période trimestrielle ; elles sont dues pour toute période trimestrielle ainsi déterminée, même si elle est incomplète.

§ 3. – Toute action intentée ou poursuite engagée contre un employeur manquant aux obligations de la présente convention est obligatoirement précédée d'une mise en demeure par lettre recommandée avec demande d'avis de réception, invitant l'intéressé à régulariser sa situation dans les quinze jours.

Art. 26. – § 1. – Remise des contributions.

Une remise partielle ou totale des contributions restant dues par un employeur bénéficiant d'une procédure de conciliation ou de sauvegarde peut être accordée lorsqu'une telle remise préserve les intérêts généraux de l'assurance chômage.

Une remise partielle des contributions restant dues par un employeur en redressement ou liquidation judiciaire peut être accordée lorsqu'un paiement partiel sur une période donnée est de nature à mieux préserver les intérêts du régime qu'un paiement intégral sur une période plus longue.

§ 2. – Remise des majorations de retard et délais de paiement.

Une remise totale ou partielle des majorations de retard prévues à l'article 25, paragraphe 2, peut être consentie aux débiteurs de bonne foi ou justifiant de l'impossibilité dans laquelle ils se sont trouvés, en raison d'un cas de force majeure, de régler les sommes dues dans les délais impartis.

En cas de redressement ou de liquidation judiciaire, les majorations de retard prévues à l'article 25, paragraphe 2, dues à la date du jugement d'ouverture, sont remises d'office.

Les remises de majorations de retard et pénalités et délais de paiement des contributions sont accordées dans les conditions de l'accord d'application n° 12 de la convention du 6 mai 2011 relative à l'indemnisation du chômage.

§ 3. – Prescriptions.

a) La mise en demeure visée à l'article 25, paragraphe 3, de la présente convention ne peut concerner que les contributions et majorations de retard exigibles dans les trois ans précédant la date de son envoi.

L'action civile en recouvrement se prescrit, sauf cas de fraude ou de fausse déclaration, par trois ans et, en cas de fraude ou de fausse déclaration, par dix ans suivant l'expiration du délai imparti par la mise en demeure. La prescription de l'action éteint la créance.

Lorsque le montant de la créance est inférieur à un seuil fixé par l'assemblée générale, le conseil d'administration ou le bureau de l'Unédic, la créance est éteinte au terme d'un délai de trois ans qui court à compter de la fin de l'exercice comptable au cours duquel la créance est née.

b) La demande de remboursement des contributions et majorations de retard indûment versées se prescrit par trois ans à compter de la date à laquelle ces contributions et majorations ont été acquittées.

CHAPITRE IX – *Détermination des droits à l'allocation d'aide au retour à l'emploi au terme du contrat de sécurisation professionnelle*

Art. 27. – Le bénéficiaire du contrat de sécurisation professionnelle qui, au terme de ce contrat, est à la recherche d'un emploi peut bénéficier de l'allocation d'aide au retour à l'emploi, dès son inscription comme demandeur d'emploi, sans différé d'indemnisation ni délai d'attente.

La durée d'indemnisation au titre de cette allocation est, dans ce cas, réduite du nombre de jours indemnisés au titre de l'allocation de sécurisation professionnelle.

CHAPITRE X – *Dispositions diverses*

Art. 28. – La présente convention confie à l'Unédic la gestion des contrats de sécurisation professionnelle proposés par les employeurs qui relèvent du champ d'application du régime d'assurance chômage fixé par l'article L. 5422-13 du code du travail, ou par des employeurs qui ont adhéré à titre irrévocable à ce régime conformément à l'article L. 5424-2 (2°) dudit code.

CHAPITRE XI – *Durée de l'accord. – Entrée en vigueur*

Art. 29. – § 1. – La présente convention entrera en vigueur à compter du 1er septembre 2011 et produira ses effets jusqu'au 31 décembre 2013.

Elle peut être renouvelée si les signataires de la présente convention constatent, au vu des résultats d'une évaluation sur la qualité de l'accompagnement et l'efficacité des reclassements réalisés, que les conditions d'accompagnement ont été remplies.

Toutefois, les bénéficiaires d'un contrat de sécurisation professionnelle à cette date d'échéance demeureront régis par les dispositions de la présente convention.

§ 2. – La présente convention s'applique aux salariés compris dans une procédure de licenciement pour motif économique engagée à compter du 1er septembre 2011.

Par date d'engagement de la procédure de licenciement pour motif économique, il y a lieu d'entendre :

– la date de l'entretien préalable visé à l'article L. 1233-11 du code du travail ;

– la date de présentation de la lettre de convocation à la première réunion des instances représentatives du personnel prévue aux articles L. 1233-28 à L. 1233-30 du code du travail.

CHAPITRE XII – *Révision*

Art. 30. – Les partenaires sociaux signataires de la présente convention conviennent, dans l'hypothèse où le contrat de sécurisation professionnelle générerait un surcoût pour l'Unédic, par rapport au coût de la convention de reclassement personnalisé, de plus de 150 millions d'euros par an, de se réunir pour revoir les paramètres du dispositif.

Art. 31. – La présente convention sera déposée à la direction générale du travail.

Fait à Paris, le 19 juillet 2011, en quatre exemplaires originaux.

Pour le MEDEF	Pour la CFDT	Pour la CGPME	Pour la CFE-CGC
Pour l'UPA	Pour la CFTC	Pour la CGT	Pour la CGT-FO

Les parties signataires du présent accord conviennent de proroger la durée de validité de la convention du 20 février 2010 relative aux conventions de reclassement personnalisé jusqu'à la date d'entrée en vigueur, et au plus tard jusqu'au 31 août 2011, des textes destinés à remplacer ce dispositif.

Fait à Paris, le 4 juillet 2011.

MEDEF	CFDT	CGPME	CFE-CGC	UPA	CFTC	CGT-FO

■ CONVENTION DU 6 MAI 2011 relative à l'indemnisation du chômage et de son règlement général annexé (arrêté d'agrément du 15 juin 2011, JO 16).

Note Voir notamment circulaire Unédic 2011-25 du 7 juillet 2011.

■ ACCORDS D'APPLICATION N°s 1 À 24 relatifs à la convention du 6 mai 2011 relative à l'indemnisation du chômage (arrêté d'agrément du 15 juin 2011, JO 16).

■ ACCORDS relatifs aux annexes I à XII au règlement général annexé à la convention du 6 mai 2011 relative à l'indemnisation du chômage (arrêté d'agrément du 15 juin 2011, JO 16).

■ ACCORDS DU 6 MAI 2011 relatif au régime d'assurance chômage applicable aux apprentis du secteur public (arrêté d'agrément du 15 juin 2011, JO 16).

ENTREPRISES EN DIFFICULTÉ

■ CODE DE COMMERCE

Voir Livre sixième : Des difficultés des entreprises et notamment :

Titre I : De la prévention des difficultés des entreprises ; Titre II : De la sauvegarde ; Titre III : Du redressement judiciaire ; Titre IV : De la liquidation judiciaire

FORMATION PROFESSIONNELLE TOUT AU LONG DE LA VIE

■ LOI 2007-148 DU 2 FÉVRIER 2007

de modernisation de la fonction publique, art. 5 (JO 6) modifiée par loi 2009-972 du 3 août 2009 (JO 6).

TITRE VII. – *Dispositions relatives à la formation professionnelle des agents publics tout au long de la vie*

Note • Sur le maintien en vigueur des articles L. 970-1 à 6, voir art. 13 de l'ordonnance 2007-329 du 12 mars 2007 (JO 13) rapportée en début de code.

• Voir notamment accord du 21 novembre 2006 sur la formation professionnelle dans la fonction publique d'État.

Art. L. 970-1. – Le présent titre est applicable :

1° Aux actions de formation professionnelle des fonctionnaires relevant de la fonction publique de l'État, de la fonction publique territoriale et de la fonction publique hospitalière, qui sont menées dans le cadre de l'article 22 de la loi n° 83-634 du 13 juillet 1983 portant droits et obligations des fonctionnaires ;

2° Aux actions de formation professionnelle des agents civils non titulaires relevant des administrations mentionnées à l'article 2 de la même loi.

Art. L. 970-2. – Les administrations mentionnées à l'article 2 de la loi n° 83-634 du 13 juillet 1983 précitée mettent en œuvre au bénéfice des agents publics mentionnés à l'article L. 970-1 une politique coordonnée de formation professionnelle tout au long de la vie. Cette politique, semblable par sa portée et par les moyens employés à celle définie aux articles L. 900-1, L. 900-2 et L. 900-3, tient compte du caractère spécifique de la fonction publique.

Les grandes orientations de la politique de formation professionnelle et les conditions générales d'élaboration et de mise en œuvre des actions de formation professionnelle font l'objet d'une consultation des organisations syndicales dans le cadre des conseils supérieurs de chacune des fonctions publiques.

Les agents publics mentionnés à l'article L. 970-1 peuvent, à l'initiative de l'administration d'emploi, participer à des actions de formation professionnelle, soit comme stagiaires, soit comme formateurs. Ils peuvent également être autorisés à participer, sur leur demande, à de telles actions, soit comme stagiaires, soit comme formateurs.

Art. L. 970-3. – Les organismes publics chargés de la mise en œuvre de la politique définie à l'article L. 970-2 ne sont pas soumis aux dispositions des titres II et IX du présent livre.

Les actions de formation relevant du présent titre peuvent également être assurées par les organismes mentionnés à l'article L. 920-4.

Art. L. 970-4. – Au vu de leurs besoins, les administrations et les établissements publics de l'État mettent en œuvre une politique de formation professionnelle au bénéfice de leurs agents et contribuent à la formation interministérielle.

Un décret en Conseil d'État détermine la nature des formations interministérielles et les modalités de la participation des administrations et des établissements publics de l'État à ces actions.

Art. L. 970-5. – Pour la mise en œuvre de la politique visée à l'article L. 970-2, les établissements mentionnés à l'article 2 de la loi n° 86-33 du 9 janvier 1986 portant dispositions statutaires relatives à la fonction publique hospitalière peuvent recourir à des organismes paritaires collecteurs agréés dans les conditions fixées par l'article 22 de la loi n° 90-579 du 4 juillet 1990 relative au crédit-formation, à la qualité et au contrôle de la formation professionnelle continue et modifiant le livre IX du code du travail. Le recours à ces organismes est obligatoire dans les cas prévus au 6° de l'article 41 de la loi n° 86-33 du 9 janvier 1986 précitée et au II de l'article 16 de l'ordonnance n° 2005-406 du 2 mai 2005 simplifiant le régime juridique des établissements de santé.

Art. L. 970-6. – Peuvent également bénéficier des actions de formation prévues par le présent titre, dans les conditions prévues par décret en Conseil d'État :

1° Les personnes qui concourent à des missions de service public, sans avoir la qualité d'agent d'une collectivité publique ;

2° Les personnes qui, sans avoir la qualité d'agent d'une collectivité publique, se préparent aux procédures de recrutement de la fonction publique de l'État, de la fonction publique territoriale, de la fonction publique hospitalière et des institutions ou organes de la Communauté européenne et de l'Union européenne.

■ DÉCRET 2007-1470 DU 15 OCTOBRE 2007

relatif à la formation professionnelle tout au long de la vie des fonctionnaires de l'État (JO 16) modifié par décret 2011-184 du 15 février 2011 (JO 17).

■ ARRÊTÉS DU 31 JUILLET 2009

relatifs au bilan de compétence des agents de l'État et à l'évaluation de la période de professionnalisation pour les agents de la fonction publique de l'État (JO 13 août).

Voir aussi circulaire min. Budget, Comptes publics et Fonction publique du 31 juillet 2009.

■ LOI 90-579 DU 4 JUILLET 1990

relative au crédit-formation, à la qualité et au contrôle de la formation professionnelle continue (JO 10). Voir dispositions non codifiées concernant la formation professionnelle continue des personnels hospitaliers (art. 21 et 22).

■ LOI 92-675 DU 17 JUILLET 1992

portant diverses dispositions relatives à l'apprentissage, à la formation professionnelle et modifiant le code du travail (JO 19) modifiée en dernier lieu par lois 2010-751 du 5 juillet 2010, art. 35 (JO 6) et 2011-525 du 17 mai 2011 (JO 18).

....

Chapitre II – Expérimentation de l'apprentissage dans le secteur public non industriel et commercial

Art. 18. – Les personnes morales de droit public dont le personnel ne relève pas du droit privé peuvent conclure des contrats d'apprentissage.

Ces personnes morales peuvent conclure avec une autre personne morale de droit public ou avec une entreprise des conventions prévoyant qu'une partie de la formation pratique est dispensée par cette autre personne morale de droit public ou par cette entreprise. Un décret fixe les clauses que doivent obligatoirement comporter ces conventions ainsi que les autres dispositions qui leur sont applicables.

Art. 19. – Les contrats d'apprentissage mentionnés à l'article 18 sont des contrats de droit privé auxquels sont applicables, outre les dispositions spécifiques énoncées à l'article 20 ci-après, les dispositions des articles L. 115-1 à L. 117 *bis*-7 et des deux premiers alinéas de l'article L. 119-1 du code du travail, à l'exception des articles L. 116-1-1, L. 117-5, L. 117-10, L. 117-14 à L. 117-16 et L. 117-18.

Les dépenses d'apprentissage consenties par les personnes morales définies à l'article 18 qui sont assujetties à la taxe d'apprentissage ouvrent droit à exonération selon les modalités prévues par les lois et règlements en vigueur.

Art. 20. – Sont applicables aux contrats d'apprentissage visés à l'article 11 les dispositions spécifiques ci-dessous :

I. – Les conditions d'accueil et de formation des apprentis font l'objet d'un avis du comité technique ou de toute autre instance compétente au sein de laquelle siègent les représentants du personnel. Cette instance examine chaque année un rapport sur le déroulement des contrats d'apprentissage.

II. – Pour la mise en œuvre des dispositions du présent chapitre, un centre de formation d'apprentis peut conclure avec un ou plusieurs centres de formation gérés par l'une des personnes morales définie à l'article 18 ou avec le Centre national de la fonction publique territoriale une convention aux termes de laquelle ces établissements assurent une partie des formations normalement dispensées par le centre de formation d'apprentis et mettent à sa disposition des équipements pédagogiques ou d'hébergement.

Dans ce cas, les centres de formation d'apprentis conservent la responsabilité administrative et pédagogique des enseignements dispensés.

III. – Les personnes morales mentionnées à l'article 18 qui emploient des apprentis selon les modalités définies au présent chapitre prennent en charge les coûts de la formation de ces apprentis dans les centres de formation d'apprentis qui les accueillent. À cet effet, elles passent convention avec ces centres pour définir les conditions de cette prise en charge.

IV. – L'apprenti perçoit un salaire dont le montant, déterminé en pourcentage du salaire minimum de croissance et fixé par décret, varie en fonction de l'âge du bénéficiaire, de l'ancienneté dans le contrat et du niveau du diplôme préparé. Ce salaire est déterminé pour chaque année d'apprentissage.

V. – L'apprenti est affilié au régime général de la sécurité sociale pour tous les risques et au régime complémentaire de retraite institué au profit des agents non titulaires de l'État, des collectivités territoriales ou au profit des agents des autres personnes morales de droit public visées à l'article 18. Les validations de droit à l'assurance vieillesse sont opérées selon les conditions fixées au troisième alinéa de l'article L. 118-6 du code du travail.

VI. – L'État prend en charge, selon les modalités de calcul prévues à l'article L. 118-5 du code du travail, les cotisations des assurances sociales et des allocations familiales dues par l'employeur et des [les] cotisations salariales d'origine légale et conventionnelle imposées par la loi dues au titre des salaires versés aux apprentis, y compris les cotisations d'assurance chômage versées par les personnes morales visées à l'article 18 qui ont, en application de l'article L. 351-12 du code du travail, adhéré au régime prévu à l'article L. 351-4 du même code. Par dérogation aux dispositions de l'article L. 351-12 du même code, cette adhésion peut être limitée aux seuls apprentis.

VII. – Une personne morale visée à l'article 18 ne peut conclure avec le même apprenti plus de trois contrats d'apprentissage successifs.

VIII. – Les services accomplis par l'apprenti au titre du contrat d'apprentissage ne peuvent être pris en compte comme services publics au sens des dispositions applicables aux fonctionnaires, aux agents publics ou aux agents employés par les personnes morales visées à l'article 18, ni au titre de l'un des régimes spéciaux de retraite applicables à ces agents.

IX. – Le contrat d'apprentissage, revêtu de la signature de l'employeur et de l'apprenti, autorisé, le cas échéant, par son représentant légal, est adressé pour enregistrement au représentant de l'État dans le département du lieu d'exécution du contrat.

Art. 21. – Les modalités d'application des dispositions du présent chapitre sont fixées, en tant que de besoin, par décret en Conseil d'État.

....

■ LOI QUINQUENNALE 93-1313 DU 20 DÉCEMBRE 1993 modifiée

relative au travail, à l'emploi et à la formation professionnelle (JO 21).

Voir les dispositions non codifiées du titre III et notamment celles du chapitre Ier relatif à la décentralisation de la formation professionnelle continue des jeunes.

■ DÉCRET 94-153 DU 16 FÉVRIER 1994

relatif au transfert de compétences aux régions en matière de formation professionnelle (JO 23).

....

Art. 1er. – Le transfert de compétences aux régions prévu par la loi [83-8] du 7 janvier 1983 modifiée susvisée et par l'article 50 de la loi [93-1313] du 20 décembre 1993 susvisée en matière de formation professionnelle prend effet au 1er juillet 1994.

Voir aussi *décret* 94-439 du 2 juin 1994 pour l'application, au titre de l'exercice budgétaire 1994, des 1° et 2° du 2e alinéa et du 5e alinéa de l'article 85 de la loi 83-8 du 7 janvier 1983, *arrêté* du 21 août 1996 relatif aux crédits de l'État transférés aux régions en compensation du transfert de compétences prévu par le II a) de l'article 82 de la loi 83-8 du 7 janvier 1983 modifiée, *circulaire* DFP/DE 95-82 du 21 décembre 1995.

■ DÉCRET 88-368 DU 15 AVRIL 1988

fixant les taux et les montants des rémunérations versées aux stagiaires de formation professionnelle (JO 19) modifié par décrets 90-12 du 3 janvier 1990 (JO 4) et 2002-1551 du 23 décembre 2002 (JO 29).

TITRE Ier – *Travailleurs salariés sous contrat de travail*

Art. 1. – La fraction de la rémunération maintenue aux stagiaires par leurs employeurs, qui peut être remboursée par l'État en application des articles L. 961-4 [L. 6341-2] et R. 961-2 [R. 6341-2], quatrième alinéa, du code du travail, est fixée par l'autorité qui agrée le stage.

Le taux de remboursement ne peut dépasser :
50 p. 100 dans le cas de création d'emplois ou de modification du processus de production ;
70 p. 100 dans le cas de réduction d'effectif ou de cessation d'activité.

Dans le cas des conventions prévoyant le financement d'une action d'adaptation au poste de travail ou d'une action de formation par le Fonds national de l'emploi, le taux de remboursement ne peut dépasser :
50 p. 100 pour les actions d'adaptation ;
70 p. 100 pour les actions de formation.

Art. 2. – Les travailleurs salariés titulaires d'un livret d'épargne institué par l'article 80 de la loi n° 76-1232 du 29 décembre 1976, ou leur conjoint, qui suivent un stage agréé par l'État ou une région au titre de la rémunération des stagiaires et dont la demande de prise en charge du stage n'a pas reçu l'accord de l'un des organismes mentionnés à l'article L. 951-3 [L. 6332-6] du code du travail, perçoivent une rémunération mensuelle égale à leur salaire antérieur, déterminée suivant les conditions prévues au deuxième alinéa du 1° de l'article R. 961-6 [R. 6341-25] du même code dans les limites du plancher et du plafond fixés à l'article 14 ci-après.

Art. 3. – Les travailleurs salariés qui sont en attente de réinsertion ou en instance de reclassement par application de l'article L. 122-32-1 [L. 1226-7] du code du travail et qui suivent un stage agréé par l'État ou une région au titre de la rémunération des stagiaires perçoivent une rémunération mensuelle égale à leur salaire antérieur, déterminée suivant les conditions prévues aux deuxième et troisième alinéas du 1° de l'article R. 961-6 du même code dans les limites du plancher et du plafond fixés à l'article 14 ci-après.

TITRE II – *Travailleurs privés d'emploi ou demandeurs d'emploi*

Art. 4. – Les travailleurs handicapés privés d'emploi qui suivent un stage de formation agréé par l'État ou une région au titre de la rémunération des stagiaires et qui réunissent les conditions définies au premier alinéa du 1° de l'article R. 961-6 [R. 6341-27] du code du travail perçoivent la rémunération mensuelle fixée à l'article 3 ci-dessus.

Art. 5. – Les travailleurs privés d'emploi qui suivent un stage de formation agréé par l'État ou une région au titre de la rémunération des stagiaires et qui réunissent les conditions définies au 2° de l'article R. 961-6 [R. 6341-27] du code du travail perçoivent une rémunération mensuelle dont le montant est fixé à 652,02 €.

Art. 6. – Les personnes à la recherche d'un emploi, appartenant aux catégories ci-après, perçoivent, lorsqu'elles suivent un stage de formation agréé par l'État ou une région au titre de la rémunération des stagiaires, une rémunération mensuelle dont le montant est égal à celui fixé à l'article 5 :

1° Les personnes veuves, divorcées, séparées, abandonnées ou célibataires et qui assument seules la charge effective et permanente d'un ou plusieurs enfants résidant en France ainsi que les femmes seules en état de grossesse ayant effectué la déclaration de grossesse et les examens prénataux prévus par la loi ;
2° Les mères de famille ayant eu trois enfants au moins ;
3° Les femmes divorcées, veuves, séparées judiciairement depuis moins de trois ans.

Art. 7.– Les travailleurs handicapés privés d'emploi qui ne réunissent pas les conditions définies au 1° de l'article R. 961-6 [R. 6341-25] du code du travail, ainsi que les jeunes handicapés à la recherche d'un premier emploi, perçoivent, lorsqu'ils suivent un stage de formation agréé par l'État ou une région, au titre de la rémunération des stagiaires et sous réserve des dispositions de l'article 9 ci-après, une rémunération mensuelle fixée à 652,02 €.

Art. 8. – Les personnes à la recherche d'un emploi âgées de dix-huit ans au moins à la date d'entrée de stage et n'appartenant pas aux catégories définies aux articles 5, 6 et 7 perçoivent lorsqu'elles suivent un stage de formation agréé par l'État ou une région, au titre de la rémunération des stagiaires, une rémunération mensuelle fixée à 310,39 € lorsqu'elles ont de dix-huit à vingt ans, 339,35 € lorsqu'elles ont vingt et un à vingt-cinq ans et 401,09 € lorsqu'elles ont vingt-six ans ou plus.

Les personnes âgées de moins de dix-huit ans à la date de leur entrée en stage perçoivent dans les conditions prévues à l'alinéa précédent une rémunération mensuelle fixée à 130,34 €.

[**Art. 9.** – Abrogé par décret 2002-1551 du 23 décembre 2002, art. 1, JO 29.]

Art. 10. – Les personnes à la recherche d'un emploi qui justifient de trois années d'activité professionnelle perçoivent, lorsqu'elles suivent une formation d'une durée supérieure à un an et au plus égale à trois ans, une rémunération mensuelle fixée comme suit :

1° Si elles bénéficiaient de l'allocation prévue à l'article L. 351-3 (a) [L. 5422-3] du code du travail lorsqu'elles ont été admises à suivre un stage au titre de la convention visée au deuxième alinéa de l'article L. 961-1 [L. 6341-1] du même code, elles reçoivent, jusqu'à la fin du stage et après épuisement de leurs droits au régime d'assurance chômage, une rémunération d'un montant identique à celui perçu précédemment ;

2° Si elles n'ont pas bénéficié de l'allocation visée ci-dessus depuis la rupture du contrat de travail, elles perçoivent une rémunération établie selon les modalités de calcul de l'allocation prévue à l'article L. 351-3 (a) [L. 5422-3] du code du travail.

TITRE III – *Travailleurs non-salariés*

Art. 11. – Les travailleurs non salariés qui suivent un stage agréé par l'État ou une région au titre de la rémunération des stagiaires perçoivent, lorsqu'ils ont exercé une activité professionnelle, salariée ou non salariée, durant douze mois, dont six consécutifs, dans les trois années qui précèdent l'entrée en stage, une rémunération mensuelle fixée à 708,59 €.

TITRE IV – *Dispositions communes*

Art. 12.– Les personnes qui suivent un stage à temps partiel agréé par l'État ou une région au titre de la rémunération des stagiaires perçoivent pour chaque heure de stage une rémunération égale à la rémunération mensuelle qu'elles auraient perçue pour un stage à temps complet divisée par 151,67.

Toutefois, cette rémunération n'est versée que par périodes minimales de quarante heures.

Art. 13. – Lorsque, en application des dispositions du deuxième alinéa de l'article R. 961-11 [R. 6341-40] du code du travail, les stagiaires perçoivent un acompte mensuel, cet acompte est égal au montant du plancher fixé à l'article 14 ci-après pour les stagiaires rémunérés sur la base de leur salaire antérieur et au montant de la rémunération mensuelle pour les autres stagiaires.

Art. 14. – Les montants des plancher et plafond mensuels prévus aux articles 2, 3, 4 et 13 du présent décret sont respectivement fixés à 644,17 € et 1932,52 €.

Art. 15. – Les rémunérations mensuelles fixées aux articles 5, 6, 7, 8 et 11 du présent décret incluent les indemnités compensatrices de congés payés mentionnées à l'article R. 961-12 [R. 6341-42] du code du travail.

Les personnes relevant de l'administration pénitentiaire qui effectuent un stage de formation professionnelle à l'extérieur de l'établissement en régime de semi-liberté ou de placement extérieur bénéficient des rémunérations définies au présent décret avec les mêmes critères d'attribution.

Art. 16. – Les rémunérations prévues aux articles qui précèdent, à l'exception de celles définies à l'article 1er, sont calculées ou arrêtées à la date d'ouverture du stage.

Lorsque le stage a une durée supérieure à un an, la rémunération versée aux stagiaires est réévaluée selon un taux fixé par le décret portant revalorisation des rémunérations.

Art. 17. – Sous réserve des dispositions de l'article 18 ci-après, le présent décret abroge le décret n° 79-250 du 27 mars 1979 et les décrets ci-après qui l'ont modifié : n° 79-1033 du 23 novembre 1979 ; n° 82-811 du 23 septembre 1982 ; n° 84-831 du 27 mars 1984 ; n° 84-613 du 16 juillet 1984, dans ses articles 4 (2e alinéa) et 5 ; n° 84-953 du 25 octobre 1984, dans son article 1er ; n° 84-1140 du 19 décembre 1984, dans son article 2 ; n° 85-468 du 29 avril 1985 ; n° 85-1360 du 20 décembre 1985 ; n° 86-139 du 30 janvier 1986 et n° 86-214 du 14 février 1986.

Les décrets suivants sont abrogés après la date de publication du présent décret : n° 82-812 du 23 septembre 1982 ; n° 84-232 du 27 mars 1984 ; n° 85-469 du 29 avril 1985 ; n° 86-213 du 14 février 1986 ; n° 87-653 du 10 août 1987, dans son article 3.

Art. 18. – Le présent décret s'applique aux stages commençant après sa date de publication, Toutefois, à titre transitoire, pour des entrées en stage antérieures au 1er juillet 1988, les stagiaires inscrits avant la date de publication du présent décret continueront à être régis par les dispositions antérieures.

....

Ascenseurs et monte-charge

■ **DÉCRET DU 10 JUILLET 1913** modifié - **Abrogé** -
portant règlement d'administration publique en ce qui concerne les mesures générales de protection et de salubrité (art. 11 et 11 a à 11 i concernant les ascenseurs et monte-charge).

Note Le décret du 10 juillet 1913 portant règlement d'administration publique pour l'exécution des dispositions du livre II du code du travail et le décret n° 95-826 du 30 juin 1995 fixant les prescriptions particulières de sécurité applicables aux travaux effectués sur les ascenseurs, ascenseurs de charges, escaliers mécaniques, trottoirs roulants et installations de parcage automatique de véhicules et modifiant le décret du 10 juillet 1913 portant règlement d'administration publique pour l'exécution des dispositions du livre II du code du travail sont abrogés (décret 2008-1325 du 15 décembre 2008 relatif à la sécurité des ascenseurs, monte-charges et équipements assimilés sur les lieux de travail et à la sécurité des travailleurs intervenant sur ces équipements, art. 6, JO 17, entrée en vigueur **18 décembre 2010**, codifié (voir art. R. 4214-15 et 16, R. 4224-17-1 et 2, R. 4323-107 à 109, R. 4324-46 à 53, R. 4543-1 à 28).

Courants électriques

■ **DÉCRET 88-1056 DU 14 NOVEMBRE 1988**
pris pour l'exécution des dispositions du livre II du code du travail en ce qui concerne la protection des travailleurs dans les établissements qui mettent en œuvre des courants électriques (JO 24) modifié par décrets 95-608 du 6 mai 1995 (JO 7) et 2001-532 du 20 juin 2001 (JO 22).

Arrêté du 10 octobre 2000 (JO 17) fixant la périodicité, l'objet et l'étendue des vérifications des installations électriques ainsi que le contenu des rapports relatifs auxdites vérifications, du 22 décembre 2000 (JO 31) relatif aux conditions et modalités d'agrément des personnes ou organismes pour la vérification des installations électriques et du 26 février 2003 (JO 18 mars) relatif aux circuits et installations de sécurité.

Arrêté du 28 juillet 2003 relatif aux conditions d'installation des matériels électriques dans les emplacements où des atmosphères explosives peuvent se présenter (JO 6 août) ; voir aussi circulaire DRT 2003-11 du 6 août 2003, BO TR 2003/17 p. 241.

Arrêtés des 8 et 9 décembre 2003 (JO 27) fixant respectivement les modalités pratiques de réalisation des mesures de protection contre les contacts indirects dans les installations électriques et les modalités pratiques de mise en œuvre des mesures de protection contre les effets thermiques en service normal et en cas de surintensités dans les installations électriques.

Voir aussi circulaire DRT 89-2 du 6 février 1989 modifiée le 29 juillet 1994 (BO TR 94/17, p. 29) relative aux mesures destinées à assurer la sécurité contre les dangers d'origine électrique dans les établissements qui mettent en œuvre des courants électriques.

Travaux insalubres ou salissants

■ **ARRÊTÉ DU 23 JUILLET 1947**
(modifié par les arrêtés du 31 juillet 1948, 1er février 1950, 15 octobre 1951, 29 novembre 1960, 13 décembre 1982, 30 juillet 1986, 28 décembre 1988, 22 novembre 1989, 22 octobre 1991, 4 avril 1995 et 6 décembre 1999) fixant les conditions dans lesquelles les douches doivent être mises à la disposition du personnel effectuant des travaux insalubres ou salissants.

Art. 1er. – Les chefs d'établissements sont tenus de mettre des douches journalières à la disposition du personnel qui effectue les travaux énumérés aux tableaux I et II annexés au présent arrêté.

Art. 2. – Dans chaque entreprise, la liste des salariés intéressés par les travaux énumérés à l'article 1er sera établie par le comité d'hygiène et de sécurité ou, à défaut, par les délégués du personnel en accord avec le chef d'entreprise.

Art. 3. – Le directeur départemental du travail et de la main-d'œuvre pourra, après avis du comité d'hygiène et de sécurité ou à défaut, des délégués du personnel, dispenser le chef d'établissement de l'obligation imposée par l'article 1er, lorsque les travaux visés s'effectueront en appareil clos.

Art. 4. – Les douches seront installées dans des cabines individuelles à raison d'au moins une pomme pour huit personnes visées au présent arrêté lorsque chaque cabine de douches comprendra deux cellules d'habillage ou de déshabillage.

Art. 5. – Le temps passé à la douche, rémunéré comme temps de travail normal, sera au minimum d'un quart d'heure considéré comme temps normal d'une douche, déshabillage et habillage compris, et au maximum d'une heure.

Art. 6. – L'ordre de passage des travailleurs à la douche, ainsi que le temps de rémunération pour chacun d'eux, seront fixés par un règlement intérieur.

Art. 7. – Des arrêtés ultérieurs pourront compléter la liste des travaux énumérés à l'article 1er.

ANNEXE À L'ARRÊTÉ DU 23 JUILLET 1947 MODIFIÉ PAR LES ARRÊTÉS DES 1er FÉVRIER 1950, 15 OCTOBRE 1951, 29 NOVEMBRE 1960, 13 DÉCEMBRE 1982, 30 JUILLET 1986, 28 DÉCEMBRE 1988, 22 NOVEMBRE 1989, 22 OCTOBRE 1991, 4 AVRIL 1995 ET 6 DÉCEMBRE 1999

TABLEAU I – *Travaux salissants visés par les tableaux des maladies professionnelles annexés au décret 46-2959 du 31 décembre 1946*

Récupération du vieux plomb donnant lieu à des dégagements de poussières d'oxyde de plomb.

Métallurgie, affinage, fonte, laminage du plomb, de ses alliages et des métaux plombifères.

Ébarbage, polissage de tous objets en plomb ou en alliage de plomb.

Fabrication, réparation des accumulateurs au plomb.

Fabrication et manipulation des oxydes et sels de plomb.

Préparation et application de peintures, vernis, laques, encres à base de composés de plomb ; grattage, brûlage, découpage au chalumeau de matières recouvertes de peintures plombifères.

Fabrication et application des émaux plombeux.

Fabrication du plomb tétraéthyle.

Récupération des résidus industriels mercuriels (agents catalytiques, etc.).

Fabrication et réparation d'accumulateurs électriques au mercure.

Fabrication des composés du mercure.

Sécrétage des peaux par le nitrate acide de mercure.

Feutrage des poils sécrétés.

Concassage, broyage, ensachage et transport à dos d'homme des ciments.

Fabrication de l'acide chromique, des chromates et bichromates alcalins.

Préparation et emploi des dérivés nitrés et chloronitrés du benzène et de ses homologues.

Préparation et emploi du dinitrophénol, de ses homologues et de leurs sels.

Fabrication de l'aniline et autres amines aromatiques.

Préparation au moyen d'amines aromatiques de produits chimiques, matières colorantes, produits pharmaceutiques.

Teinture de fils, tissus, fourrures, cuirs, etc., au noir d'aniline ou autres colorants développés sur fibres.

Manipulation ou emploi du brai de houille.

Fabrication de l'arsenic et de ses composés (anhydride arsénieux, arsénites, acide arsénique, arséniates, etc.).

Préparation de produits insecticides ou anticryptogamiques renfermant des composés de l'arsenic.

Fabrication et emploi de couleurs et peintures contenant des composés de l'arsenic.

Emploi des composés arsenicaux en mégisserie et en tannerie, manipulation de peaux qui en sont enduites.

Travaux de fonderie : préparation et manutention du sable chargé de noir, moulage au sable chargé de noir et décochage des moules, dessablage et ébarbage des pièces brutes, dans les ateliers où les dispositifs de captation des poussières s'avèrent insuffisamment efficaces.

Travaux au jet de sable.

Récupération et manipulation du fluorure double de glucinium et de sodium.

Préparation et manipulation du thiophosphate de diéthyle et paranitrophényle et des produits qui en renferment.

Travaux comportant un contact permanent avec les lubrifiants de décolletage, notamment les travaux de réglage (1).

(1) Ces dispositions ne concernent pas les ouvriers dont seuls les mains et les avant-bras sont exposés aux projections d'huile de décolletage (circ. 102-47 du 18 décembre 1947).

Broyage et manipulation du bioxyde de manganèse.

(Arrêté du 13 décembre 1982.)

Travaux d'abattage des animaux de boucherie.

Travaux d'abattage des volailles.

Travaux d'équarrissage.

Tueries particulières.

(Arrêté du 30 juillet 1986.)

Travaux occasionnels et poussiéreux exposant à l'amiante (1).

(Arrêté du 28 décembre 1988.)

Travaux exposant aux poussières de chlorure de potassium.

(Arrêté du 22 novembre 1989.)

Travaux de collecte et de traitement des ordures.

(Arrêté du 22 octobre 1991.)

Travaux de garderie et d'élevage d'animaux, notamment dans les animaleries.

Travaux exécutés dans les laboratoires où sont utilisés des animaux d'expérience.

(Arrêté du 4 avril 1995.)

Les travaux d'usinage comportant un contact permanent avec des fluides de coupe.

(Arrêté du 6 décembre 1999.)

Les travaux effectués dans les égouts (2).

TABLEAU II – *Autres travaux salissants effectués dans des ateliers où les dispositifs de captation des poussières ou aérosols s'avèrent insuffisamment efficaces*

Préparation et emploi du trinitrophénol.

Manipulation de la cyanamide calcique.

Fabrication, transformation et manutention des engrais.

Effilochage et cardage des textiles.

Triage des vieux chiffons.

Broyage, criblage et manutention du charbon.

Criblage, ensachage et manutention du charbon de bois, fabrication d'agglomérés à partir des poussières de charbon de bois.

Fabrication et manipulation du noir animal, du noir de fumée, du noir de pétrole et du noir de carbone, notamment dans l'industrie du caoutchouc.

Fabrication et manipulation des pigments en poudre.

Fabrication et manipulation des matières colorantes.

Concassage et broyage des émeris.

Retaillage des vieilles meules.

Polissage des métaux.

Nettoyage et entretien des fours, cheminées et chaudières mettant le personnel en contact avec les suies, les cendres ou les tartres.

Risques particuliers

■ **DÉCRET 2006-761 DU 30 JUIN 2006**
relatif à la protection des travailleurs contre les risques liés à l'inhalation de poussières d'amiante (JO 1er juil.).

■ **DÉCRET 2009-1547 DU 11 DÉCEMBRE 2009**
relatif au suivi médical post-professionnel des agents de l'État exposés à l'amiante (JO 13).

■ **DÉCRET 2009-1546 DU 11 DÉCEMBRE 2009**
relatif au suivi médical post-professionnel des agents de l'État exposés à un agent cancérogène, mutagène ou toxique pour la reproduction (JO 13).

■ **ARRÊTÉS DES 6 ET 13 DÉCEMBRE 1996** portant application de l'article 16 du décret du 7 février 1996 fixant le modèle de l'attestation d'exposition à remplir par l'employeur et le médecin du travail et portant application des articles 13 et 32 du même décret déterminant les recommandations et fixant les instructions techniques que doivent respecter les médecins du travail assurant la surveillance médicale des salariés concernés (JO 1er janvier 1997).

■ **ARRÊTÉ DU 12 JUILLET 2000** relatif aux exceptions à l'interdiction de l'amiante (JO 20).

■ **ARRÊTÉ DU 25 AVRIL 2005** relatif à la formation à la prévention des risques liés à l'amiante (JO 26 mai). Abrogé à compter du 1er juin 2011 par l'arrêté du 22 décembre 2009 (JO 30) cité ci-après.

(1) Applicable à partir du 1er janvier 1987.

(2) Entrée en vigueur le 1er janvier 2000.

■ **ARRÊTÉ DU 23 FÉVRIER 2012**
définissant les modalités de la formation des travailleurs à la prévention des risques liés à l'amiante (JO 7 mars).
L'arrêté du 22 décembre 2009 modifié (JO 30), cité sous l'article R. 4412-100, est abrogé.

■ **ARRÊTÉS DU 22 FÉVRIER 2007**
définissant les travaux de confinement et de retrait de matériaux non friables contenant de l'amiante présentant des risques particuliers en vue de la certification des entreprises chargées de ces travaux et définissant les conditions de certification de ces entreprises (JO 1er mars) modifié, pour ce dernier arrêté, par arrêté du 13 octobre 2009 (JO 21).

■ **ARRÊTÉ DU 4 MAI 2007** relatif à la mesure de la concentration en fibres d'amiante sur les lieux de travail et aux conditions d'accréditation des laboratoires (JO 16).

LUTTE CONTRE LES DISCRIMINATIONS

Adaptation au droit communautaire

■ **LOI 2008-496 DU 27 MAI 2008**
portant diverses dispositions d'adaptation au droit communautaire dans le domaine de la lutte contre les discriminations (JO 28 ; rectif. JO 8 août 2009).

....

Art. 1er. – Constitue une discrimination directe la situation dans laquelle, sur le fondement de son appartenance ou de sa non-appartenance, vraie ou supposée, à une ethnie ou une race, sa religion, ses convictions, son âge, son handicap, son orientation sexuelle ou son sexe, une personne est traitée de manière moins favorable qu'une autre ne l'est, ne l'a été ou ne l'aura été dans une situation comparable.

Constitue une discrimination indirecte une disposition, un critère ou une pratique neutre en apparence, mais susceptible d'entraîner, pour l'un des motifs mentionnés au premier alinéa, un désavantage particulier pour des personnes par rapport à d'autres personnes, à moins que cette disposition, ce critère ou cette pratique ne soit objectivement justifié par un but légitime et que les moyens pour réaliser ce but ne soient nécessaires et appropriés.

La discrimination inclut :

1° Tout agissement lié à l'un des motifs mentionnés au premier alinéa et tout agissement à connotation sexuelle, subis par une personne et ayant pour objet ou pour effet de porter atteinte à sa dignité ou de créer un environnement intimidant, hostile, dégradant, humiliant ou offensant ;

2° Le fait d'enjoindre à quiconque d'adopter un comportement prohibé par l'article 2.

Art. 2. – Sans préjudice de l'application des autres règles assurant le respect du principe d'égalité :

1° Toute discrimination directe ou indirecte fondée sur l'appartenance ou la non-appartenance, vraie ou supposée, à une ethnie ou une race est interdite en matière de protection sociale, de santé, d'avantages sociaux, d'éducation, d'accès aux biens et services ou de fourniture de biens et services ;

2° Toute discrimination directe ou indirecte fondée sur le sexe, l'appartenance ou la non-appartenance, vraie ou supposée, à une ethnie ou une race, la religion ou les convictions, le handicap, l'âge ou l'orientation sexuelle est interdite en matière d'affiliation et d'engagement dans une organisation syndicale ou professionnelle, y compris d'avantages procurés par elle, d'accès à l'emploi, d'emploi, de formation professionnelle et de travail, y compris de travail indépendant ou non salarié, ainsi que de conditions de travail et de promotion professionnelle.

Ce principe ne fait pas obstacle aux différences de traitement fondées sur les motifs visés à l'alinéa précédent lorsqu'elles répondent à une exigence professionnelle essentielle et déterminante et pour autant que l'objectif soit légitime et l'exigence proportionnée ;

3° Toute discrimination directe ou indirecte est interdite en raison de la grossesse ou de la maternité, y compris du congé de maternité.

Ce principe ne fait pas obstacle aux mesures prises en faveur des femmes pour ces mêmes motifs ;

4° Toute discrimination directe ou indirecte fondée sur le sexe est interdite en matière d'accès aux biens et services et de fourniture de biens et services.

Ce principe ne fait pas obstacle :
– à ce que soient faites des différences selon le sexe lorsque la fourniture de biens et services exclusivement ou essentiellement destinés aux personnes de sexe masculin ou de sexe féminin est justifiée par un but légitime et que les moyens de parvenir à ce but sont nécessaires et appropriés ;

– au calcul des primes et à l'attribution des prestations d'assurance dans les conditions prévues par l'article L. 111-7 du code des assurances ;

– à l'organisation d'enseignements par regroupement des élèves en fonction de leur sexe.

Art. 3. – Aucune personne ayant témoigné de bonne foi d'un agissement discriminatoire ou l'ayant relaté ne peut être traitée défavorablement de ce fait.

Aucune décision défavorable à une personne ne peut être fondée sur sa soumission ou son refus de se soumettre à une discrimination prohibée par l'article 2.

Art. 4. – Toute personne qui s'estime victime d'une discrimination directe ou indirecte présente devant la juridiction compétente les faits qui permettent d'en présumer l'existence. Au vu de ces éléments, il appartient à la partie défenderesse de prouver que la mesure en cause est justifiée par des éléments objectifs étrangers à toute discrimination.

Le présent article ne s'applique pas devant les juridictions pénales.

Art. 5. – I. – Les articles 1er à 4 et 7 à 10 s'appliquent à toutes les personnes publiques ou privées, y compris celles exerçant une activité professionnelle indépendante.

II. – Ils s'entendent sans préjudice des dispositions et conditions relatives à l'admission et au séjour des ressortissants des pays non membres de l'Union européenne et des apatrides.

Art. 6. – [Modifications du code du travail]

Art. 7. – Le 3° de l'article 225-3 du code pénal est remplacé par les 3° à 5° ainsi rédigés :

« 3° Aux discriminations fondées, en matière d'embauche, sur le sexe, l'âge ou l'apparence physique, lorsqu'un tel motif constitue une exigence professionnelle essentielle et déterminante et pour autant que l'objectif soit légitime et l'exigence proportionnée ;

« 4° Aux discriminations fondées, en matière d'accès aux biens et services, sur le sexe lorsque cette discrimination est justifiée par la protection des victimes de violences à caractère sexuel, des considérations liées au respect de la vie privée et de la décence, la promotion de l'égalité des sexes ou des intérêts des hommes ou des femmes, la liberté d'association ou l'organisation d'activités sportives ;

« 5° Aux refus d'embauche fondés sur la nationalité lorsqu'ils résultent de l'application des dispositions statutaires relatives à la fonction publique. »

Art. 8. – I. – Après l'article L. 112-1 du code de la mutualité, il est inséré un article L. 112-1-1 ainsi rédigé :

« Art. L. 112-1-1. – I. – Aucune différence de traitement en matière de cotisations et de prestations ne peut être fondée sur le sexe.

« Les frais liés à la grossesse et à la maternité n'entraînent pas un traitement moins favorable des femmes en matière de cotisations et de prestations.

« Par dérogation au premier alinéa, le ministre chargé de la mutualité peut autoriser par arrêté des différences de cotisations et de prestations fondées sur la prise en compte du sexe et proportionnées aux risques lorsque des données actuarielles et statistiques pertinentes et précises établissent que le sexe est un facteur déterminant dans l'évaluation du risque d'assurance.

« Les mutuelles et les unions exerçant une activité d'assurance ne sont pas soumises aux dispositions de l'alinéa précédent pour les opérations individuelles et collectives à adhésion facultative relatives au remboursement ou à l'indemnisation des frais occasionnés par une maladie, une maternité ou un accident.

« II. – Un arrêté du ministre chargé de la mutualité fixe les conditions dans lesquelles les données mentionnées au troisième alinéa du I sont collectées ou répertoriées par les organismes professionnels mentionnés à l'article L. 223-10-1 et les conditions dans lesquelles elles leur sont transmises. Ces données régulièrement mises à jour sont publiées dans des conditions fixées par cet arrêté et au plus tard à la date d'entrée en vigueur de l'arrêté mentionné au troisième alinéa du I.

« Par dérogation, les données mentionnées au troisième alinéa du I peuvent, s'agissant des risques liés à la durée de la vie humaine, prendre la forme de tables homologuées et régulièrement mises à jour par arrêté du ministre chargé de la mutualité ou de tables établies ou non par sexe par la mutuelle ou l'union et certifiées par un actuaire indépendant de celle-ci, agréé à cet effet par l'une des associations d'actuaires reconnues par l'autorité de contrôle instituée à l'article L. 510-1.

« III. – Le présent article s'applique aux contrats d'assurance autres que ceux conclus dans les conditions prévues à l'article L. 911-1 du code de la sécurité sociale.

« IV. – Le présent article est applicable aux adhésions individuelles et aux adhésions à des contrats d'assurance de groupe souscrites à compter de sa date d'entrée en vigueur. Par dérogation, il s'applique aux stocks de contrats de rentes viagères, y compris celles revêtant un caractère temporaire, en cours à sa date d'entrée en vigueur. »

« II. – Après l'article L. 931-3-1 du code de la sécurité sociale, il est inséré un article L. 931-3-2 ainsi rédigé :

« Art. L. 931-3-2. – I. – Aucune différence en matière de cotisations et de prestations ne peut être fondée sur le sexe.

« L'alinéa précédent ne fait pas obstacle à l'attribution aux femmes de prestations liées à la grossesse et à la maternité.

« Par dérogation au premier alinéa, le ministre chargé de la sécurité sociale peut autoriser par arrêté des différences de cotisations et de prestations fondées sur la prise en compte du sexe et proportionnées aux risques lorsque des données actuarielles et statistiques pertinentes et précises établissent que le sexe est un facteur déterminant dans l'évaluation du risque d'assurance.

« Les institutions de prévoyance et leurs unions ne sont pas soumises aux dispositions de l'alinéa précédent pour les opérations individuelles relatives au remboursement ou à l'indemnisation des frais occasionnés par une maladie, une maternité ou un accident.

« II. – Un arrêté du ministre chargé de la sécurité sociale fixe les conditions dans lesquelles les données mentionnées au troisième alinéa du I sont collectées ou répertoriées par les organismes professionnels mentionnés à l'article L. 132-9-2 du code des assurances et les conditions dans lesquelles elles leur sont transmises. Ces données régulièrement mises à jour sont publiées dans des conditions fixées par cet arrêté et au plus tard à la date d'entrée en vigueur de l'arrêté mentionné au troisième alinéa du I.

« Par dérogation, les données mentionnées au troisième alinéa du I peuvent, s'agissant des risques liés à la durée de la vie humaine, prendre la forme de tables homologuées et régulièrement mises à jour par arrêté du ministre chargé de la sécurité sociale ou de tables établies ou non par sexe par l'institution de prévoyance ou l'union et certifiées par un actuaire indépendant de celle-ci, agréé à cet effet par l'une des associations d'actuaires reconnues par l'autorité de contrôle instituée à l'article L. 951-1.

« III. – Le présent article s'applique aux opérations individuelles souscrites à compter de sa date d'entrée en vigueur. Par dérogation, il s'applique aux stocks de contrats de rentes viagères, y compris celles revêtant un caractère temporaire, en cours à sa date d'entrée en vigueur. »

Art. 9. – Le titre II de la loi n° 2004-1486 du 30 décembre 2004 portant création de la Haute Autorité de lutte contre les discriminations et pour l'égalité est abrogé.

Art. 10. – La présente loi est applicable en Nouvelle-Calédonie, en Polynésie française, dans les îles Wallis et Futuna et dans les Terres australes et antarctiques françaises dans toutes les matières que la loi organique ne réserve pas à la compétence de leurs institutions.

La présente loi sera exécutée comme loi de l'État.

....

Défenseur des droits

■ LOI ORGANIQUE 2011-333 DU 29 MARS 2011
relative au Défenseur des droits (JO 30).

TITRE Ier. - *Dispositions générales*

Art. 1er. - Le Défenseur des droits est nommé par décret en conseil des ministres, après application de la procédure prévue au dernier alinéa de l'article 13 de la Constitution.

Il ne peut être mis fin à ses fonctions que sur sa demande ou en cas d'empêchement dans des conditions définies par décret en Conseil d'État.

Art. 2. - Le Défenseur des droits, autorité constitutionnelle indépendante, ne reçoit, dans l'exercice de ses attributions, aucune instruction.

Le Défenseur des droits et ses adjoints ne peuvent être poursuivis, recherchés, arrêtés, détenus ou jugés à l'occasion des opinions qu'ils émettent ou des actes qu'ils accomplissent dans l'exercice de leurs fonctions.

Art. 3. - Les fonctions de Défenseur des droits et celles de ses adjoints sont incompatibles avec celles de membre du Gouvernement, du Conseil constitutionnel, du Conseil supérieur de la magistrature et du Conseil économique, social et environnemental ainsi qu'avec tout mandat électif.

Le membre du Gouvernement, du Conseil constitutionnel, du Conseil supérieur de la magistrature, du Conseil économique, social et environnemental ou le titulaire d'un mandat électif qui est nommé Défenseur des droits ou adjoint est réputé avoir opté pour ces dernières fonctions s'il n'a pas exprimé de volonté contraire dans les huit jours suivant la publication au *Journal officiel* de sa nomination.

Les fonctions de Défenseur des droits et celles de ses adjoints sont, en outre, incompatibles avec toute autre fonction ou emploi public et toute activité professionnelle ainsi qu'avec toute fonction de président et de membre de conseil d'administration, de président et de membre de directoire, de président et de membre de conseil de surveillance, et d'administrateur délégué dans toute société, entreprise ou établissement.

Dans un délai d'un mois suivant la publication de sa nomination comme Défenseur des droits ou comme un de ses adjoints, la personne nommée doit cesser toute activité incompatible avec ses nouvelles fonctions. Si elle est fonctionnaire ou magistrat, elle est placée en position de détachement de plein droit pendant la durée de ses fonctions et ne peut recevoir, au cours de cette période, aucune promotion au choix.

TITRE II. - *Dispositions relatives aux compétences et à la saisine du Défenseur des droits*

Art. 4. - Le Défenseur des droits est chargé :

1° De défendre les droits et libertés dans le cadre des relations avec les administrations de l'État, les collectivités territoriales, les établissements publics et les organismes investis d'une mission de service public ;

2° De défendre et de promouvoir l'intérêt supérieur et les droits de l'enfant consacrés par la loi ou par un engagement international régulièrement ratifié ou approuvé par la France ;

3° De lutter contre les discriminations, directes ou indirectes, prohibées par la loi ou par un engagement international régulièrement ratifié ou approuvé par la France ainsi que de promouvoir l'égalité ;

4° De veiller au respect de la déontologie par les personnes exerçant des activités de sécurité sur le territoire de la République.

Art. 5. - Le Défenseur des droits peut être saisi :

1° Par toute personne physique ou morale qui s'estime lésée dans ses droits et libertés par le fonctionnement d'une administration de l'État, d'une collectivité territoriale, d'un établissement public ou d'un organisme investi d'une mission de service public ;

2° Par un enfant qui invoque la protection de ses droits ou une situation mettant en cause son intérêt, par ses représentants légaux, les membres de sa famille, les services médicaux ou sociaux ou toute association régulièrement déclarée depuis au moins cinq ans à la date des faits et se proposant par ses statuts de défendre les droits de l'enfant ;

3° Par toute personne qui s'estime victime d'une discrimination, directe ou indirecte, prohibée par la loi ou par un engagement international régulièrement ratifié ou approuvé par la France, ou par toute association régulièrement déclarée depuis au moins cinq ans à la date des faits se proposant par ses statuts de combattre les discriminations ou d'assister les victimes de discriminations, conjointement avec la personne s'estimant victime de discrimination ou avec son accord ;

4° Par toute personne qui a été victime ou témoin de faits dont elle estime qu'ils constituent un manquement aux règles de déontologie dans le domaine de la sécurité.

Le Défenseur des droits peut être saisi des agissements de personnes publiques ou privées.

Il peut en outre se saisir d'office ou être saisi par les ayants droit de la personne dont les droits et libertés sont en cause.

Il est saisi des réclamations qui sont adressées à ses adjoints.

Art. 6. - La saisine du Défenseur des droits est gratuite.

Elle est précédée de démarches préalables auprès des personnes publiques ou des organismes mis en cause, sauf lorsqu'elle est présentée au titre des compétences mentionnées aux 2° à 4° de l'article 4.

La saisine du Défenseur des droits n'interrompt ni ne suspend par elle-même les délais de prescription des actions en matière civile, administrative ou pénale, non plus que ceux relatifs à l'exercice de recours administratifs ou contentieux.

Art. 7. - Une réclamation peut être adressée à un député, à un sénateur ou à un représentant français au Parlement européen, qui la transmet au Défenseur des droits s'il estime qu'elle appelle son intervention. Le Défenseur des droits informe le député, le sénateur ou le représentant français au Parlement européen des suites données à cette transmission.

Les membres du Parlement peuvent, de leur propre initiative, saisir le Défenseur des droits d'une question qui leur paraît appeler son intervention.

Sur la demande de l'une des commissions permanentes de son assemblée, le président de l'Assemblée nationale ou le président du Sénat peut transmettre au Défenseur des droits, dans les domaines de sa compétence, toute pétition dont l'assemblée a été saisie.

Le Défenseur des droits instruit également les réclamations qui lui sont transmises par le Médiateur européen ou un homologue étranger et qui lui paraissent relever de sa compétence et appeler son intervention.

Art. 8. - Lorsqu'il se saisit d'office ou lorsqu'il est saisi autrement qu'à l'initiative de la personne s'estimant lésée ou, s'agissant d'un enfant, de ses représentants légaux, le Défenseur des droits ne peut intervenir qu'à la condition que cette personne ou, le cas échéant, ses ayants droit ait été avertie et ne se soit pas opposée à son intervention. Toutefois, il peut toujours se saisir des cas lui paraissant mettre en cause l'intérêt supérieur d'un enfant et des cas relatifs à des personnes qui ne sont pas identifiées ou dont il ne peut recueillir l'accord.

Art. 9. - Lorsque le Défenseur des droits transmet une réclamation à une autre autorité indépendante investie d'une mission de protection des droits et libertés, il peut accompagner cette transmission de ses observations et demander à être informé des suites données à celles-ci.

Le Défenseur des droits est associé, à sa demande, aux travaux de la Commission nationale de l'informatique et des libertés et de la Commission d'accès aux documents administratifs.

Art. 10. - Le Défenseur des droits ne peut être saisi ni ne peut se saisir des différends susceptibles de s'élever entre les personnes publiques et organismes mentionnés au 1° de l'article 4.

Il ne peut être saisi ni ne peut se saisir, sauf au titre de ses compétences mentionnées au 3° du même article 4, des différends susceptibles de s'élever entre, d'une part, ces personnes publiques et organismes et, d'autre part, leurs agents, à raison de l'exercice de leurs fonctions.

TITRE III. - *Dispositions relatives à l'intervention du Défenseur des droits*

CHAPITRE Ier. Dispositions *relatives aux collèges*

....

CHAPITRE II. *Dispositions relatives aux moyens d'information du Défenseur des droits*

Art. 18. - Le Défenseur des droits peut demander des explications à toute personne physique ou morale mise en cause devant lui. À cet effet, il peut entendre toute personne dont le concours lui paraît utile.

Les personnes physiques ou morales mises en cause doivent faciliter l'accomplissement de sa mission.

Elles sont tenues d'autoriser leurs agents et préposés à répondre à ses demandes. Ceux-ci sont tenus de répondre aux demandes d'explications qu'il leur adresse et de déférer à ses convocations. Les convocations doivent mentionner l'objet de l'audition.

Lorsque le Défenseur des droits est saisi, les personnes auxquelles il demande des explications peuvent se faire assister du conseil de leur choix. Un procès-verbal contradictoire de l'audition est dressé et remis à la personne entendue.

Si le Défenseur des droits en fait la demande, les ministres donnent instruction aux corps de contrôle d'accomplir, dans le cadre de leur compétence, toutes vérifications ou enquêtes. Ils l'informent des suites données à ces demandes.

Art. 19. - Le Défenseur des droits peut demander au vice-président du Conseil d'État ou au premier président de la Cour des comptes de faire procéder à toutes études.

Art. 20. - Les personnes physiques ou morales mises en cause communiquent au Défenseur des droits, sur sa demande motivée, toutes informations et pièces utiles à l'exercice de sa mission.

Le Défenseur des droits peut recueillir sur les faits portés à sa connaissance toute information qui lui apparaît nécessaire sans que son caractère secret ou confidentiel puisse lui être opposé, sauf en matière de secret concernant la défense nationale, la sûreté de l'État ou la politique extérieure. Le secret de l'enquête et de l'instruction ne peut lui être opposé.

Les informations couvertes par le secret médical ou par le secret professionnel applicable aux relations entre un avocat et son client ne peuvent lui être communiquées qu'à la demande expresse de la personne concernée. Toutefois, les informations couvertes par le secret médical peuvent lui être communiquées sans le consentement de la personne concernée lorsqu'elles sont relatives à des privations, sévices et violences physiques, sexuelles ou psychiques commis sur un mineur ou une personne qui n'est pas en mesure de se protéger en raison de son âge ou de son incapacité physique ou psychique.

Les personnes astreintes au secret professionnel ne peuvent être poursuivies en application de l'article 226-13 du code pénal pour les informations à caractère secret qu'elles ont pu révéler au Défenseur des droits, dès lors que ces informations entrent dans le champ de compétence de ce dernier tel que prévu à l'article 4 de la présente loi organique.

Art. 21. - Lorsque ses demandes formulées en vertu de l'article 18, à l'exception du dernier alinéa, ou de l'article 20 ne sont pas suivies d'effet, le Défenseur des droits peut mettre en demeure les personnes intéressées de lui répondre dans un délai qu'il fixe.

Lorsque la mise en demeure n'est pas suivie d'effet, il peut saisir le juge des référés d'une demande motivée aux fins d'ordonner toute mesure que ce dernier juge utile.

Art. 22. - I. – Le Défenseur des droits peut procéder à :

1° Des vérifications sur place dans les locaux administratifs ou privés des personnes mises en cause ;

2° Des vérifications sur place dans les lieux, locaux, moyens de transport accessibles au public et dans les locaux professionnels exclusivement consacrés à cet usage.

Lors de ses vérifications sur place, le Défenseur des droits peut entendre toute personne susceptible de fournir des informations.

II. – L'autorité compétente peut s'opposer à une vérification sur place, dans les locaux administratifs d'une personne publique, au titre de l'une des compétences prévues par les 1° à 3° de l'article 4, pour des motifs graves et impérieux liés à la défense nationale ou à la sécurité publique.

L'autorité compétente doit alors fournir au Défenseur des droits les justifications de son opposition.

Le Défenseur des droits peut saisir le juge des référés d'une demande motivée afin qu'il autorise les vérifications sur place. Les vérifications s'effectuent alors sous l'autorité et le contrôle du juge qui les a autorisées. Celui-ci peut se rendre dans les locaux administratifs durant l'intervention. À tout moment, il peut décider l'arrêt ou la suspension des vérifications.

III. – Le responsable de locaux privés est préalablement informé de son droit d'opposition à la visite ou à la vérification sur place. Lorsqu'il exerce ce droit, la visite ou la vérification sur place ne peut se dérouler qu'après l'autorisation du juge des libertés et de la détention du tribunal de grande instance dans le ressort duquel sont situés les locaux à visiter, qui statue dans des conditions fixées par décret en Conseil d'État. Toutefois, lorsque l'urgence, la gravité des faits à l'origine du contrôle ou le risque de destruction ou de dissimulation de documents le justifient, la visite peut avoir lieu sans que le responsable des locaux en ait été informé, sur autorisation préalable du juge des libertés et de la détention. Dans ce cas, le responsable des lieux ne peut s'opposer à la visite.

La visite s'effectue sous l'autorité et le contrôle du juge des libertés et de la détention qui l'a autorisée, en présence de l'occupant des lieux ou de son représentant, qui peut se faire assister d'un conseil de son choix ou, à défaut, en présence de deux témoins qui ne sont pas placés sous l'autorité des personnes chargées de procéder au contrôle.

L'ordonnance ayant autorisé la visite est exécutoire au seul vu de la minute. Elle mentionne que le juge ayant autorisé la visite peut être saisi à tout moment d'une demande de suspension ou d'arrêt de cette visite. Elle indique le délai et la voie de recours. Elle peut faire l'objet, suivant les règles prévues par le code de procédure civile, d'un appel devant le premier président de la cour d'appel. Celui-ci connaît également des recours contre le déroulement des opérations de visite.

Art. 23. - Lorsque le Défenseur des droits est saisi, ou se saisit d'office, de faits donnant lieu à une enquête préliminaire ou de flagrance ou pour lesquels une information judiciaire est ouverte ou des poursuites judiciaires sont en cours, il doit recueillir l'accord préalable des juridictions saisies ou du procureur de la République, selon le cas, pour la mise en œuvre de l'article 18, à l'exception du dernier alinéa, des articles 20 et 22. Lorsqu'il intervient au titre de sa compétence prévue au 3° de l'article 4, il doit également recueillir l'accord préalable :

– des juridictions saisies ou du procureur de la République, pour la mise en œuvre de l'article 26 et du I de l'article 28, lorsque les faits donnent lieu à une enquête préliminaire ou de flagrance ou qu'une information judiciaire est ouverte ou des poursuites judiciaires sont en cours ;

– du procureur de la République, pour la mise en œuvre du II de l'article 28, lorsque les faits donnent lieu à une enquête préliminaire ou de flagrance.

CHAPITRE III. *Dispositions relatives aux pouvoirs du Défenseur des droits*

Art. 24. - Le Défenseur des droits apprécie si les faits qui font l'objet d'une réclamation ou qui lui sont signalés appellent une intervention de sa part.

Il indique les motifs pour lesquels il décide de ne pas donner suite à une saisine.

Art. 25. - Le Défenseur des droits peut faire toute recommandation qui lui apparaît de nature à garantir le respect des droits et libertés de la personne lésée et à régler les difficultés soulevées devant lui ou à en prévenir le renouvellement.

Il peut recommander de régler en équité la situation de la personne dont il est saisi.

Les autorités ou personnes intéressées informent le Défenseur des droits, dans le délai qu'il fixe, des suites données à ses recommandations.

À défaut d'information dans ce délai ou s'il estime, au vu des informations reçues, qu'une recommandation n'a pas été suivie d'effet, le Défenseur des droits peut enjoindre à la personne mise en cause de prendre, dans un délai déterminé, les mesures nécessaires.

Lorsqu'il n'a pas été donné suite à son injonction, le Défenseur des droits établit un rapport spécial, qui est communiqué à la personne mise en cause. Le Défenseur des droits rend public ce rapport et, le cas échéant, la réponse de la personne mise en cause, selon des modalités qu'il détermine.

Art. 26. - Le Défenseur des droits peut procéder à la résolution amiable des différends portés à sa connaissance, par voie de médiation.

Les constatations effectuées et les déclarations recueillies au cours de la médiation ne peuvent être ni produites, ni invoquées ultérieurement dans les instances civiles ou administratives sans le consentement des personnes intéressées, sauf si la divulgation de l'accord est nécessaire à sa mise en œuvre ou si des raisons d'ordre public l'imposent.

Art. 27. - Lorsque le Défenseur des droits estime, dans les conditions définies à l'article 24, que la réclamation d'une personne s'estimant victime d'une discrimination ou invoquant la protection des droits de l'enfant appelle une intervention de sa part, il l'assiste dans la constitution de son dossier et l'aide à identifier les procédures adaptées à son cas, y compris lorsque celles-ci incluent une dimension internationale.

Art. 28. - I. – Le Défenseur des droits peut proposer à l'auteur de la réclamation et à la personne mise en cause de conclure une transaction dont il peut recommander les termes.

II. – Lorsqu'il constate des faits constitutifs d'une discrimination sanctionnée par les articles 225-2 et 432-7 du code pénal et L. 1146-1 et L. 2146-2 du code du travail, le Défenseur des droits peut, si ces faits n'ont pas déjà donné lieu à la mise en mouvement de l'action publique, proposer à l'auteur des faits une transaction consistant dans le versement d'une amende transactionnelle dont le montant ne peut excéder 3 000 € s'il s'agit d'une personne physique et 15 000 € s'il s'agit d'une personne morale et, s'il y a lieu, dans l'indemnisation de la victime. Le montant de l'amende est fixé en fonction de la gravité des faits ainsi que des ressources et des charges de l'auteur des faits.

La transaction proposée par le Défenseur des droits et acceptée par l'auteur des faits ainsi que, s'il y a lieu, par la victime doit être homologuée par le procureur de la République.

La personne à qui est proposée une transaction est informée qu'elle peut se faire assister par un avocat avant de donner son accord à la proposition du Défenseur des droits.

III. – Dans les cas prévus au II, le Défenseur des droits peut également proposer que la transaction consiste dans :

1° L'affichage d'un communiqué, dans des lieux qu'elle précise et pour une durée qui ne peut excéder deux mois ;

2° La transmission, pour information, d'un communiqué au comité d'entreprise ou aux délégués du personnel ;

3° La diffusion d'un communiqué, par son insertion au *Journal officiel* ou dans une ou plusieurs autres publications de presse, ou par la voie de services de communication électronique, sans que ces publications ou services de communication électronique puissent s'y opposer ;

4° L'obligation de publier la décision au sein de l'entreprise.

Les frais d'affichage ou de diffusion sont à la charge de l'auteur des faits, sans pouvoir toutefois excéder le montant maximal de l'amende transactionnelle prévue au II.

IV. – Les actes tendant à la mise en œuvre ou à l'exécution de la transaction mentionnée au même II sont interruptifs de la prescription de l'action publique.

L'exécution de la transaction constitue une cause d'extinction de l'action publique. Elle ne fait cependant pas échec au droit de la partie civile de délivrer citation directe devant le tribunal correctionnel. Le tribunal, composé d'un seul magistrat exerçant les pouvoirs conférés au président, ne statue alors que sur les seuls intérêts civils.

En cas de refus de la proposition de transaction ou d'inexécution d'une transaction acceptée et homologuée par le procureur de la République, le Défenseur des droits, conformément à l'article 1er du code de procédure pénale, peut mettre en mouvement l'action publique par voie de citation directe.

V. – Un décret précise les modalités d'application des II à IV.

Art. 29. - Le Défenseur des droits peut saisir l'autorité investie du pouvoir d'engager les poursuites disciplinaires des faits dont il a connaissance et qui lui paraissent de nature à justifier une sanction.

Cette autorité informe le Défenseur des droits des suites réservées à sa saisine et, si elle n'a pas engagé de procédure disciplinaire, des motifs de sa décision.

À défaut d'information dans le délai qu'il a fixé ou s'il estime, au vu des informations reçues, que sa saisine n'a pas été suivie des mesures nécessaires, le Défenseur des droits peut établir un rapport spécial qui est communiqué à l'autorité mentionnée au premier alinéa. Il peut rendre publics ce rapport et, le cas échéant, la réponse de cette autorité selon des modalités qu'il détermine.

L'alinéa précédent ne s'applique pas à la personne susceptible de faire l'objet de la saisine du Conseil supérieur de la magistrature prévue à l'avant-dernier alinéa de l'article 65 de la Constitution.

Art. 30. - Le Défenseur des droits, lorsqu'il a constaté une discrimination directe ou indirecte mentionnée au 3° de l'article 4 dans l'activité professionnelle d'une personne physique ou morale soumise à agrément ou autorisation par une autorité publique, ou à l'encontre de laquelle une telle autorité dispose du pouvoir de prendre des mesures conservatoires ou des sanctions pour non-respect de la législation relative aux discriminations ou au titre de l'ordre et des libertés publics peut recommander à cette autorité publique de faire usage des pouvoirs de suspension ou de sanction dont elle dispose.

Le Défenseur des droits est tenu informé des suites données à sa recommandation.

Art. 31. - Lorsque le Défenseur des droits est saisi d'une réclamation, non soumise à une autorité juridictionnelle, qui soulève une question touchant à l'interprétation ou à la portée d'une disposition législative ou réglementaire, il peut consulter le Conseil d'État. Le Défenseur des droits peut rendre public cet avis. Ce dernier est rendu dans des conditions fixées par décret en Conseil d'État.

Art. 32. - Le Défenseur des droits peut recommander de procéder aux modifications législatives ou réglementaires qui lui apparaissent utiles.

Il peut être consulté par le Premier ministre sur tout projet de loi intervenant dans son champ de compétence.

Il peut également être consulté par le Premier ministre, le président de l'Assemblée nationale ou le président du Sénat sur toute question relevant de son champ de compétence.

Il contribue, à la demande du Premier ministre, à la préparation et à la définition de la position française dans les négociations internationales dans les domaines relevant de son champ de compétence.

Dans les cas prévus aux deuxième et troisième alinéas, le Défenseur des droits rend son avis dans un délai d'un mois.

Art. 33. - Le Défenseur des droits ne peut remettre en cause une décision juridictionnelle.

Les juridictions civiles, administratives et pénales peuvent, d'office ou à la demande des parties, l'inviter à présenter des observations écrites ou orales. Le Défenseur des droits peut lui-même demander à présenter des observations écrites ou à être entendu par ces juridictions ; dans ce cas, son audition est de droit.

Sans préjudice de l'application du II de l'article 28, lorsqu'il apparaît au Défenseur des droits que les faits portés à sa connaissance sont constitutifs d'un crime ou d'un délit, il en informe le procureur de la République. Il lui fait savoir, le cas échéant, qu'une mission de médiation a été initiée en application de l'article 26.

Le procureur de la République informe le Défenseur des droits des suites données à ses transmissions.

Le Défenseur des droits porte à la connaissance de l'autorité judiciaire les affaires concernant un mineur susceptibles de donner lieu à des mesures d'assistance éducative prévues à l'article 375 du code civil ou toutes informations qu'il aurait recueillies à l'occasion de sa saisine par un mineur impliqué dans une procédure en cours.

Art. 34. - Le Défenseur des droits mène toute action de communication et d'information jugée opportune dans ses différents domaines de compétence.

Il favorise à cette fin la mise en œuvre de programmes de formation. Il conduit et coordonne des travaux d'étude et de recherche. Il suscite et soutient les initiatives de tous organismes publics ou privés en ce qui concerne l'élaboration et l'adoption d'engagements visant à la promotion des droits et de l'égalité. Il identifie et promeut toute bonne pratique en la matière.

Art. 35. - Le Défenseur des droits saisit les autorités locales compétentes de tout élément susceptible de justifier une intervention du service en charge de l'aide sociale à l'enfance.

Art. 36. - I. – Le Défenseur des droits peut, après en avoir informé la personne mise en cause, décider de rendre publics ses avis, recommandations ou décisions avec, le cas échéant, la réponse faite par la personne mise en cause, selon des modalités qu'il détermine.

II. – Il présente chaque année au Président de la République, au président de l'Assemblée nationale et au président du Sénat :

1° Un rapport qui rend compte de son activité générale et comprend une annexe thématique relative à chacun de ses domaines de compétences énumérés à l'article 4 ;

2° Un rapport consacré aux droits de l'enfant à l'occasion de la journée internationale des droits de l'enfant.

Les rapports visés aux 1° et 2° sont publiés et peuvent faire l'objet d'une communication du Défenseur des droits devant chacune des deux assemblées.

III. – Le Défenseur des droits peut également présenter tout autre rapport au Président de la République, au président de l'Assemblée nationale et au président du Sénat. Ce rapport est publié.

TITRE IV. - *Dispositions relatives à l'organisation et au fonctionnement du Défenseur des droits*

....

TITRE V. - *Dispositions finales*

....

Art. 44. - I. – La présente loi organique entre en vigueur le lendemain de sa publication. À compter de cette date, le Défenseur des droits exerce les missions visées au 1° de l'article 4 et succède au Médiateur de la République dans ses droits et obligations.

II. – Toutefois, entrent en vigueur au premier jour du deuxième mois suivant la date de promulgation de la présente loi organique, en tant qu'ils concernent les missions visées aux 2° à 4° de l'article 4 :

– au second alinéa de l'article 2, les mots : « et ses adjoints » ;

– aux premier et avant-dernier alinéas de l'article 3, les mots : « et celles de ses adjoints » ;

– au deuxième alinéa du même article 3, les mots : « ou adjoint » ;
– à la première phrase du dernier alinéa dudit article 3, les mots : « ou comme un de ses adjoints » ;
– les 2° à 4° des articles 4 et 5 ;
– le dernier alinéa de l'article 5 ;
– à la fin du deuxième alinéa de l'article 6, les mots : « , sauf lorsqu'elle est présentée au titre des compétences mentionnées aux 2° à 4° de l'article 4 » ;
– à la dernière phrase de l'article 8, les mots : « des cas lui paraissant mettre en cause l'intérêt supérieur d'un enfant et » ;
– au second alinéa de l'article 10, les mots : « , sauf au titre de ses compétences mentionnées au 3° du même article 4, » ;
– les articles 11 à 17 ;
– au premier alinéa du II de l'article 22, la référence : « à 3° » ;
– la dernière phrase du premier alinéa et les deux derniers alinéas de l'article 23 ;
– l'article 27, les II à V de l'article 28 et l'article 30 ;
– le dernier alinéa de l'article 33 ;
– les deux dernières phrases du second alinéa de l'article 34 ;
– l'article 35 ;
– le 2° du II de l'article 36 et, au dernier alinéa du même II, la référence : « et 2° » ;
– l'avant-dernier alinéa de l'article 37 et, au dernier alinéa du même article, les mots : « et quatrième » ;
– au premier alinéa de l'article 38, les mots : « ses adjoints, les autres membres des collèges, » ;
– à l'article 39, les mots : « ses adjoints, aux autres membres des collèges, à » ;
– au troisième alinéa du 1° de l'article 42, les mots : « et ses adjoints » ;
– le 6° du même article 42, en tant qu'il supprime, aux articles LO 489, LO 516 et LO 544 du code électoral, la référence au Défenseur des enfants ;
– au I de l'article 43, les mots : « de la Commission nationale de déontologie de la sécurité, du Défenseur des enfants, de la Haute Autorité de lutte contre les discriminations et pour l'égalité et » ;
– au 1° du II du même article 43, les mots : « du Défenseur des enfants, de la Haute Autorité de lutte contre les discriminations et pour l'égalité, » ;
– au 2° du même II, les mots : « et du Défenseur des enfants » ;
– le 3° dudit II en tant qu'il supprime la référence au Défenseur des enfants au 5° du I de l'article 109 de la loi organique n° 2004-192 du 27 février 2004 portant statut d'autonomie de la Polynésie française ;
– au 1° du III du même article 43, les mots : « , du Défenseur des enfants, de la Haute Autorité de lutte contre les discriminations et pour l'égalité, ».

À compter du premier jour du deuxième mois suivant la promulgation de la présente loi organique, le Défenseur des droits succède au Défenseur des enfants, à la Commission nationale de déontologie de la sécurité et à la Haute Autorité de lutte contre les discriminations et pour l'égalité dans leurs droits et obligations au titre de leurs activités respectives.

III. – Les détachements, les mises à disposition en cours et les contrats des agents contractuels de droit public auprès des autorités auxquelles succède le Défenseur des droits se poursuivent auprès de lui.

Les procédures ouvertes par le Médiateur de la République, le Défenseur des enfants, la Commission nationale de déontologie de la sécurité et la Haute Autorité de lutte contre les discriminations et pour l'égalité et non clôturées aux dates d'entrée en vigueur mentionnées au I et au premier alinéa du II se poursuivent devant le Défenseur des droits. À cette fin, les actes valablement accomplis par le Médiateur de la République, le Défenseur des enfants, la Commission nationale de déontologie de la sécurité et la Haute Autorité de lutte contre les discriminations et pour l'égalité sont réputés avoir été valablement accomplis par le Défenseur des droits.

La présente loi sera exécutée comme loi de l'État.

Fait à Paris, le 29 mars 2011.

■ LOI 2011-334 DU 29 MARS 2011
relative au Défenseur des droits (JO 30).

■ DÉCRET 2011-904 DU 29 JUILLET 2011
relatif à la procédure applicable devant le Défenseur des droits (JO 30).

■ DÉCRET 2011-905 DU 29 JUILLET 2011
relatif à l'organisation et au fonctionnement des services du Défenseur des droits (JO 30) modifié par décrets 2011-1555 du 17 novembre 2011 (JO 18) et 2012-213 du 15 février 2012 (JO 16).

Sécurité sanitaire

■ CODE DE LA SANTÉ PUBLIQUE

Art. L. 5312-4-2. – *(L. 2011-2012 du 29 déc. 2011, art. 43, JO 30)* Aucune personne ne peut faire l'objet d'une mesure discriminatoire, être écartée d'une procédure de recrutement ou de l'accès à un stage ou à une période de formation professionnelle, ni être sanctionnée ou faire l'objet d'une mesure discriminatoire, directe ou indirecte, notamment en matière de rémunération, de traitement, de formation, de reclassement, d'affectation, de qualification, de classification, de promotion professionnelle, de mutation ou de renouvellement de contrat, pour avoir relaté ou témoigné, de bonne foi, soit à son employeur, soit aux autorités judiciaires ou administratives de faits relatifs à la sécurité sanitaire des produits mentionnés à l'article L. 5311-1 dont elle aurait eu connaissance dans l'exercice de ses fonctions.

Toute disposition ou tout acte contraire est nul de plein droit.

En cas de litige relatif à l'application des deux premiers alinéas, dès lors que la personne établit des faits qui permettent de présumer qu'elle a relaté ou témoigné de faits relatifs à la sécurité sanitaire, il incombe à la partie défenderesse, au vu des éléments, de prouver que sa décision est justifiée par des éléments objectifs étrangers à la déclaration ou au témoignage de l'intéressé. Le juge forme sa conviction après avoir ordonné, en cas de besoin, toutes les mesures d'instruction qu'il estime utiles.

LUTTE CONTRE LES FRAUDES

■ DÉCRET 2008-371 DU 18 AVRIL 2008

relatif à la coordination de la lutte contre les fraudes et créant une délégation nationale à la lutte contre la fraude (JO 19) modifié par décrets 2010-95 du 25 janvier 2010, art. 6 (JO 26) et 2010-333 du 25 mars 2010 (JO 26).

....

TITRE Ier – *Dispositions relatives à la coordination interministérielle au plan national*

Art. 1er. – Il est créé une délégation nationale à la lutte contre la fraude.

Art. 2. – La délégation nationale à la lutte contre la fraude, placée par délégation du Premier ministre auprès du ministre chargé du budget, a pour missions :

1° De veiller à l'efficacité et à la coordination des actions menées en matière de lutte contre la fraude, entre les services de l'État concernés, d'une part, et entre ces services et les organismes de sécurité sociale, les organismes de gestion de l'assurance chômage, l'association pour le régime de retraite complémentaire des salariés et l'association générale des institutions de retraite des cadres, d'autre part, notamment dans le cadre des conventions d'objectifs et de gestion passés entre l'État et les organismes de sécurité sociale, les organismes de gestion de l'assurance chômage, l'association pour le régime de retraite complémentaire des salariés et l'association générale des institutions de retraite des cadres ;

2° D'améliorer la connaissance des fraudes ayant un impact sur les finances publiques, et notamment d'améliorer l'évaluation existante, le suivi de son évolution et la typologie des fraudes ;

3° De contribuer à garantir le recouvrement des recettes publiques et le versement des prestations sociales, notamment en favorisant le développement des échanges d'information, l'interopérabilité et l'interconnexion des fichiers dans les conditions prévues par la loi du 6 janvier 1978 susvisée ;

4° De contribuer à la mise en œuvre d'une politique nationale de prévention et de communication ;

5° De définir des axes d'une coopération renforcée avec les organismes et administrations étrangers ;

(D. 2010-333 du 25 mars 2010, JO 26) « 6° De coordonner l'activité des comités mentionnés au titre II. » ;

7° De proposer toute réforme permettant d'améliorer la lutte contre la fraude, en particulier pour renforcer les prérogatives des agents concernés, les outils à la disposition des services, les méthodes d'enquêtes, ainsi que l'effectivité des sanctions.

La direction de la sécurité sociale, la direction générale du travail *(D. 2010-333 du 25 mars 2010, JO 26)* « la direction générale des finances publiques », la direction générale des douanes et droits indirects, la direction générale de la forêt et des affaires rurales, la direction générale de la police nationale, la direction des libertés publiques et des affaires juridiques, la direction de la modernisation et de l'action territoriale, la direction générale de la gendarmerie nationale, la direction des Français à l'étranger et des étrangers en France, la délégation générale à l'emploi et à la formation professionnelle, la direction des affaires criminelles et des grâces, la *(D. 2010-95 du 25 janvier 2010, art. 6, JO 26)* « direction générale de la cohésion sociale », la direction de l'immigration, l'inspection générale du travail des transports apportent leur concours, pour les actions qui les concernent, à l'exercice des missions de la *(D. 2010-333 du 25 mars 2010, JO 26)* « délégation nationale à la lutte contre la fraude. »

La délégation réalise ses actions en concertation avec l'Office central pour la répression de l'immigration irrégulière et de l'emploi d'étrangers sans titre, ainsi qu'avec l'Office central de lutte contre le travail illégal, pour les questions relevant de leur compétence.

Elle établit un rapport annuel qui fait le bilan des actions réalisées et des résultats obtenus dans la lutte contre la fraude et qui donne des orientations sur la coordination en matière de lutte contre la fraude.

Elle assure le secrétariat du Comité national de lutte contre la fraude et de la Commission nationale de lutte contre le travail illégal, mentionnés respectivement aux articles 5 et 7, devant lesquels elle rend compte régulièrement de ses travaux.

Art. 3. – La délégation est dirigée par un délégué national nommé par décret en conseil des ministres, sur proposition du Premier ministre.

Le directeur général du travail apporte son concours au délégué national pour toutes les questions relatives à la lutte contre le travail illégal.

Art. 4. – La délégation nationale comprend, notamment, des fonctionnaires ou agents des ministères chargés du budget, du travail et de la sécurité sociale, ainsi que des magistrats, militaires, fonctionnaires et agents détachés ou mis à disposition par les ministères et organismes associés à la lutte contre les fraudes et le travail illégal.

La délégation nationale est rattachée, pour sa gestion administrative et budgétaire, au ministère chargé du budget.

Art. 5. – Il est institué un Comité national de lutte contre la fraude chargé d'orienter la politique du Gouvernement en matière de lutte contre les fraudes portant atteinte aux finances publiques, qu'elles se rapportent aux prélèvements obligatoires et autres recettes des collectivités publiques ou aux prestations sociales.

(D. 2010-333 du 25 mars 2010, JO 26) « Chaque année, le comité national approuve un plan national d'orientations qui est mis en œuvre par les comités mentionnés au titre II. »

Art. 6. – Le comité est présidé par le Premier ministre et comprend le ministre chargé du budget, qui le supplée en cas d'absence, ainsi que les ministres respectivement chargés du travail, de la sécurité sociale, de la santé, de la justice, de la défense, de l'intérieur, de l'agriculture et de l'immigration.

Selon les affaires inscrites à l'ordre du jour, d'autres membres du Gouvernement peuvent être appelés à siéger au comité.

Le comité comprend également les présidents des organismes de sécurité sociale, des organismes de gestion de l'assurance chômage, de l'association pour le régime de retraite complémentaire des salariés et de l'association générale des institutions de retraite des cadres, ou leur représentant.

Des représentants des assemblées parlementaires sont invités à participer à ses travaux.

Le comité peut entendre, en tant que de besoin, des représentants des collectivités territoriales ainsi que des représentants des organisations professionnelles nationales d'employeurs et de salariés, des organismes consulaires nationaux et toute personne qualifiée, ainsi que les directions mentionnées à l'article 2.

Art. 7. – Lorsqu'il se réunit pour examiner les questions relatives à la lutte contre le travail illégal, le Comité national de lutte contre la fraude est dénommé Commission nationale de lutte contre le travail illégal et est présidé, en cas d'absence du Premier ministre, par le ministre chargé du travail.

La commission est chargée, sur le rapport du délégué national à la lutte contre la fraude ou sur la proposition de son président, de :

1° Déterminer les orientations de contrôle et de prévention relatives à la lutte contre le travail illégal et s'assurer de leur mise en œuvre coordonnée ;

(D. 2010-333 du 25 mars 2010, JO 26) « 2° Définir les actions incombant prioritairement aux comités mentionnés au titre II, en matière de lutte contre le travail illégal ainsi qu'aux services de contrôle » ;

3° Veiller à la mobilisation des administrations et organismes chargés de la lutte contre le travail illégal et s'assurer de leur coordination.

En outre, elle peut confier à la délégation nationale instituée à l'article 1er la coordination d'études réalisées par les services ou organismes mentionnés à l'article 2.

TITRE II – *Dispositions relatives à la coordination au plan local*

(D. 2010-333 du 25 mars 2010, JO 26) « **Art. 8.** – Il est créé, dans chaque département, un comité de lutte contre la fraude chargé de définir, dans le respect des dispositions du décret du 29 avril 2004 susvisé, les procédures et actions prioritaires à mettre en place pour améliorer la coordination de la lutte contre les fraudes portant atteinte aux finances publiques et contre le travail illégal. En particulier, le comité veille aux échanges d'informations entre organismes de protection sociale, d'une part, et entre ces organismes et les services de l'Etat concernés, d'autre part. »

(D. 2010-333 du 25 mars 2010, JO 26) « **Art. 9.** – Le comité, présidé conjointement par le préfet et le procureur de la République près le tribunal de grande instance du chef-lieu du département, se réunit

aussi souvent que nécessaire et au moins trois fois par an. Il est composé de magistrats, de représentants d'organismes locaux de protection sociale et de représentants des services de l'Etat. Un arrêté conjoint des ministres chargés de l'intérieur, de la justice, du travail, du budget et de la sécurité sociale fixe la liste des membres du comité.

Le comité peut entendre et recueillir tous avis utiles de personnalités et de représentants de services, d'organismes ou de collectivités ayant une action en matière de lutte contre la fraude dans le département.

Le comité est saisi par le délégué national à la lutte contre la fraude, par les agents de contrôle ou leurs chefs de service, de toute situation susceptible de justifier l'organisation d'une action coordonnée ou conjointe. Il rend compte périodiquement de son action à la délégation nationale à la lutte contre la fraude.

Le comité est convoqué en formation restreinte par le procureur de la République territorialement compétent chaque fois que la mise en œuvre d'une action judiciaire l'exige. Il comprend alors, outre un représentant du préfet, les agents des organismes de protection sociale ainsi que les fonctionnaires et militaires dont les compétences sont requises pour l'examen de questions ou le suivi de procédures dont il se saisit. »

(D. 2010-333 du 25 mars 2010, JO 26) « **Art. 10.** – Le comité dispose d'un secrétariat permanent, assuré par un ou plusieurs agents des services ou organismes mentionnés à l'article 9, dont l'un au moins est compétent en matière de lutte contre le travail illégal, désignés conjointement par les deux présidents.

Le secrétariat permanent prépare les réunions du comité et apporte son concours technique à l'organisation des opérations de contrôle. Il communique les relevés de décisions et les synthèses d'opérations à la délégation nationale à la lutte contre la fraude.

Il s'assure de la transmission, entre les services chargés du contrôle, du recouvrement et du service des prestations et allocations, des informations et documents nécessaires à l'accomplissement de leurs missions.

L'agent compétent en matière de lutte contre le travail illégal assure le traitement statistique des procès-verbaux relatifs aux infractions de travail illégal définies par le code du travail. »

(D. 2010-333 du 25 mars 2010, JO 26) « **Art. 11.** – Dans le département de Paris, les attributions confiées au préfet par le présent titre sont exercées par le préfet de police. »

TITRE III – *Dispositions finales*

Art. 12. – I. – Le décret n° 97-213 du 11 mars 1997 relatif à la coordination de la lutte contre le travail illégal est abrogé.

II. – L'article D. 114-6 du code de la sécurité sociale est abrogé.

Art. 13. – À compter du 1er mai 2008 :

1° Au dernier alinéa de l'article 9, les références : « L. 324-13-1, L. 324-14 et L. 324-14-2 » sont remplacées par les références : « L. 8222-1 à L. 8222-4 » ;

2° Au dernier alinéa de l'article 11, la référence : « L. 324-13 » est remplacée par la référence : « L. 8271-12 » ;

3° Les sections 1 et 2 du chapitre III du titre VII du livre II de la huitième partie du code du travail (partie réglementaire) sont abrogées.

(D. 2010-333 du 25 mars 2010, JO 26) « **Art. 13 *bis*.** – Les dispositions du présent décret, à l'exception de l'article 3, peuvent être modifiées par décret. »

....

MÉDAILLE D'HONNEUR DU TRAVAIL

■ DÉCRET 84-591 DU 4 JUILLET 1984

relatif à la médaille d'Honneur du travail (JO 12)
modifié par décrets 86-401 du 12 mars 1986 (JO 14), 2000-1015 du 17 octobre 2000 (JO 19), 2007-259 du 27 févr. 2007 (JO 28) et 2007-1746 du 12 décembre 2007 (JO 14).

■ ARRÊTÉ DU 11 JUILLET 1977

fixant la liste des travaux nécessitant une surveillance médicale spéciale (1).

Art. 1er. – Pour les travaux énumérés au présent article, le ou les médecins chargés de la surveillance médicale du personnel effectuant d'une façon habituelle lesdits travaux consacreront à cette surveillance un temps calculé sur la base d'une heure par mois pour dix salariés :

1. Les travaux comportant la préparation, l'emploi, la manipulation ou l'exposition aux agents suivants :
Fluor et ses composés ;
Chlore ;
Brome ;
Iode ;
Phosphore et composés, notamment les esters phosphoriques, pyrophosphoriques, thiophosphoriques, ainsi que les autres composés organiques du phosphore ;
Arsenic et ses composés ;
Sulfure de carbone ;
Oxychlorure de carbone ;
Acide chromique, chromates, bichromates alcalins, à l'exception de leurs solutions aqueuses diluées ;
Bioxyde de manganèse ;
Plomb et ses composés ;
Mercure et ses composés ;
Glucine et ses sels ;
Benzène et homologues ;
Phénols et naphtols ;
Dérivés halogénés, nitrés et aminés des hydrocarbures et de leurs dérivés ;
Brais, goudrons et huiles minérales ;
Rayons X et substances radioactives.

2. Les travaux suivants :
Application des peintures et vernis par pulvérisation ;
Travaux effectués dans l'air comprimé ;
Emploi d'outils pneumatiques à main, transmettant des vibrations ;
Travaux effectués dans les égouts ;
Travaux effectués dans les abattoirs, travaux d'équarrissage ;
Manipulation, chargement, déchargement, transport soit de peaux brutes, poils, crins, soies de porcs, laine, os ou autres dépouilles animales, soit de sacs, enveloppes ou récipients contenant ou ayant contenu de telles dépouilles, à l'exclusion des os dégélatinés ou dégraissés et des déchets de tanneries chaulés ;
Collecte et traitement des ordures ;
Travaux exposant à de hautes températures, à des poussières ou émanations toxiques et concernant le traitement des minerais, la production des métaux et les verreries ;
Travaux effectués dans les chambres frigorifiques ;
Travaux exposant aux émanations d'oxyde de carbone dans les usines à gaz, la conduite des gazogènes, la fabrication synthétique de l'essence ou du méthanol ;
Travaux exposant aux poussières de silice, d'amiante et d'ardoise (à l'exclusion des mines, minières et carrières) ;
Travaux de polymérisation du chlorure de vinyle ;
Travaux exposant au cadmium et composés ;
Travaux exposant aux poussières de fer ;
Travaux exposant aux substances hormonales ;
Travaux exposant aux poussières de métaux durs (tantale, titane, tungstène et vanadium) ;
Travaux exposant aux poussières d'antimoine ;
Travaux exposant aux poussières de bois ;
Travaux en équipes alternantes effectués de nuit en tout ou en partie ;
Travaux d'opérateur sur standard téléphonique, sur machines mécanographiques, sur perforatrices, sur terminal à écran ou visionneuse en montage électronique ;
Travaux de préparation, de conditionnement, de conservation et de distribution de denrées alimentaires ;
Travaux exposant à un niveau de bruit supérieur à 85 décibels.

Art. 2. – Les dispositions du présent arrêté ne s'appliquent pas aux travaux énumérés à l'article 1er lorsque ceux-ci s'effectuent à l'intérieur d'appareils rigoureusement clos en marche normale.

Art. 3. – Lorsque des mesures particulières de prévention assurent une protection efficace des travailleurs contre les risques dus aux travaux énumérés à l'article 1er, le directeur départemental du travail et de la main-d'œuvre peut, après avis du médecin inspecteur du travail et de la main-d'œuvre et du comité d'entreprise ou de la commission de contrôle mentionnée à l'article D. 241-7 du Code du travail, ou, à défaut de

(1) Voir circulaire 10 du 29 avril 1980 relative à l'application de cet arrêté (BO MT 1980).

l'une ou l'autre de ces institutions, des délégués du personnel, dispenser le chef d'établissement d'assurer la surveillance médicale spéciale du personnel affecté à certains postes.

Art. 4. – Les arrêtés des 22 juin 1970 et 20 novembre 1974 sont abrogés.

MODERNISATION DU MARCHÉ DU TRAVAIL

■ ACCORD NATIONAL INTERPROFESSIONNEL DU 11 JANVIER 2008 sur la modernisation du marché du travail

Note Voir arrêté d'extension du 23 juillet 2008 rapporté *infra*.

I – Faciliter l'entrée dans l'entreprise et améliorer le parcours en emploi

Art. 1. – *Les contrats de travail.* Le contrat à durée indéterminée est la forme normale et générale du contrat de travail.

Le contrat de travail à durée déterminée et le contrat de travail temporaire constituent des moyens de faire face à des besoins momentanés de main-d'œuvre. Leur utilité économique dans un environnement en perpétuelles fluctuations et dans un contexte de concurrence mondiale est avérée.

Le recours à ces contrats de travail doit se faire de manière responsable dans le respect de leur objet et ne peut se justifier que pour faire face à des besoins momentanés de renfort, de transition et de remplacement objectivement identifiables, par le comité d'entreprise ou à défaut par les délégués du personnel (1) dans le cadre de leurs attributions respectives concernant l'évolution de la situation de l'emploi dans l'entreprise.

À l'occasion des réunions prévues aux articles L. 432-4-1 et L. 432-4-2 du code du travail, le chef d'entreprise informe le comité d'entreprise (1) des éléments à sa disposition qui pourraient conduire l'entreprise à faire appel, pour la période à venir, aux contrats à durée déterminée et aux contrats de travail temporaire pour accroissement temporaire d'activité. De même, il porte à la connaissance du comité d'entreprise les éléments qui l'ont conduit à recourir à ces mêmes contrats.

Dans les entreprises dépourvues de comité d'entreprise, le chef d'entreprise communique, une fois par an, ces mêmes informations aux délégués du personnel (1).

Il appartient aux branches professionnelles, à l'occasion de la négociation annuelle obligatoire, de jouer pleinement leur rôle et de s'assurer, à partir du rapport prévu à l'article L. 132-12 du code du travail, qu'il est fait appel à ces types de contrats (CDD, intérim, temps partiel) de façon responsable et dans le respect de leur objet.

En outre, s'agissant des contrats aidés, les parties signataires demandent aux pouvoirs publics de procéder à une simplification et rationalisation des dispositifs existants.

Art. 2. – *L'orientation professionnelle.* L'orientation professionnelle est un élément primordial pour toute personne qui est amenée à faire un choix soit, au cours de son *cursus* scolaire ou universitaire, en faveur d'un métier, soit, au cours de sa vie professionnelle, pour améliorer sa situation ou se reconvertir.

Elle doit être fondée sur une information concrète et facilement accessible, sur les secteurs d'activités, la diversité des métiers, les entreprises et les organisations, ainsi que sur la formation tout au long de la vie. Elle doit également prendre en compte les débouchés professionnels offerts par les différentes filières scolaires et universitaires.

Cette information doit plus largement prendre en compte la situation du marché du travail et s'accompagner d'interventions plus systématiques de professionnels en activité, notamment de jeunes professionnels, dans les établissements d'enseignement, en liaison avec les chefs d'établissement, dans le cadre d'une amélioration des relations entre le monde de l'éducation et le monde de l'entreprise.

Pour favoriser ce type d'action, les branches professionnelles examineront les modalités susceptibles d'être mises en œuvre pour faciliter l'intervention de professionnels dans les établissements d'enseignement.

La qualité des informations disponibles participe à une meilleure information de tous les acteurs et par conséquent doit permettre de diminuer de façon significative le taux d'échec et les sorties sans diplôme ni qualification du système éducatif.

Pour atteindre ces objectifs, les partenaires sociaux diffuseront et valoriseront les informations disponibles, provenant notamment des observatoires prospectifs des métiers et des qualifications, concernant les différents secteurs d'activité et les métiers y afférents et leurs évolutions prévisibles, au besoin par la création d'un portail internet interprofessionnel qui s'appuiera sur les sites existants.

---

(1) Dans les entreprises qui en sont dotées.

Au-delà de ces dispositions, les parties signataires précisent en annexe les demandes qu'ils entendent présenter aux pouvoirs publics dans ce domaine.

Art. 3. – *L'entrée des jeunes dans la vie professionnelle.* Afin de faciliter aux jeunes l'accès à la vie professionnelle, notamment en CDI, et afin de leur permettre une insertion durable, il convient de mettre en œuvre les dispositions ci-après :

a/ • La durée du stage intégré à un cursus pédagogique réalisé lors de la dernière année d'études est prise en compte dans la durée de la période d'essai, sans que cela puisse la réduire de plus de moitié, sauf accord de branche ou d'entreprise prévoyant des dispositions plus favorables, en cas d'embauche dans l'entreprise à l'issue de la formation.

• Tout stage en entreprise fait l'objet d'une mention particulière sur le passeport formation. Il en est de même des contrats d'apprentissage et des contrats de professionnalisation qui, comme les stages, font partie de la construction du parcours professionnel des jeunes.

b/ Les branches professionnelles rechercheront, en privilégiant la négociation collective, tous les moyens permettant de favoriser l'embauche, prioritairement en CDI, des jeunes ayant accompli un stage, ou exécuté un contrat d'apprentissage ou de professionnalisation dans une entreprise de leur ressort.

c/ À l'issue d'un contrat de travail tout jeune de moins de 25 ans, qui le souhaite, bénéficie d'une prestation spécifique du nouveau service public de l'emploi sous forme d'un examen personnalisé de sa situation et d'un accompagnement spécifique (voir ci-après article 17).

d/ Il est institué pour les jeunes de moins de 25 ans, involontairement privés d'emploi et ne remplissant pas les conditions de durée d'activité antérieure ouvrant l'accès aux allocations du régime d'assurance chômage, une prime forfaitaire servie par celui-ci. Les conditions d'accès, le montant de cette prime ainsi que les conditions dans lesquelles elle sera susceptible de s'imputer sur le montant des premiers droits aux allocations chômage ouverts à ses bénéficiaires après son versement, seront définies dans le cadre de la fixation des nouvelles règles d'attribution du revenu de remplacement servi par l'assurance chômage (voir ci-après article 16).

e/ Accès au logement, aux transports et à la restauration

Pour faciliter aux jeunes l'accès à la vie professionnelle, les partenaires sociaux, conscients des difficultés que rencontrent de plus en plus de jeunes en matière de logement, de transports et de restauration, demandent l'ouverture d'une concertation avec les pouvoirs publics pour rechercher les solutions adaptées à la nature des difficultés rencontrées et à la spécificité des bassins d'emploi concernés.

Art. 4. – *La période d'essai*

a/ Afin de faciliter l'accès direct au CDI en permettant à l'employeur d'évaluer les compétences du salarié dans son travail, notamment au regard de son expérience, et au salarié d'apprécier si les fonctions occupées lui conviennent, il est institué une période d'essai interprofessionnelle dont la durée, sauf accord de branche conclu avant l'entrée en application du présent accord et prévoyant des durées supérieures, est comprise pour :
• les ouvriers et les employés entre 1 et 2 mois maximum ;
• les agents de maîtrise et les techniciens entre 2 et 3 mois maximum ;
• les cadres entre 3 et 4 mois maximum.

La période d'essai ci-dessus peut être renouvelée une fois par un accord de branche étendu qui fixe les conditions et les durées de renouvellement, sans que ces durées, renouvellement compris, ne puissent, respectivement, dépasser 4, 6 et 8 mois.

b/ La période d'essai ne se présume pas. Pour exister, elle doit être expressément stipulée dans la lettre d'engagement ou le contrat de travail.

c/ Lorsqu'il est mis fin par l'employeur à la période d'essai prévue par le présent article, la durée du délai de prévenance pendant la période d'essai est fixée comme suit :
• 48 heures au cours du 1er mois de présence ;
• 2 semaines après 1 mois de présence ;
• 1 mois après 3 mois de présence.

Ce délai de prévenance ne peut avoir pour effet de prolonger la période d'essai au-delà des maxima prévus ci-dessus.

Lorsqu'il est mis fin à cette période d'essai par le salarié, celui-ci doit respecter un délai de prévenance de 48 heures.

d/ Les dispositions qui précèdent ne font pas échec à la fixation de périodes d'essai plus courtes dans la lettre d'engagement ou le contrat de travail.

Art. 5. – *L'accès aux droits.* Afin de faciliter l'accès à certains droits qui, en raison de leur nature et de l'impact de leur exercice sur le fonctionnement de l'entreprise, sont subordonnés à une condition d'ancienneté :
• toutes les périodes de travail accomplies dans la même entreprise dans le cadre d'un contrat de travail sont prises en compte pour l'appréciation de l'ancienneté requise pour bénéficier des indemnités conventionnelles de maladie prévues par les accords de mensualisation ;
• dans la même perspective, la condition d'ancienneté de 3 ans pour bénéficier de l'indemnisation conventionnelle de la maladie, prévue à l'article 7 de l'accord national interprofessionnel sur la mensualisation de 10 décembre 1977, est ramenée à 1 an.

À cette occasion, le délai de carence de 11 jours prévu par ce même article 7 est réduit à 7 jours.

• enfin, les branches professionnelles et les entreprises rechercheront les autres assouplissements susceptibles d'être apportés aux modalités de décompte de l'ancienneté, en fonction de la nature des droits qui en dépendent.

Dans ce cadre, les branches professionnelles examineront si, pour tout ou partie de certains droits, il est possible d'apprécier l'ancienneté des salariés dans la branche, en veillant à ne pas, de ce fait, générer des freins à la mobilité ou à l'embauche.

Art. 6. – *Le développement des compétences et des qualifications des salariés.* Le développement des compétences des salariés constitue un élément déterminant pour leur évolution de carrière. Il contribue à l'atteinte de l'objectif visant à permettre à chaque salarié de progresser d'au moins un niveau de qualification au cours de sa vie professionnelle.

Le développement des compétences des salariés concourt également au maintien et à l'amélioration de la compétitivité des entreprises et de la situation de l'emploi. Les modes d'organisation du travail ont un rôle déterminant dans ces domaines.

Pour permettre aux salariés d'être acteurs de leur déroulement de carrière et favoriser leur engagement dans le développement de leurs compétences et de leur qualification, il convient qu'ils puissent disposer d'outils susceptibles de les aider dans la construction de leur parcours professionnel.

Une nouvelle prestation simple, dénommée bilan d'étape professionnel, destinée à inventorier de manière prospective et à périodicité régulière leurs compétences, doit être accessible aux salariés. Elle ne se cumule pas avec les différents dispositifs d'orientation et de bilan mis en place par l'accord national interprofessionnel du 5 décembre 2003 sur la formation tout au long de la vie professionnelle et par l'accord national interprofessionnel du 13 octobre 2005 relatif à l'emploi des seniors.

Ce bilan d'étape professionnel doit aussi permettre aux intéressés d'évaluer leurs besoins de compétences et, s'ils le souhaitent, de les faire connaître lors des entretiens professionnels ainsi que, lorsqu'ils sont demandeurs d'emploi, à l'occasion de la mise en œuvre des dispositions de l'article 17 ci-après.

Les partenaires sociaux détermineront, par avenant au présent accord, avant fin 2008, les conditions de mise en œuvre des dispositions ci-dessus, dont la périodicité du bilan d'étape professionnel. À cette occasion, ils veilleront à la cohérence des différents dispositifs d'orientation et de bilan.

Art. 7. – *La formation professionnelle pour les salariés.* La formation tout au long de la vie professionnelle constitue un élément déterminant de la sécurisation des parcours professionnels.

Articulée avec la gestion prévisionnelle des emplois et des compétences, elle doit permettre à chaque salarié d'être en mesure de développer, de compléter ou de renouveler sa qualification, ses connaissances, ses compétences et ses aptitudes, en participant à des actions de formation réalisées dans les conditions définies par l'accord national interprofessionnel du 5 décembre 2003.

Les partenaires sociaux, dans le cadre du bilan en cours de l'accord interprofessionnel précité, s'assureront que les dispositions dudit accord permettent de progresser dans la réalisation de ces objectifs, en particulier pour ce qui est du développement des compétences transférables, du maintien et de l'amélioration de l'employabilité des salariés, et, au besoin, adapteront ces dispositions en conséquence.

En ce qui concerne plus particulièrement la validation des acquis de l'expérience et le passeport formation, la formalisation des acquis en matière de compétences et de qualification doit contribuer, sous réserve de ne pas s'en tenir au simple constat de l'expérience passée, à favoriser l'évolution professionnelle des salariés.

Les partenaires sociaux, dans le cadre du bilan en cours de l'accord national interprofessionnel relatif à la formation tout au long de la vie professionnelle, rechercheront les moyens d'en faciliter le développement, notamment par une simplification du dispositif et un meilleur accompagnement du candidat à la VAE, en particulier en matière d'information, de conseil et d'appui.

De même, doivent être recherchés les moyens d'inciter les salariés à faire un plus large usage du passeport formation,

a/ Afin de favoriser l'accès au marché de l'emploi des salariés les moins qualifiés ou dont la qualification est inadaptée ou qui accèdent le moins souvent à une formation qualifiante, le déploiement des dispositifs prévus par l'accord national interprofessionnel du 5 décembre 2003 doit être accéléré et amplifié (entretien professionnel, bilan de compétences, passeport formation, VAE, professionnalisation). Les partenaires sociaux adopteront les dispositions propres à permettre l'atteinte de cet objectif, dans le cadre du bilan en cours de l'accord interprofessionnel relatif à la formation tout au long de la vie professionnelle.

b/ Pour faciliter l'accès à l'emploi durable des titulaires de CDD qui le souhaitent, les partenaires sociaux mettront en œuvre, sans attendre, les dispositions du 1er alinéa du § 4/ de l'article 5 de l'accord national interprofessionnel du 22 décembre 2005 relatif à l'aide au retour à l'emploi et à l'indemnisation du chômage, dans les conditions prévues par son avenant n° 1 du 16 février 2007.

c/ Pour permettre aux salariés à temps partiel de développer leurs compétences, les branches professionnelles non couvertes par un accord portant sur le même objet ouvriront, dans les 12 mois de l'entrée en application du présent accord, des négociations sur les modalités d'accès à la formation professionnelle de ces salariés.

d/ Afin de renforcer la cohérence entre les éléments d'anticipation mis en lumière dans le cadre de la GPEC et la mise en œuvre du plan de formation de l'entreprise, les deux réunions de consultation du comité d'entreprise sur l'exécution du plan de formation de l'année précédente et sur le projet de plan de l'année à venir doivent respectivement intervenir avant le 1er octobre et le 31 décembre de l'année en cours.

Art. 8. – *La mobilité professionnelle et géographique.* La mobilité professionnelle et géographique doit offrir des possibilités d'évolution de carrière et de promotion sociale des salariés. Elle doit constituer également pour eux une protection contre la perte d'emploi. Elle est d'autant mieux acceptée qu'elle est anticipée, expliquée et accompagnée.

Les dispositifs prévus par l'accord national interprofessionnel relatif à la formation tout au long de la vie professionnelle contribuent à cette mobilité.

Il convient de distinguer la mobilité professionnelle de la mobilité géographique bien qu'elles soient souvent liées. De même, la distinction doit être faite entre la mobilité à l'initiative du salarié et la mobilité à l'initiative de l'employeur.

Afin de faciliter la mobilité, quelle que soit sa forme, celle-ci est mise en œuvre dans l'entreprise suivant un processus organisé et concerté, destiné à permettre au salarié concerné de mieux maîtriser sa carrière. L'articulation de ce processus avec la GPEC et le plan de formation de l'entreprise est nécessaire à la réalisation de cet objectif.

a/ *Mobilité professionnelle à l'initiative du salarié.* Afin de donner la possibilité aux salariés en activité de progresser dans leur carrière, ces salariés pourront avoir accès aux services du SPE tout en restant dans leur entreprise. Ainsi, dans le cadre de leur parcours professionnel, ils pourront acquérir de nouvelles qualifications ou encore s'engager dans la création ou la reprise d'une entreprise.

Le service public de l'emploi informera le salarié des conditions d'accès aux dispositifs, notamment la VAE, le bilan de compétence, le CIF, la formation et l'aidera à articuler entre eux les dispositifs de financement afin que le salarié soit conseillé et aidé dans la concrétisation de ses projets professionnels.

b/ *Mobilité à l'initiative de l'employeur et accompagnement des mobilités géographiques.* S'agissant de la mobilité géographique souhaitée par les entreprises au regard de leurs besoins en ressources humaines, celles-ci doivent rechercher les mesures d'accompagnement susceptibles d'être mises en place, dans le cadre d'une anticipation du changement ou d'une restructuration, au bénéfice des salariés et de leur famille, telles que par exemple :

- visite du futur lieu de travail,
- aide au déménagement,
- aide à la recherche de logement,
- aide à l'accès au logement,
- aide à l'achat ou à la location d'un véhicule,
- aide à l'obtention du permis de conduire,
- aide à la recherche d'établissement scolaire,
- aide à la recherche d'emploi pour le conjoint,
- politique d'essaimage…

Les différents dispositifs du 1 % logement (notamment loca-pass et mobili-pass) et du pass-GRL doivent aussi être mobilisés à cet effet par les entreprises. Celles-ci peuvent également faire appel au réseau des organisations professionnelles et interprofessionnelles territoriales ou conclure des conventions avec des organismes spécialisés dans la gestion de dispositifs d'appui à la mobilité.

Les branches professionnelles et les organisations territoriales doivent faire connaître aux entreprises et aux salariés les différents dispositifs existants qui sont destinés à faciliter la mobilité géographique et professionnelle des salariés, tels que les crédits d'impôt, les résultats des travaux des observatoires des métiers et des qualifications, etc.

Dans la même perspective, elles évalueront les expériences de mobilité interentreprise mises en œuvre au niveau de bassin d'emplois (pôle de mobilité par exemple), diffuseront les bonnes pratiques ainsi repérées et apporteront leur concours aux demandes émanant, en la matière, des pôles de compétitivité.

Afin de sécuriser les mobilités, les entreprises de plus de 300 salariés examineront les conditions et les modalités selon lesquelles une « période expérimentation mobilité » pourrait être mise en place. Elle permettrait au salarié de découvrir son nouvel emploi et prévoirait les conditions dans lesquelles l'intéressé pourrait revenir dans l'entreprise si le nouvel emploi ne lui convenait pas.

Lorsque la mobilité géographique fait partie du parcours professionnel du salarié, son entreprise s'emploiera à ce que les modalités de mise en œuvre de cette mobilité soient compatibles avec les impératifs de la vie familiale. Elle veillera notamment à ce que, dans toute la mesure du possible, les dates de mise en œuvre de la mobilité soient compatibles avec le calendrier scolaire.

Il conviendrait enfin, dans le même objectif, de rechercher avec les pouvoirs publics les moyens administratifs afin que le passage d'un régime à un autre maintienne une cohérence au parcours professionnel et tende à assurer une continuité des droits (salarié du public/salarié du privé/travailleur indépendant/employeur).

Art. 9. – *La gestion prévisionnelle des emplois et des compétences.* La GPEC revêt une grande importance pour la sécurisation des parcours professionnels. Les signataires du présent accord, décident de rappeler les principes directeurs de cette démarche et de lui donner une nouvelle dynamique.

a/ La gestion prévisionnelle des emplois et des compétences (GPEC) a pour objet de faciliter tant pour les salariés que pour les entreprises, l'anticipation des besoins d'évolution et de développement des compétences en fonction de la stratégie de l'entreprise ainsi que des évolutions économiques, démographiques et technologiques prévisibles.

La GPEC doit constituer ainsi pour les salariés un outil majeur pour faciliter les évolutions de carrière internes ou externes, choisies ou acceptées en leur permettant de disposer de points de repère dans la gestion de leur parcours professionnel. Elle est un facteur essentiel de sécurisation des parcours professionnels des salariés. Elle constitue conjointement pour les entreprises un élément de dynamisme économique.

Pour produire sa pleine efficacité, la GPEC doit s'inscrire dans le cadre d'un dialogue social dynamique avec les représentants du personnel (2), en prenant appui sur la stratégie économique définie par l'entreprise.

En outre, elle doit permettre, lorsqu'ils existent, d'articuler et de mettre en cohérence les accords de développement des compétences, les accords sur la formation professionnelle et les accords relatifs à la mobilité. En tant que démarche globale d'anticipation, la GPEC doit être entièrement dissociée de la gestion des procédures de licenciements collectifs et des PSE.

b/ Ainsi conçue et mise en perspective avec les éléments prospectifs fournis par les branches et les territoires, la GPEC fournit des éléments simples, pratiques, adaptés aux caractéristiques et à la taille des entreprises, transparents et pédagogiques, destinés à offrir aux salariés un cadre de réflexion leur permettant d'être acteurs de leur vie professionnelle.

À cette fin, l'entreprise doit s'employer à procéder à une analyse croisée des perspectives qui lui sont propres avec les données mises à sa disposition par les CPNE et les COPIRE.

Elle doit porter une attention particulière à la situation des salariés les plus exposés aux conséquences des évolutions économiques ou technologiques.

L'anticipation concerne également les formes d'emploi. La place occupée dans l'entreprise par les contrats à durée limitée doit faire l'objet, dans ce cadre, d'une analyse régulière et doit être marquée de la volonté d'égalité de droits et de perspectives d'évolutions professionnelles.

Elle doit aussi prendre en compte la mise en œuvre de la mixité professionnelle et de l'égalité professionnelle entre les femmes et les hommes ainsi que la gestion des âges, par l'organisation du travail et l'actualisation des compétences professionnelles qui sont les conditions d'un maintien en activité réussi des salariés en fin de carrière.

La GPEC doit assurer la cohérence des informations à destination des salariés en leur donnant une visibilité sur leur déroulement de carrière et leur permettre de faire des choix pertinents en matière de formation, d'acquisition de compétences, de qualification et de mobilité professionnelle.

c/ Si la gestion des emplois et des compétences relève directement des entreprises, l'importance qui s'attache à celle-ci doit conduire les partenaires sociaux des différentes branches professionnelles à rechercher les moyens d'en développer l'accès dans les entreprises non assujetties à l'obligation triennale de négocier sur la mise en place d'un tel dispositif. Dans tous les cas où cela sera possible et utile, les branches s'emploieront à travailler en synergie.

Dans cette optique, les partenaires sociaux des branches professionnelles devront s'attacher :

• à la construction d'outils simples, pratiques, adaptés aux caractéristiques et à la taille des entreprises ;

• à faire connaître aux PME et aux TPE les outils et dispositifs existants susceptibles d'être mobilisés pour faciliter la mise en place d'un plan de gestion prévisionnelle des compétences adapté à leur taille ;

• à faire connaître et à rendre accessibles aux salariés et aux entreprises les résultats des travaux des observatoires prospectifs des métiers et des qualifications mis en place par les branches professionnelles ;

• et à mettre en place des commissions paritaires de suivi de la GPEC.

Le niveau de la branche et des organisations territoriales doit en outre permettre de mettre en place, en liaison entre eux, une logique d'étude sur l'évolution qualitative des métiers qui éclaire les différents acteurs. Elles sont, en effet, les mieux à même de mutualiser les informations existantes sur les évolutions prévisibles en matière d'environnement économique, d'activité des entreprises, et en matière de métiers et de compétences. Dans ce cadre, il appartiendra aux COPIRE et aux CPTE, lorsqu'elles existent, de faire tous les ans une analyse de ces évolutions, dans le ressort de leur champ territorial.

Les branches et les organisations territoriales inciteront les entreprises ayant développé des pratiques réussies de GPEC, à mettre en commun leurs expériences pour faciliter des développements de carrière et des mises en relation des offres et besoins de compétences.

d/ Une négociation interprofessionnelle déclinera, dans les 6 mois de l'entrée en application du présent accord, l'ensemble des principes énoncés ci-dessus à la lumière des enseignements et des bonnes pratiques tirés des accords de GPEC déjà conclus. Elle précisera notamment les conditions dans lesquelles les signataires du présent accord s'appuieront sur les travaux des COPIRE et des CPNE en la matière.

II – Sécuriser les contrats et améliorer le retour à l'emploi

Art. 10. – *Clarifier les clauses spécifiques du contrat de travail.* S'agissant, en particulier, du personnel d'encadrement, les contrats de travail devront préciser les conditions de mise en œuvre :

– des clauses de non-concurrence (limites dans l'espace et dans le temps, contrepartie financière, modalités du droit de renonciation de l'employeur),

– des clauses de mobilité,

– ainsi que, lorsqu'elles existent, des délégations de pouvoir (étendue de la délégation…).

(2) Dans les entreprises qui en sont dotées.

Une négociation interprofessionnelle précisera, dans les 6 mois de l'entrée en vigueur du présent accord, les modalités d'intégration et de mise en œuvre des principes ci-dessus dans l'accord national interprofessionnel du 25 avril 1983 relatif au personnel d'encadrement.

Art. 11. – *Encadrer et sécuriser les ruptures de contrat de travail.* Plusieurs évolutions doivent contribuer à la réalisation de cet objectif :

• L'obligation de motiver les licenciements :

Tout licenciement doit être fondé sur un motif réel et sérieux qui doit être porté à la connaissance du salarié concerné.

En conséquence et compte tenu du présent accord, les parties signataires demandent aux pouvoirs publics de prendre les dispositions, pour que ce principe s'applique à tous les contrats de travail.

• L'amélioration de la lisibilité des droits contractuels :

Les salariés et les entreprises ont besoin, dans le cours de leurs relations contractuelles, de lisibilité et de sécurité, en particulier, lorsque le parcours professionnel du salarié est amené à évoluer.

Le contrat de travail, lorsqu'il est écrit, ou un document informatif annexé à la lettre d'engagement, doit informer le salarié lors de son embauche des conditions d'accès à la connaissance des droits directement applicables à son contrat de travail en application d'un accord d'entreprise ou de branche.

Par ailleurs, le contrat de travail doit déterminer ceux de ses éléments qui ne pourront être modifiés sans l'accord du salarié.

Afin d'atteindre l'objectif de pouvoir déterminer, *a priori* et de manière limitative, les éléments qui doivent toujours être considérés comme contractuels, les parties signataires conviennent de l'ouverture d'une réflexion dans les plus brefs délais.

Cette réflexion portera également sur l'application du principe selon lequel la modification des clauses contractuelles à l'initiative de l'employeur et les modalités de réponse du salarié sont encadrées dans une procédure, de manière à assurer la sécurité juridique des parties.

• *(Avenant n° 4 du 18 mai 2009, arrêté d'extension du 26 nov. 2009, JO 27)* « Les indemnités de rupture en cas de licenciement » :

Afin de rationaliser le calcul des indemnités de rupture du CDI dans les cas où l'ouverture au droit à une telle indemnité est prévue *(Avenant n° 4 du 18 mai 2009, arrêté d'extension du 26 nov. 2009, JO 27)* « à la suite d'un licenciement », il est institué une indemnité de rupture interprofessionnelle unique dont le montant ne peut être inférieur, sauf dispositions conventionnelles plus favorables à partir d'un an d'ancienneté dans l'entreprise, à 1/5 de mois par année de présence.

Note Voir notamment Instruction DGT 2009-25 du 8 décembre 2009.

• Le reçu pour solde de tout compte :

Le reçu pour solde de tout compte fait l'inventaire des sommes reçues par le salarié lors de la rupture du contrat de travail. La signature du salarié atteste du fait que l'employeur a rempli les obligations formalisées dans le reçu pour solde de tout compte. Cette signature peut être dénoncée par le salarié dans un délai de 6 mois. Au-delà de celui-ci, il est libératoire.

• La conciliation prud'homale :

Il est indispensable de réhabiliter la conciliation prud'homale en lui restituant son caractère d'origine de règlement amiable, global et préalable à l'ouverture de la phase contentieuse proprement dite, devant le bureau de jugement.

À cet effet, le demandeur adresse au défendeur l'objet de sa réclamation préalablement à la saisine du conseil de prud'hommes.

Par ailleurs, si, malgré l'obligation légale de comparution personnelle des parties, l'une d'entre elles ne pouvait être présente à l'audience devant le bureau de conciliation, elle devrait être tenue de fournir à son mandataire, qu'il soit ou non avocat (3), un écrit formalisant :
– son autorisation à se concilier en son nom et pour son compte,
– sa connaissance de ce que, en son absence, le bureau de conciliation pourra, s'il est demandeur, déclarer sa demande caduque et s'il est défendeur, ordonner à son encontre un certain nombre de mesures exécutoires par provision.

Enfin, seule la constatation de l'impossibilité de parvenir à une conciliation par les juges, ouvre le droit de saisir le bureau de jugement. Ainsi la conciliation partielle ouvre le droit de saisir le bureau de jugement.

• La réparation judiciaire du licenciement

Sans préjudice des dispositions de l'article L. 122-14-5 du code du travail, et en respectant la distinction opérée par l'article L. 122-14-4 du même code, les parties signataires conviennent de travailler avec les

(3) Étant entendu que l'avocat dispose d'un mandat de représentation dont cette mention n'est qu'un rappel.

pouvoirs publics à la possibilité de fixer un plafond et un plancher au montant des dommages et intérêts susceptibles d'être alloués en cas de licenciement sans cause réelle et sérieuse.

En l'état actuel de la jurisprudence, une insuffisance dans l'énonciation des motifs du licenciement est assimilée à une absence de cause réelle et sérieuse.

Il convient donc que soient examinés les moyens conduisant le juge à rechercher, dans ce cas, la cause du licenciement et à statuer sur son caractère réel et sérieux.

Art. 12. – *Privilégier les solutions négociées à l'occasion des ruptures du contrat de travail.* La recherche de solutions négociées vise, pour les entreprises, à favoriser le recrutement et développer l'emploi tout en améliorant et garantissant les droits des salariés. Elle ne doit pas se traduire par une quelconque restriction de la capacité des salariés à faire valoir leurs droits en justice mais au contraire se concrétiser dans des dispositifs conçus pour minimiser les sources de contentieux.

a/ *La rupture conventionnelle*

Sans remettre en cause les modalités de rupture existantes du CDI, ni porter atteinte aux procédures de licenciements collectifs pour cause économique engagées par l'entreprise, il convient, par la mise en place d'un cadre collectif, de sécuriser les conditions dans lesquelles l'employeur et le salarié peuvent convenir en commun des conditions de la rupture du contrat de travail qui les lie.

Ce mode de rupture, exclusif de la démission et du licenciement, qui ne peut être imposé de façon unilatérale par l'une ou l'autre des parties, s'inscrit dans le cadre collectif ci-après :

• la liberté de consentement des parties est garantie :

– par la possibilité, lors des discussions préalables à cette rupture, pour le salarié de se faire assister par une personne de son choix – membre du CE, DP, DS ou tout autre salarié de l'entreprise – ou par un conseiller du salarié dans les entreprises dépourvues de représentants du personnel. Cette possibilité d'assistance est également ouverte à l'employeur quand le salarié en fait lui-même usage,

– par l'information du salarié de la possibilité qui lui est ouverte de prendre les contacts nécessaires, notamment auprès du service public de l'emploi, pour être en mesure d'envisager la suite de son parcours professionnel avant tout consentement,

– par la création d'un droit de rétractation pendant un délai de 15 jours suivant la signature de la convention actant l'accord des parties,

– par l'homologation, à l'issue du délai de rétractation, de l'accord définitif des parties par le directeur départemental du travail.

• Le processus ci-dessus fait l'objet d'un formulaire-type reprenant les trois étapes : première discussion entre les parties, signature de la convention, homologation de l'accord par le directeur départemental du travail. Un exemplaire du formulaire est conservé par l'employeur, un exemplaire est conservé par le salarié, un exemplaire est adressé au directeur départemental du travail.

• L'accès aux indemnités de rupture et aux allocations du régime d'assurance chômage est assuré :

– par le versement d'une indemnité spécifique non assujettie aux prélèvements sociaux et fiscaux et dont le montant ne peut être inférieur à celui de l'indemnité de rupture prévue à l'article 11 ci-dessus *(Avenant n° 4 du 18 mai 2009, arrêté d'extension du 26 nov. 2009, JO 27)* « ni à l'indemnité conventionnelle de licenciement prévue par la convention collective applicable » ;

– par le versement des allocations de l'assurance chômage dans les conditions de droit commun dès lors que la rupture conventionnelle a été homologuée par le directeur départemental du travail.

• La sécurité juridique du dispositif, pour les deux parties, résulte de leur accord écrit qui les lie dès que la réunion de l'ensemble des conditions ci-dessus, garante de leur liberté de consentement, a été constatée et homologuée par le directeur départemental du travail précité au titre de ses attributions propres.

Celui-ci dispose à cet effet d'un délai préfix de 15 jours calendaires à l'issue duquel son silence vaut homologation (4).

b/ *La rupture pour réalisation de l'objet défini au contrat*

Afin de permettre la réalisation par des ingénieurs et cadres de certains projets dont la durée est incertaine, il est institué, à titre expérimental, un contrat à durée déterminée à terme incertain et d'une durée minimum de 18 mois et maximum de 36 mois, conclu pour la réalisation d'un objet défini. Ce contrat ne peut pas être renouvelé.

Les modalités collectives de mise en œuvre et d'encadrement de ce contrat, définies ci-après, ont pour objet d'apporter aux salariés concernés les garanties nécessaires à la sécurisation de leur parcours professionnel lorsqu'ils exercent leur activité dans ce cadre (5).

• Le recours à ce contrat particulier est subordonné à la conclusion d'un accord de branche étendu ou, à défaut, d'un accord d'entreprise, précisant les nécessités économiques auxquelles il est susceptible d'apporter une réponse adaptée. Cet accord est l'occasion d'un examen d'ensemble des conditions dans lesquelles il est fait appel aux contrats à durée limitée, afin de rationaliser leur utilisation et de réduire la précarité.

---

(4) Les parties signataires conviennent de saisir en commun les pouvoirs publics des modalités de mise en œuvre du présent dispositif.

(5) Les dispositions du présent article s'appliquent sans préjudice de celles de l'article L. 321-12 du code du travail.

• Le recours à ce contrat n'est possible que lorsque la durée envisagée pour la réalisation du projet pour lequel il est conclu est comprise entre 18 et 36 mois. Il ne peut être utilisé pour faire face à un accroissement temporaire d'activité. La durée approximative envisagée du projet doit être mentionnée dans le contrat.

• Lors de sa conclusion, ce contrat :

– précise expressément le projet pour lequel il est conclu et dont la réalisation constitue le terme du contrat,

– indique la possibilité de sa rupture, à la date anniversaire de sa conclusion, par l'une ou l'autre des parties pour un motif réel et sérieux, et que cette rupture ouvre droit à une indemnité de rupture d'un montant égal à 10 % de la rémunération totale brute du salarié et non assujettie aux prélèvements sociaux et fiscaux.

• Il doit également préciser les conditions et le délai dans lesquels le salarié doit être informé de l'arrivée du terme de son contrat en raison de la réalisation du projet pour lequel il a été conclu, ou de la proposition de poursuivre la relation contractuelle, sous forme d'un CDI, au-delà du terme du contrat, si l'intéressé l'accepte. Ce délai de prévenance ne peut être inférieur à deux mois.

• En l'absence de proposition par l'entreprise de poursuivre la relation contractuelle en CDI, au-delà de la réalisation du projet pour lequel le contrat a été conclu, à des conditions au moins équivalentes à celles du contrat initial ou, en cas de refus par le salarié d'une proposition de poursuite d'activité en CDI, dans des conditions qui ne seraient pas au moins équivalentes à celles du contrat initial, dans ces deux cas, l'intéressé bénéficie :

– d'une indemnité spécifique de rupture d'un montant égal à 10 % de la rémunération totale brute du salarié et non assujettie aux prélèvements sociaux et fiscaux ;

– des allocations du nouveau dispositif d'assurance chômage dans les conditions de droit commun ;

– des mesures d'accompagnement offertes aux demandeurs d'emploi.

• En outre, afin que ce type de contrat constitue pour leurs titulaires une véritable étape de carrière, l'accord précité doit prévoir un dispositif spécifique destiné à leur donner les moyens de changer d'activité, en étant préparé à le faire, notamment par une formation appropriée au maintien de leur employabilité. Il doit également, dans la même perspective, rechercher comment mieux utiliser la VAE et le passeport formation.

Il doit, par ailleurs, préciser :

– les conditions dans lesquelles le salarié bénéficie d'une priorité d'accès à un emploi en CDI dans l'entreprise, à la suite de la réalisation du projet pour lequel le contrat a été conclu,

– les conditions dans lesquelles le salarié pourra, au cours du délai de prévenance prévu ci-dessus, mobiliser les moyens disponibles pour organiser la suite de son parcours professionnel.

Compte tenu du caractère expérimental du dispositif, un comité de suivi composé de représentants des signataires du présent accord sera mis en place au niveau national interprofessionnel dès l'entrée en vigueur du présent accord. Il se réunira tous les 6 mois pour examiner et évaluer l'évolution de ce contrat à partir du contenu des accords de branche et d'entreprise (dont il devra être rendu destinataire à cet effet) conclus en la matière et de leur mise en œuvre (nombre de contrats signés...).

Au vu de cette évaluation, les aménagements nécessaires à ce dispositif seront apportés par les partenaires sociaux. Sans attendre une telle évaluation globale, les parties signataires du présent accord pourront, au vu du contenu d'un accord d'entreprise, proposer aux partenaires sociaux d'aménager voire d'abroger le présent article.

Art. 13. – *Les ruptures pour inaptitude d'origine non professionnelle.* En cas de rupture du contrat de travail due à la survenance d'une inaptitude d'origine non professionnelle et en cas d'impossibilité de reclassement dans l'entreprise, les indemnités de rupture dues aux salariés peuvent être prises en charge soit par l'entreprise, soit par un fonds de mutualisation à la charge des employeurs.

Art. 14. – *Ouvrir l'accès à la portabilité de certains droits.* Pour garantir le maintien de l'accès à certains droits liés au contrat travail, en cas de rupture de celui-ci (6) ouvrant droit à prise en charge par le régime d'assurance chômage, un mécanisme de portabilité est, dès à présent, mis en place pour éviter une rupture de tout ou partie de leur bénéfice entre le moment où il est mis fin au contrat de travail du salarié et celui où il reprend un autre emploi et acquiert de nouveaux droits.

À cet effet, il est convenu :

• *(Avenant n° 3 du 18 mai 2009, BO CC 2009/29, arrêté d'extension du 7 oct. 2009, JO 15)* « que les intéressés garderont le bénéfice des garanties des couvertures complémentaires santé et prévoyance appliquées dans leur ancienne entreprise pendant leur période de chômage et pour des durées égales à la durée de leur dernier contrat de travail, appréciée en mois entiers, dans la limite de 9 mois de couverture.

Le bénéfice du maintien de ces garanties est subordonné à la condition que les droits à couverture complémentaire aient été ouverts chez le dernier employeur.

Le financement du maintien de ces garanties est assuré conjointement par l'ancien employeur et l'ancien salarié dans les proportions et dans les conditions applicables aux salariés de l'entreprise ou par un système de mutualisation défini par accord collectif. À défaut d'accord collectif, ce système de mutualisation peut être mis en place dans les autres conditions définies à l'article L. 911-1 du code de la sécurité sociale.

(6) Non consécutive à une faute lourde.

Il résulte des modalités de financement des garanties ci-dessus que :
- le salarié a la possibilité de renoncer au maintien de ces garanties :
  - s'il entend y renoncer, cette renonciation qui est définitive, concerne l'ensemble des garanties et doit être notifiée expressément par écrit à l'ancien employeur dans les 10 jours suivant la date de cessation du contrat de travail ;
- le non-paiement par l'ancien salarié de sa quote-part de financement de ces garanties, à la date d'échéance des cotisations, libère l'ancien employeur de toute obligation et entraîne la perte des garanties pour la période restant à courir ;
- le dispositif de portabilité entre en application à la date de cessation du contrat de travail.

Les droits garantis par le régime de prévoyance au titre de l'incapacité temporaire ne peuvent conduire l'ancien salarié à percevoir des indemnités d'un montant supérieur à celui des allocations chômage qu'il aurait perçu au titre de la même période.

Pour bénéficier des dispositions relatives au maintien des garanties précitées, l'ancien salarié doit fournir à l'ancien employeur la justification de sa prise en charge par le régime d'assurance chômage.

L'ancien salarié doit informer son ancien employeur de la cessation du versement des allocations du régime d'assurance chômage lorsque celle-ci intervient au cours de la période de maintien des garanties des couvertures complémentaires santé et prévoyance prévues par l'article 14 ci-dessus. »

• que, sans préjudice des dispositions de l'accord national interprofessionnel du 5 décembre 2003 relatives à l'accès au DIF en cas de rupture du contrat de travail, ils pourront mobiliser le solde du nombre d'heures acquises au titre du DIF, multiplié par le montant forfaitaire horaire prévu à l'article D. 981-5 du code du travail (soit 9,15 €) (7). La mise en œuvre de cette disposition se fait à l'initiative du bénéficiaire :

- en priorité, pendant leur prise en charge par le régime d'assurance chômage, en accord avec le référent chargé de leur accompagnement, au cours de la première moitié de leur période d'indemnisation du chômage, afin d'abonder le financement d'actions de formation, de bilan de compétence ou de VAE, ou de mesures d'accompagnement prescrites par ledit référent,
- et, en accord avec leur nouvel employeur, pendant les deux années suivant leur embauche, afin d'abonder le financement d'actions de formation, de bilan de compétence ou de VAE dans le cadre de la formation continue du salarié.

Les organismes paritaires collecteurs agréés financeront cet abondement selon les modalités définies ci-après :

- L'OPCA dont relève l'entreprise dans laquelle le salarié a acquis ses droits abondera le financement des actions mises en œuvre pendant la durée de la prise en charge par le régime d'assurance chômage,
- L'OPCA dont relève l'entreprise dans laquelle le salarié est embauché abondera le financement des actions mises en œuvre dans la nouvelle entreprise dans les conditions ci-dessus.

Le Fonds unique de péréquation pourra, en cas de besoin, abonder les ressources des OPCA pour la mise en œuvre des dispositions ci-dessus, à hauteur de montants fixés par le comité paritaire national pour la formation professionnelle.

Il appartiendra aux branches professionnelles de rechercher :

• les aménagements susceptibles d'être éventuellement apportés aux dispositions ci-dessus,

• et les possibilités de mise en place de mécanismes de portabilité ou de transférabilité pour d'autres droits tels que les comptes épargne-retraite par exemple.

Elles ouvriront à cet effet des négociations dans les 12 mois de l'entrée en vigueur du présent accord.

Pour encourager les mobilités et sécuriser les transitions professionnelles au-delà du présent accord qui constitue une première étape, il sera nécessaire de mettre en place d'autres dispositifs. À cette fin, les parties signataires conviennent de réunir un groupe de travail spécifique.

Art. 15. - *Assurer l'accès à la formation de certains salariés et demandeurs d'emploi.* Des moyens spécifiques seront mis en place pour assurer la qualification ou la requalification des salariés et des demandeurs d'emploi, notamment ceux les plus éloignés de l'emploi, (indemnisés ou non) dont le déficit de formation fragilise leur entrée, leur maintien, leur évolution ou leur retour dans un emploi.

Adaptés aux besoins des bénéficiaires et liés à leurs projets professionnels (y compris, le cas échéant, en prenant appui sur le bilan d'étape professionnel visé à l'article 6 ci-dessus) ainsi qu'aux besoins des entreprises, ils peuvent prendre des formes diverses et viser notamment :

- l'acquisition de savoirs de base ;
- l'acquisition de compétences professionnelles et de qualifications.

Ils peuvent se mettre en œuvre dans le cadre de l'amélioration de l'accompagnement des demandeurs d'emploi visé à l'article 17 ci-après.

Pour assurer la mise en œuvre de ces objectifs, les partenaires sociaux prendront les dispositions nécessaires lors de la négociation interprofessionnelle sur la formation professionnelle à venir, pour en assurer durablement le financement.

À cette occasion, ils préciseront les modalités de conventionnement avec l'ensemble des autres partenaires concernés.

---

(7) Tel que prévu en l'absence de forfait horaire fixé dans les conditions définies à l'article L. 983-1 du code du travail.

Ils veilleront, par ailleurs, à ce que la négociation relative à la convention d'assurance chômage tienne compte et soit mise en cohérence avec les résultats de la négociation sur la formation professionnelle concernant ce point.

Art. 16. – *Assurer un revenu de remplacement aux chômeurs.* L'attribution d'un revenu de remplacement aux chômeurs par le régime d'assurance chômage constitue un élément important de la sécurisation des parcours professionnels. Les modalités de sa mise en œuvre seront fixées par la prochaine convention d'assurance chômage dont la négociation s'ouvrira au cours du 1er semestre 2008. Cette convention devra respecter les objectifs et les principes ci-après :

a/ clarifier et articuler la place respective des dispositifs pris en charge par la solidarité nationale et du dispositif assurantiel afin :

• de permettre la prise en charge de nouveaux publics ;

• et de garantir l'indépendance des partenaires sociaux dans la fixation des paramètres du régime d'assurance chômage.

b/ fixer les règles d'attribution d'un revenu de remplacement aux personnes involontairement privées d'emploi ou considérées comme telles dans les conditions suivantes :

• Les bénéficiaires doivent être involontairement privés d'emploi ou être inscrits comme demandeurs d'emploi à la suite d'une rupture conventionnelle. La convention précisera les modalités d'application de ce principe aux salariés démissionnaires et à ceux dont il a été mis fin au contrat de travail en cas de non reprise du travail après une mise en demeure de l'employeur ;

• Les conditions et modalités d'acquisition des droits et d'indemnisation doivent être plus simples et plus lisibles. Ils doivent aussi répondre au quadruple objectif :
– de s'adapter aux nouvelles caractéristiques du marché du travail, notamment pour les jeunes rencontrant des difficultés d'insertion durable (voir article 3 d/ ci-dessus),
– de mieux indemniser les allocataires, pour des durées plus courtes, dans le cadre d'un dispositif conjuguant des mesures personnalisées d'accompagnement vers l'emploi mises en place par le nouvel opérateur de placement et des incitations à la reprise d'emploi,
– de prendre en compte la nécessité d'allonger la durée d'activité des seniors,
– mieux prendre en compte le parcours professionnel des intéressés.

• Le montant de l'allocation doit correspondre, dans la limite d'un plancher et d'un plafond, à un pourcentage de l'ancien salaire.

• Le caractère de revenu de remplacement des allocations ne doit pas être remis en cause. La convention précisera les conditions dans lesquelles ce principe pourra être aménagé en évitant tout glissement vers l'institution d'un revenu de complément (activités réduites).

c/ articuler les principes et orientations ci-dessus en vue d'optimiser la prise en charge des demandeurs d'emploi.

Art. 17. – *Améliorer l'accompagnement des demandeurs d'emploi.* Dans le cadre des réformes en cours, l'amélioration de l'accompagnement des demandeurs d'emploi constitue, pour les signataires du présent accord, une priorité. Pour être pleinement efficace, cet accompagnement doit répondre simultanément à deux objectifs :
– contribuer à l'accélération du retour à l'emploi dans un emploi de qualité,
– mieux répondre à la satisfaction des besoins des entreprises.

Cet accompagnement, tenant compte de la situation de chacun et adapté en conséquence à leurs besoins, doit pouvoir être accessible à l'ensemble des demandeurs d'emploi.

Pour atteindre ces objectifs, il convient, à partir d'une évaluation des dispositifs déjà mis en place, de mobiliser tout à la fois :
– des moyens humains renforcés faisant appel aux ressources des différents intervenants sur le marché de l'emploi : ANPE, Assédic (dans le cadre de la fusion des réseaux opérationnels), AFPA, APEC, opérateurs privés, branches professionnelles…,
– des dispositifs rénovés, permettant au demandeur d'emploi, après une évaluation de sa situation et de ses compétences, de perfectionner ses démarches, avec l'appui d'un référent qui aurait pour mission de l'accompagner dans la mise en œuvre du plan personnalisé d'aide au retour à l'emploi qu'ils auraient élaboré en commun, en tenant compte de la situation du marché du travail sur le bassin d'emploi, la région, ou l'ensemble du territoire.

Art. 18. – *S'inscrire dans un cadre de droits et devoirs réciproques.* L'efficacité d'un dispositif cohérent et dynamique de prise en charge financière et d'accompagnement personnalisé des demandeurs d'emploi requiert de ces derniers une démarche active de recherche d'emploi qui s'inscrit dans une logique de respect des droits et devoirs réciproques et conduit nécessairement à ce que soient clairement définies, dans le respect de la personne, les modalités de contrôle de l'effectivité de la recherche et la notion d'offre valable d'emploi.

Art. 19. – *Sécuriser le portage salarial.* Le portage salarial se caractérise par :
– une relation triangulaire entre une société de portage, une personne, le porté, et une entreprise cliente,
– la prospection des clients et la négociation de la prestation et de son prix par le porté,
– la fourniture des prestations par le porté à l'entreprise cliente,
– la conclusion d'un contrat de prestation de service entre le client et la société de portage,

– et la perception du prix de la prestation par la société de portage qui en reverse une partie au porté dans le cadre d'un contrat qualifié de contrat de travail.

Considérée comme entachée d'illégalité, cette forme d'activité répond cependant à un besoin social dans la mesure où elle permet le retour à l'emploi de certaines catégories de demandeurs d'emploi, notamment des seniors. Il est souhaitable de l'organiser afin de sécuriser la situation des portés ainsi que la relation de prestation de service.

À cet effet, la branche du travail temporaire organisera, par accord collectif étendu, la relation triangulaire en garantissant au porté, le régime du salariat, la rémunération de sa prestation chez le client ainsi que de son apport de clientèle. La durée du contrat de portage ne devra pas excéder trois ans.

Les signataires du présent accord évalueront les effets du dispositif, dont la mise en place est prévue ci-dessus par voie d'accord.

III – Place de la négociation collective

Par le présent accord, ses signataires ont entendu souligner la place que joue la négociation collective, aux différents niveaux, pour parvenir à la meilleure adéquation entre les enjeux économiques, les politiques de l'emploi, la sécurisation des parcours professionnels et l'accroissement des compétences des salariés.

a/ Dans cet esprit, ils sont convenus d'organiser, de façon cohérente, le calendrier des négociations interprofessionnelles décidées pour la mise en œuvre de certaines dispositions du présent accord :
– au cours du 1er semestre 2008 : convention d'assurance chômage (article 16) ;
– dans les 6 mois de l'entrée en application du présent accord : déclinaison des principes énoncés et des objectifs fixés en matière de GPEC (article 9) ;
– dans les 12 mois de l'entrée en application du présent accord : conditions de mise en œuvre du bilan d'étape professionnel (article 6) ;
– dans les 3 ans de l'entrée en application du présent accord : bilan des accords de branche relatifs au CDD pour la réalisation d'un objet défini (article 12- b) ;
– les modalités d'intégration des principes de l'article 10 dans l'accord du 25 avril 1983 sur le personnel d'encadrement ;
– évaluation du portage salarial (article 19) ;
– groupe de travail paritaire sur le renforcement de l'efficacité du 1 % logement en faveur de la mobilité et de l'insertion professionnelle des jeunes.
– groupe de réflexion sur les étapes ultérieures de la portabilité.

Ils conviennent de mettre en place une commission de suivi et d'évaluation de l'accord qui s'assurera, notamment, du bon fonctionnement des différents dispositifs mis en place par le présent accord.

b/ S'agissant du rôle qui incombe aux branches professionnelles en matière de sécurisation des parcours professionnels, les signataires du présent accord ont entendu renvoyer, à leur niveau de négociation, l'examen, dans leur champ de compétence, d'un certain nombre de points abordés dans le présent accord :
– utilisation responsable des contrats (article 1) ;
– embauche des jeunes (article 3 b) ;
– renouvellement de la période d'essai (article 4) ;
– accès aux droits (article 5) ;
– formation des salariés à temps partiel (article 7 c) ;
– outils de GPEC (article 9 c) ;
– CDD pour la réalisation d'un objet défini (article 12 b) ;
– portabilité (article 14).

Afin que ces négociations s'ouvrent dans des conditions permettant de parvenir à des solutions cohérentes et équilibrées, il est souhaitable que, comme dans le présent accord, les thèmes ci-dessus soient abordés dans le cadre d'une négociation globale.

c/ Les objectifs assignés à la négociation de branche peuvent se décliner dans la négociation d'entreprise, soit dans la mise en œuvre d'un accord de branche, soit par la création de dispositifs propres.

Il est en particulier souhaitable que soient recherchés les moyens de mettre en place ou de consolider, par accord collectif, des dispositifs permettant un véritable parcours professionnel (état des lieux des compétences, entretien professionnel, VAE, parcours de formation, évolution de carrière...) ainsi que les moyens permettant d'en mesurer l'efficacité et de contribuer au recul de la précarité.

IV – Entrée en application

a/ Les dispositions du présent accord correspondent à un équilibre d'ensemble.

Sa validité est subordonnée à l'adoption des dispositions législatives et réglementaires indispensables à son application.

Il entrera en vigueur à la date de publication au *Journal officiel* des dispositions législatives et réglementaires précitées.

b/ Compte tenu de la nature et des objectifs du présent accord qui vise à moderniser le marché du travail, à développer l'emploi et à sécuriser les parcours professionnels, les parties signataires conviennent qu'il ne peut être dérogé à ses dispositions par accord de branche ou d'entreprise.

ANNEXE à l'accord national interprofessionnel
sur la modernisation du marché du travail du 11 janvier 2008
Relations avec les pouvoirs publics

Certains des points abordés ci-dessus nécessitent pour entrer en application une disposition législative, d'autres doivent être arrêtés en concertation avec les pouvoirs publics et enfin d'autres encore relèvent de la seule compétence de l'État auquel les partenaires sociaux se réservent de faire des suggestions comme en matière d'orientation et de formation initiale, de fiscalité pour faciliter la mobilité géographique ou encore de passage d'une situation à une autre. Ces derniers points feront l'objet d'une lettre paritaire.

■ ARRÊTÉ DU 23 JUILLET 2008

portant extension de l'accord national interprofessionnel sur la modernisation du marché du travail (JO 25).

Art. 1er. – Sont rendues obligatoires, pour tous les employeurs et tous les salariés compris dans son champ d'application, les dispositions de l'accord national interprofessionnel sur la modernisation du marché du travail du 11 janvier 2008, sous réserve de l'application des dispositions de la loi n° 2008-596 du 25 juin 2008 portant modernisation du marché du travail et des décrets n° 2008-715 et n° 2008-716 du 18 juillet 2008 portant diverses mesures relatives à la modernisation du marché du travail.

Le second alinéa du cinquième paragraphe de l'article 11 relatif à la conciliation prud'homale est exclu comme étant contraire aux dispositions de l'article 53 du code de procédure civile.

Art. 2. – L'extension des effets et sanctions de l'accord national interprofessionnel susvisé est faite à dater de la publication du présent arrêté pour la durée restant à courir et aux conditions prévues par ledit accord national interprofessionnel.

(...)

■ ARRÊTÉ DU 8 FÉVRIER 2012 (JO 17)

fixant les modèles de la demande d'homologation d'une rupture conventionnelle de contrat de travail à durée indéterminée.

Note Les formulaires sont accessibles pour impression sur les sites internet *www.service-public.fr* et *www.travail-emploi-sante.gouv.fr*

■ ARRÊTÉ DU 31 DÉCEMBRE 2008

fixant le modèle du formulaire « Déclaration de départ de salariés, soit à 55 ans au moins dans le cadre d'un licenciement ou d'une rupture conventionnelle, soit en cas de préretraite d'entreprise ou de mise à la retraite d'office » (JO 13 janv. 2009).

Note Ce formulaire peut être imprimé ou rempli électroniquement puis imprimé sur les sites internet *www.urssaf.fr* et *www.service-public.gouv.fr*.

PARTICIPATION, INTÉRESSEMENT, PARTAGE DES PROFITS

■ LOI 2011-894 DU 28 JUILLET 2011

de financement rectificative de la sécurité sociale pour 2011 (JO 29).

Art. 1er. – I. – Le II est applicable aux sociétés commerciales qui emploient habituellement cinquante salariés et plus, au sens des articles L. 3322-2 et L. 3322-4 du code du travail.

Lorsque plus de la moitié du capital d'une société commerciale est détenue directement par l'État ou, ensemble ou séparément, indirectement par l'État et directement ou indirectement par ses établissements publics, le II du présent article lui est applicable si elle ne bénéficie pas de subventions d'exploitation, n'est pas en situation de monopole et n'est pas soumise à des prix réglementés.

II. – Lorsqu'une société commerciale attribue à ses associés ou actionnaires, en application de l'article L. 232-12 du code de commerce, des dividendes dont le montant par part sociale ou par action est en augmentation par rapport à la moyenne des dividendes par part sociale ou par action versés au titre des deux exercices précédents, elle verse une prime au bénéfice de l'ensemble de ses salariés.

Toutefois, lorsqu'une société appartient à un groupe tenu de constituer un comité de groupe en application du I de l'article L. 2331-1 du code du travail, elle verse une prime au bénéfice de l'ensemble de ses salariés dès lors que l'entreprise dominante du groupe attribue des dividendes dont le montant par part sociale ou par action est en augmentation par rapport à la moyenne des dividendes par part sociale ou par action versés au titre des deux exercices précédents.

III. – La prime mentionnée au II est instituée par un accord conclu selon l'une des modalités définies aux 1° à 4° de l'article L. 3322-6 et à l'article L. 3322-7 du code du travail, au plus tard dans les trois mois suivant l'attribution autorisée par l'assemblée générale en application de l'article L. 232-12 du code de commerce.

Si, au terme de la négociation, aucun accord n'a été conclu selon les modalités mentionnées à l'alinéa précédent, un procès-verbal de désaccord est établi dans lequel sont consignées les propositions initiales de l'employeur, en leur dernier état les propositions respectives des parties et la prime que l'employeur s'engage à attribuer unilatéralement, après avis du comité d'entreprise ou, à défaut, des délégués du personnel, s'ils existent. L'accord ou la décision unilatérale de l'employeur est déposé auprès de l'autorité administrative. À défaut de ce dépôt, la société ne bénéficie pas de l'exonération mentionnée au VIII du présent article.

Une note d'information est remise à chaque salarié concerné, précisant éventuellement les modalités de calcul de la prime ainsi que son montant et la date de son versement.

IV. – La répartition de la prime mentionnée au II peut être modulée entre les salariés en application des critères prévus à l'article L. 3324-5 du code du travail. L'accord prévu au premier alinéa du III du présent article peut appliquer les dispositions de l'article L. 3342-1 du même code. Cette prime ne peut se substituer à des augmentations de rémunération prévues par la convention ou l'accord de branche, un accord salarial antérieur ou le contrat de travail. Elle ne peut non plus se substituer à aucun des éléments de rémunération, au sens des articles L. 242-1 du code de la sécurité sociale et L. 741-10 du code rural et de la pêche maritime, versés par l'employeur ou qui deviennent obligatoires en application de dispositions législatives ou de clauses conventionnelles ou contractuelles.

V. – Le fait de se soustraire à l'obligation d'engager une négociation en vue de la conclusion de l'accord prévu au III est passible des sanctions prévues à l'article L. 2243-2 du code du travail.

VI. – Ne sont pas soumises aux obligations du présent article les sociétés ayant attribué au titre de l'année en cours au bénéfice de l'ensemble de leurs salariés, par accord d'entreprise, un avantage pécuniaire qui n'est pas obligatoire en application de dispositions législatives en vigueur ou de clauses conventionnelles et est attribué, en tout ou en partie, en contrepartie de l'augmentation des dividendes.

....

■ CIRCULAIRE INTERMINISTÉRIELLE DU 29 JUILLET 2011
relative à la prime de partage des profits instituée par la loi 2011-894 du 28 juillet 2011 de financement rectificative de la sécurité sociale pour 2011.

PROPRIÉTÉ INTELLECTUELLE

■ CODE DE LA PROPRIÉTÉ INTELLECTUELLE

Art. L. 113-9. – (*Loi 94-361 du 10 mai 1994, art. 2*) Sauf dispositions statutaires ou stipulations contraires, les droits patrimoniaux sur les logiciels et leur documentation créés par un ou plusieurs employés dans l'exercice de leurs fonctions ou d'après les instructions de leur employeur sont dévolus à l'employeur qui est seul habilité à les exercer.

Toute contestation sur l'application du présent article est soumise au tribunal de grande instance du siège social de l'employeur.

Les dispositions du premier alinéa du présent article sont également applicables aux agents de l'État, des collectivités publiques et des établissements à caractère administratif.

....

Art. L. 611-6. – Le droit au titre de propriété industrielle mentionné à l'article L. 611-1 appartient à l'inventeur ou à son ayant cause.

Si plusieurs personnes ont réalisé l'invention indépendamment l'une de l'autre, le droit au titre de propriété industrielle appartient à celle qui justifie de la date de dépôt la plus ancienne.

Dans la procédure devant le directeur de l'Institut national de la propriété industrielle, le demandeur est réputé avoir droit au titre de propriété industrielle.

Art. L. 611-7. – Si l'inventeur est un salarié, le droit au titre de propriété industrielle, à défaut de stipulation contractuelle plus favorable au salarié, est défini selon les dispositions ci-après :

1. Les inventions faites par le salarié dans l'exécution soit d'un contrat de travail comportant une mission inventive qui correspond à ses fonctions effectives, soit d'études et de recherches qui lui sont explicitement confiées, appartiennent à l'employeur. Les conditions dans lesquelles le salarié, auteur d'une telle invention,

bénéficie d'une rémunération supplémentaire sont déterminées par les conventions collectives, les accords d'entreprise et les contrats individuels de travail.

Si l'employeur n'est pas soumis à une convention collective de branche, tout litige relatif à la rémunération supplémentaire est soumis à la commission de conciliation instituée par l'article L. 615-21 ou au tribunal de grande instance.

2. Toutes les autres inventions appartiennent au salarié. Toutefois, lorsqu'une invention est faite par un salarié, (*Loi 94-102 du 5 février 1994*) « soit dans le cours de l'exécution de ses fonctions », soit dans le domaine des activités de l'entreprise, soit par la connaissance ou l'utilisation des techniques ou de moyens spécifiques à l'entreprise, ou de données procurées par elle, l'employeur a le droit, dans des conditions et délais fixés par décret en Conseil d'État, de se faire attribuer la propriété ou la jouissance de tout ou partie des droits attachés au brevet protégeant l'invention de son salarié.

Le salarié doit en obtenir un juste prix qui, à défaut d'accord entre les parties, est fixé par la commission de conciliation instituée par l'article L. 615-21 ou par le tribunal de grande instance : ceux-ci prendront en considération tous éléments qui pourront leur être fournis notamment par l'employeur et par le salarié, pour calculer le juste prix tant en fonction des apports initiaux de l'un et de l'autre que de l'utilité industrielle et commerciale de l'invention.

3. Le salarié auteur d'une invention en informe son employeur qui en accuse réception selon des modalités et des délais fixés par voie réglementaire.

Le salarié et l'employeur doivent se communiquer tous renseignements utiles sur l'invention en cause. Ils doivent s'abstenir de toute divulgation de nature à compromettre en tout ou en partie l'exercice des droits conférés par le présent livre.

Tout accord entre le salarié et son employeur ayant pour objet une invention de salarié doit, à peine de nullité, être constaté par écrit.

4. Les modalités d'application du présent article sont fixées par décret en Conseil d'État.

5. Les dispositions du présent article sont également applicables aux agents de l'État, des collectivités publiques et de toutes autres personnes morales de droit public, selon des modalités qui sont fixées par décret en Conseil d'État.

Note

• Sur la reconnaissance à part entière de l'acte d'inventer, quelle que soit la fonction du salarié dans l'entreprise, voir rép. QE 10037, JO Sén. 29 juin 2000, p. 2303.

• L'invention faite par le salarié dans l'exécution du contrat de travail comportant une mission inventive appartient à l'employeur (cass. soc. 21 septembre 2011, n° 09-69.927, *JSL* n° 308, 27 octobre 2011, pp. 18 et s. ; *JCP* éd. S 2011, 1500, note L. Drai ; *RJS* 12/11 n° 926 ; *RDT*, décembre 2011, CH, 696, Fr. Héas).

Art. L. 611-8. – Si un titre de propriété industrielle a été demandé soit pour une invention soustraite à l'inventeur ou à ses ayants cause, soit en violation d'une obligation légale ou conventionnelle, la personne lésée peut revendiquer la propriété de la demande ou du titre délivré.

L'action en revendication se prescrit par trois ans à compter de la publication de la délivrance du titre de propriété industrielle.

Toutefois, en cas de mauvaise foi au moment de la délivrance ou de l'acquisition du titre, le délai de prescription est de trois ans à compter de l'expiration du titre.

Art. L. 611-9. – L'inventeur, salarié ou non, est mentionné comme tel dans le brevet ; il peut également s'opposer à cette mention.

....

Art. R. 611-1. – Le salarié auteur d'une invention en fait immédiatement la déclaration à l'employeur.

En cas de pluralité d'inventeurs, une déclaration conjointe peut être faite par tous les inventeurs ou par certains d'entre eux seulement.

Art. R. 611-2. – La déclaration contient les informations, en la possession du salarié, suffisantes pour permettre à l'employeur d'apprécier le classement de l'invention dans l'une des catégories prévues aux paragraphes 1 et 2 de l'article L. 611-7.

Ces informations concernent :

1° L'objet de l'invention ainsi que les applications envisagées ;

2° Les circonstances de sa réalisation, par exemple : instructions ou directives reçues, expériences ou travaux de l'entreprise utilisés, collaborations obtenues ;

3° Le classement de l'invention tel qu'il apparaît au salarié.

Art. R. 611-3. – Lorsque le classement implique l'ouverture au profit de l'employeur du droit d'attribution, la déclaration est accompagnée d'une description de l'invention.

Cette description expose :

1° Le problème que s'est posé le salarié compte tenu éventuellement de l'état de la technique antérieure ;

2° La solution qu'il lui a apportée ;

3° Au moins un exemple de la réalisation accompagné éventuellement de dessins.

Art. R. 611-4. – Si, contrairement au classement de l'invention résultant de la déclaration du salarié, le droit d'attribution de l'employeur est ultérieurement reconnu, le salarié, le cas échéant, complète immédiatement sa déclaration par les renseignements prévus à l'article R. 611-3.

Art. R. 611-5. – Si la déclaration du salarié n'est pas conforme aux dispositions de l'article R. 611-2 (1° et 2°) ou, le cas échéant, de l'article R. 611-3, l'employeur communique à l'intéressé les points précis sur lesquels elle doit être complétée.

Cette communication est faite dans un délai de deux mois à compter de la date de réception de la déclaration. À défaut, la déclaration est réputée conforme.

Art. R. 611-6. – Dans un délai de deux mois, l'employeur donne son accord au classement de l'invention résultant de la déclaration du salarié ou, en cas de défaut d'indication du classement, fait part au salarié, par une communication motivée, du classement qu'il retient.

Le délai de deux mois court à compter de la date de réception par l'employeur de la déclaration du salarié contenant les informations prévues à l'article R. 611-2 ou, en cas de demande de renseignements complémentaires reconnue justifiée, de la date à laquelle la déclaration a été complétée.

L'employeur qui ne prend pas parti dans le délai prescrit est présumé avoir accepté le classement résultant de la déclaration du salarié.

Art. R. 611-7. – Le délai ouvert à l'employeur pour revendiquer le droit d'attribution est de quatre mois, sauf accord contraire entre les parties qui ne peut être que postérieur à la déclaration de l'invention.

Ce délai court à compter de la date de réception par l'employeur de la déclaration de l'invention contenant les indications prévues aux articles R. 611-2 (1° et 2°) et R. 611-3 ou, en cas de demande de renseignements complémentaires reconnue justifiée, de la date à laquelle la déclaration a été complétée.

La revendication du droit d'attribution s'effectue par l'envoi au salarié d'une communication précisant la nature et l'étendue des droits que l'employeur entend se réserver.

Art. R. 611-8. – Les délais prévus aux articles R. 611-5 à R. 611-7 sont suspendus par l'engagement d'une action contentieuse portant sur la régularité de la déclaration ou le bien-fondé du classement de l'invention invoqué par la salarié, ou par la saisine, aux mêmes fins, de la commission de conciliation prévue à l'article L. 615-21.

Les délais continuent à courir du jour où il a été définitivement statué.

Art. R. 611-9. – Toute déclaration ou communication émanant du salarié ou de l'employeur est faite par lettre recommandée avec demande d'avis de réception ou par tout autre moyen permettant d'apporter la preuve qu'elle a été reçue par l'autre partie.

La déclaration prévue à l'article R. 611-1 peut résulter de la transmission par l'Institut national de la propriété industrielle à l'employeur, selon les modalités fixées par arrêté du ministre chargé de la propriété industrielle, du second exemplaire d'un pli adressé par le salarié à l'institut pour y être conservé.

Cette procédure est facultative pour les interventions visées au premier paragraphe de l'article L. 611-7.

Art. R. 611-10. – Le salarié et l'employeur s'abstiennent de toute divulgation de l'invention tant qu'une divergence subsiste sur son classement ou tant qu'il n'a pas été statué sur celui-ci.

Si l'une des parties, pour la conservation de ses droits, dépose une demande de brevet, elle notifie sans délai une copie des pièces du dépôt à l'autre partie.

Elle épuise les facultés offertes par la législation et la réglementation applicables pour que soit différée la publication de la demande.

....

REPRÉSENTATION DU PERSONNEL

Démocratisation du secteur public

■ **LOI 83-675 DU 26 JUILLET 1983** modifiée relative à la démocratisation du secteur public (JO 27).

■ **DÉCRET 83-1160 DU 26 DÉCEMBRE 1983** portant application de la loi 83-675 du 26 juillet 1983 relative à la démocratisation du secteur public (JO 28) modifié par décret 2008-484 du 22 mai 2008 (JO 24).

Conseil d'administration ou de surveillance des sociétés anonymes

■ CODE DE COMMERCE

art. L. 225-27 à 34 ; L. 225-79 et 80
Représentation du personnel salarié au sein du conseil d'administration ou du conseil de surveillance des sociétés anonymes.

Conseils d'administration des organismes de la sécurité sociale

■ CODE DE LA SÉCURITÉ SOCIALE

Livre II, titre III, chapitre Ier
Dispositions relatives aux conseils d'administration des organismes du régime général de la sécurité sociale.

Art. L. 231-9. – Les employeurs sont tenus de laisser aux salariés de leur entreprise, membres d'un conseil ou d'un conseil d'administration d'un organisme de sécurité sociale, le temps nécessaire pour se rendre et participer aux séances plénières de ce conseil ou des commissions qui en dépendent.

Le temps passé hors de l'entreprise pendant les heures de travail par les membres d'un conseil ou administrateurs salariés pour l'exercice de leurs fonctions est assimilé à une durée de travail effectif pour la détermination de la durée des congés payés, du droit aux prestations d'assurances sociales et aux prestations familiales ainsi qu'au regard de tous les droits que le salarié tient du fait de son ancienneté dans l'entreprise.

Les absences de l'entreprise des membres d'un conseil ou administrateurs salariés, justifiées par l'exercice de leurs fonctions, n'entraînent aucune diminution de leurs rémunérations et des avantages y afférents.

Les membres d'un conseil ou administrateurs salariés, travaillant en service continu ou discontinu posté, ont droit à un aménagement d'horaires de leur travail de façon à leur garantir un temps de repos minimum.

Un décret détermine les modalités d'indemnisation des salariés qui exercent leur activité professionnelle en dehors de tout établissement ou dépendent de plusieurs employeurs.

Art. L. 231-10. – Les employeurs sont tenus d'accorder aux salariés de leur entreprise, membres d'un conseil ou d'un conseil d'administration d'un organisme de sécurité sociale, sur leur demande, des autorisations d'absence pour leur permettre d'assister aux sessions de formation organisées pour l'exercice de leurs fonctions.

Les organismes de sécurité sociale peuvent assurer, dans des conditions prévues par décret, le financement de la formation des membres des conseils ou conseils d'administration des organismes de sécurité sociale pour les préparer à l'exercice de leurs fonctions.

Art. L. 231-11. – L'exercice du mandat de membre du conseil ou d'administrateur ne peut être une cause de rupture par l'employeur du contrat de travail, à peine de dommages et intérêts au profit du salarié.

Le licenciement par l'employeur d'un salarié exerçant le mandat de membre du conseil ou d'administrateur ou ayant cessé son mandat depuis moins de six mois est soumis à la procédure prévue par l'article L. 412-18 du code du travail. Il en est de même du licenciement des candidats aux mandats de membre du conseil ou d'administrateur dès la publication des candidatures et pendant une durée de trois mois.

Lorsque le membre du conseil ou l'administrateur salarié est titulaire d'un contrat à durée déterminée ou d'un contrat de travail temporaire, il bénéficie des mêmes garanties et protections que celles qui sont accordées par ce même article L. 412-18 aux délégués syndicaux titulaires de tels contrats.

Dans les branches d'activité à caractère saisonnier, les délais de protection définis au deuxième alinéa du présent article sont prolongés d'une durée égale à la période habituelle.

Art. L. 231-12.

....

[Les organismes de sécurité sociale] remboursent également aux employeurs des membres du conseil ou administrateurs salariés les salaires maintenus pour leur permettre d'exercer leurs fonctions pendant le temps de travail ainsi que les avantages et les charges sociales y afférents.

....

Cotisations syndicales

■ CODE GÉNÉRAL DES IMPÔTS

Art. 199 *quater* C.

Les cotisations versées aux organisations syndicales représentatives de salariés et de fonctionnaires au sens de l'article L. 2121-1 du code du travail ouvrent droit à une réduction d'impôt sur le revenu.

La réduction d'impôt est égale à 66 % des cotisations versées prises dans la limite de 1 p. 100 du montant du revenu brut désigné à l'article 83, après déduction des cotisations et des contributions mentionnées aux 1° à 2° ter du même article.

La réduction d'impôt ne s'applique pas aux bénéficiaires de traitements et salaires admis à justifier du montant de leurs frais réels.

Les dispositions du 5 du I de l'article 197 sont applicables.

Le bénéfice de la réduction d'impôt est subordonné à la condition que soit joint à la déclaration des revenus un reçu du syndicat mentionnant le montant et la date du versement. À défaut, la réduction d'impôt est refusée sans proposition de rectification préalable.

Par dérogation aux dispositions du cinquième alinéa, les contribuables qui transmettent la déclaration de leurs revenus par voie électronique, en application de l'article 1649 quater B ter, sont dispensés de joindre à cette déclaration les reçus délivrés par les syndicats. La réduction d'impôt accordée est remise en cause lorsque ces contribuables ne peuvent pas justifier du versement des cotisations par la présentation des reçus mentionnés au cinquième alinéa.

Note Ces dispositions sont applicables aux cotisations versées depuis le 1er janvier 2005.

Accession des salariés à la propriété et à la location de leur logement

■ LOI 76-463 DU 31 MAI 1976

tendant à faciliter l'accession des salariés à la propriété et à la location des locaux d'habitation destinés à leur usage personnel (voir art. L. 2325-27 à L. 2325-33 du code du travail).

■ DÉCRET 76-1292 DU 30 DÉCEMBRE 1976

fixant les conditions d'application de la loi 76-463 du 31 mai 1976 tendant à faciliter l'accession des salariés à la propriété et à la location des locaux d'habitation destinés à leur usage personnel.

Art. 1er. – Le nombre des membres de la commission d'information et d'aide au logement des salariés prévue à l'article 1er (alinéa 1er) de la loi susvisée du 31 mai 1976 ne peut dépasser pour chaque entreprise ou établissement :

De 300 à 500 salariés	3 membres
De 501 à 1000 salariés	4 -
De 1001 à 2000 salariés	5 -
De plus de 2000 salariés	6 -

Art. 2. – La rémunération du ou des conseillers mentionnés à l'article 5 de la loi susvisée du 31 mai 1976 incombe à l'entreprise.

Art. 3. – Les droits mentionnés à l'article 4 de la loi susvisée du 31 mai 1976 deviennent exigibles ou négociables dans les conditions suivantes :

1° Lorsque l'acquisition du logement est financée à titre principal conformément aux règles du titre Ier du livre II du code de l'urbanisme et de l'habitation, l'exigibilité ou la négociabilité est acquise :

Soit lors de la signature du contrat de prêt conclu avec une société de crédit immobilier en vue du financement de l'opération d'acquisition ;

Soit lors de la signature du contrat de vente ou de mandat conclu avec un organisme d'habitations à loyer modéré et ayant pour objet ou pour effet de faire acquérir la propriété du logement ;

Soit lors de la souscription de parts ou d'actions d'une des sociétés coopératives de construction mentionnées à l'article 202 du code de l'urbanisme et de l'habitation.

2° Lorsque l'acquisition de logement est financée à titre principal conformément aux règles du titre II du livre II du code de l'urbanisme et de l'habitation, l'exigibilité ou la négociabilité est acquise lors de la décision prise par application du décret susvisé du 24 janvier 1972 et portant soit attribution de primes, soit maintien ou transfert de celles-ci.

3° En dehors des cas prévus aux 1° et 2° ci-dessus, l'exigibilité ou la négociabilité est acquise :
Soit lors de la signature de l'acte d'achat ;
Soit lors de la souscription de parts ou d'actions d'une société qui donnent vocation à l'attribution en propriété d'un logement ;
Soit lors de la signature du contrat de louage d'ouvrage concernant au moins le gros œuvre du logement à construire ;
Soit lors de la signature du contrat de promotion immobilière régi par la loi susvisée du 16 juillet 1971 ;
Soit lors de la signature du contrat d'échange comportant une soulte à la charge du salarié.

Art. 4. – Dans le cas prévu à l'article 4 de la loi susvisée du 31 mai 1976, l'employeur est tenu à l'égard du salarié aux mêmes obligations que celles que définit l'article R. 442-26 du code du travail.

Art. 5. – Le montant des sommes ou valeurs mises à la disposition du salarié dans le cas prévu à l'article 4 de la loi susvisée du 31 mai 1976 ne peut excéder la différence entre le prix total d'acquisition et la somme du prêt principal, du prêt familial et, le cas échéant, du prêt accordé au titre de la participation des employeurs à l'effort de construction.

En cas de difficulté relative à la fixation du montant ci-dessus défini, il est statué par le directeur départemental du travail et de la main-d'œuvre ou par le fonctionnaire assumant les attributions de ce dernier à l'égard de l'activité exercée par l'intéressé.

SANTÉ

Prévention de la pénibilité

■ CODE DE LA SÉCURITÉ SOCIALE

Accords en faveur de la prévention de la pénibilité

(L. 2010-1330 du 9 nov. 2010, art. 77 (V), JO 10, entrée en vigueur le 01.01.2012)

Art. L. 138-29. – Pour les salariés exposés aux facteurs de risques professionnels mentionnés à l'article L. 4121-3-1 du code du travail, les entreprises employant une proportion minimale fixée par décret de ces salariés, y compris les établissements publics, mentionnées aux articles L. 2211-1 et L. 2233-1 du même code employant au moins cinquante salariés, ou appartenant à un groupe au sens de l'article L. 2331-1 du même code dont l'effectif comprend au moins cinquante salariés, sont soumises à une pénalité à la charge de l'employeur lorsqu'elles ne sont pas couvertes par un accord ou un plan d'action relatif à la prévention de la pénibilité.

Le montant de cette pénalité est fixé à 1 % au maximum des rémunérations ou gains, au sens du premier alinéa de l'article L. 242-1 du présent code et du premier alinéa de l'article L. 741-10 du code rural et de la pêche maritime, versés aux travailleurs salariés ou assimilés concernés au cours des périodes au titre desquelles l'entreprise n'est pas couverte par l'accord ou le plan d'action mentionné au premier alinéa du présent article.

Le montant est fixé par l'autorité administrative, dans des conditions fixées par décret en Conseil d'État, en fonction des efforts constatés dans l'entreprise en matière de prévention de la pénibilité.

Le produit de cette pénalité est affecté à la branche accidents du travail et maladies professionnelles de la sécurité sociale.

Les articles L. 137-3 et L. 137-4 du présent code sont applicables à cette pénalité.

Art. L. 138-30. – L'accord d'entreprise ou de groupe portant sur la prévention de la pénibilité mentionné à l'article L. 138-29 est conclu pour une durée maximale de trois ans. Une liste de thèmes obligatoires devant figurer dans ces accords est fixée par décret.

Art. L. 138-31. – Les entreprises mentionnées au premier alinéa de l'article L. 138-29 ne sont pas soumises à la pénalité lorsque, en l'absence d'accord d'entreprise ou de groupe, elles ont élaboré, après avis du comité d'entreprise ou, à défaut, des délégués du personnel, un plan d'action établi au niveau de l'entreprise ou du groupe relatif à la prévention de la pénibilité dont le contenu est conforme à celui mentionné à l'article L. 138-30. La durée maximale de ce plan d'action est de trois ans. Il fait l'objet d'un dépôt auprès de l'autorité administrative.

En outre, les entreprises dont l'effectif comprend au moins cinquante salariés et est inférieur à trois cents salariés ou appartenant à un groupe dont l'effectif comprend au moins cinquante salariés et est inférieur à trois cents salariés ne sont pas soumises à cette pénalité lorsqu'elles sont couvertes par un accord de branche étendu dont le contenu est conforme au décret mentionné à l'article L. 138-30.

(D. 2011-823 du 7 juil. 2011, JO 9, entrée en vigueur le 01.01.2012)

Note Le décret 2011-823 du 7 juillet 2011 entre en vigueur le 1er janvier 2012. Toutefois, les formalités prévues aux articles R. 138-32 et R. 138-33 c. séc. soc. sont valablement accomplies dès sa publication.

Jusqu'à leur expiration et dans la limite de trois ans à compter de leur conclusion ou de leur élaboration, les accords ou plans d'action existant à la date de publication du décret prévu par l'article L. 138-30 c. séc. soc. valent accords ou plans d'action relatifs à la prévention de la pénibilité, dès lors que leur contenu est conforme à celui défini par ce texte (décret 2011-823 précité, art. 2).

Procédure

Art. R. 138-32. – L'employeur détermine la proportion de salariés exposés aux facteurs de pénibilité définis en application de l'article L. 4121-3-1 du code du travail. Il la consigne en annexe du document unique d'évaluation des risques mentionné à l'article R. 4121-1 du même code.

Cette proportion est actualisée chaque fois que nécessaire, et notamment lors de la mise à jour du document unique d'évaluation des risques.

Art. R. 138-33. – Le plan d'action relatif à la prévention de la pénibilité mentionné à l'article L. 138-31 est déposé auprès de la direction régionale des entreprises, de la concurrence, de la consommation, du travail et de l'emploi.

Art. R. 138-34. – Lorsque l'inspecteur ou le contrôleur du travail constate qu'une entreprise n'est pas couverte par un accord collectif ou par un plan d'action répondant aux conditions définies par l'article L. 138-30, il met en demeure l'employeur, par lettre recommandée avec demande d'avis de réception, de remédier à cette situation dans un délai de six mois.

L'employeur communique à l'inspection du travail, par lettre recommandée avec demande d'avis de réception, l'accord conclu, le plan d'action élaboré ou les modifications apportées à ces documents dans le délai imparti. À défaut, il justifie des motifs de la défaillance de l'entreprise au regard de cette obligation ainsi que des efforts accomplis en matière de prévention de la pénibilité.

À sa demande, il peut être entendu.

Art. R. 138-35. – À l'issue du délai imparti par la mise en demeure, le directeur régional des entreprises, de la concurrence, de la consommation, du travail et de l'emploi décide s'il y a lieu d'appliquer la pénalité mentionnée à l'article L. 138-29 et en fixe le taux au regard des critères suivants, compte tenu de la situation de l'entreprise, et, si celle-ci compte moins de trois cents salariés, de l'avancement de la négociation collective sur la pénibilité dans la branche :

1° Les diligences accomplies pour conclure un accord ou élaborer un plan d'action relatif à la prévention de la pénibilité ;

2° Les mesures prises dans l'entreprise pour prévenir la pénibilité au travail.

Pénalité

Art. R. 138-36. – Le directeur régional des entreprises, de la concurrence, de la consommation, du travail et de l'emploi adresse à l'employeur, par lettre recommandée avec demande d'avis de réception, une notification motivée du taux de la pénalité, dans un délai d'un mois à compter de la date d'expiration de la mise en demeure prévue à l'article R. 138-34. Une copie de cette notification est adressée à l'organisme chargé du recouvrement des cotisations de sécurité sociale du régime général ou du régime agricole dont dépend l'employeur.

Art. R. 138-37. – La pénalité est due pour chaque mois entier au cours duquel l'entreprise ne respecte pas les obligations mentionnées aux articles L. 138-29 à L. 138-31 à compter du terme de la mise en demeure et jusqu'à la réception par l'inspection du travail de l'accord ou du plan d'action prévu par les mêmes articles.

La pénalité, calculée par application du taux notifié par le directeur régional des entreprises, de la concurrence, de la consommation, du travail et de l'emploi aux rémunérations ou gains mentionnés au deuxième alinéa de l'article L. 138-29, est déclarée et versée par l'employeur auprès de l'organisme chargé du recouvrement des cotisations de sécurité sociale du régime général ou du régime agricole dont il dépend, à la date d'échéance de ses cotisations et contributions sociales.

(D. 2011-824 du 7 juil. 2011, JO 9, entrée en vigueur le 01.01.2012)

Note Sous réserve des dispositions de l'article 2 du décret 2011-823 du 7 juillet 2011 précité, le décret 2011-824 du 7 juillet 2011 entre en vigueur le 1er janvier 2012.

Art. D. 138-26. – La proportion minimale de salariés mentionnée à l'article L. 138-29 est fixée à 50 % de l'effectif, apprécié dans les conditions prévues à l'article D. 138-25.

Art. D. 138-27. – L'accord d'entreprise ou de groupe mentionné à l'article L. 138-30, le plan d'action mentionné au premier alinéa de l'article L. 138-31 ou l'accord de branche étendu mentionné au second alinéa du même article traite :

1° D'au moins l'un des thèmes suivants :

a) La réduction des polyexpositions aux facteurs mentionnés à l'article D. 4121-5 du code du travail ;

b) L'adaptation et l'aménagement du poste de travail ;

2° En outre, d'au moins deux des thèmes suivants :

a) L'amélioration des conditions de travail, notamment au plan organisationnel ;

b) Le développement des compétences et des qualifications ;

c) L'aménagement des fins de carrière ;

d) Le maintien en activité des salariés exposés aux facteurs mentionnés à l'article D. 4121-5 du code du travail.

Art. D. 138-28. – L'accord ou le plan d'action repose sur un diagnostic préalable des situations de pénibilité et prévoit les mesures de prévention qui en découlent ainsi que les modalités de suivi de leur mise en œuvre effective.

Chaque thème retenu dans l'accord ou le plan d'action est assorti d'objectifs chiffrés dont la réalisation est mesurée au moyen d'indicateurs. Ces indicateurs sont communiqués, au moins annuellement, aux membres du comité d'hygiène, de sécurité et des conditions de travail, ou, à défaut, aux délégués du personnel.

■ DÉCRET 2011-1969 DU 26 DÉCEMBRE 2011

relatif au Fonds national de soutien relatif à la pénibilité (JO 28).

Lutte contre le tabagisme

■ CODE DE LA SANTÉ PUBLIQUE

Art. L. 3511-7. – Il est interdit de fumer dans les lieux affectés à un usage collectif, notamment scolaire, et dans les moyens de transport collectif, sauf dans les emplacements expressément réservés aux fumeurs.

Un décret en Conseil d'État fixe les conditions d'application de l'alinéa précédent.

Art. L. 3512-4. – Les agents mentionnés à l'article L. 1312-1 du présent code, aux articles L. 8112-1, L. 8112-3 et L. 8112-5 du code du travail et au III de l'article L. 231-2 du code rural et de la pêche maritime veillent au respect des dispositions de l'article L. 3511-7 du présent code et des règlements pris pour son application et procèdent à la recherche et à la constatation des infractions à ces dispositions.

Ils disposent à cet effet, chacun pour ce qui le concerne, des prérogatives qui leur sont reconnues par les articles L. 1312-1 du présent code, L. 8113-1 à L. 8113-5 et L. 8113-7 du code du travail, et L. 231-2-1 du code rural et de la pêche maritime et par les textes pris pour leur application.

Art. R. 3511-1. – L'interdiction de fumer dans les lieux affectés à un usage collectif mentionnée à l'article L. 3511-7 s'applique :

1° Dans tous les lieux fermés et couverts qui accueillent du public ou qui constituent des lieux de travail ;

2° Dans les moyens de transport collectif ;

3° Dans les espaces non couverts des écoles, collèges et lycées publics et privés, ainsi que des établissements destinés à l'accueil, à la formation ou à l'hébergement des mineurs.

Art. R. 3511-2. – L'interdiction de fumer ne s'applique pas dans les emplacements mis à la disposition des fumeurs au sein des lieux mentionnés à l'article R. 3511-1 et créés, le cas échéant, par la personne ou l'organisme responsable des lieux.

Ces emplacements ne peuvent être aménagés au sein des établissements d'enseignement publics et privés, des centres de formation des apprentis, des établissements destinés à ou régulièrement utilisés pour l'accueil, la formation, l'hébergement ou la pratique sportive des mineurs et des établissements de santé.

Art. R. 3511-3. – Les emplacements réservés mentionnés à l'article R. 3511-2 sont des salles closes, affectées à la consommation de tabac et dans lesquelles aucune prestation de service n'est délivrée. Aucune tâche d'entretien et de maintenance ne peut y être exécutée sans que l'air ait été renouvelé, en l'absence de tout occupant, pendant au moins une heure.

Ils respectent les normes suivantes :

1° Etre équipés d'un dispositif d'extraction d'air par ventilation mécanique permettant un renouvellement d'air minimal de dix fois le volume de l'emplacement par heure. Ce dispositif est entièrement indépendant du système de ventilation ou de climatisation d'air du bâtiment. Le local est maintenu en dépression continue d'au moins cinq pascals par rapport aux pièces communicantes ;

2° Être dotés de fermetures automatiques sans possibilité d'ouverture non intentionnelle ;

3° Ne pas constituer un lieu de passage ;

4° Présenter une superficie au plus égale à 20 % de la superficie totale de l'établissement au sein duquel les emplacements sont aménagés sans que la superficie d'un emplacement puisse dépasser 35 mètre carrés.

Art. R. 3511-4. – L'installateur ou la personne assurant la maintenance du dispositif de ventilation mécanique atteste que celui-ci permet de respecter les exigences mentionnées au 1° de l'article R. 3511-3. Le responsable de l'établissement est tenu de produire cette attestation à l'occasion de tout contrôle et de faire procéder à l'entretien régulier du dispositif.

Art. R. 3511-5. – Dans les établissements dont les salariés relèvent du code du travail, le projet de mettre un emplacement à la disposition des fumeurs et ses modalités de mise en oeuvre sont soumises à la consultation du comité d'hygiène et de sécurité et des conditions de travail ou, à défaut, des délégués du personnel et du médecin du travail.

Dans les administrations et établissements publics dont les personnels relèvent des titres Ier à IV du statut général de la fonction publique, le projet de mettre un emplacement à la disposition des fumeurs et ses modalités de mise en œuvre sont soumises à la consultation du comité d'hygiène et de sécurité ou, à défaut, du *(D. 2011-184 du 15 févr. 2011, art. 55, JO 17)* « comité technique ».

Dans le cas où un tel emplacement a été créé, ces consultations sont renouvelées tous les deux ans.

Art. R. 3511-6. – Dans les lieux mentionnés à l'article R. 3511-1, une signalisation apparente rappelle le principe de l'interdiction de fumer. Un modèle de signalisation accompagné d'un message sanitaire de prévention est déterminé par arrêté du ministre chargé de la santé.

Le même arrêté fixe le modèle de l'avertissement sanitaire à apposer à l'entrée des espaces mentionnés à l'article R. 3511-2.

Art. R. 3511-7. – Les dispositions de la présente section s'appliquent sans préjudice des dispositions législatives et réglementaires relatives à l'hygiène et à la sécurité, notamment celles du titre III du livre II du code du travail.

Art. R. 3511-8. – Les mineurs ne peuvent accéder aux emplacements mentionnés au premier alinéa de l'article R. 3511-2.

....

Art. R. 3512-1. – Le fait de fumer dans un lieu à usage collectif mentionné à l'article R. 3511-1 hors de l'emplacement mentionné à l'article R. 3511-2 est puni de l'amende prévue pour les contraventions de la troisième classe.

Art. R. 3512-2. – Est puni de l'amende prévue pour les contraventions de la quatrième classe le fait, pour le responsable des lieux où s'applique l'interdiction prévue à l'article R. 3511-1, de :

1° Ne pas mettre en place la signalisation prévue à l'article R. 3511-6 ;

2° Mettre à la disposition de fumeurs un emplacement non conforme aux dispositions des articles R. 3511-2 et R. 3511-3 ;

3° Favoriser, sciemment, par quelque moyen que ce soit, la violation de cette interdiction.

....

Art. R. 3512-4. – Sans préjudice des dispositions applicables aux agents mentionnés à l'article L. 611-10 du code du travail, les agents mentionnés au premier alinéa de l'article L. 3512-4 sont habilités et assermentés dans les conditions fixées aux articles R. 1312-2 à R. 1312-7.

■ **CIRCULAIRE DU 24 NOVEMBRE 2006** concernant la lutte contre le tabagisme (JO 5 déc.).

Introduction. (...)

I. – *Un champ d'application renforcé de l'interdiction de fumer.* Le décret n° 2006-1386 du 15 novembre 2006 abroge et remplace le décret n° 92-478 du 29 mai 1992. Il rappelle et précise l'étendue du principe, déjà acté précédemment, d'interdiction de fumer dans les lieux affectés à un usage collectif. Ce principe s'applique à l'ensemble des entreprises à compter du 1er février 2007. Un délai supplémentaire est accordé aux débits permanents de boissons à consommer sur place, casinos, cercles de jeu, débits de tabac, discothèques, hôtels et restaurants jusqu'au 1er janvier 2008.

Le décret vise tous les lieux, à usage collectif, fermés et couverts, qui accueillent du public ou qui constituent des lieux de travail. Le cumul des deux critères, usage collectif/lieu clos et couvert, permet de délimiter le champ d'application du texte, s'agissant des lieux de travail.

Comme précédemment, il n'est pas possible de fumer dans les locaux clos et couverts affectés à l'ensemble des salariés tels que les locaux d'accueil et de réception, les locaux affectés à la restauration collective, les salles de réunion et de formation, les salles et espaces de repos, les locaux réservés aux loisirs, à la culture et au sport ou encore les locaux sanitaires et médico-sanitaires. Cette interdiction n'est désormais plus susceptible de dérogation.

En outre, l'application cumulative de ces critères conduit à étendre l'interdiction de fumer à d'autres locaux. S'agissant ainsi des bureaux, toute personne – le salarié, ses collègues, les clients ou fournisseurs, les agents chargés de la maintenance, de l'entretien, de la propreté... – doit pouvoir être protégée contre les risques liés au tabagisme passif, que l'occupation des locaux par plusieurs personnes soit simultanée ou consécutive. Il s'agit de tenir compte de la réalité des entreprises dans lesquelles, de fait, les locaux, y compris les bureaux individuels, ne sont jamais uniquement occupés par un seul salarié. C'est pourquoi l'interdiction s'applique dans les bureaux collectifs comme dans les bureaux individuels.

A contrario, les domiciles privés, quand bien même un employé de maison y serait occupé, ne sont pas assujettis à l'interdiction de fumer, s'agissant de locaux à usage privatif.

Il en est de même pour les chantiers du BTP dès lors qu'ils ne constituent pas des lieux clos et couverts.

De la même manière que dans le décret n° 92-478 du 29 mai 1992, le principe d'interdiction de fumer fait l'objet d'une signalisation apparente (art. R. 3511-6 nouveau du code de la santé publique).

Une obligation de sécurité de résultat incombe à l'employeur vis-à-vis de ses salariés, en ce qui concerne leur protection contre le tabagisme passif dans l'entreprise. Il doit respecter et faire respecter les dispositions du code de la santé publique. De ce fait, repose sur lui la responsabilité de mettre en œuvre l'interdiction de fumer dans l'entreprise et de la faire respecter. Il dispose pour ce faire de son pouvoir d'organisation au sein de l'entreprise corrélé, au besoin, de son pouvoir disciplinaire (cf. annexe I). En cas de manquement à ses obligations mentionnées dans le décret, l'employeur encourt des sanctions pénales.

II. – *La mise à disposition d'emplacements réservés aux fumeurs.* Le décret détermine, aux articles R. 3511-2 à R. 3511-4 du code de la santé publique, les conditions auxquelles doivent répondre les locaux réservés aux fumeurs. Il est à noter que ceux-ci ne peuvent être installés au sein des établissements d'enseignement publics et privés, des centres de formation des apprentis, des établissements destinés à ou régulièrement utilisés pour l'accueil, la formation, l'hébergement ou la pratique sportive des mineurs et des établissements de santé.

L'objectif de ce texte est d'empêcher l'exposition, même de manière involontaire, des salariés non fumeurs au tabac. C'est la raison pour laquelle il ne peut être dérogé au principe d'interdiction que dans les emplacements réservés.

Le caractère impératif de ce dispositif vise à s'assurer que des non-fumeurs – qu'ils soient salariés, prestataires de services, agents d'entretien ou de maintenance – ne puissent être exposés à la fumée de tabac – très volatile – dans le cadre de leur emploi. Il s'agit d'assurer les conditions permettant à l'employeur de remplir son obligation de sécurité de résultat en la matière. C'est pourquoi il est demandé que l'efficacité du dispositif de renouvellement d'air du local fumeur soit attestée par l'installateur ou la personne chargée de la maintenance, conformément à la nouvelle disposition introduite par l'article R. 3511-4 du code de la santé publique.

Le responsable des lieux est tenu de faire procéder à l'entretien régulier du dispositif de ventilation.

Un message sanitaire de prévention doit être apposé à l'entrée du local réservé aux fumeurs.

III. – *Un dispositif qui repose sur la mobilisation des acteurs de la prévention en entreprise.* Le décret prévoit une consultation du comité d'hygiène, de sécurité et des conditions de travail (CHSCT) au moment où l'employeur projette de mettre en place un local pour les fumeurs. En application de l'article L. 236-2-1 du code du travail, deux membres du CHSCT peuvent également être à l'origine de la discussion de la question, en provoquant une réunion extraordinaire motivée. En l'absence de CHSCT, cette consultation s'exerce auprès des délégués du personnel et du médecin du travail. Ces consultations doivent être renouvelées régulièrement tous les deux ans dans le cas où un emplacement « fumeurs » a été créé.

Le texte réaffirme donc l'importance du dialogue social avec les différents acteurs de l'entreprise, et notamment les représentants du personnel. Ce dialogue doit, certes, permettre de réaliser les aménagements nécessaires à la mise à disposition éventuelle d'un local « fumeurs », dans un premier temps, mais doit, aussi, être l'occasion d'évoquer la mise en place d'actions d'information, de sensibilisation et d'accompagnement des fumeurs à plus long terme. En effet, la réflexion à mener est large et dépasse les seules modalités de l'interdiction de fumer et de son respect. Elle pourra englober l'ensemble des questions d'organisation du travail, liées à l'interdiction de fumer (installation éventuelle d'un fumoir, signalétique, conditions de travail...) et l'accompagnement des salariés désireux d'arrêter de fumer.

Dans ce cadre, l'intervention du médecin du travail pourra être sollicitée et sera très opportune. Ce dernier est en effet membre de droit du CHSCT, mais il est aussi un acteur important de la prévention des risques professionnels en entreprise. Il doit, à ce titre, éviter l'altération de la santé des salariés du fait de leur travail. Sa connaissance des expositions professionnelles lui permet d'alerter l'employeur, les salariés et les représentants du personnel sur le caractère aggravant des expositions cumulatives. De manière plus générale, le service de santé au travail peut être un des lieux où des informations sur le tabac, ses effets ainsi que ceux du sevrage sont disponibles.

IV. – *Actions des services déconcentrés.* Il convient de distinguer deux phases essentielles dans la mobilisation des services ainsi qu'une action spécifique autour de l'accompagnement de l'ensemble des établissements pour lesquels la date d'application est reportée au 1er janvier 2008 :

Dès la parution du décret, les services devront organiser des actions d'information mais aussi d'incitation en direction des différents acteurs du monde du travail. Il convient de multiplier les actions de sensibilisation par les directions régionales et départementales à destination des branches et organisations professionnelles, des chambres consulaires ou de tout autre partenaire habituel. Durant les trois mois à venir, les inspecteurs du travail devront inciter les entreprises à porter cette question à l'ordre du jour des réunions de CHSCT. Dans ce cadre, la participation du médecin du travail au CHSCT est souhaitable.

À compter du 15 décembre 2007, des outils de sensibilisation à destination des entreprises (dépliants, affichettes) seront disponibles sur le site http://www.tabac.gouv.fr. La nouvelle signalétique, qui sera fixée par arrêté du ministre de la santé et des solidarités, y sera également téléchargeable.

À compter de la mise en œuvre de la généralisation de l'interdiction, soit le 1er février 2007, il appartient aux agents de l'inspection du travail de s'assurer de l'effectivité de la mesure dans les établissements relevant de leurs compétences. Conformément aux dispositions des articles L. 611-1 du code du travail et L. 3512-4 du code de la santé publique, les agents de contrôle sont en effet habilités à relever les infractions aux articles R. 3511-1 à R. 3511-8 du code de la santé publique :

– le fait de fumer dans un lieu non autorisé (R. 3512-1 du code de la santé publique) ;

– l'absence de mise en place d'une signalisation par le chef d'établissement (R. 3512-2 [1°] du code de la santé publique) ;

– le fait de mettre à disposition un local fumeur non conforme (R. 3512-2 [2°] du code de la santé publique) ;

– le fait de favoriser, sciemment, le non-respect de l'interdiction de fumer (R. 3512-2 [3°] du code de la santé publique).

Les articles R. 3512-1 et R. 3512-2 du code de la santé publique définissent les pénalités applicables, respectivement, au fumeur et au chef d'établissement.

Les sanctions prévues aux articles R. 3512-1 et R. 3512-2 (1° et 2°) peuvent être soumises à la procédure de l'amende forfaitaire conformément aux dispositions des articles 49 et suivants du code de procédure pénale. Elles peuvent également faire l'objet d'un constat par voie de procès-verbal. Une instruction spécifique ultérieure précisera les modalités pratiques de mise en œuvre des sanctions.

En revanche, le fait de favoriser sciemment la violation de l'interdiction de fumer (art. R. 3512-2 [3°] du code de la santé publique) ne peut, quant à elle, être relevée que par la voie du procès-verbal transmis au parquet.

Dans ce cadre, une action de contrôle ciblée sera effectuée au mois de février 2007. Au cours de leur programme de visite, les agents de contrôle devront procéder à des vérifications portant sur le respect de l'interdiction de fumer, les consultations liées à l'installation des fumoirs, la production de l'attestation de conformité du dispositif de ventilation mécanique aux exigences réglementaires et le respect de la signalétique. Cette durée est volontairement limitée en vue de permettre des remontées d'information des services déconcentrés vers l'administration centrale dès la première quinzaine de mars. Les modalités de remontée d'informations vous seront communiquées prochainement.

Jusqu'au 1er janvier 2008, les débits permanents de boissons à consommer sur place, casinos, cercles de jeu, débits de tabac, discothèques, hôtels et restaurants devront faire l'objet d'un accompagnement spécifique pour leur permettre de préparer les modalités de mise en œuvre de l'interdiction de fumer. Les directions régionales et départementales du travail, de l'emploi et de la formation professionnelle mobiliseront tous les préventeurs pour développer des actions d'information et de sensibilisation en direction des secteurs professionnels concernés (branches et entreprises).

Ces actions d'information pourront s'appuyer sur des ressources, tant associatives que documentaires existantes, destinées à l'accompagnement des entreprises dans leur démarche pour devenir « sans tabac » (cf. liste indicative figurant en annexe II).

[...]

ANNEXE I – *Le pouvoir disciplinaire de l'employeur*

L'employeur doit respecter et faire respecter les dispositions du code de la santé publique. Il peut pour ce faire utiliser la voie du règlement intérieur, mais il dispose au principal d'un pouvoir disciplinaire dans l'entreprise. En effet, l'agissement fautif du salarié peut trouver son fondement, outre dans la violation du règlement intérieur, dans l'infraction à une règle établie par un texte d'origine légale, réglementaire ou conventionnelle.

L'arrêt du 29 juin 2005 *(voir note)* a démontré, s'il était besoin, que l'employeur peut (voire doit) user de son pouvoir disciplinaire afin de faire respecter ses instructions, inhérentes en l'espèce à une obligation légale et réglementaire.

Les sanctions disciplinaires prises à l'encontre des salariés qui violeraient la réglementation devront respecter le principe de proportionnalité de la sanction à la gravité de la faute commise.

Lorsqu'il existe un règlement intérieur dans l'entreprise, l'absence de mention d'interdiction de fumer dans ce document ne prive pas l'employeur de son pouvoir disciplinaire.

Dans les entreprises assujetties au règlement intérieur, si l'effectivité de l'interdiction de fumer n'est pas conditionnée par l'insertion de la mesure dans ce document, il conviendra de vérifier si les dispositions éventuellement déjà édictées en matière de consommation du tabac dans l'entreprise demeurent conformes à la nouvelle réglementation.

Afin de ne pas aboutir à une conception disciplinaire de la santé-sécurité au travail, la primauté, dans la relation contractuelle, de la satisfaction par l'employeur de ses propres obligations (signalétique, respect des normes et consultations si emplacement réservé aux fumeurs) est nécessaire.

Note • L'employeur, tenu d'une obligation de sécurité de résultat vis-à-vis de ses salariés en ce qui concerne leur protection contre le tabagisme dans l'entreprise et qui, malgré les réclamations d'une salariée, s'est borné à interdire aux autres salariés de fumer en sa présence et à apposer des panneaux d'interdiction de fumer dans le bureau à usage collectif qu'elle occupait, n'a pas satisfait aux exigences imposées par la loi. Une cour d'appel a pu, en conséquence, décider que les griefs invoqués par la salariée à l'appui de sa prise d'acte justifiaient la rupture du contrat de travail, de sorte qu'elle produisait les effets d'un licenciement sans cause réelle et sérieuse (cass. soc. 29 juin 2005, n° 03-44.412, *JSL* n° 172, 26 juillet 2005, p. 7 ; *JCP* éd. S 2005, 1154, note Fr. Favennec-Héry ; *RJS* 10/05 n° 945 ; *D*. 2005 Jurisp. 2565, note A. Bugada ; *JCP* éd. G 2005.II.10144, note D. Corrignan-Carsin ; Dr. Soc. 2005, p. 971, obs. J. Savatier ; *JSL* n° 178, 29 novembre 2005, p. 4, chron. Th. Katz, P. Polère).

• Les autorités administratives ont l'obligation de prendre les mesures nécessaires pour assurer la sécurité et protéger la santé physique et morale de leurs agents et notamment de veiller au respect de l'article 1er du décret du 29 mai 1992 fixant les conditions d'application de l'interdiction de fumer dans les lieux affectés à un usage collectif, reprises à l'article R. 355-28-1 puis à l'article R. 3511-1 c. santé publ. L'agent qui fait valoir que l'exposition au tabagisme passif sur son lieu de travail serait à l'origine de ses problèmes de santé, mais dont l'affection ne peut être prise en charge au titre de la législation sur les maladies professionnelles dès lors qu'il n'est pas établi qu'elle serait essentiellement et directement causée par le travail habituel de l'intéressé, peut néanmoins rechercher la responsabilité de sa collectivité en excipant de la méconnaissance fautive par cette dernière de ses obligations (CE 30 décembre 2011, n° 330959).

ANNEXE II – *Ressources pour accompagner les entreprises dans une démarche sans tabac*

Une plate-forme téléphonique sera mise en place dès le lundi 27 novembre. Elle répond au numéro : 0825-309-310.

Dès le 15 décembre sera ouvert un site internet dédié, www.tabac.gouv.fr, où seront téléchargeables des kits d'information pour les entreprises, les administrations et les professionnels de santé ; outre la signalétique, ce kit comprendra le texte du décret, un dépliant d'explication et une affichette de mobilisation.

[...]

■ CIRCULAIRE DU 29 NOVEMBRE 2006
relative à l'interdiction de fumer dans les lieux à usage collectif (JO 5 déc.).

PREMIÈRE PARTIE – *Le champ d'application de l'interdiction*

En application de l'article L. 3511-7 du code de la santé publique, « il est interdit de fumer dans les lieux affectés à un usage collectif, notamment scolaire, et dans les moyens de transport collectif, sauf dans les emplacements expressément réservés aux fumeurs ».

I. – *Les lieux fermés et couverts accueillant du public ou qui constituent des lieux de travail*

Le 1° de l'article R. 3511-1 précise qu'il s'agit des lieux accueillant du public ou qui constituent des lieux de travail.

La notion de lieu accueillant du public doit s'entendre par opposition au domicile et à tout autre lieu à usage privatif.

Il s'agit en particulier des administrations et des établissements et organismes placés sous leur tutelle, des entreprises, des commerces, galeries marchandes, centres commerciaux, cafés, restaurants, discothèques, casinos, gares, aéroports. Il s'agit également des lieux publics à vocation sportive ou culturelle, dès lors qu'ils sont fermés et couverts, tels que les salles de sports ou les salles de spectacle.

S'agissant des locaux dits de convivialité tels que les cafés, les restaurants, les discothèques, les casinos, l'interdiction s'applique dans les lieux fermés et couverts, même si la façade est amovible. Il sera donc permis de fumer sur les terrasses, dès lors qu'elles ne sont pas couvertes ou que la façade est ouverte. Si ces établissements sont situés à l'intérieur d'un bâtiment lui-même fermé et couvert dans lequel l'interdiction de fumer est appliquée (centre commercial, gare...), il sera interdit de fumer dans les parties de ces établissements qui sont ouvertes sur l'intérieur du bâtiment.

Dans les entreprises, l'interdiction s'applique dans les locaux affectés à l'ensemble du personnel (accueil, réception, locaux de restauration, espaces de repos, lieux de passage...). Elle s'applique également aux locaux de travail, aux salles de réunion ou de formation mais aussi aux bureaux, même occupés par une seule personne, dans la mesure où plusieurs personnes y ont accès, notamment le personnel d'entretien.

[...]

DEUXIÈME PARTIE – *Les règles relatives à la mise en place facultative des emplacements réservés aux fumeurs*

I. – *La procédure de mise en place.* La mise en place d'emplacements réservés aux fumeurs n'est en aucune façon une obligation. Il s'agit d'une simple faculté qui relève de la décision de la personne ou de l'organisme responsable des lieux.

Si la personne ou l'organisme responsable des lieux décide d'installer un tel emplacement, le projet de mise en place de l'emplacement et ses modalités de mise en œuvre doivent être soumis, dans les établissements dont les salariés relèvent du code du travail, à la consultation du comité d'hygiène et de sécurité et des conditions de travail ou, à défaut, des délégués du personnel et du médecin du travail.

II. – *Les lieux dans lesquels la mise en place de ces emplacements est possible.* Des emplacements réservés aux fumeurs peuvent être prévus dans l'ensemble des locaux dans lesquels l'interdiction s'applique, sous réserve du respect des dispositions de l'article R. 3511-8, en cas de fréquentation par des mineurs. Toutefois, de tels emplacements ne peuvent pas être créés dans les types d'établissements suivants :

1° Les établissements d'enseignement publics et privés, les centres de formation des apprentis, les établissements destinés à ou régulièrement utilisés pour l'accueil, la formation, l'hébergement ou la pratique sportive des mineurs.

L'interdiction s'applique dans l'ensemble des établissements d'enseignement publics et privés, ce qui inclut les établissements de l'enseignement supérieur. Dans ces derniers, il sera donc uniquement possible de fumer dans les espaces ouverts.

S'agissant des établissements destinés aux mineurs ou régulièrement utilisés par ceux-ci, il s'agit en particulier des établissements destinés à héberger ou recevoir des mineurs de manière habituelle, collectivement, à titre gratuit ou onéreux. Sont concernés ici les établissements visés à l'article L. 321-1 du code l'action sociale et des familles, mais également, par exemple, les établissements de la protection judiciaire de la jeunesse ;

2° Les établissements de santé, dans lesquels il sera possible de fumer uniquement dans les espaces ouverts. Une circulaire spécifique définira le régime applicable à ces établissements.

Pour ce qui est de l'administration de l'État et des établissements qui en relèvent, une circulaire spécifique du ministère de la fonction publique précisera les modalités d'application de la mesure d'interdiction de fumer dans les lieux à usage collectif.

III. – *Les normes techniques.* Les emplacements réservés aux fumeurs sont des salles closes qui doivent respecter les normes de ventilation décrites au 1° de l'article R. 3511-3.

Ils doivent être dotés de fermetures automatiques, sans possibilité d'ouverture non intentionnelle, et ne pas constituer un lieu de passage.

La superficie totale de ces emplacements ne pourra pas dépasser 20 % de la superficie totale de l'établissement au sein duquel ils sont aménagés et chaque emplacement ne pourra excéder 35 mètres carrés.

Ces emplacements seront affectés à la seule consommation de tabac et aucune prestation de service réalisée par un salarié, qu'il appartienne ou non à l'établissement, ne pourra y être délivrée. De même, aucune tâche d'entretien et de maintenance ne pourra y être exécutée sans que l'air ait été renouvelé, en l'absence de tout occupant, pendant au moins une heure.

IV. – *La signalisation.* La signalisation, fixée par arrêté du ministre de la santé et des solidarités, sera téléchargeable à compter du 15 décembre 2006 sur le site www.tabac.gouv.fr.

1° La signalisation du principe de l'interdiction, accompagnée d'un message sanitaire de prévention, devra être apposée aux entrées des bâtiments ainsi qu'à l'intérieur, dans des endroits visibles et de manière apparente.

2° La signalisation des emplacements réservés aux fumeurs accompagnée de l'avertissement sanitaire devra être apposée à l'entrée des emplacements. Il sera rappelé, en particulier, que les mineurs de 16 ans ne peuvent y accéder.

TROISIÈME PARTIE – *L'accompagnement* [...]

QUATRIÈME PARTIE – *Les sanctions et les contrôles*

I. – *Les sanctions.* 1-1. S'agissant des fumeurs. Toute personne fumant dans un lieu dans lequel l'interdiction s'applique est passible d'une contravention de la troisième classe qui lui fait encourir une amende forfaitaire de 68 €.

Si dans un délai de 45 jours, le contrevenant n'acquitte pas le montant du timbre-amende ou n'effectue aucune requête en exonération auprès du service verbalisateur, le montant de l'amende est majoré et passe à 180 € (cf. annexe).

En cas de contestation, le ministère public peut soit renoncer à l'exercice des poursuites, soit décider de poursuivre le mis en cause devant la juridiction de proximité, soit aviser celui-ci de l'irrecevabilité de la contestation.

Lorsqu'il n'établit pas un timbre-amende, l'agent de contrôle peut également dresser un procès-verbal détaillé, précisant les circonstances de commission de l'infraction. L'amende maximale encourue pour les contraventions de la troisième classe est de 450 €.

1-2. S'agissant des responsables des lieux. 1° Éléments de définition des responsables de lieux.

Le responsable des lieux est la personne qui, en raison de sa qualité ou de la délégation de pouvoir dont elle dispose, a l'autorité et les moyens nécessaires pour assurer l'application des dispositions du décret du 15 novembre 2006. Il pourra s'agir notamment, selon les cas, du propriétaire, de l'exploitant ou de toute personne ayant une délégation d'autorité en matière d'hygiène et de sécurité.

2° Les incriminations et les sanctions. Est puni de l'amende prévue pour les contraventions de la quatrième classe le fait de :

1° Mettre en place des emplacements non conformes (voir partie II) ;

2° Ne pas mettre en place la signalisation prévue (voir partie II) ;

3° Favoriser sciemment le non-respect de l'interdiction de fumer.

Les deux premières infractions, peuvent faire l'objet d'une procédure d'amende forfaitaire. S'agissant de contraventions de la quatrième classe, l'amende forfaitaire est de 135 euros. Si dans un délai de 45 jours, le contrevenant n'acquitte pas le montant du timbre-amende ou n'effectue aucune requête en exonération auprès du service verbalisateur, le montant de l'amende est majoré. Elle passe alors à 375 euros (cf. annexe).

Lorsqu'il n'établit pas un timbre-amende, l'agent de contrôle peut également dresser un procès-verbal détaillé, précisant les circonstances de commission de l'infraction.

L'amende maximale encourue pour les contraventions de la quatrième classe est de 750 euros.

La troisième infraction vise à sanctionner les responsables des lieux qui incitent les usagers à fumer en toute illégalité, par exemple en leur donnant des encouragements oraux en ce sens ou en mettant à leur disposition des cendriers dans des lieux où il est interdit de fumer.

Par delà la contravention applicable aux fumeurs eux-mêmes, cette infraction vise à sanctionner les responsables des lieux qui incitent à enfreindre la réglementation.

Cette infraction, qu'il est nécessaire de caractériser, ne pourra pas faire l'objet d'une amende forfaitaire. Un procès-verbal décrivant précisément les circonstances de l'infraction sera dressé et transmis à l'officier du ministère public, qui décidera ou non de poursuivre le contrevenant devant la juridiction de proximité.

II. – *Les contrôles* [...]. 1° Les agents de contrôle. Les officiers et agents de police judiciaire ont compétence pour constater ces infractions en vertu des pouvoirs qui leur sont conférés par le code de procédure pénale.

Seront également compétents, en application de l'article L. 3512-4 du code de la santé publique, dès lors qu'ils auront été habilités et assermentés sur la base d'un décret qui paraîtra en décembre, les médecins inspecteurs de santé publique (MISP), les ingénieurs du génie sanitaire (IGS), les inspecteurs de l'action sanitaire et sociale (IASS), mais également l'ensemble des agents visés par l'article L. 1312-1 du même code. Le décret à paraître précisera les catégories d'agents habilités à exercer ces contrôles dans le cadre de cet article.

Sont également compétents les inspecteurs du travail ainsi que, sous leur autorité, les contrôleurs du travail, qu'ils soient rattachés au ministère du travail, de l'agriculture ou des transports.

Dans les moyens de transports collectifs ainsi que dans les gares, en application des arrêtés préfectoraux définissant les mesures de police qui y sont applicables, les agents de l'exploitant, dûment assermentés, sont également compétents.

S'agissant du ministère de la défense, les agents du contrôle général des armées chargés de l'inspection du travail sont compétents pour constater la non-application de la réglementation et saisir les services de la gendarmerie, seuls habilités à constater les infractions et dresser les procès-verbaux.

2° La formation. [...]. 3° La mise en œuvre des contrôles. [...]. 4° Modalités de remontée des opérations de contrôle et évaluation. [...].

CINQUIÈME PARTIE – *L'entrée en vigueur du décret*

Les dispositions du décret du 15 novembre 2006 entreront en vigueur dès le 1er février 2007.

Toutefois, compte tenu de leur activité et de la nécessité de tenir compte de la possible évolution de leur clientèle, certains établissements, débits permanents de boissons à consommer sur place, casinos, cercles de jeux, discothèques, hôtels et restaurants, disposent d'un délai supplémentaire jusqu'au 1er janvier 2008 pour appliquer la nouvelle réglementation.

Jusqu'à cette date, les articles R. 3511-1 à R. 3511-8 et l'article R. 3511-13 du code de la santé publique, en vigueur à la date de publication du décret du 15 novembre 2006, continueront à leur être applicables. [...].

ANNEXE – *Fiche relative aux amendes forfaitaires*

Les textes régissant les amendes forfaitaires figurent aux articles 529 et suivants, R. 48-1 et A. 37 du code de procédure pénale.

[...]

■ **ACCORD NATIONAL INTERPROFESSIONNEL** sur le stress au travail du 2 juillet 2008 (arrêté d'extension du 23 avril 2009, JO 6 mai).

1 – Introduction. Le stress au travail est considéré sur le plan international, européen et national comme une préoccupation à la fois des employeurs et des travailleurs. Ayant identifié la nécessité d'une action commune spécifique sur cette question et anticipant une consultation sur le stress par la Commission, les partenaires sociaux européens ont signé, le 8 octobre 2004, un accord sur le stress au travail dans le cadre de l'article 138 du Traité CE.

Le présent accord a pour objet de transposer l'accord européen en droit français et de prendre en compte les évolutions de la société sur ce sujet.

Le stress peut affecter potentiellement tout lieu de travail et tout travailleur, quels que soient la taille de l'entreprise, le domaine d'activité, le type de contrat ou de relation d'emploi. En pratique, tous les lieux de travail et tous les travailleurs ne sont pas nécessairement affectés.

La lutte contre le stress au travail doit conduire à une plus grande efficacité et une amélioration de la santé et de la sécurité au travail, avec les bénéfices économiques et sociaux qui en découlent pour les entreprises, les travailleurs et la société dans son ensemble. Il importe de tenir compte de la diversité des travailleurs, des situations de travail et de la responsabilité des employeurs dans la lutte contre les problèmes de stress au travail.

2 – Objet. L'objet de l'accord est :

• d'augmenter la prise de conscience et la compréhension du stress au travail, par les employeurs, les travailleurs et leurs représentants,

• d'attirer leur attention sur les signes susceptibles d'indiquer des problèmes de stress au travail et ce, le plus précocement possible,

• de fournir aux employeurs et aux travailleurs un cadre qui permette de détecter, de prévenir, d'éviter et de faire face aux problèmes de stress au travail. Son but n'est pas de culpabiliser l'individu par rapport au stress.

Dans ce cadre, les partenaires sociaux souhaitent concourir à la préservation de la santé des travailleurs par :

• la mise en place d'une prévention efficace contre les problèmes générés par les facteurs de stress liés au travail,

• l'information et la formation de l'ensemble des acteurs de l'entreprise,

• la lutte contre les problèmes de stress au travail et la promotion de bonnes pratiques notamment de dialogue dans l'entreprise et dans les modes organisationnels pour y faire face,

• la prise en compte de l'équilibre entre vie professionnelle, vie familiale et personnelle.

Reconnaissant que le harcèlement et la violence au travail sont des facteurs de stress, les partenaires sociaux décident d'engager, dans les 12 mois qui suivent la signature du présent accord, une négociation spécifique sur ces questions dans le cadre de la transposition de l'accord européen sur le harcèlement et la violence au travail du 26 avril 2007. Le présent accord ne traite donc ni de la violence au travail, ni du harcèlement et du stress post-traumatique.

3 – Description du stress et du stress au travail. Un état de stress survient lorsqu'il y a déséquilibre entre la perception qu'une personne a des contraintes que lui impose son environnement et la perception qu'elle a de ses propres ressources pour y faire face. L'individu est capable de gérer la pression à court terme mais il éprouve de grandes difficultés face à une exposition prolongée ou répétée à des pressions intenses.

En outre, différents individus peuvent réagir de manière différente à des situations similaires et un même individu peut, à différents moments de sa vie, réagir différemment à des situations similaires. Le stress n'est pas une maladie mais une exposition prolongée au stress peut réduire l'efficacité au travail et peut causer des problèmes de santé.

Le stress d'origine extérieure au milieu de travail peut entraîner des changements de comportement et une réduction de l'efficacité au travail. Toute manifestation de stress au travail ne doit pas être considérée comme stress lié au travail. Le stress lié au travail peut être provoqué par différents facteurs tels que le contenu et l'organisation du travail, l'environnement de travail, une mauvaise communication, etc.

4 – Identification des problèmes de stress au travail. Compte tenu de la complexité du phénomène de stress, le présent accord n'entend pas fournir une liste exhaustive des indicateurs potentiels de stress. Toutefois, un certain nombre d'indicateurs peuvent révéler la présence de stress dans l'entreprise justifiant la prise de mesures adaptées pour lutter contre le phénomène. Par exemple un niveau élevé d'absentéisme notamment de courte durée ou de rotation du personnel en particulier fondée sur des démissions, des conflits personnels ou des plaintes fréquents de la part des travailleurs, un taux de fréquence des accidents du travail élevé, des passages à l'acte violents contre soi-même ou contre d'autres, même peu nombreux, une augmentation significative des visites spontanées au service médical sont quelques-uns des signes pouvant révéler la présence de stress au travail.

L'identification d'un problème de stress au travail doit passer par une analyse de facteurs tels que :

• l'organisation et les processus de travail (aménagement du temps de travail, dépassements excessifs et systématiques d'horaires, degré d'autonomie, mauvaise adéquation du travail à la capacité ou aux moyens mis à disposition des travailleurs, charge de travail réelle manifestement excessive, des objectifs disproportionnés ou mal définis, une mise sous pression systématique qui ne doit pas constituer un mode de management, etc.),

• les conditions et l'environnement de travail (exposition à un environnement agressif, à un comportement abusif, au bruit, à une promiscuité trop importante pouvant nuire à l'efficacité, à la chaleur, à des substances dangereuses, etc.),

• la communication (incertitude quant à ce qui est attendu au travail, perspectives d'emploi, changement à venir, une mauvaise communication concernant les orientations et les objectifs de l'entreprise, une communication difficile entre les acteurs etc.),

• et les facteurs subjectifs (pressions émotionnelles et sociales, impression de ne pouvoir faire face à la situation, perception d'un manque de soutien, difficulté de conciliation entre vie personnelle et vie professionnelle, etc.).

L'existence des facteurs énumérés peut constituer des signes révélant un problème de stress au travail.

Dès qu'un problème de stress au travail est identifié, une action doit être entreprise pour le prévenir, l'éliminer ou à défaut le réduire. La responsabilité de déterminer les mesures appropriées incombe à l'employeur. Les institutions représentatives du personnel, et à défaut les travailleurs, sont associées à la mise en œuvre de ces mesures.

L'amélioration de la prévention du stress est un facteur positif qui contribue à une meilleure santé des travailleurs et à une plus grande efficacité de l'entreprise.

Le médecin du travail est une ressource en termes d'identification du stress au travail.

5 – Responsabilités des employeurs et des travailleurs. En vertu de la directive-cadre 89/391 concernant la mise en œuvre des mesures visant à promouvoir l'amélioration de la sécurité et de la santé des travailleurs au travail, et des articles L. 4121-1 à 5 du code du travail, les employeurs prennent les mesures nécessaires pour assurer la sécurité et protéger la santé physique et mentale des travailleurs. Cette obligation couvre également les problèmes de stress au travail dans la mesure où ils présentent un risque pour la santé et la sécurité. Tous les travailleurs ont l'obligation générale de se conformer aux mesures de protection déterminées par l'employeur.

La lutte contre les causes et les conséquences du stress au travail peut être menée dans le cadre d'une procédure globale d'évaluation des risques, par une politique distincte en matière de stress et/ou par des mesures spécifiques visant les facteurs de stress identifiés.

Les mesures sont mises en œuvre, sous la responsabilité de l'employeur, avec la participation et la collaboration des travailleurs et/ou de leurs représentants.

6 – Prévenir, éliminer et à défaut, réduire les problèmes de stress au travail. Prévenir, éliminer, et à défaut, réduire les problèmes de stress au travail inclut diverses mesures. Ces mesures peuvent être collectives, individuelles ou concomitantes. Elles peuvent être mises en œuvre sous la forme de mesures spécifiques visant les facteurs de stress identifiés ou dans le cadre d'une politique intégrée qui implique des actions de prévention et des actions correctives.

À ce titre, les partenaires sociaux souhaitent réaffirmer le rôle pivot du médecin du travail soumis au secret médical, ce qui garantit au travailleur de préserver son anonymat, dans un environnement pluridisciplinaire.

Lorsque l'entreprise ne dispose pas de l'expertise requise, elle fait appel à une expertise externe conformément aux législations, aux conventions collectives et aux pratiques européennes et nationales, sans obérer le rôle du CHSCT.

Les mesures de lutte contre le stress sont régulièrement réexaminées afin d'évaluer leur efficacité ainsi que leur impact sur le stress tel qu'il ressort des indicateurs. Dans ce cadre, il conviendra de déterminer s'il a été fait un usage optimal des ressources et si les mesures définies sont encore appropriées ou nécessaires.

Ces mesures incluent par exemple :

• des mesures visant à améliorer l'organisation, les processus, les conditions et l'environnement de travail, à assurer un soutien adéquat de la direction aux personnes et aux équipes, à donner à tous les acteurs de l'entreprise des possibilités d'échanger à propos de leur travail, à assurer une bonne adéquation entre responsabilité et contrôle sur le travail, et des mesures de gestion et de communication visant à clarifier les objectifs de l'entreprise et le rôle de chaque travailleur,

• la formation de l'ensemble des acteurs de l'entreprise et en particulier de l'encadrement et de la direction afin de développer la prise de conscience et la compréhension du stress, de ses causes possibles et de la manière de le prévenir et d'y faire face,

• l'information et la consultation des travailleurs et/ou leurs représentants, conformément à la législation, aux conventions collectives et aux pratiques européennes et nationales.

7 – Mise en œuvre et suivi. Les organisations professionnelles d'employeurs et les organisations syndicales de salariés, représentatives au niveau national et interprofessionnel, invitent l'État à prendre, dans les meilleurs délais, les mesures d'extension du présent accord.

Les accords de branche et les accords d'entreprises ne peuvent déroger aux dispositions du présent accord que dans un sens plus favorable aux travailleurs.

■ ACCORD NATIONAL INTERPROFESSIONNEL DU 26 MARS 2010
sur le harcèlement et la violence au travail (arrêté d'extension du 23 juillet 2010, JO 31).

Préambule. Le respect de la dignité des personnes à tous les niveaux est un principe fondamental qui ne peut être transgressé, y compris sur le lieu de travail. C'est pourquoi le harcèlement et la violence, qui enfreignent très gravement ce principe, sont inacceptables. Les parties signataires les condamnent sous toutes leurs formes.

Elles estiment qu'employeurs et salariés ont un intérêt mutuel à traiter, notamment par la mise en place d'actions de prévention, cette problématique, qui peut avoir de graves conséquences sur les personnes et est susceptible de nuire à la performance de l'entreprise et de ses salariés.

Elles considèrent comme étant de leur devoir et de leur responsabilité de transposer, par le présent accord, l'accord cadre autonome signé par les partenaires sociaux européens le 15 décembre 2006 sur le harcèlement et la violence au travail.

Prenant en compte :

• les dispositions des législations européenne (1) et nationale qui définissent l'obligation de l'employeur de protéger les salariés contre le harcèlement et la violence sur le lieu de travail ;

• et le fait que le harcèlement et/ou la violence au travail peuvent prendre différentes formes, susceptibles :

– d'être d'ordre physique, psychologique et/ou sexuel,

– de consister en incidents ponctuels ou en comportements systématiques,

– d'être exercés entre collègues, entre supérieurs et subordonnés, ou par des tiers tels que clients, consommateurs, patients, élèves, etc.,

– d'aller de cas mineurs de manque de respect à des agissements plus graves, y compris des délits, exigeant l'intervention des pouvoirs publics, les parties signataires reconnaissent que le harcèlement et la violence peuvent affecter potentiellement tout lieu de travail et tout salarié, quels que soient la taille de l'entreprise, son champ d'activité ou la forme du contrat ou de la relation d'emploi.

Cependant, certaines catégories de salariés et certaines activités sont plus exposées que d'autres, notamment, s'agissant des agressions externes, les salariés qui sont en contact avec le public. Néanmoins, dans la pratique, tous les lieux de travail et tous les salariés ne sont pas affectés.

Le présent accord vient compléter la démarche initiée par l'accord national interprofessionnel du 2 juillet 2008 sur le stress au travail (signé le 24 novembre 2008) dont les dispositions abordent les aspects organisationnels, les conditions et l'environnement de travail.

Il vise à identifier, à prévenir et à gérer deux aspects spécifiques des risques psychosociaux – le harcèlement et la violence au travail.

Dans cette perspective, les parties signataires réaffirment leur volonté de traiter ces questions en raison de leurs conséquences graves pour les personnes ainsi que de leurs coûts sociaux et économiques. Elles conviennent, en conséquence, de prendre des mesures de protection collective visant à améliorer la santé et la sécurité au travail des salariés, de veiller à l'environnement physique et psychologique du travail. Elles soulignent également l'importance qu'elles attachent au développement de la communication sur les phénomènes de harcèlement et de violence au travail, ainsi qu'à la promotion des méthodes de prévention de ces phénomènes.

Sans préjudice des dispositions législatives et réglementaires en vigueur, le présent accord traite des formes de harcèlement et de violence au travail qui ressortent de la compétence des partenaires sociaux et correspondent à la description qui en est faite à l'article 2 ci-dessous.

Art. 1. – *Objectifs de l'accord.*

Le présent accord a pour objectifs :

– d'améliorer la sensibilisation, la compréhension et la prise de conscience des employeurs, des salariés et de leurs représentants à l'égard du harcèlement et de la violence au travail afin de mieux prévenir ces phénomènes, les réduire et si possible les éliminer ;

---

(1) La législation européenne inclut notamment les directives suivantes :

• directive 2000/43/CE du Conseil du 29 juin 2000 relative à la mise en œuvre du principe de l'égalité de traitement entre les personnes sans distinction de race ou d'origine ethnique

• directive 2000/78/CE du Conseil du 27 novembre 2000 portant création d'un cadre général en faveur de l'égalité de traitement en matière d'emploi et de travail

• directive 2002/73/CE du Parlement européen et du Conseil du 23 septembre 2002 modifiant la directive 76/207/CEE du Conseil relative à la mise en œuvre du principe de l'égalité de traitement entre hommes et femmes en ce qui concerne l'accès à l'emploi, à la formation et à la promotion professionnelles, et les conditions de travail modifiée par la directive 2006/54/CE du 5 juillet 2006

• directive 89/391/CEE du Conseil, du 12 juin 1989, concernant la mise en œuvre de mesures visant à promouvoir l'amélioration de la sécurité et de la santé des travailleurs au travail

– d'apporter aux employeurs, aux salariés et à leurs représentants, à tous les niveaux, un cadre concret pour l'identification, la prévention et la gestion des problèmes de harcèlement et de violence au travail.

Ces objectifs s'imposent à l'ensemble des entreprises, quel que soit leur effectif. Les modalités retenues pour les atteindre devront être adaptées à la taille des entreprises.

Art. 2. – *Définition, description et identification du harcèlement et de la violence au travail*

1. Définition (2) et description générale. Le harcèlement et la violence au travail s'expriment par des comportements inacceptables d'un ou plusieurs individus ; ils peuvent prendre des formes différentes (physiques, psychologiques, sexuelles), dont certaines sont plus facilement identifiables que d'autres. L'environnement de travail peut avoir une influence sur l'exposition des personnes au harcèlement et à la violence.

Le harcèlement survient lorsqu'un ou plusieurs salariés font l'objet d'abus, de menaces et/ou d'humiliations répétés et délibérés dans des circonstances liées au travail, soit sur les lieux de travail, soit dans des situations liées au travail.

La violence au travail se produit lorsqu'un ou plusieurs salariés sont agressés dans des circonstances liées au travail. Elle va du manque de respect à la manifestation de la volonté de nuire, de détruire, de l'incivilité à l'agression physique. La violence au travail peut prendre la forme d'agression verbale, d'agression comportementale, notamment sexiste, d'agression physique, …

Les incivilités contribuent à la dégradation des conditions de travail, notamment pour les salariés qui sont en relation quotidienne avec le public, et rendent difficile la vie en commun. Les entreprises qui laissent les incivilités s'installer, les banalisent et favorisent l'émergence d'actes plus graves de violence et de harcèlement.

Le harcèlement et la violence au travail peuvent être exercés par un ou plusieurs salariés ou par des tiers avec pour but ou pour effet de porter atteinte à la dignité d'un salarié, affectant sa santé et sa sécurité et/ou créant un environnement de travail hostile.

Les phénomènes de stress lorsqu'ils découlent de facteurs tenant à l'organisation du travail, l'environnement de travail ou une mauvaise communication dans l'entreprise peuvent conduire à des situations de harcèlement et de violence au travail plus difficiles à identifier.

2. Cas particulier de harcèlement et de violence au travail. Certaines catégories de salariés peuvent être affectées plus particulièrement par le harcèlement et la violence en raison de leur origine, de leur sexe, de leur orientation sexuelle, de leur handicap, ou de la fréquence de leur relation avec le public. En effet, les personnes potentiellement exposées à des discriminations peuvent être plus particulièrement sujettes à des situations de harcèlement ou de violence au travail.

3. Violences faites aux femmes. En ce qui concerne plus particulièrement les violences faites aux femmes, la persistance des stéréotypes et des tabous ainsi que la non reconnaissance des phénomènes de harcèlement sexuel, nécessite une forte sensibilisation à tous les niveaux de la hiérarchie et la mise en place de politiques de prévention, et d'accompagnement dans les entreprises. Il s'agit notamment d'identifier ces stéréotypes et de les démystifier en réfutant les représentations erronées de la place des femmes dans le travail. Une telle démarche s'inscrit notamment dans une approche volontariste et opérationnelle pour combattre ces phénomènes qui peuvent se révéler dans le cadre du travail au travers de situations de harcèlement et de violence au travail.

Art. 3. – *Engagements des employeurs et des salaries*

Aucun salarié ne doit subir des agissements répétés de harcèlement qui ont pour objet ou pour effet une dégradation de ses conditions de travail susceptible de porter atteinte à ses droits et à sa dignité, d'altérer sa santé physique ou mentale ou de compromettre son avenir professionnel.

De même, aucun salarié ne doit subir des agressions ou des violences dans des circonstances liées au travail, qu'il s'agisse de violence interne ou externe :

– la violence au travail interne est celle qui se manifeste entre les salariés, y compris le personnel d'encadrement,

– la violence au travail externe est celle qui survient entre les salariés, le personnel d'encadrement et toute personne extérieure à l'entreprise présente sur le lieu de travail.

En conséquence, l'employeur prend toutes les mesures nécessaires en vue de prévenir de tels agissements :

• Les entreprises doivent clairement affirmer que le harcèlement et la violence au travail ne sont pas admis. Cette position qui peut être déclinée sous la forme d'une « charte de référence » précise les procédures à suivre si un cas survient. Les procédures peuvent inclure une phase informelle, durant laquelle une personne ayant la confiance de la direction et des salariés est disponible pour fournir conseils et assistance.

---

(2) Au sens du BIT la violence au travail s'entend de « toute action, tout incident ou tout comportement qui s'écarte d'une attitude raisonnable par lesquels une personne est attaquée, menacée, lésée, ou blessée dans le cadre du travail ou du fait de son travail :

– la violence au travail interne est celle qui se manifeste entre les travailleurs, y compris le personnel d'encadrement ;

– la violence au travail externe est celle qui s'exprime entre les travailleurs (et le personnel d'encadrement) et toute personne présente sur le lieu de travail. »

• La diffusion de l'information est un moyen essentiel pour lutter contre l'émergence et le développement du harcèlement et de la violence au travail. À cet effet, la position ci-dessus, lorsqu'elle fait l'objet d'un document écrit ou de la « charte de référence », est annexée au règlement intérieur dans les entreprises qui y sont assujetties.

Art. 4. – *Prévention, identification et gestion des problèmes de harcèlement et de violence au travail*

L'employeur, en concertation avec les salariés et/ou leurs représentants, prend les mesures nécessaires en vue de prévenir et gérer les agissements de harcèlement et de violence au travail.

À cet effet, il apparaît important de recenser, le cas échéant, les phénomènes de harcèlement ou de violence au travail afin d'en mesurer l'ampleur, d'en appréhender les circonstances, et de rechercher les mesures de prévention adéquates.

Le harcèlement et la violence au travail ne peuvent se présumer. Toutefois, en l'absence de dénonciation explicite, les employeurs doivent manifester une vigilance accrue à l'apparition de certains indicateurs ou indices tels que des conflits personnels répétés, des plaintes fréquentes de la part de salariés, ou des passages à l'acte violents contre soi-même ou contre d'autres.

1. Prévention des problèmes de harcèlement et de violence au travail

• Une meilleure sensibilisation et une formation adéquate des responsables hiérarchiques et des salariés réduisent la probabilité des cas de survenance de harcèlement et de violence au travail. Aujourd'hui, la formation au management proposée dans les différentes écoles ou universités ne prend pas suffisamment en compte la formation à la conduite des équipes. Aussi, ces programmes de formation doivent davantage intégrer la dimension relative à la conduite des hommes et des équipes, et aux comportements managériaux.

Cette sensibilisation et cette formation passe par la mobilisation des branches professionnelles qui mettront en place les outils adaptés à la situation des entreprises de leur secteur professionnel.

Ainsi, les outils nécessaires pourront être élaborés afin de favoriser la connaissance des employeurs et des salariés des phénomènes de harcèlement et de violence au travail et de mieux appréhender leurs conséquences au sein de l'entreprise.

• Par ailleurs, les mesures visant à améliorer l'organisation, les processus, les conditions et l'environnement de travail et à donner à tous les acteurs de l'entreprise des possibilités d'échanger à propos de leur travail participent à la prévention des situations de harcèlement et de violence au travail.

En cas de réorganisation, restructuration ou changement de périmètre de l'entreprise, celle-ci veillera à penser, dans ce nouveau contexte, un environnement de travail équilibré.

Les branches professionnelles s'emploieront avec les organisations syndicales de salariés à aider les entreprises à trouver des solutions adaptées à leur secteur professionnel.

• Lorsqu'une situation de harcèlement ou de violence est repérée ou risque de se produire, le salarié peut recourir à la procédure d'alerte prévue en cas d'atteinte au droit des personnes.

• Les parties signataires rappellent que les services de santé au travail qui associent des compétences médicales et pluridisciplinaires sont les acteurs privilégiés de la prévention du harcèlement et de la violence au travail. Outre leur rôle d'information et de sensibilisation des salariés ou de l'employeur confrontés à ces phénomènes, ils peuvent participer à l'élaboration de formations adaptées et d'une politique de sécurité, au niveau approprié de l'entreprise.

Le médecin du travail joue dans ce cadre un rôle particulier tenant au respect du secret médical tel qu'il est attaché à sa fonction et auquel il est tenu.

• Dans le cadre des attributions des institutions représentatives du personnel, le CHSCT agit, en lien avec le comité d'entreprise, pour la promotion de la prévention des risques professionnels dans l'établissement. Il peut notamment proposer des actions de prévention en matière de harcèlement et de violence au travail. En cas de refus de l'employeur, ce refus doit être motivé.

2. Identification et gestion des problèmes de harcèlement et de violence au travail

• Sans préjudice des procédures préexistantes dans l'entreprise, une procédure appropriée peut être mise en place pour identifier, comprendre et traiter les phénomènes de harcèlement et de violence au travail.

Elle sera fondée sur les éléments suivants, sans pour autant s'y limiter :

– il est dans l'intérêt de tous d'agir avec la discrétion nécessaire pour protéger la dignité et la vie privée de chacun ;

– aucune information, autre qu'anonymisée ne doit être divulguée aux parties non impliquées dans l'affaire en cause ;

– les plaintes doivent être suivies d'enquêtes et traitées sans retard ;

– toutes les parties impliquées doivent bénéficier d'une écoute impartiale et d'un traitement équitable ;

– les plaintes doivent être étayées par des informations détaillées ;

– les fausses accusations délibérées ne doivent pas être tolérées, et peuvent entraîner des mesures disciplinaires ;

– une assistance extérieure peut être utile Elle peut notamment s'appuyer sur les services de santé au travail.

• Dans le respect de ces orientations, une procédure de médiation peut être mise en œuvre par toute personne de l'entreprise s'estimant victime de harcèlement ou par la personne mise en cause.

Le choix du médiateur fait l'objet d'un accord entre les parties.

Le médiateur s'informe de l'état des relations entre les parties. Il tente de les concilier et leur soumet des propositions qu'il consigne par écrit en vue de mettre fin au conflit.

• L'employeur peut avoir recours aux compétences pluridisciplinaires du service de santé au travail dès l'identification de phénomènes de harcèlement et de violence au travail jusqu'à la mise en œuvre d'actions de prévention.

• Les employeurs, en concertation avec les salariés et/ou leurs représentants, établissent, revoient et suivent ces procédures pour assurer leur efficacité, tant en matière de prévention qu'en matière de traitement des problèmes éventuels.

Art. 5. – *Sanctions à l'encontre des auteurs de harcèlement et de violence au travail et mesures d'accompagnement des salaries harcelés ou agressés*

1. Sanction à l'encontre des auteurs de harcèlement ou de violence. S'il est établi qu'il y a eu harcèlement ou violence, des mesures adaptées sont prises à l'égard du ou des auteur(s). Le règlement intérieur précisera les sanctions applicables aux auteurs des agissements de harcèlement ou de violence.

2. Mesures d'accompagnement des salariés harcelés ou agressés. Aucun salarié ne peut être sanctionné, licencié ou faire l'objet d'une mesure discriminatoire, directe ou indirecte, notamment en matière de rémunération, de formation, de reclassement, d'affectation, de qualification, de classification, de promotion professionnelle, de mutation ou de renouvellement de contrat pour avoir subi ou refusé de subir des agissements de harcèlement ou de violence ou pour avoir témoigné de tels agissements ou les avoir relatés.

La(les) victime(s) bénéficie(nt) d'un soutien et, si nécessaire, d'une aide à leur maintien, à leur retour dans l'emploi ou à leur réinsertion.

Des mesures d'accompagnement prises en charge par l'entreprise sont mises en œuvre en cas de harcèlement avéré ou de violence, pouvant porter atteinte à la santé. Celles-ci sont avant tout destinées à apporter un soutien à la victime, notamment au plan médical et psychologique.

S'agissant des agressions par des tiers, l'entreprise pourra prévoir des mesures d'accompagnement, notamment juridique, du salarié agressé.

L'employeur, en concertation avec les salariés ou leurs représentants, procèdera à l'examen des situations de harcèlement et de violence au travail lorsque de telles situations sont constatées, y compris au regard de l'ensemble des éléments de l'environnement de travail : comportements individuels, modes de management, relations avec la clientèle, mode de fonctionnement de l'entreprise, ...

Art. 6. – *Promotion, suivi et évaluation*

Les parties signataires assureront la diffusion et la promotion du présent accord auprès des salariés et des entreprises. Elles s'attacheront également à la situation dans les TPE/PME.

Elles insistent sur le rôle fondamental que doivent jouer les branches professionnelles en la matière.

Les partenaires sociaux établiront un rapport annuel conjoint, communiqué aux partenaires sociaux européens dans le cadre du suivi du déploiement de l'accord autonome européen.

À l'issue d'un délai de deux ans suivant la publication de l'arrêté d'extension de l'accord, les partenaires sociaux se réuniront pour évaluer la mise en œuvre de l'accord à tous les niveaux.

Art. 7. – *Extension*

Les parties signataires demanderont, à l'initiative de la partie la plus diligente, l'extension du présent accord.

Paris, le 26 mars 2010

Pour les employeurs
MEDEF, CGPME, UPA

Pour les salariés
CFDT, CFE-CGC, CFTC, CGT-FO, CGT

SOLIDARITÉ INTERNATIONALE

■ LOI 2005-159 DU 23 FÉVRIER 2005

relative au contrat de volontariat de solidarité internationale (JO 24) modifiée par loi 2010-241 du 10 mars 2010 (JO 11).

....

Art. 1er. – Toute association de droit français agréée dans les conditions prévues à l'article 9, ayant pour objet des actions de solidarité internationale, peut conclure un contrat de volontariat de solidarité internationale avec une personne majeure.

Ce contrat est un contrat écrit qui organise une collaboration désintéressée entre l'association et le volontaire. Il ne relève pas, sauf dispositions contraires prévues par la présente loi, des règles du code du travail. Il est conclu pour une durée limitée dans le temps.

Ce contrat, exclusif de l'exercice de toute activité professionnelle, a pour objet l'accomplissement d'une mission d'intérêt général à l'étranger dans les domaines de la coopération au développement et de l'action humanitaire.

(L. 2010-241 du 10 mars 2010, JO 11) « Ce contrat constitue un service civique effectué à l'étranger et obéissant aux règles spécifiques de la présente loi. »

Art. 2. – Le volontaire de solidarité internationale accomplit une ou plusieurs missions dans un État autre que les États membres de l'Union européenne ou parties à l'accord sur l'Espace économique européen. Il ne peut accomplir de mission dans l'État dont il est le ressortissant ou le résident régulier.

Art. 3. – Si le candidat volontaire est un salarié de droit privé, l'engagement pour une ou plusieurs missions de volontariat de solidarité internationale d'une durée continue minimale d'un an est un motif légitime de démission. Dans ce cas, si l'intéressé réunit les autres conditions pour bénéficier d'une indemnisation du chômage, ses droits seront ouverts à son retour de mission. Ces droits seront également ouverts en cas d'interruption de la mission.

L'ensemble des compétences acquises dans l'exécution d'un contrat de volontariat de solidarité internationale en rapport direct avec le contenu d'un diplôme, d'un titre à finalité professionnelle ou d'un certificat de qualification est pris en compte au titre de la validation des acquis de l'expérience dans les conditions prévues aux articles L. 335-5 et L. 335-6 du code de l'éducation.

À l'issue de sa mission, l'association délivre au volontaire une attestation d'accomplissement de mission de volontariat de solidarité internationale.

Art. 4. – Le contrat de volontariat de solidarité internationale mentionne les conditions dans lesquelles le volontaire accomplit sa mission. Il est conclu pour une durée maximale de deux ans. La durée cumulée des missions accomplies par un volontaire, de façon continue ou non, pour le compte d'une ou plusieurs associations, ne peut excéder six ans.

Les associations assurent une formation aux volontaires avant leur départ, prennent en charge les frais de voyage liés à la mission et apportent un appui à la réinsertion professionnelle des volontaires à leur retour.

Il peut être mis fin de façon anticipée à un contrat de volontariat moyennant un préavis d'au moins un mois. Dans tous les cas, y compris en cas de retrait de l'agrément délivré à l'association en application de l'article 9, l'association assure le retour du volontaire vers son lieu de résidence habituelle.

Art. 5. – L'association affilie le volontaire et ses ayants droit, à compter de la date d'effet du contrat, à un régime de sécurité sociale lui garantissant des droits d'un niveau identique à celui du régime général de la sécurité sociale française.

Ce régime de sécurité sociale assure la couverture des risques maladie, maternité, invalidité, décès, vieillesse, accidents du travail et maladies professionnelles. Pour les ayants droit, il assure la couverture des prestations en nature des risques maladie, maternité et invalidité.

Le volontaire et ses ayants droit bénéficient, dans des conditions fixées par décret, d'une assurance maladie complémentaire, d'une assurance responsabilité civile et d'une assurance pour le rapatriement sanitaire prises en charge par l'association.

Art. 6. – Le volontaire bénéficie au minimum d'un congé de deux jours non chômés, au sens de la législation de l'État d'accueil, par mois de mission, dès lors qu'il accomplit une mission d'une durée au moins égale à six mois.

Le volontaire bénéficie des congés de maladie, de maternité, de paternité et d'adoption prévus par le code du travail et le code de la sécurité sociale pour les travailleurs salariés.

Pendant la durée de ces congés, le volontaire perçoit la totalité de l'indemnité mentionnée à l'article 7.

Art. 7. – Une indemnité est versée au volontaire. Elle lui permet d'accomplir sa mission dans des conditions de vie décentes. Cette indemnité n'a pas le caractère d'un salaire ou d'une rémunération. Elle n'est soumise, en France, ni à l'impôt sur le revenu, ni aux cotisations et contributions sociales.

Le montant de l'indemnité et les conditions dans lesquelles elle est versée sont fixés pour chaque volontaire dans son contrat. Les montants minimum et maximum de l'indemnité sont fixés par arrêté du ministre des Affaires étrangères, après avis de la Commission du volontariat de solidarité internationale en tenant compte des conditions d'existence dans l'État où la mission a lieu.

Art. 8. – Il est institué une Commission du volontariat de solidarité internationale composée de manière paritaire de représentants des associations de volontariat et de représentants de l'État.

La composition de la Commission du volontariat de solidarité internationale et ses attributions sont fixées par décret.

Art. 9. – Toute association qui souhaite faire appel au concours de volontaires dans les conditions prévues par la présente loi doit être agréée par le ministre des Affaires étrangères. Cet agrément est délivré, après avis de la Commission du volontariat de solidarité internationale, pour une durée limitée, aux associations qui présentent des garanties suffisantes pour organiser des missions de volontaires de solidarité internationale dans les conditions prévues par la présente loi.

Art. 10. – La présente loi entrera en vigueur trois mois après sa publication.

Les conditions d'application de la présente loi sont fixées par décret.

Art. 11. – Les dispositions de la présente loi sont applicables à Saint-Pierre-et-Miquelon et à Mayotte.

La présente loi sera exécutée comme loi de l'État.

....

DÉCRET 2005-600 DU 27 MAI 2005

pris pour l'application de la loi 2005-159 du 23 février 2005 relative au contrat de volontariat de solidarité internationale (JO 29) modifié par décrets 2008-1010 du 29 septembre 2008 (JO 30) et 2009-716 du 18 juin 2009 (JO 19).

STAGES EN ENTREPRISE

LOI 2011-893 DU 28 JUILLET 2011

pour le développement de l'alternance et la sécurisation des parcours professionnels (JO 29).

....

TITRE II. - *Encadrement des stages*

Art. 27. – I. – Le chapitre II du titre Ier du livre VI de la troisième partie du code de l'éducation est complété par une section 4 ainsi rédigée :

« Section 4. Stages en entreprise

Art. L. 612-8. - Les stages en entreprise ne relevant ni de l'article L. 4153-1 du code du travail, ni de la formation professionnelle tout au long de la vie telle que définie par la sixième partie du même code font l'objet entre le stagiaire, l'entreprise d'accueil et l'établissement d'enseignement d'une convention dont les modalités sont déterminées par décret.

Ces stages sont intégrés à un cursus pédagogique scolaire ou universitaire selon des modalités définies par décret.

Ils ne peuvent pas avoir pour objet l'exécution d'une tâche régulière correspondant à un poste de travail permanent de l'entreprise.

Art. L. 612-9. - La durée du ou des stages effectués par un même stagiaire dans une même entreprise ne peut excéder six mois par année d'enseignement. Il peut être dérogé à cette règle, dans des conditions fixées par décret, au bénéfice des stagiaires qui interrompent momentanément leur formation afin d'exercer des activités visant exclusivement l'acquisition de compétences en liaison avec cette formation, ainsi que dans le cas des stages qui sont prévus dans le cadre d'un cursus pluriannuel de l'enseignement supérieur.

Art. L. 612-10. - L'accueil successif de stagiaires, au titre de conventions de stage différentes, pour effectuer des stages dans un même poste n'est possible qu'à l'expiration d'un délai de carence égal au tiers de la durée du stage précédent. Cette disposition n'est pas applicable lorsque ce stage précédent a été interrompu avant son terme à l'initiative du stagiaire.

Art. L. 612-11. - Lorsque la durée de stage au sein d'une même entreprise est supérieure à deux mois consécutifs ou, au cours d'une même année scolaire ou universitaire, à deux mois consécutifs ou non, le ou les stages font l'objet d'une gratification versée mensuellement dont le montant est fixé par convention de branche ou par accord professionnel étendu ou, à défaut, par décret. Cette gratification n'a pas le caractère d'un salaire au sens de l'article L. 3221-3 du code du travail.

Art. L. 612-12. - Les stagiaires accèdent aux activités sociales et culturelles mentionnées à l'article L. 2323-83 du code du travail dans les mêmes conditions que les salariés.

Art. L. 612-13. - L'entreprise qui accueille des stagiaires tient à jour un registre des conventions de stage, indépendamment du registre unique du personnel mentionné à l'article L. 1221-13 du code du travail. Un décret détermine les modalités d'application du présent article, notamment les mentions qui figurent sur le registre susmentionné. »

III. – L'article 9 de la loi n° 2006-396 du 31 mars 2006 pour l'égalité des chances est abrogé.

IV. – À la fin de la première phrase du 3° de l'article L. 262-4 du code de l'action sociale et des familles et au 8° du II de l'article L. 751-1 du code rural et de la pêche maritime, la référence : « 9 de la loi n° 2006-396 du 31 mars 2006 pour l'égalité des chances » est remplacée par la référence : « L. 612-8 du code de l'éducation ».

....

■ DÉCRET 2006-757 DU 29 JUIN 2006

portant application de l'article 10 de la loi 2006-396 du 31 mars 2006 pour l'égalité des chances (JO 30).

Art. 1er. – Il est ajouté, à la sous-section 1 de la section 1 du chapitre II du titre IV du livre II du code de la sécurité sociale (troisième partie : Décrets), un article D. 242-2-1 ainsi rédigé :

« *Art. D. 242-2-1.* – Le montant de la fraction de la gratification, mentionnée à l'article L. 242-4-1, qui n'est pas considérée comme une rémunération au sens de l'article L. 242-1, est égal au produit de 12,5 % du plafond horaire défini en application de l'article L. 241-3 et du nombre d'heures de stage effectuées au cours du mois considéré.

Ce montant est apprécié au moment de la signature de la convention de stage compte tenu de la gratification, des avantages en nature et en espèces et du temps de présence mensuel prévu au cours du stage. »

Art. 2. – La sous-section 2 de la section 3 du chapitre II du titre Ier du livre IV du code de la sécurité sociale (troisième partie : Décrets) est ainsi modifiée :

1° À l'article D. 412-4, les mots : « autres que ceux mentionnés à l'article D. 412-3, et notamment » sont supprimés.

2° Il est inséré, après l'article D. 412-5, un article D. 412-5-1 ainsi rédigé :

« *Art. D. 412-5-1.* – Le f du 2° de l'article L. 412-8 s'applique aux élèves et étudiants des classes et établissements publics et privés non mentionnés aux articles D. 412-3 et D. 412-4 effectuant un stage faisant l'objet d'une convention tripartite. »

3° À l'article D. 412-6, il est ajouté l'alinéa suivant :

« Les stages mentionnés au f du 2° de l'article L. 412-8 sont ceux, non mentionnés aux a et b, qui font l'objet d'une convention tripartite, sous réserve qu'ils ne donnent pas lieu au versement d'une rémunération au sens de l'article L. 242-1. »

Art. 3. – Les dispositions du présent décret entrent en vigueur le 1er juillet 2006.

■ DÉCRET 2006-1627 DU 18 DÉCEMBRE 2006

relatif à la protection contre les accidents du travail et les maladies professionnelles des stagiaires mentionnés aux a, b et f du 2° de l'article L. 412-8 et modifiant le code de la sécurité sociale (JO 20).

■ DÉCRET 2009-609 DU 29 MAI 2009

relatif à l'accueil des stagiaires étrangers (JO 31 mai) (CESEDA art. R. 313-10-1 à R. 313-10-5).

ANNEXE

CONVENTIONS INTERNATIONALES DU TRAVAIL *APPLICABLES* EN FRANCE

• Voir « Listes des ratifications par convention et par pays », Conférence internationale du Travail, édition du BIT.

• Les conventions *précédées d'un astérisque* ne sont pas applicables dans les départements d'outre-mer.

• Par arrêté du 18 novembre 1983 (JO 2 décembre 1983) a été instituée, auprès du ministre chargé des Affaires sociales et de la Solidarité nationale, une commission consultative pour l'Organisation internationale du travail (OIT) (1).

* **Convention 2 (1919)** concernant le chômage.

Convention 3 (1919) concernant l'emploi des femmes avant et après l'accouchement.

Convention 6 (1919) concernant le travail de nuit des enfants dans l'industrie.

Convention 11 (1921) concernant les droits d'association-coalition des travailleurs agricoles.

Convention 13 (1921) concernant l'emploi de la céruse dans la peinture.

Convention 14 (1921) concernant l'application du repos hebdomadaire dans les établissements industriels.

* **Convention 26 (1928)** concernant l'institution de méthodes de fixation des salaires minima.

Convention 27 (1929) concernant l'indication du poids sur les gros colis transportés par bateau.

Convention 29 (1930) concernant le travail forcé ou obligatoire.

Convention 43 (1934) concernant la durée du travail dans les verreries à vitres automatiques.

* **Convention 44 (1934)** assurant aux chômeurs involontaires des indemnités ou des allocations.

Convention 49 (1935) concernant la réduction de la durée du travail dans les verreries à bouteilles.

Convention 52 (1936) concernant les congés annuels payés.

Convention 62 (1937) concernant les prescriptions de sécurité dans l'industrie du bâtiment.

* **Convention 63 (1938)** concernant les statistiques des salaires et des heures de travail dans les principales industries minières et manufacturières, y compris le bâtiment et la construction, et dans l'agriculture.

* **Convention 77 (1946)** concernant l'examen médical d'aptitude à l'emploi dans l'industrie des enfants et des adolescents.

* **Convention 78 (1946)** concernant l'examen médical d'aptitude à l'emploi aux travaux non industriels des enfants et des adolescents.

Convention 81 (1947) concernant l'inspection du travail dans l'industrie et le commerce.

---

(1) Cette commission chargée de mettre en œuvre les dispositions de la convention 144 et de la recommandation 152 de l'OIT concernant les consultations tripartites relatives aux normes internationales du travail et plus généralement d'assurer une consultation tripartite sur l'ensemble des affaires de l'OIT (art. 1er de l'arrêté) se réunit au moins une fois par an sur convocation du ministre chargé du travail, président de ladite commission.

Convention 82 (1947) concernant la politique sociale dans les territoires non métropolitains.

Convention 84 (1947) concernant le droit d'association et le règlement des conflits du travail dans les territoires non métropolitains.

Convention 85 (1947) concernant l'inspection du travail dans les territoires non métropolitains.

Convention 87 (1948) concernant la liberté syndicale et la protection du droit syndical.

* **Convention 88 (1948)** concernant l'organisation du service de l'emploi.

Convention 90 (1948) concernant le travail de nuit des enfants occupés dans l'industrie.

Convention 94 (1949) concernant les clauses de travail dans les contrats passés par une autorité publique.

Convention 95 (1949) concernant la protection du salaire.

* **Convention 96 (1949)** concernant les bureaux de placement payants.

* **Convention 97 (1949)** concernant les travailleurs migrants.

Convention 98 (1949) concernant l'application des principes du droit d'organisation et de négociation collective.

Convention 99 (1951) concernant les méthodes de fixation des salaires minima dans l'agriculture.

Convention 100 (1951) concernant l'égalité de rémunération entre la main-d'œuvre masculine et la main-d'œuvre féminine pour un travail de valeur égale.

Convention 101 (1952) concernant les congés payés dans l'agriculture.

Convention 105 (1957) concernant l'abolition du travail forcé.

Convention 106 (1957) concernant le repos hebdomadaire dans le commerce et les bureaux.

Convention 111 (1958) concernant la discrimination en matière d'emploi et de profession.

Convention 115 (1960) concernant la protection des travailleurs contre les radiations ionisantes.

Convention 120 (1964) concernant l'hygiène dans le commerce et les bureaux.

* **Convention 122 (1964)** concernant la politique de l'emploi.

Convention 124 (1965) concernant l'examen médical d'aptitude des adolescents à l'emploi aux travaux souterrains dans les mines.

* **Convention 127 (1967)** concernant le poids maximum des charges pouvant être transportées par un seul travailleur.

* **Convention 129 (1969)** concernant l'inspection du travail dans l'agriculture.

* **Convention 131 (1970)** concernant la fixation des salaires minima, notamment en ce qui concerne les pays en voie de développement.

Convention 135 (1971) concernant la protection des représentants des travailleurs dans l'entreprise et les facilités à leur accorder.

Convention 136 (1971) concernant la protection contre les risques d'intoxication dus au benzène.

Convention 138 (1973) concernant l'âge minimum d'admission à l'emploi.

Convention 139 (1974) concernant la prévention et le contrôle des risques professionnels causés par les substances et agents cancérogènes.

* **Convention 140 (1974)** concernant le congé-éducation payé.

Convention 141 (1975) concernant les organisations de travailleurs ruraux et leur rôle dans le développement économique et social.

Convention 142 (1975) concernant le rôle de l'orientation et de la formation professionnelle dans la mise en œuvre des ressources humaines.

Convention 144 (1976) concernant les consultations tripartites relatives aux normes internationales du travail.

Convention 145 (1976) concernant la continuité de l'emploi des gens de mer.

Convention 146 (1976) concernant les congés payés annuels des gens de mer.

Convention 147 (1976) concernant les normes minima à observer sur les navires marchands et Protocole (2004) relatif à cette convention.

Convention 148 (1977) concernant la pollution de l'air, le bruit et les vibrations dans le milieu du travail.

Convention 149 (1977) concernant le personnel infirmier.

Convention 152 (1979) concernant la sécurité et l'hygiène dans les manutentions portuaires.

Convention 156 (1981) concernant l'égalité des chances et de traitement pour les travailleurs des deux sexes : travailleurs ayant des responsabilités familiales.

Convention 158 (1982) concernant la cessation de la relation de travail à l'initiative de l'employeur.

Convention 159 (1983) concernant la réhabilitation professionnelle et l'emploi de personnes handicapées.

Convention 163 (2004) concernant le bien-être des gens de mer, en mer et dans les ports.

Convention 164 (2004) concernant la protection de la santé et les soins médicaux des gens de mer.

Convention 166 (2004) concernant le rapatriement des marins.

Convention 178 (2004) concernant l'inspection des conditions de travail et de vie des gens de mer.

Convention 179 (2004) concernant le recrutement et le placement des gens de mer.

Convention 180 (2004) concernant la durée du travail des gens de mer et les effectifs des navires.

Convention 182 (1999) concernant l'interdiction des pires formes de travail des enfants et l'action immédiate en vue de leur élimination (1).

Conventions 185 (2004) concernant les pièces d'identité des gens de mer (révisée).

(1) Entrée en vigueur le 11 septembre 2002.

Table alphabétique

Les numéros renvoient aux articles du code. Pour trouver rapidement les pages correspondantes du code, se reporter à la table de référence page LXIX. Pour les textes non codifiés (TNC), se reporter à la liste page 2541.

ABSENCES
- Aménagement du temps de travail : L. 3122-2
- Congés payés : L. 3141-6
- Dispositions conventionnelles : L. 2232-3 et 8
- Maladie ou accident : L. 1226-1 et 1-1 ; D. 1226-1 à 8
- Remplacement du salarié : L. 1242-2, 7 et 9, L. 1243-7, L. 1251-6, 11 et 13
- ☞ Voir aussi AUTORISATIONS D'ABSENCE

ACCÈS AUX DOCUMENTS ADMINISTRATIFS : D 2005-1755 du 30.12.05, Arrêté du 12.03.86 (TNC)

ACCIDENT DU TRAVAIL
- Apprentissage : L. 6222-32
- Champ d'application : L. 1226-6
- CHSCT :
  - Enquêtes : L. 4612-5, L. 4614-6 ; R. 4612-2
  - Recours à un expert : L. 4614-12
- Congés payés : L. 3141-5
- Contrat de travail à durée déterminée : L. 1226-18 à 22, L. 1243-5
- Effectif de l'entreprise : L. 1111-3 ; R. 1111-1
- Faute inexcusable de l'employeur : L. 4131-4, L. 4154-3
- Formation professionnelle : L. 1226-7 et 10
- Inaptitude : L. 1226-10 à 12 ; R. 1226-9
- Moselle, Bas-Rhin et Haut-Rhin : L. 1226-23 et 24
- Résiliation du contrat de travail : L. 1226-9 et 12 à 18
- Responsabilité pénale de l'employeur : L. 4741-11
- Suspension du contrat de travail : L. 1226-7 à 9
- Travailleurs handicapés : L. 1226-7, L. 5212-13
- Visite de reprise : R. 4624-21 à 24

ACCORDS COLLECTIFS
- ☞ Voir CONVENTIONS ET ACCORDS COLLECTIFS

ACOMPTES
- ☞ Voir SALAIRE

ACTIONS DE FORMATION
- ☞ Voir FORMATION PROFESSIONNELLE

ACTIVITÉS DE SÉCURITÉ : voir TNC

ADMINISTRATIONS (RELATIONS AVEC LES) : L 78-753 du 17.07.78, L 2000-321 du 12.04.00 (TNC)

ADOPTION
- Congé d'adoption : L. 1225-37 à 46, 70 et 71 ; R. 1225-9 à 11, R. 1227-5
- Congé pour événements familiaux : L. 3142-1
- Congé non rémunéré (déplacement à l'étranger ou en outre-mer) : L. 1225-46, 70 et 71
- Congé parental d'éducation : L. 1225-47 à 60, 70 et 71 ; R. 1225-12 et 13, R. 1227-5
- Congés payés : L. 3141-2 et 5
- Démission pour élever un enfant : L. 1225-66 à 71 ; R. 1225-18 et 19, R. 1227-5
- Sanctions : L. 1225-70
- Travail temporaire : L. 1251-19

AFFICHAGE
- Artistes du spectacle : D. 7121-45
- Chantier : R. 8221-1, R. 8224-1
- Chômage-intempéries : D. 5424-21
- CHSCT : R. 4613-8
- Comité d'entreprise :
  - Compte rendu de gestion : R. 2323-37
  - Élections : L. 2324-3
  - Procès-verbaux : L. 2324-8, L. 2325-21
- Communications syndicales : L. 2142-3, 5 et 7
- Congés payés : D. 3141-6
- Convention collective : R. 2262-3 et 4
- Délégués du personnel :
  - Communications : L. 2315-7
  - Élections : L. 2314-2
  - Procès-verbaux : L. 2313-13, L. 2314-5
- Délégués syndicaux (noms) : L. 2143-7
- Discrimination : L. 1142-6
- Horaires de travail : L. 3171-1 ; R. 3173-1 et 2 ; D. 3171-2, 3, 5 et 7
- Incendie (Consigne d') : R. 4227-37 et 38
- Inspecteur du travail : D. 4711-1
- Marchandage : D. 8232-1
- Médecin du travail : D. 4711-1
- Plan de sauvegarde de l'emploi : L. 1233-49 et 57
- Postes disponibles (liste) : L. 1233-45
- Règlement intérieur : R. 1321-1
- Repos hebdomadaire : R. 3172-1 et 9
- Services de santé au travail : D. 4711-1
- Services de secours d'urgence : D. 4711-1
- Travail temporaire : R. 1251-9
- Travailleurs à domicile : R. 7422-12 et 13

AGENCE NATIONALE POUR L'AMÉLIORATION DES CONDITIONS DE TRAVAIL : L. 4642-1 à 3, L. 4643-2, L. 4831-1 ; R. 4642-1 à 29

AGENCE NATIONALE DES SERVICES À LA PERSONNE : L. 7234-1 ; D. 7234-1 à 27

Agents artistiques
☞ Voir **Artistes du spectacle**

Agriculture
Apprentissage : L. 6211-4, L. 6222-22-1, L. 6232-1 ; D. 6211-3
Chèque-emploi associatif : L. 1272-2
Commissions de santé et de sécurité : L. 4643-4
Conflits collectifs : R. 2521-1
Conseils de prud'hommes : L. 1441-5, 8, 12 et 18 ; R. 1423-1 à 3, R. 1441-10
Contrat de travail à durée déterminée : L. 1242-2
Conventions et accords collectifs : L. 2222-1, L. 2261-26 ; R. 2231-1, R. 2272-1, 3, 4, 10, 12 et 14 ; D. 2231-3, D. 2261-6 et 7
Création d'entreprise : L. 5141-1
Emploi d'étrangers sans titre de travail : L. 8252-1
Formation professionnelle : L. 6122-3 et 4, L. 6331-53
Groupement d'employeurs : L. 1253-3 ; R. 1253-14 à 34
Inspection du travail : R. 8111-1
Jeunes travailleurs : D. 4153-20 à 23
Outre-mer :
Conflits collectifs : L. 2623-1 ; R. 2623-1 à 19
Formation professionnelle : L. 6523-1
Participation : L. 3323-7, 9 et 10 ; R. 3323-9 à 11
Privilèges : L. 3253-23
Rémunération mensuelle minimale : L. 3232-9
SMIC : D. 3231-15
Travail dissimulé : L. 8271-1-2
Travail temporaire : L. 1251-6 et 22
☞ Voir aussi **Salariés protégés**

Ags : L. 3253-6, 8 et 14 ; R. 3253-4 ; D. 3253-2
☞ Voir aussi **Salaire**

Aide à l'embauche des seniors : L. 5133-11

Aide personnalisée de retour à l'emploi : L. 5133-8 à 10 ; R. 5133-9 à 17

Allaitement : L. 1225-30 à 33 ; R. 1225-5 à 7
Local : L. 1225-32 ; R. 1225-7, R. 4152-13 à 28
Sanctions pénales : L. 4743-1 ; R. 1227-6, R. 4743-1 et 2
Santé et sécurité au travail : L. 1225-12, L. 4152-1 et 2 ; R. 4152-1 et 2 ; D. 4152-7 à 10
Temps d'allaitement : L. 1225-30 ; R. 1225-5 et 6

Allocation de chômage
☞ Voir **Chômage**

Allocation de fin de formation : R. 5423-15 à 17

Allocation forfaitaire du contrat nouvelles embauches : R. 5423-41 à 47 ; D. 5423-38 à 40
☞ Voir aussi **Chômage**

Allocation de solidarité spécifique : L. 5423-1 à 6 ; R. 5423-1 à 14
☞ Voir aussi **Chômage**

Allocation temporaire d'attente : L. 5423-8 à 14 ; R. 5423-18 à 37
☞ Voir aussi **Chômage**

Aménagement du temps de travail
☞ Voir **Durée du travail**

Amiante
☞ Voir **Formation à la sécurité, Santé et sécurité au travail**

Ancienneté
Absences pour maladie ou accident (indemnité) : L. 1226-1 ; D. 1226-2
Apprentissage : L. 6222-16
Comité d'entreprise (membres) : L. 2324-14 à 18
Congé d'adoption : L. 1225-42
Congé de bilan de compétences : L. 6322-42, 43 et 46
Congé pour la création ou la reprise d'entreprise : L. 3142-81 et 107
Congé d'enseignement ou de recherche : L. 6322-53
Congé individuel de formation : L. 6322-4, 5 et 25 à 28 ; R. 6322-1, 2 et 20 ; D. 6322-21
Congé de maternité : L. 1225-24
Congé parental d'éducation : L. 1225-47, 54 et 58
Congé de présence parentale : L. 1225-65
Congé sabbatique : L. 3142-92 et 107
Congé des salariés candidats ou élus à un mandat parlementaire ou local : L. 3142-59 et 60
Congé pour les salariés de 25 ans et moins : L. 6322-61
Congé de solidarité familiale : L. 3142-20
Congé de solidarité internationale : L. 3142-32 et 37
Congé de soutien familial : L. 3142-22 et 28
Congé pour validation des acquis de l'expérience : L. 6422-2
Congés payés : L. 3141-8
Contrat à durée déterminée : L. 1243-11
Contrat de sécurisation professionnelle : L. 1233-68
Délégué du personnel : L. 2314-15 à 18-1 et 20
Délégué syndical : L. 2143-1 et 2
Droit individuel à la formation : L. 6323-1 à 3 ; D. 6323-1 et 3
Formation en dehors du temps de travail : L. 6322-64
Intéressement, participation, plans d'épargne salariale : L. 3342-1 ; D. 3342-1
Licenciement :
Indemnité : L. 1234-9 et 11 ; R. 1234-1 et 2
Ordre : L. 1233-5
Préavis : L. 1234-1 et 2
Procédure : L. 1235-5
Participation des salariés : L. 3324-5 et 6
Période de professionnalisation : L. 6324-2 ; D. 6324-1
Réserve opérationnelle : L. 3142-67
Réserve dans la sécurité civile : L. 3142-110
Retraite (Départ volontaire à la) :
Indemnité : L. 1237-9 ; D. 1237-1

Pour trouver rapidement la page correspondant à l'article recherché, se reporter à la table de référence page LXIX. Pour les textes non codifiés (TNC), se reporter à la liste page 2541.

Surveillance médicale de la grossesse : L. 1225-16
Suspension du contrat de travail : L. 1226-7, L. 1234-8 et 11
Travail intermittent : L. 3123-36
Travail temporaire : L. 1251-18, 20, 38, 39, 55 et 56
Travail à temps partiel : L. 3123-10 et 12
Travailleurs étrangers : L. 8252-1
Travailleurs saisonniers : L. 1244-2

Apprentissage

Absence : R. 6223-9, R. 6226-1
Activités pédagogiques : L. 6223-2 à 4 ; R. 6226-1
Âge : L. 4153-1, L. 6222-1 à 3 ; R. 6226-1 ; D. 6222-1
Aptitude : R. 6222-36 à 40
Ascendant : L. 6222-5, L. 6224-6 ; R. 6224-10 à 12
Carte d'étudiant des métiers : L. 6222-36-1, L. 6231-4-1 ; D. 6222-42 à 44
Centres de formation d'apprentis :
Concours financier : L. 6241-4 et 5 ; R. 6241-18 et 19
Contrôle pédagogique : L. 6252-1 à 3 ; R. 6252-1 à 5
Conventions : L. 6232-1 à 5, L. 6233-8 et 9 ; R. 6232-1 à 16, R. 6233-1, 9, 10 et 62 ; D. 6233-63 à 65
Fonctionnement pédagogique : L. 6233-8 à 10 ; R. 6233-52 à 62 ; D. 6233-51-1 et 63 à 65
Missions : L. 6231-1 à 5 ; R. 6231-1
Organisation : R. 6233-22 à 51
Personnel : L. 6233-3 à 7 ; R. 6233-12 à 21
Ressources : L. 6233-1 et 2 ; R. 6233-1 à 11
Sanctions pénales : L. 6234-1 et 2
Comité d'entreprise : L. 2323-41 à 43 ; R. 6225-5
Congés annuels payés : L. 3164-9, L. 6222-35
Congés de formation : L. 6222-35 ; R. 6226-7
Contenu du contrat : R. 6222-3 à 5
Contrat à durée déterminée : L. 1241-1, L. 1242-4
Contrat à durée indéterminée (suspension) : L. 6222-13
Contrat préparant au baccalauréat professionnel : L. 6222-22-1
Contrats d'objectifs et de moyens : L. 6211-3 ; D. 6211-1 et 2
Contrôle administratif et financier : L. 6252-4 à 9 ; R. 6252-6
Sanctions : L. 6252-10 à 12 ; R. 6252-7 et 8
Convention de formation pratique : R. 6223-10 à 21
Conventions-cadre : R. 6242-4 et 5
Cotisations sociales : L. 6243-2 et 3 ; R. 6243-6 ; D. 6243-5
Déclarations de l'employeur : L. 6223-1, L. 6225-2 ; R. 6223-1 à 5, R. 6225-7 et 11, R. 6226-8
Dispositions générales : L. 6211-1 à 5 ; R. 6211-6 ; D. 6211-1 à 5
Durée du contrat : L. 6222-7 à 17 ; R. 6222-6 à 18, R. 6226-1 ; D. 6222-19 à 20
Durée du travail : L. 6222-24 et 25 ; R. 6226-1 et 2
Effectif de l'entreprise : L. 1111-3
Enregistrement du contrat : L. 6224-1 à 8 ; R. 6224-1 à 12
Entretien d'évaluation : R. 6233-58
Examen : L. 6222-11 et 34 à 36 ; R. 6222-41, R. 6226-1, 6 et 7
Examen médical d'embauche : R. 6222-40-1
Forme du contrat : L. 6222-4 à 6 ; R. 6222-2 à 5, R. 6224-10 à 12
Indemnité compensatrice forfaitaire : L. 6243-1 et 4 ; R. 6243-1 à 4
Inspection : L. 6251-1 ; R. 6251-1 à 19
Interdiction de recrutement : L. 6225-6 ; R. 6225-10 à 12
Maître d'apprentissage : L. 6223-5 à 8 ; R. 6223-22 à 24, R. 6226-1
Maître d'apprentissage confirmé : R. 6223-25 à 31
Contrôle : R. 6251-7 et 8
Sanction pénale : R. 6226-10
Médiateur : L. 6222-39
Moselle, Bas-Rhin et Haut-Rhin : L. 6261-1 et 2 ; R. 6261-1 à 25
Négociation collective : L. 2241-6 ; R. 2241-9
Nombre d'apprentis : R. 6223-6 à 8
Opposition à l'engagement d'apprentis : L. 6225-1 à 3 ; R. 6223-16, R. 6225-1 à 8, R. 6226-9
Outre-mer : L. 6522-1 et 2 ; D. 6522-1 à 3
Régime juridique : L. 6221-1
Région (compétence) : L. 6121-1
Repos dominical : L. 3164-5 ; R. 3165-3
Rupture du contrat : L. 6222-18 à 22 ; R. 6222-21 à 23
Salaire : L. 6222-27 à 29 ; R. 6222-4, R. 6226-4 ; D. 6222-26 à 35
Sanctions pénales : L. 6244-1 ; R. 6226-1 à 10
Secteur public (expérimentation) : L 92-675 du 17.07.92 (TNC)
Sections d'apprentissage et unités de formation par apprentissage :
Conventions : L. 6232-6 à 11 ; R. 6232-18 à 21 ; D. 6232-17
Fonctionnement pédagogique : L. 6233-8 et 9 ; R. 6233-52 à 62 ; D. 6233-63 à 65
Organisation : R. 6233-22 à 51
Personnel : L. 6233-3 à 7 ; R. 6233-12 à 21
Ressources : L. 6233-1 et 2 ; R. 6233-1 à 11
Sanctions pénales : L. 6234-2
Situation dangereuse : L. 6225-4 à 7 ; R. 6225-9 à 12
Statut de l'apprenti : L. 6222-23 et 32
Suspension de l'exécution du contrat : L. 6225-4, 5 et 7 ; R. 6225-9
Taxe d'apprentissage : L. 6241-1 à 12 ; R. 6241-1 à 7, 10 et 18 à 26 ; D. 6241-8, 9 et 12
Affectation : L. 6241-10 et 11 ; R. 6241-20 à 26
Organismes collecteurs : L. 6242-1 à 6, L. 6244-1 ; R. 6242-1 à 24
Contrôle financier : L. 6252-4 à 13 ; R. 6252-6 à 8
Versement libératoire : L. 6241-4 à 7 ; R. 6241-18 et 19
Travail de nuit : L. 6222-26 ; R. 6222-24 et 25, R. 6226-3
Travail temporaire : L. 1251-7, 12 et 57, L. 6226-1
Travailleurs handicapés : L. 6222-2, 37 et 38 ; R. 6222-45 à 58
Travaux dangereux : L. 6222-30, 31 et 33 ; R. 6211-6, R. 6226-5

Arbitrage

Choix de l'arbitre : L. 2524-1 et 2
Cour supérieure d'arbitrage : L. 2524-7 à 10 ; R. 2524-2 à 22

Missions de l'arbitre : L. 2524-4
Recours : L. 2524-6 et 7
Remise de pièces : L. 2524-3
Sanctions pénales : R. 2525-2
Sentence : L. 2524-5 à 7 ; R. 2524-1

Arrêté de compte : L. 3243-3

Artisans

Apprentissage : L. 6243-2 et 3 ; R. 6224-1 ; D. 6211-5
Conseillers prud'hommes (liste électorale) : L. 1441-5
Formation professionnelle : L. 6122-3 et 4, L. 6313-1, L. 6322-4, 5 et 9, L. 6331-54, L. 6332-9 à 12 ; R. 6322-2, R. 6341-16 à 22
Présomption de non-salariat : L. 8221-6
Publicité sur les prestations de services : L. 8221-7, L. 8224-6 ; R. 8221-3
Salarié étranger : L. 8253-3
Sécurité (chantiers) : L. 4535-1, L. 4744-6
Travail dissimulé : L. 8221-1, 3 et 4, L. 8224-1 à 5-1 ; R. 8221-1, R. 8224-1

Artistes du spectacle

Agents artistiques :
Agence artistique : L. 7121-14
Mandat : R. 7121-6
Missions : R. 7121-1
Registre national : L. 7121-9 à 12 ; R. 7121-2 à 5
Rémunération : L. 7121-13 ; D. 7121-7 et 8
Sanctions pénales : L. 7121-15 à 17 ; R. 7121-50 à 52
Chômage : L. 5424-3, 20 et 21 ; D. 5424-50 à 65
Congés payés : D. 7121-28 à 49
Contrat de travail : L. 7121-3 à 7-1
Définition : L. 7121-2
Égalité professionnelle : R. 1142-1
Médecine du travail (entreprises foraines) : R. 4624-15 ; D. 4622-26
Placement : L. 7121-9 à 17 ; R. 7121-1 à 6 et 50 à 52 ; D. 7121-7 et 8
Rémunération : L. 7121-8
Surveillance médicale : L. 4625-2

Associations

Actions en justice (discriminations) : L. 1134-3
Information des salariés : L. 2323-84

Associations intermédiaires : L. 5132-7 à 14 ; R. 5132-11 à 26 ; D. 5132-26-1 à 26-5
Services à la personne : L. 7232-1-2
Surveillance médicale : L. 4625-1

Astreintes

☞ Voir **Durée du travail**

Ateliers et chantiers d'insertion : L. 5132-15, 15-1 et 17 ; R. 5132-28, 29, 32, 33 et 35 à 43 ; D. 5132-27, 30, 31, 34 et 43-1 à 43-5

Autorisations d'absence

Acquisition de la nationalité : L. 3142-116
Appel de préparation à la défense : L. 3142-73
Congé de bilan de compétences : L. 6322-42 et 43 ; R. 6322-40 à 42
Conseiller du salarié : L. 1232-12
Conseils de prud'hommes :
Assistance ou représentation des parties : L. 1453-4
Élections : L. 1441-34
Exercice des fonctions de conseiller : L. 1442-5
Formation : L. 1442-2
Dispositions des conventions collectives : L. 2232-3 et 8
Enseignement ou recherche : L. 6322-53 ; R. 6322-64 et 65
Événements familiaux : L. 3142-1
Maladie grave : L. 1226-5
Participation aux instances d'emploi et de formation professionnelle ou à un jury d'examen : L. 3142-3 à 4 ; D. 3142-5-1
Participation aux travaux des commissions de conciliation : L. 2522-2
Représentation : L. 3142-51 et 54
Réserve opérationnelle : L. 3142-65 et 66
Réserve dans la sécurité civile : L. 3142-108
Salariés candidats ou élus à un mandat parlementaire ou local : L. 3142-57
Sapeurs-pompiers : L 96-370 du 3.05.96 (TNC)
Surveillance médicale de la grossesse : L. 1225-16

Avances : L. 3251-3

Avantages en nature

Apprentissage : D. 6222-35
Congés payés : L. 3141-23
Contrat de professionnalisation : D. 6325-17
SMIC : R. 3231-16 ; D. 3231-8 à 15

Avertissement : L. 1332-2

Bâtiment et génie civil

Catégories d'opérations : R. 4532-1
Chantier (affichage du nom de l'entreprise) : R. 8221-1, R. 8224-1
Collège interentreprises de sécurité, de santé et des conditions de travail : L. 4532-10 à 15 ; R. 4532-77 à 94, R. 4741-4 et 5
Coordination :
Coordonnateur : L. 4532-3 à 7 ; R. 4532-4 à 41
Interventions ultérieures sur l'ouvrage : L. 4532-16 ; R. 4532-95 à 98
Obligation générale : L. 4532-2
Plans de sécurité : L. 4532-8 et 9 ; R. 4532-42 à 76
Travaux d'extrême urgence : L. 4532-17
Déclaration d'ouverture d'un chantier : R. 8113-1
Déclaration préalable : L. 4532-1 ; R. 4532-2 et 3
Fermeture temporaire : L. 4732-2

Pour trouver rapidement la page correspondant à l'article recherché, se reporter à la table de référence page LXIX. Pour les textes non codifiés (TNC), se reporter à la liste page 2541.

Pluralité de chantiers : L. 4531-3
Prescriptions techniques de protection : R. 4534-1 à 156
Principes de prévention : L. 4531-1 à 3
Référé (recours de l'inspecteur du travail) : L. 4732-2
Sanctions pénales : L. 4744-1 à 7
Travailleurs indépendants : L. 4535-1 ; R. 4535-1 à 12
Voies et réseaux divers : R. 4533-1 à 5
Dérogations : R. 4533-6 et 7

BÂTIMENT ET TRAVAUX PUBLICS
Arrêt temporaire des travaux : L. 4731-1 à 6, L. 4741-3 ; R. 4731-1 à 8
Caisse de congés payés : D. 3141-12 à 37, D. 5424-28, 30 et 32 à 43
Chantier (affichage du nom de l'entreprise) : R. 8221-1, R. 8224-1
Chômage-intempéries : L. 5424-6 à 19, L. 5425-1, L. 5429-3 ; R. 5429-3 ; D. 5424-7 à 49
CHSCT : L. 4611-5, L. 4612-18 ; R. 4613-4
Danger grave et imminent : voir ce mot
Déclaration d'ouverture d'un chantier : R. 8113-1
Formation professionnelle : L. 6331-35 à 47 ; R. 6331-36 à 46
Outre-mer : L. 6523-1
Jeunes travailleurs : D. 4153-36
Organisme professionnel de prévention : R. 4643-2 à 42
Privilèges spéciaux : L. 3253-22 et 23
Rémunération mensuelle minimale : L. 3232-9
Services de santé au travail : L. 4622-4
Travail temporaire : L. 1251-20

BILAN SOCIAL : L. 2323-68 à 77 ; R. 2323-17

BULLETIN DE PAIE
Bulletin de paie électronique : L. 3243-2 et 4
Compétence prud'homale : R. 1454-14 et 28, R. 1462-1
Conservation (dérogations) : L. 3243-5, L. 8113-6
Conservation (Obligation de) : L. 3243-4
Délivrance : L. 3243-1 à 4
Documents annexes : D. 3171-11 à 13
Employés de maison : R. 3243-6
Mentions : L. 3243-2 ; R. 3243-1 à 6, R. 3246-2
Nombre d'heures de travail : L. 8221-5

CADRES
CHSCT : R. 4613-1 et 2
Comité d'entreprise : L. 2323-62, L. 2324-11, L. 2327-4
Congé d'enseignement ou de recherche : L. 6322-53 s. ; R. 6322-64 à 69
Conseils de prud'hommes :
Électorat : L. 1441-3, 4 et 6 ; R. 1441-11
Section de l'encadrement : L. 1441-6 ; R. 1423-5
Conventions de forfait : L. 3121-42 à 48
Délégué syndical supplémentaire : L. 2143-4
Droit d'expression : L. 2281-11
Entreprises et établissements du secteur public : L. 2282-2 et 3
Durée du travail : L. 3111-2, L. 3121-42 à 48 ; D. 3171-10
Formation professionnelle (Organismes de) : L. 6352-1, L. 6355-6
Licenciement pour motif économique (notification) : L. 1233-15
Repos hebdomadaire :
Équipe de suppléance : L. 3132-16

CAISSE DE CONGÉS PAYÉS : L. 3141-30 et 31 ; R. 3141-3 ; D. 3141-9 à 11
Bâtiment et travaux publics : D. 3141-12 à 37, D. 5424-28, 30 et 32 à 43
Titre emploi-service entreprise : L. 1273-3
Titre de travail simplifié : L. 1522-6

CAISSE DE SÉCURITÉ SOCIALE (CONSEIL D'ADMINISTRATION) :
Articles L. 231-9 à 12 du code de la sécurité sociale (TNC)

CANTINE
☞ Voir **REPAS**

CARRIÈRES
☞ Voir **MINES ET CARRIÈRES**

CATASTROPHE NATURELLE
☞ Voir **CONGÉ POUR CATASTROPHE NATURELLE**

CAUSE RÉELLE ET SÉRIEUSE DE LICENCIEMENT : L. 1232-1

CERTIFICAT MÉDICAL
Absences pour maladie ou accident : L. 1226-1
Congé pour enfant malade : L. 1225-61
Congé de maternité : L. 1225-21
Congé parental d'éducation : R. 1225-12
Congé de présence parentale : L. 1225-62 ; R. 1225-14 et 15 ; D. 1225-17
Congé de solidarité familiale : D. 3142-6 et 7
Congé de soutien familial : D. 3142-11
Grossesse : L. 1225-5 ; R. 1225-1 et 2
Travailleur étranger : L. 5221-5

CERTIFICAT DE TRAVAIL
Compétence prud'homale : R. 1454-14 et 28, R. 1462-1
Délivrance : L. 1234-19 ; D. 1234-6
Sanction pénale : R. 1238-3

CESSION DE L'ENTREPRISE : L. 1224-1 et 2

CESSION DE SALAIRE
☞ Voir **SALAIRE**

CHANTIER
☞ Voir **BÂTIMENT ET GÉNIE CIVIL, BÂTIMENT ET TRAVAUX PUBLICS**

CHANTIERS D'INSERTION
☞ Voir **ATELIERS ET CHANTIERS D'INSERTION**

CHEMIN DE FER
Repos hebdomadaire : R. 3132-5
Retenues sur salaire : L. 3251-4 ; R. 3255-1
Santé et sécurité au travail : L. 4151-1

Chèque-emploi associatif : L. 1272-1 à 5 ; R. 1272-4 ; D. 1272-1 à 3 et 5 à 10

Chèque emploi-service universel : L. 1271-1 à 17, L. 1522-1 et 2 ; D. 1271-1 à 33, D. 1273-9

Chèque-vacances : L. 3263-1 et voir TNC

Chômage

- Accords relatifs à l'assurance chômage : L. 5422-20 à 24 ; R. 5422-16 et 17
- Actions en recouvrement : L. 5422-15 et 16 ; R. 5422-9
- Activité bénévole : L. 5425-8
- Activité d'intérêt général : L. 5425-9 ; R. 5425-19 et 20
- Activité occasionnelle ou réduite : L. 5425-1 et 2 ; R. 5425-1 à 10
- Affiliation à l'assurance chômage : L. 5422-13 et 14 ; R. 5422-5 à 8
- Allocation d'assurance : L. 5422-1 à 12 ; R. 5422-1 à 4
- Allocation forfaitaire du contrat nouvelles embauches : R. 5423-41 à 47 ; D. 5423-38 à 40
- Allocation de professionnalisation et de solidarité : L. 5424-21
- Allocation de retour à l'activité (outre-mer) : L. 5524-10
- Allocation de solidarité spécifique : L. 5423-1 à 6 ; R. 5423-1 à 14 ; D. 5424-62 à 64
- Allocation temporaire d'attente : L. 5423-8 à 14 ; R. 5423-18 à 37
- Allocations (dispositions générales) : L. 5421-1 à 4 ; R. 5421-1 à 3
- Artistes non salariés : L. 5423-3 ; D. 5424-62
- Attestation d'assurance chômage : R. 1234-9 à 12, R. 1238-7
- Chômage-intempéries : voir ce mot
- Chômage partiel : voir ce mot
- Chômeur de longue durée : L. 5423-1 ; R. 5423-1 à 14
- Conseil de prud'hommes (élections) : L. 1441-1 et 11 ; R. 1441-14
- Contrat de sécurisation professionnelle : L. 1233-65 à 70, L. 3253-8, 18-5 et 21, L. 5428-1 et voir TNC
- Contrat de transition professionnelle : voir TNC
- Contrat de travail à durée déterminée : L. 1242-3
- Contribution exceptionnelle de solidarité : L. 5423-26 à 32 ; R. 5423-49 à 52
- Contributions patronales et salariales : L. 5422-9 à 12, L. 5427-1 à 10
- Contrôle : L. 5426-1 à 9 ; R. 5426-1 à 17
- Convention du 6 mai 2011 relative à l'indemnisation du chômage (TNC)
- Création d'entreprise : voir **Création ou reprise d'une entreprise**
- Demandeur d'emploi : voir ce mot
- Détenus libérés : L. 5423-8 ; R. 5423-20
- Durée d'indemnisation : R. 5422-1 et 2
- Fonds de solidarité : L. 5423-24 et 25 ; R. 5423-48
- Formation économique, sociale et syndicale : L. 3142-11
- Formation professionnelle : L. 5422-2, L. 6313-2 et 6, L. 6331-19, L. 6341-7
- Fraude : L. 5426-2, L. 5429-1 à 3 ; R. 5426-3, R. 5429-1 et 2
- Licenciement abusif (remboursement des allocations chômage) : L. 1235-4 et 5 ; R. 1235-1 à 17
- Organismes gestionnaires : L. 5427-1 à 10 ; R. 5427-1 ; D. 5427-2 à 15
- Pôle emploi : L. 5312-1 à 14 ; R. 5311-1 à 3, R. 5312-1 à 37
- Prime forfaitaire pour reprise d'activité : L. 5425-3 à 7 ; R. 5425-14 à 17
- Professions de la production cinématographique, de l'audiovisuel et du spectacle : L. 5424-3, 20 et 21 ; D. 5424-50 à 65
- Répétition des prestations indues : L. 5426-8-1 à 8-3
- Salariés à l'étranger : L. 5422-13
- Sanctions pénales : L. 5426-5 à 8, L. 5429-1 à 3 ; R. 5426-15 à 17, R. 5429-1 à 3
- Secteur public : L. 5424-1 à 5 ; R. 5424-1 à 6
- Syndicat (adhésion) : L. 2141-2
- Travailleurs âgés : L. 5421-3 et 4, L. 5425-2 ; R. 5421-2
- Travailleurs étrangers : voir ce mot
- Travailleurs migrants (CE) : R. 5422-3 et 4

Chômage-intempéries (travailleurs du bâtiment) : L. 5424-6 à 19, L. 5425-1, L. 5429-3 ; R. 5429-3 ; D. 5424-7 à 49

Chômage partiel : L. 5122-1 à 5

- Actions de prévention : L. 5122-2 ; D. 5122-30 à 42
- Allocation : L. 5122-1 ; R. 5122-1 à 12 et 14 à 29 ; D. 5122-13
- Régime social et fiscal des allocations : L. 5122-4
- Rémunération mensuelle minimale : L. 3232-2, 5 et 8
- Temps réduit indemnisé de longue durée : L. 5122-2 ; D. 5122-43 à 51

CHSCT

☞ Voir **Comité d'hygiène, de sécurité et des conditions de travail**

Clause attributive de juridiction (nullité) : L. 1221-5, L. 7322-6

Collège interentreprises de sécurité, de santé et des conditions de travail

☞ Voir **Bâtiment et génie civil**

Comité central d'entreprise

☞ Voir **Comité d'entreprise**

Comité d'entreprise

- Activités sociales et culturelles : L. 2323-83 à 87 ; R. 2323-20 à 42
- Aide financière (services à la personne) : L. 7233-4 ; R. 7233-12 ; D. 7233-6 à 11

Pour trouver rapidement la page correspondant à l'article recherché, se reporter à la table de référence page LXIX. Pour les textes non codifiés (TNC), se reporter à la liste page 2541.

Assemblée générale des actionnaires : L. 2323-67 ; R. 2323-13 à 16
Cadres : L. 2323-62, L. 2324-11, L. 2327-4 et 5
Candidats (protection) : L. 2411-10, L. 2412-4, L. 2413-1, L. 2421-10, L. 2422-1 et 4, L. 2433-1 ; R. 2421-8 à 17, R. 2422-1
Carence : L. 2313-13 et 14, L. 2324-8
Cas de consultation/information :
Agrément en vue d'apprentissage : R. 6225-5
Aide à l'adaptation des salariés aux évolutions de l'emploi : L. 5121-5 ; R. 5121-17
Aide publique en faveur de l'entreprise : R. 2323-7-1
Apprentissage : L. 2323-41 à 43
Bilan social : L. 2323-68 à 77, L. 2328-2 ; R. 2323-17
Concentration (Opération de) : L. 2323-20
Conditions de travail : L. 2323-27 à 32 ; R. 2323-1
Congé pour la création d'entreprise : L. 3142-97 et 106
Congé d'enseignement ou de recherche : R. 6322-66
Congé de formation : L. 6322-6 ; R. 2325-5 et 6, R. 6322-6
Congé de formation de cadre et d'animateur pour la jeunesse : R. 3142-19
Congé de formation économique, sociale et syndicale : L. 3142-13
Congé de formation pour les salariés de 25 ans et moins : R. 6322-74 et 77
Congé de participation aux instances d'emploi et de formation professionnelle ou à un jury d'examen : L. 3142-4
Congé sabbatique : L. 3142-97 et 106
Congé de solidarité internationale : L. 3142-36
Congés payés : L. 2323-29, L. 3141-13
Contrats aidés : L. 2323-48 et 54
Contrôle de l'activité des salariés : L. 2323-32
Contrôle des fonds publics : R. 2323-11
Conventions de forfait : L. 2323-29
Conventions pour la mise en œuvre de la politique de l'emploi : R. 5111-3
Dérogation à la durée maximale du travail : L. 3121-37 ; R. 3121-23, 27 et 28 ; D. 3121-16
Désignation du médecin du travail : R. 4623-5 à 7
Droit d'expression des salariés : L. 2281-12, L. 2283-2
Durée et aménagement du temps de travail : L. 2323-29
Égalité professionnelle : L. 2323-47, 57 et 58 ; R. 2323-8, 9 et 12 ; D. 2323-9-1 et 12-1
Emploi des handicapés : L. 2323-30, 52 et 61 ; R. 2323-8 et 9
Formation professionnelle : L. 2323-33, L. 6122-1, L. 6331-12 et 31 ; R. 2323-2 à 4 ; D. 6321-3
Formation à la sécurité : L. 4143-1 ; R. 4143-2
Garanties de prévoyance et de retraite : R. 2323-1
Gestion du service médical : R. 4622-4 ; D. 4622-2 et 3, 6 à 8, 42 à 45 et 70 à 73
Groupement d'employeurs : L. 1253-7
Heures supplémentaires (contingent) : L. 3121-11 et 11-1
Horaires individualisés : L. 3122-23
Horaires de travail à temps partiel : L. 3123-2 et 3 ; R. 3123-2 ; D. 3123-1
Introduction de nouvelles technologies : L. 2313-13 et 14, L. 2325-38, L. 4612-9 et 10
Licenciement collectif : L. 1233-8, 9, 28 et 30, L. 2323-6, 15 et 16, L. 2325-35
Licenciement des délégués du personnel : L. 2421-3
Licenciement des médecins du travail : L. 4623-4 ; R. 4623-20 et 21
Licenciement des membres du CHSCT : L. 2421-3
Logement des travailleurs étrangers : L. 2323-31
Marche générale de l'entreprise : L. 2323-6 et 7
Modification de l'organisation économique et juridique de l'entreprise : L. 2323-19 et 20
Offre publique d'acquisition : L. 2323-21 à 26
Plan de formation : L. 2323-34 à 40 ; D. 2323-5 à 7
Politique de recherche : L. 2323-12
Prorogation ou renouvellement d'un dispositif d'épargne salariale : L. 2323-18
Recours aux contrats de travail à durée déterminée et au travail temporaire : L. 2323-17
Redressement judiciaire : L. 2323-44 et 45
Règlement intérieur : L. 1321-4
Repos dominical : L. 3132-14, 18 et 25-3
Travail de nuit : L. 3122-29
Champ d'application : L. 2321-1
CHSCT : L. 4611-5, L. 4612-17, L. 4613-1
Comité central d'entreprise et comités d'établissement : L. 2327-1 à 19, L. 2328-1 et 2, L. 2632-1 ; R. 2327-3 à 6 ; D. 2327-1 et 2
Comité d'entreprise européen : voir ce mot
Comité de groupe : voir ce mot
Comité interentreprises : R. 2323-28 à 33 et 40 à 42
Commissaire aux comptes : L. 2323-8, 78 et 79, L. 2332-1
Commission de l'égalité professionnelle : L. 2325-34
Commissions spéciales : L. 2325-22 ; R. 2325-4
Économique : L. 2325-23 à 25
Formation : L. 2325-26 ; R. 2325-5 et 6
Logement des salariés : L. 2325-27 à 33
Composition : L. 2324-1 et 2 ; R. 2324-1
Compte rendu de gestion : R. 2323-37
Comptes sociaux (communication) : L. 2323-8 à 11
Congé de solidarité internationale : L. 3142-36
Conseil d'administration ou de surveillance : L. 2323-62 à 67
Consultation (modalités) : L. 2323-2 à 4
Contentieux électoral : L. 2324-23, L. 2327-8 ; R. 2324-22 à 25, R. 2327-5 et 6
Contrat d'accompagnement dans l'emploi : L. 2323-48 et 54
Contrat initiative-emploi : L. 2323-48 et 54
Contribution patronale : L. 2323-86, L. 2325-43, R. 2323-34 et 35
Conventions collectives (communication) : L. 2262-5 et 6 ; R. 2262-2
Cumul de fonctions : L. 2143-9, L. 2314-19
Délégation unique : L. 2326-1 à 3 ; R. 2314-3
Délibérations : L. 2325-19 ; R. 2325-2
Demande d'infirmière : R. 4623-52
Déplacements : L. 2325-11
Désignation du conseiller du travail : D. 4632-5
Discrétion professionnelle : L. 2325-5
Dissolution : R. 2323-39
Droit d'alerte : L. 2323-78 à 82 ; R. 2323-18 et 19
Durée du mandat : L. 2324-24 à 28

Effectif de l'entreprise : L. 1111-2, L. 1251-54, L. 2322-6 et 7
Élections : L. 2324-3 à 23 ; R. 2324-2 à 25
Collèges électoraux : L. 2324-11 à 13 ; R. 2324-3
Dispositif de contrôle : L. 2324-9
Élections partielles : L. 2324-10
Électorat : L. 2324-14 et 16 à 18 ; R. 2324-22
Éligibilité : L. 2324-15 à 18 ; R. 2324-22
Organisation : L. 2324-3 à 10
Procès-verbal : L. 2324-8 ; R. 2324-21
Protocole préélectoral : L. 2324-4, 4-1, 6 et 19 à 21 ; R. 2324-12
Ratures : L. 2324-22
Scrutin : L. 2324-22
Vote électronique : L. 2324-19 ; R. 2324-4 à 17
Entrave : L. 2328-1
Entreprises assujetties : L. 2322-1 à 3
Entreprises en difficulté : L. 2323-78 à 82 ; R. 2323-18 et 19
Établissement distinct : L. 2322-5 ; R. 2322-1, R. 2324-22
Expert-comptable : L. 2323-23, L. 2325-35 à 37, 39 à 42, 79 et 80, L. 2334-4 ; R. 2325-7
Experts : L. 2325-35 à 42 ; R. 2325-7
Fonctionnement : L. 2325-1 à 44
Formation économique : L. 2325-44 ; R. 2325-8
Groupement d'employeurs : L. 1253-7
Heures de délégation : L. 2325-6 à 10
Informations économiques : L. 2323-8 à 11 et 21 à 25
Informations trimestrielles : L. 2323-46 et 50 à 54 ; R. 2323-10
Intéressement (accord) : L. 3312-5 et 7
Invitation de personnalités : L. 2325-13
Local : L. 2325-12
Mise en place : L. 2322-1 à 3
Modification de la situation juridique de l'employeur : L. 2323-19, L. 2324-26, L. 2327-11
Objet : L. 2323-1
Ordre du jour : L. 2325-15 à 17
Participation (accord) : L. 3322-6, L. 3323-6
Personnalité civile : L. 2325-1
Procès-verbal de réunion : L. 2323-56, L. 2325-20 et 21 ; R. 2325-3
Programme de prévention des risques professionnels : L. 4612-17 et 18
Protection des élus :
Interruption ou non-renouvellement d'une mission de travail temporaire : L. 2413-1, L. 2421-10
Licenciement : L. 2411-1, 2, 8 et 9, L. 2421-3 ; R. 2421-8 à 16
Réintégration : L. 2422-1, 2 et 4 ; R. 2422-1
Rupture d'un contrat à durée déterminée : L. 2412-1 et 4, L. 2421-7 et 8
Rupture conventionnelle : L. 1237-15
Sanction pénale : L. 2433-1
Transfert partiel d'entreprise ou d'établissement : L. 2414-1, L. 2421-9 ; R. 2421-17
Rapport annuel : L. 2323-47 et 55 ; R. 2323-8, 9 et 11 ; D. 2323-9-1
Rapport sur l'égalité professionnelle : L. 2323-57 et 58 ; R. 2323-12 ; D. 2323-12-1
Rapport sur le fonctionnement du service médical : D. 4624-42 à 45
Rapport sur la participation : D. 3323-13 à 15
Rapport unique : L. 2323-61
Règlement intérieur : L. 2325-2
Renouvellement : L. 2324-24 et 28
Représentant syndical au comité d'entreprise : voir ce mot
Ressources : L. 2323-86, L. 2325-43 ; R. 2323-34 à 39 et 42
Réunions :
Réunions d'information : L. 2325-13
Réunions mensuelles : L. 2325-14
Révocation des membres : L. 2324-27
Secret professionnel : L. 2325-5
Secrétaire : L. 2325-1 ; R. 2325-1
Service social du travail : D. 4632-1
Situation de l'emploi (information) : L. 2323-46 à 60 ; R. 2323-8 à 12 ; D. 2323-9-1 et 12-1
Subvention de fonctionnement : L. 2325-43
Suppléants : L. 2324-1 ; R. 2324-1
Suppression : L. 2322-7 ; R. 2322-2
Surveillance des services de santé au travail : D. 4622-6 et 10
Travail temporaire : L. 2324-7 et 16 à 17-1, L. 2325-10
Travail à temps partiel : L. 2324-15
Unité économique et sociale : L. 2322-4
Vote en séance : L. 2325-18

COMITÉ D'ENTREPRISE EUROPÉEN
Champ d'application : L. 2341-1 à 11
Comité de groupe (aménagement ou suppression) : L. 2345-2
Désignation des membres : L. 2344-2 à 9 ; R. 2344-3
Entrave : L. 2346-1
Groupe spécial de négociation : L. 2342-1 à 8
Protection des membres : L. 1237-15, L. 2411-1 et 11, L. 2412-1 et 5, L. 2413-1, L. 2414-1, L. 2421-4 et 7 à 10, L. 2422-1 et 4, L. 2434-1 ; R. 2421-17, R. 2422-1
Mise en place en l'absence d'accord : L. 2343-1 à 19
Mise en place par accord : L. 2342-9 à 10-2
Procédure d'information et de consultation : L. 2342-11 et 12
Protection des membres : L. 1237-15, L. 2411-1 et 11, L. 2412-1 et 5, L. 2413-1, L. 2414-1, L. 2421-4 et 7 à 10, L. 2422-1 et 4, L. 2434-1 ; R. 2421-17, R. 2422-1
Répartition des sièges : L. 2344-1 ; R. 2344-1
Secret professionnel : L. 2342-10, 10-1 et 12
Suppression : L. 2345-1 et 2 ; R. 2345-1

COMITÉ D'ÉTABLISSEMENT
☞ Voir COMITÉ D'ENTREPRISE

Pour trouver rapidement la page correspondant à l'article recherché, se reporter à la table de référence page LXIX. Pour les textes non codifiés (TNC), se reporter à la liste page 2541.

COMITÉ DE GROUPE : L. 2331-1 s., L. 2632-2 ; R. 2331-1 à 4, R. 2332-1, R. 2333-1 ; D. 2332-2
Entrave : L. 2335-1

COMITÉ D'HYGIÈNE, DE SÉCURITÉ ET DES CONDITIONS DE TRAVAIL (CHSCT) : L. 2381-1 et 2
Composition : L. 4613-1 à 4 ; R. 4613-1 à 4 et 10 à 12
Constitution : L. 4611-1 à 7 ; R. 4613-4, 7 et 9
Consultations obligatoires : L. 4612-8 à 15 ; R. 4612-3 à 6
Danger grave et imminent : L. 4131-2, L. 4132-2 à 4 ; D. 4132-1 et 2
Documents relatifs à la santé et à la sécurité au travail : L. 4711-1 à 5 ; R. 4741-3 ; D. 4711-1 à 3
Enquêtes : L. 4612-5, L. 4614-6 ; R. 4612-2
Entrave : L. 4742-1
Entreprises assujetties : L. 4611-1
Établissements de santé, sociaux et médico-sociaux : R. 4615-1 à 21
Experts : L. 4614-12 et 13 ; R. 4614-6 à 20
Fonctionnement : L. 4614-1 s. ; R. 4614-1 à 36
Formation des membres : L. 4614-14 à 16 ; R. 4614-21 à 36
Heures de délégation : L. 4614-3 à 6
Informations : L. 4614-9 ; R. 4614-5
Inspections : L. 4612-4
Installations nucléaires de base : L. 4523-1 à 17 ; R. 4523-1 à 17
Installations susceptibles de donner lieu à des servitudes d'utilité publique : L. 4523-1 à 17 ; R. 4523-1 à 17
Mandat : R. 4613-5 et 6
Missions : L. 4612-1 à 7 ; R. 4612-1 à 2-1
Moyens matériels : L. 4614-9
Nombre de comités : L. 4613-4
Préparation des formations à la sécurité : R. 4143-1
Présidence : L. 4614-1
Programme annuel : L. 4612-16 et 17 ; R. 4612-7 à 9
Protection des membres :
Interruption ou non-renouvellement d'une mission de travail temporaire : L. 2413-1, L. 2421-10
Licenciement : L. 2411-1, 13 et 14, L. 2421-3 et 4 ; R. 2411-1, R. 2421-8 à 16
Réintégration : L. 2422-1 et 4 ; R. 2422-1
Rupture d'un contrat à durée déterminée : L. 2412-1, 7 et 8, L. 2421-7 et 8
Rupture conventionnelle : L. 1237-15
Sanction pénale : L. 4742-1
Transfert partiel d'entreprise ou d'établissement : L. 2414-1, L. 2421-9 ; R. 2421-17
Rapport annuel : L. 4612-16 et 17 ; R. 4612-7 à 9
Règlement intérieur (avis) : L. 1321-4
Repas (avis) : R. 4228-22 et 25
Réunions : L. 4614-7 à 11 ; R. 4614-2 à 5
Secret professionnel : L. 4614-9
Secrétaire : R. 4614-1
Services de santé au travail : D. 4624-36, 39 et 45

COMITÉ INTERENTREPRISES DE SANTÉ ET DE SÉCURITÉ AU TRAVAIL : L. 4524-1 ; R. 4524-1 à 10

COMITÉ RÉGIONAL DE LA PRÉVENTION DES RISQUES PROFESSIONNELS : R. 4641-30, 31 et 35 ; D. 4641-32 à 34 et 36 à 40

COMITÉ DE LA SOCIÉTÉ COOPÉRATIVE EUROPÉENNE
☞ Voir SOCIÉTÉ COOPÉRATIVE EUROPÉENNE

COMITÉ DE LA SOCIÉTÉ EUROPÉENNE
☞ Voir SOCIÉTÉ EUROPÉENNE

COMITÉ DE LA SOCIÉTÉ ISSUE D'UNE FUSION TRANSFRONTALIÈRE
☞ Voir SOCIÉTÉ ISSUE D'UNE FUSION TRANSFRONTALIÈRE

COMMERCE DE DÉTAIL
Gérant (statut) : L. 7321-1 à 5, L. 7322-1 à 7
Repos hebdomadaire : L. 3132-13 et 26 ; R. 3132-8 et 21

COMMISSION NATIONALE DE LA NÉGOCIATION COLLECTIVE : L. 2271-1, L. 2272-1 et 2 ; R. 2271-1, R. 2272-1 à 14
Dialogue social : L. 2 et 3
Extension et élargissement des conventions et accords collectifs : L. 2261-15, 17 et 24 à 27
SMIC : R.* 3231-7

COMMISSIONS ADMINISTRATIVES À CARACTÈRE CONSULTATIF : D 2006-672 du 8.06.06 (TNC)

COMMISSIONS PARITAIRES LOCALES : L. 2234-1 à 3

COMPENSATION : L. 3251 et 2

COMPTE ÉPARGNE-TEMPS : L. 3151-1, L. 3152-1 à 3, L. 3153-1 à 3, L. 3154-1 à 3, L. 3343-1 ; D. 3154-1 à 6

CONCIERGES ET EMPLOYÉS D'IMMEUBLES À USAGE D'HABITATION
Absences : L. 7211-3
Congés pour événements familiaux : L. 7211-3
Congés payés : L. 7213-1 à 7 ; R. 7213-1 à 14
Conseil de prud'hommes :
Compétence : L. 7215-1 ; R. 1423-5
Élections : R. 7215-1 à 3
Conventions et accords collectifs (affichage) : R. 2262-4
Définition : L. 7211-1 à 2
Harcèlement : L. 7211-3
Jours fériés : L. 7211-3
Licenciement : L. 7212-1 et 2 ; R. 7212-1
Logement : L. 7212-1
Repos hebdomadaire : L. 7211-3
Salaire (mode de paiement) : L. 7211-3
Sanctions pénales : R. 7216-1 à 9
Surveillance médicale : L. 7211-3 ; R. 7214-1 à 21

CONCIERGES DES ÉTABLISSEMENTS INDUSTRIELS ET COMMERCIAUX
Repos hebdomadaire : L. 3132-11

CONCILIATION
Accord de : L. 2522-5 et 11, L. 2524-5 ; R. 2522-21
Commission de conciliation (outre-mer) : L. 2623-1 ; R. 2623-1 à 19
Commission nationale et régionale : L. 2522-7 ; R. 2522-3 à 23

Comparution des parties : L. 2522-3 et 4, L. 2525-1 ; R. 2522-19 et 20, R. 2525-1
Échec : L. 2522-6
Engagement de la procédure : R. 2522-17
Établissements publics : L. 2522-8 à 12
Exécution de l'accord : L. 2524-5 ; R. 2525-2
Procédure : L. 2522-1 à 6 ; R. 2522-1 et 2
Procès-verbal : L. 2522-5 et 11 ; R. 2522-21
Représentation des parties : R. 2522-18
Sanctions pénales : L. 2525-1 ; R. 2525-1 et 2

CONDITIONS DE TRAVAIL (AMÉLIORATION DES)
Agence pour l'amélioration des conditions de travail : L. 4642-1 à 3, L. 4643-2, L. 4831-1 ; R. 4642-1 à 29
CHSCT : L. 4611-1 s. ; R. 4612-1 s. ; voir ce mot
Comité d'entreprise : L. 2323-27 à 32 ; R. 2323-1
Droit d'expression des salariés : L. 2281-1 et 2
Groupement d'employeurs : L. 1253-9 à 15
Mannequins : L. 7123-18
Mutation de postes (médecine du travail) : L. 4624-1
Santé et sécurité au travail : L. 4141-1 s.
Service social (conseiller du travail) : D. 4632-9
Stagiaire en entreprise : L. 6343-1 à 4
Travail temporaire : L. 1251-21 à 24

CONFLITS COLLECTIFS
☞ Voir ARBITRAGE, CONCILIATION, GRÈVE, MÉDIATION

CONGÉ POUR ACQUISITION DE LA NATIONALITÉ : L. 3142-116

CONGÉ D'ADOPTION : L. 1225-37 à 46, 70 et 71 ; R. 1225-9 à 11, R. 1227-5

CONGÉ POUR CATASTROPHE NATURELLE : L. 3142-41 et 42

CONGÉ POUR LA CRÉATION OU LA REPRISE D'ENTREPRISE : L. 3142-78 à 90 et 96 à 107 ; D. 3142-41 à 46 et 49 à 53

CONGÉ POUR ENFANT MALADE : L. 1225-61, 70 et 71

CONGÉ POUR ÉVÉNEMENTS FAMILIAUX : L. 3142-1 et 2

CONGÉ DE FORMATION
Accords : L. 6322-14 à 16
Ancienneté : L. 6322-4, 5 et 25 à 28 ; R. 6322-1, 2 et 20 ; D. 6322-21
Artisans : L. 6322-5 et 9 ; R. 6322-2
Comité d'entreprise (avis) : L. 6322-6 ; R. 2325-5 et 6
Congé de bilan de compétences : L. 6322-42 à 52 ; R. 6322-32 à 63
Congé d'enseignement ou de recherche : L. 6322-53 à 58, L. 6331-24 ; R. 6322-64 à 69
Congé d'examen : L. 6322-3 et 19
Congé pour les salariés de 25 ans et moins : L. 6322-10 et 59 à 63 ; R. 6322-70 à 78
Congé pour validation des acquis de l'expérience : L. 6422-1 à 10 ; R. 6422-1 à 7 et 9 à 13 ; D. 6422-8
Contrats à durée déterminée : L. 6322-25 à 41-1 ; R. 6322-20 et 22 à 27 ; D. 6322-21 et 28 à 31
Contrats nouvelles embauches : R. 6322-20 et 22 à 27 ; D. 6322-21 et 28 à 31
Demande de congé : L. 6322-7 à 9 ; R. 6322-3 à 7, 10 et 11
Durée : L. 6322-12 et 13
Financement : L. 6322-14 à 16, 21 à 23, 37 à 41-1 et 51, L. 6331-11, L. 6341-1 à 6 ; R. 6341-1 à 22
Frais de transport (stagiaires) : L. 6341-9 ; R. 6341-49 à 53
Objet : L. 6322-1 à 3
Obligations du bénéficiaire : R. 6322-8 et 9
Organismes collecteurs agréés : L. 6322-16 à 18 et 20 à 22 ; R. 6322-12 à 19
Priorités : L. 6322-24 et 32 ; R. 6322-12 à 14 et 22 à 25
Protection sociale des stagiaires : L. 6342-1 à 7 ; R. 6342-1 à 4
Rémunération : L. 6322-14 à 24, L. 6341-1 à 12 ; R. 6341-24, 25 et 27 à 48 ; D. 6341-23 et 26
Stages ouvrant droit à rémunération : L. 6341-1 à 12 ; R. 6341-1 à 15
Travail temporaire : L. 1251-58

CONGÉ DE FORMATION DE CADRES ET D'ANIMATEURS POUR LA JEUNESSE : L. 3142-43 à 46 ; R. 3142-18 et 19, 22 et 23, R. 3143-3 ; D. 3142-17, 20, 21 et 24

CONGÉ DE FORMATION ÉCONOMIQUE ET SOCIALE ET DE FORMATION SYNDICALE : L. 3142-7 à 15 ; R. 3142-1 à 5, R. 3143-2 ; Arrêté du 7.03.86 (TNC)

CONGÉ DE MATERNITÉ : L. 1225-17 à 28, 70 et 71
☞ Voir aussi MATERNITÉ

CONGÉ DE MOBILITÉ
☞ Voir LICENCIEMENT POUR MOTIF ÉCONOMIQUE

CONGÉ MUTUALISTE DE FORMATION : L. 3142-47 à 50 ; R. 3142-25 et 26

CONGÉ PARENTAL D'ÉDUCATION : L. 1225-47 à 60, 70 et 71 ; R. 1225-12 et 13, R. 1227-5

CONGÉ DE PARTICIPATION AUX INSTANCES D'EMPLOI ET DE FORMATION PROFESSIONNELLE OU À UN JURY D'EXAMEN : L. 3142-3 à 6, L. 6313-1 et 12 ; D. 3142-5-1

CONGÉ DE PATERNITÉ : L. 1225-35 et 36, 70 et 71 ; R. 1227-5 ; D. 1225-8

CONGÉ DE PRÉSENCE PARENTALE : L. 1225-62 à 65, 70 et 71 ; R. 1225-14 et 15 ; D. 1225-16 et 17

CONGÉ DE RECLASSEMENT
☞ Voir LICENCIEMENT POUR MOTIF ÉCONOMIQUE, RECLASSEMENT

Pour trouver rapidement la page correspondant à l'article recherché, se reporter à la table de référence page LXIX. Pour les textes non codifiés (TNC), se reporter à la liste page 2541.

Congé de représentation : L. 3142-51 à 55 ; R. 3142-27 à 34

Congé sabbatique : L. 3142-91 à 107 ; D. 3142-47 à 53

Congé des salariés candidats ou élus à un mandat parlementaire ou local : L. 3142-56 à 64-1 ; D. 3142-35 à 37

Congé de solidarité familiale : L. 3142-16 à 21 ; D. 3142-6 à 8-1

Congé de solidarité internationale : L. 3142-32 à 40 ; D. 3142-14 à 16

Congé de soutien familial : L. 3142-22 à 31 ; D. 3142-9 à 13

Congés payés annuels
- Absences non déductibles : L. 3142-12, 45 et 48, L. 6322-13, 46 et 61, L. 6422-5 ; D. 3141-4
- Accident du travail ou maladie professionnelle : L. 3141-5
- Acquisition des droits : L. 3141-3
- Affichage : D. 3141-6
- Aménagement du temps de travail : L. 3141-5
- Artistes du spectacle : D. 7121-28 à 49
- Bulletin de paie : R. 3243-1
- Caisses de congés payés : voir ce mot
- Compte épargne-temps : L. 3151-1, L. 3152-1 à 3, L. 3153-1 à 3, L. 3154-1 à 3 ; D. 3154-1 à 6
- Concierges : L. 7213-1 à 7 ; R. 7213-1 à 14
- Contrepartie obligatoire en repos : L. 3141-5
- Décès : L. 3141-26
- Droit au congé : L. 3141-1 et 2 ; D. 3141-1 et 2
- Durée du congé : L. 3141-3 à 11 ; R. 3141-3 ; D. 3141-4
- Employés de maison : L. 7221-2 ; R. 7221-1 et 2
- Faute lourde : L. 3141-26 et 27
- Fermeture de l'entreprise : L. 3141-20 et 29
- Fractionnement : L. 3141-17 à 20
- Indemnité compensatrice : L. 3141-26 à 28 ; D. 3141-7
- Indemnité de congés payés : L. 3141-22 à 29 ; D. 3141-7 et 8
  - Succession d'employeurs : L. 1224-2
  - Superprivilège : L. 3253-4
- Jeunes travailleurs : L. 3164-9
- Non-respect : D. 3141-1 et 2
- Ordre des départs : L. 3141-14 à 16 ; D. 3141-6
- Période de congés : L. 3141-12 et 13 ; D. 3141-5
  - Consultation du comité d'entreprise : L. 2323-29
- Période de référence : L. 3141-3, 4 et 11 ; R. 3141-3
- Préavis : D. 3141-4
- Prise par anticipation : L. 3141-12
- Report : L. 3141-21
- Résiliation du contrat de travail : L. 3141-26 à 28
- Salariés candidats aux élections parlementaires : L. 3142-58 et 59
- Sanctions pénales : R. 3143-1
- Service national : L. 3141-5 ; D. 3141-4
- Travail pendant les congés payés : D. 3141-2
- Travail temporaire : L. 1251-19 ; D. 3141-8
- VRP : D. 7313-1

Conjoint collaborateur ou associé : L. 3332-2, L. 6331-48 et voir TNC

Conseil d'atelier ou de bureau : L. 2282-2 et 3 ; R. 2282-1

Conseil national de l'emploi : L. 5112-1 à 2 ; R. 5112-1 à 5

Conseil national de la formation professionnelle tout au long de la vie : L. 2, L. 6123-1 et 2 ; R. 6123-1 à 1-4 ; D. 6123-2 à 17

Conseil national des missions locales : R. 5314-1 à 5 ; D. 5314-0 et 6 à 12

Conseil d'orientation sur les conditions de travail : R. 4641-1 à 4, 7, 9, 11, 13, 16, 19 et 22 ; D. 4641-5, 6, 8, 10, 12, 14, 15, 17, 18, 20, 21, 23 et 24

Conseil d'orientation de la participation, de l'intéressement, de l'épargne salariale et de l'actionnariat salarié : L. 3346-1 ; D. 3346-1 à 7

Conseil de prud'hommes
- Aérodrome : L. 1422-2
- Agriculture : L. 1441-5, 8, 12 et 18 ; R. 1423-1 à 3, R. 1441-10
- Appel : R. 1461-1 et 2
  - Référé : R. 1455-11
- Apprentissage : L. 1441-3, L. 6224-7
- Assemblée générale : L. 1423-3 ; R. 1423-13, 15, 23 et 24
- Assistance des parties : L. 1453-1 à 4 ; R. 1453-1 à 4
- Audiences : R. 1423-25, R. 1454-19
- Bureau de conciliation : L. 1423-13, L. 1454-2 et 4 ; R. 1423-34, R. 1454-7 à 18
  - Pouvoirs : R. 1454-14
- Bureau de jugement : L. 1423-12, L. 1452-2 et 4 ; R. 1423-34 et 35, R. 1454-19 à 28
- Cadres (électorat) : L. 1441-3, 4 et 6 ; R. 1441-11
- Cadres (section de l'encadrement) : L. 1441-6 ; R. 1423-5
- Candidats (protection) : L. 2411-1 et 22, L. 2437-1
- Chambres : R. 1423-8 à 10
- Commission électorale : L. 1441-13 ; D. 1441-38 à 45
- Comparution personnelle : R. 1453-1
- Compétence : L. 1411-1 à 6
  - Nullité des clauses attributives de juridiction : L. 1221-5, L. 7322-6
- Compétence en matière disciplinaire : L. 1333-1 à 3
- Compétence en matière de licenciement économique : L. 1411-1, L. 1456-1 ; R. 1423-9, R. 1456-1 à 5
- Compétence des sections : R. 1423-4 à 7 et 33
- Compétence territoriale : R. 1412-1 à 5
- Composition : L. 1421-1, L. 1423-2 ; R. 1423-1 à 7
- Concierges : L. 7215-1 ; R. 1423-5, R. 7215-1 à 3
- Conciliation : L. 1411-1 ; R. 1454-5, 7 à 18 et 22, R. 1456-2
- Conseil supérieur de la prud'homie : L. 1431-1 et 2 ; R. 1431-1 à 16
- Contestations électorales : L. 1441-14 et 15, 39 et 40 ; R. 1441-48 à 61, 72 à 76 et 171 à 177

Création : L. 1422-3 ; R. 1422-1 à 3
Déchéance d'un conseiller : L. 1441-20, L. 1442-15
Déclarations de candidatures : L. 1441-22 à 27 ; R. 1441-62, 64 et 68 à 76 ; D. 1441-63 et 65 à 67
Demandes (recevabilité) : R. 1452-6 à 8
Demandes nouvelles : R. 1452-7
Demandes reconventionnelles : R. 1452-7, R. 1462-2
Démission : L. 1442-12 ; D. 1442-17 et 18
Départage : L. 1454-2 à 4 ; R. 1454-29 à 32
Dépenses : L. 1423-15 ; R. 1423-51 à 55 ; D. 1423-56 à 75
Difficultés de constitution et de fonctionnement : L. 1423-8 à 11
Discipline : L. 1442-11 à 18 ; D. 1442-20 à 24
Dissolution : L. 1423-11
Durée du mandat : L. 1442-3
Élections : L. 1441-1 à 40, L. 1443-1 et 2 ; R. 1441-1 s., R. 1443-1 à 3
Élections complémentaires : L. 1441-36 à 38 ; R. 1441-166 à 170
Électorat : L. 1441-1 à 7 ; R. 1441-1 à 19
Éligibilité : L. 1441-16 à 21
Émoluments :
  Huissiers : R. 1423-53
  Témoins : R. 1423-54
Entrave : L. 1443-3
Exceptions de procédure : R. 1451-2
Exécution provisoire : R. 1454-16 et 28
Formation des conseillers : L. 1442-1 et 2 ; R. 1442-2 ; D. 1442-1 et 3 à 10
Frais de déplacement : D. 1423-64
Gérants non salariés de succursale : L. 7322-5
Gratuité des fonctions : L. 1442-8
Greffe : R. 1423-36 à 50
Honorariat : D. 1442-25 à 28
Inéligibilité : L. 1441-20 et 21, L. 1442-11
Insigne : D. 1442-25
Inspection : R. 1423-30
Installation : D. 1442-14
Jugement : R. 1454-19 à 28
Listes électorales : L. 1441-1 et 2, 8 à 15, 22 à 28 et 30 ; R. 1441-1, 20, 24, 30 à 35 et 48 à 61, R. 1443-1 à 3 ; D. 1441-21 à 23, 25 à 29 et 36 à 47
  Affichage : D. 1441-101
Local : L. 1423-14
Mandataire de liste : L. 1441-27 et 34
Médiation : R. 1471-1 et 2
Mineurs : L. 1453-1
Mise en état de l'affaire : L. 1454-1 ; R. 1454-1 à 6
Modification du ressort : L. 1422-3, R. 1422-1 à 3
Nombre de conseillers : L. 1423-2
Non-comparution :
  Défendeur : R. 1454-13, 14 et 20
  Demandeur : R. 1454-12
Notification des décisions : R. 1454-26
Opposition : R. 1463-1
Organisation : L. 1423-1 à 16 ; R. 1423-1 à 55 ; D. 1423-56 à 75
Outre-mer : R. 1523-1 à 5
Péremption d'instance : R. 1452-8
Pourvoi en cassation : L. 1462-1 ; R. 1462-1 et 2 ; D. 1462-3
Président : L. 1423-3 à 7 ; R. 1423-11 à 22 et 31 ; D. 1423-71 à 75
Procédure : R. 1451-1 s.
Protection des conseillers :
  Interruption ou non-renouvellement d'une mission de travail temporaire : L. 2413-1, L. 2421-10
  Licenciement : L. 2411-1 et 22, L. 2421-1 et 2
  Rupture d'un contrat à durée déterminée : L. 2412-1 et 13, L. 2421-7 et 8
  Rupture conventionnelle : L. 1237-15
  Sanction pénale : L. 2437-1
Provision sur salaire et indemnités : R. 1454-14
Récusation : L. 1457-1 ; R. 1457-1 et 2
Référé : L. 1423-1 et 13, L. 1453-2, L. 1454-2 et 4, L. 2313-2 ; R. 1454-29, 30 et 32, R. 1455-1 à 11
Règlement intérieur : R. 1423-25 à 29
Renouvellement : D. 1441-77
Représentation des parties : L. 1453-1 à 4 ; R. 1453-1 à 4
Requalification d'un contrat à durée déterminée : L. 1245-2
Requalification d'un contrat de travail temporaire : L. 1251-41
Ressort : L. 1422-3 ; R. 1422-1 à 4
Saisine : R. 1452-1 à 5
Sanctions pénales : L. 1443-1 à 3 ; R. 1443-1 à 3
Scrutin : L. 1441-29 à 40 ; R. 1441-81, 95, 148 et 166 à 177 ; D. 1441-77 à 80, 82 à 94, 96 à 147 et 149 à 165
Sections : L. 1423-1, 2 et 10 ; R. 1423-1 à 7 et 33, R. 1441-5 à 14
Serment : D. 1442-11 à 13
Siège : L. 1422-3 ; R. 1422-1 à 4
Statut des conseillers : L. 1442-1 à 19, L. 1443-3 ; R. 1442-2 ; D. 1442-1 et 3 à 28
Suppression : L. 1422-3 ; R. 1422-1 à 3
Taux de compétence : D. 1462-3
Travailleurs à domicile : L. 7423-1 ; R. 1412-1, R. 7423-1 et 2
Vacance : L. 1442-4 ; D. 1442-19
Vacations : L. 1423-15 ; R. 1423-55 ; D. 1423-56 à 70
Vice-président : L. 1423-3 à 7 ; R. 1423-11 à 22 ; D. 1423-71 à 75
Voies de recours : L. 1462-1 ; R. 1461-1 et 2, R. 1462-1 et 2, R. 1463-1 ; D. 1462-3
VRP : L. 1441-6, L. 7313-18

CONSEIL SUPÉRIEUR DE L'ÉGALITÉ PROFESSIONNELLE ENTRE LES FEMMES ET LES HOMMES : D. 1145-1 à 19

CONSEIL SUPÉRIEUR DE LA PRUD'HOMIE : L. 1431-1 et 2 ; R. 1431-1 à 16

Pour trouver rapidement la page correspondant à l'article recherché, se reporter à la table de référence page LXIX. Pour les textes non codifiés (TNC), se reporter à la liste page 2541.

CONSEILLER PRUD'HOMME
☞ Voir CONSEIL DE PRUD'HOMMES

CONSEILLER DU SALARIÉ
- Assistance du salarié (entretien préalable) : L. 1232-4 et 7, L. 1233-13, L. 1235-5 ; R. 1232-2 et 3
- Entrave : L. 1238-1
- Formation : L. 1232-12
- Indemnité forfaitaire annuelle : D. 1232-8
- Liste des conseillers : L. 1232-4 et 7 ; D. 1232-4 à 6 et 12
- Protection en cas de licenciement : L. 2411-1 et 21, L. 2436-1 ; R. 2421-1 à 7
- Rémunération : L. 1232-9 à 11 ; D. 1232-7 à 11
- Rupture du contrat de travail : L. 1232-14
- Rupture conventionnelle : L. 1237-15
- Secret professionnel : L. 1232-13
- Temps nécessaire à l'exercice de la mission : L. 1232-8

CONSEILLER DU TRAVAIL : D. 4632-4 à 11

CONTRAT D'ACCÈS À L'EMPLOI : L. 5522-5 à 20 ; R. 5522-12 à 34, 37 à 40, 42 et 43 ; D. 5522-35 et 36, 41 et 44

CONTRAT D'ACCOMPAGNEMENT DANS L'EMPLOI : L. 5134-20 à 34 ; R. 5134-26 à 40, 42 à 47, 49 et 50 ; D. 5134-41, 48 et 50-1 à 50-8

CONTRAT D'APPRENTISSAGE
☞ Voir APPRENTISSAGE

CONTRAT D'APPUI AU PROJET D'ENTREPRISE : L. 5142-1 à 3 ; R. 5142-1 à 6

CONTRAT EMPLOI-JEUNE : L. 5134-1 à 19, L. 5522-1 ; D. 5134-1 à 13

CONTRAT INITIATIVE-EMPLOI : L. 5134-65 à 73 ; R. 5134-51 à 63 et 65 à 70 ; D. 5134-64

CONTRAT D'INSERTION DANS LA VIE SOCIALE : L. 5131-4 à 8 ; R. 5131-10 ; D. 5131-11 à 27

CONTRAT DE MISE À DISPOSITION
☞ Voir TRAVAIL TEMPORAIRE

CONTRAT DE MISSION
☞ Voir TRAVAIL TEMPORAIRE

CONTRAT DE MISSION À L'EXPORTATION : L. 1223-5 à 7, L. 1236-7

CONTRAT NOUVELLES EMBAUCHES
- Allocation forfaitaire : R. 5423-41 à 47 ; D. 5423-38 à 40
- Congé individuel de formation : R. 6322-20 et 22 à 27 ; D. 6322-21 et 28 à 31

CONTRAT DE PROFESSIONNALISATION : L. 6325-1 à 24 ; R. 6325-20 et 21 ; D. 6325-1, 2, 4 à 19-1 et 22 à 29

CONTRAT RELATIF AUX ACTIVITÉS D'ADULTES-RELAIS : L. 5134-100 à 109 ; D. 5134-145 à 160

CONTRAT DE SÉCURISATION PROFESSIONNELLE : L. 1233-65 à 70, L. 3253-8, 18-5 et 21, L. 5428-1 et voir TNC

CONTRAT DE TRANSITION PROFESSIONNELLE : voir TNC

CONTRAT DE TRAVAIL : L. 1211-1 s.
- Accident du travail ou maladie professionnelle : L. 1226-7 à 17
- Apprentissage : L. 6221-1 ; R. 6222-2 à 5
- Artistes du spectacle : L. 7121-3 à 7-1
- Bonne foi (Exécution de) : L. 1222-1
- Clause attributive de juridiction (nullité) : L. 1221-5
- Déclaration préalable à l'embauche : L. 1221-10 à 12 ; R. 1221-1 à 17, 34 et 35, R. 1227-1 et 2
- Discrimination : L. 1132-1 à 4, L. 1142-1 à 4 ; R. 1142-1
- Droits des personnes : L. 1121-1
- Durée : L. 1221-2
- Égalité de rémunération : L. 3221-7
- Forme : L. 1221-1
- Grossesse : L. 1225-1 à 29, 70 et 71 ; R. 1227-5
- Groupement d'employeurs : voir ce mot
- Journalistes : L. 7112-1 à 5
- Langue de rédaction : L. 1221-3
- Litiges (compétence) : L. 1411-1
- Mannequins : L. 7123-3 à 5 ; R. 7123-1 et 2
- Modification du contrat : L. 1222-6 à 8
- Modification de la situation juridique de l'employeur : L. 1224-1 à 4
- Outre-mer : L. 1531-1 à 3
- Relevé mensuel : R. 1227-4 ; D. 1221-28 à 31
- Rupture (Dispositions générales) : L. 1231-1 à 6 ; R. 1231-1
- Rupture conventionnelle : voir RUPTURE CONVENTIONNELLE DU CONTRAT DE TRAVAIL
- Service national : L. 3142-71 à 77 ; R. 3143-4 ; D. 3142-39 et 40
- Suspension : voir SUSPENSION DU CONTRAT DE TRAVAIL
- Temps partiel : L. 3123-14
- Travail temporaire : voir ce mot
- Travailleurs étrangers : voir ce mot
- VRP : L. 7313-1 à 18

CONTRAT DE TRAVAIL À DURÉE DÉTERMINÉE : L. 1241-1 s.
- Accident du travail ou maladie professionnelle : L. 1226-13 et 18 à 22, L. 4154-3
- Action en justice (syndicats) : L. 1247-1 ; D. 1247-1 et 2
- Cas de recours : L. 1242-1 à 4 ; D. 1242-1 à 3
- Chômeurs : L. 1242-3
- Comité d'entreprise : L. 2323-17 et 53 ; R. 2323-9, 10 et 17
- Conflit collectif : L. 1242-6
- Congé de bilan de compétences : L. 6322-43
- Congé individuel de formation : L. 6322-25 à 41-1 ; R. 6322-20 et 22 à 27 ; D. 6322-21 et 28 à 31
- Congé pour validation des acquis de l'expérience : L. 6422-2
- Contrat d'apprentissage : L. 1241-1, L. 1242-4
- Contrat à durée déterminée à objet défini : voir note au-dessus de L. 1242-1
- Contrat emploi-jeune : L. 5134-9 et 14 à 18
- Contrat initiative-emploi : L. 5134-69 à 71
- Contrat de professionnalisation : L. 6325-5, 7 et 11 à 14
- Contrats successifs : L. 1244-1 à 4

Contrôle : L. 1246-1
Droit individuel à la formation : L. 6323-3
Durée : L. 1242-8 et 9 ; D. 1242-6 et 7
Écrit : L. 1242-12
Effectif de l'entreprise : L. 1111-2
Emplois temporaires par nature : L. 1242-2 ; D. 1242-1
Faute grave du salarié : L. 1243-1 et 10
Force majeure : L. 1243-1 et 10
Formation à la sécurité : L. 4141-2, L. 4142-2 et 3, L. 4143-1, L. 4154-2 et 3 ; R. 4612-8
Inaptitude physique : L. 1226-4-2 et 4-3, L. 1243-1
Indemnité compensatrice de congés payés : L. 1242-16
Indemnité de précarité : L. 1243-8 à 10
Superprivilège : L. 3253-3
Interdictions : L. 1242-5 et 6 ; D. 1242-4 et 5
Mentions : L. 1242-12
Période d'essai : L. 1242-10 et 11
Postes à pourvoir (information) : L. 1242-17
Poursuite de la relation contractuelle : L. 1243-11
Prorogation : L. 1243-12
Rayonnements ionisants : L. 1243-12
Registre unique du personnel : D. 1221-23
Rémunération : L. 1242-15
Renouvellement : L. 1243-13
Requalification : L. 1245-1 et 2 ; R. 1245-1
Rupture :
Médecin du travail : L. 4623-5-1 et 5-2
Salariés protégés : L. 2412-1 à 13, L. 2421-7 et 8, L. 2431-1, L. 2432-1, L. 2433-1, L. 2434-1 et 2, L. 2436-1, L. 2437-1, L. 4742-1
Rupture anticipée : L. 1243-1 à 4 ; D. 1243-1
Salariés âgés : D. 1242-2 et 7
Sanctions pénales : L. 1248-1 à 11
Suspension : L. 1243-6
Terme : L. 1242-7
Dépassement : L. 1243-11, L. 1244-1
Échéance : L. 1243-5 et 6
Report : L. 1243-7
Titre emploi-service entreprise : L. 1273-5
Transmission : L. 1242-13
Travail temporaire : L. 1241-1, L. 1244-3, L. 1251-36 et 37
Travailleurs saisonniers : L. 1242-2 et 7, L. 1244-1, 2 et 4, L. 6321-13 à 15 ; R. 6331-32
Travaux interdits : L. 4154-1 ; R. 4154-5 ; D. 4154-1 à 4 et 6
VRP : L. 7313-14 et 15

CONTRAT DE TRAVAIL TEMPORAIRE
☞ Voir TRAVAIL TEMPORAIRE

CONTRAT UNIQUE D'INSERTION : L. 5134-19-1 à 19-5 ; R. 5134-15 à 24 ; D. 5134-14 et 25
Outre-mer : L. 5522-2 à 2-3 ; R. 5522-11-1 et 11-2

CONTRAT DE VOLONTARIAT DE SOLIDARITÉ INTERNATIONALE : L 2005-159 du 23.02.05, D 2005-600 du 27.05.05 (TNC)

CONTREPARTIE OBLIGATOIRE EN REPOS : L. 3121-11 ; D. 3121-7 à 14
Congés payés : L. 3141-5

CONTRÔLEURS
des caisses de congés payés : L. 3141-31 ; D. 3141-11
de la formation professionnelle : L. 6361-5 ; R. 6361-1 et 2 ; D. 6361-3 et 4
du travail : L. 8112-5
Travail illégal : L. 8271-1 à 20 ; D. 8271-1

CONVENTIONS ET ACCORDS COLLECTIFS
Accord interprofessionnel : L. 2232-1 à 4
Accord d'aménagement du temps de travail : L. 3122-2
Actions en justice (violation) : L. 2262-9 à 12
Adhésion : L. 2261-3 à 6, L. 2262-2
Affichage : R. 2262-3 et 4, R. 2263-1 et 2
Agriculture : L. 2222-1, L. 2261-26 ; R. 2231-1, R. 2272-1, 3, 4, 10, 12 et 14 ; D. 2231-3, D. 2261-6 et 7
Application : L. 2262-1, L. 8112-1
Champ d'application : L. 2211-1, L. 2221-1 et 2, L. 2222-1 et 2, L. 2232-1, L. 2261-2 et 12
Clause d'indexation sur le SMIC : L. 3231-3
Clauses dérogatoires : L. 2252-1, L. 2253-1 à 4
Clauses dérogatoires aux lois et règlements : L. 2251-1, L. 2263-1, L. 3121-53, L. 3122-47
Commission nationale de la négociation collective : L. 2271-1, L. 2272-1 et 2 ; R. 2271-1, R. 2272-1 à 14
Commissions paritaires d'interprétation : L. 2232-4 et 9
Commissions paritaires locales : L. 2234-1 à 3
Communication au personnel : L. 2262-6 à 8 ; R. 2262-2 à 5, R. 2263-1 et 2
Congés payés : L. 3141-10, 13, 14 et 19
Contenu : L. 2221-1 et 2, L. 2232-3 et 8
Contrat de travail (dispositions plus favorables) : L. 2254-1
Conventions de branche : L. 2232-5 à 10 ; R. 2232-1
Adhésion : L. 2261-4 à 6
Clauses obligatoires : L. 2232-8
Dénonciation : L. 2261-12
Conventions d'entreprise : L. 2232-11 à 29 ; R. 2232-5 ; D. 2232-2 à 4 et 6 à 9
Clauses salariales : L. 2253-4
Négociation : L. 2232-16 à 20 ; R. 2242-1
Conventions susceptibles d'extension :
Contenu facultatif : D. 2261-2
Contenu obligatoire : L. 2261-22
Négociation : L. 2261-19 et 20 ; D. 2261-11 et 12
Démission de l'employeur : L. 2262-3 et 7
Dénonciation : L. 2232-29, L. 2261-9 à 13
Dépôt : L. 2231-6 et 7 ; R. 2231-1 et 9 ; D. 2231-2 à 8

Pour trouver rapidement la page correspondant à l'article recherché, se reporter à la table de référence page LXIX. Pour les textes non codifiés (TNC), se reporter à la liste page 2541.

Dispositions d'ordre public : L. 2251-1
Durée : L. 2222-4
Durée du travail : L. 3121-53, L. 3122-2
Effets : L. 2262-1 à 12
Égalité de rémunération : L. 3221-7
Entrée en vigueur : L. 2261-1
Entreprises publiques : L. 2211-1, L. 2233-1 à 3
Entreprises dépourvues de délégué syndical : L. 2232-21 à 29 ; D. 2232-8 et 9
Exécution : L. 2262-1 à 4
Extension ou élargissement : L. 2261-15 à 31 ; R. 2261-1, 5, 8 et 10, R. 2263-3 à 5 ; D. 2261-2 à 4, 6 et 7, 9 et 11 à 13
Forme : L. 2231-3
Groupe (Accord de) : L. 2232-30 à 35
Habilitation à négocier : L. 2231-2
Information des salariés : L. 2262-5 ; R. 2262-1
Informations fournies aux négociateurs : L. 2232-20, L. 2241-2, 3 et 5 ; D. 2241-1, 7 et 8
Interprétation : L. 2232-4 et 9
Langue française : L. 2231-4
Mise en cause : L. 2261-14 et 14-1
Notification : L. 2231-5
Observatoire paritaire de la négociation collective : L. 2232-10
Opposition : L. 2231-7 à 9, L. 2232-2, 2-1, 6, 7, 12 et 13
Outre-mer : L. 2222-1, L. 2261-22 et 23, L. 2622-1 et 2 ; D. 2622-1 et 2
Participants aux négociations : L. 2232-3 et 8
Procédure d'arbitrage : L. 2524-1
Procédure de conciliation : L. 2522-1
Renouvellement : L. 2222-5, L. 2232-29
Représentativité syndicale : L. 2121-1 et 2 ; R. 2121-1 et 2
Révision : L. 2222-5, L. 2232-29, L. 2261-7 et 8
Sanctions pénales : L. 2243-1 et 2, L. 2263-1 ; R. 2263-1 à 5
Signataires : L. 2232-2, 2-1, 6, 7, 12 et 13
  Entreprises dépourvues de délégué syndical : L. 2232-21 et 24
  Représentant de la section syndicale : L. 2143-23, L. 2232-14
Syndicats :
  Habilitation : L. 2231-1 et 2
  Monopole de négociation : L. 2132-2
Travail de nuit : L. 3122-32 et 33
Travailleurs à domicile : L. 7413-2, L. 7422-1 et 6
Travailleurs handicapés (programmes) : L. 5212-8 ; R. 5212-12 à 18

CONVENTIONS DE FORFAIT : L. 3121-38 à 48
Comité d'entreprise : L. 2323-29

CONVENTIONS INTERNATIONALES : voir TNC

CONVENTIONS INTERNATIONALES DU TRAVAIL
OIT : Annexe au code

COOPÉRATIVE OUVRIÈRE DE PRODUCTION : L 78-763 du 19.07.78, D 79-558 du 27.06.79 et 93-1231 du 10.11.93 (TNC)

CORRUPTION : L. 1161-1

COTISATIONS SOCIALES
☞ Voir EXONÉRATIONS DE COTISATIONS SOCIALES

COTISATIONS SYNDICALES : L. 2141-3 et 6, L. 2142-2 ; Article 199 *quater* C du code général des impôts (TNC)

CRÉANCES DE SALAIRES
Régime de garantie : L. 3253-6 à 21 ; R. 3253-4 et 6 ; D. 3253-2, 3 et 5
☞ Voir aussi REDRESSEMENT OU LIQUIDATION JUDICIAIRES

CRÉATION OU REPRISE D'UNE ACTIVITÉ ÉCONOMIQUE : L. 5142-1 à 3 ; R. 5142-1 à 6

CRÉATION OU REPRISE D'UNE ENTREPRISE
Actions d'accompagnement : L. 5141-5, L. 6313-1 ; R. 5141-29 à 34
Aide : L. 5141-1 à 6 ; R. 5141-1 à 34
  Avance remboursable : L. 5141-2 ; R. 5141-13 à 27
  Bénéficiaires : L. 5141-1 ; R. 5141-2 et 7
  Conditions d'octroi : R. 5141-2 et 3
  Demande : R. 5141-8 à 12
  Maintien d'allocations : L. 5141-3 et 4 ; R. 5141-28
  Nature : R. 5141-1
  Outre-mer : L. 5522-21 à 28 ; R. 5522-45 à 52, 54 à 68, 71, 72 et 74 à 82 ; D. 5522-53, 69, 70 et 73
  Retrait : R. 5141-4 à 6
Clause d'exclusivité : L. 1222-5 ; D. 1222-1
Congé : L. 3142-78 à 90 et 96 à 107 ; D. 3142-41 à 46 et 49 à 53
Demandeurs d'emploi : L. 5141-1 et 2 ; R. 5141-7
Obligation de loyauté : L. 1222-5
Participation des salariés : L. 3322-5
Travail à temps partiel : L. 3142-78 à 90 et 105 à 107 ; D. 3142-41 à 46

CUMUL IRRÉGULIER D'EMPLOIS : L. 8211-1, L. 8261-1 à 3, L. 8271-1 à 6-2, L. 8272-1 à 4 ; R. 8262-1 et 2, R. 8272-7 à 11 ; D. 8261-1 et 2, D. 8271-1, D. 8272-1 à 6

CUMUL DE MANDATS DE REPRÉSENTATION DU PERSONNEL : L. 2143-22, L. 2314-19

DANGER GRAVE ET IMMINENT : L. 4131-1 à 3, L. 4132-1 et 5, L. 4526-1
Arrêt temporaire de travaux ou d'activité : L. 4731-1 à 6, L. 4741-3 ; R. 4731-1 à 15
Avis (membres du CHSCT) : L. 4132-2 ; D. 4132-1 et 2
Droits d'alerte et de retrait : L. 4131-1 à 4, L. 4132-1 à 5
Inspection du travail (procès-verbal) : L. 4721-5

DÉBAUCHAGE DE SALARIÉ : L. 1237-3

DÉBITS DE BOISSONS
Jeunes travailleurs : L. 4153-6 ; R. 4153-8 à 12, R. 4743-7
Repos et jours fériés (Moselle, Bas-Rhin et Haut-Rhin) : L. 3134-10
☞ Voir aussi HÔTELS, CAFÉS, RESTAURANTS

Décès du salarié
Congés payés : L. 3141-26

Déclarations à faire par l'employeur
Bâtiment et génie civil : L. 4532-1 ; R. 4532-2 et 3
Changement d'exploitant : L. 1221-17 ; R. 1221-32 et 33, R. 1227-7
Chômage-intempéries : D. 5424-28
Déclaration préalable à l'embauche : L. 1221-10 à 12 ; R. 1221-1 à 17, 34 et 35, R. 1227-1 et 2
Information du salarié : L. 8223-2 et 3 ; D. 8223-1 à 3
Départ en préretraite : L. 1221-18
Engagement d'apprenti : L. 6223-1, L. 6225-2 ; R. 6223-1 à 5, R. 6225-7 et 11
Formation professionnelle : L. 6331-32 ; R. 6331-29 à 35
Groupement d'employeurs : L. 1253-6, 7 et 17 ; D. 1253-1 à 6
Guichet unique (entreprises de spectacles vivants) : L. 7122-22 à 28 ; R. 7122-29 à 39
Information du service public de l'emploi : L. 1221-16 ; R. 1227-3
Mise à la retraite : L. 1221-18
Ouverture d'établissement : L. 1221-17 ; R. 1221-32 et 33, R. 1227-7
Relevé mensuel des contrats de travail : R. 1227-4 ; D. 1221-28 à 31
Risques biologiques : R. 4427-1 à 5
Transfert d'établissement : L. 1221-17 ; R. 1221-32 et 33, R. 1227-7
Travail temporaire : L. 1251-45 à 48 ; R. 1251-4 à 10
Travailleurs à domicile : L. 7413-3 ; R. 7424-1
Travailleurs handicapés, mutilés de guerre et assimilés : L. 5212-5 ; R. 5212-1 à 2, 4, 12 et 13

Défenseur des droits : L 2011-333 et 2011-334 du 29.03.11, D 2011-904 et 2011-905 du 29.07.11 (TNC)

Délai-congé
☞ Voir **Préavis**

Délégation unique (représentant du personnel) : L. 2326-1 à 3 ; R. 2314-3

Délégué du personnel
Affichage des communications : L. 2315-7
Assistance syndicale : L. 2315-10
Atteinte aux droits des personnes : L. 2313-2
Attributions : L. 2313-1 à 16
Candidats (protection) : L. 2411-7, L. 2412-3, L. 2413-1, L. 2421-10, L. 2422-1 et 4, L. 2432-1 ; R. 2421-8 à 17, R. 2422-1
Cas de consultation/information :
Agrément en vue d'apprentissage : R. 6225-5
Aides à l'adaptation aux évolutions de l'emploi : L. 5121-5 ; R. 5121-17
Chômage-intempéries : L. 5424-9
Congé pour la création d'entreprise : L. 3142-97 et 106
Congé d'enseignement ou de recherche : R. 6322-66
Congé de formation : L. 6322-6 ; R. 2325-5 et 6, R. 6322-6
Congé de formation de cadre et d'animateur pour la jeunesse : R. 3142-19
Congé de formation économique, sociale et syndicale : L. 3142-13
Congé de formation pour les salariés de 25 ans et moins : R. 6322-74 et 77
Congé de participation aux instances d'emploi et de formation professionnelle ou à un jury d'examen : L. 3142-4
Congé sabbatique : L. 3142-97 et 106
Congé de solidarité internationale : L. 3142-36
Congés payés : L. 3141-13 et 20
Contrats aidés : L. 2323-48 et 54
Conventions pour la mise en œuvre de la politique de l'emploi : R. 5111-3
Dérogation à la durée maximale du travail : L. 3121-37 ; R. 3121-23, 27 et 28 ; D. 3121-16
Droit d'expression des salariés : L. 2281-12, L. 2283-2
Emploi des handicapés : L. 2313-15 et 16
Formation à la sécurité : L. 4143-1 ; R. 4143-2
Gestion du service médical : R. 4622-4 ; D. 4622-2 et 3
Groupement d'employeurs : L. 1253-7
Heures supplémentaires (contingent) : L. 3121-11 et 11-1
Horaires individualisés : L. 3122-23
Horaires de travail à temps partiel : L. 3123-2 et 3 ; R. 3123-2 ; D. 3123-1
Introduction de nouvelles technologies : L. 4612-9
Licenciement collectif : L. 1233-8, 9, 28 et 30, L. 2313-7
Reclassement des accidentés du travail : L. 1226-10
Règlement intérieur : L. 1321-4
Repas : R. 4228-22
Repos dominical : L. 3132-14, 18 et 25-3
Travail de nuit : L. 3122-29
Champ d'application : L. 2311-1
CHSCT (suppléance) : L. 2313-13 à 16, L. 4611-2 et 3, L. 4612-9, L. 4614-14 ; R. 2314-2
Circulation dans l'entreprise : L. 2315-5
Comité d'entreprise (suppléance) : L. 2313-13 à 16 ; R. 2314-2
Comité interentreprises : R. 2323-30
Contentieux électoral : L. 2314-25 ; R. 2314-26 à 30
Conventions collectives (communication) : L. 2262-5 et 6 ; R. 2262-2
Cumul de fonctions : L. 2143-6 et 9, L 2314-19
Délégation unique : L. 2326-1 à 3 ; R. 2314-3
Documents relatifs à l'hygiène et à la sécurité : L. 4711-4 ; R. 2313-3, R. 4741-3

Pour trouver rapidement la page correspondant à l'article recherché, se reporter à la table de référence page LXIX. Pour les textes non codifiés (TNC), se reporter à la liste page 2541.

Droit d'alerte : L. 2313-14 ; R. 2313-1 et 2
Durée du mandat : L. 2314-26 à 31
Effectif de l'entreprise : L. 1111-2, L. 1251-54, L. 2312-8
Élections : L. 2314-2 à 25 ; R. 2314-4 à 30
Collèges électoraux : L. 2314-8 à 14 ; R. 2314-6 et 7
Dispositif de contrôle : L. 2314-14
Élections partielles : L. 2314-7
Électorat : L. 2314-15 et 17 à 20
Éligibilité : L. 2314-16 à 20
Organisation : L. 2314-2 à 7 ; R. 2314-4 et 5
Procès-verbal : L. 2314-5 ; R. 2314-25
Protocole préélectoral : L. 2314-3, 3-1, 11 et 23 ; R. 2314-4 et 16
Ratures : L. 2314-24
Scrutin : L. 2314-24
Vote électronique : L. 2314-21 ; R. 2314-8 à 21
Entrave : L. 2316-1
Entreprises en difficulté : L. 2313-14 ; R. 2313-1 et 2
Entreprises publiques : L. 2311-1
Formation économique : L. 2313-13
Heures de délégation : L. 2315-1 à 4
Liberté de déplacement : L. 2315-5
Local : L. 2315-6
Mise en place : L. 2312-1 à 8
Modification de la situation juridique de l'employeur : L. 2314-28
Nombre : L. 2314-1 ; R. 2314-1
Protection :
Interruption ou non-renouvellement d'une mission de travail temporaire : L. 2413-1, L. 2421-10
Licenciement : L. 2411-1, 2, 5 et 6, L. 2421-3 ; R. 2421-8 à 16
Réintégration : L. 2422-1, 2 et 4 ; R. 2422-1
Rupture d'un contrat à durée déterminée : L. 2412-1 et 3, L. 2421-7 et 8
Rupture conventionnelle : L. 1237-15
Sanction pénale : L. 2432-1
Transfert partiel d'entreprise ou d'établissement : L. 2414-1, L. 2421-9 ; R. 2421-17
Réception par le chef d'entreprise : L. 2315-8 à 12
Registre des réclamations : L. 2315-12
Représentant de la section syndicale : L. 2142-1-4
Révocation : L. 2314-29
Secret professionnel : L. 2313-13
Suppléants : L. 2314-21 et 30, L. 2315-10 et 11, L. 2411-5, L. 2421-3, L. 2422-1 et 4 ; R. 2314-1 à 3
Travail temporaire : L. 2313-4 et 5, L. 2314-17 à 18-1, L. 2315-4
Travail à temps partiel : L. 2314-16

DÉLÉGUÉ SYNDICAL
Âge : L. 2143-1
Ancienneté : L. 2143-1 et 2
Champ d'application : L. 2143-3 à 6
Comité d'entreprise (représentant syndical) : L. 2143-22, L. 2324-2
Conventions collectives (communication) : L. 2262-5 à 7 ; R. 2262-2
Cumul de fonctions : L. 2143-6, 9 et 22
Délégué syndical central : L. 2143-5 et 15
Délégué syndical supplémentaire : L. 2143-4
Désignation : L. 2143-1 à 6 et 23
Contestation : L. 2143-8 ; R. 2143-5
Effectif de l'entreprise : L. 1111-2, L. 1251-54, L. 2141-11, L. 2143-3 à 6 et 11 ; R. 2143-6
Entrave : L. 2146-1 et 2
Fin du mandat : L. 2143-11
Heures de délégation : L. 2143-13 à 19
Liberté de déplacement : L. 2143-20
Modification de la situation juridique de l'employeur : L. 2143-10
Nombre : L. 2143-3 à 6 et 12 ; R. 2143-1 à 3
Noms (information) : L. 2143-7 ; D. 2143-4
Protection :
Interruption ou non-renouvellement d'une mission de travail temporaire : L. 2413-1, L. 2421-10
Licenciement : L. 2411-1 à 3, L. 2421-1 ; R. 2421-1 à 7
Réintégration : L. 2422-1 et 4 ; R. 2422-1
Rupture d'un contrat à durée déterminée : L. 2412-1 et 2, L. 2421-7 et 8
Rupture conventionnelle : L. 1237-15
Sanction pénale : L. 2431-1
Transfert partiel d'entreprise ou d'établissement : L. 2414-1, L. 2421-9 ; R. 2421-17
Secret professionnel : L. 2143-21
Travail temporaire : L. 2143-2 et 19

DEMANDEUR D'EMPLOI
Activité bénévole : L. 5425-8
Changement de situation : R. 5411-6 à 8
Comités de liaison : L. 5411-9
Fraude : L. 5413-1
Inscription sur la liste des demandeurs d'emploi : L. 5411-1 à 5 ; R. 5411-1 à 5
Cessation : R. 5411-17 et 18
Inscription auprès des mairies : L. 5322-1
Offre raisonnable d'emploi : L. 5411-6, 6-2 et 6-3 ; R. 5411-14 à 16
Pôle emploi : L. 5312-1 à 14 ; R. 5311-1 à 3, R. 5312-1 à 37
Projet personnalisé d'accès à l'emploi : L. 5411-6 à 6-4 ; R. 5411-14 à 16
Publicité (demandes d'emploi) : L. 5331-1 ; R. 5334-1
Radiation de la liste des demandeurs d'emploi : L. 5412-1 et 2 ; R. 5412-1 à 8
Recherche d'emploi : L. 5411-6 à 8 ; R. 5411-9 à 12 et 14 à 16
Dispense : L. 5411-8, L. 5421-3 ; R. 5421-2

DÉMISSION : L. 1237-1
Abus : L. 1237-2 et 3
Contrat à durée déterminée : L. 1243-2, 3 et 10, L. 1244-4
Démission pour élever un enfant : L. 1225-66 à 71 ; R. 1225-18 et 19, R. 1227-5
Grossesse : L. 1225-34
Litige : L. 1237-2
Préavis : L. 1237-1
Journalistes : L. 7112-2 et 5
VRP : L. 7313-9
Travail temporaire : L. 1251-28

DÉMOCRATISATION DU SECTEUR PUBLIC : L. 2144-1 et 2, L. 2282-1 à 3, L. 2323-39 et 64, L. 6321-16 ; R. 2282-1 ; L 83-675 du 26.07.83, D 83-1160 du 26.12.83 (TNC)

DÉPARTEMENTS D'OUTRE-MER
☞ Voir **OUTRE-MER**

DÉTACHEMENT À L'ÉTRANGER
Chômage : L. 5422-13
Licenciement : L. 1231-5

DÉTACHEMENT TEMPORAIRE PAR UNE ENTREPRISE ÉTRANGÈRE
☞ Voir **TRAVAILLEURS ÉTRANGERS**

DIALOGUE SOCIAL : L. 1 à 3
Haut conseil du dialogue social : L. 2122-11 ; R* 2122-1 à 5
☞ Voir aussi **NÉGOCIATION COLLECTIVE**

DIRECTION RÉGIONALE DES ENTREPRISES, DE LA CONCURRENCE, DE LA CONSOMMATION, DU TRAVAIL ET DE L'EMPLOI (DIRECCTE)
☞ Voir **INSPECTION DU TRAVAIL**

DISCRIMINATION
Actions en justice : L. 1134-1 à 5
Activité, appartenance syndicale : L. 2141-5 et 8
Centres de formation d'apprentis : L. 6252-2
Conseil de prud'hommes (listes de candidature) : L. 1441-23
Conventions collectives : L. 2261-22, 9° et 10°
Défenseur des droits : L 2011-333 et 2011-334 du 29.03.11, D 2011-904 et 2011-905 du 29.07.11 (TNC)
Délégué du personnel (intervention) : L. 2313-2
Différence de traitement : L. 1133-1 à 4
Égalité professionnelle : L. 1141-1 s., L. 1225-1 à 3 ; R. 1142-1
Égalité de rémunération : L. 3221-1 s. ; R. 3221-1 et 2, R. 3222-1 à 3
Embauche : L. 1132-1, L. 1142-1 et 2 ; R. 1142-1
Formation professionnelle : L. 6112-1 à 3
Handicapés : L. 1133-3 et 4, L. 1134-3
Inspection du travail : L. 8113-5
Licenciement : L. 1132-1 à 4, L. 1134-4, L. 1142-1, L. 1144-3, L. 1225-4
Placement : L. 5321-2
Preuve : L. 1134-1, L. 1144-1
Règlement intérieur : L. 1321-3
Sanctions disciplinaires : L. 1132-1 à 3
☞ Voir aussi TNC

DISSIMULATION DU VISAGE DANS L'ESPACE PUBLIC : L 2010-1192 du 11.10.10, circ. du 2.03.11 (TNC)

DROIT D'ALERTE ÉCONOMIQUE : L. 2313-14, L. 2323-78 à 82, L. 2325-35 ; R. 2313-1 et 2, R. 2323-18 et 19

DROIT DISCIPLINAIRE
Amendes : L. 1331-2
Contrôle du juge : L. 1333-1 à 3
Discrimination : L. 1132-1 à 4
Faute : L. 1331-1
Harcèlement : L. 1152-5, L. 1153-6
Licenciement : L. 1332-1 à 3
Notes de service : L. 1321-5
Prescription des fautes : L. 1332-4 et 5 ; R. 1332-4
Procédure : L. 1332-1 à 3 ; R. 1332-1 à 3
Règlement intérieur : L. 1321-1
Sanctions : L. 1321-1, L. 1332-1 à 3 ; R. 1332-2
Sanctions pécuniaires (interdiction) : L. 1334-1
Stagiaire de la formation professionnelle : R. 6352-3 à 8

DROIT D'EXPRESSION DES SALARIÉS : L. 2281-1 à 12, L. 2283-1 et 2
Secteur public : L. 2282-1 à 3 ; R. 2282-1

DROIT SYNDICAL (EXERCICE DU) : L. 2141-1 s.
Affichage des communications : L. 2142-3, 5 et 7, L. 2143-7
Chômeurs : L. 2141-2
Cotisations syndicales : L. 2141-6, L. 2142-2
Droit de réunion : L. 2142-10 et 11
Effectif de l'entreprise : L. 1111-2, L. 1251-54, L. 2141-11
Entrave : L. 2146-1 et 2
Établissements publics : L. 2141-4, L. 2144-1 et 2
Local : L. 2142-8 et 9
Négociation triennale obligatoire : L. 2242-20
Non-discrimination : L. 2141-5
Publication de tracts : L. 2142-4
Section syndicale : L. 2142-1 à 11
Représentant : L. 2142-1-1 à 1-4
Travail temporaire : L. 2142-7
Validation des acquis de l'expérience : L. 6111-1
Vie professionnelle (conciliation) : L. 2141-5
☞ Voir aussi **DÉLÉGUÉ SYNDICAL**, **SYNDICAT**

DROITS D'ALERTE ET DE RETRAIT
☞ Voir **DANGER GRAVE ET IMMINENT**

DURÉE DU TRAVAIL
Accord de réduction :
Modification du contrat de travail : L. 1222-7 et 8
Accords d'entreprise dérogatoires : L. 3122-47
Affichage : L. 3171-1 ; R. 3173-1 et 2 ; D. 3171-2, 3, 5 et 7
Aménagement du temps de travail : L. 3122-2 à 5
Apprentissage : L. 6222-24 à 26 ; R. 6222-24 et 25, R. 6226-1 à 3
Astreintes : L. 3121-5 à 8, L. 3171-1 ; R. 3121-1, R. 3124-4 ; D. 3171-16

Pour trouver rapidement la page correspondant à l'article recherché, se reporter à la table de référence page LXIX. Pour les textes non codifiés (TNC), se reporter à la liste page 2541.

Cadres :
Cadres dirigeants : L. 3111-2
Conventions de forfait : L. 3121-42 à 48
Décompte de la durée du travail : D. 3171-10
Champ d'application : L. 3111-1 et 2
Consultation du comité d'entreprise : L. 2323-29
Contrat de professionnalisation : L. 6325-10
Contrepartie obligatoire en repos : L. 3121-11
Contrôle : L. 3171-1 à 4 ; R. 3171-9-1 ; D. 3171-1 à 9 et 10 à 17
Conventions de forfait : L. 3121-38 à 48
Forfait en heures : L. 3121-42
Forfait en jours : L. 3121-43 à 48
Rémunération minimale : L. 3121-47
Décompte : L. 3171-4 ; R. 3171-9-1, R. 3173-4 ; D. 3171-8, 9 et 10
Documents à présenter (inspection du travail) : L. 3171-3 ; R. 3173-3 ; D. 3171-16 et 17
Durée légale hebdomadaire : L. 3121-10 ; R. 3124-3
Durée maximale hebdomadaire : L. 3121-35 à 37 ; R. 3121-20 à 28, R. 3124-11 et 13
Durée quotidienne maximale : L. 3121-34 ; R. 3124-3 ; D. 3121-15 à 19
Durée du travail effectif : L. 3121-1 à 4 ; R. 3121-2
Enfants (Spectacle, professions ambulantes, publicité et mode) : L. 7124-6 à 8 et 24 ; R. 7124-27 à 30-2
Entreprises fonctionnant en continu : L. 3122-3
Établissements de banque, de finance, de crédit, d'épargne et de change : D 97-326 du 10.04.97 (TNC)
Heures complémentaires : voir TRAVAIL À TEMPS PARTIEL
Heures d'équivalence : L. 3121-9
Heures de récupération : L. 3122-27, L. 3133-2 ; R. 3122-4 à 7 ; D. 5424-17
Heures supplémentaires : L. 3121-11 à 25, L. 3122-2 et 4 ; R. 3124-1, 2, 6 et 7 ; D. 3121-7 à 14-1, D. 3122-7-3
Horaires individualisés : L. 3122-23 à 26 ; R. 3122-2 et 3, R. 3171-9-1, R. 3173-4 ; D. 3171-8 et 9
Accompagnement d'une personne handicapée : L. 3122-26
Jeunes travailleurs : L. 3162-1 à 3 ; R. 3165-1 et 2
Lissage de la rémunération : L. 3121-22, L. 3122-5
Litiges : L. 3171-4
Modalités d'application (décrets) : L. 3121-52 à 54, L. 3122-46 et 47
Négociation annuelle obligatoire : L. 2242-8
Réduction du temps de travail : voir TNC
Repos compensateur de remplacement (heures supplémentaires) : L. 3121-24 et 25
Repos hebdomadaire : voir ce mot
Repos quotidien : L. 3131-1 et 2
Dérogations : D. 3131-1 à 7
Sanction pénale : R. 3135-1
Sanctions pénales : R. 3124-1 à 16
Semaine civile (définition) : L. 3122-1
Temps de déplacement professionnel : L. 3121-4
Temps de douche (travaux insalubres et salissants) : R. 3121-2
Temps d'habillage : L. 3121-3
Temps de pause : L. 3121-2 et 33
Temps de restauration : L. 3121-2
Transports : voir TNC
Travail effectif (définition) : L. 3121-1
Travail par équipes successives : R. 3122-1
Travail intermittent : voir ce mot
Travail de nuit : L. 3122-34 et 35 ; R. 3122-9 à 15
Travail temporaire : voir ce mot
Travail à temps partiel : voir ce mot
☞ Voir aussi TNC

ÉCONOMATS : L. 3254-1 et 2, L. 3255-1

EFFECTIF (CALCUL) : L. 1111-1 à 3 ; R. 1111-1
Travail temporaire (entreprises) : L. 1251-54

ÉGALITÉ PROFESSIONNELLE ENTRE LES FEMMES ET LES HOMMES : L. 1141-1 s.
Actions en justice : L. 1144-1 à 3
Aides (FNE) : L. 5111-1
Clause contractuelle, conventionnelle : L. 1142-3
Comité d'entreprise (avis) : L. 2323-47, 57 et 58 ; R. 2323-8, 9 et 12 ; D. 2323-9-1 et 12-1
Conseil supérieur : D. 1145-1 à 19
Contrat pour la mixité des emplois et l'égalité professionnelle entre les femmes et les hommes : D. 1143-7 à 18
Convention d'étude : R. 1143-1 ; D. 1143-2 à 5
Conventions collectives : L. 2261-22
Élections professionnelles : L. 2324-6 ; R. 2314-4
Formation professionnelle (négociation) : R. 2241-9
Inspection du travail : L. 8113-5
Licenciement : L. 1144-3
Négociation annuelle obligatoire : L. 2242-5 à 7 ; R. 2242-2 à 8
Négociation de branche : L. 2241-3 ; D. 2241-7
Non-discrimination : L. 1142-1 et 2 ; R. 1142-1
Plan pour l'égalité professionnelle : L. 1143-1 à 3 ; D. 1143-6
Sanctions pénales : L. 1146-1 à 3

ÉGALITÉ DE RÉMUNÉRATION ENTRE LES FEMMES ET LES HOMMES
Affichage : R. 3221-2
Contrôle : R. 3221-1
Preuve : L. 3221-8
Principe : L. 3221-1 à 10
Sanctions pénales : L. 3222-1 et 2 ; R. 3222-1 à 3

ÉLECTIONS PARLEMENTAIRES
☞ Voir CONGÉ DES SALARIÉS CANDIDATS OU ÉLUS À UN MANDAT PARLEMENTAIRE OU LOCAL

ÉLECTIONS PROFESSIONNELLES
☞ Voir COMITÉ D'ENTREPRISE, CONSEIL DE PRUD'HOMMES, DÉLÉGUÉ DU PERSONNEL

ÉLUS LOCAUX : L 92-108 du 3.02.92 et 2002-276 du 27.02.02, D 92-1205 du 16.11.92 et 2003-836 du 1.09.03 (TNC)

EMBAUCHE
Appartenance syndicale : L. 2141-5 et 8
Candidat : L. 1221-6 à 9, L. 2323-32
Anonymat : L. 1221-7
Enchères électroniques (salaire) : L. 1221-4

Déclaration à l'organisme d'assurance chômage : R. 5422-5
Déclaration préalable : L. 1221-10 à 12 ; R. 1221-1 à 17, 34 et 35, R. 1227-1 et 2
Information du salarié : L. 8223-2 et 3 ; D. 8223-1 à 3
Discrimination : L. 1132-1
Documents : R. 1221-7 à 9, 34 et 35, R. 1227-2
Égalité professionnelle entre les femmes et les hommes : L. 1142-1 et 2 ; R. 1142-1
Formation à la sécurité : L. 4141-2 ; R. 4141-2
Guichet unique (entreprises de spectacles vivants) : L. 7122-22 à 28 ; R. 7122-29 à 39
Information du service public de l'emploi : L. 1221-16
Livret d'épargne salariale : L. 3341-6
Priorités : voir Priorité de réembauche
Registre unique du personnel : L. 1221-13 à 15 ; R. 1221-26, R. 1227-7 ; D. 1221-23 à 25 et 27
Seniors : L. 5133-11
Visite médicale : R. 4624-10 à 15

Emploi
Aide au développement de l'emploi et des compétences : L. 5121-1 et 2 ; D. 5121-1 à 3
Aide personnalisée de retour à l'emploi : voir ce mot
Aides aux actions de reclassement et de reconversion professionnelle : L. 5123-1 à 9, L. 5124-1 ; R. 5123-1 et 2
Convention d'aide au passage à temps partiel : R. 5123-40 et 41
Convention d'allocation pour cessation anticipée d'activité : R. 5123-22 à 39
Convention de coopération pour la mise en œuvre des cellules de reclassement : R. 5123-3 ; D. 5123-4
Convention de fin de formation : R. 5123-5 à 8
Comité de bassin d'emploi : D 2002-790 du 3.05.02, circ. 93-16 du 26.03.93, circ. DGEFP 2004/007 du 16.02.04 (TNC)
Commissions départementales de l'emploi et de l'insertion : R. 5112-11 à 18
Conseil national de l'emploi : L. 5112-1 à 2 ; R. 5112-1 à 5
Conseil régional de l'emploi : R. 5112-19 à 22
Conseil territorial de l'emploi (outre-mer) : R. 5521-11 à 14
Contrat d'accès à l'emploi : voir ce mot
Contrat d'accompagnement dans l'emploi : voir ce mot
Contrat emploi-jeune : voir ce mot
Contrat initiative-emploi : voir ce mot
Cumul irrégulier d'emplois : voir ce mot
Déclaration (mouvements de main-d'œuvre) : L. 1221-16 ; R. 1227-3 et 4 ; D. 1221-28 à 31
Demandes d'informations relatives à certains dispositifs d'aides à l'emploi : R. 5112-23 ; D. 5112-24
Demandeur d'emploi : voir ce mot
Fonds pour l'emploi (outre-mer) : R. 5521-1 à 4 et 6 ; D. 5521-5 et 7 à 10 ; R. 5531-1
Gestion prévisionnelle des emplois et des compétences : voir ce mot
Maisons de l'emploi : voir Service public de l'emploi
Offres d'emploi : voir ce mot
Pôle emploi : L. 5312-1 à 14 ; R. 5311-1 à 3, R. 5312-1 à 37
Politique de l'emploi : L. 5111-1 à 3 ; R. 5111-1 à 6
Préparation opérationnelle à l'emploi : L. 6326-1 à 3
Prime de retour à l'emploi : voir ce mot
Retour à l'emploi des salariés âgés : D. 1242-7
Service public de l'emploi : voir ce mot
Travailleurs étrangers : voir ce mot
Travailleurs handicapés : voir ce mot

Employés d'immeubles
☞ Voir Concierges et employés d'immeubles à usage d'habitation

Employés de maison
Bulletin de paie : R. 3243-6
Chèque emploi-service universel : voir ce mot
Compétence prud'homale : R. 1423-5, R. 1441-12
Congés pour événements familiaux : L. 7221-2
Congés payés : L. 7221-2 ; R. 7221-1 et 2
Définition : L. 7221-1
Formation professionnelle : L. 6331-57 à 62
Harcèlement : L. 7221-2
Premier Mai : L. 7221-2
Sanction pénale : R. 7222-1
Surveillance médicale : L. 4625-2, L. 7221-2

Employeur
Associations intermédiaires : L. 5132-7 à 14 ; R. 5132-11 à 26 ; D. 5132-26-1 à 26-5
Déclaration d'embauche : L. 1221-10 à 12 ; R. 1221-1 à 17, 34 et 35, R. 1227-1 et 2
Groupement d'employeurs : L. 1253-1 à 23, L. 1254-13 ; R. 1253-12 à 44, R. 1254-8 et 9 ; D. 1221-23, D. 1253-1 à 11
Modification de la situation juridique de l'employeur : voir ce mot
Obligations administratives
Contrôle de l'emploi : R. 1221-3 et 4
Durée du travail : L. 3171-1 à 3 ; R. 3171-9-1, R. 3173-1 à 4 ; D. 3171-1 à 9 et 10 à 17
Formalités à l'embauche et à l'emploi : L. 1221-10 à 18 ; R. 1221-1 à 17, 26, 32 à 35, R. 1227-1 à 4 et 7 ; D. 1221-23 à 25 et 27 à 31
Santé et sécurité au travail : L. 4711-1 à 5 ; R. 4741-3 ; D. 4711-1 à 3
Responsabilité civile (préposés) : L. 4741-7
Responsabilité pénale (préposés) : L. 4741-2

Enfants
Âge d'admission au travail : L. 4153-1 à 7
Contrat à durée déterminée : L. 1243-10
Emploi (infractions) : L. 4743-1 et 2, L. 7124-22 à 35 ; R. 4743-3 à 7, R. 7124-38

Pour trouver rapidement la page correspondant à l'article recherché, se reporter à la table de référence page LXIX. Pour les textes non codifiés (TNC), se reporter à la liste page 2541.

Publicité : L. 7124-14
Spectacle, professions ambulantes, publicité et mode (emploi) : L. 3163-2, L. 3164-8, L. 7124-1 à 35 ; R. 3163-1 et 4, R. 3164-2, R. 7124-1 à 38
Vacances scolaires : L. 4153-3 ; R. 4153-6 ; D. 4153-1 à 5 et 7
☞ Voir aussi Apprentissage, Jeunes travailleurs

Entrave (délit d')
Bilan social : L. 2328-2
CHSCT : L. 4742-1
Comité d'entreprise : L. 2328-1
Comité d'entreprise européen : L. 2346-1
Comité de groupe : L. 2335-1
Conseiller prud'homme : L. 1443-3
Conseiller du salarié : L. 1238-1
Délégué du personnel : L. 2316-1
Droit d'expression : L. 2283-1 et 2
Droit syndical : L. 2146-1 et 2
Médiateur (Harcèlement) : L. 1155-1
Société coopérative européenne : L. 2365-1
Société européenne : L. 2355-1
Société issue d'une fusion transfrontalière : L. 2375-1

Entreprises adaptées
☞ Voir Travailleurs handicapés

Entreprises d'insertion : L. 5132-5 ; R. 5132-1 à 10 ; D. 5132-10-1 à 10-5

Entreprises publiques
Bilan social : L. 2323-68 à 77, L. 2328-2 ; R. 2323-17
Chômage : L. 5424-1 à 5 ; R. 5424-1 à 6
Comité d'entreprise : L. 2321-1, L. 2323-64
Comité de groupe : L. 2331-1 à 6
Compétence prud'homale : L. 1411-2
Conciliation : L. 2522-8 à 12
Conflits collectifs : L. 2512-1 à 5
Conseils d'atelier ou de bureau : L. 2282-2 et 3 ; R. 2282-1
Conventions collectives : L. 2211-1, L. 2233-1 à 3
Délégués du personnel : L. 2311-1
Démocratisation du secteur public : L. 2144-1 et 2, L. 2282-1 à 3, L. 2323-39 et 64, L. 6321-16 ; R. 2282-1 , L 83-675 du 26.07.83, D 83-1160 du 26.12.83 (TNC)
Droit d'expression des salariés : L. 2211-1, L. 2282-1 à 3 ; R. 2282-1
Droit syndical : L. 2111-1, L. 2144-1 et 2
Élections parlementaires (salariés candidats) : L. 3142-64
Grève dans les services publics : L. 2512-1 à 5
Harcèlement : L. 1151-1
Intéressement des salariés : L. 3311-1
Licenciement : L. 1233-1, L. 1234-14
Participation : L. 3321-1
Plan de formation : L. 2323-39, L. 6321-16
Protection du représentant des salariés au conseil d'administration ou de surveillance : voir Salariés protégés
Règlement intérieur : L. 1311-1
Travail temporaire : L. 1251-60 à 63
Travailleurs handicapés : L. 5212-1

Entreprises de services à la personne
☞ Voir Services à la personne

Entreprises de spectacles vivants
Champ d'application : L. 7122-1
Commission consultative régionale : R. 7122-18 à 23
Contrôle : D. 7122-25
Définition : L. 7122-2 ; D. 7122-1
Entrepreneur occasionnel : L. 7122-19 à 21 ; R. 7122-26 à 28
Guichet unique : L. 7122-22 à 28 ; R. 7122-29 à 39
Licence : L. 7122-3 à 14 ; R. 7122-2 à 17
Protection des salaires : L. 7122-15 ; D. 7122-24
Sanctions pénales : L. 7122-16 à 18 ; R. 7122-40 à 43
Travail de nuit : L. 3122-30

Entreprises de temps de travail partagé
☞ Voir Travail à temps partagé

Entreprises de travail temporaire
☞ Voir Travail temporaire

Entreprises de travail temporaire d'insertion
☞ Voir Travail temporaire

Entretien préalable
Licenciement pour motif économique : L. 1233-11 à 14 et 38
Licenciement pour motif personnel : L. 1232-2 à 5 ; R. 1232-1 à 3
Procédure disciplinaire : L. 1332-2
Salariés protégés : R. 2421-3 et 8

Épargne salariale
☞ Voir Intéressement, Participation, Plans d'épargne salariale

Équipements de travail (et moyens de protection)
☞ Voir Santé et sécurité au travail

Équipes successives
☞ Voir Travail par équipes successives

Équipes de suppléance : L. 3132-16 à 19 ; R. 3132-10 à 12
Travail de nuit : L. 3122-34

Essai
☞ Voir Période d'essai

Établissement distinct : L. 2143-12, L. 2312-1, L. 2314-31, L. 2322-5 ; R. 2312-2, R. 2322-1, R. 2324-22

Établissements de santé, sociaux et médico-sociaux
CHSCT : R. 4615-1 à 21
Services de santé au travail : R. 4626-9 à 31 ; D. 4626-1 à 8 et 32 à 35

Étrangers
☞ Voir Travailleurs étrangers

Événements familiaux
☞ Voir Congé pour événements familiaux

Exonérations de cotisations sociales
Contrat d'accès à l'emploi : L. 5522-18 ; R. 5522-37 à 40 ; D. 5522-41
Contrat d'apprentissage : L. 6243-2 et 3 ; R. 6243-6 ; D. 6243-5
Contrat de professionnalisation : L. 6325-16 à 22 ; R. 6325-20 et 21 ; D. 6325-19 et 19-1

Experts
CHSCT : L. 4523-5, L. 4614-12 et 13 ; R. 4523-2 et 3, R. 4614-6 à 20
Comité d'entreprise : L. 2323-23, L. 2325-35 à 42 ; R. 2325-7
Expert-comptable : L. 1233-34 et 35, L. 2323-23, 79 et 80, L. 2325-35 à 37 et 39 à 42, L. 2334-4 ; R. 2325-7

Expression des salariés
☞ Voir Droit d'expression des salariés

Faillite
☞ Voir Redressement ou liquidation judiciaires

Faute du salarié
Accidenté du travail : L. 1226-9
Agissement fautif : L. 1331-1
Congés payés (faute lourde) : L. 3141-26
Contrat de travail à durée déterminée : L. 1243-1
Contrôle du juge : L. 1333-1 à 3
Démission abusive : L. 1237-2
Grève : L. 2511-1
Indemnité de licenciement : L. 1234-9
Licenciement pour faute : L. 1332-3
Préavis : L. 1234-1 et 5
Prescription des fautes : L. 1332-4 et 5 ; R. 1332-4
Procédure : L. 1332-1 à 3 ; R. 1332-1 à 3
Salarié astreint au service national : L. 3142-74
Salariée en état de grossesse : L. 1225-4
Salariés protégés : L. 2421-1 à 5

Femmes
Congés payés : L. 3141-9 ; R. 3143-1 ; D. 3141-4
Conventions collectives : L. 2261-22
Formation professionnelle : L. 6112-1 et 2 ; D. 6112-1
Harcèlement : voir ce mot
Installations sanitaires spécifiques : R. 4228-5 et 10
Obligation d'emploi : L. 5212-13
Service social : D. 4631-1, D. 4632-8
Travaux interdits : R. 4541-9
☞ Voir aussi Allaitement, Discrimination, Égalité professionnelle entre les femmes et les hommes, Égalité de rémunération entre les femmes et les hommes, Maternité

Fermeture d'entreprise
Congés payés : L. 3141-29

Fermeture d'établissement
Santé et sécurité au travail : L. 4732-1 à 4, L. 4741-11 à 13

Fêtes légales : L. 3133-1
☞ Voir Jours fériés

Feuille de paie
☞ Voir Bulletin de paie

Filiale
Comité d'entreprise : L. 2323-19
Comité de groupe : L. 2331-1 s.
Licenciement : L. 1231-5

Force majeure
Accident du travail ou maladie professionnelle : L. 1226-18
Contrat à durée déterminée : L. 1243-1 et 10
Licenciement : L. 1234-12 et 13
Travail temporaire : L. 1251-26, 27 et 33

Formation économique, sociale et syndicale
Comité d'entreprise : L. 2325-44
Congé : L. 3142-7 à 15 ; R. 3142-1 à 5, R. 3143-2 ; Arrêté du 7.03.86 (TNC)
Conseiller du salarié : L. 1232-12, L. 1238-1
Délégué du personnel : L. 2313-13
Demandeurs d'emploi : L. 3142-11
Fonctions syndicales : L. 2145-1 à 4 ; R. 2145-1 et 2
Représentants des salariés au conseil d'administration ou au conseil de surveillance : L. 3341-2 à 4 ; D. 3341-3 et 4

Formation professionnelle
Accès : L. 6312-1 et 2 ; D. 6312-1
Accident du travail : L. 1226-7 et 10
Actions de formation (types) : L. 6313-1 à 12
Adaptation des salariés à l'évolution de leur emploi : L. 5121-4 et 5, L. 6321-2 ; R. 5121-14 à 25
Agriculture : L. 6122-3 et 4, L. 6331-53
Apprentissage : voir ce mot
Artisans : L. 6122-3 et 4, L. 6313-1, L. 6322-4, 5 et 9, L. 6331-54, L. 6332-9 à 12 ; R. 6322-2, R. 6341-16 à 22
Bilan de compétences : L. 6313-1 et 10, L. 6321-1 ; R. 6321-2
Bilan d'étape professionnel : L. 6315-1, L. 6321-1
Carte d'étudiant des métiers : L. 6325-6-2
Centre de formation professionnelle : R. 6352-27 et 35 ; D. 6352-25, 26, 28 à 34 et 36 à 40
Certificat de qualification professionnelle : L. 6314-1 et 2
Clause de dédit-formation : L. 6325-15
Comité de coordination régional de l'emploi et de la formation professionnelle : D. 6123-18 à 27
Outre-mer : R. 6521-1 et 16 ; D. 6521-2 à 15 et 17

Pour trouver rapidement la page correspondant à l'article recherché, se reporter à la table de référence page LXIX. Pour les textes non codifiés (TNC), se reporter à la liste page 2541.

Comité d'entreprise (avis) : L. 2323-33 à 40, L. 2325-26, L. 6122-1, L. 6331-12 et 31 ; R. 2323-2 à 4, R. 2325-5 ; D. 2323-5 à 7, D. 6321-3
Congé de bilan de compétences : L. 6322-42 à 52 ; R. 6322-32 à 63
Congé d'enseignement ou de recherche : L. 6322-53 à 58, L. 6331-24 ; R. 6322-64 à 69
Congé individuel de formation : L. 6322-1 à 41-1 ; R. 6322-1 à 20 et 22 à 27 ; D. 6322-21 et 28 à 31
Congé parental d'éducation (formation) : L. 1225-56, 58 et 59
Congé de participation aux instances de formation professionnelle : L. 3142-3 et 4 à 6
Congé pour les salariés de 25 ans et moins : L. 6322-10 et 59 à 63 ; R. 6322-70 à 78
Congé pour validation des acquis de l'expérience : L. 6422-1 à 10 ; R. 6422-1 à 7 et 9 à 13 ; D. 6422-8
Conseil national de la formation professionnelle tout au long de la vie : L. 2, L. 6123-1 et 2 ; R. 6123-1 à 1-4 ; D. 6123-2 à 17
Contrat de formation professionnelle : L. 6353-3 à 7
Contrat de plan régional de développement des formations professionnelles : L. 6121-2
Contrat de professionnalisation : L. 6325-1 à 24 ; R. 6325-20 et 21 ; D. 6325-1, 2, 4 à 19-1 et 22 à 29
Contrôle de la formation professionnelle : L. 6361-1 à 6, L. 6362-1 à 13, L. 6363-1 et 2 ; R. 6361-1 et 2, R. 6362-1 à 9, R. 6363-1 ; D. 6361-3 et 4
Conventions de formation : L. 6122-1, L. 6353-1 et 2 ; R. 6353-1 et 2 ; D. 6122-4 à 6
Création d'entreprise (accompagnement) : L. 5141-5, L. 6313-1 ; R. 5141-29 à 34
Délégué à l'information et à l'orientation : L. 6123-3 à 5
Démission pour élever un enfant (formation) : L. 1225-68
Développement des compétences : L. 6321-6 à 12 ; R. 6321-4 ; D. 6321-5 à 10
Droit individuel à la formation : L. 6323-1 à 21 ; D. 6323-1 à 3
Droit à l'information, à l'orientation et à la qualification professionnelles : L. 6314-1 et 2 ; D. 6314-1
Égalité d'accès entre les femmes et les hommes : L. 6112-1 et 2 ; D. 6112-1
Égalité d'accès des personnes handicapées : L. 6112-3
Enseignement à distance : R. 6341-6, 12 à 14, 35 et 49
État (rôle) : L. 6122-1 à 4 ; D. 6122-1 à 6
Fonctionnaires et agents publics : voir TNC
Formation des conseillers prud'hommes : L. 1442-1 et 2 ; R. 1442-2 ; D. 1442-1 et 3 à 10
Formation économique (représentants du personnel) : L. 2323-13, L. 2325-44 ; R. 2325-8
Formation en dehors du temps de travail : L. 5122-1, L. 6322-64 ; D. 6322-79
Inspecteurs (et contrôleurs) : L. 6361-5, L. 6362-1 à 13, L. 6363-1 et 2 ; R. 6361-1 et 2, R. 6362-1 à 9, R. 6363-1 ; D. 6361-3 et 4
Label « Orientation pour tous - pôle information et orientation sur les formations et les métiers » : R. 6111-1 à 5
Lutte contre l'illettrisme : L. 6111-2, L. 6321-1
Maladie professionnelle : L. 1226-7 et 10
Négociation collective : L. 2241-6 ; R. 2241-9
Non-salariés : L. 6312-2, L. 6313-1 et 2, L. 6331-48 à 54, L. 6332-9 à 12, L. 6341-8 ; R. 6331-47 à 54, R. 6332-63 à 77
Objectifs et contenu : L. 6111-1 à 5 ; R. 6111-1 à 5
Objet : L. 6311-1
Obligation d'adaptation (employeur) : L. 6321-1
Organismes collecteurs agréés : L. 6332-1 à 24 ; R. 6332-1 à 86, 94-1, 96 à 106 et 106-2 à 114 ; D. 6332-87 à 94, 95, 106-1 et 107-1
  Agrément : L. 6332-1 à 2-1 et 6 ; R. 6332-1 à 15
  Constitution et fonctionnement : R. 6332-16 à 22
  Fonds d'assurance-formation : L. 6332-7 à 13 ; R. 6332-46 à 77
  Fonds national de gestion paritaire de la formation professionnelle continue : R. 6332-96 à 103
  Fonds paritaire de sécurisation des parcours professionnels : L. 6332-18 à 22-2 ; R. 6332-104 à 106, 106-2 à 107 et 108 à 113 ; D. 6332-106-1 et 107-1
  Gestion des fonds : L. 6332-3 à 6 ; R. 6332-23 à 45
  Information de l'État : L. 6332-23 et 24 ; R. 6332-114
  Organismes agréés au titre du congé individuel de formation : R. 6332-94-1 ; D. 6332-93, 94 et 95
  Organismes agréés au titre de la professionnalisation et du droit individuel à la formation : L. 6332-14 à 17 ; R. 6332-78 à 86 ; D. 6332-87 à 92
Organismes de formation :
  Bilan pédagogique et financier : L. 6352-11 ; R. 6352-22 à 24
  Déclaration d'activité : L. 6351-1 A à 8 ; R. 6351-1 à 11 ; D. 6351-12
  Droit disciplinaire : R. 6352-3 à 8
  Obligations comptables : L. 6352-6 à 10 ; R. 6352-19 à 21 ; D. 6352-16 à 18
  Obligations vis-à-vis du stagiaire : L. 6353-8 et 9
  Personnels : L. 6352-1 et 2
  Publicité : L. 6352-12 et 13
  Règlement intérieur : L. 6352-3 à 5 ; R. 6352-1 et 2
  Représentation des stagiaires : R. 6352-9 à 15
  Sanctions financières : L. 6354-1 et 3
  Sanctions pénales : L. 6355-1 à 24
Outre-mer : L. 6523-1 à 7, L. 6524-1 ; R. 6521-1 et 16, R. 6523-1 à 8 et 10 à 14 ; D. 6521-2 à 15 et 17, D. 6523-9
Participation des employeurs au développement de la formation professionnelle continue :
  Bâtiment et travaux publics : L. 6331-35 à 47 ; R. 6331-36 à 46
  Comité d'entreprise (avis) : L. 6331-12 ; R. 2323-2 à 4
  Déclaration : L. 6331-32 ; R. 6331-29 à 35
  Effectif de l'entreprise : L. 1111-2, L. 1251-54 ; R. 1111-1, R. 6331-1
  Employeurs de 10 salariés et plus : L. 6331-9 à 34 ; R. 6331-9, 11 à 23 et 26 à 35 ; D. 6331-10, 24 et 25
  Employeurs de moins de 10 salariés : L. 6331-2 à 8 ; R. 6331-2

Employeurs de salariés intermittents du spectacle : L. 6331-55 et 56
Obligation de financement : L. 6331-1 ; D. 6321-1
Particuliers employeurs : L. 6331-57 à 62
Travailleurs indépendants : L. 6331-48 à 54 ; R. 6331-47 à 54
Passeport orientation et formation : L. 2241-6, L. 6315-2
Période de professionnalisation : L. 6324-1 à 10 ; D. 6324-1 à 6
Plan de formation : L. 2323-34 à 40, L. 6321-1 à 16 ; D. 2323-5 à 7
Portabilité du droit individuel à la formation : L. 2241-6, L. 6323-17 à 21
Préparation opérationnelle à l'emploi : L. 6326-1 à 3
Prise en charge des frais de formation : L. 6323-16
Régions (rôle) : L. 6121-1 à 3
Secteur public : L. 6321-16
Stagiaire de la formation professionnelle :
Conditions de travail : L. 6343-1 à 4
Outre-mer : L. 6523-6 ; R. 6523-10 à 14
Protection sociale du stagiaire : L. 6342-1 à 7 ; R. 6342-1 à 4
Rémunération du stagiaire : L. 6341-1 à 12 ; R. 6341-1 à 22, 24, 25 et 27 à 53 ; D. 6341-23 et 26
Surveillance médicale : L. 4625-1
Travail temporaire : L. 1251-56 et 57 ; R. 6331-9, 11 et 12
Travailleurs handicapés : L. 5211-4
Travailleurs saisonniers : L. 6321-13 à 15 ; R. 6331-32
Validation des acquis de l'expérience : L. 2241-6, L. 6111-1, L. 6313-1 et 11, L. 6411-1, L. 6412-1, L. 6421-1 à 4, L. 6422-1 à 10, L. 6524-1 ; R. 6412-1, R. 6422-1 à 7 et 9 à 13 ; D. 6422-8
Congé de participation à un jury de VAE : L. 3142-3-1 à 5, L. 6313-1 et 12 ; D. 3142-5-1
☞ Voir aussi TNC

FORMATION À LA SÉCURITÉ : L. 4141-1 s. ; R. 4141-1 à 20, R. 4143-1 et 2
Amiante : R. 4412-97 à 100, 136 et 137
CHSCT (membres) : L. 4523-10, L. 4614-14 à 16 ; R. 4143-1, R. 4614-21 à 36
Comité d'entreprise : R. 4143-2
Contrat de travail à durée déterminée : L. 4154-2 et 3
Équipements de travail : R. 4323-1 à 5 et 104 à 106
Risques biologiques : R. 4425-6 et 7
Risques chimiques : R. 4412-38, 39 et 86 à 93
Risques d'exposition au bruit : R. 4436-1
Risques d'exposition aux rayonnements ionisants : R. 4451-47 à 50
Risques d'exposition aux rayonnements optiques artificiels : R. 4452-19
Risques d'exposition aux vibrations mécaniques : R. 4447-1
Stage en entreprise : L. 4154-2 et 3
Travail temporaire : L. 4154-2 à 4
Utilisation d'écrans de visualisation : R. 4542-16

FRAIS DE TRANSPORT DES SALARIÉS : L. 3261-1 à 5 ; R. 3261-1 à 16
Bulletin de paie : R. 3243-1

FRAUDE (LUTTE CONTRE LES) : D 2008-371 du 18.04.08 (TNC)

GÉRANTS NON SALARIÉS DES SUCCURSALES DE COMMERCE DE DÉTAIL ALIMENTAIRE : L. 7322-1 à 6 ; D. 7322-1

GÉRANTS DE SUCCURSALES : L. 7321-1 à 5

GESTION PRÉVISIONNELLE DES EMPLOIS ET DES COMPÉTENCES
Négociation collective : L. 2241-4, L. 2242-15 à 20 ; D. 2241-3 à 6 ; Accord national interprofessionnel du 14.11.08 (TNC)
Plan : L. 5121-3 ; D. 5121-4 à 13

GRÈVE
Chômage partiel : R. 5122-8
Conciliation : voir ce mot
Contrat à durée déterminée (recours, interdiction) : L. 1242-6
Contrat de travail (effets) : L. 1132-2, L. 2511-1
Faute lourde : L. 2511-1
Heures de récupération (interdiction) : L. 3122-27
Médiation : voir ce mot
Nullité du licenciement : L. 2511-1
Services publics : L. 2512-1 à 5
Préavis : L. 2512-2
Transports terrestres réguliers de voyageurs : Articles L. 1324-1 à 11 du code des transports, D 2008-82 du 24.01.08, circ. DGT 11 du 30.11.07 (TNC)
Travail temporaire (recours, interdiction) : L. 1251-10

GROSSESSE
☞ Voir MATERNITÉ

GROUPE SPÉCIAL DE NÉGOCIATION
☞ Voir COMITÉ D'ENTREPRISE EUROPÉEN, SOCIÉTÉ COOPÉRATIVE EUROPÉENNE, SOCIÉTÉ EUROPÉENNE, SOCIÉTÉ ISSUE D'UNE FUSION TRANSFRONTALIÈRE

GROUPEMENT D'EMPLOYEURS : L. 1253-1 à 23, L. 1254-13 ; R. 1253-12 à 44, R. 1254-8 et 9 ; D. 1221-23, D. 1253-1 à 11
Collectivités territoriales : L. 1253-19 à 23 ; R. 1253-43 et 44
Convention collective applicable : R. 1253-43
Exploitants agricoles : R. 1253-14 à 34
Participation, intéressement et plan d'épargne d'entreprise : L. 3312-2, L. 3314-3, L. 3322-2, L. 3332-2
Négociation annuelle : L. 2242-12
Sociétés coopératives : L. 1253-2 ; R. 1253-35 à 42

GROUPES ÉCONOMIQUES SOLIDAIRES : L. 5132-15-2

Pour trouver rapidement la page correspondant à l'article recherché, se reporter à la table de référence page LXIX. Pour les textes non codifiés (TNC), se reporter à la liste page 2541.

Guichet unique
☞ Voir Entreprises de spectacles vivants

Handicapés
☞ Voir Travailleurs handicapés

Harcèlement : L. 1151-1 s.
Actions en justice : L. 1154-1 et 2
CHSCT (prévention) : L. 4612-3
Concierges : L. 7211-3
Droit disciplinaire : L. 1152-5, L. 1153-6
Employés de maison : L. 7221-2
Harcèlement moral : L. 1152-1 à 6
Harcèlement sexuel : L. 1153-1 à 6
Médiation : L. 1152-6
Obligation de prévention de l'employeur : L. 1152-4
Preuve : L. 1154-1
Règlement intérieur : L. 1321-2
Sanctions pénales : L. 1155-1 à 4
☞ Voir aussi TNC

Haut conseil du dialogue social : L 2122-11 ; R* 2122-1 à 5

Heures complémentaires
☞ Voir Travail à temps partiel

Heures de délégation
CHSCT : L. 4614-3 à 6
Collège interentreprises de sécurité, de santé et des conditions de travail : L. 4532-15
Comité d'entreprise : L. 2325-6 à 10 et 25
Délégué du personnel : L. 2315-1 à 4
Délégué syndical : L. 2143-13 à 19
Représentant syndical au comité d'entreprise : L. 2325-9
Salarié mandaté au titre de l'article L. 2232-24 : L. 2232-25
Section syndicale : L. 2143-14 et 16
Représentant : L. 2142-1-3
Travail à temps partiel : L. 3123-29

Heures d'équivalence
☞ Voir Durée du travail

Heures de récupération
☞ Voir Durée du travail

Heures supplémentaires
Aménagement du temps de travail : L. 3122-2 et 4 ; D. 3122-7-3
Apprentissage : L. 6222-25
Contingent annuel : L. 3121-11 à 21 ; D. 3121-14-1
Contrepartie obligatoire en repos : L. 3121-11 ; D. 3121-7 à 14
Durée maximale hebdomadaire : L. 3121-35 et 36 ; R. 3121-21 à 28
Jeunes travailleurs : L. 3162-1 ; R. 3165-1
Lissage des rémunérations : L. 3121-22, L. 3122-5
Mensualisation : L. 3121-23
Paiement, majoration : L. 3121-22, L. 3122-5
Repos compensateur de remplacement (heures supplémentaires) : L. 3121-24 et 25
Sanctions pénales : R. 3124-1, 2, 6 et 7
Stagiaires en entreprise : L. 6343-3
Travail à temps partiel : L. 3123-11
Travailleurs saisonniers : L. 3121-21

Horaires de travail
Affichage : L. 3171-1 ; R. 3173-1 et 2 ; D. 3171-2, 3, 5 et 7
Conseillers prud'hommes (aménagement d'horaires) : L. 1442-7
Contrôle (durée du travail) : R. 3171-9-1 ; D. 3171-1 à 9 et 10 à 17
Convention ou accord collectif (dérogation) : L. 3122-47
Horaires individualisés : L. 3122-23 à 26 ; R. 1322-2 et 3, R. 3171-9-1, R. 3173-4 ; D. 3171-8 et 9
Répartition sur une période de quatre semaines au plus : D. 3121-7-1 à 7-3
Répartition sur une période supérieure à la semaine et au plus égale à l'année : L. 3122-1 à 5
Sport (aménagement d'horaires) : L. 3122-28
Travail à temps partiel : L. 3123-15 et 16
☞ Voir aussi Durée du travail

Hôtels, cafés, restaurants
Congés payés : L. 3141-24
Débits de boissons (mineurs) : L. 4153-6 ; R. 4153-8 à 12, R. 4743-7
Pourboires : voir ce mot
Repos hebdomadaire : L. 3132-7 et 12 ; R. 3132-4 et 5
Repos et jours fériés (Moselle, Bas-Rhin et Haut-Rhin) : L. 3134-10
Retenues sur salaire (interdiction) : L. 3251-4
SMIC : D. 3231-13
Travail de nuit (jeunes) : L. 3163-2

Hygiène
☞ Voir Santé et sécurité au travail

Immigration
☞ Voir Travailleurs étrangers

Inaptitude physique
Accident ou maladie non professionnels : L. 1226-2 à 4-3
Accident du travail ou maladie professionnelle : L. 1226-10 à 12 ; R. 1226-9
Constatation par le médecin du travail : L. 4624-1 ; R. 4624-31 et 32
Contrat à durée déterminée : L. 1226-4-2 et 4-3, L. 1243-1
Obligation de reclassement : L. 1226-2 et 10
Stage de reclassement professionnel : L. 1226-3

Incendie
Alarme : R. 4225-8, R. 4227-34 à 36
Champ d'application : R. 4216-1 à 3, R. 4227-1 et 2
Consigne : R. 4227-37 à 41
Dégagements : R. 4216-5 à 12, R. 4227-4 à 14
Désenfumage : R. 4216-13 à 16
Dispense : R. 4216-32 à 34, R. 4227-55 à 57
Effectif : R. 4216-4, R. 4227-3
Extincteurs : R. 4227-28 à 33
Matières inflammables : R. 4216-21 à 23, R. 4227-21 à 27
Prévention : L. 4525-1 ; R. 4216-30, R. 4227-28 à 41

INDEMNITÉ
Clientèle VRP : L. 7313-13 à 16
Congés payés : L. 3141-22 à 29 ; D. 3141-7 et 8
Succession d'employeurs : L. 1224-2
Superprivilège : L. 3253-4
Départ en retraite : L. 1237-7 et 9 ; D. 1237-1 et 2
Fin de contrat : L. 1243-8 à 10, L. 3253-3 ; D. 1243-1
Fin de mission : L. 1251-32 et 33, L. 3253-3
Licenciement : L. 1234-9 à 11 ; R. 1234-1 à 5
Préavis : L. 1226-14, L. 1234-5, L. 3253-3 ; R. 7413-4
Précarité : L. 1243-8 à 10, L. 1251-32 et 33, L. 3253-3 ; D. 1243-1

INDEXATION
Salaire : L. 3231-3
SMIC : L. 3231-3 à 5 et 8 ; R.* 3231-1 et 2

INDUSTRIES ÉLECTRIQUES ET GAZIÈRES
Inspection du travail : R. 8111-10 et 11

INSERTION PROFESSIONNELLE
Agrément de l'ANPE pour l'embauche par des organismes d'insertion : D 99-106 du 18.02.99 (TNC)
Associations intermédiaires : L. 5132-7 à 14 ; R. 5132-11 à 26 ; D. 5132-26-1 à 26-5
Atelier : L. 5132-15, 15-1 et 17 ; R. 5132-28, 29, 32, 33 et 35 à 43 ; D. 5132-27, 30, 31, 34 et 43-1 à 43-5
Chantier : L. 5132-15, 15-1 et 17 ; R. 5132-28, 29, 32, 33 et 35 à 43 ; D. 5132-27, 30, 31, 34 et 43-1 à 43-5
Contrat de professionnalisation : voir ce mot
Contrat unique d'insertion : voir ce mot
Conventions : L. 5131-1, L. 5132-2 à 4 ; R. 5131-1 et 2
Entreprises d'insertion : L. 5132-5 ; R. 5132-1 à 10 ; D. 5132-10-1 à 10-5
Entreprises de travail temporaire d'insertion : L. 5132-6 ; D 99-108 du 18.02.99 (TNC)
Fonds départemental : R. 5132-44 à 47
Groupes économiques solidaires : L. 5132-15-2
Insertion par l'activité économique : L. 5132-1
Jeunes : voir ce mot
Organismes relevant du code de la famille et de l'aide sociale : L. 5132-2
Plans locaux : L. 5131-2 ; R. 5131-3

INSPECTION MÉDICALE DU TRAVAIL : L. 4623-5, 5-1 et 5-3, L. 4624-1 à 3, L. 8123-1 à 3 ; R. 4614-4, R. 8123-1, 6 et 7 ; D. 8123-2 à 5

INSPECTION DU TRAVAIL
Accès aux documents : L. 4711-3, L. 8113-4 à 6 ; R. 4741-3, R. 8114-2 ; D. 8113-2 et 3
Affichage : D. 4711-1
Agriculture : R. 8111-1
Arrêt temporaire de travaux ou d'activité : L. 4721-8, L. 4731-1 à 6, L. 4741-3 ; R. 4721-6 à 10, R. 4731-1 à 15
Bâtiment et travaux publics : L. 4731-1 à 6, L. 4741-3, L. 5424-16 ; R. 4731-1 à 8
CHSCT : L. 4611-4 et 5
Conseil national de l'inspection du travail : D. 8121-1 à 12
Contrôleurs du travail : L. 8112-5
Cumul irrégulier d'emplois : L. 8271-1 à 6-2, L. 8272-1 à 4 ; R. 8272-7 à 11 ; D. 8271-1, D. 8272-1 à 6
Déclaration de conformité : R. 4313-81
Déclarations de l'employeur :
Chantiers : R. 8113-1, R. 8114-1
Établissements : L. 1221-17 ; R. 1221-32 et 33, R. 1227-7
Défense nationale (établissements) : R. 8111-12
Demandes de vérifications, d'analyses et de mesures : L. 4722-1 et 2, L. 4723-1 ; R. 4722-1 à 30, R. 4723-1 à 5
Direction générale du travail : R. 8121-13 et 14
Direction régionale des entreprises, de la concurrence, de la consommation, du travail et de l'emploi (DIRECCTE) : R. 8122-1 à 4 ; D 2009-1377 du 10.11.09, 2010-687 du 24.06.10 et 2010-1582 du 17.12.10 (TNC)
Droit de prélèvement : L. 8113-3
Emploi d'étrangers sans titre de travail : L. 8271-1 à 6-2 et 17 à 19, L. 8272-1 à 4 ; R. 8272-7 à 11 ; D. 8272-1 à 6
Énergie (établissements) : R. 8111-10 et 11
Entrave aux fonctions : L. 8114-1 et 2
Entrée dans les établissements : L. 8113-1 et 2
Équipements de travail et moyens de protection :
Certificat de conformité : R. 4722-5 et 6
Déclaration de conformité : R. 4313-81
Notice d'instructions : R. 4322-3
Établissements de l'État : L. 8113-8, L. 8114-3 ; R. 8113-6 à 8
Ingénieurs-conseils : L. 8123-4 à 6 ; R. 8123-8 et 9
Juge des référés (saisine) : L. 3132-31, L. 3134-15, L. 4132-4, L. 4721-5, L. 4732-1 à 4, L. 4741-11 ; D. 3132-24, D. 3134-5
Marchandage : L. 1454-1, L. 8271-1 à 6-2, 14 et 15, L. 8272-1 à 4 ; R. 8272-7 à 11 ; D. 8272-1 à 6
Médecins-conseils : L. 8123-6 ; R. 8123-8 et 9
Médecins inspecteurs du travail : L. 4623-5, 5-1 et 5-3, L. 4624-1 à 3, L. 8123-1 à 3 ; R. 8123-1, 6 et 7 ; D. 8123-2 à 5
Mines et carrières : R. 8111-8 et 9
Mises en demeure : L. 4132-4, L. 4711-2, L. 4721-1 à 8, L. 4723-1 et 2, L. 7424-3, L. 8113-9, L. 8222-6 ; R. 4721-1 à 12, R. 4723-1 à 4 et 6, R. 4741-2 et 3, R. 8113-4 et 5, R. 8222-3
Mission : L. 8112-1 à 5 ; R. 8112-1 à 6
Outre-mer : R. 8322-2 ; D. 8322-1
Prêt illicite de main-d'œuvre : L. 1454-1, L. 8271-1 à 6-2 et 16, L. 8272-1 à 4 ; R. 8272-7 à 11 ; D. 8272-1 à 6

Pour trouver rapidement la page correspondant à l'article recherché, se reporter à la table de référence page LXIX. Pour les textes non codifiés (TNC), se reporter à la liste page 2541.

Procès-verbaux : L. 4741-1 et 9, L. 8113-7 et 8
Rapports : R. 8112-4 et 5
Règlement intérieur : L. 1322-1 à 4
Répartition des compétences entre les départements ministériels : R. 8111-1 à 12
Sanctions pénales : L. 8114-1 à 3 ; R. 8114-1 et 2
Secret professionnel : L. 8113-10 et 11, L. 8123-5
Serment : L. 8113-10 ; D. 8113-9
Spectacles : L. 1246-1
Transports : R. 8111-1
Travail dissimulé : L. 1454-1, L. 8271-1 à 13, L. 8272-1 à 4 ; R. 8272-7 à 11 ; D. 8272-1 à 6
☞ Voir aussi TNC

INSTALLATION CLASSÉE
Champ d'application : L. 4521-1
CHSCT : L. 4523-1 à 17 ; R. 4523-1 à 17
Comité interentreprises de santé et de sécurité au travail : L. 4524-1 ; R. 4524-1 à 10
Danger grave et imminent : L. 4526-1
Incendie : L. 4525-1
Prévention : L. 4522-1 et 2

INTEMPÉRIES
Heures perdues, récupération : L. 3122-27 ; R. 3122-4 à 7 ; D. 5424-17
Santé et sécurité au travail : R. 4223-15 ; D. 4153-17 à 19
Travail temporaire : L. 1251-20
☞ Voir aussi CHÔMAGE-INTEMPÉRIES (TRAVAILLEURS DU BÂTIMENT)

INTÉRESSEMENT
Accord :
Contenu : L. 3313-1 et 2
Dénonciation : D. 3313-5 et 7
Dépôt : L. 3313-3, L. 3345-1 ; D. 3313-1 à 4, D. 3345-1 à 5
Modification : D. 3313-5 et 6
Prorogation : L. 2323-18
Reconduction tacite : L. 3313-7-1
Sécurisation : L. 3345-2 et 3
Ancienneté : L. 3342-1 ; D. 3342-1
Caractères : L. 3314-2
Champ d'application : L. 3311-1, L. 3312-2 et 3 ; R. 3311-1 à 3 ; D. 3311-4
Commission d'information et d'aide au logement : L. 2325-29 et 32
Compte épargne-temps (versement) : L. 3343-1
Conseil d'orientation de la participation, de l'intéressement, de l'épargne salariale et de l'actionnariat salarié : L. 3346-1 ; D. 3346-1 à 7
Conventions et accords collectifs : L. 2261-22
Critères de répartition : L. 3313-2, L. 3314-1 à 10 ; R. 3314-3 et 4 ; D. 3314-1 et 2
Dividende du travail (supplément d'intéressement) : L. 3314-10
Entreprises dépourvues d'épargne salariale : L. 3344-3
État récapitulatif : L. 3341-6 à 8 ; R. 3341-5 et 6
Exonérations fiscales et sociales : L. 3312-4, L. 3314-2, 4 et 9, L. 3315-1 à 5 ; D. 3314-2
Garantie des créances : L. 3253-10
Groupe : L. 3344-1 et 2
Groupement d'employeurs : L. 3312-2, L. 3314-3
Information des salariés : D. 3313-8 à 11
Intéressement de projet : L. 3312-6
Livret d'épargne salariale : L. 3341-6 et 7 ; R. 3341-5
Mise en place : L. 3312-1 à 8 ; R. 3312-1 et 2
Modification de la situation juridique de l'employeur : L. 3313-4
Négociation annuelle obligatoire : L. 2242-12
Non-discrimination : L. 1132-1
Outre-mer : L. 3431-1
Participation aux assemblées générales des actionnaires : L. 3341-1 ; D. 3341-1 et 2
Prime de partage des profits : voir ce mot
Règle de non-substitution : L. 3312-4
Stage de formation économique et financière : L. 3341-2 à 4 ; D. 3341-3 et 4

INTÉRIM
☞ Voir TRAVAIL TEMPORAIRE

INVENTIONS DES SALARIÉS : Articles L. 113-9, L. 611-6 à 9 et R. 611-1 à 10 du code de la propriété intellectuelle (TNC)
Convention de branche : L. 2261-22

IVRESSE : R. 4228-20

JEUNES
Accompagnement des jeunes vers l'emploi : L. 5131-3 ; R. 5131-4 à 9
Missions locales pour l'insertion professionnelle et sociale : L. 5314-1 à 4
Conseil national des missions locales : R. 5314-1 à 5 ; D. 5314-6 à 12
☞ Voir aussi CONTRAT EMPLOI-JEUNE, CONTRAT D'INSERTION DANS LA VIE SOCIALE

JEUNES TRAVAILLEURS
Âge d'admission au travail : L. 4153-1 à 7, L. 4743-2 ; R. 4153-6 et 8 à 12, R. 4743-5 et 6 ; D. 4153-1 à 5, 7, 13 et 14
Agriculture : D. 4153-20 à 23
Aide à la création d'entreprise : L. 5141-1
Apprentissage : voir ce mot
Bonnes mœurs : L. 4153-8 ; D. 4153-15 et 16
Comité d'entreprise : L. 2325-26
Congé de formation de cadres et d'animateurs pour la jeunesse : voir ce mot
Congé de formation pour les salariés de 25 ans et moins : voir CONGÉ DE FORMATION
Congés payés : L. 3141-8 et 9, L. 3164-9 ; R. 3143-1
Conseil de prud'hommes : L. 1441-1, L. 1453-1
Contrat emploi-jeune : voir ce mot
Conventions collectives : L. 2261-22
Débits de boissons (mineurs) : L. 4153-6 ; R. 4153-8 à 12, R. 4743-7
Définition : L. 3161-1
Durée du travail : L. 3162-1 à 3 ; R. 3165-1 et 2
Élections professionnelles : L. 2314-15, L. 2324-14
Emploi aux étalages extérieurs : D. 4153-17 à 19
Examens médicaux : L. 4153-4 ; R. 4624-19 et 20 ; D. 4153-14
Exposition à des agents chimiques dangereux : D. 4153-25 à 28

Jours fériés : L. 3164-6 à 8 ; R. 3164-2 et 3, R. 3165-4 et 6
Limitation des charges : D. 4153-39 et 40
Mendicité : L. 4153-7, L. 4741-8
Mode : voir ENFANTS
Orphelins de guerre (obligation d'emploi) : L. 5212-1 à 17 ; R. 5212-1 à 2, 4 à 18, 30 et 31, R. 5214-1 ; D. 5212-3 et 19 à 29
Repos hebdomadaire : L. 3164-2 à 5 ; R. 3135-5, R. 3164-1 et 3, R. 3165-3 et 5
Repos quotidien : L. 3164-1 ; R. 3165-7
Sanctions pénales : L. 4743-1 et 2 ; R. 4743-3 à 7
SMIC : voir SALAIRE MINIMUM INTERPROFESSIONNEL DE CROISSANCE
Spectacles : voir ENFANTS
Surveillance médicale : R. 4624-19 et 20
Syndicats (adhésions) : L. 2141-1
Temps de pause obligatoire : L. 3162-3 ; R. 3165-2
Travail de nuit : L. 3163-1 à 3 ; R. 3124-15 et 16, R. 3163-1 à 6
Travaux interdits : L. 4153-8 ; R. 4743-3 ; D. 4153-15 à 40
Travaux réglementés : L. 4153-9 ; R. 4153-44, R. 4743-4 ; D. 4153-41 à 43 et 45 à 49
Travaux pendant les vacances scolaires : L. 4153-3 ; R. 4153-6 ; D. 4153-1 à 5 et 7
Indemnité de fin de contrat : L. 1243-10
☞ Voir aussi ENFANTS, RÉSERVE OPÉRATIONNELLE, SANTÉ ET SÉCURITÉ AU TRAVAIL, SERVICE NATIONAL

JOURNALISTES PROFESSIONNELS
Bénéfice du statut : L. 7111-1 et 3 à 5-1
Carte d'identité professionnelle : L. 7111-6, L. 7114-1 ; R. 7111-1 à 35
Clause de conscience : L. 7112-5
Collaborateur de la rédaction : L. 7111-4
Commission arbitrale : L. 7112-4 ; D. 7112-2 à 6
Définition : L. 7111-3 à 5-1
Démission : L. 7112-5
Exercice par voie électronique : L. 7111-5
Honorariat : L. 7111-6 ; R. 7111-14 à 17
Indemnité de licenciement : L. 7112-2 à 5 ; D. 7112-1
Licenciement : L. 7112-2 à 4
Outre-mer : D. 7522-1
Pigiste : L. 7111-3
Préavis : L. 7112-2 et 5
Présomption de salariat : L. 7112-1
Rémunération : L. 7113-1 à 4
Représentation professionnelle : L. 7111-7 à 10
Sanction pénale : L. 7114-1

JOURNÉE DE SOLIDARITÉ : L. 3133-7 à 12, L. 3422-1

JOURS FÉRIÉS
Énumération : L. 3133-1
Jeunes travailleurs : L. 3164-6 à 8 ; R. 3164-2 et 3, R. 3165-4 et 6
Moselle, Bas-Rhin et Haut-Rhin : L. 3134-1 à 15 ; R. 3134-1 à 4, R. 3135-4 ; D. 3134-5
Perte de salaire : L. 3133-3
Pont : L. 3122-27
Premier Mai : L. 3133-4 à 6 ; R. 3135-3 ; D. 3133-1
Récupération interdite : L. 3133-2
Travail temporaire : L. 1251-18

LABELS
Syndicats : L. 2134-1 et 2, L. 2136-2

LANGUE FRANÇAISE
Contrat de travail : L. 1221-3
Conventions et accords collectifs : L. 2231-4
Documents comportant des obligations pour le salarié : L. 1321-6
Offres d'emploi : L. 5331-4 ; R. 5334-1
Règlement intérieur : L. 1321-6
Traduction du contrat de travail : L. 1221-3

LIBERTÉS INDIVIDUELLES ET COLLECTIVES (ATTEINTE) : L. 1121-1, L. 2313-2

LICENCIEMENT
Accidentés du travail : L. 1226-9, 13 et 18
Ancienneté : L. 1231-5, L. 1234-1, 2, 9 et 11, L. 1235-5 ; R. 1234-1 et 2
Appartenance syndicale : L. 2141-5 et 8
Apprentissage : voir ce mot
Arrêt temporaire de travaux ou d'activité : L. 4731-5, L. 4732-3
Assistance par un conseiller du salarié : L. 1232-7 à 14 ; D. 1232-4 à 12
Attestation d'assurance chômage : R. 1234-9 à 12, R. 1238-7
Cause réelle et sérieuse : L. 1232-1
Certificat de travail : L. 1234-19 ; R. 1238-3 ; D. 1234-6
Cessation d'activité : L. 1234-7 et 10
Chômage-intempéries : D. 5424-22
Compétence prud'homale : L. 1411-1
Concierges : L. 7212-1 et 2 ; R. 7212-1
Congés payés : L. 3141-26 à 28
Contrat à durée déterminée : L. 1243-1 à 4
Convocation (Lettre) : L. 1232-2 et 4 ; R. 1232-1
Déclaration à l'administration : L. 1221-16 ; R. 1227-3 et 4 ; D. 1221-28 à 31
Discrimination : L. 1132-1 à 4, L. 1134-4, L. 1142-1, L. 1144-3
Dommages-intérêts : L. 1235-2, 3 et 5
Droit disciplinaire : voir ce mot
Droit individuel à la formation : L. 6323-17 et 19
Énonciation des motifs : L. 1232-6
Entretien préalable : L. 1232-2 à 5 ; R. 1232-1 à 3
Essai : L. 1231-1
Faute : L. 1234-1, 4 et 9
Femmes enceintes et mère adoptive : L. 1225-4 à 6, 70 et 71 ; R. 1225-2, R. 1227-5
Fermeture par décision de justice : L. 4741-13

Pour trouver rapidement la page correspondant à l'article recherché, se reporter à la table de référence page LXIX. Pour les textes non codifiés (TNC), se reporter à la liste page 2541.

Filiale étrangère : L. 1231-5
Force majeure : L. 1234-12 et 13
Harcèlement : L. 1152-2 et 3
Indemnité de licenciement : L. 1234-9 à 11 ; R. 1234-1 à 5
Journalistes : L. 7112-2 à 4 ; D. 7112-1 et 2
Lettre de licenciement : L. 1232-6
Licenciement pour motif économique : voir ce mot
Litiges : L. 1235-1
Médecin du travail : L. 4623-4, 5, 6 et 7 ; R. 4623-20 à 25
Moselle, Bas-Rhin et Haut-Rhin : L. 1234-15 à 17-1
Notification : L. 1232-6
Pères de famille : L. 1225-28
Petites entreprises : L. 1235-5
Pluralité d'employeurs : L. 1231-3
Préavis et indemnité compensatrice de préavis : L. 1234-1 à 8
Reçu pour solde de tout compte : L. 1234-20 ; D. 1234-7 et 8
Registre du personnel (mention) : D. 1221-23
Réintégration : L. 1134-4, L. 1144-3, L. 1226-15, L. 1235-3
Remboursement des allocations chômage : L. 1235-4 et 5 ; R. 1235-1 à 17
Salariés à protection réduite : L. 1235-5
Salariés protégés : voir ce mot
Sanctions des irrégularités du licenciement : L. 1235-1 à 6
Secteur public : L. 1234-14
Travail temporaire : voir ce mot
Travailleurs étrangers : L. 8252-2
VRP : voir ce mot

LICENCIEMENT POUR FIN DE CHANTIER : L. 1236-8

LICENCIEMENT POUR MOTIF ÉCONOMIQUE
Accord de méthode : L. 1233-21 à 24
Accord de réduction du temps de travail : L. 1233-62
Actions en justice : L. 1235-8 ; D. 1235-18 à 20
Bassins d'emploi (Revitalisation des) : L. 1233-84 à 90 ; D. 1233-37 à 48 ; D 2002-790 du 3.05.02, circ. 93-16 du 26.03.93, circ. DGEFP 2004/007 du 16.02.04 (TNC)
Cause réelle et sérieuse : L. 1233-2
Certificat de travail : L. 1234-19 ; R. 1238-3 ; D. 1234-6
Champ d'application : L. 1233-1
Congé de mobilité : L. 1233-77 à 83
Congé de reclassement : L. 1233-71 à 76 ; R. 1233-17 à 36
Conseil de prud'hommes (compétence) : L. 1235-1 et 9, L. 1411-1, L. 1456-1 ; R. 1423-9, R. 1456-1 à 5
Consultation des représentants du personnel : L. 1233-8 à 10, 28 à 33 et 36, L. 1238-2, L. 2313-7, L. 2323-6, 15 et 16
Contrat de sécurisation professionnelle : L. 1233-65 à 70, L. 3253-8, 18-5 et 21, L. 5428-1 et voir TNC
Critères d'ordre des licenciements : L. 1233-5 à 7 ; R. 1238-1
  Énonciation : L. 1233-17 et 43 ; R. 1233-1
Définition : L. 1233-3
Délais de contestation : L. 1235-7
Énonciation des motifs : L. 1233-16 et 42
Entretien préalable : L. 1233-11 à 14 et 38
Expert-comptable (Assistance d'un) : L. 1233-34, 35 et 37, L. 2325-35
Force majeure : L. 1234-12 et 13
Indemnité de licenciement : L. 1234-9 à 11 ; R 1234-1 et 3 à 5
Information des entreprises sous-traitantes : L. 2323-16
Information et notification à l'autorité administrative : L. 1233-19, 20 et 46 à 51, L. 1238-4 ; R. 1233-2, 6, 7 et 9, R. 1238-2 et 5 ; D. 1233-3 à 5, 8 et 10
Informations à fournir aux représentants du personnel : L. 1233-10, 31, 32 et 48
Intervention de l'autorité administrative : L. 1233-52 à 57 ; R. 1233-2 ; D. 1233-11 à 14
Lettre de licenciement : L. 1233-15, 16, 39 à 42 et 59, L. 1238-3
Licenciement de dix salariés ou plus : L. 1233-21 à 57
Licenciement de moins de dix salariés : L. 1233-8 à 20
Licenciements successifs : L. 1233-26 et 27
Mesures d'adaptation : L. 1233-91
Modification du contrat :
  Notification : L. 1222-6
  Refus : L. 1233-25
Moselle, Bas-Rhin et Haut-Rhin : L. 1234-15 à 17-1
Plan de sauvegarde de l'emploi : L. 1233-61 à 64, L. 1235-10
Préavis et indemnité compensatrice de préavis : L. 1234-1 à 8
Priorité de réembauche : L. 1233-42 et 45, L. 1235-13
Procédure irrégulière : L. 1235-2 et 10 à 17, L. 1238-2 à 4
Reclassement
  Aides : L. 5123-1 à 9, L. 5124-1 ; R. 5123-1 à 3 et 5 à 41 ; D. 5123-4 et voir RECLASSEMENT
  Obligation : L. 1233-4, 4-1 et 23
Reçu pour solde de tout compte : L. 1234-20 ; D. 1234-7 et 8
Redressement ou liquidation judiciaires : L. 1233-58 à 60, L. 1238-5 ; R. 1233-15 et 16, R. 1238-6
Réintégration : L. 1235-3 et 11
Remboursement des allocations chômage : L. 1235-4 ; R. 1235-1 à 17
Sanctions des irrégularités du licenciement : L. 1235-1 à 6 et 10 à 17
Sanctions pénales : L. 1238-2 à 5 ; R. 1238-1 à 7
Secteur public : L. 1234-14

LICENCIEMENT DES REPRÉSENTANTS DU PERSONNEL
☞ Voir COMITÉ D'ENTREPRISE, COMITÉ D'ENTREPRISE EUROPÉEN, COMITÉ DE GROUPE, COMITÉ D'HYGIÈNE, DE SÉCURITÉ ET DES CONDITIONS DE TRAVAIL, DÉLÉGUÉ DU PERSONNEL, DÉLÉGUÉ SYNDICAL, SALARIÉS PROTÉGÉS, SOCIÉTÉ COOPÉRATIVE EUROPÉENNE, SOCIÉTÉ EUROPÉENNE, SOCIÉTÉ ISSUE D'UNE FUSION TRANSFRONTALIÈRE

Liquidation judiciaire
☞ Voir Redressement ou liquidation judiciaires

Lissage des rémunérations
☞ Voir Salaire

Livret d'épargne salariale : L. 3341-6 à 8

Lock-out
Chômage partiel : voir ce mot
Récupération des heures perdues : L. 3122-27 ; R. 3122-4 à 7

Logement des travailleurs
Commission d'information et d'aide au logement (comité d'entreprise) : L. 2325-27 à 33 ; D 76-1292 du 30.12.76 (TNC)

Maisons de l'emploi
☞ Voir Service public de l'emploi

Maladie
Absences : L. 1226-1 et 1-1 ; D. 1226-1 à 8
Autorisations d'absence (maladie grave) : L. 1226-5
Congé pour enfant malade : L. 1225-61
Congé parental d'éducation : L. 1225-49 ; R. 1225-12
Congé de présence parentale : L. 1225-62 ; R. 1225-15
Congés payés : D. 3141-4
Dépistage : R. 4624-25 à 27
Discrimination : L. 1132-1 et 4
Inaptitude physique : L. 1226-2 à 4-3, L. 4624-1 ; R. 4624-31 et 32
Moselle, Bas-Rhin et Haut-Rhin : L. 1226-23 et 24
Visite de reprise : R. 4624-21 à 24

Maladie professionnelle
Apprentissage : L. 6222-32
Champ d'application : L. 1226-6
CHSCT :
Enquêtes : L. 4612-5, L. 4614-6 ; R. 4612-2
Recours à un expert : L. 4614-12
Congés payés : L. 3141-5
Contrat de travail à durée déterminée : L. 1226-18 à 22, L. 1243-5
Dépistage : R. 4624-25 à 27
Effectif de l'entreprise : L. 1111-3 ; R. 1111-1
Faute inexcusable de l'employeur : L. 4131-4, L. 4154-3
Formation professionnelle : L. 1226-7 et 10
Inaptitude : L. 1226-10 à 12 ; R. 1226-9
Moselle, Bas-Rhin et Haut-Rhin : L. 1226-23 et 24
Résiliation du contrat de travail : L. 1226-9 et 12 à 18
Suspension du contrat de travail : L. 1226-7 à 9
Travailleurs handicapés : L. 1226-7, L. 5212-13
Visite de reprise : R. 4624-21 à 24

Mandat parlementaire
☞ Voir Congé des salariés candidats ou élus à un mandat parlementaire ou local

Mannequins
Agences de mannequins :
Garantie financière : L. 7123-19 à 22 ; R. 7123-20 à 41
Licence : L. 7123-11 à 15 ; R. 7123-8 et 10 à 17-1 ; R.* 7123-9
Substitution de l'utilisateur : R. 7123-38 à 41
Contrat de mise à disposition : L. 7123-17 et 18 ; R. 7123-18 et 19
Contrat de travail : L. 7123-3 à 5 ; R. 7123-1 et 2
Définition : L. 7123-2
Égalité professionnelle : R. 1142-1
Emploi d'un enfant : voir Enfants
Examens médicaux et suivi médical : L. 4625-2, L. 7123-18 ; R. 7123-4 à 7
Rémunération : L. 7123-6 à 10 ; R. 7123-3
Sanctions pénales : L. 7123-24 à 32

Marchandage : L. 1454-1, L. 8211-1, L. 8231-1 s., L. 8271-1 à 6-2, 14 et 15, L. 8272-1 à 4 ; R. 8234-1, R. 8272-7 à 11 ; D. 8232-1, D. 8233-1 et 2, D. 8272-1 à 6

Maternité
Absences pour examens médicaux : L. 1225-16
Adoption : voir ce mot
Agents toxiques pour la reproduction : R. 4412-87, 89 et 90
Allaitement : voir ce mot
Attestation de grossesse : R. 1225-1 à 3
Changements d'affectation : L. 1225-7 à 15, L. 4152-2 ; R. 1225-4
Congé pour enfant malade : L. 1225-61
Congé de maternité : L. 1225-17 à 28 ; D. 1225-4-1
Congé parental d'éducation : L. 1225-47 à 60 ; R. 1225-12 et 13
Congé de présence parentale : L. 1225-62 à 65 ; R. 1225-14 et 15 ; D. 1225-16 et 17
Congés payés : L. 3141-2 et 5 ; D. 3141-4
Conventions collectives : L. 2261-22
Démission : L. 1225-34, L. 1225-66 à 69 ; R. 1225-18 et 19
Discrimination : L. 1132-1 et 4
Droit individuel à la formation : L. 6323-2 ; D. 6323-3
Embauche : L. 1225-1 à 3
Entretien (reprise d'activité) : L. 1225-27
Faute grave : L. 1225-4
Interdiction d'emploi prénatal et postnatal : L. 1225-29
Licenciement : L. 1225-4 à 6 et 39 ; R. 1225-2, R. 1227-5
Mannequins : L. 7123-18
Priorité d'embauche : L. 1225-67 et 68 ; R. 1225-18 et 19
Repos sur le lieu de travail : R. 4152-2
Sanctions pénales : L. 1225-70 et 71, L. 4743-1 ; R. 1227-5 et 6, R. 4743-1
Surveillance médicale : R. 4152-1 ; R. 4624-19 et 20
Suspension du contrat de travail : L. 1225-4, 10, 11, 14, 15, 24, 28, 47 et 54

Pour trouver rapidement la page correspondant à l'article recherché, se reporter à la table de référence page LXIX. Pour les textes non codifiés (TNC), se reporter à la liste page 2541.

Travail de nuit : L. 1225-9 à 11 ; R. 1227-5
Travaux interdits : L. 4152-1 ; D. 4152-3 à 12 et 29
Visite de reprise : R. 4624-21 à 24

MÉCÉNAT : L. 2323-84

MÉDAILLE D'HONNEUR DU TRAVAIL : D 84-591 du 4.07.84 (TNC)

MÉDECINE DU TRAVAIL
☞ Voir SERVICES DE SANTÉ AU TRAVAIL

MÉDIATION
Accord : L. 2523-6, L. 2524-5 ; R. 2523-14
Apprentissage : L. 6222-39
Comparution des parties : L. 2522-3, L. 2523-4 et 8 ; R. 2523-12
Désignation d'un médiateur : R. 2523-5, 8 et 9
Documents : L. 2523-9 ; R. 2523-15
Échec : L. 2523-7 ; R. 2523-16
Engagement de la procédure : L. 2522-1, L. 2523-1 ; R. 2523-4, 7 et 10
Harcèlement : L. 1152-6, L. 1155-1
Indemnisation : R. 2523-17 à 20
Liste des médiateurs : L. 2523-2 et 3 ; R. 2523-1 à 3
Litige prud'homal : R. 1471-1 et 2
Pouvoirs du médiateur : R. 2523-6 et 11
Recommandation : L. 2325-5 à 7 ; R. 2523-13
Sanctions pénales : L. 2525-1 et 2 ; R. 2525-1 et 2

MENSUALISATION : L. 3242-1 à 4

MÈRES DE FAMILLE
Congé pour enfant malade : L. 1225-61, 70 et 71
Congé parental d'éducation : L. 1225-47 à 60, 70 et 71 ; R. 1225-12 et 13, R. 1227-5
Congé de présence parentale : L. 1225-62 à 65, 70 et 71 ; R. 1225-14 et 15 ; D. 1225-16 et 17
Congés payés annuels : L. 3141-9 ; R. 3143-1
Démission pour élever un enfant : L. 1225-66 à 71 ; R. 1225-18 et 19, R. 1227-5
☞ Voir aussi MATERNITÉ, ADOPTION

MINES ET CARRIÈRES
Inspection du travail : R. 8111-8 et 9
Santé et sécurité au travail : L. 4111-4, L. 4151-1

MINIMUM GARANTI : L. 3231-12 ; R.* 3231-17

MISE À PIED
☞ Voir DROIT DISCIPLINAIRE, SALARIÉS PROTÉGÉS

MISE À LA RETRAITE
☞ Voir RETRAITE

MISES EN DEMEURE
Arrêt temporaire d'activité : L. 4721-8 ; R. 4721-6 à 10
Conservation par l'employeur : L. 4711-2 ; R. 4741-3
Contestation de l'employeur : L. 4723-1 et 2 ; R. 4723-1 à 4 et 6
Direction régionale du travail : L. 4721-1 à 3 ; R. 4721-1 à 3, R. 4741-2
Droits d'alerte et de retrait : L. 4132-4
Inspecteurs et contrôleurs du travail : L. 4721-4 à 7 ; R. 4721-4 et 5
Notification : L. 8113-9 ; R. 8113-4 et 5
Placement : L. 5323-1
Registre unique : L. 4711-5
Travail dissimulé : L. 8222-6 ; R. 8222-3
Travailleurs à domicile : L. 7424-3
Vérification des équipements de travail : R. 4721-11 et 12

MODERNISATION DU MARCHÉ DU TRAVAIL : voir TNC

MODIFICATION DE LA SITUATION JURIDIQUE DE L'EMPLOYEUR
Accord d'intéressement : L. 3313-4
Accord de participation : L. 3323-8
Comité d'entreprise (consultation) : L. 2323-19 et 20
Contrat de travail (maintien) : L. 1224-1 à 4
Délégué du personnel : L. 2314-28
Délégué syndical : L. 2143-10
Membre du comité central d'entreprise : L. 2327-11
Membre du comité d'entreprise : L. 2324-26
Plan d'épargne d'entreprise : L. 3335-1 et 2 ; D. 3335-1 à 3
Transfert partiel d'entreprise (ou d'établissement) :
Médecin du travail : L. 4623-5-3
Salariés protégés : L. 2414-1, L. 2421-9, L. 2431-1, L. 2432-1, L. 2433-1, L. 2434-1 et 2, L. 4742-1 ; R. 2421-17

MOSELLE, BAS-RHIN ET HAUT-RHIN
Apprentissage : L. 6261-1 et 2 ; R. 6261-1 à 25
Congé de représentation : L. 3142-51
Congé de solidarité international : L. 3142-32
Contrat emploi-jeune : L. 5134-3
Fonds d'assurance-formation : L. 6332-11
Groupement d'employeurs : L. 1253-2 et 19 ; D. 1253-1
Licenciement (préavis) : L. 1234-15 à 17
Maladie, accident et inaptitude médicale : L. 1226-23 et 24
Repos et jours fériés : L. 3134-1 à 15 ; R. 3134-1 à 4, R. 3135-4 ; D. 3134-5
Travail dissimulé par dissimulation d'activité : L. 8221-3
Vendredi Saint (Moselle) : L. 3134-14

MUTILÉS DE GUERRE
Obligation d'emploi : L. 5212-1 à 17 ; R. 5212-1 à 2, 4 à 18, 30 et 31, R. 5214-1 ; D. 5212-3 et 19 à 29
☞ Voir aussi TRAVAILLEURS HANDICAPÉS

NÉGOCIATION COLLECTIVE
Apprentissage : L. 2241-6 ; R. 2241-9
Commission nationale : L. 2271-1, L. 2272-1 et 2 ; R. 2271-1, R. 2272-1 à 14
Dialogue social : L. 1 à 3
Droit d'expression : L. 2281-6 à 8 et 10, L. 2283-1
Égalité entre les femmes et les hommes : L. 1143-1 à 3, L. 2241-3, L. 2242-5 à 7 ; R. 2242-2 à 8 ; D. 2241-7
Épargne salariale : L. 2241-8, L. 2242-12
Formation professionnelle : L. 2241-6 ; R. 2241-9

Gestion prévisionnelle des emplois et des compétences : L. 2241-4, L. 2242-15 à 20 ; D. 2241-3 à 6 ; Accord national interprofessionnel du 14.11.08 (TNC)
Négociation de branche : L. 2222-3, L. 2241-1 à 12 ; R. 2241-2 et 9 ; D. 2241-1 et 3 à 8
Négociation obligatoire en entreprise : L. 2222-3, L. 2242-1 à 20 ; R. 2242-1 à 8
Outre-mer : L. 2631-1
Régime de prévoyance maladie : L. 2242-11
Salaires et durée du travail : L. 2242-8 à 10
Sanctions pénales : L. 2243-1 et 2
Secteur public (droit syndical) : L. 2144-1 et 2
Syndicats (monopole) : L. 2132-2
Travailleurs handicapés : L. 2241-5, L. 2242-13 et 14 ; D. 2241-8

NOTE DE SERVICE : L. 1321-5

OFFICE FRANÇAIS DE L'IMMIGRATION ET DE L'INTÉGRATION
☞ Voir TRAVAILLEURS ÉTRANGERS

OFFRES D'EMPLOI
Collectivités territoriales : L. 5322-2
Contrôle : L. 5333-1 et 2
Discrimination : L. 1142-1 et 2 ; R. 1142-1
Langue de l'offre : L. 5331-4
Publicité : L. 5331-1 à 6, L. 5332-1 à 5 ; R. 5332-1 et 2
Sanctions pénales : L. 5334-1 ; R. 5334-1
Travail dominical : L. 3132-3-1

ORPHELINS DE GUERRE
Obligation d'emploi : L. 5212-1 à 17 ; R. 5212-1 à 2, 4 à 18, 30 et 31, R. 5214-1 ; D. 5212-3 et 19 à 29

OUTRE-MER : L. 1511-1, L. 2611-1, L. 3411-1, L. 4811-1, L. 5511-1, L. 6511-1, L. 7511-1, L. 8311-1
Départements d'outre-mer, Saint-Barthélemy, Saint-Martin et Saint-Pierre-et-Miquelon : L. 1521-1 à 4, L. 2621-1, L. 3421-1, L. 4821-1, L. 5521-1, L. 6521-1, L. 7521-1, L. 8321-1 ; D. 2621-1 et 2
Aides à la création d'entreprise : L. 5522-21 à 28 ; R. 5522-45 à 52, 54 à 68, 71, 72 et 74 à 82 ; D. 5522-53, 69, 70 et 73
Allocation de retour à l'activité : L. 5524-10
Apprentissage : L. 6522-1 et 2 ; D. 6522-1 à 3
Chèque emploi-service universel : L. 1522-1 et 2
Comité de coordination régional de l'emploi et de la formation professionnelle : R. 6521-1 et 16 ; D. 6521-2 à 15 et 17
Conciliation : L. 2623-1 ; R. 2623-1 à 19
Conseil de prud'hommes : R. 1523-1 à 5
Conseil territorial de l'emploi : R. 5521-11 à 14
Contrat d'accès à l'emploi : L. 5522-5 à 20 ; R. 5522-12 à 34, 37 à 40, 42 et 43 ; D. 5522-35 et 36, 41 et 44
Contrat d'avenir : L. 5522-2
Contrat emploi-jeune : L. 5522-1
Contrat jeune en entreprise : D. 5522-1 à 11
Contrat unique d'insertion : L. 5522-2 à 2-3 ; R. 5522-11-1 et 11-2
Conventions et accords collectifs : L. 2222-1, L. 2261-22 et 23, L. 2622-1 et 2 ; D. 2622-1 et 2
Fonds pour l'emploi : R. 5521-1 à 4 et 6 ; D. 5521-5 et 7 à 10
Formation professionnelle : R. 6523-1
Financement : L. 6523-1 et 2 ; R. 6523-2
Parrainage : L. 6523-3 à 5 ; R. 6523-3 à 8 ; D. 6523-9
Stagiaire : L. 6523-6 ; R. 6523-10 à 14
Inspection du travail : R. 8322-2 ; D. 8322-1
Journalistes : D. 7522-1
Journée de solidarité : L. 3422-1
Lutte contre le travail illégal : L. 8323-1 à 3 ; R. 8323-1
Pourboires : D. 3423-10
Rémunération mensuelle minimale : L. 3423-5 à 9 ; R. 3423-1 à 9 et 11
Services de santé au travail : L. 4822-1 ; R. 4822-1
SMIC : L. 3423-1 à 4 ; R. 3423-11
Titre de travail simplifié : L. 1522-3 à 12 ; R. 1522-1 à 17
Travail dissimulé : L. 8323-1 ; R. 8323-1
Travailleurs étrangers : L. 5523-1 à 3 ; R. 5523-3 à 15
Emploi d'étrangers sans titre de travail : L. 8323-2 et 3
Travailleurs handicapés : L. 5522-18 ; R. 5523-1 et 2
Validation des acquis de l'expérience : L. 6524-1
Mayotte, Wallis-et-Futuna et Terres australes et antarctiques françaises :
Comité central d'entreprise et comités d'établissement : L. 2632-1
Comité de groupe : L. 2632-2
Contrat de travail (formation et exécution) : L. 1531-1 à 3
Fonds pour l'emploi : R. 5531-1
Intéressement, participation et épargne salariale : L. 3431-1
Négociation collective : L. 2631-1
Organismes de santé, de sécurité et des conditions de travail : L. 4831-1
Rupture du contrat de travail à durée indéterminée : L. 1532-1
Service public de l'emploi : L. 5531-1
Travail dissimulé : L. 8331-1

PARTICIPATION
Absence d'accord : L. 3323-5
Accord :
Contenu : L. 3323-1 à 3
Dénonciation : D. 3323-8
Dépôt : L. 3323-4, L. 3345-1 ; R. 3323-5 et 6 ; D. 3323-1 à 4 et 7, D. 3345-1 à 5
Groupe de sociétés : L. 3322-7, L. 3324-2
Prorogation (consultation du comité d'entreprise) : L. 2323-18
Sécurisation : L. 3345-2 à 4

Pour trouver rapidement la page correspondant à l'article recherché, se reporter à la table de référence page LXIX. Pour les textes non codifiés (TNC), se reporter à la liste page 2541.

Agriculture :
Coopératives agricoles : L. 3323-9 et 10 ; R. 3323-9 à 11
Entreprises agricoles : L. 3323-7
Ancienneté : L. 3342-1 ; D. 3342-1
Champ d'application : L. 3321-1 et 2 ; R. 3321-1 ; D. 3321-2
Commission d'information et d'aide au logement : L. 2325-29 et 32
Compte épargne-temps (versements) : L. 3343-1
Conseil d'orientation de la participation, de l'intéressement, de l'épargne salariale et de l'actionnariat salarié : L. 3346-1 ; D. 3346-1 à 7
Contestations : L. 3326-1 et 2 ; R. 3326-1
Conventions et accords collectifs : L. 2261-22
Dividende du travail (supplément de participation) : L. 3324-9
Droits des salariés : L. 3324-10 ; R. 3324-21-1 et 22 à 24 ; D. 3324-21-2 et 36 à 39
État récapitulatif : L. 3341-6 à 8 ; R. 3341-5 et 6
Évaluation des titres : D. 3324-17 à 21
Fonds communs de placement : D. 3324-34
Groupe : L. 3344-1 et 2
Groupement d'employeurs : L. 3322-2
Information des représentants du personnel : L. 3341-5 ; D. 3323-13 à 15
Information des salariés : D. 3323-12 et 16 à 18
Livret d'épargne salariale : L. 3341-6 et 7 ; R. 3341-5
Mise en place :
Dans la branche : L. 3322-9
Dans l'entreprise : L. 3322-1 à 8 ; R. 3322-1
Dans les entreprises dépourvues d'épargne salariale : L. 3344-3
Dans un groupe d'entreprises : L. 3344-1 et 2
Modification de la situation juridique de l'entreprise : L. 3323-8
Négociation annuelle obligatoire : L. 2242-12
Outre-mer : L. 3431-1
Paiement et déblocage anticipé : L. 3324-11 ; D. 3324-41 à 44
Participation aux assemblées générales des actionnaires : L. 3341-1 ; D. 3341-1 et 2
Participation volontaire : L. 3323-6
Plan d'épargne salariale ; L. 3324-12
Prime de partage des profits : voir ce mot
Régimes social et fiscal : L. 3325-1 à 4 ; D. 3325-1 à 7
Réserve spéciale de participation :
Calcul : L. 3324-1 à 4 ; R. 3324-7 ; D. 3324-1 à 6, 8 et 9
Gestion : D. 3324-25 à 40
Répartition : L. 3324-5 à 9 ; R. 3324-16 ; D. 3324-10 à 15
Sociétés coopératives ouvrières de production : L. 3323-9 et 10 ; R. 3323-9 à 11
Stage de formation économique et financière : L. 3341-2 à 4 ; D. 3341-3 et 4
Unité économique et sociale : L. 3322-2 ; R. 3322-2

PARTICIPATION AUX OPÉRATIONS DE SECOURS : L. 3142-112 à 114

PÉNIBILITÉ (PRÉVENTION DE LA) : L. 4121-1 et 3-1 ; D. 4121-5 à 9 et voir TNC

PÈRES DE FAMILLE
Congé pour enfant malade : L. 1225-61, 70 et 71
Congé parental d'éducation : L. 1225-47 à 60, 70 et 71 ; R. 1225-12 et 13, R. 1227-5
Congé de paternité : L. 1225-35 et 36, 70 et 71 ; R. 1227-5 ; D. 1225-8
Congé de présence parentale : L. 1225-62 à 65, 70 et 71 ; R. 1225-14 et 15 ; D. 1225-16 et 17
Démission pour élever un enfant : L. 1225-66 à 71 ; R. 1225-18 et 19, R. 1227-5
Suspension du contrat de travail (décès de la mère) : L. 1225-28
☞ Voir aussi **ADOPTION**

PÉRIODE D'ESSAI : L. 1221-19 à 26
Contrat emploi-jeune : L. 5134-14
Contrat relatif aux activités d'adultes-relais : L. 5134-103
Contrat de travail à durée déterminée : L. 1242-10 et 11
Grossesse : L. 1225-1
Rupture du contrat de travail : L. 1231-1
Travail temporaire : L. 1251-14 et 15
Travail à temps partiel : L. 3123-9
VRP : L. 7313-5

PÉRIODE DE PROFESSIONNALISATION
☞ Voir **FORMATION PROFESSIONNELLE**

PLACEMENT
Agences artistiques : L. 7121-9 à 17 ; R. 7121-1 à 6 et 50 à 52 ; D. 7121-7 et 8
Agences de mannequins : L. 7123-11 à 32 ; R. 7123-8 à 41
Emploi d'enfants : L. 7124-4, 5, 13 et 27 ; R. 7124-8 à 26
Annonces de presse : L. 5331-1 à 6
Collectivités territoriales : L. 5322-1 à 4 ; R. 5322-1 à 6
Contrôle : L. 5323-1 ; R. 5324-1
Définition : L. 5321-1
Entreprise de travail temporaire : L. 1251-4
Offres d'emploi : L. 1142-1 et 2, L. 5331-1 à 6, L. 5332-1 à 5, L. 5333-1 et 2 ; R. 1142-1, R. 5332-1 et 2
Placement privé : R. 5323-1 à 14
Rétribution : R. 5321-3
Sanctions pénales : L. 5324-1, L. 5334-1 ; R. 5334-1
Services à la personne : voir ce mot
☞ Voir aussi **SERVICE PUBLIC DE L'EMPLOI**

PLAN DE FORMATION
☞ Voir **FORMATION PROFESSIONNELLE**

PLAN DE RECLASSEMENT : L. 1233-61 et 63, L. 1235-10

PLAN DE RÉSORPTION DE LA PRÉCARITÉ : L. 2323-17

PLAN DE SAUVEGARDE DE L'EMPLOI
☞ Voir **LICENCIEMENT POUR MOTIF ÉCONOMIQUE**

PLANS D'ÉPARGNE SALARIALE
Ancienneté : L. 3342-1; D. 3342-1
Champ d'application : L. 3331-1 ; R. 3331-1 ; D. 3331-2 et 3

Commission d'information et d'aide au logement : L. 2325-29 et 32
Conseil d'orientation de la participation, de l'intéressement, de l'épargne salariale et de l'intéressement salarié : L. 3346-1 ; D. 3346-1 à 7
Conventions et accords collectifs : L. 2261-22
Dépôt : L. 3345-1 ; D. 3345-1 à 5
Entreprises dépourvues d'épargne salariale : L. 3344-3
État récapitulatif : L. 3341-6 à 8 ; R. 3341-5 et 6
Information des représentants du personnel : L. 3341-5
Livret d'épargne salariale : L. 3341-6 et 7 ; R. 3341-5
Négociation annuelle obligatoire : L. 2242-12
Outre-mer : L. 3431-1
Participation aux assemblées générales des actionnaires : L. 3341-1 ; D. 3341-1 et 2
Plan d'épargne d'entreprise : L. 3332-1 à 28 ; R. 3332-1 à 9 et 10 à 32 ; D. 3332-9-1
Augmentation de capital : L. 3332-18 à 24 ; R. 3332-24 à 27
Bénéficiaires : L. 3332-1 et 2
Composition et gestion : L. 3332-15 à 17-1 ; R. 3332-14 à 21-5
Compte épargne-temps (versements) : L. 3343-1
Déblocage anticipé : R. 3332-28 à 30
Définition : L. 3332-1
Dépôt : L. 3332-9 ; R. 3332-4 à 7
Évaluation des titres : R. 3332-22 et 23
Groupe : L. 3344-1 et 2
Groupement d'employeurs : L. 3332-2
Indisponibilité : L. 3332-25 et 26
Information des salariés : L. 3332-7 et 8
Mise en place : L. 3332-3 à 6 ; R. 3332-1 à 3
Régimes social et fiscal : L. 3332-27 ; R. 3332-31 et 32
Règle de non-substitution : L. 3332-13
Versements : L. 3332-10 à 14 ; R. 3332-8, 9 et 10 à 13 ; D. 3332-9-1
Plan d'épargne interentreprises : L. 3333-1 à 8 ; R. 3333-1 à 5
Plan d'épargne pour la retraite collectif : L. 3334-1 à 16 ; R. 3334-1 à 3, 4 et 5 ; D. 3334-3-1 et 3-2
Composition et gestion : L. 3334-11 à 13
Délivrance des sommes : L. 3334-14 et 15
Mise en place : L. 3334-1 à 5-1
Versements : L. 3334-6 à 10
Prorogation (consultation du comité d'entreprise) : L. 2323-18
Sécurisation : L. 3345-2 à 4
Stage de formation économique et financière : L. 3341-2 à 4 ; D. 3341-3 et 4
Transfert : L. 3335-1 et 2 ; D. 3335-1 à 3

Pôle emploi : L. 5312-1 à 14 ; R. 5311-1 à 3, R. 5312-1 à 37

Portage salarial : L. 1251-64

Pourboires : L. 3244-1 et 2 ; R. 3244-1 et 2
Indemnité de congé : L. 3141-24
Outre-mer : D. 3423-10
Sanction pénale : R. 3246-3

Pouvoir disciplinaire
☞ Voir **Droit disciplinaire**

Préavis
Ancienneté : L. 1231-5, L. 1234-1, 2 et 8
Cessation de l'entreprise : L. 1234-7 et 12
Congé pour catastrophe naturelle : L. 3142-41
Congé pour la création ou la reprise d'entreprise : L. 3142-85
Congé de mobilité : L. 1233-79
Congé de reclassement : L. 1233-72
Congé de solidarité familiale : L. 3142-17
Congé de solidarité internationale : L. 3142-35
Congés payés : D. 3141-4
Contrat d'accompagnement dans l'emploi : L. 5134-29
Contrat emploi-jeune : L. 5134-13 et 15
Contrat initiative-emploi : L. 5134-71
Contrat relatif aux activités d'adultes-relais : L. 5134-104 et 105
Contrat de sécurisation professionnelle : L. 1233-67 à 69
Contrat de travail à durée déterminée (rupture anticipée) : L. 1243-2
Démission pour élever un enfant : L. 1225-66 ; R. 1227-5
Dispense : L. 1234-5
Durée : L. 1234-1, L. 1237-1
Mention sur le bulletin de paie : R. 3243-1
Faute grave du salarié : L. 1234-1
Grève (services publics) : L. 2512-2
Grossesse (démission) : L. 1225-34
Indemnité compensatrice :
Accident du travail ou maladie professionnelle : L. 1226-14
Salariés de droit commun : L. 1234-5
Superprivilège : L. 3253-3
Travailleurs à domicile : R. 7413-4
Inexécution : L. 1234-4 à 6
Journalistes : L. 7112-2 et 5
Moselle, Bas-Rhin et Haut-Rhin : L. 1234-15 à 17-1
Point de départ : L. 1234-3
Réserve opérationnelle : L. 3142-66
Retraite : L. 1237-6 et 10
Secteur public : L. 1234-14
Travail temporaire : L. 1251-28
Travailleurs à domicile : L. 7413-4
Travailleurs handicapés : L. 5213-9
VRP : L. 7313-9 et 10

Premier mai : L. 3133-4 à 6 ; R. 3135-3 ; D. 3133-1

Préretraite
Arrérages : L. 3253-11 ; D. 3253-3
Avantage de préretraite : L. 5123-6

Pour trouver rapidement la page correspondant à l'article recherché, se reporter à la table de référence page LXIX. Pour les textes non codifiés (TNC), se reporter à la liste page 2541.

Convention d'allocation pour cessation anticipée d'activité : R. 5123-22 à 39
Déclaration de l'employeur : L. 1221-18
Plan d'épargne d'entreprise : L. 3332-2

Prescription des salaires
Dispositions générales : L. 3245-1
Interruption, saisine du conseil de prud'hommes : R. 1452-1
Travailleurs à domicile : L. 7423-1

Prêt illicite de main-d'œuvre : L. 1454-1, L. 8211-1, L. 8241-1 s., L. 8271-1 à 6-2 et 16, L. 8272-1 à 4 ; R. 8242-1 et 2, R. 8272-7 à 11 ; D. 8272-1 à 6

Prime de partage des profits : voir note introductive du Livre III de la Troisième partie et TNC

Prime de retour à l'emploi : L. 5133-1 à 7 ; R. 5133-1 à 8

Priorité de réembauche
Démission pour élever un enfant : L. 1225-67 et 68 ; R. 1225-18 et 19
Reprise d'un temps plein après un temps partiel : L. 3123-8
Salarié élu au Parlement : L. 3142-61
Salarié licencié pour motif économique : L. 1233-42 et 45, L. 1235-13

Privilèges et assurance de paiement
Accidentés du travail (indemnités de rupture) : L. 1226-14, 17 et 22, L. 3253-3
Actions directes : L. 3253-23, L. 8232-3 ; R. 1251-27
Agriculture : L. 3253-23 (2°)
Assurance des salaires en cas de faillite : L. 3253-6 à 21 ; R. 3253-4 et 6 ; D. 3253-2, 3 et 5
Auxiliaires des travailleurs à domicile : L. 3253-23 (3°)
Bâtiment et travaux publics : L. 3253-22 et 23 (1°)
Caisses de congés : L. 3253-23 (4°)
Droit de préférence : L. 3253-22
Faillite : L. 3253-2 à 21 ; R. 3253-4 et 6 ; D. 3253-1 à 3 et 5
Privilège général : L. 3253-1
Privilèges spéciaux : L. 3253-22 et 23
Superprivilège : L. 3253-2 à 5 ; D. 3253-1
VRP : L. 7313-8

Procédure de sauvegarde
☞ Voir **Redressement ou liquidation judiciaires**

Procès-verbal
Agents des impôts, des douanes et autres : L. 4311-6, L. 8271-8, 8-1, 14 et 17, L. 8272-1
Carence : L. 1233-30, L. 1235-15, L. 2232-24, L. 2314-5, L. 2324-8, L. 6331-12 et 31
Élections DP, CE : R. 2314-25, R. 2324-21
Inspecteurs et contrôleurs de la formation professionnelle : L. 6363-1 ; R. 6363-1
Inspecteurs et contrôleurs du travail : L. 4741-1 et 9, L. 8113-7 et 8
Réunions :
CHSCT : L. 4612-17
Collège interentreprises de sécurité, de santé et des conditions de travail : R. 4532-88, 89 et 94
Comité d'entreprise : L. 2323-56, L. 2325-20 et 21, L. 6331-31 ; R. 2325-3
Délégué du personnel : L. 2313-13 et 14

Promotion individuelle : L. 6322-1 s. ; R. 6322-1 s.

Protocole d'accord préélectoral
Comité d'entreprise : L. 2324-4, 4-1, 6 et 19 à 21 ; R. 2324-12
Délégué du personnel : L. 2314-3, 3-1, 11 et 23 ; R. 2314-4 et 16

Racisme : L. 1132-1, L. 1321-3 et voir **Discrimination**

Rapatriés
Chômage : L. 5423-8 ; R. 5423-20

Rappel sous les drapeaux
☞ Voir **Service national**

Reclassement
Aides aux actions de reclassement : L. 5123-1 à 9, L. 5124-1 ; R. 5123-1 et 2
Convention d'aide au passage à temps partiel : R. 5123-40 et 41
Convention d'allocation pour cessation anticipée d'activité : R. 5123-22 à 39
Convention de coopération pour la mise en œuvre des cellules de reclassement : R. 5123-3 ; D. 5123-4
Convention de fin de formation : R. 5123-5 à 8
Congé de reclassement : L. 1233-71 à 76 ; R. 1233-17 à 36
Obligation de reclassement : L. 1233-4, 4-1 et 23
Plan de sauvegarde de l'emploi : L. 1233-61 à 64

Recrutement
☞ Voir **Embauche**

Reçu pour solde de tout compte : L. 1234-20 ; D. 1234-7 et 8

Redressement ou liquidation judiciaires
Accident du travail ou maladie professionnelle : L. 1226-17 et 22
Comité d'entreprise (consultation) : L. 2323-44 et 45
Garantie des créances : L. 3253-2 à 21 ; R. 3253-4 et 6 ; D. 3253-1 à 3 et 5
Licenciement : L. 1233-58 à 60, L. 1238-5 ; R. 1233-15 et 16, R. 1238-6
Rémunération mensuelle minimale (allocation complémentaire) : R. 3232-6
Superprivilège : L. 3253-2 à 4 ; D. 3253-1
VRP : L. 7313-8
Titre-restaurant : L. 3262-4
Travail à façon : L. 3253-5
Travail temporaire (entreprise) : R. 1251-25 et 26
☞ Voir aussi TNC

Référé
Arrêt temporaire de travaux ou d'activité (contestation de l'employeur) : L. 4723-2 ; R. 4723-6

Licenciement pour motif économique : L. 1235-7
Recours de l'inspecteur du travail : L. 3132-31, L. 3134-15, L. 4132-4, L. 4721-5, L. 4732-1 à 4, L. 4741-11 ; D. 3132-24, D. 3134-5

Référé prud'homal : L. 1423-1 et 13, L. 1453-2, L. 1454-2 et 4, L. 2313-2 ; R. 1454-29, 30 et 32, R. 1455-1 à 11

Réfugiés
☞ Voir Travailleurs étrangers

Registres
Allaitement : R. 4152-22
CHSCT : D. 4132-1 et 2
Collèges interentreprises (réunion) : R. 4532-88 et 89
Délégué du personnel : L. 2315-12
Incendies (exercices) : R. 4227-39
Inspecteur du travail : L. 8113-4 ; R. 8114-2
Registre unique du personnel : L. 1221-13 à 15 ; R. 1221-26, R. 1227-7 ; D. 1221-23 à 25 et 27
Repos hebdomadaire : R. 3172-2 à 5
Santé et sécurité au travail : L. 4711-5 ; R. 4323-25 à 27 et 101 à 103, R. 4741-3
Travailleurs à domicile : R. 7413-2

Règlement intérieur
Affichage : R. 1321-1
Contenu : L. 1321-1 à 3
Contrôle juridictionnel : L. 1322-4
Création d'entreprise : R. 1321-5
Dépôt et publicité : L. 1321-4 ; R. 1321-2 et 3
Entrée en vigueur : L. 1321-4 ; R. 1321-3
Entreprises assujetties : L. 1311-1 et 2
Harcèlement : L. 1321-2
Inspection du travail (contrôle) : L. 1322-1 à 3 ; R. 1321-4, R. 1322-1
Langue : L. 1321-6
Notes de service : L. 1321-5
Recours : L. 1322-3 ; R. 1322-1
Sanction pénale : R. 1323-1

Règlements intérieurs spécifiques
Comité d'entreprise : L. 2325-2
Organismes de formation : L. 6352-3 à 5 ; R. 6352-1 et 2

Réintégration
Accident du travail ou maladie professionnelle : L. 1226-15
Discrimination : L. 1134-4
Disposition générale : L. 1235-3 et 11
Égalité professionnelle : L. 1144-3
Médecin du travail : L. 4623-6 et 7
Salariés protégés : L. 2422-1 à 4, L. 2431-1, L. 2432-1, L. 2433-1, L. 2434-1 et 2, L. 2435-1, L. 4742-1 ; R. 2422-1
Service national : L. 3142-71

Rémunération
☞ Voir Salaire

Rémunération mensuelle minimale
Agriculture : L. 3232-9
Allocation complémentaire : L. 3232-5 à 7 ; R. 3232-1 et 2
Champ d'application : L. 3232-1 et 9
Faillite : R. 3232-6
Montant : L. 3232-3 et 4
Outre-mer : L. 3423-5 à 9 ; R. 3423-1 à 9 et 11
Remboursement par l'État : L. 3232-8 ; R. 3232-3 à 7
Sanction pénale : R. 3233-1
Travail intermittent : L. 3232-9 ; R. 3232-9
Travailleurs à domicile : L. 3232-9 ; R. 3232-8
Travailleurs saisonniers : L. 3232-9 ; R. 3232-10

Repas
Cantine, repas sur le lieu de travail : R. 4217-1, R. 4228-19 et 22 à 24
Titre-restaurant : L. 3262-1 s. ; R. 3262-1 à 46
Travail effectif : L. 3121-2
Travail temporaire : L. 1251-24

Repos compensateur
Repos compensateur de remplacement (heures supplémentaires) : L. 3121-24 et 25
☞ Voir aussi Durée du travail

Repos hebdomadaire
Accord collectif : L. 3132-29
Activités saisonnières : L. 3132-7 ; R. 3132-3 et 4
Affichage : R. 3172-1 et 9
Apprentissage : L. 3164-5 ; R. 3165-3
Commerce de détail : L. 3132-13, 25-5 et 26 ; R. 3132-8 et 21
Communes touristiques : L. 3132-25 ; R. 3132-19 et 20
Concierges et employés d'immeubles à usage d'habitation : L. 7211-3
Concierges des établissements industriels : L. 3132-11
Contrat de professionnalisation : L. 6325-10
Contrôle : L. 3172-1 et 2 ; R. 3135-6, R. 3172-1 à 9
Défense nationale : L. 3132-9
Dérogations : L. 3132-4 à 28 ; R. 3132-1 à 21
Dimanche : L. 3132-3
Durée : L. 3132-2
Équipes de suppléance : L. 3132-16 à 19 ; R. 3132-10 à 12
Établissements industriels fonctionnant en continu : L. 3132-10
Fermeture d'établissement : L. 3132-29 et 30 ; R. 3132-22 et 23
Jeunes travailleurs : L. 3164-2 à 5 ; R. 3135-5, R. 3164-1 et 3, R. 3165-3 et 5
Mannequins : L. 7123-18

Pour trouver rapidement la page correspondant à l'article recherché, se reporter à la table de référence page LXIX. Pour les textes non codifiés (TNC), se reporter à la liste page 2541.

Matières périssables : L. 3132-5 ; R. 3132-1
Moselle, Bas-Rhin et Haut-Rhin : L. 3134-1 à 15 ; R. 3134-1 à 4, R. 3135-4 ; D. 3134-5
Périmètres d'usage de consommation exceptionnel : L. 3132-25-1 à 25-6 ; R. 3132-16 et 17
Personnel d'entretien : L. 3132-8
Principes : L. 3132-1 à 3-1
Réduction : L. 3132-8
Référé (inspecteur du travail) : L. 3132-31 ; D. 3132-24
Repos compensateur : L. 3132-4, 8, 11, 13, 25-3 et 27
Roulements : L. 3132-12 à 14, 20, 25, 25-1, 27 et 30, L. 3172-1 ; R. 3132-5 à 7 et 17
Sanctions pénales : R. 3135-2, 5 et 6
Suspension : L. 3132-4 ; R. 3172-6 à 9
Stagiaires en entreprise : L. 6343-1 et 4
Travail portuaire : L. 3132-6 ; R. 3132-2
Travaux urgents : L. 3132-4

REPOS QUOTIDIEN : L. 3131-1 et 2 ; R. 3135-1 ; D. 3131-1 à 7

REPRÉSENTANT DE COMMERCE
☞ Voir **VRP**

REPRÉSENTANT DE LA SECTION SYNDICALE : L. 2142-1-1 à 1-4 , L. 2143-23, L. 2232-14

REPRÉSENTANT SYNDICAL AU COMITÉ D'ENTREPRISE
Comité central d'entreprise : L. 2325-6, L. 2327-6 et 8
Désignation :
Conditions : L. 2143-22, L. 2324-2
Contestation : L. 2324-23, L. 2327-8
Entrave : L. 2328-1
Exercice des fonctions : L. 2325-6
Modification de la situation juridique de l'employeur : L. 2324-26
Protection :
Interruption ou non-renouvellement d'une mission de travail temporaire : L. 2413-1, L. 2421-10
Licenciement : L. 2411-1 et 8, L. 2421-3 ; R. 2421-8 à 16
Réintégration : L. 2422-1 et 4 ; R. 2422-1
Rupture d'un contrat à durée déterminée : L. 2412-1 et 4, L. 2421-7 et 8
Rupture conventionnelle : L. 1237-15
Sanction pénale : L. 2433-1
Transfert partiel d'entreprise ou d'établissement : L. 2414-1, L. 2421-9 ; R. 2421-17

REPRÉSENTANTS DU PERSONNEL
☞ Voir **COMITÉ D'ENTREPRISE, COMITÉ D'ENTREPRISE EUROPÉEN, COMITÉ DE GROUPE, COMITÉ D'HYGIÈNE, DE SÉCURITÉ ET DES CONDITIONS DE TRAVAIL, DÉLÉGUÉ DU PERSONNEL, DÉLÉGUÉ SYNDICAL, SALARIÉS PROTÉGÉS, SOCIÉTÉ COOPÉRATIVE EUROPÉENNE, SOCIÉTÉ EUROPÉENNE, SOCIÉTÉ ISSUE D'UNE FUSION TRANSFRONTALIÈRE**

REPRÉSENTATIVITÉ SYNDICALE
Branche professionnelle : L. 2122-5 à 8, 11 et 12 ; D. 2122-6 et 7
Comité d'entreprise : L. 2322-5 et 7, L. 2324-11 et 12
Conventions collectives : L. 2231-1
Critères : L. 2121-1 et 2 ; R. 2121-1 et 2
Délégué du personnel : L. 2314-8
Délégué syndical : L. 2141-9
Entreprise et établissement : L. 2122-1 à 3 et 12
Entreprise de moins de onze salariés : L. 2122-10-1 à 10-11 et 13 ; R. 2122-8 à 98
Groupe : L. 2122-4 et 12
Niveau national et interprofessionnel : L. 2122-9 à 12 ; D. 2122-6 et 7
Section syndicale : L. 2141-9, L. 2142-1
Représentant : L. 2142-1-1 à 1-4

RÉSERVE CIVILE DE LA POLICE NATIONALE : L 2011-267 du 14.03.11 (TNC)

RÉSERVE MILITAIRE
☞ Voir **RÉSERVE OPÉRATIONNELLE**

RÉSERVE OPÉRATIONNELLE : L. 3142-65 à 70 ; D. 3142-38

RÉSERVE SANITAIRE : L. 3142-115

RÉSERVE DANS LA SÉCURITÉ CIVILE : L. 3142-108 à 111

RESPONSABILITÉ PÉNALE
Emploi d'étrangers sans titre de travail : L. 8256-7
Infractions aux règles de santé et de sécurité au travail : L. 4741-1, 2 et 11
Marchandage : L. 8234-2
Prêt illicite de main-d'œuvre : L. 8243-2
Travail dissimulé : L. 8224-5

RETRAITE
Clauses conventionnelles : L. 1237-4 et 5-1
Compte épargne-temps : L. 3153-1 et 3
Conseillers prud'hommes :
Éligibilité : L. 1441-16
Déclaration de l'employeur : L. 1221-18
Départ volontaire : L. 1237-9 et 10
Formation professionnelle : L. 6323-20
Indemnités : L. 1237-7 et 9 ; D. 1237-1 et 2
Mise à la retraite : L. 1237-5 à 8 ; D. 1237-2-1
Plan d'épargne d'entreprise : L. 3332-2
Plan d'épargne pour la retraite collectif : L. 3332-10, L. 3334-1 à 16 ; R. 3334-1 à 3, 4 et 5 ; D. 3334-3-1 et 3-2
Préavis : L. 1237-6 et 10
Syndicat : L. 2141-2

RUPTURE CONVENTIONNELLE DU CONTRAT DE TRAVAIL : L. 1237-11 à 16 ; R. 1237-3

SAISIE DE RÉMUNÉRATION
Accessoires du salaire : L. 3252-3
Allocation de solidarité spécifique : L. 5423-5
Allocation temporaire d'attente : L. 5423-13
Allocations de chômage : L. 5428-1
Conciliation : R. 3252-11 à 19
Dettes alimentaires : L. 3252-5 ; R. 3252-5 et 39
Fraction insaisissable : L. 3252-3 et 5 ; R. 3252-5
Mainlevée : L. 3252-10 ; R. 3252-29
Pluralité de rémunérations : L. 3252-4 ; R. 3252-40
Pluralité de saisies : L. 3252-8 et 12 ; R. 3252-30 à 33

Procédure : L. 3252-6 à 13 ; R. 3252-1 et 6 à 44
Quotité saisissable : L. 3252-2 ; R. 3252-2 à 4
Représentation des parties : L. 3252-11
Tiers saisi : L. 3252-9 et 10

SALAIRE
Acomptes : L. 3242-4, L. 3251-3
Aménagement du temps de travail : L. 3122-2
Appartenance syndicale : L. 2141-5 et 8
Apprentissage : L. 6222-27 à 29 ; R. 6222-4, R. 6226-4 ; D. 6222-26 à 35
Artistes du spectacle : L. 7121-8
Assurance en cas de faillite : L. 3253-6 à 21 ; R. 3253-4 et 6 ; D. 3253-2, 3 et 5
Avances : L. 3251-2 et 3
Avantages en nature (boissons) : R. 3231-16
Bulletin de paie : voir ce mot
Cession : L. 3252-1 s. ; R. 3252-2 à 4 et 45 à 49
Compensation : L. 3251-1
Contrat à durée déterminée : L. 1242-15, L. 1243-8
Conventions collectives d'entreprise : L. 2253-4
Conventions collectives étendues : L. 2261-22 et 26 ; R. 2261-1, 5 et 8, R. 2263-3 et 4, R. 3246-4 ; D. 2261-2, 6 et 7
Date et lieu de paiement : R. 3241-1
Déclaration aux organismes d'assurance chômage : L. 5422-14 ; R. 5422-6 à 8
Enfants (Spectacle, professions ambulantes, publicité et mode) : L. 7124-9 à 12, 25 et 26 ; R. 7124-31 à 37
Examens médicaux : R. 4624-28
Gérants non salariés : L. 7322-3 et 4
Grève : L. 2511-1
Heures supplémentaires : L. 3121-22 et 23
Indexation sur le SMIC (interdiction) : L. 3231-3
Journalistes : L. 7113-1 à 4
Lissage des rémunérations : L. 3121-22, L. 3122-5, L. 3123-37
Mannequins : L. 7123-6 à 10 ; R. 7123-3
Mensualisation : L. 3242-1 à 4 ; R. 3246-1 et voir ce mot
Minimum garanti : L. 3231-12 ; R.* 3231-1, 2 et 17
Obligation annuelle de négocier : L. 2241-1 et 2, L. 2242-8 et 10, L. 2243-2
Décisions unilatérales : L. 2242-3
Paiement : L. 3241-1 ; R. 3241-1, R. 3246-1
Pourboires : voir ce mot
Prescription : L. 3245-1
Privilège : L. 3253-1 à 5, 22 et 23 ; D. 3253-1
Rémunération mensuelle minimale : voir ce mot
Retenues : L. 3251-1 à 4
Saisie : voir SAISIE DE RÉMUNÉRATION
Sanctions pénales : L. 3222-1 et 2 ; R. 3222-1 à 3, R. 3233-1, R. 3246-1 à 4, R. 3255-1
Travail intermittent : L. 3123-37
Travail temporaire : L. 1251-18 à 20
Travail à temps partiel : L. 3123-10
Travailleurs à domicile : L. 7422-4 à 8 ; R. 7422-7 à 9
Travailleurs étrangers (période d'emploi illicite) : L. 8252-2 ; R. 8252-4 à 13
Travailleurs expatriés (devise de paiement) : R. 1221-34
Travailleurs handicapés : L. 5213-7 et 15
VRP : L. 7313-7
☞ Voir aussi ÉGALITÉ DE RÉMUNÉRATION ENTRE LES FEMMES ET LES HOMMES, SMIC

SALAIRE MINIMUM INTERPROFESSIONNEL DE CROISSANCE (SMIC)
Agriculture : D. 3231-15
Avantages en nature : R. 3231-16 ; D. 3231-8 à 15
Champ d'application : L. 3231-1
Commission nationale de la négociation collective : L. 2271-1 ; R.* 3231-1 et 7
Indexation : L. 3231-3 à 5 et 8 ; R.* 3231-1 et 2
Jeunes travailleurs : D. 3231-3
Minimum garanti : L. 3231-12 ; R.* 3231-1, 2 et 17
Modalités de fixation : L. 3231-4 à 11 ; R.* 3231-1, 2, 4 et 7, R. 3231-16 ; D. 3231-5, 6 et 8 à 15
Outre-mer : L. 3423-1 à 4 ; R. 3423-11
Principes : L. 3231-2 et 3
Relèvement : L. 3231-5 et 9 à 11 ; R.* 3231-1 et 4 ; D. 3231-5 et 6
Salariés logés et nourris : R. 3231-16 ; D. 3231-8 à 15
Sanctions pénales : R. 3233-1

SALARIÉS ÂGÉS
Chômage : L. 5421-3 et 4, L. 5425-2 ; R. 5421-2
Convention d'allocation spéciale : L. 5123-2 ; R. 5123-12 à 21
Embauche : L. 5133-11
Emploi (consultation du comité d'entreprise) : L. 2323-56
Négociation (conditions de travail) : L. 2241-4, L. 2242-19
Ordre des licenciements : L. 1233-5
Plan de sauvegarde de l'emploi : L. 1233-61
Taux d'activité (suivi) : L. 2271-1

SALARIÉS PROTÉGÉS
Conseiller prud'homme : voir CONSEIL DE PRUD'HOMMES
Conseiller du salarié : voir ce mot
Délégué du personnel : voir ce mot
Délégué syndical : voir ce mot
Membre du comité d'entreprise : voir COMITÉ D'ENTREPRISE
Membre d'une commission paritaire d'hygiène, de sécurité et des conditions de travail en agriculture : L. 2411-1 et 15, L. 2412-1 et 9, L. 2413-1, L. 2414-1, L. 2421-3, 4 et 7 à 10
Membre du conseil ou administrateur d'une caisse de sécurité sociale : L. 2411-1 et 18, L. 2412-1 et 11, L. 2413-1, L. 2421-1, 2 et 10 et voir TNC
Membre du conseil d'administration d'une mutuelle, union ou fédération : L. 2411-1 et 19, L. 2421-1 et 2

Pour trouver rapidement la page correspondant à l'article recherché, se reporter à la table de référence page LXIX. Pour les textes non codifiés (TNC), se reporter à la liste page 2541.

Membre du groupe spécial de négociation et du comité d'entreprise européen : voir COMITÉ D'ENTREPRISE EUROPÉEN

Membre du groupe spécial de négociation et représentant au comité de la société coopérative européenne : voir SOCIÉTÉ COOPÉRATIVE EUROPÉENNE

Membre du groupe spécial de négociation et représentant au comité de la société européenne : voir SOCIÉTÉ EUROPÉENNE

Membre du groupe spécial de négociation et représentant au comité de la société issue d'une fusion transfrontalière : voir SOCIÉTÉ ISSUE D'UNE FUSION TRANSFRONTALIÈRE

Représentant du personnel au CHSCT : voir CHSCT

Représentant des salariés dans une chambre d'agriculture : L. 2411-1 et 20, L. 2412-1 et 12, L. 2413-1, L. 2414-1, L. 2421-1, 2 et 7 à 10

Représentant des salariés au conseil d'administration ou de surveillance des entreprises du secteur public : L. 2411-1 et 17, L. 2421-5, L. 2422-1, 3 et 4, L. 2435-1 ; R. 2422-1

Représentant des salariés en cas de sauvegarde, de redressement ou de liquidation judiciaires : L. 2411-1 et 16, L. 2421-6

Représentant syndical au comité d'entreprise : voir ce mot

Salarié mandaté au titre de l'article L. 2232-24 : L. 2411-1 et 4, L. 2412-1 et 10, L. 2413-1, L. 2414-1, L. 2421-1 et 7 à 10 ; R. 2421-1 à 7 et 17

SANCTIONS DISCIPLINAIRES

☞ Voir DROIT DISCIPLINAIRE

SANTÉ ET SÉCURITÉ AU TRAVAIL

Aération et assainissement : R. 4212-1 à 7 ; R. 4222-1 à 26

Agence nationale pour l'amélioration des conditions de travail : L. 4642-1 à 3, L. 4643-2, L. 4831-1 ; R. 4642-1 à 29

Allaitement : voir ce mot

Aménagement des postes de travail : R. 4225-1 à 8

Amiante (Risques d'exposition) : R. 4412-94 à 148 et voir TNC

Apprentissage : voir ce mot

Arrêt temporaire de travaux ou d'activité : L. 4721-8, L. 4731-1 à 6, L. 4741-3 ; R. 4721-6 à 10, R. 4731-1 à 15

Ascenseurs et monte-charge : R. 4214-15 et 16, R. 4224-17-1 et 17-2, R. 4323-107 à 109, R. 4324-46 à 53, R. 4543-1 à 28

Bâtiment et génie civil : voir ce mot

Bâtiment et travaux publics : voir ce mot

Bruit (Risques d'exposition) :
- Dérogations : R. 4437-1 à 4
- Dispositions générales : L. 4431-1 ; R. 4431-1 à 4
- Évaluation des risques : R. 4433-1 à 7
- Information et formation des travailleurs : R. 4436-1
- Mesures et moyens de prévention : R. 4434-1 à 10
- Principes de prévention : R. 4432-1 à 3
- Surveillance médicale : R. 4435-1 à 5

Champ d'application : L. 4111-1 à 6

Champs électromagnétiques (Risques d'exposition) : L. 4453-1

Chauffage : R. 4216-17 à 20, R. 4227-15 à 20

CHSCT : voir ce mot

Collèges interentreprises de sécurité, de santé et des conditions de travail : L. 4532-10 à 15 ; R. 4532-77 à 94, R. 4741-4 et 5

Comité interentreprises de santé et de sécurité au travail : L. 4524-1 ; R. 4524-1 à 10

Comité régional de la prévention des risques professionnels : voir ce mot

Commission de santé et de sécurité : L. 4643-4

Conception des lieux de travail (principes) : L. 4211-1 et 2 ; R. 4211-1 à 5

Conseil d'orientation sur les conditions de travail : voir ce mot

Danger grave et imminent : voir ce mot

Délégation de pouvoir : L. 4741-9

Demandes de vérifications, d'analyses et de mesures : L. 4722-1 et 2, L. 4723-1 ; R. 4722-1 à 30, R. 4723-1 à 5

Documents (contrôle) : L. 4711-1 à 5 ; R. 4741-3 ; D. 4711-1 à 3

Douches : R. 4228-8, 9 et 35 ; Arrêté du 23.07.47 (TNC)

Droits d'alerte et de retrait : L. 4131-1 à 4, L. 4132-1 à 5 ; D. 4132-1 et 2

Éclairage, insonorisation et ambiance thermique : R. 4213-1 à 9 ; R. 4223-1 à 15

Équipements de travail et moyens de protection
- Conception et mise sur le marché :
  - Procédure de sauvegarde : L. 4314-1 ; R. 4314-1 à 6
  - Procédures de certification de conformité : L. 4313-1 ; R. 4313-1 à 95
  - Règles générales : L. 4311-1 à 7 ; R. 4311-1 à 13
  - Règles techniques de conception : R. 4312-1 à 9
- Utilisation :
  - Équipements de travail et équipements de protection individuelle (mesures d'organisation et conditions d'utilisation) : R. 4323-1 à 109
  - Équipements de travail non soumis à des règles de conception lors de leur premier mise sur le marché : R. 4324-1 à 53
  - Maintien en état de conformité : R. 4322-1 à 3
  - Règles générales : L. 4321-1 à 5 ; R. 4321-1 à 6

Explosions (prévention) : R. 4216-31, R. 4227-42 à 54

Faute personnelle (chef d'entreprise) : L. 4741-1

Femmes enceintes : voir MATERNITÉ

Fermeture d'établissement : L. 4732-1, L. 4741-11 à 13

Fiche de prévention des expositions : L. 4121-3-1 ; R. 4412-54, R. 4741-1-1 ; D. 4121-5 à 9

Formation à la sécurité : voir ce mot

Incendie : voir ce mot

Installation classée : voir ce mot

Installations électriques : R. 4215-1 à 17, R. 4226-1 à 21, R. 4544-1 à 10

Installations sanitaires, restauration et hébergement : R. 4217-1 et 2, R. 4228-1 à 37

Jeunes travailleurs : voir ce mot

Manutention des charges : L. 4541-1 ; R. 4541-1 à 11

Matériel de secours : R. 4224-14

Mines et carrières : L. 4111-4, L. 4151-1

Mises en demeure : voir ce mot

Notes de service : L. 1321-5
Organismes de mesures et de vérifications : R. 4724-1 à 19
Organismes professionnels de santé, de sécurité et des conditions de travail : L. 4643-1 à 3 ; R. 4643-1
Pénibilité (Prévention de la) : L. 4121-1 et 3-1 ; D. 4121-5 à 9 et voir TNC
Plan de sécurité :
  Accident du travail : L. 4741-11
  Bâtiment et génie civil : voir ce mot
Prévention (principes) : L. 4121-1 à 5, L. 4122-1 et 2 ; R. 4121-1 à 4, R. 4741-1 et 1-1 ; D. 4121-5 à 9
Rayonnements ionisants (Risques d'exposition) :
  Aménagement technique des locaux de travail : R. 4451-18 à 43
  Conditions d'emploi et de suivi des travailleurs exposés : R. 4451-44 à 81
  Exposition professionnelle liée à la radioactivité naturelle : R. 4451-131 à 144
  Organisation de la radioprotection : R. 4451-103 à 130
  Principes et dispositions d'application : L. 4451-1 et 2 ; R. 4451-1 à 17
  Situations anormales de travail : R. 4451-93 à 102
  Surveillance médicale : R. 4451-82 à 92
Rayonnements optiques artificiels (Risques d'exposition) :
  Définition : R. 4452-1
  Évaluation des risques : R. 4452-7 à 12
  Information et formation des travailleurs : R. 4452-19 à 21
  Mesures et moyens de prévention : R. 4452-13 à 18
  Principes de prévention : R. 4452-2 à 4
  Surveillance médicale : R. 4452-22 à 31
  Valeurs limites d'exposition : R. 4452-5 et 6
Recours de l'employeur : L. 4723-1 et 2 ; R. 4723-1 à 6
Référé : L. 4132-4, L. 4721-5, L. 4732-1 à 4, L. 4741-11
Règlement intérieur : L. 1321-1
Responsabilité civile : L. 4741-7
Responsabilité pénale : voir ce mot
Risques biologiques :
  Déclaration administrative : R. 4427-1 à 5
  Dispositions générales : L. 4421-1 ; R. 4421-1 à 4
  Évaluation des risques : R. 4423-1 à 4
  Information et formation des travailleurs : R. 4425-1 à 7
  Mesures et moyens de prévention : R. 4424-1 à 10
  Principes de prévention : R. 4422-1
  Surveillance médicale : R. 4426-1 à 13
Risques chimiques :
  Agents cancérogènes, mutagènes et toxiques pour la reproduction : R. 4412-59 à 93 et voir TNC
  Agents chimiques dangereux : L. 4412-1 ; R. 4412-1 à 57
  Mise sur le marché des substances et mélanges : L. 4411-1 à 7 ; R. 4411-1 à 84
  Règles particulières à certains agents chimiques dangereux : R. 4412-149 à 164
Risques en milieu hyperbare :
  Dispositions générales : R. 4461-1 et 2
  Évaluation des risques : R. 4461-3 à 5
  Formation des travailleurs : R. 4461-27 à 36
  Mesures et moyens de prévention : R. 4461-6 à 26
  Organisation des interventions et travaux : R. 4461-37 à 49
Salariés titulaires d'un contrat à durée déterminée et salariés temporaires : L. 4154-1 à 4 ; R. 4154-5 ; D. 4154-1 à 4 et 6
Sanctions pénales : L. 4741-1 à 14 ; R. 4741-1 à 5
Sécurité des lieux de travail : R. 4214-1 à 28 ; R. 4224-1 à 24
Service social du travail : voir ce mot
Services de santé au travail : voir ce mot
Signalisation : R. 4214-25, R. 4224-20 à 24
Stagiaire : L. 4154-2 et 3, L. 6343-1
Stress (Lutte contre le) : Accord national interprofessionnel du 2.07.08 (TNC)
Tabagisme (Lutte contre le) : L. 8112-2 et voir TNC
Travailleurs à domicile : L. 7424-1 à 3 ; R. 7424-1 et 2
Travailleurs handicapés : R. 4214-26 à 29, R. 4225-6 à 8
Travaux réalisés par une entreprise extérieure : L. 4511-1 ; R. 4511-1 à 12, R. 4512-1 à 16, R. 4513-1 à 13, R. 4514-1 à 10, R. 4515-1 à 11
Utilisation d'écrans de visualisation : R. 4542-1 à 19
Utilisation des lieux de travail (principes) : L. 4221-1 ; R. 4221-1
Vibrations mécaniques (Risques d'exposition) :
  Dispositions générales : L. 4441-1 ; R. 4441-1 et 2
  Évaluation des risques : R. 4444-1 à 7
  Information et formation des travailleurs : R. 4447-1
  Mesures et moyens de prévention : R. 4445-1 à 6
  Principes de prévention : R. 4442-1 et 2
  Surveillance médicale : R. 4446-1 à 4
  Valeurs limites d'exposition : R. 4443-1 et 2

SAPEURS-POMPIERS : L 96-370 du 3.05.96 (TNC)

SECRET PROFESSIONNEL
CHSCT : L. 4523-16, L. 4614-9
Comité d'entreprise : L. 2325-5 et 22
Comité d'entreprise européen : L. 2342-10, 10-1 et 12, L. 2343-12, L. 2344-8
Conseiller du salarié : L. 1232-13
Contrôle de la conformité des équipements de travail : L. 4313-1
Contrôle de la formation professionnelle : L. 6361-5
Contrôleurs du travail : L. 8113-11
Délégué du personnel : L. 2313-13
Délégué syndical : L. 2143-21
Ingénieurs de prévention : L. 8123-5
Inspecteurs du travail : L. 8113-10
Médecin du travail : R. 4624-9
Non-opposition : L. 1454-1
Sanction pénale : L. 1227-1
Secret industriel et commercial : R. 4411-65

Pour trouver rapidement la page correspondant à l'article recherché, se reporter à la table de référence page LXIX. Pour les textes non codifiés (TNC), se reporter à la liste page 2541.

Société coopérative européenne : L. 2362-9, L. 2363-7, L. 2364-4
Société européenne : L. 2352-15, L. 2353-23 et 26
Société issue d'une fusion transfrontalière : L. 2372-5, L. 2373-3, L. 2374-3

SECTEUR PUBLIC
☞ Voir ENTREPRISES PUBLIQUES

SECTION SYNDICALE : L. 2142-1 à 11
Représentant : L. 2142-1-1 à 1-4

SÉCURITÉ
☞ Voir SANTÉ ET SÉCURITÉ AU TRAVAIL

SERVICE CIVIQUE : L. 6315-2, L. 6331-20

SERVICE NATIONAL : L. 3142-71 à 77 ; R. 3143-4 ; D. 3142-39 et 40

SERVICE PUBLIC DE L'EMPLOI
Collectivités territoriales : L. 5311-3, L. 5322-2
Intervenants : L. 5311-2 à 5
Maisons de l'emploi : L. 5313-1 à 5 ; R. 5313-1 à 8
Missions : L. 5311-1
Missions locales pour l'insertion professionnelle et sociale : L. 5314-1 à 4
Conseil national des missions locales : R. 5314-1 à 5 ; D. 5314-6 à 12
Pôle emploi : L. 5312-1 à 14 ; R. 5311-1 à 3, R. 5312-1 à 37

SERVICE SOCIAL DU TRAVAIL : L. 4631-1 et 2 ; R. 4745-4 ; D. 4631-1, D. 4632-1 à 11

SERVICE VOLONTAIRE CITOYEN DE LA POLICE ET DE LA GENDARMERIE NATIONALES : L 2011-267 du 14.03.11 (TNC)

SERVICES À LA PERSONNE : L. 7231-1 s. ; R. 7232-1 à 24, R. 7233-12 ; D. 7231-1 et 2, D. 7233-1 à 11
Agence nationale des services à la personne : L. 7234-1 ; D. 7234-1 à 27
Chèque emploi-service universel : L. 1271-1 à 17, L. 1522-1 et 2 ; D. 1271-1 à 33, D. 1273-9
Titre de travail simplifié : L. 1522-3 à 12 ; R. 1522-1 à 17

SERVICES DE SANTÉ AU TRAVAIL : L. 4622-1 à 17 ; R. 4622-4 ; D. 4622-1 à 3
Apprentissage : L. 6222-25
Artistes du spectacle : L. 4625-2
Associations intermédiaires : L. 4625-1
Champ d'application : L. 4621-1 ; R. 4621-1
Commission médico-technique : D. 4622-74 à 76
Concierges : L. 7211-3 ; R. 7214-1 à 21, R. 7216-1 à 9
Détachement temporaire par une entreprise étrangère : L. 4625-1
Diplôme : L. 4623-1 ; R. 4623-2
Documents (santé et sécurité au travail) : L. 4711-1 à 5 ; R. 4624-5, R. 4741-3 ; D. 4711-1 à 3
Dossiers médicaux : L. 4624-2 ; D. 4624-46
Emplois réservés : R. 4624-6
Employés de maison : L. 4625-2, L. 7221-2
Entreprises foraines : R. 4624-15 ; D. 4622-26
Établissements de santé, sociaux et médico-sociaux : R. 4626-9 à 31 ; D. 4626-1 à 8 et 32 à 35
Examens médicaux : R. 4624-10 à 32
Fiche d'aptitude : D. 4624-47 à 49
Formation à la sécurité : R. 4141-6 et 9
Frais de fonctionnement : L. 4622-6
Groupement d'employeurs : L. 1253-12 et 13
Infirmerie (local et matériel) : R. 4624-30
Infirmier : R. 4623-51 à 55
Inspection médicale du travail : L. 4623-5, 5-1 et 5-3, L. 4624-1 à 3, L. 8123-1 à 3 ; R. 4614-4, R. 8123-1, 6 et 7 ; D. 8123-2 à 5
Interne : L. 4623-1 ; R. 4623-44 à 50
Intervenant en prévention des risques professionnels : R. 4623-26 à 43
Mannequins : L. 4625-2, L. 7123-18 ; R. 7123-4 à 7
Médecin : L. 4623-1 à 8, L. 4624-1 à 4 ; R. 4623-1 à 25, R. 4624-1 à 32 ; D. 4624-33 à 50
Protection : L. 1237-15, L. 4623-4 à 7 ; R. 4623-20 à 25
Mises en demeure : R. 4721-5
Mutations de poste : L. 4624-1
Outre-mer : L. 4822-1 ; R. 4822-1
Rapport annuel : D. 4624-42 à 45
Sanctions pénales : L. 4745-1 ; R. 4745-1 à 4
Secouriste : R. 4224-15
Secret professionnel : R. 4624-9
Secrétaire médical : R. 4623-56
Services de santé au travail d'entreprise : R. 4622-16, R. 4623-11 et 12 ; D. 4622-5 à 15 et 17 à 21
Services de santé au travail interentreprises : L. 4622-7 à 16 ; R. 4622-25, 31 et 40, R. 4623-9 et 12 ; D. 4622-22 à 24, 26 à 30, 32 à 39 et 41 à 73
Stagiaires de formation professionnelle : L. 4625-1
Surveillance médicale renforcée : R. 4412-138, R. 4624-19 et 20
Surveillance médicale spéciale :
Liste des travaux : Arrêté du 11.07.77 (TNC)
Manutention des charges : R. 4541-11
Travaux exposés :
Agents biologiques : R. 4426-1 à 13
Agents chimiques : R. 4412-44 à 57, 138 et 160
Exposition au bruit : R. 4435-1 à 5
Exposition aux rayonnements ionisants : R. 4451-82 à 92
Exposition aux rayonnements optiques artificiels : R. 4452-22 à 31
Exposition aux vibrations mécaniques : R. 4446-1 à 4
Travaux réalisés par une entreprise extérieure : R. 4513-9 à 13
Utilisation d'écrans de visualisation : R. 4542-17 à 19
Travail intermittent (spectacle) : L. 4625-2
Travail de nuit : L. 3122-38 et 42 ; R. 3122-18 à 22, R. 4623-1
Travail temporaire : L. 1251-10, 21 et 22, L. 4625-1 ; R. 4625-8 à 12 ; D. 4625-1 à 7 et 13 à 21
Travailleurs handicapés : R. 4624-6, 19 et 20
Travailleurs saisonniers : L. 4625-1
Visite d'embauche : R. 4624-10 à 15

Visite de reprise : R. 4624-21 à 24
Visites périodiques : R. 4624-16 à 18
VRP : L. 4625-2

Smic
☞ Voir Salaire minimum interprofessionnel de croissance

Société coopérative européenne
Champ d'application : L. 2361-1
Comité (de la) : L. 2363-1 à 7 ; R. 2363-3 à 5 ; D. 2363-1 et 2
Protection des membres : L. 1237-15, L. 2411-1 et 12, L. 2412-1 et 6, L. 2413-1, L. 2414-1, L. 2421-4 et 7 à 10, L. 2422-1 et 4, L. 2434-3
Dispositions générales : L. 2361-1 à 6 ; D. 2361-1
Entrave : L. 2365-1
Groupe spécial de négociation : L. 2362-1 à 12 ; R. 2362-5 et 17 à 19 ; D. 2362-1 à 4 et 6 à 16
Protection des membres : L. 1237-15, L. 2411-1 et 12, L. 2412-1 et 6, L. 2413-1, L. 2414-1, L. 2421-4 et 7 à 10, L. 2422-1 et 4, L. 2434-3
Immatriculation : L. 2364-1 à 5 ; R. 2364-1
Participation des salariés : L. 2363-8 à 19

Société européenne
Accord négocié : L. 2352-16 à 20
Champ d'application : L. 2351-1
Comité (de la) : L. 2353-1 à 27 ; R. 2353-3 à 5 ; D. 2353-1 et 2
Protection des membres : L. 1237-15, L. 2411-1 et 12, L. 2412-1 et 6, L. 2413-1, L. 2414-1, L. 2421-4 et 7 à 10, L. 2422-1 et 4, L. 2434-2 ; R. 2421-17, R. 2422-1
Dispositions générales : L. 2351-1 à 7 ; D. 2351-1
Entrave : L. 2355-1
Groupe spécial de négociation : L. 2352-1 à 15 ; R. 2352-5 et 17 à 19 ; D. 2352-1 à 4 et 6 à 16
Protection des membres : L. 1237-15, L. 2411-1 et 12, L. 2412-1 et 6, L. 2413-1, L. 2414-1, L. 2421-4 et 7 à 10, L. 2422-1 et 4, L. 2434-2 ; R. 2421-17, R. 2422-1
Immatriculation : L. 2354-1 à 4 ; R. 2354-1
Participation des salariés : L. 2353-28 à 32

Société issue d'une fusion transfrontalière
Champ d'application : L. 2371-1
Comité (de la) : L. 2373-1 à 3 ; R. 2373-3 à 5 ; D. 2373-1 et 2
Protection des membres : L. 1237-15, L. 2411-1 et 12, L. 2412-1 et 6, L. 2413-1, L. 2414-1, L. 2421-4 et 7 à 10, L. 2422-1 et 4, L. 2434-4
Dispositions générales : L. 2371-1 à 5 ; D. 2371-1
Entrave : L. 2375-1
Groupe spécial de négociation : L. 2372-1 à 8 ; R. 2372-5 et 17 à 19 ; D. 2372-1 à 4 et 6 à 16
Protection des membres : L. 1237-15, L. 2411-1 et 12, L. 2412-1 et 6, L. 2413-1, L. 2414-1, L. 2421-4 et 7 à 10, L. 2422-1 et 4, L. 2434-4
Immatriculation : L. 2374-1 à 4
Participation des salariés : L. 2373-4 à 8

Spectacles
☞ Voir Artistes du spectacle, Enfants, Entreprises de spectacles vivants, Mannequins

Sport
Comité d'entreprise : L. 2323-85
Éducateurs sportifs (dépenses de formation) : L. 6331-23 ; D. 6331-24 et 25
Horaires (aménagement) : L. 3122-28

Stages en entreprise
Formation à la sécurité : L. 4154-2 et 3
☞ Voir aussi TNC

Stagiaire de la formation professionnelle
☞ Voir Formation professionnelle

Stress au travail (lutte contre le) :
Accord national interprofessionnel du 2.07.08 (TNC)

Superprivilège
Assiette : L. 3253-2 et 3
Indemnité de congés payés : L. 3253-4
Plafond : D. 3253-1
VRP : L. 7313-8

Suspension du contrat de travail
Accident du travail ou maladie professionnelle : L. 1226-7 à 9
Ancienneté (calcul) : L. 1234-8 et 11
Congé d'adoption : L. 1225-38
Congé de conversion : L. 5123-2
Congé de maternité : L. 1225-24
Congé de paternité : L. 1225-35
Congé de reclassement : L. 1233-72-1
Contrat d'apprentissage (conclusion) : L. 6222-13
Mandat parlementaire : L. 3142-60
Réserve civile de la police nationale : L 2011-267 du 14.03.11 (TNC)
Réserve dans la sécurité civile : L. 3142-109
Service national : L. 3142-71
Service volontaire citoyen de la police et de la gendarmerie nationales : L 2011-267 du 14.03.11 (TNC)
Stage de reclassement professionnel : L. 1226-3

Syndicats
Actions en justice :
Contrat à durée déterminée : L. 1247-1 ; D. 1247-1 et 2
Conventions collectives : L. 2262-9 à 12
Discriminations : L. 1134-2
Égalité professionnelle : L. 1144-2
Emploi d'étrangers sans titre de travail : L. 8255-1
Groupement d'employeurs : L. 1253-16
Harcèlement : L. 1154-2
Licenciement pour motif économique : L. 1235-8 ; D. 1235-18 à 20

Pour trouver rapidement la page correspondant à l'article recherché, se reporter à la table de référence page LXIX. Pour les textes non codifiés (TNC), se reporter à la liste page 2541.

Marchandage : L. 8233-1 ; D. 8233-1 et 2
Prêt illicite de main-d'œuvre : L. 8242-1 ; R. 8242-1 et 2
Travail temporaire : L. 1251-59 ; D. 1251-32 et 33
Travailleurs à domicile : L. 7423-2
Activité syndicale : L. 2141-1 à 12
Affichage syndical : L. 2142-3 à 7
Assistance aux délégués du personnel : L. 2315-10
Assistance et représentation des parties (prud'hommes) : L. 1453-4 ; R. 1453-2
Biens : L. 2132-4
Caisses de secours : L. 2132-6
Capacité civile : L. 2132-1 à 6
Cas de consultation :
Dérogation à la durée maximale du travail : R. 3121-25 et 26
Repos hebdomadaire : L. 3132-25, 25-4, 29 et 30 ; R. 3132-21 et 22
Comité d'entreprise (représentant syndical) : L. 2143-22 et voir COMITÉ D'ENTREPRISE
Comité de groupe : L. 2333-2, 4 et 6
Communications syndicales : L. 2142-3 à 7
Comptes : L. 2135-1 à 6 ; D. 2135-1 à 9
Constitution : L. 2131-2 et 3 ; R. 2146-1
Conventions collectives :
Droit d'opposition : L. 2232-2, 2-1, 6, 7, 12 et 13
Exécution : L. 2262-4
Habilitation : L. 2231-2
Négociation : L. 2231-1 et 2, L. 2261-19 s.
Cotisations : L. 2141-3 et 6, L. 2142-2 ; Article 199 *quater* C du code général des impôts (TNC)
Délégué syndical : voir ce mot
Démission : L. 2132-6, L. 2141-3
Dirigeants : L. 2131-3 à 5, L. 2136-1 ; R. 2146-3 et 4
Dissolution : L. 2131-6
Droit syndical (exercice du) : voir ce mot
Effectif de l'entreprise : L. 1111-2, L. 1251-54, L. 2141-11
Formation syndicale : L. 2145-1 à 4 ; R. 2145-1 et 2
Intéressement des salariés (accord) : L. 3312-5
Intranet : L. 2142-6
Liberté syndicale : L. 2141-1 à 5, 7 et 8, L. 2146-1 et 2 ; R. 2146-5
Local : L. 2142-8 et 9
Marques ou labels : L. 2134-1 et 2, L. 2136-2
Messagerie électronique : L. 2142-6
Mise à disposition de salariés : L. 2135-7 et 8, L. 2242-9-1, L. 8241-1
Négociation collective :
Monopole : L. 2132-1
Obligation : L. 2241 s., L. 2242 s.
Objet : L. 2131-1, L. 2135-1
Personnalité civile : L. 2132-1
Représentativité :
Branche professionnelle : L. 2122-5 à 8, 11 et 12 ; D. 2122-6 et 7
Critères : L. 2121-1 et 2 ; R. 2121-1 et 2
Entreprise et établissement : L. 2122-1 à 3 et 12
Entreprise de moins de onze salariés : L. 2122-10-1 à 10-11 et 13 ; R. 2122-8 à 98
Groupe : L. 2122-4 et 12
Niveau national et interprofessionnel : L. 2122-9 à 12 ; D. 2122-6 et 7
Retraités : L. 2141-2 ; R. 2146-5
Réunions : L. 2142-10 et 11
Sanctions pénales : L. 2136-1 et 2 ; R. 2146-1 à 5
Secteur public : L. 2144-1 et 2
Section syndicale : L. 2142-1 à 11
Représentant : L. 2142-1-1 à 1-4
Statuts (dépôt) : L. 2131-3 ; R. 2131-1, R. 2146-2
Tracts (diffusion) : L. 2142-4 à 6
Travail temporaire : L. 2142-7
Travailleurs étrangers : L. 2131-5
Unions : L. 2133-1 à 3

TABAGISME (LUTTE CONTRE LE) : L. 8112-2 et voir TNC

TEMPS RÉDUIT INDEMNISÉ DE LONGUE DURÉE : L. 5122-2 ; D. 5122-43 à 51

TITRE EMPLOI-SERVICE ENTREPRISE : L. 1273-1 à 7 ; D. 1273-1 à 9

TITRE-RESTAURANT : L. 3262-1 à 7 ; R. 3262-1 à 46

TITRE DE TRAVAIL SIMPLIFIÉ : L. 1522-3 à 12 ; R. 1522-1 à 17

TRANSACTION : voir note sous L. 1234-20

TRANSFERT PARTIEL D'ENTREPRISE (OU D'ÉTABLISSEMENT)
☞ Voir MODIFICATION DE LA SITUATION JURIDIQUE DE L'EMPLOYEUR

TRANSPORTS
Frais de transport des salariés : voir ce mot
Inspection du travail : R. 8111-1
Repos hebdomadaire : L. 3132-6 ; R. 3132-5
Repos quotidien : D. 3131-1
Retenues sur salaire : L. 3251-4 ; R. 3255-1
Santé et sécurité au travail : L. 4151-1

TRAVAIL DISSIMULÉ
Communication aux conseillers rapporteurs : L. 1454-1
Compétence des agents de contrôle : L. 8271-1 à 13
Dispositions générales : L. 8221-1 et 2
Dissimulation d'activité : L. 8221-3 et 4 ; R. 8221-1
Dissimulation d'emploi salarié : L. 8221-5 à 6 1 ; R. 8221-2
Indemnisation du salarié : L. 8223-1 à 3 ; D. 8223-1 à 3
Outre-mer : L. 8323-1 ; R. 8323-1
Perquisitions : L. 8271-13
Publicité sur les prestations de services : L. 8221-7 ; R. 8221-3
Responsabilité du donneur d'ouvrage : L. 8222-1 à 7 ; R. 8222-1 à 3 ; D. 8222-4 à 8
Sanction administrative : L. 8272-1 à 4 ; R. 8272-7 à 11 ; D. 8272-1 à 6
Sanction civile : L. 1221-11 et 12
Sanctions pénales : L. 8224-1 à 6 ; R. 8224-1

TRAVAIL PAR ÉQUIPES SUCCESSIVES
Affichage : D. 3171-5
Délégués du personnel : L. 2314-12
Durée du travail : R. 3122-1
Repos hebdomadaire : L. 3132-15

Travail à façon : L. 3253-5

Travail illégal (répression) : L. 8271-1 à 20, L. 8272-1 à 4 ; R. 8272-7 à 11 ; D. 8271-1, D. 8272-1 à 6

Travail intermittent
- Ancienneté : L. 3123-36
- Contrat de travail : L. 3123-33 à 35 ; D. 3123-4
- Effectif de l'entreprise : L. 1111-2
- Égalité de traitement : L. 3123-36
- Jours fériés : L. 3133-3
- Mise en place : L. 3123-31 et 32
- Rémunération : L. 3123-37
- Rémunération mensuelle minimale : L. 3232-9 ; R. 3232-9
- Sanctions pénales : R. 3124-5 et 8
- Surveillance médicale (spectacle) : L. 4625-2

Travail de nuit
- Accord collectif (dérogatoire) : L. 3122-29, 30, 33 et 34 ; R. 3122-9 à 15
- Affectation à des postes de nuit : L. 3122-36 ; R. 3122-16 et 17
- Apprentissage : L. 6222-26 ; R. 6222-24 et 25, R. 6226-3
- CHSCT : L. 4612-16
- Comité d'entreprise : R. 2323-12
- Contreparties : L. 3122-39 à 41
- Convention collective : L. 2261-22
- Définition : L. 3122-29 à 31 ; R. 3122-8
- Durée du travail : L. 3122-34 et 35 ; R. 3122-9 à 15
- Groupement d'employeurs : L. 1253-12
- Incompatibilités : L. 3122-37 et 44
- Jeunes travailleurs : L. 3163-1 à 3 ; R. 3124-15 et 16, R. 3163-1 à 6
- Mannequins : L. 7123-18
- Maternité : L. 1225-9 à 11 ; R. 1227-5
- Presse, radio, télévision et spectacles : L. 3122-30
- Retour au travail de jour (droit de priorité) : L. 3122-43 à 45
- Salariés détachés temporairement par une entreprise étrangère : L. 1262-4
- Sanction pénale : R. 3124-15
- Surveillance médicale : L. 3122-38 et 42 ; R. 3122-18 à 22, R. 4623-1
- Travail temporaire : L. 1251-21

Travail temporaire
- Action en justice (syndicats) : L. 1251-59 ; D. 1251-32 et 33
- Affichage : R. 1251-9
- Agriculture : L. 1251-6 et 22
- Ancienneté : L. 1251-18, 20, 38, 39, 55 et 56
- Apprentissage : L. 1251-7, 12 et 57, L. 6226-1
- Attestation d'assurance chômage : R. 1234-11 et 12, R. 1238-7
- Cas de recours : L. 1251-5 à 10 ; D. 1251-1 et 2
- Chômage-intempéries : L. 1251-20
- CHSCT : R. 4523-1
- Comité d'entreprise : L. 2323-17, 52 et 53, L. 2324-7, 16 et 17, L. 2325-10 ; R. 2323-9, 10 et 17
- Communications syndicales : L. 2142-7
- Conditions de travail : L. 1251-21 à 24
- Congés payés : L. 1251-19 ; D. 3141-8
- Contrat de mise à disposition : L. 1251-42 à 44
- Contrat de mission : L. 1251-5 et 11 s.
- Contrat de professionnalisation : L. 6325-23 et 24
- Contrat de travail à durée indéterminée (requalification) : L. 1251-39 à 41 ; D. 1251-3
- Contrôle (des entreprises de) : L. 1251-45 à 48 ; R. 1251-4 à 10
- Déclaration d'activité : L. 1251-45 à 48 ; R. 1251-4 à 10
- Définition : L. 1251-1 à 4
- Délégué du personnel : L. 2313-4 et 5, L. 2314-13, 17 et 18, L. 2315-4
- Délégué syndical : L. 2143-2 et 19
- Durée de la mission : L. 1251-12
- Effectif de l'entreprise :
  - Entreprise de travail temporaire : L. 1251-54
  - Entreprise utilisatrice : L. 1111-2 ; R. 1111-1
- Égalité de rémunération : L. 1251-18
- Embauche par l'utilisateur à l'issue de la mission : L. 1251-16, 38 et 44
- Emploi d'étrangers sans titre de travail :
  - Responsabilité du donneur d'ordre : D. 8254-5
- Emplois temporaires par nature : L. 1251-6 ; D. 1251-1
- Entrepreneur défaillant : L. 1251-49 et 52 ; R. 1251-20 à 31
- Entreprises publiques : L. 1251-60 à 63
- Entreprises de travail temporaire : L. 1251-45 à 58
- Entreprises de travail temporaire d'insertion : L. 5132-6 ; D 99-108 du 18.02.99 (TNC)
- Force majeure : L. 1251-27
- Formation professionnelle : L. 1251-56 et 57 ; R. 6331-9, 11 et 12
- Formation à la sécurité : L. 4141-2, L. 4142-2 et 3, L. 4143-1, L. 4154-2 à 4 ; R. 4612-8
- Garantie financière : L. 1251-47, 49 et 50 ; R. 1251-11 à 19
- Indemnité de précarité de situation : L. 1251-32 et 33
  - Superprivilège : L. 3253-3
- Informations périodiques à fournir : L. 1251-46 ; R. 1251-7
- Jours fériés : L. 1251-18, L. 3133-3
- Licenciement pour motif économique antérieur : L. 1251-9
- Missions : L. 1251-6
- Participation : L. 3322-4
- Période d'essai : L. 1251-14 et 15
- Postes à pourvoir dans l'entreprise utilisatrice (information) : L. 1251-25
- Prêt de main-d'œuvre : L. 8241-1 et 2
- Professionnalisation : D. 6324-6, D. 6325-10

Pour trouver rapidement la page correspondant à l'article recherché, se reporter à la table de référence page LXIX. Pour les textes non codifiés (TNC), se reporter à la liste page 2541.

Rayonnements ionisants : L. 1251-34 ; R. 4451-80, 122 et 123
Registre unique du personnel : D. 1221-23
Relevé des contrats : L. 1251-46 ; R. 1251-7 et 8
Rémunération : L. 1251-18 à 20
Rémunération mensuelle minimale (non-application) : L. 3232-1
Renouvellement du contrat : L. 1251-35
Rupture anticipée du contrat : L. 1251-26 à 28
Salariés détachés temporairement par une entreprise étrangère : R. 1262-16 à 18, R. 1263-6 à 9, R. 1264-1
Salariés protégés : L. 2413-1, L. 2421-10, L. 2431-1, L. 2432-1, L. 2433-1, L. 2434-1 et 2, L. 2436-1, L. 2437-1, L. 4742-1
Sanctions pénales : L. 1254-1 à 12 ; R. 1254-1 à 7
Services de santé au travail : L. 1251-10, 21 et 22, L. 4625-1 ; R. 4625-8 à 12 ; D. 4625-1 à 7 et 13 à 21
Succession de contrats : L. 1251-36 et 37
Suspension du contrat : L. 1251-29
Terme de la mission : L. 1251-30 et 31
Travail à temps partagé : voir ce mot
Travailleurs étrangers : L. 5221-4, L. 5224-1 ; R. 5221-3 et 44
Travailleurs handicapés (obligation d'emploi) : L. 5212-3
Travaux interdits : L. 4154-1 ; R. 4154-5 ; D. 4154-1 à 4 et 6

TRAVAIL À TEMPS PARTAGÉ : L. 1251-4, L. 1252-1 s., L. 1253-11

TRAVAIL À TEMPS PARTIEL
Aide au passage à temps partiel : L. 5123-2 ; R. 5123-40 et 41
Aménagement du temps de travail : L. 3122-2
Ancienneté : L. 3123-10 et 12
Chèque-emploi associatif : L. 1272-4
Chèque emploi-service universel : L. 1271-5
Comité d'entreprise : L. 2323-61, L. 3123-3 ; R. 2323-8 à 10
Congé parental d'éducation : L. 1225-47 à 60, 70 et 71 ; R. 1225-12 et 13, R. 1227-5
Congé de solidarité familiale : L. 3142-18 et 19 ; D. 3142-8
Consultation des représentants du personnel : L. 3123-2
Contrat relatif aux activités d'adultes-relais : D. 5134-156 et 158
Contrat emploi-jeune : L. 5134-11
Contrat de travail : L. 3123-14
Création ou reprise d'une entreprise : L. 3142-78 à 90 et 96 à 107 ; D. 3142-41 à 46
Délégué du personnel (éligibilité) : L. 2314-16
Effectif de l'entreprise : L. 1111-2
Égalité de traitement : L. 3123-9 à 13
Exercice d'un mandat : L. 3123-29
Frais de transport : R. 3261-9 et 14
Heures complémentaires : L. 3123-14, 17 à 20 et 23
Horaires de travail : L. 3123-15 et 16
Indemnité de départ à la retraite : L. 3123-13
Indemnité de licenciement : L. 3123-13
Journée de solidarité : L. 3133-11 et 12
Mise en œuvre : L. 3123-2 à 8 ; R. 3123-2 ; D. 3123-1 et 3
Négociation annuelle obligatoire : L. 2242-8
Notion de salarié à temps partiel : L. 3123-1
Passage à temps complet (priorité) : L. 3123-8
Période d'essai : L. 3123-9
Registre unique du personnel : D. 1221-23
Rémunération : L. 3123-10
Répartition de la durée du travail :
Modification : L. 3123-21 à 24
Organisation : L. 3122-2
Sanctions pénales : R. 3124-5 et 8 à 10
Titre emploi-service entreprise : L. 1273-5
Vie familiale : L. 3123-7

TRAVAILLEURS À DOMICILE
Affichage : R. 7422-12 et 13
Auxiliaires salariés : L. 7412-1, L. 7413-4 ; R. 7413-3
Privilèges spéciaux : L. 3253-23
Bulletin (ou carnet) de travail : L. 7421-1 et 2 ; R. 7421-1 à 3
Champ d'application : L. 7411-1
Convention collective : L. 7413-2, L. 7422-1, 2 et 6
Affichage : R. 2262-4
Déclaration : L. 7413-3
Définition : L. 7412-1 et 2
Donneur d'ouvrage : L. 7413-1 à 4, L. 7422-4 ; R. 7413-1 à 3
Effectif de l'entreprise : L. 1111-2
Fournitures : L. 7421-1 et 2
Frais d'atelier : L. 7422-5, 11 et 12
Heures supplémentaires : L. 7422-9 et 10 ; R. 7422-10 et 11
Inspecteur et contrôleur du travail : L. 8113-1
Jours fériés : L. 3133-3
Litiges : L. 7423-1 ; R. 7423-1 et 2
Compétence territoriale : R. 1412-1
Marchandage : L. 8232-2
Ouvriers en atelier : L. 7412-3
Préavis (indemnité) : R. 7413-4
Prescription : L. 7423-1
Rémunération mensuelle minimale : L. 3232-9 ; R. 3232-8
Salaire : L. 7422-4 à 8 ; R. 7422-7 à 9
Sanctions pénales : R. 7413-5, R. 7421-4, R. 7422-14 à 17
Santé et sécurité au travail : L. 7424-1 à 3 ; R. 7424-1 et 2
Syndicats (action en justice) : L. 7423-2
Temps d'exécution : L. 7422-1 à 3 ; R. 7422-1 à 6

TRAVAILLEURS ÉTRANGERS
Accords internationaux : L. 5221-1
Apprentissage : L. 5221-5 ; R. 5221-6, 7 et 22
Autorisation de travail : L. 5221-2, 4 et 5 à 9, L. 5523-1 à 3 ; R. 5221-1 à 36 et 41 à 50
Carte bleue européenne : R. 5221-3 et 31-1
Carte de résident : R. 5221-3 et 48
Carte de séjour : L. 5221-9 ; R. 5221-3, 6, 14, 24, 30, 31, 33, 45 et 48

Certificat médical : L. 5221-5 ; R. 5221-1
Chômage :
Bénéfice de l'allocation : R. 5421-3
Inscription sur la liste des demandeurs d'emploi : L. 5411-4 ; R. 5221-47 à 50
Retour au pays d'origine : L. 5422-8
Conditions de logement (consultation du CE) : L. 2323-31
Contrat de professionnalisation : L. 5221-5 ; R. 5221-6 et 22
Contrat de travail : L. 1221-3, L. 5221-2
Contrat unique d'insertion : R. 5221-6
Convention collective : L. 2261-22
Détachement temporaire par une entreprise étrangère : L. 1261-1 s ; R. 1261-1 et 2, R. 1262-1 à 18, R. 1263-1 à 11, R. 1264-1 à 3
Bâtiment et travaux publics (congés payés) : D. 3141-12 à 37
Litiges prud'homaux (compétence territoriale) : R. 1412-5
Surveillance médicale : L. 4625-1
Emploi d'étrangers sans titre de travail : L. 8211-1, L. 8251-1 s.
Action en justice des syndicats : L. 8255-1
Constatation de l'infraction : L. 8271-1 à 6-2 et 17 à 19
Contribution spéciale : L. 8253-1 à 7 ; R. 8253-1 à 24
Information relative à leurs droits : R. 8252-1 et 2
Outre-mer : L. 8323-2 et 3
Responsabilité du donneur d'ordre : L. 8254-1 à 4 ; D. 8254-1 à 14
Salaires et indemnités : L. 8252-2 ; R. 8252-4 à 13
Sanction administrative : L. 8272-1 à 4 ; R. 8272-7 à 11 ; D. 8272-1 à 6
Sanctions pénales : L. 8256-1 à 8 ; R. 8256-1
Entrée en France : L. 5221-2, 3 et 6
Étudiants : R. 5221-3 et 26 à 29
Interdictions : L. 5222-1 à 3
Office français de l'immigration et de l'intégration : L. 5223-1 à 6, L. 8253-1, L. 8271-17 ; R. 5223-1 à 39, R. 8252-4 à 13
Outre-mer : L. 5523-1 à 3 ; R. 5523-3 à 15
Registre unique du personnel : D. 1221-23 et 24
Salariés en mission : R. 5221-30 et 31
Sanctions pénales : L. 5224-1 à 4 ; R. 5224-1
Stages en entreprise : D 2009-609 du 29.05.09 (TNC)
Syndicats : L. 2131-5
Travail dissimulé : L. 8222-4
Travail temporaire : L. 5221-4, L. 5224-1 ; R. 5221-3 et 44
Travailleurs hautement qualifiés : R. 5221-31-1
Travailleurs saisonniers : R. 5221-3, 18 et 23 à 25

TRAVAILLEURS HANDICAPÉS
Accidentés du travail : L. 1226-7, L. 5212-13
Accords collectifs (programmes (pluri)annuels) : L. 5212-8 ; R. 5212-12 à 18
Aides financières : L. 5213-10 à 12 ; R. 5213-32 à 52 ; D. 5213-53 à 61
Apprentissage : L. 6222-2, 37 et 38 ; R. 6222-45 à 58
Associations de défense (action civile) : L. 1134-3, L. 5212-16, L. 5213-21, L. 5214-4
Centres d'éducation ou de rééducation professionnelle : R. 5213-9 et 27 à 30
Centres de préorientation : R. 5213-2 à 6, 8 et 27 à 31
CHSCT : L. 4612-11
Comité d'entreprise : L. 2323-30, 52 et 61, L. 2325-26 ; R. 2323-8 et 9
Convention collective : L. 2261-22
Déclaration annuelle : L. 5212-5 ; R. 5212-1 à 2, 4, 12 et 13
Définition : L. 5213-1 et 2
Délégué du personnel : L. 2313-15
Discrimination : L. 1132-1, L. 1133-3, L. 1134-3, L. 5213-6
Égalité de traitement : L. 1133-4, L. 5213-6
Emploi réservé : L. 5212-15
Entreprises adaptées : L. 5213-13 à 19 ; R. 5213-62 à 76 ; D. 5213-77 à 86
Fonds de développement pour l'insertion professionnelle : L. 5212-9, L. 5214-1 à 3 ; R. 5214-19 à 23
Formation professionnelle : L. 5211-4
Stagiaire : L. 6341-3 et 7
Horaires individualisés : L. 3122-26
Insertion professionnelle : L. 5214-1 à 5
Organismes de placement spécialisés : L. 5214-3-1, L. 5311-4
Plan régional : L. 5211-5
Installations sanitaires : R. 4225-7
Licenciement (préavis) : L. 5213-9
Négociation collective : L. 2241-5, L. 2242-13 et 14 ; D. 2241-8
Obligation d'emploi : L. 5212-1 à 17 ; R. 5212-1 à 2, 4 à 18, 30 et 31, R. 5214-1 ; D. 5212-3 et 19 à 29
Orientation : L. 5213-6 à 20 ; R. 5213-1 à 8 et 87
Outre-mer : L. 5522-18 ; R. 5523-1 et 2
Politiques en faveur de l'emploi : L. 5211-2 et 3 ; D. 5211-1 à 6
Convention pluriannuelle d'objectifs et de moyens : L. 5214-13
Pilotage : L. 5214-1 A
Poste de travail (Accessibilité et aménagement) : R. 4214-26 à 29, R. 4225-6
Prime de reclassement : L. 5213-4 ; D. 5213-15 à 21
Reclassement : L. 5211-1
Redevance : L. 5212-12 ; R. 5212-31
Rééducation : L. 5213-3 et 5 ; R. 5213-9 à 14
Réentraînement au travail : L. 5213-5, L. 5215-1 ; R. 5213-22 à 26
Rémunération mensuelle minimale : L. 3232-9
Salaire : L. 5213-7,11 et 15
Sanctions pénales : L. 5215-1 ; R. 5215-1
Service social : D. 4631-1 et 8

Pour trouver rapidement la page correspondant à l'article recherché, se reporter à la table de référence page LXIX. Pour les textes non codifiés (TNC), se reporter à la liste page 2541.

Subvention d'installation (activité indépendante) : R. 5213-52 ; D. 5213-53 à 61
Surveillance médicale : R. 4624-19 et 20
Travail à domicile (centres de distribution) : L. 5213-13 à 19 ; R. 5213-62 à 76 ; D. 5213-77 à 86
Travail intermittent : L. 3123-32

TRAVAILLEURS INDÉPENDANTS
Bâtiment et génie civil : L. 4535-1, L. 4744-6 ; R. 4532-22, 44 et 77, R. 4535-1 à 12
Formation professionnelle : L. 6312-2, L. 6313-12, L. 6331-48 à 54, L. 6332-9 ; R. 6331-47 à 54, R. 6332-63, 64, 72 et 74, R. 6342-4
Présomption d'indépendance : L. 8221-6-1

TRAVAILLEURS SAISONNIERS
Absences pour maladie ou accident : L. 1226-1
Chômage partiel : R. 5122-8
Contrat de travail à durée déterminée : L. 1242-2 et 7, L. 1244-1, 2 et 4
Durée du travail : D. 3121-15
Formation professionnelle : L. 6321-13 à 15 ; R. 6331-32
Heures supplémentaires : L. 3121-21
Rémunération mensuelle minimale : L. 3232-9 ; R. 3232-10
Repos hebdomadaire : L. 3132-7 ; R. 3132-3 et 4
Salariés protégés : voir ce mot
Surveillance médicale : L. 4625-1
Travail temporaire : L. 1251-6, 11 et 37
Travailleurs étrangers : R. 5221-3, 18 et 23 à 25

TRAVAUX PUBLICS
☞ Voir **BÂTIMENT ET TRAVAUX PUBLICS**

UNITÉ ÉCONOMIQUE ET SOCIALE
Comité d'entreprise : L. 2322-4
Licenciement pour motif économique : L. 1235-10
Participation : L. 3322-2, L. 3324-8 ; R. 3322-2
Services de santé au travail : R. 4622-16 ; D. 4622-1, 5 à 15 et 17 à 21

VALIDATION DES ACQUIS DE L'EXPÉRIENCE
☞ Voir **FORMATION PROFESSIONNELLE**

VEUVES DE GUERRE
Comité d'entreprise :
Commission d'information et d'aide au logement : L. 2325-29
Obligation d'emploi : L. 5212-1 à 17 ; R. 5212-1 à 2, 4 à 18, 30 et 31, R. 5214-1 ; D. 5212-3 et 19 à 29

VISITE MÉDICALE
☞ Voir **ACCIDENT DU TRAVAIL, EMBAUCHE, MALADIE, MALADIE PROFESSIONNELLE, MATERNITÉ, SERVICES DE SANTÉ AU TRAVAIL**

VOYAGEURS, REPRÉSENTANTS OU PLACIERS (VRP)
Accès à la profession : L. 7312-1
Bénéfice du statut : L. 7311-1 à 3
Clause de non-concurrence : L. 1222-5, L. 7313-6
Commissions et remises : L. 7313-7, 11 et 12
Congés payés : D. 7313-1
Contrat à durée déterminée : L. 7313-14 et 15
Élections prud'homales : L. 1441-6
Indemnité de clientèle : L. 7313-13 à 16
Indemnité conventionnelle de substitution : L. 7313-17
Période d'essai : L. 7313-5
Préavis : L. 7313-9 et 10
Présomption de salariat : L. 7313-1 à 4
Règlement des litiges : L. 7313-18
Rémunération : L. 7313-7
Superprivilège : L. 7313-8
Surveillance médicale : L. 4625-2